D1726393

Prof. Dr. Klaus Hümmerich †
Rechtsanwalt und Fachanwalt für Arbeitsrecht, Bonn

Prof. Dr. Martin Reufels
Rechtsanwalt, Fachanwalt für Arbeitsrecht und
Fachanwalt für internationales Wirtschaftsrecht, Köln

Gestaltung von Arbeitsverträgen

und Dienstverträgen für Geschäftsführer und Vorstände

Kommentierte Klauseln und Musterverträge

3. Auflage

Dr. Bernd Borgmann, LL.M., Rechtsanwalt und Fachanwalt für Arbeitsrecht, Köln | **Dr. Anja Mengel, LL.M.**, Rechtsanwältin und Fachanwältin für Arbeitsrecht, Berlin, Lehrbeauftragte an der Bucerius Law School, Hamburg | **Prof. Dr. Martin Reufels**, Rechtsanwalt, Fachanwalt für Arbeitsrecht, Fachanwalt für internationales Wirtschaftsrecht, Köln, Professor an der Hochschule Fresenius, Köln, Lehrbeauftragter an der Westfälischen Wilhelms-Universität Münster | **Prof. Dr. Bernd Schiefer**, Rechtsanwalt und Fachanwalt für Arbeitsrecht, Düsseldorf, Geschäftsführer der Landesvereinigung der Unternehmensverbände Nordrhein-Westfalen e.V., Professur für Arbeitsrecht an der Hochschule Fresenius, Köln

Die Deutsche Nationalbibliothek verzeichnet diese Publikation in der Deutschen Nationalbibliografie; detaillierte bibliografische Daten sind im Internet über http://dnb.d-nb.de abrufbar.

ISBN 978-3-8487-0764-5

3. Auflage 2015

Vorwort

Seit dem Erscheinen der 2. Auflage haben sich Rechtsprechung und gesetzgeberische Tätigkeit im Arbeitsrecht in vielen Bereichen weiterentwickelt, teilweise wurden auch grundlegende Neuansätze geschaffen. Dies gilt nicht nur im Hinblick auf die AGB-Kontrolle von Arbeitsbedingungen, sondern beispielsweise auch für den Bereich des Urlaubsrechts, das Recht der Arbeitnehmerüberlassung und des Betriebsübergangs und nicht zuletzt für den Mindestlohn.
Diese und weitere aktuelle Entwicklungen in der Arbeits- und Wirtschaftswelt machten eine grundlegende Überarbeitung des gesamten Werkes erforderlich. Auch in der 3. Auflage wurde die Konzeption der Vorauflagen beibehalten: Nach einer Darstellung der Kernaspekte der Vertragsgestaltung werden zu alphabetisch angeordneten Regelungsbereichen variantenreiche praxisrelevante Vertragsklauseln vorgestellt und diskutiert. Die einzelnen Klauselformulierungen sind optisch zum Teil mit einem Pfeil versehen:

↓ Regelungen, die unwirksam sind, sind durch einen nach unten weisenden Pfeil gekennzeichnet.

→ Regelungen, die je nach Sachverhalt wirksam oder unwirksam sind oder zu denen eine feste Rechtsprechung noch nicht vorliegt, sind mit einem waagerechten Pfeil versehen.

Regelungen, die wirksam sind, bleiben grafisch unbearbeitet.

Die Autoren haben sich nach längerer Diskussion dazu entschieden, zur Abgrenzung auch weiterhin Klauseln zu erörtern, die unwirksam sind. Zum einen finden sich solche unwirksamen Regelungen häufig in Arbeitsverträgen. Zum anderen kann die Erkenntnis dessen, „was geht", häufig nur aus dem ermittelt werden, „was nicht geht".
Neu in das Werk aufgenommen wurde das Kapitel § 4 zu freien Mitarbeitern. Die Praxis zeigt, dass arbeitsrechtlich tätige Anwälte und Juristen auch hier häufig um Rat gefragt werden und es dabei oft um Fragen der Vertragsgestaltung geht. Vorgestellt werden ein allgemeines Vertragsmuster sowie Spezialverträge für ausgewählte Praxisbereiche der freien Mitarbeit. Die Musterverträge, die auch in englischer Sprache zur Verfügung stehen, sind mit Gestaltungshinweisen versehen und zeigen alternative Gestaltungsmöglichkeiten auf.
Überarbeitet und an die neue Rechtsprechung angepasst sind auch die Kapitel zu den Dienstverträgen mit GmbH-Geschäftsführern (§ 2) und AG-Vorständen (§ 3), wobei neu auch die Societas Europaea (SE) mitbehandelt wird.
Vertieft und erweitert wurden außerdem die Ausführungen im Bereich des internationalen Arbeitsrechts. Dargestellt werden die wesentlichen Entwicklungslinien des Arbeitsvertragsrechts in bedeutenden Jurisdiktionen der Europäischen Union sowie anderer wichtiger Wirtschaftsnationen außerhalb der EU.
Das vorliegende Werk zeigt Lösungen für die Praxis auf. Die Rechtsprechung des Bundesarbeitsgerichts ist dabei Leitlinie und Herausforderung gleichermaßen. Das Handbuch richtet sich vor allem an Rechtsanwälte, Unternehmensjuristen in Rechtsabteilungen sowie an Personalleiter, darüber hinaus aber auch an alle, die mit Fragen der Gestaltung oder Überprüfung von Arbeits- und Dienstverträgen befasst sind.
Unserer Lektorin, Frau Rechtsanwältin Gertrud Vorbuchner, darf ich an dieser Stelle großen Dank für die unermüdliche und hervorragende Arbeit aussprechen.

Köln, im April 2015 *Martin Reufels*

Autorenverzeichnis

Dr. Bernd Borgmann, LL.M.
Rechtsanwalt und Fachanwalt für Arbeitsrecht, Köln

Dr. Anja Mengel, LL.M.
Rechtsanwältin und Fachanwältin für Arbeitsrecht, Berlin, Lehrbeauftragte an der Bucerius Law School, Hamburg

Prof. Dr. Martin Reufels
Rechtsanwalt, Fachanwalt für Arbeitsrecht, Fachanwalt für internationales Wirtschaftsrecht, Köln, Professor an der Hochschule Fresenius, Köln, und Lehrbeauftragter an der Westfälischen Wilhelms-Universität Münster

Prof. Dr. Bernd Schiefer
Rechtsanwalt und Fachanwalt für Arbeitsrecht, Düsseldorf, Geschäftsführer der Landesvereinigung der Unternehmensverbände Nordrhein-Westfalen e.V., Professur für Arbeitsrecht an der Hochschule Fresenius, Köln

Inhaltsübersicht

Inhaltsverzeichnis

Abkürzungsverzeichnis

AbgG	Gesetz über die Rechtsverhältnisse der Mitglieder des Deutschen Bundestages (Abgeordnetengesetz)
ABl. EU	Amtsblatt der Europäischen Union
AcP	Archiv für die civilistische Praxis
ADA	Americans with Disabilities Act
ADR	Alternative Disput Resolution
AE	Arbeitsrechtliche Entscheidungen (Zeitschrift)
AEUV	Vertrag über die Arbeitsweise der Europäischen Union
AG	Aktiengesellschaft; Die Aktiengesellschaft (Zeitschrift)
AGB	Allgemeine Geschäftsbedingungen
AGBG	Gesetz zur Regelung des Rechts der Allgemeinen Geschäftsbedingungen (AGB-Gesetz)
AGG	Allgemeines Gleichbehandlungsgesetz
AiB	Arbeitsrecht im Betrieb (Zeitschrift)
AktG	Aktiengesetz
AktR	Aktienrecht
AltEinkG	Alterseinkünftegesetz
AltZertG	Gesetz über die Zertifizierung von Altersvorsorgeverträgen (Altersvorsorgeverträge-Zertifizierungsgesetz)
AnwBl	Anwaltsblatt
AnwK	AnwaltKommentar
AnwZert ArbR	AnwaltZertifikat Online – Arbeitsrecht
AO	Abgabenordnung
AP	Arbeitsrechtliche Praxis (Nachschlagewerk des Bundesarbeitsgerichts)
APS	Ascheid/Preis/Schmidt, Kündigungsrecht, Großkommentar zum gesamten Recht der Beendigung von Arbeitsverhältnissen (zit. APS/*Bearbeiter*)
ArbG	Arbeitsgericht
ArbGG	Arbeitsgerichtsgesetz
AR-Blattei	Arbeitsrecht-Blattei
AR-Blattei SD	Arbeitsrecht-Blattei – Systematische Darstellungen
ArbNErfG	Gesetz über Arbeitnehmererfindungen
ArbPlSchG	Gesetz über den Schutz des Arbeitsplatzes bei Einberufung zum Wehrdienst (Arbeitsplatzschutzgesetz)
ArbR	Arbeitsrecht
ArbRB	Der Arbeits-Rechts-Berater (Zeitschrift)
ArbRBeschFG	Arbeitsrechtliches Beschäftigungsförderungsgesetz
ArbStättV	Verordnung über Arbeitsstätten
ArbuSozR	Arbeits- und Sozialrecht (Zeitschrift) (1981 eingestellt)
ArbZG	Arbeitszeitgesetz
ArEV	Arbeitsentgeltverordnung
ARST	Arbeitsrecht in Stichworten (Entscheidungssammlung)
ArztR	Arztrecht (Zeitschrift)
ASiG	Gesetz über Betriebsärzte, Sicherheitsingenieure und andere Fachkräfte für Arbeitssicherheit
ATE	Auslandstätigkeitserlass

ATG	Altersteilzeitgesetz
AuA	Arbeit und Arbeitsrecht (Zeitschrift)
AÜG	Gesetz zur Regelung der gewerbsmäßigen Arbeitnehmerüberlassung (Arbeitnehmerüberlassungsgesetz)
AuR	Arbeit und Recht (Zeitschrift)
AVmG	Altersvermögensgesetz
AVR	Arbeitsvertragsrichtlinien
AZO	Arbeitszeitverordnung
BGBl.	Bundesgesetzblatt
BAFzA	Bundesamt für Familie und zivilgesellschaftliche Aufgaben
BAG	Bundesarbeitsgericht
BAGE	Amtliche Sammlung der Entscheidungen des Bundesarbeitsgerichts
BAnz.	Bundesanzeiger
BAP	Bundesarbeitgeberverband der Personaldienstleister e.V.
BAT	Bundes-Angestelltentarifvertrag
BAT-O	Bundes-Angestelltentarifvertrag (Ost)
BB	Betriebs-Berater (Zeitschrift)
BBesG	Bundesbesoldungsgesetz
BBG	Bundesbeamtengesetz
BBiG	Berufsbildungsgesetz
BDSG	Bundesdatenschutzgesetz
BEEG	Gesetz zum Elterngeld und zur Elternzeit (Bundeselterngeld- und Elternzeitgesetz)
BetrAV	Betriebliche Altersversorgung (Zeitschrift)
BetrAVG	Gesetz zur Verbesserung der betrieblichen Altersversorgung (Betriebsrentengesetz)
BetrVG	Betriebsverfassungsgesetz
BeurkG	Beurkundungsgesetz
BFH	Bundesfinanzhof
BFH/NV	Sammlung amtlich nicht veröffentlichter Entscheidungen des Bundesfinanzhofs
BFHE	Entscheidungssammlung des Bundesfinanzhofs
BGB	Bürgerliches Gesetzbuch
BGH	Bundesgerichtshof
BGHReport	Schnelldienst zur Zivilrechtsprechung des Bundesgerichtshofs (Zeitschrift)
BGHZ	Entscheidungssammlung des Bundesgerichtshofs in Zivilsachen
BLDH	Bauer/Lingemann/Diller/Haußmann, Anwalts-Formularbuch Arbeitsrecht (zit. BLDH/*Bearbeiter*)
BlStSozArbR	Blätter für Steuerrecht, Sozialversicherung und Arbeitsrecht (Zeitschrift)
BMI	Bundesministerium des Innern
BMT-G	Bundes-Manteltarifvertrag für Arbeiter gemeindlicher Verwaltungen und Betriebe
BNichtrSchG	Bundesnichtraucherschutzgesetz
BPersVG	Bundespersonalvertretungsgesetz
BRAK-Mitt.	Mitteilungen der Bundesrechtsanwaltskammer
BRAO	Bundesrechtsanwaltsordnung
BR-Drucks.	Bundesrats-Drucksache

Brüssel I-VO	Verordnung (EG) Nr. 44/2001 des Rates vom 22. Dezember 2000 über die gerichtliche Zuständigkeit und die Anerkennung und Vollstreckung von Entscheidungen in Zivil- und Handelssachen
Brüssel Ia-VO	Verordnung (EU) Nr. 1215/2012 des Europäischen Parlaments und des Rates vom 12. Dezember 2012 über die gerichtliche Zuständigkeit und die Anerkennung und Vollstreckung von Entscheidungen in Zivil- und Handelssachen (Neufassung)
BSG	Bundessozialgericht
BSGE	Entscheidungssammlung des Bundessozialgerichts
BStBl.	Bundessteuerblatt
BT-Drucks.	Bundestags-Drucksache
BUrlG	Mindesturlaubsgesetz für Arbeitnehmer (Bundesurlaubsgesetz)
BuW	Betrieb und Wirtschaft (Zeitschrift)
BVerfG	Bundesverfassungsgericht
BVerfGE	Entscheidungssammlung des Bundesverfassungsgerichts
BVerwG	Bundesverwaltungsgericht
BVerwGE	Entscheidungssammlung des Bundesverwaltungsgerichts
BZA	Bundesverband Zeitarbeit Personal-Dienstleistungen e.V.
CGZP	Tarifgemeinschaft Christlicher Gewerkschaften für Zeitarbeit und Personal-Service-Agenturen
CR	Computer und Recht (Zeitschrift)
DB	Der Betrieb (Zeitschrift)
DBA	Doppelbesteuerungsabkommen
DCGK	Deutscher Corporate Governance Code
DEÜV	Verordnung über die Erfassung und Übermittlung von Daten für die Träger der Sozialversicherung (Datenerfassungs- und -übermittlungsverordnung)
DGB	Deutscher Gewerkschaftsbund
DStR	Deutsches Steuerrecht (Zeitschrift)
DStRE	Deutsches Steuerrecht – Entscheidungsdienst
DStZ	Deutsche Steuer-Zeitung
DuD	Datenschutz und Datensicherung (Zeitschrift)
DZWiR	Deutsche Zeitschrift für Wirtschaftsrecht
EBIT	Earnings before interest and taxes
EFG	Entscheidungen der Finanzgerichte
EFZG	Gesetz über die Zahlung des Arbeitsentgelts an Feiertagen und im Krankheitsfall (Entgeltfortzahlungsgesetz)
EGBGB	Einführungsgesetz zum Bürgerlichen Gesetzbuch
ErfK	Erfurter Kommentar zum Arbeitsrecht (zit. ErfK/*Bearbeiter*)
ESt	Einkommensteuer
EStG	Einkommensteuergesetz
EStR	Einkommensteuer-Richtlinien
EU	Europäische Union
EuGH	Europäischer Gerichtshof
EuGVÜ	Übereinkommen über die gerichtliche Zuständigkeit und die Vollstreckung gerichtlicher Entscheidungen in Zivil- und Handelssachen vom 27. September 1968

EuGVVO	Verordnung (EG) Nr. 44/2001 des Rates vom 22. Dezember 2000 über die gerichtliche Zuständigkeit und die Anerkennung und Vollstreckung von Entscheidungen in Zivil- und Handelssachen („Brüssel I-VO“)
EuroEG	Gesetz zur Einführung des Euro
EuZW	Europäische Zeitschrift für Wirtschaftsrecht
EVA	Economic Value Added
EVÜ	Europäisches Übereinkommen über das auf vertragliche Schuldverhältnisse anzuwendende Recht
EWiR	Entscheidungen zum Wirtschaftsrecht (Zeitschrift)
EzA	Entscheidungssammlung zum Arbeitsrecht
EzA-SD	Entscheidungen zum Arbeitsrecht – Schnelldienst
EzBAT	Entscheidungssammlung zum Bundes-Angestelltentarifvertrag
FA	Fachanwalt Arbeitsrecht (Zeitschrift)
FAA	Federal Arbitration Act
FG	Finanzgericht
FinMin.	Finanzministerium
FLF	Finanzierung, Leasing, Factoring (Zeitschrift)
FLSA	Fair Labor Standards Act
FPersG	Fahrpersonalgesetz
FPfZG	Gesetz über die Familienpflegezeit (Familienpflegezeitgesetz)
FSHG	Feuerschutzhilfeleistungsgesetz
GesR	Gesellschaftsrecht
GewArchiv	Gewerbearchiv
GewO	Gewerbeordnung
GG	Grundgesetz für die Bundesrepublik Deutschland
GK-TzA	Gemeinschaftskommentar zum Teilzeitarbeitsrecht (zit. GK-TzA/*Bearbeiter*)
GmbH	Gesellschaft mit beschränkter Haftung
GmbHG	Gesetz betreffend die Gesellschaften mit beschränkter Haftung (GmbH-Gesetz)
GmbHR	GmbH-Rundschau (Zeitschrift)
GMBl.	Gemeinsames Ministerialblatt
GO	Gemeindeordnung
GRUR	Gewerblicher Rechtsschutz und Urheberrecht (Zeitschrift)
GRUR-RR	Gewerblicher Rechtsschutz und Urheberrecht Rechtsprechungs-Report
GVG	Gerichtsverfassungsgesetz
H/B/S	Hümmerich/Boecken/Spirolke, Das arbeitsrechtliche Mandat (zit. H/B/S-*Bearbeiter*)
HAG	Heimarbeitsgesetz
HGB	Handelsgesetzbuch
HK	Handkommentar
HRG	Hochschulrahmengesetz
HWK	Henssler/Willemsen/Kalb, Arbeitsrecht Kommentar (zit. HWK/*Bearbeiter*)
IfSG	Gesetz zur Bekämpfung von Infektionskrankheiten beim Menschen (Infektionsschutzgesetz)
iGZ	Interessenverband Deutscher Zeitarbeitsunternehmen e.V.

InsO	Insolvenzordnung
IPRax	Praxis des Internationalen Privat- und Verfahrensrechts (Zeitschrift)
IPRspr	Deutsche Rechtsprechung auf dem Gebiet des Internationalen Privatrechts (Zeitschrift)
JArbSchG	Gesetz zum Schutz der arbeitenden Jugend (Jugendarbeitsschutzgesetz)
Jura	Juristische Ausbildung (Zeitschrift)
jurisPR	juris PraxisReport
JuS	Juristische Schulung (Zeitschrift)
JZ	Juristenzeitung
KassArbR	Kasseler Handbuch zum Arbeitsrecht (zit. KassArbR/*Bearbeiter*)
KassKomm	Kasseler Kommentar Sozialversicherungsrecht (zit. KassKomm/*Bearbeiter*)
KG	Kammergericht; Kommanditgesellschaft
KOM	Kommission der EU; Kommissionsentwurf einer Richtlinie/Verordnung
KommAktG	Kölner Kommentar zum Aktiengesetz (zit. KommAktG/*Bearbeiter*)
KonTraG	Gesetz zur Kontrolle und Transparenz im Unternehmensbereich
KPK	Sowka/Schiefer/Heise/Bengelsdorf u.a., Kündigungsschutzrecht – Kölner Praxiskommentar zum Kündigungsschutzgesetz und zu sonstigen kündigungsrechtlichen Vorschriften
KR	Gemeinschaftskommentar zum Kündigungsschutzgesetz und zu sonstigen kündigungsschutzrechtlichen Vorschriften (zit. KR/*Bearbeiter*)
KSchG	Kündigungsschutzgesetz
KStDV	Körperschaftsteuer-Durchführungsverordnung
KStG	Körperschaftsteuergesetz
KSzW	Kölner Schrift zum Wirtschaftsrecht
LAG	Landesarbeitsgericht
LAGE	Entscheidungen der Landesarbeitsgerichte
LG	Landgericht
LohnFG	Gesetz über die Fortzahlung des Arbeitsentgelts im Krankheitsfalle (Lohnfortzahlungsgesetz)
LStR	Lohnsteuer-Richtlinien
LuftBO	Betriebsordnung für Luftfahrtgerät
MAH	Münchener Anwaltshandbuch
MarkenG	Markengesetz
MAVO	Mitarbeitervertretungsordnung
MDR	Monatsschrift für Deutsches Recht (Zeitschrift)
MediationsG	Mediationsgesetz
MedR	Medizinrecht (Zeitschrift)
MiLoG	Gesetz zur Regelung eines allgemeinen Mindestlohns (Mindestlohngesetz)
MitbestG	Gesetz über die Mitbestimmung der Arbeitnehmer (Mitbestimmungsgesetz)
MittdtschPatAnw	Mitteilungen der deutschen Patentanwälte (Zeitschrift)
MontanMitbestG	Gesetz über die Mitbestimmung der Arbeitnehmer in den Aufsichtsräten und Vorständen der Unternehmen des Bergbaus und der Eisen und Stahl erzeugenden Industrie
MTV	Manteltarifvertrag

MTVZ	Manteltarifvertrag Zeitarbeit
MüKo	Münchener Kommentar
MuSchG	Gesetz zum Schutz der erwerbstätigen Mutter (Mutterschutzgesetz)
NachwG	Gesetz über den Nachweis der für ein Arbeitsverhältnis geltenden wesentlichen Bedingungen (Nachweisgesetz)
NJOZ	Neue Juristische Online-Zeitschrift
NJW	Neue Juristische Wochenschrift
NLRA	National Labor Relations Act
NLRB	National Labor Relations Board
NOPAT	Net Operating Profit After Taxes
NWB	Neue Wirtschafts-Briefe
NZA	Neue Zeitschrift für Arbeitsrecht
NZA-RR	NZA-Rechtsprechungs-Report Arbeitsrecht
NZG	Neue Zeitschrift für Gesellschaftsrecht
NZI	Neue Zeitschrift für das Recht der Insolvenz und Sanierung
NZS	Neue Zeitschrift für Sozialrecht
öAT	Zeitschrift für das öffentliche Arbeits- und Tarifrecht
OLG	Oberlandesgericht
OLGE	Entscheidungssammlung der Oberlandesgerichte
OVG	Oberverwaltungsgericht
p.a.	pro anno
PAngG	Gesetz über die Preisangaben (Preisangabengesetz)
PatG	Patentgesetz
PersF	Personalführung (Zeitschrift)
PersR	Der Personalrat (Zeitschrift)
PersV	Die Personalvertretung (Zeitschrift)
PflegeZG	Gesetz über die Pflegezeit (Pflegezeitgesetz)
PflVG	Gesetz über die Pflichtversicherung für Kraftfahrzeughalter (Pflichtversicherungsgesetz)
PostPersRG	Gesetz zum Personalrecht der Beschäftigten der früheren deutschen Bundespost (Postpersonalrechtsgesetz)
PreisKlG	Gesetz über das Verbot der Verwendung von Preisklauseln bei der Bestimmung von Geldschulden (Preisklauselgesetz)
PrKV	Preisklauselverordnung
PSV	Pensions-Sicherungs-Verein
PuR	Personal und Recht (Zeitschrift)
RAG	Reichsarbeitsgesetz
RdA	Recht der Arbeit (Zeitschrift)
RDG	Gesetz über außergerichtliche Rechtsdienstleistungen (Rechtsdienstleistungsgesetz)
RdJB	Recht der Jugend und des Bildungswesens (Zeitschrift)
RDV	Recht der Datenverarbeitung (Zeitschrift)
RiA	Das Recht im Amt (Zeitschrift)
RIW	Recht der internationalen Wirtschaft (Zeitschrift)
RVO	Reichsversicherungsordnung
SAE	Sammlung Arbeitsrechtlicher Entscheidungen
SchuldRModG	Schuldrechtsmodernisierungsgesetz

SchwarzArbG	Gesetz zur Bekämpfung der Schwarzarbeit und illegalen Beschäftigung (Schwarzarbeitsbekämpfungsgesetz)
SE	Societas Europaea
SEAG	Gesetz zur Ausführung der Verordnung (EG) Nr. 2157/2001 des Rates vom 8. Oktober 2001 über das Statut der Europäischen Gesellschaft (SE) (SE-Ausführungsgesetz)
SeemG	Seemannsgesetz
SGB	Sozialgesetzbuch
Slg.	Sammlung
SPA	Schnellbrief für Personalwirtschaft und Arbeitsrecht (Zeitschrift)
SprAuG	Gesetz über Sprecherausschüsse der leitenden Angestellten (Sprecherausschussgesetz)
SpuRt	Zeitschrift für Sport und Recht
StGB	Strafgesetzbuch
stRspr	ständige Rechtsprechung
StVO	Straßenverkehrs-Ordnung
StVZO	Straßenverkehrs-Zulassungs-Ordnung
SUrlV	Verordnung über den Sonderurlaub für Bundesbeamtinnen, Bundesbeamte, Richterinnen und Richter des Bundes (Sonderurlaubsverordnung)
TKG	Telekommunikationsgesetz
TOA	Tarifordnung für Angestellte
TransPuG	Gesetz zur weiteren Reform des Aktien- und Bilanzrechts, zu Transparenz und Publizität (Transparenz- und Publizitätsgesetz)
TV	Tarifvertrag
TVG	Tarifvertragsgesetz
TVöD	Tarifvertrag für den öffentlichen Dienst
TzBfG	Gesetz über Teilzeitarbeit und befristete Arbeitsverträge (Teilzeit- und Befristungsgesetz)
UmwG	Umwandlungsgesetz
UrhG	Gesetz über Urheberrecht und verwandte Schutzrechte (Urheberrechtsgesetz)
UVV	Unfallverhütungsverordnung
UWG	Gesetz gegen den unlauteren Wettbewerb
v.H.	vom Hundert
VAG	Gesetz über die Beaufsichtigung der Versicherungsunternehmen (Versicherungsaufsichtsgesetz)
VermBG	Vermögensbildungsgesetz
VersR	Versicherungsrecht
VorstAG	Gesetz zur Angemessenheit der Vorstandsvergütung
VorstOG	Gesetz über die Offenlegung der Vorstandsvergütungen (Vorstandsvergütungs-Offenlegungsgesetz)
VSSR	Vierteljahresschrift für Sozialrecht (Zeitschrift)
VVaG	Versicherungsverein auf Gegenseitigkeit
VVG	Gesetz über den Versicherungsvertrag (Versicherungsvertragsgesetz)
VwVfG	Verwaltungsverfahrensgesetz

WährungsG	Währungsgesetz
WiB	Wirtschaftsrechtliche Beratung (Zeitschrift)
WissZeitVG	Gesetz über befristete Arbeitsverträge in der Wissenschaft (Wissenschaftszeitvertragsgesetz)
wistra	Zeitschrift für Wirtschaft, Steuer, Strafrecht
WM	Wertpapier-Mitteilungen (Zeitschrift)
WPg	Die Wirtschaftsprüfung (Zeitschrift)
WpHG	Gesetz über Wertpapierhandel (Wertpapierhandelsgesetz)
WRP	Wettbewerb in Recht und Praxis (Zeitschrift)
WRV	Weimarer Reichsverfassung
WSI-Mitteilungen	Monatszeitschrift des Wirtschafts- und Sozialwissenschaftlichen Instituts der Hans-Böckler-Stiftung
WzS	Wege zur Sozialversicherung (Zeitschrift)
ZAP	Zeitschrift für die Anwaltspraxis
ZCG	Zeitschrift für Corporate Governance
ZD	Zeitschrift für Datenschutz
ZDG	Gesetz über den Zivildienst der Kriegsdienstverweigerer (Zivildienstgesetz)
ZfA	Zeitschrift für Arbeitsrecht
ZGS	Zeitschrift für das gesamte Schuldrecht
ZHR	Zeitschrift für das gesamte Handels- und Wirtschaftsrecht
ZIAS	Zeitschrift für ausländisches und internationales Arbeits- und Sozialrecht
ZIP	Zeitschrift für Wirtschaftsrecht und Insolvenzpraxis
ZPO	Zivilprozessordnung
ZRP	Zeitschrift für Rechtspolitik
ZTR	Zeitschrift für Tarif-, Arbeits- und Sozialrecht des öffentlichen Dienstes
ZUb	Zeitschrift der Unternehmensberatung
ZZP	Zeitschrift für Zivilprozess
ZZPInt	Zeitschrift für Zivilprozess International

Allgemeines Literaturverzeichnis

Annuß/Thüsing (Hrsg.), Teilzeit- und Befristungsgesetz, Kommentar, 3. Aufl. 2012

AnwaltKommentar Arbeitsrecht, hrsg. von Hümmerich/Boecken/Düwell, 2 Bände, 2. Aufl. 2010 (zit. AnwK-ArbR/*Bearbeiter*)

Anzinger/Koberski, ArbZG – Arbeitszeitgesetz, Kommentar, 4. Aufl. 2014

Arbeitsgemeinschaft Arbeitsrecht (Hrsg.), Festschrift zum 25-jährigen Bestehen, 2006

Ascheid/Preis/Schmidt (Hrsg.), Kündigungsrecht, Großkommentar zum gesamten Recht der Beendigung von Arbeitsverhältnissen, 4. Aufl. 2012 (zit. APS/*Bearbeiter*)

Baeck/Deutsch, Arbeitszeitgesetz, Kommentar, 3. Aufl. 2014

Bauer/Diller, Wettbewerbsverbote. Rechtliche und taktische Hinweise für Arbeitgeber, Arbeitnehmer und Organmitglieder, 6. Aufl. 2012

Bauer/Krieger, Allgemeines Gleichbehandlungsgesetz, Kommentar, 3. Aufl. 2011

Bauer/Krieger/Arnold, Arbeitsrechtliche Aufhebungsverträge: Arbeits-, gesellschafts-, steuer- und sozialversicherungsrechtliche Hinweise zur einvernehmlichen Beendigung von Dienst- und Arbeitsverhältnissen, 9. Aufl. 2014

Bauer/Lingemann/Diller/Haußmann, Anwalts-Formularbuch Arbeitsrecht, 5. Aufl. 2014 (zit. BLDH/*Bearbeiter*)

Baumbach/Hueck, GmbH-Gesetz, Kommentar, 20. Aufl. 2013

Beck'sches Formularbuch GmbH-Recht, hrsg. von Lorz/Pfisterer/Gerber, 2010

Beck'sches Formularbuch Zivil-, Wirtschafts- und Unternehmensrecht, hrsg. von Walz, 3. Aufl. 2014

Beck'sches Handbuch der GmbH – Gesellschaftsrecht, Steuerrecht, 5. Aufl. 2014 (zit. Beck'sches GmbH-Handbuch/*Bearbeiter*)

Bepler/Böhle/Meerkamp/Russ (Hrsg.), TVöD, Band I: Kommentar zum Tarifrecht der Beschäftigten im Öffentlichen Dienst im Bereich des Bundes und der VKA. Band II: Entgeltordnungen. Kommentar zu den Entgeltordnungen der Beschäftigten im Öffentlichen Dienst im Bereich des Bundes und der VKA, Loseblatt

Bernstorff, Einführung in das englische Recht, 1996

Blomeyer/Rolfs/Otto, Betriebsrentengesetz – BetrAVG, Arbeits-, Zivil- und Steuerrecht, 5. Aufl. 2010

Blümich, EStG, KStG, GewStG, Loseblatt-Kommentar, 126. Ergänzungslieferung (Stand: 11/2014)

Boecken/Joussen, Teilzeit- und Befristungsgesetz, Handkommentar, 3. Aufl. 2012

Boemke/Lembke (Hrsg.), Arbeitnehmerüberlassungsgesetz, Kommentar, 3. Aufl. 2013

Brand (Hrsg.), SGB III, Kommentar, 6. Aufl. 2012

Brandmüller, Der GmbH-Geschäftsführer im Gesellschafts-, Steuer- und Sozialversicherungsrecht, 18. Aufl. 2006

Breidenbach, Die Voraussetzungen von Informationspflichten beim Vertragsschluß, 1989

Breidenbach, Mediation – Struktur, Chancen und Risiken von Vermittlung im Konflikt, 1998

Breidenbach/Henssler, Mediation für Juristen – Konfliktbehandlung ohne gerichtliche Entscheidung, 1997

Bross, Vertragshandbuch GmbH-Geschäftsführer, 2013

Bülow/Artz, Verbraucherprivatrecht, 4. Aufl. 2014

Busemann, Die Haftung des Arbeitnehmers gegenüber dem Arbeitgeber und Dritten, 1999

Clemenz/Kreft/Krause (Hrsg.), AGB-Arbeitsrecht, Kommentar, 2013

Däubler (Hrsg.), Tarifvertragsgesetz – mit Arbeitnehmer-Entsendegesetz, Großkommentar, 3. Aufl. 2012

Däubler/Bertzbach (Hrsg.), Allgemeines Gleichbehandlungsgesetz, Handkommentar, 3. Aufl. 2013

Däubler/Bonin/Deinert, AGB-Kontrolle im Arbeitsrecht, Kommentar zu den §§ 305 bis 310 BGB, 4. Aufl. 2014

Däubler/Hjort/Schubert/Wolmerath (Hrsg.), Arbeitsrecht – Individualarbeitsrecht mit kollektivrechtlichen Bezügen, Handkommentar, 3. Aufl. 2013 (zit. HK-ArbR/*Bearbeiter*)

David/Grasmann, Einführung in die großen Rechtssysteme der Gegenwart, 2. Aufl. 1988

Diller, Gesellschafter und Gesellschaftsorgane als Arbeitnehmer, 1994

Dornbusch/Fischermeier/Löwisch (Hrsg.), AR – Kommentar zum gesamten Arbeitsrecht, 7. Aufl. 2015

Dörner, Der befristete Arbeitsvertrag – Eine systematische Darstellung des Befristungsrechts, 2. Aufl. 2011

Emmerich/Habersack, Konzernrecht, 10. Aufl. 2013

Erfurter Kommentar zum Arbeitsrecht, hrsg. von Müller-Glöge/Preis/Schmidt, 14. Aufl. 2014 (zit. ErfK/*Bearbeiter*)

Erman, Bürgerliches Gesetzbuch, Kommentar, 14. Aufl. 2014 (zit. Erman/*Bearbeiter*)

Feldgen, Nachweisgesetz, Kommentar, 1995

Fitting/Engels/Schmidt/Trebinger/Linsenmaier, Betriebsverfassungsgesetz – mit Wahlordnung, Kommentar, 27. Aufl. 2014

Fleischer (Hrsg.), Handbuch des Vorstandsrechts, 2006

Formularbuch Recht und Steuern, Gesellschaftsverträge, Sonstige Verträge, Besteuerungsverfahren, Rechtsmittelverfahren, Steuerstrafverfahren, 8. Aufl. 2014

Förster/Cisch/Karst, Betriebsrentengesetz – BetrAVG, Gesetz zur Verbesserung der betrieblichen Altersversorgung mit zivil-, arbeits- und steuerrechtlichen Vorschriften und Versorgungsausgleich, 14. Aufl. 2014

Gallner/Mestwerdt/Nägele (Hrsg.), Kündigungsschutzrecht, Handkommentar, 5. Aufl. 2015

Gemeinschaftskommentar zum Teilzeitarbeitsrecht, hrsg. von Becker/Danner/Lang/Lipke/Mikosch/Steinwedel, 1987 (zit. GK-TzA/*Bearbeiter*)

Germelmann/Matthes/Prütting, Arbeitsgerichtsgesetz, Kommentar, 8. Aufl. 2013

Geßler/Hefermehl/Eckardt/Kropff (Hrsg.), Aktiengesetz, Kommentar, 1973

Gnann/Gerauer, Arbeitsvertrag bei Auslandsentsendung, 2. Aufl. 2002

Gola/Schomerus, Bundesdatenschutzgesetz, Kommentar, 12. Aufl. 2015

Gotthardt, Arbeitsrecht nach der Schuldrechtsreform, 2. Aufl. 2003

Graf von Westphalen/Thüsing (Hrsg.), Vertragsrecht und AGB-Klauselwerke, 35. Aufl. 2014

Grobys/Panzer (Hrsg.), Stichwort-Kommentar Arbeitsrecht, 2. Aufl. 2014

Grützner/Jakob, Compliance von A–Z, 2010

Hachenburg/Ulmer (Hrsg.), GmbH-Gesetz, Großkommentar, 8. Aufl. 1992–1997

Hahn/Pfeiffer/Schubert, Arbeitszeitrecht, Handkommentar, 2014

Hanau/Arteaga/Rieble/Veit, Entgeltumwandlung – Rechtsgrundlagen, Gestaltung und Potential in der betrieblichen Altersversorgung, 3. Aufl. 2014

Hanau/Preis, Der Arbeitsvertrag, Loseblatt, Stand: Juni 1997

Hansen/Kelber/Zeißig/Breezmann/Confurius, Rechtsstellung der Führungskräfte im Unternehmen – Begründung, Inhalt, Beendigung, 2006

Hay, US-Amerikanisches Recht, 5. Aufl. 2011

Heidel (Hrsg.), Aktienrecht und Kapitalmarktrecht, Kommentar, 4. Aufl. 2014

Heidelberger Kommentar zum Aktienrecht, hrsg. von Bürgers/Körber, 2008

Henn/Frodermann/Jannott, Handbuch des Aktienrechts, 8. Aufl. 2009

Henssler/Braun (Hrsg.), Arbeitsrecht in Europa, 3. Aufl. 2011

Henssler/Strohn (Hrsg.), Gesellschaftsrecht, Kommentar, 2. Aufl. 2014

Henssler/Willemsen/Kalb (Hrsg.), Arbeitsrecht Kommentar, 6. Aufl. 2014 (zit. HWK/*Bearbeiter*)

Henze, Handbuch zum GmbH-Recht. Höchstrichterliche Rechtsprechung, 2. Aufl. 2001

Höfer/Reinhard/Reich, Betriebsrentenrecht (BetrAVG), Loseblatt-Kommentar, Band 1: Arbeitsrecht

Hoffmann/Liebs, Der GmbH-Geschäftsführer – Handbuch für die Praxis des Unternehmers und Managers, 3. Aufl. 2009

Hohmeister/Oppermann, Bundesurlaubsgesetz, Handkommentar, 3. Aufl. 2013

Hölters, Aktiengesetz, Kommentar, 2. Aufl. 2014

Hoppe, Die Entsendung von Arbeitnehmern ins Ausland. Kollisionsrechtliche Probleme und internationale Zuständigkeit, 1999

Hopt/Wiedemann (Hrsg.), Aktiengesetz, Großkommentar, 4. Aufl. 1992 ff (zit. Großkomm AktG/*Bearbeiter*)

Hueck/Nipperdey, Lehrbuch des Arbeitsrechts I, 1963

Hüffer, Aktiengesetz, Kommentar, 11. Aufl. 2014

Hümmerich, Aufhebungsvertrag und Abwicklungsvertrag, 2. Aufl. 2003

Hümmerich/Boecken/Spirolke, Das arbeitsrechtliche Mandat, 6. Aufl. 2011 (zit. H/B/S-*Bearbeiter*)

Hümmerich/Lücke/Mauer (Hrsg.), NomosFormulare Arbeitsrecht – Vertragsgestaltung, Prozessführung, Personalarbeit, Betriebsvereinbarungen, 8. Aufl. 2014

Hunold, Arbeitsrecht im Außendienst, Bewährte Problemlösungen für die Praxis, 2. Aufl. 2006

Hunold, Befristete Arbeitsverträge, 2. Aufl. 2008

Jaeger, Der Anstellungsvertrag des GmbH-Geschäftsführers, 5. Aufl. 2009

Kasseler Handbuch zum Arbeitsrecht, hrsg. von Leinemann, 2 Bände, 2. Aufl. 2000 (zit. KassArbR/*Bearbeiter*)

Kasseler Kommentar Sozialversicherungsrecht, hrsg. von Leitherer, Loseblatt (zit. KassKomm/*Bearbeiter*)

Kempen/Zachert (Hrsg.), TVG, Kommentar, 5. Aufl. 2014

Kemper/Kisters-Kölkes/Berenz/Huber, BetrAVG, Kommentar, 6. Aufl. 2014

Kittner/Däubler/Zwanziger (Hrsg.), Kündigungsschutzrecht – KSchR, Kommentar für die Praxis, 9. Aufl. 2014 (zit. Kittner/Däubler/Zwanziger/*Bearbeiter*)

Kittner/Zwanziger, Formulare zum Arbeitsrecht – Checklisten und Mustertexte, 2005 (zit. Kittner/Zwanziger/*Bearbeiter*, Formularbuch Arbeitsrecht)

Kittner/Zwanziger/Deinert (Hrsg.), Arbeitsrecht, Handbuch für die Praxis, 7. Aufl. 2013 (zit. Kittner/Zwanziger/Deinert/*Bearbeiter*, Arbeitsrecht Handbuch)

Kölner Kommentar zum Aktiengesetz, hrsg. von Zöllner/Noack, 2. Aufl. 2004 ff, 9 Bände (zit. KommAktG/*Bearbeiter*)

KR – Gemeinschaftskommentar zum Kündigungsschutzgesetz und zu sonstigen kündigungsschutzrechtlichen Vorschriften, hrsg. von Etzel/Bader/Fischermeier u.a., 10. Aufl. 2013 (zit. KR/*Bearbeiter*)

Krauskopf (Hrsg.), Soziale Krankenversicherung, Pflegeversicherung, Loseblatt-Kommentar

Küttner, Personalbuch 2014 – Arbeitsrecht, Lohnsteuerrecht, Sozialversicherungsrecht, 21. Aufl. 2014 (zit. Küttner/*Bearbeiter*)

Lingemann/v. Steinau-Steinrück/Mengel, Employment & Labour Law in Germany, 3. Aufl. 2012

Löwisch/Kaiser, BetrVG, Kommentar, 6. Aufl. 2010

Löwisch/Rieble, Tarifvertragsgesetz, Kommentar, 3. Aufl. 2012

Lücke/Schaub (Hrsg.), Beck'sches Mandatshandbuch Vorstand der AG, 2. Aufl. 2010

Lüdike/Sistermann, Unternehmenssteuerrecht – Gründung, Finanzierung, Umstrukturierung, Übertragung, Liquidation, Handbuch, 2008

Lutter/Hommelhoff (Hrsg.), GmbH-Gesetz, Kommentar, 18. Aufl. 2012

Lutter/Krieger/Verse, Rechte und Pflichten des Aufsichtsrats, 6. Aufl. 2014

Maschmann/Sieg/Göpfert (Hrsg.), Vertragsgestaltung im Arbeitsrecht – Arbeits- und Anstellungsverträge, 2012

Mauer, Dienstwagenüberlassung an Arbeitnehmer – Arbeits-, lohnsteuer- und sozialversicherungsrechtliche Aspekte für die Praxis mit Vertragsmustern, 2003

Mauer, Personaleinsatz im Ausland – Personalmanagement, Arbeitsrecht, Sozialversicherungsrecht, Steuerrecht, 2. Aufl. 2013

Meinel/Heyn/Herms, Teilzeit- und Befristungsgesetz, Kommentar, 4. Aufl. 2012

Mengel, Compliance und Arbeitsrecht – Implementierung, Durchsetzung, Organisation, 2009

Mengel, Erfolgs- und leistungsorientierte Vergütung, 5. Aufl. 2008

Michalski (Hrsg.), Kommentar zum Gesetz betreffend die Gesellschaften mit beschränkter Haftung (GmbH-Gesetz), Band I: Systematische Darstellungen §§ 1–34 GmbHG; Band II: §§ 35–86 GmbHG, §§ 1–4 EGGmbHG, 2. Aufl. 2010

Mildenberger, Der Geschäftsführervertrag. Eine Untersuchung des Verhältnisses von Organstellung und Anstellung des GmbH-Geschäftsführers unter besonderer Berücksichtigung der historischen Grundlagen, Diss., 2000

Moll (Hrsg.), Münchener Anwaltshandbuch Arbeitsrecht, 3. Aufl. 2012 (zit. Moll/*Bearbeiter*, MAH Arbeitsrecht)

Münchener Anwaltshandbuch Aktienrecht, hrsg. von Schüppen/Schaub, 2. Aufl. 2010 (zit. MünchAnwaltshdb-AktR/*Bearbeiter*)

Münchener Anwaltshandbuch Arbeitsrecht, hrsg. von Moll, 3. Aufl. 2012 (zit. Moll/*Bearbeiter*, MAH Arbeitsrecht)

Münchener Anwaltshandbuch GmbH-Recht, hrsg. von Römermann, 3. Aufl. 2014 (zit. Römermann/*Bearbeiter*, MAH GmbH-Recht)

Münchener Anwaltshandbuch Sozialrecht, hrsg. von Plagemann, 4. Aufl. 2013 (zit. Plagemann/*Bearbeiter*, MAH Sozialrecht)

Münchener Handbuch des Gesellschaftsrechts, Band 4: Aktiengesellschaft, hrsg. von Hoffmann-Becking, 3. Aufl. 2007 (zit. MünchHandbGesR/*Bearbeiter*)

Münchener Handbuch zum Arbeitsrecht, hrsg. von Richardi/Wlotzke/Wißmann/Oetker, 2 Bände, 3. Aufl. 2009 (zit. MünchHandbArbR/*Bearbeiter*)

Münchener Kommentar zum Aktiengesetz, 9 Bände, 3. Aufl. 2013 (zit. MüKo-AktG/*Bearbeiter*)

Münchener Kommentar zum Bürgerlichen Gesetzbuch, Band 4: Schuldrecht, Besonderer Teil II (§§ 611–704 BGB), EFZG, TzBfG, KSchG, 6. Aufl. 2012 (zit. MüKo-BGB/*Bearbeiter*)

Münchener Kommentar zum GmbH-Gesetz, 3. Bände, 2. Aufl. 2014 (zit. MüKo-GmbHG/*Bearbeiter*)

Münchener Vertragshandbuch, Band 1: Gesellschaftsrecht, hrsg. von Heidenhain/Meister, 7. Aufl. 2011 (zit. MünchVertragshdb-GesR/*Bearbeiter*)

Nikisch, Arbeitsrecht, Band 1: Allgemeine Lehren und Arbeitsvertragsrecht, 3. Aufl. 1961 (zit. *Nikisch*, ArbeitsR I)

Oppenländer/Trölitzsch (Hrsg.), Praxishandbuch der GmbH-Geschäftsführung, 2. Aufl. 2011

Palandt, Bürgerliches Gesetzbuch, Kommentar, 73. Aufl. 2014

Patzina/Bank/Schimmer/Simon-Widmann, Haftung von Unternehmensorganen – Vorstände, Aufsichtsräte, Geschäftsführer, 2010

Pielow (Hrsg.), Beck'scher OnlineKommentar GewO

Preis (Hrsg.), Der Arbeitsvertrag. Handbuch der Vertragspraxis und -gestaltung, 4. Aufl. 2011

Preis, Grundfragen der Vertragsgestaltung im Arbeitsrecht, 1993

Preis/Kliemt/Ulrich, Aushilfs- und Probearbeitsverhältnis, 2. Aufl. 2003

Priester, Die Gestaltung von GmbH-Verträgen, 6. Aufl. 2010

Rancke, Mutterschutz, Betreuungsgeld, Elterngeld, Elternzeit, Handkommentar, 3. Aufl. 2014

Reiserer/Heß-Emmerich/Peters, Der GmbH-Geschäftsführer – Rechte, Pflichten, Haftung, 3. Aufl. 2008

Richardi (Hrsg.), Betriebsverfassungsgesetz, Kommentar, 14. Aufl. 2014

Ringleb/Kremer/Lutter/v. Werder, Kommentar zum Deutschen Corporate Governance Kodex, Kommentar, 5. Aufl. 2014

Roth/Altmeppen, GmbH-Gesetz, Kommentar, 7. Aufl. 2012

Rowedder/Schmidt-Leithoff, GmbHG, Kommentar, 5. Aufl. 2013

Schaub (Hrsg.), Arbeitsrechts-Handbuch, 15. Aufl. 2013 (zit. Schaub/*Bearbeiter*)

Schaub, Arbeitsrechtliches Formular- und Verfahrenshandbuch, Arbeitsrechtliches Formular- und Verfahrenshandbuch, 10. Aufl. 2013 (zit. Schaub/*Bearbeiter*, ArbRFV-HdB)

Schaub/Schindele, Kurzarbeit, Massenentlassung, Sozialplan, 3. Aufl. 2011

Schiefer/Ettwig/Krych, Das Allgemeine Gleichbehandlungsgesetz, Düsseldorfer Schriftenreihe, 2006

Schliemann, Arbeitszeitgesetz mit Nebengesetzen, Kommentar, 2. Aufl. 2013

Schliemann/Ascheid u.a., Das Arbeitsrecht im BGB, Kommentar, 2. Aufl. 2002/2012

Schmidt, Einkommensteuergesetz, Kommentar, 33. Aufl. 2014

Schmidt/Lutter (Hrsg.), Aktiengesetz, Kommentar, 2 Bände, 2. Aufl. 2010

Scholz, GmbH-Gesetz, Kommentar, 3 Bände, 11. Aufl. 2012/2015

Schüren (Hrsg.), Arbeitnehmerüberlassungsgesetz, Kommentar, 4. Aufl. 2010

Semler/Peltzer (Hrsg.), Arbeitshandbuch für Vorstandsmitglieder, 2005

Semler/v. Schenck (Hrsg.), Arbeitshandbuch für Aufsichtsratsmitglieder, 4. Aufl. 2013

Simitis, Bundesdatenschutzgesetz, Kommentar, 8. Aufl. 2014

Sowka/Schiefer/Heise/Bengelsdorf u.a., Kündigungsschutzrecht – Kölner Praxiskommentar zum Kündigungsschutzgesetz und zu sonstigen kündigungsrechtlichen Vorschriften, Düsseldorfer Schriftenreihe, 3. Aufl. 2004

Stahlhacke/Preis/Vossen, Kündigung und Kündigungsschutz im Arbeitsverhältnis, 10. Aufl. 2010

Stege/Weinspach/Schiefer, Betriebsverfassungsgesetz, Handkommentar für die betriebliche Praxis, 9. Aufl. 2002

Stoffels, AGB-Recht, 2. Aufl. 2009

Streck, Körperschaftsteuergesetz – mit Nebengesetzen, Kommentar, 8. Aufl. 2014

Suckow/Striegel/Niemann, Der vorformulierte Arbeitsvertrag, 2011

Thüsing, AGB-Kontrolle im Arbeitsrecht, 2007

Thüsing, Arbeitnehmerüberlassungsgesetz, Kommentar, 3. Aufl. 2012

Thüsing/Braun (Hrsg.), Tarifrecht, Handbuch, 2011

Tschöpe (Hrsg.), Anwalts-Handbuch Arbeitsrecht, 8. Aufl. 2013 (zit. Tschöpe/*Bearbeiter*)

Ulmer/Brandner/Hensen, AGB-Recht Kommentar, 10. Aufl. 2006

Ulmer/Habersack/Henssler, Mitbestimmungsrecht, Kommentar, 3. Aufl. 2013

Ulmer/Habersack/Winter (Hrsg.), GmbHG, Großkommentar, 2010

v. Hoyningen-Huene/Linck, Kündigungsschutzgesetz, Kommentar, 15. Aufl. 2013

Vogt, Arbeitsrecht im Konzern – Auslandsentsendung, Arbeitnehmerüberlassung, Kündigungsschutz, Betriebsübergang, Compliance, 2014

von Steinau-Steinrück/Hurek, Arbeitsvertragsgestaltung, 2007

von Steinau-Steinrück/Vernunft, Arbeitsvertragsgestaltung, 2. Aufl. 2014

Weber/Dahlbender, Verträge für GmbH-Geschäftsführer und Vorstände, 2. Aufl. 2000

Weber/Ehrich/Burmester, Handbuch der arbeitsrechtlichen Aufhebungsverträge – Aufhebung von Arbeits- und Dienstverhältnissen mit arbeits-, sozial- und steuerrechtlichen Folgen, 5. Aufl. 2009

Weise/Krauß (Hrsg.), Beck'sche Online Formulare Vertragsrecht

Wendeling-Schröder/Stein, Allgemeines Gleichbehandlungsgesetz, Kommentar, 2008

Wicke, GmbH-Gesetz, Kommentar, 2. Aufl. 2011

Wiedemann (Hrsg.), Tarifvertragsgesetz – mit Durchführungs- und Nebenvorschriften, Kommentar, 7. Aufl. 2007

Wiese/Kreutz/Oetker u.a., Gemeinschaftskommentar zum BetrVG – GK-BetrVG, 2 Bände, 10. Aufl. 2014

Willemsen/Hohenstatt/Schweibert/Seibt, Umstrukturierung und Übertragung von Unternehmen – Arbeitsrechtliches Handbuch, 4. Aufl. 2011

Wlotzke/Wißmann/Koberski/Kleinsorge, Mitbestimmungsrecht, Kommentar, 4. Aufl. 2011

Wolf/Horn/Lindacher, AGB-Gesetz, Kommentar, 4. Aufl. 1999

Wolf/Lindacher/Pfeiffer (Hrsg.), AGB-Recht, Kommentar, 6. Aufl. 2013

Zöller, Zivilprozessordnung, Kommentar, 30. Aufl. 2014

§ 1 Arbeitsverträge

A. Kommentierung von Vertragsklauseln

I. Kernaspekte der Vertragsgestaltung im Arbeitsverhältnis

Literatur

Formularbücher:

Bauer/Lingemann/Diller/Haußmann, Anwalts-Formularbuch Arbeitsrecht, 5. Aufl. 2014, Kap. 2–11; *BAVC*, Arbeitsvertragsgestaltung in der chemischen Industrie, 2005; *Fingerhut*, Formularbuch für Verträge, 12. Aufl. 2009; *Frikell/Orlop*, Arbeitsrecht in Formularen, 6. Aufl. 2002; *Hümmerich/Lücke/Mauer* (Hrsg.), NomosFormulare Arbeitsrecht – Vertragsgestaltung, Prozessführung, Personalarbeit, Betriebsvereinbarungen, 8. Aufl. 2014; *Hunold*, Musterarbeitsverträge und Zeugnisse für die betriebliche Praxis, 1995; *Kador/Diergarten*, Instrumente der Personalarbeit: praktische Arbeitshilfe für Klein- und Mittelbetriebe, 7. Aufl. 2001; *Kittner/Zwanziger* (Hrsg.), Formulare zum Arbeitsrecht – Checklisten und Mustertexte, 2005; *Kopp*, Arbeitsvertrag für Führungskräfte, 4. Aufl. 2001; *Münchener Vertragshandbuch*, Band 4: Wirtschaftsrecht III, 7. Aufl. 2012; *Preis*, Grundfragen der Vertragsgestaltung im Arbeitsrecht, 1993; *ders.*, Der Arbeitsvertrag, 4. Aufl. 2011; *Schaub*, Arbeitsrechtliches Formular- und Verfahrenshandbuch, 10. Aufl. 2013 (bearbeitet von *Schrader/Straube/Vogelsang*); *Schrader*, Rechtsfallen in Arbeitsverträgen, 2001; *Weber/Burmester*, Anstellungsvertrag für Manager, 3. Aufl. 2001; *Weber/Hoß/Burmester*, Handbuch der Managerverträge, 2000; *Wetter*, Der richtige Arbeitsvertrag, 3. Aufl. 2000.

Arbeitsvertragsgestaltung:

Annuß, Das Verbot der Altersdiskriminierung als unmittelbar geltendes Recht, BB 2006, 325; *ders.*, Das Allgemeine Gleichbehandlungsgesetz im Arbeitsrecht, BB 2006, 1629; *Ascheid*, Richtlinie 77/187/EWG: Harmonisierung europäischen und deutschen Richterrechts, in: Hanau (Hrsg.), Richterliches Arbeitsrecht/Festschrift für Thomas Dieterich zum 65. Geburtstag, 1999, S. 9 ff; *Bauer*, Der Professorenentwurf zum Arbeitsvertragsgesetz – Kein Danaergeschenk, sondern eine sinnvolle Diskussionsgrundlage!, AE 2009, 14; *Bauer/Heimann*, Leiharbeit und Werkvertrag – Achse des Bösen?, NJW 2013, 3287; *Bauer/Thüsing/Schunder*, Entwurf eines Gesetzes zur Umsetzung europäischer Antidiskriminierungsrichtlinien, NZA 2005, 32; *Bayreuther*, „Hinauskündigung" von Bezugnahmeklauseln im Arbeitsvertrag, DB 2007, 166; *Beaucamp*, Das Arbeitsverhältnis als Wettbewerbsverhältnis, NZA 2001, 1011; *Belling*, Umsetzung der Antidiskriminierungsrichtlinie im Hinblick auf das kirchliche Arbeitsrecht, NZA 2004, 885; *Boecken*, EG-rechtlicher Zwang zu Unisex-Tarifen in der betrieblichen Altersversorgung?, in: Söllner (Hrsg.), Gedächtnisschrift Meinhard Heinze, 2005, S. 57 ff; *Clemenz*, Arbeitsvertragliche Bezugnahmen auf Tarifverträge – ein Paradigmenwechsel mit offenen Fragen, NZA 2007, 769; *Colneric*, Antidiskriminierung – quo vadis? – Europäisches Recht, NZA-Beil. 2008, 66; *Däubler*, Das deutsche Arbeitsrecht – Ein Auslaufmodell?, NJW 1998, 2573; *Dieterich*, Grundgesetz und Privatautonomie im Arbeitsrecht, RdA 1995, 129; *Dietermann*, Das Arbeitsvertragsgesetz – Initiative ohne Chance?, ZRP 2007, 98; *Eich*, Die Vorzugsstellung des Verbandstarifvertrages auf dem Markt privatautonomer Rechtsquellen, NZA 2006, 1014; *Ferme*, Die Lehren aus der Tarifunfähigkeit der CGZP – Zur notwendigen Anpassung von Leiharbeitsverträgen, zu Haftungsfragen und Abwehrmöglichkeiten, NZA 2011, 619; *Fischer*, Rechtsfort- oder Rückschritt durch Rechtsstillstand – Das Arbeitsvertragsgesetz: Fata Morgana oder „wenn nicht jetzt, wann dann?", NZA 2006, 1395; *Forst*, Betriebsübergang: Ende der Dynamik einer arbeitsvertraglichen Bezugnahme auf einen Tarifvertrag?, DB 2013, 1847; *Friemel*, Muss Zeitarbeitsbranche Milliarden nachzahlen?, NZS 2011, 851; *Gas*, Die unmittelbare Anwendung von Richtlinien zu Lasten Privater im Urteil „Mangold", EuZW 2005, 737; *Gaul*, Der Musterarbeitsvertrag – zwischen unternehmerischer Vorsorge und den Vorgaben des Nachweisgesetzes, NZA-Beil. 2000, 51; *Gaul/Bonanni*, Änderung der Gewerbeordnung – Gesetzliche Niederlegung allgemeiner arbeitsrechtlicher Grundsätze, ArbRB 2002, 234; *Geißler*, Equal Pay für Zeitarbeiter durch unwirksame Tarifverträge?, ArbR Aktuell 2010, 113; *Giesen*, Bezugnahmeklauseln – Auslegung, Formulierung und Änderung, NZA 2006, 625; *Gotthardt*, Arbeitsrecht nach der Schuldrechtsreform, 2. Aufl. 2003; *Greiner*, Werkvertrag und Arbeitnehmerüberlassung – Abgrenzungsfragen und aktuelle Rechtspolitik, NZA 2013, 697; *Griebeling*, Der Arbeitnehmerbegriff und das Problem der „Scheinselbständigkeit", RdA 1998, 208; *Hamann*, Kurswechsel bei der Arbeitnehmerüberlassung?, NZA 2011, 70; *Haußmann*, Urteilsanmerkung zu EuGH, Urteil vom 18.7.2013 – C-426/11, FD-ArbR 2013, 350356; *Hennige*, Rechtliche Folgewirkungen schlüssigen Verhaltens der Arbeitsvertragsparteien, NZA 1999, 281; *Henssler/Preis*, Diskussionsentwurf eines Arbeitsvertragsgesetzes, NZA-Beil. 2007, 1; *Herbert/Oberrath*, Rechtsprobleme des Nichtvollzugs eines abgeschlossenen Arbeitsvertrages, NZA 2004, 121; *Heuchemer/Schielke*, Herausforderungen für die Zeitarbeitsbranche, BB 2011, 758; *Hromadka*, Arbeitnehmer, Arbeitnehmergruppen und Arbeitnehmerähnliche im Entwurf eines Arbeitsvertragsgesetzes, NZA 2007, 838; *ders.*, Zukunft des Arbeitsrechts, NZA 1998, 1; *Hümmerich*, Arbeitsverhältnis als Wettbewerbsgemeinschaft – Zur Abgrenzung von Arbeit-

nehmern und Selbständigen, NJW 1998, 2625; *ders.*, Wie gestaltet der Anwalt einen Arbeitsvertrag?, AnwBl 1999, 9; *ders.*, Gestaltung von Arbeitsverträgen nach der Schuldrechtsreform, NZA 2003, 753; *Hümmerich/Holthausen*, Der Arbeitnehmer als Verbraucher, NZA 2002, 173; *Hümmerich/Boecken/Spirolke*, Das arbeitsrechtliche Mandat, 6. Aufl. 2012; *Hümmerich/Mäßen*, TVöD – ohne Tarifwechselklausel ade!, NZA 2005, 961; *Hunold*, Ausgewählte Rechtsprechung zur Vertragskontrolle, NZA-RR 2002, 225; *ders.*, Kontrolle arbeitsrechtlicher Absprachen nach der Schuldrechtsreform, NZA-RR 2006, 113; *Jacobs/Frieling*, Keine dynamische Weitergeltung von kleinen dynamischen Bezugnahmeklauseln nach Betriebsübergängen, EuZW 2013, 737; *Joch/Klichowski*, Die Vereinbarung auflösender Bedingungen in Darstellerverträgen – Kunstfreiheit als Sachgrund, NZA 2004, 302; *Joussen*, Der Vertrauensschutz im fehlerhaften Arbeitsverhältnis, NZA 2006, 963; *Kempen*, Kollektivautonomie contra Privatautonomie: Arbeitsvertrag und Tarifvertrag, NZA-Beil. 2000, 7; *Kerwer*, Das europäische Gemeinschaftsrecht und die Rechtsprechung der deutschen Arbeitsgerichte, 2003; *Körner*, Europäisches Verbot der Altersdiskriminierung in Beschäftigung und Beruf, NZA 2005, 1395; *ders.*, Diskriminierung von älteren Arbeitnehmern – Abhilfe durch das AGG?, NZA 2008, 497; *Küttner*, Arbeitsrecht und Vertragsgestaltung, RdA 1999, 59; *ders.*, Personalbuch 2014, 21. Aufl. 2014; *Lang*, Moderne Entgeltsysteme, 1998; *Lingemann/Gotham*, Freiwilligkeits-, Stichtags- und Rückzahlungsregelungen bei Bonusvereinbarungen – Was geht noch?, NZA 2008, 509; *Lingemann/v. Steinau-Steinrück/Mengel*, Employment & Labor Law in Germany, 2003; *Lobinger*, EuGH zur dynamischen Bezugnahme von Tarifverträgen beim Betriebsübergang, NZA 2013, 945; *Maschmann*, Zuverlässigkeitstest durch Verführung illoyaler Mitarbeiter, NZA 2002, 13; *ders.*, Arbeitsrecht im werdenden Europa – 16. Arbeitsrechtssymposium an der Universität Passau, NZA 2003, 206; *Münchener Handbuch zum Arbeitsrecht*, 2 Bände, 3. Aufl. 2009; *Natzel*, Gesetzliche Öffnungsklausel im Kommen? Ein Alternativmodell zur Diskussion um eine Neujustierung des Tarifvertragssystems, NZA 2005, 903; *ders.*, Weiterbeschäftigungsverlangen eines Jugend- und Auszubildendenvertreters, DB 1998, 1721; *Pick*, Zum Stand der Schuldrechtsmodernisierung, ZIP 2001, 1173; *Plagemann/Brand*, Sozialversicherungsbeiträge für nicht erfüllte „Equal pay"-Ansprüche?, NJW 2011, 1488; *Preis*, Schriftformerfordernis für Kündigungen, Aufhebungsverträge und Befristungen nach § 623 BGB, NZA 2000, 348; *Reinecke*, Neudefinition des Arbeitnehmerbegriffs durch Gesetz und Rechtsprechung?, ZIP 1998, 581; *Reiserer*, Flexible Vergütungsmodelle – AGB-Kontrolle, Gestaltungsvarianten, NZA 2007, 1249; *Richardi*, Arbeitsvertragsgesetz und Privatautonomie, NZA 1992, 769; *ders.*, Formzwang im Arbeitsverhältnis, NZA 2001, 57; *Rieble*, Rückkehrzusagen an „ausgegliederte" Mitarbeiter und ihre Folgen, NZA 2002, 706; *v. Roetteken*, Anforderungen des Gemeinschaftsrechts an Gesetzgebung und Rechtsprechung am Beispiel der Gleichbehandlungs-, der Arbeitsschutz- und der Betriebsübergangsrichtlinie, NZA 2001, 414; *Rüthers*, Methoden im Arbeitsrecht 2010 – Rückblick auf ein halbes Jahrhundert, NZA-Beil. 2011, 100; *Schaub*, Arbeitsrechts-Handbuch, 15. Aufl. 2013; *Schiek*, Gleichbehandlungsrichtlinien der EU – Umsetzung im deutschen Arbeitsrecht, NZA 2004, 873; *Schindele/Söhl*, Zwei Jahre danach: Die CGZP-Entscheidung und ihre Folgen, ArbR Aktuell 2013, 63; *Schlachter*, Grenzüberschreitende Arbeitsverhältnisse, NZA 2000, 57; *Schlegel*, Arbeits- und sozialversicherungsrechtliche Konsequenzen des CGZP-Beschlusses, NZA 2011, 380; *Schmalenberg*, Befristungen von einzelnen Vertragsbedingungen, in: FS zum 25-jährigen Bestehen der Arbeitsgemeinschaft ArbR, 2006, S. 155 ff; *Schnitker/Grau*, Klauselkontrolle im Arbeitsvertrag, BB 2002, 2120; *Schramm*, Die Zulässigkeit von Freiwilligkeitsvorbehalten in Arbeitsverträgen, NZA 2007, 1325; *Schubert/Hjort/Kahl/Fricke*, Der Professorenentwurf zum Arbeitsvertragsgesetz – Ein Danaergeschenk?, AE 2009, 5; *Sieg/Schmitz*, Neue Perspektiven im vereinten Europa, AuA 5/2004, 8; *Simon/Kock/Halbsguth*, Dynamische Bezugnahmeklausel als Gleichstellungsabrede – Vertrauensschutz für alle „Altverträge", BB 2006, 2354; *Spielberger*, Vertrauensschutz light – das Urteil des BAG vom 18.4.2007 zur Gleichstellungsabrede, NZA 2007, 1086; *v. Steinau-Steinrück/Schneider/Wagner*, Der Entwurf eines Antidiskriminierungsgesetzes: Ein Beitrag zur Kultur der Antidiskriminierung?, NZA 2005, 28; *Steiner*, Das Deutsche Arbeitsrecht im Kraftfeld von Grundgesetz und Europäischem Gemeinschaftsrecht, NZA 2008, 73; *Steinmeyer/Jürging*, Überlegungen zu einer gesamtdeutschen Kodifikation des Arbeitsvertragsrechts, NZA 1992, 777; *Streinz*, Der Fall „Mangold" – eine „kopernikanische Wende im Europarecht"?, RdA 2007, 165; *Tempelmann/Stenslik*, Keine automatische dynamische Fortgeltung von Tarifverträgen beim Betriebsübergang, FD-DStR 2013, 350664; *Thüsing*, Angemessenheit durch Konsens – Zu den Grenzen der Richtigkeitsgewähr arbeitsvertraglicher Vereinbarungen, RdA 2005, 257; *ders.*, Blick in das europäische und ausländische Arbeitsrecht, RdA 2008, 51; *ders.*, Zur dynamischen Bezugnahme nach Betriebsübergang, EWiR 2013, 543; *Thüsing/Leder*, Die Entwicklung des US-amerikanischen Arbeitsrechts in den Jahren 2006 und 2007, NZA 2008, 982; *dies.*, Die Entwicklung des US-amerikanischen Arbeitsrechts in den Jahren 2008 und 2009, NZA 2011, 188; *Thüsing/Wege*, Behinderung und Krankheit bei Einstellung und Entlassung, NZA 2006, 136; *Waas*, Überlegungen zur Fortentwicklung des deutschen Arbeitsrechts – Diskussion im Inland, Anstöße aus dem Ausland, RdA 2007, 76; *Waltermann*, Verbot der Altersdiskriminierung – Richtlinie und Umsetzung, NZA 2005, 1265; *Willemsen/Hohenstatt/Schweibert/Seibt*, Umstrukturierung und Übertragung von Unternehmen, 4. Aufl. 2011; *Willemsen/Schweibert*, Schutz der Beschäftigten im Allgemeinen Gleichbehandlungsgesetz, NJW 2006, 2583; *Wisskirchen*, Der Umgang mit dem Allgemeinen Gleichbehandlungsgesetz – Ein „Kochrezept" für Arbeitgeber, DB 2006, 1491; *Wlotzke*, EG-Binnenmarkt und Arbeitsrechtsordnung – Eine Orientierung, NZA 1990, 417; *Wroblewski*, Sachstand „Arbeitsvertragsgesetz" – Verwirklichungschancen einer Kodifikation, rechtspolitische Gemengelage und Positionen, NZA 2008, 622; *Zerres*, Fortgeltung tarifvertraglicher Regelungen beim Betriebsübergang im Falle arbeitsvertraglicher Bezugnahme, NJW 2006, 3533; *Zintl/Zimmerling*, Alternativer Werkvertrag?, NJW-Spezial 2013, 562.

1. Der Arbeitsvertrag – das zentrale Rechte-Dokument für Arbeitgeber und Arbeitnehmer

a) Grundlagen des Arbeitsvertrages

Der **Arbeitsvertrag** bildet im Arbeitsrecht das zentrale **Dokument** zur Regelung der wesentlichen Rechte im Arbeitsverhältnis, soweit sie sich nicht aus Tarifvertrag oder Betriebsvereinbarung ergeben. Vor allem die Hauptpflichten des Arbeitnehmers wie Arbeitsleistung (Tätigkeit, Arbeitszeit, Versetzungsvorbehalt) und die Hauptpflicht des Arbeitgebers (Gehalt, Prämie, Weihnachtsgeld) erfahren im Arbeitsvertrag eine Präzisierung. Auch wichtige Nebenpflichten dokumentieren die Parteien im Arbeitsvertrag, selbst wenn sich diese schon aus dem Gesetz ergeben. Mit einer entsprechenden Klarstellung wird bezweckt, dem Arbeitnehmer diese Nebenpflichten verdeutlichend vor Augen zu führen. 1

Um die Möglichkeiten bei der Ausgestaltung eines Arbeitsvertrages verstehen zu können, müssen sich zunächst die Grundlagen des Arbeitsvertrages näher vor Augen geführt werden. Der Arbeitsvertrag bildet bei der Ausgestaltung der arbeitsvertraglichen Haupt- und Nebenpflichten im Allgemeinen, aber auch bis ins besondere Detail, die wohl stärkste und zentralste Grundlage. Dies gilt sowohl in rechtlicher als auch in psychologischer Hinsicht. Einerseits existiert im Arbeitsrecht zwar ein grundsätzlicher gesetzlicher Rahmen zur Ausgestaltung, dennoch besteht durch Spielräume und dispositives Recht ein relativ weiter eigener Gestaltungsbereich für die Vertragsparteien individueller und kollektiver Verträge. Ebenso in psychologischer Hinsicht, insb. aus dem Blickwinkel der Arbeitnehmer, welche im Regelfall die Inhaltsnormen ihres Arbeitsvertrages als wirksam und gegeben ansehen, ohne deren tatsächliche Zulässigkeit in vielen Fällen zu hinterfragen, kommt dem Arbeitsvertrag eine zentrale Rolle im Arbeitsverhältnis zu. Aus diesem Grund lohnt es sich, zunächst einen Blick auf die allgemeinen Grundlagen des Arbeitsvertrages und Arbeitsverhältnisses zu werfen. 2

Das Arbeitsverhältnis hat seine Rechtsgrundlage in § 611 BGB iVm dem Arbeitsvertrag. Der Arbeitsvertrag ist ein **privatrechtlicher, gegenseitiger Vertrag als Unterfall des Dienstvertrages** und richtet sich demnach zunächst nach den §§ 611 ff BGB.[1] Allerdings sind dabei im Vergleich zum Recht des freien Dienstvertrages einige Besonderheiten zu beachten, die sich v.a. aus der regelmäßig **abhängigen Beschäftigung** des Arbeitnehmers ergeben, wogegen der freie Dienstnehmer, etwa im Bereich der freien Mitarbeit, regelmäßig unabhängig tätig wird (zur Abgrenzung s. insb. im Bereich der freien Mitarbeit § 4 Rn 15 ff). Ein weiteres, v.a. sozialpolitisch aktuelles und brisantes **Abgrenzungsfeld** besteht zum **Werkvertragsrecht**. So sind in der jüngeren Vergangenheit besonders in den Bereichen der Arbeitnehmerüberlassungen verschiedene Missbrauchskonstruktionen öffentlich in die Kritik geraten, bei welchen eigentlich materiellrechtlich als Arbeitnehmer zu behandelnde Personen zur Umgehung der Anwendbarkeit des Arbeitnehmerschutzrechts mit Werkverträgen ausgestattet wurden.[2] 3

Der Arbeitsvertrag selbst findet eine genauere Erwähnung in **§ 105 GewO**. Darin wird zunächst in S. 1 deutlich gemacht, dass Arbeitgeber und Arbeitnehmer Abschluss, Inhalt und Form des Arbeitsvertrages frei vereinbaren können, soweit nicht zwingende gesetzliche Vorschriften, Bestimmungen anwendbarer Tarifverträge oder Betriebsvereinbarungen entgegenstehen. § 105 GewO stellt somit die **Anwendbarkeit der Vertragsfreiheit** in aller Deutlichkeit für gewerbliche Arbeitsverhältnisse heraus.[3] Dies ergibt sich generell schon aus dem im BGB verankerten Grundsatz der Privatautonomie, so dass die Vorschrift des § 105 GewO letztlich als rein **deklaratorisch** anzusehen ist.[4] Ausprägungen der Vertragsfreiheit im BGB finden sich vor- 4

1 Küttner/*Röller*, Personalbuch, 58 (Arbeitsvertrag) Rn 1.

2 Zu dieser Problematik etwa: *Greiner*, NZA 2013, 697; *Bauer/Heimann*, NJW 2013, 3287 ff; *Zintl/Zimmerling*, NJW-Spezial 2013, 562 f.

3 Schaub/*Linck*, Arbeitsrechts-Handbuch, § 31 Rn 2.

4 ErfK/*Preis*, § 105 GewO Rn 2.

dergründig in § 311 Abs. 1 und § 241 Abs. 1 BGB.[5] Die Vertragsfreiheit – in Form der Abschlussfreiheit und der Freiheit der inhaltlichen Ausgestaltung – ist grds. im Zivilrecht, zu welchem das Arbeitsrecht zu rechnen ist, Ausfluss des Grundrechts der allgemeinen Handlungsfreiheit nach Art. 2 Abs. 1 GG. Im Bereich der Arbeitsverträge wird die Vertragsfreiheit zusätzlich aus der Berufsfreiheit nach Art. 12 GG abgeleitet.[6]

5 Das Vertragsgestaltungsrecht beruht im Bereich des Arbeitsrechts neben der Vertragsfreiheit wesentlich auf dem **Arbeitnehmerbegriff.**[7] Dieser wurde ursprünglich vom Reichsversicherungsamt entwickelt[8] und ist in der Folge vom BAG verfeinert worden.[9] Danach ist **Arbeitnehmer**, wer auf privatrechtlicher Grundlage im Dienste eines anderen zu fremdbestimmter Arbeit in persönlicher Abhängigkeit verpflichtet ist.[10] Dies erfordert allerdings nicht, dass die zu erbringende Arbeitsleistung selbst bereits im Arbeitsvertrag im Einzelnen festgelegt ist, da die genaue Ausgestaltung der Leistung auch noch durch einseitige Weisung des Arbeitgebers iSv § 106 GewO im Einzelfall bestimmt werden kann.[11] In der nationalen Rspr wird im Rahmen der Abgrenzung verstärkt auf das Attribut der **Weisungsgebundenheit** im Rahmen der Eingliederung in eine von einem Dritten bestimmte Arbeitsorganisation abgestellt.[12] Nach dem EuGH besteht das wesentliche Merkmal des Arbeitsverhältnisses in der Erbringung von Leistungen während einer bestimmten Zeit für einen anderen nach dessen Weisung gegen Zahlung einer Vergütung.[13] Der Arbeitnehmerbegriff bildet das zentrale Kriterium für die Anwendbarkeit einer Vielzahl arbeitsrechtlicher Vorschriften, insb. der Arbeitnehmerschutzvorschriften, welche auch bei der Vertragsgestaltung zu berücksichtigen sind.

6 Die **Vertragsfreiheit** gilt im Arbeitsrecht **nicht unbeschränkt.** Als Ausfluss des Grundrechts des Prinzips der freien Selbstbestimmung greift diese grds. nur ein, wenn eine freie Selbstbestimmung tatsächlich gewährleistet ist. Im Arbeitsverhältnis und damit verbunden im Arbeitsvertrag werden Arbeitsbedingungen aber teilweise aufgrund eines Übergewichts des einen Vertragsteils faktisch oftmals einseitig vorgegeben.[14] Als Reaktion darauf wird die Vertragsfreiheit in inhaltlicher Hinsicht über die Vorschriften zur Kontrolle vorformulierter Vertragsbedingungen in den §§ 305 ff BGB begrenzt, welche heutzutage den wesentlichen Maßstab für die Gestaltung von Arbeitsverträgen bilden.

b) Mögliche Problemfaktoren und Unwägbarkeiten im Rahmen der Arbeitsvertragsgestaltung

aa) Offenes System und Kasuistik

7 Das Recht der Arbeitsvertragsgestaltung kennt keine verbindliche Systematik. In der Bundesrepublik Deutschland existieren kein geschlossenes Rechtssystem und **kein echtes Arbeitsvertragsrecht.** Hinzu kommt, dass es an einem einheitlichen Arbeitsgesetz fehlt und die arbeitsrechtlichen Regelungen vielmehr über eine Vielzahl von Einzelgesetzen verteilt sind. Die Erstellung einer übersichtlichen Darstellung zu den einzelnen Vertragsklauseln wird zusätzlich durch

5 Küttner/*Röller*, Personalbuch, 58 (Arbeitsvertrag) Rn 20.

6 Landmann/Rohmer/*Neumann*, GewO, § 105 Rn 4; Tettinger/Wank/Ennuschat/*Wank*, § 105 GewO Rn 3 ff.

7 *Boemke*, ZfA 1998, 285; *Griebeling*, RdA 1998, 208; *Hromadka*, NZA 1998, 1, 5; *Hümmerich*, NJW 1998, 2625; *Maschmann*, NZA 2002, 13, 21; *Reinecke*, ZIP 1998, 581.

8 Amtliche Nachrichten der Reichsversicherungsanstalt 1891, S. 183 f. Nr. 78.

9 BAG 22.3.1995 – 5 AZB 21/94, NZA 1995, 823; BAG 22.4.1998 – 5 AZR 191/97, NZA 1998, 1275.

10 St. Rspr des BAG: BAG 6.7.1995 – 5 AZB 9/93, NZA 1996, 33; so etwa zuletzt BAG 5.12.2012 – 7 ABR 48/11, NZA 2013, 793; *Hümmerich*, NJW 1998, 2625, 2626.

11 BAG 16.5.2012 – 5 AZR 268/11, NZA 2012, 974.

12 St. Rspr des BAG: BAG 20.8.2003 – 5 AZR 610/02, NZA 2004, 39; BAG 19.1.2000 – 5 AZR 644/98, NZA 2000, 1102; so etwa zuletzt BAG 5.12.2012 – 7 ABR 48/11, NZA 2013, 793.

13 EuGH 6.11.2003 – Rs. C-413/01, NZA 2004, 87.

14 Schaub/*Linck*, Arbeitsrechts-Handbuch, § 31 Rn 3.

den Umstand erschwert, dass die maßgebliche Rspr häufig Einzelfallcharakter besitzt. Allerdings wird aus solchen **Einzelfallentscheidungen** gerade des BAG oftmals eine **ständige Rechtsprechung**, an welcher sich die Instanzgerichte orientieren. Es ist demnach auch Aufgabe des Vertragsgestalters, die aktuelle Rspr im Auge zu behalten und im Einzelfall zu prüfen, ob der eigene Sachverhalt in Form bestimmter Klauseln unter die gerichtlich entwickelte Kasuistik zu fassen ist.

Die zur Beurteilung von Vertragsklauseln heranzuziehenden Maßstäbe sind somit in gewisser Weise **Reflex zur jeweils aktuellen Gesetzes- und Rechtsprechungslage.** Die bei der Überprüfung von Arbeitsvertragsklauseln zum Einsatz kommenden Rechtsregeln sind nicht abschließend kodifiziert oder auf andere Weise fixiert. Sie sind häufig neueren Entwicklungen unterworfen, welche oftmals stark mit sich wandelnden gesellschaftlichen Vorstellungen und sozialpolitisch aktuell werdenden Phänomenen verknüpft sind. Aktuelle Entwicklungen und Phänomene bewegen die Judikative, aber auch die Legislative in vielen Fällen zum Umdenken, was zu einer zuvor nicht absehbaren Änderung der Gesetzeslage bzw der richterlichen Bewertung führen kann. Manche Klauseln entwickeln ihre Brisanz erst über Sachverhaltskonstellationen und Rechtsentwicklungen, die sich einer vorausschauenden Betrachtung des Vertragsgestalters entziehen. Manchmal muss sich der Vertragsgestalter mit einander unversöhnlich gegenüberstehenden Rechtsargumenten auseinandersetzen und trotzdem ein für den Auftraggeber mutmaßlich gültiges Vertragswerk erstellen. 8

bb) Rechtsprechung

Auch der Rspr der Arbeitsgerichte kommt, insb. aufgrund des fehlenden klaren Konstrukts eindeutiger Vorgaben für die Vertragsgestaltung, eine besondere Rolle zu. Die Gerichte bewerten gängige Vertragsklauseln, legen sie aus und überprüfen die Vereinbarkeit mit den geltenden Gesetzen. Dies stellt einen weiteren bei der Vertragsgestaltung zu berücksichtigenden **Unsicherheitsfaktor** dar, da eine zum Formulierungszeitpunkt der Klausel als **ständig angesehene Rechtsprechung** der obersten Gerichte jederzeit einer **Änderung** unterliegen kann. 9

Problematisch ist weiterhin, dass nicht nur die nationale Rspr zu berücksichtigen ist, sondern oftmals – zumindest in Fällen mit einem unionsrechtlichen Bezug, was aber aufgrund der Vielzahl der mittlerweile umgesetzten arbeitsrechtlichen EU-Richtlinien keine Seltenheit darstellt – auch die **Rspr des EuGH** maßgeblich sein kann. Besonders deutlich lässt sich die unvorhergesehene Änderung zuvor als feststehend angesehener Rspr in Verbindung mit einer dauerhaften Unsicherheit aufgrund **gegensätzlich erscheinender Entscheidungen von BAG und EuGH** am **Beispiel** der Auslegung **kleiner dynamischer Bezugnahmeklauseln** (s. ausf. § 1 Rn 1668 ff) aufzeigen. Das BAG hatte in diesem Zusammenhang zunächst in zwei Entscheidungen vom 18.4.2007[15] eine bereits vorher angekündigte[16] Rechtsprechungsänderung zur **Reichweite der Auslegung dynamischer Bezugnahmeklauseln** unter Aufgabe einer lange Zeit als gefestigt geltenden Sichtweise umgesetzt und damit für einige Aufregung insb. in der Praxis gesorgt. Vormals hatte das BAG in stRspr die Auslegungsregel aufgestellt, bei der Verwendung von dynamischen Bezugnahmeklauseln durch tarifgebundene Arbeitgeber handele es sich regelmäßig um **Gleichstellungsabreden,** wenn nach dem Wortlaut des Arbeitsvertrages auf die für den Arbeitgeber jeweils einschlägigen Tarifverträge Bezug genommen werde und es keine inner- oder außerhalb der Vertragsurkunde liegenden Anhaltspunkte gebe, welche eine anderweitige Auslegung nahelegten.[17] Da durch eine derartige Abrede lediglich die fehlende Tarifgebundenheit der „Außenseiter" ersetzt werden soll und somit die Gleichbehandlung der nicht organisierten 10

15 BAG 18.4.2007 – 4 AZR 652/05, NZA 2007, 965; BAG 18.4.2007 – 4 AZR 653/05, DB 2007, 2598.

16 BAG 14.12.2005 – 4 AZR 536/04, NZA 2006, 607.

17 BAG 1.12.2004 – 4 AZR 50/04, NZA 2005, 478; BAG 19.3.2003 – 4 AZR 331/02, NZA 2003, 1207; BAG 27.11.2002 – 4 AZR 661/01, NZA 2003, 3180; BAG 25.9.2002 – 4 AZR 294/01, NZA 2003, 807; BAG 21.8.2002 – 4 AZR 263/01, NZA 2003, 442; BAG 26.9.2001 – 4 AZR 544/00, NZA 2002, 634; BAG

Arbeitnehmer mit den organisierten bezweckt wird, begründete eine solche Bezugnahmeklausel nach der früheren Rspr keine Einbeziehung von Tarifverträgen, welche nach Entfallen der Tarifbindung des Arbeitgebers geschlossen wurden. Im Fall des Verbandsaustritts des Arbeitgebers sollte es somit gegenüber der gesamten Belegschaft lediglich zu einer statischen Fortgeltung der zu diesem Zeitpunkt einschlägigen Tarifverträge kommen. Dementsprechend sorglos und ohne Sensibilität für die Möglichkeit einer Rechtsprechungsänderung wurden in Arbeitsverträgen derartige Formulierungen verwendet, ohne den fehlenden Willen zur dauerhaften dynamischen Bindung an die Tarifverträge nach Wegfall der Verbandsmitgliedschaft explizit zum Ausdruck zu bringen.

11 Nach Umsetzung der Rechtsprechungsänderung durch das BAG in den angesprochenen Entscheidungen sind entsprechend formulierte Klauseln in ab dem 1.1.2002 geschlossenen Arbeitsverträgen nicht mehr als Gleichstellungsabreden, sondern als **unbedingte zeitdynamische Verweisungen** auszulegen. Soweit ein Entfallen der Verbandsmitgliedschaft nicht in für den Arbeitnehmer erkennbarer Weise zur auflösenden Bedingung gemacht worden ist, stelle die Klausel eine konstitutive Verweisung dar, deren dynamische Wirkung durch den Wegfall der Tarifgebundenheit des Arbeitgebers grds. nicht berührt werde. Auch wenn die Absicht einer Gleichstellung regelmäßig dem Willen des Arbeitgebers entspreche, müsse sie als bloßes einseitiges Motiv im Rahmen der Auslegung außer Acht bleiben, soweit sich der Wille nicht eindeutig im Wortlaut niederschlage. Lediglich in vor dem Stichtag geschlossenen Arbeitsverträgen sei aufgrund des berechtigten Vertrauens der Klauselverwender die ursprüngliche Auslegungsweise weiterhin maßgeblich (zur Rechtsprechungsänderung s. ausf. § 1 Rn 1668 ff). Dies führt dazu, dass entsprechende Formulierungen in Neuverträgen den ursprünglich verfolgten Zweck einer bloßen Gleichstellung nicht mehr erfüllen können. Der Arbeitgeber kann sich von der ungewollten Folge der unbedingten dynamischen Bindung nur durch eine entsprechende Änderungsvereinbarung zum Arbeitsvertrag oder eine Änderungskündigung lösen.

12 Das **BAG** hat die dargestellten Grundsätze in der Folgezeit wiederholt bestätigt, so dass eine nun **erneut gefestigte Rspr** anzunehmen war.[18] Aktuell sind allerdings vor dem Hintergrund einer Entscheidung des **EuGH vom 18.7.2013 („Alemo-Herron")**[19] **erneute Unsicherheiten** und Irritationen um die zukünftige Auslegungsweise dynamischer Bezugnahmeklauseln nach deutschem Recht aufgetreten. Der **EuGH** hatte in der angesprochenen Entscheidung im Vorabentscheidungsverfahren zu einem Fall des englischen Rechts herausgestellt, eine Auslegung der EU-Betriebsübergangsrichtlinie ergebe, dass es den Mitgliedstaaten verwehrt sei, nationale Regelungen zu treffen, nach denen ein Betriebserwerber dynamisch an Tarifänderungen gebunden sei, die erst nach dem Betriebsübergang beschlossen wurden und auf deren Vereinbarung und inhaltliche Ausgestaltung er keinen Einfluss nehmen könne. Daraus wurde bereits geschlossen, zumindest für die Fälle des Betriebsübergangs sei eine erneute Änderung der Auslegungsweise bzw sogar eine Rückkehr zur vormaligen Rspr notwendig, da sich die derzeitige Auslegung vor diesem Hintergrund nicht halten lasse.[20] Diese Deutung ist allerdings nicht die zwingende Folge des Urteils,[21] welches stark auf die spezifische britische Rechtslage zugeschnitten war. Aus diesem Grund ist die Anstrengung eines erneuten Vorabentscheidungsverfahrens durch deutsche Arbeitsgerichte zumindest nicht unwahrscheinlich. Weiterhin wurde auch die EuGH-Ent-

---

30.8.2000 – 4 AZR 581/99, NZA 2001, 510; BAG 4.8.1999 – 5 AZR 642/98, NZA 2000, 154; BAG 4.9.1996 – 4 AZR 135/95, NZA 1997, 271.

18 BAG 22.10.2008 – 4 AZR 793/07, NZA 2009, 323; BAG 18.11.2009 – 4 AZR 514/08, NZA 2010, 170; BAG 23.2.2011 – 4 AZR 439/09, NZA-RR 2011, 253; BAG 16.11.2011 – 4 AZR 246/10, AP Nr. 99 zu § 1 TVG Bezugnahme auf Tarifvertrag; BAG 18.4.2012 – 4 AZR 392/10, NZA 2012, 1171; BAG 20.4.2012 – 9 AZR 504/10, NZA 2012, 982; BAG 16.5.2012 – 4 AZR 290/10, NJOZ 2012, 2137.

19 EuGH 18.7.2013 – C-426/11 (Alemo-Herron u.a./Parkwood Leisure Ltd), NZA 2013, 835.

20 So etwa: *Haußmann*, FD-ArbR 2013, 350356; *Jacobs/Frieling*, EuZW 2013, 737, 740; *Lobinger*, NZA 2013, 945, 947; *Tempelmann/Stenslik*, FD-DStR 2013, 350664; *Thüsing*, EWiR 2013, 543, 544.

21 So auch *Forst*, DB 2013, 1847, 1850.

scheidung selbst verschiedentlich als angreifbar kritisiert.[22] Zum Inhalt und Kontext der EuGH-Entscheidung „Alemo-Herron" s. näher § 1 Rn 1676 ff, zu den möglichen Konsequenzen für die BAG-Rspr s. § 1 Rn 1681 ff.

Unabhängig vom letztlichen Ausgang dieser Situation und der zukünftigen Bewertung kleiner dynamischer Bezugnahmeregelungen durch das BAG zeigen sich an diesem Beispiel besonders gut die **Unsicherheiten aufgrund zu unpräziser Formulierungen**, welche unnötige Auslegungsspielräume belassen, deren unterschiedliche Ausfüllungsmöglichkeit oftmals eben auch schwerwiegende wirtschaftliche Konsequenzen für den Klauselverwender haben können. 13

Vertragsgestalter haben demnach in höchstem Maße auf die Verwendung **möglichst klarer und deutlicher Formulierungen** zu achten, welche auch nach einer denkbaren Änderung der Auslegungsgrundsätze keine abweichende Interpretation zulassen und den Willen des Klauselverwenders zweifelsfrei zum Ausdruck bringen. Nur wenn durch eine möglichst präzise Wortwahl und umfassende Regelung der Anwendungsbereich für eine Auslegung von vornherein so gering wie möglich gehalten wird, lassen sich auch für die Zukunft unsichere Ergebnisse vermeiden. 14

cc) Vorausschauende Bewertung möglicher Problembereiche

Eine weitere große Herausforderung für den Vertragsgestalter besteht in der **vorausschauenden Bewertung** möglicher **zukünftiger Problembereiche**, die für das Arbeitsverhältnis bedeutsam werden könnten, obwohl sie zum Zeitpunkt des Vertragsschlusses noch nicht von großer Relevanz sind. Anschaulich verdeutlicht wurde dies am **Beispiel** des aufgrund der weltweiten Wirtschaftskrise gestiegenen Bedürfnisses für die Anordnung von **Kurzarbeit**. Im Zeitraum zwischen Oktober 2008 und Dezember 2009 sind bei der Bundesagentur für Arbeit nach eigenen Angaben[23] je nach Monat Kurzarbeitsanzeigen betreffend zwischen etwa 100.000 und 700.000 Arbeitnehmern eingegangen, wobei die tatsächliche Zahl der Kurzarbeiter ihren Höchststand im Mai 2009 mit insgesamt über 1,5 Mio. betroffenen Arbeitnehmern erreichte (s. näher § 1 Rn 2968). Zuvor bildete die Anordnung von Kurzarbeit seit der letzten nennenswerten wirtschaftlichen Krisensituation Mitte der 90er Jahre eine praktisch kaum noch auftretende Randerscheinung. Auch in der nachfolgenden Zeit der Jahre 2011–2014 hat sich die Zahl wieder auf einem deutlich niedrigeren Niveau von zwischen 140.000 und 180.000 betroffenen Kurzarbeitern eingependelt. Die demnach nur an bestimmte wirtschaftliche Ereignisse gebundene, punktuelle Bedeutung der Kurzarbeit für einen größeren Personenkreis führte dazu, dass diese Problematik in einer Vielzahl von Arbeitsverträgen nicht näher behandelt wurde. Hieraus konnten sich in der Praxis für die betroffenen Arbeitgeber im Nachhinein allerdings erhebliche Probleme ergeben, da eine einseitige Anordnung von Kurzarbeit auf der Grundlage des Direktionsrechts als nachträgliche unzulässige Abänderung der Hauptleistungspflichten ausscheidet. Für viele Betriebe waren aber angesichts der Auftragsrückgänge und Absatzschwierigkeiten eine Kostensenkung und Anpassung des Personalbedarfs erforderlich, um die angespannte Situation überstehen zu können. Zur Vermeidung eines massiven Personalabbaus mittels betriebsbedingter Kündigungen stellt sich die Anordnung von Kurzarbeit als unerlässliches Mittel zur Überwindung von Konjunktureinbrüchen dar. Dies ist derzeit aufgrund der noch jungen Ereignisse den Vertragsgestaltern wohl noch präsent, bildet aber keine Gewähr für eine dauerhafte Berücksichtigung des Problems der Kurzarbeit bei der Arbeitsvertragsgestaltung. Deutlich wird dies daran, dass im Anschluss an die Wiedervereinigung in den Jahren 1991–1993 schon einmal mit einem Jahresdurchschnitt von zwischen 1,7 Mio. 15

22 So etwa: *Jacobs/Frieling*, EuZW 2013, 737, 738 ff; *Klauk/Klein*, jurisPR-ArbR 40/2013, Anm. 1; *Thüsing*, EWiR 2013, 543, 544.

23 Pressemitteilungen der Bundesagentur für Arbeit im Zeitraum vom 4.2. bis zum 5.1.2010, veröffentlicht unter www.arbeitsagentur.de.

und 700.000[24] betroffenen Arbeitnehmern ein immenses Auftreten von Kurzarbeit zu verzeichnen war, bereits 16 Jahre später aber eine Vielzahl der Arbeitsverträge keine entsprechenden Werkzeuge mehr beinhaltete.

16 Dies zeigt, dass Arbeitsverträge auch oftmals auf **kurzfristige sozialpolitische oder wirtschaftliche Phänomene reagieren** oder diese im besten Fall von vornherein **einkalkulieren** müssen. Geschieht das nicht, können daraus, wie im Zusammenhang mit der Kurzarbeit, deutliche negative Konsequenzen erwachsen.

17 Fehlt bspw eine Rechtsgrundlage in Form einer Kurzarbeitsklausel im Arbeitsvertrag, ist eine Anordnung von Kurzarbeit auf kollektivrechtlicher Ebene zwar über Ermächtigungsnormen in Tarifverträgen oder den Abschluss einer förmlichen Betriebsvereinbarung zwischen Arbeitgeber und Betriebsrat möglich. Auf individualrechtlicher Ebene kann die Kurzarbeitsanordnung dagegen nur durch Abschluss einer Änderungsvereinbarung oder den Ausspruch einer Änderungskündigung erfolgen. Dies kann – verglichen mit der anfänglichen Vereinbarung einer Kurzarbeitsklausel – zu erheblichen Schwierigkeiten, zumindest aber zu einem langwierigeren Anordnungsprozess führen, obwohl der Arbeitgeber auf eine schnelle Kostensenkung angewiesen ist. Wurde in einem Arbeitsvertrag auch ohne akute Gefahr wirtschaftlich bedingter Konjunkturschwankungen eine einzelvertragliche Rechtsgrundlage für die Einführung von Kurzarbeit geschaffen, zahlt sich diese **vorausschauende Arbeitsweise des Kautelarjuristen** nach Eintritt einer dergestalt berücksichtigten Krisensituation aus.

dd) Kodifikationsbestrebungen

18 In der Bundesrepublik Deutschland fehlt es an einem einheitlichen Gesetzeswerk im Bereich des Arbeitsrechts (s. Rn 7). Die arbeitsrechtlichen Normen sind vielmehr über eine Vielzahl von Gesetzbüchern verteilt. So finden sich die Grundnormen zum Dienstvertragsrecht, welche eben auch den Arbeitsvertrag als Sonderfall des Dienstvertrages erfassen, in den §§ 611 ff BGB, wogegen viele Spezialbereiche des allgemeinen Arbeitsvertragsrechts in Sondergesetzen, wie etwa dem Entgeltfortzahlungsgesetz (EFZG), Bundesurlaubsgesetz (BUrlG), Kündigungsschutzgesetz (KSchG) oder dem Nachweisgesetz (NachwG), geregelt sind. Dazu kommen gesonderte Normen in Gesetzen für das Arbeitsschutzrecht, wie etwa das Arbeitszeitgesetz (ArbZG) oder das Mindestarbeitsbedingungengesetz (MiArbG), das kollektive Arbeitsrecht mit dem Tarifvertragsgesetz (TVG) und dem Betriebsverfassungsgesetz (BetrVG) und für Sonderformen der Arbeitnehmerbeschäftigung etwa das Teilzeit- und Befristungsgesetz (TzBfG), das Arbeitnehmerüberlassungsgesetz (AÜG) oder das Arbeitnehmerentsendegesetz (AEntG). Diese **Zersplitterung** macht die Bewertung im Vorfeld der Vertragsgestaltung oftmals etwas unübersichtlich und somit schwierig insb. für Laien oder nicht in diesem Bereich speziell geschulte oder eingearbeitete Personen.

19 Bereits frühzeitig nach seinem Erlass wurde das Dienstvertragsrecht des BGB als weit entfernt von der Kodifikation eines modernen Arbeitsvertragsrechts kritisiert.[25] Diese Überzeugung hat sich weit verbreitet eigentlich durchgehend über die Jahre gehalten, allerdings ohne dass dies im Bereich der Gesetzgebung merkliche Auswirkungen gehabt hätte. *Preis* vertritt zwar seit langem die Ansicht, im Arbeitsrecht sei eine Lehre der Vertragsgestaltung in der Entstehung.[26] Die jüngere Rspr des BAG zur Inhaltskontrolle von Arbeitsvertragsklauseln lässt eine solche Entwicklung allerdings nicht ohne Weiteres erkennen. Ebenso wenig scheinen aktuell auf politischer Ebene konkrete Initiativen zu einer entsprechenden Reform der Gesetze zu existieren. Von einer **Lehre der Arbeitsvertragsgestaltung** würde man erwarten, dass sie auf systematisch angelegte Rechtsregeln zurückgreift. Derartige, in einem systematischen Zusammenhang zuein-

24 Aufstellung der „Anzahl der Kurzarbeiter in Deutschland im Jahresdurchschnitt von 1991 bis 2013“ auf www.statista.com nach Quellen der Bundesagentur für Arbeit.

25 *v. Gierke*, Deutsches Privatrecht, Bd. III, 1917, S. 600.

26 Preis/*Preis*, Der Arbeitsvertrag, I A Rn 2.

ander stehende Normvarianten lassen sich gegenwärtig bei der Wirksamkeitsprüfung von Vertragsklauseln noch nicht ausmachen. Zwar erteilte bereits Art. 30 des Einigungsvertrages[27] dem Gesetzgeber die Aufgabe, das Arbeitsvertragsrecht „möglichst bald" einheitlich zu kodifizieren, jedoch bislang noch ohne zählbares Ergebnis. Das gleiche Schicksal erlebten zwei Gesetzesentwürfe des Freistaates Sachsen und des Landes Brandenburg zur Kodifikation eines einheitlichen Arbeitsvertragsrechts, welche ebenfalls nicht zu einer Reform führten.[28]

Den letzten, wenn auch nicht mehr ganz aktuellen Kern der Entwicklung bildet ein von den Professoren *Henssler* und *Preis* im Jahr **2009** ausgearbeiteter **Diskussionsentwurf**,[29] der inhaltlich teils als Verbesserung begrüßt,[30] teils kritisch betrachtet[31] wird. Im Grundsatz ist bereits umstritten, ob ein solches **Arbeitsvertragsgesetz** sich auf ein „Restatement", also die transparente Festschreibung des bereits geltenden Rechts, beschränken oder die Gelegenheit zur Modifikation einzelner arbeitsrechtlicher Vorschriften nutzen sollte.[32] Über die generelle Notwendigkeit der Schaffung eines einheitlichen Arbeitsvertragsgesetzes besteht dagegen weitgehend Einigkeit, so dass eine Fortführung des Projekts gerade im Hinblick auf die Verbesserung der Transparenz des Arbeitsrechts Zuspruch aus Politik, Wissenschaft und Praxis, von Seiten der Gewerkschaften und Arbeitgeberverbände sowie des BAG erhält.[33] Ob eine Kodifikation letztlich gelingt, ist noch ungewiss und wird nicht zuletzt von der Bereitschaft der Politik und v.a. der Verbände abhängen, einen fairen Ausgleich zwischen Arbeitnehmer- und Arbeitgeberinteressen zu finden.[34] In diesem Zusammenhang wird dem Gesetzgeber zwar die Rolle eines Schlichters zugedacht. Einige Stimmen fordern jedoch, dass aufgrund des dringenden Bedarfs nach einem einheitlichen Arbeitsvertragsgesetz eine Kodifikation notfalls aber auch ohne umfängliche Zustimmung der Kollektivverbände umgesetzt werden müsse, falls deren widerstreitende Interessen eine Einigung verhindern sollten.[35] Trotz aller Bekenntnisse sind seit der Vorstellung des Diskussionsentwurfs bereits wieder über fünf Jahre vergangen, ohne dass sich eine echte Gesetzgebungsinitiative gezeigt hätte, welche den angesprochenen Entwurf aufgenommen und zu einer Gesetzesvorlage geführt hätte.[36] Ebenso zeigt sich, dass die Kodifikation eines einheitlichen Arbeitsvertragsgesetzes auch in der öffentlichen Diskussion in Lit. und Praxis deutlich weniger präsent ist als noch vor einigen Jahren. Man kann insoweit festhalten, dass es ein Stück weit still geworden ist um das ambitionierte Projekt. Solange es an einer einheitlichen Regelung des Arbeitsrechts in einem Vertragsgesetz fehlt, bleibt ein Stück weit der Eindruck, dass die angloamerikanische, an einer Einzelfallbetrachtung ausgerichtete Methodik des *case law* das deutsche Arbeitsrecht weiter mitprägen wird. 20

ee) Häufiger Änderungs- und Anpassungsbedarf durch Wechselwirkungen mit sozialpolitischer und wirtschaftlicher Aktualität

Ein weiterer Unsicherheitsfaktor bei der Arbeitsvertragsgestaltung und v.a. bei der langfristigen Planung im Arbeitsrecht liegt in der Häufigkeit **gesetzlicher Neuerungen, Anpassungen und** 21

27 Vom 31.8.1990 (BGBl. II S. 889).

28 MünchHandb-ArbR/*Richardi*, § 5 Rn 4.

29 In der dritten Fassung in NZA-Beil. 2007, 1.

30 *Bauer*, AE 2009, 14; Überblicke bei: *Dietermann*, ZRP 2007, 98, 99; *Greiner*, RdA 2007, 60; *Sittard*, RdA 2007, 377, 378.

31 *Schubert/Hjort/Kahl/Fricke*, AE 2009, 5; *Wroblewski*, NZA 2008, 622, 624.

32 *Sittard*, RdA 2007, 377, 378 zur Ausführung von *Henssler* während des Symposiums von CDA und Bertelsmann Stiftung am 14.9.2007; *Henssler/Preis*, NZA-Beil. 2007, 1, 4.

33 *Dietermann*, ZRP 2007, 98; *Fischer*, NZA 2006, 1395; *Greiner*, RdA 2007, 60; *Hromadka*, NZA 2007, 838; *Richardi*, NZA 1992, 769, 771; *Steinmeyer/Jürging*, NZA 1992, 777, 781; *Waas*, RdA 2007, 76, 78; *Wroblewski*, NZA 2008, 622, 625 f.

34 *Dietermann*, ZRP 2007, 98, 99; *Hromadka*, NZA 2007, 838.

35 *Bauer*, AE 2009, 14.

36 Küttner/*Röller*, Personalbuch, 58 (Arbeitsvertrag) Rn 6.

Änderungen im Bereich des Arbeitsrechts. Dies liegt zum einen an der besonderen Bedeutung des Arbeitsrechts für die Bevölkerung, aber auch an stark ausgeprägten sozialpolitischen Wechselwirkungen. Die besondere Wichtigkeit des Arbeitsrechts und damit auch des Arbeitsvertragsrechts liegt bereits darin, dass es wie kein anderes Rechtsgebiet den ganz überwiegenden Teil der Bundesbürger, nämlich die gesamte arbeitende Bevölkerung, jeden Tag zumindest mittelbar betrifft.

22 Hinzu kommen die bereits angesprochenen **Wechselwirkungen mit der Politik**, welche mittelbar auch auf der Wichtigkeit für die Bevölkerung beruhen. Besonders die Tagespolitik orientiert sich oftmals zuvorderst an Themen, mit denen eine große Wählerschaft angesprochen und von den eigenen Vorstellungen überzeugt werden kann. Kaum ein Rechtsgebiet ist demnach derart von bestimmten moralischen bzw gesellschaftlichen Vorstellungen sowie sozialpolitischen Überzeugungen und Standpunkten geprägt wie das Arbeitsrecht. Aus diesem Grund kann das Arbeitsrecht, insb. in Wahlkampfzeiten, leicht zum Spielball sozialpolitischer Erwägungen werden und den Parteien zur eigenen Positionierung sowie zur Abgrenzung von den politischen Konkurrenten dienen. Politische Parteien definieren sich meist über sozialpolitische Entscheidungen, von denen sich ein Großteil der Wählerschaft auch betroffen fühlt. Die anschließende Umsetzung bestimmter „Wahlkampfversprechen“ führt demnach oftmals zu unvermeidbaren Anpassungen und Änderungen der arbeitsrechtlichen Gesetzesvorschriften zumindest in bestimmten Teilbereichen. Dieses Phänomen lässt sich in dieser Intensität nicht in vielen anderen Rechtsgebieten antreffen.

23 Darüber hinaus beeinflusst auch die **aktuelle wirtschaftliche Entwicklung** stets den Fortgang der arbeitsrechtlichen Gesetzes- und Rechtslage und trägt zu einem erhöhten Anpassungs- oder Änderungsbedarf bei. Insoweit wird auch von einer dramatisch gestiegenen Veränderungsgeschwindigkeit im Arbeits- und Wirtschaftsleben gesprochen,[37] welche ihr Übriges zur Notwendigkeit einer ständigen Anpassung des rechtlichen Rahmens beiträgt. **Beispiele** dafür bilden etwa die verschieden ausgeprägten und ständig weiterentwickelten **Anstellungskonstruktionen** bestimmter Unternehmen v.a. im **Niedriglohnsektor**, welche sich oftmals als missbräuchlich gestalten oder zumindest im Bereich rechtlicher Grauzonen bewegen, um Lohn- und Lohnnebenkosten zu minimieren. Als Reaktion auf solche Entwicklungen werden häufig von Seiten der Gesetzgebung neue Gesetzesinitiativen auf den Weg gebracht bzw bestehende Gesetze geändert. Auch die Rspr reagiert auf solche Tendenzen durch Nutzung der bestehenden Spielräume bei der Bewertung von Vertragsklauseln oder Anstellungskonstruktionen, um Missbräuche einzuschränken oder die aktuelle arbeitsrechtliche Lebenswirklichkeit durch bestimmte eigene moralische und gesellschaftspolitische Vorstellungen zu prägen. Aus all diesen Gründen ist das Arbeitsrecht einer konstanten Nivellierung und Wandlung unterworfen, welche häufig in enger Wechselwirkung mit der gesellschaftlichen Alltäglichkeit und sozialpolitischen Erwägungen steht. Die ständigen Änderungen oder zumindest die schwer vorhersehbare Kontinuität sowohl der Gesetzes- als auch der Rechtsprechungslage durch die immerwährende Aktualität des Arbeitsrechts erschweren eine langfristige und verlässliche Planung für Unternehmen und Vertragsgestalter. Deshalb sollte bei der Vertragsgestaltung versucht werden, bereits **vorausschauend** mögliche **Unwägbarkeiten einzuplanen** und entsprechend vorsorglich zu formulieren.

24 Aktuelle Beispiele für die Schnelllebigkeit der Entwicklungen lassen sich etwa in den bereits erfolgten Anpassungen im Bereich der **Arbeitnehmerüberlassung**, der Einführung eines flächendeckenden **Mindestlohns** und der Diskussion um die Verhinderung von **Missbrauchskonstruktionen im Bereich von Werkverträgen** finden. Die Verknüpfungen zwischen der wirtschaftlichen Entwicklung, der gesellschaftlichen und politischen Debatte zu aktuellen arbeitsrechtlichen Themen, der begleitenden Reaktion und Reglementierung durch die Rspr und der daraus folgenden gesetzlichen Neugestaltung lassen sich besonders am Beispiel der Entwicklungen im

37 *Rüthers*, NZA-Beil. 2011, 100, 101.

Bereich der Arbeitnehmerüberlassung in der jüngeren Vergangenheit veranschaulichen, welche hier allerdings nur kurz angerissen werden sollen.[38]

Ausgangspunkt bildete zunächst die Verpflichtung des deutschen Gesetzgebers, die **EU-Leiharbeitsrichtlinie**[39] bis spätestens zum 5.12.2011 in deutsches Recht umzusetzen, was von vornherein eine Änderung des AÜG notwendig machte. Beeinflusst und vorangetrieben wurde das Gesetzgebungsverfahren aber v.a. von einer anhaltenden gesellschaftlichen Debatte, welche sich vordergründig auf zwei Erwägungen gründete. Zum einen endete zum 1.5.2011 die letzte Umsetzungsstufe der **Arbeitnehmerfreizügigkeit** bzgl der von der **EU-Osterweiterung** betroffenen neuen Mitgliedstaaten, was in erheblichem Maße zu Ängsten und Befürchtungen bezüglich eines bevorstehenden „Lohn-Dumpings“ besonders im Rahmen der Leiharbeit führte. Diese Befürchtung gründete v.a. darauf, dass gem. § 3 Abs. 1 Nr. 3 AÜG eine Abweichung vom equal-pay/equal-treatment-Gebot, nach welchem Leiharbeiter grds. wie die eigenen Angestellten zu behandeln und zu vergüten sind, durch Tarifverträge möglich ist und nach der Geschäftsanweisung zum AÜG auch ein ausländischer Tarifvertrag maßgeblich sein konnte. Vielfach wurde demnach schon erwartet, dass sich das osteuropäische tarifliche Lohnniveau auf dem Bereich des deutschen Leiharbeitsmarkts etablieren könnte und die deutschen Verleihbetriebe durch die osteuropäische Konkurrenz einem erhöhten Preisdruck ausgesetzt werden könnten.[40] 25

Gleichzeitig wurde bekannt, dass sich viele deutsche Konzerne in **missbräuchlicher Ausnutzung der Arbeitnehmerüberlassung** verschiedener sog. **Drehtürmodelle** bedienten, bei welchen, abstrakt dargestellt, ein Arbeitnehmer zunächst entlassen wird, um dann nach der Vermittlung an eine Leiharbeitsfirma auf seinen alten Arbeitsplatz zu deutlich verschlechterten Konditionen durch das Mittel der **Verweisung** auf die sog. **CGZP-Tarifverträge** und somit durch **Umgehung des equal-pay-Grundsatzes** zurückzukehren. Das verbreitete und geballte Auftreten solcher Konstellationen befeuerte die öffentliche Debatte und erhitzte die Gemüter, was letztlich auch entscheidend den Gesetzgebungsprozess beeinflusste. Das „Erste Gesetz zur Änderung des Arbeitnehmerüberlassungsgesetzes – Verhinderung von Missbrauch der Arbeitnehmerüberlassung“[41] enthielt demnach auch entsprechende Maßnahmen zur Verhinderung solcher Missbrauchskonstellationen und trat größtenteils zum 1.5.2011 in Kraft, wobei für einige Sonderregelungen eine Anpassungszeit für die Vertragsgestalter durch ein verzögertes Inkrafttreten zum 1.12.2011 gewährt wurde. 26

Die gesetzliche Entwicklung wurde allerdings flankiert von einem weiteren Schauplatz auf der Ebene der Rspr, welche die Vertragsgestalter und Unternehmen in der Leiharbeit wohl noch stärker beschäftigte. Viele Unternehmen machten von der Möglichkeit des Verweises auf Tarifverträge Gebrauch (s. Rn 26), um die Leiharbeiter nicht mit den regulären Angestellten nach dem equal-treatment-Prinzip gleichbehandeln zu müssen. Dazu wurde vielfach auf die für Arbeitgeber günstigen Tarifverträge der sog. „christlichen Gewerkschaften“, zusammengefasst unter dem Spitzenverband der CGZP (Tarifgemeinschaft Christlicher Gewerkschaften für Zeitarbeit und PersonalService-Agenturen), verwiesen, welche v.a. eine deutlich niedrigere Entlohnung vorsahen. In mehreren Entscheidungen wurde die **Tariffähigkeit der CGZP** zunächst vom LAG Berlin-Brandenburg[42] und anschließend auch vom BAG[43] **verneint**, was rückwirkend zu einer Unwirksamkeit der Tarifverträge und demnach für alle Verweisungen darauf, zu einer 27

38 S. ausf. zu diesem Problemkomplex *Reufels/Dietrich*, in: Reufels, Personaldienstleistungen, Teil A Rn 118 ff; insb. zu der notwendigen vertragsgestalterischen Reaktion s. *Reufels/Pier*, Arbeitnehmerüberlassungsrecht aktuell – Vertragliche Regelungen: erforderliche Anpassungen, 2011.

39 Richtlinie 2008/104/EG des Europäischen Parlaments und des Rates vom 19. November 2008 über Leiharbeit (ABl. EU, Nr. L 327, S. 9 vom 5.12.2008).

40 *Hamann*, NZA 2011, 70, 71; *Heuchemer/Schielke*, BB 2011, 758, 759.

41 Vom 28.4.2011 (BGBl. I S. 642).

42 LAG Berlin-Brandenburg 7.12.2009 – 23 TaBV 1016/09, AuR 2010, 172.

43 BAG 14.12.2010 – 1 ABR 19/10, NZA 2011, 289.

rückwirkenden Anwendung des „equal-pay" und zu entsprechenden Nachzahlungsverpflichtungen im Hinblick auf Löhne und Sozialabgaben führte. Das BAG stellte mehrfach heraus, dass kein Vertrauensschutz hinsichtlich der Tariffähigkeit der CGZP eingreife.[44] Die fehlende Tariffähigkeit wurde seitens des BAG v.a. darauf gestützt, dass die von der CGZP als Spitzenorganisation beanspruchte globale Zuständigkeit für den gesamten branchenübergreifenden Bereich der Arbeitnehmerüberlassung weit über die tatsächliche Zuständigkeit ihrer Mitgliedsgewerkschaften hinausging, sich die Tariffähigkeit einer Spitzenorganisation allerdings ausschließlich von ihren Mitgliedsgewerkschaften ableiten lasse.[45] Da die angeschlossenen Mitgliedsgewerkschaften sich aber durchweg durch eine niedrige Mitgliederzahl auszeichneten und weite Teile der beanspruchten sachlichen Bereiche tatsächlich nicht abdeckten, konnte eine Befähigung zum Abschluss wirksamer Tarifverträge zur potenziellen Regelung der Arbeitsverhältnisse von bis zu 16 Mio. betroffenen Leiharbeitnehmern nicht angenommen werden.

28 Daraufhin kamen einige Vertragsgestalter und Arbeitgeber auf die Idee, nicht mehr lediglich auf die CGZP-Verträge zu verweisen, sondern auf sog. **„mehrgliedrige" Tarifverträge**, welche von den Arbeitgeberverbänden einerseits mit der CGZP als Spitzenorganisation, gleichzeitig aber auch mit den angeschlossenen Einzelgewerkschaften selbst abgeschlossen wurden. Solche Gestaltungen wurden vom BAG mittlerweile als regelmäßig **intransparent** gewertet, da insgesamt der Eindruck entstehe, es würde gleich sechsfach von der Tariföffnungsklausel Gebrauch gemacht und auf sechs verschiedene Tarifverträge verwiesen. Für den durchschnittlichen Arbeitnehmer sei in diesem Fall nicht mehr erkennbar, nach welchem Regelungswerk sich seine Arbeitsbedingungen bestimmen.[46]

29 Dieses Beispiel verdeutlicht die Unwägbarkeiten in den Entwicklungen bestimmter Bereiche des Arbeitsrechts, welche für Vertragsgestalter oftmals vorher nur schwer absehbar sind und gerade auch von sozialpolitischen und gesellschaftlichen Faktoren abhängen.

30 Nachdem sich mit den Fällen und Konstruktionen zur Arbeitnehmerüberlassung bereits umfassend auseinandergesetzt wurde, steht die nächste Konstellation mit den Fällen des **Missbrauchs von Werkverträgen** auf der Agenda der Politik, welche im Rahmen der derzeitigen Legislaturperiode ab dem Jahr 2014 von der großen Koalition in Angriff genommen werden soll, wobei der Bundesrat bereits am 20.9.2013 einen Gesetzesentwurf der Länder beschlossen hat.[47]

c) Ausblick in das internationale Arbeitsvertragsrecht

Literatur

Abrantes/Canas da Silva, Recent Developments in Portuguese Labour Law, EuZA 2010, 432; *Bernstorff*, Einführung in das englische Recht, 3. Aufl. 2006; *Binding/Thum*, Aktuelle Entwicklungen im Arbeitsrecht der VR China, RdA 2008, 347; *Boemke*, Neue Selbständigkeit und Arbeitsverhältnis, ZfA 1998, 285; *Bohata*, Slowakische Republik, WiRO 2007, 312; *Braun/Kühl*, Der Betriebsübergang in der tschechischen Republik, WiRO 2007, 204; *Brors*, Trial und Error im Diskriminierungsschutz: Die Rechtsprechung zum amerikanischen Arbeitsrecht im Jahr 2001 bis 2002, RdA 2003, 223; *Däubler/Wang*, Das neue chinesische Arbeitsrecht, ArbuR 2008, 85; *dies.*, Bestandsschutz des Arbeitsverhältnisses in der Volksrepublik China, RdA 2008, 141; *dies.*, Implementationsprobleme im chinesischen Arbeitsrecht, RdA 2009, 353; *David/Grasmann* (Hrsg.), Einführung in die großen Rechtssysteme der Gegenwart, 2. dt. Aufl. 1988; *Dupate*, Labour Law in Latvia, EuZA 2011, 265; *Davulis*, Die Entwicklung des litauischen Arbeitsrechts 2009–2010, EuZA 2011, 427; *Fedorczyk*, Polen – Arbeitszeiten werden durch Gesetzesänderung flexibler, auf: GTAI Recht aktuell vom 30.8.2013, abrufbar auf www.gtai.de; *E. Fedtke/J. Fedtke*, Portugals neues Arbeitsgesetzbuch, RIW 2004, 434; *Frenkel*, Russische Arbeitsgesetzgebung – Geschichte und Entwicklungsperspektiven (Teil II), ArbuR 2000, 127; *Fröhlich/Velasco Portero*, Die Reform des Arbeitsrechts in Spanien, EuZA 2011, 575; *Fuchs*, Flexibilität á la carte – Die Reform des italienischen Arbeitsrechts, NZA 2004, 956; *Giesen/Eriksen*, Kündigungsschutz und Arbeitslosenversicherung in Dänemark, EuZA 2009, 1; *Glück/Tänz-*

44 BAG 14.12.2010 – 1 ABR 19/10, NZA 2011, 289; BAG 13.3.2013 – 5 AZR 294/12, NZA 2013, 1226; BAG 13.3.2013 – 5 AZR 954/11, NZA 2013, 680.

45 BAG 14.12.2010 – 1 ABR 19/10, NZA 2011, 289.

46 BAG 13.3.2013 – 5 AZR 294/12, NZA 2013, 1226; BAG 13.3.2013 – 5 AZR 954/11, NZA 2013, 680.

47 Zur Problematik der Werkverträge auch im Zusammenhang mit der Arbeitnehmerüberlassung im Einzelnen etwa: *Greiner*, NZA 2013, 697; *Zintl/Zimmerling*, NJW-Spezial 2013, 562.

ler, Das neue Arbeitsvertragsgesetz in der Volksrepublik China, RIW 2008, 343; *Grechishnikova*, Das neue russische Arbeitsgesetzbuch: ein kurzer Überblick, ZIAS 2004, 1; *Hay*, US-Amerikanisches Recht, 5. Aufl. 2011; *Heilmann*, Schwedisches Arbeitsrecht, AuA 1993, 206; *Hekimler*, Das neue türkische Arbeitsrecht – Ist die Türkei der EU durch die Arbeitsrechtsreform einen Schritt näher gekommen?, NZA 2004, 642; *Henssler/Braun* (Hrsg.), Arbeitsrecht in Europa, 3. Aufl. 2011; *Hofmann*, Italienisches Arbeitsrecht, AuA 1998, 341; *Hula*, Tschechisches Arbeitsrecht, AuA 1998, 129; *Humblet*, Neuerungen im belgischen Arbeitsrecht in den Jahren 2006 bis 2009, EuZA, 2010, 266; *Hurka*, Current Labour Law Status in the Czech Republic, EuZA 2010, 568; *Inghammar*, Bridging Troubled Waters – A Recent Update in Swedish and Danish Labour and Social Security Law, EuZA 2009, 421; *Janssen/Hildenbrand*, Grundzüge des japanischen Arbeitsrechts, AuA 2008, 264; *Jeammaud/Le Friant/Zumfelde*, Das System des Arbeitsrechts in Frankreich, NJW 1995, 210; *Junker*, Das türkische Kündigungsschutzrecht auf dem Weg nach Europa, EuZA 2011, 119; *Kawamura*, Die Flexibilisierung des Arbeitsrechts und die Vertretung der Arbeitnehmer in Japan, RdA 2012, 155; *Kittner/Kohler*, Kündigungsschutz in Deutschland und den USA, BB-Beil. 2000 Nr. 4, 1; *Kristiansen*, Flexicurity und dänisches Arbeitsrecht, RIW 2008, 509; *Kühl/Braun*, Der Betriebsübergang in der Tschechischen Republik, WiRO 2007, 204; *Kühl/Cechtická*, Neues tschechisches Arbeitsrecht – Auswirkungen auf die Praxis, WiRO 2007, 101; *Lauffs/Atzler*, Das Arbeitsrecht in China, AuA 2007, 590; *Leccese/Scanni*, Änderungen im Arbeitsrecht Italiens in den Jahren 2009 bis 2011, EuZA 2012, 559; *Li/Frik*, Das neue Arbeitsvertragsgesetz Chinas, NZA 2008, 86; *Mendoza Navas/Zachert*, Spanisches Arbeitsrecht, AuA 1994, 77; *Michel*, Französisches Arbeitsrecht, AuA 1993, 366; *Mitrus*, Flexicurity und das polnische Arbeitsrecht, RIW 2008, 518; *Navarro Nieto*, Spanisches Arbeitsrecht in den Jahren 2010 bis 2012: eine Zeit bedeutsamer Änderungen, EuZA 2012, 564; *Neumann*, Russisches Arbeitskampfrecht gleich russisches Roulette?, NZA 2003, 904; *Niksová*, Mehr Flexibilität im slowakischen Arbeitsrecht seit dem 1.9.2011 – Eine Darstellung der wichtigsten Änderungen des slowakischen Arbeitsgesetzbuchs durch das Gesetz Nr. 257/2011, EuZA 2012, 105; *Nogler*, Kündigungsschutz in Italien, ArbuR 2003, 321; *Pačić/Nikšová*, Das neue tschechische Arbeitsgesetzbuch auf dem Weg zur Flexibilität?, EuZA 2008, 78; *Pisarczyk*, Neuerungen im polnischen Arbeitsrecht, EuZA 2010, 273; *Ranke*, Arbeitsrecht in Frankreich, 1995; *Rebhahn*, Vorrang der günstigeren Regelung aus rechtsvergleichender Sicht, EuZA 2008, 39; *ders.*, Der Arbeitnehmerbegriff in vergleichender Perspektive, RdA 2009, 154; *ders.*, Flächen- oder Unternehmenstarifvertrag – eine rechtsvergleichende Umschau, NZA-Beil. 2011, 64; *Reiß*, Die sog. „Biagi"-Reform des italienischen Arbeitsrechts, RIW 2006, 668; *Rudolph*, Arbeitsrecht im Vereinigten Königreich, AuA 1996, 341; *Sauer*, Arbeitsrecht in der Türkei – Ein Überblick, NZA 1993, 926; *Schneider*, Das neue Arbeitsgesetz der Volksrepublik China, ArbuR 1998, 429; *Sieg*, Polens Wirtschaft auf dem Weg in die EU, NZA 2003, 198; *Schulte-Nölke*, Arbeiten an einem europäischen Vertragsrecht – Fakten und populäre Irrtümer, NJW 2009, 2161; *Sieg/Prujszczyk*, Polnisches Arbeitsrecht, AuA 1997, 305; *Sigeman*, Skandinavisches Arbeitsrecht – eine Übersicht aus rechtsvergleichender Sicht, ZIAS 2004, 179; *Tavits*, Entwicklungen und aktueller Stand des estnischen Arbeitsrechts, EuZA 2013, 124; *Thüsing*, Blick in das europäische und ausländische Arbeitsrecht, RdA 2008, 51; *Tödtmann/Schauer*, Die Kündigung des Arbeitsverhältnisses – Ein Überblick über die Rechtslage in Deutschland, anderen europäischen Ländern und den USA, NZA 2003, 1187; *Tröster*, Das kollektive Arbeitsrecht in Tschechien: Arbeitskampfauswirkungen auf das Arbeits- und Sozialrecht, NZA-Beil. 2006, 83; *Tschikirewa/Ahrens*, Probleme und Perspektiven der russischen Arbeitsgesetzgebung, NZA 2000, 757; *van Peijpe*, Developments in Dutch Labour Law 2006–2009, EuZA 2010, 424; *Walasek/Zalewska*, Novelle des polnischen Arbeitsrechts, RIW 2004, 124.

aa) Nationale Bedingtheiten des Arbeitsvertragsrechts

Das Arbeitsrecht insgesamt und damit verbunden auch das Arbeitsvertragsrecht ist in hohem Maße Produkt der jeweiligen nationalen Identität und Rechtstradition eines Staates. Erheblichen Einfluss besitzt auch die wirtschaftliche Grundausrichtung, gerade im Hinblick auf eine entweder eher von sozialen oder wirtschaftsliberalen Grundsätzen geprägten Marktwirtschaft. Selbst in einem in wirtschaftlicher Hinsicht noch vergleichsweise homogenen Raum wie der Europäischen Union bestehen teilweise deutliche Unterschiede der Arbeitsrechtsordnungen. Dies führt zu merklichen Problemen bei der Harmonisierung und Koordination der Rechtsordnungen und erschwert nicht zuletzt das Streben nach einem einheitlichen europäischen Arbeitsrecht entscheidend.[48] Im Gegensatz zum Bereich des Arbeitsschutzrechts, in welchem besonders durch den Erlass von sekundärem Unionsrecht in Form von Richtlinien und Verordnungen auf einheitliche Schutzstandards im Gemeinschaftsgebiet hingewirkt wurde,[49] ist der Einfluss der Europäischen Union auf das Arbeitsvertragsrecht deutlich schwächer ausgeprägt, so dass dieser Bereich weitgehend der Dominanz der mitgliedstaatlichen Regelungen unterliegt.[50] Allerdings arbeitet die Europäische Kommission bereits seit längerer Zeit an einem einheitli- 31

48 *Schlachter*, NZA 2000, 57.

49 Schaub/*Linck*, Arbeitsrechts-Handbuch, § 1 Rn 15.

50 *Wlotzke*, NZA 1990, 417, 420.

chen **Europäischen Vertragsrecht**, welches im Fall der Verabschiedung auch Einfluss auf das Arbeitsrecht besitzen könnte.[51]

32 Im Folgenden werden kurz systematisch die **wesentlichen Entwicklungslinien des Arbeitsvertragsrechts** in bedeutenden Jurisdiktionen der Europäischen Union und auch anderer wichtiger Wirtschaftsnationen zusammengefasst.

bb) Common Law-Staaten

(1) England, Schottland, Wales und Irland

33 **England, Schottland, Wales:** Während die kontinentaleuropäischen Rechtsordnungen, v.a. das deutsche und das französische Recht, in der Struktur systematischen Ansätzen folgen und durch logische Systeme geprägt sind,[52] ist das **englische Recht** aus den Verfahrensarten des *common law* hervorgegangen und deshalb seiner Natur nach Fallrecht (*case law*). *Will* formuliert diesen fundamentalen Unterschied mit den Worten, die kontinentale Rechtsnorm gehe vom Gesetzgeber aus und sei geeignet, das Verhalten der Bürger in einer unbegrenzten Zahl von Fällen generell zu steuern, ohne Bezug auf einen speziellen Rechtsstreit.[53] Die Denkweise englischer Juristen misstraue hingegen solchen Formeln, da das englische Recht weder den Universitäten noch allgemeinen Grundsätzen entstamme und somit eher ein Recht der Praktiker sei. In dem von Richtern entwickelten Fallrecht bedeute *legal rule* etwas anderes als die hierzulande von der Rechtslehre systematisierte oder vom Gesetzgeber gesetzte Rechtsnorm.[54] Im *common law* bestehe die Pflicht, sich an die von den Richtern aufgestellten Normen zu halten, also Präjudizien zu respektieren. Im angloamerikanischen Recht steht deshalb der Ähnlichkeitsvergleich im Vordergrund, so dass für den Juristen die Hauptaufgabe darin liegt, ein als einschlägig befundenes Präjudiz bis in die neueste Zeit zu verfolgen, um sich über seine Weitergeltung oder Modifizierung zu informieren.[55] Weiterhin bestehen im englischen Raum keine gesonderten Arbeitsgerichte, so dass die allgemeinen Zivilgerichte für arbeitsrechtliche Streitigkeiten zuständig sind.[56] Spricht man also im britischen Raum von Arbeitsrecht, steht danach eindeutig das Vertragsrecht unter Prägung des *common law*[57] im Vordergrund. Im Gegensatz zum Fallrecht kommt im gesamten britischen Raum den Kollektivvereinbarungen nur eine geringe Bedeutung zu, da Verbandstarifverträge nur noch im staatsnahen Bereich auftreten und es sich ansonsten, wenn überhaupt, eher um Unternehmenstarifverträge handelt. Zudem ist insgesamt nur ein sehr niedriger Organisationsgrad von knapp über 30 % zu verzeichnen.[58]

34 Neben dem vorherrschenden gemeinen Fallrecht besteht allerdings auch in der britischen Arbeitsrechtsordnung in gewissem Maße ein kodifiziertes Recht, welches sich in erster Linie aus der Umsetzung von EG-Richtlinien ergeben hat. So entstanden etwa das Arbeitsrechtsgesetz (*Employment Rights Act*) von 1996 und verschiedene Gesetze zum Schutze vor Diskriminierungen.[59] Für ein Land mit *common law*-Tradition stellt diese Festschreibung der wesentlichen Regelungen des Arbeitsvertragsrechts bereits eine bemerkenswerte Annäherung an die romanischen Rechtskreise dar.[60]

51 Zur Arbeit am Europäischen Vertragsrecht s. etwa *Schulte-Nölke*, NJW 2009, 2161.
52 David/Grasmann/*Will*, Einführung in die großen Rechtssysteme der Gegenwart, S. 456, 458.
53 David/Grasmann/*Will*, Einführung in die großen Rechtssysteme der Gegenwart, S. 475.
54 David/Grasmann/*Will*, Einführung in die großen Rechtssysteme der Gegenwart, S. 457.
55 *Hay*, US-Amerikanisches Recht, Rn 27; David/Grasmann/*Will*, Einführung in die großen Rechtssysteme der Gegenwart, S. 461 (*equity follows the law*); *Bernstorff*, Einführung in das englische Recht, S. 5, 7.
56 Germelmann/Matthes/Prütting/*Prütting*, ArbGG, Einleitung, Rn 330.
57 *Rebhahn*, RdA 2009, 154, 161.
58 *Rebhahn*, NZA-Beil. 2011, 64, 65.
59 Henssler/Braun/*Harth/Taggart*, Arbeitsrecht in Europa, Großbritannien Rn 4.
60 *Thüsing*, RdA 2008, 51, 55.

Innerhalb des Vereinigten Königreichs besteht in **Schottland** zwar grds. eine eigenständige Rechtsordnung, welche sich als Mischform aus dem *common law* und den Ordnungen des kontinentaleuropäisch geprägten Rechtskreises zusammensetzt. Die Ausgestaltung des Arbeitsrechts ist in England, Schottland und **Wales** allerdings nahezu identisch. Die Rechtssetzung erfolgt mangels kodifizierter Gesetze primär auf Grundlage der fallbezogenen Rechtsprechung.[61] Bei der Fortentwicklung des nationalen Arbeitsrechts kommt demnach, abgesehen von der Ebene des supranationalen Rechts, nicht dem Gesetzgeber, sondern den Gerichten der entscheidende Einfluss zu. Das Fehlen eines dogmatischen Überbaus und die durchgängige Anwendung des Fallrechts ermöglichen eine schnellere Anpassung an Veränderungen und Entwicklungen innerhalb der Gesellschaft durch Änderung der höchstrichterlichen Rspr, welche dann die untergeordneten Gerichte bindet. Dem Einzelarbeitsvertrag kommt in Großbritannien eine sehr große Bedeutung zu, da er im Unterschied zum System des deutschen Arbeitsrechts, nach welchem eine Abweichung von Kollektivverträgen zuungunsten des Arbeitnehmers nicht möglich ist, in seiner Wertigkeit als Rechtsquelle in der Rangfolge über der Kollektivvereinbarung steht.[62] Auch die Arbeitsvertragsgestaltung selbst ist vordergründig vom Fallrecht geprägt und nicht so stark von dem Gesetzesrecht (*statutory law*), welches zwar in einer zweiten Schicht neben dem *common law* steht, diesem aber im Kollisionsfall meist untergeordnet wird.[63] 35

Irland: Ähnlich wie das Recht des Vereinigten Königreichs ist auch das **irische Recht** von den Grundsätzen des *common law* geprägt. Neben einigen Parallelen zum englischen Arbeitsrecht finden sich jedoch auch wesentliche Unterschiede. Im Anschluss an die Unabhängigkeit von Großbritannien im Jahre 1922 wurde in Irland das Rechtssystem neu strukturiert. In der Folge wurde immer häufiger vom reinen *case law* zugunsten des kodifizierten Rechts abgewichen, was nicht zuletzt in der Schaffung der irischen Verfassung (*Constitution of Ireland*) im Jahre 1937 zum Ausdruck kam.[64] Besonders das irische Arbeitsrecht wurde im Laufe der 90er Jahre, auch unter dem Einfluss des EG-Rechts, durch den Erlass einer Vielzahl von Gesetzen und Verordnungen geprägt, so dass die Gesetzgebungsakte heute wohl die wichtigste Rechtsquelle des Individualarbeitsrechts darstellen. Daneben bleibt auch das *common law* ein wichtiger Teil dieses Rechtsgebiets, welches grds. denselben Rang wie Gesetzesrecht genießt, durch die geschriebenen Regelungen aber immer häufiger modifiziert wurde.[65] Ebenso wie im Vereinigten Königreich bildet der Arbeitsvertrag die wichtigste Grundlage für das Arbeitsverhältnis und steht in der Rangstufe über den Tarifverträgen. Dabei bezieht sich dieser Vorrang in Irland allerdings nur auf die Rechtstheorie und das gerichtliche Verfahren, wohingegen im sozialen Leben dem Kollektivvertrag grds. die größere Bedeutung zukommt.[66] 36

(2) Vereinigte Staaten

Das generelle US-amerikanische Rechtssystem ist ein typisches *common law*-System, das vorrangig durch eine Fallrechtsprechung der Gerichte geprägt ist, welche im Rahmen der Entscheidung für die Gegenwart im konkreten Fall zugleich Maßstäbe für die Zukunft festlegen, an welchen sich dann die Vertragsgestalter auch gerade im Bereich des Arbeitsrechts in der Praxis orientieren. Da der **Einfluss des US-amerikanischen Vertragsrechts** besonders im Zusammenhang mit multinationalen Konzernen in besonderer Form auch das alltägliche Bild der deutschen Vertragslage geprägt und Einfluss auf die deutsche Vertragsgestaltung genommen 37

61 *Rudolph*, AuA 1996, 341.

62 *Kommission der Europäischen Gemeinschaften*, Der Arbeitsvertrag nach dem Recht der Mitgliedstaaten der Europäischen Gemeinschaften, 1977, S. 7.

63 *Rebhahn*, RdA 2009, 154, 161.

64 Henssler/Braun/*Erken*, Arbeitsrecht in Europa, Irland Rn 4 ff.

65 Henssler/Braun/*Erken*, Arbeitsrecht in Europa, Irland Rn 10.

66 *Kommission der Europäischen Gemeinschaften*, Der Arbeitsvertrag nach dem Recht der Mitgliedstaaten der Europäischen Gemeinschaften, 1977, S. 7.

hat, wird darauf noch gesondert an anderer Stelle (s. § 1 Rn 353 ff) eingegangen, wogegen hier ein kurzer und genereller Überblick zum Rechtssystem an sich dargestellt werden soll.

38 Im Gegensatz zum *common law* britischer Prägung bestehen in den Vereinigten Staaten Besonderheiten aufgrund der föderalen Struktur. Ein einheitliches System des Arbeitsrechts, welches wie in Deutschland aus eigenständigen Bestandteilen ein großes Ganzes bildet und an sozialstaatlichen Grundsätzen ausgerichtet ist, lässt sich in den USA nicht erkennen.[67] Auch kennt das Recht der Vereinigten Staaten im Gegensatz zur Bundesrepublik Deutschland keine gesonderten Gerichte und Rechtszüge für das Arbeitsrecht, so dass arbeitsrechtliche Verfahren grds. vor den allgemeinen Zivilgerichten verhandelt werden.[68] Es existieren **spezielle Bundesbehörden** zur Anwendung, Überwachung und Durchsetzung der arbeitsrechtlichen Gesetze, welche in den arbeitsrechtlichen Verfahren meist die Ausgangsinstanz bilden, bevor die Verfahren dann von den Bundesbehörden zu den Bundesberufungsgerichten (*Courts of Appeal*) gehen mit dem Obersten Gerichtshof (*Supreme Court*) als letzte Instanz.[69]

39 Allerdings ist das Arbeitsrecht in den USA **kein ausschließliches Fallrecht** der Gerichte, sondern kennt einige spezielle Gesetze, sog. *Acts*. Insoweit stellt das US-amerikanische Arbeitsrechtssystem eine Art Flickenteppich aus verschiedenen Bestandteilen, wie den *common law*-Doktrinen der Gerichte sowie den gesamt- und bundesstaatlichen Gesetzen, dar, welche nicht durchgehend miteinander übereinstimmen.[70] Trotz der grds. föderalen Struktur mit einer weitgehenden Gesetzgebungskompetenz der Bundesstaaten in einigen Bereichen sind das Arbeitsrecht und entsprechend seine materiellen Gesetze allerdings doch vorrangig bundesrechtlich und somit für alle Bundesstaaten einheitlich geprägt.[71] Das Grundgerüst an arbeitsrechtlichen Vorschriften und Gesetzen ist allerdings wesentlich weiter gefasst als in den meisten Industriestaaten, da sich nur vereinzelt Gesetze mit engen Grenzen finden lassen.[72] Allerdings lässt sich in der Vergangenheit eine deutliche Ausweitung der gesetzlichen Normierung zumindest in bestimmten Bereichen feststellen.[73] Ein gesetzliches Teilgebiet des Arbeitsrechts, das allerdings bereits weit ausgeprägt ist und sogar den europäischen Rechtsordnungen als Vorbild gedient hat, ist das Anti-Diskriminierungsgesetz,[74] welches wesentlich auf verschiedenen Gesetzen, oftmals zum Schutz bestimmter und benannter Personengruppen, wie etwa der *Age Discrimination in Employment Act* (ADEA) zur Altersdiskriminierung oder der Schutz von Menschen mit Behinderung im *Americans with Disabilities Act* (ADA), beruht und durchgehend ausgeweitet wurde.[75] Die Wichtigkeit des Diskriminierungsschutzes in der Praxis zeigt sich etwa daran, dass in der Vergangenheit die Diskriminierungsprozesse fast die Hälfte aller arbeitsrechtlichen Verfahren vor der höchsten Instanz des *Supreme Court* ausmachten.[76] Das Arbeitsvertragsrecht ist demnach in erster Linie an das Fallrecht der Gerichte und Behörden angelehnt, was trotz generell gleicher Tendenzen teilweise zu Unterschieden in der Bewertung anhand der einzelnen Gerichtsbezirke führt. Dies wiederum kann die Unterschiedlichkeit der als wirksam erachteten Vertragsinhalte in verschiedenen Bundesstaaten zur Folge haben.[77]

---

67 *Kittner/Kohler*, BB-Beilage 2000 Nr. 4, 1, 5.
68 Germelmann/Matthes/Prütting/*Prütting*, ArbGG, Einleitung, Rn 337.
69 Germelmann/Matthes/Prütting/*Prütting*, ArbGG, Einleitung, Rn 337.
70 *Kittner/Kohler*, BB-Beilage 2000 Nr. 4, 1, 5; *Tödtmann/Schauer*, NZA 2003, 1187, 1189.
71 Germelmann/Matthes/Prütting/*Prütting*, ArbGG, Einleitung, Rn 337.
72 *Kittner/Kohler*, BB-Beilage 2000 Nr. 4, 1, 5.
73 *Kittner/Kohler*, BB-Beilage 2000 Nr. 4, 1, 5.
74 *Thüsing/Leder*, NZA 2011, 188.
75 *Tödtmann/Schauer*, NZA 2003, 1187, 1189; s. dazu etwa *Brors*, RdA 2003, 223; *Thüsing/Leder*, NZA 2008, 982; *Thüsing/Leder*, NZA 2011, 188.
76 *Brors*, RdA 2003, 223.
77 *Kittner/Kohler*, BB-Beilage 2000 Nr. 4, 1, 5.

cc) Kontinentaleuropäisch geprägte Arbeitsrechtssysteme

(1) Kodifikationssituation

Im Gegensatz zur Situation in Großbritannien existieren in den kontinentaleuropäisch geprägten Arbeitsrechtssystemen gesetzliche Regelungen, welche die Rahmenbedingungen für das einzelne Arbeitsverhältnis festlegen. Eine Änderung der arbeitsrechtlichen Vorschriften ist hier dem Grundsatz nach nur durch entsprechende Gesetzesänderung möglich, so dass die Gerichte nur in den Bereichen der Auslegung und der Schließung von Gesetzeslücken innerhalb des vorgegebenen rechtlichen Rahmens einwirken können. Dennoch spielt das Fallrecht der Rspr in manchen Ländern eine nicht zu unterschätzende Rolle mit gewichtigem Einfluss auf die Vertragsgestaltung. In einigen Staaten besteht ein einheitliches Arbeitsgesetzbuch, wie zB in **Frankreich** (*Code du travail*), **Italien** (*Statuto dei lavoratori*), **Spanien** (*Estatuto de los trabajadores*), **Portugal** (*Codigo do trabalho*) oder **Norwegen** (*Arbeidsmilijøloven*), während die arbeitsrechtlichen Regelungen in anderen Staaten über verschiedene Gesetze verteilt zu finden sind.[78] Eine problembereichsorientierte Aufteilung in verschiedene kürzere Einzelgesetze wie in Deutschland ist dabei eher die Ausnahme. Allerdings finden sich auch in Rechtsordnungen mit echten Arbeitsvertragsgesetzen, wie zB der italienischen, einzelne, das Arbeitsrecht betreffende Regelungen in anderen Gesetzen, wie dem *Codice civile* oder dem „Gesetz über individuelle Kündigungen".[79] In **Schweden** stellt das Arbeitsrecht mangels einheitlicher Kodifikation – ganz ähnlich der deutschen Situation – eine über verschiedene Gesetze zu den einzelnen Regelungsbereichen verstreute Materie dar.[80] Im Hinblick auf die Vertragsgestaltung wird in einigen kontinentaleuropäisch geprägten Arbeitsrechtsordnungen, wie etwa in Frankreich, Spanien und Italien, regelmäßig auf einen stark von gesetzlicher Seite vorgeprägten Vertragstypus zurückgegriffen.[81] 40

(2) Frankreich

Im Gegensatz zu den *common law*-Staaten ist Frankreich ein klar von Gesetzestexten geprägtes Rechtssystem. Man kann das Land fast als das Mutterland der Gesetzestexte bezeichnen, da der Kodifikationsgedanke in Europa wesentlich auf den Erlass des *Code Napoléon* aus den Zeiten der bürgerlichen Revolution zurückgeht.[82] Das französische Arbeitsrecht war ursprünglich ähnlich wie das deutsche von einer Vielzahl einzelner Gesetze geprägt, welche jedoch seit 1973 mit wenigen Ausnahmen im *Code du Travail* zusammengefasst wurden. Dabei handelt es sich mehr um eine Zusammenstellung bereits bestehender Rechtsnormen als um eine tatsächlich einheitliche Kodifikation.[83] Eine französische Besonderheit besteht u.a. in der Vielzahl geregelter Straftatbestände im Zusammenhang mit dem Arbeitsrecht, welche ebenfalls im *Code du Travail* festgeschrieben sind.[84] Der *Code du Travail* wurde seit seinem Inkrafttreten mehrfach reformiert. Das Verfahren stützte sich etwa im Jahr 2004 auf die Einsetzung einer Expertengruppe durch das Arbeitsministerium, die Vorschläge für Anpassungen und Verbesserungen ausarbeiten sollte.[85] Im Jahr 2007 wurde der *Code du Travail* zuletzt durch eine Gesetzesänderung mit der *Ordonnance no. 2007-329* rekodifiziert. Dabei stand allerdings nicht eine Änderung des bisherigen Arbeitsrechts im Vordergrund, vielmehr wurden weitere, aus der Rspr her- 41

78 *Waas*, RdA 2007, 76, 79; *Mendoza Navas/Zachert*, AuA 1994, 77.
79 *Hofmann*, AuA 1998, 341; Henssler/Braun/*Radoccia*, Arbeitsrecht in Europa, Italien Rn 1.
80 *Heilmann*, AuA 1993, 206.
81 *Rebhahn*, RdA 2009, 154, 161 f.
82 *Wroblewski*, NZA 2008, 622.
83 *Michel*, AuA 1993, 366.
84 *Michel*, AuA 1993, 366; *Ranke*, Arbeitsrecht in Frankreich, S. 4.
85 *Waas*, RdA 2007, 76, 78.

vorgegangene Arbeitsrechtsregeln eingefügt, ineffektive oder nicht mehr gültige Regelungen beseitigt und Vorschriften an unionsrechtliche Vorgaben angepasst.[86]

42 Das französische System ist von einer Fülle bei der Vertragsgestaltung zu beachtender Vorschriften geprägt, so dass der Inhalt der Arbeitsverhältnisse in weiten Teilen von staatlichen und kollektivvertraglichen Regelungen vorbestimmt und insoweit der individuellen Abrede entzogen ist.[87] Dies erweckt zwar den Eindruck, dass die Gestaltung des Arbeitsverhältnisses in erster Linie auf Grundlage der Gesetze und Tarifverträge erfolge, allerdings bildet der **Arbeitsvertrag** auch in Frankreich die **primäre Regelungsquelle**, durch welche von den gesetzlichen Regelungen zum Vorteil des Arbeitnehmers idR abgewichen werden kann.[88]

43 Aufgrund der vielen Generalklauseln in den arbeitsrechtlichen Vorschriften nimmt die französische **Gerichtsbarkeit**, ähnlich wie in Deutschland, eine wichtige Rolle bei der Wirksamkeitskontrolle von Arbeitsverträgen ein. Das französische Recht kennt zumindest in erster Instanz einen eigenen Rechtszug der Arbeitsgerichte, der sog. *conseils de preud'hommes*, wogegen für die Berufung die allgemeinen Zivilgerichte mit den *cours d'appel* zuständig sind, welche allerdings besondere, ausschließlich zuständige Kammern mit den *chambres sociales* besitzen.[89] Allerdings ist in Frankreich die Prägung des Arbeitsrechts durch die Gerichte weitaus stärker, da nicht wenige Regelungen des positiven Rechts aus der Arbeitsrechtsprechung hervorgehen.[90]

44 Ähnlich wie in der Bundesrepublik Deutschland ist damit ein am **Fallrecht der Rechtsprechung** orientierter Einfluss auf die Vertragsgestaltung im Arbeitsrecht sehr viel stärker spürbar als in den meisten anderen Rechtsgebieten. Gewohnheitsrechtliche Regelungen gehören auch ohne gesetzliche Festschreibung zu den Rechtsquellen des Arbeitsrechts und binden beide Arbeitsvertragsparteien.[91] In Frankreich wird davon ausgegangen, dass ca. 80 % aller Arbeitsverhältnisse der Tarifbindung unterliegen, was nicht zuletzt mit dem sehr häufigen Fall der Erstreckung von Kollektivnormen auf eigentlich ungebundene Arbeitsvertragsparteien zu erklären ist.[92] Entgeltregelungen werden häufig nicht auf tariflicher Ebene, sondern auf Unternehmensebene getroffen, da seit einiger Zeit eine (auch für den Arbeitnehmer nachteilhafte) Abweichung nur dann ausgeschlossen ist, wenn der Tarifvertrag dies ausdrücklich festlegt.[93]

(3) Italien, Spanien und Portugal

45 **Italien:** In Italien ist das Arbeitsrecht in der Verfassungstradition des Landes fest verankert, so dass sich in der *Constituzione della Repubblica italiana* gleich mehrere Hinweise auf die gewährleisteten Grundpfeiler des Arbeitsrechts finden. Bereits in Art. 1 heißt es: „Italien ist eine auf Arbeit gegründete demokratische Republik." Auch die noch vergleichsweise „junge" spanische Verfassung aus dem Jahre 1978 weist einen starken arbeitsrechtlichen Bezug auf. Dies zeigt sich insb. an dem facettenreichen Katalog von Grundrechten der Arbeit, der u.a. eine präzise Ausformung kollektiver Rechte wie der Vereinigungsfreiheit, der Tarifautonomie und des Streikrechts enthält. Das italienische Wirtschaftsleben weist nach Schätzungen einen Organisationsgrad von ca. 80 % auf, wobei tarifliche Entgelte oftmals nur subsidiäre Geltung besitzen, so dass große Unternehmen oftmals auf regionaler Ebene gesonderte Entgeltvereinbarungen treffen und die tariflichen Löhne meist nur bei kleineren Unternehmen unmittelbar umgesetzt werden.

---

86 *Thüsing*, RdA 2008, 51, 55.
87 *Ranke*, Arbeitsrecht in Frankreich, S. 1; *Rebhahn*, RdA 2009, 154, 161 f.
88 *Rebhahn*, EuZA 2008, 39, 42 f.
89 Germelmann/Matthes/Prütting/*Prütting*, ArbGG, Einleitung, Rn 315 ff.
90 *Jeammaud/Le Friant/Zumfelde*, NJW 1995, 210; *Michel*, AuA 1993, 366.
91 Henssler/Braun/*Temin-Soccol/Welter*, Arbeitsrecht in Europa, Frankreich Rn 12.
92 *Rebhahn*, NZA-Beil. 2011, 64, 65.
93 *Rebhahn*, NZA-Beil. 2011, 64, 65.

Das italienische Recht kennt zwar keine spezielle Arbeitsgerichtsbarkeit, jedoch sitzen bei den Zivilgerichten in allen Instanzen spezielle Abteilungen, welche für arbeitsrechtliche Verfahren zuständig sind. Die Prozesse selbst richten sich im Übrigen nach einem speziellen Verfahren der italienischen Zivilprozessordnung (*Codice die Procedura Civile*).[94] 46

Das Verhältnis zwischen Gesetz und Tarifregelungen hat sich in der jüngeren Vergangenheit insb. als Reaktion auf die wirtschaftliche Krise des Landes durch Änderungen des italienischen Arbeitsrechts ein Stück weit gewandelt. Fortan ist in vielen Fällen der Abschluss „spezifische Übereinkommen" auf der Ebene von Unternehmen oder bestimmten Regionen möglich, mit welchen in vielen elementaren Bereichen des Arbeitsrechts, wie etwa bei Pflichten des Arbeitnehmers, der Arbeitszeit oder der Arbeitnehmerüberlassung, sogar zum Nachteil der Arbeitnehmer von nationalen Tarifverträgen oder Gesetzesnormen abgewichen werden kann.[95] Diese Möglichkeit wird vielfach kritisch als Aufweichung des minimalen Schutzniveaus und somit als Infragestellung der Fundamente des Arbeitsrechts gesehen und führt zu Befürchtungen eines sog. *race to the bottom* im Bereich der Arbeitsbedingungen der italienischen Arbeitnehmerschaft.[96] 47

In Italien befinden sich unterhalb der Verfassung die Grundregeln nicht ausschließlich im Arbeitnehmerstatut (*Statuto dei lavoratori*), welches am 14.5.1970 vom italienischen Parlament verabschiedet wurde, sondern auch im Zivilgesetzbuch und in einer Reihe weiterer Einzelgesetze.[97] Die arbeitsgerichtlichen Entscheidungen schaffen daneben zwar keine bindenden Präjudizien. Allerdings kann das Fallrecht eine Richtlinie für die Rechte und Pflichten der Parteien darstellen, so dass der Vertragsgestalter diese bei der Formulierung arbeitsvertraglicher Klauseln doch zu beachten hat.[98] Das italienische Arbeitsrecht wurde im Jahre 2003 einer umfassenden Reform mit dem Ziel der Flexibilisierung und Modernisierung des Arbeitsmarktes (sog. **Biagi-Reform**) unterzogen, in welcher insb. die Vorschriften zu Leih-, Teilzeit- und befristeter Arbeit neu gefasst und ausgebaut wurden.[99] In der Praxis bilden in Italien die nationalen Tarifverträge für das Arbeitsverhältnis die im Vergleich zum Einzelarbeitsvertrag wichtigere Rechtsquelle, wobei sowohl zwischen gesetzlichen Regelungen und Tarifverträgen als auch zwischen Tarifnormen und Einzelarbeitsverträgen das Günstigkeitsprinzip anzuwenden ist.[100] Ausgenommen hiervon sind lediglich zweiseitig zwingende Vorschriften. 48

Spanien: Auf einfachgesetzlicher Ebene wird das spanische Arbeitsrecht wesentlich im *Estatuto de los trabajadores* geregelt, welches die Vorschriften des Individualarbeitsrechts, der Mitbestimmung und der Tarifverträge beinhaltet.[101] Das spanische Recht kennt darüber hinaus eine eigene Arbeitsgerichtsbarkeit, deren Verfahren sowohl für das individuelle als auch das kollektive Arbeitsrecht in einem eigenen Arbeitsgerichtsgesetz, der *Ley de Procedimiento Laboral*, geregelt ist.[102] In Spanien lässt sich eine Tarifbindung von über 70 % feststellen, wobei hier als Besonderheit die kollektiven Abmachungen in vielen Fällen von Verhandlungskommissionen auf regionaler Branchenebene als allgemeinverbindliche Tarifverträge geschlossen werden.[103] 49

Auch in Spanien gilt im Verhältnis aller Rechtsquellen zueinander – mit wenigen Ausnahmen – unabhängig von der Normenhierarchie das Günstigkeitsprinzip, wobei sich insb. im *Estatuto* 50

94 Germelmann/Matthes/Prütting/*Prütting*, ArbGG, Einleitung, Rn 325 f.
95 *Leccese/Scanni*, EuZA 201, 558 ff.
96 *Leccese/Scanni*, EuZA 201, 558, 559.
97 *Hofmann*, AuA 1998, 341; *Nogler*, ArbuR 2003, 321.
98 Henssler/Braun/*Radoccia*, Arbeitsrecht in Europa, Italien Rn 3.
99 Vgl den Überblick über die einzelnen Regelungsbereiche der Reform bei: *Reiß*, RIW 2006, 668; *Fuchs*, NZA 2004, 956.
100 Henssler/Braun/*Radoccia*, Arbeitsrecht in Europa, Italien Rn 10 ff.
101 *Mendoza Navas/Zachert*, AuA 1994, 77.
102 Germelmann/Matthes/Prütting/*Prütting*, ArbGG, Einleitung, Rn 335.
103 *Rebhahn*, NZA-Beil. 2011, 64, 65.

de los trabajadores zweiseitig zwingende Normen nur vereinzelt finden lassen.[104] Die wirtschaftliche Krise Spaniens und die damit verbundene hohe Arbeitslosigkeit haben in der jüngeren Vergangenheit zu einigen teilweise radikalen Reformen im Bereich des spanischen Arbeitsrechts geführt. Diese Reformen betrafen etwa die Bereiche der Arbeitsvermittlung, der internen Flexibilität innerhalb von Unternehmen als Alternative zu Kündigungen, dem Kündigungsrecht und -verfahren selbst, der Auflösung von Arbeitsverträgen, der Vereinfachung der Kurzarbeit und der Tarifverhandlungen.[105]

51 **Portugal:** Auch in Portugal trat am 1.1.2003 mit dem *Codigo do trabalho* ein einheitliches Arbeitsgesetzbuch in Kraft, welches sowohl das individuelle, als auch das kollektive Arbeitsrecht umfassend regelt.[106] Diese Kodifikation hat das inhaltliche Grundkonzept des portugiesischen Arbeitsrechts nicht grundlegend verändert, da ähnlich wie in Frankreich in erster Linie bereits bestehende Gesetze systematisiert und themenmäßig in einem Gesetzbuch zusammengefasst wurden.[107] Bei der Reform stand mit wenigen Ausnahmen nicht die Neuregelung des Arbeitsrechts im Vordergrund, sondern vielmehr die Schaffung einer größeren Transparenz und Handlichkeit für die Rechtsanwender.[108] Insofern kann auch der Vertragsgestalter nun auf ein übersichtliches und nahezu abschließendes Regelungswerk zurückgreifen. Das portugiesische Arbeitsgesetzbuch wurde im Jahre 2009 umfassend reformiert, wobei sowohl die Regelungen des Individual- als auch des Kollektivarbeitsrechts von Änderungen betroffen waren.[109] Ein weiterer wichtiger Gestaltungsfaktor im portugiesischen Arbeitsvertragsrecht bildet das kollektive Arbeitsrecht, da kollektive Normen auf bis zu 70 und 80 % der Arbeitsverhältnisse anwendbar sind.[110]

(4) Niederlande, Luxemburg und Belgien

52 **Niederlande:** Im niederländischen Arbeitsrecht besteht kein einheitliches Arbeitsgesetzbuch. Die groben Regelungen sind in einem eigenen Abschnitt des Bürgerlichen Gesetzbuches (*Burgerlijk Wetboek*) festgehalten, wobei sich weitere Vorschriften in einzelnen Gesetzen mit spezifisch arbeits- oder sozialrechtlichen Materien finden. Daneben spielt die Arbeitsrechtsprechung in den Niederlanden eine entscheidende Rolle, insb. bei der Auslegung der oftmals eher allgemein gehaltenen Vorschriften. Im Bereich des Arbeitsrechts kann daher schon von der Existenz eines umfassenden Fallrechts gesprochen werden, welches der Vertragsgestalter ebenso wie die kodifizierten Gesetzesvorschriften bei seiner Tätigkeit im Auge behalten muss.[111] Allerdings existiert in den Niederlanden weder ein gesonderter Rechtszug der Arbeitsgerichtsbarkeit noch ein spezielles Verfahren, so dass die allgemeinen zivilrechtlichen Regelungen zur Anwendbarkeit gelangen.[112] Auch auf niederländische Arbeitsverhältnisse finden in über 70 % aller Fälle kollektivrechtliche Normen Anwendung, so dass der Einfluss der Interessenverbände auf das Arbeitsvertragsrecht entsprechend hoch einzuschätzen ist.[113] In vielen Fällen werden Tarifverträge auch im Wege eines Ministerialerlasses für allgemeinverbindlich erklärt.[114]

53 **Luxemburg:** In Luxemburg war das Arbeitsrecht lange Zeit in einer Vielzahl von Gesetzen, großherzoglichen Verordnungen und daneben durch verschiedene Ministerialerlasse geregelt.

---

104 *Rebhahn*, EuZA 2008, 39, 45 f; Henssler/Braun/*Calle*, Arbeitsrecht in Europa, Spanien Rn 1 f.

105 Detaillierter Überblick zu den Reformen bei: *Navarro Nieto*, EuZA 2012, 664 ff; *Fröhlich/Velasco Portero*, EuZA 2011, 575.

106 *Waas*, RdA 2007, 76, 79.

107 Henssler/Braun/*E. Fedtke/J. Fedtke*, Arbeitsrecht in Europa, Portugal Rn 1 ff.

108 *E. Fedtke/J. Fedtke*, RIW 2004, 434, 435.

109 Ein Überblick zu den Änderungen im Einzelnen findet sich bei *Abrantes/Canas da Silva*, EuZA 2010 432 ff.

110 *Rebhahn*, NZA-Beil. 2011, 64.

111 Henssler/Braun/*van Gijzen*, Arbeitsrecht in Europa, Niederlande Rn 1 ff.

112 Germelmann/Matthes/Prütting/*Prütting*, ArbGG, Einleitung, Rn 322.

113 *Rebhahn*, NZA-Beil. 2011, 64.

114 *van Peijpe*, EuZA 2010, 424, 425.

Im Jahre 2006 wurde der größte Teil dieser Vorschriften in einem einheitlichen Arbeitsgesetzbuch zusammengefasst, welches in einem ersten Teil eine Koordinierung der bis dahin bestehenden Gesetze und im zweiten Teil eine Zusammenfassung der Verordnungen und Erlasse enthält.[115]

Belgien: Das belgische Arbeitsrecht und dabei insb. das Individualarbeitsvertragsrecht ist ganz 54 entscheidend von einem eigenen Arbeitsvertragsgesetz aus dem Jahre 1978 geprägt, welches die wesentlichen Vorgaben für den Inhalt der Arbeitsverträge bestimmt. Art. 6 dieses Gesetzes statuiert seinen zwingenden Charakter, indem er alle den Bestimmungen dieses Gesetzes entgegenstehenden Klauseln, welche die Rechte der Arbeitnehmer einschränken oder ihre Verpflichtungen verschärfen, für nichtig erklärt. In der Normenhierarchie steht das zwingende Gesetzesrecht an oberster Stelle über den per königlichen Erlass allgemeingültigen und den kraft Verbandsmitgliedschaft geltenden Tarifverträgen, welche wiederum dem schriftlichen Individualarbeitsvertrag, der Arbeitsordnung, dem nicht-zwingenden Gesetzesrecht und schließlich mündlichen Arbeitsverträgen sowie dem Gewohnheitsrecht vorgehen.[116] Eine große Bedeutung besitzt auch in Belgien das kollektive Arbeitsrecht, da eine Tarifbindungsquote von bis zu 90 % erreicht wird.[117] Weiterhin werden in Belgien die wesentlichen Arbeitsbedingungen aus freiwillig zwischen den Interessenverbänden ausgehandelten kollektiven Abmachungen im überwiegenden Fall auch auf nicht tarifgebundene Arbeitgeber durch die Erklärung für allgemeinverbindlich erstreckt.[118]

(5) Schweden, Finnland, Dänemark und Norwegen

Zwischen den einzelnen Arbeitsrechtssystemen der skandinavischen Länder bestehen sowohl 55 deutliche Berührungspunkte als auch einige Unterschiede. Die Gemeinsamkeiten der Arbeitsrechtssysteme in Dänemark, Finnland, Norwegen und Schweden können auf historische Gründe und in erster Linie auf die gemeinsame Sozialkultur zurückgeführt werden.[119] Insgesamt wird das Arbeitsrecht in diesen Ländern traditionell durch einen starken Einfluss der Gewerkschaften und Arbeitgeberverbände geprägt. Ein skandinavischer Kollektivvertrag schafft vom klassischen arbeitsrechtlichen Verständnis ausgehend das notwendige Mindestniveau für die Löhne und den Arbeitnehmerschutz, so dass eine entsprechende gesetzliche Regelung vielfach als nicht erforderlich angesehen wird.[120] Die skandinavischen Länder zeichnen sich weiterhin durch einen großen Einfluss der Gewerkschaften durch Flächentarifverträge aus, welcher in erster Linie auf dem hohen Organisationsgrad und damit verbunden auf der großen sozialen Mächtigkeit und der Durchsetzungskraft der Gewerkschaften beruhen.[121] Allerdings sinkt die Bedeutung der Kollektivvereinbarungen in letzter Zeit zunehmend, da sich die Interessenverbände immer mehr dazu entschlossen haben, wichtige Fragen der Branchentarife einschließlich des Entgelts zur Verhandlung auf der konkreten Betriebsebene den Betriebspartnern zu überlassen.[122]

Das **schwedische** Arbeitsrecht ähnelt nicht nur hinsichtlich der Verteilung der arbeitsrechtli- 56 chen Regelungen auf eine Vielzahl von Einzelgesetzen, sondern auch insgesamt deutlich dem deutschen Arbeitsrecht.[123] Neben dem geschriebenen Gesetzesrecht spielt auch in Schweden ein von der Rechtsprechung geprägtes Fallrecht eine wichtige ergänzende Rolle, da die Gesetze

115 Henssler/Braun/*Castegnaro*, Arbeitsrecht in Europa, Luxemburg Rn 1.
116 Henssler/Braun/*Matray*/*Hübinger*, Arbeitsrecht in Europa, Belgien Rn 1 ff.
117 *Rebhahn*, NZA-Beil. 2011, 64.
118 *Humblet*, EuZA 2010, 266, 271; *Rebhahn*, NZA-Beil. 2011, 64 f.
119 *Sigeman*, ZIAS 2004, 179.
120 *Sigeman*, ZIAS 2004, 179, 181.
121 *Rebhahn*, NZA-Beil. 2011, 64.
122 *Rebhahn*, NZA-Beil. 2011, 64.
123 *Heilmann*, AuA 1993, 206.

von den Gerichten v.a. vor dem Hintergrund der Gesetzesmaterialien auszulegen sind.[124] Allerdings ist das schwedische System aufgrund der historisch bedeutsamen Rolle der Interessenverbände bei der Entwicklung des Arbeitsrechts und der großen gegenseitigen Akzeptanz – wie in allen skandinavischen Staaten – ganz entscheidend vom kollektiven Arbeitsrecht geprägt.[125] Dies spiegelt sich bis heute in der großen Verbandszugehörigkeit von zwischen 80 und 90 % der Arbeitnehmer wider und führt dazu, dass Kollektivverträge im Vergleich zum Einzelvertrag die entscheidendere Rolle bei der Bestimmung des Inhalts der Arbeitsverhältnisse spielen.[126] Auch in **Finnland** und **Dänemark** sind etwa 80 % der Arbeitnehmer gewerkschaftlich organisiert, was v.a. mit der langjährigen Akzeptanz der Gewerkschaften bei Staat und Arbeitgeberorganisationen und der ausgeprägten Homogenität der arbeitenden Bevölkerung erklärt wird.[127] In diese Quoten der tarifvertraglichen Anwendbarkeit auf Arbeitsverhältnisse sind – mit Ausnahme von Finnland – staatlich verordnete Erstreckungen noch nicht eingerechnet, so dass die hohe Tarifbindung jeweils auf einer freien Entscheidung der Arbeitsvertragsparteien beruht.[128] In **Finnland** besteht insoweit die Besonderheit, dass Tarifverträge, soweit sie für mehr als 50 % der Arbeitsverträge der jeweils sachlich betroffenen Branche einschlägig sind, per Gesetz automatisch für alle sachlich umfassten Arbeitsverhältnisse gelten sollen. Ihnen wird auf diese Weise quasi eine Allgemeinverbindlichkeit verordnet, wie man sie vergleichbar aus dem deutschen Recht nach § 5 TVG kennt.[129]

57 Das traditionelle skandinavische Modell des Arbeitsrechts, in welchem dem Kollektivvertragsrecht eine größere Bedeutung zukommt als dem kodifizierten Recht, ist in **Schweden** und in **Dänemark** bis heute noch am stärksten ausgeprägt, wenn auch in diesen Ländern die Kodifikation gesetzlicher Regelungen zur Sicherung von Rechtspositionen unabhängig von der Gewerkschaftszugehörigkeit spürbar zugenommen hat.[130] Insgesamt ähneln sich das schwedische und dänische Arbeitsrecht in Bezug auf die jeweiligen Standards und Gesetzeslagen bei teilweisen Unterschieden doch in vielen wichtigen Punkten und Bereichen.[131] Da es sich bei beiden Staaten um EU-Mitgliedstaaten handelt, ist eine zunehmende Kodifikationsdichte nicht zuletzt auch auf notwendige Umsetzungen von EU-Richtlinienrecht zurückzuführen. Dennoch zeigt sich weiter der starke Einfluss des kollektiven Rechts. Gerade das dänische Tarifverhandlungsmodell kann auf eine mehr als 100-jährige Geschichte zurückblicken: In Dänemark wurde im Jahre 1899 der erste Tarifvertrag geschlossen.[132] Ein weiteres typisches Merkmal des dänischen Arbeitsrechts ist die eher geringere Bedeutung der Arbeitsgerichtsbarkeit aufgrund der im Vergleich zum deutschen Recht wesentlich geringeren Anzahl arbeitsrechtlicher Rechtsstreitigkeiten.[133] Zwar existieren in Dänemark gesonderte Arbeitsgerichte, welche allerdings lediglich für Tarifrechtsstreitigkeiten zuständig sind, so dass die Prozesse des Individualarbeitsrechts vor den für fast alle Rechtsgebiete allgemein zuständigen Stadtgerichten ausgetragen werden.[134]

58 In **Norwegen** besteht – trotz des geringeren Organisationsgrads von etwa 66 % – ebenso historisch bedingt ein relativ großer Einfluss der Interessenverbände. Allerdings existiert mit dem *Arbeidsmilijøloven* ein zentrales arbeitsrechtliches Gesetzbuch, welches einen Großteil der Vorgaben für den Individualvertrag, aber auch für den Abschluss von Tarifvereinbarungen be-

124 Henssler/Braun/*Nordlöf/Farhat*, Arbeitsrecht in Europa, Schweden Rn 8; *Heilmann*, AuA 1993, 206, 208.
125 Henssler/Braun/*Nordlöf/Farhat*, Arbeitsrecht in Europa, Schweden Rn 6 ff.
126 *Rebhahn*, NZA-Beil. 2011, 64; *Heilmann*, AuA 1993, 206.
127 *Rebhahn*, NZA-Beil. 2011, 64; *Sigeman*, ZIAS 2004, 179, 182.
128 *Rebhahn*, NZA-Beil. 2011, 64.
129 *Rebhahn*, NZA-Beil. 2011, 64.
130 *Sigeman*, ZIAS 2004, 179.
131 *Inghammar*, EuZA 2009, 421, 428.
132 *Kristiansen*, RIW 2008, 509, 510.
133 *Giesen/Eriksen*, EuZA 2009, 1, 2 f.
134 *Giesen/Eriksen*, EuZA 2009, 1, 2 f.

stimmt.[135] Sowohl in **Schweden** als auch in **Dänemark** ist das kollektive Arbeitsrecht dagegen nicht durch Gesetze geregelt, sondern basiert auf zwischen den Kollektivpartnern geschlossenen grundsätzlichen Vereinbarungen.[136] Wie in Schweden werden auch im dänischen Arbeitsrecht die Anstellungsverträge von den Gerichten, ausgehend vom Wortlaut der Vereinbarungen, einer weitgehenden Auslegung anhand der allgemeinen Rechtsgrundsätze und teilweise auch einer Ergänzung unterzogen.[137]

(6) Polen, Tschechische Republik und Slowakische Republik

In den Ländern des ehemaligen Ostblocks Europas kommt dem Arbeitsrecht aufgrund der generellen Ausrichtung sozialistisch geprägter Systeme auf den Arbeiter traditionell eine besondere Bedeutung zu. Jedoch sahen sich die Systeme im Anschluss an den Fall des „Eisernen Vorhangs" und der daraus resultierenden zunehmend westlich orientierten Ausrichtung der Notwendigkeit und Herausforderung ausgesetzt, das eigene Arbeitsrecht an die Erfordernisse des kapitalistisch orientierten Marktes anzupassen. 59

Polen: Besonders deutlich wird dies am Beispiel Polens, das sein Arbeitsrecht durch weitgehende Umsetzung der Konventionen der Internationalen Arbeitsorganisation (IAO) und Angleichung an die europäischen Vorgaben seit Beginn der 90er Jahre konsequent dem westeuropäischen Rechtskreis zugewandt hat.[138] Der bevölkerungsreichste Beitrittsstaat im Rahmen der EU-Osterweiterung verfügt als zentrales Regelwerk über ein **einheitliches Arbeitsgesetzbuch,** das bereits 1974 erlassen, aber im Jahre 1996 grundlegend überarbeitet wurde. Dieses wird durch eine Reihe arbeitsrechtlicher Nebengesetze, wie zB das Gesetz über Massenentlassungen, ergänzt.[139] Das polnische Arbeitsrecht ist generell durch eine Vielzahl von Gesetzen, Verordnungen, Anordnungen, Beschlüssen und Instruktionen oftmals bis ins kleinste Detail geregelt, so dass der Rspr keine derart entscheidende Bedeutung wie den deutschen Arbeitsgerichten zukommt.[140] 60

Aufgrund der umfassenden gesetzlichen Regelungen und Schutzstandards, von denen nicht durch Tarifverträge abgewichen werden darf, ist die Notwendigkeit für kollektive Vereinbarungen in Polen eher gering.[141] Unter anderem aus diesem Grund, besonders aber auch wegen des Fehlens durchsetzungsstarker und gut organisierter Arbeitgeberverbände sowie des stetigen Rückgangs des Organisationsgrads auf nur noch etwa 17 % der Arbeitnehmer haben die Tarifverträge eine wesentlich geringere Bedeutung als vergleichsweise in Deutschland.[142] Im Wesentlichen handelt es sich eher um Unternehmenstarifverträge und nicht um Verbandstarifnormen, welche zudem oftmals nicht einmal die wesentlichen Arbeitsbedingungen sowie das zu zahlende Entgelt verbindliche festlegen.[143] Dies spiegelt zugleich die geringere Wichtigkeit und Akzeptanz von Kollektivvereinbarungen in Polen wider. Die große Regelungsdichte und die daraus resultierende mangelnde Flexibilität des polnischen Arbeitsrechts wurden lange Zeit von in- und ausländischen Investoren kritisiert. Dies führte in der jüngeren Vergangenheit zur Überarbeitung einiger arbeitsrechtlicher Nebengesetze mit dem Ziel der Anregung des Unternehmergeistes und der Schaffung neuer Arbeitsplätze.[144] Auch die Angleichung des polnischen 61

135 Henssler/Braun/*Aune/Fredriksen*, Arbeitsrecht in Europa, Norwegen Rn 1 ff.
136 Henssler/Braun/*Nordlöf/Farhat*, Arbeitsrecht in Europa, Schweden Rn 7; Henssler/Braun/*Steinrücke/Würtz*, Arbeitsrecht in Europa, Dänemark Rn 3.
137 Henssler/Braun/*Steinrücke/Würtz*, Arbeitsrecht in Europa, Dänemark Rn 2.
138 *Waas*, RdA 2007, 76, 79; *Sieg/Prujszczyk*, AuA 1997, 305.
139 *Sieg/Schmitz*, AuA 5/2004, 8, 11.
140 *Sieg/Prujszczyk*, AuA 1997, 305.
141 *Mitrus*, RIW 2008, 518, 519.
142 *Sieg*, NZA 2003, 198, 203.
143 *Rebhahn*, NZA-Beil. 2011, 64, 65.
144 *Walasek/Zalewska*, RIW 2004, 124.

Arbeitsrechts an Standards der EU spielte bei den Überarbeitungen eine wichtige Rolle.[145] Ausgehend von der wirtschaftlichen Krise, welche verschiedene gesellschaftliche Probleme offenlegte, wurden bis zum Jahre 2010 einige gesetzliche Anpassungen sowohl im individuellen als auch im kollektiven polnischen Arbeitsrecht vorgenommen.[146]

62 Eine erneute umfassende Novellierung des Arbeitsgesetzbuches war bereits seit längerer Zeit in Planung, nicht zuletzt auch, weil eine Änderung der gesetzlichen Rahmenbedingungen als unerlässlich erachtet wird, um das polnische Arbeitsrecht und die Arbeitsmarktpolitik an die Herausforderungen der modernen Wirtschaft und des Soziallebens anzupassen.[147] Umgesetzt wurden die letzten Änderungen des Arbeitsrechts jüngst mit dem Änderungsgesetz zum polnischen Arbeitsgesetzbuch vom 12.7.2013, welches im Wesentlichen zwei entscheidende Neuerungen mit sich brachte. So wurde zum einen der Abrechnungs- und Ausgleichszeitraum zur Einhaltung der gesetzlich vorgeschriebenen Höchstarbeitszeiten von maximal 40 Stunden pro 5-Tage-Arbeitswoche von 4 auf 12 Monate ausgeweitet. Zum anderen wurde die Möglichkeit einer Gleitzeit eingeführt, welche sogar monatliche Freistellungen unter späterer Ableistung der Minusstunden im Wege der Mehrarbeit ermöglichen soll.[148] Die aufgezeigten Änderungen erhöhen somit die Flexibilität im Arbeitsverhältnis und kommen demnach in erster Linie den Arbeitgebern zugute.[149]

63 **Tschechische Republik:** Ganz ähnlich wie in Polen stellt sich die grundsätzliche arbeitsrechtliche Situation im Nachbarland Tschechien dar. Dort finden sich als wichtigste Rechtsquellen des Arbeitsrechts auf höchster Stufe Regelungen in der Verfassung von 1993 und der Urkunde der grundlegenden Rechte und Freiheiten als Bestandteil der Verfassungsordnung der Tschechischen Republik.[150] Auf einfachgesetzlicher Ebene besteht, ähnlich wie in Polen, ein **einheitliches Arbeitsgesetzbuch**, welches das Arbeitsrecht durch die Regelung fast aller Bereiche dominiert und lediglich von einigen speziellen Gesetzen, zB über die Beschäftigung oder die Kollektivverhandlung, flankiert wird.[151] Das ursprüngliche Arbeitsgesetzbuch trat bereits 1965 in Kraft und entstammte somit noch dem Recht der sozialistischen Tschechoslowakei, wurde aber allein nach der Einführung der Marktwirtschaft über zehn Mal novelliert und damit westeuropäischen Standards weitestgehend angepasst.[152] Das ursprüngliche Gesetzbuch war aufgrund der sozialistischen Färbung deutlich von hohen Arbeitnehmerschutzstandards geprägt, welche nur wenig Raum für eine einzelvertragliche Ausgestaltung des Arbeitsverhältnisses ließen.[153] Eine grundlegende Überarbeitung erfolgte zunächst im Jahre 1994.[154] Bereits zu diesem Zeitpunkt und somit weit vor der tatsächlichen Aufnahme in die Europäische Union war es der erklärte Wille des Gesetzgebers, durch Umsetzung eines Großteils der Vorgaben des unionsgeprägten Arbeitsrechts eine Anpassung an die westeuropäischen Arbeitsrechtsordnungen zu erreichen.[155] Das tschechische Arbeitsrecht war allerdings auch danach weiterhin durch ein dichtes Netz an Regelungen gekennzeichnet, welche nach dem Prinzip „was nicht erlaubt ist, ist verboten" die Gestaltungsmöglichkeiten abschließend aufzählten. Hieran wurde insb. kritisiert, dass kein ausreichender Spielraum für Kreativität und Flexibilität bei der Ausgestaltung

145 *Waas*, RdA 2007, 76, 79.
146 Ein genereller Überblick dazu findet sich bei *Pisarczyk*, EuZA 2010, 272 ff.
147 *Waas*, RdA 2007, 76, 79; *Mitrus*, RIW 2008, 518, 527.
148 *Fedorzcyk*, GTAI vom 30.8.2013, abrufbar auf www.gtai.de.
149 *Fedorzcyk*, GTAI vom 30.8.2013, abrufbar auf www.gtai.de.
150 Henssler/Braun/*Linhart/Schwarz/Němecěk*, Arbeitsrecht in Europa, Tschechien Rn 2.
151 *Sieg/Schmitz*, AuA 5/2004, 8, 11.
152 *Hula*, AuA 1998, 129; *Hurka*, EuZA 2010, 568.
153 *Hurka*, EuZA 2010, 568.
154 *Kühl/Braun*, WiRO 2007, 204.
155 *Kühl/Braun*, WiRO 2007, 204.

der Arbeitsverhältnisse verbleibe.[156] Dies führte schließlich zu einer erneuten umfassenden Reform, an deren Ende die Verabschiedung eines neuen Arbeitsgesetzbuches stand, welches zum 1.1.2007 nicht nur das alte Arbeitsgesetzbuch ablöste, sondern auch die Aufhebung oder Änderung 60 weiterer Rechtsvorschriften bewirkte.[157] Zunächst wurde mit dieser Reform das Arbeitsrecht endgültig in das Privatrecht eingebettet und auch eine Nähe zum Zivilgesetzbuch hergestellt.[158] Die grundlegendste Änderung liegt in der Umkehrung der systematischen Grundausrichtung, nach welcher nun nicht mehr die Rahmenbedingungen für Arbeitsverhältnisse von der Seite des Erlaubten her abschließend aufgezählt werden, sondern vielmehr die Verbotsgrenzen festgeschrieben worden sind. Das zentral verfolgte Ziel der Reform bestand dabei in einer größeren Liberalisierung der Arbeitsverhältnisse, um im Rahmen der Beachtung von Mindeststandards und Gleichheitsgrundsätzen eine möglichst freie Gestaltung der Verträge zu ermöglichen.[159] Durch einen sehr umfassenden Bereich von Verbots- und Ausnahmetatbeständen wurde allerdings die angestrebte deutliche Ausweitung der Vertragsfreiheit wiederum merklich abgeschwächt.[160] Dennoch wurden durch diese Systemumstellung in deutlicher Weise der autonome Parteiwille und dessen Umsetzung im Rahmen einer Vertragsgestaltung gestärkt.[161]

Die weiterhin starke gesetzliche Regelungsdichte führt ähnlich wie in Polen zu einer vergleichsweise geringen Bedeutung der Arbeitsrechtsprechung in Tschechien. Das bestehende relativ starre und detaillierte, die Vertragsfreiheit weitgehend beschränkende Regelungsgerüst reduziert naturgemäß die Notwendigkeit zur Klärung von Auslegungs- und Wirksamkeitsfragen ebenso wie das Bedürfnis zur Ausfüllung von Gesetzeslücken wesentlich. Demnach besitzt die Rspr in beiden Staaten keine mit den meisten EU-Mitgliedstaaten vergleichbare Möglichkeit zur Rechtsfortbildung. Auf Ebene des kollektiven Arbeitsrechts besteht seit 1990 das Gesetz über die Kollektivverhandlung.[162] Daneben wird die Bedeutung des kollektiven Arbeitsrechts auch im neuen Arbeitsgesetzbuch hervorgehoben.[163] 64

Slowakische Republik: In der slowakischen Republik stellt sich die arbeitsrechtliche Situation recht ähnlich zur tschechischen Situation dar, was aufgrund des gemeinsamen historischen Hintergrunds und damit auch mit einer eng verbundenen Rechtstradition nicht weiter verwunderlich ist. Auch in der Slowakei existiert ein reines **Arbeitsgesetzbuch**, welches am 1.4.2002 in Kraft getreten ist und bis ins Jahr 2011 bereits 21 Mal geändert wurde.[164] Eine umfassende Reform fand ebenso wie in Tschechien im Jahre 2007 statt. Im Zentrum der Reform, welche zumindest von Seiten der Arbeitgeber doch deutlich kritisiert wurde, standen eine Neuordnung sowie einige inhaltliche Neuerungen, wie etwa die Festlegung bestimmter Regeln und Einschränkungen zur Sammlung und Verarbeitung von Arbeitnehmerdaten durch den Arbeitgeber, welche sogar in die Präambel des neuen Arbeitsgesetzbuches aufgenommen wurde.[165] Auch der zentrale Begriff der abhängigen Arbeit wurde in der Form neu definiert, dass zwischen den Vertragsparteien ein Über- und Unterordnungsverhältnis bestehen muss und der Arbeitnehmer die ihm zugewiesene Tätigkeit im Namen und nach Weisung des Arbeitgebers, gegen Entlohnung, während der Arbeitszeit, auf Kosten des Arbeitgebers, mit dessen Werkzeugen und auf 65

156 Plädoyer von *Dr. Helmuth Schuster* (Personalvorstand von Škoda, Mladá Boleslav), nach *Maschmann*, NZA 2003, 206.
157 *Hurka*, EuZA 2010, 568; *Kühl/Cechtická*, WiRO 2007, 101; *Pačić/Nikšová*, EuZA 2008, 78.
158 *Hurka*, EuZA 2010, 568 f.
159 *Pačić/Nikšová*, EuZA 2008, 78 f.
160 *Kühl/Cechtická*, WiRO 2007, 101 f.
161 *Hurka*, EuZA 2010, 568, 570.
162 *Tröster*, NZA-Beil. 2006, 83.
163 *Tröster*, NZA-Beil. 2006, 83, 94.
164 *Nikšová*, EuZA 2012, 105.
165 *Bohata*, WiRO 2007, 312, 313.

dessen Gefahr hin erbringt.[166] Diese Definition wirkt etwas umständlich und durch die Aufführung der vielen Kriterien auch etwas einschränkend. Allerdings darf in der Slowakischen Republik abhängige Arbeit auch außerhalb der von ihrer Definition umfassten Vertragsverhältnisse erbracht werden, einerseits in vergleichbaren Arbeitsbeziehungen und andererseits auch in anderen Rechtsbeziehungen, wenn das Gesetz dies ausdrücklich zulässt.[167] Die umfassende Reform, welche ebenfalls eine Vielzahl unionsrechtlicher Vorgaben in das nationale Recht umsetzte, enthielt eine Reihe weiterer Änderungen; betroffen waren u.a. die Informationspflicht der Arbeitgeber im Falle eines Konkurses, die Kündigungsmöglichkeiten im Falle des Betriebsübergangs, die befristet abgeschlossenen Arbeitsverträge, die Heimarbeit, die Leiharbeit, die Ausnahmen von der höchst zulässigen Wochenarbeitszeit, die Dauer der Arbeitsbereitschaft, neue Antidiskriminierungsregelungen bei der Entlohnung, ein Mindestlohn, die gesetzlichen oder gerichtlich angeordneten Lohnabzüge, die Belegschaftsverpflegung sowie nicht zuletzt Änderungen im Bereich des kollektiven Arbeitsrechts.[168]

66 Eine erneute umfassende Novelle folgte im Jahre 2011 insb. mit dem Ziel, vor dem Hintergrund der wirtschaftlichen Krise des Landes eine Senkung der Arbeitgeberkosten und eine flexiblere Gestaltung von Arbeitsverhältnisses zu erreichen, in welcher wesentliche Neuerungen im kollektiven, aber auch im Individualarbeitsrecht vorgenommen wurden.[169] Betroffen waren etwa die Bereiche der Probezeit, Befristung und Beendigung von Arbeitsverhältnissen, Arbeitszeit, Urlaub, Mutterschutz und die Kompetenzen der Arbeitnehmervertretung.[170]

67 Dem kollektiven Arbeitsrecht kommt in der Slowakischen sowie in der Tschechischen Republik (ähnlich wie im gesamten ehemaligen Ostblock sowie den baltischen Staaten) aufgrund der niedrigen Organisationsgrade von regelmäßig unter 20–30 %, der fehlenden Verbindlichkeit zwingender Regelungen zu den wesentlichen Arbeitsbedingungen sowie dem Entgelt und dem geringen Anteil von Verbandstarifverträgen keine besonders große Bedeutung zu.[171]

(7) Baltische Staaten (Estland, Lettland, Litauen)

68 Die geringe Bedeutung des kollektiven Arbeitsrechts durch den niedrigen Organisationsgrad ist auch in den ebenfalls zum ehemaligen Ostblock gehörenden baltischen Staaten – Estland, Lettland und Litauen – prägend, so dass das Individualarbeitsrecht eine besondere Rolle spielt.[172]

69 In **Estland** wurde nach der Unabhängigkeit von der Sowjetunion im Jahre 1992 ein erstes Arbeitsvertragsgesetz verabschiedet, welches im Jahre 2009 durch ein neues und reformiertes **Arbeitsvertragsgesetz (TLS)** abgelöst wurde.[173] Das ursprüngliche Gesetz aus dem Jahre 1992, welches in den Zeiten der Umstrukturierung des Landes mit der Privatisierung von Staatsbetrieben und in erster Linie die Gewährleistung eines effizienten Schutzes der Arbeitsbeziehungen bezweckte, sah noch ziemlich intensive Anforderungen und Grenzen bei der Arbeitsvertragsgestaltung vor.[174] Da sich dieses Gesetz der wiederholten Kritik einer zu großen Steifheit im Regelungssystem und der Verhinderung einer flexiblen Vertragsgestaltung ausgesetzt sah, wurde es schließlich von einem neuen Regelungskonstrukt im Jahre 2009 ersetzt.[175] Das neue Arbeitsvertragsgesetz (TLS) setzte diese Forderungen weitestgehend um und zeichnet sich einerseits insb. durch eine Verknüpfung des Arbeitsrechts mit dem allgemeinen Vertragsrecht sowie die Integration des Arbeitsrechts in das allgemeine Schuldrecht und zum anderen durch

166 *Bohata*, WiRO 2007, 312, 313.
167 *Bohata*, WiRO 2007, 312, 313.
168 *Bohata*, WiRO 2007, 312, 313 f.
169 *Nikšová*, EuZA 2012, 105.
170 Im Einzelnen dazu *Nikšová*, EuZA 2012, 105 ff.
171 *Rebhahn*, NZA-Beil. 2011, 64, 65.
172 *Dupate*, EuZA 2011, 265, 267; *Rebhahn*, NZA-Beil. 2011, 64, 65; *Tavits*, EuZA 2013, 124.
173 *Tavits*, EuZA 2013, 124.
174 *Tavits*, EuZA 2013, 124.
175 *Tavits*, EuZA 2013, 124.

eine wesentlich größere Liberalität aus, was die flexible Vertragsgestaltung wesentlich erleichterte.[176]

In **Lettland** stellt sich die historische Situation zumindest in Teilen ähnlich dar. Zunächst existierte ein Arbeitsvertragsgesetz aus der Sowjet-Ära, welches in den 1990er Jahren zunächst leicht modifiziert wurde, um es den aktuellen Gegebenheiten anzupassen.[177] Im Jahre 2002 trat ein neues Arbeitsgesetzbuch (LLA) in Kraft, welches den Versuch unternahm, das lettische Arbeitsrecht zu modernisieren. Mit diesem Gesetzbuch wurde eine Vielzahl von Vorgaben der *International Labour Organisation* (ILO) umgesetzt und durch Übernahme eines Großteils der EU-Arbeitsrechtsrichtlinien bereits eine Annäherung an die Europäische Union unternommen, bevor die tatsächliche Aufnahme erfolgte.[178] Trotz dieser deutlichen Annäherung findet sich in diesem Arbeitsgesetz auch noch eine Vielzahl von Vorschriften, welche den sowjetisch geprägten Arbeitsgesetzen entstammen.[179] 70

Die Modernisierung des Arbeitsrechts in **Litauen** stellte sich als ein langwieriger und schwieriger Prozess dar, bildete aber ebenfalls ein notwendiges Instrument in den Zeiten des Übergangs von der Sowjet-Planwirtschaft zu einer kapitalistischen Marktwirtschaft.[180] Das Arbeitsgesetzbuch aus der Sowjetzeit blieb zunächst auch nach der Unabhängigkeit des Landes im Jahre 1991 weiterhin gültig. Zwar bestanden bereits frühzeitig Bestrebungen zum Erlass eines neuen und modernisierten Arbeitsgesetzes, zunächst kam es jedoch nur zur Verbesserung und Verabschiedung von Einzelnormen in Teilbereichen des Arbeitsrechts.[181] Im Jahre 2002 wurde schließlich ein **einheitliches Arbeitsvertragsgesetz** verabschiedet, welches allerdings eine Vielzahl der sowjetischen Arbeitsrechtsnormen übernahm. Obwohl die Vereinheitlichung den Versuch einer Anpassung an das System der Marktwirtschaft unternahm, wurde das Gesetz vielfach als streng und unflexibel gerade in Bezug auf die vertragliche Gestaltung gesehen.[182] Nach mehreren kleineren und zwei größeren Reformen in den Jahren 2005 und 2008 kam es in der jüngeren Vergangenheit gerade vor dem Hintergrund der Wirtschaftskrise in den Jahren 2009 und 2010 zu entscheidenden Änderungen des litauischen Arbeitsrechts, welche die Liberalisierung der Arbeitsverhältnisse, etwa durch Änderung oder Einführung von Regelungen zu Kündigungen, Kurzarbeit, Arbeitszeiten oder Überstünden, ins Zentrum seiner Neuerungen stellte.[183] 71

(8) Russland

Auch in **Russland** ließ die Kodifikation eines an die neuen Marktverhältnisse angepassten Arbeitsgesetzbuches lange Zeit auf sich warten. Bis ins Jahr 2001 galt das 1971 erlassene Arbeitsgesetzbuch der Russischen Föderation, welches trotz einiger Änderungen als typisch sozialistisch geprägtes Gesetzeswerk eine Anpassung des Arbeitsrechts an die Verhältnisse eines marktwirtschaftlichen Systems nahezu unmöglich machte. Es entstammte einer Zeit, in welcher der Staat über die staatlichen Betriebe der allgemeine Arbeitgeber war und die Möglichkeit einer individuellen Parteivereinbarung der Arbeitsbedingungen gar nicht bestand.[184] Die zögerliche Haltung des Gesetzgebers bei der Reformierung wurde v.a. der Sorge vor der Herbeiführung von sozialen Konflikten durch radikale Änderungen der arbeitsrechtlichen Rege- 72

176 *Tavits*, EuZA 2013, 124, 125.
177 *Dupate*, EuZA 2011, 265.
178 *Dupate*, EuZA 2011, 265.
179 *Dupate*, EuZA 2011, 265.
180 *Davulis*, EuZA 2011, 427.
181 *Davulis*, EuZA 2011, 427.
182 *Davulis*, EuZA 2011, 427.
183 *Davulis*, EuZA 2011, 427, 428 ff.
184 *Frenkel*, ArbuR 2000, 127, 129.

lungen zugeschrieben.[185] Bis zum Inkrafttreten des neuen Arbeitsgesetzbuches konnten die Arbeitsbedingungen nur über den Abschluss individueller und kollektiver Arbeitsverträge verbessert werden.[186] Zuvor wurde bereits offen die Anpassung des Arbeitsrechts an die veränderte wirtschaftliche Ordnung gefordert.[187] Aus dieser Notwendigkeit heraus kam es am 30.12.2001 mit dem Inkrafttreten des *Trudovoj kodeks* zum Erlass eines einheitliches Arbeitsgesetzbuches, welches das Arbeitsrecht umfassend regelt und zuletzt im Jahr 2006 modifiziert wurde.[188] Dieses neue Gesetzbuch ist, verglichen mit seiner Vorgängerschrift, zwar umfangreicher und anders aufgebaut, verkörpert aber insgesamt keine radikale Änderung des Arbeitsrechts. Dies liegt in erster Linie daran, dass aus Gründen des Zeitdrucks und der Kompromissfindung oftmals die alten Rechtsvorschriften lediglich in leicht modifizierter Form Einzug in das neue Arbeitsgesetzbuch gefunden haben.[189] Verfassungsrechtlich sind in Russland mit Blick auf das Arbeitsrecht die Berufsfreiheit, das Verbot von Zwangsarbeit, ein Mindestlohn, ein Erholungsrecht und das verbriefte Recht zur Führung individueller und kollektiver Rechtsstreitigkeiten festgeschrieben.[190]

73 Das russische Arbeitsrecht geht, anders als das deutsche, nicht vom Arbeitsverhältnis als zentralem Anknüpfungspunkt aus, sondern vielmehr vom Arbeitsvertrag selbst, der den Kern des Individualarbeitsrechts bildet.[191] Auch stellt das russische Arbeitsvertragsrecht einen eigenen, vom Zivilrecht unabhängigen Rechtszweig dar, so dass die allgemeinen zivilrechtlichen Vorschriften abweichend vom deutschen System grds. nicht auf den Schluss von Arbeitsverträgen anwendbar sind.[192] Diese Trennung wurde auch im neuen Arbeitsgesetzbuch beibehalten und wird aufgrund der daraus resultierenden Probleme und Regelungslücken in der Praxis als mit den zukünftigen Anforderungen an das Arbeitsrecht unvereinbar kritisiert.[193]

(9) Türkei

74 In der **Türkei** wurde mit Inkrafttreten des neuen Arbeitsgesetzbuches (*İş Kanunu*) im Jahre 2003 unter Ablösung des Vorgängergesetzes in der jüngeren Vergangenheit eine umfassende Reform des Arbeitsrechts umgesetzt. Zuvor hatte es bereits mehrere Anläufe zum Erlass eines Arbeitsgesetzes in den 1960er Jahren gegeben, bevor dann im Jahre 1971 das erste türkische Arbeitsgesetzbuch in Kraft trat, welches bis zu seiner Ablösung im Jahre 2003 mehrfach geändert wurde.[194] Diese folgende Reform sollte durch Modernisierung und Flexibilisierung der bisherigen, oftmals als zu starr empfundenen Regelungen unter dem Druck der Globalisierung und im Hinblick auf einen möglichen Beitritt zur EU eine Annäherung an das westeuropäische Arbeitsrecht bewirken.[195] Das reformierte Arbeitsvertragsgesetz ist für das türkische Arbeitsrecht von entscheidender Prägung.[196] Inhaltlich und konzeptionell stehen die Regelungen des Individualarbeitsrechts bereits in den Vorgängervorschriften der frühen 1990er Jahre, auf welche auch das aktuelle Arbeitsgesetzbuch stark aufbaut, traditionell besonders der deutschen und der schweizerischen Rechtsordnung nahe.[197] Grundsätzlich wird im Arbeitsgesetzbuch das Individualarbeitsrecht vollständig geregelt, wobei für bestimmte Berufsfelder, wie zB für See-

185 *Grechishnikova*, ZIAS 2004, 1, 2.
186 *Tschikirewa/Ahrens*, NZA 2000, 757.
187 *Tschikirewa/Ahrens*, NZA 2000, 757.
188 *Neumann*, NZA 2003, 904.
189 *Grechishnikova*, ZIAS 2004, 1, 3 ff.
190 *Tschikirewa/Ahrens*, NZA 2000, 757.
191 *Grechishnikova*, ZIAS 2004, 1, 5.
192 Henssler/Braun/*Hegewald*, Arbeitsrecht in Europa, Russland Rn 6.
193 *Grechishnikova*, ZIAS 2004, 1, 28.
194 *Junker*, EuZA 2011, 119, 121.
195 *Hekimler*, NZA 2004, 642.
196 *Junker*, EuZA 2011, 119.
197 *Sauer*, NZA 1993, 926; *Junker*, EuZA 2011, 119, 121.

oder Pressearbeiten, besondere, ausschließlich anwendbare Gesetzesregelungen bestehen. Die in den gesondert geregelten Bereichen verbleibenden Lücken sind, mit Ausnahme des Falles der ausdrücklichen Anordnung, nicht durch das Arbeitsgesetzbuch zu füllen, da die Gesetze abschließende Regelungsbereiche und keine lediglich vorgehenden Spezialnormen darstellen.[198] Das kollektive Arbeitsrecht ist in der Türkei weitgehend in getrennten Gesetzen, wie dem Tarifvertrags-, dem Streik- oder Aussperrungsgesetz, geregelt.[199] Gerade vor dem Hintergrund der zwischen der EU und der Türkei geführten Beitrittsverhandlungen ist auch zukünftig mit einer weitreichenden Beeinflussung des türkischen Arbeitsrechts durch europarechtliche Vorgaben und Normen zu rechnen.

(10) Volksrepublik China und Japan

Volksrepublik China: In China haben sich in der jüngeren und jüngsten Vergangenheit auf dem 75
Gebiet des Arbeitsrechts einige fundamentale Neuerungen ergeben. Das Arbeitsrecht ist damit eines der chinesischen Rechtsgebiete, die sich in der letzten Zeit am stärksten verändert haben.[200] Dies wird offensichtlich, wenn man sich verdeutlicht, dass in China erst mit den Reformprozessen Ende der 70er Jahre eine Entwicklung vom ungeschriebenen Recht der Personenherrschaft hin zum geschriebenen Recht vollzogen wurde, was in der Folge eine wahre Kodifikationswelle bewirkte.[201] Das vorrangige Ziel war die Vereinheitlichung der Wirtschafts- und Lebensbeziehungen der Menschen im gesamten Land und die Schaffung einer durch geschriebene Gesetze geforderten größeren Gerechtigkeit und Rechtsgleichheit.[202] Einen Meilenstein im Bereich des Arbeitsrechts bildete das Inkrafttreten des **Arbeitsgesetzbuches** der Volksrepublik China im Jahre 1995, welches als erstes arbeitsrechtliches Gesetz mit gesamtstaatlicher Geltung in erster Linie zur Stärkung der Arbeitnehmerrechte erlassen wurde und seitdem die Hauptquelle des chinesischen Arbeitsrechts bildet.[203] Das Gesetz regelt als Rahmengesetz jedoch lediglich die grundlegenden Vorgaben für das Arbeitsrecht, so dass in Bezug auf das einzelne Arbeitsverhältnis weiterhin Lücken bestanden.[204] Aufgrund einer engen Zusammenarbeit mit deutschen Arbeitsrechtlern bei seiner Ausarbeitung finden sich in dem chinesischen Arbeitsgesetzbuch deutliche Berührungspunkte mit dem deutschen Recht.[205] Die Gesetzgebung Chinas weist an einigen Stellen das Merkmal auf, dass zwingend notwendige Kompromisse zu etwas unklar und diffus anmutenden Formulierungen der Gesetzestexte führen, da eine klare Entscheidung zwischen unterschiedlichen Meinungen vermieden wird.[206] Auf Seiten der Rspr sind in China seither verschiedene Verfahren vorgesehen, so dass neben der unmittelbaren Klage eines Arbeitnehmers bzw Arbeitgebers vor dem Volksgericht wahlweise auch ein Verfahren vor einem Schlichtungsausschuss oder einer Schiedskommission bzw einem Schiedsgericht in Betracht kommt.[207]

Zur Schaffung einer größeren Regelungsdichte und Ausweitung des Arbeitnehmerschutzes 76
wurden im Jahre 2007 mit dem **Arbeitsvertragsgesetz,** dem **Arbeitskonfliktgesetz** und dem **Arbeitsförderungsgesetz** drei weitere umfassende Regelungswerke verabschiedet, welche am 1.1.2008 in Kraft getreten sind und seitdem die Regelungen des Arbeitsgesetzbuches grundlegend novellieren und ergänzen.[208] Flankiert wird das Arbeitsvertragsgesetz von einer entspre-

198 Henssler/Braun/*Alp*, Arbeitsrecht in Europa, Türkei Rn 2 ff.
199 *Hekimler*, NZA 2004, 642.
200 *Lauffs/Atzler*, AuA 2007, 590.
201 *Schneider*, ArbuR 1998, 429.
202 *Schneider*, NZA 1998, 743.
203 *Binding/Thum*, RdA 2008, 347.
204 *Li/Frik*, NZA 2008, 86.
205 *Däubler/Wang*, RdA 2009, 353; *Schneider*, ArbuR 1998, 429.
206 *Däubler/Wang*, RdA 2009, 353.
207 *Schneider*, NZA 1998, 743, 744 ff.
208 *Binding/Thum*, RdA 2008, 347.

chenden Durchführungsverordnung, welche am 19.8.2008 vom Staatsrat erlassen wurde.[209] Das bisherige Recht, also insb. auch das Arbeitsgesetzbuch, tritt dabei im Rahmen eines Anwendungsvorrangs im Falle der Überschneidung von Regelungen zurück, ohne jedoch seine grundsätzliche Wirksamkeit zu verlieren.[210] Gerade das **Arbeitsvertragsgesetz** enthält für Individualarbeitsverhältnisse maßgebliche Neuerungen und bildet damit den Kern der Reform. Es handelt sich um ein modernes Arbeitsvertragsgesetz, welches sich vor dem Hintergrund des Voranschreitens der marktwirtschaftlichen Orientierung Chinas den internationalen arbeitsrechtlichen Richtwerten anschließt und besonders im Bereich der Arbeitnehmerrechte eine deutlich Annäherung an die kontinentaleuropäischen Standards bedeutet.[211] Es erfasst von seinem Anwendungsbereich her einen Großteil der über 750 Mio. Erwerbstätigen in der Volksrepublik China.[212] Die primäre Zielsetzung des Gesetzbuches liegt in der weitergehenden Stärkung der Arbeitnehmerrechte und der Vereinheitlichung rechtlicher Standards durch Verabschiedung nationaler Regelungswerke anstelle regionaler Bestimmung.[213] Allerdings wird das Arbeitsvertragsgesetz einerseits für zu viele unklare Formulierungen kritisiert, die in etlichen Bereichen Raum für verschiedene, zT sogar gegenläufige Interpretationen ließen.[214] Eine übersetzte Fassung des chinesischen Arbeitsvertragsgesetzes ist bei *Däubler/Wang* abgedruckt.[215] Andererseits bestehen teilweise noch erhebliche Bedenken, dass die stark regional geprägten und schlecht kontrollierbaren Strukturen des Staates eine tatsächliche Anwendung und Berücksichtigung der neuen Regelungen verhindern könnten.[216] Teilweise bestehen noch immer sehr umfangreiche und praktisch bedeutsame **regionale Regelungswerke**, die die nationalen Vorschriften wiederholen, ergänzen und konkretisieren.[217] Allerdings hat das Arbeitsvertragsgesetz maßgeblich dazu beigetragen, dass sich der Abschluss schriftlicher Arbeitsverträge mittlerweile zum überwiegenden Normalfall entwickelt hat, da mittlerweile 93 % aller Beschäftigungsverhältnisse ein schriftlicher Vertrag zugrunde liegt.[218]

77 **Japan:** In Japan existiert im Bereich des Arbeitsrechts traditionell eine große Bandbreite gesetzlicher Mindeststandards, welche auf alle Arbeitnehmer anwendbar sind. Allerdings hat das Land in der jüngeren Vergangenheit einen Prozess der Deregulierung mit dem Ziel der Flexibilisierung des Arbeitsrechts vorangetrieben. Dabei wurden oftmals die kollektivrechtlichen Vereinbarungen als Flexibilisierungsinstrumente genutzt, was zu einer deutlichen Stärkung der Interessenverbände führte.[219] Ursprünglich waren Regelungen über das Arbeitsverhältnis nur im allgemeinen Bürgerlichen Gesetzbuch vorhanden.[220] Die grds. stark regulierende Struktur des japanischen Arbeitsrechts zeigt sich bereits an der Vorgabe in Art. 27 Abs. 2 der Verfassung, wonach die Arbeitsbedingungen durch Gesetz geregelt werden müssen. Daraufhin wurden bereits im Jahre 1947 zunächst ein Arbeitsstandardgesetz (ASS), welches den Charakter einer öffentlich-rechtlichen und privatrechtlichen Zwangsregelung besitzt, und in der Folge eine Vielzahl von Arbeitsschutzgesetzen erlassen.[221]

78 Typisch für das japanische Arbeitsrecht ist seine zyklische, oftmals an aktuellen wirtschaftlichen Entwicklungen ausgerichtete fortwährende Wandlung, so dass etwa in Zeiten hohen

209 *Däubler/Wang*, RdA 2009, 353 ff (inkl. übersetztem Abdruck der Durchführungsverordnung).
210 *Däubler/Wang*, ArbuR 2008, 85; *Glück/Tänzler*, RIW 2008, 343.
211 *Li/Frik*, NZA 2008, 86; *Binding/Thum*, RdA 2008, 347, 352.
212 *Däubler/Wang*, RdA 2008, 141.
213 *Glück/Tänzler*, RIW 2008, 343.
214 *Lauffs/Atzler*, AuA 2007, 590, 593.
215 *Däubler/Wang*, RdA 2008, 141, 143 ff.
216 *Li/Frik*, NZA 2008, 86, 90; *Binding/Thum*, RdA 2008, 347, 352.
217 *Glück/Tänzler*, RIW 2008, 343.
218 *Däubler/Wang*, RdA 2009, 353, 355.
219 *Kawamura*, RdA 2012, 155.
220 *Janssen/Hildebrand*, AuA 2008, 264.
221 *Kawamura*, RdA 2012, 155, 156.

Wirtschaftswachstums mit Stärkung des Arbeitnehmerschutzes reagiert wird, wogegen in Krisenzeiten wiederum Korrekturen zu Gunsten der Arbeitgeber vorgenommen werden.[222] Diese grds. starke Regulierung verdeutlicht die untergeordnete Bedeutung des einzelnen Arbeitsvertrages. Japanische Arbeitsverträge erfüllen meist nur die Form eines Einstellungsschreibens, welches lediglich die Daten, das Gehalt, die Arbeitszeit sowie eine kurze Tätigkeitsbeschreibung enthalten, während die wesentlichen Arbeitsbedingungen bereits gesetzlich vorgeschrieben sind.[223] Einen wirklich hohen Stellenwert besitzt die Vertragsgestaltung im Bereich des Arbeitsrechts demzufolge nicht. Eine wichtigere Rolle nimmt dagegen das kollektive Arbeitsrecht ein, wobei eine Besonderheit darin liegt, dass 90 % der japanischen Gewerkschaften keine Vertretungen gesamter Industriezweige, sondern Unternehmensgewerkschaften darstellen.[224] Allerdings besitzt eine Vielzahl mittlerer und kleiner Betriebe keine Gewerkschaften, sondern andere Interessenvertretungen aus der Arbeitnehmerschaft.[225]

Das japanische Rechtssystem kennt weder eine eigene Arbeitsgerichtsbarkeit noch eine speziel- 79
le Arbeitsgerichtsordnung, so dass sich die arbeitsgerichtlichen Verfahren nach den allgemeinen Zivilprozessregeln bestimmen und vor den allgemeinen Zivilgerichten stattfinden, welche nur in den Großstädten Tokio und Osaka spezielle Kammern ausschließlich für Arbeitssachen besitzen.[226] Da in der japanischen Rechtstradition der Streitschlichtung eine besonders große Rolle zukommt, existieren zur Klärung arbeitsrechtlicher Streitigkeiten in vielen Bereichen sog. **Kommissionen für Arbeitsbeziehungen.** Diese Kommissionen stellen zwar eher Verwaltungsorgane und keine Gerichte dar, sind diesen aber vorgeschaltet, um in Arbeitskonflikten zu vermitteln.[227]

d) Maßgebliche Einflussfaktoren und Unwägbarkeiten bei der Arbeitsvertragsgestaltung

aa) Grundsätzliche Einflussfaktoren

Die Tätigkeit des Vertragsgestalters unterliegt im Bereich des Arbeitsrechts oftmals großen He- 80
rausforderungen aufgrund einer **Vielzahl von einwirkenden Faktoren**, die eine ordnungsgemäße Vertragsgestaltung beeinflussen. Diese sind oftmals einer ständigen Änderung oder Modifizierung unterworfen. Der Vertragsgestalter hat diese bei der Erstellung eines wirksamen Vertrages, der den Interessen des Auftraggebers gerecht werden muss, aber auch keine allzu großen Risiken im Hinblick auf eine mögliche Wirksamkeitsprüfung vor den Arbeitsgerichten bergen sollte, zu beachten. Zu diesen Faktoren zählen die Vorgaben der **nationalen und gemeinschaftsrechtlichen Rechtsprechung**, mögliche Entwicklungen im Bereich der **nationalen und europäischen Gesetzgebung, wirtschaftliche und sozialpolitische Erwägungen** sowie die aktuellen Tendenzen in der **arbeitsrechtlichen Literatur und Praxis.** Viele dieser Faktoren sind schnelllebig und einer fortgesetzten Wandlung unterworfen, was eine entsprechende Berücksichtigung noch schwerer macht. Aus einer sich ständig wandelnde Rechtsprechung ergeben sich in manchen Fällen unübersichtliche Konturen der Anforderungen an bestimmte Vertragsregelungen. Der Arbeitsvertragsgestalter muss gleichwohl jederzeit versuchen, die zu beachtenden Grenzen wirksamer Klauseln einzuhalten und sieht sich dabei der Gefahr ausgesetzt, dass sich die **Wirksamkeitsanforderungen fortlaufend ändern** können. Die Vereinbarung einer auflösenden Bedingung in einem Arbeitsvertrag beispielsweise erschien früher undenkbar, ist mitt-

222 *Janssen/Hildebrand*, AuA 2008, 264.
223 *Janssen/Hildebrand*, AuA 2008, 264.
224 *Kawamura*, RdA 2012, 155, 156; *Janssen/Hildebrand*, AuA 2008, 264, 267.
225 *Janssen/Hildebrand*, AuA 2008, 264, 267.
226 Germelmann/Matthes/Prütting/*Prütting*, ArbGG, Einleitung, Rn 331.
227 Germelmann/Matthes/Prütting/*Prütting*, ArbGG, Einleitung, Rn 322.

lerweile aber in bestimmten Fällen möglich.[228] Dies gilt jedenfalls, wenn die Bedingung nicht objektiv funktionswidrig ist, wie zB bei einer Schauspielerin als Fernsehdarstellerin, deren Rolle in einer Serie laut Drehbuch endet.[229]

81 In manchen Fällen muss der Vertragsgestalter eine weitreichende Phantasie entwickeln, um in arbeitsrechtlichen Klauseln etwa durch Herstellung von Bezügen zu anderen Rechtsgebieten eine sichere Argumentationsgrundlage zu erreichen. Bei formularmäßigen Erklärungen des Arbeitnehmers zu seinem Gesundheitszustand im Arbeitsvertrag wird bspw zT auf die Rechtssätze der BGH-Rspr[230] zu formularmäßigen Angaben in Sportstudioverträgen zurückgegriffen.[231] In der Berücksichtigung all dieser Faktoren unter Aufbringung der notwendigen Kreativität und unter Beibehaltung eines vernünftigen und ausgewogenen Risikomanagements liegt die vordergründige Herausforderung für den Vertragsgestalter.

bb) Beeinflussung der Vertragsgestaltung durch die nationale Arbeitsgerichtsbarkeit

(1) Der offene gesetzliche Rahmen als Ausgangspunkt der gerichtlichen Betätigung

82 Unabhängig von der Frage, ob es auch in der Bundesrepublik Deutschland zur Kodifikation eines einheitlichen Arbeitsvertragsgesetzes, wie in einigen der dargestellten Vergleichsrechtsordnungen (s. § 1 Rn 32 ff), kommt, wird die **Rolle der Arbeitsgerichte** und dabei insb. des **BAG** für die **Schaffung von Kontrollmaßstäben bei der Gestaltung von Arbeitsverträgen** weiterhin entscheidend bleiben. Allerdings bildet der derzeit rechtlich relativ dürftige Kontrollrahmen einen entscheidenden Faktor dafür, warum die Gerichte eine derart starke Rolle im Bereich des Arbeitsvertragsrechts einnehmen. Dies zeigt sich bereits daran, dass zu Zeiten vor der Schuldrechtsreform (s. dazu § 1 Rn 163 ff) und der damit verbundenen Unanwendbarkeit des AGB-Gesetzes auf Arbeitsverträge die Arbeitsgerichte andere Wege gesucht haben, um eine an die Vorschriften des AGB-Gesetzes angelehnte Inhaltskontrolle vornehmen zu können. Die Gerichte füllen die bestehenden Lücken meist besonders umfangreich aus und nehmen eine entsprechend prägende Rolle ein, wenn das grundsätzliche gesetzliche Gerüst viele Fragen und Spielräume offen lässt. Seit der Überführung der AGB-rechtlichen Kontrollmaßstäbe in die §§ 305 ff BGB sowie der Erstreckung des Anwendungsbereichs auch auf Arbeitsverträge liegt zumindest ein **grundsätzlicher Kontrollmaßstab** im Hinblick auf die Angemessenheit von Anstellungsverträgen vor.

83 Diese Ausweitung des gesetzlichen Kontrollrahmens hat die **prägende Rolle der Arbeitsgerichte**, insb. des BAG, allerdings **nicht entscheidend verändert** – was im konkreten Fall allerdings auch mit der grundsätzlichen Konzeption der **AGB-Kontrolle in den §§ 305 ff BGB** zusammenhängt (zu Einzelheiten s. § 1 Rn 176 ff). Die §§ 305 ff BGB stellen zwar Regelungen zur allgemeinen Vertragskontrolle von Allgemeinen Geschäftsbedingungen auf, welche allerdings nicht in besonderer Weise auf die Vertragsgestaltung im Arbeitsrecht zugeschnitten sind. Im Gegenteil: Etwa ein Großteil der Klauselverbote mit oder ohne Wertungsmöglichkeit nach § 308 bzw § 309 BGB passt nicht wirklich auf das Arbeitsverhältnis und wird konzeptionell eher anderen Regelungsbereichen zugeordnet, wie etwa dem Wirtschafts- und Warenverkehr. Der gesetzliche Rahmen, auf wessen Grundlage die Arbeitsgerichte über die Zulässigkeit von Vertragsregelungen entscheidet, erschöpft sich somit im Wesentlichen auf der Anwendung von Normen mit unbestimmten Rechtsbegriffen, deren Ausfüllung die Aufgabe des Gerichts ist. Im Rahmen der Bewertung arbeitsrechtlicher Vertragsklauseln wird es meist darauf ankommen, ob eine Bestimmung den Arbeitnehmer iSv § 307 Abs. 1 S. 1 BGB entgegen der Gebote von Treu und Glauben „unangemessen benachteiligt“ oder ob die Klausel nach § 307 Abs. 1 S. 2 BGB nicht

---

228 BAG 9.5.1985 – 2 AZR 372/84, NZA 1986, 671.

229 BAG 2.7.2003 – 7 AZR 612/02, NZA 2004, 311; *Joch/Klichowski*, NZA 2004, 302.

230 BGH 20.4.1989 – IX ZR 214/88, NJW-RR 1989, 817.

231 Preis/*Preis*, Der Arbeitsvertrag, II B 30 Rn 39.

„klar und verständlich" ist. Hinzu kommt, dass gem. § 310 Abs. 4 S. 2 BGB die „im Arbeitsrecht geltenden Besonderheiten" bei der Kontrolle von Arbeitsverträgen beachtet werden müssen, was den Gerichten einerseits als Einfallstor zur Einführung der vor Anwendbarkeit der AGB-rechtlichen Maßstäbe entwickelten Rspr dient und andererseits einen weiteren eigenen Bewertungsmaßstab zur individuellen Korrektur ermöglicht. Aus diesen Gründen ist nicht verwunderlich, dass die Rspr anhand des konkreten Falles versucht, **allgemeine Bewertungsmaßstäbe** zu entwickeln, welche auch auf andere Fälle übertragen werden können.

In Bereich der geeigneten gesetzlichen Vorgaben, welche ein Vertragsgestalter bei seiner Tätigkeit heranziehen könnte, fehlt es nicht nur an primärrechtlichen Vorschriften. Auch der zurückhaltende Gebrauch des Verordnungsgebers, insb. der Ministerien, von der Möglichkeit zum Erlass von klarstellendem **Sekundärrecht** vergrößert den leitenden Einfluss der Gerichte. Selbst wenn es zum Erlass von Verordnungen kommt, schaffen die Rechtsgrundsätze häufig keine abschließende Klarheit über jene Regelungen, die im Vollzug einer Vorschrift konkret im Arbeitsvertrag zu treffen sind. So hat zwar nach § 5 Abs. 1 ArbStättV grds. jeder Arbeitnehmer Anspruch auf einen **tabakrauchfreien Arbeitsplatz**; welche Regelungen der Arbeitgeber zur Erfüllung dieses Anspruchs treffen muss, ergibt sich aus der Vorschrift jedoch nicht. Hieran hat sich auch durch die Einfügung von § 5 Abs. 1 S. 2 ArbStättV nichts geändert, der lediglich klarstellt, dass ein allgemeines Rauchverbot für den gesamten Betrieb oder für einzelne Bereiche eine geeignete Maßnahme zum Schutz der nichtrauchenden Arbeitnehmer ist. Ob dies erforderlich ist oder andere gleichwertige Möglichkeiten zur Abwehr der Gefahren des Passivrauchens zur Verfügung stehen, hat der Arbeitgeber jeweils im Einzelfall zu prüfen. Daneben sorgt auch die Einschränkung des § 5 Abs. 2 ArbStättV weiterhin für Rechtsunsicherheit. Danach haben Arbeitnehmer, die in einer Arbeitsstätte mit Publikumsverkehr arbeiten, nur insoweit einen Anspruch auf Schutzmaßnahmen, als die **Natur des Betriebs** und die **Art der Beschäftigung** es zulassen. Die Überprüfung der getroffenen Maßnahmen und die Auslegung dieser **unbestimmten Rechtsbegriffe** ihrerseits obliegen wiederum den Gerichten. 84

(2) Anschein eines am Common Law orientierten Fallrechts als Maßstab für die Vertragsgestaltung

Aufgrund dieses maßgeblichen Einflusses der Gerichte könnte der Anschein entstehen, im Arbeitsrecht entwickle sich teilweise eine **Art Fallrecht** (*case law*), welches, wie gezeigt, eigentlich eher den *common-law*-Staaten zuzuordnen ist. Dieser Anschein sollte allerdings nicht überinterpretiert werden, da dies bereits in der Natur der Sache liegt. Selbst in dem theoretischen Fall des Bestehens eines einheitlichen kodifizierten Arbeitsvertragsrechts wäre es weder wünschenswert noch möglich, alle praktischen Fälle der Vertragsgestaltung in der Vielzahl ihrer Facetten und Variationsmöglichkeiten durch entsprechende Regelungen abzudecken. Auch dann bedürfte es in vielen Fällen einer **Einzelfallbewertung durch die Gerichte**, an deren konkreten Vorgaben sich die Vertragsgestalter auch in Zukunft orientieren würden. Es ist nicht verwunderlich, dass die Entscheidungen der höchsten Gerichte, im Arbeitsrecht des BAG, in manchen Fällen eine gewisse präjudizielle Wirkung besitzen und sich die unteren Instanzen an den Leitentscheidungen orientieren. Dies entspricht der generellen Rolle der höchsten Gerichte im deutschen Rechtskreis, was sich u.a. in § 72 Abs. 2 Nr. 2 ArbGG manifestiert, wonach die Revision durch das Berufungsgericht zwingend im Fall der Abweichung von einer maßgeblichen Leitentscheidung des BAG zuzulassen ist. In anderen Fällen, wie etwa die Rechtsprechungsänderung des BAG zur Auslegung dynamischer Bezugnahmeklauseln (s. § 1 Rn 10 ff), hat sich dagegen gezeigt, dass auch die anhaltend abweichende Beurteilung durch die untergeordneten Instanzen zu einer Veränderung der höchstrichterlichen Rspr beitragen kann. 85

Für die praktische Arbeit des Vertragsgestalters auf dem Gebiet des Arbeitsrechts ist eine Kenntnis der maßgeblichen Rspr oftmals mindestens ebenso entscheidend wie die Kenntnis des arbeitsrechtlichen Gesetzesrahmens. Daher untersuchen Vertragsgestalter oftmals wie im *case* 86

law, ob sich die von ihm beabsichtigte Vertragsbestimmung in den Grenzen einer Leitentscheidung bewegt und ob ein Vergleich zwischen den prägenden Merkmalen der beabsichtigten Vertragsklausel und den vom BAG zuvor entschiedenen Sachverhalten eine entsprechende Rechtsfolge gebietet. Das Fehlen eines spezifischen Vertragsgestaltungsrechts ist für den Vertragsgestalter ein Nachteil, entspricht aber dem **System des Arbeitsrechts**, das von der BAG-Rspr als **offenes System** konzipiert wurde. Im Kündigungsschutzrecht wie in anderen Gebieten des Arbeitsrechts entscheiden die Senate wegen der bestehenden Wertungsspielräume häufig **einzelfallorientiert.** Existiert zu einem konkreten Problem keine einschlägige Rechtsprechung, kann in einem zweiten Schritt versucht werden, allgemeine Grundsätze aus ähnlich gelagerten Entscheidungen zu ziehen, um eine mögliche Entscheidung durch das BAG in gewisser Weise prognostizieren zu können. Wie bereits im Zusammenhang mit der Bestimmung der Reichweite von Bezugnahmeklauseln verdeutlicht (s. § 1 Rn 10 ff), kann bereits eine Änderung der Auslegungsregeln durch das BAG dazu führen, dass die Vertragsgestalter mit entsprechend angepassten Formulierungen reagieren müssen. Die **BAG-Rechtsprechung** wird somit im Arbeitsrecht teilweise zur **„Grundsatz-Rechtsprechung mit Verallgemeinerungsfunktion"**, jedenfalls aber zu einem **engen Leitfaden** für die Vertragsgestaltung.

87 Allerdings ist auch im Umgang mit den fallorientierten Vorgaben der Rspr für den Vertragsgestalter Vorsicht geboten und auf die Details zu achten, da Unterschiede manchmal nicht auf den ersten Blick erkennbar sind. Manchmal kann man Vertragsklauseln nur in einem bestimmten **Kontext** als **wirksam** oder als **unwirksam** bezeichnen. Beispielsweise sind **Abrufklauseln** im Arbeitsvertrag mit einer kürzeren Ankündigungsfrist als vier Tage nach § 12 Abs. 2 TzBfG unwirksam. Sieht dagegen ein einschlägiger oder im Arbeitsvertrag über eine Verweisungsklausel in Bezug genommener Tarifvertrag eine kürzere Ankündigungsfrist vor, ist die einzelvertragliche Wiederholung dieser kürzeren Frist wirksam (§ 12 Abs. 3 TzBfG).

(3) Beispiele für eine auf die Vertragsgestaltung einwirkende Rechtsprechung

88 Das BAG kann sich die Fallkonstellationen, über die es zu befinden hat, nur bedingt aussuchen. In den meisten Fällen ist es von der Zulassung der Revision durch die Landesarbeitsgerichte abhängig. Erst eine größere Zahl von Fällen mit unterschiedlichen Sachverhaltsvarianten rundet allerdings im Laufe der Jahre das Bild ab, welches als tatsächliche Leithilfe für die Vertragsgestalter dienen kann. Das heutige Recht der Arbeitsvertragsgestaltung ist daher **kein wirklich systematischer Kanon**, sondern die **Umsetzung eines auf Wachstum angelegten Fallrechts.**

89 Die **Entwicklung verallgemeinerungsfähiger Rspr** des BAG über einen gewissen Zeitraum als wichtiger Gestaltungsfaktor für die Arbeitsvertragsgestaltung sei an einigen Beispielen illustriert:

90 Das BAG hatte etwa im Jahr 2005 erstmalig entschieden, dass **Rücktrittsvorbehalte** hinsichtlich bestimmter Leistungen nach § 308 Nr. 3 BGB nur wirksam sind, wenn in dem Vorbehalt der Grund für die Lösung vom Vertrag mit hinreichender Deutlichkeit angegeben ist und ein sachlich gerechtfertigter Grund für die Aufnahme in die Vereinbarung besteht.[232] Jedwede Rücktrittsvorbehaltsklausel in einem Arbeitsvertrag wird man deshalb künftig mühelos an den vom 7. Senat aufgestellten Kriterien messen können, es sei denn, die Eigenart der Klausel oder die Verwendung in einem anderen Vertragskontext erfordert eine abweichende Betrachtung. Zu **Widerrufsvorbehalten** hat der 5. Senat ausgeführt, dass der Korridor der höchstzulässigen Vergütungsminderung ab einer Kürzung im Umfang von 25–30 % überschritten sei und von einem Widerrufsvorbehalt nur Gebrauch gemacht werden dürfe, wenn der Widerrufsgrund zwischen den Parteien im Arbeitsvertrag vereinbart und einschlägig sei.[233] Regeln Arbeitgeber

232 BAG 27.7.2005 – 7 AZR 488/04, NZA 2006, 539.
233 BAG 12.1.2005 – 5 AZR 364/04, NJW 2005, 1820.

und Arbeitnehmer im Arbeits- oder Aufhebungsvertrag, dass der Arbeitnehmer mit der Kündigung widerruflich freigestellt wird, ist die Widerruflichkeit der Freistellung von der gleichzeitigen Vereinbarung von Widerrufsgründen und dem Vorliegen zumindest eines dieser Gründe abhängig. In der Folge hat das BAG die Rspr zur Widerruflichkeit von Vergütungsleistungen gefestigt. Ein Widerrufsvorbehalt ist danach zulässig, soweit der widerrufliche Teil der im Gegenseitigkeitsverhältnis stehenden Vergütung unter 25 % der Gesamtvergütung liege, ohne dass der Tariflohn unterschritten werde. Eine Erhöhung des widerruflichen Teils auf bis zu 30 % des Gesamtverdienstes sei möglich, wenn zusätzliche, nicht im unmittelbaren Gegenseitigkeitsverhältnis stehende Zahlungen, wie Fahrtkostenerstattungen, widerruflich gestaltet werden. Weiterhin müsse die unter der Widerrufsmöglichkeit stehende Leistung nach Art und Höhe für den Arbeitnehmer erkennbar sein und die Richtung des Widerrufsgrundes (wirtschaftliche Lage, Verhalten des Arbeitnehmers) sowie der notwendige Grad der Störung müssten konkretisiert werden.[234]

Daran anknüpfend stellte der 5. Senat des BAG in einer weiteren Entscheidung vom 25.4.2007 die grundsätzliche Unwirksamkeit von **Freiwilligkeitsvorbehalten** bzgl des Arbeitsentgelts heraus wegen Verstoßes gegen § 307 Abs. 1 S. 1 BGB, selbst wenn sie sich nicht auf die eigentliche Grundvergütung, sondern auf Leistungszulagen beziehen, da der Ausschluss jeglichen Rechtsanspruchs bei laufendem Arbeitsentgelt dem Zweck des Arbeitsvertrages widerspreche.[235] Der Anwendungsbereich für die Vereinbarung eines Freiwilligkeitsvorbehalts beschränkt sich demnach auf Leistungen des Arbeitgebers, welche nicht im Synallagma stehen, wie bspw reine Gratifikationen, die als Belohnung für ein gutes Geschäftsjahr oder Betriebstreue gewährt werden.[236] Selbst solche Freiwilligkeitsvorbehalte können jedoch wegen Verstoßes gegen das Transparenzgebot unwirksam sein, wenn im Vertrag widersprüchliche Klauseln verwendet werden, die dem Arbeitnehmer suggerieren, einen Rechtsanspruch auf die Leistungen zu besitzen. Dies sei bspw bei Vertragsklauseln der Fall, die dem Arbeitnehmer für das erste Jahr einen gewinn- und leistungsunabhängigen Mindestbonus und für die Folgejahre eine Teilnahme am im Hause des Arbeitgebers üblichen Bonussystem zusicherten oder nach denen ein Anspruch bei einem Ausscheiden des Arbeitnehmers vor einem bestimmten Stichtag des Folgejahres entfalle.[237] Demnach verbleibt für die Vereinbarung von Freiwilligkeitsvorbehalten nur noch ein eingeschränkter Anwendungsbereich, und zwar in erster Linie dort, wo Leistungen zunächst nur einmal ausgezahlt und tatsächlich auf Grundlage einer kalenderjährlichen Entscheidung eventuell neu gewährt werden sollen.[238] Schließlich stellte das BAG in der jüngeren Vergangenheit auch heraus, dass eine **Kombination** eines **Widerrufsvorbehalts mit einem Freiwilligkeitsvorbehalt** regelmäßig gegen das Transparenzgebot in § 307 Abs. 1 S. 2 BGB verstoße und sich somit ebenfalls als unwirksam darstelle.[239] 91

Eine weitere Facette bilden Fälle zur **Rückzahlung von Aus- oder Fortbildungskosten**, welche ursprünglich vom Arbeitgeber für den Arbeitnehmer übernommen wurden und im Fall der Beendigung oder Nichtfortsetzung des Arbeitsverhältnisses zurückzuzahlen sind. Das BAG hat seit dem Jahre 2006 in diesem Bereich verschiedene, sich ergänzende oder weiterentwickelnde Entscheidungen getroffen, welche mittlerweile ein recht klares Bild von dem zulassen, was vertraglich wirksam vereinbart werden kann. Zunächst stellte das BAG heraus, dass eine in jedem Fall der Beendigung des Arbeitsverhältnisses zu einem bestimmten Zeitpunkt bestehende, auch nur anteilige Rückzahlungspflicht, welche nicht den Beendigungsgrund an sich berücksichtigt, wegen Verstoßes gegen § 307 Abs. 1 S. 1 BGB als unangemessene Benachteiligung unwirksam 92

234 BAG 11.10.2006 – 5 AZR 721/05, NZA 2007, 87.
235 BAG 25.4.2007 – 5 AZR 627/06, NZA 2007, 853.
236 *Reiserer*, NZA 2007, 1249, 1251; *Schramm*, NZA 2007, 1325, 1328.
237 BAG 24.10.2007 – 10 AZR 825/06, NZA 2008, 40.
238 Gaul/*Gaul*, Aktuelles Arbeitsrecht 2008, S. 128 ff.
239 BAG 14.9.2011 – 10 AZR 526/10, NZA 2012, 81.

sei.[240] Die unangemessene Benachteiligung ergebe sich daraus, dass eine Rückzahlungspflicht auch eintrete, wenn der Beendigungsgrund allein in die Verantwortungs- und Risikosphäre des Arbeitgebers falle.[241] In einer weiteren Entscheidung wurde deutlich gemacht, dass eine solche generalisierende Rückzahlungspflicht für den Fall der Beendigung unzulässig sei, wenn anknüpfend an die generelle Verpflichtung zur Rückzahlung unter Voranstellung des Wortes „insbesondere" bestimmte Beispielsfälle zur Begründung einer Rückzahlungsverpflichtung genannt werden.[242] In Bezug auf kostenpflichtige, arbeitgeberfinanzierte Ausbildungen (zB Studierende in dualen Studiengängen) hielt das BAG die vertragliche Verpflichtung zu einer (anteilmäßigen) Rückzahlung im Fall des Nichteintritts des Auszubildenden in ein Arbeitsverhältnis im Anschluss an die Ausbildung für unangemessen, wenn nicht beim Vertragsschluss die grundsätzlichen Bedingungen (Beginn, Art und Umfang der Tätigkeit, Gehaltsrahmen der Anfangsvergütung) der zu übernehmenden Tätigkeit zumindest rahmenmäßig bestimmt werden.[243] Ebenso wenig hält eine Rückzahlungsverpflichtung der Inhaltskontrolle stand, welche auch den Fall der fehlenden Übernahme umfasst, wenn der Arbeitgeber dem Auszubildenden keine ausbildungsadäquate Stelle anbieten kann.[244] Auch eine Rückzahlungsverpflichtung, welche jedenfalls bei einer Kündigung des Arbeitnehmers vor einem bestimmten Zeitpunkt eintritt, ist nach Ansicht des BAG zu weitgehend und somit unangemessen, da damit auch Arbeitnehmerkündigungen aus solchen Gründen erfasst würden, welche dem Arbeitgeber zuzurechnen seien und in dessen Verantwortungssphäre liegen.[245]

93 Diese Fälle zur Ausbildungskostenrückzahlung, welche auch noch weitere Entscheidungen umfassen, veranschaulichen besonders gut, dass es oftmals auf die **genauen Details der Formulierung** ankommt und sich ein genaues Bild der Vorgaben für bestimmte Regelungen erst nach längerer Zeit und im Anschluss an verschiedene Entscheidungen des BAG ergibt. Das geballte Auftreten von Streitentscheidungen zu bestimmten Themenkomplexen über längere Zeiträume ist dabei keineswegs untypisch. Oftmals löst eine erste „bahnbrechende" Entscheidung eine Öffentlichkeitswirkung aus, aufgrund derer es plötzlich zu einer Welle weiterer Klagen zu leicht abweichenden Sachverhalten kommt mit der Folge, dass sich eine weitere Bandbreite von Konstellationen ergibt, welche gebündelt vor den Arbeitsgerichten, teilweise bis hin zum BAG, landen.

94 Die **Rspr** setzt also in gewisser Weise die **Präjudizfälle**, welche die **Praxis** für individuelle Konstellationen **vervielfältigt**. Es liegt in der Natur eines Fallrechts, dass einzelne Fallgestaltungen mit der Zeit eine **Leitbildfunktion entwickeln**. Gilt eine **Rechtsprechung als gesichert**, wird sich der durchschnittliche Vertragsgestalter zunächst an den festgesetzten Grundsätzen orientieren. In einem zweiten Schritt wird oftmals versucht, in den Grauzonen entlang der vom Gericht herausgestellten Grundsätze Wege zu finden, in „kreativer Weise" bestimmte bezweckte Ziele auf anderem Wege zu erreichen. Dass dies nicht immer gelingt, zeigen die bereits angesprochenen Fälle in der Leiharbeit, wo nach der Feststellung der Tarifunfähigkeit der CGZP, deren „billige" Tarifverträge von Leiharbeitsunternehmen in Bezug genommen wurden, auf sog. mehrgliedrige, auch mit den Mitgliedsgewerkschaften selbst vereinbarte Tarifverträge verwiesen wurde, um sich die günstigen Arbeitsbedingungen in Abweichung von „equal pay" auch weiterhin zu erhalten (zu dieser Problematik s. ausf. § 1 Rn 26 f). Da nun auch die Unwirksamkeit dieser mehrgliedrigen Tarifverträge festgestellt ist,[246] hat auch diese „kreative Lösung"

240 BAG 11.4.2006 – 9 AZR 610/05, NZA 2006, 1042; BAG 23.1.2007 – 9 AZR 482/06, NZA 2007, 748.
241 BAG 11.4.2006 – 9 AZR 610/05, NZA 2006, 1042; BAG 23.1.2007 – 9 AZR 482/06, NZA 2007, 748.
242 BAG 23.1.2007 – 9 AZR 482/06, NZA 2007, 748.
243 BAG 18.3.2008 – 9 AZR 186/07, NZA 2008, 1004.
244 BAG 18.11.2008 – 3 AZR 192/07, NZA 2009, 435.
245 BAG 13.12.2011 – 3 AZR 791/09, NZA 2012, 738.
246 BAG 13.3.2013 – 5 AZR 294/12, NZA 2013, 1226; BAG 13.3.2013 – 5 AZR 954/11, NZA 2013, 680.

keinen Erfolg gebracht und kann für die betroffenen Unternehmen schwerwiegende wirtschaftliche Konsequenzen haben.

Dies verdeutlicht den Spagat, den es für Vertragsgestalter oftmals vorzunehmen gilt. Gerade vor dem Hintergrund wirtschaftlicher Vorteilhaftigkeit wird seitens des Auftraggebers häufig versucht, etwas gewagtere Regelungen zu wählen, deren zukünftige Wirksamkeit zumindest nicht zweifelsfrei ist. Insoweit ist es Aufgabe des Vertragsgestalters, die Situation mitsamt ihren Risiken einzuschätzen und gegenüber dem Auftraggeber entsprechend darzustellen. 95

cc) Bedeutung der Flächentarifverträge als Einflussfaktor auf die Individualvertragsgestaltung

Einen Einfluss auf die individuelle Vertragsgestaltung besitzt auch der schleichende Bedeutungsverlust des Flächentarifvertrages, welcher zu einer Aufwertung des Katalogs individualarbeitsrechtlicher Vertragsklauseln führt. Früher schenkte man dem Arbeitsvertragstext oftmals nur geringe Aufmerksamkeit, da die *essentialia* eines Arbeitsverhältnisses im Wesentlichen bereits im Tarifvertrag verankert waren. Der Arbeitsvertrag beschränkte sich teilweise auf eine Wiederholung bereits normativ wirkender Tarifbestimmungen. So kam *Preis* zu der Ansicht, der Arbeitsvertrag degeneriere in der Praxis vielfach zur bloßen Hülse, wenn und soweit Tarifverträge und Betriebsvereinbarungen eine hohe Regelungsdichte aufwiesen.[247] Allerdings haben die **Gewerkschaften** seit längerer Zeit mit **abnehmenden Mitgliederzahlen** zu kämpfen. Die Gewerkschaftszugehörigkeit im Deutschen Gewerkschaftsbund (DGB) entwickelte sich etwa deutlich rückläufig von fast 7,8 Mio. Mitgliedern im Jahre 2000 auf lediglich 6,1 Mio. Mitglieder im Jahre 2012, was einen Rückgang von über 20 % darstellt.[248] Mit der sinkenden Zahl der Mitglieder im DGB und damit verbunden dem sinkenden Anteil der organisierten Arbeitnehmer an der Gesamtbelegschaft der Betriebe sinkt auch der Anreiz einer Gleichstellung für tarifgebundene Arbeitgeber bzw die Motivation, überhaupt selbst einem Arbeitgeberverband anzugehören. Auch die neuen Unsicherheiten zur Auslegung dynamischer Bezugnahmeklauseln können dazu beitragen, dass Arbeitgeber von der arbeitsvertraglichen Bezugnahme zukünftig ein Stück weit zurückschrecken. Dies stellt zwar keine logische und notwendige Folge dar, da sich dieser Problematik durch eine umfassende und eindeutige Formulierung der Klausel leicht Herr werden lässt (s. § 1 Rn 1731 ff), ist aber praktisch aufgrund der allgemeinen Verunsicherung nicht ausgeschlossen. 96

In dem Maße, in dem der Tarifvertrag originär, durch Bezugnahme oder durch Allgemeinverbindlicherklärung seine Bedeutung verloren hat, nimmt das Gewicht der individualarbeitsrechtlichen Gestaltung von Arbeitsbedingungen zu. Der Arbeitsvertrag moderner Prägung ersetzt ein Vakuum, das die rückläufige Tarifvertragsentwicklung, die rapide Abnahme der Gewerkschaftsmitgliedschaft unter den Arbeitnehmern und der Austritt von Arbeitgebern aus den Arbeitgeberverbänden hinterlassen haben. *Kempen* dagegen befürchtet, dass die **schwindende Bedeutung der tarifautonomen Arbeitsrechtssetzung** nicht zu einer Stärkung der Privatautonomie, sondern zur verstärkten Einflussnahme durch den staatlichen Gesetzgeber führen könne, wie etwa im Bereich der Festsetzung staatlicher Mindestlöhne.[249] Diese Auffassung lässt sich nicht generell zurückweisen, was sich auch an der erfolgten Festsetzung eines flächendeckenden gesetzlichen **Mindestlohns** seit dem 1.1.2015 zeigt. 97

dd) Einflüsse des Unionsrechts auf die Vertragsgestaltung

Neben den bekannten nationalstaatlichen Einflussfaktoren besitzt auch das **Unionsrecht** in seinen verschiedenen Ausprägungen als weitere Komponente einen immer stärkeren Einfluss auf 98

247 Preis/*Preis*, Der Arbeitsvertrag, I A Rn 17.
248 Quelle der Mitgliederzahlen: Deutscher Gewerkschaftsbund; www.dgb.de.
249 *Kempen*, NZA-Beil. 2000, 7, 14.

das Arbeitsrecht insgesamt und beeinflusst die Vertragsgestaltung. Ein wesentliches Ziel der Europäischen Union ist nach Art. 3, 26 f AEUV die Verwirklichung eines homogenen Binnenmarktes, was zumindest in gewissem Maße auch eine Notwendigkeit zur Angleichung der Arbeitsrechtsordnungen und die Schaffung einheitlicher Arbeitsbedingungen mit sich bringt. Durch die zahlreichen **europarechtlichen Richtlinien** insb. im Bereich des Arbeitnehmerschutzes wirken zusätzliche Anforderungen auf die Rechtmäßigkeitskontrolle ein.[250] Der Einfluss des europäischen Rechts auf das deutsche Arbeitsrecht nimmt weiter zu.[251]

99 Neben dem primären und sekundären EU-Gesetzesrecht wird die Vertragsgestaltung auch von der **Rspr des EuGH** betreffend die **Auslegung der Richtlinien** beeinflusst, welche gerade in Bezug auf die Anwendung bestimmter Gesetzesvorschriften im Rahmen der AGB-Kontrolle eine wichtige Rolle spielen kann. Für Diskussion im Zusammenhang mit dem steigenden Einfluss des Europarechts auf das nationale Arbeitsrecht, insb. auch auf die arbeitsvertragliche Praxis, sorgte der EuGH etwa mit seiner **Mangold-Entscheidung.**[252] Teilweise wurde dieses Urteil als Änderung der ständigen Rspr zur Wirkung von EU-Richtlinien vor Ablauf der Umsetzungsfrist durch Anerkennung einer unmittelbaren horizontalen Drittwirkung zwischen privaten Rechtssubjekten gedeutet.[253] Zutreffend stellt *Streinz* dagegen dar, dass der EuGH die Unanwendbarkeit des § 14 Abs. 3 S. 4 TzBfG nicht mit dem Anwendungsvorrang der Antidiskriminierungsrichtlinie 2000/78/EG begründet, sondern vielmehr von der Unvereinbarkeit der Norm mit primärem Gemeinschaftsrecht in Form eines allgemeinen Rechtsgrundsatzes des Verbotes der altersbedingten Diskriminierung ausgeht.[254] Somit bleibt es bei einer **begrenzten Vorwirkung von Richtlinien**, welche die nationalen Gerichte während der Umsetzungsfrist zur richtlinienkonformen Auslegung der nationalen Rechtssätze verpflichten. Das BAG setzt diese Vorgaben grds. innerhalb der nationalen Auslegungsregeln bis zur eindeutigen Grenze von Wortlaut, Sinn und Zweck, Systematik und Entstehungsgeschichte um.[255] Daneben sind die Mitgliedstaaten während der laufenden Umsetzungsfrist durch das sog. **Frustrationsverbot** verpflichtet, keine Vorschriften zu erlassen, die dazu geeignet sind, die Erreichung des in der Richtlinie vorgesehen Ziels ernstlich in Frage zu stellen.[256] Zur **Mangold-Entscheidung** s. auch § 1 Rn 144, 1230.

100 Ein weiterer maßgeblicher Einfluss kommt dem EuGH bei der Auslegung der Richtlinien und der damit verbundenen **Prüfung der Vereinbarkeit des nationalen Umsetzungsrechts mit dem Richtliniengehalt** zu. Für einige Aufregung im Zusammenhang mit der Änderung der Auslegungsweise dynamischer Bezugnahmen durch das BAG im Zusammenhang mit Betriebsübergängen haben insoweit etwa die **Werhof-Entscheidung**[257] und die in jüngerer Vergangenheit ergangene Sache **„Alemo-Herron“**[258] gesorgt. Zur Werhof-Entscheidung s. ausf. § 1 Rn 1673. Zur Entscheidung „Alemo-Herron“ s. zunächst § 1 Rn 12 und ausf. § 1 Rn 1676 ff.

ee) Uneinheitliche Dogmatik und Terminologie in Lehre und Praxis

101 Ein weiterer Umstand, der es für Außenstehende, aber auch für den Vertragsgestalter mitunter schwierig macht, einen vollständigen Überblick zu behalten, ist der Fakt, dass es im Bereich des deutschen Arbeitsvertragsrechts an einer einheitlichen dogmatischen Ordnung und Termi-

---

250 Zusammenstellung bei Schaub/*Linck*, Arbeitsrechts-Handbuch, § 4 Rn 25–28.

251 *Lingemann/v. Steinau-Steinrück/Mengel*, Employment & Labor Law in Germany, S. 6 („European law is playing an increasingly important role in German employment and labor law“); Schaub/*Linck*, Arbeitsrechts-Handbuch, § 1 Rn 14 f.

252 EuGH 22.11.2005 – Rs. C-144/01 (Mangold/Helm), NZA 2005, 1345.

253 *Gas*, EuZW 2005, 737; *Bauer/Arnold*, NJW 2006, 7, 9.

254 *Streinz*, RdA 2007, 165, 168 f.

255 BAG 18.2.2003 – 1 ABR 2/02, NZA 2003, 742.

256 *Colneric*, NZA-Beil. 2008, 66, 71; ebenso Schaub/*Linck*, Arbeitsrechts-Handbuch, § 4 Rn 20.

257 EuGH 9.3.2006 – C-499/04, EuZW 2006, 276.

258 EuGH 18.7.2013 – C-426/11, EuZW 2013, 747.

nologie zu fehlen scheint. Dieses Problem wird offenkundig, wenn man verschiedene Klauselwerke, Formularbücher oder auch schon einfache Aufsätze miteinander vergleicht.

Weiterhin **fehlt** es an einer **verbindlichen Systematisierung von Klauseltypen**, was sich in einer partiellen Unübersichtlichkeit der Darstellungen im Schrifttum niederschlägt. Manche Autoren behandeln etwa Abrufklauseln beim Thema KAPOVAZ-Abrede,[259] andere beim Thema Arbeitszeit oder Teilzeitarbeit. Man kann die Anrechnung von Tariferhöhungen auf freiwillige Zahlungen entweder im Rahmen von Zulagen, im Zusammenhang mit Gehaltsklauseln oder im Rahmen der Bezugnahmeklauseln auf Tarifverträge erörtern. Die **fehlende einheitliche Dogmatik** überträgt sich oftmals auf die Arbeitsverträge, so dass identische Klauseln teilweise auch an unterschiedlichen Stellen in den Vertrag aufgenommen werden. In der Praxis kann sich eine unangemessene Benachteiligung des Arbeitnehmers bei der Verwendung Allgemeiner Geschäftsbedingungen wegen Intransparenz nach § 307 Abs. 1 S. 2 BGB bereits aus der äußeren Gestaltung, etwa einer undurchsichtigen Systematisierung des Arbeitsvertrages, ergeben.[260] 102

Weiterhin fehlt es in einigen Bereichen der Arbeitsvertragsgestaltung an einer **einheitlichen Terminologie**. Begriffe wie „Vollständigkeitsklausel" oder „Beweislastvereinbarung" überschneiden sich. Die einen Autoren sprechen von „Bezugnahmeklauseln", die anderen von „Verweisungsklauseln". Für bestimmte Themen existieren viele Synonyme. So steht der Begriff der „Vergütung" für Arbeitsentgelt, Gehalt, Bonus, Tantieme, Gratifikation, Sondervereinbarung, Zusatzleistung, Zuschlag, Incentives, Provision, Fixum oder Zielvereinbarung. Erläuterungen zu den jeweiligen Klauseln sind in den verschiedenen Schriften nicht immer unter den gleichen Begriffen auffindbar. Eine sprachliche Vereinheitlichung im Arbeitsrecht würde dem Anwender die Vertragsgestaltung deutlich erleichtern. 103

ff) Wachsender Einfluss von Klauseltypen und Terminologie aus dem englischsprachigen Raum

Das Arbeitsvertragsrecht unterliegt zudem auch einem stärker werdenden **Einfluss angelsächsischer Klauseln und Terminologien**. Es greift Begriffe auf, die aus US-amerikanischen Vertragswerken bekannt sind. Begriffe wie *compliance*, *benefits*, *incentives*, *code of conduct* oder *stock options* sind mittlerweile auch in deutschsprachigen Unternehmen und Vertragswerken geläufig. US-amerikanische Konzerne verwenden auch für ihre deutschen Mitarbeiter häufig englischsprachige Arbeitsvertragstexte, um eine weltweit einheitliche Vertragslage innerhalb des Konzerns zu begründen. Nicht nur komplette Arbeits- oder Aufhebungsverträge werden inzwischen im deutschsprachigen Rechtsraum, natürlich vordergründig von internationalen Unternehmen, in englischer Sprache niedergelegt. In anderen Fällen wird die Bezeichnung von Vertragstexten oder die Typisierung von Vertragsklauseln durch englischsprachige, meist in den USA entwickelte Begrifflichkeiten ersetzt oder zumindest durch diese ergänzt. 104

Hinzu kommt, dass – v.a. in multinationalen Konzernen – nicht nur Begriffe innerhalb der Klauseln, sondern auch die **Position eines Arbeitnehmers** oftmals nicht mehr in deutscher Sprache benannt wird. Beispiele für gängige englische Bezeichnungen sind etwa *Chief Executive Officer (CEO)* oder *Senior Executive Officer (SEO)*, *Junior* bzw *Senior Project Manager*, *Sales* oder *Distribution Manager*, *Associate* und nicht zuletzt auch *Trainee*. 105

Auch die deutschen Arbeitsrichter haben sich diesem Trend der Anglikanisierung nicht verschlossen. Sie weigern sich immer seltener, englischsprachige Arbeitsvertragstexte ohne Dolmetscher oder Übersetzer (§ 184 GVG, § 9 Abs. 2 ArbGG) in das Rechtsgespräch einfließen zu lassen. Es wird nur eine Frage der Zeit sein, bis vor deutschen Arbeitsgerichten auch in englischer Sprache verhandelt werden kann. 106

259 Preis/*Preis/Lindemann*, Der Arbeitsvertrag, II A 90 Rn 157 ff.
260 MüKo-BGB/*Wurmnest*, § 307 BGB Rn 58.

107 Auch über die rein sprachliche Vereinheitlichung hinaus werden im Zuge der Globalisierung und der oftmals interkontinentalen Tätigkeit vieler Unternehmen die deutschen Arbeitsvertragstexte in einigen Bereichen immer häufiger den Einflüssen des amerikanischen Arbeitsvertragsrechts ausgesetzt. Dies gilt umso mehr, als dass der gesetzliche Rahmen in der Bundesrepublik nicht besonders eng gezogen ist und somit der Einfluss der Gerichte, wie gezeigt (s. § 1 Rn 9 ff), als relativ hoch einzuschätzen ist. Haben diese häufiger mit Klauseln aus dem US-amerikanischen Wirtschaftsraum zu tun, steigen zukünftig zwangsläufig die Berührungspunkte und Wechselwirkungen innerhalb der gerichtlichen Prüfung. Etwa stammt die heute besonders im Bereich von Führungskräften gängige Vereinbarung sog. D&O-Versicherungen (*directors & officers liability insurance*) in ihrem Ursprung und damit auch in ihrer Ausprägung vollständig dem Wirtschaftsleben der Vereinigten Staaten (s. ausf. § 2 Rn 1022 ff). Weiterhin ist etwa der US-Amerikaner *Peter F. Drucker* mit seiner Lehre vom *management by objectives*[261] zum Vater aller Zielvereinbarungsklauseln geworden, in den USA wie in Europa. Zum besseren Verständnis wird in diesem Buch das **US-amerikanische Arbeitsrecht** deshalb kursorisch dargestellt (s. dazu § 1 Rn 357 ff), um eine Sensibilisierung des Lesers für diesen sich auf das deutsche Recht der Arbeitsvertragsgestaltung zubewegenden Rechtskreis herbeizuführen. Ein kleines Wörterbuch der englischsprachigen Klauselbegriffe ist angefügt (s. § 1 Rn 420).

108 Vielfach entwickeln Großunternehmen, fernab von den Arbeitsrechtsbedingungen nationaler Arbeitsrechtsordnungen, ein an ihren Gepflogenheiten ausgerichtetes Richtlinienkonstrukt, teilweise weltweit, um einheitliche Arbeitsverträge und eine einheitliche Personalsteuerung auszulösen. **Weltweite Arbeitsvertragsregelungen** führen angesichts der grundsätzlichen Unterschiedlichkeit der Rechtsordnungen, welche sich bereits in der nur überblicksartig dargestellten Gegenüberstellung der wichtigsten Arbeitsrechtsordnungen in diesem Werk zeigt (s. § 1 Rn 32 ff), notwendigerweise dazu, dass sie nicht mit dem Recht eines jeden Staates, in dem sie zur Anwendung kommen, in Einklang stehen. Aus diesem Grund hat der Vertragsgestalter unter Einbeziehung der Regelungen aller betroffenen Rechtsordnung einen Ausgleich zu finden, bei dem das Risiko einer Unwirksamkeit in den meisten Anwendungsländern so gering wie möglich gehalten wird, ohne allerdings allzu viel des nach den jeweiligen Arbeitsrechtsordnungen möglichen, für den Arbeitgeber günstigen Spielraums zu verschenken. Häufig ist daher eine **nachträgliche Anpassung** bestimmter Klauseln an die Anforderungen des jeweiligen Landesrechts einer absoluten Vereinheitlichung der Arbeitsverträge vorzuziehen. So sind bspw die Bonusregelungen US-amerikanischer Unternehmen, die generell für das Jahr des Ausscheidens keine Bonus-Zahlung vorsehen, im deutschen Rechtsraum unwirksam, soweit der Bonus Teil des Vergütungsanspruchs des Arbeitnehmers ist. Im deutschen Rechtskreis muss der Bonus daher *pro rata temporis* auch im Jahr des Ausscheidens gezahlt werden.[262] Dem Personalleiter der Europazentrale eines US-amerikanischen Unternehmens in London oder Paris sind derartige **Unvereinbarkeiten mit dem deutschen Arbeitsrecht** vor dem Hintergrund der Arbeitsrechtsregeln seines Konzerns allerdings uU gar nicht bewusst.

109 Das Spannungsverhältnis zwischen globalem arbeitsvertraglichem Regelungsbedürfnis aus US-amerikanischer Unternehmenssicht und den Anforderungen des nationalen Rechts begründet eine **Konfliktlage**, der sich auch das deutsche Arbeitsrecht stellen muss. Je mehr die Arbeitsrechtsprechung die Formulierung konkreter Anforderungen an Arbeitsvertragsklauseln aus der Hand gibt, umso schwieriger wird es, deutschen Arbeitnehmern in supranationalen Unternehmen zu im deutschen Arbeitsrecht verbrieften Rechtspositionen zu verhelfen.

---

261 *Lang*, Moderne Entgeltsysteme, S. 80.
262 BAG 21.5.2003 – 10 AZR 408/02, NJOZ 2004, 1532.

e) Gestaltungschancen

Der bloße Ähnlichkeitsvergleich zwischen wirksamen und unwirksamen Klauseln gestattet häufig **keine zwingenden Aussagen zur Rechtslage.** Daher besteht im Arbeitsvertragsrecht vielfach **Unsicherheit** über die **Grenzen und Möglichkeiten der Vertragsgestaltung.** *Preis*[263] weist auf die unzureichenden **dispositiven Leitlinien** im Gesetzesrecht bei gleichzeitiger Unsicherheit über bestehendes Richterrecht und die fehlende Klarheit über Umfang und Grenzen der Inhalts- bzw Angemessenheitskontrolle hin. Zwingendes Recht werde sowohl über- als auch unterschätzt. So lasse sich die Unterschätzung der Gestaltungsspielräume im Bereich des nicht dispositiven Rechts besonders gut am Beispiel der Gestaltung von **Urlaubsregelungen** demonstrieren.[264] Das Bundesurlaubsgesetz in seiner jetzigen Fassung sehe einen jährlichen Mindesturlaub von 24 Werktagen vor. In den meisten Arbeitsverträgen sei allerdings ein weit darüber hinausgehender Urlaub von ca. 30 Werktagen, manchmal sogar von 30 Arbeitstagen vereinbart. Insoweit ist sich aber zu verdeutlichen, dass nur der gesetzliche Mindesturlaub dem zwingenden Recht unterfällt und im Bereich des überschießenden Anspruchs vertragliche Gestaltungschancen bestehen. In kaum einem Arbeitsvertrag aber würden die über den Mindesturlaub hinaus gewährten Urlaubstage an Bedingungen wie mangelnde Fehlzeiten oder Ähnliches geknüpft, obwohl derartige Regelungen nach der BAG-Rspr[265] teilweise möglich seien. 110

Überschätzt wird die Gestaltungswirkung im Bereich des dispositiven Rechts dagegen etwa, wenn Arbeitgeber versuchen, bestimmte, in besonderer Weise das Vertrauen zum Arbeitnehmer erschütternde Sachverhalte im Arbeitsvertrag als zwischen beiden Parteien verbindliche **Kündigungsgründe** festzulegen. Nach der Rspr des BAG[266] kann die Wirksamkeit einer Kündigung nur im Wege einer **Einzelfallprüfung** und einer abschließenden **Interessenabwägung** festgestellt werden. Dabei hat es die Rspr versäumt, festzulegen, welche Interessen berücksichtigungsfähig sind und welche Interessen überwiegen.[267] Die Parteien können im Arbeitsvertrag daher nur eine Wertung in dem Sinne vornehmen, dass sie es beiderseits für einen schwerwiegenden Vertrauensbruch halten würden, wenn ein bestimmter Sachverhalt einträte. Die vertragliche „Festlegung eines Kündigungsgrundes“ führt demnach nicht dazu, dass die Kündigung in jedem Fall wirksam ist, sondern kann lediglich im Bereich der Interessenabwägung zu berücksichtigen sein. 111

2. Funktion der Vertragsgestaltung

a) Das Parteiinteresse

Im Zentrum der Vertragsgestaltung steht außerhalb der zwingenden gesetzlichen Grenzen grds. das **Parteiinteresse.** Der Vertragsgestalter erbringt mit der Ausarbeitung des Vertragswerkes grds. eine unmittelbare Dienstleistung für den Auftraggeber. Aus diesem Grund sollte er sich in erster Linie nach den Interessen des Auftraggebers richten und versuchen, dem Parteiinteresse mit seinem juristischen Sachverstand so weit wie möglich zum Durchbruch zu verhelfen. Die Vertragsgestaltung setzt sich insoweit aus einem Zusammenspiel der sog. Erfüllungs- und Risikoplanung[268] zusammen. Aufgabe der **Erfüllungsplanung** ist es, die Vertragspartner dazu zu bringen, ihre Wünsche zu Gunsten der jeweils anderen Partei so zu reduzieren oder abzuändern, dass bei beiden Parteien ein Interesse am Vertragsschluss erhalten bleibt. Die **Risikoplanung** befasst sich mit vertraglichen Regelungen zur Verhinderung ökonomischer Nachteile, die bei nicht ordnungsgemäßer Erfüllung entstehen können. Risikoplanung heißt also Konfliktlö- 112

263 Preis/*Preis*, Der Arbeitsvertrag, I A Rn 6.
264 Preis/*Preis*, Der Arbeitsvertrag, I A Rn 9, 72.
265 BAG 31.5.1990 – 8 AZR 132/89, NZA 1990, 935.
266 BAG 1.7.1999 – 2 AZR 676/98, BB 1999, 1555.
267 *Hümmerich*, NZA 1996, 1299.
268 *Küttner*, RdA 1999, 59.

sung und Kostenabwälzung auf den nicht ordnungsgemäß erfüllenden Vertragsteil.[269] Da eine präzise Erfüllungsplanung bereits der Vorbeugung eventueller Störungen dient und die umfängliche Risikoplanung gleichzeitig auch die ordnungsgemäße Erfüllung fördert, ist eine scharfe Trennung zwischen beiden Bereichen weder möglich noch notwendig.[270]

113 Bei Gestaltung einer Arbeitsvertragsklausel muss der Berater zunächst die Ziele der Vertragsparteien erfassen, die gemeinsamen Interessen formulieren und aus den Regelungsgegenständen ein für beide Parteien akzeptables Sinngefüge entwickeln. Der Blick des Arbeitsrechtlers richtet sich häufig vorschnell auf Problemlagen, Wirksamkeitsfragen und Zweifel. Dabei steht im Vordergrund zunächst die Schaffung eines konstruktiven Ganzen, eines Regelwerks, in dem auf sinnvolle Weise Ge- und Verbote ineinandergreifen. Außerrechtliche Aspekte, Zweckmäßigkeit und Zielorientiertheit, haben für den Vertragsgestalter einen mindestens so hohen Stellenwert wie das bei jedem Vertragstext bestehende Bedürfnis nach Wirksamkeit.

114 Erfahrene Berater sind um einen **Ausgleich zwischen den Parteiinteressen** bemüht, um dem Vertragswerk die Akzeptanz des jeweils anderen zu sichern. Ein Vertrag stellt sich meist nur dann als übereinstimmend gewollt dar, wenn beide Parteien ihn für einen angemessenen Ausgleich ihrer Interessen halten.[271] Unterzeichnet der Arbeitnehmer den Arbeitsvertrag nicht, weil ihn die Regelungen des Vertrages abschrecken, hat derjenige, der den Vertrag mit dem logischen Ziel eines tatsächlichen Abschlusses entwickelt hat, gegenüber keiner Partei eine erfolgreiche Dienstleistung erbracht. Stößt das Vertragswerk hingegen grds. auf beiderseitige Akzeptanz, kann dies dazu beitragen, Konflikte und Streitigkeiten um die Wirksamkeit einzelner Klauseln von vornherein zu vermeiden. Verträge – und damit auch Arbeitsverträge – stehen erfahrungsgemäß nur im Konfliktfall auf dem Prüfstand.

115 Eine besondere, dem Vertragsgestaltungsalltag entstammende Interessenlage, welche in der Rechtswissenschaft ungern thematisiert wird, liegt in der möglichen Forderung nach einer Ausreizung zweifelhafter und somit risikobehafteter Gestaltungschancen. Manche Parteien, vordergründig natürlich der Arbeitgeber, wünschen in bestimmten Situationen die Einbeziehung von Klauseln in den Arbeitsvertrag, die unwirksam oder zweifelhaft, wenn auch in der Branche gebräuchlich sind. In diesem Zusammenhang ist sich zu verdeutlichen, dass die Unwirksamkeit einer Vertragsklausel erst maßgeblich wird, wenn sie auch gerichtlich festgestellt ist. Insoweit profitiert der Klauselsteller oftmals vom doch recht weit verbreiteten **Glauben an das geschriebene Wort**. Ein Großteil der – nicht juristisch geschulten – Vertragspartner hält sich zunächst einmal an eine schriftliche Abrede, zumal bei Laien häufig nicht einmal der Gedanke aufkommt, die Wirksamkeit des vereinbarten Wortlauts in Zweifel zu ziehen. Der Nichtjurist reagiert meist anders als der Jurist. Es ist eine Eigenart von Juristen, bei jeder Abrede zunächst einmal die Frage nach ihrer Wirksamkeit aufzuwerfen. Der Normalbürger hält sich an Vertragsabmachungen häufig schon deshalb, weil sie schriftlich fixiert sind („schwarz auf weiß"). Dass ihn einzelne Passagen nicht binden, zieht er seltener in Erwägung als der Rechtskundige. Die Unwirksamkeit einer Klausel wird in der Praxis also erst relevant, soweit sich eine Vertragspartei darauf beruft. Allerdings ist es die Aufgabe eines zuverlässigen Vertragsgestalters, den Arbeitgeber auf die Risiken der Verwendung zweifelhafter oder gar unwirksamer Vertragsklauseln hinzuweisen, um ein entsprechendes Bewusstsein zu schaffen. Gerade bei Gewerkschaftsmitgliedern oder Arbeitnehmern mit Rechtsschutzversicherung besteht bei der Verwendung auffallend fragwürdig erscheinender Klauseln die erhöhte Gefahr, dass diese einer gerichtlichen Überprüfung unterzogen werden. Entscheidet sich der Arbeitgeber dennoch für den Rückgriff auf eher **zweifelhafte Klauseln**, um sich konkrete wirtschaftliche Vorteile zu sichern, können damit deutliche **finanzielle Risiken** verbunden sein. Dies zeigte sich etwa in jüngerer Zeit im Bereich der Leiharbeitsbranche, in welcher die Tariffähigkeit der CGZP zwar schon

269 *Preis*, Grundfragen der Vertragsgestaltung im Arbeitsrecht, S. 96.
270 *Langenfeld*, Vertragsgestaltung, S. 5, Rn 10.
271 *Thüsing*, RdA 2005, 257, 259.

lange in Frage stand, deren „günstige" Tarifverträge dennoch in vielen Arbeitsverträgen zur Abweichung vom „equal pay" in Bezug genommen wurden (s. ausf. § 1 Rn 26 f). Nach endgültiger Feststellung der Unwirksamkeit dieser Tarifverträge kommen auf die betroffenen Unternehmen in vielen Fällen erhebliche Belastungen durch Nachzahlungsverpflichtungen in Bezug auf Löhne und Beiträge zu Sozialversicherungen zu, was teilweise ruinöse Folgen haben könnte.[272]

Auch im Rahmen des zu bestimmenden Parteiinteresses kann die laufende **Internationalisierung des Arbeits- und Wirtschaftslebens** eine Rolle spielen. Vor allem internationale Konzerne legen Wert auf eine vereinheitlichende Verwendung des Musterarbeitsvertrages der Konzernmutter in allen Ländern, in denen sie tätig werden. Die Arbeit der Human Resources-Abteilung des Mutterkonzerns wird dadurch erleichtert, da bei Fragen zum Arbeitsverhältnis stets auf **ein Vertragsmuster** zurückgegriffen werden kann und nicht zahllose verschiedene Vertragsformulare im Konzern kursieren. Den Vertragsgestalter stellt dies jedoch oftmals vor die Problematik, dass bestimmte bspw in den USA geläufige Klauseln im deutschen Rechtssystem zumindest zweifelhaft, wenn nicht gar evident unwirksam sind. Insoweit kann er seiner Pflichtenstellung nur durch entsprechende Information des Klauselverwenders im Hinblick auf mögliche Risiken und Rechtsfolgen gerecht werden. Dennoch kann es sein, dass das Vereinheitlichungsinteresse des Konzerns überwiegt und sich dieser dazu entschließt, das Risiko einer möglichen Unwirksamkeit in Kauf zu nehmen. 116

Der **beratende Anwalt** kann sich solchen Parteibedürfnissen nicht grds. entziehen. Insofern unterscheidet sich seine Rolle bei der Vertragsgestaltung wesentlich von der eines Notars. Während der **Notar** darauf hinzuwirken hat, dass nur wirksame Vertragsklauseln in eine Urkunde aufgenommen werden (Umkehrschluss aus § 17 Abs. 2 S. 2 BeurkG),[273] besteht eine entsprechende Verpflichtung seitens des Rechtsanwalts nicht. Der Anwalt ist nur mit Blick auf seine persönliche Haftung gehalten, seine Partei darüber aufzuklären, wie er die Klausel rechtlich bewertet.[274] 117

b) Arbeitsvertragsgestaltung in der Personalwirtschaft

Die Personalwirtschaft hat sich bislang wenig mit der Arbeitsvertragsgestaltung befasst. Gängige Schriften zur Personalwirtschaftslehre behandeln die Arbeitsvertragsgestaltung nicht oder nur am Rande.[275] Es existieren weder Regeln, nach denen Arbeitsvertragstexte als Module zusammengestellt werden können, noch Prinzipien der Personalsteuerung, die sich über Arbeitsvertragstexte umsetzen lassen. Obwohl sich im internationalen Konzern über den Arbeitsvertrag Führungsebenen und Führungsstrukturen vereinheitlichen lassen, wird von diesem Steuerungselement nur partiell Gebrauch gemacht. Leistungsanreize über Boni und Incentives bilden die wenigen zur personalwirtschaftlichen Steuerung eines multinationalen Unternehmens gewählten Einheitslösungen.[276] Die begrenzte Aufmerksamkeit der Personalwirtschaft beim The- 118

272 Zu dieser Problematik etwa: *Ferme*, NZA 2011, 619; *Friemel*, NZS 2011, 851 ff; *Geißler*, ArbR Aktuell 2010, 113 ff; *Plagemann/Brand*, NJW 2011, 1488 ff; *Schindele/Söhl*, ArbR Aktuell 2013, 63 ff; *Schlegel*, NZA 2011, 380 ff.

273 Nach § 17 Abs. 2 S. 2 BeurkG muss der Notar die Parteien über die Unwirksamkeit einer Vertragsklausel belehren und die erfolgte Belehrung schriftlich fixieren.

274 Er sollte nach der Haftungsrechtsprechung des BGH 5.11.1987 – IX ZR 86/86, NJW 1988, 486 stets den „sicheren Weg" wählen. Entsteht kein Schaden, bleibt die unterlassene Aufklärung ohne Auswirkung, während bei einem vergleichbaren Sachverhalt der Notar trotzdem seine Amtspflichten verletzt hat; *Küttner*, RdA 1999, 59.

275 *Berthel/Becker*, Personal-Management, 10. Aufl. 2013; *Hentze/Kammel*, Personalwirtschaftslehre 1, 2001; *Holtbrügge*, Personalmanagement, 5. Aufl. 2013; *Jung*, Personalwirtschaft, 9. Aufl. 2010; *Olfert*, Personalwirtschaft, 15. Aufl. 2012 mit einer Kurzwiedergabe auf wenigen Seiten.

276 *Schmid, Christoph Oliver*, Möglichkeiten und Grenzen von leistungs- und erfolgsorientiertem Lohn im privatrechtlichen Arbeitsvertrag, Diss., 2000, S. 4 ff.

ma Arbeitsvertrag mag ihre Ursache darin haben, dass Arbeitsvertragsgestaltung in wesentlichen Teilen die juristische Dimension berührt, die beim Sachbearbeiter Kenntnisse des Individualarbeitsrechts, aber auch des Tarifrechts und des Betriebsverfassungsrechts voraussetzt.

c) Zweckmäßigkeitserwägungen und Vertragsdesign

119 Im Rahmen der Arbeitsvertragsgestaltung ist es von zentraler Bedeutung, zunächst den Bedarf an Vertragsklauseln mit Blick auf die betroffene **Arbeitnehmergruppe** zu ermitteln. Die meisten Unternehmen unterscheiden zwischen Vertragsmustern für gewerbliche Arbeiternehmer, tarifliche und außertarifliche Angestellte, leitende Angestellte sowie Aushilfs- und Teilzeitkräfte.[277] Diese Unterscheidung gründet bereits in den offensichtlich unterschiedlichen Anforderungen und Bedürfnissen. Verträge mit einfachen Angestellten erfordern bspw nicht die Aufnahme solcher Regelungen, welche sich typischerweise in den Vertragswerken mit leitenden Angestellten finden. Gegenüber tarifgebundenen Arbeitnehmern in Bereichen mit umfassenden Kollektivnormen und im Fall der arbeitsvertraglichen Inbezugnahme von Tarifverträgen muss der Arbeitsvertrag nicht so ausführliche Regelungen enthalten und kann sich auf die grundlegenden Vereinbarungen beschränken.

120 Weiterhin sind auch **vertragspsychologische Aspekte** im Rahmen der Vertragsgestaltung zu beachten. Taktisch unklug ist es etwa, Kündigungs- oder Freistellungsregeln in die vorderen Paragraphen des Vertrages aufzunehmen, da diese Vorgehensweise dem Arbeitnehmer als Vertragspartner suggeriert, er müsse sich bereits vor Beginn des Vertragsverhältnisses vordergründig mit dessen Beendigung auseinandersetzen. Auch werden erfahrungsgemäß der Anfang (erste Seite) und der Schlusstext eines Vertragstextes genauer gelesen als der Mittelteil. Daher bietet es sich aus Arbeitgebersicht an, kritische Themen wie Kündigung und andere beim Arbeitnehmer weniger beliebte Klauseln im Mittelteil zu platzieren. Allerdings ist dabei zumindest eine gewisse Vorsicht geboten, da sich bei der Verwendung von AGB eine Unwirksamkeit aufgrund einer Intransparenz nach § 307 Abs. 1 S. 2 BGB auch aus der generellen vertraglichen Gestaltung und irreführenden Platzierung ergeben kann.[278] Demnach sollten keine Regelungen aus dem Zusammenhang gerissen und quasi im Vertragstext versteckt werden.

121 Probleme im Zusammenhang mit der Erstellung von Arbeitsverträgen können sich auch aus der **fehlenden Erfahrung des „Vertragsgestalters"** im Umgang mit Arbeitsverträgen oder aus der fehlenden speziell arbeitsrechtlichen Vorbildung ergeben. Gerade im Mittelstand oder in kleineren Unternehmen kommt es nicht selten vor, dass Arbeitsvertragsmuster zuvorderst aus Kostengründen nicht von Juristen, sondern von Personalsachbearbeitern zusammengestellt werden. Diese orientieren sich oftmals an Vorlagen, etwa aus dem Internet oder Formularbüchern, ohne sich mit der Thematik genauer auseinanderzusetzen. In solchen Konstellationen kann es vorkommen, dass sich dem Sachbearbeiter der genaue Inhalt bzw die tatsächliche Bedeutung einer Klausel nicht erschließt und somit eine eigentlich notwendige Klausel im Vertrag fehlt oder eigentlich überflüssige Regelungen in die Vereinbarung einfließen. Dieser Gefahr sollte sich ein Arbeitgeber bei der Wahl des Vertragsgestalters bewusst sein, da es sich gerade bei der dauerhaften und vielfachen Verwendung von einheitlichen Vertragsmustern meist auszahlt, sich zu Beginn von einem Experten beraten zu lassen und von dem ausgestalteten Ergebnis dauerhaft zu profitieren.

---

277 *Preis*, Grundfragen der Vertragsgestaltung im Arbeitsrecht, S. 60.

278 MüKo-BGB/*Wurmnest*, § 307 BGB Rn 58.

3. Zustandekommen und Vollzug des Arbeitsvertrages

a) Rechtsgeschäftliches Zustandekommen des Arbeitsvertrages

aa) Grundsätze des Vertragsschlusses

Der Arbeitsvertrag ist wie der Dienstvertrag auf den Austausch von Leistungen (Dienstleistungen in der Form von Arbeitsleistungen) gegen Vergütung gerichtet und demnach ein **Austauschvertrag**, dessen Hauptleistungspflichten im Synallagma stehen. Da es sich um einen Unterfall des Dienstvertrages handelt, sind die Bestimmungen des Allgemeinen Teils des BGB ebenso anzuwenden wie die Regeln des Rechts der Schuldverhältnisse (2. Buch des BGB), soweit sich nicht aus der Eigenheit des Arbeitsverhältnisses oder den Sonderregelungen des Arbeitsrechts etwas anderes ergibt.[279] Das Arbeitsverhältnis ist ein **Dauerschuldverhältnis**, so dass es nicht mit der Erfüllung einzelner Leistungen, sondern erst bei Vorliegen eines bestimmten Beendigungstatbestands (Befristung, Kündigung, Aufhebungsvertrag) endet.[280] 122

Parteien des Arbeitsvertrages sind der Arbeitnehmer und der Arbeitgeber. Arbeitnehmer kann nur eine natürliche Person oder, bei Gruppenarbeitsverhältnissen, eine Gesamtheit natürlicher Personen sein, von der die Arbeitsleistung insgesamt als Gruppe gemeinsam erbracht und geschuldet wird.[281] Nach § 613 S. 1 BGB kann die Arbeitsleistung nur höchstpersönlich, mithin nur von natürlichen Personen erbracht werden. Die Zuerkennung der **Arbeitnehmereigenschaft** ist der entscheidende Schlüssel für die Anerkennung eines Großteils der Schutzvorschriften des Arbeitsrechts und die Abgrenzung zu anderen Gruppen von Beschäftigten, insb. zu freien Mitarbeitern (zur Abgrenzung von Arbeitnehmern zu freien Mitarbeitern s. § 4 Rn 15 ff). Diese Einordnung und Abgrenzung ist in vielen Bereichen von entscheidender Bedeutung. Allein aus der vertraglichen Grundlage ergibt sich noch keine zwingende Unterscheidung, da auch freie Mitarbeiter oftmals auf der Grundlage eines Dienstvertrages tätig werden. Demnach ist auf die von der Rspr entwickelten Abgrenzungsgrundsätze[282] zurückzugreifen, welche sich in erster Linie auf die tatsächlichen Umstände im Hinblick auf die Weisungsgebundenheit und den Grad der persönlichen Abhängigkeit stützen. 123

Der Arbeitsvertrag kommt durch **Angebot** und **Annahmeerklärung** zustande. Der zwingende Teil der Einigung betrifft dabei lediglich das grundsätzliche Tätigwerden des Arbeitnehmers für den Arbeitgeber, nicht aber zwingend die Frage der Vergütungspflicht und Vergütungshöhe. Falls es an einer ausdrücklichen Regelung zur Vergütung fehlt, ergibt sich die Pflicht zur Vergütung direkt aus § 612 BGB.[283] 124

Ein grundsätzliches **Schriftformerfordernis** existiert im Bereich des Arbeitsvertragsrechts nicht, stellt allerdings wohl den Regelfall dar. Die praktische Notwendigkeit zum Abschluss eines schriftlichen Vertrages basiert auf der Pflicht des Arbeitgebers, die Anforderungen des **NachwG** zu erfüllen und somit dem Arbeitnehmer nach § 2 Abs. 1 NachwG eine Ausfertigung der wesentlichen Arbeitsbedingungen schriftlich spätestens einen Monat nach dem Vertragsschluss bzw der Vertragsänderung zur Verfügung zu stellen. Schätzungsweise werden daher etwa 90 % der Arbeitsverträge schriftlich abgeschlossen.[284] Meist gibt der Arbeitgeber das Angebot in Form eines bereits unterzeichneten Arbeitsvertragsentwurfs ab, den er im AGB-rechtlichen Sinne „stellt" und dem Arbeitnehmer zu dem Zweck übersendet, die Unterschrift zu leisten und ein Exemplar zurückzusenden. Dabei ist entscheidend, ob der **Arbeitsvertragsentwurf** 125

---

279 MüKo-BGB/*Müller-Gloge*, § 611 BGB Rn 7; ErfK/*Preis*, § 611 BGB Rn 3.

280 Schaub/*Linck*, Arbeitsrechts-Handbuch, § 29 Rn 7.

281 MünchHandb-ArbR/*Richardi/Buchner*, § 32 Rn 13 ff.

282 So etwa: BAG 3.6.1998 – 5 AZR 656/97, NJW 1998, 3361; BAG 14.3.2007 – 5 AZR 499/06, NZA-RR 2007, 424; BAG 13.3.2008 – 2 AZR 1037/06, NZA 2008, 878; BAG 17.4.2013 – 10 AZR 272/12, NZA 2013, 903.

283 *Hennige*, NZA 1999, 281; *Richardi*, NZA 2001, 57, 58.

284 RGKU/*Joussen*, § 611 BGB Rn 50.

bereits **vom Arbeitgeber unterzeichnet** wurde. Die bloße Übersendung eines noch nicht unterschriebenen Vertragsentwurfs stellt noch kein Angebot zum Vertragsschluss dar.[285] Hat der Arbeitgeber den Abschluss eines befristeten Arbeitsvertrages ausdrücklich unter den Vorbehalt eines schriftlichen Vertragsschlusses gestellt, um dem Schriftformerfordernis des § 14 Abs. 4 TzBfG gerecht zu werden, kann der Arbeitnehmer ein ihm schriftlich vorliegendes Vertragsangebot nicht konkludent durch Arbeitsaufnahme annehmen. In einem solchen Fall besteht bis zur Vertragsunterzeichnung lediglich ein faktisches Arbeitsverhältnis.[286] Dazu bedarf es allerdings eines ausdrücklichen entsprechenden Vorbehalts des Arbeitgebers, da sich auch im Fall des befristeten Vertrages das Schriftformerfordernis nach § 14 Abs. 4 TzBfG lediglich auf die Befristung bezieht und nicht auf den gesamten Arbeitsvertrag.[287] Fehlt es also an der Einhaltung der Schriftform, ist der Arbeitsvertrag mit Ausnahme der Befristung voll wirksam, so dass ein unbefristeter Vertrag als vereinbart gilt.

126 Enthält der Arbeitsvertrag eine Klausel, nach der die ihn betreffenden **Änderungen und Ergänzungen** der **Schriftform bedürfen**, gelten über § 127 BGB die Bestimmungen der §§ 125 ff BGB. Bei Vereinbarung einer **Schriftformklausel** ist entsprechend dem Willen der Vertragsparteien zu ermitteln, ob die Einhaltung der Form Gültigkeitsvoraussetzung sein soll (konstitutives Schriftformerfordernis) oder lediglich Beweiszwecken dient (deklaratorisches Schriftformerfordernis).[288] Im Zweifel ist von einer konstitutiven Wirkung der Schriftformvereinbarung auszugehen.[289] Haben die Vertragsparteien in zulässiger Weise die **Schriftform vereinbart**, kann der vereinbarte Schriftformzwang einvernehmlich, auch konkludent, aufgehoben werden, wenn die Parteien die Maßgeblichkeit einer späteren mündlichen Vereinbarung übereinstimmend gewollt haben.[290] Demnach kann die vereinbarte Schriftform grds. auch im Wege der betrieblichen Übung abbedungen werden. Die tatsächliche Verhinderung der Abänderung des Schriftformerfordernisses ist nur durch Vereinbarung einer sog. **doppelten Schriftformklausel** möglich, welche nicht nur für Änderungen und Ergänzungen des Vertrages die Schriftform vorsieht, sondern auch für die Änderung oder Aufhebung des Schriftformerfordernisses selbst. Allerdings sind solche Klauseln nach Ansicht des BAG[291] wegen Verstoßes gegen § 307 Abs. 1 BGB **als unangemessene Benachteiligung unwirksam**, wenn sie dem Arbeitnehmer den Eindruck vermitteln, eine nach Vertragsschluss getroffene, eigentlich vorrangige Individualabrede sei entgegen § 305 b BGB aufgrund der Schriftformklausel unwirksam (s. näher § 1 Rn 3205 ff). Die dargestellte Unwirksamkeit des doppelten Schriftformerfordernisses gilt jedoch nur zugunsten des Arbeitnehmers, so dass sich der Arbeitgeber als Verwender der Klausel nicht auf die Wirksamkeit einer mündlichen, von der vertraglich vorgegebenen Schriftform abweichenden Vereinbarung berufen kann, die zu seinem Vorteil wirkt.[292]

bb) Abgrenzung zu anderen Vertragstypen

127 Der **Dienstvertrag** unterscheidet sich vom Arbeitsvertrag durch das Merkmal der persönlichen Abhängigkeit des Arbeitnehmers und durch die Erbringung der Arbeitsleistung in einer fremdbestimmten Organisation. So lässt sich im Wesentlichen zwischen fremdbestimmter Arbeit des Arbeitnehmers und selbstbestimmter Dienstleistung des Dienstverpflichteten differenzieren.[293]

---

285 LAG Berlin 30.1.2004 – 6 Sa 2239/03, AE 2004, 245.
286 BAG 16.4.2008 – 7 AZR 1048/06, NZA 2008, 1184.
287 *Preis/Gotthardt*, NZA 2000, 348, 356 f.
288 H/B/S-*Natzel*, Das arbeitsrechtliche Mandat, § 3 Rn 38.
289 MüKo-BGB/*Müller-Glöge*, § 611 BGB Rn 643.
290 BAG 10.1.1989 – 3 AZR 460/87, AP § 74 HGB Nr. 57.
291 BAG 20.5.2008 – 9 AZR 382/07, NZA 2008, 1233; so auch LAG Schleswig-Holstein 23.5.2013 – 5 Sa 375/12, LAGE § 307 BGB 2002 Nr. 35; LAG Hamm 3.7.2013 – 14 Sa 1706/12, ArbR 2013, 528.
292 LAG Hamm 3.7.2013 – 14 Sa 1706/12, ArbR 2013, 528.
293 Schaub/*Linck*, Arbeitsrechts-Handbuch, § 9 Rn 2.

Der Unterschied des **Werkvertrages** im Vergleich zum Arbeitsvertrag liegt in erster Linie darin, dass der Arbeitnehmer ein Dauerschuldverhältnis zur Erbringung bestimmter Leistungen eingeht und keinen spezifischen Erfolg schuldet. Der Arbeitnehmer verpflichtet sich zur Leistung von Arbeit unter Leitung und nach Weisung des Arbeitgebers, der Arbeitgeber zur Zahlung der vereinbarten Vergütung.[294] Die **Abgrenzung** zwischen Arbeitsvertrag und Werkvertrag stellt allerdings ein aktuell sehr brisantes Thema dar. In erster Linie geht es insoweit um die **Verhinderung von Missbrauchskonstellationen**, bei welchen eigentliche Arbeitnehmer trotz tatsächlicher bestehender Abhängigkeit und Weisungsgebundenheit als selbstständige Unternehmer auf der Grundlage von Werkverträgen beschäftigt werden. Gerade im Zusammenhang mit der aktuell für Arbeitgeber und Entleiherbetriebe aufgrund der Gesetzes- und Rechtsprechungsänderungen unattraktiver gewordenen Leiharbeit (s. § 1 Rn 24 ff und ausf. § 1 Rn 4332 ff [67. Zeitarbeitsklauseln]) sind solche Werkvertragskonstellationen so verstärkt aufgetreten und ins Licht der Öffentlichkeit gerückt. Als Reaktion beabsichtigt die Politik, diesen Bereich entsprechend neu zu regeln bzw zu reglementieren.[295] Werkverträge fallen derzeit gerade nicht unter das AÜG, bedürfen demnach keiner Genehmigung und sind nicht an die Vorschriften einer nur vorübergehenden Überlassungsmöglichkeit und den equal-pay-Grundsatz gebunden.[296] 128

b) Anderweitiges Zustandekommen des Arbeitsvertrages

aa) Zustandekommen von Arbeitsverträgen kraft Gesetzes

Ein Arbeitsvertrag kann auch ohne beiderseitige ausdrückliche oder konkludente Willenserklärung zustande kommen. In bestimmten Fällen wird der übereinstimmende Wille der Parteien des Arbeitsverhältnisses durch die **gesetzliche Anordnung des Entstehens** eines Arbeitsverhältnisses ersetzt. Die geregelten Konstellationen stellen allerdings **Ausnahmen** dar, welche insb. zum Schutz des Arbeitnehmers und zur sozialen Absicherung in unsicheren Situationen in das Gesetz aufgenommen wurden. Nur bestimmte Situationen erlauben die Durchbrechung der verfassungsrechtlich garantierten Abschlussfreiheit durch entsprechende Schutzbestimmungen.[297] 129

Das Arbeitsverhältnis des Leiharbeitnehmers gilt bspw nach § 10 Abs. 1 AÜG als mit dem Entleiherbetrieb geschlossen, wenn der Verleiherbetrieb nicht über die nach § 1 AÜG erforderliche Erlaubnis verfügt und das mit dem Leiharbeitnehmer geschlossene Leiharbeitsverhältnis somit nach § 9 Nr. 1 AÜG unwirksam ist. Durch die gesetzliche Fiktion eines Arbeitsverhältnisses zum Entleiher soll verhindert werden, dass der Arbeitnehmer selbst unverschuldet ohne gültiges Vertragsverhältnis zurückbleibt. 130

Weiterhin hat das Mitglied einer Jugend- und Auszubildendenvertretung nach § 78 a Abs. 2 BetrVG im Anschluss an das Ausbildungsverhältnis Anspruch auf die Übernahme in ein Arbeitsverhältnis auf unbestimmte Zeit, wenn es in den letzten drei Monaten vor Beendigung des Ausbildungsverhältnisses vom Arbeitgeber schriftlich die Weiterbeschäftigung verlangt hat. Fehlen bereits während des Ausbildungsverhältnisses vertragliche Beziehungen, besteht keine Übernahmeverpflichtung.[298] 131

Im Fall eines Betriebsübergangs wird schließlich kraft Gesetzes ein Arbeitsverhältnis mit dem Betriebserwerber als neuem Arbeitgeber begründet. Nach § 613 a Abs. 1 S. 1 BGB tritt der Erwerber eines Betriebsteils automatisch zum Zeitpunkt der Betriebsübernahme in die Rechte 132

294 BAG 6.7.1995 – AZB 9/93, NZA 1996, 33; BAG 3.6.1975 – 1 ABR 98/74, BAGE 27, 163; HWK/*Thüsing*, Vor § 611 BGB Rn 8; Staudinger/*Richardi*, § 611 BGB Rn 25.

295 Zu dieser Problematik etwa: *Greiner*, NZA 2013, 697 ff; *Bauer/Heimann*, NJW 2013, 3287 ff; *Zintl/Zimmerling*, NJW-Spezial 2013, 562 f.

296 *Zintl/Zimmerling*, NJW-Spezial 2013, 562.

297 Moll/*Melms*, MAH Arbeitsrecht, § 10 Rn 16.

298 BAG 17.8.2005 – 7 AZR 553/04, NZA 2006, 624.

und Pflichten des im Zeitpunkt des Übergangs bestehenden Arbeitsverhältnisses ein. Da der eigentliche Erwerb des Betriebs oder Betriebsteils der freien Entscheidung des Erwerbers obliegt, bildet § 613 a BGB im engeren Sinne keine Ausnahme von der Abschlussfreiheit. Es handelt sich insoweit um einen Vertragsübergang kraft Gesetzes.[299]

bb) Faktisches Arbeitsverhältnis

133 Ebenfalls kein durch wirksame Willenserklärung begründeter Arbeitsvertrag liegt im Falle des faktischen Arbeitsverhältnisses vor. Von einem **faktischen Arbeitsverhältnis** spricht man, wenn ein Arbeitsvertrag zwischen Arbeitgeber und Arbeitnehmer zwar geschlossen und mit der Erbringung von Arbeitsleistungen durch den Arbeitnehmer auch in Vollzug gesetzt wurde, sich dann aber als **nichtig** (§§ 134, 138 BGB) herausstellt oder wirksam **angefochten** wurde (§ 142 BGB). Trotz fehlender wirksamer Vertragsgrundlage für die Beschäftigung des Arbeitnehmers wird das faktische Arbeitsverhältnis für den Zeitraum der Ausübung **wie ein fehlerfrei zustande gekommenes Arbeitsverhältnis behandelt.**

134 Diese Grundsätze zum fehlerhaften Arbeitsverhältnis sind auch auf Fälle zu übertragen, in denen zwar der Anstellungsvertrag als solcher wirksam zustande gekommen ist, in der Folge allerdings Nachtragsvereinbarungen unwirksam geschlossen und vollzogen wurden, so dass eine rückwirkende Berufung auf die Nichtigkeit der Nachtragsvereinbarungen ausscheidet.[300]

135 Anwendbar sind die Grundsätze des faktischen Arbeitsverhältnisses auf alle **Nichtigkeitsgründe** wie Geschäftsunfähigkeit des Arbeitnehmers, Formmangel oder Nichtvorliegen öffentlich-rechtlicher Erlaubnisse wie Arbeitserlaubnis oder Arbeitnehmerüberlassungserlaubnis im Verhältnis Verleiher zum Leiharbeitnehmer. Ebenso denkbar ist eine Anwendung auf Fälle der Nichtigkeit aufgrund von Sittenwidrigkeit oder Verstößen gegen gesetzliche Verbote.[301] Kein faktisches Arbeitsverhältnis kommt jedoch zustande bei einem bewussten Verstoß beider Vertragsparteien gegen ein Strafgesetz[302] oder bei krasser Sittenwidrigkeit.[303]

136 Das faktische Arbeitsverhältnis besitzt keine spezifische Bedeutung für die Arbeitsvertragsgestaltung. Den Folgen eines faktischen Arbeitsverhältnisses, die wesentlich in der Abwicklung bestehen (Abwicklung *ex nunc*), lässt sich auch nicht durch eine Vertragsgestaltung entgegenwirken. Die Folgen ergeben sich aus einer Sonderrechtsprechung des BAG, wonach bei der Abwicklung eines faktischen Arbeitsverhältnisses die Nichtigkeit des Arbeitsvertrages nicht mehr mit rückwirkender Kraft geltend gemacht werden kann, sondern nur noch für die Zukunft.[304] Das Arbeitsverhältnis wird trotz fehlender rechtsgültiger Grundlage für die Vergangenheit wie ein fehlerfrei zustande gekommenes Arbeitsverhältnis behandelt.[305] Eine Loslösung der Vertragsparteien vom fehlerhaften Vertrag für die Zukunft ist allerdings möglich.[306] Die Gründe für diese Sonderrechtsprechung liegen in der Vermeidung von Problemen und Unbilligkeiten bei der Rückabwicklung über das Bereicherungsrecht und im Arbeitnehmerschutz.[307] Während der gesamten Dauer des faktischen Arbeitsverhältnisses schuldet der Arbeitgeber mangels ausdrücklicher vertraglicher Regelung nach § 612 Abs. 2 BGB das übliche Entgelt.[308]

137 Diesen Weg geht das BAG aber nicht in allen Fällen. Hat ein Arbeitnehmer siebeneinhalb Jahre in einem Klinikum als Arzt für Frauenheilkunde gearbeitet, ohne über die notwendige Appro-

299 *Willemsen/Hohenstatt/Schweibert/Seibt*, Umstrukturierung und Übertragung von Unternehmen, Kap. G Rn 18; Moll/*Melms*, MAH Arbeitsrecht, § 10 Rn 17.

300 LG Zweibrücken 18.5.2007 – 6 HKO 68/02, BB 2007, 2350.

301 *Joussen*, NZA 2006, 963.

302 BAG 25.4.1963 – 5 AZR 398/62, DB 1963, 933.

303 BAG 1.4.1976 – 4 AZR 96/75, DB 1976, 1680.

304 BAG 30.4.1997 – 7 AZR 122/96, NZA 1998, 199; Soergel/*Kraft*, § 611 BGB Rn 26 f.

305 BAG 15.1.1986 – 5 AZR 237/84, DB 1986, 1393.

306 RGKU/*Joussen*, § 611 BGB Rn 128.

307 *Joussen*, NZA 2006, 963, 964.

308 BAG 27.7.2010 – 3 AZR 317/08, AP § 4 BBiG Nr. 3.

bation zu verfügen, und hat das Klinikum durch Anfechtung nach § 123 BGB den Arbeitsvertrag wirksam beseitigt, bleibt der Arbeitsvertrag wegen eines Verstoßes gegen das gesetzliche Verbot der Ausübung der Heilkunde durch einen Nichtarzt von Anfang an nichtig. Eine Heilung aufgrund langjähriger Beschäftigung im Wege des faktischen Arbeitsverhältnisses findet nicht statt.[309] Ein Anspruch des Mitarbeiters auf Ersatz seiner Dienstleistung ist nach § 817 S. 2 BGB ebenfalls ausgeschlossen.

c) Arbeitsvertragsvollzug

Zum Wesen des Arbeitsvertrages gehört auch sein Vollzug. Noch bis in die 1960er Jahre wurde ein Wissenschaftsdisput über die Frage ausgetragen, ob der Arbeitsvertrag mit Arbeitsantritt (sog. **Eingliederungstheorie**)[310] oder im Wege des rechtsgeschäftlichen Angebots und seiner Annahme zustande komme. Der v.a. von *Nikisch* vertretenen Eingliederungstheorie wurde vorwiegend von *Alfred Hueck*[311] die Vertragstheorie entgegengehalten. Das BAG hat sich in der Folge zur **Vertragstheorie** bekannt.[312] 138

Obwohl das Arbeitsverhältnis seither zu seiner Entstehung nicht des Vollzugs bedarf, führt der Nichtvollzug zu einigen Besonderheiten. Nach der Rspr kann der Arbeitnehmer vor Arbeitsantritt das Arbeitsverhältnis kündigen. Dabei kommt es auf die konkreten Umstände des Einzelfalls an, ab wann die Kündigungsfrist in Lauf gesetzt wird, also ob bereits der Zugang der Kündigung oder der Zeitpunkt des vereinbarten Arbeitsantritts maßgeblich sein soll.[313] Führen die Vertragsauslegung und die ergänzende Vertragsauslegung unter Berücksichtigung der konkreten Umstände nicht zu einem eindeutigen Ergebnis, soll im Zweifel auf den Zugang der Kündigung abgestellt werden.[314] Tritt der Arbeitnehmer die im Arbeitsvertrag vereinbarte Arbeitsstelle ohne vorhergehende Kündigung nicht an, besteht zwar für den Arbeitgeber ein Erfüllungsanspruch nach § 611 BGB, welcher gem. § 2 Abs. 1 Nr. 3 Buchst. a ArbGG mit der Leistungsklage einklagbar ist.[315] Dieser lässt sich aber nach § 888 Abs. 3 ZPO nicht vollstrecken.[316] 139

Eine der Sonderfolgen des Nichtvollzugs eines Arbeitsverhältnisses[317] stellt die Möglichkeit der rückwirkenden Auflösung eines bestehenden Arbeitsverhältnisses dar. Wurde das Arbeitsverhältnis in Vollzug gesetzt, ist eine rückwirkende Auflösung ausgeschlossen.[318] Eine Beendigung ist dann nur für die Zukunft möglich. Rückwirkende Auflösungen kommen überwiegend bei ruhenden Arbeitsverhältnissen in Betracht. 140

4. Grenzen der Vertragsgestaltung

a) Grundsatz der Privatautonomie

Die grds. freie Gestaltung der Arbeitsbedingungen obliegt den Arbeitsvertragsparteien im Rahmen der **Privatautonomie**. Der Grundsatz der Privatautonomie wird allerdings verschiedentlich im Arbeitsrecht durchbrochen. Zum einen findet durch Gesetze, Verordnungen, Tarifverträge, Betriebsvereinbarungen und Rspr eine Regulierung der Arbeitsbeziehungen statt, zum anderen 141

309 BAG 3.11.2004 – 5 AZR 592/03, BB 2005, 782.
310 *Nikisch*, Arbeitsrecht I, 1961, S. 163, 172.
311 *Hueck/Nipperdey*, Lehrbuch des Arbeitsrechts I, 1963, S. 113.
312 BAG 22.8.1964 – 1 AZR 64/64, NJW 1965, 171.
313 BAG 6.3.1974 – 4 AZR 72/73, DB 1974, 1070; BAG 9.5.1985 – 2 AZR 372/84, NJW 1987, 148; BAG 22.8.1964 – 1 AZR 64/64, NJW 1965, 171.
314 BAG 25.3.2004 – 2 AZR 324/03, NJW 2004, 3444.
315 *Herbert/Oberrath*, NZA 2004, 121, 124.
316 BAG 24.10.1996 – 2 AZR 845/95, DB 1997, 636; BAG 2.12.1965 – 2 AZR 91/65, AP § 620 BGB Nr. 27.
317 *Herbert/Oberrath*, NZA 2004, 121.
318 BAG 13.3.1961 – 2 AZR 509/59, NJW 1961, 1278.

wird die Privatautonomie durch eine v.a. durch das Schuldrechtsmodernisierungsgesetz in Gang gekommene Vertragskontrolle ergänzt.

b) Allgemeine Grenzen durch das Rangprinzip

142 Auch wenn die Rechtsordnung individuell ausgehandelten Vereinbarungen eine höhere Bestandskraft verleiht,[319] findet die Privatautonomie bei der Arbeitsvertragsgestaltung ihre Grenzen in der Verletzung höherrangiger Rechtsgüter. Die Einflussgrößen, die bei einer Wirksamkeitskontrolle zu beachten sind, entstammen der Rechtsquellenpyramide und dem in ihr angelegten Rangprinzip.[320] Grundsätzlich ist nach diesem Rangprinzip das zwingende Gesetzesrecht, in dessen Rahmen das supranationale Recht dem Verfassungsrecht und den einfachen Gesetzen vorgeht, ohne Rücksicht auf das Günstigkeitsprinzip vorrangig vor zwingenden Kollektivvereinbarungen, welche ihrerseits in der Rangfolge über den Individualarbeitsverträgen stehen.[321] Ein Verstoß gegen den verbindlich wirkenden Mindeststandard höherrangigen Rechts führt nach § 134 BGB zur Nichtigkeit der entsprechenden Vertragsbestimmung. Die Rechtsfolge des § 134 BGB gilt beim unmittelbaren Verstoß, der etwa in einer Regelung zu sehen ist, die verbindliche arbeitsrechtliche Schutzvorschriften für nicht anwendbar erklärt. Gleiches gilt aber auch für den mittelbaren Verstoß gegen zwingendes Recht im Rahmen von Umgehungsregelungen, wie sie von der Rspr bspw im Rahmen des Befristungsrechts[322] oder der Vereinbarung der Widerrufsmöglichkeit einer im Synallagma stehenden Hauptleistungspflicht[323] angenommen werden.

c) Grenzen durch das Gemeinschaftsrecht

143 Die auf der Rangstufe der Rechtsquellenpyramide am höchsten angesiedelte Gestaltungsgrenze ergibt sich heute über das **Gemeinschaftsrecht**. In Art. 23 GG wird der Vorrang des Unionsrechts vor dem nationalen Recht, also auch des Grundgesetzes, auch verfassungsrechtlich gesichert. Das im Bereich des Arbeitsrechts maßgebliche Unionsrecht lässt sich in das unmittelbar anwendbare **Primärrecht** der europarechtlichen Verträge, der EU-Grundrechtscharta und der ungeschriebenen unionsrechtlichen Grundsätze[324] auf der einen und das sog. **Sekundärrecht** der Verordnungen und Richtlinien unterteilen. Im Bereich des Primärrechts ist zunächst an die EU-Grundfreiheiten der Arbeitnehmerfreizügigkeit nach Art. 45 AEUV und der Niederlassungsfreiheit nach Art. 49 AEUV zu denken, welche für die konkrete Vertragsgestaltung keine besondere Rolle spielen. Ein weiterer primärrechtlicher Grundsatz, welcher der Arbeitsvertragsgestaltung eine Grenze setzt, ist die Garantie der Entgeltgleichheit für Männer und Frauen aus Art. 157 AEUV. Die Norm richtet sich, wie der überwiegende Teil des Primärrechts, zwar nicht direkt an die Vertragsgestalter, sondern an die Mitgliedstaaten, die eine Vergütungsgleichheit durch entsprechende Maßnahmen sicherstellen sollen.[325] Das sekundärrechtliche Verordnungsrecht, welches eine Form der Gesetzgebung der Europäischen Union und in allen Mitgliedstaaten unmittelbar geltendes Recht darstellt,[326] spielt allgemein im Bereich des Arbeitsrechts, speziell auch im Bereich der Vertragsgestaltung nur eine untergeordnete Rolle.

---

319 Preis/*Preis*, Der Arbeitsvertrag, I A Rn 112.
320 H/B/S-*Natzel*, Das arbeitsrechtliche Mandat, § 3 Rn 41.
321 *Preis*, Arbeitsrecht, S. 184.
322 BAG 13.9.1981 – 7 AZR 602/79, AP § 620 BGB Befristeter Arbeitsvertrag Nr. 63; BAG 20.12.1984 – 2 AZR 3/84, AP § 620 BGB Bedingung Nr. 9.
323 BAG 12.12.1984 – 7 AZR 509/83, AP § 2 KSchG 1969 Nr. 6.
324 Schaub/*Linck*, Arbeitsrechts-Handbuch, § 4 Rn 8 ff.
325 Schaub/*Linck*, Arbeitsrechts-Handbuch, § 4 Rn 16.
326 Schaub/*Linck*, Arbeitsrechts-Handbuch, § 4 Rn 18.

Einen wesentlich größeren Einfluss auf die nationale Vertragsgestaltung im Bereich des Arbeitsrechts besitzt dagegen das sekundäre Unionsrecht in Form des Erlasses von Richtlinien. 144
Zwar müssen **Richtlinien des EU-Rechts** in nationales Recht transformiert werden und gelten nicht unmittelbar in den Mitgliedstaaten,[327] so dass sich der Unwirksamkeitstatbestand bei einer Arbeitsvertragsklausel letztlich aus deutschem Umsetzungsgesetz im Verfassungs- oder Arbeitsrecht und nicht aus dem EU-Recht selbst ergibt. Dennoch ist die Unwirksamkeit zumindest mittelbar auf das Unionsrecht zurückzuführen, da solche Richtlinien zwar gewisse Spielräume belassen, aber dennoch materiell oftmals sehr konkrete Vorgaben machen, welchen das nationale Umsetzungsrecht nicht selten praktisch nahezu eins zu eins entspricht. Weiterhin verzögert sich die Umsetzung von EU-Recht in deutsches Recht verschiedentlich, so dass es zu einer gewissen Vorwirkung des Richtlinienrechts vor Umsetzung kommen kann. Nationale Gerichte müssen bereits nach dem Erlass einer Richtlinie innerstaatliche Vorschriften unangewendet lassen, wenn sie feststellen, dass diese nicht den Anforderungen des Gemeinschaftsrechts entsprechen und auch nicht gemeinschaftsrechtskonform ausgelegt werden können.[328] In der **Mangold-Entscheidung**[329] hat der EuGH nochmals ausgeführt, dass es dem nationalen Gericht obliegt, die volle Wirksamkeit des allgemeinen Verbots der Diskriminierung wegen des Alters zu gewährleisten, indem es jede entgegenstehende Bestimmung des nationalen Rechts unangewendet lässt, auch wenn die Frist für die Umsetzung noch nicht abgelaufen ist. Dem ist das BAG ausdrücklich gefolgt und hat demzufolge etwa die **Unanwendbarkeit von § 14 Abs. 3 S. 4 TzBfG** für die nationalen Gerichte bestätigt.[330] Auch das ArbG Berlin[331] hat festgestellt, dass eine EG-Richtlinie (hier Art. 1 der Richtlinie 2000/78/EG) bei Diskriminierung eines behinderten Menschen unmittelbar gegenüber dem Land Berlin gilt. Deutsche Gerichte gehen somit zunehmend von einer **„vertikalen Drittwirkung" des Gemeinschaftsrechts** aus, welche sich allerdings auf das Verhältnis zwischen Bürger und säumigem Staat nach Ablauf der Umsetzungsfrist beschränkt. Der Begriff des Staates sei dabei allerdings weit auszulegen, so dass neben Bund, Ländern und Gemeinden auch mit hoheitlichen Befugnissen betraute juristische Personen erfasst werden.[332] Damit folgt die Rspr ausdrücklich der Auffassung des EuGH,[333] wonach „das nationale Gericht die volle Wirksamkeit des Gemeinschaftsrechts dadurch zu gewährleisten hat, dass es erforderlichenfalls jede entgegenstehende Bestimmung des nationalen Rechts aus eigener Entscheidungsbefugnis unangewendet lässt, ohne dass es die vorherige Beseitigung dieser Bestimmung auf gesetzgeberischem Wege oder durch irgendein anderes verfassungsrechtliches Verfahren beantragen oder abwarten müsste". Mit diesem Verständnis gewinnt das EU-Recht für die Vertragsgestaltung schon vor der Transformation durch nationale Rspr oder nationales Gesetz Bedeutung und ist entsprechend zu beachten. Zusätzlich besteht während der Umsetzungszeit ein sog. **Frustrationsverbot**, nach welchem die Mitgliedstaaten innerhalb der Umsetzungsphase jedweden Erlass von Regelungen und Maßnahmen zu unterlassen haben, welche die Erreichung des Richtlinienzwecks gefährden könnten.[334] Auch haben die zuständigen Gerichte das nationale Recht unionsrechtskonform auszulegen.[335]

327 *Ascheid*, FS für Thomas Dieterich, S. 14; *v. Roetteken*, NZA 2001, 414, 416.

328 EuGH 5.10.2004 – Rs. C-397/01 (Pfeiffer/DRK), NZA 2004, 1145; EuGH 9.3.1978 – Rs. C-106/77 (Simmenthal), NJW 1978, 1741; EuGH 14.7.1994 – Rs. C-91/92 (Faccini Dori), Slg 1994, I-3325; EuGH 19.11.2002 – Rs. C-287/98 (Kurz), Slg 2002, I-10691; s. hierzu *Kerwer*, Das europäische Gemeinschaftsrecht und die Rechtsprechung der deutschen Arbeitsgerichte, 2003, S. 87 ff, 145 ff.

329 EuGH 22.11.2005 – Rs. C-144/01, NZA 2005, 1345.

330 BAG 26.4.2006 – 7 AZR 500/04, NZA 2006, 1162.

331 ArbG Berlin 13.7.2005 – 86 Ca 24618/04, NZA-RR 2005, 608.

332 LAG Niedersachsen 16.9.2003 – 9 Sa 648/02, AE 02/2004, 104.

333 EuGH 5.10.2004 – Rs. C-397/01 (Pfeiffer/DRK), NZA 2004, 1145.

334 So etwa EuGH 15.4.2008 – C-268/06, NZA 2008, 581.

335 EuGH 24.1.2012 – C-282/10, NZA 2012, 139.

145 In der Vergangenheit ist im Bereich des Arbeitsrechts bereits eine Vielzahl von Richtlinien erlassen worden,[336] welche auch für die Arbeitsvertragsgestaltung von Bedeutung sind. So ist etwa an die verschiedenen Antidiskriminierungsrichtlinien[337] zu denken, welche letztlich mit dem Allgemeinen Gleichstellungsgesetz (AGG) umgesetzt wurden. Teilweise wird in diesem Zusammenhang aufgrund des umfassenden Gebrauchs der Europäischen Union von dieser Richtlinienkompetenz schon von einer **Tendenz zur Vergemeinschaftung bzw Europäisierung des Arbeitsrechts** gesprochen.[338]

d) Verfassungsrechtliche Grenzen

146 Oberste nationale Rechtsquelle, die dem Arbeitgeber wie dem Arbeitnehmer Begrenzungen bei der Vertragsgestaltung auferlegt, ist das **Grundgesetz**. Die früher vertretene unmittelbare Drittwirkung der Grundrechte im Arbeitsrecht[339] wurde weitgehend aufgegeben und auch vom BVerfG bereits in der **Lüth-Entscheidung** abgelehnt,[340] so dass nur das Grundrecht der **Koalitionsfreiheit** nach Art. 9 Abs. 3 S. 2 GG ausdrücklich mit unmittelbarer Geltung gegenüber jedermann ausgestattet ist.[341] Eine unmittelbare Bindung an die Grundrechte wird daneben nur für die Tarifvertragsparteien diskutiert.[342] Im Übrigen wirken die Grundrechte auf die Vertragsgestaltung nicht als Verbotsgesetze im Rahmen des § 134 BGB ein, sondern sind vielmehr bei der Auslegung von Generalklauseln wie § 138 oder § 242 BGB oder der unbestimmten Rechtsbegriffe in den §§ 305 ff BGB, wie etwa der „unangemessenen Benachteiligung" iSv § 307 Abs. 1 S. 1 BGB, insb. von der Rspr bei der Beurteilung von Vertragsklauseln wertend zu berücksichtigen.[343] Nur auf diese Weise kann die wertsetzende Bedeutung der Grundrechte als elementare Werte der Verfassung auf der Rechtsanwendungsebene gewahrt bleiben.[344]

147 Zölibatsklauseln, die dem Arbeitnehmer die Eingehung einer Ehe verbieten, sind nach stRspr des BAG wegen Verstoßes gegen Art. 6 Abs. 1 GG unwirksam.[345] Unzulässig wegen Verstoßes gegen das allgemeine Persönlichkeitsrecht und das Recht zur Gleichstellung wäre auch eine Vertragsklausel, in der sich eine Arbeitnehmerin verpflichten soll, regelmäßig die Antibabypille einzunehmen.

148 Das Verfassungsrecht entfaltet bei der Arbeitsvertragsgestaltung auch in weiteren Regelungskomplexen seine Wirkung. Verstöße gegen den **Gleichheitssatz** des Art. 3 GG, der auch eine gleiche Vergütung bei gleicher Arbeit verbürgt und jede, nicht durch sachliche Gründe gerechtfertigte Ungleichbehandlung von Arbeitnehmern verbietet, können zur Nichtigkeit arbeitsvertraglicher Klauseln führen.[346] Das Direktionsrecht und der im Arbeitsvertrag vereinbarte Tätigkeitsbereich werden eingeschränkt, wenn die dem Arbeitnehmer kraft Weisung übertragene

336 Eine Übersicht von Richtlinien mit arbeitsrechtlichem Bezug findet sich bei Schaub/*Linck*, Arbeitsrechts-Handbuch, § 4 Rn 25 f.

337 EG-Richtlinie 2000/43/EG vom 29.6.2000 (ABl. EG Nr. L 180, S. 22); EG-Richtlinie 2000/78/EG vom 27.11.2000 (ABl. EG Nr. L 303, S. 16); EG-Richtlinie 2002/73/EG vom 23.9.2002 (ABl. EG Nr. L 269, S. 15).

338 *Steiner*, NZA 2008, 73; Schaub/*Linck*, Arbeitsrechts-Handbuch, § 1 Rn 15 f.

339 Insbesondere von *Nipperdey*, zB in RdA 1950, 121.

340 BVerfG 15.1.1958 – 1 BvR 400/51, BVerfGE 7, 198.

341 MünchHandb-ArbR/*Richardi*, § 10 Rn 7.

342 HWK/*Thüsing*, Vor § 611 BGB Rn 142.

343 MüKo-BGB/*Müller-Glöge*, § 611 BGB Rn 279.

344 Schaub/*Linck*, Arbeitsrechts-Handbuch, § 3 Rn 2.

345 BAG 10.5.1957 – 1 AZR 249/56, AP Art. 6 Abs. 1 GG Ehe und Familie Nr. 1.

346 BAG 15.1.1955 – 1 AZR 305/54, AP Art. 3 GG Nr. 4; BAG 2.3.1955 – 1 AZR 246/75, AP Art. 3 GG Nr. 6; BAG 6.4.1955 – 1 AZR 365/54, AP Art. 3 GG Nr. 7; BAG 23.3.1957 – 1 AZR 203/56, AP Art. 3 GG Nr. 17; BAG 18.10.1961 – 1 AZR 57/61, AP Art. 3 GG Nr. 69.

Aufgabe gegen seine **Glaubens- und Gewissenfreiheit** verstößt.[347] Zwar kann der Arbeitnehmer aus dem Grundrecht auf Glaubensfreiheit kein Recht auf eine arbeitsvertragliche Zusicherung von Gebetspausen während der Arbeitszeit herleiten, wenn hierdurch betriebliche Störungen verursacht werden.[348] Allerdings kann unter Berufung auf die Glaubensfreiheit ein überwiegendes Interesse einer muslimischen Arbeitnehmerin bestehen, ein Kopftuch zu tragen, wenn der Arbeitgeber eine Störung des Betriebsablaufs lediglich befürchtet, ohne diese nachweisen zu können.[349] Eine Regelung, nach welcher die Arbeitnehmer einheitliche Arbeitskleidung zu tragen haben, verletzt nicht das **allgemeine Persönlichkeitsrecht** nach Art. 2 Abs. 1 iVm Art. 1 Abs. 1 GG, wenn damit das äußere Erscheinungsbild des Unternehmens verbessert werden soll und die Angestellten durch diese nicht der Lächerlichkeit preisgegeben werden.[350]

Bei der Gestaltung von Arbeitsvertragsklauseln ist auch das Recht des Arbeitnehmers wie des Arbeitgebers auf **freie Meinungsäußerung** nach Art. 5 GG zu beachten. Deshalb kann der Arbeitnehmer arbeitsvertraglich dazu angehalten werden, den Betriebsfrieden zu wahren und nicht durch unbedachte Äußerungen ernstlich zu gefährden.[351] Provozierende Meinungsäußerungen im Betrieb sind nicht durch Art. 5 GG gedeckt.[352] 149

Die **Berufsfreiheit** aus Art. 12 GG hat erheblichen Einfluss auf die Gestaltung von Arbeitsvertragsklauseln. Vertragsklauseln, mit denen dem Arbeitnehmer zB jegliche nicht genehmigte Nebentätigkeit versagt wird, sind mit Art. 12 GG unvereinbar.[353] Sie sind von Verfassungs wegen dahin auszulegen, dass nur die Verrichtung solcher Tätigkeiten untersagt ist, die zu einer Beeinträchtigung der vertraglich geschuldeten Leistung führen würden.[354] 150

e) Gesetzliche Grenzen

Die Vertragsgestaltung ist auch im Arbeitsrecht nur innerhalb der geltenden Gesetze möglich. Gemäß § 134 BGB sind Rechtsgeschäfte unwirksam, welche gegen zwingendes Recht verstoßen, so dass auch das einfache Gesetzesrecht eine generelle Schranke für die Privatautonomie und damit auch die Vertragsgestaltung bildet. Von gesetzlichen Vorgaben dürfen sich die Parteien auch nicht durch den Arbeitsvertrag lösen, für welchen in § 105 GewO besonders herausgestellt wird, dass sich seine Vereinbarungen innerhalb der Grenzen der Gesetze bewegen müssen. Allerdings ist insofern zwischen den verschiedenen Typen von Gesetzen zu unterscheiden. **Einseitig zwingendes Gesetzesrecht** verhindert die Abweichung von den gesetzlichen Vorschriften lediglich zu Lasten des Arbeitnehmers, definiert also einen Mindestschutz für Arbeitnehmer.[355] **Zweiseitig zwingendes Gesetzesrecht** untersagt den Parteien dagegen jegliche einzelvertragliche Abweichung. Die meisten arbeitsrechtlichen Vorschriften wirken lediglich einseitig zugunsten des Arbeitnehmers zwingend, wohingegen bspw das Recht zur außerordentlichen Kündigung iSd § 626 BGB auch für den Arbeitgeber unverzichtbar, also zweiseitig zwingend, sein soll.[356] 151

Im Arbeitsrecht kennt man außerdem das sog. **tarifdispositive Gesetzesrecht**, welches gegenüber Arbeitsverträgen und Betriebsvereinbarungen, nicht hingegen gegenüber Tarifverträgen 152

347 BAG 20.12.1984 – 2 AZR 436/83, NZA 1986, 21; BAG 20.12.1984 – 2 AZR 436/83, AP § 242 BGB Direktionsrecht Nr. 27.
348 LAG Hamm 18.1.2002 – 5 Sa 1782/01, NZA 2002, 675.
349 BAG 10.10.2002 – 2 AZR 472/01, BB 2003, 1283.
350 BAG 13.2.2007 – 1 ABR 18/06, NZA 2007, 640.
351 BAG 13.10.1977 – 2 AZR 387/76, NJW 1978, 1872.
352 BAG 9.12.1982 – 2 AZR 620/80, AP § 626 BGB Nr. 73.
353 H/B/S-*Natzel*, Das arbeitsrechtliche Mandat, § 3 Rn 16.
354 BAG 3.12.1970 – 2 AZR 110/70, AP § 626 BGB Nr. 60; BAG 26.8.1976 – 2 AZR 377/75, AP § 626 BGB Nr. 68.
355 Moll/*Hamacher*, MAH Arbeitsrecht, § 70 Rn 27.
356 Schaub/*Linck*, Arbeitsrechts-Handbuch, § 31 Rn 8.

zwingende Wirkung entfaltet.[357] Ein Beispiel hierfür bildet § 4 Abs. 4 EFZG, der die Abweichung von einer gesetzlichen Regelung (Höhe des fortzuzahlenden Arbeitsentgelts) durch Tarifvertrag zulässt. Auch in weiteren Vorschriften wird die gesetzliche Regelung vom Gesetzgeber unter den Vorbehalt einer abweichenden tariflichen Bestimmung gestellt. Beispiele bilden § 7 Abs. 1 ArbZG (Verlängerung von Arbeitszeit und Verkürzung von Ruhepausen), § 8 Abs. 4 S. 3 TzBfG (Ablehnungsgründe bei Verringerung der Arbeitszeit), § 622 Abs. 4 BGB (Länge von Kündigungsfristen) oder im Urlaubsrecht § 13 Abs. 1–3 BUrlG, der Ausnahmen von der Unabdingbarkeit der Mindesturlaubsregelungen durch Tarifvertrag gestattet. Tarifdispositive Vorschriften sind Ausdruck der Vorstellung, dass zwar der einzelne Arbeitnehmer aufgrund seiner schwächeren Verhandlungsposition schutzbedürftig ist, Tarifverträge dagegen zwischen etwa gleich starken Vertragsparteien ausgehandelt werden,[358] so dass von einer angemessenen Berücksichtigung der Arbeitnehmerinteressen auszugehen ist. Aus diesem Grund ist eine Übertragung der Dispositionsbefugnis auf die Individual- oder Betriebsparteien grds. ausgeschlossen, soweit dies nicht wie in § 7 Abs. 1 ArbZG ausdrücklich vorgesehen ist. Regelmäßig besitzt die Arbeitnehmervertretung auf Betriebsebene keine vergleichbare Mächtigkeit bzw keinen vergleichbaren Einfluss wie die Gewerkschaften auf der Tarifebene, so dass die Unterscheidung gerechtfertigt ist.

153 Vom tarifdispositiven Gesetzesrecht zu unterscheiden sind **Zulassungsnormen**, durch die die Tarifpartner zur Abweichung von der gesetzlichen Regelung ermächtigt sind (§ 3 BetrVG), und Gesetzesnormen, die tarifliche Regelungen unterstellen oder es den Koalitionen erlauben, unbestimmte Rechtsbegriffe zu präzisieren. Der **Zweck des tarifdispositiven Gesetzesrechts** besteht darin, den Tarifparteien zu gestatten, in einem bestimmten Wirtschaftszweig einen vom Gesetz abweichenden sachgemäßen Interessenausgleich zu schaffen. Im tarifdispositiven Gesetzesrecht verwirklichen sich die Koalitionsfreiheit aus Art. 9 Abs. 3 GG und der in § 4 Abs. 1 TVG enthaltene Grundsatz, dass die Tarifvertragsnormen unmittelbar und zwingend auf alle Arbeitsverhältnisse einwirken, die dem Tarifvertrag unterfallen. Auch in § 310 Abs. 4 S. 1 BGB hat der Gesetzgeber dem Tarifvorrang Tribut gezollt.

154 Daneben existieren grds. **dispositive Normen**, wie zB die §§ 613, 614 und 615 BGB, von denen die Individualvertragsparteien auch im Arbeitsvertrag sowohl zu Gunsten als auch zu Lasten des Arbeitnehmers abweichende Regelungen treffen können.[359]

f) Tarif- und Betriebsvereinbarungen

155 Auch das **kollektive Arbeitsrecht**, in Form von Tarifverträgen und Betriebsvereinbarungen, kann der individuellen Vertragsgestaltung in bestimmten Bereichen Grenzen setzen. Kollektivnormen treffen verschiedentlich auf Arbeitsverhältnisse anwendbare Bestimmungen, wodurch den Tarif- bzw Betriebspartnern die Fähigkeit zur Setzung objektiven Rechts zukommt.[360] Diese Kollektivnormen spielen für die Gestaltung des Arbeitsvertrages allerdings nur eine Rolle, wenn sie auf das Arbeitsverhältnis auch tatsächlich Anwendung finden. Dies setzt bei **Tarifverträgen** zunächst eine beidseitige normative Tarifgebundenheit nach § 3 TVG voraus, also die Mitgliedschaft des Arbeitnehmers in der tarifschließenden Gewerkschaft sowie des Arbeitgebers im entsprechenden Arbeitgeberverband. Tarifverträge können weiterhin aufgrund einer Allgemeinverbindlichkeit iSv § 5 TVG für die Arbeitsvertragsparteien verbindlich sein. Die vertragliche Inbezugnahme von Tarifnormen spielt insoweit keine Rolle, da es in diesem Fall nicht zu einer normativen Geltung der Tarifnormen kommt, sondern diese lediglich Teil des Inhalts des Anstellungsvertrages werden und demnach keine Grenzen für den Vertrag

357 Schaub/*Linck*, Arbeitsrechts-Handbuch, § 31 Rn 11.
358 ErfK/*Preis*, § 611 BGB Rn 207.
359 HWK/*Thüsing*, Vor § 611 BGB Rn 143.
360 MünchHandb-ArbR/*Richardi*, § 152 Rn 14.

darstellen können, da sie vielmehr dessen Bestandteil sind. **Betriebsvereinbarungen** werden dagegen zwischen dem Arbeitgeber und einer Betriebsvertretung geschlossen und gelten ohne Rücksicht auf eine Mitgliedschaft für alle Arbeitnehmer des Betriebs.[361]

Den Kollektivnormen kommt gegenüber dem Einzelarbeitsvertrag grds. ein **Anwendungsvorrang** zu, da sich ihr Zweck ansonsten nicht erfüllen lassen würde.[362] Nach § 4 Abs. 1 TVG und § 77 Abs. 4 S. 1 BetrVG gelten deren Normen absolut und zwingend. Daraus ergibt sich ein Verbot zur rechtsgeschäftlichen Vertragsgestaltung im Bereich der Kollektivregelungen für die Arbeitsvertragsparteien.[363] Eine Abweichung von Tarifnormen ist jedoch zulässig, wenn der betroffene Tarifvertrag dies durch eine sog. Öffnungsklausel ausdrücklich gestattet. Daneben bleibt auch jede Abweichung zu Gunsten des Arbeitnehmers (§ 4 Abs. 3 TVG) möglich. Dies verdeutlicht erneut, dass gerade Tarifverträge grds. ein Mindestschutzniveau für Arbeitnehmer entwickeln wollen. Im Verhältnis untereinander existiert nach § 77 Abs. 3 BetrVG eine **Sperrwirkung des Tarifvertrages**, so dass Arbeitsentgelte und sonstige, typischerweise in Tarifverträgen geregelte Arbeitsbedingungen nicht Gegenstand einer Betriebsvereinbarung sein können. 156

g) Grenzen durch richterliche Rechtskontrolle

Ein weites Feld gegenwärtiger und künftiger Kontrolle von Arbeitsvertragsklauseln entstand über die **Einbeziehung des Arbeitsrechts in das AGB-Recht** (s. ausf. § 1 Rn 176 ff). Bei vorformulierten Vertragsbedingungen haben inzwischen vermehrt die Arbeitsgerichte das Wort. Ihre Aufgabe ist es, typische Vertragsklauseln unabhängig von den individuellen Vorstellungen der Parteien und den Umständen des Einzelfalls nach objektiven Maßstäben einheitlich auszulegen.[364] Den Gerichten obliegen die **Auslegung** und die **Inhaltskontrolle** von Arbeitsvertragsklauseln, wobei die Auslegung den Prüfungsgegenstand der Inhaltskontrolle bestimmt,[365] ihr also als erster Schritt vorgeht.[366] Auf seine Wirksamkeit kann nur ein Vertrag überprüft werden, dessen Inhalt im Wege der Auslegung ermittelt wurde.[367] Nach diesen Grundsätzen verfährt auch das BAG bei der Auslegung von Formulararbeits- und Musterarbeitsverträgen. Der Arbeitsvertrag unterliegt der vollen Nachprüfung durch das Revisionsgericht,[368] soweit er Vertragsbedingungen enthält, die in gleicher Weise für eine Vielzahl von Arbeitsverhältnissen bestimmt sind. 157

h) Schaffung eines Ausgleichs zwischen der Vertragsfreiheit und den Vorgaben der Rechtsordnung

Gerade vor dem Hintergrund der dargestellten inhaltlichen Vertragskontrolle stellt sich die Frage, was die Gerichte und somit auch die Rechtsordnung insgesamt berechtigt, von außen in ein zumindest dem Anschein nach übereinstimmend gewolltes Vertragswerk einzugreifen und somit die Privatautonomie einzuschränken. Die **Grenze zwischen Vertragsfreiheit und Vorrang der Rechtsordnung** lässt sich teilweise schwer bestimmen. Die bloße Einigung zwischen zwei Vertragsparteien an sich bedeutet nicht in allen Fällen, dass die Abrede unter Anerkennung durch die Rechtsordnung verbindlich getroffen wurde. Zwar entspringt die Privatautonomie der allgemeinen Handlungsfreiheit und ist somit gem. Art. 2 Abs. 1 GG als Ausdruck der 158

361 APS/*Steffan*, Kündigungsrecht, § 613 a BGB Rn 133.
362 MünchHandb-ArbR/*Richardi*, § 152 Rn 15.
363 MünchHandb-ArbR/*Richardi*, § 152 Rn 15.
364 BGH 29.10.1956 – II ZR 130/55, BGHZ 22, 109, 113.
365 Wolf/Horn/Lindacher/*Lindacher*, § 5 AGBG Rn 2.
366 BGH 24.5.2006 – IV ZR 263/03, NJW 2006, 2545.
367 Staudinger/*Schlosser*, § 5 AGBG Rn 5.
368 BAG 13.8.1986 – 4 AZR 130/86, AP § 242 Gleichbehandlung Nr. 77; BAG 3.12.1985 – 4 ABR 60/85, NZA 1986, 337; BAG 13.2.1985 – 4 AZR 304/83, AP §§ 22, 23 BAT Lehrer Nr. 13; BAG 12.12.1984 – 7 AZR 509/83, NJW 1985, 321.

Selbstbestimmung der Vertragsparteien verfassungsrechtlich gewährleistet. Dennoch ist es Aufgabe des Rechts, bei **erheblich ungleichen Verhandlungspositionen** auf die **Wahrung der Grundrechtspositionen beider Vertragsparteien** dergestalt hinzuwirken, dass eine Umkehrung der Selbst- in Fremdbestimmtheit einer Partei verhindert wird.[369] Dies steht auch nicht im Widerspruch zum Grundrecht aus Art. 2 Abs. 1 GG, da dieses von vornherein nur im Rahmen des geltenden Rechts und unter dem Vorbehalt der Rechte anderer gewährleistet ist.

159 *Thüsing*[370] wirft die Frage auf, worin der Grund liegt, einer Einigung zwischen Arbeitgeber und Arbeitnehmer die Verbindlichkeit zu- oder abzusprechen und bemerkt ergänzend, dass gleichzeitig beantwortet werden müsse, aus welchen Motiven und wann der Gesetzgeber oder an seiner Stelle der rechtsfortbildende Richter in die Einigung eingreifen dürfe. Es gehe letztlich um nichts anderes als um den **Ausgleich von Vertragsfreiheit und Arbeitnehmerschutz**. *Thüsing*[371] meint, der Zweck der Vertragsfreiheit sei der Schutz der gegenseitigen Einwirkung zum Richtigen hin, letztlich der Schutz des angemessenen Vertrages. Der Vertrag sei nicht schon angemessen, weil er übereinstimmend gewollt sei; er sei jedoch zumeist übereinstimmend gewollt, weil er angemessen sei und beide Parteien ihn somit für einen guten Ausgleich ihrer Interessen hielten. Demnach sei das entscheidende Kriterium für die rechtliche Anerkennung eines Vertrages die **Angemessenheit**, für deren Bestimmung wiederum dem übereinstimmenden Willen der Vertragsparteien nicht mehr und nicht weniger als eine Indizwirkung zukomme.[372]

160 Die Diskussion um die Wirksamkeit von Arbeits- und Dienstverträgen im Einzelfall kann sich mit dem Maßstab der Angemessenheit nicht begnügen. Vielmehr wird, so die zutreffende These von *Thüsing*, bei einem einmal eingetretenen Konsens für den Regelfall vermutet, dass der Vertrag durch den übereinstimmenden Parteiwillen legitimiert ist und damit für die Rechtsordnung auch als angemessen gelten darf. Nur in den vom Gesetzgeber oder von der Rspr im Wege der Rechtsfortbildung geschaffenen Ausnahmefällen gebührt der höhere Respekt der Rechtsordnung. Mit der Inhaltskontrolle arbeitsvertraglicher Vereinbarungen tritt eine gesetzlich verankerte Korrektur des Parteiwillens ein. Vermutet wird, dass jede Abweichung von den für Vertragsregelungen geschaffenen gesetzlichen Vorgaben zu einer unangemessenen und damit unwirksamen Vertragsbestimmung führt. Billigkeits- und Angemessenheitskontrolle sind Synonyme. Was die Rspr in der Vergangenheit über § 242 BGB zu lösen versuchte, geschieht in der sich fortentwickelnden Rechtsordnung durch zunehmend differenziertere Instrumentarien und Vorschriften. Aktuell steht die AGB-Kontrolle im Mittelpunkt, zumindest soweit es sich – wie im Regelfall – um vorgefertigte Vertragsbedingungen iSv § 305 Abs. 1 BGB handelt. Die Angemessenheitskontrolle und der dadurch bewirkte Schutz des Arbeitnehmers sind eine Sache; die Gefahr, die individuellen Vorstellungen und Überzeugungen an die Stelle des Parteiwillens zu befördern, eine andere. Nicht alles, was unbillig erscheint, kann der Richter verwerfen, da nicht jeder „Schwächere“ auch strukturell unterlegen ist.[373]

161 Natürlich ist es richtig, den Arbeitnehmer in gewisser Weise zu schützen, da er sich – zumindest oftmals in der Abschlusssituation – in einer schwächeren Ausgangsposition befindet, was sich allerdings keinesfalls verallgemeinern lässt. Andererseits ist der Arbeitnehmer im Regelfall durchaus in der Lage, komplexe Vorgänge in seinem Privatleben eigenverantwortlich zu regeln, wie zB einen Hausbau, die Tätigung von Bankgeschäften oder private Investitionen. Demnach lässt sich die kategorische Annahme einer grundlegenden strukturellen Unterlegenheit des Arbeitnehmers im Bereich des Abschlusses eines Arbeitsvertrages[374] nur schwer halten. Zwar mag die Vorstellung eines generellen strukturellen Gefälles für frühere Zeiten zutreffend gewe-

369 BVerfG 6.2.2001 – 1 BvR 12/92, NJW 2001, 957.
370 *Thüsing*, RdA 2005, 257, 258.
371 *Thüsing*, RdA 2005, 257, 259.
372 *Thüsing*, AGB-Kontrolle im Arbeitsrecht, S. 3, Rn 6.
373 BVerfG 6.2.2001 – 1 BvR 12/92, NJW 2001, 957; BVerfG 29.3.2001 – 1 BvR 1766/92, NJW 2001, 2248.
374 So aber etwa *Dieterich*, RdA 1995, 129.

sen sein, in denen der Arbeitnehmer dem Arbeitgeber unterworfen und von dessen dominierendem Willen abhängig war[375] und ein Sozialphänomen vorherrschte, nach dem der Fabrikbesitzer reich und der Arbeitnehmer durchgehend arm war.[376] In der heutigen Zeit dagegen kann es besonders in Branchen mit vorherrschendem Fachkräftemangel teilweise auch der gut qualifizierte Arbeitnehmer sein, der entscheidenden Einfluss auf die Vertragsgestaltung nehmen kann; die **Vertragsparität** ist damit weder von strukturellem noch intellektuellem Gefälle geprägt. Im Arbeitsleben sind es daher oft Arbeitnehmer mit einer starken Marktstellung und einem flexiblen Marktverhalten, die sich in der Lage befinden, Verträge bis in die Einzelheiten mit dem Arbeitgeber auszuhandeln, ohne dabei in Gefahr einer Übervorteilung zu laufen.[377] Aus diesem Grund verbietet sich jede vorschnelle pauschale Bewertung der Verhandlungspositionen. Dagegen besteht besonders bei wenig bis gering qualifizierten Arbeitnehmern in Branchen, die von Krisenzeiten und hohen Arbeitslosenraten betroffen sind, eher die Gefahr einer Unterlegenheit des Arbeitnehmers.

Das BVerfG hat den Grundsatz aufgestellt, dass nicht bei jeder Störung des Verhandlungs- 162
gleichgewichts ein Vertrag nachträglich in Frage gestellt oder korrigiert werden dürfe.[378] Die Befriedungsfunktion des Arbeitsrechts[379] tritt bei der Wirksamkeitskontrolle von Arbeitsverträgen dann ein, wenn eine **„Richtigkeitsgewähr des Arbeitsvertrags"**,[380] verbunden mit einer Angemessenheitskontrolle in den durch die Rechtsordnung vorgegebenen Einzelfällen, Anerkennung als Allgemeingut findet. Die bloße Vertragsreue eines Vertragspartners löst kein von der Rechtsordnung gebilligtes oder durch die Privatautonomie geschütztes Rücktrittsrecht aus. Der Vertragsgestalter hat nach alledem sowohl die Rspr als auch die anwendbaren Gesetzesvorschriften zu beachten, die dem geäußerten Auftraggeber- oder Parteiwillen entgegenstehen könnten.

5. Wirksamkeitskontrolle vor der Schuldrechtsreform

Literatur

Coester-Waltjen, Die Inhaltskontrolle von Verträgen außerhalb des AGBG, AcP 190 (1990), 1; *Hromadka*, Inhaltskontrolle von Arbeitsverträgen, in: Hanau (Hrsg.), Richterliches Arbeitsrecht – Festschrift für Thomas Dieterich zum 65. Geburtstag, 1999, S. 251 ff; *Hümmerich*, Gestaltung von Arbeitsverträgen nach der Schuldrechtsreform, NZA 2003, 753; *ders.*, Arbeitsverhältnis als Wettbewerbsgemeinschaft – Zur Abgrenzung von Arbeitnehmern und Selbständigen, NJW 1998, 2625; *Hunold*, Ausgewählte Rechtsprechung zur Vertragskontrolle im Arbeitsverhältnis, NZA-RR 2002, 225; *Natzel*, Äpfel oder Birnen? Beschäftigung oder Arbeitsrecht?, NZA 2003, 835; *Pauly*, Analoge Anwendung des AGB-Gesetzes auf Formulararbeitsverträge, NZA 1997, 1030; *Przytulla*, Formulararbeitsverträge, AGB-Gesetz und das Rechtsstaatsgebot, NZA 1998, 521; *Reinecke*, Vertragskontrolle im Arbeitsverhältnis, NZA-Beil. 2000, 23; *Reufels/Litterscheid*, Arbeitsrechtliche Probleme durch Schwarzgeldabreden, ArbRB 2005, 89; *Richardi*, Auslegung und Kontrolle von Arbeitsverträgen und Betriebsvereinbarungen in der Rechtsprechung des Bundesarbeitsgerichts, Die Arbeitsgerichtsbarkeit, 1994, S. 537; *Thüsing*, Angemessenheit durch Konsens – Zu den Grenzen der Richtigkeitsgewähr arbeitsvertraglicher Vereinbarungen, RdA 2005, 257; *ders.*, AGB-Kontrolle im Arbeitsrecht, 2007; *Zirnbauer*, Haftungsgefahren beim arbeitsrechtlichen Mandat, FA 1998, 40; *Zöllner*, Privatautonomie und Arbeitsverhältnis, Bemerkungen zur Parität und Richtigkeitsgewähr beim Arbeitsvertrag, AcP 176 (1976), 221.

a) Grundprinzipien der Vertragskontrolle nach früherem Recht

Bereits vor Umsetzung der Schuldrechtsreform und der damit verbundenen Überführung des 163
AGB-Gesetzes in das BGB unter Einbeziehung des Arbeitsrechts in dessen Anwendungsbereich nahmen die Arbeitsgerichte in vielen Fällen eine Kontrolle vorgefertigter Vertragsbedingungen

375 *Beaucamp*, NZA 2001, 1011, 1012.
376 *Hümmerich*, NJW 1998, 2625.
377 *Eich*, NZA 2006, 1014, 1015 f.
378 BVerfG 19.10.1993 – 1 BvR 567/89, 1 BvR 1044/89, NJW 1994, 36.
379 *Hümmerich*, NZA 1996, 1289.
380 *Thüsing*, RdA 2005, 257, 270.

vor. Die damals entwickelten Grundsätze und Instrumente zur Vertragskontrolle finden weiterhin für vor dem 1.1.2002 geschlossene **„Altverträge"** sowie in den Fällen Anwendung, in welchen es sich nicht um Allgemeine Geschäftsbedingungen iSv § 305 BGB handelt. Aus diesem Grund wird hier ein Überblick über die gängigen Kontrollmechanismen gegeben.

164 Bei standardisierten Vertragsgestaltungen drängte sich vor der Schuldrechtsreform stets die Frage auf, ob überraschende und nicht interessengerecht erscheinende Klauseln in Formulararbeitsverträgen und Allgemeinen Arbeitsbedingungen Vertragsbestandteil werden. Für **vor dem 1.1.2001 geschlossene Arbeitsverträge** galt gem. Art. 229 § 5 EGBGB bis zum 31.12.2002 folgende Rechtslage:

165 Nach § 23 Abs. 1 AGBG fand das **AGB-Gesetz** auf dem Gebiet des Arbeitsrechts keine Anwendung, da der Schutz des Arbeitnehmers durch ein dichtes Netz an zwingenden Vorschriften und das besondere System der kollektivrechtlichen Vereinbarungen als ausreichend erachtet und ein zusätzlicher Schutz des Arbeitnehmers durch das AGB-Gesetz für nicht erforderlich gehalten wurde.[381] Dennoch wurde von Seiten der Rspr eine Vertragskontrolle auf der Grundlage unterschiedlicher dogmatischer Ansätze durchgeführt. Danach wurden etwa die §§ 2, 3, 4, 5 und 6 AGBG, aber auch die **Klauselverbote der §§ 10, 11 AGBG** sowie **einzelne Inhaltskontrollvorschriften**[382] **bei Formulararbeitsverträgen in der Arbeitsrechtsprechung analog** angewendet. Nach einem anderen Ansatz stützte sich die Inhaltskontrolle von Arbeitsverträgen auf die Grundlage der §§ 138, 242 und 315 BGB.[383] Die fehlende Konstanz und Sicherheit durch diese Anwendung verschiedener Rechtsinstitute der Inhaltskontrolle durch die Rspr wurde nicht nur als dogmatisch unbefriedigend angesehen, sondern führte zugleich zur Gefahr von Systembrüchen und Wertungswidersprüchen.[384]

166 Die frühere Rspr des BAG benutzte den **Begriff „Formularvertrag"** nicht. Selbst wenn das BAG die Übertragung von Grundsätzen des Gesetzes über die Allgemeinen Geschäftsbedingungen in Erwägung zog, sprach es meist von „Einzelvertrag", „Einzelarbeitsvertrag" oder auch nur von „Arbeitsvertrag".[385] *Hanau/Preis*[386] analysierten die frühere BAG-Rspr und kamen zu dem Ergebnis, dass das BAG vorformulierten Vereinbarungen eine geringere rechtliche Bestandskraft einräumte, während es die von den dispositiven Grundsätzen der §§ 615, 293 BGB **abweichenden Parteivereinbarungen offenbar** immer dann **billigte**, wenn der Regelungsgegenstand **„zwischen den Parteien des Arbeitsverhältnisses klar und deutlich besprochen und ausgehandelt"** war.

167 **Nichttypische Vertragsklauseln**, damit also weitgehend individuell vereinbarte Klauseln,[387] wurden von Seiten des BAG nur auf Verstöße des Berufungsgerichts gegen die gesetzlichen Auslegungsregeln der §§ 133, 157 BGB, gegen die Denkgesetze oder gegen allgemeine Erfahrungssätze überprüft.[388] Teilweise erstreckte das BAG die Angemessenheitskontrolle jedoch auch auf Individualvereinbarungen.[389] Der typische Arbeitsvertrag, meist als Formulararbeitsvertrag oder aus Mustern zusammengesetzt, unterlag nach der Rspr des BAG der vollen Nachprüfung durch das Revisionsgericht. Das BAG begründete diese Auffassung damit, dass der ty-

381 So im Regierungsentwurf des AGB-Gesetzes, BT-Drucks. 7/3919, S. 41.
382 § 9 Abs. 2 Nr. 2, § 10 Nr. 6, § 11 Nr. 5 und § 11 Nr. 15 AGBG.
383 *Reinecke*, NZA-Beil. 2000, 23, 24; Übersicht auch bei *Hunold*, NZA-RR 2002, 225.
384 *Thüsing*, AGB-Kontrolle von Arbeitsverträgen, S. 11, Rn 32.
385 BAG 24.3.1988 – 2 AZR 630/87, AP § 241 BGB Nr. 1.
386 *Hanau/Preis*, Der Arbeitsvertrag, 1. Aufl., I A Rn 49 f.
387 Die sich allerdings auch in Formularverträgen mit Sonderabreden befinden können.
388 BAG 17.2.1966 – 2 AZR 162/65, AP § 133 BGB Nr. 30; BAG 27.6.1963 – 5 AZR 383/62, AP § 276 BGB Verschulden bei Vertragsschluss Nr. 5; BAG 18.6.1980 – 4 AZR 463/78, AP § 4 TVG Ausschlussfristen Nr. 68.
389 Däubler/Bonin/Deinert/*Däubler*, Einl. Rn 26.

pische Arbeitsvertrag Vertragsbedingungen enthalte, die in gleicher Weise für eine Vielzahl von Arbeitsverhältnissen bestimmt seien.[390]

Generell bleiben die vom BAG bereits vor der Schuldrechtsreform für nichtig erklärten Regelungstatbestände von Klauselvereinbarungen auch nach der heutigen Rechtslage unwirksam. Dies gilt etwa für die vom BAG schon seit längerem ausgesonderten überraschenden Klauseln in Arbeitsverträgen,[391] rückzahlbare Ausbildungsbeihilfen unter näher definierten Voraussetzungen,[392] Ausschlussklauseln bei Sonderzuwendungen,[393] Vertragsstrafenvereinbarungen unter der Überschrift „Arbeitsverhinderung",[394] vorformulierte Verzichtserklärungen in Ausgleichsquittungen[395] und auflösende Bedingungen in Arbeitsverträgen, durch die das Unternehmerrisiko auf den Arbeitnehmer abgewälzt wird.[396] 168

b) Verstöße nach § 134 BGB, Umgehung des Kündigungsschutzes

Im Zeitraum vor der gesetzlichen Einbeziehung des Arbeitsrechts in den Anwendungsbereich der AGB-Kontrolle bestand die eindeutige und gefestigte Begrenzung der Vertragsgestaltung v.a. in den nach wie vor zu berücksichtigenden gesetzlichen Schranken des **§ 134 BGB**. Bei Verstößen gegen Arbeitsschutznormen (JArbSchG, ArbZG etc.) ist eine Vertragsklausel in jedem Fall nichtig. Gleiches gilt bei mittelbaren Verstößen in Form der Umgehung von Gesetzesbestimmungen in Arbeitsverträgen, wie bspw bei der Umgehung des Kündigungsschutzes im Rahmen unzulässig befristeter Arbeitsverträge.[397] Auch die Vereinbarung von **auflösenden Bedingungen** in Arbeitsverträgen, durch die das Unternehmerrisiko auf den Arbeitnehmer abgewälzt wird, stellte einen solchen Umgehungstatbestand dar.[398] 169

Widerrufsvorbehalte wurden ebenfalls innerhalb der Grenzen billigen Ermessens vom BAG nach § 134 BGB für unwirksam erklärt, wenn sie zur Umgehung des Kündigungsschutzes führten. Eine Umgehung des Kündigungsschutzes müsse immer dann angenommen werden, so das BAG, wenn wesentliche Elemente des Arbeitsvertrages einer einseitigen Änderung unterliegen und dadurch das Gleichgewicht zwischen Leistung und Gegenleistung grundlegend gestört werde.[399] 170

Auch wenn solche Hilfskonstruktionen wie der Grundsatz der Gesetzesumgehung heutzutage kritischer beurteilt werden sollten, gilt die Rspr des BAG zu § 134 BGB wie zu § 138 BGB (s. dazu § 1 Rn 172 ff) weiterhin als reine Rechtskontrolle fort.[400] Vereinbaren die Parteien – als Beispiel für ein gesetzliches Verbot – etwa, das Arbeitsentgelt ganz oder teilweise ohne Abführung von Steuern und Sozialversicherungsbeiträgen zu zahlen (**Schwarzgeldabrede**), erstreckt sich die Nichtigkeitsfolge des § 134 BGB nur auf die Abrede, Steuern und Sozialversicherungsbeiträge zu hinterziehen, nicht auf die gesamte Vergütung und den gesamten Vertrag, da dies 171

390 BAG 13.8.1986 – 4 AZR 130/86, AP § 242 BGB Gleichbehandlung Nr. 77; BAG 3.12.1985 – 4 ABR 60/85, NZA 1986, 337.

391 BAG 29.11.1995 – 5 AZR 447/94, NZA 1996, 702.

392 BAG 16.3.1994 – 5 AZR 339/92, NZA 1994, 937.

393 BAG 5.12.2001 – 10 AZR 197/01, NZA 2002, 640.

394 ArbG Berlin 1.9.1980 – 16 Ca 99/80, NJW 1981, 479.

395 BAG 20.8.1980 – 5 AZR 759/78, NJW 1981, 1285.

396 BAG 9.7.1981 – 2 AZR 788/78, NJW 1982, 788; BAG 20.12.1984 – 2 AZR 3/84, NZA 1986, 325.

397 BAG 30.9.1981 – 7 AZR 602/79, NJW 1982, 1174; aufschiebende Bedingungen in Aufhebungsverträgen, wenn das Arbeitsverhältnis enden soll, sofern der Arbeitnehmer nicht nach dem Ende seines Urlaubs an dem vereinbarten Tage seine Arbeit wieder aufnimmt, LAG Düsseldorf 24.6.1974 – 15 Sa 44/74, EzA § 305 BGB Nr. 4; LAG Schleswig-Holstein 11.4.1974 – (1) 3 Sa 72/74, EzA § 305 BGB Nr. 5.

398 BAG 9.7.1981 – 2 AZR 788/78, NJW 1982, 788; BAG 20.12.1984 – 2 AZR 3/84, NZA 1986, 325; BAG 9.5.1985 – 2 AZR 372/84, NZA 1986, 671; so auch noch für die Klausel eines Seriendarstellers in einer Fernsehserie ArbG Potsdam 26.7.2001 – 4 Ca 813/01, NZA-RR 2002, 125 – zwischenzeitlich vom BAG (3.7.2003 – 7 AZR 612/02, NZA 2004, 311) aufgehoben.

399 BAG 13.5.1987 – 5 AZR 125/86, NZA 1988, 95; BAG 7.10.1982 – 2 AZR 455/80, DB 1983, 1368.

400 *Thüsing*, AGB-Kontrolle von Arbeitsverträgen, S. 13, Rn 38.

dem Schutzzweck entgegenlaufen und den Arbeitnehmer einseitig belasten würde.[401] Die derartige Abwicklung einer (Teil-)Schwarzgeldabrede verstößt zwar gegen § 266 a StGB und § 370 Abs. 1 Nr. 1 AO als Verbotsgesetze iSd § 134 BGB, sie soll jedoch nur dann zur Gesamtnichtigkeit des Vertrages führen, wenn die Absicht, Steuern und Sozialversicherung zu hinterziehen, den Hauptzweck der Vereinbarung darstellt.[402] Die Nichtigkeit einer Schwarzgeldabrede ergibt sich weiterhin auch nicht aus § 138 Abs. 1 BGB wegen Verstoßes gegen die guten Sitten. Vielmehr ist die Arbeitsvergütung gem. § 14 Abs. 2 S. 2 SGB IV, welcher durch Art. 3 Nr. 2 des Gesetzes zur Erleichterung der Bekämpfung von illegaler Beschäftigung und Schwarzarbeit[403] neu eingefügt wurde, als eine Bruttovergütung zu behandeln, auf die die Lohnsteuer und die Sozialversicherungsbeiträge zu erheben sind.[404] Soweit es sich dagegen mangels persönlicher Abhängigkeit um ein freies Dienstverhältnis handelt, führt eine Schwarzgeldabrede zur Gesamtnichtigkeit des Vertrages gem. § 134 BGB wegen beidseitigen Verstoßes gegen § 1 Abs. 1 und § 2 Abs. 1 SchwarzArbG.[405] Während sich für Arbeitsverhältnisse aus den gesetzlichen Vorschriften ein Fortbestand der Vergütungsvereinbarungen ergibt, fehlt eine entsprechende Regelung für Dienstverhältnisse. Das SchwarzArbG wendet sich vielmehr gegen den Dienst- oder Werkvertrag im Ganzen, um den gesamten rechtswidrigen Leistungsaustausch zwischen den Vertragsparteien zu verhindern.[406] Sanktionswirkung und präventiver Schutzgedanke überwiegen in diesem Fall das soziale Schutzbedürfnis.

c) Sittenwidrige Klauseln iSv § 138 BGB

172 In weiteren Fällen, v.a. im Zusammenhang mit Vergütungsabreden, wurde die Vertragskontrolle anhand der Sittenwidrigkeitsgrenze von § 138 BGB vorgenommen. Stets **unwirksam** sind danach vertraglichen Vereinbarungen, die mit dem ethischen Minimum der Privatrechtsordnung nicht in Einklang zu bringen sind,[407] also gegen **§ 138 BGB** verstoßen. Einen solchen Verstoß hat das BAG angenommen, wenn die Vergütungsabrede in einem Arbeitsvertrag eine Verlustbeteiligung des Arbeitnehmers vorsieht, über die der Arbeitnehmer seine Weiterbeschäftigung selbst finanziert. Eine derartige Vereinbarung hielt das BAG nach Inhalt, Beweggrund und Zweck für sittenwidrig.[408] Auch die Anstellung eines Rechtsanwalts zu einem monatlichen Bruttoeinkommen von 312 € bzw 665 DM wurde als sittenwidrig angesehen, soweit das Arbeitsverhältnis vier Jahre dauerte.[409] In einer jüngeren Entscheidung wurde festgestellt, dass eine Vergütung von 5 € je Stunde für eine geringfügig beschäftigte Auspackhilfe im Einzelhandel mit § 138 BGB nicht zu vereinbaren und somit nichtig ist.[410] Das Wirtschaftsrisiko wird dem Arbeitnehmer ebenfalls sittenwidrig iSd § 138 BGB aufgebürdet, wenn die Vergütung rein erfolgsabhängig ausgestaltet ist[411] oder von der Zahlungsfähigkeit eines Kunden abhängig gemacht wird.[412] Die Sittenwidrigkeit einer **Vergütungsabrede** ist bei Vorliegen eines **auffälligen Missverhältnisses zwischen Leistung und Gegenleistung** gegeben, welches im Zweifel spätestens anzunehmen ist, wenn die übliche Vergütung, für deren Ermittlung der jeweilige Tariflohn

401 BAG 26.2.2003 – 5 AZR 690/01, DB 2003, 1581.
402 *Reufels/Litterscheid*, ArbRB 2005, 89, 90.
403 Vom 23.7.2002 (BGBl. I S. 2787).
404 BAG 26.2.2003 – 5 AZR 690/01, DB 2003, 1581.
405 BAG 24.3.2004 – 5 AZR 233/03, NJOZ 2004, 2595.
406 *Engel*, jurisPR-ArbR 35/2004, Anm. 1.
407 BAG 24.1.1963 – 5 AZR 100/62, DB 1963, 589.
408 BAG 10.9.1959 – 2 AZR 228/57, § 138 BGB AP Nr. 1.
409 ArbG Bad Hersfeld 4.11.1998 – 2 Ca 255/98, NZA-RR 1999, 629; bestätigt durch LAG Hessen 28.10.1999 – 5 Sa 169/99, NJW 2000, 3372.
410 ArbG Bremen-Bremerhaven 12.12.2007 – 9 Ca 9331/07, ArbuR 2008, 275.
411 LAG Hamm 16.10.1989 – 19 (13) Sa 1510/88, ZIP 1990, 880.
412 LAG Hamm 3.10.1979 – 1 Sa 946/79, BB 1980, 105.

Indizwirkung besitzt, um mehr als ein Drittel unterschritten wird.[413] Im Falle möglicher Sittenwidrigkeit von Lohnvereinbarungen ist primär der Lohnwuchertatbestand gem. § 138 Abs. 2 BGB zu prüfen, bei dem neben dem objektiven Element des auffälligen Missverhältnisses als subjektives Merkmal eine bewusste Ausnutzung der Zwangslage, der Unerfahrenheit oder des Mangels an Urteilsvermögen des Vertragspartners beim Wucherer hinzukommen muss. Die Rspr ist jedoch mit der Zeit von diesem subjektiven Erfordernis immer weiter abgerückt und lässt nunmehr die bloße Kenntnis der Umstände, aus denen sich die Sittenwidrigkeit ergibt, genügen.[414]

Verstöße gegen **§ 612 a BGB**, welcher einen Sonderfall der Sittenwidrigkeit nach § 138 BGB bildet, führen ebenfalls zur Unwirksamkeit der vertraglich fixierten Abrede.[415] Auch wenn sich die ursprüngliche Bedeutung der Vorschrift auf sittenwidrige Kündigungen bezog, kann sie nach zutreffender Auffassung auch auf den Spezialfall maßregelnder Vereinbarungen in Arbeitsverträgen übertragen werden.[416] 173

Ebenso sind **Ethikrichtlinien** des Arbeitgebers, die den Arbeitnehmern untersagen, mit anderen Mitarbeitern, welche Einfluss auf die persönlichen Arbeitsbedingungen haben könnten, auszugehen oder eine Liebesbeziehung zu beginnen, wegen Verstoßes gegen das Persönlichkeitsrecht und die Menschenwürde nichtig.[417] 174

Der bereits vor dem Inkrafttreten des Schuldrechtsmodernisierungsgesetzes bestehende „Verbraucherschutz" bei Arbeitsverträgen bleibt in all seiner kasuistischen Ausprägung dem Arbeitnehmer erhalten, er wurde ergänzt durch die Rechtsregeln der §§ 305 ff BGB. Denn der bisherige Schutz im Arbeitsverhältnis gründete sich auf arbeits- und verfassungsrechtliche Normen oder Grundsätze, die mit der Schuldrechtsmodernisierung im BGB keinesfalls beseitigt wurden. 175

6. Inhaltskontrolle vorformulierter Arbeitsbedingungen

Literatur

Annuß, AGB-Kontrolle im Arbeitsrecht: Wo geht die Reise hin?, BB 2002, 458; *ders.*, Grundstrukturen der AGB-Kontrolle von Arbeitsverträgen, BB 2006, 1333; *ders.*, Der Arbeitnehmer als solcher ist kein Verbraucher, NJW 2002, 2844; *Bauer*, Neue Spielregeln für Aufhebungs- und Abwicklungsverträge durch das geänderte BGB?, NZA 2002, 169; *Bauer/Diller*, Nachvertragliche Wettbewerbsverbote: Änderungen durch die Schuldrechtsreform, NJW 2002, 1609; *Bauer/Kock*, Arbeitsrechtliche Auswirkungen des neuen Verbraucherschutzrechts, DB 2002, 42; *Bayreuther*, Die Rolle des Tarifvertrages bei der AGB-Kontrolle von Arbeitsverträgen – Ein Beitrag zur Herausbildung normativer Beurteilungsmaßstäbe bei der Angemessenheitskontrolle von Allgemeinen Geschäftsbedingungen in Arbeitsverträgen, RdA 2003, 81; *Berger-Delhey*, „Oft scheint der Teufel an die Tür zu klopfen, und es ist doch nur der Schornsteinfeger", ZTR 2002, 66; *Berkowsky*, Was ändert die Reform im Arbeitsrecht?, AuA 2002, 15; *Birnbaum*, Was sind die „im Arbeitsrecht geltenden Besonderheiten"?, NZA 2003, 944; *Boemke*, Höhe der Verzugszinsen für Entgeltforderungen des Arbeitnehmers, BB 2002, 96; *Boudon*, AGB-Kontrolle – Neue Regeln für den Entwurf von Arbeitsverträgen, ArbRB 2003, 150; *Bülow/Artz*, Fernabsatzverträge und Strukturen eines Verbraucherprivatrechts im BGB, NJW 2000, 2049; *Clemenz*, Arbeitsvertragliche Bezugnahme auf Tarifverträge – ein Paradigmenwechsel mit offenen Fragen, NZA 2007, 769; *Däubler*, Die Auswirkungen der Schuldrechtsmodernisierung auf das Arbeitsrecht, NZA 2001, 1329; *Däubler/Bonin/Deinert*, AGB-Kontrolle im Arbeitsrecht, 4. Aufl. 2014; *Diehn*, AGB-Kontrolle von arbeitsrechtlichen Verweisungsklauseln, NZA 2004, 129; *Eckert*, Auswirkungen des Schuldrechtsmodernisierungsgesetzes auf das Arbeitsrecht, BC 2002, 35; *Eich*, Die Vorzugsstellung des Verbandstarifvertrages auf dem Markt privatautonomer Rechtsquellen, NZA 2006, 1014; *Falke/Barthel*, Aufhebungsvertrag und Verbraucherschutz, BuW 2003, 255; *Fiebig*, Der Arbeitnehmer als Verbraucher, DB 2002, 1608; *Gaul*, Bezugnahmeklauseln – zwischen Inhaltskontrolle und Nachweisgesetz, ZfA 2003, 75; *Gaul/Mückl*, 5 Jahre AGB-Kontrolle von Altarbeitsverträgen – Abschied vom Vertrauensschutz?, NZA 2009, 1233; *Gotthardt*, Der Arbeitsvertrag auf dem AGB-rechtlichen Prüfstand, ZIP 2002, 277; *ders.*, Arbeitsrecht nach der Schuldrechts-

413 LAG Berlin-Brandenburg 28.2.2007 – 15 Sa 1363/06; ArbG Berlin 10.8.2007 – 28 Ca 6934/07, ArbuR 2007, 445; ArbG Dortmund 29.5.2008 – 4 Ca 274/08.
414 RGKU/*Joussen*, § 611 BGB Rn 121.
415 BAG 2.4.1987 – 2 AZR 227/86, AP § 612 a BGB Nr. 1; BAG 21.7.1988 – 2 AZR 527/87, NZA 1989, 559.
416 Erman/*Ederfeld*, § 612 a BGB Rn 4; HWK/*Thüsing*, § 612 a BGB Rn 6.
417 LAG Düsseldorf 14.11.2005 – 10 TaBV 46/05, NZA-RR 2006, 81, 88.

reform, 2003; *Grundstein*, Widerrufsrecht des Arbeitnehmers bei Abschluss eines Aufhebungsvertrages, FA 2003, 41; *Hadeler*, Auswirkungen der Schuldrechtsreform auf das Arbeitsrecht, FA 2002, 66; *Hanau/Hromadka*, Richterliche Kontrolle flexibler Entgeltregelungen in Allgemeinen Arbeitsbedingungen, NZA 2005, 73; *Henssler*, Arbeitsrecht und Schuldrechtsreform, RdA 2002, 129; *Holtkamp*, Der Arbeitnehmer als Verbraucher?, AuA 2002, 250; *Hönn*, Zu den „Besonderheiten" des Arbeitsrechts, ZfA 2003, 325; *Hromadka*, Schuldrechtsmodernisierung und Vertragskontrolle im Arbeitsrecht, NJW 2002, 2523; *Hümmerich*, Gestaltung von Arbeitsverträgen nach der Schuldrechtsreform, NZA 2003, 753; *ders.*, Erweiterte Arbeitnehmerrechte durch Verbraucherschutz, AnwBl 2002, 671; *ders.*, Alea iacta est – Aufhebungsvertrag kein Haustürgeschäft, NZA 2004, 809; *ders.*, Widerrufsvorbehalte in Formulararbeitsverträgen, NJW 2005, 1759; *Hümmerich/Holthausen*, Der Arbeitnehmer als Verbraucher, NZA 2002, 173; *Hunold*, Die aktuelle Rechtsprechung zur Inhaltskontrolle arbeitsrechtlicher Absprachen, NZA-RR 2008, 449; *ders.*, Kontrolle arbeitsrechtlicher Absprachen nach der Schuldrechtsreform, NZA-RR 2006, 113; *Joost*, Allgemeine Geschäftsbedingungen und Arbeitsvertrag – Ein Beispiel für eine missglückte Gesetzgebung, in: Habersack (Hrsg.), Festschrift für Peter Ulmer zum 70. Geburtstag, 2003, S. 1199 ff; *Joussen*, Arbeitsrecht und Schuldrechtsreform, NZA 2001, 745; *Junker*, AGB-Kontrolle von Arbeitsvertragsklauseln in der neueren Rechtsprechung des Bundesarbeitsgerichts, BB 2007, 1274; *Kittner/Zwanziger*, Arbeitsrechts-Handbuch, 3. Aufl. 2005; *Klevemann*, Vertragsstrafen in vorformulierten Arbeitsverträgen, AiB 2002, 580; *Krebs*, Verbraucher, Unternehmer oder Zivilperson, DB 2002, 517; *Kroeschell*, Die neuen Regeln bei Aufhebungs- und Abwicklungsvereinbarungen, NZA 2008, 560; *Lakies*, Inhaltskontrolle von Vergütungsvereinbarungen im Arbeitsrecht, NZA-RR 2002, 337; *ders.*, AGB-Kontrolle: Ausschlussfristen vor dem Aus?, NZA 2004, 569; *ders.*, AGB-Kontrolle von Sonderzahlungen, ArbR Aktuell 2012, 306; *ders.*, AGB-Kontrolle von Ausschlussfristen, ArbR Aktuell 2013, 318; *Lembke*, Das „Aus" für das Widerrufsrecht des Arbeitnehmers bei arbeitsrechtlichen Aufhebungs- und Abwicklungsverträgen, NJW 2004, 2941; *Lieb/Jacobs*, Arbeitsrecht, 9. Aufl. 2006; *Lindemann*, Neuerungen im Arbeitsrecht durch die Schuldrechtsreform, AuR 2002, 81; *ders.*, Flexible Gestaltung von Arbeitsverträgen nach der Schuldrechtsreform, 2003; *Lingemann*, Allgemeine Geschäftsbedingungen und Arbeitsvertrag, NZA 2002, 181; *Lorenz/Riehm*, Lehrbuch zum neuen Schuldrecht, 2002; *Löwisch*, Zweifelhafte Folgen des geplanten Leistungsstörungsrechts für das Arbeitsvertragsrecht, NZA 2001, 465; *ders.*, Auswirkungen der Schuldrechtsreform auf das Recht des Arbeitsverhältnisses, in: Wank (Hrsg.), Festschrift für Herbert Wiedemann zum 70. Geburtstag, 2002, S. 311 ff; *Natzel*, Schutz des Arbeitnehmers als Verbraucher?, NZA 2002, 595; *Oetker*, Arbeitsvertragliche Bezugnahme und AGB-Kontrolle, in: Wank (Hrsg.), Festschrift für Herbert Wiedemann zum 70. Geburtstag, 2002, S. 399 ff; *Olbertz*, Gleichstellungsabrede – Gestaltungsmöglichkeiten und -notwendigkeiten für die betriebliche Praxis, BB 2007, 2737; *Olzen/Wank*, Die Schuldrechtsreform, 2002; *Otto*, Arbeitsrecht, 3. Aufl. 2003; *Preis*, Arbeitsrecht, Verbraucherschutz und Inhaltskontrolle, NZA-Beil. 2003, 19; *ders.*, Privatautonomie und das Recht der Allgemeinen Geschäftsbedingungen, in: Annuß (Hrsg.), Festschrift für Reinhard Richardi zum 70. Geburtstag, 2007, S. 339 ff; *Preis/Roloff*, Die Inhaltskontrolle vertraglicher Ausschlussfristen, RdA 2005, 144; *Reichold*, Anmerkungen zum Arbeitsrecht im neuen BGB, ZTR 2002, 202; *Reim*, Arbeitnehmer und/oder Verbraucher, DB 2002, 2434; *Reinecke*, Kontrolle Allgemeiner Arbeitsbedingungen nach dem Schuldrechtsmodernisierungsgesetz, DB 2002, 583, *ders.*, Zur AGB-Kontrolle von Arbeitsentgeltvereinbarungen, BB 2008, 554; *Richardi*, Gestaltung der Arbeitsverträge durch Allgemeine Geschäftsbedingungen nach dem Schuldrechtsmodernisierungsgesetz, NZA 2002, 1057; *ders.*, Leistungsstörungen und Haftung im Arbeitsverhältnis nach dem Schuldrechtsmodernisierungsgesetz, NZA 2002, 1004; *Rieble/Klumpp*, Widerrufsrecht des Arbeitnehmer-Verbrauchers?, ZIP 2002, 2158; *Riesenhuber/von Vogel*, Der Aufhebungsvertrag als Haustürgeschäft?, NJW 2005, 3457; *Ritter*, AGB-Kontrolle kirchlicher Arbeitsvertragsrichtlinien?, NZA 2005, 447; *Rolfs*, Die Inhaltskontrolle arbeitsrechtlicher Individual- und Betriebsvereinbarungen, RdA 2006, 349; *Schaub*, AGB-Kontrolle in der betrieblichen Altersversorgung, in: Richardi/Reichold (Hrsg.), Altersgrenzen und Alterssicherung im Arbeitsrecht/Gedenkschrift für Wolfgang Blomeyer, 2003, S. 335 ff; *Schimmelpfennig*, Inhaltskontrolle eines formularmäßigen Änderungsvorbehalts – Zum Widerrufsvorbehalt in Arbeitsverträgen nach der Schuldrechtsreform, NZA 2005, 603; *Schleusener*, Zur Widerrufsmöglichkeit von arbeitsrechtlichen Aufhebungsverträgen nach § 312 BGB, NZA 2002, 949; *Schlewing*, Geltungserhaltende Reduktion und/oder ergänzende Vertragsauslegung im Rahmen der AGB-Kontrolle arbeitsvertraglicher Abreden?, RdA 2011, 92; *Schnitker/Grau*, Klauselkontrolle im Arbeitsvertrag, BB 2002, 2120; *Schrader/Schubert*, AGB-Kontrolle von Arbeitsverträgen – Tätigkeit, Arbeitszeit und Vergütung, NZA-RR 2005, 169; *Schuster*, Arbeits- und Aufhebungsverträge auf dem Prüfstand, AiB 2002, 274; *Singer*, Arbeitsvertragsgestaltung nach der Reform des BGB, RdA 2003, 194; *v. Steinau-Steinrück/Hurek*, Die im Arbeitsrecht geltenden Besonderheiten – der Nebel lichtet sich!, NZA 2004, 965; *Stoffels*, AGB-Recht, 2. Aufl. 2009; *ders.*, Altverträge nach der Schuldrechtsreform – Überlegungen zum Vertrauensschutz im Arbeitsvertragsrecht, NZA 2005, 726; *Thüsing*, Was sind die „Besonderheiten des Arbeitsrechts"?, NZA 2002, 591; *ders.*, AGB-Kontrolle im Arbeitsrecht, 2007; *Thüsing/Lambrich*, AGB-Kontrolle arbeitsvertraglicher Bezugnahmeklauseln – Vertragsgestaltung nach der Schuldrechtsreform, NZA 2002, 1361; *Thüsing/Leder*, Gestaltungsspielräume bei der Verwendung vorformulierter Arbeitsvertragsbedingungen – Besondere Klauseln, BB 2005, 1563; *dies.*, Neues zur Inhaltskontrolle von Formulararbeitsverträgen, BB 2004, 43; *Tschöpe/Pirscher*, Der Arbeitnehmer als Verbraucher im Sinne des § 13 BGB? – Eine immer noch offene Frage, RdA 2004, 358; *Ulrici*, Betriebliche Übung und AGB-Kontrolle, BB 2005, 1902; *Walter*, Verzugszinsen aus Bruttolohn, AiB 2002, 381; *Wedde*, Schuldrechtsmodernisierungsgesetz, AiB 2002, 269; *Wensing/Niemann*, Vertragsstrafen in Formulararbeitsverträgen: § 307 BGB neben § 343 BGB? – Überlegungen zum Verhältnis von Wirksamkeits- und Ausübungskontrolle, NJW 2007, 401; *Wisskirchen/Stühm*, Anspruch des Arbeitgebers auf Änderung von unwirksamen Klauseln in alten Arbeitsverträgen?, DB 2003, 2225;

Witt, Keine AGB-Kontrolle tariflicher Regelungen?, NZA 2004, 135; *Zirnbauer*, Das BAG und das neue Schuldrecht, FA 2006, 34.

a) Aufhebung der Bereichsausnahme als Ausgangspunkt der AGB-rechtlichen Prüfung von Arbeitsverträgen

Seit der Überführung der AGB-rechtlichen Vorschriften vom AGB-Gesetz in das BGB und Streichung der zuvor gültigen Bereichsausnahme nach § 23 Abs. 1 AGB-Gesetz ist gem. **§ 310 Abs. 4 BGB** eine Inhaltskontrolle nach den §§ 305 ff BGB grds. auch auf dem Bereich des Arbeitsrechts anwendbar, wobei allerdings einige Besonderheiten zu beachten sind. Lediglich solche **Altverträge**, welche vor Umsetzung der Schuldrechtsreform am 1.1.2002 geschlossen und im Nachhinein nicht geändert wurden, blieben für eine Übergangsfrist von einem Jahr vom Anwendungsbereich einer Inhaltskontrolle ausgenommen, bevor auch diese vollumfänglich umfasst wurden. 176

b) Allgemeiner Anwendungsbereich der AGB-Kontrolle im Bereich des Arbeitsrechts nach § 310 Abs. 4 BGB

Der allgemeine Anwendungsbereich einer AGB-Kontrolle richtet sich nach § 310 BGB, wobei in Bezug auf das Arbeitsrecht die Besonderheiten nach Abs. 4 zu berücksichtigen sind, welche in erster Linie eine Reaktion auf die vormalige vollständige Bereichsausnahme darstellen. Nach § 310 Abs. 4 BGB ist einerseits der Bereich des **kollektiven Arbeitsrechts** vollständig einer AGB-Kontrolle entzogen und andererseits eine generelle **Modifikation für die Prüfung von Arbeitsverträgen** vorgesehen. 177

aa) Kollektivrechtliche Bereichsausnahme, § 310 Abs. 4 S. 1 BGB

(1) Keine Überprüfung der Kollektivnormen selbst

§ 310 Abs. 4 S. 1 BGB regelt die vollständige Herausnahme bestimmter Rechtsbereiche aus dem Anwendungsbereich der AGB-Kontrolle. In Bezug auf das Arbeitsrecht werden kollektive Normen vollständig der AGB-rechtlichen Wirksamkeitskontrolle entzogen. Diese Bereichsausnahme wird damit begründet, dass Kollektivverträge wie Tarifverträge, Betriebsvereinbarungen und Dienstvereinbarungen angesichts der von der Rspr angenommenen **Richtigkeitsgewähr** keiner Wirksamkeitsüberprüfung bedürfen.[418] Aufgrund des vermuteten Verhandlungsgleichgewichts zwischen Arbeitgeber- und Arbeitnehmervertretern werden kollektivrechtliche Verhandlungsergebnisse grds. als angemessen angesehen.[419] Weiterhin ist die Bereichsausnahme für **Tarifverträge** Ausdruck der verfassungsrechtlich garantierten Tarifautonomie, welche nicht zum Gegenstand einer umfassenden Inhaltskontrolle gemacht und somit zur Disposition der Arbeitsgerichte gestellt werden soll.[420] Obwohl sich diese Begründung ausgehend von der Tarifautonomie nicht ohne Weiteres auf **Betriebs- und Dienstvereinbarungen** übertragen lässt, sind auch diese wegen des eindeutigen Wortlauts des § 310 Abs. 4 S. 1 BGB von der Inhaltskontrolle ausgenommen. 178

Regelungsabreden zwischen Betriebsrat und Arbeitgeber sind in § 310 Abs. 4 S. 1 BGB nicht aufgeführt, so dass diese einer AGB-Kontrolle unterfallen.[421] 179

Innerkirchliche „Kollektivverträge", die **Arbeitsvertragsrichtlinien** (AVR) und **kirchlichen Dienstvertragsordnungen**, sind in § 310 Abs. 4 S. 1 BGB ebenfalls nicht erwähnt. Demnach stellen innerkirchliche Kollektivverträge, die von der BAG-Rspr bislang auch nicht als Tarifver- 180

418 Däubler/Bonin/Deinert/*Däubler*, § 310 BGB Rn 25; RGKU/*Jacobs*, § 310 BGB Rn 14; ErfK/*Preis*, §§ 305–310 BGB Rn 8.

419 ErfK/*Preis*, §§ 305–310 BGB Rn 8; *Thüsing*, AGB-Kontrolle im Arbeitsrecht, S. 28, Rn 76.

420 Erman/*Roloff*, § 310 BGB Rn 33.

421 Däubler/Bonin/Deinert/*Däubler*, § 310 BGB Rn 34; AnwK-ArbR/*Hümmerich*, § 310 BGB Rn 19.

träge iSd TVG qualifiziert wurden,[422] keine Kollektivnormen iSv § 310 Abs. 4 S. 1 BGB dar und sind diesen auch nicht gleichzustellen.[423] Gegen eine Einbeziehung unter den Begriff der Tarifverträge spricht nicht nur der Wortlaut der Regelung, sondern auch die Gesetzesbegründung.[424] Gegen eine Gleichstellung spricht weiterhin die im Unterschied zu Tarifverträgen fehlende normative Wirkung kirchlicher Arbeitsvertragsrichtlinien, welche demnach stets einer individualrechtlichen Einbeziehung bedürfen.[425] Weiterhin hat der zuständige Bundestagsausschuss bereits darauf hingewiesen, er verbinde mit der Zusatzformulierung in § 310 Abs. 4 S. 2 BGB („die im Arbeitsrecht geltenden Besonderheiten") die Erwartung, dass den Besonderheiten spezifischer Bereiche des Arbeitsrechts – wie zB des kirchlichen Arbeitsrechts – angemessen Rechnung getragen werden könne.[426] Deshalb können die Kirchen uU über Art. 137 Abs. 3 WRV, Art. 140 GG geltend machen, dass die Arbeitsvertragsnormen für ihre Mitarbeiter einer Wirksamkeitskontrolle über den Berücksichtigungsvorbehalt in § 310 Abs. 4 S. 2 BGB entzogen sind.[427] Jedenfalls ergibt sich in ähnlicher Form wie bei ordentlichen Tarifverträgen auch bei innerkirchlichen Dienstverträgen eine gewisse **Richtigkeitsgewähr**, wenn einschlägige tarifliche Regelungen ganz oder wesentlich übernommen wurden.[428]

(2) Einschlägigkeit der Bereichsausnahme bei einzelvertraglicher Inbezugnahme von Tarifverträgen

181 Es stellt sich in diesem Zusammenhang die Frage, inwieweit Tarifverträgen auch vom Anwendungsbereich einer AGB-Kontrolle ausgenommen sind, wenn diese nicht normativ zwischen den Parteien gelten, sondern lediglich **individualvertraglich in Bezug genommen** werden. Vom reinen Wortlaut her erfasst die Bereichsausnahme lediglich die Überprüfung der Kollektivnormen selbst. Tariflich ausgehandelte Kollektivbedingungen können nach Ansicht des BAG aber auch ausdrücklich Allgemeine Geschäftsbedingungen im Individualvertrag darstellen.[429] Rein technisch von Seiten der Rechtsnatur betrachtet, handelt es sich bei einzelvertraglich einbezogenen Tarifnormen nicht um Kollektivregelungen, sondern um Regelungen des Individualvertrages. Fraglich ist somit, inwieweit Regelungen eines eigentlich kontrollfähigen Individualarbeitsvertrages am Maßstab der §§ 305 ff BGB überprüft werden können, wenn sie lediglich den Inhalt eigentlich nicht kontrollfähiger Kollektivnorm wiederholen oder auf diese verweisen. Die Frage muss demnach eher vom Sinn der Bereichsausnahme als von ihrem Wortlaut her beantwortet werden. Mit der Bereichsausnahme soll grds. eine **„mittelbare Tarifzensur"** durch die Gerichte verhindert werden.[430] Eine solche kann allerdings auch erfolgen, wenn zwar nicht der Tarifvertrag selbst, sondern dessen Inhalt im Mantel eines Arbeitsvertrages von den Gerichten am Maßstab einer Inhaltskontrolle überprüft würde.

182 Die Einzelheiten dieser Problematik sind weitgehend umstritten und gegenwärtig noch nicht vollständig geklärt. Entscheidende Kriterien für die Bewertung bilden der **Umfang der Bezugnahme** sowie die **Qualität des Bezugnahmeobjekts** selbst.

183 Maßgeblich für eine Kontrollfähigkeit tarifvertraglicher Regelungen, welche über Bezugnahmeklauseln (s. § 1 Nr. 20 Rn 1613 ff) zur Anwendung gelangen, ist zunächst der **Verweisungsumfang**. Die Bewertung kann unterschiedlich ausfallen, je nachdem, ob der gesamte Tarifver-

422 BAG 24.9.1980 – 4 AZN 289/80, BAGE 34, 182; BAG 28.10.1987 – 5 AZR 518/85, AP § 7 AVR-Caritasverband Nr. 1; BAG 26.5.1993 – 4 AZR 130/93, AP § 12 Diakonisches Werk Nr. 3; BAG 20.3.2002 – 4 AZR 101/01, NZA 2002, 1402.

423 BAG 17.11.2005 – 6 AZR 160/05, NZA 2006, 872; ErfK/*Preis*, §§ 305–310 BGB Rn 8.

424 BAG 26.1.2005 – 4 AZR 171/03, NZA 2005, 1059.

425 BAG 17.11.2005 – 6 AZR 160/05, NZA 2006, 872.

426 BT-Drucks. 14/7052, S. 189.

427 AnwK-ArbR/*Hümmerich*, § 310 BGB Rn 19; *Ritter*, NZA 2005, 447.

428 HWK/*Gotthardt*, § 310 BGB Rn 18.

429 Vgl BAG 13.6.2012 – 7 AZR 169/11, NJOZ 2013, 1473; ErfK/*Preis*, §§ 305–310 BGB Rn 12.

430 *Henssler*, RdA 2002, 129, 136 f.

trag, ein einzelner Abschnitt oder nur vereinzelte Normen aus einem Tarifvertrag in Bezug genommen werden. Einigkeit besteht zunächst, dass trotz fehlender normativer Geltung bei einer einzelvertraglichen Globalverweisung auf eine kollektive Regelung aus dem sachlichen und räumlichen Geltungsbereich keine Inhaltskontrolle erfolgt.[431] Dieser Grundsatz gilt unabhängig davon, ob zur Einbeziehung eine statische oder dynamische Klausel verwendet wird.[432] Da der Verzicht auf die Inhaltskontrolle seinen Sinn in der Vermutung einer angemessenen Regelung hat – der sog. **Richtigkeitsgewähr**[433] –, ist im Fall der Bezugnahme auf einen in **sachlicher, örtlicher und zeitlicher Hinsicht einschlägigen Tarifvertrag**, der ein in sich geschlossenes System darstellt, eine Inhaltskontrolle entbehrlich. Bei derartigen **Globalverweisungen** auf Tarifverträge kann aufgrund der unterstellten Verhandlungsparität der Tarifvertragsparteien von der Ausgewogenheit der Regelungen ausgegangen werden. Regelmäßig stellt sich ein Tarifvertrag als das Ergebnis eines gegenseitigen Nachgebens zur Schaffung eines für beide Vertragsparteien zufriedenstellenden Kompromisses dar. Wird dieser vollständig zur Anwendung gebracht, erfasst der Arbeitsvertrag automatisch alle Vor- und Nachteile des Regelungskomplexes für beide Vertragsparteien. Weiterhin wird argumentiert, eine Inhaltskontrolle setze stets eine Abweichung von Gesetzesnormen iSv § 307 Abs. 3 S. 1 BGB voraus, woran es bei der vollständigen inhaltlichen Übernahme eines Tarifvertrages, der gem. § 310 Abs. 4 S. 3 BGB eine solche gesetzliche Regelung in diesem Sinne darstellt, fehle.[434]

Im Gegensatz dazu ist bei bloßen **Teil- oder Einzelverweisungen** ein angemessener Interessen- 184
ausgleich nach richtiger Ansicht nicht gewährleistet, da dabei stets die Gefahr besteht, dass der Arbeitgeber lediglich auf die „Rosinen" des Tarifvertrages Bezug nimmt.[435] Einzelne Teile eines Tarifvertrages entfalten im Fall der nur partiellen Inbezugnahme nicht mehr die vollständig ausgleichende Wirkung des Gesamtkonstrukts, so dass auf eine Angemessenheitskontrolle nicht verzichtet werden kann.[436] Die Vor- und Nachteile für die Tarifvertragsparteien gleichen sich nur im Kontext der Gesamtvereinbarung aus, so dass die Richtigkeitsgewähr bei Herausnahme einzelner Bestimmungen oder auch einzelner Teilkomplexe aus dem Gesamtwerk entfällt.[437] Für diese Ansicht spricht auch der Wortlaut, da gem. § 307 Abs. 3 BGB eine Inhaltskontrolle immer vorzunehmen ist, wenn von gesetzlichen Regelungen abgewichen wird. Eine solche Abweichung von einem Tarifvertrag als maßgebliche Gesetzesnorm liegt jedoch bereits vor, wenn dieser nicht in seiner Gesamtheit in Bezug genommen wird.[438] Eine differenzierende Ansicht, nach welcher bei Teilverweisungen das Wirksamwerden der Bereichsausnahme vom Umfang der in Bezug genommenen Vorschriften des Tarifvertrages abhängen soll, da die Richtigkeitsgewähr in dem Maße gelte, in dem der Tarifvertrag in seiner Gesamtheit angewendet werde,[439] ist lebensfremd. Sie ist in der Praxis nicht umsetzbar, da keine Kriterien existieren, aus denen sich ergibt, wann der Umfang der in Bezug genommenen Vorschriften als ausrei-

431 LAG Berlin 10.10.2003 – 6 Sa 1058/03; *Henssler*, RdA 2002, 129, 136; *Hromadka*, NJW 2002, 2523; *Lindemann*, AuR 2002, 81; *Oetker*, FS Wiedemann, S. 399; Schaub/*Linck*, Arbeitsrechts-Handbuch, § 35 Rn 21 a; aA *Löwisch*, FS Wiedemann, S. 320.

432 *Annuß*, BB 2002, 458, 460; *Bayreuther*, RdA 2003, 81; HWK/*Gotthardt*, § 307 BGB Rn 14; *Joost*, FS Ulmer, S. 1199; *Witt*, NZA 2004, 135, 137.

433 BAG 24.3.2004 – 5 AZR 303/03, DB 2004, 1432; BAG 28.5.2002 – 3 AZR 422/01, NZA 2003, 1198; ErfK/*Preis*, §§ 305–310 BGB Rn 13.

434 Schaub/*Linck*, Arbeitsrechts-Handbuch, § 35 Rn 21 a; ErfK/*Preis*, §§ 305–310 BGB Rn 13.

435 *Diehn*, NZA 2004, 129, 130 f; ErfK/*Preis*, §§ 305–310 BGB Rn 16 ff.

436 AnwK-ArbR/*Hümmerich*, § 310 BGB Rn 22; *Diehn*, NZA 2004, 129, 131; HWK/*Gotthardt*, § 307 BGB Rn 14; *Lakies*, NZA 2004, 569, 572; Schaub/*Linck*, Arbeitsrechts-Handbuch, § 35 Rn 21 a; *Thüsing/Lambrich*, NZA 2002, 1361, 1363.

437 Schaub/*Linck*, Arbeitsrechts-Handbuch, § 35 Rn 21 a.

438 *Thüsing/Lambrich*, NZA 2002, 1361, 1363.

439 *Gaul*, ZfA 2003, 74, 89; *Henssler*, RdA 2002, 129, 136; ErfK/*Preis*, §§ 305–310 BGB Rn 20 f; RGKU/*Jacobs*, § 307 BGB Rn 26.

chend anzusehen ist.[440] Gegen diese Auffassung spricht auch die Rspr des BGH, nach welcher für den vergleichbaren Fall der Inbezugnahme der VOB gilt, dass die Inhaltskontrolle nach den §§ 305 ff BGB auch nur bei geringfügigen inhaltlichen Abweichungen von Teil B der VOB eröffnet ist, da sich anderenfalls Abgrenzungsschwierigkeiten ergeben würden.[441] Demnach greift bei Einzel- oder Teilverweisungen die Bereichsausnahme nach § 310 Abs. 4 S. 1 BGB nicht und es findet eine **vollständige Inhaltskontrolle** der tariflichen Regelungen im Gewand des Arbeitsvertrages statt.

185 Umstritten ist weiterhin in Bezug auf die **Qualität des Bezugnahmeobjekts** selbst, ob auch die Inbezugnahme von **branchen- oder ortsfremden Tarifverträgen** die Einschlägigkeit der Bereichsausnahme des § 310 Abs. 4 S. 1 BGB auslösen kann. Der Wortlaut der Vorschrift ist nicht ergiebig, da von „Tarifverträge(n), Betriebs- und Dienstvereinbarungen" generell und nicht lediglich den „einschlägigen" Kollektivvereinbarungen die Rede ist. Nach einer Sichtweise ist daher eine Inhaltskontrolle des Arbeitsvertrages auch bei Bezugnahme auf eine fachlich oder örtlich nicht einschlägige Kollektivnorm entbehrlich. Argumentiert wird einerseits mit der Gesetzesbegründung,[442] in welcher die Bundesregierung bei einzelvertraglichen Bezugnahmen nicht zwischen einschlägigen und branchenfremden sowie bereichsfremden und örtlich einschlägigen Tarifverträgen unterschieden habe. Zudem zeige § 22 Abs. 2 TzBfG, dass sich der Gesetzgeber generell des Instituts der einzelvertraglichen Verweisung auf fachlich nicht einschlägige Tarifnormen bewusst war.[443]

186 Diese Argumentation überzeugt letztlich nicht, so dass mit der ganz hM im Fall der **Verweisung auf branchen- oder ortsfremde Tarifverträge** weiterhin eine **Inhaltskontrolle** durchzuführen ist.[444] Zunächst ist die Regelung in § 22 Abs. 2 TzBfG kein Indiz für einen grundsätzlichen Willen des Gesetzgebers, dass bei einzelvertraglichen Bezugnahmen auch stets nicht einschlägige Tarifnormen erfasst sein sollen. Denn in anderen Vorschriften wie § 622 Abs. 4 S. 2 BGB oder § 4 Abs. 4 S. 2 EFZG sind die Verweisungen auf einschlägige Tarifnormen beschränkt.[445] Entscheidend für diese Gegenansicht spricht jedoch, dass der Grund für die Bereichsausnahme die Angemessenheits- und Richtigkeitsvermutung ist, welche sich in erster Linie aus der größeren Sachnähe der Tarifvertragsparteien zum Regelungsgegenstand ergibt. Die fehlende Sachnähe bei Verweisungen auf sachlich oder örtlich nicht einschlägige Tarifnormen lässt diese Richtigkeitsgewähr entfallen.[446] Des Weiteren greift auch die Angemessenheitsvermutung nicht, da einem branchen- oder ortsfremden Tarifvertrag andere ökonomische und betriebliche Rahmenbedingungen zugrunde liegen.[447] Die Regelungen eines Tarifvertrages sind idR nicht für jede beliebige Branche gleichermaßen angemessen, sondern lediglich für die konkrete.[448] Bei Geltung der Bereichsausnahme wäre zu befürchten, dass Arbeitgeber auf die Tarifverträge der „billigsten" Branchen verweisen könnten, ohne dass eine gerichtliche Überprüfungsmöglichkeit zur Feststellung der Angemessenheit existieren würde.[449]

---

440 AnwK-ArbR/*Hümmerich*, § 310 BGB Rn 22; Däubler/Bonin/Deinert/*Däubler*, § 310 BGB Rn 52.

441 BGH 22.1.2004 – VII ZR 419/02, DB 2004, 1313.

442 BT-Drucks. 14/6857, S. 53 f.

443 Übersicht bei *Thüsing/Lambrich*, NZA 2002, 1361, 1362 f.

444 BAG 25.4.2007 – 10 AZR 634/06, NZA 2007, 875, 877; Däubler/Bonin/Deinert/*Däubler*, § 310 BGB Rn 50; ErfK/*Preis*, §§ 305–310 BGB Rn 14; *Diehn*, NZA 2004, 129, 131; *Gaul*, ZfA 2003, 74; HWK/*Gotthardt*, § 307 BGB Rn 14; *Lakies*, NZA 2004, 569, 571; ErfK/*Preis*, §§ 305–310 BGB Rn 14; *Richardi*, NZA 2002, 1057; RGKU/*Jacobs*, § 307 BGB Rn 23; Schaub/*Linck*, Arbeitsrechts-Handbuch, § 35 Rn 21 a; *Thüsing/Lambrich*, NZA 2002, 1361, 1363; *Thüsing*, AGB-Kontrolle im Arbeitsrecht, S. 73, Rn 185.

445 *Diehn*, NZA 2004, 129, 131.

446 *Diehn*, NZA 2004, 129, 131; *Richardi*, NZA 2002, 1057, 1062; *Thüsing/Lambrich*, NZA 2002, 1361, 1363.

447 ErfK/*Preis*, §§ 305–310 BGB Rn 14; *Lakies*, NZA 2004, 569, 571; *Richardi*, NZA 2002, 1057, 1062; *Thüsing/Lambrich*, NZA 2002, 1361, 1362.

448 *Henssler/Moll*, AGB-Kontrolle vorformulierter Arbeitsbedingungen, S. 7.

449 Däubler/Bonin/Deinert/*Däubler*, § 310 BGB Rn 50.

Einer **dritten Auffassung** zufolge besteht die Gefahr der Unangemessenheit der Verweisung, welche eine Inhaltskontrolle erforderlich mache, zwar bei der Inbezugnahme branchenfremder, nicht zwangsläufig aber ortsfremder Tarifverträge, da die inhaltliche Angemessenheit keine Frage des räumlichen Geltungsbereichs sei.[450] Allerdings können sich entscheidende Unterschiede auch aus regionalen Besonderheiten ergeben. Gerade in Bezug auf die Vergütungshöhe können bundesweit in der gleichen Branche teils merkliche regionale Unterschiede bestehen, welche an die unterschiedliche Höhe der durchschnittlichen Lebenshaltungskosten anknüpfen. Richtigerweise kann eine Inhaltskontrolle der in Bezug genommenen Klauseln demnach lediglich dann entfallen, soweit auf den fachlich, örtlich und zeitlich einschlägigen Tarifvertrag in seiner Gesamtheit verwiesen wird.[451] In allen anderen Fällen ist die Bereichsausnahme somit nicht einschlägig und eine Kontrolle des Arbeitsvertrages am Maßstab der §§ 305 ff BGB bleibt in vollem Umfang möglich. 187

Dagegen kann ein **Tarifvertrag** auch **im Nachwirkungszeitraum** noch in Bezug genommen werden, ohne dass dies zu einer Inhaltskontrolle des nachwirkenden Tarifvertrages nach den §§ 305–310 BGB führen würde. Die Vermutung der Angemessenheit von Tarifverträgen endet auch nicht, wenn der Tarifvertrag durch eine Partei gekündigt worden ist.[452] 188

bb) Die modifizierte Anwendungsregel bei Arbeitsverträgen, § 310 Abs. 4 S. 2 BGB

Nach der **modifizierten Anwendungsregel in § 310 Abs. 4 S. 2 BGB** sind bei der Anwendung der AGB-rechtlichen Vorschriften die **„im Arbeitsrechts geltenden Besonderheiten angemessen zu berücksichtigen“**. 189

Anwendungsobjekt dieser modifizierenden Vorschrift sind demnach **„Arbeitsverträge“**. § 310 Abs. 4 S. 2 BGB enthält eine doppelte Aussage. Zum einen wird die Anwendbarkeit des AGB-Rechts auf Arbeitsverträge („Bei der Anwendung auf Arbeitsverträge …“) grds. unterstellt, die frühere Bereichsausnahme in § 23 AGB-Gesetz damit aufgehoben. Zum anderen wird die Aufhebung der Bereichsausnahme unter den **Berücksichtigungsvorbehalt** der angemessenen Berücksichtigung der Besonderheiten des Arbeitsrechts gestellt. 190

Der Berücksichtigungsvorbehalt ermöglicht, als Korrektiv im Einzelfall die Wirksamkeit von Klauseln zu erreichen, welche außerhalb des Arbeitsrechts einer AGB-Kontrolle nach den §§ 305 ff BGB nicht standhalten würden. Bei der Begrifflichkeit der **„Besonderheiten des Arbeitsrechts“** handelt es sich um einen unbestimmten Rechtsbegriff, welcher zur näheren Bestimmung in besonderem Maße auslegungsbedürftig und dessen Interpretation weitgehend umstritten ist.[453] Teilweise wird die Einführung dieses Berücksichtigungsvorbehalts, welcher als Neologismus der Gesetzessprache dem deutschen Recht zuvor fremd war,[454] daher als zur Rechtsunsicherheit führend kritisiert.[455] Die kurze Entstehungsgeschichte der Modifikationsregel, welche erst kurz vor Ende der Umsetzung der Schuldrechtsmodernisierung aufgenommen wurde, gibt nur wenig Aufschluss über die genaue Vorstellung des Gesetzgebers von der Reichweite des Begriffs.[456] 191

Das BAG hat in seinem Urteil vom 4.3.2004[457] den denkbar weitesten Begriff der „im Arbeitsrecht geltenden Besonderheiten“ gewählt. In seiner Entscheidung nahm der 8. Senat eine übersichtliche und gründliche Systematisierung der gegenwärtig bekannten Erklärungsansätze zum 192

450 *Singer*, RdA 2003, 194, 198.
451 *Thüsing/Lambrich*, NZA 2002, 1361, 1363; Schaub/*Linck*, Arbeitsrechts-Handbuch, § 35 Rn 21 a.
452 BAG 18.9.2012 – 9 AZR 1/11, NZA 2013, 216.
453 RGKU/*Jacobs*, § 310 BGB Rn 20 ff.
454 *Thüsing*, AGB-Kontrolle im Arbeitsrecht, S. 40, Rn 104.
455 HWK/*Gotthardt*, § 310 BGB Rn 21.
456 *Singer*, RdA 2003, 194, 198.
457 BAG 4.3.2004 – 8 AZR 196/03, NZA 2004, 727; ebenso BAG 4.3.2004 – 8 AZR 328/03; BAG 4.3.2004 – 8 AZR 344/03, FA 2004, 152.

Berücksichtigungsvorbehalt vor. Danach lehnt das BAG eine unter Hinweis auf die amtliche Überschrift („Klauselverbote ohne Wertungsmöglichkeit") vertretene Auffassung[458] ab, dass § 309 BGB *lex specialis* gegenüber § 310 Abs. 4 S. 2 BGB sei und deshalb alle Feststellungen zu § 309 BGB bei Arbeitsvertragsklauseln keine Korrektur über die Besonderheitenregelung des § 310 Abs. 4 S. 2 BGB erfahren. Dass nach der amtlichen Überschrift keine Wertungsmöglichkeit besteht, beziehe sich auf die besonderen Umstände des jeweiligen zu beurteilenden Einzelfalls, stehe aber einem vom Einzelfall losgelösten generellen wertenden Einfluss nicht entgegen.[459] Durch die Überschrift solle vielmehr verdeutlicht werden, dass § 309 BGB keine unbestimmten Rechtsbegriffe enthalte und somit die genannten Klauseln unabhängig von einer richterlichen Wertungsmöglichkeit unwirksam sind.[460] Damit wurde klargestellt, dass der Berücksichtigungsvorbehalt des § 310 Abs. 4 S. 2 BGB den gesamten Abschnitt der §§ 305–310 BGB und somit auch § 309 BGB umfasst.[461]

193 Ebenfalls abgelehnt hat das BAG die sich eng am Wortlaut und an der Gesetzesbegründung orientierende Ansicht,[462] allein Besonderheiten „im" Arbeitsrecht seien im Rahmen des § 310 Abs. 4 S. 2 BGB zu berücksichtigen, nicht hingegen Besonderheiten des Rechtsgebietes als solchem, also Umstände und Rechtstraditionen, die das Arbeitsrecht von anderen Rechtsgebieten unterscheide.

194 Das BAG setzte sich auch mit einer weiteren Auffassung[463] auseinander, nach der § 310 Abs. 4 S. 2 Hs 1 BGB sich zwar auf das gesamte Rechtsgebiet des Arbeitsrechts beziehe, allerdings nur die **rechtlichen** und nicht die **tatsächlichen Besonderheiten** erfasst seien. Jene Ansicht wird damit begründet, dass eine an sich anwendbare Norm nicht mit dem Hinweis auf Gewohnheiten und Gebräuche im Arbeitsleben beiseite geschoben werden könne.[464] Im BAG-Urteil vom 4.3.2004 wurde noch ausdrücklich offen gelassen, ob neben rechtlichen auch tatsächliche Besonderheiten des Arbeitsrechts erfasst wären, da es im zu entscheidenden Fall nur auf rechtliche Umstände ankam.[465] Dagegen betonte der 5. Senat in einer folgenden Entscheidung, dass es um die Beachtung **aller** dem Arbeitsverhältnis innewohnenden Besonderheiten gehe und somit **auch tatsächliche Besonderheiten** zu berücksichtigen seien.[466] Diese Sichtweise hat das BAG in der Folge laufend bestätigt.[467]

195 Das BAG hat sich also für eine **weite Auslegung** der Begrifflichkeit der „im Arbeitsrecht geltenden Besonderheiten" entschieden. Auch wenn es weiterhin an engen Grundsätzen zur genauen Bestimmung des Begriffs fehlt, haben sich im Laufe der Zeit bestimmte **Fallgruppen** herausgebildet, bei welchen die Arbeitsgerichte eine Korrektur des eigentlich nach den Regelungen der §§ 305 ff BGB zu erreichenden Ergebnisses über § 310 Abs. 4 S. 2 BGB vorgenommen haben. Ob „im Arbeitsrecht geltende Besonderheiten" vorliegen, sei nach Ansicht des BAG etwa beim Gegenstand einer Vertragsstrafe nicht daran zu messen, dass eine Norm ausschließlich auf Ar-

---

458 LAG Hessen 25.4.2003 – 17 Sa 1723/02, ZTR 2004, 325; LAG Düsseldorf 8.1.2003 – 12 Sa 1301/02, LAGE 2002, § 309 BGB Nr. 1; ArbG Bielefeld 2.12.2002 – 3 Ca 3733/02, AuR 2003, 124; *Däubler*, NZA 2001, 1329; *Reinecke*, DB 2002, 583.

459 *Thüsing*, AGB-Kontrolle im Arbeitsrecht, S. 41, Rn 105.

460 BAG 4.3.2004 – 8 AZR 196/03, NZA 2004, 727.

461 *v. Steinau-Steinrück/Hurek*, NZA 2004, 965, 966.

462 *Hümmerich/Holthausen*, NZA 2002, 173; *dies.*, NZA 2003, 753; *dies.*, AnwBl 2002, 671; *Birnbaum*, NZA 2003, 944.

463 LAG Hessen 7.5.2003 – 2 Sa 53/03; LAG Hamm 24.1.2003 – 10 Sa 1158/02, NZA 2003, 499; ArbG Bochum 8.7.2002 – 3 Ca 1287/02, NZA 2002, 978; RGKU/*Jacobs*, § 310 BGB Rn 23; Schaub/*Linck*, Arbeitsrechts-Handbuch, § 35 Rn 48; *Thüsing*, NZA 2002, 591; *Preis*, NZA-Beil. 2003, 19, 26.

464 ErfK/*Preis*, §§ 305–310 BGB Rn 11.

465 BAG 4.3.2004 – 8 AZR 196/03, NZA 2004, 727.

466 BAG 25.5.2005 – 5 AZR 572/04, NZA 2005, 1111; BAG 11.4.2006 – 9 AZR 557/05, NJW 2006, 3303; BAG 14.1.2009 – 3 AZR 900/07, AP § 611 BGB Ausbildungsbeihilfe Nr. 41.

467 So etwa BAG 14.1.2009 – 3 AZR 900/07, NZA 2009, 666; BAG 23.9.2010 – 8 AZR 897/08, NJW 2011, 408; BAG 29.9.2010 – 3 AZR 557/08, NZA 2011, 206.

beitsverhältnisse Anwendung finde, sondern daran, ob es sich im Vergleich zu den Grundsätzen des Bürgerlichen Rechts und Prozessrechts, wonach Leistungstitel grds. vollstreckbar seien, um eine abweichende Regelung handele. Es genüge, dass sich die Anwendung der Norm (§ 888 Abs. 3 ZPO) besonders auf dem Gebiet des Arbeitsrechts zeige. Eine ausschließliche Auswirkung auf den Bereich des Arbeitsrechts sei nicht erforderlich, so dass es etwa im Zusammenhang mit Vertragstrafen unschädlich sei, dass sich die Anwendbarkeit des § 888 Abs. 3 ZPO neben dem Arbeitsrecht gerade auch im Dienstvertragsrecht auswirke.[468]

196 Die weite Auslegung durch das BAG neigt letztlich dazu, jedwede im Arbeitsrecht anzutreffende Eigenheit als „im Arbeitsrecht geltende Besonderheit" zu klassifizieren. Der Vorteil des weiten Verständnisses des Begriffs der arbeitsrechtlichen Besonderheiten für die Arbeitsgerichte rechtlicher und tatsächlicher Art liegt in einer entsprechend flexiblen Korrekturmöglichkeit bei der Bewertung Allgemeiner Geschäftsbedingungen. Als „im Arbeitsrecht geltende Besonderheiten" sind etwa Besonderheiten einer betrieblichen Altersversorgung,[469] Besonderheiten kirchlich geprägter Arbeitsverhältnisse[470] und die sich aus dem NachwG ergebende Dokumentationsverpflichtung bei Abschluss des Arbeitsverhältnisses[471] anerkannt. Ein weiteres Beispiel für tatsächliche Besonderheiten des Arbeitsrechts stellt das Bedürfnis nach kurzen Fristen und vertraglicher Flexibilität dar[472] oder die Unvollstreckbarkeit und Höchstpersönlichkeit der Arbeitsleistung und ihr Charakter als absolute Fixschuld.[473] Keine Besonderheit des Arbeitsrechts ist dagegen, dass es sich bei Arbeitsverhältnissen um Dauerschuldverhältnisse mit teilweise eingeschränkter Kündigungsmöglichkeit handelt, da die entsprechende Notwendigkeit einer Interessenabwägung ebenso in anderen Bereichen des Zivilrechts auftreten könne, so dass sich diese Situation keineswegs als typisch und besonders für das Arbeitsrecht darstelle.[474]

197 Die Auslegung und das weite Verständnis durch das BAG barg die **Gefahr von Zirkelschlüssen.** Wenn angesichts einer materiellrechtlichen Norm des AGB-Rechts die Unwirksamkeit einer Klausel festgestellt wird, könnte dieses Ergebnis nach dem **Vertragsstrafen-Urteil** unter Hinweis auf die vor Anwendbarkeit einer AGB-Kontrolle geltende BAG-Rspr als Besonderheit des Arbeitsrechts ausgewiesen und damit jegliche, vom Gesetzgeber des AGB-Rechts an und für sich gewollte Rechtsprechungskorrektur („damit das Schutzniveau der Vertragsinhaltskontrolle im Arbeitsrecht nicht hinter demjenigen des Zivilrechts zurückbleibt")[475] vermieden werden. So könnte auch eine Rspr unverändert fortgeführt werden, die wegen der früheren Bereichsausnahme des § 23 AGB-Gesetz unter Nichteinbeziehung von AGB-Recht entstanden ist, obwohl diese durch die Rechtsentwicklung überholt ist und heute in erster Linie die Grundsätze des AGB-Rechts maßgeblich sein sollen. Mit dem Ziel der Einbeziehung von Arbeitsverträgen in das AGB-Recht ist der undifferenzierte methodische Ansatz im Vertragsstrafen-Urteil („alles kann Besonderheit sein") nicht vereinbar. Auch aus diesem Grund lassen jüngere Urteile insoweit einschränkend eine gewisse Zurückhaltung der Gerichte im Umgang mit den arbeitsrechtlichen Besonderheiten als Berücksichtigungsvorbehalt erkennen.[476] Demnach ist nicht damit zu rechnen, dass die Arbeitsgerichte den modifizierten Anwendungsbereich nach § 310 Abs. 4 S. 2 BGB dazu nutzen, die feststehenden Vorgaben der §§ 305 ff BGB abzuwandeln und zu umgehen. Gegen eine solche Intention der Gerichte spricht auch der Umstand, dass diese bereits vor

468 BAG 4.3.2004 – 8 AZR 196/03, NZA 2004, 727; dies bestätigend: BAG 29.9.2010 – 3 AZR 557/08, NZA 2011, 206; auch zur Zulässigkeit von Vertragsstrafenregelungen entgegen § 309 Nr. 6 BGB: BAG 25.9.2008 – 8 AZR 717/07, NZA 2009, 370; BAG 28.5.2009 – 8 AZR 896/07, NZA 2009, 1337.

469 BAG 29.9.2010 – 3 AZR 557/08, NZA 2011, 206.

470 BAG 28.6.2012 – 6 AZR 217/11, NZA 2012, 1440; *Hunold*, NZA-RR 2006, 113, 114.

471 BAG 20.5.2008 – 9 AZR 382/07, NJW 2009, 316.

472 Staudinger/*Coester*, § 310 BGB Rn 105 f.

473 RGKU/*Jacobs*, § 310 BGB Rn 25.

474 BAG 23.9.2010 – 8 AZR 897/08, NJW 2011, 408.

475 BT-Drucks. 14/6857, S. 54.

476 BAG 23.9.2010 – 8 AZR 897/08, NJW 2011, 408.

Aufhebung der Bereichsausnahme aus § 23 AGB-Gesetz auf Grundsätze des AGB-Rechts zum Schutze des Arbeitnehmers zurückgegriffen haben. Dieser „Tradition" widerspräche es, wenn die Arbeitsgerichte nach Umsetzung der befürworteten Ausweitung des Schutzniveaus versuchen würden, dieses exzessiv einzuengen. Entsprechende Bedenken sind demnach eher unbegründet. In diesem Zusammenhang ist sich zu verdeutlichen, dass die Regelungen in den §§ 307 ff BGB, insb. die Klauselverbote in den §§ 308, 309 BGB, nicht auf die Bereiche des Arbeitsrechts zugeschnitten sind und sich somit eine auf das Arbeitsrecht gemünzte Korrekturmöglichkeit zumindest in bestimmten Bereichen als sinnvoll darstellt.

198 Die arbeitsrechtlichen Besonderheiten sind im Rahmen der Inhaltskontrolle iSd §§ 305 ff BGB **„angemessen zu berücksichtigen"**. Die Entscheidung des BAG vom 4.3.2004 wird in diesem Zusammenhang dahin gehend kritisiert, sie erzeuge den Anschein eines generellen Vorrangs der Besonderheiten im Arbeitsrecht vor der AGB-Kontrolle. Dieser Grundsatz ist der Vorschrift des § 310 Abs. 4 S. 2 Hs 1 BGB jedoch nicht zu entnehmen. Im Rahmen der angemessenen Berücksichtigung muss es vielmehr zu einer **Abwägung der widerstreitenden Interessen** kommen.[477] Dabei ist einzelfallbezogen ein Vergleich der Interessenlagen der Vertragspartner im allgemeinen Zivilrecht mit denjenigen im Arbeitsrecht durchzuführen. Bestehen nach beiden Rechtsbereichen wesentliche Unterschiede, wie etwa, wenn auf Kaufverträge zugeschnittene Klauselverbote nicht ohne Weiteres auf Arbeitsverträge übertragbar sind, können zivilrechtlich verbotene Klauseln aufgrund der Besonderheiten des Arbeitsrechts dennoch wirksam bleiben.[478]

199 Noch nicht zufriedenstellend geklärt ist ferner das **Verhältnis zwischen § 310 Abs. 4 S. 2 BGB und § 307 Abs. 2 Nr. 1 BGB**, nach welcher eine Klausel unwirksam ist, die mit den wesentlichen Grundgedanken einer gesetzlichen Regelung nicht zu vereinbaren ist. „Gesetzliche Regelung" iSv § 307 Abs. 2 Nr. 1 BGB sind alle Rechtsregeln, die von der Rspr durch Auslegung, Analogie und Rechtsfortbildung aus dem Gesetz abgeleitet werden.[479] Angesichts des weiten „Besonderheiten"-Begriffs des BAG können die gleichen Rechtsgrundsätze der Rspr als Richtschnur einer unangemessenen Benachteiligung oder auch zur Überwindung der AGB-Rechtswidrigkeit einer Klausel über § 310 Abs. 4 S. 2 BGB herangezogen werden.

c) Das Vorliegen Allgemeiner Geschäftsbedingungen iSv § 305 Abs. 1 BGB als Anwendungsvoraussetzung für die Einbeziehungs- und Inhaltskontrolle

200 Wurde zunächst der generelle Anwendungsbereich mangels Einschlägigkeit der Bereichsausnahme eröffnet, bildet den dogmatischen Dreh- und Angelpunkt der AGB-Kontrolle zunächst die Frage, ob es sich bei einer Klausel in einem Arbeitsvertrag um **Allgemeine Geschäftsbedingungen** handelt. Der **Begriff** der Allgemeinen Geschäftsbedingung ist in § 305 Abs. 1 BGB ausdrücklich geregelt und wird durch vier positive Definitionsmerkmale sowie ein Ausschlusskriterium gekennzeichnet. Es muss sich um **Vertragsbedingungen** handeln, die für eine **Vielzahl** von Verträgen **vorformuliert** sind und von einer Vertragspartei der anderen **gestellt** werden. Die Vertragsbedingungen dürfen schließlich **nicht im Einzelnen ausgehandelt** sein.

aa) Vertragsbedingungen

201 Allgemeine Geschäftsbedingungen sind keine Rechtsnormen, sondern im Rahmen der Privatautonomie für eine Vielzahl von Verträgen vorformulierte Bedingungen.[480] Unter dem Begriff der Vertragsbedingungen sind alle Regelungen zu verstehen, die den **Gegenstand einer rechts-**

---

477 *v. Steinau-Steinrück/Hurek*, NZA 2004, 965, 966.

478 RGKU/*Jacobs*, § 310 BGB Rn 24.

479 BGH 8.7.1993 – VII ZR 79/92, NJW 1993, 2738; BGH 28.4.1983 – VII ZR 259/82, NJW 1983, 1671; Staudinger/*Coester*, § 9 AGB-Gesetz Rn 172; AnwK-ArbR/*Hümmerich*, § 307 BGB Rn 32.

480 BGH 8.3.1955 – I ZR 109/53, BGHZ 17, 1; BGH 3.2.1953 – I ZR 61/52, BGHZ 9, 1.

geschäftlichen Vereinbarung bilden. Demnach können Hauptleistungs- und Nebenleistungspflichten betroffen sein.[481] Art und Rechtsnatur des Vertrages sind insoweit gleichgültig.[482] **Weisungen** des Arbeitgebers sind keine Vertragsbedingungen, bestätigende Erklärungen des Arbeitnehmers ebenfalls nicht.[483] Dagegen können **einseitige Rechtsgeschäfte**, welche auf einer Vorformulierung des Verwenders beruhen, wie etwa eine auszufüllende Ausgleichsquittung oder eine Einwilligungserklärung, sehr wohl Allgemeine Geschäftsbedingungen darstellen.[484] Möglicher Inhalt von Vertragsbedingungen sind nicht nur der Arbeitsvertrag selbst, sondern auch die Änderung oder Verträge über die Änderung oder Beendigung des Arbeitsverhältnisses.[485] Vertragsbedingungen, die vor ihrer Verwendung als von Seiten des Arbeitgebers gestellte Regelungen kollektivrechtlich ausgehandelt wurden, können ebenso unter § 305 Abs. 1 BGB fallen.[486] Auch ein **Freiwilligkeits- und Widerrufsvorbehalt**, der auf der Gehaltsmitteilung eines Arbeitnehmers aufgebracht ist und nach drei Jahren eine bisherige betriebliche Übung beseitigt,[487] stellt eine der Inhaltskontrolle zugängliche Vertragsbedingung dar.[488] Neben schriftlichen Erklärungen können auch mündliche und stillschweigende Abreden eine AGB darstellen,[489] so dass selbst eine **betriebliche Übung** des Arbeitgebers der Inhaltskontrolle als AGB unterliegen kann.[490]

Als Vertragsbedingung gilt nicht nur ein **zweiseitiges Rechtsgeschäft**, sondern auch eine vom Verwender der AGB vorformulierte **einseitige Erklärung**.[491] Selbst einseitige Rechtsgeschäfte des Vertragspartners des Verwenders, also des Arbeitnehmers, können von der AGB-Kontrolle erfasst sein, soweit sie auf einer vorformulierten Erklärung des Arbeitgebers beruhen und Bestandteil eines Vertrages werden.[492] Vertragsbedingungen sind daher auch sämtliche im Zusammenhang mit dem Arbeitsverhältnis vom Arbeitnehmer abgegebenen, vorformulierten Einwilligungserklärungen, wie bspw die Einwilligung in die Speicherung oder Übermittlung personenbezogener Daten gem. § 4 a BDSG[493] oder die Entbindung des Betriebsarztes von seiner Schweigepflicht.[494] Vertragsbedingungen sind ebenfalls die in einer Vollmachtserteilung für den Arbeitgeber enthaltenen vorformulierten Erklärungen,[495] vorformulierte Empfangsbestätigungen sowie sonstige, vom Arbeitgeber zu Beweiszwecken vorbereitete Texte.[496] Soweit sie nicht lediglich über das Direktionsrecht oder kraft Betriebsvereinbarung eingeführt werden, stellen auch vom Arbeitgeber an seine Arbeitnehmer ausgegebene **Ethikrichtlinien** Vertragsbedingungen dar.[497] 202

481 RGKU/*Jacobs*, § 305 BGB Rn 20; Schaub/*Linck*, Arbeitsrechts-Handbuch, § 35 Rn 7.
482 Erman/*S. Roloff*, § 305 BGB Rn 4.
483 AnwK-ArbR/*Hümmerich*, § 305 BGB Rn 4.
484 Schaub/*Linck*, Arbeitsrechts-Handbuch, § 35 Rn 8.
485 AnwK-ArbR/*Hümmerich*, § 305 BGB Rn 5 unter Hinweis auf BGH 23.3.1988 – VII ZR 175/87, BGHZ 104, 95.
486 BAG 13.6.2012 – 7 AZR 169/11, NJOZ 2013, 1473.
487 BAG 4.5.1999 – 10 AZR 290/98, NZA 1999, 1162.
488 HWK/*Gotthardt*, § 305 BGB Rn 7; AnwK-ArbR/*Hümmerich*, § 305 BGB Rn 5.
489 BAG 16.5.2012 – 5 AZR 331/11, NZA 2012, 908; RGKU/*Jacobs*, § 305 BGB Rn 20; Schaub/*Linck*, Arbeitsrechts-Handbuch, § 35 Rn 9.
490 Däubler/Bonin/Deinert/*Däubler*, Einl. Rn 27 a.
491 BGH 5.5.1986 – II ZR 150/85, BGHZ 98, 24; MüKo-BGB/*Basedow*, § 305 BGB Rn 9; für analoge Anwendung: BGH 16.3.1999 – XI ZR 76/98, NJW 1999, 1864; *Stoffels*, AGB-Recht, Rn 113.
492 HWK/*Gotthardt*, § 305 BGB Rn 2; Staudinger/*Schlosser*, § 305 BGB Rn 8.
493 BGH 19.9.1985 – III ZR 213/83, BGHZ 95, 362; Däubler/Bonin/Deinert/*Deinert*, § 305 BGB Rn 6; *Hümmerich*, DuD 1978, 135.
494 Däubler/Bonin/Deinert/*Deinert*, § 305 BGB Rn 6.
495 BGH 16.3.1999 – IX ZR 76/98, NJW 1999, 1864.
496 BGH 24.3.1986 – III ZR 21/87, NJW 1988, 2106; AnwK-ArbR/*Hümmerich*, § 305 BGB Rn 6.
497 RGKU/*Jacobs*, § 305 BGB Rn 21.

bb) Vorformuliert

203 Als **vorformuliert** sind Vertragsbedingungen anzusehen, die für eine mehrfache Verwendung schriftlich aufgezeichnet oder in sonstiger Weise fixiert sind.[498] An dieses Merkmal sind allerdings nur **geringe Anforderungen** zu stellen, so dass dies bei Vertragsbedingungen bereits der Fall ist, wenn sie für eine **mehrfache Verwendung vorgesehen** sind.[499] Eine schriftliche Aufzeichnung ist zwar nicht erforderlich,[500] aber die Regel. Abzustellen ist eher darauf, dass die Vertragsbedingungen in abgeschlossener und fixierter Weise bereits beim Verwender vorlagen, so dass dieser bei Vertragsschluss einseitig auf sie zurückgreifen konnte. Sie müssen also zeitlich vor Vertragsschluss fertig formuliert sein, um in künftige Verträge eingefügt zu werden.[501] Es genügt demnach, wenn die Vertragsbedingungen „im Kopf" des AGB-Verwenders oder seines Abschlussgehilfen oder auf einem sonstigen Datenträger gespeichert sind und jeweils erst bei Vertragsabschluss schriftlich festgehalten werden.[502] Die bloße Niederlegung einer Richtlinie für den internen Gebrauch ist dagegen nicht ausreichend, um das Vorliegen von vorformulierten Vertragsbedingungen zu begründen; sie kann jedoch einen Verstoß gegen das Verbot der Gesetzesumgehung iSd § 306 a BGB darstellen, wenn der Verwender damit die Absicht verfolgt, Allgemeine Geschäftsbedingungen zu vermeiden.[503]

204 Eine mit **Wiederholungsabsicht** hand- oder maschinenschriftlich in den Formulartext eingefügte Regelung ist eine AGB,[504] auch wenn die Einfügung gelegentlich unterbleibt.[505] Arbeitsverträge, Aufhebungsverträge, Abwicklungsverträge und Änderungsverträge werden vom Arbeitgeber regelmäßig als vorformulierte Texte dem Arbeitnehmer zur Unterschrift vorgelegt. Das Merkmal „vorformuliert" entfällt nicht dadurch, dass sich die Arbeitsvertragsparteien bei den Einstellungsverhandlungen zunächst über die *essentialia* einigen. Erst wenn sich der Arbeitgeber mit dem Arbeitnehmer über die Vertragsbedingungen verständigt hat, fertigt er regelmäßig einen Entwurf und übergibt ihn dem Arbeitnehmer zur Unterschriftsleistung. Regelmäßig ist demnach davon auszugehen, dass der Arbeitgeber dabei seinen Vertragstext verwendet, auch wenn einzelne Verhandlungsgegenstände auf Wunsch des Arbeitnehmers in den Vertrag aufgenommen wurden. Der Vertrag besteht in diesem Falle aus AGB.[506]

205 Es ist nicht erforderlich, dass der Verwender die Vertragsbedingungen selbst vorformuliert hat, so dass zB bei einem Rückgriff auf ein **Vertragsmuster** eines Arbeitgeberverbandes von AGB des Arbeitgebers selbst zu sprechen ist.[507] Das Gleiche gilt im Fall der Formulierung durch einen externen Vertragsgestalter oder der Übernahme von Musterverträgen oder -klauseln aus einem Formularhandbuch.[508]

206 Das BAG hat im Haustürgeschäfts-Urteil[509] die These aufgestellt, die Hauptvertragsbedingungen seien in Aufhebungsverträgen regelmäßig **nicht vorformuliert**, weil die unmittelbaren Hauptleistungspflichten eines Aufhebungsvertrages, wie die Höhe der Abfindung, Verzicht auf Ausspruch einer außerordentlichen Kündigung, Beendigungszeitpunkt u.Ä., individuell ausgehandelt würden. Lediglich die Nebenbestimmungen des Aufhebungsvertrages sollten einer In-

498 Palandt/*Grüneberg*, § 305 BGB Rn 8.
499 RGKU/*Jacobs*, § 305 BGB Rn 22.
500 BGH 12.6.2001 – XI ZR 274/00, NJW 2001, 2635.
501 Schaub/*Linck*, Arbeitsrechts-Handbuch, § 35 Rn 9.
502 MüKo-BGB/*Basedow*, § 305 BGB Rn 13; HWK/*Gotthardt*, § 305 BGB Rn 5.
503 BGH 8.3.2005 – XI ZV 154/04, NJW 2005, 1645.
504 BGH 30.10.1991 – VIII ZR 51/91, BGHZ 115, 391; BGH 30.9.1987 – IV a ZR 6/86, NJW 1988, 410.
505 BGH 10.3.1999 – VIII ZR 204/98, NJW 1999, 2180; OLG Frankfurt aM 1.3.2000 – 23 O 47/99, NJW-RR 2001, 55.
506 Däubler/Bonin/Deinert/*Deinert*, § 305 BGB Rn 10; Ulmer/Brandner/Hensen/*Ulmer/Habersack*, AGB-Recht, § 305 BGB Rn 22 ff.
507 BAG 15.9.2009 – 3 AZR 173/08, NZA 2010, 342; *Thüsing*, AGB-Kontrolle im Arbeitsrecht, S. 19, Rn 51.
508 So auch Schaub/*Linck*, Arbeitsrechts-Handbuch, § 35 Rn 9 a.
509 BAG 27.11.2003 – 2 AZR 135/03, NZA 2004, 597.

haltskontrolle gem. §§ 307 ff BGB zugänglich sein.[510] Allenfalls kann eine Klausel in einem Aufhebungsvertrag, nach welcher das Arbeitsverhältnis aus betriebsbedingten Gründen im gegenseitigen Einverständnis beendet wird, eine AGB darstellen, wenn der Arbeitgeber sie für alle Arbeitnehmer in seinem Betrieb vorformuliert.[511]

cc) Vielzahl

Voraussetzung ist grds. bei allen Formen Allgemeiner Geschäftsbedingungen – demnach auch bei mündlichen Vertragsabreden – eine Absicht zur Verwendung in einer Vielzahl von Verträgen.[512] Das Merkmal „**Vielzahl**" erfordert nicht, dass die Vertragsbedingungen für eine **unbestimmte Anzahl** von Verträgen vorgesehen sind.[513] Insoweit genügt die Formulierung von Vertragsbedingungen für eine Gruppe bereits zur Einstellung ausgewählter Arbeitnehmer.[514] Bei der Verwendung von Vertragsbedingungen, welche von einem anderen Arbeitgeber oder einem Arbeitgeberverband zur mehrfachen Verwendung vorformuliert wurden, reicht zur Annahme von AGB bereits aus, dass der Arbeitgeber selbst diese nur einmal verwendet und keine mehrfache Verwendung geplant hatte.[515] Es kommt demnach nicht auf die Mehrfachverwendungsabsicht des tatsächlichen Verwenders, sondern auf die Absicht des Urhebers der Vereinbarung an. Der Begriff „Vielzahl" setzt nach der Rspr voraus, dass **zumindest drei Vertragsschlüsse ins Auge gefasst** sind.[516] Dies gelte unabhängig davon, ob die Absicht zur mehrfachen Verwendung gegenüber verschiedenen oder demselben Vertragspartner besteht, da von einer Vielzahl von Verträgen und nicht Vertragspartnern die Rede sei.[517] Allerdings muss es sich auch in diesem Fall um materiell und zeitlich unterschiedliche Verträge handeln.[518] Soll demnach derselbe befristete Vertrag gegenüber einem bestimmten Arbeitnehmer mindestens dreimal verwendet werden, handelt es sich bereits um AGB. 207

Nicht die Zahl der tatsächlichen Anwendungsfälle ist entscheidend, sondern die zum Zeitpunkt des Entwurfs bestehende Absicht, den vorformulierten Text mehrfach zu benutzen.[519] Der widerlegbare Anschein der **mehrfachen Verwendungsabsicht** kann sich bereits aus dem Inhalt und der äußeren Gestaltung der innerhalb des Vertrages verwendeten Bedingungen ergeben.[520] Etwa kann die Verwendung zahlreicher formelhafter Klauseln ohne Abstimmung auf die individuelle Vertragssituation ein deutliches Anzeichen für die Qualifizierung als AGB bilden.[521] 208

Verwendet der Arbeitgeber vorformulierte Vertragsbedingungen **ohne zunächst feststellbare Absicht der mehrfachen Verwendung** tatsächlich doch in mehreren Fällen, spricht die Vermutung für eine bereits anfängliche Absicht der mehrfachen Nutzung. Für die Annahme einer entsprechenden Absicht zur mehrfachen Verwendung ist keine exakt gleiche Formulierung der 209

510 *Junker*, BB 2007, 1274, 1279; *Kroeschell*, NZA 2008, 560, 561.

511 LAG Düsseldorf 29.6.2007 – 9 Sa 447/07, LAGE § 611 BGB 2002 Aufhebungsvertrag Nr. 4.

512 BAG 16.5.2012 – 5 AZR 331/11, NZA 2012, 908.

513 Däubler/Bonin/Deinert/*Deinert*, § 305 BGB Rn 14; Staudinger/*Schlosser*, § 305 BGB Rn 18; Palandt/*Grüneberg*, § 305 BGB 9.

514 Däubler/Bonin/Deinert/*Deinert*, § 305 BGB Rn 14.

515 BGH 16.11.1990 – V ZR 217/89, NJW 1991, 843; BAG 15.9.2009 – 3 AZR 173/08, NZA 2010, 342; OLG Hamm 27.2.1981 – 4 REMiet 4/80, NJW 1981, 1049.

516 BGH 27.9.2001 – VII ZR 388/00, NJW 2002, 138; BAG 1.3.2006 – 5 AZR 363/05, NZA 2006, 746; BAG 6.9.2007 – 2 AZR 722/06, NZA 2008, 219; BAG 18.3.2008 – 9 AZR 186/07, NZA 2008, 1004; BAG 15.9.2009 – 3 AZR 173/08, NZA 2010, 342; OLG Düsseldorf 13.2.1997 – 6 U 137/96, NJW-RR 1997, 1147.

517 BGH 11.12.2003 – VII ZR 31/03, NJW 2004, 1454; BAG 1.3.2006 – 5 AZR 363/05, NZA 2006, 746.

518 Staudinger/*Schlosser*, § 305 BGB Rn 20.

519 BGH 27.9.2001 – VII ZR 388/90, NJW 2002, 138; BGH 23.6.2005 – VII ZR 277/04, ZIP 2005, 1604.

520 BGH 14.11.2005 – VII ZR 87/04, NZBau 2006, 390; BAG 18.3.2008 – 9 AZR 186/07, NZA 2008, 1004.

521 BGH 27.11.2003 – VII ZR 53/03, NJW 2004, 502; BAG 1.3.2006 – 5 AZR 363/05, NZA 2006, 746; BAG 18.3.2008 – 9 AZR 186/07, NZA 2008, 1004.

Klauseln erforderlich, so dass eine inhaltliche Übereinstimmung ausreicht.[522] Es ist dann im Einzelfall Sache des Verwenders, diese Vermutung im Streitfall zu widerlegen.

dd) „Stellen“ durch eine Vertragspartei

210 Der Begriff „**Stellen**“ ist vieldeutig. Im Sinne des § 305 Abs. 1 BGB ist dieses Merkmal erfüllt, wenn der Arbeitgeber die Einbeziehung der Bedingungen vom Arbeitnehmer **verlangt**, dem Arbeitnehmer ein konkretes Angebot zur Einbeziehung der Bedingungen macht oder wenn die Vorformulierung einer Vielzahl von Verträgen nach einem einheitlichen Text auf die Initiative des Arbeitgebers zurückgeht.[523] Das Merkmal des „Stellens“ ist auch erfüllt, wenn der Arbeitgeber ein Vertragsmuster verwendet, in dem der Arbeitnehmer zwischen verschiedenen vorformulierten Regelungsmöglichkeiten wählen kann.[524] Anders ist die Sachlage, wenn der Arbeitnehmer, ohne dass ein Vorschlag des Arbeitgebers zu einer Vertragsklausel existiert, einen Leerraum nach seinen eigenen Vorstellungen ausfüllen kann.[525]

211 Sinn des Merkmals „Stellen“ ist, dass die Vertragsbedingungen einer Vertragspartei, nämlich dem Arbeitgeber als AGB-Verwender, zugerechnet werden können.[526] Dass die Vertragsbedingungen von einem Dritten, zB aus einem Formularbuch, stammen oder von einem Arbeitgeberverband herausgegeben werden, lässt das Merkmal „Stellen“ nicht entfallen, wenn sich der Arbeitgeber die Fremdtexte zu eigen macht.[527] Eine zwangsweise Auferlegung oder einseitige Durchsetzung der vorformulierten Vertragsbedingungen ist dabei nicht erforderlich.[528] Da der Arbeitnehmer als Verbraucher iSd § 13 BGB anerkannt ist (s. § 1 Rn 216 ff) und es sich regelmäßig beim Arbeitgeber auch um einen Unternehmer iSv § 14 BGB handelt (s. § 1 Rn 224), gelten die vorformulierten Vertragsbedingungen gem. § 310 Abs. 3 Nr. 1 BGB als vom Arbeitgeber gestellt, soweit der Arbeitnehmer die AGB nicht selbst in den Vertrag eingeführt hat.

ee) Das Ausschließungsmerkmal „Aushandeln“ gem. § 305 Abs. 1 S. 3 BGB

212 § 305 Abs. 1 S. 3 BGB entzieht Vertragsbedingungen insoweit dem AGB-Recht, wie sie zwischen den Parteien **im Einzelnen ausgehandelt** wurden. In diesen Fällen gilt der freie Wille der Vertragsparteien, da das AGB-Recht nur eingreifen soll, wo das Konzept des freien Aushandelns zwischen selbstbestimmten Vertragspartnern aufgrund der rein einseitigen Vertragsgestaltung versagt habe.[529] Allerdings greift der Ausnahmetatbestand lediglich für die Bestandteile des Vertrages, die tatsächlich im Einzelnen ausgehandelt wurden, so dass ungeachtet der teilweisen Aushandlung alle übrigen Regelungen weiterhin AGB darstellen können.[530] Insgesamt bleibt trotz dieser Ausnahme der Anwendungsbereich der AGB-Kontrolle in Arbeitsverträgen sehr weit, da es sich für die meisten Bereiche der Arbeitswelt als typisch darstellt, dass die einzelnen Arbeitsbedingungen nicht ausgehandelt werden, sondern für sie eine kollektive Ordnung besteht.[531] Ein tatsächliches Aushandeln der Arbeitsbedingungen im Einzelnen wird demnach in der praktischen Arbeitswelt wohl die **absolute Ausnahme** darstellen.[532]

---

522 Däubler/Bonin/Deinert/*Deinert*, § 305 BGB Rn 15 a.

523 BGH 20.3.1985 – IV a ZR 223/83, NJW 1985, 2477; BGH 24.5.1995 – XII ZR 172/94, BGHZ 130, 50; RGKU/*Jacobs*, § 305 BGB Rn 27; Schaub/*Linck*, Arbeitsrechts-Handbuch, § 35 Rn 13; ErfK/*Preis*, §§ 305–310 BGB Rn 22.

524 BGH 7.2.1996 – IV ZR 16/95, NJW 1996, 1676.

525 BGH 13.11.1997 – X ZR 135/95, NJW 1998, 1066.

526 MüKo-BGB/*Basedow*, § 305 BGB Rn 20.

527 AnwK-ArbR/*Hümmerich*, § 305 BGB Rn 18.

528 Erman/*Roloff*, § 305 BGB Rn 12.

529 *Preis*, FS Richardi, S. 339, 342; in diesem Sinne auch Schaub/*Linck*, Arbeitsrechts-Handbuch, § 35 Rn 15.

530 HWK/*Gotthardt*, § 305 BGB Rn 8; RGKU/*Jacobs*, § 305 BGB Rn 29.

531 *Richardi*, NZA 2002, 1057, 1058.

532 So auch ErfK/*Preis*, §§ 305–310 BGB Rn 24.

Mit dem Begriff „**Aushandeln**“ ist eine stärkere Einflussnahme des Vertragspartners des Verwenders als durch den Begriff „Verhandeln“ gemeint.[533] Für ein „Aushandeln“ genügt nicht, dass der Vertragsinhalt lediglich erläutert oder erörtert wird und auch den Vorstellungen des Vertragspartners entspricht. Ein gemeinsames und übereinstimmendes Verständnis des Inhalts einer Vereinbarung ist nicht ausreichend.[534] „Ausgehandelt“ ist eine Vertragsbedingung erst, wenn der Verwender die betreffende Klausel inhaltlich **ernsthaft zur Disposition stellt** und dem Vertragspartner Gestaltungsfreiheit zur Wahrung eigener Interessen einräumt mit der **realen Möglichkeit, die inhaltliche Ausgestaltung der Vertragsbedingung zu beeinflussen.**[535] Der Begriff des Aushandelns entspricht insoweit dem Begriff des Einflussnehmens in § 310 Abs. 3 Nr. 2 BGB.[536] Das setzt voraus, dass sich der Verwender deutlich und ernsthaft zu gewünschten Änderungen der Vertragsbedingungen bereit erklärt.[537] In aller Regel schlägt sich solch eine Bereitschaft auch in entsprechenden Änderungen zumindest in Teilen des vorformulierten Textes nieder. Aus diesem Grund kann ein Vertrag nur unter besonderen Umständen auch dann als Ergebnis eines „Aushandelns“ gewertet werden, wenn es nach gründlicher Erörterung im Einzelnen aus sachlichen Gründen bei dem vom Klauselverwender ursprünglich gestellten Entwurf verbleibt.[538] Eine einseitige und unveränderte Urheberschaft verträgt sich regelmäßig nicht mit dem Begriff des Aushandelns. Die Voraussetzung ist zB nicht erfüllt, wenn die Verhandlung eher wie ein „Schlagabtausch“ verläuft, bei dem der Verwender in keinem der verhandelten Punkte nachgibt und jegliche Signale der Bereitschaft zur Änderung vermissen lässt.[539] 213

Wie der Zusatz „**im Einzelnen**“ unterstreicht, muss eine Vertragspassage in ihrer Gesamtheit, nicht nur hinsichtlich ausfüllungsbedürftiger Daten wie Gehalt oder Fälligkeit, Gegenstand von Verhandlungen gewesen sein, um aus dem Schutzbereich des § 305 Abs. 1 BGB herauszufallen. Insoweit schließt sich der Kreis zum Merkmal „vorformuliert“. Wenn Leerstellen oder numerische Festlegungen erfolgen, der Vertragstext somit vom Verwender gestellt und nicht „im Einzelnen ausgehandelt“ ist, handelt es sich bei der Regelungspassage zweifelsfrei um eine AGB. 214

d) Erweiterter und erleichterter Anwendungsbereich nach § 310 Abs. 3 BGB bei Verbraucherverträgen

aa) Der Arbeitsvertrag als Verbrauchervertrag

Neben dem Vorliegen echter Allgemeiner Geschäftsbedingungen kommen gem. § 310 Abs. 3 BGB in Bezug auf die Eröffnung des Anwendungsbereichs und die konkrete Inhaltskontrolle besondere Regelungen in Betracht, soweit es sich bei dem maßgeblichen Vertrag um einen **Verbrauchervertrag** handelt. Entscheidende Voraussetzung für die Anwendbarkeit der **Sondervorschriften des § 310 Abs. 3 BGB** ist somit, dass es sich bei dem Arbeitsvertrag um einen Verbrauchervertrag, also um einen zwischen einem Verbraucher iSv § 13 BGB und einem Unternehmer nach § 14 BGB geschlossenen Vertrag, handelt. 215

---

533 BGH 27.3.1991 – VI ZR 90/90, NJW 1991, 1678; BGH 3.11.1999 – VIII ZR 269/98, NJW 2000, 1110; BGH 19.5.2005 – III ZR 437/04, NJW 2005, 2543; BAG 1.3.2006 – 5 AZR 363/05, NZA 2006, 746; BAG 15.9.2009 – 3 AZR 173/08, NZA 2010, 342; BAG 19.5.2010 – 5 AZR 253/09, NZA 2010, 939; Schaub/*Linck*, Arbeitsrechts-Handbuch, § 35 Rn 14.

534 BAG 15.9.2009 – 3 AZR 173/08, NZA 2010, 342.

535 BAG 27.7.2005 – 7 AZR 486/04, NZA 2006, 94; BAG 1.3.2006 – 5 AZR 363/05, NZA 2006, 746; BAG 6.9.2007 – 2 AZR 722/06, NZA 2008, 219; BAG 15.9.2009 – 3 AZR 173/08, NZA 2010, 342; BAG 19.5.2010 – 5 AZR 253/09, NZA 2010, 939; Schaub/*Linck*, Arbeitsrechts-Handbuch, § 35 Rn 14.

536 BAG 19.5.2010 – 5 AZR 253/09, NZA 2010, 939.

537 BAG 6.9.2007 – 2 AZR 722/06, NZA 2008, 219; BAG 19.5.2010 – 5 AZR 253/09, NZA 2010, 939.

538 BGH 3.11.1999 – VIII ZR 269/98, NJW 2000, 1110; BAG 19.5.2010 – 5 AZR 253/09, NZA 2010, 939.

539 LAG Schleswig-Holstein 23.5.2007 – 3 Sa 28/07, NZA-RR 2007, 514.

(1) Der Arbeitnehmer als Verbraucher iSd § 13 BGB

216 Für die Beurteilung kommt es daher entscheidend darauf an, ob man dem **Arbeitnehmer** den Status eines **Verbrauchers** zuweist oder nicht. Verbraucher gem. § 13 BGB ist grds. jede natürliche Person, die ein Rechtsgeschäft abschließt, das weder ihrer gewerblichen noch ihrer selbständigen beruflichen Tätigkeit dient. Die **hM**[540] hält den Arbeitnehmer für einen Verbraucher, die Mindermeinung[541] ordnet ihn nicht dem Verbraucherbegriff des § 13 BGB zu. Die Vertreter der Mindermeinung (**relativer Verbraucherbegriff**) behaupten, dass der Arbeitnehmer nur bei einzelnen Rechtsgeschäften wie Kauf von Dienstkleidung oder Abschluss von Versicherungsverträgen am Arbeitsplatz, als Darlehensnehmer im Rahmen eines Arbeitgeberdarlehens oder bei vergleichbaren Rechtsgeschäften Verbraucher iSd § 13 BGB sei. Bei allen Rechtsgeschäften im Verhältnis zwischen Arbeitgeber und Arbeitnehmer, die sich auf das Arbeitsverhältnis selbst beziehen, also bei Abschluss, Änderung oder Beendigung des Arbeitsverhältnisses, fehlt dem Arbeitnehmer nach dem relativen Verbraucherbegriff die Verbrauchereigenschaft.

217 Die überzeugenderen Argumente sprechen indes für die hM, der sich der 5. Senat des BAG mit Urteil vom 25.5.2005 angeschlossen hat.[542] Das BAG[543] und auch das BVerfG[544] haben inzwischen **bestätigt**, dass dem **Arbeitnehmer** bei **Abschluss des Arbeitsvertrages** die **Verbrauchereigenschaft** zukomme. In § 13 BGB definiere der Gesetzgeber über die europarechtlichen Vorgaben hinaus[545] den Verbraucherbegriff, wobei zwei konstitutive und zwei ausschließende Tatbestandsmerkmale gelten. Verbraucher ist danach jede natürliche Person, die ein Rechtsgeschäft zu einem Zwecke abschließt, der weder ihrer gewerblichen noch ihrer selbständigen berufli-

540 BAG 25.5.2005 – 5 AZR 572/04, NZA 2005, 1111; BAG 8.8.2007 – 7 AZR 855/06, NZA 2008, 229; BAG 18.3.2008 – 9 AZR 186/07, NZA 2008, 1004; BVerfG 23.11.2006 – 1 BvR 1909/06, NZA 2007, 85; APS/*Schmidt*, AufhebVTRG Rn 88; Bamberger/Roth/*Schmidt-Raentsch*, § 13 BGB Rn 6; *Boemke*, BB 2002, 96; *Boudon*, ArbRB 2003, 150; *Bülow/Artz*, Verbraucherprivatrecht, S. 20; *Däubler*, NZA 2001, 1333; Däubler/Bonin/Deinert/*Däubler*, Einl. Rn 60 ff; Däubler/*Zwanziger*, TVG, § 4 Rn 1203; *Diehn*, NZA 2004, 129, 130; ErfK/*Müller-Glöge*, § 620 BGB Rn 14; ErfK/*Preis*, § 611 BGB Rn 182; Erman/*Saenger*, § 13 BGB Rn 15 f; *Falke/Barthel*, BuW 2003, 255, 257; *Gotthardt*, Arbeitsrecht nach der Schuldrechtsreform, Rn 20; *ders.*, ZIP 202, 278; *Grundstein*, FA 2003, 41; *Hanau*, Anm. zu BAG 7.3.2001 – GS 1/00, AP § 288 BGB Nr. 4; Henssler/v. Westphalen/*v. Westphalen*, § 310 Rn 15; *Holtkamp*, AuA 2002, 250; *Hunold*, NZA-RR 2008, 449; *Hümmerich*, AnwBl 2002, 675; *ders.*, NZA 2003, 753; *Hümmerich/Holthausen*, NZA 2002, 178; HWK/*Gotthardt*, § 310 BGB Rn 2; Kittner/Zwanziger/*Bachner*, Arbeitsrecht Handbuch, § 104 Rn 81; *Klevemann*, AiB 2002, 580; *Lakies*, NZA-RR 2002, 337, 343; *Lindemann*, AuR 2002, 84; Schaub/*Linck*, Arbeitsrechts-Handbuch, § 35 Rn 12; *Lorenz/Riehm*, Lehrbuch zum neuen Schuldrecht, Rn 93; Lorenz/*Canaris*, Karlsruher Forum 2002, S. 179; Lorenz/*Wolf*, Karlsruher Forum 2002, S. 184; MüKo-BGB/*Micklitz*, § 14 BGB Rn 25; *Preis*, NZA-Beil. 2003, 19; *ders.*, in: 50 Jahre BAG, 2004, S. 123; *Reim*, DB 2002, 2434; *Reinecke*, DB 2002, 586; *Schaub*, GS Blomeyer, S. 334, 338 f; *Schleusener*, NZA 2002, 950; *Schuster*, AiB 2002, 274; *Singer*, RdA 2003, 194; Staudinger/*Neumann*, Vorb. §§ 620 ff BGB Rn 4, 14; Staudinger/*Schlosser*, § 310 BGB Rn 48; Staudinger/*Coester*, Vorb. zu §§ 307 ff BGB Rn 16, 23; *Stoffels*, AGB-Recht, Rn 197; *ders.*, NZA-Beil. 2004, 19; *Thüsing*, BB 2002, 2668; *Thüsing/Leder*, BB 2004, 43; *Walter*, AiB 2002, 381; *Wedde*, AiB 2002, 269; ArbG Berlin 2.4.2003 – 31 Ca 2694/04; ArbG Bonn 19.12.2002 – 3 Ca 2803/02; ArbG Düsseldorf 14.5.2003 – 10 Ca 11163/02; ArbG Hamburg 1.8.2002 – 15 Ca 48/02, ZGS 2003, 79.

541 *Annuß*, BB 2002, 458; *ders.*, NJW 2002, 2844; *Bauer/Diller*, NJW 2002, 1609; *Bauer/Kock*, DB 2002, 44; *Berger-Delhey*, ZTR 2002, 66; *Berkowsky*, AuA 2002, 15; *Clemens*, ZGS 2003, 80; *Fiebig*, DB 2002, 1608; *Henssler*, RdA 2002, 133; *Hönn*, ZfA 2003, 325, 344; *Hromadka*, NJW 2002, 2524; RGKU/*Jacobs*, § 305 BGB Rn 26; *Joussen*, NZA 2001, 745; *Krebs*, DB 2002, 517; *Lieb*, Arbeitsrecht, Rn 111; *Lingemann*, NZA 2002, 184; *Löwisch*, FS Wiedemann, S. 315; *Natzel*, NZA 2002, 595; Olzen/*Wank*, Die Schuldrechtsreform 2002, Rn 487; *Otto*, Arbeitsrecht, Rn 231 aE; Palandt/*Ellenberger*, § 13 BGB Rn 3; *Reichold*, ZTR 2002, 202; *ders.*, in: 50 Jahre BAG, 2004, S. 153; *Richardi*, NZA 2002, 1009; *ders.*, NZA-Beil. 2003, 14, 17; *Rieble/Klumpp*, ZIP 2002, 2158; *Rolfs*, RdA 2006, 349; Soergel/*Pfeiffer*, § 13 BGB Rn 44; Tschöpe/*Wisskirchen*, Teil I C Rn 378; ArbG Weiden 16.7.2003 – 1 Ca 1912/02, ZTR 2003, 629; LAG Rheinland-Pfalz 14.5.2004 – 3 Sa 82/04, AuA 2004, 48.

542 BAG 25.5.2005 – 5 AZR 572/04, NZA 2005, 1111.

543 BAG 8.8.2007 – 7 AZR 855/06, NZA 2008, 229; BAG 18.3.2008 – 9 AZR 186/07, NZA 2008, 1004.

544 BVerfG 23.11.2006 – 1 BvR 1909/06, NZA 2007, 85.

545 *Bülow/Artz*, NJW 2000, 2049; MüKo-BGB/*Micklitz*, § 13 BGB Rn 3.

chen Tätigkeit zugerechnet werden kann. Da der Arbeitnehmer die Arbeit *in persona* zu leisten hat (§ 613 BGB), ist der Vertragspartner des Arbeitgebers beim Arbeitsverhältnis zwangsläufig immer eine natürliche Person.

§ 13 BGB bindet den Verbraucherbegriff im Sinne gemeinschaftsrechtlicher Vorgaben an den Zweck des Rechtsgeschäfts. Der Zweck wird nicht positiv, sondern im Sinne eines Ausschlusstatbestandes formuliert.[546] Danach darf der Zweck der Tätigkeit weder einer gewerblichen noch einer selbständigen beruflichen Tätigkeit zuzurechnen sein. Beim Arbeitnehmer sind beide Ausschlusskriterien erfüllt, da der Vertragsschluss der Begründung eines abhängigen Beschäftigungsverhältnisses dient.[547] Die Arbeitsleistung ist keine gewerbliche Tätigkeit, weil der Arbeitnehmer weisungsgebunden seine Dienste in persönlicher und wirtschaftlicher Abhängigkeit erbringt.[548] Der Arbeitnehmer ist außerdem der Prototyp des „Unselbständigen".[549] Merkmal des Arbeitnehmers ist es, dass er nicht im Wesentlichen frei seine Tätigkeit gestalten und seine Arbeitszeit bestimmen kann.[550] 218

Das BAG hat sich im Urteil vom 25.5.2005[551] durch Subsumtion unter § 13 BGB dieser Auffassung angeschlossen (**absoluter Verbraucherbegriff**). § 13 BGB nehme eine Negativabgrenzung vor. Der Arbeitsvertrag sei der unselbständigen beruflichen Tätigkeit des Arbeitnehmers zuzuordnen. Die bloße Subsumtion des Arbeitnehmers unter den Wortlaut des Verbraucherbegriffs stellt allerdings noch keine Besonderheit dar, da nach der Fassung des Gesetzes praktisch jeder, der nicht unternehmerisch tätig wird, Verbraucher ist.[552] Der Begriff „Verbraucher" bezeichnet, wie das BAG ausführt, nur einen rechtstechnischen Oberbegriff. Ein konsumtiver Zweck, wie er für Kauf- oder Darlehensverträge typisch sei, werde nicht verlangt. Mit der Definition des Verbrauchers habe sich der Gesetzgeber von dem allgemeinen Sprachgebrauch gelöst und eine eigenständige umfassende Begriffsbestimmung gewählt.[553] Ein „Verbrauchen" im Sinne eines Konsumierens ist somit für die Annahme einer Verbrauchereigenschaft nicht notwendig. Nach der systematischen Stellung im Allgemeinen Teil des BGB finde § 13 BGB auf alle Arten von Rechtsgeschäften Anwendung. 219

Das BAG führt für die Einordnung des Arbeitnehmers als Verbraucher ferner die Entstehungsgeschichte des § 13 BGB an. Der Verbraucherbegriff habe einen Bedeutungswandel erfahren, weil die Bereichsausnahme des § 23 Abs. 1 AGB-Gesetz für das Gebiet des Arbeitsrechts nicht mehr bestehe. Aufgrund von § 310 Abs. 4 BGB seien die Einzelarbeitsverträge dem Recht der Allgemeinen Geschäftsbedingungen unterstellt, welches Verbraucherverträge gem. § 310 Abs. 3 BGB grds. miteinschließe. Diese Vorschrift sei, anders als zB § 305 Abs. 2 und 3 BGB, nicht ausgenommen worden. 220

Daneben gebieten auch der Sinn und Zweck des § 13 BGB eine Einbeziehung des **Arbeitnehmers** unter den Verbraucherbegriff, da dieser als **klassischer Fall des unselbständig Handelnden** zumindest genauso schutzbedürftig ist wie der Verbraucher als Vertragspartei eines Dienstleistungs- oder Kaufvertrages.[554] Ebenfalls für die Erweiterung der Inhaltskontrolle im Arbeitsrecht nach Maßgabe des § 310 Abs. 3 BGB spricht der vom Gesetzgeber mit Aufhebung der Bereichsausnahme in § 23 AGB-Gesetz verfolgte Zweck. Mit dieser sollte gerade sichergestellt 221

546 MüKo-BGB/*Micklitz*, § 13 BGB Rn 8.
547 *Thüsing*, AGB-Kontrolle im Arbeitsrecht, S. 17, Rn 46.
548 BAG 16.3.1999 – 9 AZR 314/98, NZA 1999, 1281; BAG 29.5.2002 – 5 AZR 161/01, NJOZ 2003, 1555.
549 ErfK/*Preis*, § 611 BGB Rn 182.
550 BAG 19.1.2000 – 5 AZR 644/98, NZA 2000, 1102; BAG 30.11.1994 – 5 AZR 704/93, NZA 1995, 622.
551 BAG 25.5.2005 – 5 AZR 572/04, NZA 2005, 1111.
552 *Singer*, RdA 2003, 194, 195.
553 BAG 25.5.2005 – 5 AZR 572/04, NZA 2005, 1111.
554 HWK/*Gotthardt*, § 310 BGB Rn 2.

werden, dass das Schutzniveaus der Arbeitsvertragskontrolle nicht hinter demjenigen des allgemeinen Zivilrechts zurückbleibt.[555]

222 Allerdings kommt der Einordnung des Arbeitnehmers unter den Verbraucherbegriff allein noch keine entscheidende Bedeutung für die **Anwendbarkeit der Verbraucherschutzvorschriften** wie § 288 Abs. 2 BGB, § 310 Abs. 3 BGB oder den §§ 312, 355 BGB zu. Das BAG betont, dass die Verbrauchereigenschaft des Arbeitnehmers lediglich die Grundlage für die Anwendung der Verbraucherschutzvorschriften biete, die konkrete Anwendbarkeit im Einzelfall sich aber nur aus diesen Normen selbst ergeben könne. So sei bspw für ein Widerrufsrecht bei Haustürgeschäften gem. §§ 312, 355 BGB das Vorliegen einer Haustürsituation und nicht der Verbraucherbegriff entscheidend.[556] Ein Kaufvertrag zwischen Arbeitgeber und Arbeitnehmer, wie zB die **Veräußerung des gebrauchten Geschäftswagens an einen Arbeitnehmer**, ist ein Verbrauchsgüterkauf gem. §§ 474 ff BGB. Auch auf die von Automobilherstellern veräußerten Fahrzeuge an ihre Mitarbeiter mit hohen Preisnachlässen sind die Grundzüge des Verbrauchsgüterkaufs anzuwenden. Der Arbeitgeberdarlehensvertrag ist nach § 491 BGB ein Verbrauchervertrag und wird in die AGB-Rechtskontrolle über § 491 Abs. 2 Nr. 2 BGB einbezogen. Diese Fälle werden auch von den Vertretern des relativen Verbraucherbegriffs als Verbraucherverträge anerkannt, da es sich um die Inanspruchnahme von Sach- oder Dienstleistungen des Arbeitgebers außerhalb der arbeitsvertraglichen Pflichten handele, für welche dem Arbeitnehmer die Verbrauchereigenschaft zugestanden werden müsse.[557]

223 In Bezug auf die erweiterten und erleichterten Anwendungsmöglichkeiten einer Inhaltskontrolle nach den §§ 305 ff BGB über § 310 Abs. 3 BGB bildet jedoch die **Verbrauchereigenschaft selbst** das entscheidende Kriterium.

(2) Der Arbeitgeber als Unternehmer iSd § 14 BGB

224 Als weitere Voraussetzung für ein Eingreifen der Einbeziehungsnorm des § 310 Abs. 3 BGB muss es sich beim **Arbeitgeber** um einen **Unternehmer iSd § 14 BGB** handeln. Dies ist im Umkehrschluss zu § 13 BGB der Fall, wenn dieser bei Abschluss des Rechtsgeschäfts in Ausübung seiner gewerblichen oder selbständigen beruflichen Tätigkeit handelt. Auch wenn diese Voraussetzung regelmäßig erfüllt sein wird, sind die Begriffe „Unternehmer" und „Arbeitgeber" keinesfalls deckungsgleich.[558] Zwar werden durch die Übernahme des weiten Unternehmerbegriffs des EG-Rechts auch Freiberufler und gemeinnützige Dienstleister erfasst.[559] Jedoch kann ein Verbrauchervertrag mangels Unternehmereigenschaft ausscheiden, wenn der Arbeitgeber einen Arbeitsvertrag zu rein privaten Zwecken und außerhalb seiner gewerblichen oder selbständigen Tätigkeit schließt.[560] Stellt also ein Arbeitgeber für private Zwecke einen Gärtner zur Pflege seines Hausgrundstücks oder eine Haushaltshilfe ein, ist er zwar Arbeitgeber, aber nicht Unternehmer.[561]

bb) Rechtsfolgen der Annahme eines Verbrauchervertrages nach § 310 Abs. 3 BGB

225 Handelt es sich um einen Verbrauchervertrag, stellt § 310 Abs. 3 BGB nicht lediglich eine erleichterte Einbeziehungsnorm dar, auch wenn seine Funktion oftmals auf diesen Zweck reduziert wird. Vielmehr finden sich in § 310 Abs. 3 Nr. 1–3 BGB **drei** verschiedene und **voneinander unabhängige Rechtsfolgen.**

---

555 BAG 25.5.2005 – 5 AZR 572/04, NZA 2005, 1111.
556 BAG 25.5.2005 – 5 AZR 572/04, NZA 2005, 1111.
557 So zB bei *Henssler*, RdA 2002, 129, 134.
558 *Thüsing*, AGB-Kontrolle im Arbeitsrecht, S. 18, Rn 48.
559 Däubler/Bonin/Deinert/*Däubler*, Einl. Rn 74.
560 *Thüsing*, AGB-Kontrolle im Arbeitsrecht, S. 18, Rn 48.
561 ErfK/*Preis*, § 611 BGB Rn 182.

Gemäß **§ 310 Abs. 3 Nr. 1 BGB** gelten im Rahmen von Verbraucherverträgen Allgemeine Geschäftsbedingungen im Rahmen einer gesetzlichen Fiktion als vom Unternehmer gestellt, es sei denn, sie wurden tatsächlich vom Verbraucher in den Vertrag eingeführt. Insoweit kann also auf die Prüfung des Merkmals des „**Stellens**" iSv § 305 Abs. 1 S. 1 BGB verzichtet werden. In Arbeitsverträgen, welche im überwiegenden Fall als Verbraucherverträge zu qualifizieren sind (s. § 1 Rn 215 ff), gelten vorgefertigte Vertragsbedingungen somit idR als vom Arbeitgeber gestellt. Dieser Regelung wird in der Praxis des Arbeitsrechts allerdings nur eine geringe Bedeutung zukommen, da in der konkreten Abschlusssituation meist ersichtlich ist, dass Allgemeine Geschäftsbedingungen lediglich von Seiten des Arbeitgebers eingeführt und vorgeschlagen werden. Die Normierung in § 310 Abs. 3 Nr. 1 BGB hat somit ersichtlich andere Vertragstypen und andere, meist unübersichtlichere Abschlusssituationen im Blick. 226

Eine größere Bedeutung auch für Arbeitsverhältnisse besitzt dagegen die in **§ 310 Abs. 3 Nr. 2 BGB** geregelte Rechtsfolge. Danach ist eine leicht eingeschränkte, aber im Kernbereich einschlägige Inhaltskontrolle nach den §§ 305 c Abs. 2, 306 und 307–309 BGB sowie Art. 46 b EGBGB auch anwendbar, wenn es sich um vom Arbeitgeber vorformulierte Vertragsbedingungen handelt, die nicht zur mehrfachen, sondern lediglich zur **einmaligen Verwendung** bestimmt waren. Demnach muss im Fall von Arbeitsverträgen eine Mehrfachverwendungsabsicht des Arbeitgebers regelmäßig nicht vorliegen, um den Arbeitsvertrag dennoch einer weitreichenden Einbeziehungs- und Inhaltskontrolle unterziehen zu können. 227

Die Rspr erachtet im Fall der Anerkennung des Arbeitsvertrages als Verbrauchervertrag zur Kontrolle von Arbeitsvertragsbedingungen auch beide eben genannten Tatbestände § 310 Abs. 3 Nr. 1 und 2 BGB neben § 305 Abs. 1 BGB als echte **Anwendungsbereichsnormen**. Die Prüfungsanforderungen, ob es sich bei einem Arbeitsvertrag um einen Formularvertrag iSd § 305 BGB handelt, seien aufwendiger, als wenn man der hM folgend das AGB-Recht über § 310 Abs. 3 BGB einbeziehe. Deshalb lässt das BAG in diesem Zusammenhang dahinstehen, ob es sich um Allgemeine Geschäftsbedingungen iSd § 305 BGB handelt, wenn jedenfalls ein Verbrauchervertrag gem. § 310 Abs. 3 BGB vorliegt.[562] Dieser Weg stellt sich allerdings als ein Stück weit ungenau dar. § 310 Abs. 3 Nr. 2 BGB verzichtet, wie gezeigt, lediglich auf der Kriterium der Absicht zur mehrfachen Verwendung. Demnach muss trotzdem zunächst festgestellt werden, dass es sich um von Seiten des Arbeitgebers vorformulierte Vertragsbedingungen handelt, die nicht im Einzelnen ausgehandelt wurden, also keine echten Individualbedingungen darstellen.[563] Dies ist bei Arbeitsverträgen zwar regelmäßig der Fall, kann aber nicht von vornherein vorausgesetzt werden. 228

Auch aus anderem Grund wird in der Praxis bei Einordnung eines Arbeitsvertrages als Verbrauchervertrag die Prüfung des Vorliegens echter Allgemeiner Geschäftsbedingungen iSd § 305 Abs. 1 BGB oder Einmalbedingungen von Bedeutung bleiben. In beiden Fällen ist mit unterschiedlichen Wirkungen zu rechnen. Bei **Einmalbedingungen** nach § 310 Abs. 3 Nr. 2 BGB sind nur die ausdrücklich in Bezug genommenen wesentlichen Schutzvorschriften des AGB-Rechts auf die vorformulierten Vertragsbedingungen anzuwenden. Demnach sind diese bspw nicht auf das Vorliegen überraschender Klauseln iSd § 305 c Abs. 1 BGB oder einen Verstoß gegen das Umgehungsverbot gem. § 306 a BGB zu kontrollieren. Bei echten vom Arbeitgeber gestellten Allgemeinen Geschäftsbedingungen (§ 310 Abs. 3 Nr. 1 BGB) kommen die Bestimmungen des AGB-Rechts dagegen vollständig zur Anwendung. 229

Dennoch differenziert das BAG nicht deutlich zwischen der Eröffnung des Anwendungsbereichs einer AGB-Kontrolle nach § 310 Abs. 3 **Nr. 1** BGB (**Formulararbeitsverträge**) und § 310 Abs. 3 **Nr. 2** BGB (**Einmalbedingungen**). So heißt es im Urteil vom 25.5.2005, dass § 310 Abs. 3 BGB auf Arbeitsverträge Anwendung finde. Die Vorschrift enthalte keine einschränken- 230

562 BAG 8.8.2007 – 7 AZR 855/06, NZA 2008, 229.
563 So auch ErfK/*Preis*, §§ 305–310 BGB Rn 24.

den Tatbestandsmerkmale. Der Unterscheidung, ob die vorformulierten Vertragsbedingungen für eine Vielzahl von Verträgen oder nur zur einmaligen Verwendung bestimmt seien, komme im Individualarbeitsrecht keine größere Bedeutung als im allgemeinen Vertragsrecht zu.[564]

231 Schließlich sind bei der Beurteilung einer unangemessenen Benachteiligung iSv § 307 Abs. 1 und 2 BGB im Rahmen der AGB-Kontrolle von Verbraucherverträgen gem. **§ 310 Abs. 3 Nr. 3 BGB** auch **die den Vertragsschluss begleitenden Umstände zu berücksichtigen**. Dies stellt eine Abweichung von der normalen Bewertung und Auslegung Allgemeiner Geschäftsbedingungen dar, welche grds. aus einer objektivierten Perspektive des durchschnittlichen Vertragspartners heraus zu betrachten sind (s. § 1 Rn 245). Dies ist als Ausgangspunkt nur folgerichtig, da sich AGB grds. an einen unbestimmten Personenkreis richten und demnach auch aus einer objektiven, vom konkreten Vertragspartner losgelösten Perspektive zu bewerten sind. Dieser Grundsatz wird in Verbraucherverträgen insoweit aufgeweicht, als dass auch die konkret-individuellen Begleitumstände des Vertragsschlusses bei der Beurteilung einer möglichen unangemessenen Benachteiligung des Vertragspartners iSv § 307 Abs. 1 BGB zu berücksichtigen sind. Die **konkret-individuellen Begleitumstände** bilden einen unbestimmten Rechtsbegriff, unter den etwa die persönlichen, sich auf dessen Verhandlungsstärke auswirkenden **Eigenschaften des Vertragspartners** (zB „Marktwert“ im Wettbewerb, Ausbildung, Geschäftserfahrung, Alter, Mobilität), die **Besonderheiten der konkreten Abschlusssituation** (zB Überrumpelung, Verschleierung oder Belehrung) oder **untypische Sonderinteressen** des Vertragspartners zu fassen sein können.[565] Die Begleitumstände können in beide Richtungen wirken und somit dazu führen, dass eine nach abstraktem Maßstab wirksame Klausel als unwirksam oder eine eigentlich unwirksame Klausel nach den individuellen Umständen dennoch als angemessen zu werten ist.[566] Demnach sind nicht nur Umstände zu berücksichtigen, welche sich für den Verbraucher günstig auswirken, sondern auch solche, die im konkreten Fall zu seinem Nachteil wirken, ohne dass eine entsprechende teleologische Reduktion in Betracht käme.[567] § 310 Abs. 3 Nr. 3 BGB hat insoweit keinen einseitigen Verbraucherschutz im Blick, sondern will an Stelle der allgemeinen Bewertung zur Berücksichtigung der individuellen Schutzbedürftigkeit auf die individuelle Abschlusssituation abstellen. Wenn ein Arbeitnehmer sich aufgrund der individuellen Umstände als weniger schutzbedürftig als der Durchschnittsvertragspartner darstellt, ist dies konsequenterweise auch im Rahmen der Bewertung miteinzubeziehen.

e) Die Einbeziehungs- und Inhaltskontrolle von Allgemeinen Geschäftsbedingungen in Arbeitsverträgen

aa) Die Einbeziehungskontrolle

232 Handelt es sich bei bestimmten Vertragsbedingungen um Allgemeine Geschäftsbedingungen iSv § 305 Abs. 1 BGB, ist in einem nächsten Schritt zu prüfen, ob diese auch wirksam **in den Vertrag einbezogen** wurden und somit auch zum zwischen den Vertragsparteien anwendbaren Vertragsgegenstand geworden sind.

564 BAG 25.5.2005 – 5 AZR 572/04, NZA 2005, 1111.

565 BAG 31.8.2005 – 5 AZR 545/04, NZA 2006, 324; BAG 18.12.2008 – 8 AZR 81/08, NZA-RR 2009, 519; BAG 23.9.2010 – 8 AZR 897/08, NZA 2011, 89; BAG 21.8.2012 – 3 AZR 698/10, NJW 2013, 410; RGKU/*Jacobs*, § 310 BGB Rn 7; *Wensing/Niemann*, NJW 2007, 401, 404.

566 BAG 31.8.2005 – 5 AZR 545/04, NZA 2006, 324; BAG 14.8.2007 – 8 AZR 973/06, NJW 2008, 458; BAG 18.12.2008 – 8 AZR 81/08, NZA-RR 2009, 519; BAG 23.9.2010 – 8 AZR 897/08, NZA 2011, 89; BAG 21.8.2012 – 3 AZR 698/10, NJW 2013, 410.

567 MüKo-BGB/*Basedow*, § 310 BGB Rn 81; RGKU/*Jacobs*, § 310 BGB Rn 7; Erman/*Roloff*, § 310 BGB Rn 25; *Wensing/Niemann*, NJW 2007, 401, 404.

(1) Erleichterte Einbeziehung von AGB im Arbeitsrecht nach § 310 Abs. 4 S. 2 Hs 2 BGB

Generell richtet sich die Einbeziehungskontrolle im AGB-Recht vorrangig nach § 305 Abs. 2 und 3 BGB, wobei als grundsätzliche Voraussetzungen einer Einbeziehung gefordert wird, dass zum einen ein ausdrücklicher Hinweis auf die Verwendung von AGB erfolgt und dem Vertragspartner die Möglichkeit verschafft wird, von deren Inhalt in zumutbarer Weise Kenntnis zu nehmen. Allerdings sind diese **allgemeinen Einbeziehungsnormen in § 305 Abs. 2 und 3 BGB** gem. **§ 310 Abs. 4 S. 2 Hs 2 BGB** ausdrücklich im Bereich von Arbeitsverträgen **nicht anwendbar.** Der Bundesrat hat diese Ausnahme in seiner Stellungnahme zum Regierungsentwurf[568] damit begründet, dass der Arbeitgeber gem. § 2 Abs. 1 S. 1 NachwG ohnehin dazu verpflichtet ist, dem Arbeitnehmer alle wesentlichen Vertragsbedingungen auszuhändigen. Ein Rückgriff auf die Einbeziehungsnormen in § 305 Abs. 2 und 3 BGB ist allerdings meist bereits von der reinen Abschlusssituation her nicht notwendig, da die Vorschriften eher auf den Fall der Einbeziehung von außerhalb der eigentlichen Vertragsurkunde liegenden AGB im allgemeinen Geschäfts- und Handelsverkehr ausgerichtet sind. Die **Einbeziehung** von vorformulierten Vertragsbedingungen in den Arbeitsvertrag richtet sich daher **nach den allgemeinen Vorschriften zum Vertragsschluss in den §§ 145 ff BGB.**[569] Sie wird bei Arbeitsverträgen regelmäßig unproblematisch sein, da die vorgefertigten Vertragsbedingungen im Normalfall im schriftlichen Arbeitsvertrag niedergelegt sind, den sowohl Arbeitgeber als auch Arbeitnehmer im Rahmen der Abschlusssituation durchgehen und unterschreiben. Die Unanwendbarkeit der Einbeziehungsregeln in § 305 Abs. 2 und 3 BGB wirkt sich demnach im Regelfall im Arbeitsrecht nicht aus. 233

(2) Vorrang der Individualabrede, § 305 b BGB

Gemäß § 305 b BGB genießen **individuell getroffene Abreden** grds. **Vorrang** vor Allgemeinen Geschäftsbedingungen. Dieser Regelung liegt die Vorstellung zugrunde, dass die Vereinbarung mit einem unbestimmten und nicht individualisierten Adressatenkreis zum grundsätzlichen Charakter von Allgemeinen Geschäftsbedingungen gehört und abweichende Vereinbarungen, welche nur mit dem konkreten Vertragspartner einzeln vereinbart wurden, als **sachnähere Regelungen** einen Vorrang verdienen. 234

Es handelt sich zwar bei § 305 b BGB nicht im engeren Sinne um eine Regelung zur Einbeziehung, dennoch steht die Vorschrift eher im Zusammenhang mit der Einbeziehungs- als mit der Inhaltskontrolle. Die Vorschrift stellt eine **Konkurrenzregel** dar, die auf der Rechtsfolgenseite zu einer Verdrängung der Allgemeinen Geschäftsbedingungen durch die Individualabrede führt.[570] Insoweit drücke sich in § 305 b BGB nach Ansicht des BAG[571] das funktionelle Rangverhältnis zwischen Individualabreden und Allgemeinen Geschäftsbedingungen aus. Die Konkurrenzregel beruhe auf der Überlegung, dass Allgemeine Geschäftsbedingungen als generelle Richtlinien für eine Vielzahl von Verträgen abstrakt vorformuliert und daher von vornherein auf Ergänzung durch individuelle Abreden der Vertragsparteien ausgelegt sind. Allgemeine Geschäftsbedingungen können und sollen daher nur insoweit Geltung beanspruchen, wie die von den Parteien getroffene Individualabrede einen entsprechenden Raum belässt.[572] Einer Individualvereinbarung entgegenstehende Geschäftsbedingungen werden zwar in den Vertrag einbezogen, bleiben aber insoweit unangewendet, als sie sich nicht mit der Individualvereinbarung decken. Der Widerspruch zwischen einer Individualabrede und Allgemeinen Geschäftsbedin- 235

568 BT-Drucks. 14/6857, S. 54.

569 LAG Niedersachsen 18.3.2005 – 10 Sa 1990/04, NZA-RR 2005, 401; *Hunold*, NZA-RR 2006, 113; RGKU/*Jacobs*, § 305 BGB Rn 15; Schaub/*Linck*, Arbeitsrechts-Handbuch, § 35 Rn 17; ErfK/*Preis*, §§ 305–310 BGB Rn 26; *Thüsing*, AGB-Kontrolle im Arbeitsrecht, S. 32, Rn 83 f.

570 BAG 20.5.2008 – 9 AZR 382/07, NZA 2008, 1233, 1235; *Bieder*, SAE 2007, 379.

571 BAG 20.5.2008 – 9 AZR 382/07, NZA 2008, 1233, 1235.

572 BAG 20.5.2008 – 9 AZR 382/07, NZA 2008, 1233, 1235; BGH 21.9.2005 – XII ZR 312/02, NJW 2006, 138; MüKo-BGB/*Basedow*, § 305 b BGB Rn 1; Schaub/*Linck*, Arbeitsrechts-Handbuch, § 35 Rn 16.

gungen führt nach der Rspr des BAG nicht zwingend zu einer Unwirksamkeit der AGB, sondern lediglich dazu, dass die Allgemeinen Geschäftsbedingungen hinter die Individualabrede zurücktreten.[573]

236 Im Fall der eingeschränkten AGB-Kontrolle von **Einmalbedingungen** über § 310 Abs. 3 Nr. 2 BGB findet § 305 b BGB zwar **keine Anwendung**. Dies ist jedoch nur denklogisch, da es sich bei Einmalbedingungen stets um eine Individualvereinbarung handelt, welche nicht für eine mehrfache Verwendung konzipiert wurde. Demnach fehlt es bereits an einer echten Allgemeinen Geschäftsbedingung, von welcher durch Individualabrede abgewichen werden könnte. Der Anwendungsbereich des § 305 b BGB unterscheidet sich auch darüber hinaus von dem des Ausschlusstatbestands in § 305 Abs. 1 S. 3 BGB. Bei im Einzelnen ausgehandelten Vertragsbestimmungen iSv § 305 Abs. 1 S. 3 BGB liegen per definitionem schon keine Allgemeinen Geschäftsbedingungen vor. Der von § 305 b BGB angeordnete Vorrang von Individualabreden gegenüber Allgemeinen Geschäftsbedingungen setzt hingegen voraus, dass sowohl eine Allgemeine Geschäftsbedingung iSv §§ 305–310 BGB vorliegt als auch eine Individualabrede, die mit der Allgemeinen Geschäftsbedingung kollidiert.

237 Als Rechtsfolge wird Individualabreden nach § 305 b BGB, wie aufgezeigt (s. § 1 Rn 234 f), ein **Anwendungsvorrang** vor inhaltlich entgegenstehenden Allgemeinen Geschäftsbedingungen eingeräumt.[574] Die **Reichweite von Individualabreden** kann sich grds. auf alle Abreden zwischen den Vertragsparteien außerhalb der einseitig vom Verwender vorgegebenen Geschäftsbedingungen beziehen und sowohl ausdrückliche als auch konkludent getroffene Vereinbarungen erfassen.[575] Ein Vorrang vor kollidierenden Allgemeinen Geschäftsbedingungen ist einer Individualabrede auch dann zu gewähren, wenn diese nicht bereits bei Abschluss des Arbeitsvertrages, sondern erst im Nachhinein vereinbart wird.[576] Die Allgemeine Geschäftsbedingung ist dann zunächst anwendbar, tritt aber automatisch mit Abschluss der kollidierenden Individualvereinbarung zurück. Es kommt weiterhin nicht darauf an, ob die Parteien eine Änderung der Allgemeinen Geschäftsbedingungen beabsichtigt haben oder sich der Kollision mit den Allgemeinen Geschäftsbedingungen bewusst waren.[577] Mit dem Vorrang der Individualabrede ist eine Vertragsbestimmung nicht zu vereinbaren, die so ausgelegt werden kann, dass sie Rechtsansprüche aus späteren Individualabreden ausschließt.[578] In diesem Zusammenhang ist insb. an die jüngere BAG-Rspr zu Schriftformklauseln zu denken, nach welcher der Vorrang der Individualabrede dazu führt, dass mündlich oder konkludent getroffene Abmachungen selbst wirksam sind, wenn im Arbeitsvertrag eine einfache oder gar doppelte Schriftformklausel enthalten ist, welche diese eigentlich ausschließen würde.[579]

238 Um eine **Individualabrede** handelt es sich, wenn eine Bestimmung iSv § 305 Abs. 1 S. 3 BGB **ausgehandelt worden** ist.[580] Ein Aushandeln iSv § 305 Abs. 1 S. 3 BGB ist im Umkehrschluss keine notwendige Voraussetzung des Vorliegens einer Individualvereinbarung.[581] Es sind auch Individualabreden denkbar, die nicht ausgehandelt sind, aber dennoch inhaltlich von vorfor-

573 BAG 20.5.2008 – 9 AZR 382/07, NZA 2008, 1233, 1235.

574 BAG 14.9.2011 – 10 AZR 526/10, NZA 2012, 81.

575 BAG 14.9.2011 – 10 AZR 526/10, NZA 2012, 81; Schaub/*Linck*, Arbeitsrechts-Handbuch, § 35 Rn 16.

576 RGKU/*Jacobs*, § 305 b BGB Rn 3.

577 Schaub/*Linck*, Arbeitsrechts-Handbuch, § 35 Rn 16.

578 BAG 14.9.2011 – 10 AZR 526/10, NZA 2012, 81.

579 BAG 25.4.2007 – 5 AZR 504/06, NZA 2007, 801; BAG 20.5.2008 – 9 AZR 382/07, NZA 2008, 1233; LAG Köln 21.8.2013 – 11 Sa 171/13, AMK 2014, 12; Däubler/Bonin/Deinert/*Däubler*, § 305 b BGB Rn 12; ErfK/*Preis*, §§ 305–310 BGB Rn 25.

580 Däubler/Bonin/Deinert/*Däubler*, § 305 b BGB Rn 3; Palandt/*Grüneberg*, § 305 b BGB Rn 2; *Henssler/Moll*, AGB-Kontrolle vorformulierter Vertragsbedingungen, S. 8.

581 Däubler/Bonin/Deinert/*Däubler*, § 305 b BGB Rn 4; insofern nicht überzeugend die Argumentation in BAG 20.5.2008 – 9 AZR 382/07, NZA 2008, 1233; das BAG verkennt dort die Anforderungen an das Merkmal des Aushandelns iSv § 305 Abs. 1 S. 3 BGB.

mulierten Vertragsbedingungen abweichen. Eine allein zwischen den beiden Vertragspartnern geschlossene Vereinbarung kann zwar einseitig vom Arbeitgeber vorgegeben, aber dennoch gerade eine auf das eine Vertragsverhältnis beschränkte Individualabrede sein. Bei betrieblichen Übungen handelt es sich insoweit nicht um Individualabreden, so dass diese keine nach § 305 b BGB vorrangige Regelungen gegenüber Allgemeinen Geschäftsbedingungen darstellen können.[582]

Das Vorliegen einer Individualabrede hat im Streitfall diejenige Seite zu **beweisen**, die aus der Vereinbarung eigene Ansprüche ableitet.[583] 239

Der Vorrang vor Allgemeinen Geschäftsbedingungen führt freilich **nicht** zu einer **Kontrollfreiheit der Individualabreden.** Zunächst ist eine Individualvereinbarung – wie jede vertragliche Vereinbarung im Zivilrecht – an den allgemeinen Wertungsmaßstäben zu messen, wobei insb. an mögliche Willensmängel nach §§ 117 ff BGB, gesetzliche Verbote iSv § 134 BGB oder Sittenwidrigkeit nach § 138 BGB sowie an einen Verstoß gegen den Grundsatz von Treu und Glauben nach § 242 BGB zu denken ist. Darüber hinaus kann eine Individualabrede selbst auch einer **eingeschränkten AGB-Kontrolle** über § 310 Abs. 3 Nr. 2 BGB als kontrollfähige Einmalbedingung unterfallen, wenn die betroffene Regelung zwar nicht zur mehrfachen Verwendung bestimmt war und somit individuell vereinbart wurde, von einem Unternehmer-Arbeitgeber allerdings gegenüber dem Verbraucher-Arbeitnehmer einseitig ohne Möglichkeit der Einflussnahme vorgegeben und nicht im Einzelnen ausgehandelt wurde. 240

(3) Verbot überraschender Klauseln, § 305 c Abs. 1 BGB

In § 305 c Abs. 1 BGB findet sich eine Sonderregelung zur Einbeziehungskontrolle von Allgemeinen Geschäftsbedingungen. Danach werden Bestimmungen in Allgemeinen Geschäftsbedingungen, die nach den jeweiligen Umständen des Einzelfalls, insb. nach dem äußeren Erscheinungsbild des Vertrages, so ungewöhnlich sind, dass der Vertragspartner des Verwenders mit ihnen nicht zu rechnen braucht, nicht Vertragsbestandteil. Solche auch als **überraschende Klauseln** bezeichnete Regelungen sind demnach nicht unwirksam, sondern werden von vornherein gar nicht zum Inhalt des zwischen den Vertragsparteien geschlossenen Vertrages. 241

Zur Annahme einer überraschenden Klausel müssen verschiedene Voraussetzungen erfüllt sein. In einer quasi zweistufigen Prüfung ist festzustellen, dass die Klausel **objektiv ungewöhnlich** ist und der Arbeitnehmer auf einer **subjektiven Ebene mit dieser nicht zu rechnen** brauchte.[584] Klauseln sind als überraschend iSv § 305 c Abs. 1 BGB anzusehen, wenn ihnen ein sog. **Überrumpelungs- oder Übertölpelungseffekt** innewohnt.[585] Das BAG hatte zum Überraschungsmoment schon zur Vorgängervorschrift im Rahmen des AGB-Gesetzes verschiedene Beurteilungsmaßstäbe aufgestellt, auf die zur Präzisierung des Tatbestands weiterhin zurückgegriffen werden kann.[586] 242

Nach der angesprochenen BAG-Rspr muss zwischen den durch die Umstände bei Vertragsschluss begründeten Erwartungen und dem tatsächlichen Vertragsinhalt ein deutlicher Widerspruch bestehen. Im Rahmen der Beurteilung sind alle Umstände des einzelnen Falls zu berück- 243

582 BAG 20.5.2008 – 9 AZR 382/07, NZA 2008, 1233; RGKU/*Jacobs*, § 305 b BGB Rn 4; *Ulrici*, BB 2005, 1902 f.

583 BGH 21.9.2005 – XII ZR 312/02, NJW 2006, 138; Däubler/Bonin/Deinert/*Däubler*, § 305 b BGB Rn 15; HWK/*Gotthardt*, § 305 b BGB Rn 5.

584 Vgl BAG 19.8.2010 – 8 AZR 645/09, NJOZ 2011, 565; BAG 19.1.2011 – 10 AZR 738/09, NZA 2011, 631; BAG 16.5.2012 – 5 AZR 331/11, NZA 2012, 908; RGKU/*Jacobs*, § 305 c BGB Rn 6; ErfK/*Preis*, §§ 305–310 BGB Rn 29.

585 Vgl BAG 19.8.2010 – 8 AZR 645/09, NJOZ 2011, 565; BAG 19.1.2011 – 10 AZR 738/09, NZA 2011, 631; BAG 21.6.2011 – 9 AZR 203/10, NZA 2011, 1338.

586 Zum Folgenden: BAG 29.11.1995 – 5 AZR 447/94, NZA 1996, 702; BAG 31.8.2005 – 5 AZR 545/04, NZA 2006, 324; BAG 14.8.2007 – 8 AZR 973/06, NZA 2008, 170; BAG 28.5.2009 – 8 AZR 896/07, AP § 306 BGB Nr. 6; BAG 19.8.2010 – 8 AZR 645/09, NJOZ 2011, 565.

sichtigen, insb. auch das **äußere Erscheinungsbild des Vertrages**. Das BAG hat in seiner Rspr deutlich gemacht, dass sich ein Überraschungsmoment sowohl aus der **äußeren Form** und **Positionierung**, zB in einem gesonderten Paragraphen oder Absatz, als auch aus der **inhaltlichen Gestaltung** der Klausel selbst ergeben kann.[587] Allein der ungewöhnliche äußere Zuschnitt einer Klausel oder ihre Unterbringung an unerwarteter Stelle kann danach eine Bestimmung zu einer ungewöhnlichen und damit überraschenden Klausel machen.[588] Das Überraschungsmoment ist nach Ansicht der Rspr desto eher zu bejahen, je belastender sich die Wirkung der Bestimmung für den Vertragspartner darstellt.[589] Gegebenenfalls müsse der Klauselverwender auf eine solche Klausel **besonders hinweisen** oder diese **drucktechnisch hervorheben**, um sicherzustellen, dass sich der Vertragspartner über deren Inhalt bewusst wird.

244 Die **fehlende schriftliche Fixierung** einer Allgemeinen Geschäftsbedingung genügt für sich genommen noch nicht, um einen Überrumpelungs- oder Übertölpelungseffekt anzunehmen.[590] Andernfalls wären mündliche Geschäftsbedingungen stets überraschend und könnten nie Bestandteil eines Vertrages mit AGB werden. Dieses Ergebnis widerspräche § 305 Abs. 1 S. 2 BGB, wonach es auf die **Form des Vertrages** nicht ankommt.[591] Ein Überraschungseffekt einer Klausel allein aufgrund ihrer inhaltlichen Gestaltung wird vom BAG wohl nur in wenigen Fällen angenommen. Eine Ausgleichsklausel, mit welcher ein Arbeitnehmer in Form eines negativen Schuldanerkenntnisses bei Vertragsbeendigung auf alle Ansprüche, gleich auf welcher Grundlage, verzichtet, stellt sich etwa noch nicht als überraschend iSv § 305 c Abs. 1 BGB dar.[592] **Hauptanwendungsfälle** sind eher solche Gestaltungen, in denen die Platzierung bestimmter Regelungen im Vertrag das Überraschungsmoment erzeugt.[593] So ist etwa eine überraschende Klausel anzunehmen, wenn ein negatives Schuldanerkenntnis unter der Überschrift „Rückgabe ihrer Unterlagen" versteckt wird.[594]

(4) Die Unklarheitenregel, § 305 c Abs. 2 BGB

245 Bevor im Rahmen der AGB-Prüfung in die eigentliche Inhaltskontrolle einer Vereinbarung eingestiegen werden kann, ist die in Frage stehende Klausel zunächst auszulegen.[595] Allgemein besteht im Rahmen der **Auslegung von AGB** eine Besonderheit. Im Gegensatz zur generellen Auslegung von Willenserklärungen, welche vom Empfängerhorizont nach §§ 133, 157 BGB ausgehend erfolgt, werden AGB von einer **objektivierten Perspektive** her ausgelegt. Dies ist nur folgerichtig, da sich echte Allgemeine Geschäftsbedingungen nicht an einen einzelnen und bestimmten Empfänger richten, sondern an eine Vielzahl, noch unbestimmter Vertragspartner. Aus diesem Grund ist bei der Auslegung Allgemeiner Geschäftsbedingungen iSv § 157 BGB auf einen objektiven, verständigen und redlichen Vertragspartner mit durchschnittlichen Verständnismöglichkeiten aus dem für den Vertrag typischen Verkehrskreis abzustellen, wobei die Fähigkeiten und Kenntnisse des konkreten Vertragspartners zurücktreten.[596] Einschränkend sind bei Verbraucherverträgen wie den meisten Arbeitsverträgen nach § 310 Abs. 3 Nr. 3 BGB zu-

---

587 BAG 22.7.2010 – 6 AZR 847/07, NZA 634; BAG 21.6.2011 – 9 AZR 203/10, NZA 2011, 1338.
588 BAG 19.1.2011 – 10 AZR 738/09, NZA 2011, 631; BAG 21.6.2011 – 9 AZR 203/10, NZA 2011, 1338.
589 BAG 21.6.2011 – 9 AZR 203/10, NZA 2011, 1338.
590 BAG 16.5.2012 – 5 AZR 331/11, NZA 2012, 908.
591 BAG 16.5.2012 – 5 AZR 331/11, NZA 2012, 908 (Rn 19); so schon die Begründung der Vorinstanz: LAG München 26.10.2010 – 6 Sa 595/10, juris (Rn 46).
592 BAG 21.6.2011 – 9 AZR 203/10, NZA 2011, 1338.
593 Vgl die Beispiele bei: RGKU/*Jacobs*, § 305 c BGB Rn 12 ff; Schaub/*Linck*, Arbeitsrechts-Handbuch, § 35 Rn 24 ff; ErfK/*Preis*, §§ 305–310 BGB Rn 29.
594 BAG 23.2.2005 – 4 AZR 139/04, NZA 2005, 1193.
595 Schaub/*Linck*, Arbeitsrechts-Handbuch, § 35 Rn 27.
596 BAG 24.10.2007 – 10 AZR 825/06, NZA 2008, 40; BAG 19.3.2008 – 5 AZR 429/07, NZA 2008, 757; BAG 14.9.2011 – 10 AZR 526/10, NZA 2012, 81; BAG 13.6.2012 – 7 AZR 169/11, NJOZ 2013, 1473; MüKo-BGB/*Basedow*, § 305 c BGB Rn 22 f; *Hunold*, NZA-RR 2006, 113; ErfK/*Preis*, §§ 305–310 BGB Rn 31; Schaub/*Linck*, Arbeitsrechts-Handbuch, § 35 Rn 28.

mindest im Rahmen der Inhaltskontrolle bei Beurteilung der unangemessenen Benachteiligung nach § 307 BGB die den konkreten Vertragsschluss begleitenden Umstände zu berücksichtigen.

Für die Auslegung Allgemeiner Geschäftsbedingungen besteht darüber hinaus eine **besondere Zusatzregelung in § 305 c Abs. 2 BGB**, welche in der jüngeren Rspr des BAG zur Bewertung von AGB zumindest in einem viel beachteten Themenfeld eine entscheidende Rolle eingenommen hat. Nach § 305 c Abs. 2 BGB gehen **Zweifel bei der Auslegung** grds. zu Lasten des Verwenders. Demnach müssen zunächst nach erfolgter Auslegung Zweifel bestehen, also mehrere Auslegungsweisen einer Klausel denkbar sein, von denen keine einen eindeutigen Vorrang verdient.[597] Diese verbleibenden Zweifel müssen allerdings **erheblich** sein, so dass die entfernte Möglichkeit einer abweichenden Beurteilung gerade nicht ausreichend ist.[598] Dieser Zweifelsfall ist nach § 305 c Abs. 2 BGB **zu Lasten des Verwenders** aufzulösen, so dass diejenige Auslegungsweise zu wählen ist, welche sich für den Arbeitnehmer am günstigsten darstellt.[599] Soweit die vollständige Unwirksamkeit einer Klausel für den Arbeitnehmer einen Vorteil bringen würde, ist zunächst von der ihm am meisten belastenden Auslegungsmöglichkeit auszugehen, um diese mit dem Ziel der möglichen Unwirksamkeit einer Inhaltskontrolle zu unterziehen. Hält die Klausel einer Inhaltskontrolle stand, ist im Rahmen der Bestimmung der letztendlichen Vertragspflichten wiederum die für den Arbeitnehmer günstigste Auslegungsweise zu wählen.[600] 246

Eine **Ausgleichsklausel**, mit welcher der Arbeitnehmer bei Beendigung des Arbeitsverhältnisses anerkennt, dass nach Zahlung einer tariflichen Abfindung keine Ansprüche, egal aus welchem Rechtsgrund, bestehen, wurde in jüngerer Vergangenheit nicht als unklar bewertet, da die Vereinbarung, auch wenn sich dieses Ergebnis als für den Arbeitnehmer belastend darstellte, aufgrund der klaren Formulierung keine weitere Deutungsweise zulasse.[601] Es bestanden somit bereits keine Zweifel, die über § 305 c Abs. 2 BGB aufgelöst werden könnten. 247

Eine entscheidende Bedeutung kam dieser Auslegungsregel auch im Rahmen der Rechtsprechungsänderung des BAG nach der Schuldrechtsreform zur **Auslegung dynamischer Bezugnahmeklauseln**[602] zu. Das BAG hatte für nach dem 1.1.2002 geschlossene Neuverträge fortan unter Aufgabe seiner bisherigen Rspr entschieden, dass eine dynamische Bezugnahme im Zweifelsfall keine bloße Gleichstellungsabrede darstelle, sondern eine unbedingte zeitdynamische Verweisung. Mache der Arbeitgeber in der AGB-Klausel nicht deutlich, dass ein Fortfallen seiner eigenen Tarifgebundenheit etwa durch Verbandsaustritt oder Betriebsübergang automatisch zum Entfallen der Dynamik der Tarifentwicklung führen solle, seien gerade mehrere Auslegungsweisen denkbar. Besonders aufgrund der dynamischen Tariflohnentwicklung stelle sich die durchgehende Teilnahme an der Dynamik auch bei Fortfall der Tarifbindung im Regelfall 248

597 BAG 30.7.2008 – 10 AZR 606/07, NZA 2008, 1173; BAG 19.1.2011 – 10 AZR 738/09, NZA 2011, 631; BAG 9.2.2011 – 7 AZR 91/10, NZA-RR 2012, 232; BAG 21.6.2011 – 9 AZR 203/10, NZA 2011, 1338; MüKo-BGB/*Basedow*, § 305 c BGB Rn 29; ErfK/*Preis*, §§ 305–310 BGB Rn 31 a; Schaub/*Linck*, Arbeitsrechts-Handbuch, § 35 Rn 32.

598 So etwa: BAG 14.12.2010 – 9 AZR 642/09, NZA 2011, 509; BAG 19.1.2011 – 10 AZR 738/09, NZA 2011, 631; BAG 19.1.2011 – 10 AZR 873/08, NZA 2011, 1159; BAG 21.6.2011 – 9 AZR 203/10, NZA 2011, 1338.

599 MüKo-BGB/*Basedow*, § 305 c BGB Rn 34.

600 *Preis/Roloff*, RdA 2005, 144, 149; MüKo-BGB/*Basedow*, § 305 c BGB Rn 35; ErfK/*Preis*, §§ 305–310 BGB Rn 31 a; Schaub/*Linck*, Arbeitsrechts-Handbuch, § 35 Rn 33.

601 BAG 21.6.2011 – 9 AZR 203/10, NZA 2011, 1338.

602 BAG 14.12.2005 – 4 AZR 536/04, NZA 2006, 607; BAG 18.4.2007 – 4 AZR 652/05, NZA 2007, 965; BAG 22.10.2008 – 4 AZR 793/07, NZA 2009, 323; BAG 18.11.2009 – 4 AZR 514/08, NZA 2010, 170; BAG 23.2.2011 – 4 AZR 439/09, NZA-RR 2011, 253; BAG 16.11.2011 – 4 AZR 246/10, AP Nr. 99 zu § 1 TVG Bezugnahme auf Tarifvertrag; BAG 18.4.2012 – 4 AZR 392/10, NZA 2012, 1171; BAG 20.4.2012 – 9 AZR 504/10, NZA 2012, 982; BAG 16.5.2012 – 4 AZR 290/10, NJOZ 2012, 2137.

für den Arbeitnehmer als vorteilhafter dar, so dass nach § 305 c Abs. 2 BGB diese Auslegungsweise maßgeblich sei.[603]

bb) Die Inhaltskontrolle

(1) Prüfungsreihenfolge

249 Soweit festgestellt wurde, dass der Anwendungsbereich einer AGB-Kontrolle eröffnet ist, Allgemeine Geschäftsbedingungen vorliegen und diese wirksam in den Vertrag einbezogen wurden, bildet die **Inhaltskontrolle** nach den §§ 307–309 BGB das **eigentliche Herzstück der AGB-Kontrolle**. Die Inhaltskontrolle lässt sich in verschiedene Normen aufteilen, welche in einem bestimmten systematischen Konzept zu prüfen sind. Dabei ist das Transparenzgebot nach § 307 Abs. 1 S. 2 BGB ein Stück weit losgelöst von den anderen Kontrollnormen zu sehen. Im Verhältnis der anderen Vorschriften der Inhaltskontrolle ist zunächst auf die Klauselverbote ohne und mit Wertungsmöglichkeit nach § 309 und § 308 BGB abzustellen, bevor dann im Rahmen des § 307 BGB vorrangig die Zweifelsfallbeispiele nach § 307 Abs. 2 Nr. 1 und 2 BGB vor der Generalklausel nach § 307 Abs. 1 S. 1 BGB zu prüfen sind. In einem vorgelagerten Schritt ist zunächst die grundsätzliche Reichweite einer Inhaltskontrolle festzulegen, welche sich aus § 307 Abs. 3 BGB ergibt.

(2) Reichweite einer Inhaltskontrolle nach § 307 Abs. 3 BGB

250 Grundsätzlich findet gem. § 307 Abs. 3 BGB eine echte Inhaltskontrolle nach § 307 Abs. 1 und 2 BGB sowie nach den §§ 308 und 309 BGB nur für solche Allgemeine Geschäftsbedingungen statt, durch welche von **gesetzlichen Rechtsvorschriften abweichende oder diese ergänzende Regelungen** vereinbart werden. Für die Kontrollreichweite kommt es nach § 307 Abs. 3 BGB somit entscheidend darauf an, ob mit den vereinbarten Regelungen eine Abweichung oder Ergänzung von Gesetzen erfolgt. Ist dies der Fall, findet gem. § 307 Abs. 3 S. 1 BGB eine **echte und vollumfängliche Inhaltskontrolle** statt. Alle anderen formularmäßigen Vertragsbestimmungen, die eine Gesetzesregelung wiederholen, und insb. auch **Abreden über die Hauptleistungspflichten und das Entgelt**[604] sind gem. § 307 Abs. 3 S. 2 BGB allein auf ihre Vereinbarkeit mit dem sog. Transparenzgebot aus § 307 Abs. 1 S. 2 iVm Abs. 1 S. 1 BGB zu überprüfen. Eine Angemessenheitsprüfung anhand der §§ 307 ff BGB ist in Bereichen ohne gesetzliche Vorgabe entbehrlich, da diese weitgehend der Vereinbarung der Vertragsparteien überordnet werden soll. Das **Äquivalenzverhältnis des Vertrages** soll der **richterlichen Kontrolle weitgehend entzogen** bleiben.[605] Unter den weitgehend kontrollfreien Hauptleistungspflichten sind im Arbeitsrecht lediglich die Arbeitsleistung und das Arbeitsentgelt zu verstehen.[606] Es ist nicht die Aufgabe der Gerichte, den „gerechten Preis" der Arbeitsleistung zu ermitteln.[607] Die Grenze gerade im Bereich von Lohnvereinbarungen ist somit regelmäßig lediglich in Wuchergeschäften und sittenwidrigen Vereinbarungen iSv § 138 BGB zu sehen.[608]

---

603 BAG 14.12.2005 – 4 AZR 536/04, NZA 2006, 607; BAG 18.4.2007 – 4 AZR 652/05, NZA 2007, 965; BAG 22.10.2008 – 4 AZR 793/07, NZA 2009, 323; BAG 18.11.2009 – 4 AZR 514/08, NZA 2010, 170; BAG 23.2.2011 – 4 AZR 439/09, NZA-RR 2011, 253; BAG 16.11.2011 – 4 AZR 246/10, AP Nr. 99 zu § 1 TVG Bezugnahme auf Tarifvertrag; BAG 18.4.2012 – 4 AZR 392/10, NZA 2012, 1171; BAG 20.4.2012 – 9 AZR 504/10, NZA 2012, 982; BAG 16.5.2012 – 4 AZR 290/10, NJOZ 2012, 2137; so auch ErfK/*Preis*, §§ 305–310 BGB Rn 32; aA Schaub/*Linck*, Arbeitsrechts-Handbuch, § 35 Rn 33 a.

604 Vgl BAG 21.6.2011 – 9 AZR 203/10, NZA 2011, 1338; BAG 16.5.2012 – 5 AZR 331/11, NZA 2012, 908; zum Begriff der „Andere(n) Bestimmungen" in § 307 Abs. 3 S. 2 BGB vgl *Annuß*, BB 2002, 458, 460; *Richardi*, NZA 2002, 1057, 1061; *Henssler/Moll*, AGB-Kontrolle vorformulierter Vertragsbedingungen, S. 4 f.

605 BAG 21.6.2011 – 9 AZR 203/10, NZA 2011, 1338.

606 BAG 16.5.2012 – 5 AZR 331/11, NZA 2012, 908; BAG 17.10.2012 – 5 AZR 792/11, NZA 2013, 266; RGKU/*Jacobs*, § 307 BGB Rn 13; Schaub/*Linck*, Arbeitsrechts-Handbuch, § 35 Rn 37.

607 BAG 16.5.2012 – 5 AZR 331/11, NZA 2012, 908; BAG 17.10.2012 – 5 AZR 792/11, NZA 2013, 266.

608 Vgl dazu BAG 17.10.2012 – 5 AZR 792/11, NZA 2013, 266.

Im Gegensatz zu tatsächlichen Leistungsvereinbarungen sind Klauseln über die **Modalitäten der Leistungserbringung** nicht der Reichweite einer Inhaltskontrolle nach § 307 Abs. 3 BGB entzogen und bleiben grds. kontrollfähig.[609] Regelungen über entgeltliche Zusatzleistungen sind zwar ebenso wie das Hauptentgelt nicht der Inhaltskontrolle zugänglich. Im Gegensatz dazu können sog. **Preisnebenabreden**, welche das Hauptleistungsversprechen modifizieren, einschränken oder gestalten, voll am Maßstab der §§ 307–309 BGB überprüft werden.[610] 251

Mit der systematischen Stellung der Vorschrift in § 307 Abs. 3 BGB hat der Gesetzgeber zum Ausdruck gebracht, dass die Inhaltskontrolle nach § 307 Abs. 1 und 2 BGB die **Regel** ist, und die Kontrollfreiheit nach § 307 Abs. 3 BGB die **Ausnahme** darstellen soll.[611] 252

Der Umstand der Durchführung einer Transparenzkontrolle auch in den eigentlich nach § 307 Abs. 3 S. 1 BGB entzogenen Bereichen hat entscheidend zur Aufwertung des **Transparenzgebots** in der BAG-Rspr der vergangenen Jahre als mittlerweile entscheidende Größe bei der Beurteilung von Arbeitsvertragsklauseln beigetragen (zum Transparenzgebot s. ausf. § 1 Rn 256 ff). Dennoch ist die Abgrenzung entscheidend, weil eine vollständige Inhaltskontrolle der Gestaltungsfreiheit wesentlich engere Grenzen setzt als eine ausschließliche Transparenzkontrolle. Die Qualifizierung bestimmter Abreden als **Vereinbarungen zu Hauptleistungspflichten** – gerade unter **Abgrenzung** zu **voll kontrollierbaren Nebenabreden** – ist allerdings nicht immer ganz einfach und eindeutig. So sind etwa **Ausgleichsklauseln**, mit welchen ein Nichtbestehen von Ansprüchen, gleich welcher Art, im Zusammenhang mit der Beendigung des Arbeitsverhältnisses erklärt wird, nicht als Abreden über Hauptleistungspflichten zu erachten und somit auch nicht nach § 307 Abs. 3 S. 1 BGB der Inhaltskontrolle entzogen. Die Hauptpflichten einer Aufhebungsvereinbarung bestehen lediglich in der Aufhebung des Arbeitsverhältnisses und der Zubilligung einer Abfindungszahlung.[612] Eine Abrede zu **Überstunden** unterfällt als Hauptleistungsabrede nach § 307 Abs. 3 S. 1 BGB nicht der Inhaltskontrolle, wenn lediglich die Überstundenvergütung und nicht auch das Recht zur Anordnung von Überstunden in der Vereinbarung geregelt ist.[613] 253

Um eine **Ergänzung oder Abweichung von Rechtsvorschriften** feststellen zu können, ist zunächst eine Konkretisierung des Begriffs der Rechtsvorschrift in § 307 Abs. 3 S. 1 BGB erforderlich. Unter „**Rechtsvorschriften**“ versteht sich zunächst ausschließlich das **dispositive Gesetzesrecht**. Diese Einordnung ist denklogisch, da eine Abweichung von zwingendem Gesetzesrecht bereits eine Unwirksamkeit der Vereinbarung nach § 134 BGB zur Folge hat[614] und es somit gar keiner Inhaltskontrolle nach den §§ 307 ff BGB bedarf.[615] Tarifverträge sowie Betriebs- und Dienstvereinbarungen stehen Rechtsvorschriften iSv § 307 Abs. 3 BGB im AGB-rechtlichen Sinne aufgrund der ausdrücklichen Anordnung in § 310 Abs. 4 S. 3 BGB gleich. Ebenso wie mit der Bereichsausnahme für Kollektivverträge in § 310 Abs. 4 S. 1 BGB soll hierdurch die mittelbare Angemessenheitskontrolle von Kollektivnormen durch die Arbeitsgerichte verhindert werden.[616] Aus diesem Grund sind auch individualvertragliche Bezugnahmeklauseln, die in Form von Globalverweisungen auf den sachlich und räumlich einschlägigen Tarifvertrag verweisen bzw dessen Wortlaut vollständig und originalgetreu wiederholen, ausschließ- 254

---

609 BAG 13.6.2012 – 7 AZR 169/11, NJOZ 2013, 1473.

610 BAG 13.6.2012 – 7 AZR 169/11, NJOZ 2013, 1473; *Lakies*, ArbR Aktuell 2012, 306, 307.

611 Däubler/Bonin/Deinert/*Däubler*, § 307 BGB Rn 246 unter Verweis auf die Begründung des Regierungsentwurfs.

612 BAG 21.6.2011 – 9 AZR 203/10, NZA 2011, 1338.

613 BAG 16.5.2012 – 5 AZR 331/11, NZA 2012, 908.

614 Beispielhaft im Betriebsrentenrecht: BAG 19.6.2012 – 3 AZR 408/10, DB 2012, 2818; das BetrAVG enthält überwiegend einseitig zwingendes Arbeitnehmerschutzrecht, vgl § 17 Abs. 3 S. 3 BetrAVG; ähnliche Regelungen finden sich zB in § 22 Abs. 1 TzBfG, § 13 Abs. 1 S. 3 BUrlG, § 25 BBiG, § 8 PflegeZG.

615 *Thüsing*, AGB-Kontrolle im Arbeitsrecht, S. 38, Rn 97.

616 *Henssler*, RdA 2002, 129, 136 f; *Thüsing*, AGB-Kontrolle im Arbeitsrecht, S. 27, Rn 74.

lich am Transparenzgebot zu messen.[617] Darüber hinaus zählen zu den Rechtsvorschriften iSv § 307 Abs. 3 S. 1 BGB alle **ungeschriebenen Rechtsgrundsätze**, die Regeln des **Richterrechts** oder die aufgrund **ergänzender Vertragsauslegung** nach den §§ 157, 242 BGB und aus der Natur des jeweiligen Schuldverhältnisses zu entnehmenden Rechte und Pflichten.[618]

255 An einer **Abweichung oder Ergänzung** iSd Norm fehlt es, wenn mit den Rechtsvorschriften inhaltlich übereinstimmende Regelungen in den Vertrag aufgenommen werden. Lediglich deklaratorische Wiedergaben des Gesetzeswortlauts werden somit nicht der Inhaltskontrolle nach §§ 307–309 BGB unterzogen. Der Hintergrund dieser Reichweite-Vorschrift in § 307 Abs. 3 S. 1 BGB liegt in erster Linie darin, dass eine mittelbare Gesetzeskontrolle durch die Arbeitsgerichte verhindert werden soll.[619] Auch wäre eine Inhaltskontrolle nicht zielführend und liefe letztlich leer, da nach § 306 Abs. 2 BGB an Stelle einer mutmaßlich unwirksamen Regelung wiederum die wiederholte gesetzliche Regelung treten würde.[620] Eine Überprüfung lediglich anhand des Transparenzgebots ist aber auch für gesetzeswiederholende Vorschriften geboten, da sich eine unangemessene Benachteiligung auch aus der intransparenten Gestaltung oder Stellung im Vertrag ergeben kann. Eine Abweichung ist dagegen immer anzunehmen, wenn eine Gesetzesvorschrift unrichtig oder nicht vollständig wiedergegeben wird.

(3) Das Transparenzgebot nach § 307 Abs. 1 S. 2 BGB

256 Nach § 307 Abs. 1 S. 2 BGB kann sich eine unangemessene Benachteiligung iSv § 307 Abs. 1 S. 1 BGB auch daraus ergeben, dass eine Bestimmung in Allgemeinen Geschäftsbedingungen nicht klar und verständlich ist. Diese Vorschrift wird allgemein als **Transparenzgebot** bezeichnet.[621] Ein Verstoß gegen das Transparenzgebot führt gem. § 307 Abs. 1 S. 1 BGB zur Unwirksamkeit der intransparenten Vertragsbedingung.

257 **Abgrenzungsprobleme** und Wechselwirkungen können sich zwischen dem Transparenzgebot nach § 307 Abs. 1 S. 2 BGB und dem Verbot überraschender Klauseln nach § 305 c Abs. 1 BGB ergeben.

258 Nach der Rspr des BAG schließt das Transparenzgebot das **Bestimmtheitsgebot** ein. Eine wirksame Klausel muss nach dem Maßstab des Bestimmtheitsgebots die **tatbestandlichen Voraussetzungen und die Rechtsfolgen** einer Vereinbarung so genau beschreiben, dass für den Verwender keine ungerechtfertigten Beurteilungsspielräume entstehen.[622]

259 Das Transparenzgebot soll grds. der Gefahr vorbeugen, dass der Arbeitnehmer von der Durchsetzung bestehender Rechte abgehalten wird, weil er nicht in der Lage ist, den Umfang und die Reichweite seiner Rechte der vertraglichen Vereinbarung zweifelsfrei zu entnehmen.[623] Entscheidend ist, dass ein **durchschnittlicher Vertragspartner ohne Rechtsbeistand** in der Lage sein muss, seine Rechte und Pflichten aus der entsprechenden Klausel erkennen zu können.[624] Eine Klausel muss nach den Grundsätzen der arbeitsrechtlichen Rspr demnach im Rahmen des rechtlich und tatsächlich Zumutbaren die Rechte und Pflichten des Arbeitnehmers **so klar und**

617 BT-Drucks. 14/6857, S. 54; zust. *Henssler*, RdA 2002, 129, 136 mwN; *Thüsing*, AGB-Kontrolle im Arbeitsrecht, S. 27, Rn 74.

618 BAG 31.8.2005 – 5 AZR 545/04, NZA 2006, 324; BAG 11.10.2006 – 5 AZR 721/05, NZA 2007, 87; BAG 22.7.2010 – 6 AZR 847/07, NZA 2011, 634; BAG 29.8.2012 – 10 AZR 385/11, NZA 2013, 148.

619 In diesem Sinne auch: *Annuß*, BB 2002, 458, 460; RGKU/*Jacobs*, § 307 BGB Rn 12.

620 BAG 27.7.2005 – 7 AZR 486/04, NZA 2006, 40; HWK/*Gotthardt*, § 307 BGB Rn 9; RGKU/*Jacobs*, § 307 BGB Rn 12; Schaub/*Linck*, Arbeitsrechts-Handbuch, § 35 Rn 37.

621 Zur Kodifikationsgeschichte des Transparenzgebots s. *Thüsing*, AGB-Kontrolle im Arbeitsrecht, S. 36, Fn 201 bei Rn 93.

622 BAG 1.9.2010 – 5 AZR 517/09, NZA 2011, 575; BAG 17.8.2011 – 5 AZR 406/10, NZA 2011, 1335; BAG 17.7.2012 – 1 AZR 476/11, NZA 2013, 338; BAG 22.2.2012 – 5 AZR 765/10, NZA 2012, 861.

623 BAG 1.9.2010 – 5 AZR 517/09, NZA 2011, 575; BAG 18.1.2012 – 10 AZR 670/10, NZA 2012, 499; BAG 22.2.2012 – 5 AZR 765/10, NZA 2012, 861; BAG 18.9.2012 – 9 AZR 1/11, NZA 2013, 216; BAG 19.6.2012 – 9 AZR 712/10, NZA 2012, 1227; BAG 22.2.2012 – 5 AZR 765/10, NZA 2012, 861.

624 RGKU/*Jacobs*, § 307 BGB Rn 59; *Lingemann*, NZA 2002, 181, 187.

präzise wie möglich umschreiben.[625] Im Zusammenhang mit der pauschalen Abgeltung von Überstunden hat das BAG deshalb die Maxime formuliert, nach welcher für den Vertragspartner des Verwenders bei Vertragsschluss erkennbar sein muss, „was auf ihn zukommt"[626] (s. dazu auch § 1 Rn 3605 f). Kleine Unterschiede in der Formulierung können dabei den Ausschlag zwischen wirksamer und intransparenter Regelung geben, was sich auch am Beispiel der Überstundenabgeltungsklauseln zeigen lässt. So stellt sich nach den bereits aufgezeigten Grundsätzen etwa eine Vereinbarung als wegen des Verstoßes gegen das Transparenzgebot nach § 307 Abs. 1 S. 2 BGB unwirksam dar, nach der ein Arbeitnehmer ohne zusätzliche Vergütung verpflichtet ist, „bei betrieblichem Erfordernis" Mehrarbeit zu leisten, ohne dass der Umfang der Verpflichtung stundentechnisch näher konkretisiert wird.[627] Wird hingegen vereinbart, die ersten 20 Überstunden seien quasi „mit drin" und somit pauschal mit der Grundvergütung abgegolten, stellt sich dies weder als intransparent nach § 307 Abs. 1 S. 2 BGB noch als überraschend iSv § 305 c Abs. 1 BGB dar.[628]

Das Transparenzgebot ist in der jüngeren Vergangenheit eine der **zentralen, von der arbeitsrechtlichen Rspr genutzten Kontrollnormen** geworden, so dass sich eine Vielzahl von Beispielen intransparenter Regelungen finden lässt. Eine Vertragsstrafenabrede hält etwa der Transparenzkontrolle nicht stand, wenn durch sie für jeden Fall der Zuwiderhandlung gegen ein Wettbewerbsverbot eine Strafe in Höhe von zwei durchschnittlichen Bruttomonatsgehältern verlangt werden kann und im Falle dauerhafter Verletzung jeder Monat als erneute Verletzungshandlung gilt.[629] Eine Vereinbarung der Rückzahlung von Ausbildungskosten für den Fall, dass nach Ausbildungsschluss kein Folgevertrag beim Arbeitgeber unterzeichnet wird, verstößt ebenfalls gegen das Transparenzgebot, wenn in der Klausel nicht hinreichend deutlich erkennbar ist, in welcher Höhe eine Rückzahlungspflicht bestehen soll und Inhalt, Dauer und Vergütung der Folgetätigkeit nicht ausreichend bestimmt sind.[630] Eine Intransparenz kann sich Fall der Rückzahlungsvereinbarung für Ausbildungskosten auch daraus ergeben, dass nur pauschal ein bestimmter Betrag festgelegt wird, ohne dass erkennbar ist, wie sich dieser genau zusammensetzt.[631] 260

Ein **Verstoß gegen das Transparenzgebot** liegt nach der Rspr des 10. Senats des BAG andererseits nicht schon vor, wenn der Arbeitnehmer keine oder nur eine erschwerte Möglichkeit hat, die betreffende Regelung im Arbeitsvertrag zu verstehen. Denn erst in der Gefahr, dass der Vertragspartner des Klauselverwenders wegen der unklar abgefassten Allgemeinen Vertragsbedingungen seine Rechte nicht geltend macht, liege eine unangemessene Benachteiligung.[632] Auch eine allgemeine Rechtsbelehrungspflicht kann dem Transparenzgebot nach § 307 Abs. 1 S. 2 BGB nicht entnommen werden.[633] So stellt sich etwa eine Vertragsregelung zur Zahlung einer Sondertantieme nicht bereits als intransparent dar, weil eine Auszahlung einer geregelten Tantieme an die Ausschüttung einer Dividende an die Aktionäre gebunden wird.[634] 261

625 BAG 21.8.2012 – 3 AZR 698/10, NZA 2012, 1428; BAG 22.2.2012 – 5 AZR 765/10, NZA 2012, 861; ErfK/*Preis*, §§ 305–310 BGB Rn 44.

626 BAG 16.5.2012 – 5 AZR 347/11, NZA 2012, 939; BAG 16.5.2012 – 5 AZR 331/11, NZA 2012, 908; BAG 22.2.2012 – 5 AZR 765/10, NZA 2012, 861.

627 BAG 22.2.2012 – 5 AZR 765/10, NZA 2012, 861; so auch bereits: BAG 1.9.2010 – 5 AZR 517/09, NZA 2011, 575; BAG 17.8.2011 – 5 AZR 406/10, NZA 2011, 1335.

628 BAG 16.5.2012 – 5 AZR 347/11, NZA 2012, 939.

629 BAG 14.8.2007 – 8 AZR 973/06, NZA 2008, 170.

630 BAG 18.3.2008 – 9 AZR 186/07, NZA 2008, 1004.

631 LAG Köln 27.5.2010 – 7 Sa 23/10, NZA-RR 2011, 11.

632 BAG 18.1.2012 – 10 AZR 670/10, NZA 2012, 499; BAG 18.1.2012 – 10 AZR 667/10, NZA 2012, 620; BAG 14.9.2011 – 10 AZR 526/10, NZA 2012, 81; BAG 18.5.2011 – 10 AZR 206/10, NZA 2011, 12789; BAG 10.12.2008 – 10 AZR 1/08, NZA-RR 2009, 576; Schaub/*Linck*, Arbeitsrechts-Handbuch, § 35 Rn 45.

633 RGKU/*Jacobs*, § 307 BGB Rn 59; ErfK/*Preis*, §§ 305–310 BGB Rn 44.

634 BAG 18.1.2012 – 10 AZR 670/10, NZA 2012, 499.

262 Nichtsdestotrotz ist bei der Vertragsgestaltung die **allergrößte Sorgfalt** darauf zu verwenden, die Vertragsbedingungen **so klar und präzise** zu formulieren, dass den Anforderungen des Transparenzgebots möglichst Genüge getan wird. Damit beugt der Arbeitgeber nicht nur der Gefahr vor, dass im Streitfall einzelne Vertragsbedingungen gerichtlich für unwirksam erklärt werden, sondern er schafft schon bei Vertragsschluss eine übersichtliche Situation, die für beide Vertragsparteien größere Planungssicherheit gewährleistet.

(4) Die besonderen Klauselverbote nach §§ 308 und 309 BGB

263 Die §§ 308 und 309 BGB enthalten **besondere Klauselverbote**, die grds. als eine Ausprägung der Generalklausel des Verbots der unangemessenen Benachteiligung nach § 307 Abs. 1 S. 1 BGB anzusehen und als ausdrücklich geregelte Beispiele grds. vorrangig zu prüfen sind.[635] Die §§ 308, 309 BGB stellen im Verhältnis zu § 307 Abs. 1 und 2 BGB somit die **spezielleren Normen** dar.[636] Allerdings sind die generellen Wertungen des § 307 Abs. 1 und 2 BGB aufgrund der Sachnähe auch im Rahmen der besonderen Klauselverbote zu berücksichtigen (s. § 1 Rn 266).[637]

264 Das Gesetz differenziert grds. zwischen **Klauselverboten mit und ohne Wertungsmöglichkeit.** Gemeint ist im Rahmen dieser Unterscheidung, dass nicht die Klausel im Arbeitsvertrag, sondern das jeweilige **gesetzliche Verbot** in **§ 308 BGB** eine Wertungsmöglichkeit enthält.[638] Die Wertungsmöglichkeit wird dadurch verwirklicht, dass die Klauselverbote in § 308 BGB **unbestimmte Rechtsbegriffe** enthalten („unangemessen lange", „nicht hinreichend bestimmt", „sachlich gerechtfertigt", „zumutbar", „von besonderer Bedeutung") und somit keine feststehende Schranke, die in jedem Fall zur Unwirksamkeit der in Frage stehenden Vertragsklausel führt.[639] Die Klauselverbote in **§ 309 BGB** enthalten dagegen weniger derart auslegungsbedürftige Begriffe und stellen daher Verbote **ohne** Wertungsmöglichkeit in Form engerer und festgeschriebener Schranken dar. Hinsichtlich der Anwendung von Klauselverboten ohne Wertungsmöglichkeit hat sich die Bundesregierung im Gesetzgebungsverfahren dafür ausgesprochen, dass hier die „besonderen Bedürfnisse eines Arbeitsverhältnisses" iSv § 310 Abs. 4 S. 2 BGB zu berücksichtigen seien.[640] Daher sollte § 309 BGB bei der Inhaltskontrolle von Arbeitsverträgen „nicht zwingend uneingeschränkt zur Anwendung kommen".[641]

265 Darüber hinaus gelten bzw passen diverse Verbote in den §§ 308 und 309 BGB nicht im Bereich von Dauerschuldverhältnissen. Diese sind von ihrer gesamten Konzeption und den geregelten Anwendungsfällen her **nicht speziell auf Arbeitsverhältnisse zugeschnitten**, sondern konzeptionell eher auf **Geschäfte des täglichen Waren- und Dienstleistungsverkehrs ausgerichtet.** Die Klauselverbote in § 309 Nr. 1, Nr. 8 Buchst. b, Nr. 9 BGB oder § 308 Nr. 3 und 8 BGB finden etwa aufgrund ihres Zuschnitts auf andere Anwendungsbereiche und der fehlenden Ausrichtung auf Dauerschuldverhältnisse bereits von vornherein keine Berücksichtigung im Arbeitsrecht.[642] Daher bleibt die Bedeutung der §§ 308, 309 BGB für das Arbeitsvertragsrecht deutlich hinter der des Transparenzgebots und der Generalklausel in § 307 Abs. 1 S. 1 BGB zurück. Dennoch können bestimmte Verbotstatbestände im Einzelfall einschlägig sein.[643] So ist

635 Schaub/*Linck*, Arbeitsrechts-Handbuch, § 35 Rn 41; ErfK/*Preis*, §§ 305–310 BGB Rn 41.
636 BAG 27.7.2005 – 7 AZR 488/04, NZA 2006, 539.
637 BAG 27.7.2005 – 7 AZR 488/04, NZA 2006, 539; BAG 13.4.2010 – 9 AZR 113/09, NZA-RR 2010, 457; ErfK/*Preis*, §§ 305–310 BGB Rn 41.
638 BAG 4.3.2004 – 8 AZR 196/03, NZA 2004, 727; missverständlich insoweit BAG 4.3.2004 – 8 AZR 196/03, NZA 2004, 727; *Henssler/Moll*, AGB-Kontrolle vorformulierter Arbeitsbedingungen, S. 12.
639 RGKU/*Jacobs*, § 308 BGB Rn 1; Schaub/*Linck*, Arbeitsrechts-Handbuch, § 35 Rn 40.
640 RGKU/*Jacobs*, § 309 BGB Rn 1; Schaub/*Linck*, Arbeitsrechts-Handbuch, § 35 Rn 40.
641 BT-Drucks. 14/6857, S. 54.
642 *Thüsing*, AGB-Kontrolle im Arbeitsrecht, S. 35, Rn 91.
643 Bspw. zu § 308 Nr. 5 BGB: BAG 18.3.2009 – 10 AZR 281/08, NZA 2009, 601; zu § 308 Nr. 3 BGB: BAG 27.7.2005 – 7 AZR 488/04, NZA 2006, 539; vgl ErfK/*Preis*, §§ 305–310 BGB Rn 41.

bspw eine Klausel in einem Formularvertrag, welche den Arbeitgeber zum jederzeitigen Widerruf der Privatnutzungsbefugnis eines Dienstwagens berechtigt, wegen Verstoßes gegen den Änderungsvorbehalt in § 308 Nr. 4 BGB unwirksam.[644] Auch Widerrufsvorbehalte sind stets an den Voraussetzungen von § 308 Nr. 4 BGB zu messen und müssen einen sachlichen Grund für den Widerruf aufweisen[645] oder zumindest die Richtung des Grundes erkennen lassen, auf welche ein möglicher Widerruf einer Leistung gestützt werden soll.[646] Ein weiterer Verstoß kann sich aus einer unangemessen hohen Rückzahlungsvereinbarung für Ausbildungskosten ergeben, welche unvereinbar mit den Klauselverboten in § 308 Nr. 7 Buchst. a und b sein kann.[647]

(5) Unangemessene Benachteiligungen, § 307 BGB

(a1) Genereller Aufbau der Vorschrift des § 307 BGB

Nach der Vereinbarkeit mit dem Transparenzgebot (§ 307 Abs. 1 S. 2 BGB) und den besonderen Klauselverboten (§§ 308, 309 BGB) ist die Vertragsbedingung schließlich am Maßstab von § 307 Abs. 1 S. 1, Abs. 2 BGB zu prüfen. In Abs. 2 sind als besondere Ausprägungen der Generalklausel aus § 307 Abs. 1 S. 1 BGB **zwei Konkretisierungstatbestände** in Form von **Regelbeispielen** aufgeführt, welche vorrangig zu prüfen sind.[648] Die Zweifelsregelungen in § 307 Abs. 2 BGB sind nicht abschließend, so dass eine unangemessene Benachteiligung iSv § 307 Abs. 1 S. 1 BGB auch angenommen werden kann, wenn kein Verstoß gegen Abs. 2 vorliegt.[649] Wie bereits das Wort „Zweifelsfallregelung“ unterstreicht, sind die Regelbeispiele in Abs. 2 widerleglich, so dass nicht zwingend bei Erfüllung einer der beiden Tatbestände stets eine unangemessene Benachteiligung iSv § 307 Abs. 1 S. 1 BGB vorliegen muss.[650] 266

(a2) Die Zweifelsfallregelungen in § 307 Abs. 2 BGB

Nach § 307 Abs. 2 **Nr. 1** BGB ist eine unangemessene Benachteiligung im Zweifel immer anzunehmen, wenn eine Bestimmung in Allgemeinen Geschäftsbedingungen **mit wesentlichen Grundgedanken der gesetzlichen Regelung**, von der abgewichen wird, **nicht zu vereinbaren** ist. Da Verstöße gegen zwingendes Recht bereits unabhängig von § 307 BGB gem. § 134 BGB zur Unwirksamkeit der Vertragsbedingung führen, erfasst der Begriff der gesetzlichen Regelung in § 307 Abs. 2 Nr. 1 BGB allein **Abweichungen von dispositivem Recht**. Um den unbestimmten Rechtsbegriff der unangemessenen Benachteiligung zu konkretisieren, verwendet der Gesetzgeber in § 307 Abs. 2 Nr. 1 BGB einen weiteren unbestimmten Rechtsbegriff der **„wesentlichen Grundgedanken“** der gesetzlichen Regelung. Insofern verdeutlicht der Normgeber, dass das von ihm geschaffene dispositive Recht idR geeignet ist zu verhindern, dass eine Vertragspartei gegenüber einer anderen unangemessen benachteiligt wird.[651] Sobald sich vertragliche Regelungen allzu weit von den wesentlichen Grundgedanken des Gesetzesrechts entfernen, ist deshalb eine unangemessene Benachteiligung im Zweifelsfall anzunehmen. Je weiter sich die Regelung vom gesetzlichen Grundmuster entfernt, desto größer ist die Gefahr einer unangemessenen Benachteiligung.[652] Bereits die Verwendung des Terminus **„im Zweifelsfall“** verdeutlicht allerdings erneut, dass in diesem Bereich wenig feststehende Grenzen existieren und in erster Linie eine **wertende Einzelfallbetrachtung** notwendig ist. Unter anderem hat das BAG eine un- 267

644 BAG 19.12.2006 – 9 AZR 294/06, NZA 2007, 809.
645 BAG 13.4.2010 – 9 AZR 113/09, NZA-RR 2010, 457.
646 BAG 20.4.2011 – 5 AZR 191/10, NZA 2011, 796; *Lakies*, ArbR Aktuell 2012, 306, 308; *Reinecke*, BB 2008, 554.
647 LAG Köln 27.5.2010 – 7 Sa 23/10, NZA-RR 2011, 11.
648 Schaub/*Linck*, Arbeitsrechts-Handbuch, § 35 Rn 44; *Thüsing*, AGB-Kontrolle im Arbeitsrecht, S. 36, Rn 93.
649 Vgl BAG 23.8.2012 – 8 AZR 804/11, NZA 2013, 268.
650 RGKU/*Jacobs*, § 307 BGB Rn 44.
651 Sog. Leitbildfunktion des dispositiven Rechts, vgl ErfK/*Preis*, §§ 305–310 BGB Rn 43.
652 Schaub/*Linck*, Arbeitsrechts-Handbuch, § 35 Rn 44 a.

angemessene Benachteiligung nach § 307 Abs. 2 Nr. 1 BGB angenommen bei einer einstufigen Ausschlussfrist von zwei Monaten[653] und bei einem Freiwilligkeitsvorbehalt in Bezug auf Bestandteile des laufenden Arbeitsentgelts.[654]

268 Gemäß § 307 Abs. 2 **Nr. 2** BGB handelt es sich im Zweifel auch um eine unangemessene Benachteiligung, wenn eine Bestimmung in Allgemeinen Geschäftsbedingungen wesentliche Rechte oder Pflichten, die sich aus der Natur des Vertrages ergeben, so einschränkt, dass die **Erreichung des Vertragszwecks gefährdet** ist. Dieses Regelbeispiel kommt in erster Linie dort zum Tragen, wo es an einem gesetzlichen Leitbild iSv § 307 Abs. 2 Nr. 1 BGB fehlt.[655] Eine Gefährdung ist immer anzunehmen, wenn hinreichend wahrscheinlich ist, dass zumindest eine Vertragspartei aufgrund der Vertragsregelung den objektiv mit dem Vertrag bezweckten Erfolg nicht verwirklichen kann.[656] In seiner Entscheidung vom 28.9.2005 hat der 5. Senat des BAG neben einer unzulässigen Abweichung vom Grundgedanken der gesetzlichen Regelung auch eine Gefährdung des Vertragszwecks durch die Vereinbarung einer besonders kurzen Ausschlussfrist angenommen. Da sich ein solcher Vertragszweck aus der Natur des Arbeitsvertrages ergebe, sei eine Ausschlussfrist von weniger als drei Monaten für den Arbeitnehmer auch wegen § 307 Abs. 2 Nr. 2 BGB als entsprechende Gefährdung unzulässig.[657] Auch die Kombination eines Freiwilligkeitsvorbehalts mit einem Widerrufsvorbehalt in Bezug auf vertraglich zugesicherte Nebenleistungen zur jederzeitigen Widerrufsmöglichkeit weicht den Grundsatz des „pacta sunt servanda“ in unzumutbarer Weise auf und ist somit wegen Verstoßes gegen § 307 Abs. 2 Nr. 2 BGB unwirksam.[658]

(a3) Die Generalklausel in § 307 Abs. 1 S. 1 BGB

269 Nach der **Generalklausel** in § 307 Abs. 1 S. 1 BGB sind Bestimmungen in Allgemeinen Geschäftsbedingungen unwirksam, wenn sie den Vertragspartner **entgegen den Geboten von Treu und Glauben unangemessen benachteiligen.** Das BAG legt bei der Beurteilung der Unangemessenheit einen generellen, typisierenden, **vom Einzelfall losgelösten Maßstab** an.[659] Für die Wirksamkeit der Klausel ist somit unerheblich, ob sie sich im Einzelfall nicht benachteiligend auswirkt.[660] Es liegt gerade in der Natur von Allgemeinen Geschäftsbedingungen, dass sich diese nicht auf einen konkreten Einzelfall beziehen, sondern auf eine Vielzahl unbestimmter Anwendungsfälle. Diese Ausgangslage muss dann grds. auch entsprechend bei der Bewertung der Klauseln berücksichtigt werden.

270 Um diesen Maßstab zu konkretisieren, führt das BAG[661] in stRspr weiter aus, eine formularmäßige Vertragsbestimmung sei unangemessen, wenn der Verwender **durch einseitige Vertragsgestaltung missbräuchlich eigene Interessen auf Kosten seines Vertragspartners durchzusetzen** versuche, ohne von vornherein auch dessen Belange hinreichend zu berücksichtigen und ihm einen angemessenen, gleichwertigen Ausgleich zu gewähren. Die Feststellung einer unangemessenen Benachteiligung setzt danach eine wechselseitige Berücksichtigung und Bewertung recht-

---

653 BAG 28.9.2005 – 5 AZR 52/05, NZA 2006, 149; so auch BAG 19.12.2007 – 5 AZR 1008/06, NZA 2008, 464.

654 BAG 25.4.2007 – 5 AZR 627/06, NZA 2007, 853; *Reinecke*, BB 2008, 554, 555.

655 RGKU/*Jacobs*, § 307 BGB Rn 53; Schaub/*Linck*, Arbeitsrechts-Handbuch, § 35 Rn 44 b.

656 RGKU/*Jacobs*, § 307 BGB Rn 55.

657 BAG 28.9.2005 – 5 AZR 52/05, NZA 2006, 149; BAG 19.12.2007 – 5 AZR 1008/06, NZA 2008, 464; so auch LAG Köln 16.12.2011 – 4 Sa 952/11, NZA-RR 2012, 178; so auch *Lakies*, ArbR Aktuell 2013, 318, 320.

658 BAG 21.6.2011 – 9 AZR 203/10, NZA 2011, 1338; BAG 14.9.2011 – 10 AZR 526/10, NZA 2012, 81.

659 Vgl BAG 21.6.2011 – 9 AZR 203/10, NZA 2011, 1338; *Henssler/Moll*, AGB-Kontrolle vorformulierter Arbeitsbedingungen, S. 12 f; ErfK/*Preis*, §§ 305–310 BGB Rn 42; *Thüsing*, AGB-Kontrolle im Arbeitsrecht, S. 36 f, Rn 94 f.

660 ErfK/*Preis*, §§ 305–310 BGB Rn 42.

661 St. Rspr, so etwa: BAG 20.5.2008 – 9 AZR 382/07, NZA 2008, 1233; BAG 14.9.2011 – 10 AZR 526/10, NZA 2012, 81; BAG 23.8.2012 – 8 AZR 804/10, NZA 2013, 268.

lich anzuerkennender Interessen der Vertragspartner voraus. Dabei sind auch grundrechtlich geschützte Rechtspositionen zu beachten.[662] Im Rahmen der Inhaltskontrolle sind nach Ansicht der Rspr insoweit die Art und der Gegenstand, der besondere Zweck und die besondere Eigenart des jeweiligen Geschäfts zu berücksichtigen. Zu prüfen sei weiterhin, ob der Klauselinhalt bei der in Rede stehenden Art des Rechtsgeschäfts generell unter Berücksichtigung der typischen Interessen der beteiligten Verkehrskreise eine unangemessene Benachteiligung des Vertragspartners ergebe.[663] Dabei können auch Wertungen aus den Klauselbeispielen nach den §§ 308, 309 BGB, welche im konkreten Fall nicht einschlägig sind, übertragen werden, um die Frage nach einer unangemessenen Benachteiligung beantworten zu können.[664]

Eine **unangemessene Benachteiligung** iSv § 307 Abs. 1 S. 1 BGB ist zB bei der Vereinbarung 271 einer Rückzahlungspflicht von Ausbildungskosten bei Ausscheiden aus dem Betrieb der Fall, wenn diese unabhängig vom Beendigungsgrund gelten soll, was auch anzunehmen ist, wenn unter Voranstellung des Wortes „insbesondere“ bestimmte Beispielsfälle genannt werden.[665] Auch eine Ausgleichsklausel, mit welcher bei Beendigung des Vertragsverhältnisses der Arbeitnehmer erklären soll, ohne kompensatorische Gegenleistung auf alle Ansprüche, gleich aus welcher Rechtsgrundlage, zu verzichten, stellt eine unangemessene Benachteiligung iSv § 307 Abs. 1 S. 1 BGB dar.[666] Dagegen hält eine Versetzungsklausel, nach welcher einem Arbeitnehmer innerhalb des Betriebs eine andere, seiner Ausbildung und beruflichen Entwicklung oder vorherigen Tätigkeit entsprechende Tätigkeit übertragen werden kann, einer Angemessenheitsprüfung nach § 307 Abs. 1 S. 1 BGB stand.[667] Ebenso stellt die Knüpfung der Auszahlung einer versprochenen Tantieme an die Voraussetzung der Auszahlung einer Dividende an die Aktionäre keine unangemessene Benachteiligung in diesem Sinne dar.[668]

Bei der Beurteilung der unangemessenen Benachteiligung nach § 307 Abs. 1 und 2 BGB sind – 272 abweichend von der generell objektiviert angelegten Betrachtungsweise – allerdings auch die **Begleitumstände des Vertragsschlusses** zu berücksichtigen (**§ 310 Abs. 3 Nr. 3 BGB**), soweit es sich – wie im absoluten Regelfall – bei dem in Frage stehenden Arbeitsvertrag um einen Verbrauchervertrag (s. § 1 Rn 215 ff) handelt. Zu diesen Umständen gehören insb. persönliche Eigenschaften des individuellen Vertragspartners, die sich auf dessen Verhandlungsstärke auswirken, ferner Besonderheiten der konkreten Situation bei Vertragsschluss und schließlich untypische Sonderinteressen des Vertragspartners.[669] Die Berücksichtigung dieser Umstände findet grds. in beide Richtungen statt und kann sowohl zur Unwirksamkeit einer nach generell-abstrakter Betrachtung wirksamen Klausel als auch zur Wirksamkeit einer nach typisierter Inhaltskontrolle unwirksamen Klausel führen.[670]

f) Rechtsfolgen einer Nichteinbeziehung oder Unwirksamkeit nach § 306 BGB

Sollte eine AGB-Kontrolle eines Arbeitsvertrages zu dem Ergebnis kommen, dass bestimmte 273 Regelungen nicht wirksam in den Vertrag einbezogen wurden oder nach den §§ 307 ff BGB

662 St. Rspr, so etwa: BAG 20.5.2008 – 9 AZR 382/07, NZA 2008, 1233; BAG 14.9.2011 – 10 AZR 526/10, NZA 2012, 81; BAG 23.8.2012 – 8 AZR 804/10, NZA 2013, 268.

663 St. Rspr, so etwa: BAG 20.5.2008 – 9 AZR 382/07, NZA 2008, 1233; BAG 14.9.2011 – 10 AZR 526/10, NZA 2012, 81; BAG 23.8.2012 – 8 AZR 804/10, NZA 2013, 268.

664 Vgl LAG Köln 27.5.2010 – 7 Sa 23/10, NZA-RR 2011, 11, wo die grundsätzliche Wertung aus § 309 Nr. 5 Buchst. b) BGB übertragen wurde, obwohl es sich im konkreten Fall nicht um eine Vereinbarung zu Schadensersatz handelte, sondern um eine Vereinbarung zur Rückzahlung von Ausbildungskosten.

665 BAG 23.1.2007 – 9 AZR 482/06, NZA 2007, 748.

666 BAG 21.6.2011 – 9 AZR 203/10, NZA 2011, 1338.

667 BAG 3.12.2008 – 5 AZR 62/08, NZA-RR 2009, 527.

668 BAG 18.1.2012 – 10 AZR 670/10, NZA 2012, 499.

669 BAG 23.8.2012 – 8 AZR 804/10, NZA 2013, 268.

670 BAG 23.9.2010 – 8 AZR 897/08, NZA 2011, 89; BAG 14.8.2007 – 8 AZR 973/06, NZA 2008, 170; BAG 31.8.2005 – 5 AZR 545/04, NZA 2006, 324.

unwirksam sind, richten sich die grundsätzlichen Rechtsfolgen nach § 306 BGB. Insoweit lässt sich zwischen den Rechtsfolgen für die in Frage stehende Regelung selbst und für den Rest der vertraglichen Vereinbarung andererseits unterscheiden.

aa) Schicksal der betroffenen Klausel selbst

(1) Der blue-pencil-Test

274 Die betroffenen nicht einbezogenen oder unangemessenen Regelungen selbst sind grds. **in vollem Umfang unwirksam**. Allerdings besteht für den Bereich des Arbeitsrechts eine Besonderheit mit dem sog. **blue-pencil-Test**. Mit diesem wird die **Teilbarkeit** einer durch die Inhaltskontrolle nach den §§ 307 ff BGB betroffenen Klausel ermittelt, so dass quasi „mit dem blauen Stift" nur der unwirksame Teil gestrichen wird und ein sprachlich und inhaltlich abtrennbarer wirksamer Teil einer fraglichen Klausel im Vertrag bestehen bleiben kann.[671] Auf diese Weise kann etwa aus einer Vertragsstrafenabrede mit mehreren Anwendungsfällen lediglich die unzulässige Variante unter Beibehaltung der übrigen Strafzahlungsfälle gestrichen werden[672] oder bei einer zweistufigen Ausschlussfrist nur die zweite, wegen zu kurzer Frist unzulässige Stufe zur gerichtlichen Geltendmachung von Ansprüchen.[673] Möglich ist auch die Streichung eines einzelnen Wortes, welches die Unzulässigkeit begründet, wenn danach eine zulässige und weiterhin sinnvolle Regelung verbleibt.[674] Dagegen ist eine Klausel, welche das sprachlich und inhaltlich unbeschränkte Recht zum Widerruf der Privatnutzung eines Dienstwagens enthält, nicht teilbar, da es keine unterschiedlichen, nur äußerlich zusammengefügten Regelungen enthält[675] und eine Rückführung einer Regelung auf das zulässige Maß gerade nicht im Rahmen des blue-pencil-Tests, sondern lediglich im Rahmen einer geltungserhaltenden Reduktion (s. dazu § 1 Rn 275) erfolgen könnte.

(2) Verbot der geltungserhaltenden Reduktion

275 Eine **geltungserhaltende Reduktion** einer unzulässigen Regelung kommt im Bereich der AGB-Kontrolle nach richtiger Ansicht allerdings **nicht** in Betracht.[676] Würde man eine solche Rückführung unwirksamer Klauseln auf einen zulässigen Kern oder ein gerade noch vertretbares Level zulassen, würde zum einen den Gerichten eine vertragsgestalterische Tätigkeit übertragen, was gerade nicht in ihrem Aufgabenbereich liegt. Noch entscheidender gegen eine solche Handhabung spricht allerdings, dass die Zulassung einer geltungserhaltenden Reduktion die Position der Vertragspartner schwächen und einer Disziplinierung der Vertragsgestalter zuwiderlaufen würde.[677] Es wäre für den Vertragsgestalter ohne Probleme und Eingehung eines Risikos möglich, unzulässige und unangemessene Klauseln in den Vertrag aufzunehmen, da im Fall der Entdeckung nicht ein Verlust der gesamten Regelung, sondern allein eine Rückführung auf das ohnehin zulässige Maß drohen würde. Für die Ablehnung einer geltungserhaltenden

---

671 Vgl BAG 21.4.2005 – 8 AZR 425/04, NZA 2005, 1053; BAG 19.12.2006 – 9 AZR 294/06, NZA 2007, 809; BAG 12.3.2008 – 10 AZR 152/07, NZA 2008, 699; BAG 6.5.2009 – 10 AZR 443/08, NZA 2009, 783; BAG 21.6.2011 – 9 AZR 238/10, NJOZ 2012, 499; BAG 13.6.2012 – 7 AZR 169/11, NJOZ 2013, 1473; BAG 25.9.2013 – 5 AZR 778/12, NZA 2014, 94; *Schlewing*, RdA 2011, 92, 93.

672 BAG 21.4.2005 – 8 AZR 425/04, NZA 2005, 1053.

673 BAG 12.3.2008 – 10 AZR 152/07, NZA 2008, 699; BAG 25.9.2013 – 5 AZR 778/12, NZA 2014, 94.

674 BAG 6.5.2009 – 10 AZR 443/08, NZA 2009, 783 (dort ergab sich die Unzulässigkeit einer Bestandsklausel für eine Zielvereinbarung daraus, dass zum Stichtag ein „ungekündigtes" Arbeitsverhältnis fortbestehen musste und dieser Terminus ganz einfach gestrichen werden konnte, um eine wirksame Restregelung zu bewahren).

675 BAG 19.12.2006 – 9 AZR 294/06, NZA 2007, 809.

676 Ganz hM, so etwa: BAG 4.3.2004 – 8 AZR 196/03, NZA 2004, 727; BAG 19.12.2006 – 9 AZR 294/06, NZA 2007, 809; Däubler/Bonin/Deinert/*Bonin*, § 306 BGB Rn 14; RGKU/*Jacobs*, § 306 BGB Rn 9; *Lingemann*, NZA 2002, 181, 186; ErfK/*Preis*, §§ 305–310 BGB Rn 104; Schaub/*Linck*, Arbeitsrechts-Handbuch, § 35 Rn 50; *Schlewing*, RdA 2011, 92; *Stoffels*, AGB-Recht, 2. Aufl. 2009, Rn 595.

677 *Schlewing*, RdA 2011, 92.

Reduktion spricht auch, dass derjenige, der wie bei AGB für sich die alleinige Vertragsgestaltungsfreiheit in Anspruch nimmt, auch das alleinige Risiko einer Unwirksamkeit tragen muss.[678] Demnach kommt es in jedem Fall zur vollständigen Streichung der unwirksamen oder nicht einbezogenen Vertragsregelung.

bb) Rechtsfolgen für den Restvertrag

In Umkehr des Grundsatzes der Teilnichtigkeit in § 139 BGB[679] ist für den Bereich Allgemeiner Geschäftsbedingungen nach **§ 306 Abs. 1 BGB** eine Begrenzung der Unwirksamkeit bzw Nichteinbeziehung allein auf die in Frage stehende Regelung vorgesehen, der **Vertrag im Übrigen** aber bleibt generell **vollumfänglich wirksam**. Grund für diese Annahme ist in erster Linie der Schutz des Vertragspartners des Klauselverwenders, der – insb. bei Dauerschuldverhältnissen – im Fall eines vollständigen Entfallens des Vertrages und einer Rückabwicklung über das Bereicherungsrecht weitgehend schutzlos gestellt wäre.[680] 276

Hinterlassen die unwirksamen bzw nicht einbezogenen Regelungen eine **Lücke im Vertrag**, ist diese gem. **§ 306 Abs. 2 BGB** durch die **gesetzlichen Vorschriften zu schließen**. Problematisch ist insoweit, dass zB im Arbeitsrecht in vielen Bereichen, die Gegenstand besonderer vertraglicher Regelungen sind, keine korrespondierenden Gesetzesnormen bestehen und es sich somit um ungeregelte Rechtsfelder handelt. Für diese Rechtsbereiche und nur in bestimmten Ausnahmefällen wird teilweise befürwortet, die auftretende Lücke, welche mangels entsprechender Existenz gesetzlicher Regelungen nicht gefüllt werden kann, sei von den Gerichten im Wege der ergänzenden Vertragsauslegung zu schließen, insb. wenn ansonsten ein Fortfall des gesamten Vertrages nach § 306 Abs. 3 BGB die Alternative wäre.[681] 277

In besonderen Fällen ist nach **§ 306 Abs. 3 BGB** eine Ausnahme vom Grundsatz des Fortbestehens des Restvertrages bei isolierter Streichung der unwirksamen oder nicht einbezogenen Allgemeinen Geschäftsbedingung vorgesehen. Ausnahmsweise soll der gesamte Vertrag unwirksam sein, soweit sich für eine Vertragspartei das **Festhalten am Restvertrag** auch unter Berücksichtigung der möglichen Ausfüllung der Vertragslücke durch gesetzliche Regelungen nach § 306 Abs. 2 BGB als **unzumutbare Härte** darstellen würde. Diese Möglichkeit wird allerdings im Bereich des Arbeitsrechts den absoluten Ausnahmefall darstellen und als *ultima ratio* zu begreifen sein.[682] 278

cc) Keine Berufung auf die Unwirksamkeit durch den Klauselverwender

Das BAG[683] hat klargestellt, dass sich der Arbeitgeber nicht auf die Unwirksamkeit einer von ihm selbst in den Formulararbeitsvertrag aufgenommenen Klausel berufen kann, wenn die Unwirksamkeit auf einer unangemessenen Benachteiligung seines Vertragspartners beruht, selbst wenn dies zum Verlust eines eigenen Schadensersatzanspruchs führt. Die Inhaltskontrolle schaffe einen **Ausgleich für die einseitige Inanspruchnahme der Vertragsfreiheit** durch den Klauselverwender und diene nicht dem Schutz des Letzteren vor den von ihm selbst eingeführten Bestimmungen. Die Entscheidung liegt auch auf der Ebene der bisherigen BGH-Rspr.[684] Nach diesen Grundsätzen ist etwa eine wegen zu kurzer Fristen unzulässige Ausschlussfrist ge- 279

678 So auch: RGKU/*Jacobs*, § 306 BGB Rn 9; ErfK/*Preis*, §§ 305–310 BGB Rn 104; Schaub/*Linck*, Arbeitsrechts-Handbuch, § 35 Rn 50.

679 RGKU/*Jacobs*, § 306 BGB Rn 5; *Lingemann*, NZA 2002, 181, 186; ErfK/*Preis*, §§ 305–310 BGB Rn 103; Schaub/*Linck*, Arbeitsrechts-Handbuch, § 35 Rn 51; *Schlewing*, RdA 2011, 92, 94.

680 *Schlewing*, RdA 2011, 92, 95.

681 BAG 19.12.2006 – 9 AZR 294/06, NZA 2007, 809; ErfK/*Preis*, §§ 305–310 BGB Rn 104; Schaub/*Linck*, Arbeitsrechts-Handbuch, § 35 Rn 52.

682 RGKU/*Jacobs*, § 306 BGB Rn 17; ErfK/*Preis*, §§ 305–310 BGB Rn 103; *Schlewing*, RdA 2011, 92, 96.

683 BAG 27.10.2005 – 8 AZR 3/05, NZA 2006, 257; BAG 28.6.2006 – 10 AZR 407/05, NJW 2006, 3659; so auch LAG Köln 16.12.2011 – 4 Sa 952/11, NZA-RR 2012, 178.

684 BGH 2.4.1998 – IX ZR 79/97, NJW 1998, 2280; BGH 4.12.1986 – VII ZR 354/85, BGHZ 99, 160.

genüber dem Arbeitnehmer unwirksam, wogegen die Ansprüche des Arbeitgebers weiterhin an deren Einhaltung gebunden bleiben. Dies kann dazu führen, dass der Arbeitnehmer bestimmte Ansprüche noch geltend machen kann, der Arbeitgeber wegen Verfristung allerdings keine Verrechnung mehr mit Gegenansprüchen anbringen kann.[685]

dd) Besonderheiten bei vor dem 1.1.2002 geschlossenen Altverträgen

280 Nach der Übergangsregelung in Art. 229 § 5 S. 2 EGBGB gilt die Inhaltskontrolle grds. auch für Arbeitsverträge, die vor dem 1.1.2002 begründet wurden. Für solche Arbeitsverhältnisse (**Altverträge**) wurde allerdings eine Übergangsfrist bis zum 31.12.2002 geschaffen, um den Vertragspartnern die Möglichkeit zur Vornahme eventuell notwendig gewordener Anpassungen zu geben. Danach könnte man annehmen, dass auf alle Arbeitsverträge einheitlich ab dem 1.1.2003 AGB-Recht anzuwenden ist.

281 Diese Möglichkeit wurde allerdings von vielen Seiten deutlich kritisiert. *Wisskirchen/Stühm*[686] haben darauf aufmerksam gemacht, dass die Erstreckung des neuen Rechts auf laufende Dauerschuldverhältnisse zu einer verfassungsrechtlich nicht unproblematischen Rückwirkung führe. Zwar handele sich um einen Fall der sog. unechten Rückwirkung (tatbestandliche Rückanknüpfung), aber auch diese sei unzulässig, wenn das Gesetz einen entwertenden Eingriff vornehme, mit dem der Berechtigte nicht zu rechnen brauche, den er also bei seinen Dispositionen nicht berücksichtigen konnte, und sein Vertrauen schutzwürdiger sei als die mit dem Gesetz verfolgten Anliegen.[687] *Hanau/Hromadka*[688] haben sich dieser Auffassung angeschlossen. Die strikte Anwendung der Übergangsregelung bedeute eine Ignorierung des verfassungsrechtlich gebotenen Schutzes des Vertrauens auf die Rspr, die nicht nur für die betroffenen Bürger unerträglich sei, sondern die Legitimation der Rspr selbst untergrabe. Auch *Stoffels*[689] hat diese Auffassung unterstützt. Wenn der Arbeitsvertrag im Vertrauen auf die damals geltende Gesetzeslage oder auf die nicht den Bindungen des AGB-Rechts unterworfene Rspr (insb. die damals noch geltende Praxis der geltungserhaltenden Reduktion) formuliert worden sei, komme als Korrekturinstrument zunächst eine **Ausnahme vom Verbot der geltungserhaltenden Reduktion** in Betracht.[690] Dies erscheine notwendig, da trotz der zur Änderung der Vertragsklauseln gedachten Übergangsfrist bis zum 31.12.2002 aufgrund des umfassenden Änderungsschutzes im deutschen Arbeitsrecht eine Vertragsanpassung an die neue Rechtslage weitgehend nicht erfolgen konnte.[691] Eine geltungserhaltende Reduktion sei immer heranzuziehen, wenn der Formularvertrag der bisherigen Gesetzes- und Rechtsprechungslage entsprach, nach der Gesetzesänderung einer AGB-Kontrolle jedoch nicht mehr standhält. Art. 229 § 5 S. 2 EGBGB fordere nicht zwingend eine Totalnichtigkeit der Klausel ein, so dass danach dem schutzwürdigen Verwender zumindest der mit der aktuellen Rechtslage in Einklang zu bringende Teil der Klausel zu erhalten sei.[692] Wo die geltungserhaltende Reduktion versage, müsse im Wege einer großzügig gehandhabten ergänzenden Vertragsauslegung ein angemessener Interessenausgleich herbeigeführt werden, da eine einfache Streichung der betroffenen Klauseln keine interessengerechte Lösung darstelle.[693] Der Eintritt einer Rechtsfolgenkorrektur sei nicht davon abhängig, dass der Arbeitgeber den betreffenden Arbeitnehmern während der Übergangsfrist eine Änderungs-

685 LAG Köln 16.12.2011 – 4 Sa 952/11, NZA-RR 2012, 178; *Lakies*, ArbR Aktuell 2013, 318, 321.
686 *Wisskirchen/Stühm*, DB 2003, 2225.
687 BVerfG 28.11.1984 – 1 BvL 13/81, BVerfGE 68, 272; BVerfG 3.12.1997 – 2 BvR 882/97, BVerfGE 97, 67.
688 *Hanau/Hromadka*, NZA 2005, 73.
689 *Stoffels*, NZA 2005, 726.
690 Ebenso RGKU/*Jacobs*, § 305 BGB Rn 10.
691 MüKo-BGB/*Müller-Glöge*, § 611 BGB Rn 43.
692 *Stoffels*, NZA 2005, 726, 729 f.
693 *Hanau/Hromadka*, NZA 2005, 73, 78.

kündigung des Arbeitsvertrages angeboten habe.[694] Bei **Neuverträgen**, die nach dem 1.1.2002 geschlossen worden seien, müssten hingegen das Rechtsfolgenkonzept des § 306 BGB und die hierzu ergangene zivilgerichtliche Judikatur als Maßstab gewählt werden.

Auch das **BAG** sieht das Problem der Altfälle, **löst dieses aber auf andere Weise**. Der 5. Senat 282
wendet auf Altverträge § 306 Abs. 2 BGB nicht an.[695] Nach dieser Vorschrift entfällt eine unwirksame Klausel grds. ersatzlos, wobei die aufgetretene Lücke im Vertrag stattdessen mit den entsprechend anwendbaren gesetzlichen Bestimmungen gefüllt wird. Der Senat argumentiert, er habe Bedenken, eine rückwirkende Anwendung von förmlichen Anforderungen (hinreichend deutliche Formulierung der Rechtslage) auf einen abgeschlossenen Sachverhalt (Abschluss des Arbeitsvertrages) vorzunehmen. Da das Gesetz auch für Altverträge gelte und dies wegen der Anforderungen an die Vertragsformulierung auf eine echte Rückwirkung hinauslaufe, bedürfe es der verfassungskonformen, den Grundsatz der Verhältnismäßigkeit wahrenden Auslegung und Anwendung. Der Verwender habe bei Abschluss des Arbeitsvertrages die §§ 307 ff BGB wegen der damals geltenden Bereichsausnahme in § 23 AGB-Gesetz nicht berücksichtigen können, so dass es zur Schließung der entstandenen Lücke der **ergänzenden Vertragsauslegung** bedürfe.

Nach der bisherigen BAG-Rspr gilt bei Altverträgen – entgegen dem Wortlaut von Art. 229 § 5 283
S. 2 EGBGB – die Rechtsfolge des § 306 BGB nicht. Das BAG lässt zur Schließung entstandener Lücken eine **ergänzende Vertragsauslegung** zu, fragt somit bei **Altverträgen**, was die Parteien vereinbart hätten, wenn ihnen die gesetzlich angeordnete Unwirksamkeit der (Widerrufs-)Klausel bekannt gewesen wäre.[696] Danach ist bei für den Arbeitnehmer nachteiligen Regelungen darauf abzustellen, ob die Vereinbarung für eine redliche Vertragspartei zumutbar gewesen wäre und diese nicht unangemessen benachteiligt hätte.[697] Es steht der Zielsetzung der §§ 305 ff BGB entgegen, durch ersatzloses Wegfallen der Klausel dem Vertragspartner des AGB-Verwenders einen Vorteil zu verschaffen, durch den sich das Vertragsgefüge einseitig zu seinen Gunsten verschiebt.[698] Die ergänzende Vertragsauslegung scheidet allerdings immer aus, wenn das Gesetz eine angemessene Lösung bietet, die den beidseitigen Interessenlagen ausreichend Rechnung trägt.[699] Eine geltungserhaltende Reduktion, wie sie von *Stoffels*[700] neben der ergänzenden Vertragsauslegung für Altverträge gefordert wird, sieht die BAG-Rspr dagegen nicht vor. Darüber hinaus wird teilweise die Tendenz verschiedener Senate des BAG vermutet, mit fortschreitender Zeit immer mehr auf die ergänzende Vertragsauslegung in Altfällen und somit die Berücksichtigung von Vertrauensschutzgesichtspunkten zu verzichten.[701] Ansatzpunkt für diese Ansicht sind Andeutungen in verschiedenen BAG-Entscheidungen, eine ergänzende Vertragsauslegung aus **Vertrauensschutzgesichtspunkten** käme **nur** in Betracht, **soweit der Arbeitgeber** in der Übergangsphase vom 1.1.2002–31.12.2002 **versucht** habe, **seine Verträge entsprechend anzupassen**.[702] Aus dieser Übergangsregelung lasse sich allerdings weder eine

694 *Lindemann*, Flexible Gestaltung von Arbeitsbedingungen nach der Schuldrechtsreform, 2003, S. 245.
695 BAG 12.1.2005 – 5 AZR 364/04, NZA 2005, 465; krit. *Hümmerich*, NJW 2005, 1759.
696 So ausdr. in jüngerer Vergangenheit etwa BAG 20.4.2011 – 5 AZR 191/10, NZA 2011, 796.
697 BAG 11.10.2006 – 5 AZR 721/05, BB 2007, 109; ebenso: BAG 19.12.2006 – 9 AZR 294/06, NZA 2007, 809; BAG 30.7.2008 – 10 AZR 606/07, NJW 2008, 3592; BAG 20.4.2011 – 5 AZR 191/10, NZA 2011, 796.
698 *Schimmelpfennig*, NZA 2005, 603, 608.
699 BAG 28.11.2007 – 5 AZR 992/06, NZA 2008, 293.
700 *Stoffels*, NZA 2005, 726.
701 *Gaul/Mückl*, NZA 2009, 1233 ff.
702 Vgl BAG 11.4.2006 – 9 AZR 610/05, NZA 2006, 1042; BAG 19.12.2006 – 9 AZR 294/06, NZA 2007, 809; BAG 11.2.2009 – 10 AZR 222/08, NZA 2009, 428; dem zust. RGKU/*Jacobs*, § 305 BGB Rn 9; krit. dazu *Gaul/Mückl*, NZA 2009, 1233, 1234 f.

Obliegenheit zur Nachverhandlung für den Arbeitgeber noch eine Pflicht zur Annahme entsprechender Anpassungen für den Arbeitnehmer folgern.[703]

g) Arbeitsvertrag kein Haustürgeschäft

284 Dadurch, dass nahezu einhellig anerkannt ist, dass der Arbeitnehmer bei Abschluss des Arbeitsvertrages regelmäßig als Verbraucher handelt und der Arbeitsvertrag folglich einen **Verbrauchervertrag** bildet (s. ausf. § 1 Rn 215 ff), stellt sich die Frage, inwieweit auch andere spezielle Verbraucherschutznormen einschlägig sein können. Zu denken ist etwa an das **Widerrufsrecht bei Haustürgeschäften** nach § 312 BGB. Allerdings wird bei Abschluss eines **Arbeitsvertrages** regelmäßig keine typische Haustürsituation vorliegen. Der Arbeitsvertrag wird nicht vom Arbeitnehmer und vom Arbeitgeber in der Privatwohnung des Arbeitnehmers unterzeichnet, sondern idR vom Arbeitgeber ausgefertigt und an die Heimatadresse des Arbeitnehmers übersandt und vom Arbeitnehmer in seiner Privatwohnung unterzeichnet. Damit ist der Arbeitnehmer nicht zum Abschluss des Vertrages in seiner **Privatwohnung** und damit in einer für Vertragsabschlüsse untypischen Umgebung **bestimmt worden** (§ 312 Abs. 1 S. 1 Nr. 1 BGB). Wird der Vertrag in den Räumen des Arbeitgebers geschlossen, ist auch der Tatbestand des **Arbeitsplatzes** gem. § 312 Abs. 1 S. 1 Nr. 1 BGB nicht erfüllt. Zum Zeitpunkt der Unterschriftsleistung befindet sich der Arbeitnehmer im Anbahnungsverhältnis und hat deshalb noch keinen Arbeitsplatz beim Arbeitgeber.

285 Oftmals tritt das Problem eines möglichen Widerrufsrechts nach den §§ 312, 355 BGB allerdings bei Abschluss einer **Aufhebungsvereinbarung** auf. Das BAG hat in diesem Zusammenhang hervorgehoben, der Sinn und Zweck der Vorschrift des § 312 BGB liege in einem **situationsbezogenen und vertragstypischen Verbraucherschutz**, welcher im Rahmen von Arbeitsverhältnissen nicht erfüllt sei.[704] Zwar sei der Begriff „Arbeitsplatz" weit zu verstehen, so dass regelmäßig das gesamte Betriebsgelände umfasst werde. Rein technisch gesehen wäre also die Erfüllung des Tatbestandsmerkmals des Arbeitsplatzes insoweit denkbar. Dies entspräche allerdings nicht dem Sinn und Zweck einer solchen Regelung. Es fehlt im Zusammenhang mit dem Abschluss einer Beendigungsvereinbarung gerade an der Überforderungssituation des Arbeitnehmers aufgrund der situationsuntypischen Vertragsanbahnung. Es ist zu erwarten, dass alle vertraglichen Regelungen in Bezug auf das Arbeitsverhältnis und damit auch ein möglicher Aufhebungsvertrag typischerweise am Arbeitsplatz getroffen werden. Bei einem im Büro des Chefs geschlossenen Aufhebungsvertrag liege auch dann kein Haustürgeschäft vor, wenn der Arbeitnehmer regelmäßig nicht in den Betriebsräumen, sondern von zu Hause arbeitet.[705] Auf dieser Rspr aufbauend hat das ArbG Hamburg entschieden, von einem Haustürgeschäft iSd § 312 BGB könne selbst dann nicht ausgegangen werden, wenn der Arbeitnehmer die Beendigungsvereinbarung in seiner Privatwohnung unterschreibt, nachdem er dort von seinem Arbeitgeber aufgesucht wurde. Das Haustürgeschäft gem. § 312 BGB sei im Unterabschnitt „Besondere Vertriebsformen" geregelt und diene lediglich dem Schutz des Verbrauchers vor den Gefahren entgeltlicher Rechtsgeschäfte an spezifisch ungewöhnlichen Orten, was bei Vereinbarungen im Zusammenhang mit dem Arbeitsverhältnis nicht der Fall sei.[706] Die Ablehnung eines Haustürgeschäfts für Arbeits- und Aufhebungsverträge wurde in der Folge wiederholt und durchgehend von der arbeitsrechtlichen Rspr aller Instanzen bestätigt.[707]

---

703 BAG 20.4.2011 – 5 AZR 191/10, NJW 2011, 2153.

704 BAG 27.11.2003 – 2 AZR 135/03, NZA 2004, 597; bestätigt durch BAG 18.8.2005 – 8 AZR 523/04, NZA 2006, 145; krit. *Hümmerich*, NZA 2004, 809.

705 BAG 22.4.2004 – 2 AZR 281/03, NZA 2004, 1295.

706 ArbG Hamburg 13.3.2008 – 2 Ca 454/07.

707 So etwa LAG Brandenburg 30.10.2002 – 7 Sa 386/02, NZA 2003, 503; LAG Hamm 1.4.2003 – 19 Sa 1901/02, NZA-RR 2003, 401; LAG Hessen 8.1.2008 – 13 Sa 987/07.

Mit ähnlicher Begründung sind *Schrader/Schubert*[708] der Ansicht, nach dem Urteil des BAG vom 27.11.2003 scheide die Kennzeichnung als Haustürgeschäft schon deshalb aus, weil der Arbeitsvertrag eben kein solches Vertriebsgeschäft sei. Dieser Ansicht haben sich auch andere Autoren angeschlossen.[709] Darüber hinaus vertrage sich ein unbefristetes Widerrufsrecht nicht mit dem allgemeinen Beschleunigungsinteresse arbeitsrechtlicher Beendigungsstreitigkeiten, welches in §§ 4, 7 KSchG oder § 17 TzBfG zum Ausdruck komme. 286

Die von der neueren Rspr vertretene **strikte Ablehnung einer Haustürsituation** beim Abschluss von arbeitsrechtlichen Beendigungsvereinbarungen wird jedoch nicht von allen Stimmen in der Lit. mitgetragen.[710] So wird vorgebracht, der Arbeitnehmer befinde sich gerade im Falle der Drohung mit einer Strafanzeige oder der fristlosen Kündigung in einer vergleichbaren psychologischen Drucksituation wie ein Verbraucher in einer Verkaufssituation an der Haustüre. Dem Arbeitnehmer werde in ähnlicher Form suggeriert, das Angebot könne nur sofort angenommen werden, weshalb es ihm typischerweise schwerfalle, dieses abzulehnen.[711] Zumindest bestehe eine vergleichbare Überrumpelungssituation, in der ein Widerrufsrecht geboten sei, wenn der Arbeitnehmer in seiner Privatwohnung aufgesucht wird, da er dort typischerweise nicht mit arbeitsvertraglichen Regelungen rechnen müsse.[712] Diese Auffassung hat sich jedoch nicht durchsetzen können. 287

h) Zusammenfassung und Prüfungsschema der Wirksamkeitskontrolle von Arbeitsvertragsklauseln

Als Zusammenfassung der vorherigen Ausführungen finden sich nachfolgend die wesentlichen Aussagen und ein **übersichtliches Prüfungsschema.** 288

Bevor in die eigentliche AGB-Kontrolle eingestiegen wird, ist zunächst zu prüfen, ob der **Anwendungsbereich** eröffnet ist und tatsächlich echte Allgemeine Geschäftsbedingungen iSv § 305 Abs. 1 BGB vorliegen. Da es sich bei Arbeitsverträgen regelmäßig um Verbraucherverträge handeln wird, kann eine eingeschränkte AGB-Kontrolle nach § 310 Abs. 3 Nr. 2 BGB auch vorgenommen werden, wenn es an einer Absicht zur mehrfachen Verwendung fehlt. Gemäß § 310 Abs. 3 Nr. 1 BGB wird weiterhin ein Stellen durch den Arbeitgeber vermutet. 289

Die eigentliche **Inhaltskontrolle** erfolgt aufgrund einer Besonderheit für das Arbeitsrecht grds. in zwei Schritten. In einem **ersten Prüfschritt** ist zu fragen, ob eine Klausel mit AGB-Recht (§§ 305–309 BGB) vereinbar ist. Dabei ist der Formularvertrag zunächst auf Kollisionen mit den Klauselverboten ohne Wertungsmöglichkeit des § 309 BGB und im Anschluss auf Verstöße gegen die Klauselverbote mit Wertungsmöglichkeit iSd § 308 BGB zu kontrollieren. 290

Anschließend sind die Vertragsklauseln auf eine **unangemessene Benachteiligung** des Arbeitnehmers iSd § 307 Abs. 1 und 2 BGB zu überprüfen. Eine unangemessene Benachteiligung ist anzunehmen, wenn der Verwender durch einseitige Vertragsgestaltung versucht, missbräuchlich eigene Interessen auf Kosten des Vertragspartners durchzusetzen, ohne sich um eine hinreichende Berücksichtigung der Belange der Gegenseite zur Schaffung eines angemessenen Ausgleichs zu bemühen.[713] 291

708 *Schrader/Schubert*, NZA-RR 2005, 169, 171.

709 *Hunold*, NZA-RR 2006, 113, 114; *Lembke*, NJW 2004, 2941, 2943; *Tschöpe/Pirscher*, RdA 2004, 358, 363 ff; aA – und damit auch einen Aufhebungsvertrag als Vertrag, der eine entgeltliche Leistung zum Gegenstand hat, betrachtend – *Riesenhuber/v. Vogel*, NJW 2005, 3457, 3459.

710 Däubler/Bonin/Deinert/*Däubler*, Einl. Rn 122 ff; *Hümmerich*, NZA 2004, 809; *Schleusener*, NZA 2002, 949, 952; *Singer*, RdA 2003, 194, 196 f.

711 *Hümmerich*, NZA 2004, 809; *Singer*, RdA 2003, 194, 196 f.

712 Däubler/Bonin/Deinert/*Däubler*, Einl. Rn 123; *Gotthardt*, Arbeitsrecht nach der Schuldrechtsreform, S. 105, Rn 217.

713 BAG 10.1.2007 – 5 AZR 84/06, NZA 2007, 384.

292 Im Zuge der **Transparenzkontrolle** nach § 307 Abs. 1 S. 2 BGB ist ebenso wie bei der Prüfung einer unangemessenen Benachteiligung nach § 307 Abs. 1 S. 1 und Abs. 2 BGB ein **Zwischenprüfschritt** erforderlich, wenn sich die Regelung an sich als intransparent bzw unangemessen darstellt. Denn individuelle Begleitumstände des Vertragsschlusses können bei allen Verbraucherverträgen und somit regelmäßig auch bei Arbeitsverträgen dazu führen, dass eine nach objektiven Maßstäben intransparente oder unangemessene Regelung gem. § 310 Abs. 3 Nr. 3 BGB der Inhaltskontrolle standhält.[714] Zu diesen Umständen zählen neben den persönlichen Eigenschaften auch untypische Sonderinteressen des Vertragspartners und die Besonderheiten der konkreten Abschlusssituation, wie zB Überrumpelung oder eine erfolgte Belehrung.[715]

293 In einem **zweiten Prüfschritt**, der nur im Falle der Unvereinbarkeit einer Regelung mit AGB-Recht vorgenommen wird, ist zu fragen, ob sich die Klausel gleichwohl wegen **„im Arbeitsrecht geltender Besonderheiten"** iSd § 310 Abs. 4 S. 2 BGB als wirksam darstellen kann.

294 Wird endgültig ein **Verstoß** einer Vertragsbestimmung gegen die Grundsätze der §§ 305 ff BGB festgestellt, ist die jeweilige Klausel unwirksam. Die im Vertrag entstehende Lücke ist durch die entsprechende gesetzliche Regelung gem. § 306 Abs. 2 BGB zu füllen, ohne dass eine geltungserhaltende Reduktion stattfindet. Ist eine Klausel hingegen in der Art teilbar, dass sie auch nach Streichung des unwirksamen Teils weiterhin verständlich bleibt und der unzulässige Teil sprachlich eindeutig abtrennbar ist, so kann der wirksame Rest der Klausel unter Streichung des unwirksamen Teils nach dem sog. blue-pencil-Test fortbestehen.[716]

295 **Prüfungsschema: AGB-Kontrolle im Arbeitsrecht**

I. Anwendungsbereich

1. Bereichsausnahme für Tarifverträge, Dienst- und Betriebsvereinbarungen, § 310 Abs. 4 S. 1 BGB
   - Problem: Arbeitsvertragliche Bezugnahme auf Tarifverträge: Differenzierung nach Einzel-, Teil- und Gesamtverweisung sowie Einschlägigkeit des Bezugnahmeobjekts; Bereichsausnahme gilt nach hM nur bei Globalverweisung auf örtlich und sachlich einschlägigen Tarifvertrag
2. Vorliegen echter AGB iSd §§ 305 ff BGB
   a) Vorformulierte Vertragsbedingungen, § 305 Abs. 1 BGB
      aa) Vertragsbedingungen sind vom Arbeitgeber einseitig vorformuliert worden
         - § 305 Abs. 1 S. 2 BGB: Form ist unbeachtlich
         - § 305 Abs. 1 S. 2 BGB: auch Zusatzvereinbarungen werden erfasst
      bb) Vertragsbedingungen wurden dem Arbeitnehmer bei Vertragsschluss von Seiten des Arbeitgebers gestellt
         - Beweislasterleichterung nach § 310 Abs. 3 Nr. 1 BGB, da Arbeitsvertrag regelmäßig ein Verbrauchervertrag ist
      cc) Absicht der mehrfachen Verwendung durch den Klauselgestalter
         - § 310 Abs. 3 Nr. 2 BGB: bei Verbraucherverträgen leicht eingeschränkte Inhaltskontrolle auch bei Einmalbedingungen
   b) Keine AGB, soweit die Vertragsbedingungen im Einzelnen ausgehandelt sind, § 305 Abs. 1 S. 3 BGB
      - Klausel muss ernsthaft zur Disposition gestellt worden sein
      - Soweit die AGB-Kontrolle nicht anwendbar ist, richtet sich die Kontrolle nach den allgemeinen Vorschriften (§§ 116 ff, 134, 138, 242 BGB usw)

---

714 BAG 31.8.2005 – 5 AZR 545/04, BB 2006, 443.

715 *Stoffels*, AGB-Recht, 2. Aufl. 2009, S. 230, Rn 478.

716 BAG 21.4.2005 – 8 AZR 425/04, NZA 2005, 1053; BAG 19.12.2006 – 9 AZR 294/06, NZA 2007, 809; BAG 12.3.2008 – 10 AZR 152/07, NZA 2008, 699; BAG 6.5.2009 – 10 AZR 443/08, NZA 2009, 783; BAG 21.6.2011 – 9 AZR 238/10, NJOZ 2012, 499; BAG 25.9.2013 – 5 AZR 778/12, NZA 2014, 94.

II. Einbeziehungskontrolle

1. Grundsätzlich Einbeziehung nach den allgemeinen Vorschriften in §§ 145 ff BGB
   – § 305 Abs. 2 und 3 BGB nicht auf Arbeitsverträge anwendbar, § 310 Abs. 4 S. 2 Hs 2 BGB
2. Vorrangige Individualabreden verdrängen AGB, § 305 b BGB
3. Überraschende Klauseln werden nicht Vertragsbestandteil, § 305 c Abs. 1 BGB
   – Soweit Klauseln nicht wirksam einbezogen sind, richten sich die Rechtsfolgen nach § 306 BGB (s.u.)

III. Inhaltskontrolle unter Berücksichtigung der im Arbeitsrecht geltenden Besonderheiten, §§ 307–309 BGB

1. Auslegung vorrangig vor der Inhaltskontrolle
   – Auslegung nach objektivierten Maßstäben, § 157 BGB
   – § 305 c Abs. 2 BGB: Unklarheiten gehen zu Lasten des Verwenders
2. Abweichung oder Ergänzung von Rechtsvorschriften, § 307 Abs. 3 S. 1 BGB
   – wenn (-), nur Transparenzkontrolle nach § 307 Abs. 1 S. 2 BGB einschlägig
   – „Rechtsvorschriften" in diesem Sinne: dispositives Recht, Abweichungen von zwingendem Recht führen unmittelbar zur Unwirksamkeit nach § 134 BGB
   – „Rechtsvorschriften" iSd Norm sind auch Tarifverträge, Betriebs- und Dienstvereinbarungen, § 310 Abs. 4 S. 3 BGB
   – auch erfasst: ungeschriebene Rechtsgrundsätze, Richterrecht
   – keine Abweichung auch bei Hauptleistungsabreden und reinen leistungsbestimmenden Preisabreden (gilt nicht für Nebenabreden)
3. Transparenzkontrolle, § 307 Abs. 1 S. 2 BGB
   – Bestimmung muss klar und verständlich sein, dh präzise Formulierung, keine widersprüchlichen Vertragsbestimmungen
   – Berücksichtigung der den Vertragsschluss begleitenden Umstände, § 310 Abs. 3 Nr. 3 BGB
4. Kein Verstoß gegen Klauselverbote ohne Wertungsmöglichkeit, § 309 BGB
5. Kein Verstoß gegen Klauselverbote mit Wertungsmöglichkeit, § 308 BGB
6. Keine unangemessene Benachteiligung, § 307 Abs. 1 und 2 BGB
   a) Zweifelsfallregelungen nach § 307 Abs. 2 BGB
      aa) Die Vertragsbestimmung muss mit dem Grundgedanken der gesetzlichen Regelung vereinbar sein, § 307 Abs. 2 Nr. 1 BGB
      bb) Die Bestimmung darf den Vertragszweck nicht gefährden, § 307 Abs. 2 Nr. 2 BGB
   b) Auffangtatbestand, § 307 Abs. 1 S. 1 BGB: Keine unangemessene Benachteiligung entgegen den Geboten von Treu und Glauben
      – Berücksichtigung der den Vertragsschluss begleitenden Umstände, § 310 Abs. 3 Nr. 3 BGB
7. Bei Ziffer 3.–6. sind **„die im Arbeitsrecht geltenden Besonderheiten"** angemessen zu berücksichtigen, § 310 Abs. 4 S. 2 BGB, dh ggf erleichterter Prüfungsmaßstab.

IV. Rechtsfolgen bei Nichteinbeziehung und Unwirksamkeit einer Klausel

1. Grundsätzlich vollständige Unanwendbarkeit der unwirksamen/nicht einbezogenen Klausel
   – Verbot der geltungserhaltenden Reduktion
   – bei inhaltlich und sprachlich teilbaren Klauseln kann lediglich der unwirksame Teil gestrichen werden (sog. blue-pencil-Test)
2. Der Vertrag bleibt grds. im Übrigen wirksam, § 306 Abs. 1 BGB
   – nur ausnahmsweise Unwirksamkeit des gesamten Vertrages, § 306 Abs. 3 BGB, wenn Festhalten eine unzumutbare Härte wäre (*ultima ratio*)

3. An die Stelle der unwirksamen oder nicht in den Vertrag einbezogenen Bestimmung tritt das dispositive Gesetzesrecht, § 306 Abs. 2 BGB
   - nur ausnahmsweise ergänzende Vertragsauslegung (auch insb. bei Altfällen)

7. Nachweisgesetz und Schriftformerfordernis

Literatur

Bauer/v. Medem, Rettet den Freiwilligkeitsvorbehalt – oder schafft eine Alternative!, NZA 2012, 894; *Birk*, Das Nachweisgesetz zur Umsetzung der Richtlinie 91/533/EWG in das deutsche Recht, NZA 1996, 281; *Feldgen*, Nachweisgesetz, 1995; *Gaul*, Der Musterarbeitsvertrag – zwischen unternehmerischer Vorsorge und den Vorgaben des Nachweisgesetzes, NZA-Beil. 2000, 51; *Gotthardt/Beck*, Elektronische Form und Textform im Arbeitsrecht: Wege durch den Irrgarten, NZA 2002, 876; *Höland*, Das neue Nachweisgesetz, AuR 1996, 87; *Hümmerich/Rech*, Antizipierte Einwilligung in Überstunden durch arbeitsvertragliche Mehrarbeitsabgeltungsklauseln?, NZA 1999, 1132; *Kerger*, Die Vereinbarung einer pauschalen Mehrarbeitsabgeltung, RdA 1971, 275; *Koch*, Der fehlende Hinweis auf tarifliche Ausschlussfristen und seine Folgen, FS Schaub, 1998, S. 436 ff; *Lörcher*, Die EG-Nachweisrichtlinie (91/533/EWG) und ihre Umsetzung in innerstaatliches Recht, AuR 1994, 450; *Preis*, Das Nachweisgesetz – lästige Förmelei oder arbeitsrechtliche Zeitbombe, NZA 1997, 10; *Preis/Sagan*, Wider die Wiederbelebung des Freiwilligkeitsvorbehalts!, NZA 2012, 1077; *dies.*, Der Freiwilligkeitsvorbehalt im Fadenkreuz der Rechtsgeschäftslehre, NZA 2012, 697; *Reinecke*, Weisungsrecht, Arbeitsvertrag und Arbeitsvertragskontrolle – Rechtsprechung des BAG nach der Schuldrechtsreform, NZA-RR 2013, 393; *Reufels/Pier*, Bezugnahmeklauseln in der arbeitsrechtlichen Praxis, PuR 2013, 27 ff; *Schaefer*, Das Nachweisgesetz – Auswirkungen auf den Arbeitsvertrag, 2000; *Schiefer*, Gesetz zur Anpassung arbeitsrechtlicher Bestimmungen an das EU-Recht, DB 1995, 1910; *ders.*, 10 Jahre AGB-Kontrolle, PuR 2013, 1; *Schiefer/Hartmann*, Ende der Dynamik einer arbeitsrechtlichen Bezugnahme im Falle eines Betriebsübergangs gem. § 613 a BGB, BB 2013, 2613; *dies.*, Aktuelle Entwicklungen: Outsourcing, Betriebsübergang, Auftragsvergabe und Umstrukturierung, BB 2012, 1985; *Schiefer/Hartmann/Doublet*, Outsourcing, Betriebsübergang, Auftragsvergabe, Düsseldorfer Schriftenreihe, 4. Aufl. 2013; *Schweibert/Leßmann*, Mindestlohngesetz – der große Wurf?, DB 2014, 1866; *Sowka*, Bezugnahme auf Haustarifverträge, PuR 2013, 126; *Stückemann*, Nachweisgesetz: Geringe Bedeutung für die arbeitsrechtliche Praxis, BB 1999, 2670; *Wank*, Das Nachweisgesetz, RdA 1996, 11; *Weber*, Materielle und prozessuale Folgen des Nachweisgesetzes bei Nichterteilung des Nachweises, NZA 2002, 641; *Worzalla*, Gesetzentwurf zum Mindestlohn, PuR 2014, 84.

a) Wesen und Ziel der Dokumentationspflichten

296 Das Nachweisgesetz[717] löst Dokumentationspflichten im Bereich der Arbeitsvertragsgestaltung aus. Ziel des Gesetzes ist es, durch die Verpflichtung zur schriftlichen Fixierung der wesentlichen Arbeitsbedingungen mehr **Rechtssicherheit** und mehr **Rechtsklarheit im Arbeitsverhältnis** zu schaffen.[718] Die nachzuweisenden wesentlichen Arbeitsvertragsbedingungen betreffen einen Mindestkern des Rechte- und Pflichtengefüges, der in § 2 NachwG niedergelegt ist.[719]

297 Mit dem NachwG, das die Arbeitgeber innerhalb der Europäischen Union einheitlich verpflichtet, die vereinbarten wesentlichen Vertragsbedingungen spätestens einen Monat nach Arbeitsaufnahme und Vertragsänderungen spätestens einen Monat nach der Änderung schriftlich mitzuteilen,[720] ist ein **beweissicherndes Schriftlichkeitserfordernis** begründet worden. An dem Umstand, dass ein Arbeitsverhältnis auch durch mündliche Vereinbarung entstehen kann, ändert das NachwG nichts. Besteht zwischen Arbeitnehmer und Arbeitgeber kein schriftlicher Arbeitsvertrag und auch kein die vereinbarten Arbeitsbedingungen bestätigendes Anschreiben oder ein Anschreiben, das auf die maßgeblichen tariflichen oder betriebskollektiven Rechtsquellen verweist, kann das Gericht diesen Vorgang als Beweisvereitelung durch den Arbeitge-

---

717 Gesetz über den Nachweis der für ein Arbeitsverhältnis geltenden wesentlichen Bedingungen (Nachweisgesetz – NachwG) vom 20.7.1995 (BGBl. I S. 946).

718 BT-Drucks. 13/668, S. 8.

719 Text, der den Mindestanforderungen des NachwG genügt: *Hümmerich/Lücke/Mauer*, FB ArbR, Muster 1000.

720 Richtlinie 91/533/EWG vom 14.10.1991 (ABl. EG Nr. L 288, S. 32); § 3 S. 1 NachwG.

ber werten, da der Arbeitgeber zwingend durch das NachwG zur Erteilung des Nachweises über die wesentlichen Vertragsbestimmungen verpflichtet ist.[721]

Das NachwG ergänzt § 105 S. 1 GewO, die Verknüpfung erfolgt über § 105 S. 2 GewO. Das NachwG ist eine Formvorschrift besonderer Art. Die Besonderheit besteht darin, dass auf das Schriftformerfordernis des NachwG nicht die §§ 125 ff BGB anzuwenden sind. Die Funktion des Nachweises liegt in der Beweissicherung. Die Niederschrift nach dem NachwG hat keine konstitutive Wirkung, sondern ausschließlich **deklaratorischen** Charakter.[722] 298

Von wenigen Ausnahmefällen abgesehen, bedarf der Arbeitsvertrag zu seiner Wirksamkeit nicht der Schriftform. Bei **Ausbildungsverhältnissen** muss der Vertrag nach § 11 BBiG spätestens vor Beginn der Berufsausbildung schriftlich niedergelegt werden. **Befristete Arbeitsverhältnisse** bedürfen gem. § 14 Abs. 4 TzBfG der Schriftform. Soweit Schriftformerfordernisse in **Tarifverträgen** enthalten sind, haben diese lediglich beweissichernde, keinesfalls konstitutive Bedeutung.[723] 299

b) Bedeutung und Inhalt des NachwG

Das NachwG hat in der arbeitsrechtlichen Praxis und Rspr zunächst nur wenig Bedeutung erlangt.[724] Aktuelle Entscheidungen zeigen, dass die Bedeutung wächst. 300

Nach § 2 Abs. 1 S. 1 NachwG ist der Arbeitgeber verpflichtet, die wesentlichen Vertragsbedingungen schriftlich niederzulegen und die Niederschrift dem Arbeitnehmer auszuhändigen. Zu den notwendigen Angaben gehört gem. § 2 Abs. 1 S. 2 Nr. 10 NachwG auch der Hinweis auf bestehende **Tarifverträge**, welche auf das Arbeitsverhältnis anzuwenden sind. Verstößt der Arbeitgeber gegen die so begründete Nachweispflicht, ändert dies zwar nichts an der Geltung der tariflichen Ausschlussfrist. Nach der Rspr des BAG ergibt sich jedoch für diesen Fall eine Schadensersatzverpflichtung, welche dazu führt, dass der Arbeitnehmer einen inhaltsgleichen Ersatz für den erloschenen Vergütungsanspruch beanspruchen kann.[725] 301

Händigt der Arbeitgeber dem Arbeitnehmer keinen schriftlichen Arbeitsvertrag gem. § 2 NachwG aus und erlöschen infolge der Unkenntnis der tarifvertraglichen Ausschlussfristen (hier: § 15 Abs. 1 S. 1 des Bundesrahmen-Tarifvertrages für das Baugewerbe – BRTV) Vergütungsansprüche, berechtigt das den Arbeitnehmer gleichwohl nicht zum Schadensersatz nach §§ 286 Abs. 1, 284, 249 BGB, wenn dem Arbeitnehmer die fristgerechte Geltendmachung jedenfalls des Schadensersatzanspruchs mit der Beauftragung seines Bezirksbevollmächtigten möglich war, der die maßgeblichen tarifvertraglichen Ausschlussfristen zu beachten hatte und dessen Kenntnis dem Arbeitnehmer zuzurechnen ist.[726] 302

Eine zwingende Verpflichtung des Arbeitgebers, auf die Möglichkeit einer Entgeltumwandlung hinzuweisen, ergibt sich aus § 2 NachwG nicht.[727] Hieraus folgt: Der Arbeitgeber ist nicht verpflichtet, den Arbeitnehmer von sich aus auf den Anspruch auf Entgeltumwandlung nach § 1 a BetrAVG hinzuweisen. Ein diesbezüglicher Anspruch ergibt sich weder aus den Bestimmungen des BetrAVG noch aufgrund einer arbeitsvertraglichen Nebenpflicht (Fürsorgepflicht).[728] 303

Findet eine tarifliche Bestimmung kraft betrieblicher Übung oder kraft Allgemeinverbindlichkeit auf ein Arbeitsverhältnis Anwendung, hat der Arbeitgeber den Arbeitnehmer in einer Niederschrift gem. § 2 Abs. 1 S. 2 Nr. 10 NachwG darauf hinzuweisen. Erfüllt der Arbeitgeber seine Nachweispflicht nicht, so soll er dem Arbeitnehmer gem. §§ 286, 284, 249 BGB auf Scha- 304

721 *Preis*, NZA 1997, 10.
722 Begründung der Bundesregierung, BT-Drucks. 13/668, S. 10; HWK/*Kliemt*, Vorb. NachwG Rn 13.
723 Richardi/*Richardi*, BetrVG, § 77 Rn 43.
724 BB 1999, 2670.
725 BAG 17.4.2002 – 5 AZR 89/01, BB 2002, 2022; BAG 5.11.2003 – 5 AZR 676/02, NZA 2005, 64.
726 ArbG Frankfurt 22.4.2009 – 15 Ca 8587/08, AE 2009, 236.
727 ArbG Freiburg 16.8.2011 – 5 Ca 39/11, VuR 2011, 475.
728 BAG 21.1.2014 – 3 AZR 807/11, DB 2014, 1556.

densersatz haften.[729] Eine Klausel im Arbeitsvertrag, dass, soweit im Arbeitsvertrag keine besonderen Vereinbarungen getroffen worden sind, „in Ergänzung hierzu" die Bestimmungen eines – hinreichend genau bezeichneten – Tarifvertrages „zum Vertragsinhalt gemacht" werden, genügt der Nachweispflicht des § 2 Abs. 1 S. 2 Nr. 10 NachwG.[730]

305 Hat das Arbeitsverhältnis bereits bei Inkrafttreten des NachwG (28.7.1995) bestanden, so ist dem Arbeitnehmer nur auf sein **Verlangen** innerhalb von zwei Monaten eine Niederschrift iSd § 2 NachwG auszuhändigen, § 4 S. 1 NachwG. Soweit eine früher ausgestellte Niederschrift oder ein schriftlicher Arbeitsvertrag die nach diesem Gesetz erforderlichen Angaben enthält, entfällt diese Verpflichtung, § 4 S. 2 NachwG. Fehlt es an einem Verlangen iSd § 4 S. 1 NachwG, scheiden entsprechende Schadensersatzansprüche aus.[731] Etwas anderes gilt hingegen, sofern nach Inkrafttreten des NachwG eine Änderung wesentlicher Vertragsbedingungen eintritt. Für diesen Fall trifft den Arbeitgeber nach § 3 NachwG eine entsprechende Mitteilungspflicht auch ohne vorangehendes Nachweisverlangen. Dies gilt auch dann, wenn der zugrunde liegende Arbeitsvertrag selbst aus der Zeit vor Inkrafttreten des NachwG datiert.[732]

306 Der Neuabschluss gekündigter Tarifverträge muss unabhängig von der Wesentlichkeit inhaltlicher Änderungen mitgeteilt werden.[733]

307 Von dieser nachträglichen Mitteilungsverpflichtung macht allerdings § 3 S. 1 NachwG eine Ausnahme u.a. für den Fall der bloßen **Änderung tariflicher Regelungen**. Dies gilt sowohl für den Fall, dass der erteilte Nachweis gem. § 2 Abs. 1 S. 2 Nr. 10 NachwG bereits einen Hinweis auf die geltenden Tarifverträge enthält, als auch für Altfälle, in welchen ein Nachweis nicht vorliegt und – mangels arbeitnehmerseitigen Verlangens – auch nicht erteilt werden musste. Liegt demgegenüber keine bloße Änderung, sondern – nach Kündigung des bislang geltenden Tarifvertrages – ein neuer Tarifvertrag vor, so werden von der Mitteilungspflicht gem. § 3 NachwG auch bestehende Altverträge erfasst.[734]

308 Eine Änderung eines Tarifvertrages iSd § 3 S. 2 NachwG liegt auch dann vor, wenn ein Manteltarifvertrag ohne zeitliche Unterbrechung von einem weiteren Manteltarifvertrag abgelöst wird, der denselben räumlichen, fachlichen und persönlichen Geltungsbereich hat.[735]

309 Im Hinblick auf die **Aufklärungspflichten** des Arbeitgebers und einen etwaigen Schadensersatzanspruch des Arbeitnehmers bei Verletzung einer solchen Aufklärungspflicht gilt allerdings grds. Folgendes: Der Arbeitgeber muss nicht auf sämtliche für den Zweck des Arbeitsverhältnisses bedeutsamen Umstände, sondern nur auf besondere atypische Risiken für Arbeitnehmer hinweisen, da er im Allgemeinen nicht ohne das Vorliegen besonderer Umstände von einem Informationsbedürfnis des Arbeitnehmers ausgehen muss. Zudem darf die Aufklärungs- und Informationsverpflichtung keine übermäßige Belastung des Arbeitgebers begründen. „Dass auch der Gesetzgeber grundsätzlich nicht von einer Unterrichtungspflicht des Arbeitgebers gegenüber dem Arbeitnehmer über die jeweils geltende Rechtslage ausgeht, zeigt § 2 NachwG. § 2 Abs. 3 Nr. 2 NachwG lässt es genügen, dass der Arbeitgeber in der nach § 2 Abs. 1 NachwG zu erstellenden Niederschrift bzgl der Dauer des jährlichen Erholungsurlaubs (§ 2 Abs. 1 S. 2 Nr. 8 NachwG) oder der Fristen für die Kündigung des Arbeitsverhältnisses (§ 2 Abs. 1 S. 2 Nr. 9 NachwG) auf die jeweiligen gesetzlichen Regelungen verweist. Dann obliegt es dem Arbeitnehmer, sich über die jeweilige Gesetzeslage selbst zu informieren."[736]

---

729 BAG 17.4.2002 – 5 AZR 897, BB 21002, 2022; LAG Rheinland-Pfalz 21.8.2008 – 2 Sa 329/08.
730 LAG München 23.10.2008 – 3 Sa 513/08.
731 LAG Thüringen 4.9.2001 – 7 Sa 38/01; LAG Hamm 18.10.2007 – 8 Sa 942/07.
732 BAG 4.5.2006 – 4 AZR 189/05, NZA 2006, 1420.
733 LAG Hamm 18.10.2007 – 8 Sa 942/07.
734 LAG Hamm 18.10.2007 – 8 Sa 942/07.
735 LAG Köln 11.9.2009 – 4 Sa 579/09, ArbuR 2010, 130.
736 BAG 22.1.2009 – 8 AZR 161/08, NZA 2009, 608.

Bei Abschluss eines Arbeitsvertrages, der einen **Einsatz des Arbeitnehmers im Ausland** vorsieht, muss der Arbeitgeber grds. nicht von sich aus darauf hinweisen, dass ab einer bestimmten Aufenthaltsdauer in einem ausländischen Staat dort eine Verpflichtung zur Abführung von Lohnsteuer entstehen kann.[737] Grundsätzlich hat jeder Vertragspartner selbst für die Wahrnehmung seiner Interessen zu sorgen. Der Arbeitgeber kann jedoch aus dem Arbeitsverhältnis Aufklärungspflichten gegenüber dem Arbeitnehmer haben. Dies gilt vor allem bei einer von ihm veranlassten Beendigung des Arbeitsverhältnisses (zB etwaige sozialversicherungsrechtliche Nachteile). Darüber hinaus können sich auch im bestehenden Arbeitsverhältnis bei einem **erkennbaren Informationsbedürfnis** und einer **Beratungsmöglichkeit** des Arbeitgebers Aufklärungspflichten ergeben. Eine **allgemeine Aufklärungs- und Hinweispflicht** besteht nicht. Bei einer Auslandsentsendung muss sich der Arbeitnehmer idR über die Abführung von Einkommen-/Lohnsteuer im ausländischen Staat selbst informieren. Wird der Arbeitnehmer im ausländischen Staat wegen Nichtabführung von Steuern zu einer Strafzahlung verurteilt, so hat er wegen dieser Zahlung idR keinen Schadensersatzanspruch gegen den Arbeitgeber. 310

Auf Vorlagebeschluss des ArbG Bremen[738] hat der EuGH festgestellt, dass zwar eine schriftliche Hinweispflicht für den Arbeitgeber bestehe, wenn der Arbeitnehmer auf bloße Anordnung des Arbeitgebers zur Leistung von Überstunden verpflichtet sein solle. Keine Bestimmung der Nachweisrichtlinie gebiete es dagegen, wenn es einen wesentlichen Punkt des Arbeitsverhältnisses oder Arbeitsvertrages gebe, der nicht hinreichend genau in einem Schriftstück bezeichnet sei, sogleich von einer Unwirksamkeit der Regelung auszugehen.[739] Dem nationalen Gericht werde insoweit durch die Nachweisrichtlinie nichts vorgeschrieben, aber auch nichts verboten. 311

Ob ein Arbeitnehmer nach dem NachwG einen Anspruch darauf hat, dass der Arbeitgeber ihm einen **Wechsel in eine OT-Mitgliedschaft im Arbeitgeberverband** anzeigt, hat das BAG offengelassen. Selbst wenn eine solche entsprechende Informationspflicht aus § 2 Abs. 1 S. 2 Nr. 10 NachwG iVm Art. 2 Abs. 2 Buchst. j (Informationspflicht) der Richtlinie 91/533/EWG sowie § 3 S. 1 NachwG iVm Art. 5 Abs. 1 (Änderung der Angaben über den Arbeitsvertrag oder das Arbeitsverhältnis) der Richtlinie 91/533/EWG hergeleitet werden könne, würde eine diesbezüglich unterbliebene Information nicht zur Unwirksamkeit des Statuswechsels führen.[740] 312

„Enthält ein Arbeitsvertrag alle Punkte, die nach § 2 Abs. 1 S. 2 NachwG aufgenommen werden müssen mit Ausnahme eines Hinweises auf den MTV Einzelhandel NRW gem. § 2 Abs. 1 S. 2 Nr. 10 NachwG, setzt sich der Arbeitgeber, der sich auf die Verfallfrist des § 24 MTV Einzelhandel NRW beruft, mit seinem eigenen Verhalten in Widerspruch, wenn er selbst über sechs Jahre den MTV Einzelhandel NRW nicht angewandt hat. Dieses widersprüchliche Verhalten stellt sich als rechtsmissbräuchlich iSd § 242 BGB dar."[741]

c) Erstreckung des NachwG auf „Praktikanten"

Mit Inkrafttreten des Mindestlohngesetzes (MiLoG) zum 16.8.2014 wurde erstmals ein bundesweiter branchenübergreifender gesetzlicher Mindestlohn eingeführt, der seit dem 1.1.2015 gilt.[742] Das MiLoG wurde als Art. 1 des Tarifautonomiestärkungsgesetzes[743] verkündet. Im Zuge des Tarifautonomiestärkungsgesetzes wurde auch das NachwG geändert.[744] Praktikan- 313

737 BAG 22.1.2009 – 8 AZR 161/08, NZA 2009, 608.
738 Vorlagebeschluss vom 25.8.1999, SPA 2/2000, 4.
739 EuGH 8.1.2001 – Rs. C-350/99, NZA 2001, 381.
740 BAG 20.5.2009 – 4 AZR179/08, NZA 2010, 102.
741 ArbG Dortmund 29.5.2008 – 4 Ca 274/08.
742 Dazu ausf. *Worzalla*, PuR 2014, 84; *Schweibert/Leßmann*, DB 2014, 1866.
743 Art. 1 des Gesetzes zur Stärkung der Tarifautonomie (Tarifautonomiestärkungsgesetz) vom 11.8.2014 (BGBl. I S. 1348).
744 Durch Art. 3 a des Gesetzes zur Stärkung der Tarifautonomie (Tarifautonomiestärkungsgesetz) vom 11.8.2014 (BGBl. I S. 1348, 1355).

ten, die Anspruch auf einen Mindestlohn haben, haben hiernach ebenfalls Anspruch auf die schriftliche Niederlegung der wesentlichen Vertragsbedingungen. Spätestens vor Aufnahme der Praktikantentätigkeit müssen diese Bedingungen dem Praktikanten unterschrieben ausgehändigt werden.

314 Durch das Tarifautonomiestärkungsgesetz wurde zum einen dem § 1 NachwG, der den Anwendungsbereich des NachwG beschreibt, folgender Satz angefügt:

„Praktikanten, die gemäß § 22 Absatz 1 des Mindestlohngesetzes als Arbeitnehmer gelten, sind Arbeitnehmer im Sinne dieses Gesetzes."

315 Im Weiteren wurde § 2 NachwG, der die Nachweispflicht regelt, um folgenden Absatz 1 a ergänzt:

„(1 a) Wer einen Praktikanten einstellt, hat unverzüglich nach Abschluss des Praktikumsvertrages, spätestens vor Aufnahme der Praktikantentätigkeit, die wesentlichen Vertragsbedingungen schriftlich niederzulegen, die Niederschrift zu unterzeichnen und dem Praktikanten auszuhändigen. In die Niederschrift sind mindestens aufzunehmen:
1. *der Name und die Anschrift der Vertragsparteien,*
2. *die mit dem Praktikum verfolgten Lern- und Ausbildungsziele,*
3. *Beginn und Dauer des Praktikums,*
4. *Dauer der regelmäßigen täglichen Praktikumszeit,*
5. *Zahlung und Höhe der Vergütung.*
6. *Dauer des Urlaubs,*
7. *ein in allgemeiner Form gehaltener Hinweis auf die Tarifverträge, Betriebs- oder Dienstvereinbarungen, die auf das Praktikumsverhältnis anzuwenden sind.*

Absatz 1 Satz 3 gilt entsprechend."

d) Sanktionen des NachwG

aa) Allgemeines

316 Das NachwG sanktioniert den Verstoß gegen die in diesem Gesetz genannten Formanforderungen nicht. Formverstöße können sich dennoch gravierend auswirken. Dabei bedarf es zunächst keiner besonderen Erwähnung, dass Sanktionen, die der Arbeitgeber gegen einen Arbeitnehmer ergreift, weil dieser auf die Erfüllung der Nachweispflicht besteht, dem Maßregelungsverbot des § 612 a BGB unterliegen.[745]

317 Gemäß § 5 NachwG kann von den Vorschriften des NachwG nicht zu Ungunsten des Arbeitnehmers abgewichen werden.[746]

bb) Schadensersatzanspruch

318 Der Arbeitnehmer kann die Erfüllung der Niederlegungsansprüche gem. §§ 2 und 3 NachwG verlangen.[747] Darüber hinaus hat das BAG[748] wegen Verletzung der Nachweispflicht aus § 2 Abs. 1 S. 1 NachwG einen Schadensersatzanspruch anerkannt (§§ 280, 286, 249 BGB).[749] Ein solcher **Schadensersatzanspruch** ist u.a. dann begründet, wenn ein Arbeitsentgeltanspruch wegen der Versäumnis der Ausschlussfrist erloschen ist und bei gesetzmäßigem Nachweis seitens des Arbeitgebers nicht untergegangen wäre. Dabei wird zu Gunsten des Arbeitnehmers vermutet, dass er sich bei ordnungsgemäßem Nachweis der Arbeitsvertragsbedingungen rechtzeitig um die Geltendmachung und die Anhängigmachung seiner Ansprüche bemüht hätte. Für eine

745 ArbG Düsseldorf 9.9.1992 – 6 Ca 3728/92, BB 1992, 2364.
746 LAG Sachsen-Anhalt 28.4.2009 – 9 Sa 425/08, EzD TVG § 4 Nr. 78.
747 *Feldgen*, NachwG, Rn 73 ff.
748 BAG 5.11.2003 – 5 AZR 676/02, NZA 2005, 64.
749 LAG Rheinland-Pfalz 25.2.2010 – 2 Sa 730/09.

abweichende Beurteilung ist der Schädiger **darlegungs- und beweispflichtig.**[750] Das BAG weist allerdings zu Recht darauf hin, dass der Kläger auch bei Verletzung der Hinweispflicht nach § 2 Abs. 1 S. 2 Nr. 10 NachwG eine Gesetzesverletzung und die Kausalität dieser Pflichtverletzung für den **eingetretenen Schaden konkret darlegen** muss.[751]

Das bedeutet: Ein Schadensersatzanspruch scheitert – auch bei unerstelltem Verstoß gegen das NachwG –, wenn die Kausalität zwischen der Pflichtverletzung und dem eingetretenen Schaden nicht festgestellt werden kann. Die Tatsachen dafür sind vom Arbeitnehmer darzulegen. Über eine fehlende Darlegung hilft auch die Vermutung des aufklärungsgemäßen Verhaltens nicht hinweg. Beweislastregeln ersetzen nicht den Parteivortrag.[752] 319

Bei Verstoß des Arbeitgebers gegen die in § 2 oder § 3 S. 1 NachwG normierten Nachweispflichten ist er nicht gehindert, die Erfüllung eines von dem Arbeitnehmer erhobenen Anspruchs unter Berufung auf eine Ausschlussfrist abzulehnen.[753] 320

Über die fehlende Darlegung zur Kausalität zwischen der unterlassenen Aufklärung und dem eingetretenen Schaden hilft einem Arbeitnehmer im Rahmen eines Schadensersatzanspruchs auch die bei einem Verstoß des Arbeitgebers gegen § 2 Abs. 1 S. 2 Nr. 10 NachwG aufgestellte **Vermutung des aufklärungsgemäßen Verhaltens** nicht hinweg.[754] 321

Der Schadensersatzanspruch ist auf **Naturalrestitution** gerichtet. Er ist deshalb wie der Entgeltfortzahlungsanspruch auf einen **Bruttobetrag** gerichtet. Der Gläubiger kann verlangen, so gestellt zu werden, als sei der Vergütungsanspruch – hier infolge fehlenden Hinweises auf Tarifvertrag und Ausschlussfrist – nicht untergegangen, wenn ein solcher Anspruch nur wegen der Versäumung der Ausschlussfrist erloschen ist und bei gesetzmäßigem Nachweis seitens des Arbeitgebers bestehen würde.[755] 322

cc) Beweislast

Das NachwG hat **keine Beweislastregeln** kodifiziert.[756] Nach der Rspr des EuGH „haben die nationalen Gerichte die nationalen Beweislastregeln im Lichte des Zwecks der Richtlinie anzuwenden und auszulegen".[757] Umstritten ist seither, ob die Verletzung der Nachweispflicht durch den Arbeitgeber zu einer Verbesserung der Beweislage des Arbeitnehmers hinsichtlich einer von ihm behaupteten, jedoch nur mündlich vereinbarten Vertragsbedingung führt. Die hM geht bei der Nicht- oder unvollständigen Erteilung des Nachweises von einer **Beweisvereitelung** durch den Arbeitgeber aus und nimmt an, dass hierdurch eine **Umkehr der Darlegungs- und Beweislast** zu Lasten des Arbeitgebers eintritt.[758] *Kliemt*[759] meint demgegenüber, die herrschende Meinung basiere auf einer Fehlinterpretation der Entscheidung des EuGH vom 4.12.1997.[760] Nach seiner Auffassung ist bei fahrlässiger Verletzung der Nachweispflicht der vom Arbeitnehmer zu erbringende Beweis jedenfalls dann als geführt anzusehen, wenn der Arbeitgeber durch weitere Indizien die Richtigkeit seines Vortrags plausibel macht.[761] Gegen die- 323

750 LAG Köln 4.7.2006 – 2 Sa 99/06.
751 BAG 21.2.2007 – 4 AZR 258/06; BAG 21.2.2012 – 9 AZR 486/10, DB 2012, 1388.
752 LAG Köln 11.9.2009 – 4 Sa 579/09, ArbuR 2010, 130.
753 BAG 21.2.2012 – 9 AZR 486/10, DB 2012, 1388.
754 BAG 20.4.2011 – 5 AZR 171/10, DB 2011, 2042.
755 BAG 21.2.2012 – 9 AZR 486/10, DB 2012, 1388.
756 BAG 17.4.2002 – 5 AZR 89/01, BB 2002, 2022.
757 EuGH 8.2.2001 – Rs. C-350/99, BB 2001, 1255.
758 LAG Hamm 9.7.1996 – 4 Sa 487/96, LAGE § 2 NachwG Nr. 2; LAG Berlin 6.12.2002 – 2 Sa 941/02, n.v.; ArbG Celle 9.12.1999 – 1 Ca 426/99, LAGE § 2 NachwG Nr. 7 a; *Birk*, NZA 1996, 280, 289; *Däubler*, NZA 1992, 312, 314; *Feldgen*, NachwG, Rn 95; *Hohmeister*, BB 1998, 587, 588; *Höland*, AuR 1996, 87, 93; *Wank*, RdA 1996, 21, 24.
759 HWK/*Kliemt*, Vorb. NachwG Rn 43.
760 EuGH 4.12.1997 – Rs. C-253/96, Rs. C-258/96 (Kampelmann), NZA 1998, 137.
761 HWK/*Kliemt*, Vorb. NachwG Rn 45.

se Ansicht spricht, dass eine von beiden Vertragspartnern unterzeichnete Urkunde nach der BAG-Rspr[762] in sich die Vermutung der Vollständigkeit und Richtigkeit trägt.

324 Nach Ansicht des LAG Rheinland-Pfalz[763] gilt: „Soweit vertreten wird, dass bei Nichterteilung des Nachweises gem. § 2 NachwG auf die Grundsätze der Beweisverteilung zurückzugreifen ist und diese Grundsätze allgemein in den Fällen Anwendung finden, in denen der eine Vertragspartner dem beweispflichtigen Vertragspartner die Beweisführung schuldhaft, dh vorsätzlich oder fahrlässig, unmöglich macht, indem er bereits vorhandene Beweismittel vernichtet oder vorenthält oder das Schaffen von Beweismitteln verhindert, ist festzuhalten, dass die **Beweisvereitelung noch nicht zur Umkehr der Beweislast führt.**“[764]

325 Wenn danach die Verletzung der Nachweispflicht auch nicht unmittelbar zu einer Umkehr der Beweislast führt, so wird überwiegend davon ausgegangen, dass es sich im Falle der Nichterteilung des Nachweises um eine Beweisvereitelung durch den Arbeitgeber handeln kann, da das NachwG gerade die erleichterte Beweisführung für den Arbeitnehmer bezweckt. Dies gilt jedenfalls dann, wenn weitere Indizien für die Richtigkeit der vom Arbeitnehmer behaupteten Arbeitsbedingungen sprechen. Diese Beweisvereitelung wird im Rahmen der **Beweiswürdigung** zu berücksichtigen sein und kann zu einer erheblichen Erleichterung der Beweisführungslast führen.[765]

326 **Unklarheit über die Person des Arbeitgebers** kann auftreten, wenn mehrere Betriebe existieren und eine Zuordnung der Arbeitstätigkeit des Arbeitnehmers zu den Betrieben nicht zweifelsfrei möglich ist. Die Unklarheit darüber, welche von mehreren in Betriebsgemeinschaft und teilweise in Personalunion geführten Gesellschaften mit gleichen oder sich ergänzenden Unternehmenszwecken Vertragspartner und damit Arbeitgeber des unstreitig eingestellten Arbeitnehmers ist, hat überwiegend der Arbeitgeber verschuldet, wenn der monatelang für die Unternehmensgruppe tätig gewordene Arbeitnehmer weder einen schriftlichen Arbeitsvertrag noch die Niederschrift gem. § 2 NachwG erhalten hat.

327 Aufgrund der Bezeichnung eines **bestimmten Arbeits- und Erfüllungsorts** in einer Niederschrift nach dem NachwG hat der Arbeitnehmer einen Anspruch auf Beschäftigung an einem bestimmten Ort.[766]

328 In konsequenter **Anwendung des NachwG** wird der dadurch verschuldeten Beweisnot des Arbeitnehmers durch erleichterte Anforderungen an seine Darlegungs- und Beweislast zur Frage der Passivlegitimation Rechnung getragen. Das LAG Köln hat entschieden, dass unter Umständen schon der Hinweis auf den Verfasser der ersten Lohnabrechnung zur Klarstellung des Arbeitgeberstatus genügt.[767] Die Indizwirkung eines solchen Umstandes werde nicht allein dadurch gemindert, dass spätere Monate von anderen Gesellschaften abgerechnet worden seien. Die Erleichterungen gelten auch für andere Vertragsbedingungen, die in dem Nachweis nicht niedergelegt worden seien. So könne zB der Hinweis auf den Inhalt eines letztendlich nicht zustande gekommenen Vertragsentwurfs ebenfalls genügen, um den Arbeitnehmer unter Übergang der Beweislast auf den Arbeitgeber behaupten zu lassen, die als Gegenseite im Vertragsentwurf aufgeführte Partei sei der Arbeitgeber.[768]

329 Die Rspr geht zunehmend dazu über, dem wegen seines fehlenden Sanktionsmechanismus verschiedentlich kritisierten NachwG[769] extensiv auf der Beweislastebene Geltung zu verschaffen.

762 BAG 9.12.1995 – 2 AZR 389/94, NZA 1996, 249, 250.
763 LAG Rheinland-Pfalz 10.5.2007 – 11 Sa 25/07.
764 LAG Niedersachen 21.2.2003 – 10 Sa 1683/02, MDR 2003, 1426.
765 LAG Rheinland-Pfalz 11.6.2012 – 9 Sa 279/11; LAG Niedersachsen 21.2.2003 – 10 Sa 1683/02, MDR 2003, 1426.
766 ArbG Hamburg 23.5.2008 – 13 Ca 305/07.
767 LAG Köln 9.1.1998 – 11 Sa 155/97, BB 1998, 1643.
768 LAG Köln 9.1.1998 – 11 Sa 155/97, BB 1998, 1643.
769 ErfK/*Preis*, NachwG Einf. Rn 16 ff; *Weber/Claus*, NZA 2002, 641.

Selbst Mitteilungen des Arbeitgebers über einzelne Arbeitsbedingungen aus der Zeit vor Inkrafttreten des NachwG, etwa über die Eingruppierung, soll der gleiche Beweiswert zukommen wie Mitteilungen nach der Umsetzung der Nachweisrichtlinie.[770]

8. Anregungen zur Vertragskonzeption

a) Erarbeitung des Arbeitsvertragstextes

Hat der Berater des Unternehmens oder des Arbeitnehmers einen Arbeitsvertrag zu entwerfen, 330 sollte er sich in einem ersten Schritt, soweit verfügbar, an **branchenüblichen Vertragsmustern** orientieren. Dabei liegt es nahe, entsprechend den folgenden Kriterien zu unterscheiden:

- Status des Mitarbeiters
- mit oder ohne Tarifbezug
- Mitarbeitertypus/Branche oder
- Ausführlichkeit des Vertrages.

Bei der Vertragsgestaltung ist das in § 106 GewO geregelte **Direktionsrecht** zu beachten. Der 331 Arbeitgeber kann danach Inhalt, Ort und Zeit der Arbeitsleistung nach billigem Ermessen näher bestimmen, soweit diese Arbeitsbedingungen nicht durch den Arbeitsvertrag, durch Bestimmungen einer Betriebsvereinbarung, eines anwendbaren Tarifvertrages oder durch gesetzliche Vorschriften festgelegt sind.[771] In Ausübung des Direktionsrechts darf der Arbeitgeber grds. bestimmen, welche Art von Leistung der Arbeitnehmer zu welchen Zeiten zu erbringen hat.[772] Im Arbeitsvertrag können nähere Konkretisierungen erfolgen. Bei einfacheren Tätigkeiten wird hierauf überwiegend verzichtet. In Arbeitsverträgen mit Führungskräften ist eine nähere Ausgestaltung häufig kaum möglich. Soweit nähere Ausgestaltungen vorgenommen werden, ist zu beachten, dass hierdurch das Arbeitsverhältnis auf einen **bestimmten Inhalt konkretisiert** werden kann. Abweichungen sind dann idR nicht mehr durch das Direktionsrecht gedeckt. Zu bedenken ist auch, dass sich eine weite Beschreibung des Tätigkeitsbereichs ggf auf die bei der **betriebsbedingten Kündigung** vorzunehmende Sozialauswahl (§ 1 Abs. 3 KSchG) auswirken kann. Gegebenenfalls erweitert sich hierdurch der Kreis der in die Sozialauswahl einzubeziehenden Arbeitnehmer.

Die Qualität der Vertragsgestaltung wird erhöht, wenn der Anwalt in einem zweiten Schritt 332 **Details zu den Wünschen des Auftraggebers** und die maßgeblichen Aspekte der **Interessenlagen** abfragt. Beim Arbeitsvertrag ist Auftraggeber des Anwalts meist der Arbeitgeber, in seltenen Fällen, bei Führungskräften oder – außerhalb des Arbeitsrechts – bei Geschäftsführern und Vorständen die Gesellschaft, ihr Beirat oder der Aufsichtsrat. Vielen Arbeitgebern ist es lästig, sich die Einzelfälle typischer – untechnisch formuliert – Leistungsstörungen in Arbeitsverhältnissen der letzten Jahre im Betrieb ins Gedächtnis zu rufen. Gerade die Kenntnis solcher Beispielsfälle ist für den Anwalt hilfreich, um bereits erlebte Konfliktlagen in die Zukunft über den Arbeitsvertrag, soweit möglich, einer **sachgerechten Risikoverteilung** zuzuführen. Die meisten Auftraggeber nehmen sich bedauerlicherweise nicht die Zeit, hierüber mit dem Anwalt zu sprechen, wenngleich die Mandanten einen auf ihre Bedürfnisse zugeschnittenen, gut ausgearbeiteten Vertragstext vom Anwalt erwarten.

Der Vertragsgestalter sollte, wenn er keine Antworten auf seine Fragen erhält, auf die bran- 333 chentypischen Regelungen in verschiedenen Text-Mustern zurückgreifen. Typisierte Sachverhaltskonstellationen können aus dem Aufgabengebiet des Mitarbeiters herrühren (Beispiel: Mankohaftung bei einer Kassiererin), aber auch aus betrieblichen Gepflogenheiten wie Ver-

770 LAG Hamm 2.7.1998 – 4 Sa 339/96, AuR 1998, 331.
771 BAG 23.6.2009 – 2 AZR 606/08, NZA 2009, 1011; BAG 13.6.2012 – 10 AZR 296/11, NZA 2012, 1154.
772 BAG 15.9.2009 – 9 AZR 757/08, DB 2009, 2551.

zicht auf eine Überstundenvergütungsregelung, weil im Betrieb eine Betriebsvereinbarung hierüber in Verbindung mit einer Gleitzeitregelung existiert.

334 Nach der Stoffsammlung folgt der **erste Vertragsentwurf**. Hier sollte der Berater zwischen den Text-Mustern und Klauselerläuterungen – notfalls mehrfach – hin- und herpendeln, bis er die für seine Partei passenden Texte gefunden oder aus den zu Rate gezogenen Quellen entwickelt hat. Den so gewonnenen Vertragstext sollte der Anwalt in einer dritten Phase mit seinem Mandanten durchsprechen. Diese Bearbeitungsphase ist **unverzichtbar**, nicht nur aus haftungsrechtlicher Sicht, weil der Anwalt bei einer solchen Gelegenheit letzte Anregungen erhalten kann und die Konsequenzen der Vertragsklauseln in das Bewusstsein des Auftraggebers wie des Beraters rücken.

335 Der Anwalt sollte seine Bemühungen um eine ausgefeilte Vertragsgestaltung nicht übertreiben. Deshalb wird davor gewarnt, Rechtspositionen der Arbeitsrechtsbeziehungen auf einer zu hohen Konkretisierungsstufe anzusiedeln, weil sich der Arbeitgeber damit teilweise der Ausgestaltungsmöglichkeiten im Zuge seines Weisungsrechts begibt. Zudem sollte bedacht werden, dass sich die Aufgaben eines Mitarbeiters im Zuge eines langjährigen Arbeitsverhältnisses verändern und damit jede nicht notwendige Konkretisierung den Arbeitgeber zur Änderung von Arbeitsbedingungen durch **Änderungskündigung** oder **Änderungsvertrag** zwingt. Es gilt, für absehbare Konfliktfälle im Arbeitsleben das rechtlich Zulässige im Anbahnungsverhältnis zu erörtern und im Arbeitsvertrag inhaltlich zu gestalten. Dabei sollte man eine solche **Abstraktionsstufe** wählen, die den Parteien eine **ausreichende Flexibilität** belässt, auf die Anforderungen des Wettbewerbs wie die Wechselfälle des Lebens angemessen zu reagieren.

336 In den großen Industriezweigen (Metall, Chemie, Bau, Medien), in denen die Mitarbeiter zum Teil gewerkschaftlich organisiert und die Arbeitgeber in Arbeitgeberverbänden zusammengeschlossen sind, haben die **Tarifvertragsparteien** mit einer deutlichen Regelungstiefe die Rechte und Pflichten im Arbeitsverhältnis ausgestaltet. Die verbliebene Restmenge ist häufig in betriebskollektiven Vereinbarungen, insb. Betriebsordnungen, geregelt, so dass in den **Flächentarifvertrags-Branchen** die Bedeutung des Arbeitsvertrages gering ist. Beispiele zeigen, dass dem Anwalt bei der Vertragsgestaltung in Flächentarifvertrags-Branchen wenig Spielraum verbleibt.[773] Von den Entgeltstufen über Nacht- und Feiertagszuschläge, von der Urlaubsregelung bis zum Weihnachtsgeld sind in diesen Branchen das Leistungsspektrum der Arbeitgeber und die Grenzen ihrer Verpflichtungen aufgezeigt. Es werden weitgehend knappe Arbeitsverträge benutzt.

337 Ganz besondere Sorgfalt ist bei der Formulierung von Klauseln zu verwenden, mit denen auf Flächen- oder Haustarifverträge Bezug genommen wird (sog. **Bezugnahmeklausel**). Nach aktueller Rspr sind diese idR nicht mehr als sog. Gleichstellungsabrede (Gleichstellung von gewerkschaftlich organisierten und nicht organisierten Arbeitnehmern) zu werten.[774] Es soll maßgeblich darauf ankommen, wie die Bezugnahmeklausel formuliert ist, wobei zwischen statischer Bezugnahme einerseits und kleiner und großer dynamischer Bezugnahme andererseits differenziert wird.[775] Die Bezugnahmeklauseln sind daher insb. auch mit Blick auf mögliche Umstrukturierungen, Betriebsübergänge, Branchenwechsel etc. zu formulieren.[776] Zu den Bezugnahmeklauseln s. § 1 Nr. 20 Rn 1613 ff.

773 *Hümmerich/Lücke/Mauer*, FB ArbR, Muster 1063, Muster 1087 oder Muster 1381.

774 S. im Einzelnen mit weiteren Nachweisen *Schiefer/Hartmann*, BB 2013, 2613; *Schiefer/Hartmann*, BB 2012, 1985 ff.

775 S. im Einzelnen *Schiefer/Hartmann/Doublet*, Outsourcing, Betriebsübergang, Auftragsvergabe, Rn 255 ff.

776 Zur Bezugnahme auf Haustarifverträge s. *Sowka*, PuR 2013, 126; zur Bezugnahme auf Flächentarifverträge s. *Reufels/Pier*, PuR 2013, 27 ff; zur „Ende der Dynamik einer arbeitsvertraglichen Bezugnahme im Falle eines Betriebsübergangs“ s. *Schiefer/Hartmann*, BB 2013, 2613 sowie EuGH 18.7.2013 – Rs. C-426/11, DB 2012, 1851.

b) Der „sichere Weg" bei der Arbeitsvertragsgestaltung – Haftungsgefahren für Rechtsanwälte

Parteien, die einen Anwalt mit dem Entwurf eines Arbeitsvertrages beauftragen, erwarten, dass das für sie gestaltete Vertragswerk vor den Augen der Arbeitsrechtsprechung Bestand hat. Man beauftragt gerade deshalb einen Anwalt, weil man unsicher ist, welche Formulierungen gewählt werden können und welche nicht. Vertragssicherheit ist ein Primärziel des Auftraggebers. 338

Vertragsgestaltung enthält Erfüllungs- und Risikoplanung.[777] Bei der **Erfüllungsplanung** gilt es nach *Küttner*, den optimalen Punkt beim Verhandlungsgegenstand zu finden, der für beide Vertragsparteien Zufriedenheit auslöst. Bei der **Risikoplanung** solle der vertragstreue Partner vor den Folgen einer Vertragsverletzung geschützt werden. Vor diesem Hintergrund hat die Haftungsrechtsprechung des BGH den Grundsatz aufgestellt, der Rechtsanwalt habe dem Mandanten den „**relativ sichersten Weg**" vorzuschlagen. Kommen mehrere Maßnahmen in Betracht, sei stets diejenige zu treffen, die die sicherste und gefahrloseste sei. Seien mehrere Wege möglich, um zu dem erstrebten Erfolg zu gelangen, sei derjenige zu wählen, auf dem das Ziel am sichersten zu erreichen sei.[778] 339

Bei der Arbeitsvertragsgestaltung sind zwar häufig unterschiedliche Klauseln denkbar. Nicht selten sind die von den Parteien angestrebten Ziele jedoch generell oder auf den angestrebten Wegen nicht sicher erreichbar. Es gibt im Grunde drei Arten von Klauseln, die bei der Arbeitsvertragsgestaltung dem Anwalt optional zur Verfügung stehen: 340

- Klauseln, die generell unwirksam sind,
- Klauseln, die im Einzelfall unwirksam sind, und
- Klauseln, die generell wirksam sind.

Optisch lässt sich aus der drucktechnischen Bearbeitung in diesem Buch (**Klauselalphabet**) erkennen, unter welche der drei Arten eine hier abgedruckte Klausel einzuordnen ist: 341

- Klauseln, die generell unwirksam sind, sind durch einen nach unten weisenden Pfeil gekennzeichnet,
- Klauseln, die im Einzelfall unwirksam sind, erkennt man an einem waagerechten Pfeil, und
- Klauseln, die generell wirksam sind, sind graphisch unbearbeitet.

Die Gruppe der eindeutig wirksamen Arbeitsvertragsklauseln stellt jedoch den zahlenmäßig kleinsten Anteil unter den Arbeitsvertragsklauseln dar. Die meisten Klauseln rechnet man zur ersten oder zweiten Gruppe, so dass jedenfalls von einem „sicheren Weg", wie ihn sich die Haftungsrechtsprechung des BGH ausgemalt hat, bei der Arbeitsvertragsgestaltung kaum die Rede sein kann. Offen bleibt in vielen Fällen, ob sich die Unwirksamkeit jemals nachteilig auswirkt, sei es, weil keine kritischen Sachverhalte eintreten, sei es, weil sich die Parteien an das geschriebene Wort gebunden fühlen. 342

Bei der Prüfung von Klauselwünschen der Arbeitsvertragsparteien unter AGB-rechtlichen Gesichtspunkten gilt Folgendes: Die Entscheidung, gemäß dem **zweistufigen Prüfungsschema** Arbeitsvertragsklauseln auf ihre Wirksamkeit zu überprüfen, folgt einer Notwendigkeit, die nicht mit der Gewissheit gleichgesetzt werden darf, mit dem Wissen der Gegenwart auch das Wissen der Zukunft vereinnahmt zu haben. Die Chance, der Praxis frühzeitig Klarheit zu verschaffen, hat das BAG in den ersten beiden Jahren nach Ablauf der Übergangsregelung zunächst vertan.[779] Mit dem Urteil des 5. Senats vom 12.1.2005[780] ist dagegen der Weg in die richtige Richtung eingeschlagen. Dem Berater oder Mitarbeiter einer Personalabteilung, der gegenwär- 343

777 *Küttner*, RdA 1999, 59.

778 BGH 13.6.1995 – IX ZR 121/94, DB 1995, 1854; BGH 22.3.1990 – IX ZR 128/89, WM 1990, 1161.

779 BAG 27.11.2003 – 2 AZR 177/03, AP § 312 BGB Nr. 2; BAG 27.11.2003 – 2 AZR 135/03, NZA 2004, 597; BAG 4.3.2004 – 8 AZR 196/03, NZA 2004, 727.

780 BAG 12.1.2005 – 5 AZR 364/04, NJW 2005, 1820.

tig Arbeitsverträge entwerfen möchte, ohne in jedem Fall auf eine höchstrichterliche Rspr zugreifen zu können, bieten sich, wenn er dem zweistufigen Prüfungsschema folgt, Resultate von gewisser Richtigkeitsgewähr. Denn dass Formulararbeitsverträge der Wirksamkeitskontrolle unterliegen, ist über die drei **Einbeziehungsnormen** – § 305 Abs. 1 BGB, § 310 Abs. 3 Nr. 1 BGB und § 310 Abs. 3 Nr. 2 BGB – gewährleistet.

344 Die Schwierigkeit des Anwalts oder Beraters besteht allerdings noch für einige Zeit darin, dass **heute** Arbeitsvertragstexte zu gestalten sind, ohne dass bereits ein **kompletter Katalog** von Klauseln vorliegt, die von der Rspr „eindeutig" bewertet worden sind. Der „Nebel" hat sich zwar zwischenzeitlich etwas gelichtet. Es zeigt sich allerdings, dass die Praxis wohl noch lange mit einer erheblichen Rechtsunsicherheit leben muss. „Nahezu wöchentlich" ergehen neue Entscheidungen zur AGB-Kontrolle, die nicht selten widersprüchlich sind oder aber Einzelfälle behandeln. Der Vertragsgestalter muss diese Entwicklung ständig verfolgen und aufarbeiten. Will er allen Eventualitäten genügen (zB bei Bezugnahmeklauseln), so entstehen nicht selten „Klauselmonster", die derartig komplex sind, dass wiederum die Gefahr besteht, dass sie der Unklarheitenregelung des § 305 c BGB nicht genügen. Alles im allen ergibt sich nicht selten ein kaum akzeptabler Schwebezustand. In der Lit. toben nach wie vor heftige Kämpfe zwischen einzelnen Autoren, die sich zT Larmoyanz, die Verfolgung „präsumtiver Arbeitgeberinteressen" und „rechtspolitische Lamento"[781] vorwerfen. Zum Teil ist von einem untragbaren Zustand die Rede, der eines Rechtsstaates nicht würdig sei. Zum Teil werden Klauselvorschläge unterbreitet, mit denen der Arbeitgeber „sein Glück versuchen möge".[782]

345 Insgesamt ist zu erwarten, dass die „Vertragsgestaltungsbücher" künftig noch dicker und zahlreicher werden und gleichzeitig die Verwirrung zunimmt. Dabei bleibt zu hoffen, dass die Rspr das nötige Augenmaß walten lässt. Sie sollte dem Arbeitgeber zumindest „die Chance" geben, eine wirksame Klausel zu formulieren. Es darf sich hierbei eben nicht um eine „reine Glückssache" handeln. Dabei ist immer wieder darauf hinzuweisen, dass die Arbeitgeber in aller Regel nicht „tricksen" wollen. Sie wollen schlicht Rechtssicherheit und Rechtsklarheit, die ihnen mitunter konsequent verweigert wird. Durchaus interessante rechtsdogmatische Auseinandersetzungen sind das eine. Die berechtigten Interessen der Praxis sind das andere. Wenn das Fehlen von Rechtssicherheit beklagt wird, so handelt es sich hierbei nicht um ein „rechtspolitisches Lamento". Es wird vielmehr zu Recht ein untragbarer Zustand festgestellt, der in rechtsstaatlicher Hinsicht tatsächlich bedenklich erscheint.[783]

346 Solange noch nicht klar ist, welche „Besonderheiten" in § 310 Abs. 4 S. 2 BGB zu berücksichtigen sind, verbleibt ein hohes Risiko der rechtlichen Bewertung. Zur zweiten Prüfungsstufe gelangt man nur über in der ersten Stufe als unwirksam bewertete Klauseln. Im *worst case* hält der Berater eine wirksame Klausel für unwirksam, wenn er aus der zweiten Prüfungsstufe kein Argument ableiten konnte, wonach das Prüfergebnis der ersten Stufe zu modifizieren sei. Für den beratenden Rechtsanwalt gilt aus haftungsrechtlichen Gründen die Verpflichtung, in seiner Arbeit den **„sicheren Weg"** zu wählen.[784] Bleibt er beim zweiten Prüfschritt vorsichtig (zu dem er nicht gelangt, wenn sich im ersten Schritt die Wirksamkeit einer Klausel ergeben hat) und stellt er keine Besonderheiten fest, verbleibt es bei dem Prüfergebnis der ersten Stufe und er bewertet allenfalls eine wirksame Klausel als unwirksam. Nur der umgekehrte Fall ist ernsthaft haftungsträchtig.

347 Den **„arbeitsrechtlichen Besonderheiten" iSd § 310 Abs. 4 S. 2 BGB** hat die Rspr des BAG erste Konturen gegeben. Es kann nunmehr davon ausgegangen werden,[785] dass die angemessene

781 *Preis/Sagan*, NZA 2012, 1077.

782 *Preis/Sagan*, NZA 2012, 697, 704.

783 *Schiefer*, PuR 2013, 1.

784 BGH 16.11.1989 – IX ZR 190/88, NJW-RR 1990, 204 f; BGH 5.11.1987 – IX ZR 86/86, NJW 1988, 486; BGH 3.10.1987 – VI ZR 95/87, NJW 1988, 566; BGH 23.6.1981 – VI ZR 42/80, NJW 1981, 2742.

785 BAG 4.3.2004 – 8 AZR 196/02, NZA 2004, 727.

Berücksichtigung der im Arbeitsrecht geltenden Besonderheiten nicht auf spezielle Gegebenheiten innerhalb des Arbeitsrechts oder auf Sonderarbeitsrechtsbeziehungen wie Arbeitsverträge im kirchlichen Bereich, befristete Verträge, Verträge mit Tendenzunternehmen etc. beschränkt ist. Vielmehr ist für die Klauselkontrolle in jedem Arbeitsverhältnis die Berücksichtigung der arbeitsrechtlichen Besonderheiten vorgeschrieben.

Zu beachten ist weiterhin, dass eine im Arbeitsrecht geltende Besonderheit nicht erst dann vorliegt, wenn eine Norm ausschließlich auf Arbeitsverhältnisse Anwendung findet. Es genügt, dass sich die Anwendung der Norm besonders auf dem Gebiet des Arbeitsrechts auswirkt.

Dabei finden nicht nur ausschließlich rechtliche, sondern auch tatsächliche Besonderheiten bei der Auslegung des Begriffs Berücksichtigung.[786] So hat das BAG bspw im Zusammenhang mit der Zulässigkeit zweistufiger Ausschlussfristen auf das Bedürfnis nach einer im Arbeitsleben anerkanntermaßen besonders gebotenen raschen Klärung von Ansprüchen und Bereinigung offener Streitpunkte und damit auf eine rechtstatsächliche Besonderheit rekurriert. Auch bei der Bestimmung der angemessenen Länge einer Ausschlussfrist berücksichtigt das BAG[787] in entsprechend weitem Begriffsverständnis, dass in arbeitsrechtlichen Gesetzen bevorzugt verhältnismäßig kurze Fristen zur Geltendmachung von Rechtspositionen vorgesehen werden. Hiervon ausgehend hat das BAG[788] zu sog. Anrechnungsklauseln ausgeführt, dass Anrechnungsvorbehalte in arbeitsvertraglichen Vergütungsabreden seit Jahrzehnten üblich seien. Sie stellten daher eine Besonderheit des Arbeitsrechts dar, die gem. § 310 Abs. 4 S. 2 BGB angemessen zu berücksichtigen sei.

Aufgabe der Kontrollpraxis ist letztlich, bei der Anwendung der im Arbeitsrecht geltenden Besonderheiten die im Rahmen der Inhaltskontrolle für das allgemeine Zivilrecht normierte Interessenlage der Vertragspartner mit derjenigen im Arbeitsrecht zu vergleichen. Besteht hiernach keine Rechtfertigung für eine Abweichung im Arbeitsrecht, handelt es sich vielmehr um in beiden Rechtsgebieten vergleichbare Interessenlagen, so sind die §§ 305 ff BGB von den Arbeitsgerichten uneingeschränkt anzuwenden.[789] 348

Das Arbeitsvertragsrecht zwingt jeden Gestalter, sich mit dem bestandsfesten Kern eines Arbeitsvertrages und dem sich hieraus ergebenden Änderungsschutz in kündigungs- und AGB-rechtlicher Hinsicht zu befassen. Immer mehr wird gegenwärtig die Frage laut, worin eigentlich der materielle Änderungsschutz nach § 2 KSchG besteht.[790] Nicht wirklich geklärt ist, welcher Freiraum dem Gestalter eines Arbeitsvertrages im Einzelfall verbleibt, wenn er die Befugnisse des Arbeitgebers nach § 106 GewO auf die Ebene der Vertragsgestaltung ziehen will. Was als **„erweitertes Direktionsrecht“**[791] zu gelten hat, ist von der Rspr nicht abschließend definiert. Wann der Bestandsschutz aus § 2 KSchG greift, lässt sich vielleicht noch erahnen – eine sichere Regel für den Rechtsanwender kennt das Arbeitsrecht nicht. Schließlich bleibt die Frage, welche Anforderungen § 307 Abs. 2 Nr. 1 BGB an den Berater stellt, der einen Arbeitsvertrag zu gestalten hat. Das Leitbild iSd § 307 Abs. 2 Nr. 1 BGB, die wesentlichen Grundgedanken bewegen sich auf unterschiedlichen Ebenen, auf Wertungssystemen, die einerseits Elemente des Kernbereichs, andererseits Flexibilisierungsinstrumente des Arbeitsvertragsrechts zu würdigen haben. Wenn es richtig ist, dass die Vielzahl unbekannter Lebenssachverhalte letztlich keinen ausreichenden Eingang in die Formulierung von Arbeitsvertragstexten finden kann, wenn man sich also mit den Sachverhalten übergeordneter Rechtssätze begnügen muss, so verlangt ein den Bestimmtheitsanforderungen gerecht werdendes Arbeitsrecht, dass für die Systematisierung der Rechtssätze ihrerseits Anknüpfungspunkte bestehen, die freilich gegenwärtig noch 349

786 BAG 25.5.2005 – 5 AZR 552/04, NZA 2005, 1111.
787 BAG 28.9.2005 – 5 AZR 52/05, NZA 2006, 149.
788 BAG 1.3.2006 – 5 AZR 363/05, NZA 2006, 746.
789 S. im Einzelnen *Henssler/Moll*, AGB-Kontrolle vorformulierter Arbeitsbedingungen, S. 15.
790 *Wolf*, RdA 1988, 270; *Preis/Bender*, NZA-RR 2005, 337.
791 Zum Weisungsrecht, Arbeitsvertrag und zur Arbeitsvertragskontrolle s. *Reinecke*, NZA-RR 2013, 393.

fehlen. In dem unbestimmten Dreieck zwischen AGB-Recht, Änderungskündigungsschutz und Individualarbeitsrecht verbleibt für jeden Vertragsgestalter eine Restmenge von Zweifelsfragen, die auch eine umfassende Darstellung des Arbeitsvertragsrechts gegenwärtig noch nicht beseitigen kann.[792]

350 Im Übrigen verbleibt es dabei, dass es bekanntlich nicht *den* Arbeitsvertrag gibt, sondern eine Vielzahl von Gestaltungsmöglichkeiten. Das Spektrum reicht von der Bezeichnung als Arbeiter oder Angestellter unter Angabe der Lohn- oder Gehaltsgruppe bis zur detaillierten Beschreibung der auszuführenden Tätigkeiten.[793]

c) Nichtanwendung des AGB-Rechts

351 Zu bedenken ist, ob ggf Vertragsbedingungen der AGB-Kontrolle entzogen werden können. Gemäß § 305 Abs. 1 S. 1 BGB sind Allgemeine Geschäftsbedingungen alle für eine Vielzahl von Verträgen vorformulierten Vertragsbedingungen, die eine Vertragspartei (Verwender) der anderen Vertragspartei bei Abschluss eines Vertrages stellt. Allgemeine Geschäftsbedingungen liegen gem. § 305 Abs. 1 S. 3 BGB nicht vor, soweit die Vertragsbedingungen zwischen den Vertragsparteien im Einzelnen ausgehandelt sind. Die letztgenannte Norm entzieht also Vertragsbedingungen dem AGB-Recht, wenn sie zwischen den Parteien im Einzelnen ausgehandelt wurden. Erforderlich ist allerdings ein mögliches „Aushandeln“, wobei die Darlegungs- und Beweislast der Arbeitgeber trägt (s. ausf. § 1 Rn 212 ff).

352 Darüber hinaus ist ggf zu erwägen, ob einzelne Bestimmungen „kollektivrechtlich“ geregelt werden sollten. Gemäß § 310 Abs. 4 S. 1 BGB sind kollektive Normen der AGB-rechtlichen Wirksamkeitskontrolle entzogen (s. ausf. § 1 Rn 178 ff).

9. Einfluss des US-amerikanischen Rechts auf die Typologie deutscher Arbeitsvertragsklauseln

Literatur

Brock, Neue Regeln für Whistleblower im öffentlichen Dienst – Folgen der Heinisch-Entscheidung des EuGH[794] vom 21.7.2011, öAT 2011, 243; *Diller/Powietzka*, Drogenscreenings und Arbeitsrecht, NZA 2001, 1227; *Gach/Rützel*, Verschwiegenheitspflicht und Behördenanzeigen von Arbeitnehmern, BB 1997, 1959; *Greyr*, Der Kündigungsschutz von Arbeitnehmern durch Willkür- und Diskriminierungsverbote im deutschen und amerikanischen Arbeitsrecht, 2000; *Hay*, US-Amerikanisches Recht, 5. Aufl. 2011; *Hirte/Otte*, Die Rechtsentwicklung im Arbeitsrecht in den Vereinigten Staaten in den Jahren 1993 und 1994, NZA 1996, 514; *Kittner/Kohler*, Kündigungsschutz in Deutschland und den USA, BB 2000, Beil. zu Heft 4, 4; *Leader*, in: Rabkin/Johnson, Current Legal Forms, Bd. 13, S. 501 ff; *Mauer*, Personaleinsatz im Ausland – Personalmanagement, Arbeitsrecht, Sozialversicherungsrecht, Steuerrecht, 2. Aufl. 2013; *Meltzer/Henderson*, Labor Law: Cases, Materials, and Problems, 3. Aufl. 1985; *Mengel*, EGMR: Kündigung wegen Whistleblowing, CCZ 2011, 229; *Müller*, Whistleblowing – Ein Kündigungsgrund, NZA 2002, 424; *Pohl*, Grenzüberschreitender Einsatz von Personal und Führungskräften, NZA 1998, 735; *Reiserer*, Allgemeiner Kündigungsschutz bei Arbeitsverhältnissen mit Auslandsbezug, NZA 1994, 673; *Sander*, Schutz nicht offenbarter betrieblicher Informationen nach der Beendigung des Arbeitsverhältnisses im deutschen und amerikanischen Recht, GRUR Int 2013, 217; *Thau/Pusch*, Arbeitsrecht in den USA. Leitfaden, 1998; *Thüsing*, Die Entwicklung des US-amerikanischen Arbeitsrechts in den Jahren 1997 und 1998, NZA 1999, 641; *ders.*, Die Entwicklung des US-amerikanischen Arbeitsrechts in den Jahren 1999 und 2000, NZA 2001, 939; *Thüsing/Leder*, Die Entwicklung des US-amerikanischen Arbeitsrechts in den Jahren 2001, 2002 und 2003, NZA 2004, 1310; *dies.*, Die Entwicklung des US-amerikanischen Arbeitsrechts in den Jahren 2004 und 2005, NZA 2006, 1314; *dies.*, Die Entwicklung des US-amerikanischen Arbeitsrechts in den Jahren 2006 und 2007, NZA 2008, 982; *dies.*, Die Entwicklung des US-amerikanischen Arbeitsrechts in den Jahren 2008 und 2009, NZA 2011, 188; *Ulber*, Whistleblowing und der EGMR, NZA 2011, 962.

792 *Reinecke*, NZA-RR 2013, 393.

793 *Reinecke*, NZA-RR 2013, 393.

794 Im Originaltitel des Aufsatzes steht „EuGH“, jedoch hat der EGMR entschieden.

a) Kollisionsfragen

In der Praxis des beratenden wie prozessierenden deutschen Arbeitsrechtsanwalts spielen in englischer Sprache gefasste Arbeitsvertragstexte eine zunehmend große Rolle. Viele Mitarbeiter, sei es einer zu einem US-amerikanischen Konzern gehörenden Unternehmen, sei es eine Führungskraft in einem deutschen oder französischen Unternehmen, erhalten keinen in deutscher Sprache gefassten Arbeitsvertrag mehr. Dies verursacht Probleme (Übersetzungsbedarf) im Streitfall, weil die Gerichtssprache immer noch ausschließlich **Deutsch** ist (§ 184 GVG). 353

Amerikanische Konzerne haben auf diese Weise ein weltweit gleichartiges Arbeitsvertragsrecht in ihren Unternehmen aufgebaut. Der vollständigen Vereinheitlichung sind in Deutschland und auch innerhalb des EU-Raums jedoch Grenzen gesetzt. Dies wird oftmals übersehen, insb. bei den Rechtswahleinschränkungen. Das anzuwendende Recht bestimmt sich nach Art. 8 Rom I-Verordnung[795] (ex-Art. 30 EGBGB), wenn der Arbeitsvertrag ab dem 17.12.2009 geschlossen worden ist (Art. 28 Rom I-Verordnung). 354

Arbeitsgerichtlich sind die Fragen der Rechtswahl bislang überwiegend im Rahmen der Gewährung von *stock options* durch Konzernmütter entschieden worden. Das LAG Hessen hält die Unterstellung einer Optionsgewährung unter das Recht des US-Bundesstaates Ohio als Teilrechtswahl für unzulässig, weil dem Arbeitnehmer der ausreichende Schutz des deutschen Arbeitsrechts entzogen werde, jedenfalls dann, wenn in einem *stock options*-Plan die Gewährung an das Unterlassen von Wettbewerb in Deutschland ohne Zahlung einer Karenzentschädigung geknüpft werde und gleichzeitig eine Rechtswahl zu Gunsten des US-Bundesstaates Ohio vorgesehen sei.[796] Das BAG neigt dagegen bei einem *stock options*-Plan einer finnischen Konzernmutter zur Gültigkeit einer Rechtswahl finnischen Rechts.[797] In jedem Einzelfalle muss bei einer sowohl inhaltlich als auch sprachlich an US-amerikanisches Bundesrecht oder das Recht eines Bundesstaates anknüpfenden Arbeitsvertragsformulierung geprüft werden, ob über Art. 8 Rom I-Verordnung (ex-Art. 30 EGBGB) deutschem oder/und europäischem Recht der Vorrang gebührt. 355

Verwerfungen zwischen den unterschiedlichen Rechtssystemen und selbst aufgrund des US-amerikanisch uneinheitlichen Arbeitsvertragsrechts bleiben nicht aus. Es bestehen unterschiedliche Rechtslagen, wenn der Arbeitnehmer verpflichtet wird, im Falle der Krankheit seine Erkrankung dem Arbeitgeber mitzuteilen, oder wenn in der Diensterfindungsklausel[798] von der uneingeschränkten Patentierfähigkeit von Software-Entwicklungen ausgegangen wird, wobei es in diesem Bereich inzwischen im deutschen Rechtsraum eine Teilanpassung der Rechtsprechungs- und Gesetzeslage gegeben hat.[799] Der Geheimnisschutz und der Schutz des geistigen Eigentums nehmen im amerikanischen Arbeitsrecht in Ermangelung hinreichender gesetzlicher Ausprägung einen hohen Gestaltungsumfang ein.[800] Zum Verständnis US-amerikanischer, in Deutschland vielfach verwendeter Arbeitsvertragstexte ist ein Blick auf das US-amerikanische Arbeitsrecht angebracht. 356

---

795 Verordnung (EG) Nr. 593/2008 des Europäischen Parlaments und des Rates vom 17. Juni 2008 über das auf vertragliche Schuldverhältnisse anzuwendende Recht (Rom I), ABl. Nr. L 177, S. 6 vom 4.7.2008, ber. ABl. Nr. L 309, S. 87 vom 24.11.2009.

796 LAG Hessen 14.8.2000 – 10 Sa 982/99, IPRspr 2000 Nr. 108, 231.

797 BAG 12.2.2003 – 10 AZR 299/02, NZA 2003, 487.

798 § 69 b UrhG. Siehe dazu § 1 Nr. 23 Rn 1907 ff.

799 Exemplarisch die schrittweise Anpassung des BGH an die US-amerikanische Sichtweise wie auch die Auffassung des Europäischen Patentamts (EPA) im Beschl. v. 13.12.1999 – X ZB 11/98, BGHZ 143, 255 = NJW 2000, 1953 m. Anm. *Marly* sowie BGH, Beschl. v. 17.10.2001 – X ZB 16/00, CR 2002, 88. Diese Rspr bedeutet zugleich eine Aufgabe der bisherigen Rspr des BGH, s. BGH 11.6.1991 – X ZB 24/89, BGHZ 115, 23 = NJW 1992, 374.

800 Vgl zB Hümmerich/Lücke/Mauer/*Wisswede*, NomosFormulare ArbR, Muster 1559 (§§ 8 und 9); Hümmerich/Lücke/Mauer/*Lücke*, NomosFormulare ArbR, Muster 1868 (Ziff. 9) für einen deutschen GmbH-Geschäftsführer eines US-amerikanischen Weltkonzerns.

b) Grundregeln des amerikanischen Individualarbeitsrechts

aa) Zustandekommen des Arbeitsvertrages

357 Auch nach amerikanischem Recht kommt der Arbeitsvertrag durch einen Antrag (*offer*) und durch die Annahme des Angebots (*acceptance*) zustande. Abweichend vom deutschen Recht ist der Antrag jederzeit widerruflich, sofern nicht für die Bindung eine Gegenleistung erbracht wird. Zusätzlich zu Antrag und Annahme ist das Versprechen oder die Gewährung einer Gegenleistung bei Vertragsschluss erforderlich, die *consideration*.[801] Ein durchsetzbarer Arbeitsvertrag liegt trotz *offer* und *acceptance* nicht vor, wenn es an einem solchen Versprechen bei Vertragsschluss fehlt.

358 Zu dieser Regel gibt es allerdings eine Ergänzung, die Lehre von *promissory estoppel*.[802] Nimmt jemand bezogen auf ein Versprechen Handlungen vor und ist dies für den Versprechenden vorhersehbar, wird ein Versprechen auch dann wirksam, wenn es an der *consideration* durch den Versprechenden fehlt. Die Lehre vom *promissory estoppel* führt zwar nicht zu einem Anspruch auf Vertragsschluss, aber zu einem Schadensersatzanspruch. Hat etwa der Personalchef eines Unternehmens einem Bewerber einen Arbeitsvertrag angeboten und kündigt der Bewerber daraufhin sein bisheriges Arbeitsverhältnis, ist, wenn der Personalchef nachträglich von seinem Angebot Abstand nehmen will, der Anspruch auf Vertragsschluss nicht einklagbar, weil es an der *consideration* fehlt. Bei einer solchen Fallkonstellation schuldet der Arbeitgeber Schadensersatz und zwar im Umfang des entgangenen Gehalts des Bewerbers bis zu dem Zeitpunkt, an dem er wieder eine vergleichbare Stelle gefunden hat.[803]

bb) Schriftformerfordernis beim Arbeitsvertrag

359 Zwar sind auch im amerikanischen Recht regelmäßig mündliche Arbeitsverträge wirksam. Schriftform ist nicht erforderlich, wenn der Vertrag innerhalb eines Jahres ab Vertragsschluss vollständig erfüllt werden kann. Darüber hinausgehende, und damit alle unbefristet oder befristet für länger als ein Jahr geschlossene Verträge fallen unter die von den USA aus England übernommenen und dort nicht mehr gültigen *Statutes of Frauds* aus dem Jahre 1677. Arbeitsverträge für mehr als ein Jahr bedürfen nach Ansicht der meisten US-Gerichte deshalb der Schriftform.[804]

cc) Mindestarbeitsbedingungen

360 Die im Arbeitsverhältnis geschuldeten Leistungen der Arbeitsvertragsparteien können durch Gesetz, Tarifvertrag oder Individualvereinbarung bestimmt werden. Dabei haben in den USA eine besondere Bedeutung die vom Arbeitgeber aufgestellten **Arbeitsordnungen**, sog. *employee handbooks*. Einige wichtige Gesetze regeln bundesweit Mindestarbeitsbedingungen. Das Gesetz zur Sicherung von Mindestarbeitsbedingungen, der *Fair Labor Standards Act* (**FLSA**) aus dem Jahre 1938, begründet neben dem Verbot der Kinderarbeit auch einen **Mindestlohn**, der grds. von jedem Arbeitgeber für jede Arbeit zu zahlen ist. Gegenwärtig beläuft sich der Mindestlohn (*minimum wage*) auf 7,25 US-Dollar pro Stunde. Der FLSA sieht eine **Regelarbeitszeit von 40 Stunden pro Woche** vor. Eine Berechnung der wöchentlichen Arbeitszeit über einen Zeitraum von mehr als einer Woche ist nicht zulässig.[805] Wer sich in Abrufarbeit befindet, hat keinen Anspruch auf den Mindestlohn.[806]

---

801 *Thau/Pusch*, Arbeitsrecht in den USA, Rn 118.
802 *Thau/Pusch*, Arbeitsrecht in den USA, Rn 119 mwN.
803 *Grouse v. Group Health Plan, Inc.*, 306 N.W. 2 d 114 (Minn. 1981).
804 Rest. contracts 2 d, § 198, Comment b; *Thau/Pusch*, Arbeitsrecht in den USA, Rn 121.
805 *Thau/Pusch*, Arbeitsrecht in den USA, Rn 132 ff.
806 *Reimer v. Champion Healthcare Corp.*, 258 F.3 d 720 (8th Cir. 2001).

dd) Diskriminierungsschutz

Das Gesetz verbietet, bei den Einkommen der Arbeitnehmer nach dem Geschlecht zu differenzieren.[807] Der Diskriminierungsschutz sowohl im US-amerikanischen Arbeitsrecht als auch im Europarecht[808] gewinnt zunehmend an Bedeutung.[809] Die durch *Title 7 Civil Rights Act* verbotene Geschlechtsdiskriminierung kennt man im US-amerikanischen Recht als mittelbare oder unmittelbare Diskriminierung, aber auch als Belästigungsschutz vor *sexual harassment*.[810] 361

Der Diskriminierungsschutz ist in Deutschland noch uneinheitlich. Während es das LAG Köln als gerechtfertigt ansah, dass eine Verkäuferin für Damenbekleidung weiblichen Geschlechts sein sollte,[811] gab das ArbG Hamburg der Klage einer Diplomkauffrau wegen Diskriminierung statt, die bei ihrer Bewerbung um eine Nachwuchsstelle im Management eines Handelsbetriebes abgelehnt worden war.[812] Zur Begründung hatte die Handelsgesellschaft ausgeführt, „die persönliche Kontaktpflege von in- und ausländischen Kunden, die ausschließlich männlichen Geschlechts seien, beinhalte teilweise die Teilnahme an Unterhaltungen und Vergnügungen, die einer Frau nicht zugemutet werden könnten, wolle man ihre Würde nicht verletzen“. 362

In den USA stellt es eine Diskriminierung dar, wenn jemand als Masseur nicht eingestellt wird, weil er vorzugsweise Frauen zu massieren gehabt hätte und deshalb einer weiblichen Masseurin der Vorzug gegeben wurde.[813] Auch im Bereich der sexuellen Belästigung erging in den letzten Jahren eine Reihe von Entscheidungen in den USA, die zu erheblichen Schadensersatzforderungen von Arbeitnehmern führten. Blüten trieb der Fall, den der *Court of Appeals for the 7th Circuit* im Verfahren *Hohlman v. Indiana* zu entscheiden hatte. Der Arbeitgeber haftete danach nicht wegen Geschlechtsdiskriminierung, wenn ein Vorgesetzter, für den er nach Stellvertretungsregeln verantwortlich ist, nicht nur Frauen, sondern auch in gleichem Maße Männer sexuell belästigt habe.[814] Mit dem Urteil des *Court of Appeals for the 2nd Circuit* in der Sache *Brown v. Henderson*[815] wurde festgestellt, dass die unrechtmäßige Behandlung eines Arbeitnehmers wegen sexueller Belästigung nicht dadurch geheilt werde, dass sie vom Arbeitgeber auf Angehörige des anderen Geschlechts ausgedehnt werde. 363

ee) Kündigungsschutz

Ein mit dem deutschen Kündigungsschutz vergleichbarer gesetzlicher Arbeitsplatzschutz für Arbeitnehmer besteht in den USA auf bundesstaatlicher Ebene nicht.[816] Maßgeblich ist die *Employment at Will-Doctrine*, wonach die Beendigung eines Arbeitsverhältnisses jederzeit zulässig ist, sei es „*for good cause, bad cause or no cause at all*“.[817] 364

Eine Ausnahme bildet der *breach of an implied contract*. Der gekündigte Arbeitnehmer beruft sich in diesem Falle darauf, dass der Arbeitgeber durch ein bestimmtes Verhalten sein Recht zur freien Kündigung verloren habe. Dem beugen Arbeitgeber meist mit Regelungen im *em-* 365

807 *Equal Pay Act* von 1963 29 U.S.C. §§ 206 (d), 216, 217.

808 Richtlinie 2000/43/EG vom 29.6.2000 (ABl. EG Nr. L 180, S. 22) und Richtlinie 2000/78/EG vom 27.11.2000 (ABl. EG Nr. L 303, S. 16).

809 *Thüsing*, NZA 2001, 939.

810 *Thüsing*, NZA 2001, 939.

811 LAG Köln 19.7.1996 – 7 Sa 499/96, AuR 1996, 504. So ähnlich entschied das BAG am 28.5.2009 – 8 AZR 536/08, NZA 2009, 1016, das keine Diskriminierung in der Ablehnung eines männlichen Bewerbers auf die Stelle in einem Mädcheninternat sah.

812 ArbG Hamburg 7.3.1985 – 8 Ca 124/81, DB 1985, 1402.

813 *Thüsing*, NZA 2001, 939, 940 mwN.

814 82 Fep. Case 1287 v. 7.5.2000.

815 *Brown v. Henderson*, 115 F. Supp. 2 d 445, 451 (S.D.N.Y. 2000).

816 Vergleichende Darstellungen bei *Kittner/Kohler*, Kündigungsschutz in Deutschland und den USA, BB 2000, Beil. zu Heft 4, 4; *Thüsing*, NZA 1999, 635.

817 *Vaughn v. Lawrenceburg Power System*, 169 F. 3 D. 703 (6th Cir. 2001).

ployee handbook vor, wonach keine vertraglichen Rechte begründet werden, die eine Kündigung nur aus bestimmten Gründen rechtfertigen würde.

366 Unzulässig sind Kündigungen, die gegen eine *public policy* verstoßen. Bei dem Tatbestand der *public policy* handelt es sich um eine Art unerlaubte Handlung, deren Grenzen sich nicht genau bestimmen lässt. Wenn ein Automechaniker von seinem Arbeitgeber wegen seiner Weigerung zur regelmäßigen Durchführung nicht notwendiger Reparaturen entlassen wird,[818] liegt ein *public policy*-Verstoß vor. Ein *public policy*-Verstoß kann auch eintreten, wenn ein Arbeitnehmer religiös diskriminiert wurde, wie im Falle *Silo v. CHW Medical Foundation*.[819]

367 Einen zeitlichen Kündigungsschutz gewährt der befristete Arbeitsvertrag. Ob ein befristetes oder ein unbefristetes Arbeitsverhältnis vorliegt, ergibt sich durch Auslegung des Vertragswortlauts. Im amerikanischen Arbeitsrecht, wonach – von den vorgenannten Einschränkungen abgesehen – nach nationalem Recht grds. jeder Arbeitsvertrag kündbar ist, ohne dass es eines Kündigungsgrundes bedarf, verschafft der befristete Arbeitsvertrag einen temporären Kündigungsschutz. Befristete Arbeitsverträge können vor Ablauf der Befristung nur unter besonderen Voraussetzungen einseitig beendet werden. Anders als im deutschen Recht bedarf der befristete Arbeitsvertrag in den USA keines sachlichen Grundes. Ein Rechtsraum, der grds. keinen Beendigungsschutz gewährt, benötigt auch keinen sachlichen Grund bei der Befristung, weil der Kernanknüpfungspunkt der Befristungsrechtsprechung, die Gefahr der Umgehung des Beendigungsschutzes, fehlt. Ein Schutz, den es in den USA nicht gibt, kann nicht umgangen werden. Kündigungsschutz bietet für Arbeitsverhältnisse im Bundesstaat Montana der *Montana Wrongful Discharge from Employment Act*.[820]

368 Der ursprüngliche Grundsatz des Arbeitsvertragsrechts im *common law* entsprach der Vorstellung vom *employment at will*. Vertragsschluss und Kündigung sind danach für beide Parteien jederzeit im Rahmen vereinbarter Fristen möglich. Dieses System des *hire and fire* hat in immer stärkerem Maße gesetzliche und vertragliche Beschränkungen erfahren. Für eine Kündigung *at will* gilt die *consideration*-Lehre.[821] Um die v.a. im Bereich des Schadensersatzes angesiedelten Risiken einer unwirksamen Kündigung, bspw wegen *discrimination*, zu vermeiden, gibt der Arbeitnehmer eine Verzichtserklärung ab (*waiver* oder *notice of disclaimer*), die sich der Arbeitgeber über eine einmalige Sonderzahlung (*severance pay*) erkauft.[822]

369 Eine Kündigung, die gegen die guten Sitten verstößt (*public policy*), ist auch in den Vereinigten Staaten allgemein unzulässig.[823] Schließlich entschied der *Washington Supreme Court*, dass sich der Arbeitnehmer, dem nach einem Tarifvertrag nur mit *good cause*, also nur mit triftigem Grund, gekündigt werden kann, zusätzlich auf das Kündigungsverbot bei Verstoß gegen die guten Sitten (*public policy*) berufen kann.[824]

370 Der *Age Discrimination in Employment Act*[825] schützt ältere Arbeitnehmer. Der Arbeitgeber muss auch bei Kündigungen eine Sozialauswahl treffen und darf Arbeitnehmer, die älter als 40 Jahre sind, nicht aus diesen Gründen am Arbeitsplatz diskriminieren. Die Kündigung älterer Arbeitnehmer erschwert auch der *Older Worker Benifit Protection Act*.[826] Dieses Gesetz gewährt Beschäftigten über 40 Jahren eine 45-Tagesfrist zur Unterzeichnung der Verzichtserklärung. Damit wird den Arbeitnehmern ermöglicht, sich darüber zu informieren, ob die Sozialauswahl richtig vorgenommen wurde und die Abstandszahlung ihrer Position entspricht. Die

---

818 *Johns v. Stevinson's Golden Ford*, 36 P. 3 d 129 (Colo. ct. App. 2001).

819 103 Cal. Rptr. 2 d 825 (Cal. ct. App. 2001).

820 *Greyr*, Der Kündigungsschutz von Arbeitnehmern durch Willkür- und Diskriminierungsverbote im deutschen und amerikanischen Arbeitsrecht, 2000.

821 *Hay*, US-Amerikanisches Recht, Rn 300 ff.

822 *Hay*, US-Amerikanisches Recht, Rn 666.

823 *Kittner/Kohler*, Kündigungsschutz in Deutschland und den USA, BB 2000, Beil. zu Heft 4, 4.

824 *Smith v. Bates Technical College*, 163 LRRM 2358 v. 27.1.2000.

825 29 U.S.C. §§ 621–634.

826 101 P.L. 433, 104 Stat. 978 (1990).

Verzichtserklärung kann außerdem innerhalb von sieben Tagen widerrufen werden. Das Altersdiskriminierungsverbot gilt nicht nur bei Kündigungen. Auch obligatorische Vorruhestandsregeln, nach denen ein Arbeitnehmer bei Erreichen eines bestimmten Alters automatisch aus dem Unternehmen ausscheidet, halten einer gerichtlichen Überprüfung wegen Verstoßes gegen den *Age Discrimination in Employment Act* idR nicht stand.[827]

ff) Behindertenschutz

Der Behindertenschutz in den USA ist im *Americans with Disabilities Act* (**ADA**) geregelt. Das öffentliche Meinungsbild in den USA ist von der Vorstellung geprägt, der ADA lasse zu viele unberechtigte Klagen zu.[828] Die Folge war, dass die Gerichte den ADA zunehmend eng auslegten. Durch den *ADA Amendments Act of 2008*[829] hat der ADA aber eine grundlegende Änderung erfahren. Die Definition der Behinderung ist beträchtlich ausgedehnt worden. Während nach alter Rechtslage das Vorliegen einer zur Annahme einer Behinderung notwendigen „substanziellen Einschränkung" einer wesentlichen Lebensaktivität im behandelten Zustand zu beurteilen war, genügt jetzt die hypothetische Einschränkung. Ein am Arbeitsplatz aufgrund seiner Behinderung diskriminierter Arbeitnehmer muss, um in den Schutz des ADA zu gelangen, darlegen, dass er Behinderter iSd Gesetzes ist. Dem Arbeitgeber ist durch den ADA die Möglichkeit gegeben, sich gegen den Vorwurf einer Diskriminierung damit zu verteidigen, dass der behinderte Arbeitnehmer „eine direkte Bedrohung für die Gesundheit oder Sicherheit anderer Individuen am Arbeitsplatz" darstellt.[830] Im Fall *Chevron U.S.A. v. Echazabal*[831] wurde sogar die eigene gesundheitliche Bedrohung des Arbeitnehmers unter diese Vorschrift gefasst. Der Mitarbeiter *Echazabal* hatte über ein Drittunternehmen mehrere Jahre als Leiharbeitnehmer in einer *Chevron*-Raffinerie gearbeitet. Er bewarb sich daraufhin direkt bei *Chevron*. Eine medizinische Untersuchung ergab, dass er unter Leberschäden litt, die sich durch den weiteren Aufenthalt im Raffinerieumfeld zu verschlimmern drohten. Daraufhin verweigerte *Chevron* seine Anstellung und verlangte darüber hinaus von dem Drittunternehmen, dass *Echazabal* nicht mehr bei *Chevron* beschäftigt werde, woraufhin *Echazabal* schließlich vom Drittunternehmen entlassen wurde. In dem von *Echazabal* unter dem ADA angestrengten Klageverfahren vertrat *Chevron* die Auffassung, dass *Echazabal* eine „direkte Gefahr" für seine eigene Gesundheit darstelle. Unter Abkehr von einer Entscheidung des *9th Circuit*[832] trat der *Supreme Court* der Argumentation von *Chevron* bei, obwohl die Vorschrift den Fall der Bedrohung der eigenen Gesundheit nicht erfasst. 371

Auch nach dem ADA gibt es eine Verpflichtung des Arbeitgebers, „angemessene Vorkehrungen" für einen leidensgerechten Arbeitsplatz für behinderte Menschen zu treffen. Das besondere Konfliktpotential dieser Verpflichtung liegt nicht nur in dem Umstand begründet, dass dem Arbeitgeber ggf die Umorganisation des Arbeitsablaufs, Einstellung einer weiteren Person oder physikalische Änderung des Arbeitsumfelds abverlangt wird, sondern überdies in der möglichen Kollision mit den Rechten dritter Arbeitnehmer.[833] Im Fall *U.S. Airways v. Barnett* musste sich der *Supreme Court* mit einer solchen Konfliktlage befassen.[834] *Barnett* verlangte die Zuweisung eines bestimmten Arbeitsplatzes als „angemessene Vorkehrung", obwohl andere 372

827 *Hay*, US-Amerikanisches Recht, Rn 670.
828 *Thüsing/Leder*, NZA 2004, 1310, 1312.
829 Public Law 110-325, in Kraft getreten am 1.1.2009. *Leder/Thüsing*, NZA 2011, 188, 189 mit einem Beispiel für eine hypothetische Einschränkung: Würde ein Arbeitnehmer bestimmte Medikamente nicht einnehmen oder über ein Hörgerät nicht verfügen und wäre er in diesem Zustand „substanziell eingeschränkt", dann kann er als behindert im Sinne dieses Gesetzes qualifiziert werden.
830 42 U.S.C. § 12 113 (b) (2002).
831 122 S.Ct. 2045 (2002).
832 226 f 3 d 1063 (9th Cir. 2000).
833 *Thüsing/Leder*, NZA 2004, 1310, 1313.
834 122 S.Ct. 1516 (2002).

Arbeitnehmer aufgrund ihres höheren Dienstalters und einer entsprechenden Vereinbarung mit *U.S. Airways* ein Vorrecht auf diese Stelle hatten. Der *Supreme Court* beschloss in einer knappen Mehrheitsentscheidung (5:4), dass dem Senioritätssystem der Vorrang gebühre. Im Regelfalle sei ein Vorrang der Rechte des behinderten Menschen „unangemessen". Es liege beim Kläger zu beweisen, dass „besondere Umstände" die Berücksichtigung seiner Belange erforderten.

c) Aspekte des kollektiven Arbeitsrechts und des Betriebsübergangs

373 Grundlage des kollektiven Arbeitsrechts der USA bildet der *National Labor Relations Act* aus dem Jahre 1935 (**NLRA**), auch *Wagner Act* genannt (s. § 1 Rn 389).[835] Neben der Etablierung des Rechts der Arbeitnehmer, sich zu organisieren und kollektiv ihre Interessen wahrzunehmen, sowie der Festlegung unrechtmäßiger Arbeitgebermaßnahmen (*unfair labor practices*) beinhaltet der NLRA auch die Schaffung einer Behörde (**NLRB**) (s. § 1 Rn 389).

374 Der *Supreme Court* begrenzte die Autorität des NLRB in einem Urteil aus dem Jahre 2002,[836] in dem er das Recht des NLRB einschränkte, die Art des Schadensersatzes (*back pay*) für eine Verletzung des NLRA nach seinem Ermessen zu bestimmen. Der Arbeitgeber hatte einen Arbeitnehmer entlassen, nachdem dessen Gewerkschaftsmitgliedschaft bekannt geworden war. Diese Kündigung stellte eine Verletzung des NLRA dar, da gem. sec. 7 jeder Arbeitnehmer das Recht zum Beitritt in eine Gewerkschaft hat. Also sprach der NLRB dem Arbeitnehmer *back pay* zu. Der *Supreme Court* befand, dass die Gewährung von *back pay* mit der Zielsetzung des *Immigration Reform and Control Act of 1986* (*Irca*) nicht in Einklang zu bringen sei. Der Arbeitnehmer habe nicht die erforderliche Arbeitsgenehmigung besessen und deshalb sei seine Beschäftigung illegal gewesen.

375 Eine Besonderheit des US-amerikanischen Tarifvertragsrechts besteht darin, dass – anders als in Deutschland – ein Tarifvertrag stets alle Arbeitnehmer in einer sog. *appropriate bargaining unit* erfasst, einen Kreis von Arbeitnehmern, der sich durch eine Gemeinsamkeit seiner Interessen auszeichnet. Daraus folgt für den Betriebsübergang, für den es in den USA keine vergleichbaren Regeln wie die Regelung des § 613 a BGB gibt, dass dann, wenn diese *bargaining unit* im Zuge des Betriebsübergangs im Wesentlichen erhalten bleibt, den Erwerber grds. die Pflicht trifft, mit der Gewerkschaft über den Abschluss eines neuen Tarifvertrages zu verhandeln. Die Verhandlungspflicht entfällt, wenn der Erwerber beweisen kann, dass die Gewerkschaft nicht mehr von der Mehrheit der Arbeitnehmer der *bargaining unit* getragen wird. Der bloße *good faith doubt* des Erwerbers reicht zu einem zulässigen Abbruch der Verhandlungen nicht aus.[837]

376 Erwirbt ein Unternehmen die Mehrheit der Aktien eines anderen Unternehmens, tritt es im Allgemeinen ohne Weiteres in die geltenden Tarifverträge des Ausgangsunternehmens ein.[838] Anders ist die Rechtslage beim Erwerb einzelner *assets*. Dabei wird der *assets*-Begriff weit gezogen. Selbst der Erwerb einer Fabrik, verbunden mit der Übernahme der Hauptbelegschaft, führt ohne ausdrückliche Zustimmung des Erwerbers nicht zur Bindung an wesentliche Bestimmungen des Tarifvertrages.[839]

d) Arbeitsvertragsregeln in employee handbooks

377 Da nur geringe Teile der US-Unternehmen tarifvertraglichen Bindungen unterliegen, kommt den amerikanischen arbeitsvertraglichen Einheitsregelungen in *employee handbooks* besondere Bedeutung zu. Zu ihrer Wirksamkeit bedürfen *employee handbooks* nicht einer betriebskollek-

835 Ausf. *Thüsing/Westfall*, RdA 1999, 251.
836 *Hoffman Plastic Compounds*, Inc. v. NLRB 122 S.Ct. 1275 (2002).
837 *Levitz v. Furniture Co.*, 333 N. L.R.B. No. 105 (2001).
838 Zu den Ausnahmen s. *Thüsing/Leder*, NZA 2004, 1310, 1315.
839 *American Steel Corp. v. Termsters*, 267, F. 3 d 264 (3 Rd Cir. 2001).

tiven Vereinbarung, sie können vielmehr einseitig vom Arbeitgeber formuliert und oft auch einseitig geändert werden. Nicht die Inhaltskontrolle, wie sie die deutsche Rspr prägt, sondern die Frage, wann einmal erlassene Regelungen einseitig wieder geändert werden können, gehört zu den regelmäßig die Gerichte beschäftigenden Problemen, wie auch die Frage, wann ein solches Handbuch rechtliche Verbindlichkeit erlangt.[840] Der *California Supreme Court* entschied, dass ein Arbeitgeber den Kündigungsschutz, den er in einem *employee handbook* versprochen hat, einseitig für die Zukunft nur dann ändern kann, wenn der Kündigungsschutz für eine unbestimmte Zeit versprochen wurde, der Arbeitgeber die Änderung nach einer angemessenen Zeit vorgenommen hat, mit angemessener Ankündigungsfrist und ohne in unverfallbar garantierte Rechte des Arbeitnehmers einzugreifen.[841] Der *California Supreme Court* wies in der ausführlichen Begründung auf die Uneinigkeit der verschiedenen einzelstaatlichen Gerichte hin, die zum Teil strengere Maßstäbe anlegen.

Typischerweise sind in *employee handbooks* Regelungen zur Chancengleichheit, zur Sicherheit, zur Anwesenheit, zu den Folgen von Verspätungen, zum Urlaub, zu Feiertagen, zu zusätzlichen freien Tagen oder zu Überstunden aufgeführt. *Employee handbooks* regeln ferner die Abwesenheit des Mitarbeiters wegen der Berufung in eine Jury, die Abwesenheit wegen eines Todesfalls in der Familie, aber auch die Arbeitszeit- und Leistungskontrolle. Gehaltserhöhungen, Beförderungen, die Regelung der betrieblichen Krankenversicherung oder die Kosten für Schulungen werden ebenso in *employee handbooks* geregelt wie das Verbot der Annahme von Geschenken, das Verbot des Genusses alkoholischer Getränke am Arbeitsplatz oder auch das Verbot der Einnahme sonstiger Drogen, Medikamente oder illegaler Substanzen am Arbeitsplatz. Einen breiten Raum in *employee handbooks* nehmen die Verschwiegenheitspflicht und die Regeln des Umgangs mit dem Eigentum des Arbeitgebers ein. 378

Die Arbeitsordnungen werden teilweise als Ausnahmen von der *employment at will*-Lehre angesehen, etwa wenn der Arbeitgeber in einer Arbeitsordnung ausführt, dass Kündigungen nur bei Vorliegen von Gründen ausgesprochen werden dürfen.[842] *Employee handbooks* bilden einen Bestandteil des Vertragsrechts. Für das Vertragsrecht ist grds. das Recht der Einzelstaaten in den USA maßgeblich. Selbst wenn man den Rechtsweg zu den Bundesgerichten beschreitet, wenden die Bundesgerichte das einschlägige Recht des Einzelstaates an. Man kann das Gericht wählen, nicht jedoch über die Gerichtswahl das anzuwendende Recht (*forum shopping, but no law shopping*).[843] Die Theorie vom schlüssigen Handeln kann nicht nur an Arbeitsordnungen, sondern auch an Verhalten von Parteien anknüpfen. Anerkannt ist deshalb, dass ausdrückliche Aussagen des Arbeitgebers, sich in einer bestimmten Weise verhalten zu wollen, arbeitsvertraglichen Verbindlichkeitscharakter erlangen. 379

Ein Kriterium bei der Gestaltung von Arbeitsbedingungen in *employee handbooks* ist der Standort bzw die Deutlichkeit, mit der auf einen *disclaimer* hingewiesen wird. Unter *disclaimer* versteht man den Hinweis im *employee handbook*, dass die Regelungen jederzeit einseitig vom Arbeitgeber geändert werden können und ihn rechtlich nicht binden. Wird der *disclaimer* unauffällig am Ende des Textes angebracht, fehlt es an der erforderlichen Deutlichkeit und Auffälligkeit.[844] 380

e) Mediation

Weil in den USA die gerichtliche Streitbeilegung eine lange Verfahrensdauer zur Folge hat und weil recht hohe Kosten, die grds. jede Seite selbst zu tragen hat, bei gerichtlichen Auseinander- 381

840 *Thüsing*, NZA 2001, 939, 944.

841 *Asmos v. Pacific Bell*, 16 IER Cases 609 vom 1.6.2000.

842 *Thau/Pusch*, Arbeitsrecht in den USA, Rn 186 ff, 194.

843 *Thau/Pusch*, Arbeitsrecht in den USA, Rn 180.

844 *Wyoming Supreme Court*, zit. nach *Thüsing*, NZA 2001, 944.

setzungen anfallen, hat sich eine außergerichtliche Konfliktlösung, die *Alternative Dispute Resolution* (**ADR**), entwickelt. In den *employee handbooks* werden häufig die Methoden der Streitschlichtung vereinbart, wie zB die Anrufung eines Ombudsmanns, die Mediation[845] oder die Vereinbarung einer Schiedsgerichtsbarkeit.[846]

382 Der *Supreme Court* hat die Wirksamkeit und die Reichweite von Schlichtungsvereinbarungen zwischen Arbeitgeber und Arbeitnehmer, meist im *employee handbook* niedergelegt, wiederholt bestätigt.[847] In *Circuit City Stores, Inc. v. Adams*[848] hatte der Mitarbeiter *Adams* eine Vereinbarung unterzeichnet, alle Rechtsstreitigkeiten, die aus dem Arbeitsverhältnis entstehen, ausschließlich durch ein zwingendes außergerichtliches Schlichtungsverfahren beizulegen. Als er seinen Arbeitgeber zwei Jahre später wegen unrechtmäßiger Diskriminierung verklagte, berief sich der Arbeitgeber auf die Schlichtungsabrede. Seine Auffassung wurde vom *Supreme Court* geteilt. Anders als der *9th Circuit Court of Appeals* hielt der *Supreme Court* die Schlichtungsklausel mit dem *Federal Arbitration Act* (**FAA**)[849] für vereinbar.[850]

383 Die Tätigkeit der für die Ausführung des ADA zuständigen Behörde (EEOC) zur Geltendmachung von Rechten des behinderten Menschen auf gerichtlichem Wege wird hingegen nicht dadurch ausgeschlossen, dass zwischen Arbeitgeber und Arbeitnehmer eine Schlichtungsabrede besteht. Im Verfahren *EEOC v. Waffle House, Inc.* entschied der *Supreme Court*, dass eine Schlichtungsabrede nicht ausschließt, dass die für die Ausführung des ADA zuständige Behörde die Interessen des Arbeitnehmers wegen des Vorwurfs einer Diskriminierung eigenständig vor Gericht verfolgt, obwohl zwischen dem Arbeitgeber und dem Arbeitnehmer eine Schlichtungsabrede besteht.[851] Der *Supreme Court* begründete seine Entscheidung damit, dass die Behörde nicht Vertragspartei der Schlichtungsabrede und daher nicht an die Verpflichtung zur außergerichtlichen Schlichtung gebunden sei.

f) Nachvertragliche Wettbewerbsverbote

384 Nachvertragliche Wettbewerbsverbote sind im US-amerikanischen Arbeitsrecht auch ohne Karenzentschädigung wirksam. Jedoch ist erforderlich, dass das Verbot durch hinreichende Arbeitgeberinteressen gerechtfertigt ist. Um dieses Interesse zu bestimmen, sind die Art der Tätigkeit und der räumliche und zeitliche Umfang des Wettbewerbsverbotes maßgeblich.[852] Außerdem muss es sich nach herrschender Rechtsauffassung in den USA um Tätigkeiten handeln, die für den Betrieb bedeutende und nicht jederzeit durch andere Arbeitnehmer durchführbare Tätigkeiten betreffen (*substantial or unique services*).

385 Hinreichende Bedeutung hat die Tätigkeit eines Versicherungsvertreters, dem ein sechsmonatiges nachvertragliches Wettbewerbsverbot mit geringem geographischem Anwendungsbereich ohne Karenzentschädigung auferlegt wurde.[853] Der *Indiana Court of Appeals* entschied demgegenüber, dass ein Wettbewerbsverbot gegen einen in der Notaufnahme eines Krankenhauses beschäftigten Arzt nicht durchsetzbar war, soweit das Verbot für 24 Monate die Tätigkeit eines Notfallarztes in zwei Landkreisen untersagte. Die Begründung lautete, dass Patienten in einer Notaufnahme idR keine Wahl des Krankenhauses treffen können, so dass die Gefahr der Ab-

845 *Pilartz*, Mediation im Arbeitsrecht, 2013; *Bürger*, Möglichkeiten für den Einsatz der Mediation im Arbeitsrecht unter Einbeziehung des Mediationsgesetzes, 2014; *Henssler/Koch*, Mediation in der Anwaltspraxis, 2. Aufl. 2004; *Joussen/Unberath*, Mediation im Arbeitsrecht, Tagung vom 25./26.4.2009.

846 *Thau/Pusch*, Arbeitsrecht in den USA, Rn 26 ff.

847 *Thüsing/Leder*, NZA 2004, 1301, 1314.

848 532 U.S. 105 (2001).

849 9 U.S.C. §§ 1–16 (2000).

850 532 U.S. 105 (2001).

851 122 S.Ct. 754 (2002).

852 *Calamari/Perillio*, The Law of Contracts, S. 683 ff; eingehend dazu *Sander*, GRUR Int 2013, 217, 222.

853 Court of Appeals for the 2nd Cicuit, *Ticor Title Insurance Company v. Cohen*, 14 IER Cases 1710 vom 31.3.1999.

werbung von Kunden, die typischerweise Wettbewerbsverbote rechtfertigt, nicht gegeben war.[854]

Der *Oregon Supreme Court* entschied, dass die Kündigung eines Arbeitnehmers rechtmäßig 386 gewesen sei, obwohl dem Arbeitnehmer gekündigt wurde, weil er sich geweigert hatte, ein gesetzwidriges Wettbewerbsverbot zu unterzeichnen.[855] Das Gericht argumentierte, bestimmte Absprachen im vom Arbeitgeber vorgesehenen Wettbewerbsverbot hätten gegen das Gesetz verstoßen, dem Arbeitnehmer sei aber nicht ausdrücklich von Gesetzes wegen das Recht eingeräumt worden, eine solche Abrede nicht zu unterzeichnen.

g) Kurzübersicht über die Entwicklung des amerikanischen Arbeitsrechts

Selbst Anfang des vorigen Jahrhunderts stand der *Supreme Court* der Ausübung bundesgesetz- 387 licher Kompetenzen auf dem Gebiet des Arbeitsrechts abweisend gegenüber; er erklärte verschiedene Gesetzgebungsversuche, insb. zur Regelung der Kinderarbeit,[856] für verfassungswidrig. Erst der *Fair Labor Standards Act* (FLSA)[857] wurde im Jahre 1938 vom *Supreme Court* für verfassungsgemäß gehalten.[858]

Die wichtigsten Bundesgesetze regeln die Beziehungen (*labor relations*) zwischen Arbeitgeber 388 (*employer*) und Arbeitnehmer (*employee*) und stützen sich auf die *commerce clause* der Bundesverfassung. Die älteste Gesetzgebung erging für Arbeitsverhältnisse im Eisenbahnwesen. Der *Erdman Act*[859] untersagte die Diskriminierung von Arbeitnehmern aufgrund ihrer Gewerkschaftszugehörigkeit und enthielt Bestimmungen zur Konfliktschlichtung (*mediation* und *conciliation*). Die Antidiskriminierungsvorschrift wurde zwar zunächst vom *Supreme Court* als ein unzulässiger Eingriff in die Vertragsfreiheit qualifiziert, der Ansatz des *Erdman Act* wurde jedoch im *Railway Labor Act* im Jahre 1926 erneut aufgegriffen, wobei dieses Gesetz mit vielen zwischenzeitlich ergangenen Novellen noch heute in Kraft ist.[860] Der Anwendungsbereich dieses Gesetzes wurde 1936 auf Luftfahrtgesellschaften erweitert.[861]

Erstes Gesetz über allgemeine Arbeitsverhältnisse bildete der *Norris-LaGurdia Act* im Jahre 389 1932.[862] Der *Norris-LaGurdia Act* untersagte es Bundesgerichten, einstweilige Verfügungen gegen streikende Arbeitnehmer zu erlassen. Damit begann die Ära des rechtmäßigen friedlichen Streiks.[863] Im Jahre 1935 folgte das wichtigste amerikanische Normwerk, der *National Labor Relations Act* (**NLRA**).[864] Die Umsetzung des Gesetzes wurde einer neu errichteten Bundesbehörde, dem *National Labor Relations Board* (**NLRB**), überantwortet. Die beiden Hauptfunktionen des *Board* bestehen in der Beaufsichtigung von Arbeitnehmerabstimmungen zur Bestellung oder Ablehnung einer Gewerkschaft als Vertreter in Tarifverhandlungen (*collective bargaining*) und in der Anhörung sowie der Beschlussfassung über Arbeitnehmerbeschwerden wegen unfairer, im Gesetz näher definierter Praktiken des Arbeitgebers (*unfair labor practices*). Die Zuständigkeit des NLRB erstreckt sich grds. auf alle Arbeitsverhältnisse im zwischenstaatlichen Handelsverkehr (*interstate commerce*).

854 *Duneland Medical Group v. Brunk*, 15 IER Cases 1881 vom 21.2.2000.
855 *Dymock v. Norwest Safety Prot. Equip. for Oregon Industries, Inc.*, 334 Or. 55 (Or. 2002).
856 *Hammer v. Dagenhart*, 247 U.S. 251, 38 S.Ct. 529, 62 L.Ed. 1101 (1918).
857 52 Stat. 1060, 29 U.S.C. §§ 201–209.
858 *U.S. v. Darby*, 312 U.S. 100, 61 S.Ct. 451, 85 L.Ed. 609 (1941).
859 30 Stat. 424.
860 45 U.S.C. §§ 151–163.
861 45 U.S.C. §§ 181–188.
862 29 U.S.C. §§ 101–115.
863 *Hay*, US-Amerikanisches Recht, Rn 660.
864 29 U.S.C. §§ 151–168 (auch *Wagner Act* genannt).

390 1947 verabschiedete der Kongress den *Labor Management Relations Act.*[865] Der *Labor Management Relations Act* befasst sich in erster Linie mit *unfair labor practices* durch die Gewerkschaften, insb. sog. sekundärer Methoden wie des *secondary boycott*, durch die der Arbeitgeber indirekt durch eine am Streik unbeteiligte Gewerkschaft zur Streikbeilegung unter Druck gesetzt werden soll.

391 Ein wichtiger Vorbehalt erlaubt es den Bundesstaaten, durch *right-to-work*-Gesetze ein *closed-shop* (auch *union-shop* genannt) zu verbieten, der eine bestimmte Gewerkschaftszugehörigkeit zur Vorbedingungen der Einstellung oder Aufrechterhaltung des Arbeitsverhältnisses macht. Etwa die Hälfte der Einzelstaaten hat von dieser Ermächtigung Gebrauch gemacht.[866] Im angloamerikanischen Recht können die Tarifvertragsparteien durch sog. *closed shop agreements* vereinbaren, dass Nicht-Gewerkschaftsmitglieder der Gewerkschaft beitreten müssen oder ansonsten gekündigt werden. Bei einem *agency shop agreement* werden die Nicht-Gewerkschaftsmitglieder lediglich gezwungen, eine Gebühr an die Gewerkschaft abzuführen, die jedoch nicht höher als der Mitgliedsbeitrag der Gewerkschaft sein darf. Die Gebühr wird als zulässig erachtet, da die Nicht-Gewerkschaftsmitglieder ebenfalls Nutzen aus der Tätigkeit der Gewerkschaft ziehen.

392 Für Fälle, in denen der Streik das nationale Gesundheitswesen oder die staatliche Sicherheit gefährden könnte, bietet das Gesetz die Möglichkeit einer Aufschiebung des Streiks für eine Abkühlungszeit (*cooling-off-period*) von 80 Tagen durch gerichtliche Anordnung.

393 Zu erwähnen sind schließlich noch der *Labor Management Reporting and Disclosure Act,*[867] der die Bundeskontrolle über die internen Angelegenheiten der Gewerkschaften bezweckt. Über den *Worker Adjustment and Retraining Notification Act*[868] werden Massenentlassungen sozial verträglicher gestaltet. Eine nach diesem Gesetz vorzunehmende Massenentlassung liegt vor, wenn in größeren Werken mehr als 500 und in kleineren Unternehmen über 50 Beschäftigten gleichzeitig gekündigt werden soll. Sollen derartige Massenentlassungen durchgeführt werden, müssen, soweit vorhanden, die Gewerkschaftsvertreter und in jedem Falle die örtlichen Regierungsstellen mindestens 60 Tage vor der Entlassung benachrichtigt werden. Unterschreitet der Arbeitgeber die 60-Tage-Frist, erwirbt der Arbeitnehmer einen Schadensersatzanspruch, der auf eine Gehaltsfortzahlung für die verbleibenden Tage, in denen er vor Ende der 60-Tage-Frist entlassen wurde, hinausläuft.[869]

394 Die amerikanische Rechtsentwicklung ist für die **deutsche Arbeitsvertragsgestaltung** insofern von Bedeutung, als sie in die Vertragsmuster amerikanischer Unternehmen zunehmend Eingang findet, zugleich aber auch die Rechtsentwicklung in Europa und damit auch in Deutschland nachhaltig beeinflusst. Manche Ansätze des *common law* finden zunehmend über das EU-Recht Eingang in die deutsche Rechtsentwicklung, wodurch eine Anpassung der Systeme stattfindet. Man erkennt diesen Einfluss des US-amerikanischen Rechts einmal im Bereich der immer facettenreicher ausgestalteten Diskriminierungsverbote, exemplarisch im Antidiskriminierungsgesetz, das auf außerdeutscher Rechtstradition fußt. Die Wirkung zeigt sich aber auch in der zunehmend aufgeschlosseneren Haltung des deutschen Arbeitsrechts gegenüber Rechtsentwicklungen aus den USA.[870]

395 Verhielt sich die Rspr in Deutschland früher restriktiv, wenn der Arbeitgeber Drogentests, Lügendetektoren u.Ä. zur Vorbedingung einer Einstellung machte,[871] verlaufen die rechtlichen Anforderungen der US-amerikanischen wie der deutschen Rspr inzwischen weitgehend paral-

865 29 U.S.C. §§ 141–197 (auch *Taft-Hartley Act* genannt).
866 *Meltzer/Henderson*, Labor Law, S. 1189 ff.
867 29 U.S.C. §§ 401–531.
868 29 U.S.C. §§ 2101–2108.
869 *Hay*, US-Amerikanisches Recht, Rn 664.
870 *Hirte/Otte*, NZA 1996, 514.
871 BAG 16.9.1982 – 2 AZR 228/80, NJW 1984, 446; *Diller/Powietzka*, NZA 2001, 1227.

lel. In der amerikanischen Justiz sind Gesundheitsprüfungsklauseln wirksam, wenn der Drogentest aufgrund eines konkreten Verdachts illegalen Konsums vorgenommen wurde oder eine erhebliche Gefährdung Dritter besteht, wenn ein Arbeitnehmer unter Drogeneinfluss seine Arbeit verrichtet.[872] Der *California Court of Appeal* entschied, dass die Verpflichtung zum Drogentest für Bauarbeiter im Staatsdienst zulässig sei. Zum einen könne ein nachlässig gebautes Bauwerk großen Schaden anrichten und eine Gefährdung der Allgemeinheit bedeuten, zum anderen sei die Herstellung selbst durch die Benutzung schweren Geräts mit Gefahren verbunden. Dadurch überwiege das Interesse des Arbeitgebers am Drogentest gegenüber dem Interesse des Arbeitnehmers an einer unversehrten Privatsphäre.[873] Nach der deutschen Arbeitsrechtsprechung sind zwischenzeitlich Drogen- oder HIV-Tests im Rahmen der Überprüfung der gesundheitlichen Eignung für einen bestimmten Arbeitsplatz generell zulässig,[874] soweit die Befunddaten in der Akte des Arztes verbleiben (vgl auch § 1 Rn 2620).

h) Unterschiedliches Rechtsverständnis am Beispiel des Whistleblowing

Als *whistleblower* bezeichnet man in den USA solche Arbeitnehmer, die illegale Praktiken in Unternehmen oder Behörden innerbetrieblich oder außerbetrieblich zur Anzeige bringen und deshalb sanktioniert werden. In den meisten Fällen erhalten sie eine Kündigung. In den USA gelten *whistleblower* als Menschen mit Verantwortungsgefühl, sind gesellschaftlich anerkannt und werden zunehmend durch die Gerichte geschützt.[875] Zahlreiche US-amerikanische Gerichtsurteile erklären die Kündigungen für rechtswidrig und sprechen den diskriminierten Arbeitnehmern Schadensersatz zu.[876] Es existieren in den USA bereits private Stiftungen, die für besonders couragiertes *whistleblowing* Preise vergeben.[877] Der Öffentlichkeit in den USA wurde zunehmend bewusst, so bspw im Zusammenhang mit dem „Challenger"-Unfall am 28.1.1986, dass die meisten Katastrophen auf menschliches Versagen zurückzuführen sind und dass die Unglücke hätten vermieden werden können, wären die Warnungen von Arbeitnehmern früher ernst genommen worden.[878] 396

Obwohl auch in Deutschland seit 1999 alle zwei Jahre von der Vereinigung deutscher Wissenschaftler (VDW) und der deutschen Sektion der International Association of Lawyers Against Nuclear Arms (IALANA) der Whistleblower-Preis vergeben wird, gilt in Deutschland der *whistleblower* im Verständnis der Öffentlichkeit häufig zunächst als Denunziant. Die Rspr des BAG kannte bis vor kurzem keinen spezifischen *Whistleblower*-Schutz. Ganz im Gegenteil, Anzeigen gegen den Arbeitgeber bei den Ermittlungsbehörden konnten oftmals als Treuepflichtverstoß eine wirksame verhaltensbedingte Kündigung nach sich ziehen.[879] Noch heute wird in bestimmten Fällen von der Rspr die Ansicht vertreten, dass eine verhaltensbedingte Kündigung durchaus zulässig sein kann. Das gilt insb. in den Fällen, in denen der Arbeitnehmer eine Vertrauensstellung dadurch ausnutzt bzw missbraucht, dass er seinen Arbeitgeber mit der Veröffentlichung von brisanten Betriebsinterna an die Öffentlichkeit (hier: Presse, Fernseher, Rundfunk) droht.[880] Schon früher aber ließ sich auch eine Gegentendenz zu der Rspr des BAG er- 397

872 *Chandler v. Miller*, 117, S.Ct. 1295, US Supreme Court vom 15.4.1997; weitere Nachw. bei *Thüsing*, NZA 1999, 635, 641.
873 *Smith v. Fresno Irregation District*, 15 IIR Case 131 vom 17.5.1999.
874 ArbG Hamburg 1.9.2006 – 27 Ca 136/06, AuA 2007, 51; *Notz*, Zulässigkeit und Grenzen ärztlicher Untersuchungen von Arbeitnehmern, Diss., 1991, S. 47 mwN.
875 *Müller*, NZA 2002, 424, 425.
876 *Großbach/Born*, AuR 1989, 374.
877 *Gach/Rützel*, BB 1997, 1959.
878 *Müller*, NZA 2002, 424, 425.
879 BAG 5.2.1959 – 2 AZR 60/56, AP § 70 HGB Nr. 2; BAG 4.7.1991 – 2 AZR 80/91, RzK I 6 a 74; LAG Berlin 25.11.1960 – 3 Sa 88/60, DB 1961, 576. Vgl zur sozial gerechtfertigten Kündigung bei unberechtigten Vorwürfen des Arbeitnehmers BAG 3.7.2003 – 2 AZR 235/02, NZA 2004, 427.
880 LAG Rheinland-Pfalz 15.5.2014 – 5 Sa 60/14, juris, Rn 35 f.

kennen.[881] Mit der Entscheidung in der **Rs. Heinisch vs. Bundesrepublik Deutschland**[882] hat die deutsche Rspr ggf eine gewisse Korrektur erfahren. In der Sache ging es um eine als Altenpflegerin tätige Arbeitnehmerin, die aufgrund der Erstattung einer Strafanzeige gegen ihren Arbeitgeber wegen Betrugs fristlos gekündigt wurde. Dabei hat sie Tatsachenbehauptungen aufgestellt, die sie – und die Staatsanwaltschaft – später nicht beweisen konnte. Das LAG Berlin[883] hielt die Kündigung für wirksam, da eine Strafanzeige mit Tatsachenbehauptungen „ins Blaue hinein" einen groben Verstoß gegen die arbeitsvertraglichen Rücksichtnahmepflichten der Arbeitnehmerin darstelle. Dies hat auch das BAG in seiner Entscheidung zugrunde gelegt.[884] Der Fall ging bis zum Europäischen Gerichtshof für Menschenrechte. Die Klägerin hatte schließlich Erfolg vor dem EGMR, der durch das Urteil des LAG Berlin das Recht auf freie Meinungsäußerung gem. Art. 10 EMRK verletzt sah: In einer demokratischen Gesellschaft sei das öffentliche Interesse an Informationen über Mängel in der institutionellen Altenpflege in einem staatlichen Unternehmen so wichtig, dass es gegenüber dem Interesse des Unternehmens am Schutz seines Rufs und seiner Geschäftsinteressen überwiege.[885] Zwar habe der Arbeitnehmer zunächst den Weg der innerbetrieblichen Abhilfe zu gehen und nur in Ausnahmefällen sei der direkte Weg an die Öffentlichkeit oder zu den staatlichen Behörden eröffnet. Dennoch sei im Ergebnis immer die Berechtigung zur Offenlegung von Informationen gegen die Loyalitätspflichten des Arbeitnehmers abzuwägen.[886] Damit ist wohl nun ggf die Meinungsfreiheit nach Art. 10 EMRK bzw Art. 5 Abs. 1 GG bei der Bewertung der Arbeitsvertragspflichten stärker als bisher zu gewichten. Es ist aber abzuwarten, wie sich die Rspr des BAG nun auf dieser Basis entwickeln wird; eine grundlegende Änderung ist richtigerweise auch nach der Entscheidung des EGMR nicht geboten.[887]

398 Am Beispiel des *whistleblowing* zeigt sich, dass zwischen dem amerikanischen und dem deutschen Rechtsverständnis durchaus erhebliche Unterschiede bestehen können. Durch die Rspr des EGMR und der zukünftigen Adaption der Kriterien ins deutsche Recht entsteht aber eine gewisse Angleichung zum US-amerikanischen Rechtsverständnis. Der **Vertragsgestalter**, der für einen US-amerikanischen Mandanten Verträge für deutsche Mitarbeiter entwirft, hat nicht nur Vertragstexte zu erarbeiten, sondern muss **seinem Auftraggeber** daneben auch das **teilweise unterschiedliche Rechtsverständnis nahe bringen**.

i) Begrifflichkeiten

399 Manche Begriffe aus dem US-amerikanischen Recht, die in die Gestaltung von Arbeitsverträgen Eingang finden, erschließen sich nicht sogleich. Ganz und gar ohne Anspruch auf Vollständigkeit seien neben den bereits vorgestellten (Beispiele: *disclaimer* oder *employee handbook*) folgende Begriffe und Definitionen erwähnt:

400 Als *escape*-Klausel bezeichnet man eine Vertragsbestimmung, über die sich ein Arbeitgeber vorbehält, seinen Vertragsverpflichtungen im Falle des Eintritts einer Bedingung oder des Nichteintritts einer Bedingung nicht länger nachzukommen und das Vertragsverhältnis zu beenden. In Arbeitsverträgen können *escape*-Klauseln immer dann zur Unwirksamkeit von Vertrags-

---

881 BVerfG 2.7.2001 – 1 BvR 2049/00, NZA 2001, 888. Das BVerfG hielt eine fristlose Kündigung in dem Fall für unwirksam, in dem der Arbeitnehmer in einem staatsanwaltlichen Ermittlungsverfahren gegen seinen Arbeitgeber aussagte und auf Aufforderung der Staatsanwaltschaft dieser Unterlagen übergab, da der Arbeitnehmer nur die ihm auferlegten staatsbürgerlichen Pflichten erfüllte und nicht wissentlich unwahre oder leichtfertig falsche Angaben machte.

882 EGMR 21.7.2011 – 28274/08, NJW 2011, 3501.

883 LAG Berlin 28.3.2006 – 7 Sa 1884/05, ArbuR 2007, 51.

884 Vgl BAG 6.6.2007 – 4 AZN 487/06 im Rahmen der Nichtzulassungsbeschwerde. Das BVerfG hat die Beschwerde (erst gar) nicht zur Entscheidung angenommen, vgl BVerfG 6.12.2007 – 1 BvR 1905/07.

885 *Brock*, öAT 2011, 243, 244.

886 EGMR 21.7.2011 – 28274/08, NJW 2011, 3501, 3503 f; vertiefend dazu *Ulber*, NZA 2011, 962 f.

887 Vgl auch *Mengel*, CCZ 2011, 229, 229 f.

klauseln führen, wenn sie auf eine unzulässige Teilkündigung[888] hinauslaufen. Große Rolle im amerikanischen Arbeitsvertragsrecht spielt die *consideration*, also die Gegenleistung. Unter *counter offer* versteht man ein Gegenangebot. Zur Unwirksamkeit führt ein Arbeitsvertrag, wenn Vertragsklauseln *usury*, also Wucher, beinhalten. Unter *performance* versteht man die Erfüllung der im Vertrag versprochenen Leistung. *Base salary* ist die Grundvergütung (Gehalt). Noch zu erfüllende Verträge bezeichnet man als *executory contracts*, unter *contract formation* das Zustandekommen des Vertrages. Die Vertragsunterzeichnung bezeichnet man als *contract execution*, den Verzug bzw die Nichterfüllung des Vertrages umschreibt der Begriff *default*. Unter *merger clause* versteht man eine Integrationsklausel, die Schiedsgerichtsklausel heißt im angloamerikanischen Recht *arbitration clause*. *Notice* ist die Erklärung, *termination notice* ist die Kündigungserklärung. Die Kündigungsfrist ist die *period of notice* oder *term of notice*.

Die Geschäftsbedingungen eines Vertrages werden in den *terms and conditions* erfasst. Als Anspruchsgrundlage bezeichnet man den *cause of action*, die Beendigung des Vertragsverhältnisses als *termination*. Schadensersatz ist mit *damages* gemeint, *breach of contract* ist der Vertragsbruch. Die wesentlichen Vertragsbestandteile, die *essentialia negotii*, werden im amerikanischen Vertragsrecht sowohl in dem vorgenannten lateinischen Begriff herausgestellt, als auch mit den Worten *essential terms* umschrieben. *Oral contract* ist der mündliche Vertrag, der schriftliche Vertrag wird als *written contract* bezeichnet. 401

Ein vertragliches Versprechen ist das *covenant*. *Enforcement* nennt man die Durchsetzung von Ansprüchen. Als *indemnification* bezeichnet man das sich Schadloshalten am Anspruchsgegner. Die Gewährleistung (*warranty*) spielt im Arbeitsvertragsrecht keine Rolle. Die Altersversorgung nennt sich *pensions plan*, die Sonderleistungen *benefits*. *Position* ist die Dienststellung, Urlaub nennt man im Arbeitsvertrag *vacation*. Der Geschäftswagen ist das *company car*, die Geheimhaltungspflicht ist die *duty of non disclosure*. 402

Mancher Begriff wurde bereits in die deutsche Arbeitsrechtsordnung sprachlich übernommen, wie *incentives*, also Incentive-Reisen für Mitarbeiter, und andere *add ons* (Hinzugaben) auf das Gehalt, über die der Arbeitnehmer für seine Arbeit motiviert werden soll. 403

Schließlich drehen sich die meisten Diskussionen beim Abschluss, v.a. aber bei der Beendigung eines Arbeitsverhältnisses um die *compensation*, also die Abfindung bzw den Schadensersatz für den Arbeitsplatzverlust. Die Abfindung für den Fall des Ausscheidens kann im Arbeitsvertrag von vornherein vereinbart werden. Im deutschen Rechtsraum übernommen wurde das amerikanische Modell der *deferred compensation*, einer hinausgeschobenen Abfindung, bei der der Arbeitgeber Gehaltsbestandteile in eine Direktversicherung einzahlt, früher 20 % Lohnsteuer übernahm, seit 1.1.2005 gem. § 3 Nr. 63 EStG lohnsteuerfrei bis zu 1.800 € jährlich, hochgerechnet auf die Zahl der Beschäftigungsjahre, Einzahlungen vornehmen kann und der Arbeitnehmer zu seinem 60., 62. oder 65. Lebensjahr die zwischenzeitlich in ihrem Wert erheblich gestiegene Versicherungssumme als Rentenleistung erhält. 404

Der Begriff *compensation* wird verschiedentlich auch als Oberbegriff für sämtliche finanziellen Leistungen der Gesellschaft (Gehalt und Boni) verwendet, die der Mitarbeiter während des Vertragsverhältnisses bezieht. 405

j) Typische Arbeitsvertragsklauseln

Auch die amerikanische Rechtspraxis ist dazu übergegangen, Formularverträge zu verwenden. Das Grundkonzept der verschiedenen Muster, die sich in Formularbüchern finden, unterscheidet sich nur unwesentlich. Von diesem Grundkonzept ausgehend können regelmäßig alle Inter- 406

888 BAG 22.1.1997 – 5 AZR 658/95, NZA 1997, 711; BAG 7.10.1982 – 2 AZR 455/80, DB 1983, 1368.

essenlagen der Parteien berücksichtigt werden.[889] Zunächst regelt ein üblicher Mustervertrag die *essentialia negotii.*

407 Häufig findet sich dabei eine sog. *general duties clause.*[890] Danach wird regelmäßig zunächst die vom Arbeitnehmer versprochene Tätigkeit der Gattung nach oder konkret bezeichnet. Ergänzt wird dies durch die Regelung, dass der Arbeitgeber die Tätigkeit jedoch von Zeit zu Zeit neu bestimmen kann. Dies verschafft dem amerikanischen Arbeitgeber beim Einsatz des Arbeitnehmers hohe Flexibilität.[891] In Verträgen für Führungskräfte ist meist der *extent of services* geregelt. Diese Regelung stellt klar, dass die Führungskraft ihre gesamte Arbeitskraft im Rahmen dieses Arbeitsvertrages zur Verfügung stellt.[892]

408 Der Bestimmung der versprochenen Tätigkeit folgt die Regelung der Vergütung. Häufig wird dabei der monatliche Arbeitslohn betragsmäßig benannt und im Übrigen auf die allgemeinen Verfahren des Arbeitgebers bei der Gehaltsauszahlung (*employer's regular payroll procedures*) verwiesen.[893]

409 In Verträgen für Führungskräfte findet sich die Unterscheidung zwischen dem Grundgehalt (*salary*) und einer erfolgsabhängigen Vergütung (*bonus*). Die Modelle zur Beteiligung des Mitarbeiters am Unternehmenserfolg oder einem individuell definierten Erfolg sind bekanntermaßen vielfältig. Neben der Vergütung in Geld kommt mit dem Aufstieg der Führungskraft auf der Karriereleiter sog. *non-cash*-Elementen der Vergütung eine wachsende Bedeutung zu. Typische Vergütungsbestandteile sind dabei Mitarbeiterbeteiligungen (*stock-based compensation*), das Versprechen zukünftiger Zahlung von Vergütung, vorrangig zur Alterssicherung (sog. *deferred compensation*) nach *qualified* und *nonqualified plans*,[894] *fringe benefits*, *perquisites*[895] und sog. *golden parachute*-Regelungen.[896]

410 Mitarbeiterbeteiligungen können wiederum in verschiedensten Formen gewährt werden. Besonders interessant sind dabei die steuerlichen Auswirkungen. Besondere Erscheinungsformen sind *restricted stock compensation arrangements*,[897] *non-qualified* oder *non-statutory stock*

889 *Leader*, in: Rabkin/Johnson, Current Legal Forms, Bd. 13, 501 führt in ihrem Überblick über die Gestaltungsgrundsätze aus, dass das Interesse an der Verwendung von (schriftlichen) Arbeitsverträgen v.a. dadurch gefördert wurde, dass Arbeitgeber dadurch Schlüsselkräfte für das Unternehmen gewinnen und daran binden wollen. Eine Vereinbarung, die diesen Zweck erfüllt, ist notwendig komplexer als der einfache Arbeitsvertrag.

890 *Leader*, in: Rabkin/Johnson, Current Legal Forms, § 12.51, 510.

891 *Leader*, in: Rabkin/Johnson, Current Legal Forms, § 12.51, 508.

892 *Leader*, in: Rabkin/Johnson, Current Legal Forms, § 12.51, 510.

893 *Leader*, in: Rabkin/Johnson, Current Legal Forms, § 12.51, 509.

894 Die „Qualifikation" ergibt sich aus steuerlichen Vergünstigungen. So sind die Vergütungsteile, die über den Versorgungsplan eingezahlt werden, bis zu bestimmten Höchstbeträgen steuerfrei. Die Besteuerung erfolgt erst bei Auszahlung im Versorgungsfall, vgl IRC §§ 401, 457.

895 Gemeint sind andere geldwerte Vorteile, wie zB Dienstwagen.

896 Eine solche Regelung begründet Zahlungsansprüche des Mitarbeiters für den Fall, dass die Geschäftsführung des Unternehmens oder dessen Gesellschafter wechseln; s. hierzu nach deutschem Recht § 2 Rn 558, 605.

897 Dabei gewährt der Arbeitgeber seinen Führungskräften Unternehmensbeteiligungen, die besonderen Beschränkungen unterliegen. Insbesondere können die Beteiligungsrechte verfallen. Erst dann, wenn diese Einschränkungen (Bedingungen oder Befristungen) entfallen, unterfallen die Vermögensvorteile (Veräußerungsgewinne oder Verkehrswert) der Einkommensteuer beim Arbeitnehmer.

options,[898] *incentive stock options,*[899] *instalment sales of stock,*[900] *stock appreciation rights*[901] und *phantom stock plans.*[902]

411 Die *deferred compensation* wird regelmäßig als Betriebsrente (*pension plan*) vereinbart. Diese kann auch in Form eines sog. *non-contributory pension plan* formuliert sein. In diesem Fall zahlt der Arbeitgeber lediglich auf Wunsch des Arbeitnehmers einen Teil der versprochenen Vergütung in die Versorgungskasse ein, ohne einen zusätzlichen eigenen Beitrag zu leisten.[903] Häufig nimmt der Arbeitsvertrag auf die Regelungen des betrieblichen „Versorgungsplans" Bezug und regelt darüber hinaus, dass der Arbeitnehmer im Versorgungsfalle zwischen der Einmalabfindung und einer jährlichen Zahlung wählen kann.[904]

412 Schließlich findet sich in den meisten Arbeitsvertragsmustern die Bestimmung der Dauer, des *term* der arbeitsvertraglichen Vereinbarung. Der typische US-amerikanische Mustervertrag enthält Ausführungen zur Frage des Kündigungsschutzes und damit die Regelung, dass der Vertrag durch beide Parteien jederzeit auch ohne einen wichtigen Grund kündbar ist. Dadurch wird klargestellt, dass von dem Grundsatz, dass Arbeitsverträge solche *at will*, also jederzeit kündbar sind, nicht abgewichen werden soll. Neben dieser Regelung kann der Arbeitsvertrag dann eine Befristung enthalten. Der dadurch erreichte Kündigungsschutz wird dann durch die Kündigungsregelungen für den Fall der Krankheit und Arbeitsunfähigkeit wieder abgeschwächt. In größeren Unternehmen gibt es meist betriebseinheitliche Regelungen für die Entgeltfortzahlung im Krankheitsfall (*sick pay policy*). Auf diese Regelungen kann im Arbeitsvertrag verwiesen werden. Im Todesfalle endet das Arbeitsverhältnis automatisch. Gibt es einen *pensions plan*, wird der Arbeitsvertrag auf die Abfindung daraus im Todesfall Bezug nehmen.[905]

413 Handelt es sich bei dem Mitarbeiter um eine Führungskraft, die auch organschaftliche Aufgaben im Unternehmen wahrnimmt oder wahrnehmen soll, wird der Arbeitgeber – häufig unter dem Stichwort *resignations* – arbeitsvertraglich regeln, dass der Arbeitnehmer mit Beendigung seines Arbeitsverhältnisses seine organschaftlichen Ämter niederlegt. Es gibt auch im amerikanischen Recht grds. den Dualismus zwischen dienstvertraglicher und gesellschaftsrechtlicher

---

898 Diese Optionsrechte werden Mitarbeitern oder auch Handelsvertretern auf der Basis gewährt, dass sie das Recht erhalten, eine bestimmte Anzahl von Anteilen innerhalb eines bestimmten Zeitraums zu einem bestimmten Preis erwerben zu können. Hat diese Option bereits einen Verkehrswert, wird dieser dem zu versteuernden Einkommen des Mitarbeiters hinzugerechnet.

899 Solche Optionsrechte werden regelmäßig aufgrund eines Mitarbeiterbeteiligungsplans des Unternehmens gewährt. Die Ausübung der gewährten Option steht regelmäßig ähnlich wie *restricted stock* unter Bedingungen. Diese führen zu einer steuerlichen Begünstigung, und zwar in der Weise, dass eine Besteuerung erst und nur dann erfolgt, wenn die Beteiligung nach dem Erwerb veräußert wird (IRC § 421(a)(1); Reg. § 142.422A-1). Die Besteuerung beschränkt sich auf den Veräußerungsgewinn (IRC §§ 421(a), 56(b)(3); Reg. § 142.422A-1).

900 Dies bezeichnet die Veräußerung der Beteiligung an den Mitarbeiter bei Stundung des Kaufpreises. Bei Beteiligungserwerb hat der Mitarbeiter zunächst nur dann etwas zu versteuern, wenn der vereinbarte und gestundete Kaufpreis unterhalb des Verkehrswerts im Zeitpunkt der Veräußerung bzw des Erwerbs liegt. Die Vorteile der Stundung können steuerlich zum Nachteil des Mitarbeiters nur in Höhe eines ersparten marktüblichen Zinses erfasst werden. Erhöht sich der Verkehrswert in der Zeit zwischen Zahlung der ersten und letzten Rate, bleibt diese Werterhöhung bis zur Veräußerung der Beteiligung steuerfrei, vgl IRC §§ 83(a), 83(h), 7872.

901 Solche Rechte begründen den Anspruch des Mitarbeiters, Anteile oder Geldzahlungen, abhängig von der Erhöhung des Verkehrswertes der Aktien des Unternehmens, zu erhalten. Die Begründung dieses Rechts selbst stellt keinen steuerbaren Vorgang dar. Wird der Anspruch erfüllt, ist das Erlangte zu versteuern (wenn in Aktien, dann greift wiederum IRC § 83).

902 Ein solcher „Plan" stellt eine besondere Ausgestaltung der *stock-appreciation rights* dar. Die Rechte daraus werden entsprechend steuerlich behandelt. Er regelt, dass der Mitarbeiter statt der Beteiligung selbst eine fiktive Beteiligung erhält, die zum Wert der tatsächlichen Anteile akzessorisch ist.

903 Zur steuerlichen Behandlung s. *Leader*, in: Rabkin/Johnson, Current Legal Forms, §§ 12.06, 12.07.

904 *Leader*, in: Rabkin/Johnson, Current Legal Forms, § 12.51, 510.

905 *Leader*, in: Rabkin/Johnson, Current Legal Forms, § 12.51, 511.

Beziehung des Organs zum Unternehmen. Die arbeitsvertragliche Verpflichtung der Führungskraft, ihre Ämter niederzulegen und sich nicht wiederwählen zu lassen, kann die dauerhafte Beendigung der gesellschaftsrechtlichen Beziehung erleichtern.

414 Regelmäßig enthält ein Arbeitsvertragsformular ein Wettbewerbsverbot für den Arbeitnehmer unter den Überschriften *non-competition obligation* oder *restrictive covenant*. Bei der Vertragsgestaltung wird selten zwischen einem vertraglichen und dem nachvertraglichen Wettbewerbsverbot unterschieden. Im Sinne der Ausführungen zur Wirksamkeit nachvertraglicher Wettbewerbsverbote finden sich in Musterverträgen regelmäßig zeitliche und geographische Beschränkungen mit den entsprechenden Hinweisen.[906] Typisch sind unternehmensbezogene Wettbewerbsverbote, kombiniert mit Kundenschutzklauseln.

415 Als Ergänzung des Schutzes des Arbeitgebers findet sich regelmäßig neben der Regelung des Wettbewerbsverbotes auch die Regelung über die vertrauliche Behandlung aller unternehmensbezogenen vertraulichen Informationen. Damit solche *non-disclosure agreements* durchsetzbar sind, muss der Arbeitgeber dafür Sorge tragen, dass die für ihn schützenswerten Informationen nicht durch andere Maßnahmen außerhalb des Unternehmens bekannt werden und entsprechende Maßnahmen im Streitfalle nachgewiesen werden können.

416 Schließlich findet sich in Standardarbeitsverträgen die Regelung, dass der Arbeitnehmer mit Beendigung des Arbeitsvertrages bestimmte unternehmensbezogene Dokumente, die er im Rahmen seiner Tätigkeit erlangt hat, herausgeben muss. Diese Herausgaberegelung bezieht sich auch auf Fotokopien firmenbezogener Dokumente. Der Arbeitnehmer erklärt – wirksam –, dass diese Dokumente im Eigentum des Arbeitgebers stehen.[907] Gelegentlich finden sich im Anschluss an diese Regelung Bestimmungen zu Erfindungen des Arbeitnehmers. Solche Regelungen sind jedoch nur in Verträgen von Arbeitnehmern in technischen Berufen Standard.

417 Nahezu jeder schriftliche Arbeitsvertrag enthält eine Regelung zu der Form von Erklärungen im Rahmen der arbeitsvertraglichen Vereinbarung und deren Zustellung. Üblich ist die Schriftform. Für den Zugang ist grds. der tatsächliche Zugang maßgeblich. Der Arbeitsvertrag kann jedoch eine Zugangsfiktion enthalten.[908] Diese greift regelmäßig dann, wenn der Absender die Erklärung mit einer Art Einschreiben (*certified* oder *registered mail*) an die dem Absender durch den Vertragspartner für Zustellungen benannte Adresse gesendet hat. Die Zugangsfiktion greift zeitlich regelmäßig nach Ablauf von drei Tagen ab Aufgabe zur Post.[909]

418 In nahezu jedem amerikanischen Standardarbeitsvertrag findet sich eine Klausel zur Rechtswahl.[910] Diese wird durch die Gesetzgebungskompetenz der einzelnen Bundesstaaten erforderlich. Sie wirkt sich auch auf das *case law*, also das durch die Rspr entwickelte und fortgebildete Recht aus. Die Rspr auch des *Supreme Court* eines Bundesstaates ist im Sinne der *stare decicis doctrin* nur für die Gerichte desselben Bundesstaates bindend. Kollisionsrecht ist immer bereits dann zu prüfen, wenn bspw ein Mitarbeiter seinen Wohnort über eine Staatsgrenze hinweg verlegt oder sich der Sitz eines Unternehmens als Arbeitgeber entsprechend ändert. Die Rechtswahl ist daher ein unverzichtbarer Regelungsgegenstand, um Rechtssicherheit für den Arbeitsvertrag zu schaffen. Neben der Rechtswahl findet sich regelmäßig auch die Bestimmung, dass die Gerichte des Bundesstaates zur Entscheidung im Streitfall berufen sind, deren Recht anzuwenden. Diese Gerichtsstandswahl im weiteren Sinne ist anders als im deutschen Recht auch zwischen Nichtkaufleuten wirksam.

419 Ähnlich wie in deutschen Verträgen verwendet man in der US-amerikanischen Vertragsgestaltungspraxis die Regelung, dass Vertragsänderungen der Schriftform bedürfen. Gleiches gilt

---

906 *Leader*, in: Rabkin/Johnson, Current Legal Forms, § 12.51, 511 nebst Kommentierung.
907 *Leader*, in: Rabkin/Johnson, Current Legal Forms, § 12.51, 511.
908 *Leader*, in: Rabkin/Johnson, Current Legal Forms, § 12.51, 511.
909 *Leader*, in: Rabkin/Johnson, Current Legal Forms, § 12.51, 511.
910 *Leader*, in: Rabkin/Johnson, Current Legal Forms, § 12.51, 511.

für – im deutschen Rechtsraum nicht mehr wirksame – salvatorische Klauseln (*salvatory clause*).

k) Angloamerikanische Arbeitsvertragsklausel-Typologie

In alphabetischer Reihenfolge werden nachfolgend die in diesem Buch verwendeten Begriffe für Vertragsklauseln in englischer Sprache in einem Klausellexikon zusammengeführt: 420

Adjustment clause	Gehaltsanpassungsklausel
Attendance award	Anwesenheitsprämie
Bonus provisions	Bonusregelung
Burden of proof clause	Beweislastvereinbarung
Business trip regulations	Dienstreiseregelung
Car allowance clause	Dienstwagenregelung
Choice of jurisdiction clause	Gerichtsstandsklausel
Choice of law clause	Rechtswahlklausel
Commencement of work clause	Arbeitsaufnahmeklausel
Compensation clause	Abfindungsklausel
Compensation for disadvantages clause	Nachteilsausgleichsverzichtsklausel
Confidentiality clause	Verschwiegenheitsklausel
Continued remuneration clause	Entgeltfortzahlungsklausel
Contract finalizing agreement	Abwicklungsvertrag
Contract of abroad employment/Expatriate employment contract	Auslandsarbeitsvertrag
Contractual penality	Vertragsstrafenklausel
Data protection clause	Datenschutzklausel
Employer loan	Arbeitgeberdarlehen
Escape clause	Auflösende Bedingung im Arbeitsvertrag, Kündigung vor Arbeitsantritt
Exclusion clause/mutual release certification	Ausschlussklausel/Ausgleichsquittung
Exclusion of set-off clause	Aufrechnungsverbotsklausel
Expatriate employment contract/Contract of abroad employment	Auslandsarbeitsvertrag
Fixed term clause	Befristungsregelung
Flat outlay charge	Kostenpauschale
Further training clause	Fortbildungsklausel
Incentive clause	Incentive-Klausel
Incorporation of shop agreements	Betriebsvereinbarungsöffnungsklausel
Internet clause	Internetnutzungsklausel
Invention clause	Diensterfindungsklausel
Job description clause	Tätigkeitsbeschreibungsklausel
Lay-off clause	Freistellungsklausel
Legal fiction clause	Fiktionsklausel
Liability regimes	Haftungsregelung

Loan employment clause	Leiharbeitsvertragsklausel
Mediation clause	Mediationsklausel
Minor occupation	Geringfügig Beschäftigte
Non-assignment clause	Abtretungsverbotsklausel
Non-competition clause	Wettbewerbsverbot
Non-smoking policy	Nichtraucherschutzklausel
Overtime clause	Überstundenklausel
Part-time agreement	Teilzeitvereinbarung
Pension plan promise	Betriebsrentenzusage
Period of notice clause	Kündigungsfristenregelung
Physical examination clause	Gesundheitsuntersuchungsklausel
Place of performance	Erfüllungsort
Place of work clause	Arbeitsortklausel
Recall clause	Rückrufklausel bei Entsendung
Reentry clause	Wiedereingliederung und Aufnahme des Arbeitsverhältnisses beim inländischen Arbeitgeber nach Entsendung
Referral clause	Bezugnahmeklausel
Reimbursement clause about the financing of vocational education and training	Aus- und Fortbildungsklausel
Removal clause	Umzugsklausel
Requirement of writing	Schriftformerfordernis/Schriftformklausel
Resignation clause	Aufgabe der organschaftlichen Ämter bei Beendigung des Arbeitsvertrages
Restricting employee´s personal behaviour	Freizeitverhaltensklausel
Restriction on client poaching	Mandantenschutzklausel
Retirement age clause	Altersgrenzenklausel
Return clause	Herausgabeklausel
Right of lien/Target bonus	Zurückbehaltungsrechte in Arbeitsvertragsklauseln/Zielvereinbarung
Salary repayment clause	Gehaltsrückzahlungsklausel
Salary/wage clause	Gehaltsklausel
Salvatory clause	Salvatorische Klausel
Salvo and reservation of right	Vorbehalts- und Widerrufsklausel
Second job clause	Nebentätigkeitsklausel
Secondment	Entsendung
Seniority assumption clause/Clause about taking into account the seniority	Anrechnungsklausel zur Betriebszugehörigkeit
Settlement agreement	Aufhebungsvertrag
Short time clause	Kurzarbeitsklausel
Special allowance clause	Sondervergütungsklausel
Split contract	Geteiltes Arbeitsverhältnis bei Entsendung
Stock options	Aktienoptionen

Surveillance clause	Überwachungsklausel
Target bonus	Zielvereinbarung
Telecommuting clause	Telearbeitsklausel
Termination agreement	Aufhebungsvertrag
Termination clause	Kündigungsgrundvereinbarung
Transfer clause	Versetzungsklausel
Vacation clause	Urlaubsklausel
Winding up Contract finalizing agreement	Abwicklungsvertrag
Work on demand clause	Abrufklausel
Working time clause	Arbeitszeitklausel

10. Mitbestimmungs- und Informationsrechte des Betriebsrats bei Arbeitsvertragstexten

Literatur

Fitting/Engels/Schmidt/Trebinger/Linsenmaier, BetrVG, Handkommentar mit Wahlordnung, 27. Aufl. 2014; *Pöttering*, Koalitionsvertrag 2013–2017: Die arbeits- und tarifrechtlichen Vorhaben der Großen Koalition, PuR 2014, 3; *Preis*, Grundfragen der Vertragsgestaltung im Arbeitsrecht, 1993; *Reinecke*, AGB und kollektives Arbeitsrecht, AuR 2013, 245; *Richardi*, BetrVG, 14. Aufl. 2014; *Schiefer*, Zeitarbeit, PuR 2013, 186; *Schiefer/Korte*, Das Betriebsverfassungsgesetz, Düsseldorfer Schriftenreihe, 2. Aufl. 2011; *Schiefer/Pöttering*, Koalitionsvertrag 2013–2017. Die arbeits- und tarifrechtlichen Vorhaben der Großen Koalition – „Modernes Arbeitsrecht"?, DB 2013, 2928; *Stege/Weinspach/Schiefer*, Betriebsverfassungsgesetz, 9. Aufl. 2002; *Wiese/Kreutz/Oetker/Raab/Weber/Franzen/Gutzeit/Jacobs*, Gemeinschaftskommentar zum Betriebsverfassungsgesetz – GK-BetrVG, 10. Aufl. 2014; *Wolf*, Zeitarbeit – ein unverzichtbarer Entlastungsfaktor für den Arbeitsmarkt, PuR 2014, 151.

In **Flächen-** oder **Haustarifvertrags-Branchen**, in denen die Rechte und Pflichten zwischen den Arbeitsvertragsparteien mit hoher Dichte durch Tarifvertrag geregelt sind, bleibt für die individualarbeitsrechtliche Ebene des Arbeitsvertrages wenig Raum. Das **NachwG** trägt diesem Umstand Rechnung. Es reicht aus, wenn in den Niederschriften, die dem Arbeitnehmer gem. § 2 Abs. 1 S. 1 NachwG auszuhändigen sind, ein in allgemeiner Form gehaltener Hinweis auf die Tarifverträge aufgenommen wird, die auf das Arbeitsverhältnis anzuwenden sind, § 2 Abs. 1 S. 2 Nr. 10 NachwG. Gemäß § 2 Abs. 3 S. 1 NachwG können die Angaben gem. § 2 Abs. 1 S. 2 Nr. 6–9 NachwG (Arbeitsentgelt, Arbeitszeit, Erholungsurlaub, Kündigungsfristen) und § 2 Abs. 2 Nr. 2 und 3 NachwG (Währung des Arbeitsentgelts bei Auslandsaufenthalt, zusätzliches Arbeitsentgelt) durch einen Hinweis auf die einschlägigen Tarifverträge ersetzt werden. 421

Die Gestaltung der **Arbeitsbedingungen** ist **mitbestimmungsfrei**. Dies gilt auch dann, wenn es sich um Allgemeine Arbeitsbedingungen handelt, die nach einem einheitlichen Vertrag für alle Arbeitnehmer festgelegt werden.[911] Ein Mitbestimmungsrecht besteht allerdings, wenn in Arbeitsverträgen, die allgemein für den Betrieb verwandt werden (Formularverträge), persönliche Angaben verlangt werden, sofern diese über die Feststellung der reinen Personalien (Name, Vorname, Geburtstag und -ort, Anschrift) hinausgehen. Im Streitfalle entscheidet die Einigungsstelle (§ 94 Abs. 2 BetrVG). Gemeint ist die generelle Gestaltung von Musterarbeitsverträgen mit Angaben zB über bestehende Krankheiten, Schwangerschaften oder Vorstrafen. Hierdurch soll eine Umgehung der Mitbestimmung bei der Aufstellung von Personalfragebögen verhindert werden. Persönliche Angaben in individuell gestalteten Arbeitsverträgen, zB mit AT-Angestellten, sind mitbestimmungsfrei, ebenso der eigentliche Abschluss des Arbeitsvertrages mit dem einzelnen Arbeitnehmer. 422

911 BAG 18.10.1988 – 1 ABR 33/87, DB 1989, 503; *Stege/Weinspach/Schiefer*, BetrVG, § 94 Rn 25.

423 Gemäß § 99 Abs. 1 S. 1 BetrVG unterliegen personelle Einzelmaßnahmen (Einstellung, Eingruppierung, Umgruppierung und Versetzung) der Mitbestimmung des Betriebsrats.[912] Das Mitbestimmungsrecht des Betriebsrats bei **Einstellung gem. § 99 BetrVG** ist kein Instrument einer umfassenden Vertragsinhaltskontrolle.[913] Nach stRspr hat der Betriebsrat gem. § 99 Abs. 2 Nr. 1 BetrVG kein Recht, der geplanten Einstellung zu widersprechen, wenn seines Erachtens einzelne Bestimmungen des zwischen dem Arbeitgeber und dem einzustellenden Arbeitnehmer in Aussicht genommenen Arbeitsvertrages gegen zwingendes Gesetzesrecht oder zwingendes Richterrecht verstoßen.[914] Die Mitteilung einer **falschen Eingruppierung** begründet kein Zustimmungsverweigerungsrecht gem. § 99 Abs. 2 Nr. 1 BetrVG. Sie steht nur der beabsichtigten Eingruppierung entgegen.[915]

424 Der Einsatz eines **Zeitarbeitnehmers** in einem Einsatzbetrieb ist eine mitbestimmungspflichtige Einstellung nach § 99 Abs. 1 BetrVG. Nach § 14 Abs. 3 S. 1 AÜG ist der Betriebsrat eines Entleiherbetriebs vor der Übernahme eines Zeitarbeitnehmers nach § 99 BetrVG zu beteiligen. Der Umfang der im Rahmen des § 99 BetrVG geforderten Unterrichtung bestimmt sich nach dem Zweck der Beteiligung an der jeweiligen personellen Maßnahme. Mitzuteilen sind danach insb.: Personalien des Leiharbeitnehmers, Einsatzbereich und -umfang, Einstellungstermin und Einsatzdauer sowie Arbeitnehmerüberlassungserlaubnis. Nicht zu unterrichten ist über das Entgelt der als Stamm- und Leiharbeitnehmer beschäftigten Arbeitnehmer, den Arbeitsvertrag zwischen Leiharbeitnehmer und Verleiher, die Bewerber um den ausgeschriebenen Arbeitsplatz und ein eventuelles Aufstockungsverlangen teilzeitbeschäftigter Arbeitnehmer. Auch insoweit gilt: Das Mitbestimmungsrecht ist kein Instrument zur umfassenden Vertragsinhaltskontrolle.[916] – Zu beachten ist, dass gemäß Koalitionsvertrag 2013–2017[917] zur Verhinderung eines vermeintlichen „Missbrauchs von Werkverträgen“[918] Informations- und Unterrichtungsrechte des Betriebsrats konkretisiert werden sollen. Auch eine Erweiterung der Mitbestimmung im Hinblick auf Zeitarbeit wird erwogen.[919] Ein entsprechender Gesetzesentwurf liegt gegenwärtig noch nicht vor. Die Entwicklung bleibt abzuwarten.

425 Im Rahmen des Zustimmungsverfahrens nach § 99 BetrVG ist der Arbeitgeber auch nicht verpflichtet, dem Betriebsrat Auskunft über den **Inhalt des Arbeitsvertrages** zu geben, den er mit dem Bewerber abschließen will oder bereits abgeschlossen hat.[920] Auch besteht kein Anspruch des Betriebsrats auf Vorlage der ausgefüllten Arbeitsverträge, um die Einhaltung des NachwG kontrollieren zu können,[921] jedenfalls wenn der Betriebsrat das Muster des im Betrieb verwendeten Vertragsformulartextes kennt. Inwieweit der Beschluss vom 19.10.1999 in Wahrheit den Überwachungsrahmen des Betriebsrats erweitert, weil auf die Kenntnis des Betriebsrats von den im Betrieb verwendeten Formulartexten abgestellt wurde, bleibt abzuwarten. Verwendet der Arbeitgeber mit dem Betriebsrat abgestimmte Formulararbeitsverträge, hat der Betriebsrat nur dann einen Anspruch auf Vorlage der ausgefüllten Arbeitsverträge, um die Einhaltung des

---

912 Zuletzt BAG 15.4.2014 – 1 ABR 101/12, NZA 2014, 920.

913 BAG 28.3.2000 – 1 ABR 16/99, DB 2001, 203; BAG 27.10.2010 – 7 ABR 86/09, NZA 2011, 418 l.

914 *Stege/Weinspach/Schiefer*, BetrVG, §§ 99–101 Rn 55.

915 BAG 10.3.2009 – 1 ABR 93/07, NZA 2009, 622.

916 BAG 1.6.2011 – 7 ABR 117/09, BB 2011, 2548 = PuR 2011, 237; zur Zustimmungsverweigerung des Betriebsrats bei „nicht vorübergehender Überlassung“ BAG 13.3.2013 – 7 ABR 69/11, NZA 2013, 789 = PuR 2013, 97; zur Zeitarbeit *Schiefer*, PuR 2013, 186.

917 *Schiefer/Pöttering*, DB 2013, 2928; *Pöttering*, PuR 2014, 3.

918 S. hierzu im Einzelnen *Wolf*, PuR 2014, 151.

919 *Schiefer*, PuR 2013, 186.

920 BAG 18.10.1988 – 1 ABR 33/87, NZA 1989, 355; Richardi/*Thüsing*, BetrVG, § 99 Rn 139; *Preis*, Grundfragen der Vertragsgestaltung im Arbeitsrecht, S. 141.

921 BAG 19.10.1999 – 1 ABR 75/98, NZA 2000, 837.

NachwG zu überwachen, wenn er konkrete Anhaltspunkte für die Erforderlichkeit weiterer Informationen darlegt.[922]

Gemäß § 80 Abs. 1 Nr. 1 BetrVG hat der Betriebsrat darüber zu wachen, dass die zugunsten der Arbeitnehmer geltenden Gesetze, Verordnungen, Unfallverhütungsvorschriften, Tarifverträge und Betriebsvereinbarungen durchgeführt werden. Hiermit korrespondiert der **Unterrichtungsanspruch** nach § 80 Abs. 2 S. 1 BetrVG. Die Grenzen dieses Unterrichtungsanspruchs liegen dort, wo ein Beteiligungsrecht oder eine sonstige Aufgabe offensichtlich nicht in Betracht kommt. Aus diesen Grundsätzen folgt eine zweistufige Prüfung darauf hin, ob überhaupt eine Aufgabe des Betriebsrats gegeben und ob im Einzelfall die begehrte Information zur Aufgabenwahrnehmung erforderlich ist.[923] 426

Die Kontrolle der in Formulararbeitsverträgen enthaltenen Bestimmungen auf ihre Vereinbarkeit mit den Vorgaben des **NachwG** sowie dem **Recht der Allgemeinen Geschäftsbedingungen** zählt zu den gesetzlichen Aufgaben des Betriebsrats nach § 80 Abs. 1 Nr. 1 BetrVG. Diese allgemeine Aufgabe des Betriebsrats ist nicht vom Vorliegen bestimmter konkreter Mitwirkungs- bzw Mitbestimmungsrechte abhängig. Vielmehr hat der Betriebsrat die Einhaltung und Durchführung sämtlicher Vorschriften zugunsten der Arbeitnehmer zu überwachen. Bei dem NachwG und den §§ 305 c–310 BGB handelt es sich um Rechtsvorschriften, die zugunsten der Arbeitnehmer gelten. Auch die in den §§ 305 ff BGB enthaltenen Vorschriften über Allgemeine Geschäftsbedingungen stellen Schutzvorschriften für die Arbeitnehmer dar, die vor der Einbeziehung unangemessener Vertragsbedingungen in das Vertragsverhältnis geschützt werden sollen. Hieraus ergibt sich nach Ansicht des BAG[924] Folgendes: „Es zählt zu den gesetzlichen Aufgaben des Betriebsrats nach § 80 Abs. 1 Nr. 1 BetrVG, die in Formulararbeitsverträgen enthaltenen Bestimmungen auf ihre Vereinbarkeit mit den Vorgaben des Nachweisgesetzes sowie mit dem Recht der Allgemeinen Geschäftsbedingungen zu überwachen." Allgemeine Geschäftsbedingungen liegen nach § 305 Abs. 1 S. 3 BGB jedoch nicht vor, soweit die Vertragsbedingungen zwischen den Vertragsparteien im Einzelnen ausgehandelt sind.[925] 427

Das sich aus § 80 Abs. 1 Nr. 1 BetrVG ergebende **Überwachungsrecht** hinsichtlich des Inhalts der Formulararbeitsverträge ist allerdings auf eine **Rechtskontrolle** des Vertragsinhalts beschränkt. Aus der gesetzlichen Aufgabe, die Einhaltung von Gesetzen im Betrieb zu überwachen, folgt **kein Recht des Betriebsrats**, vom Arbeitgeber die Durchführung der zur Einhaltung erforderlichen Maßnahmen zu verlangen. Der Betriebsrat ist darauf beschränkt, eine Nichtbeachtung der gesetzlichen Vorschriften beim Arbeitgeber zu beanstanden und auf Abhilfe zu drängen.[926] Es ist nicht Gegenstand des Überwachungsrechts gem. § 80 Abs. 1 Nr. 1 BetrVG, weitere Ansätze und Meinungen zu den einzelnen Vertragsklauseln zu prüfen und selbst zu entwickeln. Insoweit findet **keine Zweckmäßigkeits-**, sondern nur eine **Rechtskontrolle** der vom Arbeitgeber verwandten Vertragsklauseln statt. 428

Zudem ist das Überwachungsrecht des Betriebsrats bei **Formularverträgen** auf die Prüfung beschränkt, ob nach Einschätzung eines objektiven Dritten eine überwiegende Wahrscheinlichkeit dafür spricht, dass die verwandten Vertragsklauseln den Anforderungen genügen, die nach dem Gesetz und der dazu ergangenen höchstrichterlichen Rspr gestellt werden. Liegt eine Rspr des BAG zu dem Gegenstand der Vertragsklausel nicht vor, ist auf die bisher ergangene Rspr der Instanzgerichte abzustellen. Fehlt es auch hieran, hat die Einschätzung unter Berücksichtigung der im arbeitsrechtlichen Schrifttum ergangenen Stimmen zu erfolgen. 429

922 BAG 19.10.1999 – 1 ABR 75/98, NZA 2000, 837.
923 BAG 19.2.2008 – 1 ABR 84/06, DB 2008, 1635; BAG 21.10.2003 – 1 ABR 39/02, DB 2004, 322.
924 BAG 16.11.2005 – 7 ABR 12/05, DB 2006, 1437.
925 BAG 27.7.2005 – 7 AZR 486/04, NZA 2006, 40.
926 BAG 10.6.1986 – 1 ABR 59/84, NZA 1987, 28; BAG 9.12.2003 – 1 ABR 44/02, AP BetrVG 1972 § 33 Nr. 1 (zu B. I. 3. b. der Gründe).

430 Vor der **Hinzuziehung eines Sachverständigen** durch den Betriebsrat nach § 80 Abs. 3 BetrVG zum Zweck der Überprüfung, ob die in Formulararbeitsverträgen enthaltenen Bestimmungen mit den Vorgaben des NachwG und des Rechts der Allgemeinen Geschäftsbedingungen in Einklang stehen, muss der Betriebsrat zunächst alle ihm zur Verfügung stehenden Erkenntnisquellen nutzen, um sich das notwendige Wissen selbst anzueignen.[927] Die Beauftragung eines Sachverständigen ist nicht erforderlich, wenn sich der Betriebsrat nicht zuvor bei dem Arbeitgeber um die Klärung der offenen Fragen bemüht hat.[928]

431 Führt der Arbeitgeber eine personelle Einzelmaßnahme iSv § 99 BetrVG **ohne Zustimmung des Betriebsrats** durch – sei es, dass er den Betriebsrat nicht unterrichtet hat, sei es, dass der Betriebsrat nach Unterrichtung die Zustimmung noch nicht erteilt hat und die Frist des Abs. 3 noch nicht abgelaufen ist, sei es, dass der Betriebsrat die Zustimmung bereits verweigert hat –, so handelt er – sofern nicht die Voraussetzungen des § 100 Abs. 1 und 2 BetrVG vorliegen – **betriebsverfassungswidrig**. Er verstößt also gegen die Pflichten, die ihm im Verhältnis zum Betriebsrat obliegen und verletzt dessen Mitbestimmungsrecht. Hierauf kann der Betriebsrat mit einem Antrag nach § 101 BetrVG reagieren, um den Arbeitgeber zur Aufhebung der Maßnahme zu zwingen.

432 Fraglich ist, ob und welche Auswirkungen ein solcher Verstoß auf die **individualrechtlichen Beziehungen** zwischen Arbeitgeber und Arbeitnehmer hat, insb. ob individualrechtliche Gestaltungen, die zum Zwecke der Umsetzung der Maßnahme vorgenommen werden, unwirksam sind, die Zustimmung des Betriebsrats hierfür also **Wirksamkeitsvoraussetzung** ist. Eindeutig zu verneinen ist diese Frage nur für die Fälle der vorläufigen Durchführung der Maßnahme nach § 100 BetrVG, da hier die fehlende Zustimmung des Betriebsrats schon deshalb keine Folge für die individualrechtlichen Rechte und Pflichten haben kann, weil der Arbeitgeber rechtmäßig handelt, solange er das vorgeschriebene Verfahren beachtet.[929]

433 Im Übrigen dürfte die Frage nach individualrechtlichen Folgen bei den personellen Einzelmaßnahmen des § 99 BetrVG richtigerweise nicht einheitlich zu beantworten sein. Maßgeblich ist jeweils der Schutzzweck des Mitbestimmungsrechts. Insoweit besteht weitgehende Einigkeit darüber, dass die Zustimmung des Betriebsrats bei der Einstellung nicht als zivilrechtliche Wirksamkeitsvoraussetzung für den abgeschlossenen Arbeitsvertrag anzusehen ist.[930]

434 Der Unwirksamkeit des Arbeitsvertrages bedarf es richtigerweise zur Sicherung des Zwecks der Mitbestimmung bei der Einstellung nicht. Das Mitbestimmungsrecht dient in erster Linie dem Schutz der bestehenden Belegschaft. Deren Interessen werden aber nicht durch den Abschluss des Arbeitsvertrages, sondern allenfalls durch die tatsächliche Beschäftigung des Arbeitnehmers berührt.

435 Gemäß § 100 Abs. 1 BetrVG kann der Arbeitgeber eine personelle Maßnahme iSd § 99 Abs. 1 S. 1 BetrVG vorläufig durchführen, bevor der Betriebsrat sich geäußert oder wenn er die Zustimmung verweigert hat, wenn dies aus sachlichen Gründen dringend erforderlich ist. Der Arbeitgeber hat den Arbeitnehmer über die Sach- und Rechtslage aufzuklären. Für die Dauer einer vorläufigen personellen Maßnahme ist der betroffene Arbeitnehmer betriebsverfassungsrechtlich dem neuen Arbeitsbereich zugeordnet. Die Beendigung einer vorläufigen personellen Maßnahme unterliegt nicht der Zustimmung des Betriebsrats nach § 99 Abs. 1 S. 1 BetrVG.[931]

436 Über § 87 Abs. 1 BetrVG können in Bezug auf arbeitsvertragliche Regelungen nur ganz ausnahmsweise Mitbestimmungsrechte tangiert sein. Dies gilt bspw dann, wenn der Arbeitgeber den Arbeitnehmer arbeitsvertraglich anweist, sich in einem Kundenbetrieb der dort eingerich-

927 BAG 16.11.2005 – 7 ABR 12/05, NZA 2006, 553.
928 BAG 16.11.2005 – 7 ABR 12/05, NZA 2006, 553.
929 GK-BetrVG/*Raab*, § 99 Rn 126.
930 BAG 2.7.1980 – 5 AZR 1241/79, DB 1981, 272; GK-BetrVG/*Raab*, § 99 Rn 128; aA *Fitting u.a.*, BetrVG, § 99 Rn 278, wonach der gleichwohl geschlossene Arbeitsvertrag von vornherein unwirksam sein soll.
931 BAG 15.4.2014 – 1 ABR 101/12, NZA 2014, 920.

teten biometrischen Zugangskontrolle (**Fingerabdruckerfassung**) zu unterziehen. In diesem Fall besteht ein Mitbestimmungsrecht nach § 87 Abs. 1 Nr. 6 BetrVG selbst dann, wenn die Fingerabdrücke in einem fremden Unternehmen hinterlegt und zur Eingangskontrolle und mit einer EDV-gestützten Auswertungsmöglichkeit gespeichert werden.[932]

932 BAG 27.1.2004 – 1 ABR 7/03, NZA 2004, 556.

II. Klauselalphabet

1. Abrufklauseln

Literatur

Andritzky, Nochmals – Abrufarbeit mit variabler Arbeitszeit, NZA 1997, 643; *Annuß/Thüsing* (Hrsg.), Teilzeit- und Befristungsgesetz, Kommentar, 3. Aufl. 2012; *Bährle*, Flexible Arbeitszeitmodelle in der Praxis, BuW 1998, 474; *Bauer/Günther*, Heute lang, morgen kurz – Arbeitszeit nach Maß!, DB 2006, 950; *Busch*, Aus für die Arbeit auf Abruf?, NZA 2001, 593; *Buschmann*, Abrufarbeit – Rundfunkmitarbeiter – befristete Arbeitsverhältnisse, AuR 1998, 467; *Göckler/Letsch*, Flexible Arbeitszeitmodelle – ein Überblick, AiB 1998, 321; *Hanau*, Bedarfs- und Abrufarbeit, Personalmanagement 1991, 119; *Heinze*, Flexible Arbeitszeitmodelle, NZA 1997, 681; *Hermann*, Rechtliche Begutachtung von KAPOVAZ-Verträgen, AnwBl 1990, 537 (605); *Hohenstatt/Schramm*, Neue Gestaltungsmöglichkeiten zur Flexibilisierung der Arbeitszeit, NZA 2007, 238; *Hromadka*, Tarifdispositives Recht und Tarifautonomie, „KAPOVAZ“ per Tarifvertrag, in: Heinze (Hrsg.), Festschrift für Otto Rudolf Kissel, 1994, S. 417 ff; *Hunold*, Aktuelle Fragen des Befristungsrechts unter Berücksichtigung von §§ 14, 16 TzBfG, NZA 2002, 255; *ders.*, Bedarfsgerechter Personaleinsatz: Aktuelle Probleme bei sog. Pool-Lösungen und Arbeit auf Abruf, NZA 2003, 896; *ders.*, Die aktuelle Rechtsprechung zur Inhaltskontrolle arbeitsrechtlicher Absprachen – AGB-Kontrolle, NZA-RR 2008, 449; *Klevemann*, Mitbestimmungsrechte des Betriebsrats bei KAPOVAZ-Arbeitszeitsystemen, AiB 1986, 156; *ders.*, Umfang der Arbeitszeit bei KAPOVAZ, AiB 1987, 204; *Kliemt*, Der neue Teilzeitanspruch, NZA 2001, 63; *Knörzer*, Flexible Arbeitszeiten und alternative Beschäftigungsformen in der Personalplanung, 2002; *Kramer/Keine*, Arbeit auf Abruf – Spielräume bei der vertraglichen Gestaltung, ArbRAktuell 2010, 233; *Laux/Schlachter*, Teilzeit- und Befristungsgesetz, Kommentar, 2. Aufl. 2011; *Lindemann*, Flexible Gestaltung von Arbeitsbedingungen nach der Schuldrechtsreform, 2003; *Linnenkohl/Rauschenberg/Gressierer/Schütz*, Arbeitszeitflexibilisierung, 4. Aufl. 2001; *Mühlmann*, Flexible Arbeitsvertragsgestaltung – Die Arbeit auf Abruf, RdA 2006, 356; *Norpoth*, Sozialversicherungsrechtliche Behandlung flexibler Arbeitszeitmodelle mit größeren Freizeitintervallen, 2000; *Promberger/Böhm/Heyder*, Hochflexible Arbeitszeiten in der Industrie, 2002; *Reinecke*, Flexible Beschäftigung aufgrund von Rahmenvereinbarungen in der Rechtsprechung des Bundesarbeitsgerichts, in: Klebe (Hrsg.), Festschrift für Wolfgang Däubler zum 60. Geburtstag, 1999, S. 117 ff; *Rieble*, Flexible Gestaltung von Entgelt und Arbeitszeit im Arbeitsvertrag, NZA 2000, Beil. zu Heft 3, 34; *Rieble/Gutzeit*, Teilzeitanspruch nach § 8 TzBfG und Arbeitszeitmitbestimmung, NZA 2002, 7; *Rolfs*, Das neue Recht der Teilzeitarbeit, RdA 2001, 129; *Rudolf*, Bandbreitenregelungen, NZA 2002, 1012; *Rudolf/Rudolf*, Zum Verhältnis der Teilzeitansprüche nach § 15 BErzGG, § 8 TzBfG, NZA 2002, 602; *Schüren*, Arbeitszeitflexibilisierung und Sozialversicherung, BB 1984, 1235; *Singer*, Flexible Gestaltung von Arbeitsverträgen, RdA 2006, 362; *Stamm*, Arbeitszeitregelungen in Allgemeinen Geschäftsbedingungen: Reglementierung oder Flexibilisierung im Gefolge der Schuldrechtsreform, RdA 2006, 288; *Wisskirchen/Bissels*, Arbeiten, wenn Arbeit da ist – Möglichkeiten und Grenzen der Vereinbarungsfreiheit zur Lage der Arbeitszeit, NZA-Beilage 1/2006, 24; *Zundel*, Die neue Flexibilität im Arbeitsrecht durch das BAG, NJW 2006, 2304.

a) Rechtslage im Umfeld

aa) Abgrenzung der Abrufarbeit von ähnlichen Rechtskonstruktionen

437 Das Recht der **Abrufarbeit** ist in § 12 TzBfG geregelt. **Arbeit auf Abruf** ist in § 12 Abs. 1 S. 1 TzBfG **definiert** als eine Vereinbarung zwischen Arbeitgeber und Arbeitnehmer, nach der der Arbeitnehmer seine Arbeitsleistung **entsprechend dem Arbeitsanfall** zu erbringen hat.

438 Von der Abrufarbeit zu **unterscheiden** sind einmal die Arbeitsbereitschaft und die Rufbereitschaft (s. dazu auch § 1 Rn 838 ff, 887 ff). Alle Bereitschaftsformen verbindet die Tatsache, dass sie den Arbeitnehmer für einen außerhalb seiner regelmäßigen Arbeitszeit liegenden Zeitraum binden.[1]

Rufbereitschaft nennt man eine Arbeitsvertragsverpflichtung des Arbeitnehmers vor dem Hintergrund, dass nicht voraussehbare, aber erfahrungsgemäß eintretende Stör- oder Notfälle zwar keine ständige Anwesenheit am Arbeitsplatz, jedoch die Möglichkeit einer alsbaldigen Arbeitsaufnahme erfordern. Dabei ist es dem Arbeitnehmer gestattet, sich an einem selbst bestimmten, aber dem Arbeitgeber anzugebenden Ort in einer vertretbaren Entfernung vom Arbeitsplatz (meist zu Hause) auf Abruf zur Arbeit bereitzuhalten.[2] Kennzeichnend für eine Ruf-

1 MüKo-BGB/*Müller-Glöge*, § 611 BGB Rn 565.

2 BAG 26.2.1958 – 4 AZR 388/55, AP § 7 AZO Nr. 3.

bereitschaft ist, dass sich der Arbeitnehmer im Falle der Anforderung umgehend zum Arbeitsort – sei es im Betrieb oder bei einem Kunden – zu begeben und die Arbeit aufzunehmen hat. Davon abzugrenzen ist die sog. **Erreichbarkeit**, bei welcher der Arbeitnehmer nicht zur sofortigen Arbeitsaufnahme verpflichtet ist, sondern sich regelmäßig nur arbeitsfähig zu erhalten hat, um zu einem noch mitzuteilenden Zeitpunkt die Arbeit aufnehmen zu können.[3]

Arbeitsbereitschaft definiert sich als „wache Achtsamkeit des Arbeitnehmers im Zustand der Entspannung, wobei der Mitarbeiter an der Arbeitsstelle anwesend und jederzeit bereit sein muss, in den Arbeitsprozess einzugreifen".[4] Ein **Bereitschaftsdienst** setzt dabei nicht voraus, dass die Arbeitsleistung nur für unvorhergesehene Tätigkeiten abgerufen wird; vielmehr können auch von vorneherein absehbare oder gar geplante Aufgaben in den Bereich der Arbeitsbereitschaft fallen. Um eine Umgehung der Ruhephasen zu verhindern, darf die Zeit der tatsächlichen Inanspruchnahme allerdings höchstens die Hälfte des Bereitschaftsdienstes ausmachen.[5] Im Bereich des öffentlichen Dienstes ist die Arbeitsbereitschaft gem. § 15 BAT durch die neu geregelte Bereitschaftszeit nach § 9 TVöD ersetzt worden. Bei Arbeitsbereitschaft und Rufbereitschaft stellt, im Gegensatz zur Abrufarbeit, der kurzfristig zu erbringende Arbeitseinsatz einen Teil der geschuldeten Arbeitsleistung dar und ist entsprechend zu vergüten.[6]

Die **Anordnung von Überstunden**, zu deren Ableistung außer in Notfällen grds. keine Rechts- 439
pflicht besteht,[7] bedeutet keine Abrufarbeit. Ebenfalls **keine Abrufarbeit** entsteht durch sog. **Pool-Lösungen.** Durch Pool-Lösungen stellt der Arbeitgeber eine Gruppe von Personen zusammen, die eine bestimmte Arbeit verrichten können und an der Erbringung der Arbeitsleistung interessiert sind.[8] Der Arbeitgeber vertraut darauf, dass sich im Einzelfall genügend Personen finden, die die Arbeitsaufgabe übernehmen. Für den einzelnen Arbeitnehmer besteht bei der Pool-Lösung keine Verpflichtung, die Arbeitsleistung zu erbringen.[9] Auf der anderen Seite ist auch der Arbeitgeber mangels Vereinbarung über das Ob und Wann der Tätigkeit nicht dazu verpflichtet, die einzelnen Personen innerhalb des Pools überhaupt heranzuziehen.[10]

Abgrenzungsfragen zur Abrufarbeit nach § 12 TzBfG stellen sich auch bei **funktionsgleichen** 440
Mehrarbeitsregelungen. Wenn der Arbeitnehmer bei der vertraglichen Festlegung eines niedrigen Stundenvolumens zugleich verpflichtet wird, Überstunden ohne Weiteres zu leisten, und der Arbeitgeber von dieser Befugnis nicht nur ausnahmsweise, sondern zur Deckung eines regelmäßig schwankenden Arbeitsbedarfs immer wieder Gebrauch macht, kann nach Auffassung von *Jacobs*[11] eine funktionsgleiche Mehrarbeitsregelung im Einzelfall als Abrufarbeit zu qualifizieren sein. Mit Urteil vom 7.12.2005 stellte der 5. Senat des BAG heraus, dass eine vereinbarte selbständige, nicht auf eine gewisse Dauer oder Dringlichkeit beschränkte Pflicht zur Mehrarbeit bereits Arbeit auf Abruf darstelle und nicht mehr als Pflicht zur Leistung von Überstunden angesehen werden könne, da diese gerade nur aufgrund besonderer Umstände vorübergehend zusätzlich zu erbringen sind.[12]

Im rechtlichen Sinne keine Abrufarbeit bildet der Abschluss **kurzfristiger, nicht zusammenhän-** 441
gender befristeter Arbeitsverträge. Nach der Rspr des BAG sind die Arbeitsvertragsparteien nicht gezwungen, statt befristeten Einzelarbeitsverträgen ein Abrufarbeitsverhältnis nach § 12

---

3 BAG 22.9.2005 – 6 AZR 579/04, NZA 2006, 329.
4 BAG 10.1.1991 – 6 AZR 352/89, AP MTB II Nr. 4.
5 BAG 25.4.2007 – 6 AZR 799/06, NZA 2007, 1108.
6 Annuß/Thüsing/*Jacobs*, TzBfG, § 12 Rn 10; beim Bereitschaftsdienst deutscher Ärzte handelt es sich nach EuGH 9.9.2003 – Rs. C-151/02, NJW 2003, 2971 vollständig um Arbeitszeit, nicht um Ruhezeit.
7 LAG Rheinland-Pfalz 13.7.1995 – 9 Sa 1098/94, BB 1996, 751; Küttner/*Reinecke*, Personalbuch, 411 (Überstunden) Rn 9.
8 *Reinecke*, FS für Däubler, S. 118 ff.
9 Annuß/Thüsing/*Jacobs*, TzBfG, § 12 Rn 12.
10 *Hunold*, NZA 2003, 896, 897; *Mühlmann*, RdA 2006, 356, 357 f.
11 Annuß/Thüsing/*Jacobs*, TzBfG, § 12 Rn 11.
12 BAG 7.12.2005 – 5 AZR 535/04, NZA 2006, 423.

TzBfG zu begründen.[13] § 12 TzBfG verbietet den Abschluss jeweils befristeter Einzelarbeitsverträge nicht.[14] Eine praktische Gestaltungsmöglichkeit im Sinne des Bedürfnisses einiger Wirtschaftszweige, bspw der Gastronomie und des Einzelhandels, nach mehr Flexibilität in der Beschäftigung von Aushilfskräften sucht man dadurch, dass man (**studentische**) **Mitarbeiter** als Interessenten für Arbeitseinsätze in eine Liste aufnimmt. Bei Bedarf schließen die Parteien dann einen befristeten Arbeitsvertrag, mal über Stunden, mal als Tagesarbeitsverhältnis.[15] **Rahmenvereinbarungen** über solche künftigen, erst noch abzuschließenden **Einzelarbeitsverträge als Tagesaushilfe**, wie sie häufig mit Studenten eingegangen werden, begründen nach der Definition des § 12 TzBfG kein Abrufarbeitsverhältnis.[16]

442 Allerdings unterliegen die auf der Basis der Rahmenvereinbarung geschlossenen Einzelarbeitsverträge der **Befristungskontrolle**. Dies kann dazu führen, dass das Einzelarbeitsverhältnis wegen Unwirksamkeit der Befristung als **unbefristetes Arbeitsverhältnis** gilt (§ 16 TzBfG). Wird bspw dem Interesse des Studenten, die Erwerbstätigkeit mit seinem Studium in Einklang zu bringen, bereits durch eine entsprechend **flexible Ausgestaltung** des Arbeitsverhältnisses Rechnung getragen, kann eine getroffene Befristungsabrede nicht wirksam auf das Schutzbedürfnis des Studenten gestützt werden.[17]

443 Die in einer **Rahmenvereinbarung** vorgesehene Vertragskonstruktion, wonach der flexible Einsatz studentischer Arbeitnehmer für ein Call-Center immer nur zu befristeten, **einsatzbezogenen Tagesarbeitsverhältnissen** führt und kein **Bedarfsarbeitsverhältnis** iSv § 4 BeschFG (jetzt: § 12 Abs. 1 TzBfG) entstehen lässt, wurde als eine **objektive Umgehung des gesetzlichen Kündigungsschutzes** angesehen. Die Befristung bedarf deshalb eines sachlichen Grundes im Sinne der gesetzlichen und richterlichen Befristungskontrolle. Das LAG Berlin[18] fingierte bei einem einsatzbezogenen Tagesarbeitsverhältnis ein Bedarfsarbeitsverhältnis, bei dem der studentische Arbeitnehmer mit mindestens 10 Stunden pro Woche einzusetzen, zumindest aber in diesem Umfang zu vergüten sei.

444 Umstritten ist, ob die Regelung des § 12 TzBfG direkt oder zumindest analog neben Teilzeitauch Vollzeitarbeitsverhältnisse umfassen soll. Nach einer in der Lit. vertretenen Ansicht[19] sei eine **Anwendung** der Maßstäbe des § 12 TzBfG auch auf **Vollzeitarbeitsverhältnisse** geboten, da der Vollzeitbeschäftigte ein ebenso starkes Schutzbedürfnis vor überbordenden Leistungsbestimmungsrechten aufweise und sich bereits die Abgrenzung zwischen Voll- und Teilzeitarbeit oftmals als schwierig darstelle. Die Gegenansicht[20] lehnt die Einbeziehung von Vollzeitarbeitsverhältnissen dagegen zutreffend ab. Dies ist zunächst mit der systematischen Stellung der Norm im Zweiten, mit „Teilzeitarbeit" überschriebenen Abschnitt des Gesetzes zu begründen. Zudem entspricht die **Beschränkung auf Teilzeitarbeitsverhältnisse** auch dem Willen des Gesetzgebers. Dies wird dadurch deutlich, dass er in Kenntnis des bereits unter Geltung der Vorgängernorm (§ 4 BeschFG) geführten Streits zur Einbeziehung von Vollzeitverhältnissen die Vorschrift zur Arbeit auf Abruf gerade nicht innerhalb des BGB neu geregelt, sondern in das

---

13 BAG 16.5.2012 – 5 AZR 268/11, NZA 2012, 974 (Rn 21); BAG 15.2.2012 – 10 AZR 111/11, NZA 2012, 733; BAG 31.7.2002 – 7 AZR 181/01, BB 2003, 525.

14 BAG 15.2.2012 – 10 AZR 111/11, NZA 2012, 733; BAG 31.7.2002 – 7 AZR 181/01, BB 2003, 525 (zur Vorgängervorschrift § 4 BeschFG).

15 Hümmerich/Lücke/Mauer/*Wisswede*, NomosFormulare ArbR, Muster 1003 (Rahmenvereinbarung für zukünftige befristete Arbeitsverhältnisse) und Muster 1007 (Rahmenvereinbarung über Arbeit auf Abruf – flexible Arbeitszeit).

16 BAG 31.7.2002 – 7 AZR 181/01, BB 2003, 525 (zur Vorgängervorschrift § 4 BeschFG).

17 BAG 16.4.2003 – 7 AZR 187/02, NJW 2003, 3649.

18 LAG Berlin 12.1.1999 – 12 Sa 113/98, ZTR 1999, 327.

19 RGKU/*Bayreuther*, § 12 TzBfG Rn 3; HWK/*Schmalenberg*, § 12 TzBfG Rn 6; Moll/*Reinfeld*, MAH Arbeitsrecht, § 69 Rn 73.

20 *Lindemann*, Flexible Gestaltung von Arbeitsbedingungen, S. 263; ErfK/*Preis*, § 12 TzBfG Rn 4; Schaub/*Linck*, Arbeitsrechts-Handbuch, § 43 Rn 10; Tschöpe/*Leuchten*, Anwalts-Handbuch ArbR, Teil 3 B Rn 21; MüKo-BGB/*Müller-Glöge*, § 12 TzBfG Rn 3; *Sievers*, TzBfG, § 12 Rn 4; *Mühlmann*, RdA 2006, 356, 358.

TzBfG überführt hat.[21] Entscheidend ist allerdings, dass dem Schutzbedürfnis des Vollzeitarbeitnehmers im Hinblick auf die Vereinbarung einer variablen Lage und Dauer der Arbeitszeit durch eine AGB-Kontrolle iSd §§ 305 ff BGB ausreichend Rechnung getragen werden kann. Daher ist auch keine Notwendigkeit für eine entsprechende Anwendung gegeben.[22]

bb) Anforderungen an gesetzeskonforme Abrufarbeit

Arbeit auf Abruf ist legaldefiniert als eine Vereinbarung der Arbeitsvertragsparteien, nach der 445
der Arbeitnehmer seine Arbeitsleistung entsprechend dem Arbeitsanfall zu erbringen hat, § 12 Abs. 1 S. 1 TzBfG. Für die rechtliche Beurteilung solcher Vereinbarungen zog das BAG zunächst § 134 BGB iVm dem Kündigungsschutzrecht als Maßstab heran.[23] Nach der Schuldrechtsreform 2002 kommt es bei der Bewertung von Abrufklauseln jedoch allein auf die §§ 305 ff BGB an.[24] Abrufklauseln sind seither nach dem **Maßstab der §§ 305 ff BGB**, insb. des § 307 BGB, zu beurteilen. Dies kann dazu führen, dass auch eine arbeitsvertragliche Abrufklausel, die nicht gegen § 12 TzBfG verstößt, aufgrund der AGB-rechtlichen Generalklausel des § 307 BGB unwirksam ist.[25] Allerdings normiert § 12 TzBfG einen einzuhaltenden Mindestschutz für Arbeitnehmer.[26]

Um eine gesetzeskonforme Abrufarbeit zu vereinbaren, müssen Arbeitgeber und Arbeitnehmer 446
gem. § 12 Abs. 1 S. 2 TzBfG eine bestimmte **Dauer** der wöchentlichen und täglichen Arbeitszeit festlegen. Ist die Dauer der täglichen Arbeitszeit nicht zwischen den Parteien geregelt, hat der Arbeitgeber die Arbeitsleistung für **mindestens drei aufeinander folgende Stunden** in Anspruch zu nehmen, § 12 Abs. 1 S. 4 TzBfG. Bei der Bestimmung der Dauer der wöchentlichen Arbeitszeit ist die Fixierung einer konkreten Stundenzahl pro Woche erforderlich. Eine Berechnung nach Prozentsätzen ist nicht ausreichend bestimmt und bei der Arbeit auf Abruf unzulässig.[27]

Wird die Dauer der **wöchentlichen Arbeitszeit nicht bestimmt**, greift § 12 Abs. 1 S. 3 TzBfG, 447
wonach in diesem Falle eine **Arbeitszeit von zehn Stunden als vereinbart** gilt. Diese Regelung soll nur bestehende Lücken schließen und ist nicht etwa als Mindestarbeitszeitregelung zu verstehen. Daher ist auch weiterhin die Vereinbarung einer unter zehn Stunden liegenden Sockelarbeitszeit möglich.[28] Die Vorschrift ist dahin gehend auszulegen, dass sie nur in Fällen fehlender vertraglicher Vereinbarung eingreift, in denen eine höhere durchschnittliche Arbeitszeit nicht feststellbar ist. Sie dient dazu, dem Arbeitnehmer zumindest eine gewisse planbare Wochenarbeitszeit und damit verbundene Vergütung zu sichern und soll im Falle einer tatsächlich umfangreicheren Tätigkeit nicht als nachteilige Begrenzung wirken.[29] Bei fehlender Vereinbarung ist demnach vorrangig im Wege der ergänzenden Vertragsauslegung die Sockelarbeitszeit anhand der zuletzt durchschnittlich erbrachten Wochenarbeitszeit zu bestimmen, soweit diese oberhalb der 10-Stunden-Grenze liegt.[30]

---

21 *Mühlmann*, RdA 2006, 356, 358.

22 ErfK/*Preis*, § 12 TzBfG Rn 4; Schaub/*Linck*, Arbeitsrechts-Handbuch, § 43 Rn 10; MüKo-BGB/*Müller-Glöge*, § 12 TzBfG Rn 3.

23 BAG 12.12.1984 – 7 AZR 509/83, BAGE 47, 314 = NZA 1985, 321 (Musiklehrer).

24 BAG 7.12.2005 – 5 AZR 535/04, NZA 2006, 423.

25 BAG 7.12.2005 – 5 AZR 535/04, NZA 2006, 423; LAG Sachsen 16.7.2009 – 5 Sa 407/08 (nicht rechtskräftig); Laux/Schlachter/*Laux*, TzBfG, § 12 Rn 9; *Lindemann*, Flexible Gestaltung von Arbeitsbedingungen, S. 293.

26 BAG 7.12.2005 – 5 AZR 535/04, NZA 2006, 423.

27 Kittner/Däubler/Zwanziger/*Zwanziger*, KSchR, § 12 TzBfG Rn 15; Annuß/Thüsing/*Jacobs*, TzBfG, § 12 Rn 24.

28 *Sievers*, TzBfG, § 12 Rn 25; HWK/*Schmalenberg*, § 12 TzBfG Rn 11; ErfK/*Preis*, § 12 TzBfG Rn 15; MüKo-BGB/*Müller-Glöge*, § 12 TzBfG Rn 9; Schaub/*Linck*, Arbeitsrechts-Handbuch, § 43 Rn 15.

29 ErfK/*Preis*, § 12 TzBfG Rn 16; RGKU/*Bayreuther*, § 12 TzBfG Rn 11; *Stamm*, RdA 2006, 288, 290.

30 BAG 7.12.2005 – 5 AZR 535/04, NZA 2006, 423.

448 **Bandbreitenregelungen**, bei denen der Arbeitgeber innerhalb einer bestimmten Bandbreite die Arbeitszeitdauer verändern kann, hat die bisherige Rspr des BAG[31] wegen Umgehung des Änderungskündigungsschutzes im Arbeitsvertrag als unwirksam betrachtet. Sind sie in Tarifverträgen vorgesehen, hält sie das BAG in stRspr für zulässig.[32] Der Begriff der Bandbreitenregelung wird inzwischen zunehmend **weiter gefasst**. Eine vertragliche Vereinbarung, wonach einerseits eine regelmäßige wöchentliche Arbeitszeit von 30 Stunden gilt, der Arbeitnehmer andererseits jedoch verpflichtet ist, auf Anforderung des Arbeitgebers auch darüber hinaus zu arbeiten, ist nach Ansicht des LAG Düsseldorf[33] als sog. Bandbreitenregelung gem. § 134 BGB unwirksam, weil sie eine Umgehung zwingender gesetzlicher Vorschriften des Kündigungsschutzes darstelle. Dem ist das BAG mit seinem Urteil vom 7.12.2005 entgegengetreten und hat den Rechtsstreit an das LAG Düsseldorf zurückverwiesen.[34] Das BAG hielt die Abmachung zwischen der Arbeitnehmerin und dem Arbeitgeber über die Vereinbarung von Arbeit auf Abruf dem Grunde nach, anders als das LAG Düsseldorf, für zulässig. Ein Verstoß gegen § 12 Abs. 1 S. 2 TzBfG liege nicht vor, da dieser lediglich eine Festlegung der Mindestdauer der wöchentlichen und täglichen Arbeitszeit verlange. § 12 TzBfG bezwecke nur einen **Mindestschutz der Arbeitnehmer**, vom Arbeitgeber überhaupt nicht zur Arbeitsleistung herangezogen zu werden und dadurch jeglichen Vergütungsanspruch zu verlieren. Dieser Mindestschutz werde auch dann erreicht, wenn der Arbeitnehmer über die Mindeststundenanzahl hinaus verpflichtet sei, auf Abruf tätig zu werden, ohne dass ein Anspruch auf dieses Tätigwerden bestehe. Ein angemessener Schutz des Arbeitnehmers vor dem hohen Flexibilisierungspotential erfolgt über die Inhaltskontrolle der Abruf-Vereinbarung nach den §§ 305 ff BGB. Das BAG bestimmte im Wege der ergänzenden Vertragsauslegung anhand der bisherigen Durchschnittsarbeitszeit eine Mindestarbeitszeit von 35 Wochenstunden und entwickelte darüber hinaus als entscheidenden Wirksamkeitsmaßstab für die zukünftige Bewertung von Abrufarbeit, dass der im Rahmen einer Vereinbarung von Arbeit auf Abruf einseitig vom Arbeitgeber abrufbare Teil nicht mehr als 25 % der vereinbarten wöchentlichen Mindestarbeitszeit betragen dürfe. Zwar verlagere bereits eine solche Regelung, abweichend vom Grundgedanken des § 615 BGB, das wirtschaftliche Risiko teilweise auf den Arbeitnehmer. Eine unangemessene Benachteiligung im Rahmen der Interessenabwägung sei jedoch erst bei einem abrufbaren Anteil von über 25 % oder einer Verringerungsmöglichkeit von über 20 % anzunehmen. Das BAG hat die 25%-Grenze in einer weiteren Entscheidung vom 14.8.2007[35] ausdrücklich bestätigt, und auch das BVerfG[36] wertete sie als verfassungskonformen Maßstab zur Prüfung einer unangemessenen Benachteiligung des Arbeitnehmers iSd § 307 BGB.

449 Abrufarbeit erfordert, dass der Arbeitgeber dem Arbeitnehmer die **Lage seiner Arbeitszeit jeweils mindestens vier Tage im Voraus mitteilt**, § 12 Abs. 2 TzBfG. Der Tag des Zugangs des Abrufs ist nach § 187 Abs. 1 BGB wie auch der Tag der abgerufenen Arbeitsleistung nach § 188 Abs. 1 BGB bei der Fristberechnung nicht mitzurechnen. Da „Tage" iSd § 12 Abs. 2 TzBfG nach dem Willen des Gesetzgebers Kalendertage sind, zählen Sonnabende wie Sonn- und Feiertage für die Dauer der Frist mit. Allerdings ist § 193 BGB auf die rückgerechnete Frist anzuwenden, so dass, wenn der rückgerechnete Mitteilungstag auf einen Sonnabend oder einen Sonn- oder Feiertag fällt, an dessen Stelle der vorhergehende Werktag tritt. Ob die abge-

---

31 BAG 12.12.1984 – 7 AZR 509/83, EzA § 315 BGB Nr. 29.

32 BAG 12.3.1992 – 6 AZR 311/90, NZA 1992, 938; BAG 12.12.1990 – 4 AZR 238/90, AP § 4 TVG Arbeitszeit Nr. 2; BAG 17.3.1988 – 6 AZR 268/85, AP § 15 BAT Nr. 11; BAG 12.2.1986 – 7 AZR 358/84, AP § 15 BAT Nr. 7; BAG 26.6.1985 – 4 AZR 585/83, EzA § 1 TVG Nr. 19.

33 LAG Düsseldorf 17.9.2004 – 18 Sa 224/04, LAGE Nr. 1 zu § 315 BGB 2002.

34 BAG 7.12.2005 – 5 AZR 535/04, NZA 2006, 423; zust. *Hunold*, NZA-RR 2008, 449, 453; *Hohenstatt/Schramm*, NZA 2007, 238; *Singer*, RdA 2006, 362, 371; krit. *Meinel/Heyn/Herms*, TzBfG, § 12 Rn 29 a; Kittner/Däubler/Zwanziger/*Zwanziger*, KSchR, § 12 TzBfG Rn 14.

35 BAG 14.8.2007 – 9 AZR 58/07, NZA-RR 2008, 129.

36 BVerfG 23.11.2006 – 1 BvR 1909/06, NZA 2007, 85.

rufene Arbeitsleistung an einem Sonnabend oder einem Sonn- oder Feiertag erbracht werden soll, ist für die Fristberechnung ohne Belang.[37]

Am **Beispiel** erläutert bedeutet dies, dass der **Arbeitgeber**, der die **Arbeitsleistung für einen Montag abruft**, für den Zugang der Mitteilung beim Arbeitnehmer spätestens **am vorhergehenden Mittwoch zu sorgen** hat. Ob der Montag ein Feiertag ist, ist bedeutungslos. Ist der vorangehende Mittwoch ein Feiertag, muss dem Arbeitnehmer die Mitteilung bereits am Dienstag zugegangen sein.

In vielen Branchen erweist sich die **Ankündigungsfrist** des § 12 Abs. 2 TzBfG als **nicht praxisgerecht**. Der Abrufbedarf lässt sich häufig nicht fünf Tage im Voraus bestimmen. Tarifliche Regelungen sind hier gefragt. 450

Wird der Arbeitnehmer nicht mit der gesetzlichen Ankündigungsfrist abgerufen, verfügt er über ein Leistungsverweigerungsrecht, dessen Geltendmachung er nicht weiter begründen muss.[38] Ruft der Arbeitgeber den Arbeitnehmer für weniger als drei Stunden zur Arbeit ab, steht dem Arbeitnehmer kein Leistungsverweigerungsrecht zu.[39] Der Arbeitgeber muss den Arbeitnehmer bei einer niedrigeren Arbeitseinsatzanforderung als für drei Stunden allerdings im Umfang von drei Stunden vergüten. 451

Widerrufsvorbehalte zur Arbeitszeit des Arbeitnehmers, und damit auch zur Arbeitszeit im Rahmen einer Abrufklausel im Arbeitsvertrag, sind im Regelfall mit § 307 Abs. 2 Nr. 1 BGB unvereinbar. Klauseln, über die der Arbeitgeber einseitig die Arbeitszeit bestimmen kann, sind seit der Musikschullehrer-Entscheidung des BAG[40] und angesichts von § 12 TzBfG wegen einer unzulässigen Umgehung des Änderungsschutzrechts (§ 2 KSchG) nichtig. Diese Rspr ist als „gesetzliche Regelung" iSd § 307 Abs. 2 Nr. 1 BGB anzusehen. 452

cc) Abweichungen zu Ungunsten des Arbeitnehmers auf tariflicher Basis

§ 12 Abs. 3 TzBfG eröffnet die Möglichkeit, durch eine tarifvertragliche Regelung auch zu Ungunsten des Arbeitnehmers von den Absätzen 1 und 2 abzuweichen. Dies setzt voraus, dass der Tarifvertrag Regelungen über die tägliche und wöchentliche Arbeitszeit sowie die Vorankündigungsfrist enthält, § 12 Abs. 3 S. 1 TzBfG. Im Umkehrschluss ergibt sich aus dieser Vorschrift, dass eine Abweichung von § 12 Abs. 1 und 2 TzBfG durch andere Vereinbarungen als Tarifverträge, also zB durch Vertrag oder Betriebsvereinbarung, ausgeschlossen ist.[41] Auch nicht tarifgebundene Arbeitgeber und Arbeitnehmer können die Anwendung tariflicher Regelungen über Abrufarbeit arbeitsvertraglich gem. § 12 Abs. 3 S. 2 TzBfG vereinbaren, soweit das Arbeitsverhältnis vom räumlichen und sachlichen Geltungsbereich des Tarifvertrages erfasst wird.[42] 453

Während die Rspr unter der Geltung des § 6 BeschFG den Tarifparteien weitgehend freie Hand gab und sogar eine tarifliche Regelung für zulässig hielt, nach der sich die Arbeitszeit teilzeitbeschäftigter Arbeitnehmer nach dem Arbeitsanfall richtete, ohne dass zugleich eine bestimmte Dauer der Arbeitszeit festgelegt wurde,[43] haben derartige tarifvertragliche Regelungen seit dem Inkrafttreten des TzBfG keinen Bestand mehr. Der Tarifvertrag **muss Regelungen** über die **tägliche** und **wöchentliche Arbeitszeit** und die **Vorankündigungsfrist** enthalten.[44] 454

---

37 Annuß/Thüsing/*Jacobs*, TzBfG, § 12 Rn 49.

38 *Meinel/Heyn/Herms*, TzBfG, § 12 Rn 43; Annuß/Thüsing/*Jacobs*, TzBfG, § 12 Rn 52.

39 BAG 25.4.1989 – 2 AZR 537/88; aA Annuß/Thüsing/*Jacobs*, TzBfG, § 12 Rn 29; ErfK/*Preis*, § 12 TzBfG Rn 24.

40 BAG 12.12.1984 – 7 AZR 509/83, NZA 1985, 321; ebenso BAG 31.1.1985 – 2 AZR 393/83, EzBAT § 8 BAT Direktionsrecht Nr. 3.

41 ErfK/*Preis*, § 12 TzBfG Rn 38.

42 Boecken/Joussen/*Boecken*, TzBfG, § 12 Rn 41; *Sievers*, TzBfG, § 12 Rn 55.

43 BAG 12.3.1992 – 6 AZR 392/91, NZA 1992, 938; BAG 8.9.1994 – 6 AZR 254/94, NZA 1995, 1006.

44 Annuß/Thüsing/*Jacobs*, TzBfG, § 12 Rn 59; Küttner/*Reinecke*, Personalbuch, 402 (Telearbeit) Rn 36; *Meinel/Heyn/Herms*, TzBfG, § 12 Rn 55.

455 Eine tarifliche Norm über die **tägliche und wöchentliche Arbeitszeit** kann auch **Bandbreitenregelungen** („20 bis 30 Wochenstunden") oder Durchschnittsregelungen („jährlich durchschnittlich 20 Stunden wöchentlich") vorsehen, soweit nicht das Beschäftigungsrisiko wie bei einer Bandbreite von 0 bis 40 Wochenstunden vollständig auf den Arbeitnehmer übertragen wird.[45]

456 Während § 6 Abs. 3 BeschFG noch Sonderregelungen der **Kirchen** und öffentlich-rechtlichen Religionsgemeinschaften zuließ, die traditionell keine Tarifverträge schließen, sondern im Zuge des „dritten Wegs" Arbeitsvertragsrichtlinien wählen, sind im kirchlichen Bereich nach dem Wortlaut von § 12 Abs. 3 TzBfG künftig abweichende Regelungen ausgeschlossen.[46]

b) Klauseltypen und Gestaltungshinweise

aa) Abrufarbeit nach § 12 TzBfG

(1) Klauseltyp A

457
1. Die Parteien vereinbaren, dass der Arbeitnehmer seine Arbeitsleistung entsprechend dem Arbeitsanfall zu erbringen hat.
2. Die Dauer der wöchentlichen Arbeitszeit beträgt zehn Stunden.
3. Bei jedem Arbeitseinsatz wird der Arbeitnehmer für mindestens drei aufeinander folgende Stunden in Anspruch genommen.
4. Der Arbeitgeber teilt dem Arbeitnehmer die Lage seiner Arbeitszeit mindestens vier Tage im Voraus mit.

(2) Gestaltungshinweise

458 Der Klauseltyp A folgt wörtlich den gesetzlichen Anforderungen des § 12 TzBfG. Er kann auch dann mit dem vorgestellten Inhalt vereinbart werden, wenn keine der Parteien vom Geltungsbereich eines Tarifvertrages betroffen ist.

459 Dem Textbeispiel liegt ein meist nur begrenzt den Bedürfnissen von Arbeitgebern entsprechendes Szenario von Abrufarbeit zugrunde, weshalb sich die hier vorgestellte Regelung keiner nachhaltigen Verbreitung erfreut. Der bloße Vorteil, mit der gesetzlichen Regelung in Einklang zu stehen, reicht aus personalwirtschaftlicher und betriebswirtschaftlicher Sicht häufig kaum aus, um die Mängel im Bereich der Flexibilität, der Wettbewerbsfähigkeit und der Kostenvertretbarkeit aufzuwiegen.

bb) Offene Dauer und Lage der Arbeitszeit

(1) Klauseltyp B

460 ↓ **B 1:** Die Arbeitszeit wird entsprechend den Erfordernissen des Unternehmens festgesetzt. Die Einteilung der Arbeitszeit obliegt dem Arbeitgeber.[47]

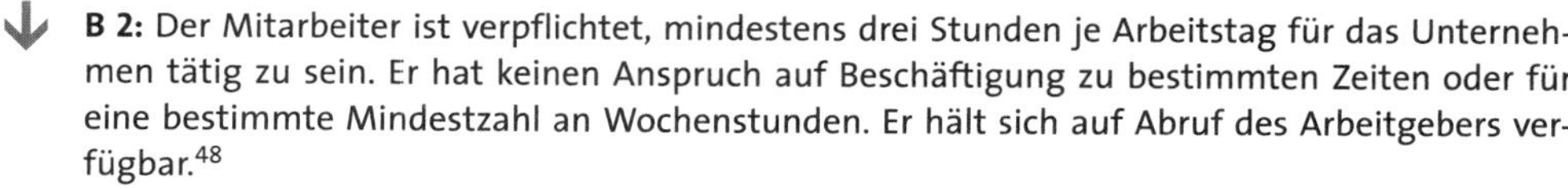

↓ **B 2:** Der Mitarbeiter ist verpflichtet, mindestens drei Stunden je Arbeitstag für das Unternehmen tätig zu sein. Er hat keinen Anspruch auf Beschäftigung zu bestimmten Zeiten oder für eine bestimmte Mindestzahl an Wochenstunden. Er hält sich auf Abruf des Arbeitgebers verfügbar.[48]

↓ **B 3:** Wegen des schwankenden und nicht vorhersehbaren Umfangs der Arbeiten richten sich Umfang und Lage der Arbeitszeit nach dem jeweiligen Arbeitsanfall. Die Lage der Arbeitszeit wird anhand eines Einsatzplans bekanntgegeben.[49]

45 *Rolfs*, RdA 2001, 129, 142; *Kliemt*, NZA 2001, 63; *Däubler*, ZIP 2000, 1961, 1965.
46 Verfassungsrechtliche Bedenken erhebt *Rolfs*, RdA 2001, 129, 142.
47 LAG Schleswig-Holstein 1.12.1983 – 2 Sa 244/83, NZA 1984, 328.
48 LAG München 20.9.1985 – 4 Sa 350/85, BB 1986, 1577.
49 LAG Düsseldorf 17.4.2012 – 8 Sa 1334/11, NZA-RR 2012, 563.

(2) Gestaltungshinweise

Die Vertragstexte vom Klauseltyp B genügen den Anforderungen von § 12 TzBfG **nicht, sind aber in der Praxis durchaus verbreitet.** In allen drei Fällen ist keine Stundenzahl festgelegt. Die Klauseln überlassen es einem umfassenden Direktionsrecht des Arbeitgebers, wann und in welchem Umfang der Arbeitnehmer auf Abruf zur Arbeit herangezogen wird. 461

Obwohl die **Klausel B 2** mindestens drei Stunden je Arbeitstag für das Unternehmen vorsieht, ist sie nicht wirksam. Einerseits fehlt die Zusammenhangszusage gem. § 12 Abs. 1 S. 4 TzBfG, andererseits wird gegen die Grundzüge der Umgehungsrechtsprechung des BAG verstoßen, die mit der **Musiklehrer-Entscheidung** vom 12.12.1984 begründet wurden.[50] In der Musiklehrer-Entscheidung legte der 7. Senat noch vor Inkrafttreten des Beschäftigungsförderungsgesetzes (jetzige Regelung in § 12 TzBfG) fest, dass es eine Gesetzesumgehung darstelle, wenn eine Musikschule die Anzahl der vom angestellten Musiklehrer zu erbringenden Stunden in einer Variationsbreite zwischen 6 und 13,5 Stunden einseitig festlegen könne. Derartige Regelungen seien im Allgemeinen nicht im Sinne einer vertraglichen Vereinbarung eines Widerrufsvorbehalts zum Umfang der Arbeitszeit, sondern als Vereinbarung eines besonderen, arbeitgeberseitigen Weisungsrechts auszulegen. Aus diesen Gründen enthalten die Textbeispiele **B 1 und B 2** unwirksame Klauseln. 462

Die **Klausel B 3** wurde vom LAG Düsseldorf[51] wegen Verstoßes gegen § 307 Abs. 1 S. 1 BGB für unwirksam erklärt. Das LAG befand unter Bezugnahme auf die Rspr des BAG zum einseitig abrufbaren Arbeitszeitvolumen,[52] die Regelung weiche zuungunsten des Arbeitnehmers von § 615 BGB ab. Danach trage der Arbeitgeber das Risiko, den Arbeitnehmer beschäftigen zu können bzw ihn bei Nichtbeschäftigung wegen Auftragsmangels dennoch vergüten zu müssen. Dieses Risiko werde durch den Klauseltyp B 3 auf den Arbeitnehmer abgewälzt und benachteilige diesen unangemessen iSv § 307 Abs. 1 S. 1 BGB. Die Unvereinbarkeit der Abrufklausel mit § 12 TzBfG hat das LAG Düsseldorf in seiner Entscheidung nicht erörtert. 463

cc) Abrufarbeit durch zweiseitige Konkretisierungsbefugnis

(1) Klauseltyp C

↓ Im Bedarfsfall wird der Arbeitseinsatz im gegenseitigen Einvernehmen abgesprochen. Der Arbeitnehmer ist durch diese Vereinbarung künftig nicht zu einer Mitarbeit verpflichtet. Eine Verpflichtung für den Arbeitgeber, den Arbeitnehmer im Bedarfsfall zu beschäftigen, besteht ebenfalls nicht. 464

(2) Gestaltungshinweise

Der Vorteil der Abrufarbeit durch zweiseitige Bestimmungsbefugnis besteht darin, dass die Fristen und Formalien des § 12 TzBfG nicht berücksichtigt werden müssen, weil der Einsatz des Arbeitnehmers nicht ausschließlich von der Abruferklärung des Arbeitgebers abhängig ist. Trotzdem bestehen Bedenken gegen die Wirksamkeit, weil die **materielle Dispositionsbefugnis** bei einer solchen vertraglichen Vereinbarung letztlich beim Arbeitgeber verbleibt. Zwar kann der Arbeitnehmer, weil seine Verpflichtung zum Arbeitseinsatz auch von seinem eigenen Willen, die Arbeit zu leisten, abhängig ist, sich einem Abruf durch bloßes Nein-Sagen entziehen. Andererseits verbleibt das Kernrecht, Arbeit, in welchem Umfang auch immer, anzubieten, beim Arbeitgeber. Deshalb wird in einer Abrufklausel mit dem Inhalt des Klauseltyps C trotz der formal zweiseitigen Konkretisierungsbefugnis mit Blick auf die BAG-Rspr[53] eine Umge- 465

---

50 BAG 12.12.1984 – 7 AZR 509/83, NZA 1985, 321; ebenso BAG 31.1.1985 – 2 AZR 393/83, EzBAT § 8 BAT Direktionsrecht Nr. 3; BAG 28.10.1987 – 5 AZR 390/86; ArbG Hamburg 2.5.1984 – 6 Ca 691/83, NZA 1984, 358; LAG München 20.9.1985 – 4 Sa 350/85, BB 1986, 1577.

51 LAG Düsseldorf 17.4.2012 – 8 Sa 1334/11, NZA-RR 2012, 563.

52 BAG 7.12.2005 – 5 AZR 535/04, NZA 2006, 423.

53 BAG 12.12.1984 – 7 AZR 509/83, NZA 1985, 321.

hung des § 12 TzBfG gesehen. Denn der Arbeitgeber kann das Arbeitsverhältnis durch bloßen, dauerhaften Nichtabruf inhaltsleer zum Ruhen bringen und im Ergebnis die wechselseitigen Hauptleistungspflichten suspendieren.[54]

466 Beim Klauseltyp C, der die Voraussetzungen des § 12 TzBfG nicht erfüllt, kann zudem in Erwägung gezogen werden, dass es sich um eine **überraschende Klausel** iSv § 305 c BGB handelt. Bei dieser Klausel erkennt der Arbeitnehmer uU nicht, dass seine Willensentscheidung ausschließlich von Arbeitsangeboten des Arbeitgebers abhängig ist und nur ein scheinbares Kräftegleichgewicht besteht. Soweit der Arbeitgeber die Möglichkeit hat, das Arbeitszeitvolumen in nennenswertem Umfang so zu reduzieren, dass der Arbeitnehmer nicht mehr die seiner Erwartung entsprechende Teilzeittätigkeit ausüben kann, hat die Klausel für den Arbeitnehmer Überraschungscharakter. Fährt der Arbeitgeber das Arbeitsvolumen – formal vertragskonform – auf Null, kann die Klausel als überraschende Klausel nach § 305 c BGB zu werten und eine unangemessene Benachteiligung des Arbeitnehmers nach § 307 Abs. 2 Nr. 2 BGB anzunehmen sein. Die gleichen Bedenken können auch bei den **Klauseltypen B 1 und B 2** angebracht werden.

dd) Höchstarbeitszeit bei studentischer Nebentätigkeit

(1) Klauseltyp D

467 → Die wöchentliche Arbeitszeit richtet sich nach dem Arbeitsanfall und den jeweils von der Dienststelle getroffenen zeitlichen Festlegungen. Sie beträgt während der Vorlesungszeit 14 bis 17,5 Stunden, während der vorlesungsfreien Zeit (Semesterferien) 32 bis 40 Stunden. Die Arbeitsleistung des Arbeitnehmers wird jeweils für mindestens drei aufeinander folgende Stunden in Anspruch genommen. Die Lage der Arbeitszeit teilt der Arbeitgeber dem Arbeitnehmer mindestens vier Tage im Voraus mit.[55]

(2) Gestaltungshinweise

468 Die Ursprungsfassung des Klauseltyps D enthielt eine Befristungsregelung und wurde vom BAG aus Gründen des Befristungsschutzes für unwirksam erklärt.[56] Inhaltlich jedoch dürfte die Klausel sowohl den Anforderungen des § 12 Abs. 1 S. 2 TzBfG genügen als auch einer Inhaltskontrolle nach §§ 305 ff BGB standhalten.

ee) Bandbreitenregelung[57]

(1) Klauseltyp E

469 **E 1:** Die Parteien vereinbaren, dass der Arbeitnehmer seine Arbeitsleistung entsprechend dem Arbeitsanfall auf Abruf des Arbeitgebers zu erbringen hat. Die Dauer der wöchentlichen Arbeitszeit beträgt mindestens 20 Stunden und höchstens 25 Stunden. Bei jedem Arbeitseinsatz wird der Arbeitnehmer für mindestens drei aufeinander folgende Stunden in Anspruch genommen. Der Arbeitgeber teilt dem Arbeitnehmer die Lage seiner Arbeitszeit mindestens vier Tage im Voraus mit.

→ **E 2:** Die Arbeitszeit des Mitarbeiters ist bedarfsabhängig, sie richtet sich nach dem jeweiligen Arbeitsanfall. In den ersten drei Monaten beträgt die Mindestarbeitszeit (...) Stunden wöchentlich. Nach drei Monaten beträgt die Mindestarbeitszeit (...) Stunden wöchentlich. Lage und Dauer der Arbeitszeit bestimmt die Firma durch Abruf. Die tägliche Mindestarbeitszeit beträgt (...) aufeinander folgende Stunden. Dem Mitarbeiter ist der Arbeitsbedarf in angemessener Frist anzukündigen, grundsätzlich mindestens drei Tage vor der Bedarfssituation. Bei kürzerer Bedarfsanmeldung kann der Mitarbeiter die Arbeit ablehnen.

---

54 *Hermann*, AnwBl 1990, 537.
55 Vgl BAG 10.8.1994 – 7 AZR 695/93, NZA 1995, 30.
56 Vgl zur Ursprungsfassung BAG 10.8.1994 – 7 AZR 695/93, NZA 1995, 30.
57 *Rudolf*, NZA 2002, 1012.

(2) Gestaltungshinweise

Beim **Klauseltyp E 1** handelt es sich um eine Bandbreitenregelung mit Festlegung einer wöchentlichen Mindest- und Höchstarbeitszeit. Durch eine solche Bandbreitenregelung ist es dem Arbeitgeber in gewissem Ausmaß möglich, auf Bedarfsschwankungen zu reagieren. 470

Nach der Rspr des BAG[58] genügt die Festlegung einer Mindestdauer den Anforderungen des § 12 Abs. 1 S. 2 TzBfG. Allerdings ist die Regelung zusätzlich einer Inhaltskontrolle nach §§ 305 ff BGB zu unterziehen. Eine unangemessene Benachteiligung des Arbeitnehmers iSv § 307 Abs. 1 S. 1 BGB liegt vor, wenn die vom Arbeitgeber abrufbare, über die vereinbarte Mindestarbeitszeit hinausgehende Arbeitsleistung mehr als 25 % der vereinbarten wöchentlichen Mindestarbeitszeit beträgt; Gleiches gilt für eine einseitige Verringerungsmöglichkeit bei einem Umfang von über 20 %. Mit der Vereinbarung von einer Mindestarbeitszeit von 20 Stunden und einer Höchstarbeitszeit von 25 Stunden genügt der Klauseltyp E 1 den Anforderungen des BAG. Durch die Festlegung einer täglichen Mindestarbeitszeit und der Vorankündigungsfrist werden den weiteren Voraussetzungen des § 12 TzBfG Genüge getan. Die Vereinbarung auch einer kürzeren täglichen Arbeitszeit als drei Stunden ist möglich.[59] Eine entsprechende Bandbreitenregelung bei Vereinbarung über „Arbeit auf Abruf" ist auch mit Vollzeitarbeitskräften möglich. § 12 TzBfG ist in diesem Falle zwar nicht anwendbar, allerdings empfiehlt es sich, entsprechende Regelungen zur Vorankündigungsfrist und zur täglichen Mindestarbeit auch hier zu vereinbaren.[60] Zudem ist darauf zu achten, dass die Erhöhung der wöchentlichen Arbeitszeit nicht gegen die tariflich oder gesetzlich zulässige Höchstarbeit verstößt.[61] 471

Klauseltyp E 2 ist als einzelvertragliche Regelung in der Form unwirksam. Zunächst kann nicht einzelvertraglich von der gesetzlichen Regelung der Ankündigungsfrist von vier Tagen in § 12 Abs. 2 TzBfG abgewichen werden.[62] Des Weiteren hält die Regelung mangels einer Begrenzung der Höchstarbeitszeit einer Inhaltskontrolle nach §§ 305 ff BGB nicht stand. Gemäß § 12 Abs. 3 S. 1 TzBfG kann jedoch durch Tarifvertrag auch zuungunsten des Arbeitnehmers von § 12 Abs. 1 und 2 TzBfG abgewichen werden, wenn der Tarifvertrag Regelungen zur wöchentlichen und täglichen Arbeitszeit sowie zur Vorankündigungsfrist enthält. Zudem hält der 4. Senat des BAG **tarifvertragliche Bandbreitenregelungen** in stRspr für wirksam.[63] Auch eine Inhaltskontrolle nach §§ 305 ff BGB findet bei Tarifverträgen nicht statt. Als tarifvertragliche Regelung wäre Klauseltyp E 2 also wirksam. Nach § 12 Abs. 3 S. 2 TzBfG können auch nicht tarifgebundene Arbeitgeber und Arbeitnehmer die Anwendung einer tarifvertraglichen Bandbreitenregelung wirksam vertraglich vereinbaren, soweit das Arbeitsverhältnis vom räumlichen und sachlichen Anwendungsbereich des jeweiligen Tarifvertrages umfasst ist. Handelt es sich um eine Globalverweisung auf den einschlägigen Tarifvertrag, genießt die Regelung den Schutz des § 310 Abs. 4 S. 1 BGB, so dass keine AGB-Kontrolle stattfindet. 472

ff) Kombination von Abruf- mit Mehrarbeit

(1) Klauseltyp F

1. Im Rahmen dieses Arbeitsvertrages erklären Sie sich bereit, mindestens 20 Stunden und höchstens 25 Stunden in der Woche auf Abruf bei uns zu arbeiten. Zwischen uns besteht 473

58 BAG 7.12.2005 – 5 AZR 535/04, NZA 2006, 423.
59 *Meinel/Heyn/Herms*, TzBfG, § 12 Rn 31.
60 *Hohenstatt/Schramm*, NZA 2007, 238, 239.
61 *Hohenstatt/Schramm*, NZA 2007, 238, 239.
62 *Meinel/Heyn/Herms*, TzBfG, § 12 Rn 46.
63 BAG 19.6.1985 – 5 AZR 57/84, EzA § 315 BGB Nr. 32; BAG 26.6.1985 – 4 AZR 585/83, EzA § 1 TVG Nr. 19; BAG 12.12.1986 – 7 AZR 358/84, AP § 15 BAT Nr. 7; BAG 17.3.1988 – 6 AZR 268/85, AP § 15 BAT Nr. 11; BAG 12.3.1992 – 6 AZR 311/90, EzA § 4 BeschFG 1985 Nr. 1; BAG 12.12.1990 – 4 AZR 238/90, AP § 4 TVG Arbeitszeit Nr. 2.

Einigkeit, dass die Verteilung der Arbeitszeit entsprechend dem Arbeitsanfall erfolgt. Die Einteilung erfolgt auf Abruf durch die Firma. Dabei ist eine tägliche Mindestarbeitszeit von (...) aufeinander folgenden Stunden vereinbart.

2. Sie sind zur Arbeitsleistung verpflichtet, wenn Ihnen die Lage der Arbeitszeit mindestens vier Kalendertage vorher mündlich oder schriftlich mitgeteilt wurde.
3. Sie sind ferner verpflichtet, im Rahmen der gesetzlichen Bestimmungen auch über die vertraglich vereinbarte Arbeitszeit hinaus tätig zu werden, wenn die betrieblichen Belange dies erfordern (Mehrarbeit).

(2) Gestaltungshinweise

474 Eine Kombination von Arbeit auf Abruf mit Mehrarbeit hat für den Arbeitgeber den Vorteil, dass er zunächst die mit Arbeit auf Abruf verbundene Flexibilisierung erreichen kann. Gerade die Vereinbarung einer Bandbreitenregelung lässt dem Arbeitgeber den Spielraum, um auf gewisse Schwankungen im Bedarf an Arbeitskräften zu reagieren. Der Klauseltyp F bietet dem Arbeitgeber darüber hinaus die Möglichkeit, kurzfristig Mehrarbeit auch über die wöchentliche Arbeitszeit von 25 Stunden hinaus anzuordnen, wenn betriebliche Belange dies dringend erfordern.

475 Besonderer Wert sollte bei einer solchen Vertragsgestaltung auf die **Abgrenzung** der **Arbeit auf Abruf** von dem Recht zur Anordnung von **Überstunden** gelegt werden. Mehrarbeit und Überstunden werden nicht an den Maßstäben des § 12 Abs. 2 TzBfG gemessen. Überstunden können vom Arbeitgeber ohne Ankündigungsfrist angeordnet werden, soweit der Arbeitnehmer tarifvertraglich zur Überarbeit verpflichtet ist oder die Parteien die Leistung von Überstunden vertraglich vereinbart haben.[64] Allerdings wird die Grenze einer Überstundenregelung hin zu einer Vereinbarung von Arbeit auf Abruf dann überschritten, wenn für den Arbeitnehmer eine selbständige, nicht auf Unregelmäßigkeit oder Dringlichkeit beschränkte Pflicht zur Leistung von Arbeit auf Anforderung des Arbeitgebers besteht.[65] Überstunden umfassen gerade nur einen aufgrund besonderer Umstände anfallenden vorübergehenden zusätzlichen Arbeitsbedarf. Dementsprechend ist insb. bei einer Kombination von Vereinbarungen über Abrufarbeit und Mehrarbeit das Transparenzgebot iSd § 307 Abs. 1 BGB zu beachten. Insbesondere sind unklare Formulierungen wie „gelegentlich" oder „aufgrund besonderer, unvorhergesehener Umstände" im Zusammenhang mit der Arbeit auf Abruf unbedingt zu vermeiden, da Unklarheiten gem. § 305 c Abs. 2 BGB stets zu Lasten des Verwenders gehen. Im Zweifel wird dann gerade keine Abrufvereinbarung angenommen.[66] Auf der anderen Seite ist bei einer Vereinbarung von Mehrarbeit genau darauf zu achten, dass die Mehrarbeit ausschließlich zur Deckung eines aufgrund besonderer Umstände anfallenden vorübergehenden zusätzlichen Arbeitsbedarfs angeordnet werden kann und nicht lediglich die wöchentliche Höchstarbeitszeit durch eine selbständige Arbeitspflicht erhöht wird.

476 Die Anordnung von **Mehrarbeit** ist zunächst dann möglich, wenn das Arbeitsdeputat im Abrechnungszeitraum bereits voll ausgeschöpft ist.[67] Hat also der Arbeitnehmer im Falle des Klauseltyps F bereits 25 Stunden auf Abruf gearbeitet, kann der Arbeitgeber dennoch auch ohne Einhaltung der Vier-Tages-Frist Mehrarbeit anordnen, um den zusätzlichen Arbeitsbedarf abzudecken. Daneben ist aber auch für den Fall, dass der Arbeitgeber die Arbeitszeit durch ordnungsgemäßen Abruf konkretisiert hat, eine kurzfristige Anordnung von Überstunden zulässig, auch wenn das Arbeitszeitdeputat noch nicht voll ausgeschöpft ist.[68]

---

64 BAG 27.1.1994 – 6 AZR 541/93, AP § 15 BAT-O Nr. 1; BAG 18.10.1994 – 1 AZR 503/93, AP § 615 BGB Kurzarbeit Nr. 11; Küttner/*Reinecke*, Personalbuch, 411 (Überstunden) Rn 4.

65 BAG 7.12.2005 – 5 AZR 535/04, NZA 2006, 423.

66 *Hohenstatt/Schramm*, NZA 2007, 238, 239.

67 MünchHandbArbR/*Schüren*, § 41 Rn 24.

68 MünchHandbArbR/*Schüren*, § 41 Rn 24.

gg) KAPOVAZ-Abrede

(1) Klauseltyp G

1. Die regelmäßige Arbeitszeit beträgt (...) Stunden pro Woche. Je nach betrieblichem Bedarf kann sie auf mehrere Wochen ungleichmäßig verteilt werden. Innerhalb von (...) zusammenhängenden Wochen muss der Ausgleich erreicht sein. Der Arbeitnehmer ist zum Einsatz verpflichtet, wenn ihm die Lage und Dauer der jeweiligen Arbeitszeit mindestens vier Tage im Voraus mitgeteilt wurden. 477
2. Es wird eine Beschäftigung von mindestens drei aufeinander folgenden Stunden für jeden Tag der Arbeitsleistung vereinbart. Der Arbeitnehmer hat keinen über diese Zusage hinausreichenden Anspruch auf gleichartige Verteilung der Wochenarbeitszeit.

(2) Gestaltungshinweise

Bei der KAPOVAZ-Abrede[69] handelt es sich um eine Bestimmung, durch die in der Frage der Arbeitszeit eine Anpassung an die Bedürfnisse der Branche oder einer Saison (Kampagne-Betriebe) Rechnung getragen werden soll. In der Land- und Forstwirtschaft, im Baugewerbe, bei Zuckerfabriken oder im Gaststätten- und Hotelgewerbe schwankt der Personalbedarf. Mit einer KAPOVAZ-Abrede versuchen die Vertragsparteien auf Wunsch des Arbeitgebers, dem wechselnden Personalbedarf kostenbewusst Rechnung zu tragen. Der Klauseltyp G erlaubt dem Arbeitgeber die Festlegung des Bezugszeitraums für die festgelegte Arbeitszeitdauer. Je größer der Bezugszeitraum ist, desto besser kann er auf den Arbeitsanfall reagieren, desto größer wird allerdings auch die Unsicherheit für den Arbeitnehmer. 478

Der Klauseltyp G entspricht den Anforderungen des § 12 Abs. 1 S. 2 TzBfG, wonach eine wöchentliche und tägliche Arbeitszeitdauer vereinbart werden muss. Sinn dieser gesetzlichen Regelung ist die Gewährleistung eines Mindestschutzes für den Arbeitnehmer auch bei der Abrufarbeit.[70] Der Arbeitnehmer, der an der Vorhersehbarkeit seiner Arbeitszeit interessiert ist,[71] kann sich durch die vertragliche Verankerung einer wöchentlichen und täglichen Arbeitszeit auf ein beständiges Einkommen verlassen und ist nicht durch zu zahlreiche Arbeitseinsätze übermäßigen Belastungen ausgesetzt.[72] Das Interesse des Arbeitgebers an einer Flexibilisierung der Arbeitszeitdauer und das Interesse des Arbeitnehmers an einer festen Regelung der Dauer der Arbeitszeit müssen angemessen zum Ausgleich gebracht werden.[73] Deshalb ist es zulässig, über einen längeren Zeitraum hinweg Arbeitszeitguthaben oder Arbeitszeitdefizite auf einem Arbeitszeitkonto anzulegen und sie innerhalb eines Ausgleichszeitraums abzubauen.[74] Selbst ein Ausgleichszeitraum von mehr als sechs Monaten erscheint mit Blick auf § 3 ArbZG zulässig.[75] 479

Das allgemeine Direktionsrecht des Arbeitgebers umfasst auch das Recht, die Lage der Arbeitszeit zu bestimmen.[76] Eines sachlichen Grundes im Sinne der Rspr des BAG zur Befristung des Arbeitsvertrages bedarf es weder bei der KAPOVAZ-Abrede noch für die Dauer eines Arbeitseinsatzes. Die Prüfung der Wirksamkeit von KAPOVAZ-Vereinbarungen hat sich mit Blick auf eine etwaige Gefährdung von Arbeitnehmerrechten auf vier Bereiche zu konzentrieren, nämlich die Dauer der Arbeitszeit, die Verteilung der Arbeitszeit auf die einzelnen Wochentage und die 480

69 KAPOVAZ ist die Abkürzung für „kapazitätsorientierte variable Arbeitszeit"; *Hromadka*, FS Kissel, S. 417 ff.
70 Annuß/Thüsing/*Jacobs*, TzBfG, § 12 Rn 1.
71 *Wisskirchen/Bissels*, NZA 2006, Beil. Nr. 1, 24.
72 *Klevemann*, AiB 1986, 103, 106.
73 BAG 7.12.2005 – 5 AZR 535/04, NZA 2006, 423, 427.
74 Preis/*Preis*, Der Arbeitsvertrag, II A 90 Rn 123.
75 Preis/*Preis*, Der Arbeitsvertrag, II A 90 Rn 123; *Hunold*, NZA 2003, 896, 899; *Wisskirchen/Bissels*, NZA 2006, Beil. Nr. 1, 24, 27.
76 BAG 19.6.1985 – 5 AZR 57/84, EZA § 315 BGB Nr. 32.

Dauer der Arbeitszeit pro Arbeitseinsatz, auf die Abruffrist und auf die Entlohnung.[77] Nicht allen KAPOVAZ-Abreden kann im Vorhinein Wirksamkeit attestiert werden. Unter dem Oberbegriff „KAPOVAZ" wird eine Vielzahl individueller Vertragsgestaltungen zusammengefasst.[78] Der Klauseltyp G beachtet den gesetzlichen Mindestschutz für Arbeitnehmer.

hh) Vereinbarung über Abrufarbeit mit Halbjahreszeitraum

(1) Klauseltyp H

481 **H 1:** Vereinbarung mit möglicher Arbeitszeiterhöhung

1. Tätigkeit
   a) Der Mitarbeiter ist einverstanden, auf Abruf des Arbeitgebers als (...) in (...) zu arbeiten.
   b) Eine Verpflichtung zur jeweiligen Arbeitsaufnahme besteht nur, wenn der Mitarbeiter spätestens vier Tage vor dem Bedarfsfall verständigt wurde.
   c) Bei Anforderung in einer kürzeren Frist als vier Tagen ist die Arbeitsaufnahme freiwillig.
2. Arbeitszeitvolumen
   a) Die Arbeitszeit beträgt mindestens (...) Stunden im Halbjahresdurchschnitt. Wird das Arbeitsdeputat innerhalb des Abrechnungszeitraums nicht vollständig abgerufen, wird der unverbrauchte Teil dem nächsten Abrechnungszeitraum zugeschlagen. Ein solcher Übertrag darf höchstens 10 % des Arbeitszeitvolumens betragen.
   b) Der Mitarbeiter ist auf Abruf zur Leistung von Mehrarbeit iHv 10 % des Arbeitsvolumens verpflichtet.
   c) Die tägliche Arbeitszeit beträgt an den Einsatztagen mindestens drei aufeinander folgende Stunden.

H 2: Vereinbarung mit möglicher Arbeitszeitverringerung

1. Tätigkeit
   a) Die Parteien vereinbaren eine Tätigkeit des Arbeitnehmers auf Abruf des Arbeitgebers.
   b) Eine Verpflichtung des Arbeitnehmers zur Tätigkeitsaufnahme besteht nur, soweit er vom Arbeitgeber mindestens vier Tage zuvor über die Lage der Arbeitszeit informiert wurde.
   c) Im Falle einer kurzfristigeren Aufforderung ist die Tätigkeitsaufnahme freiwillig.
2. Arbeitszeit
   a) Die regelmäßige Arbeitszeit des Arbeitnehmers beträgt (...) Wochenstunden im Halbjahresdurchschnitt.
   b) Die Vertragsparteien vereinbaren die Möglichkeit der Verringerung der vereinbarten Arbeitszeit um bis zu 20 % auf (...) Wochenstunden im Halbjahresdurchschnitt.
   c) Der Arbeitgeber hat den Arbeitnehmer über eine Verringerung mindestens vier Tage im Voraus (schriftlich) zu informieren.
   d) Die Vergütung des Arbeitnehmers reduziert sich entsprechend der Arbeitszeitverringerung.

(2) Gestaltungshinweise

482 Die **Klausel H 1** erfüllt die Voraussetzungen des § 12 TzBfG. Sie wählt das Modell eines halbjährlichen Abrechnungszeitraums und schützt den Arbeitnehmer vor einer übermäßigen Übertragung nicht abgerufener Arbeitszeit durch eine Begrenzung auf 10 %. Durch die Mehrarbeitsklausel, die ebenfalls eine Beschränkung auf 10 % des Arbeitsvolumens vorsieht, ist sichergestellt, dass der Charakter des Teilzeitarbeitsverhältnisses gewahrt bleibt und sich die Risiken des Arbeitnehmers im Hinblick auf den Umfang seines geforderten Arbeitseinsatzes in

77 *Klevemann*, AiB 1986, 103, 109 ff.
78 *Klevemann*, AiB 1986, 103, 105, 107.

Grenzen halten. Damit ist auch den Anforderungen des BAG[79] für eine einseitige Erhöhung der Arbeitszeit bei Arbeit auf Abruf durch den Arbeitgeber im Umfang von bis zu 25 % der vereinbarten wöchentlichen Mindestarbeitszeit Genüge getan. Der Klauseltyp H 1 sollte dementsprechend einer AGB-Kontrolle standhalten.

Ebenso ist es nach der Entscheidung des BAG ohne Annahme einer unangemessenen Benachteiligung des Arbeitnehmers iSd § 307 Abs. 1 BGB zulässig – wie in der **Klausel H 2** geschehen –, eine Bestimmung in den Arbeitsvertrag einzufügen, welche die einseitige Verringerung der Arbeitszeit um bis zu 20 % der vereinbarten Sockelarbeitszeit ermöglicht. Die Aufnahme einer solchen Klausel kann gerade im Hinblick auf wirtschaftliche Krisenzeiten und damit verbundene Auftragsknappheit für den Arbeitgeber vorteilhaft sein und eine Alternative zur Anordnung von Kurzarbeit oder dem Ausspruch betriebsbedingter Kündigungen darstellen. Um Streitigkeiten vorzubeugen, ist es empfehlenswert, in diesem Zusammenhang klarstellend hinzuzufügen, dass sich auch die Vergütung des Arbeitnehmers entsprechend der verringerten wöchentlichen Arbeitszeit reduziert. Auch sollte im Rahmen der Vergütungsregelungen auf diese Möglichkeit hingewiesen werden.[80] Allerdings ist die Verwendung einer solchen Verringerungsklausel nur an Stelle der Vereinbarung einer möglichen Arbeitszeiterhöhung denkbar, da eine kumulative Verwendung zu einer einseitigen Flexibilisierungsmöglichkeit von 45 % der Arbeitszeit führen würde.[81] 483

Gerade bei einer solchen Vereinbarung eines halbjährlichen Abrechnungszeitraums ist eine **Abgrenzung** von **Modellen mit Jahresarbeitszeit** notwendig, die keine Arbeit auf Abruf darstellen. Das Element der Jahresarbeitszeit hat zwar vor den Augen des BAG[82] und der Lit.[83] bislang Anerkennung gefunden, der entscheidende Unterschied zur Abrufarbeit ist aber, dass dem Arbeitgeber gerade kein einseitiges Bestimmungsrecht bei der Lage der Arbeitszeit eingeräumt werde, sondern beim Jahresarbeitszeitvertrag die Verteilung der Arbeitszeit vertraglich, also zweiseitig, geregelt ist.[84] 484

ii) Rahmenvereinbarung über Interessentenliste

(1) Klauseltyp I

Die Firma erklärt sich bereit, Herrn (...) in die Liste der Interessenten für Arbeitseinsätze aufzunehmen. Im Bedarfsfall wird der Leiter der Abteilung (...) sich daher an Herrn (...) mit der Frage wenden, ob dieser in der Lage und bereit ist, für einen näher bestimmten Zeitraum Arbeiten in der Firma zu erledigen. Für den Fall, dass im Einzelfall ein befristetes Arbeitsverhältnis zustande kommt, wird eine Vergütung von (...) € je Stunde vereinbart. 485

Die Firma und Herr (...) sind sich einig, dass die Firma nicht verpflichtet ist, Herrn (...) Beschäftigungsangebote zu machen, und Herr (...) nicht verpflichtet ist, Beschäftigungsangebote der Firma anzunehmen, und dass durch den Abschluss der Rahmenvereinbarung und die in Einzelfällen erfolgende Beschäftigung ein Dauerteilzeitarbeitsverhältnis, auch in Form eines sog. Abrufarbeitsverhältnisses (§ 12 TzBfG), nicht begründet wird.[85]

---

79 BAG 7.12.2005 – 5 AZR 535/04, NZA 2006, 423.

80 *Hohenstatt/Schramm*, NZA 2007, 238, 240.

81 *Bauer/Günther*, DB 2006, 950; *Kramer/Kiene*, ArbRA 2010, 233; *Zundel*, NJW 2006, 2304, 2306.

82 BAG 20.6.1995 – 3 AZR 539/93, NZA 1996, 597.

83 *Andritzky*, NZA 1997, 643, 644; *Heinze*, NZA 1997, 681, 687; Erman/*Hanau*, § 611 BGB Rn 310; *Schüren*, BB 1984, 1235.

84 Preis/*Preis*, Der Arbeitsvertrag, II A 90 Rn 118.

85 Hümmerich/Lücke/Mauer/*Wisswede*, NomosFormulare ArbR, Muster 1003 (Rahmenvereinbarung für zukünftige befristete Arbeitsverhältnisse).

(2) Gestaltungshinweise

486 Der Klauseltyp I enthält einen Rahmenvertrag, der selbst kein Arbeitsvertrag ist. Grundsätzlich begründet eine solche Vertragskonstruktion kein Abrufarbeitsverhältnis, sondern lediglich die Möglichkeit, befristete einsatzbezogene Einzelarbeitsverhältnisse zu vereinbaren. Fehlt ein sachlicher Befristungsgrund für das Einzelarbeitsverhältnis, wird dies im Wege der Befristungskontrolle zur Annahme eines unbefristeten Arbeitsverhältnisses führen.[86]

86 Küttner/*Röller*, Personalbuch, 393 (Studentenbeschäftigung) Rn 4.

2. Abtretungsverbotsklauseln und Kostenpauschalen

Literatur

Bengelsdorf, Einflüsse der Lohnpfändung auf das Arbeitsverhältnis, AuA 1996, 140; *ders.*, Lohnpfändungsrecht, Düsseldorfer Schriftenreihe, 2. Aufl. 2007; *ders.*, Neue Rechtsprechung zum Lohnpfändungsrecht, FA 2009, 162; *Berger-Delhey*, „Bei Geldsachen hört die Gemütlichkeit auf“: Arbeitseinkommen und neue Insolvenzordnung, ZTR 1998, 501; *Biswas/Burghard*, Neue BAG-Rechtsprechung zur Kostentragung bei Lohnpfändungen, FA 2007, 261; *Boewer*, Handbuch Lohnpfändung und Lohnabtretung, 3. Aufl. 2014; *Brill*, Lohnpfändung als Kündigungsgrund, DB 1976, 1816; *Bruckner*, Zur Wirksamkeit von Lohnabtretungsklauseln, WuB IF 4 Sicherungsabtretung 4.89; *Eckert*, Die Kostenerstattung bei der Drittschuldnererklärung nach § 840 I ZPO, MDR 1986, 799; *Gutzmann*, Die Erstattung der Kosten des Arbeitgebers als Drittschuldner bei Lohnpfändungen, BB 1976, 700; *Hanel*, Abtretung von Arbeitslohn, Personal 1988, 297; *Helwich/Frankenberg*, Pfändung des Arbeitseinkommens und Verbraucherinsolvenz – einschließlich Pfändung der Sozialleistungen, Kontopfändung und Restschuldbefreiung, 6. Aufl. 2010; *Hörmann*, Verbraucher und Schulden, 1987; *Lakies*, AGB-Kontrolle im Arbeitsrecht, AR-Blattei SD 35; *Mikosch*, Aufrechnung im Arbeitsverhältnis, AR-Blattei SD 270; *Moß*, in: Maschmann/Sieg/Göpfert, Vertragsgestaltung im Arbeitsrecht, 2012, „Abtretungsverbote und Lohnpfändung“; *Neumann*, Lohnpfändung und Verpfändung, AR-Blattei Lohnpfändung I und SD 1130; *Reichold/Ludwig*, Keine Umgehung des Pfändungsschutzes durch Verrechnung, BB 2009, 1303; *Sauerbier*, Der Forderungsübergang im Arbeitsrecht, AR-Blattei Lohnabtretung 1 und 3D 1120; *Schiefer/Heise*, Kündigungsschutzrecht – Kölner Praxiskommentar (KPK), 4. Aufl. 2012, § 1 Rn 497; *Schielke*, Kostentragung bei der Lohnpfändung, BB 2007, 378; *Scholz*, Verbraucherkonkurs und Restschuldbefreiung nach der neuen Insolvenzordnung, DB 1996, 765; *ders.*, Neue Aspekte der Lohnabtretung, FLF 1999, 227; *Steppeler*, Die neuen Rechtsprechungsgrundsätze zur Lohnabtretung, WM 1989, 1913; *Wank*, Lohnabtretungsverbot im Einzelarbeitsvertrag, EWiR 1990, 133; *Worzalla*, Arbeitsverträge gestalten, 2005.

a) Rechtslage im Umfeld

aa) Pfändungsfreigrenze und allgemeine Grundsätze

Der Arbeitnehmer kann grds. seine (künftigen) Entgeltforderungen bis zur Höhe der Pfändungsfreigrenze an Dritte abtreten oder verpfänden.[1] Die **Pfändungsfreigrenzen** sind in **§ 850 c ZPO** geregelt. Die unpfändbaren Beträge nach § 850 c Abs. 1 und Abs. 2 S. 2 ZPO sind zum **1.7.2015** durch „Bekanntmachung zu den §§ 850 c und 850 f ZPO (Pfändungsfreigrenzenbekanntmachung 2015)“ vom 14.4.2015[2] erhöht worden. Gemäß § 850 c Abs. 2 a S. 1 ZPO ändern sich die unpfändbaren Beträge nach Abs. 1 und Abs. 2 S. 2 jeweils zum 1.7. eines jeden zweiten Jahres (erstmalig zum 1.7.2013) entsprechend der im Vergleich zum jeweiligen Vorjahreszeitraum sich ergebenden prozentualen Entwicklung des Grundfreibetrags nach § 32 a Abs. 1 Nr. 1 EStG; der Berechnung ist die am 1.1. des jeweiligen Jahres geltende Fassung des § 32 a Abs. 1 Nr. 1 EStG zugrunde zu legen. Das Bundesministerium der Justiz gibt die maßgebenden Beträge rechtzeitig im Bundesgesetzblatt bekannt (§ 850 c Abs. 2 a S. 2 ZPO). 487

Die auf dem Sozialstaatsgebot beruhende Norm des § 850 c ZPO dient dazu, dem Schuldner und seinen Angehörigen das Existenzminimum[3] zu sichern und soll zugleich verhindern, dass der Staat mit Sozialleistungen einspringen muss. Ihr **Anwendungsbereich** erfasst alle gewöhnlichen Gläubiger und gilt für alle Pfändungen von laufenden Arbeitseinkommen nach §§ 850 Abs. 2, 850 h ZPO, wobei mehrere Bezüge gem. § 850 e ZPO zusammenzurechnen sind; für einmalige Bezüge gilt allerdings nur § 850 i ZPO.[4] 488

Eine Forderung kann gem. § 400 BGB nicht abgetreten werden, soweit sie der Pfändung nicht unterworfen ist. 489

Die **Abtretung** von Ansprüchen aus dem Arbeitsverhältnis kann ausdrücklich **ausgeschlossen** oder von bestimmten Erfordernissen wie Zustimmung, Schriftform oder Abtretungsanzeige ab- 490

1 *Bengelsdorf*, Lohnpfändungsrecht, Anh 1.

2 BGBl. I S. 618.

3 Zur Existenzsicherung im Zusammenhang mit der Arbeitnehmerhaftung BAG 15.11.2012 – 8 AZR 75/11, DB 2013, 705.

4 BAG 12.9.1979 – 4 AZR 420/77, DB 1980, 358; *Dornbusch*, in: Fachanwalts-Kommentar Arbeitsrecht, § 850 c ZPO Rn 1.

hängig gemacht werden (s. § 399 BGB). Ein stillschweigender Ausschluss der Abtretbarkeit von Lohnforderungen ist auch bei Arbeitsverhältnissen in einem großen Unternehmen nicht zu vermuten.[5]

491 Soweit eine Abtretung gänzlich untersagt wird, wirkt das Abtretungsverbot gleichzeitig als **Verpfändungsverbot.** Dies folgt aus § 1274 Abs. 2 BGB, wonach kein Pfandrecht an einem Recht bestellt werden kann, das nicht übertragbar ist. Demgemäß kann vertraglich auch die Verpfändung ausgeschlossen werden.[6]

492 Ist kein Abtretungsverbot vereinbart worden, muss der Arbeitgeber eine etwaige Abtretung beachten und an den neuen Gläubiger leisten. Er kann sich nicht mit der Begründung, die Abtretung verursache einen **erhöhten Aufwand bei der Abrechnung**, auf einen Einwand der unzulässigen Rechtsausübung berufen.

493 Im Falle einer wirksamen Abtretung, die der Arbeitnehmer dem Arbeitgeber angezeigt hat, muss der Arbeitgeber die abgetretene Forderung gegenüber dem neuen Gläubiger unter Beachtung der Pfändungsfreigrenzen an den neuen Gläubiger auszahlen. Wurde die (wirksame) Abtretung von dem Arbeitnehmer dem Arbeitgeber nicht gem. § 409 BGB angezeigt und zahlt der Arbeitgeber daher in Unkenntnis der Abtretung an den Arbeitnehmer, so muss der Dritte diese Zahlung gegen sich gelten lassen (§ 407 Abs. 1 BGB). Der Arbeitgeber ist nicht verpflichtet, nochmals an den neuen Gläubiger zu zahlen.[7]

494 Tritt der Arbeitnehmer trotz wirksamen Abtretungsverbots ab, so bleibt der Arbeitnehmer dennoch Gläubiger der Lohnforderung. Der Arbeitgeber kann und muss selbst bei Kenntnis der abredewidrig erfolgten Abtretung das Arbeitsentgelt weiterhin an den Arbeitnehmer zahlen.[8]

495 Der **Verstoß** gegen das Abtretungsverbot stellt eine Verletzung arbeitsvertraglicher Pflichten dar, die mit einer Abmahnung geahndet werden kann.

bb) Vereinbarung von Abtretungsverboten

496 Die Wirksamkeit **einzelvertraglicher** Abtretungsverbote wird kontrovers diskutiert. Ältere Rspr ging zT[9] von einer Sittenwidrigkeit gem. § 138 BGB aus, da der Arbeitnehmer durch den Ausschluss der Abtretbarkeit in seiner durch Art. 2 Abs. 1 GG garantierten Entfaltungsfreiheit behindert werde. Im Lichte der AGB-Kontrolle wird nunmehr für Formulararbeitsverträge erörtert, ob Abtretungsverbote ggf eine unangemessene Benachteiligung des Arbeitnehmers iSv § 307 Abs. 2 Nr. 1 BGB darstellen, weil von einem wesentlichen Gedanken der gesetzlichen Regelung („freie Verfügung über das Gehalt", § 107 GewO) abgewichen werde.[10] Richtigerweise folgt aus § 399 Alt. 2 BGB, dass **einzelvertraglich** ein Verbot der Abtretung von Lohn- oder Gehaltsteilen vereinbart werden kann, durch das zugleich der Ausschluss der Pfändbarkeit (§ 1274 Abs. 2 BGB) bewirkt wird.

497 Die Vereinbarung eines Abtretungs- und Verpfändungsverbots ist damit vom Gesetz ausdrücklich erlaubt und im Übrigen sinnvoll. Ein solches Verbot kann auch durch eine **vorformulierte Vertragsklausel** vereinbart werden. Eine unangemessene Benachteiligung dürfte darin nicht zu sehen sein, da der Arbeitgeber ein berechtigtes Interesse daran hat, dass die Entgeltabrechnung nicht erschwert wird, er nicht mit ggf einer Vielzahl von Gläubigern konfrontiert wird und er sich vor einer doppelten Inanspruchnahme schützt.[11]

---

5 BGH 20.12.21956 – VII ZR 279/56, AP § 398 BGB Nr. 1; MünchHandbArbR/*Hanau*, § 71 Rn 6.
6 S. hierzu *Mroß*, in: Maschmann/Sieg/Göpfert, Vertragsgestaltung im Arbeitsrecht, 10 Rn 4.
7 *Mroß*, in: Maschmann/Sieg/Göpfert, Vertragsgestaltung im Arbeitsrecht, 10 Rn 8.
8 *Mroß*, in: Maschmann/Sieg/Göpfert, Vertragsgestaltung im Arbeitsrecht, 10 Rn 5.
9 BGH 20.12.1956 – VII ZR 279/56, AP § 398 BGB Nr. 1; MünchHandbArbR/*Hanau*, § 71 Rn 6.
10 Däubler/Bonin/Deinert/*Däubler*, Anh zu § 307 BGB Rn 4.
11 *Mroß*, in: Maschmann/Sieg/Göpfert, Vertragsgestaltung im Arbeitsrecht, 10 Rn 11 unter Verweis auf BGH 9.2.1990 – V ZR 200/88, BGHZ 110, 241 = NJW 1990, 1601.

Nach überwiegender Auffassung kann ein Abtretungsverbot auch in einem **Tarifvertrag** vereinbart werden, wobei es ggf darauf ankommen kann, ob der Tarifvertrag aufgrund beiderseitiger Tarifbindung oder arbeitsvertraglicher Bezugnahme Geltung erlangt. Das tarifliche Abtretungsverbot kann nur für Ansprüche wirken, die nach dem Inkrafttreten des Abtretungsverbots entstehen und fällig werden.[12] 498

Durch **Betriebsvereinbarung** kann ein Abtretungsverbot nach der Rspr des BAG[13] – wenn auch nicht unbeschränkt – für alle Arbeitnehmer des Betriebes vereinbart werden. Das in einer Betriebsvereinbarung enthaltene Lohn- und Gehaltsabtretungsverbot ist allerdings gegenüber einem Versicherungsträger, der gem. § 18 AVG an einen Angestellten während einer Kur Zahlungen gegen Gehaltsabtretung geleistet hat, unwirksam.[14] AGB-rechtlich hat sich diese Rechtslage wegen der Bereichsausnahme für Kollektivverträge nicht geändert (§ 310 Abs. 4 S. 1 BGB). *Schrader/Schubert*[15] halten Abtretungsverbote letztlich nur für sinnvoll in Verbindung mit pauschaliertem Schadensersatz, der allerdings Bedenken mit Blick auf die Inhaltskontrolle begegne. 499

Ein durch Betriebsvereinbarung zustande gekommenes Lohnabtretungsverbot erfasst auch die Lohnansprüche derjenigen Arbeitnehmer, die erst nach Abschluss der Betriebsvereinbarung in den Betrieb eintreten.[16] 500

Zum Teil wird allerdings mit Hinweis auf eine ggf fehlende Regelungsbefugnis der Betriebsparteien die Zulässigkeit eines Abtretungsverbots in einer Betriebsvereinbarung (unzulässige Lohnverwendungsabrede) bezweifelt.[17] Das ArbG Hamburg[18] hat diese Frage (Regelungskompetenz) offengelassen, da in den zu beurteilenden Betriebsvereinbarungen (Sozialplan und Arbeitsordnung) die Grenze der Regelungsbefugnisse der Betriebsparteien nach den Grundsätzen von Recht und Billigkeit gem. § 75 Abs. 1 BetrVG sowie mit Blick auf die Verpflichtung zum Schutz und zur Förderung der freien Entfaltung der Persönlichkeit gem. § 75 Abs. 2 BetrVG überschritten war. 501

cc) Vorausabtretung

Die (Voraus-)Abtretung eines dem Arbeitnehmer zustehenden Anspruchs auf Zahlung einer Abfindung für den Verlust seines Arbeitsplatzes ist nicht nach § 399 Abs. 1 Alt. 1 BGB wegen ihrer Entschädigungsfunktion[19] ausgeschlossen. Voraussetzung für eine wirksame Vorausabtretung ist, dass die abgetretene Forderung (hier: der Abfindungsanspruch) von dem Abtretungsvertrag erfasst wird. Dies ist nach den allgemeinen Grundsätzen der Vertragsauslegung festzustellen. Die Vorausabtretung schließt nicht den Abfindungsanspruch ein. Dem steht – so das LAG Düsseldorf[20] – nicht die Rspr des BAG[21] entgegen, wonach die Pfändung von Arbeitseinkommen iSd §§ 850 ff ZPO auch eine Abfindung nach §§ 9, 10 KSchG erfasst.[22] 502

dd) Insolvenzrechtliche Besonderheit

§ 287 Abs. 3 InsO bestimmt, dass jedes Abtretungsverbot von Arbeitseinkommen **unwirksam** ist, soweit es die Möglichkeit zur Durchführung der Restschuldbefreiung vereitelt. Demnach können „Bezüge aus einem Dienstvertrag oder an deren Stelle tretende laufende Bezüge" für 503

12 LAG Köln 27.3.2006 – 14 (9) Sa 1335/05, NZA-RR 2006, 365.
13 BAG 20.12.1957 – 1 AZR 237/56, AP § 399 BGB Nr. 1.
14 BAG 2.6.1966 – 2 AZR 322/65, DB 1966, 1237.
15 *Schrader/Schubert*, NZA 2005, 225, 227.
16 BAG 5.9.1960 – 1 AZR 509/57, DB 1960, 1309.
17 GK-BetrVG/*Kreutz*, § 77 Rn 333 mwN.
18 ArbG Hamburg 31.8.2010 – 21 Ca 176/10, DB 2010, 2111.
19 BAG 24.4.2006 – 3 AZB 12/05, NZA 2006, 751.
20 LAG Düsseldorf 29.6.2006 – 11 Sa 291/06, DB 2006, 2691.
21 BAG 20.8.1996 – 9 AZR 964/94, NZA 1997, 563.
22 LAG Köln 27.3.2006 – 14 (9) Sa 1335/05, NZA-RR 2006, 365.

einen Zeitraum von sieben Jahren nach Beendigung des Insolvenzverfahrens wirksam an den Treuhänder abgetreten werden, § 287 Abs. 2 S. 1 InsO. Zu den Bezügen im Sinne dieser Vorschrift gehören nach der Gesetzesbegründung „nicht nur jede Art von Arbeitseinkommen iSd § 850 ZPO“, sondern auch Renten und die sonstigen Geldleistungen der Träger der Sozialversicherung und der Bundesagentur für Arbeit im Fall des Ruhestandes, der Erwerbsunfähigkeit oder der Arbeitslosigkeit.[23] Arbeitgeber müssen diese Abtretung ungeachtet eines kollektivrechtlich oder individualrechtlich vereinbarten Abtretungsverbotes gegen sich gelten lassen.[24] § 287 Abs. 3 InsO stellt also – systematisch gesehen – genauso wie § 354 a HGB eine gesetzliche Schranke für das wirksam vereinbarte Abtretungsverbot nach § 399 2. Alt. BGB dar.

ee) Unwirksame Vereinbarung eines Kündigungsrechts

504 Klauseln, die **ab einer gewissen Anzahl** von Abtretungen, Lohnpfändungen oder Verstößen gegen das arbeitsvertraglich vereinbarte Abtretungsverbot ein **Kündigungsrecht** des Arbeitgebers wegen der anfallenden Mehrarbeit bei der Gehaltsbearbeitung vorsehen, sind unwirksam, da sich absolute Kündigungsgründe im Arbeitsvertrag nicht vereinbaren lassen.[25] Enthält der Arbeitsvertrag kein Abtretungsverbot, erfasst die Abtretung nur das pfändbare Einkommen.[26] Eine entgegenstehende Vereinbarung ist nichtig.

ff) Verschuldung als Kündigungsgrund?

505 Schulden des Arbeitnehmers gehören zur **privaten Lebensführung** und sind für sich kein Kündigungsgrund. Führen die Schulden zu **Lohnpfändungen**, berechtigt dies den Arbeitgeber nicht ohne Weiteres zur außerordentlichen oder ordentlichen Kündigung.[27] Eine starke **Verschuldung des Arbeitnehmers** und das **Vorliegen mehrerer Lohnpfändungen** oder **Lohnabtretungen** sind nur ausnahmsweise ein Kündigungsgrund iSv § 1 Abs. 2 KSchG.[28] Die Verschuldung eines in einer Vertrauensstellung beschäftigten Arbeitnehmers kann eine Kündigung begründen, wenn sie in relativ kurzer Zeit zu einer Vielzahl von Lohnpfändungen führt und sich aus Art und Höhe der Schulden ergibt, dass der Arbeitnehmer noch längere Zeit in ungeordneten finanziellen Verhältnissen leben wird.[29] In der Lit. wird die Auffassung vertreten, in jedem Falle erfordere die Kündigung eine vorausgehende Abmahnung.[30] In einer älteren Entscheidung des BAG[31] wird die einer verhaltensbedingten Kündigung vorausgehende Abmahnung für verzichtbar gehalten. In einer Reihe von Entscheidungen gelten besondere Vertrauensstellungen als Umstände, die eine verhaltensbedingte Kündigung rechtfertigen, so beim Bankkassierer, der übermäßig verschuldet ist.[32]

---

23 BR-Drucks. 1/92, S. 136 (zu § 9 RegE, jetzt § 81 InsO).

24 *Balz/Landfermann*, Die neuen Insolvenzgesetze, S. 405 f; *Berger-Delhey*, ZTR 1998, 501; *Scholz*, DB 1996, 767.

25 BAG 28.11.1968 – 2 AZR 76/68, EzA § 1 KSchG Nr. 12; BAG 30.5.1978 – 2 AZR 630/76, EzA § 626 nF BGB Nr. 66.

26 BAG 21.11.2000 – 9 AZR 692/99, NJW 2001, 1443.

27 KR/*Griebling*, § 1 KSchG Rn 459; KPK/*Schiefer/Heise*, § 1 Rn 497.

28 BAG 4.11.1981 – 7 AZR 264/79, EzA § 1 KSchG Verhaltensbedingte Kündigung Nr. 9; LAG Rheinland-Pfalz 18.12.1978 – 7 Sa 638/78, EzA § 1 KSchG Verhaltensbedingte Kündigung Nr. 5; LAG Hamm 21.9.1977 – 2 Sa 1122/77, DB 1977, 2237.

29 BAG 15.10.1992 – 2 AZR 188/92, EzA § 1 KSchG Verhaltensbedingte Kündigung Nr. 45.

30 *Berkowsky*, NZA-RR 2001, 57, 68; KR/*Etzel*, § 1 KSchG Rn 461; Schaub/*Linck*, Arbeitsrechts-Handbuch, § 125 Rn 97.

31 BAG 4.11.1981 – 7 AZR 264/79, BAGE 37, 64 = NJW 1982, 1062.

32 BAG 29.8.1980 – 7 AZR 726/77, n.v.; LAG Rheinland-Pfalz 18.12.1978 – 7 Sa 638/78, EzA § 1 KSchG Verhaltensbedingte Kündigung Nr. 5; ArbG Köln 12.12.1981 – 5 Ca 9149/80, BB 1981, 977.

gg) Pfändungsverbote

Pfändungsverbote lassen sich im Arbeitsvertrag nicht vereinbaren. Als Vollstreckungsmaßnahme unterliegt eine Lohnpfändung nicht der Disposition der Vertragsparteien.[33] Die gesetzlichen Pfändungsverbote der §§ 850 a–850 i ZPO knüpfen entweder an die Art oder Höhe der Bezüge an. Urlaubsvergütung, vermögenswirksame Leistungen, Überstundenvergütungen (bis zur Hälfte), Aufwandsentschädigungen, Reisespesen, Gefahren-, Schmutz- und Erschwerniszulagen sind unpfändbar. Im Übrigen sind Lohn und Gehalt gemäß der ZPO-Pfändungstabelle, abhängig von den Unterhaltspflichten des Schuldners, nur begrenzt pfändbar. Pfändungen lösen bei Arbeitsverträgen keinen Gestaltungsbedarf aus. 506

Nach Abtretung des pfändbaren Teils des Arbeitseinkommens an einen Treuhänder im Rahmen eines Verbraucherinsolvenzverfahrens kann der Arbeitnehmer nicht mehr zum Nachteil seiner Gläubiger über den abgetretenen Teil seines Arbeitseinkommens verfügen. Der in einer vereinbarten Entgeltumwandlung enthaltenen Verfügung des Arbeitnehmers steht § 287 Abs. 2 S. 1 InsO iVm § 398 S. 2 BGB entgegen.[34] 507

Der Pfändungsschutz für Arbeitseinkommen kann nicht durch eine Vereinbarung **umgangen** werden, in der dem Arbeitgeber die Befugnis eingeräumt wird, eine monatliche Beteiligung des Arbeitnehmers an der Reinigung und Pflege der Berufskleidung mit dem monatlichen Nettoentgelt ohne Rücksicht auf Pfändungsfreigrenzen zu „**verrechnen**".[35] Nachdem bereits das LAG Niedersachsen[36] Zweifel geäußert hatte, ob eine einzelvertragliche Beteiligung der Arbeitnehmer an den Kosten der Berufskleidung überhaupt noch zulässig ist, hat das BAG ein derartiges „Verdikt" zwar vermieden, im Ergebnis aber einer **Kostenbeteiligungsregelung** noch weitere Grenzen gesetzt. Das LAG Niedersachsen hatte darauf hingewiesen, dass Betriebsvereinbarungen gem. § 310 Abs. 4 S. 1 BGB nicht der AGB-Kontrolle unterliegen und somit durch freiwillige Betriebsvereinbarungen eine Kostenbeteiligung der Arbeitnehmer wirksam geregelt werden könne, wenn hierbei die Binnenschranken des § 75 Abs. 1, Abs. 2 S. 1 BetrVG beachtet werden. Im Anschluss an die Entscheidung des BAG können aber auch Arbeitgeber, die entsprechende Regelungen durch Betriebsvereinbarungen getroffen haben, ggf keine Verrechnung mehr vornehmen. Nach Ansicht des BAG ist generell eine Verrechnung von Ansprüchen des Arbeitgebers mit Gehaltsforderungen von Arbeitnehmern ausgeschlossen, deren Nettoeinkommen unterhalb der Pfändungsfreigrenzen liegt.[37] 508

hh) Kosten der Lohnpfändung

Eine gesetzliche Regelung, die die im Falle der Lohnpfändung entstehenden Kosten des Arbeitgebers explizit dem pfändenden Gläubiger oder dessen Schuldner – also dem Arbeitnehmer – auferlegt, gibt es – anders als in Österreich – nicht.[38] Die mit der Bearbeitung von Lohn- oder Gehaltspfändungen verbundenen Kosten des Arbeitgebers fallen diesem selbst zur Last.[39] Ob diese Kosten durch eine entsprechende Vereinbarung auf den Arbeitnehmer „abgewälzt" werden können, ist fraglich. 509

Eine seit Jahrzehnten in der Arbeitsrechtspraxis angewandte **Kostenverlagerung mittels Betriebsvereinbarung** ist durch das BAG[40] für **unzulässig** erklärt worden. Die Entscheidung bezieht sich aber nur auf eine Kostenverlagerung auf der Grundlage einer **freiwilligen Betriebs-** 510

---

33 *Moß*, in: Maschmann/Sieg/Göpfert, Vertragsgestaltung im Arbeitsrecht, 10 Rn 13.
34 Zum Pfändungsschutz für Arbeitseinkommen s. im Einzelnen BAG 30.7.2008 – 10 AZR 459/07, DB 2008, 2603.
35 BAG 17.2.2009 – 9 AZR 676/07, DB 2009, 1303.
36 LAG Niedersachsen 16.7.2007 – 9 Sa 1894/06, NZA-RR 2008, 12.
37 S. auch *Reichold/Ludwig*, BB 2009, 1303, 1304.
38 *Schielke*, BB 2007, 378; *Bengelsdorf*, FA 2009, 162, 165.
39 BAG 18.7.2006 – 1 AZR 578/05, DB 2007, 227.
40 BAG 18.7.2006 – 1 AZR 578/05, DB 2007, 227.

vereinbarung. Das BAG hat sich nicht mit der Frage befasst, ob eine Überwälzung der Kosten der Lohnpfändung durch eine **arbeitsvertragliche** Regelung möglich ist. Eine entsprechende Regelung hat jedoch der BGH[41] in einem anderen Rechtsverhältnis (hier: eine Bank hatte für die Überarbeitung und Überwachung von Pfändungsmaßnahmen von den Kunden ein Entgelt gefordert) für unwirksam erachtet.

511 Nach der Rspr des BGH muss eine solche Klausel klar, verständlich und zudem angemessen sein. Sie ist intransparent, wenn die kostenpflichtigen Tätigkeiten nicht präzise bezeichnet werden.[42] Eine solche Angemessenheit wird nur dann angenommen, wenn sich die Regelung auf die tatsächliche Kostenbelastung des Arbeitgebers beschränkt. Daher wird zT die Vereinbarung fester Beträge anstatt eines Prozentsatzes der jeweiligen Pfandsumme empfohlen.[43] Da eine höhere Pfandsumme nicht zwangsläufig mit einem höheren Bearbeitungsaufwand verbunden sei, könnte eine solche Klausel unangemessen sein. Zudem muss dem Arbeitnehmer die Möglichkeit eingeräumt werden, den Nachweis eines fehlenden oder wesentlich geringeren Kostenanspruchs des Arbeitgebers zu führen (§ 309 Nr. 5 Buchst. b BGB). Ist dies in der Klausel nicht ausdrücklich vorgesehen, ist diese unwirksam.[44]

512 Nach aA wird im Lichte der Rspr des BGH und des BAG die Zulässigkeit einer formulararbeitsvertraglichen Kostenregelung für die Fälle der Abtretung oder Verpfändung grds. bezweifelt. Es gehöre zu den gesetzlichen Grundgedanken, dass jeder Rechtsunterworfene seine gesetzliche Pflicht zu erfüllen habe, ohne dafür ein gesondertes Entgelt verlangen zu können. Dies gelte umso mehr, weil der Arbeitgeber die Entstehung der Kostenlast durch die Vereinbarung eines Abtretungsverbots verhindern kann. Daher wird empfohlen, auf die Regelung eines Kostenbeitrags auch für den Fall einer Lohnabtretung oder -verpfändung zu verzichten und diese stattdessen individualvertraglich auszuschließen.[45]

513 Ob eine entsprechende Kostenregelung **arbeitsvertraglich** wirksam vereinbart werden kann, ist derzeit nicht geklärt. Im Anschluss an die bereits angesprochene Entscheidung des BAG zur Unzulässigkeit der Kostenverlagerung aufgrund einer freiwilligen Betriebsvereinbarung und die Rspr des BGH zur Unzulässigkeit von Kostenregelungen wird zT die Auffassung vertreten, dass für den Arbeitgeber keine Möglichkeit mehr bestehe, die Kosten der Lohnpfändung – wenigstens in Bruchteilen – zu realisieren.[46] Zum Teil wird davon ausgegangen, **Prozentpauschalen** ließen sich nicht mit § 309 Nr. 5 Buchst. a BGB vereinbaren (Unwirksamkeit der Pauschalierung von Schadensersatzansprüchen).[47] Wenn der Arbeitgeber eine Pfändung oder Abtretung in der Lohnbuchhaltung bearbeite, mache er mit der Kostenpauschale zwar keinen Schadensersatz aufgrund vertraglicher oder deliktischer Ersatzansprüche geltend, sondern nur einen Aufwendungsersatzanspruch aus dem Auftragsrecht. § 309 Nr. 5 Buchst. a BGB bleibe gleichwohl anwendbar, da nach der bisher herrschenden Auffassung im zivilrechtlichen Schrifttum[48] für den Anspruch auf Aufwendungsersatz § 309 Nr. 5 Buchst. a BGB gleichfalls gelte. Auch *Wagner*[49] hält Prozentpauschalen gem. § 309 Nr. 5 Buchst. a BGB für unwirksam.

514 Zum Teil wird nach wie vor eine Kostenregelung empfohlen. Es empfehle sich eine pauschalierte Anknüpfung an die tatsächlich entstehenden Kosten. Dabei wird allerdings eingeräumt,

---

41 BGH 18.5.1999 – XI ZR 219/98, BB 1999, 1520; BGH 19.10.1999 – XI ZR 8/99, BB 1999, 2424.

42 BGH 19.10.1999 – IX ZP 8/99, BB 1999, 2424.

43 *Mroß*, in: Maschmann/Sieg/Göpfert, Vertragsgestaltung im Arbeitsrecht, 10 Rn 16.

44 *Mroß*, in: Maschmann/Sieg/Göpfert, Vertragsgestaltung im Arbeitsrecht, 10 Rn 16 unter Verweis auf BAG 27.7.2010 – 3 AZR 777/08, NZA 2010, 1237.

45 Preis/*Wagner*, Der Arbeitsvertrag, II A 10 Rn 49.

46 *Schielke*, BB 2007, 378, 380, der vor diesem Hintergrund eine gesetzliche Regelung entsprechend § 292 h der österreichischen Exekutionsordnung fordert.

47 AnwK-ArbR/*Hümmerich*, § 309 BGB Rn 14; *Schrader/Schubert*, NZA-RR 2005, 225, 227.

48 BGH 8.11.1984 – VII ZR 256/83, NJW 1985, 632; BGH 9.7.1992 – VII ZR 6/92, NJW 1992, 3163; Wolf/Horn/Lindacher/*Wolf*, AGBG, § 11 Nr. 5 Rn 12; Ulmer/Brandner/Hensen-*Hensen*, AGBG, § 11 Rn 10 f.

49 In: *Preis*, Der Arbeitsvertrag, II A 10 Rn 49.

dass eine solche Regelung nach Geltung der AGB-Kontrolle für Arbeitsverträge möglicherweise gegen § 307 Abs. 2 Nr. 1 BGB verstoße.[50] In eine entsprechende Klausel sei allerdings mit Blick auf § 309 Nr. 5 BGB folgende Einschränkung aufzunehmen:

„Dem Arbeitnehmer bleibt der Nachweis, dass ein Schaden überhaupt nicht entstanden oder wesentlich niedriger als die Pauschale ist, vorbehalten."

b) Klauseltypen und Gestaltungshinweise

aa) Abtretungsverbot mit dinglicher Wirkung

(1) Klauseltyp A

↓ **A 1:** Die Abtretung sowie die Verpfändung von Lohnansprüchen an Dritte sind ausgeschlossen.[51] 515

↓ **A 2:** Der Mitarbeiter darf seine Vergütungsansprüche weder verpfänden noch abtreten.[52]

↓ **A 3:** Die Abtretung und Verpfändung von Lohn- und sonstigen Ansprüchen auf Vergütung ist ausgeschlossen.[53]

A 4: Die Abtretung von Gehaltsforderungen ist unwirksam.[54]

(2) Gestaltungshinweise

Zum Teil wird davon ausgegangen, dass derartige Abtretungsverbotsklauseln mit § 307 Abs. 2 Nr. 1 BGB nicht zu vereinbaren seien. Möglich sei eine entsprechende Regelung nur in einer Betriebsvereinbarung, da eine Betriebsvereinbarung nicht der AGB-Kontrolle gem. §§ 305 ff BGB unterfällt. Wohl überwiegend wird aber weiterhin angenommen, dass derartige Klauseln auch individualvertraglich wirksam vereinbart werden können.[55] 516

bb) Abtretungsverbot mit schuldrechtlicher Wirkung

(1) Klauseltyp B

B 1: Der Mitarbeiter erklärt verbindlich, den Gehaltsanspruch nicht ohne Einwilligung der Gesellschaft abzutreten. 517

B 2: Sie werden Ihre Ansprüche nicht abtreten und auch nicht verpfänden.

B 3: Herr/Frau (...) darf seine/ihre Gehaltsansprüche weder Dritten verpfänden noch abtreten.[56]

(2) Gestaltungshinweise

Zwar kann ein Abtretungsverbot auch als lediglich schuldrechtlich wirkende Verpflichtung vereinbart werden.[57] Tritt der Arbeitnehmer entgegen der schuldrechtlichen Vereinbarung mit dem Arbeitgeber einen Teil seines Arbeitsentgelts ab, so ist diese jedoch nicht unwirksam. Der Arbeitnehmer begeht lediglich eine Vertragsverletzung, die kündigungsrelevant[58] sein kann oder Schadensersatzansprüche nach sich ziehen kann. Auch hier stellt sich allerdings die Frage, 518

50 *Bauer/Lingemann/Diller/Haußmann*, Anwalts-Formularbuch Arbeitsrecht, M 2.1 a Fn 35.
51 *Hümmerich/Lücke/Mauer*, FB ArbR, Muster 1384 (§ 11).
52 *Hümmerich/Lücke/Mauer*, FB ArbR, Muster 1110 (§ 7 Abs. 1) sowie Muster 1348 (§ 6 Abs. 1).
53 Preis/*Wagner*, Der Arbeitsvertrag, II A 10 Vor Rn 19.
54 *Schrader*, Rechtsfallen in Arbeitsverträgen, Rn 120.
55 *Bauer/Lingemann/Diller/Haußmann*, Anwalts-Formularbuch Arbeitsrecht, M 2.1 Fn 24 f.
56 *Nörnberg*, Ehegattenarbeitsverträge, S. 9.
57 BGH 13.5.1982 – 3 ZR 164/80, NJW 1982, 2768.
58 BAG 4.11.1981 – 7 AZR 358/79, EzA § 1 KSchG Verhaltensbedingte Kündigung Nr. 9; LAG Hamm 21.9.1977 – 2 Sa 1122/77, DB 1977, 2237.

ob eine entsprechende Klausel nicht ggf wegen Verstoßes gegen § 307 Abs. 2 Nr. 1 BGB als unwirksam zu erachten ist. Von seiner Leistungsverpflichtung gegenüber dem Zessionar wird der Arbeitgeber durch eine schuldrechtliche Abtretungsverbotsklausel nicht frei. Im Gegensatz zu einem dinglich wirkenden Abtretungsausschluss nach § 399 2. Alt. BGB erfüllt der Arbeitgeber nach einer ihm durch eine Urkunde belegten Abtretung seine Gehaltszahlungspflicht ausschließlich durch Zahlung an den Zessionar, wenn die Pfändungsfreibeträge in Abzug gebracht sind.

cc) Abgeschwächte Abtretungsverbote

(1) Klauseltyp C

519 **C 1:** Lohnabtretungen, außer an unterhaltsberechtigte Personen, sind dem Arbeitnehmer nicht gestattet.[59]

C 2: Abtretungen oder Verpfändungen der Arbeitsvergütung sind ohne vorherige Zustimmung der Firma unzulässig.

C 3: Der Arbeitnehmer ist verpflichtet, die Verpfändung von Vergütungsansprüchen der Firma unverzüglich schriftlich anzuzeigen.

(2) Gestaltungshinweise

520 Die Formulierung des Klauseltyps C 1 stellt eine abgeschwächte Form des dinglichen Abtretungsverbotes dar. Damit wird ein dingliches Abtretungsverbot vereinbart, das allerdings eine Ausnahme für eine bestimmte Personengruppe enthält. Gleichwohl stellt sich sowohl für Klausel C 1 als auch Klausel C 2 die Frage der Unwirksamkeit gem. § 307 Abs. 2 Nr. 1 BGB. Die Klausel C 3 dürfte hingegen wirksam sein.

dd) Kostenpauschale für Pfändungsbearbeitung

(1) Klauseltyp D

521 **D 1:** Zur Deckung der Kosten für die Bearbeitung von Entgeltpfändungen wird für jede eingehende Pfändung eine Verwaltungsgebühr von 5 € erhoben. Sollte sich die Abwicklung der Pfändung über den Eingangsmonat hinaus erstrecken, wird die Verwaltungsgebühr für jeden weiteren Monat, in dem eine Bearbeitung notwendig ist, abermals fällig. Die Gebühr wird im jeweiligen Monat vom Arbeitsentgelt einbehalten.[60]

D 2: Die Abtretung sowie die Verpfändung von Vergütungsansprüchen sind ausgeschlossen. Bei Pfändungen und Abtretungen ist die Firma berechtigt, für jede zu berechnende Pfändung, Abtretung oder Verpfändung 10 € pauschal als Ersatz der entstehenden Kosten vom Gehalt in Abzug zu bringen.[61]

D 3: Die Abtretung und Verpfändung von Arbeitsentgelt und sonstigen Ansprüchen aus dem Arbeitsverhältnis ist unzulässig. Die Kosten, die dem Arbeitgeber durch die Bearbeitung von Pfändungen, Verpfändungen und Abtretungen von Vergütungsansprüchen des Mitarbeiters entstehen, trägt der Mitarbeiter. Diese Kosten werden pauschaliert mit 10 € pro Pfändung, Abtretung und Verpfändung sowie zusätzlich 8 € für jedes Schreiben sowie 2 € pro Überweisung. Bei Nachweis höherer tatsächlicher Kosten ist der Arbeitgeber berechtigt, diese gegenüber dem Mitarbeiter zu berechnen. Dem Mitarbeiter ist der Nachweis gestattet, dass ein Schaden

59 *Hohn/Romanovszky*, Vorteilhafte Arbeitsverträge, S. 92.
60 Preis/*Wagner*, Der Arbeitsvertrag, II A 10 Rn 39.
61 *Hümmerich/Lücke/Mauer*, FB ArbR, Muster 1060 (§ 5).

oder ein Aufwand überhaupt nicht entstanden ist oder wesentlich niedriger ist als der Pauschbetrag.[62]

↓ **D 4:** Zur Deckung der Kosten für die Bearbeitung von Lohn- und Gehaltspfändungen werden 1 % der gepfändeten Summe berechnet; geht die gepfändete Summe über 250 € hinaus, werden von dem 250 € übersteigenden Teil der Summe nur 0,5 % berechnet.[63]

→ **D 5:** Ansprüche auf Arbeitsentgelt dürfen nicht abgetreten oder verpfändet werden. Bei Abtretungen, Verpfändungen oder Pfändungen von Ansprüchen auf Arbeitsentgelt werden je Bearbeitungsvorgang 2,50 € pro Pfändung, Abtretung oder Verpfändung, zusätzlich 2,50 € für jedes zusätzliche Schreiben sowie 1,00 € je Überweisung vom Lohn einbehalten und spätestens mit der übernächsten Lohnabrechnung verrechnet. Dies gilt nicht, soweit dadurch der unpfändbare Teil des Gehalts geschmälert wird. Dem Arbeitnehmer bleibt der Nachweis, dass ein Schaden überhaupt nicht entstanden oder wesentlich niedriger als die Pauschale ist, vorbehalten.

D 6: Der Arbeitnehmer ist verpflichtet, die aufgrund einer Abtretung oder Verpfändung entstehenden Bearbeitungskosten zu übernehmen. Für jeden Bearbeitungsvorgang wie für Überweisungen, Abfassen eines Schreibens etc. werden 5,00 € als Kosten festgelegt. Der Arbeitgeber behält sich vor, einen höheren Schaden nachzuweisen und diesen vom Arbeitnehmer zu verlangen. Dem Arbeitnehmer bleibt der Nachweis vorbehalten, dass keine Bearbeitungskosten entstanden oder diese wesentlich niedriger als die Pauschale sind. Dann beschränkt sich der Kostenersatz auf die tatsächlich entstandenen Kosten.[64]

D 7: Der Arbeitnehmer ist verpflichtet, die aufgrund einer Abtretung, Verpfändung oder Pfändung entstehenden Bearbeitungskosten zu übernehmen. Hiervon ausgenommen sind unwirksame, unberechtigte oder fehlerhafte Pfändungen sowie die Drittschuldnererklärung. Für jeden Bearbeitungsvorgang wie Überweisung, Abfassen eines Schreibens etc. werden 5,00 € als Kosten festgelegt. Der Arbeitgeber behält sich vor, einen höheren Schaden nachzuweisen und diesen vom Arbeitgeber zu verlangen. Dem Arbeitnehmer bleibt es vorbehalten nachzuweisen, dass keine Bearbeitungskosten entstanden sind oder diese wesentlich niedriger als die Pauschale sind. Dann beschränkt sich der Kostenersatz auf die tatsächlich entstandenen Kosten.[65]

(2) Gestaltungshinweise

Wohl überwiegend wird davon ausgegangen, dass arbeitsvertragliche Klauseln – nicht tarifliche Klauseln –, mit denen Bearbeitungskosten auf den Arbeitnehmer abgewälzt werden, unzulässig sind.[66] 522

Bengelsdorf[67] fasst die Problematik wie folgt zusammen: Die Prüfung der Wirksamkeit der Pfändung und ihre Bearbeitung sind für den Arbeitgeber sehr zeitintensive und kostenaufwendige Aufgaben. Die Kosten werden nach dem Verursacherprinzip oft durch einzelvertragliche oder kollektivrechtliche Regelungen (teilweise) auf den Arbeitnehmer übertragen. Diese ehemals zulässigen Regelungen sind – mit Ausnahme tariflicher Klauseln – nach der Ausdehnung der AGB-Kontrolle auf das Arbeitsrecht durch das Gesetz zur Modernisierung des Schuldrechts vom 26.1.2001, der Rspr des BGH zur Unwirksamkeit entsprechender Klauseln in der Kreditwirtschaft sowie das BAG[68] nicht mehr wirksam. Der Arbeitgeber erfüllt nach Meinung 523

62 *Hümmerich/Lücke/Mauer*, FB ArbR, Muster 1081 (§ 6 der Anlage).
63 Preis/*Wagner*, Der Arbeitsvertrag, II A 10 Rn 39.
64 *Moß*, in: Maschmann/Sieg/Göpfert, Vertragsgestaltung im Arbeitsrecht, 10 Rn 22.
65 *Moß*, in: Maschmann/Sieg/Göpfert, Vertragsgestaltung im Arbeitsrecht, 10 Rn 22.
66 *Bengelsdorf*, FA 2009, 162, 165.
67 *Bengelsdorf*, FA 2009, 162, 165.
68 BAG 18.7.2006 – 1 AZR 578/05, DB 2007, 227.

der Gerichte mit der Bearbeitung der Lohnpfändung eigene gesetzliche Verpflichtungen, ohne dafür ein gesondertes Entgelt verlangen zu dürfen.

524 Sämtliche Kostenpauschalen in den Klauseltypen **D 1, D 2 und D 4** – gleichgültig, ob eine Festbetrags- oder eine Prozentpauschale vorgesehen ist –, sind jedenfalls gem. § 309 Nr. 5 Buchst. b BGB unwirksam. Dem Arbeitnehmer ist nicht der Nachweis gestattet, ein Schaden sei nicht entstanden oder wesentlich niedriger. Soweit im Arbeitsvertrag Festbetragspauschalen wie in **D 3** vereinbart werden, die nicht zwangsläufig gegen § 309 Nr. 5 Buchst. a BGB verstoßen, ergibt sich die Wirksamkeit wie bei D 3, wenn der Zusatz aufgenommen ist, dem Mitarbeiter sei der Nachweis gestattet, es sei ein Schaden oder ein Aufwand überhaupt nicht entstanden oder wesentlich niedriger als der Pauschbetrag.

525 Die Formulierung in **D 3**, „bei Nachweis höherer tatsächlicher Kosten ist die Firma berechtigt, diese in Ansatz zu bringen",[69] erfüllt nicht die Voraussetzungen des § 309 Abs. 1 Nr. 5 Buchst. b BGB, denn durch diese Formulierung wird allein dem Arbeitgeber der Nachweis eines höheren Schadens, nicht hingegen dem Arbeitnehmer der Nachweis eines niedrigeren Schadens gestattet.

526 Der Klauseltyp **D 5** wird von *Bauer/Lingemann/Diller/Haußmann*[70] empfohlen, die darauf hinweisen, dass der vertragliche Ausschluss der Abtretung und der Verpfändung die Gläubiger nicht daran hindere, im Wege der Lohnpfändung auf das Arbeitseinkommen zuzugreifen. Es empfehle sich daher, zumindest für diesen Fall eine Kostenregelung zu vereinbaren. Im Arbeitsvertrag könne vereinbart werden, dass entsprechende Kosten für jeden Bearbeitungsvorgang vom Lohn einbehalten werden. Die Angaben in Lit. und Rspr vor Geltung der AGB-Kontrolle für Arbeitsverträge schwanken zwischen 0,5 % und 10 % der Pfändungssumme. Da der Arbeitsaufwand jedoch letztlich nicht von der gepfändeten Summe abhänge und gem. § 309 Nr. 5 Buchst. a BGB der pauschalierte Schadensersatz den nach den gewöhnlichen Verlauf der Dinge zu erwartenden Schaden nicht übersteigen dürfe, empfehle sich eher eine pauschalierte Anknüpfung an die tatsächlich entstehenden Kosten, wie in dem Klauselvorschlag D 5 vorgesehen. Die Autoren weisen allerdings ausdrücklich darauf hin, dass diese Klausel nach Geltung der AGB-Kontrolle ggf gegen § 307 Abs. 2 Nr. 1 BGB verstoße. Der Zusatz, dass eine Verrechnung mit der übernächsten Lohnabrechnung nur erfolgt, soweit dadurch der unpfändbare Teil des Gehalts geschmälert wird, resultiert aus der Entscheidung des BAG vom 18.7.2006.[71] Der für den Arbeitnehmer eingeräumte Vorbehalt des Nachweises, dass entweder überhaupt kein Schaden oder aber ein niedrigerer Schaden entstanden ist, ist mit Blick auf § 309 Nr. 5 Buchst. b BGB erforderlich.

527 Mit den Klauseln **D 6** und **D 7**[72] wird der Versuch unternommen, den Anforderungen der Rspr Rechnung zu tragen. Sie räumen dem Arbeitnehmer insb. die Möglichkeit ein nachzuweisen, dass keine oder niedrigere Bearbeitungskosten entstanden sind.

ee) Pfändungsschutz und Verrechnung („Kittelgebühr")

(1) Klauseltyp E

528 ↓ Der Arbeitnehmer verpflichtet sich, die vom Arbeitgeber zur Verfügung gestellte Berufskleidung zu tragen und mit dieser pfleglich umzugehen. Der Arbeitgeber trägt sämtliche Pflege- und Wiederbeschaffungskosten; der Arbeitnehmer beteiligt sich an diesen Kosten mit einem monatlichen Betrag von 15 €. Dieser Betrag wird mit seinen Monatsbezügen verrechnet.

69 *Hümmerich/Lücke/Mauer*, FB ArbR, Muster 1110 (§ 7 Abs. 2) und Muster 1405 (XVIII.).
70 *Bauer/Lingemann/Diller/Haußmann*, Anwalts-Formularbuch Arbeitsrecht, M 12.24.
71 BAG 18.7.2006 – 1 AZR 578/05, DB 2007, 227.
72 *Mroß*, in: Maschmann/Sieg/Göpfert, Vertragsgestaltung im Arbeitsrecht, 10 Rn 22.

(2) Gestaltungshinweise

Die Klausel ist der Entscheidung des BAG vom 17.2.2009[73] entnommen. Das BAG ist der von der Vorinstanz geprüften Frage, ob eine solche Klausel angemessen iSd § 307 Abs. 1 BGB ist, nicht weiter nachgegangen. Es hat vielmehr festgestellt, dass generell eine Verrechnung von Ansprüchen des Arbeitgebers mit Gehaltsforderungen von Arbeitnehmern ausgeschlossen ist, deren Nettoeinkommen unterhalb der Pfändungsfreigrenzen liegt. Die Auswirkungen dieser Entscheidung sind für die Praxis weitreichend. Jegliche Ansprüche des Arbeitgebers gegen seine Arbeitnehmer können von nun an nicht mehr vom Nettolohn abgezogen werden, solange dieser unter 950 € liegt. Damit entfällt auch so manche gerade für Arbeitnehmer augenscheinlich praktische Lösung. So bieten viele Arbeitgeber die Möglichkeit an, das tägliche Essen in der Kantine über die Gehaltsabrechnung zu bezahlen. Auch diese Vorgehensweise ist nach der Entscheidung des BAG zweifelhaft.[74] 529

Reichold/Ludwig[75] raten nunmehr zu folgender praktischer Vorgehensweise: Ohne Zweifel kann weiterhin vereinbart werden, dass Arbeitnehmer sich an den Kosten der Reinigung ihrer Arbeitskleidung zu beteiligen haben. Ändern muss sich nach der Entscheidung des BAG allerdings der Modus der Erhebung dieser Beträge. In dem beschriebenen Fall („Kittelgebühr“) könnte bspw die Filialleiterin jeden Monat den Betrag bei ihren Mitarbeitern in bar einsammeln oder aber die Personalabteilung verschickt jeden Monat an jeden Arbeitnehmer eine Rechnung. Hiermit ist allerdings ein erheblicher – ggf kaum zu leistender – Verwaltungsmehraufwand verbunden. 530

73 BAG 17.2.2009 – 9 AZR 676/07, BB 2009, 1303.
74 *Reichold/Ludwig*, BB 2009, 1303, 1304.
75 *Reichold/Ludwig*, BB 2009, 1303, 1304.

3. Aktienoptionen

Literatur

Ackermann/Suchan, Repricing von Stock Options – aktienrechtliche Zulässigkeit und bilanzielle Behandlung, BB 2002, 1497; *Annuß/Lembke*, Aktienoptionspläne der Konzernmutter und arbeitsrechtliche Bindung, BB 2003, 2230; *Arens* (Hrsg.), AnwaltFormulare Gesellschaftsrecht, 3. Aufl. 2008; *Baeck/Diller*, Arbeitsrechtliche Probleme bei Aktienoptionen und Belegschaftsaktien, DB 1998, 1405; *Bauer/Göpfert/v. Steinau-Steinrück*, Aktienoptionen bei Betriebsübergang, ZIP 2001, 1129; *Bauer/Strand*, Weiterbelastungsverträge bei Stock Options: Rückstellung nach HGB, IRS und Steuerrecht, BB 2003, 895; *Buhr/Radtke*, Internationale Aktienoptionspläne und deren arbeitsrechtliche Behandlung in Deutschland, DB 2001, 1882; *Casper*, Repricing von Stock Option: Aktienrechtliche Zulässigkeit bei Nichtbefolgung von Ziff. 4.2.3 Abs. 2 S. 3 des Deutschen Corporate Governance Kodex, DStR 2004, 1391; *Driver-Polke/Melot de Beauregard*, Rechtswahl bei Aktienoptionsplänen und damit in Zusammenhang stehenden nachvertraglichen Wettbewerbsverboten, BB 2004, 2350; *Ekkenga*, Bilanzierung von Stock Options Plans nach US-GAAP, IFRS und HGB, DB 2004, 1897; *Grimm/Walk*, Das Schicksal erfolgsbezogener Vergütungsformen beim Betriebsübergang, BB 2003, 577; *Günther/Pfister*, Arbeitsverträge mit internationalen Bezügen – Teil 1: Rechtswahl und Gerichtsstandsvereinbarungen, ArbRAktuell 2014, 215; *Harrer* (Hrsg.), Mitarbeiterbeteiligungen und Stock-Option-Pläne, 2. Aufl. 2004; *Hasbargen/Stauske*, IFRS 2 und FASB exposurer draft „share-based payment“: Auswirkungen auf Bilanzierung und Gestaltung aktienbasierter Vergütung, BB 2004, 1153; *Haufe/Francis Lefebvre*, Gesellschaften, 2001; *Hüffer*, Aktiengesetz, 11. Aufl. 2014; *Käpplinger/Käpplinger*, Möglichkeit des Repricings von Aktienoptionsplänen, WM 2004, 712; *Kleinknecht*, Bilanzierung von Aktienoptionen nach US GAAP, IFRS und HGB, 2008; *Kohler*, Stock options für Führungskräfte aus der Sicht der Praxis, ZHR 161 (1997), 246; *Legerlotz/Laber*, Arbeitsrechtliche Grundlagen bei betrieblichen Arbeitnehmerbeteiligungen durch Aktienoptionen und Belegschaftsaktien, DStR 1999, 1658; *Lembke*, Die Ausgestaltung von Aktienoptionsplänen in arbeitsrechtlicher Hinsicht, BB 2001, 1469; *Lingemann/Diller/Mengel*, Aktienoptionen im internationalen Konzern – ein arbeitsrechtsfreier Raum?, NZA 2000, 1191; *Lipinski/Melms*, Die Gewährung von Aktienoptionen durch Dritte, z.B. eine Konzernmutter – von Dritten geleistetes Arbeitsentgelt?, BB 2003, 150; *Lützeler*, Aktienoptionen bei einem Betriebsübergang gemäß § 613 a BGB, 2007; *Mechlem/Melms*, Verfall- und Rückzahlungsklauseln bei Aktienoptionsplänen, DB 2000, 1614; *Mengel*, Erfolgs- und leistungsorientierte Vergütung, 5. Aufl. 2008; *Moll*, Betriebsübergang und Nebenleistungen, in: FS 50 Jahre Bundesarbeitsgericht, 2004, S. 59 ff; *Hoffmann-Becking* (Hrsg.), Münchener Handbuch des Gesellschaftsrechts, Band 4: Aktiengesellschaft, 4. Aufl. 2015; *Petereit/Neumann*, Steuerpflichtiger Vorteil bei teilentgeltlichem Erwerb von nicht-handelbaren Aktienoptionen durch Arbeitnehmer, DB 2003, 1295; *Pierchegger*, Bilanzierung von Aktienoptionen nach internationalen Rechnungslegungsvorschriften: Konzeption und Auswirkungen auf Entlohnungsprogramme, RIW 2005, 349; *Piran*, Anmerkung zum Urteil BAG 12.2.2003 – 10 AZR 299/02, DB 2003, 1066; *Pulz*, Personalbindung mit Aktienoptionen, 2004, S. 1107; *Rothenburg*, Aktienoptionen in der Verschmelzung, 2009; *Röder/Göpfert*, Aktien statt Gehalt, BB 2001, 2002; *Schmidt*, EStG, Kommentar, 34. Aufl. 2015; *Schnitker/Grau*, Übergang und Anpassung von Rechten aus Aktienoptionsplänen bei Betriebsübergang nach § 613 a BGB, BB 2002, 2497; *v. Steinau-Steinrück*, Die Grenzen des § 613 a BGB bei Aktienoptionen im Konzern, NZA 2003, 473; *Tappert*, Auswirkungen eines Betriebsübergangs auf Aktienoptionsrechte von Arbeitnehmern, NZA 2002, 1188; *Urban-Crell/Manger*, Konzernweite Aktienoptionspläne bei Betriebsübergang, NJW 2004, 125; *Weber/Dahlbender*, Verträge für GmbH-Geschäftsführer und Vorstände, 2. Aufl. 2000; *Wiechers*, Die Beteiligung von Aufsichtsratsmitgliedern am Unternehmenserfolg über die Ausgabe von Wandelschuldverschreibungen und die Bedienung von Aktienbezugsrechten, DB 2003, 595; *Willemsen/Müller-Bonnani*, Aktienoptionen beim Betriebsübergang, ZIP 2003, 1177; *Wilsing/Kruse*, Zur Behandlung bedingter Aktienbezugsrechte beim Squeeze-out, ZIP 2002, 1465.

a) Rechtslage im Umfeld

aa) Gestaltungsmöglichkeiten bei Aktienoptionsplänen

(1) Überblick

531 Spätestens seit dem Börsenboom des ausgehenden letzten Jahrtausends ist die Gewährung von Belegschaftsaktien, Wandelschuldverschreibungen oder reinen Aktienoptionsrechten ein beliebtes Mittel, um Mitarbeiter zu motivieren und an das Unternehmen zu binden. Wurden früher hauptsächlich Vorstände und Führungskräfte mit Bezugsrechten bedacht, werden neuerdings, dem internationalen Trend folgend, diese Bezugsrechte auch vermehrt einem großen Teil von oder allen Mitarbeitern gewährt. Zwar waren in den letzten, schwierigen Börsenjahren Aktienoptionen wenig attraktiv, da der Optionspreis je Aktie höher lag als der Aktienpreis, so dass es unsinnig gewesen wäre, die Aktienoptionen auszuüben. Dennoch haben sich Aktienoptionen als Bestandteil der Gesamtvergütung auch in Deutschland weitgehend durchgesetzt.

532 Die Unternehmen haben zahlreiche Möglichkeiten, ihre Mitarbeiterbeteiligungsprogramme auszugestalten. Sie können Belegschaftsaktien, Wandelschuldverschreibungen (Wandelanleihe

und Optionsanleihe), reale Aktienoptionen oder virtuelle Aktienoptionen ausgeben. Daneben sind auch die Verknüpfung der verschiedenen Modelle sowie die Gewährung anderweitiger aktienbezogener Mitarbeiterbeteiligungen wie Aktien-Incentiveprogramme möglich.

Aktienoptionen stellen aus arbeitsrechtlicher Sicht für den Arbeitnehmer das Recht dar, inner- 533
halb eines bestimmten Zeitraums (Erwerbszeitraum) Aktien des Unternehmens des Arbeitgebers oder auch der Muttergesellschaft zu erwerben. Die Anzahl und der Kaufpreis (Basispreis) der zu erwerbenden Aktien sind dabei im Voraus festgelegt. **Aktienoptionspläne** enthalten die unterschiedlichsten Regelungen.[1] Gemeinsam ist jedoch nahezu allen Plänen, dass die Aktienoptionen erst nach einer bestimmten Wartefrist in einem bestimmten Ausübungszeitraum geltend gemacht und eventuell nach Einhaltung einer weiteren Sperrfrist kapitalisiert werden können. Darüber hinaus sind in den Aktienoptionsplänen Verfallklauseln bei Ausscheiden des Mitarbeiters enthalten.

Die bei den verschiedenen Beteiligungsmodellen verwendeten Begrifflichkeiten sind nur teilwei- 534
se gesetzlich normiert. Deshalb wird zunächst dargestellt, was der jeweilige Begriff bedeutet, bevor die Vor- und Nachteile der einzelnen Beteiligungsmodelle beschrieben werden.

(2) Begrifflichkeiten

Belegschaftsaktien sind Aktien, die als Mittel betrieblicher Sozialpolitik, ohne primär finanz- 535
politischen Zielsetzungen zu dienen, vom Arbeitgeber an die Arbeitnehmer ausgegeben werden, um auf diese Weise eine unmittelbare Arbeitnehmerpartizipation an den Gesellschaftsanteilen zu erreichen. Die Emission der Belegschaftsaktien erfolgt entweder als Stamm- oder Vorzugsaktien bzw als Inhaber- oder Namensaktien, wobei Inhaber-Stammaktien die Regel sind. Bei Belegschaftsaktien hält entweder das Unternehmen noch eigene Aktien oder es muss die Aktien über die Börse oder im Freiverkehr kaufen. Beim Kauf eigener Aktien hat das Unternehmen § 71 AktG zu beachten. Bisher galt, dass für den Arbeitnehmer der Gewinn, den er aus Belegschaftsaktien erlangt, gem. § 19 a Abs. 1 EStG bis zu einem Betrag von 135 € im Kalenderjahr steuerfrei war. § 19 a Abs. 1 EStG wurde mit dem Gesetz zum Ausbau der Mitarbeiterkapitalbeteiligung vom 7.3.2009 aufgehoben. Nunmehr gilt nach § 3 Nr. 39 EStG, dass der Gewinn bis zu einem Betrag von 360 € steuerfrei ist, wenn die Beteiligung als freiwillige Leistung zusätzlich zum ohnehin geschuldeten Arbeitslohn überlassen und nicht auf bestehende oder künftige Ansprüche angerechnet wird und die Beteiligung mindestens allen Arbeitnehmern offensteht, die im Zeitpunkt der Bekanntgabe des Angebots ein Jahr oder länger ununterbrochen in einem gegenwärtigen Dienstverhältnis zum Unternehmen stehen. Im Rahmen des Bestandsschutzes bleibt es jedoch (bis zum Jahr 2015) gemäß der Übergangsregelung in § 52 Abs. 35 EStG bei einem Betrag von 135 €, wenn die Voraussetzungen der Neuregelung nicht erfüllt sind.

Wandelschuldverschreibungen sind gem. § 221 Abs. 1 AktG Wertpapiere, die von einer Aktien- 536
gesellschaft zur Kapitalbeschaffung ausgegeben werden und die dem Inhaber ein Umtausch- oder Bezugsrecht auf Aktien geben. Sie können als **Inhaber-, Order- oder Rektapapiere** ausgestaltet werden. Wandelschuldverschreibungen dürfen nur aufgrund eines mit drei Viertel Kapitalmehrheit gefassten Beschlusses der Hauptversammlung ausgegeben werden, § 221 Abs. 1 S. 2 AktG. Wandelschuldverschreibungen sind als **Wandelanleihe** und als **Optionsanleihe** möglich.[2] Bei einer Wandelanleihe ist das Aktienbezugsrecht so gestaltet, dass der Gläubiger am Ende der Laufzeit der Schuldverschreibung statt der Rückzahlung des Anleihebetrages die Übertragung von Aktien entsprechend der Anleihe und Umtauschbedingungen verlangen kann.[3] Der Arbeitnehmer kann also die ihm gewährten Wandelschuldverschreibungen als Wandelanleihe in Aktien umtauschen. Bei der Optionsanleihe wird das Aktienbezugsrecht da-

1 *Mengel*, Erfolgs- und leistungsorientierte Vergütung, Rn 313 ff.
2 *Haufe/Francis Lefebvre*, Rn 4564.
3 *Wiechers*, DB 2003, 595, 596; *Haufe/Francis Lefebvre*, Rn 4566.

durch ausgeübt, dass der Gläubiger kumulativ zur Rückzahlung des Anleihebetrages verlangen kann, Aktien gegen Zahlung eines bestimmten Optionspreises zu erhalten.[4] Der Arbeitnehmer hat die Vermögensvorteile, die er aus den ihm gewährten Wandelschuldverschreibungen zieht, nicht bereits bei Übertragung der Wandelschuldverschreibung, sondern erst bei Ausübung des Wandlungsrechts, also dann, wenn der Arbeitnehmer auch tatsächlich das wirtschaftliche Eigentum an den Aktien erhält, als geldwerten Vorteil zu versteuern.[5] Für die Ausgabe der Wandelschuldverschreibungen wird zumeist eine bedingte Kapitalerhöhung gem. §§ 192 ff AktG vorgenommen. Die bedingte Kapitalerhöhung hat zugleich zur Folge, dass es für das Bezugsrecht einer förmlichen Bezugserklärung nach § 198 AktG bedarf.[6] Sollten die Wandelschuldverschreibungen ausnahmsweise durch reguläre Kapitalerhöhung oder aus einem genehmigten Kapital bereitgestellt werden, so bedarf es neben der Wandlungserklärung noch einer förmlichen Zeichnung.[7] Aufgrund von § 193 Abs. 2 Nr. 4 AktG dürfen Wandelschuldverschreibungen, die durch bedingte Kapitalerhöhung ausgegeben wurden, erst nach einer Wartefrist von mindestens vier Jahren geltend gemacht werden.

537 **Reale Aktienoptionen** sind Aktien mit Optionsrechten, ohne dass gleichzeitig eine Anleihe wie bei Wandelschuldverschreibungen vergeben wird.[8] Reale Aktienoptionen werden meistens – ebenso wie Wandelschuldverschreibungen – im Wege einer bedingten Kapitalerhöhung nach §§ 192 ff AktG vorgenommen.[9] Auch hier gilt, dass aufgrund von § 193 Abs. 2 Nr. 4 AktG reale Aktienoptionen, die durch bedingte Kapitalerhöhung ausgegeben wurden, erst nach einer Wartefrist von mindestens vier Jahren geltend gemacht werden dürfen.

538 Bei **virtuellen Aktienoptionen** werden den Arbeitnehmern als Berechtigten keine Optionen auf Aktien wie bei den realen Aktienoptionen ausgegeben.[10] Die Arbeitnehmer werden lediglich schuldrechtlich so gestellt, als wären sie Inhaber von Optionen, indem sie zu einem bestimmten Zeitpunkt die positive Differenz zwischen dem dann geltenden Börsenkurs und dem fiktiven Ausübungspreis in Geld erhalten.[11] Virtuelle Aktienoptionen können als erfolgsabhängige börsenkursbezogene Tantieme verstanden werden.[12]

539 **Aktien-Incentiveprogramme** können sehr unterschiedlich ausgestaltet sein. Häufig haben die Arbeitnehmer ein Eigeninvestment zu entrichten, das sich am Wert der Unternehmensaktie orientiert. Auf das Eigeninvestment zahlt dann der Arbeitgeber bei Erreichen bestimmter Erfolgs- und Haltedauerkriterien eine bestimmte Incentive-Auszahlung, die je nach Mitarbeiterebene auch unterschiedlich gestaffelt sein kann. Aktien-Incentives können ebenfalls wie die virtuellen Aktienoptionen als eine Art erfolgsabhängige börsenkursbezogene Tantieme oder als ein Bonus angesehen werden. Aktien-Incentives unterscheiden sich von den virtuellen Aktienoptionen darin, dass bei den Aktien-Incentives die Beträge automatisch vom Unternehmen nach Erreichen der Erfolgs- und Haltedauerkriterien ausgekehrt werden, wohingegen bei den virtuellen Aktienoptionen der Arbeitnehmer – ähnlich wie beim Börsenspiel – selbst entscheidet, ob und wann er von seinem Optionsrecht Gebrauch macht. Die Bayer AG und die Allianz Group benutzen derzeit ein Aktien-Incentiveprogramm.[13]

---

4 *Wiechers*, DB 2003, 595, 596; *Haufe/Francis Lefebvre*, Rn 4567.
5 BFH 23.6.2005 – VI R 124/99, DB 2005, 1718.
6 MünchHdb-GesR IV/*Krieger*, § 63 Rn 20.
7 MünchHdb-GesR IV/*Krieger*, § 63 Rn 20.
8 *Hüffer*, AktG, § 192 Rn 16.
9 *Hüffer*, AktG, § 192 Rn 16; *Lingemann/Diller/Mengel*, NZA 2000, 1191, 1192 f.
10 Arens/*Ihrig/Dietz*, AnwF GesR, § 6 Rn 330.
11 Arens/*Ihrig/Dietz*, AnwF GesR, § 6 Rn 330.
12 Arens/*Ihrig/Dietz*, AnwF GesR, § 6 Rn 330.
13 S. http://www.investor.bayer.de/aktie/aktienprogramme/aspire/.

(3) Vor- und Nachteile der einzelnen Beteiligungsmodelle

Es gibt kein Beteiligungsmodell, das den Bedürfnissen aller Unternehmen gerecht werden würde. Deswegen entscheiden sich die Unternehmen für unterschiedliche Beteiligungsmodelle. Teilweise werden auch innerhalb eines Unternehmens unterschiedliche Beteiligungsmodelle, je nach Mitarbeiterebene, verwendet. Welches Beteiligungsmodell das für das Unternehmen jeweils geeignetste ist, hängt davon ab, welche Ziele das Unternehmen mit dem Beteiligungsprogramm verfolgt. Um diese Unternehmensziele verwirklichen zu können, muss sich der Gestalter von Beteiligungsprogrammen darüber im Klaren sein, welche Auswirkungen das jeweilige Modell in gesellschaftsrechtlicher, steuerrechtlicher, bilanzrechtlicher und arbeitsrechtlicher Hinsicht hat. Nur mit diesem Hintergrundwissen ist es möglich, das für das Unternehmen beste Beteiligungsmodell auswählen zu können. 540

Wurden früher Beteiligungsrechte fast ausschließlich als Wandelschuldverschreibungen gewährt, erfolgt die Beteiligung von Vorständen, Aufsichtsräten, Führungskräften und sonstigen Mitarbeitern heute dagegen zumeist im Wege der Gewährung realer oder virtueller Aktienoptionen. Der Grund dafür ist folgender: 541

Früher wurden Beteiligungsrechte in der Form von **Wandelschuldverschreibungen** ausgegeben, da die Ausgabe von Optionen ohne eine damit verbundene Anleihe nicht möglich war. Erst mit Einführung des § 192 Abs. 2 Nr. 3 AktG durch das KonTraG im Jahre 1998 wurde es möglich, auch reale Aktienoptionen auszugeben. Die Bedienung der Wandelschuldverschreibungen durch ordentliche Kapitalerhöhung nach §§ 182 ff AktG oder durch genehmigtes Kapital nach §§ 202 ff AktG ist nicht praktikabel. Eine ordentliche Kapitalerhöhung hat auf einen bestimmten Betrag zu lauten. Da zum Zeitpunkt der Auflegung des Beteiligungsprogramms noch nicht absehbar ist, wie viele Mitarbeiter ihr Optionsrecht tatsächlich ausüben werden, ist es nur schlecht möglich, eine ordentliche Kapitalerhöhung durchzuführen. Beim genehmigten Kapital stehen die Ermächtigungsfrist des § 202 Abs. 1 und 2 AktG, die auf fünf Jahre begrenzt ist, sowie die §§ 203 Abs. 1, 191 AktG, nach denen die Kapitalerhöhung ins Handelsregister eingetragen werden muss, der Praktikabilität entgegen.[14] Die realen Aktienoptionen sind also gegenüber den Wandelschuldverschreibungen einfacher handhabbar.[15] Aus diesem Grund ist die Praxis seit längerem dazu übergegangen, anstatt Wandelschuldverschreibungen **Aktienoptionen** auszugeben. 542

Wurde früher noch zwischen **nicht handelbaren** und **voll handelbaren Optionen** aus steuerrechtlichen und bilanzrechtlichen Gründen unterschieden, so ist eine solche Unterscheidung heute nicht mehr notwendig, da beide Optionsarten als Personalaufwand in der Bilanz zu berücksichtigen sind und eine Steuerlast des Arbeitgebers und des Arbeitnehmers erst bei Ausübung des Optionsrechts entsteht, nicht, wie früher bei voll handelbaren Optionen, bereits bei Gewährung des Optionsrechts.[16] 543

Bis Ende des Jahres 2004 mussten aktienkursabhängige Vergütungsmodelle nicht in der Bilanz als Personalaufwand berücksichtigt werden. Das IASB hat am 19.2.2004 den *importing standard* IFRS 2 „*share based payment*" veröffentlicht.[17] Nach IFRS 2 sind aktienkursabhängige Entlohnungsbestandteile, und damit auch Entgelt aus Aktienprogrammen, grds. als Personalaufwand in der Bilanz zu berücksichtigen.[18] 544

14 Arens/*Ihrig/Dietz*, AnwF GesR, § 6 Rn 328.
15 *Wiechers*, DB 2003, 595.
16 BFH 25.7.2005 – X B 131/04; FG München 17.9.2004 – 8 K 2726/03, DStRE 2005, 322; *Kohler*, ZHR 161, 246 (1997); *Baeck/Diller*, DB 1998, 1405; FinMin. NRW 27.3.2003 – S 2332-109-V B 3, DB 2003, 747; *Petereit/Neumann*, DB 2003, 1295.
17 *Pierchegger*, RIW 2005, 349.
18 *Pierchegger*, RIW 2005, 349; *Ekkenga*, DB 2004, 1897; *Bauer/Strand*, BB 2003, 895.

545 Damit ist die Anwendung der von der EU übernommenen IRS/IFRS 2 für jene Unternehmen Pflicht, deren Wertpapiere in EU-Ländern notiert werden.[19] Unternehmen, die an der NYSE (*New York stock exchange*) gelistet sind und nach US-GAAP bilanzieren müssen, haben derzeit noch ein Bilanzierungswahlrecht dahingehend, ob sie ihre aktienkursabhängigen Vergütungsmodelle als Personalaufwand in der Bilanz ausweisen oder nicht.[20] US-GAAP wird jedoch künftig ebenfalls die Verpflichtung enthalten, dass aktienkursabhängige Vergütungsmodelle in der Bilanz als Personalaufwand zu berücksichtigen und auszuweisen sind.[21]

546 Auch wenn nunmehr nach IFRS 2 aktienkursabhängige Vergütungsmodelle in der Bilanz als Personalaufwand zu berücksichtigen sind, bestehen hinsichtlich der Bilanzierung und Bewertung von realen und virtuellen Optionsprogrammen erhebliche Unterschiede.[22] Bei **realen Optionen** erfolgt die Gegenbuchung im Eigenkapital. Personalaufwand ist damit in Höhe des Gesamtwertes (*fair value*) der gewährten Optionen zum Zeitpunkt der Gewährung anzusetzen. Bei **virtuellen Optionen** hingegen erfolgt eine Gegenbuchung zum Personalaufwand im Fremdkapital in Form einer Rückstellung. Das hat zur Folge, dass in Summe genau der innere Wert der Optionen zum Ausübungszeitpunkt aufwandswirksam wird.[23] Im Vergleich zu realen Programmen kann dieser Betrag je nach Kursentwicklung über oder unter dem *fair value* bei Gewährung liegen.

547 Es bleibt abzuwarten, ob aufgrund der nunmehr bestehenden Pflicht zur Berücksichtigung des Personalaufwands bei aktienkursabhängigen Vergütungsmodellen Unternehmen in Zukunft keine Aktienbeteiligungsmodelle mehr anbieten werden. Für Unternehmen, die in erster Linie eine Entlohnung der Mitarbeiter ohne Belastung des Jahresüberschusses mit den Beteiligungsprogrammen anstrebten, sind die Beteiligungsprogramme nunmehr durch die Bilanzierungspflicht unattraktiv geworden. Unternehmen, die sich dennoch entscheiden, ihren Mitarbeitern auch zukünftig Aktienoptionsprogramme anzubieten, kann im Vorhinein nicht generell gesagt werden, ob reale oder virtuelle Aktienoptionen für das Unternehmen das bessere Modell sind. Denn ob der zu buchende Personalaufwand bei realen oder bei virtuellen Optionen höher ausfällt, hängt davon ab, ob der zum Ausgabezeitpunkt ermittelte *fair value* unter oder über dem inneren Wert im Ausgabezeitpunkt liegt. Generell kann gesagt werden, dass reale Aktienoptionen dann vorteilhaft sind, wenn die tatsächliche Entwicklung des Kurses günstiger ist als die erwartete.[24] Virtuelle Aktienoptionen sind hingegen dann die bessere und kostengünstigere Alternative, wenn die tatsächliche Kursentwicklung hinter den Erwartungen zurückbleibt. Reale Aktienoptionen haben bei negativer Kursentwicklung zudem den Nachteil, dass sie in der Bilanz berücksichtigt werden müssen, selbst wenn die Optionen niemals von den Mitarbeitern ausgeübt werden.[25]

548 Unternehmen haben in der Vergangenheit ihren Mitarbeitern Aktienoptionsprogramme nicht nur deswegen gewährt, weil diese den Jahresüberschuss nicht belasteten. Auch andere Faktoren hatten Einfluss auf die Entscheidung der Unternehmen, Aktienoptionen einzuführen. So spielen die **steuerliche Abzugsfähigkeit** der Aktienoptionsgewährung sowie die **Liquiditätsbelastung** des Unternehmens eine gewichtige Rolle. Aus steuerlicher Sicht sind virtuelle Aktienoptionen realen Aktienoptionen gegenüber zu bevorzugen. Bei virtuellen Aktienoptionen kann der tatsächlich zu zahlende Betrag stets steuerlich geltend gemacht werden, wohingegen es bei realen Aktienoptionen zu einer Art Doppelbesteuerung kommt, da Unternehmen die realen Aktienoptionen nicht oder nur beschränkt gewinnmindernd geltend machen können, der Ar-

19 *Pierchegger*, RIW 2005, 349.
20 *Ekkenga*, DB 2004, 1897.
21 *Ekkenga*, DB 2004, 1897.
22 *Pierchegger*, RIW 2005, 349.
23 *Pierchegger*, RIW 2005, 349.
24 *Pierchegger*, RIW 2005, 349, 353.
25 *Pierchegger*, RIW 2005, 349, 353.

beitnehmer jedoch die ausgeübten Aktienoptionen als Arbeitslohn versteuern muss.[26] Ein nicht wegzudiskutierender Vorteil realer Aktienoptionen gegenüber virtuellen Aktienoptionen ist dagegen die vermeidbare Liquiditätsbelastung des Unternehmens, die sich bei Beschaffung der Aktien aus der Kapitalerhöhung ergibt. Der schonende Umgang mit der Liquidität ist insb. für junge Unternehmen, deren Finanzierungsspielraum begrenzt ist, von Bedeutung.[27] Welches Mitarbeiterbeteiligungsmodell Unternehmen wählen, hängt also entscheidend von Einfluss und Tragweite einzelner Faktoren bei der jeweiligen Unternehmenssituation ab: Unternehmen, denen nur wenig finanzielle Mittel zur Verfügung stehen (zB Start-up-Unternehmen), werden sich eher für reale Aktienoptionsmodelle entscheiden. Unternehmen, denen es vornehmlich auf die steuerliche Abzugsfähigkeit der Mitarbeiterbeteiligungen ankommt, werden den Weg der virtuellen Option bevorzugen. Bei **Belegschaftsaktien** und **Aktien-Incentives** handelt es sich lediglich um bloße Vergütungsbestandteile, die schon von jeher bei Gewährung als Personalaufwand in der Bilanz ausgewiesen und vom Arbeitnehmer als Einkommen – soweit nicht steuerfrei – versteuert werden mussten. Aktien-Incentives werden von Unternehmen gegenüber Belegschaftsaktien bevorzugt, da dafür keine eigenen Aktien vorgehalten oder an der Börse bzw im Freiverkehr erworben werden müssen.

(4) Aufklärungspflicht bei Darlehen für Belegschaftsaktien

Fördert der Arbeitgeber den Kauf von Belegschaftsaktien, deren „**Notierung an der Börse**" an- 549
gekündigt wird, durch die Gewährung von zweckgebundenen zinsgünstigen Darlehen, ist er verpflichtet, die Arbeitnehmer über die besonderen Risiken des Erwerbs nicht zum Börsenhandel zugelassener Aktien aufzuklären. Verletzt der Arbeitgeber schuldhaft seine Aufklärungspflicht und erwirbt der Arbeitnehmer im Vertrauen auf die angekündigte „Notierung an der Börse" Belegschaftsaktien, die weder zum amtlichen noch zum geregelten Markt oder zum Freiverkehr zugelassen werden, so hat er den Nachteil auszugleichen. Der Schadensersatzanspruch richtet sich auf Befreiung von der Verpflichtung zur Rückzahlung des Darlehens Zug um Zug gegen Rückgabe der Aktien.[28] Das BAG hat im Urteil vom 4.10.2005 ferner festgestellt, dass weder das Gebot der Kapitalerhaltung (§ 57 AktG) noch das Verbot des Erwerbs eigener Aktien (§ 71 AktG) der Geltendmachung des Schadensersatzanspruchs entgegenstehen, wenn die Muttergesellschaft die als Arbeitgeberin fungierende Tochtergesellschaft auf sich verschmilzt und damit Gläubigerin der Darlehensforderung und Schuldnerin des Schadensersatzanspruchs wird.

(5) Aktuell in Unternehmen verwendete Modelle

Nach Auswertung mehrerer Mitarbeiterbeteiligungsprogramme von Unternehmen verschiede- 550
ner Branchen, die sowohl der Old Economy als auch der New Economy entstammen (Allianz,[29] Anite,[30] Bayer,[31] Daimler,[32] SAP,[33] VIVA,[34] 3U HOLDING AG[35]), lässt sich diagnosti-

26 *Hasbargen/Stauske*, BB 2004, 1153, 1156.
27 *Pierchegger*, RIW 2005, 349, 353.
28 BAG 4.10.2005 – 9 AZR 598/04, NZA 2006, 545.
29 Aktienbasierte Vergütungspläne unter https://www.allianz.com/v_1363772319000/media/investor_relations/de/berichte_und_finanzdaten/geschaeftsbericht/gb2012/gb2012_verguetungsplaene.pdf.
30 Internationaler Aktien-/Optionssparplan („Aktienplan") der Anite Group Plc. (März 2003).
31 Aktienoptionsprogramm (AOP), Aktien-Incentiveprogramm (AIP), Aktien-Beteiligungsprogramm (ABP), unter www.investor.bayer.de.
32 Aktienoptionsplan 2000.
33 STAR.Programm 2008, SAP SOP-Plan 2009, unter http://www.sap.com/about/investor/stock/stockoptions/index.epx.
34 Aktienoptionsplan 2000.
35 Aktienoptionsplan 2011 unter http://www.3 u.net/investor-relations/die-aktie/aktienoptionsprogramm.html.

zieren, dass in Deutschland jede Art von Mitarbeiterbeteiligungsprogramm verwendet wird. Gewisse Tendenzen lassen sich festmachen.

551 Auf gewöhnlicher Mitarbeiterebene werden häufig lediglich Aktien-Incentives oder virtuelle Aktienoptionen ausgegeben. Wurden früher, in wirtschaftlich günstigen Zeiten, oftmals zu bestimmten Anlässen noch steuerbegünstigte Belegschaftsaktien an die Mitarbeiter ausgegeben, so spielen diese in der heutigen wirtschaftlich angespannten Lage kaum noch eine Rolle.

552 Mitarbeitern der oberen Führungsebene sowie Vorständen werden häufig reale Aktienoptionen gewährt. Bei den Führungskräften und den Vorständen bilden die Aktienoptionen einen wesentlichen Bestandteil des Gehalts, wohingegen bei den gewöhnlichen Mitarbeitern die Beteiligungsprogramme eher als eine Art Bonusvergütung anzusehen sind.

bb) Rechtsnatur der Aktienoption

553 Der **Aktienoptionsvertrag** ist ein schuldrechtlicher Vertrag. Wie dieser Vertrag jedoch dogmatisch einzuordnen ist, dazu gibt es verschiedene Ansichten. Die einen betrachten den Aktienoptionsvertrag als einseitig verpflichtenden **Vorvertrag,** der dem Arbeitnehmer als Bezugsberechtigten die Befugnis einräumt, mit ihm den Aktienkaufvertrag abzuschließen.[36] Die anderen betrachten den Aktienoptionsvertrag als **Festofferte** des Arbeitgebers auf Abschluss des Aktienkaufvertrages.[37] Die dritten qualifizieren den Aktienoptionsvertrag als atypisches Schuldverhältnis, bei dem durch einseitige Willenserklärung (Ausübung der Option) der Aktienkaufvertrag zustande kommt.[38]

554 Die gewöhnliche Aktienoptionsvereinbarung, die zwischen dem Unternehmen und dem Bezugsberechtigten (Arbeitnehmer) geschlossen wird, kann als **Aktienkaufvertrag** (Vertrag *sui generis*) angesehen werden, der neben der aufschiebenden Potestativbedingung der Bezugsrechtsausübung unter der aufschiebenden Bedingung des Eintritts des Erfolgsziels sowie unter der aufschiebenden Befristung des Ablaufs der Wartezeit und des Eintritts des Ausübungszeitraums steht.[39] Der Aktienoptionsvertrag ist also ein mehrfach aufschiebend bedingter und befristeter kaufvertraglicher Anspruch aus § 433 Abs. 1 BGB auf Aktienübertragung.[40]

cc) Rechtsgrundlage der Gewährung von Aktienoptionen

555 Rechtsgrundlage für die Gewährung von Aktienoptionen können freiwillige Betriebsvereinbarungen, Gesamtzusagen sowie einzelvertragliche Vereinbarungen sein.[41]

556 Häufig werden Aktienoptionen in **freiwilligen Betriebsvereinbarungen** geregelt. Die Möglichkeit einer solchen Betriebsvereinbarung ist ausdrücklich in § 88 Nr. 3 BetrVG eröffnet. Der Vorteil der Betriebsvereinbarung liegt darin, dass sie gem. § 77 Abs. 4 S. 1 BetrVG unmittelbar und zwingend gilt, also unmittelbar Rechte und Pflichten des Arbeitgebers und des Arbeitnehmers begründet.[42] Durch Betriebsvereinbarung darf allerdings nur geregelt werden, wer in welchem Umfang und zu welchen Konditionen Anspruch auf das Angebot von Aktien oder Optionen hat. Der Arbeitnehmer darf nicht unmittelbar durch die Betriebsvereinbarung zum Aktionär verpflichtet werden, ebenso wie die Betriebsvereinbarung ihn nicht direkt oder indirekt durch sog. Lohnverwendungsabreden dazu zwingen darf, Aktien zu erwerben.[43] Diese Entscheidung folgt aus der in Art. 9 Abs. 3 GG garantierten negativen Koalitionsfreiheit. Niemand

---

36 *Lembke*, BB 2001, 1469, 1470.
37 *Hüffer*, AktG, § 221 Rn 7.
38 *Lembke*, BB 2001, 1469, 1470; *Willemsen/Müller-Bonanni*, ZIP 2003, 1177, 1177.
39 *Pulz*, BB 2004, 1107, 1108.
40 *Lembke*, BB 2001, 1469, 1470.
41 *Baeck/Diller*, DB 1998, 1405, 1406; *Lingemann/Diller/Mengel*, NZA 2000, 1191, 1192 ff.
42 *Baeck/Diller*, DB 1998, 1405, 1406.
43 *Baeck/Diller*, DB 1998, 1405, 1406.

darf gegen seinen Willen gezwungen werden, Mitglied eines Verbandes oder einer Gesellschaft zu werden.[44]

Betriebsvereinbarungen gelten jedoch wegen § 5 Abs. 2 und 3 BetrVG nicht für **leitende Angestellte**, ebenso wenig für **Vorstandsmitglieder**. Für die leitenden Angestellten ist die Vereinbarung einer Richtlinie mit dem Sprecherausschuss nach § 28 SprAuG oder der Abschluss einer einzelvertraglichen Vereinbarung notwendig. Bei Vorstands- und Aufsichtratsmitgliedern sind Aktienoptionen einzelvertraglich zu regeln. 557

Aktienoptionen können auch im Wege der **Gesamtzusage** gewährt werden. Unter einer Gesamtzusage versteht man eine gleich lautende schriftliche oder formlose Mitteilung an die Arbeitnehmer, in der über die Einführung einer betrieblichen Sozialleistung informiert wird.[45] Bei mehrfacher Gewährung von Aktienoptionen im Wege der Gesamtzusage kann durch wiederholte, gleichartige Leistung eine betriebliche Übung entstehen, aus der den Arbeitnehmern dann auch für die Folgejahre ein Rechtsanspruch auf die Aktienoptionen zusteht. Durch eine Freiwilligkeitsklausel im Aktienoptionsvertrag wird das Entstehen der betrieblichen Übung vermieden. 558

Des Weiteren können Aktienoptionen durch **einzelvertragliche Vereinbarung** dem Arbeitnehmer zugesagt werden. Eine solche Vereinbarung kann sowohl im Arbeitsvertrag enthalten sein als auch durch Sondervereinbarung begründet werden. Die einzelvertragliche Vereinbarung, die im Arbeitsvertrag oder in einer Sondervereinbarung enthalten ist, darf nicht mit der Vereinbarung über den Aktienkauf oder die Ausübung des Aktienoptionsrechts verwechselt werden.[46] 559

Die Einführung und Ausgestaltung von Aktienoptionen unterliegt gem. § 87 Abs. 1 Nr. 10 BetrVG grds. der **Mitbestimmung** des Betriebsrats, denn dieser hat ein Mitbestimmungsrecht bei allen Fragen der betrieblichen Lohngestaltung, wozu insb. die Einführung und Anwendung neuer Entlohnungsmethoden gehören.[47] Soweit die Aktienoptionen nur Vorständen und leitenden Angestellten gewährt werden, besteht mangels Zuständigkeit kein Mitbestimmungsrecht des Betriebsrats. Das Mitbestimmungsrecht entfällt – nach allgemeinen Regeln – nicht, wenn die Geschäftsleitung der deutschen Gesellschaft im Konzern keinen Einfluss auf das Aktienoptionsprogramm und die Vergabe von Optionen hat.[48] 560

dd) Arbeitsrechtliche Besonderheiten bei Aktienoptionsplänen

(1) Wartefrist und Sperrfrist

Unternehmen bezwecken mit ihren Aktienoptionsprogrammen, die Arbeitnehmer langfristig an das Unternehmen zu binden. Die Verwirklichung dieses Zwecks wird dadurch abgesichert, dass die Arbeitnehmer ihre Optionsrechte erst nach einer bestimmten Wartezeit ausüben dürfen. Daneben sind die Ausübungsrechte häufig noch an die Entwicklung des Unternehmens und an die persönliche Performance gebunden. Zudem enthalten die Aktienoptionspläne neben einer längeren Wartezeit zumeist noch eine Verfügungsbeschränkung über den Verkauf der Aktienoptionen während der Wartefrist und eine Verfallklausel für den Fall, dass der Arbeitnehmer vor einem bestimmten Zeitpunkt aus dem Unternehmen ausscheidet. Der Zweck, den **Arbeitnehmer langfristig an das Unternehmen** zu **binden**, stellt zugleich in arbeitsrechtlicher Hinsicht das Kernproblem dar: Wie stark darf diese Bindung ausfallen? 561

Zwischen Gewährung der Aktienoptionen und dem Recht zur Ausübung der Aktienoptionen liegen häufig Jahre. In dieser Zeit soll der Arbeitnehmer sich besonders anstrengen, um seinen Teil dazu beizutragen, dass der Aktienkurs steigt. Von dieser Kurssteigerung profitiert dann 562

44 *Baeck/Diller*, DB 1998, 1405, 1406.
45 *Baeck/Diller*, DB 1998, 1405, 1406.
46 *Baeck/Diller*, DB 1998, 1405, 1406.
47 *Baeck/Diller*, DB 1998, 1405, 1410.
48 Vgl auch LAG Nürnberg 22.1.2002 – 6 TaBV 19/01, NZA-RR 2002, 247.

der Arbeitnehmer in dem Zeitpunkt, in dem er seine Optionsrechte ausüben darf. Es stellt sich zunächst die Frage nach der zeitlichen Obergrenze für die **Wartezeit** zwischen Aktienoptionsgewährung und dem Recht zur Ausübung der Aktienoption.[49] In §§ 192 Abs. 2 Nr. 3, 193 Abs. 2 Nr. 4 AktG ist festgelegt, dass die Bezugsrechte erst nach einer Wartezeit von **mindestens vier Jahren** ausgeübt werden dürfen. § 193 Abs. 2 Nr. 4 AktG findet jedoch nur dann Anwendung, wenn die Aktienoptionsgewährung durch bedingte Kapitalerhöhung erfolgte. Der Arbeitgeber wird idR kein Interesse daran haben, eine Frist zu wählen, die unter vier Jahren liegt, denn das Interesse des Arbeitgebers ist es, eine möglichst lange Bindungswirkung zu erreichen. Mit der Wartefrist wird auch bezweckt, dass ein Insider-Trading ausgeschlossen ist. In der Praxis kennt man Wartefristen gewöhnlich zwischen zwei und fünf Jahren. In Einzelfällen war v.a. früher festzustellen, dass die Wartefrist fünf und mehr, bis hin zu zehn Jahren beträgt. Zum Teil sind die Wartefristen auch zweigeteilt: Nach einer **ersten Wartefrist (Ausübungsfrist)** darf der Arbeitnehmer das Optionsrecht ausüben und nach einer weiteren **zweiten Frist (Sperrfrist)** die aus den Optionen erhaltenen Aktien verkaufen.

563 Der Aktienoptionsvertrag unterfällt der **AGB-Kontrolle**. Bei einer Wartefrist – gleichgültig, ob einstufig oder zweistufig – von bis zu drei Jahren fand früher eine Inhaltskontrolle jedoch gem. § 307 Abs. 3 BGB nicht statt, da die Wartefrist insoweit keine von Rechtsvorschriften abweichende Regelung darstellt. § 193 Abs. 2 Nr. 4 AktG enthielt nämlich die Regelung, dass Mitarbeiterbeteiligungen erst nach einer Wartezeit von mindestens zwei Jahren ausgeübt werden sollen. Den Gesetzesmaterialien ist zu entnehmen, dass der Gesetzgeber früher eine Wartefrist von idR drei Jahren für angemessen hielt;[50] nunmehr ist in der Nachfolge der Banken- und Weltwirtschaftskrise 2008/2009 die Wartefrist auf vier Jahre erhöht worden, um die Manager und Führungskräfte stärker auf mittel- und langfristige Ziele für das Unternehmen auszurichten.[51]

564 Die Zulässigkeit von Wartefristen von mehr als vier Jahren ist unklar. Bisher wurde vertreten, dass Wartefristen bis zu fünf Jahren unbedenklich seien, da der Arbeitnehmer dadurch nicht unzulässig in seiner ihm aus Art. 12 Abs. 1 GG zustehenden Berufswahlfreiheit eingeschränkt werde.[52] Aufgrund der in § 624 BGB und § 15 Abs. 4 TzBfG enthaltenen Wertung, dass Arbeitnehmer nicht länger als fünf Jahre an das Arbeitsverhältnis gebunden werden können, wird man bei Aktienoptionen, die nicht im Rahmen eines Dauerschuldverhältnisses gewährt werden, eine Wartefrist von bis zu fünf Jahren als nicht zulässig erachten können.

565 Eine AGB-Inhaltskontrolle findet allenfalls bei Aktienoptionsverträgen mit einer über die vier Jahre hinausgehenden Wartefrist statt. Rspr liegt zu diesem Thema – soweit ersichtlich – noch nicht vor, da derzeit aufgrund der nur mäßigen Börsensituation in deutschen Unternehmen kaum Aktienoptionen angeboten oder ausgeübt werden. Eine über fünf Jahre dauernde Bindungsregelung wird nicht in Einklang stehen mit § 307 Abs. 2 Nr. 1 BGB, da eine über fünf Jahre hinausgehende Bindungswirkung nicht mehr dem Leitbild der gesetzlichen Regelung entspricht. Der Vorschlag von drei Jahren im Regierungsentwurf war eine unverbindliche Richtgröße, die bei mehr als fünf Jahren erkennbar verlassen wird.

566 Neben der Ausübungs- und Sperrfrist bis zur erstmaligen Aktienoptionsausübung gibt es in den Aktienoptionsplänen noch eine weitere Frist, die regelt, bis wann spätestens das Aktienoptionsrecht genutzt werden muss, damit es nicht erlischt. Die **Ausübungsendfrist** liegt im Ermessen des Arbeitgebers oder der Vertragsparteien. Sie kann sowohl einen Tag als auch zehn Jahre betragen. Wirksamkeitsbedenken bestehen nicht; je länger der Zeitraum gewählt wird, desto größer ist der Freiraum des Arbeitnehmers.

49 *Mechlem/Melms*, DB 2000, 1614; *Lingemann/Diller/Mengel*, NZA 2000, 1191, 1195; *Mengel*, Erfolgs- und leistungsorientierte Vergütung, S. 185.

50 Begründung des Referentenentwurfs zum KonTraG, ZIP 1996, 2129, 2138; Begründung des Regierungsentwurfs zum KonTraG, ZIP 1997, 2059, 2068.

51 BT-Drucks. 16/12278 vom 17.3.2009, S. 5.

52 *Pulz*, BB 2004, 1107, 1108.

(2) Verfügungsbeschränkung

Neben der Wartezeit sind in Aktienoptionsplänen sehr häufig Verfügungsbeschränkungen enthalten. Die Verfügungsbeschränkung sorgt dafür, dass die Wartezeit nicht umgangen werden kann, indem der Arbeitnehmer seine Optionsrechte an jemand anderen verkauft.[53] Erst die Verfügungsbeschränkung stellt letztlich sicher, dass der Arbeitnehmer tatsächlich während der Wartezeit aufgrund der in Aussicht stehenden Gewinne durch Aktienoptionen motiviert an den Interessen der Aktionäre ausgerichtet arbeitet.[54] Die Vereinbarung von Verfügungsbeschränkungen im Aktienoptionsplan ist zulässig.[55] 567

Umstritten ist, ob die Verfügungsbeschränkung **dingliche Wirkung** besitzt.[56] Zum Teil wird vertreten, die Rechtsposition des Optionsberechtigten stelle ein Recht iSd §§ 398 ff BGB dar. Sofern das Optionsrecht als vertraglicher Anspruch ausgestaltet sei, könne seine Übertragbarkeit unmittelbar gem. § 399 Alt. 2 BGB durch Vereinbarung ausgeschlossen werden. Sofern das Optionsrecht als Festofferte bestehe, begründe es zwar eine Gebundenheit, aber noch keinen Anspruch. Über die Verweisung des § 413 BGB für andere Rechte gelte § 399 Alt. 2 BGB aber auch für das Optionsrecht in Form eines bindenden Angebots. Dieser Ansicht ist entgegenzuhalten, dass Verfügungsbeschränkungen – abgesehen vom Sonderfall vinkulierter Namensaktien – mangels einer entsprechenden Regelung im AktG nicht mit Wirkung gegenüber jedermann vereinbart werden können.[57] Die Verfügungsbeschränkungen entfalten also nur **schuldrechtliche Wirkung**. Das hat zur Folge, dass ein Verstoß gegen das Veräußerungsverbot die Veräußerung nicht unwirksam macht, aber mit den üblichen schuldrechtlichen Sanktionen belegt werden kann, wie Abmahnung, Kündigung des Arbeitsverhältnisses oder Zahlung einer Vertragsstrafe.[58] 568

(3) Verfallklausel

Neben der Klausel über Verfügungsbeschränkungen enthalten Aktienoptionspläne oftmals noch Verfallklauseln. Mit diesen Verfallklauseln wird bezweckt, dass der Arbeitnehmer nicht vorzeitig aus dem Unternehmen ausscheidet, da er bei Ausscheiden seine Optionsrechte nicht mehr wahrnehmen kann. Verfallklauseln werden an sich als generell zulässig erachtet. Es ist jedoch immer eine Beurteilung im Einzelfall vorzunehmen, bei der die Verfallgründe und der Zeitrahmen, in dem die Verfallklausel greifen kann, zu berücksichtigen sind.[59] 569

Verfallklauseln wurden früher allgemein daran gemessen, ob sie sittenwidrig nach §§ 138, 242 BGB sind oder eine unbillige Kündigungserschwerung nach § 622 Abs. 6 KSchG darstellen.[60] Heutzutage unterliegen Verfallklauseln zudem noch einer AGB-rechtlichen Inhaltskontrolle.[61] Verfallklauseln müssen nunmehr aufgrund des in § 307 Abs. 1 S. 2 BGB enthaltenen **Bestimmtheitsgebots klar** und **verständlich formuliert** sein. Es müssen also die einzelnen Fälle, bei denen die Verfallklausel greifen soll, exakt im Aktienoptionsplan aufgeführt sein, um nicht durch die Wahl einer zu allgemein gehaltenen Verfallklausel deren Unwirksamkeit nach § 306 BGB zu verursachen.[62] 570

§ 622 Abs. 6 BGB steht generell Vertragsklauseln entgegen, die das Recht des Arbeitnehmers auf Kündigung des Arbeitsverhältnisses durch eine unangemessen lange Betriebsbindung unbil- 571

53 Küttner/*Röller*, Personalbuch, 7 (Aktienoptionen) Rn 12.
54 Küttner/*Röller*, Personalbuch, 7 (Aktienoptionen) Rn 12.
55 Küttner/*Röller*, Personalbuch, 7 (Aktienoptionen) Rn 12.
56 So *Pulz*, BB 2004, 1107, 1109.
57 *Baeck/Diller*, DB 1998, 1405, 1407; *Lingemann/Diller/Mengel*, NZA 2000, 1191, 1195.
58 *Baeck/Diller*, DB 1998, 1405, 1407.
59 *Mengel*, Erfolgs- und leistungsorientierte Vergütung, Rn 322 ff; Tschöpe/*Schmalenberg/Heiden*, Teil 2 A Rn 505; *Lingemann/Diller/Mengel*, NZA 2000, 1191, 1195 f.
60 *Mechlem/Melms*, DB 2000, 1614.
61 *Pulz*, BB 2004, 1107, 1111.
62 BAG 4.10.2005 – 9 AZR 598/04, NZA 2006, 545.

lig erschweren.[63] Einer zu langen Betriebsbindung steht auch die in Art. 12 GG enthaltene Berufswahlfreiheit entgegen.[64] Maßgeblich für die Beurteilung der Rechtmäßigkeit einer Verfallklausel ist der mit der Aktienoption verfolgte Zweck. **Hauptzwecke** von Aktienoptionen sind – je nach Ausgestaltung der Aktienoptionen – die Honorierung von **Betriebstreue**, die Schaffung von **Leistungsanreizen** sowie die **Vergütung der Tätigkeit** des Arbeitnehmers.[65] Insgesamt ist bisher auf eine zulässige Höchstbindung von fünf Jahren abgestellt worden, gestützt v.a. auf den Rechtsgedanken des § 622 Abs. 6 BGB, dass der Arbeitnehmer im Hinblick auf sein verfassungsrechtlich gem. Art. 12 GG geschütztes Recht auf freie und ungehinderte Wahl des (neuen) Arbeitsplatzes nicht unbillig an einer Eigenkündigung gehindert werden dürfe, sowie den Rechtsgedanken nach § 624 BGB bzw § 1 b BetrAVG.[66] Entsprechend sind nach herrschender Ansicht Verfallklauseln für Betriebstreueleistungen insb. in Aktien- und Aktienoptionsplänen für Mitarbeiter bis zu einer **maximalen Bindungsdauer von fünf Jahren wirksam**; die Angemessenheitskontrolle vollzieht sich unter Abwägung dieser Kriterien gem. § 307 BGB für Standardverträge.

572 Nach einer Mindermeinung ist aber die Bindungsdauer einer Verfallklausel im Zusammenhang mit anderen Bindungsklauseln zu untersuchen; insb. für Aktienoptionspläne soll die Bindungsdauer einer Verfallklausel nicht die Bindungsdauer überschreiten dürfen, die sich aus den (für Aktienoptionspläne typischen) Wartefristenklauseln ergibt. Die Wartefrist lege den Zeitpunkt der erstmalig zulässigen Optionsausübung fest. Danach dürfe die Option nicht (zusätzlich) noch verfallen, selbst wenn sie im Zeitpunkt der Beendigung des Arbeitsverhältnisses noch nicht ausgeübt sei.[67] Dies überzeugt nicht, denn es ist erstens eine freie Entscheidung des Arbeitnehmers, nicht den erstmaligen Zeitpunkt der Ausübung der Optionen zu nutzen, sondern zuzuwarten. Zweitens ist es für den Arbeitgeber im Hinblick auf den durch die Gewährung der (typischerweise unentgeltlich eingeräumten) Optionen unstreitig stets zumindest auch verfolgten Zweck der Betriebstreueanreize eben ein erheblicher Unterschied, ob der Arbeitnehmer die Option nach Ablauf der Wartefrist im ungekündigten Arbeitsverhältnis oder erst bei oder nach dessen Beendigung ausübt. Nach allgemeinen Grundsätzen sind die Arbeitsvertragsparteien frei, über die Zwecke einer Leistung und deren Modalitäten zu entscheiden. Es besteht kein Grund, einem Arbeitnehmer, der selbst möglicherweise mehrere Zeitpunkte zur Umwandlung der Option hat verstreichen lassen, trotz ausdrücklicher Verfallklausel die Optionen nach dem Ausscheiden aus dem Unternehmen zu erhalten, während zugleich eine entsprechend lange erstmalige Bindung durch eine fünfjährige Wartefrist bis zur erstmaligen Ausübung zulässig wäre.[68] Anders als nach § 1 b BetrAVG gibt es zu Aktien und Aktienoptionen eben keine gesetzliche Anordnung der (dauerhaften) Unverfallbarkeit, so dass es den Vertragspartnern auch freisteht, die zwischenzeitlich nach ihren Vereinbarungen eingetretene Unverfallbarkeit unter Anknüpfung an neue Sachverhalte wieder aufzuheben. Insoweit gilt auch unter Berücksichti-

---

63 BAG 8.9.1998 – 9 AZR 223/97, NZA 1999, 420.

64 *Pulz*, BB 2004, 1107, 1108.

65 *Baeck/Diller*, DB 1998, 1405, 1408; *Legerlotz/Laber*, DStR 1999, 1658; *Mechlem/Melms*, DB 2000, 1614, 1615.

66 Vgl dazu bereits *Baeck/Diller*, DB 1998, 405; *Lembke*, BB 2001, 1469, 1473 f; *Lingemann/Diller/Mengel*, NZA 2000, 1191, 1192, 1195; Küttner/*Röller*, Personalbuch, 7 (Aktienoptionen) Rn 11; *Pulz*, BB 2004, 1107, 1110, 1112; *Röder/Göpfert*, BB 2001, 2002; ArbG Düsseldorf 22.8.2005 – 7 Ca 2689/05, BeckRS 2005, 43033 zu virtuellen Aktien(-optionen) – hier *stock appreciation rights* – zur Zulässigkeit einer Verfallklausel mit dreijähriger Bindungsdauer; *Tepass/Lenzen*, in: Harrer, Mitarbeiterbeteiligungen und Stock-Option-Pläne, Rn 458 mwN; aA *Reim*, ZIP 2006, 1075, 1077, 1079 (max. ein bis zwei Jahre).

67 So *Tepass/Lenzen*, in: Harrer, Mitarbeiterbeteiligungen und Stock-Option-Pläne, Rn 459 mwN; *Lembke*, BB 2001, 1469, 1473 f (differenzierend nach Entgeltcharakter der Optionsgewährung); *Mechlem/Melms*, DB 2000, 1614, 1615.

68 So aber wohl *Tepass/Lenzen*, in: Harrer, Mitarbeiterbeteiligungen und Stock-Option-Pläne, Rn 459 mwN.

gung des Leistungszwecks von Aktien und Aktienoptionen nichts anderes, denn dieser kann schon strukturell kaum ein reiner Entgeltzweck sein.[69]

Soweit Aktienoptionen hauptsächlich als ein Teil der Vergütung ausgegeben werden und damit **Entgeltbestandteil** im engeren Sinne sind, sollen auf Verfallklauseln bei Aktienoptionen die engen zeitlichen Grenzen der BAG-Rspr zu Rückzahlungsklauseln und Stichtagsregelungen bei Gratifikationen, Ausbildungskosten und Umzugskosten anzuwenden sein.[70] In Bezug auf Belegschaftsaktien und für real ausbezahlte Aktienpakete an Vorstände und Aufsichtsratsmitglieder mag diese Ansicht noch zutreffend sein. Für Aktienoptionen muss jedoch aufgrund ihrer Eigenart etwas anderes gelten. Aktienoptionsrechte sind gerade darauf angelegt, nicht sofort, sondern erst nach einer geraumen Wartefrist geltend gemacht zu werden. Der Zweck der Aktienoptionen würde umgangen, wenn der Arbeitnehmer kündigen und seine Optionspakete einlösen könnte. Der Bindungszweck der Aktienoptionen wird geradezu durch die in Verfallklauseln vorgesehene Sanktionierung der Beendigung des Arbeitsverhältnisses während der Bindungsdauer sinnvoll abgesichert. Aufgrund der Eigenart der Aktienoptionen kann die Verfallklausel nicht gleichgesetzt werden mit Stichtags- oder Rückzahlungsklauseln bei Gratifikationen, Ausbildungskosten und Umzugskosten. Zudem ergibt sich gerade aus § 193 Abs. 2 Nr. 4 AktG, dass die Bezugsrechte erst nach einer Wartezeit von mindestens vier Jahren ausgeübt werden dürfen; es gilt das bereits zur Wartefrist Ausgeführte. Eine Verfallfrist von bis zu fünf Jahren ist wegen der in § 624 BGB und § 15 Abs. 4 TzBfG enthaltenen Wertungen als zulässig anzusehen.[71] Selbstverständlich sind aber dem kündigenden Arbeitnehmer die von ihm erbrachten Eigenkapitalaufwendungen zu erstatten.[72] 573

Die Verfallklausel ist bis zu einem Zeitraum von fünf Jahren auch dann wirksam, wenn die Beendigung des Arbeitsverhältnisses der Sphäre des Arbeitgebers zuzuordnen ist.[73] Der Arbeitgeber kann das Arbeitsverhältnis entweder außerordentlich fristlos oder ordentlich aus betriebs-, verhaltens- oder personenbedingten Gründen kündigen. Da das Kündigungsrecht des Arbeitgebers gesetzlich in § 626 BGB und § 1 KSchG verankert ist, verstößt der Ausspruch einer solchen Kündigung nur in Ausnahmefällen gegen Treu und Glauben. Daher ist eine Verfallklausel, die auch bei arbeitgeberseitiger Beendigung des Arbeitsverhältnisses eingreift, zulässig.[74] 574

(4) Kürzung von Aktienoptionen wegen Fehlzeiten im Bezugszeitraum

Bei Fehlzeiten des Arbeitnehmers innerhalb des Bezugszeitraums der Aktienoptionen ist es möglich, eine Kürzung der Anzahl der zu gewährenden Aktienoptionen vorzunehmen. Dafür ist es jedoch erforderlich, dass im Aktienoptionsvertrag eine **eindeutige Kürzungsabrede** enthalten ist.[75] Die Kürzung erfolgt grds. *pro rata temporis*. Bei Fehlzeiten aufgrund von Krankheit muss jedoch § 4 a EFZG beachtet werden, wonach die Kürzung nur ein Viertel des Arbeitsentgelts, das im Jahresdurchschnitt auf einen Arbeitstag entfällt, betragen darf. 575

(5) Squeeze Out

Falls Arbeitnehmer Aktienoptionen von einem Unternehmen halten, für das der Mehrheitsaktionär einen sog. Squeeze Out gem. §§ 327 a ff AktG durchführt, ergeben sich Barabfindungsansprüche.[76] 576

69 AA wohl *Tepass/Lenzen*, in: Harrer, Mitarbeiterbeteiligungen und Stock-Option-Pläne, Rn 460.

70 *Lembke*, BB 2001, 1469, 1470.

71 *Lingemann/Diller/Mengel*, NZA 2000, 1191, 1195 f; *Röder/Göpfert*, BB 2001, 2002, 2203; vgl auch ArbG Düsseldorf 22.8.2005 – 7 Ca 2689/05, juris (für drei Jahre).

72 *Lingemann/Diller/Mengel*, NZA 2000, 1191, 1195 f.

73 *Lingemann/Diller/Mengel*, NZA 2000, 1191, 1196; *Mechlem/Melms*, DB 2000, 1614, 1615.

74 *Pulz*, BB 2004, 1107, 1113; *Mechlem/Melms*, DB 2000, 1614, 1615.

75 *Lembke*, BB 2001, 1469, 1472.

76 *Wilsing/Kruse*, ZIP 2002, 1465, 1468.

ee) Besonderheiten bei Gewährung der Aktienoptionen durch den inländischen Mutterkonzern

577 Häufig werden die Aktienoptionen nicht vom Arbeitgeber (zB einer GmbH) gewährt, sondern vom hinter dem Arbeitgeber-Unternehmen stehenden Mutterkonzern (einer AG), da nur dieser eine Aktiengesellschaft ist und Aktien besitzt. Zunächst stellt sich die Frage, welches Rechtsverhältnis zwischen dem Mutterkonzern und den Arbeitnehmern besteht. Die zweite Frage, die sich daran anschließt, ist, ob den vom Mutterkonzern gewährten Aktienoptionen Arbeitsentgeltcharakter zukommt.[77]

578 Soweit im Arbeitsvertrag oder in einer Sondervereinbarung zum Arbeitsvertrag das Aktienoptionsrecht geregelt ist, hat der Arbeitnehmer einen direkten Anspruch gegen seinen Arbeitgeber auf Gewährung der Aktienoptionen.[78] In diesem Fall sind die Aktienoptionen vergleichbar mit anderen Sachleistungen. Der Arbeitgeber hat dafür einzustehen, dass er die Sachleistungen auch tatsächlich erbringt. Oftmals besteht aber kein Vertrag zwischen Arbeitgeber und Arbeitnehmer über die Aktienoptionen, sondern die Konzernmutter schließt direkt einen Vertrag mit dem Arbeitnehmer über die Gewährung von Aktienoptionen ab. In dieser Fallgestaltung werden die Aktienoptionen nicht Bestandteil des Arbeitsvertrages. Vielmehr wird zwischen der Konzernmutter und dem Arbeitnehmer ein **selbständiger Aktienoptionsgewährungsvertrag** geschlossen.[79] Der Aktienoptionsgewährungsvertrag steht rechtlich selbständig neben dem Arbeitsvertrag des Arbeitnehmers mit dem Tochterunternehmen.[80] Ansprüche aus dem Aktienoptionsgewährungsvertrag können nur gegenüber der vertragsschließenden Konzernmutter und nicht gegenüber dem Arbeitgeber geltend gemacht werden, da die Aktienoptionen nicht Bestandteil des Arbeitsvertrages sind.

579 Umstritten ist, ob die aus einem selbständigen Aktienoptionsgewährungsvertrag stammenden Aktienoptionen trotzdem als **Arbeitsentgelt** zu **qualifizieren** sind. Teils wird ein Vergleich zur Rspr zur betrieblichen Altersversorgung vorgenommen.[81] Die betriebliche Altersversorgung stelle selbst dann eine Altersversorgung durch den Arbeitgeber dar, wenn sie unter Einschaltung einer Unterstützungskasse gewährt werde. Wenn der Arbeitsvertrag Rechtsgrundlage für die Gewährung der Aktienoptionen bildet, so handelt es sich um einen arbeitsrechtlichen Anspruch.[82] Die Aktienoptionen sind daher als Arbeitsentgelt zu qualifizieren. Zum Bestandteil des Arbeitsverhältnisses kann jedoch grds. nur gehören, was in der von den Arbeitsvertragsparteien privatautonom begründeten Rechtsbeziehung wurzelt, soweit nicht durch Gesetz etwas anderes angeordnet ist.[83] Arbeitsentgelt ist daher nur das, was der Arbeitgeber dem Arbeitnehmer zumindest mittelbar oder ein Dritter mit Wissen und Willen des Arbeitgebers zuwendet. Das Verhalten fremder Dritter braucht sich der Arbeitgeber nicht zurechnen zu lassen.[84] Allerdings bewertet der BFH Aktienoptionen – auch wenn von einer Konzernobergesellschaft gewährt – als Einkommen iSd § 19 Abs. 1 EStG. Aktienoptionen, die direkt von der Konzernmutter an Arbeitnehmer ihrer Tochtergesellschaft gewährt werden, stellen daher grds. Arbeitsentgelt im arbeitsrechtlichen Sinne dar.[85]

580 Da die Aktienoptionen, die von der Konzernmutter gewährt werden, **Arbeitsentgelt** im arbeitsrechtlichen Sinne darstellen, sind auch die arbeitsrechtlichen Vorschriften wie § 613 a BGB,

---

77 Vgl grundlegend *Lingemann/Diller/Mengel*, NZA 2000, 1191, 1191 ff und 1198 ff.

78 *Annuß/Lembke*, BB 2003, 2230, 2232.

79 *Lipinski/Melms*, BB 2003, 150, 151.

80 BAG 12.2.2003 – 10 AZR 299/02, NZA 2003, 487, 489 (Nokia); LAG Düsseldorf 3.3.1998 – 3 Sa 1452/97, NZA 1999, 981; LAG Hessen 19.11.2001 – 16 Sa 971/01, DB 2002, 794.

81 *Lipinski/Melms*, BB 2003, 150, 152.

82 *Lingemann/Diller/Mengel*, NZA 2000, 1191, 1192 f; *Lipinski/Melms*, BB 2003, 150, 152.

83 *Annuß/Lembke*, BB 2003, 2230, 2231.

84 *Annuß/Lembke*, BB 2003, 2230, 2231.

85 *Lingemann/Diller/Mengel*, NZA 2000, 1191, 1192 f; aA *Annuß/Lembke*, BB 2003, 2230, 2234.

§§ 9, 10 KSchG, §§ 3, 4 EFZG, § 11 MuSchG, § 11 BUrlG, §§ 107, 108, 110 GewO iVm §§ 74 ff HGB, § 37 BetrVG, § 10 AÜG, § 4 TzBfG und § 87 BetrVG anwendbar wie auch auf andere variable Vergütungselemente.[86]

ff) Besonderheiten bei Gewährung der Aktienoptionen durch den ausländischen Mutterkonzern

Für Aktienoptionen, die von ausländischen Konzernmüttern direkt an Arbeitnehmer von Tochtergesellschaften gewährt werden, gilt grds. nichts anderes als für die inländischen Konzernobergesellschaften. Bei ausländischen Konzernmüttern bestehen daneben noch andere Problemkreise. Häufig enthalten die Aktienoptionspläne ausländischer Konzernmütter **Rechtswahlvereinbarungen, Gerichtsstandsklauseln** und **nachvertragliche Wettbewerbsverbote ohne Karenzentschädigung**. Nach deutschem Recht wären diese Klauseln unwirksam. Es stellt sich daher in der Praxis oft die Frage, ob derartige Vereinbarungen nach dem ausländischen Recht der Konzernmutter beurteilt werden können.[87] 581

Abweichend von dem zugrunde liegenden Rechtsverhältnis sehen ausländische Aktienoptionspläne meist die **Anwendbarkeit des ausländischen Rechts** am Sitz der Konzernmutter anstatt deutschen Rechts vor.[88] Folge für den Arbeitnehmer ist, dass er im Falle von Streitigkeiten über den Aktienoptionsplan gezwungen wäre, im Ausland (soweit auch eine Gerichtsstandsvereinbarung enthalten ist) unter Anwendung eines fremden Rechtssystems seine Ansprüche geltend zu machen. Die gerichtliche Zuständigkeit für individuelle Arbeitsverträge mit Auslandsbezug legen die Art. 20–23 EuGVVO[89] fest. Nach Art. 23 EuGVVO können die Parteien von den in der EuGGVO vorgegebenen Zuständigkeit abweichen, wenn die Vereinbarung nach der Entstehung der Streitigkeit getroffen wird oder wenn sie dem Arbeitnehmer eine zusätzliche Befugnis einräumt (Gerichtsstandsvereinbarung). Nachrangig kann Art. 25 EuGGVO gelten. Welche Rechtsordnung auf das Arbeitsverhältnis anwendbar ist, kann grds. ebenfalls von den Parteien festgelegt werden (Rechtswahl). Für Arbeitsverhältnisse mit Auslandsbezug gilt Art. 8 Rom I-VO.[90] 582

Umstritten ist jedoch, ob diese Kollisionsnormen überhaupt Anwendung finden, da es sich bei den von der Konzernmutter direkt gewährten Aktienoptionen ja gerade nicht um eine arbeitsvertragliche Vereinbarung, sondern um einen selbständigen schuldrechtlichen Vertrag handelt (s. § 1 Rn 999 ff).[91] Nach einem Teil der Lit. ist aufgrund der engen Verbindung des selbständigen Aktienoptionsgewährungsvertrages zum Arbeitsverhältnis konsequenterweise deutsches arbeitsrechtliches und nicht allgemeines privatrechtliches Kollisionsrecht und damit Art. 8 Abs. 1 Rom I-VO (ex-Art. 30 EGBGB) anzuwenden.[92] Auch das LAG Hessen hielt eine Rechtswahlvereinbarung für unzulässig, in der das Recht des Bundesstaates Ohio vereinbart wurde.[93] Der 583

---

86 AA *Annuß/Lembke*, BB 2003, 2230, 2234.

87 Grundlegend *Lingemann/Diller/Mengel*, NZA 2000, 1191, 1198 ff.

88 *Buhr/Radtke*, DB 2001, 1882; *Lingemann/Diller/Mengel*, NZA 2000, 1191, 1199 f.

89 Seit dem 10.1.2015 gilt die neue „Verordnung (EU) Nr. 1215/2012 des Europäischen Parlaments und des Rates vom 12. Dezember 2012 über die gerichtliche Zuständigkeit und die Anerkennung und Vollstreckung von Entscheidungen in Zivil- und Handelssachen" (ABl. L 351 vom 20.12.2012, S. 1) (auch „Brüssel Ia-VO"), die die alte Verordnung („Verordnung (EG) Nr. 44/2001 des Rates vom 22. Dezember 2000 über die gerichtliche Zuständigkeit und die Anerkennung und Vollstreckung von Entscheidungen in Zivil- und Handelssachen" (ABl. Nr. L 12 vom 16.1.2001) ersetzt. Zu den Änderungen gehört u.a. die Stärkung der Gerichtsstandsvereinbarung durch Vermeidung von „Torpedo-Klagen".

90 Verordnung (EG) Nr. 593/2008 des Europäischen Parlaments und Rates vom 17. Juni 2008 über das auf vertragliche Schuldverhältnisse anzuwendende Recht (Rom I), ABl. Nr. L 177, S. 6.Für bis zum 17.12.2009 geschlossene Verträge galten noch die Vorschriften des EGBGB.

91 BAG 16.1.2008 – 7 AZR 887/06, NZA 2008, 836.

92 *Lingemann/Diller/Mengel*, NZA 2000, 1191, 1199 f; *Buhr/Radtke*, DB 2001, 1882, 1883.

93 LAG Hessen 14.8.2000 – 10 Sa 982/99, IPRspr 2000, Nr. 108, 231; aA LAG Hessen 19.11.2001 – 16 Sa 971/01, DB 2002, 794.

Entscheidung des LAG Hessen lag aber das Verständnis zugrunde, dass direkt gewährte Aktienoptionen Arbeitsentgelt sind und damit dem Arbeitsvertrag unterfallen.[94] Da allerdings mit dem ausländischen Mutterkonzern – anders als es Art. 8 Abs. 1 Rom I-VO verlangt – weder ein Arbeitsvertrag noch ein Arbeitsverhältnis besteht,[95] ist Art. 8 Abs. 1 Rom I-VO auf das Aktienoptionsverhältnis und damit im Zusammenhang stehende Rechtsgeschäfte wohl richtigerweise nicht anwendbar.[96]

584 Auch die Einschränkung nach **Art. 3 Abs.** 3 Rom I-VO (ex-Art. 27 EGBGB) greift ebenfalls nicht, da kein reiner Binnensachverhalt bei Aktienoptionsverträgen gegeben ist.[97] Trotz einer Rechtswahlvereinbarung sind die vertraglich nicht abdingbaren Bestimmungen des deutschen Rechts, die den Sachverhalt ohne Rücksicht auf das auf den Vertrag anzuwendende Recht international zwingend regeln, gem. **Art. 9** Rom I-VO (ex-Art. 34 EGBGB) dennoch anzuwenden.[98] Ob eine international zwingende Regelung vorliegt, ist durch Auslegung zu ermitteln, wobei neben dem Gerechtigkeitsgehalt der betreffenden Vorschriften auch der Inlandsbezug der betreffenden Vorschrift eine Rolle spielt.[99] Ein inländischer Arbeitsort begründet im Bereich des Arbeitsrechts regelmäßig einen hinreichenden Inlandsbezug. Bei Aktienoptionen kann es darauf jedoch nicht ankommen, da diese rechtlich selbständig neben dem Arbeitsverhältnis bei Gewährung durch Dritte stehen.[100] Ein besonderer Inlandsbezug besteht daher bei Aktienoptionen nicht. Eine **Rechtswahlvereinbarung** kann also wirksam im Aktienoptionsplan vereinbart werden.[101]

585 Soweit in der **Gerichtsstandsvereinbarung** im Aktienoptionsplan das Gericht eines Mitgliedstaates der EU unabhängig vom Wohnsitz der Parteien als zuständiges Gericht benannt wird und diese Vereinbarung nach dem Recht dieses Mitgliedstaates materiell wirksam ist, ist die Gerichtsstandsvereinbarung gem. Art. 25 EuGVVO zulässig. Art. 23 EuGVVO, wonach Gerichtsstandsvereinbarungen bei individuellen Arbeitsverträgen nur zulässig sind, wenn sie nach Entstehung der Streitigkeit getroffen werden (Nr. 1) oder dem Arbeitnehmer einen zusätzlichen Gerichtsstand eröffnen (Nr. 2), greift nicht, da es sich beim Aktienoptionsgewährungsvertrag um einen selbständigen, neben dem Arbeitsvertrag bestehenden schuldrechtlichen Vertrag handelt.[102] Wenn jedoch kein Gericht eines Mitgliedstaates in der Gerichtsstandsvereinbarung als zuständiges Gericht benannt ist – wie es häufig bei amerikanischen Konzernmüttern der Fall ist –, ergibt sich die Zulässigkeit der Gerichtsstandsvereinbarung aus § 38 Abs. 2 ZPO, denn danach sind Gerichtsstandsvereinbarungen zulässig, sobald mindestens eine Partei keinen allgemeinen Gerichtsstand im Inland hat, wovon bei ausländischen Konzernmüttern auszugehen ist.[103]

586 Ob **nachvertragliche Wettbewerbsverbote ohne Karenzentschädigung** bei einer ausländischen Rechtswahlvereinbarung wirksam sind, hängt von der Ausgestaltung des Wettbewerbsverbots ab. Der Zulässigkeit einer solchen nachvertraglichen Wettbewerbsverbotsvereinbarung ohne Karenzentschädigung steht Art. 9 Rom I-VO (ex-Art. 34 EGBGB) nicht entgegen, da das Wettbewerbsverbot typischerweise weltweit und nicht nur für einen Staat gelten wird und die §§ 74 ff HGB keine international zwingenden Bestimmungen des deutschen Rechts darstel-

94 LAG Hessen 14.8.2000 – 10 Sa 982/99, IPRspr 2000, Nr. 108, 231; aA LAG Hessen 19.11.2001 – 16 Sa 971/01, DB 2002, 794.

95 BAG 12.2.2003 – 10 AZR 299/02, NZA 2003, 487, 489.

96 *Driver-Polke/Melot de Beauregard*, BB 2004, 2350, 2351.

97 *Driver-Polke/Melot de Beauregard*, BB 2004, 2350, 2351.

98 Palandt/*Thorn*, Rom I 9, Rn 5 ff.

99 Palandt/*Thorn*, Rom I 9, Rn 5 ff.

100 *Driver-Polke/Melot de Beauregard*, BB 2004, 2350, 2351.

101 Vgl bereits *Lingemann/Diller/Mengel*, NZA 2000, 1191, 1199 f.

102 Zur Vorgängernorm (Art. 17 Abs. 1 EuGVÜ) BAG 12.2.2003 – 10 AZR 299/02, NZA 2003, 487, 489; aA *Buhr/Radtke*, DB 2001, 1882, 1884.

103 Vgl auch *Lingemann/Diller/Mengel*, NZA 2000, 1191, 1199 f; *Buhr/Radtke*, DB 2001, 1882, 1883.

len.[104] Die Zulässigkeit eines solchen nachvertraglichen Wettbewerbsverbots ohne Karenzentschädigung muss sich jedoch am Maßstab des Art. 21 Rom I-VO (*ordre public*) (ex-Art. 6 EGBGB) messen lassen. Die Wettbewerbsklausel darf nicht in einer besonders schwerwiegenden Weise gegen den Sinn und Zweck der deutschen Regelung oder gegen die guten Sitten verstoßen. Bei nachvertraglichen Wettbewerbsverboten ohne Karenzentschädigung muss zwischen bloßen Kundenschutzklauseln und tätigkeitsbezogenen nachvertraglichen Wettbewerbsverboten unterschieden werden. Bereits nach der Rspr des BAG ist ein nachvertragliches Wettbewerbsverbot in Form einer Kundenschutzklausel auch ohne Karenzentschädigung bei Geschäftsführern wirksam (s. § 2 Rn 1104).[105] Deswegen stellt in aller Regel eine entschädigungslose Kundenschutzklausel keinen Verstoß gegen Art. 12 GG oder gegen die guten Sitten dar. Die Vereinbarung eines entschädigungslosen nachvertraglichen Wettbewerbsverbots in der Form einer Kundenschutzklausel ist also zulässig. Entschädigungslose tätigkeitsbezogene nachvertragliche Wettbewerbsverbotsvereinbarungen stellen jedoch auch dann einen Verstoß gegen Art. 21 Rom I-VO (ex-Art. 6 EGBGB) dar, wenn diese nach dem vereinbarten ausländischen Recht zulässig wären, da es mit Art. 12 GG unvereinbar ist, wenn ein Arbeitnehmer eine derart weite Einschränkung der beruflichen und wirtschaftlichen Bewegungsfreiheit entschädigungslos hinzunehmen hätte.[106]

gg) Repricing von Aktienoptionen

Mit dem aus dem angelsächsischen Rechtskreis stammenden Begriff „*repricing*" wird die **nachträgliche Preisanpassung** von Aktienoptionsprogrammen bezeichnet, um auf Verluste des Basiswertes infolge von außerhalb des Unternehmens herrührenden Faktoren zu reagieren.[107] Durch das *repricing* soll die Aktienoption wieder „ins Geld" gebracht werden, was regelmäßig durch Herabsetzung des Ausübungspreises (Basispreis) und des Erfolgsziels geschieht.[108] Anstatt den Basispreis herabzusetzen, ist es auch möglich, das bisherige Aktienoptionsprogramm aufzuheben und ein neues einzuführen (*cancelling*), das dem geänderten Börsenumfeld Rechnung trägt.[109] Denkbar ist auch ein reines *reissuing*, bei dem der alte Aktienoptionsplan erhalten bleibt und zusätzlich ein weiterer Aktienoptionsplan aufgelegt wird.[110] 587

Die nachträgliche Änderung der Erfolgsziele und Vergleichsmaßstäbe bei Aktienoptionen – gleichgültig ob reale oder virtuelle – soll gem. Ziffer 4.2.3 Abs. 2 S. 3 DCGK ausgeschlossen sein. Ein *repricing*, *cancelling* oder *reissuing* verstößt somit gegen den Deutschen Corporate Governance Kodex (DCGK). Falls ein Unternehmen trotzdem ein *repricing*, *cancelling* oder *reissuing* durchführt, stellt dies zwar schlechte Corporate Governance dar, ist aber deshalb nicht unwirksam.[111] 588

Soweit Aktienoptionspläne durch **bedingte Kapitalerhöhung** gem. §§ 182 ff AktG eingeführt wurden, sind aktienrechtliche Besonderheiten zu beachten. Je nach Ausgestaltung des Aktienoptionsplans ist für das *repricing* ggf ein erneuter Beschluss der Hauptversammlung notwendig. Daneben bedarf es eines sachlichen Grundes für das *repricing*. Der sachliche Grund muss sich aus außerhalb des Unternehmens liegenden Umständen ergeben und darf nicht auf bloßes schlechtes Unternehmensmanagement gestützt werden.[112] Darüber hinaus muss auch nach 589

104 *Driver-Polke/Melot de Beauregard*, BB 2004, 2350, 2352.
105 BGH 26.3.1984 – II ZR 229/83, NJW 1984, 2366.
106 *Driver-Polke/Melot de Beauregard*, BB 2004, 2350, 2352; LAG Hessen 14.8.2000 – 10 Sa 982/99, IPRspr 2000, Nr. 108, 231.
107 *Casper*, DStR 2004, 1391; *Ackermann/Suchan*, BB 2002, 1497.
108 *Käpplinger/Käpplinger*, WM 2004, 712.
109 *Casper*, DStR 2004, 1391, 1392.
110 *Casper*, DStR 2004, 1391, 1392.
111 *Casper*, DStR 2004, 1391, 1394.
112 *Käpplinger/Käpplinger*, WM 2004, 712, 714.

dem *repricing* bis zur erstmaligen Möglichkeit der Aktienoptionsausübung aufgrund von § 193 Abs. 2 Nr. 4 AktG ein Zeitraum von mindestens vier Jahren liegen.[113]

hh) Aktienoptionen und Betriebsübergang

590 Seit dem Urteil des BAG vom 12.2.2003 steht fest, dass noch nicht ausübbare Aktienoptionen, die nicht vom Arbeitgeber selbst, sondern direkt von der Konzernmutter gewährt werden, kein Arbeitsentgelt des Arbeitgebers darstellen und deswegen beim Betriebsübergang nach § 613 a BGB der neue Inhaber Aktienoptionen nicht weitergewähren muss.[114] Das BAG hat jedoch keine Aussage dazu getroffen, ob Aktienoptionen, die vom Arbeitgeber direkt oder aufgrund einer Vereinbarung im Arbeitsvertrag oder in einer Sondervereinbarung von der Konzernmutter geleistet werden, nach Betriebsübergang nunmehr vom neuen Betriebsinhaber bedient werden müssen.[115]

591 In der Lit. werden verschiedene Lösungsansätze diskutiert.[116] Die rigideste Meinung besagt, dass das Recht iSd § 613 a BGB nur die Zusage sein könne, eine Aktienoption zu gewähren. Die Gewährung der Aktie selbst durch Abschluss eines entsprechenden Gewährungsvertrages stelle einen selbständigen, neben dem Arbeitsvertrag bestehenden gesellschaftsrechtlichen/kaufrechtlichen Vertrag und damit kein Recht iSd § 613 a BGB dar.[117] Ein Rechteübergang komme also nur im Hinblick auf den noch nicht erfüllten Anspruch des Arbeitnehmers auf Einräumung von Aktienoptionen in Betracht.[118] Die gesellschaftsrechtlichen und kaufrechtlichen Beziehungen zwischen dem alten Inhaber (Betriebsveräußerer) und dem Arbeitnehmer blieben zwischen diesen Parteien erhalten, sobald die Aktienoption gewährt worden sei.[119] Sie gingen nicht auf den Betriebserwerber über. Soweit der Aktienoptionsplan keine Verfallklauseln im Hinblick auf einen Betriebsübergang habe, könne der Arbeitnehmer seine Aktienoptionen beim Betriebsveräußerer geltend machen. In den meisten Aktienoptionsplänen sind jedoch solche Verfallklauseln enthalten. Das hat zur Folge, dass für den Arbeitnehmer nach dieser Ansicht gegenüber dem Betriebserwerber ein Anspruch auf Einräumung von Aktienoptionen besteht, wobei die Optionen niemals ausgeübt werden können, da die Verfallklausel des Betriebsveräußerers eingreift. Ein Anspruch auf Abgeltung der Aktienoptionen scheidet nach dieser Ansicht ebenfalls aus.[120]

592 Demgegenüber steht die Meinung, dass auch der Anspruch auf Ausübung der gewährten Aktienoptionen bei Betriebsübergang mitübergehe, da der Betriebserwerber aufgrund von § 613 a Abs. 1 S. 1 BGB verpflichtet sei, den übergegangenen Arbeitnehmern dieselbe Vergütung einschließlich zusätzlicher Sondervergütung – worunter Aktienoptionen fallen – zu gewähren.[121] Die Rechtsfolge ergebe sich auch aus einem Vergleich zu § 23 UmwG.[122]

593 Eine dritte These lautet, der Anspruch auf Ausübung der gewährten Aktienoptionen gehe zwar bei Betriebsübergang über, jedoch mutiere das Ausübungsrecht wegen der beim Betriebserwerber bestehenden Unmöglichkeit der Aktienoptionsausübung nach § 275 BGB zu einem Kompensationsrecht.[123]

---

113 *Casper*, DStR 2004, 1391, 1394; aA *Käpplinger/Käpplinger*, WM 2004, 712, 714.

114 BAG 12.2.2003 – 10 AZR 299/02, NZA 2003, 487, 488; vgl auch BAG 3.5.2006 – 10 AZR 310/05, NZA-RR 2006, 582; *Grimm/Walk*, BB 2003, 577; *Urban-Crell/Manger*, NJW 2004, 125; *v. Steinau-Steinrück*, NZA 2003, 473; *Piran*, DB 2003, 1066.

115 *Piran*, DB 2003, 1066, 1067.

116 Vgl nur *Bauer/Göpfert/v. Steinau-Steinrück*, ZIP 2001, 1129, 1130 ff.

117 *Moll*, FS 50 Jahre Bundesarbeitsgericht, S. 59, 62.

118 *Grimm/Walk*, BB 2003, 577, 578.

119 *Moll*, FS 50 Jahre Bundesarbeitsgericht, S. 59, 62.

120 *Moll*, FS 50 Jahre Bundesarbeitsgericht, S. 59, 62.

121 *Grimm/Walk*, BB 2003, 577, 579.

122 *Grimm/Walk*, BB 2003, 577, 579.

123 *Tappert*, NZA 2002, 1188, 1192.

b) Klauseltypen und Gestaltungshinweise

Den Unternehmen stehen unzählige Variationsmöglichkeiten offen, wie sie die Bedingungen, unter denen sie ihren Mitarbeitern Aktienoptionen gewähren, ausgestalten und wie der Ausübungspreis für die Aktienoptionen gewährt wird. Da nicht alle einzelnen Variationsmöglichkeiten aufgezeigt werden können, wird sich nachfolgend darauf beschränkt, Klauseln darzustellen, bei denen die Unternehmen gewisse Vorgaben einhalten müssen.[124] 594

aa) Wartefristklausel und Sperrfristklausel

(1) Klauseltyp A

A 1: 595

Die Arbeitnehmerin kann gemäß Hauptversammlungsbeschluss ihre Aktienoptionsrechte frühestens

a) nach Ablauf von vier Jahren nach Abschluss dieser Aktienoptionsvereinbarung,
b) nach einer Kurssteigerung von mindestens 10 %, gemessen am Ausgabebetrag und an dem amtlichen Kassa-Kurs am Börsenplatz Frankfurt/Main zum Zeitpunkt der Ausübung, sowie
c) außerhalb eines Zeitraums von drei Wochen vor Bekanntgabe der Quartalsergebnisse

zum Erwerb einer Aktie ausüben.[125]

In accordance with the order of the general meeting the employee may execute her stock option rights soonest

a) 4 years after conclusion of this stock option agreement,
b) a price advance of the stock exchange price of not less than 10 % as measured by the official cash settlement price at the stock exchange Frankfurt/Main at the date of execution and
c) outside a period of 3 weeks before publication of the quarterly report

for purchasing shares.

A 2:

Aktienoptionen können erstmals nach einer Wartefrist ausgeübt werden. Die Wartefrist beträgt für 33 % der dem Berechtigten jeweils eingeräumten Aktienoptionsrechte drei Jahre, für 33 % vier Jahre und für den verbleibenden dritten Teil fünf Jahre nach dem jeweiligen Ausgabetag.[126]

For the first time stock options may be executed after a holding time. The holding time is 3 years for 33 % of the stock options granted to the covenantee, 4 years for further 33 % and 5 years for the last part after the particular granting day.

→ **A 3:**

1. Aktienoptionsrechte werden erstmals nach Ablauf einer Wartefrist gewährt.
2. Die Wartefrist beträgt für 33 % der dem Berechtigten jeweils eingeräumten Aktienoptionsrechte drei Jahre, für weitere 33 % vier Jahre und für den verbleibenden dritten Teil fünf Jahre nach dem jeweiligen Ausgabetag.
3. Die Aktienoptionsrechte können erst nach einer weiteren Sperrfrist von einem Jahr nach Gewährung ausgeübt werden.

1. For the first time stock options will be given after a holding time.
2. The holding time is 3 years for 33 % of the stock options granted to the covenantee, 4 years for further 33 % and 5 years for the last part after the particular granting day.
3. The stock options may only be executed after a further holding period of 1 year after the stock options were given.

124 Vgl zu einem anderen Gestaltungsmuster *Mengel*, Erfolgs- und leistungsorientierte Vergütung, S. 188 f.
125 *Weber/Dahlbender*, Verträge für Geschäftsführer und Vorstände, IV Rn 244.
126 *Pulz*, BB 2004, 1107, 1108.

A 4:
Eine Aktienoption kann nach Ablauf von sieben Jahren nach Ablauf der Wartefrist nicht mehr ausgeübt werden.

A stock option cannot be executed anymore after a period of 7 years after the ending of the holding period.

(2) Gestaltungshinweise

596 Die Klauseln A 1 und A 2 entsprechen dem geltenden Recht, da die Wartefrist fünf Jahre nicht überschreitet. Der Arbeitnehmer wird durch diese beiden Klauseln nicht in seinem in Art. 12 GG festgeschriebenen Recht auf freie Berufswahl übermäßig eingeschränkt. Anders ist es jedoch bei Klausel A 3, da dort der letzte Teil der Aktienoptionen erst nach einer Warte- und Sperrfrist von insgesamt sechs Jahren ausgeübt werden kann, wodurch der Arbeitnehmer zu sehr in seiner Berufswahlfreiheit eingeschränkt wird. Gegen eine Endfrist für die Optionsausübung, wie in Klausel A 4 enthalten, bestehen keine rechtlichen Bedenken.

bb) Verfügungsbeschränkung

(1) Klauseltyp B

597 **B:**

1. Das Aktienoptionsrecht darf zu Lebzeiten des Bezugsberechtigten nur von diesem geltend gemacht werden.
2. Nach dem Tod des Bezugsberechtigten muss das Aktienoptionsrecht von dessen Erben innerhalb einer Frist von 12 Monaten ausgeübt werden.

1. During lifetime only the optionholder may exercise an option.
2. After the death of the optionholder the option right must be exercised by the legal or testamentary heirs within a period of 12 months.

(2) Gestaltungshinweise

598 Eine Klausel, die die Verfügungsbeschränkung regelt, ist zulässig, da sie als flankierende Maßnahme zur Wartefrist die Personalbindung garantiert. Ansonsten hätte nämlich der Arbeitnehmer die Möglichkeit, seine Aktienoptionsrechte durch Verkauf vor Ablauf der Wartefrist zu Geld zu machen.

cc) Verfallklausel

(1) Klauseltyp C

599 **C 1:**

Das Aktienoptionsrecht kann nicht mehr ausgeübt werden, wenn der Bezugsberechtigte das Unternehmen/den Konzern verlässt wegen:

a) außerordentlicher Kündigung,
b) ordentlicher Kündigung aus personen-, verhaltens- oder betriebsbedingten Gründen,
c) Berufs- oder Erwerbsunfähigkeit,
d) Eintritts in den Ruhestand zum gesetzlichen Rentenalter.

The stock option right shall lapse and cease to be exercisable in the event that the optionholder leaves the company or the group by reason of:

a) termination for an important reason,
b) termination by personal-, attitude- and company reasons,
c) disability or incapacity to work,
d) retirement at the legal retirement age.

C 2:

1. Das Aktienoptionsrecht kann nicht mehr ausgeübt werden, wenn der Bezugsberechtigte das Unternehmen/den Konzern verlässt wegen:
   a) außerordentlicher Kündigung,
   b) ordentlicher Kündigung aus personen-, verhaltens- oder betriebsbedingten Gründen,
   c) Berufs- oder Erwerbsunfähigkeit,
   d) Eintritts in den Ruhestand zum gesetzlichen Rentenalter.
2. Sind seit der Gewährung des Aktienoptionsrechts und dem Eintritt der in Nr. 1 aufgeführten Verfallsgründe mindestens fünf Jahre vergangen, findet Nr. 1 keine Anwendung.

1. The stock option right shall lapse and cease to be exercisable in the event that the optionholder leaves the company or the group by reason of:
   a) termination for an important reason
   b) termination by personal-, attitude- and company reasons,
   c) disability or incapacity to work,
   d) retirement at the legal retirement age.
2. No. 1 will not apply, if there is a period of at least 5 years between the granting of the stock options and the occurrence of the reasons listed under no. 1.

(2) Gestaltungshinweise

Die Klausel C 1 ist unwirksam, da in ihr keine Freigabeklausel für den Fall enthalten ist, dass zwischen Aktienoptionsgewährung und Eintritt der Bedingung für die Verfallklausel mehr als fünf Jahre liegen. Eine solche Klausel ist aufgrund der in Art. 12 GG normierten Berufswahlfreiheit erforderlich, da ansonsten der Arbeitnehmer über Gebühr belastet würde. Die Klausel C 2 enthält eine solche Freigabeklausel. 600

dd) Rechtsstandsvereinbarung und Gerichtsstandsvereinbarung

(1) Klauseltyp D

→ **D:** 601

1. Dieser Vertrag unterliegt dem englischen Recht.
2. Zuständig ist das Gericht am Sitz des Unternehmens.

1. This agreement shall be construed in accordance with English law.
2. The jurisdiction is at the court at the registered seat of the company.

(2) Gestaltungshinweise

Bei Rechtsstandsvereinbarungen und Gerichtsstandsvereinbarung ist stets darauf zu achten, dass zumindest eine Partei einen Bezug zu dem Land hat, dessen Recht oder dessen Gericht vereinbart wird. Zur Bestimmung der internationalen Zuständigkeit der deutschen Gerichte sind die Regelungen der EuGVVO oder des Luganer Übereinkommens vorrangig anzuwenden.[127] Wenn die Aktienoptionen von einem ausländischen Mutterkonzern gewährt werden, ist die Klausel D wirksam. Bei Gewährung der Aktienoptionen durch inländische Konzernmütter wäre die Klausel unwirksam. Jedoch wird in aller Regel eine inländische Konzernmutter kein ausländisches Recht oder einen ausländischen Gerichtsstand vereinbaren. 602

127 Vgl BAG 8.12.2010 – 10 AZR 562/08, NZA-RR 2012, 320. Das Luganer Übereinkommen gilt für die Zuständigkeit der Gerichte im Verhältnis zu Norwegen, Island und der Schweiz.

4. Altersgrenzenklauseln

Literatur

Andreas/Morawietz, 68-Jahresgrenze für Vertragsärzte ist keine verbotene Diskriminierung, ArztR 2008, 60; *Annuß*, Das Verbot der Altersdiskriminierung als unmittelbar geltendes Recht, BB 2006, 325; *Backhaus*, Das neue Befristungsrecht, NZA 2001, Beil. zu Heft 24, 8; *Bader*, Arbeitsrechtliche Altersgrenzen weiter flexibilisiert, NZA 2014, 749; *Baeck/Diller*, Altersgrenzen – Und sie gelten doch, NZA 1995, 360; *Bahnsen*, Altersgrenzen im Arbeitsrecht, NJW 2008, 407; *Bauer*, Arbeitsrechtliche Baustellen des Gesetzgebers – insbesondere im Befristungsrecht, NZA 2014, 889; *Bauer/Göpfert/Krieger*, Allgemeines Gleichbehandlungsgesetz (AGG), Kommentar, 3. Aufl. 2011; *Bauer/Gottschalk*, Beschäftigung von Altersrentnern, BB 2013, 502; *Bauer/Krieger*, Das Orakel von Luxemburg: Altersgrenzen für Arbeitsverhältnisse zulässig – oder doch nicht?, NJW 2007, 3672; *Bauer/von Medem*, Altersgrenzen zur Beendigung von Arbeitsverhältnissen – Was geht, was geht nicht?, NZA 2012, 945; *Baumeister/Merten*, Rente ab 67 – Neue Altersgrenzen in der gesetzlichen und zusätzlichen Altersvorsorge, DB 2007, 1306; *Bayreuther*, Altersgrenzen nach der Palacios-Entscheidung des EuGH, DB 2007, 2425; *ders.*, Altersgrenzen, Kündigungsschutz nach Erreichen der Altersgrenze und die Befristung von „Altersrentnern“, NJW 2012, 2758; *Bertelsmann*, Altersgrenze 65, EuGH und AGG, AiB 2007, 689; *Bissels/Lützeler*, Aktuelle Entwicklung der Rechtsprechung zum AGG (Teil 1), BB 2009, 774; *Boecken*, Das SGB VI-ÄndG und die Wirksamkeit von „alten“ Altersgrenzen, NZA 1995, 145; *Borchard*, Rechtsfragen bei der vorübergehenden Weiterbeschäftigung von Altersrentnern, PuR 2013, 218; *Brors*, Altersgrenzenregelung in einer Betriebsvereinbarung, jurisPR-ArbR 4/2010 Anm. 6; *Calliess/Ruffert* (Hrsg.), EUV/AEUV, Kommentar, 4. Aufl. 2011; *Forst*, Zur Zulässigkeit einer tariflichen Altersgrenze, EWiR 2011, 653; *Gaul/Bonanni*, Diskriminierung durch Altersgrenzen, ArbRB 2008, 87; *Gravenhorst*, Altersgrenzenregelung in einer Betriebsvereinbarung, FA 2012, 132; *ders.*, Installierung einer Altersgrenzenregelung durch Verweis auf Gesamtbetriebsvereinbarung?, jurisPR-ArbR 27/2012 Anm. 4; *Hanau*, Neues vom Alter im Arbeitsverhältnis, ZIP 2007, 2381; *Henssler/Moll*, AGB-Kontrolle vorformulierter Arbeitsbedingungen, 2011; *von Hoff*, Tarifvertragliche Altersgrenzenregelung für Piloten, DB 2007, 1739; *Hromadka*, Pensionierungsalter und Pensionierungsmöglichkeiten, DB 1985, Beil. zu Heft 11, 1; *ders.*, Die ablösende Betriebsvereinbarung ist wieder da!, NZA 2013, 1061; *Hümmerich/Holthausen/Welslau*, Arbeitsrechtliches im Ersten Gesetz für moderne Dienstleistungen am Arbeitsmarkt, NZA 2003, 7; *Kleinebrink*, Altersbefristung nach neuem Recht, DB 2014, 1490; *Kossens*, Altersgrenzenregelung in einer Betriebsvereinbarung, jurisPR-ArbR 9/2012 Anm. 3; *Körner*, Europäisches Verbot der Altersdiskriminierung in Beschäftigung und Beruf, NZA 2005, 1395; *Köster*, Bezug einer Teilrente vor Alter 65, PuR 05/2011, 113; *ders.*, Wege in die Rente, Arbeitslosengeld, Altersteilzeit – Aktuelles Sozialversicherungsrecht auf einen Blick, Düsseldorfer Schriftenreihe, 4. Aufl. 2014; *ders.*, Rentenreform zum 1.7.2014 – Es wird ernst, PuR 2014, 141; *Kruip*, Rente mit 67 und die Folgen, PersF 2007, Heft 11, 98; *Nicolai*, Zulässigkeit von tarifvertraglichen „Zwangspensionierungsklauseln“, BB 2007, 2634; *Preis*, Verbot der Altersdiskriminierung als Gemeinschaftsgrundrecht, NZA 2006, 401; *Preis/Gotthardt*, Neuregelung der Teilzeitarbeit und befristeten Arbeitsverhältnisse – zum Gesetzentwurf der Bundesregierung, DB 2000, 2065; *Richardi/Annuß*, Der neue § 623 BGB – Eine Falle im Arbeitsrecht?, NJW 2000, 1231; *Roetteken*, Altersgrenzen im öffentlichen Dienst nach dem Urteil des EuGH vom 16.10.2007 (Palacios de la Villa), ZTR 2008, 350; *ders.*, Altersgrenzenregelung und Höhe der Altersrente, jurisPR-ArbR 35/2012 Anm. 3; *Rolfs*, Begründung und Beendigung des Arbeitsverhältnisses mit älteren Arbeitnehmern, NZA 2008, Beil. zu Heft 1, 8; *Schäfer*, Altersgrenzen in der Rechtsprechung, NJW-Spezial 2013, 178; *Scheulen*, Rente mit 63 – Auswirkungen auf arbeitsrechtliche Ausscheideklauseln, PuR 2014, 169; *Schiefer*, Zwei Jahre Allgemeines Gleichbehandlungsgesetz, ZfA 2008, 493; *ders.*, Befristete Arbeitsverträge: Hindernisse und Fallstricke – Die aktuelle Rechtsprechung (Teil 1), DB 2011, 1164; *ders.*, Bisherige Umsetzung der arbeitsrechtlichen Vorhaben des Koalitionsvertrages – Zwischenergebnis, PuR 2014, 149; *Schiefer/Ettwig/Krych*, Das Allgemeine Gleichbehandlungsgesetz, Düsseldorfer Schriftenreihe, 2006; *Schiefer/Ettwig/Worzalla*, Ein Jahr Allgemeines Gleichbehandlungsgesetz, DB 2007, 1977; *Schiefer/Köster/Korte*, Befristung von Arbeitsverträgen – Die neue Altersbefristung nach § 14 Abs. 3 TzBfG, DB 2007, 1081; *Schipp*, Neue Altersgrenzen in der betrieblichen Altersversorgung, ArbRB 2008, 50; *Schmalz*, Unwirksamkeit einer tariflichen Altersgrenze eines Piloten wegen Altersdiskriminierung, ZPVR-online, 2012, Nr. 7/8, 21; *Schmitt-Rolfes*, Altersgrenzen passé?, AuA 2007, 135; *Schrader/Straube*, Die Anhebung der Regelaltersrente, NJW 2008, 1025; *Schumacher*, Arbeitsvertragliche Befristungsabreden auf die Vollendung des 65. Lebensjahres, DB 2013, 1331; *Schwarze* (Hrsg.), EU-Kommentar, 3. Aufl. 2012; *Sediq*, Rentnerbeschäftigung im Lichte des demografischen Wandels – Arbeitsrechtliche Gestaltungsmöglichkeiten, NZA 2009, 525; *Temming*, Der Fall Palacios: Kehrtwende im Recht der Altersdiskriminierung?, NZA 2007, 1193; *Tempelmann*, Altersgrenzenregelungen im Arbeitsrecht, DStR 2011, 577; *Thüsing*, Handlungsbedarf im Diskriminierungsrecht, NZA 2001, 1061; *ders.*, Europarechtlicher Gleichbehandlungsgrundsatz als Bindung des Arbeitgebers?, ZIP 2005, 2149; *ders.*, Vereinbarkeit einer Altersgrenze durch Tarifvertrag mit europäischem Recht, ZESAR 2009, 130; *Wahs*, Zur Bewertung von Altersgrenzen nach europäischem Recht, EuZW 2007, 359; *Walldörfer/Wilhelm*, Anhebung der Regelaltersgrenze in der gesetzlichen Rentenversicherung, BB 2012, 3137; *Waltermann*, Verbot der Altersdiskriminierung – Richtlinie und Umsetzung, NZA 2005, 1265; *ders.*, Ausscheiden aus Altersgründen: Rigide oder flexibel?, in: Maschmann (Hrsg.), Rigidität und Flexibilität im Arbeitsrecht, Mannheimer Arbeitsrechtstag 2011, 2012, S. 105 ff; *Worzalla*, Verlängerung von Arbeitsverhältnissen über das Erreichen der Regelaltersgrenze hinaus, PuR 2014, 132.

a) Rechtslage im Umfeld

aa) Gesetzes- und Rechtsprechungsentwicklung

(1) Vor Inkrafttreten des AGG

Bis zum 31.12.1991 stand die Wirksamkeit der Vereinbarung einer Altersgrenze, insb. der Altersgrenze von 65 Jahren für Männer, nicht in Zweifel. Ausnahmefälle bildeten die Altersregelungen für **Cockpit-Personal.** Hier hatte das BAG tarifliche Begrenzungen des Arbeitsverhältnisses auf das 55. bzw das 60. Lebensjahr mehrfach als zulässig erachtet, wenn die Tarifregelung bei weiterer Eignung des Piloten einen Verlängerungsvertrag vorsah.[1] Ansonsten galten bis 1991 tarifliche, betriebliche und individualarbeitsrechtliche Altersgrenzenregelungen als unbedenklich. 603

Mit dem am 1.1.1992 in Kraft getretenen § 41 Abs. 4 S. 3 SGB VI aF wurde die gesetzliche Altersgrenze unterhöhlt. Die Altersgrenze von 65 Jahren galt nach dem Gesetzeswortlaut nur noch, wenn der Arbeitnehmer in den letzten drei Jahren vor Erreichen der Altersgrenze eine Bestätigungserklärung abgegeben hatte. Dem Arbeitnehmer wurde damit die Möglichkeit eröffnet, trotz vertraglich vereinbarter Altersgrenze im Arbeitsverhältnis zu verbleiben, wenn er sich weigerte, die Bestätigung zu erklären. Folge war, dass sich viele Arbeitgeber die Bestätigungserklärung durch Zahlung einer Abfindung abkaufen lassen mussten. 604

Das BAG legte daraufhin im Urteil vom 20.10.1993[2] diese Vorschrift so aus, dass **kollektivrechtliche Altersgrenzen** generell unwirksam seien. Damit wurde die altersbedingte Beendigung des Arbeitsverhältnisses erschwert. Außerdem konnte der missliche Fall des Doppelbezuges von Arbeitsentgelt und Altersrente eintreten, so dass der Gesetzgeber die Vorschrift zum 31.7.1994 wieder abschaffte und der neu gefasste § 41 Abs. 4 S. 3 SGB VI die Rückkehr zu der vor 1992 geltenden Rechtslage einleitete. Die Vereinbarung der Altersgrenze von 65 Jahren war nach der gesetzlichen Regelung jetzt wieder möglich.[3] Die zwischenzeitlich nichtigen tariflichen Altersgrenzen lebten wieder auf.[4] Die Kenntnis der früheren Rechtslage ist in Einzelfällen auch weiterhin von Bedeutung, da es nach der stRspr des BAG für die rechtliche Beurteilung auf den Zeitpunkt der Vereinbarung ankommt.[5] 605

Mit Entscheidung vom 12.2.1992[6] erachtete das BAG Befristungen zum 60. Lebensjahr bei **Chefärzten** aus Haftungsgründen und bei **Piloten** aus Gründen der Flugsicherheit für zulässig. 606

Auch vorübergehend schwebend unwirksame Altersgrenzenklauseln in Arbeitsverträgen wurden wieder wirksam.[7] Die jetzige Lebensaltersgrenzenregelung im SGB VI (**§ 41 S. 2 SGB VI**) lautet: 607

„Eine Vereinbarung, die die Beendigung des Arbeitsverhältnisses eines Arbeitnehmers ohne Kündigung zu einem Zeitpunkt vorsieht, zu dem der Arbeitnehmer vor Erreichen der Regelaltersgrenze eine Rente wegen Alters beantragen kann, gilt dem Arbeitnehmer gegenüber als auf

---

1 BAG 13.12.1984 – 2 AZR 294/83, EzA § 620 BGB Bedingung Nr. 3; BAG 14.8.2002 – 7 AZR 469/01, EzA § 620 BGB Bedingung Nr. 13; BAG 19.11.2003 – 7 AZR 296/03, NZA 2004, 1336, 1338; BAG 21.7.2004 – 7 AZR 589/03, NZA 2004, 1352.

2 BAG 20.10.1993 – 7 AZR 135/93, NZA 1994, 128 = DB 1994, 46.

3 *Ehrich*, BB 1994, 1633.

4 *Baeck/Diller*, NZA 1995, 360; *Bauer*, BB 1995, 1296; ArbG Köln 28.11.1995 – 1 Ca 3020/94, NZA-RR 1996, 195; aA *Boecken*, NZA 1995, 145.

5 BAG 20.2.2002 – 7 AZR 748/00, NZA 2002, 789.

6 BAG 12.2.1992 – 7 AZR 100/91, NZA 1993, 998. Soweit eine Betriebsordnung für Flugzeugführer des Typs B 747, die eine Beendigung zum 60. Lebensjahr vorsah, am 60. Geburtstag eines Piloten keine Anwendung mehr findet, besteht das Arbeitsverhältnis eines Piloten über das 60. Lebensjahr hinaus (BAG 23.1.2002 – 7 AZR 586/00, NZA 2002, 669). Diese Rspr wurde wieder zu Gunsten einer allgemeinen Akzeptanz der Altersgrenze (60. Lebensjahr) geändert: BAG 21.7.2004 – 7 AZR 589/03, EzA § 620 BGB 2002 Altersgrenze Nr. 5.

7 *Baeck/Diller*, NZA 1995, 360; inzwischen hat sich dieser Auffassung auch das BAG angeschlossen: BAG 11.6.1997 – 7 AZR 186/96, NZA 1997, 1290.

das Erreichen der Regelaltersgrenze abgeschlossen, es sei denn, dass die Vereinbarung innerhalb der letzten drei Jahre vor diesem Zeitpunkt abgeschlossen oder von dem Arbeitnehmer innerhalb der letzten drei Jahre vor diesem Zeitpunkt bestätigt worden ist."

608 Im Jahre 2002 kam erneut Bewegung in die Rspr zur Altersgrenze bei Piloten und Kabinenpersonal. Mit Urteil vom 23.1.2002[8] reagierte der 7. Senat auf eine Änderung in der Betriebsordnung für Luftfahrtgeräte. Seit 1.9.1998 gilt die in der Soll-Vorschrift des § 41 Abs. 1 S. 1 LuftBO für Mitglieder der Flugbesatzung vorgesehene Altersgrenze von 60 Jahren nicht mehr. Zu den Betroffenen gehören die Flugzeugführer des Typs Boeing 747. Nachdem die luftfahrtrechtliche Bestimmung gefallen war, wonach der Luftfahrtunternehmer Mitglieder der Flugbesatzung mit einem Alter von über 60 Jahren nicht auf Flugzeugen einsetzen soll, deren höchstzulässige Startmasse mehr als 10.000 kg oder deren höchstgenehmigte Fluggastsitzanzahl mehr als 19 beträgt, hielt das BAG mit Urteil vom 23.1.2002 eine Altersgrenzenvereinbarung im Arbeitsvertrag für einen Flugzeugführer, der eine Boeing 747 fliegt, für unwirksam. Diese Rspr änderte der Senat mit Urteil vom 21.7.2004.[9] Eine tarifvertragliche Altersgrenze von 60 Jahren für Piloten halte der Befristungskontrolle auch stand, soweit der Tarifvertrag nach dem 1.9.1998 abgeschlossen worden sei. Eine solche Altersgrenze verstoße weder gegen Art. 12 GG noch gegen Art. 6 EGRL 78/2000.

609 In seiner Entscheidung vom 20.2.2002 bestätigte der Senat seine Rspr, wonach eine vertragliche Altersgrenze von 60 Jahren für Piloten bei Flugzeugen wirksam sei, die nur bis zum Alter von 60 Jahren geflogen werden dürfen.[10] Die Altersgrenze von 60 Jahren bei Piloten (Cockpit-Personal) hat sich auch in der Instanzrechtsprechung durchgesetzt.[11] Mit dem Urteil des ArbG Frankfurt vom 31.10.2001 wurde die Wirksamkeit der Altersgrenze von 60 Jahren sowohl für das Bordpersonal als auch für das Cockpit-Personal der Fluggesellschaft Aero Lloyd in einem Manteltarifvertrag bestätigt.

610 Eine Änderung in der Rspr zu Altersgrenzen nahm das BAG mit Urteil vom 31.7.2002 für das Bordpersonal vor. Es erklärte die in § 27 Abs. 2 S. 1 MTV-Bordpersonal der Hapag Lloyd für das Kabinenpersonal normierte Altersgrenze von 55 Jahren wegen Fehlens eines sie rechtfertigenden Sachgrundes für unwirksam.[12] Beim Kabinenpersonal im Alter von 55 Jahren fehlte dem BAG jeglicher Sachgrund für eine Altersgrenze, da ein Sicherheitsrisiko beim Kabinenpersonal nicht gegeben sei wie beim Cockpit-Personal. Fallkonstellationen, in denen der altersbedingte Ausfall eines Mitglieds des Kabinenpersonals die Flugpassagiere, das Flugpersonal oder gar Menschen in überflogenen Gebieten in ernste Gefahr bringen könnten, seien derart theoretisch und unwahrscheinlich, dass sie nicht zur Rechtfertigung einer generellen Altersgrenze von 55 Jahren für das Kabinenpersonal geeignet seien.[13]

611 Zur Wirksamkeit von Altersgrenzenregelungen vor Vollendung des 65. Lebensjahres stellte das BAG mit Urteil vom 17.4.2002[14] erstmals klar, dass Arbeitsverhältnisse vor Vollendung des 65. Lebensjahres wegen Inanspruchnahme einer vorgezogenen Altersrente beendet werden können. Für die Berechnung der Drei-Jahres-Frist dieser Vorschrift sei nicht auf die Vollendung des 65. Lebensjahres, sondern auf den im Arbeitsvertrag in Aussicht genommenen Zeitpunkt des Ausscheidens abzustellen.

612 In dieser Entscheidung betonte das BAG, dass es im Rahmen des § 41 SGB VI maßgeblich auf den Zeitpunkt des Ausscheidens ankomme. Als Sachgrund wird man regelmäßig das Ausscheiden zu einem Zeitpunkt ansehen können, zu dem der Arbeitnehmer bereits Anspruch auf vor-

8 NZA 2002, 669.
9 BAG 21.7.2004 – 7 AZR 589/03, NZA 2004, 1352.
10 BAG 20.2.2002 – 7 AZR 748/00, NZA 2002, 789.
11 ArbG Frankfurt aM 31.10.2001 – 9 Ca 1344/01, NZA-RR 2002, 313.
12 BAG 31.7.2002 – 7 AZR 140/01, NZA 2002, 1156.
13 BAG 31.7.2002 – 7 AZR 140/01, NZA 2002, 1155, 1158.
14 BAG 17.4.2002 – 7 AZR 40/01, ArbRB 2002, 261.

gezogenes Altersruhegeld hat.[15] Denn andernfalls würde die durch das BAG erfolgte Auslegung des § 41 SGB VI und die daraus resultierende Wirksamkeit von Altersgrenzenklauseln keinen Sinn machen. Wirksam ist eine solche Altersgrenzenvereinbarung allerdings damit nur, wenn die Vereinbarung drei Jahre vor dem Ausscheiden geschlossen oder vom Arbeitnehmer bestätigt wurde.

Inzwischen gilt der durch das BAG im Urteil vom 19.11.2003[16] aufgestellte Grundsatz, dass es 613 sich bei der einzelvertraglich vereinbarten Altersgrenze um eine kalendermäßige **Befristung** des Arbeitsverhältnisses handelt. Enthält der Arbeitsvertrag ein früheres Ende des Arbeitsverhältnisses als das 65. Lebensjahr, bedarf die Vereinbarung eines sachlichen Grundes. Ein **sachlicher Grund** ist gegeben, wenn der Arbeitnehmer bei Erreichen der vereinbarten Altersgrenze durch den Bezug eines Altersruhegeldes wirtschaftlich abgesichert ist.[17] Selbst wenn der Arbeitnehmer wenige Jahre vor Erreichen der vertraglich vereinbarten Altersgrenze eine über den Arbeitgeberanteil mitfinanzierte Lebensversicherung ausgezahlt erhalten hat, ist die Befristung des Arbeitsverhältnisses durch einen sachlichen Grund gerechtfertigt. Hat bei Vertragsschluss die Möglichkeit zum Aufbau einer Altersrente bestanden, ist die Befristung auch wirksam, wenn der Arbeitnehmer eine andere Versorgungsform wählt.[18]

Das Gesetz macht heute keinen Unterschied zwischen Männern und Frauen. Nach § 35 614 SGB VI haben Männer und Frauen gleichermaßen Anspruch auf die **Regelaltersrente**, wenn sie die Regelaltersgrenze erreicht und die allgemeine Wartezeit erfüllt haben. Die **Regelaltersgrenze** wird mit **Vollendung des 67. Lebensjahres** erreicht.

AGB-rechtlich stellen sich bei Altersgrenzenklauseln gegenwärtig **keine Wirksamkeitsbedenken.** 615 Selbst eine in einer Versorgungszusage enthaltene Altersgrenzenregelung innerhalb des Regelungskomplexes „Altersrente" ist nicht überraschend.[19] Auch eine in einem „Hausbrauch" genannten Regelwerk enthaltene Altersgrenze, worauf der Arbeitsvertrag Bezug nimmt, ist keine überraschende Klausel gem. § 305 c BGB.[20] Eine Altersgrenze, die in Allgemeinen Arbeitsbedingungen unter der Überschrift „Beendigung des Arbeitsverhältnisses" enthalten ist, stellt keine überraschende Klausel dar.[21] Wichtig ist aber, dass die Altersgrenzenregelung eine eigene Überschrift hat oder unter der Überschrift „Beendigung des Arbeits- bzw Anstellungsverhältnisses" zu finden ist oder sonst deutlich sichtbar ist. Es ist nicht ausreichend, die Altersgrenze lediglich in den Schlussbestimmungen aufzuführen.[22]

(2) Nach Inkrafttreten des AGG

(a1) Gerechtfertigte Benachteiligung?

Seit Inkrafttreten des Allgemeinen Gleichbehandlungsgesetzes (AGG) am 18.8.2006[23] werden 616 Altersgrenzenregelungen vor allem unter dem Aspekt der **Altersdiskriminierung** diskutiert. § 10 S. 3 Nr. 5 AGG bestimmt hierzu allerdings ausdrücklich, dass „eine Vereinbarung, die die Beendigung des Beschäftigungsverhältnisses ohne Kündigung zu einem Zeitpunkt vorsieht, zu dem der oder die Beschäftigte eine Rente wegen Alters beantragen kann", grds. zulässig ist. § 41 SGB VI soll ausdrücklich unberührt bleiben. Damit soll klargestellt werden, dass „auch

15 *Lunk*, ArbRB 2002, 261.
16 BAG 19.11.2003 – 7 AZR 296/03, NZA 2004, 1336.
17 BAG 19.11.2003 – 7 AZR 296/03, NZA 2004, 1336.
18 BAG 27.7.2005 – 7 AZR 443/04, NZA 2006, 37.
19 BAG 6.8.2003 – 7 AZR 9/03, AP § 133 BGB Nr. 51.
20 BAG 27.7.2005 – 7 AZR 443/04, NZA 2006, 37.
21 BAG 27.7.2005 – 7 AZR 443/04, NZA 2006, 37.
22 *Bauer/Lingemann/Diller/Haußmann*, Anwalts-Formularbuch Arbeitsrecht, M 3.1 Fn 52.
23 *Schiefer/Ettwig/Krych*, Das Allgemeine Gleichbehandlungsgesetz, S. 1 ff.

weiterhin" Unterscheidungen nach dem Alter bei der Beendigung von Arbeitsverhältnissen gemacht werden können.[24]

617 Nach Inkrafttreten des AGG hatte sich als erstes Gericht das ArbG Frankfurt/M. mit **tariflichen Altersgrenzen für Lufthansa-Piloten** (Ende des Arbeitsverhältnisses mit Ablauf des Monats, in dem das 60. Lebensjahr vollendet wird) zu befassen. Es hat festgestellt, dass die Altersgrenze eine unmittelbare Benachteiligung wegen des Alters darstellen kann. Diese Benachteiligung sei jedoch gem. § 10 AGG zulässig. Sie sei objektiv und angemessen und durch ein legitimes Ziel gerechtfertigt (Schutz von Leben und Gesundheit der Besatzungsmitglieder, der Passagiere etc.). Die Altersbefristungsregelung (Befristung bis zur Vollendung des 60. Lebensjahres) sei auch iSd § 14 Abs. 1 S. 2 Nr. 4 TzBfG (Eigenart der Arbeitsleistung) sachlich gerechtfertigt.[25]

618 In die gleiche Richtung geht auch eine Entscheidung des OVG Lüneburg,[26] wonach die Altersgrenze von 68 Jahren für **flugmedizinische Sachverständige** (vgl § 24 Abs. 6 S. 2 LuftVZO) zulässig sei. Die Altersgrenze ist hier damit gerechtfertigt worden, dass die Tauglichkeit des Luftfahrtpersonals eine wesentliche Grundlage des Luftverkehrs darstelle und deshalb die erforderliche Tauglichkeitsüberprüfung in zuverlässiger und fehlerfreier Weise erfolgen müsse. Schließlich ist auch die Altersgrenze von 68 Jahren für sog. **Vertragsärzte** anerkannt worden.[27] Das LAG München hat ebenfalls eine tarifvertragliche Altersgrenze von 60 Jahren für Piloten der zivilen Luftfahrt als zulässig erachtet.[28]

619 Das LAG Köln[29] hat mit Bezug auf die Entscheidung des LAG Hessen[30] die Wirksamkeit einer tariflichen Altersgrenze für Flugzeugführer auf das 60. Lebensjahr bestätigt und dabei die Benachteiligung wegen des Alters mit Gründen des Gemeinwohls, u.a. Sicherheit des Luftverkehrs und Schutz des Lebens sowie der Gesundheit der Besatzungsmitglieder, der Passagiere und der Menschen der überflogenen Gebiete, gerechtfertigt. Unter Berufung auf die sog. **Palacios-Entscheidung** des EuGH[31] hält das ArbG Karlsruhe[32] die tarifliche Altersgrenze von 65 Jahren in § 33 TVöD für wirksam; die Altersdiskriminierung sei durch die damit verfolgten beschäftigungspolitischen Ziele gerechtfertigt.

620 Das ArbG Düsseldorf[33] hat dagegen eine **tarifvertragliche Altersgrenze für Flugbegleiter** auf die Vollendung des 60. Lebensjahres wegen einer unzulässigen Benachteiligung als unwirksam angesehen. Die Altersdiskriminierung sei auch nicht gerechtfertigt. Es könne nicht auf einen allgemeinen Leistungsabfall mit zunehmendem Alter oder eine Beeinträchtigung der Flugsicherheit abgestellt werden. Die Flugsicherheit sei beim Kabinenpersonal nicht annähernd in gleicher Weise wie bei der Cockpit-Besatzung betroffen, da bei einem Ausfall des Kabinenpersonals – anders als bei einem Piloten – nicht unmittelbar Leib und Leben der Passagiere, des weiteren Flugpersonals sowie sonstiger Dritter gefährdet seien. Das LAG Düsseldorf[34] hat diese Entscheidung bestätigt. Schließlich hat auch das BAG[35] eine tarifvertragliche Altersgrenzenregelung (Vollendung des 60. Lebensjahres) für Kabinenpersonal als sachlich nicht gerechtfertigt

24 BT-Drucks. 16/1718, S. 36; zur möglichen Diskrepanz der Rspr des BVerfG, das Höchstaltersgrenzen bislang ausschließlich unter dem Gesichtspunkt der Berufsfreiheit (Art. 12 GG) beurteilt hat, mit der Rspr des EuGH s. *Bauer/Göpfert/Krieger*, AGG, § 10 Rn 38 mit Hinweis auf *Preis*, NZA 2006, 401, 403 f.

25 ArbG Frankfurt aM 14.3.2007 – 6 Ca 7405/06, BB 2007, 1737 m. Anm. *von Hoff*.

26 OVG Niedersachsen 13.9.2006 – 12 ME 275/06.

27 LSG Baden-Württemberg 23.10.2006 – L 5 Ka 4343/06 ER-B.

28 LAG München 18.2.2009 – 11 Sa 650/08 (Revision unter Az. 7 AZR 211/09).

29 LAG Köln 28.2.2008 – 10 Sa 663/07 (Revision unter Az. 7 AZR 480/08).

30 LAG Hessen 15.10.2007 – 17 Sa 809/07; s. hierzu *Bissels/Lützeler*, BB 2008, 666.

31 EuGH 16.10.2007 – Rs. C-411/05, DB 2007, 2427.

32 ArbG Karlsruhe 12.6.2008 – 8 Ca 492/07.

33 ArbG Düsseldorf 29.4.2008 – 7 Ca 7849/07.

34 LAG Düsseldorf 5.11.2008 – 12 Sa 860/08.

35 BAG 16.10.2008 – 7 AZR 253/07, DB 2009, 850.

erachtet (keine Anhaltspunkte für altersbedingtes Nachlassen der Leistungsfähigkeit und eine damit verbundene Gefährdung von Passagieren etc.) und den EuGH um eine Vorabentscheidung zur Vereinbarkeit von § 14 Abs. 3 S. 1 TzBfG in der bis zum 30.4.2007 geltenden Fassung mit dem Gemeinschaftsrecht ersucht.

Allen Entscheidungen gemeinsam ist die Grundaussage zu entnehmen, dass unter **Gefahrengesichtspunkten** Altersgrenzen jedenfalls gerechtfertigt sein können.[36] 621

In der mit Spannung erwarteten sog. **Palacios-Entscheidung** hat der EuGH[37] eine (spanische) tarifliche Altersgrenzenregelung (hier: auf 65 Jahre festgesetzte Altersgrenze) als gerechtfertigt erachtet. Der EuGH hat darauf hingewiesen, dass speziell in Bezug auf Ungleichbehandlungen wegen des Alters aus der Richtlinie 2000/78/EG folge, dass diese keine nach ihrem Art. 2 verbotene Diskriminierung darstellen, sofern sie objektiv und angemessen sind und im Rahmen des nationalen Rechts durch ein legitimes Ziel gerechtfertigt sind. Hierunter fallen insb. Ziele aus den Bereichen der **Beschäftigungspolitik**, des **Arbeitsmarkts** und der **beruflichen Bildung**. 622

Im Einzelnen heißt es in dieser richtungsweisenden Entscheidung wie folgt: 623

„Das in der Richtlinie 2000/78/EG des Rates vom 27.11.2000 zur Festlegung eines allgemeinen Rahmens für die Verwirklichung der Gleichbehandlung in Beschäftigung und Beruf konkretisierte Verbot jeglicher Diskriminierung wegen des Alters ist dahingehend auszulegen, dass es einer nationalen Regelung wie der des Ausgangsverfahrens nicht entgegensteht, die in Tarifverträgen enthaltenen Klauseln über die Zwangsversetzung in den Ruhestand für gültig erklärt, in denen als Voraussetzung lediglich verlangt wird, dass der Arbeitnehmer die im nationalen Recht auf 65 Jahre festgesetzte Altersgrenze für den Eintritt in den Ruhestand erreicht hat und die übrigen sozialversicherungsrechtlichen Voraussetzungen für den Bezug einer beitragsbezogenen Altersrente erfüllt, sofern

- *diese Maßnahme, auch wenn sie auf das Alter abstellt,* ***objektiv und angemessen*** *ist und im Rahmen des nationalen Rechts durch ein* ***legitimes Ziel****, das in Beziehung zur Beschäftigungspolitik und zum Arbeitsmarkt steht, gerechtfertigt ist*
  und
- *die Mittel, die zur Erreichung des im allgemeinen Interesse liegenden Ziels eingesetzt werden, nicht als dafür* ***unangemessen*** *und* ***nicht erforderlich*** *erscheinen."*

Diese Entscheidung hat der EuGH mit Entscheidung vom 5.3.2009[38] wie folgt bestätigt: „Artikel 6 Abs. 1 der Richtlinie 2000/78/EG ermöglicht es den Mitgliedstaaten, im Rahmen des nationalen Rechts bestimmte Formen der Ungleichbehandlung aus Gründen des Alters vorzusehen, sofern diese ‚**objektiv und angemessen**' und durch ein rechtmäßiges Ziel wie aus den Bereichen Beschäftigungspolitik, Arbeitsmarkt und berufliche Bildung gerechtfertigt und die Mittel zur Erreichung dieser Ziele angemessen und erforderlich sind." 624

Mit Entscheidung vom 18.6.2008 hat das BAG[39] eine Befristung des Arbeitsverhältnisses auf den Zeitpunkt des Erreichens des Regelrentenalters als zulässig erachtet. Danach gilt: Eine in einem Tarifvertrag enthaltene Befristung des Arbeitsverhältnisses auf den Zeitpunkt des Erreichens des Regelrentenalters ist sachlich gerechtfertigt iSd § 14 Abs. 1 S. 1 TzBfG, wenn der Arbeitnehmer nach dem Vertragsinhalt und der Vertragsdauer eine Altersversorgung in der gesetzlichen Rentenversicherung erwerben kann oder bei Vertragsschluss bereits die für den Bezug einer Altersrente erforderliche rentenrechtliche Wartezeit erfüllt. Eine solche Regelung genügt den sich bis zum Ablauf der Umsetzungsfrist für die Richtlinie 2000/78/EG des Rates vom 27.11.2000 zur Festlegung eines allgemeinen Rahmens für die Verwirklichung der Gleichbehandlung in Beschäftigung und Beruf ergebenden Vorgaben des Gemeinschaftsrechts. 625

---

36 *Schiefer/Ettwig/Worzalla*, DB 2007, 1977, 1979.
37 EuGH 16.10.2007 – Rs. C-411/05, DB 2007, 2427; *Gaul/Bonanni*, ArbRB 2008, 87.
38 EuGH 5.3.2009 – Rs. C-88/07, NZA 2009, 305.
39 BAG 18.6.2008 – 7 AZR 116/07, DB 2008, 2654.

626 Damit ließ sich **zusammenfassend** Folgendes feststellen: Arbeits- und tarifvertragliche Altersgrenzen, die ein Ausscheiden aus dem Arbeitsverhältnis in einem Alter vorsehen, zu dem der betroffene Arbeitnehmer eine gesetzliche Altersrente beanspruchen kann, sind weiterhin zulässig. Eine **niedrigere Altersgrenze**, etwa für Busfahrer oder Piloten, bedarf einer **hinreichenden Rechtfertigung.**[40] Dies bestätigt auch die folgende Rechtsprechung:

627 Nach Ansicht des LAG Niedersachsen[41] stellt eine **Regelaltersgrenze** eine auf dem Alter beruhende Ungleichbehandlung bei den Entlassungsbedingungen dar, die aber nach § 10 S. 3 Nr. 5 AGG gerechtfertigt sein kann. § 10 S. 3 Nr. 5 AGG steht im Einklang mit Art. 6 der Richtlinie 200/78/EG.[42] Eine Altersgrenzenregelung, die eine **automatische Beendigung eines Beschäftigungsverhältnisses mit Erreichen eines höheren Lebensalters** vorsieht, überschreitet den durch Art. 6 Abs. 1 der Richtlinie 2000/78/EG gezogenen Spielraum nicht deshalb, weil die Altersrente sehr niedrig ist und das Existenzminimum nicht abdeckt.

628 In der sog. **Rosenbladt-Entscheidung** hat der EuGH[43] auf Vorlagebeschluss des ArbG Hamburg[44] Folgendes festgestellt: Art. 6 Abs. 1 der Richtlinie 2000/78/EG des Rates vom 27.11.2000 zur Festlegung eines allgemeinen Rahmens für die Verwirklichung der Gleichbehandlung in Beschäftigung und Beruf ist dahin auszulegen, dass er einer nationalen Bestimmung wie § 10 S. 3 Nr. 5 AGG, wonach Klauseln über die automatische Beendigung von Arbeitsverhältnissen bei Erreichen des Rentenalters der Beschäftigten zulässig sind, nicht entgegensteht, soweit zum einen diese Bestimmung **objektiv und angemessen** und durch ein **legitimes Ziel der Beschäftigungs- und Arbeitsmarktpolitik** gerechtfertigt ist und zum anderen die Mittel zur Erreichung dieses Ziels **angemessen und erforderlich** sind. Die Nutzung dieser Ermächtigung in einem Tarifvertrag ist als solche nicht der gerichtlichen Kontrolle entzogen, sondern muss gemäß den Anforderungen des Art. 6 Abs. 1 der Richtlinie 2000/78/EG ebenfalls in angemessener und erforderlicher Weise ein legitimes Ziel verfolgen.

629 Mit Entscheidung vom 8.12.2010[45] nimmt das **BAG** in Bezug auf eine **tarifliche** Altersgrenzenregelung an, dass diese im Einklang mit dem AGG steht. Die damit einhergehende Benachteiligung wegen des Alters iSd § 7 Abs. 1 iVm § 1 AGG ist – so das BAG – gem. § 10 S. 3 Nr. 5 AGG zulässig. Die Vereinbarkeit des § 10 S. 3 Nr. 5 AGG mit dem Unionsrecht bejaht das BAG unter Verweis auf die Rosenbladt-Entscheidung des EuGH.

630 Mit der sog. **Prigge-Entscheidung** hat der EuGH[46] auf Vorlage des BAG[47] festgestellt, dass die vom BAG als zulässig erachtete tarifliche Altersgrenze von **60 Jahren** für **Piloten** mit Blick auf das angestrebte Ziel (Sicherheit der Passagiere, der Bewohner überflogener Gebiete etc.) **nicht** zu **rechtfertigen** sei. Es ist dabei zu beachten, dass die internationale und die deutsche Regelung zur Luftverkehrszulassung vorsieht, dass ein Pilot im Alter von 60 bis 64 Jahren seine Tätigkeit nur dann weiterhin ausüben kann, wenn er zu einer Besatzung aus mehreren Personen gehört und die anderen Piloten das 60. Lebensjahr noch nicht vollendet haben.

631 Mit Entscheidung vom 12.1.2010[48] hat der EuGH die Festlegung eines Höchstalters für die Ausübung des Berufs des **Vertragszahnarztes** auf 68 Jahre als gerechtfertigt erachtet. Art. 2 Abs. 5 der Richtlinie 2000/78/EG des Rates vom 27.11.2000 zur Festlegung eines allgemeinen Rahmens für die Verwirklichung der Gleichbehandlung in Beschäftigung und Beruf sei dahin auszulegen, dass er einer Höchstaltersgrenze für die Ausübung des Berufs eines Vertragszahn-

40 *Bauer/Göpfert/Krieger*, AGG, § 10 Rn 39; *Bissels/Lützeler*, BB 2009, 774, 775.
41 LAG Niedersachsen 7.6.2011 – 13 Sa 1611/10.
42 LAG Niedersachsen 7.6.2011 – 13 Sa 1611/10.
43 EuGH 12.10.2010 – Rs. C-45/09, DB 2010, 2339.
44 ArbG Hamburg 20.1.2009 – 21 Ca 235/08, EzA-SD 2009, Nr. 4, 20; *Thüsing*, ZESAR 2009, 130.
45 BAG 8.12.2010 – 7 AZR 438/09, BB 2011, 1268.
46 EuGH 13.9.2011 – Rs. C-447/09, NZA 2011, 451.
47 BAG 17.6.2009 – 7 AZR 112/08 (A), BB 2009, 1469; LAG Hessen 15.10.2007 – 17 Sa 809/07.
48 EuGH 12.1.2010 – Rs. C-341/08, DB 2010, 171.

arztes (hier: 68 Jahre) nicht entgegenstehe, wenn diese Maßnahme nur das Ziel habe, die Gesundheit der Patienten vor dem Nachlassen der Leistungsfähigkeit von Vertragszahnärzten, die dieses Alter überschritten haben, zu schützen, da diese Altersgrenze nicht für **Zahnärzte außerhalb des Vertragszahnarztsystems** gelte. Art. 6 Abs. 1 der Richtlinie 2000/78/EG sei dahin auszulegen, dass er einer solchen Maßnahme nicht entgegenstehe, wenn diese die Verteilung der Berufschancen zwischen den Generationen innerhalb der Berufsgruppe der Vertragszahnärzte zum Ziel habe und wenn sie unter Berücksichtigung der Situation auf dem betreffenden Arbeitsmarkt zur Erreichung dieses Ziels angemessen und erforderlich sei. Es sei Sache des vorlegenden Gerichts, festzustellen, welches Ziel mit der Maßnahme zur Festlegung dieser Altersgrenze verfolgt werde, indem es den Grund für ihre Aufrechterhaltung ermittele.

Zur Wirksamkeit einer **tarifvertraglichen Altersgrenze** (Beendigung des Arbeitsverhältnisses 632
mit Vollendung des 65. Lebensjahres) hat das BAG sodann Folgendes festgestellt: Die Altersgrenzenregelung, wonach ein Beschäftigungsverhältnis mit Ablauf des Kalendermonats endet, in dem der Arbeitnehmer das 65. Lebensjahr vollendet, ist nach § 14 Abs. 1 S. 1 TzBfG nicht zu beanstanden. Dies gilt jedenfalls für Arbeitsverhältnisse mit Arbeitnehmern, die vor dem 1.1.1947 geboren sind.

Das Verbot der Altersdiskriminierung nach § 7 Abs. 1, § 1 AGG steht der tariflichen Alters- 633
grenze nicht entgegen. Mit der Altersgrenze ist zwar eine unmittelbare Benachteiligung wegen des Alters verbunden. Dies ist aber durch § 10 S. 3 Nr. 5 AGG zulässig. Die gesetzliche Regelung in § 10 S. 3 Nr. 5 AGG steht mit Art. 6 der Richtlinie 2000/78/EG des Rates vom 27.11.2000 zur Festlegung eines allgemeinen Rahmens für die Verwirklichung der Gleichbehandlung in Beschäftigung und Beruf in Einklang. Die tarifliche Altersgrenzenregelung hält den Anforderungen des Art. 6 Abs. 1 der Richtlinie 2000/78/EG stand.[49]

Eine nationale Regelung (hier: Ungarn), wonach **Richter, Staatsanwälte und Notare** bei Errei- 634
chen des **62. Lebensjahres** aus dem Berufsleben ausscheiden müssen, führt jedoch zu einer unterschiedlichen Behandlung aufgrund des Alters, die außer Verhältnis zu den erfolgten Zielen steht und damit gegen Art. 2 und Art. 6 Abs. 1 der Richtlinie 2000/78/EG des Rates vom 27.11.2000 zur Festlegung eines allgemeinen Rahmens für die Verwirklichung der Gleichbehandlung in Beschäftigung und Beruf verstößt.[50]

Für die Zulässigkeit einer arbeitsvertraglichen Altersbefristung auf das 65. Lebensjahr kommt 635
es nach Ansicht des LAG Hamm[51] allein auf die im Zeitpunkt des Vertragsschlusses begründete Prognose einer hinreichenden wirtschaftlichen **Absicherung des Arbeitnehmers selbst**, nicht hingegen auf den Gesichtspunkt einer ausreichenden Hinterbliebenenversorgung an. Dementsprechend hängt die Wirksamkeit der Befristungsabrede auch nicht von einer „Härtefallklausel" ab, die den Umstand berücksichtigt, dass wegen individueller Besonderheiten der Erwerbsbiographie die Ehefrau des Arbeitnehmers bei dessen Versterben einen Anspruch auf Witwenrente allein nach Maßgabe der in Deutschland zurückgelegten Beschäftigungszeit erwirbt.

Mit Entscheidung vom 5.3.2013[52] hat das BAG nochmals die Zulässigkeit von Altersgrenzen- 636
regelungen festgestellt, nach denen das Arbeitsverhältnis mit Erreichen der Regelaltersgrenze endet.

Ist in einer **Betriebsvereinbarung** einer Fluggesellschaft bestimmt, dass Flugbegleiter, die in der 637
Vergangenheit nur Langstrecken- bzw Interkontinentalflüge durchgeführt haben und nach einer Neustrukturierung der Einsatzplanung ebenso wie die übrigen Flugbegleiter zu Kurzstreckenflügen herangezogen werden, einen Zusatzrequest erhalten und nicht mehr als maximal 5 Einsatztage Kontinentalflüge im Quartal zu fliegen haben, wenn sie das 43. Lebensjahr voll-

49 BAG 21.9.2011 – 7 AZR 134/10, NZA 2012, 271.
50 EuGH 6.11.2012 – Rs. C-286/12, EzA-SD 2012, Nr. 24, 9.
51 LAG Hamm 17.1.2013 – 8 Sa 1945/10, EzA-SD 2013, Nr. 14, 13.
52 BAG 5.3.2013 – 1 AZR 417/12, DB 2013, 1852.

endet und mindestens 15 Dienstjage haben, **benachteiligt** dies **jüngere Flugbegleiter** unmittelbar wegen ihres Alters.[53]

638 Mit einer sog. **Altersuntergrenze** hat sich der EuGH in der Angelegenheit **„Hütter“**[54] befasst. Danach gilt Folgendes: Die Art. 1, 2 und 6 der Richtlinie 2000/78/EG des Rates vom 27.11.2000 zur Festlegung eines allgemeinen Rahmens für die Verwirklichung der Gleichbehandlung in Beschäftigung und Beruf sind dahin auszulegen, dass sie einer nationalen Regelung entgegenstehen, die, um die allgemeine Bildung nicht gegenüber der beruflichen Bildung zu benachteiligen und die Eingliederung jugendlicher Lehrlinge in den Arbeitsmarkt zu fördern, bei der Festlegung der Dienstaltersstufe von Vertragsbediensteten des öffentlichen Dienstes eines Mitgliedstaates die Berücksichtigung von **vor Vollendung des 18. Lebensjahres liegenden Dienstzeiten** ausschließt.

(a2) Festlegung einer Altersgrenze in einer Betriebsvereinbarung

639 Die Festlegung einer Altersgrenze für das Arbeitsverhältnis kann wirksam in einer **Betriebsvereinbarung** getroffen werden. Dies hat das BAG[55] in Bezug auf eine Betriebsvereinbarung aus dem Jahre 1992 entschieden, die Folgendes vorsah: „Nach dieser Betriebsvereinbarung endet das Arbeitsverhältnis aller Mitarbeiter, die zwischen dem 1.1.1987 und dem 1.12.1976 in das Unternehmen eingetreten sind, mit Ablauf des Monats, in dem sie das 65. Lebensjahr vollenden, ohne dass es einer Kündigung bedarf.“ Zur Begründung weist das BAG darauf hin, dass die Betriebspartner Regelungen über Abschluss, Inhalt und Beendigung von Arbeitsverhältnissen treffen können. Sie haben eine umfassende Kompetenz zur Regelung materieller und formeller Arbeitsbedingungen. Die vorgesehene Beendigung von Arbeitsverhältnissen ist sachlich gerechtfertigt iSv § 14 Abs. 1 S. 1 TzBfG. Die unterschiedliche Behandlung wegen des Alters (§ 7 Abs. 1 AGG) ist zulässig nach § 10 S. 3 Nr. 5 S. 1 und 2 AGG. Die Rechtsqualität der Betriebsvereinbarung steht dem nicht entgegen. Dies hat auch der EuGH erkannt.

640 Verstößt eine Betriebsvereinbarung gegen das Benachteiligungsverbot wegen des Alters und ist dies nicht zu rechtfertigen, so führt dies gem. § 7 Abs. 2 AGG zur Unwirksamkeit der betreffenden Regelung. Nach Ansicht des BAG gilt Folgendes: Aus dem Unionsrecht folgt nichts anderes. Zwar sind die nationalen Gerichte in Fällen dieser Art, in denen das nationale Recht – wie hier das Allgemeine Gleichbehandlungsgesetz – Unionsrecht – hier: namentlich die Richtlinie 2000/78/EG – umsetzt, gehalten, für dessen volle Wirksamkeit Sorge zu tragen. Dies kann dazu führen, dass dem benachteiligten Arbeitnehmer ein Anspruch auf die vorenthaltene Leistung zuzuerkennen ist. Derartige **„Anpassungen nach oben“** hat der EuGH bei Ungleichbehandlungen im Bereich des **Entgelts** vorgenommen und der benachteiligten Personengruppe die Leistung der Begünstigten zuerkannt. In diesen Fällen kamen andere geeignete und effektive Sanktionen bereits im Hinblick auf die Notwendigkeit der Beseitigung vergangenheitsbezogener Benachteiligungen nicht in Betracht. So hat der 6. Senat des BAG als Rechtsfolge der Unwirksamkeit der Bemessung der Grundvergütungen in den Vergütungsgruppen des BAT nach Lebensaltersstufen eine Anpassung „nach oben“ vorgenommen, weil der Anspruch auf ein höheres Grundgehalt den älteren Angestellten nicht **rückwirkend** entzogen werden könne, so dass nur diese Möglichkeit bestehe.[56] Aus diesem Grund hat auch der 9. Senat des BAG die Altersdiskriminierung in der Urlaubsregelung des § 26 Abs. 1 S. 2 TVöD durch eine **Anpassung „nach oben“** beseitigt. Der den begünstigten Beschäftigten in dieser Zeit gewährte Urlaub von

53 BAG 14.5.2013 – 1 AZR 43/12, NZA 2013, 1160.

54 EuGH 18.6.2009 – Rs. C-88/08, BB 2009, 1811.

55 BAG 5.3.2013 – 1 AZR 417/12, DB 2013, 852.

56 BAG 10.11.2011 – 6 AZR 148/09, DB 2012, 1288 zur Vergütung nach Lebensalter im BAT.

jährlich 30 Arbeitstagen konnte nicht rückwirkend auf 29 oder 26 Arbeitstage begrenzt werden. Die als Urlaub bereits gewährte Freizeit ist nicht **kondizierbar**.[57]

Der EuGH fordert jedoch **nicht einschränkungslos** eine Anpassung „nach oben“. Zur Gewährleistung der vollen Wirksamkeit des Unionsrechts lässt er insb. in Bereichen, die **keine Entgeltdiskriminierung** betreffen, auch die **Nichtanwendung** der benachteiligenden Regelung genügen.[58] 641

bb) Sozialversicherungsrechtliche Altersgrenze

Die sozialversicherungsrechtliche Regelung in § 41 S. 2 SGB VI besagt, dass eine Vereinbarung, die die Beendigung eines Arbeitsverhältnisses zu einem Zeitpunkt vorsieht, in dem der Arbeitnehmer vor Erreichen der Regelaltersgrenze eine Rente wegen Alters beantragen kann, dem Arbeitnehmer gegenüber als auf das Erreichen der Regelaltersgrenze abgeschlossen gilt, es sei denn, dass die Vereinbarung innerhalb der letzten Jahre vor diesem Zeitpunkt getroffen oder von dem Arbeitnehmer bestätigt worden ist. Nach ihrem Normzweck, der insb. in der Entstehungsgeschichte zum Ausdruck kommt, erfasst § 41 S. 2 SGB VI ausschließlich einzelvertragliche **Altersgrenzenregelungen**.[59] Deutlich wird diese Funktion an der Bestätigungsoption, die nur für individuelle Vereinbarungen sinnvoll erscheint. 642

cc) Befristungskontrolle – sachlicher Grund

Altersgrenzenregelungen unterfallen der **Befristungskontrolle** (s. § 1 Rn 613).[60] Der Befristungsrechtsprechung zu Altersgrenzenvereinbarungen ist ein **Rechtsprechungswechsel** vorausgegangen. Früher stellte die Altersgrenzenregelung aus Sicht des BAG eine auflösende Bedingung dar,[61] aus heutiger Sicht handelt es sich bei der **Altersgrenzenregelung** um eine **Befristung**.[62] Eine Folge der Befristungsrechtsprechung ist seit dem 1.5.2000, dass Altersgrenzenregelungen der Schriftform bedürfen. Seit dem 1.5.2000 in § 623 BGB geregelt, seit dem 1.1.2001 hineingenommen in § 14 Abs. 4 TzBfG, bedürfen befristete Arbeitsverhältnisse zu ihrer Wirksamkeit der Schriftform. Da das Schriftformerfordernis für Befristungen gem. § 14 Abs. 4 TzBfG über die Verweisung des § 21 TzBfG ausdrücklich auch für auflösende Bedingungen gilt, unterliegen Altersgrenzen seit dem 1.1.2001 unabhängig von ihrer Charakterisierung als Befristung oder Bedingung dem **Schriftformzwang**.[63] 643

Die Vereinbarung einer Altersgrenze ist erforderlich, weil das Erreichen eines bestimmten Lebensalters für sich gesehen noch keinen personenbedingten Kündigungsgrund gem. § 1 Abs. 2 KSchG ergibt.[64] Außerdem ist der Anspruch eines Versicherten auf Rente wegen Alters als kündigungsbegründender Umstand nach § 41 S. 1 SGB VI zwingend ausgeschlossen. Kündigungsrelevant können allenfalls erheblicher altersbedingter Leistungsabfall, häufige Kurzer- 644

57 BAG 20.3.2012 – 9 AZR 529/10, DB 2012, 1814 zur unmittelbaren Diskriminierung wegen des Alters bei altersabhängiger Staffelung der Urlaubsdauer.

58 EuGH 19.1.2010 – Rs. C-555/07 („Kücükdeveci“ – zur Nichtberücksichtigung von Beschäftigungszeiten vor dem 25. Lebensjahr bei Berechnung der verlängerten Kündigungsfrist gem. § 622 Abs. 2 S. 2 BGB).

59 ErfK/*Müller-Glöge*, § 41 SGB VI Rn 19.

60 BAG 21.9.2011 – 7 AZR 134/10, NZA 2012, 271; *Schiefer*, DB 2011, 1220.

61 BAG 20.12.1984 – 2 AZR 3/84, AP § 620 BGB Bedingung Nr. 9.

62 BAG 26.4.1995 – 7 AZR 984/93, NZA 1995, 889; BAG 11.6.1997 – 7 AZR 186/96, NZA 1997, 1290; BAG 14.10.1997 – 7 AZR 660/96, NZA 1998, 652; BAG 16.10.2008 – 7 AZR 253/07, NZA 2009, 378.

63 APS/*Backhaus*, § 21 TzBfG Rn 19; *Rolfs*, NJW 2000, 1227; *Lakies*, BB 2000, 667; *Richardi/Annuß*, NJW 2000, 1231; *Preis/Gotthardt*, NZA 2000, 348.

64 BAG 28.9.1961 – 2 AZR 428/60, AP § 1 KSchG Personenbedingte Kündigung Nr. 1; BAG 20.12.1984 – 2 AZR 3/84, AP § 620 BGB Bedingung Nr. 9; BAG 20.11.1987 – 2 AZR 284/86, AP § 620 BGB Altersgrenze Nr. 2.

krankungen, dauernde Arbeitsunfähigkeit oder dergleichen sein, die aber vom Arbeitgeber dargelegt und im Streitfall bewiesen werden müssen.[65]

645 Im Hinblick auf die **Befristungskontrolle** gilt nach Ansicht des BAG (hier: zu § 46 Ziff. 1 S. 1 TVAL II) Folgendes:[66] Nach stRspr unterliegen tarifliche Regelungen über die Beendigung von Arbeitsverhältnissen aufgrund von Befristungen der arbeitsgerichtlichen Befristungskontrolle. Sie erfasst damit tarifliche (Höchst-)Altersgrenzen, nach denen das Arbeitsverhältnis bei Erreichen eines bestimmten Lebensalters endet. Diese bedürfen zu ihrer Wirksamkeit eines sie **rechtfertigenden Sachgrundes** iSv § 14 Abs. 1 TzBfG. Dem steht die verfassungsrechtlich durch Art. 9 Abs. 3 GG geschützte Tarifautonomie nicht entgegen.[67] Allerdings steht den Tarifvertragsparteien bei ihrer Normsetzung eine **Einschätzungsprärogative** zu, soweit es um die Beurteilung der tatsächlichen Gegebenheiten der betroffenen Interessen und der Regelungsfolgen geht. Ferner verfügen sie über einen Beurteilungs- und Ermessensspielraum hinsichtlich der inhaltlichen Gestaltung der Regelung. Das Erfordernis eines die Befristung rechtfertigenden Sachgrundes iSv § 14 Abs. 1 TzBfG entfällt dadurch nicht. Dessen Bestehen haben die Gerichte im Rahmen der **Befristungskontrolle** zu prüfen. Dabei haben sie jedoch die den Tarifvertragsparteien zustehende Einschätzungsprärogative zu respektieren. Diese ist nur überschritten, wenn für die getroffene Regelung plausible, einleuchtende Gründe nicht erkennbar sind. In Bezug auf die in Rede stehende Altersgrenzenregelung gem. § 46 Ziff. 1 S. 1 TVAL II (Vollendung des 65. Lebensjahres) gilt danach Folgendes: Nach der Rspr kann eine mit der Vollendung des **65. Lebensjahres** des Arbeitnehmers verknüpfte Altersgrenzenregelung in Kollektivnormen die Befristung des Arbeitsverhältnisses **sachlich** rechtfertigen. Dabei ist zu berücksichtigen, dass der Arbeitnehmer mit seinem Wunsch nach einer dauerhaften Fortsetzung seines Arbeitsverhältnisses über das 65. Lebensjahr hinaus zwar **legitime wirtschaftliche und ideelle Anliegen** verfolgt. Das Arbeitsverhältnis sichert seine wirtschaftliche **Existenzgrundlage** und bietet ihm die Möglichkeit beruflicher Selbstverwirklichung. Allerdings handelt es sich um ein Fortsetzungsverlangen eines mit Erreichen der **Regelaltersgrenze** wirtschaftlich **abgesicherten** Arbeitnehmers, der bereits ein langes Berufsleben hinter sich hat und dessen Interesse an der Fortführung seiner beruflichen Tätigkeit aller Voraussicht nach nur noch für eine begrenzte Zeit besteht. Hinzu kommt, dass der Arbeitnehmer auf typischer Weise von der Anwendung der Altersgrenzenregelung durch seinen Arbeitgeber Vorteile hatte, weil dadurch auch seine Einstellungs- und Aufstiegschancen verbessert worden sind.[68] Demgegenüber steht das Bedürfnis des Arbeitgebers nach einer sachgerechten und berechenbaren Personal- und Nachwuchsplanung. Dem Interesse des Arbeitgebers, beizeiten geeigneten Nachwuchs einzustellen oder bereits beschäftigte Arbeitnehmer fördern zu können, ist Vorrang vor dem Bestandsschutzinteresse des Arbeitnehmers zu gewähren, wenn der Arbeitnehmer durch den Bezug einer gesetzlichen Altersrente wegen Vollendung des 65. Lebensjahres wirtschaftlich abgesichert ist. Endet das Arbeitsverhältnis durch die vereinbarte Altersgrenze, verliert der Arbeitnehmer den Anspruch auf die Arbeitsvergütung, die ihm bisher zum Bestreiten seines Lebensunterhalts zur Verfügung gestanden hat. Die Beendigung des Arbeitsverhältnisses aufgrund einer Altersgrenzenregelung ist verfassungsrechtlich nur zu rechtfertigen, wenn an die Stelle der Arbeitsvergütung der dauerhafte Bezug von Leistungen aus einer Altersversorgung tritt. Die Anbindung an eine rentenrechtliche Versorgung bei Ausscheiden durch eine Altersgrenze ist damit Bestandteil des Sachgrundes. Dabei ist die Wirksamkeit der Befristung allerdings auch nicht von der konkreten wirtschaftlichen Absicherung des Arbeitnehmers bei Erreichen der Altersgrenze abhängig.[69]

65 Preis/*Rolfs*, Der Arbeitsvertrag, II A 20 Rn 3.
66 BAG 21.9.2011 – 7 AZR 134/10, NZA 2012, 271.
67 BAG 8.12.2010 – 7 AZR 438/09, NZA 2010, 586.
68 BAG 18.6.2008 – 7 AZR 116/07, DB 2008, 2654.
69 BAG 18.6.2008 – 7 AZR 116/07, DB 2008, 2654.

Hiervon ausgehend war die in Rede stehende Altersgrenzenregelung nicht zu beanstanden. Die Regelung knüpfte zwar an die Vollendung des 65. Lebensjahres an und stellte nicht ausdrücklich auf die Vollendung des gesetzlich festgelegten Alters für den Erwerb einer Regelaltersrente ab. Jedoch war dies die Voraussetzung für die tarifliche Altersgrenze. Denn nach § 35 Nr. 1 SGB VI idF der Bekanntmachung vom 19.2.2002 erreichten alle Beschäftigten mit dem 65. Lebensjahr die Regelaltersrente. Erst mit dem RV-Altersgrenzenanpassungsgesetz vom 20.4.2007[70] wurde die Regelaltersrente für die Geburtsjahrgänge ab 1947 nach § 35 S. 2, § 235 Abs. 2 SGB VI schrittweise auf die Vollendung des 67. Lebensjahres angehoben. 646

dd) Sog. Altersbefristung gem. § 14 Abs. 3 TzBfG

Im Kontext mit den Altersgrenzenregelungen sind auch die sog. **Altersbefristung** gem. § 14 Abs. 3 TzBfG (Befristung mit Arbeitnehmern, die das 52. Lebensjahr vollendet haben) und die hierzu ergangene Rspr des EuGH und des BAG anzusprechen. Diese werden unter dem Klauselstichwort „16. Befristungsregelungen" dargestellt (s. § 1 Rn 1129 ff). 647

ee) Befristete Verlängerung des Arbeitsverhältnisses nach Erreichen der Regelaltersgrenze

(1) Rechtslage bis zum 1.7.2014

Nicht abschließend geklärt ist die Zulässigkeit der befristeten Verlängerung des Arbeitsverhältnisses nach Erreichen der Regelaltersgrenze. Eine solche Vereinbarung bedarf jedenfalls einer **sachlichen Rechtfertigung** gem. § 14 Abs. 1 TzBfG. Unter dem Gesichtspunkt der Ungleichbehandlung wegen Alters kann im Anschluss an die **Georgiev-Entscheidung** des EuGH[71] nicht davon ausgegangen werden, dass es sich hierbei um eine Begünstigung älterer Arbeitnehmer handele. In der genannten Entscheidung hat der EuGH insoweit lediglich festgestellt, dass europäische Vorgaben einer nationalen Regelung, nach der **Universitätsprofessoren** mit Vollendung des 68. Lebensjahres zwangsweise in den Ruhestand versetzt werden und ihre Tätigkeit ab Vollendung des 65. Lebensjahres nur aufgrund eines auf ein Jahr befristeten und höchstens zweimal verlängerten Vertrages fortsetzen können, nicht entgegenstehen, sofern mit dieser Regelung ein legitimes Ziel insb. im Zusammenhang mit der Beschäftigungs- und der Arbeitsmarktpolitik verfolgt wird. 648

Richtigerweise dürfte aber davon auszugehen sein, dass befristete Verlängerungen von Arbeitsverhältnissen mit Arbeitnehmern, die an sich mit Erreichen der Altersgrenze ausgeschieden wären, mit den gleichen Erwägungen, wie diese im Hinblick auf die Altersgrenze selbst angestellt werden, gerechtfertigt werden können. 649

Soweit sich die Fachliteratur mit dieser Problematik beschäftigt, zieht sie überwiegend eine **Sachgrundbefristung** gem. § 14 Abs. 1 S. 2 Nr. 1 TzBfG (vorübergehender Bedarf) oder eine Sachgrundbefristung gem. § 14 Abs. 1 S. 1 TzBfG (unbenannter Sachgrund) in Betracht. Diskutiert wird auch der Sachgrund des § 14 Abs. 1 S. 2 Nr. 6 TzBfG (in der Person des Arbeitnehmers liegender Grund). Es spricht viel für die Annahme eines sog. **unbenannten Sachgrundes**.[72] Eine höchstrichterliche Entscheidung liegt allerdings – soweit ersichtlich – nicht vor, so dass zunächst Rechtsunsicherheiten verbleiben.[73] Eine sachgrundlose Befristung iSv § 14 Abs. 2 TzBfG[74] kommt nur bei Vorliegen der Voraussetzungen dieser Norm in Betracht. Eine solche 650

70 Gesetz zur Anpassung der Regelaltersgrenze an die demografische Entwicklung und zur Stärkung der Finanzierungsgrundlage in der gesetzlichen Rentenversicherung (RV-Altersgrenzenanpassungsgesetz) vom 20.4.2007 (BGBl. I S. 554).

71 EuGH 18.11.2010 – Rs. C-250/09, NZA 2011, 29.

72 *Borchard*, PuR 2013, 218; zur Problematik s. auch *Bauer/Gottschalk*, BB 2013, 502; *Bayreuther*, NJW 2012, 2758, 2760 sowie *Schäfer*, NJW-Spezial 2013, 178.

73 *Borchard*, PuR 2013, 218, 219.

74 *Bauer/von Medem*, NZA 2012, 945, 951.

Befristung ist insb. unzulässig, wenn in den (zumindest) letzten drei Jahren[75] mit dem Altersrentner kein befristetes oder unbefristetes Arbeitsverhältnis bestanden hat (sog. Vorbeschäftigungsverbot).[76]

651 Gemäß § 14 Abs. 4 TzBfG muss die Befristungsabrede die **Schriftform** wahren.[77]

652 Die vorübergehende Weiterbeschäftigung eines Altersrentners unterliegt der betrieblichen **Mitbestimmung** gem. § 99 Abs. 1 S. 1 BetrVG, denn das BAG bewertet die Weiterbeschäftigung eines Arbeitnehmers über das ursprünglich vereinbarte Fristende des Arbeitsverhältnisses hinaus als mitbestimmungspflichtige Einstellung.[78]

653 Neben diesem betriebsverfassungsrechtlichen Aspekt sind **sozialversicherungsrechtliche** Besonderheiten sowie Fragen der **betrieblichen Altersversorgung** zu beachten.[79]

(2) Verlängerung von Arbeitsverhältnissen über das Erreichen der Regelaltersgrenze hinaus

654 Seit dem 1.7.2014 besteht gem. § 41 S. 3 SGB VI die **gesetzliche Möglichkeit** zur befristeten Verlängerung des Arbeitsverhältnisses über das Erreichen der Regelaltersgrenze hinaus. Die Regelung des **§ 41 S. 3 SGB VI** lautet:[80]

„Sieht eine Vereinbarung die Beendigung des Arbeitsverhältnisses mit dem Erreichen der Regelaltersgrenze vor, können die Arbeitsvertragsparteien durch Vereinbarung während des Arbeitsverhältnisses den Beendigungszeitpunkt, gegebenenfalls auch mehrfach, hinausschieben.“

655 Die Vorschrift erlaubt nur das „Hinausschieben“ **während des noch bestehenden Arbeitsverhältnisses** vor Erreichen der Regelaltersgrenze. Auch bei diesem „Hinausschieben“ ist die **Schriftform** zu beachten. Die befristete Verlängerung unterliegt auch der Mitbestimmung des Betriebsrats (vgl auch § 1 Rn 1248). Zu Einzelheiten der Verlängerung nach § 41 S. 3 SGB VI s. ausf. § 1 Rn 1305 ff.

(3) „Verlängerung“ nach Ausscheiden aus dem Arbeitsverhältnis mit Erreichen der Regelaltersgrenze

656 Die Verlängerung des Arbeitsverhältnisses **nach Ausscheiden** aus dem Arbeitsverhältnis mit Erreichen der Regelaltersgrenze wird – unverständlicherweise[81] – in § 41 S. 3 SGB VI (s. § 1 Rn 654) nicht geregelt. Es muss insoweit auf die in § 1 Rn 648 ff dargestellten – von der Rspr noch nicht abschließend bewerteten – Grundsätze abgestellt werden.

ff) Folgen des Inkrafttretens des RV-Altersgrenzenanpassungsgesetzes

657 Früher hatten Arbeitnehmer gem. § 35 SGB VI Anspruch auf die Regelaltersrente, wenn sie das 65. Lebensjahr vollendet und die allgemeine Wartezeit erfüllt hatten. Ein Arbeitsverhältnis endete aber nicht etwa automatisch mit der Möglichkeit, eine solche Altersrente zu beziehen. Notwendig war (und ist) vielmehr, dass eine Altersbefristung vertraglich vereinbart war. Eine solche Altersgrenzenregel hatte idR folgenden Wortlaut: „Das Arbeitsverhältnis endet ohne Kündigung mit Ablauf des Monats, in dem der Arbeitnehmer das 65. Lebensjahr vollendet hat.“

---

75 BAG 6.4.2011 – 7 AZR 716/09, DB 2011, 1811 ff.

76 *Bauer/Gottschalk*, BB 2013, 501; *Sediq*, NZA 2009, 525.

77 *Borchard*, PuR 2013, 218.

78 BAG 23.6.2009 – 1 ABR 30/08, NZA 2009, 1162 ff.

79 *Borchard*, PuR 2013, 218, 220; zum Teilrentenbezug *Köster*, PuR 5/2011, 113 ff.

80 S. im Einzelnen *Worzalla*, PuR 2014, 132; *Kleinebrink*, DB 2014, 1490; *Bader*, NZA 2014, 749; *Bauer*, NZA 2014, 889.

81 *Schiefer*, PuR 2014, 149.

Durch das RV-Altersgrenzenanpassungsgesetz vom 20.4.2007[82] (in Kraft getreten am 1.1.2008) ist die Altersgrenze für eine Regelaltersgrenze von vormals 65 Jahre auf **67 Jahren angehoben** worden. Diese Anhebung vollzieht sich **schrittweise**, so dass der konkrete Renteneintrittstermin vom **Geburtstag des Arbeitnehmers** abhängt. 658

Die Anhebung des Renteneintrittsalters kommt für diejenigen Arbeitnehmer nicht zum Tragen, die 45 Pflichtbeitragsjahre aufweisen. Dieser Versichertenkreis soll nach § 38 SGB VI auch künftig mit Alter 65 abschlagsfrei in die Altersrente gehen können. Ansonsten können – abgesehen von schwerbehinderten Menschen – nur Arbeitnehmer bis einschließlich Jahrgang 1946 zukünftig mit Vollendung des 65. Lebensjahres eine Regelaltersrente gem. § 35 SGB VI beziehen. Für diese Arbeitnehmer kann auch weiterhin die bisherige, oben angeführte Altersgrenzenklausel (s. § 1 Rn 657) verwendet werden. 659

Hiervon ausgehend ist zwischen Altersgrenzenklauseln für Beschäftigte **ab Jahrgang 1947** und für Beschäftigte **bis einschließlich Jahrgang 1946** zu **differenzieren.** 660

Fraglich ist, wie zu verfahren ist, wenn mit einem Arbeitnehmer in einer Altersgrenzenklausel vor Inkrafttreten des RV-Altersgrenzenanpassungsgesetzes am 1.1.2008 die Beendigung des Arbeitsverhältnisses mit Vollendung des 65. Lebensjahres vereinbart ist, der Betreffende aber erst später (zB mit Vollendung des 67. Lebensjahres) in die Regelaltersrente gehen kann. Zwei Lösungen sind denkbar: 661

- Das Arbeitsverhältnis ist weiterhin auf die Vollendung des 65. Lebensjahres befristet. Oder:
- Das Arbeitsverhältnis gilt als auf den angehobenen Zeitpunkt des möglichen Regelaltersrentenbezugs befristet.

Richtig dürfte sein, dass alte Arbeitverträge, die eine Altersbefristungsklausel auf das 65. Lebensjahr enthalten, nicht umgestellt werden müssen. Denn gem. § 41 S. 2 SGB VI iVm § 300 Abs. 1 SGB VI gilt auch für diese alten Altersbefristungsklauseln das neue Renteneintrittsalter.

Soweit dieser Begründungsansatz in der Lit. zT als verfehlt erachtet wird, wird konzediert, dass eine entsprechende arbeitsvertragliche Befristungsabrede richtigerweise dahin gehend **auszulegen** ist, dass diese – trotz ausdrücklicher Bezugnahme auf die Vollendung des 65. Lebensjahres – einen zulässigen dynamischen Verweis auf die jeweils geltende gesetzliche Regelaltersgrenze enthält.[83]

Dementsprechend sind arbeitsvertragliche Befristungsabreden, die **vor dem 1.1.2008** vereinbart wurden, idR und soweit sie keine Anhaltspunkte dafür enthalten, dass das Arbeitsverhältnis unabhängig vom Erreichen der gesetzliche Regelaltersgrenze mit der Vollendung des 65. Lebensjahres enden soll, dahin gehend auszulegen, dass sie dynamisch auf die jeweils geltende gesetzliche Regelaltersgrenze verweisen.

Anders zu beurteilen seien hingegen Fälle, in denen die Arbeitsverträge **nach Inkrafttreten des RV-Altersgrenzenanpassungsgesetzes** am 1.1.2008 geschlossen wurden. In dieser Konstellation führe die Auslegung zu dem Ergebnis, dass die Parteien von der nunmehr geltenden neuen gesetzlichen Regelaltersgrenze abweichen wollten, wenn sie eine arbeitsvertragliche Befristungsabrede getroffen haben, die ausdrücklich auf die Vollendung des 65. Lebensjahres Bezug nimmt.[84] Für eine entsprechende Befristung bestehe kein Sachgrund iSd § 14 Abs. 1 S. 1 TzBfG, da hiermit nicht zugleich eine Befristung auf die gesetzliche Regelaltersgrenze verbunden sei. Arbeitsverträge, die eine entsprechende Befristungsabrede enthielten, seien daher gem. § 16 S. 1 TzBfG als auf unbestimmte Zeit geschlossen.

---

82 Gesetz zur Anpassung der Regelaltersgrenze an die demografische Entwicklung und zur Stärkung der Finanzierungsgrundlagen der gesetzlichen Rentenversicherung (RV-Altersgrenzenanpassungsgesetz) vom 20.4.2007 (BGBl. I S. 544).

83 *Schumacher*, BB 2013, 2331, 2332 mwN.

84 *Schumacher*, BB 2013, 2331, 2333 mwN.

662 Hieraus wird folgende Empfehlung abgeleitet:
- Zur Vermeidung einer unwirksamen arbeitsvertraglichen Befristung sollten jedenfalls nach dem 1.1.2008 abgeschlossene Arbeitsverträge daraufhin überprüft werden, ob sie eine Befristungsabrede auf die Vollendung des 65. Lebensjahres enthalten. Sie sollten sodann der geltenden Rechtsanlage angepasst werden.
- Neue Arbeitsverträge sollten zur Vermeidung von Auslegungsschwierigkeiten nicht auf ein konkretes, sondern ganz allgemein auf die jeweils geltende Regelaltersgrenze verweisen.
- Darüber hinaus empfiehlt sich die Vereinbarung eines **ordentlichen Kündigungsrechts** (§ 15 Abs. 3 TzBfG).

gg) Kein „automatisches“ Ende des Arbeitsverhältnisses mit Erreichen der Regelaltersgrenze

663 Ohne ausdrückliche Regelung endet das Arbeitsverhältnis nicht „automatisch“ mit Erreichen des Rentenalters. Es bedarf einer **ausdrücklichen Vereinbarung**, die im Hinblick auf das AGG-Recht idR unproblematisch sein dürfte (insb. keine überraschende Klausel).[85]

664 Die Vereinbarung einer Beendigung des Arbeitsverhältnisses bei Erreichen eines bestimmten Alters ist eine Höchstbefristung des Arbeitsverhältnisses – keine auflösende Bedingung – und bedarf mithin eines Sachgrundes gem. § 14 Abs. 1 TzBfG. Dabei werden die Anforderungen des Befristungsrechts durch das Antidiskriminierungsrecht (AGG) sowie europäische Vorgaben überlagert.

hh) Zusammenfassung der aktuellen Rechtsprechung

665 Es ist wie folgt zu differenzieren:
- Beendigung des Arbeitsverhältnisses **bei** Erreichen der Regelaltersgrenze;
- Beendigung des Arbeitsverhältnisses **vor** Erreichen der Regelaltersgrenze;
- Beendigung des Arbeitsverhältnisses **nach** Erreichen der Regelaltersgrenze.

666 Für die Beendigung **bei Erreichen der Regelaltersgrenze** lässt sich auf der Grundlage der Rspr des EuGH, die sich allerdings noch nicht mit allen denkbaren Konstellationen befasst hat, festhalten: Eine auf die Regelaltersgrenze abstellende Beendigungsklausel dürfte wirksam sein. Dies gilt unabhängig von der konkreten personellen Situation des Arbeitgebers, unabhängig vom Rechtscharakter der Vereinbarung (Tarifvertrag, Betriebsvereinbarung, Arbeitsvertrag) und unabhängig davon, welche Höhe die Rente des Arbeitnehmers erreichen wird.

667 Im Hinblick auf Klauseln, die die Beendigung des Arbeitsverhältnisses **vor Erreichen der Regelaltersgrenze** regeln, ist zu unterscheiden, ob die Regelung einen Bezug zur Altersgrenze der gesetzlichen Rentenversicherung hat oder aber an die Berechtigung anknüpft, vor Erreichen der Regelaltersgrenze eine Altersrente, ggf mit Abschlägen, in Anspruch zu nehmen.

668 Für Altersgrenzenregelungen **ohne Bezug zur gesetzlichen Rentenversicherung** (zB für Kabinenpersonal einer Fluggesellschaft) (Altersgrenze von 55 Jahren) oder für Piloten (Altersgrenze von 60 Jahren) ist davon auszugehen, dass diese sich allenfalls unter engen Voraussetzungen rechtfertigen lassen. Auch dort, wo der Schutz wichtiger Rechtsgüter wie Gesundheit und Leben prinzipiell als Rechtfertigungsgrund geeignet erscheint, gelten strenge Maßstäbe.

669 Ob Klauseln, die eine automatische Beendigung auch bei einer **Rentenberechtigung mit Abschlägen** vorsehen, zulässig sind, wird unterschiedlich beurteilt. *Bauer/von Medem*[86] leiten die Rechtfertigung einer Altersgrenze, die auf eine vor der Regelaltersgrenze liegende Rentenberechtigung abstellt, aus dem Zusammenspiel der allgemeinen arbeitsmarkt- und personalpolitischen Erwägungen mit § 41 S. 2 SGB VI ab. Sie weisen allerdings zu Recht darauf hin, dass bis zu einer eindeutigen Entscheidung des EuGH Vorsicht geboten ist.

---

85 S. aber *Bissels/Lützeler*, BB 2009, 774, 775; *Bissels/Dietrich*, AuA Sonderheft „Personalplanung“, 2008, 76 ff.

86 *Bauer/von Medem*, NZA 2012, 951.

Für eine Klausel, die eine Beendigung **nach Erreichen der Regelaltersgrenze** vorsehen, gilt: Eine Altersgrenzenregelung, die von vornherein auf eine spätere Altersgrenze (zB das 70. Lebensjahr) abstellt, ist in der Praxis kaum anzutreffen und im Übrigen mit Blick auf die sich für eine Personalplanung ergebende Ungewissheit nicht empfehlenswert. Aus einem „Erst-recht-Schluss" zur Zulässigkeit einer „normalen" Altersgrenzenregelung lässt sich aber auch die rechtliche Wirksamkeit einer solchen Altersgrenzenregelung ableiten. 670

Ebenso zulässig dürfte eine **befristete Verlängerung** von Arbeitsverhältnissen über die eigentliche Altersgrenze hinaus sein (sog. Befristung mit Altersrentnern). Mangels einer abschließenden Klärung durch die Rspr ist allerdings auch hier Vorsicht geboten. 671

Die Möglichkeit des „Hinausschiebens" des Beendigungszeitpunkts mit dem Erreichen der Regelaltersgrenze **während des Arbeitsverhältnisses** ist seit dem 1.7.2014 mit der Vorschrift des § 41 S. 3 SGB VI ausdrücklich geregelt (s. zunächst § 1 Rn 654 f und ausf. § 1 Rn 1305 ff). 672

Die Rechtslage zu Altersgrenzen bei **Organmitgliedern** ist noch weitgehend ungeklärt. Eine Befristung auf die Regelaltersgrenze wird in jedem Falle als gerechtfertigt angesehen. Frühere Altersgrenzen, die mit einer nachlassenden Leistungsfähigkeit begründet werden, stoßen auf Bedenken. 673

Niedrigere als die gesetzlichen Altersgrenzen (etwa Vollendung des 55. Lebensjahres) können altersdiskriminierend und damit unzulässig sein, soweit sie nicht hinreichend gerechtfertigt sind. 674

Da sich die Anhebung des Renteneintrittsalters aufgrund des RV-Altersgrenzenanpassungsgesetzes schrittweise vollzieht und mithin der konkrete Renteneintrittstermin vom Geburtstag des Arbeitnehmers abhängt, ist bei der künftigen Formulierung von Altersgrenzenklauseln zwischen Beschäftigten ab Jahrgang 1947 und Beschäftigten bis einschließlich Jahrgang 1946 zu differenzieren. Altverträge (Abschluss vor Inkrafttreten des RV-Altersgrenzenanpassungsgesetzes am 1.1.2008) sind ggf anzupassen. 675

Aktuelle Entwicklungen bei den gesetzlichen Altersrenten: Am 1.7.2014 ist das RV-Leistungsverbesserungsgesetz vom 23.6.2014[87] in Kraft getreten, das erneute wesentliche Veränderungen im Rentenrecht bestimmt. Folgende Punkte sind hervorzuheben: 676

- Möglichkeit einer **abschlagsfreien Rente ab Alter 63** für besonders langjährig Versicherte.
- Ausweitung der Kindererziehungszeiten für vor 1992 geborene Kinder („**Mütterrente**"): Mit Wirkung ab dem 1.7.2014 werden diese Kinder mit einem zusätzlichen Entgeltpunkt in der Rentenversicherung belegt.
- Für Bezieher einer Erwerbsminderungsrente ab dem 1.7.2014 wird die Zurechnungszeit um 24 Monate (von 60 auf 62 Jahre) verlängert und damit ein höherer Rentenanspruch generiert.
- Der arbeitsrechtliche Rahmen für die Beschäftigung Älterer („**Flexi-Rente**") (**§ 41 S. 3 SGB VI**) wird geschaffen (s. § 1 Rn 654 f und ausf. § 1 Rn 1305 ff).

Wegen der Einzelheiten wird auf die umfassende Darstellung von *Köster*, „Wege in die Rente, Arbeitslosengeld, Altersteilzeit" (Düsseldorfer Schriftenreihe) verwiesen.[88] 677

Zur „Rente mit 63": Bei der abschlagsfreien „Rente mit 63" handelt es sich *nicht* um eine neue „Regelaltersrente", sondern um eine vorgezogene Altersrente, die unter bestimmten Voraussetzungen vorzeitig ohne Abschläge gewährt wird. Sie wird vom Begriff der Regelaltersgrenze nicht erfasst. Das Erreichen des 63. Lebensjahres (+ x Monate) stellt nicht das Erreichen der Regelaltersgrenze dar. Dementsprechend endet das Arbeitsverhältnis bei einer solchen Regelung im Arbeitsvertrag, im Tarifvertrag oder in einer Betriebsvereinbarung nicht automatisch mit Erreichen der Voraussetzungen für die „Rente mit 63", sondern erst entsprechend der 678

87 BGBl. I S. 787.

88 *Köster*, Wege in die Rente, Arbeitslosengeld, Altersteilzeit, Düsseldorfer Schriftenreihe, 4. Aufl. 2014, S. 11 ff.

jeweiligen Ausscheidensklausel mit Ablauf des Monats, in dem der Arbeitnehmer die in § 235 SGB VI genannte Regelaltersgrenze von 65 Jahren + x Monate erreicht.[89]

679 Gegen den Willen des Arbeitnehmers kann der Arbeitgeber im Regelfall nicht durchsetzen, dass der Arbeitnehmer die „Rente mit 63" (+ x Monate) in Anspruch nimmt und deshalb das Arbeitsverhältnis endet – selbst wenn der Arbeitnehmer im Arbeitsvertrag eine entsprechende Ausscheidensklausel hat und diese innerhalb der letzten drei Jahre vor dem möglichen Beginn dieser Altersrente bestätigt.[90]

b) Klauseltypen und Gestaltungshinweise

aa) Regelaltersgrenzenklausel

(1) Klauseltyp A

680 → **A 1:** Ohne dass es einer Kündigung bedarf, endet das Arbeitsverhältnis nach Ablauf des Monats, in dem die Mitarbeiterin/der Mitarbeiter das 65. Lebensjahr vollendet hat.

A 2: Das Arbeitsverhältnis endet ohne Kündigung mit Ablauf des Monats, in dem die/der Beschäftigte das 65. Lebensjahr (Regelaltersgrenze gem. § 35 SGB VI) vollendet hat oder in dem Zeitpunkt, ab dem die/der Beschäftigte eine Altersrente, gleich aus welchem Rechtsgrund, bezieht.

A 3: Das Arbeitsverhältnis endet ohne Kündigung mit Ablauf des Monats, in dem die/der Beschäftigte die Altersgrenze für eine Regelaltersrente in der gesetzlichen Rentenversicherung erreicht hat oder in dem Zeitpunkt, ab dem sie/er eine Altersrente, gleich aus welchem Rechtsgrund, bezieht. Das Arbeitsverhältnis endet ebenfalls ohne Kündigung mit Ablauf des Monats, in dem der/dem Beschäftigten der Bescheid eines Rentenversicherungsträgers über eine Rente auf Dauer wegen voller Erwerbsminderung zugeht. Die vorstehenden Sätze berühren nicht das Recht zur ordentlichen Kündigung.
Das Arbeitsverhältnis ruht während des Bezugs von Arbeitslosengeld sowie ab dem Zeitpunkt, in dem der/dem Beschäftigten ein Bescheid eines Rentenversicherungsträgers über eine Rente auf Zeit wegen voller Erwerbsminderung zugeht. Die Möglichkeit, das Arbeitsverhältnis zu kündigen, wird hierdurch nicht berührt.
Die/der Beschäftigte hat den Arbeitgeber unverzüglich über den Zugang eines Rentenbescheids oder den Bezug von Arbeitslosengeld zu unterrichten.

A 4: Das Arbeitsverhältnis endet mit Ende des Monats, in dem der Arbeitnehmer das individuelle Renteneintrittsalter vollendet.

A 5: Für alle festangestellten Mitarbeiterinnen und Mitarbeiter des Arbeitgebers gilt, dass das Arbeitsverhältnis, ohne dass es einer Kündigung bedarf, am Ende des Monats endet, in dem die Mitarbeiterin oder der Mitarbeiter das gesetzliche Rentenalter erreicht hat.

A 6: Das Arbeitsverhältnis endet, ohne dass es einer Kündigung bedarf, mit Ablauf des Monats, in dem der/die Mitarbeiter/in die Regelaltersgrenze der gesetzlichen Rentenversicherung vollendet. Zuvor kann es von beiden Seiten jederzeit ordentlich gekündigt werden.

A 7: Das Arbeitsverhältnis endet spätestens mit Ablauf des Monats, in dem der Arbeitnehmer die Regelaltersgrenze (§ 35 bzw § 235 SGB VI) erreicht.

A 8: Das Arbeitsverhältnis endet, ohne dass es einer Kündigung bedarf, mit Ablauf des Monats, in dem der Arbeitnehmer die Voraussetzungen für den Bezug einer ungekürzten Rente wegen Alters aus der gesetzlichen Rentenversicherung erfüllt.

---

89 *Scheulen*, PuR 2014, 169; *Köster*, PuR 2014, 141.

90 Zu den Einzelheiten s. *Scheulen*, PuR 2014, 171.

A 9: Das Arbeitsverhältnis endet, ohne dass es einer Kündigung bedarf, mit Beginn des Monats, in dem der Arbeitnehmer eine (ggf geminderte) Altersrente aus der gesetzlichen Rentenversicherung oder eine Erwerbsminderungsrente auf Dauer bezieht, spätestens jedoch mit Ablauf des Monats, in dem der Arbeitnehmer das aufgrund der jeweiligen gesetzlichen Regelung festgelegte Alter für die Regelaltersgrenze vollendet. Der Arbeitnehmer hat den Arbeitgeber unverzüglich über den Bezug einer der genannten Leistungen oder den Zugang eines Rentenbescheids zu unterrichten.

(2) Gestaltungshinweise

Die **Klauseln A 1 und A 2** können auch künftig für Arbeitnehmer bis einschließlich Jahrgang 1946 verwendet werden. Allerdings gilt dies nur für Arbeitnehmer bis einschließlich Jahrgang 1946, da nur diese auch zukünftig mit Vollendung des 65. Lebensjahres die Regelaltersrente gem. § 35 SGB VI beziehen können. 681

Mit Entscheidung vom 21.9.2011[91] hat das BAG festgestellt, dass eine Klausel zulässig ist, nach der das Beschäftigungsverhältnis, ohne dass es einer Kündigung bedarf, mit Ablauf des Kalendermonats endet, in dem der Arbeitnehmer das 65. Lebensjahr vollendet hat. 682

Die **Klausel A 3** gilt für Beschäftigte ab Jahrgang 1947. Grundsätzlich bestünde zwar auch hier nach wie vor die Möglichkeit, auch zukünftig einen festen Austrittstermin für jeden Arbeitnehmer im Arbeitsvertrag zu vereinbaren. Angesichts der stufenweisen Anhebung des Renteneintrittsalters müsste aber jeweils anhand des Geburtsdatums des Arbeitnehmers das genaue Renteneintrittsalter ermittelt werden. Die hier gewählte Formulierung mit ihrem Verweis auf das gesetzliche Renteneintrittsalter erlaubt dagegen die generelle Verwendung dieser Klausel. Diese **Verweisungstechnik** dürfte zulässig sein. Dies gilt auch im Sinne der AGB-Kontrolle (keine überraschende oder unklare Regelung gem. § 307 BGB). Auch hat dies den Vorteil, dass bei einer (etwaigen) erneuten Änderung des Renteneintrittsalters die Arbeitsverträge unverändert verwendet werden können. 683

Das Arbeitsverhältnis endet auch dann, wenn der Arbeitnehmer (vor der Vollendung des Renteneintrittsalters der Regelaltersrente) eine vorgezogene Altersrente, gleich aus welchem Rechtsgrund, tatsächlich bezieht. Auch dieser Beendigungstatbestand dürfte gerechtfertigt sein, weil der Arbeitnehmer eine Rente erhält und hierdurch finanziell abgesichert ist. 684

Der Hinweis, dass die Möglichkeit der ordentlichen Kündigung des Arbeitsverhältnisses nicht wegen der vereinbarten Altersbefristung beschränkt ist, dient allein zur Klarstellung. In der Lit. gibt es vereinzelt Stimmen, die wegen der Vereinbarung einer Altersgrenzenklausel das gesamte Arbeitsverhältnis als befristetes Arbeitsverhältnis ansehen. Aus diesem Grund sollte wegen der Regelung des § 15 Abs. 3 TzBfG im Arbeitsvertrag die ordentliche Kündbarkeit des Arbeitsverhältnisses vorsorglich ausdrücklich vereinbart werden. Fehlt eine solche Regelung, so könnte im Sinne der Rspr zum Befristungsrecht ggf angenommen werden, dass nur eine außerordentliche Kündigung möglich ist. 685

Nach der zweiten Alternative (Klausel A 3, S. 2) endet das Arbeitsverhältnis, wenn der Arbeitnehmer eine Rente auf Dauer wegen voller Erwerbsminderung erhält. Bei einem Verzicht auf diese Regelung bliebe nur die Möglichkeit, das Arbeitsverhältnis durch eine personenbedingte (krankheitsbedingte) Kündigung zu beenden. 686

Bei der **Klausel A 4** handelt es sich um eine „einfache" Altersgrenzenklausel, gegen die keine Bedenken bestehen dürften. Der EuGH[92] hat die Zulässigkeit tariflicher Altersgrenzen der dargestellten Art dem Grunde nach festgestellt. 687

Die **Klausel A 5** hat das BAG bereits mit Entscheidung vom 27.7.2005[93] als zulässig erachtet.[94] 688

91 BAG 21.9.2011 – 7 AZR 134/10, NZA 2012, 271.
92 EuGH 16.10.2006 – Rs. C-411/05, DB 2007, 2427.
93 BAG 27.7.2005 – 7 AZR 443/04, NZA 2006, 37.
94 *Henssler/Moll*, Die AGB-Kontrolle vorformulierter Arbeitsbedingungen, S. 134.

689 Auch die **Klausel A 6**[95] greift die Empfehlung auf, nicht auf ein konkretes Alter, sondern ganz allgemein auf die jeweils geltende gesetzliche Regelaltersgrenze zu verweisen.[96] Darüber hinaus sieht sie die Möglichkeit der ordentlichen Kündigung vor (§ 15 Abs. 3 TzBfG).

690 Die **Klausel A 7** gibt dem Arbeitnehmer die Möglichkeit zu entscheiden, ob er vor dem Erreichen der Regelaltersgrenze eine anderweitige Rente, zB die „Rente mit 63" (s. § 1 Rn 678 f), in Anspruch nehmen und deshalb aus dem Arbeitsverhältnis „vorzeitig" ausscheiden will. Dann muss er – unter Einhaltung der für ihn geltenden Kündigungsfrist – selbst kündigen oder mit seinem Arbeitgeber einen zum Rentenbeginn „passenden" Aufhebungsvertrag schließen. Oder er beschließt, dass er bis zum Erreichen der Regelaltersgrenze weiterarbeiten will.[97]

691 Die **Klausel A 8** enthält quasi eine „Doppelbefristung": Bei dieser Formulierung wird nicht nur auf die Regelaltersgrenze abgestellt, sondern auch auf einen früheren Zeitpunkt. Denn eine „Rente wegen Alters" ist außer der Regelaltersgrenze zB auch die Altersrente für langjährig Versicherte, die Altersrente für Schwerbehinderte oder eben seit dem 1.7.2014 die „Rente mit 63" (+ x Monate).

Hier greift § 41 S. 2 SGB VI. Danach gilt eine Vereinbarung, die die Beendigung des Arbeitsverhältnisses ohne Kündigung zu einem Zeitpunkt vorsieht, zu dem der Arbeitnehmer vor Erreichen der Regelaltersgrenze eine Rente wegen Alters beantragen kann, als auf das Erreichen der Regelaltersgrenze abgeschlossen, es sei denn, der Arbeitnehmer hat die Vereinbarung innerhalb der letzten drei Jahre abgeschlossen oder bestätigt. Der Arbeitnehmer soll hierdurch die Entscheidungsfreiheit behalten, ob er tatsächlich eine vorzeitige Rente in Anspruch nehmen will oder nicht. Da die „Rente mit 63" (ab 1.7.2014) auch eine von der gesetzlichen Vorschrift erfasste ungekürzte Rente wegen Alters ist, müsste die arbeitsvertragliche Vereinbarung mit der oben genannten Formulierung innerhalb der letzten drei Jahre vor dem möglichen vorzeitigen Rentenbeginn ausdrücklich von den Vertragsparteien abgeschlossen oder vom Arbeitnehmer nochmals bestätigt worden sein, damit das Arbeitsverhältnis dann zB mit Erfüllung der Voraussetzungen für die „Rente mit 63" (+ x Monate) tatsächlich automatisch endet.

Bestätigt der Arbeitnehmer die Vereinbarung innerhalb der drei Jahre vor diesem möglichen Rentenbeginn oder schließt er sie in diesem Zeitraum erstmals ab, ist die Klausel **wirksam** und das Arbeitsverhältnis endet, wenn der Arbeitnehmer die Voraussetzungen für einen Altersrentenbezug erfüllt, unabhängig davon, ob er diese vorzeitige Altersrente tatsächlich dann auch in Anspruch nimmt.

Problem für den Arbeitgeber: Ob der Arbeitnehmer die Voraussetzungen für eine Rente wegen Alters erfüllt, kann der Arbeitgeber kaum verlässlich herausfinden. Insoweit ist er auf Informationen des Arbeitnehmers angewiesen.[98]

Die von *Scheulen*[99] empfohlene Formulierung sieht die automatische Beendigung des Arbeitsverhältnisses vor und beinhaltet zugleich die Verpflichtung des Arbeitnehmers, den Arbeitgeber unverzüglich über den Bezug einer der genannten Leistungen oder den Zugang eines Rentenbescheids zu unterrichten.

bb) Altersruhegeldklausel

(1) Klauseltyp B

692 Das Arbeitsverhältnis ruht während des Bezugs von Arbeitslosengeld sowie ab dem Zeitpunkt, in dem dem/der Beschäftigten der Bescheid eines Rentenversicherungsträgers über eine Rente auf Zeit wegen voller Erwerbsminderung zugeht. Die Möglichkeit, das Arbeitsverhältnis im

95 Preis/*Rolfs*, Der Arbeitsvertrag, II A 20 Rn 35.
96 *Schumacher*, BB 2013, 2331, 2333.
97 *Scheulen*, PuR 2014, 170.
98 S. im Einzelnen sowie zu der vorgeschlagenen Klausel *Scheulen*, PuR 2014, 170.
99 *Scheulen*, PuR 2014, 171.

Rahmen der gesetzlichen und tarifvertraglichen Bestimmungen zu kündigen, wird hierdurch nicht ausgeschlossen.

(2) Gestaltungshinweise

Die Klausel B ist bereits in der als Klausel A 3 dargestellten Regelung enthalten. Sie trägt dem Umstand Rechnung, dass das Ruhen des Arbeitsverhältnisses von der Beendigung des Arbeitsverhältnisses zu unterscheiden ist. Das Ruhen des Arbeitsverhältnisses führt dazu, dass das Arbeitsverhältnis (nur) außer Vollzug gesetzt wird. Die vertragliche Bindung zwischen Arbeitgeber und Arbeitnehmer bleibt erhalten, allerdings entfällt während des Ruhenszeitraums die Beschäftigungs- und Vergütungspflicht. 693

Die Regelung sieht ein Ruhen des Arbeitsverhältnisses bei Bezug von Arbeitslosengeld bzw ab dem Zeitpunkt vor, in dem dem/der Beschäftigten ein Bescheid über eine Rente auf Zeit wegen voller Erwerbsminderung zugeht. Im Falle der nur befristet (auf Zeit) gewährten Erwerbsunfähigkeitsrente ist eine automatische Beendigung des Arbeitsverhältnisses nach der Rspr unzulässig. Daher kann das Arbeitsverhältnis während dieser Zeit allenfalls ruhend gestellt werden. Denkbar ist, dass die Rentenzahlung ausläuft und die Rente nicht weiter gewährt wird, weil die Erwerbsfähigkeit des Arbeitnehmers wiederhergestellt ist. In diesem Fall lebt das Arbeitsverhältnis wieder auf. 694

cc) Variable Altersgrenze mit Sachgrund

(1) Klauseltyp C

→ Der Arbeitsvertrag endet, ohne dass es einer Kündigung bedarf, wenn der Mitarbeiter das 65. Lebensjahr vollendet hat. Soweit ein Gesetz oder eine Verordnung die Tätigkeit des Arbeitnehmers über ein bestimmtes Alter hinaus durch eine zwingende oder eine Soll-Bestimmung nicht gestattet, endet der Arbeitsvertrag, ohne dass es einer Kündigung bedarf, wenn der Mitarbeiter das dort bestimmte Alter erreicht hat. 695

(2) Gestaltungshinweise

Wird eine vorgezogene Altersgrenze vereinbart, empfiehlt es sich, den Sachgrund zu erwähnen. Der Klauseltyp C dürfte in der vorliegenden Form wirksam sein. Er kombiniert die Klauseln A 1 bzw A 2 und A 3 mit einer von der Altersversorgung und vom absoluten Rentenalter losgelösten Altersgrundbefristung, wobei der Beendigungsgrund aus der Art der Tätigkeit und der hierfür bestehenden Rechtsvorschriften folgt. 696

dd) Altersgrenzenregelung für Piloten

(1) Klauseltyp D

→ **D 1:** Das Arbeitsverhältnis endet – ohne dass es einer Kündigung bedarf – mit Ablauf des Monats, in dem das 60. Lebensjahr vollendet wird. 697

↓ **D 2:** Das Arbeitsverhältnis endet mit Ablauf des Monats, in dem der/die Arbeitnehmer/in das 58. Lebensjahr vollendet.

(2) Gestaltungshinweise

Diese für Piloten geltende Altersgrenzenregelung in **Klausel D 1** ist von den nationalen Gerichten u.a. zum Schutze von Leben sowie Gesundheit für Besatzungsmitglieder, der Passagiere und der Menschen der überflogenen Gebiete etc. als gerechtfertigt erachtet worden.[100] Das BAG[101] sah sich unter Vorgaben der Richtlinie 2000/78/EG daran gehindert, an dieser Auffassung fest- 698

100 LAG Köln 28.2.2008 – 10 Sa 663/07.
101 BAG 17.6.2009 – 7 AZR 112/08 (A), BB 2009, 1469.

zuhalten. Nach Ansicht des EuGH[102] ist diese Altersgrenzenregelung auch mit Blick auf das angestrebte Ziel (Sicherheit der Passagiere etc.) nicht zu rechtfertigen.

699 Auch die **Klausel D 2** ist grds. nicht geeignet. Sie stellt nicht auf die Altersregelgrenze ab. Es bedarf daher eines sachlichen Grundes, der idR nicht gegeben ist. Eine entsprechende Regelung ist auch nicht möglich, wenn dem Arbeitnehmer eine Abfindung gezahlt oder das Arbeitslosengeld auf den Betrag des letzten Nettogehalts aufgestockt werden soll. Wenn die Klausel gänzlich unwirksam ist, wäre ein unbefristetes Arbeitsverhältnis anzunehmen, das ggf nicht einmal mit Erreichen der Regelaltersgrenze ohne Kündigung enden würde.[103]

102 EuGH 13.9.2011 – Rs. C-447/09 (Prigge), NZA 2011, 1039.
103 Preis/*Rolfs*, Der Arbeitsvertrag, II A 20 Rn 28.

5. Anrechnung von Betriebszugehörigkeitszeiten

Literatur

Bütefisch, Die Sozialauswahl, 2000; *Fischermeier*, Die betriebsbedingte Kündigung nach den Änderungen durch das Arbeitsrechtliche Beschäftigungsförderungsgesetz, NZA 1997, 1089; *Künzel*, Probleme der Sozialauswahl bei betriebsbedingter Kündigung, ZTR 1996, 385; *Natzel*, Die Betriebszugehörigkeit im Arbeitsrecht, 2000; *Rolf/Evke de Groot*, Die Dauer der Betriebszugehörigkeit in der betrieblichen Altersversorgung, SAE 2008, 85; *Schiefer*, Betriebsbedingte Kündigung – nach neuem Recht, Düsseldorfer Schriftenreihe, 4. Aufl. 2009; *Schiefer u.a.*, Outsourcing, Betriebsübergang, Auftragsvergabe, Umstrukturierung – nach aktueller Rechtsprechung, Düsseldorfer Schriftenreihe, 4. Aufl. 2013; *Schwarz-Seeberger*, Sozialplanabfindung gestaffelt nach Lebensalter und Betriebszugehörigkeit, ZMV 2009, 334; *Steffan*, Neues vom EuGH zum Betriebsübergang – Was folgt aus Scattolon?, NZA 2012, 473; *Wank*, Die neuen Kündigungsfristen für Arbeitnehmer, NZA 1993, 961.

a) Rechtslage im Umfeld

aa) Bedeutung der Betriebszugehörigkeit

Die **Dauer der Betriebszugehörigkeit** kann sich in vielfacher Hinsicht arbeitsrechtlich auswirken. Dies gilt u.a. für 700

- die sechsmonatige Wartezeit für das Eingreifen des allgemeinen Kündigungsschutzes (§ 1 Abs. 1 KSchG);
- das Sozialkriterium der Betriebszugehörigkeit im Rahmen der Sozialauswahl bei der betriebsbedingten Kündigung (§ 1 Abs. 3 KSchG);
- die an die Betriebszugehörigkeit anknüpfende verlängerte Kündigungsfrist gem. § 622 Abs. 2 BGB;
- Jubiläumsgelder und Sonderzahlungen, die auf die Betriebszugehörigkeit abstellen;
- an das Dienstalter der Arbeitnehmer geknüpfte Ansprüche, wie zB Abfindungen bei Vertragsende oder Lohnerhöhung;[1]
- das passive Wahlrecht zur Betriebsratswahl gem. § 8 Abs. 1 BetrVG (wählbar sind alle Wahlberechtigten, die sechs Monate dem Betrieb angehören);[2]
- die Berücksichtigung der Betriebszugehörigkeit bei der betrieblichen Altersversorgung.[3]

bb) Auswirkungen eines Betriebsübergangs

Hat ein Betriebsübergang stattgefunden, bedarf es einer Anrechnungsklausel für frühere Beschäftigungszeiten nicht. Gemäß § 613 a BGB tritt der Erwerber kraft Gesetzes in die bestehenden Arbeitsverhältnisse ein. Frühere, unmittelbar in der Zeit vor dem Betriebsübergang liegende Beschäftigungszeiten werden so behandelt, als seien sie beim Betriebserwerber erbracht. 701

Aufgrund der Unsicherheit über die Rechtslage bestehen Arbeitnehmer zT darauf, dass in ihren Arbeitsvertrag im Zuge einer Umwandlung oder eines Betriebsübergangs eine Anrechnungsklausel über bislang verbrachte Betriebszugehörigkeit aufgenommen wird. Derartige Ergänzungen sind **deklaratorischer** Natur und verändern die Rechtslage nicht. 702

Soweit es für die Geltendmachung von Rechten und Pflichten auf die Betriebszugehörigkeit ankommt, sind Betriebszeiten beim Veräußerer anzurechnen.[4] 703

Bei einem Betriebsübergang nach § 613 a BGB sind die beim Betriebsveräußerer erbrachten Beschäftigungszeiten bei der Berechnung der Wartezeit nach § 1 Abs. 1 KSchG für eine vom Betriebsübernehmer ausgesprochene Kündigung zu berücksichtigen. Dies gilt auch dann, wenn 704

---

1 EuGH 14.9.2000 – Rs. C-343/98, NZA 2000, 1279.

2 LAG Hessen 16.8.2007 – 9 TaBV 27/07.

3 LAG Köln 7.3.2003 – 4 Sa 954/02, LAG-Report 2003, 365 (zu § 30 BetrAVG).

4 BAG 5.2.2004 – 8 AZR 639/02, NZA 2004, 845; BAG 2.6.2005 – 2 AZR 480/04, DB 2006, 110; zu den Besonderheiten bei Jubiläumszahlungen s. LAG Hamm 3.5.2011 – 8 Sa 2307/10, jurisPR-ArbR 44/2011 Anm. 5 *Boigs*; s. im Einzelnen auch *Schiefer u.a.*, Outsourcing, Betriebsübergang, Auftragsvergabe, Umstrukturierung, Rn 167; zu den Auswirkungen der möglichen Scatollon-Entscheidung des EuGH (6.9.2011 – Rs. C-108/10, NZA 2011, 1077) s. *Steffan*, NZA 2012, 473.

zum Zeitpunkt des Betriebsübergangs das Arbeitsverhältnis kurzfristig unterbrochen war, die Arbeitsverhältnisse aber in einem engen sachlichen Zusammenhang stehen. Da sich für den Betriebsveräußerer eine unerhebliche – rechtliche – Unterbrechung bei der Berechnung der Wartezeit nicht auswirken würde, kann sich unter Berücksichtigung des Schutzzwecks der gesetzlichen Regelung für einen Betriebserwerber nichts anderes ergeben.[5] Im Streitfall hat der Arbeitnehmer die Voraussetzungen eines Betriebs- oder Betriebsteilübergangs auf den neuen Arbeitgeber darzulegen.[6]

705 Der aufgrund der Zahl der beschäftigten Arbeitnehmer erwachsene **Kündigungsschutz** geht im Falle eines Betriebsübergangs allerdings nicht auf den Betriebserwerber über. § 323 Abs. 1 UmwG ist nicht anwendbar.[7]

706 Bei der Ermittlung der Dauer der Betriebszugehörigkeit im Rahmen der Sozialauswahl bei der betriebsbedingten Kündigung sind die bei einem Betriebsveräußerer erbrachten Beschäftigungszeiten zu berücksichtigen.[8]

707 Die Beschäftigungszeiten sind auch mit Blick auf die Bestimmung der Kündigungsfrist bei einem Betriebsübergang zusammenzurechnen, wenn die Identität des Betriebes gewahrt ist.[9]

708 Gegebenenfalls sind bei Unterbrechung des Arbeitsverhältnisses frühere Zeiten der Betriebszugehörigkeit auch außerhalb des Anwendungsbereichs des § 613 a BGB zu berücksichtigen. In Betracht kommen:

- Individualrechtliche Zusagen gegenüber dem Arbeitnehmer, wonach an sich nicht anrechnungsfähige frühere Beschäftigungszeiten bei demselben Arbeitgeber oder einem anderen Unternehmen durch eine vertragliche Vereinbarung der Arbeitsvertragsparteien berücksichtigt werden;[10]
- Regelungen in einer Betriebsvereinbarung, insb. nach Umstrukturierungsmaßnahmen;
- Regelungen in einem Tarifvertrag, insb. im Zusammenhang mit Umstrukturierungsmaßnahmen.[11]

709 Schließt ein Insolvenzverwalter eines insolventen Betriebes mit sämtlichen Arbeitnehmern **Aufhebungsverträge** mit geringen Abfindungen (hier: 20 % eines Monatsgehalts) und werden die Arbeitnehmer unmittelbar im Anschluss an den vereinbarten Ausscheidenszeitpunkt von einem Betriebsübernehmer wieder eingestellt, so ist die bisherige Betriebszugehörigkeit trotz des Aufhebungsvertrages im neuen Beschäftigungsverhältnis anzurechnen.[12]

710 Sofern Arbeitnehmer des übergehenden Betriebes zum Zeitpunkt des Betriebsübergangs keine Versorgungsanwartschaft erworben haben, steht es dem Erwerber grds. frei, ob und in welche Höhe er **Versorgungsleistungen** erbringen will. Daher ist der Betriebserwerber nicht nach § 613 a BGB verpflichtet, bei der Berechnung von Versorgungsleistungen aufgrund einer eigenen Versorgungszusage solche Beschäftigungszeiten anzurechnen, die von ihm übernommene Arbeitnehmer bei einem früheren Betriebsinhaber zurückgelegt haben.[13] Damit wird nicht in bereits zum Zeitpunkt des Betriebsübergangs bestehende Besitzstände eingegriffen. Gegen den Schutzzweck des § 613 a BGB wäre nur verstoßen, wenn bereits erworbene Besitzstände der übernommenen Arbeitnehmer berührt würden. Aus § 613 a BGB ergibt sich aber nicht, dass

5 BAG 27.6.2002 – 2 AZR 270/01, DB 2003, 452; BAG 18.9.2003 – 2 AZR 330/02, NZA 2004, 319.
6 BAG 5.2.2004 – 8 AZR 639/02, NZA 2004, 845.
7 BAG 5.2.2007 – 8 AZR 397/06, NZA 2007, 739.
8 *Schiefer u.a.*, Outsourcing, Betriebsübergang, Auftragsvergabe, Umstrukturierung, Rn 159 ff.
9 BAG 18.9.2003 – 2 AZR 330/02, NZA 2004, 319.
10 BAG 2.6.2005 – 2 AZR 480/04, DB 2006, 110.
11 Zu den Einzelheiten und Auswirkungen derartiger Regelungen s. *Schiefer*, Betriebsbedingte Kündigung, Rn 373.
12 LAG Nürnberg 19.4.2005 – 6 Sa 897/04, NZA-RR 2005, 496.
13 Sächs. LAG 23.3.2004 – 7 Sa 731/03.

durch den Betriebsübergang neue Betriebsrentenansprüche der übernommenen Arbeitnehmer begründet werden.[14]

cc) Verlängerung von Kündigungsfristen

Rechnen die Parteien die Zugehörigkeit in einem anderen Betrieb oder Unternehmen, die dem Arbeitsverhältnis nahtlos vorausgegangen ist, einzelvertraglich an, können sich die Kündigungsfristen des § 622 Abs. 2 BGB verlängern. Als Arbeitsverhältnis in dem Betrieb oder Unternehmen gilt dann das aktuelle Arbeitsverhältnis unter Einschluss der Dauer des vorangegangenen Arbeitsverhältnisses. Eine einzelvertragliche Verlängerung der gesetzlichen Kündigungsfrist ist grds. möglich.[15] Bei einer vertraglichen Verlängerung der gesetzlichen Kündigungsfrist gelten die üblichen gesetzlichen Kündigungstermine, soweit keine ausdrückliche Regelung über den Kündigungstermin getroffen wird oder sich ein anderer Parteiwille im Wege der Auslegung ergibt. 711

dd) Kündigungsschutzrechtliche Wirkungen

Die Kündigung des Arbeitsverhältnisses ist gegenüber einem Arbeitnehmer, dessen Arbeitsverhältnis in demselben Betrieb oder Unternehmen ohne Unterbrechung **länger als sechs Monate bestanden** hat, rechtsunwirksam, wenn sie **sozial ungerechtfertigt** ist (sog. **sechsmonatige Wartezeit**).[16] Bei dieser „Wartezeitregelung" handelt es sich um einseitig zwingendes Recht. Vereinbarungen zum Nachteil des Arbeitnehmers sind mithin unzulässig. Unzulässig sind daher zB Vereinbarungen, die den Erwerb des allgemeinen Kündigungsschutzes von einer **tatsächlichen** sechsmonatigen Beschäftigung abhängig machen oder die Verlängerung der Wartezeit enthalten. Unzulässig sind auch Vereinbarungen, die die aus gesetzlichen Vorschriften folgende Anrechnung anderweitiger Zeiten auf die Wartezeit ausschließen.[17] 712

Zulässig sind hingegen ausdrückliche oder konkludente Vereinbarungen betreffend den Ausschluss oder die Verkürzung der Wartezeit. Selbst wenn eine solche Anrechnungsvereinbarung zwar im Rahmen der Sozialauswahl bei der betriebsbedingten Kündigung nach § 1 Abs. 3 KSchG unbeachtlich ist, so ist sie für die Berechnung der Wartezeit für den Arbeitgeber verbindlich. 713

Wird ein abberufenes Mitglied des gesetzlichen Organs einer juristischen Person, etwa ein GmbH-Geschäftsführer, nach der Abberufung im Rahmen eines Arbeitsverhältnisses mit Aufgaben weiterbeschäftigt, die mit denen vergleichbar sind, die er als Organ der juristischen Person ausgeübt hat, liegt darin idR eine schlüssige Vereinbarung der Anrechnung der Beschäftigungszeit als Organmitglied. Ein abweichender Wille des Arbeitgebers ist nur beachtlich, wenn er im Arbeitsvertrag deutlich zum Ausdruck gebracht wird.[18] 714

An sich nicht anrechnungsfähige frühere Beschäftigungszeiten bei demselben Arbeitgeber oder bei einem anderen Unternehmen können bei der Berechnung der im Rahmen der **Sozialauswahl** bei der betriebsbedingten Kündigung zu berücksichtigenden Betriebszugehörigkeit nach § 1 Abs. 3 S. 1 KSchG durch eine vertragliche Vereinbarung der Arbeitsvertragsparteien berücksichtigt werden. Die sich zu Lasten anderer Arbeitnehmer auswirkende Individualvereinbarung darf jedoch **nicht rechtsmissbräuchlich** sein und nur die Umgehung der Sozialauswahl bezwecken. Für eine Berücksichtigung der vertraglich vereinbarten Betriebszugehörigkeitszeiten muss ein sachlicher Grund vorliegen. Ein sachlicher Grund ist ohne Weiteres anzunehmen, wenn der 715

14 BAG 19.4.2005 – 3 AZR 469/04, DB 2005, 1748.

15 BAG 29.8.2001 – 4 AZR 337/00, NZA 2002, 1346; *Wank*, NZA 1993, 961; ErfK/*Müller-Glöge*, § 622 BGB Rn 95.

16 Zu Beginn und Ende der Wartezeit s. zuletzt BAG 24.10.2013 – 2 AZR 1057/12, DB 2014, 958.

17 KR/*Griebeling*, § 1 KSchG Rn 94.

18 BAG 24.11.2005 – 2 AZR 614/04, DB 2006, 278 = NZA 2006, 366.

Berücksichtigung früherer Beschäftigungszeiten ein arbeitsgerichtlicher Vergleich wegen eines streitigen Betriebsübergangs zugrunde liegt.[19]

716 Im Einzelnen gilt: Die Regelungen über die **Sozialauswahl** sind zwar nicht dispositiv. Sie können insb. nicht einzelvertraglich – auch nicht zu Gunsten bestimmter Arbeitnehmer – gezielt verändert werden. § 1 Abs. 3 KSchG steht aber mittelbaren Verschlechterungen der kündigungsrechtlichen Position eines Arbeitnehmers nicht entgegen, die sich aus einer zulässigen Gestaltung der Arbeitsbedingungen ergeben. Durch eine vertragliche Vereinbarung kann deshalb an sich eine nicht anrechnungsfähige frühere Beschäftigungszeit bei demselben Arbeitgeber oder bei einem anderen Unternehmen auf die Betriebszugehörigkeitsdauer angerechnet werden. Allerdings darf die sich zu Lasten des anderen zu kündigenden Arbeitnehmers auswirkende Individualvereinbarung **nicht rechtsmissbräuchlich** sein und allein eine Umgehung der Sozialauswahl bezwecken. Zudem muss in Anbetracht des Spannungsverhältnisses des verfassungsrechtlich gebotenen Kündigungsschutzes nach Art. 12 Abs. 1 GG einerseits und der Vertragsfreiheit der Arbeitsvertragsparteien andererseits regelmäßig für eine solche Anrechnung ein **sachlicher Grund** bestehen. Dabei kann insb. in dem zeitlichen Zusammenhang zwischen der Individualvereinbarung und dem Kündigungsereignis ein starkes Indiz für einen fehlenden sachlichen Grund und eine mögliche Umgehungsabsicht liegen.[20] Gerade in diesem Fall muss der kündigungsberechtigte Arbeitgeber den möglichen sachlichen Grund für den Inhalt der Individualvereinbarung näher darlegen.

ee) Wirkungen bei betrieblicher Altersversorgung

717 Die Unverfallbarkeitsfristen werden grds. nicht dadurch unterbrochen, dass ein anderer Arbeitgeber eine Versorgungszusage übernimmt. Eine Wirkung der Anrechnung von Betriebszugehörigkeit kann bei Bestehen einer betrieblichen Altersversorgungszusage die privatrechtlich vereinbarte Erfüllung bzw vorzeitige Erfüllung einer Anwartschaftszeit sein, aber auch die Veränderung der Anspruchshöhe durch eine verlängerte Beschäftigungszeit.

718 Die Übernahme einer Versorgungszusage kann durch Gesamtrechtsnachfolge, Betriebsübergang oder Schuldübernahme erfolgen. Fälle der Gesamtsrechtsnachfolge sind im Wesentlichen die Erbfolge und die Umwandlung. Bei einem Betriebsübergang ergibt sich die Übernahme der Versorgungszusage aus § 613 a Abs. 1 S. 1 BGB. Die Übernahme einer Versorgungszusage bedarf nach § 415 Abs. 1 S. 2 BGB der Genehmigung des Versorgungsberechtigten. Außerdem sind die Voraussetzungen des § 4 BetrAVG zu erfüllen. Der Wechsel des Arbeitgebers lässt die Unverfallbarkeitsfristen unberührt; die Zusagedauer zählt durch.[21] Eine Ausnahme gilt für den Betriebsübergang in der Insolvenz. Erfolgt der Betriebsübergang nach Eröffnung der Insolvenz, tritt der Betriebserwerber zwar in die Versorgungsanwartschaften der übernommenen Belegschaft ein, schuldet jedoch im Versorgungsfall nicht die volle Betriebsrente. Vielmehr hat der Pensions-Sicherungs-Verein (PSV) für den Teil der Altersrente einzutreten, der bereits vor Eröffnung des Insolvenzverfahrens zeitanteilig erdient war.[22] Das BAG geht davon aus, dass im Zweifel Vordienstzeiten auch im Hinblick auf eine Verkürzung der Unverfallbarkeitsfristen angerechnet werden sollen. Ist dies nicht beabsichtigt, muss sich die Versorgungszusage hierüber klar und unmissverständlich erklären.[23] Im Zweifel gilt eine Anrechnung von Vordienstzeiten deshalb sowohl für die Höhe der Versorgung als auch für deren Unverfallbarkeit.[24]

19 BAG 2.6.2005 – 2 AZR 480/04, DB 2006, 110 = NZA 2006, 207.
20 *Bütefisch*, Die Sozialauswahl, S. 848.
21 BAG 26.3.1996 – 3 AZR 28/95, n.v.
22 BAG 17.1.1980 – 3 AZR 160/79, DB 1980, 308 = NJW 1980, 1124.
23 BAG 25.1.1979 – 3 AZR 1096/77, DB 1979, 1183.
24 BAG 16.3.1982 – 3 AZR 843/79, DB 1982, 1728; BGH 8.6.1983 – 4 b ZB 588/81, NJW 1984, 234.

Das BAG lässt die Anrechnung von Vordienstzeiten nicht schrankenlos zu.[25] Zwar kann der Arbeitgeber über das gesetzlich geschützte Maß hinaus günstigere Versorgungszusagen erteilen. Eine gesetzliche Unverfallbarkeit wird damit aber nicht erreicht. Das BAG sieht das gesetzliche Tatbestandsmerkmal einer hinreichenden Betriebszugehörigkeit durch Anrechnung von Vordienstzeiten nur dann als erfüllt an, wenn die Dienstzeiten unmittelbar aneinander heranreichen, jeweils von einer Versorgungszusage begleitet sind und die Versorgungserwartung bei dem Vorarbeitgeber noch nicht unverfallbar war. Eine vertragliche Anrechnung von Vordienstzeiten kann daher nur im Ausnahmefall auch zum Erwerb einer unverfallbaren und insolvenzgeschützten Versorgungsanwartschaft führen.[26] Das BAG begründet die Anrechenbarkeit von Vordienstzeiten damit, dass in der Betriebsrente die Vergütung für eine langjährige Betriebstreue liege, die nicht ersatzlos wegfallen dürfe, wenn der Arbeitnehmer bestimmte Fristen im Dienste seines Arbeitgebers zurückgelegt habe.[27] 719

Eine Anrechnung von Vordienstzeiten mit der Wirkung eines Insolvenzschutzes kommt nicht in Betracht, wenn das erste Arbeitsverhältnis nicht von einer Versorgungszusage begleitet war, zwischen den Arbeitsverhältnissen eine zeitliche, wenn auch nur geringfügige Unterbrechung gelegen hat oder aber sich der Arbeitgeber in dem letzten Arbeitsverhältnis nicht zur Übernahme des Besitzstandes aus dem Vorarbeitsverhältnis verpflichtet hat.[28] 720

b) Klauseltypen und Gestaltungshinweise

aa) Vollständige Betriebszugehörigkeitserweiterungsklausel

(1) Klauseltyp A

A 1: Die Rechte und Pflichten von Frau (...) aus diesem Arbeitsvertrag werden in der Weise erweitert, dass als Beginn des Arbeitsverhältnisse die Eingehung des unmittelbar vorangegangenen Arbeitsvertrages am (...) bei der Firma (...) gilt. Die Betriebszugehörigkeit von Frau (...) rechnet damit ab dem (...). In dem Arbeitsverhältnis mit der Firma (...) bestand eine Versorgungszusage vom (...). Diese Versorgungszusage hat noch keine Unverfallbarkeit erlangt. Auf die in diesem Arbeitsverhältnis erteilte Versorgungszusage werden die aus der Versorgungszusage des vorangegangenen und unmittelbar anschließenden Arbeitsverhältnisses im Rahmen der Berechnung der Unverfallbarkeit nach § 1 Abs. 1 BetrAVG angerechnet. 721

A 2: Die vorherige Beschäftigungszeit vom (...) bis zum (...) bei der Firma (...) wird in vollem Umfang auf die Betriebszugehörigkeit angerechnet.[29]

A 3: Der Mitarbeiter ist seit dem (...) bei der Firma beschäftigt. Mit der Unterzeichnung dieses Vertrages wird das seit dem (...) bestehende Arbeitsverhältnis fortgesetzt. Eine Probezeit wird nicht vereinbart. Die bisherige Beschäftigungszeit wird voll angerechnet.[30] Einbezogen sind auch etwaige Zeiten des Annahmeverzugs des Arbeitgebers, Urlaub, Krankheit oder Zeiten des Arbeitskampfes.

A 4: Die frühere Beschäftigung bei der Firma (...) von (...) bis (...) wird als Vordienstzeit des Arbeitsverhältnisses uneingeschränkt angerechnet. Damit verlängern sich Ihre Anwartschaftszeit gem. § 1 b BetrAVG und Ihre Kündigungsfristen gem. § 622 Abs. 2 BGB um die Vordienstzeit. Die Wartefrist gem. § 1 Abs. 1 KSchG wird um die Vordienstzeit verkürzt.

---

25 *Schrader*, Rechtsfallen in Arbeitsverträgen, Rn 192.
26 BAG 3.8.1978 – 3 AZR 19/77, BAGE 31, 45.
27 BAG 11.1.1983 – 3 AZR 212/80, DB 1984, 195.
28 BAG 13.3.1990 – 3 AZR 506/88, n.v.
29 *Hümmerich/Lücke/Mauer*, FB ArbR, Muster 1312 (§ 1 Abs. 2).
30 *Hümmerich/Lücke/Mauer*, FB ArbR, Muster 1376 (§ 1).

A 5:
(1) Die Parteien sind sich einig, dass zwischen ihnen ein Arbeitsverhältnis zu den Konditionen besteht, wie sie sich aus dem Arbeitsvertragsangebot der Beklagten an den Kläger vom 21.8.2000 ergeben.
(2) Die Parteien sind sich ferner einig, dass der Kläger hinsichtlich der Frage seines sozialen Besitzstandes, also hinsichtlich aller Fragen, die über die Entgeltabrechnung hinausgehen, mit einer Betriebszugehörigkeit seit dem 1.10.1990 zu behandeln ist.

(2) Gestaltungshinweise

722 Durch die in den Klauseln A 1 bis A 3 vorgesehene Anrechnung der Betriebszugehörigkeit in einem anderen Unternehmen wird die Rechtsposition des Arbeitnehmers erweitert. In kündigungsrechtlicher Hinsicht gilt dies vor allem in Bezug auf die sechsmonatige Wartezeit des § 1 Abs. 1 KSchG. Ob die früheren Betriebszugehörigkeitszeiten im Rahmen der Sozialauswahl bei der betriebsbedingten Kündigung – ggf zu Lasten anderer Arbeitnehmer – berücksichtigt werden können, hängt davon ab, ob im Sinne der Entscheidung des BAG[31] ein sachlicher Grund für den Inhalt der Individualvereinbarung gegeben ist, der ggf von dem kündigungsberechtigten Arbeitgeber näher darzulegen ist. Gleichwohl lassen sich die Klauseln bestimmter fassen, wie die Klausel A 4 belegt. Der letzte Satz in der Klausel A 3 berücksichtigt einen Hinweis von *Preis*.[32]

723 Bei der Klausel A 5 handelt es sich um einen gerichtlichen Vergleich, der der Entscheidung des BAG vom 2.6.2005[33] entnommen ist. Danach können an sich nicht anrechnungsfähige frühere Beschäftigungszeiten bei demselben Arbeitgeber oder einem anderen Unternehmen bei der Dauer der Betriebszugehörigkeit nach § 1 Abs. 3 S. 1 KSchG durch eine vertragliche Vereinbarung der Arbeitsvertragsparteien berücksichtigt werden. Die sich zu Lasten anderer Arbeitnehmer auswirkende Individualvereinbarung darf jedoch nicht rechtsmissbräuchlich sein und nur die Umgehung der Sozialauswahl bezwecken. Für eine Berücksichtigung der vertraglich vereinbarten Betriebszugehörigkeitszeiten muss ein **sachlicher Grund** vorliegen. Dieser ist ohne Weiteres anzunehmen, wenn der Berücksichtigung früherer Beschäftigungszeiten ein arbeitsgerichtlicher Vergleich wegen eines streitigen Betriebsübergangs zugrunde liegt.

bb) Globale Betriebszugehörigkeitsanrechnung

(1) Klauseltyp B

724 ↓ **B 1:** Die frühere Beschäftigung des Mitarbeiters bei der Firma (...) wird angerechnet.

↓ **B 2:** Herrn (...) bleiben die Rechte aus dem Arbeitsverhältnis bei der Firma (...) erhalten.

(2) Gestaltungshinweise

725 Bei den Klauseln B 1 und B 2 bleibt eine Reihe von Fragen unklar. Klausel B 1 lässt offen, in welcher Weise, in welchem Umfang, in welchem Wirkungsbereich die frühere Beschäftigung bei einer anderen Firma angerechnet werden soll. Klausel B 2, wenngleich häufig verwendet, hilft dem Arbeitnehmer nicht weiter. Die Klausel sagt nicht, in welcher Weise die Rechte aus dem Arbeitsverhältnis mit einem früheren Arbeitgeber erhalten bleiben. Die Rechte aus einem früheren Arbeitsverhältnis sind mit der Beendigung des Arbeitsverhältnisses regelmäßig erloschen und gerade nicht erhalten.

726 Die Klauseln B 1 und B 2 sind gebräuchliche, jedoch nur oberflächliche Formulierungen, die nicht sicherstellen, dass Vordienstzeiten im Rahmen einer betrieblichen Altersversorgung zweifelsfrei angerechnet werden und damit der Insolvenzschutz durch den Pensions-Sicherungs-Ver-

---

31 BAG 2.6.2005 – 2 AZR 480/04, DB 2006, 110 = NZA 2006, 207.
32 Preis/*Preis*, Der Arbeitsvertrag, II K 10 Rn 64.
33 BAG 2.6.2005 – 2 AZR 480/04, DB 2006, 110 = NZA 2006, 207.

ein (PSV) gewährleistet ist. Die Formulierungen lassen auch offen, ob sich die Kündigungsfristen verlängern sollen, ob im Rahmen einer Sozialauswahl nach § 1 Abs. 3 KSchG von einer verlängerten Betriebszugehörigkeit ausgegangen werden soll. Insbesondere die Klausel B 2 verfehlt ihren Zweck. Beide Klauseln erfüllen wegen fehlender Klarheit das Transparenzgebot des § 307 Abs. 1 S. 2 BGB nicht.

cc) Vordienstzeitenanrechnungszusage

(1) Klauseltyp C

Sie werden in die Pensionsregelung des Essener Verbandes aufgenommen, und zwar in die gleiche Gruppe, in der Sie bei der Firma Fried. Krupp eingestuft sind. Die Jahre Ihrer bisherigen Zugehörigkeit zum Essener Verband durch die Firma Krupp werden angerechnet. 727

(2) Gestaltungshinweise

Durch die in einem Schreiben erteilte Zusage mit dem Inhalt des Klauseltyps C wird die Anrechnung einer Vordienstzeit im Rahmen einer betrieblichen Altersversorgung sichergestellt, wie das BAG entschieden hat.[34] Mit einer solchen Klausel wird der Arbeitnehmer allerdings weder bei der Berechnung von Kündigungsfristen noch bei der kündigungsschutzrechtlich maßgeblichen Dauer der Betriebszugehörigkeit privilegiert. Dadurch, dass die Anrechnung nur die Zeit der „Zugehörigkeit zum Essener Verband" und nicht das vormals mit der Firma Fried. Krupp bestehende Arbeitsverhältnis betrifft, bewirkt die Zusage keine Erweiterung der arbeitsrechtlichen Rechtspositionen des Arbeitnehmers. 728

34 BAG 26.1.1993 – 3 AZR 344/92, n.v.

6. Anwesenheitsprämien

Literatur

Bauer/Lingemann, Probleme der Entgeltfortzahlung nach neuem Recht, BB 1996, Beil. 17, 8; *Bayreuther*, Der gesetzliche Mindestlohn, NZA 2014, 865; *Beckerle*, Leistungszulagen und Leistungsprämien, ZTR 1996, 156; *Gaul*, Sonderleistungen und Fehlzeiten, 1994; *Kleinsorge*, Gesetz über die Zahlung des Arbeitsentgelts an Feiertagen und im Krankheitsfall, NZA 1994, 640; *Lakies*, AGB-Kontrolle von Sonderzahlungen, ArbRAktuell 2012, 306; *Mengel*, Erfolgs- und leistungsorientierte Vergütung, 5. Aufl. 2008; *Schmiedel*, Freiwilligkeits- und Widerrufsvorbehalt – überkommende Rechtsinstitute?, NZA 2006, 1195; *Ulber*, Die Erfüllung von Mindestlohnansprüchen, RdA 2014, 176; *Welte*, Die Anwesenheitsprämie, 1993.

a) Rechtslage im Umfeld

aa) Gesetzes- und Rechtsprechungsentwicklung

729 Anwesenheitsprämien sollen einen Anreiz zur Verringerung der persönlichen Fehlzeiten herbeiführen.[1] Gesetzeslage und v.a. die höchstrichterliche Rspr zur Anwesenheitsprämie haben, rückwirkend betrachtet, eine wechselhafte Entwicklung genommen, die auch zum Verständnis der aktuellen Regeln wichtig ist.[2]

730 In dem Urteil vom 9.11.1972[3] unterschied der 5. Senat des BAG zwischen Anwesenheitsprämien, die laufend, und solchen, die jährlich gezahlt werden. Bei jährlichen Prämien sei eine Kürzung wegen Fehlzeiten möglich, nicht hingegen bei laufenden Zahlungen. Diese Differenzierung folge aus dem Lohnausfallprinzip.

731 Mit Urteil vom 19.5.1982[4] und erneut mit Urteil vom 29.2.1984[5] gab der Senat seine Rspr auf und erklärte Anwesenheitsprämien generell für unwirksam. Sie verstießen gegen den Schutzzweck des Entgeltfortzahlungsgesetzes, da von ihnen ein unzulässiger Anreiz auf den Arbeitnehmer ausgehe, auch bei Krankheit weiter zum Dienst zu erscheinen. Diese Argumentation berücksichtigt aber nur den Fall, in dem Krankheit tatsächlich zu Arbeitsunfähigkeit führt, und nicht die zahllosen Grenzfälle, in denen der erkrankte Arbeitnehmer noch arbeitsfähig ist, aber von einem großzügigen Arzt eine Arbeitsunfähigkeitsbescheinigung erhalten kann, obwohl er die Arbeit, wenn auch unter erschwerten Bedingungen (Unwohlsein, grippaler Infekt, Übelkeit nach vorangegangenem übermäßigen Alkoholgenuss), verrichten könnte.

732 Der Wechsel der Zuständigkeit für Sonderleistungen nach dem Geschäftsverteilungsplan auf den 6. Senat im Jahre 1990 führte zu einer Renaissance der früheren Rspr des 5. Senats. Eine vertragliche Vereinbarung, nach der eine vom Arbeitgeber freiwillig gewährte Weihnachtsgratifikation durch Krankfeierzeiten und Fehlzeiten gemindert werden kann, war nach Meinung des 6. Senats nicht rechtsunwirksam.[6] Jährlich gezahlte Anwesenheitsprämien durften danach wieder aus Anlass krankheitsbedingter Fehlzeiten gekürzt werden.[7] Eine Modifikation in der Rspr ergab sich dadurch, dass der Senat die Kürzung je Fehltag auf 1/60 des jährlichen Betrags begrenzte und eine Kürzung für kleinere Anwesenheitsprämien bis zu einer Grenze von 200,00 DM (jetzt: 102,25 €) ausschloss.[8] Diese Kürzungsgrenze hat dann der Gesetzgeber modifiziert und 1996 eine gesetzliche Höchstgrenze für die Kürzung von Anwesenheitsprämien in der Form der Jahressonderleistung von einem Viertel des durchschnittlichen täglichen Arbeits-

1 Vgl nur BAG 26.10.1994 – 10 AZR 482/93, EzA § 611 BGB Anwesenheitsprämie Nr. 10; *Mengel*, Erfolgs- und leistungsorientierte Vergütung, S. 109 ff.
2 Vgl auch *Mengel*, Erfolgs- und leistungsorientierte Vergütung, S. 111 ff.
3 BAG 9.11.1972 – 5 AZR 144/72, AP § 611 BGB Anwesenheitsprämie Nr. 9.
4 AP § 611 BGB Anwesenheitsprämie Nr. 12.
5 BAG 29.2.1984 – 5 AZR 239/82, juris.
6 BAG 15.2.1990 – 6 AZR 381/88, AP § 611 BGB Anwesenheitsprämie Nr. 15 m. Anm. *Mayer-Maly*; Abweichung von BAG 19.5.1982 – 5 AZR 466/80, BAGE 39, 67.
7 BAG 15.2.1990 – 6 AZR 381/88, AP § 611 BGB Anwesenheitsprämie Nr. 15.
8 BAG 15.2.1990 – 6 AZR 381/88, AP § 611 BGB Anwesenheitsprämie Nr. 15.

entgelts eingeführt, die sich heute in § 4 a EFZG findet. Zulässig ist aber ausdrücklich auch die Kürzung für Zeiträume der Entgeltfortzahlung.

Die Rspr des seit einigen Jahren zuständigen 10. Senats kann man wie folgt zusammenfassen: Jahressonderzahlungen sind kein Arbeitsentgelt, das kraft Gesetzes für Zeiten der Arbeitsunfähigkeit fortgezahlt werden muss (vgl § 1 Rn 3258 ff).[9] Das Versprechen eines finanziellen Anreizes zur Verringerung der persönlichen Fehlzeiten des Arbeitnehmers ist grds. zu billigen, solange dem Arbeitnehmer vor Beginn des Bezugszeitraums bekannt ist, mit welcher Kürzungsrate Fehlzeiten belegt werden.[10] Seine Rspr erweiterte der Senat zwischenzeitlich, als er beschloss, dass Jahressonderzahlungen unter einem Freiwilligkeitsvorbehalt auch im laufenden Bezugszeitraum gekürzt oder vom Arbeitgeber in Fortfall gebracht werden können.[11] 733

Mit der nochmaligen Bestätigung durch das Urteil des 10. Senats vom 25.7.2001,[12] dass es sich bei der Anwesenheitsprämie um eine Sondervergütung handelt, die zusätzlich zum Arbeitsentgelt geleistet wird, ist wohl diese Art der Vergütungsleistung **nicht auf die gesetzliche Mindestlohnverpflichtung anrechenbar**. Zwar enthält das Mindestlohngesetz,[13] das einen Mindestlohn von 8,50 € brutto je Arbeitsstunde seit 1.1.2015 vorsieht, keine Begriffsbestimmung zum Mindestlohn. Jedoch hat die entsendungsrechtliche Rspr des EuGH[14] und des BAG[15] anerkannt, dass nur solche Zahlungen mindestlohnwirksam sind, die tatsächlich und unwiderruflich zum Fälligkeitszeitpunkt ausbezahlt werden. Daher sind Zahlungen des Arbeitgebers, wie zB Prämien, Sonderzahlungen oder Gratifikationen, nicht berücksichtigungsfähig, soweit sie unter einem Vorbehalt stehen.[16] 734

bb) Kürzungsgründe[17]

Folgende Fehlzeiten können als Kürzungsgründe bei der Vereinbarung einer laufenden oder jährlichen Anwesenheitsprämie herangezogen werden: 735

- Krankheitszeiten ohne Anspruch auf Entgeltfortzahlung,[18]
- Fehlzeiten durch Streik oder Kurzarbeit,[19]
- Fehlzeiten aufgrund eines ruhenden Arbeitsverhältnisses (Grundwehr- oder Zivildienst, Elternzeit etc.),[20]
- Fehlzeiten aufgrund unentschuldigten Fernbleibens von der Arbeit.[21]

Unzulässig ist dagegen bei laufenden Anwesenheitsprämien die Kürzung für Zeiträume der Entgeltfortzahlung im Krankheitsfall,[22] während auch diese Kürzung bei jährlichen Anwesenheitsprämien gem. § 4 a EFZG erlaubt ist. Eine Kürzung für schwangerschaftsbedingte Fehlzei- 736

9 BAG 26.10.1994 – 10 AZR 482/93, AP § 611 BGB Anwesenheitsprämie Nr. 18 m. Anm. *Thüsing*.
10 BAG 26.10.1994 – 10 AZR 482/93, EzA § 611 BGB Anwesenheitsprämie Nr. 10 m. Anm. *Gaul*.
11 BAG 5.6.1996 – 10 AZR 883/95, NZA 1996, 1028.
12 BAG 25.7.2001 – 10 AZR 502/00, AP § 4 a EntgeltFG Nr. 1.
13 Gesetz zur Regelung eines allgemeinen Mindestlohns (Mindestlohngesetz – MiLoG) vom 11.8.2014 (BGBl. I S. 1348). Ausnahmen und Übergangsregelungen sind in § 22 MiLoG (persönlicher Anwendungsbereich) enthalten. Danach gilt für Praktikanten, Jugendliche unter 18 Jahre/Auszubildende, Zeitungszusteller und Langzeitarbeitslose das MiLoG in modifizierter Form. Ebenfalls haben Mindestlohntarifverträge nach dem AEntG Vorrang, soweit sie für allgemeinverbindlich erklärt wurden oder eine Rechtsverordnung erlassen wurde.
14 EuGH 14.4.2005 – C-341/02, NZA 2005, 573.
15 BAG 18.4.2012 – 4 AZR 139/10, AP § 1 TVG Tarifverträge: Gebäudereinigung Nr. 23.
16 Vgl *Bayreuther*, NZA 2014, 865, 868; *Ulber*, RdA 2014, 176, 181.
17 S. § 1 Rn 3258 ff (53. Sondervergütungsklauseln).
18 Vgl § 4 a EFZG und BAG 14.9.1994 – 10 AZR 216/93, EzA § 611 BGB Gratifikation, Prämie Nr. 116; vgl auch *Hanau/Vossen*, DB 1992, 213, 218.
19 BAG 10.5.1995 – 10 AZR 650/94, EzA § 611 BGB Gratifikation, Prämie Nr. 128; BAG 19.4.1995 – 10 AZR 259/94, EzA § 611 BGB Gratifikation, Prämie Nr. 121.
20 Weitere Beispiele bei Preis/*Preis*, Der Arbeitsvertrag, II S 40 Rn 72.
21 BAG 19.4.1995 – 10 AZR 259/94, EzA § 611 BGB Gratifikation, Prämie Nr. 121.
22 Küttner/*Griese*, Personalbuch, 19 (Anwesenheitsprämie) Rn 6 mwN.

ten ist bei laufender Prämie ebenfalls unzulässig;[23] bei der Jahresprämie ist dies streitig.[24] Überproportionale Kürzungen sind für Jahressonderleistungen nach § 4 a EFZG unwirksam und dürften im Übrigen nach der früheren Rspr auch für laufende Prämien unzulässig sein.[25] Anders ist es richtigerweise, falls es sich um unberechtigte Fehlzeiten handelt;[26] allerdings dürften die meisten Arbeitgeber bei unberechtigten, mithin pflichtwidrigen Fehlzeiten, eher eine fristlose Kündigung als eine Kürzung der Anwesenheitsprämie erwägen. Die arbeitszeitanteilige Kürzung von Anwesenheitsprämien von Teilzeitbeschäftigten ist wirksam.[27]

cc) Kürzungsgrenzen

737 Ursprünglich war eine Kürzungsrate von bis zu 1/30 je Fehltag zulässig.[28] Damit wurde die frühere Grenze von 1/60 aufgeweicht.[29] Unwirksam sind jedenfalls im Anwendungsbereich von Jahresleistungen überproportionale Kürzungen gem. § 4 a EFZG, aber auch bei laufenden monatlichen oder quartalsweise gezahlten Prämien.[30] Durch das Arbeitsrechtliche Beschäftigungsförderungsgesetz (ArbRBeschFG) vom 25.9.1996[31] ist eine gesetzliche Grundlage für die Kürzung von Jahressonderleistungen bei krankheitsbedingten Fehltagen begründet worden. In § 4 b EFZG (jetzt: § 4 a EFZG) regelte der Gesetzgeber, dass eine Vereinbarung über die Kürzung von Leistungen, die der Arbeitgeber zusätzlich zum laufenden Arbeitsentgelt erbringt (Sondervergütungen), auch für Zeiten der Arbeitsunfähigkeit infolge Krankheit zulässig ist. Die Kürzung darf für jeden Tag der Arbeitsunfähigkeit infolge Krankheit ein Viertel des Arbeitsentgelts, das im Jahresdurchschnitt auf einen Arbeitstag entfällt, nicht überschreiten.

738 Dieses Tagesentgelt errechnet sich aus dem Jahresarbeitsentgelt, dividiert durch die Zahl der Arbeitstage. Maßgeblich ist das durchschnittliche Tagesentgelt. Für die Berechnung des durchschnittlichen Tageseinkommens ist nicht das Kalenderjahr, sondern der Zeitraum der letzten 12 Monate vor dem Monat, in dem der Anspruch auf die Jahresanwesenheitsprämie besteht, maßgeblich.[32]

dd) Weitere Regelungsgrenzen

739 Bei **Gratifikationen** obliegt es den Vertragspartnern, eine Gewichtung der durch die Sonderzahlung verfolgten Zwecke und diese Zwecke abbildenden Modalitäten vorzunehmen. Daher ist nach der ständigen Rspr des 10. Senats Voraussetzung für jede Kürzung oder jeden Wegfall einer Sonderleistung eine entsprechende ausdrückliche Regelung; derartige Rechtsfolgen ergeben sich nicht aus dem Zweck der Sonderleistung allein. Daher besteht auch kein automatisches Kürzungsrecht bei Jahressonderleistungen bei Fehlzeiten, sondern es ist eine ausdrückliche Kürzungsvereinbarung für die Zahlung als Anwesenheitsprämie erforderlich.[33]

740 Wird eine **Anwesenheitsprämie** vereinbart, kann sie unter den **Vorbehalt des Widerrufs** gestellt werden. Nach den Regeln der Inhaltskontrolle unterfallen Widerrufsregelungen den Vorgaben gem. §§ 305 ff BGB. Um dem Transparenzgebot des § 307 BGB zu genügen, müssen Wider-

---

23 EuGH 21.10.1999 – Rs. C-333/97 (Lewen/Denda), DB 2000, 223; BAG 30.4.1970 – 3 AZR 97/69, AP § 611 BGB Anwesenheitsprämie Nr. 1.

24 Küttner/*Griese*, Personalbuch, 19 (Anwesenheitsprämie) Rn 14 mwN.

25 BAG 26.10.1994 – 10 AZR 482/93, AP § 611 BGB Anwesenheitsprämie Nr. 18.

26 Küttner/*Griese*, Personalbuch, 19 (Anwesenheitsprämie) Rn 9.

27 BAG 24.10.1990 – 6 AZR 418/89, AP § 15 BErzGG Nr. 5.

28 BAG 26.10.1994 – 10 AZR 482/93, AP § 611 BGB Anwesenheitsprämie Nr. 18 m. Anm. *Thüsing*.

29 BAG 15.2.1990 – 6 AZR 381/88, NZA 1990, 601.

30 BAG 25.7.2001 – 10 AZR 502/00, ArbRB 2002, 33.

31 BGBl. I 1996, S. 1476.

32 *Bauer/Lingemann*, BB 1996, Beil. zu Heft 17, 8 ff; Preis/*Preis*, Der Arbeitsvertrag, II S 40 Rn 77.

33 BAG 16.3.1994 – 10 AZR 669/92, EzA § 611 BGB Gratifikation, Prämie Nr. 111; BAG 24.10.1990 – 6 AZR 341/89, AP § 1 TVG Tarifverträge: Glasindustrie Nr. 2; BAG 5.8.1992 – 10 AZR 88/90, AP § 611 BGB Gratifikation Nr. 143.

rufsklauseln daher klar und unmissverständlich formuliert sein und dürfen den Arbeitnehmer nicht unangemessen benachteiligen.[34] Darüber hinaus darf ein Widerruf nicht grundlos erfolgen.[35] Das BAG verlangt deshalb, dass die Widerrufsgründe in der Widerrufsklausel aufgeführt werden, weil die Voraussetzungen und der Umfang des vorbehaltenen Widerrufs konkretisiert sein müssen, damit der Arbeitnehmer erkennen kann, was gegebenenfalls „auf ihn zukommt".[36] Beispielhaft zählt das BAG wirtschaftliche Gründe, Leistung oder Verhalten des Arbeitnehmers, wirtschaftliche Notlage des Unternehmens, ein negatives wirtschaftliches Ergebnis der Betriebsabteilung, nicht ausreichenden Gewinn, Rückgang oder Nichterreichen der erwarteten wirtschaftlichen Entwicklung, unterdurchschnittliche Leistungen des Arbeitnehmers sowie schwerwiegende Pflichtverletzungen auf.[37]

Widerrufsvorbehalte müssen ferner den Maßstab des § 308 Nr. 4 BGB erfüllen. Das BAG hat die wirtschaftlichen Auswirkungen des Widerrufs auf einen „Korridor der höchstzulässigen Vergütungsminderung"[38] beschränkt. Diesen Korridor setzt das BAG mit 25–30 % von der Gesamtvergütung an. Überschreiten die wirtschaftlichen Auswirkungen einer unter Widerrufsvorbehalt getroffenen Regelung diesen Korridor, ist der Widerruf – damit auch der Widerruf einer Anwesenheitsprämie – nach § 308 Nr. 4 BGB unwirksam.[39] Bei Altverträgen, die bereits vor Änderung des AGB-Rechts bestanden, nimmt das BAG[40] nicht die Unwirksamkeitsfolge gem. § 306 BGB an, sondern bedient sich aus Gründen des Vertrauensschutzes der ergänzenden Vertragsauslegung (s. § 1 Rn 282 f).[41] Bei der Zusage einer Anwesenheitsprämie ist der Arbeitgeber überdies an den Gleichbehandlungsgrundsatz gebunden.[42] Insoweit ist bei der mehrfachen Zwecksetzung bei Jahressonderleistungen auch sorgfältig auf die Umsetzung zu achten. So muss eine Sonderleistung zur Kompensation von früherem Gehaltsverzicht auch an die Arbeitnehmer gezahlt werden, die nicht verzichtet hatten, wenn die Leistung zugleich Elemente der Anwesenheitsprämie verwirklicht und somit nicht allein Kompensationscharakter hat.[43] 741

ee) Mitbestimmung bei Anwesenheitsprämien

Bei einer Änderung bestehender Vereinbarungen über Anwesenheitsprämien ist in Betrieben mit Betriebsrat darauf zu achten, dass mehrere Arbeitnehmer betreffende Regelungen oder Änderungen der Regelungen über die Zahlung von Anwesenheitsprämien der **Mitbestimmung** des Betriebsrats nach § 87 Abs. 1 Nr. 10 BetrVG bedürfen, soweit keine tarifliche Regelung besteht. Durch § 4 a S. 1 EFZG wird den Betriebspartnern nur ein Regelungsrahmen eröffnet, so dass die Mitbestimmung nicht etwa an der Existenz einer gesetzlichen Regelung scheitert. 742

b) Klauseltypen und Gestaltungshinweise

aa) Fehlzeitenkürzung bei Jahresprämie

(1) Klauseltyp A

Sie erhalten mit dem Dezembergehalt zusätzlich eine Prämie iHv (...) € brutto. Die Prämie wird erst nach einer Betriebszugehörigkeit von mindestens einem Jahr gezahlt. Bei Fehlzeiten innerhalb des Kalenderjahres wird die Prämie für jeden Fehltag um ein Viertel des Arbeitsentgelts 743

34 BAG 12.1.2005 – 5 AZR 364/04, NZA 2005, 465, 467; *Schrader/Schubert*, NZA-RR 2005, 169, 176.
35 *Schimmelpfennig*, NZA 2005, 603, 605.
36 BAG 12.1.2005 – 5 AZR 364/04, NZA 2005, 465, 468; *Hümmerich*, NJW 2005, 1759, 1761.
37 BAG 12.1.2005 – 5 AZR 364/04, NZA 2005, 465, 468.
38 *Hümmerich*, NJW 2005, 1759, 1760.
39 *Gaul/Naumann*, ArbRB 2005, 146.
40 BAG 12.1.2005 – 5 AZR 364/04, NZA 2005, 465.
41 *Bayreuther*, NZA 2004, 953, 954; *Schrader/Schubert*, NZA-RR 2005, 169, 174; *Stoffels*, NZA 2005, 726.
42 Küttner/*Griese*, Personalbuch, 19 (Anwesenheitsprämie) Rn 4.
43 Vgl einerseits BAG 26.9.2007 – 10 AZR 569/06, NZA 2007, 1424 und andererseits BAG 15.7.2009 – 5 AZR 486/08, NZA 2009, 1202.

gekürzt, das im Jahresdurchschnitt auf einen Arbeitstag entfällt. Soweit das Arbeitsverhältnis ruht, entfällt die Prämie, ggf zeitanteilig.

(2) Gestaltungshinweise

744 Die Klausel A ist nach § 4 a EFZG und der Rspr unbedenklich. Sie schöpft die Möglichkeiten der Fehlzeitenkürzung der Höhe nach aus. Sie steht auch im Einklang mit der Rspr, eine vollständige oder ggf anteilige Kürzung bei den Ruhenstatbeständen wie Erziehungsurlaub,[44] Grundwehr- oder Zivildienst[45] sowie Freistellung vorzusehen.

bb) Anwesenheitsprämie unter Vorbehalt

(1) Klauseltyp B

745 Mit dem Dezembergehalt wird für jeden Monat, den das Arbeitsverhältnis in diesem Kalenderjahr bestanden hat, zusätzlich eine Anwesenheitsprämie iHv (...) € brutto gezahlt. Die Prämie wird erst nach einer Betriebszugehörigkeit von mindestens einem Jahr erbracht.

Bei krankheitsbedingten sowie allen rechtmäßigen Fehlzeiten ohne Entgeltfortzahlung innerhalb des Kalenderjahres wird die Prämie für jeden Fehltag um 1/4 eines Tagesarbeitsentgelts gekürzt.

Das Tagesarbeitsentgelt (= durchschnittliches Arbeitsentgelt je Arbeitstag iSd § 4 a S. 2 EFZG) errechnet sich aus der Summe der letzten 12 Gehaltsabrechnungen abzüglich der Jahresleistungen des dem Arbeitnehmer gezahlten Aufwendungsersatzes sowie geleisteter Entgeltfortzahlung und des Urlaubsentgelts, geteilt durch die Zahl der tatsächlich geleisteten Arbeitstage in den der Zahlung vorausgegangenen 12 Monaten.

Bei Fehlzeiten, die durch Wehr- oder Ersatzdienst oder Wehrübungen bedingt sind, beschränkt sich die Kürzung auf den der Fehlzeit entsprechenden Teil der Jahresleistung.

(2) Gestaltungshinweise

746 Klauseltyp B kombiniert bei der Anwesenheitsprämie die Kürzungsmöglichkeiten nach § 4 a EFZG mit einer Wartefrist zur Betriebstreue. Die Klausel ist auch im Hinblick auf das AGB-Recht wirksam, da § 4 a EZFG die Kürzung von Sonderleistungen – somit auch die einer Anwesenheitsprämie – ermöglicht. Es ist auch unbedenklich, dass die Arbeitnehmer die Prämie erst nach einer Wartefrist von einem Jahr erhalten können; auch wenn die Anwesenheitsprämie ein zusätzlicher Anreiz für die Arbeitsleistung sein soll, ist die parallele Betonung der Betriebstreue zur Berechtigung für die Teilnahme am Anwesenheitsprämienprogramm nicht widersprüchlich. Somit entsteht auch zugunsten neu eingestellter Arbeitnehmer im ersten Beschäftigungsjahr kein zusätzlicher Leistungsdruck.

---

44 BAG 10.2.1993 – 10 AZR 450/91, DB 1993, 1090.

45 §§ 1, 10 ArbPlSchG, § 78 ZDG.

7. Arbeitgeberdarlehen

Literatur

Berger-Delhey, Arbeitsrechtliche Probleme des Arbeitgeberdarlehens, DB 1990, 837; *Jesse/Schellen*, Arbeitgeberdarlehen und Vorschuss, 1990; *Kania*, Nichtarbeitsrechtliche Beziehungen zwischen Arbeitgeber und Arbeitnehmer, 1990; *Kurz/Schellen*, Zu Rechtsfragen bei der Gewährung von Arbeitgeberdarlehen, FS Gaul, 1987, S. 121 ff; *Voßkuhl*, Lohnsteuerliche Behandlung zinsgünstiger Darlehen und ähnlicher Vorteile an Arbeitnehmer, insbesondere von Kreditinstituten, DStR 1998, 12.

a) Rechtslage im Umfeld

aa) Abgrenzung zu sonstigen finanziellen Leistungen

Das Arbeitgeberdarlehen ist ein **gewöhnliches Darlehen**, für dessen Zustandekommen die Bestimmungen des BGB gelten. Bei der Auszahlung kleinerer Beträge ohne ausführliche Vertragsgestaltung muss geprüft werden, ob überhaupt ein Arbeitgeberdarlehen gewährt werden sollte. In Frage kommt stattdessen ein Vorschuss oder eine Abschlagszahlung. **Abschlagszahlungen** sind Leistungen des Arbeitgebers auf das bereits verdiente (fällige), aber noch nicht abgerechnete Entgelt. **Vorschüsse** sind Leistungen auf künftiges (noch nicht fälliges) Arbeitsentgelt. Aus dieser Abgrenzung ergibt sich eine Reihe von Konsequenzen. Unter anderem kann beim Darlehen eine **Aufrechnung** mit künftigen Vergütungsansprüchen des Arbeitnehmers nur im Umfang des nicht im Bereich der Pfändungsfreigrenzen angesiedelten Gehalts wirksam sein. Der Vorschuss kann dagegen nach allgemeiner Auffassung auch auf den unpfändbaren Teil des Arbeitseinkommens angerechnet werden, weil es wegen der Vorauszahlung mit Tilgungswirkung einer Aufrechnung gar nicht bedarf.[1] Übersteigt der gewährte Betrag die Lohn- oder Gehaltshöhe wesentlich und wird der Betrag zu einem Zweck zur Verfügung gestellt, zu dessen Erreichen die normalen Bezügen nicht ausreichen und auch sonst üblicherweise Kredite aufgenommen werden, ist im Zweifel davon auszugehen, dass ein Arbeitgeberdarlehen gewollt war.[2] 747

Wird im Rahmen einer Notiz oder einer kleinen Vertragsergänzung zum Arbeitsvertrag zwischen den Parteien geregelt, dass der Mitarbeiter einen Betrag von X € für mehrere Monate erhält und dieser Betrag monatlich zu gleichen Teilen mit dem Arbeitsentgelt verrechnet wird, steht nicht fest, dass es sich um ein Darlehen handelt.[3] 748

bb) Grenzen der Gestaltung von Arbeitgeberdarlehen

Im Rahmen der Gestaltung von Arbeitgeberdarlehensverträgen sind die Parteien grds. frei in der Festlegung der Modalitäten. Insbesondere die **Fälligkeit** und die **Höhe von Rückzahlungsraten** sollten vertraglich vereinbart werden. Wenn jedoch die Rückzahlung dadurch erfolgen soll, dass aus dem laufenden Entgeltanspruch Raten durch Aufrechnung einbehalten werden, ist darauf zu achten, dass das Arbeitgeberdarlehen nicht zum Arbeitseinkommen gerechnet wird.[4] Konsequenterweise müssen daher stets die **Pfändungsgrenzen** nach § 394 BGB, insb. die Grenze nach § 850 c ZPO, beachtet werden. Dem Arbeitnehmer muss unter Berücksichtigung seiner Unterhaltspflichten nach Abzug der Darlehensraten der unpfändbare Teil seines Entgelts verbleiben.[5] Bei einer Verteilung des pfändbaren Betrages gehen Vorpfändungen und zeitlich früher erfolgte Lohnabtretungen vor.[6] Es ist aus Arbeitgebersicht zu empfehlen, in den Darlehensvertrag eine Klausel aufzunehmen, die die Rückzahlung durch eine Lohnabtretung in Hö- 749

1 BAG 9.2.1956 – 1 AZR 329/55, AP § 394 BGB Nr. 1; BAG 11.2.1987 – 4 AZR 144/86, AP § 850 ZPO Nr. 11 und Küttner/*Griese*, Personalbuch, 445 (Vorschuss) Rn 5.

2 LAG Düsseldorf 14.7.1955 – 2 a Sa 158/55, AP § 614 BGB Gehaltsvorschuss Nr. 1.

3 LAG Bremen 21.12.1960 – 1 Sa 147/60, DB 1961, 243; LAG Düsseldorf 14.7.1955 – 2 a Sa 158/55, AP § 614 BGB Nr. 1.

4 MünchHandb-ArbR/*Krause*, § 60 II 1 Rn 19.

5 Preis/*Stoffels*, Der Arbeitsvertrag, II D 10 Rn 10.

6 Küttner/*Griese*, Personalbuch, 23 (Arbeitgeberdarlehen) Rn 2.

he der monatlichen, unter Beachtung der Pfändungsgrenzen zulässigen Rückzahlungsrate sichert.

750 Seit der Schuldrechtsreform ist der Arbeitnehmer im Verhältnis zu seinem Arbeitgeber als **Verbraucher** einzustufen (s. § 1 Rn 216 ff). Bereits über den Verbraucherbegriff in § 13 BGB käme man zu dem Ergebnis, dass die Vorschriften der §§ 491 ff BGB auch bei einem Darlehen, das der Arbeitgeber dem Arbeitnehmer gewährt, Anwendung finden. § 491 Abs. 2 Nr. 4 BGB erlaubt zusätzlich im Umkehrschluss die Feststellung, dass immer dann, wenn ein Arbeitgeber mit seinem Arbeitnehmer einen Darlehensvertrag zu Zinsen abschließt, die über den marktüblichen Sätzen liegen, die §§ 491 ff BGB anzuwenden sind. In diesem Fall sind daher bei Arbeitgeberdarlehen die **Schriftform** und die Formvorschriften des § 492 BGB zu beachten. Der Arbeitnehmer hat dann ein Widerrufsrecht gem. § 495 BGB. Ein Einwendungsverzicht ist gem. § 496 BGB unwirksam. Das **Kündigungsrecht wegen Zahlungsverzugs** ergibt sich aus § 498 BGB. Auch nach alter Rechtslage war bereits eine jederzeitige Kündigungsmöglichkeit des Arbeitgeberdarlehens durch den Arbeitgeber im Hinblick auf eine gleichzeitige, langfristige Tilgungsvereinbarung unwirksam.[7]

751 Enthält der Darlehensvertrag keine **ausdrückliche Vereinbarung** über die geschuldeten Zinsen, entfällt nach § 488 Abs. 2 BGB der **Zinsanspruch des Arbeitgebers.** Es handelt sich dann um ein zinsloses Darlehen und nicht etwa um ein Darlehen zum marktüblichen Zins.[8]

752 Gewährt der Arbeitgeber das Darlehen zu **günstigeren als marktüblichen Zinsen** – wie in der Praxis sehr üblich –, gilt gem. § 491 Abs. 2 Nr. 4 BGB kein Verbraucherkreditschutz; die Zinsvorteile sind für den Arbeitnehmer Arbeitslohn. Dies gilt auch, wenn der Arbeitgeber zu einem Darlehen einer Bank Zinszuschüsse gewährt.[9] Werden für eine Mehrzahl von Arbeitnehmern solche günstigere Darlehen gewährt, haben über den Gleichbehandlungsgrundsatz auch andere Arbeitnehmer, einschließlich Teilzeitkräfte,[10] einen Anspruch auf entsprechende Vergünstigungen.[11] Eine generelle Gewährung von begünstigten Darlehen ist als eine Frage der betrieblichen Lohngestaltung gem. § 87 Abs. 1 Nr. 10 BetrVG **mitbestimmungspflichtig.**[12] Zu beachten ist, dass die Zinsvorteile als Sachbezug zu erfassen und daher zu versteuern sind, wenn die Summe der noch nicht getilgten Darlehen am Ende des Lohnzahlungszeitraums 2.600 € übersteigt.[13] Dabei sind mehrere Darlehen hinsichtlich des Zinssatzes, nicht aber hinsichtlich der Geringfügigkeitsgrenze von 2.600 € auch dann getrennt zu beurteilen, wenn sie einem einheitlichen Verwendungszweck dienen. Insofern empfiehlt es sich, auch wenn der Arbeitgeber generell nicht haftet,[14] den Darlehensnehmer auf die **Lohnsteuerpflichtigkeit eines Zinsvorteils** hinzuweisen. Bis 2008 war nach Abschnitt 31 Abs. 11 LStR zusätzlich Voraussetzung, dass der Effektivzins des Darlehens 5 v.H. unterschritt. Dieser Abschnitt wurde mit der Lohnsteuer-Richtlinie 2008 ersatzlos gestrichen.

753 Bei der Gestaltung von Arbeitgeberdarlehen ist darauf zu achten, welchen **Zinssatz** das **Finanzamt** als **angemessen** und marktüblich zugrunde legt. Unterschreitet der im Darlehensvertrag zwischen Arbeitgeber und Arbeitnehmer vereinbarte Zinssatz den nach Auffassung des Finanzamts marktüblichen Zins, muss sich der Arbeitnehmer die zinsmäßige Bevorzugung durch den Arbeitgeber als geldwerten Vorteil anrechnen lassen. Finanzgerichte halten verschiedentlich einzelne, jeweils von den Finanzverwaltungen in Ansatz gebrachte Zinssätze für überhöht. So

7 LAG Hamm 19.2.1993 – 10 Sa 1397/92, BB 1993, 1517.
8 Küttner/*Griese*, Personalbuch, 23 (Arbeitgeberdarlehen) Rn 5.
9 FG Hessen 5.3.1990 – 4 K 85/86, EFG 1990, 523.
10 BAG 27.7.1994 – 10 AZR 538/93, DB 1994, 2348.
11 LAG Hamm 19.3.1993 – 10 Sa 1511/92, BB 1993, 1593.
12 BAG 9.12.1980 – 1 ABR 80/77, AP § 87 BetrVG 72 Lohngestaltung Nr. 5.
13 BMF 1.10.2008 – IV C 5 – S 2334/07/0009.
14 BFH 25.10.1985 – 6 R 130/82, BStBl. II 1986 S. 98.

entschied das Finanzgericht Köln,[15] dass sich auch ein typisierter Zinssatz möglichst am Marktgeschehen orientieren müsse. Diesem Erfordernis werde die Regelung in Abschnitt 31 Abs. 8 S. 3 LStR 1999 nicht gerecht. Für Arbeitgeber und Arbeitnehmer müsse erkennbar sein, ab welchem Zinssatz ein geldwerter Vorteil, der der Lohnsteuer unterliege, anzunehmen sei. Wenn damit eine Typisierung gerechtfertigt sei, müsse diese regelmäßig daraufhin überprüft werden, ob sie noch angemessen sei. Ebenso entschied das FG Hamburg.[16] Für einen im Februar 1999 abgeschlossenen Darlehensvertrag sei der jährliche Zinssatz iSd „üblichen Endpreises" mit 4,8 % zu bemessen und nicht der Mindestzinssatz laut damaliger Lohnsteuer-Richtlinie R 31 Abs. 8 von 6 % p.a. Nunmehr kann als Maßstabszins die günstigste Kondition für vergleichbare Darlehen am Abgabeort, inklusive einer Einbeziehung allgemein zugänglicher Internetangebote, herangezogen werden.[17] Aus Vereinfachungsgründen soll es dabei nicht beanstandet werden, wenn zur Ermittlung des Maßstabs auf den jeweiligen von der Deutschen Bundesbank aktuell veröffentlichen Effektivzins zurückgegriffen wird. Von diesem Zinssatz kann ein Abschlag von 4 % vorgenommen werden.

Mitarbeitern, denen zu Unrecht ein geldwerter Vorteil im Rahmen des Einkommensteuerbescheids berechnet wurde, haben unter Hinweis auf die genannte Rspr die Möglichkeit, gegen einen Einkommensteuerbescheid mit Erfolg Einspruch einzulegen. 754

Arbeitgeberdarlehen dürfen gem. § 107 Abs. 2 GewO nicht dazu dienen, dass der Arbeitnehmer auf Kredit Waren des Arbeitgebers erwirbt.[18] In der Praxis verbreitet sind Arbeitgeberdarlehen aber v.a. als Beitrag zur Finanzierung eines Eigenheims für Mitarbeiter. 755

In der Phase der New Economy war auch die Kreditgewährung zur Förderung des Kaufs von **Belegschaftsaktien** oder gar **Aktienoptionen** durch Arbeitgeber anzutreffen. Dies ist zwar nicht nach § 107 Abs. 2 GewO unzulässig, aber den Arbeitgeber sollen in diesem Fall besondere Aufklärungspflichten treffen. Der Arbeitgeber soll insb. über die speziellen Risiken des Erwerbs nicht zum Börsenhandel zugelassener Aktien aufzuklären haben, nicht allerdings allgemein über die Risiken eines Börsengangs.[19] 756

cc) Rückzahlungsklauseln bei Arbeitgeberdarlehen

Die Auffassung des BAG, dass das Darlehen seinen Rechtsgrund nicht im Arbeitsverhältnis hat und daher nicht dem Arbeitsrecht unterliegt, wird nicht uneingeschränkt geteilt. Während das LAG Hamm[20] mit dem BAG[21] das Darlehen nicht für eine Leistung aus dem Arbeitsverhältnis hält, vertritt das LAG Niedersachsen im Hinblick auf tarifliche Ausschlussfristen die Auffassung, der Anspruch der Arbeitgeberin auf Rückzahlung eines dem Arbeitnehmer gewährten Darlehens falle unter die Ausschlussfrist des § 16 BRTV-Bau, wenn sich aus dem Darlehensvertrag ergebe, dass dieser seine Grundlage in der arbeitsvertraglichen Beziehung der Parteien habe.[22] Mit einer Erledigungsklausel werden Arbeitgeberdarlehen im Allgemeinen nicht erfasst, da das Darlehen nach hM **keine Leistung aus dem Arbeitsverhältnis** ist.[23] Eine Verfallklausel für „alle beiderseitigen Ansprüche aus dem Arbeitsverhältnis und solche, die mit dem Arbeitsverhältnis in Verbindung stehen" erfasst den Anspruch des Arbeitgebers auf Rückzahlung eines Darlehens, wenn die Beziehung zwischen Arbeitgeber und Arbeitnehmer die tatsächliche 757

15 FG Köln 10.3.2005 – 10 K 999/01, NZA 2005, 756 = DB 2005, 1822.
16 FG Hamburg 10.2.2005 – V 280/01, DStRE 2005, 742.
17 BMF 1.10.2008 – IV C 5 – S 2334/07/0009.
18 Küttner/*Griese*, Personalbuch, 23 (Arbeitgeberdarlehen) Rn 3.
19 BAG 4.10.2005 – 9 AZR 598/04, NZA 2006, 545; BAG 28.9.2006 – 8 AZR 568/05, NJW 2007, 2348; vgl auch Küttner/*Griese*, Personalbuch, 23 (Arbeitgeberdarlehen) Rn 6.
20 LAG Hamm 28.4.1995 – 10 Sa 1386/94, LAGE § 794 ZPO Ausgleichsklausel Nr. 1.
21 BAG 23.9.1992 – 5 AZR 569/91, BB 1993, 1438.
22 LAG Niedersachsen 9.11.1999 – 7 Sa 321/99, NZA-RR 2000, 484.
23 LAG Hamm 28.4.1995 – 10 Sa 1386/94, LAGE § 794 ZPO Ausgleichsklausel Nr. 1; aA OLG Düsseldorf 9.7.1997 – 3 U 11/97, NZA-RR 1998, 1.

Grundlage des Rechtsgeschäfts bildet.[24] Dies gilt nur dann nicht, wenn das Arbeitsverhältnis für den Inhalt oder den Bestand des Darlehensvertrages ohne Bedeutung ist. Eine Klausel für „sämtliche aus dem bestehenden Arbeitsverhältnis und seiner Beendigung abzuleitenden wechselseitigen Ansprüche" erfasst einen Zins- und Rückzahlungsanspruch des Arbeitgebers grds. nicht.[25] Es ist daher zu empfehlen, genau auf die Formulierung der Klausel zu achten.

758 Wird das Arbeitsverhältnis beendet, tritt nicht automatisch Fälligkeit des Darlehens ein. Der weitere Fortbestand des Arbeitsverhältnisses ist regelmäßig nicht Geschäftsgrundlage des Darlehensvertrages.[26]

759 Sind Rückzahlungsmodalitäten oder ein Rückzahlungstermin nicht vereinbart, können Arbeitgeber und Arbeitnehmer das Darlehen nach §§ 488 Abs. 3, 489f BGB unter Beachtung der Kündigungsfrist kündigen. Eine vertragliche Bestimmung, die die sofortige Rückzahlung des Darlehens bei Beendigung des Arbeitsverhältnisses vorsieht, ist nicht generell wirksam. Eine derartige Vereinbarung ist unwirksam, wenn sie für den Fall der außerordentlichen Kündigung durch den Arbeitnehmer – verursacht durch ein Verhalten des Arbeitgebers – getroffen ist (arg. e. § 628 Abs. 2 BGB), und sie ist unwirksam, wenn der Arbeitgeber aus betriebsbedingten Gründen kündigt (arg. e. § 162 BGB).[27]

760 Zulässig ist für den Fall einer ordentlichen Arbeitnehmerkündigung eine Klausel, die Zinsvergünstigungen ab Beendigung des Arbeitsverhältnisses entfallen lässt und die Darlehensbedingungen an den aktuellen Kapitalmarkt anpasst.[28] Ein rückwirkender Wegfall von Zinsvergünstigungen ist dagegen unzulässig.[29] Auch eine Vereinbarung, die die Zinsvergünstigung bereits mit dem ersten Tag der Elternzeit wegfallen lässt, wenn der Arbeitnehmer das Arbeitsverhältnis nach Ende der Elternzeit nicht fortsetzt, wird für unzulässig gehalten.[30]

dd) Arbeitgeberdarlehen und AGB-Recht

761 Bereits zur Zeit der Geltung des AGB-Gesetzes hat das BAG auf Klauseln im Darlehensvertrag zwischen Arbeitgeber und Arbeitnehmer AGB-Recht angewendet.[31] Der Darlehensvertrag darf daher den Arbeitnehmer nicht unangemessen benachteiligen, § 307 BGB.[32] *Preis*[33] hält die **einseitigen Leistungsbestimmungsrechte** iSd Zivilrechtsprechung zu den Preisnebenabreden für kontrollfähig. Der Vertragspartner des Verwenders solle vor der unangemessenen Verkürzung oder Modifikation der vollwertigen Leistung, die er nach Gegenstand und Zweck des Vertrages erwarten dürfe, geschützt werden, was sich auch aus § 307 Abs. 2 Nr. 2 BGB ergebe. Die Rspr des BAG ist daher unverändert übertragbar. Da sie sich auf Art. 12 GG und § 242 BGB stützt, sind Klauseln in Arbeitsverträgen, die den Anforderungen der BAG-Rspr entsprechen, nach § 307 Abs. 3 S. 1 BGB nicht kontrollfähig.

762 Eine Klausel, die den Arbeitnehmer zur Zahlung des ihm im Rahmen des Verkaufs eines Werkswagens eingeräumten Preisnachlasses verpflichtet, wenn ihm binnen eines Jahres nach

24 BAG 4.10.2005 – 9 AZR 598/04, NZA 2006, 545.

25 BAG 19.1.2011 – 10 AZR 873/08, NZA 2011, 1159.

26 LAG Baden Württemberg 15.7.1969 – 7 Sa 20/69, AP § 607 BGB Nr. 9; vgl auch Küttner/*Griese*, Personalbuch, 23 (Arbeitgeberdarlehen) Rn 6.

27 Schaub/*Linck*, Arbeitsrechts-Handbuch, § 70 III 5 Rn 21.

28 BAG 23.2.1999 – 9 AZR 737/97, AP § 611 Arbeitnehmerdarlehen Nr. 4; LAG Saarland 29.4.1987 – 1 Sa 91/86, NZA 1988, 164.

29 BAG 16.10.1991 – 5 AZR 35/91, DB 1992, 1000.

30 BAG 16.10.1991 – 5 AZR 35/91, DB 1992, 1000.

31 BAG 23.9.1992 – 5 AZR 569/91, AP § 611 BGB Arbeitgeberdarlehen Nr. 1.

32 H/S-*Natzel*, Das arbeitsrechtliche Mandat, § 5 Rn 218.

33 ErfK/*Preis*, §§ 305–310 BGB Rn 40; *Lindemann*, Flexible Gestaltung von Arbeitsbedingungen nach der Schuldrechtsreform, 2003, S. 13 ff.

Auslieferung des Fahrzeugs fristlos gekündigt wird, ist unwirksam, wenn die Höhe des Preisnachlasses nicht aus dem Vertrag hervorgeht.[34]

Fälligkeitsklauseln oder Verzugszinsregelungen bei Arbeitgeberdarlehen im Arbeitsverhältnis werden kontrollfähig bleiben. Die BGH-Rspr über Zusatzboni ist nicht übertragbar, da jede Art von Bonus Teil der Vergütung und damit Bestandteil der nicht kontrollfähigen Hauptleistungspflichten des Arbeitgebers ist. 763

b) Klauseltypen und Gestaltungshinweise

aa) Darlehensvertrag mit Gehaltsabtretung und Gehaltsverrechnung

(1) Klauselwerk A

§ 1 Arbeitgeberdarlehen 764

Der Darlehensnehmer erhält vom Darlehensgeber im Hinblick auf das bestehende Arbeitsverhältnis ein Darlehen iHv (...) €. Das Darlehen wird am (...) vollständig ausgezahlt.

§ 2 Zinsen

Das Darlehen wird mit (...) %, beginnend mit dem (...), jährlich verzinst. Ergibt sich ein lohnsteuerpflichtiger Zinsvorteil, übernimmt der Darlehensnehmer die zu zahlende Lohnsteuer.

§ 3 Tilgung, Zinszahlung und Verrechnung

(1) Der Darlehensnehmer hat das Darlehen in monatlichen Raten, beginnend mit dem Monat (...), iHv je (...) € zu tilgen. Die Tilgungsraten werden gleichzeitig mit dem jeweiligen Gehalt fällig. Der Darlehensnehmer ist berechtigt, das Darlehen ganz oder teilweise vorzeitig zu tilgen.

(2) Die Zinsen werden kalendervierteljährlich berechnet und werden mit der letzten Tilgungsrate des Kalendervierteljahres, beginnend mit dem (...), erhoben.

(3) Die Tilgungsraten und Zinszahlungen werden jeweils im Fälligkeitszeitpunkt mit dem auszuzahlenden pfändbaren Arbeitsentgelt verrechnet.

(4) Der Darlehensnehmer ist jederzeit befugt, ohne dass eine Kündigungsfrist einzuhalten ist und ohne dass ihm Kosten entstehen, den Darlehensbetrag zurückzuzahlen.

§ 4 Beendigung des Arbeitsverhältnisses

(1) Bei Beendigung des Arbeitsverhältnisses ist der Darlehensgeber berechtigt, den Darlehensvertrag mit einer Frist von drei Monaten zu kündigen. Der Darlehensvertrag kann unter den Bedingungen des Absatzes 2 auf Wunsch des Arbeitnehmers fortgesetzt werden. Dieses Recht besteht nicht bei einer Eigenkündigung des Arbeitnehmers.

(2) Die zum Zeitpunkt der Beendigung des Arbeitsverhältnisses bestehende Darlehensrestschuld ist mit 2 Prozentpunkten über dem jeweiligen Diskontsatz der Deutschen Bundesbank zu verzinsen und mit monatlichen Raten iHv (...) € zu tilgen.

(2) Gestaltungshinweise

§ 3 Abs. 1 und 3 des Klauselwerks A enthält die Möglichkeit, die konkret festgelegten monatlichen Rückzahlungsraten jeweils am Fälligkeitstag der Lohn- und Gehaltszahlung mit dieser zu verrechnen. Diese Methode ist zulässig.[35] *Stoffels*[36] regt an, neben der Aufrechnungsvereinbarung die Fälligkeit der Tilgungsraten so zu bemessen, dass sie spätestens gleichzeitig mit den Vergütungsansprüchen des Arbeitnehmers fällig werden. 765

Aspekte, die den Arbeitnehmer als Darlehensnehmer unangemessen iSv § 307 BGB benachteiligen könnten, enthält das Klauselwerk A nicht. Gemäß § 491 Abs. 2 Nr. 4 BGB bedarf das 766

34 BAG 26.5.1993 – 5 AZR 219/92, AP § 23 AGBG Nr. 3.

35 BAG 10.10.1966 – 3 AZR 177/66, AP § 392 BGB Nr. 2.

36 Preis/*Stoffels*, Der Arbeitsvertrag, II D 10 Rn 11.

Klauselwerk zu seiner Vollständigkeit keiner Widerrufsbelehrung nach § 355 BGB, solange Zinsen unterhalb des marktüblichen Zinses vereinbart wurden.

767 Für den Fall einer ordentlichen Arbeitnehmerkündigung ist eine Klausel zulässig, die etwaige Zinsvergünstigungen ab Beendigung des Arbeitsverhältnisses entfallen lässt und die Darlehensbedingungen an den aktuellen Kapitalmarkt anpasst.[37] Entsprechend ist § 4 Abs. 2 des Klauselwerks A formuliert.

bb) Arbeitgeberdarlehen mit Schuldanerkenntnis

(1) Klauselwerk B

768 (1) Der Arbeitgeber gewährt dem Arbeitnehmer ein Darlehen iHv (...) € (in Worten (...) Euro), das mit (...) % Zinsen pro Jahr zu verzinsen ist. Der effektive Jahreszins beträgt (...) %. Der Zinsvorteil ist von dem Arbeitnehmer als Sachbezug zu versteuern. Der Arbeitgeber wird die Lohnsteuer für den Sachbezug in Abzug bringen.
(2) Das Darlehen ist in monatlichen Raten von (...) €, erstmals am (...), zurückzuzahlen. Die Zinsen werden kalendervierteljährlich berechnet. Sie sind jeweils bis zum (...) des auf das Abrechnungsquartal folgenden Monats zusätzlich zu der fälligen Rückzahlungsrate zu bezahlen. Die Zahlungsraten und Zinsraten sind gleichzeitig mit der jeweiligen Monatsvergütung fällig.
(3) Endet das Arbeitsverhältnis, so wird der Darlehensbetrag auf einmal fällig, sofern nicht der Arbeitgeber betriebsbedingt oder der Arbeitnehmer gekündigt und der Arbeitgeber hierzu einen wichtigen Grund gesetzt hat. Das Darlehen ist bei der Beendigung des Arbeitsverhältnisses zurückzuzahlen. Der Arbeitgeber ist berechtigt, am Fälligkeitstag bestehende Vergütungsansprüche sowie den Anspruch auf Abfindung gem. Ziffer (...) des Aufhebungsvertrages vom (...) mit den Rückzahlungsverpflichtungen des Arbeitnehmers zu verrechnen.
(4) Der Arbeitnehmer erkennt an, dem Arbeitgeber den Betrag iHv (...) € zu schulden.

 Der Einwand, der Darlehensanspruch bestehe nicht, ist ausgeschlossen.

 (5) Zur Sicherung der Forderung aus Darlehensvertrag und Schuldanerkenntnis tritt der Arbeitnehmer den jeweils pfändbaren Teil seiner gegenwärtigen und zukünftigen Gehaltsansprüche gegen seinen jeweiligen Arbeitgeber in Höhe der noch geschuldeten Raten und Zinsen an den Arbeitgeber ab. Der Arbeitnehmer versichert, dass er zur unbeschränkten Verfügung über die Vergütungsforderung berechtigt ist, insbesondere dass sie nicht an Dritte abgetreten oder verpfändet und nicht gepfändet ist.

(6) Der Arbeitnehmer verpflichtet sich, jede Änderung seiner Adresse, eine Pfändung, Verpfändung oder Abtretung seiner Vergütungs- oder Abfindungsansprüche unverzüglich anzuzeigen.

(2) Gestaltungshinweise

769 Es ist noch nicht entschieden, ob eine solche Vorausabtretung des pfändbaren Teils des Arbeitseinkommens wie in Abs. 5 des Klauselwerks B einer AGB-rechtlichen Inhaltskontrolle standhält. Die Gewährung einer Sicherheit weicht von der gesetzlichen Regelung nicht ab. Andererseits bedeutet eine Abtretung aller künftigen Gehälter die Hingabe der vollständigen wirtschaftlichen Ertragskraft an den Arbeitgeber. Wie – unter umgekehrtem Vorzeichen – beim Thema Abtretungsverbote erörtert (s. § 1 Rn 496), ist es ein elementares Recht des Arbeitnehmers, dass er über das ihm zustehende Arbeitsentgelt auch tatsächlich verfügen kann. Insofern stellt ein so weit gehendes Schuldanerkenntnis wie in Abs. 5 des Klauselwerks B eine Abweichung vom vertraglichen Recht des Arbeitnehmers auf freie Verfügungsbefugnis über sein Gehalt dar. Zudem ergibt sich für den Arbeitnehmer aus dem Schuldanerkenntnis der Nachteil, dass er den pfändbaren Teil seines Entgeltanspruchs nicht mehr als Sicherheit bei der Aufnah-

37 LAG Saarland 29.4.1987 – 1 Sa 91/86, NZA 1988, 164; BAG 23.2.1999 – 9 AZR 737/97, AP § 611 Arbeitnehmerdarlehen Nr. 4; Preis/*Stoffels*, Der Arbeitsvertrag, II D 10 Rn 22 ff.

me eines Kredits anbieten kann. Das Schuldanerkenntnis in der vorliegenden Form bedeutet daher eine unangemessene Benachteiligung des Arbeitnehmers iSv § 307 Abs. 2 Nr. 1 BGB, weil es von den wesentlichen Gedanken der gesetzlichen Regelung („freie Verfügung über das Gehalt") abweicht.[38] Richtigerweise ist aber die jeweils monatliche Vorausabtretung des Gehalts in Höhe der monatlichen Tilgungsrate und der Zinszahlung zulässig.

Die Unwirksamkeit des selbständigen Schuldanerkenntnisses ergibt sich vorliegend aus einem 770 Urteil des 9. Senats.[39] Selbständige (auch **abstrakt** oder **konstitutiv** genannte) Schuldanerkenntnisse nach §§ 780, 781 BGB verstoßen gegen das Recht aus §§ 812 Abs. 2, 821 BGB, wenn in ihnen der Einwand ausgeschlossen ist, der zugrunde liegende Anspruch (hier: Darlehensanspruch) bestehe nicht (Abs. 4 S. 2 von Klausel B).

cc) Darlehensvertrag mit Sicherungsübereignung eines Pkw

(1) Klauselwerk C

§ 1 Darlehensvaluta 771

Der Arbeitnehmer erhält ein Darlehen über (...) € zum (...), das mit (...) % verzinst wird. Die Zinsen werden kalendervierteljährlich nachschüssig berechnet.

§ 2 Rückzahlung

Ab dem (...) ist das Darlehen in monatlichen Raten zurückzuzahlen. Die monatlichen Raten werden mit den monatlichen Vergütungsansprüchen verrechnet.

§ 3 Fälligkeit bei vorzeitiger Beendigung

Endet das Arbeitsverhältnis durch Aufhebungs-, Abwicklungsvertrag oder Kündigung, wird das Darlehen zum letzten Tag des Arbeitsverhältnisses vollständig fällig gestellt. Die Fälligkeit besteht nicht, wenn das Arbeitsverhältnis von dem Unternehmen betriebsbedingt gekündigt wird oder der Arbeitnehmer außerordentlich gekündigt und der Arbeitgeber hierzu einen wichtigen Grund gesetzt hat. In diesem Fall kann das Darlehen von beiden Vertragspartnern mit gesetzlicher Frist gekündigt werden.

§ 4 Stille Zession

Bereits jetzt tritt der Arbeitnehmer für den Fall einer Beendigung des Arbeitsverhältnisses vor Rückzahlung des Gesamtdarlehensbetrages seinen jeweils pfändbaren Vergütungsanspruch gegen etwaige spätere Arbeitgeber an das Unternehmen ab.

Das Unternehmen legt die Abtretung nur offen, wenn der Arbeitnehmer am Ausscheidenstage nicht das Darlehen vollständig zurückführen konnte und die Vertragspartner eine Ratenzahlung vereinbart haben. Von dieser Abtretung wird das Unternehmen nur bis zur Höhe des noch nicht getilgten Darlehens Gebrauch machen.

§ 5 Anzeigepflichten des Arbeitnehmers

Der Arbeitnehmer verpflichtet sich, Anschriftenänderungen, Pfändungen, Verpfändungen oder Abtretungen seiner Vergütungsansprüche sowie Namen und Anschriften künftiger Arbeitgeber unverzüglich anzuzeigen.

§ 6 Sicherungsübereignung

Der Arbeitnehmer übereignet dem Unternehmen zur Sicherung des in diesem Vertrage vereinbarten Darlehens seinen Pkw, Marke (...), Fahrgestellnummer (...), mit dem polizeilichen Kennzeichen (...) und übergibt dem Unternehmen zur Sicherung ihrer Forderung den Kfz-Brief.

Nach vollständiger Tilgung des Darlehens gibt das Unternehmen den Kfz-Brief an den Arbeitnehmer heraus und übereignet den Pkw wieder an den Arbeitnehmer.

---

38 AnwK-ArbR/*Hümmerich/Ebeling*, § 307 BGB Rn 53.

39 BAG 15.3.2005 – 9 AZR 502/03, NZA 2005, 682, 687.

§ 7 Freihändiger Verkauf

Kommt der Arbeitnehmer seiner Darlehensverpflichtung mit mehr als zwei Raten nicht nach, ist der Arbeitgeber berechtigt, den Pkw freihändig zu veräußern. Der Kaufpreis darf den von einem vereidigten Sachverständigen zu ermittelnden Schätzwert maximal iHv 20 % unterschreiten. Die Kosten des Sachverständigen sind vom Arbeitnehmer zu tragen. Der Arbeitnehmer ist jederzeit verpflichtet, den Pkw zum Zweck der Schätzung oder unter den vorgenannten Voraussetzungen zur Veräußerung des Fahrzeugs auf Verlangen des Unternehmens herauszugeben.

(2) Gestaltungshinweise

772 Eine vertragliche Bestimmung, die die sofortige Rückzahlung des Darlehens bei Beendigung des Arbeitsverhältnisses vorsieht – wie hier § 3 des Klauselwerks C –, ist nur ausnahmsweise unwirksam. Eine derartige Vereinbarung hat keinen Bestand, wenn sie in Standardverträgen enthalten ist, weil § 307 Abs. 2 Nr. 1 BGB entgegensteht, da die gesetzliche Kündigungsfrist nach § 488 Abs. 3 BGB drei Monate beträgt. Auch in ausgehandelten Individualverträgen ist sie wohl unwirksam, wenn sie für den Fall der durch den Arbeitgeber verursachten Kündigung durch den Arbeitnehmer vereinbart ist (arg. e. § 628 Abs. 2 BGB). Sie ist ferner möglicherweise als unzulässige Benachteiligung auch unwirksam, wenn der Arbeitgeber aus betriebsbedingten Gründen kündigt.[40] Diesen letzteren Anforderungen wird § 3 des Klauselwerks C gerecht. Ob eine Sicherungsübereignung und eine stille Zession künftiger Gehälter bei anderen Arbeitgebern (§ 4 und § 6 des Klauselwerks C) einer Inhaltskontrolle nach § 307 BGB standhalten, ist offen – das Prinzip der „freien Verfügbarkeit" des Gehalts (vgl § 1 Rn 496) spräche auch hiergegen.

40 Vgl Küttner/*Griese*, Personalbuch, 23 (Arbeitgeberdarlehen) Rn 8 f; Schaub/*Linck*, Arbeitsrechts-Handbuch, § 70 III 5 Rn 21.

8. Arbeitsaufnahmeklauseln

Literatur

Berger-Delhey, Die Kündigung vor Dienstantritt, DB 1989, 380; *Breidenbach*, Die Voraussetzungen von Informationspflichten beim Vertragsschluss, 1996; *Caesar*, Die Kündigung vor Arbeitsantritt, NZA 1989, 251; *Diller*, Warum man die Kündigung vor Dienstantritt nicht ausschließen sollte, ArbRB 2003, 221; *Dreher*, Das Arbeitsverhältnis im Zeitraum zwischen Vertragsschluss und vereinbarter Arbeitsaufnahme, 1998; *Fleischer*, Informationsasymmetrie im Vertragsrecht, 2001; *Herbert/Oberrath*, Rechtsprobleme des Nichtvollzugs eines abgeschlossenen Arbeitsverhältnisses, NZA 2004, 121; *Hümmerich*, Aufklärungspflichten des Arbeitgebers im Anbahnungsverhältnis bei ungesicherter Beschäftigung des Arbeitnehmers, NZA 2002, 1305; *Kursawe*, Die Aufklärungspflicht des Arbeitgebers bei Abschluss von Verträgen, NZA 1997, 245; *Legerlotz*, Das ungewollte Arbeitsverhältnis, ArbRB 2003, 92; *Linck*, Kündigung vor Dienstantritt, AR-Blattei SD 1010.1.3; *Straube/Schrader*, Die arbeitsrechtliche (Wieder-)Einstellungszusage, NZA-RR 2003, 337.

a) Rechtslage im Umfeld

aa) Einführung

Das Arbeitsverhältnis wird nicht durch den Realakt der Arbeitsaufnahme, sondern durch ein Rechtsgeschäft, den Abschluss des Arbeitsvertrages, begründet.[1] Insofern kommt einer Klausel, die den Beginn des Arbeitsverhältnisses bestimmt, die gleiche Bedeutung zu wie einer Klausel, mit der der Zeitpunkt der Arbeitsaufnahme festgelegt wird. Rechtsbegründende Wirkung hat die **Arbeitsaufnahme** lediglich dann, wenn der Arbeitsvertrag den Beginn des Arbeitsverhältnisses an ein Datum der Arbeitsaufnahme knüpft. 773

Auch für den Beginn der **Wartezeit** iSv § 1 Abs. 1 KSchG ist der Zeitpunkt maßgebend, ab dem die Arbeitsvertragsparteien ihre wechselseitigen Rechte und Pflichten begründen wollen. Im Regelfall wird dies der Zeitpunkt sein, in dem der Arbeitnehmer nach der vertraglichen Vereinbarung seine Arbeit aufnehmen soll. Dieser Zeitpunkt ist aber dann nicht maßgebend, wenn der rechtliche Beginn des Arbeitsverhältnisses und der Termin der vereinbarten Arbeitsaufnahme nach dem übereinstimmenden Willen der Parteien auseinanderfallen. Dies ist anzunehmen, wenn Arbeitgeber und Arbeitnehmer sich darin einig sind, dass gleich zu Beginn des Arbeitsverhältnisses eine Zeitspanne liegen soll, in der der Arbeitnehmer nicht zur Arbeit verpflichtet ist. Die Wartezeit nach § 1 Abs. 1 KSchG beginnt dann bereits mit der vereinbarten Vertragsbegründung.[2] 774

Ein Arbeitsvertrag kann grds. unter Einhaltung der ordentlichen Kündigungsfrist oder auch aus wichtigem Grund vor dem vereinbarten Zeitpunkt der Arbeitsaufnahme gekündigt werden, sofern die Parteien die Kündigung vor Dienstantritt nicht ausdrücklich ausgeschlossen haben.[3] Über verschiedene Klauseln, insb. Kündigungsverbots- und Schadensersatzklauseln, wird versucht, die Folgen einer Leistungsstörung bei unterbliebenem Arbeitsantritt mit Abschreckungswirkung für den Arbeitnehmer zu gestalten. Soweit hierzu **Vertragsstrafenregelungen** verwendet werden, sei zunächst auf die Darstellung zu den Vertragsstrafenklauseln verwiesen (s. § 1 Nr. 64 Rn 4016 ff). AGB-rechtlich steht die Wirksamkeit der Vereinbarung von Kündigungsausschlüssen vor Arbeitsantritt nicht in Zweifel.[4] Die Vertragsstrafe darf allerdings nicht unangemessen hoch sein, weil sich daraus eine unangemessene Benachteiligung des Arbeitnehmers ergeben kann.[5] Zur Feststellung der Angemessenheit einer Vertragsstrafe ist die maßgeb- 775

---

1 Zum rechtshistorischen Streit zwischen *Nikisch* (Realakt) und *Nipperdey* (Rechtsgeschäft) s. MünchHandb-ArbR/*Richardi*, § 42 Rn 1 ff; *Dreher*, Das Arbeitsverhältnis im Zeitraum zwischen Vertragsschluss und vereinbarter Arbeitsaufnahme, S. 19, 27.

2 BAG 24.10.2013 – 2 AZR 1057/12, NZA 2014, 725.

3 Grundlegend BAG 22.8.1964 – 1 AZR 64/64, AP § 620 BGB Nr. 1; BAG 9.5.1985 – 2 AZR 372/84, NZA 1986, 67; BAG 13.6.1990 – 5 AZR 304/89, juris.

4 BAG 4.3.2004 – 8 AZR 328/03, NZA 2004, 727; *Schrader/Schubert*, NZA-RR 2005, 225, 231; aA *Joost*, ZIP 2004, 1981, 1985.

5 BAG 4.3.2004 – 8 AZR 328/03, NZA 2004, 727, 733.

liche Kündigungsfrist eine erhebliche Orientierungsmarke.[6] Die **Vertragsstrafe** darf nicht höher sein, als die Arbeitsleistung wert ist.[7] In Fällen, in denen die Vertragsstrafe den Arbeitnehmer von der Nichtaufnahme der Tätigkeit abhält, ist damit zu rechnen, dass dieser das Arbeitsverhältnis unmittelbar nach Arbeitsaufnahme durch fristgerechte Kündigung während der Probezeit beendet. Ein solches Vorgehen ist rechtlich nicht zu beanstanden; verhindert werden könnte es nur durch einen Ausschluss der ordentlichen Kündigung während einer wirksamen Befristung des Arbeitsvertrages (s. § 1 Rn 2897 f).

776 Es hängt in erster Linie von den zwischen den Parteien getroffenen Vereinbarungen ab, ob bei einer **vor Dienstantritt** ausgesprochenen **ordentlichen Kündigung** die Kündigungsfrist bereits mit dem Zugang der Kündigung oder erst an dem Tage beginnt, an dem die Arbeit vertragsgemäß aufgenommen werden soll. Wenn die ergänzende Vertragsauslegung nicht zu einem eindeutigen Ergebnis führt, sprechen nach Ansicht des BAG[8] gute Gründe für die Annahme, dass die Kündigungsfrist auch bei einer Kündigung vor Dienstantritt im Zweifel mit dem Zugang der Kündigungserklärung einsetzt.[9]

bb) Aufklärungspflichten im Anbahnungsverhältnis[10]

777 Problematisch sind Kündigungsverbotsklauseln, wenn die eine Vertragspartei der anderen im Anbahnungsverhältnis für den Arbeitsvertragsschluss wesentliche Umstände verschwiegen hat. Auch Schadensersatzansprüche können in diesem Falle dem Grunde und der Höhe nach von Aufklärungs- und Offenbarungspflichtverletzungen im Anbahnungsverhältnis beeinflusst sein. Zwar kennt die Zivilrechtsordnung keine umfassende Verpflichtung, den künftigen Vertragspartner am eigenen Wissensvorsprung teilhaben zu lassen.[11] Die Rspr hat jedoch seit langem, bspw bei Darlehensverträgen,[12] eine Aufklärungspflicht des Vertragspartners aus § 242 BGB angenommen, wenn das Informationsgefälle ein mit Treu und Glauben nicht mehr zu vereinbarendes Ausmaß erreicht hat. Nunmehr ist diese Wertung in § 241 Abs. 2 BGB festgeschrieben worden.

778 Auch ein Arbeitgeber, der Vertragsverhandlungen aufnimmt, darf bestehende Umstände, gleich welcher Art, die die vollständige Durchführung des Rechtsverhältnisses in Frage stellen können, nicht verschweigen, soweit sie ihm bekannt sind oder bekannt sein müssen.[13] Eine Aufklärungspflicht gegenüber dem Bewerber trifft den Arbeitgeber jedoch nicht bereits dann, wenn bestimmte Entwicklungen wahrscheinlich sind, etwa weil Planungen über einen möglichen Stellenabbau bereits begonnen wurden. Vielmehr muss eine solche Planung bereits eine hinreichende Konkretheit und Reife aufweisen und im Grundsatz bereits beschlossen sein, um als Tatsache einen Schadensersatz begründen zu können.[14]

779 Schadensersatzpflichtig macht sich auch ein Arbeitgeber, der einen Bewerber auffordert, sein bisheriges Arbeitsverhältnis zu kündigen, weil die Beschäftigung bei ihm als neuem Arbeitgeber sicher sei.[15] Auch nach Abschluss des Arbeitsvertrages ist der Arbeitgeber in einem solchen

6 BAG 4.3.2004 – 8 AZR 328/03, NZA 2004, 727, 734; BAG 19.8.2010 – 8 AZR 645/09, NZA-RR 2011, 280.
7 BAG 4.3.2004 – 8 AZR 328/03, NZA 2004, 727, 734.
8 BAG 9.2.2006 – 6 AZR 283/05, NZA 2006, 1207, 1208; BAG 25.3.2004 – 2 AZR 324/03, DB 2004, 1436.
9 So auch *Dreher*, Das Arbeitsverhältnis im Zeitraum zwischen Vertragsschluss und vereinbarter Arbeitsaufnahme, S. 106, 119.
10 *Breidenbach*, Die Voraussetzungen von Informationspflichten beim Vertragsschluss, S. 56 ff; *Fleischer*, Informationssymmetrie im Vertragsrecht, 2001; *Hümmerich*, NZA 2002, 1305; *Kursawe*, NZA 1997, 245.
11 *Hümmerich*, NZA 2002, 1305.
12 BGH 11.2.1999 – 9 ZR 352/97, NJW 1999, 2032; BGH 17.12.1991 – 11 ZR 8/91, NJW-RR 1992, 373; BGH 24.4.1990 – 11 ZR 236/89, NJW-RR 1990, 876.
13 BAG 17.7.1997 – 8 AZR 257/96, NZA 1997, 1224, 1225.
14 BAG 14.7.2005 – 8 AZR 300/04, NZA 2005, 1298, 1299.
15 BAG 15.8.1974 – 5 AZR 524/73, BB 1974, 1397.

Fall schadensersatzpflichtig, wenn das Arbeitsverhältnis aus Gründen vorzeitig endet, die der Arbeitgeber dem Arbeitnehmer vor Abschluss des Vertrages unter Verletzung seiner Aufklärungspflichten schuldhaft verschwiegen hat.[16] Selbst die Ungewissheit beim Arbeitgeber, ob er die Löhne und Gehälter zahlen kann, macht ihn ersatzpflichtig, wenn er sein Wissen dem Arbeitnehmer verschwiegen hat und zahlungsunfähig wird.[17]

Auch die Erklärung eines Arbeitnehmers, er lege Wert auf eine Dauerstelle, verpflichtet den Arbeitgeber zur Aufklärung, falls er den Arbeitnehmer nur als eine personalwirtschaftliche Notlösung beschäftigen will.[18] Das ArbG Wiesbaden verurteilte einen Arbeitgeber zum Schadensersatz, weil der Bewerber aufgrund unrichtiger arbeitgeberseitiger Tatsachenangaben über die Beschäftigungsmöglichkeiten einen Arbeitsvertrag geschlossen hatte.[19] Das LAG Köln hingegen verneint eine Aufklärungspflicht des Arbeitgebers über noch ungewisse Beschäftigungsmöglichkeiten des Arbeitnehmers.[20] Folge dieser Rspr ist, dass ein unter Verletzung der arbeitgeberseitigen Aufklärungspflicht im Anbahnungsverhältnis vom Arbeitnehmer begründetes Arbeitsverhältnis nicht unter den in der Wartezeit erleichterten Voraussetzungen einer bloßen Probezeitkündigung durch den Arbeitgeber beendet werden kann.[21] Die Kündigung kann in diesen Fällen treuwidrig sein. Weitere Folge eines unter Verstoß gegen die arbeitgeberseitige Aufklärungspflicht zustande gekommenen Arbeitsvertrages kann ein Schadensersatzanspruch des Arbeitnehmers gem. §§ 280 Abs. 1, 311 Abs. 2 Nr. 1 und 2 BGB sein. 780

cc) Rücktrittsvorbehalt im Vorvertrag

Die einem Arbeitgeber vorbehaltene einseitige Lösungsmöglichkeit von einem Vorvertrag kann 781 einen Rücktrittsvorbehalt iSd § 308 Nr. 3 BGB darstellen.[22] Auch ein Vorvertrag unterliegt der AGB-Kontrolle, wenn seine Vertragsbedingungen nicht einzelvertraglich ausgehandelt, sondern vom Arbeitgeber gestellt und für eine Vielzahl von Vereinbarungen vorformuliert werden. Derartige, der Inhaltskontrolle unterliegende Vertragsbedingungen können bspw auch in einem Schreiben einer Schulbehörde an Arbeitsplatzbewerber enthalten sein.[23] Der 7. Senat hat mit Urteil vom 27.7.2005 schließlich entschieden, dass ein Rücktrittsvorbehalt nach § 308 Nr. 3 BGB nur wirksam ist, wenn in dem Vorbehalt der Grund für die Lösung vom Vertrag mit hinreichender Deutlichkeit angegeben ist und ein sachlich gerechtfertigter Grund für seine Aufnahme in die Vereinbarung besteht. Eine vereinfachte Lösungsmöglichkeit vom beabsichtigten Abschluss eines Arbeitsvertrages durch Rücktrittsvorbehalt ist daher nach der neueren Rspr des BAG für den Arbeitgeber nicht mehr möglich.

dd) Mitbestimmung des Betriebsrats

Der Abschluss eines Arbeitsvertrages bedarf nicht der Zustimmung des Betriebsrats, § 99 782 Abs. 1 BetrVG.[24] Auch auf die Wirksamkeit eines Arbeitsvertrages ist die fehlende Zustimmung des Betriebsrats ohne Auswirkung.[25] Die tatsächliche Beschäftigung eines Arbeitnehmers ist dagegen in verschiedenen Fallkonstellationen von der Zustimmung des Betriebsrats abhängig.[26] Das Risiko der Zustimmungsverweigerung kann der Arbeitgeber dem Arbeitnehmer

16 BAG 2.12.1976 – 3 AZR 401/75, AP § 276 BGB Verschulden bei Vertragsschluss Nr. 10 = DB 1977, 451.
17 BAG 24.9.1974 – 3 AZR 589/73, NJW 1975, 708; LAG Hamm 14.1.2005 – 10 Sa 1278/04, juris; *Hümmerich*, NZA 2005, 1299.
18 LAG Nürnberg 13.1.1993 – 3 Sa 304/92, LAGE § 626 Nr. 67.
19 ArbG Wiesbaden 12.6.2001 – 8 Ca 3193/00, NZA-RR 2002, 349.
20 LAG Köln 2.8.1999 – 8 Sa 532/98, juris.
21 *Hümmerich*, NZA 2002, 1305, 1309.
22 BAG 27.7.2005 – 7 AZR 488/04, NZA 2006, 539.
23 BAG 27.7.2005 – 7 AZR 488/04, NZA 2006, 539.
24 BAG 28.4.1992 – 1 ABR 73/91, NZA 1992, 1141.
25 BAG 2.7.1980 – 5 AZR 56/79, AP § 101 BetrVG Nr. 5.
26 Siehe nur §§ 99 Abs. 4, 100 BetrVG.

übertragen, wenn der Beginn des Arbeitsverhältnisses unter die aufschiebende Bedingung der Zustimmung des Betriebsrats gestellt wird.[27]

b) Klauseltypen und Gestaltungshinweise

aa) Eintrittsdatumsklausel ohne Vorabkündigungsverbot

(1) Klauseltyp A

783 **A 1:** Der Arbeitsvertrag wird auf unbestimmte Zeit abgeschlossen. Der Arbeitnehmer wird für die Zeit ab (...) als (...) eingestellt.

A 2: Dieser Vertrag gilt rückwirkend ab (...).

(2) Gestaltungshinweise

784 Die Klauseln A 1 und A 2 sind gebräuchlich und unbedenklich. Sie enthalten kein Kündigungsverbot vor Vertragsschluss, so dass nach der Klausel A 1 auch mit ausreichender Frist vor dem geplanten Vertragsbeginn vom Arbeitnehmer wie vom Arbeitgeber wirksam gekündigt werden kann.[28] Ausreichende Frist ist in diesem Falle allerdings nicht die für die ersten Monate des Arbeitsverhältnisses vereinbarte, regelmäßig verkürzte Frist von 14 Tagen nach § 622 Abs. 3 BGB, sondern die Vier-Wochen-Frist des § 622 Abs. 1 BGB, soweit im Arbeitsvertrag keine andere Frist für Kündigungen außerhalb der Probezeit vereinbart wurde. Die verkürzte Frist nach § 622 Abs. 3 BGB wird nur für die Probezeit oder für die Wartefrist vereinbart, die erst mit Arbeitsaufnahme oder mit dem ersten Tag des Arbeitsverhältnisses beginnt, so dass für eine Kündigung vor Arbeitsaufnahme die Sonderregelung für Probezeiten nicht gelten kann. Der rückwirkende Abschluss eines Arbeitsvertrages lässt sich nach der Rspr des BAG jedenfalls klageweise nicht durchsetzen. Die Verurteilung zum Abschluss eines solchen Vertrages ist nicht möglich, weil sie auf eine zumindest für den Arbeitnehmer unmögliche Leistung gerichtet ist.[29]

bb) Kombinierte Eintrittsdatums- und Kündigungsverbotsklausel

(1) Klauseltyp B

785 **B 1:** Der Arbeitnehmer tritt mit Wirkung vom (...) in die Dienste des Arbeitgebers. Eine ordentliche Kündigung vor diesem Zeitpunkt ist ausgeschlossen.

B 2: Das Arbeitsverhältnis beginnt am (...). Vor Beginn des Arbeitsverhältnisses ist eine ordentliche Kündigung ausgeschlossen.

B 3: Das Arbeitsverhältnis beginnt am (...). Eine ordentliche Kündigung vor diesem Zeitpunkt ist ausgeschlossen. Sollte der Arbeitnehmer zum vereinbarten Beginn des Arbeitsverhältnisses nicht zur Arbeit erscheinen oder die Arbeit ohne Beachtung der jeweils geltenden Kündigungsfrist einstellen, verpflichtet er sich, dem Arbeitgeber sämtlichen diesem aus dem Fernbleiben entstehenden Schaden nach den gesetzlichen Bestimmungen zu ersetzen.

---

27 ErfK/*Kania*, § 99 BetrVG Rn 45; BAG 17.2.1983 – 2 AZR 208/81, AP § 620 BGB Befristeter Arbeitsvertrag Nr. 74 m. Anm. *Richardi*.

28 *Linck*, AR-Blattei SD 1010.1.3.; *Wolf*, Anm. zu BAG 11.2.1978, AP § 620 BGB Nr. 3; *Caesar*, NZA 1989, 251.

29 BAG 13.5.2004 – 8 AZR 198/03, BB 2005, 383; BAG 14.11.2001 – 7 AZR 568/00, NZA 2002, 392; BAG 28.6.2000 – 7 AZR 904/98, NZA 2000, 1097; BAG 15.9.2009 – 9 AZR 608/08, NZA 2010, 32.

(2) Gestaltungshinweise

Die Vereinbarung, wonach die Kündigung vor Vertragsbeginn ausgeschlossen wird, ist zwar wirksam und rechtlich unbedenklich,[30] im Rechtsalltag jedoch nur begrenzt effektiv. Schadensersatz im Falle des Nichtantritts der Stelle kann vom Arbeitnehmer meist deshalb nicht begehrt werden, weil der Arbeitnehmer den Arbeitgeber auf ein **rechtmäßiges Alternativverhalten** verweisen kann.[31] Der Arbeitgeber muss nachweisen, dass bspw erneute Zeitungsinseratskosten nicht entstanden wären, wenn der Arbeitnehmer während der Probezeit gekündigt hätte. Dieser Beweis kann regelmäßig nicht erbracht werden. Das vorvertragliche Verbot ordentlicher Kündigung ist deshalb im Ergebnis wenig wirkungsvoll, wenn nicht die Kosten einer Ersatzkraft in den ersten 14 Tagen des Arbeitsverhältnisses geltend gemacht werden, weil tatsächlich (bspw über ein Zeitarbeitsunternehmen) ein Mitarbeiter beschäftigt wurde. Außerordentliche Kündigungen können generell nicht und damit auch nicht vorvertraglich ausgeschlossen werden. 786

Für den Arbeitgeber werden die Klauseln B 1–B 3 dann sinnvoll, wenn er Schäden darlegen und beziffern kann, die durch den Arbeitsvertragsbruch des Mitarbeiters entstanden sind.[32] Als Schadensposten kommen der **entgangene Gewinn**[33] und **Mehrkosten für eine Ersatzkraft**[34] in Betracht, wobei in der Probezeit der Zeitraum bis zur frühestmöglichen Beendigung des Arbeitsverhältnisses, mithin meist vierzehn Tage, zugrunde zu legen ist. Die Schwierigkeiten der Schadensberechnung liegen im Tatsächlichen. Auch können keine Mehrkosten für eine Ersatzkraft geltend gemacht werden, wenn für den maßgeblichen Zeitraum kurzfristig keine Ersatzkraft beschafft werden konnte. 787

Diller[35] weist auf mögliche Spielzüge des Arbeitnehmers hin, der über eine Kündigungsverbotsklausel vor Arbeitsverhältnisbeginn zur Vertragstreue verpflichtet wird. 788

- Der Arbeitnehmer reicht am ersten Tag eine Krankmeldung ein, verbunden mit der Angabe, auf welches Konto das Gehalt nach Ablauf der vierwöchigen Wartezeit (§ 3 Abs. 3 EFZG) gezahlt werden soll. Hier kann allerdings der Tatbestand des Betrugs vorliegen, auch wenn die Aufklärung über den Medizinischen Dienst in den meisten Fällen wenig Erfolg hat.
- Der Arbeitnehmer nimmt sich bei seinem bisherigen Arbeitgeber Urlaub, erscheint am ersten Arbeitstag mit der Kündigung in der Hand zum Dienst und erklärt dem Arbeitgeber, er dürfe nicht mit übermäßigem Engagement bei ihm rechnen, wenn dieser ihn zur Arbeit zwinge.

Es bewahrheitet sich daher die These von *Legerlotz*[36] nicht immer, dass durch eine Kündigungsverbotsklausel vor Arbeitsantritt der Gefahr vorgebeugt werden könne, dass der Arbeitnehmer den Vertrag zwar unterschreibe, ihn in Wahrheit aber nur als Druckmittel gegenüber dem bisherigen Arbeitgeber für eine Gehaltserhöhung oder sonstige verbesserte Rechte nutze. 789

Aus personalwirtschaftlichen Gründen ist es jedoch in aller Regel nicht sinnvoll, einen Mitarbeiter, der vor Beginn des Arbeitsverhältnisses gekündigt hat, tätig werden zu lassen. Die Motivation eines solchen Mitarbeiters ist gering, der Schaden kann beträchtlich sein. Aufwand und die Gefahr von Unruhe im Betrieb führen häufig zu dem Entschluss, gegenüber einem solchen Arbeitnehmer auf die Beschäftigung zu verzichten. 790

30 BAG 13.6.1990 – 5 AZR 304/89, n.v.; BAG 14.12.1988 – 5 AZR 10/88, n.v.; BAG 9.5.1985 – 2 AZR 372/84, NZA 1986, 671; BAG 2.11.1978 – 2 AZR 74/77, AP § 620 BGB Nr. 3; BAG 6.3.1974 – 4 AZR 72/73, AP § 620 BGB Nr. 2.

31 BAG 26.3.1981 – 3 AZR 485/78, NJW 1981, 2430.

32 *Berger-Delhey*, DB 1989, 380.

33 Küttner/*Griese*, Personalbuch, 440 (Vertragsbruch) Rn 7 f.

34 BAG 29.5.1975 – 3 AZR 352/74, AP § 628 BGB Nr. 8.

35 ArbRB 2003, 221.

36 ArbRB 2003, 92.

cc) Kombinierte Eintrittsdatums- und Kündigungsverbotsklausel mit Vertragsstrafenregelung

(1) Klauseltyp C

791 **C 1:**

1. Das Arbeitsverhältnis beginnt am (...). Vor Beginn des Arbeitsverhältnisses ist die Kündigung ausgeschlossen.
2. Tritt der Arbeitnehmer das Arbeitsverhältnis nicht an, wird eine Vertragsstrafe in Höhe der gesamten Nettobezüge fällig, auf die der Arbeitnehmer bei ordnungsgemäßer Aufnahme des Arbeitsverhältnisses bis zum nächsten zulässigen Kündigungstermin Anspruch gehabt hätte. Die Geltendmachung eines weiteren Schadens bleibt vorbehalten.

C 2:

1. Das Arbeitsverhältnis beginnt am (...). Eine Kündigung vor diesem Zeitpunkt ist ausgeschlossen.
2. Sollte der Arbeitnehmer das Arbeitsverhältnis rechtswidrig und schuldhaft nicht antreten oder vertragswidrig beenden, so verpflichtet er sich, dem Arbeitgeber eine Vertragsstrafe in Höhe eines monatlichen Bruttolohns zu zahlen. Beträgt die Kündigungsfrist bei Entstehung des Vertragsstrafenanspruchs weniger als einen Monat, so verringert sich die Vertragsstrafe auf den Bruttolohn, den der Arbeitnehmer während der Kündigungsfrist verdient.
3. Der Arbeitgeber kann zudem Schadensersatz nach den gesetzlichen Vorschriften fordern; die Vertragsstrafe ist in diesem Fall anzurechnen.

→ **C 3:**

1. Das Arbeitsverhältnis beginnt am (...). Vor Beginn des Arbeitsverhältnisses ist die Kündigung ausgeschlossen.
2. Sollte der Arbeitnehmer das Arbeitsverhältnis rechtswidrig und schuldhaft nicht antreten oder vertragswidrig beenden, so verpflichtet er sich, dem Arbeitgeber eine Vertragsstrafe in Höhe eines monatlichen Bruttolohns zu zahlen. Umgekehrt verpflichtet sich der Arbeitgeber, sollte er gleicherweise vertragsbrüchig werden, zu einer Vertragsstrafe in gleicher Höhe.
3. Das Recht zur Geltendmachung eines höheren Schadens bleibt unberührt.

(2) Gestaltungshinweise

792 Mit einer Vertragsstrafenklausel wird vermieden, dass der Bewerber einen Arbeitsvertrag schließt, um einen Arbeitsplatz in der Hinterhand zu haben und sich später bei einem aus seiner Sicht besseren Angebot doch noch für ein anderes Arbeitsverhältnis zu entscheiden. Dem Arbeitgeber bietet die Androhung einer Vertragsstrafe den Vorteil, dass der Bewerber sich vor Vertragsschluss sehr genau überlegen muss, ob er den Arbeitsvertragstext gegenzeichnet, weil er eine Vertragsstrafe zu zahlen hätte, falls er sich schlussendlich doch dazu entschließt, eine andere Arbeitsstelle anzutreten.

793 Die Vertragsstrafenvereinbarungen in **Klausel C 1 und C 2** sind auch unter Berücksichtigung des AGB-Rechts wirksam.[37] Bei Klausel C 1 wird eine Vertragsstrafe nur fällig, wenn der Arbeitnehmer das Arbeitsverhältnis erst gar nicht antritt. Die Klausel C 2 deckt auch den Fall ab, dass der Arbeitnehmer das Arbeitsverhältnis vorzeitig vertragswidrig beendet. Vertragsstrafen wegen Lösens des Vertragsverhältnisses sind zwar nach § 309 Nr. 6 BGB unwirksam, nach gefestigter Rspr des BAG steht jedoch der Anwendung von § 309 Nr. 6 BGB die angemessene Be-

37 *Schrader/Schubert*, NZA 2005, 225, 231.

rücksichtigung von im Arbeitsrecht geltenden Besonderheiten entgegen.[38] Vertragsstrafenabreden sind im Arbeitsrecht weit verbreitet und benachteiligen den Arbeitnehmer nicht generell unangemessen.[39] Die Vertragsstrafe sichert das berechtigte Bedürfnis des Arbeitgebers, eine arbeitsvertragswidrige und schuldhafte Nichtaufnahme oder Beendigung der Arbeitstätigkeit durch den Arbeitnehmer zu vermeiden.[40] Der Arbeitgeber hat ein berechtigtes Interesse an der Einhaltung der arbeitsvertraglichen Hauptpflicht, die er jedoch im Wege der Zwangsvollstreckung wegen § 888 Abs. 3 ZPO nicht erzwingen kann, während der Arbeitnehmer in aller Regel weder ein Recht noch ein schützenswertes Interesse daran hat, den Arbeitsvertrag zu brechen.[41] Vorsicht ist jedoch bei der Klausel C 1 dann geboten, wenn die Zeitspanne bis zum ersten Kündigungstermin ungewöhnlich lang ist, wie es etwa bei befristeten Verträgen mit ausgeschlossener Kündigung oder bei Verträgen für leitende Angestellte mitunter der Fall ist. In solchen Fällen ist die Vertragsstrafe durch Ergänzung der Klausel angemessen zu begrenzen. Zur Formulierung von Vertragsstrafenklauseln vgl im Übrigen § 1 Rn 4072 ff.

Die **Klausel C 3** ist grds. ebenfalls wirksam, da die Monatsvergütung des Arbeitnehmers als Parameter der Vertragsstrafenhöhe im Normalfall die Leistungsfähigkeit des Arbeitnehmers angemessen berücksichtigt.[42] Die Festsetzung einer Vertragsstrafe in Höhe eines Monatsgehalts beeinträchtigt den Arbeitnehmer jedoch typischerweise dann unangemessen, wenn er sich rechtmäßig mit einer Frist von zwei Wochen vom Vertrag lösen könnte.[43] In einem solchen Fall wäre die Klausel C 3 unwirksam. Daher ist es notwendig, bei vereinbarter kürzerer Kündigungsfrist einen Zusatz hinsichtlich der Verringerung der Vertragsstrafe wie in Klausel C 2 aufzunehmen. Die Aufnahme einer entsprechenden Vertragsstrafe für den Arbeitgeber, sollte er in ähnlicher Weise gegen den Vertrag verstoßen (Ziff. 2 S. 2), ist nach dem gegenwärtigen Stand der Rspr nicht notwendig, sichert die Vertragsstrafe aber sinnvoll gegen den Vorwurf der einseitigen Benachteiligung des Arbeitnehmers ab.[44] 794

dd) Variable Eintrittsklausel

(1) Klauseltyp D

D 1: Das Arbeitsverhältnis beginnt am (...). Solange der Arbeitnehmer das Arbeitsverhältnis aufgrund einer gegenwärtig anderweitigen vertraglichen Verpflichtung nicht zum vorgesehenen Termin aufnehmen kann, verschiebt sich der Beginn des Arbeitsverhältnisses bis spätestens zum (...). Spätestens zu diesem Zeitpunkt wird der Arbeitnehmer seine Tätigkeit bei dem Arbeitgeber aufnehmen. 795

D 2: Der Arbeitnehmer wird spätestens ab (...), jedoch nicht vor Aufnahme der Arbeit, als (...) eingestellt.

38 BAG 4.3.2004 – 8 AZR 196/03, NZA 2004, 727; BAG 21.4.2005 – 8 AZR 425/04, NZA 2005, 1053; BAG 18.8.2005 – 8 AZR 65/05, NZA 2006, 34; BAG 19.8.2010 – 8 AZR 645/09, NZA-RR 2011, 280.

39 *Stoffels*, AGB-Recht, Rn 912; aA Däubler/Bonin/Deinert/*Däubler*, § 309 Nr. 6 BGB Rn 4 f.

40 BAG 4.3.2004 – 8 AZR 196/03, NZA 2004, 727, 733; BAG 21.4.2005 – 8 AZR 425/04, NZA 2005, 1035; BAG 18.8.2005 – 8 AZR 65/05, NZA 2006, 34; BAG 19.8.2010 – 8 AZR 645/09, NZA-RR 2011, 280.

41 BAG 4.3.2004 – 8 AZR 196/03, NZA 2004, 727, 733; BAG 21.4.2005 – 8 AZR 425/04, NZA 2005, 1035; BAG 18.8.2005 – 8 AZR 65/05, NZA 2006, 34; BAG 19.8.2010 – 8 AZR 645/09, NZA-RR 2011, 280; instruktiv auch ArbG Trier 16.12.2008 – 3 Ca 1092/08, juris; aA Däubler/Bonin/Deinert/*Däubler*, § 309 Nr. 6 BGB Rn 10 mit Hinweis auf die Entschädigungsmöglichkeit nach § 61 Abs. 2 S. 1 ArbGG.

42 BAG 4.3.2004 – 8 AZR 196/03, NZA 2004, 727, 734; BAG 21.4.2005 – 8 AZR 425/04, NZA 2005, 1035; BAG 18.8.2005 – 8 AZR 65/05, NZA 2006, 34; BAG 19.8.2010 – 8 AZR 645/09, NZA-RR 2011, 280.

43 BAG 4.3.2004 – 8 AZR 196/03, NZA 2004, 727, 735; BAG 21.4.2005 – 8 AZR 425/04, NZA 2005, 1053; BAG 18.8.2005 – 8 AZR 65/05, NZA 2006, 34.

44 Vgl Däubler/Bonin/Deinert/*Däubler*, § 309 Nr. 6 BGB Rn 4; BAG 19.8.2010 – 8 AZR 645/09, NZA-RR 2011, 280.

(2) Gestaltungshinweise

796 Variable Eintrittsklauseln können sowohl zu Gunsten des Mitarbeiters als auch zu seinen Lasten gewählt werden. Bei der **Klausel D 1** wird auf noch bestehende Vertragsbindungen beim Arbeitnehmer Rücksicht genommen und ein Eintrittskorridor vereinbart. Damit verschiebt sich auch der Beginn sämtlicher sonstiger Folgen des Arbeitsverhältnisses.

797 Bei der **Klausel D 2** wird der Vertragsbeginn von der tatsächlichen Arbeitsaufnahme abhängig gemacht. Alle Rechte aus dem Arbeitsvertrag, aus dem Gesetz oder aus Tarifverträgen sollen bei der Klausel D 2 erst greifen, wenn der Arbeitnehmer tatsächlich die Arbeit aufgenommen hat. Auf die Entgeltfortzahlung im Krankheitsfall wirkt sich die Klausel D 2 ebenfalls aus. Zwar setzt die Entgeltzahlungspflicht des Arbeitgebers erst nach vier Wochen ein, § 3 Abs. 3 EFZG. Durch die Kombination von verzögertem Vertragsbeginn bei späterer Arbeitsaufnahme in der Klausel D 2 setzt die Entgeltfortzahlungspflicht des Arbeitgebers erst nach vierwöchiger tatsächlicher Arbeitsleistung des Arbeitnehmers ein. Dauert die Verhinderung des Arbeitnehmers über den spätesten vereinbarten Eintrittstermin hinaus an, so kann das Arbeitsverhältnis nicht mehr beginnen. Der geschlossene Arbeitsvertrag wird dann gegenstandslos.

9. Arbeitsortklauseln

Literatur

Bayreuther, Was schuldet der Arbeitnehmer? – Möglichkeiten und Grenzen einer vertraglichen Ausgestaltung der Leistungspflicht des Arbeitnehmers, Sonderbeilage zu NZA Heft 1/2006; *ders.*, Widerrufs-, Freiwilligkeits- und Anrechnungsvorbehalte – geklärte und ungeklärte Fragen der aktuellen Rechtsprechung des BAG zu arbeitsvertraglichen Vorbehalten, ZIP 2007, 2009; *Borgmann*, Neuregelung arbeitsrechtlicher Grundnormen in der Gewerbeordnung, MDR 2003, 305; *Dzida/Schramm*, Versetzungsklauseln: Mehr Flexibilität für den Arbeitgeber, mehr Kündigungsschutz für den Arbeitnehmer, BB 2007, 1221; *Fliss*, Die örtliche Versetzung, NZA-RR 2008, 225; *Gragert*, in: Moll, Münchener Anwaltshandbuch Arbeitsrecht, § 10 Direktionsrecht; *Hebing*, Die Werkwohnung, AiB 1995, 351; *Hromadka*, Zur Auslegung des § 106 GewO, NZA 2012, 233; *Hromadka/Schmitt-Rolfes*, Die AGB-Rechtsprechung des BAG zu Tätigkeit, Entgelt und Arbeitszeit, NJW 2007, 1777; *Hunold*, AGB-Kontrolle einer Versetzungsklausel, NZA 2007, 19; *ders.*, Die aktuelle Rechtsprechung zur Inhaltskontrolle arbeitsrechtlicher Absprachen, NZA-RR 2008, 449; *ders.*, Arbeitsort und Direktionsrecht bei Fehlen einer arbeitsvertraglichen Regelung, DB 2013, 636; *Maschmann*, Abordnung und Versetzung im Konzern, RdA 1996, 24; *Preis/Genenger*, Die unechte Direktionsrechtserweiterung, NZA 2008, 969; *Preis/Lindemann*, Änderungsvorbehalte – Das BAG durchschlägt den gordischen Knoten, NZA 2006, 632; *Salamon/Fuhlrott*, Die Festlegung des Arbeitsplatzes als Vorfrage der AGB-Kontrolle, NZA 2011, 839; *Schäfer*, Pflicht zu gesundheitsfördernden Verhalten?, NZA 1992, 529; *Wank*, Änderung von Arbeitsbedingungen, NZA-Beilage 2012 Nr. 2, 41; *Willemsen/Lembke*, Die Neuregelung von Unterrichtung und Widerspruchsrecht der Arbeitnehmer beim Betriebsübergang, NJW 2002, 1159; *Wollwert*, Ordnungsgemäße Unterrichtung und Zustimmungsverweigerung bei gebündelten personellen Einzelmaßnahmen, DB 2012, 2518.

a) Rechtslage im Umfeld

aa) Der Arbeitsort als Gegenstand der Weisungsbefugnis

Regelungen zum Arbeitsort sollten stets in den Vertrag aufgenommen werden, sie gehören zum Grundkanon, über den der Arbeitgeber spätestens einen Monat nach Beginn des Arbeitsverhältnisses schriftlich zu informieren hat (§ 2 Abs. 1 S. 2 Nr. 4 NachwG). 798

Der Ort der Arbeitsleistung ist, wenn sich aus dem Arbeitsvertrag oder den Umständen nichts anderes ergibt, grds. der Betrieb des Arbeitgebers (§ 269 Abs. 1 BGB).[1] Die für das Arbeitsverhältnis notwendige Flexibilität gewährt § 106 S. 1 GewO, wonach der Arbeitgeber Inhalt, **Ort** und Zeit der Arbeitsleistung nach billigem Ermessen näher bestimmen kann, soweit diese Arbeitsbedingungen nicht schon durch Arbeitsvertrag, Betriebsvereinbarung, Tarifvertrag oder gesetzliche Vorschriften festgelegt sind. Daraus folgt, dass ein **Direktionsrecht** wegen des Arbeitsortes grds. entfällt, wenn der Arbeitgeber, ohne sich das Direktionsrecht insoweit ausdrücklich vorzubehalten, den Arbeitsort im Vertrag festlegt; in diesem Falle kann er selbst die vorübergehende Abordnung an einen andernorts gelegenen Betrieb nicht mehr verlangen.[2] 799

Die Ausübung des Direktionsrechts bestimmt sich gem. § 106 GewO nach **billigem Ermessen.** Vor der Änderung der Gewerbeordnung ergab sich über die Rechtsgrundlage des Arbeitsvertrages iVm § 315 BGB nichts anderes.[3] Billiger Ermessensausübung entspricht eine Weisung des Arbeitgebers zur Änderung des Arbeitsortes, wenn die wesentlichen Umstände des Falles abgewogen und die beiderseitigen Interessen angemessen berücksichtigt sind.[4] Unbillig ist es, wenn der Arbeitgeber ausschließlich seine Interessen bei der Ausübung des Weisungsrechts zum Maßstab macht.[5] So fehlt etwa die Zumutbarkeit, wenn eine schwangere Flugbegleiterin, die nicht mehr im Flugdienst eingesetzt werden darf, den ihr zugewiesenen Ersatzarbeitsplatz nur nach mehrstündiger Bahnfahrt erreichen kann; dies entspricht dann nicht mehr billigem 800

1 Schaub/*Linck*, Arbeitsrechts-Handbuch, § 45 Rn 14.

2 LAG München 24.2.1988 – 8 Sa 936/87, BB 1988, 1753.

3 BAG 23.6.1993 – 5 AZR 337/92, EzA § 611 BGB Direktionsrecht Nr. 13; BAG 24.11.1993 – 5 AZR 206/93, ZTR 1994, 166; BAG 27.3.1980 – 2 AZR 506/78, AP § 611 BGB Direktionsrecht Nr. 26.

4 BAG 24.4.1996 – 5 AZR 1031/94, AP § 611 BGB Direktionsrecht Nr. 48; BAG 24.11.1993 – 5 AZR 206/93, ZTR 1994, 166; BAG 23.6.1993 – 5 AZR 337/92, AP § 611 BGB Direktionsrecht Nr. 42.

5 BAG 19.5.1992 – 1 AZR 418/91, NZA 1992, 978.

Ermessen.[6] Unbillig ist auch eine gegen den Gleichbehandlungsgrundsatz verstoßende oder aus Disziplinargründen ausgesprochene Weisung.[7]

801 Inhaltlich wird die gesetzliche Regelung zum Direktionsrecht den Interessen des Arbeitgebers daher vielfach nicht genügen; die Anwendung billigen Ermessens unterliegt zwar nicht den Vorgaben der AGB-Regelungen, aber der gerichtlichen Ausübungskontrolle. So sah etwa das BAG[8] die Zuweisung einer anderen Ausbildungsstätte in einem Betrieb mit mehreren Filialen als eine erhebliche Änderung der Umstände an, eine solche Versetzung sei vom einfachen Direktionsrecht nicht erfasst. Das BAG hat auf Vorlage des LAG Hamm entschieden, dass eine vorformulierte Versetzungsklausel, die inhaltlich der Regelung in § 106 S. 1 GewO entspricht, nicht der Angemessenheitskontrolle nach § 307 Abs. 1 S. 1 BGB unterliegt. Sie stellt keine von Rechtsvorschriften abweichende oder diese ergänzende Regelung iSd § 307 Abs. 3 S. 1 BGB dar. Sie unterliegt allerdings auch als kontrollfreie Hauptabrede der Unklarheitenregelung des § 305 Abs. 2 BGB sowie der Transparenzkontrolle nach § 307 Abs. 1 S. 2 BGB.[9]

802 Ein **Einsatz im Ausland** kommt auch bei Montagearbeitern idR nur in Betracht, wenn es hierüber eine arbeitsvertragliche Vereinbarung gibt.[10] Für solche Fälle sind daher besondere vertragliche Regelungen erforderlich, diese können indes weit reichen: Bei Konzernversetzungsklauseln wurde vor Inkrafttreten der Schuldrechtsmodernisierung die Versetzung in ein konzernangehöriges Unternehmen bei Vereinbarung im Arbeitsvertrag als auflösende Bedingung für wirksam gehalten.[11] Nach *Lingemann* sind Konzernversetzungsklauseln auch in Zukunft zulässig, da sie zu den Besonderheiten des Arbeitsrechts gehören und Vorteile für den Arbeitnehmer im Hinblick auf seine kündigungsrechtliche Stellung bieten.[12]

803 Für seine Weisung muss der Arbeitgeber **berechtigte betriebliche Interessen** ins Feld führen können.[13] Sieht der Arbeitsvertrag einen bundesweiten Einsatz des Angestellten im öffentlichen Dienst vor, kann sogar die Versetzung im Rahmen des Umzugs von Bonn nach Berlin trotz einer Entfernung von 500 km zwischen beiden Arbeitsorten wirksam sein.[14] Welche **Entfernung** in Ausübung des gesetzlichen Direktionsrechts nach § 106 S. 1 GewO noch als angemessen und zumutbar angesehen werden kann, wird von der Rspr nicht über eine starre Entfernungsgrenze beantwortet. Maßgeblich soll sein, ob der Arbeitnehmer den anderen Arbeitsort ohne größere Schwierigkeiten erreichen kann.[15] Während eine Entfernung von 10 km zwischen dem bisherigen und einem im Wege des Direktionsrechts zugewiesenen Arbeitsort üblicherweise unproblematisch ist,[16] haben die Gerichte bislang keine Obergrenze aufgestellt. Die Regelung des § 121 Abs. 4 SGB III, wonach für einen Arbeitslosen eine Gesamtdauer von Hin- und Rückfahrt von bis zu zweieinhalb Stunden täglich zumutbar sein kann, dürfte die Weisungsbefugnis des Arbeitgebers nach § 106 S. 1 GewO überschreiten, jedenfalls aber begrenzen: Was laut Gesetz durch die Agentur für Arbeit nicht mehr zugewiesen werden kann, wird in aller Regel auch dem billigen Ermessen widersprechen.

804 Der Vertragsgestalter sollte sich bei der Bestimmung des **Leistungsortes** immer bewusst sein, dass ein weit gefasster Arbeitsort zwar dem Arbeitgeber Flexibilität einräumt, andererseits aber dazu führt, dass sich bei betriebsbedingten Kündigungen der Kreis der in die **Sozialauswahl**

6 BAG 21.4.1999 – 5 AZR 174/98, NZA 1999, 1044.
7 Anwalts-Formularbuch ArbR/*Lingemann*, Kap. 9 Rn 3.
8 BAG 3.12.1985 – 1 ABR 58/83, NZA 1986, 532.
9 BAG 13.4.2010 – 9 AZR 36/09, NZA 2011, 64; dazu *Hexel*, GWR 2010, 488.
10 LAG Hamm 28.1.1974 – 2 Sa 782/73, DB 1974, 877.
11 *Maschmann*, RdA 1996, 24, 30.
12 Anwalts-Formularbuch ArbR/*Lingemann*, Kap. 2 Rn 110 b.
13 BAG 19.6.1985 – 5 AZR 57/84, DB 1986, 132; BAG 20.12.1984 – 2 AZR 436/83, BB 1985, 1853.
14 LAG Köln 13.6.2000 – 13 (2) Sa 480/00, ZTR 2001, 36.
15 LAG Schleswig-Holstein 23.11.1964 – 2 Sa 253/64, DB 1965, 443; ArbG Bremen 21.2.1961 – 3 Ca 3220/60, WA 1961, 125; MünchHandbArbR/*Blomeyer*, § 48 Rn 89.
16 Vgl LAG Köln 25.1.2002 – 11 Sa 1109/01, ARST 2002, 283.

einzubeziehenden Arbeitnehmer entsprechend vergrößert.[17] Außerdem kann ein zu weit gefasster und in seinen Rändern nicht genau bestimmter Arbeitsort zur Unwirksamkeit der gesamten Regelung wegen Verstoßes gegen das Transparenzgebot führen.[18]

In der Natur mancher Arbeitsverhältnisse liegt es, dass der Arbeitsort häufig **wechselt**, so etwa bei Vertriebsmitarbeitern, Lkw-Fahrern, Detektiven, Unternehmensberatern oder auch Wirtschaftsprüfern. In allen diesen Berufen ermöglicht bereits § 269 Abs. 1 BGB, den Arbeitnehmer im Rahmen der üblichen Beschäftigungsorte einzusetzen. Dies schließt jedoch die Ausübungskontrolle nicht aus. Ein Arbeitnehmer darf daher nicht ohne Weiteres an einen nur **schwer erreichbaren Arbeitsplatz** geschickt werden.[19] 805

Beim Arbeitnehmer des öffentlichen Dienstes nimmt das BAG allerdings an, dass der auf der Grundlage eines üblichen Formularvertrages eingestellte Bewerber wissen müsse, dass er versetzbar sei.[20] Wenn die Parteien in einem im öffentlichen Dienst üblichen Mustervertrag zunächst die Dienststelle (als Arbeitsort) vereinbart haben, bei der der Angestellte eingestellt wird, und nachfolgend die Geltung eines Tarifvertrages verabredet wird, der die Versetzung des Angestellten an eine andere Dienststelle regelt, gilt die tarifliche Versetzungsbefugnis des Arbeitgebers idR nicht als ausgeschlossen.[21] 806

bb) AGB-Kontrolle

Von der durch die Schuldrechtsreform eingetretenen Neuausrichtung sind auch **Versetzungsklauseln** nicht verschont geblieben. Zwar hat das BAG inzwischen mehrfach klargestellt, dass Versetzungsklauseln, die materiell der Regelung in § 106 S. 1 GewO nachgebildet sind, infolge der Besonderheiten des Arbeitsrechts (§ 310 Abs. 4 S. 2 BGB) keine unangemessene Benachteiligung nach § 307 Abs. 1 S. 1 BGB darstellen und auch ohne konkrete Aufzählung von Versetzungsgründen nicht gegen das Transparenzgebot des § 307 Abs. 1 S. 2 BGB verstoßen.[22] Die Bestimmung eines Ortes der Arbeitsleistung in Kombination mit einer im Arbeitsvertrag durch Versetzungsvorbehalt geregelten Einsatzmöglichkeit im gesamten Unternehmen verhindert regelmäßig die vertragliche Beschränkung auf den im Vertrag genannten Ort der Arbeitsleistung.[23] Es macht keinen Unterschied, ob im Arbeitsvertrag auf eine Festlegung des Ortes der Arbeitsleistung verzichtet und diese dem Arbeitgeber im Rahmen von § 106 GewO vorbehalten bleibt oder ob der Ort der Arbeitsleistung bestimmt, aber die Möglichkeit der Zuweisung eines anderen Ortes vereinbart wird. In diesem Fall wird lediglich klargestellt, dass § 106 S. 1 GewO gelten und eine Versetzungsbefugnis an andere Arbeitsorte bestehen soll.[24] Fehlt es hingegen an einer Festlegung des Ortes der Leistungspflicht im Arbeitsvertrag, ergibt sich der Umfang der Weisungsrechte des Arbeitgebers direkt aus § 106 GewO. Auf die Zulässigkeit eines darüber hinaus vereinbarten Versetzungsvorbehalts kommt es dann nicht an. Weist der Arbeitgeber dem Arbeitnehmer einen anderen Arbeitsort zu, so unterliegt dies der Ausübungskontrolle gem. § 106 S. 1 GewO, § 315 Abs. 3 BGB.[25] 807

§ 308 Nr. 4 BGB wäre bei Versetzungsklauseln ohnehin unanwendbar, da diese Vorschrift nur einseitige Bestimmungsrechte hinsichtlich der Leistung des Verwenders erfasst, die Arbeitsleis- 808

17 BAG 15.6.1989 – 2 AZR 580/88, NZA 1990, 226; BAG 29.3.1990 – 2 AZR 369/89, NZA 1991, 181; *Gaul/Bonanni*, NZA 2006, 289; *Dzida/Schramm*, BB 2007, 1221, 1222.

18 *Schulte*, ArbRB 2003, 245.

19 Schaub/*Linck*, Arbeitsrechts-Handbuch, § 45 Rn 14.

20 BAG 26.6.2002 – 6 AZR 5/01, NZA 2002, 1176.

21 BAG 21.1.2004 – 6 AZR 583/02, NZA 2005, 61.

22 BAG 11.4.2006 – 9 AZR 557/05, NZA 2006, 1149, 1150; vgl hierzu weiterführend *Preis/Genenger*, NZA 2008, 969.

23 BAG 26.9.2012 – 10 AZR 311/11, NZA-RR 2013, 403; BAG 19.1.2011 – 10 AZR 738/09, NZA 2011, 631.

24 BAG 12.11.2013 – 10 AZR 605/12, BeckRS 2013, 74868.

25 BAG 26.9.2012 – 10 AZR 311/11 (Rn 19), NZA-RR 2013, 403 f.

tung jedoch die dem Verwender (in aller Regel dem Arbeitgeber) geschuldete Gegenleistung betrifft.[26] Im Ergebnis gilt somit zunächst nichts anderes, als was bereits nach bisheriger Rspr als zumutbar galt.[27]

809 Einer vollständigen AGB-Kontrolle unterliegen jedoch solche Regelungen, die von der gesetzlichen Ausgestaltung des Direktionsrechts abweichen. So kann etwa das Transparenzgebot des § 307 Abs. 1 S. 2 BGB eine weit reichende Versetzungsklausel zu Fall bringen, wenn nicht eindeutig geregelt ist, in welcher Weise, etwa durch eine längere Ankündigungsfrist, die Interessen des Arbeitnehmers berücksichtigt werden.[28] Die weitere Entwicklung wird hier abzuwarten sein. Derzeit ist für eine möglichst wirksame Vertragsgestaltung jedenfalls in den Versetzungsvorbehalt aufzunehmen, dass bei der arbeitgeberseitigen Ausübungsentscheidung die Interessen des betroffenen Mitarbeiters zu wahren sind.[29] In Umsetzung der bereits erläuterten Entscheidung des BAG vom 9.5.2006 sollte zudem aufgenommen werden, dass nur eine gleichwertige Tätigkeit am anderen Ort zugewiesen werden kann. In Unternehmen mit mehreren Betrieben ist aufgrund des beschriebenen Risikos der Erweiterung der Sozialauswahl sorgfältig abzuwägen, ob die Versetzungsklausel auf den Betrieb oder das Unternehmen bezogen werden soll; beide Varianten sind wirksam.

cc) Sonderproblem: Wohnsitzklauseln

810 Mit der Wirksamkeit von Wohnsitzklauseln beschäftigt sich die Rspr nur am Rande. Wohnsitzklauseln sind, etwa im Bereich des öffentlichen Dienstes oder für Hausmeister von Wohnanlagen, relevant und wirksam, wenn ein **sachbezogener Grund** erfordert, dass der Arbeitnehmer am Dienstsitz seinen Wohnsitz nimmt.[30] Wirksam waren in der Vergangenheit Wohnsitzklauseln, wenn das Interesse der Allgemeinheit an der ordnungsgemäßen Durchführung der Aufgaben des öffentlichen Dienstes überwiegt; häufig ist dies auch in den einschlägigen Tarifverträgen bereits enthalten.[31] Maßgeblich für die Erfüllung der Residenzpflicht ist nach Auffassung des BAG allerdings nicht zwingend das melderechtliche Verhalten des Arbeitnehmers, sondern der **tatsächliche Wohnort**.[32]

811 In Arbeitsverträgen, die zB einen Manager (evtl nach erfolgreichem Verlauf der Probezeit) unter Einbeziehung der Familie verpflichten, den Wohnsitz am Sitz des Unternehmens zu nehmen, kann die Wohnsitzklausel gegen § 307 Abs. 2 BGB verstoßen. Die **Privatsphäre** des Arbeitnehmers stellt grds. einen von arbeitgeberseitigen Eingriffen geschützten, von der dienstlichen Sphäre zu trennenden Rechtskreis dar.[33] Die Verpflichtungen des Arbeitnehmers enden grds. an der Trennungslinie, ab der der private Bereich beginnt.[34] Die Zulässigkeit von Wohnsitzklauseln – nach der Rspr noch offen – wird voraussichtlich dort anzusiedeln sein, wo sich ein sachlicher Grund hierfür anführen lässt. Ist eine rasche örtliche Verfügbarkeit Teil der Arbeitsleistung, bspw bei einem für den Katastrophenschutz zuständigen Arbeitnehmer des Technischen Hilfswerks, schränkt die Wohnsitzklausel nicht wesentliche Rechte oder Pflichten ein, die sich aus der Natur des Arbeitsvertrages ergeben und ist mit § 307 Abs. 2 Nr. 2 BGB zu ver-

26 BAG 11.4.2006 – 9 AZR 557/05, NZA 2006, 1149 f; BeckOK ArbR/*Jacobs*, § 308 BGB Rn 19.

27 BAG 11.4.2006 – 9 AZR 557/05, NZA 2006, 1149, 1150; zuvor bereits zutr. *Annuß*, BB 2002, 458, 462; *Reinecke*, DB 2002, 583, 585; *Richardi*, NZA 2002, 1057, 1063; aA *Schrader/Schubert*, NZA-RR 2005, 169, 176.

28 BAG 13.4.2010 – 9 AZR 36/09, NZA 2011, 64.

29 *Fiss*, NZA-RR 2008, 225, 227.

30 BAG 16.1.1980 – 4 AZR 200/78, juris; BAG 20.1.1960 – 4 AZR 267/59, BAGE 8, 338.

31 BAG 20.1.1960 – 4 AZR 267/59, BAGE 8, 338 = DB 1960, 442; BAG 7.6.2006 – 4 AZR 316/05, ZTR 2007, 262.

32 BAG 7.6.2006 – 4 AZR 316/05, ZTR 2007, 262.

33 BAG 22.10.1986 – 5 AZR 660/85, NZA 1987, 415; BAG 23.6.1994 – 2 AZR 617/93, NZA 1994, 1080; BAG 8.11.1994 – 1 ABR 22/94, DB 1995, 1132; *Stahlhacke/Preis/Vossen*, Rn 525; *Schäfer*, NZA 1992, 529.

34 Tschöpe/*Schmalenberg*, Teil 2 A Rn 219.

einbaren. Solche Pflichten können bei Führungskräften auch im Bereich der örtlichen Repräsentation liegen. Fehlt eine praktische Notwendigkeit für die Wohnsitznahme am Arbeitsort, ist die Wohnsitzklausel nach § 307 Abs. 2 Nr. 2 BGB unwirksam.

b) Klauseltypen und Gestaltungshinweise

aa) Direktionsrechtseinschränkende Arbeitsortklausel

(1) Klauseltyp A

A 1: Der Arbeitnehmer (...) wird ab (...) in der Betriebsstätte (...) tätig sein. 812

A 2: Das Arbeitsverhältnis bezieht sich auf die Tätigkeit in (...).

A 3: Arbeitsort ist der Betrieb des Arbeitgebers in (...). Der Arbeitgeber behält sich vor, den Arbeitnehmer bei Bedarf auch in den Betrieben des Unternehmens in (...) und (...) zu beschäftigen.

(2) Gestaltungshinweise

Mit der Vereinbarung des Arbeitsortes begibt sich der Arbeitgeber der Möglichkeit, sein Direktionsrecht gem. § 106 S. 1 GewO bezogen auf den Ort der Arbeitsleistung auszuüben. Will der Arbeitgeber oder wollen die Parteien den Arbeitsort ändern, bedarf es einer Änderungsvereinbarung oder einer Änderungskündigung, weil durch die Festlegung iSv § 106 S. 1 GewO auf eine Ermessensausübung verzichtet wurde. Würde der Arbeitgeber trotz der Bestimmung des Arbeitsortes in den **Klauseln A 1 und A 2** dem Arbeitnehmer einen anderen Arbeitsort zuweisen, würde er in den arbeitsvertraglich vereinbarten und kündigungsschutzrechtlich relevanten Kernbereich des Arbeitsverhältnisses eingreifen, da der Arbeitsort zum vertraglich geschützten Hauptleistungsbereich zählt. 813

Mit der **Unternehmesversetzungsklausel A 3** wird eine häufig genannte Gestaltungsvariante gewählt, die zwar eine Versetzung nur zu den dort genannten weiteren Betriebsstätten des Arbeitgebers ermöglicht und insofern einschränkend wirkt, aufgrund ihrer Klarheit bei entsprechend strukturierten Arbeitgebern sicherlich ihre Berechtigung hat.[35] 814

Aus Arbeitgebersicht ist eine derartige abschließende Festlegung des Arbeitsortes im Arbeitsvertrag in aller Regel ungünstig, es sei denn, dass der Arbeitgeber das Risiko einer standortübergreifenden Sozialauswahl von vornherein ausschließen möchte. Jedenfalls bindet sich der Arbeitgeber in größerem Maße als nach § 106 S. 1 GewO, § 307 Abs. 1 BGB erforderlich. Auch aus Arbeitnehmersicht ist die Vereinbarung des Arbeitsortes im Arbeitsvertrag wegen der Einschränkung der Sozialauswahl meistens ambivalent, auch wenn der Arbeitgeber im Falle einer Veränderung des Arbeitsortes auf die Zustimmung des Arbeitnehmers angewiesen ist oder auf eine Änderungskündigung zurückgreifen muss. Dem Arbeitnehmer eröffnet sich allerdings manchmal die Möglichkeit, seine Zustimmung an eine Bedingung, etwa eine Gehaltserhöhung, zu knüpfen. 815

bb) Direktionsrechtserhaltende Arbeitsortklausel

(1) Klauseltyp B

B 1: Inhalt, Ort und Zeit der Arbeitsleistung können nach billigem Ermessen durch den Arbeitgeber näher festgelegt und geändert werden. 816

B 2: Der Arbeitgeber behält sich die Zuweisung eines anderen Arbeitsortes im Rahmen des billigen Ermessens vor.

35 Die Klausel wird ähnlich empfohlen bei *Mayer*, FormularBibliothek Vertragsgestaltung Arbeitsrecht, 2. Aufl. 2012, § 2 Rn 125; Preis/*Preis*, Der Arbeitsvertrag, II D 30 Rn 208 Typ 16 b.

B 3: Auch aus einer länger dauernden Tätigkeit an einem Arbeitsplatz ergibt sich kein Verzicht des Arbeitgebers auf das Direktionsrecht (§ 106 GewO), hierzu bedarf es seiner ausdrücklichen Erklärung.

(2) Gestaltungshinweise

817 Klauseln vom Typ B 1 und B 2 sichern das allgemeine Direktionsrecht des Arbeitgebers.[36] Es findet keine gerichtliche Wortlautkontrolle statt, da lediglich § 106 GewO paraphrasiert bzw auf seinen Regelungsinhalt verwiesen wird (§ 307 Abs. 3 S. 1 BGB).[37] Möglich bleiben wegen § 307 Abs. 3 S. 2 BGB aber die Überprüfung der Transparenz der Regelung (§ 307 Abs. 1 S. 2 BGB) und der Ausschluss überraschender Klauseln nach § 305 c BGB;[38] hierauf ist bei der (sprachlichen und drucktechnischen) Gestaltung des Vertrages zu achten.

818 Bei den Klauseln B 1 und B 2 sind insoweit keine Probleme zu erwarten. Zwar hat das BAG mit Urteil vom 9.5.2006 einer ähnlichen Vertragsklausel („Falls erforderlich, kann der Arbeitgeber nach Abstimmung der beiderseitigen Interessen Art und Ort der Tätigkeit des/der Angestellten ändern") als unangemessene Benachteiligung nach § 307 Abs. 2 Nr. 1 BGB die Wirksamkeit verweigert, weil damit die Zuweisung geringwertiger Tätigkeiten möglich und somit ein Eingriff in den durch § 2 KSchG geschützten Kernbestand des Arbeitsvertrages vorbehalten sei.[39] Allerdings fällt es schwer, den Unterschied zwischen der vorstehend zitierten Vertragsklausel und dem gesetzlichen Wortlaut, „den Inhalt der Arbeitsleistung nach billigem Ermessen näher zu bestimmen", so herauszuarbeiten, dass die Entscheidung vom 9.5.2006 klare Konturen erhält. Tatsächlich handelte es sich wohl eher um einen Fall der Ausübungskontrolle.[40] Dies scheint auch das BAG mit Entscheidung vom 13.3.2007 zu unterstützen, in dem es urteilte, die fragliche Vertragsformulierung („Der Arbeitgeber kann die Angestellte entsprechend ihren Leistungen und Fähigkeiten mit einer anderen im Interesse des Arbeitgebers liegenden Aufgabe betrauen, sie an einem anderen Ort sowie vorübergehend auch bei einem anderen Unternehmen einsetzen") entspreche materiell der Regelung des § 106 S. 1 BGB und sei daher nicht zu beanstanden.[41]

819 Durch die **praktische Handhabung eines Arbeitsverhältnisses** kann sich der Arbeitsort **konkretisieren**, so dass es dem Arbeitgeber nicht mehr ohne Weiteres gestattet ist, dem Arbeitnehmer einen anderen Tätigkeitsort als bspw in den vergangenen 15 Jahren zuzuweisen. Nach der Rspr tritt eine solche Konkretisierung durch längere Übung indessen nur ein, wenn neben dem Zeitablauf weitere, besondere Umstände wie Erklärungen des Arbeitgebers[42] hinzutreten, aus denen sich ergibt, dass der Arbeitnehmer künftig nur noch an einem ganz bestimmten Arbeitsort tätig sein oder eine ganz bestimmte Arbeit ausführen soll.[43] Solche Umstände können sich neben vertrauensschaffenden Äußerungen des Arbeitgebers aus der Ausbildung, einer Beförderung, der Gewöhnung an einen Rechtszustand oder aus der konkreten Übertragung von Führungsaufgaben ergeben.[44] Entscheidend ist, dass der Arbeitnehmer aufgrund dieser Umstände

---

36 Vgl ähnliche Formulierungen bei Moll/*Gragert*, MAH Arbeitsrecht, § 10 Rn 27.

37 Vgl BAG 11.4.2006 – 9 AZR 557/05, NZA 2006, 1149, 1150.

38 Dazu *Preis/Genenger*, NZA 2008, 969, 973.

39 BAG 9.5.2006 – 9 AZR 424/05, NZA 2007, 145.

40 *Hunold*, NZA-RR 2008, 449, 455; Moll/*Gragert*, MAH Arbeitsrecht, § 10 Rn 23, 26.

41 BAG 13.3.2007 – 9 AZR 433/06, NZA-RR 2008, 504; BeckOK-GewO/*Rolfs/Giesen-Tillmanns*, § 106 Rn 37 f.

42 BAG 13.3.2007 – 9 AZR 433/06, NZA-RR 2008, 504; BAG 7.12.2000 – 6 AZR 444/99, NZA 2001, 780; BAG 17.12.1997 – 5 AZR 332/96, AuR 1998, 125; LAG Niedersachsen 21.8.2009 – 10 TaBV 121/08, juris.

43 BAG 12.4.1973 – 2 AZR 291/72, AP § 611 BGB Direktionsrecht Nr. 24; BAG 27.3.1980 – 2 AZR 506/78, AP § 611 BGB Direktionsrecht Nr. 26; LAG Köln 26.1.1994 – 2 Sa 120/93, MDR 1995, 75 = ZTM 1994, 374; LAG Rheinland-Pfalz 13.10.1987 – 3 Sa 457/87, NZA 1988, 471; LAG Köln 23.2.1987 – 6 Sa 957/86, LAGE § 611 BGB Direktionsrecht Nr. 1.

44 BAG 24.11.1993 – 5 AZR 206/93, ZTR 1994, 166; BAG 7.12.2000 – 6 AZR 444/99, DB 2001, 2051; BAG 14.12.1961 – 5 AZR 180/61, AP § 611 BGB Direktionsrecht Nr. 17; LAG Köln 26.10.1984 – 6 Sa

darauf vertrauen konnte, eine einseitige Einwirkung des Arbeitgebers auf seinen Arbeitsbereich werde es nicht mehr geben.[45]

Ein solches **schutzwürdiges Vertrauen** wird etwa angenommen, wenn der Arbeitnehmer mit 820
höher qualifizierten Arbeiten beschäftigt worden ist, so dass die Zuweisung einer Arbeit mit anderen, geringeren Anforderungen genügenden Tätigkeiten als Zurücksetzung erscheinen würde.[46] Die Tendenz der Rspr ging zunächst im öffentlichen Dienst dahin, eine Konkretisierung durch Zeitablauf nur noch ganz ausnahmsweise anzunehmen, wie der Fall der Stationsschwester zeigt, die 25 Jahre einer Station vorstand und die die Zuweisung der Leitung einer anderen Station als Versetzung ansah. Das BAG lehnte die Annahme einer Konkretisierung ab.[47] Außerhalb des öffentlichen Dienstes nahm das LAG Nürnberg[48] eine Konkretisierung schon nach einer viereinhalbjährigen Beschäftigung auf ein und derselben Position im Abend-, Wochenend- und Feiertagsdienst an. Das BAG hat seine restriktive Rspr demgegenüber jedoch in jüngerer Vergangenheit auch für private Arbeitsverhältnisse bestätigt und selbst im Fall einer fast 20-jährigen Tätigkeit eine Konkretisierung der Arbeitsverpflichtung an einem Ort verneint.[49]

Die Klausel B 3 verhindert, dass eine Konkretisierung eintritt, weil für den Arbeitnehmer nach- 821
lesbar klargestellt wird, dass weder das Zeitmoment noch andere Umstände einen Erklärungswillen des Arbeitgebers beinhalten, auf die Ausübung des Weisungsrechts beim Arbeitsort zu verzichten. Die Klausel B 3 verweist zudem auf die gesetzliche Regelung des § 106 GewO, so dass ein gemäß Klauseltyp A vereinbarter Arbeitsplatz nicht als abschließend festgeschrieben gilt, sondern der Arbeitgeber sein Direktionsrecht im gesetzlichen Rahmen weiter ausüben kann.

cc) Direktionsrechtserweiternde Arbeitsortklausel

(1) Klauseltyp C

C 1: Falls erforderlich, kann der Arbeitgeber nach Abstimmung der beiderseitigen Interessen Art 822
und Ort der Tätigkeit des Arbeitnehmers ändern.[50]

C 2: Der Arbeitgeber behält sich vor, dem Arbeitnehmer aus betrieblichen Gründen auch gleichwertige Tätigkeiten an einem anderen Arbeitsort im Unternehmen innerhalb der Bundesrepublik Deutschland zu übertragen. Ist der neue Arbeitsort vom bisherigen privaten Lebensmittelpunkt des Arbeitnehmers nicht mehr täglich erreichbar, so ist vor der Versetzung eine Ankündigungsfrist entsprechend der jeweils geltenden Kündigungsfrist einzuhalten.

C 3: Der Arbeitgeber ist befugt, den Arbeitnehmer in eine andere Abteilung, in ein anderes Werk oder in ein anderes Unternehmen des Konzerns zu versetzen.

C 4: Der Arbeitnehmer verpflichtet sich, vorübergehend auch an einem anderen Ort und für einen anderen Arbeitgeber tätig zu werden. Als „vorübergehend" gilt ein Zeitraum unter einem Monat.

740/84, NZA 1985, 258; BAG 7.9.1972 – 5 AZR 12/72, AP § 767 ZPO Nr. 2; LAG Schleswig-Holstein 30.4.1988 – 4 Sa 490/97, ARST 1998, 187.

45 BAG 14.12.1961 – 5 AZR 180/61, AP § 611 BGB Direktionsrecht Nr. 17.

46 BAG 15.10.1960 – 5 AZR 152/58, AP § 3 TOA Nr. 73; BAG 14.12.1961 – 5 AZR 180/61, AP § 611 BGB Direktionsrecht Nr. 17.

47 BAG 24.4.1996 – 5 AZR 1031/94, DB 1996, 1931; vergleichbare Entscheidungen sind BAG 27.3.1980 – 2 AZR 506/7, AP § 611 BGB Direktionsrecht Nr. 26; LAG Köln 29.1.1991 – 4 Sa 920/90, LAGE § 611 BGB Direktionsrecht Nr. 8; s. auch *Hromadka*, RdA 1992, 234.

48 LAG Nürnberg 5.11.1997 – 4 Sa 796/96, AiB 1998, 711.

49 BAG 13.3.2007 – 9 AZR 433/06, NZA-RR 2008, 504; dazu *Fliss*, NZA-RR 2008, 225, 226.

50 Vgl BAG 9.5.2006 – 9 AZR 424/05, NZA 2007, 145.

(2) Gestaltungshinweise

823 Über die Ermessungsausübung nach § 106 S. 2 GewO hinaus hat der Arbeitgeber die Möglichkeit, wie in den Klauseln C geschehen, eine Direktionsrechtserweiterung vorzunehmen, so dass ihm auf Basis eines vertraglich vereinbarten zusätzlichen Rechts eine Änderung der Bestimmung des Arbeitsortes gestattet ist. Bei der Vertragsgestaltung ist zu beachten, dass sich das **erweiterte Direktionsrecht**, auch als **„besonderes Direktionsrecht"** bezeichnet,[51] von dem allgemeinen Direktionsrecht dadurch unterscheidet, dass der über § 106 S. 2 GewO hinausgehende Regelungsgehalt der Inhaltskontrolle des § 307 BGB unterfällt.

824 Solche Direktionsrechtserweiterungen können zwischen den Vertragsparteien vereinbart werden, soweit sie nicht in den Kernbereich der Hauptleistungspflichten des Arbeitnehmers eindringen. Hauptleistungspflichten können nur im Wege einer Änderungskündigung oder durch Änderungsvertrag modifiziert werden. Nach Ansicht des BAG ist die Klausel C 1 aus diesem Grunde unwirksam, da hier neben der Änderung des Arbeitsortes auch die Änderung der Art der Arbeit ermöglicht werden soll, was auch die Zuweisung einer geringerwertigen Tätigkeit ermögliche; dies stelle aber einen Eingriff in den arbeitsrechtlichen Inhaltsschutz dar. Der Vorbehalt der „Abstimmung der beiderseitigen Interessen" sage nichts darüber aus, wie ein hier festgestellter Interessengegensatz gelöst werden soll und helfe daher nicht weiter. Da eine geltungserhaltende Reduktion ausscheidet, ist die Klausel insgesamt unwirksam.[52] Es empfiehlt sich daher, besondere Regelungen zum Arbeitsort stets getrennt von den sonstigen Bestimmungen der Leistungspflichten vorzunehmen.

825 Die **Grenze** des vertraglich erweiterten Weisungsrechts beim Arbeitsort, meist im Wege eines **Versetzungsvorbehalts** geregelt, ergibt sich aus dem Kernbereich des Arbeitsverhältnisses, der Arbeitspflicht einerseits und der Vergütungspflicht andererseits.[53] Ein bewusst erweitertes Recht zur örtlichen Versetzung muss hingegen auch dem Bestimmtheits- und Konkretisierungserfordernis des § 307 Abs. 1 S. 2 BGB Rechnung tragen.[54] Dies bedeutet, dass sowohl der Anlass einer vorbehaltenen Versetzung als auch der Umfang des Versetzungsrechts in der Klausel mitzuteilen ist, damit der Arbeitnehmer sich insoweit darauf einstellen kann; beides ist in der Klausel C 2 enthalten. Die Klausel C 2 berücksichtigt zudem in Umsetzung des BAG-Urteils vom 9.5.2006 die Beschränkung auf die Zuweisung nur gleichwertiger Tätigkeiten und eine mögliche Unwirksamkeit wegen Verstoßes gegen das Transparenzgebot, wenn keine Ankündigungsfrist festgelegt ist.[55] In Erweiterung der Klausel C 2 ist auch eine **Konzernversetzungsklausel** möglich, allerdings ist dabei sorgfältig auf eine Beschreibung sowohl des möglichen Anlasses der Versetzung als auch der in Frage kommenden Konzernunternehmen zu achten. Eine vorbehaltlose und globale Konzernversetzungsklausel wird im Rahmen eines Standardarbeitsvertrages nicht mehr wirksam geschlossen werden können.

826 Die Klausel C 3 ist unwirksam, weil sie dem Arbeitnehmer ohne jede Vorhersehbarkeit in räumlicher Hinsicht unter gleichzeitigem potentiellem Austausch des Arbeitgebers eine Arbeit an jedem Ort der Erde, an dem der fragliche Konzern tätig ist, zumutet. Ein Austausch des Arbeitgebers ist ohne die Zustimmung oder gegen den Willen des Arbeitnehmers nicht möglich;[56] erforderlich für eine wirksame Vorauseinwilligung ist daher zumindest die Benennung oder Umschreibung der erfassten Konzernunternehmen. Die Klausel ist auch nicht mit § 307 Abs. 1 S. 2 BGB in Einklang zu bringen.

---

51 Preis/*Preis*, Der Arbeitsvertrag, II D 30 Rn 116.

52 Vgl BAG 9.5.2006 – 9 AZR 424/05, NZA 2007, 145.

53 BAG 9.6.1965 – 1 AZR 388/64, AP § 315 BGB Nr. 10; BAG 9.6.1967 – 3 AZR 352/66, AP § 611 BGB Lohnzuschläge Nr. 5; BAG 22.5.1985 – 4 AZR 427/83, AP § 1 TVG Tarifverträge – Bundesbahn Nr. 7.

54 *Preis/Genenger*, NZA 2008, 969, 974.

55 BAG 13.4.2010 – 9 AZR 36/09, NZA 2011, 64.

56 *Willemsen/Lembke*, NJW 2002, 1160.

Die Klausel C 4 stellt dagegen eine direktionsrechtserweiternde Klausel dar, die angesichts der zeitlichen Befristung und angesichts des Umstands, dass die zugemutete Tätigkeit unterhalb des zeitlichen Umfangs nach dem Versetzungsbegriff gem. § 95 Abs. 3 BetrVG liegt, wirksam ist. Eine Abordnungsklausel, die eine nur vorübergehende Tätigkeit des Arbeitnehmers an einem anderen Arbeitsort beinhaltet, wird generell als zulässig angesehen.[57] Ob zur Absicherung der Wirksamkeit auch bei der zeitlich befristeten Abordnung aufgenommen werden muss, dass nur gleichwertige Tätigkeiten zugewiesen werden dürfen, kann nach der jüngsten BAG-Rspr nicht mit Sicherheit ausgeschlossen werden. Richtigerweise gehört diese Frage jedoch nicht in die Überprüfung des Arbeitsvertrages, sondern in die Anwendungskontrolle.[58] 827

dd) Arbeitnehmerinteressen berücksichtigender Zusatz bei direktionsrechtserweiternder Arbeitsortklausel

(1) Klauseltyp D

Der Arbeitgeber wird den Arbeitnehmer vor der Versetzung anhören und seine persönlichen Belange nach Möglichkeit berücksichtigen. Eine Versetzung wird nur angeordnet, wenn diese aus wirtschaftlichen Gründen oder zur sachgerechten Leistungserbringung erforderlich ist. Die Versetzung ist mindestens zwei Wochen vorher anzukündigen, bei Versetzung an einen weit entfernten Ort (über 100 km Straßenentfernung) entspricht die Ankündigungsfrist der Frist, die bei einer Änderungskündigung einzuhalten wäre. 828

(2) Gestaltungshinweise

Bei direktionsrechtserweiternden Klauseln spielt häufig die Frage eine Rolle, inwieweit die Interessen des Arbeitnehmers durch den das Direktionsrecht erweiternden Tatbestand im Vertrag Berücksichtigung gefunden haben. Dabei müssen primär die Interessen des Arbeitnehmers unter Zumutbarkeits- und Transparenzgesichtspunkten gewahrt werden (§ 106 GewO, § 307 Abs. 1 S. 2 BGB). Die Klausel D eignet sich daher insb. zur Absicherung des Weisungsrechts, wenn eine Versetzung an einen weit entfernten Ort vorbehalten werden soll. Sie kann aber auch verwendet werden, wenn kein Arbeitsort im Vertrag vereinbart ist. 829

ee) Dienstortklausel

(1) Klauseltyp E

➔ Der Arbeitnehmer ist verpflichtet, seinen Hauptwohnsitz am Sitz der Firma oder in unmittelbarer Umgebung der Firma zu nehmen.[59] 830

(2) Gestaltungshinweise

Die Wirksamkeit von Dienstsitzklauseln ist umstritten. Ausgangspunkt der Bewertung ist die Frage, ob in einem Arbeitsvertrag wirksame Regelungen für die private Lebensführung getroffen werden können. Das LAG München hielt Wohnsitzvereinbarungen schon deshalb für zulässig, weil sich der Arbeitnehmer nach dem Grundsatz der allgemeinen Vertragsfreiheit vertraglich hierzu verpflichten könne.[60] Die Beschränkung der persönlichen Freiheit, die von einer Wohnsitzvereinbarung in einem Arbeitsvertrag ausgehe, sei von geringer Intensität, weil durch die Aufnahme eines Arbeitsverhältnisses an einem bestimmten Ort ohnehin meist der faktische Zwang bestehe, auch den Wohnsitz an der Betriebsstätte oder in deren unmittelbarer Nähe zu begründen. Danach wäre die Klausel E in einem Individualvertrag jedenfalls dann wirksam, 831

57 BAG 18.6.1997 – 4 AZR 699/95, AP § 1 TVG Tarifverträge: Lufthansa Nr. 24; MünchHandbArbR/*Blomeyer*, § 48 Rn 90; MünchHandbArbR/*Richardi*, § 32 Rn 9.

58 *Fliss*, NZA-RR 2008, 225, 229.

59 Preis/*Preis*, Der Arbeitsvertrag, II D 30 Rn 248 ff (Typ 18).

60 LAG München 9.1.1991 – 5 Sa 31/90, LAGE § 611 BGB Aufhebungsvertrag Nr. 32.

wenn die Dienstsitzklausel einem objektiv bestehenden betrieblichen oder unternehmerischen Interesse dient. In einem Formulararbeitsvertrag wird die Regelung hingegen schon wegen Verstoßes gegen § 307 Abs. 1 S. 1 BGB (unangemessene Benachteiligung) unwirksam sein. Erforderlich wären insoweit einschränkende Regelungen zur Berücksichtigung der persönlichen Umstände des Arbeitnehmers. Als hilfreich zur Bewertung von Dienstsitzklauseln erweist sich einmal mehr das öffentliche Dienstrecht, wonach ein Beamter angewiesen werden kann, seine Wohnung oder eine Dienstwohnung innerhalb einer bestimmten Entfernung der Dienststelle zu nehmen, wenn dies die ordnungsgemäße Wahrnehmung der Dienstgeschäfte erfordert.[61] Eine in einem Tarifvertrag festgelegte Pflicht zum Bezug einer Dienstwohnung ist vom BAG im Übrigen nicht beanstandet worden, eine Kontrolle tarifvertraglicher Bestimmungen am Maßstab der §§ 305 ff BGB findet bekanntlich nicht statt.[62]

61 Vgl § 72 BBG und entsprechende Beamtengesetze der Länder; zum Beamtengesetz in Hessen (§ 87 HBG) s. VG Frankfurt 30.4.2009 – 9 L 380/09, juris.

62 BAG 7.6.2006 – 4 AZR 316/05, EzA Art. 11 GG Nr. 1; Moll/*Gragert*, MAH Arbeitsrecht, § 10 Rn 28.

10. Arbeitszeitklauseln

Literatur

Adam, Die Bestimmung des Umfangs der zu vergütenden Arbeitszeit, AuR 2001, 481; *Baeck/Deutsch*, Arbeitszeitgesetz, 3. Aufl. 2014; *Baeck/Lösler*, Neue Entwicklungen im Arbeitszeitrecht, NZA 2005, 247; *Bayreuther*, Was schuldet der Arbeitnehmer? – Möglichkeiten und Grenzen einer vertraglichen Ausgestaltung der Leistungspflicht des Arbeitnehmers, Sonderbeilage zu NZA Heft 1/2006; *ders.*, Widerrufs-, Freiwilligkeits- und Anrechnungsvorbehalte – geklärte und ungeklärte Fragen der aktuellen Rechtsprechung des BAG zu arbeitsvertraglichen Vorbehalten, ZIP 2007, 2009; *ders.*, Der gesetzliche Mindestlohn, NZA 2014, 865; *Bergwitz*, Arbeit und Arbeitszeit – mehr Fragen als Antworten?, NZA 2006, 84; *Dzida/Schramm*, Versetzungsklauseln: Mehr Flexibilität für den Arbeitgeber, mehr Kündigungsschutz für den Arbeitnehmer, BB 2007, 1221; *Forst*, Null-Stunden-Verträge, NZA 2014, 998; *Franzen*, Entkoppelung der Arbeitszeit vom Arbeitsentgelt, RdA 2014, 1; *Gotthardt*, Grenzen von Tarifverträgen zur Beschäftigungssicherung durch Arbeitszeitverkürzung, DB 2000, 1462; *Hanau*, Möglichkeiten und Grenzen der Vereinbarung zur Dauer der Arbeitszeit, NZA Beilage 1/2006, 34; *Heins/Leder*, Die arbeitsrechtliche Behandlung von Wegezeiten bei Dienstreisen, NZA 2007, 249; *Hohenstatt/Schramm*, Neue Gestaltungsmöglichkeiten zur Flexibilisierung der Arbeitszeit, NZA 2007, 238; *Hromadka/Schmitt-Rolfes*, Die AGB-Rechtsprechung des BAG zu Tätigkeit, Entgelt und Arbeitszeit, NJW 2007, 1777; *Klocke*, Neue Entwicklungen im Überstundenprozess, RdA 2014, 223; *Knospe*, Die Verpflichtung zu Insolvenzschutz für Vertragsparteien einer Wertguthabenvereinbarung im Rahmen flexibler Arbeitszeitgestaltung, NZA 2006, 187; *Lindemann*, Entgeltpauschalierungsabreden für geleistete Überstunden, BB 2006, 826; *Preis/Lindemann*, Änderungsvorbehalte – Das BAG durchschlägt den gordischen Knoten, NZA 2006, 632; *Reinecke*, Weisungsrecht, Arbeitsvertrag und Arbeitsvertragskontrolle – Rechtsprechung des BAG nach der Schuldrechtsreform, NZA-RR 2013, 393; *Schliemann* (Hrsg.), Arbeitszeitgesetz, Kommentar mit Nebengesetzen, Loseblatt; *ders.*, Allzeit bereit, NZA 2004, 513; *ders.*, Bereitschaftsdienst im EG-Recht, NZA 2006, 1009; *Stamm*, Arbeitszeitregelungen in Allgemeinen Geschäftsbedingungen: Reglementierung oder Flexibilisierung im Gefolge der Schuldrechtsreform?, RdA 2006, 288; *Wank*, Facetten der Arbeitszeit, RdA 2014, 285; *Zundel*, Die neue Flexibilisierung im Arbeitsrecht durch das BAG, NJW 2006, 2304.

a) Rechtslage im Umfeld

aa) Prinzipien des Entgelt- und Arbeitszeitrechts

Der vertraglichen Regelung der Arbeitszeit wird häufig zu wenig Bedeutung beigemessen, dabei ist der Spielraum der Parteien für individuelle Regelungen hier bemerkenswert groß. Der Zeiteinsatz des Arbeitnehmers ist eine Hauptleistung im Arbeitsvertrag, die Festlegung der Arbeitszeit ist folglich die Bestimmung einer primären Leistungspflicht. Hauptleistungspflichten sind der rechtlichen Inhaltskontrolle weitestgehend entzogen, auch wenn es sich um formularmäßige Vereinbarungen handelt. Allerdings ist festzustellen, dass die Rspr diesen Grundsatz bei Flexibilisierungsvorhaben eher zurückhaltend anwendet. Überstundenbestimmungen und Regelungen über Abrufarbeit und Kurzarbeit werden daher einer Inhaltskontrolle anhand der §§ 307 ff BGB unterzogen.[1] Insgesamt ergibt sich somit ein buntes Gemisch von Vertragsfreiheit und AGB-Kontrolle, in dem genau unterschieden werden muss. 832

Das Flexibilisierungsinteresse des Arbeitgebers wird jedoch anerkannt und mit dem Interesse der Arbeitnehmer an einer stabilen Arbeitszeitregelung – und einer entsprechenden Lohnerwartung – abgewogen.[2] Die Inhaltskontrolle anhand der §§ 307 ff BGB hat hier im Vergleich zur älteren Rspr sogar für eine potentielle Verbesserung der Flexibilisierungsmöglichkeiten gesorgt: Zuvor war jede einseitige Zugriffsmöglichkeit des Arbeitgebers auf die Länge der Arbeitszeit eine Umgehung des (Änderungs)-Kündigungsschutzes und damit nichtig. Bei allen formularmäßigen Arbeitszeitregelungen ist daher nunmehr vorab zu klären, ob die Regelung einer inhaltskontrollfreien Hauptleistung vorliegt oder ob eine kontrollfähige Nebenbestimmung gegeben ist. 833

Grundlage und Rahmen fast aller Vereinbarungen über die Arbeitszeit ist das **Arbeitszeitgesetz** (ArbZG). Es gibt verbindliche Höchstarbeitszeiten und Pausenregelungen vor, die in Betrieben und Verwaltungen aller Art einschließlich der privaten Haushalte gelten. Das Gesetz findet 834

1 BAG 14.8.2007 – 9 AZR 18/07, NZA 2008, 1194.

2 Clemenz/Kreft/Krause/*Klumpp*, AGB-Arbeitsrecht, § 307 BGB Rn 98 f.

hingegen **keine Anwendung** auf leitende Angestellte iSv § 5 Abs. 3 BetrVG sowie Chefärzte, Leiter öffentlicher Dienststellen und Arbeitnehmer im öffentlichen Dienst, die zu selbständigen Entscheidungen in Personalangelegenheiten befugt sind. Ausgenommen sind weiterhin Personen, die in häuslicher Gemeinschaft mit den ihnen anvertrauten Personen zusammenleben und sie eigenverantwortlich erziehen, pflegen oder betreuen (betreutes Wohnen), sowie die Arbeit in den Kirchen und Religionsgemeinschaften, § 18 Abs. 1 Nr. 1–4 ArbZG.

835 Die **Höchstdauer** der werktäglichen Arbeitszeit beträgt acht Stunden, § 3 S. 1 ArbZG. **Werktage** sind die Tage von Montag bis Samstag. Damit gilt grds. die 48-Stunden-Woche. Die werktägliche Arbeitszeit kann ohne weitere Voraussetzungen auf zehn Stunden täglich verlängert werden, wenn innerhalb von sechs Kalendermonaten oder innerhalb von 24 Wochen im Durchschnitt acht Stunden werktäglich nicht überschritten werden, § 3 S. 2 ArbZG. Wird der Ausgleichszeitraum berücksichtigt, kann die wöchentliche Arbeitszeit bis zu 60 Stunden betragen. Außerhalb Deutschlands findet das Arbeitszeitgesetz keine Anwendung, weshalb etwa ein entsandter Arbeitnehmer im Ausland auch regelmäßig mehr als 48 Stunden pro Woche beschäftigt werden kann.[3]

836 Innerhalb des durch die gesetzliche Regelung vorgegebenen Zeitrahmens lassen sich die verschiedensten **Arbeitszeitmodelle** gestalten.[4] Die Arbeitszeit bei **mehreren Arbeitgebern** ist für die Zwecke des Arbeitszeitgesetzes zusammenzurechnen, § 2 Abs. 1 ArbZG.

837 **Sonn- und Feiertagsarbeit** ist gem. § 9 Abs. 1 ArbZG grds. unzulässig. Jedoch enthält § 10 ArbZG etliche Ausnahmetatbestände, weswegen in der Praxis oftmals doch an Sonn- und Feiertagen gearbeitet wird; § 11 ArbZG sieht Ausgleichsregelungen für die Beschäftigung an Sonn- und Feiertagen vor. So ist etwa bei Sonntagstätigkeit binnen zwei Wochen ein Ersatzruhetag zu gewähren.

838 Nach Beendigung der täglichen Arbeitszeit müssen Arbeitnehmer eine ununterbrochene Ruhezeit von mindestens elf Stunden haben, § 5 Abs. 1 ArbZG. **Ruhezeit** bedeutet **arbeitszeitfreie Zeit**, in der der Arbeitnehmer zu keiner Arbeitsleistung herangezogen werden darf. Zur Ruhezeit zählt allerdings bereits die Zeit, die der Arbeitnehmer von der Wohnung zur Arbeitsstelle bewältigt.[5] Abweichende Regelungen sind durch Tarifvertrag möglich und, wenn der Tarifvertrag eine Öffnungsklausel enthält, auch durch Betriebsvereinbarung, § 7 Abs. 2, 2 a und 3 ArbZG.[6] Die werktägliche Arbeitszeit kann durch Tarifvertrag oder Betriebsvereinbarung auch ohne Ausgleich über acht Stunden hinaus verlängert werden, wenn durch besondere Regelungen sichergestellt wird, dass die Gesundheit der Arbeitnehmer nicht gefährdet wird, bspw durch regelmäßige Untersuchungen der Belastbarkeit, § 7 Abs. 2 a und 3 ArbZG. Zudem darf die Arbeitszeit 48 Stunden wöchentlich im Durchschnitt von zwölf Kalendermonaten nicht überschreiten, § 7 Abs. 8 ArbZG. Dieser Ausgleichszeitraum gilt jedoch nicht für Arbeitsbereitschaft und Bereitschaftsdienst iSd § 7 Abs. 2 a ArbZG. Soweit in einem Bereich üblicherweise keine Tarifverträge geschlossen werden, wie bspw bei den freien Berufen, können die ansonsten zulässigen Ausnahmen durch die Aufsichtsbehörde bewilligt werden, § 7 Abs. 5 ArbZG. Abweichungen sind bspw zuzulassen, wenn in die Arbeitszeit regelmäßig und in erheblichem Umfang Arbeitsbereitschaft fällt, vgl § 7 Abs. 1 ArbZG. Nach § 7 Abs. 7 ArbZG ist für diese Regelungen jedoch stets auch die schriftliche Einwilligung des Arbeitnehmers erforderlich.

839 Gesonderte Einschränkungen gibt es für die **Nachtarbeit**, die auf bis zu 10 Stunden nur verlängert werden darf, wenn innerhalb von einem Kalendermonat oder innerhalb von vier Wochen im Durchschnitt 8 Stunden werktäglich nicht überschritten werden. Die Zahlung eines angemessenen **Zuschlags**, den der Arbeitgeber nach § 6 Abs. 5 ArbZG schuldet, kann in unterschiedlicher Art und Weise erfolgen. Neben der Zahlung gesonderter Zuschläge kann eine ent-

3 BAG 12.12.1990 – 4 AZR 238/90, DB 1991, 865.
4 Küttner/*Reinecke*, Personalbuch, 60 (Arbeitszeit) Rn 10; 61 (Arbeitszeitmodelle) Rn 1 ff.
5 Küttner/*Reinecke*, Personalbuch, 61 (Arbeitszeitmodelle) Rn 14.
6 *Gotthardt*, DB 2000, 1462.

sprechende Anhebung des Grundlohns in Betracht kommen oder die Gewährung einer angemessenen Zahl freier Tage. Nach neuerer BAG-Rspr entspricht der Anspruch auf eine angemessene Zahl bezahlter freier Tage als Ausgleich für geleistete Nachtarbeit in seinem Umfang der Höhe des angemessenen Zuschlags auf das Bruttoarbeitsentgelt.[7] Für Angehörige eines Rettungsdienstes ist regelmäßig ein Nachtzuschlag iHv 10 % des Arbeitsverdienstes iSv § 6 Abs. 5 ArbZG angemessen.[8]

Die tarifliche Öffnungsklausel in § 7 Abs. 1 Nr. 1 a ArbZG führt in Verbindung mit § 7 Abs. 8 840 ArbZG zu einer **Obergrenze der wöchentlichen Arbeitszeit** von 48 Stunden im Durchschnitt von sechs Kalendermonaten oder 24 Wochen. Die Anfang 2004 mit dem Gesetz zu Reformen am Arbeitsmarkt[9] eingeführte Regelung des § 7 Abs. 2 a ArbZG sieht hingegen keine Obergrenze vor, so dass Arbeitszeitregelungen über 48 Wochenstunden hinaus vereinbart werden können. Die Betriebs- oder Tarifpartner sind allerdings auf die Einwilligung des Arbeitnehmers angewiesen, der diese jederzeit mit einer Frist von sechs Monaten nach § 7 Abs. 7 ArbZG widerrufen kann. Ansonsten enthält der nur für Arbeitsbereitschaft und Bereitschaftsdienst geltende § 7 Abs. 2 a ArbZG den Zusatz, dass die von den Betriebs- oder Tarifpartnern vereinbarten Arbeitszeitgrenzen zusätzlich Regelungen enthalten müssen, durch die sichergestellt wird, dass die Gesundheit der Arbeitnehmer nicht gefährdet wird.

Für **leitende Angestellte** iSv § 5 Abs. 3 BetrAVG und andere Mitarbeiter in **Führungspositionen** 841 kennt das ArbZG keine Begrenzung der zulässigen Arbeitszeitdauer auf 48 Stunden pro Woche. Nach § 18 Abs. 1 Nr. 1 ArbZG gilt das Gesetz für diesen Personenkreis nicht. Die gesetzliche Regelung liegt damit auf der Ebene der älteren Rspr des BAG, wonach der Arbeitgeber von einem hoch bezahlten leitenden Angestellten ein besonderes Maß an Arbeitsleistung verlangen darf, auch wenn dadurch die im Betrieb übliche Arbeitszeit überschritten wird, sofern der Angestellte nicht seine Gesundheit gefährdet.[10] Konsequent hatte das BAG in einer Entscheidung aus dem Jahre 1966 deshalb auch eine generelle Verpflichtung des Arbeitgebers abgelehnt, Überstunden des leitenden Angestellten gesondert zu vergüten.[11] Eine Überprüfung dieser Rspr unter Einbezug der AGB-Regelungen steht auch 13 Jahre nach der Schuldrechtsreform noch aus. Allgemein wird im Schrifttum eine unbegrenzte Arbeitsverpflichtung von Führungskräften unter Berufung auf die genannten Entscheidungen des BAG für zulässig gehalten.[12] Es erscheint jedoch fraglich, ob nur mit dem Hinweis auf eine höhere Vergütung wirksam vereinbart werden kann, dass ein leitender Angestellter seine gesamte Arbeitszeit ohne jede Begrenzung oder auch nur Konkretisierung des Umfangs der Arbeitspflicht zur Verfügung zu stellen hat. Jedenfalls im Standardvertrag für Leitende bestehen trotz Regelung einer Hauptleistungspflicht Bedenken hinsichtlich der Angemessenheit (§ 307 Abs. 1 S. 1 BGB) und Transparenz (§ 307 Abs. 1 S. 2 BGB). Bei allgemeinen Regelungen zur Arbeitszeit von aus dem ArbZG ausgenommenen Führungskräften sind daher klare Festlegungen zur Arbeitszeit zu empfehlen; nur dies entspricht auch der Vorgabe von § 2 Abs. 1 S. 2 Nr. 7 NachwG, der auch für Führungskräfte gilt.[13]

---

7 BAG 1.2.2006 – 5 AZR 422/04, NZA 2006, 494; LAG Köln 12.3.2009 – 7 Sa 1258/08, juris.

8 BAG 31.8.2005 – 5 AZR 545/04, BB 2006, 443.

9 Vom 24.12.2003 (BGBl. I S. 3002); *Moderegger*, ArbRB 2003, 370.

10 BAG 13.3.1967 – 2 AZR 133/66, BB 1967, 669.

11 BAG 17.11.1966 – 5 AZR 225/66, NJW 1967, 413.

12 Grobys/Panzer/*Wahlig/Manzur*, StichwortKommentar ArbR, 2. Aufl. 2014, 153. Überstunden/Mehrarbeit Rn 18; Preis/*Preis/Lindemann*, Der Arbeitsvertrag, II A 90 Rn 97 ff und II M 20 Rn 14 f; *Bauer/Lingemann/Diller/Haußmann*, Anwalts-Formularbuch ArbR, M 3.3 Fn 5; *Kelber*, in: Hansen u.a., Rechtsstellung der Führungskräfte, C.I.6. Rn 136, 143; ErfK/*Preis*, § 611 BGB Rn 666 f; MüKo-HGB/*v. Hoyningen-Huene*, § 59 Rn 199; Moll/*Gragert*, MAH Arbeitsrecht, § 12 Rn 34; mit Einschränkungen beim Arbeitsvertrag für Rechtsanwälte *Lingemann/Winkel*, NJW 2009, 1574.

13 So auch Schaub/Koch/*Schrader*, Arbeitsrechtliches Formular- und Verfahrenshandbuch, § 2 Rn 103 Fn 224; *Schelling*, Beck'sche Online-Formulare 2.1.10 Arbeitsvertrag für leitende Angestellte, Anm. 17, 24.

bb) Arbeitszeitbeginn und Arbeitszeitende

(1) Vergütungspflichtige Arbeitszeit

842 **Arbeitszeit** ist die Zeit von Beginn bis zum Ende der Arbeit ohne die Ruhepausen, § 2 Abs. 1 ArbZG. Vor allem bei der Gestaltung von Arbeitsverträgen mit Arbeitern sollte man darauf achten, dass kein Zweifel über den Zeitpunkt entsteht, wann die Arbeitszeit beginnt und wann sie endet.

843 **Wann** die Arbeitszeit **beginnt**, sagt das Arbeitszeitgesetz nicht.[14] In manchen Betrieben sind weite Wege zwischen Parkplatz und Arbeitsstelle zurückzulegen. In anderen Fällen muss zunächst Berufskleidung angezogen werden, oder es kann erst nach einer gewissen Vorbereitung vor Ort mit der Arbeit begonnen werden.

844 Das BAG geht davon aus, dass die Vergütungspflicht des Arbeitgebers nach § 611 Abs. 1 BGB allein an die „Leistung der versprochenen Dienste“ anknüpft und damit unabhängig ist von der arbeitszeitrechtlichen Einordnung der Zeitspanne, während derer der Arbeitnehmer die geschuldete Arbeitsleistung erbringt.[15] Arbeit ist jede Tätigkeit, die als solche der Befriedigung eines fremden Bedürfnisses dient.[16] Das bedeutet, dass die Qualifikation einer bestimmten Zeitspanne als Arbeitszeit nicht zwingend zu einer Vergütungspflicht führt, während umgekehrt die Herausnahme bestimmter Zeiten aus der Arbeitszeit nicht die Vergütungspflicht ausschließen muss.[17] Mit der Verwendung des Begriffs der **„vergütungspflichtigen Arbeitszeit“** wird insofern erfasst, welche Arbeitszeit als Bestandteil der geschuldeten tariflichen Regelarbeitszeit vergütungspflichtig ist.[18]

(2) Umkleidezeiten

845 Zur Arbeit gehört auch das **Umkleiden** für die Arbeit, wenn der Arbeitgeber das Tragen einer bestimmten Kleidung vorschreibt und das Umkleiden im Betrieb erfolgen muss. An der in der Entscheidung vom 11.10.2000[19] vertretenen Auffassung, der Arbeitgeber verpflichte sich zur Vergütung nur der eigentlichen Tätigkeit, hält das BAG ausdrücklich nicht weiter fest: Der Arbeitgeber verspricht nach neuer Lesart regelmäßig die Vergütung für alle Dienste, die er dem Arbeitnehmer aufgrund seines arbeitsvertraglich vermittelten Direktionsrechts abverlangt.[20] Die Fremdnützigkeit des Umkleidens ergibt sich schon aus der Weisung des Arbeitgebers, die ein Anlegen der Arbeitskleidung zu Hause und ein Tragen auf dem Weg zur Arbeitsstätte ausschließt. Da die Arbeit in diesem Falle mit dem Umkleiden beginnt, zählen auch die innerbetrieblichen Wege zur Arbeitszeit, die dadurch veranlasst sind, dass der Arbeitgeber das Umkleiden nicht am Arbeitsplatz ermöglicht, sondern dafür eine vom Arbeitsplatz getrennte Umkleidestelle einrichtet, die der Arbeitnehmer zwingend benutzen muss.[21] Nicht zur Arbeitszeit zählende **Wegezeit** bleibt aber der Weg von der Wohnung des Arbeitnehmers bis zu der Stelle, an der die Arbeit beginnt.[22]

846 Aufgrund dieser Rspr bleibt abzuwarten, ob vertragliche Regelungen, wonach Umkleidezeiten generell nicht vergütet werden, weiterhin rechtssicher verwendet werden können. Soweit keine tariflichen Vorschriften Anwendung finden, die die Frage der Vergütung von Umkleidezeiten näher regeln, zählen nach Ansicht des BAG Umkleidezeiten einschließlich der erforderlichen

14 *Baeck/Lösler*, NZA 2005, 247.
15 BAG 20.4.2011 – 5 AZR 200/10, NZA 2011, 917.
16 BAG 22.4.2009 – 5 AZR 292/08, NZA-RR 2010, 231; BAG 20.4.2011 – 5 AZR 200/10, NZA 2011, 917.
17 BAG 16.5.2012 – 5 AZR 347/11, NZA 2012, 939.
18 BAG 31.8.2005 – 5 AZR 545/04, BB 2006, 443.
19 BAG 11.10.2000 – 5 AZR 122/99, NZA 2001, 458.
20 BAG 19.9.2012 – 5 AZR 678/11, NZA-RR 2013, 63.
21 Zu innerbetrieblichen Wegen innerhalb der Arbeitsstelle BAG 28.7.1994 – 6 AZR 220/94, NZA 1995, 437.
22 Vgl dazu *Burger*, TVöD/TV-L, § 6 Rn 6; ErfK/*Wank*, § 2 ArbZG Rn 16; Buschmann/*Ulber*, ArbZG, § 2 Rn 7 f.

Wegezeit zwischen Umkleideraum und Arbeitsplatz dann zur vergütungspflichtigen Arbeitszeit, wenn das Tragen von Dienstkleidung vorgeschrieben ist und wenn das Umziehen entweder zwingend im Betrieb zu erfolgen hat oder wenn eine erlaubte Privatnutzung der Dienstkleidung aufgrund auffälliger Farbgebung und/oder sichtbar angebrachter Firmenkennzeichen – zB dem Firmennamen oder einem Emblem – fremdnützig ist, also dem Arbeitgeber zugutekommt.[23]

Für die Vertragsgestaltung dürfte unstreitig sein, dass das Umkleiden nicht zu den vertraglichen Hauptleistungspflichten gehört, für die eine Vergütung gem. § 611 BGB ausdrücklich zu vereinbaren wäre. Zu überprüfen wäre daher, ob im Falle von Umkleidezeiten von einer stillschweigend vereinbarten Vergütung auszugehen wäre oder ob diese ausgeschlossen werden kann. Genau diese Prüfung hatte das BAG noch in seiner Entscheidung vom 11.10.2000 vorgenommen und das Bestehen eines auf § 612 BGB gestützten **Vergütungsanspruchs für Umkleidezeiten** verneint, da nach den üblichen „Verkehrssitten" betrieblich notwendige Umkleide- und Waschzeiten regelmäßig gerade nicht vergütet würden.[24] Selbstverständlich ist es den Tarifvertragsparteien unbenommen, für die jeweilige Branche tarifliche Regelungen zur Vergütungspflicht von Umkleidezeiten zu treffen. Existiert eine solche tarifliche Regelung jedoch nicht, dürfte bisher die Vergütung von Umkleidezeiten nach wie vor eher die Ausnahme als die Regel sein. 847

Nach Auffassung des BAG[25] umfassen Waschen und Umkleiden idR, sofern nichts anderes vereinbart ist, keine Hauptleistungspflichten des Arbeitnehmers, für die der Arbeitgeber nach § 611 BGB eine Vergütung zu gewähren hätte. Werden solche Tätigkeiten vom Arbeitnehmer verlangt, handelt es sich um Dienstleistungen gem. § 612 Abs. 1 BGB. Diese sind aber regelmäßig nicht gegen eine Vergütung zu erwarten. Nach den oben dargelegten Kernaussagen des BAG könnte sich dies jedoch zukünftig ändern – die „Verkehrssitte" würde in diesem Fall allerdings nicht durch die tatsächlichen Gepflogenheiten, sondern durch die Vorgaben der Rspr geändert. Auch bleibt abzuwarten, ob sich die auf das Element der „Fremdnützigkeit" gestützte Rspr auf andere bisher unregulierte Bereiche außerhalb der eigentlichen Erbringung der Arbeitsleistung erstrecken wird, bspw auf die Vergütung von Reisezeiten.[26] 848

Festzuhalten wäre: Die Arbeitszeit beginnt, wenn der Arbeitgeber in der Lage ist, die Arbeitskraft des Arbeitnehmers zu verwerten.[27] Sie endet zu dem Zeitpunkt, zu dem der Arbeitnehmer die Arbeit einstellt oder seine Arbeitskraft nicht mehr anbietet. Will man bei der Gestaltung von Arbeitsverträgen ausschließen, dass auch die Vorbereitungsmaßnahmen vor Beginn der Arbeit als Arbeitszeit gelten, wird empfohlen, dies in den Vertragsklauseln deutlich anzusprechen.[28] 849

(3) Erweiterter Arbeitszeitbegriff

Der Begriff der Arbeitszeit erfasst auch Zeiten, in denen der Arbeitnehmer dem Arbeitgeber zur Erfüllung der sich aus dem Arbeitsvertrag ergebenden Pflichten an einem vom Arbeitgeber bestimmten Ort zur Verfügung steht, die geschuldete **Arbeitsleistung vertragsmäßig anbietet**, der **Arbeitgeber hiervon jedoch keinen Gebrauch** macht. *Baeck/Lösler*[29] erwähnen als Beispiel solche Zeiten, in denen der Arbeitnehmer, der eine Maschine reparieren soll, auf Ersatzteile 850

23 BAG 10.11.2009 – 1 ABR 54/08, DB 2010, 454; BAG 17.1.2012 – 1 ABR 45/10, NZA 2012, 687.
24 BAG 11.10.2000 – 5 AZR 122/99, NZA 2001, 458.
25 BAG 11.10.2000 – 5 AZR 122/99, NZA 2001, 458; aA *Adam*, AuR 2001, 481.
26 *Berger*, Anm. zu BAG 19.9.2012 – 5 AZR 678/11, BB 2013, 445, 447.
27 ErfK/*Wank*, § 2 ArbZG Rn 16; *Baeck/Deutsch*, ArbZG, § 2 Rn 30.
28 *Hümmerich/Lücke/Mauer*, NomosFormulare ArbR, 8. Aufl., Muster 1060 (§ 4 Abs. 3), Muster 1063 (§ 3 Satz 3).
29 NZA 2005, 247.

wartet. Dieses Auslegungsergebnis entspricht Art. 2 Nr. 1 der EG-Arbeitszeitrichtlinie.[30] Arbeitszeit ist danach jede Zeitspanne, während derer ein Arbeitnehmer gemäß den einzelstaatlichen Rechtsvorschriften oder Gepflogenheiten arbeitet, dem Arbeitgeber zur Verfügung steht und seine Tätigkeit ausübt oder Aufgaben wahrnimmt. **Ruhepausen** sind hingegen von der Arbeitszeit genau **abzugrenzen.**[31] Lässt sich bei streitigem Parteivortrag nicht feststellen, welche Vereinbarungen über die Menge der Arbeitszeit getroffen wurden, kommt der monatelangen tatsächlichen Durchführung erhebliches Gewicht für die Auslegung der zugrunde zu legenden Absprachen zu.[32] Eine vorübergehende Reduzierung der wöchentlichen Arbeitszeit von 38,5 Stunden auf 30,5 Stunden zur Beschäftigungssicherung durch Firmentarifvertrag verstößt nicht gegen höherrangiges Recht.[33]

(4) Dienstreisen

851 Unklarheiten entstehen bei **Dienstreisen.** Die Unterscheidung verläuft zunächst zwischen Dienstreisen außerhalb der Arbeitszeit und solchen während der Arbeitszeit, die grds. auch wie Arbeitszeit vergütet werden müssen. Innerhalb der Arbeitszeit erfolgt die Durchführung der Dienstreise in Erfüllung der Weisung des Arbeitgebers; auf die Belastung der Reise und die Möglichkeit, Reisezeit zusätzlich produktiv zu nutzen, sei es durch vorbereitende Lektüre oder fachliche Gespräche mit Kollegen, kommt es nicht an.[34] Nachdem das BAG erst unlängst pauschale Abgeltungsklauseln für Überstunden für unwirksam erklärt hat, weitet es seine Rspr nunmehr auch auf Abgeltungsklauseln für Reisetätigkeiten aus.[35] Bei der Gestaltung solcher Klauseln ist darauf zu achten, dass nicht nur eine Höchstgrenze für den abgegoltenen Umfang möglicher Reisetätigkeit, sondern auch eine klare Definition des Begriffs der „Reisezeit" in den Arbeitsvertrag aufgenommen wird.[36] Da die Abgeltung als solche das Verhältnis von Leistung und Gegenleistung (dh die Hauptleistungspflichten) betrifft, findet eine gerichtliche Kontrolle hinsichtlich des Abgeltungsumfangs nicht statt (§ 307 Abs. 3 S. 1 BGB).

852 In Tarifverträgen ist ein solcher Ausschluss jedoch möglich, entsprechende Regelungen im BAT sind vom BAG bestätigt worden.[37] Bei Reisezeiten außerhalb der regelmäßigen Arbeitszeit knüpft das BAG die Frage der Vergütungspflicht daran an, ob nach den Umständen eine Vergütung zu erwarten sei (s. näher § 1 Rn 1967 ff).[38] Dies wird bei Flugreisen eines AT-Angestellten eher zu verneinen sein als bei einem gewerblichen Arbeiter, der vom Betriebshof auf die Baustelle gefahren wird.[39]

(5) Beschäftigung im Straßentransport

853 Genaue materielle Vorgaben bzgl der **Ruhepausen für Fahrpersonal im Straßenverkehr** führte Art. 5 der EG-Fahrpersonalrichtlinie ein.[40] Die Richtlinie ist zum 23.3.3002 in Kraft getreten, musste bis zum 23.3.2005 umgesetzt werden und geht der EG-Arbeitszeitrichtlinie ausdrück-

---

30 Richtlinie 2003/88/EG (ABl. EG Nr. L 307, S. 10).

31 BAG 13.10.2009 – 9 AZR 139/08, BB 2010, 116.

32 LAG Nürnberg 17.2.2004 – 6 Sa 325/02, AE 4/2004, 246.

33 BAG 25.10.2000 – 4 AZR 438/99, NZA 2001, 547.

34 Vgl *Hunold*, NZA 1993, 10; *Bergwitz*, NZA 2006, 84 f (Tagungsbericht über Beitrag von *Hunold*).

35 BAG 20.4.2011 – 5 AZR 200/10, NZA 2011, 917.

36 *Els*, BB 1986, 2192; *Heins/Leder*, NZA 2007, 249.

37 BAG 11.7.2006 – 9 AZR 519/05, NZA 2007, 155 (zu § 17 Abs. 2 S. 2 BAT; gleichlautend § 44 Abs. 2 S. 2 TVöD).

38 BAG 3.9.1997 – 5 AZR 428/96, NZA 1998, 540.

39 Vgl *Heins/Leder*, NZA 2007, 249, 250; allerdings sehen im gewerblichen Bereich viele Tarifverträge hierzu ausdrückliche Regelungen vor, vgl etwa den allgemeinverbindlichen Rahmentarifvertrag für das Dachdeckerhandwerk vom 27.11.1990/26.8.2008.

40 Richtlinie 2002/15/EG des Europäischen Parlaments und des Rates vom 11. März 2002 zur Regelung der Arbeitszeit von Personen, die Fahrtätigkeiten im Bereich des Straßentransports ausüben (ABl. EG Nr. L 80, S. 35).

lich vor (Art. 2 Abs. 3 RL 2002/15/EG). Für den deutschen Gesetzgeber bestand jedoch nur eingeschränkt Umsetzungsbedarf. Die Regelungen in Art. 5 der Richtlinie decken sich inhaltlich mit den bereits bestehenden Regelungen im ArbZG, die auch für Arbeitnehmer im Straßenverkehr gelten. Wie § 4 S. 1 ArbZG sieht Art. 5 Abs. 1 S. 2 der Richtlinie eine Ruhepause von 30 Minuten bei einer Arbeitszeit von 6 bis 9 Stunden und von 45 Minuten bei einer Arbeitszeit von mehr als 9 Stunden vor. Die Ruhepausen können nach Art. 5 Abs. 2 der Richtlinie wie auch gem. § 4 S. 2 ArbZG in Abschnitte von je 15 Minuten aufgeteilt werden. Die Regelung des Art. 5 Abs. 1 S. 1 der Richtlinie, wonach nicht länger als 6 Stunden ohne Ruhepause gearbeitet werden darf, entspricht § 4 S. 3 ArbZG. Für das Fahrpersonal ist § 21 a ArbZG zu beachten.[41]

Im Geltungsbereich der Verordnung (EG) Nr. 561/2006[42] werden Einzelaspekte der Arbeitszeit 854
im Straßenverkehr, wie etwa die **Lenkzeiten**, geregelt; die Verordnung ist als direkt anwendbares EU-Recht insoweit neben § 21 a ArbZG zu beachten.

§ 21 a ArbZG gilt für Fahrer und Beifahrer von Fahrzeugen zur Güterbeförderung mit Fahr- 855
zeugen von mehr als 3,5 t zulässigem Gesamtgewicht und bei der Personenbeförderung mit Bussen mit mehr als acht Fahrgästen, mit Ausnahme des örtlichen Linienverkehrs. § 21 a ArbZG führt eine wöchentliche Höchstarbeitszeit für Fahrpersonal ein, die eine Beschränkung der Wochenarbeitszeit auf durchschnittlich 48 Stunden sowie eine Maximalarbeitszeit von 60 Stunden vorsieht. Gemäß Art. 7 der VO (EG) Nr. 561/2006 ist nach einer Lenkzeit von 4,5 Stunden eine Unterbrechung von mindestens 45 Minuten einzulegen, sofern der Fahrer keine Ruhezeit nimmt. Diese Unterbrechung kann nach Abs. 2 durch Unterbrechungen von jeweils mindestens 15 Minuten, gefolgt von einer Unterbrechung von mindestens 30 Minuten, ersetzt werden, die in die Lenkzeit so einzufügen sind, dass die Voraussetzungen des Abs. 1 eingehalten werden.

§ 21 a Abs. 3 ArbZG nimmt allerdings bestimmte typische Situationen des Sektors Straßen- 856
transport aus der Arbeitszeit aus. Hierzu gehört etwa die Zeit, in der ein Arbeitnehmer am Arbeitsplatz warten muss, um seine Tätigkeit aufzunehmen, und die Zeit, in der er sich bereithalten muss, um seine Tätigkeit auf Anweisung aufnehmen zu können, ohne sich an seinem Arbeitsplatz aufhalten zu müssen (§ 21 a Abs. 3 S. 1 Nr. 1 und 2 ArbZG). Allerdings müssen der Zeitraum und dessen voraussichtliche Dauer im Voraus bekannt sein (§ 21 a Abs. 3 S. 2 ArbZG), ansonsten gelten diese Zeiten als Arbeitszeit. Bei Überschreiten der regelmäßigen Wochenarbeitszeit ist innerhalb eines bestimmten Ausgleichszeitraums ein Ausgleich herzustellen.[43]

(6) Arbeitskampf

Eine spezielle Regelung gilt nach deutscher Rspr im Falle von **Arbeitskämpfen**. Nimmt ein Ar- 857
beitnehmer an einer Streikkundgebung teil, nachdem er sich im Rahmen einer betrieblichen Gleitzeitregelung zulässigerweise aus dem Zeiterfassungssystem abgemeldet hat, streikt er im Rechtssinne nicht. **Streik** ist die Vorenthaltung der während der Dauer der Streikteilnahme geschuldeten Arbeitsleistung. Nach Auffassung des BAG führt ein Arbeitnehmer, der entsprechend einer betrieblichen Regelung die Lage seiner täglichen Arbeitszeit autonom bestimmen kann, mit dem Abmelden aus dem Zeiterfassungssystem das Ende seiner Arbeitszeit herbei. Danach befindet er sich in Freizeit. Während der Freizeit kann der Arbeitnehmer dem Arbeitgeber die Arbeitsleistung nicht vorenthalten, so dass auch die regelmäßige Vergütungspflicht

41 Baeck/*Deutsch*, ArbZG, § 4 Rn 5, 7.

42 Verordnung (EG) Nr. 561/2006 des Europäischen Parlaments und des Rates vom 15. März 2006 zur Harmonisierung bestimmter Sozialvorschriften im Straßenverkehr und zur Änderung der Verordnungen (EWG) Nr. 3821/85 und (EG) Nr. 2135/98 des Rates sowie zur Aufhebung der Verordnung (EWG) Nr. 3820/85 des Rates (ABl. EG Nr. L 102, S. 1, ber. ABl. 2009 Nr. L 70, S. 19).

43 *Didier*, NZA 2007, 120, 122.

nicht eingeschränkt ist.[44] Für Arbeitgeber empfiehlt es sich daher, bei betrieblichen Gleitzeitregelungen auf einer Genehmigungspflicht des Vorgesetzten für die Verkürzung der täglichen Arbeitszeit zu bestehen.

cc) Direktionsrecht des Arbeitgebers bei der Bestimmung der Lage der Arbeitszeit

858 Der Umfang oder auch die Dauer der Arbeitszeit ist notwendiger Verhandlungsgegenstand (*essentialia negotii*) des arbeitsrechtlichen Austauschverhältnisses und daher arbeits- oder kollektivvertraglich zu regeln; ein Weisungsrecht hierzu kann sich der Arbeitgeber nicht vorbehalten.[45] Das Weisungsrecht nach § 106 S. 1 GewO erstreckt sich jedoch auf die **Zeit** der Arbeitsleistung.[46] Die Ausübung der Zeitbestimmung hat in gleicher Weise wie die Festlegung des Arbeitsortes[47] nach **billigem Ermessen** zu erfolgen. Bindet sich der Arbeitgeber im Arbeitsvertrag durch Festlegung des Arbeitszeitbeginns und Arbeitszeitendes, durch die Bestimmung der Zahl der an einem Arbeitstag zu arbeitenden Stunden, durch ein Arbeitszeitmodell oder durch die Festlegung auf eine Tagesschicht, hat sich der Arbeitgeber seines Weisungsrechts weitgehend begeben.[48] Eine Vertragsanpassung bedarf dann eines Änderungsvertrages oder einer Änderungskündigung, falls der Arbeitgeber keine direktionsrechtserweiternde Klausel für die Bestimmung der Arbeitszeit aufgenommen hat.

859 Die Befugnis, kraft Direktionsrechts Ort und Zeit der Arbeitsleistung festzulegen, ist nicht dadurch eingeschränkt, dass der Arbeitgeber bei Abschluss des Arbeitsvertrages auf die für den Arbeitsbereich des Arbeitnehmers geltende betriebliche Regelung über Zeit und Ort sowie Beginn und Ende der täglichen Arbeitszeit hingewiesen hat. Dieser Grundsatz gilt selbst dann, wenn der Arbeitgeber nach Abschluss des Arbeitsvertrages über längere Zeit von seinem Direktionsrecht hinsichtlich der Arbeitszeit keinen Gebrauch gemacht hat.[49]

860 Im Rahmen seiner Ermessensausübung hat er die **familiären Bindungen** und Verpflichtungen des Arbeitnehmers zu berücksichtigen, es handelt sich um eine Drittwirkung des grundgesetzlichen Schutzes von Ehe und Familie (Art. 6 GG).[50] Macht es die Ausübung des Direktionsrechts durch den Arbeitgeber dem Arbeitnehmer unmöglich, seinem Recht und seiner Pflicht zur Pflege und Erziehung eines Kindes ausreichend nachzukommen, kann die Ausübung daher unter Berücksichtigung der Wertungen des Art. 6 Abs. 2 GG nicht billigem Ermessen entsprechen. Auch das LAG Rheinland-Pfalz[51] vertritt die Ansicht, dass der Arbeitgeber bei der Bestimmung der Lage der Arbeitszeit auf die Personen-Sorgepflichten (§§ 1626, 1627 BGB) des Arbeitnehmers Rücksicht nehmen muss, soweit einer vom Arbeitnehmer gewünschten Verteilung der Arbeitszeit nicht betriebliche Gründe oder berechtigte Belange anderer Arbeitnehmer entgegenstehen.

861 Der Arbeitgeber, der ein Altenpflegeheim unterhält, überschreitet durch die Versetzung einer Pflegekraft vom Nacht- in den Tagdienst sein Ermessen allerdings auch dann nicht, wenn dies mit dem Verlust von Zulagen und Einschränkungen der Arbeitnehmerin bei der Pflege ihres behinderten Sohnes verbunden ist, sofern die Arbeitnehmerin dadurch einer besseren Kontrolle unterworfen werden soll, nachdem sie durch falsche Eintragungen in die Pflegeprotokolle das

---

44 BAG 26.7.2005 – 1 AZR 133/04, NZA 2005, 1402.

45 LAG Düsseldorf 30.8.2002 – 9 Sa 709/02, NZA-RR 2003, 407; LAG Bremen 1.3.2006 – 2 Sa 173/06, BeckRS 2006, 42781 (II.3.a); *Stamm*, RdA 2006, 288, 289; Däubler/Bonin/Deinert/*Däubler*, § 307 BGB Rn 268; *Hanau*, Möglichkeiten und Grenzen der Vereinbarung zur Dauer der Arbeitszeit, NZA 2006, Beil. Nr. 1, 34; Moll/*Gragert*, MAH Arbeitsrecht, § 12 Rn 51.

46 LAG Niedersachsen 26.7.2001 – 7 Sa 1813/00, NZA-RR 2002, 118; LAG Köln 26.7.2002 – 11 Ta 224/02, NZA-RR 2003, 577.

47 S. § 1 Rn 798 ff (9. Arbeitsortklauseln).

48 MünchHandbArbR/*Blomeyer*, § 48 Rn 42.

49 BAG 7.12.2000 – 6 AZR 444/99, NZA 2001, 780.

50 *Greiner*, NZA 2007, 490, 491; *Stamm*, RdA 2006, 288, 302; *Holtkamp*, AuA 2005, 307.

51 LAG Rheinland-Pfalz 19.1.2005 – 10 Sa 820/04, DB 2005, 1522.

in sie gesetzte Vertrauen erschüttert hat.[52] Die Festlegung der Arbeitszeit durch den Arbeitgeber entsprach auch in einem anderen Altenpfleger-Fall billigem Ermessen: Die Mitarbeiterin hatte vor dem Erziehungsurlaub im Sieben-Tage-Rhythmus im Nachtdienst gearbeitet. Als sie ihre Arbeit wieder aufnahm, war keine vergleichbare Stelle wie in der Vergangenheit frei. Die Zuweisung einer Arbeit im Zwei-Tages-Rhythmus berücksichtigte hinreichend die Belange der Arbeitnehmerin.[53] Die Grenzen des billigen Ermessens hielt hingegen das LAG Köln für überschritten, wenn der Arbeitgeber die Arbeitszeit in der Weise durch unbezahlte Pausen zerstückelt, dass eine sinnvolle und ungeteilte Freizeit nach dem Arbeitseinsatz nicht mehr besteht.[54]

Nach einem Urteil des LAG Hamm stellt es keine fehlerhafte Ermessensausübung dar, wenn 862 der Arbeitgeber dem Arbeitnehmer keine Unterbrechung der Arbeitszeit zur Einlegung von **Gebetspausen** einräumt. Der Arbeitgeber sei nicht verpflichtet, durch Art. 4 Abs. 1, 2 GG geschützte Gebetspausen des muslimischen Arbeitnehmers während der Arbeitszeit hinzunehmen, wenn hierdurch betriebliche Störungen verursacht werden.[55] Im Lichte der Regelungen des Allgemeinen Gleichbehandlungsgesetzes (AGG), das jede Ungleichbehandlung aus Gründen der Religion verbietet, wird man diesen Sachverhalt allerdings nun deutlich intensiver darauf überprüfen müssen, ob mit einer solchen Interessenabwägung keine versteckte Diskriminierung verbunden ist.[56]

Nach einer im Ergebnis zweifelhaften Entscheidung des LAG Köln soll das Weisungsrecht des 863 Arbeitgebers bei der Bestimmung der Arbeitszeit bereits dann eingeschränkt sein, wenn der Arbeitgeber den Arbeitnehmer in einem **Bewerbungsbogen**, den er diesem vorgelegt hat, **zur Angabe der Zeiten**, an denen er arbeiten kann, aufgefordert hat, und den Arbeitnehmer dann kommentarlos zu diesen Zeiten beschäftigt. In diesem Falle sei eine vertragliche Vereinbarung zur Lage der Arbeitszeit zustande gekommen, die nicht mehr unter dem Vorbehalt einer Änderung kraft Direktionsrechts stehe.[57] Als Konsequenz hieraus sollte bei Bewerbungsbögen, in denen die Einsatzmöglichkeiten des Bewerbers abgefragt werden, auf den Vorrang des Direktionsrechts hingewiesen werden, etwa mit der Formulierung: „Ihre Angaben werden wir nach Maßgabe der betrieblichen Möglichkeiten berücksichtigen, unser arbeitsvertragliches Weisungsrecht bleibt unberührt."

dd) AGB-Kontrolle

Die Klauseln zum Direktionsrecht hinsichtlich der Arbeitszeit sind von den Regelungen der 864 Schuldrechtsreform in gleicher Weise betroffen wie etwa die Versetzungsklauseln (s. dazu § 1 Rn 807 ff). Während die Hauptkonditionen, also Umfang und Gegenstand der Arbeitsleistung sowie Höhe des Entgelts, keiner inhaltlichen Kontrolle, sondern nur dem stets zu beachtenden Transparenzgebot (§ 307 Abs. 1 S. 2 iVm Abs. 3 S. 2 BGB) unterfallen, erfasst die Geltung der §§ 305 ff BGB insgesamt sowohl sämtliche Nebenbestimmungen als auch alle Einschränkungen, Modifikationen und Ausgestaltungen der eigentlichen Hauptleistungspflichten.[58]

Klauseln, über die der Arbeitgeber einseitig den Umfang der Arbeitszeit bestimmen kann, wa- 865 ren nach der sog. **Musikschullehrer-Entscheidung** des BAG[59] wegen einer unzulässigen Umgehung des gesetzlichen Schutzes für Änderungskündigungen nichtig. Mit der viel beachteten Entscheidung vom 7.12.2005 hat das BAG jedoch der Flexibilisierung auch der Dauer der Ar-

52 LAG Köln 26.7.2002 – 11 Ta 224/02, NZA-RR 2003, 577.
53 BAG 23.9.2004 – 6 AZR 567/03, NZA 2005, 359.
54 LAG Köln 15.6.2009 – 5 Sa 179/09, ArbuR 2010, 43.
55 LAG Hamm 18.1.2002 – 5 Sa 1782/01, NZA 2002, 675; ebenso LAG Hamm 26.2.2002 – 5 Sa 1582/01, AP § 611 BGB Gewissensfreiheit Nr. 3.
56 Ähnl. BeckOK-AGG/*Fuchs*, § 7 Rn 39 f.
57 LAG Köln 21.10.2003 – 13 Sa 514/03, NZA-RR 2004, 523 f.
58 Däubler/Bonin/Deinert/*Däubler*, § 307 BGB Rn 268 f.
59 BAG 12.12.1984 – 7 AZR 509/83, NZA 1985, 321.

beitszeit in gewissen Bandbreiten den Weg geebnet.[60] Der **Änderungskündigungsschutz** soll danach nicht eingreifen, wenn die arbeitsvertraglichen Regelungen den Rahmen der vom Arbeitgeber flexibel abrufbaren Arbeitszeit von bis zu 20 % Minderarbeitszeit und bis zu 25 % Mehrarbeitszeit nicht überschreiten. Allerdings werden die Vertragsklauseln anhand der §§ 305 ff BGB überprüft; insb. können sie sich als unangemessene Klauseln nach § 307 Abs. 2 S. 1 BGB darstellen, da von der gesetzlichen Regelung des § 615 BGB und der darin enthaltenen Übernahme des Beschäftigungsrisikos durch den Arbeitgeber abgewichen wird.[61]

866 Für den Arbeitnehmer unzumutbar sind jedoch direktionsrechtserweiternde Klauseln, deren Inhalt den Kernbereich der Hauptleistungspflicht des Arbeitnehmers berührt und es dem Arbeitgeber ohne vorab definierten Anlass und ohne begrenzende Festlegungen ermöglicht, die Leistungspflicht des Arbeitnehmers ohne Ausspruch einer Kündigung im Bereich der Arbeitszeit und mit entsprechenden Vergütungsfolgen zu verändern. Insbesondere die **Bezugnahme** auf eine von dem Arbeitgeber einseitig erstellte Regelung, häufig als **Arbeits- oder Betriebsordnung** bezeichnet, die in ihrer jeweils gültigen Fassung zum Vertragsbestandteil erklärt wird, ist nach aktueller Rspr unwirksam.[62] Die Bezugnahme auf die „jeweilige" Fassung einer solchen Regelung stellt inhaltlich ein Vertragsänderungsrecht des Arbeitgebers dar, mit dem er die Arbeitsbedingungen abändern kann; die Bezugnahme stellt insofern eine von Rechtsvorschriften abweichende Regelung gem. § 307 Abs. 3 S. 1 BGB dar. Die Regelung wird daher vom BAG der gleichen Prüfung unterzogen wie die Befristung einzelner Arbeitsbedingungen oder ein Widerrufsvorbehalt.

867 **Vorbehalte** einer **einseitigen Leistungsänderung oder -abweichung** sind nur dann wirksam, wenn die Vereinbarung der Änderung oder Abweichung unter Berücksichtigung der Interessen des Verwenders für den anderen Vertragsteil zumutbar ist (vgl § 308 Nr. 4 BGB, soweit es die Vergütungsleistung des Arbeitgebers betrifft; bei die Arbeitsleistung betreffenden Regelungsbereichen ist die Wertung des § 308 Abs. 4 BGB entsprechend zu berücksichtigen). Zur Rechtfertigung der Änderung ist daher ein triftiger Grund erforderlich, der bereits in der Änderungsklausel beschrieben werden muss.[63]

868 Ähnlich hat sich die Rspr bei der Beurteilung einer **befristeten Erhöhung der Arbeitszeit** entwickelt, die früher vom BAG allein anhand der Rechtslage nach dem TzBfG geprüft wurde. Nun ist gem. § 307 Abs. 1 S. 1 BGB festzustellen, ob der Arbeitnehmer durch die Befristung der Arbeitszeiterhöhung entgegen den Geboten von Treu und Glauben unangemessen benachteiligt wird. Die Vorschriften des TzBfG sind auf die Befristung einzelner Arbeitsbedingungen nicht anwendbar. Ob eine unangemessene Benachteiligung vorliegt, ist aufgrund einer umfassenden Abwägung der beiderseitigen Interessen zu ermitteln; dabei werden die sachlichen Gründe nach § 14 Abs. 1 TzBfG regelmäßig zugunsten des Arbeitgebers berücksichtigt.[64] Das BAG befindet sich insoweit im Einklang mit der hM in der Literatur.[65]

869 In gleicher Weise wird die von dem Arbeitgeber **vorbehaltene Reduzierung der Arbeitszeit** behandelt.[66] So ist etwa eine Klausel zur Suspendierung des Arbeitnehmers ohne Entgeltzahlung an § 307 BGB zu messen und kann unwirksam sein, wenn sie den Vertragspartner entgegen Treu und Glauben unangemessen benachteiligt; im konkret entschiedenen Fall soll allerdings

---

60 BAG 7.12.2005 – 5 AZR 535/04, NZA 2006, 423; zum Echo im Schrifttum vgl insb. *Stamm*, RdA 2006, 288; *Preis/Lindemann*, NZA 2006, 632; *Zundel*, NJW 2006, 2304; *Hromadka/Schmitt-Rolfes*, NJW 2007, 1777.

61 BAG 7.12.2005 – 5 AZR 535/04, NZA 2006, 423, 427; Däubler/Bonin/Deinert/*Däubler*, § 307 BGB Rn 180 f.

62 BAG 11.2.2009 – 10 AZR 222/08, NZA 2009, 428.

63 BAG 12.1.2005 – 5 AZR 364/04, NZA 2005, 465.

64 BAG 27.7.2005 – 7 AZR 486/04, NZA 2006, 40; bestätigt durch BAG 8.8.2007 – 7 AZR 855/06, NZA 2008, 229; BAG 18.6.2008 – 7 AZR 245/07, juris.

65 *Maschmann*, RdA 2005, 212; *Preis/Bender*, NZA-RR 2005, 337; *Lunk/Leder*, NZA 2008, 504.

66 Zur AGB-Kontrolle von Kurzarbeitsklauseln s. § 1 Rn 3007 ff.

eine Klausel zur Nichtbeschäftigung von Reinigungskräften während der Schulferien der Kontrolle standhalten.[67] Eine formularmäßige Regelung, die für im öffentlichen Dienst tätige Teilzeitkräfte bis zu einem neuen Tarifabschluss auf die durchschnittliche Arbeitszeit von Beamten verweist, ist vom LAG Bremen im Ergebnis zutreffend für unwirksam erachtet worden, da sich der Arbeitgeber eine einseitige Festlegung der Hauptleistungspflicht nicht vorbehalten kann.[68]

Vergleichsweise übersichtlich gestaltet sich die Situation bei Regelungen, die sich auf die **Lage der Arbeitszeit** beschränken. Hinzuweisen ist insoweit insb. auf die Klarstellung des BAG, dass Versetzungsklauseln gem. § 106 S. 1 GewO infolge der Besonderheiten des Arbeitsrechts (§ 310 Abs. 4 S. 2 BGB) keine unangemessene Benachteiligung nach § 307 Abs. 1 S. 1 BGB darstellen und auch ohne konkrete Aufzählung von Versetzungsgründen nicht gegen das Transparenzgebot des § 307 Abs. 1 S. 2 BGB verstoßen;[69] dies gilt entsprechend für Regelungen zum arbeitszeitlichen Direktionsrecht. Zudem ist § 308 Nr. 4 BGB bei Direktionsrechtsklauseln unanwendbar, da diese Vorschrift nur einseitige Bestimmungsrechte hinsichtlich der Leistung des Verwenders erfasst, die Lage der Arbeitszeit jedoch die dem Verwender (in aller Regel also die dem Arbeitgeber) geschuldete Gegenleistung betrifft.[70] Eine reine Verweisung auf das Direktionsrecht führt folglich nicht zur Inhaltskontrolle; es verbleibt allerdings die Ausübungskontrolle anhand des Maßstabs billigen Ermessens. 870

Auch bei der Beurteilung von Regelungen zur Lage der Arbeitszeit mittels direktionsrechtserweiternder Klauseln, mit denen von den Grundsätzen des § 106 GewO abgewichen wird, ist die Rspr zur Thematik der **Versetzung** entsprechend anzuwenden (s. § 1 Rn 807 ff). 871

Widerrufsvorbehalte zur Arbeitszeit sind, soweit keine dringenden betrieblichen Erfordernisse oder Notfälle im Betrieb bestehen, im Regelfalle anhand von § 307 Abs. 1, Abs. 2 Nr. 1 BGB zu überprüfen. Sie sind nur dann wirksam, wenn die Gründe für mögliche Widerrufstatbestände in der Vertragsklausel aufgeführt sind (vgl näher § 1 Rn 4163, 4173). 872

Nach § 307 Abs. 2 Nr. 1 BGB unwirksam sind **formularmäßige** Klauseln in Arbeitsverträgen, in denen eine **höhere wöchentliche Arbeitszeit als 48 Stunden** vereinbart wird. Wie der EuGH auf Vorlagebeschluss des ArbG Lörrach entschieden hat, gilt auch für Rettungsassistenten grds. eine Arbeitszeithöchstbegrenzung von 48 Stunden pro Woche, die nur im Wege einer individuellen, ausdrücklichen und freien Zustimmung des Arbeitnehmers überschritten werden kann.[71] Eine solche Zustimmung kann nicht über eine formularmäßige Erklärung herbeigeführt werden. Nach Auffassung der Großen Kammer des EuGH kann die Zustimmung des Arbeitnehmers auch nicht über Tarifverträge erteilt werden. Der Verweis im Arbeitsvertrag, der eine Überschreitung der Arbeitszeit von 48 Stunden pro Woche erlaubt, reicht ebenfalls nicht aus. 873

ee) Anderweitige Klauseln zur Arbeitszeit

Im vorliegenden Klauselstichwort „Arbeitszeitklauseln" werden nicht der Themenkomplex der Teilzeitarbeit und auch nicht der Bereich der Abrufarbeit behandelt; es wird insoweit verwiesen auf die Ausführungen in § 1 Rn 3413 ff (56. **Teilzeitvereinbarungen**) bzw in § 1 Rn 437 ff (1. **Abrufklauseln**). Fragen der Bandbreitenregelung sind neben der Darstellung hier ebenfalls unter dem Klauselstichwort „Abrufklauseln" nachzulesen (s. § 1 Rn 448, 455, 469 ff). Die Vereinbarung von Kurzarbeit im Arbeitsvertrag bildet den Gegenstand des Klauselstichworts 874

67 BAG 10.1.2007 – 5 AZR 84/06, NZA 2007, 384.

68 LAG Bremen 1.3.2006 – 2 Sa 173/05, BeckRS 2006, 42781.

69 BAG 11.4.2006 – 9 AZR 557/05, NZA 2006, 1149, 1150; vgl hierzu weiterführend *Preis/Genenger*, NZA 2008, 969.

70 Vgl insoweit zur Bestimmung von Ort und Inhalt der Arbeitspflicht BAG 11.4.2006 – 9 AZR 557/05, NZA 2006, 1149 f.

71 EuGH 5.10.2004 – C-397/01 bis C-403/01, NZA 2004, 1145.

„44. **Kurzarbeitsklauseln**“ (s. § 1 Rn 2965 ff). Themen des Überstundenrechts werden unter dem Stichwort „58. **Überstundenklausel**“ erörtert (s. § 1 Rn 3577 ff).

b) Klauseltypen und Gestaltungshinweise

aa) Arbeitszeitvereinbarung

(1) Klauseltyp A

875 **A 1:** Die tägliche Arbeitszeit beläuft sich auf (...) Stunden. Sie beginnt um (...) Uhr und endet um (...) Uhr.

A 2: Die regelmäßige Arbeitszeit beträgt 40 Stunden pro Woche. Montag bis einschließlich Samstag zählen zu den regelmäßigen Arbeitstagen. Der Mitarbeiter verpflichtet sich, auf Anordnung seines Vorgesetzten Nacht-, Wechselschicht-, Sonntags-, Feiertags-, Mehr- und Überarbeit zu leisten, soweit gesetzlich zulässig.

A 3: Der Angestellte arbeitet von montags bis freitags täglich 8 Stunden. Die in dem Betrieb (bei dem Arbeitgeber) bestehende Regelung zur gleitenden Arbeitszeit gilt für den Angestellten nicht.

A 4: Die tarifliche Arbeitszeit beträgt (...) Stunden pro Woche. Sollten betriebliche Erfordernisse kurzfristige Mehrarbeit erforderlich machen, so ist der Arbeitnehmer hierzu verpflichtet.

↓ Mehrarbeit gilt mit dem Grundgehalt als abgegolten.

A 5: Die regelmäßige Wochenarbeitszeit beträgt 40 Stunden. Beginn und Ende der täglichen Arbeitszeit sowie die Pausen werden von der Betriebsleitung festgelegt.

→ **A 6:** Der Angestellte wird seine Arbeitszeit so einrichten, dass er die ihm überantworteten Aufgaben entsprechend der betrieblichen Erfordernisse erfüllen kann. Als regelmäßige wöchentliche Arbeitszeit gelten 50 Stunden pro Woche. Darüber hinaus anfallende Mehrarbeit ist innerhalb von sechs Monaten durch bezahlte Freizeit auszugleichen.

↓ **A 7:** Der Angestellte stellt seine gesamte Arbeitszeit für die Arbeitgeberin zur Verfügung. Mit der regelmäßigen Vergütung ist jegliche Mehrarbeit sowie die notwendige Sonn- und Feiertagsarbeit abgegolten.

(2) Gestaltungshinweise

876 Die **Klauseln A 1, A 2, A 3 und A 5** legen die Arbeitszeitdauer fest, zum Teil als tägliche Arbeitszeit, zum Teil als wöchentliche Arbeitszeit. Sie begegnen daher keinen Wirksamkeitsbedenken, zumal sich alle Klauseln innerhalb des zulässigen Arbeitszeitkorridors des Arbeitszeitgesetzes bewegen. Eine Reihe der Klauseln nimmt auf das Weisungsrecht des Arbeitgebers gem. § 106 S. 1 GewO Bezug, so die Klausel A 3, indem sie gleitende Arbeitszeit ausschließt, oder die Klausel A 5, indem sie dem Arbeitgeber gestattet, Lage, Beginn und Ende der Arbeitszeit festzulegen. Zu Klauseln vom Typ A 1 wird mitunter empfohlen, durch Zusatz des Wortes „zusammenhängend“ deutlich zu machen, dass es sich um eine täglich einmalige Heranziehung zur Arbeit handelt; dies entspricht jedoch ohnehin dem üblichen Auslegungsergebnis.[72] Soll ein Arbeitnehmer allerdings mehrfach am Tage für jeweils eigene Zeitabschnitte eingesetzt werden, so ist dies im Vertrag ausdrücklich zu regeln.

877 Direktionsrechtserweiternd wirken die Klauseln A 2 und A 4, die es dem Arbeitgeber ermöglichen, über die regelmäßige Arbeitszeit hinaus entweder die Arbeit an anderen Tagen als Werktagen oder in anderen Schichten zu verlangen. Soweit auf eine tarifliche Arbeitszeit Bezug ge-

72 Vgl Preis/*Preis/Lindemann*, Der Arbeitsvertrag, II A 90 Rn 9, 31.

nommen wird, wie in der Klausel A 4, bestehen auch insoweit keine Wirksamkeitsbedenken. Unwirksam ist nur die pauschalierte Vergütungsregelung für Mehrarbeit der Klausel A 4 (s. ausf. § 1 Rn 3594 ff, 3627 ff).

Bei den **Klauseln A 6 und A 7** handelt es sich um Sonderregelungen für Führungskräfte, für die nach § 18 Abs. 1 Nr. 1 ArbZG keine Arbeitszeitbeschränkung gilt. Beide Klauseln sind unwirksam bei Arbeitnehmern, die dem ArbZG unterfallen. Die **Klausel A 6** ist also unwirksam, wenn sie gegenüber normalen Arbeitnehmern verwendet wird. Die Angabe der wöchentlichen Arbeitszeit ist erforderlich, um dem Bestimmtheitsgebot nach § 307 Abs. 1 S. 2 BGB und § 2 Abs. 1 S. 2 Nr. 7 NachwG zu genügen. Bei Führungskräften unterhalb der Ebene der leitenden Angestellten muss die wöchentliche Arbeitszeit jedenfalls auf 48 Wochenstunden zurückgenommen werden. Die Formulierung zu darüber hinausgehender Mehrarbeit lehnt sich an die traditionelle BAG-Rspr an, wonach sich der Umfang der Arbeit bei einem leitenden Angestellten und vergleichbaren Mitarbeitern in Führungspositionen aus den betrieblichen Erfordernissen ohne Recht auf Überstundenvergütung ergibt, solange die Gesundheit des Angestellten nicht gefährdet wird.[73] Allerdings ist fraglich, ob diese Rspr im Lichte der Schuldrechtsreform bestehen bleibt. Vorsorglich ist daher bei Überstunden eine Abgeltung durch Freizeitausgleich vorgesehen. 878

In der **Klausel A 7** bleibt die Arbeitszeit des Angestellten unbestimmt, die Vertragsklausel ist damit unwirksam. Inhaltlich entspricht die Regelung aber der Erwartung des Arbeitgebers an den unbegrenzten Einsatz leitender Angestellter; sie wird deshalb – auch in Kenntnis ihrer Unwirksamkeit – vielfach verwendet. Da es sich beim Kreis der Führungskräfte um wenige Angestellte eines Unternehmens handelt, erscheinen die Risiken auf der Rechtsfolgenseite in der Praxis beherrschbar. Alternativ und rechtlich unbedenklich wäre es hingegen, in der Formulierung auf die Arbeitskraft anstelle der Arbeitszeit abzustellen. In diesem Fall wäre aber ein Nebentätigkeitsverbot begleitend vorzusehen.[74] 879

bb) Arbeitszeitbezugnahmeklauseln

(1) Klauseltyp B

B 1: Die Dauer und Lage der wöchentlichen Arbeitszeit werden durch die jeweils anwendbaren Tarifverträge und Betriebsvereinbarungen festgelegt. 880

B 2: Die Arbeitszeit richtet sich nach den für den Betrieb geltenden tariflichen und betrieblichen Bestimmungen. Findet keine tarifliche Regelung zwingend Anwendung, so gelten die gesetzlichen Bestimmungen und die zwischen Arbeitgeber und Betriebsrat geschlossenen Betriebsvereinbarungen.

→ **B 3:** Die regelmäßige Arbeitszeit entspricht der für Vollzeitarbeitnehmer im Betrieb üblichen Arbeitszeit. Sie beträgt zurzeit (...) Stunden wöchentlich.

↓ **B 4:** Es gilt die Arbeitszeit- und Überstunden-Richtlinie der Gesellschaft in der jeweils gültigen Form als vereinbart. Zum Zeitpunkt des Vertragsabschlusses gilt eine Arbeitszeit von (...) Stunden je Woche gemäß den Bestimmungen der Arbeitszeit- und Überstunden-Richtlinie.

B 5: Die regelmäßige Arbeitszeit beträgt ausschließlich der Pausen durchschnittlich 37,5 Stunden wöchentlich. Dem Arbeitnehmer ist bekannt, dass im Krankenhausbereich eine Versorgung der Patienten rund um die Uhr erforderlich und üblich ist, so dass außer Früh- und Spätschicht auch Nachtschichten sowie Sonn- und Feiertagsarbeit zu leisten sind. Einzelheiten zur Ausgestaltung der Schicht-, Sonntags- und Feiertagsdienste sind in der betrieblichen Dienst-

73 BAG 13.3.1967 – 2 AZR 133/66, BAGE 19, 288 = BB 1967, 669; BAG 17.11.1966 – 5 AZR 225/66, BAGE 19, 126 = NJW 1967, 413.

74 Vgl ähnl. Maschmann/Sieg/Göpfert/*Bodem*, Vertragsgestaltung im Arbeitsrecht, Arbeitszeit Rn 23.

planordnung geregelt. Diese kann geändert werden, wenn dies zur Sicherstellung der Patientenversorgung erforderlich ist oder wenn sich die gesetzlichen/tariflichen oder betrieblichen Rahmenbedingungen der Vergütung von Schicht-, Sonntags- und Feiertagsdiensten in einer Weise ändern, die eine Anpassung aus wirtschaftlichen Gründen erforderlich macht.

↓ **B 6:** Der Arbeitgeber behält sich vor, entsprechend den jeweiligen Erfordernissen für die Beschäftigten verbindliche Arbeitseinsatzpläne zu erstellen. Beginn, Ende und Dauer der Arbeitszeit sowie Lage der Pausen richten sich nach der jeweiligen Betriebsordnung.

(2) Gestaltungshinweise

881 Verweist der Arbeitsvertrag wie in **Klausel B 1** auf kollektive Regelungen, die ohnehin kraft Gesetzes oder Tarifmitgliedschaft gelten, so sind die Klauseln lediglich deklaratorisch. Für nicht tarifgebundene Arbeitnehmer ergibt sich aus der Verweisung eine wirksame Festlegung auf das in Bezug genommene Regelwerk (zur Gleichstellungsabrede s. § 1 Rn 1646 ff). Der Arbeitgeber erreicht so eine Gleichbehandlung im Betrieb.

882 Soweit in Arbeitszeitklauseln auf die Regelungen des Arbeitszeitgesetzes Bezug genommen wird wie in **Klausel B 2**, steht die Wirksamkeit ohnehin nicht in Zweifel. Ergänzend ist in diesem Fall aber eine zeitliche Festlegung erforderlich. Dem Arbeitnehmer muss klar sein, ob er sein Gehalt für eine Arbeitszeit von 38,5 Stunden wöchentlich oder für 48 Stunden erhält.

883 Mit dem in **Klausel B 3** vorgestellten Verweis auf die jeweils betriebsübliche Arbeitszeit kann sich der Arbeitgeber keine Flexibilisierung des Umfangs der Arbeitszeit vorbehalten; die bei Abschluss des Vertrages im Betrieb übliche Arbeitszeitdauer wird in diesem Fall festgeschrieben. Die Lage der Arbeitszeit im Betrieb kann allerdings bei Klausel B 3 mit Mitteln des arbeitsvertraglichen Weisungsrechts geändert werden.

884 Ein Verweis auf ein durch den Arbeitgeber einseitig aufgestelltes Regelungswerk, das in seiner jeweils gültigen Fassung zum Vertragsbestandteil erklärt wird, wie es etwa in **Klausel B 4** dargestellt ist, ist nach aktueller Rspr unwirksam.[75] Die Verwendung einer Klausel wie B 4 führt daher zur statischen Geltung der Arbeitszeit- und Überstundenrichtlinie, wie sie bei Vertragsschluss gefasst war, einschließlich ihrer Kontrolle anhand der AGB-Vorschriften.

885 Wirksam ist hingegen die konkrete Bezugnahme auf betriebliche Regelungen mit Anpassungsvorbehalt, der die möglichen Gründe der Anpassung dem Grunde nach beschreibt (**Klausel B 5**). Der Verwender der Klausel tut gut daran, hier eher weniger weitgehende, aber dafür wirksame Anpassungsgründe aufzunehmen und den Umfang der Vertragsgegenstände, die der Anpassung unterfallen sollen, auf die wirtschaftlich wichtigen zu beschränken. Gleichwohl kommt es in der Praxis immer noch häufig vor, dass Arbeitgeber über Vorbehalte wie in der **Klausel B 6** eine Öffnungsklausel schaffen wollen, um auf künftige Entwicklungen flexibel reagieren zu können. Derartige Klauseln sind jedoch wegen unangemessener Benachteiligung des Arbeitnehmers nach § 307 Abs. 1 S. 1 BGB und wegen Abweichung von gesetzlichen Regelungen gem. § 307 Abs. 2 Nr. 1 BGB unwirksam.

cc) Bereitschaftsdienstklauseln/Rufbereitschaftsklauseln

(1) Klauseltyp C

886 **C 1:** Der Arbeitnehmer ist verpflichtet, sich bei Rufbereitschaft an sechs Tagen pro Monat auf Abruf für dringende betriebliche Einsätze bereitzuhalten und dabei jeweils bis zu vier Stunden die vertragsgemäße Tätigkeit auszuüben. Während der Rufbereitschaft hat er für ständige Erreichbarkeit Sorge zu tragen. Zur pauschalen Abgeltung erhält der Arbeitnehmer monatlich brutto (...) €.

75 BAG 11.2.2009 – 10 AZR 222/08, NZA 2009, 428; *Gaul/Ludwig*, BB 2010, 55 f.

C 2: Die Regelarbeitszeit beträgt 7.00 Uhr bis 15.30 Uhr von montags bis freitags.
Falls der Arbeitnehmer Bereitschaftsdienst hat, gilt eine Arbeitszeit von montags bis donnerstags nach folgender Maßgabe: Die Regelarbeitszeit beläuft sich auf 7.00 Uhr bis 15.30 Uhr, danach Arbeitsbereitschaft von 15.30 Uhr bis 17.45 Uhr und danach Bereitschaftsdienst von 17.45 Uhr bis 7.00 Uhr des Folgetags. Am Folgetag hat der Arbeitnehmer eine Regelarbeitszeit von 7.00 Uhr bis 10.00 Uhr, eine Arbeitsbereitschaft von 10.00 Uhr bis 13.00 Uhr und einen Freizeitausgleich von 13.00 Uhr bis 15.30 Uhr. Freitag/Samstag bestehen eine Regelarbeitszeit von 7.00 Uhr bis 15.30 Uhr und ein Bereitschaftsdienst von 15.30 Uhr bis 9.30 Uhr des Folgetags. Samstag/Sonntag besteht ein Bereitschaftsdienst von 9.30 Uhr bis 9.30 Uhr des Folgetags. Sonntag/Montag dauert der Bereitschaftsdienst von 9.30 Uhr bis 7.00 Uhr des Folgetags. An Feiertagen verläuft der Dienst wie Sonntag/Montag. Vor Feiertagen verläuft der Dienst wie Freitag/Samstag.
Unter Berücksichtigung dieser Arbeitszeitregelung werden Dienstpläne aufgestellt, die berücksichtigen, dass die tatsächliche Arbeitszeit des Arbeitnehmers 56 Stunden wöchentlich nicht überschreitet.
Die Vergütung der Regelarbeitszeit beträgt brutto (...) € täglich, die Arbeitsbereitschaft wird mit brutto (...) € stündlich und der Bereitschaftsdienst wie folgt vergütet: In der Zeit, in der sich der Arbeitnehmer während des Bereitschaftsdienstes zur Verfügung halten, jedoch tatsächlich nicht arbeiten muss, ist der Bereitschaftsdienst mit der Vergütung für die Regelarbeitszeit abgegolten. Diejenigen Zeiten, in denen der Arbeitnehmer während des Bereitschaftsdienstes tatsächlich arbeitet, werden mit brutto (...) € je Stunde vergütet.

(2) Gestaltungshinweise

Zulässig ist die Vereinbarung einer **Rufbereitschaft**, einer **Arbeitsbereitschaft** oder eines **Bereitschaftsdienstes.** Zwischen den drei Begriffen unterscheidet man wie folgt:[76] Als **Rufbereitschaft** hat das BAG bereits 1958 die Verpflichtung des Arbeitnehmers bezeichnet, sich an einem selbstbestimmten, aber dem Arbeitgeber anzugebenden Ort auf Abruf zur Arbeit bereitzuhalten, wenn nicht voraussehbare, aber erfahrungsgemäß eintretende Stör- oder Notfälle zwar keine ständige Anwesenheit am Arbeitsplatz, jedoch die Möglichkeit einer alsbaldigen Arbeitsaufnahme erfordern.[77] **Arbeitsbereitschaft** ist die wache Achtsamkeit des Arbeitnehmers im Zustand der Entspannung, wobei er an der Arbeitsstelle anwesend und jederzeit bereit sein muss, in den Arbeitsprozess einzugreifen.[78] **Bereitschaftsdienst** nennt man die Verpflichtung des Arbeitnehmers, sich an einer vom Arbeitgeber bestimmten Stelle innerhalb oder außerhalb des Betriebes aufzuhalten, um, sobald erforderlich, die Arbeit aufzunehmen; hat er aktuell keine Arbeit zu leisten, so darf er seinen eigenen Interessen nachgehen.[79] Rufbereitschaft gilt arbeitszeitrechtlich als Freizeit, Arbeitsbereitschaft und Bereitschaftsdienst sind Arbeitszeit iSv § 2 Abs. 1 ArbZG.[80] Vor diesem Hintergrund sind Arbeitgeber seit dem 1.1.2015 verpflichtet, ihren Arbeitnehmern für Zeiten der Arbeitsbereitschaft und des Bereitschaftsdienstes den gesetzlichen **Mindestlohn** nach dem MiLoG zu zahlen. Demgegenüber ist für Zeiten der Rufbereitschaft „lediglich“ die angemessene Vergütung zu zahlen. Die Anwendbarkeit von § 12 TzBfG auf Ruf- und Arbeitsbereitschaft wird allgemein abgelehnt.[81] 887

76 BAG 24.10.2000 – 9 AZR 634/99, NZA 2001, 449.
77 BAG 26.2.1958 – 4 AZR 388/55, AP § 7 AZO Nr. 3.
78 BAG 10.1.1991 – 6 AZR 352/89, AP MTB II Nr. 4.
79 BAG 9.8.1978 – 4 AZR 77/77, AP § 17 BAT Nr. 5.
80 EuGH 3.10.2000 – Rs. C-303/98, EzA § 7 ArbZG Nr. 1 = NZA 2000, 1227.
81 ErfK/*Preis*, § 12 TzBfG Rn 10 mwN; aA *Buschmann/Dieball*, Teilzeitarbeit, § 12 Rn 26; ferner *Löwisch*, BB 1985, 1200 (zu § 4 BeschFG).

888 Für das **öffentliche Arbeitszeitrecht** wurde der Begriff **„Bereitschaftsdienst"** mit der **SIMAP-Entscheidung des EuGH**[82] neu definiert. Nach der Rspr des EuGH ist Bereitschaftsdienst, den ein Arbeitnehmer in Form persönlicher Anwesenheit im Betrieb des Arbeitgebers leistet, in vollem Umfang als Arbeitszeit iSv Art. 2 RL 2003/88/EG anzusehen. Das gilt ohne Rücksicht darauf, welche Arbeitsleistung der Betroffene während dieses Bereitschaftsdienstes tatsächlich erbringt.[83] Eine andere Bewertung ergibt sich nur dann, wenn der Dienst in der Weise geleistet wird, dass der Arbeitnehmer ständig erreichbar ist, ohne jedoch zur Anwesenheit an einem vom Arbeitgeber bestimmten Ort verpflichtet zu sein (**Rufbereitschaft**). Für die arbeitsschutzrechtliche Bewertung des Bereitschaftsdienstes als Arbeitszeit ist ohne Bedeutung, dass der Arbeitgeber den Arbeitnehmern einen **Ruheraum** zur Verfügung stellt, in dem sie sich aufhalten können.[84] Darüber hinaus hat der EuGH ausgeführt, für die **Abgrenzung** zwischen **Arbeits- und Ruhezeit** komme es nicht auf Anzahl und Umfang der tatsächlichen Arbeitseinsätze während des Bereitschaftsdienstes an. Danach ist für die Abgrenzung von Arbeits- und Ruhezeit iSd ArbZG darauf abzustellen, ob sich die Arbeitnehmer an einem vom Arbeitgeber bestimmten Ort aufhalten müssen, um ggf sofort ihre Leistung erbringen zu können.[85] Allerdings lässt § 7 Abs. 2 a ArbZG tarifliche Regelungen zu, nach denen die durchschnittliche wöchentliche Arbeitszeit 48 Stunden dauernd überschreitet, wenn in die Arbeitszeit regelmäßig und in erheblichem Umfang Arbeitsbereitschaft oder Bereitschaftsdienst fällt. Außerdem muss durch besondere Regelungen im Tarifvertrag oder in einer Betriebs- oder Dienstvereinbarung sichergestellt sein, dass die Gesundheit der Arbeitnehmer nicht gefährdet wird.

889 Eine andere Frage ist allerdings, ob und wie die Zeit des Bereitschaftsdienstes bzw die Arbeitszeit insgesamt zu **vergüten** ist. Das BAG hat mittlerweile entschieden, dass im Tarifvertrag für bestimmte Berufsgruppen, in deren Tätigkeit erfahrungsgemäß regelmäßig und in erheblichem Umfang Arbeitsbereitschaft fällt, sehr wohl eine höhere Wochenarbeitszeit als bei Arbeitnehmern einer vergleichbaren Vergütungsgruppe vereinbart werden kann, ohne dass ein höheres Arbeitsentgelt zu entrichten sei.[86] Die höhere wöchentliche Arbeitszeit kann auch pauschal mit dem gewöhnlichen Monatsentgelt mit abgegolten werden, so dass dem Arbeitnehmer wegen der vertraglichen Vereinbarung keine weitergehenden Entgeltansprüche zustehen. Das BAG tenorierte, dass dem Arbeitnehmer auch keine zusätzliche Vergütung für die über 48 Stunden wöchentlich hinaus erbrachte Arbeitsleistung zustehe, da sich ein solcher Anspruch auf zusätzliche Vergütung weder aus der Richtlinie 93/104/EG noch aus dem Arbeitszeitgesetz noch aus § 612 Abs. 1 und 2 BGB noch aus § 823 Abs. 2 BGB ergebe.[87] Auch scheide ein Anspruch aus § 812 BGB aus, wenn das Arbeitsentgelt auf eine wöchentliche Beschäftigung von über 48 Stunden ausgelegt sei. Da die Bereicherungsansprüche in besonderem Maße unter den Grundsätzen von Treu und Glauben stehen, kann der Arbeitnehmer als Bereicherungsausgleich nicht mehr beanspruchen, als im Beschäftigungsverhältnis vereinbart war.[88]

890 Das BAG hat in seinem Urteil vom 28.1.2004[89] eine **freie Vergütungsvereinbarung**, nach der der Arbeitnehmer für Bereitschaftsdienste 68 % der regulären Vergütung erhält, als angemes-

82 EuGH 3.10.2000 – Rs. C-303/98 (Simap), NZA 2000, 1227; *Litschen*, NZA 2001, 1355.

83 EuGH 3.10.2000 – Rs. C-303/98 (Simap), NZA 2000, 1227; EuGH 1.12.2005 – C-14/04 (Dellas u.a.), NZA 2006, 89; EuGH 5.10.2004 – C-397/01 bis C-403/01 (Pfeiffer), NZA 2004, 1145; EuGH 9.9.2003 – Rs. C-151/02 (Jaeger), NZA 2003, 1019.

84 EuGH 9.9.2003 – Rs. C-151/02 (Jaeger), NZA 2003, 1019, 1021.

85 BAG 23.6.2010 – 10 AZR 543/09, NZA 2010, 1081, 1084.

86 BAG 28.6.2007 – 6 AZR 851/06, NZA 2008, 552; BAG 14.10.2004 – 6 AZR 564/03, DB 2005, 834; BAG 14.10.2004 – 6 AZR 535/03, ZTR 2005, 144; BAG 10.2.2005 – 6 AZR 182/04, juris; LAG Köln 14.10.2002 – 2 Sa 690/02, NZA-RR 2003, 292.

87 BAG 14.10.2004 – 6 AZR 564/03, DB 2005, 834; BAG 14.10.2004 – 6 AZR 535/03, ZTR 2005, 144.

88 BAG 14.10.2004 – 6 AZR 564/03, DB 2005, 834, 837.

89 BAG 28.1.2004 – 5 AZR 530/02, NZA 2004, 656.

sen bezeichnet und für wirksam gehalten. Auch im Urteil vom 5.6.2003[90] unterstreicht das BAG, dass die Missachtung einer nach Art. 6 Nr. 2 der Richtlinie 93/104/EG gebotenen zeitlichen Beschränkung des Bereitschaftsdienstes keine gesonderte Vergütungspflicht des öffentlichen Arbeitgebers zur Folge habe. Bereitschaftsdienst sei seinem Wesen nach eine Aufenthaltsbeschränkung, verbunden mit der Pflicht, bei einem vom Arbeitgeber erkannten Arbeitsbedarf sofort tätig zu werden. Es handele sich nicht um die volle Arbeitsleistung, wie sie der Arbeitnehmer im Rahmen der regelmäßigen Arbeitszeit tariflicher Definition schulde. Arbeit in ihren unterschiedlichen Ausgestaltungsformen wie Vollarbeit, Arbeitsbereitschaft, Bereitschaftsdienst und Rufbereitschaft kann vergütungsrechtlich unterschiedlich behandelt werden. Für Zeiten der Arbeitsbereitschaft und des Bereitschaftsdienstes sind jedoch als Vergütungsgrenze die Regelungen des MiLoG zu beachten. Was Zeiten der Rufbereitschaft betrifft, muss die Vergütungsregelung demgegenüber lediglich den Verlust an Freizeit angemessen berücksichtigen und darf dem Arbeitnehmer keine erheblichen Leistungen ohne Vergütung abverlangen. Hinsichtlich der Einschätzung, ob eine erhebliche Beeinträchtigung der Freizeit vorliegt und ob und in welchem Umfang diese ausgeglichen werden soll, kommt dem Arbeitgeber dabei eine Einschätzungsprärogative zu.[91] Die Tarifvertragsparteien konnten daher für die zeitlichen Belastungen im Bereitschaftsdienst eine andere Vergütung als für Vollarbeit vereinbaren und bestimmen, dass solche Zeiten entsprechend dem Anteil der tatsächlich geleisteten Arbeit oder bei geringerer Inanspruchnahme nach einem Mindestsatz entlohnt werden.[92]

Bereitschaftsdienst muss also auch bei höherer – geplanter oder tatsächlicher – Belastung mit 891 Arbeitseinsätzen nicht wie Vollarbeit bezahlt werden, allerdings darf die Mindestvergütung nach MiLoG nicht unterschritten werden. Die Tarifvertragsparteien (Arbeitsvertragsparteien) können die Bezahlung von Bereitschaftsdiensten insofern weitgehend autonom regeln, dies gilt insb. auch für den Bereich des öffentlichen Dienstes. Auch wenn dort die Festlegung der Bereitschaftsdienste im Ergebnis oder von vornherein rechtswidrig ist/war, weil etwa die tatsächliche Belastung langfristig höher als der jeweils festgelegten Stufe entsprechend ist, bleibt es bei der Bezahlung der (niedrigeren) Bereitschaftsvergütung.[93] Die Vergütung des Bereitschaftsdienstes soll künftig neu geregelt werden; bis zu einer entsprechenden Neuregelung bleibt es bei den bisherigen, zum Zeitpunkt des Inkrafttretens des TVöD 2008 geltenden tariflichen Bestimmungen. In den einschlägigen Besonderen Teilen zum TVöD ist für die Vergütung des Bereitschaftsdienstes insoweit festgelegt, dass nach durchschnittlichen Arbeitsleistungsquoten und deren prozentualer Bewertung als Arbeitszeit ein Entgelt ermittelt und gezahlt wird.

Die hier vorgestellten Klauseln C 1 und C 2 berücksichtigen, unabhängig von der privatrechtli- 892 chen oder öffentlich-rechtlichen Trägerschaft des Betriebs, die rechtlichen Anforderungen in der Weise, dass Bereitschaftsdienst generell als Arbeitszeit behandelt und dass die reine Arbeitszeit während des Bereitschaftsdienstes gesondert vergütet wird – bei der Klausel C 1 über eine Pauschale, bei der Klausel C 2 über eine gesonderte, nach Einsatzzeiten berechnete Vergütung, die allerdings den Anforderungen nach MiLoG zu genügen hat. Da für weite Bereiche, in denen regelmäßig Bereitschaftsdienst anfällt, ausgewogene tarifliche Regelungen bestehen, wird es sich häufig empfehlen, die arbeitszeitrechtlichen und vergütungsrechtlichen Fragen in Anlehnung an ein branchenmäßig nahes Tarifwerk zu regeln.

90 BAG 5.6.2003 – 6 AZR 114/02, NZA 2004, 164.

91 BAG 24.3.2011 – 6 AZR 684/09, NZA 2011, 1120; BAG 5.2.2009 – 6 AZR 114/08, NZA 2009, 559.

92 BAG 5.6.2003 – 6 AZR 114/02, NZA 2004, 164, 166; vgl auch BAG 15.7.2009 – 5 AZR 867/08, ZTR 2010, 35.

93 StRspr, vgl BAG 5.6.2003 – 6 AZR 114/02, NZA 2004, 164; BAG 28.1.2004 – 5 AZR 530/02, NZA 2004, 656 – hier werden auch mögliche Ansprüche des rechtswidrige, weil überlastete Bereitschaftsdienste leistenden Arbeitnehmers auf höhere oder Vollvergütung aus § 612 Abs. 1 BGB und Schadensersatz bzw Bereicherungsrecht abgelehnt; s. auch *Burger*, TVöD, § 7 Rn 42.

893 Für den **kirchlichen Bereich** gilt, dass unter bestimmten Einschränkungen von der gesetzlich festgelegten Dauer der Arbeitszeit abgewichen werden kann (§§ 7, 25 ArbZG). Voraussetzung für die Wirksamkeit der divergierenden Regelung ist, dass sie in einem kirchenrechtlich legitimierten Arbeitsrechtsregelungsverfahren ergangen ist.[94] Nach § 38 MAVO kann ein kirchlicher Arbeitgeber mit seiner Mitarbeitervertretung die Dauer der Arbeitszeit nur nach Maßgabe der Arbeitsvertragsrichtlinien regeln, die eine „Kommission zur Ordnung des Arbeitsvertragsrechts" erlassen hat. Die „Richtlinie für Arbeitsverträge in den Einrichtungen des Deutschen Caritasverbandes" erlaubt nach Auffassung des 9. Senats keine umfassende Regelung der Dauer der Arbeitszeit zwischen einem kirchlichen Arbeitgeber und seiner Mitarbeitervertretung.[95]

dd) Rüstzeitenklauseln

(1) Klauseltyp D

894 **D 1:** Komm- und Gehzeiten sind in Arbeitskleidung in die Zeiterfassungsanlage einzugeben.

D 2: An- und Auskleiden zählen nicht zur regelmäßigen Arbeitszeit, ebenso wenig die Körperpflege vor oder nach der Arbeit. Auch der Fußweg vom Betriebsparkplatz zum Gebäude, in dem die Arbeit verrichtet wird, gilt nicht als Arbeitszeit.

(2) Gestaltungshinweise

895 Rüstzeiten bezeichnen im eigentlichen Sinne die Dauer von Vorbereitungstätigkeiten am Arbeitsplatz, etwa das Warmlaufen einer Maschine oder deren Vorbereitung mit speziellen Werkzeugen. Derartige Tätigkeiten gehören stets zur Arbeitszeit und können hieraus weder arbeitszeitrechtlich noch vergütungsrechtlich auf Kosten des Arbeitnehmers ausgenommen werden. Ab wann die persönlichen Vorbereitungen des Arbeitnehmers im täglichen Ablauf als Arbeitszeit gelten, kann hingegen weitgehend frei vereinbart werden. Mit den Klauseln D 1 und D 2 werden Festlegungen über Vorbereitungsmaßnahmen getroffen, die nicht als Arbeitszeit gelten sollen. Derartige Regelungen stehen im Einklang mit der Rspr,[96] denn während dieser Vorbereitungszeit bietet der Arbeitnehmer seine im Arbeitsvertrag vereinbarte Arbeitstätigkeit dem Arbeitgeber noch nicht an. Insbesondere Klausel D 2 ist ein Beispiel für eine je nach örtlicher Gegebenheit und Anforderung des Arbeitsplatzes anzupassende Detailregelung. Im Einzelfall kann eine derartige Klausel allerdings unwirksam sein, wenn der Arbeitgeber die Arbeitszeit selbst dadurch erweitert, dass er festlegt, die Dienstkleidung müsse im Betrieb angelegt werden und dürfe nicht mit nach Hause genommen werden,[97] oder wenn abweichende tarifvertragliche oder betriebsverfassungsrechtliche Regelungen bestehen.[98]

ee) Sonn-, Feiertags- und Nachtarbeitsklauseln

(1) Klauseltyp E

896 **E 1:** Der Mitarbeiter verpflichtet sich, soweit gesetzlich zulässig, Nacht-, Wechselschicht-, Sonntags-, Feiertags-, Mehr- und Überarbeit zu leisten.

E 2: Es wird vereinbart, dass der Arbeitnehmer vorübergehend Nacht-, Wechselschicht-, Sonntags- und Mehrarbeit zu leisten hat, wenn dringende betriebliche Gründe dies erfordern. Die gesetzlichen Bestimmungen sind dabei zu beachten.

---

94 BAG 16.3.2004 – 9 AZR 93/03, NZA 2004, 927.

95 BAG 16.3.2004 – 9 AZR 93/03, NZA 2004, 927.

96 BAG 11.10.2000 – 5 AZR 122/99, NZA 2001, 458; OVerwG NRW 22.4.2009 – 6 A 2030/06, juris; BAG 10.11.2009 – 1 ABR 54/08, BB 2010, 308.

97 BAG 19.9.2012 – 5 AZR 678/11, NZA-RR 2013, 63; BAG 28.7.1994 – 6 AZR 220/94, NZA 1995, 437.

98 Vgl etwa zur (tarifvertraglich definierten) Arbeitsstelle in Krankenhäusern BAG 18.1.1990 – 6 AZR 551/88, DB 1990, 331; *Kiefer*, ZTR 1991, 63 f; weiterführend *Busch*, BB 1995, 1690 f.

(2) Gestaltungshinweise

Generell kann der Arbeitgeber vom Arbeitnehmer verlangen, Nachtarbeit oder Sonntagsarbeit zu erbringen, selbst wenn dies arbeitsvertraglich nicht vereinbart wurde. Eine solche Veränderung der Arbeitszeit greift nicht in den Kernbestand der Leistungspflichten des Arbeitnehmers ein, so dass keine Änderungskündigung erforderlich ist.[99] Soweit Nachtarbeit in den Grenzen des ArbZG vom Arbeitnehmer verlangt wird, genügt als Rechtsgrundlage § 106 Abs. 1 GewO. Vielfach wird allerdings eine arbeitsvertragliche Grundlage für die Anordnung von Nacht- oder Sonntagsarbeit für notwendig erachtet oder zumindest empfohlen.[100] Eine solche Rechtsgrundlage kann im Arbeitsvertrag vereinbart werden. 897

Eine unangemessene Benachteiligung (§ 307 Abs. 1 BGB) liegt bei den Vertragstexten E 1 und E 2 nicht vor: Zwar lassen die generalklauselartigen Regelungen nicht im Einzelnen erkennen, wann und in welchem Umfang der Arbeitgeber von seiner Befugnis Gebrauch machen darf; dies entspricht allerdings der Rechtsgrundlage des § 106 Abs. 1 GewO, der ebenfalls nicht präziser gefasst ist. Wie erläutert, sieht das BAG auch nach der Schuldrechtsmodernisierung das Direktionsrecht als hinreichende Grundlage, arbeitgeberseitig die Lage der Arbeitszeit nach billigem Ermessen zu bestimmen.[101] Eine Sozialauswahl nach den Grundsätzen für betriebsbedingte Kündigungen ist nicht vorzunehmen, auch wenn wegen der Arbeitszeit eine personelle Auswahlentscheidung vom Arbeitgeber zu treffen ist.[102] 898

Auch Klauseln zu Sonn- und Feiertagsarbeit, soweit sie zur Absicherung im Sinne einer Ermächtigungsgrundlage für den Arbeitgeber im Arbeitsvertrag enthalten sind, begegnen grds. keinen rechtlichen Bedenken. Natürlich müssen die sich aus § 9 ArbZG ergebenden Grenzen sowie sonstige gesetzliche Regelungen wie das Fahrverbot des § 30 Abs. 3 StVO beachtet werden. 899

Die Klausel E 2 begegnet ebenfalls keinen Bedenken, weil sie einerseits den Rechtsbegriff des „dringenden betrieblichen Grundes“ als Wirksamkeitsvoraussetzung einer Arbeitszeit außerhalb der regulären, werktäglichen Arbeitszeit vorsieht und andererseits die Weisungsbefugnis des Arbeitgebers auf nur vorübergehende Nacht-/Wechselschicht beschränkt. Die Klausel führt allerdings – dessen sollte sich der Verwender bewusst sein – zu einer Einschränkung des Weisungsrechts, die nur durch Änderungsvereinbarung oder Änderungskündigung wieder aufgehoben werden kann. Sinnvoll ist die Klausel bei Arbeitsverträgen, in denen üblicherweise keine Nacht- oder Feiertagsarbeit zu erwarten ist, da sie die Arbeitnehmerseite auf die mögliche Heranziehung im Ausnahmefall sinnvoll hinweist. 900

Zu den in der Klausel E 2 zusätzlich angesprochenen gesetzlichen Regelungen gehören nicht nur die Bestimmungen des Arbeitszeitrechts, sondern auch die Vorschriften des Mindestlohngesetzes (MiLoG), der zwingenden Mitbestimmung des Betriebsrats und Beschäftigungsverbote für Schwangere und Jugendliche. Da diese Vorschriften aber ohnehin gelten, hat der letzte Satz der Klausel nur deklaratorischen Charakter und könnte rechtlich ebenso gut entfallen; aus Gründen der Akzeptanz für den Arbeitnehmer wird der Zusatz aber häufig beibehalten. 901

99 BAG 15.9.2009 – 9 AZR 757/08, NJW 2010, 394; LAG Berlin 29.4.1991 – 9 Sa 9/91, DB 1991, 2193; LAG Düsseldorf 23.10.1991 – 4 Sa 789/91, BB 1992, 997.

100 Preis/*Preis/Lindemann*, Der Arbeitsvertrag, II A 90 Rn 38; *Baeck/Deutsch*, ArbZG, § 10 Rn 5; *Hueck/Nipperdey*, Lehrbuch des Arbeitsrechts I, § 33 VI. 2.

101 BAG 23.9.2004 – 6 AZR 567/03, NZA 2005, 359; BAG 15.9.2009 – 9 AZR 757/08, NJW 2010, 394.

102 BAG 21.1.2004 – 6 AZR 538/02, NZA 2005, 61; BAG 23.9.2004 – 6 AZR 567/03, NZA 2005, 359, 361.

11. Auflösende Bedingungen

Literatur

Ahrendt, Kombination von auflösender Bedingung und Zeitbefristung, jurisPR-ArbR 6/2012 Anm. 2; *Boecken/Joussen*, Teilzeit- und Befristungsgesetz, Handkommentar, 3. Aufl. 2012; *Boehmke*, Auflösende Bedingung und Höchstbefristung, JuS 2012, 362; *Bruns*, Teilzeit- und Befristungsrecht, Handbuch, 2013; *Dörner*, Der befristete Arbeitsvertrag, 2004; *Hümmerich*, Wonach darf der Arbeitnehmer bei der Einstellung gefragt werden?, BB 1979, 428; *Joch/Klichowski*, Die Vereinbarung auflösender Bedingungen in Darstellerverträgen – Kunstfreiheit als Sachgrund, NZA 2004, 302; *Kokemoor*, Bedingungseintritt und Klagefrist, jurisPR-ArbR 41/2012 Anm. 1; *Kossens*, Wirksamkeit eines befristeten Prozessbeschäftigungsverhältnisses, jurisPR-ArbR 33/2012 Anm. 5; *Lakies*, Befristete Arbeitsverträge, Ein Leitfaden für die Praxis, 3. Aufl. 2012; *Meinel/Heyn/Herms*, TzBfG, Kommentar, 4. Aufl. 2012; *Notz*, Zulässigkeit und Grenzen ärztlicher Untersuchungen von Arbeitnehmern, 1991; *Rossa/Hoppe*, Beendigung des Arbeitsverhältnisses aufgrund des Verlustes der persönlichen Eignung, ArbR 2011, 525; *Sievers*, Klagefrist bei einem Streit über den Eintritt einer auflösenden Bedingung, AnwZert ArbR 20/2011 Anm. 1; *Sommer/Winter*, Prozessbeschäftigung, AuA 2012, 144; *Sowka*, Befristete Arbeitsverträge, Düsseldorfer Schriftenreihe, 4. Aufl. 2014.

a) Rechtslage im Umfeld

aa) Entwicklung von Rechtsprechung und Gesetzeslage

902 Noch zu Beginn der 80er Jahre zweifelte das BAG an der Zulässigkeit der Vereinbarung auflösender Bedingungen.[1] Es begründete seinerzeit seine Zweifel damit, dass über eine auflösende Bedingung der Kündigungsschutz umgangen und damit das Unternehmerrisiko einseitig auf den Arbeitnehmer abgewälzt werden könne.

903 Die Zulässigkeit einer auflösenden Bedingung von Arbeitsverträgen ist mittlerweile in **§ 21 TzBfG** ausdrücklich geregelt. Die Vorschrift sieht Folgendes vor: Wird der Arbeitsvertrag unter einer auflösenden Bedingung iSv § 158 Abs. 2 BGB geschlossen, gelten § 4 Abs. 2, § 5, § 14 Abs. 1 und 4, § 15 Abs. 2, 3 und 5 sowie die §§ 16–20 TzBfG entsprechend.

904 Eine auflösende Bedingung ist damit nur bei Vorliegen eines **sachlichen Grundes** iSd § 14 Abs. 1 TzBfG zulässig. Dies bedeutet: Es muss entweder einer der in § 14 Abs. 1 S. 2 Nr. 1–8 TzBfG ausdrücklich genannten Sachgründe oder aber ein sonstiger Sachgrund gegeben sein, der die Bedingung rechtfertigt. Auflösende Bedingungen bedürfen der **Schriftform**, anderenfalls sind sie unwirksam (§§ 21, 14 Abs. 4 TzBfG). Auch im Übrigen bestimmt § 21 TzBfG im Wesentlichen die entsprechende Anwendung der Rechtsregeln für die Befristung auch für die auflösende Bedingung. So ist zB auch die **Auslauffrist** des § 15 Abs. 2 TzBfG zu beachten.[2] Ebenso wie bei zweckbefristeten Verträgen wird das auflösend bedingte Arbeitsverhältnis frühestens zwei Wochen nach Zugang einer Mitteilung des Arbeitgebers über den Zeitpunkt des Eintritts der auflösenden Bedingung beendet.[3]

905 Auch für die **Rechtsfolgen bei Unwirksamkeit** der auflösenden Bedingung gelten die gleichen Grundsätze wie bei der Befristung.[4] Ebenso wie bei der Zweckbefristung kann ein unbefristetes Arbeitsverhältnis zustande kommen, wenn der Arbeitnehmer über den Zeitpunkt des Eintritts der auflösenden Bedingung hinaus weiterbeschäftigt wird.

906 Die **dreiwöchige Klagefrist** der §§ 21, 17 S. 1 TzBfG gilt nicht nur für die Geltendmachung der Rechtsunwirksamkeit der Bedingungsabrede,[5] sondern auch für den Streit über den Eintritt der auflösenden Bedingung. Die entgegenstehende frühere Rspr hat der Senat mit Urteil vom 6.4.2011 aufgrund einer anderen Auslegung des Klagefristerfordernisses anhand seines Wort-

1 BAG 9.7.1981 – 2 AZR 788/78, NJW 1982, 788; BAG 20.12.1984 – 2 AZR 3/84, NZA 1986, 325; BAG 9.5.1985 – 2 AZR 372/84, NZA 1986, 671.

2 BAG 19.3.2008 – 7 AZR 1033/06, DB 2008, 1976.

3 LAG Niedersachsen 11.12.2013 – 2 Sa 206/13, ArbR 2014, 209.

4 *Sowka*, Befristete Arbeitsverträge, S. 111 f.

5 BAG 6.4.2011 – 7 AZR 704/09, DB 2011, 1756; BAG 27.7.2011 – 7 AZR 402/10, DB 2012, 692; LAG Niedersachsen 11.12.2013 – 2 Sa 206/13, ArbR 2014, 209.

lauts, seines Zusammenhangs und seines Zwecks aufgegeben.[6] Bei einem Streit über den Bedingungseintritt **beginnt** die Klagefrist des § 17 S. 1 TzBfG in entsprechender Anwendung nach § 21 TzBfG mit Zugang der schriftlichen Erklärung des Arbeitgebers, dass das Arbeitsverhältnis aufgrund des Eintritts der Bedingung beendet sei.[7] Das vereinbarte **Ende**, an das § 17 S. 1 TzBfG iVm § 21 TzBfG anknüpft, ist mit dem Eintritt der auflösenden Bedingung erreicht. Lediglich in den Fällen, in denen die Bedingung vor Ablauf der Zwei-Wochen-Frist der §§ 21, 15 Abs. 2 TzBfG eingetreten ist, beginnt die Klagefrist erst mit dem Zugang der schriftlichen Erklärung des Arbeitgebers.[8]

Die Klagefrist für die Bedingungskontrolle nach §§ 21, 17 S. 1 TzBfG beginnt aber nicht, wenn der Arbeitgeber weiß, dass der Arbeitnehmer **schwerbehindert** ist und das Integrationsamt der erstrebten Beendigung durch eine auflösende Bedingung nicht zugestimmt hat. Das folgt aus einer Analogie zu § 4 S. 4 KSchG.[9]

Gegenstand der **gerichtlichen Sachgrundkontrolle** (Kontrolle des Vorliegens eines sachlichen Grundes) ist nicht die Rechtswirksamkeit einer Gestaltungserklärung des Arbeitgebers. Die Gerichte für Arbeitssachen prüfen vielmehr, ob die Parteien eine rechtlich statthafte Vertragsgestaltung zur Beendigung eines Arbeitsverhältnisses ohne Kündigung objektiv funktionswidrig zu Lasten des Arbeitnehmers verwendet haben.[10] 907

bb) Aktuelle Rechtslage/Rechtsprechungsbeispiele

Bei einer auflösenden Bedingung handelt es sich wie bei der Zeit- oder Zweckbefristung um eine **zulässige Vertragsgestaltung**. Die Vereinbarung einer Zweckerreichung oder auflösenden Bedingung ist dann **unzulässig**, wenn dem Arbeitgeber dadurch die Möglichkeit eröffnet werden soll, das Arbeitsverhältnis aus Gründen zu beenden, die in seinem Belieben liegen und von seinen wirtschaftlichen Interessen geprägt sind. 908

Eine Klausel, die die Beendigung des Arbeitsverhältnisses für einfache Maschinenbediener für den Fall der **Stilllegung zweier Handfertigungslinien** vorsieht, ist gem. § 307 Abs. 1 S. 2 BGB unwirksam. Sie lässt für die Arbeitnehmer nicht erkennen, unter welchen Bedingungen und in welchem Zeitrahmen die Stilllegung eintreten soll, obwohl der Arbeitgeber über die entsprechenden Informationen bei Abschluss des Arbeitsvertrages verfügte. Für die Prognoseentscheidung des Arbeitgebers reicht es nicht aus, dass dieser Ereignisse benennt, die für sich gesehen einen vorübergehenden Mehrbedarf begründen können. Er muss vielmehr Tatsachen vortragen, die die Grundlage einer hinreichend sicheren Prognose sein können.[11] 909

Eine funktionswidrige auflösende Bedingung ist gegeben,[12] wenn mit einem alkoholkranken Arbeitnehmer ein unbefristetes Arbeitsverhältnis vereinbart wird und im Arbeitsvertrag die auflösende Bedingung enthalten ist, falls der Arbeitnehmer wieder **Alkohol** zu sich nehme und insoweit auffällig werde, ende das Arbeitsverhältnis mit sofortiger Wirkung. 910

Die Vereinbarung einer Auflösungsklausel, nach der das Arbeitsverhältnis automatisch enden soll, wenn der Arbeitnehmer **nicht rechtzeitig aus dem Urlaub zurückkehre**, ist unwirksam, da hierdurch § 626 BGB in unzulässiger Weise umgangen wird.[13] Der Arbeitgeber verfolge hiermit das rechtlich nicht zu billigende Ziel, den Arbeitnehmer unter dem Druck, seinen Arbeits- 911

6 BAG 21.1.2009 – 7 AZR 843/07, NZA-RR 2010, 38.
7 BAG 6.4.2011 – 7 AZR 704/09, DB 2011, 1756 unter Änderung der Senatsrechtsprechung vom 21.1.2009 – 7 AZR 843/07, AP § 1 TVG Nr. 7 Tarifverträge: Waldarbeit und vom 23.6.2004 – 7 AZR 440/03, DB 2004, 2586.
8 BAG 15.8.2012 – 7 AZN 956/12, NZA 2012, 1161; Bestätigung und Klarstellung der Entscheidung des Senats vom 6.4.2011 – 7 AZR 704/09, DB 2011, 1756.
9 BAG 9.2.2011 – 7 AZR 221/10, NZA 2011, 854.
10 BAG 25.8.1999 – 7 AZR 75/98, DB 2000, 1470; BAG 19.3.2008 – 7 AZR 1033/06, DB 2008, 1976.
11 LAG Berlin-Brandenburg 2.9.2009 – 15 Sa 825/09, LAGE § 14 TzBfG Nr. 51 = BB 2009, 2533.
12 LAG München 22.10.1987 – 6 Sa 294/87, NZA 1988, 586.
13 BAG 19.12.1974 – 2 AZR 565/73, DB 1975, 890; BAG 13.12.1984 – 2 AZR 294/83, DB 1985, 1026.

platz endgültig zu verlieren, zu einer pünktlichen Rückkehr aus dem Urlaub zu veranlassen und ihm die Möglichkeit zu nehmen, eine ohne diese Vereinbarung zur Beendigung des Arbeitsverhältnisses erforderliche Kündigung gerichtlich auf ihre Rechtfertigung nachprüfen zu lassen. Der Wille des Arbeitgebers, den Arbeitnehmer zu einer pünktlichen Urlaubsrückkehr zu zwingen, wird nicht als anerkennenswerter Sachgrund erachtet.

912 Entsprechend sei auch die Vereinbarung, wonach das **Ausbildungsverhältnis** ohne Weiteres enden soll, wenn der Auszubildende im nächsten Berufsschulhalbjahr in einem Fach die Note 5 erhält, unwirksam.[14]

913 Ein auflösend bedingter Arbeitsvertrag, bei dem die **Einstellung** eines Arbeitnehmers unter dem **Vorbehalt seiner gesundheitlichen Eignung** erfolgt, ist zulässig. In einem solchen Falle haben die Arbeitsvertragsparteien die auflösende Bedingung gerade nicht in dem Bewusstsein und mit dem Ziel eingeführt, dass das Arbeitsverhältnis zunächst uneingeschränkt auf unbestimmte Zeit durchgeführt und später einmal für den ungewissen Fall fehlender gesundheitlicher Eignung erlöschen soll. Der von den Arbeitsvertragsparteien vereinbarte Vorbehalt der gesundheitlichen Eignung beruht auf sachlich gerechtfertigten Gründen und liegt im objektiven Interesse beider Vertragsparteien.[15] Zulässig ist die auflösende Bedingung des Arbeitsvertrages für den Fall, dass der Betriebsrat oder Personalrat die Zustimmung zur Einstellung des Arbeitnehmers endgültig verweigert.[16]

914 Der **Widerruf der Einsatzgenehmigung** (hier: für die Tätigkeit als Sicherheitsmitarbeiter im Wachdienst einer militärischen Einrichtung) stellt allein keinen ausreichenden Grund für eine auflösende Bedingung des Arbeitsvertrages dar. Erst die sich aus dem Entzug der Einsatzgenehmigung ergebende fehlende Beschäftigungsmöglichkeit rechtfertigt die Beendigung des Arbeitsverhältnisses ohne Kündigung. Der Arbeitgeber muss daher dem Arbeitnehmer einen anderen freien Arbeitsplatz anbieten, bevor er sich auf die auflösende Bedingung berufen kann. Besteht nach dem Entzug der Einsatzgenehmigung kein freier und geeigneter Arbeitsplatz, wäre die Aufrechterhaltung des bisherigen Vertragsverhältnisses sinnentleert, da der Arbeitgeber den Arbeitnehmer nicht mehr beschäftigen kann. Die sich nach einem Entzug einer Einsatzgenehmigung ergebende fehlende Beschäftigungsmöglichkeit zählt auch nicht zum allgemeinen Wirtschaftsrisiko des Arbeitgebers, das er durch die Vereinbarung einer auflösenden Bedingung auf den Arbeitnehmer nicht überwälzen kann.

915 Dementsprechend hat das BAG eine auflösende Bedingung in einem Tarifvertrag für sachlich gerechtfertigt gehalten, nach der das Arbeitsverhältnis endet, wenn die Erlaubnisbehörde die Zustimmung zur Beschäftigung des Arbeitnehmers verweigert oder entzieht und eine anderweitige Beschäftigungsmöglichkeit für den Arbeitnehmer nicht besteht. Da es für die sachliche Rechtfertigung der auflösenden Bedingung nur auf die fehlende Beschäftigungsmöglichkeit ankommt, ist die Rechtmäßigkeit des **Entzugs der Einsatzgenehmigung** des Arbeitnehmers durch den Auftraggeber des Arbeitgebers für das Vorliegen des Sachgrundes ohne Bedeutung. Allerdings darf der Arbeitgeber den Entzug der Einsatzgenehmigung nicht gegenüber seinem Vertragspartner veranlassen, um das Vertragsverhältnis mit seinem Arbeitnehmer zu beenden.[17]

916 Die Funktionswidrigkeit einer auflösenden Bedingung ist ggf daran zu messen, inwieweit **grundgesetzlich geschützte Positionen** von Arbeitgeber und Arbeitnehmer einander gegenüberstehen.[18] Es müsse festgestellt werden, wessen Interessen das überwiegende Gewicht besäßen. Das Interesse des Arbeitnehmers an einem umfassenden Kündigungsschutz folge aus dem Grundrecht aus Art. 12 Abs. 1 GG, wonach die freie Wahl des Arbeitsplatzes garantiert sei.

---

14 BAG 5.12.1985 – 2 AZR 61/85, DB 1986, 2680.

15 LAG Frankfurt 8.12.1994 – 12 Sa 1103/94, DB 1995, 1617; aA *Dörner*, Der befristete Arbeitsvertrag, S. 136.

16 BAG 17.2.1983 – 2 AZR 208/81, NJW 1983, 1752; *Meinel/Heyn/Herms*, TzBfG, § 21 Rn 18.

17 BAG 19.3.2008 – 7 AZR 1033/06, DB 2008, 1976.

18 BAG 2.7.2003 – 7 AZR 612/02, NZA 2004, 311, 312.

Einen Schutz vor privatrechtlichen Dispositionen gewährt das Grundrecht allerdings nicht. Das Grundrecht der Berufsfreiheit schütze gegen alle staatlichen Maßnahmen, die diese Wahlfreiheit beschränken. Die Berufswahlfreiheit des Arbeitnehmers – in diesem Falle einer Schauspielerin, deren Rolle laut Drehbuch in der Fernsehproduktion endete –, werde durch die Entscheidung des Produzenten, ihre Rolle in Fortfall zu bringen, nicht beeinträchtigt. Zudem gab das BAG zu bedenken, dass dem durch Art. 12 GG auf Seiten der Schauspielerin geschützten Interesse am Fortbestand ihres Arbeitsverhältnisses die grundrechtlich geschützten Positionen des Produzenten aus Art. 2, 12 und 14 GG und die geschützte Kunstfreiheit aus Art. 5 Abs. 3 GG gegenüberstehen. Bei der vom Arbeitgeber produzierten Fernsehserie handele es sich, unabhängig von ihrem Niveau oder ihrem künstlerischen Wert, um eine freie schöpferische Gestaltung, in der Eindrücke, Erfahrungen und Erlebnisse des Künstlers durch das Medium einer bestimmten Formensprache zur unmittelbaren Anschauung gebracht würden, und damit um ein Kunstwerk. Diese verfassungsrechtlich verbürgte künstlerische Gestaltungsfreiheit des Arbeitgebers in Form einer flexiblen Reaktion rechtfertigt nach Meinung des BAG neben der Befristung eines Arbeitsvertrages auch die Vereinbarung einer auflösenden Bedingung.

Der Bestand des Arbeitsverhältnisses eines **Fußballspielers** kann nicht wirksam im Wege einer 917 auflösenden Bedingung von dem **Erhalt einer „Lizenz für die Oberliga“** abhängig gemacht werden. Eine entsprechende Klausel ist unwirksam, weil die auflösende Bedingung ohne sachlichen Grund iSv § 16 Abs. 1 S. 1 TzBfG iVm § 1 TzBfG erfolgt. § 14 Abs. 1 S. 2 Nr. 4 TzBfG ist nicht einschlägig, da sich diese Fallgruppe vor allem auf Befristungen wegen hervorzusehender Verschleißerscheinungen oder des Abwechselungsbedürfnisses des Publikums bezieht.[19] Auch im Übrigen ist ein sachlicher Grund nicht „auszumachen“. Der Auf- oder Abstieg einer Mannschaft hängt von vielen unbeeinflussbaren Faktoren wie der Spielstärke anderer Mannschaften, Verletzungen eigener Spieler und auch von Zufällen ab. Das sind typische Faktoren des unternehmerischen Risikos. Eben dieses Risiko kann aber nicht durch die Vereinbarung einer auflösenden Bedingung auf den Arbeitnehmer abgewälzt werden.[20]

Das Arbeitsverhältnis eines Mitglieds des Bordpersonals, das von der fliegerärztlichen Untersu- 918 chungsstelle als flugdienstuntauglich eingestuft wurde, endet auch dann gemäß der in § 20 Abs. 1 Buchst. a MTV für das Bordpersonal der Condor Flugdienst GmbH vom 20.10.2000 (MTV Nr. 6) enthaltenen auflösenden Bedingung, wenn die Flugtauglichkeit auf einem vom Arbeitgeber zu vertretenden Arbeitsunfall beruht. Die in der tariflichen Regelung normierte auflösende Bedingung ist sachlich gerechtfertigt iSd §§ 21, 14 Abs. 1 TzBfG. Der **Verlust der Flugtauglichkeit** stellt für sich allein genommen allerdings keinen ausreichenden Sachgrund für die auflösende Bedingung dar. Erst die sich aus dem Verlust der Flugtauglichkeit ergebende fehlende Beschäftigungsmöglichkeit rechtfertigt die Beendigung des Arbeitsverhältnisses ohne Kündigung.[21]

Nach § 21 Ziff. 1 des MTV für die Arbeitnehmer von Schienenverkehrs- und Schieneninfra- 919 strukturunternehmen (MTV-Schiene) endet das Arbeitsverhältnis u.a. bei Gewährung einer unbefristeten Rente wegen **teilweiser oder voller Erwerbsminderung** mit der Zustellung des Rentenbescheids. § 21 Ziff. 1 MTV-Schiene enthält insoweit eine auflösende Bedingung.[22]

Nach stRspr des BAG stellt die Tatsache einer Berufs- oder Erwerbsunfähigkeit für sich ge- 920 nommen allerdings keinen eine auflösende Bedingung rechtfertigenden Sachgrund dar. Vielmehr rechtfertigt erst die Einbindung des Bestandsschutzinteresses des Arbeitnehmers einen Auflösungstatbestand ohne Kündigung.[23] Danach ist selbst eine in einem Tarifvertrag enthaltene auflösende Bedingung bei der Gewährung einer Zeitrente nur dann zulässig, wenn vorgese-

19 ErfK/*Müller-Glöge*, § 14 TzBfG Rn 44.
20 LAG Düsseldorf 20.11.2008 – 11 Sa Ga 23/08, SpuRt 2010, 260.
21 BAG 16.10.2008 – 7 AZR 185/07, AP § 14 TzBfG Nr. 53.
22 LAG Hamm 20.12.2009 – 15 Sa 516/09.
23 BAG 11.3.1998 – 7 AZR 101/97, DB 1998, 2375.

hen ist, dass bei Wiederherstellung der Erwerbsfähigkeit ein Anspruch auf Wiedereinstellung besteht (eine entsprechende Sollvorschrift ist danach als Mussvorschrift zu verstehen). Denn nur auf diese Weise kann dem durch das staatliche Kündigungsrecht gewährleisteten Bestandsschutzinteresse des Arbeitnehmers an der wirtschaftlichen Absicherung nach Wegfall des Rentenbezugs überhaupt noch angemessen entsprochen werden.[24]

921 Die auflösende Bedingung des § 37 Abs. 4 UAbs. 1 MTV-DPAG, die an die sog. **Postbeschäftigungsunfähigkeit** anknüpft, ist wirksam. Es bedarf jedoch insofern einer einschränkenden Auslegung, als eine Beendigung des Arbeitsverhältnisses grds. dann nicht eintritt, wenn der Arbeitnehmer noch auf seinem oder einem anderen, ihm nach seinem Leistungsvermögen zumutbaren freien Arbeitsplatz weiterbeschäftigt werden könnte.[25]

922 Ein schriftlich (§ 14 Abs. 4 iVm § 21 TzBfG) vereinbartes, auflösend bedingtes **Prozessbeschäftigungsverhältnis** bedarf eines Sachgrundes (§ 14 Abs. 1 TzBfG iVm § 21 TzBfG). Ein Sachgrund nach § 14 Abs. 1 S. 2 Nr. 8 TzBfG liegt nicht vor, wenn es sich um ein außergerichtlich vereinbartes Prozessbeschäftigungsverhältnis handelt.[26] Siehe dazu ausf. § 1 Rn 1188 ff.

923 Ein Sachgrund nach § 14 Abs. 1 S. 2 Nr. 6 TzBfG scheidet für ein außergerichtlich vereinbartes Prozessbeschäftigungsverhältnis im Hinblick auf die Kündigungsschutzklage aus. Die auflösend bedingte Prozessbeschäftigung ist jedoch durch einen sonstigen, nicht benannten Sachgrund gerechtfertigt. Denn der damit verfolgte Zweck, das Annahmeverzugsrisiko des Arbeitgebers abzuwenden, hat in den Anrechnungsvorschriften der § 615 S. 2 BGB, § 11 KSchG seine rechtliche Anerkennung gefunden und ist den Sachgründen nach § 14 Abs. 1 S. 2 Nr. 1–8 TzBfG von ihrem Gewicht her gleichwertig.[27]

924 Eine **Kombination** von **auflösender Bedingung und Zeitbefristung** ist grds. zulässig.[28] Die Wirksamkeit der auflösenden Bedingung und der zeitlichen Höchstbefristung ist rechtlich getrennt zu beurteilen.[29]

925 Nach stRspr kann in der tatsächlichen Beschäftigung des Arbeitnehmers nach Ausspruch einer Kündigung und nach Ablauf der Kündigungsfrist oder nach Ablauf der vereinbarten Befristung der Abschluss eines neuen befristeten Arbeitsvertrages liegen oder die Vereinbarung, dass das gekündigte Arbeitsverhältnis auflösend bedingt durch die rechtskräftige Abweisung der Kündigungsschutzklage fortgesetzt werden soll. Fordert der Arbeitgeber einen Arbeitnehmer auf, seine Tätigkeit bis zur Entscheidung über den Bestandsschutzrechtsstreit fortzuführen, geht der Wille der Parteien regelmäßig dahin, das Arbeitsverhältnis, das der Arbeitgeber als beendet ansieht, bis zur endgültigen Klärung, ob und ggf zu welchem Zeitpunkt die Beendigung eingetreten ist, fortzusetzen oder für die Dauer des Rechtsstreits ein befristetes Arbeitsverhältnis zu begründen. Anders kann das Verhalten der Arbeitsvertragsparteien nicht verstanden werden. Denn der Arbeitnehmer ist aufgrund des gekündigten Arbeitsverhältnisses oder des Fristablaufs bei befristeten Arbeitsverhältnissen zu weiterer Arbeitsleistung nicht verpflichtet. Der Arbeitgeber muss ihn vor Erlass eines die Kündigung oder die vereinbarte Befristung für unwirksam erklärenden Urteils idR nicht weiterbeschäftigen.[30] Wird dem Arbeitgeber die Weiterbeschäftigung gegen seinen Willen und unter Beeinträchtigung seiner Vertragsfreiheit aufgezwun-

24 BAG 23.2.2000 – 7 AZR 126/99, NZA 2000, 766; LAG Niedersachsen 11.12.2013 – 2 Sa 206/13, ArbR 2014, 209.

25 BAG 27.7.2011 – 7 AZR 402/10, DB 2012, 692.

26 LAG Köln 5.4.2012 – 13 Sa 1360/11; zum gerichtlichen Vergleich als Sachgrund iSv § 14 Abs. 1 S. 2 Nr. 8 TzBfG s. BAG 15.2.2012 – 7 AZR 734/10, DB 2012, 1573.

27 LAG Köln 5.4.2012 – 13 Sa 1360/11.

28 BAG 29.6.2011 – 7 AZR 6/10, DB 2011, 2921; zu sog. Doppelbefristungen, die aus einer Zweck- und einer Zeitbefristung zusammengesetzt sind, BAG 22.4.2009 – 7 AZR 768/07; vor einer „Doppelbefristung" wegen möglicher Rechtsfolgen aus § 15 Abs. 5, § 22 Abs. 1 TzBfG warnend ErfK/*Müller-Glöge*, § 3 TzBfG Rn 13.

29 BAG 15.8.2001 – 7 AZR 263/00, DB 2002, 152.

30 BAG 22.10.2003 – 7 AZR 113/03, DB 2004, 2815.

gen, schließen die Parteien regelmäßig nicht durch neue Willenserklärungen ein eigenständiges Rechtsgeschäft.[31]

cc) AGB-Kontrolle

In Formulararbeitsverträgen enthaltene auflösende Bedingungen unterfallen grds. der AGB-Kontrolle gem. §§ 305 ff BGB. 926

Die Klausel „Bei Bezug einer Erwerbsunfähigkeitsrente (auch auf Zeit) endet das Arbeitsverhältnis mit dem Tage des Zugangs des Rentenbescheids bei der Krankenkasse" war nach Ansicht des LAG Niedersachsen[32] unangemessen iSv § 307 BGB und mithin unwirksam. 927

Im Einzelnen gilt Folgendes: „Gemäß § 307 Abs. 1 Satz 1 BGB sind Bestimmungen in Allgemeinen Geschäftsbedingungen unwirksam, wenn sie den Vertragspartner entgegen Treu und Glauben unangemessen benachteiligen. Eine formularmäßige Vertragsbestimmung ist unangemessen, wenn der Verwender durch einseitige Vertragsgestaltung missbräuchlich eigene Interessen auf Kosten seines Vertragspartners durchzusetzen versucht, ohne von vornherein auch dessen Belange hinreichend zu berücksichtigen und ihm einen angemessenen Ausgleich zu gewähren. Die Feststellung einer unangemessenen Benachteiligung setzt eine wechselseitige Berücksichtigung und Bewertung rechtlich anzuerkennender Interessen der Vertragspartner voraus. Bei diesem Vorgang sind auch grundrechtlich geschützte Rechtspositionen zu beachten. Zur Beurteilung der Unangemessenheit ist ein genereller, typisierender, vom Einzelfall losgelöster Maßstab anzulegen. Im Rahmen der Inhaltskontrolle sind dabei Art und Gegenstand, besonderer Zweck und besondere Eigenart des jeweiligen Geschäfts zu berücksichtigen. Zu prüfen ist, ob der Klauselinhalt bei der in Rede stehenden Art des Rechtsgeschäfts generell unter Berücksichtigung der typischen Interessen der beteiligten Verkehrskreise eine unangemessene Benachteiligung des Vertragspartners ergibt. Die im Arbeitsrecht geltenden Besonderheiten sind gemäß § 310 Abs. 4 Satz 2 BGB angemessen zu berücksichtigen. Nach § 307 Abs. 2 Nr. 1 BGB ist eine unangemessene Benachteiligung im Zweifel anzunehmen, wenn eine Bestimmung mit wesentlichen Grundgedanken der gesetzlichen Regelung, von der abgewichen wird, nicht zu vereinbaren ist." 928

Die in Rede stehende Regelung war danach unangemessen, da nach stRspr die Tatsachen einer **Berufs- oder Erwerbsfähigkeit** für sich genommen keinen eine auflösende Bedingung rechtfertigenden Sachgrund darstellt. Sie war auch nicht einschränkend hinsichtlich einer Auflösung des Arbeitsverhältnisses bei Bezug einer unbefristeten Erwerbsminderungsrente aufrechtzuerhalten. 929

b) Klauseltypen und Gestaltungshinweise

aa) Rollenneubesetzungsklausel

(1) Klauseltyp A

Präambel 930

➔ Die Vertragspartner stimmen überein, dass einerseits eine lang laufende Serie ihre ständige Anpassung an den Publikumsgeschmack und ein periodisches Durch- und Überdenken der einzelnen Charaktere in Zusammenarbeit mit dem Sender und auf dessen Wunsch erfordert, und andererseits das Auswechseln eines Schauspielers in einer Serie mit besonderen Schwierigkeiten verbunden ist. Die Vertragspartner wünschen daher, auch diesen Umständen durch die nachstehenden Bestimmungen Rechnung zu tragen.

31 BAG 8.4.2014 – 9 AZR 856/11.

32 LAG Niedersachsen 11.12.2013 – 2 Sa 206/13, ArbR 2014, 209.

§ 2 Vertragszeit

1. Die Vertragszeit beginnt am (...).
2.1. Beendigungszeit der Herstellungsarbeiten der Folge 2080 ist voraussichtlich am (...).
2.2. Die Vertragszeit endet ferner, wenn
   a) die Rolle vom Darsteller nicht mehr in der Serie enthalten ist bzw umbesetzt wird oder
   b) die Produktion der Serie eingestellt wird.

   Die Vertragszeit endet vier Wochen nach schriftlicher Bekanntgabe des Eintritts der auflösenden Bedingung durch die Gesellschaft, frühestens jedoch mit Eintritt dieser Bedingung.
3. Die Vertragspartner wünschen, der Bedeutung des Darstellers für die Kontinuität der täglichen Serie Rechnung zu tragen. Der Darsteller bietet daher unwiderruflich die Fortsetzung dieses Vertrages an. Die Gesellschaft kann dieses Angebot jeweils annehmen.
4. Für den Fall der Verlängerung bleiben sämtliche Bedingungen und Fristen dieses Vertrages entsprechend zeitversetzt in Kraft.

§ 13 Vertragsverletzungen, Kündigung

1. Während der Vertragszeit ist eine Kündigung nur in den in diesem Vertrag vorgesehenen Fällen möglich.
2. Die Grundsätze der Kündigung aus wichtigem Grund bleiben unberührt.

(2) Gestaltungshinweise

931 Das vorstehende Klauselwerk aus einer Darstellervereinbarung zwischen Produzent und Schauspielerin entstammt der Entscheidung des BAG vom 2.7.2003[33] und wurde vom BAG als wirksam erachtet.

bb) Gesundheitsprüfungsklausel

(1) Klauseltyp B

932 → Das Arbeitsverhältnis steht unter dem Vorbehalt, dass der Angestellte für die vertraglich vorgesehenen Arbeitsaufgaben geeignet ist. Sollte eine spätestens bis zum Ablauf der Probezeit vorgenommene arbeitsmedizinische Untersuchung die Nichteignung des Angestellten ergeben, so endet das Arbeitsverhältnis zwei Wochen nach Zugang der schriftlichen Mitteilung an den Angestellten über seine festgestellte gesundheitliche Nichteignung.

(2) Gestaltungshinweise

933 Wenn die Einstellung unter der Voraussetzung fachlicher und gesundheitlicher Eignung für die vorgesehene Aufgabe erfolgt, ist eine solche Klausel in den Grenzen des arbeitgeberseitigen Fragerechts wirksam.[34] Der Arbeitgeber hat die Wahl, ob die Untersuchung durch einen Amtsarzt, einen Betriebsarzt oder einen sonstigen, von ihm bestimmten Arzt erfolgen soll. Ebenso hat der Arbeitgeber das Recht, von dem Bewerber die Erklärung zu verlangen, dass er den Arzt ihm gegenüber von der Schweigepflicht entbindet.[35] Der in der Klausel B gewählte Text ermöglicht es, den Arbeitnehmer auch schon vor der ärztlichen Untersuchung unter der auflösenden Bedingung (§ 158 Abs. 2 BGB) gesundheitlicher Eignung einzustellen, was nach der Rspr keinen Wirksamkeitsbedenken begegnet.[36] Nach § 7 Abs. 1 BAT war eine solche auflösende Bedingung die Regel. Der TVöD sieht diese Klausel nicht mehr vor (§ 3 Abs. 4 TVöD).

---

33 BAG 2.7.2003 – 7 AZR 612/02, NZA 2004, 311.

34 *Notz*, Zulässigkeit und Grenzen ärztlicher Untersuchungen von Arbeitnehmern, 1991, S. 47.

35 LAG Berlin 6.7.1973 – 3 Sa 48/73, BB 1974, 510.

36 LAG Niedersachsen 26.2.1980 – 1 Sa 12/79, DB 1980, 1799; LAG Berlin 16.7.1990 – 9 Sa 43/90, LAGE § 620 BGB Bedingung Nr. 2; LAG Köln 12.3.1991 – 4 Sa 1057/90, LAGE § 620 BGB Bedingung Nr. 3; ErfK/*Müller-Glöge*, § 620 BGB Rn 23 ff.

cc) Entzug einer Einsatzgenehmigung

(1) Klauseltyp C

Entzug der Einsatzgenehmigung für Mitarbeiter des Vertragsnehmers 934
Die Vertragsparteien sind dazu verpflichtet, die Bedingungen, Anforderungen und Standards der jeweiligen Kundenspezifikationen einzuhalten bzw zu erfüllen. Die Einsatzgenehmigung der US-Streitkräfte ist Geschäftsgrundlage des Vertrages. Wird die Einsatzgenehmigung wegen der Nichteinhaltung der Kundenspezifikationen, die für die Vertragsparteien verbindlich sind und von der amerikanischen Regierung vorgegeben sind, widerrufen, endet der Vertrag, ohne dass es einer Kündigung bedarf, mit Ablauf der gesetzlichen Kündigungsfrist.

(2) Gestaltungshinweise

Die **Klausel** C ist der Entscheidung des BAG[37] entnommen. Das BAG hat diese Klausel als wirksam erachtet. Der Widerruf der Einsatzgenehmigung allein stellt allerdings keinen ausreichenden Sachgrund für die auflösende Bedingung dar. Erst die sich aus dem Entzug der Einsatzgenehmigung des Arbeitnehmers ergebende fehlende Beschäftigungsmöglichkeit des Arbeitgebers rechtfertigt die Beendigung des Arbeitsverhältnisses ohne Kündigung. 935

dd) Abstieg aus der Oberliga; Verlust der Flugtauglichkeit

(1) Klauseltyp D

Der Vertrag gilt für die Zeit vom 1.7.2007 bis zum 30.6.2009 (Ende der Saison) (2008/2009) und setzt die Lizenz-Vorlage des L.V. für die Oberliga voraus. 936

(2) Gestaltungshinweise

Die **Klausel** D ist einer Entscheidung des LAG Düsseldorf[38] entnommen (s. ausf. § 1 Rn 917). Sie ist unwirksam, da sie durch keinen Sachgrund iSd § 14 Abs. 1 TzBfG gerechtfertigt werden kann. 937

Gleiches gilt für das Arbeitsverhältnis eines Mitglieds des Bordpersonals im Falle des Verlusts der Flugtauglichkeit. Auch hier rechtfertigt erst die sich aus dem Verlust der Flugtauglichkeit ergebende fehlende Beschäftigungsmöglichkeit die Beendigung des Arbeitsverhältnisses ohne Kündigung (s. ausf. § 1 Rn 918).[39] 938

ee) Kombination von auflösender Bedingung und Zeitbefristung

(1) Klauseltyp E

Herr L wird ab dem 26.6.2012 als Lehrkraft befristet eingestellt. Das Arbeitsverhältnis ist befristet für die Dauer der Erkrankung der Lehrkraft R, längstens bis zum 31.1.2013. 939

(2) Gestaltungshinweise

Die **Klausel** E ist einer Entscheidung des BAG[40] entnommen. Die zusammengesetzte Abrede aus auflösender Bedingung und kalendermäßiger Höchstbefristung hält einer Kontrolle nach dem Recht der Allgemeinen Geschäftsbedingungen stand. Dabei kann die Frage der Rechtsnatur des Vertrages letztlich offenbleiben. Selbst wenn es sich um Allgemeine Geschäftsbedingungen iSv § 305 Abs. 1 S. 1 BGB handeln sollte, ist die Unklarheitenregelung des § 305 c 940

37 BAG 19.3.2008 – 7 AZR 1033/06, DB 2008, 1976; LAG Rheinland-Pfalz 27.6.2008 – 6 Sa 81/08 zur Beendigung eines Arbeitsverhältnisses bei Entzug einer Einsatzgenehmigung; LAG Rheinland-Pfalz 17.11.2010 – 7 Sa 441/10 zum Entzug von Einsatzgenehmigungen durch US-Streitkräfte als auflösende Bedingung; LAG Rheinland-Pfalz 6.7.2011 – 7 Sa 581/10; LAG Rheinland-Pfalz 15.3.2012 – 11 Sa 662/11.

38 LAG Düsseldorf 20.11.2008 – 11 Sa Ga 23/08, SpuRt 2010, 260.

39 BAG 16.10.2008 – 7 AZR 185/07, AP § 14 TzBfG Nr. 53.

40 BAG 29.6.2011 – 7 AZR 6/10, DB 2011, 2921.

Abs. 2 BGB nicht anzuwenden. Die Abrede genügt auch den Anforderungen des Transparenzgebots in § 307 Abs. 1 S. 2 BGB. Eine Klausel verstößt nicht schon dann gegen das Transparenzgebot, wenn der Arbeitnehmer keine oder nur eine erschwerte Möglichkeit hat, die betreffende Regelung zu verstehen. Sinn des Transparenzgebots ist es, der Gefahr vorzubeugen, dass der Arbeitnehmer von der Durchsetzung bestehender Rechte abgehalten wird. Erst in der Gefahr, dass der Arbeitnehmer wegen unklar abgefasster Allgemeiner Geschäftsbedingungen seine Rechte nicht wahrnimmt, liegt eine unangemessene Benachteiligung iSv § 307 Abs. 1 BGB.[41]

941 Die Kombination einer auflösenden Bedingung oder einer Zweckbefristung mit einer zeitlichen Höchstbefristung ist nicht intransparent. Eine solche Verbindung entspricht einer gebräuchlichen Regelungstechnik beim Abschluss befristeter oder bedingter Arbeitsverträge. Der Arbeitnehmer kann erkennen, dass die Wirksamkeit der beiden Beendigungstatbestände rechtlich getrennt zu beurteilen und anzugreifen ist.[42]

ff) Erwerbsminderungsrente

(1) Klauseltyp F

942 ↓ Bei Bezug einer Erwerbsunfähigkeitsrente (auch auf Zeit) endet das Arbeitsverhältnis mit dem Tage des Zugangs des Rentenbescheids bei der Krankenkasse.

(2) Gestaltungshinweise

943 Die **Klausel F** ist unangemessen benachteiligend iSv § 307 BGB und mithin unwirksam. Die unangemessene Benachteiligung folgt daraus, dass das Arbeitsverhältnis auch bei der Gewährung einer Erwerbsunfähigkeitsrente **auf Zeit** enden soll. Sie ist auch nicht einschränkend hinsichtlich einer Auflösung des Arbeitsverhältnisses bei Bezug einer unbefristeten Erwerbsminderungsrente aufrechtzuhalten (s. näher § 1 Rn 919 f).[43]

41 BAG 24.3.2009 – 9 AZR 983/07, DB 2009, 1018.
42 BAG 29.6.2011 – 7 AZR 6/10, DB 2011, 2921.
43 LAG Niedersachsen 11.12.2013 – 2 Sa 206/13, ArbR 2014, 209.

12. Aufrechnungsverbotsklauseln

Literatur

Deutsch, Einschränkung des Aufrechnungsverbotes bei vorsätzlich begangener unerlaubter Handlung, NJW 1981, 735; *Krasshöfer*, Zurückbehaltungsrecht des Arbeitnehmers an seiner Arbeitsleistung wegen offenstehender Vergütungsansprüche, EWiR 1996, 971; *Otto*, Das Zurückbehaltungsrecht an Leistungen aus dem Arbeitsverhältnis, AR-Blattei DS 1880; *Tödtmann/Kaluza*, in: Maschmann/Sieg/Göpfert, Vertragsgestaltung im Arbeitsrecht, 2012, „Aufrechnung".

a) Rechtslage im Umfeld

aa) Gegenstand der Aufrechnung

Die Aufrechnung bietet dem Inhaber einer Forderung eine einfache und sogar noch im Fall der Insolvenz (§ 94 InsO) gegebene Möglichkeit, die Erfüllung durchzusetzen.[1] Eine **Aufrechnungslage** besteht, wenn Arbeitnehmer und Arbeitgeber einander gleichartige Leistungen schulden (§ 387 BGB). Die erforderliche **Gleichartigkeit** liegt hauptsächlich vor, wenn die Forderungen auf beiden Seiten Geldleistungen sind.[2] Dementsprechend ist einer der Hauptfälle der Anwendung im Arbeitsrecht der Ausschluss der Aufrechnung für Mitarbeiter, die zum Inkasso berechtigt sind, um die Befriedigung ausstehender Entgeltansprüche durch Aufrechnung gegen den Herausgabeanspruch über die für den Arbeitgeber vereinnahmten Beträge zu verhindern.[3] An einer Gleichartigkeit fehlt es hingegen, wenn der Arbeitgeber Herausgabeansprüche an Firmeneigentum (Geschäftswagen, Werkzeug), der Arbeitnehmer restliche Vergütungsansprüche geltend macht, auch wenn sich beide Ansprüche auf den gleichen Arbeitsvertrag gründen.[4] Bei ungleichartigen Ansprüchen wie im vorigen Beispiel verbleibt dem Arbeitgeber unter den Voraussetzungen des § 273 BGB nur die Ausübung eines Zurückbehaltungsrechts. 944

Die Forderung, *mit* der aufgerechnet werden soll, muss gem. § 390 BGB frei von Einreden sein. Die Aufrechnung wirkt dann auf den Zeitpunkt zurück, in dem sich die Forderungen zum ersten Mal aufrechenbar gegenüberstanden. Demgemäß lässt § 215 BGB die Aufrechnung mit einer verjährten Forderung noch zu, soweit der Anspruch zu dem Zeitpunkt, in dem sich die Forderungen erstmals aufrechenbar gegenüberstanden, noch nicht verjährt war. Ist die Forderung jedoch aufgrund einer tariflichen oder vertraglichen Ausschlussklausel verfallen, schließt dies die Aufrechnung aus.[5] Die Forderung, *gegen* die aufgerechnet werden soll, kann einredebehaftet oder verfallen sein. Hat die Aufrechnungslage bereits bestanden, ist die Aufrechnung trotz einer Pfändung (§ 392 BGB) oder einer Abtretung (§ 406 BGB) der Forderung, gegen die aufgerechnet werden soll, möglich. 945

Die Aufrechnung ist nach § 388 S. 2 BGB bedingungsfeindlich und darf nicht mit einer Zeitbestimmung versehen werden. Die Aufrechnung ist grds. **nicht formgebunden**. Verlangt ein Tarifvertrag die schriftliche Geltendmachung, muss die Aufrechnung schriftlich erfolgen. Ein einfacher Lohneinbehalt reicht in diesem Falle nicht.[6] 946

Mit der Aufrechnungserklärung wird **kein Anerkenntnis**, auch nicht ein solches nach § 212 BGB, gegeben, dass die Gegenforderung besteht.[7] Dem Arbeitgeber ist bei einer Aufrechnung gegen Lohn- und Gehaltsforderungen nur die Aufrechnung gegen den **Netto-Lohnanspruch** möglich, der Arbeitgeber bleibt zur Abführung von Steuern und Sozialversicherungsbeiträgen 947

---

1 *Tödtmann/Kaluza*, in: Maschmann/Sieg/Göpfert, Vertragsgestaltung im Arbeitsrecht, 140 Rn 1.

2 Palandt/*Grüneberg*, § 387 BGB Rn 9.

3 *Schlewing*, in: Clemenz/Kreft/Krause, AGB-Arbeitsrecht, § 309 Rn 32.

4 Küttner/*Griese*, Personalbuch, 64 (Aufrechnung) Rn 4; ebenso bei Aufrechnung des Arbeitgebers gegen Krankengeldforderung einer Betriebskrankenkasse, LAG Köln 3.2.1994 – 10 Sa 978/93, AuR 1994, 309.

5 BAG 30.3.1973 – 4 AZR 259/72, DB 1974, 585; BAG 18.1.1962 – 5 AZR 177/61, DB 1962, 410.

6 BAG 27.10.1970 – 1 AZR 216/70, DB 1971, 293.

7 BGH 24.1.1972 – 7 ZR 171/70, NJW 1972, 525; BGH 27.6.1989 – 11 ZR 52/88, BB 1989, 1714 ist bei der Schuldrechtsreform unberücksichtigt geblieben; vgl dazu MüKo-BGB/*Grothe*, § 212 Rn 16.

verpflichtet.[8] Umstritten ist, ob ausnahmsweise bei der Rückforderung von Lohnbestandteilen die Bruttoüberzahlung gegen die Bruttoforderung aufgerechnet werden kann.[9]

bb) Begrenzungen der Aufrechnung

948 Zunächst einmal ist die Aufrechnung gegen unpfändbare Forderungen ausgeschlossen, § 394 BGB. Diese zu Gunsten des Arbeitnehmers bedeutendste Einschränkung führt dazu, dass eine Aufrechnung des Arbeitgebers gegen Gehaltsforderungen des Arbeitnehmers nur unter Beachtung der **Pfändungsfreigrenzen** wirksam ist, § 394 BGB, § 850 c ZPO. Der pfändbare Betrag, und damit der einer Aufrechnung fähige Gehaltsanteil, ergibt sich aus der Pfändungstabelle (Anlage zu § 850 c ZPO), bei Forderungen auf Abfindung, die nicht zur wiederkehrend zahlbaren Vergütung iSd 850 i ZPO gehört, richtet sich die Berechnung allgemein nach § 850 e ZPO. Bestimmte Ansprüche sind von vornherein unpfändbar, wie zB Ansprüche des Arbeitnehmers auf Aufwendungsersatz (§ 850 a Nr. 3 ZPO), auf das übliche Urlaubsgeld (§ 850 a Nr. 2 ZPO) und Weihnachtsgratifikationen bis zur Hälfte eines Monatsverdienstes (§ 850 a Nr. 4 ZPO). Nicht übertragbare Forderungen (§ 399 BGB, § 851 ZPO) sowie Ansprüche auf vermögenswirksame Leistungen[10] unterliegen ebenfalls dem Aufrechnungsverbot.

949 Der Aufrechnungsschutz kann im Einzelfall gegen **§ 242 BGB** verstoßen, wenn die Forderung, mit der ein Arbeitgeber aufrechnen will, auf einer vorsätzlich begangenen Straftat des Arbeitnehmers zu Lasten des Arbeitgebers oder auf einer vorsätzlichen unerlaubten Handlung des Arbeitnehmers beruht.[11] Die Aufrechnung eines Arbeitgebers wegen einer Schadensersatzforderung gegen den Arbeitnehmer aus vorsätzlicher unerlaubter Handlung ließ das BAG im Hinblick auf einen Betriebsrentenanspruch des Arbeitnehmers bis zur Selbstbehaltgrenze des § 850 d ZPO zu.[12] *Grüneberg*[13] dehnt die Ausnahme vom Aufrechnungsverbot auf jede aus demselben Lebenssachverhalt stammende vorsätzliche Vertragsverletzung aus, nach *Griese*[14] ist zusätzlich ein vorsätzlich auf Schädigung abzielendes Verhalten des Arbeitnehmers erforderlich.

950 Die Aufrechnung ist auch unzulässig zur Umgehung des **Kreditierungsverbots**. Gemäß § 107 Abs. 2 S. 2 GewO darf der Arbeitgeber dem Arbeitnehmer keine Waren kreditieren. Die Erfüllung der aus gleichwohl erfolgten Warenkäufen und Warenkreditierungen resultierenden Forderungen kann daher nicht durch Aufrechnung erfolgen.[15] Dagegen kann die Erfüllung einer Mietzinsforderung für eine Werkswohnung im Wege der Aufrechnung herbeigeführt werden.[16]

951 Aufrechnungsverbote können einzelvertraglich vereinbart, aber auch durch Betriebsvereinbarungen, Dienstvereinbarungen oder Tarifvertrag wirksam geregelt werden. Der Aufrechnungsausschluss kann sich auch aus Vertragsauslegung ergeben, insb. für noch nicht fällige Forderungen wie etwa künftige Ruhegeldansprüche.[17]

---

8 LAG Frankfurt 25.3.2013 – 7 Sa 1167/12, juris; ErfK/*Preis*, § 611 BGB Rn 450.

9 Moll/*Boudon*, MAH Arbeitsrecht, § 20 Rn 49; Küttner/*Griese*, Personalbuch, 64 (Aufrechnung) Rn 5; dagegen: LAG Düsseldorf 18.8.2010 – 12 Sa 650/10, ZTR 2010, 598; LAG Frankfurt 25.3.2013 – 7 Sa 1167/12, juris.

10 ArbG Berlin 7.3.1972 – 10 Ca 770/71, AP § 394 BGB Nr. 27.

11 Palandt/*Grüneberg*, § 394 BGB Rn 2; Küttner/*Griese*, Personalbuch, 64 (Aufrechnung) Rn 8.

12 BAG 18.3.1997 – 3 AZR 756/95, NZA 1997, 1108; bestätigt in BAG 13.11.2012 – 3 AZR 444/10, NZA 2013, 1279, 1282.

13 Palandt/*Grüneberg*, § 394 BGB Rn 2.

14 Küttner/*Griese*, Personalbuch, 64 (Aufrechnung) Rn 8.

15 BAG 20.3.1974 – 5 AZR 351/73, AP § 115 GewO Nr. 1; OLG Hamm 26.5.1989 – 19 U 289/88, NJW 1990, 55.

16 BAG 15.5.1974 – 5 AZR 395/73, AP § 387 BGB Nr. 2.

17 BAG 16.12.1986 – 3 AZR 198/85, DB 1987, 1900.

cc) Aufrechnungsverbotsklausel nach AGB-Recht

In Allgemeinen Geschäftsbedingungen ist nach § 309 Nr. 3 BGB eine Bestimmung unwirksam, durch die dem Vertragspartner des Verwenders die Befugnis genommen wird, mit einer unbestrittenen oder rechtskräftig festgestellten Forderung aufzurechnen. Die Bestimmung besagt, dass der Arbeitnehmer (Vertragspartner des Verwenders) die Befugnis behalten muss, mit einer unbestrittenen oder rechtskräftig festgestellten Forderung aufzurechnen. Macht ein Arbeitgeber Rückzahlungsansprüche gegen einen Vertriebsmitarbeiter wegen überzahlter Spesen und Reisekosten geltend, muss es dem Arbeitnehmer möglich sein, mit einem gerichtlich festgestellten Anspruch auf sein 13. Monatsgehalt gegenüber den Überzahlungen die Aufrechnung zu erklären. Jegliche Aufrechnungsverbotsklausel ist in Arbeitsverträgen daher nur noch wirksam, wenn sie die Aufrechnungsbefugnis des Arbeitnehmers mit einer unbestrittenen oder rechtskräftig festgestellten Forderung vom Verbot ausnimmt. 952

b) Klauseltypen und Gestaltungshinweise

aa) Absolute Aufrechnungsverbotsklausel

(1) Klauseltyp A

↓ Die Aufrechnung des Arbeitnehmers mit Ansprüchen, die ihm gegen den Arbeitgeber zustehen, ist ausgeschlossen. 953

(2) Gestaltungshinweise

Diese Aufrechnungsklausel verstößt aus einer Reihe von Gründen gegen geltendes Recht. Ein generelles Aufrechnungsverbot ist wegen § 309 Nr. 3 BGB unwirksam, eine einschränkende Auslegung der Klausel dergestalt, dass die in § 309 Nr. 3 BGB enthaltenen Aufrechnungsmöglichkeiten gewährt werden, findet im Wortlaut der Klausel keinerlei Stütze.[18] 954

bb) Relative Aufrechnungsverbotsklausel

(1) Klauseltyp B

Generell besteht für beide Vertragsparteien ein Aufrechnungsverbot. Scheidet der Arbeitnehmer aufgrund Kündigung, Aufhebungs- oder Abwicklungsvertrages aus dem Arbeitsverhältnis aus und hat der Arbeitgeber noch Geldforderungen gegen den Arbeitnehmer, ist er befugt, Gehaltsansprüche des Arbeitnehmers mit von seiner Seite aus noch bestehenden Ansprüchen gegen den Arbeitnehmer zur Aufrechnung zu stellen. Der Arbeitnehmer hat stets das Recht, mit unbestrittenen oder rechtskräftig festgestellten Forderungen gegen Forderungen des Arbeitgebers aufzurechnen. Die Aufrechnung des Arbeitgebers darf nur bis zur Höhe des pfändbaren Teils der Vergütung erfolgen. 955

(2) Gestaltungshinweise

Der Klauseltyp B ist wirksam. Er enthält ein generelles Aufrechnungsverbot, nimmt jedoch zwei Sachverhalte aus seinem Regelungsgegenstand heraus: Der Arbeitgeber darf bei Gehaltsschlusszahlungen nur bis zur Höhe des pfändbaren Teils des Gehalts die Aufrechnung mit seinerseits bestehenden Geldforderungen vornehmen. Dem Arbeitnehmer bleiben insb. die Rechte nach § 309 Nr. 3 BGB erhalten. 956

18 ErfK/*Preis*, §§ 305–310 BGB Rn 79.

cc) Aufrechnungsverbotsklausel und Inkasso

(1) Klauseltyp C

957 **C 1:** Dem Vertriebsrepräsentant steht ein Aufrechnungsanspruch gegen den Arbeitgeber grundsätzlich nicht zu. Der Arbeitnehmer hat insbesondere die von ihm bei den Kunden entgegengenommenen Geldbeträge unverzüglich an den Arbeitgeber abzuführen. Eine Aufrechnung mit Ansprüchen des Arbeitnehmers jeder Art ist ausgeschlossen, sofern es sich nicht um unbestrittene oder rechtskräftig festgestellte Forderungen gegen den Arbeitgeber handelt.

C 2: Der Auslieferungsfahrer ist verpflichtet, bei Lieferung darauf zu bestehen, dass der Kunde ihm den Rechnungsbetrag vollständig in bar auszahlt. Andernfalls ist die Ware zurückzuhalten. Schecks dürfen nicht entgegengenommen werden. Die erhaltenen Geldbeträge sind dem Arbeitgeber noch am gleichen Tag vollständig abzuliefern. Eine Aufrechnung ist dem Arbeitnehmer nur gestattet, soweit ihm eine gleichartige unbestrittene oder durch rechtskräftiges Urteil festgestellte Forderung gegen den Arbeitgeber zusteht. Führt der Arbeitnehmer die beim Kunden einbehaltenen Geldbeträge nicht unverzüglich und vollständig ab, ohne zur Aufrechnung berechtigt zu sein, macht er sich schadensersatzpflichtig.

(2) Gestaltungshinweise

958 Die in den Klauseln C 1 und C 2 beschriebenen Lebenssachverhalte machen im Interesse regulärer Organisationsabläufe ein Aufrechnungsverbot notwendig. Beide Formulierungen tragen den Anforderungen des § 309 Nr. 3 BGB Rechnung. Der Zusatz in der Klausel C 2, der Arbeitnehmer mache sich bei Verstoß gegen die Pflicht der täglichen vollständigen Ablieferung der eingenommenen Gelder schadensersatzpflichtig, ist als psychologisch gemeinte Erhöhung der Hemmschelle, einen Einbehalt von Kundengeldern durch Aufrechnung vorzunehmen, anzusehen, da es dem Arbeitgeber schwerfallen wird, seinen Schaden nachzuweisen. Allerdings begeht der Arbeitnehmer einen Pflichtverstoß, der den Bestand des Arbeitsverhältnisses gefährden kann.

13. Aus- und Fortbildungsfinanzierungsklauseln

Literatur

Dorth, Gestaltungsgrenzen bei Aus- und Fortbildungskosten betreffenden Rückzahlungsklauseln, RdA 2013, 287; *Hanau/Stoffels*, Beteiligung von Arbeitnehmern an den Kosten der Beruflichen Fortbildung, 1992; *Hennige*, Rückzahlung von Aus- und Fortbildungskosten, NZA-RR 2000, 617; *Kania*, Nichtarbeitsrechtliche Beziehungen zwischen Arbeitgeber und Arbeitnehmer, 1990; *Knopp/Kraegeloh*, Berufsbildungsgesetz, 5. Aufl. 2005; *Kreutzfeld/Kramer*, Rechtsfragen der Kündigung des Berufsausbildungsverhältnisses, DB 1995, 975; *Lakies*, AGB-Kontrolle von Rückzahlungsvereinbarungen über Weiterbildungskosten, BB 2004, 1903; *Natzel*, Das neue Berufsbildungsgesetz, DB 2005, 610; *Schmidt*, Die Beteiligung der Arbeitnehmer an den Kosten der beruflichen Bildung – Umfang und Grenzen der Vertragsgestaltung, NZA 2004, 1002; *Straube*, Inhaltskontrolle von Rückzahlungsklauseln für Ausbildungskosten, NZA-RR 2012, 505; *Taubert*, Neuregelungen im Berufsbildungsrecht, NZA 2005, 503; *Zeranski*, Rückzahlung von Ausbildungskosten bei Kündigung des Ausbildungsverhältnisses, NJW 2000, 336.

a) Rechtslage im Umfeld

aa) Allgemeine Zulässigkeit und Verbot vertraglicher Rückzahlungsklauseln nach BBiG

Im Bereich der Fortbildungsverträge gehören v.a. die Rückzahlungsklauseln zu einem umstrittenen Themenbereich. Nach der Rspr des BAG steht es den Arbeitsvertragspartnern aber grds. frei, die Übernahme der Aus- oder Fortbildungskosten mit einem Rückzahlungsvorbehalt für den Fall des vorzeitigen Ausscheidens des Arbeitnehmers zu verbinden.[1] Zwar besteht im Rahmen von **Berufsausbildungsverhältnissen** ein Verbot vertraglicher Rückzahlungsklauseln, § 12 BBiG.[2] Diese Vorschrift ist jedoch auf Arbeitsverhältnisse nur beschränkt übertragbar und einer Verallgemeinerung oder gar analogen Anwendung über § 26 BBiG nicht zugänglich.[3] Sie gilt daher nur für Ausbildungsverträge und gleichgestellte Verträge gem. § 26 BBiG. § 12 BBiG erfasst aber nur die **Erstausbildung**, nicht die berufliche Weiterbildung und Umschulungsverträge.[4] § 12 Abs. 1 S. 1 BBiG führt zur Nichtigkeit einer Vereinbarung, durch die der Auszubildende für die Zeit nach Beendigung des Berufsausbildungsverhältnisses in der Ausübung seiner beruflichen Tätigkeit beschränkt wird.[5] Die Bestimmung ist entsprechend anzuwenden, wenn durch eine Rückzahlungsvereinbarung mittelbarer Druck auf den Auszubildenden ausgeübt wird, der die Berufsfreiheit des Auszubildenden unverhältnismäßig einschränkt.[6] 959

Überdies sind Rückzahlungsklauseln unwirksam, soweit der Arbeitgeber die Maßnahmen zwingend zu tragen hat, wie zB bei Betriebsratsschulungen nach §§ 37, 40 BetrVG, Bildungsurlaub oder bei Fortbildung des Datenschutzbeauftragten gem. § 4 f Abs. 3 S. 7 BDSG.[7] 960

bb) Abwägung zwischen Arbeitnehmer- und Arbeitgeberinteressen bei Rückzahlungsklauseln

Auch im Übrigen gilt jedoch das Recht der Arbeitsvertragspartner, Rückzahlungsvereinbarungen zu gestalten, nach Auffassung des BAG **nicht uneingeschränkt.** Die Investition in *Human Resources* muss in Übereinstimmung gebracht werden mit dem Grundrecht des Arbeitnehmers auf freie Wahl des Arbeitsplatzes nach Art. 12 GG. Die Rückzahlungsverpflichtung darf daher den Arbeitnehmer nach Treu und Glauben nicht in unzumutbarer Weise an den Arbeitgeber binden. Der Arbeitnehmer muss mit der Ausbildungsmaßnahme eine angemessene Gegenleistung für die Rückzahlungsverpflichtung erhalten. Darüber hinaus kommt es auch auf die Dau- 961

1 BAG 24.7.1991 – 5 AZR 443/90, EzA § 611 BGB Ausbildungsbeihilfe Nr. 8; BAG 15.12.1993 – 5 AZR 279/93, BB 1994, 433; BAG 5.7.2000 – 5 AZR 883/98, NZA 2001, 394.

2 *Natzel*, DB 2005, 610.

3 BAG 20.2.1975 – 5 AZR 240/74, EzA Art. 12 GG Nr. 12.

4 BAG 20.2.1975 – 5 AZR 240/74, AP § 611 BGB Ausbildungsbeihilfe Nr. 2.

5 *Taubert*, NZA 2005, 503.

6 BAG 25.4.2001 – 5 AZR 509/99, NZA 2002, 1396.

7 BAG 16.1.2003 – 6 AZR 384/01, EzA § 611 BGB 2002 Ausbildungsbeihilfe Nr. 4 zu einem Fall von Rückzahlung von Lehrgangskosten im Rahmen der Einarbeitung für die Tätigkeit als landwirtschaftlicher Berater.

er der Bindung, den Umfang der Fortbildungsmaßnahme, die Höhe des Rückzahlungsbetrages und dessen Abwicklung an.[8]

962 In jedem Falle hat die Prüfung, ob Fortbildungskosten überhaupt mit einer Rückzahlungsklausel versehen werden dürfen, nach **zwei Stufen** zu erfolgen. Zunächst muss festgestellt werden, **welche Vertragspartei das größere Interesse an der Fortbildung** des Arbeitnehmers hat. Sei das Interesse des Arbeitnehmers an der Fortbildung im Vergleich zu dem des Arbeitgebers gering, verbiete sich jede Beteiligung des Arbeitnehmers an den Fortbildungskosten über eine Rückzahlungsabsprache. Im Rahmen dieser **Interessenabwägung** stellt das BAG auf Seiten des Arbeitnehmers entscheidend darauf ab, ob und inwieweit er mit der Fortbildung eine angemessene Gegenleistung für die (etwaige) Rückzahlungsverpflichtung erhält.[9] Der dem Arbeitnehmer infolge der Fortbildung zugeflossene Vorteil muss eine angemessene Gegenleistung des Arbeitgebers für die durch die Rückzahlungsklausel bewirkte Bindung darstellen.[10] Die Zulässigkeit von Rückzahlungsklauseln hängt auch von der Fortbildungs- und Bindungsdauer ab. Beide Merkmale müssen in einem angemessenen Verhältnis zueinander stehen.[11] Maßgeblich ist, in welchem Umfang der Arbeitnehmer durch die Fortbildungsmaßnahme einen **geldwerten Vorteil** erlangt hat.[12]

963 Der aus einer Weiterbildungsmaßnahme resultierende **berufliche Vorteil** kann bspw darin bestehen, dass sich dem Arbeitnehmer erhöhte berufliche Chancen auf dem allgemeinen Arbeitsmarkt eröffnen, der Arbeitnehmer also eine auf dem Arbeitsmarkt verwertbare Leistung erhält.[13] Alleine theoretische Verbesserungschancen rechtfertigen noch keine Rückzahlungsklausel.[14] Maßgeblich ist allerdings nicht, ob der Arbeitnehmer die Vorteile aus einer Fortbildung tatsächlich zieht.[15] Ein Indiz ist es jedoch, wenn die Chance zur Verbesserung ernsthaft in Betracht zu ziehen ist.[16] Dabei kann eine Verbesserung auch daraus bestehen, dass der Arbeitnehmer nun die Voraussetzungen für eine besser bezahlte Stelle beim eigenen Arbeitgeber erfüllt.[17]

cc) Maßnahmebeispiele für berufliche Vorteile des Arbeitnehmers

964 Um die entscheidende Prüfungsfrage, wann Ausbildungskosten dem Grunde nach einen **beruflichen Vorteil** für den Arbeitnehmer bedeuten, rankt sich eine detaillierte Rspr. Der 5. Senat des BAG hat in Anlehnung an eine Entscheidung des BVerfG zur Bürgschaft eine Methodik unter Hinweis auf § 242 BGB entwickelt, die konkurrierenden Grundrechtspositionen des Arbeitgebers und des Arbeitnehmers bei Überprüfung von Klauseln zur Rückzahlung von Weiterbildungskosten gegeneinander abzuwägen.[18] Auch tarifliche Rückzahlungsklauseln unterliegen der Inhaltskontrolle durch die Arbeitsgerichte, wobei das BAG eine Vermutung der Angemessenheit wegen der Sachnähe der Tarifparteien aufgestellt hat.[19] Einen beruflichen Vorteil be-

8 St. Rspr, vgl nur BAG 24.1.1963 – 5 AZR 100/62, AP Art. 12 GG Nr. 29; BAG 18.8.1976 – 5 AZR 399/75, EzA Art. 12 GG Nr. 13; BAG 21.7.2005 – 6 AZR 452/04, NZA 2006, 542 ff.

9 BAG 16.3.1994 – 5 AZR 339/92, NZA 1994, 937.

10 BAG 6.9.1995 – 5 AZR 241/94, NZA 1996, 314; BAG 16.3.1994 – 5 AZR 339/92, NZA 1994, 937; BAG 18.8.1976 – 5 AZR 399/75, BAGE 28, 159 = NJW 1977, 973.

11 BAG 6.9.1995 – 5 AZR 241/94, NZA 1996, 314; BAG 23.2.1983 – 5 AZR 531/80, DB 1983, 1210; BAG 21.7.2005 – 6 AZR 452/04, NZA 2006, 542.

12 BAG 21.7.2005 – 6 AZR 452/04, NZA 2006, 542.

13 BAG 18.8.1976 – 5 AZR 399/75, BAGE 28, 159 = NJW 1977, 973.

14 BAG 23.2.1983 – 5 AZR 531/80, DB 1983, 1210.

15 BAG 11.4.1990 – 5 AZR 308/89, NZA 1991, 178; LAG Rheinland-Pfalz 23.10.1981 – 6 Sa 353/81, BB 1982, 991.

16 BAG 23.2.1983 – 5 AZR 531/80, DB 1983, 1210.

17 BAG 16.3.1994 – 5 AZR 339/92, NZA 1994, 937.

18 BAG 16.3.1994 – 5 AZR 339/92, NZA 1994, 937; *Hennige*, NZA-RR 2000, 617; *Griebeling*, FS Schaub, 1998, S. 219.

19 BAG 6.6.1984 – 5 AZR 605/83; BAG 5.7.2000 – 5 AZR 883/98, NZA 2001, 394.

deutet der Führerschein zum Omnibusfahrer[20] und zum Verkehrspiloten,[21] so dass die vom Arbeitgeber finanzierten Ausbildungskosten mit einer Rückzahlungsklausel verbunden werden können. Entsprechendes gilt für einen Angestellten des einfachen Sparkassendienstes, der an seinen Arbeitgeber herantritt, um für den Aufstieg in den gehobenen Sparkassendienst zu einem halbjährigen Lehrgang angemeldet zu werden. Erklärt sich der Arbeitgeber hierzu bereit, ist es ihm auch gestattet, auf den weiteren Verbleib des Arbeitnehmers im Sparkassendienst durch Vereinbarung einer bedingten Rückzahlungspflicht hinzuwirken.[22] Die Finanzierung eines Hochschulstudiums rechtfertigt es regelmäßig, eine Rückzahlungsvereinbarung zu treffen.[23]

dd) Rückzahlungsklauseln bei betriebsbezogenen Fortbildungsmaßnahmen

Rückzahlungsklauseln für **betriebsbezogene Fortbildungsmaßnahmen** berechtigen den Arbeitgeber nach der Rspr oftmals nicht zur Vereinbarung eines wirksamen Rückzahlungsvorbehalts.[24] Unwirksam sind Rückzahlungsklauseln bei kurzen Lehrgängen im bisherigen Berufsfeld des Arbeitnehmers, die keinen qualifizierten Abschluss vermitteln.[25] Unwirksam ist ein Rückzahlungsvorbehalt bei einem allgemeinen dreiwöchigen Bankfortbildungsseminar, das lediglich dazu dient, die in der bisherigen Tätigkeit bereits benötigten Kenntnisse zu erweitern, aufzufrischen und zu vertiefen, dem Arbeitnehmer aber keine neue Qualifikation erbringen.[26] 965

Unwirksam sind Rückzahlungsklauseln mit Mitarbeitern, die in Schulungsveranstaltungen mit den spezifischen Anforderungen ihres neuen Arbeitsplatzes vertraut gemacht werden, die eingewiesen oder eingearbeitet werden.[27] Wird die Finanzierung eines Sprachkurses vom Arbeitgeber in erster Linie im Hinblick auf einen geplanten Einsatz des Mitarbeiters in einem anderen Land übernommen, geht es nach Auffassung des BAG weniger um eine Aus- oder Weiterbildung, als um eine Einarbeitung für einen bestimmten Arbeitsplatz.[28] 966

Die von einer großen Anzahl von Krankenhäusern aus Anlass der an einen Arbeitnehmer erfolgten Übertragung einer „stellvertretenden Stationsleitung" gewünschte Absolvierung des Fortbildungskurses „Stationsleitung" löst trotz entgegenstehender vertraglicher Vereinbarung keine Zahlungsverpflichtung des Arbeitnehmers aus, wenn dieser den Arbeitgeber auf eigenen Wunsch vor dem Ende eines vereinbarten Bindungszeitraums verlässt.[29] Wendet der Arbeitgeber Schulungskosten weniger dafür auf, eine Ausbildung oder Weiterbildung des Arbeitnehmers zu erreichen, sondern um die Einarbeitung für einen bestimmten Arbeitsplatz zu erzielen, ist eine Rückzahlungsklausel unwirksam.[30] 967

Die in der betrieblichen Praxis verbreitete Übung, die Kosten für das sog. TÜV-Schweißer-Zeugnis an eine Rückzahlungsklausel zu binden, ist unwirksam. Wer an den Lehrgängen für dieses Zeugnis teilnimmt, verfügt als Arbeitnehmer bereits über die entsprechenden Fertigkei- 968

20 BAG 24.1.1963 – 5 AZR 100/62, AP Art. 12 GG Nr. 29.
21 BAG 24.6.1999 – 8 AZR 339/98, NZA 1999, 1275.
22 BAG 29.6.1962 – 1 AZR 343/61, AP Art. 12 GG Nr. 25; BAG 23.2.1983 – 5 AZR 531/80, DB 1983, 1210; BAG 6.4.1984 – 5 AZR 582/80; BGH 5.6.1984 – VI ZR 279/82, AP § 611 BGB Ausbildungsbeihilfe Nr. 11; BAG 23.4.1986 – 5 AZR 159/85, EzA § 611 BGB Ausbildungsbeihilfe Nr. 5.
23 BAG 12.12.1979 – 5 AZR 1056/77, EzA § 70 BAT Nr. 11.
24 BAG 20.2.1975 – 5 AZR 240/74, EzA Art. 12 GG Nr. 12; BAG 18.8.1976 – 5 AZR 399/75, EzA Art. 12 GG Nr. 13; LAG Bremen 25.1.1984 – 4 Sa 122/83, AP § 611 BGB Ausbildungsbeihilfe Nr. 7; LAG Hessen 21.11.1994 – 16 Sa 940/94, LAGE § 611 BGB Ausbildungsbeihilfe Nr. 10.
25 LAG Hessen 20.3.1986 – 9 Sa 165/85, NZA 1986, 753.
26 LAG Hessen 7.9.1988 – 2 Sa 359/88, DB 1989, 887; LAG Rheinland-Pfalz 23.10.1981 – 6 Sa 353/81, EzA Art. 12 GG Nr. 18.
27 BAG 3.7.1985 – 5 AZR 573/84; LAG Bremen 25.1.1984 – 4 Sa 122/83, AP § 611 BGB Ausbildungsbeihilfe Nr. 7.
28 BAG 3.7.1985 – 5 AZR 573/84.
29 LAG Bremen 26.8.1999 – 4 Sa 256/98, AE 2000, 29.
30 LAG Düsseldorf 29.3.2001 – 11 Sa 1760/00, NZA-RR 2002, 292.

ten als Schweißer. Mit dem TÜV-Schweißer-Zeugnis geht es nur noch um den Nachweis der öffentlich-rechtlichen Gestattung. Dieser Nachweis aber liegt im überwiegenden Interesse des Arbeitgebers. Da die Prüfung außerdem regelmäßig zu wiederholen ist, würde die Anerkennung einer Rückzahlungsklausel im Ergebnis zu einer Dauerbindung des Schweißers an seinen Arbeitgeber führen. Deshalb kann eine Rückzahlungsklausel für Prüfungskosten aus Anlass von TÜV-Schweißer-Prüfungszeugnissen unwirksam sein, wenn die Ablegung der Prüfung allein im Interesse des Arbeitgebers liegt und dem Arbeitnehmer hierdurch berufliche Vorteile nicht erwachsen.[31]

969 Kurze, nur wenige Wochen andauernde **Lehrgänge**, die im Wesentlichen der Einweisung und Einarbeitung in einen neuen Arbeitsplatz dienen, können auch beim selbständigen Handelsvertreter trotz entsprechender Vereinbarung keinen Anspruch auf Rückzahlung von Ausbildungskosten begründen. Das LAG Hamm[32] hat offen gelassen, ob die vom BAG entwickelten Rechtsgrundsätze über die Rückzahlung von Ausbildungskosten auch beim Handelsvertreter anzuwenden sind. Wenn der Handelsvertreter als Einfirmenvertreter arbeitnehmerähnliche Person ist, verstößt nach Auffassung des LAG Hamm eine Rückzahlungsvereinbarung, die nur der Einweisung und Einarbeitung in einen neuen Arbeitsplatz dient, nach § 307 Abs. 1 BGB gegen das Verbot der unangemessenen Benachteiligung.

ee) Verhältnis von Qualifizierungsmaßnahme und Bindungsdauer

970 Erweist sich die Fortbildungsmaßnahme als ein geldwerter Vorteil im Sinne einer Verbesserung der beruflichen Möglichkeiten des Arbeitnehmers, besteht der **zweite Prüfungsschritt** in der zulässigen **inhaltlichen Ausgestaltung**, also im **„Wie“ der Bindungsintensität**.[33]

971 Das gesetzliche Höchstmaß der **Bindungsdauer** wird aus § 624 BGB abgeleitet.[34] Die Ausschöpfung der Höchstdauer ist nur in seltenen Ausnahmefällen denkbar, so bspw dann, wenn der Arbeitnehmer bei bezahlter Freistellung und vollständiger Kostenübernahme eine besonders hohe Qualifikation erworben hat, die ihm überdurchschnittliche Vorteile sichert.[35] Das Beispielsurteil betraf ein Hochschulstudium für einen Sozialarbeiter.

972 Die **Rspr zur Bindungsdauer** ist **einzelfallorientiert.** Der Gestalter einer Rückzahlungsklausel sollte sich zur Erhöhung der Rechtssicherheit an einem möglichst vergleichbaren, in der Rspr bereits entschiedenen Sachverhalt orientieren: Eine Lehrgangsdauer mit Arbeitsbefreiung bis zu zwei Monaten kann eine Bindung bis zu einem Jahr, eine darüber hinausgehende Ausbildungszeit von bis zu einem Jahr auch bei gleichzeitiger Freistellung des Arbeitnehmers keine längere Bindung als drei Jahre rechtfertigen.[36] Das BAG hat eine Bindung von maximal drei Jahren bei 16 Monaten Fortbildungszeit und 22,2 % Arbeitsleistung für wirksam gehalten.[37] Die Bindung von drei Jahren bei Kosten von 5.112,91 € und einer Ausbildungsdauer von 48 Arbeitstagen hält das LAG Düsseldorf für vertretbar.[38] Musterberechtigungen zum Führen von Flugzeugen sind allgemein anerkannte Qualifikationsnachweise. Wegen der Besonderheiten der Musterberechtigungen (gegenständliche Begrenzung u.Ä.) ist, unabhängig von deren Art und der vom Arbeitgeber für die Ausbildung aufgewandten Kosten, regelmäßig nur eine Bindungsdauer von

---

31 LAG Düsseldorf 7.11.1990 – 4 Sa 1295/90, LAGE § 611 BGB Ausbildungsbeihilfe Nr. 5; vgl auch BAG 18.11.2008 – 3 AZR 192/07, NZA 2009, 435.

32 LAG Hamm 15.5.1998 – 10 Sa 1465/97, NZA-RR 1999, 405 (zu § 9 AGBG).

33 Vgl auch Preis/*Stoffels*, Der Arbeitsvertrag, II A 120 Rn 37.

34 Fünf Jahre; außerdem § 42 Abs. 2 Soldatengesetz: doppelte Ausbildungszeit.

35 BAG 12.12.1979 – 5 AZR 1056/77, DB 1980, 1704.

36 BAG 15.12.1993 – 5 AZR 279/93, DB 1994, 1040; eine Verkäuferin war zur Substitutin in einem Kaufhaus mit 31 Lehrgangstagen ausgebildet worden, die Kosten beliefen sich auf etwas mehr als zwei Monatsgehälter.

37 BAG 15.5.1985 – 5 AZR 161/84, AP § 611 BGB Ausbildungsbeihilfe Nr. 9.

38 BAG 8.11.1988 – 1 ABR 17/87, DB 1989, 1295.

einem Jahr zulässig.[39] Bei einer Lehrgangsdauer von 80 Tagen ohne Arbeitsverpflichtung ist die zulässige Bindungsdauer mit 27 Monaten erreicht.[40]

Im Regelfall besteht nach den nachfolgenden Relationen ein **angemessenes Verhältnis** zwischen Qualifizierungsmaßnahme und Bindungsdauer:[41] 973

Dauer der Qualifizierungsmaßnahme	Zulässige Bindungsdauer	Entscheidung des BAG
bis zu ein Monat	sechs Monate	BAG 15.9.2009, 3 AZR 173/08, NZA 2010, 342
bis zu zwei Monate	ein Jahr	BAG 19.2.2004, 6 AZR 552/02, BAGE 109, 345 = AP § 611 BGB Ausbildungsbeihilfe Nr. 33
drei bis vier Monate	zwei Jahre	BAG 18.3.2014, 9 AZR 545/12, NZA 2014, 957 BAG 14.1.2009, 3 AZR 900/07, NZA 2009, 666
sechs bis zwölf Monate	drei Jahre	BAG 5.6.2007, 9 AZR 604/06, NZA-RR 2008, 107
bis zu 16 Monate (bei 22,2% Arbeitsleistung)	drei Jahre	BAG 15.5.1985, 5 AZR 161/84, NZA 1986, 742
länger als zwei Jahre	fünf Jahre	BAG 12.12.1979, 5 AZR 1056/77, AP § 611 BGB Ausbildungsbeihilfe Nr. 4 BAG 19.1.2011, 3 AZR 621/08, BAGE 137, 1 = NZA 2012, 85
24,9 % der Arbeitszeit in drei Jahren	zwei Jahre	BAG 21.7.2005, 6 AZR 452/04, NZA 2006, 542

In einer neueren Entscheidung hat das BAG begonnen, seine bisherigen Regeln über das Verhältnis zwischen beruflichen Vorteilen der Qualifikation für den Arbeitnehmer und Bindungsdauer aufzuweichen. Obwohl gerade die Dauer der Fortbildung ein starkes Indiz für die Qualität der erworbenen Qualifikation sei, könne im Einzelfall auch bei kürzerer Fortbildung eine verhältnismäßig lange Bindung gerechtfertigt sein, wenn der Arbeitgeber ganz erhebliche Mittel aufwende oder die Teilnahme an der Fortbildung dem Arbeitnehmer überdurchschnittlich große Vorteile bringe. Die Bemessung der Bindungsfrist nach der Dauer der jeweiligen Bildungsmaßnahme beruhe danach nicht auf rechnerischen Gesetzmäßigkeiten, sondern auf richterlich entwickelten Regelwerten, die einzelfallbezogenen Abweichungen zugänglich seien.[42] Erste Ansätze dieser Rspr zeigten sich bereits im Urteil des BAG vom 5.12.2002.[43] 974

Die **Darlegungs- und Beweislast** liegt nach der BAG-Rspr grds. bei dem Arbeitgeber, der die Wirksamkeit der Rückzahlungsabrede darlegen muss.[44] 975

39 BAG 16.3.1994 – 5 AZR 339/92, NZA 1994, 937.

40 LAG Köln 17.7.2003 – 10 Sa 329/03, AE 2004, 105.

41 Tabelle auf der Grundlage einer Zusammenstellung von *Hennige*, NZA-RR 2000, 617, 624 sowie der Aufzählung in BAG 19.1.2011 – 3 AZR 621/08, NZA 2012, 85, 89.

42 BAG 19.1.2011 – 3 AZR 621/08, NZA 2012, 85, 89; BAG 14.1.2009 – 3 AZR 900/07, NZA 2009, 666.

43 BAG 5.12.2002 – 6 AZR 539/01, BAGE 104, 125.

44 BAG 18.8.1976 – 5 AZR 399/75, EzA Art. 12 GG Nr. 13; BAG 11.4.1990 – 5 AZR 308/89, DB 1990, 2222; BAG 16.3.1994 – 5 AZR 339/92, NZA 1994, 937.

ff) AGB-Kontrolle von Fortbildungsklauseln

976 Das BAG hat nach der Schuldrechtsreform die Regeln der AGB-Kontrolle auch auf die Prüfung von Rückzahlungsklauseln ausgedehnt[45] und damit die Zivilrechtsprechung zu den Preisnebenabreden auf das Arbeitsrecht übertragen. Rückzahlungsklauseln für Fortbildungsveranstaltungen des Arbeitnehmers in Arbeitsverträgen oder Nebenabsprachen zu Arbeitsverträgen unterliegen daher einer Inhaltskontrolle gem. §§ 305 ff BGB, insb. § 307 BGB.[46] Da das BAG bereits zuvor eine Inhaltskontrolle von Rückzahlungsklauseln in Fortbildungsvereinbarungen mit Blick auf Art. 12 GG und § 242 BGB vorgenommen hatte,[47] ist aber die bisherige BAG-Rspr durchaus weitgehend übertragbar und unverändert Orientierungsmaßstab.[48] Mit § 310 Abs. 4 S. 1 BGB ist die Rspr überholt, die auch tarifliche Rückzahlungsklauseln wegen Fortbildungsleistungen des Arbeitgebers einer Inhaltskontrolle unterzog.[49]

977 Ist der Arbeitnehmer eine unzumutbar lange Bindungsfrist eingegangen, bestand überdies in der früheren Rspr die Rechtsfolge in einer **Anpassung an das zulässige Maß.**[50] Bei einer Reduzierung von fünf auf drei Jahre war dann pro Jahr ein Drittel der Fortbildungskosten anzusetzen.[51] Im Wege einer ergänzenden Vertragsauslegung bei Altverträgen kommt das BAG unverändert zu demselben Ergebnis und gewährt dadurch faktisch Vertrauensschutz:[52] Die Parteien hätten die zulässige Bindungsfrist vereinbart, hätten sie die Unwirksamkeit der gewählten Frist gekannt. Diese Rspr kann nun aber, soweit es sich bei Fortbildungsvereinbarungen um AGB nach § 305 Abs. 1 BGB handelt, nicht aufrechterhalten werden. Die Folge einer unwirksamen Klausel ist nach AGB-Recht nicht, dass eine Rückführung auf das gerade noch zulässige Maß stattfindet (geltungserhaltende Reduktion),[53] sondern dass sich der Vertrag nach den gesetzlichen Vorschriften richtet (§ 306 Abs. 2 BGB). Auch Nichtigkeit ist nicht die Folge AGB-rechtlich unwirksamer Formularvereinbarungen, § 306 Abs. 1 BGB. Da „gesetzliche Vorschriften" für Fortbildungsklauseln aber nicht bestehen, kommt es im Ergebnis bei **Unwirksamkeit der Rückzahlungsklausel** doch zum **Wegfall der Zahlungspflicht.**

978 Rückzahlungsklauseln sind nach der Inhaltskontrolle v.a. gem. § 307 BGB unwirksam, wenn sie den Arbeitnehmer **unangemessen benachteiligen.** Die unangemessene Benachteiligung liegt in der Beschränkung der Berufsfreiheit des Arbeitnehmers.[54] Was als angemessen anzusehen ist, kann weitgehend anhand der bisherigen Kriterien der BAG-Rspr bestimmt werden. Die speziellen Klauselverbote gem. §§ 308, 309 BGB sind bei Fortbildungsklauseln nicht einschlägig.

979 Eine Vereinbarung, nach der eine Einfirmenvertreterin dem Unternehmer Schulungskosten anteilig zu erstatten hat, soweit das Vertragsverhältnis vor Ablauf bestimmter Fristen endet, unterliegt einer Inhaltskontrolle. Wenn die Hälfte der Ausbildungskosten nicht in Rechnung gestellt, ein Viertel nicht geltend gemacht wird, sofern die Einfirmenvertreterin ein Jahr für das Unternehmen tätig war, und auch der Restbetrag nach Ablauf von insgesamt zwei Beschäfti-

---

45 Vgl nur BAG 14.1.2009 – 3 AZR 900/07, NZA 2009, 666; BAG 18.3.2008 – 9 AZR 186/07, NZA 2008, 1004; BAG 11.4.2006 – 9 AZR 610/05, NZA 2006, 1042.

46 Vgl nur BAG 24.10.2002 – 6 AZR 632/00, AP § 89 HGB Nr. 3; HWK/*Gotthardt*, Anh §§ 305–310 BGB Rn 45.

47 BAG 24.1.1963 – 5 AZR 100/62, AP Art. 12 GG Nr. 29; BAG 18.8.1976 – 5 AZR 399/75, EzA Art. 12 GG Nr. 13.

48 BAG 18.8.1976 – 5 AZR 399/75, EzA Art. 12 GG Nr. 13; BAG 16.3.1994 – 5 AZR 339/92, NZA 1994, 937; BAG 23.2.1983 – 5 AZR 531/80, EzA § 611 BGB Ausbildungsbeihilfe Nr. 3; BAG 29.6.1962 – 1 AZR 343/61, AP Art. 12 GG Nr. 25; BAG 23.4.1986 – 5 AZR 159/85, EzA § 611 BGB Ausbildungsbeihilfe Nr. 5.

49 So aber BAG 26.6.1984 – 5 AZR 605/83 und BAG 5.7.2000 – 5 AZR 883/98, NZA 2001, 394.

50 BAG 6.9.1995 – 5 AZR 241/94, NZA 1996, 314 = NJW 1996, 1916; BAG 16.3.1994 – 5 AZR 339/92, NZA 1994, 937.

51 BAG 6.9.1995 – 5 AZR 241/94, DB 1996, 532.

52 BAG 12.1.2005 – 5 AZR 364/04, NJW 2005, 1820.

53 BAG 14.1.2009 – 3 AZR 900/07, NZA 2009, 666.

54 *Lakies*, BB 2004, 1903.

gungsjahren nicht mehr erhoben wird, benachteiligt die Erstattungsvereinbarung die Einfirmenvertreterin nicht unangemessen iSd § 307 Abs. 1 S. 1 BGB.[55]

Eine formularmäßige arbeitsvertragliche Regelung, nach der ein Arbeitnehmer über die Vertragskonstruktion eines Darlehens uneingeschränkt zur Rückzahlung anteiliger Fortbildungskosten verpflichtet wird – ungeachtet einer etwaigen Betriebstreue und/oder ungeachtet einer Differenzierung bei der Rückzahlungsverpflichtung, aus welchem Verantwortungs- und Risikobereich eine Beendigung des Arbeitsverhältnisses entspringt –, stellt eine unangemessene Benachteiligung iSd § 307 BGB dar. Auch ein als ein reiner Darlehensvertrag getarnter Aus- und Fortbildungsvertrag unterliegt den für Fortbildungsklauseln maßgeblichen Grundsätzen.[56] 980

gg) Rückzahlungspflichten bei Beendigung des Arbeitsverhältnisses

Der Arbeitnehmer kann sich wirksam zur Rückzahlung von Fortbildungskosten verpflichten, wenn das Arbeitsverhältnis vor Ablauf einer bestimmten Frist endet. Die Kostenerstattung muss ihm allerdings bei Abwägung aller Interessen nach § 242 BGB zumutbar sein. Daran fehlt es idR, wenn die Rückzahlungspflicht auch bei einer arbeitgeberseitigen Kündigung vereinbart ist, sofern der Arbeitnehmer keinen Einfluss auf den Kündigungsgrund hat.[57] Die Rückzahlungspflicht entfällt, wenn der Arbeitnehmer kündigt, weil der Arbeitgeber einen wichtigen Grund hierfür gesetzt hat.[58] Ebenso soll eine Rückzahlungspflicht entfallen, wenn der Arbeitnehmer selbst kündigt, weil der Arbeitgeber für die durch die Fortbildung erworbenen Kenntnisse keinen Bedarf bzw Anwendungsbereich sieht.[59] Unwirksam sind auch einzelvertragliche Abreden über die Rückzahlung von Ausbildungskosten, soweit sie eine Erstattung vom Arbeitnehmer auch für den Fall einer betriebsbedingten Kündigung durch den Arbeitgeber vorsehen.[60] Es ist sinnvoll, die Fallkonstellation der betriebsbedingten Kündigung in die Fortbildungsvereinbarung aufzunehmen. 981

Unwirksam sind ferner Rückzahlungsklauseln, wenn dem Arbeitnehmer mangels Eignung in der **Probezeit** gekündigt wird, da der Arbeitnehmer es in diesem Falle nicht in der Hand hat, durch eigene Betriebstreue einer Rückzahlungspflicht zu entgehen.[61] Etwas anderes gilt allerdings, wenn der Arbeitnehmer durch vertragswidriges Verhalten die Kündigung veranlasst hat. Dann ist ein Vertrauen des Arbeitnehmers, durch eigene Betriebstreue der Rückzahlungsverpflichtung zu entgehen, nicht gerechtfertigt. Der Vorbehalt, die Leistung werde nur erbracht, „solange es die betrieblichen und finanziellen Belange der Firma zulassen", erfasst nicht den Fall, dass der Arbeitnehmer als Leistungsempfänger vorzeitig ausscheidet.[62] 982

Rückzahlungstatbestände können nicht nur die Kündigung des Arbeitnehmers, sondern auch ein auf Wunsch des Arbeitnehmers geschlossener **Aufhebungsvertrag** sein.[63] Wechselt ein Arbeitnehmer des **öffentlichen Dienstes** zu einem anderen Arbeitgeber des öffentlichen Dienstes, kann er sich wegen einer eingegangenen Rückzahlungspflicht nicht darauf berufen, dass nach dem Grundsatz der Einheit des öffentlichen Dienstes der Rückzahlungstatbestand entfallen sei.[64] 983

55 BAG 24.10.2002 – 6 AZR 632/00, NZA 2003, 668 (zu § 9 Abs. 1 AGBG).
56 BAG 18.3.2014 – 9 AZR 545/12, NZA 2014, 957; LAG Schleswig-Holstein 25.5.2005 – 3 Sa 84/05, AuR 2005, 423.
57 BAG 19.1.2011 – 3 AZR 621/08, NZA 2012, 85, 89; BGH 17.9.2009 – 3 ZR 207/08, NZA 2010, 37.
58 LAG Bremen 25.2.1994 – 4 Sa 13/93, DB 1994, 2630.
59 Vgl BAG 18.3.2014 – 9 AZR 545/12, NZA 2014, 957 – auch wenn der Bindungszeitraum drei Jahre betrug und somit ebenfalls recht lang war.
60 BAG 6.5.1998 – 5 AZR 535/97, NJW 1999, 443.
61 BAG 24.6.2004 – 6 AZR 383/03, EzA-SD 18/2004, 8–9.
62 BAG 10.7.1974 – 5 AZR 494/73, AP § 611 BGB Gratifikation Nr. 83.
63 LAG Köln 10.9.1992 – 5 Sa 476/92, BB 1993, 223.
64 BAG 15.5.1985 – 5 AZR 161/84, AP § 611 BGB Ausbildungsbeihilfe Nr. 9.

hh) Rückzahlungsvereinbarung aus sonstigen Gründen

984 Die Vereinbarung mit einem Arbeitnehmer, der auf einem von der Bundesagentur für Arbeit subventionierten Arbeitsplatz beschäftigt wird, rund 16 % seiner Nettovergütung an den Arbeitgeber zwecks Weiterbeschäftigung von Mitarbeitern auf nicht geförderten Arbeitsplätzen zurückzuzahlen, verstößt jedenfalls dann nicht gegen das Anstandsgefühl aller billig und gerecht Denkenden, wenn der Arbeitnehmer in einem zeitlich reduzierten Umfang beschäftigt wird. Ein etwaiger Subventionsbetrug gegenüber der Bundesagentur für Arbeit berührt die Wirksamkeit der getroffenen Vereinbarung nicht.[65]

985 Ausbildungs- oder Umzugsbeihilfen des Arbeitgebers mit zeitlich begrenzter Rückzahlungsvereinbarung sind grds. verlorene Leistungen, die unter der auflösenden Bedingung einer Mindestverweildauer stehen. Die Einschränkungen, die die Rspr für derartige Rückzahlungsvereinbarungen, wie bspw für den Fall betriebsbedingter Kündigungen, entwickelt hat, sind nicht auf unbedingt und uneingeschränkt rückzahlbare Arbeitgeberdarlehen übertragbar, auch wenn sie zur Finanzierung eines Umzugs gegeben werden. Solche Umzugsbeihilfen sind auch im Falle betriebsbedingter Kündigungen zurückzuzahlen, wobei allenfalls diskutiert werden kann, ob eine für den Fall vorzeitiger Beendigung des Arbeitsverhältnisses vereinbarte Fälligstellungsklausel gilt.[66]

ii) Beteiligung des Arbeitnehmers an den Ausbildungskosten

986 Nach geltender Rechtslage besteht nicht nur die Möglichkeit für den Arbeitgeber, die Betriebstreue des Arbeitnehmers durch gestaffelte Rückzahlungsklauseln zu verstärken, sondern auch dadurch, dass er von vorneherein mit dem Arbeitnehmer eine Beteiligung an spezifischen Ausbildungskosten vereinbart. So ist eine Vereinbarung, nach der der Bewerber um die Stelle eines Flugzeugführers ein Drittel der Kosten für den Erwerb der erforderlichen Musterberechtigung selbst trägt, wirksam und hält der richterlichen Inhaltskontrolle auch bei einem weniger verbreiteten Flugzeugtyp stand.[67] Im konkreten Fall hatte die Fluggesellschaft mit dem Arbeitnehmer vereinbart, dass sie zwei Drittel, der Arbeitnehmer ein Drittel der Ausbildungskosten tragen solle. Nachdem der Pilot schon nach kurzer Zeit das Unternehmen verließ, wiesen die Arbeitsgerichte seinen behaupteten Anspruch auf Rückzahlung des Anteils an den Kosten zum Erwerb der erforderlichen Musterberechtigung zurück.

987 Auch eine darlehensweise Vollfinanzierung der Ausbildungskosten eines Piloten zum Erwerb einer Musterberechtigung verpflichtet den Flugzeugführer zur Rückzahlung, wenn er die Musterberechtigung erworben und vor Ablauf einer eingegangenen dreijährigen Bindung das Arbeitsverhältnis gekündigt hat. Der Erwerb der Musterberechtigung war für den Piloten von Vorteil, da es sich um einen anerkannten Qualifikationsnachweis handelte.[68]

jj) Fälligkeit des Erstattungsanspruchs

988 Kündigt der Arbeitnehmer das Arbeitsverhältnis und sind von ihm aufgrund einer Fortbildungsvereinbarung noch Ausbildungskosten zu erstatten, weil er das Arbeitsverhältnis vor Ablauf einer vereinbarten Frist durch Kündigung beendet hat, beginnt die für eine Verfallklausel maßgebliche Frist nicht mit dem Tag des Zugangs der Kündigung, sondern erst mit der Beendigung des Arbeitsverhältnisses.[69]

---

65 LAG Berlin 7.1.2000 – 6 Sa 1849/99, NZA-RR 2000, 460.
66 LAG Köln 25.6.1999 – 11 Sa 46/99, AE 2000, 30.
67 BAG 21.11.2001 – 5 AZR 158/00, BB 2002, 628.
68 BAG 19.2.2004 – 6 AZR 552/02, ArbRB 2004, 65 = FA 2004, 122.
69 BAG 18.11.2004 – 6 AZR 651/03, NZA 2005, 516.

b) Klauseltypen und Gestaltungshinweise

aa) Rückzahlungsklausel bei Studiumsfinanzierung

(1) Klauseltyp A

1. Die Bank verpflichtet sich, die für den Besuch der Berufsakademie in (...) entstehenden Studiums-, Unterbringungs- und Reisekosten zu übernehmen. 989
2. Im Gegenzug verpflichtet sich Frau (...), nach Studiumsende mindestens 36 Monate als Mitarbeiterin tätig zu sein. Scheidet Frau (...) aufgrund ihres Verschuldens oder auf eigenen Wunsch innerhalb von 36 Monaten nach Studiumsende aus den Diensten der Bank aus, so hat sie der Bank die Aufwendungen für die Studiums-, Unterbringungs- und Reisekosten wie folgt zu erstatten:
   - in voller Höhe bei Ausscheiden innerhalb des ersten Jahres nach Studiumsende;
   - zu 80 % bei Ausscheiden innerhalb des zweiten Jahres nach Studiumsende;
   - zu 50 % bei Ausscheiden innerhalb des dritten Jahres nach Studiumsende.

(2) Gestaltungshinweise

In die Rückzahlungsvereinbarung können auch die Erstattung von Studien- und Prüfungsgebühren, Mietzuschüssen sowie Reisekosten aufgenommen werden.[70] Im Übrigen ist die Rückzahlungspflicht wirksam vereinbart, weil die Mitarbeiterin durch die Ausbildung zur Betriebswirtin (BA) eine gehobene Qualifikation erhalten hat. Sie ermöglicht der Mitarbeiterin eine kaufmännisch-betriebliche Tätigkeit in der Wirtschaft ähnlich einem Betriebswirt (FH). Aufgrund dieser Ausbildung ist die Mitarbeiterin zudem berechtigt, bei Fachhochschulen weiterführende Studiengänge zu besuchen, die zu einem berufsqualifizierenden Abschluss führen. Bei einer dreijährigen Ausbildungsdauer mit 1/2 Zeitanteil für ein Studium sei eine Bindungsdauer von drei Jahren zur Vermeidung der Rückzahlung der vom Arbeitgeber für das Studium aufgewendeten Kosten rechtlich nicht zu beanstanden.[71] 990

bb) Fortbildungsvertrag mit gestaffelter Rückzahlungsklausel

(1) Klauseltyp B

→ **B 1:** 991

1. Der Arbeitnehmer belegt vom (...) bis (...) die nachfolgend benannte Fortbildungsveranstaltung: (...)
2. Zwischen Arbeitgeber und Arbeitnehmer besteht uneingeschränktes Einvernehmen darüber, dass die Teilnahme des Arbeitnehmers im Interesse seiner beruflichen Fort- und Weiterbildung erfolgt.
3. Während der Fortbildungsveranstaltung stellt der Arbeitgeber den Arbeitnehmer unter Fortzahlung der Bezüge von der Arbeit frei. Die bisherige Vergütung wird fortgezahlt.
4. Die Kosten der Fortbildung (Unterrichtsgebühr, Übernachtungs- und Tagungskosten, Anreise- und Abreisekosten) trägt der Arbeitgeber. Die Erstattung erfolgt gegen Beleg.
5. Der Kostenerstattungsanspruch entfällt, wenn die Agentur für Arbeit oder eine sonstige Einrichtung die Kosten übernimmt.
6. Die zunächst nur vorläufig vom Arbeitgeber getragenen Kosten werden endgültig von ihm übernommen, wenn der Arbeitnehmer noch (...) Jahre im Dienst des Arbeitgebers verblieben ist. Bei vorzeitiger Kündigung des Arbeitnehmers oder wenn der Arbeitgeber dem Arbeitnehmer aus von ihm zu vertretenden Gründen kündigt, sind die Aufwendungen wie folgt zurückzuzahlen:

70 Vgl BAG 5.12.2002 – 6 AZR 537/00, AP § 5 BBiG Nr. 11.
71 BAG 5.12.2002 – 6 AZR 537/00, AP § 5 BBiG Nr. 11.

- bis zum Ablauf des ersten Jahres zu 100 %,
- bis zum Ablauf des zweiten Jahres zu 66 % und
- bis zum Ablauf des dritten Jahres zu 34 %.

7. Die Rückzahlungspflicht entfällt im Fall einer Probezeitkündigung, wenn diese nicht auf einem vertragswidrigen Verhalten des Arbeitnehmers beruht, und im Fall einer betriebsbedingten Kündigung des Arbeitgebers.

→ **B 2:**

1. Der Arbeitnehmer nimmt von (...) bis (...) auf eigenen Wunsch an folgender Fortbildungsmaßnahme teil: (...)
2. Die Teilnahme des Arbeitnehmers erfolgt im Interesse seiner beruflichen Fort- und Weiterbildung.
3. Der Arbeitgeber stellt den Arbeitnehmer von der Arbeit frei. Die Freistellung erfolgt unter Fortzahlung der Bezüge. Die Vergütung wird während der Freistellung nach den Regeln des EFZG berechnet.
4. Der Arbeitgeber übernimmt sämtliche Kosten der Fortbildungsmaßnahme.
5. Soweit Dritte Förderungsmittel gewähren, sind diese in Anspruch zu nehmen und auf die Leistungen des Arbeitgebers anzurechnen mit der Folge, dass insoweit der Kostenerstattungsanspruch des Arbeitnehmers entfällt.
6. Der Arbeitnehmer ist zur Rückzahlung der für die Dauer der Fortbildungsmaßnahme empfangenen Bezüge und der von dem Arbeitgeber übernommenen Kosten der Fortbildungsmaßnahme verpflichtet, wenn er das Arbeitsverhältnis selbst kündigt oder wenn das Arbeitsverhältnis vom Arbeitgeber aus einem Grund gekündigt wird, den der Arbeitnehmer zu vertreten hat. Für jeden Monat der Beschäftigung nach Beendigung der Fortbildungsmaßnahme werden dem Arbeitnehmer 1/36 des gesamten Rückzahlungsbetrages erlassen.
7. Keine Rückzahlungsverpflichtung des Arbeitnehmers besteht im Falle einer betriebsbedingten Kündigung des Arbeitsverhältnisses durch den Arbeitgeber.

(2) Gestaltungshinweise

992 Die **Klausel B 1** ist wirksam, sofern die Ausbildung mindestens sechs Monate gedauert hat und der Arbeitgeber die Kosten nach drei Jahren vollständig übernimmt. Die in Ziff. 6 vereinbarte Reduzierung der Rückzahlungsverpflichtung ist ein im Rahmen der Zumutbarkeitsprüfung mitentscheidender Aspekt.[72] Unter Ziff. 7 ist der Fall der Probezeitkündigung berücksichtigt,[73] aber auch der Fall der betriebsbedingten Kündigung. Auch die **Klausel B 2** erfordert zu ihrer Wirksamkeit eine mindestens sechs Monate dauernde Ausbildung. Sie unterscheidet sich von der Klausel B 1 dadurch, dass sie etwaige Ersatzzahlungen Dritter (Bundesagentur für Arbeit) erwähnt, die ohne Auswirkungen auf die Bindungsdauer bleiben, und dadurch, dass der Fall der Probezeitkündigung nicht berücksichtigt ist.

cc) Rückzahlungsklausel auf Darlehensbasis

(1) Klauseltyp C

993 ↓ **§ 5 Kosten der Fortbildung und Teilnehmerdarlehen**

(...) Der Teilnehmer beteiligt sich an diesen Kosten mit einem Betrag iHv 3.500 €. Der Teilnehmer erhält eine Rechnung über diesen Betrag, um die Fortbildung bei der Steuererklärung entsprechend geltend zu machen. Der Betrag wird dem Teilnehmer zunächst als zinsloses Darlehen ausgezahlt. (...)

---

72 BAG 23.4.1986 – 5 AZR 159/85, EzA § 611 BGB Ausbildungsbeihilfe Nr. 5 = NZA 1986, 741.
73 BAG 24.6.2004 – 6 AZR 383/03, EzA-SD 18/2004, 8–9.

 **§ 10 Rückzahlungsvereinbarung**

1. **Darlehen**
   Der Teilnehmer verpflichtet sich, das zu Beginn der Fortbildung gewährte Darlehen iHv 3.500 € innerhalb von 24 Monaten an die Firma zurückzuzahlen. Die Rückzahlungsverpflichtung beginnt mit dem Ablauf des Tages, an dem der Teilnehmer die IHK-Prüfung zum (...) erfolgreich bestanden hat. Dem Teilnehmer wird über den Zeitraum von 24 Monaten Ratenzahlung gewährt. Es besteht die Möglichkeit, die Rückzahlung teilweise über ein gewährtes Weihnachtsgeld oder eine eventuell anderweitig gewährte Sonderzahlung abzugelten.
2. **Übrige Fortbildungskosten**
   Mit Rücksicht darauf, dass die Fortbildung überwiegend im Interesse des Teilnehmers liegt und der Firma hierdurch erhebliche Kosten entstehen, treffen die Parteien über die Rückzahlung des Darlehens hinaus folgende Rückzahlungsvereinbarungen:
3. **Voraussetzungen der Rückerstattungspflicht**
   Die Rückerstattungspflicht wegen der in § 5 S. 2 geregelten Kosten der Fortbildung tritt ein, wenn
   - das Arbeitsverhältnis auf Veranlassung des Teilnehmers endet (Eigenkündigung),
   - der Teilnehmer die Beendigung des Vertragsverhältnisses sonst zu vertreten hat (verhaltensbedingte Kündigung),
   - der Teilnehmer die Fortbildung aus von ihm zu vertretenden Gründen vorzeitig abbricht,
   - (...),
   - der Teilnehmer die Prüfung zum (...) vor der IHK nicht besteht.

(2) Gestaltungshinweise

Die Besonderheit der Klausel C besteht darin, dass die Kosten einer beruflichen Fortbildung des Arbeitnehmers nicht vom Arbeitgeber getragen, sondern, jedenfalls teilweise, vom Arbeitgeber über ein Darlehen finanziert werden. Der vom Arbeitgeber gewählte Finanzierungsweg ist nicht schlechterdings unzulässig, die Vereinbarung ist jedoch nach § 307 Abs. 1 S. 1 BGB unwirksam. Ein Verstoß gegen § 307 Abs. 2 Nr. 1 BGB ist nicht anzunehmen, denn dass ein Darlehen zurückgezahlt werden muss, entspricht der gesetzlichen Regelung, von der auch im Übrigen in der Klausel C nicht abgewichen wird. Das LAG Schleswig-Holstein sah jedoch eine unangemessene Benachteiligung darin, dass die Klausel C durch abstrakte Vorgabe des Arbeitgebers einen fiktiven, einseitig vom Arbeitgeber wertmäßig festgelegten Arbeitsmarktvorteil pauschaliert, den der Arbeitnehmer durch die Fortbildung eventuell erzielen könne, ohne auf die konkrete Verwertbarkeit abzustellen und ohne es dem Arbeitnehmer zu ermöglichen, sich auf das Fehlen beruflicher Vorteile der von ihm mitfinanzierten Bildungsmaßnahme zu berufen.[74] Mit Treu und Glauben ist es nicht zu vereinbaren, dass die Rückzahlungsregelungen, die das BAG für Fortbildungsverträge aufgestellt hat, wenn die Ausbildung auch im Interesse des Arbeitgebers liegt, in der Klausel C keine Berücksichtigung finden. Zulässig wäre danach eine Gestaltung, die sowohl die Anforderungen an eine Beteiligung des Arbeitnehmers an den Fortbildungskosten als auch die Vorgaben zur Angemessenheit der Rückzahlungspflichten (vgl § 1 Rn 961 ff) in einer Klausel zur Darlehensfinanzierung der Fortbildung vereint erfüllt. 994

74 LAG Schleswig-Holstein 25.5.2005 – 3 Sa 84/05, AuR 2005, 423.

14. Auslandsarbeitsverträge

Literatur

Bergwitz, Der besondere Gerichtsstand des Arbeitsortes (§ 48 I a ArbGG), NZA 2008, 443; *Bieresborn*, Ausstrahlung deutschen Sozialrechts bei Entsendung in ein ausländisches Tochterunternehmen am Beispiel einer Limited Partnership nach US-Recht, RdA 2008, 165; *Bodenstedt/Schnabel*, Betriebsbedingte Kündigungen in der Matrixstruktur – insbesondere im grenzüberschreitend tätigen Unternehmensverbund, BB 2014, 1525; *Braun*, Sozialversicherungspflicht beim grenzüberschreitenden Arbeitsverhältnis, ArbRB 2002, 202; *Däubler*, Betriebsverfassung in globalisierter Wirtschaft, AiB 2000, 392; *ders.*, Die internationale Zuständigkeit der deutschen Arbeitsgerichte – Neue Regeln durch die Verordnung (EG) Nr. 44/2001, NZA 2003, 1297; *Deinert*, Neues Internationales Arbeitsvertragsrecht, RdA 2009, 144; *Falder*, Geschäftsführer bei Auslandsgesellschaften – Geschäftsführer ausländischer Tochtergesellschaften – leitende Angestellte nach deutschem Arbeitsrecht?, NZA 2000, 868; *Franzen*, Internationales Arbeitsrecht, AR-Blattei SD 920; *Genz*, Das Arbeitsverhältnis im internationalen Konzern, NZA 2000, 3; *Gnann/Gerauer*, Arbeitsvertrag bei Auslandsentsendung, 2. Aufl. 2002; *Gravenhorst*, Kündigungsschutz bei Arbeitsverhältnissen mit Auslandsbezug, RdA 2007, 283; *Günther/Pfister*, Arbeitsverträge mit internationalen Bezügen – Teil 1: Rechtswahl und Gerichtsstandsvereinbarungen, ArbRAktuell 2014, 215; Teil 2: Entsendungen, ArbRAktuell 2014, 346; Teil 3: Anwendbares Recht bei Arbeitsverhältnissen besonderer Arbeitnehmergruppen, ArbRAktuell 2014, 451; Teil 4: Kündigungsschutz, ArbRAktuell 2014, 532; *Heilmann*, Auslandsarbeit, AR-Blattei SD 1; *Herzberg/Krieger*, Haftungsrisiken des Arbeitgebers bei der Entsendung von Arbeitnehmern in Krisengebiete, BB 2012, 1089; *Heuser/Heidenreich/Fritz*, Auslandsentsendung und Beschäftigung ausländischer Mitarbeiter, 4. Aufl. 2011; *Hofmann/Rohrbach*, Internationaler Mitarbeitereinsatz, 2. Aufl. 2008; *Hofmann/Rohrbach/Nowak*, Auslandsentsendung, 2002; *Joha u.a.*, Vergütung und Nebenleistungen bei Auslandsbeschäftigung, 2. Aufl. 2002; *Junker*, Internationales Arbeitsrecht im Konzern, 1992; *Kropholler*, Internationales Privatrecht, 6. Aufl. 2006; *Mankowski*, Der gewöhnliche Arbeitsort im internationalen Privat- und Prozessrecht, IPRax 1999, 332; *ders.*, Gerichtsstandsvereinbarungen in Tarifverträgen und Art. 23 EuGVVO, NZA 2009, 584; *Marienhagen/Pulte*, Arbeitsverträge bei Auslandseinsatz, 3. Aufl. 2004; *Markovska*, Zwingende Bestimmungen als Schranken der Rechtswahl im Arbeitskollisionsrecht, RdA 2007, 352; *Mastmann/Stark*, Vertragsgestaltung bei Personalentsendungen ins Ausland, BB 2005, 1849; *Mauer*, Personaleinsatz im Ausland, 2. Aufl. 2013; *Pohl*, Grenzüberschreitender Einsatz von Personal und Führungskräften, NZA 1998, 735; *Portner*, Irrungen und Wirrungen beim Auslandseinsatz von Arbeitnehmern, IStR 2014, 435; *Preis/Bender*, Die Befristung einzelner Arbeitsbedingungen – Kontrolle durch Gesetz oder Richterrecht?, NZA 2005, 337; *Reichel/Spieler*, Vertragsgestaltung bei internationalem Arbeitseinsatz, BB 2011, 2741; *Reiter*, Anwendbare Rechtsnormen bei der Kündigung ins Ausland entsandter Arbeitnehmer, NZA 2004, 1246; *Schlachter*, Grenzüberschreitende Arbeitsverhältnisse, NZA 2000, 57; *Schliemann*, Fürsorgepflicht und Haftung des Arbeitgebers beim Einsatz von Arbeitnehmern im Ausland, BB 2001, 1302; *Schneider*, Einfluss der Rom I-VO auf die Arbeitsvertragsgestaltung mit Auslandsbezug, NZA 2010, 1380; *Schrader/Stauber*, Ist das AGG international zwingendes Arbeitsrecht?, NZA 2007, 184; *Stichler*, Rechtswegzuständigkeit bei Führungskräften, BB 1998, 1531; *Straube*, Internationaler Anwendungsbereich des KSchG – Abschied vom Territorialitätsprinzip, DB 2009, 1406; *Schweiger*, Arbeitsförderungsrechtliche Folgen der Freistellung des Arbeitnehmers von der Arbeitsleistung, NZS 2013, 767; *Temming*, Europäisches Arbeitsprozessrecht: Zum gewöhnlichen Arbeitsort bei grenzüberschreitend tätigen Außendienstmitarbeitern, IPRax 2010, 59; *Thym*, Umfang nationaler Kontrollmöglichkeiten bei der Arbeitnehmerentsendung, NZA 2006, 713; *Vogt/Oltmanns*, Sprachanforderungen und Einführung einer einheitlichen Sprache im Konzern, NZA 2014, 181; *Wellisch/Näth*, Lohnbesteuerung in Deutschland bei internationalen Mitarbeiterentsendungen, IStR 2005, 433; *Werthebach*, Arbeitnehmereinsatz im Ausland – Sozialversicherung und anwendbares Recht bei befristeter Entsendung, NZA 2006, 247; *Windbichler*, Arbeitnehmermobilität im Konzern, RdA 1988, 97.

a) Rechtslage im Umfeld

aa) Arbeitsrechtliche Aspekte

(1) Notwendigkeit vertraglicher Regelungen

995 Der Auslandseinsatz von Arbeitnehmern bedarf einer **arbeitsvertraglichen Grundlage.** Das allgemeine Weisungsrecht ermöglicht, je nach Art der übernommenen Tätigkeit, allenfalls kurze Geschäftsreisen von einigen Tagen. Durch arbeitsvertragliche Erweiterung des Direktionsrechts kann sich der Arbeitgeber vorbehalten, auch längere Zeiten der Auslandstätigkeit anzuordnen. In manchen Berufen, etwa bei Fernfahrern, Flugbegleitern, Unternehmensberatern, Exportvertretern oder auch Einkäufern, ist die stets wiederkehrende Tätigkeit im Ausland der Normalfall, ohne dass sich diese Arbeitnehmer dauerhaft an einem ausländischen Arbeitsort aufhalten. Besondere vertragliche Regelungen im Sinne eines Auslandsarbeitsvertrages sind in diesen Fällen aufgrund der regelmäßigen Rückkehr nach Deutschland und der unzweifelhaften Zuordnung des Arbeitsverhältnisses zu dem inländischen Betrieb nicht erforderlich. Allerdings ist es

bereits für Auslandstätigkeit von mehr als einem Monat nach § 2 Abs. 2 NachwG erforderlich, den Arbeitnehmer schriftlich über die Dauer der im Ausland auszuübenden Tätigkeit, die Währung, in der die Vergütung gezahlt wird, eine zusätzlich gewährte Vergütung und damit verbundene zusätzliche Sachleistungen und die Bedingungen für die Rückkehr zu unterrichten.[1] Weitere Informationspflichten lassen sich unter dem NachwG allerdings nicht begründen, insb. ist der Arbeitgeber nicht verpflichtet, Arbeitnehmer über eine Besteuerung im ausländischen Staat zu unterrichten.[2]

Bei einer längerfristigen Tätigkeit an einem ausländischen Arbeitsort ist es regelmäßig notwendig, zusätzliche vertragliche Absprachen über die Besonderheiten des Auslandseinsatzes zu treffen. Die von der Finanzverwaltung früher zur Abgrenzung zwischen einer vorübergehenden und einer dauerhaften Auswärtstätigkeit angewandte Drei-Monats-Frist gilt seit 2008 nicht mehr.[3] Typische Einsatzwechseltätigkeit und vorübergehende Auswärtstätigkeit können daher **steuerrechtlich** als Reisekosten abgerechnet werden. **Sozialversicherungsrechtlich** bleibt es sowohl bei Einsatzwechseltätigkeit als auch bei häufiger Reisetätigkeit unproblematisch bei der Mitgliedschaft in der deutschen Sozialversicherung. 996

Dauerhafte Auswärtstätigkeit, bei der die Anwendung des Reisekostenrechts ausgeschlossen ist, wird ab dem ersten Tag angenommen, wenn die auswärtige Tätigkeitsstätte zu einer regelmäßigen Arbeitsstätte geworden ist. Dauerhafte Auslandstätigkeit führt in aller Regel zum vollständigen Übertritt in die ausländische Rechtsordnung. Nur wenige Regelungsbereiche verbleiben im deutschen Recht, etwa im Rahmen einer freiwilligen Rentenversicherung,[4] hinsichtlich Rechte aus der Staatsbürgerschaft[5] (vgl etwa zur Teilnahme an Wahlen aus dem Ausland § 12 Abs. 2 Bundeswahlgesetz) oder in Familien- und Erbrechtsangelegenheiten. 997

Auch nach Aufgabe der **Drei-Monats-Frist** für die steuerliche Abrechnung nach Reisekostengrundsätzen dürfte diese Frist die zeitliche Grenze markieren, ab der eine vertragliche Regelung der Auslandstätigkeit zu empfehlen ist. Dabei ist grds. zwischen den **Vertragsmodellen** der **Auslandsentsendung**, der **Auslandsversetzung** und des **Konzernvertrages** zu unterscheiden.[6] 998

(2) Vertragsmodelle: Auslandsentsendung, Auslandsversetzung und dreiseitiger Konzernarbeitsvertrag

Für mittelfristige Einsätze, die zwischen drei Monaten und drei Jahren andauern, wählt man gewöhnlich die Gestaltung einer **Entsendung**. Bei der Entsendung bleibt der Arbeitnehmer dem entsendenden inländischen Betrieb rechtlich und tatsächlich zugeordnet. Das Arbeitsverhältnis besteht arbeits-, sozial- und steuerrechtlich mit dem inländischen Arbeitgeber fort, wobei jedoch zeitliche Grenzen und Besonderheiten berücksichtigt werden müssen.[7] Der **Entsendungsvertrag** ist kein isoliert teilbares Rechtsverhältnis im Verhältnis zu dem ruhenden Arbeitsverhältnis, denn beide Verträge bedingen einander. Daher können auch nicht die Grundsätze für die Kündigung teilbarer Rechtsverhältnisse zur Anwendung kommen.[8] Die Rspr hat die Wirksamkeit einer Rückrufklausel noch nicht entschieden; als Teilkündigung ist der vorzeitige Rückruf im Rahmen einer befristeten Entsendung unwirksam, als Widerrufsvorbehalt unterliegt die Klausel den rechtlichen und tatsächlichen Voraussetzungen der Entscheidung des BAG vom 12.1.2005. 999

1 Vgl *Mastmann/Stark*, BB 2005, 1849; *Melms*, RdA 2006, 171.
2 BAG 22.1.2009 – 8 AZR 161/08, NZA 2009, 608.
3 Vgl LStR 2011/2013 R 9.4 Abs. 2.
4 § 7 Abs. 1 SGB VI; *Kreikebohm/Schmidt*, SGB VI – Gesetzliche Rentenversicherung, 4. Aufl. 2013, § 7 Rn 7.
5 *Mastmann/Stark*, BB 2005, 1849, 1851.
6 *Mastmann/Stark*, BB 2005, 1849, 1851.
7 *Heuser/Heidenreich/Fritz*, Auslandsentsendung, Rn 25 f.
8 *Stahlhacke/Preis/Vossen*, Rn 254.

1000 Für die Modalitäten des Auslandseinsatzes treffen die Arbeitsvertragsparteien eine **Ergänzungsvereinbarung** zum Arbeitsvertrag. Dieses Modell empfiehlt sich also, wenn der deutsche Arbeitgeber eine Entsendung eines Mitarbeiters zu einer ausländischen Niederlassung oder Konzerngesellschaft vornimmt, die dauerhafte Eingliederung dieses Mitarbeiters in die ausländische Betriebsorganisation aber nicht vorgesehen ist.

1001 Soweit ein Betriebsrat existiert, sind betriebsverfassungsrechtliche Auswirkungen zu berücksichtigen. Bei vorübergehendem Auslandsaufenthalt im Sinne einer Entsendung entfällt das aktive und passive Wahlrecht zur Wahl des Betriebsrats nicht; lediglich bei einer geplanten dauerhaften Ausgliederung aus dem inländischen Betrieb verliert der Arbeitnehmer den Status nach dem BetrVG.[9]

1002 Hingegen scheidet der Arbeitnehmer bei dem Vertragsmodell der **Auslandsversetzung** regelmäßig aus dem Arbeitsverhältnis mit dem inländischen Arbeitgeber aus. Es wird ein **eigenständiger Arbeitsvertrag** nach lokalem Recht mit der ausländischen Niederlassung oder Gesellschaft geschlossen. Wird ein Mitarbeiter eigens für eine Tätigkeit im Ausland eingestellt oder vom deutschen Unternehmen an die Tochtergesellschaft ins Ausland befristet oder unbefristet versetzt, empfiehlt sich der Abschluss eines besonderen Auslandsarbeitsvertrages. Im Interesse einer einheitlichen Unternehmenskultur, aber auch, um sich vor differierenden Ansprüchen einzelner Arbeitnehmer zu schützen, kann man die Auslandsarbeitsverträge eines Unternehmens grds. deutschem Arbeitsstatut unterstellen. Wird in einer Entsendungsvereinbarung das „Ruhen" des bisherigen Arbeitsvertrages in der Weise vereinbart, dass die Entsendevereinbarung „an die Stelle des Arbeitsvertrages tritt", ist vom Vorliegen eines zweiten Vertrages der Parteien auszugehen. Der Zweck der Erhaltung der inländischen Sozialversicherung ist dabei für die arbeitsrechtliche Beurteilung grds. nicht erheblich.[10]

1003 Bei dem Versetzungs-Modell liegt es regelmäßig im Interesse des Arbeitnehmers, ein Rückkehrrecht zum Inlandsbetrieb zu vereinbaren, wenn er zuvor dort eingesetzt war. Alternativ dazu kann das inländische Arbeitsverhältnis ruhend gestellt oder mit einer Teilarbeitspflicht aufrechterhalten werden.

1004 Als Sonderfall ist der **dreiseitige Konzernarbeitsvertrag** zu sehen.[11] Die Basis dieser rechtlich nicht in allen Aspekten vollständig geklärten Vertragskonstruktion bildet ein zweiseitiger Vertrag mit einer führenden Konzerngesellschaft, in dem die Versetzungsbefugnis zu einem weiteren Arbeitgeber aufgenommen ist. Ferner wird das konzernangehörige Unternehmen, bei dem der Arbeitnehmer beschäftigt ist, als Arbeitgeber in den Vertrag aufgenommen, wobei die Konzernzentrale den Arbeitnehmer an andere konzernangehörige Unternehmen im In- und Ausland versetzen und damit den dritten Vertragspartner austauschen kann.

1005 Auch enthalten die ausländischen Staaten zum Teil grundlegend andere Vertragsformen, wie bspw für den GmbH-Geschäftsführer in Frankreich, die wegen grundlegend anderer gesellschaftsrechtlicher Verhältnisse nicht beim Auslandseinsatz verwendet werden können.

(3) Entsendung in einen EU-Staat

1006 Wird der Arbeitnehmer in einen **EU-Staat** entsandt, so ergibt sich das anzuwendende Kollisionsrecht bei innergemeinschaftlichen Sachverhalten unmittelbar aus der **Rom I-Verordnung**

9 BAG 25.4.1978 – 6 ABR 2/77, AP Internat. Privatrecht, Arbeitsrecht Nr. 16; BAG 7.12.1989 – 2 AZR 228/89, AP Internat. Privatrecht, Arbeitsrecht Nr. 27; BAG 8.10.2009 – 2 AZR 654/08, DB 2010, 230; *Däubler*, AiB 2000, 392, 393 f.

10 BAG 14.7.2005 – 8 AZR 392/04, NZA 2005, 1411.

11 *Mauer*, Personaleinsatz im Ausland, Rn 370 ff; *Günther/Pfister*, ArbRAktuell 2014, 532, 534 f.

(Rom I-VO)[12] bzw bei Sachverhalten ohne Gemeinschaftsbezug aus dem mit der Rom I-VO weitgehend inhaltsgleichen deutschen EGBGB.

Wurde das anzuwendende Recht nicht vertraglich gewählt, haben die Parteien also keine Rechtswahl gem. Art. 3 Rom I-VO getroffen, so bestimmt es sich gem. Art. 4 Abs. 4 Rom I-VO nach dem Recht des Staates, zu dem die engste Verbindung besteht (sog. **objektive Anknüpfung**).[13] Die objektive Anknüpfung erfolgt vorrangig an den Arbeitsort; die Anknüpfung an die einstellende Niederlassung soll nur Anwendung finden, wenn ein regelmäßiger Arbeitsort nicht festzustellen ist. Es ist dann allerdings die sorgfältige Prüfung der sog. **Ausweichklausel** (Art. 8 Abs. 3 Rom I-VO) erforderlich. Danach ist das Recht des Staates anzuwenden, der nach der Gesamtheit der Umstände offensichtlich eine engere Verbindung zu dem Arbeitsverhältnis aufweist, als die regelmäßigen Anknüpfungspunkte Arbeitsort oder einstellende Niederlassung herstellen können. Diese Sonderregelung führt zu weniger Rechtssicherheit und erleichtert – was besonders kritikwürdig, aber aus praktischen Gründen wichtig zu erkennen ist – dem Richter das berühmte „Heimwärtsstreben".[14] Denkbare Anwendungsfälle der Ausweichklausel sind gemeinsame Staatsangehörigkeit, gleiche Sprache und gemeinsamer Heimatwohnsitz, wie dies gerade bei Entsendungen häufig vorkommt.[15] 1007

Gemäß Art. 8 Abs. 2 S. 1 Rom I-VO ist der **gewöhnliche Arbeitsort** in dem Staat, in dem oder andernfalls von dem aus die Arbeit gewöhnlich erbracht wird, dies ist üblicherweise der Betriebssitz.[16] Durch die Aufnahme der sog. **Flugbegleiter-Klausel** in die Rom I-VO ist kollisionsrechtlich klargestellt, dass selbst tägliche Arbeitsleistung im Nachbarland bei inländischem Betriebssitz, dem das Arbeitsverhältnis zugeordnet ist, nicht zu einem arbeitsrechtlichen Statutenwechsel führen soll.[17] Art. 8 Abs. 2 S. 2 Rom I-VO besagt, dass der Staat, in dem die Arbeit gewöhnlich verrichtet wird, nicht wechselt, wenn der Arbeitnehmer seine Arbeit vorübergehend in einem anderen Staat verrichtet. Durch die Betonung des „gewöhnlichen" Arbeitsortes ist, wie auch schon unter Geltung des EVÜ, ausdrücklich klargestellt, dass eine vorübergehende Entsendungen an der Anknüpfung der objektiven Verweisung am Arbeitsort nichts ändert. Bei Entsendebeginn und Beendigung der Entsendung bleibt daher das auf den Arbeitsvertrag anwendbare Recht gleich. Allerdings gilt dies nur für den an sich unbestimmten Rechtsbegriff der **vorübergehenden Entsendung**;[18] eine nicht vorübergehende Entsendung führt zum Statutenwechsel.[19] 1008

Auch wenn aus kollisionsrechtlicher Sicht eine Übernahme sozialversicherungsrechtlicher Kriterien zu Recht abgelehnt wird, weil hier andere Interessen als im Vertragskollisionsrecht maßgeblich sind,[20] ist es aus praktischer Sicht und in Ermangelung klarer vertragskollisionsrechtlicher Vorgaben sinnvoll, als **Faustformel** für eine **vorübergehende Entsendung** einen **Zeitraum von maximal zwei Jahren** anzusehen. Auch bei der Verlängerung der Entsendung sollte in An- 1009

12 Verordnung (EG) Nr. 593/2008 des Europäischen Parlaments und des Rates vom 17.6.2008 über das auf vertragliche Schuldverhältnisse anzuwendende Recht (Rom I) (ABl. EU Nr. L 177 v. 4.7.2008, S. 6); die Verordnung trat gem. Art. 29 I am 20. Tag nach ihrer Verkündung, also am 24.7.2008, in Kraft. Art. 29 II Rom I-VO sieht vor, dass die Verordnung „ab 17.12.2009" gilt; Art. 28 Rom I-VO ordnet an, dass sie auf Verträge angewandt wird, die „nach dem 17.12.2009" geschlossen werden. Vgl weiterführend *Pfeiffer*, EuZW 2008, 622.

13 BAG 24.8.1989 – 2 AZR 3/89, AP Internat. Privatrecht, Arbeitsrecht Nr. 30.

14 *Deinert*, RdA 2009, 143, 147; *Kropholler*, Internationales Privatrecht, § 7 I; MünchHandbArbR/*Birk*, § 20 Rn 50 spricht daher ironisch von einer „Aufweichklausel".

15 *Bauer/Lingemann/Diller/Haußmann*, Anwalts-Formularbuch ArbR, M 11 Rn 3.

16 *Deinert*, RdA 2009, 143, 147.

17 BeckOK-ArbR/*Schönbohm*, VO (EG) Nr. 593/2008 Art. 8 Rn 27 f; *Knöfel*, RdA 2006, 269, 274; Preis/*Preis*, Der Arbeitsvertrag, II A 140 Rn 7 m. ausf. Nachw.

18 *Deinert*, RdA 2009, 143, 146 (Fn 30) mwN.

19 *Deinert*, RdA 2009, 143, 147; *Knöfel*, RdA 2006, 269, 275; *Mauer*, DB 2007, 1586, 1588.

20 Ausf. zur Diskussion und divergierenden Lösungsvorschlägen im Rahmen der Beratung der Rom I-VO *Knöfel*, RdA 2006, 269, 274.

lehnung an das Sozialversicherungsrecht regelmäßig eine einmalige Verlängerung von einem Jahr als weiterhin „vorübergehend" im Sinne der Auslegung des „gewöhnlichen Arbeitsorts" gesehen werden, während eine darüber hinaus gehende Entsendung regelmäßig zu einem Statutenwechsel führen wird. Hieraus wird auch deutlich erkennbar, dass eine Änderung der für die Anknüpfung herangezogenen Merkmale, vor allem des gewöhnlichen Arbeitsorts, zu einem Statutenwechsel führt. Die objektive Anknüpfung ist also, anders als die vertragliche Rechtswahl, wandelbar.[21]

1010 Auch bei Arbeitsverträgen gilt grds. das **Prinzip der freien Rechtswahl** (Art. 3 Abs. 1 S. 1 Rom I-VO), dh den Vertragsparteien steht es idR offen, welche Rechtsordnung sie vereinbaren wollen (sog. **subjektive Rechtswahlfreiheit**). Die zur Wahl stehenden Rechtsordnungen müssen keine Verbindung zu dem konkreten Sachverhalt aufweisen,[22] auch die vollständige Abwahl deutschen Rechts wäre rechtlich wirksam. Entsprechend ermöglicht sowohl das europäische Recht der Rom I-VO als auch das deutsche internationale Arbeitsrecht, dass für Arbeitsverhältnisse ausländischer Mitarbeiter von ausländischen Unternehmen, die in Deutschland vollzogen werden, das **ausländische Recht vereinbart** werden kann.

1011 Die Vertragsparteien können jedoch nicht uneingeschränkt ausländisches Recht wählen. Die **Korrektur der Rechtswahlfreiheit** in der EU erfolgt durch die Einschränkung der Wirkung der Rechtswahl und die Anwendung zwingender Vorschriften des deutschen und teilweise auch ausländischen Rechts (Art. 3 Abs. 3, 9 Abs. 1 Rom I-VO), insb. bei **Arbeitsverträgen (Art. 8 Rom I-VO)**. Dabei ist zwischen der Rechtswahlschranke des Art. 8 Abs. 1 S. 2 Rom I-VO und der Schranke des Art. 9 Abs. 1 Rom I-VO zu unterscheiden. Nach der Schranke des Art. 8 Abs. 1 S. 2 Rom I-VO darf die Rechtswahl der Parteien nicht dazu führen, dass dem Arbeitnehmer der Schutz entzogen wird, der ihm durch die zwingenden Bestimmungen des Rechts gewährt wird, das nach Art. 8 Abs. 2 Rom I-VO mangels einer Rechtswahl anzuwenden wäre. Daneben bestehen die Beschränkungen des Art. 9 Abs. 1 Rom I-VO, in dessen Anwendungsbereich vor allem das im öffentlichen Interesse aus Gemeinwohlgesichtspunkten getroffene personenbezogene Arbeitsschutzrecht fällt.[23] Dabei handelt es sich um solche Normen, die eine Bedeutung für das Gemeinwohl haben und über die Individualinteressen der einzelnen Vertragsbeteiligten hinausgehen, bspw das Mutterschutz- und Schwerbehindertenrecht.[24] Was im Einzelnen unter die jeweiligen nationalen zwingenden Regelungen fällt, kann von Land zu Land auch innerhalb der EU unterschiedlich sein. Während in Deutschland etwa die Regelungen des allgemeinen Kündigungsschutzes nicht als Eingriffsrecht verstanden werden,[25] kann doch für Arbeitnehmer, die bei einem Tochterunternehmen im Ausland tätig sind und die Geltung deutschen Rechts vereinbart haben, das zwingende Kündigungsschutzrecht des Gastlandes Geltung beanspruchen.[26]

1012 Die **Vereinbarung der Anwendbarkeit deutschen Rechts** bei Auslandsentsendungen in einen **anderen EU-Staat** ist demnach zwar grds. möglich; ist der Arbeitnehmerschutz jedoch im Entsendungsstaat weitergehender als nach deutschem Recht, so ist die Rechtswahl insoweit unwirksam. Umgekehrt führt die Rechtswahl dazu, dass Normen des Vertragsstaates mit größerem Schutzumfang gegenüber dem Ortsrecht ebenfalls Anwendung finden. Es kommt mithin zu einem **Günstigkeitsvergleich**, bei dem es nicht auf eine Gesamtbetrachtung, sondern auf den Vergleich solcher Regelungen ankommt, die im Sachzusammenhang stehen.[27] Findet die

21 *Thüsing*, NZA 2003, 1303, 1307.

22 Art. 3 Abs. 1 Rom I-VO; beachte aber die Einschränkungen betreffend zwingender Bestimmungen nach Art. 3 Abs. 3 Rom I-VO bei Sachverhalten ohne Auslandsbezug.

23 Kittner/Zwanziger/*Mayer*, Arbeitsrecht Handbuch, § 158 Rn 19.

24 Vgl *Pfeiffer*, EuZW 2008, 622, 627 f; *Reible/Lehmann*, RIW 2008, 528, 543.

25 BAG 24.8.1989 – 2 AZR 3/89, NZA 1990, 841.

26 ArbG Ulm 29.7.2009 – 2 Ca 571/08, juris; *Reiserer*, NZA 1994, 673; *Mauer*, Personaleinsatz im Ausland, Rn 351.

27 *Gnann/Gerauer*, Arbeitsvertrag bei Auslandsentsendung, S. 141 mwN.

Rom I-VO im Entsendungsstaat Anwendung, so führt die Rechtswahl also nicht zu der intendierten Rechtssicherheit, sondern zu einem Nebeneinander von gewähltem Recht und Ortsrecht zum Vorteil des Arbeitnehmers. Diese Rechtsfolge ergibt sich im Übrigen vielfach auch bei der Entsendung in solche Staaten, in denen das EVÜ keine Bedeutung hat.[28] Ob die Rechtswahl im Arbeitsverhältnis **außerhalb der EU** anerkannt wird, muss jeweils im Einzelfall konkret geprüft werden.

Erfahrungsgemäß bewahrt es allerdings beide Parteien vor Enttäuschungen, wenn ihnen die ge- 1013 wählte Rechtsordnung, auf deren Anwendung sie sich in Deutschland verlassen können, vertraut und bekannt ist.[29] Meist wird sich in der Praxis ohnehin die stärkere Partei durchsetzen, wenn den Vertragspartnern nur ihr jeweiliges Heimatrecht bekannt ist. In praktischer Hinsicht ist zudem stets zu berücksichtigen, dass die mit etwaigen Streitfällen befassten Gerichte nur ihre jeweilige „Heimat"-Rechtsordnung kennen und bei Anwendung fremden Rechts auf externen Sachverstand angewiesen sind. Die Prozessführung wird damit für beide Seiten erheblich verteuert und verlängert und der Prozessausgang insgesamt unvorhersehbar, mag die fremde Rechtsordnung in manchen Bereichen – man denke etwa an feste Obergrenzen der Abfindung bei sozialwidrigen Kündigungen – auch noch so verlockend erscheinen. Da der deutsche Arbeitnehmer – auch in Entsendungsfällen, bei denen er am aktuellen Arbeitsort klagen könnte (s. § 1 Rn 2461) – in aller Regel in Deutschland klagen wird, ist beim **Entsendungsvertrag** für deutsche Arbeitnehmer daher grds. zu raten, die **Geltung deutschen Rechts** zu **vereinbaren.** Ist bei Vertragserstellung allerdings schon absehbar, dass gerichtliche Zuständigkeit und anwendbares Recht auseinanderfallen, sollten die möglichen Vorteile einer solchen Rechtswahl sorgfältig abgewogen werden.

Während also die kollisionsrechtliche Lösung des Entsendemodells aufgrund der Anknüpfung 1014 an den gewöhnlichen Arbeitsort, jedenfalls bei vorübergehender Entsendung, nicht zu einem Statutenwechsel führt, kommt man bei dem **Versetzungsmodell** mitunter zu anderen Lösungen. Dabei ist unerheblich, ob zu dem im Gastland geschlossenen lokalen Arbeitsvertrag ein (Rumpf-)Arbeitsverhältnis verbleibt oder dieses beendet wird und lediglich eine Wiedereinstellungszusage bestehen bleibt.[30] Das Arbeitsverhältnis am Tätigkeitsort unterliegt einer selbständigen kollisionsrechtlichen Anknüpfung. Je nach dem dort gültigen Kollisionsrecht kann Rechtswahl zulässig sein; innerhalb der EU ist dies durch die Rom I-VO garantiert. Fehlt es an einer Rechtswahl, wird in aller Regel das am Arbeitsort geltende Recht anwendbar sein. Sind allerdings Rumpf-Arbeitsverhältnis und lokales Arbeitsverhältnis in einer Weise aufeinander bezogen, dass die einheitliche Verweisung sinnvoll erscheint, ergibt sich aus dem Erwägungsgrund 36 S. 2 der Rom I-VO, dass auch das lokale Arbeitsverhältnis wie ein Entsendungsvertrag an das „Heimatrecht" der Parteien anzuknüpfen ist.[31] Wörtlich ist ausgeführt, bezogen auf Individualarbeitsverträge solle die Erbringung der Arbeitsleistung in einem anderen Staat als vorübergehend gelten, wenn von dem Arbeitnehmer erwartet wird, dass er nach seinem Arbeitseinsatz im Ausland seine Arbeit im Herkunftsstaat wieder aufnimmt. Der Abschluss eines neuen Arbeitsvertrages mit dem ursprünglichen Arbeitgeber oder einem Arbeitgeber, der zur selben Unternehmensgruppe gehört wie der ursprüngliche Arbeitgeber, solle nicht ausschließen, dass der Arbeitnehmer als seine Arbeit vorübergehend in einem anderen Staat verrichtend gilt. Führen demnach die Rechtswahl und die objektive Anknüpfung zur Anwendung des Heimatrechts, so kommt es nicht zum Günstigkeitsvergleich. Lediglich die international zwingenden Normen des Arbeitsortstaates beanspruchen ihre unbedingte Geltung.

28 Für die Schweiz *Keller/Kren/Kostkiewicz*, Kommentar zum Bundesgesetz über das Internationale Privatrecht (IPRG) vom 1.1.1989, Art. 121 Rn 31 f.

29 Vgl *Schlachter*, NZA 2000, 58.

30 *Mauer*, RIW 2007, 92, 95.

31 Ausf. dazu *Knöfel*, RdA 2006, 276.

(4) Wiedereingliederung nach Beendigung der Entsendung bzw bei Rückruf

1015 Problematisch ist mitunter die Wiedereingliederung des Arbeitnehmers nach Beendigung der Entsendung. Regelmäßig wird eine arbeitsvertragliche Regelung getroffen, wonach der Arbeitnehmer über eine **Wiedereingliederungsklausel** Anspruch auf die Weiterbeschäftigung in Deutschland in einer seinen Fähigkeiten und Kenntnissen entsprechenden Position hat. Diese Klausel wird vereinbart für den Zeitpunkt der Beendigung der Entsendung oder des ausländischen Arbeitsverhältnisses. Sie wird aber auch im Rahmen von **Rückrufklauseln** gewählt, wenn der Arbeitnehmer vorzeitig aus seinem Auslandseinsatz nach Deutschland zurückbeordert wird.

1016 Zunächst stellt sich die Frage der **Verbindlichkeit der Wiedereingliederungszusage**. Es kommt hier entscheidend auf die Formulierung an, in welchem Umfang der Arbeitgeber die Position im Heimatbetrieb festlegt. Ist nur ganz allgemein die Weiterbeschäftigung im Inland garantiert, wird man zumindest die allgemeinen Schranken des Direktionsrechts zu beachten haben, die auch gegolten hätten, wenn der Arbeitnehmer nicht ins Ausland entsandt worden wäre.

1017 Bei **Rückrufklauseln** ist zunächst die Wirksamkeit insgesamt fraglich. Unter AGB-rechtlichen Gesichtspunkten müssen die Rückrufgründe dem Bestimmtheitsgebot des § 307 Abs. 1 S. 2 BGB genügen.[32] Das legt eine Beschränkung auf sachliche Gründe nahe. Solche können sowohl verhaltensbedingte Gründe wie Vertragsverletzungen des Arbeitnehmers als auch wirtschaftliche oder betriebliche Gründe, etwa die vorzeitige Beendigung der Kundenbeziehung, darstellen.[33]

1018 Verschiedentlich steht am Ende der Rückführung des Arbeitnehmers nicht der nahtlose Übergang in ein Inlandsarbeitsverhältnis, sondern zur Überraschung des Arbeitnehmers die **betriebsbedingte Kündigung**. Ob solche Kündigungen wirksam sind, ist zweifelhaft, wenngleich eine befriedigende Argumentation zu Gunsten des Arbeitnehmers nicht über § 242 BGB hinausreicht. Auch eine andere Überraschung, dass der Teilbetrieb, in dem der Arbeitnehmer in der Vergangenheit in Deutschland tätig war, inzwischen auf einen anderen Betrieb übergegangen ist, muss er in der Weise akzeptieren, dass sein Arbeitsverhältnis in Deutschland oder die an die Wiederbeschäftigung geknüpfte Einstellungszusage auf den neuen Betrieb übergegangen bzw diesem gegenüber geltend zu machen ist.[34]

bb) Sozialversicherungsrechtliche Aspekte bei Entsendung und Abordnung

1019 Nach dem im Sozialversicherungsrecht geltenden **Territorialprinzip** umfasst die Versicherungspflicht bzw die Versicherungsberechtigung grds. nur Beschäftigungen bzw Tätigkeiten, die aufgrund eines im Inland bestehenden Beschäftigungsverhältnisses im Inland ausgeübt werden. Ausnahmsweise gelten die entsprechenden Vorschriften aufgrund der Ausstrahlung auch für Personen, die im Rahmen eines inländischen Beschäftigungsverhältnisses ins Ausland entsandt werden, „wenn die Entsendung infolge der Eigenart der Beschäftigung oder vertraglich im Voraus zeitlich begrenzt ist“ (§ 4 Abs. 1 SGB IV). Dabei ist zu beachten, dass nach § 6 SGB IV überstaatliches Recht (die EG-Verordnungen über Soziale Sicherheit) und zwischenstaatliches Recht (die bilateralen Abkommen über Soziale Sicherheit) vorrangig sind.[35] Vor Anwendung der in § 4 Abs. 1 SGB IV gesetzlich geregelten sog. **Ausstrahlungstheorie** ist bei jedem Auslandseinsatz deshalb zunächst zu prüfen, ob **vorrangige Übereinkommen** oder Abkommen bestehen und ob eine Entsendung im sozialversicherungsrechtlichen Sinne vorliegt.[36]

---

32 *Heuser/Heidenreich/Fritz*, Auslandsentsendung, Rn 79 f; *Bauer/Lingemann/Diller/Haußmann*, Anwalts-Formularbuch ArbR, M 11.1 Fn 16.

33 *Reichel/Spieler*, BB 2011, 2741, 2743.

34 BAG 14.7.2005 – 8 AZR 392/04, NZA 2005, 1411.

35 *Bieresborn*, RdA 2008, 165, 166.

36 BAG 15.11.2005 – 9 AZR 209/05, NZA 2006, 502.

Sozialversicherungsrechtlich liegt eine **Entsendung** vor, wenn sich ein Beschäftigter auf Weisung seines inländischen Arbeitgebers vom Inland in das Ausland begibt, um dort eine Beschäftigung für diesen Arbeitgeber auszuüben, oder wenn er, ohne bereits im Inland beschäftigt gewesen zu sein, eigens für eine Arbeit im Ausland von einem inländischen Arbeitgeber eingestellt worden ist.[37] Sind diese Voraussetzungen nach den tatsächlichen Umständen gegeben, so ist zu unterscheiden, ob der Mitarbeiter in einen Mitgliedstaat der Europäischen Union, in einen sog. **Vertragsstaat** (dh ein Land, mit dem ein zwischenstaatliches Abkommen über Soziale Sicherheit besteht), oder in ein anderes Land entsandt wird. 1020

Bei Entsendungen **in einen EU-Mitgliedstaat** ist maßgebende Rechtsgrundlage Titel II[38] der Verordnung (EG) Nr. 883/04, die seit 1.5.2010 die Verordnung (EWG) Nr. 1408/71 abgelöst hat.[39] Grundsätzlich besteht hiernach Versicherungspflicht nur im Beschäftigungsstaat, auch wenn der Arbeitnehmer seinen Wohnsitz und der Arbeitgeber seinen Betriebssitz in einem EG-Staat haben.[40] 1021

Ausnahmsweise bleibt, wenn ein Arbeitnehmer zur Arbeitsleistung in einen EG-Staat entsandt wird, die Versicherungspflicht im Wohnsitz- bzw Betriebssitzstaat erhalten, sofern die voraussichtliche Dauer dieser Arbeit zwölf Monate nicht überschreitet und der entsandte Arbeitnehmer nicht einen anderen Arbeitnehmer ablöst, für den die Entsendungszeit abgelaufen ist.[41] Darüber hinaus können, etwa wenn die Entsendung von vornherein über zwölf Monate hinausgeht oder nach späterer Erkenntnis länger dauert, auf Antrag zweiseitige Ausnahmevereinbarungen zwischen Wohnsitz- und Beschäftigungsstaat getroffen werden.[42] Die zwischenstaatliche Ausnahme-Praxis wird großzügig gehandhabt. 1022

Besteht zwischen der Bundesrepublik Deutschland und dem Entsendungsstaat ein **bilaterales Abkommen über Soziale Sicherheit**, richtet sich die Frage, ob im Beschäftigungs- oder im Wohnsitz-/Betriebssitzstaat Versicherungspflicht besteht, nach den jeweils im Allgemeinen Teil dieser Abkommen zur Zuständigkeitsabgrenzung getroffenen Regelungen. Bilaterale Abkommen bestehen derzeit für die Bundesrepublik Deutschland u.a. mit Belgien, Bulgarien, China, Dänemark, Finnland, Frankreich, Griechenland, Israel (keine Arbeitslosenversicherung), Indien, Jugoslawien, Kanada, Österreich, Polen, Portugal (keine Arbeitslosenversicherung), Rumänien, Schweden, Schweiz (keine Kranken- und keine Arbeitslosenversicherung), Spanien, Türkei (keine Arbeitslosenversicherung) und USA (nur Rentenversicherung).[43] 1023

Bei einer **Entsendungsdauer bis zu zwei Jahren** bleibt nach den meisten bilateralen Vereinbarungen über Soziale Sicherheit die Versicherungspflicht im Wohnsitz-/Betriebssitzstaat erhalten, mit der Möglichkeit einer idR einmaligen Verlängerung für den gleichen Zeitraum durch Absprache zwischen den jeweiligen Behörden beider Staaten. Einzelne dieser Abkommen enthalten keine zeitliche Begrenzung für die Entsendungs- bzw Abordnungsdauer, so das Abkommen mit den USA.[44] 1024

Bei Entsendung in Gebiete **außerhalb der EU und der Vertragsstaaten** bleibt der entsandte Mitarbeiter aufgrund des in diesen Fällen jetzt geltenden § 4 Abs. 1 SGB IV in der deutschen Sozi- 1025

37 Nr. 3 der „Richtlinien zur versicherungsrechtlichen Beurteilung von Arbeitnehmern bei Ausstrahlung" vom 17.1.1979, nachzulesen bei *Aichberger*, AVG-Textsammlung, Nr. 116.

38 Art. 13–17 der Verordnung (EG) Nr. 883/04.

39 ABl. Nr. L 166 vom 30.4.2004; instruktiv *Oberwetter*, BB 2007, 2570; *Bieresborn*, RdA 2008, 165; dazu *Meßen/Wilman*, NZS 2010, 25.

40 Art. 12 Abs. 2 lit. a der Verordnung (EG) Nr. 883/04.

41 Art. 13 Abs. 1 lit. a der Verordnung (EG) Nr. 883/04.

42 Art. 16 der Verordnung (EG) Nr. 883/04.

43 Der jeweils aktuelle Stand ist verfügbar im Internetportal der Deutschen Rentenversicherung (www.drv.de); ausf. mit Detailangabe zu den jeweils erfassten Versicherungszweigen auch *Heuser/Heidenreich/Fritz*, Auslandsentsendung, Rn 416 ff.

44 Art. 6 Abs. 2 des Sozialversicherungs-Abkommens vom 7.1.1976/1.12.1979; vgl dazu mit Fallbeispielen *Wellisch/Näth/Thiele*, IStR 2003, 749.

alversicherung und der Arbeitslosenversicherung, § 1 Abs. 1 S. 2 SGB IV. Das kann allerdings zu doppelter Beitragspflicht führen, falls auch im Entsendungsland ein System sozialer Sicherheit mit Zwangsmitgliedschaft und Versicherungspflicht besteht. Hier muss man dann im Einzelfall für jedes einzelne Land eine genaue Prüfung vornehmen.

cc) Sozialversicherungsrechtliche Aspekte beim Auslandsarbeitsvertrag

1026 Keine Entsendung liegt vor, wenn ein inländischer Arbeitnehmer von einem ausländischen Arbeitgeber, also bspw der Tochtergesellschaft eines deutschen Unternehmens, zur Arbeitsleistung im Ausland eingestellt wird oder wenn ein dort bereits lebender Arbeitnehmer im Ausland eine Beschäftigung für einen inländischen Arbeitgeber aufnimmt. In diesen Fällen besteht unter den Voraussetzungen des § 4 Abs. 1 S. 1 Nr. 2 SGB VI die Möglichkeit der **Pflichtversicherung** auf Antrag in der deutschen Rentenversicherung.

1027 Ein solcher Antrag kann nur von einem inländischen Unternehmen für deutsche Arbeitnehmer gestellt werden, die im Ausland für eine begrenzte Zeit beschäftigt bzw dort oder im Inland für eine solche Beschäftigung vorbereitet werden. Zuständig für die Entgegennahme des formularmäßigen Antrags ist bei Arbeitnehmern, die der Krankenversicherungspflicht unterliegen, die deutsche Verbindungsstelle, Krankenversicherung Ausland, beim Bundesverband der Ortskrankenkassen in Bonn,[45] in den übrigen Fällen die Deutsche Rentenversicherung Bund. Bei dieser besonderen Versicherungsform werden die Pflichtbeiträge aufgrund einer nach den Vorschriften des § 166 Nr. 4 SGB VI ermäßigten Berechnungsgrundlage entrichtet. Im Übrigen müssen Kranken- und Unfallversicherungen auf freiwilliger (privater) Basis geregelt werden (freiwillige Auslandsunfallversicherung nach § 140 Abs. 2, 3 SGB VII, Auslandskrankenversicherungsschutz durch private Versicherungsgesellschaften).

1028 Hinsichtlich der **Arbeitslosenversicherung** gelten aufgrund des Territorialprinzips die Vorschriften des Einsatzlandes. Dies ergibt sich aus § 1 Abs. 1 S. 2 SGB IV.

1029 Unabhängig hiervon besteht in den Fällen, in denen eine Pflichtversicherung nach deutschen Vorschriften nicht möglich und nach der betreffenden ausländischen Rechtsordnung nicht gegeben, unzureichend oder unzweckmäßig ist, grds. die Möglichkeit der freiwilligen Weiterversicherung in der deutschen Rentenversicherung.

dd) Steuerrechtliche Aspekte bei Entsendung und Abordnung

1030 Jeder Staat besteuert grds. das Arbeitseinkommen seiner gebietsansässigen Arbeitnehmer ohne Rücksicht darauf, wo das Arbeitseinkommen erzielt wurde. Man spricht hier vom Grundsatz der unbeschränkten Steuerpflicht für Welteinkommen bei Wohnsitz bzw dauerndem Aufenthalt im Inland. Die dabei drohende Doppelbesteuerung im Wohnsitzstaat und im Quellenstaat wird in der deutschen Steuerordnung teils durch einseitige Maßnahmen wie Anrechnung ausländischer Einkommensteuer auf anteilige deutsche Einkommensteuer oder Verzicht auf Steuererhebung nach § 34 c EStG, teils durch den Abschluss zweiseitiger Abkommen vermieden. Dabei kommen die Möglichkeiten des § 34 c EStG grds. nur zum Tragen, soweit kein solches Abkommen eingreift, § 34 c Abs. 6 S. 1 EStG. Angesichts dessen ist in steuerrechtlicher Hinsicht für jeden Auslandseinsatz zu prüfen, wo der zu entsendende (abzuordnende) Arbeitnehmer welche Tätigkeit wie lange ausüben soll. Die mit einer falschen steuerlichen Einordnung entstehenden Mehrbelastungen können erheblich sein, zumal spätere Korrekturen im zwischenstaatlichen Bereich bei zwei beteiligten Finanzverwaltungen sehr aufwändig sind.[46]

1031 Allgemein kann man davon ausgehen, dass bei **kurzfristigen Auslandseinsätzen** bis zu 183 Tagen vom inländischen Firmensitz aus und unter Umständen unter der Voraussetzung, dass die Arbeit im Ausland nicht im Zusammenhang mit einer dort befindlichen Betriebsstätte geleistet

45 AOK Bundesverband, Postfach 20 03 44, 53170 Bonn.
46 *Wellisch/Näth*, IStR 2008, 548 f.

wird, die Einkommens- bzw Lohnsteuerpflicht im Inland erhalten bleibt und steuerliche Probleme nicht anfallen. Durch Vereinfachung des steuerlichen Reisekostenrechts ist auch die problematische Drei-Monats-Frist für Mehraufwendungen bei Dienstreisen entfallen. Bei **längeren Einsätzen** und/oder Vorhandensein einer **ausländischen Betriebsstätte** ist dagegen immer mit Steuererhebungen durch den Entsendungsstaat, dh den Staat, in den der Arbeitnehmer entsandt worden ist, zu rechnen und demzufolge zu prüfen, ob insoweit ein zweiseitiges Abkommen zur Vermeidung der Doppelbesteuerung Anwendung findet. Mit sämtlichen wichtigen Industriestaaten hat Deutschland ein Doppelbesteuerungsabkommen geschlossen.

Soweit nach einem Doppelbesteuerungsabkommen das Besteuerungsrecht ausschließlich dem Entsendungsstaat zusteht, wird der deutsche Arbeitgeber, der auch bei Auslandsabordnung eines Arbeitnehmers zur Führung des Lohnkontos verpflichtet bleibt, auf Antrag vom zuständigen Betriebsstättenfinanzamt von der Pflicht zur Abführung der Lohnsteuer freigestellt.[47] Das Gleiche gilt bei Abordnungen in Länder, mit denen kein Doppelbesteuerungsabkommen geschlossen wurde, wenn und soweit der Entsendungsstaat eine der deutschen Einkommensteuer vergleichbare Steuer erhebt. 1032

ee) Steuerrechtliche Aspekte bei Auslandsarbeitsverträgen

Steuerrecht ist im Grundsatz streng vom Territorialitätsprinzip geprägt. Bei Sachverhalten ohne Verbindung nach Deutschland besteht hier kein Recht und kein Anspruch zur Besteuerung. Schließt man einen Auslandsarbeitsvertrag mit einem inländischen (deutschen) Arbeitnehmer, der seinen gewöhnlichen Aufenthaltsort in das Ausland verlegt, unterliegt dieser Mitarbeiter trotz seiner Auslandstätigkeit weiterhin der Steuergesetzgebung der Bundesrepublik Deutschland. Soweit er nun als „Gebietsfremder" in der Bundesrepublik Deutschland Einkünfte erzielt, ist er mit diesen beschränkt steuerpflichtig[48] und zu den beschränkt steuerpflichtigen Einkünften gehören auch solche Einkünfte aus nichtselbständiger Arbeit, die im Inland verwertet worden ist, also zB anteilige Jahresabschlussvergütungen eines deutschen Unternehmens, die nach der Versetzung ins Ausland fällig und gezahlt werden. 1033

Da die Auslandstätigkeit mitunter mittels Doppelanstellung auch parallel zur Tätigkeit im Inland erbracht wird und daher Arbeitsvergütung in einem Veranlagungszeitraum in zwei Staaten bezogen wird, kommt es trotz Doppelbesteuerungsabkommen mitunter zu höheren Steuerbelastungen des Arbeitnehmers, als sie bei vergleichbarer Vergütung im Inland entstehen würde. Um insb. bei gut verdienenden Führungskräften Anreize zur Tätigkeit im Ausland zu setzen, haben sich zwei unterschiedliche **Steuerausgleichsberechnungen** als besonders geeignet erwiesen. Sie werden, da im angelsächsischen Sprachraum entwickelt, üblicherweise mit den englischen Schlagworten „*tax equalization policy*" und „*tax protection policy*" bezeichnet, teilweise auch als „*tax exempt policy*". Ziel aller Verfahren ist der **Ausgleich von Nachteilen** des (auch) im Ausland steuerpflichtigen Arbeitnehmers.[49] 1034

Bei der *tax equalization* trägt der Arbeitgeber die auf das Arbeitseinkommen zu entrichtenden Steuern. Als Ausgleich für die Übernahme der Steuerlast wird bei der Berechnung des Nettoentgelts ein hypothetischer Steuersatz einbehalten, der dem Steuersatz entsprechen soll, den der Arbeitnehmer üblicherweise in seinem Heimatstaat in vergleichbarer Situation zu zahlen hätte. Allerdings sind bei einer typischen *tax equalization policy* sämtliche Steuererstattungen, die der Arbeitnehmer erhält, an den Arbeitgeber abzuführen. In Deutschland ist *tax equalization* auch unter dem Begriff „**Nettolohnvereinbarung**" bekannt. Bei *tax protection/tax exempt schemes* wird der Arbeitnehmer hingegen insofern besser gestellt, als der Arbeitgeber die Mehrsteuern übernimmt, Steuervergünstigungen und -erstattungen jedoch beim Arbeitnehmer verbleiben. 1035

---

47 *Heuser/Heidenreich/Fritz*, Auslandsentsendung, Rn 648 ff; vgl § 39 b Abs. 6 EStG iVm LStR 2011/2013 R 39 b.10.

48 §§ 1 Abs. 3, 49 EStG.

49 Vgl Beck'sches Steuer- und Bilanzlexikon/*Frey*, Arbeitnehmerentsendung, B. III. 5. Rn 30.

1036 Für deutsche Arbeitnehmer, die aufgrund der relativ hohen Steuerbelastungen der Lohnarbeit im Ausland kaum zusätzliche Belastungen erfahren, sind diese Systeme wenig relevant; ausländische Führungskräfte, die in Deutschland eingesetzt werden, erwarten hingegen in aller Regel eine *tax equalization policy* des Arbeitgebers.

b) Klauseltypen und Gestaltungshinweise

aa) Versetzungsvereinbarung

(1) Klauseltyp A

1037 **A 1:** Der Arbeitnehmer wird unter Bezug auf die arbeitsvertraglich ausdrücklich einbezogene Konzernrichtlinie Auslandseinsatz mit Wirkung vom (...) zu der Tochtergesellschaft des Arbeitgebers (...) in (...) versetzt. Die Versetzung erfolgt grundsätzlich unbefristet, der Arbeitgeber ist jedoch berechtigt, den Arbeitnehmer entsprechend der Konzernrichtlinie Auslandseinsatz jederzeit mit einer Ankündigungsfrist von drei Monaten zurück in das Inland zu versetzen.
Mit Ausnahme des vorstehend vereinbarten Versetzungs- und Rückrufsrechts des Arbeitgebers ruht der bestehende Arbeitsvertrag zwischen den Parteien, solange der Arbeitnehmer für die Tochtergesellschaft tätig ist. Die Betriebszugehörigkeit und die Zugehörigkeit zum betrieblichen Versorgungswerk gelten als nicht unterbrochen. Für die Zeit der Versetzung wird ein eigenständiges Arbeitsverhältnis zwischen der Tochtergesellschaft und dem Arbeitnehmer begründet.

A 2: Der Arbeitnehmer ist nach Maßgabe des Arbeitsvertrages vom (...) als (...) bei dem Arbeitgeber beschäftigt. Aus Anlass einer beabsichtigten Versetzung des Arbeitnehmers zu dem mit dem Arbeitgeber wirtschaftlich verbundenen und im Ausland ansässigen Tochterunternehmen (...) wird die nachfolgende Versetzungsvereinbarung geschlossen:
Der Arbeitnehmer wird ab dem (...) als (...) bei (...) tätig werden. Die dortige Tätigkeit ist der jetzigen Tätigkeit als (...) hinsichtlich Vergütung, Arbeitszeit und Urlaub mindestens gleichwertig.
Der Arbeitnehmer enthält eine monatliche Auslandszulage von (...) €.
Die Auslandstätigkeit wird zunächst (...) Monate betragen und kann einvernehmlich verlängert oder später auf Dauer angelegt werden.
Der Arbeitnehmer wird von der Auslandsgesellschaft einen selbständigen Arbeitsvertrag erhalten, der die zwischen ihm und der Auslandsgesellschaft bestehenden Rechte und Pflichten abschließend regelt. Ab dem Zeitpunkt des Inkrafttretens dieses Auslandsarbeitsvertrages ruht das derzeitige Arbeitsverhältnis zwischen dem Arbeitnehmer und dem Arbeitgeber.

(2) Gestaltungshinweise

1038 Die vorstehenden beiden Versetzungs-Regelungen dienen vertragstechnisch dazu, das Inlandsarbeitsverhältnis ruhend zu stellen. Ob dies aus sozialversicherungs- und/oder steuerrechtlicher Sicht jeweils sinnvoll ist, muss im Einzelfall gründlich erwogen und geprüft werden.

1039 Soweit, wie in der Klausel A 1, eine Versetzung unter Bezugnahme auf eine arbeitsvertragliche (Konzern-)Versetzungsklausel erfolgt, ist arbeitsrechtlich zwischen einer einseitig per Weisung angeordneten Versetzung und einer einvernehmlichen Vertragsänderung zu unterscheiden. Eine allgemeine Versetzungsklausel oder ein Verweis auf eine allgemeine Konzernrichtlinie zur Auslandstätigkeit ist grds. nicht ausreichend, eine Versetzung ins Ausland gegen den Willen des Arbeitnehmers zu begründen. Es bedarf hierzu einer eindeutigen und konkreten vertraglichen Regelung. Die Differenzierung dürfte regelmäßig eher akademischer Natur sein, da die Versetzung einer Führungskraft auf eine Führungsposition im Ausland wohl kaum gegen deren Willen zu einer sinnvollen Beschäftigung führen kann.

1040 Bei beiden Klauseln ist einiges noch „zwischen den Zeilen zu lesen“. Zu teils offenen Rechtsfragen und ungeklärten Situationen kommt es, wenn der Arbeitnehmer zurück in die Heimat will. Die Heimatgesellschaft hat meistens zurzeit keinen Bedarf für den Mitarbeiter, der Aus-

landsarbeitgeber hingegen ist froh, wenn er sich von einem unmotivierten Mitarbeiter zügig trennen kann. Solche Konfliktlagen können auch zur Kündigung im Ausland führen, ohne dass die Trennungsentscheidung mit der Heimatgesellschaft abgestimmt ist. Synchronisierungsprobleme sind auch dann vorgezeichnet, wenn die Auslandsgesellschaft oder die Heimatgesellschaft in Insolvenz fällt oder verkauft wird. In solchen Fällen kann es zu einem Riss in der Kommunikation kommen. Es ist daher stets empfehlenswert, über die nur rudimentären Regelungen der Klauseln gemäß Klauseltyp A hinaus detaillierte Regelungen zu treffen.

Die Wirkungen einer Kündigung im In- oder Ausland auf das jeweils andere Arbeitsverhältnis 1041
sollten ebenfalls im Detail vertraglich geregelt werden. Es ist zwar nicht möglich, durch vertragliche Absprache zwingende Regelungen, wie etwa den Kündigungsschutz, zu umgehen oder aufzuheben, dennoch können Risiken im Vorfeld erkannt und angemessen geregelt werden. Beispielsweise erhält ein Arbeitnehmer kein Arbeitslosengeld, wenn er entsprechend der Klausel A 1 zurückgerufen und ein ruhendes Arbeitsverhältnis wieder aufgegriffen, dieses allerdings schon nach kurzer Zeit gekündigt wird. Der Bezug von Arbeitslosengeld setzt voraus, dass der Arbeitnehmer innerhalb der Rahmenfrist von zwei Jahren vor dem Ende des Arbeitsverhältnisses mindestens zwölf Monate in einem Versicherungspflichtverhältnis gestanden hat (vgl §§ 142, 143 SGB III). Durch die Bestimmung, dass nur derjenige die Anwartschaftszeit erfüllt, der zwölf Monate in einem Versicherungspflichtverhältnis gestanden hat, soll sichergestellt werden, dass Leistungen nur denjenigen gewährt werden, die bereits eine – idR durch Ausübung einer versicherungspflichtigen Beschäftigung und Beitragszahlungen kenntlich gemachte – engere Beziehungen zur Arbeitslosenversicherung besitzen.[50]

Nach § 142 S. 1 SGB III dienen nur Zeiten eines Versicherungspflichtverhältnisses nach § 24 1042
SGB III zur Erfüllung der Anwartschaftszeit. Ob Beiträge abgeführt worden sind, ist nicht entscheidend. Es reicht aus, dass der Arbeitslose in einem Versicherungspflichtverhältnis nach §§ 24 ff SGB III gestanden hat. Auf der anderen Seite kann die Anwartschaftszeit nicht erfüllt werden, wenn zwar Beiträge gezahlt worden sind, eine Versicherungspflicht aber objektiv nicht bestand. Da die Arbeitslosenversicherung eine reine Arbeitnehmerversicherung ist und keine Formalversicherung, kann sich der Arbeitslose auch nicht auf Vertrauensschutz berufen, wenn die Agentur für Arbeit Beiträge entgegengenommen bzw die Krankenkasse als Einzugsstelle die Beitragszahlung sogar gefordert hat.[51]

Die bloße Existenz des Beschäftigungsverhältnisses genügt nicht, um das Versicherungspflicht- 1043
verhältnis nach § 24 SGB III zu begründen. Vielmehr muss die Beschäftigung gegen Arbeitsentgelt ausgeübt werden.[52] Wer also bspw mehrere Jahre im Ausland von einer ausländischen Tochter vergütet wurde und nach einer Rückkehr oder einem Rückruf arbeitslos wird, kann trotz des ruhenden Arbeitsverhältnisses im Inland meist nicht mit dem Bezug von Arbeitslosengeld nach alsbaldiger Beendigung seines wieder auflebenden Arbeitsverhältnisses rechnen.

bb) Entsendungsvertrag

(1) Klauseltyp B

In Ergänzung des Anstellungsvertrages vom (...) wird folgender Entsendungsvertrag abge- 1044
schlossen:

Dieser Vertrag regelt die Rechte und Pflichten der Parteien in Bezug auf den Einsatz des Expatriates in (...) in der Betriebsstätte des Arbeitgebers in (...). Eine Kooperation mit der Schwestergesellschaft (...) ist vorgesehen. Weisungsrechte bestehen jedoch nur seitens des Arbeitgebers. Die Entsendung nach (...) beginnt am (...) und ist auf 18 Monate befristet. Eine Verlängerung ist derzeit nicht vorgesehen und in jedem Falle nur im Einvernehmen der Parteien möglich. Der

50 *Schweiger*, NZS 2013, 767.
51 *Gagel*, SGB III, § 24 Rn 5.
52 *Schweiger*, NZS 2013, 767, 768.

Arbeitgeber behält sich vor, den Expatriate vorzeitig aus dem Einsatzland abzuberufen, soweit dies aufgrund äußerer Umstände geboten oder aufgrund unternehmensinterner Gründe gerechtfertigt erscheint.[53]

(2) Gestaltungshinweise

1045 Die vorstehende Klausel ist eine knappe Fassung eines Entsendungsvertrages. Der Entsendungsvertrag stellt eine Änderung zum fortbestehenden inländischen Arbeitsverhältnis dar, das damit in Bezug auf den Ort der zu erbringenden Arbeitsleistung und Nebenmodalitäten (Auslandszulage, Kostenerstattung von Reisekosten usw) geändert wird. Es empfiehlt sich bei sporadischen Entsendungen, externen Rat zur tatsächlichen und rechtlichen Durchführung der Entsendung einzuholen.

1046 Bei häufigen Entsendungen werden in der Praxis speziell geschulte Mitarbeiter als Auslandspersonalsachbearbeiter eingesetzt, die Entsendungsbedingungen zudem in die Personalentwicklungsplanung integriert und Entsendungs-Richtlinien zur Regelung der immer wiederkehrenden Fragen erstellt.[54]

cc) Wiedereingliederungs- und Rückrufklauseln

(1) Klauseltyp C

1047 **C 1:** Nach Beendigung des Auslandseinsatzes wird dem Expatriate eine mindestens gleichwertige Position im Inland zugewiesen.[55]

C 2: Im Falle des Rückrufs endet das mit der Auslandsgesellschaft bestehende Anstellungsverhältnis zu dem in dem Rückruf bekannt gegebenen Zeitpunkt. Gleichzeitig lebt das mit dem Arbeitgeber bestehende Anstellungsverhältnis einschließlich einer eventuell bestehenden Wettbewerbsvereinbarung unter Anrechnung der Dienstzeit bei der Auslandsgesellschaft in vollem Umfang wieder auf. Der Arbeitnehmer hat dann Anspruch auf eine Aufgabe im Stammhaus oder in der Gruppe, die seinen Fähigkeiten entspricht. Dabei werden die vorhergehende Stellung und bisherige Leistung angemessen berücksichtigt.[56]

C 3: Wir verpflichten uns, nach Beendigung Ihres Arbeitsverhältnisses im Ausland und bis zu Ihrer Rückkehr nach Deutschland mit Ihnen einen neuen Arbeitsvertrag zu schließen, der mindestens Ihre zuletzt in Deutschland bezogene Vergütung und eine Ihren Kenntnissen und Fähigkeiten entsprechende, mit Ihrer zuletzt in Deutschland ausgeübten Tätigkeit vergleichbare Position beinhaltet.

C 4: Für den Fall der planmäßigen Beendigung des Auslandseinsatzes bis zum (...) wird der Arbeitnehmer auf einem Arbeitsplatz im Inland beschäftigt, der hinsichtlich Einkommen, Verantwortung und Anforderungen mit der vor der Entsendung ausgeübten Tätigkeit vergleichbar ist. Ein Anspruch auf Beibehaltung einer etwaigen höherwertigen Tätigkeit und Vergütung während des Auslandseinsatzes besteht nicht. Die (Wieder-)Einstellungszusage gilt nur für den Fall, dass die Entsendung nicht vorzeitig aus Gründen, die der Arbeitnehmer zu vertreten hat, endet.[57]

C 5: Wir behalten uns das Recht vor, Sie jederzeit während Ihres Auslandseinsatzes vom (...) bis (...) vor Ablauf des vereinbarten Zeitraums in die Konzernzentrale zurückzuberufen und bieten Ihnen in diesem Falle eine Ihrer bisherigen Tätigkeit adäquate Stelle im Unternehmen an.

---

53 *Mauer*, Personaleinsatz im Ausland, Rn 366.

54 *Mauer*, Personaleinsatz im Ausland, Rn 127 ff.

55 *Mauer*, Personaleinsatz im Ausland, Rn 369.

56 Aus einem Entsendevertrag der ehem. Fa. *Haarmann & Reimer*, Holzminden.

57 *Schrader/Straube*, NZA-RR, 2003, 337, 345; ähnl. Preis/*Preis*, Der Arbeitsvertrag, II A 140 Rn 31 f.

(2) Gestaltungshinweise

Die Wiedereingliederungsklausel **C 1** kann sowohl in einen Entsendungsvertrag (häufig für den Zeitpunkt ab dem Ende der Entsendung) als auch in die Versetzungsregelung aufgenommen werden. Der sicherheitsbewusste Arbeitnehmer wird vor Unterzeichnung des Vertrages auf eine solche Klausel drängen. Ob sie ihm langfristig Sicherheit bietet, ist arbeitsrechtlich völlig offen. Zu selten werden Inhalt und Wirksamkeit solcher Klauseln vor Gericht entschieden und zu unbekannt ist das internationale Terrain im Allgemeinen für den Arbeitsrichter, um eine solche Wiedereingliederungsklausel und ihre Auswirkungen auf den Bestandsschutz sicher einschätzen zu können. Noch nicht abschließend geklärt ist, ob oder für welchen Zeitraum die Wiedereingliederungsklausel den Arbeitnehmer vor betriebsbedingter Kündigung nach Rückkehr schützt. Zu überlegen ist, ob die Unbestimmtheit der Wiedereingliederungsklausel gem. §§ 307 Abs. 1 S. 2, 306 BGB über den Weg der ergänzenden Vertragsauslegung zumindest zu einem Ausschluss für unmittelbar nach Wiedereintritt in das Inlandsarbeitsverhältnis beabsichtigte betriebsbedingte Kündigungen führt. 1048

Einen bunten Strauß tiefgehender Probleme beinhaltet die pragmatisch klingende Regelung in **C 2**. Ob und ggf unter Einhaltung welcher Formen rechtstechnisch ein Rückruf durch die Heimatgesellschaft eine wirksame Beendigung des Auslandsarbeitsverhältnisses herbeiführt, ist im Einzelfall gründlich zu prüfen. Teilweise herrschen erhebliche rechtliche Fehlvorstellungen in den Personalabteilungen, aber auch bei Rechtsanwälten vor. Der Bestandsschutz im Ausland ist so heterogen reguliert, dass eine Übertragung inländischer Rechtsgrundsätze – oder besser gesagt – Vorstellungen davon, grob fahrlässig wäre. Auch die inländischen Einsatzvorbehalte nach der Rückkehr sind arbeitsrechtlich noch nicht so recht ausgelotet. 1049

Der Arbeitnehmer schützt sich nur wirksam, wenn nach einer Unterbrechung des Inlandsarbeitsverhältnisses in der Entsendeklausel eine Wiedereinstellungszusage enthalten ist.[58] Eine relativ konservative und für den Mitarbeiter zunächst einmal komfortable Regelung sieht die **Klausel C 3** vor. Ein Neuabschluss eines Vertrages wirft freilich schnell neue Fragen auf. Ob die vorherige Betriebszugehörigkeit angerechnet wird oder anzurechnen ist, bleibt hier ebenso offen wie die Frage, ob einem Neuabschluss eine betriebsbedingte Kündigung unmittelbar zeitlich nachfolgen darf. Der Satz in Klausel C 2 „Der Arbeitnehmer hat dann Anspruch auf eine Aufgabe im Stammhaus oder in der Gruppe, die seinen Fähigkeiten entspricht“, stellt eine **Zusicherung** dar, die nicht vor oder nach Bereitstellung des zugesagten Arbeitsverhältnisses/-platzes isoliert gekündigt werden kann. Allerdings ist diese Zusage hinsichtlich hierarchischer Stellung und Vergütung nicht ausreichend definiert. 1050

Eine Analyse der **Klausel C 4** zeigt, dass auch mit einer relativ detaillierten Wiedereinstellungszusage keine vollständige Sicherheit erreicht werden kann. Die Einstellungsklausel kann unbedingt und bedingt gestaltet werden. In der Formulierung C 4 ist die Wiedereinstellung an die Bedingung der planmäßigen Beendigung des Auslandseinsatzes geknüpft. Aber auch eine unbedingte Zusage zur Weiterbeschäftigung kann unter dem Vorbehalt der tatsächlichen Möglichkeit stehen, diese Zusage einzuhalten. Ein Beispiel hierfür ist das Urteil des ArbG Bonn,[59] in dem über eine Wiedereinstellungszusage befunden wurde. Der Arbeitgeber hatte dem Arbeitnehmer zugesagt, ihn „im Frühjahr wieder einzustellen“. Im Frühjahr wurde das Unternehmen jedoch insolvent. Das ArbG Bonn entschied, eine Wiedereinstellungserklärung sei „im Hinblick auf den Grundsatz von Treu und Glauben mit Rücksicht auf die Verkehrssitte dahingehend zu interpretieren, dass eine Wiedereinstellung nur im Rahmen der betrieblichen Möglichkeiten und des Auftragsbestandes erfolgt“. Anders hätte das Gericht wohl entscheiden müssen, wenn die Fortsetzung der Tätigkeit im Betrieb allein von der Bedingung abhängig gewesen wäre, dass die Beschäftigung im Ausland, sei es durch Ablauf der vereinbarten Entsendungsdauer, 1051

58 LAG München 27.5.1999 – 4 Sa 77/97, EzA § 626 BGB n.F Nr. 186; *Schrader/Straube*, NZA-RR 2003, 337.

59 ArbG Bonn 13.10.1999 – 5 Ca 1311/99 EU, EWiR § 157 BGB 1/2000, 317.

sei es durch Kündigung oder sonstige Beendigungstatbestände im Ausland, endet. Der Arbeitnehmer wäre dann ohne weitere Willenserklärung des ursprünglichen Arbeitgebers wieder im inländischen Betrieb beschäftigt gewesen; für die Annahme einer zusätzlichen Voraussetzung für die Wiedereinstellung wäre kein Raum.

1052 Die Klausel C 4 regelt ein Rückkehrrecht nur bei planmäßiger Beendigung des Auslandseinsatzes, bei vorzeitigem Rückkehrwunsch besteht keine Wiederbeschäftigungszusage. Die Klauseln C 3 und C 4 gehen von einem während des Auslandseinsatzes beendeten Heimatarbeitsverhältnis aus. In beiden Klauseln empfiehlt sich aus Arbeitnehmersicht die Ergänzung, „dass die Wiedereinstellungszusage weder als Zusage gekündigt, noch in sonstiger Weise einseitig rechtsgeschäftlich beseitigt werden kann".

1053 Die **Klausel C 5** ist unwirksam, da sie entweder eine unzulässige Teilkündigung vorsieht oder als Widerrufsvorbehalt zu werten ist. Als Widerrufsvorbehalt genügt die Klausel den Anforderungen an § 307 Abs. 1 S. 2 BGB im Sinne der Rspr des BAG[60] nicht. Weder sind die Rückrufgründe in der Klausel genannt, noch ist sichergestellt, dass sich der Rückruf nur in der Weise auswirkt, dass weniger als 25 bis 30 % der finanziellen Leistungen durch die Wiederaufnahme der Tätigkeit aus dem ruhenden Arbeitsverhältnis entfallen.

dd) Rechtswahlklausel

(1) Klauseltyp D

1054 Der Arbeitsvertrag vom (...) und die Entsendevereinbarung vom (...) unterliegen deutschem Recht.

(2) Gestaltungshinweise

1055 Die Rechtswahlklausel empfiehlt sich generell für die **Entsendungsvereinbarung**, da trotz ausländischem Arbeitsort inländisches Recht wirksam vereinbart werden kann. Die zeitliche Grenze ist offen, da die Rspr und die Meinungen stark divergieren. Ob die Klausel überhaupt konstitutiv wirkt oder nur deklaratorisch, ist ebenfalls nur für Wissenschaftler von Interesse. Für die Vertragsgestaltung ist die Rechtswahlklausel dringend zu **empfehlen**, da jedenfalls das ausländische Recht bei Fehlen der Rechtswahlklausel Überraschungen bereithalten kann. Wer hingegen das ausländische Recht bevorzugt, kann auch dieses wählen, begründet damit aber das Günstigkeitsprinzip für den Arbeitnehmer. Dieser kann dann später das für ihn jeweils günstigste Rechtsinstitut auswählen.[61]

1056 Bei der **Versetzung** wird ohnehin ein lokaler Arbeitsvertrag im Ausland geschlossen. Ob und, wenn ja, wie weit das ausländische internationale Arbeitsrecht eine Rechtswahl ausländischen Rechts zulässt, ist genau zu prüfen. Auch führt die Wahl einer ausländischen Rechtsordnung regelmäßig in der Praxis zu erheblichen Problemen, da stets das dort inländische Verfahrensrecht und Gerichtsverfahrensrecht anzuwenden sind. Teilweise ist auch materielles ausländisches Recht zu beachten, soweit denn die Rechtswahl überhaupt zulässig ist. Immer führt die Anwendung fremden Rechts durch Gerichte, die dieses nicht kennen, zu überlangen Verfahren, für die Unternehmen meist mit der Folge der Zahlung hoher, teilweise auch überhöhter Vergleichsabfindungen. Daher ist grds. von einer Rechtswahl etwa deutschen Rechts für lokale Anstellungsverträge im fremden Arbeitsortstaat abzuraten. Hinzuweisen ist zudem auf das zwingende internationale Gerichtsverfahrensrecht, das dem Arbeitnehmer die Wahl des Gerichts selbst dann offen lässt, wenn eine Gerichtsstandsklausel vereinbart wurde (Art. 21 EuGVVO).[62]

60 BAG 12.1.2005 – 5 AZR 364/04, NJW 2005, 1820.
61 *Mauer*, Personaleinsatz im Ausland, Rn 339 ff.
62 *Mauer*, Personaleinsatz im Ausland, Rn 518 ff.

ee) Betriebliche Altersversorgungsklausel

(1) Klauseltyp E

Soweit die künftige Gesamtvergütung die bisherigen inländischen rentenwirksamen Gesamtbezüge übersteigt, werden die Mehrbezüge für die Dauer der Auslandstätigkeit jeweils funktionsgebunden gezahlt. 1057

Der Arbeitnehmer erhält jährlich eine Mitteilung über das vergleichbare Einkommen, VE (sog. Schattengehalt). Das VE beträgt ab dem (...) jährlich (...) €. Der Betrag wird einmal jährlich überprüft.

Durch das VE wird dokumentiert, wie die Entwicklung des vorgenannten Besitzstandes (ohne variablen Anteil) bei einem Verbleib im Stammhaus verlaufen wäre. Es dient außerdem der Weiterentwicklung der betrieblichen Altersversorgung. Zur Weiterentwicklung des bisherigen Besitzstandes gehört auch, dass der Arbeitnehmer weiterhin ordentliches Mitglied der Pensionskasse bleibt und weiterhin in vollem Umfange an der betrieblichen Altersversorgung teilnimmt.

(2) Gestaltungshinweise

Die Regelung, dass das sog. **Schattengehalt** für die betriebliche Altersversorgung im Inland „weiterläuft", ist in der Praxis üblich und wird von den Expatriates häufig zur Voraussetzung eines Auslandseinsatzes erhoben. Die Anknüpfung an den Verbleib im persönlichen und sachlichen Geltungsbereich der jeweiligen Altersversorgungsregelung ist empfehlenswert. Maßgeblich für den Geltungsbereich des BetrAVG ist der Sitz des Versorgungsschuldners und nicht der Tätigkeitsort des Arbeitnehmers. Solange der Versorgungsschuldner seinen Sitz in Deutschland hat, kann daher auch eine Insolvenzsicherung durch den Pensions-Sicherungs-Verein eintreten.[63] 1058

63 BAG 6.8.1985 – 3 AZR 185/83, NZA 1986, 194; *Günther/Pfister*, ArbRAktuell 2014, 346, 348.

15. Ausschlussklauseln/Ausgleichsquittung

Literatur

Bayreuther, Der gesetzliche Mindestlohn, NZA 2014, 865; *ders.*, Vertragskontrolle im Arbeitsrecht nach der Entscheidung des BAG zur Zulässigkeit zweistufiger Ausschlussfristen, NZA 2005, 1337; *Boemke*, Arbeitsrecht: Urlaubsabgeltungsanspruch – Aufgabe der Surrogatstheorie, JuS 2013, 848; *ders.*, Arbeitsrecht: Annahmeverzug und zweistufige tarifliche Ausschlussfrist, JuS 2014, 78; *Däubler*, Die Auswirkungen der Schuldrechtsmodernisierung auf das Arbeitsrecht, NZA 2001, 1329; *Hanau*, 50 Jahre Bundesarbeitsgericht, NZA 2004, 625; *Henssler*, Arbeitsrecht und Schuldrechtsreform, RdA 2002, 129; *Hönn*, Zu den „Besonderheiten" des Arbeitsrechts, ZfA 2003, 325; *Hümmerich*, Gestaltung von Arbeitsverträgen nach der Schuldrechtsreform, NZA 2003, 753; *Husemann*, Ausschlussfristen im Arbeitsrecht, NZA-RR 2011, 337; *Krause*, Vereinbarte Ausschlussfristen (Teil 1), RdA 2004, 36 und (Teil 2), RdA 2004, 106; *Kraushaar*, Zulässigkeit und Länge einzelvertraglicher Ausschlussfristen nach der Reform des Schuldrechts, AuR 2004, 374; *Lakies*, AGB-Kontrolle: Ausschlussfristen vor dem Aus?, NZA 2004, 569; *Laskawy*, Ausschlussfristen im Arbeitsrecht: Verständnis und Missverständnisse, DB 2003, 1325; *Linde/Lindemann*, Der Nachweis tarifvertraglicher Ausschlussfristen, NZA 2003, 649; *Lingemann*, Allgemeine Geschäftsbedingungen und Arbeitsvertrag, NZA 2002, 181; *Löwisch*, Auswirkungen der Schuldrechtsreform auf das Recht des Arbeitsverhältnisses, in: FS Wiedemann, 2002, S. 311 ff; *Matthiessen/Sheo*, Wirksamkeit von tariflichen und arbeitsvertraglichen Ausschlussklauseln nach der Schuldrechtsreform?, DB 2004, 1366; *Nägele/Chwalisz*, Schuldrechtsreform – Das Ende arbeitsvertraglicher Ausschlussfristen, MDR 2002, 1341; *Reichhold*, Anmerkungen zum Arbeitsrecht im neuen BGB, ZTR 2002, 202; *Reinecke*, Die gerichtliche Klausel von Ausschlussfristen nach dem Schuldrechtsmodernisierungsgesetz, BB 2005, 378; *Schrader*, Neues zu Ausschlussfristen, NZA 2003, 345; *Schrader/Schubert*, AGB-Kontrolle von Arbeitsverträgen (Teil 2), NZA-RR 2005, 225; *Schulte*, Schuldrechtsreform – Neues Verjährungsrecht im Arbeitsrecht, ArbRB 2002, 42; *Thüsing/Leder*, Gestaltungsspielräume bei der Verwendung vorformulierter Arbeitsvertragsbedingungen – Besondere Klauseln, BB 2005, 1563; *von Medem*, Kehrtwende des BAG bei zweistufigen tariflichen Ausschlussfristen, NZA 2013, 345; *Weyand*, Die tarifvertraglichen Ausschlussfristen in Arbeitsrechtstreitigkeiten, 1992; *Wiesinger*, Altverträge auf dem Prüfstand, AuA 2002, 354.

a) Rechtslage im Umfeld

aa) Arten von Ausschlussklauseln

1059 Bei den arbeitsvertraglichen Ausschlussklauseln ist zwischen **einseitigen** und **zweiseitigen**, zwischen **einstufigen** und **zweistufigen** Ausschlussklauseln zu unterscheiden.[1] Die einseitigen Klauseln führen vor Eintritt der Verjährung allein auf Seiten des Arbeitnehmers zu einem Rechtsverlust,[2] die zweiseitigen Klauseln enthalten die gleichen Ausschlussfristen für Arbeitgeber wie für Arbeitnehmer. Bei den einstufigen Ausschlussfristen endet die Durchsetzbarkeit eines Anspruchs, wenn nicht innerhalb der vereinbarten Frist eine Geltendmachung von Ansprüchen erfolgt,[3] bei den zweistufigen Ausschlussfristen ist neben der schriftlichen Geltendmachung in der ersten Phase eine darüber hinausgehende Form der Anspruchserhebung in der zweiten Phase, meist durch Klageerhebung, erforderlich.[4]

bb) Vertragliche Ausschlussklauseln

1060 Für einseitige wie zweiseitige Klauseln gilt nach einer Entscheidung des BAG vom 1.3.2006,[5] dass eine Klausel, die für den Beginn der Ausschlussfrist nicht die Fälligkeit der Ansprüche berücksichtigt, sondern allein auf die Beendigung des Arbeitsverhältnisses abstellt, den Arbeitnehmer unangemessen benachteiligt und deshalb gem. § 307 Abs. 1 S. 1 BGB unwirksam ist. Im Falle der Unwirksamkeit findet weder eine geltungserhaltende Reduktion noch eine ergänzende Vertragsauslegung statt – die Ansprüche verjähren dann nach allgemeinen Regeln.[6]

---

1 *Laskawy*, DB 2003, 1325.

2 ArbG Frankfurt aM 10.3.1999 – 2 Ca 5804/98, LAGE § 611 BGB Inhaltskontrolle Nr. 3; ArbG Heilbronn 2.7.1986 – 4 Ca 156/86, NZA 1987, 466.

3 BAG 16.6.1976 – 5 AZR 224/75, AP § 4 TVG Ausschlussfristen Nr. 56.

4 BAG 26.9.2001 – 5 AZR 699/00, AP § 4 TVG Ausschlussfristen Nr. 160; LAG Niedersachsen 10.5.2001 – 14 Sa 2255/00, BB 2001, 2588.

5 BAG 1.3.2006 – 5 AZR 511/05, NZA 2006, 783.

6 BAG 28.11.2007 – 5 AZR 992/06, NZA 2008, 293.

(1) Einseitige Ausschlussfristen

1061 Das BAG[7] hat ursprünglich einseitige Ausschlussfristen für wirksam erachtet, da es einen Unterschied mache, ob eine Vielzahl von Arbeitnehmern ihre Ansprüche gegen den Arbeitgeber rechtzeitig geltend machen müsse oder ob der Arbeitgeber gegenüber einem einzelnen Arbeitnehmer Forderungen anmeldete. Ein die Ungleichbehandlung von Arbeitgeber und Arbeitnehmer rechtfertigender Grund könne es sein, dass Ansprüche des Arbeitnehmers gegen den Arbeitgeber einen Massentatbestand, demgegenüber aber Ansprüche des Arbeitgebers gegen einen Arbeitnehmer nur den Ausnahmefall darstellten.

1062 Der Arbeitgeber, der mit zahlreichen Arbeitnehmern einzelvertraglich eine einseitige Ausschlussfrist vereinbart, könnte sich auf dasselbe Argument berufen, wiederholt einer Vielzahl von Ansprüchen durch die Arbeitnehmer ausgesetzt zu sein. An der Ungleichbehandlung von Arbeitgeber und Arbeitnehmer in der einseitigen Ausschlussklausel im Formularvertrag ändert sich hierdurch nichts. Insofern ist es auch nicht zwingend, einseitige Ausschlussfristen aus Tarifverträgen für wirksam und einseitige Ausschlussfristen in Formulararbeitsverträgen für unwirksam zu halten.[8] Die Unwirksamkeit einseitiger Ausschlussfristen ergibt sich für Standardarbeitsverträge aber nun aus § 307 Abs. 1 S. 1 BGB. Auch der BGH hatte bei einem Handelsvertreter mit Urteil vom 12.10.1979[9] festgestellt, dass einseitige Ausschlussfristen unangemessene Klauseln seien. § 307 Abs. 1 S. 1 BGB hebt auf das Leitbild der gesetzlichen Regelung ab. Da einheitlich für Ansprüche aus dem Arbeitsverhältnis die gesetzliche Verjährungsfrist drei Jahre beträgt, und zwar für beide Seiten, fehlt einer einseitigen Ausschlussfrist die Orientierung am Leitbild der gesetzlichen Verjährungsvorschriften. Deshalb verstoßen einseitige Ausschlussfristen gegen § 307 Abs. 1 BGB.[10] Gegen die Zulässigkeit einseitiger einzelvertraglicher Ausschlussfristen spricht bereits der in den gesetzlichen Verjährungsvorschriften und in § 622 Abs. 6 BGB zum Ausdruck kommende Rechtsgedanke: Sowohl bei der Kündigung als auch bei der Verjährung sind die Fristen für beide Arbeitsvertragsparteien gleich, so dass der Grundsatz der Parität auch bei Ausschlussfristen zu gelten hat.[11] Diese Auffassung vertritt inzwischen auch das BAG. Vorformulierte Ausschlussfristen, nach denen nur der Arbeitnehmer binnen einer bestimmten Frist Ansprüche aus dem Arbeitsverhältnis geltend zu machen hat, benachteiligen den Arbeitnehmer unangemessen und sind deshalb nach § 307 Abs. 1 BGB unwirksam.[12] Eine Ausnahme macht das BAG jedoch in dem Fall, in dem ein einschlägiger Tarifvertrag eine solche Frist für einzelne Ansprüche vorsieht und der Arbeitsvertag auf diesen Tarifvertrag global- oder teilverweist.[13]

(2) Einstufige Ausschlussklauseln

1063 Nachdem ursprünglich auch sehr kurze Ausschlussfristen anerkannt worden waren,[14] ist mittlerweile höchstrichterlich geklärt, in welchem Maße eine **Mindestausschlussfrist** zulässig ist.[15] Die Vorschläge des Schrifttums zur Mindestausschlussfrist bewegten sich zwischen einem Mo-

7 BAG 4.12.1997 – 2 AZR 809/96, BB 1998, 588; BAG 12.10.1989 – 8 AZR 276/88, NJW 1990, 468, 471; BAG 28.6.1967 – 4 AZR 183/66, EzA § 4 TVG Nr. 15.
8 *Thüsing/Leder*, BB 2005, 1563, 1564.
9 BGH 12.10.1979 – I ZR 166/78, BGHZ 75, 218.
10 BAG 31.8.2005 – 5 AZR 545/04, BB 2006, 443; ErfK/*Preis*, §§ 194–218 BGB Rn 47; *Krause*, RdA 2004, 36; *Reinecke*, BB 2005, 378, 381.
11 *Reinecke*, BB 2005, 378, 382.
12 BAG 31.8.2005 – 5 AZR 545/04, BB 2006, 443.
13 So für Ansprüche aus Provisionsvereinbarungen, vgl BAG 6.5.2009 – 10 AZR 390/08, NZA-RR 2009, 593.
14 BAG 13.12.2000 – 10 AZR 168/00, NZA 2001, 723.
15 BAG 12.3.2008 – 10 AZR 152/07, NZA 2008, 699.

nat,[16] zwei,[17] sechs[18] und neun Monaten.[19] Nun wird eine Frist von **drei Monaten als absolute Untergrenze** angesehen.[20] Nach der Rspr des BAG ist eine Frist für die erstmalige Geltendmachung von weniger als drei Monaten, gemessen an der gesetzlichen Verjährungsfrist, unangemessen kurz.

1064 Abweichend davon hielt das ArbG Stralsund eine Frist von zwei Monaten für wirksam, da die Frist für beide Parteien gleichermaßen galt und die Zahlung von leicht zu bezifferndem Festlohn vereinbart war.[21] Auch das ArbG Frankfurt erachtete eine zweimonatige Frist für die außergerichtliche Geltendmachung dann noch als gerade angemessen, wenn sie keine leistungs- und erfolgsabhängige Vergütung oder Ansprüche betreffe, deren Entstehen für den Arbeitnehmer schwer zu überblicken sei.[22] Dieser Rspr steht nun die neue höchstrichterliche Rspr entgegen.[23]

1065 Für die Beurteilung der **Angemessenheit von Ausschlussfristen** bietet sich zunächst folgende Übersicht[24] über die gegenwärtigen Verjährungsvorschriften im Arbeitsrecht an, die als Maßstab für die Verkürzung durch die Ausschlussfristen heranzuziehen sind:

Gegenstand	**BGB – aktuelle Gesetzeslage**
Regelmäßige Verjährungsfrist	§ 195 BGB: 3 Jahre
Arbeitnehmer: Entgelt, Abfindung	§ 195 BGB: 3 Jahre
Arbeitnehmer: laufende Betriebsrenten	§ 18 a BetrAVG: 3 Jahre
Arbeitnehmer: Anspruch auf Verschaffung einer Versorgung	§ 18 a BetrAVG: 30 Jahre
Arbeitgeber: Rückforderung wegen Überzahlung	§ 195 BGB: 3 Jahre
Arbeitgeber: Rückforderung von Gehaltsvorschüssen und Auslagen	§ 195 BGB: 3 Jahre
Ansprüche aus unerlaubter Handlung	§ 195 BGB: 3 Jahre oder § 199 Abs. 2: 30 Jahre

1066 Die zu Vergleichszwecken auch heranzuziehenden Entscheidungen des BGH[25] sind dagegen nicht einheitlich. Es gibt Urteile zu § 196 BGB aF, in denen die Abkürzung der zweijährigen Verjährung auf sechs Monate der Inhaltskontrolle standhielt,[26] nicht aber die Abkürzung auf drei Monate.[27] Die Abkürzung der vierjährigen Verjährung nach § 88 HGB auf sechs Monate wurde für zulässig gehalten, wenn für den Beginn des Laufs der abgekürzten Frist die Kenntnis der Anspruchsentstehung Voraussetzung war.[28] Soll die Verjährung ohne Wissen um den Anspruch in Lauf gesetzt werden, hat der BGH sogar eine zwölfmonatige Frist für unangemessen benachteiligend gehalten.[29] Die Verkürzung einer Verjährungsfrist im Gesellschaftsvertrag

16 *Löwisch*, FS Wiedemann, 2002, S. 311, 317; *Reichhold*, ZTR 2002, 202, 207.
17 *Wiesinger*, AuA 2002, 354, 356.
18 *Kraushaar*, AuR 2004, 374; *Lakies*, NZA 2004, 569; *Reinecke*, BB 2005, 378.
19 *Hümmerich*, NZA 2003, 753, 756.
20 BAG 12.3.2008 – 10 AZR 152/07, NZA 2008, 699; BAG 28.9.2005 – 5 AZR 52/05, NZA 2006, 149; *Gotthardt*, ZiP 2002, 277, 287; *Krause*, RdA 2004, 106, 111; *Henssler*, RdA 2002, 129.
21 ArbG Stralsund 27.4.2004 – 5 Ca 577/03, DB 2004, 1368.
22 ArbG Frankfurt aM 13.8.2003 – 2 Ca 5568/03, NZA-RR 2004, 238.
23 BAG 12.3.2008 – 10 AZR 152/07, NZA 2008, 699; BAG 28.9.2005 – 5 AZR 52/05, NZA 2006, 149; ebenso LAG Hamm 16.11.2004 – 19 Sa 1424/04, LAG Report 2005, 138.
24 *Schulte*, ArbRB 2002, 42.
25 Str, vgl nur *Nägele/Chwalisz*, MDR 2002, 1341.
26 BGH 20.11.1986 – I ZR 87/84, NJW-RR 1987, 433; BGH 4.5.1995 – I ZR 90/93, NJW 1995, 2224.
27 BGH 19.5.1988 – I ZR 147/86, BGHZ 104, 292.
28 BGH 12.10.1979 – I ZR 166/78, BGHZ 75, 218; OLG Celle 12.2.1988 – 11 U 62/87, NJW-RR 1988, 1064.
29 BGH 3.4.1996 – VIII ZR 3/95, NJW 1996, 2097.

einer Publikums-KG auf drei Monate angesichts einer fünfjährigen Verjährungsfrist im Aktien-, GmbH- und Genossenschaftsrecht hielt der BGH für unwirksam.[30]

Preis analysierte die BGH-Rspr und kam zu dem Ergebnis, dass eine Abkürzung einer gegenüber der Regelverjährung verkürzten gesetzlichen Verjährungsfrist auf ein Viertel noch als zulässig, die Abkürzung auf ein Sechstel bzw ein Achtel oder weniger hingegen als unangemessen zu bewerten sei.[31] Andererseits habe der BGH die Klausel in Verlade- und Transportbedingungen eines Frachtführers, wonach der Anspruch wegen Verlust oder Beschädigung nach drei Monaten verjähren sollte, für unwirksam erklärt, obwohl die gesetzliche Verjährungsfrist für derartige Ansprüche nur ein Jahr betrage, § 439 HGB.[32] Die Verkürzung auf sechs Monate hielt der BGH für wirksam.[33] 1067

Nach den Urteilen des BAG vom 28.9.2005[34] und vom 12.3.2008[35] ziehen der 5. und der 10. Senat bei einstufigen Ausschlussfristen die Grenze bei drei Monaten. Es wird vermutlich für die Zukunft keinen Unterschied machen, ob Ansprüche während eines bestehenden oder nach einem beendeten Arbeitsverhältnis geltend gemacht werden. Die gesetzlichen Verjährungsfristen weisen insoweit auch keinen Unterschied auf. Sie haben die Leitbildfunktion, aus der sich die Angemessenheit einer Klausel nach § 307 Abs. 2 Nr. 1 BGB ableitet. 1068

Für die Beurteilung der Wirksamkeit zweiseitiger einstufiger Ausschlussfristen kommt es nicht allein auf die Länge der Ausschlussfrist, sondern auch darauf an, ab wann die Klausel den **Fristbeginn** setzt und welcher Art die von der Ausschlussklausel erfassten Ansprüche sind, insb., ob sie auch die Verletzung von Leben, Körper oder Gesundheit erfassen sollen. Bei vertraglichen Erfüllungsansprüchen, deren Voraussetzungen der Arbeitnehmer typischerweise sofort kennt, kann die Frist deutlich kürzer sein als bei Schadensersatzansprüchen. Wer beide Ansprüche in einer Ausschlussfrist erfassen will, muss im Zweifel die längere Frist wählen.[36] 1069

Generell nicht erfasst werden von Ausschlussfristen Ansprüche, die das Statusverhältnis der Arbeitnehmer prägen oder aus dem Persönlichkeitsrecht herrühren.[37] Ebenfalls nicht erfasst sind Ansprüche von Arbeitnehmern untereinander sowie gegenüber Dritten.[38] Hierzu zählen Schulungskosten eines Betriebsratsmitglieds,[39] Stammrechte aus der betrieblichen Altersversorgung,[40] Ansprüche wegen Eingriffs in Persönlichkeitsrechte,[41] Ansprüche auf Herausgabe des Eigentums,[42] Ansprüche auf Beseitigung oder Rücknahme einer Abmahnung,[43] Unterstützungsleistungen für Angehörige bei Tod des Arbeitnehmers,[44] Urlaubsgewährungsansprüche,[45] Vorruhestandsleistungen im Baugewerbe[46] und Schadensersatzansprüche wegen Versorgungs- 1070

30 BGH 14.4.1975 – II ZR 147/73, BGHZ 64, 238.
31 Preis/*Preis*, Der Arbeitsvertrag, 2. Aufl. 2005, II A 150 Rn 46.
32 BGH 20.3.1978 – II ZR 19/76, VersR 1978, 557; BGH 24.9.1979 – II ZR 38/78, VersR 1980, 40.
33 BGH 17.11.1980 – II ZR 248/79, VersR 1981, 229; BGH 19.5.1988 – I ZR 147/86, VersR 1988, 845.
34 BAG 28.9.2005 – 5 AZR 52/05, NZA 2006, 149.
35 BAG 12.3.2008 – 10 AZR 152/07, NZA 2008, 699.
36 *Thüsing/Leder*, BB 2005, 1563, 1566.
37 Preis/*Preis*, Der Arbeitsvertrag, II A 150 Rn 40; § 1 Rn 1070 folgt in der Aufzählung dieser Fundstelle.
38 BAG 19.10.1983 – 5 AZR 64/81, AP § 611 BGB Ärzte, Gehaltsansprüche Nr. 37.
39 BAG 30.1.1973 – 1 ABR 1/73, EzA § 40 BetrVG 1972 Nr. 4.
40 BAG 27.2.1990 – 3 AZR 216/88, EzA § 4 TVG Ausschlussfristen Nr. 83.
41 BAG 15.7.1987 – 5 AZR 215/86, AP § 611 BGB Persönlichkeitsrecht Nr. 14.
42 BAG 15.7.1987 – 5 AZR 215/86, AP § 611 BGB Persönlichkeitsrecht Nr. 14.
43 BAG 14.12.1994 – 5 AZR 137/94, NJW 1995, 1916.
44 LAG Hessen 13.1.1995 – 13 Sa 253/94, NZA-RR 1996, 60; dies gilt auch bei tariflichen Ansprüchen auf Sterbegeld, s. BAG 4.4.2001 – 4 AZR 242/00, AP Nr. 156 zu § 4 TVG Ausschlussfristen.
45 BAG 22.1.2002 – 9 AZR 601/00, NZA 2002, 1041.
46 BAG 5.9.1995 – 9 AZR 533/94, AP § 1 TVG Vorruhestand Nr. 24.

schäden[47] sowie vorsätzlicher Schädigungen.[48] Der Anspruch auf Urlaubsabgeltung nach § 7 Abs. 4 BUrlG wird nach neuerer Rspr von Ausschlussfristen erfasst, weil es sich nicht um ein Surrogat des Freistellungsanspruchs, sondern um eine reine Geldforderung handelt.[49] Dies hat das BAG zwar bisher nur zu tariflichen Ausschlussfristen entschieden, jedoch müssen die Grundsätze auch für vertragliche Ausschlussfristen gelten.[50] Diese sind dann am Maßstab des § 307 Abs. 1 BGB zu messen.

1071 Seit dem 1.1.2015 gilt das Verbot zur Anwendung einer Ausschlussklausel auch für den **bundesweiten Mindestlohn**, wenn der Arbeitnehmer in den persönlichen Anwendungsbereich des Mindestlohngesetzes (MiLoG) fällt. Nach dem MiLoG hat jeder Arbeitnehmer seit dem 1.1.2015 einen Anspruch auf ein Mindestentgelt von 8,50 € brutto je Arbeitszeitstunde.[51] Nach § 3 S. 1 MiLoG kann der Mindestlohnanspruch weder beschränkt noch ausgeschlossen werden. Damit wirken Ausschlussfristen nicht gegenüber Mindestlohnansprüchen.

1072 Weitergehend ist die Frage aufgeworfen, ob Ausschlussfristen, die den Mindestlohnanspruch des Arbeitnehmers nicht ausdrücklich ausnehmen, insgesamt unwirksam sind. Mit der Rspr des 8. Senats des BAG[52] ist dies jedoch abzulehnen. Zwar bezieht sich die Rspr auf die Vorsatzhaftung, jedoch ist die Entscheidung auf die Konstellation zum Mindestlohn zu übertragen.[53] So ist eine Ausschlussklausel nicht allein deshalb unwirksam, weil sie sich auch auf die nicht beschränkbare Vorsatzhaftung des Arbeitgebers (vgl §§ 202, 276 Abs. 3 BGB) erstreckt. Mit dem BAG ist im Hinblick auf die klare Gesetzeslage davon auszugehen, dass die Vertragspartner mit Ausschlussfristen keine Fälle anders als das Gesetz und unter Verstoß gegen die gesetzliche Verbotsnorm iSd § 134 BGB regeln wollen.[54] Bei entsprechender Anwendung dieser Rspr ist eine Ausschlussklausel, die den Mindestlohnanspruch nicht explizit ausnimmt, ebenfalls nicht insgesamt unwirksam. Dies gilt umso mehr, als § 3 S. 1 MiLoG ausweislich des Wortlauts („insoweit“) sogar eine geltungserhaltende Reduktion erlaubt.[55]

1073 Da die **Haftung wegen Vorsatzes** nicht *im Voraus* erlassen werden kann (§ 276 Abs. 3 BGB), erklärt § 202 Abs. 1 BGB Verjährungserleichterungen, die vor Anspruchsentstehung getroffen wurden und die Haftung für Vorsatz betreffen, für unwirksam. Das ArbG Stralsund hat deshalb vorformulierte arbeitsvertragliche Ausschlussfristen, die „**alle Ansprüche aus dem Arbeitsverhältnis**“ umfassen, wegen Verstoßes gegen § 202 Abs. 1 BGB als unwirksam eingestuft.[56] Eine Ausschlussfrist bewirke eine unzulässige Haftungserleichterung, wenn ihr Wortlaut auf vorsätzlichem Verhalten beruhende Schadensersatzansprüche mitumfasse. Auch wenn sich Vorschriften des Verjährungsrechts nicht ohne Weiteres auf Ausschlussfristen anwenden lassen, weil die Ziele beider Rechtsinstitute unterschiedlich sind,[57] lässt sich der Gedankengang des

---

47 BAG 13.12.1988 – 3 AZR 252/87, EzA § 611 BGB Fürsorgepflicht Nr. 53.

48 BAG 25.5.2005 – 5 AZR 572/04, NZA 2005, 1111; anders jedoch bei tariflichen Ausschlussfristen vgl BAG 18.8.2011 – 8 AZR 187/10, ZTR 2012, 13.

49 BAG 9.8.2011 – 9 AZR 365/10, NZA 2011, 1421; zuletzt BAG 10.12.2013 – 9 AZR 494/12, ArbuR 2014, 159.

50 Vgl LAG Niedersachsen 13.8.2013 – 9 Sa 138/13, ArbR 2013, 527; LAG Berlin-Brandenburg 14.7.2011 – 26 Sa 534/11, NZA-RR 2011, 568, 569.

51 Gesetz zur Regelung eines allgemeinen Mindestlohns (Mindestlohngesetz – MiLoG) vom 11.8.2014 (BGBl. I S. 1348). § 22 MiLoG regelt die Ausnahmen: Danach gelten für Praktikanten, Auszubildende/Ehrenamtliche/Jugendliche unter 18 Jahren, Langzeitarbeitslose und Zeitungszusteller Übergangsregelungen oder andere Ausnahmen. Zudem gehen gem. § 24 MiLoG abweichende Tarifverträge bis einschließlich zum 31.12.2017 dem gesetzlichen Mindestlohn vor.

52 BAG 20.6.2013 – 8 AZR 280/12, NZA 2013, 1265.

53 Vgl auch *Bayreuther*, NZA 2014, 865, 870.

54 BAG 20.6.2013 – 8 AZR 280/12, NZA 2013, 1265, 1266.

55 Vgl *Bayreuther*, NZA 2014, 865, 870.

56 ArbG Stralsund 27.4.2004 – 5 Ca 577/03, DB 2004, 1368; zuletzt LAG Hamm 11.10.2011 – 14 Sa 543/11, NZA-RR 2012, 75.

57 MüKo-BGB/*Grothe*, 2003, Vor § 194 Rn 10; Staudinger/*Peters*, BGB, Neubearb. 2001, Vor § 194 BGB aF Rn 15.

ArbG Stralsund auch auf Ausschlussfristen übertragen, damit ein Leerlaufen der Wertung des § 276 Abs. 3 BGB vermieden wird.[58] Die Rechtsfolgen eines Verstoßes gegen § 202 BGB beurteilen sich nicht, wie *Thüsing/Leder*[59] meinen, nach § 134 BGB, sondern bemessen sich wegen der durch eine Analogie begründeten Abweichung von wesentlichen Grundgedanken der gesetzlichen Regelung nach § 307 Abs. 2 Nr. 1 BGB. Anders als das ArbG Stralsund hat jedoch der 5. Senat des BAG entschieden, dass eine Klausel, die die Haftung wegen Vorsatzes nicht explizit ausschließe, nur für die in § 202 Abs. 1 BGB genannten Ansprüche teilunwirksam sei, dies jedoch nicht zu einer gesamten Unwirksamkeit der Ausschlussklausel führe.[60] In jüngerer Zeit hat das BAG noch einmal klargestellt, dass grds. die Haftung aus vorsätzlicher Schädigung – Vertragspflichtverletzung oder unerlaubte Handlung – im Arbeitsverhältnis nicht wirksam einer Ausschlussfrist unterworfen werden kann. Dies gilt unabhängig davon, ob es um die Haftung des Arbeitnehmers[61] oder die Haftung des Arbeitgebers[62] geht. Die Haftung für fremdes vorsätzliches Handeln hingegen kann unter eine Ausschlussfrist fallen.[63]

Heißt es in einer Ausschlussklausel, sie erstrecke sich auf „Ansprüche aus dem Arbeitsverhältnis“, kommt es nicht auf die konkret materiellrechtliche Anspruchsgrundlage an, sondern darauf, ob der Entstehungsbereich des Anspruchs im Arbeitsverhältnis liegt.[64] Entscheidend ist die enge Verknüpfung eines Lebensvorgangs mit dem Arbeitsverhältnis, dh, dass alle gesetzlichen und vertraglichen Ansprüche darunter fallen, die die Arbeitsvertragsparteien aufgrund ihrer durch den Arbeitsvertrag begründeten Rechtsstellung gegeneinander haben.[65] 1074

Bei den nachfolgenden Sachverhalten geht die **Rspr** von einer **Entstehung im Arbeitsverhältnis** aus: alle Ansprüche aus dem Austauschverhältnis,[66] Ansprüche auf Erteilung oder Berichtigung des Zeugnisses,[67] Anspruch auf Nachteilsausgleich nach § 113 Abs. 3 BetrVG,[68] Ansprüche auf vermögenswirksame Leistungen,[69] Rückzahlungsansprüche des Arbeitgebers,[70] Urlaubsentgelt,[71] Ansprüche auf Rückzahlung von Lohn, Lohn- und Gehaltsvorschüssen,[72] Ansprüche auf Rückzahlung von Ausbildungsbeihilfen,[73] Entgeltfortzahlung im Krankheitsfall,[74] Mehrarbeitsvergütungen,[75] Karenzentschädigung bei vertraglichem Wettbewerbsverbot,[76]

58 *Thüsing/Leder*, BB 2005, 1563.

59 *Thüsing/Leder*, BB 2005, 1563, 1566; so nun auch BAG 20.6.2013 – 8 AZR 280/12, NZA 2013, 1265, 1266.

60 BAG 20.6.2013 – 8 AZR 280/12, NZA 2013, 1265; BAG 25.5.2005 – 5 AZR 572/04, NZA 2005, 1111; *Bayreuther*, NZA 2005, 1337.

61 BAG 18.8.2011 – 8 AZR 187/10, ZTR 2012, 31.

62 BAG 20.6.2013 – 8 AZR 280/12, NZA 2013, 1265.

63 BAG 16.5.2007 – 8 AZR 709/06, NZA 2007, 1154.

64 BAG 26.2.1992 – 7 AZR 201/91, EzA § 4 TVG Ausschlussfristen Nr. 99.

65 BAG 9.8.2011 – 9 AZR 352/10, NZA-RR 2012, 129; Preis/*Preis*, Der Arbeitsvertrag, II A 150 Rn 37; § 1 Rn 1074 folgt in der Aufzählung dieser Fundstelle.

66 BAG 27.11.1984 – 3 AZR 596/82, AP § 4 TVG Ausschlussfristen Nr. 89.

67 BAG 23.2.1983 – 5 AZR 515/80, EzA § 70 BAT Nr. 15; LAG Köln 11.9.2002 – 7 Sa 530/02; LAG Hamm 10.4.2002 – 3 Sa 1598/01, LAG Report 2002, 267.

68 BAG 20.6.1978 – 1 AZR 102/76, EzA § 4 TVG Ausschlussfristen Nr. 34.

69 BAG 27.11.1991 – 4 AZR 211/91, EzA § 4 TVG Nachwirkung Nr. 15.

70 BAG 26.4.1978 – 5 AZR 62/77, EzA § 4 TVG Ausschlussfristen Nr. 35; BAG 4.9.1991 – 5 AZR 647/90, EzA § 4 TVG Ausschlussfristen Nr. 92.

71 BAG 22.1.2002 – 9 AZR 601/00, AP § 11 BUrlG Nr. 55.

72 BAG 26.4.1978 – 5 AZR 62/77, AP § 4 TVG Ausschlussfristen Nr. 64; BAG 18.6.1980 – 4 AZR 463/78, AP § 4 TVG Ausschlussfristen Nr. 68.

73 BAG 12.12.1979 – 5 AZR 1056/77, AP § 611 BGB Ausbildungsbeihilfe Nr. 4.

74 BAG 16.1.2002 – 5 AZR 430/00, AP § 3 EntgeltFG Nr. 13.

75 BAG 26.8.1960 – 1 AZR 425/58, AP § 4 TVG Ausschlussfristen Nr. 6.

76 BAG 27.11.1991 – 4 AZR 211/91, EzA § 4 TVG Nachwirkung Nr. 15; BAG 17.6.1997 – 9 AZR 801/95, AP § 74 HGB Nr. 60.

Schadensersatzansprüche wegen Verletzung der Fürsorgepflicht,[77] Freizeitausgleich eines Personalratsmitglieds,[78] Ansprüche auf Vertragsstrafe,[79] Abfindungsansprüche aus außergerichtlichem Vergleich oder Sozialplan,[80] Zinsforderungen aus Arbeitgeberdarlehen und Rückzahlungsforderungen,[81] Anspruch auf Ersatz eines aufgrund verspäteter Lohnzahlung entstandenen Steuerschadens[82] und Ansprüche auf Korrektur von Urlaubsabmeldungen gegenüber Urlaubs- und Lohnausgleichskasse.[83] Eine allgemeine Ausgleichsklausel in einem Aufhebungs- oder Abwicklungsvertrag schließt alle Ansprüche aus, die nicht unmissverständlich als weiterbestehende Ansprüche bezeichnet werden.[84]

1075 Ein Ausschluss oder eine Begrenzung der Haftung bei der **Verletzung von Leben, Körper oder Gesundheit** sowie bei **grober Fahrlässigkeit** durch Allgemeine Geschäftsbedingungen ist nach § 309 Nr. 7 BGB unwirksam. Die Unwirksamkeit besteht bei vertraglichen wie deliktischen Ansprüchen.[85] Da allzu weitreichende Freizeichnungsklauseln nach der BGH-Rspr insgesamt unwirksam sind, bedarf es bei wirksamen Ausschlussklauseln einer Herausnahme vertraglicher und deliktischer Ansprüche wegen der Verletzung von Leben, Körper oder Gesundheit sowie bei grober Fahrlässigkeit.[86] Anderer Ansicht ist der 5. Senat des BAG, der in seiner Entscheidung betont, dass eine Ausschlussfrist nicht mit einer Haftungsbegrenzung oder einem Haftungsausschluss zu vergleichen ist.[87] *Thüsing/Leder*[88] machen darauf aufmerksam, dass für einen Teilbereich eine arbeitsspezifische Einschränkung des § 309 Nr. 7 BGB zu beachten sei. Nach § 104 SGB VII haftet ein Arbeitgeber seinen Arbeitnehmern gegenüber für Personenschäden bei einem **Arbeitsunfall** nur dann, wenn er diese vorsätzlich herbeigeführt hat oder es sich um einen Wegeunfall handelt.

1076 Durch welches Ereignis oder auf der Basis welchen Kenntnisstandes des Gläubigers die Frist in Lauf gesetzt wird, wurde in der Rspr bislang nicht einheitlich beantwortet. Im Regelfalle galt als Zeitpunkt des Fristbeginns, sobald sich der Gläubiger den erforderlichen groben Überblick ohne schuldhaftes Zögern verschaffen und seine Forderung wenigstens annähernd beziffern konnte.[89] Die Unkenntnis des Arbeitnehmers über die rechtlichen oder tatsächlichen Voraussetzungen des Anspruchs hielt das BAG für irrelevant.[90] Mittlerweile stellt das BAG auf den Zeitpunkt der **Fälligkeit** ab.[91] Dem Rechtsgedanken des § 199 Abs. 1 BGB folgend, sollen Ausschlussfristen, soweit sie nicht den Beginn von der positiven Kenntnis oder grob fahrlässigen Unkenntnis des Anspruchsgrundes abhängig machen, unwirksam sein.[92] Herrscht Streit darüber, ob das Arbeitsverhältnis beendet wurde, soll die Ausschlussfrist nicht vor Klärung dieser Frage beginnen.[93] Klauseln, die allein auf die Beendigung des Arbeitsverhältnisses als fristaus-

---

77 BAG 25.4.1972 – 1 AZR 322/71, AP § 611 BGB Öffentlicher Dienst Nr. 9.
78 BAG 26.2.1992 – 7 AZR 201/91, EzA § 4 TVG Ausschlussfristen Nr. 99.
79 BAG 7.11.1969 – 3 AZR 303/69, AP § 340 BGB Nr. 1.
80 LAG Berlin 27.7.1998 – 9 Sa 58/98, LAGE § 4 TVG Ausschlussfristen Nr. 48; BAG 19.1.1999 – 1 AZR 606/98, RdA 2000, 173; BAG 27.3.1996 – 10 AZR 668/95, NZA 1996, 986.
81 BAG 20.2.2001 – 9 AZR 11/00, AP § 611 BGB Arbeitnehmerdarlehen Nr. 5; anders: BAG 23.2.1999 – 9 AZR 737/97, AP § 611 BGB Arbeitnehmerdarlehen Nr. 4.
82 BAG 20.6.2002 – 8 AZR 488/01, DB 2002, 2275.
83 LAG Schleswig-Holstein 20.8.2002 – 5 Sa 80c/02, juris.
84 LAG Hessen 29.3.2004 – 7 Sa 1404/02, juris.
85 BGH 15.2.1995 – VIII ZR 93/94, NJW 1995, 1488.
86 *Reinecke*, BB 2005, 378.
87 BAG 25.5.2005 – 5 AZR 572/04, NZA 2005, 1111.
88 *Thüsing/Leder*, BB 2005, 1563, 1567.
89 BAG 20.6.2002 – 8 AZR 488/01, NZA 2003, 268; BAG 26.5.1981 – 3 AZR 269/78, NJW 1981, 2487; *Krause*, RdA 2004, 106.
90 BAG 5.8.1999 – 6 AZR 752/97, ZTR 2000, 36, 37; BAG 22.1.1997 – 10 AZR 459/96, BB 1997, 1158.
91 BAG 1.3.2006 – 5 AZR 511/05, NZA 2006, 783.
92 *Henssler*, RdA 2002, 129.
93 So für tarifliche Ausschlussklauseln BAG 11.2.2009 – 5 AZR 168/08, NZA 2009, 687.

lösendes Ereignis abstellen, verstoßen demnach gegen § 307 Abs. 2 Nr. 1, Abs. 1 BGB.[94] Der 6. Senat[95] hat entschieden, dass der Erstattungsanspruch des Arbeitgebers auf Rückzahlung von Ausbildungskosten nicht mit dem Zugang der Kündigungserklärung, sondern erst mit der Beendigung des Arbeitsverhältnisses entsteht. Wenn der Arbeitnehmer den vom Arbeitgeber angemeldeten Erstattungsanspruch vor dessen Fälligkeit ablehnt, beginnt die Frist zur gerichtlichen Geltendmachung bei einer zweistufigen Verfallklausel mit Eintritt der Fälligkeit.

Das ArbG Frankfurt vertritt die Auffassung, dem schuldlos unwissenden Gläubiger werde dadurch Rechnung getragen, dass der Grundsatz von Treu und Glauben es dem Arbeitgeber verbiete, sich auf die Versäumung einer Ausschlussfrist zu berufen, wenn der Arbeitnehmer zum vertraglich vereinbarten Fristbeginn noch keine Kenntnis von dem Anspruchsgrund hatte.[96] Der sichere Weg für den Gestalter einer Ausschlussklausel wird dadurch eingeschlagen, dass auf die Kenntnis als Fristbeginn oder auf die grobfahrlässige Unkenntnis (*culpa lata pro dolo habetur*) abgestellt wird.[97] 1077

(3) Zweistufige Ausschlussklauseln

Bei der zweistufigen Ausschlussklausel verfällt der Anspruch, wenn er nicht innerhalb eines bestimmten Zeitraums nach Ablehnung oder Fristablauf gerichtlich geltend gemacht wird. Mit der Pflicht zur Klageerhebung in der zweiten Stufe werden die Anzeige und Erklärung, einen Anspruch gegen den Arbeitgeber aus dem Arbeitsvertrag geltend zu machen, an eine strengere Form als die Schriftform gebunden. Nach § 309 Nr. 13 BGB ist in Allgemeinen Geschäftsbedingungen eine Bestimmung unwirksam, durch die Anzeigen oder Erklärungen, die dem Verwender oder einem Dritten gegenüber abzugeben sind, an eine strengere Form als die Schriftform oder an besondere Zugangserfordernisse gebunden werden. Mit der Pflicht der Parteien des Arbeitsverhältnisses, im Wege einer zweistufigen Ausschlussklausel nach Ablehnung des schriftlich geltend gemachten Anspruchs Klage beim Arbeitsgericht zu erheben, wird von dem Arbeitnehmer wie vom Verwender für die Geltendmachung von Ansprüchen eine strengere Form als die Schriftform verlangt. Deshalb sollen zweistufige Ausschlussfristen nach einer Literaturansicht[98] dem Klauselverbot nach § 309 Nr. 13 BGB unterliegen. Es bestehe kein Grund, erhöhte Formerfordernisse für rechtsvernichtende und rechtsgestaltende Erklärungen zu verbieten, für rechtserhaltende Erklärungen wie die Ausschlussfrist aber zuzulassen.[99] 1078

Nach der Rspr des BAG verstoßen zweistufige Ausschlussklauseln jedoch nicht gegen § 309 Nr. 13 BGB.[100] Es kann nach Ansicht des BAG dahingestellt bleiben, ob eine arbeitsgerichtliche Klage eine Anzeige oder Erklärung darstellt, die dem Verwender oder einem Dritten gegenüber abzugeben ist, und auch, ob damit eine strengere Form als die Schriftform oder ein besonderes Zugangserfordernis verbunden ist. Die angemessene Berücksichtigung der im Arbeitsrecht geltenden Besonderheiten gebiete es, zweistufige Ausschlussfristen zuzulassen. Zu berücksichtigen seien nicht nur rechtliche, sondern auch tatsächliche Besonderheiten des Arbeitslebens. Es gehe um die Beachtung der dem Arbeitsverhältnis innewohnenden Besonderheiten. Dabei verweist der Senat auf *Hanau* und *Preis*.[101] 1079

Nach Auffassung des LAG Rheinland-Pfalz[102] begegnen zweistufige Ausschlussfristen erheblichen rechtlichen Bedenken. Eine einzelvertragliche dreimonatige Ausschlussfrist für eine vorge- 1080

94 BAG 1.3.2006 – 5 AZR 511/05, NZA 2006, 783.
95 BAG 18.11.2004 – 6 AZR 651/03, NZA 2005, 516.
96 ArbG Frankfurt aM 13.8.2003 – 2 Ca 5568/03, NZA-RR 2004, 238.
97 *Thüsing/Leder*, BB 2005, 1563, 1566.
98 *Hönn*, ZfA 2003, 325; *Hümmerich*, NZA 2003, 753; *Nägele/Chwalisz*, MDR 2002, 1341; *Lakies*, NZA 2004, 569; *Reinecke*, BB 2005, 378.
99 *Nägele/Chwalisz*, MDR 2002, 1341, 1343; *Däubler*, NZA 2001, 1329.
100 BAG 25.5.2005 – 5 AZR 572/04, BB 2005, 2131.
101 *Hanau*, NZA 2004, 625, 628; ErfK/*Preis*, §§ 305–310 BGB Rn 11.
102 LAG Rheinland-Pfalz 17.8.2004 – 5 Sa 389/04, NZA-RR 2005, 242.

richtliche Geltendmachung (erste Stufe) halte bei der gebotenen Berücksichtigung der im Arbeitsrecht geltenden Besonderheiten dem Maßstab von § 307 BGB gerade noch stand, sofern sie sich auf Ansprüche beziehe, deren Entstehung und Höhe für den Arbeitnehmer leicht zu überblicken sei. Die etwaige Unwirksamkeit der zweiten Stufe schlage nicht auf die erste Stufe durch. Das LAG Köln[103] vertritt die Auffassung, dass eine einzelvertragliche zweistufige Ausschlussklausel, die die gerichtliche Geltendmachung von Ansprüchen in vier Wochen nach Ablehnung vorschreibt, gemäß § 307 Abs. 2 Nr. 1 BGB unwirksam sei.

1081 Bei zweistufigen Ausschlussfristen kann sich eine unangemessene Benachteiligung des Arbeitnehmers gem. § 307 BGB ergeben. Findet die Ausschlussklausel bei einem nicht beendeten Arbeitsverhältnis Anwendung, muss sich der Arbeitnehmer von der Phase des Meinungsunterschieds bis zur verstetigten Annahme eines Anspruchs zwangsweise in die gerichtliche Auseinandersetzung begeben, wenn er den Anspruch erhalten will. Die zweistufige Ausschlussklausel zwingt ihn damit, den Konflikt auf eine nachhaltige Weise zu erweitern. Daher soll nach einer Ansicht eine zweistufige Ausschlussfrist im Ergebnis unangemessen und unwirksam nach § 307 Abs. 2 Nr. 1 BGB sein.[104]

1082 Es bleibt festzuhalten, dass die hA in der Rspr[105] und Teile der Lit.[106] zweistufige arbeitsvertragliche Ausschlussfristen nicht für unwirksam halten, da sie nicht generell gegen § 307 Abs. 2 Nr. 1 BGB verstoßen. Nach Auffassung des BAG können zweistufige Ausschlussfristen auch einzelvertraglich in Allgemeinen Geschäftsbedingungen vereinbart werden. Das BAG hält in Anlehnung an § 61 b ArbGG für die zweite Stufe eine Mindestfrist von drei Monaten für geboten.[107] Seiner Meinung nach sind angesichts der Üblichkeit von ein- und zweistufigen Ausschlussklauseln im Arbeitsleben zweistufige Ausschlussklauseln keine überraschenden oder ungewöhnlichen Klauseln nach § 305 c BGB.[108]

1083 Wenn allerdings die Frist in der zweiten Stufe nur vier Wochen betrage, liege ein Verstoß gegen wesentliche Grundgedanken des gesetzlichen Verjährungsrechts und zugleich eine unangemessene Benachteiligung des Arbeitnehmers vor, § 307 Abs. 1 S. 1 iVm Abs. 2 Nr. 1 BGB. In der zweiten Stufe müsse für die gerichtliche Geltendmachung nach Ablehnung durch die Gegenseite mindestens eine Frist von drei Monaten vorgesehen sein. Bestimmt eine Ausschlussklausel, dass Ansprüche nach erfolgloser schriftlicher Geltendmachung innerhalb einer bestimmten Frist gerichtlich geltend gemacht werden müssen und wahrt diese Klausel die nunmehr zu beachtende Drei-Monatsfrist, genügt schon die Erhebung einer Kündigungsschutzklage für die Wahrung der Ausschlussfrist zur wirksamen Geltendmachung von Ansprüchen aus Annahmeverzug.[109] Für zweistufige *tarifliche* Ausschlussfristen hat der 5. Senat des BAG entschieden,[110] dass ein Arbeitnehmer bereits mit Erhebung der Bestandsschutzklage (Kündigungsschutz- oder Befristungskontrollklage) die von dem Ausgang abhängigen Vergütungsansprüche wahrt. Alle Ansprüche gelten als gerichtlich geltend gemacht und damit die zweite Stufe einer tariflichen Ausschlussfrist als gewahrt. Damit hat der Senat die Rspr des BVerfG[111] zur Gewährung effek-

103 LAG Köln 27.8.2004 – 4 Sa 178/04, BB 2005, 672.

104 Vgl *Thüsing/Leder*, BB 2005, 1563, 1565.

105 BAG 25.5.2005 – 5 AZR 572/04, NJW 2005, 3305 ff; ArbG Halle 20.11.2003 – 1 Ca 2046/03, NZA-RR 2004, 188; ArbG Frankfurt aM 13.8.2003 – 2 Ca 5568/03, NZA-RR 2004, 228; LAG Berlin 10.10.2003 – 6 Sa 1058/03, AE 2004, 110.

106 ErfK/*Preis*, § 218 BGB Rn 45; *Schrader*, NZA 2003, 345; *Schrader/Schubert*, NZA-RR 2005, 225, 235; *Thüsing/Leder*, BB 2005, 1563, 1564.

107 BAG 25.5.2005 – 5 AZR 572/04, NJW 2005, 3305.

108 BAG 25.5.2005 – 5 AZR 572/04, NJW 2005, 3305.

109 BAG 19.3.2008 – 5 AZR 430/07, NZA 2008, 757.

110 BAG 19.9.2012 – 5 AZR 627/11, NZA 2013, 101.

111 BVerfG 1.12.2010 – 1 BvR 1682/07, NZA 2011, 354.

tiven Rechtsschutzes umgesetzt. Die Entscheidungsbegründung dürfte wohl auf vertragliche Ausschlussfristen zu übertragen sein.[112]

Ist bei einer zweistufigen Klausel die Frist für die zweite Stufe zu kurz und daher unwirksam, kann aber die Frist der ersten Stufe für sich wirken, weil zweistufige Klauseln regelmäßig nach ihrem Wortlaut geteilt werden und isoliert sinnvoll angewendet werden können („**blue-pencil-Test**").[113] Ist die erste Stufe einer Ausschlussfrist unwirksam, führt dies jedoch dann zur Unwirksamkeit der zweiten Stufe, wenn es keinen Zeitpunkt mehr gibt, an den der Fristenlauf der zweiten Stufe anknüpfen könnte.[114] 1084

cc) Durch Tarifvertrag oder Gesamtverweisung im Arbeitsvertrag weiterhin geltende Ausschlussklauseln

(1) Allgemeines

Unabhängig von der Rechtslage für Ausschlussfristen in Standardarbeitsverträgen gilt bei Ausschlussklauseln in allgemeinverbindlichen Tarifverträgen, bei Gesamtverweisung im Arbeitsvertrag auf einen Tarifvertrag, der Ausschlussklauseln enthält, sowie bei Tarifunterworfenheit von Arbeitgeber und Arbeitnehmer über § 310 Abs. 4 S. 1 BGB die „bisherige Rechtslage"[115] fort. Die Regeln zur Inhaltskontrolle nach AGB-Recht sind nicht anwendbar.[116] 1085

Vor Änderung der Rechtslage hatte die Rspr die Frage der **Auslegung** und **Inhaltskontrolle** einzelvertraglicher Ausschlussfristen nach den gleichen Kriterien vorgenommen wie bei tariflichen Ausschlussfristen.[117] Das BAG begründete die Übertragung seiner Rspr zu tariflichen Ausschlussklauseln damit, dass Ausschlussklauseln in Arbeitsverträgen die gleiche Ordnungsfunktion zukomme wie Ausschlussklauseln in Tarifverträgen.[118] Ob die Prüfung nach den Generalklauseln der §§ 138, 242, 315 BGB oder in entsprechender Anwendung der §§ 305 ff BGB erfolgte, ließ das BAG offen.[119] Die bisherige Rspr zur Inhaltskontrolle einzelvertraglicher Ausschlussfristen gilt mithin fort, soweit es sich um tarifvertragliche Ausschlussfristen handelt und soweit in Arbeitsverträgen auf tarifliche Ausschlussklauseln Bezug genommen wird.[120] 1086

(2) Bisherige BAG-Rechtsprechung zu tariflichen Ausschlussklauseln

In Tarifverträgen unterscheidet man wie in Arbeitsverträgen zwischen **einstufigen** und **zweistufigen** Ausschlussfristen.[121] Die Verfallfristen reichen von einem Monat bis zu sechs Monaten. Noch häufig ist in Arbeitsverträgen die zweistufige Ausschlussfrist aus den Tarifverträgen der Elektro- und Metallindustrie vorzufinden, die das BAG für Tarifverträge wie Arbeitsverträge als wirksam erachtet hat.[122] 1087

Tarifliche Ausschlussfristen müssen nach der Rspr des BAG nicht für Arbeitgeber und Arbeitnehmer jeweils gleiche Fristen enthalten. **Einseitige tarifliche Ausschlussfristen**, nach denen nur Ansprüche des Arbeitnehmers, nicht jedoch Ansprüche des Arbeitgebers dem tariflichen Verfall 1088

112 Ähnl. *Nägele/Gertler*, NZA 2011, 442, 444 f.
113 Vgl nur BAG 12.3.2008 – 10 AZR 152/07, NZA 2008, 699; ErfK/*Preis*, § 218 BGB Rn 46.
114 BAG 16.5.2012 – 5 AZR 251/11, NZA 2012, 971.
115 LAG Hessen 23.11.1978 – 2 Sa 264/78, AR-Blattei, Ausschlussfrist, E 87; LAG Düsseldorf 12.9.1980 – 16 Sa 221/80, DB 1981, 590.
116 S. zuletzt BAG 18.9.2012 – 9 AZR 1/11, NZA 2013, 216.
117 BAG 24.3.1988 – 2 AZR 630/87, DB 1989, 182; BAG 17.6.1997 – 9 AZR 801/95, AP § 74 b HGB Nr. 2; LAG Düsseldorf 12.9.1980 – 16 Sa 221/80, DB 1981, 590.
118 BAG 25.7.1984 – 5 AZR 219/82, juris.
119 BAG 29.11.1995 – 5 AZR 447/94, AP § 3 AGB-Gesetz Nr. 1; BAG 17.6.1997 – 9 AZR 801/95, AP § 74 b HGB Nr. 2; BAG 13.12.2000 – 10 AZR 168/00, BB 2001, 938.
120 *Hümmerich*, NZA 2003, 753.
121 BAG 7.12.1983 – 5 AZR 425/80, AP § 4 TVG Ausschlussfristen Nr. 84.
122 BAG 22.10.1980 – 5 AZR 453/78, AP § 4 TVG Ausschlussfrist Nr. 69.

unterliegen, sollen nicht gegen Art. 3 Abs. 1 GG verstoßen.[123] Dieser Grundsatz gilt selbst dann, wenn die tarifliche Verfallklausel nicht nur tarifliche Ansprüche, sondern darüber hinaus alle Ansprüche des Arbeitnehmers aus dem Arbeitsverhältnis erfasst. Der Gleichheitssatz des Art. 3 Abs. 1 GG sei auch nicht allein dadurch verletzt, dass die Tarifvertragsparteien die Ausschlussfristen in den Tarifverträgen für gewerbliche Arbeitnehmer bzw für Angestellte eines bestimmten Wirtschaftszweiges unterschiedlich regeln. Ob Ausschlussfristen allein für Arbeitnehmeransprüche vorgesehen werden dürfen, während es für die Arbeitgeberansprüche bei den Verjährungsvorschriften des BGB verbleibt, wird nicht immer einheitlich beurteilt. Für Tarifverträge hat das BAG, wie erwähnt, einseitige Ausschlussfristen zugelassen,[124] da es einen beachtlichen Unterschied darstelle, ob eine Vielzahl von Arbeitnehmern ihre Ansprüche gegen den Arbeitgeber rechtzeitig geltend machen müsse oder ob der Arbeitgeber gegenüber einer Vielzahl von einzelnen Arbeitnehmern kurzfristig Ansprüche anzumelden habe. Mag diese Rspr auch schwer nachvollziehbar sein, für arbeitsvertragliche Verfallklauseln sind die Grundsätze des BAG[125] zu Ausschlussklauseln maßgebend für eine im Ergebnis uneinheitliche Rspr. Gleichwohl betont das BAG[126] stets, dass Ausschlussfristen gleichermaßen auf beide Parteien des Arbeitsverhältnisses Anwendung finden; Ausschlussfristen müssten inhaltlich ausgewogen sein und dürften nicht die Rechte des Arbeitnehmers einseitig beschneiden. Da tarifliche Ausschlussfristen keiner über § 138 BGB hinausgehenden Kontrolle unterliegen, können sie kürzer ausgestaltet sein, als es in einem Formulararbeitsvertrag zulässig wäre.[127]

1089 **Zweiseitige**, dh für die Ansprüche von Arbeitgeber und Arbeitnehmer geltende tarifliche **Ausschlussfristen** können von Tarifgebundenen nicht verlängert werden, auch wenn dies für den Arbeitnehmer bei der Geltendmachung eigener Ansprüche günstiger wäre.[128] Im Jahr 2002 hatte das BAG bei einem Altvertrag keine Sittenwidrigkeit bei einer **zweistufigen vertraglichen** Ausschlussklausel angenommen, bei der die erste Frist zwei Monate ab Fälligkeit und die zweite Frist einen Monat ab Ablehnung oder Ablauf einer zweiwöchigen Äußerungsfrist vorsah.[129] Kurz zuvor hat das BAG festgestellt, dass eine arbeitsrechtliche Verfallklausel, die die schriftliche Geltendmachung von Ansprüchen aus dem Arbeitsverhältnis innerhalb eines Monats nach Fälligkeit eines Anspruchs und bei Ablehnung des Anspruchs oder Nichtäußerung binnen zweier Wochen die gerichtliche Geltendmachung innerhalb eines Monats verlangt, zulässig und wirksam ist.[130] Auch das LAG Niedersachsen hält zweistufige Ausschlussfristen, die jeweils zwei Monate für jede Stufe vorsehen, für wirksam.[131] Mit dem Urteil des 5. Senats des BAG hat sich eine **Rechtsprechungsänderung** zu zweistufigen tariflichen Ausschlussfristen vollzogen. Nach diesem Urteil hat ein Arbeitnehmer, der eine Kündigungsschutzklage erhebt, die von deren Ausgang abhängigen Vergütungsansprüche „gerichtlich geltend" gemacht und damit die zweite Stufe einer tariflichen Ausschlussfrist gewahrt.[132] Mit dieser neuen Rspr ist nun klargestellt, dass – **unabhängig** davon, ob die Ausschlussfristen **ein- oder zweistufig aufgebaut** sind – die einzelnen Fristen bereits durch die **Erhebung der Kündigungsschutzklage gewahrt** werden.

1090 Welche **Ansprüche** unter Ausschlussfristen fallen und welche Ansprüche von Ausschlussfristen unberührt bleiben, ist bei *Weyand*[133] übersichtlich dargestellt. Welche Ansprüche unter die

123 BAG 4.12.1997 – 2 AZR 809/96, NZA 1998, 431.

124 BAG 28.6.1967 – 4 AZR 183/66, EzA § 4 TVG Nr. 15; BAG 4.12.1997 – 2 AZR 809/96, NZA 1998, 431.

125 BAG 24.3.1988 – 2 AZR 630/87, AP § 241 BGB Nr. 1.

126 BAG 24.3.1988 – 2 AZR 630/87, AP § 241 BGB Nr. 1.

127 Vgl BAG 18.9.2012 – 9 AZR 1/11, NZA 2013, 216 (für Urlaubsabgeltungsansprüche sechs Wochen nach Beendigung des Arbeitsverhältnisses).

128 LAG Hessen 1.10.1979 – 11 SA 253/79, AP § 4 TVG Nr. 70.

129 BAG 27.2.2002 – 9 AZR 543/00, ArbRB 2002, 260.

130 BAG 13.12.2000 – 10 AZR 168/00, BB 2001, 938.

131 LAG Niedersachsen 10.5.2001 – 14 Sa 2255/00, NZA-RR 2002, 319.

132 BAG 19.9.2012 – 5 AZR 627/11, NZA 2013, 101.

133 *Weyand*, Die tariflichen Ausschlussfristen in Arbeitsrechtsstreitigkeiten, 1992.

Ausschlussklausel „Ansprüche aus dem Arbeitsverhältnis“ fallen, wurde bereits aufgezeigt (s. § 1 Rn 1073 f). Die Ausschlussklausel in einem Arbeitsvertrag, nach der „alle gegenseitigen Ansprüche aus dem Arbeitsverhältnis“ verfallen, sofern sie nicht innerhalb einer Frist geltend gemacht werden, ist sehr weitreichend. Sie erfasst ebenfalls deliktische Ansprüche.[134] Danach können Ansprüche aus unerlaubter Handlung, die zugleich eine arbeitsvertragliche Pflichtverletzung darstellen können – anders als im Arbeitsvertrag – von tariflichen Ausschlussfristen erfasst werden. Auch Ansprüche auf Entgeltfortzahlung werden von einer solchen tariflichen Ausschlussfrist erfasst.[135]

Macht der Anwalt eines Arbeitnehmers innerhalb der Ausschlussfrist einen Anspruch geltend, 1091
ohne seinem Forderungsschreiben eine Vollmacht beizufügen, kann die Zurückweisung durch den Empfänger unter Hinweis auf § 174 BGB nicht zum Einwand des Rechtsverlustes wegen Überschreitung der Ausschlussfrist führen. Die Geltendmachung eines Anspruchs zur Wahrung tariflicher Ausschlussfristen sei keine Willenserklärung, sondern eine einseitige, geschäftsähnliche Handlung, auf die die Anwendung von § 174 BGB nicht geboten sei,[136] wie der 5. Senat betont.

Bei rückwirkend festgestelltem Arbeitsverhältnis gestaltet sich die Frage nach der Wirkung ta- 1092
riflicher Ausschlussfristen besonders schwierig. Rückforderungsansprüche des Arbeitgebers wegen geleisteter Überzahlungen werden im Sinne einer tarifvertraglichen Ausschlussfrist erst fällig, wenn feststeht, dass ein Arbeitsverhältnis bestand. Ansprüche des Arbeitnehmers werden fällig mit dem Entstehen des Anspruchs.[137]

Enthält ein Formulararbeitsvertrag eine einzelvertraglich vereinbarte Ausschlussfrist, nach der 1093
Ansprüche „innerhalb der tariflichen Frist von zwei Monaten“ geltend zu machen sind, und zusätzlich den Hinweis, **Nichtzutreffendes** sei zu **streichen**, so steht allein dieser Text der wirksamen Einbeziehung der Klausel in den Arbeitsvertrag nicht entgegen. Welche Bedeutung der Umstand hat, dass keine Streichungen im Arbeitsvertragstext vorgenommen wurden, ist nach Auffassung des BAG durch Auslegung zu ermitteln.[138] Die Formulierung, „gegenseitige Ansprüche sind fristgebunden geltend zu machen“, erfasst regelmäßig sowohl Ansprüche des Arbeitnehmers als auch Ansprüche des Arbeitgebers. Haben die Parteien den Zeitpunkt, zu dem der Lauf der Ausschlussfrist beginnt, nicht ausdrücklich festgelegt, ist regelmäßig die Fälligkeit des Anspruchs maßgeblich.[139]

Da der Betriebsrat nicht das Mandat hat, individualrechtliche Ansprüche geltend zu machen, 1094
reicht die Unterschrift eines Betriebsratsmitglieds unter einem an den Arbeitgeber gerichteten Schreiben, in dem der Betriebsrat für mehrere Arbeitnehmer eine Erschwerniszulage fordert, nicht aus, um den Individualanspruch des Betriebsratsmitglieds auf die Zulage zu erheben.[140]

(3) Umfang der Auslegungspflicht des Arbeitgebers bei Tarifverträgen

Eine häufige Streitfrage ist es, in welchem Umfang den Arbeitgeber die Pflicht trifft, dem Ar- 1095
beitnehmer einen **Tarifvertrag zur Kenntnis zu bringen**, wenn er sich später auf eine tarifliche Ausschlussfrist berufen möchte. Nach früherer Rspr galt, dass der Arbeitgeber dem Arbeitnehmer den Tarifvertrag nur zugänglich machen musste, um die Anforderungen des § 8 TVG zu erfüllen.[141] In einer späteren Entscheidung ließ der Senat offen, ob er an dieser Auffassung festhalten will. Er entschied außerdem, dass der Arbeitgeber dem Arbeitnehmer den Tarifver-

134 BAG 18.8.2011 – 8 AZR 187/10, ZTR 2012, 31.
135 BAG 16.1.2002 – 5 AZR 430/00, FA 2002, 142.
136 BAG 14.8.2002 – 5 AZR 341/01, BAGE 102, 161 = NZA 2002, 1344.
137 BAG 14.8.2002 – 5 AZR 341/01, BAGE 102, 161 = NZA 2002, 1344.
138 BAG 18.3.2003 – 9 AZR 44/02, AP § 157 BGB Nr. 28.
139 BAG 18.3.2003 – 9 AZR 44/02, AP § 157 BGB Nr. 28.
140 LAG Schleswig-Holstein 29.6.1999 – 3 Sa 538/98, NZA-RR 1999, 587.
141 BAG 5.11.1963 – 5 AZR 136/63, AP § 1 TVG Bezugnahme auf Tarifvertrag Nr. 1.

trag dann nicht zugänglich gemacht habe, wenn er den Tarifvertrag zusammen mit Arbeitsanweisungen in einem allgemein zugänglichen, mit „Info“ beschrifteten Ordner ablege.[142] Der 4. Senat des BAG meinte mit Blick auf das Nachweisgesetz, dass ein Nachweis tarifvertraglicher Ausschlussfristen zwar erforderlich, in Form eines allgemeinen Hinweises auf den die Frist regelnden Tarifvertrag aber hinreichend erbracht sei.[143] Im Anwendungsbereich des Rechts der Allgemeinen Geschäftsbedingungen wird man als Wirksamkeitsvoraussetzung von aus Tarifverträgen stammenden Ausschlussfristen den **sichtbaren Aushang** oder die **Möglichkeit der nicht beschwerlichen Kenntnisnahme** nach § 305 Abs. 2 BGB verlangen müssen.

1096 Die Auffassung des LAG Schleswig-Holstein,[144] nach der in einem Tarifvertrag enthaltene Verfallfristen ausdrücklich in den Arbeitsvertrag aufgenommen werden müssen, damit sich der Arbeitgeber später hierauf berufen könne, entspricht nicht der vor Beseitigung der Bereichsausnahme in § 23 Abs. 1 AGBG bestehenden Gesetzeslage. Der Ansicht des LAG Schleswig-Holstein wurde außerdem von drei Landesarbeitsgerichten widersprochen.[145] Wenn auf ein Arbeitsverhältnis Tarifverträge Anwendung finden, die Ausschlussfristen enthalten, genügte der Arbeitgeber seinen Pflichten zum Nachweis der wesentlichen Vertragsbedingungen bislang dadurch, dass er allgemein auf die einschlägigen Tarifverträge hinwies. Ein ausdrücklicher Hinweis auf die tarifliche Ausschlussfrist unter Nennung ihres Inhalts war für die Erfüllung des § 2 Abs. 1 S. 1 NachwG nicht erforderlich. Seiner Verpflichtung zum Auslegen der im Betrieb geltenden Tarifverträge nach § 8 TVG genügt der Arbeitgeber nur, wenn er die Arbeitnehmer deutlich darauf hinweist, wo sie die Tarifverträge zu den betriebsüblichen Zeiten einsehen können. Die Arbeitnehmer müssen in diesen Zeiten ungehinderten Zugang zu den genannten Räumlichkeiten haben. Sie müssen die gut sichtbaren und eindeutig gekennzeichneten Tarifverträge ohne ausdrückliches Verlangen ungestört einsehen können.

1097 Ein Verstoß gegen § 8 TVG verwehrte es bislang dem Arbeitgeber nicht, sich auf den Verfall tariflich geregelter Ansprüche zu berufen, wenn er den Arbeitnehmer zumindest auf die Geltung des Tarifvertrages, in dem die Ausschlussfrist enthalten ist, hingewiesen hatte. Dem Arbeitnehmer ist es zuzumuten, sich zur Wahrung seiner Rechte um den Inhalt des ihm genannten Tarifvertrages zu kümmern.[146]

1098 Ansprüche aus der **Altersversorgung** werden in Ausschlussklauseln nur erfasst, wenn sich dies eindeutig und unmissverständlich aus dem Wortlaut ergibt.[147] Außerdem haftet der Arbeitgeber, falls er seiner Hinweispflicht über die Folgen der Vereinbarung einer Ausschlussklausel und der Einbeziehung von Versorgungsansprüchen in Aufhebungs- und Abwicklungsverträgen nicht nachkommt, für den sich hieraus ergebenden Schaden – eine sicherlich überdenkenswerte Rspr.[148]

(4) Ausschlussklausel und Nachweisgesetz

1099 **Verletzt** der **Arbeitgeber** die **Verpflichtung**, gem. § 2 Abs. 1 Sätze 1, 2 Nr. 10 NachwG dem Arbeitnehmer einen schriftlichen Nachweis der auf das Arbeitsverhältnis anzuwendenden Tarifverträge zu übergeben (Nachweispflicht), **haftet** er gem. **§§ 280, 286 Abs. 2 Nr. 1, 249 BGB** dem Arbeitnehmer gegenüber für Ansprüche, die deshalb verfallen sind, weil der Arbeitnehmer aufgrund der Verletzung von § 2 Abs. 1 Sätze 1, 2 Nr. 10 NachwG nicht rechtzeitig seine An-

142 BAG 11.11.1998 – 5 AZR 63/98, NZA 1999, 605.

143 BAG 23.1.2002 – 4 AZR 56/01, NZA 2002, 800; krit. *Linde/Lindemann*, NZA 2003, 649.

144 LAG Schleswig-Holstein 8.2.2000 – 1 Sa 563/99, DB 2000, 725.

145 LAG Köln 6.12.2000 – 3 Sa 1089/00, NZA-RR 2001, 261; LAG Bremen 9.11.2000 – 4 Sa 138/00, NZA-RR 2001, 98; LAG Niedersachsen 7.12.2000 – 10 Sa 1505/00, FA 2001, 157.

146 LAG Niedersachsen 7.12.2000 – 10 Sa 1505/00, FA 2001, 157; LAG Bremen 9.11.2000 – 4 Sa 138/00, FA 2001, 157.

147 BAG 27.2.1990 – 3 AZR 216/88, EzA § 4 TVG Ausschlussfristen Nr. 83; LAG Hamm 15.6.1999 – 6 Sa 1423/98, NZA-RR 1999, 600.

148 BAG 10.3.1988 – 8 AZR 420/85, NZA 1988, 837.

sprüche geltend gemacht hat.[149] Allerdings greift ein Anspruch aus § 823 Abs. 2 BGB hier nicht, da § 2 Abs. 1 Nr. 10 NachwG kein Schutzgesetz iSv § 823 Abs. 2 BGB ist – aus dem Fehlen von Sanktionen für den Fall eines Verstoßes gegen das NachwG folgt, dass der Schutz vor Schädigungen infolge eines unterbliebenen Nachweises nicht das vom Gesetzgeber mit der Norm verfolgte Ziel ist.[150] Angesichts der weit reichenden Bedeutung des Anspruchsverlustes handelt es sich bei Ausschlussfristen um nachweispflichtige Vertragsbedingungen iSv § 2 Abs. 1 NachwG.[151] Wenn in einem Betrieb kraft betrieblicher Übung ein Tarifvertrag Anwendung findet, hat der Arbeitgeber den Arbeitnehmer in einer Niederschrift gem. § 2 Abs. 1 S. 2 Nr. 10 NachwG hierauf hinzuweisen. Einer gesonderten Erwähnung der in dem Tarifvertrag geregelten Ausschlussfrist bedarf es nicht.[152]

Ein Verstoß gegen die Nachweispflicht ist **vom Arbeitgeber als Verschulden zu vertreten**. Da 1100
§ 2 Abs. 1 S. 2 Nr. 10 NachwG lediglich einen allgemeinen Hinweis auf die geltenden Tarifverträge und nicht eine konkrete Belehrung über anwendbare tarifliche Ausschlussfristen verlangt, indiziert ein Verstoß gegen diese Verpflichtung nicht die **Ursächlichkeit für den Eintritt des Schadens**. Zur Geltendmachung des sekundären Haftungsanspruchs muss der Arbeitnehmer deshalb die Kausalität zwischen der unterlassenen Aufklärung und dem durch die Versäumung tariflicher Ausschlussfristen eingetretenen Schaden nachweisen – dazu gehört insb. die fehlende Kenntnis der anwendbaren Ausschlussfristen.[153] In einer Entscheidung des BAG im Jahre 2003 hat der Senat bekräftigt, dass auf tarifliche Ausschlussfristen vom Arbeitgeber nicht gesondert gem. § 2 Abs. 1 NachwG hingewiesen werden müsse.[154] Die Nachweispflicht bzgl anwendbarer Tarifverträge bestehe jedoch unabhängig von einer Aufforderung zur Aushändigung des schriftlichen Arbeitsvertrages.

(5) Ausschlussfristen als überraschende Klauseln

Ausschlussfristen können auch als überraschende Klauseln iSv § 305 c Abs. 1 BGB unwirksam 1101
sein. Wenn in einem umfangreichen Formulararbeitsvertrag inmitten der Schlussbestimmungen nach salvatorischen Klauseln und Schriftformklauseln Ausschlussfristen geregelt sind, wählt der Verwender eine nach dem äußeren Erscheinungsbild des Vertrages so ungewöhnliche Gestaltung, dass der Vertragspartner des Verwenders mit ihnen nicht zu rechnen braucht. Solche Klauseln werden nach dem Urteil des BAG vom 31.8.2005[155] gem. § 305 c Abs. 1 BGB nicht Bestandteil des Arbeitsvertrages. Eine Klausel, nach der Ansprüche binnen einer bestimmten Frist geltend zu machen sind, ohne dass eine Rechtsfolge an die Nichteinhaltung dieser Frist geknüpft ist, führt regelmäßig nicht zum Verfall der Ansprüche.

Eine allgemeine Ausgleichsklausel mit dem Inhalt, „sämtliche Ansprüche, gleich nach welchem 1102
Rechtsgrund sie entstanden sein mögen, sind abgegolten und erledigt," wird nach Auffassung des BAG[156] nicht Vertragsinhalt, wenn sie der Verwender in eine Erklärung mit falscher oder missverständlicher Überschrift ohne besonderen Hinweis oder ohne drucktechnische Hervorhebung einfügt.

149 BAG 21.2.2012 – 9 AZR 486/10, NZA 2012, 750, 753.
150 BGH 17.4.2002 – 5 AZR 89/01, NZA 2002, 1096, 1099.
151 LAG Schleswig-Holstein 8.2.2000 – 1 Sa 563/99, NZA-RR 2000, 196; *Lörcher*, AuR 1994, 450.
152 BAG 23.1.2002 – 4 AZR 56/01, NZA 2002, 800.
153 BAG 20.4.2011 – 5 AZR 171/10, NZA 2011, 1173.
154 BAG 5.11.2003 – 5 AZR 676/02, NZA 2005, 64.
155 BAG 31.8.2005 – 5 AZR 545/04, NZA 2006, 324.
156 BAG 23.2.2005 – 4 AZR 139/04, NZA 2005, 1193.

(6) Tarifliche Ausschlussfristen als anwaltliche Haftungsfalle

1103 Rechtsanwälte haben bei Mandatsbeginn zu prüfen, ob **einzelvertraglich**, durch **Betriebsvereinbarung** oder durch **Tarifvertrag** Ausschlussfristen vereinbart sind.[157] Bei der Prüfung, ob ein Tarifvertrag Anwendung findet, darf sich der Rechtsanwalt nicht auf die Auskunft des Arbeitnehmers verlassen, sondern muss umfassende eigene Aufklärungsarbeit betreiben.[158] Der Anwalt hat auch zu prüfen, ob Ausschlussfristen gem. § 305 c Abs. 1 BGB wegen Einordnung unter falscher oder missverständlicher Überschrift ohne besonderen Hinweis nicht einbezogen werden.[159] Ausschlussfristen sind im Arbeitsgerichtsprozess keine bloßen Einreden, sondern **von Amts wegen** zu beachten, die Anwendung eines Tarifvertrages auf das in Streit stehende Arbeitsverhältnis muss allerdings die sich hierauf berufende Partei selbst vortragen.[160] Für den Anwalt besteht wegen der Ausschlussfristen ein erhöhtes Regressrisiko.[161] Hat der Prozessbevollmächtigte des Arbeitnehmers die Geltung einer tariflichen Ausschlussfrist fahrlässig nicht erkannt, hat eine Abwägung dieser Pflichtverletzung mit der Verletzung der Nachweispflicht zu erfolgen. Im Gegensatz zum Arbeitnehmer muss sich der Rechtsanwalt über das anzuwendende Recht selbst informieren.[162]

1104 Wenn noch keine Gewissheit, sondern nur die Möglichkeit besteht, dass der Tarifvertrag Anwendung findet, muss der Rechtsanwalt aus Vorsichtsgründen die entsprechenden Ausschlussfristen beachten. Wenn auch Zahlungsansprüche verfolgt wurden, reichte nach der bisherigen Rspr des BAG die Einreichung einer Kündigungsschutzklage grds. nicht zur Wahrung der zweistufigen tariflichen Ausschlussfrist aus.[163] Dies hat sich nach dem Urteil des BAG vom 19.9.2012 geändert. Für die Wahrung einer (tariflichen) zweistufigen Ausschlussfrist genügt seither die Erhebung einer Bestandsschutzklage (Kündigungsschutz- oder Befristungskontrollklage) (s. § 1 Rn 1083).[164] Die Ansprüche gelten dann als gerichtlich geltend gemacht. Nach der Rspr des 5. Senats des BAG[165] wird ein Anspruch auch dann im Sinne einer tariflichen Ausschlussklausel schriftlich erhoben, wenn die Form des Telefaxschreibens gewählt wird.[166]

1105 Eine tarifliche Ausschlussfrist, die die gerichtliche Geltendmachung eines Anspruchs verlangt, wird auch durch den Antrag auf Bewilligung von Prozesskostenhilfe unter gleichzeitiger Einreichung eines Entwurfs der Klageschrift und vollständiger Unterlagen über die persönlichen und wirtschaftlichen Verhältnisse des Antragstellers gewahrt, wenn unverzüglich nach positiver oder negativer rechtskräftiger Entscheidung über den Antrag auf Bewilligung von Prozesskostenhilfe die Klage zugestellt wird.[167]

(7) Keine Unwirksamkeit bei zu kurzen Ausschlussfristen zu Gunsten des Arbeitgebers

1106 Der Verwender kann sich nicht auf die Unwirksamkeit zu knapp bemessener Ausschlussfristen zu seinen Gunsten berufen. Die Inhaltskontrolle schafft lediglich einen Ausgleich für die einseitige Inanspruchnahme der Vertragsfreiheit durch den Klauselverwender, sie dient aber nicht dem Schutz des Klauselverwenders vor den von ihm selbst eingeführten Formularbestimmungen.[168]

157 *Jungk*, AnwBl 1997, 37.
158 BGH 29.3.1983 – VI ZR 172/81, NJW 1983, 1665.
159 BAG 29.11.1995 – 5 AZR 447/94, AP § 4 TVG Ausschlussfristen Nr. 136 (zu § 3 AGBG analog).
160 BAG 15.6.1993 – 9 AZR 208/92, EzA § 4 TVG Ausschlussfristen Nr. 104.
161 *Ganz/Schrader*, NZA 1999, 570.
162 BAG 5.11.2003 – 5 AZR 676/02, NZA 2005, 64.
163 BAG 26.4.2006 – 5 AZR 403/05, NZA 2006, 845; BAG 17.11.2009 – 9 AZR 745/08, AP § 4 TVG Ausschlussfristen Nr. 194.
164 BAG 19.9.2012 – 5 AZR 627/11, NZA 2013, 101.
165 BAG 11.10.2000 – 5 AZR 313/99, AP § 4 TVG Ausschlussfristen Nr. 153.
166 *Gragert/Wiehe*, NZA 2001, 311.
167 LAG Niedersachsen 25.3.1999 – 16 a Ta 119/99, AnwBl 2000, 59.
168 BAG 27.10.2005 – 8 AZR 3/05, NZA 2006, 257.

b) Klauseltypen und Gestaltungshinweise

aa) Einseitige einmonatige Ausschlussfrist

(1) Klauseltyp A

→ **A 1:** Ansprüche aus dem Arbeitsverhältnis müssen vom Arbeitnehmer binnen Monatsfrist nach Ablauf des Abrechnungszeitraums, in dem sie entstanden sind, spätestens nach Zugang der letzten Abrechnung des Arbeitsentgelts, geltend gemacht werden; anderenfalls sind sie verwirkt. Anlässlich der Beendigung des Arbeitsverhältnisses beträgt die Ausschlussfrist einen Monat nach dem tatsächlichen Ausscheiden des Arbeitnehmers. 1107

→ **A 2:** Ansprüche aus dem Arbeitsverhältnis müssen vom Mitarbeiter binnen eines Monats nach der letzten Lohnabrechnung geltend gemacht werden, andernfalls sind sie erloschen.

(2) Gestaltungshinweise

Einseitige tarifliche Ausschlussfristen, nach denen nur Ansprüche des Arbeitnehmers, nicht jedoch Ansprüche des Arbeitgebers einem Verfall unterliegen, verstießen nach bisheriger BAG-Rspr nicht gegen Art. 3 Abs. 1 GG und waren wirksam.[169] Nunmehr ist für die Inhaltskontrolle zu differenzieren.[170] Beide Ausschlussfristen (A 1 und A 2) sind als tarifvertragliche oder im Arbeitsvertrag über Gesamtverweisung in Bezug genommene Verwirkungsregelungen unbedenklich. Als Klauseln in einem Standardvertrag ohne Bezugnahme sind sie dagegen unwirksam, weil sie unangemessen kurz sind, sie einseitig nur dem Arbeitnehmer Rechte abschneiden und somit eine unangemessene Benachteiligung darstellen, § 307 Abs. 1 S. 1 BGB. 1108

bb) Undifferenzierte einstufige Ausschlussklauseln

(1) Klauseltyp B

↓ **B 1:** Alle gegenseitigen Ansprüche aus dem Arbeitsverhältnis verfallen innerhalb von sechs Monaten nach ihrer Entstehung. 1109

↓ **B 2:** Alle gegenseitigen Ansprüche aus dem Arbeitsverhältnis sind fristgebunden innerhalb von sechs Monaten nach Kenntniserlangung durch den Anspruchsteller schriftlich geltend zu machen.

↓ **B 3:**
(1) Sämtliche Ansprüche aus dem Arbeitsverhältnis müssen innerhalb von sechs Monaten nach Fälligkeit schriftlich geltend gemacht werden. Werden Ansprüche nicht innerhalb dieser Frist geltend gemacht, verfallen sie, dh sie erlöschen.
(2) Wird das Arbeitsverhältnis beendet, müssen alle Ansprüche aus dem Arbeitsverhältnis und anlässlich seiner Beendigung, die nicht bereits gem. Abs. 1 erloschen sind, unabhängig von ihrer Fälligkeit innerhalb von zwei Monaten nach dem Beendigungszeitpunkt schriftlich geltend gemacht werden. Andernfalls verfallen sie, dh sie erlöschen.[171]

(2) Gestaltungshinweise

Eine standardvertragliche Klausel B 1 ist aus zwei Gründen nicht wirksam: Sie umfasst alle Ansprüche, somit auch die Haftung einer Partei bei Verletzung von Leben, Körper oder Gesundheit. Die unerlaubte Haftungsfreizeichnung scheitert an der Klauselkontrolle über § 309 Nr. 7 BGB. Die Klausel ist außerdem unwirksam, weil sie den Beginn der Ausschlussfrist nicht von positiver Kenntnis vom Anspruchsgrund abhängig macht.[172] Die Klausel B 2 berücksich- 1110

169 BAG 4.12.1997 – 2 AZR 809/96, NZA 1998, 431.
170 Vgl Preis/*Preis*, Der Arbeitsvertrag, II A 150 Rn 34 mwN.
171 Moll/*Melms*, MAH Arbeitsrecht, § 10 Rn 138.
172 *Henssler*, RdA 2002, 129, 138; ErfK/*Preis*, § 218 BGB Rn 52.

tigt zwar den Kenntnisstand des Anspruchsberechtigten, um die Frist in Lauf zu setzen, leidet aber ansonsten an dem gleichen Mangel wie die Klausel B 1. Die Ausschlussfrist in Klausel B 3 verstößt aus den gleichen Gründen wie die Klausel B 1 gegen §§ 307, 309 Nr. 7 BGB. Die in Abs. 2 dieser Klausel vorgesehene kürzere Frist von zwei Monaten steht mit § 307 Abs. 2 Nr. 1 BGB nicht in Einklang. Auch leidet diese Klausel an dem Fehlen einer Regelung über den Zeitpunkt des Fristbeginns.

cc) Differenzierte einstufige Ausschlussklauseln

(1) Klauseltyp C

1111 ↓ **C 1:** Alle Ansprüche aus dem Arbeitsverhältnis und solche, die mit dem Arbeitsverhältnis in Verbindung stehen, sind innerhalb von sechs Monaten nach Fälligkeit, spätestens drei Monate nach Beendigung des Arbeitsverhältnisses schriftlich geltend zu machen. Ausgenommen sind Ansprüche bei Haftung wegen Vorsatzes. Ansprüche, die nicht innerhalb der vereinbarten Ausschlussfrist geltend gemacht werden, sind verwirkt.

C 2: Ansprüche aus dem Arbeitsverhältnis verfallen, wenn sie nicht innerhalb einer Ausschlussfrist von sechs Monaten vom Arbeitnehmer oder vom Arbeitgeber schriftlich geltend gemacht werden. Die Versäumung der Ausschlussfrist führt zum Verlust des Anspruchs. Die Ausschlussfrist beginnt, wenn der Anspruch entstanden ist und der Anspruchsteller von den anspruchsbegründenden Umständen Kenntnis erlangt oder ohne grobe Fahrlässigkeit erlangen müsste. Diese Ausschlussfrist gilt nicht bei Haftung wegen Vorsatzes.[173]

(2) Gestaltungshinweise

1112 Die **Klausel C 1** orientiert sich am Grundmuster einer Ausschlussfrist, über die das ArbG Stralsund[174] befand. Allerdings war die vom ArbG Stralsund beurteilte Ausschlussfrist als zweistufige Frist ausgestaltet. Die Nichterfassung des Haftungsausschlusses bei Vorsatz war ebenfalls nicht in der Textfassung der vom ArbG Stralsund beurteilten Ausschlussklausel enthalten. Interessant ist die Variante, dass die sechsmonatige Frist insoweit verkürzt wird, als spätestens drei Monate nach Beendigung des Arbeitsverhältnisses die Ansprüche verwirkt sind. Hier wird die sechsmonatige oder neunmonatige Frist unterschritten; dies steht insoweit allerdings im Einklang mit dem Urteil des LAG Hamm, das eine mindestens dreimonatige Verfallfrist fordert.[175] Das Abstellen auf die Beendigung des Arbeitsverhältnisses als fristauslösendes Ereignis führt jedoch zur Unwirksamkeit der standardvertraglichen Klausel.

1113 Die **Klausel C 2** wurde von *Reinecke* entwickelt.[176] Sie berücksichtigt die gegenwärtig bei Ausschlussfristen diskutierten Kriterien wie Einstufigkeit, Frist von sechs Monaten, Maßstab der Kenntniserlangung für Fristbeginn und Ausschluss bei Haftung wegen Vorsatzes.

dd) Zweistufige Ausschlussklauseln

(1) Klauseltyp D

1114 **D 1:**

(1) Alle beiderseitigen Ansprüche aus dem Arbeitsverhältnis und solche, die mit dem Arbeitsverhältnis in Verbindung stehen, verfallen, wenn sie nicht innerhalb von drei Monaten nach Fälligkeit gegenüber der anderen Vertragspartei schriftlich geltend gemacht werden.
(2) Lehnt die Gegenseite den Anspruch ab oder erklärt sie sich nicht innerhalb von zwei Wochen nach der Geltendmachung des Anspruchs, so verfällt dieser, wenn er nicht innerhalb von drei Monaten nach der Ablehnung oder dem Fristablauf gerichtlich erhoben wird.

---

173 *Reinecke*, BB 2005, 378.

174 ArbG Stralsund 27.4.2004 – 5 Ca 577/03, DB 2004, 1368; *Matthiessen/Shea*, DB 2004, 1366.

175 LAG Hamm 16.11.2004 – 19 Sa 1424/04, LAGReport 2005, 138.

176 *Reinecke*, BB 2005, 378.

(3) Ausgenommen von dem vorstehenden Ausschluss sind Ansprüche bei Haftung wegen Vorsatzes.

D 2: Alle Ansprüche, die sich aus dem Arbeitsverhältnis ergeben, sind von den Parteien innerhalb einer Frist von einem Monat nach ihrer Fälligkeit schriftlich geltend zu machen. Bei Ablehnung des Anspruchs durch die andere Partei oder Nichtäußerung sind sämtliche Ansprüche innerhalb einer Frist von einem Monat gerichtlich geltend zu machen.

(2) Gestaltungshinweise

Als tarifvertragliche Ausschlussklausel können die Klauseltypen D 1 und D 2 verwendet oder in Bezug genommen werden. Soweit mit dem BAG auch originäre zweistufige Ausschlussfristen in Standardverträgen nicht gegen § 309 Nr. 13 BGB verstoßen, ist Klausel D 1 wegen Beachtung der jeweiligen Mindestfrist von drei Monaten wirksam, Klausel D 2 dagegen wegen unangemessen kurzer Fristen und Fehlens der Begrenzung des Anwendungsbereichs unwirksam. 1115

ee) Ausgleichsquittung – Vermischung von Empfangsbestätigung und rechtsgeschäftlicher Erklärung

(1) Klauseltyp E

E 1: 1116

1. Lohnsteuerbescheinigung für das Jahr (...)
2. Meldung (Abmeldung) zur Sozialversicherung
3. Arbeitsbescheinigung für die Agentur für Arbeit
4. Zeugnis
5. Urlaub für das Urlaubsjahr bis einschließlich (...)
6. Urlaubsbescheinigung
7. Lohn-/Gehaltsabrechnung
8. Urlaubsabgeltung
9. Restlohn/Restgehalt
10. Zwischenbescheinigung
11. Sonstiges

Das in der Abrechnung aufgeführte Gehalt sowie die Urlaubsabgeltung werden auf das Konto überwiesen. Ich bestätige, dass die Abrechnung von Gehalt und Urlaubsabgeltung zutreffend ist.
Darüber hinaus bestätige ich, dass keine weitergehenden Ansprüche aus und in Verbindung mit dem Arbeitsverhältnis und seiner Beendigung gegen die Firma bestehen. Gegen die Kündigung erhebe ich keine Einwendungen.
Ferner bestätige ich, dass ich keine Ansprüche auf betriebliche Altersversorgung habe.
Die vorstehende Ausgleichsquittung habe ich sorgfältig gelesen.
(...) (Mitarbeiter)

E 2: Das Arbeitsverhältnis ist am (...) beendet worden. Anlässlich der Beendigung meines Arbeitsverhältnisses sind mir folgende Arbeitsunterlagen ausgehändigt worden: Lohnsteuerkarte, Arbeitsbescheinigung, Urlaubsbescheinigung, Abmeldung zur Sozialversicherung, Lohnbzw Gehaltsabrechnung. Ich bestätige ausdrücklich, dass mir aus dem Arbeitsverhältnis und seiner Beendigung keine Ansprüche mehr zustehen. Das mir zur Verfügung gestellte Firmeneigentum (zB Werkzeuge, Unterlagen) habe ich vollständig zurückgegeben. Von den mir überlassenen Unterlagen habe ich keine Abschriften und Vervielfältigungen zurückbehalten. Diese Erklärung habe ich sorgfältig gelesen und verstanden. Ich habe eine Durchschrift erhalten.[177]

177 LAG Düsseldorf 13.4.2005 – 12 Sa 154/05, DB 2005, 1463.

(2) Gestaltungshinweise

1117 Bereits nach bisheriger BAG-Rspr waren Ausgleichsquittungen wie der hier vorgestellte Klauseltyp E 1 unwirksam. Der Arbeitnehmer erkenne mit seiner Unterschrift unter eine allgemeine Ausgleichsquittung lediglich den Empfang der Papiere und möglicherweise die Richtigkeit der Lohnabrechnung an.[178] Ein weitergehender rechtsgeschäftlicher Wille wird nach der Rspr von der Unterschriftsleistung unter die Ausgleichsquittung nur erfasst, wenn der Verzicht in der Urkunde selbst zum Ausdruck kommt.[179] Für Ausschlussklauseln in Ausgleichsquittungen gilt nunmehr zusätzlich nach bisher unbestrittener Auffassung[180] der Überraschungsschutz nach § 305 c BGB.

1118 Die Klausel E 2 hat das LAG Düsseldorf[181] gem. § 307 Abs. 1 S. 1 BGB für unwirksam erklärt. Die in einer vom Arbeitgeber vorformulierten Ausgleichsquittung enthaltene Erklärung des Arbeitnehmers, auf Ansprüche aus dem Arbeitsverhältnis und seiner Beendigung zu verzichten, stelle regelmäßig eine unangemessene Benachteiligung des Arbeitnehmers dar. Die „Verzichtserklärung“ könne daneben, je nach Erscheinungsbild der Ausgleichsquittung, eine Überraschungsklausel gem. § 305 c Abs. 1 BGB sein und mangels verständlicher und klarer Darstellung der wirtschaftlichen Folgen gegen das Transparenzgebot des § 307 Abs. 1 S. 2 BGB verstoßen.

ff) Ausgleichsquittung – Trennung von Empfangsbestätigung und rechtsgeschäftlicher Erklärung

(1) Klauseltyp F

1119 **Ausgleichsquittung und Empfangsbestätigung für Arbeitspapiere** [182]

1. Empfangsbestätigung für Arbeitspapiere
   Angaben zur Person (...)
   Beschäftigung als (...)
   Eintrittsdatum (...)
   Austrittsdatum (...)
   Mein Arbeitsverhältnis mit der Firma A GmbH ist seit dem (...) beendet.
   Ich bestätige den Erhalt folgender Arbeitspapiere:
   - Lohnsteuerkarte für (...), abgeschlossen am (...)
   - Entgeltbescheinigung für die Rentenversicherung Eintrag vom/bis (...)
   - (...)
   - Versicherungsnachweisheft der Sozialversicherung
   - Urlaubsbescheinigung
   - Zeugnis bzw Arbeitsbescheinigung
   - Lohn-/Gehaltsabrechnung
   - Berechnung der Urlaubsgeltung
   - Es standen (...) Urlaubstage zu, genommen wurden (...) Urlaubstage.
   - Die zuviel genommenen Urlaubstage bzw das zuviel gezahlte Urlaubsgeld wird in Abzug gebracht.

(...) (Ort/Datum) (...) (Unterschrift Arbeitgeber) (...) (Unterschrift Arbeitnehmer)

---

178 BAG 20.8.1980 – 5 AZR 759/78, AP § 9 LohnFG Nr. 3.

179 BAG 29.6.1978 – 2 AZR 681/76, DB 1978, 1842 = BB 1978, 1264; BAG 6.4.1977 – 4 AZR 721/75, DB 1977, 1559 = BB 1977, 1400; BAG 25.9.1969 – 2 AZR 524/68, DB 1969, 2233 = BB 1969, 1539.

180 *Lingemann*, NZA 2002, 181, 186; *Gotthardt*, ZIP 2002, 277, 280.

181 LAG Düsseldorf 13.4.2005 – 12 Sa 154/05, DB 2005, 1463; vgl zuletzt LAG Schleswig-Holstein 24.9.2013 – 1 Sa 61/13, NZA-RR 2014, 10.

182 BAG 28.7.2004 – 10 AZR 661/03, NZA 2004, 1097.

2. Ausgleichsquittung
   Ich erkläre, dass ich
   - Lohn-/Gehaltsanspruch für die Zeit vom (...) bis (...) habe.
   - gegen die Kündigung keine Einwendungen erhebe.
   - die von mir bereits erhobene Klage auf Unwirksamkeit der Kündigung zurücknehme.
   - keine Forderungen – ganz gleich, aus welchem Rechtsgrunde: auch evtl Lohnfortzahlungsansprüche oder Rechte aus einem vertraglichen Wettbewerbsverbot – habe, und alle meine Ansprüche aus dem Arbeitsverhältnis und dessen Beendigung abgegolten sind.

   (...) (Ort/Datum) (...) (Unterschrift Arbeitgeber)

(2) Gestaltungshinweise

Der Klauseltyp F entspricht wörtlich und auch in seiner optisch-grafischen Aufbereitung dem Urteil des BAG vom 28.7.2004.[183] Die Ausgleichsquittung F unterscheidet sich von den Ausgleichsquittungen E 1 und E 2 dadurch, dass sie deutlich sichtbar trennt zwischen der Bestätigung der Entgegennahme von Arbeitspapieren und einer rechtsgeschäftlichen Erklärung zum Nichtbestehen weiterer Ansprüche aus dem Arbeitsverhältnis. Die Aussagen zu beiden Regelungsgegenständen werden separat vom Arbeitnehmer getroffen, so dass durch die grafische Aufbereitung das Bewusstsein darüber gestärkt wird, das rechtsgeschäftlich Unterschiedliches **wiederholt** bestätigt. 1120

Das BAG hat die Klausel F in einer Entscheidung aus Juli 2004 unbeanstandet gelassen. Obwohl die Entscheidung eine Ausgleichsquittung aus der Zeit vor der Klauselkontrolle nach der Schuldrechtsreform betraf, sollte die Entscheidung unverändert Geltung entfalten,[184] denn mit der vorliegenden Ausgleichungsquittung und Empfangsbestätigung für Arbeitspapiere wird sichergestellt, dass das Transparenzgebot und das Benachteiligungsgebot beachtet werden, aber auch kein Überraschungseffekt durch versteckte, vorformulierte Willenserklärungen entsteht.[185] 1121

183 BAG 28.7.2004 – 10 AZR 661/03, NZA 2004, 1097.

184 Vgl aber BAG 7.11.2007 – 5 AZR 880/06, NZA 2008, 355, 356 f.

185 Vgl auch BAG 23.2.2005 – 4 AZR 139/04, NZA 2005, 1193.

16. Befristungsregelungen

Literatur

Arnold/Gräfl (Hrsg.), Teilzeit- und Befristungsgesetz – Praxiskommentar zum TzBfG und zu angrenzenden Vorschriften mit Gestaltungshinweisen und Beispielen, 3. Aufl. 2012; *Bader*, Arbeitsrechtliche Altersgrenzen weiter flexibilisiert, NZA 2014, 749; *Bauer*, Tückisches Befristungsrecht, NZA 2011, 241; *ders.*, Arbeitsrechtliche Baustellen des Gesetzgebers – insbesondere im Befristungsrecht, NZA 2014, 889; *Bauschke*, Befristete Arbeitsverträge, AR-Blattei SD 380; *ders.*, Die Beendigung des Arbeitsverhältnisses durch auflösende Bedingung oder Zweckbefristung, BB 1993, 2523; *Bayreuther*, Kettenbefristung zur Vertretung von Arbeitnehmern, NZA 2013, 23; *Boemke/Lembke*, Änderungen im AÜG durch das Job-AQTIV-Gesetz, DB 2002, 893; *Bosch*, Aktuelle Entscheidungen zum Recht der befristeten Arbeitsverträge, NJW-Spezial 2012, 562; *Däubler*, Das neue Teilzeit- und Befristungsgesetz, ZIP 2001, 217; *Dörner*, Kontrolle befristeter Arbeitsverträge nach dem neuen Recht im TzBfG, NZA 2003, Sonderbeil. zu Heft 16, 33; *ders.*, Der befristete Arbeitsvertrag – Eine systematische Darstellung des Befristungsrechts, 2004; *Doublet*, Erprobung des Arbeitnehmers – rechtliche Rahmenbedingungen, PuR 2011, 32 ff und 54 f; *Fink*, Befristung – und kein Ende?, AuA 2012, 16; *Heuschmid*, Die sachgrundlose Befristung im Lichte des Verfassungs- und Unionsrechts, AuR 2014, 221; *Hromadka*, Befristete und bedingte Arbeitsverträge neu geregelt, BB 2001, 674; *Hümmerich*, Gestaltung von Arbeitsverträgen nach der Schuldrechtsreform, NZA 2003, 753; *Hümmerich/Holthausen/Welslau*, Arbeitsrechtliches im Ersten Gesetz für moderne Dienstleistungen am Arbeitsmarkt, NZA 2003, 7; *Jörschel*, Befristungsrecht – Ein Zwischenstopp, NZA 2012, 1065; *Kaufmann*, Arbeitnehmerüberlassung, 2002; *Kleinebrink*, Altersbefristung nach neuem Recht, DB 2014, 1490; *Kleinsorge*, Teilzeitarbeit und befristete Arbeitsverträge – Ein Überblick über die Neuregelung, MDR 2001, 181; *Kliemt*, Das neue Befristungsrecht, NZA 2001, 296; *Kuhnke*, Sachgrundlose Befristung von Arbeitsverträgen bei „Zuvorbeschäftigung“, NJW 2011, 3131; *Lakies*, Befristete Arbeitsverträge, Ein Leitfaden für die Praxis, 3. Aufl. 2012; *ders.*, Das neue Befristungsrecht an Hochschulen und Forschungseinrichtungen (§§ 57 a bis 57 f HRG nF), ZTR 2002, 250; *ders.*, Das Teilzeit- und Befristungsgesetz, DZWiR 2001, 1 (250); *Lembke*, Die sachgrundlose Befristung von Arbeitsverträgen in der Praxis, NJW 2006, 325; *Linsenmaier*, Befristung und Bedingung, RdA 2012, 193; *Löwisch*, Kein „Aus“ für das Beschäftigungsförderungsgesetz, NZA 2000, 756; *ders.*, „Zuvor“ bedeutet nicht: „In aller Vergangenheit“, BB 2001, 254; *ders.*, Die Befristung einzelner Bedingungen des Arbeitsvertrags, ZfA 1986, 1; *ders.*, Die gesetzliche Reparatur des Hochschulbefristungsrechts, NZA 2005, 321; *ders.*, Vereinbarkeit der Haushaltsmittelbefristung nach § 14 Abs. 1 Satz 2 Nr. 7 TzBfG mit europäischer Befristungsrichtlinie und grundgesetzlicher Bestandsschutzpflicht, NZA 2006, 457; *Maschmann*, Die Befristung einzelner Arbeitsbedingungen, RdA 2005, 212; *Persch*, Kuriosa des Befristungsrechts, NZA 2012, 1079; *Petrovicki*, Projektbefristung von Arbeitsverhältnissen, NZA 2006, 411; *Plander*, Der nur vorübergehende Arbeitsbedarf als Befristungsgrund, DB 2002, 1002; *ders.*, Änderungskündigungen zwecks Umwandlung unbefristeter in befristete Arbeitsverhältnisse, NZA 1993, 1057; *Pöltl*, Befristete Arbeitsverträge nach dem Gesetz über Teilzeitarbeit und befristete Arbeitsverträge im Geltungsbereich des BAT, NZA 2001, 582; *Postler*, Rechtsfragen der Neuregelung der Arbeitnehmerüberlassung, insbesondere zur Zulässigkeit der Kettenbefristung, NZA 1999, 179; *Pöttering*, Koalitionsvertrag 2013–2017: Die arbeits- und sozialrechtlichen Vorhaben der Großen Koalition, PuR 2014, 3; *Preis*, Kündigungen sind in Zukunft nur noch schriftlich möglich, FAZ vom 3.3.2000, 22; *ders.*, Flexibilität und Rigorismus im Befristungsrecht, NZA 2005, 714; *Preis/Bender*, Die Befristung einzelner Arbeitsbedingungen – Kontrolle durch Gesetz oder Richterrecht, NZA-RR 2005, 337; *Preis/Gotthardt*, Schriftformerfordernis für Kündigungen, Aufhebungsverträge und Befristungen nach § 623 BGB, NZA 2000, 348; *Preis/Hausch*, Die Neuordnung der befristeten Arbeitsverträge im Hochschulbereich, NJW 2002, 927; *Preis/Kliemt/Ulrich*, Aushilfs- und Probearbeitsverhältnis, 2. Aufl. 2003; *Preis/Loth*, Vereinbarkeit von wiederholten Befristungen nach § 14 Abs. 1 Satz 2 Nr. 3 TzBfG mit dem Unionsrecht, EzA § 14 TzBfG Nr. 80; *Reinhard*, Dauervertretung oder Kettenbefristung, ArbRB 2012, 120; *Richardi/Annuß*, Gesetzliche Neuregelung von Teilzeitarbeit und Befristung, BB 2000, 2201; *Rolfs*, Schriftform für Kündigungen und Beschleunigung des arbeitsgerichtlichen Verfahrens, NJW 2000, 1228; *Roman*, Neues zur Kettenbefristung, AuR 2013, 394; *Schiefer*, Entwurf eines Gesetzes über Teilzeitarbeit und befristete Arbeitsverhältnisse und zur Änderung und Aufhebung arbeitsrechtlicher Bedingungen, DB 2000, 2118; *ders.*, „Erleichterte“ Befristung: Lockerung des Zuvorbeschäftigungsverbots – Überfällige Korrektur, DB 2011, Heft 18, M1; *ders.*, Befristete Arbeitsverträge: Hindernisse und Fallstricke – die aktuelle Rechtsprechung (Teil I), DB 2011, 1164 und (Teil II) 1220; *ders.*, Bisherige Umsetzung der arbeitsrechtlichen Vorhaben des Koalitionsvertrages – Zwischenergebnis, PuR 2014, 149; *Schiefer/Conrad*, Beendigung des Arbeitsverhältnisses und Umstrukturierung, Düsseldorfer Schriftenreihe, 3. Aufl. 2008, Checkliste 2 b; *Schiefer/Hilgenfeld/Krogull*, Das Pflegezeitgesetz in der Praxis, 2009; *Schiefer/Köster/Korte*, Befristung von Arbeitsverträgen – Die neue Altersbefristung nach § 14 Abs. 3 TzBfG, DB 2007, 1081; *Schiefer/Pöttering*, Koalitionsvertrag 2013–2017: Die arbeits- und tarifrechtlichen Vorhaben der Großen Koalition, DB 2013, 2928; *Schiefer/Worzalla*, Agenda 2010, 2004, Rn 255; *dies.*, Familienpflegezeitgesetz, DB 2012, 516; *Schomacker*, Sachgrundlose Befristung – zeitliche Beschränkung des Vorbeschäftigungsverbots in § 14 Abs. 2 Satz 2 TzBfG, AiB 2012, 63; *Schramm/Naber*, Die Wirksamkeitsanforderungen an die Befristung von einzelnen Vertragsbestandteilen, NZA 2009, 1318; *Schwarz-Seeberger*, Das befristete Arbeitsverhältnis – Aktuelle Entscheidungen zum Befristungsrecht, ZMV 2012, 74; *Sowka*, Befristete Arbeitsverträge, Düsseldorfer Schriftenreihe, 4. Aufl. 2014; *ders.*, Elternzeit, 6. Aufl. 2013, Düsseldorfer Schriftenreihe; *ders.*, Anmerkung zu BAG-Urteil vom 5.6.2002 – 7 AZR 241/01: Befristung ohne Sachgrund: Anwendung und Abdingbarkeit des § 1 Abs. 1 BeschFG 1996, DB 2002, 2166, 2168; *Strecker*, Der arbeitsrechtliche Gleichbehandlungsgrundsatz als Anspruchsgrundlage für die Verlängerung eines befristeten Arbeitsverhältnisses, RdA 2009, 381; *Thüsing/Leder*, Ge-

staltungsspielräume bei der Verwendung vorformulierter Arbeitsvertragsbedingungen – Besondere Klauseln, BB 2005, 1563; *Ulrici/Uhlig*, Sachgrundlose Befristung eines Betriebsratsmitglieds – Mindestschutz für Arbeitnehmervertreter, juris-PR-ArbR 27/2013 Anm. 2; *Wiedemann*, Sachgrundlose Befristung – zeitliche Beschränkung des Zuvorbeschäftigungsverbots in § 14 Abs. 2 TzBfG, AP Nr. 82 zu § 14 TzBfG; *Wilhelm*, Verlängerte Probezeit und Kündigungsschutz, NZA 2001, 818; *Windbichler*, Arbeitnehmerüberlassung im Konzern, SAE 1999, 84; *Worzalla*, Mehr Flexibilität durch befristete Arbeitsverhältnisse, Arbeitgeber 1993, 585 (634); *ders.*, Richtig befristen, PuR 2007, 3; *ders.*, Befristung aus sachlichem Grund nach § 14 Abs. 1 TzBfG, PuR 2014, 55; *ders.*, Verlängerung von Arbeitsverhältnissen über das Erreichen der Regelaltersgrenze hinaus, PuR 2014, 132.

a) Rechtslage im Umfeld von Befristungsklauseln

aa) Grundlagen der Befristungsrechtsprechung

Im Spannungsfeld zwischen dem Interesse der Rechtsordnung an der Einhaltung zwingender Kündigungsvorschriften einerseits und dem in § 620 BGB zum Ausdruck kommenden Grundsatz der Vertragsfreiheit bewegt sich die Wirksamkeitsrechtsprechung zum **befristeten Arbeitsvertrag.** Mit seiner Grundsatzentscheidung vom 12.10.1966[1] knüpfte das BAG die Wirksamkeit befristeter Arbeitsverträge an das Erfordernis eines **sachlichen Grundes** und entwickelte seither einen Katalog von Fallbeispielen. 1122

Ausgangspunkt der von der Rspr begründeten Forderung nach einem Sachgrund bei befristeten Arbeitsverhältnissen ist die Umgehungsrechtsprechung des RAG. Das RAG hat eine Befristung für unzulässig erachtet, wenn **Kettenarbeitsverhältnisse**, dh mehrere aufeinander folgende befristete Arbeitsverträge, in der Absicht abgeschlossen wurden, zwingende Kündigungsschutzvorschriften zu umgehen.[2] 1123

Der Ansatz von *Preis/Bender*,[3] wonach Befristungsabreden einer Angemessenheitskontrolle gem. § 307 Abs. 1, 2 BGB zu unterwerfen sind, ist bedenklich, denn er übergeht das sich aus § 307 Abs. 3 S. 1 BGB ergebende Verbot der Inhaltskontrolle von Vertragsklauseln, die mit Rechtsvorschriften identisch sind. Immer dort, wo eine gesetzliche Regelung wie das TzBfG Voraussetzungen und Rechtsfolgen bestimmt, ist für eine Inhaltskontrolle kein Raum. Deklaratorische Klauseln sind nicht kontrollfähig.[4] **Gesetzes- oder rechtsprechungswiederholende Klauseln** sind generell wirksam.[5] Dementsprechend unterzieht das BAG die Befristungstatbestände nach § 14 Abs. 1 TzBfG in stRspr keiner Inhaltskontrolle.[6] 1124

Das **Fehlen eines Sachgrundes** für die Befristung führte schon in der Vergangenheit nicht zur Unwirksamkeit des Arbeitsvertrages nach § 139 BGB, sondern lediglich zur **Unwirksamkeit der Befristungsabrede.** Zwischen den Vertragsparteien bestand in einem solchen Fall ein unbefristetes Arbeitsverhältnis.[7] Der Gesetzgeber hat diese Rechtsfolge in § 16 TzBfG wie folgt geregelt: Ist die Befristung rechtsunwirksam, so gilt der befristete Arbeitsvertrag als auf unbestimmte Zeit geschlossen; er kann vom Arbeitgeber frühestens zum vereinbarten Ende ordentlich gekündigt werden, sofern nicht nach § 15 Abs. 3 TzBfG die ordentliche Kündigung zu einem früheren Zeitpunkt möglich ist. Ist die Befristung nur wegen des **Mangels der Schriftform** unwirksam, kann der Arbeitsvertrag auch vor dem vereinbarten Ende ordentlich gekündigt werden. 1125

---

1 BAG 23.6.1983 – 2 AZR 326/81, AP § 620 BGB Befristeter Arbeitsvertrag Nr. 16; BAG 12.10.1960 – GS 1/59; BAG 13.10.2004 – 7 AZR 654/03, NZA 2005, 469.

2 RAG 9.4.1930, ARS 9, 350; RAG 2.7.1932, ARS 16, 66; KR/*Lipke*, § 620 BGB Rn 63.

3 *Preis/Bender*, NZA-RR 2005, 337.

4 BGH 13.3.1987 – VII ZR 37/86, BGHZ 100, 158, 173; BGH 24.9.1998 – III ZR 219/97, NJW 1999, 864; ErfK/*Preis*, §§ 305–310 BGB Rn 38.

5 AnwK-ArbR/*Hümmerich*, § 307 BGB Rn 8.

6 BAG 10.10.2007 – 7 AZR 795/06, DB 2008, 131 f.

7 BAG 26.4.1979 – 2 AZR 431/77, AP § 620 BGB Befristeter Arbeitsvertrag Nr. 47.

bb) Befristung nach dem TzBfG

1126 Das Befristungsrecht ist seit dem 1.1.2001 im Gesetz über Teilzeitarbeit und befristete Arbeitsverträge (Teilzeit- und Befristungsgesetz – TzBfG) vom 21.12.2000[8] in **§ 14 TzBfG** geregelt. Daneben bleiben **spezialgesetzliche Vorschriften** zur Befristung, wie zB § 21 BEEG,[9] § 6 PflegeZG[10] oder § 9 Abs. 5 FPfZG,[11] unberührt. Seit dem 1.7.2014 besteht darüber hinaus die Möglichkeit der Verlängerung von Arbeitsverhältnissen über das Erreichen der Regelaltersgrenze hinaus (§ 41 S. 3 SGB VI) (s. ausf. § 1 Rn 1305 ff).

1127 § 14 TzBfG sieht die folgenden Befristungsmöglichkeiten vor:

- Sachgrundbefristung gem. § 14 Abs. 1 TzBfG (s. § 1 Rn 1129 ff),
- erleichterte (sachgrundlose) Befristung gem. § 14 Abs. 2 TzBfG (s. § 1 Rn 1197 ff),
- Existenzgründerbefristung gem. § 14 Abs. 2 a TzBfG (s. § 1 Rn 1227 f),
- Altersbefristung gem. § 14 Abs. 3 TzBfG (s. § 1 Rn 1229 ff).

1128 Sämtliche Befristungsmöglichkeiten werfen in der Praxis zT erhebliche Probleme auf.[12]

cc) Sachgrundbefristung gem. § 14 Abs. 1 TzBfG

(1) Allgemeine Grundsätze

1129 Der Gesetzgeber hat in § 14 Abs. 1 TzBfG (**Befristung mit sachlichem Grund**) die wesentlichen von der Rspr entwickelten sachlichen Gründe aufgeführt. Die Aufzählung ist jedoch ausdrücklich nicht abschließend („Ein sachlicher Grund liegt insbesondere vor ...“, § 14 Abs. 1 S. 2 TzBfG). Auch weitere von der Rspr entwickelte Gründe können die Befristung rechtfertigen.[13] Der Auffassung, die „Erfindung“ neuer Sachgründe sei europarechtlich bedenklich,[14] ist das BAG richtigerweise nicht gefolgt.

1130 Sonstige, in § 14 Abs. 1 S. 2 Nr. 1–8 TzBfG nicht genannte Sachgründe können die Befristung eines Arbeitsvertrages aber nur rechtfertigen, wenn sie den in § 14 Abs. 1 TzBfG zum Ausdruck kommenden Wertungsmaßstäben entsprechen und den in dem Sachgrundkatalog des § 14 Abs. 1 S. 2 Nr. 1–8 TzBfG genannten Sachgründen von ihrem Gewicht her **gleichwertig** sind.[15]

1131 So ist zB die für einen späteren Zeitpunkt geplante anderweitige Besetzung des Arbeitsplatzes als sonstiger in § 14 Abs. 1 S. 2 Nr. 1–8 TzBfG nicht erwähnter Sachgrund geeignet, die befristete Einstellung eines Arbeitnehmers bis zu diesem Zeitpunkt zu rechtfertigen. Voraussetzung ist aber, dass der Arbeitgeber bei Abschluss des befristeten Arbeitsvertrages mit dem anderen als Dauerbesetzung vorgesehenen Arbeitnehmer bereits vertraglich gebunden ist.[16]

1132 Die Anhängigkeit einer Konkurrentenklage um eine dauerhaft zu besetzende Stelle kann die Befristung mit einem auf dieser Stelle beschäftigten Arbeitnehmer bis zum Abschluss des Rechtsstreits mit dem Konkurrenten nicht rechtfertigen („sonstiger Sachgrund“).[17]

1133 Auch **Kettenbefristungen** (mehrere Sachgrundbefristungen) sind möglich. Nach älterer Rspr stiegen allerdings mit zunehmender Befristungsdauer die Anforderungen an den Sachgrund.[18]

---

8 BGBl. I, S. 1966.
9 *Sowka*, Elternzeit, S. 59 ff.
10 *Schiefer/Hilgenfeld/Krogull*, Das Pflegezeitgesetz in der Praxis, S. 71 ff.
11 *Schiefer/Worzalla*, DB 2012, 516.
12 *Sowka*, Befristete Arbeitsverträge, S. 1 ff; *Schiefer/Conrad*, Beendigung des Arbeitsverhältnisses und Umstrukturierung, Checkliste 2 b; *Schiefer/Köster/Korte*, DB 2007, 1081.
13 BAG 23.1.2002 – 7 AZR 611/00, DB 2002, 1379.
14 KR/*Lipke*, § 14 TzBfG Rn 73 ff.
15 BAG 13.10.2004 – 7 AZR 218/04, DB 2005, 451.
16 BAG 9.12.2009 – 7 AZR 399/08, DB 2010, 847.
17 BAG 16.3.2005 – 7 AZR 289/04, DB 2005, 1911.
18 BAG 21.4.1993 – 7 AZR 376/92, DB 1994, 1145; APS/*Backhaus*, § 14 TzBfG Rn 57.

Mit Entscheidung vom 25.3.2009[19] hat das BAG klargestellt, dass eine große Anzahl von Befristungen zur Vertretung anderer Arbeitnehmer nicht dazu führt, dass an die Prüfung, ob der Sachgrund der Vertretung vorliegt, besonders strenge Anforderungen zu stellen sind. In seinen Entscheidungen zum sog. **ständigen Vertretungsbedarf** weist das BAG[20] auf Folgendes hin: „Allein die große Anzahl der mit einem Arbeitnehmer abgeschlossenen befristeten Arbeitsverträge oder die Gesamtdauer der „Befristungskette" führt nicht dazu, dass an den Sachgrund der Vertretung „strengere Anforderungen" zu stellen sind. Gleiches gilt für die Anforderungen an die Prognose des Arbeitgebers über den voraussichtlichen Wegfall des Vertretungsbedarfs durch die Rückkehr des vertretenden Mitarbeiters, die nach der Rspr des Senats Teil des Sachgrunds der Vertretung ist. Für die Beurteilung des Sachgrundes ist es unerheblich, ob der befristet eingestellte Arbeitnehmer bereits zuvor im Rahmen befristeter Arbeitsverträge bei dem Arbeitgeber beschäftigt war oder nicht. Der Arbeitgeber muss selbst einschätzen, ob ein Sachgrund vorliegt und ob dieser eine Befristung rechtfertigt. Das Risiko einer Fehleinschätzung und des Unterliegens im Rahmen einer Entfristungsklage liegt bei ihm. Die Einschätzung ist im Einzelfall schwierig."[21]
Im Anschluss an die Rspr des EuGH hat das BAG seine Rspr zur „Kettenbefristung in Vertretungsfällen" jedoch um einen **Missbrauchstatbestand** ergänzt.[22]

Jede Befristung, unabhängig von ihrer Zeitdauer und unabhängig davon, ob es sich um einen Kleinbetrieb handelt, bedarf eines sachlichen Grundes, es sei denn, die Befristung ist als Befristung ohne Sachgrund zulässig.[23] 1134

Insgesamt ist die Sachgrundbefristung für den Arbeitgeber **gefährlich**. Soweit möglich, empfiehlt sich daher – ggf auch dann, wenn ein Sachgrund vorliegt – die erleichterte – sachgrundlose – Befristung nach § 14 Abs. 2 TzBfG oder die Existenzgründerbefristung nach § 14 Abs. 2 a TzBfG. Die Sachgrundbefristung und die damit einhergehenden rechtlichen Unsicherheiten sollten aus Arbeitgebersicht also nicht bemüht werden, wenn die Vereinbarung einer erleichterten Befristung, einer Existenzgründerbefristung oder einer Altersbefristung möglich ist.[24] 1135

(2) Die einzelnen Sachgründe gem. § 14 Abs. 1 S. 2 TzBfG

Die Rspr zu den in § 14 Abs. 1 S. 2 Nr. 1–8 TzBfG genannten Befristungsgründen ist – auch mit Blick auf europarechtliche Vorgaben – im Fluss. Im Einzelnen: 1136

(a1) Vorübergehender betrieblicher Bedarf an der Arbeitsleistung (Projektbefristung), § 14 Abs. 1 S. 2 Nr. 1 TzBfG

(a1.1) Prognose als Teil des Sachgrundes

Ein sachlicher Grund nach § 14 Abs. 1 S. 2 Nr. 1 TzBfG liegt vor, wenn der betriebliche Bedarf an der Arbeitsleistung nur vorübergehend besteht.[25] Voraussetzung ist, dass im Zeitpunkt des Vertragsschlusses mit hinreichender Sicherheit zu erwarten ist, dass nach dem vorgesehenen Vertragsende für die Beschäftigung des befristet Eingestellten kein (dauerhafter) Bedarf mehr besteht. Insoweit ist der **vorübergehende Bedarf** zu unterscheiden von der regelmäßig gegebenen Unsicherheit über die künftige Entwicklung des Arbeitskräftebedarfs eines Unternehmens. Die allgemeine Unsicherheit rechtfertigt die Befristung nicht (unternehmerisches Risiko). 1137

19 BAG 25.3.2009, EzA-SD 2009, Nr. 18, 7.
20 BAG 18.7.2012 – 7 AZR 443/09, NZA 2012, 1351; BAG 18.7.2012 – 7 AZR 783/10, NZA 2012, 1359.
21 S. zB zum Sachgrund der Vertretung BAG 15.2.2006 – 7 AZR 232/05, NZA 2006, 781 sowie zur Befristung wegen eines nur vorübergehenden Bedarfs BAG 17.1.2007 – 7 AZR 20/06, DB 2007, 863.
22 BAG 18.7.2012 – 7 AZR 443/09, NZA 2012, 1351; BAG 18.7.2012 – 7 AZR 783/10, NZA 2012, 1359.
23 BAG 13.5.2004 – 2 AZR 426/03; *Sowka*, Befristete Arbeitsverträge, S. 41.
24 *Worzalla*, PuR 01/2007, 3.
25 LAG Rheinland-Pfalz 20.1.2014 – 3 Sa 407/13.

1138 Über den vorübergehenden Bedarf ist eine **Prognose** zu erstellen, der konkrete Anhaltspunkte zugrunde liegen müssen (Prognose = Teil des Sachgrundes). Wird die Prognose durch die spätere Entwicklung bestätigt, besteht eine ausreichende Vermutung dafür, dass sie hinreichend fundiert erstellt worden ist. Bestätigt sich die Prognose nicht und besteht bei Vertragsende eine dauerhafte Beschäftigungsmöglichkeit, muss der Arbeitgeber zusätzlich darlegen, dass sich diese erst aufgrund der nachfolgenden Entwicklung ergeben hat und dass die dauerhafte Beschäftigungsmöglichkeit bei Vertragsschluss nicht absehbar war.

1139 Die Richtigkeit der Prognose wird aber nicht dadurch in Frage gestellt, dass der prognostizierte vorübergehende Bedarf an der Arbeitsleistung über das Vertragsende des befristet beschäftigten Arbeitnehmers noch andauert.[26] Hat sich der Arbeitgeber zum Zeitpunkt des Abschlusses des befristeten Arbeitsvertrages entschlossen, die nach Ablauf des Befristungszeitraums in seinem Betrieb oder in seiner Dienststelle anfallenden Arbeiten nicht mehr zu erledigen, kann dies eine Befristung wegen vorübergehenden Bedarfs rechtfertigen (Darlegungslast des Arbeitgebers). Weiß der Arbeitgeber zum Zeitpunkt des Abschlusses des Arbeitsvertrages, dass er den Arbeitnehmer aufgrund einer Stilllegung im Rahmen der betrieblichen Organisation nicht mehr einsetzen kann, so ist die Befristung sachlich gerechtfertigt. Das gilt allerdings nicht im Falle eines Betriebsübergangs (Arbeitgeberwechsel).[27]

1140 Es reicht nicht aus, dass eine Aufgabe beim Arbeitgeber **möglicherweise** entfällt. Die zunächst bestehende Ungewissheit über eine mögliche Fortführung der Aufgaben (hier: befristeter Arbeitsvertrag mit einer Optionskommune) rechtfertigt danach **keine Befristung** eines Arbeitsvertrages.[28]

(a1.2) Projektbedingter personeller Mehrbedarf

1141 Der vorübergehende projektbedingte personelle Mehrbedarf stellt den Sachgrund für die Befristung des Arbeitsvertrages mit einem projektbezogen beschäftigten Arbeitnehmer für die Dauer des Projekts dar.[29] Das gilt aber nur dann, wenn es sich bei der im Rahmen des Projekts zu bewältigenden Aufgabe um eine auf vorübergehende Dauer angelegte und gegenüber den Daueraufgaben des Arbeitgebers abgrenzbare Zusatzaufgabe handelt. Das ist nicht der Fall bei Tätigkeiten, die der Arbeitgeber im Rahmen des von ihm verfolgten Betriebszwecks dauerhaft wahrnimmt oder zu deren Durchführung er verpflichtet ist.

1142 Für das Vorliegen eines Projekts spricht es regelmäßig, wenn dem Arbeitgeber für die Durchführung der in dem Projekt verfolgten Tätigkeiten von einem Dritten finanzielle Mittel oder sonstige Sachleistungen zur Verfügung gestellt werden.[30]

1143 Die Laufzeit des Arbeitsvertrages mit dem befristet beschäftigten Arbeitnehmer muss nicht mit der voraussichtlichen Dauer des vorübergehenden Bedarfs übereinstimmen. Die Prognose muss sich lediglich darauf erstrecken, dass der betriebliche Bedarf an der Arbeitsleistung des befristet beschäftigten Arbeitnehmers nur zeitweise und nicht dauerhaft besteht.

(a1.3) Vereinbarte Vertragsdauer

1144 Die vereinbarte Vertragsdauer selbst bedarf keiner eigenen sachlichen Rechtfertigung. Bei der Befristungskontrolle geht es nicht um die Zulässigkeit der Befristungsdauer, sondern um das Vorliegen eines Sachgrundes dafür, dass mit dem Arbeitnehmer kein unbefristeter, sondern nur ein befristeter Arbeitsvertrag abgeschlossen wurde.[31] Die vereinbarte Vertragsdauer hat nur Bedeutung im Rahmen der Prüfung, ob ein sachlicher Grund vorliegt oder nur vorgeschoben

26 BAG 20.2.2008 – 7 AZR 950/06, DB 2008, 2131.
27 BAG 30.10.2008 – 8 AZR 855/07, DB 2009, 739.
28 BAG 11.9.2013 – 7 AZR 107/12, PuR 2013, 213.
29 BAG 7.11.2007 – 7 AZR 484/06, DB 2008, 821.
30 BAG 7.11.2007 – 7 AZR 484/06, DB 2008, 821.
31 BAG 20.2.2008 – 7 AZR 950/06, BB 2008, 2131.

ist. Deshalb muss sich die Vertragsdauer am Sachgrund für die Befristung orientieren und so mit ihm im Einklang stehen, dass sie den angeführten Sachgrund nicht in Frage stellt.

Die Prognose wird nicht allein dadurch in Frage gestellt, dass der prognostizierte vorübergehende Bedarf über das Ende des mit dem Arbeitnehmer vereinbarten befristeten Arbeitsvertrages hinaus andauert. Geht die vereinbarte Vertragslaufzeit erheblich über die Dauer der projektbezogenen Beschäftigung des Arbeitnehmers hinaus, kann dies allerdings dafür sprechen, dass der Sachgrund des vorübergehenden Bedarfs an der Arbeitsleistung nur vorgeschoben ist.[32] 1145

(a1.4) Objektiv dauerhaft bestehender Arbeitsbedarf

Ein vorübergehender Bedarf besteht nicht, wenn der vom Arbeitgeber zur Begründung angeführte Bedarf an der Arbeitsleistung tatsächlich nicht nur vorübergehend, sondern objektiv dauerhaft besteht. Dies ergibt sich aus gemeinschaftsrechtlichen Vorgaben. Die Befristung wegen eines nur vorübergehenden betrieblichen Bedarfs setzt voraus, dass im Zeitpunkt des Vertragsschlusses mit hinreichender Sicherheit zu erwarten ist, dass nach dem vorgesehenen Vertragsende für die Beschäftigung des befristet eingestellten Arbeitnehmers in dem Betrieb kein dauerhafter Bedarf mehr besteht. 1146

Der Arbeitgeber kann bei Befristungen, die auf die in § 14 Abs. 1 S. 2 Nr. 1, 3 und 7 TzBfG normierten Sachgründen gestützt sind, jedoch frei darüber entscheiden, ob er den Zeitraum des von ihm prognostizierten zusätzlichen Arbeitskräftebedarfs ganz oder nur teilweise durch den Abschluss von befristeten Arbeitsverträgen abdeckt. Das Zurückbleiben der Vertragslaufzeit hinter der voraussichtlichen Dauer des Bedarfs kann das Vorliegen des Sachgrundes für die Befristung nur in Frage stellen, wenn eine sinnvolle, dem Sachgrund entsprechende Mitarbeit des Arbeitnehmers nicht mehr möglich erscheint. 1147

(a1.5) Ursächlicher Zusammenhang

Die Befristung wegen eines vorübergehenden Bedarfs an der Arbeitsleistung setzt des Weiteren voraus, dass der Arbeitnehmer gerade **zur Deckung dieses Mehrbedarfs** eingestellt wird. Es ist jedoch nicht erforderlich, dass der befristet beschäftigte Arbeitnehmer in dem Bereich eingesetzt wird, in dem der Mehrbedarf entstanden ist. Ausreichend ist es, wenn zwischen dem zeitweilig erhöhten Arbeitsanfall und der befristeten Einstellung ein vom Arbeitgeber darzulegender **ursächlicher Zusammenhang** besteht. Der Arbeitgeber ist also nicht gehindert, die vorhandene Arbeitsmenge zu verteilen, seine Arbeitsorganisation zu ändern oder die zusätzlichen Arbeiten anderen Arbeitnehmern zuzuweisen. Er darf einen zeitweiligen Mehrbedarf an Arbeitskräften nur nicht zum Anlass nehmen, beliebig viele Arbeitnehmer einzustellen. Vielmehr muss sich die Zahl der befristet eingestellten Arbeitnehmer **im Rahmen des prognostizierten Mehrbedarfs** halten und darf diesen nicht überschreiten.[33] 1148

(a1.6) Zweckbefristung, Prognose, Darlegungslast

Bei einer **Zweckbefristung** gem. § 14 Abs. 1 S. 2 Nr. 1 TzBfG muss sich die Prognose auf die Erreichung des Zwecks richten. Da ein zulässiger Zweck iSd TzBfG nur ein Ereignis ist, dessen Eintritt die Parteien hinsichtlich des „Ob" als sicher ansehen, dessen „Wann" aber noch nicht feststeht, muss mit hinreichender Sicherheit deutlich werden, dass der Zweck tatsächlich zu irgendeinem Zeitpunkt erreicht wird, wenngleich noch nicht feststeht, wann dies sein wird. Eine auf § 14 Abs. 1 S. 2 Nr. 1 TzBfG gestützte Zweckbefristung erfordert daher eine hinreichende **Prognosedichte** dahin gehend, dass der in den Arbeitsvertrag aufgenommene Vertragszweck nicht nur möglicherweise oder wahrscheinlich erreicht wird, sondern dass im Rahmen des Vorhersehbaren sicher angenommen werden kann, dass er eintreten wird. Die Prognose muss sich 1149

32 BAG 29.7.2009 – 7 AZR 907/07, AP Nr. 65 zu § 14 TzBfG.
33 BAG 17.3.2010 – 7 AZR 640/08, NZA 2010, 633.

auf einen **arbeitsorganisatorischen Ablauf** richten, der hinreichend bestimmt ist und an dessen Ende der Wegfall des Bedarfs für die Tätigkeit des Arbeitnehmers steht. Es reicht nicht aus, dass sich lediglich unbestimmt abzeichnet, aufgrund welcher Abläufe eine Tätigkeit des Arbeitnehmers in der Zukunft entbehrlich sein könnte.

1150 An die Zuverlässigkeit der Prognose sind umso höhere Anforderungen zu stellen, je weiter die vereinbarte Zweckerreichung in der Zukunft liegt.

1151 **Beispiel:** Wird die Zweckbefristung eines Arbeitsverhältnisses mit dem Ende des Betriebs einer Maßregelvollzugklinik gerechtfertigt, ohne zugleich darzulegen, dass nach einer zuverlässigen, bei Vertragsschluss erstellten Prognose mit der Schließung der Maßregelvollzugsklinik die Beschäftigungsmöglichkeit für den Arbeitnehmer entfallen würde, ist der vorübergehende betriebliche Bedarf für die Tätigkeit des Arbeitnehmers nicht ausreichend dargetan. Ein sachlicher Grund nach § 14 Abs. 1 S. 2 Nr. 1 TzBfG liegt insoweit nicht vor.[34]

(a2) Befristung im Anschluss an eine Ausbildung oder ein Studium, § 14 Abs. 1 S. 2 Nr. 2 TzBfG

1152 Nach § 14 Abs. 1 S. 2 Nr. 2 TzBfG liegt ein sachlicher Grund für eine Befristung vor, wenn die Befristung im Anschluss an eine Ausbildung oder ein Studium erfolgt, um den Übergang des Arbeitnehmers in eine **Anschlussbeschäftigung** zu erleichtern. Die Vorschrift ermöglicht aber lediglich den **einmaligen Abschluss** eines befristeten Arbeitsvertrages nach dem Ende der Ausbildung bzw des Studiums. Eine weitere Sachgrundbefristung gem. § 14 Abs. 1 S. 2 Nr. 2 TzBfG ist nicht möglich.[35]

1153 Im Anschluss an eine Ausbildung kommt auch eine erleichterte Befristung gem. § 14 Abs. 2 TzBfG in Betracht. Zutreffend hat das BAG entschieden, dass das Ausbildungsverhältnis kein Arbeitsverhältnis iSd § 14 Abs. 2 S. 2 TzBfG ist und mithin das Anschlussverbot nicht greift.[36]

(a3) Vertretung eines anderen Arbeitnehmers, § 14 Abs. 1 S. 2 Nr. 3 TzBfG

1154 Im Anschluss an das Urteil des EuGH vom 26.1.2012[37] bestätigt das BAG seine Rspr zur **Vertretungsbefristung** nach § 14 Abs. 1 S. 2 Nr. 3 TzBfG[38] wie folgt:

1155 **Zeitlich begrenztes Bedürfnis:** Der die Befristung rechtfertigende sachliche Grund liegt in Fällen der Vertretung darin, dass für die Wahrnehmung der Arbeitsaufgaben durch eine Vertretungskraft von vornherein nur ein zeitlich begrenztes Bedürfnis besteht, weil der Arbeitgeber an den vorübergehend ausfallenden Mitarbeiter, dem die Aufgaben an sich obliegen, rechtlich gebunden ist und er mit dessen Rückkehr rechnet.

1156 **Unmittelbare und mittelbare Vertretung:** Der Sachgrund liegt zum einen vor, wenn der befristet zur Vertretung eingestellte Mitarbeiter die vorübergehend ausfallende Stammkraft unmittelbar vertritt und die von ihr bislang ausgeübten Tätigkeiten erledigt. Der Vertreter kann aber auch mit anderen Aufgaben betraut werden. Dabei muss allerdings sichergestellt sein, dass die Beschäftigung des befristet eingestellten Arbeitnehmers wegen des Arbeitskräftebedarfs erfolgt, der durch die vorübergehende Abwesenheit des zu vertretenden Mitarbeiters entsteht.

1157 **Kausalzusammenhang:** Werden dem befristet beschäftigten Arbeitnehmer Aufgaben übertragen, die der vertretene Mitarbeiter nie ausgeübt hat, besteht der erforderliche Kausalzusammenhang, wenn der Arbeitgeber **rechtlich und tatsächlich** in der Lage wäre, dem vorübergehend abwesenden Arbeitnehmer im Falle seiner Anwesenheit die dem Vertreter zugewiesenen Aufgaben zu übertragen. In diesem Fall ist erforderlich, dass der Arbeitgeber bei Vertrags-

34 BAG 15.5.2012 – 7 AZR 35/11, DB 2012, 2638.
35 BAG 10.10.2007 – 7 AZR 795/06, DB 2008, 131.
36 BAG 21.9.2011 – 7 AZR 375/10, DB 2012, 462.
37 EuGH 26.1.2012 – Rs. C-486/10, NZA 2012, 135.
38 BAG 18.7.2012 – 7 AZR 443/09, NZA 2012, 1351 und BAG 18.7.2012 – 7 AZR 783/10, NZA 2012, 1359; Bestätigung u.a. von BAG 25.3.2009 – 7 AZR 34/08, NZA 2010, 34 und BAG 14.4.2012 – 6 AZR 121/09, NZA 2010, 942; s. auch BAG 12.1.2011 – 7 AZR 194/09, NZA 2011, 507.

schluss mit dem Vertreter dessen Aufgaben einem oder mehreren vorübergehend abwesenden Beschäftigten nach außen erkennbar gedanklich zuordnet; dies kann insb. durch eine entsprechende Angabe im Arbeitsvertrag geschehen.

Aktuell fasst das BAG die Anforderungen an die Vertretungsbefristung unter dem Gesichtspunkt „**mittelbare Vertretung**" und „**Kausalzusammenhang**" wie folgt zusammen:[39] 1158

Der Sachgrund der Vertretung nach § 14 Abs. 1 S. 2 Nr. 3 TzBfG setzt einen **Kausalzusammenhang** zwischen dem zeitweiligen Ausfall des Vertretenen und der Einstellung des Vertreters voraus. Erforderlich ist eine **Kausalitätskette.** Notwendig, aber ausreichend ist, dass zwischen dem zeitweiligen Ausfall von Stammarbeitskräften und der befristeten Einstellung von Aushilfsarbeitnehmern ein ursächlicher Zusammenhang besteht. Es muss sichergestellt sein, dass die Vertretungskraft gerade wegen des durch den zeitweiligen Ausfall des zu vertretenen Mitarbeiters entstandenen vorübergehenden Beschäftigungsbedarfs eingestellt worden ist.

Wird die Tätigkeit des zeitweise ausfallenden Mitarbeiters nicht von dem Vertreter, sondern von einem anderen Arbeitnehmer oder mehreren anderen Arbeitnehmern ausgeübt (**mittelbare Vertretung**), hat der Arbeitgeber zur Darstellung des Kausalzusammenhangs grds. die **Vertretungskette** zwischen dem Vertretenen und dem Vertreter darzulegen. Eine Vertretungskette in diesem Sinne setzt eine geschlossene Kette bei der Aufgabenübertragung voraus. Die Beschäftigten, die die Kette bilden, müssen die Arbeitsaufgaben des jeweils in der Kette „vorgelagerten" Beschäftigten übernommen haben und diese Aufgabenübertragung muss eine Verbindung zwischen dem abwesenden Beschäftigten und dem zur Vertretung eingestellten Arbeitnehmer begründen.

Eine Ursächlichkeit zwischen dem durch den Ausfall des abwesenden Beschäftigten entstandenen vorübergehenden Arbeitskräftebedarf und der Einstellung eines anderen Arbeitnehmers besteht bei einer Vertretungskette dann jedoch nicht mehr, wenn nach den Umständen des Einzelfalls die Einstellung des befristet beschäftigten Arbeitnehmers mit der vorübergehenden Abwesenheit des anderen Arbeitnehmers nichts mehr zu tun hat. Das kann insb. dann der Fall sein, wenn bereits zum Zeitpunkt des Abschlusses des befristeten Vertrages feststeht, dass der Arbeitnehmer, der den abwesenden Arbeitnehmer unmittelbar ersetzt und der seinerseits von dem befristet eingestellten Arbeitnehmer ersetzt wird, nicht auf seinen Arbeitsplatz zurückkehren wird.

Ständiger Vertretungsbedarf: Ein ständiger Vertretungsbedarf steht dem Vorliegen eines Sachgrundes iSv § 14 Abs. 1 S. 2 Nr. 3 TzBfG nicht entgegen; er ist insb. nicht durch eine Personalreserve aus unbefristet beschäftigten Arbeitnehmern auszugleichen. Entscheidend ist allein, ob bei Abschluss der Befristungsabrede ein **Vertretungsfall** vorlag. Eine zur Unwirksamkeit der Befristung führende „Dauervertretung" liegt hingegen vor, wenn der Arbeitnehmer von vornherein nicht lediglich zur Vertretung eines bestimmten, vorübergehend an der Arbeitsleistung verhinderten Arbeitnehmers eingestellt wird, sondern bereits bei Vertragsschluss beabsichtigt ist, ihn für eine zum Zeitpunkt des Vertragsschlusses noch nicht absehbare **Vielzahl von Vertretungsfällen auf Dauer** zu beschäftigen. 1159

Befristungskette: Allein die große Anzahl der mit einem Arbeitnehmer abgeschlossenen befristeten Arbeitsverträge oder die Gesamtdauer der „Befristungskette" führt nicht dazu, dass an den Sachgrund der Vertretung strengere Anforderungen zu stellen sind. Gleiches gilt für die Anforderungen an die Prognose des Arbeitgebers über den voraussichtlichen Wegfall des Vertretungsbedarfs durch die Rückkehr des vertretenen Mitarbeiters, die nach der Rspr des Senats Teil des Sachgrundes der Vertretung ist. Eine Vielzahl von Befristungen kann aber rechtsmissbräuchlich sein. 1160

39 BAG 6.11.2013 – 7 AZR 96/12, NZA 2014, 430.

1161 **Missbrauchskontrolle (§ 242 BGB):** Nach den Vorgaben des EuGH ergänzt der Senat o.g. Grundsätze um folgende Grundsätze zur Kontrolle eines **institutionellen Rechtsmissbrauchs** (§ 242 BGB):

- Die Gerichte dürfen sich bei der Befristungskontrolle nicht auf die Prüfung des geltend gemachten Sachgrundes der Vertretung beschränken. Sie müssen zusätzlich alle Umstände des Einzelfalls prüfen und dabei namentlich die Gesamtdauer und die Zahl der mit derselben Person zur Verrichtung der gleichen Arbeit geschlossenen aufeinanderfolgenden befristeten Verträge berücksichtigen, um auszuschließen, dass Arbeitgeber missbräuchlich auf befristete Arbeitsverträge zurückgreifen. Diese zusätzliche Prüfung ist im deutschen Recht nach den Grundsätzen des institutionellen Rechtsmissbrauchs (§ 242 BGB) vorzunehmen.
- Jedenfalls bei einer Gesamtdauer von mehr als elf Jahren und 13 Befristungen ist eine missbräuchliche Gestaltung indiziert, während bei einer Gesamtdauer von sieben Jahren und neun Monaten und vier Befristungen Anhaltspunkte für einen Gestaltungsmissbrauch noch nicht vorliegen.

1162 Mit Entscheidung vom 19.2.2014[40] beschreibt das BAG die bei einer **Rechtsmissbrauchskontrolle** vorzunehmende Wertung wie folgt:

Im Rahmen der Vertragsfreiheit bleibt es Arbeitnehmer und Arbeitgeber grds. unbenommen, entweder mehrere – sich zeitlich überschneidende – befristete Verträge zu schließen oder innerhalb eines befristeten Arbeitsvertrages zusätzlich eine Arbeitsbedingung – wie etwa die Arbeitszeit – befristet zu ändern.

Die Gerichte dürfen sich bei der Befristungskontrolle nach § 14 Abs. 1 S. 2 Nr. 3 TzBfG nicht auf die Prüfung des geltend gemachten Sachgrundes der Vertretung beschränken. Sie sind vielmehr aus unionsrechtlichen Gründen verpflichtet, alle Umstände des Einzelfalls und dabei namentlich die Gesamtdauer und die Zahl der mit derselben Person zur Verrichtung der gleichen Arbeit geschlossenen, aufeinanderfolgenden befristeten Verträge zu berücksichtigen, um auszuschließen, dass Arbeitgeber missbräuchlich auf befristete Arbeitsverträge zurückgreifen. Diese zusätzliche Prüfung ist im deutschen Recht nach den **Grundsätzen des institutionellen Rechtsmissbrauchs (§ 242 BGB)** vorzunehmen.

Die nach den Grundsätzen des institutionellen Rechtsmissbrauchs vorzunehmende Prüfung verlangt eine Würdigung sämtlicher Umstände des Einzelfalls. Von besonderer Bedeutung sind die Gesamtdauer der befristeten Verträge sowie die Anzahl der Vertragsverlängerungen. Ferner ist der Umstand zu berücksichtigen, ob der Arbeitnehmer stets auf demselben Arbeitsplatz mit denselben Aufgaben beschäftigt wird oder ob es sich um wechselnde, ganz unterschiedliche Aufgaben handelt.

Zur Bestimmung der Schwelle einer rechtsmissbräuchlichen Gestaltung von Sachgrundbefristungen kann an die gesetzlichen Wertungen in § 14 Abs. 2 S. 1 TzBfG angeknüpft werden. Werden die in § 14 Abs. 2 S. 1 TzBfG genannten Grenzen (maximale Dauer von zwei Jahren) alternativ oder insb. kumulativ in besonders gravierendem Ausmaß überschritten, kann eine missbräuchliche Ausnutzung der an sich eröffneten Möglichkeit zur Sachgrundbefristung indiziert sein. In einem solchen Fall hat allerdings der Arbeitgeber regelmäßig die Möglichkeit, die Annahme des indizierten Gestaltungsmissbrauchs durch den Vortrag besonderer Umstände zu entkräften.[41]

1163 **Wiedereinstellungszusage:** Ein Sachgrund der Vertretung kann nur angenommen werden, wenn der zu Vertretende während der Dauer der mit der Vertretungskraft vereinbarten Vertragslaufzeit (voraussichtlich) in einem Arbeitsverhältnis zum Arbeitgeber steht. Der Sachgrund liegt nicht vor, wenn ein Arbeitnehmer als Ersatz für einen aus dem Arbeitsverhältnis **ausgeschiedenen Mitarbeiter** befristet eingestellt wird. Dies gilt auch dann, wenn dem ausgeschiedenen Mit-

40 BAG 19.2.2014 – 7 AZR 260/12, BB 2014, 948.

41 Zum institutionellen Rechtsmissbrauch s. auch ArbG Trier 12.2.2014 – 5 Ca 913/13.

arbeiter vom Arbeitgeber eine Wiedereinstellungszusage erteilt wurde und die Ersatzkraft befristet bis zur möglichen Wiedereinstellung beschäftigt werden soll. Die Wiedereinstellungszusage kann allerdings als ein in § 14 Abs. 1 S. 2 Nr. 1–8 TzBfG nicht genannter Sachgrund (vgl § 1 Rn 1129 ff) die Befristung des Arbeitsvertrages mit einer Ersatzkraft rechtfertigen. Das gilt aber nur dann, wenn nach dem Inhalt der Zusage mit der Geltendmachung des Wiedereinstellungsanspruchs in absehbarer Zeit ernsthaft zu rechnen ist.[42]

Bei der **„normalen" Vertretungsbefristung** kann der Arbeitgeber regelmäßig mit der Rückkehr der Stammkraft rechnen. Dies ist bei der **Vertretung im Falle der Abordnung** regelmäßig nicht der Fall. Das bedeutet: Entsteht der Vertretungsbedarf für den Arbeitgeber „fremdbestimmt", weil die Auswahl der Stammkraft, zB durch Krankheit, Urlaub und Freistellung, nicht in erster Linie auf seiner Entscheidung beruht, ist nach der Rspr regelmäßig damit zu rechnen, dass der Vertretende seine arbeitsvertraglichen Pflichten wieder erfüllen wird. Bei dem „nicht fremdbestimmten" **abordnungsbedingten Vertretungsbedarf** hängt hingegen die voraussichtliche Rückkehr der Stammkraft nicht nur von Umständen in deren Sphäre, sondern ganz maßgeblich auch von Umständen und Entscheidungen ab, die der **Sphäre des Arbeitgebers** zuzuordnen sind. Insoweit sind bei der vom Arbeitgeber anzustellenden Prognose alle Umstände des Einzelfalls zu berücksichtigen, insb. auch solche, die aus **seiner Organisationssphäre** stammen.[43] 1164

(a4) Eigenart der Arbeitsleistung, § 14 Abs. 1 S. 2 Nr. 4 TzBfG

Dieser Befristungsgrund zielt nach der Gesetzesbegründung auf das Recht der Befristung im **Rundfunk- und Kunstbereich**. Die Rundfunkanstalten sollen das Recht haben, programmgestaltende Mitarbeiter aus Gründen der Programmplanung lediglich für eine bestimmte Zeit zu beschäftigen. Die Bühnen sollen das Recht haben, entsprechend dem vom Intendanten verfolgten künstlerischen Konzept Arbeitsverträge mit Solisten (Schauspielern, Solosängern, Tänzern, Kapellmeistern) jeweils befristet abzuschließen.[44] 1165

Zu den von § 14 Abs. 1 S. 2 Nr. 4 TzBfG erfassten Arbeitsverhältnissen, bei denen eine Befristung wegen der Art der Tätigkeit ohne Hinzutreten eines weiteren Sachgrundes vereinbart werden kann, zählen die Arbeitsverhältnisse der programmgestaltenden Mitarbeiter der Rundfunkanstalten.[45] 1166

(a5) Befristung zur Erprobung, § 14 Abs. 1 S. 2 Nr. 5 TzBfG

Die Befristung zum Zwecke der Erprobung ist von der vorgeschalteten Probezeit im unbefristeten Arbeitsverhältnis zu unterscheiden.[46] 1167

§ 14 Abs. 1 S. 2 Nr. 5 TzBfG ermöglicht die (Sachgrund-)Befristung zur Erprobung, **ohne** eine **zeitliche Vorgabe** zu nennen. Die vereinbarte Vertragslaufzeit kann im Rahmen der Prüfung des Befristungsgrundes Bedeutung erlangen. Sie muss sich am Sachgrund der Befristung orientieren und so mit ihm im Einklang stehen, dass sie nicht gegen das Vorliegen eines Sachgrundes spricht. Aus der vereinbarten Vertragsdauer darf sich nicht ergeben, dass der Sachgrund tatsächlich nicht besteht oder nur vorgeschoben ist. 1168

Im Allgemeinen werden nach dem Vorbild des § 1 KSchG und der Kündigungsfristenregelung für Kündigungen während der Probezeit (§ 622 Abs. 3 BGB) **sechs Monate** als Erprobungszeit ausreichen. Einschlägige Tarifverträge können Anhaltspunkte geben, welche Probezeit angemessen ist.[47] 1169

---

42 BAG 2.6.2010 – 7 AZR 136/09, BAGE 134, 339 = DB 2010, 2810.
43 BAG 16.1.2013 – 7 AZR 661/11, BB 2013, 884.
44 S. im Einzelnen *Sowka*, Befristete Arbeitsverträge, S. 52 ff.
45 BAG 4.12.2013 – 7 AZR 457/12, EzA § 14 TzBfG Nr. 101.
46 *Sowka*, Befristete Arbeitsverträge, S. 52.
47 BAG 24.8.2008 – 6 AZR 519/07, DB 2008, 807; zur Erprobung des Arbeitnehmers und zur Probezeitbefristung s. im Einzelnen *Doublet*, PuR 2011, 32 ff und 54 f.

1170 **Längere Befristungen** zur Erprobung sind – vorbehaltlich entgegenstehender einschlägiger und für das Arbeitsverhältnis geltender Tarifvorschriften – möglich. Ein Sachgrund fehlt, wenn der Arbeitnehmer bereits ausreichende Zeit bei dem Arbeitgeber mit den von ihm zu erfüllenden Aufgaben beschäftigt war und der Arbeitgeber die Fähigkeiten des Arbeitnehmers hinreichend beurteilen kann. Ein vorheriges befristetes oder unbefristetes Arbeitsverhältnis, in dem der Arbeitnehmer mit den gleichen Arbeitsaufgaben betraut war, spricht daher regelmäßig gegen den Sachgrund der Erprobung. Hat sich die ursprüngliche Erprobungszeit aufgrund besonderer in der Person des Arbeitnehmers liegender Umstände als nicht ausreichend erwiesen (hier: Feststellung eines Aufmerksamkeitsdefizitsyndroms), können die Arbeitsvertragsparteien einen befristeten Arbeitsvertrag schließen, um eine längere Erprobung unter Hinzuziehung einer Arbeitsassistenz zu ermöglichen.[48]

(a6) In der Person des Arbeitnehmers liegende Gründe, § 14 Abs. 1 S. 2 Nr. 6 TzBfG

1171 Eine Befristung „aus in der Person des Arbeitnehmers liegenden Gründen" kommt auch dann in Betracht, wenn die Befristung aus sozialen Erwägungen erfolgt (hier: befristetes Teilzeitarbeitsverhältnis während des Ruhens des Arbeitsverhältnisses aufgrund befristeter Rente wegen voller Erwerbsminderung). Die Interessen des Arbeitnehmers müssen allerdings im Vordergrund stehen und das überwiegende Motiv des Arbeitgebers darstellen. Die Befristungsdauer selbst bedarf keiner zusätzlichen sachlichen Rechtfertigung. Sie muss sich allerdings am Sachgrund orientieren und darf diesen nicht in Frage stellen.[49]

1172 An die sozialen Gründe stellt die Rspr strenge Anforderungen. Die Praxis ist vor dem Irrtum zu warnen, die schriftliche Bestätigung durch den Arbeitnehmer, dass die Befristung auf seinen Wunsch zurückzuführen sei, belege den sachlichen Grund.

1173 Entscheidend ist im Sinne einer Kontrollfrage: Hätte der Arbeitnehmer den befristeten Vertrag auch gewählt, wenn ihm der Arbeitgeber einen unbefristeten Vertrag angeboten hätte? Anders ausgedrückt: Der Sachgrund liegt nur vor, wenn der Arbeitnehmer ein Interesse gerade an einer nur befristeten Beschäftigung hatte.[50]

(a7) Haushaltsbefristung, § 14 Abs. 1 S. 2 Nr. 7 TzBfG

1174 Ein sachlicher Grund für die Befristung liegt auch vor, wenn der Arbeitnehmer aus Haushaltsmitteln vergütet wird, die haushaltsrechtlich für eine befristete Beschäftigung bestimmt sind, und er entsprechend beschäftigt wird. Der Gesetzgeber eröffnet damit für den öffentlichen Dienst eine Möglichkeit zur Befristung von Arbeitsverhältnissen, die der Privatwirtschaft nicht zur Verfügung steht.[51]

(a8) Gerichtlicher Vergleich, § 14 Abs. 1 S. 2 Nr. 8 TzBfG

1175 Nach § 14 Abs. 1 S. 2 Nr. 8 TzBfG liegt ein sachlicher Grund für die Befristung vor, wenn sie auf einem gerichtlichen Vergleich beruht.[52] Dies gilt unstreitig zB für eine Befristungsabrede in einem gerichtlichen Vergleich (zB in einer Güteverhandlung).

1176 Für einen Vergleich im **schriftlichen Verfahren gem. § 278 Abs. 6 ZPO** ist wie folgt zu differenzieren:

- Unterbreitet das **Arbeitsgericht** iSd § 278 Abs. 6 S. 1 Alt. 2 ZPO den Parteien einen schriftlichen Vergleichsvorschlag (zB Befristung des Arbeitsverhältnisses bis zu einem bestimmten

48 BAG 2.6.2010 – 7 AZR 85/09, DB 2010, 2809.

49 BAG 21.1.2009 – 7 AZR 630/07, DB 2009, 1078.

50 *Sowka*, Befristete Arbeitsverträge, S. 52 f mit Hinweis auf BAG 14.7.2005 – 8 AZR 392/04, DB 2005, 2754; LAG Hessen 4.2.2013 – 16 Sa 709/12, EzA-SD 2013, Nr. 14, 9.

51 BAG 27.10.2010 – 7 AZR 485/09 (A), BB 2010, 2819 (zwischenzeitlich infolge Erledigungserklärung der Klägerin und des beklagten Landes erledigt); BAG 10.3.2011 – 7 AZR 485/09, BB 2010, 2819; BAG 9.3.2011 – 7 AZR 728/09, BB 2011, 755.

52 BAG 23.11.2006 – 6 AZR 394/06, NZA 2007, 466.

Zeitpunkt), den die Parteien akzeptieren, so stellt dieser Vergleich einen Sachgrund iSd § 14 Abs. 1 S. 2 Nr. 8 TzBfG dar. Dies bedeutet: Nehmen die Parteien einen schriftlichen Vergleichsvorschlag des Gerichts, der eine Befristungsabrede beinhaltet, durch Schriftsatz gegenüber dem Gericht an und stellt das Gericht durch Beschluss das Zustandekommen des Vergleichs fest, rechtfertigt der so geschlossene Vergleich die Befristung des Arbeitsverhältnisses.

- Beruht eine entsprechende Befristungsabrede jedoch iSd § 278 Abs. 6 S. 2 Alt. 1 ZPO nur auf einem Vergleichsvorschlag der **Parteien** – nicht des Gerichts –, so stellt diese mangels ausreichender Einflussmöglichkeit des Gerichts keinen Sachgrund iSd § 14 Abs. 1 S. 2 Nr. 8 TzBfG dar.
- Es ist dem Arbeitnehmer, der diesen gerichtlichen Vergleich akzeptiert hat, grds. auch nicht verwehrt, sich im Nachhinein auf die Unwirksamkeit der Befristung zu berufen. Dies gilt zumindest dann, wenn der Arbeitgeber nicht aufgrund arbeitnehmerseitig gesetzter Umstände auf die Wirksamkeit der Befristung vertrauen darf.[53]

(a9) Mitarbeiter der Presse und des Rundfunks

Aufgrund einer Entscheidung des BVerfG[54] muss der **Presse** und den **Rundfunkanstalten** gestattet werden, auf einen breit gestreuten Kreis geeigneter Mitarbeiter zurückzugreifen, was voraussetzen kann, dass die Mitarbeiter nicht auf Dauer, sondern nur in der Zeit beschäftigt werden, für die man sie benötigt. Das BAG hat dementsprechend anerkannt, dass die Befristung des Arbeitsvertrages mit einem **programmgestaltenden Mitarbeiter** gerechtfertigt sein kann, ohne dass weitere Gründe für die Befristung erforderlich sind.[55] Dieser Rspr hat der Gesetzgeber mit § 14 Abs. 1 S. 2 Nr. 4 TzBfG Rechnung getragen, wie sich aus der Begründung zum Gesetzentwurf ergibt.[56] 1177

Das BAG[57] fasst dies wie folgt zusammen: Zu den von § 14 Abs. 1 S. 2 Nr. 4 TzBfG erfassten Arbeitsverhältnissen, bei denen eine Befristung wegen der Eigenart der Arbeitsleistung vereinbart werden kann, zählen die Arbeitsverhältnisse der programmgestaltenden Mitarbeiter der Rundfunkanstalten. Das folgt aus der Notwendigkeit, bei der Auslegung des Begriffs des sachlichen Grundes iSd § 14 Abs. 1 TzBfG die für die Rundfunkanstalten durch die Rundfunkfreiheit gewährleisteten Freiräume bei der Wahl des Arbeitsvertragsinhalts zu berücksichtigen. 1178

(a10) Personalrotation

Das BAG sieht im Rotationsprinzip nur in ganz seltenen Ausnahmefällen einen Sachgrund für die Befristung von Arbeitsverträgen. In wenigen Entscheidungen hat es sich hierzu geäußert. Die Personalrotation kann im Einklang mit dem TzBfG weiterhin als Befristungsgrund in Betracht kommen, da die in § 14 Abs. 1 S. 2 TzBfG aufgeführten Gründe nicht abschließend sind, wie sich aus der Formulierung „insbesondere“ in S. 2 ergibt. 1179

Bei einer **Lektorenstelle** sei die Befristung des Arbeitsvertrages im Anwendungsbereich des § 57 b HRG unter dem Gesichtspunkt eines kulturellen Austauschs nur dann rechtswirksam, wenn die Lektorenstelle für einen tatsächlich praktizierten Austausch von Hochschulabsolventen vorgesehen und hierfür auch gesondert ausgewiesen sei. Es sei kein Grund ersichtlich, Lektoren zwingend nur befristet zu beschäftigen. Die Vermittlung von Fremdsprachen sei eine Dauertätigkeit der Hochschulen, für die ein ständiger Bedarf an Lehrkräften bestehe. Das HRG räume den Hochschulen aus Gründen der wissenschaftlichen Nachwuchsförderung und 1180

53 BAG 15.2.2012 – 7 AZR 734/10, DB 2012, 1573 = PuR 2012, 193.
54 BVerfG 13.1.1982 – 1 BvR 848/77, BVerfGE 59, 231 ff.
55 BAG 11.12.1991 – 7 AZR 128/91, AP § 620 BGB Befristeter Arbeitsvertrag Nr. 144; BAG 24.4.1996 – 7 AZR 719/95, AP § 620 BGB Befristeter Arbeitsvertrag Nr. 180.
56 BT-Drucks. 14/4374, S. 19.
57 BAG 4.12.2013 – 7 AZR 457/12, EzA § 14 TzBfG Nr. 1.

zur Sicherung der Funktionsfähigkeit der Forschung die Möglichkeit ein, Arbeitsverhältnisse zu befristen. Diese Gründe träfen auf Dienstleistungen, wie sie Lektoren erbrächten, nicht zu. Das ermögliche es, Lektoren, obwohl es sich bei ihnen um wissenschaftliches Personal handele, auch unbefristet zu beschäftigen. Es komme entscheidend darauf an, dass die konkrete Lektorenstelle für einen internationalen Austausch vorgesehen und entsprechend bei Vertragsabschluss ausgewiesen sei.[58]

1181 In dieser Entscheidung, die voraussetzt, dass § 57 b HRG überhaupt anwendbar ist, stellt das BAG ausdrücklich fest, dass das **Fluktuationsprinzip** nur dann die Befristung eines Arbeitsvertrages rechtfertigen könne, wenn die Fluktuation dringend erforderlich ist, um die Verfolgung des der konkreten Stelle innewohnenden Zweckes sicherzustellen. Mit anderen Worten: Inhalt und Natur der zu besetzenden Stelle müssen einen turnusmäßigen Austausch der Arbeitsplatzinhaber zwingend erfordern.

1182 In einer weiteren Entscheidung zu § 57 b HRG hat das BAG klargestellt, dass eine Befristung unter dem Gesichtspunkt des **kulturellen Austausches** sachlich nur gerechtfertigt sei, wenn die konkrete Lektorenstelle dem internationalen Austausch von Hochschulabsolventen diene. Durch das Rotationsprinzip solle einem möglichst großen Personenkreis Gelegenheit gegeben werden, das deutsche Universitätssystem kennen zu lernen und sich weiterzubilden. Durch häufigen Wechsel in der Besetzung von Stellen solle einer Vielzahl ausländischer Hochschulabsolventen das Erlernen der deutschen Sprache ermöglicht und gleichzeitig der Austausch zwischen deutschen und ausländischen Akademikern erleichtert werden. Die dem Rotationsprinzip innewohnende Weiterbildungsfunktion sei als sachlicher Grund für die Befristung aber nur dann anzuerkennen und sinnvoll, wenn nach verhältnismäßig kurzer Zeit auch tatsächlich ein Austausch stattfinde. Dies setze voraus, dass die konkrete Lektorenstelle dem internationalen Austausch auch tatsächlich diene und entsprechend ausgewiesen sei.[59]

1183 Gleichwohl kann eine Befristung der Stelle einer polnischen Fremdsprachenlektorin unwirksam sein, wenn die Befristung nicht im Einklang mit Art. 37 Abs. 1 (1. Spiegelstrich) des durch den Beschluss 93/743/Euratom, EGKS, EG des Rates und der Kommission vom 13.12.1993 steht, sofern der Abschluss befristeter Verträge mit sonstigen Lehrkräften durch einen sachlichen Grund gerechtfertigt sein muss.[60]

1184 Für bestimmte Fälle außerhalb des Anwendungsbereichs des HRG hat das BAG das Fehlen eines aktuellen Bezuges eines im Ausland lebenden Arbeitnehmers zu den Verhältnissen seines Heimatlandes als Befristungsgrund anerkannt, soweit solche Kenntnisse für die Erbringung der Arbeitsleistung erforderlich waren.[61] Dieser Sachgrund beruhe auf der Annahme, dass nach einer bestimmten Abwesenheitsdauer das aktuelle Sprach- und Kulturwissen verloren gehe und der Arbeitnehmer nicht wie bisher in der Lage sei, die geschuldete Leistung zu erbringen.

1185 In einem weiteren Fall **außerhalb des Anwendungsbereichs des HRG**, in dem die Parteien um die Wirksamkeit einer Befristung eines Arbeitsverhältnisses einer amerikanischen Lehrkraft an einer **deutsch-amerikanischen Gemeinschaftsschule** mit besonderer pädagogischer Prägung stritten, hat das BAG die Berufung auf das Fluktuationsprinzip nur wegen der besonderen Umstände des Einzelfalls zugelassen.[62] Aus dem besonderen gesetzlichen Bildungsauftrag der Schule und einem daraus resultierenden berechtigten Interesse des beklagten Landes folge, dass das beklagte Land mit amerikanischen Lehrkräften befristete Arbeitsverträge abschließen dürfe. Eine Fluktuation sei nur deshalb erforderlich, um den notwendigen Einfluss aktueller amerikanischer Pädagogik auf den Bildungsauftrag der Schule zu gewährleisten.

58 BAG 20.9.1995 – 7 AZR 70/95, AP § 57 b HRG Nr. 4.
59 BAG 24.4.1996 – 7 AZR 605/95, AP § 57 b HRG Nr. 9.
60 EuGH 29.1.2002 – Rs. C-162/00, NZA 2002, 377.
61 BAG 25.1.1973 – 2 AZR 158/72, AP § 620 BGB Befristeter Arbeitsvertrag Nr. 37; BAG 13.5.1982 – 2 AZR 87/80, AP § 620 BGB Befristeter Arbeitsvertrag Nr. 68.
62 BAG 12.9.1996 – 7 AZR 64/96, NZA 1997, 378.

Der besondere Bildungs- und Erziehungsauftrag der Schule begründe die Notwendigkeit, Unterrichtsinhalte und Unterrichtsgestaltung auch an den jeweils aktuellen Erkenntnissen des amerikanischen Schul- und Erziehungswesens auszurichten. Das beklagte Land könne sich jedoch demgegenüber nicht darauf berufen, dass ein Lehrer durch einen längeren Deutschland-Aufenthalt den Kontakt zu seiner Muttersprache und seinem Heimatland verliere und deswegen ein ständiger Wechsel des amerikanischen Lehrpersonals unumgänglich sei. Diese Annahme sei angesichts des Verbreitungsgrades des amerikanischen Englisch und des ohnehin prägenden Einflusses der amerikanischen Sprache und Kultur auf Westeuropa gerade wegen einer zeitnahen Verbreitung durch Medien und sonstigen Kommunikationsmittel nicht zu rechtfertigen. Das gelte aber, so das BAG, nicht hinsichtlich des von dem beklagten Land befürchteten Verlustes eines aktualitätsbezogenen Wissens amerikanischer Pädagogik. Im Gegensatz zu Sprach- und Kulturwissen könnten allgemeine Kommunikationsmittel und regelmäßige Besuche des Heimatlandes die Aufrechterhaltung aktualitätsbezogenen Pädagogikwissens nicht gewährleisten. Hinzu komme, dass Pädagogik auf praktischen, im jeweiligen Schulalltag vermittelten Erfahrungen angewiesen sei und ein entsprechendes Erfahrungsdefizit weder durch den Bezug von Fachliteratur noch durch den Besuch von Fortbildungsveranstaltungen in den USA ausgeglichen werden könne.[63] 1186

Die Personalrotation ist in § 14 Abs. 1 S. 2 TzBfG **nicht** als eigenständiger Befristungsgrund genannt. Gleichwohl kann sie unter § 14 Abs. 1 S. 2 Nr. 4 TzBfG subsumiert oder als unbenannter Sachgrund außerhalb des Katalogs in § 14 Abs. 1 S. 2 TzBfG angesehen werden. 1187

(a11) Prozessbeschäftigungsverhältnis

Häufig treffen Arbeitgeber und Arbeitnehmer die Abrede, dass der Arbeitnehmer für die Dauer eines Kündigungsrechtsstreits bzw eines Streits um die Wirksamkeit einer Befristung im Rahmen eines sog. Prozessrechtsverhältnisses weiterbeschäftigt wird. Hierin liegt – je nach Formulierung – entweder die Befristung eines Arbeitsverhältnisses oder die Vereinbarung einer auflösenden Bedingung.[64] 1188

Aus Arbeitgebersicht macht die Prozessbeschäftigung Sinn, um das Annahmeverzugsrisiko auszuschließen. Aus Sicht des Arbeitnehmers gilt: Bietet ihm der Arbeitgeber eine Prozessbeschäftigung während des Rechtsstreits an, so läuft er im Obsiegensfalle Gefahr, durch die Nichtannahme dieses Angebots „anderweitigen Erwerb“ iSd Annahmeverzugsvorschriften böswillig unterlassen zu haben mit der Folge, keinen Annahmeverzugslohn zu erhalten.[65] 1189

Die befristete bzw auflösend bedingte Beschäftigung des Arbeitnehmers während des Rechtsstreits bedarf der **Schriftform**. Anderenfalls ist sie rechtsunwirksam.[66] 1190

Nach Ansicht des LAG Köln[67] bedarf ein schriftlich (§ 14 Abs. 4 iVm § 21 TzBfG) vereinbartes, auflösend bedingtes (außergerichtliches) Prozessbeschäftigungsverhältnis eines Sachgrundes. Ein Sachgrund nach § 14 Abs. 4 S. 2 Nr. 8 TzBfG (gerichtlicher Vergleich) sei im Falle einer außergerichtlichen Einigung der Parteien über die Prozessbeschäftigung nicht einschlägig. Der Sachgrund des § 14 Abs. 1 S. 2 Nr. 6 TzBfG („in der Person des Arbeitnehmers liegender Grund“) scheide für ein außergerichtlich vereinbartes Prozessbeschäftigungsverhältnis im Hinblick auf die Kündigungsschutzklage aus. 1191

Die auflösend bedingte Prozessbeschäftigung kann jedoch nach Ansicht des Gerichts durch einen sonstigen, nicht genannten Sachgrund gerechtfertigt sein. Denn der damit verfolgte 1192

63 BAG 12.9.1996 – 7 AZR 64/96, NZA 1997, 378, 380.
64 S. im Einzelnen *Sowka*, Befristete Arbeitsverträge, S. 133.
65 S. im Einzelnen KPK/*Ramrath*, § 4 Rn 119 ff.
66 BAG 22.10.2003 – 7 AZR 113/03, NZA 2004, 1275; aA LAG Hamm 31.10.2003 – 5 Sa 1396/03, LAG-Report 2004, 253.
67 LAG Köln 5.4.2012 – 13 Sa 1360/11 (Revision eingelegt unter Az: 7 AZR 796/12); aA LAG Köln 30.5.2011 – 2 Sa 209/11, ArbR 2011, 624.

Zweck, das Annahmeverzugsrisiko des Arbeitgebers abzuwenden, habe in der Anrechnungsvorschrift des § 615 S. 2 BGB, § 11 KSchG seine rechtliche Anerkennung gefunden und sei den Sachgründen nach § 14 Abs. 1 S. 2 Nr. 1–8 TzBfG von ihrem Gewicht her gleichwertig.

1193 Nach stRspr des BAG kann in der tatsächlichen Beschäftigung des Arbeitnehmers nach Ausspruch einer Kündigung und nach Ablauf der Kündigungsfrist oder nach Ablauf der vereinbarten Befristung der Abschluss eines neuen befristeten Arbeitsvertrages liegen oder aber die Vereinbarung, dass das gekündigte Arbeitsverhältnis auflösend bedingt durch die rechtskräftige Abweisung der Kündigungsschutzklage fortgesetzt werden soll. Fordert der Arbeitgeber einen Arbeitnehmer auf, seine Tätigkeit bis zur Entscheidung über den Bestandsschutzrechtsstreit fortzuführen, geht der Wille der Parteien regelmäßig dahin, das Arbeitsverhältnis, das der Arbeitgeber als beendet ansieht, bis zur endgültigen Klärung, ob und ggf zu welchem Zeitpunkt die Beendigung eingetreten ist, fortzusetzen oder für die Dauer des Rechtsstreits ein befristetes Arbeitsverhältnis zu begründen. Anders kann das Verhalten der Arbeitsvertragsparteien – so das BAG – nicht verstanden werden. Denn der Arbeitnehmer ist aufgrund des gekündigten Arbeitsverhältnisses oder des Fristablaufs bei befristeten Arbeitsverhältnissen zu weiterer Arbeitsleistung nicht verpflichtet. Der Arbeitgeber muss ihn vor Erlass eines die Kündigung oder die vereinbarte Befristung für unwirksam erklärenden Urteils idR nicht weiterbeschäftigen. Wird dem Arbeitgeber die Weiterbeschäftigung gegen seinen Willen und unter Berücksichtigung seiner Vertragsfreiheit aufgezwungen, schließen die Parteien regelmäßig nicht durch neue Willenserklärungen ein eigenständiges Rechtsgeschäft.[68]

(a12) Saisonarbeit

1194 Es entspricht stRspr des BAG,[69] dass Saisonarbeit ein sachlicher Grund ist. Dem hat der Gesetzgeber in § 14 Abs. 1 S. 2 Nr. 1 TzBfG („vorübergehender Bedarf") Rechnung getragen. Saisonarbeit fällt bspw in Betrieben des Fremdenverkehrs oder der Landwirtschaft an. Hier liegt der sachliche Grund in der **besonderen Betriebsstruktur** eines Saisonbetriebes, der wegen einer jahreszeitlich unterschiedlichen Betriebstätigkeit mit einer meist nur kleinen Stammbelegschaft in größerem Umfang Mitarbeiter für die Saison benötigt. Auch in **Kampagnebetrieben**, deren Betriebstätigkeit außerhalb der Kampagnezeit vollständig ruht, ist der Abschluss befristeter Arbeitsverträge generell zulässig.[70]

1195 Saisonarbeit kann in Arbeitsverträgen **als Zeit- und als Zweckbefristung** gestaltet werden. Der Sachgrund des vorübergehenden Arbeitsbedarfs in § 14 Abs. 1 S. 2 Nr. 1 TzBfG knüpft an die bisherige Rspr des BAG an,[71] so dass der Arbeitgeber eine plausible Prognose angestellt haben muss,[72] mit allen Auswirkungen auf die Darlegungs- und Beweislast des Arbeitgebers. Es soll vor allem verhindert werden, dass befristete Verträge wegen wiederkehrenden befristeten Bedarfs geschlossen werden.[73]

(a13) Wunsch des Arbeitnehmers

1196 Der Wunsch des Arbeitnehmers kann die Befristung sachlich rechtfertigen. „In der Person des Arbeitnehmers liegende Gründe" werden in § 14 Abs. 1 S. 2 Nr. 6 TzBfG ausdrücklich als Sachgrund genannt. Dazu müssen aber zum Zeitpunkt des Vertragsschlusses objektive Anhaltspunkte vorliegen, aus denen gefolgert werden kann, dass der Arbeitnehmer ein Interesse gerade an einer nur befristeten Beschäftigung hat. Das ist insb. dann anzunehmen, wenn der

68 BAG 8.4.2014 – 9 AZR 856/11.

69 BAG 29.1.1987 – 2 AZR 109/86, AP § 620 BGB Saisonarbeit Nr. 1; BAG 20.10.1967 – 3 AZR 467/66, AP § 620 BGB Befristeter Arbeitsvertrag Nr. 30.

70 MünchHandbArbR/*Wank*, § 113 Rn 70; Staudinger/*Preis*, § 620 BGB Rn 179.

71 *Plander*, DB 2002, 1002.

72 BAG 30.9.1981 – 7 AZR 789/78, DB 1982, 437; BAG 12.8.1982 – 6 AZR 1117/79, DB 1982, 1775; BAG 11.12.1991 – 7 AZR 170/91, DB 1992, 2635; BAG 12.9.1996 – 7 AZR 790/95, DB 1997, 232.

73 *Plander*, DB 2002, 1002.

Arbeitnehmer aus Gründen in seiner Person (zB wegen familiärer Verpflichtungen oder wegen einer noch nicht abgeschlossenen Ausbildung) nur einen begrenzten Zeitraum arbeiten will oder kann.[74] Soweit der Arbeitgeber aus **sozialen Erwägungen** dem Wunsch des Arbeitnehmers nach einem befristeten Arbeitsverhältnis Rechnung tragen will, müssen die sozialen Erwägungen das **überwiegende Motiv** des Arbeitgebers darstellen.[75]

dd) Erleichterte (sachgrundlose) Befristung gem. § 14 Abs. 2 TzBfG

(1) Allgemeine Grundsätze

§ 14 Abs. 2 **S. 1** TzBfG erlaubt ohne Sachgrund die (erleichterte) Befristung bis zur **maximalen Dauer von zwei Jahren**. Innerhalb dieses Zeitraums ist die Befristung auch mehrfach zulässig; jedoch darf es **höchstens drei Verlängerungen** geben. Die Zulässigkeit einer Befristung ohne Vorliegen eines sachlichen Grundes nach § 14 Abs. 2 S. 1 TzBfG unterliegt weder verfassungsrechtlichen noch unionsrechtlichen Bedenken.[76] 1197

Nach § 14 Abs. 2 **S. 3** TzBfG kann durch **Tarifvertrag** nicht nur entweder die Anzahl der Verlängerungen befristeter Arbeitsverträge oder die Höchstdauer der Befristung, sondern kumulativ beide Vorgaben abweichend von § 14 Abs. 2 S. 1 TzBfG geregelt werden. § 14 Abs. 2 S. 3 TzBfG (abweichende Festlegung der Anzahl der Verlängerungen oder der Höchstdauer der Befristung durch Tarifvertrag) verstößt nicht gegen das Verschlechterungsverbot des § 8 Nr. 8 der Rahmenvereinbarung im Anhang der Richtlinie EGRL 70/99.[77] 1198

Die **tarifliche Dispositionsbefugnis** ist allerdings **nicht völlig schrankenlos**.[78] § 14 Abs. 2 S. 3 TzBfG ermöglicht keine Tarifverträge, die das in § 14 Abs. 1 TzBfG zum Ausdruck kommende gesetzgeberische Konzept, wonach befristete Arbeitsverträge grds. nur mit Sachgrund zulässig sind, konterkarieren oder die nicht mehr der mit der Regelung des TzBfG verfolgten Verwirklichung der aus Art. 12 Abs. 1 GG folgenden staatlichen Schutzpflicht entsprechen. Die gesetzliche Tariföffnungsklausel erlaubt auch keine Tarifverträge, die dem in der Richtlinie 1999/70/EG des Rates vom 28.6.1999 zu der EGB-UNICE-CCEP-Rahmenvereinbarung über befristete Arbeitsverträge zugrunde gelegten Ziel einer Verhinderung von Missbrauch durch aufeinanderfolgende befristete Arbeitsverträge erkennbar zuwiderlaufen. 1199

Die Arbeitsvertragsparteien können die Möglichkeit zur sachgrundlosen Befristung **vertraglich ausschließen**. Die Benennung eines Sachgrundes im Arbeitsvertrag allein reicht jedoch für die Annahme einer solchen Vereinbarung nicht aus. Vielmehr müssen im Einzelfall zusätzliche Umstände hinzutreten.[79] Einem Hinweis auf einen konkreten Befristungsgrund in einem Vermerk zum Arbeitsvertrag, in dem auch die Zuweisung des Arbeitsplatzes und der Hinweis auf § 38 Abs. 1 SGB III enthalten sind, kann regelmäßig nicht die Bedeutung beigemessen werden, dass der Arbeitgeber mit der Angabe des Befristungsgrundes zugleich mit vertraglichem Bindungswillen auf die rechtliche Möglichkeit einer sachgrundlosen Befristung gem. § 14 Abs. 2 TzBfG verzichten wollte.[80] 1200

Ein **Anspruch** des Arbeitnehmers auf eine Verlängerung gem. § 14 Abs. 2 TzBfG ist grds. nicht gegeben. Dies ist auch dann der Fall, wenn der Arbeitgeber anderen Arbeitnehmern eine entsprechende Verlängerung anbietet (kein Anspruch aufgrund des arbeitsrechtlichen Gleichbehandlungsgrundsatzes). Ein Anspruch kann sich allenfalls dann ergeben, wenn der Arbeitneh- 1201

---

74 BAG 19.1.2005 – 7 AZR 115/04, NZA 2005, 896; BAG 16.4.2003 – 7 AZR 187/02, DB 2003, 2391; BAG 26.4.1985 – 7 AZR 316/84, DB 1995, 2566.

75 BAG 21.1.2009 – 7 AZR 630/07, DB 2009, 1078.

76 BAG 19.3.2014 – 7 AZR 828/12, FA 2014, 213.

77 BAG 5.12.2012 – 7 AZR 698/11, NZA 2013, 515; BAG 19.3.2014 – 7 AZR 828/12, FA 2014, 213.

78 BAG 15.8.2012 – 7 AZR 184/11, DB 2012, 2697.

79 BAG 29.6.2011 – 7 AZR 774/09, NZA 2011, 1151.

80 LAG Schleswig-Holstein 27.9.2012 – 5 Sa 154/12, EzA-SD 23/2012, 7.

mer aufgrund einer Erklärung oder einer Verhaltensweise des Arbeitgebers auf eine Verlängerung vertrauen darf.[81]

1202 Die **Nichtverlängerung** eines befristeten Arbeitsvertrages kann allerdings **benachteiligend iSd § 3 AGG** sein, wenn mit anderen Arbeitnehmern eine Verlängerung vereinbart wird (Benachteiligung durch Unterlassen) und die Nichtverlängerung auf ein Benachteiligungsmerkmal iSd AGG (hier: „ethnische Herkunft") zurückzuführen ist.[82]

1203 Bietet der Arbeitgeber einem gem. § 14 Abs. 2 TzBfG befristet eingestellten Arbeitnehmer keinen unbefristeten Arbeitsvertrag an, da dieser im Zusammenhang mit einem Arbeitsplatzabbau Äußerungen getan hat, die der Geschäftsführer als „Frechheit" erachtet, so kann dies als **Maßregelung iSd § 612 a BGB** erachtet werden. Eine verbotene Maßregelung kann auch in der Vorenthaltung von Vorteilen bestehen. Erforderlich ist allerdings ein unmittelbarer Zusammenhang zwischen Rechtsausübung und Benachteiligung. Für den Fall der Maßregelung bestimmt § 612 a BGB selbst keine Rechtsfolge. Es handelt sich hierbei um eine Regelungslücke, die durch entsprechende Anwendung des § 15 Abs. 6 AGG (kein Anspruch auf Begründung eines Beschäftigungsverhältnisses) zu schließen ist. Dies bedeutet: Stellt das Unterlassen des Angebots eines Folgevertrages eine verbotene Maßregelung dar, so hat der Arbeitnehmer wegen Verletzung des Maßregelungsverbots keinen Anspruch auf Abschluss eines Folgevertrages (keine Naturalrestitution durch Anspruch auf Folgevertrag). Es kann allerdings ein Schadensersatzanspruch gegeben sein.[83]

1204 Eine erleichterte Befristung gem. § 14 Abs. 2 TzBfG wird nicht durch **Mitgliedschaft im Betriebsrat** unwirksam. Aus Art. 7 der Richtlinie 2002/14/EG folgt höchstens derselbe Schutz wie aus § 78 Abs. 2 BetrVG. Das Betriebsratsmitglied darf danach nicht wegen seiner Betriebsratstätigkeit benachteiligt werden. Ein befristetes Arbeitsverhältnis darf also nicht wegen einer Betriebsratstätigkeit beendet werden. Der geforderte effektive Mindestschutz ist dadurch zu gewähren, dass im Rahmen von § 78 S. 2 BetrVG von einer abgestuften Darlegungs- und Beweislast auszugehen ist. Es reicht deshalb aus, wenn das Betriebsratsmitglied vorträgt, dass die Entscheidung wegen seines Betriebsratsamts bzw seiner Betriebsratstätigkeit erfolgt ist. Der Arbeitgeber hat in diesem Falle im Einzelnen darzulegen, aus welchen Gründen das befristet abgeschlossene Arbeitsverhältnis nicht befristet verlängert oder in ein unbefristetes umgewandelt wurde. Beruht danach die Nichtübernahme in ein unbefristetes Arbeitsverhältnis bzw die Nichtverlängerung allein auf der Betriebsratstätigkeit, so kann sich ein Anspruch des Betriebsratsmitglieds auf Abschluss eines unbefristeten Arbeitsvertrages ergeben (§ 78 S. 2 BetrVG iVm § 280 BGB). Eine Befristung wird aber nicht durch die bloße Mitgliedschaft im Betriebsrat unwirksam. Ebenso begründet die Mitgliedschaft allein keinen Verlängerungsanspruch.[84]

Das BAG[85] bestätigt dies wie folgt: Auch die Arbeitsverträge und Betriebsratsmitglieder können nach Maßgabe des § 14 Abs. 2 TzBfG wirksam ohne Sachgrund befristet werden. Die Weigerung des Arbeitgebers, nach Ablauf der Befristung mit dem Betriebsratsmitglied einen Anschlussvertrag abzuschließen, stellt aber eine unzulässige Benachteiligung dar, wenn sie wegen der Betriebsratstätigkeit erfolgt. Das Betriebsratsmitglied hat in einem solchen Fall einen Anspruch auch auf Abschluss eines Folgevertrages. Das Betriebsratsamt steht der Anwendung des TzBfG nicht entgegen. Nach § 78 S. 2 BetrVG dürfen aber Betriebsratsmitglieder wegen ihrer Tätigkeit nicht benachteiligt oder begünstigt werden. Eine hiernach verbotene Benachteiligung liegt vor, wenn dem Betriebsratsmitglied im Anschluss an die Befristung wegen seiner Betriebsratstätigkeit der Abschluss eines Folgevertrages verweigert wird. Legt es Indizien dar, die für

81 BAG 13.8.2008 – 7 AZR 513/07, NZA 2009, 27; *Strecker*, RdA 2009, 381 ff.

82 BAG 21.6.2012 – 8 AZR 364/11, DB 2012, 2579.

83 BAG 21.9.2011 – 7 AZR 150/10, DB 2012, 524.

84 LAG Niedersachsen 8.8.2012 – 2 Sa 1733/11, BB 2012, 2760 = PuR 2013, 19 (Revision eingelegt unter Az: 7 AZR 847/12).

85 BAG 25.6.2014 – 7 AZR 847/12 (Pressemitteilung), DB 2014, 1930.

eine Benachteiligung wegen der Betriebsratstätigkeit sprechen, muss sich der Arbeitgeber hierauf konkret einlassen und die Indizien ggf entkräften.[86]

Ein weitergehender Schutz der sachgrundlos befristeten beschäftigten Betriebsratsmitglieder durch eine Einschränkung des Anwendungsbereichs von § 14 Abs. 2 TzBfG ist zur Gewährleistung des unionsrechtlich geforderten Mindestschutzes für Arbeitnehmervertreter nicht geboten.[87] 1205

(2) Ersteinstellung „bei diesem Arbeitgeber" (Vorbeschäftigungs- bzw Anschlussverbot)

(a1) Vertragsarbeitgeber

Gemäß § 14 Abs. 2 S. 2 TzBfG scheidet die erleichterte Befristungsmöglichkeit aus, wenn der Arbeitnehmer zuvor mit demselben Arbeitgeber unbefristet oder befristet – mit oder ohne sachlichen Grund ist unerheblich – beschäftigt war (sog. **Vorbeschäftigungs- oder Anschlussverbot**). Ein vorhergehendes Arbeitsverhältnis iSd § 14 Abs. 2 S. 2 TzBfG hat mit demselben Arbeitgeber allerdings nur dann bestanden, wenn Vertragspartner bei beiden Verträgen dieselbe natürliche oder juristische Person ist. Dies gilt auch bei konzernverbundenen Arbeitgebern.[88] Das Vorbeschäftigungsverbot betrifft zudem nur frühere Arbeitsverhältnisse. Zuvor bestandene andere Vertragsverhältnisse (zB Tätigkeit als Hochschulpraktikant) mit dem späteren Arbeitgeber hindern die sachgrundlose Befristung nicht.[89] 1206

Ein **Berufsausbildungsverhältnis** (das in dem zu entscheidenden Fall 35 Jahre zurücklag) unterfällt nicht dem Vorbeschäftigungsverbot gem. § 14 Abs. 2 S. 2 TzBfG, da es **nicht als Arbeitsverhältnis** iSd Norm zu werten ist. Im Anschluss an ein Berufsausbildungsverhältnis ist daher eine erleichterte Befristung nach § 14 Abs. 2 TzBfG möglich.[90] 1207

Arbeitgeber iSv § 14 Abs. 2 S. 2 TzBfG ist der **Vertragsarbeitgeber**. Das ist die natürliche oder juristische Person, die mit dem Arbeitnehmer den Arbeitsvertrag geschlossen hat. Die Vorbeschäftigung bei einem anderen Vertragsarbeitgeber löst das Vorbeschäftigungsverbot grds. nicht aus.[91] 1208

Das Vorbeschäftigungsverbot knüpft nicht an den Beschäftigungsbetrieb oder den Arbeitsplatz an. 1209

Mehrere Vertragsarbeitgeber, die einen gemeinsamen Betrieb führen, sind nicht derselbe Arbeitgeber iSd § 14 Abs. 2 S. 2 TzBfG. Die Vorbeschäftigung eines Arbeitnehmers bei der Bundesagentur für Arbeit, die mit einem kommunalen Träger eine gemeinsame Einrichtung Job-Center führt, steht der sachgrundlosen Befristung eines Arbeitsvertrages mit dem kommunalen Träger daher nicht entgegen.[92] 1210

Eine Vorbeschäftigung iSv § 14 Abs. 2 S. 2 TzBfG liegt grds. nicht vor, wenn der befristet eingestellte Arbeitnehmer zuvor bei einem anderen Konzernunternehmen beschäftigt war oder als Leiharbeitnehmer im gleichen Betrieb auf dem gleichen Arbeitsplatz gearbeitet hat.[93] Den Arbeitsvertragsparteien steht es frei, vertraglich zu vereinbaren, dass die Beschäftigung bei einem anderen Arbeitgeber als Vorbeschäftigung iSv § 14 Abs. 2 S. 2 TzBfG behandelt werden soll. Ob die Anwendbarkeit des § 14 Abs. 2 TzBfG durch die Vereinbarung der Anrechnung einer 1211

86 Zur sachgrundlosen Befristung eines Betriebsratsmitglieds s. auch BAG 5.12.2012 – 7 AZR 698/11, DB 2013, 1180; *Ulrici/Uhlig*, jurisPR-ArbR 27/2013 Anm. 2.

87 LAG Berlin-Brandenburg 4.11.2011 – 13 Sa 1549/11, DB 2012, 468; LAG München 18.2.2011 – 7 Sa 896/10.

88 BAG 18.10.2006 – 7 AZR 145/06, DB 2007, 1471; zur „Zuvorbeschäftigung" bei einem Betriebsveräußerer (gem. § 613 a BGB) sowie zu den Fällen der Verschmelzung von Rechtsträgern s. im Einzelnen *Schiefer*, DB 2011, 1220.

89 BAG 19.10.2005 – 7 AZR 31/05, DB 2006, 220.

90 BAG 21.9.2011 – 7 AZR 375/10, DB 2012, 462.

91 BAG 19.3.2014 – 7 AZR 527/12, DB 2014, 1324.

92 LAG Hamburg 7.3.2013 – 7 Sa 57/12, EzA-SD 2013, Nr. 15, 3.

93 BAG 9.2.2011 – 7 AZR 32/10, DB 2011, 1528; ArbG Paderborn 18.7.2014 – 3 Ca 693/14.

bei einem anderen Arbeitgeber geleisteten Vordienstzeit abbedungen wurde, ist jeweils von der Tatsacheninstanz durch Auslegung zu ermitteln.[94]

(a2) Zeitliche Beschränkung der Vorbeschäftigung

1212 Das Anschlussverbot des § 14 Abs. 2 S. 2 TzBfG galt nach früherer Rspr **„lebenslang"**.[95] Danach kam es auf den zeitlichen Abstand zwischen dem früheren Arbeitsverhältnis und dem nunmehr ohne Sachgrund befristeten Arbeitsverhältnis ebenso wenig an wie auf die Art der vorherigen Tätigkeit des Arbeitnehmers in dem Betrieb oder für den Betriebsinhaber.[96] Das BAG hielt den Wortlaut der Norm für „eindeutig".[97] Das hat sich zwischenzeitlich erfreulicherweise geändert.

1213 Nach aktueller Rspr des BAG[98] ist eine „Zuvorbeschäftigung" iSv § 14 Abs. 2 S. 2 TzBfG nicht gegeben, wenn das **frühere Arbeitsverhältnis mehr als drei Jahre zurückliegt**. Eine verfassungsorientierte Auslegung gebietet ein Verständnis des Verbots der Vorbeschäftigung nach § 14 Abs. 2 S. 2 TzBfG in dem Sinne, dass es zeitlich eingeschränkt ist. Ein zeitlich völlig unbeschränktes Verbot der Vorbeschäftigung würde die Privatautonomie der Arbeitsvertragsparteien und die Berufsfreiheit des Arbeitnehmers in übermäßiger Weise beschränken. Das damit strukturell verbundene Einstellungshindernis wäre auch unter Berücksichtigung des mit § 14 Abs. 2 S. 2 TzBfG verfolgten Schutzzwecks (Vermeidung von Kettenbefristungen) nicht gerechtfertigt. Die zeitliche Beschränkung des Verbots der Vorbeschäftigung erfordert eine im Wege der Rechtsfortbildung vorzunehmende Konkretisierung. Der an die Dauer der regelmäßigen Verjährungsfrist des § 195 BGB angelehnte Zeitraum von **drei Jahren** zwischen dem Ende des vorangegangenen und dem Beginn des sachgrundlos befristeten Arbeitsverhältnisses erscheint geeignet, erforderlich und angemessen.

1214 Dabei betont das BAG,[99] dass der Terminus **„zuvor"** durch die Arbeitsgerichtsbarkeit ohne Verletzung des Rechtsstaatsprinzips und des Grundsatzes der Gewaltenteilung in diesem Sinne einschränkend ausgelegt werden kann.[100] In der Lit. wird dies zT („Abschied vom Rechtsstaat?")[101] bezweifelt.

1215 Rechtssicherheit ist allerdings nach wie vor nicht gegeben. Mit Entscheidung vom 26.2.2013[102] hat das ArbG Gelsenkirchen festgestellt, dass – entgegen der Auffassung des BAG – eine **Beschränkung** des Vorbeschäftigungsverbots nicht möglich sei. Mit Urteil vom 26.9.2013[103] hat auch das LAG Baden-Württemberg die Auffassung vertreten, dass § 14 Abs. 2 TzBfG auch nach Ablauf von **mehr als drei Jahren** eine sachgrundlose Befristung **nicht rechtfertigen** könne. Die Rspr des BAG stehe im Widerspruch zu dem vom Gesetzgeber Gewollten. Das LAG Baden-Württemberg hat die **Revision** zugelassen. Es muss davon ausgegangen werden, dass nach einer erneuten Entscheidung des BAG, die die Beschränkung des Vorbeschäftigungsverbots auf drei Jahre bestätigen dürfte, in der Angelegenheit das BVerfG angerufen wird. Damit verbleibt es zunächst bei der kaum hinnehmbaren **Rechtsunsicherheit**. Zu der Entscheidung des LAG Baden-Württemberg ist festzustellen: Sie verkennt die Bedeutung des

94 BAG 9.2.1011 – 7 AZR 32/10, DB 2011, 1528.
95 *Schiefer*, DB 2012, 1220, 1221.
96 BAG 15.10.2006 – 7 AZR 145/06, DB 2007, 1471.
97 BAG 19.7.2009 – 7 AZN 368/09, ZTR 2009, 544.
98 BAG 6.4.2011 – 7 AZR 716/09, DB 2011, 1811; BAG 21.9.2011 – 7 AZR 375/10, DB 2012, 462.
99 BAG 21.9.2011 – 7 AZR 375/10, DB 2012, 462; s. hierzu *Schiefer*, DB 2011, Heft 18, M1.
100 ArbG Paderborn 18.7.2014 – 3 Ca 693/14.
101 *Grüters/Höpfner*, Frankfurter Allgemeine Zeitung 26.8.2011; *Schomacker*, AiB 2012, 63.
102 ArbG Gelsenkirchen 26.2.2013 – 5 Ca 2133/12 (Berufung LAG Hamm – 4 Sa 524/13, PuR 2013, 134).
103 LAG Baden-Württemberg 26.9.2013 – 6 Sa 28/13, DB 2013, 25; ebenso ArbG Kiel 25.4.2014 – 2 Ca 32b/14; ArbG Braunschweig 3.4.2014 – 5 Ca 463/13, ArbR 2014, 366; LAG Baden-Württemberg 21.2.2014 – 7 Sa 64/13, DB 2014, 883.

Wortes „zuvor“ in § 14 Abs. 2 TzBfG. Eine Auslegung als „lebenslanges Beschäftigungsverbot“ widerspricht auch der europäischen Befristungsrichtlinie.
Im Übrigen zeigt die Rechtsunsicherheit, wie dringend notwendig eine Reform des Rechts der sachgrundlosen Befristung ist. Durch Einführung einer klaren Zeitgrenze sollte endlich die dringend erforderliche Rechtssicherheit hergestellt werden.

(a3) Rechtsmissbräuchliche Vertragsgestaltung

Einer Befristung gem. § 14 Abs. 2 S. 2 TzBfG kann allerdings eine rechtsmissbräuchliche Vertragsgestaltung zugrunde liegen. Dies ist dann der Fall, wenn das Vorbeschäftigungsverbot mit einer mit den Grundsätzen von Treu und Glauben (§ 242 BGB) oder mit unionsrechtlichen Vorgaben unvereinbaren Weise umgangen wird. Gegebenenfalls kann dies angenommen werden,[104] wenn mehrere rechtlich und tatsächlich verbundene Vertragsarbeitgeber im bewussten und gewollten Zusammenwirken mit einem Arbeitnehmer aufeinanderfolgende befristete Arbeitsverträge ausschließlich deshalb vereinbaren, um auf diese Weise über die nach § 14 Abs. 2 TzBfG vorgesehenen Befristungsmöglichkeiten hinaus sachgrundlose Befristungen aneinanderreihen zu können (zB sachgrundlose Befristung bei einem ersten Arbeitgeber/sachgrundlose Befristung dieses Arbeitnehmers mit einem zweiten Arbeitgeber, der den Arbeitnehmer zur unveränderten Fortsetzung seiner bisherigen Tätigkeit an den ersten Arbeitgeber „verleiht“, wobei der erste und der zweite Arbeitgeber diese Konstruktion nur zur Umgehung des Vorbeschäftigungsverbots wählen). Die Überlassung eines sachgrundlos befristet beschäftigten Arbeitnehmers an seinen vormaligen Vertragsarbeitgeber, bei dem er zuvor sachgrundlos befristet beschäftigt war, rechtfertigt jedoch allein noch nicht die Annahme eines Gestaltungsmissbrauchs.[105] 1216

Eine etwaige **Missbrauchskontrolle** (unzulässige Ausnutzung der erleichterten Befristung gem. § 14 Abs. 2 TzBfG) hat – unter Beachtung unionsrechtlicher Vorgaben – anhand der vom BAG entwickelten Kriterien wie folgt zu erfolgen: 1217

Grundsätzlich ist der Arbeitnehmer darlegungs- und beweispflichtig für einen Rechtsmissbrauch. Es gilt aber eine **abgestufte Darlegungs- und Beweislast**: Der Arbeitnehmer muss zunächst einen Sachverhalt vortragen, der die Missbräuchlichkeit der Befristung indiziert. Der Arbeitgeber muss sich sodann im Einzelnen auf diesen Vortrag einlassen. Er kann einzelne Tatsachen konkret bestreiten oder Umstände vortragen, welche den Sachverhalt in einem anderen Licht erscheinen lassen. Trägt er nichts vor oder lässt er sich nicht substantiiert ein, gilt der schlüssige Sachvortrag des Arbeitnehmers als zugestanden. 1218

Ein Rechtsmissbrauch wird **indiziert** durch 1219

- Umstände, aus denen sich die rechtliche und tatsächliche Verbundenheit zwischen dem vormaligen und dem letzten Vertragsarbeitgeber ergeben,
- den nahtlosen Anschluss des mit dem neuen Vertragsarbeitgeber geschlossenen befristeten Arbeitsvertrages an den befristeten Vertrag mit dem vormaligen Vertragsarbeitgeber,
- eine ununterbrochene Beschäftigung auf demselben Arbeitsplatz oder in demselben Arbeitsbereich (vor allem, wenn sie vertraglich zugesichert ist) zu auch im Übrigen – im Wesentlichen – unveränderten oder gleichen Arbeitsbedingungen,
- die weitere Ausübung des Weisungsrechts durch den bisherigen Vertragsarbeitgeber oder
- eine ohnehin gemeinsame Ausübung des Weisungsrechts,
- die „Vermittlung“ des Arbeitnehmers an den letzten Vertragsarbeitgeber durch den vormaligen Vertragsarbeitgeber und
- ein erkennbar systematisches Zusammenwirken von bisherigem und neuem Arbeitgeber.

104 BAG 15.5.2013 – 7 AZR 525/11, DB 2013, 2276 (Umgehung des Anschlussverbots des § 14 Abs. 2 S. 2 TzBfG).

105 BAG 9.3.2011 – 7 AZR 657/09, BB 2011, 2099.

(3) Gesamtdauer von zwei Jahren

1220 § 14 Abs. 2 TzBfG erlaubt ohne weitere Einschränkung die Befristung bis zu einer **Gesamtdauer** von zwei Jahren. Dies gilt auch für Arbeitnehmer mit Sonderkündigungsschutz (Schwerbehinderte, Schwangere, Elternzeitler, Betriebsratsmitglieder etc.). Bei Überschreitung dieser Höchstdauer – und Fehlen eines sachlichen Grundes gem. § 14 Abs. 1 TzBfG – entsteht ein unbefristetes Arbeitsverhältnis. Überschreitet der Verlängerungsvertrag gem. § 14 Abs. 2 TzBfG den Zwei-Jahres-Zeitraum **um einen Tag**, ist eine Anfechtung des Arbeitsvertrages unter dem Gesichtspunkt des Erklärungs- oder Inhaltsirrtums grds. nicht gegeben. Es liegt ein unbeachtlicher Kalkulationsirrtum vor.[106]

(4) Höchstens dreimalige Verlängerung

1221 Es sind **drei Verlängerungen** und damit **maximal vier Befristungsabschnitte** möglich. Der **Verlängerungsbegriff** hat eine zeitliche und eine inhaltliche Komponente. In zeitlicher Hinsicht ist jede Unterbrechung schädlich (dh auch eine eintägige Unterbrechung zwischen dem ersten und dem zweiten Befristungsabschnitt). In inhaltlicher Hinsicht ist nach der formalistischen Rspr des BAG Voraussetzung, dass die Laufzeit noch während des zu verlängernden Vertrages vereinbart und nur die Vertragsdauer geändert wird, nicht aber die übrigen Arbeitsbedingungen. Werden zeitlich mit der Verlängerung des Arbeitsvertrages auch Arbeitsbedingungen – zB Einsatzort, Vergütung – geändert, so liegt keine Verlängerung vor. Es handelt sich vielmehr um einen neuen befristeten Arbeitsvertrag, der in diesem Fall aber nicht nach § 14 Abs. 2 TzBfG möglich ist, weil es sich nicht um eine Ersteinstellung handelt. Im Ergebnis ist also auch eine Modifikation zugunsten des Arbeitnehmers, die zB lediglich eine Erhöhung des Stundenlohns um 0,50 € beinhaltet, schädlich.[107] Richtigerweise betont das BAG, dass die Parteien in der Verlängerungsvereinbarung zumindest die Vertragsbedingungen des befristeten Arbeitsvertrages an die zum Zeitpunkt der Verlängerung geltende Rechtslage anpassen können. Zulässig bleibt ebenfalls die inhaltliche Änderung eines nach § 14 Abs. 2 TzBfG befristeten Arbeitsverhältnisses während des Laufs einer Befristungsperiode. Der dergestalt geänderte Vertrag kann sodann in einer zweiten Befristungsperiode gem. § 14 Abs. 2 TzBfG „verlängert" werden. Der Arbeitgeber muss also tief in die „Trickkiste" greifen, um die Klippen des Gesetzes zu „umschiffen".[108] Eine Vertragsänderung sollte also einige Tage oder Monate vor der beabsichtigten Verlängerung erfolgen.[109]

1222 Hieraus folgt: Eine Verlängerung iSd § 14 Abs. 2 TzBfG ist nicht gegeben, wenn zwischen den einzelnen Befristungsabschnitten zeitliche (ggf auch kurzfristige) Unterbrechungen liegen. Gleiches gilt, wenn die Arbeitsbedingungen im Verhältnis zu dem vorangegangenen Befristungsabschnitt geändert werden. Die Befristung ist dann wegen des Verstoßes gegen das Anschlussverbot aus § 14 Abs. 2 S. 2 TzBfG unwirksam. Dies gilt für alle Modifikationen der Arbeitsbedingungen (zB auch für eine Erhöhung der Arbeitszeit).[110] Etwas anderes ist nur dann anzunehmen, wenn die Änderung der Anpassung des Vertrages an eine geänderte Rechtslage oder der Erfüllung eines Anspruchs des Arbeitnehmers dient (zB Verlängerungsverlangen iSd § 9 TzBfG).[111]

1223 § 14 Abs. 2 S. 1 Hs 2 TzBfG setzt voraus, dass die Vereinbarung über die „Verlängerung" **noch vor Abschluss** der Laufzeit des bisherigen Vertrages in **schriftlicher Form** (§ 14 Abs. 4 TzBfG) vereinbart wird und der Vertragsinhalt ansonsten **unverändert** bleibt. Eine nach Ablauf der

106 LAG Mecklenburg-Vorpommern 17.4.2013 – 2 Sa 237/12, AuA 2013, 547.
107 BAG 23.8.2006 – 7 AZR 12/06, NZA 2007, 204.
108 *Schiefer/Köster/Korte*, DB 2007, 1081, 1082.
109 *Bauer*, NZA 2014, 889, 890 in Bezug auf das „Hinausschieben" nach der seit dem 1.7.2014 geltenden Regelung des § 41 S. 3 SGB VI.
110 BAG 16.1.2008 – 7 AZR 603/06, DB 2008, 1323.
111 BAG 16.1.2008 – 7 AZR 603/06, DB 2008, 1323.

Vertragszeit vereinbarte „Verlängerung" ist als **Neuabschluss** eines befristeten Arbeitsvertrages anzusehen, der nach § 14 Abs. 2 S. 2 TzBfG ohne Sachgrund unzulässig ist, da zwischen den Parteien bereits ein Arbeitsverhältnis bestanden hat.[112]

(5) Empfehlungen für die Praxis

Im Anschluss an eine Sachgrundbefristung nach § 14 Abs. 1 TzBfG ist eine erleichterte Befristung nach § 14 Abs. 2 TzBfG nicht möglich (**Anschluss- oder Vorbeschäftigungsverbot**). Eine Sachgrundbefristung im Anschluss an eine erleichterte Befristung ist hingegen möglich, soweit ein ausreichender Sachgrund gegeben ist. 1224

Aufgrund der Unwägbarkeiten einer Sachgrundbefristung nach § 14 Abs. 1 TzBfG ist der Arbeitgeber gut beraten, grds. den Weg der **erleichterten Befristung nach § 14 Abs. 2 TzBfG** zu wählen. Der Begriff „erleichterte Befristung" ist allerdings trügerisch. Die gesetzlichen Vorgaben sowie die hierzu ergangene Rspr sind zu beachten. Dies gilt insb. für das Vorbeschäftigungs- bzw Anschlussverbot des § 14 Abs. 2 S. 2 TzBfG (s. ausf. § 1 Rn 1206 ff). 1225

Sicherheitshalber sollte der Aspekt einer vorangegangenen Beschäftigung auch in den Arbeitsvertrag einfließen. In Betracht kommt folgende Formulierung:[113] 1226

> **„§ (...) Neueinstellung**
> Mit Rücksicht auf § 14 Abs. 2 S. 2 TzBfG versichert Herr/Frau (...) ausdrücklich, dass er/sie noch nie in seinem/ihrem Leben in einem Arbeitsverhältnis zur Firma gestanden hat. Herr/Frau (...) ist darüber informiert, dass eine unrichtige Angabe hierüber die Firma zur Anfechtung des Arbeitsvertrages nach § 123 BGB berechtigen kann."

ee) Existenzgründerbefristung gem. § 14 Abs. 2 a TzBfG

Gemäß § 14 Abs. 2 a TzBfG können Existenzgründerbefristungen ohne Sachgrund bis zu einer **Höchstdauer von vier Jahren** vereinbart werden. Im Rahmen dieser Höchstdauer ist auch die mehrfache Verlängerung der Befristung zulässig. Anders als in § 14 Abs. 2 TzBfG (erleichterte Befristung) ist die Zahl der Befristungsverlängerungen nicht auf drei beschränkt. Allerdings können die Existenzgründerbefristungen nur von **neu gegründeten Unternehmen** in den **ersten vier Jahren nach ihrer Gründung** genutzt werden.[114] 1227

Ist der befristete Vertrag zunächst nur für eine kürzere Dauer abgeschlossen worden, kann er – auch beliebig mehrfach – **bis zur vierjährigen Höchstdauer** verlängert werden. Der Begriff der Verlängerung in § 14 Abs. 2 a TzBfG ist mit dem Begriff in § 14 Abs. 2 TzBfG (erleichterte Befristung) identisch. Auch das Vorbeschäftigungsverbot des § 14 Abs. 2 S. 2 TzBfG ist zu beachten.[115] 1228

ff) Altersbefristung gem. § 14 Abs. 3 TzBfG

Gemäß § 14 Abs. 3 TzBfG aF konnten Arbeitgeber mit Arbeitnehmern, die bei Beginn der Befristung das 52. Lebensjahr vollendet hatten, erleichtert eine Befristung vereinbaren. Es galt hier weder die Einschränkung des § 14 Abs. 2 S. 1 TzBfG hinsichtlich der Gesamtdauer der Befristung noch hinsichtlich der Zahl der Verlängerungsmöglichkeiten. Auch das Vorbeschäftigungsverbot des § 14 Abs. 2 S. 2 TzBfG fand keine Anwendung. Ein enger sachlicher Zusammenhang mit einem vorangegangenen unbefristeten Arbeitsverhältnis durfte allerdings nicht bestehen. 1229

---

112 LAG Hessen 4.2.2013 – 16 Sa 709/12, EzA-SD 2013, Nr. 14, 9.
113 *Hümmerich/Lücke/Mauer*, FB ArbR, Muster 1015 (§ 10).
114 Zu den Einzelheiten *Schiefer/Worzalla*, Agenda 2010, Rn 255.
115 KPK/*Sowka*, § 4 Rn 1049.

1230 Bereits frühzeitig wurden Bedenken im Hinblick auf eine etwaige Europarechtswidrigkeit der Regelung erhoben.[116] Diese hat der EuGH mit der sog. **Mangold-Entscheidung** bestätigt.[117] Nach Ansicht des EuGH ist die Altersbefristung iSd § 14 Abs. 3 S. 4 TzBfG aF (erleichterte Befristung nach Vollendung des 52. Lebensjahres) nicht mit dem Europarecht zu vereinbaren. Die Mitgliedstaaten hätten zwar einen weiten Ermessensspielraum bei der Wahl der Maßnahmen zur Erreichung ihrer Ziele im Bereich der Arbeits- und Sozialpolitik. Die Anwendung der in Rede stehenden nationalen Rechtsvorschriften verstoße aber gegen Art. 6 Abs. 1 der Gleichbehandlungsrichtlinie 2000/78/EG vom 27.1.2000. Im Anschluss an dieses Urteil hat das BAG[118] entschieden, dass die Altersbefristung gegen Gemeinschaftsrecht verstößt. Sie sei daher nicht mehr anzuwenden. Die diesbezügliche Entscheidung des EuGH enthalte keine zeitliche Beschränkung. Sie erfasse daher (rückwirkend) auch „Altersbefristungen", die in dem Vertrauen auf eine Regelung des nationalen Rechts (§ 14 Abs. 3 S. 4 TzBfG) vereinbart worden sind.[119]

1231 Der Gesetzgeber hat daher für die sog. **Altersbefristung** eine **Neuregelung** geschaffen, die europarechtlichen Vorgaben genügen soll. Die Regelung ist am 1.5.2007 in Kraft getreten.[120] **§ 14 Abs. 3 TzBfG** lautet:

„Die kalendermäßige Befristung eines Arbeitsvertrages ohne Vorliegen eines sachlichen Grundes ist bis zu einer Dauer von fünf Jahren zulässig, wenn der Arbeitnehmer bei Beginn des befristeten Arbeitsverhältnisses das 52. Lebensjahr vollendet hat und unmittelbar vor Beginn des befristeten Arbeitsverhältnisses mindestens vier Monate beschäftigungslos im Sinne des § 138 Absatz 1 Nummer 1 des Dritten Buches Sozialgesetzbuch gewesen ist, Transferkurzarbeitergeld bezogen oder an einer öffentlich geförderten Beschäftigungsmaßnahme nach dem Zweiten oder Dritten Buch Sozialgesetzbuch teilgenommen hat. Bis zu der Gesamtdauer von fünf Jahren ist auch die mehrfache Verlängerung des Arbeitsvertrages zulässig."

1232 Die Altersbefristung ist danach nur unter folgenden **Voraussetzungen** möglich:

- Der Arbeitnehmer muss bei Beginn des befristeten Arbeitsverhältnisses das 52. Lebensjahr vollendet haben.
- Die Befristungsdauer darf die Maximaldauer von fünf Jahren nicht überschreiten.
- Der Arbeitnehmer muss vor Beginn der befristeten Beschäftigung mindestens vier Monate
  - beschäftigungslos (§ 138 Abs. 1 Nr. 1 SGB III) gewesen sein,
  - Transfer-Kurzarbeitergeld bezogen oder
  - an einer öffentlich geförderten Beschäftigungsmaßnahme nach dem SGB II bzw SGB III teilgenommen haben.

1233 Mehrfache Verlängerungen des Ausgangsarbeitsverhältnisses sind zulässig.

gg) Kündigungsklauseln

1234 Das wirksam befristete oder auflösend bedingte Arbeitsverhältnis **endet automatisch** mit Ablauf der Frist, der Zweckerreichung oder des Eintritts der auflösenden Bedingung. Bei Vorliegen eines wichtigen Grundes kann das Arbeitsverhältnis auch vorzeitig gem. § 626 BGB beendet werden. Eine vorzeitige Beendigung des befristeten oder auflösend bedingten Arbeitsverhältnisses durch ordentliche Kündigung kommt jedoch nur dann in Betracht, wenn die Parteien dies vertraglich vereinbart haben (§§ 15 Abs. 3, 21 TzBfG). Dem Arbeitgeber ist daher **dringend anzuraten**, die Möglichkeit der vorzeitigen ordentlichen Kündigung mit dem Arbeitnehmer zu vereinbaren. Eine entsprechende Regelung einer Betriebsvereinbarung genügt nicht.[121]

---

116 *Preis/Gotthardt*, DB 2000, 2072; *Kliemt*, NZA 2000, 300.
117 EuGH 22.1.2005 – Rs. C-144/04, DB 2005, 2638.
118 BAG 26.4.2006 – 7 AZR 500/04, DB 2006, 1734, 1739.
119 Zur Kritik *Schiefer/Köster/Korte*, DB 2007, 1081, 1083.
120 Zu den Einzelheiten *Schiefer/Köster/Korte*, DB 2007, 1081, 1083.
121 *Hromadka*, BB 2001, 675; Annuß/Thüsing/*Maschmann*, TzBfG, § 15 Rn 10.

Sieht ein Vertragsmuster vor, dass „zutreffende Regelungen angekreuzt" und nicht zutreffende Regelungen gestrichen werden, wird grds. die ordentliche Kündbarkeit eines befristeten Arbeitsverhältnisses iSv § 15 Abs. 3 TzBfG vereinbart, wenn unter der vom Schriftbild her hervorgehobenen Überschrift „Tätigkeit, Lohn, Probezeit, Kündigung, Arbeitszeit" die Regelung „für die Kündigung des Arbeitsverhältnisses" – nach Ablauf der Probezeit – „gilt die gesetzliche Kündigungsfrist" angekreuzt wird. Eine solche Regelung ist weder unklar oder missverständlich iSv § 307 Abs. 1 S. 2 BGB. Sie ist nicht zweifelhaft iSd § 305 c Abs. 2 BGB und nicht überraschend iSv § 305 c Abs. 1 BGB. Dabei sind Allgemeine Geschäftsbedingungen nach ihrem objektiven Inhalt und typischen Sinn einheitlich so auszulegen, wie sie von verständigen und redlichen Vertragspartnern unter Abwägung der Interessen der normalerweise beteiligten Verkehrskreise verstanden werden, wobei nicht die Verständnismöglichkeiten des konkreten, sondern die des durchschnittlichen Vertragspartners des Verwenders zugrunde zu legen sind. Es ist daher bei der Auslegung nicht zu berücksichtigen, wenn der Arbeitnehmer geltend macht, dass bei den Vertragsgesprächen nur von der ordentlichen Kündigung während der Probezeit, nicht aber nach der Probezeit die Rede gewesen sei.[122] 1235

Die für die Erhebung einer Kündigungsschutzklage maßgebliche **dreiwöchige Klagefrist** des § 4 KSchG ist auch dann einzuhalten, wenn die ordentliche Kündigung gegen das Kündigungsverbot des § 15 Abs. 3 TzBfG verstößt.[123] 1236

Da auch Altersgrenzenregelungen[124] nach der Rspr des BAG der Befristungskontrolle unterliegen (s. § 1 Rn 643 ff), kann sich die Frage stellen, wie zu verfahren ist, wenn das Recht zur ordentlichen Kündigung in einem solchen Vertrag nicht ausdrücklich vereinbart ist. Hier kann und muss – ein anderes Ergebnis wäre „weltfremd" – im Wege der Auslegung gem. §§ 133, 147 BGB davon ausgegangen werden, dass die Parteien stillschweigend das Recht zur ordentlichen Kündigung unterstellt haben.[125] 1237

Nach der Rspr des BAG soll es genügen, wenn sich die Möglichkeit der ordentlichen Kündbarkeit vor Fristablauf aus den Umständen (**konkludent**) eindeutig ergibt. Deshalb geht das BAG zutreffend davon aus, dass für den Fall, dass im Rahmen eines befristeten Arbeitsvertrages eine **Probezeit** vereinbart wird, dies nach Treu und Glauben nur dahin verstanden werden kann, dass während des Laufs des befristeten Arbeitsverhältnisses mit der kürzest zulässigen gesetzlichen oder tariflichen Kündigungsfrist in der Probezeit gekündigt werden kann.[126] Ungeachtet dessen soll die Möglichkeit der ordentlichen Kündigung stets ausdrücklich vereinbart werden (s. § 1 Rn 1234). 1238

Soweit die ordentliche vorzeitige Kündigung des befristeten Arbeitsvertrages zulässig ist, finden auf diese Kündigung die allgemeinen Vorschriften Anwendung, also etwa der Kündigungsschutz des § 1 KSchG oder ein etwaiger besonderer Kündigungsschutz, zB nach § 9 MuSchG, § 18 BEEG, § 15 KSchG oder § 85 SGB IX. Dieser Kündigungsschutz ist jedoch zeitlich begrenzt. Denn jedenfalls mit dem vorgesehenen Befristungsende wird das Arbeitsverhältnis beendet. 1239

Für den Fall, dass die **Befristung** ausschließlich wegen des **Mangels der Schriftform** (§ 14 Abs. 4 TzBfG) rechtsunwirksam ist, können sowohl der Arbeitgeber als auch der Arbeitnehmer – auch ohne dass die Möglichkeit der ordentlichen Kündigung gem. § 15 Abs. 3 TzBfG vereinbart war – den Arbeitsvertrag auch vor dem vereinbarten Fristende ordentlich kündigen (§ 16 S. 2 TzBfG). Der Arbeitgeber muss jedoch die allgemeinen Regeln des Kündigungsschutzrechts einhalten, also zB die Kündigungsfrist und das Kündigungsschutzgesetz. 1240

122 BAG 4.8.2011 – 6 AZR 436/10, DB 2011, 2552.
123 BAG 22.7.2010 – 6 AZR 480/09, DB 2010, 2172.
124 S. § 1 Rn 603 ff (4. Altersgrenzenklauseln).
125 *Schiefer*, DB 2011, 1220, 1223.
126 BAG 4.7.2001 – 2 AZR 88/00, NZA 2002, 288.

1241 Nur im **Hochschulbereich** ist kraft Gesetzes der **Wegfall von Drittmitteln** bei drittmittelfinanzierten Arbeitsverträgen ein Kündigungsgrund, auch wenn der befristete Arbeitsvertrag keine Kündigung vorsieht, § 57d HRG.[127] § 57d HRG ist lex specialis gegenüber § 15 Abs. 3 TzBfG.

hh) Kein Zitiergebot

1242 Da das TzBfG **kein Zitiergebot** enthält, müssen die Parteien nicht erklären, ob ihre Befristung auf der Grundlage von § 14 Abs. 1 oder 2 TzBfG erfolgt.[128] Dies gilt auch für die Befristung einzelner Arbeitsbedingungen.[129] Mangels Zitiergebots kann der Arbeitgeber jederzeit die Rechtfertigungstatbestände „Sachgrundbefristung" und „sachgrundlose Befristung" austauschen.[130]

1243 Aus Arbeitgebersicht besteht daher keine Veranlassung, sich vorzeitig auf einen Befristungsgrund im **Text des Arbeitsvertrages** festzulegen. *Sowka*[131] empfiehlt im Gegenteil, in den Vertrag die folgende Formulierung aufzunehmen:

„Die Befristung wird auf jede mögliche Rechtsgrundlage gestützt."

1244 Soll die Befristung auf § 14 Abs. 2 TzBfG gestützt werden, so ist es mangels Zitiergebots allein entscheidend, ob die Voraussetzungen des § 14 Abs. 2 TzBfG objektiv vorliegen.[132]

1245 Hat der öffentliche Arbeitgeber den Sachgrund im Arbeitsvertrag benannt, kann er sich allerdings anschließend nicht auf einen anderen Sachgrund, insb. den der nur zeitlich begrenzten Verfügbarkeit von Haushaltsmitteln, berufen.[133]

1246 Gemäß § 14 Abs. 4 TzBfG ist Wirksamkeitsvoraussetzung nur die **Schriftform der Befristungsvereinbarung** an sich. Der Rechtfertigungsgrund muss weder im Vertrag stehen noch bei Abschluss des Vertrages mitgeteilt werden. Es reicht aus, wenn er objektiv vorliegt. Daher kann ein Arbeitgeber bei einer Sachgrundbefristung grds. auch einen anderen als den im Arbeitsvertrag genannten Sachgrund anführen oder sich hilfsweise auf die Bestimmung des § 14 Abs. 2 TzBfG berufen.[134]

1247 Wird im befristeten Arbeitsvertrag ein Sachgrund angegeben, so kann der Arbeitgeber im Rahmen einer Entfristungsklage die Befristung also dennoch auf § 14 Abs. 2 TzBfG (sachgrundlose Befristung) stützen. Es reicht aus, wenn die Voraussetzungen des § 14 Abs. 2 TzBfG bei Vertragsschluss objektiv vorliegen. Etwas anderes ist nur dann anzunehmen, wenn in der Befristungsabrede die Möglichkeit der erleichterten Befristung abbedungen worden ist. Hierfür reicht allerdings die Angabe eines Befristungsgrundes idR nicht aus. Es müssen weitere Umstände hinzutreten. Es gilt kein Zitiergebot. Das heißt: Es bedarf nicht der Angabe eines Befristungsgrundes. Etwas anderes kann sich ggf aus einer tarifvertraglichen Regelung ergeben.[135]

1248 Die befristete „Einstellung" selbst unterfällt der **Mitbestimmung** gem. § 99 BetrVG. Gleiches gilt für die jeweilige Verlängerung gem. § 14 Abs. 2 TzBfG. Gleiches dürfte ferner für ein erstes und ein weiteres Hinausschieben gem. § 41 S. 3 SGB VI (s. dazu § 1 Rn 1305 ff) gelten.

1249 Der Betriebsrat hat **kein Mitbestimmungsrecht** bei der Befristung von Arbeitsverträgen. Er ist nicht über einen Befristungsgrund zu unterrichten. Wird gegenüber dem Betriebsrat ein Befris-

---

127 Staudinger/*Preis*, § 620 BGB Rn 217.

128 BAG 29.6.2011 – 7 AZR 774/09, DB 2011, 2484; BAG 21.9.2011 – 7 AZR 375/10, DB 2012, 462.

129 BAG 2.9.2009 – 7 AZR 233/08, DB 2009, 2439.

130 *Sowka*, Befristete Arbeitsverträge, S. 58.

131 *Sowka*, Befristete Arbeitsverträge, S. 23.

132 BAG 19.2.2003 – 7 AZR 2/02, NZA 2003, 1316.

133 BAG 28.3.2001 – 7 AZR 701/99, NZA 2001, 666.

134 LAG Hamm 14.2.2008 – 17 Sa 2017/07, EzA-SD 2008 Nr. 11, 3–4.

135 BAG 29.6.2011 – 7 AZR 774/09, BB 2011, 2484; *Schiefer*, DB 2011, 1220.

tungsgrund genannt, so hindert dies den Arbeitgeber nicht, im Rahmen einer Entfristungsklage die Befristung auf § 14 Abs. 2 TzBfG zu stützen.[136]

Eine erleichterte (sachgrundlose) Befristung nach § 14 Abs. 2 TzBfG kann allerdings grds. ausdrücklich oder konkludent abbedungen werden. Die Angabe eines Sachgrundes im Arbeitsvertrag kann auf einen solchen Ausschluss hindeuten. Es müssen jedoch zusätzliche Umstände hinzutreten. Die Bezugnahme auf das bereits seit mehreren Jahren außer Kraft getretene Beschäftigungsförderungsgesetz reicht hierfür nicht aus (in der Befristungsabrede war fälschlicherweise auf das Beschäftigungsförderungsgesetz verwiesen worden).[137] 1250

Die Befristung eines Arbeitsvertrages zum **Zwecke der Erprobung** des Arbeitnehmers ist nur dann als sachlicher Grund anerkannt, wenn dieser Zweck **Vertragsinhalt** geworden ist. Dies bedeutet, dass ausdrücklich vereinbart werden muss, dass das Arbeitsverhältnis automatisch, ohne dass es einer Kündigung bedürfte, mit Ablauf einer „Probezeit" beendet werden soll. Die rechtliche Zulässigkeit des befristeten Probearbeitsverhältnisses ergibt sich aus § 14 Abs. 1 S. 2 Nr. 5 TzBfG oder auch aus § 14 Abs. 2 TzBfG.[138] Es genügt also nicht, dass die Erprobung nur Motiv des Arbeitgebers war, selbst wenn sie für den Arbeitnehmer erkennbar war.[139] *Kliemt* empfiehlt, bei der Formulierung eines befristeten Arbeitsvertrages Gründe in der Person des Arbeitnehmers (§ 14 Abs. 1 S. 2 Nr. 6 TzBfG) wie zB den Fall, dass die Erprobung auf Wunsch des Arbeitnehmers erfolgte, zum Zweck der Beweissicherung im Vertragstext niederzulegen.[140] 1251

Bei der **Zweckbefristung** muss auch der Vertragszweck schriftlich vereinbart werden.[141] 1252

ii) Zeit- und Zweckbefristung

Eine **Zeitbefristung** liegt vor, wenn die Dauer des Arbeitsverhältnisses nach einem fest begrenzten Kalenderzeitraum (Tage, Wochen, Monate, Jahre) eindeutig bestimmt oder einfach bestimmbar ist (§ 3 Abs. 1 TzBfG).[142] Beispiele: „Der Arbeitnehmer wird am 1.2.2015 bis zum 30.9.2015 eingestellt. Am 30.9.2015 soll das Arbeitsverhältnis automatisch enden, ohne dass es einer Kündigung bedarf." Oder: „Der Arbeitnehmer wird ab dem 1.8.2015 für drei Monate befristet eingestellt. Nach Ablauf der drei Monate soll das Arbeitsverhältnis automatisch enden, ohne dass es einer Kündigung bedarf." 1253

Viele Arbeitgeber meinen, mit der Vereinbarung einer Probezeit von einigen Monaten hätten sie auch eine (Zeit-)Befristung vorgenommen. Dies ist jedoch nicht der Fall. Allein mit der Vereinbarung einer Probezeit ist gerade noch nicht eine Befristung des Arbeitsverhältnisses erfolgt. Die zeitliche Befristung muss vielmehr besonders vereinbart werden (s. § 1 Rn 1251). 1254

Eine **Verbindung von auflösender Bedingung und kalendermäßiger Höchstbefristung** iSv § 3 Abs. 1 S. 2 Alt. 1, § 15 Abs. 1 TzBfG ist grds. zulässig. Die Wirksamkeit der auflösenden Bedingung und der zeitlichen Höchstbefristung sind rechtlich getrennt zu beurteilen. Bei einer Kombination von auflösender Bedingung und zeitlicher Höchstbefristung ist Rechtsfolge der **widerspruchslosen Weiterarbeit** iSv §§ 21, 15 Abs. 5 TzBfG über den Bedingungseintritt hinaus nicht die unbefristete Fortdauer des Arbeitsverhältnisses. Die Fiktionswirkung ist nach Sinn und Zweck der §§ 21, 15 Abs. 5 TzBfG auf den nur befristeten Fortbestand des Arbeitsverhältnisses beschränkt.[143] 1255

136 BAG 29.6.2011 – 7 AZR 774/09, BB 2011, 2484.
137 BAG 21.9.2011 – 7 AZR 375/10, DB 2012, 462.
138 *Sowka*, Befristete Arbeitsverträge, S. 17.
139 BAG 30.9.1981 – 7 AZR 789/78, AP § 620 BGB Befristeter Arbeitsvertrag Nr. 61; *Kliemt*, NZA 2001, 296, 299.
140 *Kliemt*, NZA 2001, 296, 299.
141 BAG 21.12.2005 – 7 AZR 541/04, NZA 2006, 321.
142 BAG 29.6.2011 – 7 AZR 6/10, DB 2011, 2921.
143 BAG 29.6.2011 – 7 AZR 6/10, DB 2011, 2921.

1256 Eine Zeitbefristung, die zur **Vertretung eines erkrankten Arbeitnehmers** geschlossen wird, wird nicht deshalb unwirksam, weil der vertretene Arbeitnehmer während dieser Zeit stirbt. Fällt der bei Vertragsschluss gegebene Sachgrund für die Befristung später weg, entsteht kein unbefristetes Arbeitsverhältnis. Die Wirksamkeit der Befristung hängt allein davon ab, ob der sachliche Grund bei Vertragsschluss bestand.[144]

1257 Bei der **Zweckbefristung** ergibt sich die Dauer des Arbeitsverhältnisses aus der Beschaffenheit oder dem Zweck der Arbeitsleistung (§ 3 Abs. 1 TzBfG). Bei einer Zweckbefristung machen die Parteien die Beendigung des Arbeitsverhältnisses vom **Eintritt eines künftigen Ereignisses** abhängig, dessen Eintritt sie für gewiss halten, dessen Zeitpunkt dagegen ungewiss ist.

1258 Eine Zweckbefristung bedarf zu ihrer Wirksamkeit des Vorliegens eines **sachlichen Grundes**. In Betracht kommen zur Rechtfertigung insb. die in § 14 Abs. 1 S. 2 Nr. 1–8 TzBfG genannten sachlichen Gründe.[145]

1259 Eine Zweckbefristung erfordert zum einen eine unmissverständliche Einigung darüber, dass das Arbeitsverhältnis bei Zweckerreichung enden soll, wobei die Einigung nach § 14 Abs. 4 TzBfG schriftlich vereinbart sein muss.[146] Zum anderen muss der Zweck, mit dessen Erreichung das Arbeitsverhältnis enden soll, so **genau bezeichnet** sein, dass hieraus das Ereignis, dessen Eintritt zur Beendigung des Arbeitsverhältnisses führen soll, zweifelsfrei feststellbar ist. Gegebenenfalls ist durch Auslegung zu ermitteln, worauf sich die Parteien geeignet haben.[147]

1260 Mit der Zweckerreichung endet bei wirksamer Befristung das Arbeitsverhältnis. Typische Fälle der Zweckbefristung sind die Fälle der befristeten Einstellung zur **Vertretung für einen kranken Arbeitnehmer**, für **Arbeitnehmerinnen im Mutterschutz** oder wenn der Arbeitnehmer für eine lediglich **vorübergehend anfallende Arbeit** auf einer auswärtigen Baustelle eingesetzt wird.

1261 Bei der Zweckbefristung sind die folgenden Besonderheiten zu beachten:[148]

- Zweckbefristungen ohne sachlichen Grund sind nicht zulässig. § 14 Abs. 2, 2 a oder 3 TzBfG findet insoweit also keine Anwendung.
- Der Arbeitgeber muss den Befristungszweck zum Vertragsinhalt machen, also ausdrücklich schriftlich benennen.[149]
- Die Zweckerreichung muss dem Arbeitnehmer so rechtzeitig bekannt gemacht werden, dass die automatische Vertragsbeendigung nicht im Ergebnis wie eine außerordentliche Kündigung wirken würde. Ist zB bei Einstellung einer Vertretungskraft für eine erkrankte Mitarbeiterin das Ende der Krankheit noch nicht überschaubar, so muss rechtzeitig – dh mit einer Frist **von zwei Wochen** gem. § 15 Abs. 2 TzBfG – vor Wiedergenesung der Vertretenen das Erreichen des Zwecks und damit das Auslaufen des Vertrages mitgeteilt werden.

1262 Bei einer Zweckbefristung kann eine **Befristungskontrollklage** erst erhoben werden, wenn der Arbeitgeber den Arbeitnehmer nach § 15 Abs. 2 TzBfG schriftlich über den Zeitpunkt der Zweckerreichung unterrichtet hat. Soweit die Voraussetzungen des § 256 ZPO vorliegen, kann vorher eine Feststellungsklage mit dem Inhalt erhoben werden, dass das Arbeitsverhältnis nicht aufgrund der Zweckbefristung befristet ist.

1263 Bei einer Zweckbefristung muss zum Zeitpunkt des Abschlusses des Arbeitsvertrages mit hinreichender Sicherheit deutlich werden, dass der Zweck tatsächlich zu irgendeinem Zeitpunkt erreicht werden wird, wenngleich noch nicht feststeht, wann dies sein wird. Für die erforderliche **Prognose** reicht es nicht aus, dass der in den Arbeitsvertrag aufgenommene Vertragszweck nur möglicherweise oder wahrscheinlich erreicht wird, sondern es muss im Rahmen des Vorhersehbaren sicher angenommen werden können, dass er eintreten wird. An die Zuverlässig-

---

144 BAG 29.6.2011 – 7 AZR 6/10, DB 2011, 2921.
145 BAG 15.5.2011 – 7 AZR 35/11, DB 2012, 2638.
146 BAG 29.6.2011 – 7 AZR 774/09, NZA 2011, 1151.
147 BAG 29.6.2011 – 7 AZR 6/10, DB 2011, 2921; BAG 15.5.2012 – 7 AZR 35/11, DB 2012, 2638.
148 *Sowka*, Befristete Arbeitsverträge, S. 17.
149 BAG 21.12.2005 – 7 AZR 541/04, ArbRB 2006, 100.

keit der Prognose sind umso höhere Anforderungen zu stellen, je weiter die vereinbarte Zweckerreichung in der Zukunft liegt.[150]

Wird die Beschäftigung eines Arbeitnehmers durch die Arbeitsverwaltung im Rahmen einer **Arbeitsbeschaffungsmaßnahme** gem. §§ 260 ff SGB III gefördert, ergibt sich hieraus nicht nur ein Sachgrund für eine kalendermäßige Befristung des Arbeitsvertrages bis zum Ende der bei Vertragsschluss bereits bewilligten Förderung. Die Maßnahme kann auch eine **Zweckbefristung** für die längstens dreijährige Gesamtdauer der Förderung, einschließlich etwaiger Verlängerungen, rechtfertigen.[151] 1264

jj) Auflösende Bedingungen

Die Zulässigkeit der Vereinbarung auflösender Bedingungen richtet sich nach den Grundsätzen der **Befristung mit Sachgrund**. Dies hat der Gesetzgeber ausdrücklich klargestellt; eine auflösende Bedingung ohne Sachgrund scheidet aus (§§ 21, 14 Abs. 2 und 3 TzBfG). Auflösende Bedingungen bedürfen der **Schriftform**, anderenfalls sind sie unwirksam (§§ 21, 14 Abs. 4 TzBfG). 1265

Der dauerhafte **Entzug einer Einsatzerlaubnis** (hier: für die Tätigkeit als Sicherheitsmitarbeiter im Wachdienst einer militärischen Einrichtung) kann einen ausreichenden Grund für eine auflösende Bedingung darstellen. Voraussetzung für eine Beendigung des Arbeitsverhältnisses nach dauerhaftem Entzug einer Einsatzerlaubnis ist aber stets, dass kein freier und geeigneter Arbeitsplatz mehr zur Verfügung steht und mithin das Arbeitsverhältnis nach Entzug der Einsatzgenehmigung sinnentleert ist. Die Rechtmäßigkeit des Entzugs selbst unterliegt nicht der Prüfung. Zum Entzug einer Einsatzerlaubnis s. ferner § 1 Rn 914 f, 934 ff. 1266

Eine auflösende Bedingung, bei deren Eintritt das Arbeitsverhältnis einer Schauspielerin in einer Fernsehserie enden soll, weil ihre Rolle in dieser Serie nicht mehr enthalten war, ist sachlich gerechtfertigt, wenn die Entscheidung über den Wegfall der Rolle Ausdruck künstlerischer Gestaltungsfreiheit ist.[152] 1267

Bei einer zur **Altersteilzeit** abgeschlossenen Vereinbarung, in der es auszugsweise heißt, dass das Altersteilzeitarbeitsverhältnis ferner mit Ablauf des Kalendermonats endet, in dem der/die Arbeitnehmer/in die frühestmögliche gesetzliche Altersrente in Anspruch nehmen kann, handelt es sich um eine auflösende Bedingung iSd § 21 TzBfG.[153] 1268

kk) Schriftformerfordernis gem. § 14 Abs. 4 TzBfG

Gemäß § 14 Abs. 4 TzBfG bedürfen befristete Arbeitsverträge zu ihrer Wirksamkeit der Schriftform. Bei dieser Vorschrift handelt es sich um ein **gesetzliches Schriftformerfordernis** iSv § 126 BGB. Die Unterzeichnung der Befristungsabrede durch die Parteien muss daher in der gleichen Urkunde erfolgen. Wenn mehrere gleich lautende Ausfertigungen erstellt werden, genügt es, wenn jede Partei die für die andere Partei bestimmte Urkunde unterzeichnet, wie sich aus § 126 Abs. 2 S. 2 BGB ergibt. Nicht ausreichend ist dagegen ein Austausch von Telefaxen oder das bloße Anschreiben als Arbeitsvertrag, das in einem gesonderten Bestätigungsschreiben, das den Wortlaut des Vertrages nicht enthält, als Vertragsgrundlage bezeichnet wird. 1269

Nur die **Befristungsabrede** des Arbeitsvertrages und eine etwaige nachträgliche Veränderung der Befristungsdauer[154] bedürfen der Schriftform, nicht der befristete Arbeitsvertrag insgesamt.[155] Das Schriftformerfordernis gilt nur für die Befristungsvereinbarung und nicht für den ihr zugrunde liegenden sachlichen Grund. Dieser muss auch nicht Gegenstand der vertragli- 1270

150 BAG 15.5.2012 – 7 AZR 35/11, DB 2012, 2638.
151 BAG 19.1.2005 – 7 AZR 250/04, NZA 2005, 873.
152 BAG 2.7.2003 – 7 AZR 612/02, NZA 2004, 311; *Joch/Klichowski*, NZA 2004, 302.
153 BAG 8.8.2007 – 7 AZR 605/06, DB 2008, 133.
154 *Rolfs*, NJW 2000, 1228; *Däubler*, ZIP 2001, 217, 224; *Preis/Gotthardt*, NZA 2000, 349.
155 *Schiefer*, DB 2000, 2118, 2123; *Kliemt*, NZA 2001, 296, 301.

chen Vereinbarung sein. Der Sachgrund ist nur objektive Wirksamkeitsvoraussetzung für die Befristung. Diese Grundsätze gelten auch für die Befristung zur Erprobung nach § 14 Abs. 1 S. 2 Nr. 5 TzBfG.[156] Für den Arbeitsvertrag gelten die Bestimmungen des NachwG.

1271 Die für die Befristung von Arbeitsverträgen vorgeschriebene Schriftform erfordert nach § 126 Abs. 1 BGB, dass die Urkunde von dem Aussteller eigenhändig durch Namensunterschrift oder mittels notariell beglaubigten Handzeichens unterzeichnet ist.[157]

1272 Das TzBfG verlangt auch nicht die Angabe, ob die Befristung sachgrundlos oder mit Sachgrund vereinbart ist und ggf welcher Sachgrund der Vereinbarung zugrunde liegt (kein Zitiergebot; s. im Einzelnen § 1 Rn 1244 ff).[158] Somit darf der Arbeitgeber die **Rechtfertigungsebenen austauschen**, wenn die Befristung nicht nach § 14 Abs. 2 TzBfG begründet ist – und umgekehrt – kann unter den Voraussetzungen des § 14 Abs. 2 TzBfG die Befristung sachgrundlos wirksam sein, wenn der Sachgrund nach § 14 Abs. 1 TzBfG nicht angegeben oder nicht nachzuweisen ist.[159]

1273 Fehler geschehen, wenn die Parteien nach Ausspruch einer Kündigung die befristete Weiterbeschäftigung als **Prozessbeschäftigung** bis zum rechtskräftigen Abschluss des Kündigungsschutzprozesses vereinbaren. Üblicherweise wird der Arbeitnehmer durch den Arbeitgeber mit einem Anschreiben aufgefordert, nach Ablauf der Kündigungsfrist zum Zweck der Prozessbeschäftigung wieder am Arbeitsplatz zu erscheinen. Ein solches Schreiben genügt nicht dem Schriftformerfordernis des § 14 Abs. 4 TzBfG.[160] Der Arbeitgeber tut also gut daran, den Arbeitnehmer vor Abschluss einer schriftlichen Vereinbarung nicht zu beschäftigen.

1274 **Tarifverträge** gehen mitunter über die gesetzlichen Formanforderungen hinaus. *Dörner*[161] weist auf das früher wohl bekannteste Beispiel hin, die Sonderregelung in Nr. 1 zu § 2 BAT SR 2 y nebst ihren Protokollerklärungen. Hier wurde nicht nur Schriftform gefordert, sondern die Vereinbarung einer oder mehrerer Befristungsgrundformen. Im Streitfall musste der vom öffentlichen Arbeitgeber zur Rechtfertigung vorgetragene Sachgrund der Befristungsgrundform zugeordnet werden können. War das nicht möglich, waren die Befristungen unwirksam. Soweit der BAT nicht fortgilt und sich die Rechte der Arbeitsvertragsparteien nach TVöD richten, gilt das Zitiergebot nach Nr. 2 SR 2 y BAT nicht mehr, weil es im TVöD nicht übernommen wurde.

1275 Nach § 14 Abs. 4 TzBfG bedarf jede Befristung (unabhängig von der Rechtsgrundlage) bzw jeder Befristungsabschnitt im Rahmen des § 14 Abs. 2 TzBfG (dreimalige Verlängerung innerhalb der Maximaldauer von zwei Jahren) der Schriftform. Eine Befristungsabrede, die gegen das Schriftformerfordernis (§ 14 Abs. 4 TzBfG) verstößt, ist nichtig. Der Arbeitsvertrag gilt in diesem Falle als auf unbestimmte Zeit geschlossen. Die **spätere schriftliche Niederlegung** der **zunächst nur mündlich vereinbarten** Befristung führt nicht dazu, dass die zunächst formnichtige Befristung rückwirkend wirksam wird.

1276 Möglich ist aber die **nachträgliche Befristung** eines bei Vertragsbeginn nach § 16 S. 1 TzBfG unbefristet entstandenen Arbeitsverhältnisses. Hierfür bedarf es zum einem eines rechtfertigenden sachlichen Grundes. Zum anderen müssen die Parteien durch entsprechende Willenserklärungen erkennbar eine auf diese Rechtsfolge gerichtete eigenständige rechtsgestaltende Regelung treffen wollen – und nicht bloß die vorher mündlich vereinbarte Befristung in einem schriftlichen Arbeitsvertrag niederlegen.[162] Des Weiteren besteht die Möglichkeit, dass die Ar-

156 BAG 23.6.2004 – 7 AZR 636/03, DB 2004, 2585 = MDR 2005, 221.

157 BAG 4.5.2011 – 7 AZR 252/10, BB 2011, 2448.

158 *Dörner*, Sonderbeil. zu NZA 16/2003, 39.

159 BAG 26.6.2002 – 7 AZR 410/01, AP § 1 BeschFG 1996 Nr. 15; BAG 5.6.2002 – 7 AZR 241/01, BAGE 101, 262 = NZA 2003, 149; BAG 26.7.2000 – 7 AZR 51/99, BAGE 95, 255 = NZA 2001, 546.

160 BAG 22.10.2003 – 7 AZR 113/03, MDR 2004, 758 = FA 2004, 27; hierzu *Kappelhoff*, ArbRB 2004, 132.

161 *Dörner*, Sonderbeil. zu NZA 16/2003, 39.

162 BAG 1.12.2004 – 7 AZR 198/04, NZA 2005, 575.

beitsvertragsparteien nach Vertragsbeginn einen schriftlichen Arbeitsvertrag mit einer Befristung unterzeichnen, die inhaltlich von einer vor Vertragsbeginn mündlich vereinbarten Befristung abweicht (zB im Hinblick auf den Beendigungszeitpunkt). In diesem Falle enthält der schriftliche Arbeitsvertrag eine **eigenständige Befristungsabrede**, die dem Schriftformgebot des § 14 Abs. 4 TzBfG genügt. Voraussetzung für eine wirksame Befristung ist wiederum das Vorliegen eines Sachgrundes.[163]

Stellt der Arbeitgeber den Abschluss des befristeten Arbeitsvertrages ausdrücklich unter den **Vorbehalt eines schriftlichen Vertragsschlusses**, so kommt ein wirksam befristeter Arbeitsvertrag idR auch dann zustande, wenn dem Schriftformerfordernis erst nach Arbeitsaufnahme genügt wird (hier: Übergabe des bereits vor Arbeitsaufnahme vom Arbeitgeber unterzeichneten befristeten Arbeitsvertrages durch den Kläger nach Arbeitsaufnahme). In der bloßen Entgegennahme der Arbeitsleistung des Arbeitnehmers (vor Übergabe des befristeten Arbeitsvertrages) liegt regelmäßig keine Annahme eines vermeintlichen Vertragsangebots des Arbeitnehmers.[164] 1277

ll) AGB-Kontrolle und Befristungsabreden

Die Befristungstatbestände selbst unterfallen nicht der AGB-Kontrolle.[165] Etwas anderes gilt jedoch für die Vereinbarung selbst, soweit sie für eine Vielzahl von Fällen vorformuliert ist (§ 305 BGB).[166] 1278

Eine Befristungsabrede in einem Formularvertrag kann eine **überraschende Klausel** nach § 305 c Abs. 1 BGB sein.[167] 1279

mm) AGB-Kontrolle bei befristeter Arbeitszeiterhöhung

Noch mit Urteil vom 14.1.2003[168] entschied der 7. Senat, dass die Wirksamkeit der Befristung einer Arbeitszeiterhöhung nicht an § 14 Abs. 1 TzBfG zu messen sei. Gleichwohl bedürfe es eines Sachgrundes, wenn durch die Befristung der gesetzliche Änderungskündigungsschutz umgangen werden könne. Die in einigen Bundesländern übliche befristete Arbeitszeiterhöhung **teilzeitbeschäftigter Lehrer** war in dem vom BAG entschiedenen Fall mangels eines sie rechtfertigenden Sachgrundes unwirksam. 1280

Nach neuerer Rspr[169] ist die befristete Arbeitszeiterhöhung teilzeitbeschäftigter Lehrkräfte als Allgemeine Geschäftsbedingung der gerichtlichen Kontrolle nach §§ 305 ff BGB unterworfen. Gemäß § 307 Abs. 1 S. 1 BGB kommt es nach Auffassung des 7. Senats darauf an, ob die Arbeitnehmer durch die Befristung der Arbeitszeiterhöhung entgegen den Geboten von Treu und Glauben unangemessen benachteiligt werden. Dabei ist eine umfassende Abwägung der beiderseitigen Interessen vorzunehmen. Im Ergebnis bestätigte das BAG das Urteil des LAG Brandenburg, wenngleich die Begründung Unterschiede aufweist. Auch die 7. Kammer des LAG Brandenburg hatte mit Urteil vom 25.8.2004 erklärt, dass eine unangemessene Benachteiligung des Arbeitnehmers gem. § 307 Abs. 2 Nr. 1 BGB zu vermuten sei, wenn kein Sachgrund für die Befristung im Sinne der Rspr des BAG vorliege.[170] 1281

Thüsing/Leder halten den Umschwung auf eine uneingeschränkte AGB-rechtliche Angemessenheitskontrolle nicht für den zutreffenden Weg, weil es sich bei der Befristung von Arbeitsbedin- 1282

163 BAG 13.6.2007 – 7 AZR 700/06, NZA 2008, 1108.
164 BAG 16.4.2008 – 7 AZR 1048/06, BB 2008, 945.
165 BAG 2.9.2009 – 7 AZR 233/08, DB 2009, 2439.
166 BAG 4.8.2011 – 6 AZR 436/10, DB 2011, 2552 zur Vereinbarung der Kündbarkeit der in einem Formulararbeitsvertrag durch Ankreuzen von Kündigungsregelungen auf einem Vertragsmuster.
167 LAG Hessen 4.2.2013 – 16 Sa 709/12, EzA-SD 2013, Nr. 14, 9.
168 BAG 14.1.2003 – 7 AZR 213/03, DB 2004, 1101.
169 BAG 27.7.2005 – 7 AZR 486/04, NZA 2006, 40.
170 LAG Brandenburg 25.8.2004 – 7 Sa 91/04, NZA-RR 2005, 182.

gungen nicht um eine Bestimmung der *essentialia negotii* handele, die § 307 Abs. 3 S. 1 BGB unterfielen. Maßstab der Kontrolle sollte allein die etwaige Gesetzesumgehung sein.[171]

1283 Das BAG[172] hält jedoch an seiner Rspr fest. Das TzBfG gehe davon aus, dass der unbefristete Arbeitsvertrag der Normalfall und der befristete Arbeitsvertrag die Ausnahme sein soll. Dieser Grundsatz gelte auch für die Vereinbarung des Umfangs der Arbeitszeit. Ein unbefristet teilzeitbeschäftigter Arbeitnehmer wird aber durch die Befristung einer Arbeitszeiterhöhung regelmäßig nicht iSv § 307 Abs. 1 BGB unangemessen benachteiligt, wenn die Befristung auf Umständen beruht, die die Befristung eines Arbeitsvertrages insgesamt nach § 14 Abs. 1 S. 2 Nr. 3 TzBfG sachlich rechtfertigen könnte.

1284 Eine befristete Arbeitszeiterhöhung um zwei Unterrichtsstunden für **Lehrkräfte** unterliegt der gerichtlichen Kontrolle nach §§ 305 ff BGB.[173] Danach ist anhand einer umfassenden Bewertung der rechtlich anzuerkennenden Interessen beider Vertragspartner unter Berücksichtigung von Treu und Glauben zu ermitteln, ob die Lehrkraft durch die Befristung der Arbeitszeiterhöhung unangemessen benachteiligt wird. Diese Bewertung war dem Senat nicht möglich, da die Vorinstanz bislang nicht festgestellt hatte, ob dem Beklagten ein schutzwürdiges, rechtlich anzuerkennendes Interesse an der jeweils für ein Schuljahr befristeten Aufstockung des Stundendeputats mit den vom ihm teilzeitbeschäftigten Lehrkräften zuzubilligen ist, das das Interesse der betroffenen Lehrkräfte an der unbefristeten Vereinbarung des Beschäftigungsumfangs überwiegt. Der Senat hat dies hinsichtlich der für ein Schuljahr befristeten Erhöhung des Stundendeputats von Lehrkräften in einem anderen Bundesland aufgrund der Besonderheiten im dortigen Schulbereich[174] bejaht. Dabei hat der Senat betont, dass allein die Ungewissheit über den künftigen Arbeitskräftebedarf nicht ausreicht, um die Befristung von Arbeitszeiterhöhungen zu rechtfertigen, da diese Ungewissheit zum unternehmerischen Risiko gehört, das nicht auf die Arbeitnehmer verlagert werden kann. Dieser Grundsatz gilt auch für die nach §§ 307 ff BGB vorzunehmende Inhaltskontrolle arbeitsvertraglicher Vereinbarungen.[175]

1285 Nach Ansicht des LAG Hamm[176] gilt Folgendes: Wenn der Arbeitgeber die Aufgaben eines zu vertretenden Arbeitnehmers dem Vertreter weder mittelbar noch unmittelbar überträgt, kann der für eine auf § 14 Abs. 1 S. 2 Nr. 3 TzBfG gestützte Befristungsabrede erforderliche Kausalzusammenhang vorliegen, wenn der Arbeitgeber bei Vertragsschluss mit dem Vertreter dessen Aufgaben einem oder mehreren vorübergehend abwesenden Beschäftigten gedanklich zuordnet und dies erkennbar ist.[177]

1286 Eine befristete Arbeitszeitaufstockung hält der Inhaltskontrolle stand, wenn sie auf der Grundlage des § 7 Abs. 3 HG NW 2004/2005 in dem Umfang erfolgt, in dem Mittel aus vorübergehend nicht in Anspruch genommenen Planstellen oder Stellenanteilen vorhanden sind. Eine „finanzielle Kongruenz" zwischen dem Zeitpunkt der vorübergehend frei gewordenen Mittel und der Befristungsdauer der Arbeitszeiterhöhung ist zur sachlichen Rechtfertigung der Befristung grds. nicht erforderlich.[178]

1287 Die bei der **Befristung von Arbeitsbedingungen** (hier: befristete Aufstockung der Arbeitszeit) zu beachtenden **Grundsätze** fasst das BAG mit Entscheidung vom 2.9.2009[179] wie folgt zusammen:

171 *Thüsing*, RdA 2005, 257.
172 BAG 8.8.2007 – 7 AZR 855/06, NZA 2008, 229.
173 BAG 15.1.2006 – 7 AZR 191/05, DB 2006, 1326.
174 BAG 27.7.2005 – 7 AZR 486/04, NZA 2006, 40.
175 BAG 27.7.2005 – 7 AZR 486/04, NZA 2006, 40; BAG 12.1.2005 – 5 AZR 364/04, NJW 2005, 1820.
176 LAG Hamm 4.7.2007 – 5 Sa 1592/06, EzA-SD 2007 Nr. 25, 13.
177 BAG 15.2.2006 – 7 AZR 232/05, NZA 2006, 781; BAG 24.5.2006 – 7 ABR 640/05; BAG 18.4.2007 – 7 AZR 293/06, NZA-RR 2008, 209.
178 LAG Düsseldorf 19.2.2007 – 3 Sa 1180/06, NZA-RR 2008, 96; LAG Hamm 14.9.2006 – 11 Sa 220/06; LAG Düsseldorf 27.10.2006 – 17 Sa 613/06, FA 2007, 57.
179 BAG 2.9.2009 – 7 AZR 233/08, DB 2009, 2439.

Zwar weist die Transparenzforderung nach § 307 Abs. 1 S. 2 BGB gegenüber den Bestimmungen des TzBfG eigenständige Voraussetzungen auf. Jedoch sind die Wertungen des TzBfG bei der Auslegung und Anwendung des § 307 Abs. 1 S. 2 BGB bei der befristeten Änderung von Arbeitsbedingungen zu berücksichtigen. Das gilt für die Inhaltskontrolle nach § 307 Abs. 1 S. 1 BGB sowie für das Transparenzgebot nach § 307 Abs. 1 S. 2 BGB. Daraus folgt, dass es bei einer Befristung von Arbeitsbedingungen grds. **keiner Aufführung von Gründen** im Vertrag bedarf.

Für die bei der Befristung einzelner Vertragsbedingungen vorzunehmende Inhaltskontrolle nach § 307 Abs. 1 BGB gelten zwar andere Maßstäbe als für die Befristungskontrolle nach § 14 Abs. 1 TzBfG. Während die Befristung des gesamten Arbeitsvertrages – von den Fällen der gesetzlich vorgesehenen Möglichkeit von sachgrundlosen Befristungen abgesehen – ausschließlich daraufhin zu überprüfen ist, ob sie durch einen sachlichen Grund gem. § 14 Abs. 1 TzBfG gerechtfertigt ist, unterliegt die Befristung einzelner Vertragsbedingungen nach § 307 Abs. 1 BGB einer **Angemessenheitskontrolle**, die anhand einer umfassenden Berücksichtigung und Bewertung rechtlich anzuerkennender Interessen beider Vertragsparteien vorzunehmen ist. Eine derartige **Interessenabwägung** findet bei der Befristungskontrolle nach § 14 Abs. 1 TzBfG nicht statt. Trotz des **unterschiedlichen Prüfungsmaßstabes** sind jedoch bei der nach § 307 Abs. 1 BGB vorzunehmenden Inhaltskontrolle der Befristung einzelner Vertragsbedingungen Umstände, die die Befristung eines Arbeitsvertrages insgesamt nach § 14 Abs. 1 TzBfG rechtfertigen könnten, nicht ohne Bedeutung. Diese Umstände sind bei der Interessenabwägung nach § 307 Abs. 1 BGB **zugunsten des Arbeitgebers** zu berücksichtigen. Liegt der Befristung einer Arbeitszeiterhöhung ein Sachverhalt zugrunde, der die Befristung eines Arbeitsvertrages insgesamt mit dem Sachgrund der Vertretung nach § 14 Abs. 1 S. 2 Nr. 3 TzBfG rechtfertigen könnte, überwiegt in aller Regel das Interesse des Arbeitgebers an der nur befristeten Erhöhung der Arbeitszeit das Interesse des Arbeitnehmers an der unbefristeten Vereinbarung des Umfangs seiner Arbeitszeit. Dies ergibt sich aus den im TzBfG zum Ausdruck kommenden gesetzlichen Wertungsmaßstäben.

Außergewöhnliche Umstände, die eine befristete Aufstockung der Arbeitszeit nach § 307 Abs. 1 S. 1 BGB als unangemessen erscheinen lassen, obwohl ein Sachgrund vorliegt, der die Befristung des Arbeitsvertrages insgesamt nach § 14 Abs. 1 S. 2 TzBfG sachlich rechtfertigen würde, können aber zB darin liegen, dass der Arbeitnehmer den Wunsch nach einer Verlängerung seiner vertraglich vereinbarten Arbeitszeit angezeigt hat und ein freier Arbeitsplatz vorhanden war, den er nach Maßgabe des § 9 TzBfG hätte einnehmen können.

Dies konkretisiert das BAG mit Entscheidung vom 15.12.2011[180] wie folgt: Die befristete Ar- 1288
beitszeiterhöhung unterfällt einer AGB-Kontrolle gem. §§ 305 ff BGB, wenn die Klausel für eine Vielzahl von Fällen vorformuliert ist und vom Verwender gestellt wird bzw auch dann, wenn es sich um einen Verbrauchervertrag handelt und die Klausel nur zur einmaligen Verwendung bestimmt ist und der Verbraucher (Arbeitnehmer) keinen Einfluss nehmen konnte. Die damit gebotene Inhaltskontrolle nach § 307 BGB wird bei der Kontrolle der Befristung einzelner Arbeitsbedingungen (hier: Erhöhung der regelmäßigen Arbeitszeit) nicht durch die für die Befristung von Arbeitsverträgen geltenden Bestimmungen in §§ 14 ff TzBfG verdrängt. Die Vorschriften des TzBfG sind in einem solchen Fall auf die Befristung einzelner Arbeitsbedingungen nicht – auch nicht entsprechend – anwendbar. Dennoch finden bei der Inhaltskontrolle gem. § 307 Abs. 1 S. 1 BGB die Wertungsmaßstäbe des § 14 Abs. 1 TzBfG Berücksichtigung. Ein unbefristet teilzeitbeschäftigter Arbeitnehmer wird danach durch die Befristung einer Arbeitszeiterhöhung regelmäßig nicht iSv § 307 Abs. 1 BGB unangemessen benachteiligt, wenn die Befristung auf Umständen beruht, die die Befristung eines Arbeitsvertrages insgesamt nach § 14 Abs. 1 TzBfG sachlich rechtfertigen könnten. Jedenfalls bei der befristeten Erhöhung der

180 BAG 15.12.2011 – 7 AZR 394/10, DB 2012, 1442.

Arbeitszeit in einem erheblichen Umfang – im Streitfall für drei Monate um 4/8 – bedarf es zur Annahme einer nicht unangemessen Benachteiligung solcher Umstände, die auch die Befristung eines gesondert im Umfang der Arbeitszeiterhöhung geschlossenen zusätzlichen Arbeitsvertrages nach § 14 Abs. 1 TzBfG rechtfertigen würden.

nn) Benachteiligungs- und Diskriminierungsverbote

1289 Weder bei der Vergütung noch bei der Berücksichtigung von Beschäftigungszeiten als Anspruchsvoraussetzung für Leistungen des Arbeitgebers dürfen Unterschiede zu nicht befristet Beschäftigten gemacht werden. In § 4 Abs. 2 S. 1 TzBfG ist überdies ein **allgemeines Diskriminierungsverbot des befristet Beschäftigten** enthalten. Schwierigkeiten bereitet in diesen Fällen die **Vergleichsgruppenbildung.** Eine Gleichbehandlung hat mit „vergleichbaren" unbefristet beschäftigten Arbeitnehmern zu erfolgen. Nach der Grunddefinition des § 3 Abs. 2 TzBfG ist in diesem Sinne vergleichbar ein unbefristet beschäftigter Arbeitnehmer mit der gleichen oder einer ähnlichen Tätigkeit im Betrieb.[181]

oo) Beachtung des AGG

1290 Bestimmungen in Vereinbarungen, die gegen ein Benachteiligungsverbot iSd AGG verstoßen, sind unwirksam. Dies gilt auch für eine an das Lebensalter eines Arbeitnehmers anknüpfende Vereinbarung über die **Dauer eines befristeten Arbeitsverhältnisses** (hier: keine zweijährige Befristung nach Vollendung des 40. Lebensjahres), wenn mit einem anderen – jüngeren – Arbeitnehmer in vergleichbarer Situation eine längere Befristungsdauer vereinbart worden wäre. Eine solche Befristungsabrede ist unwirksam mit der Folge, dass das Arbeitsverhältnis nicht etwa zu einem späteren Zeitpunkt, sondern – jedenfalls aufgrund der Befristungsabrede – überhaupt nicht endet. Weder im Wege der ergänzenden Vertragsauslegung noch bei Umdeutung nach § 140 BGB oder der Anwendung der Grundsätze zur „Anpassung nach oben" bei diskriminierender Vorenthaltung von Leistungen kann eine andere – längere – Befristungsdauer angenommen werden.[182]

1291 Soweit es die Bedingungen für den **Zugang zur Erwerbstätigkeit** sowie den **betrieblichen Aufstieg** betrifft, gelten die Vorschriften des AGG für **Selbständige** und **Organmitglieder**, insb. Geschäftsführer und Vorstände, entsprechend (§ 6 Abs. 3 AGG). Diese Vorschrift findet auch Anwendung auf Geschäftsführer einer GmbH, soweit es um den Zugang zu dem Geschäftsführeramt und um den beruflichen Aufstieg geht. Die altersbedingte Ablehnung der Verlängerung eines befristeten Arbeitsvertrages mit einem GmbH-Geschäftsführer stellt eine Entscheidung über den Zugang zu dem Amt dar. Wird der Vertrag eines älteren GmbH-Geschäftsführers (hier: 62. Lebensjahr) nicht verlängert und stattdessen ein jüngerer Mitbewerber (hier: 41 Jahre) eingestellt und in diesem Zusammenhang verlautbart, es sei ein Bewerber gewählt worden, der das Unternehmen „langfristig in den Wind stellen" könne, so liegt hierin ein Indiz, das iSd Beweislastregel des § 22 AGG die **Vermutung einer Altersdiskriminierung** begründet. Der Arbeitgeber muss in diesem Falle den Gegenbeweis führen, dass er den bisherigen GmbH-Geschäftsführer nicht wegen seines Alters oder aus anderen unzulässigen Gründen benachteiligt hat. Gegebenenfalls kann hier ein – im entscheidenden Fall nicht gegebener – Rechtfertigungsgrund (§§ 5, 8, 10 AGG) greifen.[183]

pp) Entfristungskontrollklage, § 17 TzBfG

1292 Will der Arbeitnehmer geltend machen, dass die Befristung eines Arbeitsvertrages rechtsunwirksam ist, so muss er innerhalb von **drei Wochen** nach dem vereinbarten Ende des befriste-

181 *Kliemt*, NZA 2001, 296, 305.

182 BAG 6.4.2011 – 7 AZR 524/09, DB 2011, 2038.

183 BGH 23.4.2012 – II ZR 163/10, DB 2012, 1499; s. im Einzelnen *Schiefer/Ettwig/Krych*, Das Allgemeine Gleichbehandlungsgesetz, Rn 269 ff.

ten Arbeitsvertrages Klage beim Arbeitsgericht auf Feststellung erheben, dass das Arbeitsverhältnis aufgrund der Befristung nicht beendet ist, § 17 S. 1 TzBfG. Durch § 17 TzBfG wird insoweit die frühere gesetzliche Regelung in § 1 Abs. 5 BeschFG fortgeschrieben und gem. § 21 TzBfG auf auflösende Bedingungen erweitert.[184]

Die Klagefrist ist auch dann einzuhalten, wenn die ordentliche Kündigung gegen das Kündigungsverbot des § 15 Abs. 3 TzBfG verstößt. 1293

Hat der Arbeitnehmer **rechtzeitig Klage** erhoben, kann er bis zum Abschluss der mündlichen 1294 Verhandlung in erster Instanz die Unwirksamkeit aus anderen Gründen als denjenigen geltend machen, die er innerhalb der dreiwöchigen Klagefrist benannt hat. In der zweiten Instanz ist er mit derartigen Gründen grds. ausgeschlossen. Etwas anderes gilt, wenn die erste Instanz ihrer Hinweispflicht aus § 17 S. 2 TzBfG iVm § 6 S. 2 KSchG nicht genügt hat.[185]

Nach § 6 S. 1 KSchG kann sich ein Arbeitnehmer, der innerhalb von drei Wochen nach Zugang 1295 der schriftlichen Kündigung im Klageweg geltend gemacht hat, dass eine rechtswirksame Kündigung nicht vorliege, in diesem Verfahren bis zum Schluss der mündlichen Verhandlung erster Instanz zur Begründung der Unwirksamkeit der Kündigung auch auf innerhalb der Klagefrist nicht geltend gemachte Gründe berufen. § 6 S. 1 KSchG ist entsprechend anzuwenden, wenn der Arbeitnehmer auf andere Weise im Klageweg – etwa durch eine Lohn- oder Weiterbeschäftigungsklage – deutlich gemacht hat, dass er eine bestimmte Kündigung nicht gegen sich gelten lassen will. Das gilt aufgrund der in § 17 S. 2 TzBfG angeordneten entsprechenden Anwendung von § 6 KSchG auch bei einer Befristung.

Die entsprechende Anwendung des § 6 S. 1 KSchG nach § 17 S. 2 TzBfG hat zur Folge, dass 1296 die Rechtsunwirksamkeit einer konkreten Befristung nicht nur durch eine den Anforderungen des § 17 S. 1 TzBfG entsprechende Klage innerhalb von drei Wochen nach dem vereinbarten Ende des befristeten Arbeitsvertrages geltend gemacht werden kann. Die Klagefrist kann auch dadurch gewahrt sein, dass der Arbeitnehmer bis zum Schluss der mündlichen Verhandlung erster Instanz einen Befristungskontrollantrag stellt und er innerhalb der Drei-Wochen-Frist auf anderem Weg gerichtlich geltend gemacht hat, dass die nach diesem Antrag streitgegenständliche Befristung rechtsunwirksam ist.[186]

Die Befristungskontrollklage gem. § 17 TzBfG kann entgegen dem Wortlaut der Norm auch 1297 schon vor dem vereinbarten Ende des Arbeitsverhältnisses erhoben werden.

Eine Klage, mit der der Arbeitnehmer die Feststellung begehrt, dass das Arbeitsverhältnis auf- 1298 grund einer bestimmten Befristung beendet ist und über das entsprechende Befristungsende hinaus fortbesteht, ist ausschließlich als Befristungskontrollklage auszulegen, wenn weitere Beendigungstatbestände oder -zeitpunkte zwischen den Parteien nicht im Streit stehen.[187]

Hat der Arbeitnehmer die **Klagefrist versäumt**, werden alle Voraussetzungen einer rechtswirk- 1299 samen Befristungsabrede fingiert.[188]

§ 17 TzBfG (Möglichkeit der Entfristungskontrollklage) ist eine einseitig zwingende Bestim- 1300 mung, auf die nicht verzichtet werden kann (§ 22 Abs. 1 TzBfG). Der Arbeitnehmer kann daher weder vor noch bei Vereinbarung einer Befristung wirksam auf die spätere Erhebung einer Befristungskontrollklage verzichten.

Die Geltendmachung der Unwirksamkeit einer Befristung durch den Arbeitnehmer ist **nicht** 1301 **rechtsmissbräuchlich**. Dies gilt auch dann, wenn der Arbeitgeber sich nur aufgrund der Zusicherung des Arbeitnehmers, mit der befristeten Beschäftigung einverstanden zu sein und keine Befristungskontrollklage erheben zu wollen, zum Abschluss des befristeten Arbeitsvertrages

184 Zum alten Recht: BAG 23.2.2000 – 7 AZR 906/98, BAGE 94, 7.
185 BAG 4.5.2011 – 7 AZR 252/10, BB 2011, 2484.
186 BAG 15.5.2012 – 7 AZR 6/11, DB 2012, 2582.
187 BAG 2.6.2010 – 7 AZR 136/09, NZA 2010, 1102.
188 BAG 9.2.2000 – 7 AZR 730/98, NZA 2000, 721; BAG 19.9.2001 – 7 AZR 574/00, NZA 2002, 464.

bereiterklärt hat.[189] Etwas anderes gilt ggf dann, wenn der Arbeitgeber aufgrund arbeitnehmerseitig gesetzter Umstände auf die Wirksamkeit einer Befristung (hier: aufgrund Vergleichs gem. § 278 Abs. 2 ZPO) vertrauen darf.[190]

1302 Bei **mehreren aufeinanderfolgenden befristeten Arbeitsverträgen** unterliegt grds. nur die Befristung des letzten Vertrages der gerichtlichen Kontrolle. Haben die Parteien allerdings den weiteren befristeten Arbeitsvertrag unter dem **Vorbehalt** abgeschlossen, dass er das Arbeitsverhältnis nur regeln soll, wenn nicht bereits aufgrund des vorangegangenen Vertrages ein unbefristetes Arbeitsverhältnis besteht, ist auch für die in dem vorherigen Vertrag vereinbarte Befristung die gerichtliche Kontrolle eröffnet. Ein solcher Vorbehalt kann ausdrücklich oder konkludent vereinbart werden. Schließen die Parteien nach Zustellung einer Befristungskontrollklage beim Arbeitgeber einen weiteren befristeten Arbeitsvertrag ab und treffen sie keine Vereinbarung darüber, welche Auswirkungen dies auf den bereits anhängigen Rechtsstreit haben soll, ist idR ein konkludenter Vorbehalt vereinbart. Dies ist nicht der Fall, wenn der weitere befristete Arbeitsvertrag auf Seiten des Arbeitgebers von einer anderen Dienststelle abgeschlossen wird als der vorherige Vertrag und der Arbeitnehmer deshalb davon ausgehen muss, dass die an dem erneuten Vertragsschluss beteiligten Vertreter des Arbeitgebers keine Kenntnis von der Rechtshängigkeit der Befristungskontrollklage haben.[191]

Ausnahmsweise unterliegt der vorangegangene Vertrag auch dann der gerichtlichen Kontrolle, wenn es sich bei dem letzten Vertrag nur um einen **unselbständigen Annex** zu dem vorangegangenen Vertrag handelt, mit dem das bisher befristete Arbeitsverhältnis nur hinsichtlich seines Endzeitpunktes modifiziert werden soll.[192]

1303 Der Arbeitgeber ist grds. nicht verpflichtet, bei Abschluss eines weiteren befristeten Arbeitsvertrages mit dem Arbeitnehmer zu vereinbaren, dass dem Arbeitnehmer das Recht zustehen soll, die Befristung des vorangegangenen Vertrages auf ihre Wirksamkeit überprüfen zu lassen. Bietet er dem Arbeitnehmer den vorbehaltlosen Abschluss eines weiteren befristeten Arbeitsvertrages an und lehnt er abschließend den Antrag des Arbeitnehmers, den Folgevertrag unter Vorbehalt abzuschließen, bei unveränderter Aufrechterhaltung seines Angebots auf vorbehaltlosen Abschluss des Folgevertrages ab, liegt in der Weigerung des Arbeitgebers, den vom Arbeitnehmer gewünschten Vorbehalt zu vereinbaren, keine Maßregelung iSv § 612 a BGB.[193]

1304 Das vereinbarte Ende, an das § 17 S. 1 TzBfG iVm § 21 TzBfG anknüpft, ist mit dem Eintritt der auflösenden Bedingung erreicht. Lediglich in den Fällen, in denen die Bedingung vor Ablauf der Zwei-Wochen-Frist der §§ 21, 15 Abs. 2 TzBfG eingetreten ist, beginnt die Klagefrist erst mit dem Zugang der schriftlichen Erklärung des Arbeitgebers.[194]

qq) Verlängerung von Arbeitsverhältnissen über das Erreichen der Regelaltersgrenze hinaus („Hinausschieben") (§ 41 S. 3 SGB VI)

1305 Die Zahl der Arbeitnehmer, die über das Erreichen der Regelaltersgrenze hinaus im Unternehmen tätig bleiben wollen, steigt an. Zum einen wollen viele ältere Arbeitnehmer auch nach Erreichen der Regelaltersgrenze nicht untätig sein. Zum anderen möchten die Unternehmen das Know-how dieser Mitarbeiter nicht verlieren.

1306 Ob eine Weiterbeschäftigung über die Altersgrenze hinaus sachlich gerechtfertigt ist iSd § 14 Abs. 1 TzBfG, ist zumindest fraglich.[195] Eine sachgrundlose Befristung nach § 14 Abs. 2 TzBfG

189 BAG 29.1.2005 – 7 AZR 115/04, NZA 2005, 896.
190 BAG 15.2.2012 – 7 AZR 734/10, DB 2012, 1573 = PuR 2012, 193.
191 BAG 18.6.2008 – 7 AZR 214/07, NZA 2009, 35.
192 BAG 10.10.2007 – 7 AZR 795/06, DB 2008, 131.
193 BAG 14.2.2007 – 7 AZR 95/06, BB 2007, 1118.
194 BAG 15.8.2012 – 7 AZN 956/12, NZA 2012, 1116 – Bestätigung und Klarstellung der Entscheidung vom 6.4.2011 – 7 ANR 704/09, DB 2011, 1756.
195 S. im Einzelnen *Borchard*, PuR 2013, 218.

ist wegen des Vorbeschäftigungsverbots nicht möglich. Der Gesetzgeber hat daher im Rahmen des Gesetzes über die Leistungsverbesserungen in der gesetzlichen Rentenversicherung[196] mit Wirkung zum 1.7.2014 eine **gesetzliche Möglichkeit** zur befristeten Verlängerung des Arbeitsverhältnisses über das Erreichen der Regelaltersgrenze hinaus eingeführt. **§ 41 S. 3 SGB VI** lautet:

„Sieht eine Vereinbarung die Beendigung des Arbeitsverhältnisses mit dem Erreichen der Regelaltersgrenze vor, können die Arbeitsvertragsparteien durch Vereinbarung während des Arbeitsverhältnisses den Beendigungszeitpunkt, gegebenenfalls auch mehrfach, hinausschieben."

Für diese neue Befristungsmöglichkeit sind die folgenden **Grundvoraussetzungen** zu beachten: 1307
1. Grundvereinbarung: Beendigung des Arbeitsverhältnisses mit dem Erreichen der Regelaltersgrenze. Maßgeblich ist die „individuelle" Regelaltersgrenze gemäß Geburtsjahr des Arbeitnehmers (§ 35 SGB IV, § 235 Abs. 2 SGB VI).
2. Ausdrückliche Vereinbarung („Hinausschieben des Beendigungszeitpunkts") in einem Arbeitsvertrag, Tarifvertrag oder einer Betriebsvereinbarung. Die Gesetzesbegründung erfasst auch entsprechende kollektivrechtliche Vereinbarungen. Es kann sich aber die Aufnahme einer Bezugnahmeklausel in dem Arbeitsvertrag (zB Verweis auf eine Altersgrenzenregelung in einer Betriebsvereinbarung) empfehlen.

Gegebenenfalls ist die **Regelaltersgrenze** kraft Auslegung zu ermitteln. Hierbei ist zwischen Re- 1308
gelungen vor dem 1.1.2008 (RV-Altersgrenzenanpassungsgesetz;[197] „Altersgrenze 65") und Regelungen nach dem 1.1.2008 zu unterscheiden.[198] Zu denken ist auch an eine Regelaltersgrenze kraft gesetzlicher Fiktion (§ 41 S. 2 SGB VI).[199]

Es bedarf eines „**Hinausschiebens**". Dieses Hinausschieben muss noch während des bestehen- 1309
den Arbeitsverhältnisses erfolgen. Das heißt, es bedarf einer „Verlängerungsvereinbarung" vor Erreichen der Regelaltersgrenze.

Zum Teil[200] wird die Auffassung vertreten, in Anlehnung an die Rspr zur sachgrundlosen Be- 1310
fristung nach § 14 Abs. 1 TzBfG (keine Modifikation des Vertragsinhalts) erlaube die Regelung des § 41 S. 3 SGB VI nur ein Hinausschieben der Vertragslaufzeit – ohne zeitliche Unterbrechung zwischen den Befristungsabschnitten (zeitlich Kontinuität) und Beibehaltung der inhaltlichen Kontinuität (grds. keine inhaltliche Modifikation). Nach anderer Auffassung gilt: Richtig sei, dass insoweit zwar Parallelen zu dem „Verlängerungsbegriff" iSd § 14 Abs. 1 TzBfG durchaus vorhanden sind. § 41 S. 3 SGB VI spreche aber von dem „Arbeitsverhältnis" und nicht vom „Arbeitsvertrag" (so aber § 14 Abs. 1 TzBfG). Das Arbeitsverhältnis bleibe auch bestehen, selbst wenn sich seine Inhalte im Laufe der Zeit ändern. Insoweit könne angenommen werden, dass das „Hinausschieben" eine inhaltliche Modifikation zulässt. – Da Vorsicht die „Mutter der Porzellankiste" ist, wird empfohlen, beim Hinausschieben gem. § 41 S. 3 SGB VI eine etwaige Veränderung des Vertragsinhalts „am besten ein paar Tage oder Monate vor" (oder auch nach) Erreichen der Regelaltersgrenze vorzunehmen.[201]

Begrenzungen hinsichtlich der **Dauer des Hinausschiebens** enthält die Vorschrift nicht. Insbe- 1311
sondere eine Verlängerung von einigen Monaten dürfte danach unproblematisch sein. Ob auch eine Verlängerung um mehrerer Jahre möglich ist, ist offen. Der Gesetzeswortlaut steht dem nicht entgegen.

196 RV-Leistungsverbesserungsgestz vom 23.6.2014 (BGBl. I S. 787).

197 Gesetz zur Anpassung der Regelaltersgrenze an die demografische Entwicklung und zur Stärkung der Finanzierungsgrundlagen der gesetzlichen Rentenversicherung (RV-Altersgrenzenanpassungsgesetz) vom 20.4.2007 (BGBl. I S. 554).

198 S. im Einzelnen *Kleinebrink*, DB 2014, 1490 ff; *Worzalla*, PuR 2013, 132.

199 *Kleinebrink*, DB 2014, 1490 ff.

200 *Kleinebrink*, DB 2014, 1490, 1493; *Bader*, NZA 2014, 749, 751.

201 *Bauer*, NZA 2014, 889 ff.

1312 Die „Verschiebung“ ist auch **mehrfach** möglich. Ob damit eine unbegrenzte Verlängerungsmöglichkeit eröffnet wird, ist offen. Für die Praxis kann es sich empfehlen, zunächst eine kürzere Befristung für eine aus Unternehmersicht erforderliche Zeit zu vereinbaren und im Einzelfall zu prüfen, ob eine weitere Verlängerung der befristeten Weiterbeschäftigung sinnvoll und rechtlich sicher ist.[202]

1313 Auch für das „Hinausschieben“ gilt das **Schriftformerfordernis** des § 14 Abs. 4 TzBfG. Dies gilt zunächst für ein erstes Hinausschieben (vor Erreichen der Regelaltersgrenze) und sodann für das weitere Hinausschieben – vor Beginn einer jeweiligen „Verlängerung“ (noch während des vorhergehenden Befristungsabschnitts).

1314 Wie nicht anders zu erwarten, werden auch im Hinblick auf die Neuregelung des § 41 S. 3 SGB VI europarechtliche Bedenken geltend gemacht.[203]

1315 Zu Formulierungsvorschlägen für ein „Hinausschieben“ gem. § 41 S. 3 SGB VI s. § 1 Rn 1356 ff.

1316 Nach der Neuregelung des § 41 S. 3 SGB VI kann also durch Vereinbarung „während des Arbeitsverhältnisses“ der Beendigungszeitpunkt, ggf auch mehrfach, „hinausgeschoben“ werden. Sinnvollerweise hätte eine solche Regelung – allein im Sinne der Übersichtlichkeit des Arbeitsrechts – in die Grundnorm zur Befristung – § 14 TzBfG – aufgenommen werden sollen. Ungeachtet dessen wirft die Vorschrift zahlreiche Fragen auf:

- Warum wird nicht ausdrücklich geregelt, dass auch nach Ausscheiden aus dem Arbeitsverhältnis mit Erreichen der Regelaltersgrenze eine Befristung möglich ist?
- Warum wird mit dem Begriff „Hinausschieben“ möglicherweise die Problematik fortgeschrieben, die im Zusammenhang mit dem „Verlängerungsbegriff“ iSd § 14 Abs. 2 TzBfG bekannt ist?
- Soll danach tatsächlich nur eine identische Weiterbeschäftigung (ohne inhaltliche Modifikation) nach Erreichen der Regelaltersgrenze möglich sein?
- Warum werden im Zusammenhang mit der Ergänzung des Befristungsrechts um eine Neuregelung nicht gleichzeitig die zahlreichen „Baustellen“ geschlossen (zB gesetzliche Begrenzung des Vorbeschäftigungsverbots gem. § 14 Abs. 2 TzBfG), die das Befristungsrecht nach wie vor enthält?[204]

b) Klauseltypen und Gestaltungshinweise

aa) Sachgrundbefristungsklausel

(1) Klauseltyp A

1317 **A 1:** Der Arbeitnehmer wird von (...) bis (...) eingestellt als (...). Das Arbeitsverhältnis endet nach Ablauf der Frist, ohne dass es einer Kündigung bedarf. Das Arbeitsverhältnis wird befristet nach § 14 Abs. 1 S. 2 TzBfG wegen des folgenden Sachgrundes (...).[205]

A 2: Die Einstellung erfolgt befristet für die Zeit vom (...) bis zum (...). Diese Zeit ist eine Probezeit. Soll das Arbeitsverhältnis aufgrund übereinstimmender Erklärung beider Parteien fortgesetzt werden, gelten die Regelungen dieses Arbeitsvertrages (...).

A 3: Das Arbeitsverhältnis ist befristet für die Dauer der Sommerferien im Freistaat Bayern.[206]

202 *Worzalla*, PuR 2014, 132, 133.
203 *Bader*, NZA 2014, 749, 752; s. hierzu auch *Bauer*, NZA 2014, 889, 890.
204 *Schiefer*, PuR 2014, 149.
205 *Hümmerich/Lücke/Mauer*, FB ArbR, Muster 1015.
206 Preis/*Rolfs*, Der Arbeitsvertrag, II B 10 Rn 35 (Befristungsgrund bei einem Schüler).

(2) Gestaltungshinweise

Die Gestaltung von Befristungsregelungen in Arbeitsverträgen richtet sich zunächst einmal nach dem Befristungsgrund und der hierzu ergangenen Rspr. Nur ausnahmsweise sind die Befristungsgründe in den Vertragstext aufzunehmen. Nicht der Sachgrund, sondern die Befristung bedarf der Schriftform. 1318

Die Befristung eines Arbeitsvertrages kann insb. durch einen der in § 14 Abs. 1 S. 2 TzBfG genannten sachlichen Gründe gerechtfertigt werden. 1319

bb) Zeitbefristungsklauseln (mit oder ohne Sachgrund)

(1) Klauseltyp B

> Zwischen der Firma (...) 1320
> und Herrn/Frau (...)
> wird folgender Zeitarbeitsvertrag geschlossen:
> § 1 Anstellungsvertrag
> Der Arbeitnehmer wird als (...) eingestellt.
> Das Arbeitsverhältnis wird zunächst für drei Monate zur Probe eingegangen. Es endet damit am (...) automatisch, ohne dass es insoweit einer Kündigung bedarf. Während der Probezeit kann das Arbeitsverhältnis vorzeitig von beiden Seiten mit der tariflich zulässigen Mindestkündigungsfrist gekündigt werden. Wird das Arbeitsverhältnis einvernehmlich über die Probezeit hinaus fortgesetzt, so endet es am (...) automatisch, ohne dass es einer Kündigung bedarf. Vorzeitig kann das Arbeitsverhältnis beiderseits mit einer Frist von vier Wochen zum 15. oder zum Ende eines Kalendermonats gekündigt werden.
> Die Befristung wird auf jede mögliche Rechtsgrundlage gestützt.

(2) Gestaltungshinweise

Diese Formulierung wird von *Sowka*[207] vorgeschlagen. Sie berücksichtigt, dass es einer Angabe des Sachgrundes (kein Zitiergebot) oder einer Rechtsgrundlage nicht bedarf. 1321

cc) Zweckbefristungsklauseln

(1) Klauseltyp C

> **C 1:** Herr (...) wird ab dem (...) für drei Monate zur Vertretung des erkrankten Mitarbeiters (...) eingestellt. Das Arbeitsverhältnis endet mit Ablauf dieser Frist, ohne dass es einer Kündigung bedarf.[208] 1322
>
> **C 2:** Frau (...) wird ab (...) zur Aushilfe für die Dauer der Erkrankung von Herrn (...) eingestellt. Das Arbeitsverhältnis endet zwei Wochen nach Wiederaufnahme der Arbeit durch Herrn (...), ohne dass es einer Kündigung bedarf.[209]
>
> **C 3:** Der nachfolgende Arbeitsvertrag wird als Aushilfsarbeitsverhältnis zur Vertretung der Mitarbeiterin (...) für mindestens zwei Monate ab Vertragsschluss, höchstens für sechs Monate geschlossen. Es endet in jedem Falle innerhalb einer Woche nach Rückkehr der Mitarbeiterin an ihren Arbeitsplatz.

(2) Gestaltungshinweise

Das **Schriftformerfordernis** erstreckt sich nur auf die **Befristungsabrede**, nicht auch auf die Angabe des sachlichen Grundes für die Befristung. Eine Ausnahme ergibt sich bei Zweckbefris- 1323

207 *Sowka*, Befristete Arbeitsverträge, S. 141.
208 LAG Saarland 26.2.1997 – 2 Sa 262/96, SPA 15/1997, 3.
209 Ähnlich *Preis/Kliemt/Ulrich*, Aushilfs- und Probearbeitsverhältnis, Rn 64.

tungen; hier muss sich die Dauer der Befristung inzident aus dem Vertragswortlaut erkennen lassen.

1324 Der zweckbefristete Arbeitsvertrag endet mit **Erreichen des Zwecks**, frühestens jedoch zwei Wochen nach **Zugang der schriftlichen Unterrichtung** des Arbeitnehmers durch den Arbeitgeber über den Zeitpunkt der Zweckerreichung (§ 15 Abs. 2 TzBfG).

1325 Möglich und sinnvoll können Zweckbefristungen verbunden mit einer kalendermäßig bestimmten oder bestimmbaren Höchstdauer sein. Derartige **Doppelbefristungen** wie im Klauseltyp C 3 sind nach dem Grundsatz der Vertragsfreiheit zulässig.[210]

1326 Eine Mindestbefristung, wie sie in der Klauselvariante **C 3** enthalten ist, ist zulässig, sie darf aber zu Lasten des Arbeitnehmers eine Gesamtbindungsdauer von fünfeinhalb Jahren nicht überschreiten. § 624 BGB stellt eine verfassungsmäßige Konkretisierung der Berufswahlfreiheit des Arbeitnehmers dar, Art. 12 Abs. 1 GG.

1327 Der Sachgrund „Vertretung eines Arbeitnehmers" ist gesetzlich geregelt, § 14 Abs. 1 S. 2 Nr. 3 TzBfG (Klauseltypen **C 1** und **C 2**). Die **Schwangerschaftsvertretung** bildete seit jeher einen Befristungsgrund (vgl § 1 Rn 1155 ff). Mit der in § 21 BEEG enthaltenen Regelung hat der Gesetzgeber ausdrücklich einen Befristungsgrund akzeptiert, wenn eine Vertretung für Zeiten eines Beschäftigungsverbotes nach dem Mutterschutzgesetz, einer Elternzeit oder einer auf Tarifvertrag, Betriebsvereinbarung oder einzelvertraglicher Vereinbarung beruhenden Arbeitsfreistellung zur Betreuung eines Kindes vorgenommen wird. Auch wenn sich für den Arbeitgeber immer in gewissem Umfange ein Vertretungsbedarf aus den vorgenannten Gründen ergibt, ist er nicht verpflichtet, von der Befristung von Arbeitsverträgen abzusehen.[211]

1328 Vereinbart der Arbeitgeber mit einem zur Vertretung eingestellten Arbeitnehmer, dass das **Arbeitsverhältnis mit der Wiederaufnahme durch den vertretenen Mitarbeiter enden soll**, liegt hierin nach Auffassung des BAG[212] idR nicht zugleich die Vereinbarung, dass das Arbeitsverhältnis auch dann enden soll, wenn der vertretene Mitarbeiter vor Wiederaufnahme seiner Tätigkeit aus dem Arbeitsverhältnis ausscheidet. Eine Klausel, die nur darauf abstellt, dass das Arbeitsverhältnis endet, wenn der vertretene Mitarbeiter wieder an seinen Arbeitsplatz zurückkehrt, führt mithin in dem Fall, dass der Vertretene wegen Rentenbezugs ausscheidet, nicht zu einem Ende des Arbeitsverhältnisses.

1329 Anderer Auffassung ist das LAG Saarland.[213] Stellt der Beendigungsgrund auf den Wegfall des Verhinderungsgrundes, bspw mit der Formulierung „für die Dauer der Erkrankung des Arbeitnehmers X" ab (Klauseltyp C 1), so endet das Arbeitsverhältnis nach vorheriger rechtzeitiger Nichtverlängerungsanzeige auch dann, wenn der vertretene Arbeitnehmer seinen Dienst nicht wieder antritt, sondern aus dem Arbeitsverhältnis ausscheidet und Altersrente in Anspruch nimmt.

1330 Der Zeitpunkt der Zweckerfüllung sollte stets klar erkennbar sein und in einem für den Arbeitnehmer überschaubaren Zeitraum liegen. Zweckbefristungen, die dieser Anforderung entsprechen, sind in der Rspr als wirksam anerkannt worden wie bspw die Einstellung eines Maurers für ein bestimmtes Bauvorhaben oder eines Fahrers für eine bestimmte Reise.[214] Wird eine Ärztin in der Weiterbildung „bis zur Facharztanerkennung als Assistenzärztin" eingestellt, ist eine solche Zweckbefristung unwirksam. Bei Ärzten in der Weiterbildung verstößt eine Zweckbefristung gegen § 1 Abs. 2 Hs 2 des Gesetzes über befristete Arbeitsverhältnisse mit Ärzten in

210 BAG 3.10.1984 – 7 AZR 192/83, AP § 620 BGB Befristeter Arbeitsvertrag Nr. 87; BAG 8.5.1985 – 7 AZR 191/84, AP § 620 BGB Befristeter Arbeitsvertrag Nr. 97.

211 LAG Köln 13.9.1985 – 9 Sa 193/85, NZA-RR 1996, 125.

212 BAG 26.6.1996 – 7 AZR 674/95, DB 1996, 2289.

213 LAG Saarland 26.2.1997 – 2 Sa 262/96, SPA 15/1997, 3.

214 BAG 3.10.1984 – 7 AZR 192/83, AP § 620 BGB Befristeter Arbeitsvertrag Nr. 87; BAG 12.6.1987 – 7 AZR 8/86, AP § 620 BGB Befristeter Arbeitsvertrag Nr. 113.

der Weiterbildung (ÄArbVtrG).[215] Vereinbart eine bislang als Sekretärin beschäftigt gewesene Arbeitnehmerin mit ihrem Bruder als Geschäftsführer der persönlich haftenden Gesellschafterin ihres Arbeitgebers, dass sie die Pflege der gemeinsamen Mutter übernehmen und ihr Arbeitsverhältnis drei Monate nach dem Tod der Mutter enden soll, handelt es sich dabei trotz fehlender Weisungsgebundenheit bei der Pflege um ein Arbeitsverhältnis kraft Vereinbarung. Mangels entsprechenden Vorbehalts kann ein auf das Ableben des Pfleglings zweckbefristetes Arbeitsverhältnis nicht vorzeitig ordentlich gekündigt werden.[216]

dd) Kombinierte Zweckbefristung/Zeitbefristung mit sachlichem Grund gem. § 14 Abs. 1 TzBfG

(1) Klauseltyp D

Zwischen der Firma (...) 1331
und Herrn/Frau (...)
wird folgender befristeter Arbeitsvertrag abgeschlossen:
§ 1 Einstellung und Probezeit
Der Arbeitnehmer wird mit Wirkung vom (...) als (...) zur Krankheitsvertretung von Herrn (...) eingestellt.
Das Arbeitsverhältnis wird zunächst für die ersten drei Monate zur Probezeit eingegangen und endet automatisch mit Ablauf dieser Probezeit, ohne dass es insoweit einer Kündigung bedarf. Während der Probezeit kann das Arbeitsverhältnis beiderseits mit der tarifvertraglich zulässigen Mindestkündigungsfrist gekündigt werden.
Wird das Arbeitsverhältnis einvernehmlich über die Probezeit hinaus fortgesetzt, so endet es mit der Rückkehr von Herrn (...) in den Betrieb, jedoch spätestens am (...), ohne dass es einer Kündigung bedarf. Vorzeitig kann das Arbeitsverhältnis beiderseits mit einer Frist von (...) gekündigt werden. Das Recht zur fristlosen Kündigung aus wichtigem Grund bleibt unberührt.
Die Befristung wird auf jede mögliche Rechtsgrundlage gestützt.

(2) Gestaltungshinweise

Diese von *Sowka*[217] vorgeschlagene Klausel kombiniert die Zweck- und Zeitbefristung und stützt die Befristung auf „jede mögliche Rechtsgrundlage". 1332

ee) Befristung zum Zwecke der Erprobung

(1) Klauseltyp E

E 1: Die Einstellung erfolgt befristet für die Zeit vom 1.2.2015 bis 31.12.2015. Dieser Zeitraum 1333
dient der Erprobung. Am 31.12.2015 endet das Arbeitsverhältnis automatisch, ohne dass es insoweit einer Kündigung bedarf. Vorzeitig kann das Arbeitsverhältnis von beiden Seiten wie folgt gekündigt werden:
- Während der ersten sechs Monate mit einer Frist von zwei Wochen (§ 622 Abs. 3 BGB; Alternative: kürzere tarifliche Fristen),
- danach mit einer Frist von vier Wochen zum Fünfzehnten oder zum Ende eines Kalendermonats (§ 622 Abs. 1 BGB).

Das Recht zur Kündigung aus wichtigem Grund bleibt unberührt.[218]

---
215 BAG 14.8.2002 – 7 AZR 266/01, BB 2002, 2612.
216 LAG Berlin 23.5.2003 – 6 Sa 300/03, MDR 2003, 1425.
217 *Sowka*, Befristete Arbeitsverträge, S. 142 f.
218 *Sowka*, Befristete Arbeitsverträge, S. 71 f.

E 2: Die Einstellung erfolgt zum Zwecke der Erprobung befristet für die Zeit vom 1.2.2015 bis 31.5.2015. Am 31.5.2015 endet damit das Arbeitsverhältnis automatisch, ohne dass es einer Kündigung bedarf. Vor Fristablauf kann das Arbeitsverhältnis von beiden Seiten mit einer Frist von zwei Wochen gekündigt werden. Das Recht zur Kündigung aus wichtigem Grund bleibt unberührt.[219]

(2) Gestaltungshinweise

1334 Die Klauseln E 1 und E 2 werden von *Sowka*[220] empfohlen. Sie tragen dem Umstand Rechnung, dass die Vereinbarung eines befristeten Probearbeitsverhältnisses als sachlicher Grund (§ 14 Abs. 1 S. 2 Nr. 5 TzBfG) anerkannt ist (s. § 1 Rn 1167 ff). Es muss allerdings gewährleistet sein, dass sich aus der inhaltlichen Gestaltung des Vertrages kein „Überraschungsmoment" iSd § 305 c Abs. 1 BGB ergibt;[221] s. hierzu die Formulierung in Klausel I 2 (s. § 1 Rn 1345, 1349).

ff) Nichtverlängerungsanzeige

(1) Klauseltyp F

1335 ↓ **F 1:** Das Arbeitsverhältnis beginnt am (...) und endet am (...). Der Mitarbeiter erhält zehn Tage vor Vertragsende eine Mitteilung, ob er in ein unbefristetes Arbeitsverhältnis übernommen wird.

F 2: Das Arbeitsverhältnis wird für die Dauer von zwei Jahren sachgrundlos gem. § 14 Abs. 2 TzBfG befristet. Soll es in ein unbefristetes Arbeitsverhältnis übergehen, erhält der Arbeitnehmer spätestens drei Wochen vor Vertragsende eine Mitteilung des Arbeitgebers.

F 3: Es wird zunächst ein befristetes Probearbeitsverhältnis vereinbart, das am (...) beginnt und am (...) endet, ohne dass es einer Kündigung bedarf. Das Probearbeitsverhältnis kann beiderseits mit einer Frist von (...) zum (...) vorzeitig gekündigt werden. Die Firma wird den Mitarbeiter spätestens (...) vor Ablauf darüber informieren, ob die Fortsetzung der Beschäftigung als (unbefristetes) Arbeitsverhältnis beabsichtigt ist.[222]

(2) Gestaltungshinweise

1336 Die Aufnahme einer Nichtverlängerungsanzeige in den befristeten Vertrag, die einem Vertragspartner anzeigen muss, dass der Vertrag nicht verlängert werden soll, ist überflüssig und letztlich nicht zu empfehlen.[223] Die Nichtverlängerungsanzeige ist zwar keine Kündigung.[224] Sie kann sich aber nach der Unklarheitenregel gem. § 307 Abs. 1 S. 2 BGB zu Lasten des Verwenders auswirken.

gg) Auflösende Bedingung

(1) Klauseltyp G

1337 **G 1:** Erklärt der Betriebsrat nicht die zu Ihrer Einstellung nach § 99 BetrVG erforderliche Zustimmung, endet Ihr Arbeitsverhältnis an dem auf die Mitteilung über die verweigerte Zustimmung folgenden Arbeitstag.

G 2: Das Arbeitsverhältnis endet, sobald der Mitarbeiter eine anderweitige Arbeitsstelle gefunden hat.

---

219 *Sowka*, Befristete Arbeitsverträge, S. 71 f.
220 *Sowka*, Befristete Arbeitsverträge, S. 71 f.
221 BAG 16.4.2008 – 7 AZR 132/07, BB 2008, 1736 f.
222 SPA 1/2003, 3.
223 *Beckschulze*, in: Maschmann/Sieg/Göpfert, Vertragsgestaltung im Arbeitsrecht, 210 Rn 21.
224 BAG 23.10.1991 – 7 AZR 56/91, AP § 611 BGB Bühnenengagementvertrag Nr. 45.

(2) Gestaltungshinweise

Die Wirksamkeit der Vereinbarung einer auflösenden Bedingung bestimmt sich grds. nach denselben Kriterien, die an Befristungen zu stellen sind.[225] Arbeitsverträge können, wie § 21 TzBfG klarstellt, unter einer auflösenden Bedingung iSv § 158 Abs. 2 BGB geschlossen werden (s. § 1 Rn 903 f, 1265 ff). 1338

Die Zulässigkeit der Vereinbarung auflösender Bedingungen richtet sich nach den Grundsätzen der Befristung mit Sachgrund. Auflösende Bedingungen bedürfen der Schriftform (s. dazu jeweils § 1 Rn 904, 1265). 1339

Die Lit. hält Bedingungen für wirksam, die jedenfalls auch im Interesse des Arbeitnehmers liegen.[226] Diese Voraussetzung erfüllen die Klauseln G 1 und G 2. Die **Klausel G 2** hat eine Überbrückungsfunktion und bedeutet eine vom Willen des Arbeitnehmers und seinen Bewerbungsbemühungen, die er selbst mitsteuern kann, abhängige und damit nicht einseitig zu Gunsten des Arbeitgebers ausgestaltete Bedingung. Auch die **Klausel G 1** bietet dem Arbeitnehmer einen Vorteil. Der Nichteintritt der auflösenden Bedingung liegt nicht in der Hand des Arbeitgebers und kann daher auch nicht einseitig zu Gunsten des Arbeitnehmers missbraucht werden. Beide Varianten auflösender Bedingungen in Arbeitsverträgen sind daher wirksam. 1340

hh) Prozessbeschäftigung

(1) Klauseltyp H

H 1: Prozessbeschäftigungsvereinbarung [227] 1341

zwischen der Firma (...) (Arbeitgeber) und Frau (...) (Arbeitnehmerin)

Der Arbeitgeber geht davon aus, dass das ehemalige Arbeitsverhältnis zwischen den Parteien durch Befristungsablauf am 13.4.2015 sein Ende gefunden hat.

Vor dem Hintergrund dieses Rechtsstreits schließen die Parteien aufgrund der bestehenden Schadensminimierungspflicht der Arbeitnehmerin und zur Vermeidung des Annahmeverzugsrisikos des Arbeitgebers die nachstehende Vereinbarung:

1. Die Parteien sind sich darüber einig, dass Frau (...) ab dem 14.4.2015 befristet bis zur rechtskräftigen Beendigung des Rechtsstreits mit dem Aktenzeichen (...) (Alternative: bis zur Beendigung des Rechtsstreits in der ersten Instanz) weiterbeschäftigt wird.
2. Für die Dauer dieses befristeten Prozessbeschäftigungsverhältnisses finden ansonsten die bis zum 13.4.2015 gültigen arbeitsvertraglichen Bedingungen Anwendung.
3. Das Prozessbeschäftigungsverhältnis ist beiderseits vorzeitig ordentlich kündbar. Die Kündigung bedarf der Schriftform.

H 2: Prozessbeschäftigungsvereinbarung [228]

Der Arbeitgeber geht davon aus, dass das ehemalige Arbeitsverhältnis zwischen den Parteien durch Befristungsablauf am 13.4.2015 sein Ende gefunden hat.

Vor dem Hintergrund dieses Rechtsstreits schließen die Parteien aufgrund der bestehenden Schadensminimierungspflicht der Arbeitnehmerin und zur Vermeidung des Annahmeverzugsrisikos des Arbeitgebers die nachstehende Vereinbarung:

1. Die Parteien vereinbaren für die Zeit vom 14.4.2015 bis 31.12.2015 ein befristetes Prozessbeschäftigungsverhältnis.
2. Sollte der Rechtsstreit über die Beendigung des Arbeitsverhältnisses schon vor dem 31.12.2015 rechtskräftig beendet werden, endet das Prozessbeschäftigungsverhältnis be-

225 LAG Köln 22.6.1998 – 3 Sa 184/98, NZA-RR 1999, 512.

226 KR/*Lipke*, § 620 BGB Rn 54; Preis/*Preis*, Der Arbeitsvertrag, I A Rn 88 f; Staudinger/*Preis*, § 620 BGB Rn 24.

227 *Sowka*, Befristete Arbeitsverträge, S. 134.

228 *Sowka*, Befristete Arbeitsverträge, S. 134.

reits zwei Wochen nach Zustellung der schriftlichen Unterrichtung der Arbeitnehmerin durch den Arbeitgeber über den Zeitpunkt des Eintritts der Rechtskraft.
3. Für die Dauer des befristeten Prozessbeschäftigungsverhältnisses finden ansonsten die bis zum 13.4.2015 gültigen arbeitsvertraglichen Bedingungen Anwendung.
4. Das Prozessbeschäftigungsverhältnis ist beiderseits vorzeitig ordentlich kündbar. Die Kündigung bedarf der Schriftform.

(2) Gestaltungshinweise

1342 Die Klauseln **H 1** und **H 2** werden von *Sowka*[229] empfohlen. Sie tragen dem Umstand Rechnung, dass Arbeitgeber und Arbeitnehmer häufig die Abrede treffen, dass der Arbeitnehmer für die Dauer eines Kündigungsrechtsstreits bzw eines Streits um die Wirksamkeit einer Befristung im Rahmen eines sog. **Prozessrechtsverhältnisses** weiterbeschäftigt wird. Hierin liegt – je nach Formulierung – entweder die Befristung eines Arbeitsverhältnisses oder die Vereinbarung einer auflösenden Bedingung. Zum Prozessbeschäftigungsverhältnis s. ausf. § 1 Rn 1188 ff.

1343 Aus Arbeitgebersicht macht die Prozessbeschäftigung Sinn, um das Annahmeverzugsrisiko auszuschließen. Aus der Sicht des Arbeitnehmers gilt: Bietet ihm der Arbeitgeber eine Prozessbeschäftigung während des Rechtsstreits an, so läuft er im Obsiegensfall Gefahr, durch die Nichtannahme dieses Angebots „anderweitigen Erwerb" im Sinne der Annahmeverzugsvorschriften böswillig unterlassen zu haben mit der Folge, dass er keinen Annahmeverzugslohn erhält.

1344 Die befristete bzw auflösend bedingte Beschäftigung des Arbeitnehmers während des Rechtsstreits bedarf der **Schriftform**. Anderenfalls ist sie rechtsunwirksam. Der Arbeitgeber tut also gut daran, den Arbeitnehmer vor Abschluss einer schriftlichen Vereinbarung **nicht zu beschäftigen**. Alles im allen darf es den Parteien nur darum gegangen sein, die Laufzeit des alten Vertrages mit dem Sachgrund der Befristung in Einklang zu bringen.[230]

ii) AGB-Kontrolle und Befristungsabreden

(1) Klauseltyp I

1345 **I 1: § 1 Beginn und Ende der Altersteilzeit** [231]

(1) Das zwischen den Parteien bestehende Arbeitsverhältnis wird ab 1.4.2013 als Altersteilzeitarbeitsverhältnis fortgeführt.

(2) Das Altersteilzeitarbeitsverhältnis endet ohne Kündigung mit Ablauf des 31.3.2015.

(3) Das Altersteilzeitarbeitsverhältnis endet mit Ablauf des Tages, an dem der Kläger sich arbeitslos meldet.

(4) Das Altersteilzeitarbeitsverhältnis endet ferner mit Ablauf des Kalendermonats, in dem der/die Arbeitnehmer/in die frühestmögliche gesetzliche Altersrente in Anspruch nehmen kann.

I 2: § 1 Anstellung und Probezeit [232]

Der/die Arbeitnehmer/in wird am 1.11.2012 bis **31.10.2013** als Verkäuferin in (...) zeitlich befristet nach § 14 Abs. 2 TzBfG eingestellt. Es handelt sich um eine Neueinstellung. Der/die Arbeitnehmer/in versichert, dass er/sie zuvor bei dem Arbeitgeber noch nicht beschäftigt war. Die ersten sechs Monate gelten als Probezeit. Das Arbeitsverhältnis endet mit Ablauf dieser Probezeit, ohne dass es einer Kündigung bedarf. Während der Probezeit kann das Arbeitsverhältnis beiderseits mit einer Frist von zwei Wochen gekündigt werden.

---

229 *Sowka*, Befristete Arbeitsverträge, S. 134.
230 BAG 18.4.2007 – 7 AZR 255/06.
231 BAG 8.8.2007 – 7 AZR 605/06, DB 2008, 133.
232 BAG 16.4.2008 – 7 AZR 132/07, BB 2008, 1736 ff.

(2) Gestaltungshinweise

Die **Klausel I 1** wird nach Ansicht des BAG[233] der AGB-Kontrolle des § 307 Abs. 1 S. 2 BGB nicht gerecht. Es handelt sich nicht um eine Zweckbefristung, sondern um eine auflösende Bedingung iSd § 21 TzBfG. Es war zum Zeitpunkt des Vertragsschlusses noch ungewiss, ob der Kläger die Voraussetzungen für die Inanspruchnahme einer vorzeitigen Altersrente erfüllen würde. 1346

§ 1 Abs. 4 des Altersteilzeitarbeitsvertrages enthält eine überraschende Klausel iSd § 305 c Abs. 1 BGB. Der Kläger brauchte mit der durch § 1 Abs. 4 des Altersteilzeitarbeitsvertrages bewirkten Beendigung seines Altersteilzeitarbeitsverhältnisses aufgrund der vorangegangenen Vertragsverhandlungen nicht (mehr) zu rechnen. 1347

Die Abfassung der im Altersteilzeitarbeitsvertrag in § 1 Abs. 2–4 enthaltenen Beendigungstatbestände wird auch dem Bestimmtheitsgebot und damit auch dem Transparenzgebot des § 307 Abs. 1 S. 2 BGB nicht gerecht. Wegen der weit reichenden wirtschaftlichen Folgen, die mit der Beendigung eines befristeten Arbeitsverhältnisses verbunden sind, muss die vom Verwender gewählte Befristungsabrede den Zeitpunkt der Beendigung des Arbeitsverhältnisses für den durchschnittlichen Arbeitnehmer hinreichend deutlich erkennen lassen. Wird, wie im Streitfall, in einem Formulararbeitsvertrag eine Befristungsabrede getroffen, bei der das Arbeitsverhältnis vor Ablauf der vereinbarten Zeitbefristung vorzeitig durch Eintritt einer oder mehrerer auflösenden Bedingungen enden kann, so ist die vorzeitige Beendigungsmöglichkeit im Vertragstext deutlich erkennbar hervorzuheben. Bei der Formulierung der in § 1 Abs. 2–4 genannten Beendigungstatbestände hätte daher kenntlich gemacht werden müssen, dass die Beendigung des Altersteilzeitarbeitsverhältnisses unter den Voraussetzungen des § 1 Abs. 3 und 4 vor Ablauf der in § 1 Abs. 2 genannten Laufzeit eintreten kann. 1348

Auch die **Klausel I 2** hält nach Ansicht des BAG[234] einer AGB-Kontrolle nicht stand. Die Probezeitregelung ist **überraschend iSd § 305 c Abs. 1 BGB** und damit nicht Vertragsbestandteil geworden. Die Befristung zum Ablauf der Probezeit befindet sich zwar nicht an einer unerwarteten Stelle. Sie ist in dem mit „Anstellung und Probezeit" überschriebenen § 1 des Arbeitsvertrages und damit an der Stelle enthalten, wo sie – wenn überhaupt – zu erwarten ist. Die Befristung eines Arbeitsvertrages zum Ablauf der Probezeit als solche ist eine im Arbeitsleben übliche Vertragsgestaltung und in § 14 Abs. 1 S. 2 Nr. 5 TzBfG ausdrücklich gesetzlich vorgesehen. Deshalb ist in einem Arbeitsvertrag unter der Überschrift „Probezeit" nicht nur eine Regelung zur abgekürzten Kündigungsfrist zu erwarten, sondern grds. auch eine Befristung zum Ablauf der Probezeit. Das Überraschungsmoment ergibt sich aber aus der **inhaltlichen Gestaltung** und dem äußeren Erscheinungsbild von § 1 des Arbeitsvertrages. Durch die drucktechnische Hervorhebung wird der Eindruck erweckt, der Arbeitsvertrag sei bis zum 31.10.2013 befristet. Aufgrund dieser Vertragsbestimmung und ihrer optischen Gestaltung war nicht damit zu rechnen, dass der folgende Text ohne besondere Hervorhebung eine Befristung zum Ablauf der sechsmonatigen Probezeit enthielt. 1349

Darüber hinaus verstößt die Bestimmung gegen das Transparenzgebot des § 307 Abs. 1 S. 2 BGB. Eine vom Verwender Allgemeiner Geschäftsbedingungen gewählte Befristungsabrede muss wegen der weit reichenden wirtschaftlichen Folgen, die mit der Beendigung eines befristeten Arbeitsverhältnisses verbunden sind, den Zeitpunkt der Beendigung des Arbeitsverhältnisses für den durchschnittlichen Arbeitnehmer hinreichend deutlich erkennen lassen. Dies ist bei der in § 1 des Arbeitsvertrages enthaltenen Befristungsabrede nicht der Fall. Einerseits ist eine Vertragslaufzeit vom 1.11.2012 bis 31.10.2013 festgelegt. Andererseits ist bestimmt, dass das Arbeitsverhältnis mit Ablauf der sechsmonatigen Probezeit endet. Jede der beiden Regelungen ist zwar für sich genommen klar und verständlich. Insgesamt betrachtet ergeben die Regelun- 1350

233 BAG 8.8.2007 – 7 AZR 605/06, DB 2008, 133.

234 BAG 16.4.2008 – 7 AZR 132/07, BB 2008, 1736 ff.

gen aber nicht ohne Weiteres einen vernünftigen Sinn, da durch die Befristung zum Ablauf der sechsmonatigen Probezeit der zuvor festgelegten Befristung für die Dauer eines Jahres die Grundlage entzogen wird.

jj) Elternzeitvertretung nach § 21 Abs. 3 BEEG

(1) Klauseltyp J

1351 Zwischen der Firma (...)
und Frau (...)
wird folgender befristeter Arbeitsvertrag abgeschlossen:

§ 1 Anstellung
Frau (...) wird mit Wirkung vom (...) befristet als (...) zur Vertretung von Frau (...) eingestellt. Die Befristung wird auf jede mögliche Rechtsfolge gestützt.
Das Arbeitsverhältnis wird zunächst auf drei Monate zur Probe eingegangen und endet mit Ablauf dieser Probezeit, ohne dass es einer Kündigung bedarf. Während der Probezeit kann das Arbeitsverhältnis beiderseits mit der tarifvertraglich zulässige Mindestkündigungsfrist gekündigt werden.
Wird das Arbeitsverhältnis über die Probezeit hinaus fortgesetzt, so endet es mit Rückkehr von Frau (...) nach der Geburt oder der in Anspruch genommenen Elternzeit, spätestens jedoch am (...).

§ 8 Kündigung
Das Arbeitsverhältnis kann beiderseits mit einer Frist von einem Monat zum Monatsende gekündigt werden.
Das Arbeitsverhältnis kann darüber hinaus unter Einhaltung einer Frist von drei Wochen gekündigt werden, wenn die Elternzeit, zu deren Überbrückung dieser Vertrag abgeschlossen wurde, ohne Zustimmung des Arbeitgebers vorzeitig beendet wird und die vorzeitige Beendigung dem Arbeitgeber mitgeteilt worden ist.

(2) Gestaltungshinweise

1352 Die **Klausel J** ist an den Vorgaben des § 21 Abs. 3 BEEG für die Elternzeitvertretung zu messen.[235] Für die befristete Einstellung von Vertretungskräften für eine schwangere Mitarbeiterin bzw für eine Mitarbeiterin, die sich in Elternzeit befindet, hat der Gesetzgeber diese Sonderregelung geschaffen. Die Zulässigkeit der Befristung hängt damit nicht vom Vorliegen der sonst an die Befristung von Arbeitsverträgen gestellten Anforderungen ab. Das Vorliegen eines sachlichen Grundes wird gem. § 21 Abs. 1 BEEG fingiert.[236]

kk) Befristete Arbeitszeiterhöhung

(1) Klauseltyp K

1353 Gerne teilen wir Ihnen mit, dass Ihr Antrag vom 15.12.2012 auf Aufstockung Ihrer Arbeitszeit genehmigt wurde. Sie werden ab dem 1.5.2013 befristet bis zum 31.12.2013 auf der Basis der vollen Wochenarbeitszeit in der Nachrichtenredaktion beschäftigt. Entsprechend erhöht sich Ihr monatliches Grundgehalt in dieser Zeit auf 4.651,44 € brutto. Insoweit gilt Ihr Arbeitsvertrag als geändert.

235 S. im Einzelnen *Sowka*, Befristete Arbeitsverträge, S. 143.
236 *Sowka*, Erziehungsurlaub/Elternzeit, S. 59.

(2) Gestaltungshinweise

Die Klausel K ist der Entscheidung des BAG vom 2.9.2009[237] entnommen. Das BAG hat offen gelassen, ob im Anschluss an die ausdrückliche Bitte des Klägers, die Arbeitszeit befristet zu erhöhen, davon ausgegangen werden kann, dass es sich bei der Befristung um eine von der Beklagten gestellte – und damit der AGB-Kontrolle unterfallende – Bedingung handelt. Aus dem Transparenzgebot des § 307 Abs. 1 S. 2 BGB folgt nicht, dass bei einer ausschließlich kalendermäßigen Befristung der Befristungsgrund angegeben werden müsste (s. § 1 Rn 1287). Die Parteien haben vorliegend dem Transparenzgebot Rechnung getragen, indem sie die Befristung der Arbeitszeiterhöhung zum 31.12.2013 eindeutig und unmissverständlich bezeichnet haben. Die Grundsätze zum Widerrufsvorbehalt (s. dazu § 1 Rn 4159 ff) lassen sich auf die Kontrolle der Befristung von Arbeitsbedingungen nicht übertragen. 1354

Die Klausel K genügt auch der gem. § 307 Abs. 1 BGB vorzunehmenden Angemessenheitskontrolle, die anhand einer umfassenden Berücksichtigung und Bewertung rechtlich anzuerkennender Interessen beider Vertragsparteien vorzunehmen ist. Dabei sind die Wertungen des § 14 Abs. 1 TzBfG (hier: Sachgrund der Vertretung gem. § 14 Abs. 1 S. 2 Nr. 3 TzBfG) zu berücksichtigen. Hiervon ausgehend können nur außergewöhnliche Umstände – die vorliegend nicht gegeben waren – eine befristete Aufstockung der Arbeitszeit nach § 307 Abs. 1 S. 1 BGB als unangemessen erscheinen lassen. 1355

ll) Verlängerung von Arbeitsverhältnissen über das Erreichen der Regelaltersgrenze hinaus (§ 41 S. 3 SGB VI)

(1) Klauseltyp L

L 1: Das Arbeitsverhältnis würde gemäß Arbeitsvertrag vom (...) mit Erreichen der Regelaltersgrenze zum (...) enden. Die Parteien vereinbaren, dass das Arbeitsverhältnis statt zu diesem Beendigungszeitpunkt am (...) endet. Die übrigen Arbeitsbedingungen bleiben unverändert.[238] 1356

L 2: Das Arbeitsverhältnis wird mit einer wöchentlichen Arbeitszeit von (...) Stunden fortgesetzt. Herr (...) übernimmt anstelle der bisherigen Tätigkeiten folgende Aufgaben: (...). Die Vergütung beträgt (...) €.[239]

L 3: (Erstmalige „Verlängerung“)
Die Parteien sind sich einig, dass die Beendigung des Arbeitsverhältnisses über das Erreichen der Regelaltersgrenze, dh über (...) (Datum), bis zum (...) (Datum) hinausgeschoben wird. Der Arbeitsvertrag endet zu diesem Zeitpunkt, ohne dass es einer Kündigung bedarf. Im Übrigen bleiben die Vertragsbedingungen unverändert.[240]

L 4: (Weiteres „Hinausschieben“)
Die Parteien sind sich einig, dass die zum (...) (Datum) vereinbarte Beendigung des Arbeitsverhältnisses bis zum (...) (Datum) hinausgeschoben wird. Der Arbeitsvertrag endet zu diesem Zeitpunkt, ohne dass es einer Kündigung bedarf. Im Übrigen bleiben die Vertragsbedingungen unverändert.[241]

L 5: (Befristung auf die Regelaltersgrenze als Voraussetzung für ein Hinausschieben)
Es besteht Einigkeit, dass das Arbeitsverhältnis spätestens mit Ablauf des Monats endet, in dem der Arbeitnehmer die gesetzliche Regelaltersgrenze erreicht.[242]

237 BAG 2.9.2009 – 7 AZR 233/08, DB 2009, 2439.
238 *Worzalla*, PuR 2014, 132, 133.
239 *Worzalla*, PuR 2014, 132, 133.
240 *Kleinebrink*, DB 2014, 1490, 1493.
241 *Kleinebrink*, DB 2014, 1490, 1493.
242 *Kleinebrink*, DB 2014, 1490, 1493.

(2) Gestaltungshinweise

1357 Bei dem Klauseltyp L handelt es sich um Formulierungen auf der Grundlage des seit dem 1.7.2014 geltenden § 41 S. 3 SGB VI, wonach die Verlängerung von Arbeitsverhältnissen über das Erreichen der Regelaltersgrenze hinaus möglich ist. Siehe dazu ausf. § 1 Rn 1305 ff.

1358 Die **Klausel L 1** wird von *Worzalla*[243] vorgeschlagen. Sie ist „vorsichtig" formuliert, soweit ausdrücklich darauf hingewiesen wird, dass die „übrigen Arbeitsbedingungen" unverändert bleiben. Gegenwärtig lässt sich nicht mit letzter Sicherheit beantworten, ob im Rahmen des Hinausschiebens inhaltliche Modifikationen zulässig sind.

1359 Die ebenfalls von *Worzalla* erwogene[244] **Klausel L 2** ist insoweit „mutiger". Will man etwaigen Risiken aus dem Weg gehen, so kann es sich empfehlen, etwaige Vertragsänderungen ein paar Tage oder Monate vor (oder auch nach) Erreichen der Regelaltersgrenze vorzunehmen.[245]

1360 Die **Klauseln L 3 und L 4** schlägt *Kleinebrink* vor.[246] In beiden Klauseln ist von „unveränderten Vertragsbedingungen" die Rede. Dabei wird davon ausgegangen, dass inhaltliche Modifikationen im Rahmen des „Hinausschiebens" gem. § 41 S. 3 SGB VI – wie bei der Verlängerung gem. § 14 Abs. 2 TzBfG – „schädlich" sind.

1361 Diese von *Kleinebrink* formulierte **Klausel L 5**[247] bildet die Grundvoraussetzung für ein Hinausschieben iSd § 41 S. 3 SGB VI.

243 *Worzalla*, PuR 2014, 132, 133.
244 *Worzalla*, PuR 2014, 132, 133.
245 *Bauer*, NZA 2014, 889, 890.
246 *Kleinebrink*, DB 2014, 1490, 1493.
247 *Kleinebrink*, DB 2014, 1490, 1493.

17. Betriebsrentenvereinbarung

Literatur

Albert/Schumann/Sieben/Menzel, Betriebliche und private Altersvorsorge nach der Rentenreform 2001, 2002; *Beye/Bode/Stein*, Wirtschaftliche Auswirkungen der Änderung bei der Unverfallbarkeit durch das Altersvermögensgesetz, DB 2001, Beil. 5, 9; *Blomeyer*, Ansätze zu einer Dogmatik des Betriebsrentenrechts nach 25 Jahren BetrAVG und einer ersten Gesetzesreform (RRG 1999), RdA 2000, 279; *Bleek/Karst/Cisch*, BB-Rechtsprechungsreport zur betrieblichen Altersversorgung 2013/2014, BB 2014, 1141; *Blomeyer/Rolfs/Otto*, Betriebsrentengesetz, Kommentar, 5. Aufl. 2010 (6. Aufl. 2015 in Vorb.); *Bode/Grabner*, Teuerungsanpassung der Betriebsrenten 2005, DB 2005, 162; *Boecken*, EG-rechtlicher Zwang zu Unisex-Tarifen in der betrieblichen Altersversorgung?, GedS Heinze, 2005, S. 57 ff; *Boemke*, Wirtschaftliche Notlage und Widerruf von Zusagen der betrieblichen Altersversorgung, NJW 2009, 2491; *Cisch/Böhm*, Das Allgemeine Gleichbehandlungsgesetz und die betriebliche Altersversorgung in Deutschland, BB 2007, 602; *Cisch/Kruip*, Die Auswirkungen der Anhebung der Altersgrenzen in der gesetzlichen Rentenversicherung auf die betriebliche Altersversorgung, BB 2007, 1162; *Diller*, Zillmern: In München steht's jetzt 1:1!, NZA 2008, 338; *Hagemann/Oecking/Reichenbach*, Betriebliche Altersversorgung, 5. Aufl. 2014; *Förster/Cisch*, Die Änderungen im Betriebsrentengesetz durch das Alterseinkünftegesetz und deren Bedeutung für die Praxis, BB 2004, 2126; *Förster/Cisch/Karst*, Betriebsrentengesetz, 14. Aufl. 2014; *Friedrich/Kovac/Werner*, Beitragsorientierte Leistungszusage und Beitragszusage mit Mindestleistung – strikt getrennt oder doch miteinander verwandt?, BB 2007, 1557; *Hanau/Arteaga/Rieble/Veit*, Entgeltumwandlung, 3. Aufl. 2014; *Heither*, Gestaltung des Anspruchs auf Gehaltsumwandlung (§ 1 a BetrAVG) durch Tarifverträge, NZA 2001, 1275; *Hopfner*, Schon wieder Neuerungen in § 1 BetrAVG?, DB 2002, 1050; *Langohr-Plato*, Betriebliche Altersversorgung, 6. Aufl. 2013; *Langohr-Plato/Teslau*, Die Beitragszusage mit Mindestleistung, DB 2003, 661; *dies.*, Das Alterseinkünftegesetz und seine arbeitsrechtlichen Konsequenzen für die betriebliche Altersversorgung, NZA 2004, 1297 und 1353; *Matthießen*, Die Rechtsprechung zum Arbeitsrecht der betrieblichen Altersversorgung im Jahre 2013, NZA 2014, 1058 (Teil I), 1115 (Teil II); *Meyer/Janko/Hinrichs*, Arbeitgeberseitige Gestaltungsmöglichkeiten bei der Entgeltumwandlung, DB 2009, 1533; *Neef*, Die wirtschaftliche Lage des Arbeitgebers gemäß § 16 BetrAVG, NZA 2003, 993; *Reichel/Volk*, Portabilität von Versorgungsanwartschaften in der betrieblichen Altersversorgung, DB 2005, 886; *Reinecke*, 30 Jahre Betriebsrentengesetz – Gesetzes- und Richterrecht in der betrieblichen Altersversorgung, NZA 2004, 753; *ders.*, Hinweis-, Aufklärungs- und Beratungspflichten im Betriebsrentenrecht, RdA 2005, 129; *ders.*, Schutz des Arbeitnehmers im Betriebsrentenrecht: Informationspflichten des Arbeitgebers und Kontrolle von Versorgungsvereinbarungen, DB 2006, 555; *Rengier*, Betriebliche Altersversorgung und Allgemeines Gleichbehandlungsgesetz, NZA 2006, 1251; *Rieble/Klumpp*, Naturalleistungszusagen als betriebliche Altersversorgung, GedS Blomeyer, 2003, S. 317 ff; *Rößler*, Auslegung von Versorgungszusagen – Risiken erkennen und vermeiden, DB 2009, 2490; *Schipp*, Abschied vom Berechnungsdurchgriff – neue Regeln zur Anpassung von Betriebsrenten im Konzern, DB 2010, 112; *Schliemann*, Tarifrechtliche Gestaltungsmöglichkeiten bei Betriebsrenten, BetrAV 2001, 732; *Steinmeyer*, Das Allgemeine Gleichbehandlungsgesetz und die betriebliche Altersversorgung, ZfA 2007, 27; *Thum*, AGG und betriebliche Altersversorgung – Anpassungsbedarf für Versorgungsordnungen?, BB 2009, 2291; *Vienken*, Rechtsfolgen einer zu Unrecht unterbliebenen Betriebsrentenanpassung gemäß § 16 Abs. 4 BetrAVG, DB 2003, 994; *von Buddenbrock/Manhart*, Nachspielzeit für die Zillmerung?, BB 2009, 1129; *Zeppenfeld/Rößler*, Pensionsfonds: Verbessere Rahmenbedingungen für nationale und internationale Arbeitgeber und Anbieter, BB 2006, 1221.

a) Rechtslage im Umfeld

Im Hinblick auf die Einschnitte bei der umlagefinanzierten gesetzlichen Sozialrente, die aufgrund der demographischen Entwicklung unvermeidbar werden, kommt neben der privaten insb. der betrieblichen Altersversorgung eine zentrale sozialpolitische Bedeutung zu, um die Sicherung des Lebensunterhalts von Arbeitnehmern und deren Angehörigen nach dem Ausscheiden aus dem Erwerbsleben zu gewährleisten. Um diese Säule der Alterssicherung zu stärken, hat der Gesetzgeber die arbeits-, sozialversicherungs- und steuerrechtlichen Regelungen für Betriebsrenten in den letzten Jahren in erheblicher Weise weiterentwickelt. Eine der großen Schwierigkeiten bei der Ausgestaltung von Betriebsrentenzusagen besteht darin, dass die Versorgungsordnungen über Jahrzehnte die Grundlage für die Leistungsansprüche bilden. Bei der Begründung einer Versorgungszusage müssen deshalb langfristige Prognosen über das künftige tatsächliche und rechtliche Umfeld angestellt werden, damit die für die betriebliche Altersversorgung vorausberechneten Kosten eingehalten werden. 1362

aa) Arbeitsrechtliche Rahmenbedingungen

Die arbeitsrechtlichen Rahmenbedingungen von Betriebsrentenzusagen werden vor allem durch das **Betriebsrentengesetz (BetrAVG)** geregelt. Daneben sind jedoch auch die allgemeinen 1363

arbeitsrechtlichen Vorschriften, insb. die arbeitsrechtlichen Diskriminierungsverbote, zu beachten.

(1) Kontrolle von Versorgungsregelungen

1364 Die Ausgestaltung von Versorgungszusagen bedarf einer sehr hohen Sorgfalt. Insbesondere individualvertraglichen Betriebsrentenversprechen sind durch die Erstreckung der **AGB-Kontrolle** auf den Bereich des Arbeitsrechts mit möglichst großer Präzision zu fassen. So unterliegen individualrechtliche Zusagen, die für eine Mehrzahl von Arbeitnehmern vorformuliert und vom Arbeitgeber gestellt werden (insb. Gesamtzusagen, Allgemeine Arbeitsbedingungen), gem. § 305 Abs. 1 BGB der Inhaltskontrolle nach AGB-Recht.[1] Aber auch Einzelzusagen, deren Bedingungen der Arbeitgeber lediglich zur einmaligen Verwendung vorgibt, werden als Verbrauchergeschäft gem. § 310 Abs. 3 Nr. 2 BGB einer Inhaltskontrolle unterzogen. Zu beachten sind vor allem das Verbot überraschender Klauseln und die Unklarheitenregelung (§ 305 c BGB), die über den Grundsatz von Treu und Glauben bereits vor Erstreckung des AGB-Rechts auf Arbeitsverträge Anwendung auf individualrechtliche Versorgungszusagen mit kollektivem Bezug fanden.[2] Bei der AGB-Kontrolle der Versorgungsbedingungen sind die Besonderheiten des Arbeitsrechts zu berücksichtigen, die im Bereich der betrieblichen Altersversorgung zB hinsichtlich der Frage der Zulässigkeit von Widerrufsvorbehalten von Bedeutung sein können (s. § 1 Rn 1483 ff). Beruht das Versorgungsversprechen dagegen auf einer **Betriebsvereinbarung**, so findet gem. § 310 Abs. 4 BGB iVm § 307 Abs. 3 BGB zwar keine AGB-Kontrolle statt, doch unterwerfen die Gerichte auch Betriebsvereinbarungen einer **Rechtskontrolle**, die weitgehend einer Inhaltskontrolle entspricht und sich insb. auf die Einhaltung des Vertrauensschutzprinzips und des Verhältnismäßigkeitsgrundsatzes erstreckt.[3] **Tarifverträge** werden dagegen lediglich einer eingeschränkten Rechtskontrolle unterzogen, ob sie mit dem Grundgesetz, insb. Art. 3, zwingendem Gesetzesrecht, den guten Sitten und den „tragenden Grundsätzen des Arbeitsrechts" vereinbar sind.[4]

(2) Gleichbehandlung in der betrieblichen Altersversorgung

1365 Der Einhaltung des Lohngleichheitsgebots des Art. 157 AEUV und des arbeitsrechtlichen **Gleichbehandlungsgrundsatzes** kommt gerade bei der Schaffung von Versorgungsordnungen eine große Bedeutung zu. Fehler in diesem Bereich können zu extremen Mehrbelastungen führen, wie sich etwa bei der Einbeziehung zu Unrecht aus der betrieblichen Altersversorgung ausgeschlossener Teilzeitkräfte gezeigt hat.

(a1) Art. 157 AEUV

1366 In der Versorgungsordnung muss sichergestellt werden, dass der in Art. 157 Abs. 1 AEUV niedergelegte Grundsatz des gleichen Entgelts für Männer und Frauen bei gleicher oder gleichwertiger Arbeit eingehalten wird. Leistungen der betrieblichen Altersversorgung sind als Vergütung iSd Art. 157 Abs. 2 AEUV einzuordnen, die der Arbeitgeber aufgrund des Arbeitsverhältnisses erbringt und bei deren Ausgestaltung der Lohngleichheitsgrundsatz zwischen Männern und Frauen Beachtung verlangt.[5] Eine unmittelbare Diskriminierung liegt zB vor, wenn ein Arbeitgeber den Arbeitnehmern eine **Witwenversorgung** zusagt, den Arbeitnehmerinnen aber kei-

---

1 *Schaub*, GedS Blomeyer, S. 335; *Rößler*, DB 2009, 2490 f.

2 BAG 23.9.2003 – 3 AZR 551/02, NZA 2005, 72.

3 BAG 18.9.2012 – 3 AZR 415/10, NZA 2013, 210; BAG 29.7.2003 – 3 AZR 630/02, AP § 1 BetrAVG Ablösung Nr. 45.

4 BAG 7.3.1995 – 3 AZR 767/94, NZA 1996, 607.

5 EuGH 13.5.1986 – Rs. C-170/74 (Bilka), NJW 1986, 3020 = NZA 1986, 599; ErfK-*Schlachter*, AEUV Art. 157 Rn 25 f; *Boecken*, GedS Heinze, S. 57.

ne gleich hohe **Witwerversorgung** versprochen wird.[6] Auch **unterschiedliche Altersgrenzen** für Männer und Frauen verstoßen nach der **Barber-Entscheidung** des EuGH vom 17.5.1990 gegen das Entgeltgleichheitsgebot des Art. 157 AEUV.[7] An Art. 157 AEUV sind auch die eingeschalteten Versorgungsträger unmittelbar gebunden.[8] Verstößt die Versorgungszusage gegen Art. 157 AEUV, hat dies zur Folge, dass der benachteiligte Arbeitnehmer einen Anspruch auf Zahlung der Betriebsrente zum gleichen Zeitpunkt wie die begünstigte Arbeitnehmerin hat. Auch bei der Berechnung der Höhe der Altersleistung findet eine Angleichung „nach oben" statt, dh die Betriebsrente bemisst sich nach den Regelungen für das begünstigte Geschlecht.[9] Bis zum Erlass des Barber-Urteils am 17.5.1990 durfte jedoch von der Zulässigkeit unterschiedlicher Altersgrenzen bei betrieblichen Rentensystemen ausgegangen werden.[10] Aus diesem Grund kann die Gleichbehandlung auf dem Gebiet der betrieblichen Altersversorgung nur für Leistungen verlangt werden, die für Beschäftigungszeiten nach dem 17.5.1990 geschuldet werden, soweit nicht vor diesem Zeitpunkt bereits Klage erhoben oder ein entsprechender Rechtsbehelf eingelegt wurde.[11]

(a2) Arbeitsrechtlicher Gleichbehandlungsgrundsatz

Die **Benachteiligung mehr als geringfügig beschäftigter Teilzeitbeschäftigter** in Versorgungsord- 1367
nungen begründet auch unabhängig von dem Vorliegen einer mittelbaren Diskriminierung gem. Art. 157 AEUV einen Verstoß gegen den allgemeinen Gleichbehandlungsgrundsatz, da der Umfang der Arbeitszeit kein sachlich gerechtfertigtes Kriterium für den Ausschluss bildet (vgl auch § 4 TzBfG).[12] Allerdings hat das BAG entschieden, dass eine **gespaltene Rentenformel** nicht zu einer unzulässigen Benachteiligung wegen Teilzeitarbeit oder wegen des Geschlechts führt.[13] Sieht eine Versorgungsordnung für die Berechnung einer gehaltsabhängigen Versorgung eine höhere Bewertung von Gehaltsbestandteilen oberhalb der Beitragsbemessungsgrenze in der gesetzlichen Rentenversicherung (BBG) vor als für unterhalb dieser Grenze liegende Gehaltsbestandteile (sog. gespaltene Rentenformel), werden Teilzeitbeschäftigte nicht in unzulässiger Weise gegenüber Vollzeitbeschäftigten benachteiligt. Im Hinblick auf die Bemessung des ruhegeldfähigen Einkommens hat das BAG festgestellt, dass eine Versorgungsregelung, die bei einem Teilzeitbeschäftigten denjenigen Anteil des ruhegeldfähigen Einkommens eines Vollzeitbeschäftigten zugrunde legt, der dem Verhältnis seiner durchschnittlichen Teilzeitquote während des gesamten Arbeitsverhältnisses zur regelmäßigen tariflichen Arbeitszeit eines vergleichbaren Vollzeitbeschäftigten entspricht, keine unzulässige Benachteiligung von Teilzeitbeschäftigten darstellt. Der pro-rata-temporis-Grundsatz (§ 4 Abs. 1 S. 2 TzBfG) sei gewahrt.[14]
Weiter verletzt die Ungleichbehandlung von **Arbeitern und Angestellten** den arbeitsrechtlichen 1368
Gleichbehandlungsgrundsatz.[15] Der Verstoß kann jedoch nur rückwirkend für Zeiten ab dem **1.7.1993** geltend gemacht werden, da bis zu diesem Datum der Arbeitgeber wegen der statusbezogenen ungleichen Behandlung von Arbeitern und Angestellten bei den gesetzlichen Kündi-

6 BAG 5.9.1989 – 3 AZR 575/88, NZA 1990, 271; BAG 19.11.2002 – 3 AZR 631/97, NZA 2003, 380.
7 EuGH 17.5.1990 – Rs. C-262/88 (Barber), NJW 1991, 2204 = NZA 1990, 775; EuGH 14.12.1993 – Rs. C-110/91 (Moroni), NZA 1994, 165.
8 EuGH 9.10.2001 – Rs. C-379/99 (Menauer), NJW 2001, 3693 = NZA 2001, 1301; BAG 19.11.2002 – 3 AZR 631/97, NZA 2003, 380; BAG 7.9.2004 – 3 AZR 550/03 = AP § 1 BetrAVG Pensionskasse Nr. 8 = DB 2005, 507.
9 EuGH 14.12.1993 – Rs. C-110/91 (Moroni), NZA 1994, 165.
10 EuGH 17.5.1990 – Rs. C-262/88 (Barber), NJW 1991, 2204 = NZA 1990, 775; EuGH 14.12.1993 – Rs. C-110/91 (Moroni), NZA 1994, 165.
11 EuGH 14.12.1993 – Rs. C-110/91 (Moroni), NZA 1994, 165.
12 Vgl BAG 7.3.1995 – 3 AZR 282/94, BAGE 79, 236 = NZA 1996, 48; BAG 28.7.1992 – 3 AZR 173/92, NJW 1993, 874 = NZA 1993, 215; BAG 20.11.1990 – 3 AZR 613/89, BAGE 66, 264 = NZA 1991, 635.
13 BAG 11.12.2012 – 3 AZR 588/10, NZA 2013, 572.
14 BAG 28.5.2013 – 3 AZR 266/11, BeckRs 2013, 71596.
15 BAG 17.6.2014 – 3 AZR 757/12, FD-ArbR 2014, 361912 = DB 2014, 2292.

gungsfristen (§ 622 BGB aF) und bei der gesetzlich geregelten Entgeltfortzahlung von der Zulässigkeit der Diskriminierung auch im Rahmen der betrieblichen Altersversorgung ausgehen durfte.[16] Unterschiedliche Zusagebedingungen für Arbeiter und Angestellte sind dann hinzunehmen, wenn sie im Ergebnis zu gleich hohen Betriebsrenten führen.[17] Unzulässig ist es dagegen, **Arbeitnehmer, die in einem zweiten Arbeitsverhältnis** stehen, allein aus diesem Grund aus einer Versorgungsordnung auszuschließen.[18] Auch die Benachteiligung von **Außendienstmitarbeitern gegenüber Innendienstmitarbeitern** allein aufgrund der unterschiedlichen Art der Arbeitsleistung und der besonderen Vergütungsstruktur ist nicht gerechtfertigt.[19]

(3) Zwingender Charakter des BetrAVG, persönlicher Geltungsbereich

1369 Durch die Versorgungsvereinbarung kann nach § 17 Abs. 3 BetrAVG grds. nicht zum Nachteil der Arbeitnehmer von den Vorgaben des Betriebsrentengesetzes abgewichen werden. Lediglich durch Tarifvertrag ist ein Unterschreiten der Mindestnormen der §§ 1 a, 2–5, 16, 18 a S. 1, 27, 28 BetrAVG zu Ungunsten der Arbeitnehmer möglich. Die nachteiligen tarifvertraglichen Regelungen haben auch zwischen nichttarifgebundenen Arbeitgebern und Arbeitnehmern Geltung, wenn die Anwendung der tarifvertraglichen Bestimmungen vereinbart wurde.
Der **persönliche Anwendungsbereich** des Betriebsrentengesetzes erstreckt sich gem. § 17 Abs. 1 BetrAVG auf Arbeiter und Angestellte einschließlich der zu ihrer Berufsbildung Beschäftigten. Ein Berufsausbildungsverhältnis steht in diesem Fall einem Arbeitsverhältnis gleich. Darüber hinaus gilt das BetrAVG aber auch für Personen, die nicht Arbeitnehmer sind, wenn ihnen Betriebsrenten aus Anlass ihrer Tätigkeit für ein Unternehmen zugesagt werden. Damit können sich auch arbeitnehmerähnliche Personen sowie Gesellschafter und Organmitglieder auf das Betriebsrentengesetz berufen, wenn sie keine Leitungsmacht auf die Gesellschaft ausüben. Ausgenommen sind dagegen die Personen, die sich als Unternehmer selbst ein Versorgungsversprechen geben, etwa als Einzelkaufmann oder als Allein- oder Mehrheitsgesellschafter-Geschäftsführer (zur genauen Abgrenzung s. § 2 Rn 766).[20]

(4) Begriff der betrieblichen Altersversorgung

(a1) Allgemeines

1370 Dem Schutz des Betriebsrentengesetzes unterliegen allein Vereinbarungen, in denen Leistungen der betrieblichen Altersversorgung zugesagt werden (Synonyme: Versorgungszusagen, Pensionsverpflichtungen oder Ruhegeldvereinbarungen). Der Begriff der betrieblichen Altersversorgung wird in **§ 1 Abs. 1 S. 1 BetrAVG definiert.** Danach liegt eine **betriebliche Altersversorgung** vor, wenn der Arbeitgeber dem Arbeitnehmer Leistungen der Alters-, Invaliditäts- oder Hinterbliebenenversorgung aus Anlass des Arbeitsverhältnisses zusagt. Es müssen sog. **biometrische Risiken (Alter, Invalidität, Tod)** abgesichert werden, bei deren Eintritt der Arbeitnehmer nicht mehr in der Lage ist, seinen Lebensunterhalt oder den seiner Angehörigen durch eigene Erwerbstätigkeit zu bestreiten.

(a2) Altersversorgung

1371 Bei der Festlegung der Altersgrenze in der Versorgungsvereinbarung ist zu beachten, dass ein **altersbedingtes Ausscheiden** aus dem Erwerbsleben regelmäßig erst nach Vollendung des 60. Lebensjahres angenommen werden kann.[21] Wird eine frühere Altersgrenze gewählt, müs-

16 BAG 10.12.2002 – 3 AZR 3/02, NZA 2004, 321.
17 BAG 23.4.2002 – 3 AZR 268/01, NZA 2003, 232.
18 BAG 22.11.1994 – 3 AZR 349/94, NZA 1995, 733.
19 BAG 9.12.1997 – 3 AZR 661/96, NZA 1998, 1173.
20 BGH 28.4.1980 – II ZR 254/78, BGHZ 77, 94 = NJW 1980, 2254; BGH 2.6.1996 – II ZR 181/96, NZA 1997, 1055; BGH 25.1.2000 – 3 AZR 769/98, NZA 2001, 959.
21 BAG 24.6.1986 – 3 AZR 645/84, NZA 1987, 309; PSV Merkblatt 300/M4/1.3.

sen besondere Umstände hinzutreten, um die Einordnung als Altersversorgung zu rechtfertigen.[22] Gewöhnlich wird in der Versorgungszusage die Regelaltersgrenze in der gesetzlichen Rentenversicherung übernommen, die derzeit schrittweise auf die Vollendung des 67. Lebensjahres angehoben wird.[23] Die momentan noch laufende Übergangsregelung § 235 Abs. 1 SGB VI[24] sieht folgende Staffelung des Renteneintrittsalters vor:

Versicherte (Geburtsjahr)	Anhebung um ... Monate	auf ... Alter (Jahr Monat)	
1947	1	65	1
1948	2	65	2
1949	3	65	3
1950	4	65	4
1951	5	65	5
1952	6	65	6
1953	7	65	7
1954	8	65	8
1955	9	65	9
1956	10	65	10
1957	11	65	11
1958	12	66	0
1959	14	66	2
1960	16	66	4
1961	18	66	6
1962	20	66	8
1963	22	66	10
1964	24	67	0

Für Versicherte, die vor dem 1.1.1955 geboren sind und vor dem 1.1.2007 Altersteilzeitarbeit iSd §§ 2, 3 Abs. 1 Nr. 1 ATZG vereinbart haben oder Anpassungsgeld für entlassene Arbeitnehmer des Bergbaus bezogen haben, wird die Regelaltersgrenze nicht angehoben. 1372

Auf die Änderung der gesetzlichen Regelaltersgrenze muss bei der Ausgestaltung der **Versorgungswerke** insb. in den Fällen reagiert werden, in denen die Versorgungshöhe durch die gesetzliche Sozialrente beeinflusst wird.[25] Anders als für eine Übergangsfrist in der gesetzlichen Rentenversicherung verstoßen unterschiedliche Altersgrenzen für Männer und Frauen in Versorgungsordnungen gegen Art. 157 AEUV.[26] 1373

(a3) Invaliditäts- und Hinterbliebenenversorgung

Unter welchen Umständen eine **Invalidität** vorliegt, steht weitgehend im Ermessen der Vertragsparteien. Eine Anlehnung an den sozialversicherungsrechtlichen Begriff der Erwerbsunfähigkeit ist nicht zwingend. Regelmäßig empfiehlt es sich jedoch aus Gründen der Rechtssicherheit, in Versorgungsordnungen den Bezug der Betriebsrente von den Leistungsvoraussetzungen 1374

22 *Höfer*, BetrAVG, ART Rn 31.
23 Vgl dazu *Baumeister/Merten*, DB 2007, 1306.
24 § 235 SGB VI eingefügt mit Wirkung vom 1.1.2008 durch Gesetz vom 20.4.2007 (BGBl. I S. 554).
25 Dazu *Cisch/Kruip*, BB 2007, 1162.
26 EuGH 17.5.1990 – Rs. C-262/88 (Barber), NJW 1991, 2204 = NZA 1990, 775; EuGH 14.12.1993 – Rs. C-110/91 (Moroni), NZA 1994, 165.

abhängig zu machen, nach denen eine volle oder teilweise Erwerbsminderungsrente gem. § 43 SGB VI beansprucht werden kann oder könnte. Dabei ist aber zu berücksichtigen, dass Erwerbsminderungsrenten, im Gegensatz zu den früheren Berufs- oder Erwerbsunfähigkeitsrenten, zunächst nur befristet gewährt werden.

1375 Wird lediglich eine Hinterbliebenenversorgung zugesagt, so zählen zu den **Hinterbliebenen** regelmäßig Witwen, Witwer und Waisen. Aber auch andere Personen können als Berechtigte benannt werden. Für Arbeitnehmer des öffentlichen Dienstes hat das BVerfG am 7.7.2009 entschieden, dass die Ungleichbehandlung von Ehe und eingetragener Lebenspartnerschaft im Bereich der betrieblichen Hinterbliebenenversorgung gegen Art. 3 Abs. 1 GG verstößt.[27] Der Leistungsanspruch der Hinterbliebenen kann zudem von weiteren Bedingungen in der Versorgungsvereinbarung abhängig gemacht werden, wie dem Erreichen eines Mindestalters des überlebenden Ehepartners,[28] einer maximalen Altersdifferenz[29] (ein Ausschluss bei mehr als zehn Jahren Altersdifferenz dürfte wohl die Grenze des Zulässigen darstellen)[30] oder einer Mindestehedauer.[31] Ähnlich gelagert sind auch sog. **Spätehenklauseln**, die Ansprüche des hinterbliebenen Ehegatten ausschließen, falls die Ehe nach Eintritt in den Ruhestand[32] bzw nicht während des Bestands des Arbeitsverhältnisses[33] geschlossen wurde.[34] Mitunter ist auch eine Verbindung beider Klauseln zu finden, etwa derart, dass eine Ehe mindestens zehn Jahre bestanden haben muss, wenn sie nach Vollendung des fünfzigsten Lebensjahres geschlossen wurde.[35] Zulässig sind überdies sog. **Wiederverheiratungsklauseln**, die mit Blick auf die Unterhaltsersatzfunktion der Versorgung Ansprüche erlöschen lassen, wenn sich der hinterbliebene Ehegatte erneut verheiratet.[36] Wird die zweite Ehe wieder geschieden, lebt der Anspruch auf Versorgung jedoch im Gegensatz zu § 46 Abs. 3 SGB VI nicht wieder auf, wenn die Versorgungsordnung dies abschließend nicht vorsieht.[37]

1376 Auch unter Einbezug der Wertungen des AGG haben sich an der Rechtmäßigkeit der genannten Klauseln keine wesentlichen Änderungen ergeben; im Wege ergänzender Vertragsauslegung sind diese allerdings auf eingetragene Lebenspartnerschaften entsprechend anzuwenden.[38] Die Klauseln entsprechen ganz überwiegend den Kriterien von § 10 AGG.[39] Vor dem Hintergrund einer möglichen Altersdiskriminierung und des Verstoßes gegen europäisches Primärrecht lagen derartige Regelungen dem EuGH vor. Dieser hat die Anwendbarkeit von Altersdifferenzklauseln, die vor dem Inkrafttreten des AGG vereinbart wurden, als zulässig erachtet, sofern die Hinterbliebenenversorgung nicht vollständig ausgeschlossen wird.[40]

---

27 BVerfG 7.7.2009 – 1 BvR 1164/07, DB 2009, 2441; dazu *Hoppe*, DVBl 2009, 1516; vgl auch zur Begrenzung der Gleichbehandlung auf eingetragene Lebenspartnerschaften BAG 15.9.2009 – 3 AZR 797/08, DB 2010, 231.

28 BAG 19.2.2002 – 3 AZR 99/01, NZA 2002, 1286.

29 Zur Differenz von 15 Jahren vgl einerseits – für zulässig erachtend – ArbG Duisburg 16.2.2000 – 3 Ca 3606/99, NZA-RR 2001, 48, andererseits LAG Hessen 12.3.1997 – 8 Sa 177/96, DB 1997, 2182 = NZA-RR 1998, 5, das eine solche Klausel für verfassungswidrig hält.

30 *Blomeyer/Rolfs/Otto*, BetrAVG, Anh § 1 Rn 202 unter Bezug auf *Höfer*, BetrAVG, ART Rn 889.

31 BAG 11.8.1987 – 3 AZR 6/86, NZA 1988, 158.

32 BAG 15.10.2013 – 3 AZR 294/11, NZA 2014, 1203.

33 BAG 19.12.2000 – 3 AZR 186/00, NZA 2001, 1260.

34 Vgl auch *Höfer*, BetrAVG, ART Rn 886 f mwN.

35 BAG 28.7.2005 – 3 AZR 457/04, NZA 2006, 1293.

36 *Blomeyer/Rolfs/Otto*, BetrAVG, Anh § 1 Rn 205.

37 BAG 16.4.1997 – 3 AZR 28/96, NZA 1997, 1230.

38 Vgl im Einzelnen *Höfer*, BetrAVG, ART Rn 886.1, 887.1, 890.1, 892.1.

39 Vgl auch *Thum*, BB 2008, 2291, 2295.

40 Vgl EuGH 23.9.2008 – Rs. C-427/06 (Bartsch), BB 2008, 2353; s. auch den sorgfältig verfassten Vorlagebeschluss des BAG 27.6.2006 – 3 AZR 352/05, DB 2006, 2542 ff; vgl dazu *Cisch/Böhm*, BB 2007, 602, 608.

Wird die Hinterbliebenenversorgung hingegen auch auf die Erben erstreckt, so kann dies der Einordnung als Hinterbliebenenversorgung insgesamt entgegenstehen, da der Arbeitgeber kein Versorgungsrisiko übernimmt.[41] 1377

(a4) Kausalität zwischen Versorgungsfall und Leistungsanspruch

Nach den Versorgungsbedingungen muss der Eintritt des Versorgungsfalls **kausal** für die Leistungsgewährung werden. Kann der Arbeitnehmer nach der Zusage bereits vor Eintritt des Versorgungsfalls wirtschaftlich die für die Versorgung bestimmten Mittel verbrauchen, so ist der Versorgungscharakter der Leistung zweifelhaft.[42] Nicht als betriebliche Altersversorgung sind bspw Leistungen zur Vermögensbildung oder zur Überbrückung einer erwarteten Arbeitslosigkeit einzuordnen.[43] 1378

(a5) Aus Anlass des Arbeitsverhältnisses

Das Versorgungsversprechen unterfällt dann dem BetrAVG, wenn es **aus Anlass des Arbeitsverhältnisses** erteilt wurde. Zwischen der Betriebsrentenzusage und dem maßgeblichen Beschäftigungsverhältnis muss ein **ursächlicher Zusammenhang** bestehen.[44] Ein solcher Bezug fehlt, wenn die Versorgungsleistung ohne inneren Zusammenhang mit dem Arbeitsverhältnis aufgrund familiärer oder freundschaftlicher Verhältnisse versprochen wird.[45] An der notwendigen Kausalität fehlt es auch dann, wenn das Betriebsrentenversprechen allein aus Anlass der Gesellschafterstellung zugesagt wird, etwa wenn eine GmbH ausschließlich ihren Gesellschaftern eine Versorgung verspricht und die Art und Höhe der Zusage bei Beschäftigten, die nicht Gesellschafter sind, wirtschaftlich nicht vertretbar wäre.[46] 1379

(a6) Keine notwendigen Voraussetzungen

Die Wirksamkeit einer Versorgungszusage hängt nicht davon ab, dass eine bestimmte Form eingehalten wird. Im Hinblick auf § 2 NachwG und die steuerliche Anerkennung ist die Wahrung der **Schriftform** aber dringend zu empfehlen.[47] Weiter stellt es kein Wesensmerkmal der betrieblichen Altersversorgung dar, ob es sich um eine **freiwillige Leistung** des Arbeitgebers handelt[48] und ob die Betriebsrente **zusätzlich zum Lohn** versprochen wird.[49] 1380

(5) Durchführungswege

In der Versorgungsvereinbarung kann der Arbeitgeber versprechen, im Versorgungsfall die Leistungen unmittelbar aus seinem Vermögen zu erbringen. Er kann aber auch zusagen, dass ein Unternehmen der Lebensversicherung, eine Pensionskasse, ein Pensionsfonds oder eine Unterstützungskasse als Versorgungsträger mit der Leistungserbringung beauftragt wird (sog. **Versorgungsverschaffungsanspruch**). Nach § 1 Abs. 1 S. 3 BetrAVG trifft den Arbeitgeber, der nicht unmittelbar selbst die Leistungserbringung zugesagt hat, eine verschuldensunabhängige 1381

41 BAG 18.3.2003 – 3 AZR 313/02, NZA 2004, 848.
42 BAG 18.3.2003 – 3 AZR 315/02, NZA 2004, 1064.
43 BAG 18.3.2003 – 3 AZR 315/02, NZA 2004, 1064.
44 BAG 19.1 2010 – 3 AZR 42/08, NZA 2010, 1066; BAG 25.1.2000 – 3 AZR 769/98, NZA 2001, 959.
45 BAG 18.3.2003 – 3 AZR 313/02, NZA 2004, 848.
46 BAG 19.1 2010 – 3 AZR 42/08, NZA 2010, 1066; BAG 25.1.2000 – 3 AZR 769/98, NZA 2001, 959; das BAG zieht die Kriterien heran, nach denen in steuerrechtlicher Hinsicht beurteilt wird, ob die Pensionszusage eine verdeckte Gewinnausschüttung darstellt; vgl dazu § 2 Rn 220 ff.
47 *Blomeyer/Rolfs/Otto*, BetrAVG, Anh § 1 Rn 9.
48 *Blomeyer/Rolfs/Otto*, BetrAVG, § 1 Rn 42.
49 BAG 26.6.1990 – 3 AZR 641/88, BAGE 65, 215 = NJW 1991, 717.

Einstandspflicht für die Erfüllung der an sich von einem eingeschalteten Versorgungsträger zu erbringenden Versorgungsleistung.[50]

(a1) Unmittelbare Zusage (Direktzusage)

1382 Bei einer unmittelbaren Zusage (**Direktzusage**) verspricht der Arbeitgeber, die später geschuldete Betriebsrente aus dem eigenen Vermögen zu erfüllen. Der Arbeitnehmer hat in diesem Fall einen vertraglichen Anspruch gegen den Arbeitgeber. Für die Erfüllung dieser Zusage ist der Arbeitgeber allein im Versorgungsfall zur Leistung verpflichtet. Er haftet mit dem Betriebsvermögen und – soweit es sich um einen Einzelkaufmann oder einen persönlich haftenden Gesellschafter handelt – auch mit seinem Privatvermögen.[51] Für den Arbeitgeber besteht die Möglichkeit, sich gegen das Versorgungsrisiko und die damit verbundenen Kosten abzusichern, indem er eine **Rückdeckungsversicherung** abschließt. Im Fall einer rückgedeckten Direktzusage tritt der Arbeitgeber als Bezugsberechtigter gegenüber dem Rückdeckungsversicherer auf. Der Arbeitnehmer kann dagegen keine Rechte gegenüber dem Rückversicherer geltend machen, sondern muss sich im Versorgungsfall weiterhin allein an den Arbeitgeber halten. Da der Arbeitgeber im Falle der Insolvenz den Versorgungsanspruch nicht sichern kann, wurde über die Einrichtung des PSVaG eine Insolvenzsicherung geschaffen (§ 7 Abs. 1 S. 1 BetrAVG).

(a2) Direktversicherung

1383 Bei einer **Direktversicherung** schließt der Arbeitgeber eine Lebensversicherung auf das Leben des Arbeitnehmers ab, bei der dem Arbeitnehmer oder seinen Hinterbliebenen gegenüber der Versicherung als Bezugsberechtigte das Bezugsrecht auf die Leistungen der Versicherung eingeräumt wird (§ 1 b Abs. 2 BetrAVG). Durch die Einschaltung eines Lebensversicherers kommt es zu einem Dreiecksverhältnis zwischen Arbeitgeber, Arbeitnehmer und Lebensversicherer. Neben das arbeitsrechtliche Versorgungsverhältnis zwischen Arbeitgeber und Arbeitnehmer treten das Deckungsverhältnis zwischen dem Arbeitgeber als Versicherungsnehmer und dem Versicherer sowie das Leistungsverhältnis zwischen dem Arbeitnehmer bzw dessen Hinterbliebenen als Bezugsberechtigte und dem Versicherer. Eine gesicherte Rechtsposition im Leistungsverhältnis erlangt der Arbeitnehmer erst dann, wenn im Deckungsverhältnis das **Bezugsrecht unwiderruflich** erklärt wurde.[52] Ein widerrufliches Bezugsrecht kann der Arbeitgeber dagegen aufgrund seiner Stellung als Versicherungsnehmer auch gegen den Willen des Arbeitnehmers beeinträchtigen, selbst wenn er damit eine Pflicht aus dem arbeitsrechtlichen Grundverhältnis verletzt.[53]

(a3) Pensionskasse

1384 Bei einer **Pensionskassenzusage** wird eine rechtsfähige Versorgungseinrichtung eingeschaltet, die dem Arbeitnehmer bzw dessen Hinterbliebenen einen Rechtsanspruch auf ihre Leistungen gewährt (vgl § 1 b Abs. 3 BetrAVG). Im Unterschied zur Direktversicherung erlangt der Arbeitnehmer in diesem Fall von Beginn an eine gesicherte, nicht einseitig durch den Arbeitgeber zu beseitigende Rechtsposition gegenüber der Versorgungseinrichtung. Pensionskassen unterliegen der Versicherungsaufsicht und werden regelmäßig in der Rechtsform eines Versicherungsvereins auf Gegenseitigkeit (VVaG) geführt, können aber auch als Aktiengesellschaft auftreten. Die Arbeitnehmer werden in die Pensionskasse (in der Form einer VVaG) als Mitglied aufge-

---

50 Zur bereits früher angenommenen Einstandspflicht des Arbeitgebers bei Unterstützungskassenzusagen BAG 3.2.1987 – 3 AZR 208/85, NZA 1989, 22.

51 Tschöpe/*Schipp*, Anwalts-Handbuch ArbR, Teil 2 E Rn 84.

52 BAG 26.2.1991 – 3 AZR 213/90, NZA 1991, 845; zur Behandlung sog. eingeschränkt widerruflicher Bezugsrechte BAG 26.6.1990 – 3 AZR 2/89, NZA 1991, 144; OLG Düsseldorf 30.1.2001 – 4 U 93/00, NZA-RR 2001, 601.

53 BAG 8.6.1999 – 3 AZR 136/98, NZA 1999, 1103; BAG 26.2.1991 – 3 AZR 213/90, NZA 1991, 845.

nommen und nehmen die Stellung als Versicherungsnehmer ein. Durch Satzung kann bestimmt werden, dass auch die Arbeitnehmer eigene Beiträge an die Pensionskasse zu leisten haben.[54]

(a4) Pensionsfonds

Nach der Legaldefinition des § 1 b Abs. 3 BetrAVG handelt es sich bei einem **Pensionsfonds** – gleich wie bei einer Pensionskasse – um eine rechtsfähige Versorgungseinrichtung, die dem Arbeitnehmer bzw dessen Hinterbliebenen einen Rechtsanspruch auf die Leistung einräumt. Der Pensionsfonds, der in den §§ 112 ff VAG ausführlich geregelt wird, zeichnet sich gegenüber der Pensionskasse insb. dadurch aus, dass er bei der Vermögensverwaltung eine größere Anlagefreiheit genießt. Der Pensionsfonds darf als Altersleistungen nur lebenslange Renten, Auszahlungspläne mit Restverrentung oder eine Einmalkapitalzahlung erbringen. Befristete Renten sind dagegen nicht zulässig (§ 112 Abs. 1 Nr. 4 VAG). 1385

(a5) Unterstützungskasse

Bei Durchführung der betrieblichen Altersversorgung über eine **Unterstützungskasse** wird eine rechtsfähige Versorgungseinrichtung, häufig in der Rechtsform eines eingetragenen Vereins, eingeschaltet, die – anders als Pensionskasse oder Pensionsfonds – keinen Anspruch auf die Leistungen einräumt. Der Ausschluss des Leistungsrechts hat ursprünglich historische Gründe, dient aber nun vor allem dem Zweck, der Versicherungsaufsicht zu entgehen. Sowohl für das arbeitsrechtliche Versorgungsverhältnis als auch für das Leistungsverhältnis zwischen Arbeitnehmer und Unterstützungskasse hat die Rspr entschieden, dass der formale Leistungsausschluss in einen aus sachlichen Gründen widerruflichen Leistungsanspruch umzuinterpretieren ist.[55] Unterstützungskassenleistungen werden im Betriebsrentengesetz im Wesentlichen wie unmittelbare Zusagen behandelt. 1386

(6) Zusageformen

In der Versorgungsvereinbarung kann gewählt werden, ob die Versorgungszusage als reine Leistungszusage, als beitragsorientierte Leistungszusage oder als Beitragszusage mit Mindestleistung ausgestaltet werden soll. Welche Zusageform geeignet erscheint, hängt von den Gegebenheiten des Einzelfalles ab. 1387

(a1) Reine Leistungszusage

In der Grundform eines Versorgungsversprechens sagt der Arbeitgeber dem Arbeitnehmer für den Eintritt eines Versorgungsfalls eine bestimmte Leistung zu (**reine Leistungszusage**). Die Leistung kann in der Gewährung einer festen Rentensumme (bspw 500 € pro Monat) oder eines am Versorgungsbedarf ausgerichteten Betrages liegen (Gesamtversorgungszusage; bspw 90 % des letzten Gehalts unter Anrechnung der gesetzlichen Sozialrente).[56] Auch können einmalige Kapitalzahlungen, befristete oder lebenslange Rentenleistungen versprochen werden.[57] Die zugesagte Leistung muss keinen Mindestwert erreichen. Auch geringfügige Ansprüche wer- 1388

54 BAG 13.5.1997 – 3 AZR 79/96, NZA 1998, 482 = DB 1998, 213.

55 StRspr, BAG 17.5.1973 – 3 AZR 381/72, NJW 1973, 1946; BAG 17.4.1985 – 3 AZR 72/83, NZA 1986, 57; BAG 17.11.1992 – 3 AZR 76/92, NZA 1993, 938.

56 Die Zulässigkeit der Anrechenbarkeit anderer Versorgungsleistungen wird durch § 5 Abs. 2 BetrAVG geregelt, nach dem Leistungen der betrieblichen Altersversorgung durch Anrechnung oder Berücksichtigung anderer Versorgungsbezüge, soweit sie auf eigenen Beiträgen des Versorgungsempfängers beruhen, nicht gekürzt werden dürfen. Das Anrechnungsverbot bezieht sich jedoch nicht auf Renten aus der gesetzlichen Rentenversicherung, soweit sie auf Pflichtbeiträgen beruhen, sowie für sonstige Versorgungsbezüge, die mindestens zur Hälfte auf Beiträgen oder Zuschüssen des Arbeitgebers beruhen.

57 BAG 18.3.2003 – 3 AZR 313/02, NZA 2004, 848.

den durch das BetrAVG erfasst.[58] Neben Geld- können auch Sachleistungen oder Nutzungsrechte unter den Begriff der betrieblichen Altersversorgung fallen.[59]

(a2) Beitragsorientierte Leistungszusage

1389 Bei einer beitragsorientierten Leistungszusage verpflichtet sich der Arbeitgeber, bestimmte Beiträge in Versorgungsanwartschaften umzuwandeln (vgl § 1 Abs. 2 Nr. 1 BetrAVG). Die im Versorgungsfall beanspruchbare Leistung errechnet sich in diesem Fall aus dem zur Verfügung gestellten Versorgungskapital. Der Anspruchsumfang, dem der Arbeitgeber im Versorgungsfall ausgesetzt ist, wird hierdurch besser kalkulierbar. Der Umrechnungsmaßstab zwischen dem umzuwandelnden Beitrag und der Versorgungsanwartschaft ist gesetzlich nicht festgelegt. Doch ergibt sich aus der Abgrenzung zur Beitragszusage mit Mindestleistung, dass die im Versorgungsfall zu beanspruchende Leistung höher auszufallen hat als die nach § 1 Abs. 2 Nr. 2 BetrAVG bei Beitragszusagen mit Mindestleistung garantierte Summe. Der Umrechnungsmaßstab muss einer Billigkeitskontrolle standhalten.[60] Bei Einschaltung einer Direktversicherung, einer Pensionskasse oder eines Pensionsfonds gewährleisten die versicherungsaufsichtsrechtlichen Vorgaben, dass die aus der Umwandlung der Beiträge resultierende Versorgungsleistung der Billigkeit entspreche. Für beitragsorientierte Leistungszusagen findet sich in § 2 Abs. 5 a BetrAVG eine Sondervorschrift zur Berechnung der Anwartschaftshöhe bei vorzeitiger Beendigung des Arbeitsverhältnisses (s. § 1 Rn 1429).

(a3) Beitragszusage mit Mindestleistung[61]

1390 Bei der Beitragszusage mit Mindestleistung wird noch stärker als bei der beitragsorientierten Leistungszusage das Gewicht des Versorgungsversprechens auf das während der Anwartschaftsphase aufzubauende Deckungskapital gelegt. Nach der Legaldefinition des § 1 Abs. 2 Nr. 2 BetrAVG verpflichtet sich der Arbeitgeber, Beiträge zur Finanzierung von Leistungen der betrieblichen Altersversorgung an einen Pensionsfonds, eine Pensionskasse oder eine Direktversicherung zu zahlen und für Leistungen zur Altersversorgung das planmäßig zuzurechnende Versorgungskapital auf der Grundlage der gezahlten Beiträge (Beiträge und die daraus erzielten Erträge), mindestens die Summe der zugesagten Beiträge, soweit sie nicht rechnungsmäßig für einen biometrischen Risikoausgleich verbraucht wurden, hierfür zur Verfügung zu stellen. Da auch bei der Beitragszusage mit Mindestleistung im Versorgungsfall eine Leistung zu erbringen ist, handelt es sich um einen Unterfall einer Leistungszusage. Das Gesetz begrenzt die zulässigen Durchführungswege dieser Zusageform auf die der Versicherungsaufsicht unterliegenden Versorgungsträger Direktversicherung, Pensionskasse und Pensionsfonds.[62] Die Begrenzung der zulässigen Versorgungsträger ist zumindest dann einzuhalten, wenn die Beitragszusage mit Mindestleistung mit einer Entgeltumwandlung kombiniert wird, da ansonsten ein Verstoß gegen das Wertgleichheitsgebot anzunehmen ist. Der Gesetzgeber hat in § 2 Abs. 5 b BetrAVG (s. § 1 Rn 1430) und § 16 Abs. 3 Nr. 3 BetrAVG (s. § 1 Rn 1396, 1479) Sondernormen für diese Form der betrieblichen Altersversorgung erlassen.

(7) Finanzierungsformen

1391 Die rechtliche Behandlung einer Versorgungsvereinbarung wird entscheidend dadurch beeinflusst, ob die Betriebsrente wirtschaftlich durch den Arbeitgeber oder durch den Arbeitnehmer finanziert wird. Die Finanzierungsform hat zunächst keinen Einfluss darauf, ob auf die Versor-

58 BAG 29.4.2003 – 3 AZR 247/02, NZA 2004, 1182.
59 *Rieble/Klumpp*, GedS Blomeyer, 2003, S. 317.
60 *Blomeyer*, BetrAV 1996, S. 308.
61 *Langohr-Plato/Teslau*, DB 2003, 661.
62 *Sasdrich/Wirth*, BetrAV 2001, 401; *Schwark/Raulf*, DB 2003, 940; Kemper u.a./*Bode*, BetrAVG, § 1 Rn 394; aA *Höfer*, BetrAVG, § 1 Rn 2538.

gungszusage das BetrAVG an sich anwendbar ist. Allerdings beinhaltet das BetrAVG für arbeitnehmerfinanzierte Betriebsrentenversprechen zahlreiche Sonderregelungen, durch die die Arbeitnehmer in besonderem Maße geschützt werden. Während bei arbeitgeberfinanzierten Versorgungszusagen allein die Leistungsvoraussetzungen der betrieblichen Altersversorgung geregelt werden, zeichnen sich die arbeitnehmerfinanzierten Versorgungsvereinbarungen dadurch aus, dass neben der Leistungsseite auch Vereinbarungen zur Entgeltseite getroffen werden, dh dass sonstige Entgeltansprüche des Arbeitnehmers gekürzt werden, um die Kosten der Versorgungszusage auszugleichen.

(a1) Arbeitgeberfinanzierte Versorgungszusagen

Klassischer Weise wurden Betriebsrentenzusagen dem Arbeitnehmer als zusätzliche Entgeltleistung gewährt. Dabei handelte es sich jedoch nicht um eine Schenkung, vielmehr diente das Versorgungsversprechen als Entgelt für die Betriebstreue oder die Arbeitsleistung des Arbeitnehmers.[63] Auch das BetrAVG ist im Hinblick auf die arbeitgeberfinanzierte betriebliche Altersversorgung konzipiert worden und findet umfassend Anwendung, soweit keine Sondervorschriften für Entgeltumwandlung eingreifen. 1392

(a2) Entgeltumwandlung[64]

Nach § 1 Abs. 2 Nr. 3 BetrAVG handelt es sich um betriebliche Altersversorgung, wenn künftige Entgeltansprüche in eine wertgleiche Anwartschaft auf Versorgungsleistungen umgewandelt werden (Entgeltumwandlung). Die Vorschrift stellt klar, dass auch solche Versorgungszusagen dem Schutz des BetrAVG unterliegen, die keine zusätzliche Leistung des Arbeitgebers darstellen, sondern durch den Verzicht auf andere Gehaltsteile „erkauft" werden.[65] 1393

(a2.1) Entgeltansprüche

In der Entgeltumwandlungsvereinbarung muss auf der **Entgeltseite** geregelt werden, welche Entgeltansprüche in welcher Höhe und für welche Dauer umgewandelt werden sollen. Darüber hinaus empfiehlt sich eine Vereinbarung über die Fortführung der bisherigen Gehaltshöhe als Schattengehalt, soweit anderweitige Leistungen von dessen Höhe beeinflusst werden. Zu den **Entgeltansprüchen** zählen alle geldwerten Leistungen, die der Arbeitnehmer aus dem Arbeitsverhältnis von dem Arbeitgeber verlangen kann. Neben dem laufenden Gehalt gehören hierzu auch Gratifikationen, wie Urlaubs- oder Weihnachtsgeld, oder auch vermögenswirksame Leistungen. Beruht das umzuwandelnde Entgelt auf einem normativ wirkenden Tarifvertrag, ergibt sich aus § 17 Abs. 5 BetrAVG, dass unabhängig von einem Günstigkeitsvergleich – der aufgrund des Wahlrechts des Arbeitnehmers zu Gunsten der Entgeltumwandlung ausfallen würde[66] – eine Umwandlung des Anspruchs nur möglich ist, wenn dies von den Tarifparteien zugelassen wird. Der Tarifvorbehalt gilt jedoch gem. § 30 h BetrAVG nur für Umwandlungsvereinbarungen, die nach dem 29.6.2001 geschlossen wurden. 1394

(a2.2) Künftige Ansprüche

Als „**künftig**" sind die Entgeltansprüche einzuordnen, für die bereits eine Anspruchsgrundlage besteht, die aber noch nicht erdient sind.[67] Die umgewandelten Entgeltteile zählen nicht mehr zum pfändbaren Einkommen gem. § 850 Abs. 2 ZPO.[68] 1395

63 *Blomeyer/Rolfs/Otto*, BetrAVG, Einl. Rn 22 ff.
64 *Blomeyer*, DB 2001, 1413; *Rieble*, BetrAV 2001, 584.
65 BAG 26.6.1990 – 3 AZR 641/88, BAGE 65, 215 = NJW 1991, 717; BAG 8.6.1993 – 3 AZR 670/92, NZA 1994, 507; BAG 17.10.1995 – 3 AZR 622/94, DB 1996, 1240.
66 *Rieble*, BetrAV 2001, 584; aA *Blomeyer*, DB 2001, 1413; *Konzen*, GedS Blomeyer, S. 173.
67 *Rieble*, BetrAV 2001, 584; *Blomeyer*, DB 2001, 1413.
68 BAG 17.2.1998 – 3 AZR 611/97, NZA 1998, 707.

(a2.3) Wertgleichheit

1396 Der umgewandelte Entgeltanspruch und die Versorgungsanwartschaft müssen **wertgleich** sein, dh dass die zugesagte Versorgungsleistung idR nach versicherungsmathematischen Grundsätzen zu berechnen ist. Aus § 16 Abs. 3 Nr. 3 BetrAVG ergibt sich aber auch, dass eine Kombination zwischen Entgeltumwandlung und Beitragszusage mit Mindestleistung möglich ist. In diesem Fall wiegen die höheren Ertragschancen den Verlust an Sicherheit wieder auf, der im Hinblick auf die zu beachtenden Anlagevorschriften der eingeschalteten Versorgungsträger vertretbar erscheint.

1397 Durch die Entscheidung des BAG vom 15.9.2009[69] ergeben sich erhebliche Unsicherheiten und wirtschaftliche Risiken für die bisherige Praxis der Entgeltumwandlung mittels Lebensversicherungsverträgen, denen sog. **gezillmerte Tarife** zugrunde liegen, also Versicherungstarife, in denen zunächst die gesamten Abschlusskosten der Versicherung über einen Zeitraum von wenigen Jahren aus dem Versicherungsguthaben gezahlt werden. Die Entgeltumwandlung unter Nutzung von Anlageprodukten mit gezillmerten Tarifen widerspreche, so das BAG, zwar nicht dem betriebsrentenrechtlichen Gebot der Wertgleichheit, sei jedoch AGB-rechtswidrig wegen unangemessener Benachteiligung iSd § 307 BGB. Das BAG lässt bislang offen, ob die Zillmerung auch gegen den Grundgedanken der Portabilität gem. § 4 BetrAVG und gegen die höchstrichterliche Rspr zur begrenzten Zulässigkeit der Zillmerung verstößt.[70] Die weitere Entwicklung kann hier nur abgewartet werden. Die Versicherungswirtschaft bietet jedoch mittlerweile auch ungezillmerte Tarife an, bei denen die Abschluss- und Verwaltungskosten über die gesamte Laufzeit verteilt werden, was insb. in den ersten Jahren zu höheren Rückkaufwerten führt.

(a2.4) Leistungsseite

1398 Die **Leistungsseite** der Entgeltumwandlungsvereinbarung enthält die Bestimmungen über die Leistungsvoraussetzungen, die Versorgungshöhe und den Durchführungsweg. Der inhaltlichen Ausgestaltung der Leistungsseite werden maßgeblich durch § 1 b Abs. 5 BetrAVG Grenzen gesetzt. So sind die Versorgungsanwartschaften **sofort gesetzlich unverfallbar**. Bei Wahl eines der Versorgungsträger Direktversicherung, Pensionsfonds und Pensionskasse sind die **Überschussanteile** ausschließlich zur Verbesserung der Leistung zu verwenden. Dem Arbeitnehmer muss das **Recht zur Fortsetzung** der Versicherung mit eigenen Beiträgen nach Beendigung des Arbeitsverhältnisses eingeräumt werden. Schließlich muss das Recht des Arbeitgebers zur **Verpfändung, Abtretung oder Beleihung** der Anwartschaft von Beginn an ausgeschlossen werden. Bei Direktversicherungszusagen ist mit Beginn der Entgeltumwandlung das Bezugsrecht des Arbeitnehmers **unwiderruflich** zu erklären. Die Vorschrift des § 1 b Abs. 5 BetrAVG findet gem. § 30 f S. 2 BetrAVG auf Entgeltumwandlungsvereinbarungen Anwendung, die **nach dem 31.12.2000** geschlossen wurden. Wurden Entgeltumwandlung vor diesem Datum vereinbart, so sind die Vorgaben des § 1 b Abs. 5 BetrAVG aufgrund des auch in diesen Fällen einzuhaltenden Wertgleichheitsgebotes vertraglich zu gewährleisten. Damit greift bei vor dem 1.1.2001 geschlossenen Entgeltumwandlungen der gesetzliche Insolvenzschutz gem. § 7 Abs. 2 BetrAVG aber erst dann ein, wenn die für arbeitgeberfinanzierte Altersversorgungen geltenden gesetzlichen Unverfallbarkeitsfristen erfüllt sind, da in diesem Fall lediglich eine sofortige **vertragliche Unverfallbarkeit,** nicht jedoch eine sofortige gesetzliche Unverfallbarkeit der Anwartschaft besteht.[71]

69 BAG 15.9.2009 – 3 AZR 17/09, NZA 2010, 164.

70 Zu diesen Fragen s. Einzelheiten bei *von Buddenbrock/Manhart*, BB 2009, 1129; *Diller*, NZA 2008, 338.

71 BAG 8.6.1993 – 3 AZR 670/92, NZA 1994, 507; *Reinecke*, NJW 2001, 3511, 3516.

(a3) Umfassungszusage[72]

Über die Entgeltumwandlung hinaus hat es der Gesetzgeber für nötig befunden, gem. § 1 Abs. 2 Nr. 4 BetrAVG den Schutzbereich des BetrAVG zu eröffnen, wenn der Arbeitnehmer Beiträge aus seinem Arbeitsentgelt zur Finanzierung von Leistungen der betrieblichen Altersversorgung an einen Pensionsfonds, eine Pensionskasse oder eine Direktversicherung leistet und die Zusage des Arbeitgebers auch die Leistungen aus diesen Beiträgen umfasst (Umfassungszusage). Die Vorschrift wurde zum 1.7.2002 eingeführt. Die Regelungen zur Entgeltumwandlung finden gem. § 30 e BetrAVG Anwendung, wenn die Umfassungszusage nach dem 31.12.2002 geschlossen wird. Bei dieser Form der betrieblichen Altersversorgung beschränkt sich die Pflicht des Arbeitgebers auf eine dem Bürgen ähnliche subsidiäre Haftung bei Ausfall eines rechtlich selbständigen Versorgungsträgers, dem gegenüber der Arbeitnehmer unmittelbar Beiträge erbringt und gegen den dem Arbeitnehmer ein eigener Versorgungsanspruch zusteht. 1399

(8) Anspruch auf Entgeltumwandlung[73]

(a1) Zweck des Anspruchs auf Entgeltumwandlung

Seit dem 1.1.2002 steht den in der gesetzlichen Rentenversicherung pflichtversicherten Arbeitnehmern (§ 17 Abs. 1 S. 3 BetrAVG) gem. § 1 a BetrAVG der **Anspruch** zu, von dem Arbeitgeber den Abschluss einer Entgeltumwandlungsvereinbarung zu verlangen. Auf die Überschreitung der Beitragsbemessungsgrenze in der gesetzlichen Rentenversicherung kommt es nicht an. Jedoch sind Mitglieder berufsständischer Versorgungswerke und versicherungsfreie geringfügig Beschäftigte nicht berechtigt, vom Arbeitgeber eine Entgeltumwandlung zu verlangen. Freiwillig kann sie jedoch abgeschlossen werden. 1400

Mit der Regelung soll es den Arbeitnehmern möglich gemacht werden, die Einschnitte der gesetzlichen Rentenversicherung durch den Aufbau einer wirtschaftlich eigenfinanzierten betrieblichen Altersversorgung zu kompensieren. Dem Arbeitgeber kann der **Kontrahierungszwang** aufgebürdet werden, da die Versorgungszusage im Hinblick auf die Reduzierung der Entgeltansprüche für ihn kostenneutral ausgestaltet werden kann. 1401

(a2) Einschränkungen des Anspruchs auf Entgeltumwandlung

Von § 1 a BetrAVG kann durch **Tarifvertrag** auch zu Ungunsten der Arbeitnehmer bis hin zum Ausschluss des Anspruchs auf Entgeltumwandlung abgewichen werden (§ 17 Abs. 3 BetrAVG). Wird der Entgeltumwandlungsanspruch durch Tarifvertrag nicht ausgeschlossen, sondern lediglich ausgestaltet, so bleiben die Tarifparteien an das nicht-tarifdispositive Wertgleichheitsgebot gebunden. 1402

Der Anspruch auf Entgeltumwandlung besteht nach § 1 a Abs. 2 BetrAVG ebenfalls nicht, soweit **bereits eine Entgeltumwandlungsvereinbarung getroffen** wurde. Diese Klausel bezieht sich insb. auf Entgeltumwandlungen, die vor Einführung des § 1 a BetrAVG vereinbart wurden. Erreichen die aufgrund freiwilliger Vereinbarung bereits umgewandelten Beiträge nicht die Maximalhöhe des § 1 a Abs. 1 S. 1 BetrAVG, so kann in dem verbleibenden Umfang der Anspruch weiterhin geltend gemacht werden. 1403

(a3) Entgeltseite des Anspruchs auf Entgeltumwandlung

Im Hinblick auf die **Entgeltseite** räumt der Gesetzgeber dem Arbeitnehmer grds. das Bestimmungsrecht ein, in welcher Höhe er welche Entgeltteile umwandeln möchte. Der Arbeitnehmer 1404

72 *Hopfner*, DB 2002, 1050.

73 *Blomeyer*, DB 2001, 1413; *ders.*, NZA 2001, 913; *Heither*, NZA 2001, 1275; *Höfer*, DB 2001, 1145; *Klemm*, NZA 2002, 1123; *Reinecke*, NJW 2001, 3511; *Rieble*, BetrAV 2001, 584; *Schliemann*, BetrAV 2001, 732.

muss aber jährlich **mindestens** einen Betrag iHv 1/160 der Bezugsgröße nach § 18 Abs. 1 SGB IV leisten (§ 1 a Abs. 1 S. 4 BetrAVG):

- In den alten Bundesländern im Jahr 2015: 34.020 €, 1/160: 212,63 €; im Jahr 2014: 33.180 €, 1/160: 207,38 €; im Jahr 2013: 32.340 €, 1/160: 202,13 €; im Jahr 2012: 31.500 €, 1/160: 196,88 €;
- in den neuen Bundesländern im Jahr 2015: 28.98 €, 1/160: 181,13 €; im Jahr 2014: 28.140 €, 1/160: 175,88 €; im Jahr 2013: 27.300 €, 1/160: 170,63 €; im Jahr 2012: 26.880 €, 1/160: 168,00 €.

1405 Der **Höchstbetrag**, dessen Umwandlung der Arbeitnehmer verlangen kann, liegt bei 4 % der Beitragsbemessungsgrenze der Rentenversicherung:

- In den alten Bundesländern im Jahr 2015: 72.600 €, 4 % davon = 2.904 €; im Jahr 2014: 71.400 €, 4 % davon = 2.856 €; im Jahr 2013: 69.600 €, 4 % davon = 2.784 €; im Jahr 2012: 67.200 €, 4 % davon = 2.688 €;
- in den neuen Bundesländern im Jahr 2015: 62.400 €, 4 % davon = 2.496 €; im Jahr 2014: 60.000 €, 4 % davon = 2.400 €; im Jahr 2013: 58.800 €, 4 % davon = 2.352 €; im Jahr 2012: 57.600 €, 4 % davon = 2.304 €.

1406 Gemäß § 1 a Abs. 1 S. 5 BetrAVG kann der Arbeitgeber weiter fordern, dass während eines laufenden Kalenderjahres gleich bleibende monatliche Beträge verwendet werden, wenn der Arbeitnehmer Teile seines regelmäßigen Entgelts zur Umwandlung heranzieht. Auch im Rahmen des Anspruchs auf Entgeltumwandlung gilt der Tarifvorbehalt des § 17 Abs. 5 BetrAVG. Danach kann Entgelt, das auf einem normativ wirkenden Tarifvertrag beruht, nur dann umgewandelt werden, wenn dies durch Tarifvertrag zugelassen wird (s. § 1 Rn 1394).

(a4) Leistungsseite des Anspruchs auf Entgeltumwandlung

1407 Auf der **Leistungsseite** ist die **Wahl des Durchführungsweges** von zentraler Bedeutung, da hiervon etwa abhängt, ob die staatliche Förderung gem. § 1 a Abs. 3 BetrAVG in Anspruch genommen werden kann. Soweit die Entgeltumwandlung nicht als Beitragszusage mit Mindestleistung ausgestaltet werden soll, kann die Entgeltumwandlung unmittelbar über den Arbeitgeber, über ein Unternehmen der Lebensversicherung, eine Pensionskasse, einen Pensionsfonds oder eine Unterstützungskasse durchgeführt werden. Der Durchführungsweg ist auch durch Tarifvertrag oder Betriebsvereinbarung regelbar.

1408 Konnte zunächst keine Einigung über den Durchführungsweg erzielt werden, so weist das Gesetz weder dem Arbeitgeber noch dem Arbeitnehmer das Recht zu, frei den Durchführungsweg vorzugeben. Vielmehr kann der Arbeitnehmer nur dann gegen den Willen des Arbeitgebers seinen Anspruch auf Entgeltumwandlung in dieser Frage durchsetzen, wenn der Arbeitgeber lediglich eine Direktzusage oder eine Unterstützungskassenzusage abgeben will. In diesem Fall hat der Arbeitnehmer das Recht, von dem Arbeitgeber die Durchführung über eine Direktversicherung zu verlangen. Schlägt der Arbeitgeber dagegen die Einschaltung einer Pensionskasse, eines Pensionsfonds oder einer Direktversicherung vor, so ist eine fehlende Einigung über den Durchführungsweg dem Arbeitnehmer zuzurechnen. Die Auswahl des konkreten Versorgungsträgers unterliegt dagegen dem Bestimmungsrecht des Arbeitgebers.[74]

1409 Auch die Frage, ob die Entgeltumwandlung als eine reine Leistungszusage, eine beitragsorientierte Leistungszusage oder eine Beitragszusage mit Mindestleistung ausgestaltet wird, kann nicht gegen den Willen des Arbeitgebers erzwungen werden. Der Inhalt des Versorgungsversprechens muss jedoch dem **Wertgleichheitsgebot** genügen (zu den mit gezillmerten Versicherungsverträgen verbundenen Risiken s. § 1 Rn 1397). So sind die Vorgaben des § 1 b Abs. 5 BetrAVG einzuhalten, insb. ist die aus der Entgeltumwandlung resultierende Versorgungsan-

74 BAG 21.1.2014 – 3 AZR 807/11, NJW 2014, 1982; BAG 19.7.2005 – 3 AZR 502/04 (A), NZA-RR 2006, 372 = DB 2005, 2252; *Meyer/Janko/Hinrichs*, DB 2009, 1533 f.

wartschaft sofort gesetzlich unverfallbar. Während **entgeltfreier Zeiten**, in denen eine Entgeltumwandlung ins Leere laufen würde, wird dem Arbeitnehmer durch § 1 a Abs. 4 BetrAVG nunmehr das Recht eingeräumt, die Anwartschaftshöhe durch Beiträge aus dem eigenen Vermögen anwachsen zu lassen, um ansonsten entstehende Versorgungslücken zu vermeiden. Auch die aus dem allgemeinen Vermögen des Arbeitnehmers finanzierten Versorgungsanwartschaften sind in diesem Sonderfall als betriebliche Altersversorgung einzuordnen, für die der Arbeitgeber haftet.

(a5) Staatliche Förderung (Riester-Rente)

(a5.1) Fördervoraussetzungen

Wird die Entgeltumwandlung über einen Lebensversicherer, eine Pensionskasse oder einen Pensionsfonds durchgeführt, so kann der Arbeitnehmer **verlangen**, dass die Voraussetzungen für die staatliche Förderung gem. §§ 10 a, 82 Abs. 2 EStG erfüllt werden. Die Förderungsvoraussetzungen ergeben sich aus § 82 Abs. 2 EStG. Hiernach kann die sog. **Riester-Förderung** dann in Anspruch genommen werden, wenn es sich auf der Beitragsseite um Altersvorsorgebeiträge handelt, die aus dem **individuell versteuerten** – und damit gem. § 14 Abs. 1 S. 1 SGB IV zu verbeitragenden – Arbeitslohn des Arbeitnehmers als Beiträge an einen Pensionsfonds, eine Pensionskasse oder eine Direktversicherung zum Aufbau einer kapitalgedeckten betrieblichen Altersversorgung geleistet werden. Soweit die Beiträge gem. § 3 Nr. 63 EStG nicht der Steuerpflicht unterliegen sollen, scheidet eine Förderung durch Sonderausgabenabzug bzw Zulagen gem. §§ 10 a, 82 Abs. 2 EStG aus. 1410

Eine Förderung ist gleichsam nicht möglich, wenn der eingeschaltete Versorgungsträger die **Leistungen im Umlageverfahren** finanziert. Auf der Leistungsseite muss die zugesagte Leistung in Form einer **lebenslangen Rente** oder eines **Auszahlungsplans** iSd § 1 Abs. 1 S. 1 Nr. 4 Altersvorsorgeverträge-Zertifizierungsgesetz (AltZertG) versprochen werden. Einer Zertifizierung der zugesagten Versorgungsleistung selbst nach dem AltZertG bedarf es jedoch nicht.[75] Zusagen einmaliger oder in Raten auszuzahlender Kapitalleistungen sind nicht förderungsfähig, so dass der Arbeitnehmer im Rahmen des § 1 a Abs. 3 BetrAVG eine Änderung der Versorgungszusage vom Arbeitgeber verlangen kann, um die Förderung in Anspruch nehmen zu können. 1411

Die staatliche Förderung besteht in der Gewährung einer **Zulage** gem. §§ 83 ff EStG sowie – soweit günstiger – eines **Sonderausgabenabzugs**. Die Zulagen werden direkt dem Versorgungskonto des Arbeitnehmers bei dem Versorgungsträger gutgeschrieben (§ 90 EStG), während der Sonderausgabenabzug allein die Höhe der Einkommensteuer beeinflusst. 1412

(a5.2) Zulage

Die **Höhe der Zulage** ergibt sich aus §§ 84–86 EStG. Die Zulage setzt sich aus einer Grundzulage (§ 84 EStG) und einer Kinderzulage (§ 85 EStG) zusammen. Die **Grundzulage** steht jedem Zulagenberechtigten zu, die **Kinderzulage** wird für jedes Kind gewährt, für das einem Zulagenberechtigten Kindergeld ausgezahlt wird. Seit 2008 beträgt die Grundzulage 154 €, die Kinderzulage 185 €. Für ein nach dem 31.12.2007 geborenes Kind erhöht sich die Kinderzulage auf 300 €. 1413

Die sich hiernach ergebende Zulage kann der Zulagenberechtigte jedoch nur in voller Höhe beanspruchen, wenn er einen **Mindesteigenbeitrag** leistet (vgl § 86 EStG). Dieser Mindesteigenbeitrag (Sockelbetrag ab 2005 mindestens 60 €, vgl § 86 Abs. 1 S. 4 EStG) ist einkommensabhängig und richtet sich nach den beitragspflichtigen Einnahmen des Vorjahres iSd SGB VI sowie der Höhe der Grund- und Kinderzulage. Hiernach muss der Gesamtbeitrag (Mindesteigenbeitrag + Zulage) mindestens 4 % der beitragspflichtigen Einnahmen bis zu einer Grenze von max. 2.100 € erreichen. 1414

75 *Höfer*, BetrAVG, § 1 a Rn 2656.

1415 Erreichen der tatsächliche Eigenbeitrag und die Zulage diese Gesamthöhe nicht, so wird die Zulage entsprechend des Verhältnisses des geleisteten Eigenbeitrages zum Mindesteigenbeitrag gekürzt.

(a5.3) Sonderausgabenabzug

1416 Über die Zulage gem. § 82 Abs. 2 EStG hinaus kann der Arbeitnehmer auch einen **Sonderausgabenabzug** gem. § 10 a EStG bei der Berechnung der Einkommensteuer geltend machen, soweit der Sonderausgabenabzug höher ausfällt als die nach § 82 Abs. 2 EStG zu beanspruchende Zulage. Die Höhe des Sonderausgabenabzuges beträgt seit dem Jahr 2008 max. 2.100 €.

1417 Beträgt hiernach die Steuerersparnis mehr als die Zulage, so wird die Differenz zwischen Steuerersparnis und Zulagenhöhe der Einkommensteuer gutgeschrieben. Fällt die Steuerersparnis niedriger als die Zulage aus, so verbleibt es allein bei der Zulagengewährung. Die Prüfung, ob neben der Zulage auch ein Steuerabzug zur Verminderung der Einkommensteuer geltend gemacht werden kann, wird von Amts wegen vorgenommen.

(9) Unverfallbarkeit

(a1) Unverfallbarkeit dem Grunde nach

(a1.1) Unverfallbarkeit von Versorgungsanwartschaften

1418 Mit einer Versorgungszusage wird regelmäßig der Zweck verfolgt, den Arbeitnehmer möglichst lange an den zusagenden Arbeitgeber zu binden. Um dieses Ziel zu erreichen, enthielten die Betriebsrentenversprechen früher die Klausel, dass Versorgungsanwartschaften verfallen, wenn das Arbeitsverhältnis vor Eintritt des Versorgungsfalls beendet wird (**Verfallklausel**). Bis Ende der 1960er Jahre war es herrschende Auffassung, dass derartige Verfallklauseln unbeschränkt zulässig und wirksam sind. Mit Urteil vom 10.3.1972 hat das BAG entschieden, dass die vorzeitige Beendigung des Arbeitsverhältnisses trotz Bestehens einer Verfallklausel nicht mehr zum Entfallen des Anwartschaftsrechts führt, wenn das Arbeitsverhältnis 20 Jahre bestanden hat.[76] Im Anschluss an dieses Urteil hat der Gesetzgeber mit Einführung des Betriebsrentengesetzes (**BetrAVG**) im Jahr 1974 die **Unverfallbarkeit** von Versorgungsanwartschaften grundlegend neu geregelt.

(a1.2) Unverfallbarkeitsfrist

1419 Bei Einfügung einer Verfallklausel in die Versorgungszusage muss beachtet werden, dass sie gem. §§ 1 b, 17 Abs. 3 BetrAVG iVm § 134 BGB unwirksam ist, soweit sie die gesetzlichen Unverfallbarkeitsfristen übersteigt. Nach § 1 b Abs. 1 BetrAVG kann die vorzeitige Beendigung des Arbeitsverhältnisses nicht zum Verfall der Versorgungsanwartschaft führen, wenn die Versorgungszusage **fünf Jahre**[77] bestanden hat und der Arbeitnehmer zum Zeitpunkt der Beendigung das **25. Lebensjahr** vollendet hat.[78] Die Unverfallbarkeitsfrist wird nicht von der Wahl des Durchführungsweges beeinflusst. Der Beginn richtet sich nach dem Zeitpunkt des Abschlusses der Versorgungsvereinbarung; frühester Zeitpunkt ist jedoch der Beginn der Betriebszugehörigkeit. Wird dem Arbeitnehmer etwa im Arbeitsvertrag versprochen, eine Versorgungszusage zu einem späteren Zeitpunkt abzugeben, so sind bei der Berechnung der Unverfallbarkeitsfrist diese sog. **Vorschaltzeiten** dann zu berücksichtigen, wenn dem Arbeitgeber nach Ab-

---

76 BAG 10.3.1972 – 3 AZR 278/71, BAGE 24, 177 = AP § 242 BGB Ruhegehalt Nr. 156.

77 Nach BAG 14.1.2009 – 3 AZR 529/07, BB 2010, 447 ist es ausreichend, wenn die Fünf-Jahres-Frist gleichzeitig mit der Beendigung des Arbeitsverhältnisses abläuft.

78 Bis zum 31.12.2000 wurden Versorgungszusagen entweder nach 10-jähriger Zusagedauer oder nach 3-jähriger Zusagedauer und 12-jährigem Bestand eines Arbeitsverhältnisses sowie Vollendung des 35. Lebensjahres unverfallbar. § 30 f BetrAVG enthält die durch die Änderung der Unverfallbarkeitsfrist notwendige Übergangsregelung.

lauf der Vorschaltzeit kein Entscheidungsspielraum für die Abgabe des Versorgungsversprechens verbleibt.[79]

(a1.3) Unterbrechung und Anrechnung von Vordienstzeiten

Mit der Beendigung des Arbeitsverhältnisses wird der Lauf der gesetzlichen Unverfallbarkeitsfrist **unterbrochen**, dh dass auch bei späterer Begründung eines weiteren Arbeitsverhältnisses mit dem Arbeitgeber die Unverfallbarkeitsfrist von neuem zu laufen beginnt, selbst wenn zwischen Beendigung und erneuter Begründung nur wenige Tage liegen sollten.[80] Sagt der Arbeitgeber zu, **Vordienstzeiten**, dh Dienstzeiten eines früheren Arbeitsverhältnisses, bei der Unverfallbarkeitsfrist zu berücksichtigen, so ist dies vertraglich zulässig und führt zu einer früheren vertraglichen Unverfallbarkeit.[81] Im Rahmen der gesetzlichen Unverfallbarkeitsfrist findet nach der Rspr eine Einbeziehung jedoch zum Schutz des Pensions-Sicherungs-Vereins, der nach § 7 Abs. 2 BetrAVG allein die gesetzlich unverfallbaren Anwartschaften zu sichern hat, nur statt, wenn zwischen den Parteien die Anrechnung der Vordienstzeit vereinbart wurde, das frühere Arbeitsverhältnis von einer Versorgungszusage begleitet wurde, unmittelbar an das neu begründete Arbeitsverhältnis heranreicht und zu diesem Zeitpunkt die vorherige Versorgungsanwartschaft noch nicht unverfallbar war.[82] 1420

Kommt es zu einer Veränderung der Versorgungszusage oder wird sie durch eine andere Person übernommen, bspw im Rahmen eines Betriebsübergangs,[83] so wird nach § 1 b Abs. 1 S. 3 BetrAVG der Lauf der Unverfallbarkeitsfrist nicht unterbrochen. 1421

(a1.4) Wartezeiten

Von Verfallbarkeitsklauseln sind Wartezeitenregelungen in Versorgungsvereinbarungen zu unterscheiden. Bei **Wartezeitenklauseln** wird der Versorgungsanspruch nicht von der vorzeitigen Beendigung des Arbeitsverhältnisses beeinflusst. Die Wartezeiten können vielmehr auch nach der vorzeitigen Beendigung des Arbeitsverhältnisses erfüllt werden, so dass sie grds. **leistungsaufschiebende Funktion** haben.[84] Wartezeiten können aber auch **anspruchsausschließend** wirken, wenn durch die Regelung die Personen von der Versorgung ausgenommen werden sollen, die bis zur Altersgrenze die Wartezeit nicht mehr erfüllen können[85] oder bei denen der Versorgungsfall Invalidität oder Tod während der Wartezeit eintritt.[86] Ob die Wartezeit anspruchsaufschiebend oder anspruchsausschließend wirkt, muss jeweils durch Auslegung der Versorgungszusage ermittelt werden. 1422

(a1.5) Sonderfall: Entgeltumwandlung

Für **Entgeltumwandlungszusagen** findet sich in § 1 b Abs. 5 BetrAVG eine Sonderregelung, nach der die aus einer Umwandlungsvereinbarung resultierende Versorgungsanwartschaft sofort gesetzlich unverfallbar wird. Die sofortige Unverfallbarkeit setzt jedoch nur für Entgeltumwandlungen ein, die **seit dem 1.1.2001** geschlossen wurden. Für arbeitnehmerfinanzierte Versorgungszusagen, die vor diesem Zeitpunkt getroffen wurden, gelten die gesetzlichen Unverfallbarkeitsfristen des § 30 f BetrAVG unterschiedslos. Versorgungsanwartschaften aus Ent- 1423

---

79 BAG 24.2.2004 – 3 AZR 5/03, NZA 2004, 789.

80 BAG 21.1.2003 – 3 AZR 121/02, NZA 2004, 152.

81 *Natzel*, Die Betriebszugehörigkeit im Arbeitsrecht, S. 123 f; *Rößler*, DB 2009, 2490, 2491.

82 BAG 28.3.1995 – 3 AZR 496/94, NZA 1996, 258; zum Umfang der Auslegungspflicht vgl BAG 2.7.2009 – 3 AZR 501/07, DB 2009, 1939.

83 BAG 19.12.2000 – 3 AZR 451/99, NZA 2002, 615.

84 BAG 7.7.1977 – 3 AZR 570/76, DB 1977, 1608; BAG 3.5.1983 – 3 AZR 1263/79, DB 1983, 1259 = NJW 1983, 2283.

85 BAG 7.7.1977 – 3 AZR 570/76, DB 1977, 1608; BAG 24.2.2004 – 3 AZR 5/03, NZA 2004, 789.

86 BAG 19.12.2000 – 3 AZR 174/00, DB 2002, 226 = BB 2001, 2120; BAG 20.2.2001 – 3 AZR 21/00, NZA 2002, 351 = EzA § 1 BetrAVG Wartezeit Nr. 2.

geltumwandlungen, die vor dem 1.1.2001 vereinbart wurden, sind jedoch nach dem Wertgleichheitsgebot sofort **vertraglich unverfallbar.** Damit führt eine vorzeitige Beendigung des Arbeitsverhältnisses nicht zum Verlust des Anwartschaftsrechts, selbst wenn die gesetzlichen Unverfallbarkeitsfristen nicht erfüllt sind. Auswirkungen zeigen sich jedoch im Bereich der Insolvenzsicherung gem. § 7 BetrAVG, nach der Anwartschaftsrechte gem. § 7 Abs. 2 BetrAVG bei Eintritt eines Insolvenzfalles nur dann Schutz genießen, wenn die gesetzlichen Unverfallbarkeitsfristen erfüllt sind.

(a2) Unverfallbarkeit der Höhe nach (Berechnungsmethoden)

1424 Bleibt eine Versorgungsanwartschaft auch bei vorzeitiger Beendigung des Arbeitsverhältnisses aufrecht erhalten, so berechnet sich die Höhe der unverfallbaren Anwartschaft – soweit vertraglich keine günstigere Regelung getroffen wurde – nach § 2 BetrAVG.

(a2.1) Quotierungsverfahren

1425 Grundsätzlich wird die Anwartschaftshöhe gem. § 2 Abs. 1 BetrAVG nach dem sog. **m/n-tel-Verfahren** (auch **Quotierungsprinzip** genannt) ermittelt. Dabei wird die für den Eintritt des Versorgungsfalls zugesagte Leistung in dem Verhältnis gekürzt, das der Dauer der tatsächlichen Betriebszugehörigkeit („m") bis zur vereinbarten Altersgrenze möglichen Betriebszugehörigkeit („n") entspricht.[87] Ist die im Versorgungsfall zu beanspruchende Versorgungsleistung von Variablen abhängig, die nicht an die Dienstzeit geknüpft sind (zB Höhe des letzten Gehalts, Höhe der gesetzlichen Rente), so werden diese Faktoren nach § 2 Abs. 5 BetrAVG mit dem Wert eingefroren, den sie zum Zeitpunkt der Beendigung des Arbeitsverhältnisses hatten.

1426 **Beispiel:** Ein Arbeitgeber sagt eine Altersversorgung iHv 30 % des letzten Nettogehaltes als betriebliche Altersversorgung bei Vollendung des 65. Lebensjahres und nach einer 40-jährigen Betriebszugehörigkeit zu.

Variante 1: Scheidet ein Arbeitnehmer mit einer Versorgungszusage von 30 % des letzten Bruttoentgelts nach 20 von 40 möglichen Dienstjahren vorzeitig aus dem Unternehmen aus und bezieht er zu diesem Zeitpunkt ein pensionsfähiges Entgelt von 3.000,00 € brutto, so berechnet sich die Höhe der aufrechtzuerhaltenden Anwartschaft auf die Betriebsrente, die ab Vollendung des 65. Lebensjahres beansprucht werden kann, folgendermaßen:

Höhe der zugesagten Leistung ohne vorzeitiges Ausscheiden:	30 % von 3.000,00 € = 900,00 €
m/n-tel-Quotient:	20 : 40 = 0,5
Höhe der Versorgungsanwartschaft:	0,5 x 900,00 € = 450,00 €

Variante 2: Wird das Arbeitsverhältnis nach 30 Dienstjahren beendet und erhält der Arbeitnehmer zu diesem Zeitpunkt ein Entgelt von 4.500,00 €, so ergibt sich folgende Anwartschaftshöhe:

Höhe der zugesagten Leistung:	30 % von 4.500,00 € = 1.350,00 €
m/n-tel-Quotient:	30 : 40 = 0,75
Höhe der Versorgungsanwartschaft:	0,75 x 1.350,00 € = 1.012,50 €

1427 Das m/n-tel-Verfahren gilt grds. in allen Durchführungswegen. Soweit bei Einschaltung eines Versorgungsträgers die zum Zeitpunkt des vorzeitigen Ausscheidens bereits aufgebaute Versicherungsleistung nicht ausreicht, die nach dem Quotierungsprinzip aufrecht zu erhaltende Summe abzudecken, besteht gegenüber dem Arbeitgeber insoweit ein **Ergänzungsanspruch,** den er unmittelbar zu erfüllen hat.

87 BAG 19.11.2002 – 3 AZR 167/02, NZA 2004, 264.

(a2.2) Versicherungsrechtliche Lösung

Bei **Direktversicherungs- und Pensionskassenzusagen** ergibt sich die Besonderheit, dass der Arbeitgeber abweichend von dem Quotierungsprinzip die Möglichkeit erhält, sich aus der Haftung von der Versorgungsverbindlichkeit zu befreien, wenn er dem ausgeschiedenen Arbeitnehmer das Recht zur Fortsetzung der Versicherung mit eigenen Beiträgen einräumt und die Überschussanteile ab Versicherungsbeginn – frühestens ab Beginn der Betriebszugehörigkeit – ausschließlich zur Verbesserung der Leistung verwendet werden (**versicherungsrechtliche Lösung**). Bei einer Direktversicherung hat der Arbeitgeber auch spätestens nach drei Monaten seit dem Ausscheiden des Arbeitnehmers das Bezugsrecht für unwiderruflich zu erklären und dafür zu sorgen, dass weder Beitragsrückstände bestehen noch eine Abtretung oder Beleihung des Bezugsrechts durch den Arbeitgeber vorhanden ist. 1428

(a2.3) Sonderfall: Beitragsorientierte Leistungszusage und Entgeltumwandlung

Durch § 2 Abs. 5 a BetrAVG hat der Gesetzgeber für **beitragsorientierte Leistungszusagen und Entgeltumwandlungszusagen**, die als Direktzusage, Pensionsfondszusage oder Unterstützungskassenzusage erteilt werden, eine vom Quotierungsprinzip abweichende Berechnungsmethode aufgestellt. In diesen Fällen ist die Anwartschaftshöhe nicht mehr von der Betriebszugehörigkeit abhängig, sondern von der Höhe der zum Beendigungszeitpunkt aus den umgewandelten Entgeltteilen bzw Beiträgen finanzierten Leistung. Die Sonderregelung findet jedoch nach § 30 g BetrAVG nur auf Zusagen Anwendung, die **nach dem 31.12.2000** erteilt wurden, es sei denn, die Geltung der Vorschrift für zuvor abgeschlossene Vereinbarungen wird einvernehmlich zwischen Arbeitgeber und Arbeitnehmer beschlossen. In den Durchführungswegen Direktversicherung und Pensionskasse wird dem Bedürfnis nach einer Haftungsbegrenzung durch die Einräumung der versicherungsrechtlichen Lösung Genüge getan. 1429

(a2.4) Sonderfall: Beitragszusage mit Mindestleistung

Für **Beitragszusagen mit Mindestleistung** enthält § 2 Abs. 5 b BetrAVG eine Sonderregelung, nach der sich die Anwartschaftshöhe nicht nach dem Quotierungsprinzip bemisst, sondern nach dem planmäßig zuzurechnenden Versorgungskapital auf der Grundlage der geleisteten Beiträge. Mindestens ist dabei die Summe der bis zur vorzeitigen Beendigung zugesagten Beiträge zu garantieren, soweit die Beiträge nicht für eine Invaliditäts- oder Hinterbliebenenversicherung verbraucht wurden. Diese Berechnungsmethode genießt Vorrang insb. gegenüber der Berechnungsmethode des § 2 Abs. 5 a BetrAVG, wenn Beitragszusage mit Mindestleistung und Entgeltumwandlung kombiniert wurden. 1430

(10) Abfindungsverbot

Um zu verhindern, dass dem Arbeitnehmer bereits vor Eintritt des Versorgungsfalls der wirtschaftliche Wert einer unverfallbaren Versorgungsanwartschaft zufließt und vorzeitig verbraucht werden kann, bestimmt § 3 Abs. 1 BetrAVG, dass **gesetzlich unverfallbare Anwartschaften** im Falle der Beendigung des Arbeitsverhältnisses und **laufende Leistungen** grds. nur abgefunden werden dürfen, soweit sich der Anwartschaftswert noch im Bagatellbereich bewegt.[88] 1431

(a1) Begriff der Abfindung

Vom Anwendungsbereich des § 3 BetrAVG werden nicht allein Abfindungen erfasst, sondern auch entschädigungslose Verzichtsvereinbarungen.[89] In den sachlichen Anwendungsbereich des § 3 BetrAVG fallen darüber hinaus auch Vereinbarungen zwischen Arbeitgeber und Arbeitneh- 1432

88 BAG 17.10.2000 – 3 AZR 7/00, NZA 2001, 963.
89 BAG 21.1.2003 – 3 AZR 30/02, NZA 2004, 331.

mer über die Verrechnung künftiger Rentenansprüche mit einer Abfindung für den Verlust des Arbeitsplatzes.[90] Ob eine Abfindung iSd § 3 BetrAVG vorliegt, beurteilt sich nicht nach der formalen Ausgestaltung, sondern danach, ob im **wirtschaftlichen Ergebnis** eine unverfallbare Versorgungsanwartschaft oder eine laufende Leistung abgefunden wird.[91] Keine Abfindung liegt vor, wenn die Altersversorgung wirtschaftlich gleichwertig umgestellt wird.[92]

(a2) Sachlicher Anwendungsbereich

1433 Die Abfindungsbeschränkung für **laufende Leistungen**, die durch das Alterseinkünftegesetz[93] eingeführt wurde, gilt gem. § 30 g Abs. 2 BetrAVG nicht, wenn die Leistungen erstmals **vor dem 1.1.2005** gezahlt worden sind. Die Übergangsregelung war notwendig, da sich zuvor das Abfindungsverbot allein auf Anwartschaften bezog, nicht jedoch auf Versorgungsleistungen.[94] Eine Abfindung von laufenden Leistungen liegt nicht vor, wenn dem Arbeitnehmer im Rahmen der Versorgungszusage ein Wahlrecht zwischen einer Einmalkapitalzahlung oder laufenden Renten eingeräumt wird.[95] Nicht von § 3 BetrAVG erfasst und damit vertraglich ohne Beschränkungen durch das Betriebsrentengesetz ablösbar sind somit **vertraglich unverfallbare Anwartschaften** sowie gesetzlich unverfallbare Anwartschaften, die **im laufenden Arbeitsverhältnis** und nicht im Zusammenhang mit der Beendigung des Arbeitsverhältnisses abgefunden werden.[96]

(a3) Abfindungsgrenzen

1434 Ist der sachliche Anwendungsbereich des § 3 Abs. 1 BetrAVG eröffnet, so können die Anwartschaften und laufenden Leistungen nach § 3 Abs. 2 BetrAVG grds. nur dann abgefunden werden, wenn der Monatsbetrag der laufenden Leistung oder der Rentenanwartschaft bei Erreichen der vorgesehenen Altersgrenze 1 % oder bei Kapitalleistungen 120 % der monatlichen Bezugsgröße nach § 18 SGB IV nicht übersteigt (Bezugsgröße 2015 West/Ost: 2.835 €/2.415 €; 1 %: 28,35 €/24,15 €; 120 %: 3.402 €/2.898 €). Für Arbeitgeber in den neuen Bundesländern sind die Werte der Bezugsgröße Ost anzuwenden.[97]

1435 Dem Arbeitgeber steht grds. das **Entscheidungsrecht** zu, ob er in diesem Fall die Versorgungsanwartschaft bzw die laufende Leistung abfinden möchte. Dies gilt – im Gegensatz zu § 3 Abs. 1 S. 3 Nr. 4 BetrAVG aF – selbst dann, wenn die Versorgungszusage durch den Arbeitnehmer im Wege der Entgeltumwandlung finanziert wurde. Ein ausreichender Schutz des Arbeitnehmers wird dadurch gewährleistet, dass eine Abfindung von dem Arbeitgeber nach § 3 Abs. 2 S. 3 BetrAVG nicht durchgesetzt werden kann, wenn der Arbeitnehmer sein **Recht auf Übertragung** der Anwartschaft gem. § 4 Abs. 3 BetrAVG geltend macht.[98] Auf Verlangen des Arbeitnehmers kann nach § 3 Abs. 3 BetrAVG dagegen die Abfindung verlangt werden, wenn die Beiträge zur gesetzlichen Rentenversicherung abgefunden worden sind.

1436 Losgelöst von den Beschränkungen des § 3 Abs. 2 BetrAVG kann in der **Insolvenz des Arbeitgebers** auch ohne die Zustimmung des Arbeitnehmers nach § 3 Abs. 4 BetrAVG der Teil der Anwartschaft abgefunden werden, der während des Insolvenzverfahrens erdient worden ist, wenn die Betriebstätigkeit vollständig eingestellt und das Unternehmen liquidiert wird.

---

90 BAG 21.1.2003 – 3 AZR 30/02, NZA 2004, 331; BAG 21.3.2000 – 3 AZR 127/99, NZA 2001, 1308.
91 BAG 21.1.2003 – 3 AZR 30/02, NZA 2004, 331; BAG 21.3.2000 – 3 AZR 127/99, NZA 2001, 1308.
92 BAG 20.11.2001 – 3 AZR 28/01, DB 2002, 2333.
93 Vom 5.7.2004 (BGBl. I S. 1427).
94 BAG 21.3.2000 – 3 AZR 127/99, NZA 2001, 1308.
95 *Langohr-Plato/Teslau*, NZA 2004, 1297.
96 BAG 21.1.2003 – 3 AZR 30/02, NZA 2004, 331.
97 ErfK/*Steinmeyer*, § 3 BetrAVG Rn 12.
98 BT-Drucks. 15/2150, S. 52; *Langohr-Plato/Teslau*, NZA 2004, 1297.

(a4) Abfindungsbetrag

Der Abfindungsbetrag berechnet sich entsprechend § 4 Abs. 5 BetrAVG nach dem Barwert der Anwartschaft bzw laufenden Leistung. Bei Direktversicherungs-, Pensionskassen- und Pensionsfondszusagen ergibt sich der Abfindungsbetrag aus dem zum Zeitpunkt der Abfindung gebildeten Kapital. 1437

(a5) Rechtsfolge bei Verstößen gegen § 3 BetrAVG

Verstöße gegen das Abfindungsverbot führen gem. § 17 Abs. 3 BetrAVG iVm § 134 BGB zur **Nichtigkeit der Abfindungsregelung**, so dass bei Eintritt des Versorgungsfalls der Arbeitnehmer die Versorgungsleistung weiterhin beanspruchen kann. Nichtig ist sowohl das Grundgeschäft der Vereinbarung der Abfindung als auch das Erfüllungsgeschäft, der Arbeitgeber kann daher die geleistete Abfindung nicht wieder herausverlangen.[99] Handelt es sich nicht formell, aber im wirtschaftlichen Ergebnis um eine Abfindung iSd § 3 BetrAVG, so kann die Rückforderung nach Ansicht des BAG jedoch geltend gemacht werden, wenn die Abfindungsleistung unter der Bedingung gewährt wurde, dass dem Arbeitnehmer kein Versorgungsanspruch zusteht.[100] § 817 S. 2 BGB soll dem Rückzahlungsanspruch in diesem Sonderfall entsprechend dem Normzweck des § 3 BetrAVG nicht entgegenstehen, da das Abfindungsverbot nicht zum Ziel habe, dass dem Arbeitnehmer neben der Versorgungsanwartschaft die Abfindungsleistung verbleibt.[101] 1438

(11) Übernahme von Versorgungsverbindlichkeiten (Übertragbarkeit)

(a1) Portabilität erworbener Versorgungsanwartschaften (Arbeitgeberwechsel)

Die Übernahme von Versorgungsverbindlichkeiten gem. § 4 BetrAVG wurde durch das Alterseinkünftegesetz[102] zum 1.1.2005 tief greifend umgestaltet.[103] Ziel der Reform war die Verbesserung der sog. **Portabilität** von erworbenen Versorgungsanwartschaften, dh deren Mitnahmemöglichkeiten bei einem **Arbeitgeberwechsel.**[104] Hierdurch soll der Zersplitterung von verschiedenen unverfallbaren Versorgungsanwartschaften entgegengewirkt werden, indem eine Bündelung der Betriebsrente auf ein Altersversorgungskonto erfolgt.[105] Nicht beschränkt wird durch § 4 BetrAVG die Möglichkeit, unverfallbare Versorgungsanwartschaften ausgeschiedener Arbeitnehmer im Falle der Spaltung des zusagenden Unternehmens oder bei Ausgliederungen zur Neugründung einem neuen Rechtsträger ohne Beteiligung des ausgeschiedenen Arbeitnehmers zuzuordnen. Die Regelungen der §§ 133, 134 UmwG bilden zusammen mit § 22 UmwG ein in sich geschlossenes Haftungssystem, das der Regelung des § 4 BetrAVG vorgeht.[106] 1439

(a2) Einvernehmliche Übernahme

Nach § 4 Abs. 2 BetrAVG kann nach Beendigung des Arbeitsverhältnisses im **Einvernehmen** zwischen altem Arbeitgeber, neuem Arbeitgeber und Arbeitnehmer die **Versorgungszusage** vom neuen Arbeitgeber übernommen werden (§ 4 Abs. 2 Nr. 1 BetrAVG) oder der **Übertragungswert**, dh der Wert der vom Arbeitnehmer erworbenen unverfallbaren Versorgungsanwartschaft, auf den neuen Arbeitgeber übertragen werden, der dem Arbeitnehmer eine wertgleiche 1440

99 ErfK/*Steinmeyer*, § 3 BetrAVG Rn 10; aA Kemper u.a./*Kisters-Kölkes*, BetrAVG, § 3 Rn 100.
100 BAG 17.10.2000 – 3 AZR 7/00, NZA 2001, 963.
101 BAG 17.10.2000 – 3 AZR 7/00, NZA 2001, 963; dagegen mit überzeugender Begründung ErfK/*Steinmeyer*, § 3 BetrAVG Rn 10.
102 Gesetz zur Neuordnung der einkommensteuerrechtlichen Behandlung von Altersvorsorgeaufwendungen und Altersbezügen (Alterseinkünftegesetz – AltEinkG) vom 5.7.2004 (BGBl. I S. 1427).
103 Zur Rechtslage bis zum 31.12.2004: *Blomeyer/Rolfs/Otto*, BetrAVG, § 4 Rn 1 ff.
104 BT-Drucks. 15/2150, S. 51.
105 BT-Drucks. 15/2150, S. 51.
106 BAG 22.2.2005 – 3 AZR 499/03 (A), NZA 2005, 639.

Versorgungszusage erteilt, auf die die Regelungen zur Entgeltumwandlung – insb. die § 1 b Abs. 5, § 2 Abs. 5 a, § 16 Abs. 5 BetrAVG – Anwendung finden (§ 4 Abs. 2 Nr. 2 BetrAVG).[107]

(a3) Anspruch auf Übernahme

1441 Mit der Regelung des § 4 Abs. 3 BetrAVG wird dem Arbeitnehmer nach Beendigung des Arbeitsverhältnisses ein **Anspruch auf Übernahme** der erworbenen unverfallbaren Anwartschaften eingeräumt. Der Arbeitnehmer kann verlangen, dass der ehemalige Arbeitgeber den Übertragungswert der bei ihm erworbenen Versorgungsanwartschaft auf den neuen Arbeitgeber überträgt und der neue Arbeitgeber dem Arbeitnehmer eine wertgleiche Versorgungszusage erteilt. Der Anspruch auf Übernahme gilt nach § 30 b BetrAVG jedoch nur für Versorgungsversprechen, die **nach dem 31.12.2004** zugesagt wurden.

1442 Voraussetzung ist zum einen, dass die betriebliche Altersversorgung über einen **Pensionsfonds,** eine **Pensionskasse** oder eine **Direktversicherung** durchgeführt worden ist. Wurde dem Arbeitnehmer dagegen eine Direktzusage oder eine Unterstützungskassenzusage von seinem früheren Arbeitgeber erteilt, so kann die Übernahme nicht einseitig vom Arbeitnehmer verlangt werden, sondern nur in gegenseitigem Einvernehmen gem. § 4 Abs. 2 BetrAVG erfolgen. Weiter besteht der Anspruch auf Übernahme nur, wenn der Übertragungswert die **Beitragsbemessungsgrenze** in der allgemeinen Rentenversicherung nicht übersteigt (Stand 2015 – West/Ost: 72.600 €/ 62.400 €). Liegt der Übertragungswert über der Beitragsbemessungsgrenze, so ist der Anspruch nicht nur hinsichtlich des übersteigenden Betrages, sondern vollständig ausgeschlossen.[108]

1443 Der Anspruch ist **innerhalb eines Jahres** nach Beendigung des Arbeitsverhältnisses gegenüber dem **alten Arbeitgeber** geltend zu machen. Hat der frühere Arbeitgeber bei Direktversicherungs- und Pensionskassenzusagen aufgrund der vorzeitigen Beendigung des Arbeitsverhältnisses die versicherungsförmige Lösung gewählt (§ 2 Abs. 2 und 3 BetrAVG) und sich so aus seiner Haftung bereits befreit, so richtet sich der Anspruch auf Übertragung gegen den Versorgungsträger. Dies gilt auch, wenn der Arbeitnehmer nach der vorzeitigen Beendigung des Arbeitsverhältnisses die Versicherung oder Versorgung mit eigenen Beiträgen fortgesetzt hat. Der **neue Arbeitgeber** ist verpflichtet, eine dem Übertragungswert wertgleiche Versorgungszusage zu erteilen, die – zur Beibehaltung der Anspruchsvoraussetzungen – nur über einen Pensionsfonds, eine Pensionskasse oder eine Direktversicherung durchgeführt werden darf. Auf die Versorgungszusage des neuen Arbeitgebers finden die Regelungen zur Entgeltumwandlung entsprechende Anwendung.

(a4) Berechnung des Übertragungswertes

1444 Der Übertragungswert entspricht nach § 4 Abs. 5 BetrAVG bei einer unmittelbaren Zusage oder bei einer Unterstützungskassenzusage dem Barwert der nach § 2 BetrAVG bemessenen künftigen Versorgungsleistung im Zeitpunkt der Übertragung. Bei der Berechnung des Barwertes sind die Rechnungsgrundlagen und die anerkannten Regeln der Versicherungsmathematik maßgebend. Bei Direktversicherungs-, Pensionskassen- und Pensionsfondszusagen entspricht der Übertragungswert dem gebildeten Kapital im Zeitpunkt der Übertragung. Die Berechnungsmethode des Übertragungswertes lehnt sich erkennbar an die Regelung des § 3 Abs. 2 S. 3 BetrAVG aF an. Im Gegensatz zur Bestimmung des § 3 Abs. 2 S. 3 BetrAVG aF findet sich bzgl **Direkt- und Unterstützungskassenzusagen** nicht mehr der ausdrückliche Hinweis auf die Berücksichtigung des vorgeschriebenen **Rechnungszinsfußes,** der bei Direktzusagen derzeit 6 % beträgt. Es ist zweifelhaft, ob aus der fehlenden Übernahme des Hinweises davon ausgegangen werden kann, dass der Rechnungszins zwischen den Parteien nunmehr frei bestimmbar und

107 *Reichel/Volk*, DB 2005, 886.
108 *Reichel/Volk*, DB 2005, 886.

damit eine Unterschreitung auch zum Nachteil der Arbeitnehmer möglich ist.[109] Gegen die Möglichkeit, den Rechnungszinsfuß frei festlegen zu können, spricht, dass die Berechnungsmethode gem. § 4 Abs. 5 BetrAVG nach dem Willen des Gesetzgebers gerade in der Kontinuität der Regelung des § 3 Abs. 2 S. 3 BetrAVG aF steht.[110] Will der ehemalige Arbeitgeber trotzdem von dem vorgeschriebenen Rechnungszinsfuß abweichen, so ist sein Vorgehen folglich mit einer erheblichen Rechtsunsicherheit belastet.[111]

Bei **Direktversicherungs-, Pensionskassen- und Pensionsfondszusagen** ergibt sich der Übertragungswert aus dem gesamten Wert des den Arbeitnehmer begünstigenden Vertrages. Die erworbenen Betriebsrentenanwartschaften werden ebenso behandelt wie die Beiträge zur privaten zusätzlichen Altersversorgung im Fall des Anbieterwechsels nach § 1 Abs. 1 S. 1 Nr. 10 AltZertG.[112] Bei fondsgebundenen oder sog. Hybrid-Verträgen kann auf den anteiligen Wert der für den Arbeitnehmer erworbenen Fondsanteile abgestellt werden. Bei versicherungsförmig durchgeführten Verträgen ist von dem Zeitwert der Versicherung einschließlich der Überschuss- und Schlussüberschussanteile ohne Abzüge auszugehen. Die Berechnung des Zeitwertes richtet sich nach § 169 Abs. 3 S. 1 VVG. Abzüge nach § 169 Abs. 5 VVG, die bei der Berechnung des Rückkaufswertes möglich sind, dürfen bei der Berechnung des Übertragungswertes dagegen nicht vorgenommen werden. 1445

(a5) Rechtsfolge der vollständigen Übertragung

Mit der vollständigen Übertragung des Übertragungswertes **erlischt** gem. § 4 Abs. 6 BetrAVG die Zusage des ehemaligen Arbeitgebers. 1446

(a6) Informationsrecht[113]

Damit der Arbeitnehmer entscheiden kann, ob es bei einem Arbeitgeberwechsel auch zu einer Übertragung gem. § 4 BetrAVG kommen soll, muss er sich darüber informieren können, wie hoch seine Versorgungsanwartschaft derzeit ausfällt, welcher Übertragungswert hieraus resultiert und welche Versorgungszusage ein neuer Arbeitgeber bei Übertragung des Übertragungswertes zusagen würde. Aus diesem Grund hat der Gesetzgeber dem Arbeitnehmer in § 4 a BetrAVG einen **Auskunftsanspruch** zugebilligt, nach dem der Arbeitgeber bzw der Versorgungsträger den Arbeitnehmer bei Bestehen eines berechtigten Interesses – das nur im Fall rechtsmissbräuchlichen Verhaltens entfällt – auf dessen Verlangen schriftlich darüber zu informieren hat, in welcher Höhe aus der bisher erworbenen unverfallbaren Anwartschaft bei Erreichen der in der Versorgungsregelung vorgesehenen Altersgrenze ein Anspruch auf Altersversorgung besteht und wie hoch bei einer Übertragung der Anwartschaft im Rahmen des Anspruchs nach § 4 Abs. 3 BetrAVG der Übertragungswert ist. Gleichsam hat der neue Arbeitgeber oder der von ihm eingeschaltete Versorgungsträger gem. § 4 a Abs. 2 BetrAVG auf Verlangen des Arbeitnehmers schriftlich mitzuteilen, in welcher Höhe aus dem Übertragungswert eine Versorgungszusage – unter Aufschlüsselung der abgesicherten Versorgungsfälle – resultiert bzw resultieren würde. 1447

(a7) Liquidationsversicherung

Ohne Beteiligung des Arbeitnehmers kann nach § 4 Abs. 4 BetrAVG eine Versorgungszusage von einer Pensionskasse oder einem Lebensversicherungsunternehmen übernommen werden, wenn die Betriebstätigkeit eingestellt und das Unternehmen liquidiert wird. In diesem Fall muss aber sichergestellt werden, dass – um die Anpassungsprüfungspflicht entfallen zu lassen – 1448

109 So *Reichel/Volk*, DB 2005, 886; *Höfer*, BetrAVG, Rn 3686.60; ErfK/*Steinmeyer*, § 4 BetrAVG Rn 19.
110 BT-Drucks. 15/2150, S. 54.
111 *Langohr-Plato/Teslau*, NZA 2004, 1353.
112 BT-Drucks. 15/2150, S. 54.
113 Umfassend zu den Informationspflichten *Reinecke*, DB 2006, 555.

die Überschussanteile ab Rentenbeginn entsprechend § 16 Abs. 2 Nr. 2 BetrAVG zur Erhöhung der laufenden Leistungen verwendet werden. Zur Sicherung der Versorgungsleistung unterliegt der Arbeitnehmer den Verfügungsverboten des § 2 Abs. 2 S. 4–6 BetrAVG, nach denen er die Versicherung weder beleihen noch abtreten noch kündigen und den Rückkaufswert einziehen darf.

(12) Vorzeitige Altersleistung

(a1) Anspruch auf vorzeitige Versorgung

1449 Bei der Gestaltung von Versorgungszusagen ist dringend darauf zu achten, dass auch der Fall der vorzeitigen Altersleistung geregelt wird. Nach § 6 BetrAVG steht dem Arbeitnehmer das Recht zu, bereits vor Erreichen der in der Betriebsrentenvereinbarung vorgesehenen Altersgrenze die betriebliche Altersversorgung zu beanspruchen, wenn er die Altersrente aus der gesetzlichen Rentenversicherung bezieht und die sonstigen Leistungsvoraussetzungen erfüllt werden. Das Gesetz regelt nicht, inwieweit die durch die vorzeitige Betriebsrente eintretenden Belastungen den Arbeitgeber zur Minderung der Versorgungsleistung berechtigen. Entsprechende Kürzungen dürfen regelmäßig nur vorgenommen werden, wenn und soweit **Kürzungsregelungen** in der Versorgungsvereinbarung enthalten sind.[114] Begrenzungen über den Umfang der zulässigen Reduktion ergeben sich dabei aus Sinn und Zweck des § 6 BetrAVG. Der Arbeitgeber ist lediglich berechtigt, die Versorgungsleistung **kostenneutral** zurückzuführen. Er darf die vorzeitige Altersleistung nicht zur Umgestaltung der Versorgungszusage zum Nachteil des Arbeitnehmers ausnutzen.[115]

(a2) Kürzungsgründe und Kürzungsmethoden

1450 Ein Ausgleichsbedarf ergibt sich aufgrund der vorzeitigen Altersleistung in zwei unterschiedlichen Bereichen. Zum einen erbringt der Arbeitnehmer nicht die bis zur vertraglichen Altersgrenze vorgesehene Leistung. Aus diesem Grund sollte in der Versorgungsregelung festgelegt werden, dass sich die Anwartschaftshöhe in **entsprechender Anwendung der Regelung des § 2 BetrAVG** aufgrund der vorgezogenen Beendigung des Arbeitsverhältnisses reduziert. Zum anderen nimmt der Arbeitnehmer die Versorgungsleistung früher und länger in Anspruch, als nach der Versorgungszusage vorgesehen. Zum Ausgleich dieses Eingriffes in die Vertragsgrundlage sind **versicherungsmathematische Abschläge** bis zu einer Höhe von 0,5 % für jeden Monat der vorzeitigen Inanspruchnahme nach der Rspr regelmäßig als zulässig anzusehen.[116] Versicherungsmathematische Abschläge können nicht im Rahmen einer ergänzenden Vertragsauslegung eingeführt werden, sondern müssen ausdrücklich in der Versorgungszusage enthalten sein.[117]

(a3) Sonderfall: Vorgezogene Altersleistung eines vorzeitig ausgeschiedenen Arbeitnehmers

1451 Unzulässig ist es, die verkürzte Betriebszugehörigkeit mehrfach bei der Minderung der Versorgungsleistung zu berücksichtigen. Bis zum Urteil des BAG vom 23.1.2001[118] sah es die Rspr aber als zulässig an, im Fall der **vorzeitigen Altersleistung eines vorzeitig ausgeschiedenen Arbeitnehmers** die verkürzte Betriebszugehörigkeit zweifach als Kürzungsgrund bei der Berechnung einfließen zu lassen. In den Fällen, in denen versicherungsmathematische Abschläge in

114 StRspr, BAG 1.6.1978 – 3 AZR 216/77, NJW 1979, 124; BAG 28.3.1995 – 3 AZR 900/94, NZA 1996, 39; BAG 23.1.2001 – 3 AZR 164/00, NZA 2002, 93; BAG 24.7.2001 – 3 AZR 567/00, NZA 2002, 672; BAG 17.8.2004 – 3 AZR 318/03, BB 2005, 720; ErfK/*Steinmeyer*, § 6 BetrAVG Rn 18 ff.

115 Vgl BAG 28.5.2002 – 3 AZR 358/01, BAGE 101, 163; BAG 18.11.2003 – 3 AZR 517/02, DB 2004, 1375.

116 BAG 28.5.2002 – 3 AZR 358/01, BAGE 101, 163; BAG 28.3.1995 – 3 AZR 900/94, NZA 1996, 39; BAG 24.7.2001 – 3 AZR 567/00, DB 2002, 588 m. Anm. *Grabner/May* = NZA 2002, 672.

117 BAG 24.6.1986 – 3 AZR 630/84, NZA 1987, 200.

118 BAG 23.1.2001 – 3 AZR 164/00, NZA 2002, 93.

der Versorgungsordnung nicht geregelt sind, tritt neben der Kürzung der Versorgungsleistung nach § 2 BetrAVG ein **„untechnischer versicherungsmathematischer Abschlag"**, um die geringere Betriebstreue zu berücksichtigen.[119] Eine weitere Kürzung ohne ausdrückliche Regelung in der Versorgungsordnung rechtfertigt sich daraus, dass ein Ausscheiden nicht nur vor Erreichen der festen Altersgrenze, sondern auch vor dem Zeitpunkt der vorgezogenen Inanspruchnahme der Betriebsrente einen eigenständigen, von der bloß vorgezogenen Inanspruchnahme der Betriebsrente zu unterscheidenden Regelungsgegenstand darstellt. Diese Kürzung erfolgt in der Weise, dass die Zeit zwischen dem Beginn der Betriebszugehörigkeit und der vorgezogenen Inanspruchnahme der Betriebsrente in Bezug gesetzt wird zu der Zeit vom Beginn der Betriebszugehörigkeit bis zum Erreichen der festen Altersgrenze.[120]

(13) Insolvenzsicherung

(a1) Grundlagen der Insolvenzsicherung

Eine Besonderheit der betrieblichen Altersversorgung, die bei der Ausgestaltung von Bedeutung ist, liegt in der gesetzlichen Insolvenzsicherung von Versorgungsansprüchen und unverfallbaren Versorgungsanwartschaften gem. §§ 7 ff BetrAVG. Träger der Insolvenzsicherung ist der **Pensions-Sicherungs-Verein (PSVaG)** mit Sitz in **Köln**. Der PSV finanziert sich durch die Beiträge der Unternehmen, deren Zusagen insolvenzgesichert werden. 1452

Da aber nicht in allen Durchführungswegen der Insolvenzschutz gleichermaßen eingreift – so sind etwa Pensionskassenzusagen wegen der unter Aufsicht der BaFin begrenzten Anlagemöglichkeiten ganz ausgenommen –, beeinflusst die Vertragsgestaltung, ob und in welcher Höhe Beiträge an den PSV zu zahlen sind. Der Insolvenzschutz bedeutet für die Arbeitnehmer die Gewähr, bei Eintritt des Versorgungsfalls die versprochenen Versorgungsleistungen zu erhalten, selbst wenn der Arbeitgeber wirtschaftlich aus eigener Kraft hierzu nicht mehr in der Lage ist. 1453

(a2) Sicherungsfälle

Gerät der Arbeitgeber, der eine unmittelbare Versorgungszusage erteilt hat, in wirtschaftliche Schwierigkeiten und wird ein **Insolvenzverfahren eröffnet**, so tritt der Pensions-Sicherungs-Verein als Träger der gesetzlichen Insolvenzsicherung gem. § 7 Abs. 1 BetrAVG für die Erfüllung der Versorgungsansprüche ein[121] und schützt auch gem. § 7 Abs. 2 BetrAVG die im Zeitpunkt des Sicherungsfalls gesetzlich unverfallbaren Versorgungsanwartschaften.[122] Als weitere Sicherungsfälle gelten die **Abweisung des Antrags auf Eröffnung des Insolvenzverfahrens mangels Masse** (§ 7 Abs. 1 S. 4 Nr. 1 BetrAVG), der Abschluss eines **außergerichtlichen Vergleichs** (Stundungs-, Quoten- oder Liquidationsvergleich) des Arbeitgebers mit seinen Gläubigern zur Abwendung des Insolvenzverfahrens unter Zustimmung des PSV als Träger der Insolvenzsicherung (§ 7 Abs. 1 S. 4 Nr. 2 BetrAVG) oder die vollständige Beendigung der Betriebstätigkeit im Geltungsbereich des BetrAVG, wenn ein Antrag auf Eröffnung des Insolvenzverfahrens nicht gestellt worden ist und ein **Insolvenzverfahren offensichtlich mangels Masse nicht in Betracht** kommt (§ 7 Abs. 1 S. 4 Nr. 3 BetrAVG). Entsprechendes gilt, wenn einer der genannten Sicherungsfälle bei einem Arbeitgeber eintritt, der eine Unterstützungskassen- oder Pensionsfondszusage erteilt hat. Im Fall einer Direktversicherungszusage führt der Eintritt eines Sicherungsfalls nur dann zur Einstandspflicht des PSV, wenn der Arbeitgeber die Ansprüche aus dem Versicherungsvertrag verpfändet oder beliehen hat und durch den Lebensversicherer keine Leistungen aus diesem Grund erbracht werden (§ 7 Abs. 1 S. 2 Nr. 1 BetrAVG). Handelt es sich um eine unverfallbare Direktversicherungsanwartschaft, so besteht zudem solange Insolvenz- 1454

119 BAG 25.6.2013 – 3 AZR 219/11, NZA 2013, 1421.

120 BAG 19.5.2005 – 3 AZR 649/03, NZA-RR 2006, 373; BAG 12.12.2006 – 3 AZR 716/05, NZA 2007, 434.

121 BAG 8.6.1999 – 3 AZR 39/98, NZA 1999, 1215.

122 BAG 14.12.1999 – 3 AZR 684/98, NZA 2001, 33.

schutz, als das Bezugsrecht noch widerruflich ist (§ 7 Abs. 2 S. 1 Nr. 2 BetrAVG). Der Insolvenzschutz greift aber nicht ein, wenn der Versicherer aufgrund von Prämienrückständen des Arbeitgebers keine oder nur verringerte Leistungen erbringt.[123]

(a3) Umfang der Insolvenzsicherung

1455 Der Insolvenzschutz bezieht nach § 7 Abs. 1 BetrAVG die Versorgungsansprüche und nach § 7 Abs. 2 BetrAVG die gesetzlich, **nicht jedoch die vertraglich unverfallbaren** Anwartschaften ein. Insolvenzgesichert sind in den aufgeführten Sicherungsfällen – mit Ausnahme des außergerichtlichen Vergleichs – auch **rückständige Versorgungsleistungen**, soweit diese bis zu zwölf Monaten vor der Entstehung der Leistungspflicht des Trägers der Insolvenzsicherung entstanden sind (§ 7 Abs. 1 a S. 3 BetrAVG).

1456 Nach § 7 Abs. 1 S. 1 BetrAVG sind auch die **Hinterbliebenen** von Versorgungsempfängern geschützt. Beziehen sie im Insolvenzfall bereits selbst Versorgungsleistungen, sind sie ohnehin selbst Versorgungsempfänger iSv § 7 Abs. 1 BetrAVG. Die Nennung der Hinterbliebenen in § 7 Abs. 1 S. 1 BetrAVG stellt daher klar, dass auch die Versorgungsanwartschaften von denjenigen geschützt sind, bei denen der Versorgungsempfänger im Zeitpunkt des Sicherungsfalles noch lebt, die aber später seine Hinterbliebenen sein werden.[124]

1457 Inwieweit auch ein **Partner** aus einer nichtehelichen Lebensgemeinschaft oder einer nicht eingetragenen Lebenspartnerschaft „Hinterbliebener“ ist, hängt im Wesentlichen vom Wortlaut der Versorgungsordnung ab. Werden die Personen ausdrücklich benannt, ist dies unproblematisch. Entsprechendes muss dann auch für die Insolvenzsicherung gelten, die an die jeweilige Versorgungsordnung anknüpft. Wird in der Versorgungsordnung hingegen nur allgemein auf „Hinterbliebene“ abgestellt, sind Partner nichtehelicher Lebensgemeinschaften oder nicht eingetragener Lebenspartnerschaften idR nicht erfasst, da mit diesem Begriff üblicherweise Witwen, Witwer oder Waisen iSv §§ 46, 48 SGB VI bezeichnet werden.[125]

1458 Die **Höchstgrenze** der insolvenzgesicherten Leistungen beträgt bei laufenden Leistungen im Monat das Dreifache der im Zeitpunkt der ersten Fälligkeit maßgebenden monatlichen Bezugsgröße gem. § 18 SGB IV (Stand 2015 – West/Ost: 8.505 €/7.245 €). Bei Kapitalleistungen findet eine Umrechnung auf der Basis der monatlichen Höchstleistung statt, nach der der Höchstbetrag einer insolvenzgesicherten Kapitalleistung das 120-Fache der maximalen monatlichen Leistung beträgt (Stand 2015 – West/Ost: 1.020.600 €/869.400 €).

(a4) Versicherungsmissbrauch

1459 Der PSV als Träger der Insolvenzsicherung ist nach § 7 Abs. 5 BetrAVG trotz Eintritts eines Sicherungsfalls berechtigt, die Leistung zu verweigern, wenn nach den Umständen des Falls die Annahme gerechtfertigt ist, dass es der alleinige oder überwiegende Zweck der Versorgungszusage war, den Träger der Insolvenzsicherung in Anspruch zu nehmen.[126] Um dem Anreiz zum **Versicherungsmissbrauch** zu vermindern, sind Ansprüche auf Leistungen dann nicht insolvenzgesichert, wenn die Zusage oder die Verbesserung weniger als zwei Jahre vor Eintritt des Sicherungsfalls erteilt wurde. Die zweijährige **Schutzfrist** entfällt jedoch für ab dem 1.1.2002 gegebene Entgeltumwandlungszusagen, soweit Beträge bis zu 4 % der Beitragsbemessungsgrenze in der allgemeinen Rentenversicherung verwendet werden. Die Schutzfrist gilt ebenfalls nicht für im Rahmen von Übertragungen (§ 4 BetrAVG) gegebene Zusagen, soweit der Überragungswert die Beitragsbemessungsgrenze in der allgemeinen Rentenversicherung nicht übersteigt.

---

123 BAG 17.11.1992 – 3 AZR 51/92, NZA 1993, 843.

124 *Höfer*, BetrAVG, § 7 Rn 4328; *Blomeyer/Rolfs/Otto*, BetrAVG, § 7 Rn 28.

125 *Blomeyer/Rolfs/Otto*, BetrAVG, Anh § 1 Rn 198.

126 BAG 19.2.2002 – 3 AZR 137/01, NZA 2003, 282.

(14) Anpassung von laufenden Leistungen

(a1) Notwendigkeit und Grenzen der Anpassungspflicht

Die Vereinbarung einer bestimmten Versorgungsleistung führt nicht gleichzeitig dazu, dass nunmehr die Versorgungshöhe auch nach Eintritt des Versorgungsfalls statisch feststeht. Vielmehr hat der Gesetzgeber aus dem Gedanken, die Versorgungsleistung diene der Abdeckung eines bestimmten Versorgungsbedarfs, geschlossen, dass der Arbeitgeber nach Treu und Glauben das zugesagte Versorgungs**niveau** aufrechtzuerhalten hat.[127] Durch die schleichende Geldentwertung würde aber bei laufenden Leistungen, dh Rentenleistungen, der tatsächlich abgedeckte Versorgungsgrad kontinuierlich abgesenkt. Um dem entgegenzuwirken, hat der Gesetzgeber den Arbeitgebern durch das BetrAVG die Pflicht auferlegt, in regelmäßigen Abständen zu überprüfen, inwieweit ein Teuerungsausgleich oder eine Dynamisierung entsprechend der Nettolohnentwicklung nach der wirtschaftlichen Lage stattfinden kann. Mit der Regelung des § 16 Abs. 3 BetrAVG wird es den Vertragspartnern einer Versorgungsvereinbarung in die Hand gegeben, sich durch entsprechende Vertragsgestaltung von der Anpassungspflicht des § 16 Abs. 1 BetrAVG zu befreien.[128] 1460

(a2) Anpassungsprüfungspflicht gem. § 16 Abs. 1 BetrAVG

(a2.1) Anpassungsprüfung

Nach § 16 Abs. 1 BetrAVG trifft den Arbeitgeber die Pflicht, alle drei Jahre eine Anpassung der laufenden Leistungen der betrieblichen Altersversorgung zu prüfen und hierüber nach billigem Ermessen zu entscheiden. Bei der Entscheidung hat er insb. die Belange des Versorgungsempfängers und die eigene wirtschaftliche Lage zu berücksichtigen. Die Anpassungsprüfung erfolgt unabhängig vom Durchführungsweg und geschieht in der Form, dass zunächst der Anpassungsbedarf des Versorgungsberechtigten ermittelt und anschließend entschieden wird, inwieweit der festgestellte Bedarf nach der wirtschaftlichen Lage des Arbeitgebers ausgeglichen werden kann. Die Prüfung hat alle **drei Jahre** stattzufinden. Der Arbeitgeber ist aus Praktikabilitätsgründen befugt, alle Anpassungsprüfungen eines Pflichtprüfungsjahres **an einem Termin** durchzuführen, wenn dies generell und auf Dauer geschieht.[129] 1461

Die Anpassungsverpflichtung unterliegt grds. nicht dem **Insolvenzschutz** des § 7 BetrAVG. Ausnahmen ergeben sich nur dann, wenn die Dynamisierung vertraglich geregelt wurde und es sich zum Zeitpunkt des Insolvenzfalls um laufende Leistungen handelt, die nach § 7 Abs. 1 BetrAVG insolvenzgesichert sind. Dagegen erfasst der Insolvenzschutz bei unverfallbaren Anwartschaften gem. § 7 Abs. 2 BetrAVG vertragliche Dynamisierungsregelungen aufgrund der Veränderungssperre des § 2 Abs. 5 BetrAVG nicht.[130] 1462

(a2.2) Anpassungsbedarf

Der **Anpassungsbedarf** richtet sich entweder nach der im Prüfungszeitraum, dh seit Beginn der Rentenleistung,[131] eingetretenen Inflationsrate, die sich aus dem Verbraucherpreisindex für Deutschland ergibt (§ 16 Abs. 2 Nr. 1 BetrAVG),[132] oder – soweit niedriger ausfallend als die Inflationsrate – nach der Nettolohnentwicklung vergleichbarer Arbeitnehmergruppen des Unternehmens (§ 16 Abs. 2 Nr. 2 BetrAVG). Eine prozentuale oder summenmäßige Begrenzung der Anpassungspflicht des Arbeitgebers ist in die Ermessensentscheidung nicht einzustellen.[133] Eine Begrenzung des Prüfungszeitraums ergibt sich seit dem 1.1.1999 aus der Regelung des 1463

---

127 Zur Entstehungsgeschichte *Blomeyer/Rolfs/Otto*, BetrAVG, § 16 Rn 8 ff.

128 *Rößler*, NZA-RR 2007, 1.

129 BAG 10.9.2002 – 3 AZR 593/01, NZA 2003, 880.

130 BAG 8.6.1999 – 3 AZR 39/98, DB 1999, 2071 = NZA 1999, 1215.

131 BAG 21.8.2001 – 3 AZR 589/00, NZA 2003, 561; *Höfer*, BetrAVG, § 16 Rn 5200.

132 *Bode/Grabner*, DB 2005, 162.

133 BAG 11.10.2011 – 3 AZR 527/09, NZA 2012, 454.

§ 16 Abs. 4 BetrAVG. Hiernach wird der Arbeitgeber von der an sich bestehenden Pflicht befreit, den bei früheren Anpassungen nicht ausgeglichenen Versorgungsbedarf bei späteren Anpassungsprüfungen weiterhin zu berücksichtigen (sog. **nachholende Anpassung**),[134] wenn bei der früheren Anpassung ein vollständiger Ausgleich des Anpassungsbedarfs zu Recht unterblieben ist (**zu Recht unterbliebene Anpassung**, § 16 Abs. 4 S. 1 BetrAVG). Nach § 16 Abs. 4 S. 2 BetrAVG wird unwiderleglich vermutet, dass eine Anpassung zu Recht unterblieben ist, wenn der Arbeitgeber dem Versorgungsempfänger die wirtschaftliche Lage des Unternehmens schriftlich darlegt, der Versorgungsempfänger nicht binnen drei Kalendermonaten nach Zugang der Mitteilung schriftlich widersprochen hat und er auf die Rechtsfolgen eines nicht fristgemäßen Widerspruchs hingewiesen wurde.[135] Nach § 30 c Abs. 2 BetrAVG gilt § 16 Abs. 4 BetrAVG jedoch nicht für vor dem 1.1.1999 zu Recht unterbliebene Anpassungen. Der bis zum 31.12.1998 – gleich ob zu Recht oder zu Unrecht – nicht ausgeglichene Versorgungsbedarf muss folglich auch bei der Anpassungsprüfung nach dem 1.1.1999 berücksichtigt werden.[136]

(a2.3) Wirtschaftliche Lage des Arbeitgebers

1464 Dem Anpassungsbedarf ist die zu prognostizierende **wirtschaftliche Lage**[137] des Arbeitgebers gegenüberzustellen. Nach stRspr des BAG kann eine Anpassung dann entfallen, wenn der Arbeitgeber hierdurch übermäßig belastet würde. Dies ist dann der Fall, wenn es dem Arbeitgeber nach der am Anpassungsstichtag zu erstellenden Prognose voraussichtlich nicht möglich sein wird, den Teuerungsausgleich aus dem Wertzuwachs und den Erträgen des Unternehmens in der Zeit nach dem Anpassungsstichtag aufzubringen. So braucht die Anpassung nicht aus der Unternehmenssubstanz finanziert zu werden. Auch muss die Wettbewerbsfähigkeit erhalten bleiben.[138] Für eine einigermaßen zuverlässige Prognose muss die wirtschaftliche Entwicklung des Unternehmens über einen längeren, repräsentativen Zeitraum von idR mindestens drei Jahren ausgewertet werden.[139] Ausgangspunkt der Beurteilung der wirtschaftlichen Lage ist der erzielte **Gewinn vor Steuern**, dh die in den handelsrechtlichen Jahresabschlüssen ausgewiesenen Überschüsse und Fehlbeträge.[140] Zur Erhaltung der Unternehmenssubstanz und der Wettbewerbsfähigkeit kann es notwendig sein, die Gewinne zu verwenden, um eine **angemessene Eigenkapitalausstattung** zu erhalten[141] oder eine **angemessene Eigenkapitalverzinsung** zu erzielen.[142] Die Höhe einer angemessenen Eigenkapitalverzinsung ergibt sich aus dem Basiszins, der sich nach der Umlaufrendite öffentlicher Anleihen richtet, sowie einem Risikozuschlag, der einheitlich 2 % beträgt.[143]

(a2.4) Sonderfall: Berechnungsdurchgriff im Konzern

1465 Unter Verweis auf eine Änderung der Rspr des BGH zur Haftung im Konzern hat das BAG, wie zuvor angedeutet,[144] seine langjährige Rspr zum Berechnungsdurchgriff im Konzern ausdrücklich aufgegeben.[145]

1466 Zuvor war das BAG der Auffassung gewesen, es komme in einem Konzern dann nicht auf die wirtschaftliche Lage des Arbeitgebers, sondern auf die wirtschaftliche Lage des herrschenden

134 BAG 21.8.2001 – 3 AZR 589/00, NZA 2003, 561.
135 *Vienken*, DB 2003, 994.
136 *Vienken*, DB 2003, 994.
137 *Neef*, NZA 2003, 993.
138 BAG 23.1.2001 – 3 AZR 287/00, NZA 2002, 560.
139 BAG 17.4.1996 – 3 AZR 56/95, NZA 1997, 155.
140 BAG 23.1.2001 – 3 AZR 287/00, NZA 2002, 560.
141 BAG 23.1.2001 – 3 AZR 287/00, NZA 2002, 560.
142 BAG 23.1.2001 – 3 AZR 287/00, NZA 2002, 560.
143 BAG 23.1.2001 – 3 AZR 287/00, NZA 2002, 560.
144 BAG 29.9.2010 – 3 AZR 427/08, BAGE 135, 344; BB-Entscheidungsreport *Bissels*, BB 2011, 575.
145 BAG 15.1.2013 – 3 AZR 638/10, NZA 2014, 780.

Unternehmens an (**Berechnungsdurchgriff**), wenn zwischen dem Versorgungsschuldner und dem herrschenden Unternehmen eine verdichtete Konzernverbindung besteht, etwa aufgrund eines Beherrschungs- und Gewinnabführungsvertrages oder bei umfassender und nachhaltiger Führung der Geschäfte des Versorgungsschuldners durch die Konzernmutter.[146] Weitere Voraussetzung war ein konzerntypisches Risiko, das die mangelnde Leistungsfähigkeit des Versorgungsschuldners verursacht hat.[147]

Nach der neuen Rspr kommt es auch bei einem konzernangehörigen Versorgungsschuldner für die Anpassungsprüfung gem. § 16 Abs. 1, 2 BetrAVG grds. auf dessen eigene wirtschaftliche Lage an. Ausnahmsweise kann ihm die günstige wirtschaftliche Lage eines anderen konzernangehörigen Unternehmens oder der Konzernobergesellschaft zugerechnet werden (sog. Berechnungsdurchgriff).[148] Der BGH verlangt für einen Berechnungsdurchgriff einen existenzvernichtenden Eingriff. Die sog. **Existenzvernichtungshaftung** des Gesellschafters als besonderer Fall der vorsätzlichen sittenwidrigen Schädigung gem. § 826 BGB setzt eine missbräuchliche Schädigung des Gesellschaftsvermögens, nämlich den Entzug von Vermögenswerten, die fehlende Kompensation oder Rechtfertigung des Vermögensentzugs und die dadurch hervorgerufene Insolvenz der Gesellschaft bzw deren Vertiefung voraus.[149] Angesichts dieser hoch gesetzten Hürden für die Annahme eines Berechnungsdurchgriffs ist davon auszugehen, dass für einen Berechnungsdurchgriff nach diesen Voraussetzungen kein praktischer Anwendungsbereich mehr verbleibt. Der BGH nimmt eine existenzvernichtende Haftung erst dann an, wenn bei der geschädigten Gesellschaft Insolvenz eingetreten ist. In diesem Fall treffen die Gesellschaft regelmäßig keine Versorgungs- oder Anpassungsverpflichtungen mehr. Im Rahmen der gesetzlichen Insolvenzsicherung tritt dann der PSVaG ein. 1467

Allerdings hat das BAG in einer Entscheidung im Jahr 2009,[150] auf die das aktuelle Urteil aber nicht eingeht, bereits das Bestehen eines Beherrschungsvertrages durch den „unwiderleglich vermuteten" Missbrauch von Leitungsmacht ohne weitere Voraussetzungen für einen Berechnungsdurchgriff ausreichen lassen. Dies führt, verglichen mit der bisherigen Rspr, zu einer nicht näher begründeten Verschärfung der Haftung für Anpassungen im Konzern. Durch eine Ausweitung des Berechnungsdurchgriffs in diesem Sinne wird die transparente Gestaltung des Vertragskonzerns gegenüber der potentiell intransparenten Konzerngestaltung ungerechtfertigt schlechter gestellt.[151] Offengelassen hat der 3. Senat weiterhin, ob auch ein Gewinnabführungsvertrag allein schon einen Berechnungsdurchgriff rechtfertigen kann.[152] Gewinnabführungsverträge werden aber regelmäßig aus steuerlichen Gründen geschlossen und begründen für sich keine Leitungsmacht.[153] 1468

Andersherum kann bei einem wirtschaftlich leistungsfähigen Arbeitgeber eine schlechte wirtschaftliche Lage der Konzernobergesellschaft nur dann entscheidungserheblich sein, wenn diese Risiken absehbar auf das Tochterunternehmen durchschlagen werden.[154] Auf die wirtschaftliche Lage eines anderen Konzernunternehmens kann darüber hinaus auch dann abzustellen sein, wenn dieses Unternehmen Erklärungen abgegeben oder Verhaltensweisen gezeigt hat, die ein schützenswertes Vertrauen darauf begründen konnten, es werde sichergestellt, dass die Ver- 1469

146 Vgl auch *Schipp*, DB 2010, 112.
147 BAG 23.10.1996 – 3 AZR 514/95, NZA 1997, 1111.
148 *Cisch/Bleek/Karst*, BB 2014, 1141, 1147.
149 BAG 15.1.2013 – 3 AZR 638/10, NZA 2014, 780, 781.
150 BAG 26.5.2009 – 3 AZR 369/07, DB 2009, 2384; dazu *Baeck*, NZG 2009, 823 f.
151 Vgl *Cisch/Kruip*, NZA 2010, 540; *Cisch/Bleeck/Karst*, BB 2011, 1141.
152 BAG 15.1.2013 – 3 AZR 638/10, NZA 2014, 87.
153 BAG 28.5.2013 – 3 AZR 125/11, BB 2013, 2489; BAG 20.8.2013 – 3 AZR 750/11, NZA-RR 2014, 112.
154 BAG 10.2.2009 – 3 AZR 727/07, NZA 2010, 95.

sorgungsverbindlichkeiten durch den Versorgungsschuldner ebenso erfüllt werden wie die Ansprüche der eigenen Betriebsrentner.[155]

(a2.5) Sonderfall: Rentnergesellschaft

1470 Auch bei Einstellung des Unternehmens bleibt der frühere Arbeitgeber zur Anpassung der Betriebsrente verpflichtet, selbst wenn der einzige Zweck der sich in Liquidation befindlichen Gesellschaft die Abwicklung der Versorgungsverbindlichkeiten ist (**Rentnergesellschaft**).[156] Aber auch nach Einstellung der unternehmerischen Aktivitäten ist der Versorgungsschuldner nicht verpflichtet, die Anpassungslasten aus der Vermögenssubstanz zu finanzieren. Ihm steht vielmehr wie einem aktiven Unternehmer eine angemessene Verzinsung seines Eigenkapitals zu, bevor er zusätzliche Versorgungslasten durch Anpassung der Betriebsrenten an die Kaufkraftentwicklung übernehmen muss.[157] Hingegen ist bei Ausgliederung von Pensionsverbindlichkeiten in eine reine Rentnergesellschaft, deren Zulässigkeit durch das BAG mit Beschluss vom 22.2.2005[158] bestätigt wurde, auf eine ausreichende finanzielle Ausstattung zu achten, die auch ausreichende Mittel für eine zukünftige Anpassung der Betriebsrenten vorsehen muss.[159]

(a2.6) Anfechtung der Anpassungsentscheidung

1471 Hält der Versorgungsempfänger die **Anpassungsentscheidung für unrichtig**, so hat er dies bis zum nächsten Anpassungsstichtag gegenüber dem Arbeitgeber zumindest außergerichtlich geltend zu machen. Unterbleibt die Geltendmachung, so erlischt der Anspruch auf die nachträgliche Korrektur der früheren Anpassungsentscheidung.[160] Der Zeitraum, innerhalb dessen die **nachträgliche Anpassung** verlangt werden kann, verlängert sich dann bis zum übernächsten Anpassungstermin, wenn der Arbeitgeber bis zum nächsten Anpassungstermin die Betriebsrenten weder erhöht noch sich ausdrücklich zur Anpassung geäußert hat. In diesem Fall gilt die Erklärung, keine Anpassung vorzunehmen, erst nach drei Jahren als abgegeben, so dass innerhalb von weiteren drei Jahre die nachträgliche Anpassung noch beansprucht werden kann.[161] Der Arbeitgeber ist **darlegungs- und beweispflichtig**, dass die Entscheidung billigem Ermessen entspricht.[162]

(a3) Entfallen der Anpassungsprüfungspflicht gem. § 16 Abs. 3 BetrAVG

1472 Die Anpassungsprüfungspflicht gem. § 16 Abs. 1 BetrAVG beinhaltet – auch durch die Rspr zur nachholenden Anpassung – erhebliche wirtschaftliche Risiken für den Arbeitgeber, die nicht zu kalkulieren sind. Um den Arbeitgebern eine größere Planungssicherheit zu gewährleisten, hat der Gesetzgeber in § 16 Abs. 3 BetrAVG drei Möglichkeiten vorgesehen, um durch entsprechende vertragliche Gestaltung die Anpassungsverpflichtung gem. § 16 Abs. 1 BetrAVG entfallen zu lassen.

(a3.1) Jährliche Steigerung um 1 %

1473 Zum einen bedarf es nach § 16 Abs. 3 Nr. 1 BetrAVG keiner Anpassungsprüfung, wenn der Arbeitgeber sich in der Versorgungsvereinbarung verpflichtet, die laufenden Leistungen jährlich

155 BAG 25.6.2002 – 3 AZR 226/01, NZA 2003, 520.

156 BAG 25.6.2002 – 3 AZR 226/01, AP § 16 BetrAVG Nr. 51 = NZA 2003, 520; zur Anpassungspflicht eines einzelkaufmännisch tätigen früheren Arbeitgebers und dessen Erben BAG 9.11.1999 – 3 AZR 420/98, NZA 2000, 1057.

157 BAG 25.6.2002 – 3 AZR 226/01, AP § 16 BetrAVG Nr. 51 = NZA 2003, 520; BAG 9.11.1999 – 3 AZR 420/98, NZA 2000, 1057.

158 BAG 22.2.2005 – 3 AZR 499/03, NZA 2005, 639.

159 BAG 11.3.2008 – 3 AZR 358/06 = BB 2009, 329 m. Anm. *Hock*; *Baum/Humpert*, BB 2009, 950, 951.

160 BAG 17.8.2004 – 3 AZR 367/03, AP § 16 BetrAVG Nr. 55 = NZA-RR 2005, 672.

161 BAG 17.4.1996 – 3 AZR 56/95, NZA 1997, 155.

162 *Höfer*, BetrAVG, § 16 Rn 5355.

um wenigstens **1 % anzupassen**. Diese Regelung gilt jedoch nach § 30 c Abs. 1 BetrAVG nur für laufende Leistungen, die auf Zusagen beruhen, die nach dem 31.12.1998 erteilt wurden.

(a3.2) Überlassung der Überschussanteile

Die Anpassungsprüfungspflicht entfällt weiter, wenn die betriebliche Altersversorgung über eine Direktversicherung oder eine Pensionskasse durchgeführt wird, sämtliche auf den Rentenbestand entfallenden **Überschussanteile zur Erhöhung der laufenden Leistungen** verwendet werden und zur Berechnung der garantierten Leistung der nach § 65 Abs. 1 Nr. 1 Buchst. a VAG festgesetzte Höchstzinssatz zur Berechnung der Deckungsrückstellung nicht überschritten wird. Bereits vor Einführung des § 16 Abs. 3 Nr. 2 BetrAVG wurde überwiegend angenommen, dass bei Überlassen der Überschussanteile den Arbeitgeber keine weitergehende Anpassungsprüfungspflicht trifft. Der Gesetzgeber hat mit der Regelung klargestellt, dass er sich dieser Meinung anschließt und folglich keine Übergangsvorschrift erlassen.[163] Ob die Anpassungsprüfung in analoger Anwendung des § 16 Abs. 3 Nr. 2 BetrVG auch bei Pensionsfondszusagen entfallen kann, wenn dem Arbeitnehmer die auf den Rentenbestand anfallenden Überschussanteile zukommen, ist bislang nicht geklärt; die dagegen angeführten Argumente der begrenzten Deckungsrückstellungen und der nur eingeschränkt zulässigen versicherungsförmigen Garantie sind jedoch überzeugend.[164] 1474

(a3.3) Beitragszusage mit Mindestleistung

Schließlich scheidet eine Anpassungsprüfung aus, wenn der Arbeitgeber eine **Beitragszusage mit Mindestleistung** zugesagt hat, bei der es zum zwingenden Vertragsinhalt gehört, dass die aus der Anlage der Beiträge resultierenden Überschüsse dem Arbeitnehmer gutgeschrieben werden.[165] Der Ausschluss der Anpassungspflicht erstreckt sich auch auf den Fall, dass die Beitragszusage mit Mindestleistung mit einer Entgeltumwandlung kombiniert wurde. 1475

(a4) Sonderfall: Entgeltumwandlung

Werden die laufenden Leistungen durch Entgeltumwandlung wirtschaftlich finanziert, so stehen dem Arbeitnehmer – wie sich auch aus § 1 b Abs. 5 BetrAVG ergibt – sämtliche Erträge aus dem zur Verfügung gestellten Kapital zu. Das Wertgleichheitsgebot muss auch nach Eintritt des Versorgungsfalls weiter beachtet werden. Aus diesem Grund wird durch § 16 Abs. 5 BetrAVG vorgeschrieben, dass im Fall einer durch Entgeltumwandlung finanzierten Betriebsrente der Arbeitgeber verpflichtet ist, die Leistungen mindestens entsprechend § 16 Abs. 3 Nr. 1 BetrAVG anzupassen, dh mit einer jährlichen Steigerung von 1 %, oder im Fall der Durchführung über eine Pensionskasse oder eine Direktversicherung sämtliche Überschussanteile entsprechend § 16 Abs. 3 Nr. 2 BetrAVG zu verwenden. Ob eine analoge Anwendung auf Pensionsfonds zulässig ist, wurde bislang nicht gerichtlich geklärt; die dagegen vorgebrachten Argumente sind überzeugend.[166] Wird die Entgeltumwandlung mit einer Beitragszusage mit Mindestleistung verknüpft, so entfällt nach § 16 Abs. 3 Nr. 3 BetrAVG die Anpassungsverpflichtung nach § 16 Abs. 5 BetrAVG. 1476

Gemäß § 30 c Abs. 3 BetrAVG gilt § 16 Abs. 5 BetrAVG nur für laufende Leistungen, die auf Zusagen beruhen, die **nach dem 31.12.2000** erteilt wurden. Die zeitliche Eingrenzung des Anwendungsbereiches entbindet den Arbeitgeber jedoch nicht von der Pflicht, bei vorherigem Abschluss einer durch Entgeltumwandlung finanzierten Direktversicherungs-, Pensionskassen- oder Pensionsfondszusage aufgrund des einzuhaltenden Wertgleichheitsgebotes dem Arbeitneh- 1477

163 *Blomeyer/Rolfs/Otto*, BetrAVG, § 16 Rn 315.
164 *Blomeyer/Rolfs/Otto*, BetrAVG, § 16 Rn 317 ff.
165 Ablehnend entgegen der noch in der 3. Aufl. 2004 vertretenen Auffassung nun *Blomeyer/Rolfs/Otto*, BetrAVG, § 16 Rn 326.
166 *Blomeyer/Rolfs/Otto*, BetrAVG, § 16 Rn 334; *Höfer*, BetrAVG, § 16 Rn 5505.

mer sämtliche Überschussanteile zukommen zu lassen, deren Überlassung gem. § 16 Abs. 3 Nr. 2 BetrAVG unmittelbar zum Entfallen der Anpassungsprüfungspflicht führt.

(a5) Sonderfall: Auszahlungsplan mit Restverrentung

1478 Durch § 16 Abs. 6 BetrAVG hat der Gesetzgeber eine Anpassungsverpflichtung für monatliche Raten im Rahmen eines Auszahlungsplans sowie für Renten ab Vollendung des 85. Lebensjahres im Anschluss an einen Auszahlungsplan ausgeschlossen. Von der Vorschrift werden nur Auszahlungspläne iSv § 1 Abs. 1 S. 1 Nr. 4 und 5 AltZertG erfasst, die als wesensgleich zu den ebenfalls von der Anpassungspflicht ausgenommenen Beitragszusagen mit Mindestleistung einzuordnen sind.[167]

(15) Änderung von Versorgungszusagen

1479 Ein Kernproblem der betrieblichen Altersversorgung, das nicht durch das BetrAVG geregelt wird, betrifft die Abänderbarkeit von Versorgungszusagen. Verbesserungen oder wertneutrale Änderungen des Betriebsrentenversprechens sind regelmäßig ohne Beschränkungen möglich. Dagegen sind verschlechternde Abänderungen der Versorgungszusage lediglich in engen Grenzen zulässig.

(a1) Abänderung einer einzelvertraglichen Versorgungszusage

1480 Theoretisch kann eine einseitige Abänderung der einzelvertraglich vereinbarten betrieblichen Altersversorgung durch **Änderungskündigung** erreicht werden. Praktisch ist dieses Instrument jedoch ungeeignet. In Ausnahmefällen kann der Arbeitgeber eine Anpassung der Versorgungsvereinbarung nach dem Grundsatz der **Störung der Geschäftsgrundlage** verlangen, wenn aufgrund nicht vorhersehbarer Ereignisse ein Festhalten an dem Betriebsrentenversprechen für ihn nicht zumutbar ist. Auch in dem Fall, in dem die Versorgungszusage unter **Widerrufsvorbehalt** gestellt wurde, kann der Arbeitgeber berechtigt sein, das Versorgungsversprechen einzuschränken.

(a1.1) Störung der Geschäftsgrundlage

1481 Die **Störung der Geschäftsgrundlage** (§ 313 BGB) kann sich zum einen daraus ergeben, dass die Änderungen der Sach- und Rechtslage zu unzumutbaren Mehrbelastungen beim Arbeitgeber geführt haben (**Äquivalenzstörung**), etwa wenn durch Neuerungen des Steuer- und Sozialversicherungsrechts eine erhebliche Erhöhung des Kostenaufwands für die Durchführung der Betriebsrentenzusage notwendig würde. Als Opfergrenze wird eine Ausweitung des Dotierungsrahmens um 30–40 % in der Lit. diskutiert.[168] Das BAG vermeidet dagegen die Nennung allgemeiner Grenzen, sondern stellt auf den Einzelfall ab.[169] Zum anderen kann die Geschäftsgrundlage dadurch entfallen, dass der mit der Versorgungsleistung beabsichtigte Zweck verfehlt wird (**Zweckverfehlung**). Dies ist bspw bei Gesamtversorgungssystemen anzunehmen, bei denen die Versorgungsleistung nach dem Bruttoentgelt des Arbeitnehmers bemessen wird. Durch die unterschiedliche Entwicklung der Steuer- und Sozialabgabenlast für Arbeitnehmer und Rentner kann es in diesem Fall dazu kommen, dass den Betriebsrentnern ein höheres Nettoeinkommen zusteht, als sie während ihrer Arbeitszeit erhalten haben (sog. **Überversorgung**). Die Arbeitnehmer dürfen bei Gesamtversorgungszusagen jedoch grds. nicht darauf vertrauen, mehr als 100 % ihres letzten Nettolohnes im Versorgungsfall zu erhalten.[170] Soweit die Überversorgung unplanmäßig eingetreten ist, darf der Arbeitgeber die Versorgungsleistung auf den

167 *Höfer*, BetrAVG, § 16 Rn 5510; aA *Blomeyer/Rolfs/Otto*, BetrAVG, § 16 Rn 341 f.
168 *Höfer*, BetrAVG, ART Rn 485 ff; *Boemke*, NJW 2009, 2493.
169 BAG 17.1.2012 – 3 AZR 555/09, NZA 2012, 942; BAG 23.9.1997 – 3 ABR 85/96, BAGE 86, 312 = NZA 1998, 719.
170 BAG 8.12.1981 – 3 ABR 53/80, BAGE 36, 327 = NJW 1872, 1416.

ursprünglich beabsichtigten Netto-Versorgungsgrad zurückführen, der jedoch nicht unterschritten werden darf.[171] Im öffentlichen Dienst ist der Arbeitgeber auch bei einer planmäßigen Überversorgung befugt, die Versorgungsleistung anzupassen.[172]

(a1.2) Steuerunschädliche Widerrufsvorbehalte

Grundsätzlich kann die Versorgungszusage unter einen Widerrufsvorbehalt gestellt werden. Die sog. **steuerunschädlichen Widerrufsvorbehalte**[173] erfassen jedoch lediglich solche Fälle, die den Arbeitgeber bereits nach dem Grundsatz des Wegfalls der Geschäftsgrundlage zur Anpassung der Versorgungsleistung berechtigen. 1482

(a1.3) Widerruf aus sachlichen Gründen (3-Stufen-Modell)

Zulässig ist es auch, dass sich der Arbeitgeber in der Versorgungszusage den **Widerruf aus sachlichen Gründen** vorbehält. So hat das BAG den Ausschluss des Rechtsanspruchs bei einer Unterstützungskassenzusage als Widerrufsvorbehalt aus sachlichen Gründen uminterpretiert.[174] Dementsprechend muss es auch möglich sein, Versorgungszusagen unmittelbar unter den Vorbehalt des Widerrufs aus sachlichen Gründen zu stellen.[175] Unklar ist jedoch, ob ein Widerruf aus sachlichen Gründen hinreichend konkret ist, um einer **AGB-Kontrolle** standzuhalten.[176] Im Hinblick auf die gefestigte Rspr zu den Schranken beim Widerruf von Unterstützungskassenzusagen sprechen gute Gründe für die Vereinbarkeit eines solchen Widerrufsvorbehalts mit dem AGB-Recht.[177] 1483

Zur Frage, ob und inwieweit aus sachlichen Gründen in erworbene Rechte durch Widerruf eingegriffen werden kann, hat das BAG entsprechend dem Vertrauensschutzgrundsatz und dem Verhältnismäßigkeitsprinzip das sog. **3-Stufen-Modell** entwickelt. Hiernach müssen die Rechtfertigungsgründe umso gewichtiger sein, je stärker in geschützte Positionen eingegriffen werden soll.[178] Auf der **1. Stufe** stehen die erdienten, entsprechend § 2 BetrAVG berechneten Anwartschaften, für die der Arbeitnehmer bereits seine Leistung erbracht hat. Ein Eingriff in diese Rechtsposition ist nur aus **zwingenden Gründen** möglich, dh nach den Grundsätzen des Wegfalls der Geschäftsgrundlage kann eine Anpassung vorgenommen werden. Die wirtschaftliche Notlage des Arbeitgebers stellt keinen zwingenden Grund mehr dar, seitdem sie als Insolvenzfall gem. § 7 Abs. 1 S. 3 Nr. 5 BetrAVG aF zum 1.1.1999 gestrichen wurde.[179] Die **2. Stufe** bildet die sog. erdiente Dynamik, dh die Steigerungsraten, die sich aus der Weiterverfolgung der variablen Faktoren, die auf der 1. Stufe gem. § 2 Abs. 5 BetrAVG eingefroren werden, ergeben. Nicht jede Versorgungsordnung sieht eine sich fortschreibende Dynamik vor, die Stufe kann daher ausfallen. In die erdiente Dynamik kann nur aus **triftigen Gründen** eingegriffen werden. Als triftige Gründe gelten insb. solche, aus denen der Arbeitgeber gem. § 16 Abs. 1 BetrAVG aufgrund seiner wirtschaftlichen Lage berechtigt ist, die Anpassung von laufenden Leistungen zu verweigern.[180] Zur **3. Stufe** gehören die dienstzeitabhängigen künftigen Steigerungsraten, die aus **sachlich-proportionalen Gründen** zum Nachteil der Arbeitnehmer verän- 1484

171 BAG 17.1.2012 – 3 AZR 555/09, NZA 2012, 942; BAG 28.7.1998 – 3 AZR 100/98, BAGE 89, 262 = NZA 1999, 444; BAG 9.11.1999 – 3 AZR 502/98, NZA 2001, 98.

172 BAG 20.8.2002 – 3 AZR 14/01, NZA 2003, 1112.

173 Einkommensteuer-Richtlinien 2012, R 6 a Abs. 4 EStG; *Boemke*, NJW 2009, 2493, 2495 f.

174 BAG 17.5.1973 – 3 AZR 381/72, NJW 1973, 1946; BAG 17.4.1985 – 3 AZR 72/83, NZA 1986, 57; BAG 17.11.1992 – 3 AZR 76/92, NZA 1993, 938.

175 *Höfer*, BetrAVG, ART Rn 426.

176 BAG 12.1.2005 – 5 AZR 364/04, NZA 2005, 465.

177 *Schaub*, GedS Blomeyer, S. 335.

178 BAG 17.4.1985 – 3 AZR 72/83, BAGE 49, 57 = NZA 1986, 57; BAG 18.9.2001 – 3 AZR 728/00, NZA 2002, 1164; BAG 11.12.2001 – 3 AZR 512/00, NZA 2003, 1414; krit. dazu *Boemke*, NJW 2009, 2491 f.

179 BAG 17.6.2003 – 3 AZR 396/02, DB 2004, 324; *Boemke*, NJW 2009, 2493.

180 Vgl BAG 10.9.2002 – 3 AZR 635/01, NZA 2004, 231 = DB 2003, 1525 = SAE 2004, 26 m. Anm. *Vienken*.

dert werden dürfen. Als sachlich-proportional sind willkürfreie, nachvollziehbare und anerkennenswerte Gründe zu werten.[181]

1485 Allerdings hat das BAG die Anwendbarkeit des dreistufigen Prüfungsschemas im Hinblick auf die Rechtfertigung eines Eingriffs in noch nicht erdiente, dienstzeitabhängige Zuwächse (3. Stufe) eingeschränkt: Ist der Versorgungsschuldner eine Gewerkschaft, reichten sachliche Gründe zur Rechtfertigung des Eingriffs aus; auf die Proportionalität des Eingriffs komme es nicht an.[182]

1486 Auf welcher Stufe ein Eingriff erfolgt, beurteilt sich zunächst nach den Einzelheiten der Versorgungszusage sowie danach, welcher Versorgungswert dem Arbeitnehmer im Versorgungsfall auf der Grundlage der abgeänderten Regelung zusteht (**ergebnisbezogene Betrachtungsweise**).[183]

1487 Durch das 3-Stufen-Modell werden nicht sämtliche Eingriffsbereiche erfasst. So kann etwa die Änderung des monatlichen Auszahlungstermins von Versorgungsleistungen[184] oder die Einführung einer Spätehenklausel[185] nicht einer Eingriffsstufe zugeordnet werden. Vielmehr ist in diesen Fällen nach den allgemeinen Prinzipien des Vertrauensschutzes und der Verhältnismäßigkeit über die Rechtmäßigkeit der Änderung zu entscheiden.[186]

(a2) Abändernde Betriebsvereinbarung

1488 Häufig beruhen Versorgungsordnungen auf Betriebsvereinbarungen, da dem Betriebsrat gem. § 87 Abs. 1 Nr. 8[187] und Nr. 10[188] BetrVG ein Teil-Mitbestimmungsrecht zusteht. Dabei kann der Arbeitgeber **mitbestimmungsfrei** vorgeben, **ob** er finanzielle Mittel für die betriebliche Altersversorgung zur Verfügung stellt, **in welchem Umfang** er dies tut, **welche Versorgungsform** er wählt und welchen **Arbeitnehmerkreis** er versorgt. Mitbestimmungspflichtig ist jedoch in diesen Grenzen die Leistungsplangestaltung.[189] Der Betriebsrat hat einen betriebsverfassungsrechtlichen Anspruch auf abredegemäße Durchführung der Betriebsvereinbarung. Der Antrag ist im Beschlussverfahren durch den Betriebsrat zu stellen (§§ 2a Abs. 1 Nr. 1, 80 Abs. 1 ArbGG). Der Betriebsrat kann allerdings die durch die Betriebsvereinbarung begründeten individualrechtlichen Ansprüche der Arbeitnehmer nicht im eigenen Namen geltend machen. Der Individualschutz darf nicht auf das Verhältnis Arbeitgeber/Betriebsrat verlagert werden.[190]

(a2.1) Änderung einer Versorgungsbetriebsvereinbarung

1489 Soll eine Versorgungsbetriebsvereinbarung durch eine nachfolgende Betriebsvereinbarung verändert werden, so ersetzt nach der **Zeit-Kollisions-Regel** die jüngere Betriebsvereinbarung die ältere. Die ablösende Betriebsvereinbarung unterliegt einer arbeitsgerichtlichen Rechtskontrolle. Insbesondere müssen auch in diesem Fall das Verhältnismäßigkeitsprinzip und der Vertrauensschutzgrundsatz von den Betriebsparteien beachtet werden. Aus diesem Grund wendet die Rspr das zum Widerruf von Unterstützungskassenzusagen entwickelte 3-Stufen-Schema auch

181 Vgl BAG 18.9.2001 – 3 AZR 728/00, NZA 2002, 1164; BAG 21.8.2001 – 3 ABR 44/00, NZA 2002, 575.
182 BAG 12.2.2013 – 3 AZR 636/10, DB 2013, 1796.
183 BAG 24.7.2001 – 3 AZR 660/00, NZA 2002, 520; BAG 10.9.2002 – 3 AZR 635/01, NZA 2004, 231 = DB 2003, 1525 = SAE 2004, 26 m. Anm. *Vienken*.
184 BAG 23.9.1997 – 3 AZR 529/96, NZA 1998, 541.
185 BAG 26.8.1997 – 3 AZR 235/96, NZA 1998, 817.
186 BAG 23.9.1997 – 3 AZR 529/96, NZA 1998, 541; BAG 26.8.1997 – 3 AZR 235/96, NZA 1998, 817.
187 BAG 12.6.1975 – 3 ABR 137/73, AP § 87 BetrVG 1972 Altersversorgung Nr. 2 = BB 1975, 1064; BAG 21.6.1979 – 3 ABR 3/78, AP § 87 BetrVG 1972 Sozialeinrichtung Nr. 1 = DB 1979, 2039.
188 BAG 8.12.1981 – 3 ABR 53/80, BAGE 36, 327 = NJW 1982, 1416; BAG 9.7.1985 – 3 AZR 546/82, NZA 1986, 517 = DB 1986, 1231.
189 BAG 12.6.1975 – 3 ABR 137/73, AP § 87 BetrVG 1972 Altersversorgung Nr. 2 = BB 1975, 1064.
190 BAG 18.1.2005 – 3 ABR 21/04, NZA 2006, 167.

auf abändernde Betriebsvereinbarungen an.[191] Die Grenzen des 3-Stufen-Modells sind ebenfalls zu beachten, wenn es im Rahmen eines Betriebsübergangs zur Kollision der beim Veräußerer bestehenden Versorgungsordnungen mit der bei dem Erwerber bestehenden Versorgungsordnung kommt.[192]

(a2.2) Änderung einer individualvertraglichen Regelung durch Betriebsvereinbarung

Gegenüber individualvertraglichen Versorgungszusagen kann eine Betriebsvereinbarung – entgegen dem individuellen Günstigkeitsprinzip – ausnahmsweise verschlechternd wirken. Voraussetzung ist, dass es sich um eine **individualrechtliche Regelung mit kollektivem Bezug** handelt (Gesamtzusage, betriebliche Übung, Gleichbehandlungsgrundsatz) und die Individualregelung betriebsvereinbarungsoffen oder die Betriebsvereinbarung bei kollektiver Betrachtung nicht ungünstiger ist (**kollektives Günstigkeitsprinzip**).[193] Auch bei Wegfall der Geschäftsgrundlage kann die Neugestaltung der Versorgungsregelung durch Betriebsvereinbarung erfolgen. In diesen Fällen wird der Umfang der Abänderungsmöglichkeit durch das Vertrauensschutzprinzip und den Verhältnismäßigkeitsgrundsatz begrenzt, die im 3-Stufen-Modell ihre konkrete Ausprägung gefunden haben. 1490

(a3) Kündigung einer Versorgungsbetriebsvereinbarung

Wird eine Versorgungsbetriebsvereinbarung gem. § 77 Abs. 5 BetrVG gekündigt, so bedarf die Kündigung selbst keines sachlichen Grundes. Es tritt auch – da nur teilmitbestimmt – keine Nachwirkung gem. § 77 Abs. 6 BetrVG ein.[194] Rechtsfolge ist zunächst, dass das Versorgungswerk geschlossen wird und neu eintretende Arbeitnehmer aus der Betriebsvereinbarung keine Versorgungsrechte herleiten können. Die Kündigung kann aber nicht dazu führen, dass bereits erworbene Rechtspositionen ohne Weiteres rückwirkend entfallen. Folglich wendet die Rspr aus Gründen des Vertrauensschutzes und der Verhältnismäßigkeit bei der Kündigung einer Betriebsvereinbarung gleichfalls das 3-Stufen-Modell an, um den Umfang der aufrechtzuerhaltenden Versorgungsrechte zu bestimmen.[195] 1491

(16) Geltendmachung von Versorgungsansprüchen als unzulässige Rechtsausübung

Die Geltendmachung von Versorgungsleistungen, deren Anspruchsvoraussetzungen an sich erfüllt sind, kann in Ausnahmesituationen als **rechtsmissbräuchlich** eingestuft werden. Eine unzulässige Rechtsausübung liegt vor, wenn der Arbeitnehmer seine Pflichten in so grober Weise verletzt, dass sich die in der Vergangenheit **geleistete Betriebstreue** als **wertlos** erweist.[196] Nicht ausreichend ist dabei, dass der Versorgungsberechtigte eine Pflichtverletzung begangen hat, die zur außerordentlichen Kündigung aus wichtigem Grund berechtigen würde. Vielmehr muss durch die Pflichtverletzung darüber hinaus ein so schwerer Schaden entstanden sein, durch den der Arbeitgeber in eine die Existenz gefährdende Lage gebracht wurde und ein Schadensersatzanspruch den eingetretenen Schaden nicht angemessen kompensieren kann.[197] 1492

---

191 BAG 16.7.1996 – 3 AZR 398/95, NZA 1997, 533; BAG 10.12.2002 – 3 AZR 92/02, DB 2004, 1566 = BB 2003, 1903; BAG 18.3.2003 – 3 AZR 101/02, DB 2004, 327 = BB 2004, 945.

192 BAG 24.7.2001 – 3 AZR 660/00, NZA 2002, 520 = DB 2002, 955.

193 BAG 16.9.1986 – GS 1/82, BAGE 53, 42 = NZA 1987, 168; BAG 18.3.2003 – 3 AZR 101/02, DB 2004, 327 = BB 2004, 945; BAG 17.6.2003 – 3 ABR 43/02, DB 2004, 714 = BB 2004, 612.

194 BAG 9.12.2008 – 3 AZR 384/07, NZA 2009, 1341.

195 BAG 11.5.1999 – 3 AZR 21/98, BAGE 91, 310 = NZA 2000, 322; BAG 17.8.1999 – 3 ABR 55/98, BAGE 92, 203 = NZA 2000, 498; BAG 21.8.2001 – 3 ABR 44/00, NZA 2002, 575; BAG 18.9.2001 – 3 AZR 728/00, NZA 2002, 1164.

196 Vgl BGH 13.12.1999 – II ZR 152/98, NJW 2000, 1197 = ZIP 2000, 380 m. Anm. *Blomeyer*; BGH 11.3.2002 – II ZR 5/00, NZG 2002, 635.

197 BGH 13.12.1999 – II ZR 152/98, NJW 2000, 1197 = ZIP 2000, 380 m. Anm. *Blomeyer*; BGH 11.3.2002 – II ZR 5/00, NZG 2002, 635.

1493 Die grobe Pflichtverletzung kann während des bestehenden Arbeitsverhältnisses erfolgen. Aber auch der Verstoß gegen nachvertragliche Pflichten kann in seltenen Ausnahmefällen den Rechtsmissbrauchseinwand rechtfertigen, etwa bei ruinösem Wettbewerb. Allein eine schlichte Konkurrenztätigkeit reicht nicht aus.[198] Davon zu unterscheiden ist der Fall, dass eine **Pflichtverletzung** während des bestehenden Arbeitsverhältnisses, die einen wichtigen Grund zur fristlosen Kündigung darstellen würde, von dem Arbeitnehmer **verschleiert** und dadurch erst nachträglich entdeckt wird. Die Versorgungsanwartschaft kann entfallen oder eingeschränkt werden, wenn der Arbeitgeber bei rechtzeitiger Kenntnis die fristlose Kündigung ausgesprochen hätte und die Versorgungsanwartschaft zu diesem Zeitpunkt noch verfallbar gewesen wäre bzw eine unverfallbare Versorgungsanwartschaft in geringerer Höhe aufrecht zu erhalten gewesen wäre.[199]

bb) Steuerrechtliche Rahmenbedingungen

(1) Nachgelagerte Besteuerung der betrieblichen Altersversorgung

1494 Die Ausgestaltung der Versorgungszusage wird weiter maßgeblich davon beeinflusst, welche steuerrechtlichen Konsequenzen sich ergeben. Die Besteuerung der betrieblichen Altersversorgung divergierte früher je nach Wahl des Durchführungsweges in erheblichem Umfang. So sollte bei Direktversicherungs- und Pensionskassenzusagen während der Anwartschaftsphase die vom Arbeitgeber an den Versorgungsträger geleisteten Beiträge pauschalversteuert werden (vgl § 40 b EStG), während in der Leistungsphase nur noch der Ertragswert einkommensteuerpflichtig war. Dagegen fiel bei unmittelbaren Versorgungsversprechen und Unterstützungskassenzusagen während der Anwartschaftsphase mangels Zufluss einkommensteuerpflichtigen Entgelts keine Einkommensteuer an, während nach Eintritt des Versorgungsfalls die gesamten Leistungen zu versteuern waren (nachgelagerte Besteuerung). Ausgelöst durch das Urteil des BVerfG vom 6.3.2002[200] hat der Gesetzgeber durch das AltEinkG[201] die **nachgelagerte Besteuerung** der betrieblichen Altersversorgung für alle Durchführungswege eingeführt.

1495 Aus **Entgeltumwandlung** stammende Beiträge zur betrieblichen Altersversorgung werden steuerrechtlich – unabhängig vom Durchführungsweg – nicht anders behandelt als die „klassisch" durch den Arbeitgeber finanzierten Versorgungszusagen. Dagegen prüft die Steuerverwaltung genauer, ob die Voraussetzungen einer Entgeltumwandlung überhaupt erfüllt sind, insb. ob nur „künftige" und damit noch nicht zugeflossene Entgeltansprüche umgewandelt werden.[202]

(2) Direktzusage und Unterstützungskassenzusagen

1496 Bei unmittelbaren Versorgungszusagen und Unterstützungskassenzusagen liegt, unabhängig von der Einordnung als arbeitnehmer- oder arbeitgeberfinanziertes Betriebsrentenversprechen, ein die Steuerpflicht auslösender Entgeltzufluss beim Arbeitnehmer erst in der Leistungsphase vor. Während des Anwartschaftszeitraums entfällt damit, ohne Beschränkung auf einen Höchstbetrag, eine Einkommensteuer. Eine Umfassungszusage (§ 1 Abs. 2 Nr. 4 BetrAVG), bei der der Arbeitnehmer sein versteuertes Entgelt zur Finanzierung der Versorgungszusage einsetzt, ist nicht im Wege einer Direktzusage oder einer Unterstützungskassenzusage möglich. Ebenso wenig kann bei Wahl dieser Durchführungswege die Förderung gem. §§ 10 a, 82 Abs. 2 EStG (**Riester-Rente**) in Anspruch genommen werden (zur Riester-Rente s. § 1 Rn 1410 ff). Im Leistungszeitraum wird die Einkommensteuer gem. § 19 EStG auf die Betriebsrente erhoben.

---

198 *Blomeyer/Rolfs/Otto*, BetrAVG, Anh § 1 Rn 534 ff.

199 BAG 8.5.1990 – 3 AZR 152/88, NZA 1990, 807; BAG 17.6.2014 – 3 AZR 412/13, DB 2014, 2534; *Blomeyer/Rolfs/Otto*, BetrAVG, Anh § 1 Rn 530 ff.

200 BVerfG 6.3.2002 – 2 BvL 17/99, BVerfGE 105, 73 = NJW 2002, 1103.

201 Gesetz zur Neuordnung der einkommensteuerrechtlichen Behandlung von Altersvorsorgeaufwendungen und Altersbezügen (Alterseinkünftegesetz – AltkG) vom 5.7.2004 (BGBl. I S. 1427).

202 BMF-Schreiben vom 17.11.2004 – IV C 4 – S 2222 – 177/04 / IV C 5 – S 2333 – 269/04.

(3) Direktversicherung

Für Prämienzahlungen des Arbeitgebers an Direktversicherungen sah das EStG in § 40 b aF die Möglichkeit der Pauschalversteuerung (zuletzt iHv 20 %) vor. In der Leistungsphase wurde – um eine Doppelbesteuerung zu vermeiden – nur der Ertragswert versteuert. Diese Regelung gilt jedoch nicht mehr für Direktversicherungsverträge, die **seit dem 1.1.2005** vereinbart wurden. Vielmehr hat der Gesetzgeber die Vorschrift des § 3 Nr. 63 EStG, die früher die Steuerfreiheit von Beiträgen des Arbeitgebers an Pensionskassen und Pensionsfonds bis zur Höhe von 4 % der Beitragsbemessungsgrenze in der gesetzlichen Rentenversicherung vorsah, auch auf Direktversicherungen ausgeweitet. Gleichzeitig wurde als Ausgleich für das Entfallen der Pauschalversteuerung der Betrag der steuerfreien Beiträge um 1.800 € erhöht. Voraussetzung für die Steuerfreiheit gem. § 3 Abs. 63 EStG ist, dass eine **Rente** oder ein **Auszahlungsplan** iSd § 1 Abs. 1 S. 1 Nr. 4 AltZertG als Versorgungsleistung zugesagt wird. 1497

Wurden Versorgungsbeiträge an einen der in § 3 Nr. 63 EStG aufgeführten Versorgungsträger **aus Anlass der Beendigung des Dienstverhältnisses** geleistet, bleiben diese steuerfrei, soweit sie 1.800 €, multipliziert mit der Anzahl der Beschäftigungsjahre, nicht übersteigen (**Vervielfältigungsregel**). Der sich aus der Vervielfältigungsregel ergebende Betrag vermindert sich jedoch um die steuerfreien Beiträge, die der Arbeitnehmer in dem Kalenderjahr, in dem das Dienstverhältnis beendet wird, und in den sechs vorangegangenen Kalenderjahren erbracht hat. Dabei sind Kalenderjahre vor 2005 jeweils nicht zu berücksichtigen. 1498

Weder § 3 Nr. 63 EStG noch § 40 b EStG aF sind anwendbar, wenn der Arbeitnehmer die „Riester-Rente“ gem. §§ 10 a, 82 Abs. 2 EStG in Anspruch nimmt oder nehmen will und die Erfüllung der hierfür notwendigen Voraussetzungen verlangt. Zur Riester-Rente s. § 1 Rn 1410 ff. 1499

(4) Pensionskassen, Pensionsfonds

Für Beiträge des Arbeitgebers an eine Pensionskasse oder einen Pensionsfonds sah § 3 Nr. 63 EStG bereits früher die Steuerfreiheit bis zu einer Höhe von 4 % der Beitragsbemessungsgrenze vor. Seit dem 1.1.2005 wird dieser Betrag zusätzlich um 1.800 € angehoben. Die zur Direktversicherung dargestellte Vervielfältigungsregel findet auch auf Beiträge Anwendung, die aus Anlass der Beendigung des Dienstverhältnisses an Pensionskassen und Pensionsfonds geleistet werden. Andererseits gelten die Steuerfreigrenzen nur noch für solche Zusagen, die dem Aufbau einer **kapitalgedeckten Altersversorgung** dienen und als Versorgungsleistung eine **Rente oder Leistungen nach einem Auszahlungsplan** vorsehen. Damit besteht insb. für Versorgungszusagen mit Einmalkapitalzahlung nunmehr die Notwendigkeit, diese zumindest um ein Wahlrecht auf Erhalt von Rentenleistungen bzw Leistungen nach einem Auszahlungsplan zu erweitern, um die Steuerbegünstigung weiterhin in Anspruch nehmen zu können. Für Beiträge an Pensionskassen, die im Umlageverfahren arbeiten, hat der Gesetzgeber in § 40 b EStG nF eine Pauschalversteuerung vorgesehen. Die zuvor bestehende Möglichkeit, Beiträge des Arbeitgebers an Pensionskassen, die höher als 4 % der Beitragsbemessungsgrenze liegen, gem. § 40 b EStG aF pauschal zu versteuern, wurde dagegen gestrichen. 1500

(5) Steuerliche Behandlung des Finanzierungsaufwands beim Arbeitgeber

Der Arbeitgeber kann bei einer unmittelbaren Zusage Rückstellungen gem. § 6 a EStG bilden, die sich gewinnmindernd und damit steuersparend auswirken.[203] Die Beiträge und Zuwendungen des Arbeitgebers an ein Lebensversicherungsunternehmen, eine Pensionskasse, einen Pensionsfonds oder eine Unterstützungskasse können gem. §§ 4 b–4 d EStG als Betriebsausgaben abgezogen werden, wodurch wirtschaftlich ebenfalls ein Finanzierungseffekt ausgelöst wird. 1501

203 *Neef*, NZA 2003, 993, 995.

cc) Sozialversicherungsrechtliche Rahmenbedingungen

1502 Auch die mit der Versorgungszusage verbundenen Belastungen mit Sozialabgaben sind bei der Abfassung der Betriebsrentenvereinbarung von großer Wichtigkeit. Während die steuerrechtliche Behandlung der betrieblichen Altersversorgung vorrangig durch die Wahl des Durchführungsweges bestimmt wird, richtet sich die sozialabgabenrechtliche Beurteilung maßgeblich danach, ob es sich um eine arbeitgeber- oder eine arbeitnehmerfinanzierte Versorgungszusage handelt.

(1) Arbeitgeberfinanzierte Versorgungszusagen

1503 In der Anwartschaftsphase besteht bei **arbeitgeberfinanzierten** Versorgungszusagen in allen Durchführungswegen keine Abgabenpflicht gem. § 14 Abs. 1 SGB IV, selbst wenn Beiträge und Prämien an einen Versorgungsträger gezahlt werden. Für steuerfreie Zuwendungen an Pensionskassen, Pensionsfonds oder Direktversicherungen nach § 3 Nr. 63 S. 1 und 2 EStG gilt dies jedoch nur bis zur Höhe von insgesamt 4 % der Beitragsbemessungsgrenze in der allgemeinen Rentenversicherung.[204] Dagegen werden die im Versorgungsfall beanspruchbaren Leistungen regelmäßig der Bemessungsgrundlage für die Beiträge an die gesetzliche Krankenversicherung und der Pflegeversicherung zugerechnet (vgl § 5 Abs. 1 Nr. 1, § 226 Abs. 1 Nr. 3, § 229 Abs. 1 Nr. 5 SGB V). Beiträge an die gesetzliche Rentenversicherung sind dagegen nicht abzuführen.

(2) Entgeltumwandlungsvereinbarungen

1504 Die sozialabgabenrechtliche Behandlung von Entgeltanteilen, die zur Umwandlung in Versorgungsanwartschaften herangezogen werden, wird durch die §§ 14 Abs. 1 S. 2, 115 SGB IV iVm der Arbeitsentgeltverordnung geregelt. Nach § 14 Abs. 1 S. 2 SGB IV zählen Entgeltteile an sich zum Arbeitsentgelt, die durch Entgeltumwandlung für betriebliche Altersversorgung in den Durchführungswegen Direktzusage oder Unterstützungskasse verwendet werden. In der Leistungsphase sind auf die Betriebsrente Sozialabgaben an die gesetzliche Krankenversicherung und die gesetzliche Pflegeversicherung abzuführen.

(3) Umfassungszusagen

1505 Umfassungszusagen gem. § 1 Abs. 2 Nr. 4 BetrAVG werden aus dem individuell versteuerten Entgelt finanziert, das entsprechend auch als Arbeitsentgelt im Sozialabgabenrecht zu verbeitragen ist. Dies ändert sich auch nicht dadurch, dass Umfassungszusagen gem. §§ 10 a, 82 Abs. 2 EStG steuerlich gefördert werden können.

204 § 2 Abs. 2 Nr. 5 Arbeitsentgeltverordnung.

b) Klauselwerke und Gestaltungshinweise

aa) Entgeltumwandlungsvereinbarung als Direktversicherungszusage mit Riester-Förderung

(1) Klauseltyp A

Vereinbarung über Entgeltumwandlung 1506

Zwischen
der (...)

(im Folgenden „Arbeitgeber" genannt)

und
Herrn/Frau (...), geb. am (...)

(im Folgenden „Arbeitnehmer" genannt)

wird mit Wirkung vom (...) Folgendes vereinbart:

1. Umwandlungsbetrag
Die Bruttobezüge des Arbeitnehmers werden für die Dauer des Arbeitsverhältnisses in Höhe eines jährlichen Betrages von (...) €, jedoch mindestens 1/160 der Bezugsgröße nach § 18 Abs. 1 SGB IV und höchstens 4 % der jeweiligen Beitragsbemessungsgrenze in der allgemeinen Rentenversicherung, erstmals zum (...) gemindert und in eine wertgleiche Anwartschaft auf Leistungen der betrieblichen Altersversorgung umgewandelt.
Die betriebliche Altersversorgung wird über die (...)-Versicherungs AG (Direktversicherung iSd § 1 b Abs. 2 BetrAVG) durchgeführt.

2. Umzuwandelnder Entgeltanspruch (Zutreffendes ankreuzen)
- Während eines laufenden Kalenderjahres werden gleich bleibende monatliche Beträge aus dem regelmäßigen Entgelt zur Umwandlung verwendet.

Alternativ:
Der umzuwandelnde Betrag soll
- dem Urlaubsgeld und/oder
- dem Weihnachtsgeld und/oder
- den vermögenswirksamen Leistungen und/oder
- sonstigen Entgeltansprüchen aus dem Arbeitsverhältnis

entnommen werden.

3. Brutto- oder Nettoentgeltumwandlung
- Der umzuwandelnde Betrag soll aus dem Bruttoentgelt umgewandelt werden.

Alternativ:
- Der umzuwandelnde Betrag soll zum Erhalt der steuerlichen Förderung nach §§ 10 a, 79 ff EStG („Riester-Rente") aus dem individuell versteuerten Einkommen entnommen werden.

4. Entgeltfreie Zeiten
Eine Umwandlung ist nur für den Zeitraum möglich, solange dem Arbeitnehmer Ansprüche auf Entgelt- oder Entgeltersatzleistungen gegenüber dem Arbeitgeber zustehen. In entgeltfreien Zeiten wird dem Arbeitnehmer das Recht eingeräumt, die Versicherung mit eigenen Beiträgen fortzuführen.

5. Gehaltserhöhungen
Für Gehaltserhöhungen sowie für die Bemessung gehaltsabhängiger betrieblicher Leistungen bleiben die Bezüge ohne die Minderung nach der Ziff. 1 maßgebend.

6. Versorgungsleistung
Der Arbeitgeber schließt bei der (...)-Versicherungs AG eine Lebensversicherung auf das Leben des Arbeitnehmers ab, die die Förderungsvoraussetzungen der §§ 10 a, 82 Abs. 2 EStG erfüllt.

Die Höhe der Versicherungsprämien entspricht den umgewandelten Beträgen gem. Ziff. 1. Es gelten die Allgemeinen und Besonderen Versicherungsbedingungen der (...)-Versicherungs AG.

7. Versorgungsfälle
Es werden grds. Leistungen der Alters-, Invaliditäts- und Hinterbliebenenversorgung gewährt. Der Arbeitnehmer beantragt den Ausschluss folgender Leistungen:
- Die Mitversicherung von Hinterbliebenenleistungen soll ausgeschlossen werden (der Verzicht auf Mitversicherung von Hinterbliebenen führt zu einer Erhöhung der Versorgungspunkte iHv (...) %).
- Die Mitversicherung des Risikos der Erwerbsminderung soll ausgeschlossen werden (der Verzicht auf Invaliditätsschutz führt zur Erhöhung der jährlichen Versorgungspunkte iHv (...) %).

8. Unwiderruflichkeit des Bezugsrechts, Überschussanteile, Ausschluss von Abtretung, Verpfändung und Beleihung, Fortsetzungsrecht
Die Versorgungsanwartschaft wird mit Beginn der Entgeltumwandlung unverfallbar. Überschussanteile werden ausschließlich zur Verbesserung der Leistung verwendet. Das Recht zur Verpfändung, Abtretung und Beleihung durch den Arbeitgeber wird ausgeschlossen. Dem Arbeitnehmer wird von Beginn der Entgeltumwandlung an auf sämtliche Versicherungsleistungen ein unwiderrufliches Bezugsrecht eingeräumt. Bei vorzeitiger Beendigung des Arbeitsverhältnisses wird dem Arbeitnehmer das Recht zur Fortsetzung der Versicherung mit eigenen Beiträgen eingeräumt. Die Versicherung wird unverzüglich nach dem rechtlichen Ende des Arbeitsverhältnisses auf den Arbeitnehmer übertragen und kann von ihm als Einzelversicherung nach dem hierfür im Zeitpunkt des Ausscheidens vorhandenen Tarif gegen laufende Beitragszahlung bei der (...)-Lebensversicherungs AG fortgeführt werden. Nach dem Ausscheiden sind eine Abtretung, Beleihung und ein Rückkauf der übertragenen Versicherung durch den Arbeitnehmer gem. § 2 Abs. 2 Sätze 5 und 6 BetrAVG insoweit unzulässig, als die Versicherung auf vom Arbeitgeber als Versicherungsnehmer gezahlten Beiträgen beruht.

9. Vorzeitige Altersleistung
Nimmt der Arbeitnehmer die vorgezogene Altersrente aus der gesetzlichen Rentenversicherung als Vollrente in Anspruch und verlangt er vorzeitig eine betriebliche Altersrente gem. § 6 BetrAVG, so vermindert sich die Versicherungsleistung nach versicherungsmathematischen Grundsätzen.

10. Zusagedauer
Diese Vereinbarung gilt für das laufende Kalenderjahr. Sie verlängert sich automatisch um weitere zwölf Monate, wenn nicht bis zum (...) (Datum) eines jeden Kalenderjahres der Verlängerung schriftlich durch den Arbeitnehmer widersprochen wird.

(...) (Unterschrift Arbeitgeber) (...) (Unterschrift Arbeitnehmer)

(2) Gestaltungshinweise

1507 Dem Arbeitnehmer wird durch die dargestellte Zusage die Möglichkeit eingeräumt, entweder die Entgeltumwandlung aus dem Bruttoentgelt (unter Ausnutzung der Steuerfreiheit gem. § 3 Nr. 63 EStG) oder dem Nettoentgelt (unter Inanspruchnahme der „Riester-Förderung“) zu verlangen. Gleichzeitig werden die Anforderungen, denen der Arbeitgeber im Rahmen des Anspruchs auf Entgeltumwandlung ausgesetzt wird, in den Vertragstext aufgenommen, etwa indem der Arbeitnehmer verlangen kann, in entgeltfreien Zeiten die Fortsetzung der Versicherung mit eigenen Beiträgen durchzuführen (Ziff. 4). In Ziff. 5 wird die Beibehaltung des ungeminderten Entgelts als Schattengehalt formuliert. Die Versorgungsleistung selbst und die Leistungsvoraussetzungen ergeben sich dagegen erst aus den Versicherungsbedingungen. Durch die Verpflichtung, die umzuwandelnden Beiträge ungeschmälert als Versicherungsprämie zu ver-

wenden, nur solche Versicherungen abzuschließen, die der staatlichen Förderung zugänglich sind, und dem Wahlrecht, bestimmte Versorgungsfälle zur Verbesserung anderer Versorgungsleistungen auszuklammern, werden die individuellen Bedürfnisse des Arbeitnehmers hinreichend berücksichtigt.

In Ziff. 8 werden die Voraussetzungen übernommen, denen eine Entgeltumwandlungszusage 1508 gem. § 1 b Abs. 5 BetrAVG genügen muss. Gleichzeitig wird die Wahl der versicherungsförmigen Lösung gem. § 2 Abs. 2 S. 2 BetrAVG vereinbart, mit der sich der Arbeitgeber aus der Haftung bei vorzeitiger Beendigung des Arbeitsverhältnisses befreien kann. Es erscheint sinnvoll, dem Arbeitnehmer jährlich eine Prüfung zu ermöglichen, ob die Entgeltumwandlungsvereinbarung in ihrer gegenwärtigen Form noch den Bedürfnissen entspricht, insb. ob der umzuwandelnde Betrag noch als angemessen erachtet wird. Aus diesem Grund kann die Vereinbarung – unter Aufrechterhaltung der bis dahin erworbenen Anwartschaft – widerrufen und ggf die Fortsetzung gem. § 1 a BetrAVG unter geänderten Bedingungen vereinbart werden.

bb) Entgeltumwandlungsvereinbarung als Unterstützungskassenzusage

(1) Klauseltyp B

Vereinbarung über Entgeltumwandlung 1509

Zwischen

der (...)

(im Folgenden „Arbeitgeber“ genannt)

und

Herrn/Frau (...), geb. am (...)

(im Folgenden „Arbeitnehmer“ genannt)

wird mit Wirkung vom (...) Folgendes vereinbart:

1. Umwandlungsbetrag

Die Bruttobezüge des Arbeitnehmers werden für die Dauer des Arbeitsverhältnisses in Höhe eines Betrages von (...) € monatlich, erstmals zum (...), gemindert.

2. Gehaltserhöhungen

Für Gehaltserhöhungen sowie für die Bemessung gehaltsabhängiger betrieblicher Leistungen bleiben die Bezüge ohne die Minderung nach der Ziff. 1 maßgebend.

3. Widerrufsrecht

Der Arbeitnehmer hat das Recht, diese Vereinbarung und damit den Abschluss der Versicherung bis zum Ablauf von 30 Tagen nach Aushändigung der Kopie des Versicherungsscheines ohne Angabe von Gründen in Textform (zB Brief, Fax, E-Mail) zu widerrufen. Hierzu genügt das rechtzeitige Absenden. Der Widerruf ist an den Arbeitgeber zu richten; der Arbeitgeber hat ihn unverzüglich an die Unterstützungskasse weiterzuleiten.

4. Versorgungsleistung

4.1 Zum Ausgleich dieser Entgeltminderungen erteilt der Arbeitgeber dem Arbeitnehmer eine Zusage auf Leistungen der betrieblichen Altersversorgung in Form einer Kapitalzahlung, die über die (...)-Unterstützungskasse – nachstehend Unterstützungskasse – durchgeführt wird. Hierzu wird der Arbeitgeber den Arbeitnehmer bei der Unterstützungskasse als Begünstigten anmelden.

4.2 Nach erfolgter Anmeldung verpflichtet sich der Arbeitgeber, zum Aufbau der betrieblichen Altersversorgung laufend Zuwendungen an die Unterstützungskasse in Höhe der in Ziff. 1 genannten Beträge zu leisten. Die Zuwendungen werden vom Arbeitgeber solange und insoweit entrichtet, als er zur Zahlung der Bezüge aus dem Dienstverhältnis verpflichtet ist. Beiträge an den Pensions-Sicherungs-Verein a.G. sowie etwaige Mitgliedsbeiträge für die Unterstützungs-

kasse trägt der Arbeitgeber. Dies gilt auch für die Zeit nach Ausscheiden aus den Diensten des Arbeitgebers.
4.3 Zur Finanzierung der Versorgungsleistungen schließt die Unterstützungskasse bei der (...)-Lebensversicherungs-AG eine Rückdeckungsversicherung auf das Leben des Arbeitnehmers auf dessen derzeit gültiges gesetzliches Renteneintrittsalter ab, aus der die Unterstützungskasse allein bezugsberechtigt ist und für die sie allein die Beiträge zahlt. Die Zuwendung an die Unterstützungskasse für diese Rückdeckungsversicherung entspricht den in Ziff. 1 genannten Beträgen. Nach Annahme des Antrags durch den Versicherer wird eine Kopie des Versicherungsscheines dieser Rückdeckungsversicherung zur Verfügung gestellt. Aus diesem ergeben sich die Einzelheiten zu dieser Versicherung.
4.4 Dem Arbeitgeber und dem Arbeitnehmer ist bekannt, dass die späteren Versorgungsbezüge lohnsteuerpflichtig sind (§ 19 EStG iVm § 34 EStG).

5. Altersversorgung
5.1 Altersgrenze
Der Arbeitnehmer erhält ein Versorgungskapital am 15. des Monats ausgezahlt, der auf den Ablauftermin der Rückdeckungsversicherung folgt (Altersgrenze). Die Höhe des Kapitals ergibt sich aus der abgeschlossenen Rückdeckungsversicherung einschließlich der vom Versicherer gewährten Überschussbeteiligung.
5.2 Flexible Altersgrenze
Scheidet der Arbeitnehmer nach Vollendung des 60. Lebensjahres und vor Vollendung der Altersgrenze aus den Diensten des Arbeitgebers aus, so kann das Versorgungskapital bereits von diesem Zeitpunkt an begehrt werden. Aufgrund der vorzeitigen Inanspruchnahme ermäßigen sich in diesem Fall die Versorgungsansprüche; sie entsprechen der Leistung aus der Rückdeckungsversicherung zu diesem Zeitpunkt.
5.3 Rentenwahlrecht
Der Mitarbeiter/die Mitarbeiterin hat die Möglichkeit – sofern der Arbeitgeber zustimmt –, das Versorgungskapital in eine Altersrente mit oder ohne Hinterbliebenenleistung umzuwandeln. Dieses Wahlrecht ist drei Monate vor Erreichen der Altersgrenze vom Arbeitgeber und Arbeitnehmer gemeinsam schriftlich und unwiderruflich gegenüber der Unterstützungskasse auszuüben. Die Höhe der Rentenleistung wird aus dem zum Zeitpunkt der Umwandlung zur Verfügung stehenden Versorgungskapital ermittelt; maßgebend ist das Angebot des Versicherers.

6. Hinterbliebenenversorgung
Bei Tod vor Erreichen der Altersgrenze erhält ein im Zeitpunkt des Ablebens des Arbeitnehmers in gültiger Ehe lebender Ehegatte ein Versorgungskapital in Höhe der Versicherungsleistung der Rückdeckungsversicherung. Lebt kein hinterbliebener Ehegatte, so wird das genannte Versorgungskapital an die ehelichen und die diesen rechtlich gleichgestellten Kinder zu gleichen Teilen gezahlt, falls das jeweilige Kind das 18. Lebensjahr noch nicht vollendet hat. Darüber hinaus werden Waisenleistungen nur gezahlt, wenn das Kind noch in der Schul- oder Berufsausbildung steht und das 27. Lebensjahr noch nicht vollendet hat oder das Kind wegen körperlicher, geistiger oder seelischer Behinderung außerstande ist, sich selbst zu unterhalten. Voraussetzung in letzterem Fall ist, dass die Behinderung vor Vollendung des 27. Lebensjahres eingetreten ist.
Sind ein anspruchsberechtigter Ehegatte und anspruchsberechtigte Kinder nicht vorhanden, tritt an deren Stelle der mit dem Arbeitnehmer in gültiger Lebenspartnerschaft lebende Lebenspartner bzw der der Unterstützungskasse namentlich benannte, mit dem Arbeitnehmer in eheähnlicher Gemeinschaft lebende nichteheliche Lebensgefährte.

➔ Sofern im Falle des Todes des Arbeitnehmers keine anspruchsberechtigten Hinterbliebenen vorhanden sind, wird ein Sterbegeld in Höhe der Versicherungsleistung der Rückdeckungsversicherung, höchstens jedoch der für das Sterbegeld in §§ 2, 3 KStDV bezifferte Betrag, an die Erben ausgezahlt.

7. Invaliditätsversorgung
Dem Arbeitnehmer steht eine Kapitalzahlung zu, wenn er aufgrund von Behinderung und Krankheit teilweise oder voll erwerbsgemindert im Sinne der Bestimmungen der gesetzlichen Rentenversicherung ist und infolgedessen aus dem Arbeitsverhältnis ausscheidet. Voraussetzung für die Zahlung des Versorgungskapitals ist die Vorlage des Bescheides des gesetzlichen Rentenversicherungsträgers über den Bezug einer Erwerbsminderungsrente oder eines vergleichbaren Nachweises. Die Höhe des Versorgungskapitals entspricht dem Rückkaufswert der Rückdeckungsversicherung. In diesem Fall besteht kein Anspruch mehr auf Alters- oder Hinterbliebenenversorgung.

8. Anpassung
➔ Im Versorgungsfall – auch nach vorzeitigem Ausscheiden oder bei Inanspruchnahme der flexiblen Altersgrenze – werden die Leistungen erbracht, die aus der abgeschlossenen Rückdeckungsversicherung fällig werden.

9. Vorzeitiges Ausscheiden beim Trägerunternehmen
Scheidet der Arbeitnehmer aus den Diensten des Arbeitgebers aus, bleibt die Anwartschaft erhalten. In diesem Fall behält der Arbeitnehmer Versorgungsansprüche in Höhe der erreichten Anwartschaft auf Leistungen aus den bis dahin zu leistenden Zuwendungen in Höhe der unter Ziff. 1 genannten Beträge (Unverfallbarkeit gem. § 2 Abs. 5 a BetrAVG). Dies entspricht dem Wert der beitragsfreigestellten Rückdeckungsversicherung. Bei Ausscheiden des Arbeitnehmers wird die Möglichkeit der Abfindung überprüft. Ist eine Abfindung gem. § 3 BetrAVG rechtlich zulässig, so erhält der Arbeitnehmer als Abfindungsbetrag den Rückkaufswert der Versicherung.

10. Abtretung der Versorgungsansprüche
Die Versorgungsansprüche können vom Arbeitnehmer weder abgetreten noch verpfändet werden. Dennoch erfolgte Abtretungen und Verpfändungen sind gegenüber Arbeitgeber und Unterstützungskasse unwirksam.

11. Zahlung der Versorgungsleistungen
Die Versorgungsleistungen werden über den Arbeitgeber ausgezahlt. Dieser ist berechtigt, die Beträge einzubehalten, für deren Abführung er aufgrund gesetzlicher Bestimmungen verpflichtet ist (zB Lohnsteuer, Krankenversicherung der Rentner).

12. Pflichten der Leistungsempfänger
Leistungsempfänger sind verpflichtet, der Unterstützungskasse bzw dem Arbeitgeber die Lohnsteuerkarte vorzulegen, alle für den Leistungsbezug notwendigen Auskünfte zu geben sowie auf Verlangen zu belegen. Änderungen des für den Leistungsbezug maßgeblichen Personenstandes, zB Todesfälle, sowie Änderungen von Adresse und Bankverbindung sind unverzüglich schriftlich anzuzeigen. Außerdem ist die Beachtung der in den Versicherungsbedingungen genannten Obliegenheiten für die Gewährung von Leistungen erforderlich.

13. Kündigung dieser Vereinbarung
➔ Sollten sich die bei Abschluss dieser Vereinbarung maßgebenden Verhältnisse nachhaltig ändern, insbesondere bei Fortbestehen des Anstellungsverhältnisses ohne Anspruch auf Bezüge (zB wegen Krankheit), so kann diese Vereinbarung von jedem Vertragspartner mit einer Frist von drei Monaten für die Zukunft gekündigt werden, frühestens jedoch nach einem Jahr. Be-

reits erfolgte Entgeltminderungen werden durch eine Kündigung nicht berührt. Eine Kündigung ist auch möglich, wenn diese Vereinbarung, insbesondere die Zusage auf betriebliche Altersversorgung, steuerlich nicht anerkannt wird. Die Vertragspartner werden sich dann bemühen, diese Vereinbarung den veränderten Verhältnissen anzupassen. Zusätzliche finanzielle Belastungen dürfen dem Arbeitgeber daraus jedoch nicht erwachsen.
Eine Kündigung dieser Vereinbarung bewirkt die Beitragsfreistellung der Rückdeckungsversicherung.

14. Unabhängigkeit von Zusagen
Etwa bestehende weitere Anwartschaften oder Ansprüche auf Leistungen der betrieblichen Altersversorgung berühren die Versorgung nach dieser Vereinbarung nicht und werden umgekehrt von dieser Vereinbarung nicht berührt. Rechte, Anwartschaften und Unverfallbarkeitsfristen aus verschiedenen Zusagen sind voneinander unabhängig.

15. Haftungsausschluss
Der Arbeitgeber übernimmt keine Haftung für die mit dieser Vereinbarung verbundenen Vor- oder Nachteile, beispielsweise steuer- oder sozialversicherungsrechtlicher Art. Insbesondere können aus der möglichen Minderung des beitragspflichtigen Entgelts in der gesetzlichen Renten-, Kranken-, Pflege- und/oder Arbeitslosenversicherung in Folge der Entgeltumwandlung und einer daraus eventuell resultierenden Leistungsminderung keinerlei Verpflichtungen zwischen Arbeitnehmer und Arbeitgeber entstehen. Dies gilt auch für die Belastung der Versorgungsleistungen mit etwaigen Steuer- und Sozialabgaben.

16. Änderungsvorbehalt
Falls eine oder mehrere Regelungen dieser Vereinbarung unwirksam sind, bleiben die übrigen Bestimmungen wirksam. Sollten sich die bei Abschluss dieser Vereinbarung maßgeblichen Verhältnisse nachhaltig ändern, so kann sie an die veränderten Verhältnisse angepasst werden. Hierzu kann auch eine Reduzierung der Versorgungsleistungen erfolgen. Sollte eine Ablösung der Versorgung über die Unterstützungskasse durch eine Direktversicherung ohne steuerliche oder arbeitsrechtliche Nachteile für den Arbeitnehmer möglich sein, ist der Arbeitnehmer verpflichtet, einer derartigen Ablösung zuzustimmen.

(...) (Unterschrift Arbeitgeber) (...) (Unterschrift Arbeitnehmer)

(2) Gestaltungshinweise

1510 Die Besonderheit einer Entgeltumwandlungsvereinbarung, die über eine Unterstützungskasse durchgeführt werden soll, liegt in der steuerrechtlichen Behandlung dieser Versorgungsform. Anders als bei Direktversicherung, Pensionskasse oder Pensionsfonds kann bei Wahl dieses Durchführungsweges einerseits die sog. **Riester-Rente**, dh die Förderung gem. §§ 10 a, 79 ff EStG, von dem Arbeitnehmer **nicht** in Anspruch genommen werden. Andererseits sind die umgewandelten Beiträge nicht nur iHv 4 % der Beitragsbemessungsgrenze und bei Zusage von laufenden Leistungen oder eines Auszahlungsplans mit Restverrentung (vgl § 3 Nr. 63 EStG) **steuerfrei**, sondern – wie bei einer Direktzusage – ohne Limitierung. Die **Sozialabgabenfreiheit** beschränkt sich dagegen auch bei einer Unterstützungskassen-Entgeltumwandlung auf die Höhe von 4 % der Beitragsbemessungsgrenze in der allgemeinen Rentenversicherung.

1511 **Zu Ziff. 6 S. 6 – Erben als Bezugsberechtigte:** Die Versorgungszusage sieht vor, dass – soweit kein Hinterbliebener nach Ziff. 6 Sätze 1–5 die Versorgungsleistung beanspruchen kann – den Erben ein in der Höhe auf den nach §§ 2, 3 KStDV begrenztes Sterbegeld gezahlt wird. Diese Klausel dürfte der Einordnung als betriebliche Altersversorgung nicht entgegenstehen, da das Sterbegeld bereits vom Wortlaut deutlich abgegrenzt wird von der Hinterbliebenenversorgung und in der Höhe auch regelmäßig wesentlich geringer ausfallen dürfte als die Hinterbliebenenversorgung. Allerdings zählt das an die Erben auszuzahlende Sterbegeld nicht zur betrieblichen

Altersversorgung[205] und unterliegt damit auch nicht dem Insolvenzschutz durch den Pensions-Sicherungs-Verein.

Zu Ziff. 8 – Anpassungsverpflichtung: Die Regelung der Ziff. 8 zur Anpassung der Versorgungsleistung kann problematisch sein, wenn der Arbeitnehmer von seinem Wahlrecht nach Ziff. 5.3 Gebrauch macht und eine Rentenleistung verlangt. Nach § 16 Abs. 5 BetrAVG führt bei einer Entgeltumwandlung nur im Fall einer Direktversicherung oder Pensionskasse die Überlassung der Überschussanteile zur Erfüllung der Anpassungsverpflichtung. Bei Direktzusagen und Unterstützungskassenzusagen muss dagegen mindestens eine Anpassung iHv jährlich 1 % stattfinden. Es ist umstritten, ob bei rückgedeckten Unterstützungskassenzusagen durch die Weitergabe der aus der Rückdeckungsversicherung erzielten Überschussanteile den Anforderungen des § 16 Abs. 5 BetrAVG Genüge getan wird.[206] 1512

Zu Ziff. 13 – Beendigung: Die Einräumung eines Kündigungsrechts für **beide Seiten** der Versorgungsvereinbarung sollte unterbleiben. Dem Arbeitnehmer steht ein Anspruch auf Entgeltumwandlung gem. § 1 a BetrAVG zu, der den Arbeitgeber zum Abschluss einer Versorgungsvereinbarung zwingt. Gründe, die den Arbeitgeber zur Kündigung berechtigen können, sind solange nicht ersichtlich, solange der Anspruch auf Entgeltumwandlung geltend gemacht werden könnte. Bei Entfallen eines Entgeltanspruchs infolge Ruhens des Arbeitsverhältnisses oder bei lang anhaltender Krankheit könnte eine Entgeltumwandlung zwar nicht beansprucht werden. Die Beendigung der Versorgungsvereinbarung infolge Kündigung erscheint aber nicht zweckmäßig, da zum einen die Kündigung nicht zum Entfallen der bereits aufgebauten Versorgungsanwartschaft führt und zum anderen bei Wiederaufleben des Entgeltanspruchs der Arbeitnehmer von seinem Recht aus § 1 a BetrAVG vollumfänglich Gebrauch machen kann. Statt eines beidseitigen Kündigungsrechts sollte die Versorgungszusage so flexibel ausgestaltet werden, dass es der Beendigung der Vereinbarung nicht bedarf. So könnte in Ziff. 1 dem Arbeitnehmer ein Anpassungsrecht des umzuwandelnden Betrages in den Grenzen des § 1 a Abs. 1 BetrAVG eingeräumt und das Ruhen der Entgeltumwandlung während entgeltfreier Zeiten vereinbart werden. Gegebenenfalls sollte lediglich dem Arbeitnehmer eine Kündigungsmöglichkeit eingeräumt werden. 1513

cc) Arbeitgeberfinanzierte Versorgungszusage als beitragsorientierte Pensionskassenzusage

(1) Klauseltyp C

Versorgungsvereinbarung 1514

Zwischen

der (...)

(im Folgenden „Arbeitgeber" genannt)

und

Herrn/Frau (...), geb. am (...)

(im Folgenden „Arbeitnehmer" genannt)

wird mit Wirkung vom (...) Folgendes vereinbart:

1. Beitragshöhe und Durchführungsweg

Der Arbeitnehmer erhält ab dem (...) eine arbeitgeberfinanzierte, beitragsorientierte Pensionskassenzusage. Die betriebliche Altersversorgung wird über die (...)-Pensionskasse VVaG durchgeführt. Der monatlich an die Pensionskasse zu zahlende Beitrag beläuft sich auf (...) €. Der anfänglich vereinbarte Betrag wird jährlich mit 1 % Dynamik ausgestattet.

205 BAG 18.3.2003 – 3 AZR 313/02, NZA 2004, 848.

206 *Höfer*, BetrAVG, § 16 Rn 5470 mwN.

2. Geltung der Allgemeinen und Besonderen Versicherungsbedingungen der Pensionskasse
Der Arbeitnehmer wird bei der (...)-Pensionskasse VVaG angemeldet. Art und Umfang der Versicherungsleistungen sowie Voraussetzungen für die Inanspruchnahme der Versicherungsleistungen ergeben sich aus den jeweiligen Allgemeinen und Besonderen Versicherungsbedingungen der für sie abgeschlossenen Versicherung und den nachfolgenden Vereinbarungen.

3. Verwendung der Überschussanteile
Die Überschussanteile werden zur Erhöhung der Versicherungsleistungen verwendet.

4. Leistungshöhe
Die vorgesehenen Rentenleistungen werden nur gewährt, wenn die Versicherungsbeiträge während der im Versicherungsvertrag vorgesehenen Beitragszahlungsdauer ohne Unterbrechung gezahlt werden. Während einer Beitragsfreistellung hat der Begünstigte im Leistungsfall nur Anspruch auf die sich nach versicherungsmathematischen Grundsätzen ggf ergebende beitragsfreie Garantierente (zuzüglich etwaiger Überschussanteile). Nach Wiederaufnahme der Beitragszahlung entsprechend den versicherungsvertraglichen Vereinbarungen besteht wieder ein höherer Versicherungsschutz, der jedoch – abhängig von der Dauer der Beitragsfreistellung – gegenüber der ursprünglich vorgesehenen Versicherungsleistung reduziert ist.

5. Beitragszahlungspflicht
Für Monate, in denen der Arbeitnehmer keinen Lohn- oder Lohnersatzanspruch gegen das Unternehmen verlangen kann, entfällt auch die Beitragspflicht; kann der Arbeitnehmer für einen Monat nur teilweise Lohn- oder Lohnersatzansprüche verlangen, so besteht nur eine anteilige Beitragspflicht. In beitragsfreien Zeiten kann der volle Versicherungsschutz erhalten bleiben, indem der Arbeitnehmer die Beiträge über den Arbeitgeber selbst entrichtet.

6. Unwiderruflichkeit des Bezugsrechts, Hinterbliebene
Dem Arbeitnehmer wird ein unwiderrufliches Bezugsrecht auf alle Versicherungsleistungen eingeräumt. Werden Versicherungsleistungen aufgrund des Todes des Arbeitnehmers fällig, so sind bezugsberechtigt:
- der zum Todeszeitpunkt mit dem Arbeitnehmer in gültiger Ehe lebende Ehegatte;
- falls nicht vorhanden, der Partner einer eingetragenen Lebenspartnerschaft;
- falls nicht vorhanden, die Kinder des Arbeitnehmers iSd § 32 Abs. 3 und Abs. 4 S. 1 Nr. 1–3 EStG;
- falls nicht vorhanden, der vom Arbeitnehmer vor Eintritt des Versicherungsfalles der Pensionskasse namentlich benannte Lebensgefährte, der die in den Versicherungsbedingungen genannten Leistungsvoraussetzungen erfüllt;
- falls nicht vorhanden, der vom Arbeitnehmer vor Eintritt des Versicherungsfalles der Pensionskasse namentlich benannte gleichgeschlechtliche Lebenspartner einer nicht eingetragenen Lebenspartnerschaft, der die in den Versicherungsbedingungen genannten Leistungsvoraussetzungen erfüllt;
- falls keine der vorstehend genannten Angehörigen vorhanden sind und eine Leistung als Sterbegeld gezahlt wird, der der Pensionskasse mit Einverständnis des Arbeitnehmers benannte Berechtigte;
- falls nicht vorhanden, die Erben des Arbeitnehmers.

Sämtliche Bezugsrechte sind nicht übertragbar und nicht beleihbar.

7. Vorzeitige Beendigung des Arbeitsverhältnisses
Bei vorzeitiger Beendigung des Arbeitsverhältnisses verfällt die Versorgungsanwartschaft, soweit die Unverfallbarkeitsfrist des § 1 b Abs. 3 BetrAVG nicht erfüllt ist. Scheidet der Arbeitnehmer vor Eintritt des Versorgungsfalls aus den Diensten des Arbeitgebers aus, so erklärt der Arbeitgeber bereits jetzt, dass die Versorgungsansprüche aus der Zusage auf die Leistungen be-

grenzt sind, die aufgrund der Beitragszahlung aus dem für den Arbeitnehmer abgeschlossenen Versicherungsvertrag fällig werden (§ 2 Abs. 3 S. 2 BetrAVG). Etwaige Beitragsrückstände werden innerhalb von drei Monaten seit dem Ausscheiden ausgeglichen.
Die Versicherung wird auf den Arbeitnehmer übertragen und kann vom ihm als Einzelversicherung nach dem hierfür im Zeitpunkt des Ausscheidens vorhandenen Tarif gegen laufende Beitragszahlung bei der Pensionskasse fortgeführt werden, soweit sie nicht bereits ausfinanziert ist. Die Leistungen aus diesen Beiträgen werden jedoch von dieser Zusage nicht umfasst. Nach dem Ausscheiden ist eine Abtretung, Beleihung und ein Rückkauf der übertragenen Versicherung durch den Arbeitnehmer gem. § 2 Abs. 3 S. 3 iVm Abs. 2 Sätze 5 und 6 BetrAVG insoweit unzulässig, als die Versicherung auf vom Arbeitgeber als Versicherungsnehmer gezahlten Beiträgen beruht.

8. Vorzeitige Altersrente
Nimmt der Arbeitnehmer die vorgezogene Altersrente aus der gesetzlichen Rentenversicherung als Vollrente in Anspruch und verlangt er vorzeitig eine betriebliche Altersrente gem. § 6 BetrAVG aus der Pensionskassenversorgung, so vermindert sich die Versicherungsleistung nach versicherungsmathematischen Grundsätzen.

(...) (Unterschrift Arbeitgeber) (...) (Unterschrift Arbeitnehmer)

(2) Gestaltungshinweise

Die arbeitgeberfinanzierte Pensionskassenzusage, die in der Variante C vereinbart wird, zeichnet sich in steuerrechtlicher Hinsicht dadurch aus, dass die verwendeten Beiträge bis zu 4 % der Beitragsbemessungsgrenze gem. § 3 Nr. 63 EStG steuerfrei sind und Sozialabgaben auf diese Beiträge nicht erhoben werden. 1515

Auch in dieser Versorgungszusage wird unter **Ziff. 6** letztmöglich den Erben ein Sterbegeld zugesagt. Dies dürfte aber der Einordnung der zuvor geregelten Hinterbliebenenleistung als betriebliche Altersversorgung insgesamt nicht entgegenstehen, sondern lediglich das an die Erben zu zahlende Sterbegeld aus dem Schutzbereich des Betriebsrentengesetzes herausnehmen. 1516

Besonders wichtig ist die Regelung in **Ziff. 7**, die die Verpflichtung enthält, die Voraussetzungen zu schaffen, um bei vorzeitiger Beendigung des Arbeitsverhältnisses die versicherungsrechtliche Lösung zu wählen, mit der der Arbeitgeber sich aus der Haftung für die Versorgungsleistung befreien kann. Hierzu enthält Ziff. 3 die ergänzende Regelung, dass die Überschussanteile dem Arbeitnehmer zustehen. Aufgrund dessen entfällt auch gem. § 16 Abs. 3 Nr. 2 BetrAVG eine Anpassungspflicht der laufenden Leistungen durch den Arbeitgeber. 1517

dd) Informationsverlangen des Arbeitnehmers nach § 4 a BetrAVG

(1) Klauseltyp D

Anschreiben an den ehemaligen Arbeitgeber: 1518
Sehr geehrte Damen und Herren,
im Hinblick auf die Beendigung meines Arbeitsverhältnisses bitte ich Sie, mir gem. § 4 a Abs. 1 BetrAVG schriftlich mitzuteilen,

1. in welcher Höhe aus der bisher erworbenen unverfallbaren Anwartschaft bei Erreichen der in der Versorgungsregelung vorgesehenen Altersgrenze ein Anspruch auf Altersversorgung besteht und
2. wie hoch bei einer Übertragung der Anwartschaft nach § 4 Abs. 3 BetrAVG der Übertragungswert ist.

Mit freundlichen Grüßen
(...) (Unterschrift Arbeitnehmer)

Anschreiben an den neuen Arbeitgeber:
Sehr geehrte Damen und Herren,
im Hinblick auf § 4 a Abs. 2 BetrAVG bitte ich Sie, mir schriftlich mitzuteilen, in welcher Höhe aus dem von meinem ehemaligen Arbeitgeber mitgeteilten Übertragungswert iHv (...) € ein Anspruch auf Altersversorgung und ob eine Invaliditäts- oder Hinterbliebenenversorgung bestehen würde.

Mit freundlichen Grüßen
(...) (Unterschrift Arbeitnehmer)

(2) Gestaltungshinweise

1519 Durch § 4 a BetrAVG hat der Gesetzgeber dem Arbeitnehmer das Recht eingeräumt, bei einem berechtigten Interesse von dem Arbeitgeber oder dem eingeschalteten Versorgungsträger zum einen zu erfahren, welche Höhe die bereits erworbene unverfallbare Anwartschaft hat und welcher Übertragungswert hieraus resultiert. Ein **berechtigtes Interesse** des Arbeitnehmers liegt vor, wenn das Arbeitsverhältnis beendet worden ist, ein Zwischenzeugnis verlangt wurde oder der Arbeitnehmer die Höhe seiner Versorgungsanwartschaft benötigt, um die private Eigenvorsorge zu planen.[207] Das berechtigte Interesse ist bis zur Grenze des Rechtsmissbrauchs grds. anzunehmen.

1520 Ein Anspruch auf **Mitteilung des Übertragungswertes** besteht nur, soweit ein Anspruch auf Übertragung bei einem Arbeitgeberwechsel gem. § 4 Abs. 3 BetrAVG möglich ist (s. § 1 Rn 1439 ff). Deshalb scheidet der Informationsanspruch hinsichtlich des Übertragungswertes (s. § 1 Rn 1447) aus, wenn der Arbeitgeber eine Direktzusage oder eine Unterstützungskassenzusage erteilt hat. Soweit der Arbeitnehmer den Anspruch auf Übertragung geltend machen kann, kann er vor seiner Entscheidung von seinem neuen Arbeitgeber verlangen, Auskunft über die Versorgungszusage zu erhalten, die beim neuen Arbeitgeber durch den Übertragungswert finanziert würde. Diese Information ist notwendig, damit der Arbeitnehmer entscheiden kann, ob er von seinem Recht aus § 4 Abs. 3 BetrAVG Gebrauch machen soll.

1521 Sowohl die Formulierung des Anschreibens an den bisherigen Arbeitgeber als auch den neuen Arbeitgeber lehnt sich erkennbar an den Gesetzeswortlaut des § 4 a BetrAVG an. In dem Schreiben an den bisherigen Arbeitgeber sollte der Grund genannt werden, auf den das berechtigte Interesse des Arbeitnehmers gestützt wird. Da auch im bestehenden Arbeitsverhältnis ein Informationsanspruch besteht, sollte die Notwendigkeit der Informationen mit der Planung der Eigenvorsorge begründet werden, wenn ein Arbeitgeberwechsel lediglich in Aussicht steht und der jetzige Arbeitgeber noch keinen Hinweis auf die Vorhaben des Arbeitnehmers erhalten soll.

ee) Einvernehmliche Übertragungsvereinbarung

(1) Klauseltyp E

1522 **Übertragungsvereinbarung**
Zwischen
der/dem (...) (ehemaliger Arbeitgeber),
der/dem (...) (neuer Arbeitgeber) und
der/dem (...) (Arbeitnehmer)
wird folgende Vereinbarung getroffen:

207 *Höfer*, BetrAVG, § 4 a Rn 3825.

1. Dem Arbeitnehmer steht bei Beendigung des Arbeitsverhältnisses mit dem ehemaligen Arbeitgeber aus der Direktzusage/Unterstützungskassenzusage vom (...) eine unverfallbare Anwartschaft auf Leistungen der betrieblichen Altersversorgung gem. § 2 BetrAVG iHv (...) € zu.[208]
2. Die unverfallbare Versorgungsanwartschaft entspricht damit gem. § 4 Abs. 5 S. 1 BetrAVG einem Barwert iHv (...) € (Übertragungswert).
3. Der ehemalige Arbeitgeber zahlt den Übertragungswert gem. Ziff. 2 iHv (...) € an den neuen Arbeitgeber. Die Zahlung erfolgt auf das Geschäftskonto des neuen Arbeitgebers bei der Bank (...) und ist am (...) fällig.
4. Der neue Arbeitgeber sagt dem Arbeitnehmer zum Übertragungswert wertgleiche Leistungen der betrieblichen Altersversorgung entsprechend der hier in Anlage A beigefügten Versorgungsbedingungen zu. Für die Versorgungsanwartschaft gelten die Regelungen über Entgeltumwandlung entsprechend.
5. Mit der vollständigen Übertragung des Übertragungswertes erlischt die Versorgungszusage des ehemaligen Arbeitgebers.

(...) (Ort/Datum)
(...) (ehemaliger Arbeitgeber) (...) (neuer Arbeitgeber) (...) (Arbeitnehmer)

(2) Gestaltungshinweise

Gegenstand der vorstehenden Übertragungsvereinbarung ist nicht die Übertragung der bisherigen Versorgungszusage, sondern die Übertragung des Übertragungswertes vom ehemaligen Arbeitgeber auf den neuen Arbeitgeber unter gleichzeitiger Zusage einer wertgleichen betrieblichen Altersversorgung, auf die die Regelungen der Entgeltumwandlung entsprechend Anwendung finden. Anders als beim Anspruch auf Übertragung nach § 4 Abs. 3 BetrAVG wird die einvernehmliche Übertragung nicht durch die Wahl der Durchführungswege beschränkt. In der Vereinbarung, die vorstehend von einer Direktzusage ausgeht, wird zunächst der Übertragungswert festgelegt, der von dem ehemaligen auf den neuen Arbeitgeber übertragen wird. Der Übertragungswert ergibt sich bei einer beim früheren Arbeitgeber bestehenden Direktzusage oder Unterstützungskassenzusage gem. § 4 Abs. 5 S. 1 BetrAVG aus dem Barwert der nach § 2 BetrAVG ermittelten Anwartschaftshöhe. Bei Direktversicherungs-, Pensionskassen- und Pensionsfondszusagen bemisst sich der Übertragungswert dagegen nach dem zum Zeitpunkt der Übertragung gebildeten Kapital. 1523

Im Gegenzug für den Erhalt des Übertragungswertes sagt der neue Arbeitgeber dem Arbeitnehmer wertgleiche Leistungen der betrieblichen Altersversorgung zu, für die die Regelungen der Entgeltumwandlung entsprechend gelten. Die einvernehmliche Übertragung bedarf der Zustimmung des ehemaligen Arbeitgebers, des neuen Arbeitgebers und des Arbeitnehmers. Um bei künftigen Arbeitgeberwechseln nicht mehr von der Zustimmung des früheren oder neuen Arbeitgebers bei der Übertragung abhängig zu sein, sollte der Arbeitnehmer darauf achten, dass die neue Versorgungszusage über eine Direktversicherung oder eine Pensionskasse oder einen Pensionsfonds durchgeführt wird. Diesem Interesse wird beim Anspruch auf Übertragung gem. § 4 Abs. 3 BetrAVG dadurch Rechnung getragen, dass dem Arbeitnehmer das Recht zusteht, die Einschaltung eines dieser Versorgungsträger vom neuen Arbeitgeber zu verlangen. 1524

208 Zur Vermeidung von Unklarheiten und ggf Streitigkeiten kann das versicherungsmathematische Gutachten als Anlage beigefügt werden, vgl auch *Bauer/Lingemann/Diller/Haußmann*, Anwalts-Formularbuch ArbR, M 18.7 Fn 2.

18. Betriebsvereinbarungsöffnungsklauseln

Literatur

Annuß, Neues zum kollektiven Günstigkeitsprinzip, FA 2001, 42; *Eich*, Abändernde Betriebsvereinbarungen – Jubiläumszuwendung, SAE 1987, 316; *Gaul/Süßbrich/Kolejewski*, Verschlechterung einzelvertraglicher Ansprüche durch Betriebsvereinbarung, ArbRB 2004, 346; *Hanau/Preis*, Betriebsvereinbarungsoffene betriebliche Altersversorgung, FS Ahrend, 1992, S. 235 ff; *Hromadka*, Die ablösende Betriebsvereinbarung ist wieder da!, NZA 2013, 1061; *Kolbe*, Gesamtzusagen in der Rechtsgeschäftslehre, ZfA 2011, 95; *Kossens*, Betriebsvereinbarungsoffenheit eines Arbeitsvertrages, jurisPR-ArbR 11/2012 Anm. 3; *Otto*, Ablösende Wirkung von Betriebsvereinbarungen, Anm. in EzA, § 77 BetrVG 1972; *Preis/Ulber*, Die Rechtskontrolle von Betriebsvereinbarungen, RdA 2013, 211; *Ravenhorst*, Betriebsvereinbarungsoffenheit – Altersgrenze durch Betriebsvereinbarung?, juris-PR-ArbR 2/2014 Anm. 3; *Säcker*, Die stillschweigende Willenserklärung des Mittels zur Schaffung neuen und zur Wiederentdeckung alten Rechts, DB 2013, 2677; *Schiefer/Korte*, Das Betriebsverfassungsgesetz, Düsseldorfer Schriftenreihe, 2. Aufl. 2011; *Schiefer u.a.*, Outsourcing, Betriebsübergang, Auftragsvergabe, Umstrukturierung, Düsseldorfer Schriftenreihe, 4. Aufl. 2013; *Schmitt/Reufels*, Betriebsvereinbarung statt Massenkündigung, AuA 2013, 567; *Stege/Weinspach/Schiefer*, Betriebsverfassungsgesetz, 9. Aufl. 2002; *Waltermann*, Altersgrenze durch Betriebsvereinbarung und Betriebsvereinbarungsoffenheit von Arbeitsverträgen, SAE 2013, 94; *Zöllner*, Flexibilisierung des Arbeitsrechts, ZfA 1988, 265.

a) Rechtslage im Umfeld

aa) Ablösende Betriebsvereinbarung

1525 Gemäß § 77 Abs. 4 BetrVG gelten Betriebsvereinbarungen unmittelbar und zwingend. Die Betriebsparteien können mit einer neuen Betriebsvereinbarung eine bisher bestehende Betriebsvereinbarung ablösen (**Ablösungsprinzip**). Regeln mehrere zeitlich aufeinanderfolgende Betriebsvereinbarungen denselben Gegenstand, löst eine neue Betriebsvereinbarung eine ältere grds. auch dann ab, wenn die Neuregelung für den Arbeitnehmer ungünstiger ist.

1526 Allerdings ermöglicht das Ablösungsprinzip nicht jede Änderung. Soweit in bestehende Besitzstände eingegriffen wird, sind die **Grundsätze der Verhältnismäßigkeit** und des **Vertrauensschutzes** zu beachten. Diese Grundsätze hat das BAG für Versorgungsanwartschaften durch ein **dreistufiges Prüfungsschema** konkretisiert. Dieses Prüfungsschema findet nicht nur dann Anwendung, wenn die nach der abzulösenden Betriebsvereinbarung erworbenen Anwartschaften zum Ablösungszeitpunkt bereits unverfallbar waren, sondern auch dann, wenn sie zu diesem Zeitpunkt noch verfallbar waren.[1] Dies gilt allerdings nur, soweit die Betriebspartner eine entsprechende Regelungskompetenz haben. Nach stRspr können die Betriebspartner durch Betriebsvereinbarung nicht Rechte und Pflichten derjenigen Mitarbeiter begründen oder modifizieren, die bereits aus dem aktiven Arbeitsverhältnis ausgeschieden und in den Ruhestand getreten sind. Ob an dieser im Schrifttum zunehmend kritisierten Auffassung festzuhalten ist, hat das BAG offengelassen.[2]

1527 Eine besondere Problematik bildet die sog. **Überkreuzablösung** im Falle eines Betriebsübergangs (Ablösung einer tarifvertraglichen Regelung durch Betriebsvereinbarung). Nach dem Wortlaut des § 613 a Abs. 1 S. 2 BGB können die Rechte und Pflichten aus dem „Veräußerertarifvertrag“ durch Rechtsnormen eines anderen Tarifvertrages oder durch eine andere Betriebsvereinbarung abgelöst werden. Es fragt sich daher, ob eine beim Veräußerer geltende tarifvertragliche Regelung durch eine beim Erwerber geltende Betriebsvereinbarung abgelöst werden kann.[3] Nach Ansicht des BAG gilt Folgendes: Eine verschlechternde Ablösung der zwischen einem Veräußerer und einem Arbeitnehmer aufgrund beiderseitiger Tarifgebundenheit geltenden tariflichen Regelungen durch Bestimmungen einer bei einem nichttarifgebundenen Betriebserwerber geltenden Betriebsvereinbarung im Wege der Überkreuzablösung ist jedenfalls **außerhalb** des Bereichs der **erzwingbaren Mitbestimmung** nicht möglich. Ausgeschlossen ist

1 BAG 15.1.2013 – 3 AZR 169/10, NZA 2013, 1028.
2 BAG 10.2.2009 – 3 AZR 653/07, NZA 2009, 796.
3 S. im Einzelnen *Schiefer u.a.*, Outsourcing, Betriebsübergang, Auftragsvergabe, Umstrukturierung, Rn 242.

eine Ablösung auch dann, wenn es im Erwerberbetrieb eine sog. **teilmitbestimmte Betriebsvereinbarung** gibt, die neben Regelungen der zwingenden Mitbestimmung auch mitbestimmungsfreie Teile enthält.[4] Ob eine Ablösung durch eine Betriebsvereinbarung in Betracht kommt, die ausschließlich Regelungen der zwingenden Mitbestimmung enthält, bleibt offen.

Verweist eine arbeitsvertragliche Regelung auf eine für den Betrieb geltende Betriebsvereinba- **1528** rung, so ist diese Verweisung idR deklaratorisch zu verstehen. Die Arbeitsvertragsparteien wollen also idR für die ohnehin geltende kollektivrechtliche Regelung keinen eigenständigen individualvertraglichen Geltungsgrund schaffen. Eine entsprechende Betriebsvereinbarung wird im Falle eines Betriebsübergangs zum Inhalt des Arbeitsverhältnisses zwischen dem übergehenden Arbeitnehmer und dem Erwerber und kann ein Jahr lang nicht zu seinen Lasten geändert werden (**Transformation** und **einjährige Änderungssperre**). Das transformierte Recht kann allerdings durch eine (erst zu einem späteren Zeitpunkt für den Erwerberbetrieb Geltung erlangende) Betriebsvereinbarung abgelöst werden (§ 613 a Abs. 1 S. 3 BGB). § 613 a Abs. 1 S. 2 BGB ist nach der Rspr teleologisch darauf zu reduzieren, dass ein danach fortgeltender Anspruch nach § 613 a Abs. 1 S. 3 BGB durch eine beim Betriebserwerber abgeschlossene Betriebsvereinbarung abgelöst werden kann, weil die nunmehr individualrechtlich als Inhalt des Arbeitsverhältnisses geltenden kollektivrechtlichen Regelungen inhaltlich nicht weiter geschützt sind, als sie es bei einem Fortbestand beim Erwerber gewesen wären.[5]

Eine Betriebsvereinbarung kann grds. durch eine nachfolgende Betriebsvereinbarung abgelöst **1529** werden. Das Ablösungsprinzip ermöglicht allerdings nicht jeden Eingriff. So darf höherrangiges Recht – hierzu gehört auch der Gleichbehandlungsgrundsatz, der im Betriebsverfassungsrecht seinen Niederschlag in § 75 BetrVG gefunden hat – nicht verletzt werden. Bei Eingriff in Besitzstände sind die Grundsätze des Vertrauensschutzes und der Verhältnismäßigkeit zu beachten.[6]

Eine ablösende Betriebsvereinbarung wirkt gem. § 77 Abs. 4 S. 1 BetrVG für die betreffenden **1530** Arbeitnehmer **unmittelbar**, soweit sie nicht in bestehende günstigere individualrechtliche Vereinbarungen eingreift. Einer Änderungskündigung bedarf es in diesem Falle nicht.[7] Sie unterliegt keiner Inhaltskontrolle gem. § 307 Abs. 1 S. 1 BGB.[8]

§ 77 Abs. 4 BetrVG ist insoweit jedoch unvollständig. Die Norm wird durch das **Günstigkeits-** **1531** **prinzip** ergänzt. Das in § 4 Abs. 3 TVG nur unvollkommen geregelte Günstigkeitsprinzip ist Ausdruck eines umfassenden Grundsatzes, der unabhängig von der Art der Rechtsquelle und auch außerhalb des TVG Geltung beansprucht. Es gilt auch für das Verhältnis von vertraglichen Ansprüchen zu Inhaltsnormen einer Betriebsvereinbarung. Dies bedeutet: **Günstigere** einzelvertragliche Vereinbarungen gehen belastenden Regelungen einer Betriebsvereinbarung vor.[9] Treten Regelungen im Arbeitsvertrag mit Regelungen in einer Betriebsvereinbarung in Konkurrenz, gilt daher jeweils die für den Arbeitnehmer günstigere Regelung und verdrängt die für den Arbeitnehmer ungünstigere Bestimmung. Damit kann bei abweichend geregelten Konkurrenztatbeständen mal die arbeitsvertragliche Regelung vor der Betriebsvereinbarung Wirksamkeit erlangen, mal ersetzt die Betriebsvereinbarung die im Arbeitsvertrag enthaltene Regelung. Bei Abschluss einer Betriebsvereinbarung bestehende für den Arbeitnehmer ungünstigere einzelvertragliche Abmachungen werden also durch diese ersetzt, günstigere einzelvertragliche Vereinbarungen bleiben bestehen.

---

4 BAG 21.4.2010 – 4 AZR 768/08, DB 2012, 1998; BAG 3.7.2013 – 4 AZR 961/11, DB 2013, 2335.

5 BAG 13.3.2012 – 1 AZR 659/10, BB 2012, 1920; *Schiefer u.a.*, Outsourcing, Betriebsübergang, Auftragsvergabe, Umstrukturierung, Rn 196 ff.

6 BAG 28.6.2005 – 1 AZR 213/04, DB 2005, 2698.

7 LAG München 24.7.2008 – 3 Sa 215/08.

8 BAG 17.7.2012 – 1 AZR 476/11, DB 2012, 2873.

9 BAG 6.11.2007 – 1 AZR 862/06, DB 2008, 935; BAG 5.3.2013 – 1 AZR 417/12, DB 2013, 1852.

bb) Allgemeine Geschäftsbedingungen

1532 Mit der Verwendung von Allgemeinen Geschäftsbedingungen macht der Arbeitgeber für den Arbeitnehmer **erkennbar** deutlich, dass im Betrieb **einheitliche Vertragsbedingungen** gelten sollen. Eine **betriebsvereinbarungsfeste Gestaltung** der Arbeitsbedingungen stünde dem entgegen. Die Änderung und Umgestaltung von betriebseinheitlich gewährten Leistungen wären nur durch den Ausspruch von Änderungskündigungen möglich. Der Abschluss von betriebsvereinbarungsfesten Abreden würde zudem den Gestaltungsraum der Betriebsparteien für zukünftige Anpassungen von Arbeitsbedingungen mit kollektivem Bezug einschränken.

1533 Da Allgemeine Geschäftsbedingungen ebenso wie Bestimmungen in einer Betriebsvereinbarung auf eine Vereinheitlichung der Regelungsgegenstände gerichtet sind, kann aus Sicht eines verständigen und redlichen Arbeitnehmers nicht zweifelhaft sein, dass es sich bei den vom Arbeitgeber gestellten Arbeitsbedingungen um solche handelt, die einer **Abänderung durch Betriebsvereinbarung** zugänglich sind. Etwas anderes gilt nur dann, wenn Arbeitgeber und Arbeitnehmer ausdrücklich Vertragsbedingungen vereinbaren, die unabhängig von einer für den Betrieb geltenden normativen Regelung Anwendung finden sollen.[10] Das BAG schließt also aus Regelungen in Allgemeinen Geschäftsbedingungen mit **kollektivem Bezug** generell auf **Betriebsvereinbarungsoffenheit.** Kollektive Arbeitsbedingungen in Allgemeinen Geschäftsbedingungen können damit, ohne dass es einer ausdrücklichen Vereinbarung oder auch nur besonderer Umstände bedürfte, durch Betriebsvereinbarung abgelöst werden. Hieraus folgt:

- Alle auf allgemeinen Arbeitsbedingungen beruhende Regelungen mit **kollektivem Bezug** sind **betriebsvereinbarungsoffen**, ohne dass es eines ausdrücklichen Hinweises oder zusätzlicher Umstände bedarf, aus denen auf **Betriebsvereinbarungsoffenheit** geschlossen werden kann. Die Regelung in allgemeinen Arbeitsbedingungen mit **kollektivem Bezug** lässt per se schon den Schluss auf Betriebsvereinbarungsoffenheit zu.
- Des Rechtsinstruments der **umstrukturierenden Betriebsvereinbarung** bedarf es daher nicht mehr. Arbeitsvertragliche Regelungen, die auf Allgemeinen Geschäftsbedingungen mit kollektivem Bezug beruhen, können sowohl **zu Gunsten** des Arbeitgebers (ablösende Betriebsvereinbarung) als auch zu Gunsten anderer Arbeitnehmer (umstrukturierende Betriebsvereinbarung) geändert werden.
- Die ablösende Betriebsvereinbarung kann in Betrieben mit Betriebsrat die Funktion des „stumpfen Instruments der Massenänderungskündigung“ übernehmen. In betriebsratslosen Betrieben und bei mangelnder Zustimmung des Betriebsrats verbleibt der idR problematische Weg der (individualrechtlichen) Massenänderungskündigungen.
- Im Verhältnis der Betriebsvereinbarung zu Individualvereinbarungen bleibt es bei dem Günstigkeitsprinzip.[11]

1534 Mit dem „Trick“, allgemeine Arbeitsbedingungen grds. für betriebsvereinbarungsoffen zu erklären, macht der 1. Senat eine Entwicklung rückgängig, die in der Entscheidung des Großen Senats vom 16.9.1986[12] zur **ablösenden Betriebsvereinbarung** ihren – wie sich jetzt zeigt – vorläufigen Abschluss gefunden hatte.[13] Die Rückkehr zur früheren Rspr zum Ablöseprinzip erscheint jedoch nur im Ergebnis, nicht aber in der Begründung überzeugend. „Eine Anrufung des Großen Senats wäre konsequent gewesen.“ Verwiesen wird zudem auf das „Unklarheitenverbot“ des § 305 c Abs. 2 BGB.[14] Offen bleibt, was das BAG genau unter „allgemeinen Arbeitsbedingungen“ versteht.[15] Das letzte Wort dürfte noch nicht gesprochen sein. *Graven-*

10 BAG 5.3.2013 – 1 AZR 417/12, DB 2013, 1852.
11 *Hromadka*, NZA 2013, 1061 ff.
12 BAG 16.9.1986 – GS 1/82, NZA 1987, 168.
13 *Hromadka*, NZA 2013, 1061, 1063.
14 *Säcker*, DB 2013, 2677.
15 *Schmitt/Reufels*, AuA 2013, 567.

horst[16] kommt zu dem Ergebnis, dass der 1. Senat mit der aktuellen Entscheidung das Günstigkeitsprinzip faktisch abgeschafft habe. Es existiere nur noch als bloße Fassade fort. Dies gelte sowohl im Hinblick zur Betriebsvereinbarung als auch im Verhältnis zum Tarifvertrag. Man könne bezweifeln, ob dies eine gute Entwicklung sei, insb. im Hinblick auf Altersgrenzen.

cc) Einheitsregelung/Gesamtzusage

Häufig gehen in der betrieblichen Praxis günstigere einzelvertragliche Ansprüche auf eine vom Arbeitgeber gesetzte **Einheitsregelung** oder **Gesamtzusage** zurück. Sie sind nicht individuell vereinbart, sondern Teil einer allgemeinen betrieblichen Ordnung, die sich im Abschluss zahlreicher gleichlautender Arbeitsverträge niedergeschlagen hat. Einzelvertragliche Ansprüche aufgrund derartiger Einheitsregelungen oder Gesamtzusagen konnten nach der früheren Rspr des BAG durch eine nachfolgende, auch ungünstigere Betriebsvereinbarung abgelöst werden.[17] 1535

Der Große Senat des BAG hat in seiner Entscheidung vom 16.9.1986[18] diese Rspr ausdrücklich aufgegeben. Danach können auch derartige Ansprüche im Grundsatz nicht gegen den Willen der begünstigten Arbeitnehmer eingeschränkt werden. Auch solche Ansprüche seien vertragliche Ansprüche, auch wenn die aufgrund einer Gesamtzusage oder betrieblichen Übung den einzelnen Arbeitnehmern zukommenden Leistungen untereinander ein Bezugsystem bilden und damit Kollektivbezug haben. Für das Verhältnis vertraglicher Ansprüche zu den Normen einer nachfolgenden Betriebsvereinbarung gelte das **Günstigkeitsprinzip**, auch wenn sie Teil einer Einheitsregelung sind. Diese stehe jedoch wegen des **kollektiven Bezugs** einzelvertraglicher Regelungen einer Einschränkung einzelner Ansprüche dann nicht entgegen, wenn die Neuregelung insgesamt bei kollektiver Betrachtung nicht ungünstiger ist. Maßgebend sei also ein **kollektiver Günstigkeitsvergleich**. 1536

Ein Eingriff in vertragliche Einheitsregelungen durch Betriebsvereinbarung kommt also in Betracht, wenn die Betriebsvereinbarung entweder kollektiv für die Arbeitnehmer günstiger ist oder die Einheitsregelung „betriebsvereinbarungsoffen" formuliert ist. Letzteres ist nicht der Fall, wenn die Einheitsregelung einerseits in einer Schlussbestimmung einschränkungslos u.a. die beim Arbeitgeber gültigen Tarif- und Betriebsvereinbarungen in den jeweils gültigen Fassungen zum „Bestandteil des Vertrages" macht und andererseits in einer speziell die betriebliche Altersversorgung betreffenden Klausel nur auf die Satzung und die Versicherungsbedingungen des Beamtenversicherungsvereins verweist.[19] 1537

Beruht eine zugesagte betriebliche Altersversorgung auf einer **Gesamtzusage** des Arbeitgebers, kann sie durch eine nachträgliche Betriebsvereinbarung nur geändert werden, wenn die Betriebsvereinbarung die Gesamtzusage bei kollektiver Betrachtung nicht verschlechtert oder diese unter dem Vorbehalt einer Abänderung durch Betriebsvereinbarung steht.[20] 1538

Vertraglich begründete Ansprüche von Arbeitnehmern auf Sozialleistungen, die auf eine Gesamtzusage zurückgehen, können durch eine nachfolgende Betriebsvereinbarung abgelöst werden, wenn der Arbeitgeber sich bei der Zusage eine Abänderung durch Betriebsvereinbarung vorbehalten hat. Ersetzen die Betriebsparteien die Gesamtzusage in diesem Fall durch eine inhaltsgleiche Betriebsvereinbarung, erlischt die Gesamtzusage endgültig. 1539

Ein derartiger **Änderungsvorbehalt** kann sich, ohne ausdrücklich formuliert zu sein, auch aus den Gesamtumständen ergeben, zB aus dem Hinweis, dass die Leistung auf mit dem Betriebs- 1540

---

16 *Gravenhorst*, jurisPR-ArbR 2/2014 Anm. 3.

17 BAG 26.10.1962 – 1 AZR 8/61, AP § 242 BGB Ruhegehalt Nr. 87; BAG 30.10.1970 – 5 AZR 196/70, AP § 242 BGB Ruhegehalt Nr. 142; BAG 8.12.1981 – 3 ABR 53/80, AP § 1 BetrAVG Nr. 1 Ablösung.

18 BAG 16.9.1986 – GS 1/82, NZA 1987, 168.

19 BAG 17.6.2008 – 3 AZR 353/06, BB 2008, 2804.

20 LAG Hessen 10.3.2010 – 8 Sa 1240/09; zur Ablösung einer als vertraglichen Einheitsregelung zu wertenden Tarifregelung durch eine nachfolgende Gesamtbetriebsvereinbarung bei entsprechender Beteiligung des Gesamtbetriebsrats am Zustandekommen der vertraglichen Einheitsregelung s. LAG Hessen 24.11.2010 – 16/18 Sa 747/09.

rat abgestimmten Richtlinien beruhe. Dies legt beim Erklärungsempfänger die Folgerung nahe, dass die vom Arbeitgeber zu erbringenden Leistungen in Abstimmung mit dem Betriebsrat umgestaltet werden können. Insoweit ist zu beachten, dass bei der Auslegung Allgemeiner Geschäftsbedingungen zwar Umstände, die allein den konkreten Vertragspartnern bekannt waren oder die den besonderen Einzelfall kennzeichnen, zwar grds. nicht herangezogen werden können. Zur Auslegung heranzuziehen sind hingegen Begleitumstände, die nicht ausschließlich die konkrete Vertragsabschlusssituation betreffen, sondern den Abschluss einer jeden vergleichbaren vertraglichen Abrede begleiten.[21]

1541 Eine **Verschlechterung** der durch Gesamtzusage begründeten Rechte durch eine Betriebsvereinbarung kommt ausnahmsweise in Betracht, wenn der Arbeitgeber sich den **Widerruf der Gesamtzusage vorbehalten** hat. Da die Arbeitnehmer in einem solchen Fall stets mit einer Abänderung ihrer individualvertraglichen Position rechnen müssen, bestehen keine Bedenken dagegen, die auf der arbeitsvertraglichen Regelung beruhenden Ansprüche auf eine inhaltsgleiche kollektivrechtliche Grundlage zu stellen.[22]

1542 Sozialleistungen, die ausschließlich im Hinblick auf den Bestand des Arbeitsverhältnisses erbracht werden und nicht von der persönlichen Arbeitsleistung der begünstigten Arbeitnehmer abhängen, können durch Betriebsvereinbarung grds. mit Wirkung für die Zukunft eingestellt werden. Ein Arbeitnehmer kann auf den unveränderten Fortbestand von betriebsvereinbarungsoffen ausgestalteten Sozialleistungen, die ihm bei Vertragsbeginn oder im Verlauf seines Arbeitsverhältnisses gewährt werden, nicht vertrauen. Er muss ohne Hinzutreten von besonderen Umständen mit ihrer Verschlechterung oder ihrem völligen Fortfall rechnen. Dispositionen, die von Arbeitnehmern auf der Grundlage der ihnen zunächst erbrachten Leistungen getroffen werden, sind daher grds. nicht schutzwürdig. Der den Betriebsparteien zustehende Handlungsraum würde ansonsten in unvertretbarer Weise zu Lasten der Anpassungsfähigkeit von betrieblichen Regelungen begrenzt. Der von ihnen zu beachtende Vertrauensschutz geht daher nicht so weit, den normunterworfenen Personenkreis vor Enttäuschungen zu bewahren. Dessen Erwartung in den unveränderten Fortbestand der bisher gewährten Leistungen begrenzt die inhaltliche Ausgestaltung einer betrieblichen Regelung deshalb regelmäßig nicht. Etwas anderes kann allerdings gelten, wenn und soweit besondere Momente der Schutzwürdigkeit eintreten.[23] Will der Arbeitnehmer eine solche Enttäuschung vermeiden, ist er gehalten, die entsprechende Leistung entweder im Arbeitsvertrag gesondert zu vereinbaren oder sie darin betriebsvereinbarungsfest auszugestalten.

1543 Fehlt es an einer „Betriebsvereinbarungsoffenheit" bzw an einer „Widerrufsmöglichkeit" im vorgenannten Sinne, so ist zwischen **verschlechternden** Betriebsvereinbarungen und **umstrukturierenden** (umverteilenden) Betriebsvereinbarungen zu unterscheiden. Nur bei umstrukturierenden Betriebsvereinbarungen ist eine Ablösung durch eine nachfolgende Betriebsvereinbarung möglich, soweit die wirtschaftliche Gesamtlast für den Arbeitgeber gleich bleibt oder sich gar erhöht.

dd) Folgen der Rechtsprechung des Großen Senats

1544 Insgesamt ergaben sich für die **Abänderbarkeit** einer betrieblichen Einheitsregelung aus der Begründung des Großen Senats[24] folgende **Möglichkeiten:**[25]

---

21 BAG 15.2.2011 – 3 AZR 196/09; zur Betriebsvereinbarungsoffenheit einer Gesamtzusage s. auch LAG Hessen 24.2.2010 – 6 Sa 304/09.

22 BAG 15.2.2011 – 3 AZR 196/09.

23 BAG 17.7.2012 – 1 AZR 476/11, DB 2012, 2873; BVerfG 2.5.2012 – 2 BvL 5/10, ZTR 2012, 414.

24 BAG 16.9.1986 – GS 1/82, NZA 1987, 168.

25 *Stege/Weinspach/Schiefer*, BetrVG, § 77 Rn 31 a.

(1) Der Arbeitgeber kann bei **Neuzusagen** die Probleme dadurch vermeiden, dass er von vornherein nicht die Form der Einheitsregelung, sondern die der Betriebsvereinbarung wählt. Eine Betriebsvereinbarung ist jederzeit durch eine nachfolgende Betriebsvereinbarung auch zuungunsten der betroffenen Arbeitnehmer in den Grenzen von Recht und Billigkeit abänderbar.[26] 1545

(2) Eine Ablösung kann grds. auch durch **einzelvertragliche Änderung** gegenüber allen betroffenen Arbeitnehmern durch Änderungsvertrag, Änderungskündigung oder Anpassung infolge Störung der Geschäftsgrundlage erfolgen. Dieser Weg ist zwar rechtlich zulässig, aber in der betrieblichen Praxis kaum handhabbar. 1546

(3) Der Arbeitgeber kann sich in der Einheitsregelung oder Gesamtzusage das Recht vorbehalten, die vertraglichen Zusagen durch nachfolgende Betriebsvereinbarungen in den Grenzen von Recht und Billigkeit abzuändern (sog. **betriebsvereinbarungsoffene Zusage**).[27] Das Günstigkeitsprinzip kommt bspw nicht zur Anwendung, wenn die Arbeitsvertragsparteien hinsichtlich der Entlohnungsart (hier: Änderung der Entlohnungsart von Akkord- in Zeitlohn) ihr Arbeitsverhältnis betriebsvereinbarungsoffen gestaltet haben.[28] 1547

(4) Auch ohne einen solchen Vorbehalt ist eine nachträgliche Änderung durch Betriebsvereinbarung zulässig, wenn ein **kollektiver Günstigkeitsvergleich** ergibt, dass die Neuregelung insgesamt bei kollektiver Betrachtung keine Nachteile für die Belegschaft zur Folge hat. Wenn die **Gesamtaufwendungen des Arbeitgebers unverändert** bleiben oder sogar erhöht werden sollen, steht das Günstigkeitsprinzip einer Neuregelung auch dann nicht entgegen, wenn einzelne Arbeitnehmer dadurch schlechter gestellt werden. Es dürfen also nur die individualrechtlichen Ansprüche aus der früheren Einheitsregelung oder Gesamtzusage **insgesamt** mit den Ansprüchen aus der ablösenden Betriebsvereinbarung verglichen werden, nicht dagegen die Ansprüche eines einzelnen Arbeitnehmers aufgrund der früheren Regelung mit seinen Ansprüchen aus der neuen Betriebsvereinbarung. Andererseits gehen vertragliche Ansprüche einer nachfolgenden Betriebsvereinbarung dann vor, wenn durch die Betriebsvereinbarung der **Gesamtaufwand des Arbeitgebers verringert** werden soll. Welche Leistungen und Abreden in diesen Günstigkeitsvergleich einzubeziehen sind, hängt im jeweiligen Einzelfall von den Regelungszielen der Betriebsparteien ab. Einzubeziehen in den Vergleich sind alle Zusagen und späteren Regelungen, die objektiv in einem **Zusammenhang** stehen. Dabei ist abzustellen auf den Zeitpunkt des Inkrafttretens der ändernden Betriebsvereinbarung und die zu diesem Zeitpunkt im Betrieb tätigen Arbeitnehmer.[29] 1548

(5) Hinsichtlich des einzelnen betroffenen Arbeitnehmers gilt Folgendes: Er muss sich nach der Entscheidung des Großen Senats nur dann auf den kollektiven Günstigkeitsvergleich einlassen, wenn für ihn die **kollektive Ausgestaltung der Leistung erkennbar** war. Der Arbeitnehmer werde jedoch regelmäßig bei vertraglichen Einheitsregelungen erkennen können, dass ihm der Arbeitgeber die entsprechende Leistung nicht aus individuellen Gründen, sondern nur als Mitglied des Betriebs oder einer Arbeitnehmergruppe anbietet. Trotzdem empfiehlt der Große Senat dem Arbeitgeber, in einem solchen Fall auch **ausdrücklich auf den Zusammenhang mit einer Einheitsregelung hinzuweisen.** 1549

Im Beschluss des Großen Senats ist ausgeführt, dass der Arbeitgeber auf individualrechtliche Lösungsmöglichkeiten verwiesen wird, wenn „ein Vorbehalt der Ablösung Allgemeiner Arbeitsbedingungen durch verschlechternde Betriebsvereinbarung (Betriebsvereinbarungsoffenheit) nicht besteht". Das bedeutet, dass in Arbeitsverträgen sog. **Betriebsvereinbarungsöffnungsklauseln** formuliert werden dürfen. Bei Betriebsvereinbarungsoffenheit löst die verschlechternde Betriebsvereinbarung die Allgemeinen Arbeitsbedingungen ab, ein Günstigkeitsvergleich ist nicht vorzunehmen. Betriebsvereinbarungsöffnungsklauseln liegen vor, wenn die 1550

26 BAG 24.8.2004 – 1 AZR 419/03, DB 2005, 222.
27 LAG München 19.3.2008 – 11 Sa 828/07.
28 LAG München 24.7.2008 – 3 Sa 215/08.
29 BAG 3.11.1987 – 8 AZR 316/81, BB 1988, 1257.

arbeitsvertragliche Regelung unter dem ausdrücklichen oder konkludenten Vorbehalt einer späteren Änderung durch Betriebsvereinbarung steht.[30]

ee) Rückkehr zur ablösenden Betriebsvereinbarung

1551 Die 27 Jahre – im Anschluss an die Entscheidung des Großen Senats vom 16.9.1986[31] – „in der juristischen Versenkung verschwundene" **ablösende Betriebsvereinbarung** ist durch Entscheidung des BAG vom 5.3.2013[32] wieder „zum Leben erweckt" worden. Der 1. Senat schließt aus Regelungen in Allgemeinen Geschäftsbedingungen mit kollektivem Bezug generell auf Betriebsvereinbarungsoffenheit (s. § 1 Rn 1534, 1554). Kollektive Arbeitsbedingungen in Allgemeinen Geschäftsbedingungen können damit, ohne dass es einer ausdrücklichen Vereinbarung oder auch nur besonderer Umstände bedürfte, durch Betriebsvereinbarung abgelöst werden. Betriebsvereinbarungsoffen in diesem Sinne sind auch **betriebliche Übungen**. Sie beruhen auf allgemeinen Arbeitsbedingungen mit kollektivem Bezug. Der kollektive Bezug ergibt sich schon aus ihrer Natur als Einheitsregelung.[33]

ff) Störung der Geschäftsgrundlage

1552 Befindet sich der Betrieb in einer wirtschaftlichen Notlage, soll der Abbau von Sozialleistungen unter dem Gesichtspunkt der Störung der Geschäftsgrundlage möglich sein, § 313 BGB. Eine wirtschaftliche Notlage erfordert in jedem Falle die Vorlage eines Sanierungsgutachtens.[34] Bei einer Störung der Geschäftsgrundlage wird lediglich ein Anspruch der Vertragsparteien auf Anpassung begründet.[35] Der Arbeitgeber kann die Kürzung oder Streichung einzelvertraglicher Ansprüche „verlangen".[36] Die Anpassung der Leistungen kann der Arbeitgeber nicht einseitig bewirken, da es sich regelmäßig um finanzielle Leistungen handelt, die der Mitbestimmung nach § 87 Abs. 1 Nr. 10 BetrVG unterliegen, so dass der Arbeitgeber den Betriebsrat zu beteiligen hat. Die Neuregelung kann in der Folge im Wege einer Betriebsvereinbarung getroffen und, falls die Einigung mit dem Betriebsrat scheitert, durch Spruch einer Einigungsstelle herbeigeführt werden, § 87 Abs. 2 BetrVG.

gg) „Betriebsvereinbarungsoffenheit"

1553 Vertragliche Einheitsregelungen (hier: Zahlung von Mehrarbeitszuschlägen) können ohne Verletzung des Günstigkeitsprinzips wirksam durch eine Betriebsvereinbarung abgelöst werden, sofern die arbeitsvertragliche Regelung **betriebsvereinbarungsoffen** ausgestaltet ist. Die entsprechende Regelung steht dann unter dem ausdrücklichen oder stillschweigenden Vorbehalt der Ablösung durch eine spätere Betriebsvereinbarung. Der Änderungsvorbehalt muss in der Vereinbarung bzw in der Zusage der Leistungsgewährung zum Ausdruck kommen, was ggf der Auslegung im Einzelfall bedarf.[37]

1554 Nach aktueller Rspr[38] folgt aus Regelungen in Allgemeinen Geschäftsbedingungen mit kollektivem Bezug generell eine Betriebsvereinbarungsoffenheit. Damit erübrigt sich an sich künftig ein Änderungsvorbehalt zu Gunsten einer abweichenden Betriebsvereinbarung bei einzelnen Arbeitsbedingungen.

---

30 BAG 21.9.1989 – 1 AZR 454/88, EzA § 77 BetrVG 1972 Nr. 33; *Fitting u.a.*, BetrVG, § 77 Rn 214; LAG München 19.3.2008 – 11 Sa 828/07; LAG München 24.7.2008 – 3 Sa 215/08.

31 BAG 16.9.1986 – GS 1/82, NZA 1987, 168.

32 BAG 5.3.2013 – 1 AZR 417/12, DB 2013, 1852.

33 *Hromadka*, NZA 2013, 1061, 1064.

34 BAG 16.3.1993 – 3 AZR 299/92, NZA 1993, 941.

35 *Gaul/Süßbrich/Kulejewski*, ArbRB 2004, 346.

36 ErfK/*Kania*, § 77 BetrVG Rn 101.

37 BAG 16.11.2011 – 10 AZR 60/11, NZA 2012, 349.

38 BAG 5.3.2013 – 1 AZR 417/12, NZA 2013, 916.

Gegebenenfalls kann von einem „stillschweigenden Vorbehalt" einer Ablösung durch eine spätere Betriebsvereinbarung („Betriebsvereinbarungsoffenheit") ausgegangen werden. Nach Ansicht des LAG Hamm[39] gilt zB Folgendes: Wenn ein Formulararbeitsvertrag nicht ausdrücklich eine entgegenstehende Bestimmung enthält, kann grds. davon ausgegangen werden, dass er hinsichtlich der Einführung von **Arbeitszeitkonten** und aller damit im Zusammenhang stehenden Regelungen unter dem stillschweigenden Vorbehalt der Ablösung durch eine spätere Betriebsvereinbarung („Betriebsvereinbarungsoffenheit") steht. Der Arbeitnehmer kann sich in einem solchen Fall nicht auf das Günstigkeitsprinzip berufen. 1555

Bezüglich der Schaffung von **Arbeitszeitkonten** kann regelmäßig eine Betriebsvereinbarungsoffenheit angenommen werden, solange dem keine ausdrückliche einzelvertragliche Absprache entgegensteht.[40] 1556

Hinsichtlich der Anordnung von **Überstunden** hat das BAG entschieden, dass das Fehlen jeglicher Regelung im Arbeitsvertrag ausreiche, um eine Betriebsvereinbarungsoffenheit annehmen zu können.[41] 1557

Dem Klauselersteller ist auch künftig die Verwendung eines entsprechenden – klar und unmissverständlich formulierten – Änderungsvorbehalts zu empfehlen, zumal die neue Rspr zur Betriebsvereinbarungsoffenheit von Allgemeinen Geschäftsbedingungen mit kollektivem Bezug u.a. unter dem Gesichtspunkt der **Transparenzkontrolle** auf Kritik gestoßen ist.[42] 1558

Im Hinblick auf eine mögliche Abänderung durch eine Betriebsvereinbarung empfiehlt es sich daher, ggf Arbeitsverträge und auch Gesamtzusagen bzw betriebliche Einheitszusagen „betriebsvereinbarungsoffen" zu formulieren. 1559

Auch hier ist zu beachten, dass derjenige, der eine Regelung schafft, bei Unklarheiten die ihm ungünstige Auslegungsmöglichkeit gegen sich gelten lassen muss. Die „Betriebsvereinbarungsoffenheit" ist mithin **hinreichend deutlich** zu formulieren. Ergibt eine Prüfung, dass weder auf konkret bestehende Betriebsvereinbarungen verwiesen wird noch dass grds. auf Betriebsvereinbarungen als Vertragsbestandteil hingewiesen wird, so kann zumindest fraglich sein, ob vom Inhalt der individualrechtlichen Vereinbarung nach dem Günstigkeitsprinzip zum Nachteil des Arbeitnehmers abgewichen werden kann. 1560

Betriebsvereinbarungsoffen ist die arbeitsvertragliche Regelung insb. dann, wenn im Arbeitsvertrag eine **ausdrückliche Öffnungsklausel** enthalten ist. Betriebsvereinbarungsoffen ist nach der Rspr auch eine arbeitsvertragliche Regelung, wonach der Arbeitnehmer „je ein Exemplar der derzeit gültigen Betriebsvereinbarung erhält". 1561

Dies bedeutet: Aus Arbeitgebersicht ist es empfehlenswert, die arbeitsvertraglichen Regelungen möglichst betriebsvereinbarungsoffen zu gestalten. Dies kann innerhalb der arbeitsvertraglichen Regelungen durch einen Verweis auf bestehende Betriebsvereinbarungen und, wenn solche nicht bestehen, durch einen Blankohinweis auf Betriebsvereinbarungen geschehen. 1562

Auch wenn eine vertraglich vereinbarte Ablösung durch Betriebsvereinbarung möglich ist, muss auf einer zweiten Stufe geprüft werden, ob die **Neuregelung** bei der Ablösung die Gebote des **Vertrauensschutzes** und der **Verhältnismäßigkeit** wahrt. Aus § 75 BetrVG ergibt sich bereits, dass Arbeitgeber und Betriebsrat nicht schrankenlos in Besitzstände der Arbeitnehmer eingreifen dürfen. Gemessen am Zweck der Neuregelung müssen deshalb die Eingriffe der Betriebsparteien geeignet, erforderlich und proportional sein.[43] Bei der Feststellung, was erforderlich ist, endet der justiziable Bereich. Das BAG spricht von nachvollziehbaren und anerken- 1563

39 LAG Hamm 29.5.2013 – 4 Sa 1232/12, LAGE § 87 BetrVG 2001 Arbeitszeit Nr. 8.

40 LAG Hamm 22.5.2013 – 4 Sa 1540/12.

41 BAG 3.6.2003 – 1 AZR 349/02, DB 2004, 385.

42 *Hromadka*, NZA 2014, 1061, 1064 unter Verweis auf *Preis/Ulber*, RdA 2014, 2011; *Säcker*, DB 2013, 2677.

43 *Gaul/Süßbrich/Kulejewski*, ArbRB 2005, 346, 349.

nenswerten Gründen;[44] je dringender die Änderungsinteressen auf Unternehmensseite seien, desto tiefer dürften die Einschnitte in den bisherigen Leistungsplan ausfallen.[45]

b) Klauseltypen und Gestaltungshinweise

aa) Einfache Öffnungsklausel

(1) Klauseltyp A

1564 Zwischen den Parteien besteht Einigkeit darüber, dass gegenwärtige und künftige Betriebsvereinbarungen stets vor den Bestimmungen dieser oder anderer individueller Vereinbarungen Vorrang haben. Dies gilt auch dann, wenn die vertragliche Bestimmung für den Arbeitnehmer günstiger ist.

(2) Gestaltungshinweise

1565 Darf man vom Arbeitnehmer fordern, dass er sich selbst über den Bedeutungsgehalt des Begriffs „Betriebsvereinbarungsöffnungsklausel“ informiert – wofür nach verschiedenen großzügigen Entscheidungen des BAG[46] einiges spricht –, begegnet die Klausel A keinen Wirksamkeitsbedenken.

bb) Qualifizierte Öffnungsklausel

(1) Klauseltyp B

1566 **B 1:** Alle vertraglichen Vereinbarungen einschließlich gewährter Sozialleistungen stehen unter dem Vorbehalt ablösender Betriebsvereinbarungen.[47]

B 2: Zwischen den Parteien besteht Einigkeit darüber, dass künftige Betriebsvereinbarungen zu einer Änderung oder Aufhebung der vorliegenden oder anderer individueller Vereinbarungen führen. Die Betriebsvereinbarungen gelten auch dann, wenn die vertragliche Regelung für den Arbeitnehmer günstiger ist. Dies gilt nicht für die Regelungen in §§ (...) dieses Vertrages.[48]

(2) Gestaltungshinweise

1567 Von dem Klauseltyp A unterscheidet sich die Klausel B 1 dadurch, dass sie ausdrücklich ausweist, dass auch Sozialleistungen in die Öffnungsklausel einbezogen sind. Mit Rücksicht auf das Urteil vom 28.3.2000[49] wurde die Betriebsvereinbarungsöffnungsklausel deshalb erweitert. Eine solche Erweiterung erscheint auch geboten. So können sich Fallkonstellationen – entsprechend der Entscheidung des 1. Senats – ergeben, in denen darüber zu befinden ist, ob ein Anspruch auf betriebliche Übung besteht. Konkret machte ein Straßenbahnfahrer der Stadt Essen geltend, aufgrund betrieblicher Übung trotz einer ablösenden Betriebsvereinbarung Anspruch auf eine kostenlose Beförderung zu seinem Arbeitsplatz durch Sammeltaxi zu haben.[50]

1568 Die Klausel B 2 ist insofern ebenfalls eine qualifizierte Öffnungsklausel, als sie einerseits alle Regelungen im Arbeitsvertrag unter den Vorbehalt ablösender Betriebsvereinbarungen stellt, andererseits aber Einschränkungen vornimmt, die je nach Vertragsinhalt im Einzelnen zu benennen sind. Die Klausel B 2 geht, verglichen mit Klausel B 1, den umgekehrten Weg und erweitert nicht ausdrücklich den Inhalt auf Sozialleistungen, sondern erfasst zunächst sämtliche

---

44 BAG 11.5.1999 – 3 AZR 21/98, NZA 2000, 322.
45 BAG 23.10.2001 – 3 AZR 74/01, NZA 2003, 986.
46 BAG 20.11.1987 – 2 AZR 284/86, AP § 620 BGB Altersgrenze Nr. 2; BAG 17.3.1987 – 3 AZR 64/84, AP § 1 BetrAVG Nr. 9; BAG 3.11.1987 – 8 AZR 316/81, AP § 77 BetrVG Nr. 25.
47 *Hümmerich/Lücke/Mauer*, FB ArbR, Muster 1309 (Ziffer 15 S. 2), Muster 1060 (§ 14 Abs. 1 S. 3).
48 *Gaul/Süßbrich/Kulejewski*, ArbRB 2004, 346, 350.
49 BAG 28.3.2000 – 1 AZR 366/99, DB 2001, 47.
50 BAG 18.9.2002 – 1 AZR 477/01, NZA 2003, 337 ff.

Regelungen und präzisiert dann über Satz 2 die vom Geltungsbereich herausgenommenen Vertragsinhalte.

cc) Unklare Öffnungsklauseln

(1) Klauseltyp C

↓ **C 1:** Bestandteil dieser Vereinbarung sind alle Betriebsvereinbarungen in der jeweils aktuellen Fassung. 1569

↓ **C 2:** Für dieses Arbeitsverhältnis sind die Betriebsordnung, sonstige betriebliche Regelungen und die gesetzlichen Vorschriften in ihrer aktuellen Fassung maßgeblich, soweit dieser Vertrag keine abweichende Vereinbarung trifft.

↓ **C 3:** Für Während der Dauer von drei Monaten kann das Dienstverhältnis von beiden Seiten mit einer einmonatigen Frist zum jeweiligen Monatsende gekündigt werden. Nach Ablauf der Probezeit treten die üblichen gesetzlichen und sozialen Bestimmungen in Kraft (Urlaub, Kündigungen usw).

(2) Gestaltungshinweise

Bei vorformulierten Abreden gehen Unklarheiten zu Lasten des Arbeitgebers, § 307 Abs. 1 S. 2 BGB. Weder bei der **Klausel C 1** noch bei der **Klausel C 2** wird klar gesagt, dass ungünstigere Betriebsvereinbarungen Vorrang haben vor Abmachungen im Vertrag. Hier wird nur eleganter formuliert, so dass man sich wegen der Entscheidung des BAG vom 20.11.1990[51] mit *Preis*[52] jedenfalls auf den Standpunkt stellen kann, mangels Klarheit seien beide Regelungen unwirksam. Die Klausel C 2 ist jedenfalls auch nicht gänzlich frei von Wirksamkeitsbedenken wegen § 307 Abs. 1 S. 2 BGB. 1570

Klausel C 3 ist einer Entscheidung des LAG Hessen[53] entnommen. Sie ist nach Ansicht des LAG Hessen unklar und zu Lasten des Verwenders dahin gehend auszulegen, dass von einer „Betriebsvereinbarungsoffenheit" nicht ausgegangen werden kann. Unter „gesetzlichen und sozialen Bestimmungen" sei jedenfalls keine Betriebsvereinbarung zu verstehen.[54] 1571

Grundsätzlich sollte die „Betriebsvereinbarungsoffenheit" möglichst konkret durch Bezug auf entsprechende Betriebsvereinbarungen gestaltet werden.[55] 1572

dd) Konkrete Öffnungsklauseln

(1) Klauseltyp D

→ **D 1:** Die wöchentliche Arbeitszeit richtet sich nach den in den maßgeblichen Betriebsvereinbarungen in ihrer jeweils gültigen Fassung getroffenen Regelungen. Findet keine betriebskollektive Vorschrift Anwendung oder enthält der Arbeitsvertrag keine Vereinbarung, so gelten die gesetzlichen Bestimmungen. 1573

D 2: Die wöchentliche Arbeitszeit richtet sich nach den in den maßgeblichen Betriebsvereinbarungen in der jeweils gültigen Fassung getroffenen Regelungen, nach der derzeit gültigen Betriebsvereinbarung (...) Stunden.

(2) Gestaltungshinweise

Die Klauseln D 1 und D 2 ermöglichen eine Betriebsvereinbarungsoffenheit der geregelten Arbeitsbedingungen (hier: wöchentliche Arbeitszeit). Der Verweis auf die Betriebsvereinbarung 1574

51 BAG 20.11.1990 – 3 AZR 573/89, NZA 1991, 477.
52 Preis/*Preis*, Der Arbeitsvertrag, II O 10 Rn 3.
53 LAG Hessen 18.5.2011 – 8 Sa 1979/10.
54 S. hierzu auch *Kossens*, jurisPR-ArbR 11/2012 Anm. 3.
55 *Kossens*, jurisPR-ArbR 11/2012 Anm. 3.

ohne weitere ausdrückliche inhaltliche Ausgestaltung gewährleistet, dass ein rein deklaratorischer Verweis auf die ohnehin unmittelbar und zwingend geltende Betriebsvereinbarung gegeben wird. Der Günstigkeitsvergleich im Falle einer Ablösung dieser Betriebsvereinbarung durch eine andere entfällt, da es eine eigene vertragliche Regelung zu der betreffenden Arbeitsbedingung (hier: Arbeitszeit) nicht gibt. Die Klauseln sind von sich aus als betriebsvereinbarungsoffen zu bezeichnen.

1575 Auf der anderen Seite enthält die Klausel D 1 keine Angaben in Stunden über die Arbeitszeit. Hier ist ein Verstoß gegen das Transparenzgebot in § 307 Abs. 1 S. 2 BGB möglich, da eine unangemessene Benachteiligung des Vertragspartners dann vorliegt, wenn eine Regelung nicht hinreichend klar und verständlich ist.[56] Aus dem Vertragstext kann der Arbeitnehmer bei der Klausel D 1 nicht unmittelbar entnehmen, wie hoch seine wöchentliche Arbeitszeit ist. Da es sich bei der Arbeitszeit als Teil der vereinbarten Arbeitsleistung um einen Grundbestandteil des Austauschverhältnisses im Arbeitsverhältnis handelt, kann die Unklarheit über die Auswirkungen einer Betriebsvereinbarungsöffnungsklausel beim Arbeitnehmer zu einer Unwirksamkeit nach § 307 Abs. 1 S. 2 BGB führen. Wirkt eine Betriebsvereinbarung ohnehin bereits nach § 77 Abs. 4 BetrVG ohne jede Erwähnung im Arbeitsvertrag unmittelbar und zwingend im Arbeitsverhältnis, kann es nicht zu einem Verstoß gegen das Transparenzgebot kommen, da eine Inhaltskontrolle bei einer Norm wie § 77 Abs. 4 BetrVG über § 307 Abs. 3 S. 1 BGB nicht stattfindet. Deshalb kann die Klausel D 1 mal wirksam und mal unwirksam sein, je nachdem, ob sie über einen rein deklaratorischen Inhalt hinausgeht oder nicht. Um eine etwaige Unwirksamkeit auszuschließen, empfiehlt sich der Gebrauch der Klausel D 2.

1576 In der Klausel D 2 ist zunächst der Verweis auf die Betriebsvereinbarung aufgenommen und dann unter Bezugnahme auf diese Betriebsvereinbarung die konkrete Arbeitszeit ausgewiesen. Damit wird eine Klarstellung angestrebt, dass es sich um eine rein deklaratorische Regelung handelt, die betriebsvereinbarungsoffen ist und die angegebene Arbeitszeit durch spätere Betriebsvereinbarungen ohne weitere einzelvertragliche Neuregelung geändert werden kann. Die Klausel D 2 empfiehlt sich bei entsprechender Änderung des Wortlauts auch zur Regelung der Betriebsvereinbarungsoffenheit sonstiger Arbeitsbedingungen.

ee) Aushändigung der derzeit gültigen Betriebsvereinbarungen

(1) Klauseltyp E

1577 ➔ Die für den Betriebsteil K gültigen Betriebsvereinbarungen sind Bestandteil dieses Arbeitsvertrages. Der Arbeitnehmer hat je ein Exemplar der derzeit gültigen Betriebsvereinbarungen erhalten.

(2) Gestaltungshinweise

1578 Das LAG München[57] nimmt bei Klausel E eine „Betriebsvereinbarungsoffenheit“ an. Aus der entsprechenden Formulierung könne nicht geschlossen werden, dass lediglich die zum Zeitpunkt der Unterschriftsleistung unter den Arbeitsvertrag gültigen Betriebsvereinbarungen Geltung haben sollten. Der Passus „Der Arbeitnehmer hat je ein Exemplar der derzeit gültigen Betriebsvereinbarung erhalten.“ solle erkennbar lediglich einen tatsächlichen Vorgang, nämlich die Übergabe der Exemplare, dokumentieren und nicht eine Ausschlussregelung bzgl künftiger Betriebsvereinbarungen treffen.

1579 Zur Vermeidung einer etwaigen Unklarheit und damit einhergehend einer Unwirksamkeit der Klausel dürfte sich allerdings eine deutlich formulierte „Betriebsvereinbarungsoffenheit“ empfehlen.

56 HWK/*Gotthardt*, § 307 BGB Rn 18.
57 LAG München 19.3.2008 – 11 Sa 828/07.

19. Beweislastvereinbarungen

Literatur

Baumgärtel, Die Beweislastverteilung bei der Arbeitnehmerhaftung, in: Hofmann (Hrsg.), Festschrift für Klemens Pleyer zum 65. Geburtstag, 1986, S. 257 ff; *Baumgärtel/v. Altrock*, Die „abgestufte Darlegungs- und Beweislast" – Rechtsinstitut eigener Art im Kündigungsschutzprozess, DB 1987, 433; *Boemke*, Anm. zum Urteil des BAG vom 17.9.1998, SAE 2000, 6; *Boudon*, AGB-Kontrolle – Neue Regeln für den Entwurf von Arbeitsverträgen, ArbRB 2003, 150; *Deinert*, Mankohaftung, RdA 2000, 22; *Gola/Hümmerich*, Das „Sprachrisiko" des ausländischen Arbeitnehmers, BlStSozArbR 1976, 273; *Herbert/Oberrath*, Arbeitsrecht nach der Schuldrechtsreform – eine Zwischenbilanz, NJW 2005, 3745; *Herbert/Oberrath*, Beherrschung und Verwendung der deutschen Sprache bei Durchführung und Beendigung des Arbeitsverhältnisses, BB 2010, 391; *Hohn*, Wirksamwerden von Willenserklärungen unter Abwesenden im Arbeitsleben, BB 1963, 273; *Hümmerich*, Bundesarbeitsgericht – Haftung von Arbeitnehmern weiter eingeschränkt, Der Arbeitgeber 1996, 212; *ders.*, Von der Verantwortung der Arbeitsrechtsprechung für die Volkswirtschaft, NZA 1996, 1289; *Kliemt*, Formerfordernisse im Arbeitsverhältnis, Diss. Heidelberg 1995; *Lakies*, AGB-Kontrolle im Arbeitsrecht, AR-Blattei SD 35; *Rieble*, Sprache und Sprachrisiko im Arbeitsrecht, in: Rieble (Hrsg.), Festschrift für Manfred Löwisch zum 70. Geburtstag, 2007, S. 229 ff; *Schlechtriem*, Das „Sprachrisiko" – Ein neues Problem?, in: Ehmann (Hrsg.), Privatautonomie, Eigentum und Verantwortung/ Festschrift für Hermann Weitnauer zum 70. Geburtstag, 1980, S. 129 ff; *Schwirtzek*, Mankoabreden nach der Schuldrechtsreform – Zurück in die Zukunft, NZA 2005, 437; *Stoffels*, Mankohaftung, AR-Blattei SD 870.2; *Wisskirchen/Bissels*, Das Fragerecht des Arbeitgebers bei Einstellung unter Berücksichtigung des AGG, NZA 2007, 169.

a) Rechtslage im Umfeld

aa) Rechtslage vor der Schuldrechtsreform

Unter dem Begriff „**Beweislastvereinbarung**" fasst man Klauseln zusammen, die im Arbeitsvertrag Aussagen zu Tatsachen wie Gesundheitszustand, Erklärungszugang, Vollständigkeit von Angaben, sprachlichem Verständnis des Vertragswortlauts, Bestätigung der Zahl der Vertragsurkunden oder über den Ausschluss von Einwendungen treffen. 1580

Schon *Hanau/Preis*[1] wiesen vor der Schuldrechtsreform darauf hin, dass in der Bestätigung von Tatsachen in formularmäßigen Arbeitsverträgen, soweit vom Arbeitgeber zu Lasten des Arbeitnehmers vorgesehen, eine faktische Verschiebung der Beweislast liege, die ebenso wenig mit den Geboten materieller Gerechtigkeit in Einklang stehe wie die damaligen Beispielsfälle in § 11 Nr. 15 Buchst. a und b AGBG (jetzt: § 309 Nr. 12 Buchst. a und b BGB). 1581

Solche Vertragsregelungen stehen im Gegensatz zu dem **Grundsatz der gestuften Darlegungs- und Beweislast,**[2] wenn außergerichtlich die Beweislast zum Nachteil des Mitarbeiters geregelt wurde. Denn die gestufte Darlegungs- und Beweislast hat man für das arbeitsgerichtliche Verfahren geschaffen, um den Mitarbeiter von der Faktenbeibringung zu entlasten, weil dem Arbeitnehmer häufig nur in geringerem Umfang Informationsbeschaffungsmöglichkeiten zur Seite stehen als dem Arbeitgeber.[3] Besteht für das gerichtliche Verfahren ein Beweislastverschiebungsbedürfnis zu Gunsten des Arbeitnehmers, war schon vor der Schuldrechtsreform schwer vorstellbar, dass im außergerichtlichen Bereich Beweislastverschiebungen zu Lasten des Arbeitnehmers gelten sollten.[4] Ein anerkennenswertes Interesse des Arbeitgebers an einer verbesserten Beweissituation bestand nach Ansicht von *Deinert*[5] schon vor der Schuldrechtsreform einzig in Bereichen, in welchen der Arbeitnehmer dem Beweis nähersteht. Auch in diesen Fällen führe dies jedoch nicht zur Notwendigkeit von Beweislastvereinbarungen, da diesem Bedürfnis bereits durch die anerkannten Beweislasterleichterungen ausreichend Rechnung getragen worden sei. 1582

1 Schon *Hanau/Preis*, Der Arbeitsvertrag, Loseblatt, Stand Juni 1997, II B 20 Rn 3 f.

2 *Baumgärtel/v. Altrock*, DB 1987, 433 ff.

3 *Baumgärtel/v. Altrock*, DB 1987, 433 (435).

4 *Boemke*, SAE 2000, 6; *Stoffels*, AR-Blattei SD 870.2, IV, 2 b (jeweils zu Beweislastvereinbarungen bei der Mankohaftung).

5 *Deinert*, RdA 2000, 22, 35; krit. dazu *Schwirtzek*, NZA 2005, 437, 442.

bb) AGB-Kontrolle

1583 Seit der Schuldrechtsreform lassen sich Beweislastveränderungen im Arbeitsvertrag nur in den Grenzen des § 309 Nr. 12 BGB vereinbaren. Gemäß **§ 309 Nr. 12 BGB** ist eine Bestimmung unwirksam, durch die der Verwender die Beweislast zum Nachteil des anderen Vertragsteils ändert, insb. indem er diesem die Beweislast für Umstände auferlegt, die im Verantwortungsbereich des Verwenders liegen, oder indem er den anderen Vertragsteil bestimmte Tatsachen bestätigen lässt.

1584 Beweislastveränderungen sind, wie der Umkehrschluss aus der Eingangsformulierung des § 309 Nr. 12 BGB nahe legt, nicht generell unzulässig. Die Vorschrift verbietet aber dem Verwender von Allgemeinen Geschäftsbedingungen, in Formularverträgen die Beweislast zum Nachteil des Vertragspartners zu ändern. Hierbei ist es gleichgültig, ob es sich um Abweichungen von gesetzlichen oder von richterrechtlich entwickelten Beweislastregeln handelt.[6]

1585 § 309 Nr. 12 BGB schließt nicht nur die Umkehr der Beweislast zu Lasten des Arbeitnehmers aus, sondern ist auch einschlägig, wenn eine vom Verwender zu erbringende Beweisführung erleichtert oder ein vom Arbeitnehmer zu erbringender Beweis erschwert werden soll (**Änderung der Beweisanforderungen**).[7] Gleiches gilt für die Beeinträchtigung der Beweisposition, indem bestimmte Beweismittel vorgeschrieben oder umgekehrt andere ausgeschlossen werden oder die Anforderungen an die richterliche Überzeugungsbildung erhöht oder ermäßigt werden.[8] Nach § 309 Nr. 12 BGB gilt ferner, da die Beweislast auch von der Behauptungslast bestimmt wird, dass der Vertragspartner nicht mit irgendwelchen Behauptungen bereits im Arbeitsvertrag formularmäßig ausgeschlossen werden darf.[9] Auch **Tatsachenbestätigungen**, die zu einer faktischen Verschiebung der Beweislast zu Lasten des Arbeitnehmers führen, sind im Arbeitsvertrag nicht mehr wirksam, § 309 Nr. 12 Buchst. b BGB.[10] Zusammenfassend werden also grds. alle Abreden erfasst, welche die beweisrechtliche Situation des Arbeitnehmers im Vergleich zu gesetzlichen oder richterrechtlichen Regelungen verschlechtern.[11] Der Gestaltungsspielraum für Beweislastvereinbarungen ist damit äußerst gering.

1586 Nicht unter das Verbot des § 309 Nr. 12 BGB fällt die Abgabe vorformulierter **Schuldanerkenntnisse**. Die mit einem selbständigen Schuldanerkenntnis verbundene Beweislaständerung ist als Folge der rechtlich möglichen Vereinbarung eines abstrakten Schuldgrundes als zulässig anzusehen.[12] Deklaratorische Schuldanerkenntnisse führen schon nicht zu einer Verschiebung der Beweislast, sondern beseitigen mögliche Beweisfragen durch das materielle Recht.[13]

1587 Keinen Verstoß gegen § 309 Nr. 12 Buchst. b BGB begründen Klauseln, in denen der Arbeitnehmer Angaben zu seiner **Gesundheit** bestätigt. Eine Beweislastveränderung tritt hierdurch nicht ein. Soweit die Gesundheit des Mitarbeiters im berechtigten Zusammenhang mit dem in Aussicht genommenen Arbeitsplatz steht, ist der Arbeitnehmer verpflichtet, Angaben über seinen Gesundheitszustand zu erteilen.[14]

---

6 *Herbert/Oberrath*, NJW 2005, 3745, 3751; Palandt/*Grüneberg*, § 309 BGB Rn 100.

7 BGH 20.4.1989 – IX ZR 214/88, NJW-RR 1989, 817; BGH 28.1.1987 – IVa ZR 173/85, NJW 1987, 1634; ErfK/*Preis*, §§ 305–310 BGB Rn 80.

8 *Lakies*, AGB-Kontrolle, AR-Blattei SD 35 Rn 387; Ulmer/Brandner/Hensen/*Hensen*, AGB-Recht, § 309 Nr. 12 Rn 8 ff; Preis/*Preis*, Der Arbeitsvertrag, II B 30 Rn 7.

9 Ulmer/Brandner/Hensen/*Hensen*, AGB-Recht, § 309 Nr. 12 Rn 8.

10 Wolf/Horn/Lindacher/*Wolf*, AGBG, § 11 Nr. 15 Rn 11; Preis/*Preis*, Der Arbeitsvertrag, II B 30 Rn 6.

11 Däubler/Bonin/Deinert/*Däubler*, § 309 BGB Rn 3.

12 BGH 5.3.1991 – XI ZR 75/90, NJW 1991, 1677; Ulmer/Brandner/Hensen/*Hensen*, AGB-Recht, § 309 Nr. 12 Rn 13; MüKo-BGB/*Kieninger*, § 309 Nr. 12 Rn 8.

13 BGH 3.4.2003 – IX ZR 113/02, NJW 2003, 2386; BAG 15.3.2005 – 9 AZR 502/03, NZA 2005, 682.

14 BAG 7.2.1964 – 1 AZR 251/63, DB 1964, 555; LAG Hessen 13.10.1972 – 5 Sa 406/72, DB 1972, 2359.

b) Klauseltypen und Gestaltungshinweise

aa) Vollständigkeitsklausel

(1) Klauseltyp A

A 1: Die Parteien haben keine mündlichen Nebenabreden getroffen. 1588

A 2: Mündliche Absprachen bestehen nicht.

A 3: Die Parteien sind sich einig, dass keine über den Wortlaut dieses Vertrages hinausgehenden mündlichen Vereinbarungen getroffen wurden.

(2) Gestaltungshinweise

Vollständigkeitsklauseln, wie sie in den meisten Arbeitsverträgen enthalten sind, werden über- 1589
wiegend grds. nicht beanstandet und für wirksam gehalten.[15] Dies wird damit begründet, dass die Klausel nur die ohnehin eingreifende Vermutung der Vollständigkeit des schriftlichen Vertrages wiedergebe und dem Vertragspartner den Gegenbeweis offenlasse. Da die Vermutung der Richtigkeit und Vollständigkeit einer Vertragsurkunde ohnehin ein anerkannter Rechtssatz sei, wiederhole die Klausel nur die bestehende Beweislastverteilung und führe daher zu keiner verbotenen Beweislastveränderung.[16] Andere halten die Vollständigkeitsklausel hingegen für unwirksam, da sie geeignet sei, den Vertragspartner davon abzuhalten, sich überhaupt auf eine etwaige mündliche Nebenabrede zu berufen.[17] Diese mögliche abschreckende Wirkung ist jedoch nicht von so erheblichem Gewicht, dass sie als unangemessen erscheint.[18] Vollständigkeitsklauseln wie die Klauseln A 1 bis A 3, die oft auch mit dem Schriftformerfordernis verbunden werden, halten daher einer Klauselkontrolle stand und sind trotz § 309 Nr. 12 Buchst. b BGB als wirksam anzusehen.[19] Etwas anderes gilt allerdings dann, wenn die Klauseln als unwiderlegbare Vermutung oder als Fiktion ausgestaltet sind.[20]

bb) Beweiseinschränkende Klausel

(1) Klauseltyp B

↓ Der Mitarbeiter kann nicht geltend machen, eine in seiner Anwesenheit stattgefundene Inven- 1590
tur weise Fehler auf.[21]

(2) Gestaltungshinweise

Im Zusammenhang mit der Haftung des Arbeitnehmers werden manchmal Vereinbarungen ge- 1591
troffen, durch die dem anderen Vertragsteil beweiseinschränkende Verpflichtungen auferlegt werden. Die Klausel B ist in diesem Zusammenhang in der Praxis gebräuchlich, v.a. in Verbindung mit Mankovereinbarungen, aber unwirksam.

---

15 BGH 26.11.1984 – VIII ZR 214/83, BGHZ 93, 29; BGH 19.6.1985 – VIII ZR 238/84, NJW 1985, 2329; BGH 14.10.1999 – III ZR 203/98, DB 2000, 617; ErfK/*Preis*, §§ 305–310 BGB Rn 80; *Kliemt*, Formerfordernisse im Arbeitsverhältnis, 1995, § 15 VII 5.

16 So zB BGH 5.7.2002 – V ZR 143/01, NJW 2002, 3164.

17 *Lakies*, AGB-Kontrolle, AR-Blattei SD 35 Rn 394; Däubler/Bonin/Deinert/*Däubler*, § 309 Nr. 12 BGB Fn 175; Wolf/Lindacher/Pfeiffer/*Stoffels*, AGB-Recht, Anh zu § 310 Rn 98.

18 So auch BGH 14.10.1999 – III ZR 203/98, DB 2000, 617; BGH 19.6.1985 – VIII ZR 238/84, NJW 1985, 2329; Preis/*Preis*, Der Arbeitsvertrag, II V 60 Rn 7.

19 BGH 26.11.1984 – VIII ZR 214/83, BGHZ 93, 29; BGH 19.6.1985 – VIII ZR 238/84, NJW 1985, 2329; OLG Düsseldorf 15.11.1990 – 10 U 68/90, DB 1991, 222.

20 Palandt/*Grüneberg*, § 305 b BGB Rn 5; Preis/*Preis*, Der Arbeitsvertrag, II V 60 Rn 8; offen gelassen in BGH 26.11.1984 – VIII ZR 214/83, BGHZ 93, 29.

21 Preis/*Stoffels*, Der Arbeitsvertrag, II M 10 Rn 18.

1592 Beweisvereinbarungen, nach denen der Arbeitnehmer das Recht verliert, sich auf Unrichtigkeiten von Inventuren zu berufen, waren von der Rspr früher für wirksam erachtet worden, soweit sie – wie früher üblich – den Anspruchsverlust an die Anwesenheit des Mitarbeiters während der Inventur oder an seine Weigerung, an der Inventur mitzuwirken, knüpften.[22] § 309 Nr. 12 BGB verbietet jedoch allgemein nachteilige Beweislastveränderungen. Mit der in der Klausel B gewählten Formulierung wird ein Arbeitnehmer mit der Behauptung bestimmter Tatsachen von vornherein ausgeschlossen. Da die Regeln über die Beweislast auch die Behauptungslast bestimmen und der generelle Ausschluss der Behauptung bestimmter Tatsachen die beweisrechtliche Situation des Arbeitnehmers verschlechtert, fällt ein solcher Ausschluss unter das Verbot des § 309 Nr. 12 Buchst. b BGB.[23] Die Klausel B ist daher unwirksam.

cc) Vorschussverrechnungsklausel

(1) Klauseltyp C

1593 Wird das Arbeitsverhältnis zwischen den Parteien aufgehoben oder gekündigt, ist der Arbeitnehmer verpflichtet, noch nicht verrechnete Provisionsvorschüsse zurückzugewähren. Werden am Ende des Arbeitsverhältnisses Ansprüche fällig, so können diese verrechnet werden. Die Beweislast für das Bestehen solcher Ansprüche obliegt der Firma.

(2) Gestaltungshinweise

1594 Bei der Verrechnung von **Provisionsvorschüssen** werden Beweislastregelungen empfohlen, die eine Verrechnung zwischen noch nicht in Abzug gebrachten Vorschüssen und zum Ende des Arbeitsverhältnisses fällig werdenden Ansprüchen des Arbeitnehmers mit der Beweispflicht des Arbeitgebers dafür verbinden, dass solche Ansprüche bestehen. Eine derartige Regelung wie in Klausel C liegt auch angesichts der Rspr des BAG[24] nahe, wonach bei einem Streit zwischen einem Unternehmer und einem für ihn tätigen Handelsvertreter über die Rückzahlung von Provisionsvorschüssen den Handelsvertreter die Beweislast für diejenigen Umstände trifft, von denen die Höhe seines Provisionsanspruchs abhängt. Abweichungen hiervon hat die Rspr in Ausnahmefällen durch Differenzierung zwischen den Beweismöglichkeiten Besser- und Geringverdienender zugelassen.[25] Danach besteht bei Arbeitnehmern der unteren und mittleren Einkommensgruppen die Möglichkeit des Beweises des ersten Anscheins für den Wegfall der Bereicherung.

1595 Die Klausel C ist nicht nach § 309 Nr. 12 BGB unwirksam, da durch sie die Beweisposition des Arbeitnehmers nicht verschlechtert, sondern vielmehr dem Arbeitgeber die Beweislast auferlegt wird. Die kraft Gesetzes bestehende Beweissituation wird also nur wiederholt.

dd) Klausel zum Ausschluss arbeitgeberseitigen Mitverschuldens

(1) Klauseltyp D

1596 **D 1:** Die Beweislast für den eigenen Verschuldensgrad wird dem Mitarbeiter auferlegt.

D 2: Auf ein mitwirkendes Verschulden des Arbeitgebers oder eines Vorgesetzten kann sich der Arbeitnehmer nicht berufen.

22 BAG 13.2.1974 – 4 AZR 13/73, EzA § 611 BGB Arbeitnehmerhaftung Nr. 21.

23 Preis/*Preis*, Der Arbeitsvertrag, II B 30 Rn 7.

24 BAG 28.6.1965 – 3 AZR 86/65, DB 1966, 787; ähnl. BAG 18.5.1999 – 9 AZR 444/98.

25 BAG 12.1.1994 – 5 AZR 597/92, NZA 1994, 658; BAG 18.1.1995 – 5 AZR 817/93, NZA 1996, 27; BAG 9.2.2005 – 5 AZR 175/04, NZA 2005, 814.

(2) Gestaltungshinweise

Beweislastvereinbarungen zu von **Arbeitnehmern verursachten Schäden** sind unwirksam, wenn sie die gesetzliche Beweissituation zuungunsten des Arbeitnehmers verschlechtern. Nach den vom BAG entwickelten Grundsätzen über die beschränkte Arbeitnehmerhaftung[26] haftet der Arbeitnehmer bei Vorsatz und grober Fahrlässigkeit grds. für den gesamten Schaden, bei leichtester Fahrlässigkeit ist seine Haftung ausgeschlossen. Bei leichter und mittlerer Fahrlässigkeit wird der Schaden nach Quoten verteilt.[27] Selbst bei grober oder „gröbster“ Fahrlässigkeit kann nach der Rspr des BAG die Haftung des Arbeitnehmers begrenzt sein.[28] Die Beweislast für den Grad des Verschuldens trägt nach § 619 a BGB grds. der Arbeitgeber; § 280 Abs. 1 S. 2 BGB findet keine Anwendung.[29] Zwar können sich Beweiserleichterungen für den Arbeitgeber nach den Grundsätzen des Prima-Facie-Beweises ergeben, aus dem Anscheinsbeweis folgt jedoch keine Vermutung für grobe Fahrlässigkeit, sondern allenfalls für „normale“ Fahrlässigkeit.[30] 1597

Deshalb beinhaltet die **Klausel D 1**, die dem Arbeitnehmer die Beweislast für seinen Verschuldensgrad anlastet, eine Abweichung von der normalerweise geltenden Beweislastverteilung. Die Klausel D 1 hat somit gem. § 309 Nr. 12 Buchst. a BGB keinen Bestand. Aus den gleichen Gründen ist die **Klausel D 2** unwirksam, denn sie schließt ein mitwirkendes Verschulden des Arbeitgebers oder eines Vorgesetzten des Arbeitnehmers aus und verlagert damit die Beweislast für Verschulden, das beim Arbeitgeber liegt, auf den Arbeitnehmer, § 309 Nr. 12 Buchst. a BGB. 1598

ee) Negative Beweisklausel über Wettbewerbsverhalten

(1) Klauseltyp E

↓ Die Beweislast für das Unterlassen von Wettbewerb für den Fall einer späteren Tätigkeit bei einem konkurrierenden Betrieb liegt beim Mitarbeiter. 1599

(2) Gestaltungshinweise

Abweichende Vereinbarungen von der Beweislastregelung bei Klagen auf **Unterlassen von Wettbewerb** sind aus den gleichen Gründen unwirksam.[31] Beweisschwierigkeiten treten insb. dann auf, wenn ein tätigkeitsbezogenes Wettbewerbsverbot vereinbart wurde. Anders als beim unternehmensbezogenen Wettbewerbsverbot, bei dem sich die Konkurrenzunternehmen häufig aus einer dem Wettbewerbsverbot beigegebenen Liste ergeben, stellt sich bei einem tätigkeitsbezogenen Wettbewerbsverbot oft die Frage, ob der Mitarbeiter innerhalb des neuen Unternehmens eine so abgegrenzte und organisatorisch nicht in die dort bestehende Konkurrenztätigkeit hineinreichende Arbeit verrichtet, dass keine Konkurrenztätigkeit entstehen kann. Hier muss der Arbeitgeber den Beweis für die Gefahr einer Vermischung zwischen der bisher ausgeübten und der künftig beabsichtigten Tätigkeit darlegen, wobei ihm gewisse Erleichterungen nach der Rspr des BAG[32] zugute kommen. Darüber hinausgehende Beweiserleichterungen in arbeitsvertraglichen Beweislastvereinbarungen sind nach § 309 Nr. 12 Buchst. a BGB unwirksam. 1600

26 BAG, Vorlagebeschl. v. 12.6.1992 – GS 1/89, NZA 1993, 547; Beschl. v. 27.9.1994 – GS 1/89 (A), NZA 1994, 1083.

27 BAG 12.10.1989 – 8 AZR 276/88, NJW 1990, 468; BAG 12.10.1989 – 8 AZR 741/87, NZA 1990, 95.

28 BAG 28.10.2010 – 8 AZR 418/09, NZA 2011, 345.

29 BAG 30.8.1966 – 1 AZR 456/65, AP § 282 BGB Nr. 5; BAG 13.3.1968 – 1 AZR 362/67, AP § 611 BGB Haftung des Arbeitnehmers Nr. 42, jew. zu § 282 BGB aF.

30 BAG 30.8.1966 – 1 AZR 456/65, AP § 282 BGB Nr. 5.

31 So auch Preis/*Preis*, Der Arbeitsvertrag, II B 30 Rn 17.

32 BAG 6.8.1987 – 2 AZR 226/87, NJW 1988, 438.

ff) Sprachrisikoklausel

(1) Klauseltyp F

1601 Hiermit versichere ich als ausländischer Arbeitnehmer, dass ich den Text des in deutscher Sprache verfassten Arbeitsvertrages gelesen und gut verstanden habe.[33]

(2) Gestaltungshinweise

1602 Sprachklauseln, mit denen der ausländische Mitarbeiter versichert, den deutschsprachigen Arbeitsvertrag verstanden zu haben, haben keinen eigenständigen Beweiswert. Sie begründen auch einen Zirkelschluss, da ja ein Mitarbeiter, der kein Deutsch kann, auch die Sprachklausel nicht verstanden hat.

1603 Die Beweislast und damit das Risiko eines sprachlichen Missverständnisses trägt grds. derjenige, der aus einer Erklärung ihm günstige Rechtsfolgen herleiten will. Daraus ergibt sich für die Klausel F Folgendes: Ficht der ausländische Arbeitnehmer seine Willenserklärung zur Annahme des Vertrages an, so obliegt ihm die Darlegungs- und Beweislast für das Vorliegen eines Irrtums.[34] Die Sprachklausel wiederholt in diesem Fall nur die ohnehin geltende Beweislastverteilung, so dass § 309 Nr. 12 BGB ihrer Wirksamkeit unter diesem Gesichtspunkt nicht entgegensteht. In den Fällen, in denen sich aber der Arbeitgeber auf die Wirksamkeit des Vertrages beruft, hat er den wirksamen Vertragsschluss darzulegen und zu beweisen.[35] Die Klausel F stellt in diesem Fall eine Tatsachenbestätigung dar, die dem Arbeitgeber die Beweisführung erleichtert und damit die Beweissituation des Arbeitnehmers verschlechtert. Ihrer Wirksamkeit steht daher § 309 Nr. 12 BGB entgegen. Von einer Aufnahme einer solchen Sprachrisikoklausel in den Formulararbeitsvertrag ist folglich abzuraten; sie ergibt keinen Sinn.

gg) Gesundheitsklausel

(1) Klauseltyp G

1604 **G 1:** Der Mitarbeiter versichert, dass er arbeitsfähig ist, nicht an einer infektiösen Erkrankung leidet und keine sonstigen Umstände vorliegen, die ihm die vertraglich zu leistende Arbeit jetzt oder in naher Zukunft wesentlich erschweren oder unmöglich machen.[36]

G 2: Die Arbeitnehmerin erklärt, dass eine Schwangerschaft bei ihr derzeit nicht besteht.

(2) Gestaltungshinweise

1605 Enthält der Arbeitsvertrag eine vorformulierte Erklärung mit dem Wortlaut der **Klausel G 1**, war eine derartige Beweislastregelung zur **Gesundheit des Mitarbeiters** nach der vor Inkrafttreten der Schuldrechtsreform gültigen Rechtslage grds. wirksam.[37] Formularmäßige Erklärungen zum Gesundheitszustand im Arbeitsvertrag führen allenfalls zu einer Beweislastverschiebung bei später auftretender Erkrankung, wenn der Arbeitgeber einwendet, die Krankheit müsse ihrer Art nach bereits vor dem Vertragsschluss bestanden haben, der Arbeitnehmer habe mit seiner Unterschrift unter den Arbeitsvertrag eine wahrheitswidrige Angabe gemacht. Maßgeblich ist dennoch stets die Tatsache, also der Gesundheitszustand, in dem sich der Arbeitnehmer jeweils befand. An dieser Tatsache verändert sich durch die Erklärung des Arbeitnehmers zu seinem Gesundheitszustand nichts. Deshalb ist die im Arbeitsvertrag enthaltene Gesundheitsbestätigungsklausel wirksam, zumal für den Arbeitnehmer im Anbahnungsverhältnis die

33 *Gola/Hümmerich*, BlStSozArbR 1976, 273.

34 Palandt/*Ellenberger*, Einf. vor § 116 BGB Rn 21.

35 Palandt/*Ellenberger*, Einf. vor § 116 BGB Rn 21.

36 Hümmerich/Lücke/Mauer/*Wisswede*, NomosFormulare ArbR, Muster 1110 (§ 9 Abs. 1 S. 1).

37 Anders unter Bezugnahme auf die Rspr des BGH (20.4.1989 – IX ZR 214/88, NJW-RR 1989, 817) zu Klauseln in Fitnessverträgen Preis/*Preis*, Der Arbeitsvertrag, II B 30 Rn 39.

Pflicht besteht, den Arbeitgeber über seinen Gesundheitszustand – bezogen auf den konkreten Arbeitsplatz – bei etwaigen Einschränkungen zu unterrichten.[38]

Vorformulierte Verträge, die eine Bestätigungsformulierung zur Gesundheit des Mitarbeiters enthalten, verstoßen zwar grds. nicht gegen § 309 Nr. 12 BGB. Zwar bestätigt der Mitarbeiter über die **Klausel G 1** bestimmte Tatsachen. Solche Bestätigungen sind aber nur unwirksam, wenn sie Tatsachen betreffen, die im Streitfall möglicherweise zu Lasten des Vertragspartners erheblich werden können.[39] Hier bestätigt der Arbeitnehmer nicht Tatsachen zu seinem eigenen Nachteil. Der Arbeitnehmer erfüllt ausschließlich seine Verpflichtung aus dem **Fragerecht des Arbeitgebers**. Zu beachten ist jedoch, dass das Fragerecht des Arbeitgebers begrenzt ist. Ein berechtigtes Interesse des Arbeitgebers an der wahrheitsgemäßen Beantwortung einer Frage besteht regelmäßig nur, wenn dies für den angestrebten Arbeitsplatz und die zu verrichtende Tätigkeit selbst von Bedeutung ist.[40] Im Hinblick auf Auskünfte über den **Gesundheitszustand** ist dies idR dann anzunehmen, wenn krankheitsbedingte Ausfallerscheinungen oder Gefahren für andere Mitarbeiter oder Kunden, etwa durch eine mögliche Infektion, zu befürchten sind.[41] Diese Einschränkungen werden bei der Formulierung der Klausel G 1 berücksichtigt. Dennoch ist Vorsicht geboten, da aus solche Regelungen leicht Indizien abgeleitet werden können, die gem. § 1 AGG auf eine Diskriminierung (zB wegen Behinderung) hindeuten können. Aus diesem Grund ist bei solchen Vertragsregelungen Vorsicht geboten. 1606

Eine formularmäßige Erklärung, mit der eine Mitarbeiterin im Arbeitsvertrag äußern soll, nicht **schwanger** zu sein (**Klausel G 2**), ist seit der Rspr des EuGH[42] und des BAG[43] – unabhängig von der Kontrolle von Arbeitsvertragsklauseln nach AGB-Recht – nicht wirksam, da das bestehende Frageverbot nach der Schwangerschaft, welches nach dem EuGH selbst im Rahmen von befristeten Arbeitsverhältnissen mit überwiegendem schwangerschaftsbedingten Ausfall der Arbeitnehmerin gilt, anderenfalls über die Bestätigungsklausel im Arbeitsvertrag umgangen werden könnte. 1607

hh) Empfangsbestätigungsklausel

(1) Klauseltyp H

➔ Beide Parteien bestätigen, eine Ausfertigung dieses Vertrages erhalten zu haben. 1608

(2) Gestaltungshinweise

Zu zahlreichen Einzelabreden im Arbeitsverhältnissen, teilweise sogar gesetzlich vorgeschrieben wie beim nachvertraglichen **Wettbewerbsverbot** (§ 74 Abs. 1 HGB), benötigt der Arbeitgeber den Nachweis, dass er dem Arbeitnehmer ein von ihm unterzeichnetes Vertragsexemplar ausgehändigt hat. Eine solche Erklärung endet mit der Unterschrift des Arbeitnehmers. Der Empfang kann mit einer schlichten Urkunde, in der der Erhalt der Vertragsausfertigung vom Mitarbeiter quittiert wird, bewiesen werden. Hierzu dient die Klausel H. 1609

Allerdings kann eine solche Klausel als Bestandteil von Formularverträgen gegen § 309 Nr. 12 Buchst. b BGB verstoßen. Der Arbeitnehmer bestätigt durch sie den Erhalt des schriftlichen Vertrages. Diese Tatsachenbestätigung stellt eine Änderung der Beweislast zu seinen Lasten dar und ist daher grds. unwirksam. Eine Ausnahme gilt jedoch gem. § 309 Nr. 12 Buchst. b Hs 2 BGB. Danach liegt eine unwirksame Tatsachenbestätigung nicht vor bei Empfangsbekenntnissen, die gesondert unterschrieben oder mit einer gesonderten qualifizierten elektroni- 1610

---

38 *Hümmerich*, DB 1975, 1893; *ders.*, DB 1977, 996.

39 Ulmer/Brandner/Hensen/*Hensen*, AGB-Recht, § 309 Nr. 12 Rn 18.

40 BAG 5.12.1957 – 1 AZR 594/56, AP § 123 BGB Nr. 2.

41 *Wisskirchen/Bissels*, NZA 2007, 169, 172.

42 EuGH 4.10.2001 – Rs. C-109/00, NJW 2002, 123.

43 BAG 15.10.1992 – 2 AZR 227/92, NJW 1993, 1154; BAG 1.7.1993 – 2 AZR 25/93, NZA 1993, 933; BAG 6.2.2003 – 2 AZR 621/01, BB 2003, 1734.

schen Signatur versehen sind. Daraus folgt, dass die Klausel H **unwirksam** ist, wenn sie in den Text des Arbeitsvertrages **vor die Unterschriften der Vertragspartner integriert** wird, hingegen **wirksam** ist, wenn sie **gesondert unterhalb des Vertragstexts bzw der Wettbewerbsabrede als Empfangsbekenntnis** angebracht ist.

1611 Aus diesem Grund ist darauf zu achten, dass die Empfangsbestätigung vom übrigen Vertragstext räumlich oder drucktechnisch **deutlich abgesetzt** ist und vom Arbeitnehmer neben der allgemeinen Vertragsunterschrift mit einer gesonderten Unterschrift versehen wird.[44] Die Verwendung einer eigenständigen Urkunde ist zwar nicht erforderlich,[45] aber zu empfehlen. Die Unterschrift darf sich nur auf das Empfangsbekenntnis beziehen, die Verbindung mit einer anderen Erklärung führt zur Unwirksamkeit.[46]

1612 Bei **Verweigerung** der Unterzeichnung eines Empfangsbekenntnisses durch den Arbeitnehmer kann der Arbeitgeber jegliche Urkunde durch einen Gerichtsvollzieher zustellen lassen. Verweigert der Arbeitnehmer auch bei der Zustellung die Annahme, muss er sich nach § 162 BGB so behandeln lassen, als sei ihm die Urkunde rechtzeitig ausgehändigt worden.[47]

---

44 BLDH/*Lingemann*, Anwalts-Formularbuch Arbeitsrecht, S. 52 Rn 79 f; Ulmer/Brandner/Hensen/*Hensen*, AGB-Recht, § 309 Nr. 12 Rn 23; *Lakies*, AGB-Kontrolle, AR-Blattei SD 35 Rn 395.

45 Palandt/*Grüneberg*, § 309 BGB Rn 102; *Lakies*, AGB-Kontrolle, AR-Blattei SD 35 Rn 395 f; HWK/*Gotthardt*, § 309 BGB Rn 16.

46 BGH 29.4.1987 – VIII ZR 251/86, BGHZ 100, 373; BGH 30.9.1992 – VIII ZR 196/91, NJW 1993, 64; Ulmer/Brandner/Hensen/*Hensen*, AGB-Recht, § 309 Nr. 12 Rn 23.

47 *Kliemt*, Formerfordernisse im Arbeitsverhältnis, § 15 VII 6; Preis/*Preis*, Der Arbeitsvertrag, II B 30 Rn 33.

20. Bezugnahmeklauseln

Literatur

Annuß, Die einzelvertragliche Bezugnahme auf Tarifverträge, BB 1999, 2558; *ders.*, Anm. zu BAG vom 4.8.1999, RdA 2000, 179; *ders.*, AGB-Kontrolle im Arbeitsrecht: Wo geht die Reise hin?, BB 2002, 458; *Bauer*, Unterscheidung zwischen Gleichstellungsabrede und Tarifwechselklausel, GWR 2011, 120; *Bauer/Haußmann*, Schöne Bescherung: Abschied von der Gleichstellungsabrede, DB 2005, 2815; *Bayreuther*, „Hinauskündigung" von Bezugnahmeklauseln im Arbeitsvertrag, DB 2007, 166; *ders.*, Die Rolle des Tarifvertrags bei der AGB-Kontrolle von Arbeitsverträgen – Ein Beitrag zur Herausbildung normativer Beurteilungsmaßstäbe bei der Angemessenheitskontrolle von allgemeinen Geschäftsbedingungen in Arbeitsverträgen, RdA 2003, 81; *Behrendt/Gaumann/Liebermann*, Tarifvertragliche Bindungswirkungen und -folgen beim Austritt aus dem Arbeitgeberverband, NZA 2006, 525; *Bepler*, Aktuelle tarifrechtliche Fragen, in: Bauer (Hrsg.), Festschrift zum 25-jährigen Bestehen der Arbeitsgemeinschaft Arbeitsrecht im DAV, 2006, S. 791 ff; *Boemke*, Fragerecht des Arbeitnehmers nach Mitgliedschaft im Arbeitgeberverband?, NZA 2004, 142; *Bunte*, Die Auslage von Tarifverträgen, RdA 2009, 21; *Clemenz*, Arbeitsvertragliche Bezugnahme auf Tarifverträge – ein Paradigmenwechsel mit offenen Fragen, NZA 2007, 769; *Däubler*, Die Auswirkungen der Schuldrechtsmodernisierung auf das Arbeitsrecht, NZA 2001, 1329; *Diehn*, AGB-Kontrolle von arbeitsrechtlichen Verweisungsklauseln, NZA 2004, 129; *Dzida/Wagner*, Vertragsänderungen nach Betriebsübergang, NZA 2008, 571; *Etzel*, Tarifordnung und Arbeitsvertrag, NZA 1987, Beil. 1, 19; *Fieberg*, TVöD – ohne Tarifwechselklausel ade – oder doch nicht?, NZA 2005, 1226; *Fischer*, Individualrechtliche Bezugnahme auf Tarifverträge – Ein Muster ohne Wert bei Betriebsübergang?, FA 2001, 2; *Forst*, Betriebsübergang: Ende der Dynamik einer arbeitsvertraglichen Bezugnahme auf einen Tarifvertrag?, DB 2013, 1847; *Gaul*, Einzelvertragliche Bezugnahmeklausel beim Übergang des Arbeitsverhältnisses auf nicht tarifgebundenen Arbeitgeber, BB 2000, 1086; *ders.*, Die einzelvertragliche Bezugnahme auf einen Tarifvertrag beim Tarifwechsel des Arbeitgebers, NZA 1998, 9; *Giesen*, Bezugnahmeklauseln – Auslegung, Formulierung und Änderung, NZA 2006, 625; *Gotthardt*, Arbeitsrecht nach der Schuldrechtsreform, 2. Aufl. 2003; *Hanau*, Die Rechtsprechung des BAG zur arbeitsvertraglichen Bezugnahme auf Tarifverträge, NZA 2005, 489; *Hanau/Kania*, Die Bezugnahme auf Tarifverträge durch Arbeitsvertrag und betriebliche Übung, in: Schlachter (Hrsg.), Tarifautonomie für ein neues Jahrhundert/ Festschrift für Günter Schaub zum 65. Geburtstag, 1998, S. 239 ff; *Hauck*, Arbeitsbedingungen nach Betriebsübergang – Ablösung und Besitzstand, BB Beilage 2008, Nr. 4, 19; *Henssler*, Arbeitsrecht und Schuldrechtsreform, RdA 2002, 129; *ders.*, Schuldrechtliche Tarifgeltung bei Verbandsaustritt, Verbandswechsel und Unternehmensumstrukturierungen, in: Kohte (Hrsg.), Arbeitsrecht im sozialen Dialog/Festschrift für Hellmut Wißmann zum 65. Geburtstag, 2005, S. 133 ff; *Hromadka*, Schuldrechtsmodernisierung und Vertragskontrolle im Arbeitsrecht, NJW 2002, 2523; *Hunold*, Kontrolle arbeitsrechtlicher Absprachen nach der Schuldrechtsreform, NZA-RR 2006, 113; *Insam/Plümpe*, Keine Flucht mehr in den Firmentarifvertrag?, DB 2008, 1265; *Jacobs/Frieling*, Keine dynamische Weitergeltung von kleinen dynamischen Bezugnahmeklauseln nach Betriebsübergängen, EuZW 2013, 737; *Klebeck*, Unklarheiten bei arbeitsvertraglicher Bezugnahmeklausel, NZA 2006, 15; *Koch*, Der fehlende Hinweis auf tarifliche Ausschlussfristen und seine Folgen, in: Schlachter (Hrsg.), Tarifautonomie für ein neues Jahrhundert/Festschrift für Günter Schaub zum 65. Geburtstag, 1998, S. 421 ff; *Lakies*, AGB-Kontrolle – Ausschlussfristen vor dem Aus?, NZA 2004, 569; *Lambrich*, Kommentar zu BAG 4 AZR 544/00, BB 2002, 1264; *Laskawy/Lomb*, Zur Gleichstellungsabrede, EWiR 2006, 507; *Linde/Lindemann*, Der Nachweis tarifvertraglicher Ausschlussfristen, NZA 2003, 649; *Lindemann*, Neuerungen im Arbeitsrecht durch die Schuldrechtsreform, AuR 2002, 81; *Lingemann*, Kleine dynamische Bezugnahmeklausel bei Änderung der Tarifbindung, in: Bauer (Hrsg.), Festschrift zum 25-jährigen Bestehen der Arbeitsgemeinschaft Arbeitsrecht, 2006, S. 71 ff; *Lobinger*, EuGH zur dynamischen Bezugnahme von Tarifverträgen beim Betriebsübergang, NZA 2013, 945; *Löwisch*, Auswirkungen der Schuldrechtsreform auf das Recht der Arbeitsverhältnisse, in: Wank (Hrsg.), Festschrift für Herbert Wiedemann zum 70. Geburtstag, 2002, S. 320 ff; *Meinel/Herms*, Änderung der BAG-Rechtsprechung zu Bezugnahmeklauseln in Arbeitsverträgen, DB 2006, 1429; *Möller*, Gleichstellungsrechtsprechung „Der Anfang vom Ende?", NZA 2006, 579; *Müller-Glöge*, Zur Umsetzung der Nachweisrichtlinie in nationales Recht, RdA 2001, Sonderbeil. zu Heft 5, 46; *Nicolai*, EuGH bestätigt statische Weitergeltung von Tarifnormen nach Betriebsübergang, DB 2006, 670; *Oetker*, Arbeitsvertragliche Bezugnahme und AGB-Kontrolle, in: Wank (Hrsg.), Festschrift für Herbert Wiedemann zum 70. Geburtstag, 2002, S. 399 ff; *Olbertz*, Gleichstellungsabrede – Gestaltungsmöglichkeiten und -notwendigkeiten für die betriebliche Praxis, BB 2007, 2737; *Preis/Greiner*, Vertragsgestaltung bei Bezugnahmeklauseln nach der Rechtsprechungsänderung des BAG, NZA 2007, 1073; *Reichel*, Quasi-Verbandsaustritt – ein Weg zur Lossagung von in Bezug genommenen Tarifverträgen, NZA 2003, 832; *Reinecke*, Die gerichtliche Kontrolle von Ausschlussfristen nach dem Schuldrechtsmodernisierungsgesetz, BB 2005, 378; *Reufels*, in: Thüsing/Braun (Hrsg.), Handbuch Tarifrecht, 2011; *Richardi*, Gestaltung der Arbeitsverträge durch Allgemeine Geschäftsbedingungen nach dem Schuldrechtsmodernisierungsgesetz, NZA 2002, 1057; *Ricken*, Betriebliche Übung und Vertragskontrolle im Arbeitsrecht, DB 2006, 1372; *Schaub*, Die arbeitsvertragliche Bezugnahme von Tarifverträgen, ZTR 2000, 259; *Schiefer*, Fortgeltung individualrechtlich in Bezug genommener Tarifverträge bei Betriebsübergang, FA 2002, 258; *Schliemann*, Arbeitsvertragliche Verweisung auf Tarifverträge, NZA 2003, Sonderbeil. zu Heft 16, 3; *Schrader/Schubert*, AGB-Kontrolle von Arbeitsverträgen – Grundsätze der Inhaltskontrolle arbeitsvertraglicher Vereinbarungen (Teil 2), NZA-RR 2005, 225; *Simon/Kock/Halbsguth*, Dynamische Bezugnahmeklausel als Gleichstellungsabrede – Vertrauensschutz für alle „Altverträge", BB 2006, 2354; *Simon/Weninger*, Arbeitsvertraglicher Verweis auf Tarifverträge – „ewig" dynamisch!?, BB 2007, 2125; *Singer*, Arbeitsvertragsgestaltung nach der Reform des BGB, RdA 2003, 194; *Sittard*, Arbeitsvertragliche Bezugnahmeklauseln und Ände-

rung der Tarifgeltung, RdA 2007, 191; *Sittard/Ullrich*, Zur Rechtsprechungsänderung bei der Auslegung von Bezugnahmeklauseln, ZTR 2006, 458; *Spielberger*, Vertrauensschutz light – das Urteil des BAG vom 18.4.2007 zur Gleichstellungsabrede, NZA 2007, 1086; *Sutschet*, Bezugnahmeklausel kraft betrieblicher Übung, NZA 2008, 679; *v. Steinau-Steinrück*, Wann liegt eine ausreichende Bezugnahme auf den TVöD vor?, NJW-Spezial 2005, 561; *v. Steinau-Steinrück/Schmidt*, Überblick zum TVöD: „Ein Weiter so im neuen Gewand"?, NZA 2006, 518; *Tempelmann/Stenslik*, Keine automatische dynamische Fortgeltung von Tarifverträgen bei Betriebsübergang, FD-DStR 2013, 350664; *Thüsing*, Statische Rechtsprechung zur dynamischen Bezugnahme, NZA 2003, 1184; *ders.*, Tarifkonkurrenz durch arbeitsvertragliche Bezugnahme, NZA 2005, 1280; *ders.*, AGB-Kontrolle im Arbeitsrecht, 2007; *ders.*, Zur dynamischen Bezugnahme nach Betriebsübergang, EWiR 2013, 543; *Thüsing/Lambrich*, Arbeitsvertragliche Bezugnahme auf Tarifnormen – Verbandsaustritt, Verbandswechsel, Betriebsübergang, RdA 2002, 193; *dies.*, AGB-Kontrolle arbeitsvertraglicher Bezugnahmeklauseln – Vertragsgestaltung nach der Schuldrechtsreform, NZA 2002, 1361; *v. Vogel/Oelkers*, Tarifliche Bezugnahmeklausel in der Praxis, NJW-Spezial 2006, 369; *Waltermann*, 75 Jahre Betriebsvereinbarung, NZA 1995, 1177; *Werthebach*, Tarifreform im öffentlichen Dienst – Zur Entbehrlichkeit einer Tarifwechselklausel, NZA 2005, 1224; *Wisskirchen/Lützeler*, Bezugnahmeklauseln nach der Rechtsprechungsänderung, AuA 2006, 528; *Zerres*, Fortgeltung tarifvertraglicher Regelungen beim Betriebsübergang im Falle arbeitsvertraglicher Bezugnahme, NJW 2006, 3533; *Zimmermann*, BAG: Gleichstellungsabrede in Altverträgen nur unter besonderen Umständen große dynamische Verweisung, BB 2011, 1024.

a) Rechtslage im Umfeld

aa) Rechtsquellenquartett der Arbeitsbedingungen

1613 Außerhalb des arbeitsrechtlichen Gesetzesrechts kennt das Arbeitsverhältnis im Wesentlichen vier, das Rechte- und Pflichtengefüge prägende „ungesetzliche" Rechtsquellen.

1614 Die individualarbeitsrechtliche Grundlage ist der **Arbeitsvertrag**, ein privatrechtlicher, personenrechtlicher, gegenseitiger Austauschvertrag, durch den sich der Arbeitnehmer zur Leistung von Arbeit im Dienst des Arbeitgebers und der Arbeitgeber zur Zahlung der vereinbarten Vergütung verpflichtet.[1] Daher wird der Arbeitsvertrag oftmals auch als die primäre Rechtsquelle im Arbeitsrecht bezeichnet.[2] Zweite, allein in Betrieben mit Betriebsrat existierende Rechtsquelle bildet die **Betriebsvereinbarung**, die als privatrechtlicher kollektiver Normenvertrag zwischen Arbeitgeber und Betriebsrat aufgrund staatlicher Ermächtigung unmittelbar und zwingend betriebliche Arbeitsverhältnisse normativ gestaltet.[3] Dritte Rechtsquelle ist der **Tarifvertrag**, der auf der Ebene von Koalitionen (Ausnahme: Haustarifvertrag) ausgehandelte Rechtsnormen bereithält, die den Inhalt, den Abschluss und die Beendigung von Arbeitsverhältnissen und damit die Arbeitsbedingungen gestalten, § 1 Abs. 1 TVG. Als vierte Quelle dient der **Grundsatz der betrieblichen Übung**,[4] nach welchem sich aus regelmäßig wiederkehrenden Verhaltensweisen des Arbeitgebers gegenüber dem Arbeitnehmer eine anspruchserzeugende Wirkung ergibt.

1615 Diese vier Rechtsquellen wirken, je nach Inhalt und Wirkungsgrad, auf das Arbeitsverhältnis ein. Manchmal stehen sie zueinander in einer hierarchischen Beziehung in Form eines Rangverhältnisses, manchmal in einer Konkurrenz, die – soweit es sich bei den höherrangigen Normen nicht ausnahmsweise um zweiseitig zwingendes Recht handelt – verschiedentlich über das **Günstigkeitsprinzip**, als Durchbrechung des Rangprinzips, aufgelöst wird. Ungeeignet ist das Günstigkeitsprinzip dagegen im Fall der Auflösung von Konflikten zwischen gleichrangigen Rechtsquellen, welche vielmehr über das Ordnungs- und Spezialitätsprinzip zu beurteilen sind.[5] Ein vom Günstigkeitsprinzip abzugrenzender Fall liegt bei tarifvertraglichen Öffnungs-

1 BAG 10.11.1955 – 2 AZR 591/54, AP § 611 BGB Beschäftigungspflicht Nr. 2.

2 ErfK/*Preis*, § 611 BGB Rn 236; Moll/*Moll/Altenburg*, MAH Arbeitsrecht, § 1 Rn 63.

3 *Waltermann*, NZA 1995, 1177, 1179; *Fitting u.a.*, BetrVG, § 77 Rn 13.

4 BAG 16.1.2002 – 5 AZR 715/00, NZA 2002, 632; BAG 4.5.1999 – 10 AZR 290/98, NZA 1999, 1162; BAG 28.3.2000 – 1 AZR 366/99, NZA 2001, 49; BAG 7.12.2000 – 6 AZR 444/99, NZA 2001, 780; *Ricken*, DB 2006, 1372.

5 ErfK/*Preis*, § 611 BGB Rn 236; Moll/*Moll/Altenburg*, MAH Arbeitsrecht, § 1 Rn 65.

klauseln vor, welche eine vertragliche, nicht zwingend für den Arbeitnehmer günstigere Abweichung zulassen und somit eine andersartige Ausnahme vom Rangprinzip darstellen.[6]

In Betrieben mit Betriebsrat tritt die Wirkung der Betriebsvereinbarung über § 77 Abs. 4 BetrVG ein, gleichgültig, ob der Arbeitnehmer den Inhalt einer Betriebsvereinbarung als Arbeitsbedingung mit dem Arbeitgeber vereinbaren möchte oder nicht. Auch die Verbindlichkeit tarifvertraglicher Normen ist der Privatautonomie der Parteien des Arbeitsvertrages entzogen, wenn eine Allgemeinverbindlicherklärung eines Tarifvertrages durch das Bundesministerium für Arbeit und Soziales gem. § 5 TVG besteht. Mit der Gewerkschaftsmitgliedschaft auf Seiten des Arbeitnehmers und der Zugehörigkeit des Arbeitgebers zu einer Koalition tritt die Verbindlichkeit tarifvertraglicher Regelungen ebenfalls ohne rechtsgeschäftlichen Einfluss des Arbeitnehmers auf den Wortlaut und somit den Inhalt eines Tarifvertrages allein kraft normativer Bindung nach § 4 Abs. 1 TVG ein. 1616

Die Geltung von Tarifnormen für ein Arbeitsverhältnis kann sich allerdings auch durch eine **arbeitsvertragliche Verweisung** ergeben. In diesem Fall wird der Inhalt eines Tarifvertrages, welcher nicht bereits aufgrund normativer Bindung für die Arbeitsvertragsparteien maßgeblich ist, aufgrund einer konkreten vertraglichen Abrede zum Teil des Arbeitsvertrages und somit für die Vertragspartner verbindlich. Das arbeitsrechtliche Kernproblem bei Bezugnahmeklauseln liegt dabei in ihren oftmals **unklaren Formulierungen.** Viele tarifvertragliche Änderungen, die sich aus unterschiedlichen Sachverhalten und Regelungen ergeben können, werden von den Beteiligten bei der Formulierung der Bezugnahmeklausel nicht in Betracht gezogen.[7] Als Beispiele sind anzuführen die Normen und Grundsätze über die Tarifkollision, den Verbandsaustritt, den Verbandswechsel, das Herauswachsen aus dem Geltungsbereich, die Ablösung von Tarifverträgen und die Tarifgeltung bei Betriebs- und Betriebsteilübergang.[8] 1617

bb) Arten von Bezugnahmeklauseln

(1) Überblick

Ein festgelegtes **System tarifvertraglicher Bezugnahmeklauseln** gibt es nicht. In der Begriffsvielfalt unterschiedlicher Bezugnahmeklauseln sind v.a. **große** und **kleine**, **dynamische** und **statische**, **volldynamische** und **halbdynamische**, aber auch **konstitutive** und **deklaratorische** Bezugnahmeklauseln gebräuchlich. Die Bezeichnung als voll- und halbdynamische Verweisungen stellt dabei jedoch lediglich eine teilweise verwendete, abweichende Terminologie für die gängigere Unterscheidung zwischen kleinen und großen dynamischen Bezugnahmeklauseln dar. In der weiteren Bearbeitung soll hier einheitlich nur von großen und kleinen dynamischen Klauseln gesprochen werden, um Irritationen zu vermeiden. 1618

Deckungsgleich sind die Begriffe „**Bezugnahmeklausel**" und „**Verweisungsklausel**".[9]

Schließlich unterscheidet man zwischen **globaler Bezugnahme**, wenn auf alle fachlich und räumlich für den Betrieb einschlägigen Tarifverträge Bezug genommen wird, und **punktueller Bezugnahme**, wenn die Bezugnahme auf einzelne Tarifverträge oder einzelne Tarifbestimmungen beschränkt ist.[10]

---

6 Moll/*Moll/Altenburg*, MAH Arbeitsrecht, § 1 Rn 65.

7 *Giesen*, NZA 2006, 625, 626.

8 *Giesen*, NZA 2006, 625, 626.

9 HWK/*Henssler*, § 3 TVG Rn 17 f; Preis/*Preis*, Der Arbeitsvertrag, II V 40 Rn 1 ff.

10 *Etzel*, NZA 1987, Beil. Nr. 1, 19, 25; Wiedemann/*Oetker*, TVG, § 3 Rn 263; *Kempen/Zachert*, § 3 TVG Rn 171 ff.

(2) Statische und dynamische Bezugnahmeklauseln

(a1) Statische Bezugnahmeklausel

1619 Von einer **statischen Verweisung** spricht man, wenn auf einen **bestimmten, genau definierten Tarifvertrag** in der **zur Zeit der Bezugnahme oder zu einem anderen, bestimmten Zeitpunkt geltenden Fassung** verwiesen wird.[11]

1620 Die statische Bezugnahme bewirkt zu Gunsten des Arbeitgebers, dass er den Tarifvertrag, dessen Inhalt verbindliche Wirkung für die Arbeitnehmer entfalten soll, kennt und sich damit ohne automatische Verpflichtung vorbehalten kann, inwieweit er aufgrund einer neuen, eigenen Entscheidung künftige Tarifentwicklungen, sei es im Bereich des Entgelts, sei es im Bereich der allgemeinen Arbeitsbedingungen, an die Arbeitnehmer weitergibt. Er hält somit das Heft des Handelns in der Hand und kann dauerhaft mit den festgelegten Arbeitsbedingungen planen und mit den entsprechenden Kosten kalkulieren.

1621 Für den Arbeitnehmer nachteilig wirkt sich aus, dass bei einer statischen Bezugnahme seine tarifvertraglichen Ansprüche „eingefroren" werden. Aber auch für den Arbeitgeber, zumindest soweit dieser selbst aufgrund einer Mitgliedschaft in einem Arbeitgeberverband normativ tarifgebunden iSv § 4 Abs. 1 TVG ist, können sich Nachteile aus einer statischen Verweisung ergeben, da im Falle einer nachfolgenden Tarifänderung die Arbeitsbedingungen von tarifgebundenen und ungebundenen Arbeitnehmern innerhalb des Betriebes auseinanderfallen, was dem regelmäßigen Arbeitgeberinteresse an der weitgehenden Vereinheitlichung widerspricht.[12] Aus diesen Gründen finden sich statische Verweisungen in Arbeitsverträgen eher selten.[13]

1622 Generell ist bei der **Formulierung** statischer Verweisungsklauseln Vorsicht geboten. Die arbeitsvertragliche Formulierung „Der Arbeitnehmer erhält folgende Vergütung" in Verbindung mit der Bezeichnung einer tariflichen Vergütungsgruppe und eines konkreten Geldbetrages kann als eine dynamische oder eine statische Verweisung auf die tarifliche Vergütung auszulegen sein. Wird die Vergütungsgruppe eines bestimmten Entgelttarifvertrages im Formulararbeitsvertrag ohne konkrete Bezeichnung des Abschlussdatums erwähnt, folgert das BAG über die Unklarheitenregel des § 305 c Abs. 2 BGB, dass die Parteien eine dynamische Verweisung vereinbart haben, durch welche sich die Vergütung nach der jeweils aktuell gültigen Lohngruppe richtet.[14] Verweist der Arbeitsvertrag auf die „jeweils geltenden Bestimmungen der Tarifverträge", so ist selbst dann keine statische Bezugnahme anzunehmen, wenn dem Vertragsangebot ein konkreter bereits abgelaufener Tarifvertrag für die Inbezugnahme beigefügt wurde.[15] Soweit in einem Vertrag ein feststehender Betrag als Gehalt vorgesehen ist, welcher exakt dem zum Zeitpunkt des Vertragsschlusses gültigen Tariflohn entspricht und dieser in der Klausel als „Tarifentgelt" bezeichnet wird, handelt es sich im Zweifel um eine dynamische Verweisung auf den jeweils gültigen Tariflohn, ohne dass in der Klausel in irgendeiner Form tatsächlich von einer „Verweisung" gesprochen wird.[16] Die Annahme einer zeitdynamischen Verweisung setzt nach Ansicht des BAG also generell nicht das Vorliegen einer sog. „Jeweiligkeitsklausel" voraus, mit welcher ausdrücklich auf die „jeweils gültige tarifliche Regelung" verwiesen wird.[17]

1623 Diese Beispiele verdeutlichen, dass bei der Formulierung von Arbeitsverträgen Vorsicht geboten ist. Soweit also eine rein statische Bezugnahme bezweckt ist, sollte dies durch ausdrückliche Bezeichnung des konkreten Tarifvertrages unter ausdrücklicher Benennung des Abschlussdatums und Gegenstands deutlich gemacht werden.

---

11 Preis/*Preis*, Der Arbeitsvertrag, II V 40 Rn 8.

12 Schaub/*Treber*, Arbeitsrechts-Handbuch, § 206 Rn 35; Däubler/*Lorenz*, TVG, § 3 Rn 229.

13 HWK/*Henssler*, § 3 TVG Rn 17; Däubler/*Lorenz*, TVG, § 3 Rn 229; Schaub/*Treber*, Arbeitsrechts-Handbuch, § 208 Rn 35.

14 BAG 9.11.2005 – 5 AZR 128/05, NZA 2006, 202.

15 BAG 26.9.2007 – 5 AZR 808/06, NZA 2008, 179.

16 BAG 13.2.2013 – 5 AZR 2/12, NZA 2013, 1024.

17 BAG 20.4.2012 – 9 AZR 504/10, NZA 2012, 982.

(a2) Dynamische Bezugnahmeklausel

Eine **dynamische Bezugnahmeklausel** zeichnet sich – in Abgrenzung zur statischen Verweisung – dadurch aus, dass sie nicht auf einen konkreten Tarifvertrag Bezug nimmt, sondern entweder auf den jeweils einschlägigen Tarifvertrag (**sachliche Dynamik**) und/oder auf die jeweils aktuelle Fassung des Tarifvertrages (**zeitliche Dynamik**) verweist.[18] 1624

Bei dynamischen Bezugnahmen unterscheidet man zwischen großer dynamischer Bezugnahmeklausel und kleiner dynamischer Bezugnahmeklausel. Mit der **großen dynamischen Bezugnahmeklausel** wird auf das jeweils einschlägige Tarifvertragswerk der Branche in der jeweils geltenden Fassung verwiesen.[19] Eine solche Klausel ist regelmäßig als sog. **Tarifwechselklausel** auszulegen, bei welcher die Dynamik der Verweisung auch mögliche Änderungen der sachlichen Tarifbindung des Unternehmens umfasst.[20] Bei der **kleinen dynamischen Bezugnahmeklausel** wird dagegen nur die Anwendbarkeit eines einzelnen bestimmten Tarifvertrages in seiner jeweils gültigen Fassung vereinbart.[21] Bezugnahmeobjekt wird dabei regelmäßig die zum Zeitpunkt des Vertragsschlusses für den Arbeitgeber normativ geltende Kollektivvereinbarung sein. 1625

(a3) Umfang der Inbezugnahme und Auslegungsgrundsätze

Der **Umfang** der Inbezugnahme ist nach den Grundsätzen der **Vertragsauslegung** zu bestimmen.[22] Demnach sind Allgemeine Geschäftsbedingungen nach ihrem objektiven Inhalt und typischen Sinn einheitlich so auszulegen, wie sie von verständigen und redlichen Vertragspartnern unter Abwägung der Interessen der normalerweise beteiligten Verkehrskreise verstanden werden, wobei die Verständnismöglichkeiten des durchschnittlichen Vertragspartners des Verwenders zugrunde zu legen sind.[23] 1626

Wenn nicht eindeutig eine statische Bezugnahme festgestellt werden kann, nimmt die Rspr bei Bezugnahmeklauseln in den Arbeitsverträgen tarifgebundener Arbeitgeber **idR** eine dynamische Bezugnahmeklausel an.[24] Jedoch kann eine Verweisung auf das jeweils geltende Tarifrecht einer bestimmten Branche über den Wortlaut hinaus nur dann als Vereinbarung einer großen dynamischen Bezugnahmeklausel ausgelegt werden, wenn sich dies aus den besonderen Umständen ergibt; im Regelfall kann daher nur eine kleine dynamische Verweisung angenommen werden.[25] Die Rspr geht davon aus, dass die Vertragsparteien regelmäßig nur die jeweils gültige Fassung der bei Vertragsschluss einschlägigen Kollektivvereinbarung, nicht jedoch einen möglichen Tarifwechsel in die Bezugnahme einschließen wollen. Bei der Bezugnahme eines branchen- oder ortsfremden Tarifvertrages ist zu beachten, dass in diesem Fall die Bereichsausnahme des § 310 Abs. 4 S. 1 BGB nicht eingreift und somit eine Inhaltskontrolle der einbezogenen Kollektivvereinbarung iSd §§ 305 ff BGB vorzunehmen ist (s. ausf. § 1 Rn 1658 ff). 1627

18 *Hanau/Kania*, FS Schaub, 1998, S. 239; Wiedemann/*Oetker*, TVG, § 3 Rn 262.

19 ErfK/*Franzen*, § 3 TVG Rn 36.

20 BAG 22.10.2008 – 4 AZR 784/07, NZA 2009, 151; HWK/*Henssler*, § 3 TVG Rn 17; *Löwisch/Rieble*, TVG, § 3 Rn 600; Moll/*Hamacher*, MAH Arbeitsrecht, § 68 Rn 71; Schaub/*Treber*, Arbeitsrechts-Handbuch, § 206 Rn 25; Tschöpe/*Wieland*, Anwalts-Handbuch ArbR, Teil 4 C Rn 257.

21 BAG 25.9.2002 – 4 AZR 294/01, NZA 2003, 807; BAG 17.11.1998 – 9 AZR 584/97, NZA 1999, 938; BAG 9.4.1991 – 1 AZR 406/90, NZA 1991, 734.

22 BAG 13.11.2002 – 4 AZR 393/01, NZA 2003, 1039; BAG 22.10.2008 – 4 AZR 793/07, NZA 2009, 323; ErfK/*Franzen*, § 3 TVG Rn 32; Moll/*Hamacher*, MAH Arbeitsrecht, § 68 Rn 89.

23 StRspr des BAG: BAG 14.12.2011 – 5 AZR 457/10, NZA 2012, 663; BAG 20.4.2012 – 9 AZR 504/10, NZA 2012, 982; BAG 13.2.2013 – 5 AZR 2/12, NZA 2013, 1024.

24 BAG 20.3.1991 – 4 AZR 455/90, NZA 1991, 736; BAG 14.12.2005 – 4 AZR 536/04, NZA 2006, 607; BAG 20.4.2012 – 9 AZR 504/10, NZA 2012, 982.

25 BAG 25.9.2002 – 4 AZR 294/01, NZA 2003, 807; BAG 29.8.2007 – 4 AZR 767/06, NZA 2008, 364; BAG 22.10.2008 – 4 AZR 784/07, NZA 2009, 151; BAG 6.7.2011 – 4 AZR 501/09, NZA 2012, 823; LAG Köln 29.3.2010 – 5 Sa 1322/09, ArbR Aktuell 2010, 406.

1628 Ist die Verweisungsklausel in einem **Formulararbeitsvertrag** enthalten, gehen **Zweifel** bei der Auslegung nach Auffassung des BAG über die bereits angesprochene Norm des § 305 c Abs. 2 BGB zu Lasten des Arbeitgebers.[26] Im Regelfall sei daher von einer die tarifliche Entgeltentwicklung zu Gunsten des Arbeitnehmers beeinflussenden **dynamischen Verweisung** auszugehen. Etwas ungenau wird in diesem Zusammenhang oftmals davon gesprochen, eine Bezugnahmeklausel sei „im Zweifel dynamisch" auszulegen,[27] was sich im Fall einer AGB-Kontrolle jedoch nicht als unproblematisch darstellt. Zweifel gehen in der Auslegung gem. § 305 c Abs. 2 BGB nämlich grds. zu Lasten des Arbeitgebers als Klauselverwender und eine dynamische Bezugnahme kann im Vergleich zur statischen zwar im Regelfall, aber nicht generell – wie der mögliche Fall verschlechternder Tarifentwicklungen zeigt – als für den Arbeitnehmer günstiger angesehen werden.[28]

1629 Beispielsweise wurden im Bereich der betrieblichen Altersvorsorge die Regelungen älterer Tarifvereinbarungen teilweise durch deutlich für den Arbeitnehmer negativere Bestimmungen in den Nachfolgevereinbarungen ersetzt, so dass sich in diesem Zusammenhang über die Zweifelsfallregelung aus § 305 c Abs. 2 BGB eine statische Verweisung für den Arbeitnehmer als vorteilhafter darstellen würde.[29] Zu einer dynamischen Verweisung auf das jeweils geltende Tarifrecht eines bestimmten Tarifvertrages ist das BAG in der erwähnten Entscheidung gelangt, obwohl der Arbeitsvertragstext keine Bezugnahmeklausel enthielt und nur im Bereich der Vergütung bei Auflistung der Vergütungsbestandteile als Grundvergütung eine Vergütungsgruppe aus einem Tarifvertrag erwähnte (Stufe KR II/3). Der Tarifvertrag selbst war im gesamten Arbeitsvertragstext an keiner Stelle genannt.[30]

1630 In einer Entscheidung vom 24.9.2008 stellte das BAG klar, dass man über die Unklarheitenregelung des § 305 c Abs. 2 BGB lediglich bei einer Bezugnahme auf einen Vergütungstarifvertrag stets davon ausgehen könne, dass eine dynamische Verweisung für den Arbeitnehmer günstiger sei, da in späteren Tarifverträgen die Vergütung regelmäßig erhöht werde und eine Vergütungsabsenkung kaum vorkomme.[31] Bei der vertraglichen Verweisung auf einen Manteltarifvertrag oder auf ein ganzes Tarifwerk könne dagegen eine dynamische Verweisung im Vergleich zu einer statischen Verweisung durchaus auch weniger günstig sein, da die Tarifverträge aufgrund ihres Kompromisscharakters regelmäßig auch für die Arbeitnehmer nachteilhafte Änderungen enthalten. Außerhalb der Verweisung auf Vergütungsvereinbarungen sei die Unklarheitenregelung des § 305 c Abs. 2 BGB daher nicht ohne Weiteres anwendbar, da sich die Frage der Günstigkeit einer dynamischen Verweisung für den Arbeitnehmer nicht eindeutig beantworten lasse. Demnach spricht vieles für eine **einzelfallbezogene Bewertung** der Frage der Vorteilhaftigkeit einer dynamischen bzw statischen Fortgeltung im konkreten Fall.

1631 In diese Richtung geht auch die Entscheidung des BAG vom 13.2.2013, welche zunächst herausstellt, dass die Auslegung sowohl als statische, als auch als dynamische Bezugnahmeklausel rechtlich vertretbar gewesen wäre, über die Unklarheitenregelung des § 305 c Abs. 2 BGB die Entscheidung aber zu Lasten des Arbeitgebers als Verwender ausfalle, so dass konkret eine dynamische Klausel anzunehmen war.[32]

---

26 BAG 9.11.2005 – 5 AZR 128/05, NZA 2006, 202.

27 So etwa HWK/*Henssler*, TVG, § 3 Rn 24; MüKo-BGB/*Müller-Glöge*, § 611 BGB Rn 341; Schaub/*Schaub*, Arbeitsrechts-Handbuch, 13. Aufl. 2009, § 208 Rn 5; so nun nicht mehr vertreten in Schaub/*Treber*, Arbeitsrechts-Handbuch, 15. Aufl. 2013, § 206 Rn 7 ff.

28 So auch Wiedemann/*Oetker*, TVG, § 3 Rn 310; *Thüsing/Lambrich*, NZA 2002, 1361, 1366; Schaub/*Linck*, Arbeitsrechts-Handbuch, § 35 Rn 33 a.

29 *Reinecke*, BB 2006, 2637, 2639.

30 So etwa BAG 9.11.2005 – 5 AZR 128/05, NZA 2006, 202; ebenso keine ausdrückliche Verweisung auf einen Tarifvertrag voraussetzend: BAG 13.2.2013 – 5 AZR 2/12, NZA 2013, 1024.

31 BAG 24.9.2008 – 6 AZR 76/07, NZA 2009, 154.

32 BAG 13.2.2013 – 5 AZR 2/12, NZA 2013, 1024, 1025 f.

Die Bezugnahme kann einzelvertraglich auch auf einen **branchenfremden Tarifvertrag** erfolgen.[33] Ist die Bezugsnorm bei dynamischer Verweisung entfallen, können die Gerichte die Tariflücke nicht im Wege der Auslegung schließen.[34] 1632

Die **Auslegungsgrundsätze** des BAG, insb. dass verschiedentlich nicht ausreichend vom Empfängerhorizont oder vorschnell von einer dynamischen statt von einer statischen Verweisung ausgegangen wird, sind in der Lit. auf Kritik gestoßen.[35] Es bleibt zweifelhaft, ob aus dem Fehlen jeglichen Wortlauts einer Bezugnahme auf einen Tarifvertrag bei bloßer Erwähnung einer Entgeltgruppe im Rahmen der Darstellung des Gehalts geschlossen werden kann, der Arbeitgeber habe einzelvertraglich die höchstmögliche Tarifbindung in Form der dynamischen Verweisung wählen wollen.[36] Allerdings ist davon auszugehen, dass das BAG dieses extensive Verständnis auch zukünftig als Bewertungsmaßstab einer Auslegung zugrunde legen wird, da es jüngst in der bereits angesprochenen Entscheidung dies erneut entschieden hat.[37] 1633

(3) Deklaratorische und konstitutive Bezugnahmen

Von einer **deklaratorischen Bezugnahme** spricht man grds. dann, wenn sie die ohnehin geltende Rechtslage wiedergibt.[38] Dementsprechend wurde einer allgemeinen Bezugnahmeklausel in der Vergangenheit bei denjenigen Arbeitsverhältnissen, für die der in Bezug genommene Tarifvertrag bereits aufgrund beiderseitiger Tarifgebundenheit normativ oder durch eine Allgemeinverbindlicherklärung gilt, lediglich deklaratorische Bedeutung beigemessen.[39] **Konstitutive** Bedeutung sollte die allgemeine Bezugnahmeklausel erst erlangen, wenn die Tarifgebundenheit endet und die Regelungen des Tarifvertrages nicht mehr normativ auf das Arbeitsverhältnis einwirken. Dies konnte etwa im Fall des Austritts einer der beiden Vertragsparteien aus dem entsprechenden Interessenverband oder bei Betriebsübergang auf einen tariflich ungebundenen Erwerber der Fall sein. Hauptanwendungsfall einer konstitutiven Bezugnahmeklausel bildeten danach allerdings diejenigen Arbeitsverhältnisse, für die die tariflichen Regelungen wegen fehlender Tarifgebundenheit des Arbeitnehmers keine normative Wirkung entfalten.[40] 1634

Nach richtiger Ansicht ist eine arbeitsvertragliche Bezugnahme auf den Tarifvertrag dagegen stets als **konstitutive** Verabredung zu verstehen, unabhängig davon, ob der in Bezug genommene Tarifvertrag zugleich auch kraft normativer Tarifbindung auf das Arbeitsverhältnis wirkt.[41] Die oben dargestellte Auffassung, wonach in diesen Fällen die arbeitsvertragliche Bezugnahme auf den Tarifvertrag lediglich deklaratorisch sein soll und eine konstitutive Wirkung nur anzunehmen sei, wenn keine Tarifbindung der Parteien über § 4 Abs. 1 TVG erfolgt,[42] ist überholt. Auch das BAG geht in seinen aktuelleren Entscheidungen nunmehr davon aus, dass der arbeitsvertraglichen Bezugnahme auch dann konstitutive Wirkung beizumessen ist, wenn die Ta- 1635

33 BAG 25.10.2000 – 4 AZR 506/99, NZA 2002, 100.

34 BAG 20.7.2000 – 6 AZR 347/99, DB 2001, 202.

35 *Oetker*, Anm. SAE 2000, 324, 327; *Annuß*, RdA 2000, 179; *Gaul*, BB 2000, 1086.

36 BAG 9.11.2005 – 5 AZR 128/05, NZA 2006, 202.

37 Vgl BAG 13.2.2013 – 5 AZR 2/12, NZA 2013, 1024.

38 Wiedemann/*Oetker*, TVG, § 3 Rn 347; *Hanau*, NZA 2005, 489, 490; Schaub/*Schaub*, Arbeitsrechts-Handbuch, 13. Aufl. 2009, § 208 Rn 3, mittlerweile in aktueller Auflage aufgegeben: Schaub/*Treber*, Arbeitsrechts-Handbuch, 15. Aufl. 2013, § 206 Rn 10.

39 BAG 26.9.1979 – 4 AZR 819/77, AP § 613 a BGB Nr. 17; *Preis*, Grundfragen der Vertragsgestaltung im Arbeitsrecht, 1993, S. 392; Wiedemann/*Oetker*, TVG, 6. Aufl. 1999, § 3 Rn 206.

40 Schaub/*Schaub*, Arbeitsrechts-Handbuch, 13. Aufl. 2009, § 208 Rn 3.

41 *Hanau/Kania*, FS Schaub, S. 239, 248 f; *Schliemann*, Sonderbeil. zu NZA 16/2003, 3; Däubler/*Lorenz*, TVG, § 3 Rn 225 f; ErfK/*Franzen*, § 3 TVG Rn 33; *Thüsing/Lambrich*, RdA 2002, 192, 201 f; HWK/*Henssler*, § 3 TVG Rn 28; Wiedemann/*Oetker*, TVG, 7. Aufl. 2007, § 3 Rn 348; BAG 29.8.2007 – 4 AZR 767/06, NZA 2008, 364.

42 Wiedemann/*Oetker*, TVG, 6. Aufl. 1999, § 3 Rn 206 unter Hinweis auf BAG 26.9.1979 – 4 AZR 819/77, AP § 613 a BGB Nr. 17.

rifnormen für das Arbeitsverhältnis bereits kraft beiderseitiger Tarifgebundenheit gelten.[43] Dies lässt sich in erster Linie damit begründen, dass der Arbeitgeber bei Einstellung des Arbeitnehmers in aller Regel nichts über die Gewerkschaftszugehörigkeit des künftigen Mitarbeiters weiß und mangels Zulässigkeit der Frage in aller Regel auch auf eine Erkundigung verzichtet.[44] Der rechtsgeschäftliche Wille des Arbeitgebers kann daher nicht auf eine rein deklaratorische Wirkung der Bezugnahmeklausel gerichtet sein.[45] Daneben hat auch der Arbeitnehmer regelmäßig keine Kenntnis von der Tarifbindung des Arbeitgebers. Hinzu kommt, dass sich die Tarifbindung durch Koalitionsaustritte oder durch einen Betriebsübergang verändern kann.[46] Auch die im Falle des späteren Wegfalls der Tarifbindung eines der Vertragspartner notwendig werdende Konstruktion zur „Umwandlung" einer zunächst nur deklaratorisch wirkenden Klausel in eine konstitutive Regelung ist insoweit wenig überzeugend.[47] Gerade in solchen Fällen wird häufig im Arbeitsvertrag vereinbart, dass das Arbeitsverhältnis tarifvertraglichen Bestimmungen unterliegt, so dass der Tarifvertrag damit zumindest kraft Vereinbarung im Arbeitsvertrag auf das Arbeitsverhältnis anwendbar ist. Sind beide Arbeitsvertragsparteien tarifgebunden, gelten die tariflichen Bedingungen im Arbeitsverhältnis daher auf doppelter Grundlage: zum einen kraft der unmittelbar geltenden tarifvertraglichen Vereinbarung und zum anderen kraft der konstitutiv wirkenden arbeitsvertraglichen Bezugnahmeklausel.[48]

1636 In der Entscheidung vom 29.8.2007 hat der 4. Senat des BAG[49] ausgeführt, dass im Falle der Verweisung auf einen anderen als den bereits normativ kraft Allgemeinverbindlichkeit geltenden Tarifvertrag eine mögliche Kollision mittels des Günstigkeitsprinzips zu lösen sei. Soweit ein Tarifvertrag nur kraft einzelvertraglicher Inbezugnahme für das Arbeitsverhältnis gilt, stehen dessen inhaltliche Normen auf der Stufe arbeitsvertraglicher Regelungen, so dass tatsächlich ein Arbeitsvertrag mit normativ gültigen Tarifregelungen konkurriert.[50] In einer solchen Konstellation sind dann immer die für den Arbeitnehmer günstigeren Regelungen zur Anwendbarkeit zu bringen.

(4) Tarifwechselklausel

1637 Die Rspr des BAG kennt terminologisch eine Bezugnahmeklausel, die als **Tarifwechselklausel** bezeichnet wird.[51] Ist im Arbeitsvertrag mit dem tarifgebundenen Arbeitgeber vereinbart, dass für das Arbeitsverhältnis die Bedingungen des jeweils gültigen Tarifvertrages gelten sollen, stellt dies idR eine solche Tarifwechselklausel dar.[52] Damit wird zunächst auf die Tarifverträge Bezug genommen, an die der Arbeitgeber bei Abschluss des Arbeitsvertrages gebunden ist. Darüber hinaus bewirkt die Klausel, dass im Falle der Änderung der Tarifbindung, etwa nach einem Branchenwechsel des Arbeitgebers, die fortan für diesen einschlägigen Tarifverträge anzuwenden sind. Demnach folgt die Wirkung der Bezugnahmeklausel dauerhaft der tatsächlichen Tarifbindung des Arbeitgebers, so dass zumindest für den Zeitraum der tatsächlichen Ta-

43 BAG 26.9.2001 – 4 AZR 544/00, BAGE 99, 120; BAG 19.3.2003 – 4 AZR 331/02, BAGE 105, 284; BAG 17.1.2006 – 9 AZR 41/05, BAGE 116, 366; BAG 18.4.2007 – 4 AZR 652/05, NZA 2007, 965; BAG 29.8.2007 – 4 AZR 767/06, NZA 2008, 364; BAG 22.4.2009 – 4 AZR 100/08, NZA 2010, 41, 44.

44 BAG 22.4.2009 – 4 AZR 100/08, NZA 2010, 41, 44; *Hanau/Kania*, FS Schaub, S. 239, 248; *Schliemann*, Sonderbeil. zu NZA 16/2003, 3; ErfK/*Franzen*, § 3 TVG Rn 33; HWK/*Henssler*, § 3 TVG Rn 28; *Thüsing/Lambrich*, NZA 2002, 202.

45 Preis/*Preis*, Der Arbeitsvertrag, II V 40 Rn 7.

46 HWK/*Henssler*, § 3 TVG Rn 28; ErfK/*Franzen*, § 3 TVG Rn 33.

47 BAG 22.4.2009 – 4 AZR 100/08, NZA 2010, 41, 44.

48 Däubler/*Lorenz*, TVG, § 3 Rn 226.

49 BAG 29.8.2007 – 4 AZR 767/06, NZA 2008, 364.

50 BAG 29.8.2007 – 4 AZR 767/06, NZA 2008, 364.

51 BAG 16.10.2002 – 4 AZR 467/01, NZA 2003, 390; BAG 25.10.2000 – 4 AZR 506/99, NZA 2002, 100; BAG 4.9.1996 – 4 AZR 135/95, NZA 1997, 271.

52 BAG 16.10.2002 – 4 AZR 467/01, NZA 2003, 390.

rifgebundenheit des Arbeitgebers eine dauerhafte Gleichstellung zwischen tarifgebundenen und -ungebundenen Arbeitnehmern erreicht wird.

Da **große dynamische Bezugnahmeklauseln** regelmäßig **als Tarifwechselklauseln auszulegen** sind, verwenden einige Autoren beide Begriffe deckungsgleich.[53] Die Bezugnahme auf einen bestimmten Tarifvertrag oder ein bestimmtes Tarifwerk in Form einer statischen oder kleinen dynamischen Bezugnahme kann dagegen nicht in eine Bezugnahme auf einen anderen Tarifvertrag umgedeutet werden, an den der Arbeitgeber später gebunden ist.[54] Dies hat das BAG in verschiedenen Entscheidungen deutlich gemacht. So wurde in einer Entscheidung vom 17.11.2010 vom 4. Senat ausdrücklich herausgestellt, dass eine dynamische Bezugnahmeklausel nur als große dynamische Verweisung auf den jeweils fachlich und betrieblich geltenden Tarifvertrag, also als Tarifwechselklausel, ausgelegt werden könne, wenn sich dieser Wille eindeutig aus dem Vertragstext oder den Begleitumständen ergibt.[55] Dagegen sind bei der Auslegung vertraglicher Bezugnahmeklauseln Vereinbarungen von nicht am Vertragsschluss beteiligten Dritten, wie etwa Tarifvertragsparteien, grds. ohne Bedeutung.[56] Demnach wird die mit einer Gleichstellungsabrede eigentlich bezweckte Wirkung nur solange erreicht, wie es nicht zu einer fachlichen Änderung der Tarifbindung kommt, so dass eine fortwährende Gleichstellung in diesem Fall dann gerade nur über eine Tarifwechselklausel umgesetzt werden kann. Diese Entscheidung verdeutlicht die **Unterschiede** zwischen einer **Gleichstellungsabrede** und einer **Tarifwechselklausel** und dass auch eine Umdeutung nicht in Betracht kommt.[57] Sollen demnach auch Tarifwechsel erfasst werden, ist von Seiten des Verwenders auf den Abschluss einer großen dynamischen Bezugnahme hinzuwirken.[58] 1638

Eine weitere Problemkonstellation, die durch eine große dynamische Bezugnahme aufgefangen werden kann, ist die **Ablösung eines Tarifvertrages durch einen neuen Tarifvertrag**. Da über die Klausel stets der fachlich einschlägige Tarifvertrag zur Anwendung gebracht wird, ist auch der Folgetarifvertrag erfasst. Im Gegensatz dazu ist dies bei kleinen dynamischen Klauseln, welche auf die jeweils gültige Fassung eines bestimmten, genau bezeichneten Tarifvertrages Bezug nehmen, nicht zwingend der Fall. Bei dem **Wechsel von BAT zu TVöD** fehlte es bei den meisten Verweisungsklauseln in den Arbeitsverträgen nichtorganisierter Arbeitnehmer des öffentlichen Dienstes an einem solchen eindeutig aus dem Vertragstext hervorgehenden Willen zu der Vereinbarung einer Tarifwechselklausel, so dass der TVöD nach Ansicht einiger Stimmen aus der Lit. bei diesen Arbeitnehmern wohl nur über eine neue Bezugnahmevereinbarung zur Anwendung kommen können sollte.[59] Eine „neue" Bezugnahmeklausel wäre allerdings insoweit nur durch einen Änderungsvertrag bzw eine Änderungskündigung durchsetzbar. 1639

Dagegen hat das BAG in mehreren Entscheidungen in jüngerer Vergangenheit anders entschieden. Beispielsweise in einer Entscheidung vom 29.6.2011[60] stellte der 5. Senat zunächst heraus, dass eine auf die jeweilige Fassung des BAT verweisende Klausel nicht den Nachfolgetarifvertrag des TVöD erfasse. Durch die fehlende Weiterentwicklung des abgelösten Bezugnahmeobjekts in Form des BAT werde die Bezugnahmeklausel ab dem Zeitpunkt der Ersetzung lü- 1640

53 So zB BLDH/*Lingemann*, Anwalts-Formularbuch Arbeitsrecht, S. 57 Rn 99 Fn 152; HWK/*Henssler*, § 3 TVG Rn 17; Moll/*Hamacher*, MAH Arbeitsrecht, § 68 Rn 71; *Fieberg*, NZA 2005, 1226, 1227.

54 BAG 30.8.2000 – 4 AZR 581/99, NZA 2001, 510; BAG 16.10.2002 – 4 AZR 467/01, BAGE 103, 141; BAG 13.11.2002 – 4 AZR 393/01, NZA 2003, 1039; in der Konsequez auch so zu verstehen: BAG 17.11.2010 – 4 AZR 391/09, NZA 2011, 356.

55 BAG 17.11.2010 – 4 AZR 391/09, NZA 2011, 356; dies bestätigend etwa auch: BAG 6.7.2011 – 4 AZR 501/09, NJOZ 2012, 587; BAG 6.7.2011 – 4 AZR 706/09, NZA 2012, 100.

56 BAG 18.4.2012 – 4 AZR 392/10, NZA 2012, 1171.

57 *Bauer*, GWR 2011, 120; *Haußmann*, ArbR Aktuell 2010, 629.

58 *Zimmermann*, BB 2011, 1024.

59 *Hümmerich/Mäßen*, NZA 2005, 961; *v. Steinau-Steinrück*, NJW-Spezial 2005, 561; aA *Fieberg*, NZA 2005, 1226; *Werthebach*, NZA 2005, 1224.

60 BAG 29.6.2011 – 5 AZR 651/09, NZA-RR 2012, 192.

ckenhaft. Diese Regelungslücke sei im Regelfall durch eine ergänzende Vertragsauslegung zu schließen, welche ergibt, dass die Parteien nach ihrem mutmaßlichen Willen im Regelfall vereinbart hätten, die entsprechende ablösende Vereinbarung der Nachfolgetarifverträge sollte zur Anwendung gelangen.[61] Demnach wurde im konkreten Fall zur **Vergütung eines Chefarztes** entschieden, welche zuvor dynamisch nach einer bestimmten Entgeltgruppe des BAT geregelt war, dass für die Bestimmung des Entgelts fortan ab der Ablösung am 1.10.2005 die entsprechende Regelung des TVöD anwendbar sein sollte. Dagegen konnte in diesem Fall aus einer ergänzenden Vertragsauslegung nicht gefolgert werden, dass der neue, speziellere, aber nicht den BAT unmittelbar ablösende, sondern erst zum 1.8.2006 in Kraft getretene Ärztetarifvertrag TV-Ärzte/VKA über die kleine dynamische Bezugnahme zur Anwendung kommen sollte.[62]

1641 In einer weiteren, ähnlich gelagerten Entscheidung sah das BAG diese konkrete Einordnung als keineswegs zwingend an und entwickelte diese Rspr für Ärzte insoweit weiter, als dass es nicht grds. ausgeschlossen sein soll, zur Anwendung des TV-Ärzte/VKA zu kommen, sondern dass es vielmehr auf die Auslegung im konkreten Fall ankomme.[63] Die Nachfolge durch den TVöD stelle gerade keine klassische „Ablösung“ dar, so dass eine Nachwirkung des BAT bis zum Zeitpunkt des Inkrafttretens des TV-Ärzte/VKA durchaus möglich und vertretbar sei, wenn die Auslegung zum Zeitpunkt des Vertragsschlusses ergebe, dass die Parteien eine Anwendung der tariflichen Spezialnormen für Ärzte im öffentlichen Dienst mutmaßlich vereinbart hätten.[64] Die ergänzende Vertragsauslegung gelange insoweit immer dann zu einer Anwendbarkeit des TVöD als Nachfolgetarifvertrag, soweit mit der Klausel eine Gleichstellung aller Krankenhausangestellten, also auch mit nicht-ärztlichem Personal, beabsichtigt war.[65]

1642 In einer dritten Entscheidung wird allgemein dargestellt, dass grds. über die Verweisungsklausel nach ergänzender Vertragsauslegung auf die Tarifverträge zurückzugreifen sei, welche typischerweise gelten würden, wenn die Tätigkeit tatsächlich im öffentlichen Dienst ausgeübt würde und somit normativ für die entsprechende Tätigkeit einschlägig wäre.[66] Dieser Einordnung scheint allerdings eine nachfolgende Entscheidung des 4. Senats zu widersprechen, in welcher deutlich gemacht wird, allein die größere Sachnähe sei kein ausreichendes Abgrenzungskriterium.[67]

1643 Diese generelle Einordung und Lösung des Problems im Wege der **ergänzenden Vertragsauslegung**, welche dann im Regelfall die Anwendbarkeit der entsprechenden **Nachfolgeregelungen** in TVöD bzw TV-L ergibt, wurde vom BAG auch in weiteren Entscheidungen so bestätigt.[68] Dies wird in erster Linie damit begründet, dass es regelmäßig nicht dem Interesse der Vertragsparteien bei Vereinbarung einer dynamischen Bezugnahme entsprechen kann, dass es im Falle einer nicht bedachten Ersetzung des in Bezug genommenen Tarifwerkes zu einem „Einfrieren“

61 BAG 29.6.2011 – 5 AZR 651/09, NZA-RR 2012, 192; so auch: BAG 16.12.2009 – 5 AZR 888/08, NZA 2010, 401; BAG 19.5.2010 – 4 AZR 796/08, NZA 2010, 1183; BAG 10.11.2010 – 5 AZR 633/09, NJOZ 2011, 376; BAG 6.7.2011 – 4 AZR 706/09, NZA 2012, 100; BAG 18.4.2012 – 4 AZR 392/10, NZA 2012, 1171.

62 BAG 29.6.2011 – 5 AZR 651/09, NZA-RR 2012, 192.

63 BAG 18.4.2012 – 4 AZR 392/10, NZA 2012, 1171.

64 BAG 18.4.2012 – 4 AZR 392/10, NZA 2012, 1171.

65 BAG 18.4.2012 – 4 AZR 392/10, NZA 2012, 1171.

66 BAG 25.8.2010 – 4 AZR 14/09, NZA-RR 2011, 248.

67 BAG 18.4.2012 – 4 AZR 392/10, NZA 2012, 1171.

68 BAG 16.12.2009 – 5 AZR 888/08, NZA 2010, 401; BAG 19.5.2010 – 4 AZR 796/08, NZA 2010, 1183; BAG 25.8.2010 – 4 AZR 14/09, NZA-RR 2011, 248; BAG 10.11.2010 – 5 AZR 633/09, NJOZ 2011, 376; BAG 23.3.2011 – 10 AZR 831/09, NZA 2012, 396; BAG 18.4.2012 – 4 AZR 392/10, NZA 2012, 1171; BAG 16.5.2012 – 4 AZR 290/10, NJOZ 2012, 2137; so iE auch BAG 27.1.2010 – 4 AZR 591/08, NJOZ 2010, 1894.

der gültigen Regelungen durch eine bloße statische Fortgeltung der Tarifnormen kommt.[69] Demnach gelangt die Rspr des BAG bei der Frage der Nachfolge des abgelösten BAT regelmäßig zur Anwendung der Normen des TVöD unabhängig davon, ob im Vertrag eine kleine oder große dynamische Bezugnahme vereinbart war. Der 4. Senat hat in einer Entscheidung vom 25.8.2010[70] deutlich gemacht, es sei unerheblich, ob es sich im konkreten Fall nach Auslegung der Klausel um eine zeitlich oder sogar inhaltlich dynamisch wirkende Verweisung handelte, da man in beiden Fällen – entweder direkt oder über das Mittel der ergänzenden Vertragsauslegung – zur Anwendung des TVöD gelange.

Wurde in den Klauseln dagegen auch Bezug auf „die den BAT ergänzenden, ändernden und ersetzenden Tarifverträge" genommen, so war bereits unproblematisch der TVöD als ablösende Vereinbarung ohne die Notwendigkeit einer ergänzenden Vertragsauslegung in die Arbeitsverträge einbezogen.[71] Wird hingegen zusätzlich zur Bezugnahme nur auf „ändernde Tarifverträge" verwiesen, kann weder direkt noch im Wege der Auslegung gefolgert werden, dass auch ergänzende Tarifverträge, wie im konkreten Fall der TV ATZ zum BAT, von der Verweisung erfasst werden.[72] 1644

Eine ähnliche Problematik trat auch im Zusammenhang mit der **Privatisierung öffentlich-rechtlicher Einrichtungen** auf, wie etwa der Deutschen Post oder der Deutschen Telekom. Fanden sich in den Arbeitsverträgen kleine dynamische Verweisungen auf den jeweils gültigen Tarifvertrag der Angestellten/Arbeiter der Deutschen Bundespost Telekom, erfasst diese Verweisungsklausel im Wege der ergänzenden Vertragsauslegung auch die ablösenden Nachfolgeverträge der Deutschen Telekom AG als Rechtsnachfolger.[73] Aus der ergänzenden Vertragsauslegung kann dagegen nicht gewonnen werden, dass auch die mit einem nachträglich gegründeten Tochterunternehmen der Telekom AG geschlossenen Tarifverträge auch von der Verweisung erfasst werden.[74] Dafür wäre vielmehr erneut eine große dynamische Bezugnahme erforderlich gewesen. 1645

(5) Gleichstellungsabrede

Bei nicht tarifgebundenen Mitarbeitern und Arbeitgebern kann durch Bezugnahme der **Tarifvertrag** als Vertragsbestandteil in das arbeitsvertragliche Rechte- und Pflichtengefüge einbezogen werden. Eine solche Verweisungsklausel kann als **Gleichstellungsabrede** ausgestaltet sein, durch die eine Gleichstellung der nichtorganisierten mit der organisierten Arbeitnehmerschaft erreicht werden soll.[75] Darüber hinaus kann, gerade bei tarifgebietsübergreifenden Unternehmen, einer Gleichstellungsabrede auch die Funktion zukommen, die vom räumlichen Geltungsbereich eines Tarifvertrages erfassten Arbeitnehmern mit solchen gleichzubehandeln, welche aus dem räumlichen Geltungsbereich eigentlich herausfallen würden.[76] 1646

Die Gleichstellungsabrede existiert in einer **statischen** und in einer **dynamischen** Ausprägung, wobei allerdings bei tarifgebundenen Arbeitgebern nur die dynamische Form dazu geeignet ist, dauerhaft eine Vereinheitlichung der Arbeitsbedingungen zu verwirklichen. 1647

Gleichstellungsabreden verfolgen den **Zweck**, eine **Gleichbehandlung** hinsichtlich der Arbeitsbedingungen der nicht oder anders organisierten Arbeitnehmer mit denjenigen Arbeitnehmern 1648

---

69 BAG 16.12.2009 – 5 AZR 888/08, NZA 2010, 401; BAG 19.5.2010 – 4 AZR 796/08, NZA 2010, 1183; BAG 29.6.2011 – 5 AZR 651/09, NZA-RR 2012, 192; BAG 10.11.2010 – 5 AZR 633/09, NJOZ 2011, 376; so iE auch BAG 27.1.2010 – 4 AZR 591/08, NJOZ 2010, 1894.

70 BAG 25.8.2010 – 4 AZR 14/09, NZA-RR 2011, 248.

71 *Thüsing*, AGB-Kontrolle im Arbeitsrecht, S. 85 Rn 209.

72 BAG 6.7.2011 – 4 AZR 501/09, NJOZ 2012, 587; BAG 11.12.2012 – 9 AZR 136/11, NJOZ 2013, 787.

73 BAG 6.7.2011 – 4 AZR 501/09, NJOZ 2012, 587; BAG 16.11.2011 – 4 AZR 873/09, NZA 2012, 1000.

74 BAG 6.7.2011 – 4 AZR 501/09, NJOZ 2012, 587; BAG 16.11.2011 – 4 AZR 873/09, NZA 2012, 1000.

75 BAG 30.8.2000 – 4 AZR 581/99, FA 2001, 127; BAG 4.6.2008 – 4 AZR 316/07, AP Nr. 37 zu § 3 TVG; BAG 21.10.2009 – 4 AZR 396/08, NZA-RR 2010, 361.

76 BAG 21.8.2002 – 4 AZR 263/01, RdA 2003, 303.

herbeizuführen, für die die in Bezug genommenen Tarifbestimmungen durch beiderseitige Tarifgebundenheit gelten.[77]

1649 Durch die Rspr-Änderung des BAG zur Auslegung dynamischer Bezugnahmeklauseln[78] wurde der **Anwendungsbereich** für die Annahme von Gleichstellungsabreden deutlich **eingeschränkt**, da in Verträgen ab dem 1.1.2002 eine solche nur noch anzunehmen ist, wenn ein entsprechender Wille eindeutig im Wortlaut der Klausel zum Ausdruck kommt (zur Entwicklung der Rspr-Änderung s. ausf. § 1 Rn 1668 ff). Dies darf nicht dahin gehend missverstanden werden, dass fortan die Vereinbarung von Gleichstellungsabreden nicht mehr möglich ist. Es wurden von Seiten des BAG lediglich die Auslegungsregeln derart geändert, dass **im Zweifel** eben **nicht** mehr das Vorliegen einer Gleichstellungsabrede angenommen wird, es sei denn, dass der Wille zur bloßen Gleichstellung deutlich hervortrete. Wenn die Möglichkeit eröffnet werden soll, dass das Arbeitsverhältnis den Tarifverträgen in der jeweils gültigen Fassung unterliege, die für den Betrieb oder Betriebsteil jeweils unmittelbar und zwingend gelten, lässt sich diese Wirkung nur über eine **Tarifwechselklausel** oder eine sog. große dynamische Bezugnahme im Arbeitsvertrag erzielen.[79]

(6) Vollverweisung auf beamtenrechtliche Vorschriften

1650 Arbeits- wie Dienstvertrag können auch eine Vollverweisung auf beamtenrechtliche Vorschriften, insb. auf das „Beamtenversorgungsgesetz" vornehmen.[80] Auch bei sog. beamtenähnlichen Angestellten wie Professoren an kirchlichen Hochschulen führt die Verweisung auf die einschlägigen Beamtengesetze in Arbeitsverträgen zu dynamischen Vollverweisungen.

cc) Tarifvertragliche Bezugnahme und NachwG

1651 Eine häufige Streitfrage ist es, in welchem Umfang den Arbeitgeber die Pflicht trifft, dem Arbeitnehmer einen **Tarifvertrag zur Kenntnis zu bringen**, wenn er sich später auf eine tarifliche Regelung berufen möchte. Eine **Aushändigungspflicht** des Arbeitgebers für die in Bezug genommenen Tarifverträge und Betriebsvereinbarungen besteht nach Auffassung des BAG nicht.[81] Nach früherer Rspr galt, dass der Arbeitgeber dem Arbeitnehmer den Tarifvertrag nur zugänglich machen musste, um die Anforderungen des § 8 TVG zu erfüllen.[82] In einer späteren Entscheidung ließ der Senat offen, ob er an dieser Auffassung festhalten will. Er entschied außerdem, dass der Arbeitgeber dem Arbeitnehmer den Tarifvertrag dann nicht zugänglich gemacht habe, wenn er den Tarifvertrag zusammen mit Arbeitsanweisungen in einem allgemein zugänglichen, mit „Info" beschrifteten Ordner abgelegt habe.[83]

1652 Der 4. Senat des BAG meinte schließlich mit Blick auf das **NachwG**, dass ein Nachweis tarifvertraglicher Ausschlussfristen zwar erforderlich, in Form eines allgemeinen Hinweises auf den die Frist regelnden Tarifvertrag aber hinreichend erbracht sei.[84] Eine AGB-rechtliche Einbeziehungskontrolle nach § 305 Abs. 2 BGB sieht das Gesetz nicht vor. Gemäß § 310 Abs. 4 S. 1 BGB sind Betriebsvereinbarungen und Tarifverträge von der Einbeziehungskontrolle ausgenommen, so dass die im Arbeitsvertrag in Bezug genommenen Tarifverträge nicht sichtbar ausgehängt werden müssen oder dem Arbeitnehmer die Möglichkeit der nichtbeschwerlichen

---

77 BAG 30.8.2000 – 4 AZR 581/99, NZA 2001, 510; BAG 4.9.1996 – 4 AZR 135/95, NZA 1997, 271; BAG 4.6.2008 – 4 AZR 316/07, AP Nr. 37 zu § 3 TVG; BAG 21.10.2009 – 4 AZR 396/08, NZA-RR 2010, 361.

78 BAG 14.12.2005 – 4 AZR 536/04, NZA 2006, 607; BAG 18.4.2007 – 4 AZR 652/05, NZA 2007, 965.

79 BAG 16.10.2002 – 4 AZR 467/01, NZA 2003, 390.

80 BGH 19.1.2004 – II ZR 303/01, NZA 2004, 549.

81 BAG 5.11.1963 – 5 AZR 136/63, AP § 1 TVG Bezugnahme auf Tarifvertrag Nr. 1.

82 BAG 5.11.1963 – 5 AZR 136/63, AP § 1 TVG Bezugnahme auf Tarifvertrag Nr. 1.

83 BAG 11.11.1998 – 5 AZR 63/98, NZA 1999, 605.

84 BAG 23.1.2002 – 4 AZR 56/01, NZA 2002, 800; hierzu krit. *Linde/Lindemann*, NZA 2003, 649.

Kenntnisnahme zu eröffnen ist. Der Gesetzgeber begründet diese Ausnahme damit, dass der Arbeitnehmer durch die Vorschriften des NachwG bereits ausreichend geschützt sei.[85]

Wie eine Reihe von Entscheidungen, aber auch der Diskussionsstand in der Lit. gezeigt hat, ist der Umfang der vom Arbeitgeber bei Bezugnahme eines Tarifvertrages dem Arbeitnehmer zu überlassenden Tarifvertragstexte umstritten. Bis zu einem Monat nach Abschluss des Arbeitsvertrages hat der Arbeitgeber nach § 2 Abs. 1 S. 1 NachwG „die wesentlichen Vertragsbedingungen schriftlich niederzulegen, die Niederschrift zu unterzeichnen und dem Arbeitnehmer auszuhändigen". Außerdem enthält § 2 Abs. 1 S. 2 Nr. 10 NachwG die Regelung, dass der Arbeitsvertrag „einen in allgemeiner Form gehaltenen Hinweis auf die Tarifverträge, Betriebs- oder Dienstvereinbarungen haben muss, die auf das Arbeitsverhältnis anzuwenden sind". Auf der anderen Seite hat der Verstoß gegen das NachwG keine unmittelbaren materiell-rechtlichen Folgen; die Vertragsbedingungen bleiben wirksam.[86] Das NachwG bewirkt allein eine deklaratorische Nachweispflicht, die auf die Wirksamkeit der Bezugnahme und damit den Umstand, ob die Tarifvertragsklauseln tatsächlich zwischen den Parteien vereinbart wurden, keinen Einfluss hat. Ein Verstoß gegen die Anforderungen des NachwG kann allerdings eine Ersatzpflicht des Arbeitgebers hinsichtlich der Schäden begründen, die dem Arbeitnehmer aufgrund des fehlenden oder unzureichenden schriftlichen Nachweises entstanden sind. 1653

Es erscheint als ein zumindest ein Stück weit praktisch unbedeutender und zudem schwer zu entscheidender Streit, ob dem Schutzzweck des NachwG durch den allgemeinen Verweis auf den die Verfallfrist regelnden Tarifvertrag nicht schon entsprochen wird[87] oder ob bei einer Bezugnahme auf den Tarifvertrag zumindest die wesentlichen Bereiche wie Entgelt, Arbeitszeit, Urlaub und Kündigungsfristen ausdrücklich in den Arbeitsvertrag aufzunehmen sind.[88] Auch die Frage, ob sich der Verweis in § 2 Abs. 1 S. 2 Nr. 10 NachwG ausschließlich auf normativ wirkende Tarifverträge bezieht[89] und damit für in Bezug genommene Tarifverträge ohne Belang ist, bleibt letztlich genauso wenig von Bedeutung wie die Frage, ob ein qualifizierter Hinweis gem. § 2 Abs. 3 NachwG im Arbeitsvertrag gefordert werden kann.[90] Maßgeblich bleibt **§ 8 TVG**, der die Arbeitgeber verpflichtet, die in ihrem Betrieb einschlägigen Tarifverträge an geeigneter Stelle in den Betriebsräumen auszulegen. Eine darüber hinausgehende Pflicht besteht nicht. Nimmt der Arbeitgeber einen Tarifvertrag arbeitsvertraglich in Bezug, handelt es sich auch um einen für den Betrieb maßgebenden Tarifvertrag. § 8 TVG erfasst als lex specialis sämtliche für den Betrieb maßgeblichen Tarifverträge, wobei es unerheblich ist, ob es sich um normative oder um schuldrechtliche Bestimmungen handelt.[91] Aus dem NachwG sind deshalb keine zusätzlichen Anforderungen an die Bereitstellung in Bezug genommener Tarifvertragsregelungen bei schuldrechtlicher Einbeziehung zu fordern. Mit der Auslegung nach § 8 TVG stellt der Arbeitgeber die gebotene Informationssymmetrie her. Es reicht daher eine dem Arbeitnehmer zumutbare Möglichkeit der Kenntnisnahme, beim normativ wie beim schuldrechtlich wirkenden Tarifvertrag. Dies wirkt sich auch auf die Frage nach einer möglichen Intransparenz der Bezugnahmeklausel im Hinblick auf eine AGB-rechtliche Prüfung auf, da eine Unklarheit nach § 307 Abs. 1 S. 2 BGB nur voraussetzt, dass sich der Arbeitnehmer einen Überblick über die tariflichen Regelungen verschaffen kann, was bei ordnungsgemäßer Auslage iSv § 8 TVG erfüllt ist.[92] Problematisch ist diese Konstellation allerdings gegenüber selbst norma- 1654

85 BT-Drucks. 14/6857, S. 54.

86 EuGH 8.2.2001 – Rs. C-350/99, NJW 2001, 955.

87 BAG 14.11.2012 – 5 AZR 107/11, AP Nr. 118 zu § 1 TVG; LAG Schleswig-Holstein 8.2.2000 – 1 Sa 563/99, NZA-RR 2000, 196; *Koch*, FS Schaub, 1998, S. 421, 440; *Bunte*, RdA 2009, 21, 22.

88 LAG Bremen 9.11.2000 – 4 Sa 138/00, NZA-RR 2001, 98; LAG Niedersachsen 7.12.2000 – 10 Sa 1505/00, NZA-RR 2001, 145.

89 *Müller-Glöge*, RdA 2001, Sonderbeil. Heft 5, 46.

90 *Linde/Lindemann*, NZA 2003, 649; Preis/*Preis*, Der Arbeitsvertrag, II V 40 Rn 45.

91 *Löwisch/Rieble*, § 8 TVG Rn 10; Wiedemann/*Oetker*, TVG, § 8 Rn 9; aA *Bunte*, RdA 2009, 21, 22.

92 BAG 14.11.2012 – 5 AZR 107/11, AP Nr. 118 zu § 1 TVG.

tiv tarifungebundenen Arbeitgebern, welche gerade weder direkt noch analog der Auslageverpflichtung nach § 8 TVG unterfallen.[93] In diesem Zusammenhang kann dann lediglich auf die verkürzte Mitteilungsverpflichtung aus dem NachwG zurückgegriffen werden.

dd) AGB-Kontrolle im Rahmen von Verweisungen von Tarifverträgen

1655 Verweisungsklauseln finden sich oftmals in den Arbeitsverträgen in vorformulierten Vertragsbedingungen, so dass sich stets die Frage einer AGB-Kontrolle nach den §§ 305 ff BGB stellt. Insoweit ist zwischen der Kontrolle des Tarifvertrages als Bezugnahmeobjekt und der Kontrolle der Bezugnahmeklausel selbst zu unterscheiden.

(1) Inhaltskontrolle der in Bezug genommenen Tarifverträge

(a1) Inbezugnahme des fachlich und örtlich einschlägigen Tarifvertrages

1656 Eine Inhaltskontrolle arbeitsrechtlicher Kollektivnormen über die §§ 305 ff BGB findet grds. nicht statt. **Tarifvertrag** und **Betriebsvereinbarung** sind der **AGB-rechtlichen Kontrolle nicht** unterworfen. Vor allem die Existenz und Bedeutung von Tarifverträgen und sonstigen Kollektivnormen bildeten für den Gesetzgeber den wesentlichen Anlass, das Arbeitsrecht in der Vergangenheit gänzlich aus dem Anwendungsbereich des AGB-Rechts (§ 23 AGBG) herauszunehmen.[94] Im Zuge der Schuldrechtsmodernisierung änderte sich insoweit die Haltung des Gesetzgebers nicht. Gemäß § 310 Abs. 4 S. 1 BGB wird das kollektive Arbeitsrecht (Tarifverträge und Betriebsvereinbarungen) aus der Kontrolle Allgemeiner Geschäftsbedingungen herausgenommen, so dass die Bereichsausnahme weiterhin für Tarifverträge, Betriebs- und Dienstvereinbarungen aufrechterhalten wird. Der Gesetzgeber begründet dies damit, dass die vorgenannten Regelungswerke nicht nur ausgehandelte Verträge zwischen den beteiligten Kollektivvertragsparteien darstellten, sondern zugleich unmittelbar und zwingend für die Arbeitsverhältnisse der betriebsangehörigen bzw tarifgebundenen Arbeitnehmer geltende Rechtsnormen enthielten (§ 77 Abs. 4 S. 1 BetrVG, § 4 Abs. 1 S. 1 TVG). Dementsprechend stelle § 310 Abs. 4 S. 3 BGB klar, dass Tarifverträge, Betriebs- und Dienstvereinbarungen Rechtsvorschriften iSd § 307 Abs. 3 BGB seien.[95] Von den vier Rechtsquellen der Arbeitsbedingungen ist der Arbeitsvertrag damit unter dem Gesichtspunkt der Rechtssicherheit und möglichen richterlichen Kontrolle inzwischen das schwächste Glied in der Rechtsquellenkette des Arbeitsrechts.

1657 Bei originären Tarifverträgen findet nach § 310 Abs. 4 S. 1 BGB keine AGB-rechtliche Inhaltskontrolle statt. Der innere Grund für die Befreiung von der AGB-Kontrolle ist die Wahrung der Tarifautonomie.[96] Einigkeit besteht auch, dass trotz fehlender normativer Geltung bei einzelvertraglicher Einbeziehung einer (gesamten) kollektiven Regelung aus dem sachlichen und räumlichen Geltungsbereich des Tarifvertrages keine Inhaltskontrolle erfolgt.[97] Der Verzicht auf die Inhaltskontrolle hat seinen Sinn in der Vermutung einer angemessenen Regelung, der sog. **Richtigkeitsgewähr** oder **Angemessenheitsvermutung**.[98] Hinzu kommt, dass schon von der Systematik her die Annahme vorgefertigter Vertragsbedingungen nicht auf Tarifverträge oder Betriebsvereinbarungen passt, da diese aufgrund der vermuteten Kampfparität zwischen den Interessenverbänden immer ein Ergebnis zweiseitiger Verhandlungen bilden werden und keine einseitig gestellten Regelungen enthalten. Dies wird dadurch unterstrichen, dass im Gegensatz

---

93 *Bunte*, RdA 2009, 21 f.

94 BAG 29.11.1995 – 5 AZR 447/94, AP § 3 AGBG Nr. 1; BAG 13.12.2000 – 10 AZR 168/00, NZA 2001, 723.

95 BT-Drucks. 14/6857, S. 53 f.

96 Däubler/Bonin/Deinert/*Däubler*, § 310 BGB Rn 25.

97 BAG 18.9.2012 – 9 AZR 1/11, NZA 2013, 216, 218; LAG Berlin 10.10.2003 – 6 Sa 1058/03; *Henssler*, RdA 2002, 129, 136; *Hromadka*, NJW 2002, 2523; *Lindemann*, AuR 2002, 81; *Oetker*, FS Wiedemann, S. 399; aA *Löwisch*, FS Wiedemann, S. 320.

98 BAG 24.3.2004 – 5 AZR 303/03, DB 2004, 1432; BAG 28.5.2002 – 3 AZR 421/01, NZA 2003, 1198; BAG 24.9.2008 – 6 AZR 76/07, NZA 2009, 154; RGKU/*Jacobs*, § 307 BGB Rn 21.

zu solchen zweiseitigen Kollektivvereinbarungen vertraglich in Bezug genommene Betriebs- oder Dienstordnungen, welche bloß einseitig vom Arbeitgeber erlassen wurden, sehr wohl auch inhaltlich einer vollständigen Inhaltskontrolle unterliegen.[99] Soweit der fachlich einschlägige Tarifvertrag insgesamt in Bezug genommen wird, ist eine Angemessenheitskontrolle selbst dann entbehrlich, wenn der Tarifvertrag von einer Tarifpartei gekündigt wurde und noch kein neuer Tarifvertrag in Kraft getreten ist.[100] Die Angemessenheitsvermutung erlischt nicht bei Beendigung eines Tarifvertrages durch Kündigung, was bereits daraus folgt, dass das Gesetz in § 4 Abs. 5 TVG eine Nachwirkung von gekündigten Tarifverträgen anordnet.[101]

(a2) Inbezugnahme orts- oder branchenfremder Tarifverträge

Umstritten ist dagegen weiterhin, inwieweit die Inbezugnahme von **branchen- oder ortsfremden Tarifverträgen** geeignet ist, die Bereichsausnahme des § 310 Abs. 4 S. 1 BGB auszulösen. 1658
Der Wortlaut der Vorschrift ist dazu wenig ergiebig, da allgemein von „Tarifverträgen, Betriebs- und Dienstvereinbarungen“ und nicht nur von den „einschlägigen“ Kollektivvereinbarungen die Rede ist.[102] Nach einer Sichtweise ist daher eine Inhaltskontrolle des Arbeitsvertrages auch bei einer Bezugnahme auf fachlich oder örtlich nicht einschlägige Kollektivnormen entbehrlich. Als Argument dafür wird einerseits die Gesetzesbegründung[103] angeführt, in welcher bei Bezugnahmen in Einzelverträgen nicht zwischen fachlich einschlägigen und branchenfremden sowie bereichsfremden und örtlich einschlägigen Tarifverträgen unterschieden werde. Auch zeige § 22 Abs. 2 TzBfG, dass sich der Gesetzgeber generell des Instituts der einzelvertraglichen Verweisung auf fachlich nicht einschlägige Tarifnormen bewusst war.[104]

Diese Argumentation überzeugt letztlich nicht. Daher ist mit der ganz hM davon auszugehen, 1659
dass bei Verweisungen in branchen- oder ortsfremde Tarifverträge weiterhin eine Inhaltskontrolle durchzuführen ist.[105] Zunächst ist die Regelung in § 22 Abs. 2 TzBfG kein Indiz für einen generellen Willen des Gesetzgebers, dass bei einzelvertraglichen Bezugnahmen auch stets nicht einschlägige Tarifnormen erfasst sein sollen. In anderen Vorschriften wie § 622 Abs. 4 S. 2 BGB oder § 4 Abs. 4 S. 2 EFZG sind die Verweisungen vielmehr auch auf einschlägige Tarifnormen beschränkt.[106] Entscheidend für diese Ansicht spricht darüber hinaus, dass der Grund für die Bereichsausnahme die Angemessenheits- und Richtigkeitsvermutung ist, welche sich in erster Linie aus der größeren Sachnähe der Tarifvertragsparteien zum Regelungsgegenstand ergibt. Die fehlende Sachnähe bei Verweisungen auf nicht einschlägige Tarifnormen lässt allerdings diese Richtigkeitsgewähr entfallen.[107] Des Weiteren greift auch die Angemessenheitsvermutung nicht ein, da einem branchen- oder ortsfremden Tarifvertrag andere ökonomische

99 MüKo-BGB/*Müller-Gloge*, § 611 BGB Rn 68.
100 BAG 18.9.2012 – 9 AZR 1/11, NZA 2013, 216.
101 BAG 18.9.2012 – 9 AZR 1/11, NZA 2013, 216, 218.
102 So auch *Thüsing*, in: Graf von Westphalen/Thüsing, Vertragsrecht und AGB-Klauselwerke, Arbeitsverträge Rn 185.
103 BT-Drucks. 14/6857, S. 53 f.
104 Übersicht bei *Thüsing/Lambrich*, NZA 2002, 1361, 1362 f.
105 *Annuß*, BB 2002, 458, 460; *Bayreuther*, RdA 2003, 81, 91; Däubler/Bonin/Deinert/*Däubler*, § 310 BGB Rn 50; ErfK/*Preis*, §§ 305–310 BGB Rn 14; *Däubler*, NZA 2001, 1329, 1334 f; ErfK/*Franzen*, § 3 TVG Rn 34; *Diehn*, NZA 2004, 129, 131; *Gaul*, ZfA 2003, 75; HWK/*Gotthardt*, § 307 BGB Rn 14; RGKU/*Jacobs*, § 307 BGB Rn 23; *Lakies*, NZA 2004, 569, 571; *Richardi*, NZA 2002, 1057; Schaub/*Treber*, Arbeitsrechts-Handbuch, § 206 Rn 4; *Schliemann*, Sonderbeil. zu NZA 16/2003; *Thüsing/Lambrich*, NZA 2002, 1361, 1363; *Thüsing*, AGB-Kontrolle im Arbeitsecht, S. 73 Rn 185; *Thüsing*, in: Graf von Westphalen/Thüsing, Vertragsrecht und AGB-Klauselwerke, Arbeitsverträge Rn 185.
106 *Diehn*, NZA 2004, 129, 131.
107 *Diehn*, NZA 2004, 129, 131; *Richardi*, NZA 2002, 1057, 1062; *Thüsing/Lambrich*, NZA 2002, 1361, 1363; *Thüsing*, in: Graf von Westphalen/Thüsing, Vertragsrecht und AGB-Klauselwerke, Arbeitsverträge Rn 186.

und betriebliche Rahmenbedingungen zugrunde liegen.[108] Zudem wäre ohne eine Inhaltskontrolle zu befürchten, dass Arbeitgeber stets Verweisungen auf die Tarifverträge der „billigsten" Branchen vornehmen würden.[109]

1660 Nach einer dritten Auffassung besteht die Gefahr der Unangemessenheit der Verweisung, welche eine Inhaltskontrolle erforderlich mache, zwar bei der Inbezugnahme branchenfremder, nicht zwangsläufig dagegen ortsfremder Tarifverträge, da die inhaltliche Angemessenheit keine Frage des räumlichen Geltungsbereiches sei.[110] Allerdings ergeben sich auch heutzutage aus den verschiedenen regionalen Gegebenheiten, insb. dem Niveau der Lebenshaltungskosten und des Lebensstandards, innerhalb der Bundesrepublik Deutschland noch deutliche Unterschiede hinsichtlich der Arbeitsbedingungen und des Lohnniveaus. Daher soll entgegen dieser dritten Ansicht richtigerweise eine Inhaltskontrolle der in Bezug genommenen Tarifnormen lediglich dann entfallen, wenn ein Verweis auf den fachlich, örtlich und zeitlich einschlägigen Tarifvertrag vorliegt.[111] Jedoch kommt in Einzelfällen eine Ausnahme in Betracht, wenn ausgeschlossen werden kann, dass der Arbeitgeber die Verweisung auf einen örtlich nicht einschlägigen Tarifvertrag nutzt, um die Arbeitnehmer unter Vorenthaltung der regionalen Regelungen zu benachteiligen. Dies ist bspw der Fall, wenn in allen Formulararbeitsverträgen eines Arbeitgebers zum Zwecke der Gleichstellung aller Arbeitnehmer eine Bezugnahmeklausel auf das Tarifwerk der Metallindustrie Nordwürttemberg/Nordbaden, also der Region des Hauptunternehmenssitzes, enthalten ist, der Tätigkeitsschwerpunkt einer geringen Anzahl von Arbeitnehmern allerdings in Nordrhein-Westfalen liegt und somit in rein räumlicher Hinsicht für diese eigentlich ein anderer Tarifvertrag einschlägig wäre.[112]

(a3) Global-, Einzel- und Teilverweisungen

1661 Die Bereichsausnahme des § 310 Abs. 4 BGB gilt insgesamt nur für eine **Globalverweisung** auf den einschlägigen Tarifvertrag. Ausgenommen bleibt die **Einzelverweisung**, weil für sie die Vermutung der Angemessenheit eines gesamten Tarifvertrages nicht gilt. Die einzelnen Teile eines Tarifvertrages entfalten nicht notwendigerweise eine in sich geschlossene ausgleichende Wirkung, so dass auf eine Angemessenheitskontrolle bei Einzelverweisung nicht generell verzichtet werden kann.[113] Tarifverträge kommen durch ein wechselseitiges Geben und Nehmen zustande, so dass sich Vor- und Nachteile für die Tarifvertragsparteien meist erst im Kontext der Gesamtvereinbarung ausgleichen. Bei Herausnahme einzelner Bestimmungen aus dem Gesamtkontext entfällt daher die Richtigkeitsgewähr.[114] Der sich gerade aus der Gesamtheit von günstigen und ungünstigen Regelungen ergebende „Kompromisscharakter" ist bei Einzelverweisungen nicht mehr länger gewährleistet.[115] Im Gegenteil bergen Einzelverweisungen geradezu die Gefahr, dass der Vertragsverwender nur auf die für ihn vorteilhaften Regelungen des Tarifvertrages verweist.[116] Für die Durchführung einer AGB-Kontrolle bei Einzelverweisungen spricht weiterhin der Gesetzeswortlaut. Denn gem. § 307 Abs. 3 BGB ist eine Inhaltskontrolle immer vorzunehmen, wenn von gesetzlichen Regelungen abgewichen wird. Eine solche Abweichung von einem Tarifvertrag, der gem. § 310 Abs. 4 S. 3 BGB eine gesetzliche Regelung in diesem

108 ErfK/*Preis*, §§ 305–310 BGB Rn 14; *Lakies*, NZA 2004, 569, 571.
109 Däubler/Bonin/Deinert/*Däubler*, § 310 BGB Rn 50.
110 *Singer*, RdA 2003, 194, 198.
111 *Thüsing/Lambrich*, NZA 2002, 1361, 1363.
112 BAG 21.8.2002 – 4 AZR 263/01, NZA 2003, 442.
113 HWK/*Gotthardt*, § 307 BGB Rn 14; RGKU/*Jacobs*, § 307 BGB Rn 25; *Löwisch/Rieble*, § 3 TVG Rn 501; *Reinecke*, NZA 2000, Sonderbeil. zu Heft 3, 23, 29.
114 Moll/*Hamacher*, MAH Arbeitsrecht, § 68 Rn 132.
115 *Lakies*, NZA 2004, 569, 572.
116 *Diehn*, NZA 2004, 129, 130; MüKo-BGB/*Müller-Glöge*, § 611 BGB Rn 69.

Sinne darstellt, liegt jedoch bereits vor, wenn dieser nicht in seiner Gesamtheit in Bezug genommen wird.[117]

Bei **Teilverweisungen**, welche nicht punktuell einzelne Regelungen in Bezug nehmen, sondern nur einzelne Regelungskomplexe, wird vertreten, dass das Wirksamwerden der Bereichsausnahme vom Umfang der in Bezug genommenen Vorschriften des Tarifvertrages abhänge, da die Richtigkeitsgewähr in dem Maße gelte, in dem der Tarifvertrag in seiner Gesamtheit angewendet werde.[118] Diese Ansicht ist in der Praxis nicht umsetzbar, da jedwede Kriterien fehlen, aus denen sich ergeben kann, wann der Umfang der in Bezug genommenen Vorschriften ausreichend ist.[119] 1662

Teilweise wird auch angenommen, eine Inhaltskontrolle sei generell nicht notwendig, soweit auf komplette Regelungsbereiche, wie etwa alle tariflichen Regelungen zum Themenbereich Urlaubsansprüche, verwiesen werde.[120] Auch diese Ansicht ist allerdings eher abzulehnen. Die Richtigkeitsgewähr von Tarifverträgen bleibt gerade nur im Rahmen einer ganzheitlichen Anwendung im Wege der Globalverweisung erhalten, da das gegenseitige Nachgeben der Vertragsparteien sich oftmals komplexübergreifend darstellt, so dass Nachteile für eine Partei innerhalb eines geschlossenen Teiles durch Vorteile in einem anderen Bereich ausgeglichen werden. Ein solcher Ausgleich wird von einer Teilverweisung auf einen in sich geschlossenen Teilkomplex gerade nicht erfasst. Demnach greift die Angemessenheitsvermutung in diesem Zusammenhang nicht ein, so dass eine AGB-Kontrolle stattfindet. Für diese Ansicht, die Teilverweisungen mit Ausnahme der gesetzlichen Anwendungsfälle (zB § 622 Abs. 4 S. 2 BGB, § 13 Abs. 1 S. 2 BUrlG, § 7 Abs. 3 ArbZG) generell als nicht ausreichend für einen Verzicht auf die Inhaltskontrolle ansieht,[121] spricht auch die neuere Rspr des BGH. Für den vergleichbaren Fall der Inbezugnahme der VOB gilt, dass die Inhaltskontrolle nach §§ 305 ff BGB auch nur bei geringfügigen inhaltlichen Abweichungen von Teil B der VOB eröffnet ist, da andernfalls Abgrenzungsschwierigkeiten bestehen.[122] 1663

Auch in diesem Zusammenhang lässt sich wieder herausstellen, dass es sich um eine Abweichung von Gesetzesnormen iSv § 307 Abs. 3 BGB handelt, soweit nur Teile eines Gesamtkonstrukts in den Arbeitsvertrag einbezogen werden.[123] Eine Kontrollfreiheit kann höchstens dann auch bei einer Teilverweisung noch angenommen werden, soweit es sich um eine Verweisung in einen gesamtheitlichen und geschlossenen Regelungskomplex handelt, bei dem sicher festgestellt werden kann, dass dieser nicht in Wechselwirkung zu anderen Regelungskomplexen steht.[124] 1664

(2) Inhaltskontrolle der Bezugnahmeklausel selbst

Die **Bezugnahmeklauseln** selbst sind regelmäßig – anders als die in Bezug genommenen Normen – einer AGB-rechtlichen Inhaltskontrolle unterworfen. Die Bereichsausnahme nach § 310 Abs. 4 S. 1 BGB erfasst nicht die Kontrolle der Bezugnahmeklausel selbst.[125] Generell lässt sich 1665

117 *Thüsing/Lambrich*, NZA 2002, 1361, 1363; *Thüsing*, in: Graf von Westphalen/Thüsing, Vertragsrecht und AGB-Klauselwerke, Arbeitsverträge Rn 185.

118 *Gaul*, ZfA 2003, 74, 89; *Henssler*, RdA 2002, 129, 136.

119 AnwK-ArbR/*Hümmerich*, § 310 BGB Rn 21.

120 So etwa BAG 17.11.2005 – 6 AZR 160/05, NZA 2006, 872, 874; BAG 23.3.2011 – 10 AZR 831/09, NZA 2012, 396, 399; MüKo-BGB/*Müller-Glöge*, § 611 BGB Rn 70; wohl auch Bayreuther, RdA 2003, 81, 91.

121 *Däubler*, NZA 2001, 1329, 1335 f; *Gotthardt*, Arbeitsrecht nach der Schuldrechtsreform, Rn 268; HWK/*Gotthardt*, § 307 BGB Rn 14; *Preis/Roloff*, ZfA 2007, 43, 55; *Löwisch/Rieble*, § 3 TVG Rn 501; *Thüsing/Lambrich*, NZA 2002, 1361, 1363; *Reinecke*, BB 2005, 378.

122 BGH 22.1.2004 – VII ZR 419/02, NJW 2004, 1597.

123 So auch *Thüsing*, in: Graf von Westphalen/Thüsing, Vertragsrecht und AGB-Klauselwerke, Arbeitsverträge Rn 190.

124 RGKU/*Jacobs*, § 307 BGB Rn 26 f.

125 BAG 9.5.2007 – 4 AZR 319/06, AP Nr. 8 zu § 305 c BGB; BAG 24.9.2008 – 6 AZR 76/07, NZA 2009, 154, 157.

dazu herausstellen, dass es sich bei solchen Verweisungsklauseln, selbst bei dynamischen Bezugnahmen, aufgrund ihrer weiten Verbreitung in der Praxis nicht um überraschende Klauseln iSd § 305 c Abs. 1 BGB handelt.[126] Eine Bezugnahme kann sich allerdings dann als überraschend darstellen, wenn in einer für die einschlägige Branche untypischen Weise auf einen orts- oder branchenfremden oder einen normativ nicht mehr gültigen, weil zeitlich abgelaufenen Tarifvertrag verwiesen wird.[127] Ein Überraschungs- oder Überrumpelungseffekt iSv § 305 c Abs. 1 BGB kann sich auch aus der konkreten vertraglichen Gestaltung oder den besonderen Umständen des Vertragsschlusses ergeben.[128]

1666 Im Zusammenhang mit einer AGB-Kontrolle der Klausel selbst sind insb. die Einhaltung des **Transparenzgebotes** iSv § 307 Abs. 1 S. 2 BGB und die **Unklarheitenregel** des § 305 c Abs. 2 BGB zu beachten. Danach muss eine Bezugnahme auf einen Tarifvertrag eindeutig und bestimmt sein, also deutlich erkennen lassen, welcher Tarifvertrag in welcher Fassung in den Arbeitsvertrag einbezogen werden soll.[129] Problematisch erscheint dies besonders im Falle einer dynamischen Verweisung, da zum Zeitpunkt des Vertragsschlusses die zukünftige Tarifentwicklung für die Vertragsparteien noch nicht vorhersehbar und somit gerade nicht bestimmt ist, welche Tarifvorschriften im Laufe des Vertragsverhältnisses auf das Arbeitsverhältnis Anwendung finden. Allerdings tragen auch solche Klauseln dem Transparenzgebot in ausreichender Weise Rechnung, soweit sie den jeweils anwendbaren Tarifvertrag in der Form festlegen, dass zukünftig zu jedem Zeitpunkt der Vertragsabwicklung bestimmbar ist, welche Tarifvorschriften gerade anwendbar sind.[130] Allerdings ist für eine Anwendung der Unklarheitenregel erst dann Raum, wenn die Klausel zuvor ausgelegt wurde und man auf diesem Wege nicht zu eindeutigen Auslegungsergebnissen gekommen ist.[131]

1667 Das **Bestimmtheitsgebot** als Ausprägung des Transparenzgebots verlangt lediglich, dass die tatbestandlichen Voraussetzungen und Rechtsfolgen so genau beschrieben werden, dass für den Verwender keine ungerechtfertigten Beurteilungsspielräume entstehen und der Gefahr vorgebeugt wird, dass der Vertragspartner von der Durchsetzung bestehender Rechte abgehalten wird.[132] Dies ist bei einer üblichen dynamischen Verweisung nicht der Fall, da für den Arbeitnehmer durch Einsicht der jeweils gültigen Fassung des Tarifvertrages zu jedem Zeitpunkt des Vertrages feststellbar ist, welchen konkreten Tarifnormen das Arbeitsverhältnis unterliegt.[133]

ee) Rechtsprechungsänderung zur Reichweite dynamischer Bezugnahmeklauseln

(1) Ursprüngliche Rechtsprechung des BAG

1668 Früher hatte das BAG in ständiger Rspr die Auslegungsregel aufgestellt, dass es sich bei dynamischen Bezugnahmeklauseln regelmäßig um **Gleichstellungsabreden** handele, wenn nach dem Wortlaut des Arbeitsvertrages auf die für den Arbeitgeber einschlägigen Tarifverträge Bezug genommen werde und es keine inner- oder außerhalb der Vertragsurkunde liegenden, einer solchen Annahme widersprechenden Anhaltspunkte gebe.[134] Da durch eine derartige Abrede le-

126 BAG 24.9.2008 – 6 AZR 76/07, NZA 2009, 154, 156; BAG 23.3.2011 – 10 AZR 831/09, NZA 2012, 396.
127 *Thüsing*, in: Graf von Westphalen/Thüsing, Vertragsrecht und AGB-Klauselwerke, Arbeitsverträge Rn 194.
128 BAG 9.5.2007 – 4 AZR 319/06, AP Nr. 8 zu § 305 c BGB.
129 Däubler/*Lorenz*, TVG, § 3 Rn 235; HWK/*Henssler*, § 3 TVG Rn 19; Kempen/Zachert/*Stein*, TVG, § 3 Rn 160; Wiedemann/*Oetker*, TVG, § 3 Rn 293.
130 BAG 23.3.2011 – 10 AZR 831/09, NZA 2012, 396, 399; *Diehn*, NZA 2004, 129, 134; Küttner/*Griese*, Personalbuch, 401 (Tarifvertrag) Rn 16; Wiedemann/*Oetker*, TVG, § 3 Rn 293; MüKo-BGB/*Müller-Glöge*, § 611 BGB Rn 73.
131 BAG 24.9.2008 – 6 AZR 76/07, NZA 2009, 154, 157.
132 BGH 5.11.2003 – VIII ZR 10/03, NJW 2004, 1598; BAG 24.9.2008 – 6 AZR 76/07, NZA 2009, 154.
133 BAG 24.9.2008 – 6 AZR 76/07, NZA 2009, 154.
134 BAG 1.12.2004 – 4 AZR 50/04, NZA 2005, 478; BAG 19.3.2003 – 4 AZR 331/02, NZA 2003, 1207; BAG 27.11.2002 – 4 AZR 661/01, NZA 2003, 1269; BAG 25.9.2002 – 4 AZR 294/01, NZA 2003, 807; BAG 21.8.2002 – 4 AZR 263/01, NZA 2003, 442; BAG 26.9.2001 – 4 AZR 544/00, NZA 2002, 634;

diglich die fehlende Tarifgebundenheit der „Außenseiter“ ersetzt werden soll und somit die Gleichbehandlung der nichtorganisierten Arbeitnehmer mit den organisierten bezweckt werde, begründe eine solche Bezugnahmeklausel **keine Einbeziehung von Tarifverträgen**, welche **nach Entfallen der Tarifbindung** des Arbeitgebers **geschlossenen** werden.

(2) Ankündigung und Umsetzung einer Rechtsprechungsänderung durch das BAG

Bereits im Urteil vom 14.12.2005[135] hatte der 4. Senat des BAG eine **Rechtsprechungsänderung** hinsichtlich dieser Auslegungsregel für arbeitsvertragliche Bezugnahmeklauseln **angekündigt.** Zwar sollte die ursprünglich vertretene Auslegung als Gleichstellungsabrede für vor dem 31.12.2001 geschlossene **Altverträge aus Vertrauensschutzgründen weitergelten**, Bezugnahmeklauseln in nach diesem Stichtag geschlossenen Arbeitsverträgen sollten zukünftig jedoch nicht mehr über diese Grundsätze, sondern über die Unklarheitenregelung des § 305 c Abs. 2 BGB zu lösen sein. Der Senat führte dabei aus, dass insb. die vielfache Kritik innerhalb der Lit. an der vormaligen Rspr und auch die teils abweichende Beurteilung durch einige Landesarbeitsgerichte ihn dazu bewogen habe, das bisherige Auslegungsverständnis für die Zukunft aufzugeben.[136] Einen nicht ganz unerheblichen Beitrag dürfte allerdings auch die kritische Haltung des Vorsitzenden Richters am BAG *Bepler* zur Gleichstellungsabrede geleistet haben, die er bereits in der Vergangenheit als Mitglied des 3. Senats geäußert[137] und nach seinem Wechsel in den 4. Senat in einem Festschriftenbeitrag[138] noch einmal deutlich wiederholt hatte.[139] Die Ankündigung der Rechtsprechungsänderung führte in der Lit. bereits zu umfangreichen Diskussionen und Spekulationen, bevor der 4. Senat diese schließlich in zwei Entscheidungen vom 18.4.2007[140] **umsetzte** und die neuen Grundsätze erstmals anwandte. In beiden zu entscheidenden Fällen war zwischen den Arbeitsvertragsparteien eine Bezugnahmeklausel im Arbeitsvertrag vereinbart worden, nach der dem bestehenden Arbeitsverhältnis der Tarifvertrag über Arbeitsbedingungen für Arbeiter, Angestellte und Auszubildende des Deutschen Roten Kreuzes (DRK) zugrunde liegt. Der maßgebliche Unterschied zwischen beiden Fällen, welcher es dem 4. Senat besonders erleichterte, das Ausmaß der geänderten Rspr deutlich zu machen, lag im **Zeitpunkt des jeweiligen Vertragsschlusses.** 1669

Während in einer Entscheidung der Verweis auf den jeweils einschlägigen Tarifvertrag aus einem Nachtrag zum Arbeitsvertrag aus dem Jahre 1985[141] stammte und es sich somit um einen „Altvertrag“ handelte, wurde im zweiten Fall der maßgebliche Arbeitsvertrag erst am 21.5.2002[142] („Neuvertrag“) geschlossen. Für den „Altvertrag“ entschied das BAG entsprechend der Ankündigung vom 14.12.2005, dass nach den aus Vertrauensschutzgründen weiterhin anzuwendenden Auslegungsgrundsätzen der vormalig vertretenen Rspr eine Gleichstellungsabrede anzunehmen sei. Demnach werde das Arbeitsverhältnis der Parteien von dynamischen Veränderungen des in Bezug genommenen Tarifvertrages nach Ende der Tarifgebundenheit des Arbeitgebers nicht mehr erfasst.[143] Der Senat führte weiterhin aus, dass sich ein Anspruch auf Teilhabe an der dynamischen Lohnsteigerungsentwicklung entgegen der Ansicht der Klägerin auch nicht aus einer betrieblichen Übung ergebe, da der Arbeitgeber die entsprechen- 1670

BAG 30.8.2000 – 4 AZR 581/99, NZA 2001, 510; BAG 4.8.1999 – 5 AZR 642/98, NZA 2000, 154; BAG 4.9.1996 – 4 AZR 135/95, NZA 1997, 217.

135 BAG 14.12.2005 – 4 AZR 536/04, NZA 2006, 607.

136 BAG 14.12.2005 – 4 AZR 536/04, NZA 2006, 607.

137 *Bepler*, AuR 2003, 463.

138 *Bepler*, Aktuelle tarifrechtliche Fragen, in: Arbeitsgemeinschaft ArbR, FS zum 25-jährigen Bestehen, 2006, S. 791, 804.

139 Gleiche Schlussfolgerung bei *Giesen*, NZA 2006, 625, 626.

140 BAG 18.4.2007 – 4 AZR 652/05, NZA 2007, 965; BAG 18.4.2007 – 4 AZR 653/05, DB 2007, 2598.

141 BAG 18.4.2007 – 4 AZR 653/05, DB 2007, 2598.

142 BAG 18.4.2007 – 4 AZR 652/05, NZA 2007, 965.

143 BAG 18.4.2007 – 4 AZR 653/05, DB 2007, 2598.

de Leistung für den Arbeitnehmer erkennbar irrtümlich aufgrund einer vermeintlich bestehenden Verpflichtung weitergegeben habe. Da beide Parteien übereinstimmend zum Gewährungszeitpunkt von dieser vermeintlichen Verpflichtung des Arbeitgebers aus einer anderen Rechtsgrundlage ausgingen, sei für die Entstehung eines vertrauensbedingten Anspruchs aus betrieblicher Übung kein Raum.

1671 In der zweiten Entscheidung vom 18.4.2007 befasste sich das BAG erstmals mit der Auslegung der Reichweite eines dynamischen Verweises in einem nach dem 1.1.2002 abgeschlossenen „Neuvertrag".[144] In Umsetzung der bereits angekündigten Rechtsprechungsänderung entschied der 4. Senat, dass eine einzelvertraglich vereinbarte dynamische Bezugnahme auf einen bestimmten Tarifvertrag, jedenfalls soweit für den Arbeitnehmer nicht in erkennbarer Weise eine Verbandsmitgliedschaft des Arbeitgebers zur auflösenden Bedingung der Vereinbarung gemacht wurde, eine konstitutive Verweisungsklausel sei, die durch einen Wegfall der Tarifgebundenheit des Arbeitgebers nicht berührt werde. Sie stelle also im Zweifel eine **„unbedingte zeitdynamische Verweisung"** dar. Eine individualvertraglich vereinbarte Klausel, welche ihrem Wortlaut nach ohne Einschränkung auf einen bestimmten Tarifvertrag in seiner jeweiligen Fassung verweist, sei regelmäßig dahingehend auszulegen, dass dessen Geltung nicht von Faktoren abhänge, die nicht im Vertrag genannt oder sonst für beide Parteien ersichtlich zur Voraussetzung gemacht worden sind. Die Wirkung einer Bezugnahmeklausel könne nicht – wie nach vorheriger Rspr möglich – abhängig von der Tarifgebundenheit des Arbeitgebers sein. Vielmehr stehe die in der Bezugnahmeklausel liegende Dynamik grds. und losgelöst von der Frage der Verbandsmitgliedschaft des Arbeitgebers nicht unter der auflösenden Bedingung einer Tarifbindung des Arbeitgebers.

1672 Entgegen der überwiegenden Deutung der Ankündigung vom 14.12.2005 begründete der 4. Senat die neue Rspr allerdings nicht mit der Unklarheitenregel des § 305 c Abs. 2 BGB, sondern stützte sie auf **allgemeine Auslegungsgrundsätze**. Rechtsgeschäftliche Willenserklärungen seien stets nach dem objektiven Empfängerhorizont auszulegen. Bloße Motive des Erklärenden müssten bei der Auslegung der Erklärung außer Acht bleiben, soweit sie im Wortlaut oder in sonstiger erkennbarer Weise keinen Niederschlag gefunden haben. Grundsätzlich falle es gerade in den Risikobereich des Erklärenden, wenn sein Wille nicht oder nicht vollständig zum Ausdruck kommt. Demnach sei auch die Reichweite arbeitsvertraglicher Verweise in Tarifverträge primär anhand ihres Wortlauts zu bestimmen. Die Absicht eines tarifgebunden Arbeitgebers, durch eine Bezugnahme lediglich eine Gleichstellung der Arbeitnehmer bewirken zu wollen, sei zwar als vorrangiges Motiv für eine entsprechende Klausel naheliegend, könne aber ohne entsprechende Willensäußerung oder sonstige Verdeutlichung keinen Einfluss auf das Auslegungsergebnis haben. Zum einen könne der Arbeitnehmer zum Zeitpunkt des Vertragsschlusses nicht zwingend wissen, ob der jeweilige Arbeitgeber Mitglied eines Arbeitgeberverbandes ist, zum anderen komme erschwerend hinzu, dass dem Arbeitgeber eine einschränkende Vertragsgestaltung durch eine eindeutige Klauselformulierung ohne Schwierigkeiten möglich gewesen wäre. Einzelne Einwände aus der Lit., eine derartige Auslegung führe zur Schaffung einer „konstitutiven Ewigkeitsklausel",[145] weist das BAG mit der Begründung zurück, der Arbeitgeber könne selbst einer solchen Gefahr vorbeugen, indem er entsprechende Vorbehalte eindeutig zum Ausdruck bringe.[146] Es stehe dem Arbeitgeber grds. frei, dem Arbeitnehmer das Vertrauen auf die unbegrenzte Dynamik zu nehmen, indem bereits über die Formulierung der Bezugnahmeklausel deutlich gemacht wird, dass die dynamische Tarifentwicklung nur so lange nachvollzogen werden soll, wie eine Tarifgebundenheit beim Arbeitgeber besteht. Darüber

144 BAG 18.4.2007 – 4 AZR 652/05, NZA 2007, 965.

145 *Henssler*, FS für Wißmann, S. 133, 137; ebenso krit. *Simon/Kock/Halbsguth*, BB 2006, 2354, 2355; *Möller*, NZA 2006, 579, 583; *v. Vogel/Oelkers*, NJW-Spezial 2006, 369 f; *Klebeck*, NZA 2006, 15, 18 f; *Clemenz*, NZA 2007, 769, 773.

146 BAG 18.4.2007 – 4 AZR 652/05, NZA 2007, 965.

hinaus verweist das BAG darauf, dass dem Arbeitgeber auch rechtsgeschäftliche Möglichkeiten wie Änderungsvereinbarungen oder Änderungskündigungen verblieben, um sich von der unbedingt zeitdynamischen Bezugnahme zu lösen.[147]

Entgegen einiger kritischer Stimmen innerhalb der Lit.[148] steht nach Ansicht des BAG auch die **„Werhof"-Entscheidung** des EuGH vom 9.3.2006[149] einer wortlautorientierten Auslegung nicht entgegen.[150] Zunächst beziehe sich die Werhof-Entscheidung auf den Fall eines Betriebsübergangs und sei daher nicht unmittelbar auf den Sachverhalt eines Verbandsaustritts übertragbar. Außerdem schütze die negative Koalitionsfreiheit den Arbeitgeber grds. allenfalls vor einer aufgezwungenen normativen Bindung an Tarifverträge, so dass die Wirksamkeit einer individualvertraglichen Inbezugnahme gerade nicht von dieser Entscheidung berührt werde. Bezüglich der Anwendung auf Verbandsaustritte sind die neuen Auslegungsregeln als mit der Werhof-Entscheidung vereinbar und somit als in europarechtlicher Hinsicht unbedenklich anzusehen.[151] In der Werhof-Entscheidung hatte der EuGH nur herausgestellt, dass die Vorgabe in Art. 3 Abs. 1 der EU-Betriebsübergangsrichtlinie (Richtlinie 2001/23/EG) selbst nicht zwingend eine dynamische Fortgeltung vorschreibe, wobei allerdings nach Art. 8 der Richtlinie von den Mitgliedstaaten für den Arbeitnehmer günstigere Regelungen getroffen werden könnten.[152] Demnach wurde lediglich herausgestellt, dass eine statische Fortgeltung insoweit möglich sei, aber nicht, dass eine dynamische Wirkung ausgeschlossen sei.[153] Eine Übertragung der dargestellten BAG-Rspr auf die Reichweite der Verweisung im Zusammenhang mit Betriebsübergängen wird, gerade vor dem Hintergrund der Werhof-Entscheidung, allerdings in der Lit. mit Blick auf die EuGH-Rspr teilweise weiterhin kritisch gesehen.[154] Allerdings wurden die dargestellten Auslegungsgrundsätze mittlerweile auch vom BAG ausdrücklich auf Betriebsübergänge angewandt.[155] 1673

Zuletzt setzt sich der Senat noch mit der Vertrauensschutzproblematik auseinander und bestätigt – wie bereits im Urteil vom 14.12.2005 angekündigt – den **1.1.2002 als Stichtag** für die Anwendung der neuen Auslegungskriterien bei der Bestimmung der Reichweite dynamischer Verweisungsklauseln. Aus Gründen des **Vertrauensschutzes** könne keine unbegrenzte Rückwirkung der Rechtsprechungsänderung vorgenommen werden, so dass der Zeitpunkt des Inkrafttretens der Schuldrechtsreform als Stichtag angemessen erscheine. 1674

Im Zusammenhang mit der Stichtagsproblematik wurde in der Folge ein weiteres Problem offensichtlich, was das BAG entsprechend in mehreren Entscheidungen geklärt hat. Wie gezeigt, kommt es für die Bestimmung der Wirkung einer Bezugnahmeklausel entscheidend auf den Zeitpunkt der jeweiligen Vereinbarung an, wobei die Einordnung besonders dann schwierig sein kann, wenn zwar der ursprüngliche Vertragsschluss vor dem maßgeblichen Stichtag geschlossen wurde, die Parteien den Vertrag allerdings **nach dem 1.1.2002 wirksam geändert** haben. In diesem Fall kommt es nach der Rspr des BAG für die Beurteilung, ob die Bezugnahme- 1675

147 BAG 18.4.2007 – 4 AZR 652/05, NZA 2007, 965.

148 *Nicolai*, DB 2006, 670, 673; *Simon/Kock/Habsguth*, ZIP 2006, 726, 727 f; *Laskawy/Lomb*, EWiR 2006, 507, 508; *Zerres*, NJW 2006, 3533, 3537; aA sieht diese Rspr als mit EU-Recht vereinbar an: HWK/*Henssler*, § 3 TVG Rn 26; ErfK/*Preis*, § 611 BGB Rn 230; *Reinecke*, BB 2006, 2637, 2641; *Sittard/Ullrich*, ZTR 2006, 458, 461.

149 EuGH 9.3.2006 – Rs. C-499/04, EuZW 2006, 276 (Werhof).

150 BAG 18.4.2007 – 4 AZR 652/05, NZA 2007, 965.

151 HWK/*Henssler*, § 3 TVG Rn 26.

152 *Klauk/Klein*, jurisPR-ArbR 40/2013, Anm. 1; dazu ausf. EuGH 9.3.2006 – Rs. C-499/04, EuZW 2006, 276 (Werhof); insoweit bestätigt durch EuGH 18.7.2013 – C-426/11, NZA 2013, 835 (Alemo-Herron u.a./Parkwood Leisure Ltd).

153 *Forst*, DB 2013, 1847; *Thüsing*, EWiR 2013, 543, 544.

154 *Spielberger*, NZA 2007, 1086, 1089 f.

155 BAG 22.4.2009 – 4 ABR 14/08, NZA 2009, 1286; BAG 23.9.2009 – 4 AZR 331/08, NJW 2010, 1831; BAG 21.10.2009 – 4 AZR 396/08, NZA-RR 2010, 361; BAG 24.2.2010 – 4 AZR 691/08, NZA-RR 2010, 530.

klausel weiterhin als Klausel aus einem Altvertrag zu behandeln ist, entscheidend darauf an, ob die Klausel selbst zum Gegenstand der rechtsgeschäftlichen Willensbildung der Vertragsparteien im Rahmen der Vertragsänderung gemacht worden ist.[156] Dies sei zB der Fall, wenn im Rahmen der Vertragsänderung ausdrücklich erklärt werde, dass alle anderen Vereinbarungen aus dem Anstellungsvertrag unberührt bleiben.[157] In diesem Fall kann der Vertrag nach der Änderung somit nicht mehr als Altvertrag eingeordnet werden. Ebenso handelt es sich nach einer Vertragsänderung um eine Klausel aus einem Neuvertrag, wenn in der Vertragsänderung die Bezugnahme wiederholt wird und es bspw ausdrücklich heißt: „Die einschlägigen Tarifverträge der Metallindustrie in Schleswig-Holstein in ihrer jeweiligen Fassung sind Bestandteil dieser Vereinbarung."[158] Werde dagegen ohne weitere Bezugnahme auf den Altvertrag nur die Vergütungsgruppe des Arbeitnehmers isoliert geändert, so sei – mangels eines ausdrücklichen oder auf andere Weise deutlich werdenden Bezugs auf den ursprünglichen Anstellungsvertrag – eine derart formulierte Bezugnahmeklausel weiterhin nach der Rspr für Altverträge regelmäßig als Gleichstellungsabrede zu bewerten.[159]

(3) Europarechtlich bedingte Unsicherheiten durch die Entscheidung des EuGH vom 18.7.2013

(a1) Inhalt und Kontext der EuGH-Entscheidung

1676 Eine weitere Entscheidung zur Wirkung dynamischer Bezugnahmeklauseln im Zusammenhang mit tarifrechtlichen Veränderungen, welche erneut dazu geeignet ist, bereits überwunden geglaubte Unsicherheiten wieder hervorzubringen, erging in jüngerer Zeit von Seiten des EuGH. Dessen 3. Kammer beschäftigte sich in einer Entscheidung im Vorabentscheidungsverfahren am 18.7.2013[160] mit den Vorlagefragen des englischen *Supreme Court of the United Kingdom* zur Auslegung und Wirkung der EU-Betriebsübergangsrichtlinie (Richtlinie 2001/23/EG). Dem Vorabentscheidungsverfahren lag insoweit ein etwas spezieller Sachverhalt zugrunde, bei welchem zunächst eine öffentlich-rechtliche Einrichtung samt der Angestellten auf einen privatrechtlichen Träger übergegangen war, bevor in der Folge ein weiterer Betriebsübergang auf ein anderes privatwirtschaftliches Unternehmen mit Namen *Parkwood Leisure Limited* erfolgte. In den ursprünglichen Arbeitsverträgen der Angestellten mit der öffentlich-rechtlichen Körperschaft, welche in der Folge auf die Privatunternehmen übergegangen waren, fanden sich auch dynamische Bezugnahmeklauseln auf die jeweils gültige Fassung der Kollektivverträge, welche von einer öffentlichen-rechtlichen Instanz, dem sog. *National Joint Council for Local Gouvernment Services (NJC)*, erlassen wurden. Nach ihrer Formulierung war die in Frage stehende Vertragsklausel weitestgehend vergleichbar mit den typischen in der deutschen Praxis diskutierten Klauseln. Die Wirkungen und Voraussetzungen der Vereinbarungen dynamischer Bezugnahmeklauseln nach den englischen Gesetzen decken sich insoweit zumindest in den Grundsätzen mit den Vorgaben des deutschen Rechts. Ein deutlicher praktischer Unterschied in der allgemeinen Tarifbindung liegt allerdings darin, dass im Vereinigten Königreich die sog. *collective agreements* keine wie aus dem deutschen Arbeitsrecht bekannte normative Wirkung besitzen und im weit überwiegenden Fall im Wege der einzelvertraglichen Inbezugnahme zur Anwendung gelangen.[161] Im konkreten Fall wurde die Kollektivvereinbarung von einer staatlichen Stelle in Form einer lokalen öffentlichen Tarifkommission, dem *National Joint Council*

156 BAG 18.11.2009 – 4 AZR 514/08, NZA 2010, 170; BAG 24.2.2010 – 4 AZR 691/08, NZA-RR 2010, 530; BAG 19.10.2011 – 4 AZR 811/09, NZA 2012, 583; BAG 16.5.2012 – 4 AZR 290/10, NJOZ 2012, 2137.

157 So zB in: BAG 30.7.2008 – 10 AZR 606/07, NZA 2008, 1173; BAG 19.10.2011 – 4 AZR 811/09, NZA 2012, 583.

158 BAG 24.2.2010 – 4 AZR 691/08, NZA-RR 2010, 530.

159 BAG 18.11.2009 – 4 AZR 514/08, NZA 2010, 170.

160 EuGH 18.7.2013 – C-426/11, NZA 2013, 835 (Alemo-Herron u.a./Parkwood Leisure Ltd).

161 *Forst*, DB 2013, 1847, 1848; *Harth/Taggat*, in: Henssler/Braun, Arbeitsrecht in Europa, 3. Aufl. 2011, Großbritannien, Rn 105 ff; *Klauk/Klein*, jurisPR-ArbR 40/2013, Anm. 1.

for Local Gouvernment Services, abgeschlossen, dem der Erwerber als Privatunternehmen nicht einmal theoretisch hätte beitreten können.[162]

Im zugrunde liegenden Fall beriefen sich nun die vormaligen öffentlich-rechtlichen Angestellten gegenüber dem Privatunternehmen *Parkwood Leisure Ltd.* als dem derzeitigen Arbeitgeber auf Grundlage der dynamischen Bezugnahmeklausel auf die Einhaltung von Arbeitsbedingungen, insb. auf Zahlung des erhöhten Tariflohns, aus einer Kollektivvereinbarung, welche erst zeitlich nach dem maßgeblichen Betriebsübergang festgelegt wurde. Die Weigerung des Arbeitgebers zur Einhaltung der erst nach der Betriebsübernahme für die öffentliche Verwaltung vereinbarten und durch die Anstellungsverträge in Bezug genommenen kollektivrechtlichen Arbeitsbedingungen wurde zunächst von den erstinstanzlichen Arbeitsgerichten für zulässig erklärt. Nachdem weiterhin in zweiter Instanz dem Rechtsmittel der klagenden Arbeitnehmer stattgegeben wurde, in dritter Instanz allerdings das erstinstanzliche Urteil wiederhergestellt wurde, beschloss der letztinstanzliche *Supreme Court* nach erneut eingelegtem Rechtsmittel, das Verfahren auszusetzen und den EuGH zur Vorabentscheidung anzurufen. 1677

Die **Vorlagefrage** zielte insoweit darauf ab, vom EuGH feststellen zu lassen, inwieweit eine Auslegung des Art. 3 der EU-Betriebsübergangsrichtlinie einen Mitgliedstaat daran hindere, den Arbeitnehmern im Fall eines Betriebsübergangs in Anwendung des nationalen Vertragsrechts einen „dynamischen" Schutz zu gewähren, der den Erwerber nicht nur den zum Zeitpunkt des Betriebsübergangs geltenden Kollektivverträgen unterwerfe, sondern auch solchen, die erst zeitlich nach dem Betriebsübergang abgeschlossen wurden. 1678

Der EuGH stellte in seiner Entscheidung anknüpfend an die Werhof-Entscheidung aus dem Jahre 2006[163] zunächst heraus, dass eine dynamische Fortgeltung von in Bezug genommenen Kollektivvereinbarungen nicht zwingend auf Grundlage des Art. 3 der Richtlinie 2001/23/EG geboten sei, dass es den Mitgliedstaaten aber grds. nach Art. 8 der Richtlinie unbenommen sei, für den Arbeitnehmer günstigere Regelungen zu treffen. Insoweit führte das Gericht im Zusammenhang mit der Beantwortung der Vorlagefrage aus, dass sich die erst nach dem Betriebsübergang ausgehandelten kollektiven Arbeitsbedingungen, welche möglicherweise über die dynamische Verweisung einbezogen werden konnten, für die Arbeitnehmer im konkreten Fall als günstiger darstellen würden.[164] Dies wird aufgrund der typischen Tarifentwicklung indes meist der Fall sein, da insb. die ausgehandelten Tariflöhne in Folgetarifverträgen in den überwiegenden Fällen ansteigen werden. Allerdings sei dies für die Bewertung der Vorlagefrage nicht allein von entscheidender Bedeutung. Der EuGH machte deutlich, dass die EU-Betriebsübergangsrichtlinie nicht lediglich isoliert dem Arbeitnehmerschutz bei einem Unternehmensübergang diene, sondern vielmehr einen gerechten Interessenausgleich zwischen Arbeitnehmer und Betriebserwerber erreichen wolle. In diesem Zusammenhang stelle die Richtlinie insb. klar, dass der Erwerber auch nach dem Betriebsübergang in der Lage sein müsse, die erforderlichen Anpassungen zur Fortführung seiner wirtschaftlichen Tätigkeit vornehmen zu können.[165] Solche Anpassungen seien generell aber insb. in einem Fall wie dem vorliegenden notwendig, in welchem es sich um einen Übergang eines öffentlichen Betriebs zu einem privaten Betrieb handele, da zwischen dem öffentlichen und dem privaten Sektor beträchtliche Unterschiede bei den Arbeitsbedingungen bestünden. Der Handlungsspielraum im Hinblick auf solche Anpassungsmöglichkeiten würde nach Ansicht des EuGH durch eine dauerhaft einschlägige dynamische Bezugnahme auf Kollektivverträge zur Regelung der Arbeitsbedingungen im öffentlichen Sektor allerdings deutlich eingeschränkt. 1679

162 Vgl dazu die allgemeinen Ausführungen in EuGH 18.7.2013 – C-426/11, NZA 2013, 835 (Alemo-Herron u.a./Parkwood Leisure Ltd); *Klauk/Klein*, jurisPR-ArbR 40/2013, Anm. 1.

163 EuGH 9.3.2006 – Rs. C-499/04, EuZW 2006, 276 (Werhof).

164 EuGH 18.7.2013 – C-426/11, NZA 2013, 835 (Alemo-Herron u.a./Parkwood Leisure Ltd).

165 EuGH 18.7.2013 – C-426/11, NZA 2013, 835 (Alemo-Herron u.a./Parkwood Leisure Ltd); so bereits EuGH 9.3.2006 – Rs. C-499/04, EuZW 2006, 276 (Werhof).

1680 Im Rahmen der Richtlinien-Auslegung und zur Verwirklichung der Interessenabwägung zwischen Arbeitnehmer und Betriebserwerber seien eben auch die Grundrechte aus der **EU-Grundrechtecharta** zu berücksichtigen. Demnach sei Art. 3 Abs. 1 der EU-Betriebsübergangsrichtlinie insb. in Einklang mit der **unternehmerischen Freiheit** nach Art. 16 der Charta auszulegen. Es müsse daher dem erwerbenden Arbeitgeber möglich sein, im Rahmen eines Vertragsabschlussverfahrens, an dem er aktiv beteiligt ist, seine Interessen wirksam geltend zu machen und an der Entwicklung der für seine Arbeitnehmer geltenden Arbeitsbedingungen aktiv mitwirken zu können.[166] Dies sei aber im konkreten Fall gerade aufgrund der besonderen Konstellation des Übergangs eines Betriebs vom öffentlichen in den privaten Sektor bei Verweis auf öffentlich-rechtliche Kollektivvereinbarungen nicht der Fall gewesen. Dem Erwerber war es gerade verwehrt, als Teil der betreffenden Tarifverhandlungspartei mitzuwirken, da er als Privatunternehmen gerade nicht dem öffentlichen Interessenverband der Verwaltung beitreten bzw am NJC mitwirken konnte. Demnach hatte der Erwerber weder die Möglichkeit, auf den zum Vertragsschluss mit Vereinbarungen der dynamischen Bezugnahmeklausel führenden Abschlussprozess noch auf die fortschreitende Tarifentwicklung einzuwirken und seine Interessen entsprechend zu vertreten. Nach Ansicht des EuGH würde eine entsprechende Handhabung die Vertragsfreiheit derart entscheidend reduzieren, dass dies zur Beeinträchtigung des Wesensgehalts der unternehmerischen Freiheit iSv Art. 16 der EU-Grundrechtecharta führen würde. Eine Auslegungsweise des Art. 3 Abs. 1 der Betriebsübergangsrichtlinie, nach welcher es den Mitgliedstaaten ermöglicht wäre, Maßnahmen zu erlassen, welche sich zwar für die Arbeitnehmer als vorteilhaft herausstellen, allerdings den Wesensgehalt des Rechts des Erwerbers auf unternehmerische Freiheit beeinträchtigen, sei allerdings nicht möglich. Nach dem EuGH ergibt eine Auslegung des Art. 3 Abs. 1 der Betriebsübergangsrichtlinie insoweit, dass es den Mitgliedstaaten verwehrt ist vorzusehen, dass im Fall des Betriebsübergangs dauerhaft wirkende, dynamische Bezugnahmeklauseln an erst nach dem Betriebsübergang geschlossene Kollektivvereinbarungen gegenüber dem Erwerber durchgesetzt werden können, wenn dieser keine Möglichkeit besitzt, an den Verhandlungen über diese Kollektivverträge teilzunehmen und auf deren Inhalt einzuwirken.[167] Eine **Beeinträchtigung der Vertragsfreiheit** wird also ausdrücklich nur dann angenommen, wenn der Erwerber grds. keine Möglichkeit habe, selbst auf den Inhalt der zukünftigen Tarifnormen Einfluss zu nehmen.[168]

(a2) Mögliche Konsequenzen der EuGH-Entscheidung für die BAG-Rechtsprechung

1681 Als Reaktionen auf diese Entscheidung des EuGH wurde bereits bezweifelt, ob die zuvor dargestellte neuere Rspr des BAG zur Auslegung dynamischer Bezugnahmeklauseln nun weiterhin Bestand haben könne.[169] Vor allem in Bezug auf die Bewertung im Zusammenhang mit Betriebsübergängen müsse die Rspr in Frage gestellt und möglicherweise abgeändert werden.[170] Teilweise wird gar eine Rückkehr zur vor der Schuldrechtsreform gültigen Auslegungs-Rspr des BAG, nach welcher im Zweifel eine bloße Gleichstellungsabrede angenommen wurde, ins Spiel gebracht.[171]

1682 Eine solche Modifikation der Rspr – gleich, in welcher konkreten Form – steht zwar nicht außerhalb der Möglichkeit, ist allerdings nicht unbedingt die zwingende Folge der Vorgaben des

166 EuGH 18.7.2013 – C-426/11, NZA 2013, 835 (Alemo-Herron u.a./Parkwood Leisure Ltd).

167 EuGH 18.7.2013 – C-426/11, NZA 2013, 835 (Alemo-Herron u.a./Parkwood Leisure Ltd).

168 *Klauk/Klein*, jurisPR-ArbR 40/2013, Anm. 1.

169 So etwa *Forst*, DB 2013, 1847; *Haußmann*, FD-ArbR 2013, 350356; *Lobinger*, NZA 2013, 945, 947; *Tempelmann/Stenslik*, FD-DStR 2013, 350664; *Thüsing*, EWiR 2013, 543, 544.

170 So etwa *Haußmann*, FD-ArbR 2013, 350356; *Jacobs/Frieling*, EuZW 2013, 737, 740; *Lobinger*, NZA 2013, 945, 947; *Tempelmann/Stenslik*, FD-DStR 2013, 350664; *Thüsing*, EWiR 2013, 543, 544.

171 *Haußmann*, FD-ArbR 2013, 350356; dies ausdrücklich ausschließend *Jacobs/Frieling*, EuZW 2013, 737, 739.

EuGH.[172] Insoweit ist zu verdeutlichen, wie sehr der EuGH seine Argumentation auf der konkreten Sonderkonstellation des Übergangs eines Unternehmens des öffentlich-rechtlichen Sektors auf den Privatsektor bei gleichbleibendem Verweis auf Kollektivnormen zu Arbeitsbedingungen der öffentlichen Verwaltung stützt. Die Beeinträchtigung des Wesensgehalts der unternehmerischen Freiheit des Erwerbers nach Art. 16 der EU-Grundrechtecharta, welche im Rahmen der Interessenabwägung das Auslegungsergebnis maßgeblich beeinflusste, ergab sich nach Ansicht des EuGH nicht schon allein aus der dynamischen Bindung des Erwerbers über die Bezugnahmeklausel an Kollektivnormen, welche erst nach dem Betriebsübergang vereinbart wurden, sondern gerade erst im Zusammenspiel mit der **fehlenden Einwirkungsmöglichkeit auf den Inhalt zukünftiger Tarifabschlüsse mangels der Möglichkeit des Beitritts zum entsprechenden Interessenverband**. Ähnlich würde der Fall allerdings bei branchenübergreifenden Betriebsübergängen liegen, in denen es dem Erwerber ebenfalls unmöglich sein kann, dem abschließenden Arbeitgeberverband beizutreten. Daher wäre zumindest eventuell damit zu rechnen, dass der EuGH einen entsprechenden Fall ähnlich bewertet. In den anderen Fällen, in denen dem Erwerber ein Beitritt zum betreffenden Arbeitgeberverband möglich wäre, ist zumindest zweifelhaft, ob die derzeitige Argumentation des EuGH das BAG dazu bewegen würde, von der Rspr der unbedingten zeitdynamischen Verweisung abzuweichen. Genau genommen hätte der Erwerber, zumindest auf der theoretischen argumentativen Ebene in diesem Fall ja die Chance, sich durch einen Beitritt zum Verband selbst in die Lage zu versetzen, nicht ohne Einflussmöglichkeit auf die Entwicklung der maßgeblichen Arbeitsbedingungen zu bleiben. Allerdings bliebe in diesem Zusammenhang einerseits die Frage, inwieweit durch eine solche Argumentation nicht aufgrund des großen Interesses des Erwerbers an der Verhinderung der unbeeinflussbaren Gebundenheit an fremde Verhandlungsergebnisse ein nicht unbeträchtlicher „Beitrittsdruck" zu den Arbeitgeberverbänden entstünde, was letztlich eine Beeinträchtigung der negativen Koalitionsfreiheit nahelegt.[173] Andererseits ist unabhängig davon in der Praxis äußerst unwahrscheinlich, dass selbst im hypothetischen Fall eines Beitritts des Erwerbers eine realistische Möglichkeit zur tatsächlichen Beeinflussung des Verhandlungsergebnisses durch das einzelne, dem Arbeitgeberverband neu beigetretene Mitglied besteht. Insoweit sehen die meisten Satzungen der Interessenverbände kein Recht des einzelnen Mitglieds auf Teilnahme an den Tarifvertragsverhandlungen vor, so dass eine Beeinflussung des Ergebnisses allenfalls durch Mitgliedschaft in einer Tarifkommission erreicht werden kann.[174] Allerdings könnte gegen eine Verletzung der Vertragsfreiheit zumindest angeführt werden, dass ein Erwerber zwar regelmäßig nicht die in Bezug genommenen Tarifbedingungen zu beeinflussen, dennoch aber nicht schutzlos gestellt ist, da er im Wege des Änderungsvertrages oder gar der Änderungskündigung dennoch Möglichkeiten besitzt, die vom EuGH propagierten Anpassungen vorzunehmen, da die Veränderungssperre des § 613 a Abs. 1 S. 2 BGB gerade mangels normativer Geltung der Tarifnormen nicht anwendbar ist.[175]

Teilweise wird auch die Entscheidung des EuGH insgesamt angegriffen und als **wenig überzeugend** dargestellt.[176] So wird etwa kritisiert, der EuGH habe die Hierarchien der Normen durcheinandergebracht und es unterlassen, die Vereinbarkeit des Art. 3 Abs. 1 der Betriebsübergangsrichtlinie selbst mit höherrangigem Recht in Form des Art. 16 der EU-Grundrechtecharta zu prüfen.[177] Weiterhin wird auch die Richtlinienauslegung selbst kritisiert, da sich den 1683

172 So iE auch *Forst*, DB 2013, 1847, 1850.

173 So etwa *Haußmann*, FD-ArbR 2013, 350356; *Lobinger*, NZA 2013, 945, 947; in diese Richtung gehend auch schon: Generalanwalt *Cruz Villalón* in den Schlussanträgen zur Entscheidung „Alemo-Herron u.a./ Parkwood Leisure Ltd", BeckRS 2013, 80324.

174 *Jacobs/Frieling*, EuZW 2013, 737, 739.

175 So auch *Forst*, DB 2013, 1847, 1850.

176 So etwa *Jacobs/Frieling*, EuZW 2013, 737, 738 ff; *Klauk/Klein*, jurisPR-ArbR 40/2013, Anm. 1; *Thüsing*, EWiR 2013, 543, 544.

177 So etwa ausf. *Jacobs/Frieling*, EuZW 2013, 737, 738 ff.

Erwägungsgründen zur Richtlinie 2001/23/EG nicht entnehmen lasse, dass diese neben dem Schutz des Arbeitnehmers im Betriebsübergang auch einem gerechten Interessenausgleich mit dem Erwerber des Betriebs diene.[178] Darauf aufbauend wird teilweise weiter ausgeführt, dass eine dynamische Fortgeltung nach Betriebsübergang gerade keine Privilegierung des Arbeitnehmers, sondern lediglich eine tatsächliche Wahrung des *Status quo ante* des Arbeitsvertrages darstelle, was gerade der Zweck des Betriebsübergangsrechts sei.[179] Auch wird die vom EuGH angenommene Verletzung der aus Art. 16 der Charta gewonnenen Vertragsfreiheit des Erwerbers durch eine dynamische Bindung als ungenau kritisiert, da sich der Eingriff in die Vertragsfreiheit genau genommen nicht aus der dynamischen Fortgeltung, sondern bereits aus dem generellen Gesamtkonstrukt des Betriebsübergangs nach der Richtlinie ergebe, da dadurch der Erwerber an Verträge gebunden wird, die er selbst nicht geschlossen hat.[180] Zudem sei die Einschränkung der Vertragsfreiheit für den Erwerber gerade schon im Zeitpunkt des Betriebsübergangs erkennbar, da sich dieser vorab über mögliche anwendbare arbeits-, betriebsverfassungs- und tarifrechtliche Regelungen im Rahmen einer Due Diligence-Prüfung informieren könne und sich nachteilige Regelungen regelmäßig auch im Unternehmenskaufpreis niederschlugen.[181] Das Eintreten in die Pflichtenstellung des Veräußerers durch den Erwerber samt einbezogener tarifvertraglicher Verpflichtungen könne deshalb gerade **nicht** als **Eingriff** in die **unternehmerische Freiheit** gesehen werden.[182] Dies ist schlüssig, da die Verpflichtung zur dynamischen Fortgewährung einzelvertraglich einbezogener Tarifregelungen eine absehbare Konsequenz einer gerade freien unternehmerischen Entscheidung zum Unternehmenskauf darstellt.[183] Weiterhin wird gegen eine Argumentation mit der Vertragsfreiheit aus Art. 16 EU-Grundrechtecharta eingewandt, die Fortgeltung der bereits geschlossenen Verträge und damit auch der dynamischen Bezugnahmeklausel samt ihrer Wirkung unterfallen ihrerseits eben auch der Vertragsfreiheit zwischen Veräußerer und Arbeitnehmer und dürfe nicht auf diesem Wege umgangen werden.[184] Folglich wäre zumindest eine gegenüberstellende Abwägung zwischen der Vertragsfreiheit des Erwerbers und der des Arbeitnehmers durchzuführen, im Rahmen welcher anzuführen gewesen wäre, warum der Schutz des Erwerbers generell überwiege.[185] Nach alledem erscheint es zweifelhaft, von der Beeinträchtigung der nach Art. 16 der EU-Grundrechtecharta geschützten unternehmerischen Freiheit auszugehen.

1684 Vor dem Hintergrund erscheint es unwahrscheinlich, dass das BAG allein aufgrund dieses Urteils seine neuere Rspr zur Auslegung dynamischer Bezugnahmen verwerfen wird. Aufgrund der Unterschiede der Tarifrechtssysteme wird die Möglichkeit eines erneuten Vorabentscheidungsverfahrens durch deutsche Arbeitsgerichte, auf die nationale Rechtslage zugeschnitten, angeregt.[186]

ff) Gleichstellungsabrede

(1) Differenzierungskriterien

1685 Ist die Anwendbarkeit des Tarifvertrages im Arbeitsvertrag vereinbart, kann es sich bei der Verweisungsklausel um eine Gleichstellungsabrede mit einem **tarifgebundenen Arbeitgeber** handeln. Die Anwendbarkeit der Normen des einschlägigen Tarifvertrages kann aber auch **oh-**

178 *Jacobs/Frieling*, EuZW 2013, 737, 739; *Klauk/Klein*, jurisPR-ArbR 40/2013, Anm. 1.
179 *Jacobs/Frieling*, EuZW 2013, 737, 739.
180 *Jacobs/Frieling*, EuZW 2013, 737, 739.
181 *Forst*, DB 2013, 1847, 1850; *Klauk/Klein*, jurisPR-ArbR 40/2013, Anm. 1.
182 *Klauk/Klein*, jurisPR-ArbR 40/2013, Anm. 1; *Thüsing*, EWiR 2013, 543, 544.
183 In diese Richtung gehend auch *Thüsing*, EWiR 2013, 543, 544.
184 *Thüsing*, EWiR 2013, 543, 544.
185 *Forst*, DB 2013, 1847, 1849 f.
186 *Jacobs/Frieling*, EuZW 2013, 737, 740; *Klauk/Klein*, jurisPR-ArbR 40/2013, Anm. 1; *Thüsing*, EWiR 2013, 543, 544.

ne Rücksicht auf die Tarifgebundenheit des Arbeitgebers geregelt sein. Ferner muss unterschieden werden, ob die Bezugnahme nur den Stand der Tarifverträge bei Abschluss des Arbeitsvertrages oder deren jeweiligen Stand einbezieht, ob sie also **statisch** oder **zeitdynamisch** ausgestaltet wurde.

(2) Tarifgebundenheit des Arbeitgebers

Über die Gleichstellungsabrede wird arbeitsvertraglich vereinbart, die Normen des Tarifvertrages, die den Inhalt, den Abschluss und die Beendigung des Arbeitsverhältnisses sowie betriebliche und betriebsverfassungsrechtliche Fragen regeln, in gleicher Weise anzuwenden, wie wenn sie normativ gelten würden.[187] Eine Gleichstellungsabrede kann durch ausdrückliche Bezugnahme im Arbeitsvertrag begründet werden, sie soll bei tarifgebundenen Arbeitgebern aber auch durch konkludentes Handeln im Wege der betrieblichen Übung entstehen können.[188] Haben die Parteien im Arbeitsvertrag wörtlich oder sinngleich vereinbart, dass auf das Arbeitsverhältnis die Tarifverträge einer bestimmten Branche in der jeweils gültigen Fassung Anwendung finden, und ist der **Arbeitgeber tarifgebunden**, so lag nach der vormaligen Rspr des BAG in dieser Vereinbarung eine **Gleichstellungsabrede.**[189] 1686

Allerdings hat der 4. Senat diese Rspr mit Urteil vom 18.4.2007 ausdrücklich aufgegeben[190] und fortan bestätigt,[191] so dass zurzeit von einer gefestigten Rechtsprechung auszugehen ist. Fortan sind dynamische Bezugnahmen auf „die einschlägigen Tarifverträge" in nach dem 1.1.2002 geschlossenen Verträgen im Zweifel nicht mehr als bloße Gleichstellungsabreden, sondern nach Maßgabe des Wortlauts als unbedingte zeitdynamische Verweisungen auszulegen. Verlässt der Arbeitgeber den Arbeitgeberverband, sollen die Arbeitnehmer künftig auch an der nach dem Verbandsaustritt geschlossenen tariflichen Entwicklung über die Bezugnahmeklausel teilhaben. 1687

Diese Rechtsprechungsänderung stellt allerdings keinesfalls das Ende der sog. Gleichstellungsabrede in der Praxis dar, auch wenn deren Anwendungsbereich in Zweifelsfällen deutlich eingeengt ist. Besteht **keine Tarifgebundenheit** des Arbeitgebers, hat die Vereinbarung der Anwendbarkeit eines bestimmten Tarifes oder Tarifwerkes **keine Gleichstellung** zur Folge, sondern eine gegen jeden „Tarifwechsel" resistente, statische Bezugnahme auf ein bestimmtes Tarifwerk, ggf in jeweils gültiger Fassung.[192] Die Annahme eines Gleichstellungszweckes bei Vereinbarung einer Bezugnahmeklausel im Betrieb eines ungebundenen Arbeitgebers ist mangels normativ bestehender Verpflichtung zur Anwendung der Tarifnormen gegenüber den tarifgebundenen Arbeitnehmern ohnehin von vornherein ausgeschlossen.[193] 1688

(3) Unterschied zwischen Gleichstellungsabrede und Tarifwechselklausel

Die Verweisungsklausel auf „die einschlägigen Tarifverträge" wird im Zweifel als dynamische Bezugnahme verstanden.[194] Die **Gleichstellungsabrede ersetzt immer nur die fehlende Tarifgebundenheit des Arbeitnehmers.** Sie führt weder zu Gunsten des Arbeitgebers noch zu Gunsten 1689

---

187 BAG 19.3.2003 – 4 AZR 331/02, NZA 2003, 1207; BAG 20.2.2002 – 4 AZR 123/01, DB 2002, 1999.

188 BAG 1.8.2001 – 4 AZR 129/00, NZA 2003, 924; BAG 19.1.1999 – 1 AZR 606/98, RdA 2000, 173.

189 BAG 1.12.2004 – 4 AZR 50/04, NZA 2005, 478; BAG 25.9.2002 – 4 AZR 294/01, NZA 2003, 807.

190 BAG 18.4.2007 – 4 AZR 652/05, NZA 2007, 965; bestätigt in: BAG 22.10.2008 – 4 AZR 793/07, NZA 2009, 323; BAG 22.10.2008 – 4 AZR 794/07, ArbuR 2009, 143; BAG 22.10.2008 – 4 AZR 795/07.

191 BAG 23.2.2011 – 4 AZR 439/09, NZA-RR 2011, 253; BAG 16.11.2011 – 4 AZR 246/10, AP Nr. 99 zu § 1 TVG Bezugnahme auf Tarifvertrag; BAG 18.4.2012 – 4 AZR 392/10, NZA 2012, 1171; BAG 20.4.2012 – 9 AZR 504/10, NZA 2012, 982; BAG 16.5.2012 – 4 AZR 290/10, NJOZ 2012, 2137.

192 *Schliemann*, Sonderbeil. zu NZA 16/2003, 3.

193 HK-ArbR/*Karthaus/Richter*, § 613 a BGB Rn 148.

194 *Schliemann*, Sonderbeil. zu NZA 16/2003, 3. AA *Thüsing/Lambrich*, RdA 2002, 193; *Lambrich*, BB 2002, 1264, 1267 ff; *Thüsing*, Anm. zu AP § 1 TVG Bezugnahme auf Tarifvertrag Nr. 21; *ders.*, NZA 2003, 1184; *Annuß*, BB 1999, 2558, 2559; *ders.*, RdA 2000, 179.

des Arbeitnehmers zu weitergehenden Rechten, als sie sich aus einer normativen Geltung des in Bezug genommenen einschlägigen Tarifvertrages ergeben. Es ist deshalb die Annahme nicht zutreffend, es werde mit Hilfe der Gleichstellungsabrede die fehlende Gewerkschaftszugehörigkeit des Arbeitnehmers kompensiert mit der Folge, dass auf das Arbeitsverhältnis jeder Tarifvertrag anzuwenden sei, an den sich der Arbeitgeber jeweils gebunden habe.[195] Der Senat hat diese Rspr zwischenzeitlich aufgegeben. Ein gleichsam „automatischer" Wechsel zur Anwendbarkeit eines fremden Tarifvertrages sei nicht gegeben, wenn „nur" eine Gleichstellungsabrede im Sinne der Rspr des 4. Senats getroffen worden sei.[196] Wolle der Arbeitgeber einen „automatischen" Wechsel in den Geltungsbereich der jeweils anderen anzuwendenden Tarifverträge ohne Rücksicht auf die Tarifgebundenheit des Arbeitnehmers erreichen, könne dieses Ziel, so der Senat, mit folgender Klausel im Arbeitsvertrag erreicht werden: „Das Arbeitsverhältnis unterliegt den jeweils für den Betrieb oder Betriebsteil des Arbeitgebers fachlich/betrieblich anzuwendenden Tarifverträgen in der jeweils gültigen Fassung. Dies sind zurzeit die Tarifverträge der (...)-Industrie." Eine solche Klausel wird als **Tarifwechselklausel** oder auch als **große dynamische Bezugnahmeklausel** bezeichnet.

(4) Sonderfall: Gleichzeitige normative Geltung

1690 Schließen ein tarifgebundener Arbeitnehmer und ein in gleicher Weise tarifgebundener Arbeitgeber einen Arbeitsvertrag, in dem auf den ohnehin normativ geltenden Tarifvertrag verwiesen wird, bewirkt eine Bezugnahmeklausel nicht, dass die vertragliche Abrede nur deklaratorisch ist, sondern sie bleibt **konstitutiv**.[197] Die Klausel verfehlt als **Gleichstellungsabrede** nur insofern ihr Ziel, als sie keine weiteren oder anderen Rechtsfolgen wegen der anzuwendenden Tarifverträge erzeugt, als bei unmittelbarer und zwingender Geltung dieser Tarifverträge bereits ausgelöst werden.

1691 Diese Konstellation ist in der **Praxis** keineswegs abwegig, da der Arbeitgeber oftmals über eine eventuelle Gewerkschaftzugehörigkeit bei der Einstellung nicht Bescheid weiß und mangels Fragerecht die Situation auch nicht entsprechend aufklären kann. Soweit er eine Gleichstellung der Arbeitnehmer zur Verwirklichung einheitlicher Arbeitsbedingungen in seinem Betrieb bezweckt, besitzt er lediglich die Möglichkeit, eine entsprechende Klausel in alle Arbeitsverträge aufzunehmen, so dass eine „doppelte" Bindung mancher Arbeitnehmer automatisch auftreten wird. In solchen Fällen finden dann die tariflichen Vorschriften auf doppelter Grundlage Anwendung.[198]

1692 Im Ergebnis befindet sich ein Arbeitnehmer, der eine Gleichstellungsabrede mit dem Arbeitgeber geschlossen hat, dennoch in der gleichen Lage, wie wenn die in Bezug genommenen Tarifverträge nur normative Geltung hätten.[199] Folge ist, dass über die Gleichstellungsabrede die Fragen der Beendigung der Tarifbindung und die der Nachwirkung so zu lösen sind, als wenn die Tarifverträge nur normative Geltung hätten. Dementsprechend kann sich angesichts einer Gleichstellungsabrede kein Arbeitnehmer darauf berufen, die Tarifverträge müssten weiter dynamisch angewendet werden, wenn sie nicht unmittelbar und zwingend gelten und/oder nur noch nachwirkten.[200] Ein Tarifwechsel ergibt sich über eine Gleichstellungsabrede regelmäßig gerade nicht, es sei denn, sie ist vom Wortlaut her eindeutig als solche ausgestattet. Wohl aber

---

195 BAG 4.9.1996 – 4 AZR 135/95, NZA 1997, 271.

196 BAG 30.8.2000 – 4 AZR 581/99, AP § 1 TVG Bezugnahme auf Tarifvertrag Nr. 12.

197 So auch BAG 29.8.2007 – 4 AZR 767/06, NZA 2008, 364; *Bepler*, RdA 2009, 65, 72; Däubler/*Lorenz*, TVG, § 3 Rn 225 f; *Kania*, NZA-Beil. 3/2000, 45, 46; ErfK/*Franzen*, § 3 TVG Rn 33; HWK/*Henssler*, § 3 TVG Rn 28.

198 BAG 20.4.2012 – 9 AZR 504/10, NZA 2012, 982.

199 *Schliemann*, Sonderbeil. zu NZA 16/2003, 3.

200 BAG 20.2.2002 – 4 AZR 123/01, NZA 2003, 933; BAG 26.9.2001 – 4 AZR 544/00, AP § 1 TVG Bezugnahme auf Tarifvertrag Nr. 21; BAG 29.8.2001 – 4 AZR 332/00, AP § 1 TVG Bezugnahme auf Tarifvertrag Nr. 17.

kann es infolge kongruenter Tarifgebundenheit zu einem Wechsel in einen anderen Tarifvertrag kommen. Diese Wirkung tritt umso häufiger ein, je weiter gefasst der Organisationsbereich der Gewerkschaft ist.[201]

(5) Sonderfall: Tarifungebundener Arbeitgeber

Ist der Arbeitgeber tarifungebunden, ist die Verweisungsklausel keine Gleichstellungsabrede, sondern eine konstitutive Bezugnahmeklausel. Die Voraussetzungen einer Gleichstellungsabrede, wonach eine dynamische Verweisung in einem Arbeitsvertrag ab dem Eintritt bestimmter Umstände nur noch statisch wirkt, sind bei fehlender Tarifbindung des Arbeitgebers nicht erfüllt.[202] In diesem Fall ergibt sich schon vom Sinn her keine Möglichkeit einer Gleichstellung, weil im Betrieb mangels beidseitiger Tarifgebundenheit bereits keine Arbeitnehmer existieren, gegenüber welchen die Tarifvorschriften normativ gelten, so dass es bereits an einer tauglichen Vergleichsgruppe für eine Gleichstellung fehlt. 1693

Ein Arbeitgeber, der sich bewusst gegen die normative Wirkung eines Tarifvertrages durch den Nichtbeitritt zum Arbeitgeberverband entschieden hat, soll sich nach *Reichel*[203] durch einen „Quasi-Verbandsaustritt" aus der Wirkung der Bezugnahmeklausel lösen können. Dazu schlägt *Reichel* im Arbeitsvertrag folgende Klausel vor: 1694

> „Für das Arbeitsverhältnis gilt der Tarifvertrag der (...)-Branche in seiner jeweils geltenden Fassung, um eine Gleichstellung des nichtorganisierten Arbeitgebers mit den tarifgebundenen Arbeitgebern der Branche herbeizuführen. Der Arbeitgeber kann stets nach Ablauf des Tarifvertrages gegenüber den Arbeitnehmern schriftlich mit einer Frist von einer Woche einen „Quasi-Verbandsaustritt" erklären, wobei es der Einhaltung der nur für die organisierten Arbeitgeber bedeutsamen Austrittsfristen aus dem zuständigen Arbeitgeberverband nicht bedarf."

In der Praxis hat sich eine solche Klausel nicht durchgesetzt; an ihrer Wirksamkeit sind Zweifel angebracht, weil es einen **„Quasi-Verbandsaustritt"** nicht gibt. Eine solche Klausel würde wie eine dynamische Bezugnahmeklausel unter Widerrufsvorbehalt wirken und somit wohl auch Bedenken in Bezug auf eine Transparenzkontrolle nach § 307 Abs. 1 S. 2 BGB und generell einer unangemessenen Benachteiligung nach § 307 Abs. 1 S. 1 BGB begegnen. In anderem Zusammenhang mit der Bezugnahme auf die „jeweils gültige Fassung" einer Arbeits- und Sozialordnung, welche nahezu vollständig alle Arbeitsbedingungen regelte, aber nach der Bezugnahme „nur bis zur Vereinbarung einer jeweils neuen Fassung" gelten sollte, nahm das BAG ein unzulässiges einseitiges Vertragsänderungsrecht des Arbeitgebers an, welches den Arbeitnehmer in unzulässiger Weise benachteilige.[204] Übertragen auf den Vorschlag eines „Quasi-Verbandsaustritts" lässt dies deutliche Zweifel an der Wirksamkeit einer solchen Vereinbarung aufkommen. 1695

Für die (ergänzende) Auslegung der arbeitsvertraglichen Bezugnahme auf die „für das Unternehmen einschlägigen Tarifverträge" ist vorrangig darauf abzustellen, welcher Tarifvertrag nach § 4 Abs. 1 S. 1 TVG bei kongruenter Tarifgebundenheit für das Arbeitsverhältnis zwingend und unmittelbar gelten würde.[205] 1696

gg) Sonderfragen beim Betriebsübergang

(1) Allgemeine Rechtswirkungen eines Betriebsübergangs

Beim Betriebsübergang (§ 613 a BGB) gehen die betroffenen Arbeitsverhältnisse auf den Erwerber über; die Rechte und Pflichten aus den Arbeitsverträgen entstehen in dem Stand beim Be- 1697

201 *Schliemann*, Sonderbeil. zu NZA 16/2003, 3.
202 BAG 25.9.2002 – 4 AZR 294/01, NZA 2003, 807; krit. *Reichel*, NZA 2003, 832.
203 *Reichel*, NZA 2003, 832.
204 BAG 11.2.2009 – 10 AZR 222/08, NZA 2009, 428.
205 BAG 13.11.2002 – 4 AZR 393/01, BB 2003, 2012.

triebserwerber, den sie am Tage des Betriebsübergangs haben; er tritt in die Arbeitsverhältnisse ein.

1698 Soweit das Arbeitsverhältnis rechtlich ausschließlich durch den Arbeitsvertrag gestaltet ist, gehen die im Arbeitsvertrag vereinbarten Arbeitsbedingungen uneingeschränkt auf den Betriebserwerber über. Unter „Rechte und Pflichten“ iSd § 613 a Abs. 1 S. 1 BGB ist der gesamte individualrechtlich vereinbarte Inhalt des Arbeitsverhältnisses zu verstehen.[206] Damit wird der Erwerber wegen aller Zusagen verpflichtet, die der bisherige Betriebsinhaber auf der Ebene des Einzelarbeitsvertrages gegenüber dem Arbeitnehmer erteilt hat (wie etwa Gratifikationen, Tantiemen, Ergebnisbeteiligungen oder betriebliche Altersversorgung).

1699 Zu den **arbeitsvertraglich vereinbarten Arbeitsbedingungen** gehört auch die **vereinbarte Bezugnahme** auf einen Tarifvertrag.[207] Für die Überlegung, inwieweit die Bezugnahmeklausel als Bestandteil des Arbeitsvertrages auf den Betriebserwerber übergeht, ist es nicht maßgeblich, welchen Inhalt die Bezugnahmeklausel hat und wie sie zu verstehen ist. Mit dem wie auch immer bestehenden Inhalt geht der Arbeitsvertrag auf den Erwerber über.[208] Das umfasst gerade auch die Bezugnahmeklausel als arbeitsvertragliche Regelung. Der Umstand des Betriebsübergangs ändert am Inhalt des Arbeitsvertrages für sich allein nichts. Vielmehr geht das Arbeitsverhältnis „automatisch“ auf den Betriebserwerber über,[209] und zwar so, wie es im Zeitpunkt des Übergangs bestanden hat.[210] Das Gesetz schützt damit den zum Zeitpunkt des Betriebsübergangs bereits erworbenen vertraglichen Besitzstand, es erweitert oder ändert ihn aber nicht.[211] Wenn der Tarifvertrag beim Veräußerer nicht kollektivrechtlich, sondern nur kraft einzelvertraglicher Inbezugnahme gegolten hat, können die Rechte und Pflichten gem. § 613 a Abs. 1 S. 1 BGB nur individualrechtlich weitergelten.[212]

1700 In einer Entscheidung vom 19.9.2007 stellte der 4. Senat des BAG klar, dass auch zum Zeitpunkt des Betriebsübergangs bereits vereinbarte, aber erst später wirkende Rechte und Pflichten, welche in Normen eines Tarifvertrages geregelt sind, mit dem Arbeitsverhältnis auf den Erwerber übergehen.[213] Im zugrunde liegenden Fall war zwischen den tarifgebundenen Parteien auch einzelvertraglich die Geltung eines Manteltarifvertrages und der ergänzenden, abändernden oder ersetzenden Tarifverträge vereinbart worden. In der Folge hatten die Tarifvertragsparteien eine gestaffelte jährliche Tariflohnerhöhung jeweils zum 1.1. der Folgejahre verabredet. Auch wenn vor Eintritt der letzten Erhöhungsstufe der Betrieb auf einen nicht tarifgebundenen Erwerber überging, entschied das BAG, dass auch dieser an die nächste tarifliche Erhöhungsstufe gebunden sei, ohne dass ihn dies in seiner negativen Koalitionsfreiheit beschränke.

1701 Für die Parteien des Arbeitsvertrages besteht indes die Möglichkeit, ihre arbeitsvertraglich vereinbarten Arbeitsbedingungen jederzeit abzuändern. Das Schutzjahr des § 613 a Abs. 1 S. 2 BGB gilt nicht für die Arbeitsbedingungen, die nur arbeitsvertraglich vereinbart sind. Vertraglich in Bezug genommene Tarifnormen gelten gerade als Teil der arbeitsvertraglichen Regelungen, so dass sich ihr Übergang allein nach § 613 a Abs. 1 S. 1 BGB regelt.[214] Gemeint sind vom Gesetzgeber lediglich die Arbeitsbedingungen, die beim früheren Betriebsinhaber durch Tarifvertrag oder durch Betriebsvereinbarung „geregelt“ waren. Demnach verstößt auch eine einzelvertragliche Vereinbarung zwischen Betriebsübernehmer und Arbeitnehmer nicht gegen § 613 a BGB, nach welcher die mit dem ursprünglichen Betriebsinhaber vereinbarte Vergütung

---

206 Schliemann/*Ascheid*, Das Arbeitsrecht im BGB, § 613 a Rn 59.
207 *Schliemann*, Sonderbeil. zu NZA 16/2003, 3.
208 *Schliemann*, Sonderbeil. zu NZA 16/2003, 3.
209 EuGH 17.12.1987 (Ny Mølle Kro), EAS Richtlinie 77/187/EWG Art. 1 Nr. 3.
210 StRspr, s. nur BAG 22.2.1978 – 5 AZR 800/76, AP § 613 a BGB Nr. 11; BAG 26.5.1983 – 2 AZR 477/81, AP § 613 a BGB Nr. 34 m. Anm. *Grunsky*; BAG 19.9.2007 – 4 AZR 711/06, NZA 2008, 241.
211 *Schliemann*, Sonderbeil. zu NZA 16/2003, 3.
212 *Schiefer*, FA 2002, 258, 260.
213 BAG 19.9.2007 – 4 AZR 711/06, NZA 2008, 241.
214 BAG 24.2.2010 – 4 AZR 691/08, NZA-RR 2010, 530.

abgesenkt wird.[215] Dies wird insb. deswegen begrüßt, weil das BAG es dem übernehmenden Arbeitgeber damit erleichtert, nach einem Betriebsübergang die Arbeitsbedingungen, insb. das Gehaltsgefüge des übernommenen Betriebsteils, an diejenigen des „alten" Betriebes anzupassen. Damit werde dem Harmonisierungsbedarf entsprochen und das Zusammenwachsen der gesamten Belegschaft gefördert.[216] Eine Möglichkeit der einseitigen Anpassung der Arbeitsbedingungen wird, ebenso wie die soziale Rechtfertigung einer Änderungskündigung, mit dem arbeitsrechtlichen Gleichbehandlungsgrundsatz dagegen abgelehnt.[217] Der Erwerber kann zur Anpassung demnach lediglich auf die bekannten Mittel der Vertragsanpassung in Form von Änderungsvertrag und Änderungskündigung zurückgreifen.

Normativ geltende Tarif- und Betriebsverfassungsnormen werden dagegen gem. § 613 a Abs. 1 1702
S. 2 BGB automatisch Teil des Arbeitsvertrages mit dem Erwerber, soweit dort keine ablösenden Kollektivnormen bestehen, und können innerhalb eines Zeitraums einer, vom Zeitpunkt des Betriebsübergangs berechneten, einjährigen Veränderungssperre nicht zum Nachteil des Arbeitnehmers modifiziert werden. Die Regelungen werden zwar zum Inhalt des Arbeitsvertrages mit dem Erwerber, sind aber nicht mit solchen Arbeitsbedingungen nach § 613 a Abs. 1 S. 1 BGB gleichzustellen und behalten ihren kollektivrechtlichen Charakter auch nach dem Betriebsübergang.[218] Dies bezieht sich auch auf solche tariflichen Regelungen, welche zum Zeitpunkt des Betriebsübergangs zwar schon vereinbart waren, ihre Wirkung, etwa durch zeitdynamische Erhöhung von Entgelten, allerdings erst nach dem Betriebsübergang entfalten.[219] Auch die Einbeziehung später wirkender Rechte und Pflichten stellt insoweit lediglich eine Wahrung des zum Zeitpunkt des Betriebsübergangs erworbenen Besitzstands und keine Verbesserung der Rechtslage der Arbeitnehmer dar und verletzt nach Ansicht des BAG auch einen tarifungebundenen Betriebserwerber nicht in seinem Grundecht auf negative Koalitionsfreiheit.[220] Soweit ein Tarifvertrag zwar zeitlich vor dem Betriebsübergang geschlossen wurde, dieser allerdings erst nach dem Betriebsübergang in Kraft tritt, werden dessen Normen nicht von § 613 a Abs. 1 S. 2 BGB erfasst, mit der Folge, dass der Erwerber an diese nicht gebunden ist.[221] Von der Übergangsregelung werden gerade nur zum Zeitpunkt des Betriebsübergangs bereits normativ wirkende Tarif- und Betriebsverfassungsnormen erfasst.[222] Nach Ablauf der einjährigen Veränderungssperre ist eine Änderung der in den Arbeitsvertrag nach § 613 a Abs. 1 S. 2 BGB überführten tariflichen Arbeitsbedingungen mittels der üblichen Mittel zur Vertragsänderung allerdings möglich. Der Ablauf der Jahresfrist entspricht insoweit einer Fiktion des Endes der Nachbindung durch Änderung des Tarifvertrages.[223] Bereits innerhalb eines Jahres nach Betriebsübergang ist aber eine Abweichung von den betroffenen Tarifbestimmungen bereits nach § 613 a Abs. 1 S. 3 BGB zulässig, soweit diese durch eine entsprechende beim Betriebserwerber gültige Tarifbestimmung oder Betriebsvereinbarung abgelöst werden.

Mit Urteil vom 21.2.2001 hat der 4. Senat im Fall eines Betriebsübergangs und der damit ein- 1703
hergehenden Frage nach einem eventuellen Tarifwechsel entschieden, dass § 613 a Abs. 1 S. 3 BGB die **kongruente Tarifgebundenheit** des neuen Betriebsinhabers und des Arbeitnehmers

215 BAG 7.11.2007 – 5 AZR 1007/06, NJW 2008, 939.

216 *Dzida/Wagner*, NZA 2008, 571, 572.

217 *Hauck*, BB-Beil. 2008, 19, 20.

218 BAG 22.4.2009 – 4 AZR 100/08, AP Nr. 371 zu § 613 a BGB.

219 BAG 19.9.2007 – 4 AZR 711/06, NZA 2008, 241; BAG 21.4.2010 – 4 AZR 768/08, AP Nr. 387 zu § 613 a BGB; BAG 16.5.2012 – 4 AZR 321/10, NZA 2012, 923.

220 BAG 19.9.2007 – 4 AZR 711/06, NZA 2008, 241.

221 BAG 16.5.2012 – 4 AZR 321/10, NZA 2012, 923; bestätigt durch BAG 26.9.2012 – 4 AZR 511/10, AP Nr. 437 zu § 613 a BGB.

222 BAG 16.5.2012 – 4 AZR 321/10, NZA 2012, 923; bestätigt durch BAG 26.9.2012 – 4 AZR 511/10, AP Nr. 437 zu § 613 a BGB.

223 BAG 22.4.2009 – 4 AZR 100/08, AP Nr. 371 zu § 613 a BGB.

voraussetzt.[224] Der Arbeitnehmer war in der Versandabteilung eines Unternehmens der Druckindustrie beschäftigt. Arbeitgeber wie Arbeitnehmer waren tarifgebunden, und der Arbeitsvertrag nahm auf den einschlägigen Tarifvertrag Bezug. Nach der Ausgliederung der Abteilung ging das Arbeitsverhältnis auf den einem anderen Tarifvertrag unterliegenden Erwerber über. Die Parteien stritten darüber, welcher Tarifvertrag für das Arbeitsverhältnis maßgeblich sei. Die ursprünglichen Tarifbedingungen bildeten nach Auffassung des BAG gem. § 613 a Abs. 1 S. 2 BGB (zumindest für ein Jahr) Inhalt des Arbeitsvertrages, und zwar festgeschrieben auf den Stand bei Betriebsübergang. Der für den neuen Arbeitgeber geltende Tarifvertrag wäre nach § 613 a Abs. 1 S. 3 BGB nur anwendbar gewesen, wenn auch der Kläger, was nicht der Fall war, daran gebunden gewesen wäre. Die kongruente Tarifgebundenheit als Voraussetzung der Verdrängung des Tarifvertrages gem. § 613 a Abs. 1 S. 3 BGB durch den beim Betriebserwerber geltenden Kollektivvertrag hat das BAG in der Folge bestätigt und herausgestellt, die Verdrängung trete auch ein, wenn die kongruente Tarifgebundenheit erst nach dem Betriebsübergang begründet wird.[225] Im Zusammenhang mit § 613 a Abs. 1 S. 2 und 3 BGB kommt es bei einer kongruenten Tarifbindung gerade zu einer unmittelbaren Ablösung der beim Betriebsveräußerer geltenden Tarifnormen, so dass die Konstellation – anders als das Verhältnis zwischen nach § 613 a Abs. 1 S. 1 BGB übernommenen individualarbeitsrechtlichen Regelungen – nicht über das Günstigkeitsprinzip aufzulösen ist.[226]

(2) Betriebsvereinbarungen als ablösende Abmachung iSd § 613 a Abs. 1 S. 3 BGB

1704 Das BAG hat sich in zwei Entscheidungen aus November 2007 mit der Frage auseinandergesetzt, inwieweit nachteilige Betriebsvereinbarungen des Erwerbers einen zuvor beim Betriebsveräußerer gültigen Tarifvertrag ablösen können. In dem vom 1. Senat am 6.11.2007 zu entscheidenden Fall[227] klagte ein Arbeitnehmer, in dessen Arbeitsvertrag mit dem Betriebsveräußerer zur Regelung der Vergütungshöhe eine Verweisungsklausel auf einen bestimmten Manteltarifvertrag vereinbart war, gegen den nicht tarifgebundenen Betriebserwerber. Dieser hatte die Vergütung des übernommenen Arbeitnehmers unter Berufung auf die Regelung in einem „Sozialplan", welcher kurz vor der Betriebsübernahme mit dem Betriebsrat des übernehmenden Betriebes geschlossen wurde, um 15 % reduziert. Das BAG stellte in diesem Zusammenhang fest, im Rahmen von § 613 a Abs. 1 S. 3 BGB seien Regelungen einer beim nicht tarifgebundenen Betriebserwerber geltenden Betriebsvereinbarung nicht geeignet, Rechtsnormen eines zwischen Veräußerer und Arbeitnehmer aufgrund beidseitiger Tarifbindung geltenden Tarifvertrages verschlechternd abzulösen. Eine **„Über-Kreuz-Ablösung"** der Rechtsnormen eines Tarifvertrages durch die Regelungen einer Betriebsvereinbarung sei zumindest außerhalb des Bereichs der erzwingbaren Mitbestimmung des Betriebsrats ausgeschlossen. Diese Ansicht bestätigte auch der 3. Senat am 13.11.2007 in einer Entscheidung[228] zu der Frage, inwieweit nach Betriebsteilübergang auf einen ungebundenen Verein der Anspruch eines Arbeitnehmers auf Gewährung einer zusätzlichen Altersversorgung fortbestehe, welcher sich zuvor kraft beidseitiger Tarifbindung und entsprechender Verweisungsklausel auf den einschlägigen Tarifvertrag ergab. Mittlerweile ist die fehlende Möglichkeit der „Über-Kreuz-Ablösung" durch verschlechternde Betriebsvereinbarungen außerhalb des Bereichs der erzwingbaren Mitbestimmung als gefestigte Rspr anzusehen.[229]

---

224 BAG 21.2.2001 – 4 AZR 18/00, NZA 2001, 1318; bestätigt durch BAG 7.7.2010 – 4 AZR 1023/08, NZA-RR 2011, 30.

225 BAG 11.5.2005 – 4 AZR 315/04, NZA 2005, 1362; BAG 7.7.2010 – 4 AZR 1023/08, NZA-RR 2011, 30.

226 BAG 7.7.2010 – 4 AZR 1023/08, NZA-RR 2011, 30.

227 BAG 6.11.2007 – 1 AZR 862/06, NZA 2008, 542.

228 BAG 13.11.2007 – 3 AZR 191/06, NZA 2008, 600.

229 So etwa auch: BAG 6.11.2007 – 1 AZR 862/06, NZA 2008, 542; BAG 21.4.2010 – 4 AZR 768/08, AP Nr. 387 zu § 613 a BGB; BAG 3.7.2013 – 4 AZR 961/11, DB 2013, 2335.

(3) Rechtswirkungen bei Änderung des Unternehmenszwecks

1705 Besonderheiten können sich im Zusammenhang mit einem anlässlich des Betriebsübergangs vollzogenen Branchenwechsel ergeben. Die tarifvertragliche Pflicht des Arbeitgebers zur Fortführung einer baugewerblichen Altersversorgung nach Branchenwechsel hat das BAG bspw im Urteil vom 9.11.1999[230] behandelt. Der 3. Senat meinte, dass die tarifvertragliche Pflicht eines Arbeitgebers des Baugewerbes, seinen Arbeitnehmern Leistungen der betrieblichen Altersversorgung über die Zusatzversorgungskasse zu verschaffen, erloschen sei, wenn der Arbeitgeber die Branche wechsele und so aus dem betrieblichen Geltungsbereich der Versorgungstarifverträge des Baugewerbes herausfalle. In den Gründen des Urteils wird ausgeführt, dass sich die Weitergeltung der allgemeinverbindlichen Versorgungstarifverträge des Baugewerbes über den 31.3.1996 hinaus für den Arbeitnehmer nicht aus § 3 Abs. 3 TVG ergebe. Der Austritt aus dem Arbeitgeberverband sei nicht vergleichbar mit der hier vorliegenden Änderung des Unternehmenszwecks, die zu einem Ausscheiden aus dem betrieblichen Geltungsbereich der Tarifverträge des Baugewerbes geführt habe. Auch allgemeinverbindliche Tarifverträge verlieren ihre Wirksamkeit, wenn der Arbeitgeber wegen einer Änderung des Unternehmenszwecks nicht mehr in ihren fachlichen Geltungsbereich falle.
Eine entsprechende Anwendung des § 3 Abs. 3 TVG scheide schon deshalb aus, weil das TVG für eine Fallgestaltung wie die vorliegende keine Gesetzeslücke enthalte. § 3 Abs. 3 TVG verlange darüber hinaus nach seinem Sinn und Zweck die fortbestehende Tarifzuständigkeit der vertragsschließenden Verbände. Hieran habe es im Falle der Beklagten seit dem 1.4.1996 gefehlt. Mit dem Ausscheiden aus dem betrieblichen Geltungsbereich der Tarifverträge des Baugewerbes seien dessen Verbände für die Beklagte nicht mehr zuständig gewesen. Die Versorgungstarifverträge für das Baugewerbe wirkten auch nicht in entsprechender Anwendung des § 4 Abs. 5 TVG nach. Zwar könne dieser Norm die allgemeine Regel entnommen werden, dass Tarifverträge dann abdingbar weitergelten, wenn die Tarifbindung, aus welchen Gründen auch immer, weggefallen sei. Dieser Grundsatz gelte aber nicht, wenn ein Arbeitgeber aus dem betrieblichen Geltungsbereich der Versorgungstarifverträge des Baugewerbes ausgeschieden sei.

1706 Die Versorgungstarifverträge des Baugewerbes, die über Zusatzversorgungskassen als gemeinsame Einrichtungen durchgeführt werden, wirkten in einem solchen Fall auch nicht entsprechend § 4 Abs. 5 TVG nach. Aufgrund der Änderung des Betriebszwecks habe der Arbeitgeber mit dem Ausscheiden aus dem betrieblichen Geltungsbereich keine Beiträge an die gemeinsame Einrichtung mehr zu erbringen. Zwischen der Beitragspflicht und den Ansprüchen des Arbeitnehmers aufgrund des Versicherungsverhältnisses bestehe aber ein unlösbarer Zusammenhang. Deshalb erlöschen auch die tarifvertraglichen Ansprüche des Arbeitnehmers zusammen mit dem Versicherungsverhältnis für die Zukunft. Wichtig ist, auch in diesem Zusammenhang noch einmal zu betonen, dass sich die Rechtsfolge des § 613 a Abs. 1 S. 3 BGB auch im Zusammenhang mit einem Branchenwechsel lediglich auf normativ wirkende Tarifnormen bezieht. Sind Tarifvorschriften demnach per arbeitsvertragliche Bezugnahme auf das Arbeitsverhältnis anwendbar und gehen diese nach § 613 a Abs. 1 S. 1 BGB auf den Erwerber über, wird der tarifliche Branchenwechsel nur dann vollzogen, soweit es sich um eine Tarifwechselklausel handelt.[231]

(4) Zusammenfassung

1707 Die Regeln bei Betriebsübergang und Bezugnahmeklauseln lassen sich wie folgt zusammenfassen: Beim Außenseiter, für den der Tarifvertrag mangels Rechtsnormqualität bei arbeitsvertraglicher Inbezugnahme nicht normativ wirkt, gelten die Regelungen des Tarifvertrages im Falle

230 BAG 9.11.1999 – 3 AZR 690/98, NZA 2000, 730.

231 BAG 29.8.2007 – 4 AZR 767/06, NZA 2008, 364; BAG 29.8.2007 – 4 AZR 765/06, AP Nr. 62 zu § 1 TVG Bezugnahme auf Tarifvertrag; BAG 17.11.2010 – 4 AZR 391/09, NZA 2011, 356; BAG 17.11.2010 – 4 AZR 403/09.

eines Betriebsübergangs nur über die vertragliche Bezugnahme gem. § 613 a Abs. 1 S. 1 BGB fort.[232] Ob die individualarbeitsrechtlich weitergeltenden Rechte durch einen Tarifvertrag des Erwerbers abgelöst werden können, hängt vom Wortlaut der Verweisungsklausel und ihrer Auslegung ab. Handelt es sich bei der Verweisungsklausel um eine große dynamische Bezugnahmeklausel, findet nach einem Betriebsinhaberwechsel der Tarifvertrag des Erwerbers Anwendung, weil die einzelvertragliche Bezugnahme auf einen Tarifvertrag nur das widerspiegeln soll, was auch tarifrechtlich verbindlich ist.[233] Handelt es sich dagegen um eine als unbedingte zeitdynamische Verweisung ausgelegte kleine dynamische Bezugnahmeklausel, ist auch der tariflich ungebundene Betriebserwerber dauerhaft verpflichtet, die jeweilige Tarifentwicklung der in Bezug genommenen Norm weiterzugeben.[234]

1708 Tarifverträge, die im Arbeitsvertrag in Bezug genommen werden, können nach einer Betriebsveräußerung zwischen Arbeitnehmer und Betriebserwerber durch notariellen Unternehmenskaufvertrag im Ausnahmefall als Vertrag zugunsten eines Dritten fortgelten, wenn im Unternehmenskaufvertrag eine entsprechende Regelung enthalten ist.[235]

hh) Sonderfragen beim Firmentarifvertrag

(1) Verhältnis von Flächen- und Firmentarifvertrag

1709 Zum Verhältnis von Flächen- und Firmentarifvertrag stellte das BAG im Urteil vom 24.1.2001[236] fest, dass ein **Firmentarifvertrag** einem Flächentarifvertrag auch dann **vorgehe**, wenn er **Regelungen des Flächentarifvertrages zu Lasten der Arbeitnehmer verdränge**. Der Firmentarifvertrag stelle gegenüber dem Verbandstarifvertrag die speziellere Regelung dar und gehe letzterem vor (*lex specialis derogat legi generali*).[237] Dies ist konsequent, da das Günstigkeitsprinzip nur im Verhältnis von Normen auf verschiedenen Rangstufen angewandt wird, ein Flächen- und Firmentarifvertrag allerdings auf der gleichen Stufe stehen, so dass die Kollision über den Spezialitätsgrundsatz aufzulösen ist.

1710 Nach den **Grundsätzen der Tarifkonkurrenz**[238] stellten Firmentarifverträge gegenüber Verbandstarifverträgen stets die speziellere Regelung dar.[239] Dies sei damit zu begründen, dass ein Firmentarifvertrag stets eine größere betriebliche, fachliche und räumliche Nähe zum Betrieb aufweise.[240]

1711 Durch Entscheidung vom 29.8.2007 hat der 4. Senat für den Fall des Zusammentreffens eines kraft Allgemeinverbindlichkeit geltenden Tarifvertrages mit einem weiteren Tarifvertrag, welcher durch eine Bezugnahme aus dem mit dem Betriebsveräußerer geschlossenen Arbeitsvertrag anwendbar ist, festgestellt, hier „konkurriere" eine **normativ wirkende Tarifnorm mit einem Arbeitsvertrag,** da die Tarifnormen gem. § 613 a Abs. 1 S. 2 BGB statisch im Arbeitsvertrag fortwirken, so dass mögliche Kollisionen in diesem Fall über das **Günstigkeitsprinzip** zu lösen seien.

---

232 ErfK/*Preis*, § 613 a BGB Rn 127.

233 ErfK/*Preis*, § 613 a BGB Rn 127.

234 BAG 22.10.2008 – 4 AZR 793/07, AP TVG § 1 Bezugnahme auf Tarifvertrag Nr. 67; BAG 23.9.2009 – 4 AZR 331/08, NJW 2010, 1831; BAG 21.10.2009 – 4 AZR 396/08, NZA-RR 2010, 361; BAG 24.2.2010 – 4 AZR 691/08, BeckRS 2010, 70589; BAG 24.2.2010 – 4 AZR 691/08, NZA-RR 2010, 530.

235 BAG 20.4.2005 – 4 AZR 292/04, NZA 2006, 281.

236 BAG 24.1.2001 – 4 AZR 655/99, NZA 2001, 788.

237 Bestätigt in: BAG 15.4.2008 – 9 AZR 159/07, NZA-RR 2008, 586; BAG 4.7.2007 – 4 AZR 439/06, NJOZ 2008, 1844.

238 BAG 20.3.1991 – 4 AZR 455/90, BAGE 67, 330, 341 f.

239 BAG 23.3.2005 – 4 AZR 203/04, NZA 2005, 1003; BAG 20.4.1999 – 1 AZR 631/98, BAGE 91, 244, 256; BAG 20.3.1991 – 4 AZR 455/90, BAGE 67, 330, 340 f; BAG 15.4.2008 – 9 AZR 159/07, NZA-RR 2008, 586; BAG 4.7.2007 – 4 AZR 439/06, NJOZ 2008, 1844; BAG 15.4.2008 – 9 AZR 159/07, NZA-RR 2008, 586.

240 BAG 15.4.2008 – 9 AZR 159/07, NZA-RR 2008, 586.

Diese **Rechtsprechungsänderung** hat Auswirkungen auf das **Verhältnis zwischen Firmentarifverträgen und Flächentarifverträgen**, welche **kraft Bezugnahmeklausel** in den Arbeitsvertrag einbezogen werden. Zwar hat das BAG den allgemeinen Vorrang von Haus- und Firmentarifverträgen aufgrund der größeren räumlichen, fachlichen, betrieblichen und personellen Nähe in weiteren Entscheidungen[241] ausdrücklich aufrechterhalten, so dass für die Fälle rein normativer Geltung beider Tarifnormen weiterhin der Spezialitätsgrundsatz anzuwenden ist. Allerdings tritt im Fall einer vertraglich vereinbarten Bezugnahmeklausel auf einen Flächentarifvertrag eine **dritte Rechtsgrundlage** – nämlich der Arbeitsvertrag – hinzu, so dass es in diesem Verhältnis zwischen Firmentarifvertrag und Arbeitsvertrag, welche auf unterschiedlichen Stufen in der Normenhierarchie stehen, nunmehr zur Anwendung der günstigeren Regelung iSv § 4 Abs. 3 TVG kommt.[242] 1712

Weiterhin wird ein gekündigter und lediglich noch iSv § 4 Abs. 5 TVG nachwirkender **Haustarifvertrag** von einem nach Eintritt der Nachwirkung geschlossenen und kraft beiderseitiger Tarifbindung geltenden Verbandstarifvertrag abgelöst, soweit die gleichen Regelungsbereiche erfasst sind, da somit der Überbrückungsfunktion der Nachwirkung ausreichend entsprochen ist.[243] 1713

(2) Firmentarifvertrag und Betriebsübergang

Mit dem Schicksal eines Firmentarifvertrages bei **Betriebsübergang** setzt sich das Urteil des BAG vom 20.6.2001[244] auseinander und stellt fest, ein Betriebsübergang habe nicht zur Folge, dass der Betriebserwerber Partei eines Firmentarifvertrages werde, den der Betriebsveräußerer abgeschlossen habe. Der Arbeitnehmer könne auch keine Ansprüche auf § 613 a Abs. 1 S. 2 BGB stützen. Nach § 613 a Abs. 1 S. 2 BGB wirkten die Normen des Firmentarifvertrages einschließlich der darin in Bezug genommenen Tarifbestimmungen eines Flächentarifvertrages infolge des Betriebsübergangs zwar als Inhalt des Arbeitsvertrages weiter, allerdings mit dem Stand, den sie im Zeitpunkt des Betriebsübergangs gehabt hätten. Spätere Änderungen der in Bezug genommenen Tarifverträge seien nicht zu beachten, auch wenn der Firmentarifvertrag auf die jeweils gültigen Flächentarifverträge verweise. Aus dieser Rspr folgt, dass eine Bezugnahmeklausel in einem Arbeitsvertrag auf einen Firmentarifvertrag nach Betriebsübergang, wenn sich der Erwerber nicht freiwillig am Haustarifvertrag festhalten lassen will, die Wirkung einer **statischen Verweisung** hat. Der Regelungsgehalt der Tarifvertragsnormen geht nach § 613 a Abs. 1 S. 2 BGB statisch in das Arbeitsverhältnis über.[245]Diese Grundsätze hat das BAG in der Folge auch bestätigt, so dass diese als gesicherte Rspr angesehen werden können.[246] Eine Einzelrechtsnachfolge nach § 613 a Abs. 1 BGB kann gerade nicht die kollektivrechtliche Gebundenheit des Betriebserwerbers an einen Firmentarifvertrag über den Betriebsübergang bewirken.[247] Etwas anderes kann nur dann gelten, wenn der Betriebserwerber die tarifrechtliche Geltung mit der am Abschluss beteiligten Gewerkschaft nach der Form des § 1 Abs. 2 TVG vereinbart.[248] 1714

241 BAG 4.7.2007 – 4 AZR 439/06, NJOZ 2008, 1844; BAG 15.4.2008 – 9 AZR 159/07, NZA-RR 2008, 586; BAG 15.4.2008 – 9 AZR 160/07, NZA-RR 2008, 586.

242 So auch *Insam/Plümpe*, DB 2008, 1265, 1267.

243 BAG 4.7.2007 – 4 AZR 439/06, NJOZ 2008, 1844; BAG 22.10.2008 – 4 AZR 789/07, NZA 2009, 265.

244 BAG 20.6.2001 – 4 AZR 295/00, NZA 2002, 517.

245 So auch BAG 19.9.2007 – 4 AZR 711/06, NZA 2008, 241; BAG 14.11.2007 – 4 AZR 828/06, NZA 2008, 420.

246 So etwa BAG 29.8.2001 – 4 AZR 332/00, NZA 2002, 513; BAG 26.8.2009 – 5 AZR 969/08, NZA 2010, 173; BAG 10.6.2009 – 4 ABR 21/08, NZA 2010, 51; BAG 26.8.2009 – 4 AZR 280/08, NZA 2010, 238.

247 BAG 10.6.2009 – 4 ABR 21/08, NZA 2010, 51; BAG 26.8.2009 – 4 AZR 280/08, NZA 2010, 238.

248 BAG 26.8.2009 – 4 AZR 280/08, NZA 2010, 238.

(3) Firmentarifvertrag und Unternehmensverschmelzung

1715 Zur Geltung eines Firmentarifvertrages bei **Unternehmensverschmelzung** hat das BAG im Urteil vom 24.6.1998[249] ausgeführt, ein Firmentarifvertrag zähle zu den Verbindlichkeiten iSd § 20 Abs. 1 Nr. 1 UmwG, die im Falle der Verschmelzung durch Neugründung iSd § 2 Nr. 2 UmwG auf den übernehmenden Rechtsträger übergehen. Gehe ein Firmentarifvertrag gem. § 20 Abs. 1 Nr. 1 UmwG durch Verschmelzung auf einen neuen Unternehmensträger über, so sei insoweit für eine Anwendung der § 324 UmwG, § 613 a Abs. 1 S. 2 BGB kein Raum. § 613 a Abs. 1 S. 2 BGB, der nach § 324 UmwG unberührt bleibe, stelle bei einer Umwandlung eine Auffangregelung für den Fall dar, dass ein Tarifvertrag nicht kollektivrechtlich für den neuen Unternehmensträger gelte. Dies betreffe idR Verbands- oder Flächentarifverträge. Somit wirke durch die Gesamtrechtsnachfolge im Rahmen der Verschmelzung ein Firmentarifvertrag kollektivrechtlich im Unternehmen fort, weil der Rechtsnachfolger vollkommen in die Rechtsstellung seines Vorgängers eintrete. Diesen Ansatz hat der 4. Senat in seiner Entscheidung vom 4.7.2007[250] auch für den Fall der Verschmelzung durch Aufnahme iSd § 2 Nr. 1 UmwG ausdrücklich bestätigt. Demnach wird der übernehmende Rechtsträger bei einer Verschmelzung bereits kraft Gesetzes Partei des Firmentarifvertrages.

ii) Sonderfragen bei Verbandsaustritt

1716 Der Austritt aus dem Arbeitgeberverband mag zwar ein probates Mittel darstellen, um sich vor zukünftigen Tarifvereinbarungen zu schützen. Jedoch bestehen bereits vor Verbandsaustritt begründete tarifliche Rechte der (tarifgebundenen) Arbeitnehmer kraft Nachwirkung auch in Zukunft fort.[251] Es gilt im Verhältnis zur arbeitsvertraglichen Einbeziehung das Günstigkeitsprinzip. Zusammen mit der Rspr zur Auslegung von dynamischen Bezugnahmeklauseln im Zweifelsfall als unbedingte zeitdynamische Verweisung[252] verdeutlicht dies, dass das BAG sich dahin orientiert, die Möglichkeiten von Arbeitgebern zu erschweren, sich durch Verbandsaustritt der zukünftigen Tarifentwicklung zu entziehen. Anhand dieser Rspr des BAG zur Bewertung und Auslegung einzelvertraglicher Verweisungen zeigt sich insgesamt die deutliche **Tendenz zur Ausweitung der Bindungskraft kleiner dynamischer Bezugnahmeklauseln**.

1717 Zum **Ende der Tarifgebundenheit durch Tarifänderung nach Verbandsaustritt** heißt es in der Entscheidung des BAG vom 7.11.2001,[253] dass ein Tarifvertrag nicht nur ende, wenn er gekündigt werde, sondern ebenso dann, wenn er geändert werde. Mit jeder Änderung des Tarifvertrages ende die verlängerte Tarifgebundenheit nach § 3 Abs. 3 TVG. Auf die Qualität oder Relevanz der Änderung komme es hierfür nicht an. Dies rechtfertige sich schon allein daraus, dass die Nachwirkung letztlich lediglich daran anknüpfe, dass der Arbeitgeber zum Zeitpunkt des Abschlusses einer Tarifnorm Mitglied des abschließenden Verbandes war und sich deshalb an den von ihm mitgetragenen Ergebnissen festhalten lassen müsse. Aus diesem Grund muss die Nachwirkung allerdings im Umkehrschluss dann entfallen, wenn nach Verbandsautritt des Arbeitgebers tarifliche Änderungen vorgenommen werden, auf die der Arbeitgeber mangels fortbestehender Verbandsmitgliedschaft schon rein theoretisch keinen Einfluss mehr nehmen konnte. Diese Rspr hat das BAG in der Folge in weiteren Entscheidungen bestätigt.[254] An eine

---

249 BAG 24.6.1998 – 4 AZR 208/97, NZA 1998, 1346.

250 BAG 4.7.2007 – 4 AZR 491/06, NZA 2008, 307; so auch LAG Baden-Württemberg 27.9.2010 – TaBV 2/10, NZG 2011, 116.

251 S. hierzu i.e. *Schiefer*, FA 2002, 258.

252 So etwa nur zuletzt: BAG 18.11.2009 – 4 AZR 514/08, NZA 2010, 170; BAG 23.2.2011 – 4 AZR 439/09, NZA-RR 2011, 253; BAG 16.11.2011 – 4 AZR 246/10, AP Nr. 99 zu § 1 TVG Bezugnahme auf Tarifvertrag; BAG 18.4.2012 – 4 AZR 392/10, NZA 2012, 1171; BAG 20.4.2012 – 9 AZR 504/10, NZA 2012, 982; BAG 16.5.2012 – 4 AZR 290/10, NJOZ 2012, 2137.

253 BAG 7.11.2001 – 4 AZR 703/00, NZA 2002, 748.

254 BAG 25.2.2009 – 4 AZR 986/07, NZA 2009, 1304; BAG 1.7.2009 – 4 AZR 261/08, BB 2010, 59; BAG 16.5.2012 – 4 AZR 366/10, NZA 2013, 220.

Beendigung des Tarifvertrages nach § 3 Abs. 3 TVG schließt sich dann allerdings die Nachwirkung nach § 4 Abs. 5 TVG an.[255]

jj) Sonderfragen bei betrieblicher Übung

Die Einbeziehung tarifvertraglicher Regelungen in ein Arbeitsverhältnis kraft Inbezugnahme bedarf keiner besonderen Form, so dass grds. auch eine Entstehung durch betriebliche Übung möglich ist.[256] Allerdings kann auf einen entsprechenden Willen eines tarifungebundenen Arbeitgebers zur Bindung an die jeweilige Tarifentwicklung ohne ausdrückliche Regelung nur bei Vorliegen eindeutiger Anzeichen in diese Richtung geschlossen werden, da dieser durch den Nichtbeitritt zum Arbeitgeberverband gerade regelmäßig zum Ausdruck bringt, sich der Regelungsgewalt der Verbände entziehen zu wollen.[257] Weiterhin scheidet eine Bindung kraft betrieblicher Übung immer für die Fälle aus, in denen der Arbeitgeber für den Arbeitnehmer erkennbar davon ausgeht, eine auf einer anderen Rechtsgrundlage vermeintlich bestehende Verpflichtung zu erfüllen.[258] 1718

In einer Entscheidung vom 18.3.2009[259] hat der 10. Senat des BAG seine bisherige Rspr zur **gegenläufigen betrieblichen Übung** ausdrücklich aufgegeben. Der Senat stellte heraus, dass der Arbeitgeber einen einmal aufgrund betrieblicher Übung entstandenen Anspruch des Arbeitnehmers zukünftig nicht mehr beseitigen könne, indem er unwidersprochen dreimalig erklärt, es handele sich zukünftig um eine freiwillige Leistung, welche keinen Rechtsanspruch begründe. Damit können auch die durch betriebliche Übung entstandenen Ansprüche künftig nur noch durch einvernehmliche Vertragsänderung oder durch Änderungskündigung beseitigt oder geändert werden. 1719

b) Klauseltypen und Gestaltungshinweise

aa) Statische Bezugnahmeklausel

(1) Klauseltyp A

> Es gilt der Tarifvertrag (...) in der Fassung vom (...). Der Mitarbeiter hat keinen Anspruch auf Teilhabe an zukünftigen Tarifentwicklungen.[260] 1720

(2) Gestaltungshinweise

Der Vorteil der statischen Bezugnahmeklausel im Arbeitsvertrag besteht aus Arbeitgebersicht darin, dass – gleichgültig, ob ein einschlägiges oder ein fremdes Tarifwerk in Bezug genommen wird – über die Jahre zu Gunsten der Arbeitnehmer erreichte Verbesserungen und damit höhere Belastungen für den Arbeitgeber aus einem Tarifvertrag nicht Vertragsbestandteil werden. Demnach ist dem Arbeitgeber eine durchgehend gleichbleibende Kalkulation mit den anzuwendenden Arbeitsbedingungen und den daraus entspringenden wirtschaftlichen Belastungen möglich. Der Nachteil ist die fehlende Flexibilität. **Jeder Arbeitgeber sollte sich stets die Frage stellen, ob er überhaupt eine Bezugnahmeklausel wählt.** Wenn er sich für die Bezugnahme entscheidet, ist die statische Klausel häufig als Langfristentscheidung ungeeignet. Aus Sicht des tarifgebundenen Arbeitgebers widerspricht eine statische Verweisung überdies regelmäßig dem Interesse an einer Vereinheitlichung der Arbeitsbedingungen, da auf diese Weise Tarifänderun- 1721

255 BAG 16.5.2012 – 4 AZR 366/10, NZA 2013, 220.

256 BAG 19.1.1999 – 1 AZR 606/98, NZA 1999, 879; LAG Niedersachsen 1.9.2006 – 16 Sa 1876/05.

257 BAG 16.1.2002 – 5 AZR 715/00, NZA 2002, 632.

258 BAG 18.4.2007 – 4 AZR 653/05, DB 2007, 2598.

259 BAG 18.3.2009 – 10 AZR 281/08, NZA 2009, 601; bestätigt durch: BAG 25.11.2009 – 10 AZR 1031/08, AP Nr. 86 zu § 242 BGB; BAG 25.11.2009 – 10 AZR 779/08, NZA 2010, 283; BAG 16.2.2010 – 3 AZR 118/08, NZA 2011, 104; BAG 16.11.2011 – 10 AZR 60/11, NZA 2012, 349.

260 SPA 12/2003, 2.

gen fortan lediglich für die normativ gebundenen Arbeitnehmer gelten und ein Auseinanderfallen innerhalb des Betriebes damit die zwangsläufige Folge ist.[261]

1722 In der Praxis bilden statische Bezugnahmen daher eindeutig den Ausnahmefall.[262] Der Vorteil einer statischen Bezugnahme im Vergleich zum vollständigen Verzicht auf eine Inbezugnahme tarifvertraglicher Bedingungen kann – v.a. beim tarifungebundenen Arbeitgeber, bei welchem ein Auseinanderfallen der Arbeitsbedingungen aufgrund normativer Gebundenheit nicht zu befürchten ist – darin liegen, dass der Arbeitsvertrag selbst inhaltlich deutlich kürzer gefasst werden kann. Soweit die überwiegenden Arbeitsbedingungen im Tarifvertrag geregelt werden, kann sich der Arbeitsvertrag auf die Grundelemente der Leistungsbedingungen beschränken.

bb) Große dynamische Bezugnahmeklausel

(1) Klauseltyp B

1723 **B 1:** Es gelten die für das Unternehmen einschlägigen Tarifverträge.

B 2: Das Arbeitsverhältnis bestimmt sich nach den im Betrieb oder Betriebsteil normativ geltenden Tarifverträgen in ihrer jeweiligen Fassung.[263] Das sind nach Kenntnis des Arbeitgebers die Tarifverträge (...).[264]

B 3: Das Arbeitsverhältnis bestimmt sich nach den im Betrieb oder Betriebsteil geltenden Tarifverträgen in ihrer jeweiligen Fassung. Das sind nach Kenntnis des Arbeitgebers die Tarifverträge (...). Die genannten Tarifverträge sollen in ihrer jeweiligen Fassung auch dann angewendet werden, wenn im Betrieb oder Betriebsteil keine Tarifverträge gelten. Kommen nach dieser Regelung unterschiedliche Tarifverträge in Betracht, so ist die Auswahl des anzuwendenden Tarifvertrages nach den Regeln zur Tarifkonkurrenz zu bestimmen. Im Fall der Beendigung einer Tarifbindung des Arbeitgebers sind für ihn nicht gültige Tarifvertragsänderungen oder Ablösungen von Tarifverträgen nicht zu berücksichtigen. Unabhängig davon sind Änderungen und Ablösungen der Tarifverträge nur dann zu berücksichtigen, wenn der Arbeitgeber ihnen nicht innerhalb von vier Wochen nach ihrem Inkrafttreten widerspricht. Der Widerspruch bewirkt die weitere Anwendung der bis dahin gültigen Regelungen. Sämtliche Bezugnahmeklauseln greifen nicht ein, soweit auf das Arbeitsverhältnis Tarifvertragsvorschriften aufgrund Tarifgebundenheit und/oder kraft gesetzlicher Anordnung anzuwenden sind.[265]

B 4: (1) Auf das Arbeitsverhältnis finden die betrieblich und fachlich jeweils einschlägigen Tarifverträge in ihrer jeweils gültigen Fassung Anwendung. Dies sind zurzeit kraft Mitgliedschaft des Arbeitgebers die von dem (...)-Verband und der (...)-Gewerkschaft abgeschlossenen Tarifverträge der (...)-Branche für das (...)-Gebiet. Die Nennung bestimmter Fassungen von Tarifverträgen in diesem Vertrag erfolgt nur zum Zwecke der Klarstellung. Sollte ein Haus- oder Firmentarifvertrag vom Arbeitgeber abgeschlossen werden, so kommt dieser zur Anwendung. Im Falle der Beendigung der Tarifgebundenheit des Arbeitgebers gelten die Tarifverträge nur noch statisch fort, dh in der zum Zeitpunkt der Beendigung der Tarifgebundenheit geltenden Fassung.
(2) Bei einem Wechsel der Tarifgebundenheit des Arbeitgebers gelten die Tarifverträge, an die der Arbeitgeber dann gebunden sein wird. Der Arbeitgeber wird das Ende seiner bisherigen Tarifgebundenheit und eine etwaige neue Tarifgebundenheit dem Arbeitnehmer gegenüber bekannt geben. Entsprechendes gilt im Falle eines Betriebsübergangs. Ist der Erwerber nicht tarifgebunden, gelten die Tarifverträge nur noch statisch fort, dh in der zum Zeitpunkt des Be-

261 Schaub/*Treber*, Arbeitsrechts-Handbuch, § 206 Rn 35; Däubler/*Lorenz*, TVG, § 3 Rn 229.
262 Thüsing/Braun/*Reufels*, HB Tarifrecht, Kap. 8 Rn 52.
263 BAG 16.10.2002 – 4 AZR 467/01, NZA 2003, 390.
264 *Giesen*, NZA 2006, 625, 629.
265 *Giesen*, NZA 2006, 625, 630.

triebsübergangs geltenden Fassung. Ist der Erwerber an andere Tarifverträge gebunden, so kommen diese zur Anwendung.[266]

(2) Gestaltungshinweise

Zweifel an Umfang und Inhalt arbeitsvertraglicher Bezugnahmeklauseln löst die Arbeitsrecht- 1724 sprechung zu Gunsten des Arbeitnehmers. Die Mitarbeiter, mit denen eine Bezugnahmeklausel einzelvertraglich vereinbart ist, behalten einen vertraglichen Anspruch auf Tarifanwendung, und zwar unabhängig von den tarifrechtlichen Voraussetzungen, also auch unabhängig von der Verbandszugehörigkeit des Arbeitgebers. Eine arbeitsvertragliche Bezugnahme auf die für einen tarifgebundenen Arbeitgeber einschlägigen Tarifverträge mit Jeweiligkeitsklausel wirkt auch dann schuldrechtlich weiter, wenn die bisherige Tarifgebundenheit des Arbeitgebers durch seinen Verbandsaustritt endet.

Die Bezugnahme auf die „jeweils einschlägigen Tarifverträge" (**Klausel B 1**) kann so verstan- 1725 den werden, dass darunter alle ihrem Geltungsbereich nach auf das Arbeitsverhältnis passenden Tarifverträge – unabhängig von der Tarifbindung des Arbeitgebers – fallen sollen. Selbst eine Klausel mit der Formulierung „jeweils geltende Tarifverträge" kann möglicherweise in diesem Sinne verstanden werden, da unklar ist, ob nur der „normativ geltende" oder jeder fachlich und örtlich „einschlägige" Tarifvertrag gemeint ist. Um diese Unklarheiten zu vermeiden und sicherzustellen, dass die Klausel nach einem Verbandsaustritt nur statisch fortwirkt, sollte ausdrücklich auf die „normativ geltenden" Tarifverträge abgestellt werden (**Klausel B 2**).

Eine Formulierung, nach der für das Arbeitsverhältnis die betrieblich und fachlich einschlägi- 1726 gen Tarifverträge in der jeweils gültigen Fassung gelten, soweit im Arbeitsvertrag nichts anderes vereinbart ist,[267] ist nach der Rspr wirksam,[268] auch dann, wenn auf einen fremden, für den Betrieb nicht einschlägigen Tarifvertrag Bezug genommen wird.[269]

Das BAG[270] legte bislang eine solche Verweisungsklausel grds. so aus, dass der in Bezug ge- 1727 nommene „jeweilige Tarifvertrag der Betriebsstätte" nicht unabhängig von der Tarifbindung des Arbeitgebers zum Vertragsinhalt geworden sei, sondern dass die Parteien des Arbeitsvertrages eine sog. **Gleichstellungsabrede** getroffen haben. Danach soll die vertragliche Bezugnahme eine Gleichstellung der nichtorganisierten mit den tarifgebundenen Arbeitnehmern bewirken. Ohne die Mitgliedschaft in der Gewerkschaft überprüfen zu müssen, soll der Arbeitgeber jeweils den Tarifvertrag anwenden können, an den er im Sinne des Tarifvertragsrechts gebunden ist. Sobald der neue Arbeitgeber nicht tarifgebunden ist, bleibt die Bezugnahmeklausel daher ohne materiell-rechtliche Bedeutung.

Nach dem Urteil des BAG vom 30.8.2000[271] ist eine Bezugnahmeklausel im Arbeitsvertrag, 1728 mit der die Anwendbarkeit oder „Geltung" eines bestimmten, dort benannten Tarifvertrages oder Tarifwerks vereinbart worden ist, über ihren Wortlaut hinaus als Bezugnahme auf den jeweils für den Betrieb fachlich/betrieblich geltenden Tarifvertrag (**große dynamische Verweisungsklausel**) auszulegen, wenn sich diese Schlussfolgerung aus besonderen Umständen ableiten lässt. Der bloße Umstand, dass eine Gleichstellungsabrede gewollt sei, genüge hierfür nicht. An diesem Grundsatz hat das BAG auch nach Umsetzung der zuvor angekündigten Rechtsprechungsänderung[272] zur Reichweite der Auslegung dynamischer Bezugnahmeklauseln weiterhin

266 Moll/*Hamacher*, MAH Arbeitsrecht, § 68 Rn 123.

267 Hümmerich/Lücke/Mauer/*Wisswede*, NomosFormulare ArbR, Muster 1063 (§ 1).

268 BAG 20.10.1977 – 2 AZR 688/76, AP § 242 BGB Ruhegehalt, Beamtenversorgung Nr. 5.

269 BAG 10.6.1965 – 5 AZR 432/64, NJW 1965, 2074; BAG 6.12.1990 – 6 AZR 268/89, NZA 1991, 394.

270 BAG 4.8.1999 – 5 AZR 642/98, NZA 2000, 154; LAG Schleswig-Holstein 14.12.2000 – 4 Sa 365/00; *Annuß*, BB 1999, 2558, 2560; krit. *Gaul*, BB 2000, 1086; *Fischer*, FA 2001, 2.

271 BAG 30.8.2002 – 4 AZR 581/99, NZA 2001, 510.

272 Ankündigung: BAG 14.12.2005 – 4 AZR 536/04, NZA 2006, 607; Umsetzung: BAG 18.4.2007 – 4 AZR 652/05, NZA 2007, 965; bestätigt in: BAG 22.10.2008 – 4 AZR 793/07, NZA 2009, 323; BAG 22.10.2008 – 4 AZR 794/07; BAG 22.10.2008 – 4 AZR 795/07.

festgehalten.[273] Zur Ablösung nach § 613 a Abs. 1 S. 2 BGB schuldrechtlich weitergeltender tariflicher Normen durch einen anderen Tarifvertrag gem. § 613 a Abs. 1 S. 3 BGB ist die Tarifgebundenheit sowohl des neuen Inhabers als auch des Arbeitnehmers erforderlich. Generell gilt für die Formulierung von großen dynamischen Bezugnahmen die Vorgabe, den mit der Klausel verfolgten Zweck auch eines möglichen Tarifwechsels so klar wie möglich hervorzuheben. Dies gilt gerade vor dem Hintergrund, dass das BAG im Regelfall dazu tendiert, dynamische Bezugnahmen eher als kleine dynamische Verweisung auszulegen und eine große Dynamik nur angenommen werden könne, wenn sich ein entsprechender Wille eindeutig aus dem Vertragstext oder den besonderen Begleitumständen ergibt.[274]

1729 Den **Klauseln B 2 und B 3** ist gemeinsam, dass sie konkrete Tarifverträge in ihrer jeweiligen Fassung benennen. Wirksamkeitsbedenken bestehen daher nicht, zumal die Klausel B 2 im Urteil des BAG vom 16.10.2002[275] als große dynamische Verweisung und zugleich als Tarifwechselklausel akzeptiert wurde. Die Klausel B 3 stammt von *Giesen*.[276] Er bezeichnet sie als eine „universelle – also für nicht tarifgebundene und tarifgebundene Arbeitgeber geeignete – große dynamische Verweisungsklausel, die den Zweck der Gleichstellung von Gewerkschaftsmitgliedern und Nicht-Gewerkschaftsmitgliedern im Betrieb" verfolgt. Generell regt *Giesen*[277] bei großen dynamischen Verweisungsklauseln die Benennung der Tarifverträge durch den Arbeitgeber an. Für tarifgebundene Arbeitgeber schlägt er vor, künftige Veränderungen mit einzubeziehen, die im Hinblick auf Änderungen der betrieblichen Situation oder etwa beim Verbandswechsel, Verbandsaustritt oder beim Betriebs(teil)übergang eintreten könnten, und wie in Klausel B 3 zu formulieren. Mit einer solchen Verweisung sei auch im Fall des Nebeneinandergeltens unterschiedlicher Tarifverträge im Betrieb bzw Betriebsteil derjenige Tarifvertrag in Bezug genommen, der nach allgemeinen Tarifkollisionsregeln anzuwenden sei. Problematisch an diesem Klauselvorschlag ist allerdings die Unübersichtlichkeit und Undurchsichtigkeit durch eine Zusammenfassung aller Regelungen in einem einzigen Absatz. Die für einen Arbeitnehmer nahezu unverständliche Klausel B 3 bezeichnet *Giesen* selbst als „Klauselungetüm", das durch die Rechtsprechungsänderung notwendig geworden sei, um bei tarifgebundenen wie tarifungebundenen Arbeitgebern gleichermaßen sicherzustellen, dass bei Beendigung der normativen Tarifbindung des Arbeitgebers der Bezugnahme nur noch statische Wirkung zukommt.[278]

1730 Die **Klausel B 4** verwirklicht hier zudem einen tatsächlichen Gleichstellungseffekt, selbst in den Fällen tariflicher Veränderungen etwa durch Verbandsaustritt oder branchenübergreifendem Betriebsübergang. Mit einer solchen Vereinbarung kann der tarifgebundene Arbeitgeber in effektiver und globaler Form sicherstellen, dass auf seine Belegschaft unabhängig von einer Tarifbindung der einzelnen Arbeitnehmer dauerhaft einheitliche Arbeitsbedingungen anwendbar sind. Der Klausel lässt sich insoweit zweifelsfrei entnehmen, dass die Teilnahme des Arbeitnehmers an der dynamischen Tarifentwicklung unter der auflösenden Bedingung der Beendigung der Tarifgebundenheit des Arbeitgebers steht und es mit Eintritt dieses Falles lediglich zu einer statischen Fortgeltung der zu diesem Zeitpunkt anwendbaren Tarifvorschriften kommt. Dem besonderen Charakter einer Tarifwechselklausel entsprechend gilt diese statische Fortwirkung jedoch nur insoweit, als es anschließend nicht zur normativen Bindung des Arbeitgebers oder eines möglichen Betriebserwerbers an andere Tarifnormen kommt, da im Falle eines Tarifwechsels die ablösenden Tarifbestimmungen über die große dynamische Verweisung gerade in das Arbeitsverhältnis einbezogen werden sollen. Ein weiterer Vorteil dieser Vereinbarung liegt

273 BAG 22.10.2008 – 4 AZR 784/07, NZA 2009, 151; BAG 29.8.2007 – 4 AZR 767/06, NZA 2008, 364.
274 So etwa BAG 30.8.2000 – 4 AZR 581/99, NZA 2001, 510; BAG 17.11.2010 – 4 AZR 391/09, NZA 2011, 356; BAG 6.7.2011 – 4 AZR 501/09, NJOZ 2012, 587; BAG 6.7.2011 – 4 AZR 706/09, NZA 2012, 100.
275 BAG 16.10.2002 – 4 AZR 467/01, NZA 2003, 390.
276 NZA 2006, 625, 630.
277 NZA 2006, 625, 629.
278 *Giesen*, NZA 2006, 625, 630.

im Hinblick auf die Wahrung der Anforderungen des NachwG noch darin, dass eine ausdrückliche Verpflichtung des Arbeitgebers zur Bekanntgabe der Beendigung bzw des Wechsels der Tarifgebundenheit gegenüber dem Arbeitnehmer festgeschrieben wird. Insgesamt ist die Klausel B 4 zwar ähnlich umfangreich wie das „Klauselungetüm“ in B 3, allerdings ist sie klarer und besser strukturiert.

cc) Kleine dynamische Bezugnahmeklausel

(1) Klauseltyp C

C 1: Es wird die Anwendbarkeit des BMT-G II in der jeweils gültigen Fassung vereinbart.[279] 1731

C 2: Der Jahresurlaub richtet sich nach den Bestimmungen des (einschlägigen) Tarifvertrages.[280]

C 3: Die Parteien vereinbaren die Geltung der Bestimmungen des Rahmentarifvertrages für Angestellte im niedersächsischen Einzelhandel.[281]

C 4: Dem Arbeitsverhältnis liegt der Tarifvertrag über Arbeitsbedingungen für Arbeiter, Angestellte und Auszubildende des DRK in der jeweils geltenden Fassung zugrunde.[282]

C 5: Im Übrigen gelten die Bestimmungen des Tarifvertrages (...) und die ihn ergänzenden, ändernden oder ersetzenden Tarifverträge sowie Haustarifverträge in ihrer jeweils geltenden Fassung.[283]

(2) Gestaltungshinweise

Bei der **kleinen dynamischen Bezugnahmeklausel**, auch **Teilverweisung** genannt, wird ein ein- 1732
zelner Tarifvertrag in seiner jeweils gültigen Fassung (**Klausel C 1**) oder ein Regelungsgegenstand eines Tarifvertrages (wie der Urlaub in **Klausel C 2**) in seiner jeweils gültigen Fassung vereinbart. Diese Differenzierung findet in der Rspr nicht durchgehend Anwendung. Wird ein branchenfremdes Tarifwerk im Arbeitsvertrag in Bezug genommen, ist es nicht möglich, eine korrigierende Auslegung der Verweisungsklausel in der Art vorzunehmen, dass eine Verweisung auf das Tarifwerk erfolgt, dem der Arbeitgeber jeweils unterliegt. Eine große dynamische Verweisungsklausel liegt nicht vor. Seit der Entscheidung des 4. Senats vom 30.8.2000[284] steht fest, dass eine kleine dynamische Bezugnahmeklausel keine Tarifwechselklausel enthält. Eine große dynamische Bezugnahme kann darüber hinaus nur dann angenommen werden, wenn sich ein entsprechender Wille eindeutig dem Vertragstext oder den Begleitumständen entnehmen lässt.[285] Der Arbeitgeber kann sich nur mit einer solchen, sog. **Tarifwechselklausel** vorbehalten, ein anderes Tarifwerk einzuführen.[286]

Auf den ersten Blick als statische Verweisung wirkende Bezugnahmeklauseln wie die **Klausel** 1733
C 3, wonach ein bestimmter Tarifvertrag in einer bestimmten Fassung vereinbart wird, erfüllen nicht immer tatsächlich die Funktion einer statischen Verweisung. So hat das BAG für eine statisch scheinende Verweisung bei einem Betrieb, bei dem Tarifkonkurrenz bestand, angenommen, der Arbeitsvertragstext müsse so gelesen werden, als hätten die Parteien eine dynamische

279 BAG 25.9.2002 – 4 AZR 294/01, NZA 2003, 807.
280 BAG 17.11.1998 – 9 AZR 584/97, NZA 1999, 938.
281 BAG 20.3.1991 – 4 AZR 455/90, NZA 1991, 736.
282 BAG 18.4.2007 – 4 AZR 652/05, NZA 2007, 965.
283 *Wisskirchen/Lützeler*, AuA 2006, 528, 531.
284 BAG 30.8.2000 – 4 AZR 581/99, NZA 2001, 510.
285 So etwa BAG 30.8.2000 – 4 AZR 581/99, NZA 2001, 510; BAG 17.11.2010 – 4 AZR 391/09, NZA 2011, 356; BAG 6.7.2011 – 4 AZR 501/09, NJOZ 2012, 587; BAG 6.7.2011 – 4 AZR 706/09, NZA 2012, 100.
286 BAG 25.10.2000 – 4 AZR 506/99, NZA 2002, 100.

Klausel vereinbart.[287] Werde in einem Arbeitsvertrag ohne Datumsangabe auf einen im Übrigen genau bezeichneten Tarifvertrag verwiesen, sei im Zweifel anzunehmen, dieser Tarifvertrag solle in seiner jeweiligen Fassung Anwendung finden. Einer Auslegung als dynamische Verweisung im Zusammenhang mit dem Verweis auf die „jeweils geltenden Bestimmungen der Tarifverträge" steht auch die Beifügung einer bestimmten, bereits abgelaufenen Fassung eines Tarifvertrages nicht entgegen.[288]

1734 Nach Umsetzung der Rechtsprechungsänderung in der Entscheidung vom 18.4.2007 sind Formulierungen wie in den **Klauseln C 1** und **C 4** in nach dem 1.1.2002 abgeschlossenen Neuverträgen, die auf die jeweils geltende Fassung eines bestimmten Tarifvertrages verweisen, im Zweifel als **unbedingte zeitdynamische Verweisung** auszulegen.[289] Soweit also nicht in für den Arbeitnehmer erkennbarer Weise eine fortbestehende Verbandsmitgliedschaft des Arbeitgebers zur auflösenden Bedingung der Bezugnahme gemacht wurde, gilt die dynamische Entwicklung der betroffenen Arbeitsbedingungen auch nach einem Entfallen der Tarifgebundenheit des Arbeitgebers fort, unabhängig davon, ob diese aufgrund eines Verbandsaustritts, Branchenwechsels, Betriebsübergangs oder aus einem anderen Grund entfällt.

1735 Einer besonderen Problematik, welche in den letzten Jahren in größerem Umfang die Arbeitsgerichte beschäftigte, trägt die **Klausel C 5** Rechnung. In bestimmten Konstellationen, besonders im öffentlichen Sektor, stellte sich die Frage einer möglichen Ablösung von beendeten Tarifverträgen durch eine potenzielle Nachfolgevorschrift. Die Problematik trat in erster Linie im Zusammenhang mit der Ablösung des BAT durch den TVöD[290] und der Privatisierung staatlicher Betriebe wie der Deutschen Post und Deutschen Telekom[291] auf. Die Arbeitsgerichte haben zwar mittlerweile entschieden, dass es im Zweifelsfall bei einer dynamischen Verweisung auf einen abgelösten und somit nicht mehr dynamisch fortentwickelten Tarifvertrag zu einer lückenhaften Regelung komme, welche im Wege der ergänzenden Vertragsauslegung zu schließen ist und es im Zweifelsfall zur Einbeziehung der Nachfolgevorschrift komme.[292] Dennoch ist es aus Klarstellungsgründen sinnvoll – wie in Klausel C 5 –, die den genannten Tarifvertrag ändernden, ergänzenden und ersetzenden Tarifverträge bereits bei Vertragsschluss ausdrücklich ebenfalls in Bezug zu nehmen, falls dieses gewünscht ist. Insgesamt ist es im Bereich von Bezugnahmeklauseln meist sinnvoll, den Auslegungsspielraum der Gerichte durch umfassendere Regelungen so gering wie möglich zu halten.

1736 Jeder Gestalter einer Bezugnahmeklausel muss seine Worte bei tariflichen Einzelverweisungen in Arbeitsverträgen sorgfältig und mit Bedacht wählen. In einem Arbeitsvertrag hieß es wie in der Klausel C 2: „Der Jahresurlaub richtet sich nach den Bestimmungen der bayerischen Metallindustrie und beträgt 30 Tage." § 7 dieses Vertrages lautete: „Ein Rechtsanspruch auf alle Sonderleistungen, gleich welcher Art, ist ausdrücklich ausgeschlossen." Bis 1992 zahlte die Firma entsprechend dem Manteltarifvertrag für die Angestellten der Metallindustrie Bayerns

287 BAG 20.3.1991 – 4 AZR 455/90, NZA 1991, 736.

288 BAG 26.9.2007 – 5 AZR 808/06, NZA 2008, 179.

289 BAG 18.4.2007 – 4 AZR 652/05, NZA 2007, 965; bestätigt in: BAG 22.10.2008 – 4 AZR 793/07, NZA 2009, 323; BAG 22.10.2008 – 4 AZR 794/07, ArbuR 2009, 143; BAG 22.10.2008 – 4 AZR 795/07; BAG 18.11.2009 – 4 AZR 514/08, NZA 2010, 170; BAG 23.2.2011 – 4 AZR 439/09, NZA-RR 2011, 253; BAG 16.11.2011 – 4 AZR 246/10, AP Nr. 99 zu § 1 TVG Bezugnahme auf Tarifvertrag; BAG 18.4.2012 – 4 AZR 392/10, NZA 2012, 1171; BAG 20.4.2012 – 9 AZR 504/10, NZA 2012, 982; BAG 16.5.2012 – 4 AZR 290/10, NJOZ 2012, 2137.

290 BAG 16.12.2009 – 5 AZR 888/08, NZA 2010, 401; BAG 19.5.2010 – 4 AZR 796/08, NZA 2010, 1183; BAG 10.11.2010 – 5 AZR 633/09, NJOZ 2011, 376; BAG 29.6.2011 – 5 AZR 651/09, NZA-RR 2012, 192; BAG 6.7.2011 – 4 AZR 706/09, NZA 2012, 100; BAG 18.4.2012 – 4 AZR 392/10, NZA 2012, 1171.

291 BAG 6.7.2011 – 4 AZR 501/09, NJOZ 2012, 587; BAG 16.11.2011 – 4 AZR 873/09, NZA 2012, 1000.

292 BAG 16.12.2009 – 5 AZR 888/08, NZA 2010, 401; BAG 19.5.2010 – 4 AZR 796/08, NZA 2010, 1183; BAG 10.11.2010 – 5 AZR 633/09, NJOZ 2011, 376; BAG 29.6.2011 – 5 AZR 651/09, NZA-RR 2012, 192; BAG 6.7.2011 – 4 AZR 706/09, NZA 2012, 100; BAG 6.7.2011 – 4 AZR 501/09, NJOZ 2012, 587; BAG 16.11.2011 – 4 AZR 873/09, NZA 2012, 1000; BAG 18.4.2012 – 4 AZR 392/10, NZA 2012, 1171.

einen Betrag, der in den Gehaltsabrechnungen als „Urlaubsgeld 50 %" ausgewiesen wurde. Im Juli 1993 teilte die Firma allen Mitarbeitern mit, aus wirtschaftlichen Gründen könne sie in diesem Jahr kein Urlaubsgeld zahlen. Ein Mitarbeiter, der später Klage auf Zahlung des Urlaubsgelds einreichte, hatte vor dem BAG Erfolg. Wird in einem Arbeitsvertrag für den Urlaub des Arbeitnehmers auf die einschlägigen tariflichen Bestimmungen verwiesen, wird aufgrund dieser Verweisung regelmäßig der gesamte tarifliche Regelungskomplex „Urlaub" einschließlich des tariflich zu zahlenden Urlaubsgelds Inhalt der arbeitsvertraglichen Vereinbarungen.[293] Sollen demgegenüber die tariflichen Vorschriften nur teilweise angewendet werden, müsste dies hinreichend klar im Vertragstext formuliert werden.

In einem Urteil vom 19.1.1999[294] bestätigte das BAG diese Rspr. Die vertragliche Bezugnahme auf tarifvertragliche Regelungen sei nicht an eine Form gebunden. Sie könne sich auch aus einer betrieblichen Übung oder aus konkludentem Verhalten der Arbeitsvertragsparteien ergeben. Sei der Arbeitgeber tarifgebunden, sei die Gewährung tariflicher Leistungen im Zweifel so zu verstehen, dass alle einschlägigen Tarifbestimmungen gelten sollten, also auch tarifliche Ausschlussfristen. 1737

Ist die Tragweite der Verweisung auf Tarifnormen in einem Formulararbeitsvertrag zweifelhaft, geht dieser Umstand nach § 305 c Abs. 2 BGB zu Lasten des Arbeitgebers.[295] Wird die Vergütungsgruppe eines Tarifvertrages bei der Vergütung des Arbeitnehmers genannt, kann die statisch scheinende Verweisung wegen der Unklarheitenregel zu einer dynamischen Verweisung werden. 1738

Sind nicht beide Parteien tarifgebunden, ist bei Bezugnahmeklauseln, mit denen ein Tarifvertrag lediglich „im Übrigen" in Bezug genommen wird, Vorsicht geboten. Aus dieser Formulierung folgert man in Rspr[296] und Schrifttum,[297] dass alle anderen im Vertragstext formulierten Arbeitsbedingungen nicht dem Tarifrecht unterstellt sind und daher der Vorrang der Individualabrede gilt.[298] 1739

dd) Bezugnahmeklausel unter Widerrufsvorbehalt?

(1) Klauseltyp D

D 1: 1740

1. Die Parteien vereinbaren, dass die für den Betrieb einschlägigen Tarifverträge in ihrer jeweils gültigen Fassung zur Bestimmung des Inhalts der Arbeitsbedingungen maßgeblich sein sollen, solange der Arbeitgeber Mitglied im entsprechenden Arbeitgeberverband ist. Tritt der Arbeitgeber aus dem Arbeitgeberverband aus und entfalten die einschlägigen Tarifverträge gegenüber den organisierten Arbeitnehmern nur noch eine statische Wirkung nach § 4 Abs. 5 TVG, so soll Gleiches auch für die Parteien dieses Arbeitsvertrages gelten.
2. Die vereinbarte Bezugnahme auf den Tarifvertrag steht unter dem Vorbehalt des jederzeit möglichen Widerrufs. Der Widerruf hat mit einer Ankündigungsfrist von drei Monaten zu erfolgen. Der Arbeitgeber kann vom Widerrufsvorbehalt Gebrauch machen, wenn eine erhebliche Verschlechterung der Ertragslage (zB ein Umsatzrückgang von mehr als (...) %) eingetreten ist und der Betriebsrat dem Widerruf zugestimmt hat. An die Stelle der Tarifverträge treten nach Ablauf der Widerrufsfrist ausschließlich die Arbeitsbedingungen dieses Arbeitsvertrages und etwaige ergänzende Regelungen in Betriebsvereinbarungen.

293 BAG 17.11.1998 – 9 AZR 584/97, DB 1998, 2421.
294 BAG 19.1.1999 – 1 AZR 606/98, NZA 1999, 879.
295 BAG 9.11.2005 – 5 AZR 128/05, NZA 2006, 202.
296 LAG Hamm 25.2.2000 – 10 Sa 2061/99, NZA-RR 2000, 541; LAG Hamm 23.5.1975 – 3 Sa 251/73, DB 1975, 1514.
297 *Etzel*, NZA-Beil. 1/1987, 19; *Gaul*, NZA 1998, 9.
298 *Siebert*, NZA 1985, 730; *Etzel*, NZA-Beil. 1/1987, 19.

D 2: In Ergänzung des Arbeitsvertrages vereinbaren die Parteien die Anwendung des Manteltarifvertrages (...) auf das Arbeitsverhältnis. Der Tarifvertrag soll in seiner jeweils gültigen Fassung gelten. Diese Vereinbarung erfolgt freiwillig und unter dem Vorbehalt des jederzeitigen Widerrufs durch den Arbeitgeber. Der Arbeitgeber behält sich den Widerruf vor, falls die Firma im zweiten Jahr hintereinander keinen Gewinn erwirtschaftet, von Insolvenz bedroht ist oder aus Wettbewerbsgründen seine Verkaufspreise insgesamt um mehr als 10 % senkt und dem Arbeitnehmer jährlich kein höherer wirtschaftlicher Nachteil als 20 % entsteht.

D 3:
(1) Das Arbeitsverhältnis bestimmt sich nach dem Tarifvertrag für den öffentlichen Dienst (TVöD) und dem Besonderen Teil Krankenhäuser sowie den ergänzenden, ändernden oder ersetzenden Tarifverträgen in der jeweils geltenden Fassung.
(2) Die Gesellschaft kann aus wirtschaftlichen Gründen durch schriftliche Erklärung für die Zukunft die Anwendung der nach Abs. 1 geltenden Tarifverträge auf die im Zeitpunkt der Erklärung geltende Fassung beschränken.[299]

(2) Gestaltungshinweise

1741 Grundsätzlich ist mit Bezugnahmeklauseln, in denen die Anwendbarkeit tariflicher Regelungen unter Widerrufsvorbehalt gestellt wird, Vorsicht geboten. Klarheits- und Tranparenzgebot, Konkretisierung von Widerrufsgründen und Verhältnismäßigkeit der Eingriffsintensität in die synallagmatischen Entgelt- und Arbeitsbedingungen lassen sich kaum rechtssicher auf einen Nenner bringen.

1742 Ausgehend von der Überlegung, dass Bezugnahmeklauseln AGB-rechtlichen Grundsätzen wie Transparenz, Überraschungsschutz, aber auch in gewissem Umfange Bestandsschutz zu genügen haben, versuchen die **Klauseln D 1 und D 2**, Bezugnahmen auf Tarifverträge unter Vorbehalt zu stellen. Die Wirksamkeit von **Widerrufsvorbehalten** generell ist seit dem Urteil des BAG vom 12.1.2005[300] an die Erfüllung zweier wesentlicher Anforderungen geknüpft. Zum einen muss der Korridor der höchstzulässigen Vergütungsminderung, wie das BAG aus § 308 Nr. 4 BGB entnimmt, beachtet werden. Danach ist eine Vergütungsminderung maximal zwischen 25 und 30 % zulässig. Die **Klausel D 2** liegt deutlich unterhalb dieses Korridors und erscheint demnach in dieser Hinsicht unbedenklich. Häufig ist aber mit einem Widerruf ein Konglomerat an Entgeltbestandteilen betroffen, so dass hier genau abgewogen werden muss. Zum anderen müssen nach §§ 305 ff BGB, insb. nach § 307 Abs. 1 BGB, zum Zweck des Transparenzschutzes die Widerrufsgründe im Arbeitsvertrag enthalten sein. Die Klausel D 2 enthält drei Widerrufsgründe, deren Bestehen auch ohne großen Aufwand anhand des Jahresabschlusses oder von Preislisten des Unternehmens numerisch überprüfbar ist. Allerdings ist nach der Entscheidung des BAG vom 11.10.2006,[301] in welcher sich der 5. Senat mit den allgemeinen Anforderungen an ein Widerrufsrecht im Rahmen einer AGB-Kontrolle auseinandergesetzt hat, neben der ausdrücklichen Nennung der Richtung der Widerrufsgründe auch der erforderliche Grad und die Intensität der Störung anzugeben. Deshalb sollte zur Absicherung in Abs. 2 der Klausel D 1 ein erläuternder Klammerzusatz eingefügt werden, welcher den unbestimmten Begriff der „erheblichen Verschlechterung der Ertragslage“ unter Nennung eines korrespondierenden minimalen Umsatzrückgangs in Prozent konkretisiert.

1743 Weiterhin ist als etwas schwächerer Eingriff auch denkbar, nicht die Inbezugnahme insgesamt, sondern lediglich die dynamische Wirkung unter einen Widerrufsvorbehalt zu stellen, so dass

299 Gekürzte Klauselfassung aus LAG Hamm 23.8.2012 – 17 Sa 865/12.

300 BAG 12.1.2005 – 5 AZR 364/04, NJW 2005, 1820; bestätigt in: BAG 10.11.2006 – 5 AZR 721/05, NZA 2007, 87; BAG 20.4.2011 – 5 AZR 191/10, NJW 2011, 2153.

301 BAG 11.10.2006 – 5 AZR 721/05, NJW 2007, 536.

es nach Ausübung des Rechts lediglich zu einer statischen Fortgeltung kommt.[302] Dies hat auch den Vorteil, dass dann idR es nicht zu einer Änderung der Lohnstruktur kommt, so dass kein Mitbestimmungsrechts des Betriebsrats nach § 87 Abs. 1 Nr. 10 BetrVG eingreift. Insoweit könnte man in diesem Zusammenhang eher von einer „aufgeschobenen statischen" Bezugnahme sprechen als von einem echten Widerruf.[303] Ein entsprechendes Konstrukt sieht die **Klausel D 3** vor, welche in etwas ausführlicherer Form (allerdings unerheblich für den Fall des Widerrufs) einer Entscheidung des LAG Hamm aus dem Jahre 2012[304] zugrunde lag. Hier steht gerade nur die dynamische Bindung unter dem Widerrufsvorbehalt aus „wirtschaftlichen Gründen". Die Klausel enthält demnach ein einseitiges Gestaltungsrecht des Arbeitgebers zur Begrenzung der Dynamik.[305] Das LAG Hamm stellte in diesem Zusammenhang mit Bezug auf eine AGB-Kontrolle nach den §§ 305 ff BGB heraus, dass auch ein solcher Widerruf der Dynamik an den Maßstäben der §§ 307 Abs. 1, 308 Nr. 4 BGB zu messen sei. Demnach sei ein **Widerruf** der Dynamik in Einklang mit der maßgeblichen BAG-Rspr[306] nur zumutbar, wenn dieser **nicht grundlos** erfolge, sondern als Instrument der Anpassung wegen der unsicheren Entwicklung notwendig sei. Insoweit müsste zumindest **die Richtung der Gründe für einen Widerruf erkennbar** sein (zB wirtschaftliche Gründe).[307] Allerdings müsse generell in einer solchen Klausel gewahrt bleiben, dass Voraussetzung und Umfang der vorbehaltenen Änderung möglichst konkretisiert benannt werden, damit der Arbeitnehmer erkennen könne, was ggf „auf ihn zukommt". Dazu gehöre nicht nur, dass die Richtung angegeben wird, aus der der Widerruf möglich sein soll, sondern auch der Grad der Störung (wirtschaftliche Notlage des Unternehmens, negatives wirtschaftliches Ergebnis der Betriebsabteilung etc.), wenn der Verwender hierauf abstellen will und nicht schon allgemein auf die wirtschaftliche Entwicklung, die Leistung, das Verhalten des Arbeitnehmers gestützte Gründe nach dem Umfang des Änderungsvorbehalts und der Vertragsregelung ausreichen.[308]

Auch wenn eine solche Konkretisierung in der in Frage stehenden Klausel nicht zu erkennen ist, nahm das LAG Hamm „zugunsten des Arbeitgebers" zunächst eine Zulässigkeit der Klausel ohne tiefergehende Auseinandersetzung an, allerdings um anschließend einen wirksamen Widerruf an einer mangelhaften Widerrufserklärung scheitern zu lassen.[309] Die Entscheidung zeigt die Prüfungsmaßstäbe auf, so dass einem Klauselverwender anzuraten ist, die zum Widerruf berechtigenden Gründe, wie bereits angeregt, näher zu definieren. Insgesamt sollten in diesem Zusammenhang die Anforderungen allerdings nicht zu hoch gehängt werden, da es, wie gesagt, nicht um einen Widerruf der Inbezugnahme insgesamt, sondern lediglich um die Beseitigung der Dynamik geht. Weiterhin lassen sich der Entscheidung die Anforderungen an die notwendige Widerrufserklärung selbst entnehmen. Der Widerruf als einseitiges Gestaltungsrecht des Arbeitgebers muss insoweit eindeutig und für den Arbeitnehmer unmissverständlich erklärt werden. Diesen Anforderungen hält eine Erklärung nicht stand, die lediglich die Forderungen eines Arbeitnehmers auf Tarifentgelterhöhungen zurückweist und zur Begründung ausführt, die Übernahme des Tarifergebnisses führe zu einer sachlich ungerechtfertigten Ungleichbehandlung der Beschäftigten und störe den Betriebsfrieden. Dies gilt insb., soweit mit keinem 1744

302 *Preis/Greiner*, NZA 2007, 1073, 1078; *Sittard*, RdA 2007, 191, 192.

303 *Preis/Greiner*, NZA 2007, 1073, 1078.

304 LAG Hamm 23.8.2012 – 17 Sa 865/12.

305 *Preis/Greiner*, NZA 2007, 1073, 1078 f; LAG Hamm 23.8.2012 – 17 Sa 865/12.

306 So etwa BAG 11.10.2006 – 5 AZR 721/05, NZA 2007, 87; BAG 20.4.2011 – 5 AZR 191/10, NJW 2011, 2153.

307 So etwa BAG 11.10.2006 – 5 AZR 721/05, NZA 2007, 87; BAG 20.4.2011 – 5 AZR 191/10, NJW 2011, 2153.

308 LAG Hamm 23.8.2012 – 17 Sa 865/12.

309 LAG Hamm 23.8.2012 – 17 Sa 865/12.

Wort auf das eingeräumte Widerrufsrecht hingewiesen wird und auch keine wirtschaftlichen Gründe für die unterlassene Weitergabe der Tarifentgelterhöhungen angeführt würden.[310]

1745 In den nach der Rechtsprechungsänderung zu Neuverträgen ergangenen Entscheidungen hat das BAG bislang noch nicht zur Wirksamkeit von vollständigen Widerrufsvorbehalten im Zusammenhang mit Bezugnahmeklauseln wie in den Klauseln D 1 und D 2 Stellung genommen. Die weitere Rspr bleibt also abzuwarten. Die obigen Ausführungen haben aber die „Stolpersteine" aufgezeigt, so dass dem Verwender von dem Gebrauch von Widerrufsvorbehalten im Zusammenhang mit Bezugnahmeklauseln abzuraten ist.

ee) Tarifwechselklausel

(1) Klauseltyp E

1746 **E 1:** Es gilt der jeweils einschlägige Tarifvertrag in der jeweils gültigen Fassung.[311]

E 2: Für das Arbeitsverhältnis gelten die Bedingungen des jeweils gültigen Tarifvertrages.[312]

E 3: Im Übrigen gelten die gesetzlichen Bestimmungen sowie die Bedingungen des jeweils gültigen Tarifvertrages, betrieblicher Ordnungen und Vereinbarungen.[313]

E 4:
(1) Auf das Arbeitsverhältnis sind die jeweils für den Arbeitgeber einschlägigen Tarifverträge in ihrer jeweils gültigen Fassung anwendbar, solange der Arbeitgeber an diese Tarifverträge gem. §§ 3–5 TVG gebunden ist. Zurzeit sind dies die Tarifverträge der (...)-Branche im Tarifgebiet (...), abgeschlossen zwischen dem Arbeitgeber/Arbeitgeberverband (...) und der Gewerkschaft (...).
(2) Im Fall der Beendigung der Tarifbindung des Arbeitgebers (zB aufgrund eines Betriebsübergangs, aufgrund eines Branchenwechsels oder durch Austritt des Arbeitgebers aus dem Arbeitgeberverband der (...)-Industrie), gelten die in Absatz 1 genannten Tarifverträge in der Folgezeit nur noch statisch, dh in der im Zeitpunkt der Beendigung der Tarifbindung des Arbeitgebers geltenden Fassung fort, soweit sie nicht durch andere Abmachungen ersetzt werden. Ein Anspruch des Arbeitnehmers auf Weitergabe künftiger Tarifentwicklungen nach Beendigung der Tarifbindung des Arbeitgebers besteht nicht.
(3) Absatz 2 gilt nicht, wenn beim Arbeitgeber infolge eines Arbeitgeberverbands- oder Branchenwechsels oder in Fällen des Betriebs(teil)übergangs bei dem neuen Arbeitgeber eine andere Tarifbindung besteht. In diesen Fällen finden die Tarifverträge entsprechend dieser anderweitigen Tarifbindung nach Maßgabe der Absätze 1 und 2 Anwendung.[314]

(2) Gestaltungshinweise

1747 Mit der Tarifwechselklausel wird zunächst mit dem tarifgebundenen Arbeitgeber vereinbart, dass für das Arbeitsverhältnis die Bedingungen des jeweils gültigen Tarifvertrages gelten und damit auf die Tarifverträge Bezug genommen wird, an die der Arbeitgeber bei Abschluss des Arbeitsvertrages gebunden war. Eine solche Tarifwechselklausel, die übrigens gleichzeitig, wie etwa im Fall von **Klausel E 4**, eine Gleichstellungsabrede sein kann,[315] bewirkt, dass anstelle der bisher geltenden Tarifverträge die Normen anderer Tarifverträge anzuwenden sind, an die der Arbeitgeber im Falle des Wechsels seiner Verbandsmitgliedschaft gebunden ist. Ist dem Arbeitgeber daran gelegen, eine solche Tarifwechselklausel zu vereinbaren, sollte er diese Absicht

310 LAG Hamm 23.8.2012 – 17 Sa 865/12.
311 SPA 12/2003, 2.
312 BAG 16.10.2002 – 4 AZR 467/01, NZA 2003, 390 (bei einem tarifgebundenen Arbeitgeber zugleich eine statische Gleichstellungsabrede, wenn die Tarifgebundenheit des Arbeitgebers ersatzlos endet).
313 BAG 16.10.2002 – 4 AZR 467/01, NZA 2003, 390.
314 *Olbertz*, BB 2007, 2737, 2740.
315 BAG 16.10.2002 – 4 AZR 467/01, NZA 2003, 390.

ausdrücklich und hinreichend deutlich zum Ausdruck bringen, da nach nunmehr stRspr des BAG lediglich eine kleine dynamische Bezugnahme und keine Tarifwechselklausel anzunehmen ist, soweit ein gegenteiliger Wille des Arbeitgebers nicht eindeutig aus dem Vertragstext oder den Begleitumständen feststellbar ist.[316] Die Rspr geht davon aus, dass die Vertragsparteien regelmäßig nur die jeweils gültige Fassung der bei Vertragsschluss einschlägigen Kollektivvereinbarung, nicht jedoch einen möglichen Tarifwechsel in die Bezugnahme einschließen wollen.

Die Klausel E 4 stellt eine ausführliche und umfassende Variante der Tarifwechselklausel unter Beachtung der aktuellen Rechtsprechungsgrundsätze dar und regelt ausdrücklich eine Reihe möglicher Veränderungen der Tarifbindung des Betriebes sowie deren Auswirkung auf die Bezugnahmeklausel. Aus dem Abs. 1 wird der Charakter der Tarifwechselklausel durch Verwendung der klassischen Formulierung hinsichtlich einer sachlichen („jeweils für den Arbeitgeber einschlägigen Tarifverträge") und einer zeitlichen Dynamik („in ihrer jeweils gültigen Fassung") bereits deutlich erkennbar. Weiterhin wird in Abs. 2 die Dynamik der Klausel ausdrücklich unter die auflösende Bedingung des Entfallens der Tarifbindung gestellt, soweit die Tarifnormen nicht durch andere Abmachungen ersetzt werden. In diesem Fall zieht die Klausel eine statische Fortgeltung der zuletzt für den Betrieb einschlägigen Tarifnormen nach sich. Die eigentliche Wirkung der Tarifwechselklausel verdeutlicht Abs. 3. Im Falle der normativen Ablösung der bei Vertragsschluss einschlägigen Kollektivnormen durch andere Tarifverträge, in deren Anwendungsbereich sich der Betrieb fortan befindet, entfällt danach die statische Wirkung iSv Abs. 2 zugunsten der nun kraft Bezugnahme geltenden Tarifvereinbarungen. Da die Klausel E 4 den Anforderungen der Rspr an eine klare und deutliche Regelung durch ihre Ausführlichkeit am besten entspricht, ist eine derartige Regelung den anderen Klauselvorschlägen vorzuziehen. Sie ist insoweit von Wirkung und Empfehlbarkeit weitestgehend austauschbar mit der großen dynamischen Bezugnahmeklausel in B 4. 1748

Generell entwickelt die Tarifwechselklausel ihren Charme aus Arbeitgebersicht im Falle eines Betriebsübergangs. So ermöglicht die Tarifwechselklausel dem Erwerber, die Arbeitsbedingungen künftig aus den bei ihm bestehenden Tarifverträgen zu schöpfen. 1749

Das BAG[317] hat die **Klausel E 3** als Gleichstellungsabrede *und* Tarifwechselklausel eingestuft. Indessen enthebt auch eine solche Klausel den Berater nicht immer von der oft schwierigen Feststellung, in welchen fachlichen Geltungsbereich das Arbeitsverhältnis fällt. 1750

ff) Statische Gleichstellungsabrede

(1) Klauseltyp F

Auf das Arbeitsverhältnis findet unabhängig von der Gewerkschaftszugehörigkeit des Mitarbeiters der jeweils für die Firma kraft eigenen Abschlusses oder kraft Mitgliedschaft im Arbeitgeberverband gültige Tarifvertrag in seiner jeweils gültigen Fassung Anwendung. Dies ist zum Zeitpunkt des Vertragsschlusses der Tarifvertrag (...) in der Fassung vom (...). Tritt die Firma aus dem Arbeitgeberverband aus, so finden die Bestimmungen des Tarifvertrages in der Folgezeit in ihrer zum Austrittszeitpunkt geltenden Fassung Anwendung. Der Mitarbeiter hat keinen Anspruch auf Weitergabe zukünftiger Tarifänderungen.[318] 1751

316 BAG 22.10.2008 – 4 AZR 784/07, NZA 2009, 151; BAG 4.6.2008 – 4 AZR 398/07, AuR 2008, 181; BAG 4.6.2008 – 4 AZR 308/07; BAG 29.8.2007 – 4 AZR 767/06, NZA 2008, 364; BAG 25.9.2002 – 4 AZR 294/01, NZA 2003, 807; BAG 17.11.2010 – 4 AZR 391/09, NZA 2011, 356; BAG 6.7.2011 – 4 AZR 501/09, NJOZ 2012, 587; BAG 6.7.2011 – 4 AZR 706/09, NZA 2012, 100.

317 BAG 16.10.2002 – 4 AZR 467/01, NZA 2003, 390.

318 SPA 12/2003, 2.

(2) Gestaltungshinweise

1752 Die statistische Gleichstellungsabrede entfaltet ihre Bedeutung erst dann, wenn die Tarifbindung des Arbeitgebers entfällt oder wenn der Betrieb auf einen Erwerber übergeht, der keiner Tarifbindung unterliegt. Bei der statischen Gleichstellungsabrede sollen die nach einer solchen Zäsur geltenden Rechte mit Rücksicht auf die zu diesem Zeitpunkt in Bezug genommenen Tarifverträge beurteilt werden; bei der dynamischen Verweisung werden hingegen die in Bezug genommenen Tarifverträge in ihrer jeweiligen Fassung zugrunde gelegt.

1753 Gleichstellungsabreden sind meist das Ergebnis einer umfangreichen Textinterpretation und Auslegung von Willenserklärungen gem. §§ 133, 157 BGB. Die Rspr stellt neben dem Wortlaut intensiv auf die Begleitumstände bei Vertragsschluss ab.[319]

1754 Nach der mittlerweile aufgegebenen Rspr des BAG[320] bestand eine Vermutung, dass jede dynamische Bezugnahme auf „die einschlägigen Tarifverträge" in einem von einem tarifgebundenen Arbeitgeber vorformulierten Arbeitsvertrag typischerweise eine Gleichstellungsabrede ist. Ausdrücklich hatte das BAG vor der Vorstellung gewarnt, dass jede arbeitsvertragliche Gleichstellungsabrede automatisch einen Tarifwechsel zur Folge habe, wenn der Betrieb oder Betriebsteil in einen fachlichen/betrieblichen Geltungsbereich eines anderen Tarifwerks wechsle.[321] Diese Grundsätze haben aus Vertrauensschutzgründen für „Altverträge", welche vor Inkrafttreten der Schuldrechtsreform am 1.1.2002 geschlossen wurden, weiterhin Bestand,[322] sind jedoch für die Auslegung von Bezugnahmeklauseln in nach diesem Stichtag geschlossenen „Neuverträgen" nicht länger maßgeblich.[323] Dynamische Bezugnahmen sind – auf Grundlage einer dem Wortlaut nahen Auslegung – bei Fehlen eindeutiger Hinweise auf einen Willen zur Gleichstellung im Zweifelsfall als unbedingte zeitdynamische Verweisungen auszulegen. Diese verlieren auch bei einem Wegfall der Tarifbindung des Arbeitgebers ihre Dynamik nicht. Aus diesem Grund ist dringend zu empfehlen, dass der Arbeitgeber das vorrangige Motiv einer beabsichtigten Gleichstellung und die beabsichtigte Statik im Wortlaut der Klausel deutlich und klar zum Ausdruck bringt.

gg) Dynamische Gleichstellungsabrede

(1) Klauseltyp G

1755 **G 1:**

1. **Wortlaut im Arbeitsvertrag:** Die Mitarbeiterin wird in das Tarifgehalt Gruppe III a, 10. Berufsjahr des Vergütungsvertrages für die Angestellten in der Wohnungswirtschaft eingruppiert. Es gelten im Übrigen die tarifvertraglichen Bestimmungen für die Angestellten in der Wohnungswirtschaft sowie die Bestimmungen der Betriebsvereinbarung in der jeweils geltenden Fassung.
2. **Wortlaut der Betriebsvereinbarung:** Die im Gehaltstarifvertrag für die Angestellten der Wohnungswirtschaft vereinbarten prozentualen Gehaltserhöhungen werden auch den Angestellten gewährt, die nicht dem Gehaltstarifvertrag unterliegen.[324]

---

319 BAG 20.2.2002 – 4 AZR 123/01, DB 2002, 1999.

320 BAG 26.9.2001 – 4 AZR 544/00, DB 2002, 1005; BAG 30.8.2000 – 4 AZR 581/99, FA 2001, 127; BAG 4.8.1999 – 5 AZR 642/98, FA 1999, 406.

321 BAG 30.8.2000 – 4 AZR 581/99, NZA 2001, 510.

322 BAG 18.4.2007 – 4 AZR 653/05, DB 2007, 2598.

323 BAG 18.4.2007 – 4 AZR 652/05, NZA 2007, 965; bestätigt in: BAG 22.10.2008 – 4 AZR 793/07, NZA 2009, 323; BAG 22.10.2008 – 4 AZR 794/07; BAG 22.10.2008 – 4 AZR 795/07; BAG 18.11.2009 – 4 AZR 514/08, NZA 2010, 170; BAG 23.2.2011 – 4 AZR 439/09, NZA-RR 2011, 253; BAG 16.11.2011 – 4 AZR 246/10, AP Nr. 99 zu § 1 TVG Bezugnahme auf Tarifvertrag; BAG 18.4.2012 – 4 AZR 392/10, NZA 2012, 1171; BAG 20.4.2012 – 9 AZR 504/10, NZA 2012, 982; BAG 16.5.2012 – 4 AZR 290/10, NJOZ 2012, 2137.

324 BAG 26.9.2001 – 4 AZR 544/00, DB 2002, 1005.

G 2:
(1) Sofern der Mitarbeiter wegen fehlender Gewerkschaftszugehörigkeit nicht der Tarifbindung unterliegt, stellen wir ihn unseren tarifgebundenen Mitarbeitern gleich, indem wir die Tarifverträge der X-Industrie in der jeweils gültigen Fassung auf das Arbeitsverhältnis anwenden.
(2) Der Anspruch auf Leistungen, die nach Abs. 1 begründet worden sind, besteht für die Dauer unserer Tarifgebundenheit. Werden diese nach dem Wegfall unserer Tarifgebundenheit über das Ende der gem. § 3 Abs. 3 TVG eingetretenen Nachbindung hinaus fortgewährt, so gelten die Leistungen iSd § 4 Abs. 5 TVG (Nachwirkung) als vertraglich neu vereinbart und stehen unter dem Vorbehalt der Freiwilligkeit sowie der jederzeitigen Widerrufbarkeit. Die wiederholte Leistungsgewährung erzeugt keinen Rechtsanspruch für die Zukunft.
(3) Abs. 2 gilt für die der tarifzuständigen Gewerkschaft angehörenden Mitarbeiter entsprechend.

G 3:
(1) Soweit im Arbeitsvertrag nichts Abweichendes vereinbart ist, gelten für das Arbeitsverhältnis die folgenden Tarifverträge (...) in ihrer jeweiligen Fassung.
(2) Diese Abrede bezweckt die Gleichstellung nichtorganisierter mit organisierten Mitarbeitern; sie sichert nichtorganisierten Mitarbeitern die Anwendung der genannten Tarifverträge schuldrechtlich nur, wenn und solange die Firma gegenüber den organisierten Mitarbeitern normativ an diese Tarifverträge gebunden ist. Diese normative Bindung und damit die Tarifanwendung auf nichtorganisierte Mitarbeiter kann enden, zB nach Verbandsaustritt der Firma und im Falle eines Betriebsübergangs.[325]

G 4: Im Übrigen gilt der Tarifvertrag (...), an den der Arbeitgeber derzeit gebunden ist, in seiner jeweils gültigen Fassung. Diese Abrede gilt, weil und solange der Arbeitgeber tarifgebunden ist. Sie bezweckt die Gleichstellung nichtorganisierter mit organisierten Mitarbeitern. Endet oder entfällt die Tarifbindung des Arbeitgebers, gelten die in Bezug genommenen Tarifverträge mit dem Inhalt, den sie bei Ende der Tarifbindung des Arbeitgebers hatten; der Arbeitnehmer hat keinen Anspruch auf Weitergabe künftiger Tarifentwicklungen.[326]

G 5:
(1) Auf das Arbeitsverhältnis sind die Tarifverträge der (...)-Branche im Tarifgebiet (...), abgeschlossen zwischen dem Arbeitgeber/Arbeitgeberverband (...) und der Gewerkschaft (...), in ihrer jeweils gültigen Fassung anwendbar, solange der Arbeitgeber an diese Tarifverträge gem. §§ 3–5 TVG gebunden ist.
(2) Im Fall der Beendigung der Tarifbindung des Arbeitgebers (zB aufgrund eines Betriebsübergangs, aufgrund eines Branchenwechsels oder durch Austritt des Arbeitgebers aus dem Arbeitgeberverband der (...)-Industrie), gelten die in Absatz 1 genannten Tarifverträge in der Folgezeit nur noch statisch, dh in der im Zeitpunkt der Beendigung der Tarifbindung des Arbeitgebers geltenden Fassung, fort, soweit sie nicht durch andere Abmachungen ersetzt werden. Ein Anspruch des Arbeitnehmers auf Weitergabe künftiger Tarifentwicklungen nach Beendigung der Tarifbindung des Arbeitgebers besteht nicht.[327]

G 6:
(1) Auf das Arbeitsverhältnis finden die Bestimmungen des Tarifvertrages (...) der (...)-Industrie in ihrer jeweils gültigen Fassung Anwendung. Die Einbeziehung verfolgt lediglich den Zweck der Gleichstellung aller im Betrieb tätigen Arbeitnehmer unabhängig von einer bestehenden Gewerkschaftszugehörigkeit zur Vereinheitlichung der Arbeitsbedingungen.

325 *Hunold*, NZA-RR 2006, 113, 116.
326 *Bauer/Günther*, NZA 2008, 6, 7.
327 *Olbertz*, BB 2007, 2737, 2740.

(2) Entfällt die Tarifgebundenheit des Arbeitgebers (zB durch Verbandsaustritt, Branchenwechsel, Betriebs- oder Betriebsteilübergang sowie Herauswachsen des Betriebes aus dem Geltungsbereich des Tarifvertrages), wirken die zum Zeitpunkt des Wegfalls der Tarifbindung für das Arbeitsverhältnis geltenden Tarifbestimmungen lediglich in statischer Weise fort. Ein Anspruch des Arbeitnehmers auf Teilhabe an der zukünftigen Tarifentwicklung besteht in diesen Fällen nicht.[328]

(2) Gestaltungshinweise

1756 Zur arbeitsvertraglichen Bezugnahme auf einen Tarifvertrag nach Verbandsaustritt des Arbeitgebers hat das BAG durch Urteil vom 26.9.2001[329] entschieden, dass die arbeitsvertragliche **Bezugnahmeklausel G 1** als Gleichstellungsabrede auszulegen sei, da der Arbeitgeber bei Vertragsabschluss an die in Bezug genommenen einschlägigen Tarifverträge kraft Verbandszugehörigkeit gebunden war. Die Klägerin sollte demnach ebenso gestellt werden wie ein organisierter Arbeitnehmer. Deshalb stünden ihr arbeitsvertraglich die Tariferhöhungen nach dem Verbandsaustritt ebenso wenig zu wie einem organisierten Arbeitnehmer nach Tarifrecht. Nach der mit der Entscheidung vom 18.4.2007 vollzogenen Rechtsprechungsänderung des BAG[330] ist eine der Klausel G 1 entsprechende Formulierung in einem nach dem 31.12.2001 geschlossenen Arbeitsvertrag nach der nunmehr gültigen Auslegung von Bezugnahmeklauseln allerdings anders zu beurteilen. Die Entscheidung betraf eine der Klausel G 1 vergleichbare Formulierung, nach welcher dem Arbeitsverhältnis ein bestimmter Tarifvertrag „in der jeweils gültigen Fassung zu Grunde liegt". Nach der nunmehr vertretenen Rspr ist die Reichweite einer Bezugnahmeklausel in erster Linie anhand deren Wortlauts zu bestimmen. Dies hat zur Konsequenz, dass im Zweifelsfall nicht mehr eine bloße Gleichstellungsabrede anzunehmen ist, welche bei Entfallen der Tarifbindung des Arbeitgebers ihre dynamische Wirkung verliert. Vielmehr müsse das Bestehen der Tarifgebundenheit erkennbar zur auflösenden Bedingung gemacht werden, damit die Klausel nicht als unbedingte zeitdynamische Verweisung verstanden wird. Eine Gleichstellungsabrede sei demnach nur noch dann anzunehmen, wenn sich dies eindeutig aus dem Wortlaut oder den Begleitumständen ergibt. Nach dem Stand der aktuellen Rspr wäre die Klausel G 1 daher eine dynamische Verweisung und keine bloße Gleichstellungsabrede mehr.

1757 Das BAG hat mit Urteil vom 24.11.2004[331] erläutert, dass ein Anspruch auf eine Sonderzahlung, die im Arbeitsvertrag durch Bezugnahme auf einen Tarifvertrag vereinbart war, nur durch Kündigung oder vertragliche Abrede unter Vorbehalt gestellt, verschlechtert oder beseitigt werden könne. Das Unternehmen war tarifgebunden. Mit einer dynamischen Gleichstellungsklausel beabsichtigte der Arbeitgeber, die beiderseitige Tarifbindung nach § 3 Abs. 1 TVG auch auf die nichtorganisierten Arbeitnehmer zu übertragen. Mit dem Austritt aus dem Arbeitgeberverband galt bei denjenigen Arbeitnehmern, die gewerkschaftlich organisiert waren, der Tarifvertrag normativ und unmittelbar in der Fassung weiter, wie sie zum Zeitpunkt des Wegfalls der arbeitgeberseitigen Tarifbindung gegolten hatte (§ 3 Abs. 3 TVG). Eine Nachbindung (Weitergeltung) entsteht gegenüber den nicht gewerkschaftlich organisierten Arbeitnehmern über die vertragliche Bezugnahme, wenn nicht, wie der 10. Senat betont, die Bezugnahme („vertragliche Abrede") unter einen Vorbehalt gestellt ist. Auch die sich anschließende Nachwirkung gem. § 4 Abs. 5 TVG entsteht sowohl zu Gunsten der einer Gewerkschaft angehörenden Arbeitnehmer als auch zu Gunsten der nichtorganisierten Arbeitnehmer, bei letzteren über die vertragliche Bezugnahme.

---

328 Thüsing/Braun/*Reufels*, HB Tarifrecht, Kap. 8 Rn 55.

329 BAG 26.9.2001 – 4 AZR 544/00, NZA 2002, 634.

330 BAG 18.4.2007 – 4 AZR 652/05, NZA 2007, 965; bestätigt in: BAG 22.10.2008 – 4 AZR 793/07, NZA 2009, 323; BAG 22.10.2008 – 4 AZR 794/07; BAG 22.10.2008 – 4 AZR 795/07.

331 BAG 24.11.2004 – 10 AZR 202/04, NZA 2005, 349.

Der **Klausel G 2** liegen die Grundsätze dieses Urteils des BAG vom 24.11.2004 zugrunde. In Abs. 1 wird eine dynamische Gleichstellungsabrede getroffen. In Abs. 2 wird über das Ende der Nachbindung gem. § 3 Abs. 3 TVG hinaus die Nachwirkung zu Gunsten des nichtorganisierten Arbeitnehmers insoweit ausgeschlossen, als die tarifvertraglichen Regelungen als neu vertraglich vereinbart gelten und im Rahmen dieser Vereinbarung unter einem Freiwilligkeitsvorbehalt stehen. Mit Abs. 3 wird eine vergleichbare Regelung für die gewerkschaftlich organisierten Arbeitnehmer getroffen. Abs. 3 führt zu einer vertraglich unter den Vorbehalt der Freiwilligkeit und des jederzeitigen Widerrufs gestellten Nachwirkung. Auch nach der angesprochenen Rechtsprechungsänderung ist die Klausel G 2 wohl noch als Gleichstellungsabrede auszulegen, da aus dem Wortlaut der Klausel eindeutig hervorgeht, dass zum Zwecke der Anwendbarkeit der Tarifnormen lediglich das Ziel verfolgt wird, die möglicherweise fehlende Gewerkschaftsmitgliedschaft eines Arbeitnehmers zu überwinden (Abs. 1), und dass bei Wegfall der Tarifbindung die Dynamik der Klausel entfallen soll (Abs. 2). 1758

Mit Urteil vom 1.12.2004[332] entschied das BAG, dass eine dynamische Verweisung in einem Arbeitsvertrag auf die für den Arbeitgeber einschlägigen Tarifverträge nur dann eine Gleichstellungsabrede sei, wenn der Arbeitgeber im Zeitpunkt ihrer vertraglichen Vereinbarung an diese Tarifverträge gem. § 3 TVG gebunden sei. Durch diese Rspr, die auch den Klauseln G 1 und G 2 zugrunde liegt, war sichergestellt, dass die nichtorganisierten Mitarbeiter nicht schlechter, aber auch nicht besser gestellt waren als die organisierten Arbeitnehmer. Endete die normative Bindung des Arbeitgebers an im Arbeitsvertrag benannte Tarifverträge gegenüber Organisierten, war der Arbeitgeber auch gegenüber den Nichtorganisierten nicht mehr schuldrechtlich an diese Tarifverträge gebunden – eine wichtige Folge v.a. bei Verbandsaustritt des Arbeitgebers und im Falle eines Betriebsübergangs.[333] 1759

Eine im Vergleich zur Klausel G 2 sicherere Möglichkeit der Vereinbarung einer wirksamen Gleichstellungsabrede bildet jedoch die Variante der **Klausel G 3**. Auch wenn die Formulierung bereits vor der erstmaligen Umsetzung der angekündigten Rechtsprechungsänderung erfolgte, hält sie den geforderten Kontroll- und Auslegungsmaßstäben der aktuellen Senatsrechtsprechung zur wirksamen Vereinbarung einer Gleichstellungsabrede stand. Aus Abs. 2 gehen sowohl der Gleichstellungszweck der Vereinbarung als auch die Abhängigkeit der Dynamik von einem Fortbestehen der Tarifgebundenheit des Arbeitgebers für den Arbeitnehmer erkennbar hervor. 1760

Die **Klauseln G 4, G 5 und G 6** sind erst nach dem Vollzug der Rechtsprechungsänderung durch die Entscheidung vom 18.4.2007 unter Beachtung der derzeitigen Anforderungen für die wirksame Vereinbarung einer Gleichstellungsabrede formuliert worden. Alle drei Klauselvorschläge stellen deutlich den Gleichstellungszweck als vorrangiges Ziel der Klauselvereinbarung heraus und begrenzen die Dynamik klar erkennbar auf die Zeit der tatsächlichen Tarifgebundenheit des Arbeitgebers, so dass anschließend lediglich eine statische Fortwirkung eintritt. Die Klauseln entsprechen in ihrer Wirkung der Klausel G 3, sind jedoch etwas treffender und weniger umständlich formuliert, so dass sie dieser insgesamt vorzuziehen sind. Ebenso vorteilhafter erscheint die jeweils abschließende klarstellende Feststellung, dass Ansprüche des Arbeitnehmers auf Weitergabe zukünftiger Tarifentwicklungen nach Ende der Tarifbindung des Arbeitgebers nicht bestehen. Die Klausel G 4 ist im Vergleich zu den anderen beiden ein wenig knapper gehalten und von der Formulierung für den nicht juristisch erfahrenen Arbeitnehmer besser verständlich. Die eher ausführlichen Klauseln G 5 und G 6 bieten dagegen die Möglichkeit, das entsprechende Tarifwerk noch genauer zu bezeichnen und führen in Abs. 2 verschiedene Beispiele für die Änderung der Tarifbindung des Arbeitgebers auf. 1761

332 BAG 1.12.2004 – 4 AZR 50/04, NZA 2005, 478.
333 *Hunold*, NZA-RR 2006, 113.

1762 Abschließend bleibt festzuhalten, dass sich ein Arbeitgeber nur durch eine ausreichend klare und ausführliche Formulierung der Bezugnahmeklausel, welche die bezweckten Folgen einer Änderung seiner normativen Tarifbindung ausdrücklich regelt, vor den Konsequenzen einer dem Gleichstellungsziel gegenläufigen Auslegungsweise durch des BAG schützen kann.

hh) Bezugnahmeklausel mit Freiwilligkeitsvorbehalt?

(1) Klauseltyp H

1763 ➔ **H 1:** Die Firma ist nicht tarifgebunden. Sie ist jedoch bestrebt, ihren Mitarbeitern marktgerechte Arbeitsbedingungen zu bieten. Wenn und soweit ausdrücklich oder stillschweigend tarifliche Gehaltsregelungen angewendet werden, erfolgt dies rein freiwillig unter dem Vorbehalt des Widerrufs. Auch durch mehrjährige Tarifanwendung wird dieser Vorbehalt nicht gegenstandslos.[334]

➔ **H 2:** Wenn und soweit die jeweils bestehenden Tarifverträge der Eisen-, Metall- und Elektroindustrie in (...) in ihrer jeweiligen Fassung auf das Arbeitsverhältnis angewendet werden, geschieht dies freiwillig und unter Vorbehalt jederzeitigen Widerrufs. Gleiches gilt für tarifvertragliche Regelungen über Urlaub, Urlaubsgeld, Vermögensbildung und Weihnachtsgeld.[335]

(2) Gestaltungshinweise

1764 Um einerseits einschlägige Tarifverträge anwenden zu können, andererseits hierdurch aber nicht eine individualarbeitsrechtliche Tarifbindung auf Dauer einzugehen und dem Grundsatz der betrieblichen Übung entgegenzuwirken, wird zT aus Arbeitgebersicht bei Bezugnahmeklauseln die Einfügung eines Freiwilligkeitsvorbehalts empfohlen.[336] Freiwilligkeitsvorbehalte sind bei Teilverweisungen (kleinen Bezugnahmeklauseln) wie in der Klausel H 2 in der Rspr früher einmal anerkannt worden.[337] Hier ist jedoch Skepsis angebracht.

1765 Allerdings sind in Zukunft wohl die im Urteil vom 25.4.2007[338] vom 5. Senat des BAG aufgestellten Grundsätze zur Wirksamkeit von Freiwilligkeitsvorbehalten zu berücksichtigen. Danach ist ein Freiwilligkeitsvorbehalt in Formularverträgen bezogen auf synallagmatische Leistungspflichten gem. § 307 Abs. 1 BGB unwirksam. Hinsichtlich der Bezugnahme auf tarifliche Regelungen über die Grundvergütung und synallagmatische Leistungszulagen kann daher ein Freiwilligkeitsvorbehalt verbunden mit einer Widerrufsmöglichkeit nicht mehr wirksam vereinbart werden. Die Vereinbarung eines Freiwilligkeitsvorbehalts ist nach dieser Entscheidung des BAG grds. nur noch für nicht unmittelbar im Gegenseitigkeitsverhältnis stehende Leistungen möglich, wie etwa reine Gratifikationen zur Belohnung für ein gutes Geschäftsjahr oder die Betriebstreue. Bei der Verwendung von Verweisungsklauseln mit Freiwilligkeitsvorbehalt ist daher größte Vorsicht geboten. Eher kann man auf eine Widerrufsmöglichkeit hinsichtlich der dynamischen Geltung wie in Klausel D 3 zurückzugreifen, um eine Lockerung der dauerhaften Bindung an die Bezugnahme zu erreichen. Die Verwendung der Klauseln H 1 und H 2 scheint dagegen zumindest hinsichtlich synallagmatischer Leistungspflichten des Arbeitgebers vor dem Hintergrund der Rspr des BAG zu Freiwilligkeitsvorbehalten bedenklich. Auch die Kombination von Freiwilligkeits- und Widerrufsvorbehalt – wie in Klausel H 1 – wurde vom BAG in jüngerer Zeit ausdrücklich als unwirksam wegen Verstoßes gegen das Transparenzgebot in § 307 Abs. 1 S. 2 BGB bewertet.[339] Die Vereinbarung einer mit Freiwilligkeitsvorbehalt versehenen

334 SPA 22/2002, 2.

335 Hümmerich/Lücke/Mauer/*Wisswede*, NomosFormulare ArbR, Muster 1309 (Ziff. 12).

336 Hümmerich/Lücke/Mauer/*Wisswede*, NomosFormulare ArbR, Muster 1399 (Vorbemerkung).

337 BAG 5.11.1963 – 5 AZR 136/63, AP § 1 TVG Bezugnahme auf Tarifvertrag Nr. 1.

338 BAG 25.4.2007 – 5 AZR 627/06, NZA 2007, 853; bestätigt in BAG 16.1.2013 – 10 AZR 26/12, NZA 2013, 1013.

339 BAG 14.9.2011 – 10 AZR 526/10, NZA 2012, 81.

Bezugnahmeklausel auf tarifliche Bestimmungen über Weihnachts- und Urlaubsgeld sowie sonstige freiwillige Nebenleistungen wie Essenszuschüsse oder Wohngeld scheint hingegen als mit diesen Rechtsprechungsgrundsätzen übereinstimmende Regelung weiterhin möglich. Allerdings ist darauf zu achten, dass die Klausel ausreichend transparent gestaltet ist und der Vertrag nicht gegensätzliche Formulierungen enthält, welche den Anschein eines Rechtsanspruchs auf die unter Vorbehalt stehenden Sonderleistungen erwecken.[340]

ii) Bezugnahmeklauseln im öffentlichen Dienst

(1) Klauseltyp I

I 1: Das Arbeitsverhältnis bestimmt sich nach dem Tarifvertrag für den öffentlichen Dienst (TVöD) einschließlich der besonderen Regelungen für die Verwaltung (TVöD BT-V) und den diesen ergänzenden, ändernden oder ersetzenden Tarifverträgen in der für den Bereich des Bundes jeweils geltenden Fassung einschließlich des Tarifvertrages zur Überleitung der Beschäftigten des Bundes in den TVöD und zur Regelung des Übergangsrechts (TVÜ-Bund) gemäß dessen § 1 Abs. 2. 1766

I 2: Das Arbeitsverhältnis bestimmt sich nach dem BAT und den diesen ergänzenden, ändernden oder ersetzenden Tarifverträgen in der für den Bereich des Bundes/TdL/VKA jeweils geltenden Fassung.

I 3: Das Arbeitsverhältnis unterliegt den jeweils für den Betrieb oder Betriebsteil des Arbeitgebers fachlich/betrieblich anzuwendenden Tarifverträgen in der jeweils gültigen Fassung. Dies sind zurzeit die Tarifverträge der (...)-Industrie.

I 4: Auf diesen Arbeitsvertrag findet der BAT in der jeweils gültigen Fassung Anwendung.

I 5: Das Arbeitsverhältnis bemisst sich nach BAT vom (...).

I 6: Das Gehalt wird in Anlehnung an den BAT, Vergütungsgruppe IVa frei vereinbart und beträgt (...) € monatlich brutto.

I 7: Ihr Arbeitsvertrag richtet sich nach den Bestimmungen des Bundes-Angestelltentarifvertrages (BAT).

(2) Gestaltungshinweise

Mit der Einführung des TVöD sind zahlreiche Fragen entstanden, die sich insb. aus der verbreiteten schuldrechtlichen Vereinbarung des BAT über Bezugnahmeklauseln ergeben. Im Zentrum steht die Frage, ob die gebräuchlichen Bezugnahmeklauseln in den Arbeitsverträgen der Arbeitnehmer des öffentlichen Dienstes Tarifwechselklauseln enthalten und ob uU Tarifwechselklauseln entbehrlich sind, weil es sich bei dem TVöD um eine bloße Nachfolgeregelung zum BAT handele. 1767

Der Streit ist nun von Seiten des BAG in mehreren Entscheidungen abschließend geklärt worden, wobei das Gericht zu einer regelmäßigen Anwendbarkeit der Nachfolgetarifverträge TVöD bzw TV-L kommt.[341] Zunächst macht der 4. Senat deutlich, dass man über die üblichen dynamischen Klauseln selbst, welche sich nicht auch auf ablösende oder ersetzende Tarifverträge, sondern exklusiv auf den BAT beziehen, nicht zu einer Anwendung der Nachfolgenormen gelangen kann. Durch das Entfallen der Bezugsnorm weisen diese fortan vielmehr eine vertragliche Lücke auf, welche im Wege der ergänzenden Vertragsauslegung nach dem mutmaßlichen 1768

340 BAG 24.10.2007 – 10 AZR 825/06, NZA 2008, 40.

341 BAG 16.12.2009 – 5 AZR 888/08, NZA 2010, 401; BAG 19.5.2010 – 4 AZR 796/08, NZA 2010, 1183; BAG 10.11.2010 – 5 AZR 633/09, NJOZ 2011, 376; BAG 29.6.2011 – 5 AZR 651/09, NZA-RR 2012, 192; BAG 6.7.2011 – 4 AZR 706/09, NZA 2012, 100; BAG 18.4.2012 – 4 AZR 392/10, NZA 2012, 1171.

Willen der Vertragsparteien zu schließen ist. Eine solche ergänzende Vertragsauslegung ergebe im Regelfall, dass die Parteien bei Vereinbarung einer dynamischen Tarifbindung redlicherweise nach ihrem mutmaßlichen Willen bei Kenntnis des Sachverhalts eine Ablösung durch die Nachfolgenorm in Form des TVöD bzw TV-L vereinbart hätten (s. ausf. § 1 Rn 1639 ff, 1643).

1769 Die **Klausel I 1** ist eine umfassende Bezugnahmeklausel, die zugleich eine Tarifwechselklausel beinhaltet und die schon seit einigen Jahren vom Bundesminister des Innern bei der Gestaltung von Arbeitsverträgen für Arbeitnehmer des öffentlichen Dienstes empfohlen wird. Mit der Klausel I 1 ändert sich die Rechtslage für den nur schuldrechtlich verpflichteten Arbeitnehmer des öffentlichen Dienstes mit dem Inkrafttreten des TVöD. Der Vorteil bei den Klauseln I 1 und I 2 liegt weiterhin in der ausdrücklichen Inbezugnahme auch aller ergänzenden, ersetzenden und ablösenden Tarifverträge, so dass es im Regelfall gar nicht auf die vom BAG nun angewandte ergänzende Vertragsauslegung ankommen wird, sondern man auf direktem Wege über die Verweisung selbst zur Anwendung der Nachfolgenormen gelangt.

1770 Bei der **Klausel I 2** und der **Klausel I 3** handelt es sich darüber hinaus jeweils um große dynamische Bezugnahmeklauseln oder Tarifwechselklauseln, die eine Tarifwechselklausel zum TVöD beinhalten. Für Arbeitsverträge, in denen die Klauseln I 2 und I 3 verwendet wurden, ist nunmehr, soweit der Arbeitgeber nicht der Tarifgemeinschaft der Länder angehört, der TVöD maßgeblich.

1771 Bei der **Klausel I 4** handelt es sich um eine klassische kleine dynamische Bezugnahmeklausel. Sie trägt eine Erstreckung auf den TVöD nicht direkt, wie auch vom BAG herausgestellt.[342] Da das Objekt der Bezugnahme nicht mehr weiterentwickelt wird, ist diese Bezugnahmeklausel seit der Ersetzung des BAT durch den TVöD lückenhaft. Diese Regelungslücke ist mittels ergänzender Vertragsauslegung regelmäßig dahingehend zu schließen, dass sich die Vergütung nach dem BAT ersetzenden Tarifvertrag richten soll. Erforderlich ist also eine ergänzende Vertragsauslegung.[343] Eine Tarifwechselklausel ist mit der Klausel I 4 so wenig verbunden wie mit der **Klausel I 5**. Letztere enthält nur eine statische Verweisung und ist noch nicht einmal als kleine dynamische Bezugnahmeklausel zu bezeichnen. Die **Klausel I 6** enthält eine bloße Teilverweisung, über die sich der TVöD nicht als Anspruchsgrundlage im Arbeitsverhältnis heranziehen lässt. Die **Klausel I 7** ist als eine (kleine) dynamische Verweisung auszulegen. Auch wenn nicht ausdrücklich auf die „jeweils gültige" Fassung verwiesen wird, folgert das BAG im Zweifel aus der Zukunftsgerichtetheit des Arbeitsverhältnisses, dass eine arbeitsvertragliche Verweisung auf einen bestimmten Tarifvertrag als zeitlich dynamische Bezugnahme aufzufassen ist.[344] Ein Tarifwechsel wird von der Klausel jedoch nicht erfasst. Dennoch werden nach der dargestellten derzeit gültigen Rspr des BAG **alle Klauseln** im Wege der ergänzenden Vertragsauslegung zur Anwendbarkeit des sachnächsten Nachfolgetarifvertrages kommen. Allerdings sollte sich nicht auf eine entsprechende Auslegung verlassen, sondern besser eine eindeutige Regelung in der Klausel getroffen werden (wie in Klausel I 1 bis I 3). Das Beispiel zur Auslegungsweise von kleinen dynamischen Bezugnahmeklauseln, welche regelmäßig nun nicht mehr als Gleichstellungsabrede, sondern als unbedingte zeitdynamische Verweisung gewertet werden, verdeutlicht einmal mehr, welche Risiken es bietet, wenn Vertragsparteien Klauseln mit Beurteilungsspielraum verwenden und sich auf eine mutmaßlich gesicherte Auslegungsweise durch die Gerichte verlassen.

---

342 BAG 16.12.2009 – 5 AZR 888/08, NZA 2010, 401; BAG 19.5.2010 – 4 AZR 796/08, NZA 2010, 1183; BAG 10.11.2010 – 5 AZR 633/09, NJOZ 2011, 376; BAG 29.6.2011 – 5 AZR 651/09, NZA-RR 2012, 192; BAG 6.7.2011 – 4 AZR 706/09, NZA 2012, 100; BAG 18.4.2012 – 4 AZR 392/10, NZA 2012, 1171.

343 BAG 16.12.2009 – 5 AZR 888/08, NZA 2010, 401; BAG 19.5.2010 – 4 AZR 796/08, NZA 2010, 1183; BAG 10.11.2010 – 5 AZR 633/09, NJOZ 2011, 376; BAG 29.6.2011 – 5 AZR 651/09, NZA-RR 2012, 192; BAG 6.7.2011 – 4 AZR 706/09, NZA 2012, 100; BAG 18.4.2012 – 4 AZR 392/10, NZA 2012, 1171.

344 BAG 20.3.1991 – 4 AZR 455/90, NZA 1991, 736; BAG 26.9.2001 – 4 AZR 544/00, DB 2002, 1005.

21. Bonusregelungen, Zielvereinbarungen, Tantieme und Provision

Literatur

Annuß, Arbeitsrechtliche Aspekte von Zielvereinbarungen in der Praxis, NZA 2007, 290; *Bauer*, Zielvereinbarungen auf dem Prüfstand, FA 2002, 296; *Bauer/Diller/Göpfert*, Zielvereinbarungen auf dem arbeitsrechtlichen Prüfstand, BB 2002, 882; *Behrens/Rinsdorf*, Beweislast für die Zielerreichung bei Vergütungsansprüchen aus Zielvereinbarungen, NZA 2003, 364; *Beitz*, Sonderzuwendung mit Mischcharakter – Stichtagsregelung in AGB, SAE 2013, 17; *Berwanger*, Zielvereinbarungen und ihre rechtlichen Grundlagen, BB 2003, 1499; *ders.*, Noch einmal: Zielvereinbarungen auf dem Prüfstand, BB 2004, 551; *Bordet/Raif*, Arbeitsvertragliche Gestaltung von Zielvereinbarungen, ArbRAktuell 2011, 607; *Breisig*, Zielvereinbarungen im Fokus von Betriebs- und Personalräten, 4. Aufl. 2013; *Brors*, Die individualarbeitsrechtliche Zulässigkeit von Zielvereinbarungen, RdA 2004, 273; *Däubler*, Zielvereinbarungen als Mitbestimmungsproblem, NZA 2005, 793; *Eyer*, Zielvereinbarung und variable Vergütung, 2011; *Geffken*, Zielvereinbarungen – Eine Herausforderung für Personalwesen und Arbeitsrecht, NZA 2000, 1033; *Grimm/Linden*, Anpassung von Zielvereinbarungen in der Krise, ArbRB 2013, 285; *Grimm/Windeln*, Zielvereinbarungen, 2006; *Grundmann/Peters*, Ziel- und Leistungsvereinbarungen, 2013; *Heiden*, Unterjährige Zielanpassung und Feststellung der Zielerreichung bei entgeltrelevanten Zielvereinbarungen, DB 2009, 2714; *Hromadka*, Arbeitnehmerbegriff und Arbeitsrecht, NZA 1997, 569; *ders.*, Zukunft des Arbeitsrechts, NZA 1998, 1; *Hümmerich*, Widerrufsvorbehalte in Formulararbeitsverträgen, NJW 2005, 1759; *ders.*, Zielvereinbarungen – Abschied vom Prokrustes-Bett der Sittenwidrigkeit, NJW 2006, 2294; *Hunold*, Arbeitsrecht im Außendienst, 1993; *Kania*, Flexible Vergütungsgestaltung, DB 1998, 2418; Klein, Anspruch auf variable Vergütung trotz abredewidrig unterbliebener Vereinbarung konkreter Ziele?, NZA 2006, 1129; *König*, Bonusanspruch in der Krise – Aktuelle Rechtsprechung zu Zielvereinbarung und Zielbonus im Jahr 2011, NZA-RR 2012, 449; *Köppen*, Rechtliche Wirkungen arbeitsrechtlicher Zielvereinbarungen, DB 2002, 374; *Lakies*, Inhaltskontrolle von Vergütungsvereinbarungen im Arbeitsrecht, NZA-RR 2002, 337; *Lang*, Moderne Entgeltsysteme: Leistungslohn bei Gruppenarbeit, 1997; *Lembke*, Die Gestaltung von Vergütungsvereinbarungen, NJW 2010, 321; *Lindemann*, Einseitige Leistungsbestimmungsrechte auf dem Prüfstand, AuR 2004, 206; *Lindemann/Simon*, Flexible Bonusregelungen im Arbeitsvertrag, BB 2002, 1807; *Lingemann/Gotham*, Freiwillige Leistungen des Arbeitgebers – gibt es sie noch?, DB 2007, 1754; *Mauer*, Zielbonusvereinbarungen als Vergütungsgrundlage im Arbeitsverhältnis, NZA 2002, 540; *Mengel*, Erfolgs- und leistungsorientierte Vergütung, 5. Aufl. 2008; *Moll*, AGB-Kontrolle von Änderungs- und Bestimmungsklauseln, in: Arbeitsgemeinschaft ArbR, FS zum 25-jährigen Bestehen, 2006, S. 91 ff; *Plander*, Die Rechtsnatur arbeitsrechtlicher Zielvereinbarungen, ZTR 2002, 155; *Preis/Bender*, Die Befristung einzelner Arbeitsbedingungen – Kontrolle durch Gesetz oder Richterrecht?, NZA-RR 2005, 337; *Range-Dietz*, Balanced Scorecard (BSC), ArbRB 2003, 123; *Reinfelder*, Leistungsgerechtes Entgelt – Gestaltung und Umgestaltung, NZA-Beil. 2014, 10; *Riesenhuber/v. Steinau-Steinrück*, Zielvereinbarungen, NZA 2005, 785; *Röder*, Fallstricke bei Gestaltung zielvereinbarungsgestützter Vergütungssysteme, in: Arbeitsgemeinschaft ArbR, FS zum 25-jährigen Bestehen, 2006, S. 139 ff; *Salamon*, Das Ende von Sonderzahlungen mit Mischcharakter?, NZA 2011, 1328; *ders.*, Einseitige Leistungsbestimmungsrechte bei variablen Entgelten, NZA 2014, 465; *Schmiedl*, Variable Vergütung trotz fehlender Zielvereinbarung?, BB 2004, 329; *Simon/Hidalgo/Koschker*, Flexibilisierung von Bonusregelungen – eine unlösbare Aufgabe?, NZA 2012, 1071; *Treichel*, Die Zielvereinbarung als variabler Vergütungsbestandteil im Arbeitsrecht: Ein Ausblick, NJOZ 2012, 1097; *v. Steinau-Steinrück/Hurek*, Arbeitsvertragsgestaltung, 2007; *Watzka*, Zielvereinbarungen: Effizienzinstrument oder Folterwerkzeug?, PersF 2012, 42; *Weißenrieder*, Nachhaltiges Leistungs- und Vergütungsmanagement, 2014; *Westphal*, Handelsvertretervertrag, 2. Aufl. 2001; *Willemsen/Grau*, Alternative Instrumente zur Entgeltflexibilisierung im Standardarbeitsvertrag, NZA 2005, 1137; *Willemsen/Jansen*, Die Befristung von Entgeltbestandteilen als Alternative zu Widerrufs- und Freiwilligkeitsvorbehalten, RdA 2010, 1.

a) Rechtslage im Umfeld

aa) Begriffsbestimmung

Der **Bonus** ist ein zusätzlicher, in aller Regel variabler Vergütungsbestandteil, der meist kalender- oder geschäftsjährlich gezahlt wird und neben die Festvergütung tritt.[1] Die Zahlung knüpft üblicherweise an die Erreichung persönlicher und/oder unternehmensbezogener Ziele an. Vielfach werden deshalb zwischen Arbeitgeber und Arbeitnehmer, aber auch Geschäftsführer/Vorstand auf der einen, Gesellschafter/Aufsichtsrat auf der anderen Seite Zielvereinbarungen geschlossen. 1772

Eine verbindliche Definition des Begriffs „Bonus" gibt es nicht. Nach dem hier vertretenen Verständnis gehören zur Gruppe der Boni die Vergütungsformen, die durch Geldanreiz neben dem Gehalt zur Förderung der Motivation und damit erhofften Mehrleistungen mit Auswir- 1773

1 Vgl nur *König*, NZA-RR 2012, 449; *Mengel*, Erfolgs- und leistungsorientierte Vergütung, Rn 277 ff.

kung auf den ökonomischen Erfolg des Unternehmens dienen. Als Boni werden die Leistungen des Arbeitgebers aufgrund von **Zielvereinbarungen, Tantieme-, Provisions-** und **Stock Options-Zusagen** verstanden. Provisionen lassen sich bei einem weiten Verständnis auch noch zu Boni rechnen wie auch jede andere erfolgsabhängige Zusatzleistung.[2]
Eine Darstellung zu **Gratifikationen** findet sich unter dem Klauselstichwort „Sondervergütungsklauseln".[3] Die Rechtslage zu **Aktienoptionen** wird ebenfalls in einem gesonderten Abschnitt erläutert.[4]

1774 Der **Begriff „Bonus"** ist weder gesetzlich definiert noch besteht aus sonstigen Gründen eine Vorgabe, ihn in einer bestimmten Weise zu verwenden. § 4 a EFZG benutzt den Begriff „Sondervergütung" und meint damit „Leistungen, die der Arbeitgeber zusätzlich zum laufenden Arbeitsentgelt erbringt". § 4 a EFZG besagt nicht, dass alle Leistungen neben dem laufenden Arbeitsentgelt Sondervergütungen seien, so dass der **Begriff „Sondervergütung"** auf dem Weg zu einer Sprachvereinheitlichung im Recht der Arbeitsvertragsklauseln nicht wirklich weiterhilft. Nach dem hier vertretenen Verständnis erhält der Arbeitnehmer ein **Gehalt** (**Grundvergütung**) und daneben variable, seiner Motivation über Geldanreiz dienende **Zusatzvergütungen**, die unter dem Begriff „**Boni**" zusammengefasst werden.

bb) Gestaltungsgrundlage

(1) Vertragliche Grundlage

1775 Da der Bonus gesetzlich nicht geregelt ist, bedürfen alle Boni-Arten einer **vertraglichen** Grundlage. Diese ist in der Praxis allerdings häufig nicht genau genug formuliert oder aus anderen Gründen so ausgestaltet, dass kein betragsmäßig festgelegter, einklagbarer Anspruch des Arbeitnehmers entsteht. Diese Wirkung ist ggf gewollt, in anderen Fällen beruht sie wohl auf Gestaltungsfehlern. Der **Bonusanspruch** ergibt sich regelmäßig aus einer arbeitsvertraglichen Zusage, die teilweise in Nachträgen, teilweise im Vertrag selbst enthalten ist. Bonusregelungen in Betriebsvereinbarungen oder Tarifverträgen sind selten,[5] aber möglich.[6] Verschiedentlich findet sich zu der Bonusregelung nur eine Rahmenvereinbarung im Arbeitsvertrag, während die Parameter, an denen sich der Bonus orientieren soll, in einem Nachtrag zum Arbeitsvertrag festgelegt werden, der manchmal jährlich zu Jahresbeginn neu abgeschlossen werden soll. Damit eröffnen sich zum einen Abgrenzungsfragen zwischen Rahmenregelungen und jährlichen Einzelvereinbarungen, zum anderen Fragen nach der Rechtslage, wenn der Arbeitgeber die jährlich vorgesehene Zielvereinbarung nicht angeboten hat.

(2) Rechtsfragen bei Zielvereinbarungen

(a1) Begriffe und personalpolitische Bedeutung

1776 Zielvereinbarungen sind Abreden zwischen Arbeitgeber und Arbeitnehmer über die Erreichung von **Leistungszielen**, ggf auch Unternehmenszielen in einem bestimmten Zeitraum, oftmals innerhalb eines Geschäftsjahres, die zur Festlegung der Höhe eines Bonus dienen.[7] Typischerweise enthält die Zielvereinbarung auch bereits die Festlegung der maximalen Höhe des Bonus so-

---

2 AA *Lindemann/Simon*, BB 2002, 1807, die Provisionen nicht unter den Bonusbegriff fassen, weil die Anknüpfungskriterien bei weitem nicht so vielschichtig seien wie beim Bonus; die Autoren definieren auch Tantiemen nicht als Boni, weil sie Tantiemen-Gewinnbeteiligungen oder Umsatzbeteiligungen seien. Auch Gratifikationen seien keine Boni, weil sie der Belohnung der Betriebstreue des Mitarbeiters dienten; vgl auch *Mengel*, Erfolgs- und leistungsorientierte Vergütung, Rn 277 ff.

3 S. § 1 Rn 3249 ff (53. Sondervergütungsklauseln).

4 S. § 1 Rn 531 ff (3. Aktienoptionen).

5 *Lindemann/Simon*, BB 2002, 1807.

6 Vgl BAG 12.10.2011 – 10 AZR 550/10, AP Nr. 96 zu § 315 BGB.

7 Vgl auch ErfK/*Preis*, § 611 BGB Rn 504; MünchHandbArbR/*Krause*, § 57 Rn 36; Schaub/*Linck*, Arbeitsrechts-Handbuch, § 77 Rn 2 ff; zu möglichen Zielinhalten ausf. *Grimm/Windeln*, Zielvereinbarungen, S. 28 ff; *Riesenhuber/v. Steinau-Steinrück*, NZA 2005, 786 f, jew. mwN.

wie – nach dem Grad der Zielerreichung – die weiteren Stufen der Bonushöhe. Personalpolitisch sind zielgestützte Bonusvereinbarungen vor allem für Führungskräfte, aber auch allgemein für Mitarbeiter empfohlen, weil durch die Festlegung individueller, meist mit dem Mitarbeiter abgestimmter Leistungsziele ein entsprechend konkreter und höherer Leistungsanreiz geschaffen wird; zugleich soll die Eigenverantwortung und die Identifikation des Mitarbeiters mit seinem Arbeitsplatz und seiner Rolle im Unternehmen über den Prozess der Zielabstimmung gestärkt werden.[8] Entsprechend sind optimal durchgeführte Zielvereinbarungsprozesse sehr aufwendig; die jeweiligen Vorgesetzten müssen zu Beginn des Leistungszeitraums die jeweiligen individuellen Ziele in Einzelgesprächen mit jedem Mitarbeiter „erarbeiten", außerdem ist während des Leistungszeitraums eine regelmäßige Zielkontrolle erforderlich und bei unvorhergesehenen Entwicklungen oder Leistungsstörungen ggf eine Zielanpassung.[9] Am Ende des Leistungszeitraums ist die abschließende Zielkontrolle und ggf die Festlegung des Zielerreichungsgrads[10] erforderlich.

1777 Wirtschaftswissenschaftlicher Hintergrund des leistungsorientierten Zielvereinbarungssystems ist die *balanced scorecard*, die als strategisches Managementinstrument im Jahre 1992 von *Robert S. Kaplan* und *David P. Norton* entwickelt wurde. Die Philosophie der Zielvereinbarung drückt sich in der Formulierung *transform strategy into action* aus. Die *balanced scorecard* übersetzt die **Unternehmensstrategie** in ein **Kennzahlensystem**. Das Kennzahlensystem wird herangezogen, um die Managementprozesse (Kommunikation und Weiterentwicklung der Strategie, Unternehmensplanung, Anreizsysteme etc.) eines Unternehmens oder einer Organisation zu steuern und systematisch im Sinne der Strategie weiterzuentwickeln. Das Kennzahlensystem eines Unternehmens gliedert sich in vier Bereiche:[11]

- die finanzielle Perspektive,
- die Kundenperspektive,
- die interne Geschäftsprozessperspektive und
- die Lern- und Entwicklungsperspektive.

1778 Diese Kennzahlenperspektiven werden innerhalb der gesamten Organisation auf die einzelnen Arbeitnehmerebenen heruntergebrochen, so dass mit den jeweiligen Arbeitnehmern konkrete, die dargestellten Perspektiven unterstützende Unternehmensziele vereinbart werden können.[12]

1779 *Riesenhuber/v. Steinau-Steinrück*[13] bezeichnen *Peter F. Drucker*[14] mit seiner Lehre des *management by objectives* als den Vater der Zielvereinbarungsidee. Es wird die Ansicht vertreten, dass der Zielvereinbarungsvorstellung nur Rechnung getragen werde, wenn die Ziele **einvernehmlich** festgelegt werden.[15] Dennoch sind rechtlich auch Vertragsgestaltungen zulässig und in der Praxis weit verbreitet, in denen der Arbeitgeber letztlich einseitig die Ziele vorgibt, auf deren Basis der Bonus in dem jeweiligen Leistungszeitraum erarbeitet werden kann/soll. Oftmals existieren auch Mischformen, in denen der Arbeitnehmer in die Festlegung der Ziele einbezo-

8 Vgl nur *Bauer/Diller/Göpfert*, BB 2002, 882; *Grimm/Windeln*, Zielvereinbarungen, S. 1 f.

9 Vgl *Heiden*, DB 2009, 2714, 2715; vgl dazu und zum Anspruch auf Zielanpassung *Bauer/Diller/Göpfert*, BB 2002, 882, 884; *Bauer/Lingemann/Diller/Haußmann*, Anwalts-Formularbuch Arbeitsrecht, S. 324; *Grimm/Windeln*, Zielvereinbarungen, S. 16 f mwN.

10 Bei sog. weichen Zielen, die sich nicht objektiv in Maßeinheiten messen lassen, ist die Bestimmung der Zielerreichung durchaus schwierig und idealerweise in der Rahmenvereinbarung zu regeln, vgl *Grimm/Windeln*, Zielvereinbarungen, S. 9 f; es besteht insoweit auch ein Recht zur arbeitsgerichtlichen Billigkeitskontrolle, vgl ErfK/*Preis*, § 611 BGB Rn 504; *Thüsing*, AGB-Kontrolle, Rn 467 postuliert eine Pflicht (jedenfalls Obliegenheit des Arbeitgebers) zur möglichst genauen Festlegung von Zielen und Zielerreichung sowie zur Offenlegung des Verfahrens zur Zielerreichungsermittlung; zu Beweislastfragen für die Feststellung der Zielerreichung vgl *Hümmerich*, NJW 2006, 2294, 2296 f mwN.

11 *Range-Dietz*, ArbRB 2003, 123.

12 *Mauer*, NZA 2002, 540; *Geffken*, NZA 2000, 1033; Moll/*Hexel*, MAH ArbR, § 20 Rn 48.

13 NZA 2005, 785.

14 *Lang*, Moderne Entgeltsysteme, S. 80.

15 *Riesenhuber/v. Steinau-Steinrück*, NZA 2005, 785; *Geffken*, NZA 2000, 1033.

gen wird und nur im Konfliktfall der Arbeitgeber/Vorgesetzte die Festlegung **einseitig** vornimmt.

1780 Die **wesentlichen Fragen** bei der Vereinbarung von Zielvereinbarungen in Arbeitsverträgen lauten wie folgt: Wie wird die Zielerreichung festgestellt? Welche Rechtsschutzmöglichkeiten bieten sich dem Arbeitnehmer? Wie ist die Rechtslage, wenn der Arbeitgeber zwar als Rahmenvereinbarung im Arbeitsvertrag eine jährliche Zielvereinbarung vorsieht, konkret eine solche Vereinbarung einmalig oder wiederholt nicht angeboten hat? Wer trägt für welche Tatsachen im Falle einer gerichtlichen Geltendmachung von Ansprüchen aus getroffenen oder unterlassenen Zielvereinbarungen die Beweislast? In welchem Umfang sind krankheitsbedingte Fehlzeiten, Ein- oder Austritt des Mitarbeiters im Bezugszeitraum oder § 313 BGB maßgeblich? Welche Auskunftsansprüche hat der Arbeitnehmer, welche Auskunftsansprüche der Betriebsrat? Wie wirkt sich die Klauselkontrolle gem. §§ 305 ff BGB auf Wortlaut und Gegenstand von Zielvereinbarungen aus?

1781 Allerdings wird oftmals auch von „Zielvereinbarung" gesprochen, wenn eine solche gar nicht vorliegt, zB wenn es um **einseitige Zielvorgaben** des Unternehmens, gar nicht um eine beiderseitige Vereinbarung der Ziele geht. Arbeitsrechtlich sind Zielvorgaben des Arbeitgebers einerseits und echte **zweiseitige Zielvereinbarungen** andererseits zu unterscheiden.[16] Der Arbeitgeber ist ohne entsprechende arbeitsvertragliche Rahmenvereinbarung nicht verpflichtet, eine Zielvorgabe zur Bestimmung für einen Bonus zu machen; der Arbeitnehmer hat ohne Zielvorgabe dann Anspruch auf Bestimmung des Bonus nach billigem Ermessen.[17] Anders liegt es allerdings, wenn eine Rahmenregelung für Zielvorgaben/Zielvereinbarungen getroffen ist. Dann hat der Arbeitgeber jedenfalls die Obliegenheit, eine Zielvorgabe oder Vorschläge für eine Zielvereinbarung zu machen, denn andernfalls besteht das Risiko, dass der Arbeitnehmer ohne Weiteres den maximalen Bonus oder jedenfalls einen erheblichen Teil beanspruchen kann (vgl dazu § 1 Rn 1811 ff).

1782 Überdies sind die Ziele in vielen Fällen recht pauschal formuliert und letztlich nicht justiziabel, so dass faktisch doch eine Ermessenszahlung vorliegt. Hier ist vor allem der Arbeitgeberseite zu raten, die gewünschte Struktur genau zu prüfen und dann auch Mühen der Vertragsgestaltung zur Abbildung der angestrebten Vereinbarung nicht zu scheuen. Nur dann besteht eine vertragsrechtliche zuverlässige Grundlage für das jeweils mit der zielgestützten Bonuszahlung verfolgte personalpolitische Ziel der positiven Mitarbeiterincentive und -steuerung. Überdies genügt eine einmalige gute Rahmengestaltung der Zielvereinbarungsverfahren im Arbeitsvertrag nicht; das Instrument der Zielvereinbarung lebt in seinen positiven Wirkungen sehr stark von der – zeitintensiven – Durchführung der Zielbewertung für die Vergangenheit, der Ursachenanalyse für Erfolg und Misserfolg sowie der individuellen Abstimmung der neuen zukünftigen Ziele, also von einem jährlich oder zumindest regelmäßig zu durchlaufenden Prozess der umfassenden intensiven Mitarbeiterkommunikation und -evaluation.

(a2) Inhaltliche Gestaltung: Zielvorgabe oder Zielvereinbarung

1783 Zielgestützte Bonuszahlungen bedürfen einer **ausdrücklichen vertraglichen Vereinbarung**; der Arbeitgeber kann nicht einseitig bestehende Zusagen auf Festvergütung flexibilisieren,[18] da die Leistungsabhängigkeit für den Arbeitnehmer gegenüber der Festvergütung nachteilig ist. Zudem ist zu beachten, dass der Arbeitnehmer die Tätigkeit, aber nicht den Erfolg der Tätigkeit schuldet.[19] Zulässig muss es aber sein, eine bisherige Ermessensleistung mit Zielvorgaben oder

---

16 Vgl *Mengel*, Erfolgs- und leistungsorientierte Vergütung, Rn 282; ebenso ErfK/*Preis*, § 611 BGB Rn 504; *König*, NZA-RR 2012, 449.

17 BAG 12.12.2007 – 10 AZR 97/07, NZA 2008, 409; ErfK/*Preis*, § 611 BGB Rn 504.

18 Vgl *Mengel*, Erfolgs- und leistungsorientierte Vergütung, Rn 284; im Ergebnis auch *König*, NZA-RR 2012, 449.

19 ErfK/*Preis*, § 611 BGB Rn 641.

Zielvereinbarungen zu unterlegen, da diese dann nur der Konkretisierung der Ermessensmaßstäbe dienen. Andernfalls werden zielgestützte Bonusvereinbarungen regelmäßig durch einvernehmliche Rahmenvereinbarung eingeführt[20] und, wenn dies nicht zu Beginn des Arbeitsverhältnisses geschieht, durch entsprechende Erhöhung des maximal erreichbaren Bonus gegenüber der bisherigen Festzusage.

Die arbeitsvertraglichen Rahmenvereinbarungen unterliegen regelmäßig der allgemeinen Inhaltskontrolle für Standardverträge gem. §§ 305 ff BGB, so dass insb. auch das Transparenzgebot nach § 307 Abs. 1 BGB zu beachten ist.[21] 1784

Bei der Vertragsgestaltung ist zunächst zu entscheiden, ob die Ziele (letztlich) einseitig von dem Arbeitgeber festgelegt werden können, also eine **Zielvorgabenvereinbarung** getroffen werden soll, oder Arbeitgeber und Arbeitnehmer auf jeden Fall über die Ziele einig werden müssen, also eine **echte Zielvereinbarungsklausel** gewollt ist. 1785

Bei einer **einseitigen Zielvorgabe** legt der Arbeitgeber die zu erreichenden Ziele allein fest, wobei die Festsetzung der Billigkeitskontrolle nach § 315 BGB unterliegt.[22] Ist eine **echte Zielvereinbarung** gewollt, sollte dringend auch über einen „Konfliktlösungsmechanismus" nachgedacht werden,[23] denn rechtlich bliebe bei unüberwindbarem Dissens nur der Weg vor die Gerichte,[24] der für beide Seiten nicht sinnvoll ist. Aus Unternehmenssicht ist typischerweise aber auch kein aufwendiges freiwilliges Schlichtungsverfahren im Betrieb oder gar mit einem externen Schiedsrichter akzeptabel. Konsequenterweise sollten Arbeitgeber daher stets die Variante der Zielvorgabenvereinbarung wählen. In der Praxis geschieht dies allerdings oftmals nicht, zum Teil aus Unkenntnis der rechtlichen Probleme, zum Teil, weil die Unternehmen gegenüber dem Mitarbeiter nicht den Eindruck zerstören wollen, die Ziele würden gleichberechtigt und gemeinsam festgelegt. Schließlich hängt nach den personal- und betriebswirtschaftlichen Grundlagen die optimale Wirkung des Instruments von der gemeinsamen Zielbestimmung ab.[25]

In der Praxis sind aber trotz vieler rechtlich unklarer oder ungenügender Klauseln bisher wenig Streitigkeiten um die Festlegung der jährlichen Ziele bekannt geworden; hier wirkt sich offenbar der Erfahrungssatz aus, dass im unbelasteten aktiven Arbeitsverhältnis letztlich nicht prozessiert wird. Rechtlich gehen jedoch Unklarheiten nach den Regeln zur Inhaltskontrolle von Standardarbeitsvertragsbedingungen, zu denen auch die Rahmenvereinbarungen zu zielgestützten Boni zählen, ggf, wenn auch die vorrangige Vertragsauslegung nicht hilft, gem. § 305 c Abs. 2 BGB zu Lasten des Verwenders, mithin des Arbeitgebers.[26] 1786

Je nach Gestaltung ergeben sich unterschiedliche Maßstäbe der **Inhaltskontrolle** für die konkret festgesetzten Ziele: **Einseitige Zielvorgaben** des Arbeitgebers müssen sich im Rahmen seines Weisungsrechts halten und allgemein angemessen sein, also billigem Ermessen gem. § 315 1787

20 Ebenso *Simon/Hidalgo/Koschker*, NZA 2012, 1071; *Annuß*, NZA 2007, 290, 290 f; *Riesenhuber/v. Steinau-Steinrück*, NZA 2005, 785, 788.

21 Ebenso zu Zielvereinbarungen ErfK/*Preis*, § 611 BGB Rn 505; Küttner/*Griese*, Personalbuch, 471 (Zielvereinbarung) Rn 9; *Thüsing*, AGB-Kontrolle, Rn 461 ff; vgl auch ArbG Düsseldorf 18.9.2003 – 2 Ca 2548/03, DB 2004, 81; *Grimm/Windeln*, Zielvereinbarungen, S. 5; *v. Steinau-Steinrück/Hurek*, Arbeitsvertragsgestaltung, S. 76 f.

22 Schaub/*Linck*, Arbeitsrechts-Handbuch, § 77 Rn 3.

23 Ebenso *Annuß*, NZA 2007, 290, 290; Schaub/*Linck*, Arbeitsrechts-Handbuch, § 77 Rn 15; *Grimm/Windeln*, Zielvereinbarungen, S. 9 f; *Riesenhuber/v. Steinau-Steinrück*, NZA 2005, 785, 788, jeweils mwN, auch zu weiteren Einzelfragen.

24 AA *v. Steinau-Steinrück/Hurek*, Arbeitsvertragsgestaltung, S. 78, die einen Kontrahierungszwang sehen, aber offenlassen, wer die Vertragsbedingungen (Ziele) feststellt und wie.

25 Vgl *Grimm/Windeln*, Zielvereinbarungen, S. 4 f.

26 Ebenso LAG Hessen 29.1.2002 – 7 Sa 836/01, juris; *Bauer/Diller/Göpfert*, BB 2002, 882, 884; ErfK/*Preis*, § 611 BGB Rn 505; *Grimm/Windeln*, Zielvereinbarungen, S. 5; *Thüsing*, AGB-Kontrolle, Rn 477 mwN.

Abs. 3 BGB, § 106 GewO entsprechen.[27] Die Ziele dürfen insb. für den Arbeitnehmer nicht alle „unerreichbar“ sein.[28] Angesichts des Leistungsanreizes, der von Zielvereinbarungen ausgehen soll, muss es aber zulässig sein, wenn unter mehreren Zielen einige sehr ambitioniert oder auch scheinbar unerreichbar sind und der Arbeitnehmer mit einer **teilweisen Zielerreichung** – der realistischen Ziele – auch eine teilweise Bonuszahlung erreichen kann.[29] Vorbehaltlich einer entsprechenden Festlegung in der Rahmenvereinbarung hat der Arbeitnehmer dennoch keinen Anspruch darauf, dass er in jedem Fall erreichbare Ziele erhält und somit zumindest eine Bonusteilzahlung.[30]

1788 **Beiderseitig einvernehmliche Zielvereinbarungen** unterliegen als vorformulierte Nebenabreden zur Vergütungsvereinbarung grds. der Inhaltskontrolle nach §§ 305 ff BGB. Meistens handelt es sich jedoch um vertragliche Vereinbarungen, die vielfach individuell ausgehandelt werden, insb. bei einer konkreten Festlegung der Ziele. In der Folge dürfte regelmäßig eine Individualabrede nach § 305 Abs. 1 S. 3 BGB vorliegen,[31] so dass regelmäßig die Billigkeits- und Inhaltskontrolle nach §§ 307 ff BGB bereits wegen fehlender Vorformulierung für eine Mehrzahl von Fällen bzw wegen Vorrangs der Individualabrede nach § 305 b BGB ausscheidet.[32] Allerdings muss die Zielvereinbarung als Entgeltregelung dem Transparenzgebot gem. § 307 Abs. 3 S. 2 iVm § 307 Abs. 1 BGB entsprechen.[33]

(a3) Rechtliche Grenzen bei Zielvereinbarungen

1789 Ein Teil der Lit.[34] meint, Zielvereinbarungen seien auch einer Sittenwidrigkeitskontrolle gem. § 138 BGB zu unterziehen. Es gebe für den Bereich des Tarifgehalts eine Zwei-Drittel-Grenze in Schrifttum[35] und Rspr:[36] Sei die Gesamtvergütung aus Grundvergütung und Zielvereinbarung in einem Jahr geringer als zwei Drittel des Tariflohns, entstehe im Synallagma zwischen Arbeitskraft und Gehalt ein so auffälliges Missverhältnis, dass die Vergütung nach § 138 BGB sittenwidrig sei. An die Stelle der nichtigen Vergütungsregelung trete gem. § 612 Abs. 2 BGB die übliche Vergütung, die dann der Zahlung des Tarifgehalts entspreche.

1790 Diese Konzeption versagt aber in den Fällen, in denen keine tarifliche Vergütung, sondern als Grundvergütung ein individuell ausgehandeltes Gehalt gezahlt wird. Arbeitnehmer, mit denen Zielvereinbarungen getroffen werden, sind meist in höheren Positionen, teilweise auch in Spitzenpositionen tätig, so dass der Maßstab der tariflichen Vergütung zur Wirksamkeitsprüfung einer Zielvereinbarung nur in seltenen Fällen praxisrelevant sein kann.

1791 Darüber hinaus verträgt sich dieser Ansatz nicht mit der betriebswirtschaftlichen Verankerung der Anreizphilosophie, den Arbeitnehmer durch Zielvereinbarungen, die im Kern das Ver-

---

27 Ebenso *Grimm/Windeln*, Zielvereinbarungen, S. 5; *König*, NZA-RR 2012, 449; *Riesenhuber/v. Steinau-Steinrück*, NZA 2005, 785, 788; *Thüsing*, AGB-Kontrolle, Rn 462, jeweils mwN.

28 Vgl *Grimm/Windeln*, Zielvereinbarungen, S. 9; *Bauer/Diller/Göpfert*, BB 2002, 882, 884; *Berwanger*, BB 2003, 1499, 1503, die aber alle tendenziell restriktiver formulieren, dass alle Ziele „objektiv erreichbar“ sein müssen; unklar *Thüsing*, AGB-Kontrolle, Rn 465 f; zu restriktiv *Brors*, RdA 2004, 273, 280, die Ziele für unzulässig hält, auf die der Arbeitnehmer keinen Einfluss hat; dagegen auch *Annuß*, NZA 2007, 290, 291.

29 Vgl im Ergebnis BAG 15.5.2013 – 10 AZR 679/12, NJW-Spezial 2013, 563; ebenso im Ergebnis LAG München 20.6.2012 – 10 Sa 951/11, juris, Rn 56 (Zuspruch von Schadensersatz wegen unterlassener Zielvereinbarung in Höhe des Anspruchs auf teilweise Zielerreichung) und wohl auch LAG Hamm 18.2.2014 – 14 Sa 806/13, GWR 2014, 270.

30 Zutreffend LAG Hessen 29.1.2002 – 7 Sa 836/01, juris.

31 ErfK/*Preis*, § 611 BGB Rn 505.

32 BAG 12.12.2007 – 10 AZR 97/07, NZA 2008, 409; wohl aA *Thüsing*, AGB-Kontrolle, Rn 461.

33 BAG 12.12.2007 – 10 AZR 97/07, NZA 2008, 409, 411.

34 *Brors*, RdA 2004, 273; *König*, NZA-RR 2012, 449, 450.

35 *Reinecke*, Beil. zu NZA 2000/3, 23, 32; *Lakies*, NZA-RR 2002, 337, 342; *Annuß*, NZA 2007, 290, 291.

36 BAG 22.3.1989 – 5 AZR 151/88; BAG 4.2.1981 – 4 AZR 967/78, AP § 242 BGB Gleichbehandlung Nr. 45; BAG 11.1.1973 – 5 AZR 322/72, AP § 138 BGB Nr. 30; LAG Berlin 20.2.1998 – 6 Sa 145/97, NZA-RR 1998, 392; LAG Düsseldorf 23.8.1977 – 11 Sa 466/77, DB 1978, 165; ArbG Hagen 24.6.1987 – 3 Ca 163/87, NZA 1987, 610.

ständnis vom Arbeitsverhältnis als einer Wettbewerbsgemeinschaft von Arbeitgeber und Arbeitnehmer voraussetzt, die Wirkungen seiner Arbeitsleistung erkennen zu lassen.[37] Die in einer Zielvereinbarung versprochenen finanziellen Leistungen sind ein **Zusatz** *zur* vereinbarten Gehaltszahlung und können deshalb nicht genauso wie eine fest zugesagte unplanbare Vergütung in eine Gesamtbetrachtung der Vergütung einbezogen werden. Deshalb kann weder eine Äquivalenzbetrachtung noch eine Billigkeitskontrolle bei Zielvereinbarungen stattfinden. Es ist deshalb auch nicht per se unzulässig, wenn der Arbeitnehmer teilweise das Marktrisiko mitträgt, denn mit dem Zielvereinbarungsbonus soll er ggf auch an den Marktchancen partizipieren;[38] insoweit kommt es aber auf die konkrete Gestaltung der Ziele an. Eine Benachteiligung liegt jedenfalls nicht vor, wenn die Zielerfüllung von der Leistung des Arbeitnehmers abhängig[39] und **objektiv möglich** ist.[40]

Im Sinne eines partizipativen Führungsstils und einer mitarbeiterorientierten Personalführung 1792 sollen Zielvereinbarungen eine Deckungsgleichheit von Unternehmens- und Mitarbeiterzielen ermöglichen und zu einer erhöhten Effizienz der im Unternehmen geleisteten Arbeit führen.[41] Zielvereinbarungen können zu einem Abbau von Hierarchien beitragen, das eigenverantwortliche Handeln des einzelnen Mitarbeiters stärken und die Vermeidung von Rückdelegationen fördern. Sie zielen letzten Endes auf eine stärkere Betonung der Leistung des Individuums als Teil einer Mitarbeitergemeinschaft und im Gegenzug auf die Partizipation am wirtschaftlichen Erfolg des Unternehmens ab. Zielvereinbarungen erleichtern die Messbarkeit von Arbeitsleistungen und sind damit ein Vergütungselement, das sich am Leistungsstandard des Mitarbeiters, aber manchmal auch einer Gruppe von Mitarbeitern ausrichtet.

Entsprechend an der stärkeren Einbindung der Mitarbeiter orientiert ist eine Zielvereinbarung 1793 vor allem sinnvoll, wenn die Festlegung der Ziele und die bei Erreichung zu zahlende Vergütung das Ergebnis eines Prozesses gemeinsamer Überzeugung von Arbeitgeber (Führungskraft) und Arbeitnehmer sind. Eine einseitig vom Arbeitgeber vorgegebene Vereinbarung läuft dem ursprünglichen Zweck der Zielvereinbarung zuwider,[42] aber dieser Typ ist in der Praxis aufgrund der einfacheren rechtlichen und tatsächlichen Handhabung praktikabler.

Als zu erreichendes **Ziel** können alle erdenklichen Bezugskriterien festgeschrieben werden. Ne- 1794 ben bestimmten Umsatz- und Gewinngrößen kann etwa der zu erreichende Marktanteil eine Zielgröße sein. Denkbar sind auch andere Zielgrößen wie die Einführung eines neuen Produkts oder einer neuen Marke, die Verringerung der Zahl von Reklamationen, die Erreichung bestimmter Kostenquoten und Einsparziele oder die Anzahl erfolgreicher Mitarbeiterschulungen. Kernziel aller Vereinbarungen ist die Teilhabe am Gewinn, der über den sog. **EBIT** (*Earnings before interest and taxes* = **Gewinn vor Zinsaufwand und Steuern**) oder über den Deckungsbeitrag 2, manchmal auch recht individuell und zusätzlich als Handelsbilanz- oder Steuerbilanzgewinn dargestellt wird. Die Einbindung der Zielvereinbarung in eine Gesamtvergütungsbetrachtung löst die Kernelemente des Zielvereinbarungssystems auf. Es gibt kein naturgesetzliches „Leitbild der arbeitsrechtlichen Risikoverteilung".[43] So wie die Arbeitsverhältnisdefinition seit ihrer Begründung durch das Reichsversicherungsamt im Jahre 1891[44] ständigen Veränderungen unterliegt, die zum großen Teil ökonomische Gründe hatten,[45] bilden Personalwesen

37 *Hümmerich*, NJW 1998, 2625.

38 AA *Moll*, in: Arbeitsgemeinschaft ArbR, FS zum 25-jährigen Bestehen, S. 91, 109; gegen eine gänzliche Übertragung des Marktrisikos vgl BAG 12.1.2005 – 5 AZR 364/04, NZA 2005, 465, 467.

39 *Riesenhuber/v. Steinau-Steinrück*, NZA 2005, 785, 791.

40 Vgl dazu auch BAG 10.12.2008 – 10 AZR 889/07, NZA 2009, 256, 257.

41 *Bauer/Diller/Göpfert*, BB 2002, 882; *Geffken*, NZA 2000, 1035; *Hoß*, ArbRB 2002, 154; *Köppen*, DB 2002, 374; *Lindemann/Simon*, BB 2002, 1807; *Mauer*, NZA 2002, 540.

42 *Mauer*, NZA 2002, 540.

43 *Brors*, RdA 2004, 273, 281.

44 Amtliche Nachrichten des Reichsversicherungsamtes, 1891, S. 183 f. Nr. 78.

45 Nachweise bei *Hromadka*, NZA 1998, 1; *ders.*, NZA 1997, 569.

und Betriebswirtschaft Konstruktionen heraus, die im Sinne einer Pädagogik die Arbeitnehmer zu mehr wettbewerblichem Denken und Handeln im Arbeitsverhältnis hinführen sollen. Der Funktion einer Zielvereinbarung wird man nicht gerecht, wenn man ihre Wirksamkeit an rechtlichen Kriterien bemisst, die das Neu- oder Andersartige ignorieren.

(a4) Verteilung der Beweislast für die Zielerreichung

1795 Im Rahmen von Zielvereinbarungen liegt die **Feststellungskompetenz** zur Zielerreichung typischerweise ausdrücklich oder unausgesprochen bei dem Arbeitgeber.[46] Etwas anderes gilt nur, wenn andere Gremien wie zB Betriebsrat, Aufsichtsrat oder Gesellschafterversammlung aufgrund ausdrücklicher arbeitsvertraglicher Vereinbarung das Bestimmungsrecht für den Arbeitgeber ausüben.

1796 Die Feststellung der Zielerreichung ist umso einfacher und konfliktfreier möglich, je konkreter definiert die Ziele sind. Soweit in der Praxis teilweise die „Ziele" sehr pauschal und damit letztlich wiederum mit einem gewissen Beurteilungs-/Ermessensspielraum gestaltet sind, ist der Arbeitgeber nach § 315 BGB zu einer ermessensfehlerfreien Entscheidung verpflichtet. Dazu ist nach der neueren Rspr des BAG zu beachten, dass bei einer **Mischung von unternehmenserfolgsabhängigen und persönlichen Zielen** der fehlende Unternehmenserfolg nur sehr ausnahmsweise die Reduzierung der Bonuszahlung auf Null begründen kann, wenn der Arbeitnehmer zugleich seine persönlichen Ziele erfüllt hat.[47] Denn nach Ansicht des BAG erfordert der Anteil persönlicher Ziele eine angemessene Budgetierung für eine entsprechende anteilige Bonusleistung, die nur in besonderen Ausnahmefällen, bei einer Existenzgefährdung des Unternehmens, aufgrund des wirtschaftlichen Misserfolgs aufgehoben werden kann. Damit scheint die Rspr nun bei einer Mischung von persönlichen und unternehmensbezogenen Zielen eine anteilige Bewertung der Zielerreichung und vor allem auch ggf – bei anteiliger Zielerreichung – eine anteilige Bonuszahlung zu erzwingen.

1797 Davon zu trennen ist die Frage, wer im Streitfall zu **beweisen** hat, dass die Festsetzung richtig und wirksam war; dies wird in Rspr und Schrifttum unterschiedlich beantwortet. Zum Teil wurde § 315 Abs. 3 BGB bemüht, mit der Folge, dass es Sache des Arbeitgebers wäre, darzulegen und notfalls zu belegen, dass seine getroffene Leistungsbestimmung, also der festgestellte Grad der Zielerreichung, der Billigkeit entsprach.[48] Durchgesetzt hat sich zunächst die Auffassung, dass die Beweislast ausgestaltet ist wie bei Eingruppierungsstreitigkeiten, mithin jede Partei die Darlegungs- und Beweislast dafür trägt, dass die tatbestandlichen Voraussetzungen der von ihnen für richtig gehaltenen Vergütung erfüllt sind.[49]

1798 Eine Veränderung der Beweislast entsteht, wenn Zielvereinbarungssysteme mehrere Stufen der Leistungsbewertung kennen und dabei jede Stufe von einem bestimmten Grad der Zielerreichung abhängig ist. Die notwendige Einordnung in verschiedene Leistungsbewertungsstufen weckt Assoziationen zu den Notenstufen des Arbeitszeugnisses.[50] Deshalb ist mit *Mauer*[51] zu

46 LAG Hessen 29.1.2002 – 7 Sa 836/01; *Bauer/Diller/Göpfert*, BB 2002, 882, 885.

47 BAG 19.3.2014 – 10 AZR 622/13, NZA 2014, 595; vgl auch speziell zu Boni bei Kreditinstituten während der Bankenkrise: BAG 20.3.2013 – 10 AZR 8/12, NZA 2013, 970; BAG 12.10.2011 – 10 AZR 746/10, NZA 2012, 450; LAG Baden-Württemberg 14.1.2013 – 1 Sa 27/12, NZA 2013, 9; LAG Düsseldorf 30.9.2011 – 10 Sa 119/11, juris; LAG München 23.2.2011 – 8 Sa 483/10, juris und auch LAG Hamm 23.2.2001 – 15 Sa 1572/00, NZA-RR 2001, 525 zu einer Tantiemevereinbarung und der unzulässigen Streichung in einem Jahr mit einem „geringen Unternehmensgewinn".

48 LAG Düsseldorf 29.10.2003 – 12 Sa 900/03, AuA 2006, 744; LAG Hessen 29.1.2002 – 7 Sa 836/01, AiB 2002, 575; *Bauer/Diller/Göpfert*, BB 2002, 882, 885, jedenfalls hinsichtlich der „weichen Ziele" wie Personalentwicklung, Kundenzufriedenheit oder Teamgeist.

49 ArbG Hamburg 15.3.2001 – 8 Ca 1/99, juris; LAG Nürnberg 9.4.2002 – 7 Sa 518/01, ZTR 2002, 395; BAG 17.4.2002 – 5 AZR 644/00, NZA 2002, 1340 (für Mehrarbeitsvergütung); *Behrens/Rinsdorf*, NZA 2003, 364.

50 *Behrens/Rinsdorf*, NZA 2003, 364, 365.

51 *Mauer*, NZA 2002, 540.

fordern, dass die Darlegungslast bei einer Zielerreichung in gleicher Weise verteilt ist wie bei der Zeugniserteilung, mithin der Arbeitnehmer, wenn ihm der Arbeitgeber im Zeugnis eine gute durchschnittliche Gesamtleistung bescheinigt hat, die Tatsachen vorzutragen und zu beweisen hat, die eine bessere Schlussbeurteilung rechtfertigen.[52]

Zielvereinbarungen bestehen üblicherweise aus einem Mix persönlicher Ziele und vom Unternehmen oder von einer Abteilung des Unternehmens festgelegter Ziele. Die **weichen Faktoren** sind meist einer individuellen Bewertung zugänglich. So entscheidet bei weichen Faktoren der Vorgesetzte, ob der Arbeitnehmer die gebotenen Führungsqualitäten aufwies, ob er über Motivationsfähigkeit, über Teamfähigkeit oder über Organisationstalent verfügte. Die **harten Faktoren** sind Umsatz- und Gewinngrößen, Deckungsbeiträge, Planeinhaltung oder die Einhaltung von Margen. 1799

Nunmehr hat das BAG[53] zum Thema der Darlegungs- und Beweislast entschieden, dass diese typischerweise beim Arbeitgeber liegt. Hat der Arbeitgeber über die Höhe eines variablen Vergütungsbestandteils abschließend nach billigem Ermessen unter Beachtung bestimmter Faktoren zu entscheiden und bestimmt sich die individuelle Leistung des Arbeitnehmers nach dem Erreichen vereinbarter Ziele, so umfasst die Darlegungs- und Beweislast des Arbeitgebers auch den Grad der Zielerreichung. Der Umfang der Darlegungspflicht bestimmt sich dabei nach dem Maß des Bestreitens durch den Arbeitnehmer. 1800

(a5) Inhaltskontrolle von Zielvereinbarungen

Zielvereinbarungen sind zwar einer eingeschränkten AGB-Kontrolle zu unterziehen, weil die arbeitsvertraglichen Rahmenbedingungen als Nebenabreden zu der Vergütungsabrede kontrolliert werden.[54] Die eigentlichen (vereinbarten) Ziele sind aber als unmittelbare Vergütungsabrede nicht der Inhaltskontrolle unterworfen. 1801

Entsprechend den allgemeinen Regeln darf auch durch eine zielgestützte Bonuszahlung der Arbeitgeber nicht das unternehmerische Risiko als solches auf den Arbeitnehmer übertragen. Konkret bedeutet dies, dass der variable Anteil an der Gesamtvergütung auch unter Berücksichtigung des zielgestützten Bonus einen bestimmten Höchstanteil im Vergleich zur Festvergütung nicht überschreiten darf;[55] nach einer älteren Ansicht soll der Arbeitnehmer insgesamt ein angemessenes Gehalt erzielen können.[56] Gemessen an der aktuellen BAG-Rspr zur Höchstgrenze bei Widerrufsvorbehalten von bis zu 25 bis 30 % Anteil an der Gesamtvergütung muss der zulässige Höchstanteil aller variabler Vergütungselemente mindestens 25 % an der Gesamtvergütung betragen,[57] bei Arbeitnehmern mit hoher und sehr hoher Vergütung auch mehr, zumindest soweit der zielgestützte Bonus letztlich eine Mindestzahlung vorsieht oder diese sich aus den konkreten Zielen ergibt, denn dann besteht nur eine Teilvariabilität. Anders ist es selbstverständlich, wenn die Zielrahmenvereinbarung selbst einen Freiwilligkeits- oder Widerrufsvorbehalt enthält. 1802

52 BAG 14.10.2003 – 9 AZR 12/03, NZA 2004, 843.
53 BAG 14.11.2012 – 10 AZR 783/11, NZA 2013, 1150.
54 BAG 24.10.2007 – 10 AZR 825/06, NZA 2008, 40; *Mengel*, Erfolgs- und leistungsorientierte Vergütung, Rn 285 ff.
55 Vgl speziell zu Zielvereinbarungen ebenso *Grimm/Windeln*, Zielvereinbarungen, S. 6; *v. Steinau-Steinrück/Hurek*, Arbeitsvertragsgestaltung, S. 76 f; aA *Annuß*, NZA 2007, 290, 291.
56 So LAG Berlin 3.11.1986 – 9 Sa 65/86, AP Nr. 14 zu § 65 HGB.
57 BAG 11.10.2006 – 5 AZR 721/05, NZA 2007, 87; zur Zulässigkeit eines Widerrufs der privaten Nutzung eines Dienstwagens vgl BAG 21.3.2012 – 5 AZR 651/10, NZA 2012, 616; vgl auch Küttner/*Griese*, Personalbuch, 471 (Zielvereinbarung) Rn 9.

1803 Zielgestützte Bonuszahlungen dürfen – nach allgemeinen Regeln gem. § 4 Abs. 3 TVG – nicht zum Unterschreiten eines normativ verbindlichen Tariflohns führen;[58] bei nur arbeitsvertraglicher Geltung des Tarifvertrages aufgrund Bezugnahmeklausel ist die Abweichung aber grds. zulässig.

1804 Darüber hinaus ist kein Verstoß gegen das „Leitbild der arbeitsrechtlichen Risikoverteilung",[59] mithin zugleich ein Verstoß gegen § 307 Abs. 2 Nr. 1 BGB, erkennbar. Die Idee, die Arbeit des Arbeitnehmers sei vom betriebswirtschaftlichen Kostendenken abgekoppelt,[60] ist erkennbar nicht zutreffend, wie die massenhafte Verlagerung von Produktionsstätten aus Deutschland in Billiglohnländer belegt. Es besteht auch keine Unwirksamkeitsvermutung für eine Zielvereinbarung aus § 307 Abs. 2 Nr. 1 BGB, wenn sich herausstellt, dass der EBIT eines Wirtschaftsjahres die Erwartungen nicht erfüllt hat oder statt eines Gewinns ein Verlust erzielt wurde, obwohl der Arbeitnehmer seiner Arbeit engagiert nachgegangen ist. Die Zielvereinbarung führt zu zusätzlichen Erträgen beim Arbeitnehmer nur, wenn zwei Voraussetzungen erfüllt sind, nämlich die mit dem Vorgesetzten vereinbarten Leistungen und der geplante Erfolg. Der Erfolg gehört aber nicht zu den Pflichten des Arbeitnehmers im Synallagma. Der Erfolg ist in das Rechte- und Pflichtengefüge zwischen Arbeitgeber und Arbeitnehmer nicht einbezogen, wird also nur über die Zielvereinbarung zu einer sich für den Arbeitnehmer lohnenden Größe. Tritt der Erfolg nicht ein, wird der Arbeitnehmer auch nicht sanktioniert.

(a6) Zulässigkeit von Flexibilisierungsvorbehalten

1805 Weitgehend ist geklärt, ob zielgestützte Bonusvereinbarungen auch mit den allgemein für Jahressonderleistungen üblichen Flexibilisierungsvorbehalten verbunden werden dürfen. Es gelten richtigerweise keine Sonderregeln oder Ausnahmen,[61] sondern der allgemeine Grundsatz, dass der Arbeitgeber bzw die Arbeitsvertragsparteien im Rahmen ihrer vertraglichen Vereinbarungen die Leistungsvoraussetzungen frei nach dem Grundsatz der Vertragsfreiheit festlegen dürfen. Trotz der grundlegend neuen Rspr des BAG[62] zu Stichtagsklauseln bleibt auch die Leistung mit Mischcharakter, somit die Sonderleistung zur Entlohnung der Arbeitsleistung und der Betriebstreue zulässig. Allerdings ist eine Regelung zum Entfall einer Sonderleistung nur noch ausnahmsweise zulässig, wenn die Leistung reinen Betriebstreuecharakter hat. In der überwiegenden Zahl der Fälle von Leistungen mit Entgeltcharakter oder Mischcharakter muss nach der neuen Rspr stets zeitanteilig gezahlt werden, auch bei Kündigung oder Beendigung des Arbeitsverhältnisses im Leistungszeitraum; Stichtagsklauseln, die einen Wegfall der (gesamten) Leistung vorsehen, sind nicht mehr zulässig. Auch durch die Entscheidung vom 22.7.2014[63] hat sich für die vorliegende Konstellation nichts geändert – sie betraf die Zulässigkeit einer Stichtagsklausel für Sonderzahlungen ohne Entgeltcharakter. Es bleibt bei der Rechtslage, dass bereits verdiente Arbeitsvergütung dem Arbeitnehmer nicht (wieder) entzogen werden darf.

1806 Es ist neuerdings auch streitig, ob ein zielorientierter Bonus unter einen **Freiwilligkeitsvorbehalt** gestellt werden kann. Dagegen wird argumentiert, der allein leistungsorientierte Bonus ha-

---

58 So wohl auch *Grimm/Windeln*, Zielvereinbarungen, S. 5 f mwN; *v. Steinau-Steinrück/Hurek*, Arbeitsvertragsgestaltung, S. 76 f, die aber jeweils ihre Aussage nicht auf die normative Anwendung des Tarifvertrages beschränken.

59 *Brors*, RdA 2004, 273; „Übertragung des Marktrisikos auf den Arbeitnehmer", LAG Hamm 16.10.1989 – 19 (13) 1510/88, ZIP 1990, 880.

60 *Hensche*, AuR 1996, 331.

61 Vgl bereits *Mengel*, Erfolgs- und leistungsorientierte Vergütung, Rn 289 ff mwN und nun auch BAG 24.10.2007 – 10 AZR 825/06, NZA 2008, 40, weil das BAG zu einem Freiwilligkeitsvorbehalt für einen gewinn- und leistungsabhängigen Bonus eine Inhaltskontrolle zum Wortlaut der Klausel nach § 307 Abs. 1 S. 2 BGB (Transparenzgebot) vorgenommen hat, die bei genereller Unwirksamkeit eines Freiwilligkeitsvorbehalts nicht erforderlich gewesen wäre; aA jedoch *Lembke*, BB 2008, 168, 168 ff.

62 Vgl BAG 12.4.2011 – 1 AZR 412/09, NZA 2011, 989; zuletzt BAG 13.11.2013 – 10 AZR 848/12, NJW 2014, 1466.

63 BAG 22.7.2014 – 9 AZR 981/12, DB 2014, 2356.

be zwingend ausschließlichen Entgeltcharakter und dürfe daher nach dem Prinzip der Vertragstreue nicht einseitig vom Arbeitgeber entzogen werden, sowohl für den jeweils laufenden als auch für zukünftige Leistungszeiträume nicht.[64] Das BAG[65] hat zumindest höchstrichterlich geklärt, dass leistungsbezogene anspruchsbegründende Zielvereinbarungen und Freiwilligkeitsvorbehalte sich gegenseitig ausschließen. Es sei unbillig, die dem Arbeitnehmer in Aussicht gestellte variable Vergütung, die aus der herausragenden Arbeitsleistung resultiere, zu entziehen.[66] Neuerdings gilt: Soweit in einer Zielvereinbarung die Voraussetzungen für die Zahlung einer zusätzlichen Vergütung abschließend festgelegt sind, kann sich der Arbeitgeber nicht mehr einseitig von der Zahlungspflicht befreien.[67] Diese Argumentation ist nach den allgemeinen Grundsätzen nicht nachvollziehbar und enthält letztlich einen Zirkelschluss: Ausgehend von der Zielabhängigkeit des Bonus wird ein reiner Entgeltcharakter und unbedingter Zahlungsanspruch postuliert, den es aber gerade nicht gibt, wenn die Vertragspartner *außerdem* Betriebstreueklauseln oder eben einen Freiwilligkeitsvorbehalt vereinbaren dürften. Es wäre auch widersprüchlich, den Arbeitnehmer durch zwingendes Richterrecht vor einem freiwillig vereinbarten Freiwilligkeitsvorbehalt bei zielgestützten Boni zu schützen, ihn aber bei einer im Übrigen festen Zusage eines 13. Monatsgehalts für nicht schutzbedürftig zu halten. Wenn sogar der Höhe nach festgelegte Jahressonderleistungen für die Zukunft entfallen können, muss dies erst recht für leistungsabhängige Zahlungen gelten, mit denen der Arbeitnehmer zuvor noch weniger als mit den Gratifikationen planen kann. Die Vereinbarung eines Freiwilligkeitsvorbehalts sollte daher auch bei individuell leistungsorientierten Jahressonderleistungen und bei Zielvereinbarungen zulässig sein.[68] Allerdings kann der Freiwilligkeitsvorbehalt nicht mit Wirkung im bereits begonnenen Leistungszeitraum ausgeübt werden, sondern nur für zukünftige Leistungszeiträume; ein Freiwilligkeitsvorbehalt für Folgejahre, für die es noch an einer Vereinbarung fehlt, sind nicht ausgeschlossen.[69]

Die Zulässigkeit eines **Widerrufsvorbehalts** bei zielgestützten Bonusvereinbarungen ist dagegen 1807
wohl noch anerkannt.[70] Über die allgemeinen Regeln zu Widerrufsvorbehalten hinaus wurden Schranken gefordert, wie zB die Kompensation der Bonuszusage durch andere Leistungen oder eine Ankündigungsfrist sowie die Beschränkung auf zukünftige Zeiträume.[71] Das BAG hat für Vergütungsbestandteile Grundsätze aufgestellt, nach denen die widerrufliche Leistung nach Art und Höhe eindeutig sein muss.[72] Ferner muss es für den Widerruf einen sachlichen Grund geben, der bereits in der Widerrufsklausel konkretisiert ist, damit es für den Arbeitnehmer er-

64 So ErfK/*Preis*, § 611 BGB Rn 504; *Grimm/Windeln*, Zielvereinbarungen, S. 17 f mwN; Küttner/*Griese*, Personalbuch, 471 (Zielvereinbarung) Rn 6; *Riesenhuber/v. Steinau-Steinrück*, NZA 2005, 785, 792; *v. Steinau-Steinrück/Hurek*, Arbeitsvertragsgestaltung, S. 81; *Thüsing*, AGB-Kontrolle, Rn 470; vgl auch BAG 25.4.2007 – 5 AZR 627/06, NZA 2007, 853 mwN zur Unwirksamkeit eines Freiwilligkeitsvorbehalts für eine monatliche Leistungszulage.

65 Vgl zuletzt BAG 19.3.2014 – 10 AZR 622/13, NZA 2014, 595; BAG 29.8.2012 – 10 AZR 385/11, NZA 2013, 148; BAG 14.9.2011 – 10 AZR 526/10, NZA 2012, 81.

66 Die unangekündigte nachträgliche Bonusausschüttung kann zulässigerweise unter dem Vorbehalt der Freiwilligkeit geschehen, vgl BAG 18.3.2009 – 10 AZR 289/08, NZA 2009, 535.

67 BAG 29.8.2012 – 10 AZR 385/11, NZA 2013, 148.

68 Ebenso *Bauer/Lingemann/Diller/Haußmann*, Anwalts-Formularbuch Arbeitsrecht, S. 324; *Mauer*, NZA 2002, 540, 548; wohl ebenso *Annuß*, NZA 2007, 290, 292.

69 *Lingemann/Otte*, NJW 2014, 2400.

70 Vgl in stRspr BAG 12.1.2005 – 5 AZR 364/04, NZA 2005, 465, 466; BAG 11.10.2006 – 5 AZR 721/05, NZA 2007, 87, 89; BAG 25.4.2007 – 5 AZR 627/06, NZA 2007, 853; BAG 5.8.2009 – 10 AZR 483/08, NZA 2009, 1105, 1106; strenger aber *Lingemann/Gotham*, DB 2007, 1754, 1756 Fn 25: nur bei wichtigem Grund oder wirtschaftlicher Notlage; insgesamt dazu *König*, NZA-RR 2012, 449, 450.

71 Vgl *Grimm/Windeln*, Zielvereinbarungen, S. 18 f mwN; *v. Steinau-Steinrück/Hurek*, Arbeitsvertragsgestaltung, S. 80 ff; ebenfalls für die Zulässigkeit eines Widerrufsvorbehalts *Annuß*, NZA 2007, 290, 292; Küttner/*Griese*, Personalbuch, 471 (Zielvereinbarung) Rn 12; *Riesenhuber/v. Steinau-Steinrück*, NZA 2005, 785, 793; *Thüsing*, AGB-Kontrolle, Rn 471.

72 BAG 12.1.2005 – 5 AZR 364/04, NZA 2005, 465.

kennbar wird, wann und unter welchen Voraussetzungen er mit einem Widerruf rechnen muss.[73] Letztlich muss der widerrufliche Anteil stets unter 25 % der Gesamtvergütung liegen.[74] In zeitlicher Hinsicht wird es außerdem auch heute (noch) für unvereinbar gehalten, einen Bonus im laufenden Geschäftsjahr, in dem der Mitarbeiter seine Arbeitsleistung bereits (teilweise) erbracht hat, zu widerrufen.[75]

1808 Es ist ebenfalls anerkannt, dass zielgestützte Bonusvereinbarungen befristet werden dürfen. Dabei wird überwiegend ein **sachlicher Grund** für die **Befristung**, wie zB die Erprobung des Zielvereinbarungskonzepts, gefordert.[76] Richtigerweise ist die Befristung einzelner Vertragsbedingungen an den Regeln der AGB-Kontrolle zu messen.[77] In die Angemessenheitskontrolle lässt das BAG dann aber die Wertungen des TzBfG einfließen.

(a7) Zulässigkeit von Betriebstreueklauseln

1809 Schon früher wurde vertreten, dass (individuell) leistungsorientierte Vergütungselemente nicht mit Betriebstreueklauseln, also vor allem Stichtagsklauseln und Rückzahlungsklauseln, verbunden werden dürfen.[78] Insoweit wurde vor allem auf Entscheidungen des BAG zu einer Provisionsleistung bzw provisionsähnlichen Leistung hingewiesen.[79] Die Regelungen zu Provisionen oder provisionsähnlichen Leistungen können aber richtigerweise nicht auf andere erfolgsorientierte Vergütungsleistungen übertragen werden, da nur für Provisionen gesetzliche zwingende Regelungen in §§ 65 ff HGB bestehen. Für andere erfolgsorientierte Vergütungselemente haben die Vertragspartner – und auch die Betriebspartner – daher grds. einen größeren Regelungsspielraum. Nach der Rspr des BAG[80] stellt es eine unangemessene Benachteiligung des Arbeitnehmers iSd § 307 Abs. 1 BGB dar, wenn eine an Leistungsvoraussetzungen gebundene Sondervergütung versprochen wird und die Auszahlung zusätzlich an das Kriterium der Betriebstreue gekoppelt wird, die vom ungekündigten Bestand des Arbeitsverhältnisses (sowohl zu einem Zeitpunkt außerhalb des Jahres als auch am 31.12. des betreffenden Jahres) abhängig ist. Eine im Geschäftsjahr (v)erdiente Sondervergütung darf weder davon abhängig gemacht werden, ob das bis zum Jahresende bestehende Arbeitsverhältnis „gekündigt" ist, noch davon, ob das Arbeitsverhältnis zu einem bestimmten Auszahlungszeitpunkt noch besteht.[81] Der 10. Senat hat damit seine jahrzehntelang praktizierte Rspr zu „Sonderzahlungen mit Mischcharakter" aufgegeben. Eine **Stichtagsklausel** ist nunmehr **unzulässig**, wenn sie sowohl der Vergütung bereits erbrachter Leistung als auch der Honorierung von Betriebstreue dient.

1810 Sicher ist der Arbeitgeber in der Vertragsgestaltung demnach nur, wenn er **zwei getrennte Sonderzahlungen** – eine für erbrachte Arbeitsleistung und eine für die Betriebstreue – auslobt. Trennt der Arbeitgeber die Zwecke in unterschiedlichen Sonderzahlungen, kann er bei Sonderzahlungen, die ausschließlich die Betriebstreue honorieren, Stichtagsklauseln aufzunehmen.[82]

73 BAG 13.4.2010 – 9 AZR 113/09, NZA-RR 2010, 457.

74 BAG 11.10.2006 – 5 AZR 721/05, NZA 2007, 87.

75 *König*, NZA-RR 2012, 449, 451; *Lembke*, NJW 2010, 321; Küttner/*Griese*, Personalbuch, 471 (Zielvereinbarung) Rn 9, 12; allgemein dazu *Reinfelder*, NZA-Beil. 2014, 10, 11.

76 Vgl *Willemsen/Jansen*, RdA 2010, 1, 5; *Annuß*, NZA 2007, 290, 292; *Grimm/Windeln*, Zielvereinbarungen, S. 19 f mwN; *Riesenhuber/v. Steinau-Steinrück*, NZA 2005, 785, 792 f; *Thüsing*, AGB-Kontrolle, Rn 472 ff.

77 BAG 3.9.2003 – 7 AZR 106/03, NZA 2004, 255; *Simon/Hidalgo/Koschker*, NZA 2012, 1071, 1075.

78 Vgl ArbG Wiesbaden 19.12.2000 – 8 Ca 1897/00, NZA-RR 2001, 80, 81; ErfK/*Preis*, § 611 BGB Rn 505; Preis/*Preis*, Der Arbeitsvertrag, II Z 5 Rn 28 mwN; so wohl auch *Thüsing*, AGB-Kontrolle, Rn 475; offen gelassen auch bei *Annuß*, NZA 2007, 290, 294; *Bauer/Lingemann/Diller/Haußmann*, Anwalts-Formularbuch Arbeitsrecht, S. 381 Fn 2; differenzierend *Riesenhuber/v. Steinau-Steinrück*, NZA 2005, 785, 790.

79 Vgl BAG 12.1.1973 – 3 AZR 211/72, AP Nr. 4 zu § 87 a HGB; BAG 8.9.1998 – 9 AZR 223/97, NZA 1999, 420; BAG 20.8.1996 – 9 AZR 471/95, NZA 1996, 1151, 1152 f.

80 BAG 13.11.2013 – 10 AZR 848/12, NJW 2014, 1466, 1468; im Ergebnis BAG 22.7.2014 – 9 AZR 981/12, DB 2014, 2356 (OS 1).

81 Vgl BAG 18.1.2012 – 10 AZR 612/10, NZA 2012, 561; BAG 12.4.2011 – 1 AZR 412/09, NZA 2011, 989.

82 ErfK/*Preis*, § 611 BGB Rn 534 a.

Der 9. Senat des BAG hat insoweit jüngst noch eine Stichtagsklausel für eine Urlaubsgeldzahlung anerkannt.[83]

(a8) Fehlen einer Zielvorgabe bzw Zielvereinbarung

Oft unklar ist, welche Rechtsfolgen es hat, wenn es für den jeweiligen Bezugs-/Leistungszeitraum nicht (rechtzeitig) zu einer Zielvorgabe oder Zielvereinbarung kommt.[84] Zahlreiche instanzgerichtliche Urteile[85] zeigen die Praxisrelevanz und Streitträchtigkeit[86] dieser Frage – wenn auch vor allem bei Beendigung des Arbeitsverhältnisses. Das Fehlen einer konkreten Zielvorgabe oder einer Zielvereinbarung lässt nach der BAG-Rspr den Anspruch jedenfalls nicht entfallen.[87] Daher ist eine vertragliche Regelung in der Rahmenvereinbarung dringend zu empfehlen, auch dazu, wer die Initiativlast für die Zielgespräche hat – regelmäßig wird dies der Arbeitgeber sein. Andernfalls gilt bisher für den Fall der gänzlich **unterbliebenen bzw verspäteten** Zielfestlegung Folgendes: 1811

Die Extremforderung, dass ein Arbeitnehmer bei verspäteter Zielvereinbarung im laufenden Kalenderjahr einen Anspruch auf maximale variable Vergütung hat, wird nur vereinzelt vertreten.[88] Auch ein Urteil des LAG Köln, das einen Bonus auf der Basis einer Zielerfüllung von 100 % zugesprochen hat, hat damit nicht den maximalen Bonus gewährt.[89] Denn in diesem Fall war eine Zielerfüllung über 100 % möglich und die Festlegung auf 100 % entsprach daher gar nicht dem maximal möglichen Zahlungsanspruch. 1812

Überwiegend ist die Ansicht, dass ein Mitarbeiter bei unterbliebener Zielvereinbarung oder Zielvorgabe keinesfalls automatisch einen Anspruch auf maximale Bonuszahlung hat. Auch soweit der Arbeitgeber – typischerweise – die Initiativlast für die Zielvorgabe oder Zielvereinbarung hat[90] und dieser Obliegenheit nicht nachgekommen ist, genügt dies nicht für einen bedingungslosen Bonusanspruch.[91] Innerhalb der vermittelnden Auffassung, dass sich aber ein Bonusanspruch nach dem Rechtsgedanken der treuwidrigen Bedingungsvereitelung gem. § 162 BGB analog aufgrund der Erreichung hypothetischer Ziele ergeben kann, gibt es zwei wesentliche Begründungsansätze: 1813

Teilweise wird ohne Weiteres für einen Bonusanspruch in Höhe des Durchschnitts der Vorjahre bzw jedenfalls nach Schätzung anhand der Parameter der Vorjahre – im Wege einer Ermessensentscheidung oder ergänzenden Vertragsauslegung – plädiert.[92] 1814

---

83 BAG 22.7.2014 – 9 AZR 981/12, NZA 2014, 1136.

84 Vgl nur *Annuß*, NZA 2007, 290, 294 f; *Bauer/Diller/Göpfert*, BB 2002, 882, 883; *Grimm/Windeln*, Zielvereinbarungen, S. 16; *Berwanger*, BB 2003, 1499, 1503.

85 LAG Baden-Württemberg 18.10.2006 – 13 Sa 55/05, MDR 2007, 729; LAG Köln 23.5.2002 – 7 Sa 71/02, NZA-RR 2003, 305 f; LAG Hamm 24.11.2004 – 3 Sa 1325/04, juris; LAG Hessen 29.1.2002 – 7 Sa 836/01, juris; ArbG Frankfurt 11.12.2002 – 2 Ca 2816/02, juris; LAG Düsseldorf 29.10.2003 – 12 Sa 900/03, juris.

86 Vgl zum Rechtsschutz bei Zielvereinbarungen *Grimm/Windeln*, Zielvereinbarungen, S. 15 f mwN.

87 Vgl nur BAG 12.12.2007 – 10 AZR 97/07, NZA 2008, 409.

88 ArbG München 22.9.2003 – 4 Ca 2883/03, zit. nach *Hümmerich*, NJW 2006, 2294, 2298 Fn 39 und ausdrücklich *Klein*, NZA 2006, 1129, 1130 f mit Differenzierung nach Fallgruppen.

89 LAG Köln 23.5.2002 – 7 Sa 71/02, NZA-RR 2003, 305, 307.

90 Vgl nur BAG 12.12.2007 – 10 AZR 97/07, NZA 2008, 409.

91 Vgl nur LAG Hamm 24.11.2004 – 3 Sa 1325/04, juris; LAG Hessen 29.1.2002 – 7 Sa 836/01, juris; ArbG Frankfurt 11.12.2002 – 2 Ca 2816/02, juris; so wohl auch *Annuß*, NZA 2007, 290, 295; *Riesenhuber/v. Steinau-Steinrück*, NZA 2005, 785, 791 f; vgl auch ArbG Freiburg 7.12.2004 – 8 Ca 287/04 zu einem zielvereinbarungsgestützten Bonusanspruch während einer Freistellung.

92 Vgl BSG 23.3.2006 – B 11 a AL 29/05 R, BB 2006, 1864; LAG Düsseldorf 29.10.2003 – 12 Sa 900/03, juris; LAG Baden-Württemberg 18.10.2006 – 13 Sa 55/05, juris; LAG Köln 23.5.2002 – 7 Sa 71/02, NZA-RR 2003, 305 f; *Bauer/Diller/Göpfert*, BB 2002, 882, 883; *Grimm/Windeln*, Zielvereinbarungen, S. 16, jeweils mwN; wohl auch *Bauer/Lingemann/Diller/Haußmann*, Anwalts-Formularbuch Arbeitsrecht, S. 324, die einen Bonus nach „durchschnittlicher Zielerreichung" gewähren wollen; wohl auch *Hümmerich*, NJW 2006, 2294, 2297 f; Küttner/*Griese*, Personalbuch, 471 (Zielvereinbarung) Rn 14; vgl auch ArbG Düsseldorf 13.8.2003 – 10 Ca 10348/02, DB 2004, 1103, 1104 und *Mauer*, NZA 2002, 540, 547 zur Anwendung von § 315 Abs. 3 S. 2 BGB sowie *Klein*, NZA 2006, 1129, 1131 mit Differenzierung nach Fallgruppen.

1815 Nach anderer Ansicht soll der Arbeitnehmer darlegen und beweisen müssen, welche Ziele bei vertragsgemäßem Verhalten vorgegeben oder vereinbart worden wären und dass bzw inwieweit er sie erreicht hätte.[93] Teilweise wird dazu auch eine Beweislast zur durchschnittlichen bzw über-/unterdurchschnittlichen Leistung analog der Rechtsprechung zu Leistungsbeurteilungen in Arbeitszeugnissen befürwortet.[94] Die zweite Ansicht ist arbeitgeberfreundlicher, weil damit im Ergebnis auch bei fehlender Zielvorgabe oder Zielvereinbarung der Bonus nicht oder kaum höher ausfällt als bei vertragsgemäßem Verhalten; im Gegenteil hat der Arbeitgeber den Vorteil, dass der Arbeitnehmer im Prozess an der Darlegungs- und Beweislast scheitert. Im ersten Fall wird dagegen etwa das Niveau der Vorjahre gehalten, auch wenn diese ggf untypisch erfolgreich waren; im Übrigen kann sich der Arbeitgeber zusätzlich schlechter stellen als im Fall realer Ziele, weil die Gerichte den Leistungsumfang prozessual gem. § 287 Abs. 1 S. 1 ZPO schätzen[95] und daher einen gewissen Beurteilungsspielraum haben. Soweit diese Lösung mit dem Verweis auf das treuwidrige Verhalten des Arbeitgebers gem. § 162 BGB analog gerechtfertigt wird, kann dies regelmäßig nur bei Zielvorgaben greifen, wenn es dem Arbeitgeber obliegt, die Ziele (rechtzeitig) festzulegen. Bei einer Verabredung zu einer echten Zielvereinbarung dagegen hat auch der Arbeitnehmer seinen Teil zur rechtzeitigen Einigung beizutragen und zB auch trotz einer Initiativlast beim Arbeitgeber seinerseits die Obliegenheit die Zielvereinbarungsverhandlungen einzufordern.[96]

1816 Wird dagegen die Zielfestlegung nur nach Beginn des Bezugs-/Leistungszeitraums **verspätet** vorgenommen, sind die Fälle auszuscheiden, in denen die Zielfestlegung zwar erst nach Beginn des Bezugs-/Leistungszeitraums erfolgt, aber mit unerheblicher Verspätung von nur einigen Tagen oder Wochen, denn dann ist die Zielerreichung über das folgende Jahr mit faktisch nicht veränderten Bedingungen möglich. Problematisch sind daher nur die Fälle, in denen die Zielfestlegung erst deutlich – Monate – nach Beginn des Bezugs-/Leistungszeitraums vorgenommen wird. Dann kann die mit den Zielen verbundene Anreizwirkung nicht mehr vollständig erreicht werden, und – je nach Stärke des individuellen Einflusses des Arbeitnehmers auf die Zielerreichung – ist der Arbeitnehmer ggf auch aufgrund des Zeitablaufs nicht mehr in der Lage, die ambitionierten Ziele mit entsprechend erhöhtem Einsatz zu erreichen.

1817 Überwiegend ist auch hier die Ansicht, dass ein Mitarbeiter bei verspäteter Zielvereinbarung oder Zielvorgabe keinesfalls automatisch einen Anspruch auf maximale Bonuszahlung hat.[97] Allerdings ist – anders als im Fall der vollständig fehlenden Zielfestsetzung – bei lediglich verspäteter Zielvorgabe richtigerweise gerade zu prüfen, ob die vorgegebenen Ziele nicht bereits die Verspätung berücksichtigt haben und somit, bezogen auf den Bezugszeitraum, letztlich **Teilziele** waren. Wenn dies der Fall ist, also der Arbeitgeber bei der Zielvorgabe die verspätete Bekanntgabe **angemessen** berücksichtigt hat, besteht kein Grund zur arbeitsgerichtlichen Korrektur und kein (zusätzlicher) Bonusanspruch aufgrund der Erreichung hypothetischer oder korrigierter Ziele.

---

93 So LAG Hessen 29.1.2002 – 7 Sa 836/01 und im Ergebnis wohl auch *Behrens/Rinsdorf*, NZA 2003, 364, 366; *Riesenhuber/v. Steinau-Steinrück*, NZA 2005, 785, 791 f; *v. Steinau-Steinrück/Hurek*, Arbeitsvertragsgestaltung, S. 85 f, die aber dann vor allem von Schadensersatzansprüchen ausgehen.

94 Vgl *Bauer/Diller/Göpfert*, BB 2002, 882, 885; *Mauer*, NZA 2002, 540; ebenso *Hümmerich*, NJW 2006, 2294, 2296 allgemein zum Streit um den Grad der Zielerreichung; aA *Klein*, NZA 2006, 1129, 1130 f; *Schmiedl*, BB 2004, 329, 332.

95 So ausdr. LAG Baden-Württemberg 18.10.2006 – 13 Sa 55/05, juris Rn 147.

96 Zutreffend BAG 12.12.2007 – 10 AZR 97/07, NZA 2008, 409, 416; ArbG Frankfurt 11.12.2002 – 2 Ca 2816/02, ZTR 2003, 577, 578; ähnlich ArbG Düsseldorf 13.8.2003 – 10 Ca 10348/02, DB 2004, 1103, 1104; *v. Steinau-Steinrück/Hurek*, Arbeitsvertragsgestaltung, S. 86; wohl auch Zielerreichung *Hümmerich*, NJW 2006, 2294, 2297; aA *Klein*, NZA 2006, 1129, 1129 f; *Schmiedl*, BB 2006, 2415, 2416.

97 Vgl nur BAG 12.12.2007 – 10 AZR 97/07, NZA 2008, 409, 414; LAG Hamm 24.11.2004 – 3 Sa 1325/04; LAG Hessen 29.1.2002 – 7 Sa 836/01; ArbG Frankfurt 11.12.2002 – 2 Ca 2816/02; *Annuß*, NZA 2007, 290, 295; *Riesenhuber/v. Steinau-Steinrück*, NZA 2005, 785, 791 f.

Die **Darlegungs- und Beweislast** dafür, dass der Arbeitgeber die späte Bekanntgabe **nicht angemessen** berücksichtigt hat, obliegt dem Arbeitnehmer, denn zunächst ist zu unterstellen, dass ein Arbeitgeber vernünftig handelt und seinen Mitarbeitern nicht zu spät und dann überdies unerreichbare Ziele vorgibt, um sie mit einer leistungsorientierten Vergütung zu motivieren. Ist dies aber nach der Feststellung des Arbeitsgerichts ausnahmsweise doch der Fall, ist für die tatrichterliche Schätzung und Festlegung des angemessenen Bonus – anders als bei fehlender Zielvorgabe teilweise vertreten – nicht auf die Durchschnittswerte der Vorjahre abzustellen, sondern auf die vom Arbeitgeber für den aktuellen Bezugszeitraum vorgegebenen; soweit sie unangemessen sind, sind sie auf das billige Maß zurückzuführen. 1818

Soweit nach der Rahmenvereinbarung eine echte Zielvereinbarung erforderlich ist, also eine Einigung der Vertragspartner auf die Ziele, ist auch bei deutlich verspäteter Zielabstimmung nach Beginn des Leistungszeitraums keine besondere Korrektur durch die Arbeitsgerichte denkbar. Denn die Ziele sind dann doch einvernehmlich festgelegt, so dass dem Arbeitnehmer kein zusätzlicher Schutz wegen der Verspätung gebührt. Soweit dies erforderlich ist, kann er die späte Festlegung in die Verhandlungen über die Zielvereinbarung ohne Weiteres einbringen. 1819

In der Rspr haben sich für die Fälle **unterbliebener Zielvereinbarungen** bisher **vier Lösungsmodelle** herausgebildet. 1820

(1) Der BGH hat bei einem Geschäftsführer entschieden, dass die Höhe der variablen Vergütung in entsprechender Anwendung des § 315 BGB nach billigem Ermessen zu bestimmen sei; notfalls sei die Bestimmung durch Urteil zu treffen.[98] Diese Auffassung vertritt für einen Arbeitnehmer auch das LAG Düsseldorf,[99] das festgestellt hat, die Bestimmung der Zielvorgaben habe – auch für die Vergangenheit – durch Urteil gem. § 315 Abs. 3 S. 2 BGB zu erfolgen. Gleicher Auffassung ist das LAG Hessen.[100] 1821

(2) Die 7. Kammer des LAG Köln und das ArbG München[101] vertreten dagegen die Auffassung, dass ein Arbeitnehmer bei Nichtabschluss einer Zielvereinbarung durch den Arbeitgeber Anspruch auf das vertragliche Zielgehalt in voller Höhe habe. Unterlasse es der Arbeitgeber, auf den Abschluss einer Zielvereinbarung hinzuwirken, könne nach Treu und Glauben und einem in § 162 Abs. 1 BGB zum Ausdruck gekommenen allgemeinen Gedanken die Rechtsfolge nur darin bestehen, dass der Arbeitnehmer einen Anspruch auf eine Jahresbonuszahlung behalte, indem eine Zielerreichung von 100 % fiktiv zugrunde gelegt werde. Der Arbeitgeber müsse es dem Arbeitnehmer ermöglichen, seine Jahresbonuszahlung zu verdienen. Dabei differenzieren die beiden Urteile nicht danach, ob und inwieweit der Arbeitnehmer von sich aus eine Bemühung unternommen hat, zum Abschluss einer neuen jährlichen Zielvereinbarung zu gelangen. Ähnlicher Ansicht ist das BSG, das einem Arbeitnehmer nach dem Rechtsgedanken der treuwidrigen Bedingungsvereitelung (§ 162 Abs. 1 BGB) bzw nach § 315 BGB einen Anspruch auf den Zielbonus zugesprochen hat.[102] 1822

(3) Eine weitere Ansicht wählt den Weg der ergänzenden Vertragsauslegung, so die 2. Kammer des LAG Köln[103] und das LAG Hamm.[104] Es sei Sache der Gerichte, im Wege ergänzender Vertragsauslegung die dem Arbeitnehmer zustehende variable Vergütung festzusetzen. Ein Arbeitnehmer dürfe bei durchschnittlicher oder geringfügig überdurchschnittlicher Arbeitsleistung darauf vertrauen, das Gesamtjahreseinkommen zu verdienen. Der ergänzenden Vertragsausle- 1823

98 BGH 9.5.1994 – II ZR 128/93, NJW-RR 1994, 1055.
99 LAG Düsseldorf 29.10.2003 – 12 Sa 900/03; ArbG Düsseldorf 13.8.2003 – 10 Ca 10348/02, DB 2004, 1103.
100 LAG Hessen 29.1.2002 – 7 Sa 836/01, AiB 2002, 575.
101 LAG Köln 23.5.2002 – 7 Sa 71/02, NZA-RR 2003, 305; ArbG München 22.9.2003 – 4 a Ca 2883/03.
102 BSG 23.3.2006 – B 11 a AL 29/05 R, NZA-RR 2007, 101, 103.
103 LAG Köln 1.9.2003 – 2 Sa 471/03.
104 LAG Hamm 24.11.2004 – 3 Sa 1325/04, AuA 2005, 236.

gung ist der Vorzug zu geben, da sie auch in Einklang steht mit der AGB-Kontrolle, die gemäß dem Urteil des BAG vom 27.7.2005[105] bei befristeten Vereinbarungen von Arbeitsbedingungen anzulegen ist. Bei unterbliebener Zielvorgabe kann die Konkretisierung demnach durch Urteil gem. § 315 Abs. 3 S. 2 BGB erfolgen.[106]

1824 (4) Nach der Rspr des BAG steht dem Arbeitnehmer ein Schadensersatzanspruch gem. § 280 Abs. 1, 3, § 283 BGB zu, wenn der Arbeitgeber schuldhaft die Zielvereinbarung unterlassen oder verhindert hat.[107] Dabei wendet das BAG die Regeln zur Darlegungs- und Beweiserleichterung gem. § 287 Abs. 1 ZPO an.[108] Der Arbeitgeber hat Beweis darüber zu führen, dass er mit dem Arbeitnehmer Ziele verhandelt hat, die erreichbar waren. Es reicht nicht, wenn der Arbeitgeber nicht erreichbare Ziele vorschlägt, nur um der Verhandlungspflicht nachzukommen.[109] Mit der Entscheidung aus dem Jahr 2010[110] hat das BAG seine Rspr verfeinert zu der Frage, ob alte Vereinbarungen aus dem Vorjahr ggf fortgelten. Das BAG betont, dass eine Weigerung des Arbeitnehmers, einer Änderung zuzustimmen, keinen Abbruch der Verhandlungen rechtfertige. Soll eine Zielvereinbarung fortgelten, bleibt die Verpflichtung des Arbeitgebers bestehen, dem Arbeitnehmer für das Folgejahr ein neues Angebot zu unterbreiten und über eine neue Zielvereinbarung zu verhandeln.[111] Vorab ist jedoch immer zu prüfen, ob die Rahmenvereinbarung auf eine alleinige Initiativpflicht des Arbeitgebers schließen lässt. Ist nichts ausdrücklich geregelt, ist stets davon auszugehen, dass nur der Arbeitgeber die Initiative zu ergreifen hat.[112] Ein Mitverschulden des Arbeitnehmers kann iÜ nach § 254 BGB angemessen berücksichtigt werden.[113]

(a9) Auskunftsanspruch des ausgeschiedenen Arbeitnehmers

1825 Der Arbeitnehmer hat nach allgemeinen Regeln grds. einen Auskunftsanspruch, soweit sein Bonusanspruch auf erfolgs- oder leistungsorientierten Parametern beruht, die nur dem Arbeitgeber bekannt sind. Soweit der Arbeitgeber gegenüber einem ausgeschiedenen Arbeitnehmer, der Auskünfte wegen seines Gewinnanteils geltend macht, nur verpflichtet sein soll, diese gegenüber einem Wirtschaftsprüfer zu erteilen, weil der Arbeitnehmer für den Fall, dass er bereits bei der Konkurrenz arbeite, auf diese Weise einen umfassenden Einblick in die Bilanz erhalte, kann dieser Annahme einer eingeschränkten Auskunftspflicht nicht gefolgt werden. Die Geheimhaltungsverpflichtung des Arbeitnehmers wirkt, wie es fast alle Arbeitsverträge vorsehen, über die Beendigung des Arbeitsverhältnisses hinaus. Aus einer anschließenden Konkurrenzbeschäftigung folgt nicht die Berechtigung des Arbeitnehmers, seinem neuen Arbeitgeber Informationen aus seinem bisherigen Unternehmen zu übermitteln. Derartigen Konstellationen kann aber mit entsprechender Vertragsgestaltung vorgebeugt werden.

(a10) Auskunftsanspruch des Betriebsrats

1826 Wie das BAG entschieden hat, begründet die in §§ 80 Abs. 1 Nr. 1, 75 Abs. 1 BetrVG normierte Aufgabe des Betriebsrats, grds. die Behandlung der Arbeitnehmer nach den geltenden Vereinbarungen sowie Recht und Billigkeit zu überwachen, einen Anspruch auf Auskunft über die

105 BAG 27.7.2005 – 7 AZR 486/04, NZA 2006, 40.
106 BAG 12.12.2007 – 10 AZR 97/07, NZA 2008, 409.
107 BAG 12.5.2010 – 10 AZR 390/09, NZA 2010, 1009; BAG 10.12.2008 – 10 AZR 889/07, NZA 2009, 256; BAG 12.12.2007 – 10 AZR 97/07, NZA 2008, 409.
108 ErfK/*Preis*, § 611 BGB Rn 504.
109 BAG 12.12.2007– 10 AZR 97/07, NZA 2008, 409.
110 BAG 12.5.2010 – 10 AZR 390/09, NZA 2010, 1009; vgl auch *Treichel*, NJOZ 2012, 1097, 1100.
111 BAG 12.5.2010 – 10 AZR 390/09, NZA 2010, 1009 (Ls).
112 BAG 12.12.2007 – 10 AZR 97/07, NZA 2008, 409, 410 f; im Ergebnis auch LAG Berlin-Brandenburg 17.9.2008 – 15 Sa 283/08 u.a., ArztR 2009, 210; vgl auch *Treichel*, NJOZ 2012, 1097, 1100 mit dem Verweis, dass Zweifel (hier bzgl der Initiativpflicht) nach § 305 c Abs. 2 BGB zu Lasten des Verwenders gehen.
113 BAG 12.12.2007 – 10 AZR 97/07, NZA 2008, 409.

mit den Arbeitnehmern im Rahmen eines tariflichen Leistungslohnsystems individuell vereinbarten Umsatzziele.[114] Soweit Zielvereinbarungen eine tarifvertragliche Grundlage haben, hat der Arbeitnehmer einen Auskunftsanspruch gegenüber dem Arbeitgeber. Der Betriebsrat hat darüber hinaus Anspruch darauf, vom Arbeitgeber ohne eigenes Zutun informiert zu werden, es besteht für ihn also keine Pflicht zur Selbstbeschaffung der Informationen.[115] *Däubler*[116] hält unter Hinweis auf eine Entscheidung des BAG[117] bei einer Zielvereinbarung aufgrund einer Betriebsvereinbarung, eines Tarifvertrages oder einer Rahmenvereinbarung den Auskunftsanspruch bei einem Formulararbeitsvertrag für gegeben, da der Betriebsrat auf die Einhaltung des Gleichheitssatzes zu achten habe.

(3) Rechtsfragen bei Tantiemen

Eine Tantieme wird als **Gewinnbeteiligung** einzelnen Arbeitnehmern, insb. leitenden Angestell- 1827
ten, zu Motivationszwecken zugesagt. Als Erfolgsvergütung bezieht sie sich – anders als die Provision – nicht auf bestimmte Geschäfte, sondern auf den geschäftlichen Erfolg des Arbeitgebers als Ganzes. Sie tritt als Entgelt zu den sonstigen Bezügen hinzu.[118] Wegen der Bezugnahme auf wirtschaftliche Daten des Unternehmens ist auf eine sorgfältige und umfassende Vertragsgestaltung zu achten; andernfalls kommt es oftmals zu Streit um Einzelheiten der Tantiemenberechnungen.

Wie das BAG klargestellt hat, gilt die Rspr zur Gratifikation für arbeitsleistungsbezogene Son- 1828
derzahlungen wie Tantiemen nicht.[119] Wenn der Angestellte während des gesamten Geschäftsjahres arbeitsunfähig erkrankt ist und keine Entgeltfortzahlung beanspruchen kann, erlischt der Anspruch auf die Tantieme gem. §§ 275 Abs. 1, 326 Abs. 1 BGB.[120] Tantiemen gehören damit zu den Vergütungsbestandteilen, die in das Austauschverhältnis „Arbeit gegen Lohn" einbezogen sind.

Nimmt ein Arbeitnehmer ein ihm zur Kompensation eines vertraglichen Garantietantiemean- 1829
spruchs zu einem fiktiven Verrechnungskurs angebotenes Aktienpaket kommentar- und protestlos entgegen und tätigt er damit in der Folgezeit eigene Geschäfte, so kann er nach mehr als 15 Monaten nicht mit Erfolg einwenden, aufgrund des reellen Aktienkurses sei nur eine Teilerfüllung eingetreten.[121]

Bei der Gestaltung von Tantiemen und sonstigen variablen Vergütungen kommt es darauf an, 1830
das wirklich Gewollte in einem Vertragstext niederzulegen. Die Nichtbeachtung des Gleichbehandlungsgrundsatzes kann zu Bonusansprüchen eines erweiterten Arbeitnehmerkreises führen. Wird ein Bonus gewährt, weil Arbeitnehmer am Aufbau eines Unternehmens mitgearbeitet haben, darf der Arbeitgeber nicht die Arbeitnehmer ausnehmen, die später aufgrund eines Teilbetriebsübergangs zu einem anderen Arbeitgeber wechseln.[122] Leistungsentgelte sollte man nie, vor allem als Arbeitnehmer, ohne Planrechnung vereinbaren. Der für die Tantiemeberechnung **maßgebliche Gewinn** sollte präzise definiert werden. In jüngerer Vergangenheit hat das BAG[123] entschieden, dass ein Arbeitnehmer keinen Anspruch auf Tantieme aus betrieblicher Übung erwerben kann, wenn er nicht darlegt, dass der Arbeitgeber durch kollektive Handhabung Tan-

114 BAG 21.10.2003 – 1 ABR 39/02, NZA 2004, 936.
115 BAG 21.10.2003 – 1 ABR 39/02, NZA 2004, 936.
116 NZA 2005, 793.
117 BAG 19.10.1999 – 1 ABR 75/98, NZA 2000, 837.
118 Vgl bereits *Mengel*, Erfolgs- und leistungsorientierte Vergütung, Rn 302 ff mwN.
119 Vgl im Ergebnis BAG 5.7.2011 – 1 AZR 94/10, ArbR 2011, 642 mit Verweis auf BAG 8.9.1998 – 9 AZR 273/97, NZA 1999, 824; BAG 16.3.1994 – 10 AZR 669/92, AP § 611 BGB Gratifikation Nr. 162.
120 BAG 8.9.1998 – 9 AZR 273/97, NZA 1999, 824; ArbG Solingen 29.7.2014 – 1 Ca 311/14, NZA-RR 2014, 638.
121 LAG Köln 27.7.1999 – 13 Sa 207/99, FA 2000, 169 = ARST 2000, 169.
122 LAG Düsseldorf 15.12.2005 – 5 Sa 1219/05, DB 2006, 1062.
123 BAG 17.4.2013 – 10 AZR 251/12, DB 2013, 2568.

tieme gezahlt hat. Er kann jedoch aufgrund konkludenter Abrede einen vertraglichen Anspruch dem Grunde nach erwerben. Die Höhe hat der Arbeitgeber gem. § 315 BGB nach billigem Ermessen festzusetzen.

1831 Die **Gewinntantiemen** der Vorstandsmitglieder werden wie das Festgehalt gem. § 87 Abs. 1 AktG durch den Aufsichtsrat festgesetzt, wobei zu beachten ist, dass die Gesamtbezüge in einem angemessenen Verhältnis zu den Aufgaben des Vorstandsmitglieds und zur Lage der Gesellschaft stehen. Auch für den GmbH-Geschäftsführer muss der Gestalter eines Dienstvertrages die **Bezugsgröße der Tantieme** gesondert formulieren. Die **Berechnung der Tantieme** sollte im Vertrag genauestens geregelt werden. **Umsatztantiemen** sollte man vermeiden, weil andernfalls der Arbeitnehmer in der Gefahr steht, zur Erzielung von Umsatz Geschäfte zu tätigen, die nicht dem Wohl der Gesellschaft dienen, oder sein Augenmerk nicht mehr ausreichend auf die mit dem Umsatz verbundenen Kosten und vor allem auf den Gewinn zu lenken.

1832 Empfohlen wird, die Tantieme an den **körperschaftsteuerpflichtigen Gewinn** anzubinden. In jedem Falle sollte klargestellt sein, ob sich die Tantieme anhand eines Prozentsatzes vom Handelsbilanz- oder vom Steuerbilanzgewinn berechnet. Wird an den körperschaftsteuerpflichtigen Gewinn der Gesellschaft angeknüpft, sollte außerdem im Anstellungsvertrag geregelt werden, ob die Berechnung auf der Grundlage des körperschaftsteuerpflichtigen Gewinns **vor** oder **nach Abzug der Tantieme** erfolgt. Die Tantieme des Arbeitnehmers wie des Geschäftsführers ist ihrerseits eine abzugsfähige Betriebsausgabe und mindert den körperschaftsteuerpflichtigen Gewinn. In der Lit. wird angeregt, alle den Gewinn beeinflussenden Rückstellungen aus Fairnessgründen aus der Berechnung der Tantieme herauszunehmen.[124] Möglich ist auch, die Tantieme anhand der jährlichen Unternehmenswertsteigerung, die sich durch finanzwissenschaftliche Kennzahlen ermitteln lässt, zu bestimmen (s. § 1 Rn 1872).

1833 Riskant ist es, die Höhe der Tantieme prozentual an den sog. **Deckungsbeitrag 2** anzubinden. Durch hohe Rückstellungen in einem Jahr kann das Betriebsergebnis verzerrt werden und in der Folge die Tantieme zu niedrig ausfallen. Weiterhin kann es geschehen, dass der Arbeitnehmer im Folgejahr, dem Jahr der Auflösung von Rückstellungen, ausgeschieden ist, und nachträglich ein ihm ursprünglich gebührender Gewinnanteil anderen Tantiemeberechtigten zufließt.

1834 Bei der Vertragsgestaltung wird häufig für den Fall der Kündigung die **Freistellung** vorgesehen, jedoch keine Regelung über die variable Vergütung während des Zeitraums der Freistellung getroffen. Aus Sicht des Mitarbeiters ist es wünschenswert, wenn sich die Firma im Zusammenhang mit Tantiemen verpflichtet, die **variable Vergütung** während der Zeit der Freistellung fortzuzahlen. Tantiemen können an Bedingungen geknüpft werden; sie können unter einen Freiwilligkeits- wie einen Widerrufsvorbehalt gestellt werden, solange die Grundsätze zur AGB-Kontrolle eingehalten werden.[125]

1835 Wird die Tantieme einem Geschäftsführer gewährt, der zugleich Gesellschafter ist, muss auf eine ausgewogene Tantiemeregelung geachtet werden. Wird dem Geschäftsführer ein unangemessen hohes Gehalt gezahlt, unterstellt der BFH eine verdeckte Gewinnausschüttung, die zu einem Entzug von Körperschaftsteuer führt.[126] Die Summe der Tantiemen der Gesellschafter-Geschäftsführer darf 50 % des Jahresüberschusses nicht übersteigen.[127] Der BFH akzeptiert eine Relation zwischen Festgehalt und Tantieme von zwei Dritteln zu einem Drittel,[128] wobei

124 *Hachenburg/Mertens*, GmbHG, § 35 Rn 134.

125 Vgl BAG 12.1.2005 – 5 AZR 364/04, NJW 2005, 1820; vgl auch BAG 14.11.2012 – 10 AZR 783/11, NZA 2013, 1150.

126 BFH 27.3.1963 – I R 9/61, BB 1963, 965; BFH 5.10.1994 – I R 50/94, BFHE 176, 523, 549.

127 BFH 15.3.2000 – I R 74/99, NJW-RR 2001, 605.

128 BFH 30.1.1985 – I R 37/82, DB 1985, 1216.

jedoch nach neuerer Rspr im Einzelfall zu ermitteln ist, ob die gewählte Gestaltung betrieblich oder gesellschaftlich veranlasst ist, so dass dieses Verhältnis keine starre Grenzen setzen soll.[129]

Vereinbaren Arbeitnehmer und AG-Vorstand eine indirekte Gewinnbeteiligung, bei der die Höhe der Tantieme von der Höhe der an die Aktionäre gezahlten Dividende abhängig ist, führt eine Kapitalerhöhung zu einer Verringerung der Höhe der Tantieme. Der Tantiemeanspruch von Arbeitnehmern war dadurch gesunken, dass bei den Gesellschaften eine Kapitalerhöhung vorgenommen wurde, weil sich die Höhe der Tantieme an der Höhe der Dividende ausrichtete.[130] In einer Aktiengesellschaft erfolgt die Kapitalerhöhung über die Ausgabe zusätzlicher Aktien, so dass sich dann, wenn zusätzliche Aktien ausgegeben werden, der Gewinn auf eine höhere Zahl von Aktien verteilt und die Dividende pro Aktie nach einer Kapitalerhöhung somit niedriger ausfällt. Das BAG und die Landesarbeitsgerichte Nürnberg und München gaben den Klägern recht. Aus § 216 Abs. 3 AktG folge, dass der wirtschaftliche Inhalt vertraglicher Beziehungen der Gesellschaft zu Dritten, die von der Gewinnausschüttung der Gesellschaft abhängt, durch eine Kapitalerhöhung nicht berührt werden dürfe. Eine gleichlautende Vorschrift für die GmbH findet sich in § 57m Abs. 3 GmbHG. Ein formularmäßiger Ausschluss von § 216 Abs. 3 AktG, § 57m Abs. 3 GmbHG scheidet nach § 307 Abs. 2 Nr. 1 BGB aus.[131] Damit ist dem Tantiemeberechtigten ein durch Kapitalerhöhung aus Gesellschaftsmitteln entstehender Nachteil grds. auszugleichen. 1836

(4) Provisionen

Provisionsklauseln sind weit verbreitet in Arbeitsverträgen mit Vertriebsmitarbeitern und angestellten **Handelsvertretern**. Auch hierbei ist auf eine sorgfältige Vertragsgestaltung zu achten; insoweit sind die umfangreichen und teilweise zwingenden gesetzlichen Vorgaben gem. **§§ 87 ff HGB** zu beachten. Oftmals ergeben sich Streitigkeiten und für den Arbeitgeber erhebliche Kostenrisiken bei der Beteiligung mehrerer Arbeitnehmer an einem provisionspflichtigen Geschäft und bei Vereinbarungen ohne Kappungsgrenze. Sehr streitträchtig ist auch die Frage, ob und in welchem Umfang ein Arbeitnehmer nach Beendigung des Arbeitsverhältnisses noch provisionsberechtigt ist. Häufig wissen Arbeitgeber auch nicht, dass für Zeiten der Entgeltfortzahlung, vor allem im Krankheitsfall und während des Urlaubs, die Pflicht zur Fortzahlung des Entgelts auch die Zahlung einer „fiktiven" Provisionsvergütung umfasst.[132] Denn auch Provisionen zählen zum Arbeitsverdienst iSv § 11 BUrlG[133] und sind in die Bemessungsgrundlage nach Art. 7 der RL 2003/88/EG mit einzubeziehen.[134] 1837

Die Rechtsregeln für Provisionen eines **in einem Arbeitsverhältnis stehenden Mitarbeiters** folgen weitgehend den zu Provisionen von Handelsvertretern gem. §§ 87 ff HGB entwickelten Grundsätzen. Ist das Vertriebsgebiet neu und fehlt es damit noch an einem entsprechenden Kundenstamm, können auch erfolgsunabhängige Garantieprovisionen oder ein Fixum vereinbart werden. Unwirksam ist eine Klausel, wonach der Handelsvertreter zur Rückzahlung nicht verdienter Garantieprovisionen verpflichtet ist, wenn er das Vertragsverhältnis kündigt.[135] 1838

Grundsätzlich steht dem Handelsvertreter ein **Provisionsanspruch** für solche Geschäfte zu, die **während** des bestehenden Handelsvertreterverhältnisses abgeschlossen werden. **Nachvertragliche** Provisionsansprüche entstehen nur unter den Voraussetzungen des § 87 Abs. 3 S. 1 Nr. 1 1839

---

129 BFH 27.2.2003 – I R 64/01, BB 2003, 1990.

130 BAG 12.10.2005 – 10 AZR 410/04, DB 2006, 451; LAG Nürnberg 26.7.2004 – 9 (7) Sa 154/03, DB 2004, 2050 = NZA-RR 2005, 204; LAG München 25.3.2004 – 2 Sa 785/03.

131 *Grosjean/Schmidt*, DB 2005, 1518.

132 Vgl zB § 4 Abs. 1 a S. 2 EFZG und § 11 BUrlG und bereits *Mengel*, Erfolgs- und leistungsorientierte Vergütung, Rn 304, 308 ff.

133 BAG 11.4.2000 – 9 AZR 266/99, NZA 2001, 153.

134 EuGH 22.5.2014 – C-539/12, NJW 2014, 593.

135 LG Frankfurt 5.3.1975, HVR Nr. 489.

HGB, wenn der Handelsvertreter das Geschäft entweder vermittelt, eingeleitet oder so vorbereitet hat, dass der Abschluss überwiegend auf seine Tätigkeit zurückzuführen ist.

1840 Nach der Rspr des BAG[136] knüpft § 87 Abs. 1 S. 1 HGB den Anspruch auf Provision an den Abschluss von Geschäften während des Vertragsverhältnisses und begründet daher auch einen Provisionsanspruch für solche Geschäfte, die vor der Beendigung des Arbeitsvertragsverhältnisses abgeschlossen, aber erst danach vollständig abgewickelt werden (**Überhangprovision**). Jedoch kann mit Handelsvertretern vereinbart werden, dass keine Provisionspflicht für solche Geschäfte besteht, die erst nach Beendigung des Handelsvertreterverhältnisses ausgeführt werden, soweit die Regelung der Inhaltskontrolle nach § 307 BGB standhält.[137] Vermindert eine vom Arbeitgeber vorformulierte Klausel die Überhangprovision ohne Ausgleich pauschal auf die Hälfte der vereinbarten Provision, benachteiligt dies den Arbeitnehmer unangemessen, so dass die Klausel gem. § 307 Abs. 1 S. 1 BGB unwirksam ist.[138] Ob der Anspruch des Arbeitnehmers auf Überhangprovision weiterhin überhaupt abbedungen werden kann, wenn hierfür ein sachlicher Grund vorliegt,[139] blieb unentschieden. Richtigerweise ist aber eine angemessene Gestaltung zur Abbedingung der Überhangprovision möglich, so dass nicht jede Klausel zum Ausschluss von Provisionen nach Beendigung des Anstellungsverhältnisses unwirksam sein darf.[140]

1841 Wird ein Geschäft nicht durchgeführt, **entfällt** der Provisionsanspruch gem. § 87a Abs. 2 HGB, wenn feststeht, dass der Kunde nicht leistet, oder nach § 87a Abs. 3 HGB, wenn das Geschäft nicht ausgeführt wird und dies vom Unternehmer nicht zu vertreten ist. Die Nichtleistung des Kunden muss nach objektiven Maßstäben beurteilt werden.[141] Der Unternehmer wird grds. als verpflichtet angesehen, den Kunden gerichtlich auf Zahlung in Anspruch zu nehmen. Nur dann, wenn die Klage aufgrund der finanziellen Situation eines Kunden mit hoher Wahrscheinlichkeit erfolglos sein wird, darf er hiervon absehen.[142] Vertraglich kann daher zur Feststellung von Nichtleistung kein anderweitiger Maßstab vereinbart werden. Stornierungen führen nicht zum Fortfall des Provisionsanspruchs.[143]

1842 Bedeutsam schien zeitweilig ein Urteil des BAG vom 14.3.2000, das sich mit der **Rückzahlungspflicht** bereits ausgezahlter Verkaufsprovisionen befasste.[144] Nach dem Urteil des BAG gilt, dass immer dann, wenn ein Makler infolge wirksamer Anfechtung des vermittelten Kaufvertrages durch den Käufer die Maklerprovision zurückzugewähren hat, er von seinem als Vermittler tätigen Angestellten die bereits ausgezahlte Verkaufsprovision nach den Grundsätzen der ungerechtfertigten Bereicherung herausverlangen kann. Das Urteil hat zur Folge, dass für den Rückgewähranspruch nicht § 87a Abs. 2 HGB, sondern § 812 BGB mit der heutigen Verjährungsfrist von drei Jahren gilt (früher 30 Jahre).

1843 Geregelt werden müssen **Provisionskollisionen**, weil sich der Unternehmer nur so vor mehrfacher Provisionszahlung schützen kann, wenn mehrere Handelsvertreter am Zustandekommen eines Geschäftsabschlusses mitgewirkt haben. Sind mehrere Arbeitnehmer an dem Zustandekommen eines provisionspflichtigen Geschäfts beteiligt oder könnten mehrere Arbeitnehmer aus sonstigen rechtlichen Gesichtspunkten Provisionsansprüche wegen desselben Geschäfts haben, steht jedem Arbeitnehmer mangels abweichender vertraglicher Regelung die vollständige

---

136 BAG 20.2.2008 – 10 AZR 125/07, NZA 2008, 1124 mwN.
137 Vgl BAG 21.10.2009 – VIII ZR 286/07, NJW 2010, 298.
138 Zur Unwirksamkeit wegen Verstoßes gegen § 307 BGB vgl BAG 21.10.2009 – VIII ZR 286/07, NJW 2010, 298, 299.
139 So noch BAG 20.8.1996 – 9 AZR 471/95, NZA 1996, 1151.
140 Vgl ausf. *Mengel*, Erfolgs- und leistungsorientierte Vergütung, Rn 306 ff mwN.
141 OLG Celle 29.2.1979 – 11 U 144/71, BB 1972, 594.
142 BGH 29.2.1972 – 11 U 144/71, BB 1972, 594.
143 OLG Düsseldorf 24.5.1991 – 22 U 13/91, HVR Nr. 707.
144 BAG 14.3.2000 – 9 AZR 855/98, NZA 2000, 827.

vertragliche Provision zu.[145] Daher empfiehlt es sich, für den Fall des Zusammenwirkens mehrerer Arbeitnehmer beim Abschluss eines Geschäfts eine vertragliche Regelung zu treffen. Insbesondere kann in einer solchen Vereinbarung festgelegt werden, dass nach dem Überwiegensprinzip nur demjenigen Arbeitnehmer ein Provisionsanspruch zusteht, der den Geschäftsabschluss maßgeblich herbeigeführt hat. Es kann aber auch eine Provisionsteilung nach Tatbeiträgen oder zu gleichen Anteilen festgelegt und darüber hinaus festgeschrieben werden, wer über die Höhe des Provisionsanteils im Rahmen billigen Ermessens entscheiden kann.[146] Provisionskollisionsregelungen sind aber nur sinnvoll, wenn sie sich in **allen** Handelsvertreterverträgen, die betroffen sind, wiederfinden.

Auch die Festlegung der **Provisionshöhe**, insb. der Abzug von Nebenkosten und Nachlässen, führt in der Praxis häufig zu Streit. Deshalb ist empfehlenswert, konkrete Regelungen zur Berechnung der Provision heranzuziehen und darüber hinaus transparent zu machen, dass die Provision auf Grundlage des Nettoverkaufspreises (ohne Mehrwertsteuer) berechnet wird. Es können in der vertraglichen Vereinbarung auch weitere Einkaufs- oder Produktionskosten als Abzug für die Berechnung definiert werden; es besteht insoweit Vertragsfreiheit, aber die Berechnungsgrundlage sollte so eindeutig wie möglich und damit transparent für den Arbeitnehmer niedergelegt werden. Übernimmt der Handelsvertreter das **Delkredere**, also die Einstandspflicht für die Zahlung des Kaufpreises durch den Kunden, steht dem Handelsvertreter hierfür eine gesonderte Provision zu. Ob die Übernahme eines Delkredere durch den Arbeitnehmer in Betracht kommt, ist zweifelhaft, könnte allerdings nach dem hier für maßgeblich gehaltenen Verständnis vom Arbeitsverhältnis als Wettbewerbsgemeinschaft als wirksam angesehen werden. 1844

Schließen zwei Verkäufergruppen zum Abschluss ihrer unterschiedlich hohen individuellen Provisionseinkünfte auf Veranlassung des Arbeitgebers eine sog. **Topfvereinbarung** und wird diese später gekündigt, so kann sich für diejenigen Verkäufer, die ohne Topfvereinbarung erheblich geringere Provisionseinkünfte haben, ein Anspruch auf Anhebung ihrer Vergütung aus einer ergänzenden Vertragsauslegung ergeben.[147] Nach § 87c HGB hat der Handelsvertreter Anspruch auf Erteilung einer Provisionsabrechnung sowie eines Buchauszuges, auf Auskunft und auf Bucheinsicht. Die Durchsetzung derartiger Ansprüche bereitet in der Praxis aus Sicht des Handelsvertreters häufig Schwierigkeiten, insb. wenn eine gerichtliche Geltendmachung notwendig geworden ist. Zwischen den Zeiträumen, über die Auskunft begehrt wird, und dem Zeitpunkt einer richterlichen Entscheidung verstreichen viele Monate, oft Jahre. Manche Einzelpositionen einschließlich des Umfangs geleisteter Vorschüsse geraten verschiedentlich in Streit. Echte oder vermeintliche Erklärungen für Verzögerungen werden in EDV-Problemen gesucht. Unter solchen Umständen entspricht es der Interessenlage des Handelsvertreters, möglichst kurze, periodische Abrechnungszeiträume zu vereinbaren. Es kann deshalb nur eine monatliche Abrechnungsverpflichtung des Unternehmens oder höchstens eine vierteljährliche Abrechnung empfohlen werden.[148] 1845

(5) Carried Interest

Im Private Equity-Bereich ist es internationaler Standard, dass die Führungskräfte einen sog. Carried Interest erhalten. Beim Carried Interest handelt es sich um einen Gewinn, der dem Arbeitnehmer aufgrund einer außerhalb des Anstellungsverhältnisses angesiedelten Gesellschafterstellung (meist Kommanditist oder stille Beteiligung) anteilsentsprechend gezahlt wird, sobald ein erfolgreicher IPO oder ein hinreichender Veräußerungserlös realisiert wurde. Mit dem 1846

145 LAG Hamm 23.6.1993 – 15 Sa 1296/92, BB 1993, 2236; *Baumbach/Hopt*, § 87 HGB Rn 21; MüKo-HGB/*v. Hoyningen-Huene*, § 87 Rn 67.

146 MüKo-HGB/*v. Hoyningen-Huene*, § 87 Rn 55.

147 BAG 3.6.1998 – 5 AZR 552/97, NZA 1999, 306.

148 *Westphal*, Handelsvertretervertrag, Rn 189.

Carried Interest, der neben dem Gehalt und neben einer Tantieme oder einem sonstigen Bonus erbracht wird, soll bei den Angestellten ein Anreiz gesetzt werden, den Ankauf von Unternehmen sorgfältig vorzubereiten und das Engagement bis hin zu einer möglichst gewinnbringenden Veräußerung erfolgreich zu begleiten. Die Zahlung des bei einer Betriebsveräußerung anfallenden Anteils am Gewinn, der dem Arbeitnehmer als Carried Interest überwiesen wird, erfolgt nicht über den Arbeitgeber, sondern durch das Unternehmen, in welchem dem Arbeitnehmer aufgrund der Carried Interest-Vereinbarung eine Gesellschafter-Stellung eingeräumt wird. Deshalb entsteht bei Vereinbarung eines Carried Interest mit einem Mitarbeiter kein unmittelbarer Zahlungsanspruch gegen den Arbeitgeber, wie das BAG[149] festgestellt hat.

1847 Auch die steuerrechtliche Qualifizierung einer Erfolgsbeteiligung führt nicht zu einem arbeitsrechtlichen Vergütungsanspruch in der Form des Carried Interest. Die steuerrechtliche Qualifizierung einer Erfolgsbeteiligung ersetzt nicht den schuldrechtlichen Verpflichtungsgrund und verschafft dem Arbeitnehmer keinen weiteren Schuldner.[150] Eine Erfolgsbeteiligung im Rahmen eines Carried Interest-Plans ist keine Provision, weil Provisionen üblicherweise nur bei standardisierten Geschäften gezahlt werden, deren Zustandekommen der Provisionsberechtigte selbst in der Hand hat. Im Venture Capital-Geschäft üben die Partner und die Angestellten gemeinschaftlich den Einfluss aus, der zur Ankaufs- und zur späteren Veräußerungsentscheidung über das Zielunternehmen führt. Außerdem fällt der Carried Interest nur an, wenn verrechnungsfähige Gewinne in dem betreuten Unternehmen nach einer Transaktion verbleiben.[151] Der Carried Interest ist auch keine Tantieme, denn die Tantieme ist eine Gewinnbeteiligung in der Form einer zusätzlichen Vergütung, die prozentual nach dem Jahresgewinn des Unternehmens berechnet wird.[152] Sie gehört zu den Vergütungsbestandteilen, die in das Austauschverhältnis „Arbeit gegen Lohn“ fallen.[153] Der Carried Interest entsteht unabhängig von der Gewinnsituation der Gesellschaft, bei der der Arbeitnehmer angestellt ist. Er ist kein Gewinn des Unternehmens (Arbeitgeber), sondern **Berechnungsgröße** für einen **Gewinnanteil an einem Transaktionsgeschäft**, das zwar vom Arbeitgeber gesteuert wird, das als Gewinn aber nicht beim Arbeitgeber selbst anfällt, sondern in einer Beteiligungsgesellschaft oder in dem Unternehmen selbst, das Gegenstand von Akquisition und Veräußerung war. Der Carried Interest fügt sich damit nicht nahtlos in das System der Boni ein. Er ist eine **Rechtsfigur außerhalb des Arbeitsrechts**, angesiedelt im Private Equity-Geschäft und im Gesellschaftsrecht, und besitzt nur geringe Berührungspunkte mit dem Arbeitsrecht.

b) Klauseltypen und Gestaltungshinweise

aa) Zielvereinbarungen

(1) Klauseltyp A

1848 → **A 1:** Die Gesellschaft zahlt unter Berücksichtigung quantitativer und/oder qualitativer Zielsetzungen, die Bestandteil einer jährlich neu zu treffenden schriftlichen Zielvereinbarung sind, dem Mitarbeiter einen variablen Bonus, dessen Höhe von der Gesellschaft bestimmt wird und höchstens 20.000 € pro Geschäftsjahr beträgt. Die Auszahlung des Bonus erfolgt bis zum 31. März des auf das Geschäftsjahr folgenden Jahres. Bei Beginn des Arbeitsverhältnisses nach dem 1. Januar eines Jahres oder bei Beendigung vor dem 31. Dezember eines Jahres bzw vor Ablauf der der Zielvereinbarung zugrunde liegenden Zeitspanne berechnet sich die Höhe des Bonus anteilig. Für über den gesetzlichen Entgeltfortzahlungszeitraum hinaus reichende Fehlzeiten bei Krankheit erfolgt eine anteilige Kürzung. Gleiches gilt für Zeiten, in denen das Ar-

149 BAG 3.5.2006 – 10 AZR 310/05, DB 2006, 1499.
150 BAG 12.2.2003 – 10 AZR 299/02, DB 2003, 1065.
151 BAG 3.5.2006 – 10 AZR 310/05, DB 2006, 1499, 1501.
152 ErfK/*Preis*, § 611 BGB Rn 494.
153 BAG 8.9.1998 – 9 AZR 273/97, DB 1999, 696.

beitsverhältnis ruht, insbesondere bei Elternzeit. Im Fall der fristlosen Kündigung des Arbeitnehmers aus wichtigem Grund entfällt der Bonus.

→ **A 2:** Neben seiner Festvergütung erhält der Mitarbeiter gemäß der jährlich zu treffenden Zielvereinbarung einen Bonus iHv maximal 15.000 €. Die Höhe des Bonus richtet sich nach dem Grad der Zielerreichung und bestimmt sich wie folgt:

Bonusstufe	Zielerreichung in %	Zielsetzung	Gesamtleistung	Bonus-Ausschüttung in % vom Maximalbonus
0	bis 89 %	sehr deutlich unterschritten	mangelhaft	0
1	90 bis 95 %	deutlich unterschritten	ausreichend	10
2	96 bis 99 %	annähernd erreicht	befriedigend	20
3	100 bis 103 %	voll erreicht	gut	50
4	104 bis 109 %	deutlich überschritten	sehr gut	75
5	110 % und mehr	sehr deutlich überschritten	ausgezeichnet	100

Über die Höhe des Zielerreichungsgrades entscheidet der Arbeitgeber nach erfolgtem Zielerreichungsgespräch mit dem Mitarbeiter. Das Gespräch soll im unmittelbaren Anschluss an das Geschäftsjahr, spätestens aber bis Ende März des auf das Geschäftsjahr folgenden Jahres geführt werden.[154]

A 3:

Zielvereinbarung 2006 [155]
Unter Bezugnahme auf § (...) des Anstellungsvertrages vom (...) vereinbaren Mitarbeiter und Arbeitgeber zur Regelung des Bonus für das Jahr (...) Folgendes:

I. Zusammensetzung und Berechnung des Zielbonus
Der Zielbonus beträgt 10.000 € brutto. Er hängt in seinem Entstehen und in seiner Höhe zunächst davon ab, ob und inwieweit die nachfolgend unter II. definierten Ziele erreicht werden. Je nach dem wirtschaftlichen Ergebnis des Unternehmens wird der so errechnete Bonus nach Maßgabe der nachfolgenden Regelung unter III. angepasst.

II. Persönliche Ziele
1. Gewichtung
Die nachfolgenden Ziele sind gleichgewichtig und bestimmen den Bonus zu jeweils 25 % mit.

154 *Mauer*, NZA 2002, 540, 541.
155 Vgl auch Preis/*Lindemann*, Der Arbeitsvertrag, II Z 5 Rn 4.

2. Ziele

Beurteilungsmerkmale	Beurteilungsstufen	Zielerreichungsprozentsatz
Aufgabenerfüllung: Inwieweit deckte der Mitarbeiter die ihm übertragenen Aufgaben mit Ergebnissen ab?	Alle übertragenen Aufgaben wurden uneingeschränkt erledigt; es wurden darüber hinaus zusätzliche Aufgaben übernommen.	100 %
	Alle übertragenen Aufgaben wurden uneingeschränkt erledigt.	75 %
	Von den übertragenen Aufgaben wurden nur wenige nicht erledigt.	50 %
	Von den übertragenen Aufgaben wurden mehrere, zum Teil auch wichtige, nicht ausreichend erledigt.	25 %
Terminstreue: In welchem Umfang hielt der Mitarbeiter vorgeschriebene Termine ein?	Alle vorgegebenen Termine wurden uneingeschränkt eingehalten und zum Teil sogar unterschritten.	100 %
	Alle vorgegebenen Termine wurden uneingeschränkt eingehalten.	75 %
	Von den vorgegebenen Terminen wurden wenige nicht eingehalten.	50 %
	Von den vorgegebenen Terminen wurden mehrere, zum Teil auch wichtige, nicht eingehalten.	25 %
Führungsqualität: In welchem Umfang wurden die Mitarbeiter geführt und gefördert, um den festgelegten Leistungserwartungen entsprechen zu können?	... übertraf die an die Stelle gebundenen Erwartungen bei weitem.	100 %
	... entsprach uneingeschränkt den an die Stelle gebundenen Erwartungen.	75 %
	... entsprach überwiegend den an die Stelle gebundenen Erwartungen.	50 %

Beurteilungsmerkmale	Beurteilungsstufen	Zielerreichungsprozentsatz
	... entsprach in mehreren, zum Teil auch wesentlichen und wichtigen Fällen nicht den an die Stelle gebundenen Erwartungen.	25 %
Abteilungsergebnis: Welches Ergebnis (Gewinn) hat die Abteilung unter Zugrundelegung der allgemeinen gültigen internen Bewertungsrichtlinien für Profitcenter erreicht? Die Gewinnplanung beläuft sich auf [Betrag] €.	Ergebnisplanung übertroffen.	100 %
	Ergebnisplanung erreicht bzw um weniger als 10 % unterschritten.	75 %
	Ergebnisplanung um mehr als 10 % verfehlt.	25 %
	Ergebnisplanung um mehr als 50 % verfehlt.	0 %

Der Bonus unter Berücksichtigung der persönlichen Ziele beträgt:
- Ziel 1: (...) % aus 2.500 € brutto = (...) € brutto
- Ziel 2: (...) % aus 2.500 € brutto = (...) € brutto
- Ziel 3: (...) % aus 2.500 € brutto = (...) € brutto
- Ziel 4: (...) % aus 2.500 € brutto = (...) € brutto

Gesamtbetrag = (...) € brutto

III. Unternehmensziele

Das Unternehmensziel für das Kalenderjahr (...) beträgt 1,5 Mio. € EBIT.[156] Der unter Zugrundelegung der persönlichen Ziele erreichte Bonus wird je nach dem Unternehmensziel wie folgt angepasst:

Unternehmensziel	Zielerreichungsprozentsatz	Bonus
EBIT > 2 Mio. €	150 %	(...)
EBIT > 1,75 Mio. €	125 %	(...)
EBIT > 1,5 Mio. €	100 %	(...)
EBIT > 1,25 Mio. €	75 %	(...)
EBIT > 1 Mio. €	50 %	(...)
EBIT > 750.000 €	25 %	(...)
EBIT < 750.000 €	0 %	(...)

156 Vgl zur Ermittlung des EBITDA BAG 11.12.2013 – 10 AZR 364/13, ZIP 2014, 1093.

Der Bonus wird zur Zahlung mit Ablauf des auf die Feststellung des Jahresabschlusses folgenden Monats fällig. Mit der Abrechnung für den Monat (...) wird ein Abschlag iHv 70 % des erwarteten Bonus bezahlt.

IV. Folgejahre
Die vorstehende Zielvereinbarung gilt ausschließlich für das Jahr (...).

V. Schriftform
Änderungen und Ergänzungen dieser Zielvereinbarung bedürfen zu ihrer Rechtswirksamkeit der Schriftform. Dies gilt auch für die Aufhebung des Schriftformerfordernisses.[157] Davon sind mündliche Individualabreden nicht umfasst.[158]

A 4:
Für das Geschäftsjahr (...) sagen wir Ihnen bei 100 %iger Zielerreichung einen Bonus iHv 20.000 € brutto zu. Die Auszahlung des Bonus hängt sowohl von den Ergebnissen des Unternehmens als auch vom Erreichen der mit Ihnen vereinbarten persönlichen Ziele ab. Der sich gegebenenfalls zu Ihren Gunsten ergebende Bonus ist am Ende des Monats fällig, der auf den Monat der Bilanzfeststellung folgt.[159]

1. Ertragsabhängiger Bonus
40 % des Ihnen zugesagten Bonus hängen vom Erreichen der im Folgenden von der Geschäftsführung festgelegten Unternehmensziele ab. Maßgebend ist insofern das EBIT. Für das Geschäftsjahr (...) ergibt sich folgende Bewertungstabelle:

EBIT	Zielerreichungsgrad
1,0 Mio. €	0 %
1,5 Mio. €	40 %
2,0 Mio. €	60 %
2,5 Mio. €	80 %
3,0 Mio. €	100 %
3,5 Mio. €	120 %
4,0 Mio. €	140 %
mehr als 4,5 Mio. €	160 %

Zwischenwerte werden rechnerisch ermittelt. Maximal kann ein ertragsabhängiger Bonus von 160 %, bezogen auf den ertragsabhängigen Teil des Bonus, erreicht werden.

2. Leistungsabhängiger Bonus
60 % des Ihnen in Aussicht gestellten Bonus sind abhängig vom Erreichen der im Einzelnen mit Ihnen vereinbarten und im Folgenden festgehaltenen persönlichen Ziele. Für das Geschäftsjahr (...) werden folgende persönlichen Ziele vereinbart:

157 *Lindemann/Simon*, BB 2002, 1807, 1808 f.
158 BAG 20.5.2008 – 9 AZR 382/07, NZA 2008, 1233.
159 Vgl Muster zur Rahmenvereinbarung für eine Zielvereinbarung, BLDH/*Lingemann*, Anwalts-Formularbuch Arbeitsrecht, M 12.26.

Ziel	Gewichtung
a) (...)	40 %
b) (...)	20 %
c) (...)	25 %
d) (...)	15 %

Die Zielerreichung wird am Ende des Geschäftsjahres gemeinsam von Ihnen mit Ihrem Vorgesetzten beurteilt. Die Beurteilung des Grades der Zielerreichung soll sich an folgender Tabelle orientieren:

Zielerreichungsgrad	Rechenfaktor
60 % = Ziel im Wesentlichen nicht mehr zufriedenstellend erreicht	0 %
70 % = weit unter Plan, Ergebnis aber noch akzeptabel	25 %
80 % = deutlich unter Plan	50 %
90 % = nur geringfügig unter Plan	75 %
100 % = gutes Resultat, Ziel erreicht	100 %
110 % = deutlich höheres Ergebnis als geplant	120 %
115 % = sehr gutes Ergebnis, Plan deutlich überschritten	140 %
mehr als 120 % = extrem gutes Ergebnis. Plan extrem weit überschritten	160 %

Zur Ermittlung des leistungsabhängigen Bonus wird der Rechenfaktor anhand des Zielerreichungsgrades für jedes der vier persönlichen Ziele gesondert ermittelt. Unter Berücksichtigung der unterschiedlichen Gewichtung der vier persönlichen Ziele ergibt sich dann die Höhe des leistungsabhängigen Bonus.

3. Ermittlung des Gesamtbonus
Grundsätzlich sind der ergebnisabhängige und leistungsabhängige Bonus unabhängig voneinander festzustellen. Werden allerdings die Unternehmensziele verfehlt und reduziert sich der ergebnisabhängige Bonus auf 0, so entfällt gleichzeitig auch der leistungsabhängige Bonus. Die Geschäftsleitung behält sich allerdings in diesem Fall vor, unter Berücksichtigung Ihrer Leistung in Abstimmung mit dem Betriebsrat eine Tantieme auf freiwilliger Basis, ohne Rechtsanspruch, festzusetzen.

4. Allgemeine Bestimmungen
Die Zielvereinbarung gilt nur für das Geschäftsjahr (...)/(...). Ein Rechtsanspruch für die Zukunft folgt hieraus nicht.
Endet das Arbeitsverhältnis im Laufe des Geschäftsjahres, wird der leistungsabhängige Teil des Bonus pro rata temporis ermittelt. Der ertragsabhängige Teil des Bonus entfällt vollständig. Ziffer 3 findet nur Anwendung, wenn der ausscheidende Mitarbeiter auch bei Fortsetzung der Tätigkeit bis zum Ende des Geschäftsjahres keinen Bonus wegen beträchtlicher Verfehlung der Unternehmensmindestziele erhalten hätte.[160]

160 *Hoß*, ArbRB 2002, 154, 155 f.

A 5:

(1) Der Mitarbeiter erhält einen erfolgsabhängigen Bonus. Die Höhe des erfolgsabhängigen Bonus richtet sich nach der jährlich getroffenen Zielvereinbarung. Gibt es keine Zielvereinbarung, bleibt die Festsetzung eines erfolgsabhängigen Bonus dem Ermessen des Vorstands vorbehalten. Der erfolgsabhängige Bonus wird mit der Gehaltsvergütung für den Monat (...) des Folgejahres ausgezahlt.

(2) Bei Beginn des Arbeitsverhältnisses nach dem 1.1. eines Jahres oder bei Beendigung vor dem 31.12. eines Jahres bzw vor Ablauf der der Zielvereinbarung zugrunde liegenden Zeitspanne berechnet sich die Höhe des Bonus anteilig. Für die über den gesetzlichen Entgeltfortzahlungszeitraum hinausreichende Fehlzeiten bei Krankheit erfolgt eine anteilige Kürzung, ebenso gilt dies für Zeiten, in denen das Arbeitsverhältnis ruht, insbesondere bei Elternzeit.

(3) Bei Kündigung aus wichtigem Grund kann die Zahlung des Bonus entfallen. Die Höhe im Zeitpunkt des dann ggf auszuzahlenden Bonus hängt von den vorgenannten Bedingungen und vom Ermessen des Vorstands der Gesellschaft ab. Die Zahlung des Bonus entfällt, sofern der Mitarbeiter sich in einem gekündigten Arbeitsverhältnis befindet und/oder von der Verpflichtung zur Erbringung der Arbeitsleistung freigestellt ist.

(4) Eine Bonusleistung wird ausschließlich für die Kalenderjahre (...) und (...) als zusätzliche freiwillige und frei widerrufliche Leistung vereinbart. Auch bei wiederholter Leistung des Bonus entsteht kein Rechtsanspruch für die Zukunft.[161]

A 6:

(1) Der Mitarbeiter erhält ein Jahresfestgehalt iHv 60.000 € brutto, das in zwölf gleichen Teilen, jeweils monatlich im Nachhinein, bargeldlos ausgezahlt wird. Er erhält ab dem auf die Einstellung folgenden Kalenderjahr zusätzlich einen variablen Bonus, der eine Zielgröße von 10.000 € brutto hat. Das Jahreszielgehalt beträgt somit 70.000 €.

(2) Die variable Bonuszahlung wird kalenderjährlich (Bemessungszeitraum) geleistet. Sie beträgt maximal 25 % der Jahresfestvergütung nach vorstehendem Abs. 1. Die Bonuszahlung hängt in ihrem Entstehen und ihrer Höhe davon ab, dass bestimmte Ziele erreicht werden. Die Ziele werden kalenderjährlich jeweils im Voraus einvernehmlich zwischen dem Mitarbeiter und der Geschäftsleitung in einer schriftlichen Zielvereinbarung festgelegt. Sofern kein Einvernehmen über den Inhalt der Zielvereinbarung erzielt wird, entscheidet die Geschäftsleitung nach billigem Ermessen. Die schriftliche Zielvereinbarung ist in ihrer jeweils gültigen Fassung Bestandteil des Arbeitsvertrages.

(3) Scheidet der Mitarbeiter unterjährig aus, so erhält er die Bonuszahlung anteilig. Im Falle einer unberechtigten fristlosen Eigenkündigung oder einer fristlosen Arbeitgeberkündigung entfällt die Bonuszahlung. Die Bonuszahlung kürzt sich anteilig für Zeiten, in denen der Arbeitgeber von seiner Verpflichtung zur Zahlung der Vergütung, zB wegen längerer Arbeitsunfähigkeit oder weil das Arbeitsverhältnis ruht, frei ist.

(4) Der Bonus ist zur Zahlung spätestens mit Ablauf des auf die Feststellung des Jahresabschlusses folgenden Monats fällig. Sofern der Arbeitgeber Abschläge leistet, werden diese mit der Bonuszahlung verrechnet. Im Falle einer Überzahlung steht dem Arbeitgeber ein vertraglicher Anspruch auf Rückzahlung des überzahlten Betrags zu.

(5) Die Bonuszahlung ist ein zusätzlicher variabler Vergütungsbestandteil; sie kann über oder unter der Zielgröße liegen. Der Mitarbeiter hat keinen Rechtsanspruch auf die Festlegung bestimmter Ziele. Dies gilt auch, wenn für mehrere Bemessungszeiträume jeweils die gleichen Ziele festgelegt worden sind.[162]

161 *Mauer*, NZA 2002, 540, 541 f, ergänzt um Teile von Abs. 5 des zweiten Beispiels bei *Lindemann/Simon*, BB 2002, 1807, 1808.

162 *Lindemann/Simon*, BB 2002, 1807 ff.

A 7:

§ 8 Zielvereinbarung

(1) Die Ziele sind in einem Zielvereinbarungsgespräch zwischen direktem Vorgesetzten und Arbeitnehmer zu vereinbaren. Der Arbeitnehmer kann für das Zielvereinbarungsgespräch ein Mitglied des Betriebsrats hinzuziehen.

(2) Zur Vorbereitung auf das Zielvereinbarungsgespräch erhält jeder Arbeitnehmer mindestens zwei Wochen vorher umfassende Informationen über die Ziele seiner Organisationseinheit (GB Vertrieb bzw Abt. Vertrieb).

(3) Der für die Organisationseinheit zuständige Betriebsrat erhält eine entsprechende Mitteilung über die Ziele dieser Organisationseinheit.

(4) Die Einigung über die Ziele als Ergebnis des Zielvereinbarungsgesprächs ist schriftlich niederzulegen und vom Arbeitnehmer und vom Vorgesetzten zu unterschreiben (Zielvereinbarung).

§ 9 Laufzeit der Zielvereinbarung

(1) Die Zielvereinbarung wird für ein Geschäftsjahr (Zielvereinbarungsperiode) abgeschlossen. (...)

(2) Ist der Abschluss einer Zielvereinbarung bis zum Ende des ersten Quartals der Zielvereinbarungsperiode nicht erfolgt, wird bis zum Abschluss einer Zielvereinbarung ein Zielerreichungsgrad für jeden angefangenen Kalendermonat von 100 % für die Berechnung des variablen Entgelts unterstellt.

§ 10 Arten und Gewichtung von Zielen

(1) Mit dem Arbeitnehmer sind mindestens drei, höchstens fünf Ziele zu vereinbaren, die bei Arbeitnehmern, die Tätigkeiten gemäß Anlage 1 ausüben, unmittelbar auf die Vertriebstätigkeiten bezogen sind bzw bei Arbeitnehmern, die Tätigkeiten gemäß Anlage 2 ausüben, unmittelbar auf die Tätigkeit im Vertrieb bezogen sind. Die Ziele müssen vom Arbeitnehmer direkt beeinflussbar, zähl-, mess-, nachvollziehbar und klar zuzuordnen sein.

(2) Die zu vereinbarenden individuellen Ziele sind grundsätzlich gleichgewichtig zu vereinbaren. Soweit unterschiedliche Gewichtungen vereinbart werden, ist jedes vereinbarte Ziel mit mindestens 20 % und höchstens 40 % zu gewichten.

(3) Es kann ein Teamziel mit einer Gewichtung von 10 % vereinbart werden, sofern die Teamleistung unmittelbar zur Zielerreichung beiträgt. Abweichend von vorstehenden Regelungen ist im Falle der Vereinbarung eines Teamziels und zwei weiteren Zielen die Gewichtung bei einem der weiteren Ziele um 10 % zu erhöhen.

§ 11 Konfliktregelung für die Zielvereinbarung

(1) Wird in dem Zielvereinbarungsgespräch bzw in einem Zeitraum von zwei Wochen nach dem Zielvereinbarungsgespräch keine Einigung erzielt, tritt eine Kommission auf örtlicher Ebene (GB Vertrieb) nach unverzüglicher Anrufung durch den Personalbereich zusammen. Die Kommission hat insbesondere die Aufgabe, zunächst vermittelnd auf den Vorgesetzten und den Arbeitnehmer einzuwirken. Erfolgt nach diesem Vermittlungsversuch keine Einigung, hat die Kommission spätestens vier Wochen nach ihrer Anrufung mit ihrer Mehrheit der stimmberechtigten Mitglieder über die Ziele des Arbeitnehmers zu entscheiden. Die Entscheidung der Kommission ist für Arbeitnehmer und Arbeitgeber bindend. Während des Verfahrens bis zu einer Entscheidung über die Ziele bleibt das Direktionsrecht im Rahmen der bestehenden Regelung unberührt.

(2) Die Kommission ist mit zwei vom Arbeitgeber zu benennenden Mitgliedern und zwei vom Betriebsrat zu benennenden Mitgliedern zu besetzen. Mindestens eines der jeweils zu benennenden Mitglieder soll dem Betrieb angehören. (...) Der Kommission ist das für ihre Tätigkeit aus diesem Tarifvertrag erforderliche Datenmaterial zur Verfügung zu stellen.

§ 12 (...)

§ 13 Konfliktregelung für die Feststellung der Zielerreichungsgrade
Ist der Arbeitnehmer mit der Feststellung der Zielerreichung nicht einverstanden, kann er dies innerhalb von zwei Wochen nach Bekanntgabe des Gesamtzielerreichungsgrades beim Arbeitgeber beanstanden. Für die Regelung von Beanstandungen ist die gem. § 11 gebildete Kommission zuständig. Die Kommission hat innerhalb von vier Wochen nach ihrer Anrufung verbindlich über die Beanstandung zu entscheiden. (...)

§ 14 Höhe des variablen Entgelts
(1) Die Höhe des variablen Entgelts ergibt sich aus einer Richtgröße, die wie folgt festgelegt wird: Die Höhe der Richtgröße (100 % des variablen Entgelts) wird nach v.H.-Sätzen, bezogen auf die letzte Gruppenstufe der jeweiligen Entgeltgruppe, bemessen. (...)
(2) Maximal kann das variable Entgelt das Zweifache der Richtgröße betragen.
(3) Die Höhe des an den Arbeitnehmer auszuzahlenden variablen Entgelts ist abhängig von dem jeweils vom Arbeitnehmer/Team erreichten Zielerreichungsgrad (ZEG).
(4) Der ZEG wird bezogen je Einzelziel festgelegt.

§ 15 Auszahlung des variablen Entgelts
Die Auszahlung des variablen Entgelts erfolgt in drei Abschlägen jeweils für das abgelaufene Quartal iHv 20 % der Richtgröße und mit einer Endabrechnung für die laufende Zielvereinbarungsperiode nach Ablauf des vierten Quartals. (...)

Protokollnotiz zu § 15: (...)
Für die Endabrechnung ist ein Quotient aus Ist- und Soll-Arbeitstagen zu bilden und mit den vereinbarten Zielen zu multiplizieren. Das sich hieraus jeweils ergebende Ziel ist für die Endabrechnung maßgebend. Als Soll-Tage werden 222,79 Arbeitstage festgesetzt, die um bis zu 50 Ist-Tage gemindert werden können.[163]

A 8: Der Bonus kann in voller Höhe, jedoch nur, soweit nicht mehr als 25 % des Gesamtverdienstes betroffen sind, aufgrund dringender betrieblicher Erfordernisse widerrufen werden, insbesondere wenn der Jahresgewinn unter (...) (EBIT) sinkt. Liegen diese Voraussetzungen nicht mehr vor, wird der Bonus wieder in vollem Umfang gewährt.[164]

A 9: Es ist vorgesehen, die mit Ihnen vereinbarte Bonuszahlung im Verlaufe des Jahres (...) durch ein Carried-Interest-Modell zu ersetzen.[165]

(2) Gestaltungshinweise

1849 Bei der vertraglichen Ausgestaltung der Zielvereinbarung besteht ein breites Spektrum. Denkbar ist eine einfache vertragliche Regelung wie **Klausel A 1**, die keinen konkret bezifferbaren Anspruch des Arbeitnehmers ermöglicht und auch die Ermittlung der Zielerreichungsgrade offen lässt. Entsprechendes gilt für die **Klausel A 2.** Hier wird zwar eine Tabelle mit Noten angeboten, nicht hingegen definiert, bei welchen Sachverhalten die Noten vergeben werden. Beide Klauseln sind daher als solche wirksam, aber in der praktischen Anwendung ergänzungsbedürftig und keine hinreichende vollständige Grundlage für die Durchführung eines zielgestützten Bonusprogramms.

1850 Die **Klauseln A 3 und A 4** definieren präzise die Einzelziele und erlauben die auf Basis einer nachvollziehbaren Bewertung des Erreichens von Einzelzielen erfolgte Berechnung des Bonus, **Klausel A 4** unter der Voraussetzung einer jährlichen Ergänzungsvereinbarung, die die Ziele

163 BAG 21.10.2003 – 1 ABR 39/02, NZA 2004, 936.
164 *Lindemann*, AuR 2004, 206.
165 BAG 3.5.2006 – 10 AZR 310/05, DB 2006, 1499.

festschreibt. Bei der **Klausel A 3** ist die neue Fassung der doppelten Schriftformklausel zu beachten. Durch eine Schriftformklausel kann an und für sich das Entstehen eines Anspruchs aus betrieblicher Übung wirksam unterbunden werden. Die doppelte Schriftformklausel ist jedoch nach der Rspr des BAG gem. § 307 Abs. 1 BGB unwirksam, wenn sie zu weit gefasst ist.[166] Dies soll der Fall sein, wenn auch alle mündlichen Individualabreden nicht wirksam sind, da dies nicht der tatsächlichen Rechtslage, nach der Individualabreden gem. § 305 b BGB stets Vorrang vor AGB haben, entspricht. Eine doppelte Schriftformklausel muss daher, um nicht nach § 307 Abs. 1 BGB unwirksam zu sein, einen Hinweis darauf enthalten, dass mündliche Individualabreden nicht umfasst sind.

Die **Klausel A 5** enthält eine Rahmenregelung, die nur in Verbindung mit einer jährlichen Ziel- 1851
vereinbarung zu Ansprüchen führen kann, je nach Inhalt der Zielvereinbarung. Die Rahmenvereinbarung enthält zahlreiche Vorbehalte, die auch die Zusage zu einem zielgestützten Bonus konterkarieren. Letzteres dürfte widersprüchlich und deswegen bereits intransparent und unwirksam gem. § 307 Abs. 1 S. 2 BGB sein.

Die **Klausel A 6** enthält eine Rahmenzielvereinbarung, die durch eine jeweilige Jahreszielver- 1852
einbarung auszufüllen ist. Die Rahmenzielvereinbarung ist weder befristet, noch enthält sie einen Widerrufsvorbehalt. Die Klausel A 6 berücksichtigt in ihrem Abs. 2 den Konfliktfall, dass sich die Parteien nicht über die Jahresziele einigen können.

Die **Klausel A 7** enthält einen Auszug aus einem Tarifvertrag, wie er dem Beschluss des 1. Se- 1853
nats des BAG vom 21.10.2003 zugrunde lag.

Der Arbeitgeber wird bei der Gestaltung einer Zielvereinbarung Wert darauf legen, dass er die 1854
Ziele **einseitig** festlegen kann, zumindest in dem Fall, in dem keine Einigung mit dem Arbeitnehmer zu den konkreten Zielen erreichbar ist. Die Vereinbarung einer einseitigen Zielfestlegungskompetenz für den Arbeitgeber, wie in der **Klausel A 1**, begegnet keinen grundsätzlichen rechtlichen Bedenken.[167] Hiervon zu trennen ist die Pflicht des Arbeitgebers, mit dem Arbeitnehmer die konkrete Jahreszielvereinbarung zu verhandeln. Die **Verhandlungspflicht** lässt die Befugnis des Arbeitgebers auf Bestimmung der Ziele unberührt. Erst dann, wenn die Ziele unrealistisch und objektiv nicht erreichbar sind, überschreitet der Arbeitgeber sein Ermessen nach § 315 BGB.

Zielvereinbarungen sind einvernehmliche, konkretisierte vertragliche Vergütungsregelungen, 1855
auf die die Grundsätze über freie Entgeltvereinbarungen Anwendung finden.[168] Formuliert der Arbeitgeber dagegen, wie bei der Festlegung eines Zielumsatzes für einen Außendienstmitarbeiter, eine einseitige Zielvorgabe und wird die Umsatzanforderung im Folgejahr einseitig erhöht, unterliegt die Zielvorgabe durch den Arbeitgeber einer Billigkeitskontrolle, § 315 BGB.[169]

Bei Gruppenzielvereinbarungen stellt sich die Frage, ob eine unterjährige Zielanpassung in Be- 1856
tracht kommt, wenn unerwartet verschlechternde wirtschaftliche Rahmenbedingungen eintreten oder Mitglieder die Gruppe verlassen und von den verbleibenden Mitgliedern das Gruppenziel keinesfalls erreicht werden kann. In diesen Fällen hat gem. § 313 Abs. 1 BGB eine Zielanpassung zu erfolgen. Der Gestalter einer Gruppenzielvereinbarung sollte deshalb **unterjährige Zielanpassungen** unter den genannten Voraussetzungen im Vertragstext vorsehen. **Gruppenbezogene Zielvereinbarungen** sollte man **vermeiden**, weil sich meist die einzelnen Leistungsanteile nicht präzise genug beschreiben lassen.

Neben *pro rata temporis*-Regelungen im Falle der Kündigung des Arbeitsverhältnisses sind 1857
auch Abschichtungsregelungen im Falle der Freistellung des Arbeitnehmers oder des Bezugs

166 BAG 20.5.2008 – 9 AZR 382/07, BB 2008, 2242.

167 Vgl nur *Bauer*, FA 2002, 296.

168 BAG 21.6.2000 – 5 AZR 506/98, FA 2000, 295 = EzA § 242 BGB Gleichbehandlung Nr. 83.

169 Vgl nur *Salamon*, NZA 2014, 465, 466; *Mengel*, Erfolgs- und leistungsorientierte Vergütung, Rn 288 mwN.

von Krankengeld möglich. Auch kann ohne Rechtsverstoß nach Freistellungs- und Kündigungsgründen unterschieden werden.

1858 Noch nicht abschließend geklärt ist, wie **Arbeitgeberweisungen**, die eine Zielerreichung erschweren oder unmöglich machen, nach dem Grundsatz des *venire contra factum proprium* zu berücksichtigen sind. Über das Direktionsrecht kann der Arbeitgeber ggf Anweisungen erteilen, die eine Zielerreichung verhindern oder den Erfüllungsgrad reduzieren.[170]

1859 Für den Inhalt von Zielen, die im Rahmen von Zielvereinbarungen vereinbart werden können, sind kaum Einschränkungen erkennbar, mit Ausnahme solcher Ziele, die auf eine gesetzes- oder sittenwidrige Handlung gerichtet sind. Im Übrigen dürfen Ziele ehrgeizig sein, sofern sie nur objektiv erreichbar sind, wie der Umkehrschluss aus § 275 Abs. 1 BGB ergibt.[171] **Weiche Ziele** wie Personalführungskompetenz, Kundenzufriedenheit oder Teamgeist können daher ebenso vereinbart werden wie **harte Ziele**, die in einem Zusammenhang mit den Geschäftsfeldern, dem Umsatz oder dem Gewinn des Unternehmens stehen.

1860 Es ist fraglich, ob ein **Freiwilligkeitsvorbehalt**, wie er in der **Klausel A 5** enthalten ist, im Zusammenhang mit der grundsätzlichen Zusage zur Beteiligung an einem zielgestützten Bonusprogramm verbunden werden darf.[172] Insgesamt ist dies aber eine Frage der wirksamen und rechtzeitigen Ausübung eines grds. zulässigen Freiwilligkeitsvorbehalts.[173] Nach der neueren Rspr des BAG ist für einen Freiwilligkeitsvorbehalt wie in **Klausel A 5** jedenfalls zu beachten, dass ein Freiwilligkeitsvorbehalt wegen Verstoßes gegen das Transparenzgebot aus § 307 Abs. 1 S. 2 BGB unwirksam ist, wenn im Vertrag – wie in Abs. 1 der Klausel A 5 – zunächst eine (grundsätzliche) Bonuszusage erfolgt bzw zu erfolgen scheint[174] Der Freiwilligkeitsvorbehalt stehe dann im Widerspruch zu der anspruchsbegründenden Bonusvereinbarung. Richtigerweise muss ein Freiwilligkeitsvorbehalt – korrekt und transparent formuliert – aber insoweit zulässig sein, als der Arbeitgeber sich damit für zukünftige Leistungszeiträume die Abschaffung des Bonusprogramms oder auch die Änderung vorbehalten und ggf später durch Ausübung des Vorbehalts erreichen will.[175] Es ist unstreitig, dass die – in der Praxis immer noch weit verbreitete – Kombination eines Freiwilligkeitsvorbehalts mit einem Widerrufsvorbehalt bzw einzelner Elemente der jeweiligen Vorbehalte gem. § 307 Abs. 1 BGB unwirksam ist,[176] da diese Kombination – zu Recht – als widersprüchlich und damit intransparent eingestuft wird.

1861 Die Vereinbarung eines **Widerrufsvorbehalts** für eine Bonusregelung (**Klausel A 8**) gilt im Grundsatz als zulässig, falls der Kerngehalt nicht tangiert wird. Die Begründung wird § 134, § 138 BGB, aber auch § 2 KSchG entlehnt.[177] Das BAG hält die Vereinbarung eines Widerrufsvorbehalts für zulässig, soweit (neben anderen Voraussetzungen) der im Gegenseitigkeitsverhältnis stehende widerrufliche Teil des Gesamtverdienstes unter 25 % liegt und der Tariflohn nicht unterschritten wird.[178] Zudem sind die Widerrufsgründe bei im Arbeitsvertrag zugesagten Boni so genau wie möglich zu bezeichnen.[179] Sind darüber hinaus Zahlungen des Arbeitgebers widerruflich, die nicht eine unmittelbare Gegenleistung für die Arbeitsleistung darstellen, sondern Ersatz für Aufwendungen, die an sich der Arbeitnehmer selbst tragen muss, erhöht

170 Vgl dazu BAG 12.12.2007 – 10 AZR 97/07, NJW 2008, 872.

171 *Bauer/Diller/Göpfert*, BB 2002, 882, 884.

172 Dagegen argumentiert ErfK/*Preis*, §§ 305–310 BGB Rn 72 a.

173 Vgl bereits *Mengel*, Erfolgs- und leistungsorientierte Vergütung, Rn 289 ff.

174 BAG 14.9.2011 – 10 AZR 526/10, NZA 2012, 81; BAG 30.7.2008 – 10 AZR 606/07, NZA 2008, 1173; BAG 24.10.2007 – 10 AZR 825/06, NZA 2008, 40; vgl dazu *König*, NZA-RR 2012, 449, 450; *Lingemann/Otte*, NJW 2014, 2400, 2401; *Simon/Hidalgo/Koschker*, NZA 2012, 1071, 1072 f.

175 Vgl zuletzt BAG 19.3.2014 – 10 AZR 622/13, NZA 2014, 595; *Lingemann/Gotham*, DB 2007, 1754, 1756; *Simon/Hidalgo/Koschker*, NZA 2012, 1071, 1072.

176 BAG 8.12.2010 – 10 AZR 671/09, NJW 2011, 2314; BAG 30.7.2008 – 10 AZR 606/07, NZA 2008, 1173.

177 *Simon/Hidalgo/Koschker*, NZA 2012, 1071, 1073; *Lembke*, NJW 2010, 321 f.

178 BAG 11.10.2006 – 5 AZR 721/05, NZA 2007, 87; zu den weiteren Voraussetzungen s. § 1 Rn 1807.

179 BAG 13.4.2010 – 9 AZR 113/09, NZA-RR 2010, 457.

sich der widerrufliche Teil der Arbeitsvergütung auf bis zu 30 % des Gesamtverdienstes.[180] Die Zahlung aufgrund einer Zielvereinbarung ist eine finanzielle Leistung des Arbeitgebers, die dem Wettbewerbscharakter wirtschaftlicher Betätigung und damit einem üblicherweise außerhalb des Arbeitsverhältnisses angesiedelten rein ökonomischen Aspekt Rechnung trägt. Insofern ist es unzulässig, die Vergütung aus einer Zielvereinbarung mit der übrigen Arbeitnehmer-Vergütung zusammenzurechnen. Beide Vergütungen bilden ein Aliud, das eine Zusammenrechnung ausschließt. Schon der gedankliche Ansatz einer Verbindung beider Vergütungsbestandteile zu einem gemeinsamen bestandsfähigen Anspruch aus Vertrag ist verfehlt, weil dem Wesen der Zielvereinbarung auf diese Weise nicht ausreichend Rechnung getragen wird. Dass Fehlzeiten ohne Entgeltanspruch wie in den Klauseln A 1 und A 5 anspruchsmindernd berücksichtigt werden, ist unbestritten und ergibt sich aus dem Leistungszweck der Bonuszahlung.[181]

Als Arbeitsentgelt kann der Bonus nicht für Zeiten, in denen ein Entgeltfortzahlungsanspruch 1862
des Arbeitnehmers besteht, gekürzt werden, §§ 3, 4 EFZG. Für die Kürzung der Vergütung aus einer Zielvereinbarung bei **krankheitsbedingten Fehlzeiten** kann § 4 a EFZG herangezogen werden. Während laufendes Arbeitsentgelt die kontinuierliche Gegenleistung für die in konkreten Zeitabschnitten erbrachte Arbeitsleistung ist, stellt der Bonus eine Gegenleistung für das Erreichen bestimmter vereinbarter Ziele dar. Der Bonus ist deshalb eine Sondervergütung iSd § 4 a EFZG.[182]

Zielvereinbarungen als Nebenabreden zu der Vergütungsabrede unterliegen auch einer einge- 1863
schränkten **AGB-Kontrolle**. Die **Klausel A 1** entspricht insoweit dem Bestimmtheitsgebot des § 307 Abs. 1 S. 2 BGB nicht, weil der Arbeitnehmer letztlich nur die Information über die Obergrenze eines variablen Bonus erhält und die Formulierung „unter Berücksichtigung quantitativer und/oder qualitativer Zielsetzungen" unklar lässt, um welche Ziele es sich im Einzelnen handelt und in welcher Relation diese Ziele auf den Umfang der Zielerreichung Einfluss nehmen – und damit auf den Bonus bis zur maximalen Höhe von 20.000 €. Allerdings ist für die Durchführung des Bonusprogramms nach dieser Klausel ersichtlich auch noch eine Ergänzung und Konkretisierung erforderlich, so dass die Inhaltskontrolle erst nach dieser Ergänzung vorgenommen werden kann.

Entsprechendes gilt für die **Klausel A 2**, wenn und soweit die Rubrik „Zielsetzung" nicht aus- 1864
gefüllt wird. Werden die Ziele dagegen präzise benannt, ist die Vereinbarung wirksam, weil in der Bonusskala 0 bis 5 aufgeführt ist, wie sich die prozentual erarbeiteten Bonusstufen errechnen. In Verbindung mit einem Zielerreichungsgespräch, in dem der Arbeitnehmer auf die Argumentation und die Gedankenwelt des Arbeitgebers Einfluss nehmen kann, kann die Regelung als noch hinreichend bestimmt angesehen werden.

Die **Klausel A 3** ist eine sehr umfassende und vollständige Bonusregelung. Sie begegnet ebenso 1865
wie die **Klausel A 4** keinen Wirksamkeitsbedenken.

Unwirksam ist dagegen wohl richtigerweise die **Klausel A 5**, da sie dem Arbeitgeber einen im 1866
Widerspruch zu der Zielbonuszusage stehenden Ermessensspielraum belässt.

Die **Klausel A 6** hält als **Rahmenzielvereinbarung** einer Klauselkontrolle stand. Selbst bei einer 1867
vorsorglichen Anwendung der neueren Grundsätze für Widerrufsvorbehalte[183] und Zusammenrechnung der Vergütungsbestandteile wird der Korridor von 25 bis 30 % der Gesamtvergütung nicht überschritten. Abs. 2 der Klausel sieht eine maximale Jahressonderleistung von 25 % zusätzlich zum Jahresfestgehalt vor, so dass selbst in dem Fall, dass kein Zielbonus gezahlt wird, der zulässige Korridor nach der Rspr des BAG vom 12.1.2005 nicht überschritten werden kann. Auch die übrigen Regelungen in Klausel A 6 entsprechen den Anforderungen

180 BAG 11.10.2006 – 5 AZR 721/05, NZA 2007, 87.

181 ErfK/*Preis*, § 611 BGB Rn 541 mwN; für ein 13. Monatsgehalt: BAG 21.3.2001 – 10 AZR 28/00, EzA § 611 BGB Gratifikation, Prämie Nr. 163.

182 *Lindemann/Simon*, BB 2002, 1807, 1813; aA ErfK/*Reinhard*, § 4 a EFZG Rn 8.

183 BAG 12.1.2005 – 5 AZR 364/04, NJW 2005, 1820.

der Inhaltskontrolle. Abs. 5 bringt den Kerngedanken der Zielvereinbarung zum Ausdruck, dass es sich um einen „zusätzlichen variablen Vergütungsbestandteil" handelt. Auch ist kein Verstoß gegen § 307 Abs. 2 Nr. 2 BGB erkennbar, weil in Abs. 2 der Klausel ausdrücklich geregelt wird, dass die Ziele in einer schriftlichen Zielvereinbarung kalenderjährlich jeweils im Voraus einvernehmlich zwischen dem Mitarbeiter und der Geschäftsleitung festgelegt werden.

1868 Bei dem **Klauseltyp A 7** handelt es sich um einen Auszug aus einem Tarifvertrag, der einer AGB-rechtlichen Kontrolle nach § 310 Abs. 4 S. 1 BGB nicht unterliegt. Die **Klausel A 8** enthält eine Widerrufsklausel zu einer Zielvereinbarung. In einem Arbeitsvertragstext ist insoweit auf die Anforderungen der Inhaltskontrolle zum Bestimmtheitserfordernis nach § 307 Abs. 1 S. 2 BGB und auf die Rspr zu Widerrufsvorbehalten seit dem Urteil des BAG vom 12.1.2005[184] zu achten. Der Begriff „dringende betriebliche Erfordernisse" bzw „wirtschaftliche Gründe" ist bestimmt und genügt den formellen Anforderungen einer Inhaltskontrolle nach § 308 Nr. 4 BGB.[185] Es genügt, wenn die Widerrufsgründe zumindest die Richtung angeben, aus der der Widerruf möglich sein soll (zB wirtschaftliche Gründe). Dies gilt erst recht, weil hier zusätzlich ein Benchmark zum Jahresgewinn und EBIT festgelegt ist.

1869 Die **Klausel A 9** basiert auf dem Sachverhalt der BAG-Entscheidung vom 3.5.2006.[186] Die Formulierung führt weder dem Grunde noch der Höhe nach zu **Carried Interest-Ansprüchen** des Arbeitnehmers. Das BAG deutete die Formulierung „vorsehen" mit Hilfe des Duden als „in Aussicht nehmen" oder „beabsichtigen", so dass der Arbeitgeber keine Verpflichtung zur vertraglichen Vereinbarung des *Carried Interest*-Modells übernommen habe. Den Vergütungsbestandteil nach *Carried Interest* rechnet das BAG auch nicht zu den herkömmlichen Boni wie Tantieme, Provision oder Zielvereinbarung, weil mit ihm eine über die arbeitsrechtliche Beziehung hinausgehende Stellung als Gesellschafter in einer Beteiligungsgesellschaft verbunden sei, die sich im Regelfalle als Gewinnanteil bei einer Betriebsveräußerung verwirkliche.

1870 Bei der Einführung von Zielvereinbarungen sind die **Mitbestimmungsrechte** des Betriebs- bzw Personalrats zu beachten. Zu berücksichtigen sind insb. die Mitbestimmungsrechte gem. § 87 Abs. 1 Nr. 1, 6, 10, 11 und 13, § 94 Abs. 2, § 106 BetrVG sowie § 76 Abs. 3 Nr. 15, § 76 Abs. 2 Nr. 5 BPersVG.[187] Der Betriebsrat kann einen Auskunftsanspruch zu Zielvereinbarungen haben.[188] Dieser Unterrichtungsanspruch nach § 80 Abs. 2 S. 1 BetrVG soll sich daraus ergeben, dass der Betriebsrat nur mit Hilfe der begehrten Auskünfte prüfen kann, ob der Arbeitgeber eine zu Gunsten der Arbeitnehmer geltende Betriebsvereinbarung richtig durchführt.[189] Dabei hängt der Auskunftsanspruch nicht davon ab, dass der Betriebsrat konkrete Anhaltspunkte für einen Regelverstoß darlegt.[190]

bb) Tantieme

(1) Klauseltyp B

1871 **B 1:** Herr (...) erhält eine erfolgsabhängige Vergütung, die sich wie folgt bemisst:

a) Bezugsbasis ist das ausschüttungsfähige Ergebnis des Jahresabschlusses der Gesellschaft inklusive der Jahresüberschüsse/-fehlbeträge der Tochtergesellschaften jeweils nach Rechnungslegungsvorschriften gemäß IAS/International Accounting Standard, bereinigt um die an ehemalige und amtierende Vorstandsmitglieder zu zahlenden Tantiemen sowie um Aufwendungen und/oder Erträge aus dem Kauf von Unternehmen bzw Verkauf von Beteiligungsunternehmen bzw Tochtergesellschaften.

184 BAG 12.1.2005 – 5 AZR 364/05, NJW 2005, 1820.
185 Vgl BAG 21.3.2012 – 5 AZR 651/10, NZA 2012, 616, 617; *Reinfelder*, NZA-Beil. 2014, 10, 12.
186 BAG 3.5.2006 – 10 AZR 310/05, DB 2006, 1499.
187 *Geffken*, NZA 2000, 1035, 1037.
188 BAG 21.10.2003 – 1 ABR 39/02, NZA 2004, 936.
189 BAG 19.2.2008 – 1 ABR 84/06, NZA 2008, 1078.
190 BAG 19.2.2008 – 1 ABR 84/06, NZA 2008, 1078.

b) Liegt das bereinigte Ergebnis, somit die Bemessungsgrundlage für die Tantieme, zwischen 0 und 10 Mio. €, so beträgt die zu zahlende Tantieme 1,2 % vom ausschüttungsfähigen Ergebnis gemäß obiger Definition.
c) Ist die Bezugsbasis zwischen 10 Mio. und 20 Mio. €, dann beträgt die Tantieme für diesen Teil 1,0 % des erreichten Wertes.
d) Ist die Bemessungsgrundlage höher als 20 Mio. €, so beträgt die Tantieme für den 20 Mio. € übersteigenden Teil 0,8 % des überschießenden Wertes.
e) Somit beträgt die Tantieme bei einem bereinigten Ergebnis von 10 Mio. € 120.000 € und bei einem Ergebnis von 20 Mio. € insgesamt 220.000 €, nämlich 120.000 € für die ersten 10 Mio. € Ergebnis und 100.000 € für die zweiten 10 Mio. € Bemessungsgrundlage.
f) Für das erste Geschäftsjahr wird eine Mindesttantieme von 125.000 € garantiert.
g) Die Tantieme für das Geschäftsjahr und die Folgenden ist mit Feststellung des Jahresabschlusses durch die Hauptversammlung fällig und zahlbar.

B 2: Der leitende Angestellte erhält eine Gewinntantieme iHv (...) %, berechnet nach den im folgenden Absatz niedergelegten Grundsätzen. Mit den Leistungen gem. Abs. 1 und Abs. 2 ist die gesamte Tätigkeit des leitenden Angestellten abgegolten. Bei unvermeidbarer Mehrarbeit, die über das zumutbare Maß hinausgeht, oder bei angeordneter Sonderarbeit können besondere Vergütungen vereinbart werden.[191]
Für die Berechnung der Tantieme ist der körperschaftsteuerpflichtige Gewinn, der sich vor Abzug der Tantieme für den (oder die) Geschäftsführer und nach Verrechnung mit Verlustvorträgen ergibt, zugrunde zu legen.[192] Gewinnabhängige Rückstellungen sowie steuerliche Sonderabschreibungen oder andere steuerliche Vergünstigungen, die den Gewinn unmittelbar beeinflussen und betriebswirtschaftlich nicht geboten sind, mindern die Bemessungsgrundlage nicht. Ausgenommen hiervon sind Gewinnminderungen infolge der Bewertungsfreiheit für geringwertige Wirtschaftsgüter. Andererseits ist die spätere gewinnerhöhende Auflösung von Rückstellungen oder anderen Bilanzpositionen, deren Bildung auf die Bemessungsgrundlage keinen Einfluss hatte, für die Berechnung der Tantieme unberücksichtigt zu lassen. Eine nachträgliche Erhöhung oder Verminderung des körperschaftsteuerpflichtigen Gewinns durch das Finanzamt ändert die Bemessungsgrundlage nicht.

B 3:
1. Die jährliche Tantieme des Geschäftsführers beträgt (...) % vom jährlichen Zuwachs („Economic Value Added" – „EVA") des (...)-Konzerns. Der EVA ist auf der Grundlage der Konzernabschlüsse für jedes Geschäftsjahr nach den folgenden Maßgaben zu berechnen:[193]
   a) Zunächst ist das operative Ergebnis des Konzerns vor Steuern und Zinsbelastungen („EBIT") zu ermitteln.
   b) Vom EBIT sind die Ertragssteuern abzuziehen, die für die Zwecke dieser Berechnung pauschal mit 38,0 % angesetzt werden. Der sich hieraus ergebende Betrag stellt das Ergebnis aus der operativen Tätigkeit nach Steuern („Net Operating Profit After Taxes" – „NOPAT") dar.
   c) Von den NOPAT ist eine fiktive durchschnittliche Kapitalverzinsung iHv 12,0 % auf das betriebsnotwendige Vermögen in Abzug zu bringen.
   d) Der verbleibende Betrag stellt den EVA dar.

191 Vgl auch BLDH/*Lingemann*, Anwalts-Formularbuch Arbeitsrecht, M 3.3 (§ 3).
192 Vgl Preis/*Lindemann*, Der Arbeitsvertrag, II A 70 Rn 55.
193 Vgl auch BLDH/*Lingemann*, Anwalts-Formularbuch Arbeitsrecht, M 4.1 (§ 4).

2. Die obige Berechnung wird durch die folgende Formel ausgedrückt:

NOPAT ./. (0,12 x betriebsnotwendiges Vermögen) = EVA,

wobei die folgenden weiteren Definitionen gelten:

a)	NOPAT	=	EBIT ./. 38,0 % Ertragssteuern (pauschal)
b)	EBIT	=	der um Sondereinflüsse (insb. solche aus der Veräußerung von Immobilien, eigenen Beteiligungen und sonstigen Gegenständen des Anlagevermögens) bereinigte Konzernjahresüberschuss/Konzernjahresfehlbetrag iSv § 275 Abs. 2 Nr. 20 HGB
		+	Steuern vom Einkommen und vom Ertrag iSv § 275 Abs. 2 Nr. 18 HGB
		./.	sonstige Zinsen und ähnliche Erträge iSv § 275 Abs. 2 Nr. 11 HGB
		+	Zinsen und ähnliche Aufwendungen iSv § 275 Abs. 2 Nr. 13 HGB
		./.	Erträge aus anderen Wertpapieren und Ausleihungen des Finanzanlagevermögens iSv § 275 Abs. 2 Nr. 10 HGB
		./.	außerordentliche Erträge iSv § 275 Abs. 2 Nr. 15 HGB
		+	außerordentliche Aufwendungen iSv § 275 Abs. 2 Nr. 16 HGB
c)	betriebsnotwendiges Vermögen	=	Anlagevermögen iSv § 266 Abs. 2 A. HGB (zuzüglich geleaster Vermögensgegenstände) + Netto-Umlaufvermögen
d)	Netto-Umlaufvermögen	=	Vorräte iSv § 266 Abs. 2 B. I HGB
		+	Forderungen und sonstige Vermögensgegenstände iSv § 266 Abs. 2 B. II HGB (zuzüglich solcher Forderungen, die Gegenstand eines Factoring sind)
		+	aktive Rechnungsabgrenzungspositionen iSv § 266 Abs. 2 C. HGB
		./.	Steuerrückstellungen iSv § 266 Abs. 3 B. Nr. 2 HGB
		./.	sonstige Rückstellungen iSv § 266 Abs. 3 B. Nr. 3 HGB
		./.	erhaltene Anzahlungen auf Bestellungen iSv § 266 Abs. 3 C. Nr. 3 HGB
		./.	Verbindlichkeiten aus Lieferungen und Leistungen iSv § 266 Abs. 3 C. Nr. 4 HGB
		./.	Verbindlichkeiten gegenüber assoziierten Unternehmen iSv § 266 Abs. 3 C. Nr. 6 und 7 HGB
		./.	sonstige Verbindlichkeiten iSv § 266 Abs. 3 C. Nr. 8 HGB
		./.	passive Rechnungsabgrenzungsposten iSv § 266 Abs. 3 D. HGB

EBIT, NOPAT und betriebsnotwendiges Vermögen sowie alle übrigen Festsetzungen und Wertermittlungen sind unter Anwendung des gesetzlichen Bilanzrechts und unter Anwendung der allgemein anerkannten Grundsätze ordnungsgemäßer Buchführung und Bilanzierung und unter Wahrung der Bilanzkontinuität (Ansatz- und Bewertungskontinuität) zu ermitteln.

3. Für die Berechnung der Tantieme für die Geschäftsjahre (...) bis (...) sind auf der Grundlage der existierenden Geschäftspläne die als Appendix beigefügten Planszenarien erstellt worden. Diese dienen lediglich zur Verdeutlichung der Berechnungsweise; der tatsächliche Tantiemeanspruch richtet sich hingegen ausschließlich nach den realisierten Werten für das betroffene Geschäftsjahr.
4. Die Festlegung der einzelnen Parameter der obigen Berechnung sowie die Ermittlung des Tantiemeanspruchs für jedes Geschäftsjahr erfolgt auf der Grundlage des jeweils festgestellten Konzernabschlusses und unter Vornahme der in dieser Anlage ggf vorgesehenen Adjustierungen durch den Konzernabschlussprüfer mit verbindlicher Wirkung für alle Beteiligten.

(2) Gestaltungshinweise

Alle drei Klauseltypen sind wirksam, insb. auch transparent und bestimmt. Nach diesen Klauseln lässt sich die Tantieme genau errechnen. Auch die typischen Fehler, dass der Gewinn, aus dem sich die Tantieme errechnet, nicht präzise genug definiert ist, sind in den Klauseln B 1 und B 2 vermieden. Klausel B 3 bindet die Tantieme an die Unternehmenswertsteigerung. Die Unternehmenswertsteigerung wird durch den „**Economic Value Added**" – „**EVA**" (dt. zusätzlicher Mehrwert)[194] beschrieben; möglich ist auch, die Unternehmenswertsteigerung durch **andere finanzwissenschaftliche Kennzahlen** zu beziffern. Die Klausel B 3 enthält eine sehr detaillierte und genaue Bestimmung der Berechnungsgrundlage. Klausel B 2 enthält eine Vereinbarung zur pauschalen Überstundenabgeltung, die das BAG zwar nicht mehr allgemein, jedoch bei einer Vergütung oberhalb der Beitragsbemessungsgrenze in der gesetzlichen Rentenversicherung als wirksam einstuft.[195] 1872

cc) Provision

(1) Klauseltyp C

A. Provisionsanspruch 1873

(1) Dem Mitarbeiter steht ein Provisionsanspruch für alle von ihm an Kunden seines Bezirks vermittelten Geschäfte zu. Der Anspruch auf Provision entsteht, sobald und soweit das Geschäft von dem Unternehmen ausgeführt worden ist oder hätte ausgeführt werden müssen.

(2) Führt das Unternehmen das Geschäft nicht aus, entfällt der Provisionsanspruch, wenn und soweit die Nichtausführung auf Umständen beruht, die das Unternehmen nicht zu vertreten hat.

(3) Außerdem entfällt der Provisionsanspruch, wenn und soweit feststeht, dass der Kunde seinen Zahlungsverpflichtungen nicht nachkommt. Das Unternehmen ist nicht verpflichtet, ausstehende Kundenforderungen gerichtlich geltend zu machen, wenn angesichts einer schlechten Vermögenslage des Kunden die gerichtliche Durchsetzung von Ansprüchen nur geringe Aussicht auf wirtschaftlichen Erfolg hat.

B. Provisionskollisionen

(1) Sind mehrere Mitarbeiter provisionsberechtigt, ist die Provision unter ihnen aufzuteilen. Das Unternehmen ist nur zur einmaligen Zahlung der Provision in ihrer gesamten Höhe, wie sie bei einem solchen Geschäft üblicherweise anfällt, verpflichtet.

(2) Die Aufteilung der Provision zwischen mehreren Mitarbeitern wird vom Unternehmen nach billigem Ermessen vorgenommen. Maßgeblich für die Provisionsverteilung ist der Umfang der Mitwirkung jedes Mitarbeiters am Zustandekommen und an der Abwicklung des Geschäfts.

---

194 *Economic Value Added* ist der Unternehmensgewinn nach Steuern und nach Abzug der Kapitalkosten.

195 BAG 17.8.2011 – 5 AZR 406/10, NZA 2011, 1335, 1337; BAG 22.2.2012 – 5 AZR 765/10, NZA 2012, 861, 862.

C. Nachvertraglicher Provisionsanspruch

(1) Für ein Geschäft, das erst nach Beendigung des Vertragsverhältnisses zustande kommt, steht dem Mitarbeiter ein Provisionsanspruch zu, wenn der Geschäftsabschluss überwiegend auf seine Tätigkeit zurückzuführen ist und das Geschäft innerhalb einer Frist von (...) Monaten nach Beendigung des Vertragsverhältnisses geschlossen wurde.[196]

(2) Der nachvertragliche Provisionsanspruch besteht nicht, wenn ein Nachfolger des Mitarbeiters für das Geschäft einen Provisionsanspruch erworben hat, es sei denn, dass eine Teilung der Provision der Billigkeit entsprechen würde. Der Provisionsanspruch entfällt, wenn der Geschäftsabschluss auch maßgeblich auf die Tätigkeit des Nachfolgers zurückzuführen ist oder der Nachfolger an der Abwicklung des Geschäfts nicht unerheblich mitgewirkt hat.

D. Abrechnung und Fälligkeit der Provision

(1) Der Provisionsanspruch des Mitarbeiters entsteht unbedingt, sobald und soweit das Entgelt für das provisionspflichtige Geschäft entrichtet ist. Der Mitarbeiter kann einen Provisionsvorschuss iHv (...) % der gesamten Provision für ein Geschäft mit einem geschützten Kunden verlangen, sobald das Geschäft ausgeführt ist.

(2) Der Mitarbeiter hat auch dann einen Anspruch auf Provision, wenn das Unternehmen das Geschäft mit dem geschützten Kunden ganz oder teilweise nicht oder nicht so ausgeführt hat, wie es abgeschlossen worden ist. Der Provisionsanspruch entfällt, wenn und soweit die Ausführung des Geschäfts unmöglich geworden ist, ohne dass das Unternehmen die Unmöglichkeit zu vertreten hat, oder die Ausführung ihm nicht zuzumuten ist. Nachträgliche Änderungen des Entgelts aus Gründen, die das Unternehmen nicht zu vertreten hat, muss der Mitarbeiter gegen sich gelten lassen. Entsprechendes gilt, wenn ein Kunde seine Verpflichtung zur Entgeltleistung ganz oder teilweise nicht erfüllt.

(3) Die Provision berechnet sich nach dem dem Kunden in Rechnung gestellten Betrag ausschließlich Umsatzsteuer. Soweit der Mitarbeiter umsatzsteuerpflichtig ist, erhält er auf die Provision oder sonstige Vergütungen die Umsatzsteuer.

(4) Nicht bei der Berechnung der Provisionshöhe in Abzug zu bringen sind Nebenkosten, namentlich Kosten für Fracht, Zoll, Verpackung, es sei denn, diese Kosten wurden dem Kunden gesondert in Rechnung gestellt.

(5) Entfällt der Provisionsanspruch nachträglich, hat der Mitarbeiter bereits empfangene Provisionen an das Unternehmen zurückzuzahlen, soweit er nicht entreichert ist.

(6) Nachlässe wegen Barzahlung sind vom Rechnungsbetrag nicht abzuziehen. Andere Rabatte mindern den Provisionsanspruch nur, wenn sie mit dem Kunden von vornherein vereinbart wurden.

(7) Das Unternehmen hat bis spätestens zum (...) eines jeden Monats dem Mitarbeiter eine Abrechnung über die im Vormonat unbedingt entstandenen Ansprüche auf Provision und Provisionsvorschuss zu erteilen. Mit der Abrechnung werden die Ansprüche fällig. Der Mitarbeiter kann einen Buchauszug verlangen.

(8) Folgende Aufwendungen werden dem Mitarbeiter zusätzlich erstattet: (...)

(9) Der Mitarbeiter verpflichtet sich, Vergütungsüberzahlungen ohne Rücksicht auf eine noch vorhandene Bereicherung zurückzuzahlen.

(2) Gestaltungshinweise

1874 Bei Provisionen kann vor allem streitig sein, ob ein **ursächlicher Zusammenhang** zwischen der Tätigkeit des Arbeitnehmers und dem Geschäftsablauf besteht. Wie bei Provisionsansprüchen eines Handelsvertreters (s. § 1 Rn 1837, 1839 f) genügt aber bereits die Mitverursachung des

196 Vgl Preis/*Lindemann*, Der Arbeitsvertrag, II A 70 Rn 44; BLDH/*Lingemann*, Anwalts-Formularbuch Arbeitsrecht, M 12.11 (§ 2).

provisionsberechtigten Arbeitnehmers, um einen Provisionsanspruch auszulösen.[197] Dem wird in Klauseltyp C (Abschnitt B. 2) Rechnung getragen. Ein Provisionsanspruch bei Mitverursachung kann vertraglich nicht ausgeschlossen werden. Auch der angestellte Vertriebsmitarbeiter hat einen Anspruch auf Buchauszug, wenn er sich über die Richtigkeit von Provisionsabrechnungen informieren will; dem entspricht in Klausel C der Abschnitt D. 7. Eine vertragliche Regelung, nach der die widerspruchslose Hinnahme von Provisionsabrechnungen bedeutet, dass sich der angestellte Vertriebsmitarbeiter mit der Provisionsabrechnung einverstanden erklärt und deshalb der Anspruch auf Buchauszug entfällt, ist nach § 87 c Abs. 5 HGB unwirksam.[198] Auskunftsansprüche des Handlungsgehilfen, mithin auch der Auskunftsanspruch über einen Buchauszug, unterliegen tariflichen Verfallklauseln, wie das BAG im Hinblick auf § 13 Abs. 2 des Manteltarifvertrages für den Groß- und Außenhandel in Niedersachen entschieden hatte.[199]

Erhält der Arbeitnehmer im **Vertrieb** ein Gehalt, das sich aus Fixum und Provision zusammensetzt, so müssen im Geltungsbereich eines allgemeinverbindlichen Tarifvertrages, wie zB oftmals im Einzelhandel des Manteltarifvertrages Einzelhandel NW, Fixum und Provision zusammen mindestens die Höhe des Tarifgehalts ergeben. Abweichende, den Anspruch auf ein Mindestgehalt negierende Vertragsklauseln sind unwirksam.[200] Seit dem 1.1.2015 sind insoweit auch die gesetzlichen Mindestlohnvorgaben nach dem MiLoG zu beachten.[201] 1875

Bei sog. **Aufbauversicherungen**, bei denen sich die Versicherungssumme in regelmäßigen Zeitabständen erhöht, wenn der Versicherungsnehmer nicht widerspricht, sind alle Erhöhungen nach § 87 Abs. 1 S. 1 HGB provisionspflichtig, weil sie durch die ursprüngliche Tätigkeit des Versicherungsmitarbeiters verursacht wurden.[202] In einer Vertragsklausel kann allerdings zur Bedingung gemacht werden, dass die Provisionspflicht nur dann entsteht, wenn der Mitarbeiter weiterhin in dem Gebiet tätig ist und deshalb die Versicherungsverträge in dem gebotenen Umfang nachbearbeiten kann.[203] 1876

Provisionsvorschüsse muss der Verkaufsmitarbeiter auch dann zurückzahlen, wenn der Arbeitgeber von der Befugnis zur Anpassung der Vorschüsse an die verdienten Provisionen zunächst keinen Gebrauch macht und hierfür sachliche Gründe bestanden.[204] *Hunold*[205] empfiehlt deshalb, eine detaillierte Verrechnungsvereinbarung zwischen Arbeitgeber und Vertriebsmitarbeiter zu treffen, insb. die Regeln aufzustellen, wie überzahlte Provisionsvorschüsse ausgeglichen werden; hierzu dienen die Bestimmungen unter den Abschnitten A 2 und A 3, D 2, D 5 und D 6 in der Klausel C. 1877

Auch bei Provisionen, die bereits erarbeitet, aber erst nach Beendigung des Arbeitsverhältnisses fällig geworden sind (**Überhangprovision**), ist Vorsicht geboten. Nach der Rspr des BAG ist eine vom Arbeitgeber vorformulierte Klausel gem. § 307 Abs. 1 S. 1 BGB unwirksam, die die Überhangprovision ohne Ausgleich pauschal auf die Hälfte der vereinbarten Provision vermindert, da diese den Arbeitnehmer unangemessen benachteiligt.[206] Nach der letzten Entscheidung des BAG vom 20.10.2009 bleibt es offen, ob der Anspruch eines Handlungsgehilfen nach § 65, § 87 Abs. 1 S. 1 HGB auf Überhangprovisionen vertraglich abbedungen werden kann, wenn hierfür ein sachlicher Grund vorliegt. Nach Ansicht des BAG „spricht allerdings viel dafür, 1878

197 BGH 14.10.1957 – II ZR 129/56, BB 1957, 1086.
198 *Hunold*, Arbeitsrecht im Außendienst, S. 48.
199 BAG 23.3.1982 – 3 AZR 637/79, DB 1982, 2249.
200 BAG 29.10.1986 – 4 AZR 643/85, DB 1987, 1257.
201 Vgl dazu ausf. *Beyreuther*, NZA 2014, 865.
202 *Hunold*, Arbeitsrecht im Außendienst, S. 49.
203 BAG 28.2.1984 – 3 AZR 472/81, DB 1985, 50.
204 BAG 20.6.1989 – 3 AZR 504/87, BB 1989, 2333.
205 Arbeitsrecht im Außendienst, S. 50.
206 BAG 21.10.2009 – VIII ZR 286/07, NJW 2010, 298; BAG 20.2.2008 – 10 AZR 125/07, NZA 2008, 1124.

dass auch der Anspruch eines Handlungsgehilfen auf Überhangprovision nach § 87 Abs. 1 S. 1 HGB nicht abdingbar ist".[207] Klausel C 2 ist daher kritisch zu betrachten.

1879 Gewährt der Arbeitgeber monatlich einen festen Betrag als Vergütung (Fixum) mit der Maßgabe, dass dieser Betrag durch noch zu verdienende Provisionen abgedeckt werden soll, so liegt nur ein Provisionsvorschuss bzw eine **Verrechnungsgarantie**, jedoch keine **Garantieprovision** vor. Ist dagegen ein bestimmter monatlicher Betrag garantiert, ist im Zweifel ausgeschlossen, dass Minderverdienste in einem Monat mit den über die Garantiebeträge hinausgehenden Verdienstspitzen in anderen Monaten verrechnet werden.[208]

1880 Bei der Anbindung der Leistungspflichten des Arbeitnehmers an die Ziel- und Absatzplanung des Unternehmens sollte darauf geachtet werden, möglichst nur in geringem Umfang wirtschaftliche Auswirkungen aus der Nichterfüllung vereinbarter Zielvorgaben zu vereinbaren. Während früher das LAG Hamm[209] eine **Vereinbarung von Umsatzzielen als Leistungspflicht gekoppelt mit einer Erfolgsvergütung** für einen Verstoß gegen das „Leitbild des Arbeitsvertrages" wegen Überwälzung des Marktrisikos auf den Arbeitnehmer ansah, urteilte es in jüngerer Zeit genau anders herum. Das Risiko der Zielverfehlung und des daraus resultierenden Entfalls einer Bonuszahlung liege alleine beim Arbeitnehmer.[210] Trotz erkennbarer Schwierigkeiten einer Verdopplung des Umsatzes sei die in der Vereinbarung vorgesehene Zielerreichung nicht völlig unrealistisch.[211]

1881 Werden **jährlich Umsatzziele** vereinbart und ergeben sich aus diesen Umsatzzielen Provisionsansprüche oder werden hieran Prämien geknüpft, kann die Rechtswirksamkeit solcher Vertragsklauseln zweifelhaft sein. Der Arbeitnehmer schuldet, wie das LAG Düsseldorf festgestellt hat,[212] keinen bestimmten Umsatzerfolg auf der Basis von Sollzahlen. Könnte der Arbeitgeber die Sollzahlen so hoch ansetzen, dass sie vom Arbeitnehmer überhaupt nicht oder nur unter besonderen Anstrengungen erreichbar wären, könnte er den Arbeitnehmer letztlich doch unzulässig zur Erbringung eines bestimmten Umsatzerfolges verpflichten. Entsprechend soll die Vereinbarung von Umsatzvorgaben nach § 134 BGB iVm § 1 Abs. 2 KSchG unwirksam sein.[213] Nach der Rspr des BAG, die objektiv erreichbare Ziele bei zielgestützten Boni verlangt[214] (vgl auch § 1 Rn 1791, 1859), ist aber als Rechtsfolge eher von einem vollen Provisionsanspruch statt einer unwirksamen Umsatzvorgabe auszugehen.

1882 Anders ist es aber, wenn der Arbeitnehmer vertraglich zustimmt, einen bestimmten Umsatz zu erbringen. Denn durch die Vereinbarung spricht zumindest der Anschein dafür, dass die Umsätze aus einer Betrachtung ex ante objektiv erreichbar sind. Unterschreitet der Arbeitnehmer in einem solchen Fall seine Umsatzziele in nennenswertem Umfang, spricht dies für eine Schlechtleistung oder ggf einen nicht erwarteten Geschäftsverlauf, nicht aber dafür, dass die Umsätze objektiv unerreichbar waren.

207 BAG 20.2.2008 – 10 AZR 125/07, NZA 2008, 1124, 1125; aA *Mengel*, Erfolgs- und leistungsorientierte Vergütung, Rn 306.
208 BAG 23.9.1975 – 3 AZR 114/75, EzA § 65 HGB Nr. 3.
209 LAG Hamm 16.10.1989 – 19 Sa 1510/88, LAGE § 138 BGB Nr. 4.
210 LAG Hamm 18.2.2014 – 14 Sa 806/13, AuA 2014, 482 (derzeit anhängig beim BAG: 10 AZR 181/14).
211 LAG Hamm 18.2.2014 – 14 Sa 806/13, AuA 2014, 482.
212 LAG Düsseldorf 17.2.1989 – 9 Sa 1553/88, AiB 1990, 85.
213 LAG Düsseldorf 17.2.1989 – 9 Sa 1553/88, AiB 1990, 85.
214 Vgl nur BAG 10.12.2008 – 10 AZR 889/07, NZA 2009, 256, 257.

22. Datenschutzklauseln

Literatur

Burger, Der Schutz gesundheitsbezogener Beschäftigtendaten, Diss., 2013; *Däubler*, Das neue Bundesdatenschutzgesetz und seine Auswirkung im Arbeitsrecht, NZA 2001, 874; *Domke*, Keine verdachtsabhängige unbegrenzte Videoüberwachung, BB 2008, 2743; *Franzen*, Die Novellierung des Bundesdatenschutzgesetzes und ihre Bedeutung für die Privatwirtschaft, DB 2001, 1867; *ders.*, Arbeitnehmerdatenschutz – rechtspolitische Perspektiven, RdA 2010, 257; *Gola*, Datenschutz bei der Kontrolle „mobiler" Arbeitnehmer – Zulässigkeit und Transparenz, NZA 2007, 1139; *Hümmerich*, Erfassungsschutz im arbeitsvertraglichen Anbahnungsverhältnis – unter besonderer Berücksichtigung der vorvertraglichen Datenerfassung bei Personalinformationssystemen, Diss., 1977; *Joussen*, Mitarbeiterkontrolle: Was muss, was darf das Unternehmen wissen?, NZA-Beil. 2011, 35; *Mengel*, Compliance und Arbeitsrecht, 2009; *dies.*, Kontrolle der Telefonkommunikation am Arbeitsplatz, BB 2004, 1445; *dies.*, Kontrolle der E-Mail- und Internetkommunikation am Arbeitsplatz, BB 2004, 2014; *dies.*, Arbeitsrechtliche Besonderheiten der Implementierung von Compliance-Programmen in internationalen Konzernen, CCZ 2008, 85; *Oberwetter*, Arbeitnehmerrechte bei Lidl, Aldi & Co., NZA 2008, 609; *Pötters*, Grundrechte und Beschäftigtendatenschutz, Diss., 2013; *Wohlgemuth*, Grundlagen des individualrechtlichen Arbeitnehmerdatenschutzes, FS Hanau, 1999, S. 329 ff; *Wybitul*, Das neue Bundesdatenschutzgesetz: Verschärfte Regeln für Compliance und interne Ermittlungen, BB 2009, 1582; *ders.*, Wie viel Arbeitnehmerdatenschutz ist „erforderlich"?, BB 2010, 1085.

a) Rechtslage im Umfeld

Bei der Gestaltung von Datenschutzklauseln in Arbeitsverträgen ist zunächst das **Bundesdatenschutzgesetz** (BDSG)[1] zu beachten.[2] Mit dem BDSG ist auch die EG-Datenschutzrichtlinie[3] umgesetzt. Eine bereichsspezifische Kodifizierung des Arbeitnehmerdatenschutzes in einem Gesetz über Information und Kommunikation im Arbeitsverhältnis wird seit einiger Zeit beim Bundesministerium für Arbeit und Soziales sowie in der Bundesregierung diskutiert, ist aber bisher noch nicht als Referentenentwurf vorgelegt.[4] Stattdessen ist der Gesetzgeber mit einer Änderung des allgemeinen Datenschutzrechts und der Einführung von § 32 BDSG für den Datenschutz im Arbeitsverhältnis zum 1.9.2009 aktiv geworden. **§ 32 BDSG** ist seither die zentrale Norm zum **Arbeitnehmerdatenschutz** sowie insb. auch zur **Mitarbeiterkontrolle** im Unternehmen, v.a. weil die neuen besonderen Arbeitnehmerdatenschutzregeln aufgrund ausdrücklicher Anordnung in § 32 Abs. 2 BDSG nicht – wie das BDSG im Übrigen – nur bei automatisierter Verarbeitung der Daten, sondern für überhaupt jede – auch nichtautomatisierte – Datenverarbeitung, somit auch für klassische Mitarbeiterkontrollen an Werkstoren oder durch den Sicherheitsdienst, gelten. Am 15.12.2010 legte die damalige Regierungsfraktion einen „Gesetzentwurf zur Regelung des Beschäftigtendatenschutzes" vor.[5] Aufgrund heftigen Widerstands wurde der viel kritisierte Entwurf allerdings bisher im Gesetzgebungsverfahren nicht weiterverfolgt. 1883

Nach § 1 BDSG findet das Gesetz Anwendung auf die Erhebung, Verarbeitung und Nutzung personenbezogener Daten durch öffentliche Stellen und durch nicht öffentliche Stellen, soweit sie die Daten unter Einsatz von Datenverarbeitungsanlagen verarbeiten, nutzen oder dafür erheben oder die Daten in oder aus nicht automatisierten Dateien verarbeiten, nutzen oder dafür erheben, es sei denn, die Erhebung, Verarbeitung oder Nutzung der Daten erfolgt ausschließlich für persönliche oder familiäre Tätigkeiten. 1884

Im Jahre 2003 wurde **§ 3 a** in das BDSG eingefügt. Nach dieser Vorschrift haben sich die Erhebung, Verarbeitung und Nutzung personenbezogener Daten und die Gestaltung und Auswahl von Datenverarbeitungssystemen an dem Ziel auszurichten, keine oder so wenig personenbe- 1885

1 IdF der Bekanntmachung vom 14.1.2003 (BGBl. I S. 66) mit späteren Änderungen.

2 Zur datenschutzrechtlichen Klauselgestaltung bei der Überwachung und Kontrolle des Arbeitnehmers am Arbeitsplatz vgl § 1 Rn 2760 ff (40. Internet- und E-Mail-Nutzungsklauseln) und § 1 Rn 3634 ff (59. Überwachungsklauseln und Mitarbeiterkontrollklauseln).

3 Richtlinie 95/46/EG des Europäischen Parlaments und des Rates vom 24.10.1995 zum Schutz natürlicher Personen bei der Verarbeitung personenbezogener Daten und zum freien Datenverkehr (ABl. EG Nr. L 281, S. 31).

4 *Franzen*, DB 2001, 1867; *Däubler*, NZA 2001, 874; *Tinnefeld/Viethen*, NZA 2000, 977.

5 BT-Drucks. 17/4230.

zogene Daten wie möglich zu erheben, zu verarbeiten oder zu nutzen. Insbesondere ist von den Möglichkeiten der Anonymisierung und Pseudonymisierung Gebrauch zu machen, soweit dies möglich ist und der Aufwand in einem angemessenen Verhältnis zu dem angestrebten Schutzzweck steht.

1886 Die Erhebung, Verarbeitung und Nutzung personenbezogener Daten ist nur zulässig, soweit das Bundesdatenschutzgesetz oder eine andere Rechtsvorschrift dies erlaubt oder anordnet oder der Betroffene eingewilligt hat (§ 4 Abs. 1 BDSG).

1887 Nach **§ 28 Abs. 1 S. 1 BDSG** war bislang das Erheben, Speichern, Verändern oder Übermitteln personenbezogener Daten oder ihre Nutzung als Mittel der Erfüllung eigener Geschäftszwecke unter anderem dann zulässig, wenn es der Zweckbestimmung eines Vertragsverhältnisses oder vertragsähnlichen Vertrauensverhältnisses mit dem Betroffenen dient, soweit es zur Wahrung berechtigter Interessen der verantwortlichen Stelle erforderlich ist und kein Grund zu der Annahme besteht, dass das schutzwürdige Interesse des Betroffenen an dem Ausschluss der Verarbeitung oder Nutzung überwiegt. Nach § 28 Abs. 1 S. 2 BDSG sind bei der Erhebung personenbezogener Daten die Zwecke, für die die Daten verarbeitet oder genutzt werden sollen, konkret festzulegen.[6] Bei der Weitergabe der Daten ist entsprechend den Vorgaben des § 28 BDSG in jedem Fall eine einzelfallorientierte Interessenabwägung vorzunehmen.[7]

1888 Mittlerweile sind in **§ 32 Abs. 1 S. 1 BDSG** dem Wortlaut und dem Inhalt nach im Wesentlichen die Regeln übernommen, die bereits früher nach den allgemeinen Regeln gem. § 28 Abs. 1 Nr. 1 BDSG auch für Arbeitsverhältnisse galten. Es dürfen gem. § 32 Abs. 1 S. 1 BDSG **personenbezogene Daten von Arbeitnehmern** für Zwecke des Beschäftigungsverhältnisses erhoben, verarbeitet oder genutzt werden, wenn dies erforderlich ist

- für die Entscheidung über die Begründung eines Beschäftigungsverhältnisses oder
- nach Begründung eines Beschäftigungsverhältnisses für dessen Durchführung oder Beendigung.

1889 Nach dem Wortlaut muss die Arbeitnehmerdatenverarbeitung jetzt zwar anders als früher „**erforderlich**" und nicht mehr nur dem Arbeitsverhältnis „dienlich" sein.[8] Es ist aber für die Praxis nach heutigem Stand nicht mit ernsthaft veränderten Maßstäben für die Erhebung und Nutzung der üblichen Arbeitnehmerdaten durch Arbeitgeber zu rechnen. Daher sind richtigerweise auch die bisherige Rspr und Lit. unverändert einschlägig.[9]

1890 Unter Beachtung dieser Voraussetzungen ist es von der **Zweckbestimmung des Arbeitsverhältnisses** her erforderlich und damit gerechtfertigt, Daten des Arbeitnehmers über Geschlecht, Familienstand, Schule, Ausbildung in Lehr- und anderen Berufen zu speichern.[10] Derartige Daten sind für Personaleinsatzplanung, Personalauswahl[11] und Sozialauswahl bei betriebsbedingten Kündigungen erforderlich. Der Zweck des Arbeitsverhältnisses rechtfertigt es gleichermaßen, Daten über krankheitsbedingte Fehlzeiten zu verarbeiten und zwar nicht nur, soweit hiermit eine korrekte Lohn- und Gehaltsabrechnung bezweckt wird. Die Datenverarbeitung ist auch bei Datenläufen zulässig, mit denen auf einzelne Arbeitnehmer bezogene Aussagen über krankheitsbedingte Fehlzeiten, attestfreie Fehlzeiten und unentschuldigte Fehlzeiten erarbeitet werden sollen.[12] Allerdings ist das **Mitbestimmungsrecht** des Betriebsrats gem. § 87 Abs. 1 Nr. 6

6 *Däubler*, NZA 2001, 874, 876.
7 BAG 3.6.2003 – 1 ABR 19/02, BAGE 106, 188 = MDR 2004, 157.
8 Vgl dazu *Wybitul*, BB 2010, 1085 f.
9 Vgl auch BT-Drucks. 16/13657, S. 20, 21 sowie *Wybitul*, BB 2009, 1582, 1583.
10 Zu den Grenzen: BAG 22.10.1986 – 5 AZR 660/85, DB 1987, 1048; BAG 11.3.1986 – 1 ABR 12/84, AP § 87 BetrVG 1972 Überwachung Nr. 14; grundl. *Hümmerich*, Erfassungsschutz im arbeitsvertraglichen Anbahnungsverhältnis – unter besonderer Berücksichtigung der vorvertraglichen Datenerfassung bei Personalinformationssystemen, Diss., Bonn 1977; *Hümmerich/Gola*, Personaldatenschutz im Arbeitsverhältnis, Heidelberg 1975.
11 *Däubler*, NZA 2001, 874, 876.
12 BAG 11.3.1986 – 1 ABR 12/84, DB 1986, 1469.

BetrVG zu beachten. Der Arbeitgeber darf ebenfalls die Schwerbehinderteneigenschaft und die Gleichstellung eines Arbeitnehmers im bestehenden Arbeitsverhältnis insb. zur Vorbereitung beabsichtigter Kündigungen erfragen, sofern das Arbeitsverhältnis sechs Monate bestanden hat und der Arbeitnehmer daher grds. Kündigungsschutz nach §§ 85 f SGB IX genießt.[13]

Auch **Übermittlungen von Personaldaten im Konzern** sind an § 32 BDSG zu messen.[14] In der Regel ist davon auszugehen, dass Personaldaten grds. nur zur Information des eigenen Arbeitgebers und nicht zur Information sonstiger Dritter bestimmt sind. Wegen der Person des Arbeitgebers ist auf die natürliche oder juristische Person abzustellen, die Vertragspartner ist. Daher ist es zunächst unbeachtlich, dass indirekt infolge finanzieller Verflechtungen eine andere juristische Person der eigentliche „Inhaber“ des Unternehmens ist. Somit ist die Weitergabe von Personaldaten an die Konzernobergesellschaft oder an andere Konzerngesellschaften ggf kritisch zu betrachten. Soweit allerdings eine andere Konzerngesellschaft als Serviceunternehmen die Lohnabrechnung oder Teile der Personalverwaltung übernommen hat, kann eine zulässige Auftragsdatenverarbeitung gem. § 11 BDSG vorliegen. Überdies kann die Weitergabe von Personaldaten für die Durchführung des Arbeitsverhältnisses erforderlich nach § 32 Abs. 1 S. 1 BDSG sein, wenn die Konzernmuttergesellschaft nach dem Arbeitsvertrag in die Erbringung bestimmter Vergütungsleistungen wie Boni, Provisionen, Aktienoptionen usw einbezogen ist. Für den **internationalen Transfer** von personenbezogenen Daten sind besonders strenge Voraussetzungen nach § 4 b BDSG zu beachten, die in der Praxis insb. im Geschäftsverkehr mit den USA Probleme bereiten.[15] 1891

Erhebt, speichert, verändert, übermittelt oder nutzt der Arbeitgeber personenbezogene Daten seiner Arbeitnehmer **außerhalb der Zweckbestimmung des Arbeitsverhältnisses** und somit über die Grenzen des § 32 Abs. 1 S. 1 BDSG hinaus als Mittel der Erfüllung eigener Geschäftszwecke, bedürfen derartige Vorgänge mangels gesetzlicher Ermächtigung der **Einwilligung der Mitarbeiter.**[16] Die in § 4 a BDSG geregelte Einwilligung ist aber nur wirksam, wenn sie auf der freien Entscheidung des Betroffenen beruht. Der Arbeitnehmer ist entsprechend auf den vorgesehenen Zweck der Erhebung, Verarbeitung oder Nutzung, soweit nach den Umständen des Einzelfalles erforderlich, oder auf Verlangen auf die Folgen der Verweigerung der Einwilligung hinzuweisen. Eine unangemessene Benachteiligung iSd § 307 BGB ist umso eher anzunehmen, als sich die Datenerhebung, -verarbeitung oder -nutzung vom Zweck des Arbeitsverhältnisses entfernt. Das Kernproblem aller antizipierten Einwilligungen in Datenverarbeitungsvorgänge liegt AGB-rechtlich in der **Globaleinwilligung**, die sich meist auf eine Vielzahl von Sachverhalte in der Zukunft erstreckt, die der Arbeitnehmer nicht überblickt. Damit ist das Transparenzgebot des § 307 Abs. 1 S. 2 BGB je nach Gestaltung im Einzelfall möglicherweise nicht gewahrt. Der Vertragsgestalter kann diesem Missstand umso eher begegnen, als er präzise benennt, auf welche Datenverarbeitungsvorgänge sich die Einwilligungserklärung erstrecken soll.[17] 1892

Das Erheben, Speichern, Verändern oder Übermitteln personenbezogener Daten oder ihre Nutzung im Rahmen der Voraussetzungen des § 32 Abs. 1 S. 1 BDSG bedarf keiner zusätzlichen Einwilligung des Arbeitnehmers. Immer dann also, wenn die Zweckbestimmung des Vertragsverhältnisses die Datenverarbeitung zulässt oder der Arbeitgeber an der Datenverarbeitung ein berechtigtes Interesse hat und schutzwürdige Belange des Arbeitnehmers nicht entgegenstehen, kann der Arbeitgeber die Datenverarbeitung ohne jede Zustimmung des Arbeitnehmers vornehmen. Immer dann, wenn eine Datenverarbeitung außerhalb der Ermächtigungsgrundlagen des BDSG vorgenommen werden soll, führt eine fehlende wirksame Einwilligung zur Rechts- 1893

13 BAG 16.2.2012 – 6 AZR 553/10, NZA 2012, 555, 557.

14 BAG 20.12.1995 – 7 ABR 8/95, AP § 58 BetrVG 1972 Nr. 1.

15 *Mengel*, Compliance und Arbeitsrecht, 2009, S. 189 mwN; *dies.*, CCZ 2008, 85, 90 f.

16 *Däubler*, NZA 2001, 874, 877.

17 Zur AGB-Kontrolle von nachträglich eingeholten Erklärungen im Arbeitsverhältnis BAG 6.7.2007 – 2 AZR 722/06, NZA 2008, 219.

widrigkeit. Deshalb muss der Arbeitgeber in der Einwilligungserklärung sehr genau formulieren, zu welchen Zwecken außerhalb des Arbeitsverhältnisses die Datenverarbeitung vorgesehen ist und wann eine Datenverarbeitung trotz fehlender berechtigter Interessen des Arbeitgebers oder obwohl ihr schutzwürdige Belange des Arbeitnehmers entgegenstehen, vorgenommen werden soll.

1894 Die Einwilligung bedarf der Schriftform, soweit nicht wegen besonderer Umstände eine andere Form angemessen ist. Soll die Einwilligung zusammen mit anderen Erklärungen schriftlich erteilt werden, ist sie besonders hervorzuheben (§ 4 a Abs. 1 S. 4 BDSG). Deshalb ist drucktechnisch bei allen Verträgen die **vorformulierte Einwilligungserklärung durch Fettdruck oder sonstige Hervorhebung** sichtbar zu machen.

1895 Für **„öffentlich zugängliche Räume“** wie Ladenpassagen, Kaufhäuser, Gaststätten, Tankstellen und Bankfilialen normiert **§ 6 b BDSG** eine Sonderregelung zur **Videoüberwachung.** Für andere Arbeitsräume gelten die bisherigen Grundsätze.[18] Nach § 6 b BDSG ist eine vom Arbeitgeber initiierte Videoüberwachung nur zulässig, soweit sie der Wahrnehmung des Hausrechts dient (§ 6 b Abs. 1 Nr. 2 BDSG), also den Zutritt Unbefugter verhindern soll, oder zur Wahrnehmung berechtigter Interessen für konkret festgelegte Zwecke erforderlich ist (§ 6 b Abs. 1 Nr. 3 BDSG). Die Wahrnehmung berechtigter Interessen kann bspw in der **Abwehr von Diebstählen** liegen. Dieser Grundsatz gilt nach der bisherigen Rspr des BAG auch bei der Überwachung der eigenen Angestellten, wenn es um die Verhinderung heimlich begangener Diebstähle geht.[19] Nach der Ansicht des BAG sind Arbeitgeber und Betriebsrat somit grds. befugt, eine Videoüberwachung im Betrieb einzuführen.[20] Dabei muss die Videoüberwachung und der damit verbundene Eingriff in die Persönlichkeitsrechte der Arbeitnehmer dem Grundsatz der Verhältnismäßigkeit entsprechen, so dass sich die Angemessenheit und damit die Zulässigkeit der Überwachung maßgeblich nach der Eingriffsintensität richtet; diese hängt unter anderem von der Anzahl der beobachteten Personen, der Dauer der Überwachung sowie davon ab, ob die Betroffenen einen zurechenbaren Anlass für ihre Beobachtung gesetzt haben.[21]

1896 **§ 32 BDSG** führt in **Abs. 1 S. 2** nun auch eine besondere Regelung zur Datenverarbeitung personenbezogener Daten von Arbeitnehmern **„zur Aufdeckung von Straftaten“** ein. Diese Norm ist sicher durch die zum Teil verheerenden Fälle von Datenmissbrauch motiviert, die in der letzten Zeit bei bekannten deutschen Unternehmen offenbar geworden sind, aber auch ein Beitrag des Gesetzgebers zur Regulierung von unternehmensinternen Investigations, die mit dem intensivierten Kampf führender deutscher Unternehmen gegen Korruption und Straftaten üblich geworden sind. Zu dieser Neuerung besteht noch die größte Unsicherheit. Daran hat auch bereits massive Kritik an dem Gesetzgeber angesetzt, weil zukünftig jede Form der Mitarbeiterkontrolle und jede Prävention von Pflichtverletzungen im Unternehmen unmöglich gemacht würden. Die Vorschrift verlangt nach ihrem Wortlaut einen konkreten Tatverdacht gegen den Arbeitnehmer, dessen personenbezogene Daten für die Ermittlungen genutzt werden, sowie eine Interessenabwägung und Verhältnismäßigkeitsprüfung. Insgesamt sind dies erheblich strengere Anforderungen, als sie bisher an die Untersuchung von (vermeintlichen) Straftaten

---

18 BAG 14.12.2004 – 1 ABR 34/03, NZA 2005, 839 (Eingriff in das Persönlichkeitsrecht); BAG 29.6.2004 – 1 ABR 21/03, AP § 87 BetrVG Überwachung Nr. 41 (Mitbestimmungsrecht des Betriebsrats); LAG Baden-Württemberg 6.5.1998 – 12 Sa 115/97, BB 1999, 1439 (Verwertungsverbot für rechtswidrig erlangte Beweismittel); LAG Köln 26.2.1999 – 11 Sa 795/98, ARST 1999, 235 (Außerordentliche Kündigung – kein Beweisverwertungsverbot für Videoaufnahmen); LAG Köln 30.8.1996 – 12 Sa 639/96, BB 1997, 476; LAG Hessen 28.9.1989 – 9 Sa 73/89, BB 1990, 1280; BVerwG 31.8.1988 – 6 P 35/85, BVerwGE 80, 143–152 (Mitbestimmung bei Überwachung von Beschäftigten eines Postamtes durch Videoanlage).

19 BAG 26.8.2008 – 1 ABR 16/07, NZA 2008, 1187; BAG 14.12.2004 – 1 ABR 34/03, NZA 2005, 839; BAG 27.3.2003 – 2 AZR 51/02, DB 2003, 2230.

20 BAG 26.8.2008 – 1 ABR 16/07, NZA 2008, 1187.

21 BAG 26.8.2008 – 1 ABR 16/07, NZA 2008, 1187.

im Unternehmen gestellt wurden.[22] Der Gesetzgeber hat sich hier ausweislich seiner Begründung auf einen sehr strengen Kontrollmaßstab verlegt, den die Rspr bisher gerade nur für die heimliche Videoüberwachung von Arbeitnehmern entwickelt hatte. Dies ist als allgemeiner Maßstab sicherlich zu restriktiv und entsprechend auch kritikwürdig.

Dennoch ist richtigerweise zu differenzieren: Nach der Gesetzesbegründung sollen Maßnahmen, die zur Verhinderung von Straftaten oder sonstigen Rechtsverstößen, die im Zusammenhang mit dem Arbeitsverhältnis stehen, nicht dem strengen Maßstab gem. § 32 Abs. 1 S. 2 BDSG unterliegen, sondern nach den allgemeinen Regeln des Satzes 1 erfolgen.[23] Entgegen erster Stellungnahmen ist damit nicht jede Mitarbeiterkontrolle oder auch die Tätigkeit der Revision im Unternehmen unmöglich geworden. Gerade für präventive Maßnahmen oder die Revisionstätigkeit zu Regel- oder Pflichtverletzungen, die keine Straftaten darstellen (können), sollte es daher bei den bisherigen Anforderungen bleiben.[24] Richtig ist allerdings, dass bei der repressiven Kontrolle sowie der Implementierung von Revisionsprüfungen oder bei einer unternehmensinternen Investigation, die sich (auch) auf mögliche Straftaten, wie zB Korruptionsdelikte und Vermögensdelikte im Unternehmen, richtet, die bisherigen Verfahren und Gepflogenheiten nach dem neuen Recht ggf stark verändert oder teils aufgegeben werden müssen. 1897

Die **Videoüberwachung** ist aber ausweislich auch der Gesetzesbegründung nach den bisherigen Vorgaben des BAG unverändert **zulässig.**[25] Der Zweck der Videoüberwachung muss gem. § 28 Abs. 1 S. 2 BDSG konkret bestimmt werden, so dass die Erforderlichkeit prüfbar wird. Kommen auch andere Mittel, wie zB das Auslösen akustischer Signale beim Verlassen des Ladenlokals ohne Bezahlung, in Betracht, muss die Videoüberwachung unterbleiben (Verhältnismäßigkeit des Eingriffs in Persönlichkeitsrechte). Die berechtigten Interessen des Arbeitgebers müssen **objektiv** tangiert sein. Die bloße Befürchtung des Arbeitgebers, es könne zu Diebstählen kommen, genügt nicht. § 6 b Abs. 2 BDSG verlangt, dass die Beobachtung für den Arbeitnehmer durch geeignete Maßnahmen **erkennbar** gemacht wird.[26] Ein Verstoß gegen das Gebot der Kenntlichmachung der Videoüberwachung führt nach der Entscheidung des BAG vom 21.6.2012[27] nicht per se zu deren Unzulässigkeit. 1898

b) Klauseltypen und Gestaltungshinweise

aa) Erweiterung des Verarbeitungsrahmens

(1) Klauseltyp A

A 1: Der Angestellte willigt gem. § 4 a BDSG ein, dass seine personenbezogenen Daten an die Betriebskrankenkasse zu Werbezwecken übermittelt werden. 1899

A 2: Der Mitarbeiter erklärt sich damit einverstanden, dass seine personenbezogenen Daten automatisiert gespeichert und verarbeitet werden. Er erklärt, dass er sich die anliegende Erklärung über das Datengeheimnis durchgelesen hat und die ebenfalls anliegende Verpflichtungserklärung nach § 5 BDSG unterzeichnen wird.

↓ **A 3:** Herr (...) ist damit einverstanden, dass der Verlag die ihm aufgrund des Anstellungsverhältnisses zur Kenntnis gelangten personenbezogenen Daten verarbeitet und zur rechtmäßigen Aufgabenerfüllung an Dritte weitergibt.

---

22 Vgl dazu *Mengel*, Compliance und Arbeitsrecht, 2009, S. 10 ff (zu Investigations) und S. 187 ff (zum Datenschutz) sowie *Wybitul*, BB 2009, 1582, 1583 f, jew. mwN.

23 Vgl BT-Drucks. 16/13657, S. 21.

24 Vgl BT-Drucks. 16/13657, S. 21.

25 Vgl BT-Drucks. 16/13657, S. 21 f.

26 *Däubler*, NZA 2001, 874, 878.

27 BAG 21.6.2012 – 2 AZR 153/11, NZA 2012, 1025.

(2) Gestaltungshinweise

1900 Im Einzelfall kann Bedarf bestehen, Arbeitnehmerdaten für Zwecke zu erheben, die sich nicht oder jedenfalls nicht eindeutig aus dem Arbeitsverhältnis ergeben. Will etwa der Arbeitgeber Namen, Qualifikation, Erreichbarkeit und Foto bestimmter Arbeitnehmer der Betriebskrankenkasse zu Werbezwecken im Internet überlassen, bedarf es der Einwilligung des Arbeitnehmers. Gemäß den Voraussetzungen des § 4 a Abs. 1 S. 3 BDSG bedarf diese Einwilligungserklärung der Schriftform. Der Einwilligende muss des Weiteren über den Gegenstand seiner Erklärung ausreichend informiert sein, § 4 a Abs. 1 S. 2 BDSG.

1901 Die **Klausel A 1** wird diesen Anforderungen in knapper und präziser Form gerecht. Sie hält damit auch einer am Transparenzgebot (§ 307 Abs. 1 S. 2 BGB) ausgerichteten Bewertung stand. Sie kann jederzeit mit weiteren Sachverhalten ausgefüllt werden, die präzise die Zwecke der Datenverarbeitung bestimmen. Die theoretischen Anforderungen an eine Einwilligung und die bestehende Rechtspraxis klaffen allerdings noch weit auseinander, wie die verbreiteten **Klauseln A 2 und A 3** zeigen. Die **Klausel A 2** hat nur deklaratorischen Charakter. Sie schafft keine zusätzliche Rechtsgrundlage, die über die Zweckbestimmung des Vertragsverhältnisses hinausgeht. Sie wiederholt den Gesetzestext und verbindet ihn mit einer Einwilligungserklärung. Das Gesetz bedarf jedoch nicht der Einwilligung seiner Adressaten.

1902 Die **Klausel A 3** erfüllt die Anforderungen des Transparenzgebots nicht. Anhand der Formulierung „zur rechtmäßigen Aufgabenerfüllung an Dritte“ lässt sich für den Arbeitnehmer nicht erkennen, welche Daten übermittelt werden können und zu welchen Zwecken die Übermittlung erfolgen soll. Die vorformulierte Einwilligungserklärung ist auch deshalb unwirksam, weil sie in ihrer globalen Formulierung auf die Beachtung der schutzwürdigen Belange des Arbeitnehmers gem. § 28 BDSG verzichtet und so mit wesentlichen Grundgedanken der gesetzlichen Regelung, von der sie abweicht, nicht zu vereinbaren ist, § 307 Abs. 2 Nr. 1 BGB.

bb) Geheimhaltungsklausel

(1) Klauseltyp B

1903 **B 1:** Der Mitarbeiter willigt ein, während der Dauer seines Arbeitsverhältnisses und nach dessen Beendigung über alle ihm anvertrauten, zugänglich gemachten oder sonst bekannt gewordenen Geschäftsgeheimnisse der Firma oder eines mit der Firma verbundenen Unternehmens strenges Stillschweigen gegenüber Dritten zu bewahren und solche Betriebs- und Geschäftsgeheimnisse auch nicht selbst auszuwerten. Als „Betriebs- und Geschäftsgeheimnisse“ gelten alle geschäftlichen, betrieblichen, organisatorischen und technischen Kenntnisse, Vorgänge und Informationen, die nur einem beschränkten Personenkreis zugänglich sind und nach dem Willen von (...) nicht der Allgemeinheit bekannt werden sollen.

B 2: § 5 BDSG bestimmt, dass es allen bei der Datenverarbeitung beschäftigten Personen untersagt ist, geschützte personenbezogene Daten zu einem anderen als dem zur jeweiligen rechtmäßigen Aufgabenerfüllung gehörenden Zweck zu erheben, zu verarbeiten, bekannt zu geben, zugänglich zu machen oder sonst zu nutzen. Da zur Datenverarbeitung hierbei das Erfassen, Aufnehmen, Aufbewahren, Übermitteln, Verändern, Löschen, Nutzen, Erheben und Sperren von personenbezogenen Daten zählt und Sie hiermit beruflich befasst sind, machen wir Sie auf die Bestimmungen über die Einhaltung des Datengeheimnisses aufmerksam.
Sie sind zum verschwiegenen Umgang mit personenbezogenen Daten verpflichtet. Auf diese Verschwiegenheit weisen wir Sie hiermit gem. § 5 BDSG noch einmal gesondert hin. Ihre Verpflichtung auf das Datengeheimnis besteht auch nach Beendigung des Arbeitsverhältnisses fort.

Das Merkblatt zum Datengeheimnis haben wir Ihnen zur Verfügung gestellt. Mit Ihrer Unterschrift unter das vorliegende Schreiben erklären Sie, dass Sie das Merkblatt über das Datengeheimnis zur Kenntnis genommen haben.

Mit freundlichen Grüßen

Den Empfang der vorliegenden Mitteilung bestätige ich hiermit.

B 3: Anlage II zum Anstellungsvertrag

Datenschutz/Datengeheimnis

Nach § 5 Bundesdatenschutzgesetz (BDSG) ist es mir untersagt, personenbezogene Daten unbefugt zu verarbeiten oder zu nutzen. Dieses Datengeheimnis besteht auch nach Beendigung meiner Tätigkeit bei der Firma fort; gem. § 43 BDSG ist der widerrechtliche Umgang mit personenbezogenen Daten unter Strafe gestellt.

Ich habe das Merkblatt Datenschutz-Datensicherheit erhalten und werde die darin enthaltenen Hinweise und Weisungen befolgen.

Wenn die Aufforderung zu einer Datenschutz-Schulung erfolgt, werde ich daran teilnehmen.

Ich weiß, dass ich mich in Datenschutzfragen jederzeit an den Datenschutz-Koordinator oder den Datenschutzbeauftragten wenden kann.

B 4: Merkblatt zum Datengeheimnis

Neben den besonderen Geheimhaltungsvorschriften in unserem Betrieb und sonstigen Geheimhaltungsvorschriften (zB § 17 UWG) gilt für Sie aufgrund Ihrer Aufgabenstellung das Datengeheimnis nach § 5 Bundesdatenschutzgesetz (BDSG).

Hiernach ist es den bei der Datenverarbeitung beschäftigten Mitarbeitern untersagt, geschützte personenbezogene Daten unbefugt zu einem anderen als dem zur jeweiligen rechtmäßigen Aufgabenerfüllung gehörenden Zweck zu erheben, zu verarbeiten, bekannt zu geben, zugänglich zu machen oder sonst zu nutzen. Die „Befugnis“ des Mitarbeiters zur Verarbeitung von Daten ergibt sich zunächst aus den Regelungen des Bundesdatenschutzgesetzes bzw speziellen Datenschutzvorschriften sowie aus der Aufgabenstellung im Betrieb und den zur Wahrung des Datenschutzes bestehenden betrieblichen Grundsätzen. Eine missbräuchliche Nutzung der anvertrauten Daten liegt daher auch vor, wenn die im beruflichen Bereich bekannt gewordenen Angaben zu privaten Zwecken verwendet werden.

Gemäß gesetzlichen Bestimmungen muss jeder bei der Verarbeitung personenbezogener Daten beschäftigte Mitarbeiter ausdrücklich formell auf das Datengeheimnis hingewiesen werden. Die Verpflichtung zur Wahrung des Datengeheimnisses besteht auch nach Beendigung der jeweiligen Tätigkeit, dh auch nach Ausscheiden aus unserer Firma, weiter. Verstöße gegen das Datengeheimnis können gem. § 43 BDSG und anderen einschlägigen Rechtsvorschriften mit Freiheits- oder Geldstrafen geahndet werden. Ferner können Schadensersatzverpflichtungen des Mitarbeiters sowie arbeitsrechtliche Konsequenzen entstehen.

Der Schutz personenbezogener Daten nach dem BDSG erstreckt sich auf in Dateien gespeicherte Daten, ungeachtet der bei der Verarbeitung angewandten Verfahren. Das Gesetz schützt grds. alle Datensammlungen mit personenbezogenen Daten (zB Karteien, Erfassungsformulare, Lochkarten, Magnetbänder, Mikrofilmaufzeichnungen). Der Schutz erstreckt sich auch auf die Verfahren, mit denen solche Daten verarbeitet werden. Neben den Vorschriften des BDSG sind spezielle datenschutzrechtliche Vorschriften zu beachten. So sind bei der Verarbeitung von Daten für firmeneigene Zwecke durch die Buchhaltung und das Rechnungswesen die Grundsätze der ordnungsgemäßen Datenverarbeitung im Sinne der ordnungsgemäßen Buchführung einzuhalten. Bei der Verarbeitung von Personaldaten sind neben den Bestimmungen des BDSG die Grundsätze des Personaldatenrechts zu beachten.

Wir sind verpflichtet, die dem Datengeheimnis unterliegenden Mitarbeiter mit diesen Datenschutzvorschriften vertraut zu machen. Auch in Ihrem eigenen Interesse bitten wir Sie, die hierzu zur Verfügung gestellten Unterlagen sowie das vorliegende Merkblatt zu beachten und die angebotenen Informationsmöglichkeiten zu nutzen.

B 5: Verpflichtungserklärung zur Wahrung des Datengeheimnisses
Herr/Frau
(...) (Name, Personal-Nummer)
wird hiermit auf die Wahrung des Datengeheimnisses nach § 5 Bundesdatenschutzgesetz (BDSG) und die geltenden Bestimmungen der (...) zum Datenschutz und der Datensicherheit verpflichtet. Der/die Verpflichtete/r wird hiermit darauf hingewiesen, dass es untersagt ist, personenbezogene Daten unbefugt zu einem anderen als dem zur jeweiligen rechtmäßigen Erfüllung der Fachaufgabe gehörenden Zweck zu verarbeiten oder zu nutzen. Diese Verpflichtung besteht nach Beendigung der Tätigkeit weiter.
Die Verpflichtung umfasst folgende Punkte:

- Gemäß § 5 BDSG ist das Datengeheimnis zu wahren. Es dürfen nur die für die konkrete Erfüllung der Fachaufgabe notwendigen Daten abgerufen werden.
- Die Übermittlung (Weitergabe an Dritte) personenbezogener Daten ist nur zulässig, wenn dem Empfänger aufgrund einer Rechtsvorschrift, interner Richtlinien der (...) oder besonderer Vereinbarungen ein Recht auf Kenntnisnahme zusteht.
- Alle Programme und Daten dürfen nur auf diese Weise verwendet werden, wie es von einer entscheidungsberechtigten Stelle der (...) angeordnet oder durch interne Richtlinien vorgegeben wird.
- Programme, Daten und andere Informationen dürfen nicht zu einer anderen als der jeweiligen Zweckbestimmung vervielfältigt werden.
- Es ist untersagt, Programme oder Daten zu verfälschen, andere als für die jeweilige Fallaufgabe freigegebene Programme und Daten einzuführen, zu erzeugen, weiterzugeben oder zu verwenden.
- Datenträger und Unterlagen (Akten) mit personenbezogenen Daten sind vor dem Zugriff Unbefugter sicher aufzubewahren.

Die bestehenden Rechtsvorschriften, betrieblichen Vereinbarungen und Richtlinien zum Umgang mit personenbezogenen Daten sind zu beachten. Im Rahmen der zugewiesenen Fachaufgabe hat der/die Mitarbeiter/in die notwendige Sorgfalt anzuwenden und festgestellte Mängel umgehend einer/m Vorgesetzten oder dem Datenschutzbeauftragten zu melden.
Der/die Verpflichtete/r wird darüber belehrt, dass Verstöße gegen das Datengeheimnis nach §§ 43, 44 BDSG und anderen einschlägigen Rechtsvorschriften mit Freiheits- oder Geldstrafe geahndet werden können. Eine Verletzung des Datengeheimnisses stellt in den meisten Fällen einen Verstoß gegen die arbeitsvertragliche Schweigepflicht dar und kann arbeitsvertragliche Konsequenzen nach sich ziehen. Diese Verpflichtungserklärung wird der Personalakte beigelegt. Die beiliegenden Merkblätter zum Datenschutz und zur Datensicherheit in der (...) habe ich gelesen und zur Kenntnis genommen.

(...) (Ort, Datum)
(...) (Unterschrift der/des Verpflichteten)

(2) Gestaltungshinweise

Es empfiehlt sich, die Geheimhaltungspflichten der Mitarbeiter explizit zu regeln, damit es im Nachhinein nicht zu Unklarheiten über die anvertrauten Geschäftsinterna und ihre vertraglich verabredete Abschottung vor Außenstehenden kommt. 1904

Die **Klausel B 1** enthält die Einwilligung des Arbeitnehmers in eine Geheimhaltung.[28] Die Geheimhaltungsverpflichtung des Arbeitnehmers ist Ausfluss der Treuepflicht und kann bei Verletzung Schadensersatz- und Unterlassungsansprüche nach §§ 823 Abs. 1 und 2, 826 BGB auslösen.[29] Die vorliegende Geheimhaltungsklausel B 1 geht über die übliche Verpflichtung zur Verschwiegenheit hinaus, weil sie dem Arbeitnehmer auch die Pflicht auferlegt, Betriebs- und Geschäftsgeheimnisse nicht auszuwerten. Insofern bedarf die vorliegende Klausel zu ihrer Wirksamkeit der Einwilligung des Arbeitnehmers. Da der Sachverhalt, keine Auswertung von Betriebs- und Geschäftsgeheimnissen zu unternehmen, hinreichend bestimmt ist, bestehen keine AGB-rechtlichen Bedenken (§ 307 Abs. 1 S. 2 BGB). Das Bestimmtheitserfordernis wird auch gewahrt, soweit der Begriff „Geschäftsgeheimnis" Verwendung findet. Dieser Begriff wird nämlich im Text zusätzlich in einer für den Arbeitnehmer nachvollziehbaren Weise definiert. 1905

Die **Klausel B 2** ist heute nahezu bei jedem Mitarbeiter obligatorisch.[30] § 5 S. 2 BDSG verpflichtet die Arbeitgeber (nicht-öffentliche Stellen), alle Personen bei der Aufnahme ihrer Tätigkeit auf das Datengeheimnis zu verpflichten. Die Klausel B 2 wird dieser Anforderung gerecht. Man sollte sie allerdings im Anbahnungsverhältnis stets im Zusammenhang mit einer Belehrung über die Pflichten aus dem BDSG verbinden. Hierzu dient die **Klausel B 4**. In der **Klausel B 3** wird die Verpflichtung auf das Datengeheimnis mit einem Verweis auf ein Merkblatt, das nähere Angaben enthalten kann, zusammengefasst. Die **Klausel B 5** enthält eine Verpflichtungserklärung zur Wahrung des Datengeheimnisses, die dem Arbeitnehmer ausgehändigt und von diesem unterschrieben zurückgereicht werden sollte. Ein weiteres Muster zur Verpflichtung auf das Datengeheimnis findet sich in § 1 Rn 4437. 1906

28 Weitere Klauseln zur Geheimhaltung finden sich in § 1 Rn 3865 ff (62. Verschwiegenheitsklauseln).

29 BAG 15.12.1987 – 3 AZR 474/86, DB 1988, 1020; BAG 15.6.1993 – 9 AZR 558/91, DB 1994, 887; BAG 16.3.1982 – 3 AZR 83/79, BB 1982, 1792.

30 Vgl auch *Gola/Schomerus*, § 5 BDSG Rn 8 ff mwN.

23. Diensterfindungsklauseln

Literatur

Balle, Der urheberrechtliche Schutz von Arbeitsergebnissen, NZA 1997, 868; *Bartenbach/Volz*, Arbeitnehmererfindungen, 6. Aufl. 2014; *dies.*, Arbeitnehmererfindungsgesetz, Kommentar, 5. Aufl. 2013 (zit. *Bartenbach/Volz*, ArbEG); *Bayreuther*, Zum Verhältnis zwischen Arbeits-, Urheber- und Arbeitnehmererfindungsrecht, GRUR 2003, 570; *Benecke*, Entwicklung von Computerprogrammen durch Arbeitnehmer, NZA 2002, 883; *Brandi-Dohrn*, Softwareschutz nach dem neuen deutschen Urheberrechtsschutzgesetz, BB 1994, 658; *Busse/Keukenschrijver* (Hrsg.), Patentgesetz, Kommentar, 7. Aufl. 2013; *Fromm/Nordemann*, Urheberrecht, 11. Aufl. 2014; *Grobys/Foerstl*, Die Auswirkungen der Urheberrechtsreform auf Arbeitsverträge, NZA 2002, 1015; *Jacobs*, Das neue Urheberrecht, NJW 2002, 1905; *Lejeune*, Neues Arbeitnehmerurheberrecht, ITRB 2002, 145; *Lenhart*, Arbeitnehmer- und Arbeitgeberbegriff im Arbeitnehmererfindungsrecht, 2002; *Rehbinder/Peukert*, Urheberrecht, 17. Aufl. 2014; *Reimer/Schade/Schippel*, ArbEG – Gesetz über Arbeitnehmererfindungen und deren Vergütungsrichtlinien, 8. Aufl. 2007; *Schwab*, Arbeitnehmererfindungsrecht – Arbeitnehmererfindungsgesetz – Arbeitnehmer-Urheberrecht – Betriebliches Vorschlagswesen, Handkommentar, 3. Aufl. 2014; *ders.*, Warum kein Arbeitnehmerurheberrecht? – Zur Unzulänglichkeit des § 43 UrhG, AuR 1993, 129; *ders.*, Das Urheberrecht des Arbeitnehmers, AR-Blattei SD 1630; *Seewald/Freidling*, Der Beamte als Urheber, NJW 1986, 2688; *Wimmers/Rode*, Der angestellte Softwareprogrammierer und die neuen urheberrechtlichen Vergütungsansprüche, CR 2003, 399; *Zirkel*, Das neue Urhebervertragsrecht und der angestellte Urheber, WRP 2003, 59.

a) Rechtslage im Umfeld

aa) Überblick

1907 Der urheberrechtliche Schutz von Arbeitsergebnissen ist von hoher praktischer Relevanz für einen Arbeitnehmer, für den sich die Frage nach den Verwertungsrechten an seinem Arbeitsergebnis oder seiner Erfindung stellt, die er während der Arbeitszeit geschaffen hat. Darf er sein Werk selbst nutzen, darf er es anderen zur Verfügung stellen oder muss er es ausschließlich seinem Arbeitgeber übergeben? Erhält er als Folge seiner Kreativität eine vom normalen Gehalt abweichende Vergütung? Die Beantwortung dieser Fragen ist auch für den Arbeitgeber, der sich mit einer innovativen Diensterfindung seines Mitarbeiters, die für das Unternehmen unter Umständen von großem Nutzen sein kann, konfrontiert sieht, von entscheidender Bedeutung.

1908 Die Ansprüche von Arbeitnehmern und Arbeitgebern in solchen Fällen sind in zwei Gesetzen geregelt: dem **Gesetz über Arbeitnehmererfindungen** (**ArbNErfG**)[1] und dem **Urheberrechtsgesetz** (**UrhG**).[2] Der Geltungsbereich des ArbNErfG umfasst Erfindungen, die patent- und gebrauchsmusterfähig sind, und technische Verbesserungsvorschläge, die diese Kriterien nicht erfüllen.[3] Das UrhG enthält arbeitsrechtliche Sonderregelungen in §§ 43 und 69 b.

bb) Ansprüche nach dem Arbeitnehmererfindergesetz

(1) Zielsetzung und Geltungsbereich

1909 Zielsetzung des ArbNErfG ist es, einen Interessenausgleich zwischen Arbeitnehmer und Arbeitgeber, der die sächlichen Voraussetzungen für die Erfindungen geschaffen hat, herzustellen und somit auf einem Grenzgebiet von Arbeitsrecht und gewerblichem Rechtsschutz einen Ausgleich zwischen den Parteien zu finden.[4] Der persönliche Geltungsbereich des Gesetzes beschränkt sich gem. § 1 ArbNErfG auf **Arbeitnehmer** im öffentlichen und privaten Dienst sowie Soldaten und Beamte. Für die Bestimmung des Begriffs „Arbeitnehmer“ sind die allgemeinen Grundsätze des Arbeitsrechts anzuwenden.[5] Freie Mitarbeiter, arbeitnehmerähnliche Personen, die gesetzlichen Vertreter juristischer Personen, die Gesellschafter von Personengesellschaften sowie Ruheständler gehören nicht zu den Arbeitnehmern. In sachlicher Hinsicht unterliegen dem

1 Vom 25.7.1957 (BGBl. I S. 756) mit späteren Änderungen.
2 Vom 9.9.1965 (BGBl. I S. 1273) mit späteren Änderungen.
3 *Benecke*, NZA 2002, 883.
4 Schaub/*Schaub*, Arbeitsrechts-Handbuch, § 114 I 1 b.
5 *Lenhart*, Arbeitnehmer- und Arbeitgeberbegriff im Arbeitnehmererfindungsrecht, S. 85 ff.

ArbNErfG **Erfindungen** und **technische Verbesserungsvorschläge**, die während des Bestands[6] des Arbeitsverhältnisses oder des Beamten- bzw Soldatenverhältnisses gemacht worden sind; ausgenommen sind Erfindungen, die urheberrechtsfähig sind.

(2) Diensterfindungen im Allgemeinen

Erfindungen sind eine auf schöpferischer Leistung beruhende Lehre zum planmäßigen Handeln; sie müssen also einen individuellen geistigen Inhalt als Ergebnis einer produktiven Geistestätigkeit enthalten.[7] Erfindungen im Sinne des Gesetzes sind nur Erfindungen, die patent- und gebrauchsmusterfähig sind. **Patentfähig** sind Erfindungen, die eine neue, schöpferische Lehre zum technischen Handeln geben, so dass der mit durchschnittlichem Wissen ausgestattete Fachmann danach handeln kann.[8] **Gebrauchsmusterfähig** sind Erfindungen auf einer geringeren Erfindungshöhe, welche aber die Technik zumindest in einem gewissen Ausmaß bereichern.[9] 1910

Gemäß § 5 Abs. 1 S. 1 ArbNErfG hat der Arbeitnehmer eine Diensterfindung unverzüglich (dh ohne schuldhaftes Zögern, § 121 BGB) dem Arbeitgeber gesondert in Textform zu melden und den Arbeitgeber darauf hinzuweisen, dass es sich bei dieser Meldung um eine **Erfindungsmeldung** handelt. Der Arbeitgeber kann auf die Textform der Diensterfindungsmeldung verzichten.[10] Sind mehrere Arbeitnehmer an der Erfindung beteiligt (**Miterfinder**), so können sie eine gemeinsame Erfindungsmeldung abgeben, § 5 Abs. 1 S. 2 ArbNErfG. Hat ein Arbeitnehmer, der an einer bereits gemeldeten Diensterfindung als Miterfinder beteiligt war, diese in einer Weise fortentwickelt, dass der Gegenstand der Erfindung wesentlich verändert wurde und sich somit auch die Anteile der Miterfinder geändert haben, so muss diese dem Arbeitgeber erneut gemeldet werden.[11] Nach § 5 Abs. 2 ArbNErfG muss die Meldung des Arbeitnehmers die technische Aufgabe, ihre Lösung und das Zustandekommen der Diensterfindung beschreiben. Vorhandene Aufzeichnungen sind beizufügen, soweit sie zum Verständnis der Erfindung erforderlich sind.[12] Die Meldung soll dem Arbeitnehmer dienstlich erteilte Weisungen oder Richtlinien, zur Verfügung gestellte Materialien, die benutzten Erfahrungen oder Arbeiten des Betriebes, die Mitarbeiter sowie Art und Umfang ihrer Mitarbeit angeben und soll hervorheben, was der meldende Arbeitnehmer als seinen eigenen Anteil ansieht. 1911

Entspricht die Erfindungsmeldung nicht den gesetzlichen Anforderungen, kann der Arbeitgeber innerhalb von zwei Monaten ihre **Ergänzung** verlangen, § 5 Abs. 3 ArbNErfG. Bei der Ergänzung hat er den Arbeitnehmer zu unterstützen. Verstreicht die Zwei-Monats-Frist ohne ein Ergänzungsverlangen des Arbeitgebers, gilt die Meldung als ordnungsgemäß. 1912

§ 6 ArbNErfG gestattet dem Arbeitgeber, die Diensterfindung in Anspruch zu nehmen. Die **Inanspruchnahme** erfolgt durch Erklärung gegenüber dem Arbeitnehmer. Sie gilt als erklärt, wenn der Arbeitgeber nicht bis zum Ablauf von vier Monaten nach Eingang der ordnungsgemäßen Meldung (§ 5 ArbNErfG) die Diensterfindung gegenüber dem Arbeitnehmer durch Erklärung in Textform freigibt, § 6 Abs. 2 ArbNErfG. Die **Fiktion** der Inanspruchnahme bei unterbliebener Freigabeerklärung wurde im Rahmen der Novellierung 2009[13] in das ArbNErfG eingefügt. Fehlt es an einer ordnungsgemäßen Meldung der Diensterfindung durch den Arbeitnehmererfinder, kann die vom Arbeitgeber einzuhaltende Frist zur Inanspruchnahme mit der 1913

6 *Bartenbach/Volz*, § 4 Rn 10.

7 Schaub/*Schaub*, Arbeitsrechts-Handbuch, § 114 II 3 a.

8 *Bartenbach/Volz*, § 1 Rn 6.

9 Küttner/*Reinecke*, Personalbuch, 31 (Arbeitnehmererfindung) Rn 5.

10 Noch zur Schriftform: BPatG München 17.10.2005 – 34 W (pat) 336/03, MittdtschPatAnw 2006, 41; BGH 17.1.1995 – X ZR 130/93, NJW-RR 1995, 696.

11 BGH 5.10.2005 – X ZR 26/03, GRUR 2006, 141.

12 Formulierungsbeispiel für die Meldung einer Diensterfindung bei Hümmerich/Lücke/Mauer/*Möhren*, NomosFormulare ArbR, Muster 3905.

13 Gesetz zur Vereinfachung und Modernisierung des Patentrechts vom 31.7.2009 (BGBl. I S. 2521).

Anmeldung der Erfindung zum Schutzrecht zu laufen beginnen.[14] Die Erfindungsmeldung nach § 5 ArbNErfG, die keine Willenserklärung, sondern lediglich eine Erklärung über tatsächliche Umstände ist, soll sicherstellen, dass dem Arbeitgeber die Erfindungen seiner Arbeitnehmer und die insoweit maßgeblichen Umstände so bekannt werden, dass er den Erfindungscharakter erkennen kann und in der Lage ist, sachgerecht über eine Inanspruchnahme oder Freigabe, über den der Erfindung gerecht werdenden Inhalt einer Schutzrechtsanmeldung und über die Festsetzung einer Vergütung zu entscheiden. Dieser Zweck ist erfüllt, wenn in einer der ordnungsgemäßen Meldung vergleichbaren anderweitigen Form dokumentiert ist, dass der Arbeitgeber das Wissen und die Erkenntnismöglichkeiten hat, die ihm nach § 5 ArbNErfG vermittelt werden müssen.[15] Hiervon ist auszugehen, wenn der Arbeitgeber die Diensterfindung zum Patent anmeldet und den Arbeitnehmer als Erfinder benennt.[16] Meldet der Arbeitnehmer selbst ein Patent auf eine Erfindung an und erfährt der Arbeitgeber hiervon, genügt dies noch nicht für die Annahme, der Arbeitgeber habe Kenntnis von der Diensterfindung.[17] Der Arbeitgeber, der von dem Schutzrecht bzw der Schutzrechtsanmeldung seines (ehemaligen) Arbeitnehmers Kenntnis erlangt, sei damit noch nicht ohne Weiteres darüber informiert, dass es sich bei dem Gegenstand des Schutzrechts bzw der Schutzrechtsanmeldung um eine Diensterfindung handelt.[18] Der Arbeitgeber werde nicht ohne weitere Erkundigungen annehmen können, dass der Arbeitnehmer eine Diensterfindung zum Schutzrecht angemeldet hat, obwohl er hierzu nicht berechtigt gewesen ist (§ 13 Abs. 1 ArbNErfG).[19]

1914 Nach der Meldung einer Diensterfindung ist der Arbeitgeber verpflichtet (§ 13 Abs. 1 ArbNErfG), die von ihm in Anspruch genommene Diensterfindung zur Erteilung eines Patents unverzüglich anzumelden. Die **Anmeldepflicht** ist dabei nicht an den **Zeitpunkt** der Inanspruchnahme, sondern bereits an die Meldung der Diensterfindung geknüpft.[20] Rechtsfolge der Inanspruchnahme ist der Übergang aller vermögenswerten Rechte der Erfindung auf den Arbeitgeber gem. § 7 Abs. 1 ArbNErfG. Somit kann er die Erfindung selbst nutzen oder die Lizenzen an Dritte vergeben.[21] Hat der Arbeitnehmer vor der Inanspruchnahme über die Erfindung verfügt, sie also zB auf Dritte übertragen, so sind diese Verfügungen dem Arbeitgeber gegenüber insoweit unwirksam, wie dessen Rechte beeinträchtigt werden (§ 7 Abs. 2 ArbNErfG, § 135 BGB).

1915 Korrespondierend zu dem Recht des Arbeitgebers auf Inanspruchnahme der Erfindung hat der Arbeitnehmer gegen den Arbeitgeber gem. § 9 Abs. 1 ArbNErfG einen **Anspruch auf angemessene Vergütung**, sobald der Arbeitgeber die Diensterfindung in Anspruch genommen hat. Für die Bemessung der Vergütung sind insb. die wirtschaftliche Verwertbarkeit der Diensterfindung, die Aufgaben und die Stellung des Arbeitnehmers im Betrieb sowie der Anteil des Betriebes an dem Zustandekommen der Diensterfindung maßgebend (§ 9 Abs. 2 ArbNErfG).

1916 Die **Art und Höhe der Vergütung** soll in angemessener Frist nach Inanspruchnahme der Diensterfindung durch **Vereinbarung** zwischen dem Arbeitgeber und dem Arbeitnehmer festgestellt werden, § 12 Abs. 1 ArbNErfG. Kommt eine Vereinbarung nicht zustande, so hat der Arbeitgeber die Vergütung spätestens bis zum Ablauf von drei Monaten nach der Schutzrechtserteilung durch Erklärung in Textform an den Arbeitnehmer festzusetzen, § 12 Abs. 3 ArbNErfG.

---

14 BGH 4.4.2006 – X ZR 155/03, GRUR 2006, 754; OLG Düsseldorf 18.9.2003 – 2 U 70/99, I-2 U 70/99, GRUR-RR 2004, 163.

15 BGH 4.4.2006 – X ZR 155/03, GRUR 2006, 754; vgl auch OLG Frankfurt 22.1.2009 – 6 U 151/06, GRUR-RR 2009, 291.

16 OLG Düsseldorf 18.9.2003 – 2 U 70/99, I-2 U 70/99, GRUR-RR 2004, 163; bestätigt durch BGH 4.4.2006 – X ZR 155/03, GRUR 2006, 754.

17 BGH 12.4.2011 – X ZR 72/10, GRUR 2011, 733 (Initialidee).

18 BGH 12.4.2011 – X ZR 72/10, GRUR 2011, 733 (Initialidee), Rn 25.

19 BGH 12.4.2011 – X ZR 72/10, GRUR 2011, 733 (Initialidee), Rn 25.

20 *Trimborn*, in: Reimer/Schade/Schippel, Das Recht der Arbeitnehmererfindung, § 13 Rn 4.

21 Tschöpe/*Westhoff*, Anwalts-Handbuch ArbR, Teil 2 H Rn 30.

Ist eine Vereinbarung über die Erfindervergütung nicht getroffen und kommt der Arbeitgeber seiner Pflicht zur Vergütungsfestsetzung nicht nach, so stellt das Zuwarten des Arbeitnehmererfinders mit der Geltendmachung des Vergütungsanspruchs für sich allein keinen Umstand dar, der ein schutzwürdiges Vertrauen des Arbeitgebers dahin begründen kann, der Arbeitnehmererfinder werde auch in Zukunft keinen Vergütungsanspruch geltend machen.[22] Bei der Festsetzung der Vergütung gem. § 12 Abs. 3 ArbNErfG handelt es sich um ein einseitiges Leistungsbestimmungsrecht iSv § 315 Abs. 1 BGB.[23] Wird die Vergütung nicht fristgerecht vom Arbeitgeber festgesetzt, kann der Arbeitnehmer gem. § 315 Abs. 3 S. 2 Hs 2 BGB die gerichtliche Bestimmung der angemessenen Vergütung beantragen.[24] Bei wesentlicher Veränderung der Umstände, die für die Festsetzung der Vergütung maßgebend waren, kann jede Partei die Neufestsetzung der Vergütung verlangen, § 12 Abs. 6 ArbNErfG. War die Vergütung von vornherein unangemessen festgesetzt, kann dies nur unter den Voraussetzungen des § 23 Abs. 1 ArbNErfG behoben werden.[25]

Dem Arbeitnehmererfinder steht im Hinblick auf seinen Anspruch auf angemessene Vergütung nach § 9 ArbNErfG darüber hinaus gem. § 242 BGB ein **Anspruch auf Auskunft und Rechnungslegung** zu.[26] Dieser kann auch Angaben über die Benutzung einschließen, die der Arbeitgeber bereits vor Inanspruchnahme der Diensterfindung vorgenommen hat.[27] Von den Auskunfts- und Rechnungslegungsansprüchen sind gewinnbezogene Informationen nicht erfasst.[28] Für die Zwecke einer angemessenen Vergütung nach der Lizenzanalogie lasse sich die wirtschaftliche Verwertbarkeit einer Arbeitnehmererfindung mithilfe der Stückzahlen und des Umsatzes zuverlässig bestimmen.[29] Daher sei der Arbeitnehmer für die Einschätzung des Wertes seiner Diensterfindung auf diese Daten angewiesen und könne hierüber Auskunft verlangen. Darüber hinaus sei der Arbeitnehmer nicht auf Angaben zum unternehmerischen Gewinn angewiesen, um seine angemessene Vergütung geltend machen zu können.[30] Dementsprechend entfielen in diesem Zusammenhang auch Auskunftsansprüche über Herstellungs- und Vertriebskosten, da diese Informationen dazu dienten, die Gewinnangaben des Arbeitgebers auf ihre Richtigkeit hin überprüfen zu können.[31] 1917

Bei Personen, die nicht zum Kreis der Arbeitnehmer zählen, erscheint es empfehlenswert, die Vergütung explizit zu regeln. Solche Vergütungsklauseln finden sich häufig in den Musterarbeitsverträgen für **freie Mitarbeiter**. 1918

(3) Technische Verbesserungsvorschläge

Nach der **Legaldefinition** des § 3 ArbNErfG sind unter „**technischen Verbesserungsvorschlägen**" solche technischen Neuerungen zu verstehen, die nicht patent- oder gebrauchsmusterfähig sind. Eine solche Neuerung setzt eine auf technischem Gebiet liegende individuelle, schöpferische Geistesleistung des Einzelnen voraus, die über das bloße Auffinden von Vorhandenem oder Vorgegebenem hinausgeht.[32] Zu unterscheiden sind qualifizierte und einfache technische Verbesserungsvorschläge. 1919

Qualifizierte technische Verbesserungsvorschläge sind solche, die dem Arbeitgeber eine ähnliche Vorzugsstellung gewähren wie ein gewerbliches Schutzrecht (§ 20 Abs. 1 S. 1 ArbNErfG). 1920

---

22 BGH 10.9.2002 – X ZR 199/01, NZA-RR 2003, 253.
23 BGH 4.12.2007 – X ZR 102/06, GRUR 2008, 606, Rn 15.
24 BGH 4.12.2007 – X ZR 102/06, GRUR 2008, 606, Rn 15; *Bartenbach/Volz*, ArbEG § 12 Rn 44.
25 BGH 17.4.1973 – X ZR 59/69, BB 1973, 1638; Schaub/*Schaub*, Arbeitsrechts-Handbuch, § 114 Rn 35.
26 StRspr des BGH, zuletzt Urt. v. 17.11.2009 – X ZR 137/07, GRUR 2010, 223.
27 BGH 29.4.2003 – X ZR 186/01, NJW-RR 2003, 1017.
28 BGH 17.11.2009 – X ZR 137/07, GRUR 2010, 223.
29 BGH 17.11.2009 – X ZR 137/07, GRUR 2010, 223, Rn 24.
30 BGH 17.11.2009 – X ZR 137/07, GRUR 2010, 223, Rn 26.
31 BGH 17.11.2009 – X ZR 137/07, GRUR 2010, 223, Rn 34.
32 Schaub/*Schaub*, Arbeitsrechts-Handbuch, § 114 Rn 10.

Eine derartige Vorzugsstellung gewähren technische Verbesserungsvorschläge, die von Dritten nicht nachgeahmt werden können (zB Anwendung von Geheimverfahren; Verwendung von Erzeugnissen, die nicht analysiert werden können)[33] und die dem gewerblichen Rechtsschutz insoweit ähneln, als sie dem Arbeitgeber – anstatt einer rechtlichen – eine tatsächliche Monopolstellung gewähren.[34] Gemäß § 20 Abs. 1 S. 1 ArbNErfG steht dem Arbeitnehmer für qualifizierte technische Verbesserungsvorschläge ein Anspruch auf angemessene Vergütung zu, sobald der Arbeitgeber den Verbesserungsvorschlag verwertet. Für die Vergütung gelten die §§ 9 und 12 ArbNErfG entsprechend (§ 12 Abs. 1 S. 2 ArbNErfG).

1921 **Einfache technische Verbesserungsvorschläge** gewähren dem Arbeitgeber keine Vorrangstellung. Eine Regelung ihrer Vergütung bleibt gem. § 20 Abs. 2 ArbNErfG Tarifverträgen und Betriebsvereinbarungen überlassen (s. auch Klauselvariante A 4). Beispielsweise kann eine Betriebsvereinbarung vorsehen, dass über die Prämierung eingereichter einfacher Verbesserungsvorschläge eine paritätisch besetzte Bewertungskommission zu entscheiden hat.[35]

(4) Ermittlung des Erfindungswertes

1922 Der Arbeitnehmer hat einen Anspruch auf angemessene Vergütung (s. § 1 Rn 1915 f). Da die Vergütung der Arbeitnehmererfindung einen Ausgleich dafür darstellen soll, dass er die vermögenswerten Rechte an seiner Erfindung dem Arbeitgeber infolge der Inanspruchnahme überlassen hat, gilt es zunächst, den **Wert der Erfindung** zu bestimmen, um die Angemessenheit der Vergütung bestimmen zu können. Die geläufigsten Methoden der Wertermittlung sind in den Richtlinien für die Vergütung von Arbeitnehmererfindungen vom 20.7.1959[36] (nachfolgend: **Vergütungsrichtlinien**) erläutert. Diese Richtlinien iSv § 11 ArbNErfG sind keine verbindlichen Rechtsnormen, sondern dienen lediglich als Anhaltspunkte für die Ermittlung der Vergütungshöhe.[37]

(a1) Ermittlung nach der Lizenzanalogiemethode

1923 Die Ermittlung der angemessenen Vergütung erfolgt regelmäßig nach der Methode der **Lizenzanalogie.**[38] Dabei wird der Lizenzsatz, der für vergleichbare Fälle bei freien Erfindungen in der Praxis üblich ist, der Ermittlung des Erfindungswertes zugrunde gelegt. Der in Prozenten oder als bestimmter Geldbetrag je Stück oder Gewichtseinheit ausgedrückte Lizenzsatz wird auf eine bestimmte Bezugsgröße (zB Umsatz) bezogen. Dann ist der Erfindungswert die mit dem Lizenzsatz multiplizierte Bezugsgröße.

1924 Die **Berechnung** des Erfindungswertes erfolgt nach einer festen Formel: **E = B x L**

1925 E steht dabei für den Erfindungswert, B für die Bezugsgröße (zB Umsatz) und L für den Lizenzsatz in Prozent. Anhaltspunkte für die Bestimmung des Lizenzsatzes in den einzelnen Industriezweigen können den Vergütungsrichtlinien entnommen werden. Danach ist in der Elektroindustrie ein Lizenzsatz von 0,5 bis 5 % vom Umsatz üblich, in der Chemischen Industrie von 2 bis 5 % und in der Pharmabranche von 2 bis 10 %.[39]

(a2) Ermittlung nach dem erfassbaren betrieblichen Nutzen

1926 Der Erfindungswert kann auch nach dem **erfassbaren Nutzen** ermittelt werden, der dem Betrieb aus der Benutzung der Erfindung erwachsen ist. Gemäß Nr. 12 der Vergütungsrichtlinien

---

33 Richtlinien für die Vergütung von Arbeitnehmererfindungen im privaten Dienst vom 20.7.1959, Beilage BAnz. Nr. 156 vom 18.8.1959.

34 *Bartenbach/Volz*, § 20 Rn 12; LAG Schleswig-Holstein 28.2.2001 – 2 Sa 549/00.

35 BAG 20.1.2004 – 9 AZR 23/03; LAG Köln 28.10.2003 – 13 Sa 492/03, AR-Blattei ES 1760 Nr. 6.

36 Beilage zum BAnz. Nr. 156 vom 18.8.1959.

37 BVerfG 14.4.1998 – 1 BvR 587/88, NJW 1998, 3704; *Bartenbach/Volz*, ArbEG § 11 Rn 5.

38 BGH 16.4.2002 – X ZR 127/99, BB 2002, 1490; Vergütungsrichtlinien Nr. 5.

39 Vergütungsrichtlinien Nr. 10.

ist unter „betrieblichem Nutzen" die durch den Einsatz der Erfindung verursachte Differenz zwischen Kosten und Erträgen zu verstehen. Die Methode der Ermittlung des Erfindungswertes nach dem erfassbaren Nutzen hat den Nachteil, dass der Nutzen oft schwierig zu ermitteln ist und die Berechnung des Nutzens schwer überprüfbar ist.

(a3) Schätzung des Erfindungswertes

Letztlich kann der Erfindungswert auch geschätzt werden. Diese Methode bringt zwangsläufig Unsicherheiten mit sich und ist daher nicht empfehlenswert. 1927

Es bleibt festzuhalten, dass die **Methode der Lizenzanalogie** zur Ermittlung des Erfindungswertes sicher und praktikabel ist und somit den anderen Methoden vorzuziehen und **empfehlenswert** ist. 1928

cc) Ansprüche nach dem Urheberrechtsgesetz

Dem Urheberschutz unterliegen grds. nicht Erfindungen und technische Verbesserungsvorschläge von Arbeitnehmern, da diese nach dem ArbNErfG geschützt werden (§ 1 ArbNErfG). Als Abgrenzungskriterium dient die **Werkqualität des Arbeitsergebnisses.**[40] 1929

Die urheberrechtlich geschützten Werke aus den abschließend umfassten Bereichen der Literatur, Wissenschaft und Kunst sind in § 2 UrhG aufgezählt. Maßgebliches Kriterium für die Beurteilung als Werk ist nach § 2 Abs. 2 UrhG eine **persönliche geistige Schöpfung**. Wesentlich ist dabei, dass als Arbeitsergebnis ein neues geistiges Produkt mit einer individuellen Gestaltungsform entsteht, wobei es sich um eine Schöpfung handeln muss, also um etwas Besonderes, aus der Masse alltäglicher Gebilde Herausragendes.[41] Dazu gehören nach § 2 Abs. 1 Nr. 1 UrhG auch Computerprogramme, jedoch ohne dass es bei ihnen auf besondere ästhetische oder qualitative Kriterien ankommen würde (§ 69 a Abs. 3 UrhG). 1930

Schafft ein Arbeitnehmer im Rahmen seines Arbeitsverhältnisses ein schutzfähiges Werk iSd § 2 UrhG, erwirbt er an diesem Werk als Immaterialgut ein originäres Urheberrecht, weil das in § 7 UrhG festgeschriebene **Schöpferprinzip**, das den Rechtserwerb von Urheberrechten am Realakt des Werkschaffens natürlicher Personen anknüpft, es so vorsieht. Dem Urheber steht das ausschließliche Recht zu, sein Werk zu verwerten (§ 15 UrhG). 1931

Von diesem **personengebundenen Urheberrecht** ist ein **selbständiges Nutzungsrecht** zu unterscheiden. **§ 31 Abs. 1 S. 1 UrhG** gibt dem Urheber das Recht, einem anderen das Recht einzuräumen, das Werk auf einzelne oder alle Nutzungsarten zu nutzen. 1932

Fraglich ist somit, in welchem Umfang dem **Arbeitgeber** ein **Nutzungsrecht** an dem Werk zusteht und ob er die Nutzung ggf gesondert zu vergüten hat. 1933

Zunächst können die Nutzungsrechte des Arbeitgebers jederzeit in einer **ausdrücklichen Abrede** zwischen den Parteien geregelt werden. Gemäß **§ 43 UrhG** sind aber die Normen des Unterabschnitts über die Nutzungsrechte (§§ 31–44 UrhG) unter Berücksichtigung des Inhalts und Wesens des Arbeitsverhältnisses auch im Pflichtenprogramm zwischen Arbeitnehmer und Arbeitgeber anzuwenden. Besteht keine ausdrückliche Vereinbarung, normiert § 31 Abs. 5 S. 1 UrhG, dass sich der Umfang des Nutzungsrechts nach dem mit der Übertragung verfolgten Zweck richtet (sog. **Zweckübertragungslehre**).[42] Das Gleiche gilt gem. § 31 Abs. 5 S. 2 UrhG auch für die Frage, ob überhaupt ein Nutzungsrecht eingeräumt wird. Danach überträgt der Arbeitnehmer dem Arbeitgeber im Zweifel auch ohne ausdrückliche Vereinbarung das Recht zur Nutzung der von ihm erstellten Werke, sofern er sie im Rahmen seiner Arbeitsaufgabe, in unmittelbarem Zusammenhang mit seiner Arbeitstätigkeit und auf Kosten des Betriebes oder unter Ausnutzung betrieblichen Erfahrungswissens geschaffen hat.[43] Bei reinen Freizeitwerken 1934

40 *Balle*, NZA 1997, 868.

41 Zum Kreis der geschützten Werke vgl *Rehbinder*, Urheberrecht, 16. Aufl. 2010, § 11 Rn 145 ff.

42 Nach *Rehbinder*, Urheberrecht, 16. Aufl. 2010, § 44 Rn 569 ff („Übertragungszwecktheorie").

43 BAG 12.3.1997 – 5 AZR 669/95, NZA 1997, 766.

ist nicht von einer Übertragung der Nutzungsrechte vom Arbeitnehmer auf den Arbeitgeber auszugehen.

1935 Im Zuge der Urheberrechtsreform 2002 wurden mit den **§§ 32 und 32 a UrhG** gesetzliche Sonderregelungen für die Vergütung geschaffen. Der Urheber hat nach § 32 UrhG für die Einräumung von Nutzungsrechten und die Erlaubnis zur Werknutzung Anspruch auf die vertraglich vereinbarte Vergütung. Ist die Höhe der Vergütung nicht bestimmt, gilt eine angemessene Vergütung als vereinbart. Grundsätzlich wird der Arbeitslohn nicht automatisch dadurch unangemessen, dass der Arbeitgeber durch die Nutzung des Werkes im Nachhinein unerwartet hohe Gewinne erzielen kann.[44] Allerdings regelt § 32 a UrhG die weitere Beteiligung des Urhebers und ersetzt den früheren § 36 UrhG, der als „**Bestsellerparagraph**" bekannt war. Während § 32 UrhG eine ex-ante-Beurteilung für die angemessene Vergütung zugrunde legt, geht es bei § 32 a UrhG um eine ex-post-Anpassung der Vergütung, wenn sich während der Laufzeit des Vertrages ein auffälliges Missverhältnis zu den Erträgen und Vorteilen aus der Werknutzung zeigt. § 32 a UrhG nimmt in der jetzigen Form die Struktur des früheren „Bestsellerparagraphen" auf und verbessert ihn erheblich zu Gunsten der Urheber.[45] Diese sollen angemessen an dem wirtschaftlichen Erfolg der Werknutzung beteiligt werden. Die amtliche Begründung spricht in diesem Zusammenhang von „Fairnessausgleich".[46] Anders als früher genügt im Rahmen des § 32 a UrhG statt des damals geforderten „groben Missverhältnisses" nunmehr ein „**auffälliges Missverhältnis**". Diese Formulierung ist erkennbar angelehnt an den Wucherbegriff des § 138 Abs. 2 BGB, so dass die Grundsätze dazu als Orientierungshilfe dienen können.

1936 Nach der alten Rechtslage wurde das **Arbeitsentgelt** als **angemessene Vergütung** für die Einräumung von Nutzungsrechten angesehen.[47] Fraglich ist, ob dies nach Einführung der §§ 32, 32 a UrhG anders zu beurteilen ist. Der in der bisherigen Form erhalten gebliebene § 43 UrhG verweist auf die Vorschriften über Nutzungsrechte und damit dem Wortlaut nach auch auf die neuen Vergütungsregeln der §§ 32 und 32 a UrhG. Ein Anhaltspunkt dafür, dass der Verweis die §§ 32, 32 a UrhG nicht umfasst, lässt sich im Gesetzeswortlaut nicht finden. Zwar wurde ein ausdrücklicher Verweis in § 43 UrhG auf den § 32 UrhG, der im Laufe des Gesetzgebungsverfahrens vorgesehen war,[48] in der weiteren Entstehung der Norm wieder aufgegeben. Allerdings ist zu berücksichtigen, dass nach dem neu eingeführten § 11 S. 2 UrhG das Urheberrecht allgemein (auch) der Sicherung einer angemessenen Vergütung für die Nutzung des Werkes dient. Dies spricht dafür – worauf *Grobys/Foerstl*[49] hinweisen –, dass die angemessene Vergütung von Urhebern unabhängig davon sichergestellt werden soll, ob sich diese in Arbeitsverhältnissen befinden oder als Freischaffende tätig sind. Zudem folgt auch aus den Regelungen der §§ 32 Abs. 4 und 32 a Abs. 4 UrhG, dass der Gesetzgeber grds. von einer Anwendbarkeit der Vorschriften auf Arbeitnehmer ausgeht. Denn danach gehen in Tarifverträgen bestimmte Vergütungen dem Vergütungsanspruch nach §§ 32, 32 a UrhG vor. Dieser Hinweis wäre unverständlich, wenn bei einem Fehlen tarifvertraglicher Regelungen nicht die in §§ 32 Abs. 1 und 32 a Abs. 1 UrhG normierten Vergütungsgrundsätze eingreifen würden.[50] Somit spricht vieles dafür, dass die jetzigen Vergütungsvorschriften – unter Berücksichtigung von Inhalt und

---

44 Tschöpe/*Westhoff*, Anwalts-Handbuch ArbR, Teil 2 H Rn 73.

45 *Jacobs*, NJW 2002, 1908.

46 BT-Drucks. 14/8058, S. 46.

47 BAG 12.3.1997 – 5 AZR 669/95, NZA 1997, 765; *Balle*, NZA 1997, 868, 871; aA *Schwab*, AuR 1993, 133.

48 Regierungsentwurf zum Gesetz zur Stärkung der vertraglichen Stellung von Urhebern und ausübenden Künstlern, BT-Drucks. 14/6433, S. 18.

49 NZA 2002, 1015, 1016.

50 So auch *Grobys/Foerstl*, NZA 2002, 1015, 1016; *Bayreuther*, GRUR 2003, 570, 574; *Zirkel*, WRP 2003, 59, 61.

Wesen des Arbeitsverhältnisses – auch für die Übertragung von Nutzungsrechten im Rahmen von Arbeitsverhältnissen anwendbar sind.[51]

Zu beachten ist, dass nach dem geäußerten Willen des Gesetzgebers die von Rspr und Lit. entwickelten Grundsätze zu den Vergütungsansprüchen der Arbeitnehmerurheber durch die Reform unberührt bleiben sollten.[52] Mangels entgegenstehender Hinweise im Gesetz oder im Gesetzgebungsverfahren wird daher grds. das Arbeitsentgelt auch nach der Urheberrechtsreform 2002 als angemessene Vergütung für die Einräumung von Nutzungsrechten iSd § 32 Abs. 1 UrhG anzusehen sein.[53] Allerdings kann die **Angemessenheit** der Vergütung zu verneinen sein, wenn im Einzelfall das **Äquivalenzverhältnis** zwischen der Übertragung des Nutzungsrechts und der Entlohnung **erheblich gestört** ist. Auch in den Fällen, in denen das Werk eine überobligatorische Leistung des Arbeitnehmers darstellt, die bei der Festlegung des Arbeitsentgelts nicht berücksichtigt wurde, kann ein Anspruch des Arbeitnehmers aus § 32 UrhG gegeben sein.[54] Außerdem kommt eine **Anpassung der Vergütung** unter den Voraussetzungen des § 32 a UrhG in Betracht.[55] 1937

dd) Erfindungen im Software- und IT-Bereich

Computerprogramme gehören gem. § 2 Abs. 1 Nr. 1 UrhG als Sprachwerke zu den geschützten Werken, wenn sie gem. § 2 Abs. 2 UrhG persönliche geistige Schöpfungen sind bzw ihnen eine gewisse Individualität eigen ist.[56] Eine **Sonderregelung** besteht für **Computerprogramme** in **§ 69 b UrhG**, der bestimmt, dass der Arbeitgeber zur Wahrnehmung aller vermögensrechtlichen Befugnisse an dem Programm berechtigt ist, soweit vertraglich nichts anderes vereinbart worden ist. Die Regelung des § 69 b UrhG verdrängt aufgrund ihrer Spezialität die allgemeinere Vorschrift des § 43 UrhG. § 69 b UrhG enthält selbst keine Vergütungsregelung. Nach der bisher herrschenden Auffassung[57] war die Übertragung von Nutzungs- und Verwertungsrechten vollumfänglich mit dem Gehalt, das dem Arbeitnehmer ausgezahlt wurde, abgegolten. 1938

Nach der Einführung der §§ 32, 32 a UrhG stellt sich die Frage, ob diese Vergütungsregeln auch im Anwendungsbereich des § 69 b UrhG zur Anwendung gelangen sollen. 1939

Dagegen spricht, dass der § 69 b UrhG eine *cessio legis* anordnet. Der Rechtsübergang auf den Arbeitgeber ist als gesetzlicher Automatismus ausgestaltet, wohingegen die §§ 32, 32 a UrhG von einer vertraglichen Einräumung der Nutzungsrechte ausgehen. Wo aber, so argumentieren *Wimmers/Rode*,[58] Nutzungsrechte durch Gesetz auf den Arbeitgeber übergehen, verbleibe für Regelungen, die ein vertragliches Ungleichgewicht ausgleichen sollen, kein Raum. 1940

Jedoch wird man richtigerweise mit *Grobys/Foerstl*[59] davon ausgehen müssen, dass mit der Schaffung des § 69 b UrhG nur eine ungehinderte Verwertung der Arbeitsergebnisse durch den Arbeitgeber sichergestellt und nicht ein Vergütungsanspruch des Arbeitnehmers verhindert werden sollte. Grundsätzlich steht dem Arbeitnehmer demzufolge auch im Bereich der Ent- 1941

51 *Grobys/Foerstl*, NZA 2002, 1015, 1016; *Lejeune*, ITRB 2002, 145, 146; *Schwab*, Urheberrecht, AR-Blattei SD 1630 Nr. 109; *Fromm/Nordemann-Czychowski*, § 32 UrhG Rn 28 ff; *Zirkel*, WRP 2003, 59, 61, 65; aA im Hinblick auf die Anwendung des § 32 UrhG auf Arbeitnehmer *Bayreuther*, GRUR 2003, 570, 574; *Wimmers/Rode*, CR 2003, 399, 402.

52 Begründung des Rechtsausschusses zur Beschlussempfehlung, BT-Drucks. 14/8058, S. 21.

53 *Grobys/Foerstl*, NZA 2002, 1015, 1017; *Bayreuther*, GRUR 2003, 570, 574.

54 *Grobys/Foerstl*, NZA 2002, 1015, 1017.

55 *Grobys/Foerstl*, NZA 2002, 1015, 1018; *Bayreuther*, GRUR 2003, 570, 575; *Zirkel*, WRP 2003, 59, 65; für eine teleologische Reduktion des § 32 a UrhG im Rahmen des § 43 UrhG (Anwendung auf Arbeitnehmer wie vor der Reform nur bei Vorliegen eines „groben Missverhältnisses") *Wimmers/Rode*, CR 2003, 399, 402.

56 OLG Düsseldorf 26.7.1995 – 20 U 65/95, WiB 1996, 501.

57 BGH 23.10.2001 – X ZR 72/98, NZA-RR 2002, 202; *Schricker/Lowenheim*, § 69 b Rn 11.

58 CR 2003, 399, 403 f.

59 NZA 2002, 1015, 1019.

wicklung von Computerprogrammen ein Vergütungsanspruch zu.[60] Dieser kann seine Grundlage aber auch im Arbeitsvertrag finden,[61] so dass letztlich im Regelfall die Verwertungsbefugnis mit dem Gehalt des Arbeitnehmers abgegolten ist. Allerdings sind auch im Rahmen von Computerprogrammen Konstellationen denkbar, in denen eine nachträgliche Anpassung der Vergütung im Sinne einer angemessenen Beteiligung des Arbeitnehmers über § 32 a UrhG vorzunehmen ist.[62]

1942 Problematisch erscheint im Rahmen der Entwicklung von Computerprogrammen das Verhältnis der urheberrechtlichen Regeln nach dem UrhG und der Vorschriften des ArbNErfG. War früher die Patentierung von Software- und Computerprogrammen nahezu ausgeschlossen, so hat der BGH in den letzten Jahren die Möglichkeiten der **Patentierung** erheblich erweitert. *Benecke*[63] ist zuzustimmen, dass es seit den Entscheidungen des BGH vom 24.10.2000[64] und vom 23.10.2001[65] als gefestigte Rspr gilt, dass auch **EDV-Anlagen** patentierbar sind, deren technische Besonderheiten sich nicht aus der Anlage selbst, sondern aus den zugrunde liegenden Programmen und anderen gedanklichen Leistungen ergeben. Auch in den Jahren zuvor hatte der BGH mit zwei Entscheidungen eine deutliche Ausweitung der Patentierbarkeit von Computerprogrammen angedeutet.[66] So stellte der BGH in der Entscheidung vom 13.12.1999[67] für die sog. **Logikverifikation** den Grundsatz auf, die Beantwortung der Frage, ob eine auf ein Programm für Datenverarbeitungsanlagen gerichtete Patentanmeldung die nach § 1 Abs. 1 PatG vorausgesetzte Technizität aufweise, erfordere eine wertende Betrachtung des im Patentanspruch definierten Gegenstandes.

1943 Der BGH erklärte somit die Patentierbarkeit von Computerprogrammen unter der Voraussetzung, dass diese die erforderliche Technizität aufweisen, grds. für möglich. Damit wurde von der bisherigen Rspr abgewichen.[68] In einem neueren Beschluss hat der BGH[69] die Voraussetzungen der Patentierbarkeit weiter konkretisiert. Zunächst stellte er klar, dass mit der in der „Logikverifikation"-Entscheidung angesprochenen Gesamtbetrachtung nicht die Gewichtung technischer und nichttechnischer Elemente gemeint sei. Maßgebend sei vielmehr, ob das Programm oder Verfahren in einer Weise in einen technischen Ablauf eingebettet ist, die das Merkmal der Technizität als erfüllt erscheinen lasse. Die Patentfähigkeit eines Verfahrens setze voraus, dass dieses Anweisungen enthalte, welche die Lösung eines konkreten technischen Problems mit technischen Mitteln zum Gegenstand haben. Die Lösung des konkreten technischen Problems müsse neu und erfinderisch sein.

1944 Sind Computerprogramme – jedenfalls unter den vom BGH in den genannten Entscheidungen aufgestellten Voraussetzungen – patentierbar, so sind sie nicht nur urheberrechtlich geschützte Werke, sondern fallen auch in den Anwendungsbereich des ArbNErfG. Der BGH hat im „Wetterführungs-Fall"[70] entschieden, dass ein Vergütungsanspruch aus § 20 ArbNErfG ausscheidet, wenn sich die Vorzugsstellung des Arbeitgebers nur aus der Sonderregelung für Computerprogramme in § 69 b UrhG ergibt.

---

60 So wohl auch *Lejeune*, ITRB 2002, 145, 146.

61 *Grobys/Foerstl*, NZA 2002, 1019.

62 *Zirkel*, WRP 2003, 59, 65; *Grobys/Foerstl*, NZA 2002, 1015, 1019; *Lejeune*, ITRB 2002, 145, 146; *Schwab*, Urheberrecht, AR-Blattei SD 1630 Nr. 119.

63 NZA 2002, 887.

64 BGH 24.10.2000 – X ZR 72/98, NJW-RR 2001, 626.

65 BGH 23.10.2001 – X ZR 72/98, NZA-RR 2002, 202; s. auch BGH 17.10.2001 – X ZB 16/00, CR 2002, 88.

66 BGH 13.12.1999 – X ZB 11/98, BGHZ 143, 255 (Logikverifikation); BGH 11.5.2000 – X ZB 15/98, BGHZ 144, 282 (Sprachanalyseeinrichtung).

67 BGH 13.12.1999 – X ZB 11/98, BGHZ 143, 255.

68 Anders noch BGH 11.7.1991 – X ZB 24/89, BGHZ 115, 23, 30 (Chinesische Schriftzeichen).

69 BGH 20.1.2009 – X ZB 22/07, GRUR 2009, 479.

70 BGH 23.10.2001 – X ZR 72/98, NZA-RR 2002, 202.

Bei Vorliegen der formellen Voraussetzungen können sich Vergütungsansprüche des Arbeitnehmers aber durchaus aus den §§ 9, 10 ArbNErfG ergeben. Somit können Arbeitnehmererfinder nicht nur Ansprüche nach dem UrhG, sondern auch Ansprüche nach den §§ 9, 10 ArbNErfG geltend machen. Anhaltspunkte dafür, dass sich die Normen gegenseitig ausschließen, oder für den Vorrang eines Gesetzes bestehen nicht. Entscheidend ist allein, ob und unter welchen Voraussetzungen Computerprogramme patentierbare Erfindungen iSd § 2 ArbNErfG sein können. 1945

ee) Schiedsstelle

Für Streitigkeiten nach dem ArbNErfG ist beim **Patentamt** eine **Schiedsstelle** eingerichtet worden, die etwaige Meinungsverschiedenheiten zwischen den Parteien eines Arbeitsvertrages im Zusammenhang mit Arbeitnehmererfindungen einer gütlichen Klärung zuführen soll. Dabei geht es um die im ArbNErfG geregelten Rechte, insb. um die Höhe der angemessenen Vergütung. Die Schiedsstelle wird von einem unabhängigen Juristen geleitet, als Beisitzer fungieren technische Prüfer aus den jeweiligen technischen Abteilungen des Patentamts. Ihre Hauptaufgabe ist es, nach bestimmten Kriterien den Wert der Erfindung für das Unternehmen in Ansehung der Aufgabe des Arbeitnehmererfinders und der Inanspruchnahme von Leistungen des Arbeitgebers zu ermitteln. Der Spruch der Schiedsstelle ist nicht bindend, jedoch ist die Anrufung der Schiedsstelle als Prozessvoraussetzung der Anrufung der Gerichte zwingend vorgeschaltet. Dies gilt, solange das Arbeitsverhältnis noch besteht, nicht dagegen, wenn der Arbeitnehmer aus dem Betrieb des Arbeitgebers ausgeschieden ist (§ 37 Abs. 2 Nr. 3 ArbNErfG). 1946

ff) Gerichtliche Zuständigkeit

Die gerichtliche Zuständigkeit für Vergütungsansprüche des Arbeitnehmers im Zusammenhang mit einer Diensterfindung richtet sich nach § 39 Abs. 1 ArbNErfG, § 104 S. 1 UrhG und § 2 Abs. 1 Nr. 3 Buchst. a, Abs. 2 ArbGG. Nach § 39 Abs. 1 S. 1 ArbNErfG sind grds. für alle Rechtsstreitigkeiten über Erfindungen eines Arbeitnehmers die für Patentsachen zuständigen Gerichte (§ 143 PatG) zuständig. Unter Rechtsstreitigkeiten iSd § 39 Abs. 1 S. 1 ArbNErfG fallen auch gerichtliche Verfahren zwischen ausgeschiedenen Arbeitnehmern und früheren Arbeitgebern.[71] Gegenstand des Verfahrens müssen Rechtsverhältnisse sein, die mit Arbeitnehmererfindungen verknüpft sind.[72] Die Gerichte für Arbeitssachen sind nach § 39 Abs. 2 ArbNErfG, § 2 Abs. 1 Nr. 3 Buchst. a ArbGG nur zuständig für bürgerliche Rechtsstreitigkeiten zwischen Arbeitnehmern und Arbeitgebern, die ausschließlich Ansprüche auf Leistung einer festgestellten oder festgesetzten Vergütung für eine Arbeitnehmererfindung oder für einen technischen Verbesserungsvorschlag gem. § 20 Abs. 1 ArbNErfG zum Gegenstand haben. Wird ein Anspruch aus dem Urheberrechtsgesetz geltend gemacht, ist gem. § 104 S. 1 UrhG der ordentliche Rechtsweg gegeben. Wird bspw über die Nutzung eines vom Arbeitnehmer geschaffenen Computerprogramms gestritten, ist der Rechtsweg zu den ordentlichen Gerichten eröffnet.[73] Hat die urheberrechtliche Streitigkeit ausschließlich Vergütungsansprüche zum Inhalt, ist gem. § 2 Abs. 2 Buchst. b ArbGG der Weg zu den Arbeitsgerichten eröffnet. 1947

71 *Sievers*, Anm. zu LAG Nürnberg 27.8.2004 – 9 Ta 62/04, LAGReport 2004, 606, jurisPR-ArbR 45/2004, Anm. 4.

72 BAG 9.7.1997 – 9 AZB 14/97, NZA 1997, 1181.

73 BAG 21.8.1996 – 5 AZR 1011/94, NZA 1996, 1342.

b) Klauseltypen und Gestaltungshinweise

aa) Vergütungsklauseln

(1) Klauseltyp A

1948 **A 1:** Die Übertragung von Nutzungsrechten an vom Arbeitnehmer geschaffenen Werken iSd § 2 UrhG gilt vollumfänglich mit dem gezahlten Gehalt als abgegolten.

A 2: Für die Übertragung von Nutzungsrechten an vom Arbeitnehmer geschaffenen Werken iSd § 2 UrhG wird nach der Übertragung der Nutzungsrechte eine Vergütung iHv (...) € mit dem Mitarbeiter vereinbart.

A 3: Eine Vergütung erhält Herr/Frau Dipl.-Ing. (...) nur für Erfindungen, für die ein Schutzrecht erteilt und von dem in der Serienherstellung (ggf auch im Wege der Lizenzvergabe) Gebrauch gemacht wird.

A 4: Ein Vergütungsanspruch für nicht durch Patent oder Gebrauchsmuster geschützte Erfindungen, für sonstige technische Neuerungen oder sonstige (nichttechnische) oder einfache technische Verbesserungsvorschläge besteht nicht.

(2) Gestaltungshinweise

1949 Nach § 32 Abs. 3 UrhG kann durch eine Vereinbarung nicht zum Nachteil des Urhebers von dem in § 32 Abs. 1 UrhG normierten Anspruch abgewichen werden. Eine ausdrückliche Bestimmung im Arbeitsvertrag, dass die Übertragung etwaiger Nutzungsrechte an den Arbeitgeber vollumfänglich mit dem Gehalt abgegolten ist – wie in **Klauselvariante A 1** vorgesehen –, verhindert einen möglichen Anpassungs- und Vergütungsanspruch des Arbeitnehmers also nicht. Auch Vergütungsansprüche für Erfindungen, die patent- oder gebrauchsmusterfähig sind und damit in den Anwendungsbereich des ArbNErfG fallen, dürfen gem. **§ 22 ArbNErfG** nicht zu Ungunsten des Arbeitnehmers abbedungen werden.

1950 Es empfiehlt sich, nach der **Klauselvariante A 2** von vornherein die Vergütung mit dem Arbeitnehmer gesondert zu regeln, wenn diese im Voraus schon bezifferbar bzw abschätzbar ist. Auch für Erfindungen, die nicht in den Anwendungsbereich des UrhG fallen, bietet sich an, den Vergütungsanspruch nach § 9 Abs. 1 ArbNErfG ausdrücklich – wie in **Klauselvariante A 3** – zu regeln. Wird der Vergütungsanspruch nicht ausdrücklich vertraglich verankert, beeinflusst dieser Umstand das Bestehen des Vergütungsanspruchs nicht. Ist eine Vereinbarung über die Erfindervergütung nicht getroffen und kommt der Arbeitgeber seiner Pflicht zur Vergütungsfestsetzung nicht nach, erwächst aus dem Untätigsein des Arbeitnehmers grds. kein Vertrauenstatbestand, der Arbeitnehmererfinder werde auch in Zukunft keinen Vergütungsanspruch geltend machen.[74] Der Anspruch verfällt selbst bei längerer Wartezeit nicht.

1951 Zulässig ist die Regelung in **Klauselvariante A 4** für Erfindungen, die weder durch Patent oder Gebrauchsmuster geschützt sind, da in diesen Fällen keine Abweichung von den Vorschriften des ArbNErfG zu Lasten des Arbeitnehmers vorliegt. Zu achten ist auf die exakte Formulierung der Klausel. Denn für qualifizierte technische Verbesserungsvorschläge besteht gem. § 20 Abs. 1 ArbNErfG ein Vergütungsanspruch, wenn der Arbeitgeber sie verwertet. Die Behandlung einfacher technischer Verbesserungsvorschläge hingegen bleibt gem. § 20 Abs. 2 S. 1 ArbNErfG kollektivrechtlichen Regelungen vorbehalten. Liegt also weder eine Erfindung (§§ 2, 9 ArbNErfG) noch ein technischer Verbesserungsvorschlag vor, der eine ähnliche Vorzugsstellung wie ein gewerbliches Schutzrecht gewährt (§§ 3, 20 Abs. 1 ArbNErfG), scheiden Vergütungsansprüche nach dem ArbNErfG aus.[75]

74 BGH 10.9.2002 – X ZR 199/01, WRP 2002, 1448.
75 BAG 20.1.2004 – 9 AZR 23/03.

bb) Beteiligung mehrerer Arbeitnehmer

(1) Klauseltyp B

Der Mitarbeiter hat jede Erfindung unverzüglich und gesondert in Textform (Brief, Fax, E-Mail) der Geschäftsleitung anzuzeigen. In der Meldung müssen die technische Aufgabe, deren Lösung und das Zustandekommen der Diensterfindung beschrieben werden. Außerdem ist ausführlich darüber zu informieren, ob und in welchem Umfang Mitarbeiter am Zustandekommen der Erfindung beteiligt waren. Die Information über diese Angaben steht nicht im Ermessen des Arbeitnehmers. 1952

(2) Gestaltungshinweise

Der Inhalt der Erfindungsanzeige kann aus Klarstellungsgründen entsprechend der Klauselvariante B im Arbeitsvertrag fixiert werden. Es ist ratsam, den Mitarbeiter durch diese Klausel über Inhalt und Ausmaß seiner Informationspflicht aufzuklären. Nach der Rspr des BGH[76] kommt eine Anfechtung der Vergütungsvereinbarung durch den Arbeitgeber wegen arglistiger Täuschung in Betracht, wenn ein Arbeitnehmer, der eine Diensterfindung gemacht hat, bei der Meldung der Erfindung eine nicht unerhebliche Mitwirkung anderer Mitarbeiter am Zustandekommen der Erfindung vorsätzlich verschweigt und sich als alleiniger Erfinder eine Vergütung versprechen lässt. 1953

cc) Vergütungsklauseln für Computerprogramme

(1) Klauseltyp C

C 1: Der Mitarbeiter überträgt der Firma an den vom Mitarbeiter erstellten Computerprogrammen das ausschließliche Recht zur zeitlich und räumlich unbegrenzten Nutzung. Diese Nutzungseinräumung erfolgt **vergütungsfrei**. 1954

C 2: Für die Übertragung von Nutzungsrechten an vom Arbeitnehmer erstellten Computerprogrammen wird nach der Übertragung der Nutzungsrechte eine Vergütung iHv (...) € mit dem Mitarbeiter vereinbart.

C 3: Für den Fall, dass der Arbeitnehmer ein Computerprogramm erstellen sollte, das patent- und gebrauchsmusterfähig ist, gelten die Vorschriften des Gesetzes über Arbeitnehmererfindungen vom 25.7.1957 (BGBl. I S. 7567 einschließlich späterer Änderungen) sowie die hierzu ergangenen Richtlinien für die Vergütung von Arbeitnehmererfindungen im privaten Dienst.

(2) Gestaltungshinweise

Die Vergütungsregeln der §§ 32, 32 a UrhG gelangen nach der hier vertretenen Auffassung auch im Anwendungsbereich des § 69 b UrhG – also bei der Erstellung von Computerprogrammen durch den Arbeitnehmer – zur Anwendung (vgl § 1 Rn 1938 ff). **Klausel C 1** ist daher unwirksam. Dem Arbeitnehmer, der das Computerprogramm erstellt hat, steht nach dem Urheberrechtsgesetz ein Anspruch auf eine angemessene Vergütung zu. 1955

Vorzuziehen ist **Klausel C 2**, die eine Vergütung für den Arbeitnehmer enthält, immer für den Fall, dass es sich bei dem Programm nicht um eine einfache Auftragstätigkeit handelt, sondern die Tätigkeit des Arbeitnehmers qualitativ über das hinausgeht, was arbeitsvertraglich geschuldet ist.[77] 1956

76 BGH 18.3.2003 – X ZR 19/01, GRUR 2003, 702.

77 BAG 4.10.1972 – 4 AZR 475/71, NJW 1973, 293, 294; BAG 30.4.1965 – 3 AZR 291/63, AP § 20 ArbnErfG Nr. 1.

1957 Für den Fall, dass es sich bei dem erstellten Computerprogramm um ein Werk handelt, das nach der Rspr des BGH patent- und gebrauchsmusterfähig ist, empfiehlt es sich zudem, die dann in Frage kommende Geltung des ArbNErfG von vornherein zu vereinbaren (so die **Klausel C 3**).

dd) Übertragung von Nutzungsrechten

(1) Klauseltyp D

1958 **D 1: Einfaches Nutzungsrecht:** Der Urheber – Mitarbeiter (...) – räumt dem Arbeitgeber das Recht ein, das Werk (...) auf die (...) erlaubte Art zu nutzen, ohne dass eine Nutzung durch andere ausgeschlossen ist.

D 2: Ausschließliches Nutzungsrecht: Der Mitarbeiter berechtigt den Arbeitgeber, das Werk (...) unter Ausschluss aller anderen Personen vollumfänglich zu nutzen.

D 3: Der Mitarbeiter überträgt dem Auftraggeber an den von ihm erstellten Computerprogrammen und den gefertigten Dokumentationen und Beschreibungen das ausschließliche Recht zur zeitlichen und räumlichen Nutzung einschließlich der Marktverwertung. Gleiches gilt für das Ergebnis von Umarbeitungen oder Erweiterungen von vorhandenen Programmen, Dokumentationen und Beschreibungen.

D 4: Mitumfasst von dieser Nutzungseinräumung und zu übergeben sind die dazu gehörenden Vorstufen, der Quellcode und sonstige Begleitmaterialien zu den jeweiligen Programmen.

(2) Gestaltungshinweise

1959 Um das Risiko einer unbegrenzten Inanspruchnahme nach §§ 32, 32 a UrhG zu minimieren, empfehlen sich für den Arbeitgeber in jedem Fall klarstellende Regelungen im Arbeitsvertrag zu Art und Umfang der geschuldeten Tätigkeit sowie zum Umfang einer möglichen Übertragung von Nutzungsrechten, insb. die Spezifizierung der relevanten Nutzungsarten. Die Klausel D 1 sieht dabei ein einfaches Nutzungsrecht vor, die Klausel D 2 ein ausschließliches Nutzungsrecht. Die Klauseln D 3 und D 4 spezifizieren den Umfang des Nutzungsrechts samt Anlagen noch deutlicher.

1960 Nach § 43 UrhG iVm § 31 Abs. 1 UrhG gehen Nutzungsrechte grds. nur dann auf den Arbeitgeber über, wenn eine entsprechende vertragliche Vereinbarung besteht. Bei Fehlen einer entsprechenden Vereinbarung findet ein Rechtsübergang nur statt, soweit es für die betriebliche Auswertung erforderlich ist (Zweckübertragungstheorie; s. § 1 Rn 1934).

1961 Bei § 69 b UrhG ist das Verhältnis von Regel und Ausnahme umgekehrt.[78] Fehlt eine Vereinbarung über die Verwertungsrechte an neuen Computerprogrammen, stehen alle Verwertungsrechte dem Arbeitgeber zu.[79] § 69 b UrhG ordnet an, dass alle vermögensrechtlichen Befugnisse am Programm automatisch auf den Arbeitgeber übergehen, soweit eine vertragliche Vereinbarung nicht entgegensteht. Dieser gesetzlichen Regelung entspricht die Vereinbarung in Klauseltyp D 3. Will sich der Arbeitnehmer Rechte an seinem Computerprogramm vorbehalten, so muss er dies ausdrücklich mit dem Arbeitgeber vereinbaren, ansonsten stehen sämtliche Nutzungsrechte ausschließlich dem Arbeitgeber zu.

78 *Benecke*, NZA 2002, 885.

79 *Brandi-Dohrn*, BB 1994, 661.

ee) Mitwirkungsklauseln

(1) Klauseltyp E

Unabhängig von den Mitwirkungspflichten gemäß Arbeitnehmererfindergesetz hat der Mitarbeiter auf Verlangen der Firma diese bei der Erlangung und Durchsetzung von Urheberrechten und anderen gewerblichen Schutzrechten für seine Arbeitsergebnisse in anderen Ländern zu unterstützen. 1962

(2) Gestaltungshinweise

Um Probleme mit der Umsetzung von Nutzungsrechten in anderen Ländern zu vermeiden, 1963 empfiehlt es sich – wie in der Klauselvariante E vorgesehen –, mit dem Arbeitnehmer eine weitreichende Mitwirkungspflicht zu vereinbaren. Dadurch können bei der Erlangung und Durchsetzung von Urheberrechten Schwierigkeiten, die sich aus dem Auseinanderfallen von Urheberrechtsinhaberschaft und Nutzungsrechtsinhaberschaft ergeben können, vermieden werden.

24. Dienstreiseregelungen

Literatur

Baeck/Deutsch, Arbeitszeitgesetz, 3. Aufl. 2014; *Baeck/Lösler*, Neue Entwicklungen im Arbeitszeitrecht, NZA 2005, 247; *Gaul/Ludwig*, Uneingeschränkte AGB-Kontrolle bei dynamischer Bezugnahme im Arbeitsvertrag bei arbeitgeberseitigen Regelungswerken, BB 2010, 55; *Göpfert*, in: Maschmann/Sieg/Göpfert, Vertragsgestaltung im Arbeitsrecht, 2012, „Dienstreise"; *Gragert*, Aus für „Miles & More" im Arbeitsverhältnis?, NJW 2006, 3762; *Heins/Leder*, Die arbeitsrechtliche Behandlung von Wegezeiten bei Dienstreisen, NZA 2007, 249; *Hunold*, Aktenlesen in der Bahn – Probleme von Arbeitszeit und Vergütung bei Dienstreisen, NZA Beilage 1/2006, 38; *Isenhardt*, Reisekostenrechtsreform 2014 – Arbeits- und sozialversicherungsrechtliche Folgen, DB 2014, 1316; *Loritz*, Die Dienstreise des Arbeitnehmers, NZA 1997, 1188; *Nowak/Bollin*, Leistungspflicht des Arbeitgebers bei Beschäftigung von privat krankenversicherten Arbeitnehmern im Ausland, NZS 2010, 668; *Preis*, Probleme der Bezugnahme auf Allgemeine Arbeitsbedingungen und Betriebsvereinbarungen, NZA 2010, 361; *Schliemann*, Arbeitszeitgesetz mit Nebengesetzen, 2. Aufl. 2013; *Wetterauer*, Entsendung zu Inlandsmontagen, BB 1983, 317.

a) Rechtslage im Umfeld

aa) Definition der Dienstreise

1964 Außerhalb des öffentlichen Dienstes ist die Dienstreise nicht definiert. Die Konturen des Begriffs „Dienstreise" können dem öffentlichen Dienstrecht entnommen werden. § 2 Bundesreisekostengesetz bestimmt als **Dienstreise** die Erledigung von Dienstgeschäften des Mitarbeiters an einem Ort außerhalb des Dienstortes. Entsprechend definiert das BAG die Dienstreise als die Fahrt an einen Ort außerhalb der regulären Arbeitsstätte, an dem ein Dienstgeschäft zu erledigen ist.[1] Liegt der Ort des Dienstgeschäftes außerhalb der Dienststelle, jedoch noch im Bereich des Wohn- oder Dienstortes, spricht man von einem **Dienstgang**.

1965 Eine weitere Definition bietet das Steuerrecht, das jedoch aufgrund des „Gesetzes zur Änderung des Reisekostenrechts" vom 20.2.2013 mit Wirkung ab dem Jahr 2014 für das steuerliche Dienstreiserecht völlig neue Abgrenzungsbegriffe eingeführt hat. Anstelle der **regelmäßigen Arbeitsstätte** gilt nun die **„erste Tätigkeitsstätte"** als Ausgangspunkt der Dienstreisen.[2] Der Arbeitnehmer befindet sich danach steuerwirksam auf Dienstreise, wenn er seinen arbeitsrechtlichen Verpflichtungen an Orten nachkommt, die keine erste Tätigkeitsstätte darstellen. Die Zuordnung der ersten Tätigkeitsstätte erfolgt nach § 9 Abs. 4 S. 2 EStG durch die arbeitsrechtlichen Festlegungen sowie die diese ausfüllenden Absprachen und Weisungen. Nur wenn arbeitsrechtliche Festlegungen fehlen, werden nach § 9 Abs. 4 S. 4 EStG quantitative Kriterien zur Bestimmung der ersten Tätigkeitsstätte herangezogen. Erste Tätigkeitsstätte ist dann die betriebliche Einrichtung, an welcher der Arbeitnehmer entweder typischerweise arbeitstäglich, je Arbeitswoche zwei volle Arbeitstage oder mindestens ein Drittel seiner vereinbarten regelmäßigen Arbeitszeit tätig werden soll.[3]

bb) Pflicht zur Dienstreise

1966 Die Pflicht des Arbeitnehmers, Dienstreisen zu unternehmen, ist eine Folge des **Direktionsrechts**. Sie hat ihre Rechtsquelle in § 106 GewO, § 315 BGB. Verbreitet ist außerdem die Auffassung, dass sich eine Pflicht, Dienstreisen zu unternehmen, aus dem Berufsbild oder Tätigkeitsfeld des Arbeitnehmers ergeben könne.[4] Im Schrifttum wird teilweise sogar die Auffassung vertreten, grds. sei jeder Arbeitnehmer zu Dienstreisen verpflichtet.[5] Nach Auffassung des BAG[6] kann der Arbeitgeber im Rahmen der arbeitsvertraglichen Verpflichtungen über sein Direktionsrecht Dienstreisen anordnen. Dabei geht das Direktionsrecht des Arbeitgebers nach

---

1 BAG 14.11.2006 – 1 ABR 5/06, NZA 2007, 458 (LS 4).
2 *Isenhardt*, DB 2014, 1316 f.
3 Küttner/*Griese*, Personalbuch, 141 (Dienstreise) Rn 2.
4 Küttner/*Griese*, Personalbuch, 141 (Dienstreise) Rn 2.
5 *Loritz*, NZA 1997, 1188, 1190 mwN.
6 BAG 29.8.1991 – 6 AZR 593/88, NZA 1992, 67 = DB 1992, 147.

Auffassung des 6. Senats[7] sogar so weit, dass der Arbeitgeber einen Arbeitnehmer anweisen kann, ein zur Verfügung gestelltes Dienstfahrzeug zu benutzen.[8] Dementsprechend bedarf die Pflicht des Arbeitnehmers, Dienstreisen zu übernehmen, grds. keiner arbeitsvertraglichen Regelung. Bei einigen Berufen wie Vertriebsmitarbeitern, Streckenunterhaltungsarbeiter der Deutschen Bahn oder Technikern im Kundendienst liegt es in der Natur der Tätigkeit, dass die Arbeitsleistung nicht ohne Dienstreisen erbracht werden kann.[9] Der Streckenkontrolleur muss täglich andere Strecken ablaufen, beim Wartungstechniker ist es klar, dass er Anlagen an deren Standort betreuen und warten muss. In diesen Fällen bedarf die Verpflichtung zur Dienstreise erst recht keiner Verankerung im Arbeitsvertrag.[10]

cc) Vergütung der Reisezeit als Arbeitszeit

Grundlegend hat das BAG mit Urteil vom 3.9.1997 entschieden,[11] dass vom Arbeitgeber Reisezeiten, die ein Arbeitnehmer über die regelmäßige Arbeitszeit hinaus in seinem Interesse aufwendet, als Arbeitszeit zu vergüten seien, wenn es vereinbart oder eine Vergütung „den Umständen nach" zu erwarten sei (§ 612 Abs. 1 BGB). Einen Rechtssatz, dass Reisezeiten stets oder regelmäßig vergütet werden, gebe es nicht. Wenn keine Regelung getroffen sei, seien die Umstände des Einzelfalles maßgeblich. 1967

Der 5. Senat stützte im Urteil vom 3.9.1997 seine Entscheidung auf die Erwägung, dass bei Mehrarbeitsvergütung § 611 BGB nicht anwendbar sei. § 611 BGB ergebe nur einen Anspruch auf Vergütung gemäß dem Inhalt des Arbeitsvertrages, der Arbeitgeber schulde lediglich die vereinbarte Vergütung für die versprochenen Dienste, dagegen keine Mehrarbeitsvergütung. Die **Mehrarbeitsvergütung** könne sich nur aus § 612 Abs. 1 BGB ergeben. Das BAG unterscheidet hier, wie auch bereits in früheren Urteilen,[12] danach, ob es sich bei der Reisetätigkeit unter Berücksichtigung der Umstände des Einzelfalls um eine Neben- oder um eine Hauptpflicht des Arbeitnehmers handelt. Soweit die frühere Rspr des BAG den Eindruck erweckt hat, dass im Interesse des Arbeitgebers aufgewendete Reisezeit, auch soweit sie außerhalb der regulären Arbeitszeit anfalle, idR vergütungspflichtig sei, hielt das BAG im Urteil vom 3.9.1997 hieran ausdrücklich nicht mehr fest.[13] 1968

Der Gestalter von Arbeitsverträgen, der einen sicheren Vergütungsanspruch des Arbeitnehmers für Reisezeiten gewährleisten will, sollte im Arbeitsvertrag die **Reisetätigkeit** als **Hauptleistungspflicht** ausweisen.[14] *Baeck/Lösler*[15] vertreten die Auffassung, dass sich die Frage, ob Reisezeit Arbeitszeit sei, allein mit Hilfe der **Beanspruchungstheorie**[16] beantworten lasse. Danach spielt es eine Rolle, ob der Arbeitnehmer während der Reisezeit arbeite, also bspw während der Fahrt im Zug Akten bearbeite oder auf einem Laptop Berichte schreibe.[17] Wenn der Arbeitnehmer dagegen während der Zugfahrt nicht arbeite, privat schlafe, lese oder sich unterhalte, sei die Reisezeit keine Arbeitszeit. Dieser Theorie hat sich der 9. Senat angeschlossen.[18] Die bei Dienstreisen anfallenden Fahrzeiten sind auch nach dem geltenden Arbeitszeitschutz- 1969

7 BAG 29.8.1991 – 6 AZR 593/88, NZA 1992, 67 = DB 1992, 147.
8 Kritisch hierzu wegen der straf- und ordnungswidrigkeitenrechtlichen Haftungsrisiken im Straßenverkehr: Küttner/*Griese*, Personalbuch, 141 (Dienstreise) Rn 3.
9 Für Außendienstmitarbeiter BAG 22.4.2009 – 5 AZR 292/08, DB 2009, 1602.
10 *Hunold*, NZA 1993, 10; *Loritz*, NZA 1997, 1188.
11 BAG 3.9.1997 – 5 AZR 428/96, NZA 1998, 540.
12 BAG 28.3.1963 – 5 AZR 209/62, AP § 611 BGB Wegezeit Nr. 3; BAG 8.12.1960 – 5 AZR 304/58, AP § 611 BGB Wegezeit Nr. 1; BAG 17.4.1957 – 4 AZR 315/54, BAGE 5, 86, 90 = AP Nr. 4 zu § 611 BGB Wegezeit.
13 *Göpfert*, in: Maschmann/Sieg/Göpfert, Vertragsgestaltung im Arbeitsrecht, 270 Rn 6.
14 *Loritz*, NZA 1997, 118.
15 NZA 2005, 247, 249; fortgeführt in *Baeck/Deutsch*, ArbZG, § 2 Rn 73.
16 ErfK/*Wank*, § 2 ArbZG Rn 16; *Hunold*, NZA 2006, Beil. Nr. 1, 38.
17 *Hunold*, NZA 2006, Beil. Nr. 1, 38, 39.
18 BAG 11.7.2006 – 9 AZR 519/05, BB 2007, 272.

recht jedenfalls dann keine Arbeitszeit, wenn der Arbeitgeber dem Arbeitnehmer nicht die Benutzung eines selbst zu lenkenden Fahrzeugs vorschreibt und dem Arbeitnehmer auch überlassen bleibt, wie er die Fahrtzeit gestaltet, Fahrtzeiten sind dann Ruhezeiten iSd ArbZG.[19]

1970 Soll die Vergütungspflicht ausgeschlossen werden, so ist nach *Heins/Leder* zu beachten, dass ein formularmäßiger Ausschluss der Vergütungspflicht für Reisezeit innerhalb der regulären Arbeitszeit als Verstoß gegen § 307 Abs. 2 Nr. 1 BGB unwirksam ist, sofern kein angemessener Ausgleich gewährt wird.[20] Eine derartige Klausel würde das gem. § 615 BGB vom Arbeitgeber zu tragende Entgeltrisiko einseitig auf den Arbeitnehmer verlagern.[21]

1971 Das BAG hat die in Allgemeinen Geschäftsbedingungen des Arbeitgebers enthaltene Klausel, Reisezeiten seien mit der Bruttomonatsvergütung abgegolten, als intransparent und damit unwirksam verworfen, wenn sich aus dem Arbeitsvertrag nicht ergibt, welche „Reisetätigkeit" in welchem Umfang erfasst werden soll.[22] Der Kläger dieses Verfahrens hatte Vergütung für die als Fernfahrer und Beifahrer gearbeitete Zeit geltend gemacht, soweit diese Zeiten zusammen mit Lenk- und sonstigen Arbeitszeiten im Durchschnitt 48 Stunden wöchentlich überstiegen.

1972 Die Erstattung von Fahrtkosten für Dienstreisen der Arbeitnehmer der Deutschen Bahn bildete den Gegenstand eines Urteils des LAG Schleswig-Holstein.[23] Für einen Streckenunterhaltungsarbeiter wurde auch die Frage der Aufwandsentschädigung und einer Zulage unter tarifvertraglichen Gesichtspunkten durch das LAG Brandenburg entschieden.[24] Grundsätzlich habe der Arbeitnehmer einen Anspruch auf die Aufwandsentschädigung nach speziellen tarifvertraglichen Vorschriften des öffentlichen Dienstes. Die Fahrkostenerstattung für Fahrten zwischen Wohnung und regelmäßiger Dienststelle, auch unter dem Gesichtspunkt der betrieblichen Übung, ist auf dem Hintergrund des Landesreisekostengesetzes Nordrhein-Westfalen Gegenstand eines Urteils des LAG Köln.[25]

1973 Alle diese Entscheidungen belegen, dass selbst unter Heranziehung tarifvertraglicher Regelung die Frage, in welchem Umfange Zulagen, Aufwandsentschädigungen (§ 670 BGB), Fahrtkostenerstattung oder Mehrarbeitsvergütungen für Dienstreisen vom Arbeitgeber zu zahlen sind, **uneinheitlich** gesehen wird und nicht nach einem einfachen Subsumtionsschema beantwortet werden kann.

1974 Angemerkt sei, dass der Arbeitnehmer mittlerweile als verpflichtet angesehen wird, durch dienstliche Flüge erlangte **Bonus-Meilen** an den Arbeitgeber herauszugeben bzw die Bonus-Meilen im Interesse des Arbeitgebers einzusetzen.[26]

dd) Pkw-Verwendung bei Dienstreisen

1975 Abgesehen davon, dass der Arbeitgeber des öffentlichen Dienstes den Arbeitnehmer, dem er einen Dienstwagen zur Verfügung stellt, anweisen kann, das Fahrzeug auf Dienstreisen zu benutzen und auch Kollegen mitzunehmen,[27] beschäftigt sich eine Reihe von BAG-Urteilen mit den Folgen von **Verkehrsunfällen auf Dienstreisen**. Grundlegend hat das BAG entschieden, dass bei einem Arbeitnehmer, der zur Erledigung arbeitsvertraglicher Verrichtungen seinen privaten Pkw nutzt und hierfür vom Arbeitgeber die nach Steuerrecht anerkannte Kilometerpauschale (Entfernungspauschale seit 1.1.2004 einheitlich **0,30 €**) erhält, grds. anzunehmen ist, dass mit Zahlung der **Kilometerpauschale** auch **Rückstufungserhöhungen** in der Haftpflicht-

19 *Göpfert*, in: Maschmann/Sieg/Göpfert, Vertragsgestaltung im Arbeitsrecht, 270 Rn 6.
20 *Heins/Leder*, NZA 2007, 249, 250.
21 *Heins/Leder*, NZA 2007, 249, 250.
22 BAG 20.4.2011 – 5 AZR 200/10, NZA 2011, 917.
23 LAG Schleswig-Holstein 22.7.1997 – 3 Sa 535/96, n.v.
24 LAG Brandenburg 25.1.2001 – 3 Sa 654/00, n.v.
25 LAG Köln 7.4.2000 – 11 (13) Sa 1587/99, n.v.
26 BAG 11.4.2006 – 9 AZR 500/05, BB 2006, 2137.
27 BAG 29.8.1991 – 6 AZR 593/88, NZA 1992, 67.

versicherung abgegolten sind.[28] Der Arbeitgeber hat für die Kosten der Rückstufung in der Haftpflichtversicherung des Arbeitnehmers, die durch einen bei der Arbeitsverrichtung eingetretenen Unfall verursacht worden sind, nur einzutreten, wenn hierüber zwischen den Arbeitsvertragsparteien eine Vereinbarung besteht.

Der Arbeitnehmer hat einen **Aufwendungsersatzanspruch** wegen Beschädigung seines Privat-Pkw, wenn das Fahrzeug mit Billigung des Arbeitgebers in dessen Betätigungsbereich eingesetzt wurde.[29] Um einen Einsatz im Betätigungsbereich des Arbeitgebers handelt es sich, wenn ohne den Einsatz des Arbeitnehmerfahrzeugs der Arbeitgeber ein eigenes Fahrzeug hätte einsetzen und damit die Unfallgefahr hätte tragen müssen. Wird allerdings der Privat-Pkw des Arbeitnehmers nicht während einer Dienstfahrt, sondern in der Zeit zwischen zwei am selben Tage durchzuführenden Dienstfahrten während des Parkens in der Nähe des Betriebes beschädigt, gehört auch das Abstellen des Kraftwagens während der Innendienstzeit des Arbeitnehmers zum Einsatz im Betätigungsbereich des Arbeitgebers. Der anderweitig nicht ersetzte Sachschaden ist vom Arbeitgeber auszugleichen.[30] 1976

Höchstrichterlich ungeklärt ist die Frage, ob das **Lenken** eines Pkw **zum Zweck einer dienstlichen Erledigung Reisezeit** ist oder nicht. Nach Auffassung von *Baeck/Lösler*[31] ist das Führen eines Pkw bei den heutigen Verkehrsverhältnissen mit nicht unerheblichen physischen und psychischen Belastungen verbunden. Der Arbeitnehmer muss sich während der Fahrt voll auf den Straßenverkehr konzentrieren. Das Fahren eines Pkw sei deshalb wegen der Beanspruchung des Fahrers als Arbeit iSd ArbZG zu werten. Das BAG zitiert diese Ansicht wohlwollend, ohne die Frage abschließend zu entscheiden.[32] Eine andere Rechtslage soll gelten, wenn der Arbeitnehmer aufgrund eigener Entscheidung mit dem Pkw fährt, bspw weil er statt des vom Arbeitgeber vorgesehenen Verkehrsmittels (Bahn oder Flugzeug) den Pkw wählt, da er sich dadurch zeitlich ungebundener fühlt oder bei der Gelegenheit der Dienstreise auch noch einen privaten Besuch machen kann. Unter solchen Voraussetzungen lehnen *Baeck/Lösler* die Pkw-Verwendung als Arbeitszeit richtigerweise ab. Das BAG[33] will diesen Grundsatz allerdings für Reisezeiten außerhalb der regulären Arbeitszeit einschränken, indem es unter Berufung auf § 612 Abs. 1 BGB prüft, ob für solche Reisezeiten „nach den Umständen“ eine Vergütung zu erwarten sei; es hat deshalb bei einem höheren Angestellten mit hoher Vergütung zwei Reisestunden täglich zusätzlich zur regulären Arbeitszeit als nicht gesondert vergütungspflichtig angesehen.[34] 1977

ee) Erstattung von Verpflegungsaufwand bei Dienstreisen

Die gesetzliche Pflicht zum Aufwendungsersatz im Arbeitsverhältnis folgt aus § 670 BGB. Danach hat der Arbeitgeber die durch den Arbeitseinsatz angefallenen Aufwendungen zu ersetzten, die der Arbeitnehmer den Umständen nach für erforderlich halten durfte, es sei denn, diese sind bereits mit der Arbeitsvergütung abgegolten.[35] **Steuerlich** ist gem. § 9 Abs. 4 a S. 2 EStG zur Abgeltung der dem Arbeitnehmer tatsächlich entstandenen, beruflich veranlassten Mehraufwendungen eine Verpflegungspauschale anzusetzen, wenn der Arbeitnehmer außerhalb seines Homeoffices oder der ersten Tätigkeitsstätte tätig wird. Nach früherer Rechtslage waren bei einer Dienstreise von mindestens 8 und weniger als 14 Stunden 6,00 €, bei mindestens 14 und weniger als 24 Stunden 12,00 € und ab 24 Stunden 24,00 € steuerlich absetzbar. Nach der Reisekostenrechtsreform sind seit 1.1.2014 folgende Beträge nach § 9 Abs. 4 a S. 3 EStG 1978

28 BAG 30.4.1992 – 8 AZR 409/91, NZA 1993, 262 = NJW 1993, 1028.
29 BAG 14.12.1995 – 8 AZR 875/94, NZA 1996, 417 = NJW 1996, 1301.
30 BAG 14.12.1995 – 8 AZR 875/94, NZA 1996, 417 = NJW 1996, 1301.
31 NZA 2005, 247, 249.
32 BAG 14.11.2006 – 1 ABR 5/06, NZA 2007, 458, 460.
33 BAG 3.9.1997 – 5 AZR 428/96, NZA 1998, 540.
34 Küttner/*Griese*, Personalbuch, 141 (Dienstreise) Rn 6.
35 *Göpfert*, in: Maschmann/Sieg/Göpfert, Vertragsgestaltung im Arbeitsrecht, 270 Rn 9 f.

als Werbungskosten absetzbar: Bei einer Dienstreise bis zur Dauer von 8 Stunden können – wie bisher – steuerlich keine Mehraufwendungen geltend gemacht werden. Bei einer Dienstreise von mehr als 8 Stunden sind 12,00 € und bei einer Dienstreise von mindestens 24 Stunden 24,00 € abziehbar. Für den An- und Abreisetag einer mehrtägigen Dienstreise sind jeweils 12,00 € anzusetzen. Folglich wird die bislang geltende dreistufige auf eine zweistufige Staffelung der Verpflegungspauschalen reduziert.[36]

1979 Zwar sind die dem Arbeitnehmer zu erstattenden Aufwendungen unabhängig von den steuerlichen Pauschalen zu erstatten, allerdings muss der Arbeitnehmer insofern nachweisen, dass die angefallenen Auslagen getätigt wurden, angemessen und erforderlich waren. Eine insofern am tatsächlichen Aufwand orientierte Abwicklung wird in aller Regel von beiden Vertragsparteien als zu umständlich vermieden, entsprechend wird eine **pauschale Kostenerstattung** nach Maßgabe der **steuerlichen Regelungen** vereinbart.

ff) Mitbestimmung des Betriebsrats

1980 Der Bereich der Dienstreisen ist von der Mitbestimmung des Betriebsrats weitgehend frei. So stellt die Anordnung des Arbeitgebers einer außerplanmäßigen Dienstreise keine gem. § 87 Abs. 1 Nr. 3 BetrVG mitbestimmungspflichtige Verlängerung der betriebsüblichen Arbeitszeit dar, wenn während der Reisezeit keine Arbeitsleistung zu erbringen ist.[37] Der Betriebsrat hat auch kein Mitbestimmungsrecht, wenn der Arbeitgeber eine Dienstreiseordnung erlässt, in der die Erstattung von Dienstreisekosten und das Verfahren bei der Genehmigung und Abrechnung der Dienstreise geregelt werden.[38] Betriebliche Regelungen zur Frage, unter welchen Voraussetzungen die Fahrtätigkeit eines Außendienstmitarbeiters als Erfüllung seiner vertraglich geschuldeten Hauptleistungspflicht gilt und deshalb die dafür aufgewendete Zeit als zu vergütende Arbeitszeit anzusehen ist, verstoßen nicht gegen den Tarifvorbehalt des § 77 Abs. 3 BetrVG.[39]

1981 Auch wurde zwischenzeitlich entschieden, dass aus dem Begünstigungs- und Benachteiligungsverbot des § 78 BetrVG folgt, dass für die Bewertung von Reisezeiten, die ein Arbeitnehmer über die regelmäßige Arbeitszeit hinaus zum Zweck der Wahrnehmung einer Betriebsratstätigkeit aufwendet, keine anderen Maßstäbe gelten dürfen als für Reisezeiten, die ansonsten im Interesse des Arbeitgebers anfallen.[40] Gewährt eine Regelung dem Arbeitnehmer in einem Betrieb für Fahrten außerhalb der Arbeitszeit zu einer Dienstbesprechung einen Freizeitausgleich von 50 %, gilt dies auch für entsprechende Fahrten anlässlich einer Betriebsratssitzung.

b) Klauseltypen und Gestaltungshinweise

aa) Dienstreise als Vertragspflicht

(1) Klauseltyp A

1982 **A 1:** Die Tätigkeit des Arbeitnehmers ist auch mit Dienstreisen verbunden, die der Arbeitgeber im betriebsüblichen Maße anordnen kann.

A 2: Es zählt zu den Hauptleistungspflichten des Arbeitnehmers, Dienstreisen im In- und Ausland zu unternehmen. Dauer und Zielort der Dienstreisen ergeben sich aus den jeweiligen Anforderungen des Unternehmens, die durch Anordnungen der Vorgesetzten präzisiert werden.

A 3: Als Dienstreise gilt nur eine solche Erledigung von Arbeitsaufgaben, die dem Arbeitnehmer ausdrücklich von einem Vorgesetzten schriftlich genehmigt wurde.

---

36 *Isenhardt*, DB 2014, 1316, 1317 f.

37 BAG 23.7.1996 – 1 ABR 17/96, NZA 1997, 216; BAG 14.11.2006 – 1 ABR 5/06, NZA 2007, 458.

38 BAG 8.12.1981 – 1 ABR 91/79, DB 1982, 960 = BB 1982, 989.

39 BAG 10.10.2006 – 1 ABR 59/05, NZA 2007, 523, 524.

40 LAG Sachsen 4.7.2001 – 3 Sa 876/00, NZA-RR 2002, 471.

(2) Gestaltungshinweise

Die Klausel A 1 beinhaltet eine rein deklaratorische Dienstreiseklausel. In dem Maße, in dem ein Arbeitnehmer üblicherweise, entweder nach seinem Berufsbild oder nach den betrieblichen Gepflogenheiten, zu Dienstreisen angehalten werden kann, wird er durch die Klausel bestätigend verpflichtet. Die Klausel führt zu keinen zusätzlichen Pflichten auf Seiten des Arbeitnehmers und zu keinen zusätzlichen Rechten auf Seiten des Arbeitgebers, legt man die Entscheidung des BAG vom 29.8.1991[41] zugrunde. 1983

Während in der Klausel A 1 die Durchführung von Dienstreisen als Nebenpflicht ausgestaltet ist, bilden Dienstreisen in der Klausel A 2 eine Hauptleistungspflicht des Arbeitnehmers. Die Klausel A 2 bewirkt, dass die Wegezeit als Arbeitszeit zu vergüten ist, auch wenn der Text der Klausel keine ausdrückliche Regelung hierüber enthält. Die Vergütungspflicht folgt bei dieser Klausel aus dem Urteil des BAG vom 3.9.1997.[42] 1984

Die Klausel A 3 bietet zwar eine praxistaugliche Regelung, um Zweifelsfragen über die Befugnis des Arbeitnehmers zu beseitigen, wann er eine Dienstreise zu unternehmen hat. Die Klausel regelt aber nicht, welche Folgen sich aus der Dienstreise ergeben, insb. trifft sie keine klaren Aussagen über den Umfang der Vergütungspflicht des Arbeitgebers und den Umfang der Anrechnung von Dienstreisen auf Arbeitszeiten. Sie sollte daher mit entsprechenden Regelungen ergänzt werden. 1985

bb) Reisezeitvergütungsklausel

(1) Klauseltyp B

B 1: Bei angeordneten Dienstreisen wird die notwendige Reisezeit, soweit sie die Dauer der individuellen täglichen Arbeitszeit überschreitet, an Arbeitstagen bis zu vier Stunden und an arbeitsfreien Tagen bis zu zwölf Stunden täglich wie Arbeitszeit vergütet, jedoch ohne Zuschläge. Fallen die angeordneten Dienstreisen und die notwendige Reisezeit auf einen Sonntag oder einen gesetzlichen Feiertag, so sind neben der Vergütung die hierfür vorgesehenen Zuschläge zu zahlen. Dies gilt nicht, wenn der Angestellte Beginn und Ende der Reise selbst bestimmen kann.[43] 1986

B 2: Reise- und Wegezeiten sind Arbeitszeit. Wird durch Dienstreisen die wöchentliche Arbeitszeit überschritten, erhält der Arbeitnehmer einen Freizeitausgleich im Umfang von 50 % der Arbeitszeit, die durch eine Dienstreise entstanden ist.[44]

B 3: Die durch Dienstreisen angefallene Arbeitszeit wird nicht gesondert vergütet.

B 4: Dienstreisen des Arbeitnehmers gehören zu seinen Hauptleistungspflichten. Sie werden als Arbeitszeit ohne Zuschläge vergütet.[45]

(2) Gestaltungshinweise

Die **Klausel B 1** stellt eine großzügige und wirtschaftlich für den Arbeitgeber gewiss ungünstige Vergütungsregelung bei Dienstreisen dar, die im Rahmen der Vertragsfreiheit geschlossen werden kann. Aus AGB-rechtlicher Sicht bestehen keine Bedenken. 1987

Die **Klausel B 2** folgt ebenfalls der Vertragsfreiheit der Parteien und vergütet die Arbeitszeit mit Freizeitausgleich im Umfang von 50 %. Wer zwei Stunden in einer Woche durch Dienstreisen zusätzlich „gearbeitet" hat, hat Anspruch auf eine Stunde Freizeitausgleich. 1988

---

41 AP § 611 BGB Direktionsrecht Nr. 38 = NZA 1992, 67.
42 BAG 3.9.1997 – 5 AZR 428/96, NZA 1998, 540.
43 Preis/*Preis*, Der Arbeitsvertrag, II D 15 Rn 1, Beispiel e).
44 LAG Sachsen 4.7.2001 – 3 Sa 876/00, NZA-RR 2002, 471.
45 BAG 3.9.1997 – 5 AZR 428/96, NZA 1998, 540.

1989 Die **Klausel B 3** ist nach § 307 Abs. 2 Nr. 1 BGB unwirksam. Soweit es zur Hauptleistungspflicht des Arbeitnehmers gehört, Dienstreisen durchzuführen, verstößt die Klausel gegen ein Grundprinzip des Arbeitsrechts, dass die Erfüllung von Hauptleistungspflichten durch den Arbeitnehmer zu vergüten ist.[46] Zwar hat das BAG in einem Einzelfall die Auffassung vertreten, dass zwei zusätzliche Reisestunden täglich bei einem höher verdienenden Angestellten nicht vergütungspflichtig seien.[47] Die Klausel B 3 schließt jedoch in jedem Falle, unabhängig von der Länge der Dienstreise und unabhängig vom Status des Mitarbeiters, die arbeitszeitliche Vergütung von Dienstreisen aus, so dass die Vereinbarung nicht generell empfohlen werden kann.

1990 Die **Klausel B 4**, die im Gegensatz zur Klausel A 2 auch klarstellt, dass eine vollständige Vergütung vorzunehmen ist, erhebt Dienstreisen zur Hauptleistungspflicht mit der sich aus dem Urteil des BAG vom 3.9.1997[48] ergebenden Vergütungsfolge.

cc) Reisekostenerstattungsklauseln

(1) Klauseltyp C

1991 ↓ **C 1:** Die Reisekostenrichtlinie des Unternehmens in der jeweils geltenden Fassung ist Bestandteil dieses Vertrages.

C 2: Bei Dienstreisen wird ein pauschaler Verpflegungsaufwand nach den jeweiligen steuerlichen Höchstsätzen gewährt. Ersetzt wird bei Benutzung eines eigenen Kraftfahrzeugs zudem die steuerlich zulässige lohnsteuerfreie Kilometerpauschale für nachgewiesene Dienstreisestrecken. Bei Benutzung eines Dienstwagens gelten die Bestimmungen des Fahrzeugüberlassungsvertrages. Bahnfahrten/öffentliche Verkehrsmittel werden in Höhe der tatsächlichen Kosten der Klasse 2 erstattet. Übernachtungen werden in Höhe der tatsächlichen Hotelkosten, höchstens jedoch in Höhe der steuerlich zulässigen Übernachtungskosten, erstattet.

C 3: Ergänzend hierzu gilt die Reisekostenrichtlinie des Unternehmens. Der Arbeitgeber behält sich vor, die Regelung über die Erstattung von Dienstreisekosten einschließlich der Reisekostenrichtlinie bei Vorliegen eines sachlichen Grundes zu widerrufen und unter Berücksichtigung der billigen Interessen der Arbeitnehmer neu zu fassen. Hierbei ist eine Ankündigungsfrist von drei Monaten einzuhalten. Sachliche Gründe sind: a) eine Änderung der Tätigkeit des Arbeitnehmers, durch die Inhalt und Umstände der durchzuführenden Dienstreisen erheblich verändert werden; b) eine erhebliche Änderung der rechtlichen Rahmenbedingungen, insbesondere der steuerrechtlichen Pauschalen und Abrechnungsvorgaben; c) erhebliche wirtschaftliche Schwierigkeiten des Unternehmens, insbesondere ein negatives Abweichen von den budgetierten jährlichen Umsatz- und Gewinnzielen von mehr als 50 %.

C 4: Im Zusammenhang mit einer Dienstreise erlangte Vergünstigungen, wie etwa Bonus-Meilen oder Punkte von Kundenbindungsprogrammen (zB Pay-Back), sind nicht Vergütungsbestandteil und an den Arbeitgeber herauszugeben. Der Arbeitgeber kann wahlweise verlangen, dass der Arbeitnehmer entsprechende Vergünstigungen im Interesse des Arbeitgebers einsetzt.

(2) Gestaltungshinweise

1992 Die **Klausel C 1** ist in vielen Betrieben üblich. Aufgrund von § 308 Nr. 4 BGB ist die Klausel allerdings unwirksam, weil sich der Arbeitgeber eine jederzeitige **Änderung der Reisekostenrichtlinie vorbehält** und der Arbeitnehmer somit bei seiner Unterschrift unter den Arbeitsvertrag nicht weiß, welches Recht der Reisekostenvergütung zum jeweiligen Zeitpunkt gelten soll. Die Unterschrift wird somit unter eine Mehrzahl unbekannter Sachverhalte gesetzt, was der

46 *Hunold*, NZA 1993, 10, 15; *Loritz*, NZA 1997, 1188, 1190.
47 BAG 3.9.1997 – 5 AZR 428/96, AP § 611 BGB Dienstreise Nr. 1.
48 NZA 1998, 540.

Gesetzgeber in § 308 Nr. 4 BGB mit dem Makel der Unwirksamkeit versieht.[49] Ob Reisekostenrichtlinien im Unternehmen durch einseitige Bekanntmachung verbindlich eingeführt werden können, hängt davon ab, welche Regelungsbereiche in der Reisekostenrichtlinie geregelt sind: Greift die Richtlinie in die vertraglich geregelten Leistungspflichten ein, etwa durch Bestimmungen zur anzurechnenden Arbeitszeit, so bedarf die Einführung als Vertragsänderung einer Zustimmung der Arbeitnehmer. Werden hingegen nur organisatorische Vorschriften zusammengefasst, die sämtlich auch nach Direktionsrecht möglich sind, so kann die Reisekostenrichtlinie jederzeit wirksam geändert werden.[50]

Die **Klausel C 2** gewährt eine allgemeine Aufwandserstattung für die typischen Dienstreisekosten nach den jeweiligen steuerlichen Höchstsätzen. Der Verweis auf die jeweiligen Rechtsvorschriften ist rechtlich unkritisch, weil es nicht in der Macht des Arbeitgebers steht, diese zu ändern; die Vertragsparteien sind also beide den jeweiligen Änderungen des Gesetzgebers unterworfen. 1993

Mit der **Klausel C 3** wird ergänzend zur Klausel C 2 ein Änderungsvorbehalt in Form eines Widerrufsvorbehalts aufgenommen. Die Klausel ist an § 308 Nr. 4 BGB und der dazu ergangenen Rspr des BAG zu prüfen, da jedwede einseitigen Leistungsbestimmungsrechte, die dem Verwender das Recht einräumen, die Hauptleistungspflichten einzuschränken, zu verändern, auszugestalten oder zu modifizieren, einer Inhaltskontrolle unterliegen.[51] Der hier vorgeschlagene Widerrufsvorbehalt wird den formellen Anforderungen des Transparenzgebots nach § 308 Nr. 4 BGB gerecht: Es wird angegeben, aus welchen Gründen der Widerruf möglich sein soll.[52] Auch materiell sollten die angegebenen Widerrufsgründe wirksam sein. Nach § 308 Nr. 4 BGB ist die Vereinbarung eines Widerrufsrechts gegenüber dem Arbeitnehmer zumutbar, wenn der Widerruf nicht grundlos erfolgen soll, sondern wegen der unsicheren Entwicklung der Verhältnisse als Instrument der Anpassung notwendig ist.[53] Der Verweis auf eine mögliche Änderung der Tätigkeit, die Änderung der rechtlichen Rahmenbedingungen bzw auf erhebliche wirtschaftliche Schwierigkeiten des Arbeitgebers entspricht dem derzeitigen Stand der Wissenschaft, das BAG hatte die Aufzählung vergleichbarer Widerrufsgründe in seiner Entscheidung vom 21.3.2012 gebilligt.[54] Die Ankündigungsfrist von drei Monaten wäre nach gegenwärtigem Stand der BAG-Rspr nicht erforderlich; sie schadet aber bei einer auf dauerhafte Verwendung angelegten Regelung wie einer Reisekostenrichtlinie nicht und sichert die Wirksamkeit der Widerrufsklausel auch gegen kritische Stimmen in Judikatur und Schrifttum ab.[55] 1994

Die **Klausel C 4** geht auf das Urteil des BAG vom 11.4.2006[56] ein. Sie ist die vertragliche Umsetzung der entsprechenden Rspr, wonach als Gegenleistung für die Übernahme der Reisekosten und -aufwendungen das durch die Reisedienstleister Erlangte an den Arbeitgeber herauszugeben ist. Die Klausel soll zudem dazu dienen, die Entstehung einer anders lautenden betrieblichen Übung auszuschließen bzw für neu eintretende Arbeitnehmer abzulösen.[57] 1995

49 *Preis*, NZA 2010, 361, 362 spricht bei derartigen Jeweiligkeitsklauseln von „Mega-Widerrufsvorbehalt".
50 Ausf. *Gaul/Ludwig*, BB 2010, 55.
51 BAG 11.10.2006 – 5 AZR 721/05, NZA 2007, 536.
52 BAG 13.4.2010 – 9 AZR 113/09 55, DB 2010 1943.
53 BAG 21.3.2012 – 5 AZR 651/10, NZA 2012, 616.
54 *Lingemann*, in: Bauer/Lingemann/Diller/Haußmann, Anwalts-Formularbuch, M 12.22 Fn 13 f.
55 Vgl Däubler/Bonin/Deinert/*Bonin*, AGB-Kontrolle im Arbeitsrecht, § 308 BGB Rn 46.
56 BAG 11.4.2006 – 9 AZR 500/05, BB 2006, 2137.
57 Vgl auch *Gragert*, NJW 2006, 3762.

dd) Dienstwagenbenutzungsklausel

(1) Klauseltyp D

1996 **D 1:** Für Dienstfahrten hat der Arbeitnehmer den ihm zur Verfügung gestellten Dienstwagen zu benutzen. Er hat auch auf Dienstreisen, soweit erforderlich, andere Arbeitnehmer des Betriebs mitzunehmen.[58]

D 2: Der Arbeitnehmer nutzt für Dienstfahrten seinen privaten Pkw. Die dem Arbeitnehmer hierbei entstehenden Kosten werden durch die nach Steuerrecht jeweils höchstmögliche Kilometerpauschale abgegolten.

D 3: Der Arbeitnehmer benutzt für angeordnete Dienstfahrten seinen privaten Pkw. Er erhält die ihm bei Dienstfahrten entstehenden Aufwendungen wie folgt ersetzt: (...). Wird sein Fahrzeug beschädigt, haftet der Arbeitgeber entsprechend den allgemeinen Haftungsgrundsätzen im Rahmen von Arbeitsverhältnissen. Rückstufungserhöhungen in der Haftpflichtversicherung werden ebenfalls nach den Haftungsgrundsätzen im Arbeitsrecht berücksichtigt.

(2) Gestaltungshinweise

1997 Die **Klausel D 1** stellt eine allgemeine Wiederholung der recht weitgehenden Pflicht dar, die das BAG mit Urteil vom 29.8.1991[59] begründet hat, wonach einerseits die Pflicht besteht, den Dienstwagen zu benutzen, andererseits auch Kollegen mitzunehmen.

1998 Die **Klausel D 2** lehnt sich an das Urteil des BAG vom 30.4.1992 an.[60] Die **Klausel D 3** dagegen enthält eine äußerst differenzierte Regelung zu den Haftungsfolgen bei Verkehrsunfällen. Der Fall des BAG im Urteil vom 14.12.1995[61] wird abweichend geregelt – eine im Rahmen der Privatautonomie zulässige Gestaltung. Der Verweis auf die Haftungsregelung im Arbeitsrecht, wonach bei einfacher Fahrlässigkeit keine Haftung des Arbeitnehmers besteht, bei mittlerer Fahrlässigkeit eine Quotierung erfolgt und nur bei grober Fahrlässigkeit und Vorsatz der Schaden vom Arbeitnehmer getragen werden muss, entspricht der Rechtslage, so dass die Klausel D 3 keinen Wirksamkeitsbedenken begegnet. Zu den Grundzügen der Arbeitnehmerhaftung bei Kfz-Schäden s. § 1 Rn 2682 f. Zur Haftung bei Nutzung des Privat-Pkw s. § 1 Rn 2684 ff und bei Nutzung des Dienstwagens s. § 1 Rn 2687 ff.

58 BAG 29.8.1991 – 6 AZR 593/88, NZA 1992, 67.
59 NZA 1992, 67.
60 BAG 30.4.1992 – 8 AZR 409/91, NZA 1993, 262.
61 BAG 14.12.1995 – 8 AZR 875/94, NZA 1996, 417.

25. Dienstwagenklauseln

Literatur

Abeln/Meier, Dienstwagen, AuA 2005, 264; *Becker/Schaffner*, Die Nutzung von Firmenfahrzeugen bei Beendigung des Arbeitsverhältnisses, DB 1993, 2078; *van Bürck/Nussbaum*, Herausgabe des Dienstfahrzeugs während der Freistellung des Arbeitnehmers: Vertragliche Gestaltungsmöglichkeiten für die Praxis, BB 2002, 2278; *von Bornhaupt*, Anforderungen an das Verbot der Privatnutzung bei Firmenwagen, DStR 2007, 792; *Dombrowski/Zettelmeier*, Die Wertermittlung der Nutzungsvorteile von Firmenwagen nach § 74 II HGB, NZA 1995, 155; *Gaul/Ludwig*, Uneingeschränkte AGB-Kontrolle bei dynamischer Bezugnahme im Arbeitsvertrag bei arbeitgeberseitigen Regelungswerken, BB 2010, 55; *Höser*, Die Dienstwagennutzung bei Arbeitsunfähigkeit, BB 2012, 1281; *Hunold*, Dienstreise und Wegezeit, Rechtsfragen um Dienst- und Privatfahrzeuge des Arbeitnehmers, AR-Blattei SD 590; *Mauer*, Dienstwagenüberlassung an Arbeitnehmer, 2003; *Meier*, Möglichkeiten zum Entzug der Privatnutzung eines Dienstwagens, NZA 1997, 298; *Nägele*, Der Dienstwagen – Arbeits- und Steuerrecht von A bis Z, 2002; *ders.*, Navigationssystem – ein Fall für die Mitbestimmung, ArbRB 2002, 113; *Peter*, Naturallohn und Sachbezüge, AR-Blattei SD 1740; *Preis*, Probleme der Bezugnahme auf Allgemeine Arbeitsbedingungen und Betriebsvereinbarungen, NZA 2010, 361; *Pruksch/Polloczek*, Der Entzug von Dienstwagen – Welche Handlungsspielräume gibt es noch?, DStR 2011, 1764; *Reifelsberger/Kopp*, Lohnpfändung bei Sachbezügen in der betrieblichen Praxis – insbesondere bei Dienstwagen, NZA 2013, 641; *Scheidl*, Schadensersatz für Entzug des privat genutzten Dienstwagens, AuA 1995, 381; *Schmiedl*, Die Sicherung des Herausgabeanspruchs am Dienstwagen nach Beendigung des Arbeitsverhältnisses mittels einstweiliger Verfügung, BB 2002, 992; *Thomas*, Geldwerte Vorteile bei Überlassung und Übertragung von Kraftfahrzeugen, DB Beilage 2006, Nr. 6, 58; *van Bürck/Nussbaun*, Herausgabe des Dienstfahrzeugs während der Freistellung des Arbeitnehmers: Vertragliche Gestaltungsmöglichkeiten für die Praxis, BB 2002, 2278; *Zeranski*, Arbeitgeberhaftung für Arbeitnehmerschäden an mietweise überlassenen Nutzfahrzeugen, NJW 1999, 1985.

a) Rechtslage im Umfeld

Bei der Gestaltung von Vereinbarungen über Dienstwagen stehen drei Fragen im Vordergrund: 1999

- **Umfang** der Privatnutzung durch den Arbeitnehmer,
- **steuerrechtliche Behandlung** der Nutzungsüberlassung und
- **Haftung** für Schäden am Fahrzeug.

Vereinbarungen über eine Kfz-Nutzung müssen nicht in gesonderten Verträgen getroffen werden, sie können auch in den Text des Arbeitsvertrages integriert werden. Gleichwohl ist wegen des relativ großen Umfangs der empfehlenswerten detaillierten Kfz-Nutzungsvereinbarungen die Auslagerung aus dem eigentlichen Arbeitsvertrag vorzugswürdig, um den Vertrag insgesamt nicht zu überfrachten. 2000

aa) Vereinbarung des Nutzungsumfangs

Es obliegt den Parteien zu vereinbaren, ob ein Dienstfahrzeug ausschließlich zu dienstlichen Zwecken oder auch zu privaten Zwecken genutzt werden darf. Sobald auch die private Nutzung des Fahrzeugs vertraglich geregelt ist, wird sie zum Bestandteil des Vergütungsanspruchs des Arbeitnehmers, und zwar in Form einer Naturalvergütung.[1] Ist keine Absprache getroffen, kann der Arbeitnehmer das Dienstfahrzeug nur auf Dienstfahrten benutzen.[2] 2001

Bei dienstlicher Nutzung des Fahrzeugs übt der Arbeitnehmer lediglich im Rahmen des Arbeitsverhältnisses die tatsächliche Gewalt für den Arbeitgeber als **Besitzdiener** nach § 855 BGB aus.[3] Konsequenz ist, dass dem Arbeitnehmer wegen etwaiger Ansprüche aus dem Arbeitsverhältnis **kein Zurückbehaltungsrecht** am Fahrzeug nach § 273 BGB zusteht, da er lediglich die tatsächliche Sachherrschaft, jedoch keinen Besitz innehat.[4] Haben die Parteien keine abweichende Regelung getroffen, hat der Arbeitnehmer das Fahrzeug im Falle des Urlaubs und im Falle der Arbeitsunfähigkeit an den Arbeitgeber herauszugeben. Gibt der Arbeitnehmer das 2002

---

1 BFH 20.12.1991 – VI R 116/86, BStBl. II 1992, S. 308.

2 Küttner/*Griese*, Personalbuch, 142 (Dienstwagen) Rn 3.

3 ArbG Stuttgart 12.5.1995 – 26 Ca 2051/94; ArbG Marburg 5.2.1969 – Ca 600/68, DB 1969, 2041.

4 LAG Düsseldorf 18.10.1957 – 3 Sa 300/57, BB 1958, 117; vgl Palandt/*Bassenge*, § 855 BGB Rn 1.

Fahrzeug trotz Aufforderung nicht heraus, liegt verbotene Eigenmacht vor. Der Arbeitnehmer schuldet als unrechtmäßiger Fremdbesitzer Schadensersatz.[5]

2003 Die vertragliche Absprache in einem Kfz-Überlassungsvertrag, wonach der Arbeitnehmer das Fahrzeug auch zu **Privatfahrten** nutzen darf, beinhaltet die Zusage eines geldwerten Vorteils in Form eines Sachbezugs (Naturalvergütung). Hieran knüpfen sich arbeitsrechtliche und steuerrechtliche Folgen. **Arbeitsrechtlich** kann die Zusage eines Sachbezugs ohne entsprechende Vereinbarung nicht einseitig widerrufen werden, sondern nur durch Änderungskündigung oder Änderungsvereinbarung. Die vertragliche Vereinbarung eines Widerrufsrechts ist daran zu messen, ob eine objektive Umgehung des Änderungskündigungsschutzes vorliegt (Kernbereichslehre).[6] Zusätzlich sind die Entscheidungen des BAG vom 12.1.2005[7] und 11.10.2006[8] zu beachten, wonach die **Widerrufsgründe** im Arbeitsvertrag enthalten sein müssen. Sind die Entzugssachverhalte nicht im Vertrag geregelt, verstößt die Widerrufsklausel gegen § 307 Abs. 1 S. 2 BGB mit der Folge, dass ein Widerruf hierauf nicht gestützt werden kann. Eine Unwirksamkeit des Widerrufs allein wegen Überschreitung der finanziellen Folgen eines unter Vorbehalt stehenden Rechts (Korridor von 25 bis 30 % der Gesamtvergütung) kann als ausgeschlossen angesehen werden, da im Regelfalle der Wert der Kfz-Nutzung nicht die nach dem Urteil des BAG vom 12.1.2005 maßgebliche Vergütungshöhe erreicht.

2004 Bei der Frage, unter welchen Voraussetzungen der Arbeitgeber während eines laufenden Arbeitsverhältnisses die **Rückgabe des Dienstwagens** verlangen kann, ist zu unterscheiden, ob dem Arbeitnehmer eine private Nutzung gestattet wurde oder ob die Nutzung allein auf dienstliche Fahrten beschränkt ist. Bei einer **rein dienstlichen Nutzungsbefugnis** kann der Arbeitgeber die Herausgabe des Fahrzeugs immer dann, wenn der Arbeitnehmer keine Arbeitsleistung erbringt, verlangen,[9] sofern das Herausgabeverlangen im Rahmen der Ausübung des Direktionsrechts billigem Ermessen entspricht. Insofern entspricht es dem Rechte- und Pflichtengefüge im Arbeitsverhältnis, dass bei rein dienstlicher Nutzungsbefugnis während des **Urlaubs**,[10] während einer **Krankheit**, während der Schutzfristen nach dem **MuSchG**[11] und bei **Freistellung**[12] der Arbeitnehmer das Fahrzeug auf Anforderung des Arbeitgebers zurückzugeben hat. Ein Verstoß gegen § 307 Abs. 2 Nr. 1 BGB oder auch gegen § 308 Nr. 4 BGB ist nicht erkennbar, wenn die Parteien im Rahmen der Privatautonomie eine sachgerechte Regelung treffen, die besagt, dass der Dienstwagen nur zu dienstlichen Zwecken verwendet werden darf. Bei rein dienstlich vereinbarter Nutzungsmöglichkeit scheidet in Fällen, in denen der Arbeitnehmer seine Arbeitspflicht nicht erbringt, bei vom Arbeitgeber geltend gemachter Rückgabe des Fahrzeugs ein AGB-rechtlicher Verstoß des Rückforderungsrechts im Arbeitsvertrag aus.

2005 Anders ist die Rechtslage, wenn dem Arbeitnehmer die **Privatnutzung gestattet** wurde. Die Privatnutzung erlaubt nicht nur Spazierfahrten des Arbeitnehmers am Wochenende, sondern die Fahrten zwischen Wohnstätte und Arbeitsplatz. Wird trotz vereinbarter Privatnutzung vom Arbeitgeber eine Rückgabe verlangt, ist der Arbeitgeber verpflichtet, einen finanziellen Ausgleich für einen etwaigen Nutzungswiderruf zu leisten,[13] da ansonsten das Äquivalenzverhältnis von Leistung und Gegenleistung iSv § 307 Abs. 2 Nr. 1 BGB gestört wäre.

---

5 LAG Düsseldorf 4.7.1975 – 11 Sa 689/75, DB 1975, 2040; LAG Berlin 26.5.1986 – 9 Sa 24/86, DB 1987, 542.

6 BAG 21.3.1993 – 7 AZR 297/92, DB 1994, 2400; BAG 12.12.1984 – 7 AZR 509/83, BB 1985, 731.

7 BAG 12.1.2005 – 5 AZR 364/04, NJW 2005, 1820 = NZA 2005, 465.

8 BAG 11.10.2006 – 5 AZR 721/05, NZA 2007, 87.

9 BAG 11.10.2000 – 5 AZR 240/99, NZA 2001, 445; LAG Köln 29.11.1995 – 2 Sa 843/95, NZA 1996, 986; LAG Köln 22.6.2001 – 11 (6) Sa 391/01, NZA-RR 2001, 523.

10 BAG 23.6.1994 – 8 AZR 537/92, DB 1994, 2239; BAG 17.9.1998 – 8 AZR 791/96, AuR 1999, 111.

11 BAG 11.10.2000 – 5 AZR 240/99, NZA 2001, 445.

12 LAG Sachsen 9.4.1997 – 10 Sa 936/96, BB 1997, 1693.

13 ArbG Frankfurt 6.11.2002 – 9 Ca 3200/02; BAG 23.6.2004 – 7 AZR 514/03, BB 2005, 111; Staudinger/*Richardi*, § 615 BGB Rn 123.

Zulässig ist es hingegen, im Rahmen eines ausdrücklich vereinbarten **Widerrufsvorbehalts** die entschädigungslose Herausgabe des Fahrzeugs im Falle der **Freistellung** vorzusehen, auch ohne eine Ankündigungs- oder Auslauffrist. Dabei muss der Widerrufsvorbehalt aber ausdrücklich eine sachgerechte Verknüpfung zwischen privater und dienstlicher Nutzung herstellen, was insb. dann der Fall ist, wenn die Herausgabe auf Fälle beschränkt wird, in denen auch eine dienstliche Nutzung nicht mehr notwendig ist.[14] Das Herausgabeverlangen selbst muss aber stets noch billigem Ermessen nach § 315 BGB entsprechen. Daran kann es insb. fehlen, wenn bei einer gewählten Pauschalversteuerung nach § 6 Abs. 1 Nr. 4 EStG das Fahrzeug im laufenden Monat herauszugeben ist, da die Privatnutzungsmöglichkeit auch dann mit der vollen Monatspauschale zu versteuern ist, wenn der Arbeitnehmer das Fahrzeug nicht im gesamten Kalendermonat nutzen kann. Soweit das **Herausgabeverlangen im laufenden Monat** erfolgt und nicht auf das Monatsende terminiert wird, macht sich der Arbeitgeber dann im Regelfall schadensersatzpflichtig.[15] Das BAG deutet in seiner Entscheidung vom 21.3.2012 zudem an, dass das konkrete Herausgabeverlangen bereits dann unbillig sein kann, wenn der Arbeitgeber keinen konkreten anderweitigen Bedarf für das Fahrzeug nachweisen kann, der eine Herausgabe auch unter Berücksichtigung der Arbeitnehmerinteressen notwendig macht. 2006

Möglich ist auch die Vereinbarung in einem **Dienstwagennutzungsvertrag**, der Arbeitgeber sei im Falle der **Freistellung** berechtigt, dem Arbeitnehmer für die Privatfahrten bis zum Vertragsende ein Fahrzeug zur Verfügung zu stellen, das dem bisherigen nicht gleichwertig sein muss.[16] Ist das Arbeitsverhältnis beendet, muss der Arbeitnehmer den Dienstwagen auch dann herausgeben, wenn er gegen die Kündigung Kündigungsschutzklage erhoben hat.[17] Stellt sich im Nachhinein heraus, dass die Kündigung unwirksam war, bedeutet der Entzug des Dienstwagens eine zum Schadensersatz verpflichtende Vertragsverletzung, so dass der Arbeitgeber dem Arbeitnehmer den Wert der Privatnutzung zu erstatten hat.[18] In einem Abwicklungsvertrag kann der Arbeitnehmer auf die Schadensersatzansprüche wegen Nutzungsentzugs verzichten.[19] 2007

Die **Privatnutzung** eines Dienstfahrzeugs ist eine dem Arbeitnehmer durch den Arbeitgeber eingeräumte **Nebenleistung**.[20] Der Arbeitgeber kann zu Beginn der **Mutterschutzfrist** von einer Arbeitnehmerin nur dann die Herausgabe des Firmenfahrzeugs verlangen, wenn die Parteien eine entsprechende Vereinbarung getroffen haben.[21] Gehören Sachbezüge zum Arbeitsentgelt und sind sie nicht frei widerruflich, so sind sie der Arbeitnehmerin nicht nur während eines Beschäftigungsverbotes iSd § 3 Abs. 1, 4 MuSchG, sondern regelmäßig auch während der Schutzfristen des § 3 Abs. 2, § 6 Abs. 1 MuSchG weiter zu gewähren.[22] Das BAG begründet seine Auffassung damit, dass der während des Beschäftigungsverbotes nach § 11 MuSchG zu zahlende Durchschnittsverdienst auch aus dem bisherigen Sachbezug und nicht nur aus einem entsprechenden Geldwert bestehe. Die werdende und späterhin junge Mutter solle gem. §§ 11, 14 MuSchG vor wirtschaftlichen Nachteilen bewahrt werden. Es dürfe daher keine Verdienstminderung durch das Beschäftigungsverbot eintreten. 2008

14 BAG 21.3.2012 – 5 AZR 651/10, NZA 2012, 616.
15 BAG 21.3.2012 – 5 AZR 651/10, NZA 2012, 616.
16 LAG Sachsen 9.4.1997 – 10 Sa 936/96, BB 1997, 1693.
17 ArbG Wetzlar 1.8.1986 – 2 Ga 1/86, NZA 1987, 163.
18 LAG Rheinland-Pfalz 23.3.1990 – 6 Sa 32/90, DB 1991, 814; LAG Hamm 13.7.1992 – 17 Sa 1824/91, BB 1992, 2434.
19 BAG 5.9.2002 – 8 AZR 702/01, NZA 2003, 973.
20 *Lohr*, MDR 1999, 1353.
21 BAG 11.10.2000 – 5 AZR 240/99, NZA 2001, 445.
22 BAG 11.10.2000 – 5 AZR 240/99, NZA 2001, 445.

2009 Da Rechtsvorschriften iSv § 307 Abs. 3 BGB nicht nur alle materiellen Gesetze, sondern auch ungeschriebene Rechtsgrundsätze und Richterrecht umfassen,[23] dürfte das Urteil des BAG vom 11.10.2000 ausschließen, dass abweichende Vereinbarungen mit einer Arbeitnehmerin getroffen werden können, jedenfalls dann, wenn auch die Privatnutzung Bestandteil der arbeitsvertraglichen Vereinbarung bildet. Daran dürfte wegen des besonderen Schutzes von Schwangeren und Müttern auch das Urteil des BAG vom 21.3.2012 nichts ändern, im Zweifel wäre zumindest das konkrete Herausgabeverlangen als unbillig einzustufen.

2010 Sieht der Arbeitsvertrag mit einem Vertriebsdisponenten vor, dass neben der geschäftlichen Nutzung auch die Privatnutzung gestattet ist, und wird der Arbeitnehmer zum freigestellten Betriebsratsmitglied, entfällt die Verpflichtung des Arbeitgebers nicht, ihm einen Dienstwagen zur Verfügung zu stellen.[24] Das BAG vertritt die Auffassung, dass die Dienstwagennutzung Teil des Arbeitsentgelts und somit zusätzliche Gegenleistung für die geschuldete Arbeit in Form eines Sachbezugs sei.[25] Entzieht der Arbeitgeber einem freigestellten Betriebsratsmitglied den Dienstwagen, stellt sein Verlangen eine unzulässige Entgeltminderung iSv § 37 Abs. 2 BetrVG dar.[26]

2011 Wer in die **Freistellungsphase** der **Altersteilzeit** wechselt, hat dagegen nach Auffassung mehrerer Gerichte keinen Anspruch auf einen Dienstwagen mehr.[27] Die Benutzung eines Dienstfahrzeugs hänge unmittelbar mit der Ausübung der beruflichen Tätigkeit zusammen. Auch wenn den Entscheidungen zuzugeben ist, dass mit der Aufgabe des Dienstwagens während der Freistellungsphase das Problem eigentlich interessengerecht gelöst ist, bleibt fraglich, ob der als Entgelt anzusehende Sachbezug der Privatnutzung auf diese Weise in der Freistellungsphase entfallen kann. Probleme bereitet hier insb. die Aufstockung, die auch auf einen Sachbezug grds. gewährt werden muss.[28] Es ist daher dringend zu empfehlen, die Gewährung des Dienstwagens im Altersteilzeitvertrag im Einzelnen zu vereinbaren.

2012 Wird für die Nutzung des Dienstwagens zu Privatfahrten kein Nutzungsentgelt zwischen Arbeitgeber und Arbeitnehmer vereinbart, muss der zusätzliche Vergütungsbestandteil bei der Berechnung der **betrieblichen Altersversorgung** berücksichtigt werden, soweit die Versorgungsordnung dies vorsieht. Die Überlassung eines Dienstwagens zur Privatnutzung kann als Sachbezug aber ohne besondere Anhaltspunkte nicht als ruhegehaltsfähiger Entgeltbestandteil gewertet werden.[29] Wird in der Versorgungsordnung der Begriff des ruhegeldfähigen Einkommens eng gefasst und sind dort bspw Zuschläge und Urlaubsgeld ausgeklammert, ist auch der Wert der Privatnutzung des Dienstwagens nicht ruhegehaltfähig.[30]

2013 Wird ein Dienstwagen bereitgestellt, ist der Arbeitgeber auch befugt, den Arbeitnehmer anzuweisen, **Arbeitskollegen** im Dienstwagen mitzunehmen.[31]

2014 Eine Vertragsklausel, die den Arbeitnehmer verpflichtet, bei Beendigung des Arbeitsverhältnisses einen ihm auch zur Privatnutzung überlassenen Dienstwagen zurückzugeben und dennoch

23 BGH 10.12.1992 – I ZR 186/90, BGHZ 121, 13, 18; BGH 15.7.1997 – XI ZR 269/96, NJW 1997, 2752; MüKo-BGB/*Basedow*, § 307 Rn 7; Palandt/*Grüneberg*, § 307 BGB Rn 64; AnwK-ArbR/*Hümmerich*, § 307 BGB Rn 11.

24 BAG 23.6.2004 – 7 AZR 514/03, BB 2005, 111.

25 BAG 11.10.2000 – 5 AZR 240/99, BAGE 96, 34; BAG 27.5.1999 – 8 AZR 415/98, BAGE 91, 379; BAG 16.11.1995 – 8 AZR 240/95, BAGE 81, 294.

26 BAG 25.2.2009 – 7 AZR 954/07, juris.

27 LAG Rheinland-Pfalz 14.4.2005 – 11 Sa 745/04, AE 2006, 166; ArbG Frankfurt 8.8.2001 – 7 Ca 3269/01, EzA-SD 17/2001, 12 (LS).

28 *Rittweger*, in: Rittweger/Petri/Schweikert, Altersteilzeit, 2. Aufl. 2002, § 3 Rn 41.

29 BAG 13.11.2012 – 3 AZR 557/10, AP BetrAVG § 1 Auslegung Nr. 39.

30 BAG 14.8.1990 – 3 AZR 321/89, NZA 1991, 104; BAG 21.8.2001 – 3 AZR 746/00, NZA 2002, 394.

31 BAG 29.8.1991 – 6 AZR 593/88, DB 1992, 147.

für die restliche Laufzeit des **Leasingvertrages** die anfallenden Raten in einem Einmalbetrag zu zahlen, ist unwirksam.[32]

Stellt das Unternehmen dem Arbeitnehmer neben dem Dienstwagen einen **Fahrer** zur Verfügung (wie verschiedentlich bei Vorstandsmitgliedern)[33] und ist ihm die private Nutzung des Dienstwagens gestattet, sollte der Arbeitnehmer, der den Fahrer nicht für private Fahrten nutzt, einen Vermerk fertigen und zu den Akten nehmen, aus dem sein Verzicht auf die Tätigkeit des Fahrers zu privaten Fahrten hervorgeht. Anderenfalls muss er sich einen Anteil des Fahrergehalts als geldwerten Vorteil auf seine Bezüge anrechnen lassen. 2015

bb) Steuerliche Behandlung der privaten Nutzung

Durch die Vorschriften der §§ 8 Abs. 2 S. 2 ff, 6 Abs. 1 Nr. 4 EStG ist eine gesetzliche Regelung erfolgt, die nur noch zwei Methoden im Sinne eines Wahlrechts zur Ermittlung des geldwerten Vorteils für den Arbeitnehmer bei privater Nutzung kennt, nämlich die **Nutzungspauschale** und den **Einzelnachweis**. Ein Wechsel zwischen diesen beiden Methoden ist nur zum Jahreswechsel oder bei einem Fahrzeugwechsel zulässig.[34] 2016

(1) Einzelnachweis

Beim Einzelnachweis, geregelt in § 8 Abs. 2 S. 4 EStG bzw R 8.1 Abs. 9 Nr. 2 LStR, wird die gesamte Nutzung des Kfz anhand eines **Fahrtenbuches** bzw **Fahrtenschreibers** festgehalten, wobei besondere Angaben zum Nachweis dienstlicher Fahrten, nicht nur der Privatfahrten,[35] erforderlich sind. Zu den Angaben gehören Datum, Kilometerstände, Reiseziel, bei Umwegen Reiseroute, Reisezweck und die Namen der aufgesuchten Geschäftspartner. Ein ordnungsgemäßes Fahrtenbuch muss zeitnah und in geschlossener Form geführt werden und die zu erfassenden Fahrten einschließlich des an ihrem Ende erreichten Gesamtkilometerstandes vollständig und in ihrem fortlaufenden Zusammenhang abschließend wiedergeben.[36] Auf diese Weise soll der Nachweis erfolgen, ob die Dienstfahrten auch im Interesse des Arbeitgebers durchgeführt wurden. Gemäß dem eindeutigen Wortlaut von § 8 Abs. 2 S. 4 EStG kann die Führung des Fahrtenbuches nicht auf einen repräsentativen Zeitraum beschränkt werden. Beim Einzelnachweis sind die Privatfahrten einschließlich derjenigen zwischen Wohnung und Arbeitsstätte mit Kilometerangaben zu erfassen. Die Privatfahrten werden dann in der Weise herausgerechnet, dass die Gesamtkosten mit der Gesamtfahrleistung gleichgestellt und hiervon die Privatfahrten in Abzug gebracht werden. Als Nutzungswert setzt man die Kosten aller Privatfahrten an. 2017

Um den häufig in Eile befindlichen Managern die lästigen Eintragungen zu ersparen, empfehlen manche Steuerberater, im Handschuhfach ein Handdiktiergerät bereitzuhalten und späterhin die Sekretärin die Fahrtanlässe und die Kilometerstände abschreiben zu lassen. Hiervon ist allerdings abzuraten: Ein ordnungsgemäßes Fahrtenbuch muss **zeitnah** geführt werden.[37] Die Eintragung erfolgt nach Auffassung der Finanzbehörden nur dann zeitnah, wenn sie zwischen Beendigung der Dienstreise und der nächsten Fahrt vorgenommen wird.[38] Es kommt dabei entscheidend darauf an, dass nachherige Veränderungen ausgeschlossen oder als solche erkennbar sind.[39] Bei einem Diktat auf ein Tonband ist dies nicht der Fall, denn es steht dem 2018

32 BAG 9.9.2003 – 9 AZR 574/02, NZA 2004, 484.
33 *Bein*, DB 1992, 964.
34 BFH 20.3.2014 – VI R 35/12, DStR 2014, 1271; ebenso R 8.1 Abs. 9 Nr. 3 LStR 2011/2012.
35 FG München 6.3.1996 – 1 K 1234/93, EFG 1996, 911.
36 BFH 9.11.2005 – VI R 27/05, BFHE 211, 508.
37 BFH 9.11.2005 – VI R 27/05, BFHE 211, 508.
38 FG Schleswig-Holstein 25.10.2006 – 1 K 170/05, EFG 2007, 20; FG Hamburg 17.1.2007 – 8 K 74/06, EFG 2007, 669.
39 *Glenk*, in: Blümich, § 8 EStG Rn 119.

Diktierenden frei, Passagen zurückzuspulen und neu zu diktieren, dies gilt insb. bei elektronischen Diktiergeräten. Da mittels Tonband erst nach einigen Fahrten Einträge ins Fahrtenbuch erfolgen, findet die Eintragung erst nach mehreren Fahrten statt und ist damit nicht mehr zeitnah.

(2) Nutzungspauschale

2019 Verbreitet ist zwischenzeitlich die Berechnung gem. R 8.1 Abs. 9 Nr. 1 LStR, also die **Ermittlung einer Nutzungspauschale**. Als monatlicher Nutzungsvorteil wird für die reinen Privatfahrten **1 v.H.** des auf volle hundert Euro abgerundeten Bruttolistenpreises angesetzt. Kann das Kraftfahrzeug auch zu Fahrten zwischen Wohnung und Arbeitsstätte genutzt werden, so ist diese Nutzungsmöglichkeit unabhängig von der Nutzung des Fahrzeugs zu Privatfahrten zusätzlich mit monatlich **0,03 %** des inländischen Listenpreises des Kraftfahrzeugs für jeden Kilometer der Entfernung zwischen Wohnung und Arbeitsstätte zu bewerten und dem Arbeitslohn zuzurechnen, soweit nicht entsprechende Aufwendungen des Arbeitnehmers nach R 9.5 LStR als Werbungskosten zu berücksichtigen sind (vgl R 8.1 Abs. 9 Nr. 1 LStR). Die Pauschalen iHv 1 v.H. und 0,03 v.H. dürfen nur dann zugrunde gelegt werden, wenn das Kfz sowohl für Dienstfahrten als auch für private Fahrten genutzt wird. Ob dies der Fall ist, ergibt sich aus dem Wortlaut der arbeitsrechtlichen Vereinbarung im Kfz-Überlassungsvertrag. Der Monatswert kann gekürzt werden, wenn während vollständiger Kalendermonate das Fahrzeug nicht zur Verfügung stand. Eine anteilmäßige Reduzierung wegen Krankheit oder Dienstreise ist ausgeschlossen.

2020 Grundlage der Berechnung bildet der **Neuwagenlistenpreis**, nicht der tatsächlich gezahlte Kaufpreis des Fahrzeugs, selbst bei erworbenen Gebrauchtwagen.[40] Rabatte beim Neuwagenkauf werden nicht berücksichtigt.[41] Mehrkosten für ein aus Sicherheitsgründen gepanzertes Kfz bleiben außer Ansatz. Der Listenpreis ist trotz der Steuerbefreiung des § 3 Nr. 45 EStG nicht um eingebaute Navigations- und Kombigeräte[42] und auch nicht um Diebstahlsicherungssysteme[43] zu kürzen, jedoch um den Wert eines Autotelefons einschließlich Freisprecheinrichtung.[44]

2021 Umstritten ist, ob die Finanzämter als geldwerten Vorteil die 1 %-Regelung in Fällen ansetzen dürfen, in denen dem Arbeitnehmer keine private Nutzung gestattet ist, sofern der Arbeitgeber das Privatnutzungsverbot nicht überwacht. Das FG Niedersachsen[45] vertritt die Auffassung, dass aus einer mangelnden Überwachung des privaten Nutzungsverbotes jedenfalls dann, wenn dem Arbeitnehmer noch ein zweiter, privat angeschaffter Pkw zur Verfügung stehe, nicht geschlossen werden könne, dass das private Nutzungsverbot nur zum Schein ausgesprochen sei. In dem vom FG Niedersachsen entschiedenen Fall hatte das Fahrzeug eine Werbeaufschrift, es war auch ausgeschlossen, dass die Ehefrau das privat angeschaffte Fahrzeug benutzte, da sie keinen Führerschein besaß. Das FG Saarland[46] ging dagegen nach äußerst eigenwillig interpretierten Regeln des Anscheinsbeweises davon aus, die Lebenserfahrung spreche dafür, dass ein zur Verfügung gestellter Dienstwagen auch privat genutzt werde. Die Möglichkeit, einen solchen Anscheinsbeweis in den Fällen zu entkräften, in denen ein Arbeitnehmer ein Kfz zwar auch zur privaten Nutzung überlassen bekommt, das Kfz aber tatsächlich nicht privat nutzt, besteht nach nunmehr geänderter Rspr des BFH nicht mehr. Der BFH vertritt jetzt die Auffassung, dass Arbeitnehmern bereits ab dem Zeitpunkt der Einräumung der bloßen privaten Nut-

---

40 BFH 24.2.2000 – III R 59/98, BStBl. II 2000, S. 273; BFH 1.3.2001 – IV R 27/00, BStBl. II 2001, S. 403.

41 BFH 25.5.1992 – VI R 146/88, BStBl. II 1992, S. 700.

42 *Urban*, FR 2004, 1383; Küttner/*Thomas*, Personalbuch, 142 (Dienstwagen) Rn 27; aA FG Düsseldorf 4.6.2004 – 18 K 879/03E, DStR 2004, 1057.

43 OFD Berlin 11.4.2003 – St 176-S 2334-3/03, DStR 2003, 1297.

44 8.1 Abs. 9 Nr. 1 S. 6 LStR.

45 FG Niedersachsen 25.11.2003 – 1 K 191/02, NZA 2005, 512.

46 FG Saarland 7.12.2004 – 1 K 312/00, EFG 2005, 270.

zungsmöglichkeit ein entsprechend geldwerter Vorteil zufließt mit der Folge, dass der Arbeitgeber zum Lohnsteuerabzug verpflichtet ist. Auf die tatsächliche Nutzung zu privaten Zwecken kommt es nicht mehr an.[47]

Hat der Arbeitgeber dem Arbeitnehmer ein Dienstfahrzeug auch zur privaten Nutzung überlassen und wird die Lohnsteuer wegen des dem Arbeitnehmer zufließenden geldwerten Vorteils nach der 1 %-Regelung (§ 8 Abs. 2 S. 2 EStG) ermittelt, kann der Arbeitgeber verpflichtet sein, dem Arbeitnehmer Auskunft über die tatsächlich mit der Fahrzeughaltung verbundenen Kosten zu erteilen (§ 8 Abs. 2 S. 4 EStG), damit dieser die wegen einer nur geringen Privatnutzung möglicherweise überzahlte Lohnsteuer vom Finanzamt erstattet verlangen kann.[48] Hat der Arbeitgeber einem Arbeitnehmer ein Kraftfahrzeug entsprechend den Richtlinien des Bundesfinanzministers vom 9.6.1973[49] über Beschaffung und Haltung beamteneigener Kraftfahrzeuge überlassen, bleibt der Arbeitgeber wirtschaftlicher Eigentümer des Kfz. Wird ein Kfz entsprechend den vorgenannten Richtlinien an einen Arbeitnehmer auch für Privatfahrten sowie Fahrten zwischen Wohnung und Arbeitsstätte überlassen, erzielt er daraus Sachbezüge nach § 8 Abs. 2 S. 1 EStG. Der diesbezügliche geldwerte Vorteil ist nicht nach § 3 Nr. 13 EStG oder § 3 Nr. 16 EStG steuerfrei.[50] 2022

Steht ein betriebliches Kfz **mehreren Arbeitnehmern** zur privaten Nutzung zur Verfügung, beläuft sich der nach § 8 Abs. 2 S. 2 EStG iVm § 6 Abs. 1 Nr. 4 S. 2 EStG zu ermittelnde geldwerte Vorteil für jeden Kalendermonat auf insgesamt 1 v.H. des inländischen Listenpreises des Kfz im Zeitpunkt der Erstzulassung zzgl der Kosten für Sonderausstattungen einschließlich der Umsatzsteuer. Der nach § 8 Abs. 2 S. 2 EStG iVm § 6 Abs. 1 Nr. 4 S. 2 EStG ermittelte Vorteil ist in diesem Fall entsprechend der Zahl der Nutzungsberechtigten aufzuteilen.[51] 2023

Eine Sonderregelung besteht für **Familienheimfahrten.**[52] Wenn mehr als eine Familienheimfahrt wöchentlich vorgenommen wird, ist der Nutzungswert für Familienheimfahrten mit 0,002 v.H. vom Listenpreis pro Entfernungskilometer anzusetzen. 2024

(3) Benutzung eines Autotelefons

Mit Schreiben vom 4.3.2003[53] hat die Oberfinanzdirektion Frankfurt am Main zur **lohnsteuerlichen Behandlung der Aufwendungen im Zusammenhang mit der Benutzung eines Autotelefons** eingehend Stellung genommen. Die lohnsteuerliche Beurteilung richtet sich danach, ob sich das Telefon im Fahrzeug des Arbeitgebers oder im arbeitnehmereigenen Fahrzeug befindet. 2025

(a1) Telefon in einem Fahrzeug des Arbeitgebers

Fernsprechanlagen sind bei der Ermittlung des **Nutzungswertes** eines Dienstwagens außer Ansatz zu lassen. **Privatgespräche**, die der Arbeitnehmer führt, bleiben seit dem Jahr 2000 lohnsteuerfrei. Diese Regelung gilt selbst bei 100 %iger Privatnutzung des Autotelefons. 2026

(a2) Telefon in einem Fahrzeug des Arbeitnehmers

Oftmals stellt der Arbeitnehmer dem Arbeitgeber die Aufwendungen für die Anschaffung, den Einbau und den Anschluss eines Autotelefons sowie die laufenden Telefonkosten in Rechnung. Die **Kostenübernahme** ist nur dann vollumfänglich lohnsteuerfrei, sofern der Arbeitnehmer das Telefon so gut wie ausschließlich für betrieblich veranlasste Gespräche nutzt. Hier ist vom Ar- 2027

47 BFH 21.3.2013 – VI R 31/10, NJW 2013, 3053.
48 BAG 19.4.2005 – 9 AZR 188/04, NZA 2005, 983.
49 MinBlFin 1973, 306 ff.
50 BFH 26.7.2001 – VI R 122/98, NZA-RR 2002, 258.
51 BFH 15.5.2002 – VI R 132/00, BB 2002, 1466.
52 8.1 Abs. 9 Nr. 1 S. 3 LStR.
53 Az S 2354 A-39 St II 30.

beitnehmer ein Nachweis zu erbringen. Liegt keine so gut wie ausschließlich berufliche Nutzung vor, ist nur der Erstattungsbetrag lohnsteuerfrei, der auf die beruflich geführten Gespräche entfällt. Die auf die berufliche Nutzung entfallenden Kosten müssen grds. monatlich ermittelt werden.

2028 Es kann aber auch eine **Vereinfachungsregelung** genutzt werden. Wenn die Aufwendungen regelmäßig wiederkehren, kann auf Grundlage eines für drei Monate geführten Einzelnachweises ein pauschaler Auslagenersatz berechnet werden. Der Durchschnittsbetrag kann als pauschaler Auslagenersatz beibehalten werden, bis eine wesentliche Änderung der Verhältnisse (zB Änderung der Berufstätigkeit) eintritt. Entstehen dem Arbeitnehmer erfahrungsgemäß beruflich veranlasste Telefonkosten, legt er aber keinen Nachweis darüber vor, in welchem Umfang beruflich veranlasste Aufwendungen vorliegen, kann der Arbeitgeber 20 % der vom Arbeitnehmer vorgelegten Telefonrechnung, höchstens jedoch 20 € monatlich, als Auslagenersatz steuerfrei ersetzen.

cc) Steuerliche Behandlung beim Erwerb des Dienstwagens durch den Arbeitnehmer

2029 Will der Arbeitnehmer den Dienstwagen käuflich erwerben, ist darauf zu achten, dass er den üblichen Endpreis iSv § 8 Abs. 2 S. 1 EStG zahlt. Erwirbt der Arbeitnehmer das Fahrzeug vom bisherigen Arbeitgeber zum Händlereinkaufspreis, ist es denkbar, dass das Fahrzeug in Wahrheit einen höheren Wert hatte und somit der Arbeitnehmer zusätzliche Einkünfte aus nichtselbständiger Arbeit erzielt.[54] Der verbilligte Erwerb eines Dienstwagens vom Arbeitgeber führt zu einem Zufluss von Arbeitslohn, der als Einnahme zu versteuern ist (§ 8 Abs. 1 EStG). Der zugewendete Vorteil besteht im Unterschiedsbetrag zwischen dem konkreten Kaufpreis und dem um übliche Preisnachlässe geminderten üblichen Endpreis am Abgabeort, den der Arbeitnehmer ansonsten zum Erwerb des Fahrzeugs hätte aufwenden müssen (§ 8 Abs. 2 S. 1 EStG). Die konkrete Ermittlung des geldwerten Vorteils richtet sich nach § 8 Abs. 3 S. 1 EStG.[55] **Endpreis** ist danach derjenige Preis, der im allgemeinen Geschäftsverkehr vom Letztverbraucher für gleichartige Waren tatsächlich gezahlt wird. Besteht bei gebrauchten Gegenständen neben dem gewerblichen Handel auch ein Markt unter Privatleuten, ist der maßgebliche Endpreis nach diesem Markt zu bestimmen. Üblicher Endpreis iSv § 8 Abs. 2 S. 1 EStG ist der Preis, zu dem die häufigsten Umsätze am Markt getätigt werden. Der zu ermittelnde, unter Umständen zu schätzende Endpreis kann sich hierbei an im Rechtsverkehr anerkannten Marktübersichten, wie der „Schwacke-Liste“, orientieren.

dd) Haftungsrechtliche Einzelfragen

2030 Seit der Entscheidung des Großen Senats[56] entspricht es allgemeiner Rechtsüberzeugung, dass die Arbeitnehmerhaftung bei Arbeiten, die durch den Betrieb veranlasst sind, nicht unbeschränkt sein darf. In welchem Umfang der Arbeitnehmer an den Schadensfolgen zu beteiligen ist, richtet sich im Rahmen einer Abwägung aller Umstände, insb. von Schadensanlass und Schadensfolgen, nach Billigkeits- und Zumutbarkeitsgesichtspunkten. In diese **Billigkeits- und Zumutbarkeitserwägungen** sind der Grad des dem Arbeitnehmer zur Last fallenden Verschuldens, die Gefahrengeneigtheit der Arbeit, die Höhe des Schadens, ein vom Arbeitgeber einkalkuliertes oder durch Versicherung abdeckbares Risiko, die Stellung des Arbeitnehmers im Betrieb und die Höhe des Arbeitsentgelts einzustellen. Auch können unter Umständen die persönlichen Verhältnisse des Arbeitnehmers, die Dauer seiner Betriebszugehörigkeit, sein Lebensalter, seine Familienverhältnisse und sein bisheriges Verhalten zu berücksichtigen sein. Diese

54 BFH 17.6.2005 – VI R 84/04, NZA-RR 2005, 539 = NJW 2005, 3023.

55 Dazu BFH 17.6.2009 – VI R 18/07, NJW 2009, 3327; vgl auch *Bergkemper*, Vorteilsbewertung bei Neuwagen, jurisPR-SteuerR 41/2009.

56 BAG GS 27.9.1994 – Gs 1/89 (A) NZA 1994, 1083.

Rspr hat das BAG mit den Urteilen vom 16.2.1995[57] und 23.1.1997[58] fortgeführt. Eine lediglich anteilige Haftung des Arbeitnehmers trotz grob fahrlässig verschuldeten Schadens hat das BAG im Urteil vom 23.1.1997 mit der Begründung gerechtfertigt, dass mit zunehmender Technisierung immer mehr komplizierte Arbeitsplätze entstünden und es nicht angehen könne, dem Arbeitnehmer auch bei grob fahrlässiger Schadensverursachung unter Berücksichtigung seines Verdienstes das gesamte Risiko aufzubürden. Das **dreigliedrige Haftungssystem** ist damit nicht von der klassischen Haftungsstrenge des BGB.[59] Bei grob fahrlässiger Schadensverursachung nimmt die Rspr eine Haftungsbegrenzung nur in Ausnahmefällen vor. In der Regel haftet der Arbeitnehmer bei grober Fahrlässigkeit zu 100 %, so bspw bei Fahren in alkoholisiertem Zustand oder bei Unfallverursachung durch Handy-Telefonat während der Fahrt.[60]

Nägele[61] macht darauf aufmerksam, dass die Rspr des BAG bei einem vom Arbeitnehmer grob fahrlässig verschuldeten Verkehrsunfall zu der kuriosen Situation führen könne, dass der Arbeitgeber selbst ganz oder teilweise hafte, ohne sich beim Kaskoversicherer oder beim Arbeitnehmer schadlos halten zu können, der Arbeitnehmer, der den Unfall verursacht habe, dagegen nicht. Diese Situation ist durch das neue VVG 2008 entschärft worden, da der seither geltende § 81 Abs. 2 VVG auch bei grober Fahrlässigkeit eine Quotelung der Schadensdeckung vorsieht und der Versicherer daher idR nicht leistungsfrei bleibt. Durch eine Klausel im Arbeitsvertrag kann dieser Fallkonstellation jedoch nicht in der Weise vorgebeugt werden, dass der Arbeitgeber sein Risiko ausschließen kann. Der Arbeitgeber soll im Übrigen nicht verpflichtet sein, für das betriebseigene Kraftfahrzeug eine Kaskoversicherung abzuschließen.[62] Ob diese Rspr noch Bestand hat, ist jedoch angesichts der gestiegenen Kosten der heute üblichen Dienstwagen fraglich. 2031

Bei Schäden, die der Arbeitnehmer durch die Benutzung seines eigenen Kfz zu dienstlichen Zwecken erleidet (Beschädigung seines Fahrzeugs durch einen Unbekannten), besitzt der Arbeitnehmer einen **Aufwendungsersatzanspruch** nach § 670 BGB, wenn ihm für die Übernahme des mit der Tätigkeit verbundenen Risikos keine besondere Vergütung gezahlt wird.[63] Da die Grundsätze des innerbetrieblichen Schadensausgleichs zwingendes Recht bilden, ist eine einzel- oder kollektivrechtliche Vereinbarung über die Kfz-Nutzung unzulässig, die die Haftung des Arbeitnehmers auch bei leichtester Fahrlässigkeit bezweckt.[64] Die **Kilometerpauschale** reicht nicht aus, um die Arbeitgeberhaftung auszuschließen, da mit der Kilometerpauschale lediglich die Aufwendungen ausgeglichen werden, die durch den normalen Betrieb des Fahrzeugs entstehen.[65] Allerdings liegt die Darlegungs- und Beweislast für die Umstände, die eine grob fahrlässige Schadensverursachung ausschließen, beim Arbeitnehmer.[66] 2032

Grundsätzlich hat ein Arbeitnehmer keinen Aufwendungsersatzanspruch nach § 670 BGB bei einem Unfall mit seinem eigenen Kfz während der Fahrt zwischen seiner Wohnung und seiner Arbeitsstätte. Eine Ausnahme ist nur dann zu machen, wenn der Arbeitnehmer während seiner Rufbereitschaft vom Arbeitgeber aufgefordert wird, seine Arbeit anzutreten und er die Benut- 2033

57 BAG 16.2.1995 – 8 AZR 493/93, NZA 1995, 565.

58 BAG 23.1.1997 – 8 AZR 893/95, NZV 1997, 352.

59 Keine Haftung des Arbeitnehmers bei fahrlässiger Schadensverursachung, Quotelung bei Schadensverursachung mit mittlerer Fahrlässigkeit und volle Haftung des Arbeitnehmers bei grob fahrlässiger oder vorsätzlicher Schadensverursachung.

60 BAG 12.11.1998 – 8 AZR 221/97, NZA 1999, 263.

61 NZA 1997, 1196.

62 BAG 24.11.1987 – 8 AZR 66/82, NZA 1988, 584; BAG 22.3.1968 – 1 AZR 392/67, NJW 1968, 1846.

63 BAG 7.9.1995 – 8 AZR 515/94, NZA 1996, 32; BAG 14.12.1995 – 8 AZR 875/94, NZA 1996, 417.

64 BAG 5.2.2004 – 8 AZR 91/03, NZA 2004, 649.

65 BAG 30.4.1992 – 8 AZR 409/91, NJW 1993, 1028; LAG Baden-Württemberg 17.9.1991 – 7 Sa 44/91, BB 1992, 568.

66 BAG 28.10.2010 – 8 AZR 647/09, NZA 2011, 406.

zung seines eigenen Kfz für erforderlich halten durfte, um rechtzeitig am Arbeitsort zur Rufbereitschaft zu erscheinen.[67]

2034 Ob der **Rückstufungsschaden** in der Haftpflichtversicherung zu den nach § 670 BGB zu ersetzenden Aufwendungen gehört, hat das BAG unentschieden gelassen.[68] Konnte der Arbeitnehmer, der einen Verkehrsunfall bei einer Dienstfahrt mit seinem Fahrzeug hatte, das Fahrzeug zeitweilig reparaturbedingt nicht nutzen, steht ihm Nutzungsausfall zu.[69]

2035 Keine Haftung des Arbeitgebers besteht bei **Personenschäden** der vom Arbeitnehmer zulässigerweise **mitgenommenen Arbeitskollegen**, die im gleichen Betrieb tätig sind. Die Haftung des Arbeitgebers ist nach § 104 SGB VII ausgeschlossen. Nimmt der Arbeitnehmer hingegen betriebsfremde Personen ohne Wissen und Billigung des Arbeitgebers in seinem Pkw auf eine Dienstreise mit, kann es zu einer Haftung des Arbeitgebers kommen.[70] Gegen diese Haftungslage schützt sich der Arbeitgeber mit einem Verbot, außer Familienangehörigen bei Privatfahrten andere Personen im Fahrzeug mitzunehmen.

2036 Verursacht der Arbeitnehmer in Ausübung seiner betrieblichen Tätigkeit einen Verkehrsunfall und wird wegen dieses Unfalls gegen ihn ein staatsanwaltliches Ermittlungsverfahren eingeleitet, muss der Arbeitgeber die erforderlichen Kosten der Verteidigung ersetzen. Zu den erforderlichen Kosten gehören die gesetzlichen Gebühren eines Rechtsanwalts.[71]

ee) Vorenthaltung des Fahrzeugs

2037 Entzieht der Arbeitgeber dem Arbeitnehmer den Dienstwagen und ist dem Arbeitnehmer im Überlassungsvertrag die private Nutzung eingeräumt, ist der Arbeitgeber nach § 280 Abs. 1 S. 1 iVm § 283 S. 1 BGB zum **Schadensersatz** verpflichtet.[72] Diese Fallkonstellation tritt verschiedentlich ein, wenn der Arbeitgeber dem Arbeitnehmer kündigt, die Schlüssel des Fahrzeugs abnimmt und den Arbeitnehmer freistellt. Der Arbeitgeber muss dem Arbeitnehmer das Fahrzeug während der Freistellung zur weiteren privaten Nutzung belassen.[73] Etwas anderes gilt nur, wenn die Parteien eine Vereinbarung getroffen haben, wonach der Arbeitgeber im Falle einer Freistellung die Herausgabe des Fahrzeugs beanspruchen kann;[74] eine solche Regelung muss allerdings die Gründe für einen Entzug des Dienstwagens klar benennen, ansonsten hält sie einer Inhaltskontrolle nach § 307 iVm § 308 Nr. 4 BGB nicht stand.[75]

2038 Ist ein Arbeitsverhältnis beendet und gibt der Arbeitnehmer mit unterschiedlichen Begründungen (der Arbeitgeber schulde ihm noch Arbeitsentgelt, angesichts der laufenden Kündigungsschutzklage werde sich erweisen, dass die Kündigung nicht wirksam sei o.Ä.) das Dienstfahrzeug nicht heraus, stellt sich für den Arbeitgeber die Frage, ob und unter welchen Voraussetzungen er einen Herausgabeanspruch am Dienstwagen im Wege der einstweiligen Verfügung sichern kann.[76] Wählt der Arbeitgeber als Anspruchsgrundlage für den Herausgabeanspruch Eigentum und Besitz, muss man unterscheiden, ob dem Arbeitnehmer das Fahrzeug ausschließlich zur dienstlichen oder auch zur privaten Nutzung überlassen wurde. Wer nur das Fahrzeug zu **dienstlichen Zwecken** verwenden darf, ist während der Dauer des Arbeitsverhältnisses aus-

---

67 BAG 22.6.2011 – 8 AZR 102/10, NZA 2012, 91.

68 BAG 30.4.1992 – 8 AZR 409/91, NJW 1993, 1028.

69 BAG 7.9.1995 – 8 AZR 515/94, BB 1995, 2429.

70 *Hunold*, DB 1985, Beil. 1; aA *Nägele/Schmidt*, BB 1993, 1797.

71 BAG 16.3.1995 – 8 AZR 260/94, NZA 1995, 836.

72 BAG 19.12.2006 – 9 AZR 294/06, NZA 2007, 809; BAG 23.6.1994 – 8 AZR 537/92, DB 1994, 2239; s. auch *van Bürck/Nussbaum*, BB 2002, 2278.

73 BAG 23.6.1994 – 8 AZR 537/92, DB 1994, 2239.

74 Schaub/*Schaub*, Arbeitsrechts-Handbuch, § 68 I 5 b; *Hümmerich/Lücke/Mauer*, NomosFormulare ArbR, 8. Aufl., Muster 2200 (Ziff. 4 i); Muster 2205 (§ 4); Muster 2210 (§ 10); Muster 2215 (Ziff. 4).

75 BAG 19.12.2006 – 9 AZR 294/06, NZA 2007, 809; BAG 21.3.2012 – 5 AZR 651/10, NZA 2012, 616; vgl dazu auch *Polloczek/Pruksch*, DStR 2011, 1764 f.

76 *Schmiedl*, BB 2002, 992.

schließlich **Besitzdiener** nach § 855 BGB.[77] Ist der Arbeitnehmer nach Beendigung des Arbeitsverhältnisses jedoch nicht zur Herausgabe des Dienstwagens bereit, wandelt sich die tatsächliche Gewalt des Besitzdieners in Eigenbesitz um, ohne dass sich der Arbeitnehmer auf ein Besitzrecht berufen könnte.[78] Wird der Dienstwagen auch zur privaten Nutzung überlassen, ist der Arbeitnehmer nicht lediglich Besitzdiener. Das im Arbeitsvertrag eingeräumte Recht zur **privaten Nutzung** des Firmenwagens begründet ein **Besitzmittlungsverhältnis** iSv § 868 BGB.[79]

Ein Herausgabeanspruch am Dienstwagen nach § 861 BGB besteht nur, wenn der Firmenwagen ausschließlich zur dienstlichen Nutzung überlassen wurde. Dann ist der Arbeitgeber wegen der Besitzdienerschaft des Arbeitnehmers während des Arbeitsverhältnisses unmittelbarer Besitzer. Nutzt der Arbeitnehmer nach Beendigung des Arbeitsverhältnisses das Dienstfahrzeug weiter, entzieht er dem Arbeitgeber den Besitz, wobei er eine verbotene Eigenmacht nach § 858 BGB begeht.[80] Ansprüche gem. §§ 861, 862 BGB bestehen nicht, wenn der Dienstwagen auch zur privaten Nutzung überlassen wurde, da der Arbeitgeber dann nur mittelbarer Besitzer ist. Eine Erweiterung dieser Rechte ergibt sich auch nicht über § 869 BGB, da diese Vorschrift dem mittelbaren Besitzer nur Rechte gegenüber einem störenden Dritten, nicht aber gegenüber dem Besitzmittler einräumt.[81] 2039

Ein bereicherungsrechtlicher Herausgabeanspruch kann allenfalls erwogen werden, wenn der Dienstwagen auch zur privaten Nutzung überlassen wurde. Anspruchsgrundlage bildet in diesem Falle § 812 Abs. 1 S. 2 Alt. 1 BGB. Da der Arbeitnehmer mit der privaten Nutzung am Dienstwagen den unmittelbaren Besitz innehat, räumt ihm der Arbeitgeber bei Übergabe des Dienstwagens den unmittelbaren Besitz ein. Da die Besitzeinräumung in Erfüllung seiner arbeitsvertraglichen Pflichten geschieht, überträgt der Arbeitgeber den unmittelbaren Besitz bewusst und zweckgerichtet.[82] Damit liegt eine Leistung im bereicherungsrechtlichen Sinne vor. Ist nach dem Arbeitsvertrag lediglich die dienstliche Nutzung des Firmenwagens erlaubt, besteht von vornherein kein Herausgabeanspruch des Arbeitnehmers nach § 812 Abs. 1 S. 2 Alt. 1 BGB, da die Einräumung der bloßen Besitzdienerschaft keinen für § 812 BGB notwendigen Rechtserwerb darstellt. 2040

Der Herausgabeanspruch ergibt sich schließlich auch aus § 823 Abs. 1 BGB, und zwar unabhängig davon, ob das Fahrzeug ausschließlich zur dienstlichen oder auch zur privaten Nutzung überlassen wurde. Über die rechtswidrige Weigerung des Arbeitnehmers, das Fahrzeug nach Beendigung des Arbeitsverhältnisses herauszugeben, wird das Besitzrecht des Arbeitgebers als sonstiges Recht iSv § 823 Abs. 1 BGB verletzt. Der Umfang des Schadensersatzanspruchs über § 823 BGB ergibt sich aus den §§ 249 ff BGB. Im Rahmen der Naturalrestitution wird daher die Herausgabe des Dienstwagens geschuldet. 2041

Bei einem **geleasten Fahrzeug** hat der Arbeitgeber grds. keinen Herausgabeanspruch. *Schmiedl*[83] greift allerdings auf die §§ 666, 667 BGB analog zurück. Als Verfügungsgrund lassen es einige Arbeitsgerichte ausreichen, dass der Arbeitgeber darlegt und glaubhaft macht, dass er das Arbeitsverhältnis gekündigt hat und die Kündigung nicht offensichtlich unwirksam ist.[84] Verschiedentlich wird allerdings auch in der Rspr gefordert, dass der antragstellende Arbeitgeber Umstände darlegt, derentwegen er auf die sofortige und jederzeitige Verfügbarkeit des Fahrzeugs dringend angewiesen ist.[85] Die Anforderungen, die an die Herausgabepflicht des 2042

77 OLG Düsseldorf 12.2.1986 – 11 U 76/85, NJW 1986, 2513.
78 *Becker-Schaffner*, DB 1993, 2078.
79 *Schmiedl*, BB 2002, 992.
80 *Becker-Schaffner*, DB 1993, 2078.
81 OLG Frankfurt aM 26.6.1997 – 1 U 18/97, NJW 1997, 3030.
82 *Schmiedl*, BB 2002, 992, 993.
83 *Schmiedl*, BB 2002, 992, 994.
84 ArbG Wetzlar 1.8.1986 – 2 Ga 1/86, EzA § 985 BGB Nr. 1; ArbG Hamburg 23.6.1995 – 13 Ga 8/95, juris.
85 ArbG Marburg 21.1.2002 – 2 Ga 1/00.

Arbeitnehmers nach Ende des Arbeitsverhältnisses wegen des Dienstwagens gestellt werden, sind bei den Arbeitsgerichten regional unterschiedlich. Beachtet werden sollte, dass sich ein Herausgabeanspruch auch aus dem Wortlaut des jeweiligen Kfz-Überlassungsvertrages als einen vertraglichen Herausgabeanspruch ergeben kann.

2043 Lange Zeit war in der Rspr streitig, wie der **Wertersatz für die Vorenthaltung** des Fahrzeugs zu bemessen sei. **Drei Bewertungshilfen** haben Rspr und Schrifttum erörtert. Teilweise wurde die ADAC-Kostentabelle herangezogen,[86] zum anderen wurde die Tabelle von *Sander/Danner/Küppersbusch*[87] verwendet und schließlich wird erwogen, den Nutzungsausfall anhand des Wertes des steuerlichen Sachbezugs[88] zu bestimmen. Zum **Umfang des Schadensersatzes**, den der Arbeitgeber bei rechtswidriger Nichtgewährung der Nutzung am Firmenfahrzeug zu leisten hat, schienen zunächst zwei Urteile des BAG Klarheit zu bringen, die mit der Praxis verschiedener Landesarbeitsgerichte aufräumten, nach Nutzungsentschädigungstabellen abzurechnen. Zu erwähnen sind die Entscheidungen des BAG vom 23.6.1994[89] und vom 16.11.1995.[90] Seit dem Urteil vom 16.11.1995 schien stets eine **konkrete Schadensberechnung** vonnöten. *Meier*[91] setzte sich kritisch mit der Anwendung des Schadensersatzrechts auf die Ermittlung des Sachwerts der Naturalvergütung „Privatnutzung eines Dienst-Pkw" auseinander. Anspruchsgrundlage für die willentliche Nichtgewährung von Naturallohnvereinbarungen bildeten die §§ 611, 615 S. 1 BGB. Anspruchsgrundlage sei somit ein Erfüllungs- und kein Schadensersatzanspruch. Auch bestehe damit keine Schadensminderungspflicht des Arbeitnehmers gem. § 254 BGB. Deshalb sei auch die Fragestellung des BAG verfehlt, ob und welchen Gebrauch der Arbeitnehmer von der in Natur gewährten Leistung gemacht hätte, wenn ihm das Fahrzeug nicht vom Arbeitgeber rechtswidrig entzogen worden wäre. In neuerer Rspr[92] hat das BAG die Regelungen der §§ 280 Abs. 1 und 2, 283 BGB bzw §§ 249 S. 1, 251 Abs. 1 BGB zugrunde gelegt. Es hat entschieden, dass es im Rahmen des richterlichen Ermessens liege, den Wert der privaten Nutzung eines Kraftfahrzeugs für jeden Kalendermonat mit 1 % des inländischen Listenpreises im Zeitpunkt der Erstzulassung zuzüglich der Kosten für Sonderausstattungen einschließlich Umsatzsteuer anzusetzen.[93]

2044 Die Auswirkungen der Urteile des BAG vom 27.5.1999 und 17.1.2006 verführen den Arbeitgeber zu einem unberechtigten Entzug des Dienstfahrzeugs. Während nach der Tabelle von *Sander/Danner/Küppersbusch* die Ersatzpflicht bei einem Mittelklassewagen **pro Tag** 40–62 € beträgt, beläuft sich der Wert des steuerlichen Sachbezugs auf **monatliche**, beim Gehalt einbehaltene 1 % vom Listenpreis, ist also regelmäßig deutlich geringer. Wirksamen Schutz gegen die Inanspruchnahme des Arbeitgebers bei Entzug des Dienstwagens bietet eine Verzichtsvereinbarung mit dem Arbeitnehmer, die gleichzeitig die nach der Rspr zulässige Entziehung des Dienstfahrzeugs durch den Arbeitgeber regelt. Eine solche Vereinbarung kann im konkreten Anlass einzelvertraglich ausgehandelt werden.[94] Wird sie allerdings formularmäßig begründet, sind die Anforderungen an Bestimmtheit und Klarheit wie bei einem Widerrufsvorbehalt einzuhalten (§ 308 Nr. 4 BGB).

86 LAG Köln 19.5.1998 – 13 Sa 280/98, juris.
87 LAG Hessen 19.12.1997 – 17/12 Sa 1871/96, NZA-RR 1998, 487; LAG Berlin 26.3.1999 – 8 Sa 130/98, juris; LAG Rheinland-Pfalz 19.11.1996 – 4 Sa 733/96, NZA 1997, 942.
88 LAG Hamm 10.4.1991 – 2 (16) Sa 619/90, BB 1991, 1496; nunmehr auch BAG 27.5.1999 – 8 AZR 415/98, NZA 1999, 1038; ablehnend dagegen bislang BAG 23.6.1994 – 8 AZR 537/92, NZA 1994, 1128.
89 NZA 1994, 1128.
90 NZA 1996, 415; *Nägele*, NZA 1997, 1196.
91 NZA 1999, 1083.
92 BAG 17.1.2006 – 9 AZR 294/06, NZA 2007, 809; BAG 27.5.1999 – 8 AZR 415/98, NZA 1999, 1038.
93 BAG 17.1.2006 – 9 AZR 294/06, NZA 2007, 809, 812.
94 *Hümmerich/Lücke/Mauer*, NomosFormulare ArbR, 8. Aufl., Muster 2210 (§ 10); Muster 2215 (Ziff. 2 und 4).

Liegt die Benutzung eines Dienstfahrzeugs im Interesse des Arbeitgebers und **least** der Arbeitgeber ein Firmenfahrzeug für den Arbeitnehmer, das dieser auch privat nutzen darf, so ist eine Vertragsvereinbarung zwischen Arbeitgeber und Arbeitnehmer, wonach der Arbeitnehmer bei Eigenkündigung die Rechte und Pflichten aus dem Leasingvertrag zu übernehmen und den Arbeitgeber von den Verpflichtungen aus dem Leasingvertrag freizustellen hat, unangemessen. Diese Regelung ist wegen eines Verstoßes gegen Treu und Glauben unwirksam, wenn die monatliche Leasingrate im Verhältnis zum monatlichen Einkommen des Arbeitnehmers so hoch ist, dass sie der Arbeitnehmer ohne Gefährdung seiner wirtschaftlichen Existenzgrundlage kaum bewältigen kann.[95] 2045

ff) Umsatzsteuerliche Behandlung unternehmerisch genutzter Fahrzeuge

Ein Fahrzeug darf dem Unternehmensvermögen umsatzsteuerlich nur dann zugeordnet werden, wenn es zu **mindestens 10 %** für das Unternehmen genutzt wird. Maßgebend ist hierbei das Verhältnis der Kilometer unternehmerischer Fahrten zu den Jahreskilometern des Fahrzeugs. Die Beweislast, ob die 10 %-Hürde erreicht wird, trägt im Zweifel der Unternehmer. Bei **Zweit- und Drittfahrzeugen** von Einzelunternehmern oder bei einer nebenberuflichen Unternehmertätigkeit ist davon auszugehen, dass diese Fahrzeuge zu weniger als 10 % unternehmerisch genutzt werden 2046

Für den **Vorsteuerabzug** gilt Folgendes: Für **nach dem 31.3.1999 und vor dem 5.3.2000** angeschaffte Fahrzeuge hat der Unternehmer ein Wahlrecht, ob er den vollen Vorsteuerabzug geltend machen möchte oder nur den 50 %igen Vorsteuerabzug.[96] Bei 100 %igem Vorsteuerabzug muss man für die Privatnutzung Umsatzsteuer an das Finanzamt abführen, bei nur 50 %iger Vorsteuererstattung auf die Anschaffungskosten und die laufenden Pkw-Kosten ist die Umsatzbesteuerung auf die Privatnutzung weiterhin nicht angezeigt. Unabhängig von der umsatzsteuerlichen Behandlung des Pkw kann ein Unternehmer **ab 1.1.2003** wieder wählen, ob er bei der bisherigen 50 %igen Vorsteuererstattung bleibt oder ob er künftig wieder 100 % Vorsteuer geltend machen möchte. Die Ermächtigung des Rates der Europäischen Union zur Vorsteuerkappung hatte nämlich nur bis 31.12.2002 Bestand. Gleichgültig, wann das Fahrzeug angeschafft und wie es bisher umsatzsteuerlich behandelt wurde, gilt für alle Unternehmer **seit 1.1.2004** wieder der 100 %ige Vorsteuerabzug. 2047

Da seit 1.1.2004 alle Unternehmer wieder 100 % Vorsteuern erstattet erhalten, darf für die Vorsteuer aus den Anschaffungskosten des Fahrzeugs ein **Berichtigungsantrag nach § 15 a UStG** gestellt werden. Einzelheiten ergeben sich aus einem BMF-Schreiben zur umsatzsteuerlichen Behandlung gemischt genutzter Fahrzeuge vom 27.8.2004. 2048

b) Klauseltypen und Gestaltungshinweise

aa) Einfache Dienstwagenklauseln mit Privatnutzungsrecht

(1) Klauseltyp A

A 1: Der Arbeitgeber stellt dem Arbeitnehmer für die Dauer des Arbeitsverhältnisses einen Dienstwagen der oberen Mittelklasse zur Verfügung, der auch kostenlos zu Privatfahrten benutzt werden kann. Betriebs- und Unterhaltungskosten trägt der Arbeitgeber. Die Versteuerung des geldwerten Vorteils für die private Nutzung trägt der Arbeitnehmer. 2049

95 BAG 9.9.2003 – 9 AZR 574/02, NZA 2004, 484; LAG München 30.5.2001 – 9 Sa 8/01, LAGE § 611 BGB Inhaltskontrolle Nr. 5 = FA 2002, 117.

96 EuGH 29.4.2004 – Rs. C-17/01, NJW 2004, 3481.

A 2:
(1) Dem Arbeitnehmer wird ab dem (...) ein angemessener Dienstwagen zur dienstlichen und privaten Nutzung zur Verfügung gestellt. Die monatlichen Leasingraten für den Wagen dürfen über einen Betrag von (...) € nicht hinausgehen.
(2) Der Arbeitnehmer ist verpflichtet, dafür zu sorgen, dass der Dienstwagen stets verkehrssicher und betriebsbereit ist. Notwendige Wartungsarbeiten, Inspektionen und Reparaturen sind mit Einwilligung des Arbeitgebers durchzuführen. Dringende Reparaturen, die zur Herstellung der Verkehrssicherheit erforderlich sind, können vom Arbeitnehmer unmittelbar veranlasst werden.
(3) Der Arbeitnehmer darf den Dienstwagen nicht benutzen, wenn er keine gültige Fahrerlaubnis hat.
(4) Dem Arbeitnehmer obliegt die Einhaltung der Leasingbedingungen aus dem Leasingvertrag vom (...) zwischen dem Arbeitgeber und dem Leasinggeber (...). Eine Kopie des Leasingvertrages wurde dem Arbeitnehmer ausgehändigt.

(2) Gestaltungshinweise

2050 Die Klausel A 1 bietet sich, ebenso wie die Klausel A 2, als Vorschrift in einem Arbeitsvertrag an. Die Klausel A 1 kann verwendet werden, gleichgültig ob der Arbeitgeber Eigentümer des Fahrzeugs ist oder das Fahrzeug geleast hat. Die Klausel A 2 kommt nur bei Leasingfahrzeugen in Frage. Beide Klauseln sehen eine Privatnutzung vor. Beide Klauseln lassen eine Vielzahl häufiger Streitfälle zwischen Arbeitgeber und Dienstwagenbenutzer aus. Die Klausel A 2 wählt eine Rechte- und Pflichtenverteilung zwischen Arbeitgeber und Arbeitnehmer wegen Reparaturen, Inspektionen und Wartungsarbeiten; die kritischen und regelungsbedürftigen Sachverhalte, wie sie in den nachfolgenden Klauseln C 1 und C 2 enthalten sind, bleiben unbeachtet.

2051 Beide Klauseln sind wirksam. Der Widerruf der Nutzung, Anzeige- und Meldepflichten, Versicherungs- und Haftungsregelungen wie auch die immer wieder zwischen den Beteiligten zu Diskussionen führende Frage, ab welcher Laufleistung das Dienstfahrzeug durch ein neues Fahrzeug zu ersetzen ist, werden ausgeklammert. Es empfiehlt sich, Dienstwagenregelungen umfangreicher als in den Klauseln A 1 und A 2 zu gestalten, weil anderenfalls Fragen wie jene, ob der Arbeitnehmer Schneeketten anschaffen darf, um seiner Verpflichtung nachzukommen, die jederzeitige Verkehrssicherheit zu gewähren, und ob er nachträglich Einbauten vornehmen darf, ungeklärt bleiben und damit Gegenstand von Konflikten bilden können.

bb) Zusatzklauseln zur Dienstwagenherausgabe

(1) Klauseltyp B

2052 → **B 1:** Befindet sich der Arbeitnehmer im Erholungsurlaub, ist er erkrankt, hat ihn der Arbeitgeber freigestellt oder seine Verpflichtung zur Arbeitsleistung aus sonstigen Gründen suspendiert, hat er auf Anforderung des Arbeitgebers den Dienstwagen unverzüglich herauszugeben.

B 2: Ist der Arbeitnehmer arbeitsunfähig erkrankt, darf er den Dienstwagen für einen Zeitraum von sechs Wochen nutzen. Danach hat er den Wagen an den Arbeitgeber zurückzugeben.

→ **B 3:** Dem Arbeitnehmer wird der Pkw zur dienstlichen Nutzung überlassen. Soweit der Arbeitgeber eine dienstliche Nutzung des Pkw nicht mehr für erforderlich hält oder durch eine vertraglich zulässige Änderung des Aufgabengebietes oder der Aufgabenstellung die Nutzung eines Dienstfahrzeugs sachlich nicht mehr geboten ist, ist das Fahrzeug auf Anforderung zurückzugeben.

(2) Gestaltungshinweise

2053 Die Klausel B 1 ist unwirksam, wenn dem Arbeitnehmer oder einer Arbeitnehmerin das Dienstfahrzeug auch zur privaten Nutzung überlassen ist. In diesem Fall verstößt die Klausel

gegen die im Urteil des BAG vom 11.10.2000[97] gestellte Anforderung, einer Arbeitnehmerin das Arbeitsentgelt während der Schutzfristen gem. §§ 3 Abs. 2, 6 Abs. 1 MuSchG ungeschmälert zu zahlen. Die Klausel ist auch unwirksam bei einem freigestellten Betriebsratsmitglied, dem die private Nutzung zugesagt wurde, weil aus der Formulierung „sonstigen Gründen" eine gegen das Urteil des BAG vom 23.6.2004[98] verstoßende, unzulässige Entgeltminderung nach § 37 Abs. 2 BetrVG die Folge wäre. Diese Klausel enthält auch keinen wirksam vereinbarten Widerrufsvorbehalt, da es an einer sachgerechten Verknüpfung zwischen dienstlichen und privaten Zwecken fehlt.[99] Die Klausel kann wirksam sein, wenn dem Arbeitnehmer allein die dienstliche Nutzung gestattet ist.

Die Klausel B 2 ist bei gestatteter dienstlicher und privater Nutzung wirksam, weil die Arbeitsentgeltzahlungspflicht des Arbeitgebers im Falle unverschuldeter Arbeitsunfähigkeit des Arbeitnehmers gem. § 3 EFZG nach Ablauf von sechs Wochen entfällt. Erst mit Beendigung des Anwendungsbereichs des EFZG kann der Arbeitgeber den Dienstwagen entschädigungslos herausverlangen.[100] Rechtliche Wirksamkeit ist auch anzunehmen, wenn man die private Dienstwagenüberlassung als Sondervergütung iSv § 4 a EFZG wertet, wozu sich allerdings in der Kommentarliteratur keine Hinweise finden.[101] 2054

Die Klausel B 3 ist wirksam, auch soweit sie weitreichende Herausgabeansprüche begründet, wenn das Fahrzeug ausschließlich zur dienstlichen Nutzung überlassen wurde; sie verstößt gegen eine Nebenpflicht des Arbeitsvertrages, wenn der Sachbezug auch zu privaten Zwecken vereinbart wurde. Denn in den in der Klausel B 3 aufgeführten Fällen der Änderung des Tätigkeitsbereichs hat der Arbeitnehmer gleichwohl Anspruch auf den Sachbezug, der Bestandteil des Arbeitsentgelts ist. Die Verweigerung dieses Anspruchs per Vertragsvereinbarung verstößt gegen § 307 Abs. 2 Nr. 1 BGB. 2055

cc) Umfangreiche Dienstwagenklauseln mit Privatnutzungsanspruch und vereinbarter steuerlicher Nutzungspauschale

(1) Klauseltyp C

C 1: 2056

§ 1 Grundlage der Nutzung

Dieser Kraftfahrzeugnutzungsvertrag wird auf der Grundlage des zwischen den Vertragsparteien bestehenden Arbeitsverhältnisses sowie der fahrzeugbezogen getroffenen Überlassungsvereinbarung geschlossen.

§ 2 Eigentum

Das dem Arbeitnehmer zur Nutzung überlassene Kraftfahrzeug ist Eigentum des Arbeitgebers. Änderungen und Einbauten durch den Arbeitnehmer sind nicht zulässig.

§ 3 Art und Umfang der Nutzung

(1) Dienstliche Nutzung

Die dienstliche Nutzung des firmeneigenen Kraftfahrzeugs erfolgt auf der Grundlage der Betriebsvereinbarung für Dienstreisen. Der Arbeitnehmer ist bereit, auf die Nutzung des Kraftfahrzeugs aus kurzfristigen, dringenden betrieblichen Gründen vorübergehend zu Gunsten einer anderweitigen dienstlichen Nutzung durch firmenangehörige Mitarbeiter/Mitarbeiterinnen zu verzichten. In diesem Falle wird dem Arbeitnehmer ein anderweitiges Fahrzeug gestellt oder für die entgangene Nutzung finanzieller Ersatz geleistet.

97 BAG 11.10.2000 – 5 AZR 240/99, NZA 2001, 445.

98 BAG 23.6.2004 – 7 AZR 514/03, BB 2005, 111.

99 BAG 19.12.2006 – 9 AZR 294/06, NZA 2007, 809; BAG 21.3.2012 – 5 AZR 651/10, NZA 2012, 616.

100 LAG Köln 29.11.1995 – 2 Sa 843/95, NZA 1996, 986; LAG Köln 22.6.2001 – 11 (6) Sa 361/01, NZA-RR 2001, 523.

101 ErfK/*Reinhard*, § 4 a EFZG Rn 5 ff; HWK/*Schliemann*, § 4 a EFZG Rn 4 ff.

(2) Private Nutzung
Die private Nutzung umfasst Fahrten zwischen Wohnung und Arbeitsstätte sowie – in angemessenem Rahmen – die Nutzung für sonstige private Zwecke. Im Rahmen der privaten Nutzung darf das Kraftfahrzeug Dritten grundsätzlich nicht überlassen werden, es sei denn, es handelt sich um Familienangehörige oder sonstige, der Hausgemeinschaft des Arbeitnehmers angehörende Personen.

§ 4 Kosten der Nutzung
(1) Kostentragung
Der Arbeitgeber trägt die Kosten der Kraftfahrzeugnutzung. Ausgenommen hiervon sind Kosten für Orientierungsmaterial und die Unterbringung des Fahrzeugs in einer Garage. Der Dienstwagen darf für Urlaubsfahrten genutzt werden. Die Kosten für den Unterhalt des Dienstwagens trägt in diesem Falle der Arbeitnehmer, mit Ausnahme einer ersten Vollbetankung des Fahrzeugs vor Antritt des Urlaubs (letzter Arbeitstag).
(2) Abrechnung
Der Arbeitnehmer rechnet die Fahrzeugnutzung kalendermonatlich auf dem vorgesehenen Formular ab. Für Nutzungskosten tritt der Arbeitnehmer in Vorlage, sofern keine anderweitige Regelung getroffen wird. Der Kostenersatz erfolgt nach der Abrechnung. Der Arbeitgeber behält sich vor, den Kostenersatz für die Nutzung des firmeneigenen Kraftfahrzeugs mit der monatlichen Entgeltabrechnung vorzunehmen. Bagatellbeträge unter 25,00 € werden erst mit der nächstfolgenden Kostenabrechnung ausgezahlt. Der Arbeitnehmer hat darauf zu achten, dass die das firmeneigene Kraftfahrzeug betreffenden Rechnungen das polizeiliche Kennzeichen des Fahrzeugs enthalten und auf den Arbeitgeber ausgestellt sind.

§ 5 Versteuerung geldwerter Vorteile
(1) Grundlagen
Der Arbeitnehmer ist nach Maßgabe der steuerlichen Vorschriften verpflichtet, die aus der Überlassung des Kraftfahrzeugs zur privaten Nutzung entstehenden geldwerten Vorteile zu versteuern und hierauf ggf entfallende Sozialversicherungsbeiträge zu entrichten.
(2) Geldwerter Vorteil Privatnutzung
Gemäß den Richtlinien der Finanzbehörden ist im Zuge der Privatnutzung des überlassenen Dienstwagens der geldwerte Vorteil durch den Arbeitnehmer zu versteuern. Der aus der Überlassung zur privaten Nutzung folgende geldwerte Vorteil beträgt derzeit 1 % des aus der Grund- und Sonderausstattung folgenden Bruttolistenpreises einschließlich Mehrwertsteuer.
Soweit gesetzlich zulässig, wird ein eventuell geleisteter Eigenanteil des Arbeitnehmers im Rahmen der 1 %-Versteuerung berücksichtigt. Eine Reduzierung des steuerlich maßgeblichen Bruttowertes aufgrund eines Eigenanteils des Arbeitnehmers ist nicht zulässig.
(3) Geldwerter Vorteil Wohnung/Arbeitsstätte
Der Arbeitnehmer hat den geldwerten Vorteil aus der Nutzung des Fahrzeugs für Fahrten zwischen Wohnung und Arbeitsstätte nach Maßgabe der geltenden Vorschriften zu versteuern. Im Regelfalle wird die Versteuerung jahresbezogen für 180 Tage vorgenommen.
(4) Mitteilungspflicht
Der Arbeitnehmer ist verpflichtet, dem Arbeitgeber die einfache Entfernung zwischen Wohnung und Arbeitsstätte und jede Veränderung dieses Wertes unaufgefordert mitzuteilen.
(5) Durchführung der Versteuerung
Die aus der Versteuerung der geldwerten Vorteile erwachsenden Belastungen werden monatlich im Zuge der Entgeltabrechnung verrechnet.

§ 6 Obliegenheiten, Sorgfaltspflichten, Haftung
(1) Wartung und Pflege
Als Eigentum des Arbeitgebers ist das Kraftfahrzeug durch den Arbeitnehmer pfleglich zu behandeln. Der Arbeitnehmer hat dafür Sorge zu tragen, dass die vom Hersteller vorgeschriebe-

nen Wartungsdienste rechtzeitig durchgeführt werden. Gleiches gilt für die Durchführung notwendiger Reparaturen.
(2) Verhalten im Straßenverkehr
Der Arbeitnehmer ist verpflichtet, die gesetzlichen Verkehrsbestimmungen einzuhalten und zu beachten, insbesondere für einen stets betriebs- und verkehrssicheren Zustand des Kraftfahrzeugs zu sorgen. Darüber hinaus verpflichtet sich der Arbeitnehmer zu vorsichtigem Fahrverhalten, auch um Schaden am Ansehen des Arbeitgebers zu vermeiden.
Die Einnahme von alkoholischen Getränken und Drogen vor oder während der Fahrt mit dem firmeneigenen Fahrzeug ist nicht gestattet. Bei Einnahme von Medikamenten hat der Arbeitnehmer auf die entsprechende Indikation und die Erläuterungen im Beipackzettel zu achten.
Der Arbeitnehmer trägt von ihm veranlasste Bußgelder und sonstige Geldstrafen, die gegen den Halter des firmeneigenen Kraftfahrzeugs oder den Fahrer verhängt werden.
(3) Anzeige- und Meldepflichten
Unfälle, Verlust, Beschädigungen, Veränderungen und/oder Wertminderungen des Fahrzeugs hat der Arbeitnehmer unverzüglich schriftlich dem zuständigen Fuhrparkbüro anzuzeigen. Bei Verkehrsunfällen ist das Unfall-Meldeformular zu benutzen. Das zuständige Fuhrparkbüro ist erreichbar unter folgender Adresse: (...)
(4) Haftung
Wird das Fahrzeug während einer betrieblich veranlassten Tätigkeit beschädigt, haftet der Arbeitnehmer vollumfänglich für Vorsatz und grobe Fahrlässigkeit. Verursacht der Arbeitnehmer den Schaden fahrlässig oder leicht fahrlässig, bestimmt sich der Haftungsumfang nach dem Grad des Verschuldens des Arbeitnehmers.
Wird das Fahrzeug während einer Privatfahrt des Arbeitnehmers beschädigt, haftet er für die Beschädigung oder Zerstörung des Fahrzeugs vollumfänglich und verschuldensunabhängig. Der Arbeitnehmer stellt den Arbeitgeber von allen Schadensersatzansprüchen Dritter in diesem Falle frei. Wird der Arbeitgeber nicht in Regress genommen, da ein Versicherer für den Schaden aufkommt, wird die Haftung des Arbeitnehmers insoweit beschränkt oder entfällt gänzlich. Dann sind von dem Arbeitnehmer lediglich die Kosten der Selbstbeteiligung an der Kaskoversicherung sowie ein etwaiger Verlust des Schadensfreiheitsrabattes zu tragen. Bei einer unberechtigten Überlassung des Fahrzeugs entgegen § 3 Abs. 2 haftet der Arbeitnehmer verschuldensunabhängig für jeden Schaden.

§ 7 Versicherung
(1) Kraftfahrzeug-Haftpflichtversicherung
Der Arbeitgeber schließt für das Kraftfahrzeug eine Haftpflichtversicherung mit unbegrenzter Deckung ab.
(2) Fahrzeugversicherung
Der Arbeitgeber schließt für das Kraftfahrzeug eine Vollkasko-Versicherung gegen Beschädigung, Zerstörung und des Verlustes des Fahrzeugs nach Maßgabe der Allgemeinen Bedingungen für die Kraftfahrzeugversicherung ab (Teil c §§ 12–15 AKB Fahrzeugversicherungen – Vollversicherung).

§ 8 Schlussvorschriften
(1) Dauer der Nutzung
Die regelmäßige Gesamtnutzungsdauer des Fahrzeugs richtet sich nach der jeweils geltenden Betriebsvereinbarung „Dienstwagenordnung" (zurzeit Regelkilometerleistung 170.000 km Benzin-Kfz oder 200.000 km Diesel-Kfz bzw Regelbetriebszeit 5 Jahre). Der Arbeitnehmer ist verpflichtet, der zuständigen Personalabteilung/Kfz-Stelle den voraussichtlichen Zeitpunkt, zu dem die Regelnutzungsdauer enden wird, rechtzeitig vor Antritt des Zeitpunkts, dh 10.000 Kilometer vor Erreichen der Regelkilometerleistung oder drei Monate vor Erreichung der Regelbetriebszeit, mitzuteilen.

(2) Beendigung der Überlassung/Nutzung/Fahrzeugrückgabe
Der Arbeitgeber ist berechtigt, diese Vereinbarung jederzeit aufzuheben, wenn die firmenseitigen oder persönlichen Voraussetzungen für die Überlassung eines firmeneigenen Kraftfahrzeugs nach Maßgabe der jeweils geltenden Überlassungsvereinbarung nicht mehr gegeben sind.
Bei Wegfall der Voraussetzungen für die Überlassung des firmeneigenen Kraftfahrzeugs bzw bei Beendigung der Nutzungsberechtigung ist der Arbeitnehmer verpflichtet, das firmeneigene Kraftfahrzeug unverzüglich an den Arbeitgeber zurückzugeben.
(3) Schriftform
Der Arbeitgeber und der Arbeitnehmer vereinbaren, dass Änderungen und Ergänzungen des Nutzungsvertrages der Schriftform bedürfen.

C 2:
(1) Der Arbeitnehmer verpflichtet sich, im Rahmen der Erfüllung seiner arbeitsvertraglichen Aufgaben notwendig werdende Fahrten mit dem zur Verfügung gestellten Firmenfahrzeug durchzuführen.
(2) Der Arbeitgeber behält sich vor, in Einzelfällen, wenn dies aus geschäftlichen Gründen notwendig erscheint, eine Bahn- oder Flugreise anzusetzen. Der Arbeitnehmer ist berechtigt, von sich aus mit der Bahn zu fahren, wenn die Witterung es erfordert.
Die Bahnreise ist grundsätzlich über die Reisekostenstelle/das Reisebüro des Arbeitgebers zu buchen.
(3) Der Arbeitgeber stellt dem Arbeitnehmer ab (...) das Firmenfahrzeug (...) mit dem polizeilichen Kennzeichen (...) zur dienstlichen und privaten Nutzung (auch durch Familienangehörige) zur Verfügung.
(4) Für die Fahrzeuggestellung einschließlich der Privatnutzung gelten die folgenden Bedingungen:

a) Die lohnsteuerrechtliche Behandlung der Privatnutzung richtet sich nach den jeweiligen maßgeblichen Vorschriften. Demnach ist zurzeit zu versteuern:
   - monatlich 1 % vom Brutto-Listenpreis = (...) €
     Soweit steuerpflichtige Fahrten zwischen Wohnung und Arbeitsstätte (R 9.10 LStH 2011) anfallen, werden zusätzlich 0,03 % des Listenpreises/Entfernungskilometer angesetzt.
b) Der Arbeitgeber übernimmt die Kosten des Fahrzeugbetriebes. Die Betriebskosten für Öl, Benzin usw bei Urlaubsfahrten im Ausland übernimmt jedoch der Arbeitnehmer.
   Vor Auslandsfahrten ist eine ADAC-Auslandsschutzbrief-Versicherung abzuschließen.
   Zum Monatsende ist dem Arbeitgeber der jeweilige Kilometerstand unaufgefordert auf der monatlichen Tankrechnung mitzuteilen.
c) Der Arbeitnehmer hat dem Arbeitgeber seinen Führerschein vor Übernahme des Wagens und danach jeweils in halbjährlichem Abstand unaufgefordert vorzulegen. Sollte zu einem späteren Zeitpunkt ein Führerscheinentzug erfolgen, ist dies dem Arbeitgeber sofort mitzuteilen.
d) Der Kraftfahrzeugschein ist neben der Fahrerlaubnis ständig mitzuführen und sorgfältig zu verwahren. Das Gleiche gilt für die von dem Arbeitgeber zur Verfügung gestellte Grüne Versicherungskarte.
e) Der Wagen ist möglichst in einer Garage einzustellen. Der Mietpreis ist vom Arbeitnehmer zu tragen.
f) Das Fahrzeug ist jederzeit einer ordnungsgemäßen Pflege und Wartung zu unterziehen und in betriebssicherem Zustand zu halten. Die notwendigen Maßnahmen ergeben sich aus dem beigefügten Kundendienstscheckheft des Kfz-Herstellers.
   Sämtliche Kundendienstarbeiten und Reparaturen müssen in autorisierten Werkstätten des Kfz-Herstellers durchgeführt werden. Zuwiderhandlungen gehen zu Lasten des Arbeit-

nehmers. Notwendig erscheinende Reparaturen sind der Geschäftsleitung unverzüglich anzuzeigen. Reparaturen bedürfen der vorherigen Zustimmung der Geschäftsleitung. Unfälle sind dieser sofort zu melden.

g) Der Arbeitnehmer haftet für Schäden am Kraftfahrzeug bei dienstlich veranlasster Tätigkeit, wenn der Schaden durch unsachgemäße Behandlung entsteht und als sog. Betriebsschaden von der Kaskoversicherung grundsätzlich ausgenommen ist, zB einen Motorschaden wegen ungenügenden Ölstands, für Vorsatz und grobe Fahrlässigkeit in vollem Umfang.
Der Arbeitnehmer hat dem Arbeitgeber von allen Haftpflichtansprüchen Dritter freizustellen, die wegen seines Verhaltens durch die Kraftfahrzeug-Haftpflichtversicherung nicht gedeckt sind, wie bspw, wenn er einen Unfall verursacht, der auf abgefahrene Reifen zurückzuführen ist. Gleiches gilt, wenn eine Obliegenheit verletzt wird, die bei Eintritt des Versicherungsfalles vom Lenker des Fahrzeugs zu erfüllen gewesen wäre, wenn Vorsatz oder grobe Fahrlässigkeit vorliegt. Zu den Obliegenheitsverletzungen gehören zB Fahrerflucht, keine oder unwahre Angaben über Alkoholgenuss, wenn hiernach gefragt wird. Entstehen Schäden während einer Privatfahrt, haftet der Arbeitnehmer uneingeschränkt und unabhängig vom eigenen Verschulden für die Beschädigung des Dienstwagens sowie für dessen Verlust. Seine Haftung wird eingeschränkt, soweit ein Versicherer für den Schaden aufkommt und nicht auf den Arbeitgeber Rückgriff nimmt.

h) Zur Ausstattung gehören 2 Sätze Schlüssel, 1 Warndreieck, 1 vorschriftsmäßiger Verbandskasten, 1 Warnweste. Das Fahrzeug ist mit Stahl-Gürtelreifen ausgerüstet (für Sommer und Winterbetrieb). Die Reifen inkl. Ersatzreifen müssen nach einer gewissen Zeit umgesetzt werden, damit alle Reifen gleichmäßig abgefahren werden. Bei Ersatzbeschaffung von Reifen müssen Gürtelreifen angeschafft werden. Die Rechnung ist dem Arbeitgeber zuzuleiten. Der Arbeitnehmer teilt dem Arbeitgeber jeweils den km-Stand und die Ersatzbeschaffung mit.

i) Falls sich im Kraftfahrzeug eine Kontrolleinrichtung befindet, hat der Arbeitnehmer diese zu benutzen und die Kontrollbelege auf Anforderung vorzulegen.

j) Der Arbeitnehmer verpflichtet sich, auf allen Dienstfahrten stets den Sicherheitsgurt anzulegen und darauf hinzuwirken, dass auch mitgenommene Dritte dies tun.
Der Arbeitnehmer verpflichtet sich weiter, bei allen Arbeiten am Fahrzeug im Gefahrenbereich des fließenden Verkehrs stets die mitgeführte Warnweste zu tragen (§ 56 Abs. 5 BGV D 29).

k) Die Gebrauchsüberlassung ist an das bestehende Arbeitsverhältnis gebunden und endet automatisch mit dem Ende des Arbeitsverhältnisses. Der Arbeitgeber behält sich vor, nach Kündigung des Arbeitsverhältnisses, insbesondere im Falle einer Freistellung des Arbeitnehmers, das Fahrzeug vorzeitig herauszuverlangen. In diesem Fall erhält der Arbeitnehmer als Ersatz für den entgehenden geldwerten Vorteil monatlich einen Betrag iHv (...) €. Auch bei einer Versetzung in den Innendienst ist der Dienstwagen zurückzugeben. In diesem Fall erhält der Arbeitnehmer für die Dauer von (...) Monaten als Ersatz für den entgehenden geldwerten Vorteil monatlich einen Betrag iHv (...) €.

(5) Im Übrigen ist der Arbeitgeber berechtigt, das Fahrzeug alle zwei Jahre gegen ein fabrikneues Fahrzeug der gleichen Klasse auszutauschen.

C 3:

§ 1 Kraftfahrzeugüberlassung

(1) Für seine Tätigkeit überlässt der Arbeitgeber dem Arbeitnehmer den firmeneigenen Kraftwagen, Typ (...) mit dem amtlichen Kennzeichen (...).

(2) Der Wagen ist mit dem vorgeschriebenen Zubehör (Sicherheitsgurte, Warndreieck, Verbandskasten) ausgestattet; außerdem sind vorhanden: 1 Reservereifen, 4 Winterreifen, 1 Reservekanister, eine Werkzeugtasche mit Inhalt, ein Abschleppseil, 1 Warnweste.

§ 2 Versicherung und Kraftfahrzeugsteuer
Die Kfz-Steuer und die Versicherungsbeiträge werden von dem Arbeitgeber bezahlt. Es bestehen folgende Versicherungen:
a) Kfz-Haftpflichtversicherung, Deckungssumme unbegrenzt, 3.800.000 € bei Personenschäden,
b) Vollkaskoversicherung mit Selbstbeteiligung 335 €,
c) Insassen-Unfallversicherung.

§ 3 Fahrzeugpapiere
Der Arbeitnehmer bestätigt, den Fahrzeugschein erhalten zu haben.

§ 4 Wartungspflicht
(1) Der Arbeitnehmer hat für ordnungsgemäße Pflege und Wartung des Fahrzeugs zu sorgen.
(2) Ölwechsel und Kundendienst sind nach Fabrikvorschrift durchzuführen. Mindestens zweimal im Monat muss der Wagen gewaschen werden.
(3) Dringende Reparaturen sind unverzüglich vorzunehmen; soweit hierfür oder für eine notwendige Ergänzung des Wagenzubehörs Aufwendungen von über 100 € entstehen, hat der Arbeitnehmer vor Auftragserteilung bzw Beschaffung, notfalls fernmündlich, die Zustimmung des Arbeitgebers einzuholen.
(4) Der Arbeitnehmer ist allein dafür verantwortlich, dass sich das Fahrzeug ständig in einem vorschriftsmäßigen Zustand befindet.

§ 5 Umfang der Benutzung
(1) Für berufliche Fahrten sowie für Fahrten von seiner Wohnung und zurück steht der Wagen dem Arbeitnehmer uneingeschränkt zur Verfügung.
(2) Privatfahrten am Abend sowie am Wochenende sind dem Arbeitnehmer bis auf Widerruf gestattet. Der geldwerte Vorteil wird durch pauschale Berechnung des Nutzungsvorteils gem. Abschnitt 31 Abs. 9 Nr. 1 LStR mit monatlich 0,03 % des inländischen Listenpreises des Kfz für jeden Kilometer der Entfernung zwischen Wohnung und Arbeitsstätte ermittelt. Benzinkosten gehen im Urlaub zu Lasten des Arbeitnehmers.

§ 6 Mitfahrer
(1) Auf beruflichen Fahrten darf der Arbeitnehmer nur Kunden, Lieferanten oder andere Arbeitnehmer des Arbeitgebers mitnehmen. Einem anderen Fahrer darf der Wagen nicht überlassen werden. Auch das Verleihen oder Vermieten des Fahrzeugs, selbst wenn dabei der Arbeitnehmer fährt, ist untersagt.
(2) Der Arbeitgeber haftet bei solchen Personenschäden, die mit dem Fahrzeug anlässlich von Dienstfahrten verursacht werden, nur insoweit, als durch die bestehenden Versicherungen Deckungsschutz gewährt wird.

§ 7 Abrechnung
(1) Der Arbeitgeber erstattet dem Arbeitnehmer die von ihm für Treibstoff, Öl, Reparaturen, Wartungsarbeiten, notwendige Ergänzungen des Wagenzubehörs, Hauptuntersuchungen, Abgassonderuntersuchungen aufgewandten Beträge, sofern die entsprechenden Belege vorgelegt werden.
(2) Die Abrechnung hat jeweils monatlich zu erfolgen, bei Urlaubsfahrten nach Urlaubsrückkehr.

§ 8 Meldepflicht
(1) Am Fahrzeug aufgetretene Mängel oder Beschädigungen, Unfälle und Diebstähle sind dem Arbeitgeber unverzüglich mitzuteilen, bei mündlicher oder fernmündlicher Meldung ist binnen 24 Stunden ein schriftlicher Bericht nachzureichen.
(2) Anschrift und Rufnummer des Haftpflichtversicherers der anderen Unfallbeteiligten sowie die Nummer des Versicherungsvertrages sind anzugeben. Die Abgabe eines Schuldanerkenntnisses ist dem Arbeitnehmer nicht gestattet.

§ 9 Haftung
(1) Der Arbeitnehmer haftet für Schäden oder Wertminderungen, die am Fahrzeug durch sein Verschulden (auch durch mangelhafte Pflege oder Wartung sowie durch unterlassene Reparatur) entstehen. Dasselbe gilt für Schäden, die der Arbeitnehmer bei Benutzung des Wagens Dritten zufügt.

(2) Bei Diebstahl oder Beschädigung des Fahrzeugs, die nicht bei dessen Betrieb entstanden sind, haftet der Arbeitnehmer ebenfalls für eigenes Verschulden, insbesondere auch für mangelhafte Beaufsichtigung, nachlässige Abstellung oder unsachgemäße Behandlung.
(3) Die Haftung des Arbeitnehmers entfällt, soweit ein Versicherer für den Schaden aufkommt und nicht auf den Arbeitgeber Rückgriff genommen wird.

§ 10 Widerruf der Überlassung
Dem Arbeitnehmer wird ein Pkw sowohl zur dienstlichen Nutzung als auch zur Privatnutzung überlassen. Der Arbeitgeber behält sich vor, die Überlassung des Dienstwagens zu widerrufen, wenn und solange der Pkw für dienstliche Zwecke seitens des Arbeitnehmers nicht benötigt wird. Dies kann dann der Fall sein, wenn durch eine vertraglich zulässige Änderung des Aufgabengebietes oder der Aufgabenstellung die Nutzung eines Dienstfahrzeugs nicht mehr sachlich geboten ist oder wenn der Arbeitnehmer nach Kündigung des Arbeitsverhältnisses von der Arbeitsleistung freigestellt wird. Im Falle der Ausübung des Widerrufs durch den Arbeitgeber ist der Arbeitnehmer nicht berechtigt, eine Nutzungsentschädigung oder Schadensersatz zu verlangen.

§ 11 Sonstiges
(1) Dieser Vertrag endet spätestens mit der Beendigung des zwischen den Parteien bestehenden Arbeitsverhältnisses.
(2) Änderungen oder Ergänzungen des vorstehenden Vertrages bedürfen zu ihrer Rechtswirksamkeit der Schriftform.

(2) Gestaltungshinweise

Die Klauseln C 1 und C 2 sind wirksam, während die Klausel C 3 im Regelungsfeld „Haftung" unwirksame Vertragsklauseln enthält. In der Klausel C 1 ist unter § 6 Abs. 4 die Haftung nach den Grundsätzen des innerbetrieblichen Schadensausgleichs ordnungsgemäß geregelt. Es wird häufig übersehen, dass zwischen Haftung bei Dienstfahrten und Haftung bei Privatfahrten unterschieden werden kann. Grundsätzlich haftet der Arbeitnehmer für die Beschädigung des Dienstwagens nur in voller Höhe bei grober Fahrlässigkeit sowie Vorsatz, wenn es sich um eine Dienstfahrt handelt. Ereignet sich ein Verkehrsunfall dagegen während einer privaten Nutzung, trifft den Arbeitnehmer die uneingeschränkte Einstandspflicht.[102] Diese Einstandspflicht besteht auch, wenn der Arbeitnehmer, wie beim Klauseltyp C 1 entgegen der dortigen Vorgabe in § 3 Abs. 2 S. 2, das Fahrzeug einem Unbefugten überlässt.[103] Die Regelung des Widerrufsvorbehalts in der Klausel C 3 ist wirksam, da hier die einzelnen Widerrufsgründe 2057

102 Preis/*Lindemann*/*Wagner*, Der Arbeitsvertrag, II D 20 Rn 24.
103 Preis/*Lindemann*/*Wagner*, Der Arbeitsvertrag, II D 20 Rn 25.

angegeben sind und eine sachgerechte Verknüpfung zwischen dienstlicher und privater Nutzung erfolgt.[104]

2058 Ebenfalls unter Beachtung der Differenzierung bei Schäden am Dienstwagen nach vorangegangener privater und dienstlicher Nutzung sowie nach dem Haftungsmaßstab bei Vorsatz und grober Fahrlässigkeit einerseits, Schadensteilung bei sonstiger Fahrlässigkeit nach dem Grad des Verschuldens andererseits, unterscheidet Abs. 4 Buchst. g) in der Klausel C 2. Unwirksam ist die Haftungsregelung in § 9 des Klauseltyps C 3. Es fehlt die von der Rspr vorgegebene Haftungsdifferenzierung nach den Grundsätzen des innerbetrieblichen Schadensausgleichs.[105] Bei der Klausel C 2 in Abs. 4 Buchst. k) steht die Herausgaberegelung nicht in Einklang mit § 307 Abs. 2 Nr. 1 BGB (s. dazu § 1 Rn 2004 f).

2059 Hilfreich sind in der Klausel C 1 die Bestimmungen zum Verhalten im Straßenverkehr (§ 6 Abs. 2) und die vereinbarte Nutzungsdauer des überlassenen Fahrzeugs (§ 8 Abs. 1). Ein Teil der im Klauseltyp C 1 getroffenen Regelungen ergibt sich aus Betriebsvereinbarungen, auf die im Kfz-Nutzungsvertrag bedenkenfrei Bezug genommen werden kann, § 77 Abs. 4 BetrVG.[106] Gleiches gilt für die detaillierten Verhaltensregeln für den Arbeitnehmer als Fahrer in den Klauseln C 2 und C 3. Regelungen zum Zubehör werden häufig vergessen, anders als im Klauseltyp C 3 unter § 1 Abs. 2. Da Dienstwagenvereinbarungen aus manchmal rational nicht nachvollziehbaren Gründen konfliktträchtig sind, empfiehlt es sich, bei der Ausgestaltung einen hinreichenden Konkretisierungsgrad zu wählen, der selbst den Ort der Lagerung von Winterreifen eines Dienstwagens berücksichtigt. Soweit entsprechend der Empfehlung der Überlassungsvertrag als separate Regelung zum Arbeitsvertrag abgeschlossen wird, kommt es auf den größeren Umfang der Vereinbarung nicht entscheidend an.

dd) Umfangreiche Dienstwagenklausel mit Privatnutzung und Abrechnung nach Einzelnachweis

(1) Klauseltyp D

2060 **§ 1 Vertragsgegenstand**

(1) Benutzung des Fahrzeugs bei Dienstfahrten

Für seine berufliche Reisetätigkeit überlässt der Arbeitgeber dem Arbeitnehmer den firmeneigenen Kraftwagen, Typ (...), Baujahr (...), mit dem polizeilichen Kennzeichen (...), zur uneingeschränkten Nutzung. Zum Wagen gehören die vorgeschriebenen Zubehörteile (Warndreieck, Verbandskasten usw.). Außerdem sind vorhanden: (...)

(2) Benutzung des Fahrzeugs bei Privatfahrten

Während der Freizeit sind dem Arbeitnehmer Privatfahrten im In- und Ausland gestattet. Die Gestattung der privaten Nutzung ist im Falle einer Freistellung des Arbeitnehmers widerruflich, siehe § 4. Die Abrechnung des privaten Nutzungsanteils erfolgt gem. Abschnitt 31 Abs. 7 Nr. 2 LStR anhand des Fahrtenbuches und der vom Arbeitnehmer zu fertigenden Aufzeichnungen. Kraftstoffkosten für längere Urlaubsfahrten trägt der Arbeitnehmer unmittelbar.

§ 2 Steuer, Haftpflicht- und Vollkaskoversicherung

Die Kfz-Steuer und die Versicherungsbeiträge trägt der Arbeitgeber. Es bestehen folgende Versicherungen:

a) Kfz-Haftpflichtversicherung (Deckungssumme (...) €),
b) Vollkaskoversicherung mit einer Selbstbeteiligung des Arbeitnehmers von (...) €/Teilkaskoversicherung (...),

---

104 BAG 21.3.2012 – 5 AZR 651/10, NZA 2012, 616.

105 BAG 23.3.1983 – 7 AZR 391/79, AP § 611 BGB Haftung des Arbeitnehmers Nr. 82; BAG 12.11.1998 – 8 AZR 221/97, AP § 611 BGB Haftung des Arbeitnehmers Nr. 117; BAG 13.3.1968 – 1 AZR 362/67, AP § 611 BGB Haftung des Arbeitnehmers Nr. 42.

106 Krit. *Preis*, NZA 2010, 361, 364.

c) Insassenunfallversicherung,
d) Rechtsschutzversicherung.

§ 3 Fahrzeugpapiere
(1) Der Arbeitnehmer bestätigt mit seiner Unterschrift unter diese Vereinbarung, den Fahrzeugschein und ein Fahrtenbuch erhalten zu haben. Das Fahrtenbuch ist lückenlos und genau zu führen. Es ist einmal monatlich der Personalabteilung zur Einsicht vorzulegen.
(2) In das Fahrtenbuch trägt der Arbeitnehmer jeweils nach Ende einer Fahrt ein:
a) Kilometerstand des Fahrzeugs, zurückgelegte Strecke (Kilometerzahl und Ortsangaben), getrennt nach beruflichen und privaten Fahrten;
b) Auslagen für Treibstoff, Öl, Reparaturen und Wartungsarbeiten; Belege sind beizufügen;
c) Grund der jeweiligen Fahrt, so dass dienstliche und private Veranlassung gesondert erkennbar sind.

§ 4 Widerruf der Überlassung
(1) Der Arbeitgeber kann die Überlassung des Fahrzeugs an den Arbeitnehmer nur mit einer Ankündigungsfrist von mindestens 14 Kalendertagen widerrufen. Er behält sich vor, das Fahrzeug nach Fortfall einer Entgeltfortzahlung für die Dauer der Arbeitsunfähigkeit zurückzufordern, falls er das Fahrzeug anderweitig einzusetzen für erforderlich hält.
(2) Während des Beschäftigungsverbotes gem. §§ 3 Abs. 1, 4 MuSchG und während einer Schutzfrist gem. §§ 3 Abs. 2, 6 Abs. 1 MuSchG kann der Arbeitgeber die Rückgabe des Firmenfahrzeugs gegen Zahlung eines Entschädigungsbetrages für den Wegfall des Sachbezuges iHv täglich (...) € verlangen.

(3) Der Arbeitnehmer verfügt bei einem Herausgabeverlangen des Arbeitgebers über kein Zurückbehaltungsrecht.

§ 5 Pflicht des Arbeitnehmers zur Wartung
(1) Der Arbeitgeber trägt die Kosten für Wartung und Reparatur. Der Arbeitnehmer hat für ordnungsgemäße Pflege, rechtzeitige Wartung und unverzügliche Reparatur des Fahrzeugs zu sorgen. Inspektionen sind rechtzeitig nach Vorschrift des Herstellers auf Kosten des Arbeitgebers durchzuführen. Die Kosten für Pflege und Garage übernimmt der Arbeitnehmer. Der Wagen ist im Allgemeinen alle zwei Wochen zu waschen.
(2) Der Arbeitnehmer ist dafür verantwortlich, dass sich das Fahrzeug immer in betriebs- und verkehrssicherem Zustand befindet. Soweit für ungewöhnliche Reparaturen oder für eine notwendige Ergänzung des Wagenzubehörs und der Wagenausstattung Aufwendungen von mehr als (...) € entstehen, hat der Arbeitnehmer vor der Auftragserteilung die Zustimmung des Arbeitgebers einzuholen, notfalls fernmündlich oder durch E-Mail.

§ 6 Meldepflicht
Am Fahrzeug aufgetretene Mängel und Beschädigungen, Unfälle und Diebstähle sind dem Arbeitgeber unverzüglich telefonisch oder per E-Mail mitzuteilen. Im Falle eines Verkehrsunfalls ist ein schriftlicher Bericht über das Unfallereignis nachzureichen. Anschrift und Rufnummer des Haftpflichtversicherers und der Unfallbeteiligten sind anzugeben. Die Abgabe eines Schuldanerkenntnisses darf der Arbeitnehmer nicht vornehmen.

§ 7 Haftung
(1) Bei allen Verkehrsunfällen, auch solchen, die der Arbeitnehmer selbst verschuldet hat, ist unverzüglich die Polizei hinzuzuziehen. Über den Unfallablauf hat der Arbeitnehmer unverzüglich einen Bericht abzufassen. Rechte, die das Kraftfahrzeug betreffen, kann der Arbeitnehmer im Interesse des Arbeitgebers geltend machen.
(2) Bei Dienstfahrten haftet der Arbeitnehmer für Schäden, die er vorsätzlich oder grob fahrlässig verursacht, allein. Sind die Schäden durch eine Kaskoversicherung gedeckt, haftet der Ar-

beitnehmer in der Höhe der Selbstbeteiligung. Er hat ebenfalls denjenigen Schaden zu tragen, der dem Arbeitgeber durch Verlust oder durch Herabstufung des Schadensfreiheitsrabatts entsteht. Bei mittlerer Fahrlässigkeit haftet der Arbeitnehmer anteilmäßig. Bei Schäden oder Wertminderungen am Fahrzeug, die außerhalb des Fahrzeugbetriebs entstehen (zB mangelhafte Pflege oder Wartung, unterlassene Reparatur, nachlässige Beaufsichtigung, unsachgemäße Behandlung), haftet er für jedes Verschulden uneingeschränkt.
(3) Bei Privatfahrten haftet der Arbeitnehmer uneingeschränkt. Soweit die Kaskoversicherung den Schaden trägt, haftet der Arbeitnehmer in Höhe der Selbstbeteiligung und in Höhe des herabgestuften Schadensfreiheitsrabatts.

§ 8 Mitfahrer
Auf Dienstfahrten ist dem Arbeitnehmer nur gestattet, Repräsentanten von Kunden, Lieferanten und Arbeitnehmer des Arbeitgebers (zB Reisevertreter) mitzunehmen. Die Führung des Kraftfahrzeugs darf keinem anderen Fahrer überlassen werden. Das Vermieten oder Verleihen des Fahrzeugs ist untersagt.

§ 9 Sonstiges
Dieser Vertrag endet spätestens mit der Beendigung des zwischen den Parteien bestehenden Arbeitsverhältnisses. Änderungen oder Ergänzungen des Vertrages bedürfen zu ihrer Wirksamkeit der Schriftform.

(2) Gestaltungshinweise

2061 Während die Klauseln des Typ C auf das Steuermodell der 1 %-Pauschale nach R 8.1 Abs. 9 Nr. 1 LStR 2011/2013 zugeschnitten sind, basiert der Klauseltyp D auf dem Modell des **Einzelnachweises** gem. R 8.1 Abs. 9 Nr. 2 LStR 2011/2013. Die Klausel D enthält eine praxisgerechte Regelung für Arbeitnehmer (§ 8), auch die Haftung (§ 7) ist nach Maßgabe der Grundsätze zum innerbetrieblichen Schadensausgleich gestaltet. Die in Klauseltyp D vereinbarte Widerruflichkeit einer Privatnutzung (§ 4 Abs. 1) ist nach § 308 Nr. 4 BGB unwirksam. Zwar ist der Widerrufsgrund benannt, es fehlt aber an einer sachgerechten Verknüpfung zwischen privater und dienstlicher Nutzung. Diese würde nur dann vorliegen, wenn der Widerruf auf Fälle beschränkt ist, in denen auch eine dienstliche Nutzung des Fahrzeugs nicht mehr in Betracht kommt (zB bei der Freistellung nach Kündigung).[107] Die Wirksamkeit des § 4 Abs. 2 der Klausel D ist allerdings fraglich, weil es nach Auffassung des BAG[108] dem Schutzzweck des MuSchG zuwiderläuft, einer Schwangeren den Dienstwagen zu entziehen. Ob sich diese Wertung auch auf die Frage der Anerkennung eines Widerrufsgrunds auswirkt, ist bislang nicht entschieden. § 4 Abs. 3 der Klausel D ist nach § 309 Nr. 2 b BGB unwirksam.

ee) Leasingfahrzeug mit Übernahme der Leasingkosten durch den Arbeitnehmer

(1) Klauseltyp E

2062 **§ 1 Rechte und Pflichten**
Diese Dienstwagen-Nutzungsvereinbarung regelt die Rechte und Pflichten des Arbeitnehmers bei Nutzung des von dem Arbeitgeber zur Verfügung gestellten Dienstwagens mit dem amtlichen Kennzeichen (...) und der Spezifikation gemäß dem beigefügten Kfz-Schein.

§ 2 Privatnutzung
Der Arbeitgeber stellt dem Arbeitnehmer einen Dienstwagen zur Verfügung, der auch privat genutzt werden darf. Das Fahrzeug darf vom Arbeitnehmer nicht vermietet, verliehen oder einem Dritten überlassen werden. Erlaubt ist die Nutzung aus dienstlichen Gründen durch Ar-

107 BAG 19.12.2006 – 9 AZR 294/06, NZA 2007, 809; BAG 21.3.2012 – 5 AZR 651/10, NZA 2012, 616.
108 BAG 11.10.2000 – 5 AZR 240/99, NZA 2001, 445.

beitnehmer des Arbeitgebers und eine Mitbenutzung durch in häuslicher Gemeinschaft lebende Familienangehörige bzw Lebenspartner.

§ 3 Laufzeit und Kilometer
Der Arbeitnehmer legt die Laufzeit des Vertrages sowie seine Kilometerleistung fest.

§ 4 Leasingrate
(1) Für den Pkw übernimmt der Arbeitnehmer die entsprechende Leasingrate iHv (...) €/Monat.
(2) Über- oder Unterschreitungen der festgelegten Kilometer gehen zu Lasten bzw zu Gunsten des Arbeitnehmers. Falls der Anteil der freien Tantieme nicht zur Abdeckung der Leasingrate reicht, zahlt der Arbeitnehmer den Restbetrag aus seinen Netto-Bezügen. Abrechnungszeitraum ist das Jahr, für das die Tantiemezahlung erfolgt.

§ 5 Benzinkosten
Der Arbeitgeber trägt die Treibstoffkosten für den Pkw. Bei privater Nutzung sind die Kosten vom Arbeitnehmer zu tragen, ausgenommen Fahrten zwischen Wohnung und Arbeitsstätte sowie Kurzfahrten.

§ 6 Versteuerung
Der Arbeitnehmer ist über die gültigen steuerlichen Bestimmungen über ein Merkblatt informiert und sorgt über die Personalabteilung für die notwendige Versteuerung.

§ 7 Verkehrssicherheit
Der Arbeitnehmer trägt Sorge für die rechtzeitige Einhaltung der notwendigen Wartungs-, Inspektions-, TÜV- und ASU-Termine. Der Arbeitnehmer veranlasst notwendige Reparaturen und die Pflege des Fahrzeugs.

§ 8 Unfall
Bei Unfällen (ausgenommen Bagatellschäden) unterrichtet der Arbeitnehmer ohne Rücksicht auf das Verschulden die Polizei. Er unternimmt alles Erforderliche und Zumutbare, um Beweise über den Unfallhergang zu sichern. Ein Schuldanerkenntnis darf nicht abgegeben werden.

§ 9 Versicherung
(1) Der Arbeitnehmer kann seinen Schadensfreiheitsrabatt für Haftpflicht- und Kaskoversicherung in den Leasingvertrag einbringen. Anderenfalls schließt der Arbeitgeber eine Versicherung ab.
(2) Bei einem durch den Arbeitnehmer auf einer Privatfahrt (zB Urlaub) verschuldeten Unfall trägt dieser den Vollkasko-Selbstbehalt von 500 €.

§ 10 Technische Veränderungen
Technische Veränderungen am Dienstwagen sind nicht zulässig.

§ 11 Nutzungsende
(1) Die Nutzung des Dienstwagens ist an das bestehende Arbeitsverhältnis mit dem Arbeitgeber gebunden und endet automatisch mit Ende des Arbeitsverhältnisses.

(2) Bei Ausscheiden des Arbeitnehmers gehen die Rechte und Pflichten aus dem Leasingvertrag für die Restlaufzeit auf ihn über.

§ 12 Unterlagen
Mit dem Fahrzeug sind dem Arbeitnehmer übergeben worden:
- Kfz-Schein
- Technik-Creditcard
- Dienstwagen-Richtlinie

- Nutzungsvereinbarung
- Merkblatt Steuerbestimmungen.

§ 13 Angaben (vom Arbeitnehmer auszufüllen)
(1) Ich wähle
- (...) Pauschalversteuerung bzw
- (...) Einzelnachweisregelung.

(2) Die Entfernung von der Wohnung zur Arbeitsstätte beträgt (...) Entfernungskilometer.

(2) Gestaltungshinweise

2063 Das Klauselwerk E bedeutet die wirtschaftlich für den Arbeitnehmer ungünstigste Regelung zur Dienstwagenüberlassung. Sie kommt nur in Betracht, wenn die Gestellung des Dienstwagens im eigentlichen Interesse des Arbeitnehmers erfolgt, etwa um günstige Leasingkonditionen des Arbeitgebers nutzen zu können. Mit einem derartigen Vertrag wird der Arbeitnehmer doppelt belastet. Zum einen trägt er die Leasingkosten, zum anderen wird von der 1 %-Versteuerung Gebrauch gemacht. Ob die alternative Versteuerung nach Fahrtenbuch günstiger ist, muss unter Berücksichtigung der Entfernungskilometer zwischen Wohnsitz und Arbeitsort vorab kalkuliert werden. Das Dienstwagenkonzept E kann für den Arbeitnehmer günstiger ausfallen, wenn über einen Einmalbetrag, den der Arbeitgeber an die Leasinggesellschaft zahlt, die monatlichen Leasinggebühren niedrig gehalten werden.

2064 Unwirksam ist die Regelung in § 11 Abs. 2 des Klauseltyps E, die bereits Gegenstand einer Entscheidung des BAG war. Schon vor Inkrafttreten des SchuldRModG war nach Ansicht des BAG eine Klausel unwirksam, nach der in jedem Falle bei Beendigung des Arbeitsverhältnisses die restlichen Leasingraten eines Dienstwagens vom Arbeitnehmer zu tragen waren.[109]

ff) Dienstwagenhaftungsklausel

(1) Klauseltyp F

2065  **F 1:** Sollte der Arbeitnehmer vorsätzlich oder grob fahrlässig einen Unfall verursachen, haftet er für den am Fahrzeug entstandenen Schaden. Der Schadensbetrag kann in diesem Fall durch den Arbeitgeber vom Nettogehalt des Arbeitnehmers einbehalten werden. Bei fahrlässiger Verursachung eines Verkehrsunfalls trägt der Arbeitnehmer die von der Versicherung geltend gemachte Selbstbeteiligung iHv 750,00 €, die vom nächsten Nettogehalt des Arbeitnehmers in Abzug gebracht wird.

F 2: Bei Dienstfahrten haftet der Arbeitnehmer für Schäden, die er vorsätzlich oder grob fahrlässig verursacht, allein. Sind die Schäden durch eine Kaskoversicherung gedeckt, haftet der Arbeitnehmer in Höhe der Selbstbeteiligung. Der Arbeitnehmer haftet ebenfalls für denjenigen Schaden, der dem Arbeitgeber durch Verlust oder Herabstufung des Schadensfreiheitsrabatts entsteht. Bei mittlerer Fahrlässigkeit haftet der Arbeitnehmer anteilmäßig. Bei Schäden oder Wertminderungen am Fahrzeug, die außerhalb des Fahrzeugbetriebs entstehen (mangelhafte Pflege, Wartung, unterlassene Reparatur, nachlässige Beaufsichtigung), haftet er für jedes Verschulden uneingeschränkt. Bei Privatfahrten haftet der Arbeitnehmer immer uneingeschränkt. Soweit die Kaskoversicherung den Schaden trägt, haftet der Arbeitnehmer in Höhe der Selbstbeteiligung und in Höhe des herabgestuften Schadensfreiheitsrabatts.

109 BAG 9.9.2003 – 9 AZR 574/02, NZA 2004, 484; LAG Köln 19.6.2009 – 4 Sa 901/08, juris.

(2) Gestaltungshinweise

Die Klausel F 2 berücksichtigt die geltende Haftungsrechtslage und differenziert zwischen Dienstfahrten und Privatfahrten. Anders als bei der Klausel F 1 bestehen keine Wirksamkeitsbedenken. Bei der Klausel F 1 bedeutet die Haftung des Arbeitnehmers bei fahrlässiger Verursachung eines Verkehrsunfalls auf die Höhe der Selbstbeteiligung dann eine unwirksame Klausel, wenn nur leichteste Fahrlässigkeit vorliegt.[110] Auch wenn die Haftung auf den Selbstbeteiligungsbetrag und/oder den Schadensfreiheitsrabatt begrenzt ist, sind die Grundsätze des innerbetrieblichen Schadensausgleichs anzuwenden. Da bei der groben Fahrlässigkeit idR die volle Haftung des Arbeitnehmers anzunehmen ist, wirkt sich die generelle Einbeziehung grob fahrlässiger Unfallverursachung in der Klausel F 1 in die volle Haftung regelmäßig nicht nachteilig aus. Die in der Klausel F 2 enthaltene Unterscheidung zwischen der Haftung bei Dienst- und Privatfahrten trägt dem Umstand Rechnung, dass die Grundsätze des innerbetrieblichen Schadensausgleichs nur für Dienstfahrten, nicht hingegen für Privatfahrten gelten. Bei Privatfahrten fehlt es an einer haftungsrechtlichen Sonderreglung. 2066

110 BAG 23.1.1997 – 8 AZR 893/95, NZA 1997, 352; BAG 16.2.1995 – 8 AZR 493/93, NZA 1995, 563.

26. Entgeltfortzahlungsklauseln

Literatur

Bährle, Zweifel an der Krankheit eines Mitarbeiters, BuW 1999, 276; *Bauer/Röder/Lingemann*, Krankheit im Arbeitsverhältnis, 3. Aufl. 2006; *Berkowsky*, Die personen- und verhaltensbedingte Kündigung, 4. Aufl. 2004; *Boecken*, Probleme der Entgeltfortzahlung im Krankheitsfall, NZA 1999, 673; *Däubler*, Das Gesetz zu Korrekturen in der Sozialversicherung und zur Sicherung der Arbeitnehmerrechte, NJW 1999, 601; *Dorndorf*, Zur Zulässigkeit von Ausgleichsquittungen, SAE 1974, 116; *Feichtinger*, Entgeltfortzahlung im Krankheitsfall, AR-Blattei SD 1000.3; *Feldgen*, Das neue EFZG, DB 1994, 1289; *Finkenbusch*, Ausschluss des Anspruchs auf Entgeltfortzahlung bei selbstverschuldeter Arbeitsunfähigkeit des Arbeitnehmers, WzS 2012, 214; *Frohner*, Fragen der Ausgleichsquittung, AuR 1975, 108; *Gruber/Rüthers*, Der Begriff der krankheitsbedingten Arbeitsunfähigkeit im Entgeltfortzahlungs- und Krankenversicherungsrecht, 1998; *Hanau/Kramer*, Zweifel an der Arbeitsunfähigkeit, DB 1995, 94; *Haupt*, Entgeltfortzahlung im Krankheitsfall, ZAP Fach 17, 339 (1997); *Hess/Worzalla/Glock/Nicolai/Rose/Huke*, BetrVG, Kommentar, 9. Aufl. 2014; *Hold*, Änderung des Rechts der Entgeltfortzahlung im Krankheitsfall ab 1. Januar 1999, ZTR 1999, 103; *Hunold*, Arbeiten während der Gültigkeitsdauer einer ärztlichen Arbeitsunfähigkeitsbescheinigung, DB 2014, 1679; *Köster*, Dauer der Entgeltfortzahlung im Krankheitsfall, PuR 2011, 65; *ders.*, Krankheit nach Ende des Arbeitsverhältnisses, PuR 2011, 167; *Kühn*, Die Vermeidung prozessualer Risiken bei Zweifeln an der Arbeitsunfähigkeit, NZA 2012, 1249; *Lepke*, Kündigung bei Krankheit, 12. Aufl. 2006; *Löwisch/Beck*, Keine Entgeltfortzahlung bei Schönheitsoperationen, BB 2007, 1960; *Nielebock*, Wieder 100 %-ige Entgeltfortzahlung im Krankheitsfall, AiB 1999, 5; *Range-Ditz*, Arbeitsunfähigkeit – was kann vertraglich vereinbart werden?, ArbRB 2003, 218; *Reinecke*, Krankheit und Arbeitsunfähigkeit – die zentralen Begriffe des Rechts der Entgeltfortzahlung, DB 1998, 130; *ders.*, Entgeltfortzahlung im Krankheitsfall – Arbeitsunfähigkeitsbescheinigung und Sozialversicherungsausweis, FA 1999, 82; *Scheddler*, Neues ab 1. Januar 1999 im Arbeits- und Sozialrecht: Entgeltfortzahlung im Krankheitsfall, AuA 1999, 54; *Schiefer/Heitmann*, Entgeltfortzahlung im Krankheitsfall (§ 3 EFZG), PuR 2014, 180; *Schiefer/Korte*, Das Betriebsverfassungsgesetz, Düsseldorfer Schriftenreihe, 2. Aufl. 2011; *Schiefer/Worzalla*, Rechtsprechungsüberblick – Entgeltfortzahlung, PuR 2012, 244; *Schlachter*, Beweislast des Arbeitgebers für missbräuchliche Arbeitsunfähigkeitsmeldung bei im EU-Ausland erstellter ärztlicher Arbeitsunfähigkeitsbescheinigung – „Palette", EWiR 1997, 767; *Schmatz/Fischwasser*, Vergütung der Arbeitnehmer bei Krankheit und Mutterschaft, 1996; *Schulte*, Rechtsfragen der Ausgleichsquittung bei Beendigung des Arbeitsvertrags, DB 1981, 937; *Stege/Weinspach/Schiefer*, Betriebsverfassungsgesetz, 9. Aufl. 2002; *Strippelmann*, Entgeltfortzahlung bei Fortsetzungserkrankungen, PuR 2013, 37; *Stückmann*, Teilarbeits(un)fähigkeit und Entgeltfortzahlung, DB 1998, 1662; *Trieschmann*, Zum Verzicht des Arbeitnehmers auf unabdingbare gesetzliche Ansprüche, RdA 1976, 68; *Vossen*, Entgeltfortzahlung bei Krankheit und an Feiertagen, 1997; *Wank*, Reform der Lohnfortzahlung, BB 1992, 1993; *Worzalla*, Entgeltfortzahlung bei Krankheit und an Feiertagen – nach neuem Recht, Düsseldorfer Schriftenreihe, 1999; *ders.*, Neues zur Entgeltfortzahlung im Krankheitsfall, PuR 2012, 208.

a) Rechtslage im Umfeld

aa) Überblick

2067 Der Gestalter eines Arbeitsvertrages greift beim Stichwort „**Entgeltfortzahlung im Krankheitsfall**" eine Reihe von Fragen auf. Einmal geht es um die Ausgestaltung der **Mitteilungs- und Anzeigepflichten**, die dem Arbeitnehmer auferlegt werden, der aus Gründen der Arbeitsunfähigkeit der Arbeit fernzubleiben beabsichtigt. Weiterhin ist die Überlegung anzustellen, für **welchen Zeitraum** und ob eventuell unter **Bezugnahme auf die jeweilige gesetzliche Regelung** Gehaltsfortzahlung im Krankheitsfall erfolgen soll. Ein dritter Regelungsbereich befasst sich mit den Forderungen des das Gehalt fortzahlenden Arbeitgebers an Dritte, die für die Arbeitsunfähigkeit des Mitarbeiters verantwortlich sind. Ein vierter Regelungskomplex betrifft die **Kürzungsmöglichkeiten** von Gratifikationen, Sonderzuwendungen und vergleichbaren Leistungen aufgrund krankheitsbedingter Fehlzeiten. Schließlich stellt sich die Frage, in welchem Umfang auf Entgeltfortzahlungsansprüche **verzichtet** werden kann. Letztlich muss sich der Vertragsgestalter fragen, in welchem Umfang von den Regelungen des **Entgeltfortzahlungsgesetzes** abgewichen werden soll oder abgewichen werden kann.

bb) Entgeltzahlung

2068 Die Fortzahlung des Arbeitsentgelts im Krankheitsfall ist im Entgeltfortzahlungsgesetz (EFZG) geregelt. Von den Bestimmungen dieses Gesetzes kann – abgesehen von § 4 Abs. 4 EFZG (Abweichung durch Tarifvertrag) – **nicht zu Ungunsten des Arbeitnehmers abgewichen** werden.

Wird ein Arbeitnehmer durch **Arbeitsunfähigkeit infolge Krankheit** an seiner Arbeitsleistung gehindert, ohne dass ihn ein Verschulden trifft, so hat er Anspruch auf Entgeltfortzahlung im Krankheitsfall durch den Arbeitgeber für die Zeit der Arbeitsunfähigkeit bis zur Dauer von sechs Wochen (§ 3 Abs. 1 EFZG). Es gilt das **Entgeltausfallprinzip**. Dieses Entgeltausfallprinzip erhält dem Arbeitnehmer grds. die volle Vergütung einschließlich etwaiger Zuschläge. Lediglich Leistungen, die nicht an die Erbringung der Arbeitsleistung in einem bestimmten Zeitabschnitt gekoppelt sind, sondern hiervon unabhängig aus besonderem Anlass gezahlt werden, bleiben unberücksichtigt.[1] 2069

Die gesetzliche Regelung der Entgeltfortzahlung im Krankheitsfall sichert nur den Vergütungsanspruch des Arbeitnehmers vor einem sonst eintretenden Anspruchsverlust nach § 326 Abs. 1 BGB infolge seiner krankheitsbedingten Arbeitsunfähigkeit, nicht jedoch die Nutzung seiner Freizeit. Der Entgeltfortzahlungsanspruch setzt daher voraus, dass die **krankheitsbedingte Arbeitsunfähigkeit** die **alleinige Ursache** für den Ausfall der Arbeitsleistung ist. Das ist nicht der Fall, wenn der Arbeitnehmer auch aus einem anderen Grund – insb. wegen einer vor Eintritt der krankheitsbedingten Arbeitsunfähigkeit wirksam erfolgten Freistellung von der Arbeitsverpflichtung unter Fortzahlung der Vergütung zum Ausgleich eines Arbeitszeitguthabens – nicht gearbeitet hätte.[2] 2070

Hat der Arbeitgeber den Arbeitnehmer zwecks Ausgleichs von Betriebsratstätigkeit außerhalb der persönlichen Arbeitszeit gem. § 37 Abs. 3 BetrVG[3] wirksam freigestellt, so hat dieser im Falle der Erkrankung an diesem Tage keinen Anspruch auf Entgeltfortzahlung, da der Arbeitnehmer in diesem Falle „auch aus einem anderen Grund" (hier: Freistellung) nicht gearbeitet hätte.[4] 2071

Für Arbeitszeit, die infolge eines gesetzlichen **Feiertages** ausfällt, hat der Arbeitgeber dem Arbeitnehmer das Arbeitsentgelt zu zahlen, das er ohne den Arbeitsausfall erhalten hätte (§ 2 Abs. 1 EFZG). Ein Anspruch des Arbeitnehmers auf Feiertagsbezahlung besteht dann, wenn der Feiertag die **alleinige Ursache für den Arbeitsausfall** gewesen ist. Von den Vorschriften des EFZG kann – abgesehen von § 4 Abs. 4 EFZG (Abweichung durch Tarifvertrag) – nicht zu Ungunsten des Arbeitnehmers abgewichen werden (§ 12 EFZG). Daher ist eine von § 2 Abs. 1 EFZG abweichende tarifliche Bestimmung des **Ursachenzusammenhangs** zwischen Arbeitsausfall und Feiertag **unwirksam**. In einem Tarifvertrag kann deshalb nicht wirksam bestimmt werden, dass die am Tag vor dem Feiertag ausfallende Nachtschicht bzw die an Sonntagen vor den Oster- und Pfingstmontagen beginnenden und in die Feiertage hineinreichenden Schichten keine Feiertagsschichten sind, wenn der Feiertag der **alleinige Grund** für den Arbeitsausfall ist (Aufgabe der früheren Rspr).[5] 2072

Die Entgeltfortzahlung für Feiertagsarbeit, die wegen **krankheitsbedingter Arbeitsunfähigkeit** ausgefallen ist, schließt die entsprechenden Zuschläge mit ein; Gleiches gilt für **Sonntagszuschläge**. Diese Zuschläge sind Gegenleistungen für die an Sonn- und Feiertagen zu leistende besonders „lästige" bzw „belastende" Arbeit. Als Entgelt rechnen diese Zuschläge nicht zum Aufwendungsersatz iSv § 4 Abs. 1 a S. 1 EFZG, der im Krankheitsfall nicht geschuldet ist.[6] Ob arbeitsvertraglich **Freiwilligkeitsvorbehalte** im Hinblick auf derartige Sonn- und Feiertagszuschläge wirksam vereinbart werden können, ist nicht abschließend entschieden.[7] 2073

1 BAG 14.1.2009 – 5 AZR 89/08, BB 2009, 773; zu den Einzelheiten s. *Schiefer/Heitmann*, PuR 2014, 180.
2 BAG 11.9.2003 – 6 AZR 374/02, NZA 2004, 738.
3 *Schiefer/Korte*, Das Betriebsverfassungsgesetz, Checkliste 6, Rn 46.
4 BAG 15.2.2012 – 7 AZR 774/10, DB 2012, 1600 = PuR 2012, 161.
5 BAG 15.5.2013 – 5 AZR 139/12, DB 2013, 2032.
6 BAG 14.1.2009 – 5 AZR 89/08, BB 2009, 773; zum Anspruch auf Zeitgutschrift bei Feiertagsarbeit nach dem MTV Groß- und Außenhandel BY s. BAG 19.9.2012 – 5 AZR 727/11, DB 2013, 640.
7 BAG 14.1.2009 – 5 AZR 89/08, BB 2009, 773; BAG 30.7.2008 – 10 AZR 606/07, DB 2008, 2194; BAG 25.4.2007 – 5 AZR 627/06, DB 2007, 1757.

2074 Der Anspruch auf Entgeltfortzahlung besteht **nach vierwöchiger ununterbrochener Dauer** des Arbeitsverhältnisses (sog. **Wartezeit**). Auf diese Wartezeit kann der Arbeitgeber „theoretisch" verzichten. Da der Arbeitnehmer gem. § 44 Abs. 1 SGB V in diesem Zeitraum Anspruch auf Krankengeld hat, ist der Verzicht auf die Wartezeit nicht zweckmäßig. Vor allem bei Arbeitnehmern, die im Niedriglohnbereich tätig sind, empfiehlt es sich aus „pädagogischen" Gründen, nicht auf die Wartezeit zu verzichten. Man kennt den Arbeitnehmer nicht und somit auch nicht seine Arbeitseinstellung. Auch Zuschüsse als Ausgleich zwischen der Nettovergütung und dem aus Anlass der Krankheit gezahlten **Krankengeld**, wie von *Preis*[8] für Besserverdienende empfohlen, dämpfen nicht eine etwaige Bereitschaft des Arbeitnehmers, sich schon zu Beginn des Arbeitsverhältnisses „krankschreiben" zu lassen.

2075 Besteht zwischen einem beendeten und einem neu begründeten Arbeitsverhältnis zu demselben Arbeitgeber ein enger zeitlicher und sachlicher Zusammenhang, wird der Lauf der Wartezeit des § 3 Abs. 3 EFZG in einem neuen Arbeitsverhältnis nicht erneut ausgelöst.[9] Im vom BAG am 22.8.2001 entschiedenen Fall endete das Arbeitsverhältnis des Mitarbeiters am 7. Januar. Am 27. Januar wurde ein neues Arbeitsverhältnis zwischen den Parteien begründet. Aus dem systematischen Zusammenhang zwischen § 3 Abs. 3 EFZG und § 3 Abs. 1 S. 2 Nr. 2 EFZG schloss der Senat, dass bei einem engen sachlichen Zusammenhang zweier Arbeitsverhältnisse eine kurzzeitige Unterbrechung nicht zur Entstehung einer neuen Wartezeit führe.

2076 Der Anspruch auf Fortzahlung des Arbeitsentgelts wird gem. § 8 Abs. 1 S. 1 EFZG nicht dadurch berührt, dass der Arbeitgeber das Arbeitsverhältnis aus Anlass der Arbeitsunfähigkeit kündigt (sog. **Anlasskündigung**). Der Arbeitgeber muss in diesem Falle nach §§ 3, 8 EFZG dennoch Entgeltfortzahlung ab dem ersten Tag des Endes der Wartezeit – ggf über den Ablauf der Kündigungsfrist hinaus – leisten.[10] Das Gleiche gilt, wenn der Arbeitnehmer das Arbeitsverhältnis aus einem vom Arbeitgeber zu vertretenden Grund kündigt, der den Arbeitnehmer zur Kündigung aus wichtigem Grund ohne Einhaltung einer Kündigungsfrist berechtigt (§ 8 Abs. 1 S. 2 EFZG).

2077 Nur im Falle der **unverschuldeten** Krankheit entsteht ein Anspruch auf Entgeltfortzahlung. Schuldhaft handelt der Arbeitnehmer, der gröblich gegen das von einem verständigen Menschen im eigenen Interesse zu erwartende Verhalten verstößt.[11]

2078 Anspruch auf Entgeltfortzahlung im Krankheitsfall gem. § 3 Abs. 1 EFZG besteht auch für Arbeitsunfähigkeit, die durch eine **künstliche Befruchtung** bedingt ist. Das gilt jedenfalls für Behandlungen, die aufgrund eines von der Krankenkasse genehmigten Behandlungsplans iSd § 27a SGB V erfolgt sind.[12] Arbeitsunfähigkeit, die infolge von Erkrankungen auftritt, die auf eine Hormonbehandlung zur Behandlung einer Unfruchtbarkeit zurückzuführen sind, ist nicht verschuldet iSd Entgeltfortzahlungsgesetzes.[13]

2079 Hat eine **Schönheitsoperation** eine Arbeitsunfähigkeit zur Folge, so muss dies nicht zur Entgeltfortzahlung führen, da der Arbeitnehmer den Eingriff und damit die Komplikation bewusst in Kauf nimmt und wider seiner eigenen Interessen und damit schuldhaft iSd Gesetzes handelt.[14]

---

8 Preis/*Preis*, Der Arbeitsvertrag, II E 20 Rn 16.

9 BAG 22.8.2001 – 5 AZR 699/99, DB 2002, 640.

10 LAG Schleswig-Holstein 6.2.2014 – 5 Sa 324/12, EzA-RR 2014, 291.

11 LAG Hamm 7.3.2007 – 18 Sa 1839/06; BAG 11.3.1987 – 5 AZR 739/85, DB 1987, 1495; LAG Hamm 8.2.2006 – 18 Sa 1083/05; zum Ausschluss des Anspruchs auf Entgeltfortzahlung bei selbstverschuldeter Arbeitsunfähigkeit des Arbeitnehmers s. *Finkenbusch*, WzS 2012, 214, ausgehend von der Entscheidung des BAG 2.3.2006 – 2 AZR 53/05, NZA-RR 2006, 636 zur außerordentlichen Kündigung wegen Skiurlaubs während Arbeitsunfähigkeit; LAG Köln 16.1.2014 – 13 Sa 516/13; LAG Köln 19.4.2013 – 7 Sa 1204/11, AE 2014, 25; s. im Einzelnen *Schiefer/Heitmann*, PuR 2014, 180.

12 LAG Düsseldorf 13.6.2008 – 10 Sa 449/08.

13 LAG Hessen 26.11.2008 – 6/18 Sa 740/08.

14 *Worzalla*, PuR 2012, 208; *Löwisch/Beck*, BB 2007, 1960 mit weiteren Hinweisen.

Etwas anderes gilt ggf dann, wenn der Grund für die Operation so erheblich ist, dass daraus psychische Beeinträchtigungen resultieren.[15]

2080 Umstritten war die Entgeltfortzahlung für **Organspender.**[16] Nach der Rspr des BAG hatte der Organspender keinen Anspruch gegen seinen Arbeitgeber auf Entgeltfortzahlung.[17] Auch insofern wurde argumentiert, dass die zur Arbeitsunfähigkeit führende Behandlung vom Arbeitnehmer bewusst herbeigeführt und daher nicht vom Schutzzweck des § 3 Abs. 1 EFZG erfasst sei. Der Verdienstausfall des Spenders wurde daher als Kosten der Krankenhilfe bzw der Heilbehandlung des Empfängers von dessen Krankenkasse getragen. Dies ist nunmehr iSd Förderung der Bereitschaft zur Organspende für den Spender vereinfacht in **§ 3 a EFZG** geregelt. Der Organspender hat danach einen unmittelbaren Anspruch gegen seinen Arbeitgeber auf Entgeltfortzahlung im Krankheitsfall. Der Arbeitgeber seinerseits muss den Anspruch auf Erstattung dieser Aufwendungen bei der gesetzlichen Krankenkasse des Organempfängers geltend machen. Das betrifft die Erstattung des an den Arbeitnehmer fortgezahlten Arbeitsentgelts sowie der hierauf entfallenden Beiträge zur Sozialversicherung sowie zur betrieblichen Alters- und Hinterbliebenenversorgung. Entsprechende Regelungen finden sich für Organempfänger, die privat versichert sind, in § 3 a Abs. 2 S. 2 EFZG. Die Regelung des § 3 a EFZG ist am 1.8.2012 in Kraft getreten.[18]

2081 Wird der Arbeitnehmer **während eines bezahlten Erholungsurlaubs**, den er im Rahmen einer Betriebsurlaubsregelung nimmt, **krank**, verliert er nicht seinen Anspruch auf Entgeltfortzahlung.[19]

2082 Die Dauer des **Entgeltfortzahlungszeitraums** kann zwischen den Parteien **über den gesetzlichen Rahmen hinaus** verlängert werden. Insbesondere bei Führungskräften ist es üblich, den Entgeltfortzahlungszeitraum auf drei oder sechs Monate auszudehnen. Eine dahingehende Vereinbarung empfiehlt sich in erster Linie dann, wenn der in Rede stehende Mitarbeiter kein Mitglied der gesetzlichen Krankenversicherung gem. §§ 5–8 SGB V ist und auch keine freiwillige Mitgliedschaft bei einer gesetzlichen Krankenkasse nach § 9 SGB V vorliegt. Aufgrund des individualvertraglich vereinbarten Entgeltfortzahlungsanspruchs erspart der Mitarbeiter Aufwendungen für eine private Krankenversicherung.

2083 Die **Berechnung der Leistungsdauer** bei der Entgeltfortzahlung im Krankheitsfall bereitet in der Praxis vielfach Probleme. Schwierigkeiten entstehen vor allem dann, wenn **mehrere Krankheitsfälle hintereinander** auftreten. Ausgehend von dem Grundsatz, dass die Leistungsdauer sechs Wochen umfasst, sind ggf folgende Aspekte zu klären: Beginn des Sechs-Wochen-Zeitraums, Feststellung der Leistungsdauer, erneuter Eintritt der Arbeitsunfähigkeit, Einheit des Verhinderungsfalles, Fortsetzungserkrankung.[20]

2084 Die Parteien können auch sog. **Krankengeldzuschussvereinbarungen** treffen, durch die die Differenz zwischen dem nach Ablauf der Entgeltfortzahlungsphase bezogenen Krankengeld und der üblicherweise gezahlten Nettovergütung ausgeglichen wird. Nach der gesetzlichen Regelung (§ 47 Abs. 1 S. 1 SGB V) steht dem Arbeitnehmer bei Unfall oder Krankheit Krankengeld iHv 70 % des entgangenen regelmäßigen Bruttoarbeitsentgelts zu. Gemäß § 47 Abs. 1 S. 2 SGB V darf das aus dem Arbeitsentgelt berechnete Krankengeld 90 % des Nettoarbeitslohns nicht übersteigen. Besonderen Nutzen hat eine Krankengeldzuschussvereinbarung für Arbeitnehmer mit einem hohen Gehalt. § 47 Abs. 6 SGB V sieht vor, dass das Regelentgelt nicht höher als bis zur kalendertäglichen Beitragsbemessungsgrenze berücksichtigt werden kann. Folg-

15 *Worzalla*, PuR 2012, 208.
16 ErfK/*Dörner*, § 3 EFZG Rn 28.
17 BAG 6.8.1986 – 5 AZR 607/85, NZA 1987, 487.
18 *Worzalla*, PuR 2012, 208, 209.
19 LAG Niedersachsen 21.11.2008 – 10 Sa 289/08.
20 S. im Einzelnen *Köster*, PuR 2011, 65.

lich ist eine Vereinbarung über einen Krankengeldzuschuss vor allem dann sinnvoll, wenn das Nettoarbeitsentgelt des Mitarbeiters 80 % der Jahresarbeitsverdienstgrenze überschreitet.[21]

2085 Gemäß § 4 a EFZG ist eine Vereinbarung über die **Kürzung** von Leistungen, die der Arbeitgeber zusätzlich zum laufenden Arbeitsentgelt erbringt (**Sondervergütungen**), auch für Zeiten der Arbeitsunfähigkeit infolge Krankheit zulässig. Die Kürzung darf für jeden Tag der Arbeitsunfähigkeit infolge Krankheit ein Viertel des Arbeitsentgelts, das im Jahresdurchschnitt auf einen Arbeitstag entfällt, nicht überschreiten. Der Begriff der Sondervergütung iSd § 4 a S. 1 EFZG ist umfassend. Er erfasst alle Leistungen, die der Arbeitgeber über das laufende Arbeitsentgelt hinaus, das zeitabschnittsweise für die Arbeitsleistung gezahlt wird, gewährt (zB eine Prämie für einen Busfahrer).[22]

2086 § 4 a S. 1 EFZG stellt selbst keine Berechtigungsgrundlage für die Kürzung von Sonderzahlungen dar. § 4 a EFZG ermöglicht es dem Arbeitgeber nicht, Sondervergütungen einseitig zu kürzen; eine Kürzung ist nur im Wege einer **Vereinbarung** zulässig. Fehlt eine solche, verstößt bspw die Nichtgewährung einer Prämie wegen krankheitsbedingter Fehlzeiten gegen § 4 a EFZG.[23]

2087 Gewährt ein Arbeitgeber **ohne Rechtspflicht** und **ohne Rechtsbindung** für die Zukunft eine **Weihnachtszuwendung** als **freiwillige Leistung**, so kann er in den Grenzen des § 4 a S. 2 EFZG solche Arbeitnehmer ausnehmen, die im Bezugszeitraum Fehlzeiten aufwiesen. Einer vorherigen „Vereinbarung" iSv § 4 a S. 1 EFZG bedarf es insoweit nicht, weil auch die Sonderzahlung nicht vereinbart ist und deshalb ein Anspruch der Arbeitnehmer bis zur Zusage oder der Zahlung ohnehin nicht besteht. Erfolgt die Zahlung mit einer § 4 a S. 2 EFZG entsprechenden Differenzierung unter Freiwilligkeitsvorbehalt, können die Arbeitnehmer „allenfalls hoffen, nicht aber darauf vertrauen, dass auch künftig wieder entsprechende Sonderzahlungen erfolgen werden".[24]

2088 Die Kürzung darf für jeden Tag der Arbeitsunfähigkeit infolge Krankheit ein Viertel des Arbeitsentgelts, das im Jahresdurchschnitt auf einen Arbeitsvertrag entfällt, nicht überschreiten (§ 4 a S. 2 EFZG).[25] *Eckert*[26] gibt hierzu folgendes **Beispiel:** Der Arbeitnehmer erzielt im Jahresschnitt ein Arbeitsentgelt je Arbeitstag iHv 100 €. In diesem Fall darf ihm für jeden Tag der Arbeitsunfähigkeit von einer ggf vereinbarten Sondervergütung ein Betrag iHv 25 € abgezogen werden. – Anders gerechnet: Entspricht die Sondervergütung einem Monatsverdienst, kann der Arbeitgeber sie komplett streichen, wenn der Arbeitnehmer vier Monate arbeitsunfähig erkrankt war.

2089 In Betracht kommen könnte auch die Vereinbarung einer **Kürzung von Urlaubstagen**, soweit sie nicht über den gesetzlichen Mindesturlaub hinausgeht und keine tariflich zwingende Regelung über den Urlaubsumfang besteht. Dabei empfiehlt es sich, die Regelung, soweit sie durchsetzbar ist, nicht im Bereich der Entgeltfortzahlung, sondern wegen der größeren Sachnähe im Bereich der im Arbeitsvertrag getroffenen Urlaubsregelung anzusiedeln.

cc) Unverzichtbarkeit

2090 Während der Dauer des Arbeitsverhältnisses bis zur Beendigung darf von den gesetzlichen Regelungen des Entgeltfortzahlungsgesetzes – abgesehen von § 4 Abs. 4 EFZG – **nicht zu Unguns-**

21 Preis/*Preis*, Der Arbeitsvertrag, II E 20 Rn 16.
22 LAG München 6.8.2008 – 9 Sa 173/08.
23 LAG München 6.8.2008 – 9 Sa 173/08.
24 LAG Rheinland-Pfalz 10.2.2011 – 10 Sa 495/10 mit Hinweis auf BAG 7.8.2002 – 10 AZR 709/01, NZA 2002, 1282.
25 LAG Rheinland-Pfalz 10.2.2011 – 10 Sa 495/10.
26 *Eckert*, in: Maschmann/Sieg/Göpfert, Vertragsgestaltung im Arbeitsrecht, 320 Rn 42 f.

ten des Mitarbeiters abgewichen werden.[27] Auch tariflich abgesicherte Entgeltfortzahlungsansprüche stehen wegen § 4 Abs. 1 TVG nicht zur Disposition.[28]

Während der Dauer des Arbeitsverhältnisses ist der Anspruch auf Entgeltfortzahlung bis zur Beendigung **unverzichtbar**. Unzulässig ist es daher, schon im Arbeitsvertrag auf den Entgeltfortzahlungsanspruch zu verzichten. Auch eine tarifvertragliche Regelung, die dem Arbeitgeber das Recht einräumt, für jeden Tag der Entgeltfortzahlung im Krankheitsfall den Arbeitnehmer 1,5 Stunden nacharbeiten zu lassen bzw, sofern ein Arbeitszeitkonto vorhanden ist, von diesem Zeitkonto 1,5 Stunden in Abzug zu bringen, weicht zu Ungunsten des Arbeitnehmers von § 4 Abs. 1 EFZG ab und ist deshalb nach § 12 EFZG, § 134 BGB (zumindest aber nach § 307 Abs. 2 Nr. 1 BGB) unwirksam.[29] 2091

Ausgeschlossen ist ferner der Verzicht auf den Entgeltfortzahlungsanspruch, wenn dieser nach § 115 Abs. 1 SGB X auf die Krankenkasse übergegangen ist.[30] Ebenfalls unverzichtbar sind nach Beendigung des Arbeitsverhältnisses noch nicht fällige Entgeltfortzahlungsansprüche aufgrund der Unabdingbarkeit gem. § 12 EFZG.[31] 2092

Den nachträglichen Verzicht des Arbeitnehmers auf in der Vergangenheit entstandene Entgeltfortzahlungsansprüche hält das BAG für wirksam.[32] Die Rspr fordert zusätzlich, dass sich aus den Begleitumständen ergibt, dass der Arbeitnehmer die Tragweite seiner Erklärung erkannte. Die Wirksamkeit der Verzichtserklärung wird damit faktisch von einem arbeitgeberseitigen Hinweis in der Vertragsformulierung abhängig gemacht. *Preis*[33] weist darauf hin, dass Einigkeit besteht, dass das Gesetz in erster Linie verhindern will, dass ein Arbeitnehmer durch Krankheit zusätzlich in finanzielle Schwierigkeiten gerät. Dem Arbeitnehmer soll also insofern ein individueller Schutz geboten werden, als dass er die Krankheitszeit **nicht ohne Lohn** überbrücken muss. Dieses Schutzes bedarf er aber jedenfalls **nach Fälligkeit** des Anspruchs nicht mehr. Denn zu diesem Zeitpunkt kann er selbst überschauen und entscheiden, ob er den Lohn für seinen zukünftigen Lebensunterhalt benötigt oder nicht. Daher betont *Preis*, dass nur auf **bereits fällige**, nicht aber auf noch **nicht fällige Entgeltfortzahlungsansprüche wirksam verzichtet** werden könne. 2093

dd) Zuweisung eines geringere Anforderungen stellenden Arbeitsplatzes, Beschäftigung als teilweiser Arbeitsunfähiger

Während eines Wiedereingliederungsverhältnisses gemäß dem Gesetz zur Strukturreform im Gesundheitswesen vom 20.12.1988[34] ist der Arbeitgeber gem. § 74 SGB V nicht verpflichtet, den Arbeitnehmer auf einem **geringere Anforderungen stellenden Arbeitsplatz** oder als einen **teilweise Arbeitsunfähigen** zu beschäftigen.[35] Vertragsklauseln, die einen Arbeitgeber bei Teilarbeitsunfähigkeit des Arbeitnehmers verpflichten, dem Arbeitnehmer eine medizinisch und arbeitsvertraglich zumutbare Tätigkeit zuzuweisen, sind nicht gleich unwirksam.[36] Diese Folge ergibt sich weder aus der gesetzlichen Regelung noch aus dem Urteil des BAG vom 29.1.1992.[37] Zugunsten des Arbeitnehmers als Ausdruck der Privatautonomie eine Regelung zu treffen, sind die Parteien auch nach der Schuldrechtsreform nicht gehindert. Dass der Ar- 2094

27 Schaub/*Linck*, Arbeitsrechts-Handbuch, § 98 VIII 1; BAG 15.5.2013 – 5 AZR 139/12, DB 2013, 2032.
28 *Frohner*, AuR 1975, 108.
29 BAG 26.9.2001 – 5 AZR 539/00, NZA 2002, 387.
30 *Schmatz/Fischwasser*, § 9 Rn 28.
31 BAG 26.10.1971 – 1 AZR 40/71, DB 1972, 343; *Trieschmann*, RdA 1976, 68.
32 BAG 20.8.1980 – 5 AZR 218/78, AP § 6 LohnFG Nr. 11.
33 Preis/*Preis*, Der Arbeitsvertrag, II E 20 Rn 25.
34 BGBl. I S. 2477.
35 BAG 29.1.1992 – 5 AZR 37/91, EzA § 74 SGB V Nr. 1.
36 So aber Preis/*Preis*, Der Arbeitsvertrag, II E 20 Rn 20; *Wank*, BB 1992, 1993; zur Beschäftigung bei ärztlich bescheinigter Arbeitsunfähigkeit *Hunold*, DB 2014, 1679.
37 BAG 29.1.1992 – 5 AZR 37/91, AP § 74 SGB V Nr. 1.

beitgeber möglicherweise im Rahmen seines Direktionsrechts nicht befugt ist, einen arbeitsunfähig erkrankten Arbeitnehmer auf einem anderweitigen Arbeitsplatz einzusetzen,[38] lässt nicht den Schluss zu, dass es den Parteien verwehrt wäre, eine zugunsten des teilarbeitsunfähigen Arbeitnehmers wirkende Regelung zu treffen. Der Arbeitgeber kann für die Dauer des **Einarbeitungsrechtsverhältnisses** mit dem Arbeitnehmer einen eigenständigen Vertrag schließen, was empfohlen wird.[39]

ee) Anzeige- und Nachweispflichten, Arbeitsunfähigkeitsbescheinigung

2095 Gemäß § 5 Abs. 1 S. 1 EFZG ist der Arbeitnehmer verpflichtet, dem Arbeitgeber die Arbeitsunfähigkeit und deren voraussichtliche Dauer **unverzüglich** mitzuteilen (sog. **Anzeigepflicht**).

2096 Dauert die Arbeitsunfähigkeit länger als drei Kalendertage, hat der Arbeitnehmer eine ärztliche Bescheinigung über das Bestehen der Arbeitsunfähigkeit sowie deren voraussichtliche Dauer spätestens an dem darauf folgenden Arbeitstag vorzulegen (§ 5 Abs. 1 S. 2 EFZG). Die Pflicht zur Vorlage einer **Arbeitsunfähigkeitsbescheinigung** besteht nach der gesetzlichen Regelung – vorbehaltlich anderweitiger vertraglicher oder betrieblicher Bestimmungen – somit erst und nur dann, wenn der Arbeitnehmer **am vierten Tag noch erkrankt** ist. An diesem Tag muss er dann die Arbeitsunfähigkeitsbescheinigung vorlegen. Kommt er am vierten Tag wieder zur Arbeit, muss er keine Arbeitsunfähigkeitsbescheinigung vorlegen.[40]

2097 Der Arbeitgeber ist berechtigt, die Vorlage der ärztlichen Bescheinigung **früher** zu **verlangen** (§ 5 Abs. 1 S. 3 EFZG). Mit Entscheidung vom 14.11.2012[41] stellt das BAG hierzu Folgendes fest: Der Arbeitgeber ist berechtigt, von dem Arbeitnehmer die Vorlage einer ärztlichen Bescheinigung über die bestehende Arbeitsunfähigkeit und deren voraussichtliche Dauer **schon von dem ersten Tag der Erkrankung an** zu verlangen. Die Ausübung dieses Rechts steht in dem nicht an besondere Voraussetzungen gebundenen Ermessen des Arbeitgebers. Insbesondere ist es nicht erforderlich, dass gegen den Arbeitnehmer ein begründeter Verdacht besteht, er habe in der Vergangenheit eine Erkrankung nur vorgetäuscht. Eine tarifliche Regelung steht dem nur entgegen, wenn sie das Recht des Arbeitgebers aus § 5 Abs. 1 S. 3 EFZG ausdrücklich ausschließt.

Das BAG hat mit dieser Entscheidung, die in den Medien viel Aufmerksamkeit erfahren hat, letztlich die seit den 90er Jahren geltende Rechtslage bestätigt. Für ein entsprechendes **Verlangen des Arbeitgebers** bedarf es also grds. keines Anlasses. Andererseits darf der Arbeitgeber von dem Recht aber auch nicht willkürlich Gebrauch machen bzw damit einen Arbeitnehmer, der ein ihm zustehendes Recht ausgeübt hat, maßregeln. Dies verstieße gegen § 612 a BGB.[42]

2098 Dauert die Arbeitsunfähigkeit länger als in der ersten ärztlichen Bescheinigung angegeben, so muss unverzüglich eine **neue** ärztliche Bescheinigung vorgelegt werden (§ 5 Abs. 1 S. 4 EFZG).

2099 Die hartnäckige, trotz dreimaliger Abmahnung über längere Zeit fortgesetzte Verletzung der Pflicht, eine Arbeitsunfähigkeit oder deren Verlängerung anzuzeigen, die zu einem völligen Ausfall der Planbarkeit des Einsatzes eines Arbeitnehmers führt, kann an sich geeignet sein, eine außerordentliche Kündigung zu rechtfertigen.[43] In der höchstrichterlichen Rspr ist anerkannt, dass die **Verletzung der Anzeigepflicht** bei Arbeitsunfähigkeit „bei erschwerenden Umständen“ des Einzelfalls nach entsprechender Abmahnung nicht nur eine ordentliche, sondern eine **fristlose Kündigung** rechtfertigen kann.[44]

---

38 LAG Hamm 20.7.1988 – 1 Sa 729/88, DB 1989, 1293.

39 *Hümmerich/Lücke/Mauer*, FB ArbR, Muster 1018.

40 *Schiefer/Worzalla*, PuR 2012, 244.

41 BAG 14.11.2012 – 5 AZR 886/11, NZA 2013, 322 = DB 2013, 464 = PuR 2012, 245.

42 *Schiefer/Worzalla*, PuR 2012, 244.

43 LAG Köln 9.2.2009 – 5 Sa 926/08, LAGE § 626 BGB 2002 Nr. 19.

44 BAG 15.1.1986 – 7 AZR 128/83, DB 1986, 2443.

Grundsätzlich gelten die Anzeige- und Nachweispflichten gleichermaßen bei **Auslandsaufenthalten.** Gemäß § 5 Abs. 2 EFZG muss der Arbeitnehmer dem Arbeitgeber die Arbeitsunfähigkeit, deren voraussichtliche Dauer und die Adresse am Aufenthaltsort in der schnellstmöglichen Art der Übermittlung mitteilen. 2100

Bestehen begründete **Zweifel**, ob der Arbeitnehmer (hier: Arbeitnehmer des öffentlichen Dienstes) nur **vorübergehend** durch Krankheit an der Arbeitsleistung verhindert **oder auf Dauer** berufs- oder erwerbsunfähig ist, so hat er sich auf Verlangen des Arbeitgebers einer ärztlichen Untersuchung zu unterziehen. Gefährdet der Arbeitnehmer den Erfolg dieser Untersuchung dadurch, dass er trotz Abmahnung beharrlich sein Einverständnis zu der Beiziehung der Vorbefunde der behandelnden Ärzte verweigert, so kann dies je nach den Umständen einen wichtigen Grund zur außerordentlichen Kündigung darstellen.[45] 2101

Der Verstoß gegen eine **tarif- oder einzelvertraglich geregelte Pflicht** des Arbeitnehmers, bei gegebener Veranlassung auf Wunsch des Arbeitgebers an einer ärztlichen Untersuchung zur Feststellung der Arbeitsunfähigkeit mitzuwirken, kann **je nach den Umständen** geeignet sein, eine Kündigung zu rechtfertigen.

Die **Auswahl des Arztes** durch den Arbeitgeber hat nach **billigem Ermessen** zu erfolgen. Macht der Arbeitnehmer rechtzeitig vor oder während der Begutachtung begründete Bedenken – etwa gegen die Fachkunde oder Unvoreingenommenheit des begutachtenden Arztes – geltend, so kann es je nach den Umständen allein billigem Ermessen entsprechen, dass der Arbeitgeber einen **anderen Arzt** mit der Begutachtung beauftragt. Eine Verpflichtung des Arbeitgebers, nicht an dem von ihm bestimmten Arzt für die Untersuchung festzuhalten, kann sich nur dann ergeben, wenn der Arbeitnehmer **begründete Einwände** gegen ihn erhebt. „Aus der Luft gegriffene oder in der Sache unbeachtliche Bedenken gegen den vom Arbeitgeber bestimmten Arzt sind dagegen nicht ausreichend."[46]

Der Arbeitgeber ist nicht zunächst verpflichtet, bei Zweifeln an dem Vorliegen einer Arbeitsunfähigkeit gegenüber der Krankenkasse nach § 275 Abs. 1 a S. 3 SGB V zu verlangen, dass diese eine gutachterliche Stellungnahme des Medizinischen Dienstes der Krankenversicherung einholt, um berechtigt die Entgeltfortzahlung zu verweigern. Der Verzicht des Arbeitgebers auf sein Recht nach § 275 Abs. 1 a S. 3 SGB V bedeutet nicht, dass ihm die Möglichkeit abgeschnitten wird, nach den Grundsätzen des Beweisrechts den Beweiswert der Arbeitsunfähigkeit zu erschüttern. Die pauschale Behauptung des Arbeitgebers, der Arbeitnehmer sei nicht arbeitsunfähig krank gewesen und habe die Arbeitsunfähigkeit vorgetäuscht, reicht zur Erschütterung des Beweiswertes der Arbeitsunfähigkeitsbescheinigung nicht aus.[47] 2102

Die nach § 5 Abs. 1 S. 3 EFZG zulässige Anweisung des Arbeitgebers, Zeiten der Arbeitsunfähigkeit unabhängig von deren Dauer generell durch eine vor Ablauf des dritten Kalendertages nach Beginn der Arbeitsunfähigkeit vorzulegende Bescheinigung nachzuweisen, betrifft nach Ansicht des BAG eine Frage der betrieblichen Ordnung iSv § 87 Abs. 1 Nr. 1 BetrVG. Das danach bestehende **Mitbestimmungsrecht** des Betriebsrats sei nicht durch das EFZG ausgeschlossen. § 5 Abs. 1 S. 3 EFZG eröffne dem Arbeitgeber einen Regelungsspielraum hinsichtlich der Frage, ob und wann die Arbeitsunfähigkeit vor dem vierten Tag nachzuweisen ist. Bei dieser Regelung habe der Betriebsrat mitzubestimmen.[48] 2103

Die Anweisung des Arbeitgebers an einen Arbeitnehmer, eine ärztliche Arbeitsunfähigkeitsbescheinigung bei jeder Krankmeldung sofort vorzulegen, unterliegt allerdings nach Ansicht des 2104

45 BAG 6.11.1997 – 2 AZR 801/96, BB 1998, 592.
46 BAG 27.9.2012 – 2 AZR 811/11, DB 2013, 1676.
47 LAG Hamm 9.4.2008 – 18 Sa 1938/07.
48 BAG 25.1.2000 – 1 ABR 3/99, DB 2000, 1128; aA *Stege/Weinspach/Schiefer*, BetrVG, § 87 Rn 47 a; *Schiefer/Worzalla*, PuR 2012, 244.

LAG Hessen[49] nicht der Mitbestimmung des Betriebsrats, wenn sie in Besonderheiten des Einzelfalls begründet ist und ihr keine erkennbare generelle Regelung zugrunde liegt.

2105 Die ärztliche Arbeitsunfähigkeitsbescheinigung ist das gesetzlich in § 5 Abs. 1 S. 2 EFZG vorgesehene **Nachweismittel**, mit dem der Arbeitnehmer seinem Arbeitgeber die Arbeitsunfähigkeit und deren Dauer nachweist. Einer solchen Bescheinigung kommt im Rahmen der richterlichen Beweiswürdigung nach § 286 Abs. 1 ZPO ein **hoher Beweiswert** zu. Der Tatrichter kann normalerweise den Beweis, dass eine krankheitsbedingte Arbeitsunfähigkeit vorliegt, als erwiesen ansehen, wenn der Arbeitnehmer im Rechtsstreit eine solche Bescheinigung vorlegt.[50] Bestreitet der Arbeitgeber trotz der vorgelegten, ordnungsgemäß erteilten ärztlichen Arbeitsunfähigkeitsbescheinigung die Arbeitsunfähigkeit, muss er nicht den Beweis des Gegenteils führen. Er muss wie bei jeder tatsächlichen Vermutung zunächst Tatsachen vortragen, aus denen der Richter den Schluss ziehen kann, dass der Beweiswert der Arbeitsunfähigkeitsbescheinigung erschüttert ist, weil ernsthafte Zweifel an der krankheitsbedingten Arbeitsunfähigkeit bestehen.[51] *Kühn* ist allerdings der Auffassung, dass die vielfach anzutreffende Formulierung, Arbeitgeber müssten bei Zweifeln an der Arbeitsunfähigkeit eines Arbeitnehmers nicht beweisen, dass der Arbeitnehmer arbeitsfähig gewesen sei – es genüge, wenn sie Umstände darlegten, die Bedenken gegen die Arbeitsunfähigkeitsbescheinigung begründeten – erhebliche prozessuale Risiken berge. Er empfiehlt, grds. die Nutzung der bisher vielfach unberücksichtigten Möglichkeit, bei Zweifeln an der Arbeitsunfähigkeit des Arbeitnehmers den **MDK** einzuschalten. Komme der MDK-Gutachter zu einem von der Arbeitsunfähigkeitsbescheinigung abweichenden Ergebnis, widerlege das Untersuchungsergebnis des MDK die Arbeitsunfähigkeit des Arbeitnehmers.

b) Klauseltypen und Gestaltungshinweise

aa) Anzeige- und Nachweisklausel

(1) Klauseltyp A

2106 **A 1:** Der Arbeitnehmer ist verpflichtet, dem Arbeitgeber die Arbeitsunfähigkeit und deren voraussichtliche Dauer unverzüglich anzuzeigen. Dauert die Arbeitsunfähigkeit länger als drei Kalendertage, hat der Arbeitnehmer eine ärztliche Bescheinigung über das Bestehen der Arbeitsunfähigkeit sowie deren voraussichtliche Dauer spätestens an dem darauf folgenden Arbeitstag vorzulegen. Der Arbeitgeber ist berechtigt, die Vorlage der ärztlichen Bescheinigung früher zu verlangen.

A 2: Der Mitarbeiter ist verpflichtet, jede Arbeitsverhinderung und ihre voraussichtliche Dauer unverzüglich der Firma anzuzeigen und dabei gleichzeitig auf etwaige dringliche Arbeiten hinzuweisen.

A 3: Arbeitsverhinderung ist dem Arbeitgeber unverzüglich, möglichst telefonisch am Vormittag des ersten Tages des Arbeitsausfalls, unter Angabe der Gründe mitzuteilen; ist die Verhinderung vorher bekannt, so ist sie rechtzeitig dem Arbeitgeber mitzuteilen.[52]

A 4: Im Krankheitsfall hat der Mitarbeiter Arbeitsverhinderung dem Arbeitgeber unverzüglich, möglichst telefonisch zwei Stunden vor Beginn des Arbeitsausfalls unter Angabe der Gründe mitzuteilen. Ist die Arbeitsverhinderung länger vor Beginn der Arbeitszeit bekannt, ist sie dem Arbeitgeber zum frühestmöglichen Zeitpunkt bekannt zu geben. Der Mitarbeiter verpflichtet sich, spätestens am dritten Kalendertag nach Eintritt der Erkrankung eine ärztliche Arbeitsun-

49 LAG Hessen 17.9.2008 – 8 Sa 1454/07.

50 LAG Hamm 11.6.2008 – 18 Sa 2146/07 unter Verweis auf BAG 11.10.2006 – 5 AZR 755/05, DB 2007, 1313.

51 *Kühn*, NZA 2012, 1249 ff.

52 *Hümmerich/Lücke/Mauer*, FB ArbR, Muster 1318 (§ 8 Abs. 1).

fähigkeitsbescheinigung mit Angaben über die voraussichtliche Dauer der Erkrankung unaufgefordert vorzulegen. Dauert die Arbeitsunfähigkeit länger als in der Bescheinigung angegeben, sind eine oder mehrere Folgebescheinigungen vorzulegen. Der Arbeitgeber kann jederzeit von einzelnen Arbeitnehmern auch bei eintägiger Erkrankung die Vorlage einer Arbeitsunfähigkeitsbescheinigung bereits am ersten Tag der Erkrankung verlangen.[53]

A 5: Der Arbeitnehmer ist verpflichtet, am ersten Tag der Erkrankung eine ärztliche Bescheinigung über das Bestehen der Arbeitsunfähigkeit und deren voraussichtliche Dauer vorzulegen.

(2) Gestaltungshinweise

2107 Die Klauseln A 1 und A 2 wiederholen den Gesetzestext des § 5 Abs. 1 Sätze 1–3 EFZG und sind damit rein deklaratorischer Natur. Nach § 5 Abs. 1 S. 3 EFZG kann der Arbeitgeber auch die Vorlage einer ärztlichen Bescheinigung vor Ablauf des vierten Krankheitstages verlangen. Die Klausel A 1 (S. 3) trägt diesem Umstand Rechnung. Der Arbeitgeber muss sich allerdings nicht mit einer solchen **Ermächtigungsnorm im Arbeitsvertrag** begnügen. Er kann auch in den Arbeitsvertrag eine **vorgezogene Nachweispflicht** für jeden Erkrankungsfall wirksam hineinschreiben, wie sich aus einem Urteil des BAG[54] ergibt. Macht der Arbeitgeber nicht nur durch Ausübung seines Direktionsrechts im Einzelfall, sondern arbeitsvertraglich von der vorgezogenen Nachweispflicht Gebrauch, kann der Zusatz im Arbeitsvertrag lauten:

> „Der Arbeitnehmer ist verpflichtet, dem Arbeitgeber die ärztliche Bescheinigung über die Arbeitsunfähigkeit bereits am ersten Tag seiner Arbeitsunfähigkeit vorzulegen. Die Übersendung der Arbeitsunfähigkeitsbescheinigung ist vorab per Telefax an die Fax-Nr. (...) zu bewirken.“[55]

2108 Zu beachten ist, dass das Urteil des BAG vom 25.1.2000 zwar besagt, dass der **Nachweis** der Arbeitsunfähigkeit vom Arbeitnehmer **ab** dem ersten Krankheitstag verlangt werden kann. Die Entscheidung lässt hingegen offen, wann der Nachweis dem Arbeitgeber vorzuliegen hat. Bescheinigungszeitpunkt und Vorlagezeitpunkt müssen nicht zwangsläufig identisch sein.

2109 Die Klausel A 2 enthält den nützlichen Zusatz, dass der Arbeitnehmer verpflichtet wird, auf etwaige dringliche Arbeiten bei der Meldung über die Arbeitsunfähigkeit hinzuweisen. Die beiden Klauseln sind wirksam, weil sie den Gesetzestext wiederholen. Der Zusatz in Klausel A 2 ist deshalb wirksam, weil eine solche Verpflichtung des Arbeitnehmers, Schaden vom Arbeitgeber abzuwenden, als Nebenpflicht bereits unabhängig von der Wiedergabe in einem Arbeitsvertragstext besteht.[56]

2110 Die Klausel A 3 enthält die Verpflichtung des Arbeitnehmers, unverzüglich, möglichst telefonisch am Vormittag des ersten Tages des Arbeitsausfalls den Arbeitgeber auf die Arbeitsunfähigkeit und die sich damit ergebende Fehlzeit hinzuweisen. Diese Klausel, die bei einem Arbeitnehmer in der Produktion gewiss ungeeignet wäre, bewegt sich unterhalb der arbeitsvertraglichen Anforderungen, wonach die Arbeitsunfähigkeit bereits vor Beginn der Arbeitszeit dem Arbeitgeber anzuzeigen und nach einem eventuellen Arztbesuch am gleichen Tage auch hinsichtlich der voraussichtlichen Dauer bekanntzugeben ist.[57] Die Anzeige der Erkrankung hat grds. am ersten Tag der Erkrankung, und zwar spätestens zu Arbeitsbeginn bzw in den ersten Arbeitsstunden, zu erfolgen.[58] Auf welchem Weg der Arbeitnehmer die möglichst vor Arbeitsbeginn durchzuführende Anzeige vornimmt, ist gesetzlich nicht festgelegt. Der Arbeitnehmer

53 *Hümmerich/Lücke/Mauer*, FB ArbR, Muster 1081 (Anlage § 2 Ziff. 8).

54 BAG 25.1.2000 – 1 AZR 3/99, NZA 2000, 665, 666.

55 *Range-Ditz*, ArbRB 2003, 218, 219 f; BAG 14.11.2012 – 5 AZR 686/11, PuR 2012, 243.

56 H/S-*Natzel*, Das arbeitsrechtliche Mandat, § 5 Rn 99.

57 § 5 EFZG, wonach der Arbeitnehmer den Arbeitgeber unverzüglich, dh ohne schuldhaftes Zögern (§ 121 BGB), über die eingetretene Arbeitsunfähigkeit zu informieren hat.

58 Küttner/*Griese*, Personalbuch, 54 (Arbeitsunfähigkeit) Rn 6.

kann seiner Anzeigepflicht über Telefon, über Fax, über SMS oder über E-Mail genügen, je nachdem, welche Mitteilungsform beim Arbeitgeber gebräuchlich und ihm verfügbar ist.

2111 Die **Anzeige der Arbeitsunfähigkeit** ist streng von der **Pflicht zur Vorlage einer Arbeitsunfähigkeitsbescheinigung** zu trennen. Die Anzeige liegt zeitlich vor dem Nachweis. Wird sie versäumt, ist dies abmahnungsfähig und kann im Wiederholungsfalle eine ordentliche Kündigung sozial rechtfertigen.[59] Da es der Disposition der Vertragsparteien unterliegt, die Anzeigepflicht so präzise wie möglich und auch zeitlich vor den Arbeitsbeginn zu verlagern, begegnen die Varianten A 3 und A 4 keinen rechtlichen Bedenken, auch nicht nach Inkrafttreten der Schuldrechtsreform. Die Klauseln sind weder überraschend, weil sie für einen ordnungsgemäßen Organisationsablauf gerade bei gewerblichen Arbeitnehmern meist notwendig sind, noch wird gegen grundlegende Vertragspflichten iSv § 307 BGB verstoßen. Die Klauseln präzisieren arbeitsvertragliche Nebenpflichten, so auch die Klausel A 4, die darüber hinaus zu einem nennenswerten Teil nur den Wortlaut des EFZG rezipiert.

2112 Die **Klausel A 5** greift die Rspr des BAG vom 14.11.2012[60] auf, wonach der Arbeitgeber berechtigt ist (nicht an besondere Voraussetzungen gebundenes Ermessen), die Vorlage der ärztlichen Bescheinigung früher zu verlangen.

bb) Klausel bei Auslandserkrankung

(1) Klauseltyp B

2113 Wird die Arbeitnehmerin im Ausland arbeitsunfähig und begehrt sie Entgeltfortzahlung, besteht gegenüber dem Arbeitgeber die unverzügliche Verpflichtung zur Anzeige der Erkrankung sowie deren voraussichtliche Dauer, spätestens jedoch innerhalb von (...) Stunden, unter nachfolgender Anschrift durch schnellstmögliche Art der Übermittlung (Telefon, Telefax oder E-Mail). Die hierdurch ggf entstehenden Kosten trägt gegen Nachweis der Arbeitgeber. Die Arbeitnehmerin ist darüber hinaus innerhalb der gleichen Frist verpflichtet, die Adresse am Aufenthaltsort anzugeben. Es wird darauf hingewiesen, dass im Falle des Verstoßes gegen diese Verpflichtungen (...) die Entgeltfortzahlung verweigert werden kann.[61]

(2) Gestaltungshinweise

2114 Setzt die Arbeitsunfähigkeit des Arbeitnehmers im **Ausland** ein, muss der Arbeitnehmer gem. § 5 Abs. 2 S. 1 EFZG nicht nur die Erkrankung und ihre voraussichtliche Dauer mitteilen, sondern auch die **Adresse am Urlaubsort**. Der Arbeitnehmer hat den schnellstmöglichen Weg der Übermittlung zu wählen, die Kosten sind vom Arbeitgeber zu tragen (§ 5 Abs. 2 S. 2 EFZG). Teilt der Arbeitnehmer seinen Aufenthaltsort im Urlaub nicht mit, steht dem Arbeitgeber nach einer weithin unbekannten Regelung ein zeitweiliges Leistungsverweigerungsrecht zu, § 7 Abs. 1 EFZG.

2115 Zu empfehlen ist die Klausel B vor allem bei gewerblichen Arbeitnehmern, wenn, wie im Falle *Paletta*,[62] die Gefahr besteht, dass die gesamte Familie an ihrem Urlaubsort, der zugleich der Heimatort ist, verbleibt, statt nach Deutschland zurückzukehren. Es ist unwahrscheinlich, dass eine gesamte Familie wiederholt am letzten Tag des Urlaubs erkrankt. Das formlose Schreiben eines ausländischen Arztes aus einem Staat außerhalb der EU, das nicht zwischen Erkrankung und Arbeitsunfähigkeit unterscheidet, reicht zum Nachweis der Arbeitsunfähigkeit nicht aus.[63] Bei Arbeitsunfähigkeitsbescheinigungen von Ärzten innerhalb der EU muss der Arbeitgeber de-

59 BAG 7.12.1988 – 7 AZR 122/88.
60 BAG 14.11.2012 – 5 AZR 886/11, NZA 2013, 322 = DB 2013, 464.
61 *Range-Ditz*, ArbRB 2003, 218, 220.
62 EuGH 2.5.1996 – Rs. C-206/94, AuR 1996, 233; BAG 19.2.1997 – 5 AZR 83/96, NZA 1997, 652.
63 BAG 1.10.1997 – 5 AZR 499/96, NJW 1998, 2764.

zidiert nachweisen, dass der Beweiswert nicht erfüllt ist, wenn der Missbrauchseinwand erhoben wird.[64]

cc) Abtretungsklausel

(1) Klauseltyp C

C 1: Wird die Arbeitsunfähigkeit des Mitarbeiters durch einen Dritten verursacht und kann der Arbeitnehmer von dem Dritten Schadensersatz fordern, tritt der Arbeitnehmer bereits jetzt vorsorglich seine Schadensersatzansprüche an den Arbeitgeber im Umfang der vom Arbeitgeber geleisteten Entgeltfortzahlung ab. 2116

C 2: Sie treten Ihre Schadensersatzansprüche wegen der Verletzung durch einen Dritten insoweit ab, als die Firma Vergütungsfortzahlung im Krankheitsfall leistet.[65]

(2) Gestaltungshinweise

Die Abtretungsklausel C 1, die früher in den Arbeitsverträgen der Angestellten zum Standard gehörte, ist seit längerem überflüssig. Vor Inkrafttreten des EFZG hatte der Gesetzgeber bei Arbeitern in § 4 LFZG eine *cessio legis* zu Gunsten des Arbeitgebers (häufiger Anwendungsfall: Verkehrsunfall, den ein Dritter verursacht hat und in dessen Folge der Arbeitgeber wegen Verletzung des Arbeitnehmers Entgelt fortzahlt) geschaffen. Für Angestellte fehlte eine entsprechende Regelung in § 616 Abs. 2 BGB. Erlitt der Arbeitnehmer einen Verkehrsunfall, konnte sich der Arbeitgeber ohne die Klausel C 1 beim Arbeiter die Lohnfortzahlung vom Unfallverursacher erstatten lassen, beim Angestellten dagegen nicht. Durch § 6 EFZG regelte der Gesetzgeber den Anspruchsübergang im Falle der Schadensverursachung durch einen Dritten einheitlich. Die Klausel C 1 findet sich – scheinbar unausrottbar – trotzdem auch heute noch in vielen Arbeitsverträgen. 2117

dd) Entgeltfortzahlungsverlängerungsklausel

(1) Klauseltyp D

D 1: Ist der Angestellte infolge unverschuldeter Krankheit arbeitsunfähig, erhält er Entgeltfortzahlung bis zur Dauer von drei/sechs Monaten. Erhält der Arbeitnehmer in diesem Zeitraum Krankengeld durch einen gesetzlichen Sozialversicherungsträger oder durch eine private Krankenversicherung, mindert sich die Entgeltfortzahlung netto im Umfang des vom Sozialversicherungsträger oder von der Krankenversicherung gezahlten Kranken- oder Krankentagegeldes. 2118

D 2: Ist Herr (...) unverschuldet an der Ausübung seines Dienstes verhindert, behält er während der Verhinderung für den Kalendermonat, in dem die Verhinderung eingetreten ist, und im Anschluss daran für weitere sechs Monate seine Ansprüche auf die gem. § (...) dieses Vertrages geschuldeten Bezüge.[66]

(2) Gestaltungshinweise

Die Parteien sind nicht daran gehindert, die Dauer der Entgeltfortzahlung über die gesetzlichen sechs Wochen hinaus zu verlängern. Gebräuchlich sind Vereinbarungen wie die Klausel D 1 bei Führungskräften. Da der Arbeitgeber nicht verpflichtet ist, über den Zeitraum von sechs Wochen hinaus das Entgelt im Falle unverschuldeter, krankheitsbedingter Arbeitsunfähigkeit zu zahlen, ist er auch nicht gehindert, einen niedrigeren Betrag als das volle Gehalt zu erbringen 2119

64 EuGH 2.5.1996 – Rs. C-206/94, AuR 1996, 233; EuGH 3.6.1992 – Rs. C-45/90, NJW 1992, 2687; BAG 19.2.1997 – 5 AZR 83/96, NZA 1997, 652.

65 *Hümmerich/Lücke/Mauer*, FB ArbR, Muster 1342 (§ 8 Abs. 1).

66 *Hümmerich/Lücke/Mauer*, FB ArbR, Muster 1916 (§ 4 Abs. 4).

und das Krankengeld oder ein Krankentagegeld vom Netto-Bezug des Arbeitsentgelts in Abzug zu bringen.

2120 Wird zwischen den Parteien übersehen, eine Kürzungsregelung wegen des nach Ablauf von sechs Wochen bezogenen Krankengeldes zu treffen, wird die Krankenkasse gem. § 49 Abs. 1 S. 1 SGB V frei von ihrer Leistungspflicht, Krankengeld zu zahlen. Eine Entgeltfortzahlungsverlängerungsklausel, die keine Anrechnung des Krankengeldes vorsieht, führt zu einer Befreiung der Krankenkasse von ihrer Krankengeldzahlungspflicht.

ee) Krankengeldzuschussklausel

(1) Klauseltyp E

2121 **E 1:** Die Firma zahlt dem Mitarbeiter bei längerfristiger Erkrankung die Differenz zwischen dem letzten Nettoverdienst und den aufgrund der Erkrankung von der Krankenkasse geleisteten Beträgen für einen Zeitraum von mindestens (...).

E 2: Die Firma zahlt dem Mitarbeiter einen Zuschuss von bis zu 100 % des Nettoverdienstes vom 43. bis zum 365. Tag der Arbeitsunfähigkeit, wenn das Arbeitsverhältnis länger als (...) Jahre bestand. Die Höhe der Zuschusszahlung bestimmt sich nach der tatsächlichen Höhe des Krankengeldes. Als Mindestbetrag ist der Betrag anzusetzen, den der Arbeitnehmer erhalten würde, wenn er in der für die Firma zuständigen Krankenkasse versichert wäre.

(2) Gestaltungshinweise

2122 Mit der Krankengeldzuschussklausel in den Klauseln E 1 und E 2 reduziert der Arbeitgeber die Differenz zwischen Krankengeld und Nettoarbeitsentgelt auf Null. Da sich die Regelung ausschließlich zu Gunsten des Arbeitnehmers auswirkt, bestehen keine Wirksamkeitsbedenken, auch nach Inkrafttreten der Schuldrechtsreform. Eine Notwendigkeit, eine derartige Klausel zu vereinbaren, besteht für den Arbeitgeber nicht.

ff) Entgeltfortzahlungszeitraumklausel

(1) Klauseltyp F

2123 **F 1:** Ist der Mitarbeiter infolge auf Krankheit beruhender Arbeitsunfähigkeit an der Arbeitsleistung verhindert, ohne dass ihn ein Verschulden trifft, so erhält er Gehaltsfortzahlung für die Dauer von sechs Wochen.[67]

F 2: Werden Sie durch Krankheit oder Unfall an der Arbeitsleistung gehindert, ohne dass Sie ein Verschulden trifft, so erhalten Sie Gehaltsfortzahlung für die Dauer von sechs Wochen nach dem Entgeltfortzahlungsgesetz in seiner jeweils gültigen Fassung.[68]

(2) Gestaltungshinweise

2124 Die Klauseln F 1 und F 2 geben zunächst einmal im Wesentlichen gleich lautend den Gesetzeswortlaut von § 3 Abs. 1 EFZG wieder. Der Unterschied zwischen beiden Klauseln besteht darin, dass Klausel F 2 eine **Jeweiligkeitsklausel** enthält. Ändert der Gesetzgeber die Höhe oder den Bezugszeitraum im Krankheitsfall oder sonstige Anspruchsvoraussetzungen, ändert sich die Klausel F 2 ebenfalls, während bei der Klausel F 1 zweifelhaft sein kann, ob die geänderte gesetzliche Regelung Platz greift. Nach dem Inkrafttreten des Arbeitsrechtlichen Beschäftigungsförderungsgesetzes[69] zum 1.10.1996, das eine Reihe von Änderungen im EFZG zur Folge hatte,[70] entwickelte sich eine umfangreiche Rspr, die sich mit der Frage beschäftigte, inwie-

67 *Hümmerich/Lücke/Mauer*, FB ArbR, Muster 1110 (§ 10).
68 *Hümmerich/Lücke/Mauer*, FB ArbR, Muster 1342 (§ 7).
69 Vom 25.9.1996 (BGBl. I S. 1476).
70 U.a. Absenkung der Entgeltfortzahlung auf 80 %.

weit Entgeltfortzahlungsklauseln in Arbeitsverträgen eine eigenständige Bedeutung haben sollten oder nur den Gesetzeswortlaut oder nur eine spezifische tarifvertragliche Regelung wiedergaben.[71] Insbesondere die Frage, inwieweit tarifvertragliche Entgeltfortzahlungsregelungen einen von der gesetzlichen Regelung eigenständigen Inhalt besaßen, beschäftigte die Gerichte.[72]
Aufgrund dieser Erfahrungen mit der Rspr liegt es nahe, jeden Zweifel, ob es sich bei der Ent- 2125
geltfortzahlungsklausel im Arbeitsvertrag um eine eigenständige und damit auch im Falle einer Gesetzesänderung weiterhin geltende Regelung handelt, von vornherein zu beseitigen, indem man über eine Jeweiligkeitsklausel die Absicht der Vertragsparteien zu erkennen gibt, den Gesetzeswortlaut zu wiederholen und im Falle einer Änderung auch individualarbeitsrechtlich nachvollziehen zu wollen.

gg) Anzeigepflicht für Kuren und Heilverfahren

(1) Klauseltyp G

Stellt der Arbeitnehmer/die Arbeitnehmerin einen Antrag auf Bewilligung einer Kur oder eines 2126
Heilverfahrens, so hat er/sie dem Arbeitgeber unverzüglich davon Kenntnis zu geben. Wird die Maßnahme bewilligt, hat er/sie dem Arbeitgeber den Zeitpunkt des Antritts der Maßnahme, die voraussichtliche Dauer und ggf eine Verlängerung der Maßnahme unverzüglich mitzuteilen und ihm eine Bescheinigung über die Bewilligung unverzüglich vorzulegen.

(2) Gestaltungshinweise

Die hier geregelte Anzeigepflicht bei Antritt einer Kur bzw eines Heilverfahrens entspricht 2127
weitgehend der gesetzlichen Regelung (§ 9 Abs. 2 EFZG). Allerdings wird der Beschäftigte – über die gesetzlich geregelte Anzeigepflicht hinaus – verpflichtet, dem Arbeitgeber bereits die Antragstellung auf Bewilligung einer Kur oder eines Heilverfahrens mitzuteilen. Nach der gesetzlichen Regelung des § 9 Abs. 2 EFZG ist der Arbeitnehmer nur verpflichtet, dem Arbeitgeber den Zeitpunkt des Antritts der Maßnahme, die voraussichtliche Dauer und die Verlängerung der Maßnahme unverzüglich mitzuteilen. Wird also in den entsprechenden vertraglichen Klauseln allein auf den Antritt abgestellt, so ist die Klausel in jedem Falle unbedenklich. Soweit bereits auf die Bewilligung abgestellt wird, dürfte dies dem berechtigten Interesse des Arbeitgebers entsprechen. Er kann sich in diesem Falle besser auf eine etwaige Ausfallzeit des Arbeitnehmers einstellen. Da insoweit allerdings von der gesetzlichen Regelung abgewichen wird, lässt sich nicht mit letzter Sicherheit sagen, dass die Klausel einer AGB-Kontrolle (Inhaltskontrolle) standhält.

hh) Leistungsverweigerungsrecht

(1) Klauseltyp H

Solange der Arbeitnehmer/die Arbeitnehmerin seinen/ihren Mitteilungs- und Nachweispflich- 2128
ten nicht nachkommt, ist der Arbeitgeber unter den Voraussetzungen des § 7 Abs. 2 EFZG berechtigt, die Fortzahlung des Arbeitsentgelts zu verweigern.

(2) Gestaltungshinweise

Diese vertragliche Klausel entspricht § 7 Abs. 1 Nr. 1 EFZG. Danach ist der Arbeitgeber be- 2129
rechtigt, die Fortzahlung des Arbeitsentgelts zu verweigern, solange der Arbeitnehmer die von ihm nach § 5 Abs. 1 EFZG vorzulegende ärztliche Bescheinigung nicht vorlegt oder den ihm nach § 5 Abs. 2 EFZG obliegenden Verpflichtungen nicht nachkommt. Gemäß § 7 Abs. 2

71 BAG 16.6.1998 – 5 AZR 728/97, NZA 1998, 1343.

72 Verneint wurde eine eigenständige Regelung u.a. in BAG 16.6.1998 – 5 AZR 67/97, NZA 1998, 1288; BAG 1.7.1998 – 5 AZR 545/97, NZA 1999, 43; bejaht wurde eine eigenständige Regelung u.a. in BAG 16.6.1998 – 5 AZR 728/97, NZA 1998, 1343; BAG 26.8.1998 – 5 AZR 740/97, NZA 1999, 497.

EFZG gilt dies nicht, wenn der Arbeitnehmer die Verletzung dieser ihm obliegenden Verpflichtung nicht zu vertreten hat.

2130 Der Arbeitgeber kann allerdings nur so lange die Entgeltfortzahlung verweigern, wie der Arbeitnehmer seinen Pflichten nicht nachkommt. Erfüllt dieser nachträglich seine Pflichten, so erlischt das Leistungsverweigerungsrecht. Dies kann auch rückwirkend geschehen, wenn bspw der Arbeitnehmer verspätet, aber rückwirkend seine Arbeitsunfähigkeit nachweist.

ii) Kürzung von Sondervergütungen gem. § 4 a EFZG

(1) Klauseltyp I

2131 Wenn und soweit der Arbeitnehmer Sondervergütungen erhalten sollte, die der Arbeitgeber zusätzlich zum laufenden Arbeitsentgelt erbringt, wird diese Sondervergütung für jeden Tag der Arbeitsunfähigkeit infolge Krankheit im zugrunde zu legenden Zeitraum um ein Viertel des Arbeitsentgelts gekürzt, das im Jahresdurchschnitt auf einen Arbeitstag entfällt.

(2) Gestaltungshinweise

2132 Diese vertragliche Klausel entspricht den gesetzlichen Vorgaben des § 4 a EFZG. Sie wird von *Eckert* empfohlen.[73] Die Klausel trägt dem Umstand Rechnung, dass gem. § 4 a S. 1 EFZG die Kürzung nur auf der Grundlage einer entsprechenden Vereinbarung möglich ist.

---

73 *Eckert*, in: Maschmann/Sieg/Göpfert, Vertragsgestaltung im Arbeitsrecht, 320 Rn 44.

27. Fiktionsklauseln

Literatur

Bauer/Diller, Kündigung durch Einwurfeinschreiben – ein Kunstfehler, NJW 1998, 279; *Becker/Schaffner*, Zugang der Kündigung, BB 1998, 422; *Bloching/Ortolf*, „Große" oder „kleine Übergangslösung" zur negativen betrieblichen Übung in Altfällen, NZA 2010, 1335; *Elzer/Jacoby*, Durch Fax übermittelte Willenserklärungen und Prozesshandlungen, ZIP 1997, 1821; *Franzen*, Zugang und Zugangshindernisse bei eingeschriebenen Briefsendungen, JuS 1999, 429; *Herbert*, Zugangsverzögerung einer Kündigung per Einschreiben und der Lauf der Klagefrist des § 4 KSchG, NJW 1997, 1829; *Hohmeister*, Beweisschwierigkeiten beim Zugang einer Kündigung, BB 1998, 1477; *Höland*, Verzögerung, Verwirkung, Vereitelung – Probleme des Zugangs von Willenserklärungen am Beispiel einer Arbeitgeberkündigung, Jura 1998, 352; *Kliemt*, Formerfordernisse im Arbeitsverhältnis, 1995; *Schaub*, Gesetz zur Vereinfachung und Beschleunigung des arbeitsgerichtlichen Verfahrens, NZA 2000, 344; *Schiefer*, Wichtige Tendenzen im Arbeitsrecht, PuR 2012, 214; *Schneider*, Betriebliche Übung: Vertragstheorie oder Fiktion von Willenserklärungen?, DB 2011, 2718.

a) Rechtslage im Umfeld

aa) Arten von Fiktionsregelungen

Eine Gruppe von Fiktionsregelungen betrifft Tatsachen, an deren Eintritt Rechtsfolgen geknüpft sind wie etwa der Zugang einer Kündigungserklärung. Eine zweite Gruppe erfasst rechtsgeschäftliche Erklärungen bzw Verhaltensweisen, die in Abweichung vom Grundsatz, dass Schweigen keine Willenserklärung ist, zu einer rechtsgeschäftlichen Erklärung führen sollen. Eine dritte Gruppe von Fiktionsklauseln schließlich enthält vermischte Elemente von Tatsachenwirkung und rechtsgeschäftlicher Erklärung. 2133

Wenn ein Schreiben drei Tage nach seiner Versendung als zugegangen gelten soll, haben die Parteien eine **Zugangsfiktion** gewählt. Vereinbaren die Parteien, dass mündliche Nebenabreden nicht getroffen wurden und erfolgt **über eine Vollständigkeitsklausel die Fiktion**, bei den im Arbeitsvertrag enthaltenen Regelungen handele es sich **um sämtliche zwischen den Parteien bestehende Abreden**, vereinbaren die Parteien eine **Vollständigkeitsfiktion**. Über fingierte Erklärungen können sich die Parteien schließlich trotz fehlender ausdrücklicher Willenserklärung so behandeln lassen, als sei die Willenserklärung abgegeben worden. Unter den Begriff **„Fiktionsklauseln"** lassen sich daher recht unterschiedliche Tatsachen und Erklärungen zusammenführen, deren Ähnlichkeit wie Ungleichartigkeit am ehesten deutlich wird, wenn man eine Zuordnung nach dem System der AGB-Rechtskontrolle durch die Schuldrechtsreform vornimmt. 2134

bb) Fiktionen bei Willenserklärungen

Fiktionen bei Willenserklärungen wie bspw die Abnahme eines Werkvertrages nach § 640 BGB sind gem. § 308 Nr. 5 BGB (fingierte Erklärung) nicht *per se* unwirksam, sondern nur dann, wenn dem Vertragspartner keine angemessene Frist zur Abgabe einer ausdrücklichen Erklärung eingeräumt wurde und sich der Verwender nicht verpflichtet hat, den Vertragspartner bei Beginn der Frist auf die vorgesehene Bedeutung seines Verhaltens besonders hinzuweisen.[1] Die Abnahme durch Fristablauf ist eine Willenserklärung durch Schweigen und unterfällt daher keinem allgemeinen Regelungsverbot. 2135

Grundlegend ist die Entscheidung des BAG vom 18.3.2009[2] zur sog. **gegenläufigen betrieblichen Übung** bzw zur Frage, unter welchen Voraussetzungen **Schweigen als Willenserklärung** 2136

1 Palandt/*Grüneberg*, § 308 BGB Rn 28.

2 BAG 18.3.2009 – 10 AZR 281/08, DB 2009, 1186; zur Entstehung einer betrieblichen Übung gegenüber Betriebsrentnern sowie zur Aufgabe des Rechtsinstituts der ablösenden betrieblichen Übung s. auch BAG 16.2.2010 – 3 AZR 118/08, DB 2010, 1947 sowie zur Begründung einer betrieblichen Übung durch Erbringung von Leistungen an bereits im Ruhestand befindliche ehemalige Beschäftigte BAG 23.8.2011 – 3 AZR 650/09, NZA 2012, 37; zu der durch einen entsprechenden Freiwilligkeitsvorbehalt vermeidbaren betrieblichen Übung gegenüber neu eingestellten Arbeitnehmern s. LAG Baden-Württemberg 25.11.2010 – 11 Sa 70/10 und zur betrieblichen Übung im Hinblick auf die Erhöhung der Löhne und Gehälter entsprechend der Tarifentwicklung BAG 19.10.2011 – 5 AZR 359/10, NZA-RR 2012, 344.

gelten kann. Im Einzelnen gilt: Auch ohne ausdrückliche Erklärung des Arbeitgebers kann ein Arbeitnehmer aus einer regelmäßigen Wiederholung (mindestens dreimal) eines bestimmten Arbeitgeberverhaltens schließen, dass ihm auf Dauer eine Leistung oder Vergünstigung eingeräumt werden soll.[3] Es entsteht in diesem Falle eine **betriebliche Übung**, aus der **einzelvertragliche Ansprüche** erwachsen. Diese einzelvertraglichen Ansprüche können durch den Arbeitgeber nur durch **individuelle Vereinbarung, Änderungskündigung** oder (in engen Grenzen) durch eine **ablösende Betriebsvereinbarung** (kollektiver Günstigkeitsvergleich) beseitigt werden. Darüber hinaus konnte nach bisheriger Rspr eine betriebliche Übung durch eine **geänderte betriebliche Übung** beendet (abgelöst) werden (zB dreimalige widerspruchslose Annahme einer ausdrücklich unter dem Vorbehalt der Freiwilligkeit gezahlten Gratifikation).[4] Dies ist infolge **AGB-Kontrolle** gem. **§ 308 Nr. 5 BGB (Klauselverbot für fingierte Erklärungen)** grds. nur noch eingeschränkt möglich. Die Bestimmung verbietet es – so ausdrücklich das BAG – den Vertragsparteien zwar nicht zu vereinbaren, dass das Schweigen einer Partei zu einem Antrag der anderen Partei als Annahmeerklärung anzusehen ist. Soll eine an ein Schweigen geknüpfte Fiktionswirkung eintreten, so muss dies aber von den Vertragsparteien vereinbart worden sein. Des Weiteren müssen folgende **Voraussetzungen** erfüllt sein:

- Dem Vertragspartner muss eine **angemessene Frist** zur Abgabe einer ausdrücklichen Erklärung eingeräumt worden sein und
- der Verwender muss sich verpflichtet haben, den Vertragspartner **bei Beginn der Frist** auf die vorgesehene Bedeutung seines Verhaltens besonders hinzuweisen.

2137 Die dreimalige widerspruchslose Entgegennahme einer vom Arbeitgeber unter dem Vorbehalt der Freiwilligkeit gezahlten Gratifikation reicht hierfür nicht aus.[5]

2138 Unterbreitet der Arbeitgeber dem Arbeitnehmer ein Vertragsangebot, so kommt ein entsprechender Vertrag (zB Aufhebungsvertrag) grds. nur zustande, wenn der Arbeitnehmer dieses Angebot ausdrücklich annimmt. Der einem Anwesenden gemachte Antrag kann gem. § 147 Abs. 1 BGB nur sofort angenommen werden. Der einem Abwesenden gemachte Antrag kann nur bis zu dem Zeitpunkt angenommen werden, in welchem der Antragende den Eingang der Antwort unter regelmäßigen Umständen erwarten darf (§ 147 Abs. 2 BGB). Hat der Antragende für die Annahme des Antrags eine Frist bestimmt, so kann die Annahme nur innerhalb der Frist erfolgen (§ 148 BGB). Eine Annahme unter Erweiterungen, Einschränkungen oder sonstigen Änderungen gilt als Ablehnung verbunden mit einem neuen Antrag (§ 150 Abs. 2 BGB).[6]

2139 Schweigt der Arbeitnehmer auf ein entsprechendes Angebot des Arbeitgebers, so stellt dies grds. keine Willenserklärung dar.

2140 Zu beachten ist in jedem Falle das **Schriftformerfordernis** des § 623 BGB. Das heißt: Das Schweigen des Arbeitnehmers auf einen Auflösungsantrag des Arbeitgebers kann in keinem Falle einen wirksamen Aufhebungsvertrag begründen. Gleiches gilt, wenn die Annahme unter Streichung einer Passage des ursprünglichen Angebots (hier: umfassender Ausgleich aller gegenseitigen Ansprüche) erfolgt. Es handelt sich dann um einen neuen Antrag. Dieser neue Antrag führt wegen des Schriftformerfordernisses gem. § 623 BGB auch dann nicht zu einem wirksamen Abschluss eines Aufhebungsvertrages, wenn er vom Arbeitgeber konkludent – aber ohne Einhaltung des Schriftformerfordernisses – angenommen wird.[7]

3 BAG 28.5.2008 – 10 AZR 274/07, DB 2008, 1808; BAG 18.3.2009 – 10 AZR 281/08, DB 2009, 1186.
4 BAG 28.5.2008 – 10 AZR 274/07, DB 2008, 1808.
5 BAG 15.3.2009 – 10 AZR 281/08, DB 2009, 1186.
6 BAG 26.8.2008 – 1 AZR 346/07, DB 2009, 180.
7 BAG 26.8.2008 – 1 AZR 346/07, DB 2009, 180.

cc) Tatsachenfiktionen

Der Rechtsmaßstab bei Tatsachenfiktionen ergibt sich nicht aus § 308 Nr. 5 BGB, sondern aus § 309 Nr. 12 Buchst. b BGB. So ist die Nichtbeanstandung der Tagesauszüge einer Sparkasse eine rein tatsächliche Erklärung, die nicht unter § 308 Nr. 5 BGB fällt.[8] Abnahmefiktionen (§ 640 BGB) fallen im Gegensatz zu Annahmefiktionen unter § 308 Nr. 5 BGB.[9] Bei Tatsachenfiktionen wie bspw **Vollständigkeitsregelungen** tritt keine Änderung der Beweislast ein, weshalb Vollständigkeitsregelungen entsprechend dem Grundsatz, dass jeder Vertrag die Vermutung der Richtigkeit und Vollständigkeit in sich trägt, generell wirksam sind. 2141

Für angemessen gehalten wurde eine Frist von einem Monat für Einwendungen gegen einen Kontoauszug,[10] eine Frist von sechs Wochen für Einwendungen gegen die Abrechnung eines Mobilfunkanbieters[11] und in einem Krankenhausaufnahmevertrag eine Frist von zwölf Wochen für zurückgelassene Gegenstände.[12] Der Verwender muss einen Hinweis auf die Fiktionswirkung in einer Form erteilen, die unter normalen Umständen eine Kenntnisnahme durch den Vertragspartner erwarten lässt.[13] Unterlässt es der Verwender in einem Einzelfall, seiner in den AGB übernommenen Hinweispflicht nachzukommen, ist die Klausel zwar wirksam, die Fiktion tritt aber nicht ein.[14] 2142

Enthält der Arbeitsvertrag allerdings eine Klausel, dass das Schweigen des Arbeitnehmers auf einen Antrag des Arbeitgebers zur Abänderung des Arbeitsvertrages als Zustimmung zu werten sei, ist die Klausel nicht unwirksam, wenn dem Arbeitnehmer eine angemessene Frist gewährt und ihm die potentielle Fiktionswirkung bewusst gemacht wurde.[15] 2143

dd) Zugangsfiktionen mit gemischt rechtsgeschäftlich-tatsächlichem Charakter

Nach § 308 Nr. 6 BGB ist eine Bestimmung unwirksam, die vorsieht, dass eine Erklärung des Verwenders von besonderer Bedeutung dem anderen Vertragsteil als zugegangen gilt. Die Grundsätze der Beweislastverteilung sind damit jeder formularmäßigen Änderung entzogen.[16] Da die Beweislast für den Zugang einer Willenserklärung beim Absender liegt, folgt aus § 309 Nr. 12 BGB an sich, dass durch das AGB-Recht im Bereich des Zugangserfordernisses keine Beweiserleichterungen geschaffen werden können. 2144

§ 308 Nr. 6 BGB gilt für alle Erklärungen, die für den Empfänger mit nachteiligen Rechtsfolgen verbunden sind.[17] Zugangsfiktionen sind daher grds. unzulässig bei Kündigungen[18] oder Mahnungen.[19] Für Tagesauszüge der Banken wurde vom BGH entschieden, dass es sich hierbei um Erklärungen ohne besondere Bedeutung handelt,[20] weshalb eine Zugangsfiktion in Allgemeinen Geschäftsbedingungen ausnahmsweise wirksam ist. 2145

Vereinbaren die Arbeitsvertragsparteien, dass die Zustellung eines **Kündigungsschreibens** an die letzte, vom Arbeitnehmer dem Arbeitgeber mitgeteilte Anschrift maßgeblich ist, so liegt das Schwergewicht im Bereich der Tatsachenfiktion. Nicht der Zugang wird fingiert, sondern die für den Zugang maßgebliche letzte, dem Arbeitgeber bekannt gemachte Adresse als Wohnanschrift. Der Zugang kann vertraglich nicht fingiert werden, er muss unter der dem Arbeitgeber 2146

8 BGH 29.1.1979 – II ZR 148/77, BGHZ 73, 207, 209.
9 BGH 10.11.1983 – VII ZR 373/82, NJW 1984, 726.
10 LAG Frankfurt 6.11.1980 – 2/3 O 296/80, WM 1981, 912.
11 OLG Köln 25.6.1997 – 27 U 130/96, VersR 1997, 1109.
12 BGH 9.11.1989 – IX ZR 269/87, NJW 1990, 761.
13 BGH 4.10.1984 – III ZR 119/83, NJW 1985, 617.
14 MüKo-BGB/*Basedow*, § 308 Nr. 5 Rn 13.
15 Däubler/Dorndorf u.a./*Dorndorf*, 3. Aufl., § 308 Nr. 5 BGB Rn 3 f.
16 Palandt/*Grüneberg*, § 308 BGB Rn 35.
17 OLG Oldenburg 27.3.1992 – 11 U 113/91, NJW 1992, 1840.
18 BayObLG 18.12.1979 – BReg. 2 Z 11/79, NJW 1980, 2818.
19 OLG Stuttgart 29.9.1978 – 2 U 81/78, BB 1979, 908.
20 BGH 29.1.1979 – II RZ 148/77, BGHZ 73, 209.

bekannten Anschrift („in verkehrsüblicher Weise") erfolgen, also durch Einwurf des Briefes in den Briefkasten[21] oder durch Einwurf des Briefes in den Hausflur der Wohnung oder des Hauses.[22] Soll das Absenden eines Kündigungsschreibens nach Ablauf von drei Tagen auf Basis einer arbeitsvertraglichen Regelung den Zugang auslösen, würde generell eine nachteilige Wirkung zu Lasten des Arbeitnehmers ausgelöst, die nach § 308 Nr. 6 BGB unwirksam wäre. Beschränkt der Arbeitgeber die Zugangsregelung im Vertrag allein auf den letzten Stand des Briefverkehrs mit seinem Arbeitnehmer, verändert er die Beweislast nicht und vermag daher eine nach § 309 Nr. 12 Buchst. b BGB wirksame Tatsachenfiktion zu treffen. Hat der Arbeitnehmer von Beginn des Arbeitsverhältnisses an dem Arbeitgeber eine unrichtige Wohnanschrift mitgeteilt, wird der Arbeitgeber bei rechtzeitiger Versendung eines Schriftstücks an diese Adresse wegen treuwidriger Zugangsvereitelung so gestellt, als habe er den Zugang unter der zutreffenden Anschrift bewirkt.[23] Weder der Fall noch die Folgen treuwidriger Zugangsvereitelung lassen sich vertraglich regeln.

b) Klauseltypen und Gestaltungshinweise

aa) Vollständigkeitsklauseln

(1) Klauseltyp A

2147 **A 1:** Es bestehen keine mündlichen Nebenabreden. Wer sie behauptet, hat sie zu beweisen.

A 2: Nebenabreden wurden nicht getroffen. Änderungen und Ergänzungen bedürfen zu ihrer Wirksamkeit der Schriftform.[24]

(2) Gestaltungshinweise

2148 Vollständigkeitsklauseln, die dem Verbraucher den Einwand mündlicher Abreden nicht abschneiden, sind nach der BGH-Rspr[25] wirksam. In der arbeitsrechtlichen Lit. wird diese Auffassung für Vollständigkeitsklauseln in Arbeitsverträgen ebenfalls vertreten.[26] Die Klauseln A 1 und A 2 lassen den Gegenbeweis der mündlichen Abrede dadurch zu, dass sie ihn nicht ausschließen. Sie sind daher auch aus AGB-rechtlicher Sicht wirksam.

bb) Deklaratorische Zugangsfiktionen

(1) Klauseltyp B

2149 Der Arbeitnehmer wird nicht mit dem Einwand gehört, er habe einen Aushang am Schwarzen Brett nicht gelesen. Dieser Einwand gilt nur dann, wenn der Arbeitnehmer nachweislich während der Zeit des Aushangs in Urlaub, krank oder aus anderen Gründen nicht im Betrieb anwesend war.

(2) Gestaltungshinweise

2150 Ein Aushang **am Schwarzen Brett** kann den Zugang einer Willenserklärung des Arbeitgebers bewirken, wenn der Arbeitnehmer in der Lage war, von der Bekanntmachung Kenntnis zu nehmen und wenn kein Schriftformerfordernis (wie gem. § 623 BGB bei der Kündigung) besteht.[27]

---

21 BAG 8.12.1983 – 2 AZR 337/82, NZA 1984, 31.

22 LAG Düsseldorf 19.9.2000 – 16 Sa 925/00, NZA 2001, 408; LAG Düsseldorf 12.10.1990 – 4 Sa 1064/90, LAGE § 130 BGB Nr. 14.

23 BAG 22.9.2005 – 2 AZR 366/04, NZA 2006, 204.

24 *Hümmerich/Lücke/Mauer*, FB ArbR, Muster 1110 (§ 15).

25 BGH 26.11.1984 – VIII ZR 214/83, BGHZ 93, 29; BGH 19.6.1985 – VIII ZR 238/84, NJW 1985, 2329.

26 *Kliemt*, Formerfordernisse im Arbeitsverhältnis, 1998, § 15 VII 5; Preis/*Preis*, Der Arbeitsvertrag, II V 60 Rn 10.

27 *Becker/Schaffner*, BB 1998, 422; Preis/*Preis*, Der Arbeitsvertrag, II Z 10 Rn 24; aA Erman/*Palm*, § 130 BGB Rn 10; Soergel/*Hefermehl*, § 130 BGB Rn 14.

Die Klausel B ist deshalb wirksam. Sie führt auch zu keiner Beweislastumkehr. Sie ändert nichts an der allgemeinen zivilrechtlichen Regel, dass der Zugang von Willenserklärungen von demjenigen bewiesen werden muss, der sich auf die Erklärung beruft.[28] Soweit es für die Rechtzeitigkeit darauf ankommt, muss der Erklärende auch den Zeitpunkt des Zugangs beweisen.[29] Mit der Klausel B wird also keine Zugangsfiktion begründet, sondern nur eine Zugangsregel des BGB wiedergegeben.

cc) Konstitutive Zugangsfiktionen

(1) Klauseltyp C

C 1: Arbeitsanweisungen, die am Schwarzen Brett aushängen, sind für alle Mitarbeiter verbindlich. Soweit sie zu Änderungen des Arbeitsvertrages führen, sind sie wirksam, wenn der Mitarbeiter nicht innerhalb von zwei Wochen schriftlich widerspricht, es sei denn, der Mitarbeiter war während der Zeit des Aushangs betriebsabwesend. 2151

C 2: Arbeitsanweisungen über E-Mail sind verbindlich und führen ggf zur Abänderung des Arbeitsvertrages.

C 3: Drei Tage nach Versendung an die Anschrift des Arbeitnehmers gilt ein Schreiben des Arbeitgebers als zugegangen.[30]

C 4: Eine Kündigung durch den Arbeitnehmer gilt bei der Firma erst als zugegangen, wenn sie im Sekretariat der Personalleitung, in Ihrem Falle der Personalleitung für die Buchstaben H bis M, eingegangen ist.

(2) Gestaltungshinweise

Zwar ist § 130 BGB abdingbar,[31] so dass Bekanntmachungen am Schwarzen Brett an die Stelle des Zugangs von Einzelwillenserklärungen des Arbeitgebers gegenüber dem Arbeitnehmer treten können. Die Klauseln C 1 und C 2 wollen jedoch weitergehend aus dem Schweigen des Arbeitnehmers zu einer Willenserklärung des Arbeitgebers eine Zustimmung des Arbeitnehmers, also eine weitere Willenserklärung, entwickeln und sind deshalb unwirksam, § 309 Nr. 12 BGB. Über den Zugang hinausgehende Willenserklärungen zu fingieren, verstößt gegen das Beweiserleichterungsverbot in § 309 Nr. 12 BGB. Diese Auffassung steht im Einklang mit der vor Inkrafttreten der Schuldrechtsreform vom LAG Rheinland-Pfalz zu Gratifikationen vertretenen Ansicht, dass ein arbeitgeberseitiger Widerruf über das „Schwarze Brett" unwirksam sei, da die Willenserklärung gegenüber jedem einzelnen Arbeitnehmer abgegeben werden müsse.[32] 2152

Die Klausel C 3 ist jedenfalls, soweit sie auch Kündigungen des Arbeitgebers einschließt, wegen einer ggf eintretenden Verkürzung der Kündigungsfrist und der Frist des § 4 KSchG nichtig.[33] Sie regelt darüber hinaus eine klassische Zugangsfiktion und ist deshalb nach § 308 Nr. 6 BGB unwirksam. 2153

Auch die Klausel C 4 ist nicht wirksam, weil sie gegen § 309 Nr. 13 BGB („an besondere Zugangserfordernisse") verstößt. Nicht mit § 309 Nr. 13 BGB ist zu vereinbaren, wenn in einer Vertragsklausel geregelt ist, dass eine Kündigung erst dann als zugegangen gilt, wenn sie in einer bestimmten Abteilung des Unternehmens eingeht.[34] 2154

28 BGH 13.5.1987 – VIII ZR 137/86, BGHZ 101, 49.
29 BGH 18.1.1978 – IV ZR 204/75, BGHZ 70, 232; Palandt/*Ellenberger*, § 130 BGB Rn 21.
30 Regelung in Anlehnung an die Zugangsfiktion in § 41 Abs. 2 VwVfG.
31 BGH 7.6.1995 – VIII ZR 125/94, NJW 1995, 2217.
32 LAG Rheinland-Pfalz 19.11.1999 – 3 Sa 922/99, NZA-RR 2000, 409.
33 BAG 13.10.1976 – 5 AZR 638/75, BB 1977, 396.
34 OLG München 15.1.1987 – 29 U 4348/86, NJW-RR 1987, 661, 664.

dd) Klauseln zur Abwendung von Zugangsvereitelung

(1) Klauseltyp D

2155 **D 1:** Zugangsadresse aller vom Arbeitgeber verfassten Schreiben bildet der Arbeitsplatz des Mitarbeiters und, wenn der Mitarbeiter infolge Krankheit, Urlaub oder vergleichbarer Abwesenheitszeiten nicht in der Firma anzutreffen ist, die letzte vom Mitarbeiter schriftlich der Personalabteilung mitgeteilte postalische Anschrift.

D 2: Wird ein Brief der Firma in den Briefkasten des Mitarbeiters eingeworfen, gilt er in jedem Falle, unabhängig von der Uhrzeit des Einwurfs, als noch als am Tag des Einwurfs zugegangen.

D 3: Hat der Mitarbeiter keinen Briefkasten an seiner Wohnung und hat er auch keine Öffnung in seiner Haustüre, um einen Brief in den Hausflur zu werfen, gilt ein Schriftstück des Arbeitgebers von dem Augenblick an als zugegangen, an dem es unter Zeugen an die Haustüre geklebt wurde.

D 4: Ist der Arbeitnehmer ortsabwesend und hat der Postbote den Arbeitnehmer über einen Benachrichtigungszettel im Briefkasten davon informiert, dass ein Einschreibebrief zur Abholung bereit liegt, gilt der Einschreibebrief von dem Tag an als zugegangen, an dem der Benachrichtigungszettel eingeworfen wurde, auch wenn der Brief erst Tage später vom Arbeitnehmer abgeholt wird.

(2) Gestaltungshinweise

2156 Alle vier Klauseln verfolgen das Ziel, dem (ggf bösgläubigen) Arbeitnehmer die Vereitelung des Zugangs von Schreiben des Arbeitgebers (meist Kündigungen) zu erschweren.

2157 Die **Klausel D 1** wählt einen wirksamen Weg, weil sie keine Abweichung von der durch die Rspr[35] begründeten Zugangsregeln enthält. Die Beweislastverteilung wird nicht verändert. Der Arbeitgeber muss beweisen, welche Anschrift der Arbeitnehmer der Firma mitgeteilt hat. Stimmt die vom Arbeitnehmer dem Arbeitgeber benannte Anschrift mit der tatsächlichen Wohnanschrift nicht überein, muss der Arbeitnehmer ohnehin ein Schreiben des Arbeitgebers an die letzte dem Arbeitgeber bekannte Adresse gegen sich gelten lassen.[36] Auch vereitelt der Arbeitnehmer treuwidrig den Zugang eines Kündigungsschreibens, wenn er während der gesamten Dauer des Arbeitsverhältnisses nur eine Wohnung als Adresse mitteilt, unter der er nicht erreichbar ist. Treuwidrig handelt unter diesen Umständen der Arbeitnehmer insb. dann, wenn er mit dem Zugang einer Kündigung in den nächsten Tagen rechnen musste und die falsche Adresse erneut (hier durch Arbeitsunfähigkeitsbescheinigung) mitteilt.[37]

2158 Seine Rspr zum **Zugang einer Kündigungserklärung** hat das BAG zuletzt mit Entscheidung vom 22.3.2012[38] wie folgt konkretisiert: Eine Kündigung geht zu, sobald sie in verkehrsüblicher Weise in die tatsächliche Verfügungsgewalt des Empfängers gelangt ist und für diesen unter gewöhnlichen Verhältnissen die Möglichkeit besteht, von dem Schreiben Kenntnis zu nehmen. Zum Bereich des Empfängers gehören auch von ihm vorgehaltene Empfangseinrichtungen, wie zB ein Briefkasten. Ob die Möglichkeit der Kenntnisnahme bestand, ist nach den „gewöhnlichen Verhältnissen“ und den „Gepflogenheiten des Verkehrs“ zu beurteilen. So bewirkt der Einwurf in einen Briefkasten den Zugang, sobald nach der Verkehrsanschauung mit der nächsten Entnahme zu rechnen ist. Maßgeblich sind nicht die individuellen Verhältnisse des Empfängers. Im Interesse der Rechtssicherheit ist zu generalisieren. Bei Hausbriefkästen ist mit einer Leerung im Allgemeinen zum Zeitpunkt der üblichen Postzustellzeiten zu rechnen, die al-

35 S. BAG 8.12.1983 – 2 AZR 337/82, NZA 1984, 31; BAG 16.3.1988 – 7 AZR 587/87, NZA 1988, 875.

36 BAG 7.11.2002 – 2 AZR 475/01, NZA 2003, 719; BAG 8.12.1983 – 2 AZR 337/82, NZA 1984, 31; BAG 16.3.1988 – 7 AZR 587/87, NZA 1988, 875.

37 BAG 22.9.2005 – 2 AZR 366/04, NZA 2006, 204.

38 BAG 22.3.2012 – 2 AZR 224/11, BB 2012, 2111.

lerdings variieren können. Hat der Empfänger unter gewöhnlichen Verhältnissen die Möglichkeit der Kenntnisnahme, ist es unerheblich, ob und wann er die Erklärung tatsächlich zur Kenntnis genommen hat und ob er daran durch Krankheit, zeitweilige Abwesenheit oder andere besondere Umstände einige Zeit gehindert war. In diesem Fall trifft den Empfänger die Obliegenheit, die nötigen Vorkehrungen für eine tatsächliche Kenntnisnahme zu treffen. Unterlässt er dies, so wird der Zugang durch solche, allein in seiner Person liegenden Gründe nicht ausgeschlossen. Ein an die Heimatanschrift des Arbeitnehmers gerichtetes Kündigungsschreiben kann diesem deshalb auch zugehen, wenn der Arbeitgeber von einer urlaubsbedingten Abwesenheit weiß. Ist ein Arbeitnehmer infolge Urlaubsabwesenheit unverschuldet an einer rechtzeitigen Klageerhebung gehindert, besteht die Möglichkeit einer nachträglichen Zulassung seiner Klage gem. § 5 KSchG. Dem Arbeitgeber wiederum muss es möglich sein, den Zugang einer Kündigung auch während einer urlaubsbedingten Abwesenheit des Arbeitnehmers zu bewirken, nicht zuletzt, um Erklärungsfristen wie etwa nach § 626 Abs. 2 BGB wahren zu können. Ausnahmsweise kann sich der Arbeitgeber nicht auf einen Zugang eines an die Heimatanschrift gerichteten Kündigungsschreibens berufen, wenn er die Urlaubsanschrift des Arbeitnehmers kennt (Darlegungslast des Arbeitnehmers).[39]

Mit Entscheidung vom 22.3.2012[40] hat das BAG zudem festgestellt, dass rechtsfehlerfrei ange- 2159
nommen werden kann, dass ein Kündigungsschreiben am Tag des Einwurfs iSv § 130 Abs. 1 S. 1 BGB zugeht, weil nach den objektiv zu bestimmenden gewöhnlichen Verhältnissen bei einem **Einwurf in den Hausbriefkasten** gegen 13.00 Uhr mit einer Kenntnisnahme noch am selben Tag zu rechnen ist. Auch mit Blick auf eine zwischenzeitlich erfolgte „Liberalisierung" der Briefzustellung könne allerdings nicht davon ausgegangen werden, dass mit Einwürfen in einen vorgehaltenen Hausbriefkasten – allgemein oder ortsüblich – noch bis 17.00 Uhr eines Tages zu rechnen sei. Mit dieser Einschränkung kann die **Klausel D 2** als wirksam erachtet werden. Dabei ist zu berücksichtigen, dass sie keinen Zugang fingiert, sondern bei mehreren denkbaren Zugangszeitpunkten einen als den von den Parteien als maßgeblich ausgewählten. Wird nur der Zeitpunkt festgelegt, nicht hingegen der Zugang fingiert, bewegt sich der Arbeitgeber im Bereich statthafter Tatsachenfiktion.

Gleiches gilt für die **Klausel D 3**. Zwar muss das Poststück grds. in den privaten Machtbereich, 2160
dh in den Briefkasten oder in die Wohnung des Arbeitnehmers, gelangen. Fehlt eine Vorrichtung, die den Einwurf über Türschlitz oder Briefkasten ermöglicht, vereinbaren die Parteien für diesen Ausnahmefall im Verantwortungsbereich des Arbeitnehmers, dass bereits ein früherer räumlicher Kontakt wie das Ankleben des Briefes an der Haustür als Zugang gelten soll. Auch hier wählen die Parteien nicht eine den Zugang ersetzende Regelung als Zugangsfiktion, sondern wählen im Wege einer Tatsachenfiktion eine Präzisierung, wonach die äußere Seite der Haustür dem „Machtbereich" des Arbeitnehmers zugeordnet wird.

Unwirksam ist die **Klausel D 4** nicht etwa, weil über **Einschreibebriefe** nicht auch ein Zugang 2161
von Arbeitgeberbriefen möglich wäre. Das BAG hat ausdrücklich entschieden, dass die Klagefrist des § 4 KSchG bei einem durch Einschreibebrief zugesandten Kündigungsschreiben, das bei der Post für eine Woche aufbewahrt wurde, weil der Postbote den Arbeitnehmer nicht antraf, vom Tag der Abholung des Schreibens bei der Post durch den Arbeitnehmer in Lauf gesetzt wird.[41] Die von dieser Regel in der Klausel D 4 vereinbarte Abweichung wäre grds. nicht unwirksam, weil sie, isoliert betrachtet, eine Tatsachenfiktion zum Inhalt hätte. Sie könnte jedoch als unangemessene Benachteiligung iSv § 307 Abs. 2 Nr. 1 BGB zu qualifizieren und damit unwirksam sein, denn durch die Klausel wird eine Frist – stets mindestens um einen Tag – verkürzt, ohne dass der Arbeitnehmer hierauf durch sein Verhalten Einfluss nehmen kann.

39 Zur Zugangsproblematik s. auch *Schiefer*, PuR 2012, 214.
40 BAG 22.3.2012 – 2 AZR 224/11, BB 2012, 2111.
41 BAG 25.4.1996 – 2 AZR 13/95, NZA 1996, 1227.

ee) Fingierte Erklärungsklausel

(1) Klauseltyp E

2162 → **E 1:** Abmahnungen werden als berechtigt anerkannt, wenn ihnen nicht innerhalb von drei Wochen ab Zugang vom Arbeitnehmer schriftlich widersprochen wird und der Arbeitgeber den Arbeitnehmer bei Beginn der Frist auf die Bedeutung der widerspruchslosen Entgegennahme besonders hingewiesen hat.

→ **E 2:** Schweigen des Arbeitnehmers auf einen Antrag des Arbeitgebers zur Abänderung des Arbeitsvertrages gilt als Zustimmung, wenn der Arbeitnehmer dem Antrag nicht innerhalb von drei Wochen ab Zugang widerspricht und der Arbeitgeber bei Fristbeginn (Zugang) auf die Bedeutung des Schweigens (Abänderung) ausdrücklich hingewiesen hat.

→ **E 3:** Die Vertragsparteien vereinbaren, dass ein aus einer betrieblichen Übung (dreimalige vorbehaltlose Leistung des Arbeitgebers) erwachsener Anspruch abgelöst wird, wenn der Arbeitgeber diese Leistung im Folgenden dreimal unter dem Vorbehalt der Freiwilligkeit erbringt und der Arbeitnehmer dieser geänderten Praxis nicht innerhalb von drei Wochen schriftlich widerspricht. Der Arbeitgeber verpflichtet sich, den Arbeitnehmer bei Beginn der Widerspruchsfrist (Tag der vorbehaltlosen Leistung) auf die vorgesehene Bedeutung des Schweigens des Arbeitnehmers (Ablösung des Anspruchs aus der bisherigen betrieblichen Übung) besonderes hinzuweisen.

(2) Gestaltungshinweise

2163 Die **Klausel E 1** dürfte auf der Grundlage der Entscheidung des BAG vom 18.3.2009[42] wirksam sein, da sie eine angemessene Frist und auch eine entsprechende Hinweispflicht des Arbeitgebers enthält. Auch die **Klausel E 2** dürfte die vom BAG[43] formulierten Zulässigkeitsvoraussetzungen erfüllen.

2164 Die **Klausel E 3** trägt den neuen Voraussetzungen Rechnung, die das BAG in Anwendung des § 308 Nr. 5 BGB für die Ablösung einer betrieblichen Übung entwickelt hat.[44] Das BAG hat seine bisherige Rspr zur gegenläufigen betrieblichen Übung in Anwendung des § 308 Nr. 5 BGB verworfen. Die dreimalige widerspruchslose Entgegennahme einer vom Arbeitgeber unter dem Vorbehalt der Freiwilligkeit gezahlten Gratifikation reicht danach für eine Ablösung nicht mehr aus. Es müssen vielmehr die in § 308 Nr. 5 BGB formulierten Voraussetzungen erfüllt werden[45] (s. im Einzelnen § 1 Rn 2136).

2165 Notwendig ist jeweils (Klausel E 1, E 2 und E 3), dass dem Mitarbeiter eine angemessene Frist gewährt und ihm auf drucktechnischem Wege die potenzielle Fiktionswirkung bewusst gemacht wird.[46]

---

42 BAG 18.3.2009 – 10 AZR 281/08, DB 2009, 1186.
43 BAG 18.3.2009 – 10 AZR 281/08, DB 2009, 1186.
44 BAG 18.3.2009 – 10 AZR 281/08, DB 2009, 1186.
45 S. BAG 18.3.2009 – 10 AZR 281/08, NZA 2009, 601.
46 Däubler/Dorndorf u.a./*Dorndorf*, 3. Aufl., § 308 Nr. 5 BGB Rn 3 f.

28. Fortbildungsklauseln

Literatur

Gaul, Die Weiterbeschäftigung nach zumutbaren Umschulungs- und Fortbildungsmaßnahmen, BB 1995, 2422; *Hennige*, Rückzahlung von Aus- und Fortbildungskosten, NZA-RR 2000, 617; *Hoß*, Finanzierung von Fortbildungskosten durch den Arbeitgeber – Zulässigkeit von Rückzahlungsklauseln, MDR 2000, 1115; *Huber/Blömecke*, Rückzahlung von Fortbildungskosten im Arbeitsverhältnis, BB 1998, 2157; *Maier/Mosig*, Unwirksame Rückzahlungsklauseln bei arbeitgeberseitiger Übernahme der Ausbildungskosten, NZA 2008, 1168.

a) Rechtslage im Umfeld

Es sind v.a. zwei Fragen, die in der Praxis im Zusammenhang mit der Fortbildung des Arbeitnehmers auftauchen: Zum einen geht es um die Frage, in welchem Umfang der Arbeitgeber ein **Weisungsrecht** gegenüber dem Arbeitnehmer hat, ihn zur Teilnahme an Fortbildungsveranstaltungen zu verpflichten. Hier können die Höhe der damit verbundenen Kosten, aber auch – v.a. bei vollständiger Übernahme der Kosten durch den Arbeitgeber – der Umfang der Inanspruchnahme von Freizeit des Arbeitnehmers, zB bei Fortbildungen am Abend oder an Wochenenden, sowie die Rechte zur etwaigen befristeten Versetzung zur Fortbildung eine Rolle spielen. 2166

Die zweite Frage betrifft die **Kosten der Fortbildung**. Der Umfang der Kostentragungspflicht des Arbeitgebers für Fortbildungsmaßnahmen und die Bindungswirkung, die der Arbeitgeber über Darlehensleistungen für Fortbildungskosten beim Arbeitnehmer erzeugen möchte, bilden einen immer wiederkehrenden Diskussionsstoff. Hierzu wird auf die Ausführungen in „13. Aus- und Fortbildungsfinanzierungsklauseln“ verwiesen (s. § 1 Rn 959 ff). 2167

Der Arbeitnehmer muss Schulungsmaßnahmen besuchen, die infolge der Veränderung des Berufsbildes erforderlich werden.[1] Typischerweise trägt der Arbeitgeber für die Fortbildung auch ohne Weiteres alle Kosten. Im Allgemeinen ist der Arbeitnehmer daher an der Fortbildungsmaßnahme interessiert und es kommt nicht zu Streitigkeiten; der Arbeitgeber macht in der Praxis eher von seinem Weisungsrecht Gebrauch, um Arbeitnehmer, die an einer (externen) Fortbildungsveranstaltung teilnehmen möchten, von der Teilnahme aus Kostengründen abzuhalten. Ein Arbeitnehmer kann aber auch zu einer (erforderlichen) Fortbildung angewiesen werden, wenn diese eine vorübergehende Versetzung oder eine längere Dienstreise erfordert.[2] 2168

b) Klauseltyp und Gestaltungshinweise

aa) Klauseltyp A

A 1: Ändern sich, insbesondere aus technisch-organisatorischen und/oder Wettbewerbsgründen die Anforderungen des Arbeitsplatzes des Arbeitnehmers, ist dieser verpflichtet, sich die notwendigen zusätzlichen Kenntnisse und Fertigkeiten anzueignen, wenn und soweit er hierzu in der Lage ist. Entsprechend ist der Arbeitnehmer auch zur nachholenden Fortbildung zu den veränderten Arbeitsplatzanforderungen verpflichtet, wenn er nach einer längeren Abwesenheit, zB wegen Arbeitsunfähigkeit oder Elternzeit, an den Arbeitsplatz zurückkehrt. Soweit dies rechtlich geboten ist, werden die erforderlichen Schulungsmaßnahmen in der Arbeitszeit und auf Kosten des Arbeitgebers stattfinden. 2169

A 2: Der Arbeitnehmer hat das Recht, jährlich im finanziellen Umfang eines Monatsnettogehalts an Fortbildungs- und Schulungsveranstaltungen seiner Wahl nach Zustimmung seines disziplinarischen Vorgesetzten auf Kosten des Arbeitgebers teilzunehmen.

1 ArbG Bonn 4.7.1990 – 4 Ca 751/90, NJW 1991, 2168.

2 So besteht ein Recht des Arbeitgebers zur Anordnung einer Fortbildung nach längerer Fehlzeit an einem anderen Ort als dem bisherigen Arbeitsort.

bb) Gestaltungshinweise

2170 Es kann sich aus Arbeitgebersicht empfehlen, in den Arbeitsvertrag eine „**Lernklausel**“ aufzunehmen, um dem Arbeitnehmer eine Verpflichtung aufzuerlegen, sich an Fortbildungsveranstaltungen zu beteiligen, damit er seine Kenntnisse an die veränderten Anforderungen der Arbeitswelt und seines Arbeitsplatzes anpasst. Eine Fortbildungsverpflichtung kann der Arbeitgeber aber dem Arbeitnehmer auch ohne die **Klausel A 1** im Wege der Direktionsrechtsausübung auferlegen.

2171 Die **Klausel A 2** enthält eine globale Vergütungszusage für Fortbildungsveranstaltungen und beschränkt die jährlich in Frage kommenden Kosten pro Arbeitnehmer auf ein Netto-Monatsgehalt. Sie umfasst eine Wahlfreiheit des Arbeitnehmers, die nur insoweit eingeschränkt ist, als der weisungsbefugte Vorgesetzte, der üblicherweise die Arbeitsabläufe organisiert, die Zustimmung zur Teilnahme an der Bildungsmaßnahme erteilen muss. Wirksamkeitsbedenken bestehen bei beiden Klauseln nicht.

29. Freistellungsklauseln

Literatur

Bauer, „Spielregeln“ für die Freistellung von Arbeitnehmern, NZA 2007, 409; *Bauer/Günther*, Die Freistellung von der Arbeitspflicht – Grundlagen und aktuelle Entwicklungen, DStR 2008, 2422; *Beckmann*, Rechtsschutz bei Freistellung des Arbeitnehmers/Geschäftsführers, NZA 2004, 1131; *Fesenmeyer*, Die Freistellung des Arbeitnehmers von der Arbeit, 2007; *Fischer*, Die formularmäßige Abbedingung des Beschäftigungsanspruchs des Arbeitnehmers während der Kündigungsfrist, NZA 2004, 233; *Hunold*, Kontrolle arbeitsrechtlicher Absprachen nach der Schuldrechtsreform, NZA-RR 2006, 113; *Lindemann/Simon*, Die Freistellung von der Arbeitspflicht – neue Risiken und Nebenwirkungen, BB 2005, 2462; *Meier*, Freistellung als Urlaubsgewährung, NZA 2002, 873; *Nägele*, Anrechnung und Zwischenverdienst in der Freistellungsphase nach erfolgter Kündigung, BB 2003, 45; *Ohlendorf/Salamon*, Freistellungsvorbehalte im Lichte des Schuldrechtsmodernisierungsgesetzes, NZA 2008, 856; *Sibben*, Beteiligung des Betriebsrats an Suspendierungen, NZA 1998, 1266.

a) Rechtslage im Umfeld

aa) Die Beschlüsse des Großen Senats vom 27.2.1985 und 10.11.1955

Nach der Grundsatzentscheidung des Großen Senats des BAG vom 27.2.1985[1] und des grundlegenden Beschlusses des BAG vom 10.11.1955[2] hat der Arbeitnehmer im bestehenden Arbeitsverhältnis grds. einen Beschäftigungsanspruch. Nach den grundlegenden Entscheidungen ließ sich die grobe Regel aufstellen, dass das **Beschäftigungsinteresse** des Arbeitnehmers **während des bestehenden ungekündigten Arbeitsverhältnisses**, dagegen das Interesse des Arbeitgebers an einer Freistellung des Arbeitnehmers **nach der Kündigung eines Arbeitsverhältnisses** das jeweils gegenläufige Interesse der anderen Partei überwiegt. Die Begründung des BAG folgt aus § 611 BGB iVm dem in § 242 BGB geschützten allgemeinen Persönlichkeitsrecht. Da die Achtung und Wertschätzung des Arbeitnehmers wesentlich von der von ihm geleisteten Arbeit abhängen und die Tätigkeit im Arbeitsverhältnis eine wesentliche Möglichkeit zur Entfaltung seiner geistigen und körperlichen Fähigkeiten und damit zur Entfaltung seiner Persönlichkeit darstelle, überwiege während des bestehenden Arbeitsverhältnisses das Beschäftigungsrecht des Arbeitnehmers. 2172

Eine **Suspendierung** des Arbeitnehmers ohne vertragliche Vereinbarung während eines bestehenden Arbeitsverhältnisses sollte deshalb nur dann wirksam sein, wenn **überwiegende schutzwerte Interessen** des Arbeitgebers der Beschäftigung entgegenstehen.[3] Als **Beispiele** für derartige überwiegende Interessen hat das BAG den Wegfall der Vertrauensgrundlage, fehlende Einsatzmöglichkeit (Auftragsmangel, Betriebsstilllegung), die Gefahr des Geheimnisverrats, unzumutbare wirtschaftliche Belastungen und jegliche Gründe, die eine fristlose Kündigung rechtfertigen würden, genannt. Allerdings betonte das BAG in seiner Entscheidung vom 19.8.1976,[4] dass der bloße Ausspruch einer Kündigung nicht ohne Weiteres die Freistellung während der Kündigungsfrist rechtfertige. Nach Meinung des LAG Hamm[5] überwiegt das Interesse des Arbeitgebers an einer Freistellung dagegen auch regelmäßig bei besonderen Vertrauenspositionen. 2173

Während der Dauer der Suspendierung behält der Arbeitnehmer den **Vergütungsanspruch**.[6] Für den Fall, dass das Arbeitsverhältnis **arbeitgeberseitig gekündigt** wurde, konnte die Freistellung einschränkungslos vereinbart werden.[7] Der Beschäftigungsanspruch des Mitarbeiters über- 2174

1 BAG 27.2.1985 – GS 1/84, BAGE 48, 122 = NZA 1985, 702.

2 BAG 10.11.1955 – 2 AZR 591/54, AP § 611 BGB Beschäftigungspflicht Nr. 2.

3 LAG München 19.8.1992 – 5 Ta 185/92, DB 1993, 2292.

4 BAG 19.8.1976 – 3 AZR 173/75, NJW 1977, 215.

5 LAG Hamm 3.11.1993 – 15 Sa 1592/93, DB 1994, 148 = LAGE § 611 BGB Beschäftigungspflicht Nr. 36; ebenso *Luckey*, NZA 1992, 873, 875.

6 BAG 4.6.1964 – 2 AZR 310/63, BB 1964, 1045; bei Freistellung im Rahmen eines Aufhebungsvertrages geht das LAG Schleswig-Holstein (vom 20.2.1997, NZA-RR 1997, 286) grds. davon aus, dass der Gehaltszahlungsanspruch entfällt; s. auch *Nägele*, DB 1998, 518; *Hoß*, ArbRB 2001, 28.

7 LAG Hamburg 10.6.1994 – 6 Sa 42/94, LAGE § 611 BGB Beschäftigungspflicht Nr. 37; ArbG Düsseldorf 3.6.1993 – 9 Ga 28/93, NZA 1994, 559.

wiegt nach Kündigung des Arbeitsverhältnisses nur ausnahmsweise in den Fällen, in denen der Betriebsrat der Kündigung wirksam gem. § 102 Abs. 5 BetrVG widersprochen hat oder der Arbeitnehmer im Kündigungsschutzklageverfahren (vor Rechtskraft) obsiegt. Außerdem besteht eine gesetzliche Beschäftigungspflicht bei Arbeitsverhältnissen mit Auszubildenden (§§ 18, 6 Abs. 2 BBiG) und bei Arbeitsverhältnissen mit Schwerbehinderten (§ 81 Abs. 4 Nr. 1 SGB IX).

2175 Unstreitig ist der Beschäftigungsanspruch dispositiv, wenn der Arbeitnehmer aus konkretem Anlass und nicht in einem Standardarbeitsvertrag auf ihn verzichtet.[8] In welchem Umfang jedoch in einem Standardarbeitsvertrag **Freistellungsbefugnisse** des Arbeitgebers über die schutzwerten Interessen im Einzelfall oder über den Fall des gekündigten Arbeitsverhältnisses hinaus vorgesehen werden können, ist seit jeher und insb. seit der Einführung der Inhaltskontrolle für Standardarbeitsverträge mit der Schuldrechtsreform umstritten.[9]

bb) AGB-Kontrolle von Freistellungsklauseln

2176 Über die Freistellungsklausel wird die **Hauptleistungspflicht des Arbeitnehmers**, Arbeitsleistung zu erbringen, einseitig **suspendiert**. Da die Erbringung von Arbeitsleistung nicht nur einen synallagmatischen, sondern auch einen persönlichkeitsrechtlichen Kern aufweist,[10] bedeutet die Freistellung nicht nur eine Befreiung von einer Hauptleistungspflicht, sondern auch einen gewissen Eingriff in Persönlichkeitsrechte des Arbeitnehmers und damit eine potentielle Nebenpflichtverletzung des Arbeitgebers. Je höher die Dienste des Arbeitnehmers in der Sozialanschauung angesiedelt sind, desto deutlicher kann die persönlichkeitsrechtliche Komponente ausgeprägt sein, insb. wenn mit der Tätigkeit eine öffentliche Wirkung verbunden ist. Eine über die in der Rspr anerkannten Freistellungssituationen hinausgehende Freistellungsklausel kann daher eine unangemessene Benachteiligung gem. § 307 Abs. 2 Nr. 1 BGB darstellen.[11] Soweit die Freistellungsklausel jedoch nur die Situationen erfasst, die auch ohne entsprechende vertragliche Vereinbarung nach der bisherigen Rspr zu einem Freistellungsrecht des Arbeitgebers vor Ablauf der Kündigungsfrist führen, also der Wegfall des Arbeitsplatzes bei betriebsbedingten Kündigungen, verhaltensbedingte Kündigungsgründe oder die Unzumutbarkeit oder Unmöglichkeit der Weiterbeschäftigung bei personenbedingten Kündigungsgründen,[12] ist die Klausel wirksam.[13]

2177 Insoweit ist auch die konkrete Ausübung des Freistellungsrechts gem. § 315 BGB zu berücksichtigen. Das LAG Hamm hat entschieden, dass bei einem gekündigten Arbeitsverhältnis der Arbeitnehmer seine tatsächliche Beschäftigung im Wege einer einstweiligen Verfügung durchsetzen kann, wenn entweder die Kündigung offensichtlich unwirksam ist oder die Freistellung billigem Ermessen widerspricht.[14]

2178 Der BGH hat zwar als vertragszweckgefährdende Klauseln aus dem Bereich des Kaufrechts stets solche Klauseln angesehen, die Modifizierungen der Hauptleistungspflichten umfassen.[15] Ebenso hat der BGH geurteilt, dass die Inhaltskontrolle zur Unwirksamkeit einer Klausel führt, die eine Kardinalpflicht suspendiert, wenn Neben- oder Schutzpflichten des Verwenders

8 *Leßmann*, RdA 1988, 149, 152; *Schukai*, DB 1986, 482.

9 *Buchner*, Beschäftigungspflicht, S. 22 f; *Hümmerich*, DB 1999, 1264; Preis/*Preis*, Der Arbeitsvertrag, II F 10 Rn 8 f.

10 So ausdr. BAG 27.2.1985 – GS 1/84, BAGE 48, 122 = NZA 1985, 702.

11 *Beckmann*, NZA 2004, 1131; *Fischer*, NZA 2004, 233; *Hümmerich*, NZA 2003, 753, 762; ArbG Berlin 4.2.2005 – 9 Ga 1155/05, EzA-SD 8/2005, 11; ArbG Frankfurt aM 19.11.2003 – 2 Ga 251/03, SPA 11/2004, 6; ArbG Stuttgart 18.3.2005 – 26 Ga 4/05, EzA-SD 14/2005, 8.

12 Vgl BAG 27.2.1985 – GS 1/84, BAGE 48, 122 = NJW 1985, 2968 = NZA 1985, 702; LAG Hamm 18.9.2003 – 17 Sa 1275/03, NZA-RR 2004, 244; LAG München 19.8.1992 – 5 Ta 185/92, NZA 1993, 1130.

13 Vgl auch LAG Sachsen 12.6.2003 – 2 Sa 715/02.

14 LAG Hamm 3.2.2004 – 19 Sa 120/04, NZA-RR 2005, 358.

15 BGH 12.3.1987 – 7 ZR 37/86, NJW 1987, 1931, 1935.

ausgeschlossen werden, die für den anderen Vertragsteil von grundlegender Bedeutung sind.[16] Die einseitige Aussetzung der Arbeitsleistungspflicht stellt auch eine Einschränkung der Leistungspflicht des Arbeitnehmers dar und berührt das durch die Nebenpflichten des Arbeitgebers geschützte Persönlichkeitsrecht des Arbeitnehmers. Aber die Freistellung ist der Sache nach keine Modifikation der Leistungspflicht des Arbeitnehmers oder ein Verzicht des Arbeitgebers auf die Annahme der Gegenleistung bei weiterer Erbringung der vertragsgemäßen eigenen Leistung (Vergütungszahlung), sondern ein Erlassvertrag iSv § 397 BGB.[17] Diese Konstellation ist mit den Situationen des Kaufrechts daher nicht vergleichbar.

Die Gegenansicht führt an, gerade bei bestehenden Konflikten zwischen dem Arbeitnehmer und seinem Vorgesetzten könne sich die Einflussmöglichkeit des Arbeitnehmers auf das Geschehen deutlich verbessern, wenn der **Arbeitnehmer seine Sicht unter den Kollegen und Vorgesetzten im Betrieb noch vermitteln** kann.[18] Werde der Arbeitnehmer nicht über eine Freistellungsbefugnis des Arbeitgebers an der Anwesenheit im Betrieb gehindert, verliere er nicht mehr durch Entfremdung und Zeitablauf den Anschluss im Betrieb. Außerdem müsse der Arbeitnehmer wegen der weiteren Einbezogenheit in laufende Vorgänge bei seinen beruflichen Kenntnissen keine Abstriche machen und bleibe fachlich auf der Höhe der Zeit.[19] Schließlich erfolge die Anwesenheit eines gekündigten Arbeitnehmers in den Firmenräumen häufig gegen den Willen des Arbeitgebers und erhöhe somit den „Druck" auf die Bereitschaft des Arbeitgebers zu einer einvernehmlichen Regelung.[20] All diese Interessen des Arbeitnehmers an der Beschäftigung auch nach einer Kündigung sind aber in die Abwägung der bisherigen Rspr zur Freistellung nach Kündigungen eingestellt und können daher auch nach den Maßstäben der neuen Inhaltskontrolle nicht zur Unwirksamkeit einer Klausel führen, die nur diese Rspr wiedergibt.[21] Richtigerweise können die Arbeitsvertragspartner daher unverändert die generelle Berechtigung des Arbeitgebers vereinbaren, den Arbeitnehmer gegen Vergütungsfortzahlung mit Ausspruch einer Kündigung freizustellen, jedenfalls in den bisher anerkannten berechtigten Fällen.[22] **Beispiel:** So ist es einleuchtend, dass der Arbeitgeber keinen Arbeitnehmer weiterbeschäftigen kann, dem wegen Verschwiegenheitspflichtverletzung durch Kopie sensibler Daten aus dem Computersystem gekündigt wurde. Hier muss der Arbeitgeber eine Suspendierung aussprechen können. Es ist allerdings darauf zu achten, dass die Aufnahme von Verhandlungen für einen Aufhebungsvertrag dem Ausspruch einer Kündigung nicht gleichzusetzen ist und daher in den Klauseln diese Situationen unterschieden werden müssen.[23] Grundsätzlich muss der Arbeitgeber aber auch bei einer Arbeitnehmerkündigung zur Freistellung berechtigt sein, v.a. bei Arbeitnehmern mit Zugang zu sensiblen Geschäfts- und Kundendaten oder Tätigkeiten mit Außenwirkung. 2179

Unklarer ist die Rechtslage, soweit eine Freistellungsklausel die Freistellung im **bestehenden und ungekündigten** Arbeitsverhältnis regelt. Insoweit ist der von der Rspr grds. anerkannte und als überwiegend eingestufte Beschäftigungsanspruch des Arbeitnehmers wohl als wesentlicher Grundgedanke der gesetzlichen Regelung des Arbeitsverhältnisses in § 611 iVm § 242 2180

16 BGH 20.6.1984 – 8 ZR 137/83, NJW 1985, 914, 916.

17 Vgl auch BAG 19.3.2002 – 9 AZR 16/01, BB 2002, 1703; BAG 9.11.1999 – 9 AZR 922/98, BeckRS 2008, 56102; LAG Nürnberg 28.3.2000 – 7 Sa 713/99, AuA 2000, 602.

18 Vgl die Altauflage: *Hümmerich*, Gestaltung von Arbeitsverträgen, 2006, § 1 Rn 1391.

19 *Hümmerich*, DB 1999, 1264.

20 *Schrader*, Rechtsfallen in Arbeitsverträgen, Rn 555.

21 Vgl nur LAG München 7.5.2003 – 5 Sa 297/03, LAGE § 307 BGB 2002 Nr. 2; ArbG Frankfurt 22.9.2005 – 19 Ga 199/05, juris Rn 25 ff; aA ArbG Berlin 4.2.2005 – 9 Ga 1155/05, EzA-SD 8/2005, 11; ArbG Frankfurt aM 19.11.2003 – 2 Ga 251/03, NZA-RR 2004, 409; ArbG Stuttgart 18.3.2005 – 26 Ga 4/05, EzA-SD 14/2005, 8; ArbG Stralsund 11.8.2004 – 3 Ga 7/04, NZA-RR 2005, 23.

22 Vgl nur ArbG Köln 9.5.1996 – 8 Ga 80/96, NZA-RR 1997, 186; *Hoß/Lohr*, BB 1998, 2575; *Hümmerich*, DB 1999, 1264.

23 *Hoß/Lohr*, BB 1998, 2575.

BGB anzusehen. Dennoch kann auch im ungekündigten Arbeitsverhältnis das Interesse des Arbeitgebers an der Freistellung eines Arbeitnehmers dessen Beschäftigungsinteresse überwiegen. **Beispiel:** So ergibt sich das arbeitgeberseitige Recht zur Freistellung bei ansteckenden Krankheiten aus der gesetzlichen Regelung in § 31 IfSG. **Weiteres Beispiel:** Nach § 12 Abs. 1 AGG muss der Arbeitgeber die erforderlichen Maßnahmen zum Schutz der Arbeitnehmer vor Diskriminierung, insb. auch vor Belästigung am Arbeitsplatz durch andere Mitarbeiter, treffen. Dies kann im Einzelfall – wenn keine zügige Versetzung auf einen anderen Arbeitsplatz möglich und (noch) keine Kündigung ausgesprochen ist – auch die Freistellung des Belästigenden erfordern. Entsprechendes gilt für die Zeit, in der der Arbeitgeber den Verdacht einer schweren Pflichtverletzung eines Arbeitnehmers zu Lasten des Unternehmens aufklärt, wenn kein Vertrauen in den weiteren Einsatz bis zu einer etwaigen fristlosen Kündigung besteht oder auch das Verfahren zur Aufklärung des Verdachts vor Störungen und Verdunkelungsaktionen des Arbeitnehmers geschützt werden muss.

2181 Die Schwierigkeit, zwischen der **angemessenen** und der **unangemessenen Benachteiligung** des Arbeitnehmers nach § 307 Abs. 1 BGB bei der Freistellungsklausel **auszuloten**, besteht darin, dass dem Arbeitgeber zugebilligte Rechte im Einzelfall missbraucht werden können. Der Verweis des Arbeitnehmers auf den einstweiligen Rechtsschutz kann die Unangemessenheit nicht beseitigen.[24] Entsprechendes gilt für die Zusage einer Entschädigung für eine missbräuchliche Freistellung, denn soweit die Verletzung des Persönlichkeitsrechts durch eine unzulässige Freistellung überhaupt kapitalisierbar ist, besteht diese Rechtsfolge ohnehin, auch ohne vertragliche Regelung. Die deklaratorische Zusage einer gesetzlichen Rechtsfolge kann dann die Wirkung eines unangemessen weitgehenden Freistellungsrechts nicht mildern oder ausgleichen.[25] Richtigerweise ist daher bereits bei der Formulierung der Klausel auf eine transparente, mithin möglichst präzise Festlegung der ausnahmsweisen Freistellungssituationen zu achten.[26]

2182 Eine im Einzelfall doch **missbräuchliche Freistellung** eines Arbeitnehmers ist dann mangels Vorliegens der Voraussetzungen für eine wirksame Freistellung unwirksam, denn bei konkreter Festlegung der Wirksamkeitsvoraussetzungen nach den Kriterien der BAG-Rspr in der Klausel kann eine missbräuchliche Freistellung diese Voraussetzungen eben nicht erfüllen.

cc) Freistellung und Urlaub

2183 Die Freistellung befreit den Arbeitnehmer von seinen Arbeitspflichten. Der Urlaubsanspruch ist der „durch das Bundesurlaubsgesetz bedingte Anspruch des Arbeitnehmers gegen den Arbeitgeber, von den nach dem Arbeitsverhältnis entstehenden **Arbeitspflichten befreit** zu werden, ohne dass die Pflicht zur Zahlung des Arbeitsentgelts berührt wird".[27] Ausgehend von dieser Definition entspricht das Erscheinungsbild der Freistellung durchaus dem Urlaub.[28] Auch die Freistellung befreit den Arbeitnehmer von seiner Arbeitspflicht und erhält ihm den Vergütungsanspruch. Trotzdem vertritt das BAG in stRspr die Auffassung,[29] der Arbeitgeber sei nicht berechtigt, einseitig Urlaub nachträglich auf Zeiten der Freistellung anzurechnen. Eine nachträgliche Urlaubsgewährung bei bereits erklärter Freistellung ist jedoch möglich, wenn die Freistellung widerruflich ist.[30]

---

24 Vgl zu den Optionen des einstweiligen Rechtschutzes *Beckmann*, NZA 2004, 1131; *Hümmerich*, DB 1999, 1264 mwN aus der Rspr.

25 AA noch die Altauflage: *Hümmerich*, Gestaltung von Arbeitsverträgen, 2006, § 1 Rn 1396.

26 Vgl iE LAG Hessen 20.2.2013 – 18 SaGa 175/13, AuA 2013, 609; *Ohlendorf/Salamon*, NZA 2008, 856.

27 BAG 25.1.1994 – 9 AZR 312/92, NZA 1994, 652 = NJW 1994, 2373.

28 *Meier*, NZA 2002, 873.

29 BAG 18.9.2001 – 9 AZR 570/00, NZA 2002, 895; BAG 9.6.1998 – 9 AZR 43/97, NZA 1999, 80.

30 BAG 14.8.2007 – 9 AZR 934/06, NZA 2008, 473, 475.

Einvernehmlich ist die Verrechnung aber sowohl im Vorhinein als auch im Nachhinein wirksam,[31] so in einem Aufhebungs-, Abwicklungs- oder sonstigen, anlassbezogenen Vertrag oder Vergleich.[32] Wird eine Urlaubsverrechnungsregelung, meist im Zusammenhang mit einer Freistellung nach Kündigung, in den Arbeitsvertrag aufgenommen, hat das Schrifttum keine Bedenken, teilweise wird darin bereits eine konkludente Urlaubserteilung gesehen.[33] Dagegen vertritt das BAG die Auffassung, der Urlaubsanspruch dürfe nur dann mit der Freistellung verrechnet werden, wenn die Erklärung des Arbeitgebers hinreichend deutlich erkennen lasse, dass durch die zeitliche Festlegung der Arbeitsbefreiung Urlaub gewährt werde.[34] Stellt der Arbeitgeber den Arbeitnehmer unwiderruflich unter Anrechnung noch offener Urlaubsansprüche bis zur Beendigung des Arbeitsverhältnisses von der Arbeitsleistung frei, so erfüllt der Arbeitgeber nach neuerer Rspr des 9. Senats den Urlaubsanspruch des Arbeitnehmers nach § 7 Abs. 1 BUrlG zeitgleich mit der Freistellung.[35] Behält sich der Arbeitgeber aber den Widerruf des erteilten Urlaubs vor, hat er keine zur Erfüllung des Urlaubsanspruchs ausreichende Befreiungserklärung abgegeben; die widerrufliche Freistellung reduziert den Urlaubsanspruch daher nicht.[36] 2184

Wenn der Arbeitgeber den Arbeitnehmer nach Ausspruch einer ordentlichen Kündigung für die Dauer der Kündigungsfrist ausdrücklich unter Anrechnung bestehender Urlaubsansprüche freistellt und den Arbeitnehmer zugleich bittet, ihm die Höhe des während der Freistellung erzielten Verdienstes mitzuteilen, überlässt der Arbeitgeber nach Ansicht des BAG dem Arbeitnehmer die zeitliche Festlegung der Urlaubszeit und gerät während der verbleibenden Zeit gem. § 293 BGB in Annahmeverzug.[37] Da manchen Arbeitgebern jedoch nicht einmal der Gedanke kommt, die Anordnung des Urlaubs müsse ausdrücklich und für den Arbeitnehmer deutlich erkennbar erklärt werden, sondern meist die Vorstellung vorherrscht, mit der Freistellung sei das Gleiche erklärt wie mit der Urlaubsanordnung, tritt verschiedentlich die Fallkonstellation auf, dass Arbeitnehmer nach längerer Freistellung aus Anlass ihrer Kündigung und nach dem Ende des Arbeitsverhältnisses unter Hinweis auf § 7 Abs. 4 BUrlG Urlaubsabgeltung verlangen. 2185

Hoß hält die BAG-Rspr wegen der unterschiedlichen Wirkungen einer Freistellung und einer Urlaubsanordnung nach § 7 BUrlG für gerechtfertigt.[38] *Meier*[39] und das ArbG Ludwigshafen[40] kommen zu dem Schluss, dass einem Urlaubsabgeltungsanspruch nach § 7 Abs. 4 BUrlG bei vorangegangener Freistellung die Kausalität fehle bzw eine Sorgfaltspflichtverletzung angenommen werden müsse, wenn der Arbeitnehmer längere Zeit, mindestens im Umfang des Urlaubsanspruchs, zum Ende des Arbeitsverhältnisses freigestellt gewesen sei. 2186

dd) Vergütung während der Freistellung

Nach Ansicht des BAG gerät der Arbeitgeber, wenn er den Arbeitnehmer von der Arbeitserbringung unter Anrechnung der Urlaubsansprüche einseitig freistellt und dem Arbeitnehmer die zeitliche Festlegung der Urlaubszeit überlässt, für die verbleibende Zeit gem. § 293 BGB in Annahmeverzug.[41] Anderweitiger Verdienst wird dann gem. § 615 S. 2 BGB auf das Gehalt an- 2187

31 Vgl LAG Bremen 24.1.1997 – 4 Sa 151/96, MDR 1997, 753.

32 *Hümmerich*, Aufhebungsvertrag und Abwicklungsvertrag, § 9 Rn 137 ff mwN.

33 *Bauer*, Arbeitsrechtliche Aufhebungsverträge, IV. Rn 34 f (bei unwiderruflicher Freistellung); *Nägele*, DB 1998, 518.

34 Zur Freistellungserklärung vgl BAG 17.5.2011 – 9 AZR 189/10, NZA 2011, 1032; BAG 31.5.1990 – 8 AZR 132/89, AP § 13 BUrlG Unabdingbarkeit Nr. 13; BAG 18.12.1986 – 8 AZR 481/84, BAGE 54, 59.

35 BAG 14.3.2006 – 9 AZR 11/05, NZA 2006, 1008.

36 BAG 14.3.2006 – 9 AZR 11/05, NZA 2006, 1008; BAG 20.6.2000 – 9 AZR 405/99, NZA 2001, 100.

37 BAG 6.9.2006 – 5 AZR 703/05, NZA 2007, 36.

38 *Hoß*, Anm. zu BAG 9.6.1998 – 9 AZR 43/97, AP § 7 BUrlG Nr. 23.

39 *Meier*, NZA 2002, 873, 874.

40 ArbG Ludwigshafen 19.6.2001 – 3 Ca 817/01.

41 BAG 6.9.2006 – 5 AZR 703/05, NZA 2007, 36.

gerechnet. Anders als während der Freistellung kann aber wegen § 1 BUrlG und § 11 BUrlG **anderweitiger Verdienst in der Urlaubszeit** nicht angerechnet werden. Falls noch ein Urlaubsanspruch des Arbeitnehmers besteht, ist dies bei der Freistellung zu berücksichtigen. Der Arbeitgeber kann entweder die Festlegung des Urlaubszeitraums während der Freistellung dem Arbeitnehmer selbst überlassen oder aber selbst anordnen, welche Tage der Freistellung als Urlaub gelten sollen.[42] Der Anordnung des Arbeitgebers kann der Arbeitnehmer widersprechen,[43] richtigerweise muss er dann die von ihm gewünschten Urlaubszeiträume angeben. Widerspricht der Arbeitnehmer nicht, wäre eine spätere Forderung nach Urlaubsabgeltung rechtsmissbräuchlich.[44] Zum Teil wird zur Vermeidung von Missbrauch gefordert, die Vorschrift des § 615 S. 2 BGB auf die Urlaubszeit während der Freistellung analog anzuwenden.[45] Alternativ sollen durch eine Abfindung alle Ansprüche – auch die Urlaubsabgeltungsansprüche – abgegolten werden.[46] Wichtig für die Praxis ist, dass nach der BAG-Rspr die Freistellung nicht durch Verzicht auf die Arbeitsleistung und Urlaubsgewährung erfolgen kann, sondern durch „freiwillige Urlaubsgewährung" für die gesamte Freistellungsdauer oder durch Vertrag über den Erlass der Arbeitspflicht. In diesen Fällen soll keine Annahmeverzugssituation entstehen und die Anrechnung nach § 615 S. 2 BGB ausscheiden.[47] Arbeitgeber sollten daher auf eine ausdrückliche Erklärung zur Freistellung und Verdienstanrechnung achten.

2188 Zu beachten ist bei der Freistellung mit Anrechnung anderweitigen Verdienstes auch der Zusammenhang mit dem gesetzlichen **Wettbewerbsverbot** gem. § 60 HGB, das grds. bis zum Ablauf der Kündigungsfrist gilt. Das BAG legt eine Freistellung mit Anrechnungsvorbehalt im Zweifel, also ohne ausdrückliche Erklärung des Arbeitgebers, als konkludenten Ausschluss des Wettbewerbsverbots gem. § 60 HGB aus.[48] Dagegen spricht allerdings, dass der bloße Hinweis auf die gesetzliche Rechtsfolge nach § 615 S. 2 BGB nicht dazu herangezogen werden sollte, einen Verzicht auf das Wettbewerbsverbot zu vermuten.[49] Ist die Freistellung auf der Basis einer Vereinbarung zustande gekommen, kommt es maßgeblich auf die Auslegung an – für die Anrechnung von Zwischenverdiensten bedarf es einer gesonderten Vereinbarung.[50]

2189 Es ist ein weit verbreiteter Irrtum, dass die Vereinbarung in einem arbeitsgerichtlichen Vergleich, nach dem der Arbeitnehmer bei Fortzahlung der Vergütung bis zur Beendigung des Arbeitsverhältnisses freigestellt wird, zu einer Gehaltszahlungspflicht des Arbeitgebers unabhängig von der Arbeitsfähigkeit des Arbeitnehmers führt. Das BAG hat mit Urteil vom 29.4.2004[51] entschieden, dass in einem **arbeitsgerichtlichen Vergleich**, der die **Zusage der Freistellung unter Fortzahlung des Gehalts bis zum Arbeitsvertragsende** enthält, kein zusätzlicher Rechtsgrund für eine Entgeltzahlungspflicht des Arbeitgebers enthalten sei, der über die gesetzlich geregelten Fälle der Entgeltfortzahlung bei krankheitsbedingter Arbeitsunfähigkeit hinausgehe. Erkrankt der Arbeitnehmer während der Freistellungsphase und dauert die Erkrankung länger als sechs Wochen, steht dem Arbeitnehmer daher kein Entgeltfortzahlungsanspruch nach § 9 iVm § 3 EFZG zu; die Zusage einer unwiderruflichen Freistellung unter Fortzahlung der Vergütung umfasst nicht die Zusage einer Arbeitsvergütung unabhängig von der Arbeitsfähigkeit des Arbeitnehmers. Macht der Arbeitgeber allerdings geltend, der Arbeitnehmer sei

42 BAG 6.9.2006 – 5 AZR 703/05, NZA 2007, 36; *Bauer/Günther*, DStR 2008, 2422, 2424.
43 BAG 6.9.2006 – 5 AZR 703/05, NZA 2007, 36.
44 BAG 6.9.2006 – 5 AZR 703/05, NZA 2007, 36.
45 *Bauer/Günther*, DStR 2008, 2422, 2424.
46 *Bauer/Günther*, DStR 2008, 2422.
47 Vgl BAG 6.9.2006 – 5 AZR 703/05, NZA 2007, 36; BAG 23.1.2001 – 9 AZR 26/00, NZA 2001, 597.
48 BAG 6.9.2006 – 5 AZR 703/05, NZA 2007, 36.
49 *Bauer/Günther*, DStR 2008, 2422, 2424.
50 BAG 17.10.2012 – 10 AZR 809/11, NZA 2013, 207.
51 BAG 29.9.2004 – 5 AZR 99/04, NZA 2005, 104.

während der Freistellungsphase nicht leistungsfähig gewesen (§ 297 BGB), hat er als Gläubiger die Beweislast für die fehlende Leistungsfähigkeit des Arbeitnehmers zu tragen.[52]

Erhält der Arbeitnehmer **leistungsbezogene variable Vergütungsbestandteile** (Boni, Sondervergütungen), sollte zur Vermeidung von Streit in der Freistellungsklausel zugleich eine Regelung zur Vergütungsfortzahlung enthalten sein, bspw zur Festlegung eines Durchschnittswertes vergangener Beträge für die Fortzahlung – ähnlich § 11 BUrlG – oder zum Wegfall bestimmter leistungsabhängiger Variablen. 2190

ee) Freistellung und Sozialversicherung

Das BSG hat sich in zwei Urteilen zu den **Sperrzeitenregelungen** zum Arbeitslosengeldanspruch in dem Sinne geäußert, dass der Beginn einer von der Agentur für Arbeit angeordneten Sperrzeit auf den Zeitpunkt fällt, ab dem der Arbeitgeber den Arbeitnehmer (tatsächlich) nicht mehr beschäftigt.[53] Die Sperrzeit knüpfe an das *Beschäftigungs*verhältnis an, so dass der Beginn der Sperrzeit nicht mit dem (rechtlichen) Ende eines *Arbeits*verhältnisses, sondern mit der tatsächlich eingetretenen Nichtbeschäftigung beginnt. 2191

Diese Urteile lagen auf der Linie früherer Entscheidungen des BSG, nach denen der Fortbestand eines versicherungspflichtigen Beschäftigungsverhältnisses davon abhängig war, dass einerseits der Arbeitnehmer seine Arbeitskraft gegen die vereinbarte Vergütung dem Arbeitgeber zur Verfügung stellt und andererseits der Arbeitgeber seine Dispositionsbefugnis bzw Verfügungsgewalt gegenüber dem Arbeitnehmer und dessen Arbeitskraft rechtlich und tatsächlich ausübt.[54] Entsprechend schreibt § 7 Abs. 3 SGB IV ausdrücklich vor, dass ein Beschäftigungsverhältnis gegen Arbeitsentgelt als fortbestehend gilt, solange das Beschäftigungsverhältnis ohne Anspruch auf Arbeitsentgelt fortdauert, jedoch nicht länger als einen Monat. 2192

Vor diesem Hintergrund entstand die Ansicht, dass es an den zweiseitigen Beziehungen zwischen Arbeitnehmer und Arbeitgeber fehlt, wenn im gegenseitigen Einvernehmen **unwiderruflich** auf die vertraglich geschuldete Arbeitsleistung verzichtet wird. Die Spitzenverbände der Krankenkassen, der See-Krankenkasse, der Bundesknappschaft, des Verbandes Deutscher Rentenversicherungsträger, der Bundesversicherungsanstalt für Angestellte, der Bundesagentur für Arbeit und der Spitzenverbände der Unfallversicherungsträger haben deshalb die Auffassung vertreten, dass das versicherungspflichtige Beschäftigungsverhältnis bei einer unwiderruflichen Freistellung von der Arbeitsleistung mit dem letzten (aktiven) Arbeitstag endet, denn in diesen Fällen ende auf Seiten des Arbeitnehmers die Weisungsgebundenheit und auf Seiten des Arbeitgebers das Weisungsrecht.[55] Anders war die Lage bei der Freistellungsphase im Zuge des Blockmodells bei Altersteilzeit, denn § 7 Abs. 1 a SGB IV bestimmt ausdrücklich, dass in diesen Fällen, in denen zuvor für erbrachte Arbeitsleistung ein Wertguthaben erzielt wurde, die Versicherungspflicht fortbesteht. Dieser Vorschrift hätte es nicht bedurft, wenn generell bei unwiderruflichen Freistellungen durch vertragliche Vereinbarung eine Versicherungspflicht anzunehmen wäre.[56] 2193

Die Ansicht der Spitzenverbände der Krankenkassen hat das BSG jedoch mit Urteil vom 24.9.2008 abgelehnt.[57] Das BSG hat zwar zu einem Fall von Altersteilzeit entschieden. Der Arbeitnehmer sollte zunächst zweieinhalb Jahre in Vollzeit arbeiten, um anschließend zweieinhalb Jahre freigestellt zu werden, wobei der Arbeitgeber während der gesamten fünf Jahre eine 2194

52 BAG 23.1.2008 – 5 AZR 393/07, NJW 2008, 1550.

53 BSG 25.4.2002 – B 11 AL 65/01 R, BSGE 89, 243; BSG 18.12.2003 – B 11 AL 35/03 R, BSGE 92, 74.

54 BSG 18.9.1973 – 12 RK 15/72, BB 1973, 1582; BSG 31.8.1976 – 12/3/12 RK 20/74, BB 1977, 248.

55 Niederschrift über die Besprechung der Spitzenverbände vom 5./6.7.2005, 35-312.0/312.3; *Lindemann/Simon*, BB 2005, 2462.

56 Niederschrift der Spitzenverbände, Personalmagazin 2005, 42 f.

57 BSG 24.9.2008 – B 12 KR 27/07 R, NZA-RR 2009, 269; BSG 24.9.2008 – B 12 KR 22/07 R, NZA-RR 2009, 272 (Sozialversicherungspflicht nach arbeitsgerichtlichem Vergleich bei unwiderruflicher Freistellung).

gleichbleibende Altersteilzeitvergütung zahlen sollte. Die Krankenkasse hat argumentiert, dass keine sozialversicherungspflichtige Beschäftigung mehr vorlag, seitdem der Arbeitnehmer freigestellt war. Dieser Argumentation folgte das BSG nicht. § 7 Abs. 1 SGB IV verlange zwar, dass das Arbeitsverhältnis tatsächlich vollzogen werde, jedoch könne der Vollzug auch durch besondere Umstände ersetzt werden. Als weitere Beispiele dienen in diesem Zusammenhang die Urlaubszeit oder die Fehlzeiten wegen Krankheit – auch in diesen Fällen arbeite der Arbeitnehmer nicht, trotzdem entfalle nach dem Schutzzweck der Sozialversicherung nicht die Sozialversicherungspflicht.

2195 Damit können Aufhebungsverträge richtigerweise wieder ohne Risiko für den Arbeitslosengeldanspruch des Arbeitnehmers eine einvernehmliche unwiderrufliche Freistellungsklausel vorsehen. Bis zur Etablierung einer entsprechenden Praxis der zuständigen Agenturen für Arbeit ist jedoch noch Vorsicht geboten. Für die Gestaltung von Freistellungsklauseln in Arbeitsverträgen empfiehlt sich ohnehin für den Arbeitgeber allein die Option einer einseitigen Freistellungsbefugnis.[58]

b) Klauseltypen und Gestaltungshinweise

aa) Anlassfreie, antizipierte Freistellungsbefugnis des Arbeitgebers

(1) Klauseltyp A

2196 **A 1:** Dem disziplinarischen Vorgesetzten ist es jederzeit ohne Angabe von Gründen gestattet, den Arbeitnehmer unter Fortzahlung seiner Bezüge widerruflich und unwiderruflich freizustellen. Der Arbeitnehmer ist verpflichtet, dem Unternehmen während der Zeit der Freistellung seinen jeweiligen Aufenthaltsort mitzuteilen. Er hält sich für Rückfragen verfügbar.

A 2: Die Firma ist berechtigt, Sie jederzeit unter Fortzahlung Ihrer Grundvergütung freizustellen.[59] Auch während der Freistellung haben Sie die bei Ihnen bestehende Nebentätigkeitsregelung zu beachten. Etwaige Einkünfte während der Freistellung mindern Ihren Vergütungsanspruch.

(2) Gestaltungshinweise

2197 Diese Klauseln A 1 und A 2, die ohne einen besonderen Anlass dem Arbeitgeber ein einseitiges Recht zur Freistellung gewähren, sind unwirksam, da sie nicht mit der Wertung der BAG-Rspr zum Beschäftigungsanspruch des Arbeitnehmers im ungekündigten Arbeitsverhältnis übereinstimmen.[60] Dies stand bereits vor der Einführung der Inhaltskontrolle durch die Schuldrechtsreform außer Zweifel. Nur ganz ausnahmsweise können schützenswerte Interessen des Arbeitgebers gegen eine Beschäftigung des Arbeitnehmers im laufenden Arbeitsverhältnis so überwiegen,[61] dass der Arbeitgeber den Arbeitnehmer freistellen darf.[62] Fehlt in der Freistellungsklausel des Arbeitsvertrages jeglicher Anknüpfungspunkt für die Notwendigkeit eines geschützten Arbeitgeberinteresses, ist die Klausel wegen § 307 Abs. 2 Nr. 1 BGB unwirksam.

2198 Zwar ist S. 2 in der Klausel A 1 eine im Rahmen wirksamer Freistellungsklauseln zulässige Regelung, da sie nur individualarbeitsrechtlich bestehende Nebenpflichten des Arbeitnehmers aufgreift. Im Zusammenhang mit der unwirksamen Basisregelung geht die Regelung aber ins Leere. Die Unwirksamkeit von Klausel A 1 S. 3 ergibt sich daraus, dass die Freistellungsberechtigung unwirksam ist.

58 Vgl auch *Bauer/Krieger*, DB 2005, 2242.

59 Vgl Preis/*Preis*, Der Arbeitsvertrag, II F 10 Rn 10.

60 Vgl BAG 27.2.1985 – GS 1/84, BAGE 48, 122 = NZA 1985, 702.

61 Ebenso die überwiegende Auffassung in der Lit.: *Buchner*, Beschäftigungspflicht, 1989, S. 22; *Hümmerich*, DB 1999, 1264; *Luckey*, NZA 1992, 873; Preis/*Preis*, Der Arbeitsvertrag, II F 10 Rn 11; *Ruhl/Kassebohm*, NZA 1995, 497.

62 BAG 27.2.1985 – GS 1/84, BAGE 48, 122 = NZA 1985, 702, 705.

Zwar ist bei zulässiger Freistellung die Anrechnung anderweitigen Erwerbs nach § 615 S. 2 BGB zulässig; die Klausel A 2 ist allerdings ebenfalls unwirksam, weil eine pauschale Freistellung ermöglicht werden soll. 2199

bb) Anlassbezogene, antizipierte Freistellungsbefugnis des Arbeitgebers

(1) Klauseltyp B

↓ **B 1:** Der Mitarbeiter willigt ein, dass das Unternehmen ihn von seiner Pflicht zur Arbeitsleistung freistellen kann, wenn gewichtige Gründe hierfür vorliegen. Als Freistellungsgründe kommen namentlich der Verdacht eines Verstoßes gegen die Verschwiegenheitspflicht, einer Konkurrenztätigkeit oder andere Vertragspflichtverletzungen in Betracht, durch die die Vertrauensgrundlage zwischen den Arbeitsvertragspartnern erschüttert wird. 2200

↓ **B 2:** Der Mitarbeiter willigt ein, dass das Unternehmen ihn von seiner Pflicht zur Arbeitsleistung freistellen kann, wenn gewichtige Gründe hierfür vorliegen. Als Freistellungsgründe kommen namentlich der Verdacht eines Verstoßes gegen die Verschwiegenheitspflicht, einer Konkurrenztätigkeit oder andere Vertragspflichtverletzungen in Betracht, durch die die Vertrauensgrundlage zwischen den Arbeitsvertragspartnern erschüttert wird. Erklärt sich der Mitarbeiter mit der Freistellung nicht einverstanden, ist dem Arbeitgeber unter Erweiterung seines Direktionsrechts gestattet, den Mitarbeiter mit einer ähnlichen, ggf auch um eine Hierarchiestufe niedrigeren Tätigkeit unter Fortzahlung der bisherigen Vergütung bis zur Dauer eines Jahres zu beschäftigen. Nur bei fehlender Einsatzmöglichkeit, insbesondere Auftragsmangel oder Betriebsstilllegung, ist der Arbeitgeber in diesem Falle berechtigt, den Arbeitnehmer unter Fortzahlung seiner Bezüge freizustellen.

(2) Gestaltungshinweise

Die Klauseln B 1 und B 2 galten in der Vergangenheit als wirksam, wenn man sich auf den Standpunkt stellte, dass unabhängig vom Ausspruch einer Kündigung bei Bestehen eines berechtigten Interesses oder eines wichtigen Grundes eine Freistellung vom Arbeitgeber ausgesprochen werden durfte. Solche berechtigten Interessen liegen namentlich vor, wenn der Arbeitgeber vor Ausspruch einer Kündigung zunächst in Ruhe prüfen will, ob gegen einen Arbeitnehmer erhobene Vorwürfe überhaupt berechtigt sind. Der Grundsatz der Verhältnismäßigkeit spielt im Arbeitsrecht allgemein, besonders im Kündigungsschutzrecht eine erhebliche Rolle.[63] Kann durch Freistellung des Arbeitnehmers und Prüfung kündigungsrelevanter Umstände im Ergebnis von einer Kündigung abgesehen werden, stellt sich die Freistellung als das mildere Mittel dar. Die schutzwürdigen Interessen des Arbeitgebers, die Anlass für die Anordnung der Freistellung bilden sollen, sind vor diesem Hintergrund in den Klauseln B 1 und B 2 durchaus bereits berücksichtigt; allerdings dürften die Klauseln insgesamt dennoch wegen einer unangemessenen Benachteiligung des Arbeitnehmers gem. § 307 Abs. 1 S. 1 und Abs. 2 Nr. 1 BGB unwirksam sein,[64] denn sie sehen nicht ausdrücklich nur eine vorübergehende Freistellung vor und beschränken ihre Anwendung wohl nicht hinreichend deutlich auf Vertragspflichtverletzungen von einigem Gewicht; die Freistellung im ungekündigten Arbeitsverhältnis dürfte so wohl nicht zulässig sein. 2201

Die Klausel B 2 wird auch nicht dadurch wirksam, dass sie eine Zustimmung des Arbeitnehmers anstelle einer einseitigen Entscheidung des Arbeitgebers über die Freistellung fordert und nur die Absenkung des Tätigkeitsbereichs um eine Hierarchiestufe bei gleichzeitigem Erhalt der bisherigen Arbeitsentgelthöhe erlaubt. Bei der in dieser Klausel enthaltenen Umsetzung könnte 2202

63 BAG 17.1.2002 – 2 AZR 494/00, NZA 2003, 816; BAG 6.12.2001 – 2 AZR 695/00, NZA 2002, 927; BAG 15.11.2001 – 2 AZR 609/00, NZA 2002, 968; BAG 7.12.2000 – 2 AZR 459/99, NZA 2001, 1304; BAG 7.12.2000 – 2 AZR 391/99, NZA 2001, 495.

64 AA *Hunold*, NZA-RR 2006, 113.

es sich zwar um ein milderes Mittel im Vergleich zu einer Beendigungskündigung handeln.[65] Ist im Arbeitsvertrag eine bestimmte Stelle als vertragsmäßige Tätigkeit des Arbeitnehmers bezeichnet, richtet sich im Fall einer **ungerechtfertigten Freistellung** durch den Arbeitgeber der Beschäftigungsanspruch des Arbeitnehmers (zunächst) auf eine Beschäftigung auf dieser konkreten Stelle, auch wenn der Arbeitgeber sich vertraglich die Zuweisung anderer zumutbarer Tätigkeit vorbehalten hat. Eine Beschäftigung auf der ursprünglichen Stelle kann der Arbeitnehmer erst nach einer Ausübung des Direktionsrechts, somit nach Zuweisung einer anderen zumutbaren Tätigkeit, nicht mehr verlangen.[66] Es ist aber inzwischen allgemeine Ansicht, dass der Arbeitgeber kraft (erweiterten) Direktionsrechts nur eine gleichwertige Tätigkeit als vertragsgemäße Beschäftigung zuweisen kann.[67] Der Vorbehalt zur Beschäftigung auf einer **geringerwertigen Position** ist daher in sich wohl unwirksam, selbst wenn er nur für einen vorübergehenden Zeitraum anstelle einer Freistellung vorgesehen ist, und kann die Klausel daher nicht insgesamt wirksam machen.

cc) Freistellungsbefugnis des Arbeitgebers bei Kündigung

(1) Klauseltyp C

2203 → **C 1:** Die Firma ist berechtigt, Herrn/Frau (...) nach Ausspruch einer Kündigung bis zum Ablauf der Kündigungsfrist unter Fortzahlung der vertraglichen Bezüge von der Arbeit freizustellen. Mit der Freistellung ist der noch offene Urlaub abgegolten.[68]

C 2: Falls es im betrieblichen Geheimhaltungsinteresse oder aus sonstigen Gründen unabweislich notwendig ist, ist die Firma berechtigt, den Mitarbeiter im Falle einer Kündigung dieses Vertrages – gleichviel, durch wen sie erfolgt – bis zu seiner Beendigung mit anderen gleichwertigen Arbeiten zu beschäftigen, oder, wenn zumutbare Arbeiten nicht vorliegen, ihn unter Fortzahlung seiner Bezüge zu beurlauben. Der Mitarbeiter ist dann, sofern nicht schriftlich ausdrücklich etwas anderes vereinbart ist, berechtigt, frei über seine Arbeitskraft zu verfügen, muss aber selbstverständlich seinen Verpflichtungen aus diesem Vertrag (insbesondere seiner Geheimhaltungspflicht) nachkommen. Auf die Freistellung werden etwaige Resturlaubsansprüche des Mitarbeiters angerechnet. Die Firma verzichtet in diesem Fall auf die Anrechnung etwaiger Nebenverdienste des Mitarbeiters in der Zeit der Freistellung.

C 3: Die Firma ist berechtigt, den Mitarbeiter mit Ausspruch einer Kündigung – gleichgültig von welcher Seite – unter Fortzahlung der Bezüge von der Arbeitsleistung freizustellen, wenn ein sachlicher Grund, insbesondere ein grober Vertragsverstoß, der die Vertrauensgrundlage beeinträchtigt (zB Geheimnisverrat, Konkurrenztätigkeit), gegeben ist. Die Freistellung erfolgt unter Anrechnung auf den Erholungsurlaub, soweit dem keine schutzwürdigen Belange des Arbeitnehmers entgegenstehen.[69]

(2) Gestaltungshinweise

2204 Die Klausel C 1 galt früher als selbstverständlich wirksam; mit dem Recht der Inhaltskontrolle wird allerdings empfohlen, die Freistellungsklausel so zu fassen, dass sie nur die Situationen erfasst, die mit der bisherigen Rspr zur Freistellung im gekündigten Arbeitsverhältnis im Einklang stehen (s. § 1 Rn 2176). Entsprechend ist die weitergehend Arbeitnehmerrechte einbeziehende Klausel C 2 wirksam; dies gilt ebenso für die Klausel C 3.

---

65 LAG Schleswig-Holstein 12.2.2002 – 5 Sa 409 c/01, DB 2002, 1056; LAG Köln 27.11.1998 – 4 Sa 1814/97, LAGE § 315 BGB Nr. 6; BAG 29.1.1997 – 2 AZR 9/96, NZA 1997, 709; BAG 31.3.1993 – 2 AZR 492/92, NZA 1994, 409.

66 ArbG Frankfurt aM 8.10.1998 – 2 Ga 214/98, ARST 1999, 43.

67 Vgl BAG 9.5.2006 – 9 AZR 424/05, NZA 2007, 145.

68 *Schrader*, Rechtsfallen in Arbeitsverträgen, Rn 527 und 559.

69 *Hunold*, NZA-RR 2006, 113, 118; Preis/*Preis*, Der Arbeitsvertrag, II F 10 Rn 29 a.

dd) Freistellungsklausel mit Missbrauchsschutz

(1) Klauseltyp D

Kündigt die Firma das Arbeitsverhältnis mit dem Mitarbeiter, ist sie bei Bestehen schützenswerter Interessen befugt, den Mitarbeiter unter vollständiger Fortzahlung seiner Bezüge und unter Anrechnung noch bestehender Urlaubsansprüche freizustellen. Als schutzwerte Interessen gelten der begründete Verdacht des Verstoßes gegen die Verschwiegenheitspflicht des Arbeitnehmers, ansteckende Krankheiten und der begründete Verdacht einer strafbaren Handlung. Wird außergerichtlich übereinstimmend oder gerichtlich festgestellt, dass der Mitarbeiter aus einem der vorgenannten Gründe freigestellt wurde, obwohl kein schutzwertes Interesse an der Freistellung bestand, erhält der Mitarbeiter für jeden Tag der gegen seinen Willen erfolgten Nichtbeschäftigung bis zum Fristende des Kündigungszeitraumes einen Betrag von (...) € als Schadensersatz. 2205

(2) Gestaltungshinweise

Die Klausel D schränkt das nach der Rspr allgemein bestehende Freistellungsrecht des Arbeitgebers nach Kündigungen sehr stark ein, hält aber auch den strengsten Anforderungen an eine Inhaltskontrolle stand (vgl § 1 Rn 2176 ff). Als Schadenspauschale soll das Tagesbruttogehalt des Arbeitnehmers eingesetzt werden; dies ergibt sich, wenn das Bruttogehalt durch 21 dividiert wird. Als Schadensersatz wegen Verstoßes gegen ein Maßregelungsverbot unterliegt die Forderung des Arbeitnehmers gegen den Arbeitgeber nicht der Lohnsteuerpflicht.[70] 2206

Als Feststellungsantrag wäre, wenn die Klausel D im Arbeitsvertrag enthalten ist, im Zuge einer Kündigungsschutzklage zusätzlich aufzunehmen, dass der Arbeitnehmer unter Verweis auf die Freistellungsklausel freigestellt wurde, ohne dass ein schutzwertes Interesse an der Freistellung bestand. Stattdessen könnte auch ein beziffeter Zahlungsantrag auf Schadensersatz nach der Klausel gestellt werden. 2207

ee) Anrechnungs- und Gehaltsregelungen bei Freistellung

(1) Klauseltyp E

E 1: Übersteigt die Freistellungszeit die Resturlaubsdauer, muss sich der Arbeitnehmer gegenüber dem Vergütungsanspruch dasjenige anrechnen lassen, was er durch anderweitigen Einsatz seiner Arbeitskraft erwirbt.[71] 2208

E 2: Zwischenverdienst während der Freistellung führt der Arbeitnehmer an den Arbeitgeber ab.

→ **E 3:** Im Falle der Kündigung ist die Firma berechtigt, den Mitarbeiter während der Kündigungsfrist unter Anrechnung auf bestehende Urlaubsansprüche von der Arbeit freizustellen, wenn sie dem Mitarbeiter die Bezüge weiterzahlt. Die monatlichen Bezüge während einer Freistellung bestehen aus der Gesamtvergütung (Fixum und durchschnittliche Provision der letzten abgerechneten Monate). Durch die Freistellung werden eventuell bestehende Urlaubsansprüche in entsprechendem Umfang genommen. Für die Zeit der Freistellung entfällt der Anspruch des Mitarbeiters auf pauschalen Aufwandsersatz.

---

70 Im ungünstigsten Fall ist sie tarifbegünstigt gem. §§ 34, 24 EStG, BFH 6.7.2005 – XI R 46/04, NZA-RR 2006, 93.

71 Textempfehlung von *Nägele*, BB 2003, 45.

(2) Gestaltungshinweise

2209 Die Klausel E 2 reagiert auf die Dispositivität des anderweitigen Erwerbs während der Freistellungsphase. Die Klausel E 1 kombiniert die Anrechnung von Zwischenverdienst und die Anrechnung von Urlaubsansprüchen auf Freistellungstage. Die Anrechnung der Urlaubstage ist hier zutreffend formuliert. Es ist entgegen einer häufig umgangssprachlichen Formulierung darauf zu achten, dass die Freistellung nicht mit Urlaub gleichgesetzt wird, sondern eine Urlaubsgewährung vorgesehen wird, die die Dauer der Freistellung entsprechend verringert. Es sollte auch nicht der Begriff „Abgeltung von Urlaub" verwendet werden, da die Abgeltung von Urlaub nur nach Beendigung des Arbeitsverhältnisses gem. § 7 Abs. 4 BUrlG durch eine Geld- und nicht durch eine Naturalleistung erfolgen kann.

2210 Die Klausel E 3 ist v.a. für die Anwendung bei Mitarbeitern gedacht, die eine umsatzabhängige, variable Vergütung beziehen und während der Freistellung einen Teil ihres Arbeitsentgelts verlieren. Zwar ist die Aufnahme einer solchen Regelung richtigerweise keine Wirksamkeitsvoraussetzung für eine Freistellungsklausel, weil § 615 BGB und allgemein das Gesetzesrecht, jedenfalls bei analoger Anwendung von § 11 BUrlG und § 4 EFZG, eine Regelung zur Fortzahlung der variablen Vergütung auch im Annahmeverzug vorsehen. Eine fehlende Regelung stellt den Arbeitnehmer daher nicht schutzlos, sondern erhält ihm die gesetzlichen Ansprüche. Zu Freistellung und Urlaub s. § 1 Rn 2183 ff.

30. Freizeitverhaltensklauseln

Literatur

Adam, Außerdienstliches Verhalten des Arbeitnehmers als Kündigungsgrund, ZTR 1999, 292; *Bengelsdorf*, Alkohol und Drogen im Betrieb, Düsseldorfer Schriftenreihe, 2. Aufl. 2003; *ders.*, Alkoholkonsum und verhaltensbedingte Kündigung, NZA 2001, 993; *ders.*, Alkoholkonsum und personenbedingte Kündigung, NZA-RR 2002, 57; *Bissels/Lützeler*, Facebook, Twitter & Co. – aktuelle Rechtsprechung, PuR 2013, 80; *Buchner*, Tendenzförderung als arbeitsrechtliche Pflicht, ZfA 1979, 335; *ders.*, Die Rechtsverhältnisse im deutschen Lizenzfußball, RdA 1982, 1; *Däubler*, Ungeschminktes auf Facebook, AiB 2014, Nr. 3, 26–29; *Geyer*, Arbeitsrechtliche Sanktionsmöglichkeiten bei aktiver Unterstützung einer rechtsextremen Organisation, FA 2012, 101; *Grunewald*, Inhalt und Grenzen des arbeitsvertraglichen Nebentätigkeitsverbotes, NZA 1994, 971; *Grunsky*, Das Recht auf Privatleben als Begrenzung vertraglicher Nebenpflichten, JuS 1989, 59; *Hilpert*, Sport und Arbeitsrecht, RdA 1997, 92; *Jörger*, Kündigung wegen zweiter Eheschließung unwirksam, ZMV 2010, 273; *Lansnicker/Schwirtzek*, Außerdienstliches fremdenfeindliches Verhalten des Arbeitnehmers als Kündigungsgrund?, DB 2001, 865; *Laws*, Äußerungen des Arbeitnehmers im Web 2.0, MDR 2014, 501; *Mache*, Rechtswidrige Bestimmungen in Arbeitsverträgen, AiB 1987, 200; *Mayer-Maly*, Grundsätzliches und Aktuelles zum „Tendenzbetrieb", BB 1973, 761; *Mitterer*, Arbeitgeberseitige Kündigung wegen außerdienstlichen strafrechtlichen Verhaltens, NZA-RR 2011, 449; *Mummenhoff*, Loyalität im kirchlichen Arbeitsverhältnis, NZA 1990, 585; *Oberthür*, Stalking im Arbeitsverhältnis, ArbRB 2012, 180; *Pawlak/Geizler*, Außerdienstliche Straftaten im öffentlichen Dienst kein Kündigungsgrund mehr?, öAT 2010, 150; *Pawlak/Smeyers*, Außerdienstliche Aktivitäten in sozialen Netzwerken – Gefahr für den Arbeitsplatz, öAT 2013, 26; *Schäfer*, Pflicht zu gesundheitsförderndem Verhalten?, NZA 1992, 529; *Schiefer*, Die Abmahnung, Düsseldorfer Schriftenreihe, 3. Aufl. 2014; *ders.*, Krankheitsbedingte Kündigung, PuR 2012, 203 ff und 228 ff; *Schiefer/Ettwig/Krych*, Das Allgemeine Gleichbehandlungsgesetz, Düsseldorfer Schriftenreihe, 2006; *Schiefer/Heitmann*, Krankheit im Arbeitsverhältnis, Düsseldorfer Schriftenreihe, 2014; *dies.*, Entgeltfortzahlung gem. § 3 EFZG, PuR 2015, 180; *Scholz*, Kündigung in der Privatwirtschaft wegen Tätigkeit für das Ministerium für Staatssicherheit, BB 1992, 2424; *Wahlers*, Außerdienstliches Fehlverhalten als Kündigungsgrund im öffentlichen Dienst, PersV 2011, 364; *Wessing*, Zulässigkeit einer fristlosen Kündigung wegen außerdienstlichen Verhaltens, AnWZert ArbR 15/2009 Anm. 1; *Wiese*, Der Persönlichkeitsschutz des Arbeitnehmers gegenüber dem Arbeitgeber, ZfA 1971, 273; *Worzalla*, Kündigung wegen sexueller Belästigung am Arbeitsplatz, PuR 2012, 6.

a) Rechtslage im Umfeld

aa) Überblick

Mit der Formulierung „**Freizeitverhaltensklausel**" sollen verschiedene Arten von Vertragsvereinbarungen typisiert werden, die sich mit den Anforderungen an das **außerdienstliche Arbeitnehmerverhalten** befassen. Es kann um die **Vermarktung des Ansehens** oder die **Erhaltung der Arbeitskraft eines Künstlers** durch Verbot der Einnahme von Drogen, Verzicht auf nicht mit der Agentur abgestimmte Interviews, Beachtung von Nachtschlafzeiten, aber auch um so ungewöhnliche Aufforderungen an einen Spitzensportler gehen wie ein Verbot des sexuellen Kontakts zur Ehefrau während eines Trainingslagers. Eine Gruppe von Klauseln schränkt den Arbeitnehmer in seinem **politischen Äußerungsverhalten**, in seinem Teilnahmerecht an Versammlungen, in seiner **sexuellen Betätigung** oder in seinem **Auftreten in der Öffentlichkeit** einschließlich der zu tragenden Garderobe ein. 2211

Freizeitverhaltensklauseln betreffen **Einschränkungen im außerdienstlichen Verhalten**. Sie erfassen Anforderungen an die **Lebensführung** und die **Erhaltung der Arbeitsfähigkeit**, wie sie die Rspr bislang auch ohne gesonderte vertragliche Vereinbarung als vom Arbeitnehmer geschuldet erachtet. Sie erfassen weiterhin die Sonderrechtslage der Mitarbeiter des **öffentlichen Dienstes** und, aufgrund des Autonomiegebots der Kirchen, auch der Mitarbeiter im **kirchlichen Dienst** sowie bei **Tendenzträgern allgemein**. Naheliegend ist es ferner, auf die **Rechtsgrundsätze zu unverschuldeter Arbeitsunfähigkeit** gem. § 3 Abs. 1 S. 1 EFZG zurückzugreifen und zu überlegen, ob über vom Arbeitgeber unerwünschtes Verhalten Obliegenheiten des Arbeitnehmers im Arbeitsvertrag definiert werden können, die zugleich **verhaltensbedingte Kündigungsgründe** darstellen können. 2212

Von Klauseln, die sich auf das außerdienstliche Verhalten beziehen, sind „**Richtlinien**" zu unterscheiden, die das **betriebliche Zusammenleben und Zusammenwirken** der Arbeitnehmer betreffen (Ordnungsverhalten/Arbeitsverhalten). Derartige „Richtlinien" können aber auch das Verhalten der Arbeitnehmer außerhalb der Betriebsstätte, etwa gegenüber Kunden und Liefe- 2213

ranten, betreffen. Hierbei ist grds. das Mitbestimmungsrecht des Betriebsrats gem. § 87 Abs. 1 Nr. 1 BetrVG zu beachten. Dieses **Mitbestimmungsrecht** gilt allerdings nur für Maßnahmen, die das sog. **Ordnungsverhalten der Arbeitnehmer** im Betrieb betreffen.[1] Nicht mitbestimmungspflichtig sind Regelungen, die das sog. **Arbeitsverhalten** regeln. Ein Verhaltenskodex (hier: konzernweite Ethikrichtlinie) kann mitbestimmungspflichtige und mitbestimmungsfreie Teile enthalten. Das Mitbestimmungsrecht in Bezug auf einzelne Regelungen eines Verhaltenskodexes begründet nicht notwendig ein Mitbestimmungsrecht an dem Gesamtwerk. Das Mitbestimmungsrecht setzt nicht notwendig voraus, dass es sich um verbindliche Verhaltensregeln handelt. Ausreichend ist, wenn die Maßnahme des Arbeitgebers darauf gerichtet ist, das Verhalten der Arbeitnehmer zu steuern oder die Ordnung des Betriebs zu gewährleisten.[2]

2214 Anzusprechen ist in diesem Zusammenhang auch der **Verhaltenskodex nach § 17 Abs. 1 AGG.** Die Bestimmung enthält einen Appell an die Tarifvertragsparteien, Arbeitgeber, Beschäftigte und deren Vertretungen, im Rahmen ihrer Aufgaben und Handlungsmöglichkeiten an der Verwirklichung des in § 1 AGG genannten Ziels (Verhinderung oder Beseitigung von Benachteiligungen aus Gründen der Rasse oder wegen der ethnischen Herkunft, des Geschlechts, der Religion oder der Weltanschauung, einer Behinderung, des Alters oder der sexuellen Identität) mitzuwirken. Die Gesetzesbegründung weist hierzu darauf hin, dass das Gesetz Anlass dafür sein kann, Personalprozesse in Unternehmen und Betrieben unter dem Gesichtspunkt des Benachteiligungsschutzes zu überprüfen und ggf neu zu definieren oder Verhaltenskodizes zu vereinbaren.[3]

bb) Kündigungsgrunderweiterung

2215 Ob unmittelbar oder mittelbar, generell ist eine **Erweiterung** und **Präzisierung ordentlicher, verhaltenbedingter Kündigungsgründe** zu Lasten des Arbeitnehmers möglich, wenn in der Vertragsklausel ein sachlicher Bezug zum Arbeitsverhältnis erkennbar ist (s. § 1 Rn 2905 ff). **Außerordentliche Kündigungsgründe** können dagegen **nicht wirksam** zwischen den Parteien **vereinbart** werden, weil andernfalls die in § 622 BGB festgelegten Mindestkündigungsfristen umgangen werden könnten.[4] Der Umkehrschluss aus dem Urteil des BAG vom 22.11.1973 ergibt, dass immer dann, wenn keine Verkürzung der Mindestkündigungsfristen durch die Kündigungsgrundvereinbarung eintritt, zunächst einmal nichts gegen die Wirksamkeit einer Kündigungsvereinbarung zu verhaltensbedingten Gründen spricht, sofern der Bezug zum Arbeitsverhältnis gewahrt ist.

2216 Viel gewonnen ist mit dieser Erkenntnis aus den an anderer Stelle (s. § 1 Rn 2905 ff) näher erläuterten Gründen nicht. Das **Abmahnungserfordernis**[5] kann dort, wo es besteht,[6] nicht über eine Kündigungsgrundvereinbarung beseitigt werden (zur Abmahnung s. ausf. § 1 Rn 2915 ff). Dementsprechend wirken sich Kündigungsgrundvereinbarungen zum außerdienstlichen Verhalten überwiegend nur in der Weise aus, dass über die vereinbarte Klausel im Arbeitsvertrag dem Arbeitnehmer von vornherein bekannt wird (**Hinweisfunktion**), dass die Nichtbeachtung eines bestimmten Verhaltens vom Arbeitgeber als Pflichtverletzung gesehen und dass über die Hervorhebung von Verhaltenspflichten im Arbeitsvertrag deutlich gemacht wird, dass mit

1 BAG 15.4.2014 – 1 ABR 85/12, FA 2014, 251.
2 BAG 22.7.2008 – 1 ABR 40/07, BB 2008, 2520.
3 Zu den Einzelheiten sowie einem Mustertext s. *Schiefer/Ettwig/Krych*, AGG, Rn 138; zu den in § 17 Abs. 1 AGG statuierten Handlungsaufforderungen und der Erforderlichkeit einer mehrtätigen Betriebsratsschulung zum AGG s. LAG Hessen 25.7.2007 – 9 TaBV 84/07, AuA 2008, 442.
4 BAG 22.11.1973 – 2 AZR 543/72, EzA § 622 BGB Nr. 33.
5 Zu dem mit der Abmahnung einhergehenden Verzicht auf das Kündigungsrecht s. BAG 13.12.2007 – 6 AZR 145/07, NZA 2008, 403; zur Rügefunktion der Abmahnung s. BAG 19.4.2012 – 2 AZR 258/11, DB 2012, 2559 = PuR 2012, 242; zur Dokumentationsfunktion und zum Entfernungsanspruch des Arbeitnehmers s. BAG 19.7.2012 – 2 AZR 782/11, DB 2012, 2939.
6 *Schiefer*, Abmahnung, S. 61 ff.

einer einschneidenden, vom Arbeitgeber angedrohten Konsequenz, nämlich der Kündigung des Arbeitsverhältnisses, zu rechnen ist (**Warnfunktion**), wenn die Verhaltenspflicht verletzt wird. Die Hinweisfunktion können Freizeitverhaltensklauseln erfüllen, die Warnfunktion tritt erst mit einem konkreten Lebenssachverhalt ein. Eine abstrakt beschriebene Fallgestaltung reicht für die Warnfunktion nicht aus, weil es im Belieben des Arbeitgebers steht, auch dann, wenn der Arbeitnehmer eine Pflichtverletzung begangen hat, keine Abmahnung auszusprechen. Es bedarf also immer auch des sichtbar gewordenen Arbeitgeberwillens, ein Verhalten des Arbeitnehmers als Abmahnungssachverhalt zu behandeln. Die Kündigungsgrundvereinbarung – und eine Freizeitverhaltensklausel ist eine solche – zieht allenfalls nach sich, dass die bereits im Arbeitsvertrag durch die Klausel sichtbar gemachten und dem Arbeitnehmer damit eindeutig benannten Interessen des Arbeitgebers als bekannt unterstellt werden dürfen, mehr nicht.

cc) Außerdienstliches Verhalten in der Kündigungsrechtsprechung

Ein außerdienstliches Verhalten (zB strafbare Handlungen, Verkehrsverstöße, politische Betätigung, rechtsextreme Aktivitäten) des Arbeitnehmers kann nach stRspr eine ordentliche Kündigung nur dann sozial rechtfertigen, wenn das Arbeitsverhältnis **konkret berührt** wird.[7] 2217

Grundsätzlich gilt: Nach § 241 Abs. 2 BGB ist jede Partei des Arbeitsvertrages zur **Rücksichtnahme** auf die Rechte, Rechtsgüter und Interessen ihres Vertragspartners verpflichtet. Diese Regelung dient dem Schutz und der Förderung des Vertragszwecks. Der Arbeitnehmer ist auch außerhalb der Arbeitszeit verpflichtet, auf die berechtigten Interessen des Arbeitgebers Rücksicht zu nehmen.[8] Die Pflicht zur Rücksichtnahme kann deshalb auch durch außerdienstliches Verhalten verletzt werden. Allerdings kann ein außerdienstliches Verhalten des Arbeitnehmers die berechtigten Interessen des Arbeitgebers oder anderer Arbeitnehmer grds. nur beeinträchtigen, wenn es einen **Bezug zur dienstlichen Tätigkeit** hat. Das ist der Fall, wenn es negative Auswirkungen auf den Betrieb oder einen Bezug zum Arbeitsverhältnis hat.[9] Fehlt ein solcher Zusammenhang, scheidet eine Pflichtverletzung regelmäßig aus.[10] 2218

Raucht eine Arbeitnehmerin – ohne Verstoß gegen ein betriebliches Rauchverbot – vor Dienstantritt eine Zigarette mit der Folge, dass ihre Kleidung während der Arbeit – als Verkäuferin von Damenbekleidung – nach Rauch riecht, so gehört dies in ihre Privatsphäre und unterfällt dem allgemeinen Persönlichkeitsrecht (Art. 2 Abs. 1 GG), das auch im Arbeitsverhältnis gilt. Eine Kündigung ist daher auch dann unwirksam, wenn für das Arbeitsverhältnis der allgemeine Kündigungsschutz noch nicht greift.[11] 2219

Als **Grund** für eine **Kündigung** kommt ein außerdienstliches Verhalten nur dann in Betracht, wenn das **Arbeitsverhältnis konkret beeinträchtigt** ist.[12] Fehlt es an einer solchen Beeinträchtigung, so rechtfertigt ein außerdienstliches Verhalten idR keine Kündigung.[13] Eine solche Störung nimmt die Rspr an, wenn einem Berufskraftfahrer wegen Trunkenheit bei einer Privatfahrt die Fahrerlaubnis entzogen wird[14] oder ein Arbeitnehmer in seiner Freizeit einen Ladendiebstahl bei einer Konzernschwester des Arbeitgebers begeht.[15] 2220

7 BAG 24.9.1987 – 2 AZR 26/87, DB 1988, 1757; BAG 21.6.2001 – 2 AZR 325/00, NZA 2002, 1030.
8 BAG 28.10.2010 – 2 AZR 293/09, DB 2011, 307; BAG 10.9.2009 – 2 AZR 257/08, NZA 2010, 220; BAG 20.6.2014 – 2 AZR 583/12, DB 2013, 2749; BAG 26.9.2013 – 2 AZR 741/12, NZA 2014, 529.
9 BAG 10.9.2009 – 2 AZR 257/08, NZA 2010, 220; BAG 27.11.2008 – 2 AZR. 98/07, NZA 2009, 604.
10 BAG 28.10.2010 – 2 AZR 293/09, DB 2011, 307; BAG 27.1.2011 – 2 AZR 825/09, NZA 2011, 798.
11 ArbG Saarlouis 28.5.2013 – 1 Ca 375/12, AE 2013, 167.
12 KR/*Fischermeier*, § 626 BGB Rn 414.
13 LAG Rheinland-Pfalz 18.10.2007 – 2 Sa 193/07, n.v.
14 BAG 30.5.1978 – 2 AZR 630/76, DB 1978, 1790.
15 BAG 20.9.1984 – 2 AZR 633/82, DB 1985, 655.

2221 Grundsätzlich hat der Arbeitgeber keinen Anspruch auf eine bestimmte Lebensführung des Arbeitnehmers.[16] Eine Mitarbeiterin, die sich privat in „softpornografischer“ Pose für eine Illustrierte ablichten ließ, verstieß nicht gegen ihre außerdienstlichen Verhaltenspflichten.[17] Der Besitz kinderpornografischer Schriften bzw Darstellungen stellt allerdings bei einem Polizeibeamten einen schwerwiegenden Pflichtenverstoß dar, bei dem die Entfernung aus dem Dienst zwar nicht „regelmäßig“ zu verhängen, jedoch grds. in Betracht zu ziehen ist.[18] Für rechtsmissbräuchlich hielt das BAG die Kündigung eines Arbeitnehmers in der Probezeit wegen seines persönlichen Sexualverhaltens (Homosexualität) in seiner Freizeit.[19] Wenn ein Vorgesetzter wegen tätlicher Auseinandersetzung in seinem privaten Lebensbereich aufgefallen ist, soll dieses außerdienstliche Verhalten keinen Kündigungsgrund darstellen, weil sich hieraus kein Erfahrungssatz über das dienstliche Verhalten des Vorgesetzten ableiten lässt.[20]

2222 Die Entscheidung des Arbeitnehmers, nach einer erfolgreichen Entziehungskur die zunächst aufgenommenen Besuche in einer Selbsthilfegruppe von anonymen Alkoholikern abzubrechen, weil er sich hiermit überfordert fühlt, gehört zum privaten Lebensbereich. Hiermit verletzt er keine Haupt- oder Nebenpflichten aus dem Arbeitsverhältnis. Selbst wenn er dem Arbeitgeber, der einen solchen Besuch einer Selbsthilfegruppe verlangt, vortäuscht, er setze diese Besuche fort, rechtfertigt dies keine ordentliche verhaltensbedingte Kündigung.[21]

2223 Der **außerbetriebliche Alkoholkonsum** des Mitarbeiters in seiner Freizeit ist grds. Teil seiner Privatsphäre, die regelmäßig von arbeitsvertraglichen Pflichten frei ist. Er hat grds. keine kündigungsrechtliche Relevanz. Etwas anderes gilt in den **Ausnahmefällen**, in denen aufgrund privaten Alkoholkonsums Pflichten aus dem Arbeitsverhältnis beeinträchtigt werden. Generell darf der Mitarbeiter in seiner Freizeit nur so viel Alkohol trinken, dass er am folgenden Arbeitstag seinen Vertragspflichten uneingeschränkt nachkommen kann. Der **Kraftfahrer** hat seine Arbeit grds. nüchtern anzutreten. Es liegt eine gravierende vorwerfbare Pflichtverletzung vor, falls er mit einer BAK von 0,5, 0,7, 0,92 oder 1,07 Promille seine Tätigkeit aufnimmt.[22] Wird der Mitarbeiter in einem Land beschäftigt, in dem ein generelles Alkoholverbot besteht, und stellt sein privater Alkoholkonsum den weiteren **Auslandseinsatz** ernsthaft in Frage, liegt eine kündigungsrelevante Vertragsverletzung vor. Das Gleiche gilt für den alkoholisierten Mitarbeiter, der seinen Vorgesetzten außerhalb seiner Arbeitszeit und des Betriebs beschimpft und mit einer Waffe bedroht.[23]

2224 Die Fähigkeit zur vertragsgemäßen Leistungserfüllung entfällt, wenn dem Berufskraftfahrer, Außendienstmitarbeiter, Kundendienstmonteur, Auslieferungsfahrer, Verkehrspiloten, Sachverständigen im Kraftfahrzeugwesen oder sonstigen Mitarbeiter, der zur Erfüllung seiner arbeitsvertraglichen Aufgaben auf die Benutzung eines Kraftfahrzeugs angewiesen ist, die **Fahrerlaubnis** bzw **Fluglizenz** wegen außerbetrieblichen Alkoholkonsums **entzogen** wird. Das Führen des Kraftfahrzeugs muss nicht die alleinige, indessen eine wesentliche arbeitsvertragliche Verpflichtung sein, weil die Haupttätigkeit ohne Kraftfahrzeug nicht ausgeübt werden kann. Der Verlust des Führerscheins bzw der Fluglizenz führt zu einem gesetzlichen **Beschäftigungsverbot**,

16 LAG Berlin 3.11.1964 – 3 Sa 118/64, DB 1965, 1291; *v. Hoyningen-Huene/Linck*, KSchG, § 1 Rn 321; KR/*Griebeling*, § 1 KSchG Rn 450; *Stahlhacke/Preis/Vossen*, Rn 696; ErfK/*Ascheid*, § 1 KSchG Rn 348.

17 ArbG Passau 11.12.1997 – 2 Ca 711/97 D, NZA 1998, 427.

18 VGH Baden-Württemberg 14.2.2008 – DL 16S29/06.

19 BAG 23.6.1994 – 2 AZR 617/93, NZA 1994, 1080.

20 LAG Bremen 13.1.1982 – 2 Sa 101/81, n.v.

21 LAG Düsseldorf 25.2.1997 – 8 Sa 1673/96, BB 1997, 1799.

22 LAG Nürnberg 17.12.2007 – 6 Sa 480/01, NZA-RR 2003, 301; LAG Niedersachsen 14.6.1994 – 13 Sa 60/94, EWiR § 626 BGB 594; LAG Köln 22.6.1995 – 5 Sa 781/94, LAGE § 626 BGB Ausschlussfrist Nr. 7; BAG 12.1.1956 – 2 AZR 117/54, EzA § 123 GewO Nr. 1.

23 *Bengelsdorf*, NZA 2001, 993, 994 mwN.

das dem Mitarbeiter das Erbringen der geschuldeten Arbeitsleistung rechtlich unmöglich macht.[24]

Die hochgradige – zB BAK von 2,7 Promille – Alkoholisierung im Privatbereich lässt nach richtiger Ansicht Rückschlüsse auf die **Zuverlässigkeit/Eignung** eines **Berufskraftfahrers** zu. Sie soll bei einem U-Bahn-Fahrer zur Kündigung nicht ausreichen, wenn er in diesem Zustand einmalig mit seinem Privat-Pkw einen Verkehrsunfall verursacht. Der U-Bahn-Fahrer benötigt für seine berufliche Tätigkeit keinen Führerschein.[25] 2225

Eine außerdienstliche **Trunkenheitsfahrt ohne Führerschein** eines Angestellten in der Registratur eines Straßenbauamts rechtfertigt nach Auffassung des LAG Schleswig-Holstein keine Kündigung.[26] Die ordentliche Kündigung eines Rauschgiftdealers (Arbeitnehmers) soll sozial ungerechtfertigt sein, selbst wenn er Kontakt zu Abnehmern im Betrieb anbahnt[27] – eine zweifelhafte Einzelentscheidung. Das außerdienstliche Verhalten eines Arbeitnehmers durch Presseinterviews ergibt grds. keinen Grund zur Kündigung, wenn dem Arbeitnehmer die Absicht der Beleidigung fehlte, seine Angaben richtig und insb. durch einen vorausgegangenen Artikel der Arbeitgeberin veranlasst waren. 2226

Arbeitnehmer des **öffentlichen Dienstes** müssen ein bestimmtes Maß an **Verfassungstreue** aufbringen. Welchen Anforderungen sie insoweit unterliegen, richtet sich nach ihrer vertraglich geschuldeten Tätigkeit und der Aufgabenstellung des öffentlichen Arbeitgebers. Mitgliedschaft in und Aktivitäten für die NPD oder ihre Jugendorganisation (JN) stehen regelmäßig nicht schon als solche einer Weiterbeschäftigung im öffentlichen Dienst entgegen, selbst wenn man die Verfassungsfeindlichkeit der Organisation – nicht ihre nur vom Bundesverfassungsgericht festzustellende Verfassungswidrigkeit – unterstellt. Allerdings dürfen auch Beschäftigte, die keiner „gesteigerten, beamtenähnlichen Loyalitätspflicht unterliegen, nicht darauf ausgehen, den Staat oder die Verfassung und deren Organe zu beseitigen, zu beschimpfen oder verächtlich zu machen“. Entfaltet ein Arbeitnehmer – und sei es auch nur außerdienstlich – Aktivitäten dieser Art, kann dies einen Grund für eine Kündigung durch seinen Arbeitgeber auch dann sein, wenn das Verhalten nicht strafbar ist.[28] 2227

In einer Reihe von Fällen „außerdienstlichen Fehlverhaltens“ ist die Kündigung als gerechtfertigt angesehen worden. Dies gilt bspw für die Kündigung gegenüber einem **Kraftfahrer**, der außerdienstlich mit dem Geschäftswagen **Verkehrsdelikte** begeht.[29] Als Kündigungsgrund sah das BAG grds. jede Verbindung zu arbeitsvertraglichen Nebenpflichten an, soweit von dem außerbetrieblichen Verhalten des Arbeitnehmers negative Auswirkungen auf den Betriebsbereich ausgingen.[30] Außerdienstliches Fehlverhalten gilt als Kündigungsgrund, wenn unter Ausnutzung einer Vorgesetztenstellung andere Arbeitnehmer in ihrer Freizeit **sexuell belästigt** werden[31] oder wenn ein Arbeitnehmer, der eine Vertrauensstellung bekleidet, in ungeordneten wirtschaftlichen Verhältnissen lebt.[32] 2228

Zwar geben nach Auffassung des LAG Rheinland-Pfalz[33] Lohnpfändungen idR kein Recht zur Kündigung, die Belastung des Arbeitgebers durch Lohnpfändungen diene letztlich dem allge- 2229

24 *Bengelsdorf*, NZA-RR 2002, 57 mwN.
25 BAG 4.6.1997 – 2 AZR 526/96, NZA 1997, 281; zu den Einzelheiten s. *Bengelsdorf*, Alkohol und Drogen im Betrieb, S. 57 f.
26 LAG Schleswig-Holstein 10.9.1985 – 6 Sa 207/85, n.v.
27 ArbG Bad Hersfeld 2.12.1988 – 2 Ca 469/88, ARST 1989, 66.
28 BAG 6.9.2012 – 2 AZR 372/11, PuR 2012, 213.
29 LAG Niedersachsen 25.6.1965 – 2 Sa 208/65, BB 1965, 1228.
30 BAG 26.5.1977 – 2 AZR 632/76, AP § 611 BGB Beschäftigungspflicht Nr. 5; BAG 4.11.1981 – 7 AZR 371/79, AP § 1 KSchG 1969 Verhaltensbedingte Kündigung Nr. 4; BAG 6.6.1984 – 7 AZR 451/82, AP § 1 KSchG 1969 Verhaltensbedingte Kündigung Nr. 11.
31 BAG 9.1.1986 – 2 ABR 24/85, AP § 626 BGB Ausschlussfrist Nr. 20.
32 BAG 15.10.1982 – 2 AZR 407/88, EzA § 1 KSchG Verhaltensbedingte Kündigung Nr. 45.
33 LAG Rheinland-Pfalz 18.12.1978 – 7 Sa 638/78, LAGE § 1 KSchG Verhaltensbedingte Kündigung Nr. 1.

meinen Interesse an der Durchsetzbarkeit titulierter Ansprüche. Andererseits könne die nicht durch eine Notlage verursachte Verschuldung eines in einer Vertrauensstellung beschäftigten Arbeitnehmers jedenfalls dann einen Kündigungsgrund bedeuten, wenn sie in relativ kurzer Zeit zu häufigen Lohnpfändungen führe und sich aus der Art und der Höhe der Schulden ergebe, dass der Arbeitnehmer voraussichtlich noch längere Zeit in ungeordneten wirtschaftlichen Verhältnissen leben werde.[34]

2230 Verwendet die in der Arztpraxis ihres Ehemanns als Ärztin angestellte, jedoch allein mit häuslichen Abrechnungstätigkeiten befasste Arbeitnehmerin nach Trennung der Eheleute einen in der früheren Ehewohnung verbliebenen Rezeptblock der Arztpraxis gegen den Willen ihres Ehemanns zur Verordnung von Medikamenten für den Eigenbedarf, so betrifft dieses Handeln – unabhängig von der Frage der strafrechtlichen Einordnung als Urkundendelikts – allein das sog. außerdienstliche Verhalten und stellt wegen des fehlenden Bezugs zur vertraglichen Aufgabenstellung keinen Grund zur fristlosen Kündigung dar.[35]

2231 Ein **tätlicher Angriff** auf einen Arbeitskollegen oder eine Arbeitskollegin (hier: Messerattacke) ist an sich geeignet, eine außerordentliche Kündigung zu rechtfertigen. Dies gilt auch dann, wenn die Tätlichkeit außerhalb der Arbeitszeit und außerhalb des Betriebs erfolgte und ausschließlich familiär bedingt war. Eine Tätlichkeit unter Arbeitskollegen außerhalb der Arbeitszeit und außerhalb des Betriebs hat immer auch innerbetriebliche Auswirkungen.[36] Die im Rahmen einer verhaltensbedingten Kündigung vorzunehmende Interessenabwägung kann allerdings zur Unwirksamkeit der Kündigung führen, wenn sich ein körperlicher Angriff auf einen Arbeitskollegen außerhalb des Dienstes als Reaktion im Zusammenhang mit einem monatelangen, trotz einer Strafanzeige nicht beendeten **Stalkings** durch den geschädigten Arbeitskollegen darstellt. Auf einen derartigen einmaligen Akt der Verzweiflung kann ein verständiger Arbeitgeber nicht mit einer Kündigung des Arbeitnehmers reagieren, nachdem dieser zuvor über viele Jahre beanstandungslos gearbeitet hat.[37]

2232 Die im außerdienstlichen Bereich angesiedelte **Konkurrenztätigkeit** des Arbeitnehmers mit dem Unternehmensgegenstand „Reiseleitung und Reisevermittlung" kann bei einer in einem Arbeitsverhältnis beschäftigten Reisekauffrau einen Grund zur verhaltensbedingten Kündigung bedeuten.[38]

2233 Bedroht ein Arbeitnehmer den Vorgesetzten im Vollrausch außerdienstlich mit einer Schusswaffe, kann seine Entgleisung eine verhaltensbedingte Kündigung notwendig machen.[39] Verstöße eines Auszubildenden wegen Drogenmissbrauchs können eine außerordentliche verhaltensbedingte Kündigung des Ausbildungsverhältnisses rechtfertigen.[40] Sozial gerechtfertigt ist auch eine verhaltensbedingte ordentliche Kündigung, wenn der Vertrauensbereich dadurch gestört wird, dass der Prokurist einer Bank in private Betrügereien verwickelt ist.[41]

2234 Auch hat der Arbeitgeber bei einzelnen Arbeitnehmern ein Interesse, dass deren **Ruf in der Öffentlichkeit** nicht beeinträchtigt ist, bspw bei Mitarbeitern mit starker Medienpräsenz oder Personen, mit denen das Unternehmen identifiziert wird. *Preis* meint deshalb, dass leitende Angestellte, die das Unternehmen repräsentieren, wegen ihrer gesteigerten Treuepflicht zu besonderer Zurückhaltung verpflichtet sein können.[42]

---

34 BAG 15.10.1992 – 2 AZR 188/92, EzA § 1 KSchG Verhaltensbedingte Kündigung Nr. 45.

35 LAG Hamm 29.1.2009 – 8 Sa 1347/08; zur fristlosen Kündigung eines im öffentlichen Dienst einer Kommune beschäftigten Straßenbauers wegen der außerdienstlich begangenen Straftaten der Zuhälterei und des Menschenhandels: LAG Hamm 12.2.2009 – 17 Sa 1576/08.

36 LAG Schleswig-Holstein 6.1.2009 – 5 Sa 313/08.

37 LAG Düsseldorf 26.6.2008 – 13 Sa 506/08.

38 LAG Rheinland-Pfalz 1.12.1997 – 9 Sa 949/97, NZA-RR 1998, 496.

39 LAG Düsseldorf 10.12.1998 – 13 Sa 1126/98, EzA-SD 5/1999, 14–15.

40 ArbG Wilhelmshaven 16.4.1982 – 2 Ca 129/82, ARST 1983, 61.

41 BAG 20.9.1984 – 2 AZR 233/83, AP § 1 KSchG 1969 Verhaltensbedingte Kündigung Nr. 13.

42 Preis/*Preis*, Der Arbeitsvertrag, II A 160 Rn 22.

Zusammenfassung: Die Beispiele zeigen, dass es zwar einen Grundsatz gibt, wonach die Privatsphäre des Arbeitnehmers zunächst kündigungsrechtlich verschont wird. Sobald ein beeinträchtigender Bezug zum Arbeitsverhältnis besteht, verliert sich der Grundsatz des rechtsfreien Raums im Bereich der privaten Lebensführung. Dementsprechend sind die Parteien des Arbeitsverhältnisses – wie die Analyse der Rspr belegt – befugt, bei Bestehen eines **störenden Zusammenhangs zwischen außerdienstlichem Verhalten und dem Arbeitsverhältnis** generell Verhaltensregeln zum außerdienstlichen Lebensbereich zu treffen. Die Gretchenfrage heißt: Wann besteht ein störender Zusammenhang? 2235

dd) Gesteigerte Ausstrahlung außerdienstlichen Verhaltens auf das Kündigungsrecht im Bereich des öffentlichen Dienstes

Der Gesichtspunkt des **Ansehensverlusts des öffentlichen Dienstes** spielt in zahlreichen Entscheidungen eine Rolle. Im Bereich des öffentlichen Dienstes muss ein Angestellter sein außerdienstliches Verhalten so einrichten, dass das Ansehen des öffentlichen Arbeitgebers nicht beeinträchtigt wird.[43] 2236

Nach den außer Kraft getretenen Regelungen des § 8 Abs. 1 S. 1 BAT und des § 8 Abs. 8 S. 1 MTArb hatten sich Angestellte und Arbeiter so zu verhalten, wie es von Angehörigen des öffentlichen Dienstes erwartet werden konnte. Sie hatten ihr außerdienstliches Verhalten so einzurichten, dass das Ansehen des öffentlichen Arbeitgebers nicht beeinträchtigt würde. Eine außerdienstlich begangene Straftat von einigem Gewicht vermochte auf dieser tariflichen Grundlage eine verhaltensbedingte Kündigung eines Angehörigen des öffentlichen Dienstes zu rechtfertigen.[44] 2237

Diese Regelungen wurden in die seit dem 1.10.2005 geltenden Tarifwerke des öffentlichen Dienstes nicht übernommen. Die Vorschrift des § 41 TVöD BT-V hat den früheren Verhaltensmaßstab zumindest für die nicht hoheitlich tätigen Beschäftigten des Bundes und der Kommunen aufgegeben. Nach dieser Bestimmung ist nunmehr „die im Rahmen des Arbeitsvertrages geschuldete Leistung gewissenhaft und ordnungsgemäß auszuführen". Nach Satz 2 der Bestimmung müssen sich Beschäftigte, die hoheitliche Aufgaben wahrnehmen, überdies „durch ihr gesamtes Verhalten zur freiheitlich demokratischen Grundordnung iSd Grundgesetzes bekennen". 2238

Für die Beschäftigten des öffentlichen Dienstes gilt hingegen § 241 Abs. 2 BGB, wonach sie auch außerhalb der Arbeitszeit verpflichtet sind, auf die berechtigten Interessen des Arbeitgebers Rücksicht zu nehmen.[45]

Begeht ein im öffentlichen Dienst Beschäftigter ein vorsätzliches Tötungsdelikt, so ist es dem öffentlichen Arbeitgeber idR unzumutbar, den Mitarbeiter weiterzubeschäftigen, ohne dass eine konkret messbare Ansehensschädigung nachgewiesen werden muss.[46] 2239

Einem Angestellten der Finanzverwaltung, der selbst Steuerhinterziehung begeht, darf verhaltensbedingt gekündigt werden.[47] Steuerhinterziehung durch einen in der Steuerveranlagung tätigen Beamten stellt, obwohl ein außerdienstliches Verhalten vorliegt, in aller Regel wegen der Nähe des Fehlverhaltens zu den beruflichen Kernpflichten ein ahndungswürdiges Dienstvergehen dar.[48] 2240

43 BAG 8.6.2000 – 2 AZR 638/99, NZA 2000, 1282 = MDR 2001, 36.
44 BAG 28.10.2010 – 2 AZR 293/09, DB 2011, 307.
45 BAG 28.10.2010 – 2 AZR 293/09, DB 2011, 307.
46 BAG 8.6.2000 – 2 AZR 638/99, NZA 2000, 1282 = MDR 2001, 36.
47 LAG Düsseldorf 20.5.1980 – 19 Sa 624/79, EzA § 626 BGB nF Nr. 72.
48 OVG Saarland 12.11.2008 – 6 A 157/08; OVG Münster 30.5.2006 – 21 DA 3905/05.0, ZBR 2006, 420; OVG Koblenz 15.4.2005 – 3 A 1288 und 12224/04, AS 32, 188.

2241 Ein rechtsextremistisches – außerdienstliches – Verhalten des Leiters eines Fanprojektes steht zu dem Inhalt der Arbeit im Widerspruch und stört das Vertrauensverhältnis. Es rechtfertigt eine fristlose Kündigung ohne vorherige Abmahnung.[49]

2242 Die Verurteilung eines Arbeiters des öffentlichen Dienstes zu einer Gefängnisstrafe kann ein hinreichender Grund für eine ordentliche Kündigung sein.[50] Ein Bewährungshelfer, der nach der Inhaftierung eines ihm anvertrauten Probanden mit dessen Ehefrau sexuelle Beziehungen aufnimmt und über ein Jahr lang fortsetzt, verletzt in erheblichem Maße seine arbeitsvertraglichen Pflichten und zerstört das für eine Fortsetzung des Arbeitsverhältnisses notwendige Vertrauen.[51] Einer Bewährungshelferin, die in ihrer Freizeit mit einem bekanntermaßen flüchtigen Strafgefangenen verkehrt, konnte wegen Verletzung der sich aus § 8 Abs. 1 S. 1 BAT-O ergebenden Verhaltenspflichten gekündigt werden, wenn sie ihrem Arbeitgeber nicht wenigstens mitteilt, dass und wo sie den Flüchtigen aus den Augen verloren hat.[52]

2243 Ein Justizvollzugsbeamter, der außerdienstlich Straftaten in Form von gefährlichen Körperverletzungen, Freiheitsberaubung, Nötigung, Bedrohung und Beleidigung gegenüber seiner Lebensgefährtin und Beleidigung gegenüber einem behinderten Verwandten begangen hat, ist auch in Anwendung der Grundsätze der Rspr des BVerwG zur Maßnahmenbemessung grds. aus dem Beamtenverhältnis zu entfernen.[53]

2244 Ein Polizeibeamter, der über einen Zeitraum von rund zehn Jahren, auch in Zeiten krankheitsbedingter Dienstunfähigkeit, eine nicht genehmigte Nebentätigkeit als Gebrauchtwagenhändler nachgeht und dabei mit Geschäftspartnern zum Zwecke der Steuerhinterziehung Scheinverträge abschließt, ist im Regelfall für einen weiteren Verbleib im Polizeidienst untragbar und aus diesem zu entfernen.[54]

2245 Hat ein Beamter einen Leserbrief nicht während oder anlässlich der Dienstausübung verfasst, sondern als Privatmann und dabei lediglich auf seine Stellung als Personalrat in der Deutschen Rentenversicherung hingewiesen, kann dies nur einen außerdienstlichen Verstoß gegen die Berufspflichten begründen.[55]

2246 Ein Beamter, der sich einer schwerwiegenden Straftat, die sich gegen das Eigentum und Vermögen anderer richtet, schuldig macht, begeht ein außerdienstliches Dienstvergehen, das geeignet sein kann, seine Entfernung aus dem Dienst zu rechtfertigen. Ein betrügerisch handelnder Beamter setzt sich durch ein solches Fehlverhalten erheblichen Zweifeln an seiner Vertrauenswürdigkeit gegenüber dem Dienstherrn aus.[56]

2247 Das Mitbetreiben eines Swingerclubs unter Einschluss eigener sexueller Betätigung rechtfertigte nicht unter dem Aspekt des § 8 Abs. 1 BAT die Kündigung einer Angestellten des öffentlichen Dienstes, wenn zwischen der Einstellung der Tätigkeit der Mitarbeiterin im Swingerclub und dem Kündigungsausspruch über drei Jahre verstrichen sind.[57] Straftaten, die der öffentliche Bedienstete, wenn auch im Privatbereich, begeht, konnten gem. §§ 6, 8 BAT wirksam zu einer verhaltensbedingten ordentlichen Kündigung führen.[58] Verkehrsunfallflucht einer Politesse rechtfertigte eine verhaltensbedingte Kündigung, wenn sich aus dem Verhalten schwerwie-

49 LAG Hamm 4.11.2008 – 14 Sa 157/08, Personal 2008, Nr. 12, 54; zu außerdienstlichen Aktivitäten für die NPD und JN als Kündigungsgrund s. BAG 6.9.2012 – 2 AZR 372/11, NZA 2013, 1448.

50 BAG 28.8.1958 – 3 AZR 601/57, AP § 1 KSchG Verhaltensbedingte Kündigung Nr. 1.

51 LAG Rheinland-Pfalz 22.2.1989 – 2 Sa 929/88, LAGE § 626 BGB Nr. 40.

52 LAG Sachsen 17.12.1997 – 2 Sa 648/97, AuA 1998, 182 = LAGE § 1 KSchG Verhaltensbedingte Kündigung Nr. 61.

53 VG Saarland 25.1.2008 – 7 K 322/07.

54 OVG Rheinland-Pfalz 18.12.2007 – 3 A 11017/07.

55 VG Berlin 13.12.2007 – 85 A 6.07.

56 VG Meiningen 26.11.2007 – 6 D 60009/05 Me.

57 LAG Hamm 19.1.2001 – 5 Sa 491/00, EzA-SD 4/2001, 8–11.

58 Vom 20.11.1997 – 2 AZR 643/96, NZA 1998, 323.

gende Auswirkungen auf das Arbeitsverhältnis oder den Betrieb ergeben.[59] Gesteigerte Verhaltenspflichten im außerdienstlichen Bereich treffen den Angestellten in Bezug auf politische Aktivitäten in verfassungsfeindlichen Organisationen.[60]

Die gesteigerten Verhaltenspflichten des Angehörigen des öffentlichen Dienstes, die sich aus § 8 BAT ergaben, sind im TVöD abgeschwächt worden. § 41 S. 2 TVöD fordert nicht mehr ein Verhalten, das dem Ansehen des öffentlichen Dienstes entspricht, sondern ausschließlich ein Verhalten, durch das sich der Angehörige des öffentlichen Dienstes zur freiheitlichen demokratischen Grundordnung bekennt. Der Arbeitgeber kann deswegen nur noch geringere Anforderungen an das Freizeitverhalten von unter dem TVöD beschäftigten Arbeitnehmern stellen. 2248

ee) Verhaltenspflichten im kirchlichen Bereich und bei sonstigen Tendenzbetrieben

Das Bundesverfassungsgericht ist der Auffassung, dass die Kirchen als Arbeitgeber selbst bestimmen dürfen, in welchem Umfang sie von ihren Arbeitnehmern die Beachtung[61] der kirchlichen Glaubens- und Sittenlehre erwarten.[62] Dementsprechend kann als außerdienstlicher Lebenswandel von kirchlichen Einrichtungen beanstandet werden, dass ein Arbeitnehmer außerdienstliche intime Beziehungen zu einer verheirateten Person unterhält.[63] Auch bietet die Eheschließung einer an einer katholischen Missionsschule lehrenden Lehrerin mit einem geschiedenen Mann ein Recht zur Kündigung.[64] In Wahrnehmung ihres Selbstbestimmungsrechts können die Kirchen in ihren Einrichtungen die von ihrem Verkündungsauftrag her gebotenen Voraussetzungen für die Loyalitätspflichten der im kirchlichen Dienst tätigen, an der Verkündigung teilhabenden Arbeitnehmer festlegen. Die Kirche kann erwarten, dass ihre Mitarbeiter die Lebensführung so einrichten, dass sie den kirchlichen Grundsätzen entspricht.[65] Die Kirchen machen vor dem außerdienstlichen Bereich nicht halt. Homosexuelle Neigungen eines an der Verkündigung teilhabenden Mitarbeiters im kirchlichen Dienst ziehen allein noch keine dienstrechtlichen Folgen nach sich. Nur offen gelegte oder öffentlich vertretene Homosexualität verstößt gegen den kirchlichen Verkündigungsauftrag und soll eine ordentliche Kündigung rechtfertigen können.[66] 2249

Wenn ein Historiker (kirchlicher Mitarbeiter) Briefe sexuellen Inhalts schreibt und die Anschrift des Pfarrhauses als Kontaktadresse angibt, verstößt er in erheblichem Maße gegen seine vertraglichen Pflichten. Dabei kann dahinstehen, ob er die Briefe während der Dienstzeit an seinem Arbeitsplatz oder in seiner Freizeit verfasst hat. Mit seinem Verhalten setzt der Arbeitnehmer Ansehen und Ehre des Dienstherrn aufs Spiel. Eine Fortsetzung des Arbeitsverhältnisses für die Pfarrgemeinde erscheint nicht mehr zumutbar.[67] 2250

Auch die Mitarbeiter von nicht kirchlichen Tendenzbetrieben unterliegen im außerdienstlichen Bereich Einschränkungen in ihrem Äußerungsverhalten. Bei einem in einem Tendenzbetrieb beschäftigten Arbeitnehmer, der zu den Tendenzträgern zählt, kann die außerbetriebliche Meinungsäußerung Beschränkungen unterliegen. So darf sich der Redakteur einer Tageszeitung auch außerdienstlich nicht gegen die grundsätzliche Zielrichtung seines Arbeitgebers richten.[68] 2251

Ein sog. Tendenzträger hat sich allerdings auch außerdienstlich solcher Äußerungen und Handlungen zu enthalten, die der Tendenz des Unternehmens nachhaltig zuwiderlaufen und 2252

59 LAG Nürnberg 30.3.1983 – 2 Sa 40/82, n.v.
60 BAG 28.9.1989 – 2 AZR 317/86, NJW 1990, 1196; BAG 6.9.2012 – 2 AZR 372/11, PuR 2012, 213.
61 Zur Kündigung wegen Enttäuschung der berechtigten Loyalitätserwartungen eines kirchlichen Arbeitgebers BAG 8.9.2011 – 2 AZR 543/10, DB 2012, 619.
62 BVerfG 4.6.1985 – 2 BvR 1703/83, 2 BvR 1718/83, 2 BvR 856/84, AP Art. 140 GG Nr. 24.
63 LAG Hamm 1.3.1990 – 17 Sa 1326/89, DB 1990, 1671.
64 LAG Niedersachsen 17.12.1982 – 10 Sa 95/82, NJW 1983, 2603.
65 LAG Hamm 24.7.1981 – 11 Sa 383/81, ARST 1983, 29.
66 LAG Hamm 24.7.1981 – 11 Sa 383/81, ARST 1983, 29.
67 LAG Rheinland-Pfalz 16.6.1988 – 4 Sa 174/88, n.v.
68 LAG Berlin 6.12.1982 – 9 Sa 80/82, LAGE § 1 KSchG Tendenzbetrieb Nr. 4.

damit betriebliche Interessen des Unternehmens erheblich berühren. Schließt der Betriebszweck die Verfolgung einer grundrechtlich gewährleisteten Tendenz ein und ergeben sich hieraus besondere Anforderungen an das Verhalten oder die Person des Arbeitnehmers, kann daraus ein gestärktes Interesse des Arbeitgebers an der Vertragsauflösung gem. § 9 Abs. 1 S. 2 KSchG folgen.[69]

2253 Grundsätzlich hat die Stellung als Tendenzträger in einem Tendenzbetrieb Auswirkungen auf das arbeitsvertragliche Pflichtengefüge. Es bestehen gesteigerte Rücksichtnahmepflichten (§ 241 Abs. 2 BGB) für einen Tendenzträger. Die Bindungen des Arbeitnehmers in seinem außerdienstlichen Verhalten und in seinem privaten Leben gehen weiter als in anderen Arbeitsverhältnissen.[70]

2254 Wird infolge des Autonomierechts der Kirchen in einem Arbeitsvertrag eine ausdrückliche und hinreichend konkrete Regelung zur **Beachtung der kirchlichen Glaubens- und Sittenlehre** getroffen, so stellt dies nach Auffassung von *Preis*[71] eine für beide Seiten rechtsverbindliche, zugleich aber auch abschließende Vereinbarung dar. Eine etwaige Kündigung könne später nicht mehr auf einen Sachverhalt gestützt werden, der keine Aufnahme in die Vertragsklausel gefunden habe.

2255 Dem kirchlichen Arbeitgeber wie dem Tendenzunternehmer ist ein weiter Spielraum eingeräumt, außerdienstliches Verhalten, das er nicht dulden möchte, in Vertragsklauseln zu benennen, ohne hierdurch kündigungsschutzrechtlich eingeschränkt zu sein. Klauselbeispiele werden selten bekannt, weil es die Kirchen im Allgemeinen bei einer Formulierung im Arbeitsvertrag belassen wie: „Als wichtiger Grund zur fristlosen Kündigung werden von beiden Parteien nachhaltige Verstöße gegen die christliche Sitte, zum Beispiel ein ehebrecherisches Verhältnis oder das Führen einer kirchlich ungültigen Ehe, angesehen." Tendenzbetriebe begnügen sich meist mit der Wiederholung von § 118 BetrVG. Es ist fraglich, ob derartige Klauseln dem Bestimmtheitsgebot des § 307 Abs. 1 S. 2 BGB genügen. Außerhalb des kirchlichen Bereichs durchbricht das Autonomiegebot aus § 310 Abs. 4 S. 2 BGB die Klauselkontrolle nicht. Kirchen wie sonstige Tendenzbetriebe greifen im Konfliktfall auf die Kasuistik der Arbeitsrechtsprechung zurück, Tendenzbetrieben anderer Art dürfte dieser Weg für die Zukunft versperrt sein.

2256 Gemäß § 9 Abs. 2 AGG berührt das Verbot unterschiedlicher Behandlung wegen der Religion oder der Weltanschauung nicht das Recht der **Religions- oder Weltanschauungsgemeinschaft,** besondere **Verhaltensanforderungen** an ihre Mitarbeiter zu stellen. Die genannten Organisationen können ein loyales und aufrichtiges Verhalten von den für sie arbeitenden Personen verlangen. Die Gesetzesbegründung stellt klar, dass die Frage, welche arbeitsrechtlichen Folgen ein Verstoß gegen derartige Verhaltenspflichten haben kann, unter Berücksichtigung des Grundsatzes der Verhältnismäßigkeit von den Arbeitsgerichten zu beurteilen ist. Des Weiteren verweist die Gesetzesbegründung darauf, dass im Übrigen für berufliche Anforderungen auch bei Religions- und Weltanschauungsgemeinschaften die allgemeinen Regeln des § 8 AGG (zulässige unterschiedliche Behandlung wegen beruflicher Anforderungen) gelten.[72]

ff) Neuere Rechtsprechung (Auswahl)

2257
- Eine außerdienstlich begangene **Straftat** kann – abhängig von der Art des Delikts und der konkreten Arbeitspflichten – einen personenbedingten Kündigungsgrund darstellen.[73]

69 BAG 23.10.2008 – 2 AZR 483/07, NZA 2009, 1376.
70 LAG Hessen 13.10.2011 – 5 Sa 224/11.
71 Preis/*Preis*, Der Arbeitsvertrag, II A 160 Rn 10.
72 *Schiefer/Ettwig/Krych*, AGG, Rn 441.
73 BAG 20.6.2013 – 2 AZR 583/12, DB 2013, 2749.

- Ein **Beamter**, der sich **kinderpornografische Darstellungen** und Videos beschafft und diese aufbewahrt, überschreitet das einer jeden außerdienstlichen Pflichtverletzung innewohnende Maß an disziplinarer Relevanz deutlich.[74]
- Ein **Beamter**, der sich **kinderpornografisches Material** verschafft, es besitzt und verbreitet, offenbart damit erhebliche Persönlichkeitsmängel, die eine nachhaltige Ansehensschädigung oder gar einen völligen Ansehensverlust nach sich ziehen, weil er das Vertrauen des Dienstherren, das dieser in seine Selbstbeherrschung, seine Zuverlässigkeit und seine moralische Integrität setzt, von Grund auf erschüttert oder zerstört hat. Vor diesem Hintergrund ist auch ein entsprechendes, ausschließlich außerdienstliches Fehlverhalten des Beamten als Dienstvergehen zu qualifizieren.[75]
- Weist der erstmalige außerdienstliche Besitz **kinderpornografischer Schriften** einen Bezug zu den dienstlichen Pflichten des **Beamten** auf, so sind die Schwere des Dienstvergehens und damit die angemessene Disziplinarmaßnahme in Ansehung an die gesetzliche Strafandrohung zu ermitteln.[76]
- Die gesetzlichen Bestimmungen, die bei einem außerdienstlichen Dienstvergehen wie dem privaten Besitz **kinderpornografischer Bilddateien** und Videosequenzen für die Entfernung aus dem Beamtenverhältnis maßgeblich sind, genügen in ihrer Gesamtheit dem rechtsstaatlichen Gebot der Vorhersehbarkeit. Ein Bezug eines außerdienstlichen Dienstvergehens zu dem Dienstposten des Beamten ist gegeben, wenn das außerdienstliche Verhalten Rückschlüsse auf die Dienstausübung in dem Amt im konkret-funktionellen Sinn zulässt oder den Beamten in der Dienstausübung beeinträchtigt.[77]
- Ein **Lehrer**, der sich auf seinem privaten Computer **kinderpornografische Dateien** verschafft und sie besitzt, begeht ein außerdienstliches Dienstvergehen, das seiner Eigenart nach geeignet ist, die Voraussetzungen für die Entfernung aus dem Beamtenverhältnis zu erfüllen.[78]
- Ein außerdienstlicher Besitz **kinderpornografischer Schriften** kann geeignet sein, einen wichtigen Grund iSd § 626 Abs. 1 BGB zu bilden. Grundsätzlich hat die Stellung als **Tendenzträger** in einem Tendenzbetrieb Auswirkungen auf das arbeitsvertragliche Pflichtengefüge. Es bestehen gesteigerte Rücksichtnahmepflichten (§ 241 Abs. 2 BGB) für einen Tendenzträger. Die Bindungen des Arbeitnehmers in seinem außerdienstlichen Verhalten und in seinem privaten Leben gehen weiter als in anderen Arbeitsverhältnissen.[79]
- Eine außerdienstlich begangene **sexuelle Belästigung** der Nichte eines Kollegen kann eine außerordentliche Kündigung rechtfertigen.[80]
- Die Wirksamkeit einer außerordentlichen, hilfsweise ordentlichen Kündigung eines Arbeitnehmers wegen **unerlaubter Privatnutzung des Internets** während der Arbeitszeit und des **Aufrufens erotischer/pornografischer Seiten** sowie des Herunterladens entsprechenden Bildmaterials auf betriebliche Datensysteme hat das LAG Nürnberg[81] verneint.
- Das bewusste – ggf außerdienstliche – **Verbreiten wahrheitswidriger Behauptungen** oder Verbreiten von Gerüchten über die Geschäftsentwicklung des Arbeitgebers kann ein wichtiger Grund zur Kündigung sein, wenn dadurch dessen berechtigte Interessen erheblich be-

74 VG Meiningen 19.11.2009 – 6 D 6015/08.
75 OVG Lüneburg 22.6.2010 – 20 LD 3/08.
76 BVerwG 19.8.2010 – 2 C 13/10, NVwZ 2011, 299.
77 BVerwG 23.12.2010 – 2 B 18/10.
78 VGH Baden-Württemberg 24.8.2011 – DL 13 S 583/11.
79 LAG Hessen 13.10.2011 – 5 Sa 224/11.
80 LAG Hessen 21.2.2014 – 14 Sa 609/13, NZA-RR 2014, 585.
81 LAG Nürnberg 17.11.2010 – 4 Sa 795/07; s. hierzu BAG 19.4.2012 – 2 AZR 186/11, NZA 2013, 27.

einträchtigt, etwa der Betriebsfrieden oder der Betriebsablauf erheblich gestört oder die Erfüllung der Arbeitspflicht behindert wird.[82]

- Der außerdienstliche **tätliche Angriff** auf einen **Vorgesetzten** kann eine Kündigung rechtfertigen.[83]
- Eine **Strafvollzugsbeamtin**, die mit einem lediglich zur Durchführung einer Drogenentziehungstherapie auf Widerruf entlassenen drogenabhängigen Strafgefangenen eine Liebesbeziehung eingeht, diesen in ihrer Wohnung aufnimmt, ihrem Vorgesetzten hiervon keine Meldung macht, duldet, dass er ihr Kraftfahrzeug im Straßenverkehr ohne die erforderliche Fahrerlaubnis führt und die trotz Krankschreibung während des laufenden Straf- und Disziplinarverfahrens einer nicht genehmigten Nebentätigkeit nachgeht, ist für einen Verbleib im Strafvollzugsdienst untragbar geworden.[84]
- Ein Beamter im **Justizvollzugsdienst**, der einen ehemaligen Gefangenen, den er im Rahmen seiner dienstlichen Tätigkeit kennengelernt hat, anstiftet, einen Mord zu begehen, versagt – unabhängig davon, ob diese Handlung innerhalb oder außerhalb der Dienstzeit erfolgt – in einem wesentlichen Teil seiner Dienstpflichten.[85]
- Mit der Aufgabe eines **Polizeibeamten**, Straftaten zu verhindern, aufzuklären und zu verfolgen, ist es unvereinbar, dass er selbst strafbare Handlungen – hier: **Unterhaltspflichtverletzung** (§ 170 Abs. 1 StGB) – begeht; dies beeinträchtigt das für die Ausübung seines Amts erforderliche Ansehen und Vertrauen.[86]
- Das Verhalten eines **Beamten** außerhalb des Dienstes ist nur dann ein Dienstvergehen, wenn es nach den Umständen des Einzelfalls in besonderem Maße geeignet ist, Achtung und Vertrauen in einer für sein Amt oder das Ansehen des Beamtentums bedeutsamen Weise zu beeinträchtigen. Mit den Aufgaben eines **Polizeibeamten** ist es unvereinbar, strafbare **Unterhaltspflichtverletzungen** zu begehen, welche sozial schädliche Auswirkungen haben.[87]
- Polizeibeamte haben die Aufgabe, die Rechtsordnung und die Rechtsgüter Einzelner, zu welchen u.a. die Ehre und die körperliche Integrität zählen, zu schützen und gegen diese Rechtsgüter gerichtete Straftaten zu verhindern bzw zu verfolgen. Von einem mit solchen Aufgaben und entsprechenden Befugnissen betrauten Beamten erwartet die Öffentlichkeit, dass er sich selbst straffrei verhält und insb. auch keine **Körperverletzungen** oder **Beleidigungen** begeht. Tut er dies doch, so handelt er seinem Auftrag in grober Weise zuwider.[88]
- Die Schwere des Dienstvergehens gem. § 13 Abs. 1 S. 2 BDG ist richtungsweisend für die Bestimmung der erforderlichen Disziplinarmaßnahme. Sie indiziert bei einem außergerichtlichen **sexuellen Missbrauch eines Kindes** gem. § 176 Abs. 1 StGB, der mit einer Freiheitsstrafe geahndet wurde, die Höchstmaßnahme, wenn es in der Gesamtheit an hinreichend gewichtigen entlastenden Gesichtspunkten fehlt.[89]
- Ein vorsätzlich begangenes außerdienstliches **Sexualdelikt gegen ein Kind** iSd § 176 Abs. 1 StGB, das mit einer Freiheitsstrafe geahndet worden ist, ist – unabhängig vom konkreten Amt, das der Beamte innehat – geeignet, das Ansehen des Berufsbeamten derart schwerwiegend zu beeinträchtigen, dass als Richtschnur für die Maßnahmenbemessung die Entfernung aus dem Beamtenverhältnis bzw die Aberkennung des Ruhegehalts zugrunde gelegt werden kann.[90]

82 BAG 10.12.2009 – 2 AZR 534/08, DB 2010, 1128.
83 LAG Rheinland-Pfalz 30.1.2014 – 5 Sa 433/13.
84 OVG Rheinland-Pfalz 11.1.2010 – 3 A 11186/09, NVwZ-RR 2010, 279.
85 OVG Osnabrück 8.2.2010 – 9 A 6/09.
86 OVG Berlin 16.2.2010 – 80 K 18.09 OL.
87 OVG Berlin 9.7.2010 – 80 K 10.10 OL.
88 OVG NRW 5.10.2010 – 1 E 1060/10.
89 BVerwG 25.3.2010 – 2 C 83/08, NVwZG 2010, 1571.
90 BVerwG 23.6.2010 – 2 B 59/09.

- Eine schwere und schuldhafte Vertragspflichtverletzung kann ein wichtiger Grund für eine außerordentliche Kündigung sein. Das gilt auch bei der Verletzung von vertraglichen Nebenpflichten, die der Kläger in dem zu entscheidenden Fall durch den **sexuellen Missbrauch von Kindern** eines Kollegen in erheblichem Maße verletzt hatte.[91]
- Die strafgerichtliche Verurteilung eines **Verwaltungsangestellten** in einer **Schule für Behinderte** wegen des **sexuellen Missbrauchs** eines vierjährigen Mädchens rechtfertigt die fristlose Kündigung auch eines unkündbaren Arbeitnehmers, selbst wenn dieser selbst mit einem GdB von 100 behindert ist und nur zu 10–20 % seiner Arbeitszeit Kontakt zu Kindern hat.[92]
- Ein **Polizeibeamter auf Probe** kann wegen außerhalb des Dienstes unter Alkoholeinfluss begangener **Straftaten** (Körperverletzung, Hausfriedensbruch und Beleidigung) und sonstiger durch Aggressivität und Unbeherrschtheit geprägter Verhaltensweisen wirksam entlassen werden.[93]
- Ein Verhalten außerhalb des Dienstes ist gem. § 47 Abs. 1 S. 2 BeamtStG nur dann ein Dienstvergehen, wenn es nach den Umständen des Einzelfalls im besonderen Maße geeignet ist, das Vertrauen in einer für sein Amt bedeutsamen Weise zu beeinträchtigen. Das Erstellen von Fotos, welche den betreffenden Beamten in Damenreizwäsche darstellen, und deren Veröffentlichung im Internet stellen eine Dienstpflichtverletzung dar.[94]
- Die Voraussetzungen einer Sperrzeit nach § 159 SGB III sind nicht erfüllt, wenn einem **Berufskraftfahrer** gekündigt wird, weil ihm nach einer **privaten Trunkenheitsfahrt** die Fahrerlaubnis entzogen worden ist. Es fehlt an einem arbeitsvertragswidrigen Verhalten. Lediglich ein personenbedingter Kündigungsgrund liegt vor.[95]
- Für einen **Berufskraftfahrer** ist das Vorhandensein einer Fahrerlaubnis Geschäftsgrundlage für die Erfüllung des Arbeitsvertrages. Wird die Fahrerlaubnis aufgrund einer **privaten Trunkenheitsfahrt** entzogen, muss ein Betroffener auch ohne vorherige Abmahnung mit einer Kündigung rechnen, so dass ein hierzu führendes Verhalten die Arbeitslosigkeit grob fahrlässig herbeiführt.[96]
- Die Voraussetzungen einer Sperrzeit beim Bezug des Arbeitslosengeldes sind bei Verlust der Fahrerlaubnis wegen einer **privaten Trunkenheitsfahrt** eines als **Omnibusfahrer** beschäftigten Versicherten grds. erfüllt. Dies ist als arbeitsvertragswidriges Verhalten zu werten, das ohne vorherige Abmahnung eine fristlose, außerordentliche verhaltensbedingte Kündigung durch den Arbeitgeber rechtfertigen kann.[97]
- Besteht für einen **Taxifahrer** aus dem Arbeitsvertrag heraus die Pflicht, sich im Straßenverkehr so zu verhalten, dass er nicht Gefahr läuft, seine gültige Fahrerlaubnis zu verlieren, ist bei einer **privaten Trunkenheitsfahrt** von einem arbeitsvertragswidrigen Verhalten auszugehen und der Arbeitgeber ist berechtigt, das Arbeitsverhältnis verhaltensbedingt zu kündigen.[98]
- Die **Fälschung eines Zeugnisses** eines früheren Arbeitgebers bei der Bewerbung um einen neuen Arbeitsplatz ist ggf kein außerdienstliches Fehlverhalten, das die außerordentliche Kündigung des „jetzigen" Arbeitsverhältnisses rechtfertigt.[99]

---

91 BAG 27.1.2011 – 2 AZR 825/09, NZA 2011, 798 = PuR 2012, 17; zur Kündigung wegen sexueller Belästigung am Arbeitsplatz s. *Worzalla*, PuR 2012, 6.
92 LAG Schleswig-Holstein 12.6.2012 – 1 Sa 489/11.
93 OVG NRW 30.4.2010 – 6 A 2055/09, IÖD 2010, 161.
94 OVG Münster 18.5.2010 – 13 K 338/10.O.
95 SG Karlsruhe 17.6.2010 – S 13 AL 3975/09 (noch zu § 144 Abs. 1 S. 2 Nr. 1 Alt. 1 SGB III aF).
96 LSG Saarland 23.11.2010 – L 6 AL 4/10.
97 LSG Baden-Württemberg 25.2.2011 – L 8 AL 3458/10; LSG Darmstadt 22.6.2010 – L 6 AL 13/08.
98 LSG Hessen 22.6.2010 – L 6 AL 13/08.
99 ArbG Frankfurt 23.6.2010 – 7 Ca 263/10.

- Die Unterhaltung einer intimen Beziehung zu einer Kollegin sowie das „Umsehen in deren privaten Umfeld" sollen ohne Hinzutreten weiterer Umstände nicht als „an sich zur Kündigung berechtigende Gründe" anzusehen sein.[100]
- Betreffen unvollständige oder teilweise unzutreffende Mitteilungen eines Finanzvorstands eines Unternehmens lediglich ein intimes Verhältnis und ein (auch) gegen den Arbeitnehmer gerichtetes Ermittlungsverfahren, so können lediglich diese Pflichtverletzungen angesichts ihres überwiegend privaten Charakters und des grundsätzlichen Fehlens einer Mitteilungspflicht über strafrechtliche Verfahren bei einer ansonsten hinreichenden Information des Arbeitgebers und fehlender konkreter Nachfrage nach weiteren Informationen zum Ausschluss eines wichtigen Grundes iSd § 626 Abs. 1 BGB führen.[101]
- Der **Chefarzt eines katholischen Krankenhauses** verstößt gegen das Verbot in Art. 5 Abs. 2 KathKiGrdO, eine nach dem Glaubensverständnis und der Rechtsordnung der Kirche ungültige Ehe abzuschließen, wenn er nach erfolgter Scheidung eine zweite Ehe eingeht. Stellt ein derartiges Verhalten danach einen an sich geeigneten Kündigungsgrund iSd § 1 Abs. 2 KSchG dar, so kann die Kündigung gleichwohl sozial ungerechtfertigt sein, wenn der katholische Arbeitgeber im Zusammenhang mit der Kündigung den arbeitsrechtlichen Gleichbehandlungsgrundsatz verletzt. Der Arbeitgeber kann überdies mit der Kündigung gegen das Verbot widersprüchlichen Verhaltens iSd § 242 BGB verstoßen.[102]
- Der Arbeitnehmer des öffentlichen Dienstes verletzt seine Rücksichtnahmepflicht auf die Interessen seines öffentlichen Arbeitgebers, wenn er durch seine – auch in der **Presse** wiedergegebenen – Äußerungen in einem Strafverfahren eine Verbindung zwischen seiner angeblich zu geringen Vergütung durch den Arbeitgeber und dem Motiv für eine außerdienstliche Straftat herstellt.[103]
- Ein Dienstbezug ist nicht allein in den Fällen gegeben, in denen der **Beamte** auf seinem Dienstposten mit gerade denjenigen Aufgaben befasst war, die Gegenstand des ihm zur Last gelegten außerdienstlichen Fehlverhaltens sind. Es genügt, wenn das außerdienstliche Verhalten Rückschlüsse auf die Dienstausübung in dem Amt in konkret-funktionellen Sinn zulässt (hier: Straftaten mit rechtsextremistischem und fremdenfeindlichem Hintergrund) oder den Beamten in der Dienstausübung beeinträchtigt. Für strafbares außerdienstliches Verhalten ist die gesetzliche Strafandrohung Orientierungsrahmen für die Maßnahmenbemessung.[104]
- Eine personenbedingte Kündigung wegen fehlender Eignung infolge begründeter Zweifel an der **Verfassungstreue** des Arbeitnehmers bei einer außerdienstlichen politischen Betätigung kann nur dann eine ordentliche Kündigung rechtfertigen, wenn sie in die Dienststelle hineinwirken und entweder die allgemeine Aufgabenstellung des öffentlichen Arbeitgebers oder das konkrete Aufgabengebiet des Arbeitnehmers berühren.[105]
- Eine außerordentliche Verdachtskündigung eines **Schulhauswarts** wegen Mitführens von **Marihuana** soll ggf nicht gerechtfertigt sein.[106]
- Der dringende, auf objektiven Tatsachen beruhende Verdacht der unerlaubten Herstellung und des Besitzes von **Betäubungsmitteln** iSd BtMG in nicht geringer Menge kann die Kündigung eines Polizeiangestellten im Objektschutz rechtfertigen.[107]

---

100 LAG Rheinland-Pfalz 25.6.2010 – 9 Sa 150/10.
101 LG Frankfurt/Main 1.7.2010 – 3-04 O 54/09, ZIP 2010, 2418 (LS).
102 LAG Düsseldorf 1.7.2010 – 5 Sa 996/09.
103 BAG 28.10.2010 – 2 AZR 2093/09, DB 2011, 307.
104 BVerwG 21.12.2010 – 2 B 29/10, NVwZ-RR 2011, 413.
105 LAG Baden-Württemberg 26.1.2011 – 19 Sa 67/10.
106 LAG Hamm 28.3.2011 – 17 Sa 1845/10.
107 LAG Berlin-Brandenburg 25.10.2011 – 19 Sa 1075/11, BB 2011, 2868.

- Ein angestellter **Polizist** im Wachschutz, der hoheitlich tätig ist, verletzt seine vertragliche (Neben-)Pflicht zur Rücksichtnahme gem. § 241 Abs. 2 BGB schwerwiegend, wenn er unerlaubt **Partydrogen** herstellt und deshalb zu einer Freiheitsstrafe von 11 Monaten auf Bewährung verurteilt wird. Die ordentliche Kündigung aus verhaltensbedingten Gründen ist regelmäßig gerechtfertigt.[108]
- Eine **Lehrkraft** hat auch im Rahmen zufälliger Begegnungen mit Schülern in der Freizeit ihr Verhalten so einzurichten, dass die Verwirklichung eines ihr aufgrund des bestehenden Arbeitsverhältnisses zukommenden **Erziehungsauftrags** jedenfalls nicht ernsthaft gefährdet wird.[109]
- Ein **Finanzbeamter**, der im Datenverarbeitungssystem des Finanzamts fiktive Einkommensteuerveranlagungen für nicht existierende Steuerpflichtige erzeugt und daraus resultierende fiktive Erstattungsbeträge seinem Privatkonto zuführt, begeht eine sehr schwere innerdienstliche Dienstpflichtverletzung, die eine vorläufige Dienstenthebung rechtfertigt.[110]
- Auch Beschäftigte, die keiner „gesteigerten", beamtenähnlichen Loyalitätspflicht unterliegen, dürfen nicht darauf ausgehen, den Staat oder die Verfassung und deren Organe zu beseitigen, zu beschimpfen oder verächtlich zu machen. Entfaltet ein Arbeitnehmer – und sei es auch nur außerdienstlich – Aktivitäten dieser Art, kann dies einen Grund für eine Kündigung durch seinen Arbeitgeber auch dann sein, wenn das **Verhalten nicht strafbar** ist.[111]
- Liegt eine Nichtachtung von Loyalitätsanforderungen vor, so ist die weitere Frage, ob sie eine Kündigung des **kirchlichen Arbeitsverhältnisses** sachlich rechtfertigt, nach den kündigungsschutzrechtlichen Vorschriften des § 1 KSchG und des § 626 BGB zu beantworten.[112]
- Der Austritt eines im **verkündigungsnahen Bereich** eingesetzten Mitarbeiters einer ihrer Einrichtungen aus der katholischen Kirche kann die – ggf außerordentliche – Kündigung rechtfertigen.[113]
- **Sexuelle Handlungen** eines **Kirchenmusikers**, dessen Tätigkeit im indirektem Zusammenhang mit dem Verkündungsauftrag der Kirche steht, mit einer Minderjährigen können auch ohne Abmahnung eine außerordentliche Kündigung rechtfertigen. Die Pflicht zur Rücksichtnahme kann insoweit auch durch außerdienstliches Verhalten verletzt werden.[114]

gg) Außerdienstliche Äußerungen in sozialen Netzwerken

Aktuell stellt sich vermehrt die Frage, wie der Arbeitgeber auf Verunglimpfungen durch Arbeitnehmer in sozialen Netzwerken (Facebook, Twitter und Co.) reagieren kann. Diese Verunglimpfungen können sich gegen den Arbeitgeber oder auch Kollegen richten. 2258

Auch in den sozialen Netzwerken besteht kein Freiraum für ehrkränkende Äußerungen über andere. Das Recht auf freie Meinungsäußerung des Arbeitnehmers muss gegenüber dem Interesse des Arbeitgebers auf Schutz von Schmähungen und Formalbeleidigungen zurücktreten. Ein beleidigender Eintrag auf Facebook kann daher einen wichtigen Grund zur fristlosen Kündigung darstellen. Es ist ausreichend, dass der nicht namentlich genannte Arbeitgeber als Adressat der Beleidigung von sich selbst oder Dritten erkannt werden kann. Eine Beleidigung auf Facebook ist besonders gravierend, da zunächst keine Abwehrmöglichkeit für den betroffenen Arbeitgeber besteht. Vor Ausspruch der außerordentlichen Kündigung ist eine Abmahnung entbehrlich, wenn kumulierte Schmähungen derart massiv sind, dass für den Arbeitnehmer oh- 2259

108 LAG Berlin-Brandenburg 25.10.2011 – 19 Sa 1075/11, BB 2011, 2868.
109 BAG 27.11.2008 – 2 AZR 98/07, NZA 2009, 604.
110 OVG Saarland 8.7.2011 – 6 B 267/11, NVwZ-RR 2011, 911.
111 BAG 6.9.2012 – 2 AZR 372/11, DB 2013, 1973.
112 BAG 8.9.2011 – 2 AZR 543/10, DB 2012, 690.
113 BAG 25.4.2013 – 2 AZR 579/12, DB 2013, 2274.
114 BAG 26.9.2013 – 2 AZR 741/12, NZA 2014, 529.

ne Weiteres erkennbar ist, dass eine auch nur einmalige Hinnahme des Verhaltens durch den Arbeitgeber offensichtlich ausgeschlossen ist.[115]

2260 (Außerdienstliche) Diskriminierungen (hier: sexuellen Inhalts) von Kollegen auf Facebook können eine Kündigung rechtfertigen, wenn hierdurch Störungen im betrieblichen Bereich hervorgerufen werden.[116] Eine aktuelle Zusammenfassung der grundlegenden Entscheidungen geben *Bissels/Lützeler*.[117]

hh) Klauseln zur Sicherung der Arbeitsfähigkeit

(1) Unterscheidung

2261 Bei den Klauseln zur Sicherung der Arbeitsfähigkeit muss man unterscheiden zwischen solchen, die sich auf die Gesundheit und das Freizeitverhalten des Arbeitnehmers allgemein beziehen, und solchen, die Arbeitnehmern in exponierten Stellen besondere Verhaltenspflichten während ihrer Freizeit auferlegen. Die Grenzlinie zwischen wirksamen und unwirksamen Klauseln orientiert sich am allgemeinen Persönlichkeitsrecht, Art. 2 Abs. 1, Art. 1 Abs. 1 GG.

2262 Die Teilnahme an einem Marathonlauf während der Arbeitsunfähigkeit soll kein genesungswidriges Verhalten darstellen, das eine verhaltensbedingte Kündigung rechtfertigt, wenn der vom Arbeitnehmer zuvor konsultierte Arzt eine Gefährdung ausgeschlossen hat und eine konkrete Verzögerung des Genesungsverlaufs tatsächlich nicht eingetreten ist.[118] Die Teilnahme eines nicht bettlägerigen Arbeitnehmers während der Arbeitsunfähigkeit an einem sog. Kieser-Rückentraining (3/4 Stunde die Woche) soll ebenfalls weder ernsthaften Zweifel an der Arbeitsunfähigkeit noch Verdachtsmomente hinsichtlich des Vortäuschens der Arbeitsunfähigkeit begründen.[119]

(2) Allgemeine Verhaltenspflichten

2263 Zu den allgemeinen Verhaltenspflichten gehört zunächst einmal die Vereinbarung, gesundheits- bzw genesungsschädliches Verhalten in der Freizeit zu unterlassen. In der entsprechenden Vereinbarung wird dabei zumeist eine Reihe von negativen Beispielen aufgezählt. Generell hat das BAG[120] eine arbeitsvertragliche Pflicht zu **gesundheits- und genesungsförderndem Verhalten** bekräftigt. Gegen diese Pflicht verstößt der Arbeitnehmer mit jedem unverständlichen und leichtfertigen Verhalten. Ein solches Verhalten liegt vor, wenn der Arbeitnehmer in gröblicher Weise gegen die von einem verständigen Menschen im eigenen Interesse zu erwartende Sorgfalt verstößt.[121]

2264 Bei **Verkehrsunfällen** hat der Arbeitnehmer die Verpflichtung zur Erhaltung der Arbeitskraft missachtet, wenn der Verkehrsunfall durch sein grob fahrlässiges Verhalten verursacht wurde.[122] Ein grobes, zu verschuldeter Arbeitsunfähigkeit führendes und damit Entgeltfortzahlungsansprüche ausschließendes Handeln ist anzunehmen, wenn der Verkehrsunfall auf alkoholbedingter Fahruntüchtigkeit, erheblichen Geschwindigkeitsüberschreitungen,[123] auf Überfahren einer Rotlicht zeigenden Ampel,[124] bei einem Überholen an unübersichtlicher Stelle

115 LAG Hamm 10.10.2012 – 3 Sa 644/12, BB 2012, 2688.
116 LAG Hessen 21.2.2014 – 14 Sa 609/13, NZA-RR 2014, 585.
117 *Bissels/Lützeler*, PuR 2013, 80.
118 ArbG Stuttgart 22.3.2007 – 9 Ca 575/06.
119 LAG Berlin 16.4.2003 – 13 Sa 122/03.
120 BAG 26.8.1993 – 2 AZR 154/93, NZA 1994, 63 = BB 1994, 142 m. Anm. *Hunold*.
121 BAG 23.11.1971 – 1 AZR 388/70, DB 1972, 395.
122 BAG 11.3.1987 – 5 AZR 739/85, DB 1987, 1495; BAG 30.3.1988 – 5 AZR 42/87, DB 1988, 1403.
123 BAG 5.4.1962 – 2 AZR 182/61, DB 1962, 971.
124 BGH 8.7.1992 – 4 ZR 223/91, NJW 1992, 2418.

oder bei einem Abkommen von der Straße oder bei dem Benutzen eines verkehrsunsicheren Fahrzeugs zurückzuführen ist.[125]

Auf **Alkoholmissbrauch**[126] beruhende Unfälle sind schuldhaft verursacht. Das gilt für einen Sturz auf einer Treppe[127] ebenso wie für einen auf Alkoholmissbrauch beruhenden Sturz in einer Gaststätte.[128] Kein Entgeltfortzahlungsanspruch besteht, wenn ein Arbeitnehmer nach durchgeführter Entziehungskur erneut rückfällig wird.[129] Zwar kann nicht stets bei einer Suchterkrankung auf ein Verschulden geschlossen werden. Ein Arbeitnehmer handelt jedoch schuldhaft, wenn er die zur Behandlung dieser Erkrankung ergehenden ärztlichen Anordnungen nicht beachtet, wenn er etwa trotz ärztlicher Untersagung des Rauchens weiterhin raucht.[130] **2265**

Sportliche Betätigungen dienen generell der Erhaltung der Arbeitskraft. Unfälle bei sportlicher Betätigung in der Freizeit des Arbeitnehmers sind deshalb grds. hinzunehmen, selbst bei den früher so genannten **„gefährlichen" Sportarten** wie Drachenfliegen[131] oder Amateurboxen.[132] Nicht als gefährliche Sportarten gelten Motorradrennen[133] oder Fußball im Amateurbereich.[134] **2266**

Das Kick-Boxen wird dagegen nach der bisherigen Rspr als generell gefährliche Sportart angesehen, so dass hierbei erlittene Verletzungen selbst verschuldet sind.[135] Die früher in der Rspr vorgenommene Unterscheidung zwischen „gefährlichen" und „nicht gefährlichen" Sportarten hat sich als wenig tragfähig erwiesen. Eine gefährliche Sportart sollte nach Auffassung des BAG immer dann vorliegen, wenn das Verletzungsrisiko so groß ist, dass auch ein gut ausgebildeter Sportler bei sorgfältiger Beachtung aller Regeln das Verletzungsrisiko nicht vermeiden könne.[136] **2267**

Die Teilnahme des Arbeitnehmers in seiner Freizeit an einer Rauferei gilt als verschuldetes Arbeitnehmerverhalten.[137] Schuldhaft handelt ferner der Kraftfahrer, der mit stark überhöhter Geschwindigkeit einen Unfall verursacht,[138] der den Sicherheitsgurt nicht anlegt und deshalb arbeitsunfähig erkrankt[139] oder der trotz eines entgegenstehenden Hinweises vor einer Autofahrt Tabletten einnimmt.[140] **2268**

Außerdienstliches Freizeitverhalten des Arbeitnehmers kann zu einer **Kündigung** oder zu einer **sonstigen arbeitsrechtlichen Maßnahme** wie Abmahnung oder zur Verweigerung von Entgeltfortzahlungen durch den Arbeitgeber nach § 3 Abs. 1 S. 1 EFZG wegen verschuldeter Arbeitsunfähigkeit führen.[141] Die Sanktionen können vom Arbeitgeber ergriffen werden, ohne dass spezifische Klauseln über das arbeitnehmerbezogene Freizeitverhalten im Arbeitsvertrag existieren. Sie werden aufgrund der gesetzlichen Regelung in § 1 Abs. 2 S. 1 2. Alt. KSchG oder § 3 Abs. 3 S. 1 EFZG ausgesprochen. Deshalb haben Arbeitgeber und Arbeitnehmer in Ausgestal- **2269**

125 ArbG Marburg 24.8.1990 – 2 Ca 226/90, DB 1991, 869.
126 S. LAG München 10.5.2012 – 3 Sa 1134/11, PuR 2012, 190 und hierzu auch *Schiefer*, PuR 2012, 203 ff und 228 ff; BAG 20.3.2014 – 2 AZR 565/12, DB 2014, 1378.
127 ArbG Berlin 20.5.1980 – 12 Sa 124/80, BB 1980, 1858.
128 BAG 11.3.1987 – 5 AZR 739/85, BB 1987, 1389.
129 BAG 11.11.1987 – 5 AZR 497/86, DB 1988, 402.
130 BAG 7.11.1985 – 6 AZR 626/84, DB 1986, 976.
131 BAG 7.10.1981 – 5 AZR 338/79, DB 1982, 706.
132 BAG 1.12.1976 – 5 AZR 601/75, AP § 1 LFZG Nr. 42.
133 BAG 25.2.1972 – 5 AZR 471/71, AP § 1 LFZG Nr. 18 m. Anm. *Monjau*.
134 BAG 21.1.1976 – 5 AZR 593/74, AP § 1 LFZG Nr. 39.
135 ArbG Hagen 5.9.1989 – 4 Ca 648/87, NZA 1990, 311; zum Bungee-Springen s. *Hilpert*, RdA 1997, 92.
136 BAG 7.10.1981 – 5 AZR 338/79, AP § 1 LFZG Nr. 45 m. Anm. *Trieschmann*.
137 LAG Köln 22.6.1988 – 5 Sa 351/88, DB 1988, 1703.
138 BAG 5.4.1962 – 2 AZR 182/61, AP § 63 HGB Nr. 28 m. Anm. *A. Hueck*.
139 BAG 7.10.1981 – 5 AZR 338/79, AP § 1 LFZG Nr. 46 m. Anm. *Trieschmann*.
140 LAG Hessen 2.10.1978 – 1 Sa 463/78, BB 1979, 1504.
141 S. im Einzelnen *Schiefer/Heitmann*, Krankheit im Arbeitsverhältnis, S. 111 ff; *dies.*, PuR 2014, 180.

tung der Privatautonomie selbst die Möglichkeit, sich über die Grenzen eines beiderseits akzeptierten Freizeitverhaltens zu verständigen. Klauseln hierüber verstoßen grds. nicht gegen § 307 Abs. 2 Nr. 2 BGB, da Einschränkungen im Freizeitverhalten ihrer Natur nach bereits Gegenstand des arbeitsvertraglichen Pflichtengefüges bilden können. Ohne in unzulässiger Weise die Privatsphäre, insb. die Verfügungsfreiheit des Arbeitnehmers über seine Freizeitgestaltung, anzutasten, darf der Arbeitgeber aufgrund der Treuepflicht erwarten, dass der Arbeitnehmer seine Arbeitskraft zur Ermöglichung der Arbeitsvertragserfüllung nicht leichtfertig aufs Spiel setzt und infolge dessen für längere Zeit wegen einer vermeidbaren Erkrankung ausfällt.[142]

(3) Verhaltensanforderungen an besondere Berufsgruppen

2270 Arbeitnehmer, die Personen befördern, wie zB Piloten, Berufskraftfahrer, Kapitäne, Straßenbahnfahrer und Lokführer, unterliegen auch in ihrer Freizeit jeweils spezifischen Verhaltenspflichten, bspw eine gewisse Anzahl von Stunden vor Arbeitsaufnahme keinen Alkohol zu sich zu nehmen.[143] Legen die Arbeitsvertragsparteien für diese und andere Personengruppen die bestehenden gesetzlichen oder im Verordnungswege erlassenen Vorschriften über Einschränkungen beim **Alkoholkonsum** in der Freizeit in Arbeitsvertragsklauseln nieder, so haben diese Klauseln nur deklaratorische Bedeutung. Ihre Wirksamkeit steht außer Zweifel, da sie im Grundsatz über die einschlägigen gesetzlichen Vorschriften bereits verankert ist.

2271 Durch eine betriebliche Regelung, wonach die Besatzungsmitglieder eines Schiffes ihre Freizeit an Bord so gestalten müssen, dass sie jederzeit in der Lage sind, ihre Aufgaben im Rahmen der Schiffssicherheitsorganisation uneingeschränkt zu erfüllen, überschreitet eine Einigungsstelle nicht das ihr zustehende Ermessen. Dabei war den Besatzungsmitgliedern nicht jeglicher Alkohol während ihrer Freizeit an Bord verboten. Sie mussten jedoch den Alkoholkonsum so gestalten, dass sie im Notfall noch jederzeit in der Lage waren, ihre auch während der Freizeit an Bord arbeitsvertraglich geschuldeten Aufgaben im Rahmen der Sicherheitsorganisation uneingeschränkt zu erfüllen. Die durch die betriebliche Regelung zu schützenden Rechtsgüter (Leben, Gesundheit und Sachgüter von erheblichem Wert) anderer, die in einer Notlage auf die Hilfe aller Besatzungsmitglieder angewiesen sind, sind in diesem Fall schutzwürdiger und haben deshalb Vorrang vor der Freiheit der Besatzungsmitglieder, sich während der Freischichten an Bord „betrinken" zu können.[144]

2272 Verlangt der Arbeitgeber das **Tragen von Dienstkleidung** (hier: bei einem Fahrausweisprüfer), ist seine Anforderung nur dann arbeitsvertragskonform, wenn er dem Arbeitnehmer zum Zeitpunkt des Antritts seiner Arbeit Gelegenheit gibt, sich in einem Umkleideraum umzuziehen. Aufgrund seines Direktionsrechts steht dem Arbeitgeber keine Befugnis zu, die Privatsphäre des Arbeitnehmers in der Weise zu reglementieren, dass der Arbeitnehmer bereits auf dem Weg zu seiner Arbeitsstelle Dienstkleidung zu tragen hat.[145]

2273 Es kommt grds. eine verhaltensbedingte Kündigung in Betracht, wenn ein Arbeitnehmer trotz einschlägiger Abmahnungen sich beharrlich weigert, zulässigen Weisungen des Arbeitgebers (hier: im Hinblick auf zu tragende Dienstkleidung) nachzukommen. Greifen weder kollektivrechtliche noch individualrechtliche Regelungen, so unterliegt die Frage der Dienstkleidung dem Weisungsrecht des Arbeitgebers, wobei die Grenzen des § 106 GewO zu beachten sind.[146]

---

142 ArbG Essen 2.10.1963 – 1 Ca 2104/63, DB 1963, 1580.

143 Für Piloten im militärischen Bereich BVerwG 8.11.1990 – 1 WB 86/89, NJW 1991, 1317.

144 LAG Schleswig-Holstein 20.11.2007 – 5 TaBV 23/07, DB 2008, 248.

145 LAG Baden-Württemberg 11.5.2004 – 14 Sa 126/03.

146 ArbG Cottbus 20.3.2012 – 6 Ca 1554/11, NZA-SD 2012, Nr. 12; zur Frage, ob Zeiten des Umkleidens zur vergütungspflichten Arbeitszeit gehören: BAG 18.5.2011 – 5 AZR 181/10, BB 2011, 2495; zur Mitbestimmung bei der Ausgestaltung der Dienstkleidungspflicht: BAG 17.1.2012 – 1 ABR 45/10, NZA 2012, 687; zum Anspruch auf ausreichende Aufbewahrungsmöglichkeiten für Dienstkleidung: LAG Hessen 31.5.2011 – 19 Sa 1753/10; zur Frage des An- und Ausziehens der Polizeiuniform als Arbeitszeit: OVG NRW 2.12.2010 – 6 A 979/09 und VG Baden-Württemberg 28.7.2011 – 4 S 1677/10.

Von einem **Hausmeister** kann verlangt werden, dass er eine Residenzpflicht eingeht.[147] 2274

Bei einer weiteren Gruppe, bestehend aus Schauspielern, Rennfahrern, Tänzern, Eishockeyspielern, Basketballberufspielern, Lizenzfußballspielern, Mannequins oder Fernsehmoderatoren, ist die optimale berufliche Leistung nur sichergestellt, wenn eine **weit in die persönliche Lebensführung hineinreichende Disziplin** geübt wird. Denkbare Vereinbarungen zum Freizeitverhalten erfassen die Untersagung von Drogenkonsum, des Rauchens, des Alkoholtrinkens, der Beteiligung an festgelegten Sportarten, der Verpflichtung zu täglichem Joggen, Fitnesstraining u.Ä. Soweit die vereinbarten Verhaltenspflichten einen sachlichen Bezug zum Arbeitsverhältnis aufweisen, insb. der Förderung der Leistungsfähigkeit eines an exponierter Stelle tätigen Arbeitnehmers dienen, verstoßen sie weder gegen spezifische arbeitsrechtliche Bestimmungen, noch sind sie nach § 307 Abs. 2 BGB unwirksam. Die Erbringung einer mangelfreien Arbeitsleistung gehört zu den Hauptpflichten des Arbeitnehmers. 2275

Problematisch werden solche Verhaltensvereinbarungen, wenn sie das **äußere Erscheinungsbild** des Arbeitnehmers in seiner Freizeit betreffen, wie zB bei der Haarlänge eines Wachmanns. Das Erscheinungsbild am Arbeitsplatz, die Art und Weise, wie sich Verkäuferinnen zu kleiden oder zu schminken haben, berührt nur das dienstliche Verhalten. Hier kann der Arbeitgeber sachbezogene Anweisungen oder Verhaltensanforderungen in Arbeitsvertragsklauseln anordnen.[148] Bei der Haarlänge stellt sich allerdings das Problem, dass sie für den dienstlichen und für den privaten Teil eines Tages nicht teilbar ist. 2276

Je höher die Position in der Sozialanschauung der Bevölkerung angesiedelt ist, desto höher wird sie meist vergütet, desto höher können die Anforderungen an das Freizeitverhalten vom Arbeitgeber in Arbeitsvertragsklauseln formuliert werden. Einschränkungen im Bereich des allgemeinen Persönlichkeitsrechts stehen zur Disposition des Arbeitnehmers. Werden sie abgegolten, gerät das Rechte- und Pflichtengefüge des Arbeitsverhältnisses nicht außer Kontrolle, von sittenwidrigen Klauseln und Gesetzesverstößen abgesehen, §§ 138, 134 BGB. Sind tiefe Einschnitte im Bereich der privaten Lebensführung die Folge, wird der Arbeitnehmer eine Begrenzung der individuellen Lebensführung in seiner Freizeit hinnehmen müssen. Das Korrelat bildet das Arbeitsentgelt, über das eine Mitvergütung von Verhaltenszusagen aus dem Bereich des Freizeitverhaltens erfolgen kann. 2277

ii) MfS-Tätigkeit

An der Rspr des BAG zur Kündigung ehemaliger DDR-Bürger, die für das Ministerium für Staatssicherheit tätig waren, lässt sich exemplarisch der richtige Umgang mit der Disposivität verhaltensbedingter Kündigungsgründe aufzeigen. Zunächst einmal haben die damaligen beiden deutschen Staaten im Einigungsvertrag – auf staatsrechtlicher Ebene – den **Kündigungsgrund** der **Stasi-Mitarbeit** vereinbart.[149] Diesen Kündigungsgrund, der mit einem vertraglichen Kündigungsgrund vergleichbar ist, hat die Rspr nicht angetastet, sondern zusätzlich geprüft, ob die Tätigkeit des gekündigten Arbeitnehmers vor dem Jahre 1970 lag und damit an Bedeutung für das konkrete Arbeitsverhältnis verloren hatte (Verschulden),[150] ob die Verstrickung nur äußerst gering war (Verschulden)[151] oder ob eine Interessenabwägung so viele Entlastungsmomente ergab, dass trotz des Bestehens des Kündigungsgrundes die Kündigung nicht sozial gerechtfertigt war.[152] 2278

147 BAG 7.6.2006 – 4 AZR 316/05, NZA 2007, 343.

148 *Hümmerich/Lücke/Mauer*, FB ArbR, Muster 1324 (allgemeine Arbeitsanweisung an Verkäufer).

149 Anlage I Kapitel XIX Sachgebiet A Abschnitt III Nr. 1, Abs. 4 Nr. 1, Abs. 4 Nr. 2, Abs. 5 Nr. 2 Einigungsvertrag.

150 BVerfG 8.7.1997 – 1 BvR 2111/94, 1 BvR 195/95, 1 BvR 2189/95, BVerfGE 96, 171 = NZA 1997, 992.

151 BAG 17.7.1997 – 8 AZR 677/95, n.v.

152 BAG 20.8.1997 – 2 AZR 42/97, n.v.

b) Klauseltypen und Gestaltungshinweise

aa) Klauseln zum äußeren Erscheinungsbild

(1) Klauseltyp A

2279 **A 1:** Das äußere Erscheinungsbild des Wachmanns hat dem Wachauftrag zu entsprechen; Haartracht in maximaler Länge bis zum Hemdkragen.[153]

A 2: Unsere Mannequins organisieren ihre Ernährung nach den Anweisungen des Vertrauensarztes der Agentur, haben die Ernährungspläne einzuhalten und keine Gewichtsschwankungen von mehr als 2,5 kg zu dem gegenwärtigen Gewicht von (...) zuzulassen.

A 3: Der Spieler verpflichtet sich, auch in seiner Freizeit ausschließlich Kleidung unseres Hauptsponsors zu tragen und sich nicht in anderer Kleidung ablichten zu lassen.

(2) Gestaltungshinweise

2280 Alle drei Klauseln schränken die Arbeitnehmer in ihrem Persönlichkeitsrecht ein, sei es bei der Haarlänge des Wachmanns, die zwar nur für die Arbeitszeit geregelt wird, die aber aus biologischen Gründen in der Freizeit nicht anders ausfallen kann als am Arbeitsplatz, sei es beim Ernährungsverhalten des Mannequins oder sei es über die einem Fußballspieler auch in seiner Freizeit vorgeschriebene Garderobe.

2281 Gleichwohl haben alle Klauseln einen sachlichen Bezug zur Arbeitspflicht. Ein übergewichtiges Mannequin kann seine Tätigkeit nicht mehr in der geschuldeten Weise ausüben, jedenfalls wenn der Arbeitgeber keine Mode für Mollige präsentiert. Die Klausel A 2 bewahrt die Mitarbeiterin im Grunde vor Schlechtleistung, die Klausel A 1 nimmt auf den Umstand Rücksicht, dass der Wachmann Uniformträger ist und jedenfalls einzelne Kunden der Firma einen Wachmann mit überlanger Haartracht ablehnen würden. Die Klausel A 3 trägt dem Umstand Rechnung, dass der Berufsfußballspieler seine Ballkünste gegen Entgelt einem Fußballverein zur Verfügung stellt und sich dabei gleichzeitig verpflichtet, Werbeträger der jeweiligen über den Verein vermarkteten Produkte zu sein. Würde der Spieler in seiner Freizeit Konkurrenzbekleidung tragen und hierbei fotografiert, könnte die Veröffentlichung der Fotos („privat trägt der Bundesligaspieler … unsere Marke, warum wohl?“) einen herben wirtschaftlichen Nachteil für den Sponsor des Vereins und, falls dieser den Werbevertrag kündigt, für den Verein bedeuten. Deshalb bestehen trotz entgegenstehender Stimmen in der Lit.[154] keine Wirksamkeitsbedenken gegen Klauseln zum äußeren Erscheinungsbild des Arbeitnehmers in seiner Freizeit, sofern ein Bezug zu den spezifischen Anforderungen des jeweiligen Arbeitsverhältnisses erfüllt ist.

bb) Klauseln zur Sicherung der Arbeitskraft

(1) Klauseltyp B

2282 **B 1:** Der Fahrer darf acht Stunden vor Beginn seiner Arbeit keinen Alkohol zu sich nehmen.[155]

B 2: Dem Piloten ist es strengstens verboten, Drogen einzunehmen oder innerhalb von 18 Stunden vor jeder planmäßigen Abflugzeit oder während des Fluges alkoholische Getränke einzunehmen.

B 3: Während der Produktion der Fernsehserie (...) verpflichten sich alle unsere Schauspieler, keinen Sport auszuüben, insb. nicht Ski zu fahren, an keinem Auto- oder Motorradrennen aktiv teilzunehmen, keine schweren Gegenstände zu tragen und sich vor Aufnahme ihres Engagements auf Kosten der Produktionsfirma gegen Grippe impfen zu lassen.

---

153 *Hümmerich/Lücke/Mauer*, FB ArbR, Muster 1333 (Ziffer 20).

154 *Grunewald*, NZA 1994, 971; Preis/*Preis*, Der Arbeitsvertrag, II A 160 Rn 3; *Wiese*, ZfA 1971, 273.

155 *Hümmerich/Lücke/Mauer*, FB ArbR, Muster 1339 (§ 3 Abs. 3).

B 4: Der leitende Angestellte nimmt, außer bei Krankheit und Urlaub, zwei Mal wöchentlich an einem Fitnesstraining für Manager teil, das von der Firma organisiert und finanziert wird. Das Fitnessprogramm ist Teil der Unternehmensphilosophie.

B 5: Die Moderatorin verpflichtet sich, vor Tagen, an denen sie auf Sendung geht, eine Bettruhe von mindestens 7 Stunden einzuhalten.

B 6: Der Spieler verpflichtet sich, seine ganze Arbeitskraft und seine sportliche Leistungsfähigkeit uneingeschränkt für den Verein einzusetzen, alles zu tun, um sie zu erhalten und zu steigern, und alles zu unterlassen, was ihm im Allgemeinen und im Besonderen vor und bei Veranstaltungen des Vereins abträglich sein könnte. Gemäß diesen Grundsätzen ist der Spieler insb. verpflichtet,

a) an allen Vereinsspielen und Lehrgängen, am Training – sei es allgemein vorgesehen oder sei es besonders angeordnet –, an allen Spielerbesprechungen und sonstigen der Spiel- und Wettkampfvorbereitung dienenden Veranstaltungen teilzunehmen. Dies gilt auch, wenn ein Mitwirken als Spieler oder Ersatzspieler nicht in Betracht kommt. (...)
b) sich auf alle sportlichen Veranstaltungen des Vereins gewissenhaft vorzubereiten. Dazu gehört insb., den Anweisungen des Trainers bezüglich der Lebensführung Folge zu leisten. (...)[156]

B 7: Der Spieler verpflichtet sich, keine Wetten auf Spiele der Mannschaft, in der er spielt, zu tätigen oder durch Dritte tätigen zu lassen und auch keine Vorteile sich oder einem Dritten versprechen oder gewähren zu lassen, um den Spielausgang zu beeinflussen.

(2) Gestaltungshinweise

Die **Alkoholklauseln** in den **Klauseln B 1 und B 2** entsprechen den gesetzlichen Anforderungen und daneben der Vernunft, so dass die das Freizeitverhalten einschränkenden Regelungen keine Wirksamkeitsbedenken aufkommen lassen. Zur Problematik von Alkohol, Drogen und Sucht im Betrieb wird insb. auf die Handlungsanweisungen und Musterformulieren (einschließlich Betriebsvereinbarung) von *Bengelsdorf* verwiesen.[157] 2283

Angesichts der hohen Kosten einer Filmproduktion erscheint es auch vertretbar, den Schauspielern in ihrer Freizeit Verhaltenspflichten aufzuerlegen, über die das Risiko von Fehlzeiten oder des Abbruchs einer Produktion minimiert wird. Klauseln wie **B 3** sind deshalb üblich und entbehren nicht des Sachbezuges zur vom Arbeitnehmer geschuldeten Arbeitsleistung. Mit einem Verlust des Entgeltfortzahlungsanspruchs durch den Schauspieler nach § 3 EFZG, der in einer Drehpause einer gefährlichen Sportart nachging, ist der Produktionsfirma nicht gedient. Auch nützt ihr die Wirksamkeit einer Kündigung wegen eines Verhaltensverstoßes eines Schauspielers während einer laufenden Produktion nichts, denn sie benötigt wegen der vorangegangenen Mitwirkung des Schauspielers in der Produktion dessen weitere Teilnahme. Nach einer wirksamen verhaltensbedingten Kündigung gewinnt die Produktionsfirma allenfalls einen Ersatzanspruch wegen Schlechtleistung. 2284

Schwieriger zu beurteilen ist die Wirksamkeit der **Klauseln B 4 und B 5**. In beiden Fällen wird man einen deutlichen Einbruch in die Privatsphäre feststellen müssen. Die Moderatorin schuldet nur die Arbeitsleistung. Weist ihr Gesicht nach Meinung des Arbeitgebers zu viele Falten auf oder wirkt die Moderatorin wegen Übermüdung nicht entspannt genug und lassen sich die äußerlichen Einschränkungen nicht mit den Mitteln der Maskenbildnerin hinreichend verändern, muss der Arbeitgeber eine Änderungs- oder eine Beendigungskündigung in Betracht zie- 2285

156 § 2 Muster-Arbeitsvertrag eines DFB-Lizenzfußballspielers (§ 2), zitiert nach *Kittner/Zwanziger*, Formularbuch Arbeitsrecht, Teil 5, Muster 306.

157 *Bengelsdorf*, Alkohol und Drogen im Betrieb, Düsseldorfer Schriftenreihe, 2. Aufl. 2003, S. 8 ff; s. im Einzelnen auch *Schiefer/Heitmann*, Krankheit im Arbeitsverhältnis, S. 100 ff.

hen. Die Dauer der Schlafzeiten gehört zu den persönlichen Entscheidungen im Privatleben des Arbeitnehmers, die nur dann Gegenstand einer arbeitsvertraglichen Verhaltenspflicht sein dürfen, wenn die Einhaltung von Regeln in diesem Bereich unumgänglich zur Erfüllung der Arbeitspflicht ist. Das Schlafbedürfnis des Menschen ist eine individuelle Angelegenheit, für die es keine verbindlichen medizinischen Vorgaben gibt. Die Bedürfnisse und Notwendigkeiten in diesem Bereich sind höchst persönlicher Natur. Es gibt keinen zwingenden Zusammenhang zwischen Schlafdauer und Aussehen oder Fitness eines Fernsehmoderators, weshalb die Klausel B 5 nicht als wirksam angesehen werden kann.

2286 Die **Klausel B 4** könnte ebenfalls unwirksam sein. Ob, wie viel und welchen **Sport** der Arbeitnehmer, wenn er nicht gerade Berufssportler ist, betreiben oder nicht betreiben möchte, ist eine seiner Privatsphäre unterliegende Angelegenheit. Durch den Nachsatz, dass der zweimalige wöchentliche Sport Teil einer Unternehmensphilosophie ist, erhält die Vereinbarung eine andere Wendung: Der Sport ist in diesem Falle eine Qualitätsphilosophie, nach der nur körperlich fitte Manager ihre volle Leistung erbringen und dass in dem Unternehmen alle Angehörigen dieser Führungsebene gemeinschaftlich an ihrer Leistungsfähigkeit arbeiten sollen, kurzum, das Fitnessprogramm ist gleichzeitig der permanente Test der Teamfähigkeit. Damit erhält das zunächst der privaten Lebensführung zuzuordnende Verhalten die Funktion einer arbeitsvertraglichen Nebenpflicht und wird wirksam. Die Grenze zwischen übermäßiger Beeinträchtigung der Privatsphäre (Art. 2 Abs. 1, Art. 1 Abs. 1 GG) und sachbezogen geschuldeter Leistungserfüllung ist fließend.

2287 Nicht unumstritten ist die **Klausel B 6**. Wenn der Trainer Anweisungen bis hin zur privaten Lebensführung soll erteilen dürfen, kann man sich mit *Preis*[158] auf den Standpunkt stellen, die Klausel erweitere in unzulässiger Weise das Direktionsrecht des Arbeitgebers und sei daher nichtig. Diese Sichtweise berücksichtigt allerdings nicht, dass Gegenstand eines Lizenzfußballer-Arbeitsverhältnisses äußerst spezifische Pflichten bilden und dass in einem solchen Arbeitsverhältnis ein extrem hohes Gehalt gezahlt wird. Man muss, wie in der Rspr zur Treuepflicht leitender Angestellter vom BAG vielfach herausgearbeitet,[159] angesichts der Höhe der Gehälter auch erhöhte Einschränkungen in der Privatsphäre akzeptieren. Außerdem besteht nun einmal ein nachweisbarer Zusammenhang zwischen privater Lebensführung des Sportlers, zwischen etwaigen Barbesuchen, fehlendem Schlaf, Alkoholkonsum, und der sportlich erbrachten Leistung, mithin zwischen der privaten Lebensführung und der geschuldeten Arbeitsleistung.

2288 Deshalb sind **direktionsrechtserweiternde Klauseln** (s. dazu § 1 Rn 3359 ff, 3942 ff), die der Erhaltung und Förderung der Arbeitskraft dienen, bei Spitzensportlern grds. zulässig, auch wenn sie erheblich die Privatsphäre tangieren. Liegt im Einzelfall eine schikanöse Maßnahme vor, ist die konkrete Ausübung des Direktionsrechts ermessensfehlerhaft. Die Wirksamkeit einer direktionsrechtserweiternden Klausel bleibt hiervon unberührt. Im Übrigen haben bestimmte Berufe und spezifische Arbeitsverhältnisse ihre eigenen Regeln, die manchmal ungünstiger, manchmal günstiger für den Arbeitnehmer ausfallen. Anders als beim gewöhnlichen Arbeitnehmer, bei dem jede Pflichtverletzung von einem gewissen Gewicht durch Abmahnung geahndet werden kann, ist dieses Recht des Vereins selbst im Bereich der Hauptleistungspflichten des Spielers weitgehend ausgeschlossen. Niemand würde bei einem Fußballspieler auf den Gedanken kommen, ihm wegen eines verschossenen Elfmeters eine Abmahnung zu erteilen und ihm im Wiederholungsfalle zu kündigen, auch wenn die fehlerhafte Leistungserbringung weit reichende ökonomische Folgen für den Verein haben kann.

2289 Keinen Wirksamkeitsbedenken begegnen solche Klauseln, die dem Spieler in einer Fußball- oder Basketballmannschaft verbieten, sich an Wetten über den Spielausgang zu beteiligen. Die Treuepflicht gebietet es, dass der Arbeitnehmer seine Arbeitsleistung ohne ein Interesse an

158 Preis/*Preis*, Der Arbeitsvertrag, II A 160 Rn 16; ähnlich *Buchner*, RdA 1982, 1, 4.

159 BAG 21.11.1996 – 2 AZR 852/95, NZA 1997, 713; BAG 22.2.1980 – 7 AZR 236/78, n.v.

einem zusätzlichen ökonomischen Erfolg, der über die Hauptleistungspflicht des Arbeitgebers hinausgeht, erbringt.

cc) Klauseln zum achtungswürdigen Verhalten

(1) Klauseltyp C

C 1: Von unseren Geschäftsführern erwarten wir ein beanstandungsfreies Verhalten in der Öffentlichkeit. Presseerklärungen, Interviews und jegliches über das Privatleben des Geschäftsführers hinausgehende Auftreten außerhalb des Dienstes ist, sofern es von Aufmerksamkeit für die Medien sein könnte, mit unserer PR-Agentur abzustimmen. Äußerungen, die sich auf den Vertrieb unserer Produkte nachteilig auswirken könnten, sind zu unterlassen. 2290

→ **C 2:** Jeder unserer Angestellten tritt in der Öffentlichkeit und in seinem Privatleben so auf, dass sein Ruf und das Prestige des Unternehmens keinen Schaden nehmen.

C 3: Der Spieler hat sich privat und in der Öffentlichkeit so zu verhalten, dass das Ansehen des Vereins, der Verbände und des Fußballsports allgemein nicht beeinträchtigt wird. Äußerungen in der Öffentlichkeit, insb. Interviews für Fernsehen, Hörfunk und Presse, bedürfen der vorherigen Zustimmung des Vereins. Äußerungen gegenüber außenstehenden Personen über innere Vereinsangelegenheiten, insb. über den Spiel- und Trainingsbetrieb, sind zu unterlassen.[160]

(2) Gestaltungshinweise

Arbeitsverhältnisse des öffentlichen Dienstes bedurften in der Vergangenheit keiner Vertragsklauseln über das Verhalten in der Öffentlichkeit oder im Privatleben. Das BAG stellte für den Bereich des öffentlichen Dienstes den Grundsatz auf, dass ein Angestellter sein außerdienstliches Verhalten so einzurichten habe, dass das Ansehen des öffentlichen Arbeitgebers nicht beeinträchtigt werde.[161] Die beamtenrechtlich geprägte Rechtsregel des § 8 BAT wurde in den TVöD nicht übernommen. Außerdienstliche Verhaltenspflichten bestehen nicht mehr in dem bisherigen Umfang. § 41 S. 1 TVöD BT-V verpflichtet den Angestellten nur noch, die geschuldete Leistung gewissenhaft und ordnungsgemäß auszuführen. Im öffentlichen wie im privaten Dienst kann es zu Einschränkungen im Bereich des Freizeitverhaltens nur noch kommen, wenn eine vertragliche Vereinbarung im Arbeitsvertrag getroffen wird. Es gilt der bereits mehrfach dargestellte Grundsatz, dass derartige Klauseln wirksam sind, sofern ein enger Sachbezug zur Arbeitsleistung besteht. 2291

Dieser Bezug ist bei der **Klausel C 1** zu erkennen. Ein Geschäftsführer in exponierter Stellung kann sich durchaus verpflichten, durch sein Verhalten im privaten Bereich und in der Öffentlichkeit der Gesellschaft keinen Schaden zuzufügen und sich bei Presseerklärungen mit einer PR-Agentur abzustimmen. In diesem Sinne nicht unwirksam ist auch die **Klausel C 2**, die als unbestimmt gem. § 307 Abs. 1 S. 1 BGB zu bewerten ist, wenn keine weitere Präzisierung von Verhaltenspflichten im Arbeitsvertrag erfolgt. 2292

Auch die sehr weit gehende **Klausel C 3** ist weder im Rahmen einer AGB-Kontrolle noch aus verfassungsrechtlicher Sicht unwirksam. Dass sich der Arbeitgeber das Steuerungsrecht bei der Bildung öffentlicher Meinungsprozesse erhalten will und dem Spieler eine vereinsbezogene Verschwiegenheitspflicht auferlegt, ist nicht zu beanstanden. Beide Arbeitgeberrechte sind mit dem Pflichtengefüge im Arbeitsverhältnis zu vereinbaren. Bei Klausel C 3 Satz 1 ist – wie bei Klausel C 2 insgesamt – die Frage nach der Bestimmtheit und damit nach der Einhaltung des Transparenzgebots gem. § 307 Abs. 1 S. 2 BGB im Einzelfall aufzuwerfen. Diesem Einwand kann durch die Wahl eines höheren Präzisierungsgrads erfolgreich entgegengewirkt werden. 2293

160 § 2 h Muster-Arbeitsvertrag eines DFB-Lizenzfußballspielers, zitiert nach *Kittner/Zwanziger*, Formularbuch Arbeitsrecht, Teil 5, Muster 306.

161 BAG 8.6.2000 – 2 AZR 638/99, NZA 2000, 1282 = MDR 2001, 36.

dd) Genesungswidriges Verhalten

(1) Klauseltyp D

2294 Während einer etwaigen krankheitsbedingten Arbeitsunfähigkeit ist Herr/Frau (...) insb. verpflichtet, sich so zu verhalten, dass der Genesungsprozess nicht behindert wird.

(2) Gestaltungshinweise

2295 Einer solchen Klausel, die an sich lediglich ein selbstverständlich zu erwartendes Verhalten umschreibt, dürften keine Bedenken entgegenstehen.[162]

162 Preis/*Preis*, Der Arbeitsvertrag, II A 160 Rn 29.

31. Gehaltsanpassungsklauseln

Literatur

Bieder, Arbeitsvertragliche Gestaltungsspielräume für die Entgeltflexibilisierung, NZA 2007, 1135; *Gaul/Janz*, Wahlkampfgetöse im Aktienrecht: Gesetzliche Begrenzung der Vorstandsvergütung und Änderungen der Aufsichtsratstätigkeit, NZA 2009, 809; *Hümmerich*, Widerrufsvorbehalte in Formulararbeitsverträgen, NJW 2005, 1759; *ders.*, Widerruf von Gehaltszusätzen im medizinischen Bereich durch den Arbeitgeber, MedR 2005, 575; *Hümmerich/Bergwitz*, Entwicklungsklauseln in Chefarztverträgen, BB 2005, 997; *dies.*, Abschied von der chefärztlichen Entwicklungsklausel, MedR 2005, 185; *Mengel*, Erfolgs- und leistungsorientierte Vergütung, 5. Aufl. 2008; *Moll*, AGB-Kontrolle von Änderungs- und Bestimmungsklauseln in Entgeltregelungen, in: Arbeitsgemeinschaft ArbR, FS zum 25-jährigen Bestehen, 2006, S. 91 ff; *Niebler/Schmiedl*, Sind Abweichungen vom Tarifvertrag zur Beschäftigungssicherung zulässig?, BB 2001, 1631; *Reinecke*, Gerichtliche Kontrolle von Chefarztverträgen, NJW 2005, 3383; *Robert*, Betriebliche Bündnisse für Arbeit versus Tarifautonomie?, NZA 2004, 633; *Schaub*, Zur arbeitsrechtlichen Gleichbehandlung eines GmbH-Geschäftsführers mit einem leitenden Angestellten, EWiR 1990, 789; *Schnitker/Grau*, Klauselkontrolle im Arbeitsvertrag, BB 2002, 2120; *Schrader/Müller*, Flexible Vergütungsvereinbarungen – Welche Spielräume lassen Gesetz und Rechtsprechung des Bundesarbeitsgerichts?, RdA 2007, 145; *Willemsen/Grau*, Alternative Instrumente zur Entgeltflexibilisierung im Standardarbeitsvertrag, NZA 2005, 1137.

a) Rechtslage im Umfeld

aa) Überblick

Gehaltsanpassungsklauseln sind Klauseln, durch die dem Arbeitnehmer im Arbeitsvertrag entweder eine **Prüfung** des vereinbarten Arbeitsentgelts in bestimmten Zeitabständen – meist ein Jahr – zugesagt oder eine **Erhöhung** seiner Bezüge fest vereinbart wird.[1] Die Themen der rechtswissenschaftlichen Diskussion reichen von der Frage, ob Prüfungsklauseln auch eine Gehaltsanpassung nach unten zulassen dürfen, bis hin zu der Überlegung, in welchem Umfang prozentuale Steigerungen vereinbart werden können. Bei nach Tarif bezahlten Arbeitnehmern besteht kein Bedürfnis nach einer Anpassungsklausel. Hier erfolgt die Anpassung über das Ergebnis von Tarifvertragsverhandlungen, entweder unmittelbar über den Entgelttarifvertrag bei tarifgebundenen Arbeitgebern und Arbeitnehmern oder über Verweisungsklauseln oder Allgemeinverbindlichkeitserklärung. 2296

Aktuell ist das Thema von Gehaltsanpassungsklauseln insoweit, als nach dem Mindestlohngesetz (MiLoG) jeder Arbeitnehmer in der Bundesrepublik Deutschland seit dem 1.1.2015 einen Anspruch auf ein **Mindestentgelt** von 8,50 € brutto je Arbeitsstunde gem. § 1 Abs. 1 und 2 MiLoG hat und dieser Mindestbetrag auch auf der Basis von Anpassungsregelungen stetig steigen wird.[2] Für Arbeitsverträge, die diesen Mindestlohn jeweils abbilden sollen, ist die Einführung entsprechender (neuer) dynamischer Klauseln erforderlich. Da nach §§ 22, 24 MiLoG Ausnahmen- und Übergangsregeln gelten, ist eine pauschale Verweisung auf das MiLoG nicht sehr aussagekräftig für den Einzelfall. 2297

Infolge der Einführung der **AGB-Inhaltskontrolle** durch die Schuldrechtsmodernisierung hat sich die Rechtslage bei Anpassungsklauseln nicht verändert.[3] Anpassungsklauseln sind weder überraschende Klauseln, noch führen sie generell zu einer unangemessenen Benachteiligung des Arbeitnehmers iSv § 307 Abs. 1 BGB, es sei denn, die Anpassungsklausel erlaubt auch erhebliche Reduzierungen der Vergütung, § 307 Abs. 2 Nr. 1 BGB; dann ist die Grenze der Änderungskündigung gem. § 2 KSchG erreicht. 2298

---

1 Preis/*Lindemann*, Der Arbeitsvertrag, II G 10 Rn 2.

2 Gesetz zur Regelung eines allgemeinen Mindestlohns (Mindestlohngesetz – MiLoG) vom 11.8.2014 (BGBl. I S. 1348). § 22 MiLoG regelt die Ausnahmen: Danach gelten für Praktikanten, Auszubildende/Ehrenamtliche/Jugendliche unter 18 Jahren, Langzeitarbeitslose und Zeitungszusteller Übergangsregelungen oder andere Ausnahmen. Zudem gehen gem. § 24 MiLoG abweichende Tarifverträge bis einschließlich zum 31.12.2017 dem gesetzlichen Mindestlohn vor.

3 *Schnitker/Grau*, BB 2002, 2120.

bb) Indexierungshindernisse

2299 Die Bereitschaft von Arbeitgebern, fest umrissene Steigerungsraten beim Gehalt des Arbeitnehmers zu vereinbaren – wie hoch Stellung und Ansehen des Arbeitnehmers auch angesiedelt sein mögen –, ist erfahrungsgemäß gering. Arbeitgeber wollen ihr Motivationspotential nicht mit dem Vertragsschluss aus der Hand geben, die Unwägbarkeit der Ertragsentwicklung trägt zusätzlich dazu bei, dass Unternehmen ungern über Gehaltsanpassungsklauseln eine Verpflichtung eingehen, die sie losgelöst vom Gewinnverlauf künftiger Jahre bindet. Die Folge sind Gehaltsanpassungsklauseln in Arbeitsverträgen, die beim juristisch ungeschulten Leser möglichst den Eindruck einer weitgehenden Bindung der Firma hinterlassen, dem Arbeitnehmer in Wahrheit aber keine konkreten, v.a. keine bezifferbaren Gehaltserhöhungsansprüche sichern.

2300 Ein zusätzliches Argument, von prozentualen Steigerungen im Arbeitsvertrag abzusehen, eröffnete dem Arbeitgeber in der Vergangenheit die Tatsache, dass Indexierungsklauseln nach § 3 WährungsG einer Genehmigung durch die Bundesbank bedurften, wobei man die Genehmigung regelmäßig nicht erhielt, weil der Gesetzgeber zur Abwendung inflationärer Tendenzen die Genehmigung restriktiv erteilte. Das Inflationsargument hat seit der Einführung des Euro nur teilweise ausgedient. Zwar wurde § 3 WährungsG durch Art. 9 § 1 EuroEG aufgehoben. Aus stabilitäts-, preis- und verbraucherpolitischen Gründen wurde aber eine Nachfolgeregelung erlassen, § 2 des Preisangaben- und Preisklauselgesetzes (PrAKG), und die dazu erlassene **Preisklauselverordnung (PrKV)** vom 23.9.1998.[4]

2301 Das frühere währungsrechtliche Indexierungsverbot wurde auf eine neue preisrechtliche Grundlage gestellt. § 2 PrAKG enthielt ein Indexierungsverbot mit Genehmigungsvorbehalt. Das Gesetz regelte, dass der Betrag von Geldschulden nicht unmittelbar und selbsttätig durch den Preis oder Wert von anderen Gütern oder Leistungen bestimmt werden durfte, die mit den vereinbarten Gütern oder Leistungen nicht vergleichbar sind. Dazu sah das Gesetz die Genehmigung von Ausnahmen auf Antrag vor. Solche Genehmigungen sollten erteilt werden, wenn **Zahlungen langfristig zu erbringen sind und die Preisklausel eine der Vertragsparteien nicht unangemessen benachteiligt.** Durch die Preisklauselverordnung bestimmte die Bundesregierung die Ausnahmen und den Übergang zum neuen Genehmigungsverfahren näher. Die Genehmigungsbefugnis bei Wertsicherungsklauseln lag beim Bundesamt für Wirtschaft.

2302 Bei einem Arbeitsverhältnis lässt sich im Allgemeinen nicht abschätzen, wann es endet, so dass sich nicht die verbindliche Aussage treffen lässt, dass es sich um eine langfristige Vereinbarung handelt; eine wesentliche Voraussetzung für Ausnahmegenehmigungen war somit nicht erfüllt.

2303 Die bisherige Regelung wurde im Jahr 2007 durch das **Preisklauselgesetz (PreisklauselG)** abgelöst. Das Genehmigungserfordernis wurde durch im Gesetz festgelegte Legalausnahmen ersetzt (§§ 2–7 PreisklauselG). Nach § 1 Abs. 2 PreisklauselG sind weiterhin drei Arten von Klauseln generell vom Klauselverbot ausgenommen:

- **Leistungsvorbehaltsklauseln.** Die Parteien vereinbaren bei der indexorientierten Änderung des geschuldeten Betrages einen Ermessensspielraum, der es ermöglicht, die neue Höhe der Geldschuld nach Billigkeitsgrundsätzen zu bestimmen.
- **Spannungsklauseln.** Unter die Spannungsklauseln fällt eine Regelung in einem Arbeits- oder Dienstvertrag, wonach die Höhe des Gehalts von der künftigen Entwicklung der Dienstbezüge eines Beamten der Besoldungsgruppe XY abhängig sein soll.
- **Kostenelementeklauseln.** Unter diese Ausnahme fällt bspw eine Vereinbarung, nach der das festgesetzte Entgelt für Bauleistungen von der künftigen Entwicklung des einschlägigen Baukostenindex abhängig gemacht wird.

4 BGBl. I S. 3043; aufgehoben durch Art. 30 des Gesetzes vom 7.9.2007 (BGBl. I S. 2246); Geltung bis einschl. 13.9.2007.

cc) Gehaltsanpassung aufgrund betrieblicher Übung

Einen **Anspruch auf Lohnerhöhung aufgrund betrieblicher Übung**, auch wenn der nicht tarifgebundene Arbeitgeber in der Vergangenheit alljährlich die Gehälter in Anlehnung an die Tarifentwicklung erhöht hat, gibt es grds. nicht, es sei denn, deutliche Anzeichen im Verhalten des Arbeitgebers sprechen dafür, dass der Arbeitgeber auf Dauer immer die Tariflohnerhöhungen übernehmen wollte.[5] 2304

Selbst aus einer mehrjährigen Praxis der Gehaltsanpassung bei außertariflichen Angestellten folgt für den Arbeitgeber daher grds. keine Verpflichtung, die bisherige Praxis in Zukunft beizubehalten.[6] Der Arbeitgeber wird hierdurch auch nicht verpflichtet, zukünftig über die Frage der Gehaltserhöhung nach billigem Ermessen nach § 315 BGB zu entscheiden. Deshalb haben Mitarbeiter, deren Gehaltshöhe sich nicht aus tariflichen Veränderungen ergibt, ein Interesse daran, eine Dynamikklausel in ihren Arbeitsvertrag aufnehmen zu lassen. Erfahrungsgemäß lässt sich aber kein Arbeitgeber gerne darauf ein, eine prozentuale Dynamisierung zu vereinbaren. 2305

Ist der Arbeitgeber aufgrund einer Betriebsvereinbarung zu jährlichen Gehaltsüberprüfungen verpflichtet, lassen auch mehrfache Gehaltserhöhungen nach denselben Kriterien keine betriebliche Übung entstehen, die den Arbeitgeber zu weiteren Gehaltserhöhungen verpflichtet.[7] Bei einem nicht tarifgebundenen Arbeitgeber kann eine betriebliche Übung der Erhöhung der Löhne und Gehälter entsprechend der Tarifentwicklung in einem bestimmten Tarifgebiet nur angenommen werden, wenn es deutliche Anhaltspunkte im Verhalten des Arbeitgebers dafür gibt, dass er auf Dauer die von den Tarifvertragsparteien ausgehandelten Tariflohnerhöhungen übernehmen will.[8] Bloße Erklärungen von Vertretern des Arbeitgebers anlässlich einer Betriebsversammlung, in denen Gehaltserhöhungen in Aussicht gestellt werden, begründen noch keinen Anspruch auf Gehaltserhöhung.[9] Allerdings kann der arbeitsrechtliche Gleichbehandlungsgrundsatz einen Anspruch auf Gehaltsanpassung begründen, wenn bei vergleichbaren Mitarbeitern Gehaltserhöhungen unter Leistungsgesichtspunkten erfolgten, selbst wenn die Entscheidungen von verschiedenen Vorgesetzten im Betrieb getroffen wurden. Der Arbeitgeber ist zur Auskunft verpflichtet, wenn dies keine übermäßige Belastung für ihn darstellt und nicht zu einer Verschiebung der gesetzlichen Darlegungs- und Beweislast führt.[10] 2306

Besteht eine betriebliche Übung der Gehaltsanpassung, kommt sie grds. nur denen zugute, bei denen sie über die Jahre des Arbeitsverhältnisses eingetreten ist, nicht zwangsläufig auch neu eingestellten Arbeitnehmern.[11] Allein dadurch, dass ein Arbeitgeber einmal den durch betriebliche Übung begründeten Anspruch auf Gehaltserhöhung nicht erfüllt, lässt sich die Aufgabe der Übung[12] nicht herleiten.[13] 2307

5 BAG 9.2.2005 – 5 AZR 164/04, NZA 2005, 1320; BAG 3.11.2004 – 5 AZR 622/03, NZA 2005, 1208; BAG 16.1.2002 – 5 AZR 715/00, BB 2002, 1155; BAG 28.8.1985 – 5 AZR 500/84.

6 BAG 4.9.1985 – 7 AZR 262/83, DB 1986, 1627.

7 BAG 16.9.1998 – 5 AZR 598/97, BB 1999, 160.

8 BAG 13.3.2002 – 5 AZR 755/00, NZA 2002, 1232 (LS).

9 BAG 29.5.1991 – 5 AZR 202/90.

10 BAG 1.12.2004 – 5 AZR 664/03, NZA 2005, 289.

11 BAG 10.8.1988 – 5 AZR 676/87; BAG 10.8.1988 – 5 AZR 571/87, NZA 1989, 57.

12 Was drei hintereinanderliegender, gleichartiger Übungen bedarf: BAG 26.3.1997 – 10 AZR 612/96, NZA 1997, 1007.

13 BAG 10.8.1988 – 5 AZR 571/87, NZA 1989, 57.

dd) Gehaltsreduzierung

2308 Da die Vergütung der Arbeitnehmer nicht allein oder maßgeblich von dem wirtschaftlichen Erfolg wie Misserfolg eines Unternehmens abhängen soll (keine Übertragung des unternehmerischen Risikos), hält das BAG Gehaltskürzungen über Anpassungsklauseln für die Ausnahme, für die es besonderer Voraussetzungen bedarf.[14] Generelle Gehaltsreduzierungen können daher außerhalb des Anwendungsbereichs eines Tarifvertrages unter Verzicht auf eine Änderungskündigung nicht arbeitsvertraglich wirksam vorgesehen werden.[15] Außerdem verstoßen Änderungsvorbehalte zu Lasten des Arbeitnehmers gegen § 308 Nr. 4 BGB und sind auch aus diesem Grunde unwirksam.[16]

2309 Tarifverträge dürfen (theoretisch) eine solche Vergütungsautomatik enthalten; in der Praxis enthalten aber auch Tarifverträge fast ausnahmslos nur Anpassungsklauseln zur Vergütungserhöhung. Tarifvertragliche Vorschriften[17] dürfen die Höhe der Vergütung von tatsächlichen Umständen, wie zB der Zahl der dem Arbeitnehmer unterstellten Mitarbeiter, abhängig machen und bei einer Änderung dieser Umstände eine automatische Anpassung der Vergütung regeln.[18] § 315 BGB ist in diesen Fällen nicht anwendbar. Tarifvertragliche Regelungen genießen das Privileg des § 310 Abs. 4 S. 1 BGB. Diesen Vorteil kann der Arbeitgeber über eine arbeitsvertragliche Bezugnahmeklausel auch für nicht-tarifgebundene Arbeitnehmer erreichen.

2310 Tarifgebundene Arbeitnehmer sind jedoch außerhalb des Anwendungsbereichs von tarifvertraglichen Anpassungsklauseln nicht befugt, auf einen Teil ihres monatlichen Gehalts zu verzichten, ohne sich eine entsprechende Gegenleistung gewähren zu lassen; dies gilt auch, wenn sich das Unternehmen in der Krise befindet. Ein Unternehmen hatte in einen Sanierungsplan aufgenommen, dass die Arbeitnehmer auf monatlich 300 DM ihres Nettogehalts für die Dauer von 12 Monaten verzichten. Für diesen Zeitraum war das Einverständnis unwiderruflich. Der einbehaltene Betrag wurde als Gewinnbeteiligungsanlage dem Arbeitgeber für die Dauer von mindestens 12 Monaten zur Verfügung gestellt. Der Geldbetrag sollte unter der Voraussetzung ausgezahlt werden, dass das Unternehmen wieder Gewinne erwirtschaftet. Das ArbG Marburg[19] war der Auffassung, dass bei normativer Tarifgeltung der monatliche Tariflohn nicht ohne adäquate Gegenleistung gemindert werden dürfe. Eine vereinbarte oder in Aussicht gestellte zukünftige Gewinnbeteiligung stelle keine adäquate Gegenleistung dar. Mit der Gewinnbeteiligung sollte der Arbeitnehmer vielmehr am unternehmerischen Risiko beteiligt werden bei gleichzeitigem Lohnverzicht. Eine solche Vereinbarung verstoße gegen § 4 Abs. 4 TVG. Dies entspricht der höchstrichterlichen Rspr zu betrieblichen Beschäftigungsbündnissen seit der **Burda-Entscheidung** des BAG.[20]

2311 Führungskräften mutet die Rspr in Gehaltsanpassungsklauseln eine größere Flexibilitätsgrenze zu als Angestellten mit durchschnittlichem Einkommen. So hielt das BAG bei einem **Chefarzt** mit weit überdurchschnittlichem Einkommen Gehaltskürzungen von 30 % über eine Einschränkung seiner Aufgaben für hinnehmbar.[21]

---

14 BAG 12.12.1984 – 7 AZR 509/83, NZA 1985, 321; s. auch *Hromadka*, RdA 1992, 234.

15 BAG 22.1.1981 – 2 AZR 945/78.

16 Anders ist die Rechtslage bei Kürzungen von Jahressonderleistungen bzw Zulagen; vgl dazu § 1 Rn 3258 ff und insb. Rn 3308 f.

17 Gehaltstarifverträge für den Einzelhandel NRW vom 29.6.1998 und 7.8.1999, § 3 Gehaltsgruppe IV Gehaltsstaffeln b, c.

18 BAG 7.11.2001 – 4 AZR 724/00, NZA 2002, 860.

19 ArbG Marburg 19.12.2003 – 2 Ca 438/03, SPA 13/2004, 4.

20 BAG 20.4.1999 – 1 ABR 72/98, NZA 1999, 887, 892 f; vgl dazu *Robert*, NZA 2004, 633, 634 ff; *Niebler/Schmiedl*, BB 2001, 1631, 1634.

21 BAG 28.5.1997 – 5 AZR 125/96, NZA 1997, 1160; kritisch *Hümmerich/Bergwitz*, BB 2005, 997.

b) Klauseltypen und Gestaltungshinweise

aa) Prüfungsklausel[22]

(1) Klauseltyp A

A 1: Alle zwei Jahre prüfen wir Ihr Gehalt. Maßstab ist für uns, wie sich im Vergleichszeitraum die Gehälter der tariflich vergüteten Angestellten entwickelt haben. Wir wollen sicherstellen, dass sich die prozentualen Steigerungsraten der Gehälter der außertariflich vergüteten Angestellten in vergleichbarer Weise entwickeln wie die Bezüge der tarifabhängigen Mitarbeiter. 2312

A 2: Einmal jährlich prüfen wir Ihr Fixum (Grundgehalt). Merkmale für eine Anhebung sind Ihre persönliche Leistung, die allgemeine wirtschaftliche Lage, die wirtschaftliche Lage des Unternehmens und die Umsatzentwicklung in der Branche.

→ **A 3:**

1. Es ist sichergestellt, dass die Gehälter der in unseren Werken im Rahmen der Ausbildung tätigen Lehrer nicht unterhalb der vergleichbaren öffentlichen Lehrerbesoldung liegen. Außerdem wird im Regelfall ein angemessener Abstand zur öffentlichen Besoldung bzw Vergütung gewahrt.
2. Die Gehälter unserer Lehrer werden – wie die der AT-Angestellten – idR jährlich daraufhin geprüft, ob eine allgemeine Gehaltsanpassung unter Berücksichtigung der allgemeinen Einkommensentwicklung und der wirtschaftlichen Lage der Mitgliedswerke vorzunehmen ist.
3. Sollte die Firma beabsichtigen, in einem Jahr von einer allgemeinen Anpassung der Gehälter abzusehen, sind die Gründe hierfür vor einer abschließenden Entscheidung dem Gesamtbetriebsrat zu erläutern.[23]

→ **A 4:** Eine Anpassung des Grundgehalts während der Vertragslaufzeit liegt im Ermessen des Personalausschusses.

A 5: Jeweils zum 31.12. eines Jahres wird die Vergütung des Prokuristen auf noch bestehende Angemessenheit durch den Vorstand überprüft. Bei der Überprüfung werden neben der Leistung und den Aufgaben des Prokuristen die wirtschaftliche Lage und die Zukunftsaussichten der Gesellschaft berücksichtigt.

(2) Gestaltungshinweise

Verschiedene Arbeitsverträge, v.a. bei AT-Angestellten, sehen eine **Prüfungsklausel** vor. Diese 2313
Klausel gibt dem Arbeitnehmer **keinen Anspruch** auf eine jährliche Erhöhung seiner Bezüge. Der Arbeitgeber gerät allenfalls in Argumentationszwang, wenn der Mitarbeiter die Prüfung seines Gehalts anmahnt. Es muss deshalb bei einer Inhaltskontrolle klar unterschieden werden, ob die Klausel auf unbestimmte und nicht transparente Weise suggeriert, der Arbeitnehmer erlange mit der Vertragspassage einen einklagbaren Anspruch auf Gehaltserhöhung, oder ob die Klausel klarstellt, dass eine (regelmäßige) Prüfung vorgenommen wird, ohne dass sich hieraus ein Gehaltserhöhungsverlangen herleiten lässt.

Die **Klauseln A 1, A 2 und A 5** sprechen ausdrücklich nur von einer **Prüfung** des Gehalts, und 2314
zwar jeweils im ersten Satz. Damit wird beim Arbeitnehmer nicht der Eindruck erweckt, es entstehe ein einklagbarer Anspruch, sondern es wird nur zugesichert, dass – in den meisten Fällen jährlich – das Gehalt auf seine Angemessenheit geprüft wird. Auch der nicht fachkundige Leser weiß, dass es dann auch mit der Prüfung nicht zu einer Gehaltserhöhung kommen muss. Soweit die Klauseln A 1, A 2 und A 5 zudem deutlich machen, welche Kriterien bei der

22 Vgl Preis/*Lindemann*, Der Arbeitsvertrag, II G 10 Vor Rn 3 ff.
23 BAG 16.9.1998 – 5 AZR 598/97, NZA 1999, 203.

Prüfung für die Entscheidung, ob es zu einer Erhöhung des Gehalts kommen soll, herangezogen werden, wird auch insoweit dem Bestimmtheitserfordernis nach § 307 Abs. 1 S. 2 BGB Genüge getan. Diese Klauseln sind daher wirksam. Mit Urteil vom 9.11.2005[24] hat das BAG entschieden, dass sich ein tariflich nicht gebundener Arbeitgeber im Arbeitsvertrag verpflichten kann, die vertragliche Vergütung entsprechend der Erhöhung der tariflichen Entgelte eines bestimmten Tarifbezirks zu erhöhen. Der Duktus der Entscheidung entspricht der Regelung in der Klausel A 1. Das BAG hat es außerdem als wirksam erachtet, wenn der Arbeitgeber seine im Arbeitsvertrag übernommene Verpflichtung von Bedingungen abhängig macht, bspw von der Bedingung, dass die tariflichen Entgelterhöhungen keine „strukturelle Änderung“ des Tarifwerks darstellen. Eine solche Klausel verstößt nach Auffassung des BAG weder gegen § 305 c Abs. 2 BGB noch gegen § 308 Nr. 4 BGB.[25] Im Urteil vom 9.11.2005 findet sich zudem ein Argument für die Wirksamkeit der Klausel A 2: Der in einem Formulararbeitsvertrag enthaltene Vorbehalt des Arbeitgebers, die eigene Leistung zu erhöhen, fällt nach Auffassung des 5. Senats nicht in den Schutzbereich des in § 308 Nr. 4 BGB geregelten Verbots.

2315 Nicht gut geeignet sind die **Klauseln A 3 und A 4**. Sie formulieren nicht in der Weise, dass dem Arbeitnehmer unmissverständlich mitgeteilt wird, dass es nur um die Prüfung des Gehalts und nicht um Gehaltserhöhungsansprüche geht. Für die Klausel A 3 hat das BAG jedoch entschieden, dass sich aus dem Wortlaut kein justitiabler Gehaltserhöhungsanspruch ergibt.[26] Die Unbestimmtheit der Klausel A 4 liegt auf der Hand. Es werden keine Kriterien benannt, anhand derer sich eine billige Ermessensausübung bei der „Anpassung des Grundgehalts“ ergeben könnte. Rechtsfolge einer etwaigen Unwirksamkeit der Klauseln ist aber mangels gesetzlicher Regelung zur Gehaltserhöhung lediglich, dass es bei der bisherigen Vergütung verbleibt, es ergibt sich nicht etwa ein Erhöhungsanspruch. Anders wäre es nur, wenn nach § 138 BGB sittenwidrig unterhalb der üblichen Vergütung gezahlt würde.

bb) Spannungsklauseln

(1) Klauseltyp B

2316 **B 1:** Das Gehalt des Mitarbeiters wird zu dem entsprechenden Zeitpunkt und in der entsprechenden Höhe der Entwicklung der Dienstbezüge eines verheirateten, alleinverdienenden, beim Bund beschäftigten Regierungsdirektors mit zwei Kindern angepasst.

B 2: Das Bruttogehalt erhöht sich bei Erhöhungen des Gehaltstarifvertrages der Metall- und Elektroindustrie Nordbaden in der Vergütungsgruppe (...) um den sich dort ergebenden Prozentsatz. Im Übrigen werden Veränderungen der Vergütung gesondert geregelt.

B 3: Bei linearen Änderungen der Vergütungen im öffentlichen Dienst ändern sich die Beträge für Grundvergütung, Ortszuschlag und prozentuale Zulage entsprechend. Grundlage für den Umfang der Änderungen ist der Vomhundertsatz der Änderung der Vergütung in der Vergütungsgruppe 16 TVöD.

(2) Gestaltungshinweise

2317 Die im Klauseltyp B enthaltenen Anpassungsklauseln, die man auch als **Spannungsklauseln** bezeichnet, sollen den Abstand des außertariflich bezahlten Mitarbeiters zur höchsten Tarifgruppe beibehalten.[27] Gegen derartige Anpassungsklauseln bestehen nach *Lindemann*[28] keine Bedenken. Sie sind v.a. in GmbH-Geschäftsführerverträgen als Alternative zu Regelungen verbreitet, in Abhängigkeit vom Jahresergebnis Vergütungen anzupassen, weil dies bei einem Ge-

---

24 BAG 9.11.2005 – 5 AZR 351/05, DB 2006, 1061.
25 BAG 9.11.2005 – 5 AZR 351/05, DB 2006, 1061.
26 BAG 16.9.1998 – 5 AZR 598/97, NZA 1999, 203.
27 Preis/*Lindemann*, Der Arbeitsvertrag, II G 10 Rn 8.
28 Preis/*Lindemann*, Der Arbeitsvertrag, II G 10 Rn 8 f.

sellschafter-Geschäftsführer oft die fatale Folge einer verdeckten Gewinnausschüttung haben kann. Zur verdeckten Gewinnausschüttung s. § 2 Rn 174 ff, 201; zu den Anpassungs-/Spannungsklauseln s. § 2 Rn 918, 992.

cc) Gehaltsanpassungsklausel unter Einschluss von Verschlechterungen

(1) Klauseltyp C

C 1: 2318

1. Dem Chefarzt ist bekannt, dass der Träger beabsichtigt, in Kürze einen Neubau zu errichten.
2. Der Krankenhausträger kann nach Anhörung des Arztes strukturelle und organisatorische Änderungen im Krankenhaus vornehmen, insb. die Zahl und die Aufteilung der Betten ändern, die Ausführung medizinischer Leistungen von der Abteilung des Chefarztes ganz oder teilweise abtrennen und anderen Abteilungen zuweisen, weitere selbständige Fachabteilungen oder Funktionsbereiche oder Institute im Krankenhaus neu einrichten, unterteilen oder schließen sowie weitere Ärzte der gleichen Fachrichtung als leitende Krankenhausärzte einstellen oder Belegärzte in der Fachrichtung des Chefarztes zulassen.
3. Dem Chefarzt stehen bei Maßnahmen nach Abs. 2 keine Entschädigungsansprüche zu, wenn seine Vergütung für die Tätigkeit im dienstlichen Aufgabenbereich wenigstens 60 % der durchschnittlichen Vergütung der letzten 60 Monate erreicht.[29]

C 2:

1. Tritt eine so wesentliche Verschlechterung in den Verhältnissen der Gesellschaft ein, dass die Weitergewährung der in den vorstehenden Absätzen aufgeführten Bezüge (Grundgehalt und Gewinnbeteiligung) eine schwere Unbilligkeit für die Gesellschaft bedeuten würde, ist der Aufsichtsrat zu einer angemessenen Herabsetzung berechtigt. Durch eine Herabsetzung der Bezüge wird der Anstellungsvertrag im Übrigen nicht berührt.
2. Im Falle der Herabsetzung kann Herr (...) den Vertrag für den Schluss des nächsten Kalendervierteljahres mit einer Frist von sechs Wochen kündigen.

(2) Gestaltungshinweise

Die Variante C 1 ist der Entwicklungsklausel im Mustervertrag der Deutschen Krankenhausgesellschaft (DKG) nachempfunden und in dieser Form in vielen Chefarztverträgen enthalten. Ermöglicht eine Prüfungsklausel, das Gehalt zu reduzieren, steht ihre Wirksamkeit nach der Rspr des BAG[30] grds. in Zweifel, auch wenn das BAG die Klausel der Variante C 1 als wirksam eingestuft hat.[31] Inzwischen erweist sich nach Einführung der AGB-Inhaltskontrolle, spätestens seit dem Urteil des BAG vom 12.1.2005,[32] dass Widerrufsklauseln nur dann gem. § 308 Nr. 4 BGB wirksam sind, wenn sie zu keiner Minderung der Gesamtvergütung von mehr als 25–30 % führen, und nach § 307 Abs. 1 S. 2 BGB unwirksam sind, wenn sie nicht eine dezidierte Darstellung der Widerrufsgründe enthalten. Beide Voraussetzungen werden durch die Klausel C 1 nicht erfüllt.[33] Es ist offen, ob die allgemeine Grenze der Gehaltsreduzierung um 25–30 % auch für hoch verdienende Führungskräfte, wie zB Investmentbanker oder Chefärzte (mit traditionellem Privatliquidationsrecht), gelten soll.[34] 2319

29 Klausel dem Urteil des BAG vom 28.5.1997 – 5 AZR 125/96 (NZA 1997, 1160 = AP § 611 BGB Arzt-Krankenhausvertrag Nr. 36) nachgebildet.

30 BAG 12.12.1984 – 7 AZR 509/83, NZA 1985, 321.

31 BAG 28.5.1997 – 5 AZR 125/96, NZA 1997, 1160.

32 BAG 12.1.2005 – 5 AZR 364/04, NZA 2005, 4650.

33 *Hümmerich/Bergwitz*, BB 2005, 997; *Hümmerich*, NJW 2005, 1759; *ders.*, MedR 2005, 575; *Reinecke*, NJW 2005, 3383.

34 Vgl auch zu den Grenzen der Flexibilisierung von Vergütung *Bieder*, NZA 2007, 1135 ff; *Schrader/Müller*, RdA 2007, 145 ff.

2320 Wirksam ist die Gehaltskürzungsklausel C 2. Sie entstammt einem Dienstvertrag mit einem Vorstand. Für Vorstände gilt die Besonderheit nach § 87 Abs. 1 AktG, dass der Aufsichtsrat dafür zu sorgen hat, dass die Gesamtbezüge zu den Aufgaben des Vorstands und zur Lage der Gesellschaft in einem angemessenen Verhältnis stehen;[35] zur Angemessenheit der Vorstandsvergütung s. ausf. § 3 Rn 130 ff. Da der Vorstand üblicherweise in gewissem Umfang über eine Tantieme oder Bonuszahlung am Jahresgewinn beteiligt wird, können seine Bezüge bei erheblich sinkender Ertragslage außer Relation zur Ertragskraft des Unternehmens geraten. Deshalb ist eine Herabsetzungsmöglichkeit bei Vorständen sogar von Gesetzes wegen gefordert, so dass die Klausel C 2 in einem Dienstvertrag mit einem Vorstand keinen Bedenken begegnet. Zwar lässt sich der Klausel C 2 entgegenhalten, dass die Bestimmtheit einzelner Formulierungen gem. § 307 Abs. 1 S. 2 BGB zweifelhaft sein könnte. Zu denken ist an den unbestimmten Rechtsbegriff „schwere Unbilligkeit". Da die Klausel insoweit aber nur die gesetzliche Formulierung aus § 87 Abs. 1 AktG übernimmt, gilt § 307 Abs. 3 S. 1 BGB, nach dem nicht von gesetzlichen Vorschriften abweichende Bestimmungen wirksam sind.

35 Vgl auch German Corporate Governance Kodex, Fassung vom 18.6.2009, Ziffer 4.2.3.; dazu *Gaul/Janz*, NZA 2009, 809, 811.

32. Gehaltsklauseln

Literatur

Bauer/v. Medem, Von Schultz-Hoff zu Schulte – der EuGH erweist sich als lernfähig, NZA 2012, 113; *Bauer/Krets*, „Miles & More" auf dem arbeitsrechtlichen Prüfstand, BB 2002, 2066; *Bayreuther*, Der gesetzliche Mindestlohn, NZA 2014, 865; *ders.*, Die Novellen des Arbeitnehmerentsende- und des Mindestarbeitsbedingungsgesetzes, DB 2009, 678; *Gotthardt*, Arbeitsrecht nach der Schuldrechtsreform, 2003; *Heinze*, Rechtliche Einordnung der Vergünstigungen aus Miles & More-Bonusprogrammen, DB 1996, 2490; *Henssler*, Arbeitsrecht und Schuldrechtsreform, RdA 2002, 129; *Hromadka*, Schuldrechtsmodernisierung und Vertragskontrolle im Arbeitsrecht, NJW 2002, 2523; *Hümmerich/Holthausen*, Der Arbeitnehmer als Verbraucher, NZA 2002, 173; *Hunold*, Kontrolle arbeitsrechtlicher Absprachen nach der Schuldrechtsreform, NZA-RR 2006, 113; *Lakies*, Inhaltskontrolle von Vergütungsvereinbarungen im Arbeitsrecht, NZA-RR 2002, 337; *Lembke*, Die Gestaltung von Vergütungsvereinbarungen (Teil 1), NJW 2010, 257 und (Teil 2), NJW 2010, 321; *Löwisch*, Die neue Mindestlohngesetzgebung, RdA 2009, 215; *Mengel*, Erfolgs- und leistungsorientierte Vergütung, 5. Aufl. 2008; *Moll*, AGB-Kontrolle von Änderungs- und Bestimmungsklauseln in Entgeltregelungen, in: Arbeitsgemeinschaft ArbR, FS zum 25-jährigen Bestehen, 2006, S. 91 ff; *Picker*, Niedriglohn und Mindestlohn, RdA 2014, 25; *Reinicke*, Kontrolle Allgemeiner Arbeitsbedingungen nach dem Schuldrechtsmodernisierungsgesetz, DB 2002, 583; *ders.*, Gerichtliche Kontrolle von Chefarztverträgen, NJW 2005, 3383; *Rieble*, Wegfall der steuerlichen Sperrfrist für die Vermögensbildung von Arbeitnehmern – Handlungsbedarf für die Arbeitsvertragsparteien, BB 2002, 731; *ders.*, Flexible Gestaltung von Entgelt und Arbeitszeit im Arbeitsvertrag, NZA 2000 Beil. 3, 34; *Schöne*, Die Novellierung der Gewerbeordnung und ihre Auswirkung auf das Arbeitsrecht, NZA 2002, 829; *Spieker*, Mindestlohnregelungen in Europa, NZA 1992, 587; *Thomas*, Die Besteuerung von Sachprämien aus Kundenbindungsprogrammen – Eine gesetzgeberische Glanzleistung, DStR 1997, 305.

a) Rechtslage im Umfeld

Unter dem Stichwort „**Gehaltsklauseln**" werden nur die **Grundvergütung** des Arbeitnehmers und die **vermögenswirksamen Leistungen** behandelt, nicht hingegen weitere an ihn fließende Arbeitgeberzahlungen wie Boni, Zielvereinbarungen, Zulagen und Zuschläge, Tantiemen, Incentives, Stock-Options, Überstundenvergütung, Provisionen oder Sondervergütungen wie Urlaubs- und Weihnachtsgeld. Diese Gehaltsbestandteile, die über die monatliche Grundvergütung hinausgehen, werden in anderen Abschnitten behandelt, so unter den Stichwörtern „53. Sondervergütungsklauseln (Jahressonderleistungen, Zulagen)", „21. Bonusregelungen, Zielvereinbarungen, Tantieme und Provision", „65. Vorbehalts-, Widerrufs- und Anrechnungsklauseln" und „3. Aktienoptionen". 2321

aa) Gesetzliche Vergütungsregelungen

(1) Mindestlohn

In den letzten Jahren hat die Debatte um einen allgemeinen gesetzlichen Mindestlohn in Deutschland im Zentrum der Aufmerksamkeit gestanden. Anders als das US-amerikanische Recht mit dem *Fair Labor Standards Act* (FLSA) kannte das deutsche Arbeitsrecht bislang grds. keine branchenübergreifende gesetzliche Mindestvergütung, sondern nur die branchenspezifische Regelung nach dem AEntG.[1] Bis auf die skandinavischen Länder und Irland, Italien und Deutschland hatten vor der EU-Erweiterung alle Länder der EU allgemeine, zwingende Mindestlöhne.[2] Der Bundesgesetzgeber hat nun in 2014 einen **flächendeckenden gesetzlichen Mindestlohn** eingeführt.[3] Die Regeln gelten seit dem 1.1.2015. Der allgemeine gesetzliche Mindestlohn von 8,50 € brutto gilt grds. deutschlandweit für alle Arbeitnehmerinnen und Arbeitnehmer und für alle Branchen. Allerdings gibt es auch einige Ausnahmen und Übergangsregelungen. Nach § 22 MiLoG gilt das Gesetz für Praktikanten, Jugendliche unter 18 Jahren/ 2322

1 Das Arbeitnehmer-Entsendegesetz (AEntG) vom 20.4.2009 (BGBl. I S. 799), in Kraft getreten am 24.4.2009, sichert für die von ihm erfassten Branchen (§ 4), dass das Arbeitsentgelt nicht die zur Umsetzung dieses Gesetzes vereinbarten Mindestlohntarifverträge unterschreitet.

2 Weiterführende Ausführungen bei *Spieker*, NZA 1992, 587; *Burgess*, WSI-Mitteilungen 1999, 471; *Lakies*, NZA-RR 2002, 337.

3 Gesetz zur Regelung eines allgemeinen Mindestlohns (Mindestlohngesetz – MiLoG) vom 11.8.2014 (BGBl. I S. 1348); s. ausf. dazu *Bayreuther*, NZA 2014, 865.

Auszubildende, Ehrenamtliche, Langzeitarbeitslose und Zeitungszusteller in modifizierter Form. Zudem gehen abweichende Tarifverträge bis zum 31.12.2017 dem gesetzlichen Mindestlohn vor, § 24 MiLoG.

Von dem Grundsatz der Entrichtung des Mindestlohns zum Fälligkeitszeitpunkt enthält § 2 Abs. 2 MiLoG eine Öffnungsklausel zu Gunsten von Arbeitszeitkonten. Arbeitszeiten, die über die vertragliche Arbeitszeit hinausgehen, können auf einem schriftlich vereinbarten **Arbeitszeitkonto** gutgeschrieben und müssen spätestens innerhalb von zwölf Monaten nach ihrer monatlichen Erfassung ausgeglichen werden. Nach § 2 Abs. 2 S. 3 MiLoG dürfen die auf das Arbeitszeitkonto eingestellten Arbeitsstunden monatlich jeweils 50 % der vertraglich vereinbarten Arbeitszeit nicht übersteigen.[4] Diese Einschränkungen greifen nicht für Wertguthabenvereinbarungen gem. §§ 7 b f SGB IV (§ 2 Abs. 3 MiLoG).

2323 Außerdem gibt es in der Bundesrepublik Deutschland derzeit zwei[5] Möglichkeiten, einen **branchenspezifischen Mindestlohn** zu erreichen, wobei diese Festsetzungen von Mindestlohn gem. § 1 Abs. 3 MiLoG dem allgemeinen Mindestlohn vorgehen, soweit die Branchenmindestlöhne den allgemeinen Mindestlohn nicht unterschreiten:[6]

- durch Erklärung der Allgemeinverbindlichkeit eines Tarifvertrages nach § 5 TVG (s. § 1 Rn 2324 f),
- durch Rechtsverordnung des Bundesministers für Arbeit und Soziales nach § 7 oder § 7 a AEntG[7] oder § 11 AEntG (s. § 1 Rn 2326 ff).

Diese zwei Möglichkeiten sind jeweils an unterschiedliche Voraussetzungen geknüpft.

(2) Erklärung der Allgemeinverbindlichkeit eines Tarifvertrages nach § 5 TVG

2324 Nach § 5 TVG können die Tarifvertragsparteien zusammen[8] beim Bundesministerium für Arbeit und Soziales einen Antrag stellen, dass ein Tarifvertrag für allgemeinverbindlich erklärt wird. Das Bundesministerium entscheidet dann über die Erklärung der Allgemeinverbindlichkeit im Einvernehmen mit einem aus je drei Vertretern der Spitzenorganisationen der Arbeitgeber und der Arbeitnehmer bestehenden Ausschuss (Tarifausschuss). Dabei muss jedoch gem. § 5 TVG eine weitere Voraussetzung erfüllt sein: Die Allgemeinverbindlicherklärung muss **im öffentlichen Interesse geboten** erscheinen. Dabei erscheint sie idR im öffentlichen Interesse geboten, wenn (1.) der Tarifvertrag in seinem Geltungsbereich für die Gestaltung der Arbeitsbedingungen überwiegende Bedeutung erlangt hat oder (2.) die Absicherung der Wirksamkeit der tarifvertraglichen Normsetzung gegen die Folgen wirtschaftlicher Fehlentwicklung eine Allgemeinverbindlichkeitserklärung verlangt. Nach § 5 Abs. 4 S. 1 TVG erfassen die Rechtsnormen des Tarifvertrages mit Allgemeinverbindlichkeitserklärung auch die bisher nicht tarifgebundenen Arbeitgeber und Arbeitnehmer in dessen Geltungsbereich.

2325 Dadurch, dass die Entscheidung des Bundesministeriums für Arbeit und Soziales u.a. im Einvernehmen mit den Vertretern der Spitzenorganisationen der Arbeitgeber getroffen werden

---

4 Vgl dazu *Bayreuther*, NZA 2014, 865, 870 mit dem Verweis, dass diese Passage aufgrund der Wortwahl missverständlich ist. Gemeint ist, dass die gesamte Zeitgutschrift auf dem Konto 50 % der vertraglich vereinbarten Arbeitszeit nicht übersteigen darf.

5 Nach der früheren Rechtslage gab es mit der Rechtsverordnung der Bundesregierung gem. § 4 Abs. 3 MiArbG noch eine dritte Möglichkeit, jedoch wurde das Mindestarbeitsbedingungengesetz (MiArbG) durch Art. 14 des Tarifautonomiestärkungsgesetzes vom 11.8.2014 (BGBl. I S. 1348, 1360) mit Wirkung ab 15.8.2014 aufgehoben.

6 Nach § 24 a AentG gilt aber in der Zeit vom 1.1.2015–31.12.2017, dass eine Unterschreitung des nach dem MiLoG vorgeschriebenen Mindestlohns mit dem AEntG vereinbar ist, wenn die Unterschreitung erforderlich ist, um in der betreffenden Branche eine schrittweise Heranführung des Lohnniveaus an das MiLoG zu bewirken.

7 Das AEntG wurde durch Art. 6 des Tarifautonomiestärkungsgesetzes vom 11.8.2014 (BGBl. I S. 1348, 1356) geändert.

8 Das TVG vom 25.8.1969 (BGBl. I S. 1323) wurde durch Art. 5 des Tarifautonomiestärkungsgesetzes vom 11.8.2014 (BGBl. I S. 1348, 1356) geändert: Vorher genügte der Antrag einer Tarifvertragspartei.

muss, kommt dieser Seite ein faktisches Vetorecht zu, das die praktische Relevanz dieses Rechtsinstituts schwächt. Mit aus diesem Grund hat die Möglichkeit der Rechtsverordnung nach § 7 oder § 7a AEntG vermehrt an Bedeutung gewonnen.

(3) Rechtsverordnung des Bundesministers für Arbeit und Soziales nach § 7 oder § 7a AEntG oder § 11 AEntG

Die Parteien eines Tarifvertrages in einer der in § 4 Abs. 1 AEntG aufgezählten Branchen können gem. § 7 Abs. 1 AEntG gemeinsam einen Antrag beim Bundesministerium für Arbeit und Soziales auf Erlass einer Rechtsverordnung stellen. Das Bundesministerium für Arbeit und Soziales kann dann gem. § 7 Abs. 1 AEntG durch Rechtsverordnung ohne Zustimmung des Bundesrates bestimmen, dass die Rechtsnormen des Tarifvertrages auf alle unter seinen Geltungsbereich fallenden und nicht an ihn gebundenen Arbeitgeber sowie Arbeitnehmer und Arbeitnehmerinnen Anwendung finden, wenn dies im öffentlichen Interesse geboten erscheint, um die in § 1 genannten Gesetzesziele (Schaffung von einheitlichen Mindestarbeitsbedingungen sowie die Gewährleistung fairer und funktionierender Wettbewerbsbedingungen) zu erreichen. Diese Rechtsverordnung wirkt dann wie ein branchenspezifischer Mindestlohn. 2326

Neu ist seit der Änderung des AEntG, dass neben den in § 4 Abs. 1 AEntG explizit aufgeführten Branchen nunmehr nach § 4 Abs. 2 AEntG auch die Tarifverträge aller anderen Branchen erfasst sind, wenn die Erstreckung der Rechtsnormen des jeweiligen Tarifvertrages im öffentlichen Interesse geboten erscheint, um die in § 1 genannten Gesetzesziele zu erreichen und dabei insb. einem Verdrängungswettbewerb über die Lohnkosten entgegenzuwirken. Nach § 7a Abs. 1 AEntG kann unter den gleichen Voraussetzungen wie in § 7 Abs. 1 AEntG und auf gemeinsamen Antrag beider Parteien eine Rechtsverordnung erlassen werden. 2327

Die spezifisch aufgezählten **Branchen** in § 4 Abs. 1 AEntG sind derzeit im Einzelnen: (1) das Bauhauptgewerbe oder das Baunebengewerbe,[9] (2) die Gebäudereinigung, (3) die Briefdienstleistungen, (4) die Sicherheitsdienstleistungen, (5) die Bergbauspezialarbeiten auf Steinkohlebergwerken, (6) die Wäschereidienstleistungen im Objektkundengeschäft, (7) die Abfallwirtschaft einschließlich Straßenreinigung und Winterdienst, (8) die Aus- und Weiterbildungsdienstleistungen nach dem Zweiten oder Dritten Buch Sozialgesetzbuch sowie (9) Schlachten und Fleischverarbeitungen. 2328

Einheitlich für alle Branchen nach § 4 Abs. 1 und 2 AEntG gilt: Kommen in einer Branche mehrere Tarifverträge mit zumindest teilweise demselben fachlichen Geltungsbereich zur Anwendung, muss gem. § 7 Abs. 2 AEntG (gem. § 7a Abs. 2 AEntG wird auf die Absätze 2 und 3 des § 7 AEntG verwiesen) bei der Entscheidung über die Rechtsverordnung die Repräsentativität der jeweiligen Tarifverträge berücksichtigt werden. Sofern mehrere Anträge auf Allgemeinverbindlicherklärung vorliegen, muss der Verordnungsgeber die widerstreitenden Interessen gem. § 7 Abs. 3 AEntG in einen möglichst schonenden Ausgleich bringen. 2329

Für die **Pflegebranche** gelten nach §§ 10ff AEntG Sonderregelungen. In der Pflegebranche sind oft kirchliche Institutionen tätig, deren Autonomie noch stärker berücksichtigt wurde. Gemäß § 12 AEntG kann das Bundesministerium für Arbeit und Soziales eine Kommission bilden, auf deren Antrag nach § 11 AEntG ebenfalls eine Verordnung ergehen kann, welche u.a. einen Mindestlohn enthalten kann. Ein wichtiger Unterschied zu den in § 4 AEntG genannten Branchen ist also, dass kein Tarifvertrag erforderlich ist. 2330

Nach § 8 Abs. 2 AEntG gilt, dass ein Tarifvertrag nach § 4 Abs. 1 Nr. 1, § 5und § 6 Abs. 2 AEntG, der durch Allgemeinverbindlicherklärung oder durch Rechtsverordnung nach § 7 oder § 7a AEntG auf nicht an ihn gebundene Arbeitgeber sowie Arbeitnehmer und Arbeitnehmerinnen erstreckt wird, von einem Arbeitgeber verpflichtend auch dann einzuhalten ist, wenn er 2331

9 Im Sinne der Baubetriebe-Verordnung vom 28.10.1980 (BGBl. I S. 2033), zul. geänd. durch Art. 37 des Gesetzes vom 20.12.2011 (BGBl. I S. 2854), in der jeweils geltenden Fassung einschließlich der Erbringung von Montageleistungen auf Baustellen außerhalb des Betriebssitzes.

nach § 3 TVG oder kraft Allgemeinverbindlicherklärung nach § 5 TVG an einen anderen Tarifvertrag gebunden ist. Diese neue Regelung bricht mit dem bisherigen Spezialitätsgrundsatz.[10]

(4) Heimarbeit, Handels- und Versicherungsvertreter; Arbeitnehmerüberlassung

2332 Neben diesen Regelungen zum Mindestlohn bildet die **Heimarbeit** gem. § 19 HAG eine Ausnahme von dem Grundsatz der Privatautonomie im Hinblick auf die Vergütung der Arbeit. Eine weitere Abweichung stellt die Festsetzung einer unteren Grenze der vertraglichen Leistungen des Unternehmers bei **Handels- und Versicherungsvertretern** nach § 92 a HGB dar.[11] Nach § 3 a AÜG besteht die Möglichkeit, auf gemeinsamen Vorschlag der Tarifvertragsparteien durch das Bundesministerium für Arbeit und Soziales Lohnuntergrenzen für **Zeitarbeitnehmer** festzulegen. Davon ist Gebrauch gemacht worden, so dass seit dem 1.1.2014 in den neuen Bundesländern ein Mindestlohn von 7,86 € und in den übrigen Bundesländern ein Mindestlohn von 8,50 € existiert.

(5) Auszubildende

2333 Für den Bereich der **Auszubildendenvergütung** hat der Gesetzgeber in § 17 Abs. 1 S. 1 BBiG festgelegt, dass eine „angemessene Vergütung“ zu zahlen ist. Die Ausgestaltung hat der Gesetzgeber der Rspr überlassen. Dementsprechend wurde der Grundsatz entwickelt, dass eine Ausbildungsvergütung dann nicht mehr angemessen sei, wenn sie die in einem für den Ausbildungsbetrieb einschlägigen Tarifvertrag enthaltene Vergütung um mehr als 20 % unterschreite.[12] Fehlt eine tarifliche Regelung, so ist auf branchenübliche Sätze oder auf die Verkehrsauffassung des jeweiligen Wirtschaftszweiges abzustellen.[13] Liegt die Ausbildungsvergütung 20 % unter der von der zuständigen Kammer empfohlenen Vergütung, so ist zu vermuten, dass sie nicht mehr angemessen ist.[14]

2334 In der **Sozialversicherung** der zu ihrer Berufsausbildung Beschäftigten gibt es eine weitere Besonderheit, die bei Arbeitsrechtlern häufig übersehen wird. Mit Ausnahme der Unfallversicherung gilt in allen Zweigen der Sozialversicherung, dass von Arbeitgeber und Arbeitnehmer die Beiträge für den Arbeitnehmer jeweils zu gleichen Teilen, mithin zur Hälfte von Arbeitgeber und Arbeitnehmer, aufgebracht werden. Abweichende Parteivereinbarungen sind nichtig, § 32 SGB I. Beitragsschuldner gegenüber den Sozialversicherungsträgern ist der Arbeitgeber, §§ 28 d, 28 e SGB IV. Bei Auszubildenden, die unter die Geringverdienergrenze fallen, trägt der Arbeitgeber die Sozialversicherungsbeiträge vollständig. Die Geringverdienergrenze (§ 8 Abs. 1 Nr. 1 SGB IV) liegt seit dem 1.1.2013 unverändert bei einer Bruttovergütung von 450 € monatlich. Dieser Betrag gilt im gesamten Bundesgebiet einheitlich.

bb) Richterliche Vergütungskontrolle

(1) Allgemeines

2335 Zwei Wege der richterlichen Vergütungskontrolle sind bekannt. Erstens schützen die Gerichte den Arbeitnehmer vor „Lohnwucher“, zum anderen verhindern sie eine willkürliche Schlechterstellung einzelner Arbeitnehmer durch Anwendung des Gleichbehandlungsgrundsatzes. Das Verbot der geschlechtsspezifischen Entgeltdifferenzierung in § 612 Abs. 3 BGB und Art. 157 AEUV[15] (nunmehr: § 7 AGG) begründet zunächst einmal keine gesetzliche Vergütungshöhe für eine Arbeitnehmerin oder einen Arbeitnehmer. Erst über die **Vergleichsgruppenbildung** kann

10 *Bayreuther*, DB 2009, 678, 680.

11 Hiervon hat der Gesetzgeber allerdings noch nie Gebrauch gemacht, s. *Lakies*, NZA-RR 2002, 337.

12 BAG 25.7.2002 – 6 AZR 311/00, DB 2003, 1744; BAG 11.10.1995 – 5 AZR 258/94, NZA 1996, 698; BAG 10.4.1991 – 5 AZR 226/90, NZA 1991, 773.

13 BAG 30.9.1998 – 5 AZR 690/97, NZA 1999, 265.

14 BAG 30.9.1998 – 5 AZR 690/97, NZA 1999, 265.

15 *Winter*, ZTR 2001, 7 (zu ex-Art. 141 EGV).

ein höheres Gehalt eingeklagt werden, ohne dass die Gehaltshöhe vom Gesetzgeber selbst festgelegt wurde.

(2) Lohnwucher

Ist zwischen den Parteien des Arbeitsvertrages keine Vergütung vereinbart oder haben die Parteien ein gegen die guten Sitten verstoßendes, erheblich zu niedriges Gehalt vereinbart, liegt Lohnwucher vor, der dem Arbeitnehmer den Anspruch auf eine Anpassung an das übliche Gehalt gem. § 612 Abs. 2 BGB gewährt.[16] Diese Rspr geht auf eine lange Tradition zurück. Früher sprach das BAG statt von Lohnwucher von „**Hungerlohn**". Deutlich das übliche Lohnniveau unterschreitende Arbeitsverhältnisse können nach § 138 BGB nichtig sein.[17] Ob eine Entgeltvereinbarung sittenwidrig ist, beurteilt sich nicht allein nach der vereinbarten Vergütungshöhe. § 138 Abs. 1 BGB schützt anerkannte Rechts- und Grundwerte des Gemeinschaftslebens, die sich aus den Wertungen des Grundgesetzes und einfachgesetzlichen Regelungen ergeben. Für private Ersatzschulen sind insoweit Art. 7 Abs. 4 GG und die Regelungen in den Schulgesetzen der Länder maßgebend. Danach erhalten die Träger anerkannter privater Ersatzschulen einen Finanzierungszuschuss zu den Personalkosten für die angestellten Lehrkräfte. In einem vom BAG entschiedenen Fall betrug dieser Zuschuss in Brandenburg im maßgeblichen Zeitraum 97 % der Personalkosten einer vergleichbaren Schule in öffentlicher Trägerschaft zzgl Zulagen und Arbeitgeberanteilen zur Sozialversicherung.[18] Genehmigungsvoraussetzung für Ersatzschulen ist, dass die Vergütung der angestellten Lehrkräfte mindestens 75 % der Gehälter der vergleichbaren im öffentlichen Dienst stehenden Lehrkräfte beträgt. Das BAG hat daraus gefolgert, dass eine 75 % unterschreitende Vergütung nicht den guten Sitten iSv § 138 BGB entspricht. Deshalb hat der 5. Senat des Bundesarbeitsgerichts die Vergütungsvereinbarung eines Schulleiters einer privaten Ersatzschule in Brandenburg, der etwa 70 % des Gehalts einer vergleichbaren im öffentlichen Dienst stehenden Lehrkraft erhielt, als sittenwidrig angesehen.[19] In einer neueren Entscheidung hat das BAG ein auffälliges Missverhältnis zwischen Leistung und Gegenleistung und damit die Nichtigkeit der Vergütungsvereinbarung nach § 138 Abs. 2 BGB angenommen, wenn die Arbeitsvergütung nicht einmal zwei Drittel eines in der betreffenden Branche und Wirtschaftsregion üblicherweise gezahlten Tariflohns erreicht.[20] 2336

Neben der Rspr zu § 138 BGB hat sich eine an § 134 BGB anknüpfende **Entgeltprüfungsrechtsprechung** etabliert. Der BGH hat mit Urteil vom 22.4.1997[21] ein Strafurteil passieren lassen, in dem Lohnwucher gem. § 291 StGB (§ 302 a StGB aF) angenommen wurde, weil der Arbeitnehmer bei einem allgemein üblichen Tarifgehalt von 19,05 DM mit 12,70 DM die Stunde bezahlt worden war. Nach der BGH-Entscheidung ist davon auszugehen, dass Lohnzahlungen im Rahmen eines Arbeitsverhältnisses „sonstige Leistungen" iSd § 291 Abs. 1 S. 1 Nr. 3 StGB sind.[22] Aus der BGH-Entscheidung wird im Schrifttum[23] und in ersten Urteilen der Arbeitsrechtsprechung[24] geschlossen, dass bereits Lohnwucher vorliege, wenn dem Arbeitnehmer ein 2337

16 BAG 23.5.2001 – 5 AZR 527/99, AuR 2001, 509.

17 BAG 10.3.1960 – 5 AZR 426/58, AP § 138 BGB Nr. 2 = MDR 1960, 612; BAG 11.1.1973 – 5 AZR 322/72, DB 1973, 727; BAG 21.6.2000 – 5 AZR 806/98, NJW 2000, 3589; BAG 23.5.2001 – 5 AZR 527/99, AuR 2001, 509; BAG 24.3.2004 – 5 AZR 303/03, NZA 2004, 971; BAG 22.4.2009 – 5 AZR 436/08, DB 2009, 1599.

18 BAG 26.4.2006 – 5 AZR 549/05, NZA 2006, 1354, 1356.

19 BAG 26.4.2006 – 5 AZR 549/05, NZA 2006, 1354, 1356.

20 BAG 17.10.2012 – 5 AZR 792/11, NZA 2013, 266, 267; BAG 22.4.2009 – 5 AZR 436/08, DB 2009, 1599, 1599 f.

21 BGH 22.4.1997 – 1 StR 701/96, NJW 1997, 2689.

22 *Lakies*, NZA-RR 2002, 337, 340.

23 *Linnekohl/Tente*, AuA 2001, 25; *Müller/Hauck*, FA 2001, 198; krit. *Lakies*, NZA-RR 2002, 337.

24 ArbG Bremen 30.8.2000 – 5 Ca 5152, 5198/00, AuA 2001, 379.

Gehalt gezahlt wird, das um ein Drittel[25] niedriger als der übliche Tariflohn ausfällt. Ob die Begründung über § 138 BGB oder über § 291 StGB, § 134 BGB gewählt wird, steht bei dieser Sichtweise dahin.

2338 Die Tariflöhne des jeweiligen Wirtschaftszweigs sind in der Rspr des BAG der Ausgangspunkt zur Feststellung des Wertes der Arbeitsleistung, wenn in dem Wirtschaftsgebiet üblicherweise ein Tariflohn gezahlt wird. Entspricht der Tariflohn nicht der verkehrsüblichen Vergütung, ist zur Ermittlung des Wertes der Arbeitsleistung von dem allgemeinen Lohnniveau im Wirtschaftsgebiet auszugehen. Zur Feststellung eines auffälligen Missverhältnisses zwischen Leistung und Gegenleistung und damit zur Erfüllung des Wuchertatbestands des § 291 Abs. 1 Nr. 3 StGB kann der Arbeitnehmer nicht auf einen bestimmten Abstand zwischen dem Arbeitsentgelt und seinem etwaigen Sozialhilfeanspruch abstellen. Ebenso wenig kann aus Pfändungsgrenzen des § 850 c ZPO auf ein Missverhältnis zwischen Leistung und Gegenleistung geschlossen werden.[26]

(3) Gleichbehandlung

2339 In einer unüberschaubaren Vielzahl von Entscheidungen haben die Arbeitsgerichte Arbeitnehmern höhere Vergütungsansprüche zugebilligt, insb. Gehaltserhöhungen, wenn eine Benachteiligung in demselben Betrieb bestand. Der **Gleichbehandlungsgrundsatz**, so das BAG, gebiete dem Arbeitgeber, seine Arbeitnehmer oder Gruppen seiner Arbeitnehmer, die sich in vergleichbarer Lage befinden, bei Anwendung einer selbst gegebenen Regel gleich zu behandeln. Er verbiete nicht nur die willkürliche Schlechterstellung einzelner Arbeitnehmer innerhalb einer Gruppe, sondern auch eine sachfremde Gruppenbildung.[27]

2340 Allerdings kommt der Gleichbehandlungsgrundsatz nach der Rspr nicht zum Tragen, wenn es sich bei dem Gehalt um individuell vereinbarte Vergütung handelt[28] oder der Arbeitgeber nur einzelne Arbeitnehmer besser stellt.[29] Erfolgt die Besserstellung unabhängig von unzulässigen Differenzierungsmerkmalen nach AGG in Einzelfällen, können sich andere Arbeitnehmer zur Begründung gleichartiger Ansprüche hierauf nicht berufen.[30] Dabei soll nach einem BAG-Urteil eine Gruppe von 5 % noch keine relevante Vergleichsgruppe sein.[31]

cc) Inhaltskontrolle von Vergütungsvereinbarungen

2341 *Hromadka*[32] hat darauf hingewiesen, dass Leistung und Gegenleistung im Arbeitsverhältnis grds. kontrollfrei seien. Für die Äquivalenz gebe es keine rechtlichen Maßstäbe. Über das Verhältnis von Preis und Leistung könne in einer Marktwirtschaft nicht der Gesetzgeber oder der Richter entscheiden. Die Schranke der Vertragsfreiheit werde über die §§ 134, 138 BGB gezogen. **Vergütungsregelungen** seien daher **kontrollfrei.**

2342 Die Ansicht von *Hromadka* steht im Einklang mit der Rspr des BGH, nach der Klauseln, die das Entgelt konkret festlegen, nicht an § 307 Abs. 2 Nr. 1 BGB zu messen sind.[33] Sie entspricht

---

25 Vgl nun BAG 18.4.2012 – 5 AZR 630/10, NZA 2012, 978 sowie BAG 17.10.2012 – 5 AZR 792/11, NZA 2013, 266.

26 BAG 24.3.2004 – 5 AZR 303/03, NZA 2004, 971.

27 BAG 21.6.2000 – 5 AZR 806/98, AP § 612 BGB Nr. 60; BAG 17.11.1998 – 1 AZR 147/98, AP § 242 BGB Gleichbehandlung Nr. 162.

28 BAG 14.3.2007 – 5 AZR 420/06, NZA 2007, 862, 863; BAG 21.6.2000 – 5 AZR 806/98, NZA 2000, 1050, 1051.

29 BAG 13.2.2002 – 5 AZR 713/00, AuR 2002, 278; BAG 19.8.1992 – 5 AZR 513/91, AP § 242 BGB Gleichbehandlung Nr. 102; BAG 14.6.2006 – 5 AZR 584/05, NZA 2007, 221.

30 BAG 17.2.1998 – 3 AZR 783/96, BAGE 88, 23, 27; BAG 29.9.2004 – 5 AZR 43/04, SPA 2/2005, 6.

31 BAG 13.2.2002 – 5 AZR 713/00, AuR 2002, 278.

32 *Hromadka*, NJW 2002, 2523, 2526; ebenso *Preis/Bender*, NZA-RR 2005, 337; *Moll*, in: Arbeitsgemeinschaft ArbR, FS zum 25-jährigen Bestehen, S. 91, 93.

33 BGH 24.11.1988 – 3 ZR 188/87, BGHZ 106, 42, 46; BGH 19.11.1991 – 10 ZR 63/90, BGHZ 116, 117, 119; BGH 24.9.1998 – 3 ZR 219/97, NJW 1999, 864.

auch der bisherigen Rspr des BAG, die auch aus dem Gleichbehandlungsgrundsatz keine allgemeine Preiskontrolle von Gehältern vorgenommen hat. So hat das BAG[34] entschieden, der Grundsatz „gleicher Lohn für gleiche Arbeit“ sei in der deutschen Rechtsordnung keine allgemein gültige Anspruchsgrundlage, sondern bedürfe der Umsetzung in Anspruchsgrundlangen, wie zB in § 612 Abs. 3 BGB erfolgt. Auch die Lit. hält, von der Lohnwucher-Kontrolle abgesehen, eine Entgeltprüfung gem. § 307 Abs. 2 Nr. 1 BGB für durch den Gesetzeswortlaut nicht gedeckt.[35] Die zwischen den Parteien des Arbeitsverhältnisses vereinbarte Gehaltshöhe wird damit durch § 307 Abs. 2 Nr. 1 BGB nicht tangiert.

dd) Entgeltarten

(1) Allgemeines

Als Entgeltarten kennt das Arbeitsvertragsrecht zunächst einmal das **monatliche Bruttogehalt**, die Vereinbarung von **Jahresgehältern**, aber auch die Vereinbarung von **Stundenlöhnen, Akkordlöhnen** sowie die **Eingruppierung** des Arbeitnehmers in Vergütungsgruppen. Im Grunde existieren zwei Vergütungsformen: eine zeit- und eine leistungsbezogene. 2343

Bei einer **Zeitvergütung** – der häufigsten Vergütungsform – wird die Arbeitsleistung nach einer bestimmten Zeit, entweder nach Stunden, Tagen, Wochen oder Monaten vergütet. Kennzeichnend für die Zeitvergütung ist, dass ein Anspruch auf sie besteht, sobald die Arbeitsleistung für einen festgelegten Zeitraum erbracht ist, unabhängig von ihrer Qualität und Quantität. Auch auf einen mit der Leistung bezweckten Erfolg kommt es nicht an. 2344

Bei der **Leistungsvergütung** wird die Vergütung in Abhängigkeit vom Erfolg der Arbeitsleistung gezahlt. Die Vergütungsform des Akkordlohns ist bei bestimmten Personengruppen ausgeschlossen (s. § 1 Rn 2354). Oftmals ist eine Leistungsvergütung mit einer Mindestlohngarantie verknüpft, oder sie wird zusätzlich zu einer Zeitvergütung gezahlt. 2345

Aus den jeweiligen Gehaltsarten und aus den zusätzlichen vom Arbeitgeber erbrachten Leistungen ergeben sich **sozialversicherungsrechtliche** und **steuerrechtliche** Folgen. 2346

(2) Monatsentgelt

Häufigste Entgeltform ist das **Brutto-Monatsentgelt**. Die Bruttovergütung ist heutzutage im Arbeitsrecht der Regelfall. Jegliche Vergütungsabrede gilt grds. als Bruttolohnvereinbarung. Die Bruttovergütung bezeichnet die Gesamtvergütung des Arbeitnehmers vor Abzug der öffentlich-rechtlichen Steuern und Abgaben. Vom Bruttoentgelt errechnen sich die vom Arbeitgeber nach § 28 d SGB IV abzuführenden monatlichen Versicherungsbeiträge sowie die nach § 41 a Abs. 1 Nr. 1 EStG abzuführende Lohnsteuer. 2347

Die Bruttovergütung ist abzugrenzen von der **Nettovergütung**, also demjenigen Vergütungsteil, der dem Arbeitnehmer nach Abzug von Steuern und Abgaben zur Sozialversicherung verbleibt. Arbeitgeber und Arbeitnehmer können auch wirksam Nettolohnvereinbarungen schließen, es sei denn, sie wirken einvernehmlich zur Hinterziehung der Lohnsteuer und der Gesamtsozialversicherungsbeiträge zusammen.[36] 2348

(3) Jahresgehalt

Bisher weniger verbreitet und mehr auf der Ebene der oberen Führungskräfte in großen Unternehmen oder in internationalen Konzernen angesiedelt ist das Jahresgehalt. Es ist zu unterscheiden zwischen einem als Einmalbetrag gezahlten Jahresgehalt, das meist zu Beginn eines Jahres zur Auszahlung kommt, und dem Jahresgehalt, das im Arbeitsvertrag vereinbart wird, 2349

34 BAG 21.6.2000 – 5 AZR 806/98, NZA 2000, 1050.

35 *Gotthardt*, Arbeitsrecht nach der Schuldrechtsreform, Rn 242; *Henssler*, RdA 2002, 129; *Hromadka*, NJW 2002, 2523; *Hümmerich/Holthausen*, NZA 2002, 173; *Lakies*, NZA-RR 2002, 337; *Lingemann*, NZA 2002, 185; *Ziemann*, FA 2002, 312.

36 LAG Hamm 24.2.2000 – 4 Sa 1609/99.

aber in (meist monatlich) gleichen Teilen, verschiedentlich in 13, 13,5 oder 14 Einzelzahlungen zur Überweisung kommt. Monatsentgelt wie Jahresgehalt sind verschiedentlich in Entgelttarifverträgen geregelt. Soweit kein Tarifvertrag zur Anwendung kommt – weder unmittelbar, noch durch Allgemeinverbindlicherklärung, noch durch Bezugnahmeklausel –, ist das Gehalt verschiedentlich zwischen den Parteien frei verhandelt.

(4) Stundenlohn

2350 Bei gewerblichen Arbeitnehmern ist sowohl in Entgelttarifverträgen als auch im Arbeitsvertrag bei freier Vereinbarung die gewählte Berechnungseinheit meist der Stundenlohn. Häufig enthalten Vertragsklauseln auf Stundenlohn-Basis zugleich Klauseln zur Mehrarbeitsvergütung, also Zuschläge für Überstunden an Sonn- und Feiertagen, zur Nachtzeit oder bei einer mehr als X-Stunden am Tag überschreitenden Arbeitszeit. Die frühere Mehrarbeitsvergütung in der Arbeitszeitordnung (AZO), der Mehrarbeitszuschlag von 25 % bei einer mehr als zehnstündigen Arbeitsleistung pro Tag, ist im Arbeitszeitgesetz nicht mehr enthalten. Eine Verpflichtung, für Mehrarbeit einen Zuschlag auf den Stundenlohn zu zahlen, besteht daher außerhalb entgelttariflicher Regelungen nicht. Pauschalvereinbarungen zur Mehrarbeit, ohne Festlegung der vergüteten Stundenzahl, halten nicht mehr in jeder Form einer Inhaltskontrolle stand (s. ausf. § 1 Rn 3594 ff mit Klauseln aus der Rspr).

2351 Wird ein Entgelt für nicht genommenen Urlaub nach einem sog. *rolled up holiday pay* in den Stunden- oder Tageslohn einbezogen und nicht gesondert als Zuzahlung zum Gehalt ausgewiesen, verstößt die Stundenlohn-Regelung im Arbeitsvertrag gegen Art. 7 Abs. 1 der Richtlinie 93/104/EG des Rates vom 23.11.1993.[37] Die Richtlinie lässt es nicht zu, dass ein Teil des dem Arbeitnehmer für geleistete Arbeit gezahlten Entgelts als Entgelt für Jahresurlaub ausgewiesen wird, ohne dass der Arbeitnehmer eine zusätzliche Zahlung zum Entgelt für geleistete Arbeit erhält. Die Richtlinie lässt es auch nicht zu, dass das Entgelt für den Mindestjahresurlaub in Teilbeträgen gezahlt wird, die, über das entsprechende Arbeitsjahr verteilt, zusammen mit dem Entgelt für geleistete Arbeit und nicht als Entgelt für einen bestimmten Zeitabschnitt, in dem der Arbeitnehmer tatsächlich Urlaub nimmt, ausgezahlt werden.[38] Des Weiteren lässt es Art. 7 Abs. 1 der Richtlinie 2003/88/EG grds. nicht zu, dass ein Anspruch auf bezahlten Jahresurlaub bei Ablauf des Bezugszeitraums und/oder eines im nationalen Recht festgelegten Übertragungszeitraums auch dann erlischt, wenn der Arbeitnehmer während des gesamten Bezugszeitraums oder eines Teils davon krankgeschrieben war und seine Arbeitsunfähigkeit bis zum Ende seines Arbeitsverhältnisses fortgedauert hat, so dass er seinen Anspruch auf bezahlten Jahresurlaub nicht ausüben konnte.[39] Mit der Entscheidung in der Rs. Schulte[40] erfolgte jedoch eine zeitliche Beschränkung dieses Grundsatzes, dass infolge von Arbeitsunfähigkeit nicht genommener Urlaub nicht verfallen dürfe. Der Urlaub entspricht demnach nicht mehr seinem Erholungszweck, wenn die Übertragung über den Bezugszeitraum hinaus eine Grenze von 15 Monaten überschreitet.[41] Daher ist ein Verfall nach 15 Monaten über den Bezugsraum hinaus zulässig und mit § 7 Abs. 3 BUrlG vereinbar.[42]

---

37 EuGH 16.3.2006 – C-131/04 und C-257/04 (Robinson-Steele/Retail Services Ltd; Clarke/Frauke Staddon Ltd.), NZA 2006, 481.

38 EuGH 16.3.2006 – C-131/04 und C-257/04 (Robinson-Steele/Retail Services Ltd; Clarke/Frauke Staddon Ltd.), NZA 2006, 481.

39 EuGH Große Kammer 20.1.2009 – C-350/06 und C-520/06 (Gerhard Schultz-Hoff/Deutsche Rentenversicherung Bund; Stringer u.a./Her Majesty's Revenue and Customs), NJW 2009, 495; vgl dazu auch BAG 24.3.2009 – 9 AZR 983/07, NZA 2009, 538 und LAG Düsseldorf 2.2.2009 – 12 Sa 486/06, NZA-RR 2009, 242 zum neuen Urlaubsrecht bei Langzeiterkrankung.

40 EuGH 22.11.2011 – C-214/10 (KHS AG/Winfried Schulte), NZA 2012, 851.

41 Ausf. dazu *Bauer/Medem*, NZA 2012, 113.

42 Vgl BAG 7.8.2012 – 9 AZR 353/10, NZA 2012, 1216.

(5) Akkordlohn

Anstelle eines Stundenlohns vereinbaren die Parteien manchmal einen Akkordlohn. Durch den Akkordlohn, den auch Entgelttarifverträge verschiedentlich vorsehen, erhält der Arbeitnehmer meist eine höhere Vergütung als nach Stundenlohn, der oftmals meist auch eine höhere Leistung des Arbeitnehmers gegenübersteht. Die Akkordlohnvereinbarung kann, soweit zwingendes Tarifvertragsrecht nicht entgegensteht, mit einer Mindestlohnregelung verbunden werden. Der Arbeitnehmer trägt bei der Akkordarbeit das Risiko der **quantitativen Minderleistung.** Vielfach enthalten Tarifverträge eine Verdienstsicherung bei Leistungsminderung.[43] So wird erreicht, dass ein Arbeitnehmer auch bei einem Zurückbleiben seiner Leistung hinter der Normalleistung den Mindestlohn erreicht, der dem Stundenlohn entspricht. 2352

Akkordarbeit eröffnet dem Arbeitnehmer die Chance eines höheren Verdienstes als im Zeitlohn, bewirkt aber bei unternormaler Leistung nicht zwangsläufig ein Verdienstrisiko, soweit eine hinreichende Mindestabsicherung besteht.[44] Das Risiko **qualitativer Minderleistung** trägt meist der Arbeitgeber, es sei denn, es wurde tarifvertraglich oder durch eine Individualvereinbarung im Arbeitsvertrag vereinbart, dass eine Bezahlung nur für fachlich einwandfreie Arbeiten erfolgt.[45] 2353

Der Akkordlohn zählt zum Leistungsentgelt. Akkordarbeit beinhaltet wegen eines gesteigerten Arbeitstempos für den Arbeitnehmer die Gefahr der Überbeanspruchung. Daher ist die Akkordarbeit per Gesetz für einige Gruppen von Arbeitnehmern ausgeschlossen. Nach § 4 Abs. 3 S. 1 MuSchG ist Akkordarbeit bei werdenden Müttern unzulässig. Gemäß § 23 Abs. 1 Nr. 1 JArbSchG gilt dasselbe für Jugendliche. Aber auch Kraftfahrer dürfen, insb. zur Gewährleistung der Sicherheit im Straßenverkehr, nicht nach zurückgelegten Fahrstrecken und beförderter Gütermenge vergütet werden (§ 3 FPersG). 2354

(6) Eingruppierungsklausel

Von der Eingruppierungsklausel macht man in einem Arbeitsvertrag regelmäßig dann Gebrauch, wenn man die Tätigkeit des Arbeitnehmers einer tarifvertraglich geregelten Gehaltsgruppe zuordnen kann. Solche Eingruppierungsklauseln in Arbeitsverträgen haben zwar grds. nur deklaratorische Bedeutung.[46] Ob sie auch konstitutive Wirkung entfalten, ist im Wege der Auslegung zu ermitteln. Auch die Rspr nimmt im Regelfall an, dass die Eingruppierung im Arbeitsvertrag zunächst einmal nur deklaratorisch sei.[47] 2355

Eingruppierung ist die erstmalige Einstufung der Tätigkeit eines Arbeitnehmers nach der Einstellung oder nach einer Versetzung zu den Tätigkeitsmerkmalen der Entgeltgruppe einer bestimmten tariflichen oder betrieblichen für den Arbeitnehmer maßgeblichen Vergütungsordnung. Als Grundlage einer solchen Vergütungsordnung kommt neben dem Tarifvertrag oder einer Betriebsvereinbarung auch eine betriebliche Übung in Betracht.[48] Mit der Eingruppierung von Arbeitnehmern in Vergütungsgruppen erfolgt eine Quantifizierung der Arbeitsleistung nach dem Arbeitswert. Voraussetzung für eine Eingruppierung ist, dass eine für den Betrieb verbindliche Lohn- oder Gehaltsgruppeneinteilung, also ein kollektives Entgeltschema, existiert. 2356

Die Eingruppierung ist keine vom Arbeitgeber vorzunehmende Handlung, sondern sie ergibt sich von selbst aus der vom Arbeitnehmer auszuübenden Tätigkeit.[49] Die Pflicht zur Eingrup- 2357

43 BAG 5.9.1995 – 3 AZR 124/95, AP § 1 TVG Tarifverträge: Textilindustrie Nr. 18.
44 BAG 28.6.1961 – 4 AZR 423/59, AP § 611 BGB Akkordlohn Nr. 15.
45 BAG 15.3.1960 – 1 AZR 301/57, AP § 611 BGB Akkordlohn Nr. 13.
46 MünchHandbArbR/*Krause*, § 54 Rn 45; *Löwisch/Rieble*, § 1 TVG Rn 2118.
47 BAG 18.2.1998 – 4 AZR 581/96, AP §§ 22, 23 BAT Nr. 239; BAG 26.10.1995 – 6 AZR 125/95, AP § 1 BAT-O Nr. 7; BAG 6.2.1991 – 4 AZR 368/90, ZTR 1991, 305.
48 BAG 23.11.1993 – 1 ABR 34/93, AP § 99 BetrVG 1972 Nr. 111.
49 BAG 16.1.1991 – 4 AZR 301/90, NZA 1991, 490; BAG 30.5.1990 – 4 AZR 74/90, BB 1990, 2043.

pierung besteht auch gegenüber geringfügig Beschäftigten.[50] Stellen die Parteien fest, dass die Eingruppierung nicht zutreffend war, kann jedenfalls für die Zukunft die richtige Eingruppierung verlangt werden.[51] Insofern bereitet die Eingruppierungsklausel eine Grundlage für eine flexiblere Vergütung als die Monatsentgelt-, die Jahresentgelt- oder die Stundenlohnklausel. Ändert sich die Tätigkeit des Arbeitnehmers, ändert sich auch die Vergütung.

(7) Vermögenswirksame Leistungen

2358 Soweit nicht in einem zwingend anzuwenden Tarifvertrag vorgesehen, zahlt der Arbeitgeber zusätzlich zum Gehalt vermögenswirksame Leistungen **freiwillig**, die der privaten Vermögensbildung des Arbeitnehmers in einer Vielzahl von Anlageformen dienen. Die Anlagemöglichkeiten werden in § 2 Abs. 1 Nr. 1–8 des 5. VermBG aufgeführt. Die vermögenswirksam anzulegenden Geldleistungen müssen nicht zwingend aus dem Vermögen des Arbeitgebers stammen. Vielmehr kann auch der Arbeitnehmer vermögenswirksame Leistungen aufbringen, indem er einen Teil des Arbeitslohns vermögenswirksam anlegt, § 11 Abs. 1, Abs. 2 des 5. VermBG. Die zusätzlich zum Arbeitslohn gewährten vermögenswirksamen Leistungen werden in § 10 des 5. VermBG, die vermögenswirksame Anlage von Teilen des Arbeitslohnes in § 11 des 5. VermBG geregelt. Gemäß § 2 Abs. 7 des 5. VermBG bilden die vermögenswirksamen Leistungen arbeitsrechtlich einen Bestandteil des Lohns oder des Gehalts.

2359 Ziel des Vermögensbildungsgesetzes ist die Förderung der Vermögensbildung durch und für den einzelnen Arbeitnehmer und seine Familie nach dessen freier Wahl und unter den durch das Gesetz geförderten Anlageformen. Unter „Vermögen" werden dabei Sparguthaben, Wertpapierbesitz, Beteiligung an Unternehmen, besondere Kapitallebensversicherungen sowie Haus- und Grundbesitz verstanden. Bei der geförderten Beteiligung an Unternehmen kommt die Beteiligung des Arbeitnehmers an Beschäftigungsunternehmen und an fremden Unternehmen in Betracht.

2360 Die Förderung der Vermögensbildung erfolgt durch Gewährung einer **Arbeitnehmersparzulage** für vom Arbeitnehmer vermögenswirksam angelegte Geldleistungen, soweit sie den gesetzlich vorgegebenen Förderrahmen nicht überschreiten. Der Förderrahmen beträgt gem. § 13 Abs. 2 des 5. VermBG insgesamt 870 €, wobei zwischen zwei sog. **Förderkörben** zu unterscheiden ist.

2361 Der **Förderkorb 1** (§ 13 Abs. 2 Var. 2 des 5. VermBG) beinhaltet die Anlage vermögenswirksamer Leistungen im Wohnungsbau und Ähnlichem (s. im Einzelnen § 2 Abs. 1 Nr. 4 und 5 des 5. VermBG). Das maximale Anlagevolumen beträgt jährlich 470 €; die Sparzulage beträgt 9 %.

2362 Der **Förderkorb 2** umfasst die Anlage in betriebliche oder außerbetriebliche Beteiligungen (s. im Einzelnen § 2 Abs. 1 Nr. 1–3, Abs. 2–4 des 5. VermBG), wobei das maximale Anlagevolumen 400 € umfasst und die Sparzulage 20 % beträgt. Die Arbeitnehmersparzulage wird auf Antrag durch das für die Besteuerung des Arbeitnehmers zuständige Finanzamt festgesetzt und aus den Einnahmen an der Lohnsteuer gezahlt. Im Gegensatz zu den vermögenswirksamen Leistungen gilt die **Arbeitnehmersparzulage** arbeitsrechtlich gem. § 13 Abs. 3 Hs 2 des 5. VermBG nicht als Bestandteil des Lohns oder Gehalts.[52]

2363 Einen Anspruch auf die Arbeitnehmersparzulage haben nach § 13 Abs. 1 des 5. VermBG Arbeitnehmer, die Einkünfte aus nichtselbständiger Arbeit iSd § 19 EStG beziehen. Arbeitnehmer nach dem 5. VermBG sind alle Arbeitnehmer im arbeitsrechtlichen Sinne, deren Arbeitsverhältnisse deutschem Arbeitsrecht unterliegen.[53] Auch die in Heimarbeit Beschäftigten gelten als Arbeitnehmer. Auch Minderjährige, auf Probe oder zur Aushilfe Beschäftigte und im Ausland Tä-

---

50 BAG 18.6.1991 – 1 ABR 60/90, BB 1991, 1860; LAG Hessen 13.3.1990 – 4 TaBV 133/89, BB 1990, 2339.

51 BAG 18.5.1988 – 4 AZR 751/87, AP §§ 22, 23 BAT Datenverarbeitung Nr. 2.

52 Küttner/*Seidel*, Personalbuch, 436 (Vermögenswirksame Leistungen) Rn 30.

53 *Thüsing/Holzheimer*, 5. VermBG, § 1 Rn 4.

tige fallen unter den Arbeitnehmerbegriff des § 19 EStG.[54] Um in den Genuss der staatlichen Förderung zu gelangen, darf das zu versteuernde Einkommen des Arbeitnehmers im Kalenderjahr, in dem die vermögenswirksamen Leistungen angelegt worden sind, je nach Anlageform 17.900 € bzw 20.000 € oder bei einer Zusammenveranlagung von Ehegatten nach § 26 b EStG 35.800 € bzw 40.000 € nicht überschreiten, § 13 Abs. 1 des 5. VermBG.

Die steuerlichen Rahmenbedingungen für die Vermögensbildung in Arbeitnehmerhand waren früher in § 19 a EStG geregelt. Mit Wirkung zum 1.4.2009 ist § 19 a EStG weggefallen. Zu beachten ist die Übergangsregelung des § 52 Abs. 27 EStG. 2364

ee) Vergütung in Form steuerfreier Zuwendungen

(1) Umzugskosten[55]

Umzugskosten kann der Arbeitgeber dem Mitarbeiter steuerfrei erstatten, wenn die Verlegung seines Wohnsitzes beruflich veranlasst ist. Berufliche Gründe sind zB: 2365

- erstmaliger Arbeitsantritt oder Wechsel des Arbeitgebers;
- Versetzung eines Mitarbeiters an einen anderen Ort;
- Umzug in die Nähe eines neuen Arbeitsplatzes, auch innerhalb einer Großstadt, um damit die tägliche Fahrtzeit zwischen Wohnung und Arbeitsstätte um mindestens eine Stunde zu reduzieren.

Der Arbeitgeber kann Umzugskosten ohne Weiteres bis zur Höhe der Beiträge steuerfrei erstatten, die ein Bundesbeamter aufgrund des Bundesumzugskostengesetzes bei Versetzung aus dienstlichen Gründen als steuerfreie Umzugskostenvergütung erhalten würde. Diese Umzugskostenvergütung umfasst folgende notwendigen Aufwendungen: 2366

- notwendige Auslagen für die Beförderung des Umzugsgutes von der bisherigen zur neuen Wohnung;
- die Reisekosten des Mitarbeiters und der zu seiner häuslichen Gemeinschaft gehörenden Personen im Zusammenhang mit dem Umzug. Auch für Reisen zum Suchen oder zur Besichtigung einer Wohnung kann der Arbeitgeber Fahrtkosten sowie Tages- und Übernachtungskosten gewähren;
- Mietentschädigungen bei gleichzeitiger Belastung des Mitarbeiters durch Mietzahlungen für die alte und die neue Wohnung, längstens jedoch für sechs Monate;
- die notwendigen ortsüblichen Wohnungsvermittlungsgebühren (zB Maklergebühren, Kosten für Wohnungsanzeigen) zur Erlangung einer angemessenen Mietwohnung;
- umzugsbedingte Unterrichtskosten für ein Kind bis zu einem Höchstbetrag von 1.752 €;
- Pauschbetrag für Umzugsauslagen ab dem 1.8.2013 iHv 695 € bei ledigen Arbeitnehmern und iHv 1.390 € bei verheirateten Arbeitnehmern.

Der Pauschbetrag erhöht sich für jedes haushaltszugehörige Kind eines Mitarbeiters um 306 €. 2367

(2) Telefonkosten[56]

Nach der Lohnsteuer-Richtlinie 2011, R 3.50 Abs. 2 S. 2 ff, sind berufliche Telekommunikationsaufwendungen steuerfrei. Weist der Arbeitnehmer den Anteil der beruflich veranlassten Aufwendungen an den Gesamtaufwendungen für einen repräsentativen Zeitraum von drei Monaten im Einzelnen nach, kann dieser berufliche Anteil für den gesamten Veranlagungszeitraum zugrunde gelegt werden. Dabei können die Aufwendungen für das Nutzungsentgelt der Telefonanlage sowie für den Grundpreis der Anschlüsse entsprechend dem beruflichen Anteil der Verbindungsentgelte an den gesamten Verbindungsentgelten (Telefon und Internet) abgezo- 2368

54 *Thüsing/Holzheimer*, 5. VermBG, § 1 Rn 4.
55 § 3 Nr. 13 (Öffentliche Kassen) und Nr. 16 (im privaten Dienst) EStG, R 9.9 LStR 2011.
56 § 3 Nr. 50 EStG, R 3.50 Abs. 2 LStR 2011.

gen werden. Fallen erfahrungsgemäß beruflich veranlasste Telekommunikationsaufwendungen an, können aus Vereinfachungsgründen ohne Einzelnachweis bis zu 20 % des Rechnungsbetrags, jedoch höchstens 20 € monatlich als Werbungskosten anerkannt werden. Zur weiteren Vereinfachung kann der monatliche Durchschnittsbetrag, der sich aus den Rechnungsbeträgen für einen repräsentativen Zeitraum von drei Monaten ergibt, für den gesamten Veranlagungszeitraum zugrunde gelegt werden. Nach R 9.1 Abs. 5 LStR 2011 mindern steuerfrei ersetzte Telekommunikationsaufwendungen den als Werbungskosten abziehbaren Betrag.

(3) Kindergartenunterbringung[57]

2369 Weist der Mitarbeiter die Kosten für die Kindergartenunterbringung aller Kinder nach, darf der Arbeitgeber unter bestimmten Voraussetzungen hierfür steuerfreien Ersatz leisten.

(4) Personalrabatt[58]

2370 Der Kauf unter Personalrabatt ist als geldwerter Vorteil aus dem Beschäftigungsverhältnis zu versteuern, entweder nach § 8 Abs. 2 EStG oder § 8 Abs. 3 EStG. Der Arbeitgeber kann den Kauf nach § 40 EStG seinerseits mit dem nach § 38 a EStG zu ermittelnden Pauschalsatz der Lohnsteuer unterwerfen. Einen steuerfreien Vorteil bis zu einer Höhe von 1.080 € im Kalenderjahr darf der Arbeitgeber seinen Mitarbeitern auch dadurch einräumen, dass er Waren, die der Arbeitgeber produziert oder mit denen er handelt, sowie Dienstleistungen, die er am Markt anbietet, seinen Mitarbeitern kostenlos bzw mit einem Rabatt zukommen lässt. Die monatliche Freigrenze für vom Arbeitgeber kostenlos oder verbilligt überlassene Sachbezüge wurde zum 1.1.2004 von 50 € auf 44 € abgesenkt.[59]

2371 Zu den vom Arbeitgeber vertriebenen oder hergestellten, an seine Mitarbeiter gegebenen Waren können alle Wirtschaftsgüter gehören, die im Wirtschaftsverkehr wie Sachen (§ 90 BGB) behandelt werden. Nach Branchenunterschieden kommen zB in Betracht: Lebensmittel bei Bäckern und Metzgern; Essen im Gastronomiegewerbe; gesamtes Sortiment im Supermarkt; Haustrunk im Brauereigewerbe.

2372 Das Transparenzgebot nach § 307 Abs. 1 BGB erfordert bei einer Klausel, nach der ein Preisnachlass beim Kauf eines vom Arbeitgeber produzierten Kraftfahrzeugs entfällt, wenn das Arbeitsverhältnis vor Ablauf bestimmter Fristen endet, dass nicht nur die Voraussetzungen für den Wegfall klar und verständlich dargestellt werden, sondern auch wegen der Höhe der Forderung des Arbeitgebers nicht erst eine intensive Beschäftigung mit den Allgemeinen Geschäftsbedingungen oder eine Nachfrage notwendig wird.[60] Die Angaben der prozentualen Höhe des Preisnachlasses und der Umsatzsteuer in einer solchen Klausel bereitet dem Arbeitgeber keine unüberwindbaren Schwierigkeiten. Ein Verstoß gegen das Transparenzgebot kann nur solange „geheilt" werden, wie sich der Arbeitnehmer noch entscheiden kann, ob er den Kaufvertrag über das Kraftfahrzeug schließen will oder nicht.[61]

2373 Zu beachten ist in dem Zusammenhang mit Rabatten oder anderen Geschäften über die vom Arbeitgeber produzierten oder vertriebenen Waren das **Kreditierungsverbot** nach § 107 Abs. 2 S. 2 GewO.

(5) Fahrtkostenzuschuss[62]

2374 Seit 2004 ist die Steuerfreiheit nach § 3 Nr. 34 EStG (Zuschüsse des Arbeitgebers zu den Aufwendungen des Arbeitnehmers für Fahrten zwischen Wohnung und Arbeitsstätte mit öffentli-

57 § 3 Nr. 33 EStG.
58 § 8 Abs. 3 S. 2 EStG.
59 § 8 Abs. 2 S. 11 EStG.
60 *Hunold*, NZA-RR 2006, 113, 118.
61 LAG Düsseldorf 4.3.2005 – 9 Sa 1782/04, DB 2005, 1523.
62 § 3 Nr. 32 EStG; BMF 27.1.2004 – IV C 5-S2000-2/04.

chen Verkehrsmitteln im Linienverkehr, auch entsprechende unentgeltliche oder verbilligte Nutzung und sog. Job-Ticket) weggefallen.

Job-Tickets und andere Fahrtkostenzuschüsse des Arbeitgebers sind demnach seit 2004 grds. steuerpflichtig. Ein geldwerter Vorteil ist nicht anzunehmen, wenn der Arbeitgeber seinen Arbeitnehmern ein sog. Job-Ticket für Fahrten zwischen Wohnung und Arbeitsstätte mit öffentlichen Verkehrsmitteln zu dem mit dem Verkehrsträger vereinbarten Preis eines Job-Tickets überlässt (die Tarifermäßigung des Verkehrsträgers für das Job-Ticket gegenüber dem üblichen Endpreis ist also kein geldwerter Vorteil). Der zu versteuernde geldwerte Vorteil ist der Preis für das Job-Ticket abzüglich Zahlbetrag des Arbeitnehmers. Überlässt der Arbeitgeber seinen Arbeitnehmern solche Job-Tickets für Fahrten zwischen Wohnung und Arbeitsstätte mit öffentlichen Verkehrsmitteln unentgeltlich oder verbilligt, so kommt die Anwendung von § 8 Abs. 2 S. 11 EStG in Betracht. Danach bleiben Sachbezüge außer Ansatz, wenn die sich nach Anrechnung der vom Arbeitnehmer gezahlten Entgelte ergebenden Vorteile insgesamt 44 € im Kalendermonat nicht übersteigen (monatliche Freigrenze). Bei der Freigrenze sind andere Sachbezüge ebenso zu berücksichtigen. Selbst wenn andere Sachbezüge vom Arbeitgeber nicht gewährt werden, scheidet die Anwendung der Vorschrift dennoch aus, wenn der geldwerte Vorteil für den Sachbezug Job-Ticket allein 44 € überschreitet (dann ist also der gesamte Sachbezug Job-Ticket steuerpflichtig). Gilt das Job-Ticket für einen längeren Zeitraum (zB Jahresticket), so fließt der Vorteil insgesamt bei Überlassung des Job-Tickets zu.[63] 2375

Bei Arbeitnehmern eines Verkehrsträgers kann der Vorteil aus der Nutzung der öffentlichen Verkehrsmittel im Rahmen des § 8 Abs. 3 S. 2 EStG (Rabattfreibetrag) steuerfrei bleiben. 2376

(6) Kassenverlustentschädigung[64]

Mitarbeiter, die im Kassen- oder Zahldienst (zB auch Kellner) beschäftigt werden, dürfen bis zu 16 € monatlich als Kassenverlustentschädigung oder sog. **Mankogeld** steuerfrei erhalten. 2377

(7) Aufmerksamkeiten[65]

Kleinere Geschenke, wie zB Blumen, Pralinen, Wein, Bücher, Musik-CD's, Zigaretten, die der Arbeitgeber Mitarbeitern oder dessen Angehörigen aus **besonderem Anlass** gewährt, zB zu Geburtstagen oder Hochzeiten, werden als Aufmerksamkeit von der Besteuerung ausgenommen, wenn der Wert der Sachzuwendung den Betrag von 40 € (allerdings inkl. Umsatzsteuer) nicht übersteigt. Sachgeschenke, die an Arbeitnehmer gegeben werden und die **keinen persönlichen Anlass** haben, gehören grds. zum steuerpflichtigen Arbeitslohn (zB Weihnachtsgeschenke). Solche Sachzuwendungen können aber steuerfrei bleiben, wenn sie die monatliche Sachbezugsfreigrenze von 44 € nicht überschreiten, vgl § 8 Abs. 2 S. 11 EStG. 2378

(8) Abfindung wegen Auflösung des Arbeitsverhältnisses[66]

Es gilt heute nur noch die Steuerermäßigung für Abfindungen (Fünftelungs-Regelung) nach §§ 24, 34 EStG. 2379

(9) Betriebsveranstaltungen[67]

Führt der Arbeitgeber für seine Mitarbeiter einschließlich aller Teilzeitbeschäftigten und Aushilfen Betriebsveranstaltungen durch, gehören die dafür getätigten Aufwendungen als Leistungen in ganz überwiegenden eigenbetrieblichen Interessen nicht zum Arbeitslohn. Voraussetzung ist jedoch, dass es sich um übliche Betriebsveranstaltungen handelt und dass Zuwendun- 2380

63 BMF 27.1.2004 – IV C 5-S2000-2/04.
64 R 19.3 Abs. 1 S. 2 Nr. 4 LStR 2011.
65 § 8 Abs. 2 S. 11 EStG, R 73 LStR 2011; R 19.6 Abs. 1 S. 2 LStR 2011.
66 § 3 Nr. 9 EStG (aF).
67 R 19.5 LStR 2011.

gen, die bei dieser Veranstaltung den Arbeitnehmern gemacht werden, ebenfalls üblich sind. Zu den üblichen Betriebsveranstaltungen gehören **Betriebsausflüge, Weihnachtsfeiern** und **Jubiläumsfeiern**.

2381 Übersteigen die üblichen Zuwendungen je teilnehmendem Arbeitnehmer 110 € je Veranstaltung, müssen die gesamten Aufwendungen als steuerpflichtiger Arbeitslohn behandelt werden. Geschenke (Aufmerksamkeiten) und Betriebsausflugskosten werden im Kalenderjahr zusammengerechnet.

(10) Zuschläge für Sonn-, Feiertags- und Nachtarbeit[68]

2382 Insbesondere bei rund um die Woche arbeitenden angestellten Rechtsanwälten, Wirtschaftsprüfern, Ärzten, Unternehmensberatern oder vergleichbaren Berufsgruppen fällt in manchmal hohem Maße Sonntags-/Feiertagsarbeit an. Aber auch angesichts zahlreicher Geschäftsreisen, die per Bahn, Pkw oder Flugzeug zu bewältigen sind, fällt immer wieder Nachtarbeit an.

2383 Folgende Zuschläge dürfen vom Arbeitgeber, bezogen auf den jeweiligen steuerpflichtigen Stundenlohn bzw das Grundgehalt, in Stunden ermittelt, zusätzlich steuerfrei ausgezahlt werden, wobei ab 1.1.2004 die Zuschläge auf einen Grundlohn von höchstens 50 € je Stunde beschränkt wurden:

- für Sonntagsarbeit — 50 %
- für Arbeiten an Silvester ab 14:00 Uhr und an gesetzlichen Feiertagen, auch wenn diese auf einen Sonntag fallen — 125 %
- für Arbeiten an Heilig Abend ab 14:00 Uhr, an den Weihnachtsfeiertagen und am 1. Mai, auch wenn diese auf einen Sonntag fallen — 150 %
- für Nachtarbeit
  - von 20:00 bis 06:00 Uhr — 25 %
  - von 00:00 bis 04:00 Uhr, wenn die Nachtarbeit vor 00:00 Uhr aufgenommen wurde — 40 %

2384 Zu beachten ist, dass die genannten Zuschläge zusätzlich zu dem bisher geschuldeten Lohn/Gehalt gewährt werden. Eine vorherige Kürzung der Gehälter würde eine Umgehung bedeuten.

2385 Arbeiten Mitarbeiter an Sonn- oder Feiertagen nachts, kann zusätzlich zu dem in Betracht kommenden steuerfreien Zuschlag für Sonn- oder Feiertagsarbeit auch ein Zuschlag für Nachtarbeit steuerfrei gewährt werden. Die Voraussetzungen haben sich an einer Entscheidung des BFH[69] zu orientieren. Für Angehörige eines Rettungsdienstes ist regelmäßig ein Nachtzuschlag iHv 10 % des Arbeitsverdienstes iSv § 6 Abs. 5 ArbZG angemessen.[70] Einen gesetzlichen Anspruch auf einen Zuschlag zur Arbeitsvergütung haben an Sonn- und Feiertagen arbeitende Arbeitnehmer nicht. Ein solcher Anspruch folgt nicht aus § 11 Abs. 2 ArbZG. Nur wer an Sonn- und Feiertagen Nachtarbeit leistet, kann einen Zuschlag verlangen.[71]

2386 Von der steuerlichen Behandlung der Zuschläge an Sonn- und Feiertagen und für Nachtarbeit zu unterscheiden ist die **sozialversicherungsrechtliche** Behandlung derartiger Zuschläge. Gemäß § 1 Abs. 1 S. 1 Nr. 1 der Sozialversicherungsentgeltverordnung ist die Sozialversicherungsfreiheit von Sonn-, Feiertags- und Nachtzuschlägen ab 1.7.2006 auf einen Grundlohn von 25 € je Stunde begrenzt.

---

68 § 3 b EStG, R 3 b LStR 2011.
69 BFH 7.7.2005 – IX R 81/98, DStR 2005, 1936.
70 BAG 31.8.2005 – 5 AZR 545/04, BB 2006, 443.
71 BAG 11.1.2006 – 5 AZR 97/05, NZA 2006, 372.

(11) Telekommunikationseinrichtungen[72]

Wer seinen Mitarbeitern ein Telefon, Funktelefon, Faxgerät oder einen PC leihweise, auch zur privaten Nutzung, überlässt, kann diese Vorteile dem Arbeitnehmer steuerfrei gewähren. 2387

(12) Aufwendungen des Arbeitgebers für Geburtstagsfeier des Arbeitnehmers

Trägt ein Arbeitgeber die Kosten für einen Empfang anlässlich eines runden Geburtstags eines Arbeitnehmers, muss nach der Art der eingeladenen Gäste und dem Zweck der Veranstaltung unterschieden werden. Handelt es sich primär um ein privates Fest, zu dem überwiegend private Gäste eingeladen sind, sind sämtliche vom Arbeitgeber getragenen Aufwendungen als steuerpflichtiger Arbeitslohn zu behandeln. Wird die Geburtstagsfeier ausgerichtet mit dem Ziel einer Präsentation des Unternehmens und durch Einladung von überwiegend dem beruflichen Wirkungsfeld des Arbeitnehmers zuzurechnenden Gästen, handelt es sich um Aufwendungen, deren Kosten (unter Berücksichtigung der Abzugsbeschränkung von 70 % gem. § 4 Abs. 5 Nr. 2 EStG) als Betriebsausgaben geltend gemacht werden können. 2388

Den arbeitsrechtlichen Charakter kann man namentlich daran festmachen, ob es sich um eine betriebliche Veranstaltung handelt. Von einer **betrieblichen Veranstaltung** geht man aus, wenn die Feier in den Geschäftsräumen stattfindet oder wenn vorwiegend Geschäftsfreunde, Repräsentanten des öffentlichen Lebens, Verbandsvertreter u.Ä. eingeladen sind. Dabei ist es unschädlich, wenn an dem Fest auch ein begrenzter Kreis privater Gäste des Arbeitnehmers teilnimmt.[73] Es erfolgt eine Hinzurechnung zum Arbeitslohn, wenn die Aufwendungen des Arbeitgebers einschließlich Umsatzsteuer mehr als 110 € je Teilnehmer betragen.[74] 2389

ff) Trinkgeld

(1) Arbeitsrechtliche Aspekte

Nach § 107 Abs. 3 GewO kann die Zahlung eines regelmäßigen Arbeitsentgelts nicht für die Fälle ausgeschlossen werden, in denen der Arbeitnehmer von Dritten ein Trinkgeld erhält. Erlaubt ist dagegen, Trinkgeld ganz oder teilweise aufgrund einer vertraglichen Anrechnungsklausel mit dem Festbetrag der Vergütung zu verrechnen.[75] Die tarifliche Mindestvergütung kann weder ganz noch teilweise mit dem erwarteten oder erzielten Trinkgeldaufkommen verrechnet werden. Im Urlaubs- oder Krankheitsfall oder bei Betriebsratstätigkeit ist andererseits zum fortzuzahlenden Entgelt nicht das zu erwartende Trinkgeldaufkommen mit zu berücksichtigen.[76] 2390

Anders ist die Sachlage, soweit der Arbeitgeber und der Arbeitnehmer das Trinkgeld vertraglich als Vergütungsbestandteil vereinbaren. Üblich sind in diesem Falle die meist auf den Gast abgewälzten Bedienungsprozente. Ist das Trinkgeld Vergütungseinkommen, findet eine Anrechnung auf das Arbeitsentgelt statt.[77] Der Arbeitnehmer schuldet in diesem Falle aus einer Nebenpflicht zum Arbeitsvertrag die Auskunft über seine durch Trinkgeld erzielten Einnahmen.[78] Hat der Arbeitgeber über die Höhe der erzielten Einnahmen keine Kenntnis, haftete er auch nicht für die aus den Trinkgeldern resultierende Lohnsteuer.[79] Ein Sonderthema bilden 2391

72 § 3 Nr. 45 EStG.
73 FinMin Hessen, Erlass vom 24.2.2004 – S 2332 A-110-II 3 b.
74 R 19.3 Abs. 2 Nr. 4 LStR 2011; diese Regelung gilt entsprechend, wenn die Feier anlässlich eines Jubiläums oder der Verabschiedung eines einzelnen Arbeitnehmers stattfindet, R 19.3 Abs. 2 Nr. 3 LStR 2011.
75 *Schöne*, NZA 2002, 829, 832.
76 BAG 28.6.1995 – 7 AZR 1001/94, NJW 1996, 1012.
77 Küttner/*Griese*, Personalbuch, 406 (Trinkgeld) Rn 3.
78 Küttner/*Griese*, Personalbuch, 406 (Trinkgeld) Rn 5.
79 BFH 24.10.1997 – VI R 23/94, BFHE 184, 474 = BB 1998, 80.

die Vergütungen im Spielbankbereich, die wegen des Troncs[80] sämtlich aus den Trinkgeldern der Spieler beglichen werden.

(2) Steuerrechtliche Aspekte

2392 Trinkgelder, die der Arbeitnehmer aufgrund eines vertraglichen Anspruchs erhält, bspw als 15 % vom Umsatz, sind wie Provisionen in voller Höhe steuerpflichtiger Umsatz.[81] **Freiwillige** Trinkgelder dagegen, die dem Arbeitnehmer (Kellner, Friseur, Tankwart, Taxifahrer, Musiker) ohne Rechtsgrundlage als Anerkennung zugewendet werden, sind freiwillige Trinkgelder gem. § 3 Nr. 51 EStG und unabhängig von ihrer Höhe steuerfrei. Bei einer Spielbank gilt allerdings, dass aus dem Tronc finanzierte Zahlungen an Arbeitnehmer keine steuerfreien Trinkgelder iSd § 3 Nr. 51 EStG darstellen.[82]

gg) Bonusprogramme/Vielflieger-Programme

2393 Bonusprogramme für Kunden nehmen im Zuge der Globalisierung des Wettbewerbs seit Jahren sprunghaft zu; heute gibt es kaum eine Fluggesellschaft oder Hotelkette, die kein Prämienprogramm für treue Kunden anbietet. **Arbeitsrechtlich** ist höchstrichterlich entschieden, dass die Vorteile eines Vielflieger-Programms auch dann dem Arbeitgeber zustehen, wenn das Programm nur natürlichen Personen, somit den Arbeitnehmern, die Teilnahme ermöglicht.[83] Den Arbeitnehmer trifft insoweit grds. eine Herausgabepflicht nach Auftragsrecht; anders ist es nur, wenn die persönliche/private Nutzung der Bonusmeilen vertraglich zugesagt ist.[84] Dies betraf jedenfalls einen Fall, in dem das Unternehmen als Arbeitgeber die Flüge des Arbeitnehmers finanziert hatte. Soweit die Flugkosten wiederum einem dritten Auftraggeber weiterbelastet werden, wie es zB in den Beraterbranchen verbreitet ist, ist die Rechtslage möglicherweise nicht so eindeutig – der zahlende Auftraggeber ist letztlich der Kunde. Insoweit ist eine ausdrückliche arbeitsvertragliche Regelung sinnvoll, um Unsicherheiten zu vermeiden.

2394 **Steuerrechtlich** unterliegen die Bonusleistungen der Fluggesellschaften der Versteuerung; diese wird in der Praxis von den Fluggesellschaften pauschal gem. § 37 a EStG übernommen.

hh) Nichtigkeit einer Teilabrede

2395 Hat ein Arbeitgeber mit seinem Arbeitnehmer einzelvertraglich die Zahlung einer konkreten Bruttoarbeitsvergütung und zudem vereinbart, dass er von dieser Vergütung nicht nur die arbeitnehmerseitigen Beiträge, vielmehr auch die Arbeitgeberbeiträge zur gesetzlichen Rentenversicherung seines Arbeitnehmers zum Abzug bringen darf, ist diese einzelvertragliche Arbeitsvergütungsvereinbarung zwar hinsichtlich des zusätzlichen Abzugs der Arbeitgeberbeiträge zur gesetzlichen Rentenversicherung des Arbeitnehmers gem. § 32 SGB I iVm § 20 Abs. 1 SGB IV und § 168 Abs. 1 Nr. 1 SGB VI nichtig, aber nicht gleichzeitig insgesamt nach § 139 BGB unwirksam.[85]

ii) Schwarzlohnabrede

2396 Nach übereinstimmender Rspr des BAG[86] und des BGH[87] führte bis 2014 eine Schwarzlohnabrede weder bei einem Arbeitsverhältnis noch bei einem Werk- oder Dienstvertrag zur Nich-

80 BAG 11.3.1998 – 5 AZR 567/96, AuR 1998, 286; BAG 3.3.1999 – 5 AZR 364/98, AuR 1999, 240; nicht hierzu gehören die Sachkosten: BAG 14.8.2002 – 7 ABR 29/01, NZA 2003, 626.

81 R 106 Abs. 2 LStR 2011.

82 BFH 18.12.2008 – VI R 49/06, DStRE 2009, 210.

83 BAG 11.4.2006 – 9 AZR 500/05, BB 2006, 2137, 2139; vgl dazu *Bauer/Krets*, BB 2002, 2066.

84 BAG 11.4.2006 – 9 AZR 500/05, BB 2006, 2137, 2139; vgl dazu *Bauer/Krets*, BB 2002, 2066.

85 LAG Hamm 19.5.2003 – 17 Sa 1954/02.

86 BAG 26.2.2003 – 5 AZR 690/01, DB 2003, 1581.

87 BGH 21.12.2002 – 7 ZR 192/98, ZIP 2001, 202.

tigkeit des gesamten Vertrages. Die Abrede, die Arbeitsvergütung ohne Berücksichtigung von Steuern und Sozialversicherungsbeiträgen („schwarz") auszuzahlen, führte nicht zur Nichtigkeit des Arbeitsvertrages. Sollte die Abführung von Steuern und Beiträgen vereinbarungsgemäß **teilweise** unterbleiben, war **nur diese Abrede** und nicht die Vergütungsvereinbarung nichtig. Der BGH hat diese Rspr in einer neuen Entscheidung aufgegeben.[88] Während die „Ohne-Rechnung-Abrede" bisher isoliert als nichtig eingestuft wurde, nimmt der BGH nun eine Gesamtnichtigkeit des Vertrages gem. § 134 BGB iVm § 1 Abs. 2 Nr. 2 SchwarzArbG an, wenn der Besteller von dem Verstoß des Schwarzarbeiters weiß und diesen bewusst zu seinem Vorteil ausnutzt. Der BGH betont, dass durch die Änderungen im SchwarzArbG der Schutzzweck es nun gebiete, die Gesamtnichtigkeit des Vertrags zu fordern, um die Schwarzarbeit wirkungsvoll zu bekämpfen.

Durch das SchwarzArbG ist die Schwarzarbeit untersagt. Die sozial- und steuerrechtlichen Vorschriften verbieten zwar ebenso wenig wie §§ 263 Abs. 1, 266 a Abs. 1 StGB, § 370 AO die Arbeitsleistung an sich. Es kommt nicht darauf an, ob Schwarzarbeit im Rahmen eines selbständigen Dienst- oder Werkvertrages oder im Rahmen eines Arbeitsverhältnisses erbracht wurde.[89] 2397

Folgerichtig stehen aufgrund der Nichtigkeit des Vertrages dem Besteller keine Gewährleistungsrechte zu. Auch bereicherungsrechtlich sind nun die Ansprüche ausgeschlossen.[90] Nach der Rspr des BAG kann dem Leistenden trotz § 817 S. 2 BGB ein Bereicherungsrecht zustehen, wenn Sinn und Zweck des Verbotsgesetzes die Gewährung eines solchen Anspruchs zwingend erfordern. Die Erforderlichkeit ist aber nur zu bejahen, wenn das Verbotsgesetz zum Schutz des Leistenden erlassen worden ist – dies ist aber bei Schwarzarbeit nicht der Fall.[91] Nun hat der BGH entschieden, dass eine einschränkende Auslegung nicht geboten ist, weil dies sonst der Intention des Gesetzgebers zuwiderlaufen würde. Wer bewusst gegen das SchwarzArbG verstoße, solle schutzlos bleiben und veranlasst werden, das verbotene Geschäft nicht abzuschließen.[92] Entsprechend der Zielsetzung des SchwarzArbG, die Schwarzarbeit zu verhindern, verstoße nicht nur die vertragliche Vereinbarung der Parteien gegen ein gesetzliches Verbot, sondern auch die in Ausführung dieser Vereinbarung erfolgende Leistung. 2398

Keine Schwarzarbeit sind seit jeher Tätigkeiten im Rahmen der Nachbarschaftshilfe, Gefälligkeiten und Selbsthilfe ohne nachhaltige Gewinnerzielungsabsicht. Die Beschäftigung einer Putz-/Haushaltshilfe ohne Entrichtung von Steuern und Sozialversicherungsabgaben stellt weiterhin eine Ordnungswidrigkeit dar, keine Straftat.[93] 2399

jj) Übernahme von Verwarngeldern

Übernimmt der Arbeitgeber, der einen Paketzustelldienst betreibt, aus ganz überwiegend eigenbetrieblichem Interesse die Zahlung von Verwarngeldern, die gegen die bei ihm angestellten Fahrer wegen Verletzung des Halteverbots verhängt worden sind, so handelt es sich hierbei nicht um Arbeitslohn.[94] 2400

kk) Gehalt als Hinzuverdienst bei Rentnern

Bezieher einer Vollrente wegen Alters **vor Vollendung des 65. Lebensjahres** durften seit jeher noch ein kleines Gehalt neben ihrer Rente anrechnungsfrei hinzuverdienen. Nach § 34 Abs. 3 SGB VI beträgt die Hinzuverdienstgrenze bei einer Rente wegen Alters als Vollrente 450 €, bei 2401

88 BAG 10.4.2014 – VII ZR 241/13, juris.
89 Küttner/*Schlegel*, Personalbuch, 377 (Schwarzarbeit) Rn 1; MünchHandbArbR/*Buchner*, § 30 Rn 90.
90 So bereits *Köhler*, JZ 1990, 469.
91 BAG 10.4.2014 – VII ZR 241/13, juris, Rn 21.
92 BAG 10.4.2014 – VII ZR 241/13, juris, Rn 27.
93 *Foerster*, AuA 2004, Nr. 5, 20.
94 BFH 7.7.2004 – VI R 29/00, DB 2005, 536.

einer Rente wegen Alters als Teilrente berechnet sie sich als Bruchteil der monatlichen Bezugsgröße.

II) Beitragsbemessungsgrenzen

2402 Nach § 28 e SGB IV ist der das Gehalt zahlende Arbeitgeber für die Berechnung und für die Abführung des Gesamtsozialversicherungsbeitrags verantwortlich. Der Arbeitgeber haftet gegenüber der **zuständigen Krankenkasse als Einzugsstelle des Sozialversicherungsbeitrags**, aber auch gegenüber dem Arbeitnehmer, dass Teile des Gehalts und die arbeitgeberseitig aufzubringenden Anteile abgeführt werden. Dabei sind vom Arbeitgeber **Beitragsbemessungsgrenzen** zu beachten.

2403 In der **Renten-** und in der **Arbeitslosenversicherung** sind alle Arbeitnehmer, auch wenn sie sehr hohe Gehälter beziehen, aufgrund ihres Status als Arbeitnehmer versichert. Allerdings werden die Beiträge zur Renten- und zur Arbeitslosenversicherung vom Gehalt nur bis zur **Beitragsbemessungsgrenze** erhoben (§§ 159, 162 Nr. 1 SGB VI, § 342 SGB III). Die Beitragsbemessungsgrenze in der Renten- und in der Arbeitslosenversicherung ist immer gleich (§§ 159, 161 Abs. 2 SGB VI, § 341 SGB III).

2404 In der **Kranken-** und in der **Pflegeversicherung** besteht sowohl eine **Versicherungspflichtgrenze** (sog. **Jahresentgeltgrenze**) als auch eine **Beitragsbemessungsgrenze.**

2405 **Überblick: Rechengrößen der Sozialversicherung**

Beitragsbemessungsgrenze 2015[95]				
	West		Ost	
	Monat	Jahr	Monat	Jahr
Rentenversicherung der Arbeiter und Angestellten	6.050 €	72.600 €	5.200 €	62.400 €
Rentenversicherung der Knappschaft	7.450 €	89.400 €	6.350 €	76.200 €
Arbeitslosenversicherung	6.050 €	72.600 €	5.200 €	64.400 €
Krankenversicherung	4.125 €	49.500 €	4.125 €	49.500 €
Pflegeversicherung	4.125 €	49.500 €	4.125 €	49.500 €

Versicherungspflichtgrenze 2015		
	bundeseinheitlich	
	Monat	**Jahr**
Kranken- und Pflegeversicherung	4.575 €	54.900 €

b) Klauseltypen und Gestaltungshinweise

aa) Stundenlohnklausel

(1) Klauseltyp A

2406 **A 1:** Der Angestellte erhält einen Stundenlohn iHv (...) €. Außerdem zahlt der Arbeitgeber eine Leistungsprämie iHv (...) € monatlich. Die Überweisung des Entgelts erfolgt monatlich bargeldlos auf ein vom Arbeitnehmer zu benennendes Konto am ersten Arbeitstag des Folgemonats.

→ **A 2:** Für das Arbeitsverhältnis gelten die betrieblich und fachlich einschlägigen Tarifverträge des Arbeitgeberverbandes (...) in der jeweils gültigen Fassung, soweit in diesem Vertrag nichts anderes vereinbart ist. Der Arbeitnehmer erhält einen Stundensatz von (...) € gemäß dem Ent-

95 Verordnung über maßgebende Rechengrößen der Sozialversicherung für 2015 (Sozialversicherungs-Rechengrößenverordnung 2015) vom 1.12.2014 (BGBl. I S. 1957).

gelttarifvertrag, Gruppe (...). Die wöchentliche Arbeitszeit beträgt (...) Stunden. Komm- und Gehzeiten sind in Arbeitskleidung in die Zeiterfassungsanlage einzugeben.

(2) Gestaltungshinweise

Die Klauseln A 1 und A 2 unterscheiden sich dadurch, dass in Klausel A 2 eine Stundenlohnvereinbarung auf Basis einer tariflichen Eingruppierung erfolgt, während die Klausel A 1 einen frei ausgehandelten Stundenlohn zum Inhalt hat. Beide Klauseln erfüllen die Anforderungen von § 2 Abs. 1 Nr. 6 NachwG. Während die Klausel A 1 einer rechtlichen Prüfung in jedem Falle standhält, ist die Klausel A 2 bei einem tarifgebundenen Arbeitgeber nicht wirksam, wenn die tatsächliche Tätigkeit des Arbeitnehmers einer höheren Lohngruppe entspricht. Dann hat der Arbeitnehmer Anspruch auf die richtige Eingruppierung und das dafür zu zahlende Entgelt. Im öffentlichen Dienst steht dem Arbeitgeber umgekehrt auch ein Rückgruppierungsanspruch zu, wenn die Eingruppierung unzutreffend hoch ist.[96] 2407

Die Arbeitsvertragsparteien können in drei hauptsächlichen Variationen auf einen Tarifvertrag Bezug nehmen (s. § 1 Rn 1618). Zum einen können sie die Wiederholung des exakten Wortlauts der tarifvertraglichen Normen im Arbeitsvertrag wählen. Diese Methode hat zur Folge, dass die tarifliche Vergütung zum Zeitpunkt des Vertragsabschlusses Vertragsbestandteil wird; eine Änderung des Tarifvertrages hat keine Auswirkung auf die Vergütungshöhe. Zum Zweiten besteht die Möglichkeit der **statischen Verweisung** auf eine oder mehrere genau bezeichnete Normen eines Tarifvertrages. Diese Bezugnahme hat die gleiche Wirkung wie eine Wiederholung des Wortlauts der tarifvertraglichen Normen im Vertrag. Schließlich besteht die Möglichkeit, eine **dynamische Verweisung** auf die Tarifvertragsnormen in ihrer jeweiligen Fassung (so auch die Klausel A 2) zu wählen. Damit führt eine tarifvertragliche Änderung der Vergütungshöhe automatisch auch zu einer Änderung der einzelvertraglichen Vergütungshöhe. Die Höhe der Vergütung ist in diesem Falle wie bei tarifgebundenen Parteien zu ermitteln. Da die Vergütungsvereinbarung aufgrund einzelvertraglicher Abrede und nicht aufgrund Tarifvertrages gilt, hat sie keine normative Wirkung. Folge ist, dass die Parteien später von ihrer Vereinbarung wieder Abstand nehmen können. 2408

Der Arbeitgeber ist verpflichtet, dem Arbeitnehmer Geldlohn zu zahlen (§ 107 Abs. 1 GewO). Geldlohn ist jede in Geld ausgedrückte Leistung (zB Barzahlung, Scheck, Banküberweisung). Die in der früheren Regelung des inzwischen außer Kraft getretenen § 115 GewO (Truckverbot) enthaltene Pflicht des Arbeitgebers, die Vergütung in **bar** auszahlen, gehört der Vergangenheit an. Die Barzahlungspflicht stellt heute den **Ausnahmefall** dar, kann aber von den Parteien wirksam vertraglich vereinbart werden. Regelmäßig ergibt sich die Verpflichtung zur bargeldlosen Zahlung aus dem Vertrag, so auch im Klauseltyp A 1, oder aus einer Betriebsvereinbarung, da insoweit gem. § 87 Abs. 1 Nr. 4 BetrVG ein Mitbestimmungsrecht besteht. 2409

bb) Monatslohnklausel

(1) Klauseltyp B

B 1: Der Mitarbeiter erhält ein Monatsbruttogehalt von (...) €. Nach erfolgreicher Probezeit wird das Monatsbruttogehalt überprüft.[97] 2410

B 2: Der Arbeitnehmer erhält für seine vertragliche Tätigkeit ein monatliches Grundgehalt von (...) € brutto. Die Vergütung ist jeweils zum Dritten des Folgemonats bargeldlos zu zahlen.

B 3: Der Arbeitnehmer erhält als Grundlohn die nach Lohngruppe (...) in der Betriebsvereinbarung festgelegte monatliche Vergütung.

96 Vgl nur BAG 16.2.2000 – 4 AZR 62/99, NZA-RR 2001, 216, 218; BAG 18.2.1998 – 4 AZR 581/96, NZA 1998, 950, 951; BAG 30.5.1990 – 4 AZR 74/90, NZA 1990, 899, 899.

97 SPA 18/2002, 2.

→ **B 4:** Herr B erhält eine monatliche Grundvergütung netto von 10.000 €, die entsprechend dem Arbeitsaufwand von den einzelnen P-Firmen oder einer Managementfirma der P-Gruppe bezahlt wird.[98]

(2) Gestaltungshinweise

2411 Die Klauseln B 1 bis B 3 enthalten Bruttolohnvereinbarungen, während B 4 eine recht ungewöhnliche Nettolohnregelung entsprechend dem Urteil des LAG Hamm[99] darstellt. Monatsbruttolohnklauseln gehören zu den in der Praxis am häufigsten verwendeten Gehaltsregelungen. Der Arbeitnehmer hat einen Anspruch auf monatliche Gehaltsabrechnung gem. § 108 GewO. § 108 GewO gilt für alle Arbeitnehmer und für alle Vergütungsarten.

2412 Wirksamkeitsbedenken bestehen bei den Klauseln B 1 bis B 4 nicht. Bei der Klausel B 4 handelt es sich um eine Nettolohnvereinbarung. Grundsätzlich sind Nettolohnvereinbarungen zulässig.[100] Das LAG Hamm[101] entschied, dass der Arbeitnehmer bei einer Nettolohnvereinbarung keinen Anspruch auf Erteilung einer Gehaltsabrechnung habe. Diese Entscheidung erging vor Inkrafttreten des § 108 GewO in seiner aktuellen Fassung und ist deshalb überholt. Nettolohnvereinbarungen wie die Klausel B 4 sind wirksam, wenn Arbeitgeber und Arbeitnehmer bei der Vereinbarung nicht einvernehmlich zur Hinterziehung der Lohnsteuer und der Gesamtsozialversicherungsbeiträge zusammenwirken.[102] Sie sind Arbeitgebern nicht zu empfehlen, denn sie bürden ihm das Risiko einer Steuererhöhung auf, bergen die Gefahr, dass individuelle Steuerminderungsmöglichkeiten nicht genutzt werden und können auch dazu führen, dass Nachforderungen des Finanzamts entstehen. Auch soweit der Arbeitgeber sich etwaige Steuererstattungen vom Arbeitnehmer abtreten lässt, können die Nachteile einer Nettolohnvereinbarung für den Arbeitgeber nicht wirkungsvoll aufgefangen werden, denn nach Auffassung des FG Düsseldorf[103] stellen Steuererstattungen im Rahmen einer Nettolohnvereinbarung negatives Einkommen dar. Die Steuererstattungen können nicht für das Jahr, in dem sie anfallen, nachträglich in Abzug gebracht werden. So wirkt sich die Verminderung des Bruttolohns rechnerisch für den Arbeitgeber nicht in gleicher Weise steuermindernd aus wie bei einer Bruttolohnvereinbarung. Wenn sich im Laufe des Arbeitsverhältnisses die bei Abschluss der Nettolohnvereinbarung bestehenden persönlichen Verhältnisse beim Arbeitnehmer ändern, ist die Lohnabrede nach Ansicht des BAG den neuen Verhältnissen anzupassen.[104] Die Meinung des BAG wird in der Instanzrechtsprechung nicht geteilt.[105] Aus dem Umstand, dass umstritten ist, ob dem Arbeitgeber bei der Nettolohnvereinbarung Entlastungen durch etwaige Steuersenkungen zugute kommen, ergeben sich zusätzliche Unsicherheiten bei der Abwicklung von Nettolohnvereinbarungen.

cc) Tarifliche Eingruppierungsklausel

(1) Klauseltyp C

2413 1. Die Mitarbeiterin erhält ein monatliches Bruttogehalt von (...) €, das am Ende eines jeden Kalendermonats nachträglich zahlbar ist.

---

98 LAG Hamm 24.2.2000 – 4 Sa 1609/99.

99 LAG Hamm 24.2.2000 – 4 Sa 1609/99.

100 BAG 27.4.2000 – 6 AZR 754/98; BAG 21.11.1985 – 2 AZR 6/85; ArbG Neumünster 19.2.2004 – 4 Ca 1180a/03, NZA-RR 2004, 600.

101 LAG Hamm 24.2.2000 – 4 Sa 1609/99.

102 LAG Hamm 24.2.2000 – 4 Sa 1609/99.

103 FG Düsseldorf 24.4.2006 – 17 K 4592/04 H(L), EFG 2006, 1429.

104 BAG 6.7.1970 – 5 AZR 523/69, BAGE 22, 398 = DB 1970, 1741.

105 LAG Köln 6.9.1990 – 10 Sa 574/90, LAGE § 611 BGB Nettolohn, Lohnsteuer Nr. 2; ArbG Aachen 26.2.1992 – 3 Ca 2567/91; ErfK/*Preis*, § 611 BGB Rn 475.

2. Zusammensetzung des Gehalts:[106]
   a) Die Gehaltsfestlegung beruht auf Einstufung (...) in die Gehaltsgruppe (...).
   b) Grundgehalt (...) €.
   c) übertarifliche Zulage (...) €.[107]

(2) Gestaltungshinweise

Die Klausel C entspricht den Anforderungen von § 2 Abs. 1 Nr. 6 NachwG und ist wirksam. Ist die Eingruppierung unrichtig vorgenommen, können Arbeitnehmer wie Arbeitgeber eine der ausgeübten Tätigkeit entsprechende Korrektureingruppierung verlangen. Der Arbeitnehmer kann dabei nicht erfolgreich im Wege der Klage den Rechtsakt der Eingruppierung fordern. Er muss vielmehr auf Vergütung nach der von ihm begehrten Vergütungsgruppe klagen.[108] 2414

Der Betriebsrat hat bei jeder Eingruppierungsentscheidung ein Mitbestimmungsrecht (§ 99 BetrVG). Zweck dieses Mitbestimmungsrechts ist es zum einen, dem Betriebsrat die Möglichkeit einer Richtigkeitskontrolle zu geben. Zum anderen dient das Mitbestimmungsrecht auch der Verwirklichung der Vergütungstransparenz im Betrieb und damit der Lohngerechtigkeit. Auch die übertarifliche Eingruppierung unterliegt der Mitbestimmung des Betriebsrats.[109] 2415

dd) Jahresgehaltsklausel

(1) Klauseltyp D

D 1: Sie erhalten ab dem Monat Ihres Eintritts als Vergütung für Ihre Tätigkeit ein Gehalt von jährlich (...) € brutto, das in 12 gleichen Monatsbeträgen von (...) € zur Auszahlung kommt. 2416

D 2: Das frei vereinbarte Jahresgehalt beträgt ab (...) brutto (...) € und ist fest vereinbart bis (...). Es wird nach Berücksichtigung der gesetzlichen und sonstigen Abzüge zum 15. Januar eines Jahres vorab auf ein von Frau (...) anzugebendes Konto überwiesen.

(2) Gestaltungshinweise

Beide Klauseln sind unbedenklich wirksam. Die Klausel D 1 ist verbreiteter als die Klausel D 2. 2417

ee) Akkordlohnvereinbarung[110]

(1) Klauseltyp E

E 1: Für jeden gefertigten Kolbenring der Größen 1 bis 4 erhält der Arbeitnehmer im Akkordlohn (...) € pro gefertigtes Stück. Die Parteien vereinbaren den Stückakkordlohn als Schätzakkord. 2418

E 2: Für das Aufbringen von Wandputz erhält der Arbeitnehmer einen Betrag von (...) € je qm, für die Herstellung von Deckenputz wird ein Akkordlohn von (...) € je qm, für die Anbringung von Raufasertapeten wird ein Betrag von (...) € je qm gezahlt.

---

106 Vgl Preis/*Lindemann*, Der Arbeitsvertrag, II A 70 Rn 23; BLDH/*Lingemann*, Anwalts-Formularbuch Arbeitsrecht, M 2.2, Nr. 4.

107 SPA 18/2002, 1.

108 Küttner/*Griese*, Personalbuch, 152 (Eingruppierung) Rn 4.

109 BAG 31.10.1995 – 1 ABR 5/95, BB 1996, 1009.

110 Vgl Preis/*Lindemann*, Der Arbeitsvertrag, II A 70 Rn 34 ff; BLDH/*Lingemann*, Anwalts-Formularbuch Arbeitsrecht, M 12.13.1, M 12.13.2.

E 3:

1. Der Mitarbeiter wird als Gabelstapler-Fahrer eingestellt.
2. Für das Be- und Entladen erhält der Mitarbeiter einen Gewichtsakkordlohn iHv (...) € pro transportiertem (...) kg Gewicht.
3. (...)

E 4: Der Arbeitnehmer arbeitet im Zeitakkord. Er erhält für die Fertigung von (...) jeweils (...) Minuten als Verrechnungsfaktor vergütet. Die Vorgabezeiten werden nach REFA-Grundsätzen ermittelt.

(2) Gestaltungshinweise

2419 Akkordlohnvereinbarungen sind verschiedentlich in Tarifverträgen vorgesehen und branchenüblich (§ 77 Abs. 3 BetrVG). Sie können mit einer Mindestlohnsicherung verbunden werden. Bei der Akkordvergütung handelt es sich um eine streng leistungsbezogene Vergütung. Liegt eine tarifliche Festsetzung der Akkordvorgabe nicht vor, hat der Betriebsrat ein erzwingbares **Mitbestimmungsrecht** bei der Festsetzung der Entlohnungsgrundsätze (§ 87 Abs. 1 Nr. 10, 11 BetrVG). Nach der Rspr des BAG hat der Betriebsrat auch über die Regelung von Erholungszeiten als Bestandteil der Vorgabezeit für Akkordlöhne mitzubestimmen.[111] Die Bezugsgröße für den bezahlten Arbeitserfolg ist die geleistete Arbeitsmenge.

2420 Zu unterscheiden sind der **Geldakkord** und der **Zeitakkord.**[112] Beim **Geldakkord** gibt es je nach Art der Arbeitsleistung verschiedene Bezugsgrößen, die individuell – wie in den Klauseln E 1 bis E 3 – vereinbart werden können. Beim **Stückakkord** wird die produzierte oder verarbeitete Anzahl zugrunde gelegt (Klausel E 1). Die Größe der von dem Arbeitnehmer bearbeiteten Fläche bestimmt den **Flächenakkord** (Klausel E 2). Beim **Gewichtsakkord** stellt man auf das Gewicht des beförderten oder aber auch verarbeiteten Materials ab (Klausel E 3).

2421 In den Betrieben ist der Geldakkord wenig verbreitet. Der Nachteil dieser historisch älteren Akkordform besteht darin, dass der für die Lohnbemessung maßgebliche Gesichtspunkt, nämlich die benötigte Zeit für die Erbringung einer Leistungseinheit, meist nicht offen ausgewiesen wird.[113] Beim **Zeitakkord** wird im Gegensatz zum Geldakkord für die Herstellung eines Produkts nicht ein bestimmter Geldbetrag, sondern eine bestimmte Zeiteinheit als Zeitfaktor festgelegt. Dies ist die sog. **Vorgabezeit.** Diese Zeit erhält der Arbeitnehmer auch dann vergütet, wenn er die Leistung in kürzerer oder längerer Zeit erbringt.[114]

2422 Die Ermittlung der Vorgabezeit beim Zeitakkord kann nach verschiedenen Methoden erfolgen. Weit verbreitet ist der sog. **arbeitswissenschaftliche Akkord**, bei dem die Vorgabezeit nach einem hoch ausdifferenzierten Verfahren ermittelt wird. Ein derartiges Verfahren ist bspw das Zeitermittlungsverfahren nach der Methodenlehre des Arbeitsstudiums des Reichsausschusses für Arbeitszeitermittlung (**REFA**), das auch der Klauselvariante E 4 zugrunde liegt, oder auch das **Bedaux-System** (entwickelt von Bedaux) sowie das **MTM-System** (*Methods Time Measurement*).[115] Die dem einzelnen Arbeitnehmer insgesamt gutzuschreibende Zeit wird mit dem Geldfaktor vervielfacht; dieser Faktor ist der für eine Minute festgesetzte Geldbetrag. Formelhaft lässt sich das Prinzip wie folgt ausdrücken: Lohn = Zahl der erbrachten Leistungen x Normalzeit x Geldfaktor. Bei dem Geldfaktor handelt es sich um den pro Minute zu verdienenden Geldbetrag. Er ist der sechzigste Teil des Akkordrichtsatzes. Unter **Akkordrichtsatz** versteht man den Stundenverdienst bei Normalleistung.

111 BAG 24.2.1987 – 1 ABR 18/85, AP § 77 BetrVG 1972 Nr. 21.

112 *Schaub/Koch*, Arbeitsrecht von A–Z, 19. Aufl. 2014, Stichwort: Akkord.

113 Staudinger/*Richardi/Fischinger*, § 611 BGB Rn 788.

114 *Schaub/Koch*, Arbeitsrecht von A–Z, 19. Aufl. 2014, Stichwort: Akkord.

115 Zu Einzelheiten: *Schaub/Koch*, Arbeitsrecht von A–Z, 19. Aufl. 2014, Stichwort: Akkord.

Zu unterscheiden ist weiterhin zwischen **Einzelakkord** und **Gruppenakkord**. Schon der Begriff „Einzelakkord" macht deutlich, dass dabei auf das Leistungsergebnis des einzelnen Arbeitnehmers geschaut wird. Beim Gruppenakkord wird auf das Leistungsergebnis einer gesamten Arbeitsgruppe abgestellt.[116] Der Gruppenakkord gelangt zur Anwendung, wenn die Leistung notwendigerweise nur von mehreren Arbeitnehmern gemeinsam ausgeübt werden kann, wie zB der Reinigungsvorgang einer Putzkolonne.[117] 2423

ff) Miles & More-Klauseln

(1) Klauseltyp F

F 1: Der Mitarbeiter verpflichtet sich, alle auf Geschäftsreisen von Fluggesellschaften gutgeschriebenen Bonusmeilen ausschließlich für weitere dienstliche Flüge und nicht zu privaten Zwecken zu nutzen, auch wenn die Gewährung der Bonusmeilen auf den Namen des Mitarbeiters und nicht des Unternehmens erfolgt. 2424

F 2: Der Mitarbeiter kann die auf Geschäftsreisen erworbenen, von Fluggesellschaften auf seinen Namen gutgeschriebenen Bonusmeilen zu privaten Zwecken nutzen. Soweit die Prämien im Kalenderjahr den Steuerfreibetrag gem. § 3 Nr. 38 EStG übersteigen und die Fluggesellschaft keine abgeltende Pauschalbesteuerung gem. § 37 a EStG vorgenommen hat, trägt die hierbei anfallenden Steuern der Mitarbeiter unmittelbar. Sollte der Arbeitgeber trotz dieser Abrede für auf Prämienmeilen entfallende Steuern des Mitarbeiters vom Finanzamt in Anspruch genommen werden, ist der Arbeitgeber berechtigt, die Steuern bei den nächsten an den Arbeitnehmer zu zahlenden Gehältern bis zur Höhe der Pfändungsfreigrenze in Abzug zu bringen.

(2) Gestaltungshinweise

Höchstrichterlich hat das BAG mit Urteil vom 11.4.2006 entschieden,[118] dass eine Pflicht zur dienstlichen Verwendung von Bonusmeilen besteht. Ein Arbeitnehmer, der bei von seinem Arbeitgeber finanzierten Geschäftsreisen am Vielflieger-Programm einer Fluggesellschaft teilnimmt, ist auf Aufforderung seines Arbeitgebers verpflichtet, die Bonuspunkte in dessen wirtschaftlichem Interesse zur Bezahlung von Dienstflügen einzusetzen. Mit dieser Entscheidung schloss sich das BAG der Vorinstanz LAG Hamm[119] an. Nach § 667 Alt. 2 BGB sei der Beauftragte verpflichtet, seinem Auftraggeber alles herauszugeben, was er aus der Geschäftsbesorgung erlangt. Dieser Grundsatz finde auch im Arbeitsverhältnis Anwendung. Die Herausgabepflicht gelte für alle Vorteile, soweit sie dem Arbeitnehmer von einem Dritten nicht nur bei Gelegenheit, sondern aufgrund eines inneren Zusammenhangs mit dem geführten Geschäft gewährt worden seien. Auf Grundlage dieser Entscheidung kann der Arbeitgeber dem Arbeitnehmer rechtswirksam untersagen, die Bonuspunkte zu privaten Zwecken zu nutzen. 2425

Die Klausel F 1 stellt im Sinne des Urteils des BAG sicher, dass die vom Arbeitnehmer auf dienstlichen Flügen erworbenen Bonusmeilen wieder zu dienstlichen Zwecken, mithin auf weiteren dienstlichen Flügen, genutzt werden, während die Klausel F 2 eine private Nutzung ermöglicht. Die Zuwendung der Bonusmeilen durch die Fluggesellschaft ist nach überwiegender Auffassung kein Arbeitsentgelt,[120] nicht etwa deshalb, weil der Leistende, die Fluggesellschaft, nicht mit dem Arbeitgeber identisch ist. Leistender des Arbeitsentgelts kann auch ein Dritter 2426

116 BAG 26.4.1961 – 4 AZR 71/58, AP § 611 BGB Akkordlohn Nr. 14.

117 Zum Mitbestimmungsrecht des Betriebsrats beim Wechsel in den Gruppenakkord: BAG 22.4.1997 – 1 ABR 84/96, DB 1998, 208.

118 BAG 11.4.2006 – 9 AZR 500/05, NZA 2006, 1089; so auch bereits *Bauer/Krets*, BB 2002, 2066; aA *Heinze*, DB 1996, 2490.

119 LAG Hamm 29.6.2005 – 14 Sa 496/05, NZA-RR 2005, 624.

120 *Bauer/Krets*, BB 2002, 2066, 2068; *Bornhaupt*, FR 1993, 326; *Heinze*, DB 1996, 2490, 2491; *Thomas*, DStR 1997, 305, 308.

sein, § 267 Abs. 1 BGB. Der Gewährung des Prämienflugs fehlt jedoch der Gegenseitigkeitscharakter; die Prämie wird nicht gewährt, *damit* der Arbeitnehmer seiner Arbeitspflicht nachkommt.

2427 Arbeitsentgelt ist dagegen der Verzicht des Arbeitgebers auf die dienstliche Nutzung der Bonusmeilen, wie in der Klausel F 2. Zwar ist die direkte synallagmatische Beziehung zwischen der Gewährung der Privatnutzung und der Arbeitsleistung gelockert.[121] Der Verzicht des Arbeitgebers ist aber weder rechtlich noch wirtschaftlich unentgeltlich, wenn man der höchstrichterlichen Auffassung folgt, die Bonusmeilen seien dienstlich zu verwenden.

2428 Nach *Bauer/Krets*[122] kann der Arbeitgeber die dienstliche Verwendung von auf den Namen des Arbeitnehmers erworbenen Meilengutschriften über das Direktionsrecht anordnen. Inwieweit auftragsrechtliche Aufwendungsersatz- oder Herausgabeansprüche ein solches Weisungsrecht ermöglichen, kann dahinstehen. Jedenfalls können die Parteien über die erneute dienstliche Verwendung auf den Namen des Arbeitnehmers gutgeschriebener Bonusmeilen eine Vereinbarung treffen, die auch nicht gegen § 307 BGB verstößt. Das steuerrechtliche, in § 3 Nr. 38 EStG zum Ausdruck gekommene Grundverständnis der privilegierten Verwendung von Bonusmeilen durch den Arbeitnehmer ist kein wesentlicher Grundgedanke, der nach § 307 Abs. 2 BGB zur Unwirksamkeit der Regelung führen kann.

2429 Soweit der Wert der Prämien nicht höher ist als 1.080 € (bis 1.1.2004: 1.224 €) pro Kalenderjahr, sind die vom Arbeitnehmer auf dienstlichen Flügen erworbenen Meilengutschriften gegenwärtig steuerfrei, § 3 Nr. 38 EStG. Auf diese Regelung nimmt die Klausel F 2 Bezug. Darüber hinausgehend fallen keine Steuern an, wenn die Fluggesellschaft eine abgeltende Pauschalbesteuerung gegenüber dem Finanzamt vorgenommen hat, § 37 a EStG.

121 *Bauer/Krets*, BB 2002, 2066, 2068.
122 *Bauer/Krets*, BB 2002, 2066.

33. Gehaltsrückzahlungsklauseln

Literatur

Bieder, Überzahlung von Arbeitsentgelt und formularvertraglicher Ausschluss des Entreicherungseinwands, DB 2006, 1318; *Hromadka*, Irrtümliche Überzahlung von Lohn, FS Söllner 1990, S. 105 ff; *Hümmerich*, Gestaltung von Arbeitsverträgen nach der Schuldrechtsreform, NZA 2003, 753; *Möller*, Die Rückführung überbezahlten Arbeitsentgelts, ZTR 1989, 306; *Schwab*, Verwirkung des Anspruchs des Arbeitgebers auf Rückerstattung von Lohnüberbezahlungen, BB 1995, 221.

a) Rechtslage im Umfeld

aa) Bereicherungsrechtliche Grundlagen

Zahlt der Arbeitgeber versehentlich eine zu hohe Vergütung, steht ihm vom Grundsatz her ein **Anspruch auf Rückzahlung nach Bereicherungsrecht** (§ 812 Abs. 1 S. 1 1. Alt. BGB) in Höhe der Bruttozahlung[1] zu. Der Anspruch umfasst somit auch die abgeführten Steuern und Sozialversicherungsbeiträge.[2] 2430

Ausgeschlossen ist der Gehaltsrückzahlungsanspruch dann, wenn der Arbeitgeber den Arbeitnehmer bewusst übertariflich eingruppiert oder bewusst überbezahlt hat (vgl § 814, § 818 Abs. 2–4, § 819 Abs. 1 BGB).[3] Wegen des Anspruchs des Arbeitgebers auf Rückzahlung überzahlter Vergütung gelten des Weiteren die **tariflichen Ausschlussfristen**. Dem Arbeitnehmer ist es verwehrt, sich auf die Ausschlussfrist zu berufen, wenn er es pflichtwidrig unterlassen hat, dem Arbeitgeber Umstände mitzuteilen, die die Geltendmachung des Rückzahlungsanspruchs innerhalb der Ausschlussfrist ermöglicht hätten. Zu einer solchen Mitteilung ist der Arbeitnehmer verpflichtet, wenn er bemerkt, dass er eine ungewöhnlich hohe Zahlung erhalten hat, deren Grund er nicht erklären kann.[4] Soweit ein Arbeitnehmer in der Zeit der Währungsumstellung sein Gehalt, ohne dass eine Umrechnung erfolgt war, betragsmäßig in Euro statt in DM erhielt, nahm das ArbG Stade[5] an, eine Überzahlung im Umfang von wirtschaftlich nahezu dem Doppelten seines bisherigen Gehalts habe ihm auffallen und er habe den Irrtum dem Arbeitgeber mitteilen müssen. Bei einer so deutlichen Überzahlung könne sich der Arbeitnehmer auch nicht gegenüber dem Rückzahlungsbegehren des Arbeitgebers auf die Einhaltung der Pfändungsfreigrenzen berufen, da dieser Argumentation der Einwand des Rechtsmissbrauchs entgegenstehe. Auch die schuldhafte Verletzung der Auskunftspflicht eines Ruhegeldempfängers über anderweitigen Rentenbezug begründet eine Schadensersatzverpflichtung.[6] 2431

Demgegenüber vertrat das BAG bei einer Mitarbeiterin im öffentlichen Dienst die Ansicht, dass eine rechtsmissbräuchliche Berufung auf die Ausschlussfrist bereits dann wegfalle, wenn der Arbeitgeber trotz Kenntnis des Überzahlungstatbestandes längere Zeit von einer Geltendmachung seines Rückzahlungsanspruchs in der nach dem Tarifvertrag gebotenen Form absehe.[7] In dem vom BAG entschiedenen Fall hatte das Land von Dezember 1990 bis August 2001 an eine Mitarbeiterin insgesamt 113.932,97 € Gehalt zu viel überwiesen. Dem Land war die verminderte Wochenarbeitszeit der Mitarbeiterin bekannt. Die Beschäftigungsdienststelle der Mitarbeiterin erkannte die irrtümliche Gehaltsüberzahlung am 6.10.2001 und unterrichtete 2432

1 LAG Köln 17.11.1995 – 13 SA 558/95, AP § 812 BGB Nr. 17.
2 BAG 15.3.2000 – 10 AZR 101/99, DB 2000, 1621 (für tarifvertraglichen Rückzahlungsanspruch); BAG 5.4.2000 – 10 AZR 257/99, ZIP 2000, 1544; LAG Köln 17.11.1995 – 13 SA 558/95, AP § 812 BGB Nr. 17; Palandt/*Weidenkaff*, § 611 BGB Rn 89; aA Küttner/*Griese*, Personalbuch, 164 (Entgeltrückzahlung) Rn 12.
3 Küttner/*Griese*, Personalbuch, 164 (Entgeltrückzahlung) Rn 7.
4 BAG 1.6.1995 – 6 AZR 912/94, AP § 812 BGB Nr. 16; LAG Schleswig-Holstein 3.5.2007 – 1 Sa 506/06, SchlHA 2007, 531.
5 ArbG Stade 15.1.2002 – 1 Ca 1347/01, FA 2002, 116.
6 BAG 27.3.1990 – 3 AZR 187/88, DB 1990, 2123.
7 BAG 10.3.2005 – 6 AZR 217/04, 6 AZR 217/04, NZA 2005, 812; BAG 13.2.2003 – 8 AZR 236/02, NZA 2003, 1295.

am 6.12.2001 das für die Rückforderung zuständige Landesamt für Besoldung. Das Landesamt für Besoldung verlangte erstmals mit einem Schreiben vom 27.2.2002 von der Beklagten die Rückzahlung der überzahlten Vergütung. Das BAG schloss daraus, dass erst am 27.2.2002 die Rückzahlung geltend gemacht worden war, dass das Land „längere Zeit von der Geltendmachung seines Rückzahlungsanspruchs in der nach dem Tarifvertrag gebotenen Form“ abgesehen habe, was nach allgemeiner Kenntnis von einer manchmal schleppenden Arbeitsweise im öffentlichen Dienst eine zu weitgehende Interpretation mangelnden Arbeitseifers darstellt.

2433 Wesentlich rigider ging das BAG im Falle eines am Klinikum der TU München als Arzt für Frauenheilkunde eingestellten Arztes vor, der bei der Einstellung eine gefälschte Approbationsurkunde vorgelegt hatte. Es stellte sich erst nach Beendigung einer siebeneinhalbjährigen Tätigkeit heraus, dass der Mitarbeiter des Klinikums nie eine Zulassung als Arzt besessen hatte. Das Klinikum erklärte die Anfechtung des Arbeitsvertrages wegen arglistiger Täuschung und klagte auf Rückzahlung eines Teils der geleisteten Arbeitsvergütung sowie der vollen in den siebeneinhalb Jahren angefallenen Urlaubsvergütung und Entgeltfortzahlung im Krankheitsfall (ca. 71.000 €). Das BAG gab der Klage statt, weil der Arbeitsvertrag der Parteien wegen eines Verstoßes gegen das gesetzliche Verbot der Ausübung der Heilkunde durch einen Nichtarzt nichtig war.[8] Eine Heilung dieses Mangels über ein faktisches Arbeitsverhältnis habe trotz der langjährigen Beschäftigung nicht eintreten können, weil dem der Zweck des Verbotsgesetzes, Leben und Gesundheit der Patienten zu schützen, entgegenstehe. Deshalb sei nur eine Rückabwicklung der beiderseits erbrachten Leistungen nach Bereicherungsrecht in Betracht gekommen. Der Träger des Klinikums könne die rechtsgrundlos geleisteten Zahlungen zurückfordern. Ein auf Ersatz des Wertes einer Dienstleistung gerichteter Anspruch des Mitarbeiters bestehe demgegenüber nicht. Nach § 817 BGB sei die Rückforderung nicht ausgeschlossen, wenn der Leistende durch die Art der Leistung gegen ein gesetzliches Verbot verstoßen habe. Eine Einschränkung des Ausschlusses der Rückforderung sei in Fällen der vorliegenden Art nicht angemessen.

2434 Der 6. Senat hat mit Urteil vom 10.3.2005[9] die Leitlinien seiner bisherigen Rspr zu überzahltem Gehalt und zum Verfall des Rückzahlungsanspruchs des Arbeitgebers zusammengefasst. Das BAG vertritt in stRspr die Auffassung, der Arbeitnehmer sei grds. nicht verpflichtet, eine Vergütungsabrechnung des Arbeitgebers zu prüfen. Erkenne er jedoch eine erhebliche Mehrzahlung, die er sich nicht erklären könne, müsse er diese dem Arbeitgeber anzeigen.[10]

2435 Der Rückzahlungsanspruch des Arbeitgebers aufgrund überzahlter Vergütung entstehe und werde im Zeitpunkt der Überzahlung fällig, wenn der Arbeitgeber trotz Kenntnis der maßgebenden Berechnungsgrundlagen die Vergütung irrtümlich fehlerhaft berechnet habe. Erfasse eine tarifliche Ausschlussfrist „Ansprüche aus dem Arbeitsverhältnis“, verfalle der Rückzahlungsanspruch grds., wenn der Arbeitgeber ihn nicht fristgerecht geltend gemacht habe.[11]

2436 Gegenüber dem Rückzahlungsanspruch des Arbeitgebers kann der Arbeitnehmer einen **Wegfall der Bereicherung** geltend machen (**§ 818 Abs. 3 BGB**). In den Grenzen der §§ 818 Abs. 4 und 819 Abs. 1 BGB liegt eine Entreicherung vor, wenn der Arbeitnehmer die rechtsgrundlose Leistung ersatzlos für (Luxus-)Ausgaben verwendet hat, die er sonst nicht getätigt hätte. Keine Entreicherung ist gegeben, wenn der Arbeitnehmer anderweitige Aufwendungen erspart oder bestehende Schulden getilgt hat.[12] Der Arbeitnehmer, der gegen den Anspruch des Arbeitgebers auf Rückzahlung zu viel gezahlter Arbeitsvergütung (§ 812 Abs. 1 BGB) den Wegfall der Berei-

8 BAG 3.11.2004 – 5 AZR 592/03, NZA 2005, 1409.

9 BAG 10.3.2005 – 6 AZR 217/04, NZA 2005, 812.

10 BAG 23.5.2001 – 5 AZR 374/99, BAGE 98, 25 = BB 2001, 2008; BAG 1.6.1995 – 6 AZR 912/94, BAGE 80, 144 = NZA 1996, 135; BAG 11.6.1980 – 4 AZR 443/78, NJW 1981, 365.

11 BAG 19.2.2004 – 6 AZR 664/02, NZA 2004, 1120; BAG 14.9.1994 – 5 AZR 407/93, NZA 1995, 897; BAG 16.11.1989 – 6 AZR 114/88, BAGE 63, 246.

12 BAG 18.1.1995 – 5 AZR 817/93, AP § 812 BGB Nr. 13; BAG 18.9.1986 – 6 AZR 517/83, AP § 812 BGB Nr. 5.

cherung geltend macht, hat darzulegen und gegebenenfalls zu beweisen, dass er nicht mehr bereichert ist.[13] Der Arbeitnehmer kann sich für den Wegfall der Bereicherung auf die Grundsätze des Anscheinsbeweises berufen. Dazu ist erforderlich:

- Es muss sich um eine geringfügige Überzahlung handeln, wobei zur Beantwortung dieser Frage auf die einschlägigen Richtlinien des öffentlichen Dienstes zurückgegriffen werden kann. Öffentliche Dienstherren und Arbeitgeber haben im Anschluss an die Rspr des BVerwG zum Umfang der Darlegungs- und Beweislast bei überzahlter Besoldung für Beamte[14] in Verwaltungsvorschriften bestimmt, dass für Beamte wie für Angestellte von einem Wegfall der Bereicherung auszugehen ist, wenn die Zuvielzahlung bei einmaligen Leistungen 10 % des zustehenden Betrages, höchstens 102,25 €, bei wiederkehrenden Leistungen 10 % aller für den Zeitraum zustehenden Bezüge, höchstens monatlich 102,25 € nicht übersteigt.[15]
- Die Lebenssituation des Arbeitnehmers muss so sein, dass erfahrungsgemäß ein alsbaldiger Verbrauch der Überzahlung für die laufenden Kosten der Lebenshaltung anzunehmen ist.[16]

Weihnachtsgeld und **Urlaubsgeld** stehen häufig unter einem **Rückzahlungsvorbehalt**, der sich aus einer mit der Gewährung verbundenen Bindungsvereinbarung ergibt. Typischerweise war nach BAT die Sonderzahlung im öffentlichen Dienst zum Monat November daran geknüpft, dass das Arbeitsverhältnis noch im darauf folgenden Jahr zum 1.4. besteht.[17] Vereinbart ein Arbeitgeber mit einem Arbeitnehmer eine Rückzahlungsklausel, die besagt, dass das Urlaubsgeld gezahlt wird, „das unter dem gleichen Rückzahlungsvorbehalt steht wie Weihnachtsgeldzahlungen nach der derzeitigen Rechtsprechung“, verstößt die Klausel gegen das Bestimmtheitserfordernis nach § 307 Abs. 1 S. 2 BGB.[18] Dieses Transparenzgebot verpflichtet den Verwender, Rechte und Pflichten seines Vertragspartners in den AGB möglichst klar und durchschaubar darzustellen.[19] Eine Formulierung, nach der die Zahlung des Urlaubsgeldes unter dem gleichen Rückzahlungsvorbehalt steht wie Weihnachtsgeldzahlungen nach der derzeitigen Rspr, ergibt nicht, welche Rspr konkret gemeint ist, zumal es ohne vertragliche Vereinbarung keine „gesetzliche Rückzahlungspflicht“ gibt. 2437

bb) Vereinbarungen über den Ausschluss des Entreicherungseinwands vor der Schuldrechtsreform

Arbeitgeber und Arbeitnehmer konnten in der Vergangenheit im Arbeitsvertrag die Verpflichtung des Arbeitnehmers festlegen, dass der zu viel erhaltene Lohn ohne Rücksicht auf eine noch vorhandene Bereicherung zurückzahlen ist. Zwar besteht grds. eine Fürsorgepflicht des Arbeitgebers, den Lohn richtig zu berechnen. Auch kann die Verletzung dieser Pflicht Schadensersatzansprüche des Arbeitnehmers zur Folge haben. Ersatzansprüche des Arbeitnehmers waren, zumindest bei typischen Versehen des Arbeitgebers im Rahmen der Lohnabrechnung, ausgeschlossen, wenn durch Arbeitsvertrag ausdrücklich die Rückzahlung zu viel gezahlten Lohns vereinbart war. Ein Schaden des Arbeitnehmers liegt nicht schon deshalb vor, weil ihm die Rückzahlungslage abverlangt, Beträge einzusparen, die er früher erhalten und zwischenzeitlich ausgegeben hat. In dem Verlangen des Arbeitgebers auf Rückzahlung irrtümlich über- 2438

13 BAG 18.1.1995 – 5 AZR 817/93, AP § 812 BGB Nr. 13.
14 BVerwG 10.10.1961 – VI C 25/60, BVerwGE 13, 107.
15 Bundesminister des Innern, Allgemeine Verwaltungsvorschriften zum BBesG vom 29.5.1980 (GMBl. S. 290) für Beamte bzw Rundschreiben des BMI vom 23.10.1962 idF des Rundschreibens vom 4.7.1980 (GMBl. S. 412) für Arbeiter und Angestellte des Bundes.
16 BAG 18.1.1995 – 5 AZR 817/93, AP § 812 BGB Nr. 13; BAG 12.1.1994 – 5 AZR 597/92, AP § 818 BGB Nr. 3; LAG Hamm 3.12.1999 – 5 Sa 97/99, NZA-RR 2000, 181.
17 § 1 Abs. 4 Nr. 1 Zuwendungs-TV, der vom Bund und von der VKA zum 30.6.2003 gekündigt wurde. Die nunmehr gültige Tarifregelung Jahressonderzahlung Bund enthält keine Stichtagsregelung mehr.
18 AA vor der Schuldrechtsreform ArbG Wetzlar 26.6.2001 – 1 Ca 18/01, NZA-RR 2002, 237.
19 BGH 9.5.2001 – IV ZR 121/00, NJW 2001, 2014.

zahlten Entgelts liegt keine unzulässige Rechtsausübung, wenn der Arbeitgeber dem Arbeitnehmer weder die Richtigkeit der Gehaltsabrechnung ausdrücklich zugesagt, noch es ihm unmöglich gemacht hat, die Richtigkeit der Abrechnung selbst zu prüfen.[20]

2439 Da dem Arbeitnehmer durch die Gehaltsrückzahlungsklausel der Einwand des Wegfalls der Bereicherung abgeschnitten wird, bedürfen entsprechende Klauseln einer gesonderten, **ausdrücklichen Vereinbarung**, die in einem Tarifvertrag oder einer Betriebsvereinbarung enthalten sein kann.[21] In der Vergangenheit war es ausreichend, wenn die Klausel im Arbeitsvertrag niedergelegt war. Die Voraussetzungen und formalen Anforderungen einer wirksamen vertraglichen Rückzahlungsklausel formulierte das BAG in seinem Urteil vom 18.9.1986.[22] So führte es aus, dass die einseitige Erklärung des Arbeitnehmers auf einem vom Arbeitgeber vorgelegten vorgedruckten Formular, ihm sei bekannt, dass er alle Bezüge zurückzahlen müsse, die er infolge unterlassener, verspäteter oder fehlerhafter Meldung zu viel erhalten habe, keinen wirksamen Ausschluss des Entreicherungseinwandes nach § 818 Abs. 3 BGB begründe und gleichermaßen keine Vereinbarung über eine Leistung des Arbeitgebers unter Vorbehalt darstelle. Eine solche einseitige Erklärung des Arbeitnehmers enthalte keine selbständige vertragliche Anspruchsgrundlage, sondern stelle nur eine deklaratorische Wiedergabe der ohnehin nach Bereicherungsrecht bestehenden Rechtslage dar. Im Umkehrschluss folgte aus diesen Ausführungen, dass sich aus einer wirksamen Rückzahlungsklausel zweifelsfrei ergeben muss, dass der Arbeitnehmer gegenüber seinem Arbeitgeber auf den ihm günstigen Entreicherungseinwand **verzichtet**.

cc) Vereinbarungen über den Ausschluss des Entreicherungseinwands nach der Schuldrechtsreform

2440 Nach *Hümmerich* sind Rückzahlungsklauseln, die dem Arbeitnehmer den Entreicherungseinwand gem. § 818 Abs. 3 BGB abschneiden, seit der Einführung der Inhaltskontrolle zum 1.1.2003 unwirksam.[23] Der gesetzliche Entreicherungseinwand soll zu den „wesentlichen Grundgedanken einer gesetzlichen Regelung, von der abgewichen wird“, iSv § 307 Abs. 2 Nr. 1 BGB zählen.

2441 Allgemein wird zu Abgrenzungszwecken bei § 307 Abs. 2 Nr. 1 BGB zwischen gesetzlichen Regelungen, die einem wesentlichen Schutzbedürfnis des Verwendungsgegners dienen, und bloßen Ordnungsvorschriften unterschieden.[24] Danach soll auch der **Entreicherungseinwand** zum **gesetzlich vorgeschriebenen Leitbild** der Rückabwicklung jedes Schuldverhältnisses gehören, so dass die Entreicherung in einer Klausel des Arbeitsvertrages gem. § 307 Abs. 2 Nr. 1 BGB nicht generell und losgelöst vom Einzelsachverhalt ausgeschlossen werden darf. *Bieder*[25] ist der Ansicht, bei einfachen Rückzahlungsklauseln, die unterschiedslos bei allen Gehaltsüberzahlungen die Einrede der Entreicherung ausschließen, liege ein Verstoß gegen zentrale Wertungen des AGB- und Bereicherungsrechts vor. Die Freizeichnung des Arbeitgebers von grob fahrlässigem Verhalten bei der Pflicht zur richtigen Lohnberechnung sei nach § 309 Nr. 7 Buchst. b BGB unzulässig und stelle eine unangemessene Benachteiligung des Arbeitnehmers dar, da selbst der gutgläubige unverklagte Arbeitnehmer einem Rückforderungsanspruch ausgesetzt werde und damit der zentrale Zweck des Bereicherungsrechts, der Schutz des gutgläubigen Bereicherungsschuldners, unterlaufen werde. **Qualifizierte Rückzahlungsklauseln**, die den Erstattungsan-

---

20 BAG 8.2.1964 – 5 AZR 371/63, AP § 611 BGB Lohnrückzahlung Nr. 2.

21 Küttner/*Poeche*, Personalbuch, 361 (Rückzahlungsklausel) Rn 2.

22 BAG 18.9.1986 – 6 AZR 517/83, AP § 812 BGB Nr. 5.

23 *Hümmerich*, NZA 2003, 753, 764 – mit einem Druckfehler: statt § 307 Abs. 1 Nr. 1 BGB muss es heißen: § 307 Abs. 2 Nr. 1 BGB.

24 Palandt/*Grüneberg*, § 307 BGB Rn 30; AnwK-BGB/*Kollmann*, § 307 BGB Rn 23; *Wolf/Horn/Lindacher*, AGBG, § 9 Rn 72.

25 DB 2006, 1318; vgl auch ErfK/*Preis*, § 611 BGB Rn 412.

spruch davon abhängig machten, dass der Arbeitnehmer positive Kenntnis von der Überzahlung besitze oder die Ursache für die Überzahlung selbst gesetzt habe, sollen dagegen auch in Formulararbeitsverträgen wirksam sein.

dd) Ausschlussfristen bei Erkennen des Arbeitnehmers von der Vergütungsüberzahlung

Hat der Arbeitnehmer die Vergütungsüberzahlung erkannt und es pflichtwidrig unterlassen, den Arbeitgeber hierauf hinzuweisen, kann der Arbeitgeber dem Ablauf einer tariflichen Ausschlussfrist solange mit dem Einwand der unzulässigen Rechtsausübung (§ 242 BGB) begegnen, wie er aufgrund einer vom Arbeitnehmer unterlassenen Mitteilung von der Geltendmachung seines Rückzahlungsanspruchs abgehalten wurde.[26] Erhält der Arbeitgeber anderweitig vom Überzahlungstatbestand Kenntnis, beginnt aber keine (neue normale) Ausschlussfrist. Der Arbeitgeber muss dann seinen Rückzahlungsanspruch innerhalb einer kurzen, nach den Umständen des Falles sowie innerhalb einer nach Treu und Glauben zu bestimmenden Frist in der nach dem Tarifvertrag gebotenen Form geltend machen.[27] 2442

b) Klauseltypen und Gestaltungshinweise

aa) Verzicht auf Entreicherungseinwand

(1) Klauseltyp A

↓ **A 1:** Jede Überzahlung des Gehalts wird der Mitarbeiter, sobald entsprechende Feststellungen vom Arbeitgeber getroffen werden, unverzüglich ausgleichen. Der Mitarbeiter verzichtet gegenüber diesem Anspruch des Arbeitgebers auf den Einwand, er sei nicht mehr bereichert und der Anspruch insoweit ausgeschlossen. 2443

↓ **A 2:** Der Arbeitnehmer verpflichtet sich, Gehaltsüberzahlungen ohne Rücksicht auf eine vorhandene Bereicherung zurückzuzahlen.

(2) Gestaltungshinweise

Beide Formulierungen des Klauseltyps A („einfache" Erstattungsklauseln) schneiden dem Arbeitnehmer im Falle der Überzahlung den Einwand des Wegfalls der Bereicherung ab. Beim Einwand der Entreicherung handelt es sich nach § 818 Abs. 3 BGB um eine gesetzliche Regelung, von der gem. § 307 Abs. 2 Nr. 1 BGB nicht uneingeschränkt abgewichen werden darf. Deshalb sind nach einer Literaturansicht beide Klauseln unwirksam.[28] Klauseln, die dem Arbeitgeber gestatten, unabhängig von der Gesetzeslage gem. §§ 812 ff BGB einen Rückzahlungsanspruch wegen überzahlten Gehalts zu gewähren, sollen seit der Schuldrechtsreform nicht mehr wirksam sein. 2444

26 LAG Schleswig-Holstein 3.5.2007 – 1 Sa 506/06, SchlHA 2007, 531; BAG 10.3.2005 – 6 AZR 217/04, NZA 2005, 812.

27 BAG 10.3.2005 – 6 AZR 217/04, NZA 2005, 812; BAG 13.2.2003 – 8 AZR 236/02, NZA 2003, 1295; BAG 10.10.2002 – 8 AZR 8/02, BAGE 103, 71 = NZA 2003, 329; BAG 23.5.2001 – 5 AZR 374/99, BAGE 98, 25; BAG 5.2.1987 – 2 AZR 46/86; BAG 3.12.1970 – 5 AZR 208/70, AP § 4 TVG Ausschlussfristen Nr. 46.

28 So auch *Bieder*, DB 2006, 1318.

bb) Gehaltsprüfungsklausel

(1) Klauseltyp B

2445 **B 1:** Der Arbeitnehmer verpflichtet sich, jede Vergütungsabrechnung des Arbeitgebers auf ihre Stimmigkeit zu überprüfen. Unstimmigkeiten in der Gehaltsabrechnung oder bei dem überwiesenen Geldbetrag hat der Mitarbeiter dem Arbeitgeber unverzüglich anzuzeigen.

B 2: Der Arbeitnehmer verpflichtet sich, ihm auffallende Mehrzahlungen, die er sich nicht erklären kann, dem Arbeitgeber unverzüglich schriftlich anzuzeigen.

(2) Gestaltungshinweise

2446 Die Klausel B 2 orientiert sich an den Grundsätzen des Urteils des 6. Senats vom 10.3.2005.[29] Sie gibt den Orientierungssatz Nr. 1 der BAG-Richter als Vertragsklausel wieder und verlangt vom Arbeitnehmer nur zusätzlich, dass die Anzeige schriftlich zu erfolgen hat. Wirksamkeitsbedenken bestehen aus diesem Grunde nicht.

2447 Die Klausel B 1 dagegen erweitert die Pflichten des Arbeitnehmers in der Weise, dass der Arbeitnehmer jede Gehaltsabrechnung zu prüfen und entsprechend dem Urteil des BAG vom 10.3.2005 Mehrzahlungen dem Arbeitgeber anzuzeigen hat. Die richtige Berechnung des Entgelts ist allerdings Teil der Fürsorgepflicht des Arbeitgebers.[30] Diese Klausel bewirkt eine umfassende Verlagerung des Risikos der Überbezahlung auf den Arbeitnehmer. Eine solche Vereinbarung kommt einer Freizeichnung einer Haftung des Arbeitgebers auch für grobe Fahrlässigkeit gleich und wird demnach schon gem. § 309 Nr. 7 BGB für unwirksam gehalten.[31]

cc) Rückzahlungsklausel

(1) Klauseltyp C

2448 **C 1:** Die Parteien vereinbaren, dass von der vertraglichen Ausschlussfrist Rückzahlungsansprüche wegen überzahlten Gehalts nicht erfasst werden.

C 2: Hat es der Arbeitnehmer pflichtwidrig unterlassen, eine Überzahlung dem Arbeitgeber mitzuteilen, vereinbaren die Parteien, dass die vertragliche Ausschlussfrist keine Wirksamkeit entfalten soll.

(2) Gestaltungshinweise

2449 Die Klauseln C 1 und C 2 setzen die Gestaltungsmöglichkeiten gemäß dem BAG-Urteil vom 10.3.2005[32] um. Sie verpflichten den Arbeitnehmer zur Rückzahlung überzahlten Gehalts, wobei die Klausel C 1 den Überzahlungstatbestand von einer vertraglichen Ausschlussfrist ausnimmt und die Klausel C 2 den Weg wählt, an das pflichtwidrige Unterlassen und den Einwand der unzulässigen Rechtsausübung anzuknüpfen, wie im Urteil vom 10.3.2005 (Orientierungssatz Nr. 3) hervorgehoben. Beide Klauseln begegnen keinen Wirksamkeitsbedenken. Der Einwand der Entreicherung ist damit nicht ausgeschlossen, allerdings führt das Kennen bzw das Kennenmüssen von einer Überzahlung regelmäßig zum Fortfall des Entreicherungseinwands, jedenfalls beim bösgläubig Bereicherten.[33]

---

29 BAG 10.3.2005 – 6 AZR 217/04, NZA 2005, 812.
30 Vgl Küttner/*Griese*, Personalbuch, 164 (Entgeltrückzahlung) Rn 3.
31 Vgl ErfK/*Preis*, § 310 BGB Rn 93.
32 BAG 10.3.2005 – 6 AZR 217/04, NZA 2005, 812.
33 BAG 9.2.2005 – 5 AZR 175/04, NZA 2005, 814.

34. Gerichtsstandsklauseln

Literatur

Bergwitz, Der besondere Gerichtsstand des Arbeitsortes (§ 48 I a ArbGG), NZA 2008, 443; *Däubler*, Die internationale Zuständigkeit der deutschen Arbeitsgerichte – Neue Regeln durch die Verordnung (EG) Nr. 44/2001, NZA 2003, 1297; *Deinert*, Neues Internationales Arbeitsvertragsrecht, RdA 2009, 144; *Dietze/Schnichels*, Die aktuelle Rechtsprechung des EuGH zum EuGVÜ und zur EuGVVO – Übersicht über das Jahr 2007, EuZW 2009, 33; *Francken/Natter/Riecker*, Die Novellierung des Arbeitsgerichtsgesetzes und des § 5 KSchG durch das SGG-ArbGG-Änderungsgesetz, NZA 2008, 377; *Franzen*, Internationale Gerichtsstandsvereinbarungen in Arbeitsverträgen zwischen EuGVÜ und autonomem internationalen Zivilprozessrecht, RIW 2000, 81; *Jayme/Kohler*, Europäisches Kollisionsrecht 2001 – Anerkennungsprinzip statt IPR?, IPRax 2001, 501; *Junker*, Internationale Zuständigkeit und anwendbares Recht in Arbeitssachen – Eine Einführung für die Praxis, NZA 2005, 199; *Mankowski*, Der gewöhnliche Arbeitsort im internationalen Privat- und Prozessrecht, IPRax 1999, 332; *ders.*, Gerichtsstandsvereinbarungen in Tarifverträgen und Art. 23 EuGVVO, NZA 2009, 584; *Oppertshäuser*, Das Internationale Privat- und Zivilprozessrecht im Spiegel der arbeitsgerichtlichen Rechtsprechung, NZA-RR 2000, 393; *Stichler*, Rechtswegzuständigkeit bei Führungskräften, BB 1998, 1531; *Temming*, Europäisches Arbeitsprozessrecht: Zum gewöhnlichen Arbeitsort bei grenzüberschreitend tätigen Außendienstmitarbeitern, IPRax 2010, 59; *Thüsing*, Rechtsfragen grenzüberschreitender Arbeitsverhältnisse, NZA 2003, 1303; *Wagner*, Die Bemühungen der Haager Konferenz für internationales Privatrecht um ein Übereinkommen über die gerichtliche Zuständigkeit und ausländische Entscheidungen in Zivil- und Handelssachen, IPRax 2001, 533; *ders.*, Die Vereinheitlichung des Internationalen Privat- und Zivilverfahrensrechts zehn Jahre nach Inkrafttreten des Amsterdamer Vertrags, NJW 2009, 1911.

a) Rechtslage im Umfeld

aa) Grenzen vertraglicher Regelungen über den Gerichtsstand

Während im kaufmännischen Vertrag Vereinbarungen zum Gerichtsstand üblich und wirksam 2450 sind, unterliegen sie im übrigen Rechtsverkehr erheblichen Einschränkungen. §§ 38–40 ZPO bestimmten für Gerichtsstandsvereinbarungen ein grundsätzliches Verbot mit Erlaubnisvorbehalt.[1] Daher kann im rein inlandsbezogenen Arbeitsvertrag keine wirksame Vereinbarung über den Gerichtsstand getroffen werden, auch nicht über den Umweg der Vereinbarung eines Erfüllungsorts (§ 29 Abs. 2 ZPO). Ausnahmen bestehen lediglich dann, wenn eine der Vertragsparteien im Inland keinen allgemeinen Gerichtsstand hat (§ 38 Abs. 2 S. 1 ZPO), wenn die Gerichtsstandsvereinbarung nach dem Entstehen der Streitigkeit ausdrücklich und schriftlich geschlossen wird (§ 38 Abs. 3 Nr. 1 ZPO) oder ausdrücklich für den Fall geschlossen wird, dass die im Klageweg in Anspruch zu nehmende Partei nach Vertragsschluss ihren Wohnsitz oder gewöhnlichen Aufenthaltsort aus dem Geltungsbereich der deutschen ZPO verlegt oder ihr Wohnsitz oder gewöhnlicher Aufenthalt im Zeitpunkt der Klageerhebung nicht bekannt ist (§ 38 Abs. 3 Nr. 2 ZPO). Werden in einem Formularvertrag Gerichtsstandsvereinbarungen unter Beachtung dieser Beschränkungen getroffen, so unterliegen sie jedoch zusätzlich einer Angemessenheits- und Transparenzkontrolle nach § 307 BGB.[2] Bei reinen Inlandssachverhalten können Gerichtsstandsklauseln im Arbeitsvertrag daher allenfalls deklaratorische Bedeutung haben. Sobald das Arbeitsverhältnis jedoch eine Verbindung über die Grenze hat oder haben kann, ist die sorgfältige Erwägung entsprechend angepasster Gerichtsstandsklauseln zu empfehlen.[3]

1 MüKo-ZPO/*Patzina*, § 38 Rn 1; vgl instruktiv BGH 20.1.1986 – II ZR 56/85, NJW 1986, 1438.

2 Däubler/Bonin/Deinert/*Däubler*, Anh zu § 307 BGB Rn 24.

3 Vgl BLDH/*Diller*, Anwalts-Formularbuch Arbeitsrecht, M 3.1 Fn 76.

bb) Internationale Zuständigkeit von Gerichten[4]

(1) Übersicht

2451 Die zum Teil nationalstaatlichen, zum Teil internationalen Regelungen entscheiden über die Frage, **welches Gericht zuständig** und damit **welches Verfahrensrecht anwendbar** ist.[5] Das Europarecht gewinnt zunehmend an Bedeutung, daneben finden für Nicht-EU-Staaten völkerrechtliche Verträge Anwendung. Die internationalen Regelungen gehen dem nationalen Recht vor,[6] selbst wenn sie älter sind. Sie sind „von Amts wegen" von deutschen Gerichten in allen Instanzen zu prüfen und zu beachten (§ 293 ZPO, § 46 Abs. 2 ArbGG).

2452 Die Bedeutung der internationalen Zuständigkeit ist hoch, da sie oft auch über das materiell anwendbare Recht entscheidet.[7] Wenn der klagenden Partei verschiedene Gerichtsstände zur Wahl stehen, kann diese über die Entscheidung für ein in- oder ausländisches Gericht versuchen, ein bestimmtes materielles Recht zur Anwendung zu bringen. Man spricht bei Fällen der berechnenden eigennützigen Auswahl von Gerichtsständen – in Anlehnung an entsprechende Vorgänge insb. in den USA – vom **„forum shopping"**.[8]

(2) Internationale Zuständigkeit nach EU-Vorordnungen

(a1) Entwicklungsstand

2453 Die Europäische Gerichtsstands- und Vollstreckungsverordnung (**EuGVVO**)[9] ersetzte seit 1.3.2002 das noch als völkerrechtlicher Vertrag verfasste Europäische Gerichtsstands- und Vollstreckungsübereinkommen (**Brüsseler Abkommen, EuGVÜ**).[10] Selbst ist die angesprochene EuGVVO bzw Brüssel I-VO wieder überarbeitet worden, mit Wirkung seit 10.1.2015 entsprechend Art. 1 ÄndVO (EU) Nr. 542/2014 vom 15.5.2014.[11] Die geänderte Verordnung wird nunmehr allgemein unter der Bezeichnung **„Brüssel Ia-VO"** geführt. Rechtsprechung und Literatur zur EuGVVO bleiben gültig, da auch der Wortlaut des Rechtstextes in weiten Teilen unverändert übernommen wurde.

Die **Auslegungskompetenz** für alle europäischen Vorordnungen liegt beim EuGH,[12] so dass eine einheitliche Anwendung und Weiterentwicklung gesichert ist.

2454 Die EuGVVO bzw Brüssel Ia-VO gilt als Bestandteil der europäischen Rechtsordnung (sog. *acquis communautaire*) auch für alle neuen EU-Mitgliedstaaten, also auch für die zuletzt aufgenommenen Staaten Bulgarien und Rumänien. Als europarechtliche Verordnung ist die EuGVVO/Brüssel Ia-VO in allen EU-Mitgliedstaaten unmittelbar geltendes Recht. Einer Umsetzung in nationales Recht durch entsprechende Gesetze der Mitgliedstaaten bedarf eine EU-Verordnung – im Gegensatz zur Richtlinie – nicht.

---

4 *Mauer*, FA 2002, 130.

5 Das internationale Verfahrensrecht wird demnach von der *lex fori* bestimmt.

6 Zum Vorrang des Europäischen Gemeinschaftsrechts *Kropholler*, Internationales Privatrecht, § 10 (Vor 1.); zum Vorrang der zwischenstaatlichen Abkommen *ders.*, Internationales Privatrecht, § 56 III.

7 *Kropholler*, Internationales Privatrecht, § 58 II.

8 MüKo-ZPO/*Patzina*, § 12 Rn 103; *Kropholler*, Internationales Privatrecht, § 58 VI, dort auch zur Abwehrstrategie des *forum non conveniens* durch die Gerichte in einigen Rechtsordnungen außerhalb Deutschlands, § 58 VII.

9 Verordnung (EG) Nr. 44/2001 des Rates vom 22.12.2000 über die gerichtliche Zuständigkeit und die Anerkennung und Vollstreckung von Entscheidungen in Zivil- und Handelssachen (ABl. EG Nr. L 12 vom 16.1.2001, S. 1; ber. ABl. EG Nr. L 307 vom 24.11.2001, S. 28).

10 Zuletzt gültig für alle damaligen 15 EU-Mitgliedstaaten, für Belgien allerdings noch in der „alten Fassung" des dritten Beitrittsübereinkommens vom 26.5.1989. Hierzu *Jayme/Kohler*, IPRax 2001, 501, 506.

11 Verordnung (EU) Nr. 1215/2012 des Europäischen Parlaments und des Rates vom 12. Dezember 2012 über die gerichtliche Zuständigkeit und die Anerkennung und Vollstreckung von Entscheidungen in Zivil- und Handelssachen (Neufassung) (ABl. L 351 vom 20.12.2012, S. 1), geändert durch VO (EU) Nr. 542/2014 des Europäischen Parlaments und des Rates vom 15. Mai 2014 (ABl. Nr. L 163 S. 1); dazu *Hau*, MDR 2014, 625.

12 Vgl Musielak/*Stadler*, ZPO, Europäisches Zivilprozessrecht, Vorbem. Rn 4.

Die Regelungen des im Laufe der Jahre immer wieder modifizierten EuGVÜ sind im Wesentlichen unverändert in die EuGVVO und weiter in die Brüssel Ia-VO übernommen worden, so dass nachfolgend eine kurze Darstellung der wichtigsten Klauseln erfolgt. Dies ist auch erkennbar an den weiteren Aktivitäten der EU im Bereich der Erleichterung und Vereinheitlichung der Zivilverfahren, wie bspw der Verordnung zur Zustellung von Schriftstücken in Gerichtsverfahren innerhalb der EU,[13] die die umständliche Zustellung über die diplomatischen Vertretungen abkürzt. Eine weitere Verordnung erleichtert grenzüberschreitende Beweisaufnahmeverfahren der Gerichte in Zivil- und Handelssachen.[14] 2455

(a2) Sachlicher und persönlicher Anwendungsbereich

Sachlich gilt die Brüssel Ia-VO für Zivil- oder Handelssachen, ohne dass es auf die Art der Gerichtsbarkeit ankommt; hierunter fallen also auch Arbeits- und Dienstverhältnisse (Art. 1 Abs. 1 S. 1 Brüssel Ia-VO). 2456

Die Brüssel Ia-VO gilt grds. dann, wenn der Beklagte einen Wohnsitz in einem Mitgliedstaat hat (Art. 2 Abs. 1 EuGVVO). Für Unternehmen steht deren Sitz dem Wohnsitz natürlicher Personen gleich (Art. 2 Abs. 1, 63 Brüssel Ia-VO); Gleiches gilt auch für Staaten, soweit sie wirtschaftlich und nicht hoheitlich handeln.[15] Bis auf wenige Ausnahmen sind diese Regelungen nicht durch Parteivereinbarung abdingbar. Richtet sich die Klage gegen mehrere Beklagte, reicht es idR aus, wenn ein Beklagter seinen Wohnsitz oder Sitz im Geltungsbereich der Brüssel Ia-VO hat. 2457

(a3) Zeitlicher Anwendungsbereich

Die Regelungen der EuGVVO gelten dann, wenn die Voraussetzungen dafür zum Zeitpunkt der Klageerhebung vorliegen; eine spätere Änderung ist unbeachtlich.[16] Die gleichen Regeln gelten übrigens auch nach der ZPO. In fast allen Rechtsordnungen besteht der Grundsatz, dass die einmal begründete Zuständigkeit des Gerichts durch einen Wegfall der örtlichen Zuständigkeit nicht mehr berührt wird, sondern fortbesteht (*perpetuatio fori*).[17] 2458

(a4) Besondere Gerichtsstände

Neben dem allgemeinen Gerichtsstand des (Wohn-)Sitzes gem. Art. 4 Abs. 1, Art. 62 und Art. 63 Brüssel Ia-VO bestehen weitere, besondere Gerichtsstände. Die besonderen Gerichtsstände in Arbeitssachen verdrängen die allgemeinen Gerichtsstände.[18] Sie werden nach der Brüssel Ia-VO unterschiedlich gebildet, je nachdem, ob der Arbeitgeber oder der Arbeitnehmer verklagt wird. 2459

13 Verordnung (EG) Nr. 1348/2000 des Rates vom 29.5.2000 über die Zustellung gerichtlicher und außergerichtlicher Schriftstücke in Zivil- oder Handelssachen in den Mitgliedstaaten (ABl. EG Nr. L 160 vom 30.6.2000, S. 37); für Deutschland konkretisiert durch das Gesetz zur Durchführung gemeinschaftsrechtlicher Vorschriften über die Zustellung gerichtlicher und außergerichtlicher Schriftstücke in Zivil- oder Handelssachen in den Mitgliedstaaten (EG-Zustellungsdurchführungsgesetz – ZustDG) vom 9.7.2001 (BGBl. I S. 1536).

14 Verordnung (EG) Nr. 1206/2001 des Rates vom 28.5.2001 über die Zusammenarbeit zwischen den Gerichten der Mitgliedstaaten auf dem Gebiet der Beweisaufnahme in Zivil- oder Handelssachen (ABl. EG Nr. L 174, S. 1) mit Wirkung zum 1.7.2001; siehe ferner Verordnung (EG) Nr. 44/2001 des Rates vom 22.12.2000 über die gerichtliche Zuständigkeit und die Anerkennung und Vollstreckung von Entscheidungen in Zivil- und Handelssachen (ABl. EG Nr. L 12 vom 16.1.2001; NJW 2002, Beilage Heft 11).

15 Vgl BAG 25.4.2013 – 2 AZR 960/11, NZA 2014, 280 zum Gerichtsstand eines Lehrers einer in Deutschland gelegenen griechischen Schule hinsichtlich einer gegen den Staat Griechenland gerichteten Änderungskündigungsschutzklage.

16 Zum maßgeblichen Zeitpunkt allgemein: EuGH, Urt. v. 13.11.1979, NJW 1980, 1218; zur Maßgeblichkeit nach dem EuGVÜ: Zöller/*Vollkommer*, § 38 ZPO Rn 5; vgl auch Art. 66 EuGVVO zum intertemporären Kollisionsrecht.

17 *Kropholler*, Internationales Privatrecht, § 58 VIII 4; *Mauer*, FA 2002, 130.

18 *Däubler*, NZA 2003, 1297, 1299; Thomas/Putzo/*Hüßtege*, ZPO, Vorb. Art. 18–21 EuGVVO Rn 1.

2460 Richtet sich die Klage **gegen den Arbeitnehmer**, zB weil er gegen ein nachvertragliches Wettbewerbsverbot verstößt, so kann er nur vor den Gerichten desjenigen Mitgliedstaates verklagt werden, in dem er aktuell seinen Wohnsitz hat, Art. 22 Abs. 1 Brüssel Ia-VO.

2461 **Gegen den Arbeitgeber** kann hingegen nach Wahl des Arbeitnehmers dort geklagt werden, wo er seinen Sitz hat, aber auch am Ort einer (jeden) Niederlassung.[19] Für Arbeitssachen stellt Art. 20 Abs. 2 Brüssel Ia-VO klar, dass eine Zweigniederlassung, Agentur oder sonstige Niederlassung dem Sitz des Unternehmens gleichgestellt ist. Der Arbeitgeber kann ferner auch in dem Mitgliedstaat verklagt werden, in dem der Arbeitnehmer gewöhnlich seine Arbeit verrichtet[20] oder zuletzt gewöhnlich verrichtet hat (Art. 21 Nr. 2 lit. i) Brüssel Ia-VO), auf eine Niederlassung in diesem Mitgliedstaat kommt es dann nicht an.

Beispiel: Mitarbeiter M arbeitet in Frankreich als Vertriebsmitarbeiter. Er wird aus seinem Home-Office tätig. Die Arbeitgeberin A hat ihren Sitz in Deutschland. In Frankreich existiert keine Niederlassung, Agentur oder Ähnliches. M kann vor einem französischen Gericht gegen eine Kündigung der ausschließlich in Deutschland im Handelsregister eingetragenen Gesellschaft A klagen, da M in Frankreich gewöhnlich seine Arbeit verrichtet hat. Er kann aber auch am Sitz der Gesellschaft in Deutschland klagen; ihm steht insoweit ein Wahlrecht zu (Art. 21 Nr. 1 und Nr. 2 lit. i) Brüssel Ia-VO).

2462 Außerdem kann ein Arbeitnehmer, der gewöhnlich in mehreren Staaten seine Arbeit verrichtet oder verrichtet hat, vor dem Gericht des Ortes seine Klage einreichen, an dem sich die Niederlassung befindet, die ihn eingestellt hat (Art. 21 Nr. 2 lit. ii) Brüssel Ia-VO).

(a5) Gerichtsstandsvereinbarungen

2463 Der Schutz vor den möglicherweise unbilligen Folgen von Gerichtsstandsvereinbarungen ist auch in der Brüssel Ia-VO sehr weitgehend ausgestaltet. Zwar besteht anders als im autonomen deutschen Zivilprozessrecht kein grundsätzliches Verbot der Vereinbarung gerichtlicher Zuständigkeiten, Art. 23 Brüssel Ia-VO lässt sie aber nur unter engen Voraussetzungen zu und beschränkt insb. die Möglichkeit, zusätzliche Gerichtsstände für den Arbeitgeber zu begründen.[21]

(a6) Dienstverträge von Organmitgliedern[22]

2464 Anders kann sich die Rechtslage bei Dienstverträgen mit Organmitgliedern darstellen. Dies ist abhängig von der Vorfrage, ob das Organmitglied nach dem gemäß dem maßgeblichen Kollisionsrecht anzuwendenden materiellen Recht als Arbeitnehmer einzustufen ist oder nicht. Handelt es sich nicht um einen Arbeitnehmer, gelten für beide Parteien die folgenden besonderen (Wahl-)Gerichtsstände: Neben dem allgemeinen Gerichtsstand von Sitz/Wohnsitz kann an dem Ort geklagt werden, an dem die streitige Dienstverpflichtung vertragsgemäß erbracht worden ist oder hätte erbracht werden müssen (Art. 7 Nr. 1 lit. a) 2. Var. Brüssel Ia-VO). Weiterhin ist für Klagen aus unerlaubter Handlung der Gerichtsstand überall dort gegeben, wo das schädigende Ereignis eingetreten ist oder einzutreten droht (Art. 7 Nr. 2 Brüssel Ia-VO).[23]

2465 Nur für Klagen des Organmitglieds gegen das Unternehmen[24] gibt es schließlich den besonderen Gerichtsstand der Niederlassung (Art. 7 Nr. 5 Brüssel Ia-VO). Diese Bestimmung gilt je-

---

19 Musielak/*Stadler*, ZPO, EuGVVO Art. 19 Rn 1; LAG Nürnberg 24.11.1998 – 6 Sa 474/97, BeckRS 1998, 30465405.

20 Zum Begriff des gewöhnlichen Arbeitsortes: EuGH 1.12.1995 – Rs. C-383/95 (Rutten), AP § 38 ZPO Internationale Zuständigkeit Nr. 14; EuGH 9.1.1997 – Rs. C 383/95 (Rutten), NJW 1997, 2668; BAG 12.6.1986 – 2 AZR 398/85, NJW-RR 1988, 482; *Junker*, ZZPInt 1998, 179 ff; *Mankowski*, IPRax 1999, 332 ff; vgl auch *Däubler*, NZA 2003, 1297.

21 *Däubler*, NZA 2003, 1297, 1301.

22 S. ausf. § 2 Rn 820 ff.

23 Musielak/*Stadler*, ZPO, EuGVVO Art. 5 Rn 21.

24 *Kropholler*, Internationales Privatrecht, § 58 III 4.

doch nur, wenn der Sitz des Unternehmens ebenfalls im geografischen Geltungsbereich der Brüssel Ia-VO liegt. Ansonsten gilt – für Niederlassungen in Deutschland – Art. 4 EuGVVO, § 21 ZPO weiterhin.

(3) Lugano-Übereinkommen und andere Staatsverträge

Soweit die EuGVVO nicht anwendbar ist, kommen vorrangig vor dem nationalen Recht der einzelnen Staaten bi- oder multilaterale Staatsverträge zur Anwendung, um das zuständige Gericht zu bestimmen. Im europäischen Raum wichtig ist das Lugano-Abkommen, das im Verhältnis der EU-Staaten zu den EFTA-Staaten Island, der Schweiz und Norwegen gilt.[25] Es entspricht inhaltlich im Wesentlichen dem EuGVÜ und wurde im Rahmen einer erneuten Revision[26] eng an die EuGVVO und weiter an die Brüssel Ia-VO gepasst.[27] Andere Staatsverträge betreffen meist spezielle Materien außerhalb der Gerichtsstandsfrage.[28] Die Haager Konferenz für Internationales Privatrecht bemüht sich zudem um ein internationales Abkommen über den Europäischen Raum hinaus.[29] 2466

(4) Zuständigkeitsregelungen nach deutschem Prozessrecht

Die allgemeinen Regelungen der einzelnen Staaten gelten **subsidiär** dann, wenn kein höherrangiges internationales Abkommen oder unmittelbar geltendes EU-Recht greift.[30] Ebenso bei reinen Inlandsfällen wie bei solchen Fällen, die zwar Auslandsberührung haben, aber keinen Anknüpfungspunkt, der zur Anwendung überstaatlichen Rechts führt, verbleibt es für Deutschland bei den Regelungen der **ZPO**, da für Arbeitsverhältnisse auf diese **verwiesen** wird, **§ 46 Abs. 2 S. 1 ArbGG.** Besondere Zuständigkeitsregelungen zu Fällen mit Auslandsberührung enthalten weder das ArbGG noch die ZPO. Die ZPO regelt allgemeine internationale Kollisionsfälle, um das anwendbare Gericht zu bestimmen. Nach den gleichen Regeln bestimmen sich dann auch arbeitsrechtliche Fälle, soweit nicht die höherrangigen Regelungen etwa der EuGVVO/Brüssel Ia-VO oder des Lugano-Übereinkommens eingreifen.[31] 2467

Die Kollisionsregeln können also sowohl Arbeitsverträge als auch Dienstverträge betreffen. Kollisionsregeln der ZPO greifen zudem mit oder ohne Gerichtsstandsvereinbarung der Parteien. Es gilt der Grundsatz, dass die **internationale Zuständigkeit der örtlichen Zuständigkeit eines deutschen Gerichts folgt.**[32] Die örtliche Zuständigkeit richtet sich wiederum nach den §§ 12 ff, 38 ff ZPO sowie zwei speziellen arbeitsrechtlichen Gerichtsständen: Während die Rspr bislang die Annahme eines Gerichtsstands am Arbeitsort mehr schlecht als recht über die Figur des einheitlichen Erfüllungsorts verfolgt hatte,[33] ist durch den am 1.4.2008 in Kraft getretenen § 48 Abs. 1 a ArbGG[34] nun auch die Zuständigkeit des Arbeitsgerichts gegeben, in dessen Bezirk der Arbeitnehmer gewöhnlich seine Arbeit verrichtet oder zuletzt verrichtet hat.[35] Ist ein gewöhnlicher Arbeitsort nicht feststellbar, wird auf den Ort ausgewichen, von dem aus der Arbeitnehmer gewöhnlich seine Arbeit verrichtet oder zuletzt gewöhnlich verrichtet hat. Die Regelung entspricht Art. 20 Nr. 2 lit. i) Brüssel Ia-VO, gilt allerdings nicht nur für 2468

25 *Jayme/Kohler*, IPRax 2000, 454, 462.

26 Zu den Zeitpunkten des Inkrafttretens in den einzelnen Ländern vgl *Wagner*, NJW 2009, 1911, 1913.

27 *Dietze/Schnichels*, EuZW 2009, 33.

28 *Kropholler*, Internationales Privatrecht, § 56 III 3.

29 *Wagner*, IPRax 2001, 533 ff.

30 *Mauer*, FA 2002, 130.

31 LAG Berlin-Brandenburg 27.2.2009 – 13 Sa 2192/08, DB 2009, 912.

32 St. Rspr seit BGH 14.6.1965 – GSZ 1/65, NJW 1965, 1665; vgl *Kreuzer/Wagner*, in: Dauses, Handbuch des EU-Wirtschaftsrechts, Q. Europäisches Internationales Zivilverfahrensrecht, Rn 528 f mwN.

33 Preis/*Rolfs*, Der Arbeitsvertrag, II G 20 Rn 3.

34 Vgl BAG 9.10.2002 – 5 AZR 307/01, NZA 2003, 339; *Francken/Natter/Rieker*, NZA 2008, 377, 378.

35 Vgl zu den kostenrechtlichen Folgen LAG Hamburg 9.10.2009 – 1 Ta 10/09, ArbRB 2010, 17 m. Anm. *Kappelhoff*; *Strecker*, BB 2010, 179.

Klagen des Arbeitnehmers, sondern unabhängig von der Parteistellung für beide Seiten.[36] Ein weiterer besonderer Gerichtsstand ist in § 15 AEntG enthalten, er führt zu einem zusätzlichen, unabdingbaren inländischen Gerichtsstand für den entsandten Arbeitnehmer in Ergänzung zu den Vorschriften der Brüssel Ia-VO, der EuGVVO, des Lugano-Übereinkommens bzw des sonstigen internationalen Zivilprozessrechts.[37]

cc) Gerichtsstandsvereinbarung

2469 Obgleich die Zulässigkeit von Gerichtsstandsvereinbarungen zwischen den Arbeitsvertragsparteien in und außerhalb Deutschlands eingeschränkt ist, enthalten viele Arbeits- und Entsendungsverträge mit internationalem Bezug Gerichtsstandsvereinbarungen.[38] Rechtstechnisch kann man zwischen **Prorogation, Derogation** und **rügeloser Einlassung** unterscheiden. Als Prorogation bezeichnet man die positive Vereinbarung eines bestimmten Gerichts oder eines Gerichtsbezirkes.[39] Sie ist auch als negative Abbedingung eines Gerichts oder aller inländischen Gerichte eines Staates zulässig. In diesem Fall spricht man von **Derogation.** Soweit Gerichtsstandsklauseln anerkannt werden, sind beide Formen sowohl nach der EuGVVO/Brüssel Ia-VO als auch nach der ZPO zulässig (s. Art. 25 Brüssel Ia-VO, §§ 38, 40 ZPO).

2470 Für arbeitsrechtliche Streitigkeiten beschränken allerdings die Brüssel Ia-VO und die ZPO die Zulässigkeit wie folgt: Generell gilt für Arbeitsverhältnisse, dass Gerichtsstandsvereinbarungen nur ausnahmsweise zulässig sind.[40] Nach Art. 25 Brüssel Ia-VO darf die Vereinbarung zu einem abweichenden Gerichtsstand nur führen, wenn sie nach Entstehung der Streitigkeit getroffen wurde oder wenn dem Arbeitnehmer dadurch die Befugnis eingeräumt wird, andere Gerichte anzurufen. Es handelt sich also um eine einseitig den Arbeitnehmer begünstigende Vereinbarung, auf die sich der Arbeitgeber nicht berufen kann. Nach der ZPO gelten, wie erwähnt, weitergehende Beschränkungen: Entweder die Vereinbarung wird erst nach Entstehung der Streitigkeit getroffen (§ 38 Abs. 3 ZPO)[41] oder sie muss zwischen Kaufleuten iSd HGB geschlossen worden sein (§ 38 Abs. 1 ZPO). Letztere Alternative scheidet für den Arbeitnehmer mangels Kaufmannseigenschaft aus.

2471 Nach § 38 Abs. 2 ZPO kann eine arbeitsvertragliche Gerichtsstandsvereinbarung wirksam vor Entstehung eines Streitfalls getroffen werden, wenn mindestens eine der Parteien keinen allgemeinen Wohnsitz im Inland hat. Die Voraussetzung der Wirksamkeit der Gerichtsstandsklausel kann vor einem deutschen Gericht überprüft werden, selbst wenn konkret ein ausländischer Gerichtsstand ausschließlich zulässig sein soll.[42] Wenn eine der Parteien einen Wohnsitz in Deutschland hat, so kann allerdings nur die Zuständigkeit desjenigen Gerichts vereinbart werden, bei dem diese Partei den allgemeinen Gerichtsstand hat. Häufiger Anwendungsfall des § 38 Abs. 2 ZPO ist die Rückkehr eines ausländischen Arbeitnehmers in sein Heimatland.[43] § 38 Abs. 2 ZPO greift freilich nur dann, wenn nicht die höherrangige EuGVVO oder das Luganer Übereinkommen anwendbar ist.

36 *Bergwitz*, NZA 2008, 443, 446.

37 Dazu *Däubler*, NZA 2003, 1297, 3101.

38 Allgemein zu Gerichtsstandsvereinbarungen *Kropholler*, Internationales Privatrecht, § 58 IV. Zum Verhältnis der ZPO zu Art. 17 EuGVÜ s. *Franzen*, RIW 2000, 81 ff; *Junker*, ZZPInt 1998, 199 f.

39 Zöller/*Vollkommer*, § 38 ZPO Rn 1 b.

40 *Gaul*, Das Arbeitsrecht der Betriebs- und Unternehmensspaltung, P II Rn 13 f; BLDH/*Diller*, Anwalts-Formularbuch Arbeitsrecht, M 3.1 Fn 76; *Grunsky*, ArbGG, § 2 Rn 43.

41 *Schrader*, Rechtsfallen in Arbeitsverträgen, Rn 577 ff.

42 OLG Frankfurt 23.11.2006 – 16 U 2/06, juris; BGH 20.1.1986 – II ZR 56/85, NJW 1986, 1438; LAG Berlin-Brandenburg 27.2.2009 – 13 Sa 2192/08, DB 2009, 912.

43 *Schrader*, Rechtsfallen in Arbeitsverträgen, Rn 583.

Beispiel: Das deutsche Unternehmen U vereinbart mit dem US-Amerikaner A als Gerichtsstand Hamburg. In Hamburg befindet sich die Hauptniederlassung. Der Mitarbeiter soll für die Firma ausschließlich in den USA tätig werden.
Da A nicht unter die EuGVVO oder ein zwischenstaatliches Abkommen fällt, das die Vereinbarung regelt, greift hier § 38 Abs. 2 ZPO. Danach ist eine Gerichtsstandsvereinbarung in den Grenzen von § 38 Abs. 2 ZPO zulässig.[44]

Eine Gerichtsstandsvereinbarung kann auch für den Fall wirksam geschlossen werden, dass die im Klagewege in Anspruch zu nehmende Partei nach Vertragsschluss ihren Wohnsitz oder gewöhnlichen Aufenthaltsort ins Ausland verlegt oder ihr Wohnsitz oder gewöhnlicher Aufenthalt im Zeitpunkt der Klageerhebung nicht bekannt ist (§ 38 Abs. 3 Nr. 2 ZPO). 2472

Weiterhin besteht – ohne supranationale Berührungspunkte – immer die Möglichkeit, dass sich die Parteien nach Entstehen der Streitigkeit auf ein Gericht verständigen, das eigentlich nicht zuständig wäre. Dies kann ausdrücklich in einer Vereinbarung oder auch stillschweigend durch Beteiligung an einem Verfahren geschehen. In diesem Fall spricht man von **rügeloser Einlassung,** weil die beklagte Partei die Unzuständigkeit rügen könnte, diesen Einwand jedoch unterlässt. Ohne Rüge muss das Gericht über den Fall entscheiden, wenn das nationale Recht am Ort des Gerichts, die *lex fori*, dies nicht verbietet. Sowohl die ZPO als auch die EuGVVO sehen die Möglichkeit der Zuständigkeit aufgrund rügeloser Einlassung vor (Art. 26 Brüssel Ia-VO, § 39 ZPO). § 39 ZPO gilt über § 46 Abs. 2 ArbGG auch für arbeitsrechtliche Streitigkeiten. 2473

Eine weitere Ausnahme ergibt sich aus § 48 Abs. 2 ArbGG. Die Tarifvertragsparteien können in bestimmten Fällen im **Tarifvertrag** die entweder ausschließliche oder aber nur zusätzliche Zuständigkeit eines an sich örtlich unzuständigen Arbeitsgerichtes begründen. Hier spricht man von **kollektiver Prorogation,** die für einen Arbeitsvertrag auch dann maßgeblich sein kann, wenn sie über eine einzelvertragliche Bezugnahmeklausel in die Rechtsbeziehungen zwischen Arbeitgeber und Arbeitnehmer Eingang gefunden hat. Ansonsten wird die kollektive Prorogation nur über eine bestehende Tarifbindung der Arbeitsvertragsparteien oder im Falle der Allgemeinverbindlichkeitserklärung nach § 5 TVG für die Parteien verbindlich.[45] 2474

b) Klauseltypen und Gestaltungshinweise

aa) Erschwerte Rechtsverfolgung bei entsandtem Mitarbeiter

(1) Klauseltyp A

Die Parteien vereinbaren die ausschließliche Zuständigkeit des Arbeitsgerichts in (...) (allgemeiner Gerichtsstand des Arbeitgebers) für den Fall, dass der Mitarbeiter keinen Wohnsitz in der Bundesrepublik Deutschland hat. Dasselbe gilt für den Fall, dass der Mitarbeiter in Zukunft seinen Wohnsitz oder gewöhnlichen Aufenthaltsort in ein anderes Land verlegt oder der Ort des gewöhnlichen Aufenthalts oder der Wohnsitz bei Klageerhebung nicht bekannt sind. 2475

(2) Gestaltungshinweise

Voraussetzung der Klausel A ist, dass die EuGVVO keine Anwendung findet. Die Klausel A ist daher zulässig und wirksam, wenn der Arbeitnehmer die Voraussetzungen des § 38 Abs. 2 ZPO und/oder § 38 Abs. 3 Nr. 2 ZPO erfüllt, wenn also bei dem Arbeitnehmer eine erschwerte Rechtsverfolgung wegen Wohnsitz/Aufenthalt oder möglicher Rückkehr in ein „Drittland" besteht. Eine solche Klausel lässt sich auch rein vorsorglich bei Arbeitnehmern, deren Tätigkeit einen Auslandsbezug aufweist, etablieren. Die Klarstellung, ob der gewählte Gerichtsstand ausschließlich gelten soll oder lediglich neben die gesetzlichen Gerichtsstände tritt, ist stets zu 2476

44 *Mauer*, FA 2002, 130, 131.
45 Preis/*Rolfs*, Der Arbeitsvertrag, II G 20 Rn 8.

empfehlen.[46] Für Mitarbeiter mit reinem Inlandsbezug ist die Klausel insgesamt überflüssig, aber auch unschädlich, da die Klausel unter einer Bedingung steht.

bb) Kombinierte Rechtswahl- und Gerichtsstandsvereinbarung

(1) Klauseltyp B

2477 Der Arbeitsvertrag unterliegt deutschem Recht. Hat der Arbeitnehmer keinen Wohnsitz in Deutschland oder verlegt er seinen Wohnsitz oder gewöhnlichen Aufenthaltsort in ein anderes Land oder ist zum Zeitpunkt einer Klageerhebung sein gewöhnlicher Aufenthaltsort unbekannt, ist der Gerichtsstand (...) (allgemeiner Gerichtsstand des Arbeitgebers).

(2) Gestaltungshinweise

2478 Nicht mit Gerichtsstandsvereinbarungen zu verwechseln ist die **Wahl deutschen materiellen Rechts** in Arbeitsverträgen mit Auslandsbezug. Für Arbeitsverhältnisse gilt nach Art. 8 Rom I-VO, dass durch eine Rechtswahl der Parteien dem Arbeitnehmer nicht der Schutz der zwingenden Bestimmungen des Rechts entzogen werden darf, das ohne Rechtswahl der Parteien anwendbar wäre.[47] Das ist grds. dasjenige Recht des Staates, in dem der Arbeitnehmer gewöhnlich seine Arbeit verrichtet. Deshalb hängt die Wirksamkeit der im Klauseltyp B enthaltenen Rechtswahlklausel nicht frei von der Bewertung des jeweiligen Arbeitsrechtssystems des Landes ab, dessen Recht durch die Klausel vereinbart werden soll (s. § 1 Rn 1010 f). Das Element der Gerichtsstandsklausel berücksichtigt die bei Auslandsarbeitsverhältnissen maßgeblichen Anknüpfungspunkte. Soweit die EuGVVO anwendbar ist, entfaltet die Klausel entsprechend der Regelung in Art. 21 EuGVVO nur eine einseitige Wirkung zugunsten des Arbeitnehmers und läuft im Übrigen leer.

cc) Gerichtsstandsvereinbarung für Arbeitgeber aus Drittstaaten ohne Niederlassung in Deutschland

(1) Klauseltyp C

2479 Für sämtliche Streitigkeiten aus diesem Arbeitsvertrag sind die Gerichte in (...) (Ort, Staat) ausschließlich zuständig.

(2) Gestaltungshinweise

2480 Ausländische Arbeitgeber, die in Deutschland keine Niederlassung unterhalten und die nicht den Regelungen der EuGVVO, des Luganer Übereinkommens oder sonstigen zwischenstaatlichen Abkommen unterliegen (von Bedeutung also für etwa die USA, Türkei, Russland, China, Indien, aber auch europäische Staaten wie Liechtenstein), können mit ihren deutschen Arbeitnehmern wirksame Gerichtsstandsvereinbarungen abschließen.[48] Auch in Formularverträgen ist die Klausel C nicht zu beanstanden.

2481 Zulässig sind sowohl ausländische als auch inländische Gerichtsstände. Bei ausländischen Gerichtsständen, also etwa dem Sitz des ausländischen Arbeitgebers, ist stets zu prüfen, ob dort eine entsprechende Gerichtsstandswahl anerkannt wird. Zudem kann die Klausel unwirksam sein, wenn auf einen Gerichtsstand verwiesen wird, der offensichtlich unbillig ist oder für den deutschen Arbeitnehmer keine Garantie eines rechtsstaatlichen Verfahrens bietet.[49] Auch die Festlegung eines bestimmten inländischen Gerichtsstands kann für einen ausländischen Arbeit-

---

46 Instruktiv dazu die Auslegung einer Gerichtsstandsklausel als nicht ausschließlich in BGH 23.7.1998 – II ZR 286/97, BB 1998, 2283.

47 ErfK/*Schlachter*, E 2009/26 EG Art. 9 Rn 19.

48 Vgl LAG Berlin-Brandenburg 27.2.2009 – 13 Sa 2192/08, DB 2009, 912 für einen Außendienstmitarbeiter einer liechtensteiner Gesellschaft.

49 BAG 29.6.1978 – 2 AZR 973/77, AP § 38 ZPO Internationale Zuständigkeit Nr. 8 mwN; jüngere Rspr existiert, soweit ersichtlich, nicht, vgl dazu *Stichler*, BB 1998, 1531, 1533.

geber unter Aspekten der Konzentration von Streitigkeiten und der Erreichbarkeit des Gerichtsorts interessengerecht sein.

Nach § 38 Abs. 2 ZPO besteht, wenn die Zuständigkeit eines deutschen Gerichts vereinbart wird, allerdings eine Beschränkung auf das Gericht, bei dem der Arbeitnehmer (die deutsche Partei dieser Vereinbarung) seinen allgemeinen Gerichtsstand hat oder bei dem ein besonderer Gerichtsstand begründet ist. Der Gerichtsstand des Erfüllungsorts kann wegen § 29 Abs. 2 ZPO für Zwecke des § 38 Abs. 2 ZPO nicht besonders festgelegt werden, er richtet sich nach dem Inhalt der tatsächlichen Leistungsverpflichtungen. Zur Gestaltung für den Arbeitgeber bietet sich hier der besondere Gerichtstand des Vermögens (§ 23 ZPO) an, dessen Voraussetzungen einfach geschaffen werden können, allerdings ist mangels einschlägiger Rspr unklar, ob hierüber auch ein Gerichtsstand für Klagen gegen den deutschen Arbeitnehmer geschaffen werden kann. 2482

Empfehlenswert ist stets die Klarstellung, ob der gewählte Gerichtsstand ausschließlich gelten soll oder lediglich neben die gesetzlichen Gerichtsstände tritt.[50] 2483

Haben bei Vertragsschluss beide Parteien einen allgemeinen Gerichtsstand im Inland, ist die Klausel unwirksam, auch wenn später eine der Parteien in das Ausland verzieht und damit die Voraussetzungen nach § 38 Abs. 2 ZPO nachträglich hergestellt werden.[51] Die Klausel wird dennoch häufig mit dem Gerichtsstand am Sitz des Arbeitgebers verwendet, mitunter sicher auch in der Erwartung, dass sich ein rechtsunkundiger Arbeitnehmer in aller Regel danach richten wird.[52] 2484

50 Instruktiv dazu die Auslegung einer Gerichtsstandsklausel als nicht ausschließlich in BGH 23.7.1998 – II ZR 286/97, BB 1998, 2283.

51 Preis/*Rolfs*, Der Arbeitsvertrag, II G 20 Rn 15, 17.

52 *Göpfert*, in: Maschmann/Sieg/Göpfert, 370 Rn 16.

35. Geringfügige Beschäftigung

Literatur

Ackermann, Die Neuregelung der 630-DM-Beschäftigung im Betriebsrentenrecht, NZA 2000, 465; *Bauer/Schuster*, Kassenschlager „Geringfügige Beschäftigung", DB 1999, 691; *Boecken*, Die Neuregelung der geringfügigen Beschäftigungsverhältnisse, NZA 1999, 393; *Foerster*, Neues Recht für geringfügig entlohnte Beschäftigungsverhältnisse, SteuK 2013, 1; *Gaul/Otto*, Gesetze für moderne Dienstleistungen am Arbeitsmarkt, DB 2003, 94; *Glock/Danko*, Die 630-Mark-Regelung und ihre Konsequenzen in der Praxis, NZA 1999, 402; *Griese/Preis/Kruchen*, Neuordnung der geringfügigen Beschäftigung – Das sozialversicherungsrechtliche Nettoarbeitsverhältnis als arbeitsmarkt- und sozialpolitische Alternative, NZA 2013, 113; *Kazmierczak*, Die Neuregelung der geringfügigen Beschäftigungsverhältnisse zum 1. April 2003, NZS 2003, 186; *Kocher*, Hausangestellte im deutschen Arbeitsrecht, NZA 2013, 929; *Kostorz*, Krankenversicherung im Studium – zur versicherungsrechtlichen Einordnung von beschäftigten Studierenden und studierenden Beschäftigten, NZS 2012, 161; *Lelley*, Die Rechtsprechung des EuGH zur Gleichbehandlung geringfügig Beschäftigter, NZA 2000, 405; *Lembke*, Die Neuregelung der „630-DM-Jobs", NJW 1999, 1825; *Leuchten/Zimmer*, Das neue Gesetz zur „Scheinselbständigkeit" – Probleme in der Praxis, DB 1999, 381; *dies.*, Haftung des Arbeitgebers durch erweiterte Nachweispflichten?, NZA 1999, 969; *Löwisch*, Die Neuregelung der 630-Mark-Verträge: Gesetzesinhalt und Handlungsalternativen, BB 1999, 739; *Niermann/Plenker*, Die Neuregelung der geringfügigen Beschäftigungsverhältnisse ab 1.4.2003, DB 2003, 304; *Richter*, Blick ins Sozialversicherungsrecht, DStR 2013, 1135; *Rolfs*, Scheinselbständigkeit, geringfügige Beschäftigung und „Gleitzone" nach dem zweiten Hartz-Gesetz, NZA 2003, 65; *ders.*, Das Versicherungsprinzip im Sozialversicherungsrecht, 2000; *Spellbrink*, Rettung des Normalarbeitsverhältnisses durch Abschied von der geringfügigen Beschäftigung?, NZS 2010, 353; *vom Stein/Beyer-Petz*, Geringfügige Beschäftigung – eine Bestandsaufnahme, DStR 2011, 977; *Vöcking*, Ist die Beschäftigung lohnsteuerfreier Minijobber mit einem Verdienst ab 430 Euro in Gleitzonenstellen sinnvoller?, NZA 2013, 1186; *Waltermann*, Gesetzliche und tarifvertragliche Gestaltung im Niedriglohnsektor, NZA 2013, 1141; *ders.*, Mini-Jobs – ausweiten oder abschaffen?, NJW 2013, 118.

a) Rechtslage im Umfeld

aa) Kategorien geringfügiger Beschäftigung

(1) Übersicht

2485 Die geringfügige Beschäftigung ist in der alltäglichen Praxis mittlerweile in vielen Bereichen weit verbreitet und im Volksmund unter **verschiedenen Bezeichnungen** wie „Mini-Job" oder „450-Euro-Job" (früher „400-Euro-Job" bzw „630-Mark-Job") bekannt. Solche Tätigkeiten werden oftmals als echte Nebentätigkeiten, wie etwa von Studenten oder Rentnern zur Ergänzung der Ruhegeldansprüche, betrieben, teilweise als einzige Erwerbsbeschäftigung oder auch als Zusatzbeschäftigungen neben einem sozialversicherungspflichtigen Hauptberuf. Geringfügige Beschäftigte werden verstärkt in Branchen mit einem hohen Bedürfnis nach flexiblem und kurzzeitigem Personaleinsatz eingesetzt, wie etwa in der Gastronomie und im Einzelhandel.[1] Die Anzahl der geringfügigen Beschäftigten in Deutschland und damit auch ihr Anteil an den gewerblichen Beschäftigungsverhältnissen sind in der Vergangenheit kontinuierlich angestiegen. Nach Angaben von Statista waren in Deutschland im Juni 2013 ca. **7,45 Mio. Arbeitnehmer unterhalb der Geringfügigkeitsgrenze** beschäftigt, wogegen diese Zahl für das Jahr 2010 noch bei ca. 7,28 Mio. Arbeitnehmern lag.[2] *Griese/Preis/Kruchen*[3] gehen unter Verweis auf leicht abweichende statische Angaben der „Minijob-Zentrale" von einem Anteil der geringfügigen Beschäftigung an der Gesamtbeschäftigung von 24,74 % für das Jahr 2012 aus, wobei die angeführte prozentuale Beteiligung leicht abweichen kann, da in die Berechnung auch solche Beschäftigten einbezogen sind, die eine geringfügige Betätigung neben einer sozialversicherungspflichtigen Hauptbeschäftigung ausüben. Demnach machen die geringfügigen Beschäftigungsverhältnisse zwar einen Anteil von einem Viertel aller Beschäftigungsverhältnisse aus, was jedoch nicht automatisch bedeutet, dass fast 25 % aller Beschäftigten ausschließlich ge-

1 *vom Stein/Beyer-Petz*, DStR 2011, 977.

2 Abrufbar auf www.statista.de unter: http://de.statista.com/statistik/daten/studie/151414/umfrage/geringfuegig-beschaeftigte-in-deutschland-nach-geschlecht/; ältere und leicht abweichende Zahlen auch bei: *Griese/Preis/Kruchen*, NZA 2013, 113, 114 f.

3 NZA 2013, 113.

ringfügig beschäftigt sind. Etwa 2,3 Mio. Beschäftigte üben eine geringfügige Beschäftigung gerade noch neben einer sozialversicherungspflichtigen Hauptbeschäftigung aus.[4] Ausschließlich geringfügig beschäftigt waren nach Angaben des Statistischen Bundesamts im Jahre 2012 etwa 4,89 Mio. Menschen. Anhand dieser Erhebungen werden unabhängig von den exakten Berechnungen jedenfalls die mittlerweile **großen Dimensionen der geringfügigen Beschäftigung** deutlich. In den letzten 10 Jahren konnte insb. im Bereich der geringfügigen Beschäftigung als Neben- oder Zusatzbeschäftigung ein deutlicher Anstieg festgestellt werden.[5] Die Verteilung der geringfügigen Beschäftigung nach Geschlechtern macht weiterhin deutlich, dass durchgehend mehr Frauen in Minijobs beschäftigt werden. Im Jahr 2013 übten etwa 4,64 Mio. Frauen und nur 2,81 Mio. Männer eine geringfügige Beschäftigung aus.[6]

Die unter dem Begriff der geringfügigen Beschäftigung zusammengefassten Tätigkeiten stellen aus arbeitsrechtlicher Sicht **vollwertige Arbeitsverhältnisse** dar, auf welche die Regelungen des Arbeitsrechts grds. in vollem Umfang Anwendung finden.[7] Demnach besitzen geringfügig Beschäftigte wie Vollzeitbeschäftigte Anspruch auf den gesetzlichen Mindesturlaub, Entgeltfortzahlung im Krankheitsfall und Feiertagsvergütung.[8] Auch im Rahmen des Kündigungsschutzrechts ergeben sich keine Abweichungen, so dass sich der geringfügig Beschäftigte grds. genau wie der Vollzeitbeschäftigte auf den Schutz des KSchG und die Sonderkündigungsschutzvorschriften berufen kann.[9] 2486

Besonderheiten ergeben sich dagegen in **sozialversicherungsrechtlicher** Hinsicht. Geringfügig beschäftigte Arbeitnehmer sind in ihrer Beschäftigung – mit Ausnahme einer im Jahre 2012 eingeführten Sonderregelung für die Rentenversicherung – grds. versicherungsfrei und haben somit selbst keine Beiträge zur Kranken-, Pflege- und Arbeitslosenversicherung zu entrichten. Als rechtspolitischer Grund für die Versicherungsfreiheit wird angeführt, eine Pflicht zur Versicherung sei nur für eine Tätigkeit gerechtfertigt, welche nach Art und Umfang die Lebensgrundlage des Beschäftigten bildet.[10] Für den Arbeitgeber gilt hingegen eine Beitragspflicht (s. ausf. § 1 Rn 2509 ff). 2487

Die Vorschriften für Minijobs wurden zuletzt durch das **Gesetz zu Änderungen im Bereich der geringfügigen Beschäftigung** vom 5.12.2012[11] mit Wirkung vom **1.1.2013** geändert, was zu einigen maßgeblichen Neuregelungen führte: 2488

- Zunächst wurde für alle geringfügig Beschäftigten die **generelle Rentenversicherungspflicht** eingeführt, so dass diese grds. unter den vollen Schutz der Rentenversicherung gestellt wurden.
- Darüber hinaus wurde die Grenze für die für Steuer- und Sozialversicherungsfreiheit mit Wirkung vom 1.1.2013 von 400 € auf **450 €** angehoben und gleichzeitig die Grenze der sozialversicherungsrechtlich privilegierten Beschäftigung in der Gleitzone auf **850 €** erstreckt. Die Anhebung der Grenzwerte wird insoweit teilweise kritisch als „Ausweitung der Problemzone der geringfügigen Beschäftigung" gesehen.[12]

Diese geänderten gesetzlichen Regelungen gelten für **ab dem 1.1.2013** geschlossene Beschäftigungsverhältnisse, wogegen für **zuvor** vereinbarte Arbeitsverhältnisse die ursprünglichen Vor-

4 Moll/*Reinfeld*, MAH Arbeitsrecht, § 75 Rn 1.
5 *Waltermann*, NJW 2013, 118, 119.
6 Angaben nach statista.de, abrufbar unter: http://de.statista.com/statistik/daten/studie/151414/umfrage/geringfuegig-beschaeftigte-in-deutschland-nach-geschlecht/.
7 Moll/*Reinfeld*, MAH Arbeitsrecht, § 75 Rn 2.
8 Schaub/*Linck*, Arbeitsrechts-Handbuch, § 44 Rn 1.
9 Küttner/*Griese*, Personalbuch, 201 (Geringfügige Beschäftigung) Rn 15.
10 Winkler/*Lüdtke*, § 8 SGB IV Rn 4.
11 Gesetz zu Änderungen im Bereich der geringfügigen Beschäftigung vom 5.12.2012 (BGBl. I S. 2474).
12 *Griese/Preis/Kruchen*, NZA 2013, 113, 114.

schriften maßgeblich bleiben, soweit nicht die getroffenen Übergangsvorschriften eingreifen. Zu den Übergangsfällen s. § 1 Rn 2583 ff.

2489 Die gesetzliche Regelung in §§ 8, 8a SGB IV unterscheidet grds. zwischen **drei Kategorien** geringfügig Beschäftigter:

- geringfügige Beschäftigung mit einem Entgelt von bis zu 450 € (**erste Gruppe**, sog. **Entgeltgeringfügigkeit**);
- kurzfristige Beschäftigung oder Saisonbeschäftigung von längstens zwei Monaten oder höchstens 50 Arbeitstagen im Jahr (**zweite Gruppe**, sog. **Zeitgeringfügigkeit**);
- geringfügige Beschäftigung mit einem Entgelt von bis zu 450 € in **Privathaushalten** (**dritte Gruppe**).

2490 Ursprünglich wurden die Voraussetzungen für eine geringfügige Beschäftigung durch das „Zweite Gesetz über moderne Dienstleistungen am Arbeitsmarkt“ vom 23.12.2002[13] geschaffen und fortwährend reformiert und angepasst. Intention des Gesetzgebers war es, diese Beschäftigungsform zukunftsfähig und attraktiv zu gestalten, so dass die Wirtschaft wieder flexible Gestaltungsmöglichkeiten für Beschäftigung im Niedriglohnbereich erhält. Gleichzeitig sollte die soziale Absicherung der Beschäftigten durch die Einbeziehung in die gesetzliche Rentenversicherung erhalten bleiben.[14] Das Kernstück der gesetzlichen Vorschriften zur geringfügigen Beschäftigung bildet der bereits angesprochene **§ 8 SGB IV**.

(2) Entgeltgeringfügigkeit

2491 Die **erste Gruppe** der geringfügig Beschäftigten **mit einem Entgelt von bis zu 450 €** regelt § 8 Abs. 1 **Nr. 1** SGB IV. Danach ist eine Beschäftigung geringfügig, wenn das monatliche Arbeitsentgelt aus dieser Beschäftigung regelmäßig 450 € nicht übersteigt. Die Einhaltung der Geringfügigkeitsgrenze ist durch eine vorausschauende Betrachtung zu beurteilen.[15] Gelegentliche Überschreitungen sind unschädlich, wobei allerdings nur ein Zeitraum von maximal zwei Monaten im Jahr noch als gelegentlich in diesem Sinne anzusehen ist.[16]

2492 Maßgeblich bei der Bestimmung des regelmäßigen Arbeitsentgelts ist das Entgelt, auf das der Arbeitnehmer einen Rechtsanspruch besitzt, und nicht das tatsächlich ausgezahlte Arbeitsentgelt.[17] Die Anwendung des sog. Entstehungsprinzips anstatt des steuerrechtlichen Zuflussprinzips ist sachgerecht, weil nur auf diese Weise manipulativen Deklarationen zur Umgehung der Versicherungspflicht entgegengewirkt werden kann.[18] Das tatsächlich erhaltene Entgelt ist nur ausnahmsweise maßgeblich, soweit es den vom Arbeitnehmer rechtlich beanspruchbaren Betrag übersteigt.[19]

2493 Neben den laufenden Entgeltzahlungen sind auch einmalige Einnahmen wie Urlaubs- und Weihnachtsgeld anteilmäßig auf den Monatsverdienst anzurechnen.[20] Das gilt auch für tariflich zustehende Sonderzahlungen, selbst wenn der Beschäftigte grds. untertariflich entlohnt wird.[21] Für solche Einmalzahlungen gilt allerdings das strenge Zuflussprinzip, so dass diese

---

13 BGBl. I S. 4621.

14 Bundesministerium für Gesundheit und Soziale Sicherung, Neuregelungen zum 1.4.2003 im Überblick, Vorwort.

15 Schaub/*Linck*, Arbeitsrechts-Handbuch, § 44 Rn 5; Kreikebohm/Spellbrink/Waltermann/*Berchtold*, § 8 SGB IV Rn 5.

16 *Lembke*, NJW 1999, 1825, 1826; Schaub/*Linck*, Arbeitsrechts-Handbuch, § 44 Rn 17; Plagemann/*Plagemann/Seifert*, MAH Sozialrecht, § 5 Rn 49.

17 BSG 28.6.1995 – 7 RAr 102/94, BSGE 76, 162, 164 f; BFH 29.5.2008 – VI R 57/05, DStRE 2008, 1050.

18 Winkler/*Lüdtke*, § 8 SGB IV Rn 14.

19 BSG 14.7.2004 – B 12 KR 1/04 R, NZS 2005, 538; BSG 14.7.2004 – B 12 KR 7/04 R, NZS 2005, 433.

20 BSG 14.7.2004 – B 12 KR 7/04 R, NZS 2005, 433; BSG 28.2.1984 – 12 RK 21/83, NZA 1984, 301.

21 BSG 14.7.2004 – B 12 KR 7/04 R, NZS 2005, 433.

nur zu berücksichtigen sind, soweit sie ausgezahlt wurden und somit das Entgelt des geringfügig Beschäftigten auch tatsächlich erhöht haben.[22]

Entgegen dem ursprünglichen gesetzlichen Rahmen ist eine zeitliche Begrenzung einer geringfügigen Beschäftigung im Rahmen der Entgeltgeringfügigkeit auf weniger als 15 Wochenstunden nicht mehr erforderlich. Demnach bleibt lediglich die Voraussetzung einer berufsmäßigen und somit regelmäßigen Tätigkeit, was allerdings nicht zwingend ein Dauerarbeitsverhältnis voraussetzt.[23] „**Regelmäßig**" ist eine Tätigkeit, soweit sie von vornherein auf ständige Wiederholung gerichtet ist und über mehrere Jahre hinweg ausgeübt werden soll.[24] Der Annahme einer Regelmäßigkeit steht grds. nicht entgegen, dass die einzelnen Arbeitseinsätze auf Abruf erfolgen, ohne dass eine entsprechende Pflicht des Arbeitnehmers besteht, jeder Aufforderung zur Arbeitsleistung Folge zu leisten.[25] 2494

(3) Zeitgeringfügigkeit

Eine **kurzfristige Beschäftigung** nach § 8 Abs. 1 **Nr. 2** SGB IV (**zweite Gruppe**) liegt vor, wenn die Beschäftigungsdauer im Laufe eines Kalenderjahres auf nicht mehr als 2495

- zwei Monate oder
- insgesamt 50 Arbeitstage

nach ihrer Eigenart begrenzt zu sein pflegt oder im Voraus vertraglich begrenzt ist.

Beide Tatbestandsalternativen schließen einander aus. Dies entspricht der Rspr des BSG zur Vorgängervorschrift des § 8 SGB IV, also zu den §§ 168 Abs. 2 Buchst. a, 128 Abs. 2 Buchst. a RVO.[26] Welche Alternative zur Anwendung gelangt, hängt davon ab, ob die Beschäftigung im Rahmen der betriebsüblichen Arbeitszeit werktäglich ausgeübt wird oder nicht. Wird der Arbeitnehmer mindestens an fünf Tagen in der Woche beschäftigt, findet allein die 2-Monats-Grenze Anwendung und die 50-Tage-Grenze ist von vornherein unanwendbar.[27] Dabei spielt es keine Rolle, ob während der zwei Monate tatsächlich 50 oder mehr Arbeitstage abgeleistet werden.[28] Demgegenüber findet die 50-Tage-Grenze Anwendung, wenn das Beschäftigungsverhältnis auf einen Teil der betriebs- oder berufsüblichen wöchentlichen Arbeitszeit beschränkt ist.[29] 2496

Die kurzfristige Beschäftigung erfüllt jedoch in beiden Varianten nicht mehr die Voraussetzungen einer geringfügigen Beschäftigung, wenn sie berufsmäßig ausgeübt wird und das Arbeitsentgelt 450 € im Monat übersteigt. **Berufsmäßig** wird eine Tätigkeit ausgeübt, wenn sie für den Arbeitnehmer nicht von untergeordneter Bedeutung ist. Dies ist anzunehmen, wenn der Beschäftigte durch die Tätigkeit seinen Lebensunterhalt überwiegend oder in solchem Umfang bestreitet, dass seine wirtschaftliche Stellung zu einem erheblichen Teil darauf beruht.[30] Eine berufsmäßige Ausübung ist indiziert, wenn die Beschäftigung während der Elternzeit oder eines unbezahlten Urlaubs ausgeübt wird.[31] Gleiches gilt, wenn der Beschäftigte gleichzeitig bei der Agentur für Arbeit als arbeitsuchend gemeldet ist.[32] 2497

Bei Fehlen einer berufsmäßigen Ausübung ist die Gesamthöhe des verdienten Entgelts unerheblich für die Annahme einer Geringfügigkeit, solange die Tätigkeit auf **zwei Monate bzw 50 Ta-** 2498

22 ErfK/*Rolfs*, §§ 8, 8 a SGB IV Rn 11; so auch BSG 14.7.2004 – B 12 KR 7/04 R, NZS 2005, 433.
23 Moll/*Reinfeld*, MAH Arbeitsrecht, § 75 Rn 8.
24 BSG 11.5.1993 – 12 RK 23/91, NZS 1993, 550.
25 BSG 23.5.1995 – 12 RK 60/93, NZS 1995, 516.
26 BSG 27.1.1971 – 12 RJ 118/70, BSGE 32, 182, 183 ff.
27 BSG 27.1.1971 – 12 RJ 118/70, BSGE 32, 182, 183.
28 *Krauskopf/Baier*, Soziale Krankenversicherung, Pflegeversicherung, Stand: 7/2005, § 8 SGB IV Rn 13.
29 Spitzenverbände der Sozialversicherungsträger, NZA 1999, 522, 525.
30 BSG 25.4.1991 – 12 RK 14/89, NZA 1992, 232.
31 Geringfügigkeits-Richtlinien, S. 28.
32 Geringfügigkeits-Richtlinien, S. 29.

ge iSd § 8 Abs. 1 Nr. 2 SGB IV beschränkt bleibt.[33] Diese Festlegung auf zwei Monate steht auch im Einklang mit der Handhabung im Rahmen der Entgeltgeringfügigkeit nach § 8 Abs. 1 Nr. 1 SGB IV, wonach ein auf maximal zwei Monate beschränktes Überschreiten der 450-Euro-Grenze unschädlich für die Beurteilung ist, ob es sich noch um eine geringfügige Beschäftigung handelt. Umgekehrt kommt es auf die Prüfung der Berufsmäßigkeit einer Tätigkeit nicht an, wenn das aufgrund der Beschäftigung erzielte Entgelt 450 € nicht überschreitet.[34] In diesem Fall handelt es sich nämlich schon um eine Tätigkeit im Rahmen einer Entgeltgeringfügigkeit nach § 8 Abs. 1 Nr. 1 SGB IV.

(4) Geringfügige Beschäftigung in Privathaushalten

2499 Die **dritte Gruppe** umfasst die **geringfügige Beschäftigung in Privathaushalten** (**§ 8 a SGB IV**). Mit dieser zum 1.4.2003 neu eingefügten Gruppe der geringfügig Beschäftigten bezweckte der Gesetzgeber in erster Linie die Bekämpfung der in großem Ausmaß auftretenden illegalen Beschäftigung im Bereich der privaten Haushalte. Die Beschäftigten in Privathaushalten sollten motiviert werden, ihre Tätigkeiten legal und unter dem Schutz der Sozialversicherung auszuüben.[35] Im Juni 2012 wurden nach Angaben der „Minijob-Zentrale" etwa 240.000 geringfügig Beschäftigte offiziell in Privathaushalten eingesetzt.[36] Im Jahr 2010 waren dies noch 222.075 Beschäftigte,[37] so dass die Tendenz insgesamt einen Anstieg zeigt. Allerdings wird davon ausgegangen, dass insgesamt ca. 4,5 Mio. Privathaushalte eine Haushaltshilfe, gleich in welcher Form, beschäftigen.[38]

2500 Voraussetzung für eine geringfügige Beschäftigung im Privathaushalt ist zum einen, dass die Beschäftigung **durch einen privaten Haushalt** begründet wird. Bei einer Wohnungseigentümergemeinschaft (WEG), welche einen Hausmeister als Reinigungs- und Reparaturkraft einstellt, handelt es sich insoweit gerade nicht um einen Privathaushalt und somit auch nicht um eine Beschäftigung nach § 8 a SGB IV.[39]

2501 Weiterhin ist entscheidend, dass es sich um eine Tätigkeit handelt, die **sonst gewöhnlich durch Mitglieder des privaten Haushalts erledigt** wird. Erfasst werden somit nur einfache Dienstleistungen, die keine besonderen Fachkenntnisse und keine spezifische Qualifikation erfordern, wie etwa Hilfen im Haushalt, bei der Kinderbetreuung oder Gartenpflege.[40] Klassischer Fall ist somit etwa die ein- bis zweimal pro Woche für ein paar Stunden beschäftigte **Reinigungshilfe.** Nicht erfasst werden alle Tätigkeiten, die aufgrund eines Werkvertrages erbracht werden,[41] wie Reparaturen an Haus oder Wohnung, Haushalts- oder Einrichtungsgegenständen, Durchführung von Renovierungs- und Installationsarbeiten, weil sie schon nicht aufgrund eines Beschäftigungsverhältnisses erbracht werden.

2502 Letztlich ist erforderlich, dass ein **Mitglied des privaten Haushalts selbst Arbeitgeber** des geringfügig Beschäftigten ist. Beschäftigungen in privaten Haushalten, die durch Dienstleistungsagenturen oder andere Unternehmen begründet sind, fallen nicht unter diese Regelung.[42] Familienangehörige sind von der Regelung des § 8 a SGB IV nicht von vornherein ausgeschlossen. Es ist jedoch stets zu prüfen, ob eine Beschäftigung nur zum Schein erfolgt (§ 117 BGB) oder sich die Tätigkeit lediglich in familiärer Mithilfe erschöpft.[43]

---

33 Schaub/*Linck*, Arbeitsrechts-Handbuch, § 44 Rn 19.
34 HWK/*Ricken*, § 8 SGB IV Rn 15.
35 BT-Drucks. 15/26, S. 24.
36 *Foerster*, SteuK 2013, 1; *Griese/Preis/Kruchen*, NZA 2013, 113, 115; *Waltermann*, NJW 2013, 118, 120.
37 *vom Stein/Beyer-Petz*, DStR 2011, 977.
38 *Waltermann*, NJW 2013, 118, 120.
39 BSG 29.8.2012 – B 12 R 4/10 R, SozR 4-2400 § 8 a Nr. 1.
40 *Rolfs*, NZA 2003, 65, 69.
41 BSG 27.3.1980 – 12 RAr 1/79, SozR 2400 § 3 Nr. 4.
42 BT-Drucks. 51/26, S. 24.
43 Schaub/*Linck*, Arbeitsrechts-Handbuch, § 44 Rn 33.

Gemäß § 8 a SGB IV werden geringfügig Beschäftigte in Privathaushalten den sonstigen geringfügig Beschäftigten nach § 8 Abs. 1 Nr. 1 SGB IV gleichgestellt, so dass auch hier die 450-Euro-Grenze einschlägig ist. Unterschiede ergeben sich allein bei der Höhe der Beiträge zur Kranken- und Rentenversicherung. 2503

(5) Niedriglohn-Beschäftigung in der Gleitzone

Neben dem klassischen Minijob unterhalb der Grenze von 450 € existiert eine weitere Katego- 2504
rie (**Zusatzgruppe**) im Niedriglohnsektor: die **Niedriglohn-Beschäftigung in der Gleitzone** mit einem Entgelt von **450,01 € bis 850 €** (ehemals: 400,01 € bis 800 €).

Die grundlegende Definition einer Niedriglohn-Beschäftigung in der sog. **Gleitzone** (Progressi- 2505
onszone) findet sich in **§ 20 Abs. 2 SGB IV**. Danach liegt eine Gleitzone im Sinne dieses Gesetzbuches bei einem Beschäftigungsverhältnis vor, wenn das daraus erzielte Arbeitsentgelt zwischen 450,01 € und 850 € liegt und die Grenze von 850 € im Monat regelmäßig nicht überschreitet.

Die Regelungen über die Gleitzone finden keine Anwendung auf Personen, die zu ihrer Berufs- 2506
ausbildung oder nur kurzfristig iSv § 8 Abs. 1 Nr. 2 SGB IV beschäftigt sind.

Die ursprüngliche Einführung der Gleitzone basiert auf einem Vorschlag der Hartz-Kommissi- 2507
on.[44] Mit dieser sollte dem Umstand Rechnung getragen werden, dass das frühere Steuer- und Sozialabgabensystem in diesem Bereich der Entstehung gemeldeter Stellen entgegenstand, weil der Nettoverdienst trotz höherer Arbeitsbelastung geringer war als bei einer geringfügigen Beschäftigung.[45] Die starre Grenze zwischen einer versicherungsfreien geringfügigen Beschäftigung auf der einen und einer voll versicherungspflichtigen Beschäftigung auf der anderen Seite sollte damit aufgeweicht und abgemildert werden. Bei einer Tätigkeit innerhalb der Gleitzone hat der Arbeitnehmer lediglich einen **verminderten Anteil zur Sozialversicherung** zu leisten, wobei dieser innerhalb der Gleitzone bis zum vollen Arbeitnehmeranteil bei einem Erreichen des Grenzwerts von 850 € ansteigt. Die gleitende Ausgestaltung der Versicherungsbeiträge bezieht sich allerdings nur auf den Anteil des Arbeitnehmers, wohingegen der Arbeitgeber unabhängig von der Vergütungshöhe stets den vollständigen Abgabenanteil zu erbringen hat.

bb) Sozialversicherungspflicht

(1) Geringfügige Beschäftigung mit einem Entgelt von bis zu 450 €

Eine geringfügige Beschäftigung ist in **abgabenrechtlicher Hinsicht** sowohl für den Arbeitneh- 2508
mer als auch für den Arbeitgeber **privilegiert**. Diese grundsätzliche Privilegierung wird zwar teilweise kritisiert, da sie nachweislich keine Brückenfunktion in die normale Vollbeschäftigung besitze und ihr ein Tarnkappeneffekt für illegale Beschäftigung und „schwarzen" Hinzuverdienst zukomme.[46] Durch die Abgabenprivilegierung besitze die geringfügige Beschäftigung weiterhin eine marktverzerrende Wirkung, da die reduzierten Sozialabgabenpflichten bei der Lohnvereinbarung, welche regelmäßig fast eine „Nettovereinbarung" darstelle, berücksichtigt würden und somit durch die folgliche Wettbewerbsverzerrung einen Nachahmungsdruck erzeugen könnten, welcher einen drastischen Anstieg geringfügiger Beschäftigung nach sich ziehen könnte.[47] Dies ist zwar für bestimmte Branchen, wie zB den Einzelhandel und die Gastronomie, sicherlich nicht von der Hand zu weisen, allerdings ist in der Praxis eine gesetzliche Abkehr von der Privilegierung gerade nicht zu erwarten, weil diese auf kurze Sicht für den Arbeitgeber, aber auch für den Arbeitnehmer deutliche finanzielle Vorteile besitzt. Aus diesem Grund begrüßen in vielen Fällen sowohl Arbeitgeber als auch Arbeitnehmer die Aufnahme einer ge-

44 *Hartz u.a.*, Moderne Dienstleistungen am Arbeitsmarkt, Bericht der Kommission 2002, S. 170.
45 *Gaul/Otto*, DB 2003, 94, 95.
46 *Griese/Preis/Kruchen*, NZA 2013, 113, 114; *Waltermann*, NZA 2013, 1044.
47 *Waltermann*, NZA 2013, 1044.

ringfügigen Beschäftigung.[48] Dies ist allerdings bei einer dauerhaften Niedriglohnbeschäftigung zumindest aus Sicht des Arbeitnehmers etwas zu kurz gedacht. Als negative Folgen der weitreichenden Nutzung geringfügiger Beschäftigung werden die Ausweitung des Niedriglohnsektors und ein in vielen Fällen unausweichlicher Anstieg der Altersarmut genannt.[49] Deshalb wurden schon seit längerer Zeit vielfach Rufe nach einer Sozialversicherungspflicht für geringfügig Beschäftigte laut.[50]

2509 Dennoch sind die reduzierten Sozialversicherungspflichten nach wie vor Realität. Der **Arbeitgeber** muss für Beschäftigte, deren Arbeitsentgelt insgesamt regelmäßig unterhalb der Entgeltgeringfügigkeitsgrenze von 450 € im Monat liegt, **pauschale Sozialversicherungsbeiträge** zahlen. Deren Höhe betrug bei Einführung der gesetzlichen Neuregelung 12 % an die gesetzliche Rentenversicherung (§ 172 Abs. 3 S. 1 SGB VI) und 11 % an die gesetzliche Krankenversicherung (§ 249 b S. 1 SGB V). Zum 1.7.2006 wurde der pauschale Beitragssatz für geringfügige Beschäftigte im gewerblichen Bereich für Steuer und Sozialversicherung von insgesamt 25 auf 30 % erhöht.

2510 Der aktuell geltende **Beitragssatz** für 2015 setzt sich zusammen aus:

- 15 % für die Rentenversicherung nach § 172 Abs. 3 S. 1 SGB VI,
- 13 % für die Krankenversicherung nach § 249 b S. 1 SGB V[51] und
- 2 % Steuern.[52]

2511 Die Beiträge zur Krankenversicherung fallen allerdings nur an, soweit der Arbeitnehmer der gesetzlichen Krankenversicherung unterliegt und nicht privat krankenversichert ist. Die reduzierten pauschalen Beiträge, insb. in der Rentenversicherung, begründen allerdings auch nur reduzierte Ansprüche der Arbeitnehmer, da – anders als im Rahmen des Pauschbetrags zur Krankenversicherung nach § 249 b S. 1 SGB V – kein Zuschlag erfolgt.[53]

2512 Hinzu kommen allerdings weitere **Umlagensätze**, welche sich aktuell für das Jahr 2015 wie folgt zusammensetzen:

- 0,7 % Umlage zum Ausgleich der Arbeitgeberaufwendungen bei Krankheit für Arbeitgeber mit unter 30 Arbeitnehmern und einer Beschäftigungsdauer von mehr als 4 Wochen (Umlage U 1),
- 0,24 % Umlage zum Ausgleich der Arbeitgeberaufwendungen bei Mutterschaft und Schwangerschaft (Umlage U 2) und
- 0,15 % Insolvenzgeldumlage (Umlage U 3).

Die Umlagen-Ausgaben betragen somit insgesamt 1,09 % im Jahre 2015, so dass die **Gesamtbelastung** entsprechend bei **31,09 %** liegt. Demnach übersteigen die prozentual zu tragenden Arbeitgeberbeiträge im geringfügigen Beschäftigungsverhältnis mit 31,09 % deutlich die in einem regulären Arbeitsverhältnis zu entrichtenden Abgaben, welche im Jahr 2015 bei 19,325 % liegen.[54]

2513 Beiträge zur gesetzlichen **Pflege- und Arbeitslosenversicherung** sind dagegen sowohl von Arbeitgeber als auch von Arbeitnehmer nicht zu erbringen. Der Arbeitgeber hat die Beschäftigten zur **Unfallversicherung** zu melden, so dass dann je nach Gefährdungsrisiko gegenüber dem Ar-

48 *Griese/Preis/Kruchen*, NZA 2013, 113; *Waltermann*, NZA 2013, 1044.
49 *Griese/Preis/Kruchen*, NZA 2013, 113.
50 *Griese/Preis/Kruchen*, NZA 2013, 113, 114; *Waltermann*, NZA 2013, 1044.
51 Voraussetzung für die Abgabenpflicht des Arbeitgebers zur Krankenversicherung ist, dass der geringfügig Beschäftigte in der gesetzlichen Krankenversicherung versichert ist.
52 Bundesministerium der Finanzen, 22.2.2006 (Pressemitteilung Nr. 26/2006).
53 *Foerster*, SteuK 2013, 1, 2; *Griese/Preis/Kruchen*, NZA 2013, 113, 116.
54 Genaue Gegenüberstellung der Beitragssätze und tatsächlichen Belastungen bei *vom Stein/Beyer-Petz*, DStR 2011, 977, 978; das Problem auch aufwerfend *Spellbrink*, NZS 2010, 353, 354.

beitgeber konkrete Beitragssätze festgelegt werden.[55] Abweichend gestaltet sich die Abgabenpflicht allerdings im Bereich der Minijobs in Privathaushalten (s. dazu § 1 Rn 2523 ff).

Die Erhebung des Pauschalbeitrags zur Krankenversicherung für einen geringfügig beschäftigten Arbeitnehmer ist nach jüngerer BSG-Rspr auch dann verfassungsgemäß, wenn der geringfügig beschäftigte Arbeitnehmer wegen der Einnahmen aus einer anderen Haupttätigkeit versicherungsfrei ist und sich freiwillig versichert hat.[56] 2514

Durch die Beiträge des Arbeitgebers iHv 15 % des Entgelts erwirbt der Arbeitnehmer[57] **keinen eigenen Anspruch auf Sozialversicherungsleistungen.** Der Arbeitgeberanteil erhöht lediglich die Entgeltpunkte bei der Berechnung der Rente (§ 76 b SGB VI).[58] Aus den Entgeltpunkten werden wiederum in begrenztem Umfang Wartezeitmonate ermittelt. Um eine Regelaltersrente zu erhalten, muss der Versicherte eine Wartezeit von fünf Jahren erfüllen. Bei dieser Wartezeit werden Zeiten der rentenversicherungspflichtigen Beschäftigung und Zeiten der Kindererziehung berücksichtigt. Der geringfügig Beschäftigte erlangt durch den 15 %igen Arbeitgeberanteil also keine Ansprüche auf Rehabilitationsleistungen[59] oder Berufsunfähigkeits- oder Erwerbsunfähigkeitsrente.[60] Dies verdeutlicht das sozialversicherungsrechtliche Risiko einer geringfügigen Beschäftigung für den Arbeitnehmer, welche – wie bereits angeführt (s. § 1 Rn 2508) – oftmals den Ausgangspunkt für eine kritische Beurteilung der geringfügigen Beschäftigungen bildet. Als Reaktion auf diese Problematik wurde mit Wirkung vom 1.1.2013 eine **generelle Rentenversicherungspflicht** für geringfügig Beschäftigte eingeführt. 2515

Nach der früheren, **bis Ende 2012** geltenden Rechtslage besaß der geringfügig Beschäftigte zwar bereits die Möglichkeit, den Arbeitgeberanteil zur Rentenversicherung durch einen **eigenen Beitragsanteil** auf den jeweils geltenden Beitragssatz (im Jahr 2012: 19,6 %; aktuell im Jahr 2015: 18,7 %) aufzustocken und damit eigene Leistungsansprüche in der gesetzlichen Rentenversicherung zu erwerben (**Aufstockungsoption**). Das Gesetz gewährte ihm hierzu das Recht, auf die bis zum 31.12.2012 bestehende Rentenversicherungsfreiheit zu verzichten (§ 5 Abs. 2 S. 2 SGB VI aF).[61] Die **Erklärung des Verzichts** nach § 5 Abs. 2 S. 2 SGB VI aF durch den geringfügig Beschäftigten musste **schriftlich** gegenüber dem Arbeitgeber abgegeben werden, konnte nur mit Wirkung für die Zukunft und bei mehreren geringfügigen Beschäftigungen nur einheitlich erklärt werden. Er war für die Dauer der Beschäftigung bindend. Trat der Arbeitnehmer nach Beendigung der Tätigkeit in eine neue geringfügige Beschäftigung mit einem anderen Arbeitgeber ein, war die Verzichtserklärung erneut abzugeben. Nach erklärtem Verzicht erreichte der Arbeitnehmer selbst den Status eines Versicherten und erwarb somit Ansprüche auf das volle Leistungsspektrum der Rentenversicherung.[62] Durch die Anhebung des Arbeitgeber-Pauschbetrags von 12 % auf 15 % hat sich die Differenz zur Aufstockung für die Arbeitnehmer auf lediglich 4,6 % im Jahr 2012 (bis zum Gesamtbeitrag von 19,6 %; aktuell wären es 3,7 % zum Gesamtbeitrag von 18,7 % für das Jahr 2015) verringert. Von der Aufstockungsoption machten allerdings nur etwa 5 % der Beschäftigten Gebrauch.[63] 2516

Nicht zuletzt aus diesem Grund wurde das ehemalige System von Rentenversicherungsfreiheit und Aufstockungsoption mit Wirkung **vom 1.1.2013** neu geregelt. Eingeführt wurde mit dem „Gesetz zu Änderungen der geringfügigen Beschäftigung" vom 5.12.2012 eine **generelle Rentenversicherungspflicht für geringfügig beschäftigte Arbeitnehmer** im Rahmen der Entgeltge- 2517

55 Beck'sches Steuer- und Bilanzlexikon/*Heil*, Edition 3/2013, Geringfügige Beschäftigung, Rn 5.

56 BSG 25.1.2006 – B 12 KR 27/04 R, SozR 4-2500 § 249 b Nr. 2.

57 Im sozialversicherungsrechtlichen Sinne handelt es sich um den „Beschäftigten"; zu den beiden Begriffen s. *Leuchten/Zimmer*, DB 1999, 381.

58 Vgl *Löwisch*, BB 1999, 739, 740.

59 *Löwisch*, BB 1999, 739, 740.

60 *Bauer/Schuster*, DB 1999, 691.

61 S. näher *Boecken*, NZA 1999, 393, 399; *Rolfs*, NZA 2003, 65, 69.

62 Küttner/*Schlegel*, Personalbuch, 17. Aufl. 2010, 201 (Geringfügige Beschäftigung) Rn 66.

63 *Foerster*, SteuK 2013, 1; *Griese/Preis/Kruchen*, NZA 2013, 113, 116 f; *Waltermann*, NJW 2013, 118.

ringfügigkeit (erste Gruppe) und der dauerhaft im Haushalt geringfügig Beschäftigten (dritte Gruppe), deren **Arbeitsverhältnis nach dem 31.12.2012** geschlossen wurde. Dies zeigt sich daran, dass im neu gefassten § 5 Abs. 2 SGB VI nur noch die Gruppe der zeitlich geringfügig Beschäftigten nach § 8 Abs. 1 Nr. 2 bzw § 8 a iVm § 8 Abs. 1 Nr. 2 SGB IV von der Versicherungsfreiheit nach § 5 Abs. 2 S. 1 Nr. 1 SGB VI erfasst werden. Die für alle anderen, nun nicht mehr generell befreiten, geringfügig Beschäftigten bestehende Rentenversicherungspflicht beläuft sich generell auf den Differenzbetrag des Arbeitgeberanteils im Bereich der Geringfügigkeit von 15 % und dem regulären Gesamtbeitrag von derzeit 18,7 % und beträgt demnach 3,7 % für das Jahr 2015.[64] Ein anderer Beitragssatz gilt für geringfügig Beschäftigte in Privathaushalten (s. § 1 Rn 2523 ff).

2518 Allerdings kann sich der geringfügig Beschäftigte gem. § 6 Abs. 1 b SGB VI auf **schriftlichem Antrag** auch künftig gegenüber dem Arbeitgeber **von dieser Pflicht befreien** lassen, so dass keine Arbeitnehmerbeiträge zur Rentenversicherung anfallen. Nach Eingang des schriftlichen Antrags übermittelt der Arbeitgeber die entsprechenden Daten innerhalb von sechs Wochen nach Eingang mit der Meldung zur Sozialversicherung an die Minijob-Zentrale. Soweit die Minijob-Zentrale nicht innerhalb eines Monats nach Eingang der Meldung widerspricht oder das Feststellungsverfahren der Versicherungspflicht einleitet, gilt der Befreiungsantrag als bewilligt. Ist der Verzicht auf die Rentenversicherungsfreiheit einmal festgestellt, kann sie durch den Arbeitnehmer nicht mehr widerrufen werden und wirkt sich automatisch und unmittelbar auf jede weitere geringfügige Beschäftigung aus.[65] Die Rentenversicherungspflicht gilt allerdings generell erst ab einem Mindestbetrag des monatlichen Arbeitsentgeltens von 175 €. Die Rechtswirkungen der Zahlung der Rentenversicherungsdifferenz sind grds. dieselben wie bei der bisherigen Aufstockung. Allerdings wurde die **Beitragspflicht** nun vielmehr zum **Regelfall** erhoben, so dass nicht mehr die Aufstockung eine besondere Option darstellt, vielmehr der Antrag auf Befreiung von der Rentenversicherungspflicht – zumindest in der theoretischen Konstruktion – den Ausnahmefall bildet.

2519 In der **Praxis** werden von mancher Seite allerdings wenig Änderungen erwartet, da davon ausgegangen wird, dass Arbeitgeber regelmäßig die Anträge auf Befreiung von der **Rentenversicherungspflicht** bereits vorbereiten werden und sich ein **Großteil** der geringfügig Beschäftigten eben **von der Pflicht befreien lassen** wird.[66] Auf eine entsprechende Entwicklung lässt etwa auch die bislang nur verschwindend geringe Nutzung der Aufstockungsoption durch, wie gesagt, lediglich um die 5 % aller Beschäftigten schließen. Die Grundsätze zur generellen Rentenversicherungsfreiheit mit Aufstockungsoption bleiben allerdings für alle vor dem 31.12.2012 geschlossene Arbeitsverhältnisse im Bereich der geringfügen Beschäftigung, gleich welcher Art, weiterhin maßgeblich und anwendbar. In der **Krankversicherung** bleiben die Arbeitnehmer weiterhin nach § 7 Abs. 1 S. 1 SGB V beitragsfrei.

2520 Alle Pauschalabgaben für geringfügig Beschäftigte werden an die **Minijob-Zentrale** bei der **Bundesknappschaft** in **Essen** als zentrale Stelle entrichtet.

(2) Kurzfristige Beschäftigung

2521 Kurzfristig Beschäftigte nach § 8 Abs. 1 **Nr. 2** SGB IV sind nach § 5 Abs. 2 Nr. 1 SGB VI weiterhin in der **Rentenversicherung** beitragsfrei. Die Befreiung von der **Krankenversicherung** nach § 7 Abs. 1 S. 1 SGB V besteht ebenfalls fort. Auch der Arbeitgeber ist zu beiden Versicherungen nicht beitragspflichtig, da sich die pauschale Verpflichtung von 15 % zur Rentenversicherung und 13 % zur Krankenversicherung nach § 172 Abs. 3 SGB VI bzw § 249 b Abs. 1 S. 1 SGB V jeweils nur auf geringfügig Beschäftigte der ersten Gruppe nach § 8 Abs. 1 Nr. 1 SGB IV (Entgeltgeringfügigkeit) (s. § 1 Rn 2509 ff) bezieht.

---

64 Beck'sches Steuer- und Bilanzlexikon/*Heil*, Edition 3/2013, Geringfügige Beschäftigung, Rn 3.

65 *Foerster*, SteuK 2013, 1, 4; Plagemann/*Plagemann/Seifert*, MAH Sozialrecht, § 5 Rn 60.

66 *Griese/Preis/Kruchen*, NZA 2013, 113, 114.

Der Arbeitgeber ist jedoch verpflichtet, kurzfristig Beschäftigte zur gesetzlichen **Unfallversicherung** anzumelden (§ 165 Abs. 1 S. 1 SGB VII). Er hat für diese einen pauschalen Jahresbeitrag zu entrichten, der je nach Bundesland zwischen 20 € und 100 € variiert. Für den Beschäftigten selbst bleibt die gesetzliche Unfallversicherung beitragsfrei. Unterlässt der Arbeitgeber die Anmeldung, kann ihm ein Bußgeld gem. § 209 Abs. 1 S. 1 Nr. 5 iVm Abs. 3 SGB VII auferlegt werden. 2522

(3) Geringfügige Beschäftigung in Privathaushalten

Für Minijobs in privaten Haushalten gelten **geringere Pauschalabgaben**. Der Grund dafür liegt in erster Linie darin, dass Arbeitgeber in Privathaushalten dazu angeregt werden sollten, illegale oder „schwarze" Beschäftigungen im Haushalt zu legalisieren und auf eine sozialversicherungsrechtlich korrekte Ebene zu führen.[67] Allerdings hat die geringere Pauschale auf der anderen Seite auch geringere Rentenanwartschaften der Hausangestellten zur Folge.[68] 2523

Diese reduzierte Pauschale belief sich seit Januar 2009 auf regelmäßig 14,27 % des Arbeitsentgelts, beträgt aber nach der bereits dargestellten Anhebung der Umlagesätze U 1 und U 2 im Jahr 2013 (s. § 1 Rn 2512) nun insgesamt **14,54 %**. Davon gehen nach § 172 Abs. 3 a SGB VI 5 % zur gesetzlichen Rentenversicherung und nach § 249 b S. 2 SGB V 5 % zur gesetzlichen Krankenversicherung, wenn der Beschäftigte in der gesetzlichen Krankenversicherung versichert ist (auch familienversichert). 2 % sind einheitliche Pauschsteuern (Lohnsteuer, Solidaritätszuschlag und Kirchensteuern). Darüber hinaus werden nun für geringfügig Beschäftigte in Privathaushalten Abgaben iHv 1,6 % für die gesetzliche Unfallversicherung und ebenfalls 0,94 % Umlagen zum Ausgleich der Arbeitgeberaufwendungen bei Krankheit und Mutterschaft fällig. Die Insolvenzgeldumlage U 3 in Höhe von nun 0,15 % fällt bei Privathaushalten dagegen nicht an.[69] Anders als bei den sonstigen 450-Euro-Beschäftigungen wird der einheitliche Unfallversicherungsbeitrag in Höhe von 1,6 % bereits unmittelbar mit den anderen Pauschalabgaben von der Minijob-Zentrale eingezogen und an den zuständigen Unfallversicherungsträger weitergeleitet. Die pauschalierte und generell, ohne Einzelfallprüfung, verpflichtende Unfallversicherungssumme ergibt sich aus der generell angenommenen höheren Unfallgefahr bei Tätigkeiten im Haushalt. 2524

Auch im Bereich der geringfügig in Privathaushalten Beschäftigten wirkt sich die seit dem 1.1.2013 bestehende **generelle Pflicht zur Rentenversicherung** aus (s. § 1 Rn 2517 f). Soweit es sich nicht um nur kurzfristig iSv § 8 a iVm § 8 Abs. 1 Nr. 2 SGB IV Beschäftigte in Haushalten handelt, sind auch diese seither nicht mehr von der Rentenversicherung nach § 5 Abs. 2 S. 1 SGB VI befreit. Allerdings macht sich die Beitragspflicht für den Arbeitnehmer im Bereich der Privathaushalte noch deutlicher bemerkbar. Da für den Arbeitgeber ein auf 5 % anstatt 15 % reduzierter Beitrag zur Rentenversicherung des Arbeitnehmers fällig wird, sich der Arbeitnehmeranteil aber auf den Differenzbetrag zum vollen Beitragssatz von 18,7 % für das Jahr 2015 beläuft, muss der geringfügig Beschäftigte in Privathaushalten einen Beitrag in Höhe von derzeit **13,7 %** (anstatt 3,7 % bei gewerblicher geringfügiger Beschäftigung) leisten. Allerdings besteht auch hier die Möglichkeit, sich nach § 6 Abs. 1 b SGB VI auf schriftlichen Antrag gegenüber dem Arbeitgeber **befreien** zu lassen. Bislang nahmen etwas über 7 % aller Beschäftigten in Privathaushalten die Möglichkeit der Aufstockungsoption zur Rentenversicherung wahr.[70] 2525

Bei einer geringfügigen Beschäftigung in Privathaushalten ist das **Haushaltsscheckverfahren** obligatorisch, so dass eine Vornahme des allgemeinen Meldeverfahrens unzulässig ist. Das Verfahren gilt allerdings allein für die geringfügige Beschäftigung in Privathaushalten und damit 2526

67 So auch *Foerster*, SteuK 2013, 1.
68 *Kocher*, NZA 2013, 929, 931.
69 *Foerster*, SteuK 2013, 1, 2.
70 *Foerster*, SteuK 2013, 1.

nicht für eine Wohnungseigentümergemeinschaft (WEG), die einen Hausmeister beschäftigt.[71] Bei dem Haushaltsscheckverfahren handelt es sich um ein **vereinfachtes Meldeverfahren**, welches **nur** für geringfügige Beschäftigungsverhältnisse genutzt werden kann. Bei dem Haushaltsscheck handelt es sich um einen **Vordruck**, der durch die **Bundesknappschaft** zur Verfügung gestellt wird.[72] Die Bundesknappschaft vergibt als zuständige Einzugsstelle die Betriebsnummer für den Arbeitgeber, berechnet die Beiträge zur Sozialversicherung, die Umlagen nach dem Aufwendungsausgleichsgesetz, den Beitrag zur Unfallversicherung sowie die Pauschsteuer auf Grundlage des gemeldeten Arbeitsentgelts und zieht an zwei Stichtagen (15. Januar und 15. Juli) per Lastschriftverfahren die Beträge ein. Auch der Abzug der Beiträge zur Unfallversicherung ist in das Haushaltsscheckverfahren integriert, so dass die Anmeldung zur Unfallversicherung nicht über den Unfallversicherungsträger, sondern über die Knappschaft Bahn-See (Minijob-Zentrale) erfolgt. Die Bundesknappschaft bescheinigt dem Arbeitgeber ebenfalls die für die steuerliche Absetzbarkeit maßgebenden Aufwendungen. Privathaushalte werden von den Rentenversicherungsträgern grds. nicht geprüft. Das Haushaltsscheckverfahren ist somit insgesamt entbürokratisiert worden. Der Haushaltsscheck ist bei jeder Lohn- und Gehaltszahlung bei der Einzugsstelle einzureichen, es sei denn, das Arbeitsentgelt bleibt monatlich unverändert und der Haushaltsscheck wird als **Dauerscheck** gekennzeichnet.[73] Sobald das regelmäßige Entgelt allerdings die 450-Euro-Grenze übersteigt, ist der Angestellte wieder im normalen Meldeverfahren zu melden.[74]

2527 Der Arbeitgeber muss seine geringfügig beschäftigten Arbeitnehmer auch im Privathaushalt über die Möglichkeit **aufklären**, durch schriftliche Erklärung auf die Rentenversicherungsfreiheit zu verzichten bzw für Beschäftigungen ab dem 1.1.2013 auf die Möglichkeit durch schriftlichen Antrag eine Befreiung von der Rentenversicherungspflicht zu erreichen. Erklärt der Arbeitnehmer in einem vor dem 31.12.2012 geschlossenen Arbeitsverhältnis den Verzicht, muss er neben dem pauschalen Beitrag des Arbeitgebers zur Rentenversicherung den angesprochenen Arbeitnehmerbeitrag in Höhe der Differenz zum vollen Rentenversicherungsbeitrag leisten. Damit erwirbt er unmittelbar alle Ansprüche aus der gesetzlichen Rentenversicherung. In nach dem 31.12.2012 geschlossenen Arbeitsverhältnissen besteht eine Versicherungspflicht in gleicher Höhe (s. § 1 Rn 2525), soweit der Arbeitnehmer sich davon nicht nach § 6 Abs. 1 b SGB VI befreien lässt.

2528 *Rolfs*[75] weist allerdings auf **verfassungsrechtliche Probleme** bei der pauschalen Beitragserhebung bei geringfügig Beschäftigten in Privathaushalten hin. Der Pauschalbeitrag zur Krankenversicherung für im Haushalt geringfügig Beschäftigte sei nicht nur dann zu entrichten, wenn diese bereits aus anderen Gründen (zB wegen ihrer Hauptbeschäftigung oder einer bestehenden Familienversicherung) gesetzlichen Versicherungsschutz genießen, sondern auch für Personen, die gegen das Krankheitsrisiko privat oder gar nicht versichert sind. Dies ergebe sich aus S. 2 von § 249 b SGB V, der – anders als der den 13 %igen Pauschalbeitrag außerhalb des Haushalts betreffende S. 1 – nicht von „Versicherten“, sondern von „Beschäftigten“ spreche. Damit werde für diesen Personenkreis eine (hier: 5 %ige) Beitragspflicht statuiert, mit der kein entsprechender Versicherungsschutz korrespondiere. Die Begründung einer Beitragspflicht, die gleichzeitig nicht mit einer Leistungspflicht des Beitragsgläubigers korrespondiere, sei sowohl im Hinblick auf die Gesetzgebungskompetenz des Bundes für die Sozialversicherung (Art. 74 Abs. 1 Nr. 12 GG) als auch wegen des allgemeinen Gleichheitssatzes des Art. 3 Abs. 1 GG mehr als bedenklich.[76] Nach anderer Auffassung entfällt der Pauschalbeitrag zur Krankenver-

---

71 BSG 29.8.2012 – B 12 R 4/10 R, SozR 4-2400 § 8 a Nr. 1; *Richter*, DStR 2013, 1135.

72 Vordruck unter www.haushaltsscheck.de.

73 Gemeinsame Verlautbarung zum Haushaltsscheckverfahren der Spitzenverbände vom 17.2.2003, S. 3.

74 BT-Drucks. 15/26, S. 24.

75 NZA 2003, 65, 70.

76 *Rolfs*, Das Versicherungsprinzip im Sozialversicherungsrecht, S. 268 ff.

sicherung bei geringfügig Beschäftigten im Privatbereich ebenso wie bei einer geringfügigen Beschäftigung im gewerblichen Bereich, wenn die beschäftigte Person nicht gesetzlich krankenversichert ist.[77] Aufgrund der bestehenden Unsicherheit wird daher empfohlen, den Pauschalbeitrag zwar zu entrichten, die Zahlung aber unter einen **Vorbehalt der Rückforderung** im Falle der tatsächlichen Rechtswidrigkeit der Norm zu stellen. Im Rahmen der Änderungen im Bereich der geringfügigen Beschäftigung zum 1.1.2013 wurde von einer Änderung der Norm des § 249 b SGB V abgesehen, so dass die Vorschrift in ihrer bisherigen Prägung auch weiterhin zu beachten ist.

(4) Niedriglohn-Beschäftigung in der Gleitzone

Die Gleitzone kennzeichnet sich dadurch, dass der Arbeitnehmer in allen Zweigen der Sozialversicherung versicherungspflichtig ist und somit den Schutz der Kranken-, Renten-, Pflege- und Arbeitslosenversicherung genießt. Der Arbeitgeber zahlt für das gesamte Arbeitsentgelt grds. den vollen Arbeitgeberanteil[78] und trägt somit die Hälfte des regulären Gesamtsozialversicherungsbeitrags. 2529

Die Berechnung des Arbeitnehmeranteils an den Sozialversicherungsbeiträgen in der **Gleitzone zwischen 450,01 und 850,00 €** zeichnet sich allerdings durch eine Besonderheit aus. Zunächst wird der Arbeitgeberanteil anhand des tatsächlich vereinbarten Entgelts mit dem jeweils gültigen Sozialversicherungssatz berechnet. Dieser beträgt für das Jahr 2015 bspw 19,325 % (18,825 % in Sachsen als Ausgleich für den arbeitsfreien Buß- und Bettag). Danach wird der Gesamtsozialversicherungsbeitrag (im Jahr 2015 bei 38,65 % bei Arbeitnehmern mit Kindern bzw 38,9 % bei Kinderlosen) an einem nach einer bestimmten Formel geminderten Bemessungsentgelt berechnet. Grundlage der Berechnung bildet demnach nicht das tatsächliche Einkommen, sondern ein fiktiver Einkommensbetrag.[79] Von diesem errechneten „geminderten“ Gesamtbeitrag wird dann der ungeminderte Arbeitgeberanteil abgezogen, so dass sich daraus dann der vom Arbeitnehmer tatsächlich zu entrichtende Beitrag ergibt. Die Entlastung kommt demnach allein dem Arbeitnehmer zugute.[80] 2530

Der vom Arbeitnehmer zu zahlende Beitrag stieg noch im Jahr 2010 linear von knapp 11 % am Anfang der Gleitzone bei 400,01 € bis zum vollen Arbeitnehmeranteil, welcher im Jahr 2010 bei 20,475 % bei kinderlosen Arbeitnehmern, ansonsten bei 20,225 % lag. Nach der Angleichung der Formel und Ausweitung der Zone von 450,01 bis 850 € beläuft sich im Jahr 2015 prozentual doch merklich verändert die lineare Ausgestaltung der Sozialabgaben zwischen 9,99 % bzw 10,18 % am unteren Rand der Gleitzone auf den maximalen Beitrag von 19,575 % bei kinderlosen Arbeitnehmern und 19,325 % bei Arbeitnehmern mit Kindern ab einem Einkommen von 850 € pro Monat. 2531

Die folgende **Übersicht** zeigt gegenübergestellt die sich verändernden Anteile des Arbeitnehmers an den Zahlungen an die Sozialversicherungsträger in den Jahren 2010 und 2015 auf. 2532

77 AA (keine Abgabepflicht zur Krankenversicherung, wenn Beschäftigter nicht gesetzlich versichert): Gemeinsame Verlautbarung zum Haushaltsscheckverfahren der Spitzenverbände vom 17.2.2003, S. 5; *Niermann/Plenker*, DB 2003, 304, 306.

78 Zurzeit durchschnittlich etwa 19,325 % (Stand: Januar 2015).

79 *Vöcking*, NZA 2013, 1186.

80 *Vöcking*, NZA 2013, 1186.

2533 **Übersicht: Beitragsbelastung in der Gleitzone für das Jahr 2010 und 2015**

Arbeitsentgelt	AG-Anteil am Gesamtsozialversicherungsbeitrag	Beitragspflichtige Einnahmen	AN-Anteil am Gesamtsozialversicherungsbeitrag beim kinderlosen AN	AN-Anteil im Verhältnis zum Arbeitsentgelt beim kinderlosen AN	Ersparnis für den kinderlosen AN	AN-Anteil am Gesamtsozialversicherungsbeitrag beim AN mit Kindern	AN-Anteil im Verhältnis zum Arbeitsentgelt beim kinderlosen AN	Ersparnis für den AN mit Kindern
2010								
400,01	77,30	303,41	43,48	10,87 %	38,42	42,70	10,68 %	38,20
450,00	86,96	365,48	58,50	13,00 %	33,64	57,59	12,80 %	33,42
500,00	96,63	427,55	73,53	14,71 %	28,85	72,46	14,49 %	28,67
550,00	106,29	489,64	88,58	16,11 %	24,03	87,36	15,88 %	23,88
600,00	115,95	551,70	103,62	17,27 %	19,23	102,25	17,04 %	19,10
650,00	125,61	613,78	118,67	18,26 %	14,42	117,14	18,02 %	14,32
700,00	135,28	675,85	133,71	19,10 %	9,62	132,02	18,86 %	9,56
750,00	144,94	737,93	148,76	19,84 %	4,80	146,91	19,59 %	4,78
800,00	154,60	800,00	163,80	20,475 %	0,00	161,80	20,225 %	0,00
2015								
450,01	86,96	341,34	45,82	10,18 %	42,29	44,97	9,99 %	41,99
500,00	96,63	404,91	60,88	12,12 %	37,00	59,87	11,97 %	36,76
550,00	106,29	468,49	75,95	13,81 %	31,71	74,78	13,60 %	31,51
600,00	115,95	532,08	91,03	15,17 %	26,42	89,70	14,94 %	26,25
650,00	125,61	595,66	106,10	16,32 %	21,13	104,61	16,09 %	21,00
700,00	135,28	659,25	121,17	17,31 %	15,86	119,52	17,07 %	15,76
750,00	144,94	722,83	136,24	18,16 %	10,57	134,43	17,92 %	10,51
800,00	154,60	786,41	151,31	18,91 %	5,29	149,35	18,66 %	5,25
850,00	164,26	850,00	166,39	19,575 %	0,00	164,27	19,325 %	0,00

2534 In der Gleitzone wird bei der Beitragsbemessung ein reduziertes beitragspflichtiges Arbeitsentgelt zugrunde gelegt. Der Arbeitnehmer kann auf eine Verkürzung seiner Beitragsleistungen verzichten und den Beitrag zur Rentenversicherung entsprechend seinem tatsächlichen Arbeitsentgelt zahlen. Er erwirbt dann entsprechend höhere Rentenanwartschaften.

2535 Das monatliche Bemessungsentgelt, aus dem der Gesamtbeitrag zur Sozialversicherung errechnet wird, ergibt sich für den Arbeitnehmer in der Gleitzone nach folgender – auf den ersten Blick ein wenig kompliziert wirkenden – **Formel**,[81] welche mittlerweile aufgrund der dargestellten Erhöhung der Gleitzonenspanne von 400,01 auf 450,01 € am unteren Rand und von 800 auf 850 € als Obergrenze angepasst wurde.

81 § 226 Abs. 4 SGB V und § 344 Abs. 4 SGB III, jew. mit Verweis auf § 163 Abs. 10 S. 1 SGB VI.

Formel alt (bis 31.12.2012):

Bemessungsentgelt = F × 400 + (2 – F) × (AE – 400)

Aktuelle Formel (ab 1.1.2013):

Bemessungsentgelt = F x 450 + ({850 ÷ 400} – {450 ÷ 400} x F) x (AE – 450)

Vorstehend dargestellt sind zwei verschiedene Formeln, wobei die erste die Situation zu den Zeitpunkten der Geltung der Gleitzone 400,01 bis 800 € wiedergibt, wogegen die die zweite Formel auf die aktuelle Rechtslage ab dem 1.1.2013 mit einer Gleitzone von 450,01 bis 850 € bezieht. Für alle nach dem 31.12.2012 geschlossenen Beschäftigungsverhältnisse ist demnach die zweite Formel einschlägig. Für zuvor geschlossene Arbeitsverhältnisse blieb dagegen zunächst während einer Übergangszeit bis zum 31.12.2014 die erste Formel anwendbar. Aktuell spielt die erstgenannte Formel somit keinerlei Rolle mehr. 2536

F ist ein Faktor, der sog. **Gleitzonenfaktor**, der jährlich offiziell durch das Bundesministerium für Arbeit und Soziales bekannt gegeben wird. Dieser Faktor ergibt sich, wenn die Pauschalabgabe bei geringfügiger Beschäftigung, welche seit dem 1.7.2006 nicht mehr 25 %, sondern für das **Jahr 2015 31,09 %** beträgt, durch den durchschnittlichen Sozialversicherungsbeitrag aller Versicherten dividiert wird. 2537

Seit dem Kalenderjahr 2010 variiert der Arbeitnehmerbeitrag zur Sozialversicherung und damit auch der Gesamtversicherungsbeitrag erstmalig je nachdem, ob der Arbeitnehmer Kinder hat oder nicht, da **Kinderlose** einen um **0,25 %-Punkte erhöhten Beitrag** zur **Pflegeversicherung** zu entrichten haben. Danach liegt der Gesamtversicherungsbeitrag im Jahr 2015 bei Arbeitnehmern mit Kindern bei 38,65 % und bei kinderlosen Arbeitnehmern bei 38,9 % (bestehend aus: Krankenversicherung iHv 14,6 %, Pflegeversicherung 2,35 % bzw 2,6 %, Rentenversicherung 18,7 % und Arbeitslosenversicherung 3,0 %). Der Arbeitgeberanteil zur Sozialversicherung beträgt einheitlich 19,325 %. Der Arbeitnehmeranteil liegt je nachdem, ob Kinder vorhanden sind, bei 19,325 % oder 19,575 %. 2538

Der **Faktor F** wird jeweils im Voraus für das gesamte Kalenderjahr einheitlich festgelegt, so dass mögliche Steigerungen oder Absenkungen der Beiträge im Laufe des Jahres nicht zu berücksichtigen sind. Er betrug im Jahr 2010 bspw danach durchgehend 0,7585 und beträgt nach zwischenzeitlicher Erhöhung im Jahr 2013 auf 0,7605 aktuell im **Jahr 2015** erneut **0,7585.** 2539

Das **Kürzel „AE"** innerhalb der obigen Formel zur Ermittlung des Bemessungsentgelts steht für das monatliche Arbeitsentgelt des Arbeitnehmers. 2540

Durch die Formel zur Berechnung des Bemessungsentgelts in der Gleitzone wird erreicht, dass etwa im Jahr 2015 bei einem Entgelt von 600 € von einem sozialversicherungspflichtigen Entgelt von 532,08 € ausgegangen wird. Der Arbeitgeber zahlt den vollen Beitragsanteil auf das tatsächliche Arbeitsentgelt, also 115,95 €. Der Arbeitnehmer zahlt, soweit er Kinder hat, einen geminderten, auf das Bemessungsentgelt abgestellten Beitragsanteil von 89,70 €, ansonsten als Kinderloser einen Beitrag von 91,03 €. 2541

2542 **Beispiel:** Berechnung des Gesamtsozialversicherungsbeitrags für einen Arbeitnehmer mit einem Arbeitsentgelt (AE) von 600 €.

1. **Ermittlung des Bemessungsentgelts nach der neuen Formel**
   Bemessungsentgelt = F × 450 + ({850 ÷ 400} – {450 ÷ 400} x F) x (AE – 450)
   = 0,7585 × 450 + (2,125 – 1,125 x 0,7585) × (600 – 450)
   = 341,325 + 1,2716875 × 150
   = 341,325 + 190,75
   = 532,08 €
2. **Ermittlung des Gesamtsozialversicherungsbeitrags**
   Bemessungsentgelt × Gesamtsozialversicherungsbeitragssatz = Gesamtbeitrag
   532,08 € × 38,65 % = 205,65 € (Arbeitnehmer mit Kind)
   532,08 € × 38,9 % = 206,98 € (kinderloser Arbeitnehmer)
3. **Ermittlung des ungeminderten Arbeitgeberanteils zur Sozialversicherung**
   Arbeitsentgelt × Beitragssatz Arbeitgeber = Arbeitgeberanteil
   600 € × 19,325 % = 115,95 €
4. **Ermittlung des Arbeitnehmeranteils zur Sozialversicherung**
   Gesamtbeitrag – Arbeitgeberanteil = Arbeitnehmeranteil
   205,65 € – 115,95 € = 89,70 € (Arbeitnehmer mit Kind)
   206,98 € – 115,95 € = 91,03 € (kinderloser Arbeitnehmer)

cc) Besteuerung

2543 Auch das Arbeitsentgelt für Lohnzahlungszeiträume im Bereich der geringfügigen Beschäftigung ist grds. steuerpflichtig. Die bis ins Jahr 2003 geltenden Freistellungsbescheinigungen können somit nicht mehr genutzt werden.

(1) Geringfügige Beschäftigung mit einem Entgelt von bis zu 450 €

2544 Bei der Besteuerung von Einkünften aus geringfügiger Beschäftigung im Bereich der Entgeltgeringfügigkeit ist zwischen den folgenden Besteuerungsmodellen zu unterscheiden:

- Erhebung einer einheitlichen Pauschsteuer von 2 % gem. § 40 a Abs. 2 EStG durch den Arbeitgeber;
- Erhebung einer pauschalen Lohnsteuer mit einem Steuersatz von 20 % des Arbeitsentgelts gem. § 40 a Abs. 2 a EStG durch den Arbeitgeber;
- Besteuerung nach der Lohnsteuerkarte.

2545 In beiden Fällen der Lohnsteuerpauschalierung ist Voraussetzung, dass eine geringfügige Beschäftigung iSd § 8 Abs. 1 Nr. 1 SGB IV oder iSd § 8 a SGB IV iVm § 8 Abs. 1 Nr. 1 SGB IV, also stets ein Fall der Entgeltgeringfügigkeit, vorliegt. Das Steuerrecht knüpft damit an die Voraussetzungen des SGB IV an. Ist im Arbeitsvertrag eine Bruttovergütung vereinbart, hat der Arbeitnehmer die anfallende Lohnsteuer im Verhältnis zum Arbeitgeber zu tragen. Der Arbeitgeber kann die abzuführende Lohnsteuer von dem vereinbarten Lohn abziehen. Dies gilt auch bei einer geringfügigen Beschäftigung hinsichtlich der pauschalierten Lohnsteuer.[82]

(a1) Einheitliche Pauschsteuer von 2 %

2546 Der Arbeitgeber kann unter Verzicht auf die Vorlage einer Lohnsteuerkarte die Lohnsteuer einschließlich Solidaritätszuschlag und Kirchensteuer für das Arbeitsentgelt aus einer geringfügigen Beschäftigung oder aus einer geringfügigen Beschäftigung in Privathaushalten, für das er die Beiträge zur gesetzlichen Rentenversicherung von 15 % bzw 5 % bei der Beschäftigung in Privathaushalten zu entrichten hat, mit einem **einheitlichen Pauschsteuersatz** von insgesamt

82 BAG 1.2.2006 – 5 AZR 628/04, NZA 2006, 682.

2 % des Arbeitsentgelts erheben (einheitliche Pauschsteuer, § 40 a Abs. 2 EStG). Dabei ist unerheblich, ob der Beschäftigte in der Rentenversicherung – nach früherer Rechtslage – versicherungsfrei war oder den Verzicht auf die Rentenversicherungsfreiheit erklärte und von der Möglichkeit der Aufstockung nach § 168 Abs. 1 SGB VI Gebrauch machte[83] bzw nach der seit 2013 geltenden Rechtslage, ob der Arbeitnehmer sich von der generellen Rentenversicherungspflicht hat befreien lassen oder nicht (s. dazu § 1 Rn 2525–2517). In der einheitlichen Pauschsteuer sind neben der Lohnsteuer auch der Solidaritätszuschlag und die Kirchensteuer enthalten. Der einheitliche Pauschsteuersatz von 2 % ist auch anzuwenden, wenn der Arbeitnehmer keiner erhebungsberechtigten Religionsgemeinschaft angehört.[84]

Für die Fälle der einheitlichen Pauschsteuer von 2 % ist stets die Deutsche Rentenversicherung **Knappschaft-Bahn-See zuständig.**[85] 2547

Die Verpflichtung des Arbeitgebers, diese Steuern an die Knappschaft abzuführen, begründet allerdings nicht gleichzeitig die Verpflichtung, die Steuerlast auch im wirtschaftlichen Sinne zu tragen; im Arbeitsverhältnis ist eine Abwälzung dieser Lasten auf den Arbeitnehmer zulässig.[86] 2548

(a2) Pauschaler Lohnsteuersatz von 20 %

Hat der Arbeitgeber für das Arbeitsentgelt aus einer geringfügigen Beschäftigung nicht den pauschalen Beitrag von 15 % bzw 5 % zur gesetzlichen Rentenversicherung zu entrichten, kann er unter Verzicht auf die Vorlage einer Lohnsteuerkarte die pauschale Lohnsteuer mit einem **Steuersatz** von **20 %** des Arbeitsentgelts erheben. Hinzu kommen der Solidaritätszuschlag (5,5 % der Lohnsteuer) und die Kirchensteuer nach dem jeweiligen Landesrecht. Diese liegt im Jahr 2015 bei 8 % des Lohnsteuersatzes in Bayern und Baden-Württemberg und bei 9 % des Lohnsteuersatzes in allen übrigen Bundesländern. Allerdings gelten für den Fall der Lohnsteuerpauschalierung ermäßigte Kirchensteuersätze von zwischen 5 und 7 %.[87] 2549

Maßgebend für die Lohnsteuerpauschalierung ist die sozialversicherungsrechtliche Einordnung als geringfügig entlohnte Beschäftigung. Dabei ist die Arbeitsentgeltgrenze arbeitgeberbezogen zu prüfen. Ob die Pauschalierungsgrenzen eingehalten worden sind, steht regelmäßig erst am Ende eines Kalenderjahres fest und ist vom Zuflusszeitpunkt des Arbeitslohns unabhängig.[88] Eine Zusammenrechnung des Arbeitsentgelts für geringfügige Beschäftigungen bei anderen Arbeitgebern erfolgt nicht. 2550

Die pauschale Lohnsteuer nach § 40 a Abs. 2 a EStG ist – anders als die einheitliche Pauschsteuer – nicht an die Minijob-Zentrale, sondern an das für den Arbeitgeber **zuständige Betriebsstättenfinanzamt** abzuführen. Für den Arbeitgeber ist dies im Normalfall das Finanzamt, in dessen Bezirk sich der Betrieb befindet. Bei Privathaushalten als Arbeitgeber ist das für die Veranlagung der persönlichen Einkommensteuer zuständige Wohnsitzfinanzamt zuständig. 2551

(a3) Besteuerung nach Lohnsteuerkarte

Wählt der Arbeitgeber für eine geringfügige Beschäftigung iSd § 8 Abs. 1 Nr. 1 SGB IV oder des § 8 a SGB IV iVm § 8 Abs. 1 Nr. 1 SGB IV nicht die pauschale Lohnsteuererhebung, so ist die Lohnsteuer vom Arbeitsentgelt nach Maßgabe der vorgelegten **Lohnsteuerkarte** beim **zuständigen Betriebsstättenfinanzamt** zu erheben. 2552

83 Schaub/*Linck*, Arbeitsrechts-Handbuch, § 44 Rn 60.

84 *Foerster*, SteuK 2013, 1, 2.

85 Meldung einzureichen bei: Minijob-Zentrale, 45115 Essen.

86 BAG 21.7.2009 – 1 AZR 167/08, NZA 2009, 1213; BAG 1.2.2006 – 5 AZR 628/04, NZA 2006, 682; BAG 24.6.2003 – 9 AZR 303/02, NZA 2003, 1145.

87 Übersicht zu den pauschalierten Kirchensteuersätzen auf: http://www.lohn-info.de/kirchensteuer.html#kirchensteuerpauschal.

88 FG Baden-Württemberg 20.10.2005 – 8 K 317/02, DStRE 2006, 602.

2553 Mittlerweile hat der Arbeitgeber die Lohnsteueranmeldung grds. auf **elektronischem Weg** dem Finanzamt zu übermitteln.[89] Im Kalenderjahr 2013 wurde insoweit ein neues vereinheitlichtes Verfahren für Arbeitgeber zur elektronischen Übermittlung der von Seiten der Finanzverwaltung mit dem sog. Verfahren der elektronischen Lohnsteuerabzugsmerkmale (**ELStaM-Verfahren** oder auch **elektronische Lohnsteuerkarte** genannt) in Arbeit genommen. Die genaue Höhe des Abzugs hängt von der Lohnsteuerklasse und dem Lohnzahlungszeitraum ab. Für den Arbeitnehmer vorteilhaft wirkt sich die Vorlage der Lohnsteuerkarte aus, soweit er in die Steuerklassen I bis IV fällt, da hier bei einem Arbeitsentgelt bis zu 450 € keine Lohnsteuer anfällt.[90]

(2) Kurzfristige Beschäftigung

2554 Ein Pauschalabzug der **Lohnsteuer** iHv **2 %** gem. § 40 a Abs. 2 EStG ist für kurzfristig Beschäftigte **nicht möglich**, da für diese gerade keine Pauschalabgabe zur Rentenversicherung als zwingende Voraussetzung einer 2%igen Lohnsteuerpauschalierung erfolgt (s. § 1 Rn 2521). Der Arbeitgeber kann aber unter Verzicht auf die Vorlage einer Lohnsteuerkarte die Lohnsteuer mit einem Pauschsteuersatz von 25 % des Arbeitslohns erheben. Voraussetzung hierfür ist allerdings das Vorliegen einer kurzfristigen Beschäftigung sowohl im sozialversicherungsrechtlichen als auch im steuerrechtlichen Sinne. In diesem Zusammenhang ist zu beachten, dass der Begriff „kurzfristige Beschäftigung" im Steuerrecht anders definiert wird als im Sozialrecht.

2555 Eine kurzfristige Beschäftigung im steuerrechtlichen Sinne liegt gem. § 40 a Abs. 1 S. 2 EStG vor, wenn

- der Arbeitnehmer bei dem Arbeitgeber gelegentlich, nicht regelmäßig wiederkehrend beschäftigt wird (max. drei bis vier Jobs pro Jahr),
- die Dauer der Beschäftigung 18 zusammenhängende Arbeitstage nicht übersteigt und
- der Arbeitslohn während der Beschäftigungsdauer 62 € durchschnittlich je Arbeitstag nicht übersteigt oder
- die Beschäftigung zu einem unvorhersehbaren Zeitpunkt sofort erforderlich wird.

2556 Ein unvorhersehbarer Zeitpunkt in diesem Sinne ist zB bei einem krankheitsbedingten Ausfall eines Arbeitnehmers, bei einem Ausfall bestellter Aushilfskräfte oder bei plötzlichem Entstehen eines größeren Bedarfs an Aushilfskräften zu bejahen.[91] Nach § 40 a Abs. 4 EStG ist die Erhebung des Pauschsteuersatzes unzulässig, wenn der durchschnittliche Stundenlohn 12 € übersteigt oder der Arbeitnehmer vom selben Arbeitgeber für eine andere lohnsteuerpflichtige Beschäftigung Arbeitslohn bezieht.

(3) Geringfügige Beschäftigung in Privathaushalten

2557 Auch bei einer geringfügigen Beschäftigung in einem Privathaushalt als Sonderfall der Entgeltgeringfügigkeit besteht, wie gezeigt, die Möglichkeit, auf das Arbeitsentgelt eine einheitliche Pauschsteuer iHv 2 % des Arbeitsentgelts zu erheben. Die Möglichkeit der Pauschsteuer ist an die Zahlung des pauschalen Rentenversicherungsbeitrags von 5 % nach § 172 Abs. 3 a SGB VI geknüpft. Wird dieser nicht geleistet, beträgt die Pauschsteuer gem. § 40 a Abs. 2 a EStG 20 % des Arbeitsentgelts. Alternativ besteht ebenfalls die Möglichkeit, eine Versteuerung nach Lohnsteuerkarte vorzunehmen.

2558 Entscheidet sich der Arbeitgeber für die Pauschalierung mit 2 %, ist ebenfalls die Deutsche Rentenversicherung **Knappschaft-Bahn-See (Minijob-Zentrale)** zuständig. Anderenfalls ist die Lohnsteuer an das zuständige Betriebsstättenfinanzamt abzuführen. Einzugsberechtigt ist insoweit das für die private Einkommensteuererklärung zuständige Wohnsitzfinanzamt. Für geringfügige Beschäftigungsverhältnisse, die in einem in der Europäischen Union oder dem

89 Schmidt/*Krüger*, EStG, § 41 a Rn 1.
90 Schaub/*Linck*, Arbeitsrechts-Handbuch, § 44 Rn 62.
91 Schmidt/*Krüger*, EStG, § 40 a Rn 6.

Europäischen Wirtschaftsraum liegenden Haushalt des Arbeitgebers ausgeübt werden, kann der Arbeitgeber eine **steuerliche Förderung** gem. § 35 a Abs. 1 iVm Abs. 4 EStG beanspruchen. Gefördert werden allerdings nur geringfügige Beschäftigungen iSd § 8 a SGB IV, die im Haus- 2559 haltsscheckverfahren durchgeführt werden. Die Einkommensteuer des Arbeitgebers ermäßigt sich um 20 % seiner Aufwendungen aufgrund des Beschäftigungsverhältnisses (zB Lohn, Sozialabgaben) bis zur Grenze von 510 €. Für jeden Kalendermonat, in dem kein Beschäftigungsverhältnis bestanden hat, mindert sich der Höchstbetrag um ein Zwölftel. Die Steuerermäßigung kann der Arbeitgeber im Rahmen seiner Einkommensteuererklärung beantragen. Als Nachweis sollte er die ihm von der Einzugsstelle zum Jahresende erteilte Bescheinigung nach § 28 h Abs. 4 SGB IV beifügen.

(4) Niedriglohn-Beschäftigung in der Gleitzone

Bei einer Beschäftigung innerhalb der Gleitzone mit einem Monatseinkommen zwischen 450 € 2560 und 850 € handelt es sich nicht mehr um eine geringfügige Beschäftigung, so dass eine Lohnsteuerpauschalierung mit dem einheitlichen Pauschsteuersatz von 2 % oder mit einem Steuersatz von 20 % des Arbeitsentgelts nicht in Frage kommt. Dies ergibt sich bereits daraus, dass der Arbeitgeber einer Beschäftigung in der Gleitzone keine pauschalen Beiträge zur gesetzlichen Rentenversicherung iHv 15 % oder 5 % erbringt, sondern es von Arbeitgeberseite zu einer regulären Abführung der allgemeinen Sozialversicherungsbeiträge kommt und nur eine lineare Ermäßigung der Arbeitnehmerbeiträge nach der oben beschriebenen Formel angewandt wird (s. § 1 Rn 2529 ff). Aus diesem Grund erfolgt die Erhebung der Lohnsteuer durch den Arbeitgeber bei Beschäftigungen in der Gleitzone in jedem Fall nach Maßgabe der vorgelegten Lohnsteuerkarte im Regelverfahren. Dies verdeutlicht, dass die Gleitzone lediglich eine privilegierende Sonderbehandlung des Arbeitnehmers im Bereich der Sozialversicherung bewirkt, es sich steuerrechtlich aber um ein reguläres Arbeitsverhältnis handelt.

dd) Zusammenrechnung mehrerer geringfügig entlohnter Beschäftigungen

Nach der damaligen Neuregelung im Jahre 1999[92] wurden versicherungspflichtige und gering- 2561 fügige Beschäftigung zusammengerechnet. Diese Regel wurde durch das zweite „Hartz-Gesetz" zwar nicht vollständig aufgehoben, aber doch entscheidend gelockert. Ganz allgemein lässt sich festhalten, dass im Falle von mehreren Beschäftigungen bei demselben Arbeitgeber grds. nur ein einheitliches Beschäftigungsverhältnis vorliegt, so dass stets alle Arbeitsentgelte zu addieren sind, die aus diesen Beschäftigungen resultieren.[93]

(1) Zusammentreffen mehrerer geringfügiger Beschäftigungen

Mehrere geringfügige Beschäftigungen werden gem. § 8 Abs. 2 S. 1 SGB IV zusammengerech- 2562 net, ebenso geringfügige Beschäftigungen im gewerblichen Bereich mit geringfügigen Beschäftigungen im Privathaushalt. Wird die Geringfügigkeitsgrenze von 450 € überschritten, tritt **vom Tag des Überschreitens** an die Versicherungspflicht in allen Zweigen der Sozialversicherung ein. Im Bereich zwischen 450,01 € und 850 € ist die Höhe der Abgaben nach Maßgabe der dargestellten Regelungen zur Gleitzone zu bestimmen (s. § 1 Rn 2529 ff). Diese Grundsätze gelten gleichermäßen für geringfügige Beschäftigungen gewerblicher Natur nach § 8 Abs. 1 Nr. 1 SGB IV sowie für geringfügige Beschäftigungen in Privathaushalten nach § 8 a iVm § 8 Abs. 1 Nr. 1 SGB IV.

92 Gesetz zur Neuregelung der geringfügigen Beschäftigungsverhältnisse vom 24.3.1999 (BGBl. I S. 388); dazu *Bauer/Schuster*, DB 1999, 689; *Boecken*, NZA 1999, 393.

93 BSG 16.2.1983 – 12 RK 26/81, BSGE 55, 1 = NZA 1984, 206.

(2) Zusammentreffen einer geringfügigen Beschäftigung und einer Hauptbeschäftigung

2563 Neben einer sozialversicherungspflichtigen Hauptbeschäftigung kann **eine** entgeltgeringfügige Beschäftigung iSv § 8 Abs. 1 Nr. 1 SGB IV versicherungsfrei ausgeübt werden. Dabei handelt es sich um eine **maßgebliche Änderung**, da es hierdurch wieder möglich wurde, dass ein Beschäftigter einen geringfügig entlohnten Nebenjob ausübt, ohne die sozialversicherungs- und steuerrechtlichen Vorteile hieraus zu verlieren.

2564 Jede weitere geringfügige Beschäftigung wird mit der sozialversicherungspflichtigen Hauptbeschäftigung zusammengerechnet und unterfällt damit der Sozialversicherungspflicht, mit Ausnahme der Arbeitslosenversicherung, in welcher gem. § 27 Abs. 2 S. 1 SGB III eine Addition nicht stattfindet. Treffen mehrere geringfügige Beschäftigungen mit einer Hauptbeschäftigung zusammen, bleibt lediglich die zeitlich zuerst aufgenommene geringfügige Beschäftigung unberücksichtigt.[94] Von anderer Seite wird für diesen Fall ein Wahlrecht des Arbeitnehmers vorgezogen, so dass dieser selbst bestimmen könne, welche geringfügige Nebenbeschäftigung mit der Hauptbeschäftigung zusammengerechnet werden soll.[95] Soweit dieses Wahlrecht allerdings nicht ausgeübt werde, sei dann auch die zeitlich zuerst ausgeübte Beschäftigung als versicherungsfrei anzusehen.[96]

(3) Zusammentreffen mehrerer kurzfristiger Beschäftigungen

2565 Werden infolge des Zusammenrechnens mehrerer kurzfristiger Beschäftigungen die maßgeblichen Zeitgrenzen überschritten, liegt eine regelmäßig ausgeübte Beschäftigung vor, die nicht mehr unter die Regelung des § 8 Abs. 1 Nr. 2 SGB IV fällt. In diesem Fall besteht in vollem Umfang Sozialversicherungspflicht, es sei denn, die Merkmale einer geringfügig entlohnten Beschäftigung mit einem Arbeitsentgelt von regelmäßig unter 450 € nach § 8 Abs. 1 Nr. 1 SGB IV liegen vor. Steht bereits bei Aufnahme einer kurzfristigen Beschäftigung fest, dass diese zusammen mit weiteren kurzfristigen Beschäftigungen die Zeitgeringfügigkeitsgrenze innerhalb des Kalenderjahres überschreiten wird, handelt es sich bereits von Beginn an nicht um eine geringfügige Beschäftigung nach § 8 Abs. 1 Nr. 2 SGB IV.[97]

(4) Zusammentreffen einer kurzfristigen Beschäftigung und einer geringfügigen Beschäftigung bzw einer Hauptbeschäftigung

2566 Kurzfristige und geringfügige Beschäftigungen werden unabhängig davon, ob diese im gewerblichen Bereich oder im Privathaushalt ausgeübt werden, nicht zusammengerechnet. Bereits aus der Verwendung des Begriffs „oder" im Rahmen des § 8 Abs. 2 S. 1 SGB IV folgt, dass eine Zusammenrechnung nur in Hinblick auf gleichartige Beschäftigungen vorzunehmen ist.

2567 Das Gleiche gilt auch bei Zusammentreffen einer kurzfristigen Beschäftigung mit einer Hauptbeschäftigung.

(5) Zusammentreffen einer geringfügigen Beschäftigung und einer Beschäftigung in der Gleitzone

2568 Anders als bei geringfügigen Beschäftigungen bis 450 € werden für die Annahme einer Beschäftigung in der Gleitzone grds. alle Arbeitnehmer-Tätigkeiten addiert. Fraglich ist, ob dabei auch solche Beschäftigungen mitzählen, die unterhalb der Gleitzone liegen, also selbst als geringfügige Beschäftigung versicherungsfrei wären.

---

94 HWK/*Ricken*, § 8 SGB IV Rn 20; ErfK/*Rolfs*, §§ 8, 8 a SGB IV Rn 21; Schaub/*Linck*, Arbeitsrechts-Handbuch, § 44 Rn 39; *Kazmierczak*, NZS 2003, 186, 188; Geringfügigkeits-Richtlinien, S. 20; Plagemann/*Plagemann*/*Seifert*, MAH Sozialrecht, § 5 Rn 54; aA *Rolfs*, NZA 2003, 65, 68.

95 So etwa Tschöpe/*Leuchten*, Anwalts-Handbuch ArbR, 5. Aufl. 2007, Teil 1 B Rn 99 (mittlerweile aufgegeben); Küttner/*Schlegel*, Personalbuch, 201 (Geringfügige Beschäftigung) Rn 85.

96 Küttner/*Schlegel*, Personalbuch, 201 (Geringfügige Beschäftigung) Rn 85.

97 KassKom/*Seewald*, § 8 SGB IV Rn 24.

Beispiel: 2569

Erste Beschäftigung:	Entgelt von 200 €
Zweite Beschäftigung:	Entgelt von 500 €
Gesamteinkommen:	700 €

Das Gesamteinkommen liegt bei 700 €. Die erste Beschäftigung ist versicherungs- und steuerfrei. Das zweite Beschäftigungsverhältnis ist versicherungspflichtig, aber das Einkommen liegt bereits in der Gleitzone.
Problematisch ist nun, auf welches Einkommen für die Ermittlung der Sozialversicherungsbeiträge im Rahmen der Gleitzone abzustellen ist: auf das Gesamteinkommen von 700 € aus beiden Beschäftigungsverhältnissen oder allein auf die zweite Beschäftigung, da die erste ja versicherungsfrei ist?

Laut **Rundschreiben der Sozialversicherungsträger** aus dem Jahr 2002[98] ist eine wegen der 400-Euro-Grenze (nun 450-Euro-Grenze) geringfügige Beschäftigung bei der Zusammenrechnung nicht zu berücksichtigen. Geht man von diesem Standpunkt aus, ist im Beispielsfall einzig das Einkommen iHv 500 € maßgeblich. Die Beitragsbelastung für den kinderlosen Arbeitnehmer beträgt dann im Jahr 2015 60,88 €, für den Arbeitnehmer mit Kind 59,87 €. 2570

Legt man den **Gesetzeswortlaut des § 20 Abs. 2 SGB IV** zugrunde, gelangt man hingegen zu einem anderen Ergebnis. In § 20 Abs. 2 SGB IV aE wird angeordnet, dass bei mehreren Beschäftigungsverhältnissen das insgesamt erzielte Arbeitsentgelt maßgebend ist. Das Gesetz unterscheidet somit nicht zwischen versicherungspflichtigen und versicherungsfreien Bestandteilen des Gesamtentgelts. Nach dieser Auslegung ergibt sich also, dass das Gesamteinkommen von 700 € zu berücksichtigen ist, was im Jahr 2015 zu einer Beitragsbelastung des kinderlosen Arbeitnehmers iHv 121,17 € (mit Kind: 119,52 €) führt. Demnach wäre die Beitragsbelastung des Arbeitnehmers in etwa doppelt so hoch. Darüber hinaus würde im veranschaulichten Beispiel eines als abgabenfrei beabsichtigten Geringfügigkeitslohns von 200 € pro Monat dieser durch die aufgezeigte Mehrbelastung gefühlt mit Abgaben von über 60 € und somit mit einer Quote von über 30 % belastet. Dies verdeutlicht die praktische Wichtigkeit der Entscheidung insb. für den Arbeitnehmer. 2571

Auf den ersten Blick scheint der Gesetzeswortlaut eindeutig, so dass das Gesamteinkommen zugrunde gelegt werden müsste. Diese Interpretation des § 20 Abs. 2 SGB IV läuft jedoch dem Zweck der Norm zuwider. Die Regelungen nach den „Hartz-Gesetzen" sollen den Arbeitnehmern zugute kommen und die Beitragsbelastung für diese so gering wie möglich halten. Das bisherige Steuer- und Sozialabgabensystem stand in diesem Bereich der Entstehung gemeldeter Stellen entgegen, weil der Nettoverdienst trotz hoher Arbeitsbelastung gering war. Somit ist der zuerst genannten Auslegung des § 20 Abs. 2 SGB IV, wonach die erste geringfügige Beschäftigung bei der Ermittlung des Gesamteinkommens unberücksichtigt bleibt, der Vorzug zu geben. Es wäre auch unbillig, eine abgabenfreie Nebenbeschäftigung neben einer versicherungspflichtigen Hauptbeschäftigung zuzulassen, dagegen aber einen Mini- und einen Midi-Job in der Gleitzone zusammenzurechnen und insgesamt zu veranschlagen. 2572

ee) Minijob und Arbeitslosengeld

Erwerbsfähige Hilfsbedürftige erhalten grds. nach Maßgabe des § 19 SGB II **Arbeitslosengeld II.** Die Grundsicherung für Arbeitsuchende soll die Eigeninitiative erwerbsfähiger Hilfebedürftiger durch schnelle und passgenaue Eingliederung in Arbeit unterstützen.[99] 2573

Auch Empfänger von Arbeitslosengeld II haben jedoch die Möglichkeit, einer Beschäftigung im Niedriglohnsektor nachzugehen. Allerdings wird das durch die geringfügige Beschäftigung erzielte Arbeitseinkommen teilweise auf das Arbeitslosengeld **angerechnet**. Diese Anrechnungs- 2574

98 Rundschreiben vom 25.2.2003 zur Gleitzone, S. 11.
99 BT-Drucks. 15/1516, S. 2.

praxis hat in der Vergangenheit mehrere Nivellierungen und Neuordnungen erfahren. Inhaltlich hat sich insoweit für die Betroffenen nicht viel verändert, außer dass die bislang maßgebliche Einkommensgrenze mit Wirkung vom 1.4.2011 von 800 auf 1.000 € angehoben wurde.[100] Bei erwerbsfähigen Hilfebedürftigen, die erwerbstätig sind, werden von dem monatlichen Einkommen die ersten 100 € grds. nicht auf das Arbeitslosengeld II angerechnet (**Grundfreibetrag**). Hinzu kommen noch weitere Freibeträge. Bei einem Bruttoeinkommen von über 100 € und nicht mehr als 1.000 € (ehemals 800 €) sind 20 % des den Grundfreibetrag übersteigenden Einkommens anrechnungsfrei (§ 11 b S. 2 Nr. 1 SGB II). Das heißt, 80 % des Einkommens zwischen 100 € und 1.000 € werden mit dem Arbeitslosengeld II verrechnet. Für einen über den Betrag von 1.000 € hinausgehenden Teil des Arbeitsentgelts bis zur Grenze von 1.200 € bzw 1.500 € bei Personen, die mindestens ein minderjähriges Kind haben oder mit einem solchen in Bedarfsgemeinschaft leben, bleiben dagegen lediglich 10 % des Einkommens gem. § 11 b S. 2 Nr. 2 iVm S. 3 SGB II anrechnungsfrei.

2575 Auch Bezieher von Arbeitslosengeld nach Maßgabe des SGB III müssen sich ihren Verdienst teilweise anrechnen lassen, wenn sie einer geringfügigen Beschäftigung nachgehen. Seit dem 1.1.2005 steht Arbeitslosen gem. § 155 Abs. 1 SGB III ein einheitlicher Freibetrag iHv 165 € monatlich zu. Das aus einer Erwerbstätigkeit, die weniger als 15 Stunden in der Woche ausgeübt wird, erzielte Nettoeinkommen wird nach Abzug des Freibetrags auf das Arbeitslosengeld angerechnet (§ 155 Abs. 1 S. 1 SGB III). Übersteigt die Tätigkeit nicht nur gelegentlich den Umfang von 15 Wochenstunden, so liegt keine Nebentätigkeit iSd § 138 Abs. 3 SGB III mehr vor, so dass die Arbeitslosigkeit beseitigt wird und kein Anspruch auf Arbeitslosengeld besteht. Eine Privilegierung gilt jedoch, wenn der Arbeitslose in den letzten 18 Monaten vor der Entstehung des Anspruchs neben einem Versicherungspflichtverhältnis eine geringfügige Beschäftigung über einen Zeitraum von mindestens 12 Monaten ausgeübt hat. Der anrechnungsfreie Betrag erhöht sich in diesem Fall auf den Betrag, der in den letzten 12 Monaten vor Entstehung des Anspruchs auf Arbeitslosengeld als durchschnittliches Nettonebeneinkommen erzielt worden ist (§ 155 Abs. 2 SGB III), mindestens allerdings auf 165 €.[101] Übt ein Arbeitsloser während des Bezugs von Arbeitslosengeld zwei Nebentätigkeiten mit insgesamt weniger als 15 Wochenstunden aus, von denen er eine bereits vor dem Eintritt der Arbeitslosigkeit verrichtet hat, stehen ihm, soweit diese Tätigkeit nach den gesetzlichen Regelungen über die Anrechnung von Nebeneinkommen privilegiert ist, kumulativ zwei gesetzliche Freibeträge zu.[102] Für alle Anrechnungen und eventuelle Freibeträge gilt grds. das sog. Zuflussprinzip, so dass das erzielte Nebeneinkommen stets in dem Monat bei Berechnung der Anspruchshöhe des Arbeitslosengeldes II zu berücksichtigen ist, in welchem es dem Betroffenen zukommt.[103]

ff) Rentenbezug und geringfügige Beschäftigung – Hinzuverdienstgrenzen

2576 Vielfach wird eine geringfügige Beschäftigung auch neben einem Rentenbezug ausgeübt. Insoweit sind entsprechende **Hinzuverdienstgrenzen** zu beachten, welche hinsichtlich einer Altersrente oder Erwerbsminderungsrente unterschiedlich ausfallen können. Bei einer **vollen Altersrente** beträgt der freie Hinzuverdienstbetrag ab dem 65. Lebensjahr den vollen Satz von derzeit 450 € bundeseinheitlich.

Für **Waisen- oder Witwenrenten** werden dagegen abweichende Grenzbeträge jeweils jährlich neu festgesetzt.[104] Für den Zeitraum vom 1.7.2014 bis 30.6.2015 liegt der Freibetrag bei der Witwenrente bei 755,30 € in den West-Bundesländern und bei 696,70 € im Osten, allerdings

100 Kreikebohm/*Spellbrink*/*G. Becker*, Kommentar zum Sozialrecht, § 11 b SGB II Rn 30.

101 Beck'sches Steuer- und Bilanzlexikon/*Heß*, Edition 3/2013, Arbeitslosengeld Rn 16.

102 BSG 5.9.2006 – B 7 a AL 88/05 R, NJOZ 2007, 4124.

103 LSG Bayern 27.3.2013 – L 11 AS 810/11, NZS 2013, 628.

104 *vom Stein*/*Beyer-Petz*, DStR 2011, 977, 982. Zu den jeweils aktuellen Beträgen s. die Angaben der Deutschen Rentenversicherung (http://www.deutsche-rentenversicherung.de).

erhöht durch einen zusätzlichen Kinderfreibetrag (je Kind) von 160,22 € (West) und 147,78 € (Ost). Die Freibeträge in der Waisenrente liegen im selben Zeitraum bei 503,54 € (West) und bei 464,46 € (Ost).

gg) Übergangsfälle

Mit der seit dem 1.4.2003 in Kraft getretenen Zuständigkeit der Minijob-Zentrale für alle geringfügigen Beschäftigungsverhältnisse bundesweit ergeben sich bei derzeitiger Rechtslage drei Konstellationen: 2577

- Geringfügige Beschäftigungsverhältnisse nach dem bis zum 31.3.2003 geltenden Recht;
- geringfügig entlohnte Beschäftigung neben versicherungspflichtiger Hauptbeschäftigung;
- Übergangsfälle wegen Entgelterhöhung oder Wegfalls der 15-Stunden-Regelung zum 1.4.2003.

(1) Geringfügige Beschäftigungsverhältnisse nach dem bis zum 31.3.2003 geltenden Recht

Durch die Rentenversicherungen wurde der Minijob-Zentrale in der zweiten Märzhälfte 2003 der bundesweite Datenbestand aller offenen Anmeldungen geringfügiger Beschäftigungsverhältnisse überspielt. Für alle auch über den 31.3.2003 hinaus bestehenden geringfügig entlohnten Beschäftigungsverhältnisse ist zum 1.4.2003 ein Wechsel der Einzugsstelle und damit ein meldepflichtiger Tatbestand eingetreten. Es war allerdings nicht erforderlich, bei der bisherigen Krankenkasse zum 31.3.2003 eine Abmeldung und bei der Bundesknappschaft zum 1.4.2003 eine Anmeldung zu erstatten. Durch die **Übertragung des Datenbestands auf die Minijob-Zentrale** wurde eine nahtlose Fortführung der Bestandsfälle gewährleistet. 2578

(2) Geringfügig entlohnte Beschäftigung neben versicherungspflichtiger Hauptbeschäftigung

Nach dem bis zum 31.3.2003 geltenden Recht waren für sich betrachtet geringfügig entlohnte Beschäftigungen, die neben einer versicherungspflichtigen Hauptbeschäftigung ausgeübt wurden, versicherungs- und beitragspflichtig zu allen Zweigen der Sozialversicherung, mit Ausnahme der Arbeitslosenversicherung. Seit dem 1.4.2003 ist eine geringfügig entlohnte Beschäftigung neben einer versicherungspflichtigen Hauptbeschäftigung für den Arbeitnehmer grds. versicherungs- und beitragsfrei. Der Arbeitgeber zahlt in diesem Fall vom 1.4.2003 an aus der geringfügig entlohnten Beschäftigung Pauschalbeiträge. Da derartige erst nach neuem Recht geringfügig entlohnte Beschäftigungen nicht von der Datenbestandsübertragung auf die Minijob-Zentrale erfasst wurden, war es unerlässlich, dass die betreffenden Arbeitgeber zum 31.3.2003 gegenüber der bisher zuständigen Krankenkasse eine Abmeldung und zum 1.4.2003 gegenüber der Minijob-Zentrale die Anmeldung einer geringfügig entlohnten Beschäftigung einreichten. 2579

(3) Übergangsfälle wegen Entgelterhöhung oder Wegfall der 15-Stunden-Regelung zum 1.4.2003

In der Kranken-, Pflege-, Renten- und Arbeitslosenversicherung wurden Bestandsschutzregelungen für diejenigen Arbeitnehmer vorgesehen, denen bislang aufgrund ihrer Beschäftigung ein Versicherungsschutz zukam, welchen sie bei Anwendung des vom 1.4.2003 an geltenden Rechts verloren hätten. Betroffen hiervon sind in erster Linie Arbeitnehmer, die wegen Erreichens der Zeitgrenze von 15 Wochenstunden oder wegen Überschreitens der Arbeitsentgeltgrenze von 325 € versicherungspflichtig waren und deren Arbeitsentgelt vom 1.4.2003 an nicht mehr als 400 € beträgt. Arbeitnehmer, die aufgrund der Bestandsschutzregelungen in der Kranken-, Pflege-, Renten- und Arbeitslosenversicherung versicherungspflichtig bleiben, können sich **auf Antrag** von dieser Versicherungspflicht befreien lassen. 2580

2581 Der Arbeitgeber muss die Erklärung des Arbeitnehmers zu den Gehaltsunterlagen nehmen. Macht der bisher versicherungspflichtige Arbeitnehmer von seinem Befreiungsrecht Gebrauch, ändert sich das Versicherungsverhältnis.

2582 Abschließend bleibt noch darauf hinzuweisen, dass sich die Zuständigkeit der Minijob-Zentrale auf die Durchführung des Beitrags- und Meldeverfahrens für geringfügige Beschäftigungen beschränkt. Im Ergebnis führt dies dazu, dass bei bestimmten der vorstehend erläuterten Konstellationen vom 1.4.2003 an für dem Grunde nach geringfügige Beschäftigungen zwei Einzugsstellen, nämlich die bisherige Krankenkasse und die Minijob-Zentrale, zuständig sind.

(4) Übergangsfälle wegen der Änderungen der Grenzen auf 450 € bzw 850 € mit Wirkung vom 1.1.2013

2583 Die seit dem 1.1.2013 geltende **Anhebung der maßgeblichen Grenzen** im Rahmen der Entgeltgeringfügigkeit von 400 € auf 450 € und die Obergrenze der Gleitzone von maximal 800 € auf 850 € bezieht sich zunächst lediglich auf Arbeitsverhältnisse, welche nach dem 31.12.2012 eingegangen wurden (s. § 1 Rn 2488). Für alle zuvor geschlossenen Arbeitsverhältnisse gelten zunächst weiter die ursprünglichen Grenzwerte von 400 € bzw 800 €. Auch die Rentenversicherungspflicht erfasst solche Arbeitnehmer nicht, es sei denn, der Arbeitnehmer hat zuvor wirksam auf seine Befreiung verzichtet und zum vollen Beitragssatz „aufgestockt" (s. § 1 Rn 2516).[105]

2584 Es stellt sich die Frage, wie bei solchen Altverträgen die Berücksichtigung des Einkommens zwischen 400,01 € und 450 € bzw 800,01 € und 850 € im Rahmen der Berechnung der Sozialabgaben zu erfolgen hat.

2585 Wurde vor dem 1.1.2013 eine Beschäftigung in der Gleitzone unterhalb der Schwelle des Wertes von 450 € ausgeübt, welche als Neuvertrag unter die echte Geringfügigkeit fallen würde, bleibt es generell bei einem sozialversicherungspflichtigen Job in der Gleitzone. So hatten die Betroffenen etwa nach den Übergangsvorschriften in § 7 Abs. 3 SGB V und § 444 Abs. 1 SGB III weiterhin bis mindestens 31.12.2014 Beiträge zur Kranken- und Arbeitslosenversicherung zu entrichten.[106] Allerdings konnten sich die versicherungspflichtigen Gleitzonenbeschäftigten innerhalb von 3 Monaten nach dem Inkrafttreten zum 1.1.2013 auf Antrag von der Pflicht zum Beitrag zur Kranken- und Pflegeversicherung befreien lassen, wogegen eine Befreiung von der Rentenversicherungspflicht bis zum 31.12.2014 zunächst ausgeschlossen bleiben sollte.[107]

2586 Auch im Bereich des bislang außerhalb der Gleitzone liegenden Verdiensts zwischen 800,01 € und 850 €, welcher damit voll der ungeminderten Sozialversicherungspflichtig unterfiel, änderte sich automatisch in Altverträgen insoweit nichts, so dass es sich grds. weiterhin um eine Beschäftigung außerhalb der Gleitzone handelte. Allerdings bestand für Betroffene die Möglichkeit, bis zum 31.12.2014 per schriftlichen Antrag gegenüber dem Arbeitgeber eine Anwendung der modifizierten Gleitzonenregelungen zu verlangen.[108]

hh) Arbeitsrechtliche Besonderheiten bei geringfügigen Beschäftigungen

2587 Teilweise bestehen kleine gesetzliche Besonderheiten im Vergleich von geringfügiger Beschäftigung zu regulären Arbeitsverhältnissen. Allerdings ist sich stets zu vergegenwärtigen, dass die geringfügige Beschäftigung in erster Linie steuer- und sozialversicherungsrechtliche Unterschie-

---

105 Broschüre des BMAS zur geringfügigen Beschäftigung, S. 22 (http://www.bmas.de/SharedDocs/Downloads/DE/PDF-Publikationen/a630-geringfuegige-beschaeftigung-433.pdf?__blob=publicationFile).

106 Schaub/*Linck*, Arbeitsrechts-Handbuch, § 44 Rn 48, 56.

107 Broschüre des BMAS zur Geringfügigen Beschäftigung, S. 23 (http://www.bmas.de/SharedDocs/Downloads/DE/PDF-Publikationen/a630-geringfuegige-beschaeftigung-433.pdf?__blob=publicationFile).

108 *Foerster*, SteuK 2013, 1, 4.

de begründet und die Beschäftigten aus **arbeitsrechtlicher** Sicht als **reguläre Arbeitnehmer** zu behandeln sind.[109] Dennoch bestehen verschiedene Besonderheiten.

In **§ 99 Abs. 2 Nr. 3 Hs 2 BetrVG** besteht etwa ein **eigenständiger Widerspruchsgrund des Betriebsrats** wegen Benachteiligung befristet Beschäftigter. Diese gesetzgeberische Entscheidung überzeugt allerdings wenig, wenn man bedenkt, dass der gleiche Gesetzgeber nachfolgend die Zahl der wirksamen Befristungsgründe mit dem Ersten Gesetz für moderne Dienstleistungen am Arbeitsmarkt[110] in § 14 Abs. 3 TzBfG und über das Gesetz zu Reformen am Arbeitsmarkt[111] in § 14 Abs. 2 a TzBfG erheblich erweitert hat. 2588

Das **NachwG** begründet in **§ 2 Abs. 1** S. 4 die Verpflichtung von Arbeitgebern, in Arbeitsverträgen gemäß dem NachwG geringfügig Beschäftigte darauf hinzuweisen, dass sie die Stellung eines versicherungspflichtigen Arbeitnehmers erwerben können, indem sie durch Erklärung gegenüber dem Arbeitgeber auf die Versicherungsfreiheit verzichten. 2589

Nach dem **EFZG** haben alle Arbeitnehmer Anspruch auf Fortzahlung ihres regelmäßigen Arbeitsentgelts durch den Arbeitgeber bis zu sechs Wochen, wenn sie unverschuldet durch Arbeitsunfähigkeit infolge Krankheit an der Arbeitsleistung verhindert sind (§ 3 EFZG). Dieser Anspruch steht gleichermaßen auch den geringfügig beschäftigten Arbeitnehmern für die Tage zu, an denen sie ohne Arbeitsunfähigkeit zur Arbeitsleistung verpflichtet wären. Für Arbeitgeber mit in der Regel weniger als 30 Beschäftigten übernimmt die Krankenkasse grds. 80 % des fortzuzahlenden Entgelts. Dafür haben sich die Arbeitgeber zusätzlich zu ihren Pauschalabgaben an einer Umlage zu beteiligen. Diese unter dem Kürzel U 1 geführte Umlage beträgt 0,7 % des Arbeitsentgelts. 2590

Im Rahmen der Regelungen des **MuSchG** sind Arbeitgeber ferner verpflichtet, werdenden Müttern während eines Beschäftigungsverbots und der Zeit der Mutterschutzfristen das Entgelt fortzuzahlen. Da geringfügig Beschäftigte arbeitsrechtlich grds. ihren vollzeitbeschäftigten Kollegen gleichgestellt sind, steht auch ihnen ein solcher Anspruch auf Entgeltfortzahlung nach dem MuSchG zu. Für die Arbeitgeber sieht der Gesetzgeber ein dem Ausgleich bei Krankheit vergleichbares Erstattungsverfahren vor. Die Umlage U 2 zum Ausgleich der Arbeitgeberaufwendungen bei Mutterschutz beträgt 0,24 % des Arbeitslohns. Sie ist grds. von allen Arbeitgebern – unabhängig von ihrer Betriebsgröße – zu entrichten. Die Umlagen U 1 und U 2 sind zusammen mit den übrigen Abgaben an die Minijob-Zentrale abzuführen. 2591

Der Charakter geringfügiger Beschäftigung als vollwertiges Arbeitsverhältnis wird auch in § 2 Abs. 2 TzBfG deutlich. Dieser stellt insoweit klar, dass Arbeitnehmer, die nach § 8 Abs. 1 Nr. 1 SGB IV eine geringfügige Beschäftigung ausüben, **teilzeitbeschäftigt** sind. Bei **kurzzeitigen Beschäftigungen** ist darauf zu achten, dass es sich dabei um befristete Arbeitsverträge nach dem TzBfG handelt. Gemäß § 14 Abs. 4 TzBfG bedürfen Befristungen der Schriftform. Wird die Schriftform nicht eingehalten, so gilt der Arbeitsvertrag als auf unbestimmte Zeit geschlossen (§ 16 TzBfG). 2592

ii) Sonderregelungen für Werkstudenten

(1) Sozialversicherungspflicht von Werkstudenten

Beschäftigungsverhältnisse, die gegen Entgelt ausgeübt werden, sind grds. in der Kranken-, Pflege-, Renten- und Arbeitslosenversicherung versicherungspflichtig. Nach der Systematik des Sozialversicherungsrechts führt jede Arbeit, die in abhängiger Beschäftigung gegen Zahlung von Entgelt ausgeübt wird, zur Versicherungs- und damit im Grundsatz auch zur Beitragspflicht (vgl § 5 Abs. 1 Nr. 1 SGB V, § 1 Abs. 1 Nr. 1 SGB VI, § 25 Abs. 1 SGB III, § 20 Abs. 1 Nr. 1 SGB XI). 2593

109 *vom Stein/Beyer-Petz*, DStR 2011, 977, 979.
110 Vom 23.12.2002 (BGBl. I S. 4607).
111 Vom 24.12.2003 (BGBl. I S. 3002).

2594 Werkstudenten sind in einer neben dem Studium ausgeübten Beschäftigung unter bestimmten Voraussetzungen allerdings in der Kranken-, Pflege- und Arbeitslosenversicherung versicherungsfrei (sog. **Werkstudentenprivileg**). Nach § 6 Abs. 1 Nr. 3 SGB V sind Personen von der **Krankenversicherung** befreit und damit zugleich **pflegeversicherungsfrei**, die während der Dauer ihres Studiums als ordentliche Studierende einer Hochschule oder einer der fachlichen Ausbildung dienenden Schule gegen Arbeitsentgelt beschäftigt sind. Entsprechendes gilt nach § 27 Abs. 4 S. 1 Nr. 2 SGB III für den Bereich der **Arbeitslosenversicherung**. In der **Rentenversicherung** unterliegen Studenten in einer neben dem Studium ausgeübten Beschäftigung grds. der Versicherungspflicht, es sei denn, dass die Beschäftigung die Voraussetzungen der Geringfügigkeit iSd §§ 8, 8 a SGB IV erfüllt. Auf die Werkstudentenregelung kommt es somit regelmäßig nur an, wenn die Studentenbeschäftigung nicht bereits wegen Geringfügigkeit iSv § 8 Abs. 1 SGB IV versicherungsfrei ist. Geringfügige Beschäftigungen iSv §§ 8, 8 a SGB IV sind grds. in der gesetzlichen Krankenversicherung, Rentenversicherung und Arbeitslosenversicherung versicherungsfrei (vgl § 7 Abs. 1 SGB V, § 5 Abs. 2 SGB VI, § 27 Abs. 2 SGB III). Für die gesetzliche Pflegeversicherung fehlt es an einer entsprechenden klarstellenden Vorschrift. Hierbei dürfte es sich jedoch um ein gesetzgeberisches Redaktionsversehen handeln. Die gesetzliche Pflegeversicherung soll immer eingreifen, wenn Personen in der gesetzlichen Krankenversicherung versichert sind, also tatsächlich Versicherungsschutz genießen (§ 1 Abs. 2 S. 1 SGB XI). Dementsprechend ist für die gesetzliche Pflegeversicherung analog § 7 SGB V eine Versicherungsfreiheit stets anzunehmen, wenn diese in der gesetzlichen Krankenversicherung angeordnet ist.[112]

2595 Bei der geringfügigen Beschäftigung wird, wie gezeigt (s. § 1 Rn 2489), grds. zwischen der sog. **Entgeltgeringfügigkeit** (§ 8 Abs. 1 **Nr. 1** SGB IV) und der sog. **Zeitgeringfügigkeit** (§ 8 Abs. 1 **Nr. 2** SGB IV) unterschieden. Für Studenten kommen beide Tatbestände in Betracht, wobei das entscheidende **Abgrenzungskriterium** in der Regelmäßigkeit der ausgeübten Beschäftigung zu sehen ist. Jobbt der Student nur in den Semesterferien, ist vorrangig eine Geringfügigkeit nach § 8 Abs. 1 Nr. 2 SGB IV zu prüfen, während bei regelmäßiger Arbeit neben dem Studium § 8 Abs. 1 Nr. 1 SGB IV eingreift.[113]

2596 Ein Student ist in der **Kranken-, Arbeitslosen- und Pflegeversicherung** versicherungsfrei (Beitragsfreiheit), wenn er während der Dauer seines Studiums als ordentlich Studierender einer Fachschule oder Hochschule gegen Arbeitsentgelt beschäftigt oder selbständig tätig ist.

2597 Abweichendes gilt für die **Rentenversicherung**, zu welcher auch Studenten grds. beitragspflichtig sind. Allerdings gelten im Niedriglohnsektor von 400,01 € bis 800 € bzw für Neuverträge nach dem 1.1.2013 von 450,01 € bis 850 € pro Monat für den Arbeitnehmer grds. niedrigere Rentenbeiträge entsprechend der Gleitzonenregelung, wenn auch eine Aufstockung auf den vollen Beitragsanteil möglich ist. Der vollständige Beitrag zur Rentenversicherung, welcher grds. von Arbeitgeber und Arbeitnehmer jeweils hälftig zu tragen ist, liegt für das Jahr 2015 bei 18,7 %. Je nach der Höhe des Lohns steigt der Rentenbeitrag des Arbeitnehmers somit bis zu einem Einkommen von monatlich 850 € gleitend auf den vollen Beitragsanteil von maximal 9,35 %, während der Arbeitgeber auch innerhalb der Gleitzone stets den vollen Beitragssatz von 9,35 % leistet. Der Arbeitnehmer zahlt je nach Verdienst für das Jahr 2015 monatlich folgenden **Rentenversicherungsbeitrag:** bei 450,01 €: 21,76 €; bei 500,00 €: 28,97 €; bei 600,00 €: 43,40 €; bei 700,00 €: 57,83 €; bei 800,00 €: 72,26 €; bei 850 €: 79,48 €.

2598 Nach der Rspr des BSG genügt für die Versicherungsfreiheit nicht das formale Kriterium, dass es sich bei dem Beschäftigten statusrechtlich um einen Studenten handelt. Vielmehr wird neben dem förmlichen Status (Immatrikulation) verlangt, dass das Studium Zeit und Arbeitskraft des Studenten überwiegend in Anspruch nimmt und er damit trotz Ausübung einer entgeltlichen

112 Küttner/*Schlegel*, Personalbuch, 393 (Studentenbeschäftigung) Rn 36.
113 Küttner/*Schlegel*, Personalbuch, 393 (Studentenbeschäftigung) Rn 37.

Beschäftigung seinem Erscheinungsbild nach Student bleibt.[114] Voraussetzung ist demnach, dass jemand an einer Hochschule mit dem Ziel eines akademischen Abschlusses wissenschaftlich arbeitet.[115] Notwendiges „Beweisanzeichen" für eine echte Werksstudententätigkeit ist somit, dass die Beschäftigung hinter dem Studium zurücktritt und das **Studium vom Erscheinungsbild her überwiegt.**[116] Eine Erwerbstätigkeit eines Studenten, die während der von Studienanforderungen freien Semesterferien ausgeübt wird, ist idR nicht geeignet, das äußere Erscheinungsbild als Student zu beseitigen, so dass nach der BSG-Rspr in solchen Fällen die Tätigkeit unabhängig von ihrem Umfang versicherungsfrei ist.[117] Soweit allerdings der Betroffene den Großteil seiner Arbeitskraft in die Beschäftigung investiert, ist er nicht mehr beschäftigter Studierender, sondern als **studierender Beschäftigter** zu sehen und somit vom Privileg ausgenommen.[118] Zur besseren Abgrenzung hat die Rspr insoweit Kategorien mit Grenzwerten entwickelt.

Versicherungsfreiheit in der **Kranken-, Pflege- und Arbeitslosenversicherung** kommt nach den genannten Vorschriften und der hierzu ergangenen Rspr des BSG[119] außerhalb der Semesterferien nur in Betracht, wenn die Beschäftigung den Studenten grds. nicht mehr als 20 Stunden in der Woche in Anspruch nimmt. Dabei sind die wöchentlichen Arbeitszeiten mehrerer nebeneinander ausgeübter Beschäftigungen zusammenzurechnen. Diese Grenze ist insoweit nachvollziehbar, als dass einer regulären Beschäftigung regelmäßig eine Wochenarbeitszeit von 40 Stunden zugrunde liegt und ein Student somit nicht mehr als die Hälfte seiner Zeit in eine vom Studium gelöste Tätigkeit stecken sollte.[120] 2599

Personen, die neben ihrem Studium eine oder mehrere Beschäftigungen ausüben und hierzu insgesamt mehr als 20 Stunden in der Woche aufwenden, sind ihrem Erscheinungsbild nach grds. als Arbeitnehmer anzusehen, so dass für sie in der Kranken-, Pflege- und Arbeitslosenversicherung – ebenso wie in der Rentenversicherung – die auch sonst für Arbeitnehmer geltenden versicherungs- und beitragspflichtigen Vorschriften zu beachten sind. Ausnahmsweise wurde ein Studentenstatus auch bei Übersteigen der 20-Stunden-Grenze angenommen, wenn die Beschäftigung vorrangig am Wochenende und in den Abendstunden vorgenommen wird.[121] Allerdings wird eine derartige Einordnung teilweise kritisch gesehen, da ein ordentliches Studium eben auch außerhalb der Vorlesungszeiten eine gewisse Vor- und Nachbereitung erfordere.[122] In den Semesterferien besteht keinerlei Stundengrenze, wobei zu beachten ist, dass eine „Ferienbeschäftigung" in maximal 26 Wochen pro Kalenderjahr zulässig ist.[123] Ein geringfügiges Hinausgehen einer Ferienbeschäftigung in die erste(n) Woche(n) des Semesters führt insoweit nicht unmittelbar und zwingend zum Verlust des Werkstudentenprivilegs.[124] 2600

114 BSG 11.11.2003 – B 12 KR 5/03 R, USK 2003-32; BSG 11.11.2003 – B 12 KR 24/03 R, AuB 2004, 58; BSG 11.11.2003 – B 12 KR 26/03 R, SozR 4-2500 § 6 Nr. 4; BSG 10.12.1998 – B 12 KR 22/97 R, SozR 3-2500 § 6 Nr. 16; ebenso BAG 20.8.2002 – 9 AZR 306/00, BAGE 102, 234.

115 *Brand*, SGB III, § 27 Rn 24.

116 *Kostorz*, NZS 2012, 161, 162; Plagemann/*Plagemann/Seifert*, MAH Sozialrecht, § 5 Rn 79.

117 BSG 23.2.1988 – 12 RK 36/87, SozR 2200 § 172 Nr. 20, 45; BSG 22.2.1980 – 12 RK 34/79, SozR 2200 § 172 Nr. 12, 26.

118 *Kostorz*, NZS 2012, 161, 162.

119 BSG 26.6.1975 – 3/12 RK 14/73, USK 7573, BSG 10.9.1975 – 3 RK 42/75, 3/12 RK 17/74, 3/12 RK 15/74, USK 7586, 7589, 7599 und BSG 30.11.1978 – 12 RK 45/77, USK 78183; BSG 11.11.2003 – B 12 KR 24/03 R, SozR 4-2500 § 6 Nr. 3; BSG 11.11.2003 – B 12 KR 26/03 R, SozR 4-2500 § 6 Nr. 4; BSG 11.11.2003 – B 12 KR 5/03 R, USK 2003-32.

120 *Kostorz*, NZS 2012, 161, 163.

121 BSG 22.2.1980 – 12 RK 34/79, AP Nr. 1 zu § 611 BGB Werkstudent.

122 So etwa: *Kostorz*, NZS 2012, 161, 163; Plagemann/*Plagemann/Seifert*, MAH Sozialrecht, § 5 Rn 79.

123 *Kostorz*, NZS 2012, 161, 163.

124 *Brand*, SGB III, § 27 Rn 28.

2601 **Beispiel:** Ein Student arbeitet seit Jahren 18 Stunden in der Woche beim Arbeitgeber A als Programmierer gegen ein monatliches Arbeitsentgelt von 800 €. Seit dem 1.8.2014 arbeitet er zusätzlich 5 Stunden in der Woche beim Arbeitgeber B als Taxifahrer in geringfügiger Beschäftigung gegen ein monatliches Arbeitsentgelt von 220 €.
Der Student unterliegt in der (Haupt-)Beschäftigung beim Arbeitgeber A bis zum 31.7.2014 ausschließlich der Rentenversicherungspflicht. Die Beschäftigung beim Arbeitgeber B bleibt als erste geringfügig entlohnte Beschäftigung rentenversicherungsfrei. Durch die Beschäftigung beim Arbeitgeber B wird vom 1.8.2014 an die 20-Stunden-Grenze (Versicherungsfreiheit von Werkstudenten in der Kranken-, Pflege- und Arbeitslosenversicherung) überschritten. Dadurch tritt mit Wirkung vom 1.8.2014 in der (Haupt-)Beschäftigung beim Arbeitgeber A auch Versicherungspflicht in der Kranken-, Pflege- und Arbeitslosenversicherung ein. Die Beschäftigung beim Arbeitgeber B bleibt – wie in der Rentenversicherung – als erste geringfügig entlohnte Beschäftigung in der Kranken-, Pflegen- und Arbeitslosenversicherung versicherungsfrei.

2602 Als Entscheidungs- und Orientierungshilfe für die Beurteilung der Versicherungspflicht von Studentenbeschäftigungen in der Kranken-, Pflege- und Arbeitslosenversicherung kann die folgende Übersicht dienen:

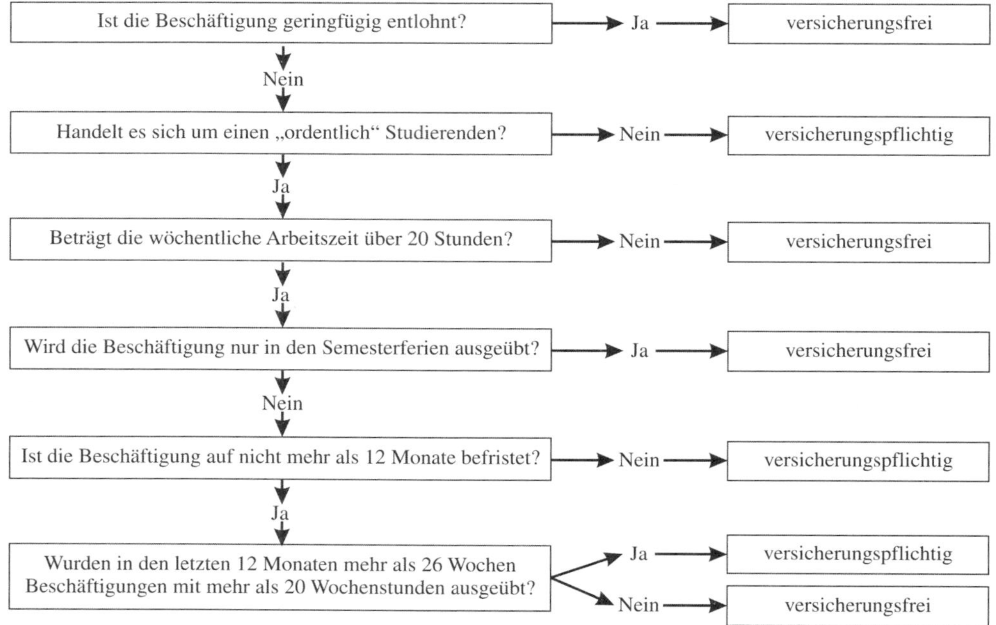

(2) Besteuerung

2603 Die Beschäftigung von Studenten – sei es als Aushilfskraft oder auf Dauer – unterliegt grds. der **Lohnsteuerbehandlung** wie bei einem gewöhnlichen Arbeitnehmer. Die Vergütung ist steuerpflichtiges Arbeitsentgelt. Soweit die Voraussetzungen für die Lohnsteuerpauschalierung vorliegen,[125] kann die Lohnsteuer pauschaliert werden. Soweit die Voraussetzungen für eine Pauschalierung nicht vorliegen, ist die Besteuerung unter Vorlage der Lohnsteuerkarte (in vollelektronischer Form) vorzunehmen und die allgemeine Lohnsteuertabelle anzuwenden.

125 Küttner/*Seidel*, Personalbuch, 291 (Lohnsteuerpauschalierung) Rn 40; Küttner/*Seidel*, Personalbuch, 201 (Geringfügige Beschäftigung) Rn 22.

Auch bei der Wahl des Lohnsteuerabzugsverfahrens mit Lohnsteuerkarte ergibt sich im Regelfall jedoch keine Steuerbelastung für den Studenten. Solange das Arbeitsentgelt (abzüglich insb. Arbeitnehmer-Pauschbetrag, Vorsorge-Pauschale) unter dem Grundfreibetrag bleibt, erhält der Student die vom Arbeitgeber einbehaltene Lohnsteuer im Rahmen der Einkommensteuerveranlagung zurück. Der Grundfreibetrag ist über die Jahre hinweg kontinuierlich angestiegen und liegt für das Jahr 2015 bei 8.354 € (§ 32 a Abs. 1 EStG). 2604

(3) Sonderfall der dualen Studiengänge und Teilzeitstudenten

Studenten als Teilnehmer von **dualen Studiengängen**, welche grds. eine Kombination aus Studium und praktischer Berufsausbildung darstellen, fallen dagegen unter eine Sonderregelung. Seit einer Gesetzesänderung des SGB IV sind diese sowohl während der Praxis- als auch während der Vorlesungsphase einheitlich versicherungspflichtig und unterfallen somit – anders als reguläre Studenten – der Kranken-, Pflege-, Renten- und Arbeitslosenversicherung.[126] Vorher galt noch während der Studienabschnitte eine Versicherungsfreiheit.[127] Auch Teilzeitstudenten, welche neben der Berufsausübung studieren, fallen nicht unter das Werksstudentenprivileg.[128] 2605

b) Klauseltypen und Gestaltungshinweise

aa) Aufstockungsklauseln und Versicherungsverzichtsklauseln bei geringfügiger Beschäftigung

(1) Klauseltyp A

A 1: Der Arbeitnehmer hat die Möglichkeit, auf seine Versicherungsfreiheit nach § 5 Abs. 2 SGB VI zu verzichten. In diesem Fall muss er auf eigene Kosten die Rentenversicherungsbeiträge auf den vollen Beitragssatz (derzeit 18,7 %) aufstocken. Der Aufstockungsbeitrag beträgt derzeit 3,7 % des Bruttolohns. 2606

A 2: Ich erkläre, dass ich auf die Versicherungsfreiheit nach § 5 Abs. 2 S. 2 SGB VI verzichte. Ich wünsche, auf eigene Kosten die Rentenversicherungsbeiträge auf den vollen Beitragssatz aufzustocken. Ich erkläre mich damit einverstanden, dass der Arbeitgeber derzeit 3,7 % des periodisch vereinbarten Arbeitslohns vom Arbeitsentgelt einbehält und an den zuständigen Rentenversicherungsträger (...) abführt.

A 3: Ich verzichte nicht auf die Versicherungsfreiheit. Ich erkläre, dass ich den Beitrag zur Rentenversicherung nicht aus eigenen Mitteln aufstocken möchte.

A 4:
(1) Der Arbeitnehmer unterliegt grds. der Pflicht zum Beitrag zur Rentenversicherung in Höhe des Aufstockungsbetrags zwischen dem Arbeitgeberanteil in Höhe von derzeit 15 % und dem vollen Beitragssatz (derzeit 18,7 %). Der vom Arbeitnehmer zu tragende Pflichtbeitrag beträgt demnach derzeit 3,7 %.
(2) Gemäß § 6 Abs. 1 b SGB VI kann der Arbeitnehmer eine Befreiung von der Rentenversicherungspflicht beantragen. Die Befreiung ist durch schriftlichen Antrag gegenüber dem Arbeitgeber geltend zu machen.

(2) Gestaltungshinweise

Dem Arbeitgeber oblag zur alten Rechtslage mit der generellen Rentenversicherungsfreiheit für geringfügige Beschäftigungen bis zum 31.12.2013 nach § 2 Abs. 1 S. 4 NachwG aF die Pflicht, den Arbeitnehmer darauf hinzuweisen, dass dieser gemäß dem mittlerweile aufgehobenen § 5 2607

126 Plagemann/*Plagemann/Seifert*, MAH Sozialrecht, § 5 Rn 82.
127 *Brand*, SGB III, § 27 Rn 29.
128 LSG Berlin-Brandenburg 11.6.2008 – L 9 KR 1041/05, SozSichplus 2008, Nr. 9, 8.

Abs. 2 S. 2 SGB VI aF auf die Rentenversicherungsfreiheit bei einer geringfügigen Beschäftigung verzichten kann. Verwendet der Arbeitgeber die Klauselvariante A 1, kommt er seiner Nachweispflicht bezüglich der Aufstockungsoption gem. § 2 Abs. 1 S. 4 NachwG aF nach. Die beiden **Vertragstexte A 2 und A 3** zeigen die Reaktionsmöglichkeiten des über die Klausel A 1 belehrten Arbeitnehmers auf.

2608 Der **Vertragstext A 2** ermöglicht dem Arbeitnehmer, gem. § 5 Abs. 2 S. 2 SGB VI auf die Rentenversicherungsfreiheit zu **verzichten.** Der geringfügig Beschäftigte hat somit die Möglichkeit, den Arbeitgeberanteil zur gesetzlichen Rentenversicherung aufzustocken und damit eigene Leistungsansprüche in der gesetzlichen Rentenversicherung zu erwerben. Die **Klausel A 3** beinhaltet die alternative Reaktionsmöglichkeit des Arbeitnehmers, nämlich die Erklärung, dass er nicht auf die Rentenversicherungsfreiheit verzichtet und keine eigenen Leistungsansprüche in der gesetzlichen Rentenversicherung erwerben möchte. Nach der Umkehr der Systematik mit der gesetzlichen Einführung der generellen Versicherungspflicht im Bereich der Entgeltgeringfügigkeit aus dem Jahr 2013 spielen die Regelungen in den Klauseln A 1–A 3 nur noch eine untergeordnete Rolle.

2609 Nach der Änderung des Systems der Rentenversicherungspflicht in Neuverträgen **ab dem 1.1.2013** sind von der generellen Versicherungsfreiheit nur noch geringfügige Beschäftigungen aus Gründen der Zeitgeringfügigkeit nach § 8 Abs. 1 Nr. 2 SGB VI erfasst (s. § 1 Rn 2521). Für die Fälle der Entgeltgeringfügigkeit nach § 8 Abs. 1 Nr. 1 SGB VI gilt vielmehr eine generelle Rentenversicherungspflicht mit der Möglichkeit eines Antrags auf Befreiung nach § 6 Abs. 1 b SGB VI (s. § 1 Rn 2517 f). Demnach kann vielmehr in den Arbeitsvertrag eine Klausel aufgenommen werden, mit welcher der Arbeitgeber den Arbeitnehmer auf seine generelle Rentenversicherungspflicht und die Befreiungsmöglichkeit durch Antragstellung hinweist. Die **Klausel A 4** ist insoweit zwar rein deklaratorischer Natur, aber dennoch empfehlenswert, da auf diese Weise deutlich dokumentiert wird, dass der Arbeitgeber seiner Informationspflicht nachgekommen ist. Auch eine wie hier vorgenommene Unterteilung in zwei Absätze ist sinnvoll, nach welcher zunächst die generelle Verpflichtung zur Beitragspflicht herausgestellt wird, bevor in einem zweiten Absatz auf die Möglichkeit eines Befreiungsantrags hingewiesen wird.

bb) Aufstockungsklauseln bei geringfügiger Beschäftigung im Privathaushalt

(1) Klauseltyp B

2610 **B 1:** Die Arbeitnehmerin hat die Möglichkeit, auf ihre Versicherungsfreiheit nach § 5 Abs. 2 SGB VI zu verzichten. In diesem Fall muss sie auf eigene Kosten die Rentenversicherungsbeiträge auf den vollen Beitragssatz (derzeit 18,7 %) aufstocken. Der Aufstockungsbeitrag beträgt also derzeit 13,7 % des Bruttolohns.

B 2: Ich erkläre, dass ich auf die Versicherungsfreiheit nach § 5 Abs. 2 S. 2 SGB VI verzichte. Ich wünsche, auf eigene Kosten die Rentenversicherungsbeiträge auf den vollen Beitragssatz aufzustocken. Ich erkläre mich damit einverstanden, dass der Arbeitgeber derzeit 13,7 % des periodisch vereinbarten Arbeitslohns vom Arbeitsentgelt einbehält und an den zuständigen Rentenversicherungsträger (...) abführt.

B 3: Ich verzichte nicht auf die Versicherungsfreiheit. Ich erkläre, dass ich den Beitrag zur Rentenversicherung nicht aus eigenen Mitteln aufstocken möchte.

B 4:

(1) Der Arbeitnehmer unterliegt grds. der Pflicht zum Beitrag zur Rentenversicherung in Höhe des Aufstockungsbetrags zwischen dem Arbeitgeberanteil in Höhe von derzeit 5 % und dem vollen Beitragssatz (derzeit 18,7 %). Der vom Arbeitnehmer zu tragende Pflichtbeitrag beträgt demnach derzeit 13,7 %.

(2) Gemäß § 6 Abs. 1b SGB VI kann der Arbeitnehmer eine Befreiung von der Rentenversicherungspflicht beantragen. Die Befreiung ist durch schriftlichen Antrag gegenüber dem Arbeitgeber geltend zu machen.

(2) Gestaltungshinweise

Auch bei geringfügig Beschäftigten in Privathaushalten besteht die Möglichkeit, nach § 5 Abs. 2 S. 2 SGB VI aF auf die Rentenversicherungsfreiheit zu verzichten. Die Klausel B 1 enthält den Hinweis, zu dem der Arbeitgeber nach § 2 Abs. 1 S. 4 NachwG aF verpflichtet ist. Die beiden folgenden **Klauseln B 2 und B 3** enthalten entsprechend der bereits ausgeführten Ausgestaltung in den Klauselvorschlägen A 2 und A 3 die Reaktionsmöglichkeiten des Arbeitnehmers, die den Anforderungen des § 5 Abs. 2 S. 2 SGB VI aF genügen. 2611

Wie im obigen Fall sind die Klauseln B 1 bis B 3 in nach dem 31.12.2012 zu schließenden Neuverträgen durch die dargestellte Gesetzesänderung (s. § 1 Rn 2525 iVm Rn 2516 f) mit Wirkung vom 1.1.2013 obsolet geworden. Vielmehr empfiehlt sich eine die geltende Rechtslage berücksichtigende Klausel wie in **B 4** auch bei geringfügiger Beschäftigung in Privathaushalten aus identischer Begründungslinie wie zu Klausel A 4 (s. dazu § 1 Rn 2609). Die Notwendigkeit eines genauen Hinweise zu den Folgen der generellen Versicherungspflicht ist in Privathaushalten sogar noch größer, da aufgrund der gem. § 172 Abs. 3 a SGB VI auf 5 % des Arbeitsentgelts reduzierten Beitragspflicht des Arbeitgebers der von Arbeitnehmer grds. automatisch zu tragende Differenzbetrag bei 13,7 % des Lohns liegt und die finanziellen Auswirkungen für den Arbeitnehmer demnach deutlich höher sind. 2612

cc) Verzicht auf Beitragsermäßigung in der Gleitzone

(1) Klauseltyp C

Hiermit erkläre ich gem. § 163 Abs. 10 S. 6 SGB VI, dass der Beitragsberechnung zur Rentenversicherung als beitragspflichtige Einnahme das tatsächliche Arbeitsentgelt zugrunde gelegt werden soll. Die Erklärung soll auf den Beginn der Beschäftigung zurückwirken. 2613

(2) Gestaltungshinweise

In der Gleitzone wird bei der Beitragsbemessung grds. zur Entlastung des Arbeitnehmers ein **reduziertes beitragspflichtiges Arbeitsentgelt** zugrunde gelegt. Der Vertragstext in Klausel C ermöglicht dem Arbeitnehmer, auf eine Verkürzung seiner Beitragsleistung zu verzichten und den Beitrag zur Rentenversicherung entsprechend seinem tatsächlichen Arbeitsentgelt zu zahlen. Der Arbeitnehmer erwirbt dann entsprechend höhere Rentenanwartschaften. 2614

dd) Beschäftigungsadditionsklausel

(1) Klauseltyp D

D 1: Der Arbeitgeber macht die Arbeitnehmerin darauf aufmerksam, dass mehrere geringfügige Beschäftigungen zusammengerechnet werden. Liegen infolge der Zusammenrechnung nicht mehr die Voraussetzungen für eine geringfügige Beschäftigung vor, so werden die Arbeitsverhältnisse vollständig sozialversicherungspflichtig. 2615

D 2: Die Arbeitnehmerin erklärt, keine weiteren geringfügigen Beschäftigungen auszuüben.

D 3: Die Aufnahme einer weiteren geringfügigen entlohnten Beschäftigung hat die Arbeitnehmerin unverzüglich schriftlich anzuzeigen.

(2) Gestaltungshinweise

2616 Eine wesentliche arbeitsrechtliche Änderung durch die „Hartz-Gesetze" ist im Bereich der Haftung des Arbeitgebers bei ihm unbekannt gebliebenen, durch wahrheitswidrige Angaben des Arbeitnehmers entstandene **Haftungstatbestände** eingetreten. Der Arbeitgeber muss nach der heute geltenden Rechtslage nicht mehr befürchten, bei der Einstellung von geringfügig Beschäftigten nachträglich in die volle Sozialversicherungspflicht genommen zu werden, wenn der Arbeitnehmer weitere geringfügige Beschäftigungsverhältnisse verschwiegen hatte. Wird infolge einer Zusammenrechnung von Beschäftigungen festgestellt, dass die Voraussetzungen einer geringfügigen Beschäftigung nicht mehr vorliegen, stellt § 8 Abs. 2 S. 3 SGB IV sicher, dass die Beitragspflicht erst mit dem Tag der Bekanntgabe der Feststellung durch die Einzugsstelle eintritt. Allerdings gilt diese Privilegierung des Arbeitgebers nach dem zum 1.1.2009 neu eingefügten § 8 Abs. 2 S. 4 SGB IV nicht, soweit der Arbeitgeber es vorsätzlich oder grob fahrlässig versäumt hat, den Sachverhalt für die versicherungsrechtliche Beurteilung der Beschäftigung aufzuklären. Ist dies der Fall, trifft den Arbeitgeber rückwirkend auf den Beginn der geringfügigen Beschäftigung die volle Beitragspflicht. Diese Gesetzesänderung trägt der bereits im Vorfeld bestehenden gängigen Praxis der Sozialversicherungsträger Rechnung, nach welcher die Privilegierung des § 8 Abs. 2 S. 3 SGB IV lediglich den gutgläubigen Arbeitgebern zu Gute kommen sollte.[129] Durch diese gesetzliche Festschreibung in § 8 Abs. 2 S. 4 SGB IV tritt eine anfängliche Beitragspflicht des Gesetzgebers trotz der Sonderregelung ein, soweit der Arbeitgeber einfachste, jedem einleuchtende Überlegungen in Bezug auf eine Zusammenrechnung geringfügiger Beschäftigungen nicht einbezogen oder es unterlassen hat, Hinweise auf weitere Nebentätigkeiten nachzuverfolgen.[130]

2617 Es erscheint aus diesem Grund weiterhin richtig, eine Vereinbarung im Arbeitsvertrag zu treffen, die eine **Anzeigepflicht bei Mehrfachbeschäftigung** begründet (so die Klausel D 3). Diese besteht zwar grds. gem. § 280 Abs. 1 SGB IV bereits kraft Gesetzes, jedoch ist es aus Klarstellungsgründen sinnvoll, dem Arbeitnehmer die entsprechende Verpflichtung im Anstellungsvertrag zu verdeutlichen. Zum einen gilt die Versicherungsfreiheit nämlich nur für das erste geringfügig entlohnte Beschäftigungsverhältnis neben der Hauptbeschäftigung. Zum zweiten eröffnet eine entsprechende Frage bei der Einstellung die Möglichkeit, sich nach einer eventuellen Feststellung der Versicherungspflicht von dem Arbeitsverhältnis wegen arglistiger Täuschung nach § 123 Abs. 1 BGB zu lösen. Denn § 8 Abs. 2 S. 3 SGB IV ordnet lediglich einen verspäteten Beginn der Beitragspflicht an, nicht jedoch die Beitragsfreiheit. Um spätere Beweisprobleme zu vermeiden, enthält die Klausel D 1 einen Hinweis für den Arbeitnehmer durch den Arbeitgeber sowie in der Klauselvariante D 2 eine Erklärung des Arbeitnehmers, dass er keine weiteren geringfügigen Beschäftigungsverhältnisse ausübt. Inwieweit diese positive Versicherung des Arbeitnehmers nach Einfügung des Satzes 4 in § 8 Abs. 2 SGB IV den Arbeitgeber bei tatsächlich bestehenden Zweifeln an der Aufrichtigkeit der Erklärung des Arbeitnehmers davor schützt, aufgrund grob fahrlässiger Unkenntnis zur anfänglichen Beitragszahlung verpflichtet zu sein, kann zu diesem Zeitpunkt nicht abschließend beurteilt werden. Es ist deshalb ratsam, im Falle bestehender Zweifel an einer möglichen Sozialversicherungsfreiheit von Arbeitgeberseite auf eine größtmögliche Aufklärung hinzuwirken.

129 Schaub/*Linck*, Arbeitsrechts-Handbuch, § 44 Rn 41; HWK/*Ricken*, § 8 SGB IV Rn 24.
130 HWK/*Ricken*, § 8 SGB IV Rn 24.

ee) Überschreitung der 450-Euro-Grenze

(1) Klauseltyp E

Sollten dem Arbeitnehmer Ansprüche auf Gratifikationen oder sonstige Einmalzahlungen zustehen, verzichtet er auf diese für den Fall, dass die Höhe des monatlichen Entgelts die Grenze von 450 € überschreitet. 2618

(2) Gestaltungshinweise

Für den Arbeitnehmer ist eine geringfügige Beschäftigung gem. § 8 Abs. 1 Nr. 1 SGB IV in der Kranken- und Rentenversicherung beitragsfrei. Übersteigt das monatliche Einkommen jedoch die Grenze von 450 € in mehr als zwei Monaten pro Kalenderjahr, wird der Arbeitnehmer beitragspflichtig. Um diese Beitragspflichtigkeit zu verhindern, sieht die Klausel E einen Verzicht auf möglicherweise bestehende Ansprüche auf Sonderzahlungen vor. 2619

36. Gesundheitsuntersuchungsklauseln

Literatur

Behrens, Eignungsuntersuchung und Datenschutz, NZA 2014, 401; *Braun*, Die Straf- und Bußgeldtatbestände des Gendiagnostikgesetzes, JR 2012 36; *Däubler*, Erhebung von Arbeitnehmerdaten, CR 1994, 101; *Diller/Powietzka*, Drogenscreenings und Arbeitsrecht, NZA 2001, 1227; *Fischinger*, Die arbeitsrechtlichen Regelungen des Gendiagnostikgesetzes, NZA 2010, 65; *Härtel*, Durch Gendiagnostik zum gläsernen Menschen?, in: Grote, Die Ordnung der Freiheit, FS Starck, 2007, S. 227, 243; *Heilmann*, Rechtsprobleme von Einstellungsuntersuchungen, AuA 1995, 157; *Keller*, Die ärztliche Untersuchung des Arbeitnehmers im Rahmen des Arbeitsverhältnisses, NZA 1988, 561; *Kleinebrink*, Bedeutung von Gesundheitsuntersuchungen für Arbeitgeber nach neuem Recht, DB 2014, 776; *Kühn*, Rauchfreier Arbeitsplatz? Zur Beschäftigung von Arbeitnehmern in Raucherräumen, BB 2010, 120; *Müller-Glöge*, Aktuelle Rechtsprechung zum Recht der Entgeltfortzahlung im Krankheitsfall, RdA 2006, 105; *Notz*, Zulässigkeit und Grenzen ärztlicher Untersuchungen von Arbeitnehmern, 1991; *Richardi*, Arbeitsrechtliche Probleme bei der Einstellung und Entlassung AIDS-infizierter Arbeitnehmer, NZA 1988, 73; *Riesenhuber*, Die Einwilligung des Arbeitnehmers im Datenschutzrecht, RdA 2011, 257; *Stück/Wein*, Die ärztliche Untersuchung des Arbeitnehmers, NZA-RR 2005, 505; *Wiese*, Gendiagnostikgesetz und Arbeitsleben, BB 2009, 2198.

a) Rechtslage im Umfeld

aa) Stellenbezogenheit erlaubter ärztlicher Untersuchungen

2620 Arbeitsverträge sehen mit verschiedenen Klauseltypen die vom Mitarbeiter übernommene Verpflichtung vor, sich ärztlich untersuchen zu lassen. Grenzen des **Überprüfungsrechts des Arbeitgebers** ergeben sich beim Untersuchungsgegenstand und angesichts der Informationen, die der Arbeitgeber erlangen darf. Die ärztliche Untersuchung hat, soweit sie die Einstellung oder Fragen im Zusammenhang mit der Beschäftigung des Arbeitnehmers betrifft, **stellenbezogen** zu erfolgen.[1] Der Arbeitgeber darf also nur feststellen lassen, ob der Mitarbeiter für die vorgesehene Aufgabe geeignet ist.[2] Außerdem dürfen dem Arbeitgeber aus persönlichkeitsrechtlichen Gründen die Informationen nur im Umfang eines Bescheidbogens mitgeteilt werden; der Befundbogen, der die Basisdaten der Untersuchung enthält, verbleibt in der Obhut des Arztes und fällt unter dessen unverbrüchliche Schweige- und Datenschutzpflicht.[3]

2621 Soweit eine ärztliche Untersuchung auf gesetzlicher Grundlage vorgesehen ist, bedarf es keiner Aufnahme einer Klausel in den Arbeitsvertrag. Solche gesetzlichen Regelungen finden sich für Jugendliche in § 32 Abs. 1 JArbSchG. Untersuchungen vor Aufnahme eines Arbeitsverhältnisses sind auch bei Beschäftigten im Lebensmittelgewerbe vorgeschrieben (§§ 42, 43 IfSG). Auch der Berufskraftfahrer muss sich vor Begründung des Arbeitsverhältnisses ärztlich untersuchen lassen (§ 11 Abs. 9 FeV und Anlage 5 zur FeV).

2622 Im Einklang mit der bisherigen herrschenden Meinung[4] schließt das am 1.2.2010 in Kraft getretene **Gendiagnostikgesetz**[5] die Durchführung von **Gentests** im Arbeitsverhältnis aus. Der Arbeitgeber darf weder vor noch nach Begründung des Beschäftigungsverhältnisses genetische Untersuchungen verlangen noch Ergebnisse solcher Untersuchungen entgegennehmen oder verwenden (§ 19 GenDG). Nach § 20 Abs. 2 GenDG besteht eine Ausnahme im Rahmen arbeitsmedizinischer Vorsorgeuntersuchungen zur Prävention vor schwerwiegenden Erkrankungen. Als Bestandteil arbeitsmedizinischer Vorsorgeuntersuchungen sind genetische Untersuchungen nachrangig zu anderen Maßnahmen des Arbeitsschutzes. Weitere Ausnahmen bedürfen einer

1 *Behrens*, NZA 2014, 401, 402.

2 BAG 7.6.1984 – 2 AZR 270/83, NZA 1985, 57.

3 *Kleinebrink*, DB 2014, 776 f; *Heilmann*, AuA 1995, 157; die Entwürfe des Beschäftigtendatenschutzgesetzes vom 15.12.2010 sehen vor der Einverständniserklärung des Arbeitnehmers eine vorherige Aufklärung vor, vgl dazu *Riesenhuber*, RdA 2011, 257, 262.

4 *Däubler*, CR 1994, 101, 104; *Diekgräf*, BB 1991, 1854, 1858; hingegen noch teilweise relativierend *Wiese*, RdA 1986, 120, 121.

5 Gesetz über genetische Untersuchungen bei Menschen (Gendiagnostikgesetz – GenDG) vom 4.8.2009 (BGBl. I S. 2529), geändert durch Art. 2 Abs. 31 u. Art. 4 Abs. 18 des Gesetzes vom 7.8.2013 (BGBl. I S. 3154); dazu *Fischinger*, NZA 2010, 65 ff.

Rechtsverordnung des Bundes mit Zustimmung des Bundesrats. § 21 GenDG enthält ein arbeitsrechtliches Benachteiligungsverbot, das auch die Weigerung, zu einer Untersuchung einzuwilligen, schützt. Zuwiderhandlungen gegen das Verwendungsverbot werden nach § 25 GenDG als Straftat mit bis zu zwei Jahren Freiheitsstrafe oder Geldstrafe bestraft. Bereits das Verlangen einer genetischen Untersuchung oder die Entgegennahme derartiger Daten entgegen §§ 19, 20 GenDG ist eine Ordnungswidrigkeit mit Bußgeldrahmen bis zu 3.000 € (§ 26 GenDG).

bb) Arbeitsunfähigkeitskontrollen

Soweit **Zweifel an der Arbeitsunfähigkeit** eines gesetzlich krankenversicherten Mitarbeiters bestehen, der von einem Arzt krankgeschrieben ist, kann der Arbeitgeber die Krankenkasse gem. § 275 Abs. 1 Nr. 3 b SGB V dazu verpflichten, eine gutachtliche Stellungnahme des **Medizinischen Dienstes** zur Beseitigung von Zweifeln an der Arbeitsunfähigkeit einzuholen. Diese Kontrollmechanismen – mögen sie auch unzureichend sein – bedürfen nicht der arbeitsvertraglichen Regelung und können deshalb unbeschadet jeglicher arbeitsvertraglicher Gestaltung in Anspruch genommen werden. Für die Vertragsgestaltung von Interesse sind daher nur solche Klauseln, über die sich der Arbeitgeber zusätzliche Rechte einräumen lässt. Dabei ist zwischen Klauseln im Zusammenhang mit der Einstellung und für die Durchführung des Arbeitsverhältnisses vorgesehenen Bestimmungen zu unterscheiden. 2623

b) Klauseltypen und Gestaltungshinweise

aa) Einstellungsvorbehaltsklausel

(1) Klauseltyp A

A 1: Haben Sie bitte Verständnis, dass wir Ihre Einstellung nur unter Vorbehalt vornehmen können. Spätestens bis zum Ablauf der Probezeit ist eine arbeitsmedizinische oder amtsärztliche Untersuchung durchzuführen. Sollte diese ergeben, dass Sie für die vorgesehene Stelle aus gesundheitlichen Gründen nicht geeignet sind, endet das Arbeitsverhältnis zwei Wochen, nachdem Ihnen unsere Mitteilung über das Ergebnis der Untersuchung zugeht. 2624

A 2: Die Einstellung erfolgt unter der Bedingung der gesundheitlichen Eignung für die vorgesehene Aufgabe. Der Arbeitnehmer erklärt sich mit einer für ihn unentgeltlichen fallweisen Untersuchung durch einen Vertrauensarzt, der durch den Arbeitgeber benannt wird, einverstanden. Der Arbeitnehmer entbindet den Arzt von der ärztlichen Schweigepflicht, soweit es zur Beurteilung der Arbeitsfähigkeit des Arbeitnehmers notwendig ist.[6]

(2) Gestaltungshinweise

Wenn die Einstellung eines Arbeitnehmers unter der Bedingung gesundheitlicher Eignung erfolgt, ist eine solche Klausel wirksam.[7] Der Arbeitgeber hat die Wahl, ob die Untersuchung durch einen Amtsarzt, einen Betriebsarzt oder einen sonstigen, von ihm bestimmten Arzt erfolgen soll. Ebenso hat der Arbeitgeber das Recht, von dem Bewerber die Erklärung zu verlangen, dass er den Arzt ihm gegenüber in den Grenzen des arbeitgeberseitigen Fragerechts von der Schweigepflicht entbindet.[8] Die in den Klauseln A 1 und A 2 gewählten Texte ermöglichen es, den Arbeitnehmer auch schon vor der ärztlichen Untersuchung unter der auflösenden Bedin- 2625

6 LAG Hamm 12.9.2006 – 9 Sa 2313/05.
7 *Notz*, Zulässigkeit und Grenzen ärztlicher Untersuchungen von Arbeitnehmern, 1991, S. 47.
8 LAG Berlin 6.7.1973 – 3 Sa 48/73, BB 1974, 510.

gung (§ 158 Abs. 2 BGB) gesundheitlicher Eignung einzustellen, was nach der Rspr keinen Wirksamkeitsbedenken begegnet.[9]

2626 Zu beachten ist, dass sich das Sachgrunderfordernis für die wirksame Vereinbarung einer auflösenden Bedingung aus § 21 iVm § 14 Abs. 1 TzBfG ergibt. Ein **Sachgrund** ist nach § 14 Abs. 1 S. 2 Nr. 5 TzBfG auch die **Erprobung**, so dass es auch in der Privatwirtschaft zulässig ist, den Arbeitsvertrag unter den Vorbehalt der gesundheitlichen Eignung zu stellen. Im Bereich des öffentlichen Dienstes besteht eine ausdrückliche Vorschrift in § 3 Abs. 4 TVöD, wonach der Arbeitgeber bei begründeter Veranlassung berechtigt ist, den Nachweis der gesundheitlichen Eignung des Arbeitnehmers durch das Zeugnis eines Arztes zu verlangen. Hat der Arzt die gesundheitliche Nichteignung festgestellt, tritt die auflösende Bedingung ein; sie entfällt auch dann nicht, wenn der Arbeitnehmer ein abweichendes ärztliches Privatgutachten vorlegt.[10]

2627 Eine **auflösende Bedingung** kann in Arbeitsverträgen wie eine Zeit- oder Zweckbefristung zulässig vereinbart werden.[11] Ihre Wirksamkeit wird daran überprüft, ob sie objektiv funktionswidrig dazu verwendet wird, um dem Arbeitnehmer den zwingenden Schutz des gesetzlichen Kündigungsrechts zu nehmen.[12] Deshalb bedarf eine auflösende Bedingung zu ihrer Wirksamkeit eines sachlichen Grundes.[13] Wird die gesundheitliche Eignung durch den Arbeitgeber zum Anlass einer auflösenden Bedingung erhoben, liegt ein Sachgrund vor, da die gesundheitliche Eignung eine zum Teil gesetzlich, in jedem Fall aber im Interesse des Arbeitnehmers zwingend zu beachtende Voraussetzung eines störungsfreien Arbeitsverhältnisses darstellt.[14] Die Fürsorgepflicht des Arbeitgebers gebietet es, den Arbeitnehmer vor gesundheitlichen Gefahren zu bewahren. § 618 Abs. 1 BGB enthält die Schutzpflicht des Dienstberechtigten zur Abwehr von Gefahren für Leben und Gesundheit des Dienstverpflichteten.[15] Sachgrund der auflösenden Bedingung ist mithin eine gesetzliche Pflicht, so dass eine Unwirksamkeit der Klausel nach § 307 Abs. 3 S. 1 BGB ausscheidet. Soweit die Klausel in Tarifverträgen enthalten ist, ist sie gem. § 310 Abs. 4 S. 1 BGB immer unbedenklich.

2628 Da die **Schweigerechtsentbindungsregelung** im letzten Satz der Klausel A 2 im Einklang mit der bereits erwähnten Rspr steht, verstößt sie nicht gegen das Leitbild des gesetzlichen Rechte- und Pflichtengefüges und wird damit den Anforderungen des § 307 Abs. 2 Nr. 1 BGB gerecht. Die Wirksamkeit beider Klauseln steht damit außer Frage.

bb) Arbeitsunfähigkeitsuntersuchungsklausel

(1) Klauseltyp B

2629 **B 1:** Der Arbeitnehmer hat sich zwei Wochen nach Beginn einer Arbeitsunfähigkeit infolge von Krankheit nach Aufforderung durch den Arbeitgeber durch einen Vertrauensarzt, den der Arbeitgeber benennt, untersuchen zu lassen.

B 2: Soweit der Arbeitnehmer nicht in der gesetzlichen Krankenversicherung versichert ist, ist der Arbeitgeber berechtigt, eine Untersuchung durch einen Vertrauensarzt in den Fällen zu verlangen, in denen bei einem gesetzlich versicherten Beschäftigten der Medizinische Dienst der Krankenkasse zuständig wäre, insbesondere aber bei überdurchschnittlich häufiger kurzer Arbeitsunfähigkeit in einem Kalenderjahr mit wechselnden Krankheitsursachen und mehrfa-

9 LAG Köln 12.3.1991 – 4 Sa 1057/90, LAGE § 620 BGB Bedingung Nr. 3; LAG Berlin 16.7.1990 – 9 Sa 43/90, LAGE § 620 BGB Bedingung Nr. 2; LAG Niedersachsen 26.2.1980 – 1 Sa 12/79, DB 1980, 1799.

10 ArbG Marburg 11.5.2000 – 2 Ca 634/99, ZTR 2001, 76.

11 BAG 2.7.2003 – 7 AZR 612/02, NZA 2004, 311.

12 BAG 11.10.1995 – 7 AZR 119/95, BAGE 81, 148.

13 BAG 26.6.1996 – 7 AZR 674/95, NZA 1997, 200.

14 Vgl dazu auch die Verordnung zur arbeitsmedizinischen Vorsorge (ArbMedVV) 18.12.2008, zuletzt geändert durch Art. 1 der Verordnung vom 23.10.2013 (BGBl. I S. 3882); dazu *Behrens*, NZA 2014, 401, 403.

15 AnwK-BGB/*Franzen*, § 618 Rn 7; Staudinger/*Oetker*, § 618 BGB Rn 142 f.

cher krankheitsbedingter Arbeitsunfähigkeit über zwei Wochen Dauer. Der Arbeitgeber ist berechtigt, den Vertrauensarzt unter Berücksichtigung der billigen Interessen des Arbeitnehmers und nach dessen Anhörung zu bestimmen. Der Arbeitnehmer entbindet den Arzt von der ärztlichen Schweigepflicht, allerdings nur, soweit es zur Beurteilung der Arbeitsunfähigkeit des Arbeitnehmers notwendig ist.

(2) Gestaltungshinweise

Einigkeit besteht darüber, dass der Entgeltfortzahlungsanspruch nach § 12 EFZG unabdingbar ist und somit auch nicht durch Vertrag an weitere Bedingungen geknüpft werden kann.[16] Der Wert der **Klausel B 1** besteht darin, dass der Beweiswert der Arbeitsunfähigkeitsbescheinigung erschüttert ist, falls der vom Arbeitgeber beauftragte Arzt keine Erkrankung feststellen kann. Schließlich ist das Verfahren beim Medizinischen Dienst zeitlich aufwendig. Es kann bei einer über die Krankenkasse erbetenen Begutachtung Wochen dauern, bis der Arbeitnehmer zum **Medizinischen Dienst** vorgeladen wird, häufig erfolgt dies auch erst nach wiederholter Meldung. Der Arbeitgeber ist immer auf die Mitwirkung der gesetzlichen Krankenkasse angewiesen. Insbesondere bei privat krankenversicherten Mitarbeitern füllt die **Klausel B 2** eine Lücke, da der Arbeitgeber ansonsten auf Hausbesuche und Kontrollen allgemeiner Art beschränkt ist.[17] 2630

Die Frage, ob die Klauseln B 1 und B 2 **rechtswirksam** sind, ist **noch nicht entschieden**. Mit Urteil vom 27.9.2012 hat das BAG allerdings bestätigt, dass der Verstoß gegen eine arbeitsvertragliche Pflicht, bei gegebener Veranlassung auf Wunsch des Arbeitgebers an einer ärztlichen Untersuchung zur Feststellung der Arbeitsunfähigkeit mitzuwirken, je nach den Umständen geeignet sein kann, eine Kündigung zu rechtfertigen.[18] 2631

Das BAG hatte jedoch in einer früheren Entscheidung von 1978[19] offen gelassen, ob durch die **Klausel B 1** die in § 76 Abs. 1 S. 1 SGB V statuierte **freie Arztwahl beeinträchtigt** wird. Bei der freien Arztwahl handelt es sich allerdings nicht um zwingendes Recht, das generell keiner Einschränkung durch privatautonome Vereinbarungen fähig wäre. Anderenfalls wäre die Tätigkeit der Betriebsärzte nach dem Arbeitssicherheitsgesetz (ASiG)[20] generell rechtswidrig. Allerdings wurzelt das Recht auf freie Arztwahl auch in Art. 2 Abs. 1 GG.[21] Bei der Bewertung der Rechtswirksamkeit der Klausel B 1 muss daher jeweils eine Abwägung zwischen der Schwere des Eingriffes in das allgemeine Persönlichkeitsrecht des Arbeitnehmers und dem Interesse des Arbeitgebers an der Verfügbarkeit und Richtigkeit der ärztlichen Bescheinigung getroffen werden. Bedenken können deshalb bestehen, weil zwischen Arzt und Patient ein Vertrauensverhältnis bestehen muss, das nicht von dritter Seite ohne Weiteres aufgezwungen werden kann. So gehört es auch nach § 3 Abs. 3 ASiG etwa nicht zu den Aufgaben der Betriebsärzte, Krankmeldungen von Arbeitnehmern auf ihre Berechtigung hin zu überprüfen. Insbesondere bei der Ausübung des Bestimmungsrechts hat der Arbeitgeber folglich eventuelle Einwendungen des Arbeitnehmers gegen den vorgeschlagenen Arzt zu berücksichtigen. Die für **privat krankenversicherte Arbeitnehmer** vorgesehene **Klausel B 2** berücksichtigt derartige Überlegungen bereits, indem die Arztwahl nach Anhörung des Arbeitnehmers erfolgen soll. Eine generelle Unzulässigkeit der Klausel mit dem Argument, der Gesetzgeber habe durch das Regelungsgefüge des 2632

16 BAG 4.10.1978 – 5 AZR 326/77, AP § 3 LohnFG Nr. 3; BAG 7.11.1984 – 5 AZR 379/82, AP § 63 HGB Nr. 38.

17 Küttner/*Poeche*, Personalbuch, 301 (Medizinischer Dienst) Rn 2.

18 BAG 27.9.2012 – 2 AZR 811/11, NZA 2013, 527; dazu auch *Kleinebrink*, DB 2014, 776, 779 mit weiteren Klauselvorschlägen.

19 BAG 4.10.1978 – 5 AZR 326/77, AP § 3 LohnFG Nr. 3.

20 Gesetz über Betriebsärzte, Sicherheitsingenieure und andere Fachkräfte für Arbeitssicherheit vom 12.12.1973 (BGBl. I S. 1885), zuletzt geändert durch Art. 3 Abs. 5 des Gesetzes vom 20.4.2013 (BGBl. I S. 868).

21 BAG 14.11.1989 – 1 ABR 82/88, n.v., unter Hinweis auf BVerfG 23.7.1963 – 1 BvL 1/61 und 4/61, BVerfGE 16, 286 = NJW 1963, 1667.

§ 76 Abs. 1 S. 1 SGB V, § 5 EFZG und § 275 Abs. 1 Nr. 3 Buchst. b) SGB V zum Ausdruck gebracht, allein der Medizinische Dienst sei zur Beseitigung von Zweifeln an der Arbeitsunfähigkeit berufen,[22] ist dagegen abzulehnen. Zumindest für privat krankenversicherte Arbeitnehmer, für die der Medizinische Dienst nicht tätig wird, liegt keine abschließende Regelung vor, an der die Klausel B 2 zu messen wäre.

2633 Der Arzt, der gemäß den Klauseln B 1 oder B 2 einen Arbeitnehmer untersucht, darf dem Arbeitgeber allerdings nicht mehr als die Bescheidinformation „arbeitsunfähig" oder „nicht arbeitsunfähig" übermitteln. Auf die Befunddaten des Arztes hat der Arbeitgeber aus persönlichkeitsrechtlichen Gründen keinen Anspruch.[23] Außerdem hat der Arbeitgeber besondere Schutzvorkehrungen bei der Aufbewahrung von Schriftstücken über den Gesundheitszustand des Arbeitnehmers zu treffen.[24]

cc) Allgemeine Untersuchungsklausel

(1) Klauseltyp C

2634 Der Arbeitnehmer erklärt seine Bereitschaft, sich auf Verlangen des Arbeitgebers ärztlich untersuchen zu lassen, wenn dafür ein berechtigter Anlass vorliegt und kein Gesundheitsnachteil zu befürchten ist. Die hierdurch anfallenden Kosten trägt der Arbeitgeber. Der Arbeitnehmer entbindet den untersuchenden Arzt insoweit von der Schweigepflicht, als das Untersuchungsergebnis Einfluss auf die Erfüllung seiner arbeitsvertraglich vorausgesetzten Einsatzfähigkeit haben kann.[25]

(2) Gestaltungshinweise

2635 Durch die allgemein formulierte Untersuchungsklausel wird dem Arbeitnehmer nur in den Fällen die Pflicht zu einer ärztlichen Untersuchung auferlegt, in denen bei dem Arbeitgeber ein berechtigtes Interesse besteht, das gegenüber den schützenswerten Belangen des Arbeitnehmers, insb. dessen allgemeinem Persönlichkeitsrecht, überwiegt.[26] **Berechtigte Interessen des Arbeitgebers** an einer ärztlichen Untersuchung sind v.a. dann anzunehmen, wenn es aus Gründen der Arbeitssicherheit erforderlich ist, dass der Arbeitnehmer zur Ausübung der zugewiesenen Tätigkeiten körperlich in der Lage ist. Der Arbeitnehmer ist aber regelmäßig nicht verpflichtet, Eingriffe in seine körperliche Integrität, wie zB Blut- oder Gewebeentnahmen, zu dulden.[27]

dd) Erklärung zur Schwangerschaft

(1) Klauseltyp D

2636 ↓ Die Mitarbeiterin erklärt mit ihrer Unterschrift unter diesen Vertrag, sie sei nicht schwanger.

22 So Preis/*Preis*, Der Arbeitsvertrag, II G 30 Rn 15; *Stück/Wein*, NZA-RR 2005, 505.
23 *Kleinebrink*, DB 2014, 776, 777.
24 LAG Hessen 15.11.2005 – 15 Sa 1235/04.
25 Ähnl. *Stück/Wein*, NZA-RR 2005, 505.
26 BAG 14.1.1989 – 1 ABR 82/88, n.v.
27 *Diller/Powietzka*, NZA 2001, 1227, 1230; *Stück/Wein*, NZA-RR 2005, 505.

(2) Gestaltungshinweise

Erklärungen zur Gesundheit in dem Sinne, ob eine Bewerberin oder Mitarbeiterin schwanger ist, dürfen grds. nicht verlangt werden. Die Frage des Arbeitgebers nach der Schwangerschaft stellt nach der Rspr des EuGH[28] und nach der Rspr des BAG[29] eine unzulässige Diskriminierung dar. Selbst wenn die Mitarbeiterin einem Beschäftigungsverbot unterliegt (Stewardess nach dem dritten Monat, Arzthelferin als Röntgenassistentin), besteht nach Auffassung des EuGH[30] und des BAG[31] für den Arbeitgeber ein **Frageverbot**, das sich auch nicht auf dem Umweg über eine Arbeitsvertragsklausel zur Gesundheit der Mitarbeiterin umgehen lässt. 2637

28 Vom 8.11.1990 – C-177/88, BB 1991, 692.
29 Vom 15.10.1992 – 2 AZR 227/92, DB 1993, 435.
30 Vom 3.2.2000 – C-207/98, FA 2000, 84.
31 BAG 6.2.2003 – 2 AZR 621/01, NZA 2003, 848.

37. Haftungsregelungen

Literatur

Ahrens, Arbeitnehmerhaftung bei betrieblich veranlasster Tätigkeit, DB 1996, 934; *Annuß*, (Nichts) Neues zur Arbeitnehmerhaftung, NZA 1998, 1089; *Benecke*, Mobbing: Persönlichkeitsschutz und Haftung des Arbeitgebers, RdA 2008, 357; *Blomeyer*, Der Eigenschaden des Arbeitnehmers, FS Kissel, 1994, S. 77; *Brose*, Haftung und Risiken nach den arbeitsrechtlichen Grundsätzen und dem SGB VII, RdA 2011, 205; *Dedek*, Die Beweislastverteilung nach § 619 a, ZGS 2002, 320; *Deinert*, Mankohaftung, RdA 2000, 22; *ders.*, Anwendungsprobleme der arbeitsrechtlichen Schadensersatzvorschriften im neuen AGG, DB 2007, 398; *Diller*, Amerikanisierung des deutschen Arbeitsrechts, FA 2001, 97; *Fornasier/Werner*, Formularmäßige Anerkenntnisse und Schuldversprechen nach Haftpflichtfällen: AGB-rechtliche und arbeitsrechtsspezifische Wirksamkeitsschranken, RdA 2007, 235; *Frieges*, Der Anspruch des Arbeitnehmers auf Ersatz selbstverschuldeter Eigen-Schäden, NZA 1995, 403; *Gross/Wesch*, Änderungen des Haftungsrechts im Arbeitsverhältnis, NZA 2008, 849; *Hanau*, Die Rechtsprechung des Bundesgerichtshofs zur Haftung im Arbeitsverhältnis, FS Steffen, 1996, S. 177; *Hofmann*, Zur Haftung von Beamten und Tarifkräften des öffentlichen Dienstes im Verhältnis zum Dienstgeber, ZTR 1995, 99; *Holly/Friedhofen*, Die Abwälzung von Geldstrafen und Geldbußen auf den Arbeitgeber, NZA 1992, 145; *Joussen*, Der persönliche Anwendungsbereich der Arbeitnehmerhaftung, RdA 2006, 129; *Kasper*, Strafschadensersatz im deutschen Arbeitsrecht?, NZA-RR 2003, 1; *Katzenstein*, Die Außenwirkung der Haftungsbeschränkung, RdA 2003, 346; *Krause*, Die Haftung des Arbeitnehmers für Mankoschäden – Bilanz und Perspektiven, RdA 2013, 129; *Langenbucher*, Risikohaftung und Schutzpflichten im innerbetrieblichen Schadensausgleich, ZfA 1997, 523; *Löwisch*, Schutz des Arbeitnehmers als Verbraucher, NZA 2001, 465; *Oetker*, Neues zur Arbeitnehmerhaftung durch § 619 a BGB, BB 2002, 43; *Pallasch*, Einschränkung der Arbeitnehmerhaftung für betriebliche Tätigkeiten, RdA 2013, 338; *Reichold*, Geschäftsbesorgung im Arbeitsverhältnis, NZA 1994, 488; *Richardi*, Leistungsstörungen und Haftung im Arbeitsverhältnis, Sonderbeil. NZA 16/2003, 14; *Rolfs*, Die Neuregelung der Arbeitgeber- und Arbeitnehmerhaftung bei Arbeitsunfällen durch das SGB VII, NJW 1996, 3177; *Schiefer*, Ausschluss und Grenzen der Arbeitgeberhaftung für unfallbedingte Schäden des Arbeitnehmers bei Dienstfahrten mit Privat-Pkw, NJW 1993, 966; *Schwab*, Die Schadenshaftung im Arbeitsverhältnis – 1. Teil, NZA-RR 2006, 449; *ders.*, Die Schadenshaftung im Arbeitsverhältnis – 2. Teil, NZA-RR 2006, 505; *ders.*, Die Haftung des Arbeitnehmers, AiB 2007, 85; *ders.*, Die Haftung des Arbeitgebers, AiB 2007, 233; *Schwarze*, Das Fehlverhalten des Arbeitnehmers beim Ersatz von Eigenschäden, RdA 2013, 140; *Schwirtzek*, Mankoabreden nach der Schuldrechtsreform – Zurück in die Zukunft, NZA 2005, 437; *Simon/Greßlin*, AGG-Haftung des Arbeitgebers bei Benachteiligung durch Beschäftigte und Dritte, BB 2007, 1728; *Waltermann*, Haftungsfreistellung bei Personenschäden – Grenzfälle und neue Rechtsprechung, NJW 2004, 201; *ders.*, Risikozuweisung nach den Grundsätzen der beschränkten Arbeitnehmerhaftung, RdA 2005, 98; *ders.*, Besonderheiten der Haftung im Arbeitsverhältnis, JuS 2009, 193; *Wastl/Pusch*, Haftungsrechtliche Konsequenzen einer so genannten Mitarbeiter-Amnestie, RdA 2009, 376.

a) Rechtslage im Umfeld von Arbeitgeberhaftungsklauseln

aa) Regelungsbereiche

2638 Haftungsregelungen im Arbeitsrecht weichen vom allgemeinen zivilrechtlichen Haftungsregime ab. Dennoch ist unverkennbar, dass alle arbeitsrechtlichen Haftungsfragen auf den Grundlagen der Haftungsregelungen nach BGB aufbauen. Abweichungen ergeben sich insb. aus gesetzlichen Regelungen, etwa den Bestimmungen der Haftungsfreistellung nach dem Recht der gesetzlichen Unfallversicherung (§§ 104 ff SGB VII). Sie schließen bei Personenschäden, die durch einen Versicherungsfall gem. §§ 7 f SGB VII entstehen, das bürgerlich-rechtliche Haftungsrecht in beträchtlichem Umfang aus.[1] Die durch **richterlicher Rechtsfortbildung** entwickelten **Grundsätze der beschränkten Arbeitnehmerhaftung** und der **verschuldensunabhängigen Haftung des Arbeitgebers für Eigenschäden des Arbeitnehmers** (Beispiel: Beschädigung des anweisungsgemäß betrieblich genutzten Privatfahrzeugs) führen ebenfalls zu Korrekturen des allgemeinen Haftungsrechts, das für die Parteien im Arbeitsverhältnis nach ganz überwiegender Ansicht nicht vollständig interessengerecht ist und einer abweichenden Risikozuordnung bedarf. Trotz verschiedentlicher Versprechen der Politik sind die Korrekturen der Haftung im Arbeitsverhältnis nicht kodifiziert, sondern beruhen nach wie vor auf richterlicher Rechtsfortbildung. Das BAG geht in inzwischen gefestigter Rspr davon aus, dass die richterrechtlichen Regeln der beschränkten Arbeitnehmerhaftung **einseitig zwingendes Arbeitnehmerschutzrecht** sind.[2]

1 Instruktiver allgemeiner Überblick bei *Waltermann*, JuS 2009, 193 f.
2 *Waltermann*, JuS 2009, 193, 197.

Bei den Haftungsregelungen in Arbeitsverträgen dürfte es sachgerecht sein, im Arbeitsvertrag Bestimmungen zu folgenden **drei Regelungsbereichen** aufzunehmen: 2639

- Haftungsbegrenzungen/Haftungsfreistellungen zu Gunsten des Arbeitgebers;
- Haftungsbegrenzungen/Haftungsfreistellungen zu Gunsten des Arbeitnehmers;
- Sonderproblem: Abgrenzung der Haftung bei Kfz-Schäden (Halter- und Fahrerhaftung).

Hierzu sollte vorab die konkrete Risikosituation im Unternehmen analysiert werden; diese ist naturgemäß in einer Versicherungsagentur eine andere als bei einer Spedition. Grundsätzlich ist zu empfehlen, die verschiedenen Haftungsszenarien konkret mit einem Versicherungsmakler zu besprechen und so die im Unternehmen bestehenden Risiken und die arbeitsvertraglich notwendigen Regelungen aufeinander abzustimmen. 2640

bb) Entwicklungen des Haftungsrechts und arbeitsrechtliche Besonderheiten

(1) Haftung des Arbeitgebers bei Verletzung von Leben, Körper und Gesundheit und Verletzung des Persönlichkeitsrechts

§ 309 Nr. 7 BGB erklärt für ABG-Arbeitsverträge und Verbraucher-Arbeitsverträge die Unwirksamkeit von Klauseln, mit denen der Arbeitgeber seine eigene Haftung oder die seines Vertreters oder Erfüllungsgehilfen für grobe Fahrlässigkeit einschränkt oder gar ausschließt.[3] Auch für Individualarbeitsverträge ergibt sich aus der älteren BAG-Rspr, dass ein **genereller Haftungsausschluss** des Arbeitgebers **für grobe Fahrlässigkeit unzulässig** ist, da dieser mit den Fürsorgepflichten des Arbeitgebers im Arbeitsverhältnis nicht vereinbar sei.[4] 2641

Die Unwirksamkeitsvermutung in § 309 Nr. 7 BGB kann selbstverständlich nicht den gesetzlichen Haftungsausschluss des Arbeitgebers für **Personenschäden** nach § 104 SGB VII beseitigen. Nach § 104 SGB VII ist der Unternehmer, ebenso wie gemeinsame Arbeitskollegen eines Unternehmens (§ 105 SGB VII) und sogar die unfallversicherten Beschäftigten mehrerer Unternehmen (§ 106 Abs. 3 SGB VII), wechselseitig von der Haftung freigestellt, wenn sie Tätigkeiten auf einer gemeinsamen Betriebsstätte verrichten. Als gesetzlich normierte Haftungskorrektur gilt die **Freistellung nach dem SGB VII vorrangig** vor etwaigen zivilrechtlichen Anspruchsgrundlagen und schließt diese aus. 2642

Es sind jedoch Fallkonstellationen denkbar, bei denen Personenschäden entstehen, die keinen privilegierten Versicherungsfall iSd § 104 SGB VII auslösen und daher einer Regelung bedürfen, deren Wirksamkeit gegenüber grober Fahrlässigkeit aber nach § 309 Nr. 7 BGB ausgeschlossen und im Übrigen bei leichter Fahrlässigkeit an den Grundsätzen des § 307 BGB zu prüfen ist.[5] Zu nennen sind insb. gesundheitliche Beeinträchtigungen im Zusammenhang mit dem Arbeitsverhältnis, die nicht als Berufskrankheit anerkannt sind,[6] etwa durch exzessive Arbeitsbelastung[7] oder aufgrund im Betrieb erfolgten Mobbings.[8] In diesen Fällen steht einer vertraglichen Haftungsregelung zudem auch § 619 BGB entgegen, wonach Schutzpflichten des Arbeitgebers für Leben und Gesundheit nicht im Voraus ausgeschlossen oder beschränkt werden können. Außerhalb bestehender Schutzpflichten könnte sich der Arbeitgeber in den Grenzen des § 309 Nr. 7 BGB über eine haftungsbefreiende Klausel im Arbeitsvertrag exkulpieren. 2643

---

3 Däubler/Bonin/Deinert/*Däubler*, § 309 BGB Rn 5, 8; Preis/*Stoffels*, Der Arbeitsvertrag, II H 10 Rn 6.

4 BAG 5.3.1959 – 2 AZR 268/56, AP § 611 BGB Fürsorgepflicht Nr. 26; zust. Preis/*Stoffels*, Der Arbeitsvertrag, II H 10 Rn 6; *Schwab*, NZA-RR 2006, 505, 507.

5 *Stoffels*, ABG-Recht,§ 37 I. 4., II.

6 Däubler/Bonin/Deinert/*Däubler*, § 309 BGB Rn 5; MünchHandb-ArbR/*Blomeyer*, § 96 Rn 32.

7 Vgl etwa LAG Berlin-Brandenburg 13.8.2008 – 3 Ta 1155/08, AE 327 (PKH-Beschluss mit Annahme hinreichender Erfolgsaussicht für Anspruch auf Schmerzensgeld wegen durch unterlassene Arbeitszeitreduzierung ausgelöster Gesundheitsbeeinträchtigung).

8 BAG 16.5.2007 – 8 AZR 709/06, NZA 2007, 1154.

2644 Bislang nicht zu erkennen ist, dass eine Tendenz der deutschen Zivilrechtsprechung[9] und des EuGH[10] zu höheren Geldentschädigungen bei **Persönlichkeitsrechtsverletzungen** mit deutlichem Präventionscharakter besteht. Teilweise war eine derartige Veränderung des Schadensersatzrechts mit Auswirkungen auf das deutsche Arbeitsrecht befürchtet worden.[11] Der EuGH entschied mit Urteil vom 22.4.1997, ein Verstoß gegen das Diskriminierungsverbot setze eine Sanktion voraus, die zur Gewährleistung eines tatsächlichen und wirksamen Rechtsschutzes geeignet sei und eine **„wirklich abschreckende Wirkung gegenüber dem Arbeitgeber"** habe. Der EuGH ließ es allerdings offen, ob der zur Einhaltung der Richtlinie 76/207/EWG des Rates vom 9.2.1976[12] eingeführte Schadensersatz von maximal drei Gehältern als geschlechtsbezogener Diskriminierungsschutz ausreichend sei.[13] Das AGG hat die Begrenzung auf drei Gehälter korrigiert, wenn durch die Diskriminierung tatsächlich eine mögliche Einstellung verhindert worden ist (§ 15 Abs. 2 AGG). Weitere Sanktionserhöhungen sind bislang trotz vielfacher Befürchtungen im Zusammenhang mit der Einführung des AGG jedoch nicht feststellbar.[14]

2645 *Kasper*[15] weist nach, dass das BAG in einem 1999 entschiedenen Fall den bei Pressefällen gefundenen Weg des BGH bei Schadensersatz wegen Persönlichkeitsverletzung – von der Genugtuungsfunktion zur Präventivfunktion – noch nicht mitgegangen sei.[16] Zwar haben nach Auffassung von *Kasper* selbst schwerwiegende Verletzungen des allgemeinen Persönlichkeitsrechts durch andauernde schikanöse Verhaltensweisen, verbunden mit der systematischen Herabwürdigung der Person des Arbeitnehmers bis hin zu öffentlicher Diskreditierung, nicht zu an amerikanische Verhältnisse erinnernde Schadensersatzsummen geführt,[17] gleichwohl ist das deutsche Arbeitsrecht – und sei es nur angesichts einer vom EuGH eingeleiteten Rechtsentwicklung – nicht davor gefeit, tragende Grundsätze der derzeit noch eingeschränkten Haftung abzulegen.

2646 Für die Gestaltung von Arbeitsverträgen bedeutet dies, vorausschauend nach Regelungen zu suchen, die das spezifische Risiko der Arbeitgeberhaftung für zurechenbares Fehlverhalten anderer Angestellter behandeln und begrenzen. Zudem bleibt den Arbeitgebern in der Praxis die Verpflichtung, durch respektvolle Führung, Förderung eines guten Betriebsklimas und notfalls zügiges Eingreifen die Verletzung von Persönlichkeitsrechten zu verhindern.

(2) Gesetzesvertretendes Richterrecht im Lichte der §§ 305 ff BGB

2647 § 619 a BGB, der im Zuge der Schuldrechtsmodernisierung geschaffen wurde, um dem Arbeitnehmer nicht die volle Beweislast wie bei Pflichtverletzungen in § 280 Abs. 1 BGB aufzuerlegen, führt zu keiner materiell-rechtlichen Änderung der Rechtslage, sondern ist eine von § 280 Abs. 1 S. 2 BGB abweichende Beweislastregel, die dazu dienen soll, die anerkannten Grundsätze der eingeschränkten Arbeitnehmerhaftung nicht zu ändern.[18] Die Kernfrage ist also, ob die

9 BGH 5.12.1995 – VI ZR 332/94, NJW 1996, 984 (Caroline von Monaco); BGH 15.11.1994 – VI ZR 56/94, NJW 1995, 861 (Caroline von Monaco); vgl insb. *Kasper*, NZA-RR 2003, 1.

10 EuGH 22.4.1997 – Rs. C-180/95 (Draehmpaehl), NZA 1997, 645.

11 *Walker*, NZA 2009, 5, 7.

12 Richtlinie 76/207/EWG des Rates vom 9.2.1976 zur Verwirklichung des Grundsatzes der Gleichbehandlung von Männern und Frauen hinsichtlich des Zugangs zur Beschäftigung, zur Berufsausbildung und zum beruflichen Aufstieg sowie in Bezug auf die Arbeitsbedingungen (ABl. EG Nr. L 39, S. 40).

13 EuGH 22.4.1997 – Rs. C-180/95 (Draehmpaehl), NZA 1997, 645.

14 *Stoffels*, RdA 2009, 204; aA *Mohr/Grimminger*, BB 2008, 1170 mit Verweis auf angebliche Praxis der Arbeitsgerichte, zwölf Monatsgehälter als Entschädigung anzusetzen; als Beleg wird ArbG Düsseldorf 14.2.2008 – 11 Sa 1939/07, AE 2009, 31 genannt, dort wurde die Klage allerdings abgewiesen und nur der Streitwert auf zwölf Monatsgehälter festgesetzt. LAG Hamm 26.2.2009 – 17 Sa 923/08, juris bezeichnet die zugesprochene Entschädigung von sechs Monatsentgelten als Entschädigung „im deutlich oberen Bereich".

15 *Kasper*, NZA-RR 2003, 1, 5.

16 BAG 18.2.1999 – 8 AZR 735/97, NZA 1999, 645.

17 *Kasper*, NZA-RR 2003, 1, 5.

18 Staudinger/*Oetker*, § 619 a BGB Rn 8; *Pallasch*, RdA 2013, 338, 343.

bisherigen Grundsätze zur Haftungserleichterung im Arbeitsrecht als gesetzliches, durch Richterrecht geschaffenes Leitbild iSd § 307 Abs. 2 Nr. 1 BGB anzusehen und im Übrigen als dispositives Recht zu werten sind[19] oder ob seit der Schuldrechtsreform kein Raum mehr für gesetzesvertretendes Richterrecht besteht, da in diesem Bereich nunmehr eine AGB-rechtliche Inhaltskontrolle möglich ist.[20]

Richtig erscheint es, die bisherige BAG-Rspr als Leitbild im Rahmen der AGB-Kontrolle, nicht aber als eigenständigen Prüfungsansatz fortwirken zu lassen. Damit bietet sich die Chance zur Vereinheitlichung der Haftungsmaßstäbe, und Modifikationen der Haftungsgrundsätze sind dort nicht länger *a priori* ausgeschlossen, wo sie bei einer Gesamtbetrachtung des Haftungsrisikos durchaus vertretbare Ergebnisse zeigen. 2648

Nicht nur die Gegenüberstellung der Anforderungen der privilegierten Arbeitnehmerhaftung und der §§ 305 ff BGB harren einer endgültigen Klärung durch die BAG-Rspr, sondern auch Abwandlungen von der privilegierten Arbeitnehmerhaftung wie der Rspr zum Mankogeld, das ein kompensatorisches Element zur Abweichung von den Haftungsgrundsätzen im Arbeitsverhältnis beinhaltet. 2649

Da die durch Richterrecht geprägten Regeln zu den „wesentlichen Grundgedanken der gesetzlichen Regelung“ iSv § 307 Abs. 2 Nr. 1 BGB zählen[21] und der BGH sich zwischenzeitlich der Auffassung des BAG angeschlossen hat, dass in den vom BAG entwickelten Grundsätzen ein allgemeines, über das Arbeitsrecht hinausreichendes Haftungsprinzip des BGB enthalten sei,[22] wird hier allerdings weiterhin davon ausgegangen, dass die **§§ 305 ff BGB** zu **keiner Modifikation der bisherigen privilegierten Arbeitnehmerhaftung** führen. Dies schließt im Einzelfall nicht aus, in einem individuell ausgehandelten Arbeitsvertrag den Versuch einer stärkeren Haftungseinschränkung des Arbeitgebers zu wagen, auch wenn die Spielräume als eng zu bezeichnen sind.[23] 2650

cc) Prinzipien der Arbeitgeberhaftung

(1) Anwendungsbereich und Sondernormen

Haftungsbegrenzungs- oder -freistellungsregelungen zu Gunsten des Arbeitgebers können sich zum einen auf **Sachschäden oder Vermögensschäden** beziehen. Sie können zum anderen **Personenschäden in der Freizeit** (Treffen von Mitarbeitern zur Verbesserung der Kommunikation; halbdienstliche Einladung des Abteilungsleiters zum Abendessen) und **Persönlichkeitsverletzungen in der Firma** zum Inhalt haben. 2651

Bei **Personenschäden** des Arbeitnehmers, die anlässlich von **Arbeits- oder Wegeunfällen** geschehen, selbst wenn der Arbeitnehmer schwer verletzt oder getötet wird, besteht kein Gestaltungsbedarf, da der Arbeitgeber nach § 104 SGB VII, außer bei Vorsatz, von der Haftung für derartige Versicherungsfälle (§ 7 SGB VII) ausgenommen ist.[24] § 104 SGB VII stellt eine gesetzliche Regelung iSv § 307 Abs. 3 BGB dar. Auch den Angehörigen gegenüber ist der Arbeitgeber von der Haftung aus Personenschäden des Arbeitnehmers freigestellt.[25] Ansprüche wegen der Ver- 2652

19 *Thüsing/Leder*, BB 2005, 938; *dies.*, BB 2005, 1563, 1569; *Preis*, Grundfragen der Vertragsgestaltung im Arbeitsrecht, 1993, S. 429; *Stoffels*, AGB-Recht, § 37 VII.

20 *Schwirtzek*, NZA 2005, 437.

21 BGH 25.2.1998 – VIII ZR 276/96, ZIP 1998, 784, 786; BGH 10.12.1992 – I ZR 186/90, BGHZ 121, 13 = NJW 1993, 721; BGH 9.4.2002 – XI ZR 245/01, NJW 2002, 1950, 1952; AnwK-ArbR/*Hümmerich*, § 307 BGB Rn 11.

22 BGH 11.3.1996 – II ZR 230/94, NJW 1996, 1532.

23 *Jochums*, in: Maschmann/Sieg/Göpfert, Vertragsgestaltung im Arbeitsrecht, 400 Rn 5.

24 Allerdings besteht eine Regresshaftung des Arbeitgebers gegenüber der Unfallversicherung und sonstigen Sozialversicherungsträgern gem. § 111 SGB VII nicht nur bei vorsätzlicher, sondern auch bei grob fahrlässiger Herbeiführung des Versicherungsfalles. In gleicher Weise haftet der Mitarbeiter, der den Personenschaden bei seinem Kollegen verursacht hat (§ 110 SGB VII).

25 BAG 19.2.2009 – 8 AZR 188/08, DB 2009, 1134, 1136 aE.

letzung der Gesundheit werden von tarifvertraglichen Verfallklauseln, so bspw § 37 TVöD,[26] und auch von arbeitsvertraglichen Ausschlussfristen erfasst.[27]

2653 Beim **Wegeunfall** haftet die **gesetzliche Unfallversicherung**. Auch wenn ein Arbeitnehmer die Möglichkeit in Anspruch nimmt, mit einem Arbeitskollegen mitzufahren, der mit einem betriebseigenen Fahrzeug Gerätschaften und Material vom Betriebsgelände zum auswärtigen Beschäftigungsort transportiert, handelt es sich bei der Fahrt um einen nach § 8 Abs. 1 SGB VII versicherten Betriebsweg.[28]

(2) Haftung bei eingebrachten Sachen

2654 Der Arbeitgeber hat aufgrund der allgemeinen Fürsorgepflicht grds. eine **Obhuts- und Verwahrpflicht**[29] für vom Arbeitnehmer mit seiner Billigung oder Zustimmung am Arbeitsplatz eingebrachte Gegenstände. Die Verpflichtung bezieht sich auf allgemein übliche Gegenstände, wie zB die in manchen Branchen verbreiteten eigenen Werkzeuge des Arbeitnehmers, aber auch auf Taschen, Kleidung oder Portemonnaie sowie in verschiedenen Urteilen auch auf den auf dem Werksparkplatz abgestellten Pkw des Arbeitnehmers.[30] Das BAG ist der Auffassung, gegen Beschädigung oder Verlust solcher Gegenstände habe der Arbeitgeber diejenigen Maßnahmen zu ergreifen, die ihm nach den konkreten Umständen zumutbar seien und die den Arbeitnehmer bei eigenem Zutun in die Lage versetzten, sein eingebrachtes Eigentum entsprechend der betrieblichen Situation möglichst vor Verlust oder Beschädigung zu bewahren.[31]

2655 Zur Begründung stellt die Rspr die unter betriebswirtschaftlichen Gesichtspunkten nicht zwingende Regel auf, der Arbeitgeber sei gehalten, versicherbare Risiken für eingebrachte Sachen des Arbeitnehmers zu versichern.[32] Angesichts dieser Begründung sind alle Klauseltypen in Arbeitsverträgen, bei denen der Arbeitgeber jegliche Haftung für die Beschädigung oder den Verlust von Gegenständen des Mitarbeiters ablehnt, unwirksam. Soweit der Arbeitgeber Versicherungsschutz erlangen kann, kann er die Haftung nicht ausschließen.

(3) Gefährdungshaftung des Arbeitgebers

2656 Das BAG stellte mit einer Entscheidung des Großen Senats vom 10.11.1961[33] den Grundsatz auf, der Arbeitgeber hafte für Sachschäden des Arbeitnehmers, die in Vollzug einer **gefährlichen Arbeit** entstehen und durchaus außergewöhnlich seien, analog § 670 BGB verschuldensunabhängig. Mit Urteil vom 8.5.1980[34] hat das BAG seine Rspr geändert. Es differenziert jetzt nach Schäden im **persönlichen Lebensbereich** des Arbeitnehmers und solchen im **Betätigungsbereich des Arbeitgebers**. Nur im letztgenannten Feld kommt eine Haftung des Arbeitgebers analog § 670 BGB in Betracht. Schäden an Sachen, deren Einsatz ausschließlich im Interesse des Arbeitnehmers, also zB zur persönlichen Erleichterung, erfolgt, sind nicht zu ersetzen.[35]

2657 Ob man von der Haftungsregelung, nach der der Arbeitgeber verschuldensunabhängig für Sachschäden haftet, wenn es sich um **arbeitstypische Sachschäden** handelt (zB Beschädigung

26 BAG 14.12.2006 – 8 AZR 628/05, NZA 2007, 262; BAG 27.4.1995 – 8 AZR 582/94, ZTR 1995, 520.
27 BAG 30.10.2008 – 8 AZR 886/07, DB 2009, 1241.
28 BGH 9.3.2004 – VI ZR 439/02, NZA 2004, 1165.
29 Preis/*Stoffels*, Der Arbeitsvertrag, II H 10 Rn 4 unter Hinweis auf BAG 5.3.1959 – 2 AZR 268/56, AP § 611 BGB Fürsorgepflicht Nr. 26 und BAG 1.7.1965 – 5 AZR 264/64, AP § 611 BGB Fürsorgepflicht Nr. 75.
30 BAG 14.8.1980 – 3 AZR 281/78, n.v.; BAG 25.5.2000 – 8 AZR 518/99, NJW 2000, 3369 = NZA 2000, 1052; BAG 12.12.1990 – 8 AZR 605/89, n.v.; BAG 23.1.1992 – 8 AZR 282/91, n.v.
31 BAG 25.5.2000 – 8 AZR 518/99, NZA 2000, 1052; BAG 23.1.1992 – 8 AZR 282/91, n.v.; BAG 1.7.1965 – 5 AZR 264/64, AP § 611 BGB Fürsorgepflicht Nr. 75.
32 BAG 24.11.1987 – 8 AZR 590/82, EzA § 611 BGB Gefahrgeneigte Arbeit Nr. 16; LAG Hamm 2.11.1956 – 5 Sa 244/56, AP § 618 BGB Nr. 5; ArbG Karlsruhe 16.8.1984 – 6 Ca 230/84, BB 1985, 1070; aA LAG Düsseldorf 19.10.1989 – 5 (2) Sa 888/89, DB 1990, 1468.
33 AP § 611 BGB Gefährdungshaftung des Arbeitgebers Nr. 2 (sog. Ameisensäurefall).
34 BAG 8.5.1980 – 3 AZR 82/79, NJW 1981, 702.
35 BAG 20.4.1989 – 8 AZR 632/87, NZA 1990, 27; BAG 22.6.2011 – 8 AZR 102/10, NZA 2012, 91.

von Privatkleidung durch entweichende Säure), durch Parteivereinbarung wirksam abweichen kann, ist noch nicht entschieden.[36] Soweit der Arbeitsvertrag keine abweichenden Regelungen enthält, haftet der Arbeitgeber für Schäden in dem von ihm vorgegebenen Betätigungsbereich, so auch gegenüber einem Pfleger, dessen Brille von einem Patienten zerstört wurde,[37] oder gegenüber einem Heilerziehungshelfer, dem von einem Patienten auf dem Parkplatz die Antenne seines Pkw abgebrochen wurde.[38]

In einem neueren Urteil hat das BAG seine Rechtsprechungslinie insoweit verstetigt, als die Haftung des Arbeitgebers für Schäden an einem dienstlich genutzten Privatfahrzeug bestätigt wurde, obwohl der Unfall eindeutig auf den mangelhaften Zustand der Reifen zurückzuführen war.[39] Das in der Revision aufgehobene LAG Düsseldorf hatte die Zuweisung der Haftung im privaten und betrieblichen Betätigungsbereich als Risikoverteilung nach Verantwortungsbereichen eingeordnet und daher in diesem Fall keine mit der betrieblichen Tätigkeit verbundene Unfallgefahr gesehen.[40] Infolge der Zurückverweisung muss das LAG Düsseldorf nun klären, ob die Klägerin angewiesen worden war, ihr eigenes Fahrzeug zu benutzen, oder ob ihr freistand, die Baustelle auch anderweitig, etwa mit öffentlichen Verkehrsmitteln, zu erreichen. Der Einsatz eines nicht verkehrstüchtigen Fahrzeugs sei allenfalls als Mitverschulden in entsprechender Anwendung des § 254 BGB unter Beachtung der Grundsätze der beschränkten Arbeitnehmerhaftung mit zu berücksichtigen. Danach entfiele eine Mithaftung der Klägerin, wenn sie bei lediglich leichtester Fahrlässigkeit den Reifenmangel nicht erkannt oder zu prüfen unterlassen hätte. 2658

Eine Gefährdungshaftung nimmt das BAG außerdem nach § 836 BGB an, wenn von einem Firmengebäude Dachziegel auf den Pkw eines Arbeitnehmers fallen.[41] Eine Haftung für den vom Arbeitnehmer auf dem Werksgelände abgestellten Pkw hält das BAG jedoch nicht in allen Fällen für gegeben. Werkunternehmer, die auf dem Betriebsgelände Arbeiten ausführen und nur aufgrund besonderer Umstände mit dem Eigentum des Arbeitnehmers in Berührung kommen, sind keine Erfüllungsgehilfen des Arbeitgebers, so dass die Folgen ihrer schädigenden Handlungen von ihnen und nicht vom Arbeitgeber getragen werden müssen.[42] Hat der Arbeitnehmer wegen der Beschädigung seines Pkw, den er in der dafür vorgesehenen Parkbox abgestellt hat, in keiner Weise schuldhaft gehandelt wie in jenem Fall, in dem anlässlich eines von einem unbekannt gebliebenen Brandstifter verursachten Brands das Fahrzeug des Arbeitnehmers durch von der Feuerwehr entfernte Glasscheiben beschädigt wurde, so haftet der Arbeitgeber nicht, sofern ihn kein Verschulden trifft.[43] 2659

(4) Haftung des Arbeitgebers für Sach- oder Vermögensschäden

In Einzelentscheidungen befasst sich das BAG mit Pflichtverletzungen oder Entscheidungen von Arbeitnehmern, die zur Entstehung von **Schäden oder Vermögensnachteilen bei anderen Arbeitnehmern** geführt haben. So überwies eine Lohnbuchhalterin über vier Jahre lang die vermögenswirksame Leistung für eine Mitarbeiterin durch eine Fehleingabe bei der Bankleitzahl an einen unrichtigen Empfänger, was die Mitarbeiterin nicht bemerkte, weil in ihrer Gehaltsbescheinigung die Zahlung der vermögenswirksamen Leistung ausgewiesen war. Als der Fehler entdeckt wurde, konnte die vermögenswirksame Leistung nicht mehr nachgezahlt werden. In diesem Fall sprach das BAG der Mitarbeiterin Schadensersatz wegen Unmöglichkeit (§ 324 2660

36 *Schwarze*, RdA 2012, 317.
37 BAG 20.4.1989 – 8 AZR 632/87, NZA 1990, 27.
38 BAG 23.1.1992 – AZR 282/91, juris.
39 BAG 23.11.2006 – 8 AZR 701/05, NZA 2007, 870.
40 LAG Düsseldorf 17.10.2005 – 14 Sa 823/05, DB 2006, 509.
41 BAG 14.8.1980 – 3 AZR 281/78, juris.
42 BAG 25.5.2000 – 8 AZR 518/99, NZA 2000, 1052.
43 BAG 12.12.1990 – 8 AZR 605/89, juris.

BGB aF; jetzt: §§ 275 Abs. 1, 280 BGB) in Höhe der unterbliebenen vermögenswirksamen Leistungen zu.[44] Eine Abänderung der Haftungslage bei Vorsatz und grobem Verschulden ist nicht gestaltbar, § 309 Nr. 7 Buchst. b BGB.

2661 Schließlich urteilte das BAG, dass der Arbeitgeber dem Arbeitnehmer nicht die Vermögenseinbuße zu ersetzen habe, die er dadurch erlitten hatte, dass ihm wegen der tatsächlichen Nichtbeschäftigung keine nach § 3 b Abs. 1 EStG steuerfreien Zuschläge für Sonntags-, Feiertags- und Nachtarbeit gewährt werden konnten.[45]

b) Rechtslage im Umfeld von Arbeitnehmerhaftungsklauseln

aa) Grundzüge der Arbeitnehmerhaftung

2662 Nach den vom Großen Senat des BAG entwickelten Grundsätzen[46] gelten bei Pflichtverletzungen des Arbeitnehmers im Arbeitsverhältnis – **unabhängig von der vom Arbeitnehmer ausgeübten Tätigkeit** – folgende **Haftungsgrundsätze:**

- Bei **leichtester Fahrlässigkeit** haftet der Arbeitnehmer nicht.
- Schäden, die ein Arbeitnehmer nicht grob fahrlässig verursacht hat, die also **normaler Schuld** zuzuordnen sind, müssen sich Arbeitgeber und Arbeitnehmer teilen, wobei die Gesamtumstände von Schadensanlass und Schadensfolgen nach Billigkeitsgrundsätzen und Zumutbarkeitsgesichtspunkten gegeneinander abzuwägen sind.[47]
- Bei **Vorsatz** haftet der Arbeitnehmer stets in vollem Umfang. Bei **grober Fahrlässigkeit** hat der Arbeitnehmer in aller Regel den gesamten Schaden zu tragen, jedoch können Haftungserleichterungen, die von einer Abwägung im Einzelfall abhängig sind, in Betracht kommen. Die Anforderungen für die Feststellung von Vorsatz oder grober Fahrlässigkeit sind hoch. Der Vorsatz muss sich auf den schädigenden Erfolg und nicht bloß auf den Pflichtenverstoß beziehen.[48]

2663 Die Beteiligung des Arbeitnehmers an den Schadensfolgen ist durch eine Abwägung der Gesamtumstände zu bestimmen, wobei insb. Schadensanlass, Schadensfolgen, Billigkeits- und Zumutbarkeitsgesichtspunkte eine Rolle spielen. Eine möglicherweise vorliegende Gefahrgeneigtheit der Arbeit ist ebenso zu berücksichtigen wie die Schadenshöhe, ein vom Arbeitgeber einkalkuliertes Risiko, eine Risikodeckung durch eine Versicherung, die Stellung des Arbeitnehmers im Betrieb und die Höhe der Vergütung, die möglicherweise eine Risikoprämie enthalten kann. Auch die persönlichen Verhältnisse des Arbeitnehmers und die Umstände des Arbeitsverhältnisses, wie die Dauer der Betriebszugehörigkeit, das Lebensalter, die Familienverhältnisse und sein bisheriges Verhalten, können zu berücksichtigen sein.[49]

2664 Kommt durch den Arbeitnehmer ein **Dritter** zu Schaden, so kann der Dritte direkten Ersatz von dem Arbeitnehmer verlangen. Für im Rahmen des Arbeitsverhältnisses verursachte Schäden hat der Arbeitgeber den Arbeitnehmer von diesen Ansprüchen freizustellen.[50] Änderungen dieser Rspr könnten sich allerdings aus der Neufassung des § 81 Abs. 2 VVG[51] zum 1.1.2008 ergeben, wonach bei grob fahrlässiger Schadensverursachung entgegen der früher vollständig

---

44 BAG 21.1.1999 – 8 AZR 217/98, juris.

45 BAG 19.10.2000 – 8 AZR 632/99, juris.

46 BAG Großer Senat 27.9.1994 – GS 1/89, NZA 1994, 1083; dazu *Tschöpe*, MDR 1995, 135.

47 BAG 24.11.1987 – 8 AZR 524/82, AP § 611 BGB Haftung des Arbeitnehmers Nr. 93.

48 BAG 18.1.2007 – 8 AZR 250/06, NJW 2007, 3305; BAG 9.11.1967 – 5 AZR 147/67, AP § 67 VVG Nr. 1; BAG 18.6.1970 – 1 AZR 520/69, AP § 611 BGB Haftung des Arbeitnehmers Nr. 57.

49 BAG 28.10.2010 – 8 AZR 418/09, NZA 2011, 711; dazu *Schwab*, AiB 2012, 203.

50 Die dogmatische Herleitung ist umstritten: BAG 23.6.1988 – 8 AZR 300/85, NZA 1989, 181 leitet das Ergebnis aus § 242 BGB ab, ErfK/*Preis*, § 619 a BGB Rn 26 sieht die Grundlage dagegen in §§ 670, 675 BGB analog.

51 Gesetz über den Versicherungsvertrag (Versicherungsvertragsgesetz – VVG) vom 23.11.2007 (BGBl. I S. 2631), zuletzt geändert durch Art. 2 des Gesetzes vom 1.8.2014 (BGBl. I S. 1330).

entfallenden Versicherungshaftung nun eine quotale Beteiligung des Versicherers angeordnet ist. *Gross/Wesch*[52] vertreten mit Blick auf diese Modifikation von § 81 Abs. 2 VVG, dass die anteilige Leistungspflicht der Betriebshaftpflichtversicherung auch dem Arbeitnehmer zugute kommen muss. Damit hätte der Arbeitnehmer auch bei grob fahrlässiger Schädigung eines Dritten einen Freistellungsanspruch gegen den Arbeitgeber in Höhe des Eintritts der Versicherung.[53] Konsequent im Sinne bestehender Grundsätze der Arbeitnehmerhaftung wäre es dann allerdings, dem Arbeitnehmer sämtliche zusätzlichen Kosten des Arbeitgebers aus der Inanspruchnahme der Versicherung, insb. also eine Prämienerhöhung, aufzuerlegen. Eine Neubewertung durch die Rspr ist allerdings, obwohl hierzu entsprechende Fälle vorgelegen hätten, noch nicht erfolgt.

Stattdessen spricht sich das BAG seit einigen Jahren dezidiert für die Möglichkeit einer Haftungserleichterung auch bei **grober Fahrlässigkeit** aus, wobei es entscheidend darauf ankommen soll, dass der Verdienst des Arbeitnehmers in einem deutlichen Missverhältnis zum Schadensrisiko der Tätigkeit steht.[54] Zur Begründung wird neben dem Schutz der Persönlichkeit des Arbeitnehmers wesentlich auf das vom Arbeitgeber zu tragende Betriebsrisiko abgestellt. Allerdings kann dies kaum überzeugen, hat doch die Verantwortung des Arbeitgebers für den technisch-organisatorischen Betriebsablauf mit einer Haftungsreduktion bei grober Fahrlässigkeit nur wenig zu tun. Vielmehr geht es dem BAG ersichtlich zumindest primär um eine Rücksichtnahme auf die soziale Schutzbedürftigkeit des Arbeitnehmers, mit der dem Missverhältnis zwischen Schaden und Entgelt sowie der Existenzgefährdung des Beschäftigten Rechnung getragen werden soll.[55] Allerdings hat das BAG die Möglichkeit einer Haftungsreduktion bei **besonders grober (gröbster) Fahrlässigkeit** ausgeschlossen, wobei anzumerken ist, dass der Schaden im konkreten Fall durch eine Haftpflichtversicherung getragen wurde.[56] In einer neueren Entscheidung hat sich das BAG besonnen und hält eine Haftungserleichterung nunmehr auch bei „gröbster" Fahrlässigkeit für statthaft.[57] Eine dem Arbeitgeber mögliche Versicherung ist (nur) dann zu berücksichtigen, wenn der Rückgriff gegen den Arbeitnehmer ausgeschlossen ist.[58] 2665

Gibt ein **Kreditprokurist** einer Bank Kreditmittel in erheblichem Umfang frei, ohne zuvor Bautenstände geprüft zu haben, verletzt er nach Auffassung des LAG Niedersachsen[59] seine Vertragspflicht mindestens in leichtsinniger Weise und kann bei einer Insolvenz des Bauträgers auf Ersatz des kausalen Schadens in Anspruch genommen werden. Der Schaden betrug in dem vom LAG Niedersachsen entschieden Fall 600.000 €. Bei der Feststellung der Haftungsquote würdigte das LAG Niedersachsen, dass der Vermögensverlust des Arbeitgebers in einem groben Missverhältnis zu dem für den Schadensersatz als Grundlage in Betracht kommenden Arbeitseinkommen des Arbeitnehmers stand. Das Arbeitseinkommen des Arbeitnehmers betrug jährlich 50.000 €. Zwar handelte der Arbeitnehmer grob fahrlässig, so dass nach der Rspr des BAG[60] von einer vollen Haftung des Arbeitnehmers auszugehen war. Da allerdings ein echtes Mitverschulden der Bank nach § 254 BGB vorlag, begrenzte das LAG Niedersachsen die Haftung des Arbeitnehmers auf zwei Brutto-Jahreseinkommen in Höhe von insgesamt 100.000 €. 2666

Wenn ein Arbeitnehmer aus Versehen ein Firmenfahrzeug mit Benzin statt mit Diesel tankt, haftet er für den **Motorschaden** allerdings nur in Höhe von zwei Drittel der Schadenssumme, 2667

52 *Gross/Wesch*, NZA 2008, 849.
53 *Gross/Wesch*, NZA 2008, 849, 851; ebenso *Hesse*, in: BeckOK, § 619 a BGB Rn 40.
54 BAG 28.10.2010 – 8 AZR 418/09, NZA 2011, 345; BAG 15.11.2012 – 8 AZR 705/11, DB 2013, 705.
55 HWK/*Krause*, § 619 a BGB Rn 32.
56 BAG 25.9.1997 – 8 AZR 288/96, NZA 1998, 310.
57 BAG 28.10.2010 – 8 AZR 418/09, NZA 2011, 345.
58 HWK/*Krause*, § 619 a BGB Rn 33.
59 LAG Niedersachsen 7.7.2003 – 5 Sa 188/02, AE 2004, 102.
60 BAG 18.4.2002 – 8 AZR 348/01, BAGE 101, 107.

da es sich bei dem Fehler des Arbeitnehmers um einen Fall mittlerer Fahrlässigkeit, hier allerdings im oberen Bereich, handelt.[61]

2668 Deklaratorische Klauseln, die die dargestellte Rechtslage wiederholen, erübrigen sich, wenngleich sie sich in zahlreichen Arbeitsverträgen wiederfinden.

2669 Die jetzige Rspr des BAG zur Haftung des Arbeitnehmers ist grds. nicht dispositiv.[62] Nach derzeitigem Stand der Rspr dürfte eine Verschiebung des Haftungsrisikos zu Lasten des Arbeitnehmers allenfalls in Teilbereichen zulässig sein, wenn dem Arbeitnehmer im Gegenzug ein entsprechender und als solcher klar ausgewiesener **Risikoausgleich** neben dem Arbeitsentgelt gewährt wird.[63] Entsprechend dürften haftungsverschärfende Klauseln wirksam sein, die eine Prämie als Zuschlag auf das monatliche Bruttogehalt wegen der Übernahme eines Haftungsrisikos vorsehen (Beispiel: Mankogeld).

2670 Die teilweise erwogene[64] Herausnahme der **leitenden Angestellten** aus dem Kreis derer, denen die Haftungserleichterungen der Arbeitsrechtsprechung zugute kommen, wird vom BAG nicht mitgetragen.[65] Sonderregelungen zur Haftung leitender Angestellter in Arbeitsverträgen können daher nicht empfohlen werden.

2671 Die **Beweislast** für die Voraussetzungen eines Schadensersatzanspruchs gegen den Arbeitnehmer trägt der Arbeitgeber. Der Arbeitgeber muss nach der bisherigen Rspr alle anspruchsbegründenden Tatsachen nachweisen.[66] Durch die gesetzliche Regelung des § 619a BGB verbleibt es abweichend von § 280 Abs. 1 BGB bei der abgestuften Darlegungs- und Beweislast,[67] wenn der Arbeitgeber Schadensersatzansprüche gegen den Arbeitnehmer geltend macht.

bb) Haftung für Schlechtleistung

2672 Als **Schlechtleistung** gilt die Verletzung arbeitsvertraglicher Hauptpflichten, bei der die Arbeitsleistung weder durch Verzug noch Unmöglichkeit entfällt und die zu einer darüber hinausgehenden Schädigung des Arbeitgebers führt.[68] Der Maßstab für die vertragsgemäße Leistung, also für die geschuldete Arbeitsquantität und -qualität, ist allerdings – und das macht die Bestimmung von Fehlverhalten schwierig – vom **persönlichen Leistungsvermögen** des Arbeitnehmers bestimmt. Der Arbeitnehmer ist also verpflichtet, die Arbeit unter Anspannung aller ihm möglichen Fähigkeiten ordnungsgemäß zu verrichten und konzentriert und sorgfältig zu arbeiten.[69] Dies ergibt sich aus dem individuellen Bezug des Arbeitsverhältnisses als Schuldverhältnis mit persönlich zu erbringender Leistung (§ 613 S. 1 BGB).[70] Trotz besonders aufwendigen Vortrags der Arbeitgeberseite sind mehrfach auf Schlechtleistung gegründete **Kündigungen** vom BAG und von mehreren Landesarbeitsgerichten als unwirksam angesehen worden.[71] Die

---

61 LAG Rheinland-Pfalz 7.7.2003 – 7 Sa 631/03, juris; ebenso Haftungsquote von zwei Dritteln für einen beamteten Feuerwehrmann: VG Minden 16.4.2009 – 4 K 1835/08, juris.

62 BAG 5.2.2004 – 8 AZR 91/03, NJW 2004, 2469 = NZA 2004, 649; BAG 17.9.1998 – 8 AZR 175/97, NJW 1999, 1049; *Waltermann*, JuS 2009, 193, 197; *Schwerdtner*, FS Hilger/Stumpf, S. 644; *Schwab*, NZA-RR 2006, 449, 452; aA *Stoffels*, AGB-Recht, Rn 991 f; *Thüsing/Leder*, BB 2005, 1563, 1569.

63 BAG 17.7.1997 – 8 AZR 480/95, NZA 1997, 1346; BAG 8.5.1980 – 3 AZR 82/79, BAGE 33, 108 = NJW 1981, 702; LAG Hessen 5.9.1969 – 7 TaBV 2/69 N, DB 1970, 888; ArbG Marburg 1.7.1969 – 2 AZR 524/68, AuR 1970, 158.

64 BGH 7.10.1969 – VI ZR 223/67, AP § 611 BGB Nr. 51.

65 BAG 11.11.1976 – 3 AZR 266/75, AP § 611 BGB Haftung des Arbeitnehmers Nr. 80; iE ebenso *Schwab*, NZA-RR 2006, 449, 452.

66 BAG 22.5.1997 – 8 AZR 562/95, NJW 1998, 1011 (Haftung eines Geldtransportfahrers); BAG 17.9.1998 – 8 AZR 175/97, NZA 1999, 141.

67 *Oetker*, BB 2002, 43; zur abgestuften Darlegungs- und Beweislast siehe BAG 17.9.1998 – 8 AZR 175/97, NZA 1999, 141 = DB 1998, 2610.

68 *Moll/Eisenbeis*, MAH ArbR, § 17 Rn 81.

69 BAG 11.12.2003 – 2 AZR 667/02, NZA 2004, 784; Erman/*Hanau*, § 611 BGB Rn 283.

70 *Moll/Eisenbeis*, MAH ArbR, § 17 Rn 83.

71 BAG 17.1.2008 – 2 AZR 536/06, NZA 2008, 693; LAG Rheinland-Pfalz 13.2.2007 – 3 Sa 319/06, juris; Kündigung bestätigt hingegen in LAG Düsseldorf 8.4.2009 – 7 Sa 1385/08, juris; LAG Hamm 1.2.2005 – 19

schuldhafte Schlechtleistung berechtigt den Arbeitgeber daher eher selten zur Minderung des Vergütungsanspruchs oder zum Schadensersatz.[72]

cc) Haftung für Vertragsbruch

Eine Grauzone des Arbeitnehmer-Haftungsrechts bilden die Fälle der **Nichtleistung** und die Fälle des **Arbeitsvertragsbruchs**. Bei einer Vertragsstrafenabrede kann der bloße Begriff „Arbeitsvertragsbruch" mangels Bestimmtheit zur Unwirksamkeit der Abrede führen, § 307 Abs. 1 S. 2 BGB.[73] Der Arbeitgeber kann dem vertragsbrüchigen Arbeitnehmer unter den gesetzlichen Voraussetzungen ordentlich oder in krassen Fällen sogar außerordentlich kündigen. Dadurch begibt er sich nicht seiner Schadensersatzansprüche.[74] Der Höhe nach wird jeder Schadensersatzanspruch dadurch eingeschränkt, dass er sich grds. nicht über den vom Arbeitnehmer selbst wählbaren Zeitpunkt der nächstmöglichen ordentlichen Kündigung hinaus erstrecken kann.[75] Eine die Vergütungssumme der Kündigungsfrist übersteigende Vertragsstrafe kann ausnahmsweise zulässig sein, wenn das Sanktionsinteresse des Arbeitgebers im Falle der vertragswidrigen Nichterbringung der Arbeitsleistung vor der rechtlich zulässigen Beendigung des Arbeitsverhältnisses den Wert der Arbeitsleistung, der sich in der Arbeitsvergütung bis zur vertraglich zulässigen Beendigung des Arbeitsverhältnisses dokumentiert, aufgrund besonderer Umstände typischerweise und generell übersteigt.[76] 2673

Wegen Inseratkosten kann der vertragsbrüchige Arbeitnehmer den Arbeitgeber auf ein rechtmäßiges Alternativverhalten verweisen. Auf Inseratkosten für einen Nachfolger kann der Arbeitnehmer nur in Anspruch genommen werden, wenn der Arbeitgeber nachweisen kann, dass im Falle seines ordnungsgemäßen Ausscheidens diese Kosten nicht entstanden wären.[77] Der Arbeitgeber kann das Fehlschlagen aufgewendeter Ausbildungs- und Fortbildungskosten in seine Schadensberechnung aufnehmen,[78] ebenso den Verlust von Konkurrenzschutz.[79] 2674

Auch an der Haftung für Schäden, die dem Arbeitgeber dadurch entstehen, dass der Mitarbeiter infolge **unentschuldigten Fehlens** vorübergehend nicht zur Arbeit erscheint, kann der Arbeitgeber ein Interesse haben. Zur zeitweiligen Nichterfüllung der Arbeitspflicht fehlt es allerdings derzeit noch an einer höchstrichterlichen Rspr über den Umfang der Haftung. Den vollen Schadensersatz kann der Arbeitgeber bei geringfügig Beschäftigten nicht auf dem Umweg über eine vertraglich vereinbarte Haftungsabrede für den Fall der **Nichtanzeige einer Nebentätigkeit** erreichen.[80] 2675

---

(11) Sa 1167/01, LAGReport 2005, 337 (m. Anm. *Kock*) nach zunächst für den Arbeitgeber erfolgreicher Revision in BAG 11.12.2003 – 2 AZR 667/02, NZA 2004, 784.

72 BAG 17.1.2008 – 2 AZR 536/06, NZA 2008, 693; BAG 17.7.1970 – 3 AZR 423/69, AP § 11 MuschG 1968 Nr. 3 = NJW 1971, 111; BAG 6.6.1972 – 1 AZR 438/71, AP § 611 BGB Haftung des Arbeitnehmers Nr. 71 = DB 1972, 1731; bestätigt durch BAG 18.7.2007 – 5 AZN 610/07, BB 2007, 1903; LAG Mecklenburg-Vorpommern 6.2.2013 – 2 Sa 180/12, juris; LAG Hamm 22.11.2012 – 8 Sa 714/12, jurisPR-ArbR 16/2013 m. Anm. *Walter*.

73 BAG 21.4.2005 – 8 AZR 425/04, NZA 2005, 1053.

74 § 628 Abs. 2 BGB, § 16 Abs. 1 S. 1 BBiG; *Gessert*, Schadensersatz nach Kündigung, 1987.

75 BAG 14.9.1984 – 7 AZR 11/82, AP § 276 BGB Vertragsbruch Nr. 10; *Stoffels*, Vertragsbruch des Arbeitnehmers, S. 133 ff; Staudinger/*Preis*, § 628 BGB Rn 44.

76 BAG 18.12.2008 – 8 AZR 81/08, DB 2009, 2269; *Ebeling*, jurisPR-ArbR 39/2009 Anm. 1.

77 BAG 23.3.1984 – 7 AZR 37/81, AP § 276 BGB Vertragsbruch Nr. 8; BAG 26.3.1981 – 3 AZR 485/78, AP § 276 BGB Vertragsbruch Nr. 7.

78 *Stoffels*, Vertragsbruch des Arbeitnehmers, S. 142 ff.

79 BAG 9.5.1975 – 3 AZR 352/74, AP § 628 BGB Nr. 8.

80 BAG 18.11.1988 – 8 AZR 12/86, BB 1989, 847.

dd) Mankohaftung

(1) Grundzüge

2676 Die Mankohaftung[81] nimmt im Zusammenhang mit der Haftung des Arbeitnehmers seit jeher einen breiten Raum in Rspr und Schrifttum ein. Bei Banken und im Einzelhandel, immer dann, wenn Arbeitnehmer über Bargeld verfügen, ist die Mankoabrede von tragender Bedeutung. Der Arbeitnehmer haftet für Fehlbestände in seiner Kasse verschuldensunabhängig, wofür er im Gegenzug als Kompensation ein Mankogeld erhält. Dadurch entsteht für den Arbeitnehmer ein Ansporn, den Fehlbestand in seiner Kasse gering zu halten.

2677 Zum Teil wird zwischen verschuldensunabhängiger und verschuldensabhängiger Einstandspflicht eine Unterscheidungslinie gezogen. Bei Klauseln mit einer verschuldensunabhängigen Haftung des Arbeitnehmers wird jegliche Mithaftung des Arbeitgebers ausgeschlossen, was schon mit der früheren BAG-Rspr nicht in Einklang zu bringen war.[82] In anderen Fällen hat man versucht, über Beweislastvereinbarungen bei verschuldensabhängiger Haftung einen Ersatzanspruch herbeizuführen.[83] Auch wird zum Teil eine gemeinschaftliche Haftung mehrerer Mitarbeiter als Vertragsgestaltungsmittel gewählt. Die hierzu ergangene Rspr ist vielfältig.[84] Unklar geblieben ist bis heute, in welchem Verhältnis die Grundsätze der Mankohaftung zu den **Grundsätzen der privilegierten Arbeitnehmerhaftung** stehen.[85] *Schwirtzek*[86] sieht im **Mankogeld** das kompensatorische Element, das überhaupt den Weg zu einer Abweichung von den Haftungsgrundsätzen der BAG-Rspr im Arbeitsverhältnis eröffnet.

(2) Arten von Mankoabreden und gerichtliche Überprüfung

2678 Mit Urteil vom 17.9.1998 stellte das BAG den Grundsatz auf, eine wirksame Mankovereinbarung erfordere, dass sie berechtigte Interessen des Arbeitgebers sichere und zu keiner Verlagerung des dem Arbeitgeber zuzurechnenden Risikos führe.[87] Der Arbeitnehmer müsse die Chance erhalten, durch Aufmerksamkeit einen Überschuss zu erzielen. Deshalb dürfe eine Haftung auf der Grundlage einer Mankoabrede die Summe der gezahlten Mankogelder nicht übersteigen.[88]

2679 Nachdem aus Kreisen der Literatur[89] mehrfach darauf hingewiesen wurde, dass Mankoabreden unter diesen Einschränkungen an Attraktivität erheblich eingebüßt hatten, lockerte das BAG mit Urteil vom 2.12.1999 seine neuen Grundsätze insoweit, als Vereinbarungen nunmehr auch zulässig sein sollten, wenn sie für nicht voll beherrschbare Risiken getroffen würden. Eine Erfolgshaftung komme hingegen nicht in Betracht, soweit sie über das dem Arbeitnehmer gezahlte Mankogeld hinausgehe.[90]

---

81 *Oetker*, BB 2002, 43.

82 BAG 27.2.1970 – 5 Sa 97/66, EzA § 276 BGB Nr. 13; BAG 26.1.1971 – 1 AZR 252/70, EzA § 611 BGB Arbeitnehmerhaftung Nr. 4.

83 Preis/*Stoffels*, Der Arbeitsvertrag, II M 10 Rn 19.

84 BAG 13.2.1974 – 5 AZR 270/75, EzA § 611 BGB Arbeitnehmerhaftung Nr. 21; BAG 22.11.1973 – 2 AZR 580/72, AP § 611 BGB Haftung des Arbeitnehmers Nr. 73; BAG 6.6.1984 – 7 AZR 292/81, EzA § 282 BGB Nr. 8; BAG 27.2.1970 – 1 AZR 150/69, EzA § 276 BGB Nr. 23.

85 BAG 13.3.1964 – 1 AZR 100/63, AP § 611 BGB Haftung des Arbeitnehmers Nr. 32; LAG Bremen 5.1.1955 – Sa 109/54, AP § 611 BGB Haftung des Arbeitnehmers Nr. 3; BAG 29.1.1985 – 3 AZR 570/82, EzA § 611 BGB Arbeitnehmerhaftung Nr. 41.

86 NZA 2005, 437, 441.

87 *Deinert*, RdA 2000, 22.

88 BAG 17.9.1998 – 8 AZR 175/97, BAGE 90, 9 = NZA 1999, 141.

89 *Lansnicker/Schwirtzek*, BB 1999, 259, 261; *Stoffels*, AR-Blattei SD 870.2 Rn 127 b.

90 BAG 2.12.1999 – 8 AZR 386/98, NZA 2000, 716.

Wohlwollend wird diese Rspr als „**Prämientheorie**" des BAG bezeichnet.[91] Der Paradigmenwechsel von der Risikoprämie hin zu einer Prämie ohne Risiko ist für den Arbeitgeber bestenfalls ein „Null-Summen-Spiel".[92] Wenngleich hierdurch allein der Ausgleich höherer Fehlbestände nicht gewährleistet werden kann, so bleibt der Mankoabrede doch die Funktion als Fehlbestands-Vermeidungsprämie, die dem Arbeitnehmer insofern einen Verhaltensanreiz setzt, als sie es ermöglicht, durch sorgfältige und achtsame Kassenverwaltung die Prämie ungeschmälert zu behalten und so den vom BAG geforderten Überschuss zu erzielen.[93] 2680

Dem zentralen Problem der Arbeitnehmerhaftung, dem Schutz des Arbeitnehmers vor unzumutbaren Ersatzforderungen des Arbeitgebers im Falle grob fahrlässigen Verhaltens,[94] kommt man auf diesem Wege allerdings nicht bei. Dies illustriert folgendes Beispiel: Mit Urteil vom 15.11.2001[95] entschied das BAG zur Haftung eines Zugrestaurantleiters für abhanden gekommene Einnahmen. Der beklagte Arbeitnehmer war als Restaurantleiter mit einer Bruttomonatsvergütung von ca. 2.000 € beschäftigt. Er war inkassoberechtigt und für die Aufbewahrung der Einnahmen verantwortlich. Der Restaurantleiter legte die Brieftasche mit den bisher erzielten Einnahmen von rund 3.250 € in einen unverschlossenen, aber zugezogenen Schiebetürenschrank im Küchenabteil und verließ den Restaurantwaggon für etwa fünf Minuten, um zu telefonieren. Bei seiner Rückkehr war die Kellnerbrieftasche nicht mehr an ihrem Platz. In Übereinstimmung mit der Entscheidung des LAG Hamm vom 8.12.2000 verurteilte das BAG den Arbeitnehmer zur Erstattung des vollen Betrages, da der Verlust auf grob fahrlässiges Verhalten zurückzuführen sei. Er habe die Möglichkeit nicht genutzt, die Einnahmen in einem Schrank im Restaurantbereich zugriffssicher einzuschließen. Eine Haftungserleichterung komme ihm auch unter Berücksichtigung seines Monatsverdienstes nicht zugute, ein Mitverschulden des Arbeitgebers sei nicht gegeben. 2681

ee) Arbeitnehmerhaftung bei Kfz-Schäden

(1) Grundzüge

Auch bei Kfz-Schäden haftet der Arbeitnehmer für Schäden an Sachen des Arbeitgebers oder eines Dritten nach § 280 BGB sowie bei Eigentumsverletzung nach § 823 BGB nach den Grundsätzen der privilegierten Arbeitnehmerhaftung, so dass der Arbeitnehmer im Innenverhältnis einen vollständigen oder teilweisen Freistellungsanspruch erlangt.[96] Die bekannte Einteilung in drei Stufen der Verursachung gilt insoweit auch im Straßenverkehr:[97] 2682

- **Leichteste Fahrlässigkeit** liegt vor, wenn der Arbeitnehmer geringfügige und leicht entschuldbare Pflichtwidrigkeiten begeht, die jedem unterlaufen können.
- Bei der **mittleren Fahrlässigkeit** ist der Haftungsanteil des Arbeitnehmers unter Berücksichtigung aller Umstände zu bestimmen, insb. auch nach der Versicherbarkeit durch den Arbeitgeber, nach der Höhe des Verdienstes des Arbeitnehmers, seinem Vorverhalten und seinen sozialen Verhältnissen.[98]

91 *Deinert*, AuR 2001, 26; *Krause*, Anm. zu BAG 2.12.1999 – 8 AZR 386/98, AP § 611 BGB Mankohaftung Nr. 3; *Schwirtzek*, NZA 2005, 437, 438.

92 *Schwirtzek*, NZA 2005, 437, 438; *Krause*, Anm. zu BAG 2.12.1999 – 8 AZR 386/98, AP § 611 BGB Mankohaftung Nr. 3.

93 Küttner/*Griese*, Personalbuch, 187 (Fehlgeldentschädigung) Rn 5.

94 *Hanau/Preis*, JZ 1988, 1072.

95 BAG 15.11.2001 – 8 AZR 95/01, NJW 2002, 2900.

96 BAG 25.9.1957 – GS 4/56, AP §§ 898, 899 RVO Nr. 4.

97 BAG 25.9.1997 – 8 AZR 288/96, AuR 1998, 123; BAG 24.11.1987 – 8 AZR 524/82, DB 1988, 1603.

98 BAG 24.11.1987 – 8 AZR 524/82, DB 1988, 1603.

- **Grobe Fahrlässigkeit** im Straßenverkehr nimmt man an, wenn eine besonders schwerwiegende und auch subjektiv unentschuldbare Pflichtverletzung vorliegt, wenn nämlich der Arbeitnehmer diejenige Sorgfalt außer Acht gelassen hat, die jedem eingeleuchtet hätte.[99]

2683 Das BAG hat die Tätigkeit eines Kraftfahrers im Allgemeinen schon früh als **gefahrengeneigt** bewertet[100] und die nunmehr für alle Haftungsfälle bei Arbeitnehmern gültigen Grundsätze bereits in der Vergangenheit uneingeschränkt angewendet. Die **Höhe** der Haftung richtet sich in der Rspr des BAG nach dem **Grad des Schuldvorwurfs.** Bei Vorsatz und grober Fahrlässigkeit hat der Arbeitnehmer in der Regel den vollen Schaden zu ersetzen.[101] Entsprechend *Gross/Wesch* wäre aufgrund der Änderung des VVG auch hier eine Modifikation des Freistellungsanspruchs im Innenverhältnis bei mittlerer oder grob fahrlässiger Schädigung eines Dritten durch den Arbeitnehmer zu erwarten (s. § 1 Rn 2664).[102] Da die hM die Haftungsrechtsprechung bei Schäden durch vom Arbeitnehmer mit Fahrzeugen des Arbeitgebers verursachten Verkehrsunfällen für nicht dispositiv hält und stets auf den Grad des Verschuldens des Arbeitnehmers abstellt,[103] bleibt für eine Gestaltung durch Arbeitsvertragsklauseln wenig Raum. Eine völlige Haftungsfreizeichnung zu Gunsten des Arbeitgebers ist angesichts der Rspr zum innerbetrieblichen Schadensausgleich ausgeschlossen.

(2) Bei Nutzung des Privat-Pkw

2684 Bei der Benutzung von Kraftfahrzeugen kommt eine Haftung des Arbeitgebers, etwa nach § 670 BGB analog, dann in Betracht, wenn der Arbeitnehmer sein **eigenes Kfz** mit Billigung des Arbeitgebers oder auf dessen Anordnung ohne besondere Vergütung im beruflichen Betätigungsbereich eingesetzt hat.[104] Ein solcher Einsatz liegt vor, wenn der Arbeitgeber vom Arbeitnehmer die Benutzung des privaten Kfz verlangt hat oder wenn der Unfall bei einer gefährlichen Arbeit eingetreten und der Unfallschaden außergewöhnlich hoch ist.[105] Ein Einsatz im Betätigungsbereich des Arbeitgebers liegt auch dann vor, wenn ohne den Einsatz des Fahrzeugs des Arbeitnehmers der Arbeitgeber ein eigenes Fahrzeug hätte bereitstellen und damit das Unfallrisiko hätte tragen müssen.[106]

2685 Wird der auf dem Firmenparkplatz geparkte Pkw des Arbeitnehmers durch Lackierarbeiten am Firmengebäude beschädigt, haftet der Arbeitgeber für Sachschäden am Pkw nicht, wenn er die ausführende Firma ohne Auswahlverschulden beauftragt hat.[107] Ein verschuldensunabhängiger Aufwendungsersatzanspruch analog § 670 BGB ergibt sich zu Lasten des Arbeitgebers nicht, wenn der Mitarbeiter aus Gründen der persönlichen Erleichterung oder Bequemlichkeit sein

99 BAG 12.11.1998 – 8 AZR 221/97, NJW 1999, 966; BAG 12.10.1989 – 1 AZR 304/61, AP § 611 BGB Haftung des Arbeitnehmers Nr. 27; BAG 13.3.1961 – 1 AZR 403/59, AP § 611 BGB Haftung des Arbeitnehmers Nr. 24; BAG 13.3.1968 – 1 AZR 362/67, AP § 611 BGB Haftung des Arbeitnehmers Nr. 42; BAG 30.10.1963 – 1 AZR 463/62, AP § 611 BGB Haftung des Arbeitnehmers Nr. 30.

100 BAG 13.3.1968 – 1 AZR 362/67, AP § 611 BGB Haftung des Arbeitnehmers Nr. 42; BAG 7.7.1970 – 1 AZR 507/69, AP § 611 BGB Haftung des Arbeitnehmers Nr. 59; BAG 18.12.1970 – 1 AZR 171/70, AP § 611 BGB Haftung des Arbeitnehmers Nr. 62.

101 BAG 12.10.1989 – 1 AZR 304/61, AP § 611 BGB Haftung des Arbeitnehmers Nr. 27; BAG 13.3.1961 – 1 AZR 403/59, AP § 611 BGB Haftung des Arbeitnehmers Nr. 24; BAG 13.3.1968 – 1 AZR 362/67, AP § 611 BGB Haftung des Arbeitnehmers Nr. 42; BAG 30.10.1963 – 1 AZR 463/62, AP § 611 BGB Haftung des Arbeitnehmers Nr. 30.

102 *Gross/Wesch*, NZA 2008, 849.

103 Preis/*Stoffels*, Der Arbeitsvertrag, II H 30 Rn 9 f.

104 BAG 23.11.2006 – 8 AZR 701/05, NZA 2007, 870; BAG 23.11.2007 – 8 AZR 701/05, NJW 2007, 1486; BAG 23.11.2006 – 8 AZR 701/05, NZA 2007, 870; BAG 8.5.1980 – 3 AZR 82/79, NJW 1981, 702; LAG Baden-Württemberg 17.9.1991 – 7 Sa 44/91, NZA 1992, 458; BAG 28.10.2010 – 8 AZR 647/09, NZA 2011, 406.

105 BAG 16.11.1978 – 3 AZR 258/77, NJW 1979, 1423.

106 BAG 8.5.1980 – 3 AZR 213/79, VersR 1981, 990.

107 BAG 25.5.2000 – 8 AZR 518/99, AP § 611 BGB Parkplatz Nr. 8.

Kfz einsetzt.[108] Wird der Privat-Pkw des Arbeitnehmers nicht während einer Dienstfahrt, sondern in der Zeit zwischen zwei am selben Tage durchzuführender Dienstfahrten während des Parkens in der Nähe des Betriebes beschädigt, gehört auch das Vorhalten des Kraftwagens während der Innendienstzeit des Arbeitnehmers zum Einsatz im Betätigungsbereich des Arbeitgebers.[109] Dem Aufwendungsersatzanspruch steht der Einsatz eines defekten Fahrzeugs oder ein sonstiges Verschulden nicht entgegen, ein Mitverschulden ist aber entsprechend § 254 BGB unter Anwendung der Grundsätze der beschränkten Arbeitnehmerhaftung zu berücksichtigen.[110] Die Darlegungs- und **Beweislast** dafür, dass keine grob fahrlässige Schadensverursachung vorliegt, trifft allein den Arbeitnehmer.[111]

Der Ersatz von Unfallschäden durch den Arbeitgeber, den ein Mitglied des Wahlvorstands bei der Benutzung des eigenen Pkw erleidet, kommt dann in Betracht, wenn der Arbeitgeber die Benutzung ausdrücklich gewünscht hat, oder diese erforderlich war, damit das Mitglied des Wahlvorstands seine gesetzlichen Aufgaben wahrnehmen konnte.[112] 2686

(3) Bei Nutzung des Dienstwagens

Wann bei einem Schaden am Dienstwagen einfache, mittlere und wann grobe Fahrlässigkeit des Arbeitnehmers anzunehmen ist, ist stets Tatfrage. **Grobe Fahrlässigkeit** wurde in folgenden Fällen angenommen: 2687

- Fahruntüchtigkeit infolge Alkoholgenusses;[113]
- Handybenutzung während der Fahrt im Bereich einer Kreuzung;[114]
- mangelnde Fahrpraxis, soweit sie dem Arbeitgeber gegenüber verschwiegen wird;[115]
- Nichtbeachtung einer auf „Rot" geschalteten Ampel;[116]
- Übermüdung;[117]
- unangemessene Geschwindigkeit;[118]
- Vorfahrtsverletzung.[119]

Keine grobe Fahrlässigkeit liegt bei einem angeblichen **Augenblicksversagen** vor, wenn der Fahrer versäumt, einen Ladekran vollständig einzufahren und dann mit einer Brücke kollidiert.[120] Die kasuistischen, teils schwer nachvollziehbaren und manchmal auch von einer überlangen Verfahrensdauer gekennzeichneten Entscheidungen zur Bestimmung des Fahrlässigkeitsgrads werden in der Literatur verschiedentlich kritisiert.[121] Gesonderte Haftungsklauseln bei Kfz-Schäden wie Mithaftung des Arbeitnehmers bei leichter Fahrlässigkeit bis zur Höhe eines halben Bruttomonatsgehalts,[122] Haftungsfreizeichnungsklauseln bei Benutzung des Werkspark- 2688

108 BAG 23.11.2006 – 8 AZR 701/05, NZA 2007, 870; BAG 8.5.1980 – 3 AZR 82/79, AP § 611 BGB Gefährdungshaftung des Arbeitgebers Nr. 6.
109 BAG 14.12.1995 – 8 AZR 875/94, NZA 1996, 417.
110 BAG 23.11.2007 – 8 AZR 701/05, NZA 2007, 870.
111 LAG Hamburg 9.4.2009 – 7 Sa 70/08, juris.
112 BAG 3.3.1983 – 6 ABR 4/80, NJW 1984, 198.
113 BAG 13.3.1961 – 1 AZR 403/59, AP § 611 BGB Haftung des Arbeitnehmers Nr. 24.
114 BAG 12.11.1998 – 8 AZR 221/97, NJW 1999, 966.
115 BAG 24.1.1974 – 3 AZR 488/72, AP § 611 BGB Haftung des Arbeitnehmers Nr. 74.
116 BAG 12.11.1998 – 8 AZR 221/97, NZA 1999, 263; dagegen: BGH 8.7.1992 – IV ZR 223/91, NJW 1992, 2418, wonach bei einem Rotlichtverstoß eine Haftungserleichterung nicht generell ausgeschlossen sei.
117 BAG 13.3.1968 – 1 AZR 362/67, AP § 611 BGB Haftung des Arbeitnehmers Nr. 42.
118 BAG 7.7.1970 – 1 AZR 507/69, BAG 18.1.1972 – 1 AZR 125/71, BAG 22.2.1972 – 1 AZR 223/71, AP § 611 BGB Haftung des Arbeitnehmers Nr. 59, 69, 70.
119 BAG 30.10.1963 – 1 AZR 463/62, AP § 611 BGB Haftung des Arbeitnehmers Nr. 30.
120 BAG 8.2.1989 – 2 AZR 346/88, NJW 1989, 1354.
121 *Otto*, AuR 1995, 72; Küttner/*Griese*, Personalbuch, 33 (Arbeitnehmerhaftung) Rn 13.
122 Preis/*Stoffels*, Der Arbeitsvertrag, II H 30 Rn 10.

platzes[123] sind ohne praktische Bedeutung. Nur geringste Klarstellungen können in Kfz-Nutzungsverträgen vorgenommen werden.

2689 Nach der Entscheidung des BAG vom 13.12.2012 hat der Arbeitgeber grds. dafür einzustehen, dass ein **betriebseigenes Kraftfahrzeug**, das der Arbeitnehmer dienstlich zu nutzen hat, mit einer ausreichenden **Kfz-Haftpflicht**, die die gesetzliche Mindestdeckungssumme abdeckt, versichert ist. Er ist kraft seiner Fürsorge gehalten, dafür zu sorgen, dass der Arbeitnehmer aus einem Verkehrsunfall möglichst nicht persönlich in Anspruch genommen wird. Dem Arbeitgeber ist es aus Billigkeitsgründen verwehrt, sich gegenüber dem Arbeitnehmer im Rahmen der gesetzlichen Haftpflichtversicherung auf einen Selbstbehalt zu berufen. Wirtschaftliche Risiken, die der Arbeitgeber zum Zweck der eigenen Kostenersparnis eingeht, können nicht auf die Arbeitnehmer überwälzt werden.[124] Bei Kaskoversicherungen nimmt das BAG eine Obliegenheit des Arbeitgebers zum Abschluss einer Versicherung an, wenn dem Arbeitnehmer auch eine nur quotale Schadensbeteiligung nicht zugemutet werden kann. Kommt der Arbeitgeber der Obliegenheit nicht nach, ist dies im Rahmen der Schadensverteilung nach § 254 Abs. 2 BGB zu seinen Lasten anzusetzen. Die Frage ist angesichts des hohen Wertes der in Deutschland üblicherweise gefahrenen Dienstwagen weitgehend theoretisch, da der Arbeitgeber bei eigenen Fahrzeugen auf den Versicherungsschutz nicht verzichten kann; bei Leasingfahrzeugen ist eine Vollkaskoversicherung ohnehin Standard. Die Kfz-Haftpflichtversicherung ist bereits kraft Gesetzes (§ 1 PflVG) abzuschließen.

(4) Mitverschulden des Arbeitnehmers

2690 Ein Mitverschulden des Arbeitnehmers beim Zustandekommen des Verkehrsunfalls schließt nach Ansicht des BAG den Ersatzanspruch nicht von vornherein aus, ist aber in entsprechender Anwendung des § 254 BGB zu berücksichtigen. Im Rahmen der nach § 254 BGB vorzunehmenden umfassenden Interessen- und Schadensabwägung zieht das BAG ergänzend die Grundsätze der privilegierten Arbeitnehmerhaftung heran, so dass nur bei leicht fahrlässiger Unfallverursachung keine Minderung des Ersatzanspruchs eintritt.[125] Die dargelegten Grundsätze gelten auch bei Mitgliedern des Betriebsrats, die im Zusammenhang mit ihrer Amtsausübung einen Schaden an ihrem Kfz erleiden.[126] Gegenüber einer Versicherung kann der Arbeitgeber aus § 241 Abs. 2 BGB verpflichtet sein, bei der Wahrnehmung von Ansprüchen des Arbeitnehmers mitzuwirken.[127]

(5) Umfang des Schadensersatzanspruchs

2691 Zusagen des Arbeitgebers über die Erstattung etwaiger Geldbußen wegen **Lenkzeitenüberschreitung** im Güterfernverkehr sind sittenwidrig und daher gem. § 138 BGB unwirksam.[128] Ein Arbeitgeber, der durch entsprechende Anordnungen Lenkzeitenüberschreitungen billigend in Kauf nimmt, ist dem Arbeitnehmer gegenüber zum Schadensersatz nach § 826 BGB verpflichtet. Nur in Ausnahmefällen gehören deshalb gegenüber dem Arbeitnehmer ergangene Geldbußen zum erstattungsfähigen Schaden.[129]

2692 Auch kann der Arbeitnehmer grds. keine Kaution vom Arbeitgeber zurückverlangen, die wegen seiner Verursachung eines **Verkehrsunfalls** im Ausland verlangt wurde, damit es nicht zu seiner Inhaftierung kommt. Ein als Kraftfahrer tätiger Arbeitnehmer trägt selbst die Gefahr,

---

123 BAG 28.9.1989 – 8 AZR 120/88, AP § 611 BGB Parkplatz Nr. 5.

124 BAG 13.12.2012 – 8 AZR 432/11, NZA 2013, 386.

125 BAG 11.8.1988 – 8 AZR 721/85, AP § 611 BGB Gefährdungshaftung des Arbeitgebers Nr. 7; BAG 20.4.1989 – 8 AZR 632/87, NZA 1990, 27; BAG 22.6.2011 – 8 AZR 102/10, NZA 2012, 91.

126 BAG 3.3.1983 – 6 ABR 4/80, AP § 20 BetrVG 1972 Nr. 8.

127 BAG 24.9.2009 – 8 AZR 444/08, juris.

128 BAG 25.1.2001 – 8 AZR 465/00, NZA 2001, 653.

129 BAG 25.1.2001 – 8 AZR 465/00, NZA 2001, 653.

wegen seiner Beteiligung an einem Verkehrsunfall strafrechtlich verfolgt zu werden.[130] Verursacht der Arbeitnehmer einen Verkehrsunfall, so hat ihm der Arbeitgeber die Kosten der zweckentsprechenden Rechtsverteidigung auf der Basis der gesetzlichen Gebühren eines Rechtsanwalts zu erstatten, soweit er nicht bereits die Kosten einer hierfür geeigneten Rechtsschutzversicherung übernommen hat.[131]

c) Klauseltypen und Gestaltungshinweise

aa) Erweiterte Haftungsfreistellung bei Personenschäden

(1) Klauseltyp A

Für Personenschäden, die außerhalb der Arbeitsstelle, außerhalb der Arbeitszeit und auch unabhängig von einem Wegeunfall entstehen, übernimmt der Arbeitgeber auch dann, wenn sie von einem Mitarbeiter verursacht wurden oder bei einem Zusammenkommen von Mitarbeitern entstanden sind, außer bei Vorsatz und grober Fahrlässigkeit, keine Haftung. 2693

(2) Gestaltungshinweise

Die Klausel A dient dazu, den Arbeitgeber bei halboffiziellen Treffen von Mitarbeitern, die zur Verbesserung der Betriebsatmosphäre sinnvoll und von der Geschäftsleitung daher geduldet, wenn nicht sogar erwünscht sind, von der Haftung für Personenschäden freizuhalten. Diese Fälle sind nicht von § 104 SGB VII erfasst, jedenfalls wenn sie außerhalb des Betriebsgeländes stattfinden. Zwar ist der Begriff „betriebliche Tätigkeit" in § 104 SGB VII weit auszulegen.[132] § 104 SGB VII greift nur, wenn die gemeinsame Fahrt der Arbeitskollegen selbst als Teil des innerbetrieblichen Organisations- und Funktionsbereichs erscheint. Dies ist bei Betriebsfeiern nicht gegeben.[133] Die Klausel ist daher grds. sinnvoll, wenn es im betrieblichen Miteinander zu Veranstaltungen kommt, denen eine Verbindung zur betrieblichen Tätigkeit nicht abgesprochen werden kann. Wegen § 309 Nr. 7 BGB kann der Haftungsausschluss Vorsatztaten und grob fahrlässiges Verhalten nicht einbeziehen. 2694

bb) Schadensersatzbegrenzung wegen Persönlichkeitsrechtsverletzung

(1) Klauseltyp B

↓ Für etwaige Persönlichkeitsrechtsverletzungen, die der Arbeitnehmer durch Vorgesetzte oder Mitarbeiter erleidet, haften ausschließlich der Vorgesetzte oder die Mitarbeiter. Die Geschäftsleitung duldet keine Persönlichkeitsverletzungen im Betrieb und übernimmt daher keine Haftung, es sei denn, diese beruht auf Vorsatz oder grober Fahrlässigkeit. 2695

↓ Sollte die Geschäftsleitung für derartiges Verhalten wegen grober Fahrlässigkeit zur Verantwortung gezogen werden können, haftet die Firma maximal bis zur Höhe von drei Bruttomonatsgehältern des Arbeitnehmers.

(2) Gestaltungshinweise

Die Klausel B soll in S. 1 die Haftung des Arbeitgebers wegen Persönlichkeitsrechtsverletzung begrenzen. Sie schließt die Haftung des Arbeitgebers für Fehlverhalten von Mitarbeitern aus – eine gem. § 278 BGB bei vertraglichen Ansprüchen denkbare Gestaltung.[134] Bei ohne Zutun oder Willen der Geschäftsleitung (Arbeitgeber) von Arbeitnehmern durchgeführten **Mobbing-** 2696

130 BAG 11.8.1988 – 8 AZR 721/85, NZA 1989, 54.

131 BAG 16.3.1995 – 8 AZR 260/94, NZA 1995, 836.

132 Küttner/*Griese*, Personalbuch, 33 (Arbeitnehmerhaftung) Rn 4.

133 BSG 20.2.2001 – B 2 U 7/00 R, NJW 2002, 1446; BSG 30.8.1962 – 2 RU 15/60, BSGE 17, 280; BSG 22.8.1955 – 2 RU 49/54, BSGE 1, 179; OLG Dresden 19.3.2008 – 7 U 1753/07, NZV 2009, 87.

134 Staudinger/*Löwisch*, § 278 BGB Rn 117.

maßnahmen gegenüber Kollegen handeln die Arbeitnehmer in eigener Entscheidung und nicht als Erfüllungsgehilfe des Arbeitgebers. Jedoch hat das BAG eine Zurechnung nach § 278 BGB bejaht, falls die schuldhafte Handlung des handelnden Mitarbeiters in einem inneren sachlichen Zusammenhang mit den Aufgaben steht, die der Arbeitgeber ihm als Erfüllungsgehilfe zugewiesen hat. Dies ist regelmäßig der Fall, wenn der Mitarbeiter die Fürsorgepflicht des Arbeitgebers konkretisiert bzw wenn er Weisungsbefugnis hat.[135] Die Klausel ist daher in der vorliegenden Form unwirksam. Eine Zurechnung der Haftung scheidet aber aus, wenn es sich um gleichgestellte Kollegen handelt;[136] mit dieser Einschränkung wäre die Klausel wirksam, hätte dann jedoch rein deklaratorische Wirkung. Als AGB dürfte die Klausel außerdem keinen Ausschluss für Vorsatz oder grobe Fahrlässigkeit beinhalten.[137]

2697 Auch die Haftungsbegrenzungsklausel in S. 2 ist nicht wirksam. Verletzungen des Persönlichkeitsrechts, die der Arbeitgeber unmittelbar zu vertreten hat oder die ihm zugerechnet werden, können bereits nach § 307 Abs. 2 Nr. 1 BGB der Höhe nach nicht im Voraus beschränkt werden, da ansonsten die jeweils auf den Einzelfall anzupassende Ausgleichsfunktion nicht erfüllt werden kann.[138] Für Ansprüche nach § 15 Abs. 2 AGG ergibt sich bereits aus dem Wortlaut, dass eine wirksame und abschreckende Sanktion erfolgen muss; dies steht der vertraglichen Begrenzung einer solchen Sanktion entgegen. Soweit § 15 Abs. 2 S. 2 AGG eine Begrenzung der Entschädigungshöhe auf drei Monatsgehälter vorsieht, gilt diese nur für die Bewerber, die auch bei diskriminierungsfreier Auswahl nicht eingestellt worden wären; für andere Fallgruppen gilt diese Grenze nicht.[139]

cc) Obhutseinschränkende Klauseln

(1) Klauseltyp C

2698 **C 1:** Alle privaten Gegenstände, wie Thermoskanne und Tasche, sind so am Arbeitsplatz aufzubewahren, dass eine Wegnahme durch Unbefugte oder eine Beschädigung durch Dritte ausgeschlossen ist.

C 2: Zur Aufbewahrung seiner persönlichen Gegenstände steht dem Arbeitnehmer ein verschließbarer Spind zur Verfügung. Im Spind sind sämtliche während der Arbeit nicht benötigten privaten Gegenstände, wie Uhr, Geld, Sturzhelm, Stiefel uÄ, zu deponieren. Der Spind ist mit dem zur Verfügung gestellten, durch eine individuelle Codenummer gesicherten Vorhängeschloss stets geschlossen zu halten.

C 3: Für die Beschädigung oder den Verlust von Gegenständen, die der Arbeitnehmer mit in den Betrieb bringt, übernimmt der Arbeitgeber keine Haftung, es sei denn, dass der Arbeitnehmer keine Sorgfaltspflichtverletzung begangen hat und den Arbeitgeber ein Verschulden trifft.

→ **C 4:** Für Schäden am Privateigentum der Mitarbeiter haftet der Arbeitgeber im Rahmen der gesetzlichen Bestimmungen nur dann, wenn ihn ein Verschulden trifft.

(2) Gestaltungshinweise

2699 Es ist sinnvoll, auch einen Hinweis über Haftungsrisiken und die Pflicht des Arbeitnehmers zur Sorgfalt bei von ihm **eingebrachten Gegenständen** entsprechend den Klauseln C 1 und C 2 vorzusehen. Stellt der Arbeitgeber Verwahrungsmöglichkeiten zur Verfügung und macht der Arbeitnehmer hiervon keinen Gebrauch oder sichert er bspw seinen Spind nicht, muss er sich im

135 BAG 25.10.2007 – 8 AZR 593/06, NZA 2008, 223; BAG 16.5.2007 – 8 AZR 709/06, NZA 2007, 1154; *Benecke*, RdA 2008, 357.

136 BAG 16.5.2007 – 8 AZR 709/06, NZA 2007, 1154.

137 Staudinger/*Löwisch*, § 278 BGB Rn 118.

138 *Walker*, NZA 2009, 5, 8 f.

139 Hierzu im Einzelnen *Bauer/Evers*, NZA 2006, 893, 897; aA *Walker*, NZA 2009, 5, 9.

Falle des Verlusts oder der Beschädigung seiner Sachen ein mitwirkendes Verschulden anrechnen lassen, das bis zum Haftungsausschluss des Arbeitgebers führen kann.[140] Ein Haftungsausschluss des Arbeitgebers in jedem Einzelfall ist mit diesen Klauseln nicht zu erreichen.

Die Klauseln C 3 und C 4 machen sich die Einschränkungen des Urteils des BAG vom 12.12.1990[141] zu eigen. Ob die verschuldensunabhängige Haftung damit im Formularvertrag wirksam ausgeschlossen werden kann, ist von der Rspr noch nicht entschieden; im Individualvertrag ist die Klausel wirksam. 2700

dd) Gehaltszuschlagsklauseln als Risikoprämien

(1) Klauseltyp D

→ Der Arbeitnehmer verpflichtet sich, für alle von ihm verschuldeten Schäden eine Haftung bis zum Betrag von (...) € zu übernehmen. Zum Ausgleich für die Risikobeteiligung des Arbeitnehmers gewährt der Arbeitgeber eine monatliche Prämie von (...) % des durchschnittlichen Bruttomonatslohns, die nach den Grundsätzen des EFZG berechnet wird. Die Prämie wird jeweils zusammen mit der Monatsvergütung gezahlt. Die gesetzlichen Haftungsbestimmungen wegen Vorsatz und grober Fahrlässigkeit bleiben unberührt. 2701

(2) Gestaltungshinweise

Durch ein bereits älteres Urteil des LAG Düsseldorf[142] wird der in der Klausel D sichtbare Regelungsspielraum eröffnet, der es gestattet, die Haftungssumme von vornherein unabhängig vom Verschuldensgrad der Höhe nach zu begrenzen. **Zulässig** sind auch **Haftungshöchstsummen** in Arbeitsverträgen. Psychologisch hilfreich sind derartige Klauseln im Verhältnis zu Arbeitnehmern, die im Rahmen ihrer betrieblichen Tätigkeit erhebliche Werte verantworten, so dass der Arbeitgeber einen Anreiz für besonders sorgfältiges und schadenfreies Arbeiten setzen will. Der rechtliche Bestand der Klausel D hängt von der Höhe der monatlichen Prämie und von der vereinbarten Haftungshöhe ab; grds. sollte die Prämie die vereinbarte maximale Haftung abdecken.[143] Der Vorbehalt einer weitergehenden Inanspruchnahme bei vorsätzlichem oder grob fahrlässigem Verhalten ist nicht nach § 309 Nr. 7 BGB erforderlich, da diese Norm nur den Haftungsausschluss des Verwenders, also des Arbeitgebers, regelt. Aus Arbeitgebersicht ist der Vorbehalt weitergehender Haftung vorteilhaft, aus Arbeitnehmersicht steht das Interesse an der Vermeidung einer existenzbedrohenden Haftung dafür, den Vorbehalt zu streichen. 2702

ee) Haftungsklausel bei Schlechtleistung des Arbeitnehmers

(1) Klauseltyp E

E 1: Der Arbeitnehmer erhält einen Stundenlohn von (...) € brutto. Vergütet werden nur fach-, lot- und fluchtgerechte, abnahmefähige Arbeiten. Schuldhaft regelwidrige Arbeit ist durch einwandfreie Nacharbeit auf Kosten des Arbeitnehmers zu beheben. Die beim Arbeitnehmer bestehende Pfändungsfreigrenze ist zu beachten.[144] 2703

E 2:

1. Der Arbeitnehmer ist als Vorarbeiter eingestellt. Zu seinen Aufgaben gehört die Beaufsichtigung des Teams für den Auf- und Abbau der Anlage.

---

140 LAG Hamm 6.12.1989 – 15 (16) Sa 509/89, LAGE § 611 BGB Fürsorgepflicht Nr. 19.
141 BAG 12.12.1990 – 8 AZR 605/89, juris.
142 LAG Düsseldorf 24.11.1965 – 3 Sa 346/65, BB 1966, 80.
143 Vgl BAG 5.2.2004 – 8 AZR 91/03, NZA 2004, 649; krit. zu dieser Klausel *Jochums*, in: Maschmann/Sieg/Göpfert, Vertragsgestaltung im Arbeitsrecht, 400 Rn 17 f.
144 BAG 15.3.1960 – 1 AZR 301/57, AP § 611 BGB Akkordlohn Nr. 13.

2. Der Arbeitnehmer hat den Auf- und Abbau der Anlage persönlich zu überwachen und insb. sicherzustellen, dass keine Beschädigung an den Räumen und den technischen Einrichtungen entstehen. Bei Nichteinhaltung seiner Überwachungspflicht bzw fahrlässigem Verhalten ist der Arbeitgeber berechtigt, den ihm durch das nicht sachgerechte Verhalten entstandenen Schaden gegenüber dem Arbeitnehmer geltend zu machen. Bei einer Verrechnung von Schadensforderungen mit Gehaltsansprüchen darf die für den Arbeitnehmer gültige Pfändungsfreigrenze nicht unterschritten werden. Beispiele für nicht eingehaltene Überwachungspflicht bzw fahrlässige Außerachtlassung der im Verkehr erforderlichen Sorgfalt sind insb.:
   - fehlende Ausrüstungsgegenstände wie Verlängerungskabel
   - Beschädigungen an den Anschlussbereichen der Anlage
   - Beschädigungen von Wänden und Fußboden des Aufstellungsortes der Anlage und seiner Zuwegungen.

(2) Gestaltungshinweise

2704 Die **schuldhafte Schlechtleistung** berechtigt den Arbeitgeber grds. nicht zur Minderung des Vergütungsanspruchs.[145] Immerhin lässt das BAG aber im Urteil vom 17.7.1970 eine arbeitsvertragliche Regelung zu, mit der ein Lohnminderungsrecht des Arbeitgebers begründet wird. Das BAG stellt klar, dass der Arbeitgeber im Streitfall die Voraussetzungen einer Lohnminderung darlegen und beweisen muss. Das Urteil vom 6.6.1972[146] besagt, dass der Arbeitgeber nach Beendigung des Arbeitsverhältnisses die teilweise Rückzahlung des vereinbarten und gezahlten Arbeitsentgelts nicht mit der Begründung verlangen könne, die Dienste des Arbeitnehmers seien nicht vollwertig gewesen, wenn er den Arbeitnehmer trotzdem zu den bisherigen Bedingungen habe weiterarbeiten lassen. Der Umkehrschluss besagt, dass ein Rückzahlungsverlangen wegen Schlechtleistung bei einer anderen Reaktion des Arbeitgebers grds. nicht ausgeschlossen gewesen wäre. Aus diesem Grunde können Klauseln wie E 1 und E 2 als **Lohnminderungsvereinbarungen** in einen Vertragstext aufgenommen werden. Auch die arbeitsvertragliche Verpflichtung zur **Nacharbeit** bei Schlechtleistungen wurde vom BAG bereits ausdrücklich gebilligt,[147] wenngleich die maßgebliche Entscheidung schon älteren Datums ist. Die Klauseln E 1 und E 2 bedürfen inhaltlich des in ihnen vorgesehenen Zusatzes, dass eine Verrechnung mit Schadensersatzforderungen bei Gehaltszahlungen nur insoweit vorgenommen werden darf, als die Pfändungsfreigrenze des Arbeitnehmers nicht unterschritten wird, §§ 307 Abs. 2 Nr. 1, 307 Abs. 3 S. 1 BGB.

2705 Sofern Klauseln die volle Haftung des Arbeitnehmers auf Vorsatz und grobe Fahrlässigkeit beschränken und bei mittlerer Fahrlässigkeit eine Schadensteilung zwischen Arbeitgeber und Arbeitnehmer vorsehen und zum Maßstab erheben, dass die Gesamtumstände von Schadensanlass und Schadensfolgen nach Billigkeitsgrundsätzen und Zumutbarkeitsgesichtspunkten gegeneinander abzuwägen sind,[148] stehen Haftungsklauseln im Einklang mit der Rspr, begründen allerdings keine vertraglich abweichende Rechtslage. Beide Klauseln gehen vorliegend darüber hinaus. Sie sehen keine unterschiedliche Haftung nach dem Maß des Verschuldens vor. Dieser Mangel ist allerdings unschädlich, da bei der Klausel E 1 nur „schuldhaft regelwidrige" Arbeit und bei der Klausel E 2 nur „Nichteinhaltung bzw fahrlässiges Verhalten" zur Haftung führt, Verschulden als Haftungsvoraussetzung in beiden Klauseln also formuliert ist. Beide Klauseln sind zudem auf konkrete Arbeitsituationen zugeschnitten und sprachlich klar gefasst, so dass sich auch aus § 307 Abs. 1 S. 2 BGB keine Zweifel an der Wirksamkeit ergeben.

145 BAG 17.7.1970 – 3 AZR 423/69, NJW 1971, 111; BAG 6.6.1972 – 1 AZR 438/71, MDR 1972, 982.
146 BAG 6.6.1972 – 1 AZR 438/71, MDR 1972, 982.
147 BAG 15.3.1960 – 1 AZR 301/57, AP § 611 BGB Akkordlohn Nr. 13.
148 BAG 24.11.1987 – 8 AZR 524/82, AP § 611 BGB Haftung des Arbeitnehmers Nr. 93.

ff) Vertragsbruchklausel

(1) Klauseltyp F

Das Verlassen oder Nichtantreten der Arbeit ohne Einhaltung der vereinbarten Kündigungsfrist oder ohne wichtigen Grund verpflichtet zum Ersatz des durch den Arbeitsvertragsbruch entstandenen Schadens. Anstelle des vollen Schadensersatzes kann der Arbeitgeber ohne Nachweis eines konkreten Schadens eine Entschädigung in Höhe von 25 % der Bruttomonatsbezüge verlangen. Weitergehende Ansprüche sind dann ausgeschlossen. Dem Arbeitnehmer bleibt der Nachweis gestattet, ein Schaden sei überhaupt nicht entstanden oder wesentlich niedriger als die Pauschale von 25 %. 2706

(2) Gestaltungshinweise

Der Arbeitgeber kann dem vertragsbrüchigen Arbeitnehmer unter den gesetzlichen Voraussetzungen außerordentlich kündigen. Durch die Kündigung begibt er sich seiner Schadensersatzansprüche nicht.[149] Der Höhe nach wird jeder Schadensersatzanspruch dadurch eingeschränkt, dass er sich nicht über den vom Arbeitnehmer selbst wählbaren Zeitpunkt der nächstmöglichen ordentlichen Kündigung hinaus erstrecken kann; bei der hier gewählten Pauschale von 25 % des Bruttomonatsentgelts (ca. ein Wochenlohn) ist diese Grenze jedoch stets eingehalten.[150] 2707

Problematisch ist bei der Klausel F nur die Schadenspauschalierung. Sie verstößt aber nicht gegen § 309 Nr. 5 Buchst. a BGB, weil schon allein die Unerfahrenheit und der Einarbeitungsaufwand einer mindestens die gleichen Kosten wie der vertragsuntreue Arbeitnehmer verursachenden Ersatzkraft, wenn sie denn kurzfristig zu erlangen wäre, zu einer weniger effizienten Arbeitsleistung führen würde, die vorsichtig geschätzt nach dem gewöhnlichen Lauf der Dinge mit 25 % veranschlagt werden darf. Ist keine Ersatzkraft zu finden, wird man den Verlust, der durch den in Fortfall geratenen Gewinn zu einem Schaden beim Arbeitgeber führt, sicherlich mit höheren Beträgen in Ansatz bringen. 2708

Allerdings muss § 309 Nr. 5 Buchst. b BGB beachtet werden. Dem vertragsbrüchigen Arbeitnehmer muss der Nachweis gestattet bleiben, ein Schaden sei überhaupt nicht entstanden oder wesentlich niedriger als die Pauschale. Deshalb ist die Klausel F nur mit dem im letzten Satz enthaltenen Zusatz wirksam. 2709

gg) Allgemeine Haftungsvereinbarung

(1) Klauseltyp G

(1) Der Arbeitgeber verpflichtet sich, die zur Sicherung des Privateigentums des Arbeitnehmers üblichen Maßnahmen zu ergreifen. Eine Haftung übernimmt der Arbeitgeber nur im gesetzlichen Rahmen, soweit ihn ein Verschulden trifft. 2710

(2) Der Arbeitnehmer hat die zur Sicherung seines Eigentums gebotenen Maßnahmen zu ergreifen. Persönliche Gegenstände darf er in Betriebsräumen nur mit Einwilligung seines Vorgesetzten aufbewahren. Private Gegenstände sind möglichst zu Hause zu belassen. Besonders wertvolle technische Geräte, Schmuck und Bargeldbeträge über (...) € dürfen grundsätzlich nicht in den Betrieb mitgenommen werden. Ist die Mitnahme im Einzelfall erforderlich, sind die Gegenstände beim Pförtner in Verwahrung zu geben.

(3) Der Arbeitnehmer verpflichtet sich gegenüber dem Arbeitgeber zur korrekten Erfüllung seiner Aufgaben aus dem Arbeitsvertrag. Er hat insbesondere die ihm obliegende ordnungsgemäße Führung und Verwaltung der Einrichtungen des Arbeitgebers sicherzustellen und zu überwachen. Verletzt er vorsätzlich oder grob fahrlässig seine Pflichten aus dem Arbeitsvertrag,

---

149 § 628 Abs. 2 BGB, § 16 Abs. 1 S. 1 BBiG; *Gessert*, Schadensersatz nach Kündigung, 1987.

150 BAG 14.9.1984 – 7 AZR 11/82, AP § 276 BGB Vertragsbruch Nr. 10; *Stoffels*, Vertragsbruch des Arbeitnehmers, S. 133 ff; Staudinger/*Preis*, § 628 BGB Rn 44.

haftet er für den daraus entstandenen Schaden. Bei leicht fahrlässigem Verhalten haftet er nicht, ansonsten ergibt sich die Höhe der Schadensforderung aus dem Umfang des Verschuldens. Im Falle mittlerer Fahrlässigkeit hat der Arbeitnehmer den Schaden zum überwiegenden Teil, bei grober Fahrlässigkeit hat er den Schaden voll zu tragen. Der Arbeitgeber ist berechtigt, seine Schadensersatzforderung mit dem Entgelt des Arbeitnehmers zu verrechnen. Dabei ist die Pfändungsfreigrenze zu beachten.
(4) Wird durch den Arbeitnehmer in Ausführung der ihm übertragenen Tätigkeit ein Dritter geschädigt und wird der Arbeitgeber hierfür in Anspruch genommen, haftet der Arbeitnehmer dem Arbeitgeber gegenüber bis zur Höhe des entstandenen Schadens, sofern er vorsätzlich oder grob fahrlässig gehandelt hat. Im Übrigen gelten die Haftungsgrundsätze gemäß Absatz 3. Versicherungsleistungen werden zugunsten des Arbeitnehmers berücksichtigt.

(2) Gestaltungshinweise

2711 Abs. 3 der Klausel G entspricht einer Schlechterfüllungsregelung, wie sie die Klauseln E 1 und E 2 ebenfalls enthalten. Die Klausel G enthält eine Haftungsregelung, die über die Schlechtleistung hinaus eine Komplettabdeckung aller Haftungsfälle erfassen soll.

2712 Sofern Klauseln die volle Haftung des Arbeitnehmers auf Vorsatz und grobe Fahrlässigkeit beschränken und bei mittlerer Fahrlässigkeit eine Schadensteilung zwischen Arbeitgeber und Arbeitnehmer vorsehen, wobei die Gesamtumstände von Schadensanlass und Schadensfolgen nach Billigkeitsgrundsätzen und Zumutbarkeitsgesichtspunkten gegeneinander abzuwägen sind,[151] stehen Haftungsklauseln im Einklang mit der Rspr und sind aus diesem Grunde nach § 307 Abs. 2 Nr. 1 BGB wirksam.

hh) Mankoklauseln

(1) Klauseltyp H

2713 **H 1:**

1. Der Arbeitnehmer übernimmt den Warenbestand nach einer in seiner Gegenwart durchgeführten Bestandsaufnahme. Die Bestandsaufnahme ist für beide Seiten verbindlich.
2. Dem Arbeitnehmer werden für Schwund und sonst zu vermeidende Verluste (...) % des Warenbestands gutgeschrieben.
3. Der Arbeitgeber ist berechtigt, jederzeit eine Bestandsaufnahme durchzuführen. Stellt sich hierbei eine Fehlmenge heraus, haftet der Arbeitnehmer. Zum Ausgleich für die Übernahme der Mankohaftung zahlt der Arbeitgeber eine monatliche Fehlgeldentschädigung von (...) €. Die Haftung des Arbeitnehmers ist jährlich auf das Zwölffache der dem Arbeitnehmer monatlich gezahlten Fehlgeldentschädigung begrenzt, es sei denn, der Arbeitnehmer hat grob fahrlässig oder vorsätzlich gehandelt. Bei grob fahrlässigem oder vorsätzlichem Handeln haftet der Arbeitnehmer voll, soweit der Schaden nicht von einer Versicherung ausgeglichen wird.

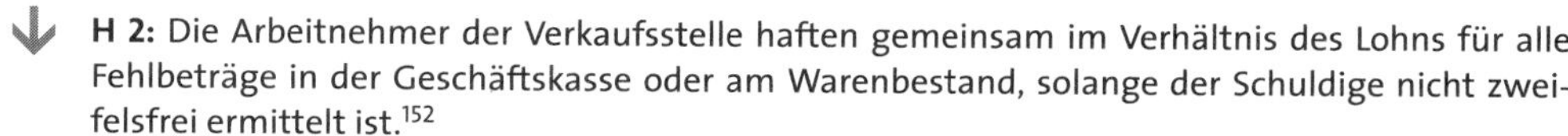
H 2: Die Arbeitnehmer der Verkaufsstelle haften gemeinsam im Verhältnis des Lohns für alle Fehlbeträge in der Geschäftskasse oder am Warenbestand, solange der Schuldige nicht zweifelsfrei ermittelt ist.[152]

(2) Gestaltungshinweise

2714 Die Klausel H 1 ist nach gegenwärtiger Rechtslage (s. § 1 Rn 2680 f) wirksam, sofern die zusätzliche Vergütung (Mankogeld) angemessen ist. Die Ausschlussklausel im letzten Satz der Klausel H 1 steht unter der Prämisse, dass eine Ausschlussregelung nicht nur für den Fall von Vorsatz zulässig ist (wie vom BAG ausdrücklich anerkannt), sondern im Einklang mit den Re-

151 BAG 24.11.1987 – 8 AZR 524/82, AP § 611 BGB Haftung des Arbeitnehmers Nr. 93.
152 BAG 22.11.1973 – 2 AZR 580/72, EzA § 626 BGB Nr. 33.

geln zum innerbetrieblichen Schadensausgleich auch für den Fall der groben Fahrlässigkeit. Sie begegnet keinen Wirksamkeitsbedenken.

Die Klausel H 2 war bis zum Jahre 1973 wirksam.[153] Seit dem Urteil des BAG vom 2.12.1999 ist sie es nicht mehr, weil der haftende Arbeitnehmer ohne ausreichende Einwirkungsmöglichkeit auf die Haftungsumstände für das Verhalten Dritter mit in Anspruch genommen wird.[154] Man kann gegenwärtig keine ausreichende Phantasie aufbringen, um eine wirksame Klausel bei einem von mehreren Mitarbeitern gleichrangig verantworteten Waren- oder Kassenbestand zu formulieren. Gleichwohl besteht ein unübersehbarer Bedarf für die Praxis. 2715

ii) Kfz-Haftungsregelungen

(1) Klauseltyp I

I 1: 2716

(1) Der Arbeitnehmer nutzt ein ihm privat zur Verfügung stehendes Fahrzeug zu geschäftlichen Zwecken, soweit der Arbeitgeber die geschäftliche Nutzung ausdrücklich wünscht oder Dienstfahrten genehmigt. Fehlt es an einer ausdrücklichen vorherigen Zustimmung und erkennt der Arbeitgeber eine Fahrt nicht nachträglich als Dienstfahrt an, gilt sie als Privatfahrt des Arbeitnehmers. Generell anerkannt als Dienstfahrten sind dienstlich veranlasste Fahrten des Arbeitnehmers zwischen (...) und (...).

(2) Der Arbeitnehmer ist allein für die Wartung des Fahrzeugs verantwortlich, er schließt eine Haftpflicht- und eine Vollkaskoversicherung ab.

(3) Dem Arbeitnehmer werden die Kosten der Dienstfahrten in Höhe des steuerrechtlich zulässigen Pauschalbetrages pro gefahrenen Kilometer erstattet. Zur Feststellung der gefahrenen Kilometer führt der Arbeitnehmer ein Fahrtenbuch, aus dem Tag und Stunde, Start- und Zielort sowie der Kilometerstand bei Beginn und Ende der Dienstfahrt hervorgehen. Nicht als Dienstfahrt gelten die Fahrten des Arbeitnehmers zwischen seinem Wohnort und der Arbeitsstätte. Der Arbeitgeber übernimmt die Kosten der Haftpflicht- und der Vollkaskoversicherung zu 90 %.

(4) Entsteht dem Arbeitnehmer während einer Dienstfahrt ein Schaden, trägt der Arbeitnehmer diesen bei Vorsatz und grobem Verschulden in vollem Umfang. Bei leichter Fahrlässigkeit liegt die Haftung bei dem Arbeitgeber, in allen übrigen Fällen ist der Schaden zwischen dem Arbeitnehmer und dem Arbeitgeber nach dem Umfang des Verschuldens zu quoteln.

I 2:

(1) Entsteht dem Arbeitnehmer ein Schaden bei einer Privatfahrt, haftet er selbst. Ein Ersatzanspruch gegen den Arbeitgeber wird nicht begründet.

(2) Der Arbeitnehmer stellt den Arbeitgeber von jeglichen Schadensersatzansprüchen frei, soweit ein Versicherer oder ein sonstiger Dritter für den Schaden aufkommt. Soweit eine Selbstbeteiligung im Zuge der Inanspruchnahme der Vollkaskoversicherung fällig wird, richtet sich die Forderung der Versicherung ausschließlich gegen den Arbeitnehmer.

I 3: Die Überlassung des Fahrzeugs an Dritte ist nicht gestattet. Der Arbeitnehmer haftet für jeglichen Schaden, der bei der Überlassung am Kraftfahrzeug entsteht.

I 4: Die Benutzung des Betriebsgeländes erfolgt auf eigene Gefahr.

153 BAG 22.11.1973 – 2 AZR 580/72, EzA § 626 BGB Nr. 33.

154 BAG 2.12.1999 – 8 AZR 386/98, NZA 2000, 715.

(2) Gestaltungshinweise

2717 Angesichts der zur Kfz-Nutzung entwickelten, privilegierten Arbeitnehmerhaftung sind die Gestaltungsmöglichkeiten nicht groß. Eine Haftungserleichterung kommt dem Arbeitgeber zugute, wenn er die Kosten beim privaten Pkw des Mitarbeiters, so in der Klausel I 1, trägt und seine Haftung grds. hierauf vertraglich beschränkt. Die manchmal anzutreffende Reduzierung der Haftung auf einen festen Betrag oder auf ein bzw bis zu drei Monatsgehälter ist nicht erforderlich.

2718 Zulässig ist es, dem Arbeitnehmer die **volle Haftung bei Privatfahrten** oder einer **privaten Überlassung** des Fahrzeugs aufzuerlegen wie in den Klauseln I 2 und I 3. Privatfahrten werden nicht im Betätigungsbereich des Arbeitgebers unternommen und gehören somit nach der Entscheidung des Großen Senats des BAG vom 27.9.1994[155] zum **persönlichen Lebensbereich**. Deshalb besteht bei Privatfahrten, wozu auch die Fahrten zwischen Wohnung und Arbeitsstätte (§ 8 Abs. 2 SGB VII) rechnen,[156] keine Haftungsprivilegierung zu Gunsten des Arbeitnehmers, so dass die Klausel auch nicht gegen die Grundsätze der Arbeitnehmerhaftung verstößt.[157]

2719 Der nicht nur in Arbeitsverträgen niedergelegte, sondern auch auf vielen Firmenparkplätzen über ein Hinweisschild vermittelte Wortlaut der Klausel I 4 schützt nicht vor einer Haftung nach den Grundsätzen der BAG-Rspr. Das BAG hielt die Formulierung der Klausel I 4 bereits in einer Entscheidung von 1989 für nicht geeignet, die Betriebsgefahr speziell des firmeneigenen Fahrzeugs auf den Arbeitnehmer abzuwälzen.[158] Zudem ist die Klausel I 4 mittlerweile nach § 309 Nr. 7 BGB unwirksam, weil der Arbeitgeber nach der in Klausel I 4 gewählten Formulierung auch die Haftung für Vorsatz und grobe Fahrlässigkeit ausschließt.

155 AP § 611 BGB Haftung des Arbeitnehmers Nr. 103.

156 BAG 23.9.1969 – 1 AZR 493/68, AP § 636 RVO Nr. 3 = NJW 1970, 442.

157 BGH 11.3.1996 – II ZR 230/94, NJW 1996, 1532; BGH 26.1.1995 – VII ZR 240/93, NJW-RR 1995, 659; BGH 21.12.1993 – VI ZR 103/93, NJW 1994, 852; BAG 17.2.1961 – 1 AZR 436/59, AP § 397 BGB Nr. 1.

158 BAG 28.9.1989 – 8 AZR 120/88, NZA 1990, 345.

38. Herausgaberegelungen

Literatur

Becker-Schaffner, Die Nutzung von Firmenfahrzeugen bei Beendigung des Arbeitsverhältnisses, DB 1993, 2078; *Boemke*, Nebenpflichten des Arbeitnehmers, AR-Blattei SD 1228; *van Bürck/Nussbaum*, Herausgabe des Dienstfahrzeugs während der Freistellung des Arbeitnehmers: Vertragliche Gestaltungsmöglichkeiten für die Praxis, BB 2002, 2278; *Gragert*, Aus für „Miles & More" im Arbeitsverhältnis?, NJW 2006, 3762; *Kock*, „Meine Meilen, Deine Meilen": Dienstlich erlangte Bonuspunkte aus Kundenbindungsprogrammen, DB 2007, 462; *Krause*, Die Haftung des Arbeitnehmers für Mankoschäden – Bilanz und Perspektiven, RdA 2013, 129; *Lippert*, Übertragbarkeit der Rechtsprechung des BGH zum Urheberrecht an Ausgrabungsunterlagen auf Krankenunterlagen?, NJW 1993, 769; *Polloczek/Pruksch*, Der Entzug von Dienstwagen – welche Handlungsspielräume gibt es noch?, DStR 2011, 1764; *Zimmer/Stetter*, Korruption und Arbeitsrecht, BB 2006, 1445.

a) Rechtslage im Umfeld

Arbeitsmittel, die dem Mitarbeiter im Zuge des Arbeitsverhältnisses überlassen werden, wie zB Dienstwagen,[1] Werkzeuge, Taschenrechner, Laptop, Drucker, Fax oder Handy, bleiben idR auch nach der Übergabe an den Arbeitnehmer im Eigentum des Arbeitgebers. Der Arbeitgeber hat bei der Beendigung des Arbeitsverhältnisses ein Interesse daran, vom Arbeitnehmer die zuvor zur Durchführung der Arbeit überlassenen Arbeitsgeräte zurückzuerhalten. Das Interesse entspringt dem wirtschaftlichem Bedarf und der Eigentümerstellung des Arbeitgebers. 2720

An den ihm überlassenen Gegenständen ist der Arbeitnehmer im Regelfall **Besitzdiener**. Besitzdiener ist, wer in einem nach außen erkennbaren **sozialen Abhängigkeitsverhältnis** für einen anderen die tatsächliche Gewalt über eine Sache in der Weise ausübt, dass er dessen Weisungen schlechthin Folge zu leisten hat.[2] Eine nur wirtschaftliche Abhängigkeit genügt nicht.[3] Ebenso wenig ausreichend ist allein die einfache rechtliche Weisungsgebundenheit zur Annahme einer Besitzdienerschaft.[4] Die Weisungsgebundenheit muss in Bezug auf das Besitzverhältnis so stark sein, dass der Besitzdiener Weisungen jederzeit zu befolgen hat, so dass eigentlich angenommen werden kann, dass der Besitzherr jederzeit selbst über die Sache verfügen kann. Bei Arbeitnehmern, auch bei leitenden Angestellten mit größerer eigener Unabhängigkeit, ist dies regelmäßig anzunehmen.[5] Grundsätzlich ist es ausreichend, wenn es sich bei dem zugrunde liegenden Rechtsverhältnis um ein rein tatsächliches Verhältnis handelt. Daher kann Besitzdienerschaft auch dann vorliegen, wenn sich der Arbeitsvertrag als nichtig erweisen sollte. Dies zeigt sich auch daran, dass eine Besitzdienerschaft für Gegenstände eines Dritten auch dann angenommen werden kann, wenn der Arbeitnehmer im Auftrag seines Arbeitgebers für einen Dritten in gleicher Weise wie dessen eigene Arbeitnehmer tätig wird, ohne dass zu diesem in rechtlichem Hinblick ein Rechtsverhältnis besteht.[6] Die Dauer des Weisungsverhältnisses ist ohne Bedeutung. Besitzdienerschaft bleibt auch bei räumlicher Trennung bestehen,[7] also auch, wenn der Arbeitnehmer auf Dienstreise ist. Eine ununterbrochene Einwirkungsmöglichkeit des Besitzherrn auf die Sache ist nicht erforderlich.[8] Unerheblich ist, ob der Besitzdiener im Einzelfall für den Besitzherrn handeln will, wenn er nur tatsächlich aufgrund des Abhängigkeitsverhältnisses handelt.[9] 2721

1 S. ausf. § 1 Rn 1999 ff (25. Dienstwagenklauseln).

2 BGH 24.4.1952 – IV ZR 107/51, LM Nr. 2 zu § 1006 BGB; Schaub/*Koch*, Arbeitsrechts-Handbuch, § 113 Rn 5.

3 BGH 24.4.1952 – IV ZR 107/51, LM Nr. 2 zu § 1006 BGB.

4 OLG Frankfurt a.M. 19.4.2012 – 11 U 15/11, NJOZ 2013, 262, 263.

5 OLG Frankfurt a.M. 19.4.2012 – 11 U 15/11, NJOZ 2013, 262, 263.

6 OLG Frankfurt a.M. 19.4.2012 – 11 U 15/11, NJOZ 2013, 262.

7 MüKo-BGB/*Joost*, § 855 BGB Rn 11.

8 Palandt/*Bassenge*, § 855 BGB Rn 2.

9 Ein abweichender Wille ist ohne Relevanz, solange dieser nicht besonders in Erscheinung tritt und sich der Besitzdiener im Rahmen der Weisung hält; so auch MüKo-BGB/*Joost*, § 855 BGB Rn 12 f.

2722 Der Besitzdiener übt nur die tatsächliche Sachherrschaft aus, nicht die rechtliche. Er ist weder allein noch neben dem Besitzherrn Besitzer. Nur der Besitzherr hat Besitz an der Sache. Entzieht der Besitzdiener dem Besitzer den Besitz, so begeht er **verbotene Eigenmacht** (§ 858 BGB). Sobald der Arbeitnehmer dem Herausgabeverlangen des Arbeitgebers nicht nachkommt, verübt er daher an einer von ihm in Besitzdienerschaft verwalteten Sache verbotene Eigenmacht. Damit entsteht ein Herausgabeanspruch des Arbeitgebers gegen den Arbeitnehmer aus possessorischen und petitorischen Besitzansprüchen, §§ 861, 862 BGB, ggf aus § 985 BGB.[10]

2723 Ist von Seiten des Arbeitgebers im Falle der Herausgabeverweigerung durch den Arbeitnehmer der Umfang der im Besitz des Arbeitnehmers befindlichen Gegenstände und Unterlagen unklar, so steht dem Arbeitgeber ein klagbarer **Auskunftsanspruch** entsprechend § 666 BGB zu.[11]

2724 Grundsätzlich ist **Erfüllungsort** für die Herausgabeverpflichtung der Ort, an dem die Arbeitsleistung zu erbringen ist, also die Betriebsstätte des Arbeitgebers.[12] Der Arbeitnehmer trägt daher bei der Rückgabe von dem Arbeitgeber gehörenden Gegenständen regelmäßig die Transportgefahr.[13] Etwas anderes gilt bei dem Anspruch auf Herausgabe eines umfangreichen Warenbestands, den der Außendienstmitarbeiter an seinem Wohnsitz gelagert hat. Hier handelt es sich um eine Holschuld des Arbeitgebers.[14]

2725 Der Besitzdiener kann gegenüber Dritten grds. ein **Selbsthilferecht** ausüben, § 860 BGB. Gegenüber einem Arbeitskollegen darf der Arbeitnehmer von der Besitzwehr jedoch nur insoweit Gebrauch machen, als er hierdurch der Weisung des Besitzherrn Achtung verschafft. Die Ausübung von Besitzwehr kommt daher nicht in Betracht, wenn ein Arbeitskollege die Arbeitsgeräte an sich nimmt, um damit innerhalb des Betriebes eine ihm übertragene Arbeit auszuführen.[15] Ein Selbsthilferecht gegenüber dem Arbeitgeber als Besitzherrn scheidet dagegen aus.[16]

2726 Im Gegensatz zu Arbeitsmitteln ist bei **Arbeitsergebnissen** nicht unbedingt auf den ersten Blick klar, dass sie im Eigentum des Arbeitgebers stehen. Gemäß § 950 BGB erwirbt derjenige Eigentum, der durch Verarbeitung oder Umbildung eines oder mehrerer Stoffe eine neue bewegliche Sache herstellt, es sei denn, der Wert der Arbeiten oder Umbildung ist erheblich geringer als der Wert des Stoffes. Der Hersteller erwirbt somit durch **Verarbeitung** (sog. **Spezifikation**) Eigentum. Als Verarbeitung gilt auch das Schreiben, Zeichnen, Malen, Drucken, Gravieren oder eine ähnliche Bearbeitung der Oberfläche (§ 950 Abs. 1 S. 2 BGB). Im Arbeitsverhältnis steht bei einer Spezifikation durch den Arbeitnehmer das Eigentum an der hergestellten Sache dem Arbeitgeber zu.[17]

2727 Der Arbeitgeber ist der Geschäftsherr des Verarbeitungsvorgangs und kraft dieser Position Hersteller iSd § 950 BGB.[18] Der Wille des Arbeitnehmers, für sich selbst erwerben zu wollen, die Geschäftsunfähigkeit des Arbeitnehmers oder die sonstige Rechtsunwirksamkeit des Arbeitsvertrages stellen dabei keine Hindernisse für den Eigentumserwerb des Arbeitgebers dar. Entscheidend sind die objektive Funktionsstellung und das Weisungsrecht bei der Produktionsgestaltung, das Eigentum an den Produktionsmitteln, die Eingliederung des Arbeitnehmers in den Wirtschaftsablauf und die wirtschaftliche Risikoverteilung.[19]

---

10 LAG Berlin 26.5.1986 – 9 Sa 24/86, DB 1987, 542; ArbG Marburg 5.2.1969 – Ca 600/68, DB 1969, 2041.
11 Schaub/*Linck*, Arbeitsrechts-Handbuch, § 150 Rn 2.
12 LAG Niedersachsen 8.7.2005 – 16 Sa 331/05, NZA-RR 2006, 40.
13 LAG Rheinland-Pfalz 8.5.1996 – 2 Sa 749/95, NZA-RR 1997, 163; Schaub/*Linck*, Arbeitsrechts-Handbuch, § 150 Rn 3.
14 LAG Niedersachsen 4.11.2003 – 13 Sa 423/03, AuR 2004, 76.
15 OLG Köln 18.5.1956 – Ss 34/56, AP Nr. 1 zu § 860 BGB.
16 LAG Chemnitz 17.1.2007 – 2 Sa 808/05, MMR 2008, 416.
17 Erman/*Ebbing*, § 950 BGB Rn 7; MüKo-BGB/*Füller*, § 950 BGB Rn 23; Palandt/*Bassenge*, § 950 BGB Rn 7; Schaub/*Koch*, Arbeitsrechts-Handbuch, § 113 Rn 10.
18 BGH 28.6.1954 – IV ZR 40/54, BGHZ 14, 117; BGH 27.9.1990 – I ZR 244/88, BGHZ 112, 243.
19 Moll/*Gennen*, MAH Arbeitsrecht, § 16 Rn 5; Schaub/*Koch*, Arbeitsrechts-Handbuch, § 113 Rn 10.

2728 Ein Eigentumserwerb durch Herstellung iSv § 950 BGB ist nicht nur in den klassischen Produktionszusammenhängen denkbar, sondern auch in auf den ersten Eindruck eher untypischen Konstellationen. Wenn sich ein Chefarzt Aufzeichnungen in seinen ärztlichen Karteien, in Akten, im Computer oder in sonstigen Dokumenten, die auch noch wissenschaftlich ausgewertet werden sollen, gefertigt hat, handelt es sich um Unterlagen des Arbeitgebers, die nach den Ansprüchen aus dem Eigentümer-Besitzer-Verhältnis an den Arbeitgeber zurückzugeben sind, sobald das Arbeitsverhältnis beendet wird.[20] Insofern bedarf es keiner gesonderten Regelung im Arbeitsvertrag. Sogar eine Klausel, wonach Zurückbehaltungsrechte des Arbeitnehmers insoweit ausgeschlossen sind, ist überflüssig, weil der Arbeitnehmer an den Sachen des Arbeitgebers als Besitzdiener grds. keine Zurückbehaltungsrechte ausüben kann (s. auch § 1 Rn 4422).[21] Daneben wäre die Vereinbarung zumindest im Rahmen der Verwendung Allgemeiner Geschäftsbedingungen gem. § 309 Nr. 2 Buchst. b BGB unwirksam (s. § 1 Rn 4423).

2729 Der nur tatsächliche Hersteller kann allerdings ausnahmsweise auch einmal Hersteller iSd § 950 BGB sein, also Eigentum erwerben, wenn er nicht im Rahmen des Betriebes, in dem er tätig ist, für den Inhaber, sondern für sich selbst die neue Sache herstellen will. Der bloße innere Wille genügt allerdings nicht. Es müssen objektive äußerlich erkennbare Umstände hinzukommen, die den Schluss auf einen derartigen Willen zulassen, wie etwa die Mitnahme des Materials aus der Werkstatt und die heimliche Verarbeitung außerhalb des Betriebsgeländes.

2730 Will der Arbeitgeber die Herausgabepflicht **klageweise** durchsetzen, so sind im Herausgabeantrag die betroffenen Gegenstände einzeln und so genau wie möglich zu benennen, wobei allein die gattungsmäßige Benennung als Arbeitsmittel ohne Angabe individualisierender Merkmale regelmäßig nicht genügt.[22] Dem Arbeitnehmer ausgestellte Quittungen, nach welchen bestätigt wird, dass alle zu Beginn des Arbeitsverhältnisses ausgehändigten Arbeitsmittel zurückgegeben wurden, stellen demnach regelmäßig vor Gericht einen ausreichenden **Beweis** für eine vollständige Erfüllung der Rückgabeverpflichtung dar.[23]

b) Klauseltypen und Gestaltungshinweise

aa) Klausel zur Herausgabe von Arbeitsmitteln

(1) Klauseltyp A

2731 **A 1:** Alle dem Arbeitnehmer zu Arbeitszwecken überlassenen Geschäftssachen, Notizen, Werkzeuge, Materialien, Aufzeichnungen und technischen Geräte stehen im Eigentum des Arbeitgebers und sind jederzeit nach erfolgter Aufforderung bzw nach Beendigung des Arbeitsverhältnisses unverzüglich zurückzugeben.

A 2: Nach Beendigung des Arbeitsverhältnisses sind alle dem Mitarbeiter überlassenen Arbeitsmaterialien an den Arbeitgeber (...) zurückzugeben.

A 3:
(1) Alle dem Arbeitnehmer zu Arbeitszwecken überlassenen Geschäftssachen, Notizen, Werkzeuge, Materialien, Aufzeichnungen und technische Geräte stehen im Eigentum des Arbeitgebers und sind jederzeit nach erfolgter Aufforderung bzw nach Beendigung des Arbeitsverhältnisses unverzüglich zurückzugeben.
(2) Soweit es sich um Gegenstände handelt, die dem Arbeitnehmer auch zur privaten Nutzung überlassen worden sind, ist das Recht zur privaten Nutzung von Seiten des Arbeitgebers zunächst wirksam zu widerrufen. Ein Recht des Arbeitgebers zum Widerruf der privaten Nut-

20 *Lippert*, NJW 1993, 769; Schaub/*Koch*, Arbeitsrechts-Handbuch, § 113 Rn 10.
21 Preis/*Preis*, Der Arbeitsvertrag, II H 40 Rn 13; OLG Düsseldorf 12.2.1986 – 11 U 76/85, NJW 1986, 2513; Schaub/*Linck*, Arbeitsrechts-Handbuch, § 150 Rn 4.
22 LAG Berlin-Brandenburg 17.12.2009 – 25 Sa 1571/09, BB 2010, 1084.
23 LAG Berlin-Brandenburg 17.12.2009 – 25 Sa 1571/09, BB 2010, 1084.

zungsmöglichkeit der Gegenstände (...) besteht nur aus wichtigem Grund nach § (...) dieses Vertrages.

(2) Gestaltungshinweise

2732 Aufgrund der gesetzlichen Lage und der Tatsache, dass dem Arbeitnehmer grds. lediglich die Stellung eines Besitzdieners zukommt, bedarf es hinsichtlich der Herausgabe von Arbeitsmitteln keiner gesonderten vertraglichen Regelung. Verweigert der Arbeitnehmer die Herausgabe ihm überlassener Arbeitsmittel, liegt ein Besitzentzug durch verbotene Eigenmacht vor. In diesen Fällen bestehen Herausgabeansprüche des Arbeitgebers gegen den Arbeitnehmer gem. §§ 861, 862 BGB und gem. § 985 BGB. Eine Klausel wie A 2 wiederholt im Normalfall lediglich die Gesetzeslage und ist somit, rein juristisch betrachtet, rein deklaratorisch und somit überflüssig, allerdings gem. § 307 Abs. 3 S. 1 BGB wirksam und unschädlich. Auch kann es nicht schaden, dem Arbeitnehmer im Arbeitsvertrag diese bereits gesetzlich bestehende Verpflichtung noch einmal ausdrücklich vor Augen zu führen, um Missverständnisse in Bezug auf Eigentums- und Besitzrechte von vorneherein vorzubeugen.

2733 Im Hinblick auf Gegenstände, bei denen die Eigentumsrechte später **unklar** sein könnten, **müssen Herausgaberegelungen** im Arbeitsvertrag ausdrücklich vereinbart werden. Herausgaberegelungen **sollten** getroffen werden, wenn der Arbeitnehmer im Einzelfall Besitzer ist und nicht bloßer Besitzdiener, so wenn ihm Arbeitsmittel zur **eigenverantwortlichen Entscheidung** überlassen werden. Dies kann zB bei einem leitenden Angestellten der Fall sein, wenn ihm ein **Dienstwagen** (s. dazu § 1 Rn 2038) oder ein **Laptop** laut Arbeitsvertrag **auch zur privaten Nutzung** überlassen wird.[24] Auch in anderen Bereichen unterhalb der Ebene der leitenden Angestellten, insb. in den Medien- oder Technikbranchen, ist es nicht unüblich, Arbeitnehmer technisches Equipment, wie zB Mobiltelefone oder Laptops, auch zur privaten Nutzung zur Verfügung zu stellen. In diesen Fällen empfiehlt sich dann ebenfalls eine ausdrückliche Regelung im Arbeitsvertrag.

2734 Probleme können sich im Zusammenhang mit einer jederzeitigen Herausgabepflicht nach Verlangen des Arbeitgebers wie in Klausel A 1 immer dann ergeben, wenn bestimmte Gegenstände nicht nur zur dienstlichen, sondern auch zur privaten Nutzung überlassen wurden. Ein auch zur **privaten Nutzung** überlassener Dienstwagen stellt – anders als ein rein dienstlich zu nutzendes Fahrzeug – nicht nur ein Arbeitsmittel dar. Der private Anteil der Nutzungsüberlassung wird im Regelfall als geldwerter Vorteil vom Entgelt des Arbeitnehmers abgezogen. Bei einem Laptop oder auch anderen technischen Gegenständen kommt diese Regelung in der Praxis allerdings nur selten zum Einsatz, auch wenn es genau genommen rechtlich korrekt wäre. Die Überlassung eines Dienstwagens ist Naturalbezug und damit Arbeitslohn, wenn der Arbeitnehmer den Wagen auch für private Zwecke nutzen darf.[25] Damit wird die private Nutzung des Dienstwagens unter steuerlichem Abzug des geldwerten Vorteils vom Gehalt zu einer zusätzlichen Gegenleistung für die geschuldete Arbeitsleistung.[26]

2735 Bei der Herausgabe eines auch zur privaten Nutzung überlassenen Fahrzeuges ist zwischen der Rückgabe während des laufenden Arbeitsverhältnisses und der Rückgabe nach Beendigung des Arbeitsverhältnisses zu unterscheiden. Mit der **Beendigung des Arbeitsverhältnisses** entfällt die Pflicht des Arbeitgebers zur Vergütung aus § 611 BGB. Damit endet – wegen ihres Charakters als Vergütungsbestandteil – auch die Pflicht zur privaten Nutzungsüberlassung. Gleichzeitig bedeutet die Beendigung des Arbeitsverhältnisses auch ein Ende des Besitzmittlungsverhältnisses, welches durch die Einräumung des privaten Nutzungsrechts begründet wurde. Ab diesem

24 OLG Düsseldorf 12.2.1986 – 11 U 76/85, NJW 1986, 2513.

25 BAG 23.6.2004 – 7 AZR 514/03, NZA 2004, 1287; BAG 23.6.1994 – 8 AZR 537/92, AP § 249 BGB Nr. 34; LAG Hamm 10.4.1991 – 2 (16) Sa 619/90, BB 1991, 1496.

26 BAG 19.12.2006 – 9 AZR 294/06, NZA 2007, 809; BAG 16.11.1995 – 8 AZR 240/95, AP § 611 BGB Sachbezüge Nr. 4; BAG 27.5.1999 – 8 AZR 415/98, AP § 611 BGB Sachbezüge Nr. 12.

Zeitpunkt kann der Arbeitgeber daher wegen des mangelnden Rechts zum Besitz des Arbeitnehmers die Herausgabe verlangen. Diese Grundsätze lassen sich generell auch auf andere zur privaten Nutzung überlassene Gegenstände übertragen.

Während des **laufenden Arbeitsverhältnisses** kann der Arbeitgeber dagegen nicht ohne Weiteres Herausgabe der zur privaten Nutzung überlassenen Sachen verlangen. Denn an diesen hat der Arbeitnehmer als Besitzmittler ein Recht zum Besitz. Als Teil der vertraglichen Vergütung ist die private Nutzungsmöglichkeit dem Arbeitnehmer grds. auch im Falle der Arbeitsverhinderung aus persönlichen Gründen, bspw wegen Krankheit, Urlaub oder Mutterschutz, so lange zu belassen, wie ein Entgeltfortzahlungsanspruch besteht.[27] Im Fall der privaten Nutzungsmöglichkeit ist der Arbeitnehmer grds. gerade nicht nur Besitzdiener, vielmehr besteht ein Besitzmittlungsverhältnis mit einem Besitzrecht gegenüber dem Eigentümer, so dass der Arbeitnehmer während des fortlaufenden Arbeitsverhältnisses nicht zur Herausgabe verpflichtet und der Arbeitgeber auch nicht zur Wegnahme berechtigt ist.[28] 2736

Allerdings bedarf es trotz des Entgeltcharakters der eingeräumten privaten Nutzung zu deren Entzug nicht unbedingt einer Änderungskündigung,[29] da auch ein Widerruf bestimmter Leistungen in gewissem Rahmen möglich bleibt. Entscheidend ist, dass der **Kerngehalt des Arbeitsverhältnisses nicht angetastet** werden darf. Der Kernbereich, gerade bei einer bestehenden privaten Nutzungsmöglichkeit, ergibt sich aus der von der Rspr für Zulagen, Zuschläge und ähnliche Gehaltsbestandteile mit der BAG-Entscheidung vom 12.1.2005[30] entwickelten Grenze. Eine Störung des Gegenseitigkeitsverhältnisses von Leistung und Gegenleistung, welche eine Änderungskündigung erforderlich macht, ist jedenfalls noch nicht anzunehmen, wenn weniger als 25 % des Verdienstes betroffen sind.[31] Die private Nutzungsmöglichkeit von einem Dienstwagen oder gar einem Dienstlaptop oder Diensthandy wird im Regelfall nicht einmal in die Nähe dieser Grenze gelangen. 2737

Der **geldwerte Vorteil** eines **Dienstwagens** macht selten mehr als 10 % des Gehalts aus, so dass es einer Änderungskündigung nach der Kernbereichslehre bei Entzug des Fahrzeuges nicht bedarf, vorausgesetzt, die Parteien haben die Bedingungen, unter denen der Entzug erfolgen darf, arbeitsvertraglich geregelt. Hierzu wird verlangt, dass die Widerrufsklausel die Gründe für einen Widerruf der privaten Nutzung – wie zB Freistellung während der Kündigungsfrist – ausdrücklich nennt.[32] Ein jederzeitiges Widerrufsrecht ohne Bindung an Sachgründe verstößt gegen § 308 Nr. 4 BGB.[33] 2738

Zur Herausgabe von **Arbeitsgerätschaften und -unterlagen** bietet sich grds. daher die Klauselvariante A 1 an. Bedeutung erlangt die Regelung allerdings nur, wenn Unklarheiten bezüglich der Besitzlage bestehen. Ist der Arbeitnehmer nur Besitzdiener, kommt der Klausel lediglich klarstellende Funktion im Hinblick auf die Rechtslage zu, so dass der Arbeitgeber komplikationslos den erwünschten Gegenstand jederzeit zurückfordern kann. Ist der Arbeitnehmer im Einzelfall Besitzer, wird die Klausel relevant, da sie trotz der Besitzrechte eine jederzeitige Rückforderungsmöglichkeit vorsieht. Im Fall der Überlassung von Gegenständen zur privaten Nutzung sind wegen des Entgeltcharakters die genannten Besonderheiten zu berücksichtigen. Demnach wäre eine entsprechende Klausel für Gegenstände, die der Arbeitnehmer privat nutzen darf, unwirksam, weil die Gründe für einen möglichen Widerruf gerade nicht ausdrücklich geregelt sind. Diesen Zusatz versucht Klausel A 3 umzusetzen, welche auf einen Widerruf der 2739

27 Moll/*Boudon*, MAH Arbeitsrecht, § 20 Rn 6; MüKo-BGB/*Müller-Glöge*, § 611 BGB Rn 705; Staudinger/*Richardi/Fischinger*, § 611 BGB Rn 778; Schaub/*Linck*, Arbeitsrechts-Handbuch, § 150 Rn 5.

28 *Krause*, RdA 2013, 129, 133; *Polloczek/Pruksch*, DStR 2011, 1764.

29 BAG 19.12.2006 – 9 AZR 294/06, NZA 2007, 809.

30 BAG 12.1.2005 – 5 AZR 364/04, NJW 2005, 1820.

31 BAG 19.12.2006 – 9 AZR 294/06, NZA 2007, 809; BAG 10.11.2006 – 5 AZR 721/05, NZA 2007, 87.

32 Moll/*Boudon*, MAH Arbeitsrecht, § 20 Rn 6; *Polloczek/Pruksch*, DStR 2011, 1764, 1765.

33 BAG 19.12.2006 – 9 AZR 294/06, NZA 2007, 809; BAG 20.4.2011 – 5 AZR 191/10, NJW 2011, 2153; BAG 21.3.2012 – 5 AZR 651/10, NJW 2012, 1756.

Privatnutzung ausdrücklich Bezug nimmt. Eine solche Klausel macht allerdings nur dann Sinn, wenn im Vertrag selbst auch ausdrücklich ein solches wirksames Widerrufsrecht vereinbart wurde. Das Widerrufsrecht sollte aus Klarstellungsgründen stets im unmittelbaren Zusammenhang mit der Vereinbarung der Privatnutzung geregelt werden, um den Sinnzusammenhang und eine größtmögliche Transparenz zu wahren. Die vertragliche Regelung, welche den Widerruf ermöglicht, sollte dann in einer Herausgabeklausel wie hier in Klausel A 3 Abs. 2 ausdrücklich benannt werden. Zum Inhalt und zu den Grenzen von Widerrufsvorbehalten allgemein s. § 1 Rn 4159 ff, speziell zu Widerrufsklauseln in Dienstwagenüberlassungsverträgen s. § 1 Rn 4174 ff.

2740 Insbesondere für den Fall einer Freistellung des Arbeitnehmers ist die Klauselvariante A 1 zu empfehlen. Die **Freistellung** unter Gehaltsfortzahlung bewirkt eine einseitige Suspendierung einer arbeitsvertraglichen Hauptleistungspflicht. Die beiderseitigen vertraglichen Nebenpflichten bestehen bei einer Freistellung fort.[34] Durch die Freistellung kommt es nicht zu einer Beendigung des Arbeitsverhältnisses. Eine häufig vertraglich nicht geklärte Frage ist, was mit den dem Arbeitnehmer überlassenen Arbeitsmitteln während der Freistellungsperiode zu geschehen hat. Wurde dem freigestellten Mitarbeiter auch die **private Nutzung** der Arbeitsmittel **gestattet,** ist er Besitzer, so dass petitorische Besitzschutzansprüche nicht greifen. Auch hier sind bei zur privaten Nutzung überlassenen Arbeitsmitteln die Grundsätze über den Widerrufsvorbehalt zu beachten. Das BAG hat in jüngerer Vergangenheit entschieden, dass grds. die Vereinbarung einer Rückgabepflicht für einen auch privat nutzbaren Dienstwagen während der Freistellung in Allgemeinen Geschäftsbedingungen zulässig ist, wobei allerdings eine Interessenabwägung im Einzelfall ergeben kann, dass eine Rückgabe erst nach Ablauf einer zumutbaren Auslauffrist möglich ist.[35] Ein Herausgabeanspruch ergibt sich dann neben den petitorischen und possessorischen Ansprüchen auch unmittelbar aus der Vertragsregelung selbst.

2741 Ist eine private Nutzung arbeitsvertraglich nicht vereinbart und wird dem Arbeitnehmer auch kein geldwerter Vorteil für die Nutzung des Arbeitsmittels angerechnet, ist dagegen davon auszugehen, dass der Arbeitnehmer nur ein Besitzdiener gem. § 855 BGB ist und dem Arbeitgeber Herausgabeansprüche gem. §§ 861, 862 BGB sowie § 985 BGB zustehen. Will der Arbeitgeber die zur Verfügung gestellten Arbeitsmaterialien während der Freistellung des Mitarbeiters komplikationslos zurückerhalten, empfiehlt sich die Klauselvariante A 1, die eine jederzeitige Herausgabepflicht begründet, auch während der Freistellungsphase.

bb) Klausel zur Herausgabe von Geschenken und andere Zuwendungen

(1) Klauseltyp B

2742 **B 1:** Sämtliche von dritter Seite dem Mitarbeiter zugewandten Geschenke oder sonstige Vergünstigungen sind unverzüglich dem Arbeitgeber anzuzeigen und herauszugeben.

B 2: Dem Arbeitnehmer wird hiermit verboten, Geschenke oder sonstige Vergünstigungen von Vertretern, Lieferanten oder Auftraggebern anzunehmen. Ausgenommen von dem Verbot sind alltägliche Gegenstände von geringem Wert wie bspw Schreibgeräte, Notizblöcke oder Kalender, deren Wert (...) € nicht überschreitet.

(2) Gestaltungshinweise

2743 In vielen Verträgen finden sich Vereinbarungen wie die Klausel B 2, die es dem Arbeitnehmer untersagen, Vergünstigungen oder Geschenke von dritter Seite anzunehmen. Verstößt der Arbeitnehmer gegen das arbeitsvertragliche Geschenkannahmeverbot, kann sein vertragswidriges

34 Küttner/*Kreitner*, Personalbuch, 191 (Freistellung von der Arbeit) Rn 4.
35 BAG 21.3.2012 – 5 AZR 651/10, NJW 2012, 1756.

Verhalten eine Kündigung durch den Arbeitgeber zur Folge haben.[36] Ein Anspruch auf Herausgabe ist im Einzelfall auch schon unabhängig von einer entsprechenden vertraglichen Klausel bejaht worden. So haben verschiedene Gerichte unter bestimmten Voraussetzungen einen Herausgabeanspruch des Arbeitgebers aus § 687 Abs. 2 iVm §§ 681 S. 2, 667 BGB abgeleitet.[37] In diesen Entscheidungen ging es allerdings stets um den Fall, dass ein Arbeitnehmer Schmiergelder oder andere Sonderleistungen von Dritten angenommen hat. Die Lit. ist dieser Rspr teilweise[38] gefolgt; andere[39] vertreten die Ansicht, ein solcher Herausgabeanspruch sei grds. mangels Anspruchsgrundlage abzulehnen. Aufgrund der nicht eindeutigen Rechtslage hinsichtlich des Bestehens eines gesetzlichen Herausgabeanspruchs ist daher zu empfehlen, die Herausgabe von Geschenken ausdrücklich in Form der Klausel B 1 zu regeln. Wirksamkeitsbedenken bestehen insoweit allerdings nicht.

cc) Klausel zur Herausgabe von Bonuspunkten

(1) Klauseltyp C

(1) Bonuspunkte oder andere Vorteile, die der Arbeitnehmer für die dienstliche Inanspruchnahme von Leistungen erhält, sind an den Arbeitgeber herauszugeben. Scheidet eine Herausgabe aufgrund eines Abtretungsverbotes aus, sind die dienstlich erworbenen Bonuspunkte oder sonstigen Vorteile bei der ersten Nutzungsmöglichkeit für dienstliche Zwecke einzusetzen.[40] 2744
(2) Scheidet der Arbeitnehmer aus dem Arbeitsverhältnis aus und ist weder eine Herausgabe noch eine dienstliche Nutzung der Bonuspunkte möglich, steht es dem Mitarbeiter frei, die Bonuspunkte gegen eine finanzielle Abgeltung für private Zwecke zu übernehmen. Entscheidet sich der Mitarbeiter gegen eine Übernahme, ist das Kundenkonto mit dem Anbieter unverzüglich zu löschen.

(2) Gestaltungshinweise

In einigen Fällen ist die Aufnahme einer Klausel zur Herausgabe dienstlich erworbener Flugmeilen oder anderer Vorteile in Betracht zu ziehen. In analoger Anwendung des § 667 BGB ist der Arbeitnehmer verpflichtet, all das herauszugeben, was er zur Ausführung und durch das Arbeitsverhältnis erlangt. Hierzu zählen alle Vorteile, die der Arbeitnehmer aufgrund eines inneren Zusammenhangs mit dem geführten Geschäft erhalten hat.[41] Ausgenommen sind lediglich Vorteile, die der Beauftragte nur „bei Gelegenheit" seiner Tätigkeit erlangt hat.[42] 2745

Nach einer Entscheidung des BAG[43] sind aus einem **Vielfliegerprogramm** erworbene Bonusmeilen für dienstlich veranlasste und vom Arbeitgeber bezahlte Flüge von dem Arbeitnehmer herauszugeben. Diese Rspr ist grds. auch auf **andere Kundenbindungsprogramme** übertragbar, wie sie aus dem Einzelhandel oder bei Gastronomiebetrieben bekannt sind, bei denen Bonuspunkte für die Inanspruchnahme einer Leistung oder den Kauf von Waren gewährt werden.[44] 2746

---

36 BAG 17.8.1972 – 2 AZR 415/71, AP § 626 BGB Nr. 65; ausf. zu den verschiedenen Reaktionsmöglichkeiten des Arbeitgebers auf Zuwiderhandlungen des Arbeitnehmers *Zimmer/Stetter*, BB 2006, 1445, 1449 ff.

37 BAG 14.7.1961 – 1 AZR 288/60, BB 1961, 1128; BAG 15.4.1970 – 3 AZR 259/69, BB 1970, 883; LAG Köln 1.9.1998 – 13 (11) Sa 754/97, LAGE Nr. 2 zu § 687 BGB; LAG Niedersachsen 14.9.2005 – 15 Sa 1610/03, LAGE Nr. 2 zu § 667 BGB 2002; LAG Rheinland-Pfalz 13.9.2006 – 10 Sa 66/06.

38 ErfK/*Preis*, § 611 BGB Rn 23; Tschöpe/*Schmalenberg*, Anwalts-Handbuch ArbR, 6. Aufl. 2009,Teil 2 A Rn 242; ebenso Tschöpe/*Rinck*, Anwalts-Handbuch ArbR, 8. Aufl. 2013, Teil 2 A Rn 242; Staudinger/*Richardi/Fischinger*, § 611 BGB Rn 671.

39 MünchHandbArbR/*Blomeyer*, § 53 Rn 113; *Boemke*, AR-Blattei SD 1228 „Nebenpflichten des Arbeitnehmers" Rn 381.

40 Vgl ähnl. Preis/*Preis*, Der Arbeitsvertrag, II H 40 Rn 18.

41 BGH 17.10.1991 – III ZR 352/89, NJW-RR 1992, 560; Staudinger/*Wittmann*, § 667 BGB Rn 1; MüKo-BGB/*Seiler*, § 667 BGB Rn 9.

42 Staudinger/*Wittmann*, § 667 BGB Rn 9.

43 BAG 11.4.2006 – 9 AZR 500/05, NZA 2006, 1089.

44 *Kock*, DB 2007, 462, 463; *Gragert*, NJW 2006, 3762, 3764.

Bei Mitarbeitern, von denen zu erwarten ist, dass sie regelmäßig Leistungen im Rahmen von Bonusprogrammen in Anspruch nehmen werden, ist zur Klarstellung und Streitvermeidung eine vertragliche Regelung über die Nutzung der Bonuspunkte zu empfehlen. So kann der Arbeitgeber die dienstliche Verwendung der Bonuspunkte vorschreiben. Eine solche ausdrückliche Regelung hat den Vorteil, dass sie die Entstehung eines Anspruchs der Arbeitnehmer auf private Nutzung aus betrieblicher Übung verhindert.[45] Zudem berücksichtigt sie das praktische Problem, dass die bei Forderungsrechten wie Flugmeilen allein mögliche Herausgabe durch Abtretung häufig an einem in den AGB des Flugunternehmens geregelten Abtretungsverbot scheitert.[46] Die Vergünstigung durch Flugmeilen kommt durch eine solche Regelung, welche den Gebrauch der Vergünstigungen für dienstliche Verwendungszwecke vorschreibt, dann dennoch dem Arbeitgeber zugute.

2747 Sind bei der **Beendigung des Arbeitsverhältnisses** noch dienstlich erlangte Bonuspunkte auf dem Konto des Arbeitnehmers vorhanden, sollte bezüglich deren Verwendung eine einvernehmliche Lösung gesucht werden. Da nach den üblichen Vertragsbedingungen eine Übertragung des Punktestandes grds. ausscheidet, bietet sich eine Regelung an, nach der der Arbeitnehmer gegen eine finanzielle Abgeltung die Bonuspunkte für sich verwenden kann.[47] Eine Verwendungsmöglichkeit sollte dem Mitarbeiter allerdings ausdrücklich offengestellt und selbst zur Entscheidung überlassen werden.

2748 Die Anordnung einer dienstlichen Verwendung von dienstlich erlangten Vorteilen bedarf **nicht** der **Mitbestimmung** des Betriebsrats. § 87 Abs. 1 Nr. 1 BetrVG ist nicht einschlägig, da es hier um eine Konkretisierung der Arbeitspflicht und damit um mitbestimmungsfreies Arbeitsverhalten geht. Will der Arbeitgeber hingegen die private Nutzung dienstlich erworbener Vorteile zulassen, besteht bezüglich dieser freiwilligen Leistung des Arbeitgebers ein Mitbestimmungsrecht nach § 87 Abs. 1 Nr. 10 BetrVG. Dabei kann der Betriebsrat aber nicht über das „Ob" der Gestattung der privaten Nutzung, sondern nur über die Ausgestaltung (das „Wie") mitbestimmen.

45 So auch Preis/*Preis*, Der Arbeitsvertrag, II H 40 Rn 19; *Gragert*, NJW 2006, 3762, 3764.
46 Preis/*Preis*, Der Arbeitsvertrag, II H 40 Rn 20.
47 Siehe auch *Kock*, DB 2007, 462, 463.

39. Incentive-Klauseln

Literatur

Albert, Zur Besteuerung sog. gemischter Reisen als Arbeitslohn, FR 2010, 1032; *Fischer*, Incentive-Reisen als Arbeitslohn, BB 1985, 250; *Göpfert/Siegrist*, Incentivereisen – Haftungsfalle für den Arbeitgeber?, NJW 2006, 2806; *Hußmann*, Die Besteuerung von Incentivereisen, DB 1985, 1858; *Weissensteiner*, Der Sachbezug, 2008.

a) Rechtslage im Umfeld

aa) Arbeitsrechtliche Aspekte

Arbeitgeber bieten gelegentlich, v.a. im Vertrieb, als zusätzlichen Vergütungsbestandteil zur Motivation der Mitarbeiter verschiedentlich Incentive-Reisen an. Die Reisen werden meist ausgelobt, je nach Umsatz findet sich der Mitarbeiter in einem Ranking wieder und hat sich die Reise durch herausgehobene Leistung erarbeitet. Der Arbeitgeber kann die meist als Gruppenreise ausgestalteten Incentive-Reisen wegen der Vielzahl der Teilnehmer, wozu oft auch die Ehepartner gehören, vergleichsweise günstig einkaufen. Ein alles entscheidender Vorteil wird personalwirtschaftlich darin gesehen, dass die Teilnehmer der Gruppenreise aus den Leistungsträgern des Unternehmens bestehen, die ihre Identifikation mit dem Unternehmen nach und durch eine solche Reise in der Gemeinschaft mit Kolleginnen und Kollegen stärken. 2749

Rechtssystematisch gehören die Incentives zur Gruppe der **Boni**.[1] An die einmal im Betrieb ausgelobten oder angebotenen Leistungsvoraussetzungen ist der Arbeitgeber gem. § 611 BGB **gebunden**.[2] Derjenige Arbeitnehmer, der die Leistungsvoraussetzungen erfüllt, erwirbt einen **Anspruch** auf die Incentive-Reise. Die Ankündigung des Arbeitgebers, bei einer Incentive-Reise „gehe alles auf Firmenkosten", enthält eine **Nettolohnvereinbarung**.[3] Zu unterscheiden sind innerbetriebliche Auslobungen von externen Auslobungen Dritter. Nimmt der Arbeitgeber an einem Lieferantenwettbewerb teil (Einzelhandelsunternehmer mit angestelltem Dekorateur), kommt der ausgelobte Preis – eine Reise im Wert von 3.579 € – allein dem Arbeitgeber als dem Vertragspartner des Auslobenden zugute;[4] der angestellte Dekorateur kann keinen Anspruch auf den Preis erheben. 2750

Die Auslobung einer Incentive-Reise ist Teil der betrieblichen Lohngestaltung und deshalb **mitbestimmungspflichtig** nach § 87 Abs. 1 Nr. 10 BetrVG.[5] 2751

bb) Steuerrechtliche Aspekte

Die einem Arbeitnehmer gewährte Incentive-Leistung ist steuerpflichtiger Arbeitslohn gem. § 19 EStG.[6] Damit ist die Incentive-Leistung vom Arbeitgeber grds. wie der übliche Lohn nach § 38 EStG zu versteuern. Der Arbeitgeber kann eine Bruttoeinzelversteuerung nach den individuellen Merkmalen der Lohnsteuerkarte durchführen (§ 39 b Abs. 3 EStG).[7] Unter den Voraussetzungen des § 40 Abs. 1 Nr. 1 EStG kann auf Antrag des Arbeitgebers beim Betriebsstättenfinanzamt eine pauschale Versteuerung vorgenommen werden, wenn sonstige Bezüge einer Zahl von 20 Arbeitnehmern und mehr gewährt werden. Die Pauschalierung ist ausgeschlossen, soweit der Arbeitgeber einem Arbeitnehmer sonstige Bezüge von mehr als 1.000 € im Kalenderjahr gewährt. 2752

---

1 S. dazu § 1 Rn 1772 ff (21. Bonusregelungen, Zielvereinbarungen, Tantieme und Provision).

2 Die innerbetriebliche Auslobung ist keine Auslobung gem. § 657 BGB, weil sie sich auch in großen Betrieben an einen bestimmbaren und abgegrenzten Personenkreis richtet, vgl nur Palandt/*Sprau*, § 657 BGB Rn 3.

3 LAG Düsseldorf 7.2.1990 – 4 Sa 1302/89, DB 1990, 844.

4 BAG 12.3.1997 – 5 AZR 669/95, NJW 1997, 2903.

5 Siehe auch BAG 10.7.1979 – 1 ABR 88/77, DB 1979, 2497; BAG 30.3.1982 – 1 ABR 55/80, DB 1982, 1519.

6 BFH 9.3.1990 – VI R 48/87, BStBl. II 1990, 711.

7 *Ebert/Hitz*, ArbRB 2005, 334.

2753 Ergibt die Gesamtwürdigung, dass die zugewendete Reise eine Entlohnung darstellt, sind einzelne Kosten, die der Arbeitnehmer selbst getragen hat, wie zB die Anreise zum Flughafen, keine Werbungskosten.[8] Eine Incentive-Reise ist für den Arbeitgeber eine Betriebsausgabe.[9] Der Arbeitgeber ist verpflichtet, für derartige Zuwendungen Lohnsteuer einzubehalten, soweit die erhaltene Sachprämie im Kalenderjahr 1.080 € übersteigt.[10] Wird eine Reise vom Arbeitgeber zum Zwecke der Entlohnung finanziert, so ist der damit verbundene Vorteil auch dann Arbeitslohn, wenn die Teilnehmer durch Losentscheid bestimmt werden. Eine Unterbrechung des Zusammenhangs mit dem Dienstverhältnis tritt nicht ein.[11] Seit 1.1.2007 existiert für bestimmte Sachzuwendungen eine neue Pauschalierungsmöglichkeit. Diese ist in § 37 b EStG geregelt. Da eine zugewendete Reise, die nicht unter eine echte Geschäftsreise fällt, einen Sachbezug darstellt, kann sie unter den Voraussetzungen des § 37 b Abs. 2 EStG mit einem Pauschsteuersatz von 30 v.H. abgeltend erfasst werden.

2754 Hat der Arbeitgeber in einem Begleitschreiben dem Mitarbeiter mitgeteilt, dass die gesamte Reise auf Firmenkosten gehe, übernimmt der Arbeitgeber die Verpflichtung, die auf den Arbeitnehmer entfallende Lohn- und Kirchensteuer zu übernehmen, wenn sich später herausstellt, dass die Reisekosten vom Finanzamt nicht als Betriebsausgaben anerkannt werden.[12]

2755 Werden Incentive-Leistungen durch einen **Dritten** an den Arbeitnehmer gewährt (Beispiel: Geschenk einer Eintrittskarte zu einer Sportveranstaltung durch Lieferant der Firma), ist § 38 Abs. 1 S. 3 EStG zu beachten, der besagt, dass auch der im Rahmen des Dienstverhältnisses von einem Dritten gewährte Arbeitslohn der Lohnsteuer unterliegt, wenn der Arbeitnehmer weiß oder erkennen kann, dass derartige Vergütungen erbracht werden. Nach § 38 Abs. 4 S. 3 EStG muss der Arbeitnehmer dem Arbeitgeber die von einem Dritten gewährten Bezüge am Ende des jeweiligen Lohnzahlungszeitraums angeben. Nach Ansicht des Bundesministeriums der Finanzen ist der objektive Tatbestand der Steuerverkürzung (§ 370 AO) erfüllt, wenn der Arbeitnehmer der Angabepflicht nicht nachkommt.[13]

cc) Sozialversicherungsrechtliche Aspekte

2756 Gewährt der Arbeitgeber Incentives mit dem Ziel, dem eigenen Arbeitnehmer neben dem laufend gezahlten Arbeitsentgelt eine zusätzliche Vergütung für geleistete Arbeit zukommen zu lassen und zugleich einen Anreiz für weitere erfolgreiche Arbeit zu schaffen, so sind diese Zuwendungen auch sozialversicherungsrechtlich Arbeitsentgelt iSd § 14 Abs. 1 S. 1 SGB IV. Liegt wegen der Zuwendung durch einen Kunden oder einen Lieferanten des Arbeitgebers bei der Einladung zu einem Event oder bei einer Incentive-Reise ein sog. **Lohn Dritter** vor, unterliegen die Einnahmen aus nichtselbständiger Tätigkeit als Arbeitsentgelt iSd § 14 SGB IV auch uneingeschränkt der Sozialversicherung. Da davon auszugehen ist, dass dem „eingeladenen" Arbeitnehmer die Zuwendung als Naturalleistung zukommen soll und er im Zweifel davon ausgehen darf, dass ihm der Wert der Zuwendung netto zugute kommt und er nicht Sozialversicherungsbeiträge darauf entrichten muss, sind die auf die Zuwendung entfallenen Gesamtsozialversicherungsbeiträge in voller Höhe vom Arbeitgeber zu entrichten.[14]

8 BMF, Schreiben vom 14.10.1996, DB 1996, 2155.
9 BFH 23.1.1985 – I R 260/81, BFH NV 85, 26.
10 *Hußmann*, DB 1985, 1858.
11 BFH 25.11.1993 – VI R 45/93, BStBl. II 1994, 254 = DStR 1994, 317.
12 LAG Düsseldorf 7.2.1990 – 4 Sa 1302/89, DB 1990, 844.
13 BMF, BStBl. I 2004, S. 173 Tz. III 2.
14 Küttner/*Schlegel*, Personalbuch, 225 (Incentivereisen) Rn 16.

b) Klauseltypen und Gestaltungshinweise

aa) Klauseltyp

Das Unternehmen schreibt jährlich für Vertriebsmitarbeiter eine Incentive-Reise aus. Der Mitarbeiter kann sich an dieser Ausschreibung beteiligen. Etwaige auf die Incentive-Reise entfallende Lohn- oder Kirchensteuer trägt das Unternehmen. 2757

bb) Gestaltungshinweise

Es empfiehlt sich aus Arbeitgebersicht, Incentive-Klauseln nicht in den Arbeitsvertrag aufzunehmen. Denn dadurch entsteht – jedenfalls bei der vorliegenden Klausel – die Pflicht zur Durchführung des Incentive-Wettbewerbs und damit eine unnötige Bindung, die gerade bei derartigen Zusatzanreizen kontraproduktiv für die Mitarbeitermotivation ist. Aber auch ohne vertragliche Zusage des Wettbewerbs ist eine Bindung zu vermeiden; bei wiederholter Durchführung eines (identischen oder ähnlichen) Wettbewerbs ist eine Bindung durch betriebliche Übung denkbar. Insoweit ist Vorsicht geboten und vorsorglich die Ankündigung des Wettbewerbs und die Einladung zur Teilnahme mit einem Freiwilligkeitsvorbehalt für die Zukunft zu versehen. 2758

Um Streit über die Steuerlast auszuschließen, enthält die Klausel entsprechend der Vermutung einer **Nettolohnvereinbarung** in S. 3 klarstellend eine Verpflichtung des Arbeitgebers, etwaig anfallende Lohn- und Kirchensteuer zu tragen. Die Parteien können allerdings auch – entsprechend den allgemeinen Regeln – die Lohnsteuerlast dem Arbeitnehmer ausdrücklich auferlegen. Wie allgemein ist auch für Incentive-Klauseln vor Nettolohnvereinbarungen zu warnen. Bei gewöhnlichen Incentives können uU für beide Arbeitsvertragsparteien steuerliche Nachteile entstehen: Dem Arbeitnehmer können etwaige gesetzliche Steuerentlastungen verloren gehen. Für den Arbeitgeber kann es sich nachteilig auswirken, dass sich die Lohnsteuerbelastung des Arbeitnehmers allein durch Änderung persönlicher Umstände, die in der Sphäre des Arbeitnehmers liegen, erhöhen kann.[15] 2759

15 *Ebert/Hitz*, ArbRB 2005, 334.

40. Internet- und E-Mail-Nutzungsklauseln

Literatur

Barton, Betriebliche Übung und private Nutzung des Internetarbeitsplatzes, NZA 2006, 460; *Beckschulze*, Internet-, Intranet- und E-Mail-Einsatz am Arbeitsplatz, DB 2007, 1526; *Bertram*, Offline: Verbot privater Internetnutzung am Arbeitsplatz jederzeit möglich?, GWR 2012, 388; *Däubler*, Internet und Arbeitsrecht, 4. Aufl. 2013; *Deutsch/Diller*, Die geplante Neuregelung des Arbeitnehmerdatenschutzes in § 32 BDSG, DB 2009, 1462; *Ernst*, Der Arbeitgeber, die E-Mail und das Internet, NZA 2002, 585; *Fleischmann*, Betriebliche Übung zur Privatnutzung üblicher elektronischer Kommunikationsmittel, NZA 2008, 1397; *Hützen*, Facebook und die Folgen – Arbeitsrechtliche Probleme bei der Nutzung sozialer Netzwerke, AE 2013, 39; *Joussen*, Mitarbeiterkontrolle: Was muss, was darf das Unternehmen wissen?, NZA-Beil. 2011, 35; *Koch*, Rechtsprobleme privater Nutzung betrieblicher elektronischer Kommunikationsmittel, NZA 2008, 911; *Kort*, Einsatz von IT-Sicherheitsmaßnahmen durch den Arbeitgeber: Konsequenzen einer Anwendung des Telekommunikationsgesetzes, DB 2012, 2092; *Kramer*, Internetnutzung als Kündigungsgrund, NZA 2004, 457; *ders.*, Kündigung eines leitenden Angestellten wegen privater Internetnutzung, NZA 2013, 311; *Kratz/Gubbels*, Beweisverwertungsverbote bei privater Internetnutzung am Arbeitsplatz, NZA 2009, 652; *Laws*, Äußerungen des Arbeitnehmers im Web 2.0, MDR 2014, 501; *Legerlotz*, Social Media im Unternehmen, IPRB 2013, 15; *Lensdorf/Born*, Die Nutzung und Kontrolle des dienstlichen E-Mail-Accounts und Internetzugangs, CR 2013, 30; *Lunk*, Prozessuale Verwertungsverbote im Arbeitsrecht, NZA 2009, 457; *Mengel*, Compliance und Arbeitsrecht, 2009; *dies.*, Kontrolle der Telefonkommunikation am Arbeitsplatz, BB 2004, 1445; *dies.*, Kontrolle der E-Mail- und Internet-Kommunikation am Arbeitsplatz, BB 2004, 2014; *dies.*, Alte arbeitsrechtliche Realitäten im Umgang mit der neuen virtuellen Welt, NZA 2005, 752; *Notz*, Arbeitsrechtliche Aspekte der Internetnutzung am Arbeitsplatz, in: Arbeitsgemeinschaft Arbeitsrecht im Deutschen Anwaltverein, FS zum 25-jährigen Bestehen, 2006, S. 1263 ff; *Raffler/Hellich*, Unter welchen Voraussetzungen ist die Überwachung von Arbeitnehmer-E-Mails zulässig?, NZA 1997, 862; *Sassenberg/Mantz*, Die (private) E-Mail-Nutzung im Unternehmen, BB 2013, 889; *Schuster*, Die Internetnutzung als Kündigungsgrund, Diss., 2009; *Seel*, Aktuelles zum Umgang mit E-Mails und Internet im Arbeitsverhältnis, öAT 2013, 4.

a) Rechtslage im Umfeld

aa) Ausgangsüberlegungen

2760 E-Mail und Internet sind Kommunikationsformen und Medien, die aus der Arbeitswelt der meisten Arbeitnehmer nicht mehr hinwegzudenken sind und immer noch mehr Bedeutung erlangen. Die Kommunikation per Brief und Fax nimmt weiter ab; nur vor allem im Umgang mit öffentlichen Stellen erhalten sich noch die klassischen Korrespondenzformen. Unternehmen beginnen, auf ein vollständig „elektronisches Büro" oder Archiv umzustellen. Unverändert sind aber sehr wesentliche und grundlegende Fragen dazu, vor allem zur Kontrolle dieser Kommunikation und ihrer Inhalte durch den Arbeitgeber, in Gesetzgebung, Rspr und Lit. ungelöst. Viele Unternehmen schaffen sich daher mit der fortschreitenden „E-Communication" entsprechend wachsende Probleme bei der unternehmerischen Steuerung oder der Compliance mit den datenschutzrechtlichen Anforderungen – oftmals offenbar, ohne dies zu realisieren.

2761 Soweit Arbeitnehmer E-Mail und Internet **nur** zu **dienstlichen Zwecken** nutzen (dürfen), entstehen vergleichsweise wenig arbeitsrechtliche Probleme, vor allem ist der Arbeitgeber dann richtigerweise uneingeschränkt zur Kontrolle der E-Mails und Internetnutzung, auch im Hinblick auf die Inhalte, befugt; der Arbeitnehmer hat insoweit kein weitergehendes Schutzbedürfnis als bei der Kontrolle von dienstlichen Papierakten durch den Arbeitgeber.[1]

2762 Inzwischen ist auch der Streit um die Einrichtung eines Internetzugangs für die **Betriebsratsarbeit** durch die Rspr weitgehend geklärt.[2]

2763 Ein Arbeitgeber darf einen Arbeitnehmer **zur E-Mail- und Internetnutzung anweisen.** Ebenso darf ein Arbeitgeber jede Form von IT-technischen Betriebsmitteln unter Beachtung der datenschutzrechtlichen und ggf mitbestimmungsrechtlichen Voraussetzungen installieren und die Nutzung zu dienstlichen Zwecken – soweit erforderlich, nach Schulung – vorgeben. Auch eine

1 Vgl dazu nur *Beckschulze*, DB 2007, 1526, 1529; *Mengel*, BB 2004, 2014, 2019 mwN; *Deutsch/Diller*, DB 2009, 1462, 1464 f.

2 BAG 19.3.2014 – 7 ABN 91/13, ArbN 2014, Nr. 4, 38; BAG 18.7.2012 – 7 ABR 23/11, NZA 2013, 49; BAG 20.1.2010 – 7 ABR 79/08, juris (LS 2).

in der Vergangenheit langjährig genutzte andere Kommunikationsform gibt dem Arbeitnehmer kein Recht, sich neuen Kommunikationsformen zur dienstlichen Anwendung zu verweigern.[3]

Der Umgang mit E-Mail und Internet am Arbeitsplatz birgt ein erhebliches Konfliktpotential zwischen Arbeitgeber und Arbeitnehmer, jedenfalls wenn der Arbeitnehmer das Arbeitsmittel **arbeitsvertragswidrig zu privaten Zwecken** einsetzt oder der Arbeitgeber die dienstliche wie private Nutzung dieses Arbeitsmittels gestattet, dann aber zu invasiv prüft und auswertet. Die aus der privaten wie dienstlichen Nutzung entstehenden Folgen (System- oder Datenschäden durch IT-Viren, Belastung der EDV-Systeme des Unternehmens, vertragswidrig verwendete Arbeitszeit) werfen eine Reihe von Rechtsfragen auf. Diese haben sehr hohe Praxisrelevanz. Mehr als 60 % aller Arbeitnehmer mit Internetzugang am Arbeitsplatz nutzen mindestens einmal am Tag aus privaten Gründen das WorldWideWeb. Hieraus lässt sich pro Arbeitnehmer durchschnittlich ein Ausfall an Arbeitszeit von 17 Tagen im Jahr folgern.[4] Vor diesem Hintergrund verwundert es kaum, dass sich die Rspr seit Jahren vermehrt mit arbeitsrechtlichen Streitigkeiten um die Einführung, Nutzung und Kontrolle von E-Mail-, Intranet- und Internetdiensten am Arbeitsplatz befasst,[5] zunehmend auch mit Streitigkeiten um die Inhalte von Mitteilungen der Arbeitnehmer auf privaten Profilen von Social Media wie zB Facebook und Blogs sowie anderen Äußerungen im Internet.[6] 2764

bb) Verbot der E-Mail- und Internetnutzung

Es liegt grds. in der freien Entscheidung des Arbeitgebers, da er der Eigentümer/Inhaber der E-Mail- und Internetsysteme ist und der Arbeitnehmer meist nur die Stellung eines Besitzdieners hat (s. § 1 Rn 2721 f), ob und in welchem Umfang er den Arbeitnehmern die Nutzung des Internets sowie der E-Mail-Systeme gestattet.[7] Ohne eine Erlaubnis des Arbeitgebers besteht **kein Recht der Arbeitnehmer** zur privaten Nutzung der EDV, E-Mail-Dienste oder des Internet.[8] Das BAG hat ebenfalls geurteilt, dass die Arbeitnehmer auch ohne ein ausdrückliches Verbot nicht darauf vertrauen können, der Arbeitgeber werde die private Internetnutzung in erheblichem Umfang („ausschweifend") tolerieren.[9] In jedem Fall darf der Arbeitgeber die Privatnutzung der Kommunikationssysteme – vorbehaltlich der Notfallnutzung – ausdrücklich untersagen. Dies ist auch eine mitbestimmungsfreie Entscheidung zum Umgang mit Arbeitgebereigentum bzw Betriebsmitteln. 2765

Verstöße gegen derartige nach Direktionsrecht zulässige Verbote der Privatnutzung von Arbeitsmitteln, so auch bei einem Verbot der privaten E-Mail- oder Internetnutzung, berechtigen den Arbeitgeber – wie bei jeder anderen Pflichtverletzung auch – von einem gewissen Gewicht an zur **Abmahnung**.[10] Je nach Schwere und Dauer rechtfertigt die unzulässige Privatnutzung 2766

3 BAG 23.6.1992 – 1 AZR 57/92, NZA 1993, 89 (sog. Konkretisierung); LAG Düsseldorf 23.6.1994 – 12 Sa 489/94, LAGE § 611 BGB Direktionsrecht Nr. 18.

4 *Vehslage*, AnwBl 2001, 145 Fn 2.

5 http://www.eurolawyer.at/pdf/Rechtsprechungsuebersicht_AR_Internet.pdf.

6 LAG Hamm 10.10.2012 – 3 Sa 644/12, ZD 2013, 93; ArbG Duisburg 26.9.2012 – 5 Ca 949/12, NZA-RR 2013, 18; ArbG Hagen 16.5.2012 – 3 Ca 2597/11, ArbRB 2012, 365; vgl dazu *Legerlotz*, IPRB 2013, 15; *Hützen*, AE 2013, 39.

7 *Bertram*, GWR 2013, 388, 389; *Ernst*, NZA 2002, 585; *Mengel*, BB 2004, 2014.

8 *Lindemann/Simon*, BB 2001, 1950; *Mengel*, BB 2004, 2014; *Koch*, NZA 2008, 911, 914; aA mit bedenklichen Ergebnissen LAG Köln 11.2.2005 – 4 Sa 1018/04, MDR 2006, 36.

9 BAG 31.5.2007 – 2 AZR 200/06, NZA 2007, 922; BAG 7.7.2005 – 2 AZR 581/04, NZA 2006, 98.

10 BAG 19.4.2012 – 2 AZR 186/11, NZA 2013, 27; LAG Nürnberg 6.8.2002 – 6 (5) Sa 472/01, NZA-RR 2003, 191; LAG Niedersachsen 13.1.1998 – 13 Sa 1235/97, NZA-RR 1998, 259; LAG Köln 2.7.1998 – 6 Sa 42/98, NZA-RR 1999, 192; LAG Düsseldorf 25.3.2004 – 11 (6) Sa 79/04, AiB 2004, 639; LAG Rheinland-Pfalz 18.12.2003 – 4 Sa 1288/03, BB 2004, 1682; ArbG Hannover 1.12.2000 – 1 Ca 504/00 B, CR 2002, 226, 228; ArbG Frankfurt/M. 14.7.1999 – 2 Ca 8824/98, NZA-RR 2000, 135.

von E-Mail oder Internet während der Arbeitszeit ggf eine **verhaltensbedingte Kündigung.**[11] Eine vorherige Abmahnung ist u.a. dann regelmäßig erforderlich, wenn eine klare betriebliche Regelung über die Privatnutzung fehlt.[12]

2767 Wenn der Arbeitnehmer E-Mail oder Internet während der Arbeitszeit zu privaten Zwecken in erheblichem zeitlichem Umfang („ausschweifend") nutzt und damit seine arbeitsvertraglichen Pflichten verletzt, kann für diesen „**Arbeitszeitbetrug**" sogar eine **außerordentliche Kündigung** in Betracht kommen.[13] Die verhaltensbedingte oder außerordentliche Kündigung kommt erst recht in Betracht, wenn der Arbeitnehmer – unabhängig von einer Privatnutzungserlaubnis oder einem Verbot der Privatnutzung – durch die private Nutzung einen **Straftatbestand** verwirklicht hat, zB durch das Aufrufen unzulässiger Internetseiten wie Seiten mit unzulässig rechtsextremen oder anderen strafbaren Inhalten, oder die dienstliche E-Mail zum Verrat von Betriebs- oder Geschäftsgeheimnissen oder Konkurrenztätigkeit nutzt.[14]

2768 Hat der Arbeitgeber die private E-Mail-/Internetnutzung gebilligt, geduldet oder gestattet – meist ohne ausdrückliche Erklärung –, entsteht auch dadurch – jedenfalls nach einem längerem Zeitraum – das Recht zur Privatnutzung aufgrund eines Vertrauenstatbestandes bzw faktischer Gewährung mit Wissen und Wollen des Arbeitgebers.[15] Richtigerweise entzieht sich die E-Mail- und Internetnutzung aber als Dauertatbestand einer **betrieblichen Übung.**[16] Die **Duldung der Privatnutzung** führt im Zweifel auch dann zu einem **Privatnutzungsrecht** für die Arbeitnehmer, wenn im Arbeitsvertrag oder in Richtlinien pauschal die Privatnutzung untersagt ist – das widersprüchliche Verhalten soll zu Lasten des Arbeitgebers gehen. Unternehmen müssen daher nach der Festlegung eines Nutzungsverbotes auch hinreichende **Stichproben** zur (Zufalls-)Kontrolle des Verbotes einführen und gegen Verstöße vorgehen, um konsequent zu handeln. Die herausgreifende Prüfung eines bestimmten Betriebsratsmitglieds – oder bestimmter anderer Arbeitnehmer – ohne besondere Veranlassung kann aber einen Verstoß gegen das Gebot zur Gleichbehandlung gem. § 75 BetrVG darstellen.[17]

2769 Die ggf entstandenen Nutzungsbefugnisse des Arbeitnehmers kann der Arbeitgeber nur durch eine neue (ausdrückliche) Vereinbarung oder – schwer zu rechtfertigen – durch eine Änderungskündigung beseitigen. Bei der Duldung scheiden Freiwilligkeits- oder Widerrufsvorbehalte der Natur der Sache nach aus; denkbar ist aber auch noch eine „kollektiv günstigere ablösende Betriebsvereinbarung".[18]

2770 Das Verbot der privaten Internetnutzung unterliegt – anders als die Einführung der IT-Technik (Hardware und Software) für die Nutzung von Internet und E-Mail – gem. § 87 Abs. 1 Nr. 6 BetrVG **keiner Mitbestimmung** durch den Betriebsrat.[19]

---

11 BAG 7.7.2005 – 2 AZR 581/04, NJW 2006, 530 = NZA 2006, 98; LAG Hessen 13.12.2001 – 5 Sa 987/01, DB 2002, 901; ArbG Frankfurt 2.1.2002 – 2 Ca 5340/01, NZA 2002, 1093; ArbG Wesel 21.3.2001 – 5 Ca 4021/00, NJW 2001, 2490 = NZA 2001, 786; ArbG Würzburg 16.12.1997 – 1 Ca 1326/97, NZA-RR 1998, 444.

12 LAG Köln 20.3.2009 – 10 Sa 1283/08, juris.

13 BAG 7.7.2005 – 2 AZR 581/04, NZA 2006, 98; LAG Köln 20.3.2009 – 10 Sa 1283/08, juris (Rn 24 f); vgl auch *Mengel*, NZA 2005, 752, 753.

14 BAG 31.5.2007 – 2 AZR 200/06, NZA 2007, 922; BAG 27.4.2006 – 2 AZR 386/05, NZA 2006, 977; BAG 7.7.2005 – 2 AZR 581/04, NZA 2006, 98; ArbG Braunschweig 22.1.1999 – 3 Ca 370/98, NZA-RR 1999, 192 f.

15 Vgl *Mengel*, BB 2004, 2014, 2015 mwN.

16 Vgl dazu nur *Bertram*, GWR 2012, 388, 391 f; *Beckschulze*, DB 2007, 1526; *Mengel*, BB 2004, 2014, 2015 mwN; *Koch*, NZA 2008, 911, 914; aA Küttner/*Kreitner*, Personalbuch, 229 (Internet-/Telefonnutzung) Rn 4.

17 LAG Sachsen-Anhalt 23.11.1999 – 8 TaBV 6/99, NZA-RR 2000, 476.

18 *Barton*, NZA 2006, 460.

19 LAG Hamm 7.4.2006 – 10 TaBV 1/06, NZA-RR 2007, 20; *Seel*, öAT 2013, 4, 5.

cc) Erlaubnis der E-Mail- und Internetnutzung

In der Praxis erlauben aber die meisten Unternehmen die private Nutzung der dienstlichen Telekommunikationssysteme, oftmals mit der Vorgabe bestimmter Grenzen. Die Gestattung kann – wie etwa bei der privaten Telefonnutzung[20] – ausdrücklich im **Arbeitsvertrag** oder durch **Betriebsvereinbarung** geregelt werden. Tarifvertragliche Regelungen sind bisher untypisch, aber für einen Haustarifvertrag denkbar. 2771

Ob und wann die private Nutzung aufgrund einer **konkludenten Gestattung** zulässig ist, ist regelmäßig **schwer abgrenzbar zur Duldung der Privatnutzung** bzw, soweit sie für unzutreffend einschlägig gehalten wird, **zur betrieblichen Übung**[21] (s. dazu § 1 Rn 2768). Falsch ist es aber, eine konkludente Gestattung der privaten E-Mail-/Internetnutzung bereits dann in Betracht zu ziehen, wenn der Arbeitgeber das **private Telefonieren** erlaubt.[22] Denn der Arbeitgeber darf durchaus zwischen verschiedenen Kommunikationstypen unterscheiden und das eine Medium verbieten, das andere zulassen. Aus einem Verbot privater Gespräche über das Telefon soll daher angesichts der verschiedenen Kosten für den Arbeitgeber auch kein Privatnutzungsverbot für E-Mail- und Internetnutzung zu folgern sein.[23] Zu beachten ist allerdings, dass private E-Mails, in der Arbeitszeit verfasst, oder umfassendes Internetsurfen am Arbeitsplatz eine erhebliche Reduktion der dem Arbeitgeber geschuldeten Arbeitszeit bedeuten können, insb. wenn es keine Vertrauensarbeitszeit gibt. Deshalb bleibt es bei dem Grundsatz, dass private E-Mails und die private Internetnutzung der dienstlichen Systeme am Arbeitsplatz – und erst recht, soweit es um die Privatnutzung während der Arbeitszeit geht – nur dann und in dem Umfang erlaubt sind, in dem der Arbeitgeber sie **ausdrücklich gestattet.** 2772

Gestattet der Arbeitgeber die Privatnutzung, ist zur Erhöhung der Rechtssicherheit ebenso wie zur Anleitung der Arbeitnehmer unbedingt die Vorgabe von Nutzungsgrenzen zu Dauer und Inhalt der Nutzungserlaubnis zu empfehlen. Inzwischen befolgen zunehmend mehr Unternehmen diesen Rat und legen unmittelbar im Zusammenhang mit der Nutzungserlaubnis – im Arbeitsvertrag oder in einer Betriebsvereinbarung – auch den **Nutzungsumfang** fest, insb. **wie lange und wie oft** Arbeitnehmer E-Mail und Internet privat nutzen und welche Webseiten sie nicht aufrufen dürfen. Wichtig ist es dabei auch, **adäquate Kontrollen** vorzusehen und die – formgerechte – Einwilligungserklärung des Arbeitnehmers im Gegenzug für die Nutzungserlaubnis einzuholen. Andernfalls ist bei erlaubter Privatnutzung der Zugriff des Arbeitgebers auf die E-Mails der einzelnen Mitarbeiter, auch auf dienstliche E-Mails, stark eingeschränkt bis unmöglich, weil die privaten Nutzungsdaten und -ergebnisse dem Telekommunikationsgeheimnis unterliegen.[24] 2773

Bei einer zeitlich und dem Umfang nach nicht näher präzisierten Erlaubnis sind ein privates Internetsurfen und die private E-Mail-Nutzung **jedenfalls in Pausen** und vor Anmelden bzw nach Abmelden aus einem Gleitzeitsystem zulässig,[25] regelmäßig auch eine kurze und nicht invasive Nutzung während der Arbeitszeit. 2774

Daher können sich auch bei Bestehen einer grundsätzlichen Privatnutzungserlaubnis **kündigungsrelevante Pflichtverletzungen** ergeben. Überschreitet der Arbeitnehmer die vorgegebenen Grenzen der Nutzungserlaubnis, liegt eine Pflichtverletzung vor, die den Arbeitgeber je nach Schweregrad oder im Wiederholungsfall zur **verhaltensbedingten Kündigung** berechtigen 2775

---

20 Schaub/*Linck*, Arbeitsrechts-Handbuch, § 53 Rn 45 ff; Küttner/*Kreitner*, Personalbuch, 229 (Internet-/Telefonnutzung) Rn 2.

21 AA *Mengel*, BB 2004, 2014, 2015; *Bertram*, GWR 2012, 388, 392.

22 *Ernst*, NZA 2002, 585 f.

23 *Sassenberg/Mantz*, BB 2013, 889.

24 Vgl nur *Mengel*, BB 2004, 2014, 2017 f mwN.

25 *Lensdorf/Born*, CR 2013, 30, 33; *Ernst*, NZA 2002, 585.

kann.[26] In schweren Fällen kann auch – trotz Privatnutzungserlaubnis – eine fristlose Kündigung gerechtfertigt sein. Hierzu hat das BAG in einer begrüßenswerten grundlegenden Entscheidung festgestellt, dass die exzessive Nutzung des Internets während der Arbeitszeit zu privaten Zwecken eine schwere Pflichtverletzung sein kann, die den Arbeitgeber ohne vorangegangene Abmahnung zu einer fristgemäßen Kündigung des Arbeitsverhältnisses aus verhaltensbedingten Gründen berechtigen kann.[27] Dabei seien kündigungsrelevant u.a. das Herunterladen erheblicher Datenmengen auf betriebliche Datensysteme, die zusätzlich verursachten Kosten und die Verletzung der Arbeitspflicht, wenn die Privatnutzung in der Arbeitszeit geschieht. Nach richtiger Ansicht des BAG ist bei der Beurteilung der Kündigungsgründe auch die damit verbundene mögliche Rufschädigung des Arbeitgebers in der Interessenabwägung zu berücksichtigen.[28] Diese Grundsätze sind auch auf die (erlaubte) Privatnutzung des E-Mail-Systems des Arbeitgebers zu übertragen. Es ist ebenfalls irrelevant, ob die Geräte am Arbeitsplatz installiert oder Mobil-Geräte sind; insoweit kann eine umfassende Privatnutzung während Reisezeiten allerdings zulässig sein, wenn der Arbeitnehmer auf der Reise keine Arbeit erledigen kann/muss.

2776 Bei **wiederholten (leichteren) Verstößen** trotz vorangegangener Abmahnung in demselben Pflichtenkreis kann der Arbeitgeber ebenfalls verhaltensbedingt wegen unzulässiger privater Internetnutzung kündigen.[29] Entsprechendes gilt, wenn der Arbeitnehmer beleidigende Äußerungen über den Arbeitgeber, über Vorgesetzte oder Arbeitskollegen oder über Kunden bzw Lieferanten des Arbeitgebers über eine E-Mail verbreitet oder ins Internet stellt.[30] Nach dem gleichen Maßstab sind auch Einträge von Arbeitnehmern auf privaten Profilen in Social Media sowie privaten Blogs zu bewerten, deren Inhalt dienstlichen Bezug hat.[31]

2777 Betriebsverfassungsrechtlich gilt für die Erlaubnis ebenso wie für ein Verbot der Privatnutzung, dass diese Entscheidungen des Arbeitgebers über das „Ob" der Nutzung – ebenso wie die Festlegung des ggf ausgewählten privatnutzungsberechtigten Mitarbeiterkreises – nicht der **Mitbestimmung** des Betriebsrats unterliegen, wohl aber die Ausgestaltung einer Privatnutzungserlaubnis.[32]

dd) Überwachung durch den Arbeitgeber

(1) Ausgangslage

2778 Eine der Kernfragen bei der Nutzung von E-Mail und Internet am Arbeitsplatz – sei es zu dienstlichen, sei es zu privaten Zwecken – ist die Ermittlung der **Grenzen**, die dem Arbeitgeber aus Datenschutz- und Persönlichkeitsgründen bei der Kontrolle der Vorgaben zur Nutzung gezogen sind. Teils sogar sehr enge Grenzen erfährt eine Überwachung der Arbeitnehmer durch die allgemeinen datenschutzrechtlichen Bestimmungen, die Regelungen des Telekommunikationsgeheimnisses und das allgemeine Persönlichkeitsrecht, insb. bei einer privaten Nutzung von E-Mail und Internet. Obwohl die Normen im Wesentlichen seit Jahren unverändert sind, ist die Überwachung der E-Mail- und Internetnutzung ein Rechtsbereich, der zunehmend und jüngst sprunghaft an Interesse in der öffentlichen und betrieblichen Diskussion gewonnen hat. Zeigten sich viele Arbeitnehmer bis vor einiger Zeit wenig interessiert an Kontrollen, wenn sie

---

26 LAG Niedersachsen 13.1.1998 – 13 Sa 1235/97, BB 1998, 1112; ArbG Wesel 21.3.2001 – 5 Ca 4021/00, NJW 2001, 2490 f; *Beckschulze*, DB 2007, 1526, 1531; *Kramer*, NZA 2004, 457, 462; vgl auch *Mengel*, NZA 2005, 752 ff.

27 BAG 31.5.2007 – 2 AZR 200/06, NZA 2007, 922; vgl auch *Mengel*, NZA 2005, 752 ff.

28 BAG 27.4.2006 – 2 AZR 386/05, NZA 2006, 977; nachgehend LAG Rheinland-Pfalz 13.11.2006 – 7 Sa 618/06, BeckRS 2007, 45618.

29 BAG 12.1.2006 – 2 AZR 179/05, NZA 2006, 980, 984.

30 LAG Duisburg 26.9.2012 – 5 Ca 949/12, NZA-RR 2013, 18 (LS 1); ArbG Wiesbaden 2.5.2001 – 3 Ca 33/01, NZA-RR 2001, 639.

31 Vgl dazu nur LAG Hamm 10.10.2012 – 3 Sa 644/12, ZD 2013, 93.

32 Vgl LAG Hamm 7.4.2006 – 10 TaBV 1/06, NZA-RR 2007, 20.

nur bei der Privatnutzung ungestört blieben, so haben diverse Fälle von Datenmissbrauch auch bei bekannten deutschen Unternehmen in jüngerer Zeit die Öffentlichkeit und viele Arbeitnehmer alarmiert. Der Gesetzgeber ist mit einer Änderung des allgemeinen Datenschutzrechts und der Einführung von § 32 BDSG für den Datenschutz im Arbeitsverhältnis zum 1.9.2009 aktiv geworden. Konkrete Regelungen zur Kontrolle von (privater) E-Mail- und Internetnutzung fehlen aber unverändert. Arbeitgebern ist daher bis auf Weiteres dringend zu einer Vereinbarung über die **Kontrollrechte** im Arbeitsvertrag und ggf in einer Betriebsvereinbarung zu raten, vor allem bei zulässiger Privatnutzung.

(2) Mitbestimmung durch den Betriebsrat

Technische Kontrolleinrichtungen jeglicher Art unterliegen nach § 87 Abs. 1 Nr. 6 BetrVG der Mitbestimmung durch den Betriebsrat, so auch die Überwachung der elektronischen Kommunikation des Arbeitnehmers mit Hilfe von Programmen, die die Softwarehersteller für E-Mail- und Internetprogramme (Microsoft Internet Explorer, Microsoft Outlook, Netscape Navigator) regelmäßig bereits mitliefern, ebenso wie etwaige Spezialsoftware, sei es für die routinemäßige Missbrauchskontrolle oder Investigations zu besonderen Anlässen.[33] Nach der Rspr des BAG kommt es nicht darauf an, dass die Kontrolle tatsächlich durchgeführt wird oder der Arbeitgeber eine subjektive Kontrollabsicht hat. Bereits die objektive Möglichkeit der Nutzung von Programmen zur Kontrolle des Arbeitnehmers begründet den Mitbestimmungstatbestand.[34] Damit ist in der Praxis unweigerlich stets die erstmaligen Installation von IT-Systemen und der erforderlichen Software sowie regelmäßig auch ein Update der Software mitbestimmungspflichtig. 2779

Kein Mitbestimmungsrecht besteht ausnahmsweise, wenn und soweit keine individuell zuzuordnenden IT-Nutzungsdaten anfallen und somit auch objektiv keine Überwachungsfunktion gegeben ist; dies ist in der Praxis aber kaum vorstellbar, vielleicht in Fällen von E-Mail- und Internetnutzung durch mehrere Arbeitnehmer, die Zugriff auf denselben Zugang/Account haben, so dass eine individuelle personenbezogene Erfassung und Auswertung nicht möglich ist. Entsprechendes gilt, wenn alle Anwendungsdaten durch die Verwendung besonderer Software anonymisiert würden und jede Individualisierung auch innerhalb des Systems ausgeschlossen wäre.[35] 2780

(3) Überwachung bei Privatnutzungsverbot

Es kann dahinstehen, ob jede Überwachung eines Privatnutzungsverbotes einen Eingriff in das allgemeine Persönlichkeitsrecht des Arbeitnehmers aus Art. 2 Abs. 1 iVm Art. 1 Abs. 1 GG bzw einen Eingriff in den Schutzbereich des Art. 8 Abs. 1 EMRK[36] darstellt. Richtigerweise ist der Arbeitgeber aber individualrechtlich berechtigt, die Einhaltung der Vorschriften zur allein dienstlichen Nutzung von E-Mail und Internet ohne Weiteres stichprobenmäßig zu überwachen.[37] Ein etwaiger Eingriff in das Persönlichkeitsrecht des Arbeitnehmers ist bei rein dienstlicher schriftlicher Kommunikation jedenfalls sehr gering und daher von den Arbeitnehmern hinzunehmen. Eine solche Maßnahme ist datenschutzrechtlich auch gem. § 32 S. 1 BDSG zu- 2781

33 Zur Prüfung bei dringenden Verdachtsfällen: LAG Hamm 4.2.2004 – 9 Sa 502/03, RDV 2005, 170; *Balke/Müller*, DB 1997, 326; *Fitting u.a.*, BetrVG, § 87 Rn 246; vgl auch *Mengel*, Compliance und Arbeitsrecht, Kap. 2 Rn 12 f.

34 BAG 10.12.2013 – 1 ABR 43/12, NZA 2014, 439, 440; BAG 11.12.2007 – 1 ABR 67/07, NZA-RR 2008, 333, 334; BAG 11.6.2002 – 1 AZR 390/01, NZA 2003, 570; BAG 9.12.2003 – 1 ABR 49/02, AP § 87 BetrVG 1972 Nr. 1, 2, 7, 11.

35 Vgl Küttner/*Kreitner*, Personalbuch, 229 (Internet-/Telefonnutzung) Rn 19.

36 EGMR 3.4.2007 – Application no. 62617/00, MMR 2007, 431.

37 So die hA im Arbeitsrecht, vgl nur *Lensdorf/Born*, CR 2013, 30, 33; ansonsten vgl nur *Kratz/Gubbels*, NZA 2009, 652, 653 f mwN; *Mengel*, BB 2004, 2014, 2015 mwN; *dies.*, Compliance und Arbeitsrecht, Kap. 4 Rn 15; es gibt aber abweichende Ansichten im Datenschutzrecht: *Raffler/Hellich*, NZA 1997, 862, 863; *Bijök/Klass*, RDV 2001, 54; *Däubler*, Internet und Arbeitsrecht, Rn 249.

lässig. Bei der Kontrolle von nicht anonymisierten Arbeitnehmerdaten im Rahmen der E-Mail- und Internetnutzung durch den Arbeitgeber finden nach § 1 Abs. 2 Nr. 3, § 3 Abs. 2 BDSG auch die Vorschriften des BDSG Anwendung.

2782 Vorsorglich kann der Arbeitgeber eine gesonderte Einwilligung des Arbeitnehmers in die routinemäßigen Kontrollen erteilen lassen. Richtigerweise genügt dazu eine gesonderte Erklärung, aber auch eine drucktechnisch besonders hervorgehobene Vereinbarung im Arbeitsvertrag. Es ist dabei auf die gesetzliche Schriftform und die Anforderungen von § 4 a BDSG zu achten (s. § 1 Rn 1894, 1900).

2783 Unzulässig soll allerdings aus Gründen des Persönlichkeitsrechts und des Verhältnismäßigkeitsprinzips im Datenschutzrecht eine **dauerhafte** technische Überwachung der E-Mail- und Internetnutzung von Arbeitnehmern sein, weil sie einen dauerhaften Überwachungsdruck erzeugt.[38] Nach dieser Ansicht wäre wohl auch die automatische Überwachung der E-Mail- und Internetnutzung durch spezielle Such-Software „laufend im Hintergrund" unzulässig, jedenfalls wenn die Software permanent Meldungen zB zu auffälligen Inhalten an eine Person gibt, die diese Meldungen auswertet.

(4) Überwachung bei erlaubter Privatnutzung

2784 Erlaubt der Arbeitgeber die private Mitbenutzung der dienstlichen Systeme, so ist die Kontrolle erheblich strengeren Anforderungen unterworfen. In dem Fall fällt die private E-Mail- und Internetnutzung am Arbeitsplatz nach der bisherigen hM gem. § 3 Nr. 6 TKG in den Anwendungsbereich des TKG. Es ist deshalb nach § 88 TKG das Telekommunikationsgeheimnis zu wahren.[39] Dem **Telekommunikationsgeheimnis** unterliegen vor allem Inhalt und die näheren Umstände der Kommunikation, so dass der Arbeitgeber – vorbehaltlich einer formgerechten Einwilligung des Arbeitnehmers – private E-Mails **nicht inhaltlich prüfen** darf. Allenfalls die Prüfung von **Verbindungsdaten** ist danach zulässig. Dieser strenge Kontrollmaßstab ist für Unternehmen vor allem deshalb misslich, weil in der Praxis die dienstlichen und privaten Mails bzw die Internetnutzung stets gemischt und nicht technisch getrennt über verschiedene Accounts/Adressen erfolgt. Daher infiziert die Privatnutzung die dienstliche Nutzung mit dem restriktiveren Maßstab.[40]

2785 Allerdings ist nach der neuen hA eine Differenzierung vorzunehmen. Das Fernmeldegeheimnis nach § 88 TKG erstreckt sich danach nur auf den laufenden Kommunikationsvorgang als technischen Übertragungsvorgang. Sobald dieser reine „Sende- und Empfangsvorgang" beendet und die E-Mail in dem „statischen" Postfach (Inbox) des Empfängers angekommen ist, unterliegt die Kontrolle des E-Mail-Postfachs allein dem BDSG und ist somit deutlich weitergehender als nach dem TKG. Denn nach Ansicht des LAG Berlin-Brandenburg[41] und des LAG Niedersachsen,[42] vorgehend auch des VGH Mannheim[43] und des Bundesgerichtshofs in Strafsachen,[44] soll sich die Anwendung des TKG und des Telekommunikationsgeheimnisses gem. § 88 TKG nicht auf bereits gelesene und abgelegte, sog. **ruhende E-Mails**, erstrecken; insoweit soll nur der Schutz durch das BDSG (§ 32 BDSG) gelten.[45] Diese Interpretation des Anwendungsbereichs des TKG nach § 3 Nr. 22 TKG hat auch das BVerfG nicht moniert, sondern offenbar

---

38 Vgl BAG 29.6.2004 – 1 ABR 21/03, NZA 2004, 1278, 1288 f.

39 Vgl nur *Kort*, DB 2011, 2092; *Kratz/Gubbels*, NZA 2009, 652, 654 f und *Mengel*, BB 2004, 2014, 2015 f, jew. mwN auch zur aA; aA LAG Berlin-Brandenburg 16.2.2011 – 4 Sa 2132/10, NZA-RR 2011, 342.

40 Vgl nur *Mengel*, BB 2004, 2014, 2015 f mwN; aA *Kratz/Gubbels*, NZA 2009, 652, 654 f mwN.

41 LAG Berlin-Brandenburg 16.2.2011 – 4 Sa 2132/10, NZA-RR 2011, 342, 343.

42 LAG Niedersachsen 31.5.2010 – 12 Sa 875/09, NZA-RR 2010, 406, 408.

43 VGH Mannheim 19.5.2009 – 6 A 2672/08.Z, juris (LS 1 und Rn 8 ff) und dazu NJW-Spezial 2009, 483.

44 BGH 31.3.2009 – 1 StR 76/09, NJW 2009, 1828.

45 Richtigerweise gilt nun nicht statt des TKG das TMG, da dieses sich ebenfalls auf Telekommunikationsvorgänge – mit Inhalten – bezieht und ebenfalls nicht auf das ruhende Ergebnis der Kommunikation anwendbar ist; § 7 Abs. 2 S. 3 TMG verweist aber wiederum auf das Telekommunikationsgeheimnis.

– für den Rechtsverkehr unter Privaten – anerkannt, wenngleich es das Grundrecht des Fernmeldegeheimnisses zum Schutz vor staatlichen Eingriffen auch auf ruhende E-Mails erstreckt.[46] Richtigerweise ist aber auch bei Unanwendbarkeit von § 88 TKG auf ruhende private E-Mails der Arbeitnehmer deren inhaltliche Kontrolle nach § 32 BDSG nicht ohne Weiteres zulässig. Nach § 32 BDSG ist stets eine strenge Verhältnismäßigkeitsprüfung vorzunehmen. Es kann dann zwar im Einzelfall auch die invasivste Form der Kontrolle wie das Nachlesen oder eine sonstige „inhaltliche Auswertung“ rechtmäßig sein, wenn unter Berücksichtigung der Drittwirkung des Fernmeldegeheimnisses der Schutz der Interessen des Unternehmens überwiegt. Insbesondere ist das der Fall, wenn ein konkreter Verdacht einer Pflichtverletzung besteht. Dies ist aber jeweils im Einzelfall zu prüfen und auch die Geeignetheit weniger invasiver Kontrollen, wie zB eine Stichwortsuche, vorrangig zu erwägen, denn pauschal zulässig ist die Inhaltskontrolle von (privaten) E-Mails und somit auch **„gemischten“ E-Mail-Postfächern** auch nach dem BDSG nicht.

(5) Folgen unzulässiger Kontrollen

Ein Verstoß gegen das **Telekommunikationsgeheimnis** kann Schadensersatz- und Unterlassungsansprüche des Betroffenen auslösen und sich als strafbare Handlung nach § 206 StGB darstellen.[47] Auch im Übrigen können unzulässige Datenkontrollen gem. §§ 202 a–202 c StGB Straftaten sein. 2786

Rechtswidrig erlangtes Beweismaterial kann unter besonderen Umständen einem Verwertungsverbot unterliegen und damit zB in einem Kündigungsschutzprozess zum Nachweis des pflichtwidrigen Verhaltens des Arbeitnehmers unverwertbar sein; hier haben die Gerichte stets eine Güterabwägung vorzunehmen.[48] Zu beachten ist bei Kontrollen auch wiederum das **Mitbestimmungsrecht** des Betriebsrats gem. § 87 Abs. 1 Nr. 1 BetrVG und weiterhin, dass der Verstoß gegen die Mitbestimmungspflicht grds. kein Verwertungsverbot auslöst.[49] 2787

b) Klauseltypen und Gestaltungshinweise

aa) Klauseln zum Verbot der privaten Nutzung

(1) Klauseltyp A

A 1: 2788

Die Nutzung des betrieblichen Internetanschlusses sowie die Nutzung des E-Mail-Systems dürfen ausschließlich für dienstliche Zwecke erfolgen. Eine private Nutzung durch den Arbeitnehmer ist nicht gestattet.[50] Das Speichern, Abrufen, Empfangen, Anbieten oder Verbreiten von rechtswidrigen Inhalten, insbesondere rassistischer oder pornographischer Art, im Internet oder per E-Mail ist in jedem Fall – auch bei etwaigen dienstlichen Zusammenhängen – verboten.

Das Internet darf nur mit der gültigen persönlichen Zugangsberechtigung genutzt werden. User-ID und Passwort dürfen nicht an Dritte weitergegeben werden; Passwörter sind regelmäßig zu wechseln.

Es dürfen keine fremden Programme/Dateien auf die Festplatte kopiert, über Diskette, CD-ROM, ähnliche Datenträger oder das Internet auf dem Rechner installiert und/oder eingesetzt werden. Auf Virenkontrolle ist zu achten. Virenschutzprogramme sind zu nutzen. Auftretende

---

46 BVerfG 16.6.2009 – 2 BvR 902/06, juris (Rn 46 f).

47 *Ernst*, NZA 2002, 585, 587; *Seel*, öAT 2013, 4, 6.

48 Vgl auch *Kratz/Gubbels*, NZA 2009, 652, 655 f mwN; LAG Köln 30.8.1996 – 12 Sa 639/96, BB 1997, 476.

49 BAG 13.12.2007 – 2 AZR 537/06, NZA 2008, 1008, 1010.

50 Vgl Preis/*Preis*, Der Arbeitsvertrag, II I 10, vor Rn 6; BLDH/*Bauer/Haußmann*, Anwalts-Formularbuch Arbeitsrecht, M 33.5, Nr. 1.

Störungen, die mit einem Virenbefall in Zusammenhang stehen könnten, sind umgehend der Netzverwaltung/dem Systemadministrator zu melden.
Für den Fall der Abwesenheit (vor allem längere Dienstreisen, Urlaub, Krankheit etc.) hat der Arbeitnehmer eigenverantwortlich eine automatisierte Antwort an die Absender eingehender E-Mails entsprechend den jeweils geltenden Standards einzurichten, die den Absender über die Abwesenheit des Arbeitnehmers informiert und einen Hinweis auf den zuständigen Vertreter und dessen Telefonnummer enthält.
Der Arbeitgeber ist berechtigt, jede Nutzung des E-Mail-Systems und des Internets für die Dauer von maximal drei Monaten zu speichern, um die Einhaltung dieser Bestimmungen anhand der gespeicherten Daten zu überprüfen. **Der Arbeitnehmer erteilt insoweit seine Einwilligung gem. § 4 a BDSG in die hiermit verbundene Erhebung und Verarbeitung persönlicher Daten.**
Verstöße gegen die vorstehenden Regeln, insbesondere Verstöße gegen den Aufruf verbotener Webseiten, können arbeitsrechtliche Konsequenzen zur Folge haben.

A 2:
Aufgrund arbeitsgerichtlicher Rechtsprechung sehen wir uns gezwungen, Sie darauf hinzuweisen, dass es in unserem Unternehmen nicht erlaubt ist, das Internet oder das E-Mail-System während der Arbeitszeit, auch nicht während der Pausen, zu privaten Zwecken zu nutzen. Jeder Verstoß gegen dieses ausdrückliche Verbot begründet eine Verletzung Ihrer arbeitsvertraglichen Pflichten und zieht arbeitsrechtliche Konsequenzen nach sich, die bis zur fristlosen Kündigung reichen können.[51]

(2) Gestaltungshinweise

2789 Die **Klausel A 1** zählt detailliert auf, welche Nutzungsregeln für E-Mail- und Internet am Arbeitsplatz gelten und welche Nutzung dem Arbeitnehmer nicht gestattet ist. Da ein umfassendes Verbot ausgesprochen wird, ist den über das Verbot hinausgehenden Regelungen allein eine **normausfüllende/-erläuternde Funktion** beizumessen.

2790 Auch dann, wenn die private Nutzung nicht gestattet wird, sollte vorsichtshalber zu Kontrollzwecken die Einwilligung des Arbeitnehmers dazu eingeholt werden, für die Dauer von drei Monaten die Daten über die E-Mail- und Internetnutzung speichern und ggf auswerten zu dürfen. Bei der Einwilligung müssen die qualifizierten Anforderungen des § 4 a Abs. 1 S. 4 BDSG berücksichtigt werden. § 4 a Abs. 1 S. 4 BDSG verlangt eine besondere Hervorhebung der Einwilligungserklärung, soweit diese gemeinsam mit anderen Erklärungen abgegeben werden. Daher ist der Hinweis auf die Einwilligung abgesetzt vom übrigen Text und in Fettschrift, also durch drucktechnische Hervorhebung, darzustellen. Zudem sollte sich ein **gesonderter Hinweis** auf diese Klausel unter Benennung der Einwilligung nach § 4 a BDSG am Ende des Vertrages wiederfinden.[52]

2791 Die **Klausel A 2** begnügt sich – in der Form eines Arbeitsvertragsanschreibens – mit einem pauschalen arbeitsrechtlichen Verbot der Privatnutzung.

bb) Klauseln zur beschränkten Gestattung privater Nutzung[53]

(1) Klauseltyp B

2792 Neben der betrieblichen Nutzung ist dem Arbeitnehmer während seiner Pausenzeiten in einem Umfang von täglich höchstens zehn Minuten die private Nutzung des E-Mail-Systems und des Internets gestattet. Das Speichern, Abrufen, Empfangen, Anbieten oder Verbreiten von rechtswidrigen Inhalten, insbesondere rassistischer oder pornographischer Art, im Internet oder per E-Mail ist verboten. Private E-Mails sind als solche ausdrücklich zu kennzeichnen.

51 SPA 6/2006, S. 2.
52 *Gola/Schomerus*, BDSG, § 4 a Rn 14.
53 Vgl Muster in Preis/*Preis*, Der Arbeitsvertrag, II I 10 Rn 9.

Die Erlaubnis zur privaten Nutzung erfolgt unter dem ausdrücklichen Vorbehalt eines jederzeitigen Widerrufs. Das Recht auf private Nutzung kann widerrufen werden, wenn eine missbräuchliche Nutzung (insbesondere Nutzung von Webseiten oder private E-Mails mit rassistischem oder pornografischem Inhalt, Überschreitung der täglichen Obergrenze, Eröffnung von Sicherheitsrisiken für die Firma, entgeltliche Heiratsvermittlung, wiederholtes Herunterladen virenverseuchter Programme mit Schaden für das Unternehmen u.Ä.) festgestellt würde.
Das Internet darf nur mit der gültigen persönlichen Zugangsberechtigung genutzt werden. User-ID und Passwort dürfen nicht an Dritte weitergegeben werden; Passwörter sind regelmäßig zu wechseln.
Es dürfen keine fremden Programme/Dateien auf die Festplatte kopiert, über Diskette, CD-ROM, ähnliche Datenträger oder das Internet auf dem Rechner installiert und/oder eingesetzt werden. Auf Virenkontrolle ist zu achten. Virenschutzprogramme sind zu nutzen. Auftretende Störungen, die mit einem Virenbefall in Zusammenhang stehen könnten, sind umgehend der Netzverwaltung/dem Systemadministrator zu melden.
Für den Fall der Abwesenheit (vor allem längere Dienstreisen, Urlaub, Krankheit etc.) hat der Arbeitnehmer eigenverantwortlich eine automatisierte Antwort an die Absender eingehender E-Mails entsprechend den jeweils geltenden Standards einzurichten, die den Absender über die Abwesenheit des Arbeitnehmers informiert und einen Hinweis auf den zuständigen Vertreter und dessen Telefonnummer enthält.
Der Arbeitgeber ist berechtigt, jede Nutzung des E-Mail-Systems und des Internets für die Dauer von maximal drei Monaten zu speichern, um die Einhaltung dieser Bestimmungen anhand der gespeicherten Daten zu überprüfen. **Der Arbeitnehmer erteilt insoweit seine Einwilligung gem. § 4 a BDSG in die hiermit verbundene Erhebung und Verarbeitung persönlicher Daten.**
Verstöße gegen die vorstehenden Regeln, insbesondere Verstöße gegen den Aufruf verbotener Webseiten, können arbeitsrechtliche Konsequenzen zur Folge haben.

(2) Gestaltungshinweise

Die ausdrückliche zeitliche Beschränkung der E-Mail- und Internetnutzung zB auf Pausenzeiten oder dem Umfang nach ist anzuraten. Die Unzulässigkeit einer uneingeschränkten Nutzung des Internets ergibt sich zwar auch ohne ausdrückliche zeitliche Fixierung, jedoch entsteht zu der Frage, ab welchem Zeitpunkt eine unzulässige, kündigungswürdige Privatnutzung am Arbeitsplatz eintritt, in der Praxis oft Rechtsunsicherheit und (unnötiger) Streit.[54] Klauseln wie die Klausel B schaffen dagegen klare Regeln für die betriebliche Praxis und eine etwaige arbeitsgerichtliche Prüfung. Für die Widerrufsklausel sind die Anforderungen des Urteils des BAG vom 12.1.2005 zu beachten.[55] 2793

Um eindeutige Zuordnungen bei einer Kontrolle des Umfangs der Internetnutzung vornehmen zu können, ist es angezeigt, jedem Mitarbeiter das in der Klausel genannte persönliche Zugangskennwort zukommen zu lassen. Die Kennzeichnungspflicht für private elektronische Post vermeidet Konflikte beim täglichen Umgang mit eingehenden E-Mails. Denn auch wenn die Klausel hier eine Einwilligung in Kontrollen vorsieht, sind diese dennoch – je nach ihrem Kontrollzweck – möglichst minimal invasiv durchzuführen, so dass ggf dienstliche und private Mails zu trennen sind. 2794

54 Vgl zu toleriertem sehr hohem Privatnutzungsumfang LAG Rheinland-Pfalz 9.5.2005 – 7 Sa 68/05, NZA-RR 2005, 634; ArbG Wesel 21.3.2001 – 5 Ca 4021/00, NJW 2001, 2490 f.

55 BAG 12.1.2005 – 5 AZR 364/04, NZA 2005, 465, vgl Rspr. bei Altfällen BAG 20.4.2011 - 5 AZR 191/10, NZA 2011, 796.

41. Kündigungsfristenregelungen

Literatur

Bauer, Entwurf eines Kündigungsfristengesetzes, NZA 1993, 495; *Bissels/Lützeler*, Europarechtswidrigkeit des § 622 Abs. 2 Satz 2 BGB, PuR 11–12/2009, 9; *Buchner*, Die Kündigungsfristen für Arbeiter nach der Entscheidung des BVerfG vom 30.5.1990, NZA 1991, 41; *Cornelius/Lipinski*, Diskriminierungsabrede im Aufhebungsvertrag, BB 2007, 496, 502; *Diller*, § 622 BGB und Quartalskündigungsfristen, NZA 2000, 293; *ders.*, „Wie kündigt man eigentlich richtig?“, FA 2014, 97; *Gamillscheg*, Der zweiseitig zwingende Charakter des § 626 BGB, AuR 1981, 105; *Gaul*, Die rechtliche Bewertung überlanger Kündigungsfristen, BB 1980, 1542; *Henssler/Moll*, AGB-Kontrolle vorformulierter Arbeitsbedingungen, 2011; *Kania/Kramer*, Unkündbarkeitsvereinbarungen in Arbeitsverträgen, Betriebsvereinbarungen und Tarifverträgen, RdA 1995, 287; *Koch*, Der fehlende Hinweis auf tarifliche Ausschlussfristen und seine Folgen, FS Schaub, 1998, S. 421; *Kramer*, Rechtsfolgen unzulässig kurzer Kündigungs- und Ausschlussfristen, BB 1997, 731; *Persch*, Anwendung des arbeitsrechtlichen Günstigkeitsprinzips auf die Länge von Kündigungsfristen, BB 2010, 181; *Preis/Hamacher*, Die Kündigung des Unkündbaren, FS zum 50-jährigen Bestehen der Arbeitsgerichtsbarkeit in Rheinland-Pfalz, 1999, S. 245 ff; *Schiefer*, Zwei Jahre Allgemeines Gleichbehandlungsgesetz, ZfA 2008, 493; *ders.*, Betriebsbedingte Kündigung: „Antidiskriminierungskündigungsschutz“, Namensliste, Punkteschema und Altersgruppenbildung, DB 2009, 733; *ders.*, Europarechtswidrigkeit des § 622 Abs. 2 Satz 2 BGB und die Folgen, DB 2010, M20; *Schiefer/Conrad*, Beendigung des Arbeitsverhältnisses und Umstrukturierung, Düsseldorfer Schriftenreihe, 3. Aufl. 2008; *Schiefer/Pogge*, Betriebsübergang, Outsourcing, Auftragsvergabe, Umstrukturierung, Düsseldorfer Schriftenreihe, 4. Aufl. 2013; *Wensing/Hesse*, Die Vereinbarung längerer Kündigungsfristen im Arbeitsvertrag, NZA 2009, 1309.

a) Rechtslage im Umfeld

aa) Tarifvertragliche, arbeitsvertragliche und gesetzliche Regelungen

2795 Bei der ordentlichen Kündigung sind Kündigungsfristen zu beachten, die sich aus einem Tarifvertrag, dem Arbeitsvertrag oder aus § 622 BGB ergeben können. Infolge des Urteils des BVerfG vom 30.5.1990[1] hat der Gesetzgeber die Kündigungsfristen von Angestellten und Arbeitern vereinheitlicht und sie in § 622 BGB neu geregelt. Dabei gilt die folgende Systematik:

- **Einheitliche Grundkündigungsfrist** (§ 622 Abs. 1 BGB) von **4 Wochen** mit zwei Kündigungsterminen (zum **15.** oder zum **Ende** eines Kalendermonats).
- **Verlängerung der Grundkündigungsfrist** für Kündigungen durch den **Arbeitgeber** bei längerem Arbeitsverhältnis (ab 2 Jahren) (§ 622 Abs. 2 BGB).
- **Verkürzte Kündigungsfrist von 2 Wochen bei vereinbarter Probezeit** (Probezeit längstens für die Dauer von 6 Monaten) (§ 622 Abs. 3 BGB).
- **Tarifliche Abweichungsmöglichkeit** von Grundkündigungsfristen (Abs. 1), verlängerten Fristen (Abs. 2) und Probezeitregelung (Abs. 3) (§ 622 Abs. 4 BGB).
- **Einzelvertragliche** (§ 622 Abs. 5 BGB) **Verkürzung der Grundkündigungsfrist** des Abs. 1 für **Aushilfsarbeitsverhältnisse** sowie für **Kleinunternehmen** (idR nicht mehr als 20 Arbeitnehmer).
- **Einzelvertragliche Verlängerung der in Abs. 1 und 3 genannten Fristen** (§ 622 Abs. 5 S. 3 BGB).
- Keine Vereinbarung einer längeren Kündigungsfrist für Arbeitnehmer- als für Arbeitgeberkündigung (§ 622 Abs. 6 BGB).

2796 **Übersicht: Verlängerte Kündigungsfristen (§ 622 Abs. 2 BGB)**

Beschäftigungsdauer	Kündigungsfrist
bis zu 2 Jahren	4 Wochen zum 15. oder zum Monatsende
nach 2 Jahren	1 Monat zum Monatsende
nach 5 Jahren	2 Monate zum Monatsende
nach 8 Jahren	3 Monate zum Monatsende

1 BVerfG 30.5.1990 – 1 BvL 9/84, DB 1990, 1565.

Beschäftigungsdauer	Kündigungsfrist
nach 10 Jahren	4 Monate zum Monatsende
nach 12 Jahren	5 Monate zum Monatsende
nach 15 Jahren	6 Monate zum Monatsende
nach 20 Jahren	7 Monate zum Monatsende

Die nach Dauer der Betriebszugehörigkeit gestaffelten Kündigungsfristen in § 622 Abs. 2 BGB verstoßen weder gegen das Allgemeine Gleichbehandlungsgesetz (AGG) noch gegen EU-Recht. Die Kündigungsfristen des § 622 Abs. 2 BGB bewirken einen zeitlich limitierten Kündigungsschutz und sollen dem Arbeitnehmer erleichtern, möglichst ohne wirtschaftliche Nachteile einen neuen Arbeitsplatz zu finden. Insofern entspricht der höhere zeitlich limitierte Kündigungsschutz länger bestehender Arbeitsverhältnisse nur dem allgemeinen Prinzip des sich mit der Dauer eines Arbeitsverhältnisses verstärkenden Bestandsschutzes.[2] 2797

Die – immer noch nicht an unionsrechtliche Vorgaben[3] angepasste – Bestimmung des § 622 Abs. 2 S. 2 BGB, wonach bei Berechnung verlängerter Kündigungsfristen Beschäftigungszeiten vor Vollendung des 25. Lebensjahres nicht mitzurechnen sind, ist europarechtswidrig und – ohne zeitliche Begrenzung – unanwendbar.[4] 2798

Die aus dem Anwendungsvorrang des Unionsrechts folgende Unanwendbarkeit des § 622 Abs. 2 S. 2 BGB gilt auch, wenn eine **tarifvertragliche Regelung** auf § 622 Abs. 2 S. 2 BGB Bezug nimmt. Soweit eine tarifvertragliche Regelung hinsichtlich der Berechnung der Kündigungsfrist rein **deklaratorisch** auf die gesetzliche Anrechnungsvorschrift des § 622 Abs. 2 S. 2 BGB verweist, geht dieser Verweis für Kündigungen, die nach dem 2.12.2006 erklärt wurden, ins Leere. Soweit es sich um eine eigenständige – **nicht lediglich deklaratorische** – Tarifnorm handelt, ist diese wegen Verstoßes gegen das durch § 7 Abs. 1, § 1 AGG konkretisierte Verbot der Altersdiskriminierung unwirksam (§ 7 Abs. 2 AGG). In die Berechnung der tariflichen Kündigungsfristen sind demnach auch solche Beschäftigungszeiten einzubeziehen, die der Arbeitnehmer vor Vollendung des 25. Lebensjahres zurückgelegt hat. 2799

Bei einer arbeitsvertraglichen Inbezugnahme der tarifvertraglichen Kündigungsfristenregelung gilt im Ergebnis nichts anderes. Die Möglichkeit, bzgl der Kündigungsfrist individualrechtlich eine hinter dem Gesetz zurückbleibende Vereinbarung zu treffen, besteht – abgesehen von den Fällen des § 622 Abs. 5 BGB – nur im Rahmen einzelvertraglicher Übernahme einschlägiger tarifvertraglicher Regelungen (§ 622 Abs. 4 S. 2 BGB). Sind die in Bezug genommenen Tarifvorschriften wegen Verstoßes gegen höherrangiges Recht unwirksam, schlägt dies auf die vertragliche Vereinbarung durch. Die Unanwendbarkeit von § 622 Abs. 2 S. 2 BGB und die Unwirksamkeit einer entsprechenden tarifvertraglichen Regelung (hier: § 14 Nr. 1 S. 5 des MTV für Arbeitnehmer der Systemgastronomie) bewirken eine „Anpassung nach oben“ dergestalt, dass bei der Berechnung der tariflichen Kündigungsfristen sämtliche im Betrieb oder Unternehmen zurückgelegten Beschäftigungszeiten Berücksichtigung finden.[5] 2800

Es ist daher – in Abweichung von dem Wortlaut des § 622 Abs. 2 S. 2 BGB – zu empfehlen, bei der Berechnung der verlängerten Kündigungsfristen die **vollständige Beschäftigungszeit**, also auch die vor Vollendung des 25. Lebensjahres, zu berücksichtigen. 2801

Wird allerdings weiterhin in Anwendung der „gesetzlichen Regelung“ und mithin mit einer **zu kurzen Kündigungsfrist** gekündigt, so führt dies richtigerweise nicht zur Unwirksamkeit der Kündigung. Das Arbeitsverhältnis wird allerdings erst zu einem späteren Zeitpunkt beendet. 2802

2 LAG Hessen 13.5.2013 – 7 Sa 511/12, EzA-SD 2013, Nr. 18, 6.
3 BAG 9.9.2010 – 2 AZR 714/08, DB 2011, 655.
4 EuGH 19.1.2010 – Rs. C-555/07 (Kücükdevici), DB 2010, 228.
5 BAG 29.9.2011 – 2 AZR 177/10, DB 2012, 807.

Es gilt also die Frist, die unter Einbeziehung *aller* Beschäftigungszeiten die „richtige" wäre.[6] Die Rspr zur Kündigung mit „zu kurzer Kündigungsfrist" ist allerdings im Fluss,[7] so dass insoweit Vorsicht geboten ist (s. ausf. § 1 Rn 2824 ff).

2803 Die nach der Dauer der Betriebszugehörigkeit gestaffelten Kündigungsfristen in § 622 Abs. 2 BGB verstoßen weder gegen das AGG noch gegen EU-Recht.[8]

bb) Zwingendes Recht und Abweichungsmöglichkeiten

2804 § 622 BGB ist **zwingendes Recht.** Bis auf einige wenige gesetzlich ausdrücklich geregelte Ausnahmen findet § 622 BGB als zentrale Norm zur Regelung der Kündigungsfristen grds. stets Anwendung. Arbeitsvertraglich vereinbarte Fristen gehen grds. vor. Die gesetzliche Grundkündigungsfrist lässt sich einzelvertraglich gem. § 622 Abs. 5 BGB nur in den folgenden zwei Fällen **verkürzen:**

- Wenn ein Arbeitnehmer zur vorübergehenden Aushilfe eingestellt ist; dies gilt nicht, wenn das Arbeitsverhältnis über die Zeit von drei Monaten hinaus fortgesetzt wird (**Aushilfstätigkeit**);
- wenn der Arbeitnehmer idR nicht mehr als 20 Arbeitnehmer ausschließlich der zu ihrer Berufsbildung Beschäftigten beschäftigt und die Kündigungsfrist vier Wochen nicht unterschreitet (**Kleinunternehmen**).

2805 Bei der Feststellung der Zahl der beschäftigten Arbeitnehmer sind teilzeitbeschäftigte Arbeitnehmer mit einer regelmäßigen wöchentlichen Arbeitszeit von nicht mehr als 20 Stunden mit 0,5 und nicht mehr als 30 Stunden mit 0,75 zu berücksichtigen.

2806 Die einzelvertragliche Vereinbarung längerer als der in den Absätzen 1–3 des § 622 BGB genannten Kündigungsfristen bleibt hiervon unberührt (§ 622 Abs. 5 S. 3 BGB). Die Vereinbarung **längerer Kündigungsfristen** ist also gem. § 622 Abs. 5 S. 3 BGB nicht ausgeschlossen. § 622 Abs. 6 BGB schreibt allerdings vor, dass für Kündigungen des Arbeitnehmers keine längere Frist vereinbart werden darf als für Arbeitgeberkündigungen. Vertragliche Abreden, die diese gesetzlichen Vorgaben lediglich nachvollziehen, sind daher wirksam.[9]

2807 Das BAG fasst dies wie folgt zusammen: „Die Verlängerung von Kündigungsfristen für den Arbeitnehmer ist im Arbeitsleben als Gestaltungsinstrument so verbreitet, dass ihre Aufnahme in Formulararbeitsverträgen nicht überraschend ist. Vor allem sieht das Gesetz selbst diese Gestaltungsmöglichkeit ausdrücklich vor und gibt dafür Regeln vor. Durch das Allgemeine Gleichbehandlungsgesetz können die für den Arbeitgeber gesetzlich verlängerten Fristen auch auf die Kündigung des Arbeitsverhältnisses durch den Arbeitnehmer erstreckt werden. In § 622 BGB findet sich kein Anhaltspunkt dafür, dass die Privatautonomie insoweit eingeschränkt wäre. Durch § 622 Abs. 5 BGB soll nur sichergestellt werden, dass die in den Absätzen 1 bis 3 genannten Fristen einzelvertraglich nicht verkürzt werden. Die Vereinbarung längerer Kündigungsfristen bleibt nach dem ausdrücklichen Gesetzeswortlaut davon unberührt, § 622 Abs. 5 Satz 3 BGB. Durch § 622 Abs. 6 BGB schreibt der Gesetzgeber für Gleichbehandlungsklauseln vor, dass für Kündigungen des Arbeitnehmers keine längere Frist vereinbart werden darf als für Arbeitgeberkündigungen. Eine allgemein übliche, vom Gesetz ausdrücklich angesprochene und in Teil sogar geregelte vertragliche Gestaltungsmöglichkeit ist nicht überraschend."

2808 Tariflich ungebundene Arbeitsvertragsparteien können gem. § 622 Abs. 5 S. 2 BGB bei Beachtung des Schlechterstellungsverbots aus § 622 Abs. 6 BGB somit eine Verlängerung der gesetzlichen Kündigungsfrist vereinbaren. Gelten allerdings tarifliche Kündigungsregelungen ohne

---

6 *Schiefer*, DB 2010, M20; *Bissels/Lützeler*, PuR 11–12/2009, 9 ff.
7 BAG 15.5.2013 – 5 AZR 130/12, BB 2013, 2164.
8 LAG Hessen 13.5.2013 – 7 Sa 511/12, EzA-SD 2013, Nr. 18, 6 (Revision eingelegt unter Az: 6 AZR 636/13).
9 BAG 28.5.2009 – 8 AZR 896/07, DB 2009, 569.

Öffnungsklauseln, sind individualvertraglich vereinbarte beiderseitige längere Kündigungsfristen für die arbeitnehmerseitige Kündigung unwirksam.[10]

Zur Verhinderung der Verlängerung der Kündigungsfristen empfiehlt sich in **Kleinunternehmen** folgende arbeitsvertragliche Regelung: „Die Kündigungsfrist beträgt 4 Wochen." Dies gilt jedenfalls dann, wenn ein Interesse an einer längerfristigen Bindung nicht besteht. 2809

Für **Aushilfsarbeitsverhältnisse** wird eine Kündigungsfrist von fünf Tagen vorgeschlagen,[11] wenngleich § 622 Abs. 5 Nr. 1 BGB auch eine fristlose ordentliche Kündigung ermöglichen dürfte.[12] Die Kündigungsfrist kann hier bis auf eine Frist von einem Tag verkürzt werden.[13] Nicht mehr um Aushilfsarbeitsverhältnisse handelt es sich, wenn der Zeitraum von drei Monaten überschritten ist. Wird ein Aushilfsarbeitsverhältnis über die Dauer von drei Monaten fortgesetzt, werden Vereinbarungen über Kündigungsfristen unwirksam, wenn sie den gesetzlichen Kündigungsfristen widersprechen.[14] In einem solchen Falle tritt nach Ablauf von drei Monaten die gesetzliche Kündigungsfrist *ipso iure* in Kraft.[15] 2810

Von den Absätzen 1–3 des § 622 BGB abweichende Regelungen können durch **Tarifvertrag** vereinbart werden, § 622 Abs. 4 S. 1 BGB. Im Geltungsbereich eines solchen Tarifvertrages gelten die abweichenden tarifvertraglichen Bestimmungen zwischen nicht tarifgebundenen Arbeitgebern und Arbeitnehmern, wenn ihre Anwendung zwischen ihnen vereinbart ist, § 622 Abs. 4 S. 2 BGB. Der Wortlaut des § 622 Abs. 4 S. 1 BGB enthält keinerlei Einschränkung. Die Norm lässt daher, ohne weitere Voraussetzungen aufzustellen, auch Regelungen zu, die von der in § 622 Abs. 2 BGB vorgesehenen Staffelung nach Dauer der Betriebszugehörigkeit abweichen. Hieraus folgt: Nach § 622 Abs. 4 S. 1 BGB sind tarifvertragliche Regelungen zulässig, die für Kleinbetriebe einheitliche Kündigungsfristen und Kündigungstermine ohne Staffelung nach Betriebszugehörigkeit und Alter vorsehen.[16] 2811

Die Kündigungsfrist in der **Probezeit** beträgt nach § 622 Abs. 3 BGB vierzehn Tage. Eine entsprechende Regelung findet sich in zahlreichen Arbeitsvertragsmustern. Längere Kündigungsfristen als die gesetzliche Grundkündigungsfrist oder die verlängerten gesetzlichen Kündigungsfristen können zwischen Arbeitgeber und Arbeitnehmer weiterhin vereinbart werden (§ 622 Abs. 5 S. 3 BGB). 2812

Insbesondere bei Führungskräften empfehlen sich Verlängerungen. Musterverträge für **leitende Angestellte** sehen deshalb eine entsprechende Verlängerung vor.[17] Eine kleine Variante zum Regelfall bilden Probezeitverlängerungsklauseln, die sich an der Anzahl der Fehltage in der Probezeit anlehnen.[18] Die Verlängerung der gesetzlichen Kündigungsfrist ist, soweit sich der Arbeitgeber bindet, unbeschränkt, während für den Arbeitnehmer nur eine Bindung von maximal fünfeinhalb Jahren zulässig ist. Der Zeitraum von fünfeinhalb Jahren ergibt sich aus einer Zusammenschau des § 624 S. 1 und 2 BGB.[19] *Gaul*[20] hält nur eine Bindung von bis zu einem Jahr für mit § 138 Abs. 1 BGB, Art. 12 Abs. 1 GG vereinbar. Die Rspr ist in dieser Frage noch nicht zu einem abschließenden Urteil gekommen.[21] Es wird geraten, der Ansicht von *Gaul* zu folgen 2813

---

10 *Wensing/Hesse*, NZA 2009, 1309, 1313.
11 *Hümmerich/Lücke/Mauer*, FB ArbR, Muster 1324 (§ 7 Abs. 4).
12 BAG 22.5.1986 – 2 AZR 612/85, DB 1986, 2548; Erman/*Hanau*, § 622 BGB Rn 40; MüKo-BGB/*Schwerdtner*, § 622 Rn 56.
13 Kittner/Zwanziger/*Appel*, Arbeitsrecht Handbuch, § 90 Rn 20.
14 KR/*Hillebrecht*, § 622 BGB Rn 177.
15 Erman/*Hanau*, § 622 BGB Rn 38.
16 BAG 23.4.2008 – 2 AZR 21/07, BB 2008, 2628.
17 *Hümmerich/Lücke/Mauer*, FB ArbR, Muster 1195 (§ 12 Abs. 1) oder Muster 1205 (Ziffer 8).
18 *Hümmerich/Lücke/Mauer*, FB ArbR, Muster 1351 (§ 1 Abs. 2).
19 Preis/*Preis*, Der Arbeitsvertrag, II K 10 Rn 61.
20 BB 1980, 1542.
21 BAG 17.10.1969 – 3 AZR 442/68, AP § 611 BGB Treuepflicht Nr. 7.

und maximal eine Kündigungsfrist von einem Jahr vorzusehen – auch bei Führungskräften,[22] wenn man diese Frist dann noch verlängern will, als Kündigungszeitpunkt jeweils den 31.12. und/oder den 30.6. eines Jahres zu wählen.

2814 Die verlängerten Kündigungsfristen gem. § 622 Abs. 2 BGB knüpfen an die Beschäftigung in dem Betrieb oder Unternehmen desselben Arbeitgebers oder seines Rechtsvorgängers[23] an. Mit Blick auf einen möglichen **Wechsel im Konzern** kann arbeitsvertraglich vorgesehen werden, dass Beschäftigungszeiten, die der Arbeitnehmer in einem Unternehmen des Konzerns erbracht hat – u.a. für die Berechnung der Kündigungsfrist – auf die Betriebszugehörigkeit angerechnet werden.[24]

2815 Die verlängerten Kündigungsfristen des § 622 Abs. 2 BGB gelten generell nur für den Arbeitgeber. Dieser ist aber befugt, vertraglich vereinbarte verlängerte Kündigungsfristen auch für den Arbeitnehmer vorzusehen. Die Verlängerung der Kündigungsfrist darf allerdings nicht einseitig zu Lasten des Arbeitnehmers ausgestaltet werden (§ 622 Abs. 6 BGB). Daher bietet es sich an, vertraglich klarzustellen, ob die Verlängerung der Kündigungsfrist für beide Seiten oder nur für Arbeitgeberkündigungen gelten soll.[25]

2816 Die einzelvertragliche Vereinbarung einer Kündigungsfrist von drei Monaten zum Monatsende ist wegen des Verstoßes gegen das Günstigkeitsprinzip des § 4 Abs. 3 TVG unwirksam, wenn der kraft beiderseitiger Tarifbindung geltende **Tarifvertrag** lediglich eine Kündigungsfrist von einem Monat zum 15. des Monats oder zum Monatsende vorsieht.[26]

2817 Eine Vertragsgestaltung im Rahmen Allgemeiner Geschäftsbedingungen, die eine sechsmonatige Kündigungsfrist zum Ablauf jeweils des vierten Beschäftigungsjahres vorsieht, benachteiligt den Arbeitnehmer nach Ansicht des LAG München[27] unangemessen iSv § 307 Abs. 1 BGB, wenn dem kein angemessener Ausgleich auf Seiten des die Allgemeinen Geschäftsbedingungen verwendenden Arbeitgebers gegenübersteht.

2818 Die einzige Möglichkeit für den Arbeitgeber, das Arbeitsverhältnis **ohne** Einhaltung gesetzlicher, tariflicher oder einzelvertraglicher Kündigungsfristen zu beenden, bietet der **Aufhebungsvertrag**, der von dem sog. Abwicklungsvertrag abzugrenzen ist.[28] Der Aufhebungsvertrag hat weiterhin den Vorteil, dass allgemeiner und besonderer Kündigungsschutz nicht greifen und der Betriebsrat nicht beteiligt werden muss. Für den Arbeitnehmer bietet der Aufhebungsvertrag den Vorteil, dass Kündigungsfristen abgekürzt werden können, die der sofortigen Arbeitsaufnahme bei einem anderen Arbeitgeber entgegenstehen.[29] Die sonstigen Nachteile des Aufhebungsvertrages im Verhältnis zum Abwicklungsvertrag liegen allerdings auf der Hand. Zu beachten sind die ggf erheblichen sozialversicherungsrechtlichen Nachteile, die sich bei der Beendigung des Arbeitsverhältnisses im Wege des Aufhebungsvertrages ergeben können (insb. Sperrzeit beim Bezug des Arbeitslosengeldes). Teilweise ist daher dem sog. **Abwicklungsvertrag** in der Praxis der Vorzug gegeben worden.[30] Das BSG[31] hat allerdings festgestellt, dass der Abwicklungsvertrag ggf mit dem Aufhebungsvertrag („verkappter Aufhebungsvertrag") gleichzusetzen ist. Ist dies der Fall, so kann zumindest von einer Mitursächlichkeit des Arbeitnehmers

22 *Hümmerich/Lücke/Mauer*, FB ArbR, Muster 1211 (§ 2 Buchst. b).
23 *Schiefer u.a.*, Betriebsübergang, Outsourcing, Auftragsvergabe, Umstrukturierung, Rn 158.
24 Preis/*Preis*, Der Arbeitsvertrag, II K 10 Rn 64.
25 Preis/*Preis*, Der Arbeitsvertrag, II K 10 Rn 59.
26 LAG Niedersachsen 8.2.2000 – 2 AZR 903/98, NZA 2000, 428.
27 LAG München 22.8.2007 – 11 Sa 1277/06.
28 Der wesentliche Unterschied besteht darin, dass beim Abwicklungsvertrag das Arbeitsverhältnis nicht durch den Vertrag, sondern durch die vom Arbeitgeber ausgesprochene, einseitige Gestaltungswirkung auslösende Kündigung endet. Beim Aufhebungsvertrag führen die übereinstimmenden Willenserklärungen von Arbeitgeber und Arbeitnehmer zur Auflösung des Vertragsverhältnisses, *Bauer/Hümmerich*, NZA 2003, 1076.
29 Küttner/*Kania*, Personalbuch, 64 (Aufhebungsvertrag) Rn 1.
30 *Hümmerich*, NJW 2004, 2921.
31 BSG 9.11.1995 – 11 RAr 27/95, BB 1996, 1510.

an der Beendigung des Arbeitsverhältnisses ausgegangen und bei Vorliegen der weiteren Voraussetzungen eine Sperrzeit beim Arbeitslosengeld verhängt werden.[32] Ein sperrzeitausschließender wichtiger Grund für den Abschluss eines Aufhebungsvertrages liegt nach der im Anschluss an eine Entscheidung des BSG vom 12.7.2006[33] aktualisierten Durchführungsanweisung (10/2007)[34] vor, wenn der Arbeitgeber die Kündigung mit Bestimmtheit in Aussicht gestellt hat, die drohende Arbeitgeberkündigung auf betriebliche Gründe gestützt würde, das Beschäftigungsverhältnis nicht früher endet, als es bei **fristgerechter Arbeitgeberkündigung** geendet hätte, und eine Abfindung zwischen 0,25 bis 0,5 Monatsverdienste pro Beschäftigungsjahr gezahlt wird.[35]

Hinzuweisen ist in diesem Zusammenhang auch auf die in § 1 a KSchG vorgesehene Möglichkeit, das Arbeitsverhältnis **betriebsbedingt** – unter Einhaltung der Kündigungsfrist – sperrzeitausschließend[36] gegen Zahlung einer Abfindung in Höhe eines halben Monatsverdienstes für jedes Jahr des Bestehens des Arbeitsverhältnisses zu kündigen. Der Abfindungsanspruch setzt den Hinweis des Arbeitgebers in der Kündigungserklärung voraus, dass die Kündigung auf dringende betriebliche Erfordernisse gestützt ist und der Arbeitnehmer bei Verstreichenlassen der Klagefrist die Abfindung beanspruchen kann. 2819

cc) Berechnung der Kündigungsfrist

Bei der Berechnung der Kündigungsfrist sind die §§ 186 ff BGB zu beachten. Der Tag, an dem die Kündigung zugeht, wird bei der Fristberechnung nicht mitgerechnet (§ 187 Abs. 1 BGB). Das bedeutet für die vierwöchige Grundkündigungsfrist des § 622 BGB, dass die Kündigungsfrist am Ende des auf die Kündigung folgenden Monats abläuft, wenn die vierwöchige Frist erst am sechzehnten Tag oder noch später endet. In allen übrigen Fällen endet die Frist am 15. des Folgemonats. Unerheblich ist, ob der Tag des Fristbeginns oder der Tag des Fristablaufs ein Sonntag oder Feiertag ist. § 193 BGB ist auf Kündigungsfristen weder unmittelbar noch entsprechend anwendbar.[37] Bei einer Frist, die ohne festen Kündigungstermin lediglich nach Wochen bestimmt ist, wie etwa einer Frist von zwei Wochen während einer vereinbarten Probezeit, endet die Kündigungsfrist nach § 188 Abs. 2 BGB mit Ablauf desjenigen Tages der letzten Woche, der durch seine Bezeichnung dem Tag entspricht, an dem die Kündigung zugegangen ist. 2820

Der Tag des Zugangs ist nicht in die Frist einzuberechnen (§ 187 Abs. 1 BGB). 2821

Beispiel: Ein 40 Jahre alter Arbeitnehmer ist über fünf Jahre im Betrieb beschäftigt und kann daher nur noch mit einer Frist von drei Monaten zum Monatsende gekündigt werden. Soll das Arbeitsverhältnis zum 30.6. beendet werden, so muss die Kündigung spätestens am 31.3. dem Angestellten zugegangen sein. Eine Kündigung am 1.4. wäre schon verspätet.

Ist der letzte Tag, an dem die Kündigung erklärt werden kann, ein Samstag, Sonntag oder gesetzlicher Feiertag, ist an diesem Tage – oder früher – zu kündigen (§ 193 BGB gilt nicht). 2822

Beispiel: Ein Arbeitgeber kündigte einem Angestellten, mit dem eine Kündigungsfrist von einem Monat zum Ende eines Kalendermonats vereinbart war, mit Schreiben vom Freitag, dem 30.8., zum 30.9. Der Angestellte erhielt das Schreiben jedoch erst am Montag, dem 2.9., zugestellt. Das BAG hat die Kündigung als verspätet erklärt. Es hat den Einwand des Arbeitgebers, dass sich nach § 193 BGB

---

32 Zu den Einzelheiten *Schiefer/Conrad*, Beendigung des Arbeitsverhältnisses und Umstrukturierung, Checkliste 18, Rn 131.

33 BSG 12.7.2006 – B 11 a AL 47/05 R, DB 2006, 2521.

34 S. www.arbeitsagentur.de/Veröffentlichungen/Weisungen/Arbeitslosengeld1.

35 Zu den Einzelheiten *Schiefer/Conrad*, Beendigung des Arbeitsverhältnisses und Umstrukturierung, Checkliste 21, Rn 163.

36 *Cornelius/Lipinski*, BB 2007, 496, 502.

37 BAG 5.3.1970 – 2 AZR 112/69, DB 1970, 1134; BGH 28.9.1972 – VII ZR 186/71, AP § 193 BGB Nr. 2.

die Frist auf den darauf folgenden Werktag verlängere, wenn ihr Ende auf einen Sonnabend, Sonntag oder gesetzlichen Feiertag fällt, nicht gelten lassen. Denn aus einer Mindestkündigungsfrist ergebe sich nicht, dass der Arbeitgeber an einem bestimmten Tag kündigen müsse. Vielmehr könne er die Kündigung schon wesentlich eher aussprechen. Wenn er bis zum Schluss wartet, muss er dafür Sorge tragen, dass dem Arbeitnehmer das Kündigungsschreiben auch zu dem letztmöglichen Termin tatsächlich zugeht.[38]

2823 Gemäß § 622 Abs. 6 BGB darf für die Arbeitnehmerkündigung keine längere Kündigungsfrist vereinbart werden als für die Arbeitgeberkündigung. Vereinbaren die Parteien unter Verstoß gegen § 622 Abs. 6 BGB die Kündigung des Arbeitsverhältnisses durch den Arbeitnehmer eine längere Frist als für die Kündigung durch den Arbeitgeber, muss auch der Arbeitgeber bei der Kündigung des Arbeitsverhältnisses die für den Arbeitnehmer vereinbarte (längere) Kündigungsfrist einhalten (§ 622 Abs. 6 BGB iVm § 89 Abs. 2 HGB).[39]

dd) Kündigung mit zu kurzer Kündigungsfrist

2824 Wird das Arbeitsverhältnis mit einer **zu kurzen Frist** gekündigt, führt dies nicht zur Unwirksamkeit der Kündigung.[40] Vielmehr wirkt eine verspätete Kündigung zum nächst zulässigen Termin.[41] Diese bisher stRspr wird jedoch mittlerweile erheblich relativiert:[42] Die Nichteinhaltung der Kündigungsfrist muss innerhalb der Klagefrist des § 4 S. 1 KSchG geltend gemacht werden, wenn sich nicht durch Auslegung ermitteln lässt, dass eine fristwahrende Kündigung ausgesprochen werden sollte.[43] Ist eine ordentliche Kündigung ohne weiteren Zusatz zu einem bestimmten Datum erklärt worden, steht das Bestimmtheitsgebot der Auslegung der Kündigungserklärung als eine Kündigung zu einem anderen Termin entgegen. Ersichtlich will der 5. Senat also im Regelfall eine Auslegung der Kündigung mit falscher Kündigungsfrist als eine solche mit der rechtlich zutreffenden Kündigungsfrist ablehnen und demzufolge die Kündigung für unwirksam erklären. Dies zwingt den Arbeitgeber dazu, seine Kündigungserklärung zukünftig zB wie folgt zu formulieren: „... kündigen wir ordentlich und fristgerecht zum 30.9.2014, hilfsweise zum nächstzulässigen Termin.“[44] – Angesichts der aktuellen Rspr besteht hier allerdings keine abschließende Sicherheit. Nicht zu Unrecht fragt *Diller*:[45] „Wie kündigt man eigentlich richtig?“ Die Entwicklung der Rspr bleibt abzuwarten (s. dazu auch Rn 2826 ff).

2825 Die Rspr zur Kündigung mit „zu kurzer Kündigungsfrist“ ist allerdings im Fluss:

2826 Mit Entscheidung vom 15.5.2013[46] hat der **5. Senat** festgestellt: Eine Kündigung muss dem **Bestimmtheitsgebot** genügen. Danach muss sich aus der Kündigungserklärung ergeben, **zu welchem Zeitpunkt** das Arbeitsverhältnis beendet werden soll – ohne dass der Arbeitnehmer darüber „rätseln muss, zu welchem anderen als in der Kündigungserklärung genannten Termin der Arbeitgeber die Kündigung gewollt haben könnte“. Ob eine ordentliche Kündigung mit objektiv fehlerhafter Kündigungsfrist im Regelfall (so die Rspr des 2. Senats[47]) als eine solche mit **rechtlich zutreffender Kündigungsfrist** ausgelegt werden kann, lässt der 5. Senat offen. Eine solche Auslegung ist jedenfalls dann möglich, wenn die Kündigung nach ihrem **Inhalt** und – ggf den Begleitumständen – **als Kündigung zum „richtigen Zeitpunkt“** ausgelegt werden

38 BAG 5.3.1970 – 2 AZR 112/69, DB 1970, 1134.
39 BAG 2.6.2005 – 2 AZR 296/04, NZA 2005, 1176.
40 H/S-*Hümmerich/Holthausen*, Das arbeitsrechtliche Mandat, § 10 Rn 49.
41 BAG 18.4.1985 – 2 AZR 197/84, NZA 1986, 229.
42 BAG 1.9.2010 – 5 AZR 700/09, NZA 2010, 1409.
43 Abgrenzung von BAG 15.12.2005 – 2 AZR 148/05, DB 2006, 1116.
44 KPK/*Sowka*, Rn 970.
45 *Diller*, FA 2014, 97.
46 BAG 15.5.2013 – 5 AZR 130/12, BB 2013, 2164.
47 BAG 18.4.1985 – 2 AZR 197/84, NZA 1986, 229.

kann. Eine mit zu kurzer Kündigungsfrist zu einem bestimmten Datum erklärte ordentliche Kündigung, die den Zusatz **„fristgemäß zum“** enthält, kann als Kündigung zum **richtigen Kündigungstermin** ausgelegt werden, wenn es dem Arbeitgeber für den Arbeitnehmer erkennbar wesentlich um die **Einhaltung der maßgeblichen Kündigungsfrist** ging und sich das in der Kündigungserklärung aufgenommene Datum lediglich als **Ergebnis einer fehlerhaften Berechnung** der zutreffenden Kündigungsfrist erweist. Das Bestimmtheitsgebot ist nicht verletzt, wenn unstreitig (nur) die gesetzlichen Kündigungsfristen Anwendung finden und der Arbeitnehmer anhand von § 622 Abs. 2 S. 1 BGB die maßgebliche Kündigungsfrist in einem **einfachen Rechenschritt** selbst errechnen kann.

In dieser Entscheidung stellt das BAG also die Auslegungsregelung in Frage, nach der eine ordentliche Kündigung mit fehlerhafter Kündigungsfrist generell in eine Kündigung zum richtigen Kündigungstermin umgedeutet werden kann.

„Großzügiger“ ist insoweit der **6. Senat.**[48] Danach ist eine Kündigungserklärung, die einen Hinweis auf die maßgeblichen gesetzlichen Fristenregelungen enthält, ausreichend, wenn der Erklärungsempfänger hierdurch unschwer ermitteln kann, zu welchem Termin das Arbeitsverhältnis enden soll. Eine vom Arbeitgeber mit fehlerhafter Kündigungsfrist zu einem bestimmten Datum erklärte Kündigung mit dem Zusatz **„fristgemäß zum“** kann als Erklärung „zum richtigen Kündigungszeitpunkt“ ausgelegt werden, wenn es dem Arbeitgeber wesentlich um die Einhaltung der maßgeblichen Kündigungsfrist ging und dies für den Arbeitnehmer erkennbar war. Dies soll jedenfalls dann gelten, wenn sich das in das Kündigungsschreiben aufgenommene Datum lediglich als Ergebnis einer fehlerhaften Berechnung der zutreffenden Kündigungsfrist erweist. 2827

Hiervon ausgehend könnte die Formulierung in einem Kündigungsschreiben etwa wie folgt lauten:

> „Hiermit kündigen wir Ihr Arbeitsverhältnis unter Einhaltung der ordentlichen Kündigungsfrist gem. ... (zB § 7 des Arbeitsvertrages; § 20 Ziff. 3 EMTV METALL NRW; § 622 Abs. 2 BGB) zum nächstmöglichen Zeitpunkt. Das Arbeitsverhältnis kann danach unter Einhaltung einer Kündigungsfrist zum ... (zB Monatsende) gekündigt werden. Das Arbeitsverhältnis endet deshalb nach unserer Berechnung zum ...“

Diese Erklärung kann – im Falle eines Berechnungsfehlers – dahin gehend ausgelegt werden, dass sie das Arbeitsverhältnis zum zutreffenden Termin beenden soll.

Der Ablauf der Kündigungsfrist muss im Kündigungsschreiben nicht mit dem exakten Datum bezeichnet werden. Die Kündigungserklärung **„zum nächstmöglichen Zeitpunkt“** reicht aus. 2828

Im Rahmen der **Betriebsratsanhörung** gem. § 102 BetrVG ist grds. die Kündigungsfrist mitzuteilen.[49] Nur im Ausnahmefall ist die Angabe verzichtbar.[50] 2829

ee) AGB-Kontrolle

Formularvertragliche, die Fristen des § 622 BGB verlängernde Kündigungsfristvereinbarungen benachteiligen den Arbeitnehmer grds. nicht unangemessen iSv § 307 BGB.[51] Die Vereinbarung einer Kündigungsfrist von zwei Monaten jeweils zum 31.7. eines Jahres in einem Formulararbeitsvertrag mit einer Lehrkraft steht im Einklang mit § 622 BGB und ist weder nach § 309 Nr. 9 BGB noch nach § 307 Abs. 1 BGB unwirksam.[52] Zu beachten ist, dass die Kündigungsfrist für beide Parteien nicht nur Nachteile, sondern auch Vorteile bringt – für den Arbeitnehmer einen erhöhten Bestandsschutz seines Arbeitsverhältnisses. 2830

48 BAG 20.6.2013 – 6 AZR 805/11, DB 2013, 293.
49 LAG Hamm 19.5.1995 – 10 Sa 1456/94, LAGE § 102 BetrVG 1972 Nr. 49.
50 BAG 15.11.1995 – 2 AZR 974/94, NZA 1996, 400.
51 *Henssler/Moll*, AGB-Kontrolle vorformulierter Arbeitsbedingungen, S. 134.
52 BAG 25.9.2008 – 8 AZR 717/07, DB 2009, 569.

2831 Auch für die **Auslegung** von Kündigungsfristvereinbarungen im Sinne einer AGB-Kontrolle gilt, dass diese nach ihrem objektiven Inhalt und typischen Sinn einheitlich so auszulegen sind, wie sie von verständigen und redlichen Vertragspartnern unter Abwägung der Interessen der normalerweise beteiligten Verkehrskreise verstanden werden, wobei die Verständnismöglichkeit des durchschnittlichen Vertragspartners des Verwenders zugrunde zu legen ist.[53]

2832 Die zu beurteilende Klausel lautet wie folgt:

> „In the frist three months ob employment, one month`s notice is required and thereafter a maximum of three months notice applies during the employment.“

Das LAG Rheinland-Pfalz[54] stellt hierzu Folgendes fest: Der Begriff „Maximum“ hat auch in der englischen Sprache die Bedeutung einer Höchstbegrenzung, etwa im Sinne von „Höchstgrenze“ bzw „Höchstmaß“. Danach wird durch die Vertragsklausel dem Sprachsinn nach nicht eine auf jeden Fall nach Ablauf der Probezeit anwendbare Kündigungsfrist vorgesehen, sondern lediglich bestimmt, dass für die nach Ablauf der Probezeit geltende Kündigungsfrist eine maximale Begrenzung von drei Monaten greifen soll. Wenn dadurch die Klausel eine in jedem Fall zu beachtende Kündigungsfrist von drei Monaten hätte vorsehen sollen, hätte es der Verwendung des Wortes „Maximum“ nicht bedurft. Ausgehend hiervon sollte durch die vertragliche Bestimmung nicht zu Gunsten des Arbeitnehmers eine gegenüber den gesetzlichen Fristen verlängerte Kündigungsfrist vorgesehen werden, sondern vielmehr eine Begrenzung der sich nach anderen Bestimmungen ggf ergebenden längeren Kündigungsfristen herbeigeführt werden. Ein anderes Ergebnis folgt auch nicht in Anwendung der sog. Unklarheitenregelung nach § 305 c Abs. 2 BGB. Die entfernte Möglichkeit, zu einem anderen Ergebnis zu kommen, genügt für die Anwendung nicht.

2833 Die Vereinbarung einer kürzeren als nach § 622 Abs. 3 BGB zulässigen „**Probezeitkündigungsfrist**“ (§ 622 Abs. 3 BGB) im Arbeitsvertrag führt auch im Wege der Inhaltskontrolle nach § 306 BGB nicht zur Unwirksamkeit der Probezeitvereinbarung insgesamt. Dies gilt zumindest dann, wenn die Regelung „teilbar“ ist (hier: „Die ersten sechs Monate der Tätigkeit gelten als Probezeit. Während der Probezeit können beide Teile das Arbeitsverhältnis jederzeit mit einer siebentägigen Frist kündigen.“). Während der vereinbarten Probezeit gelangt dann die Kündigungsfrist des § 622 Abs. 3 BGB (zwei Wochen) und nicht die allgemeine Kündigungsfrist des § 622 Abs. 1 BGB (vier Wochen) zur Anwendung.[55] Die Unwirksamkeit einer arbeitsvertraglichen Regelung über die unzulässig kurze Kündigungsfrist während der Probezeit kann also die Wirksamkeit der Probezeitvereinbarung an sich unberührt lassen.[56]

2834 Ist in einem Formulararbeitsvertrag, der vorsieht, dass zutreffende Regelungen angekreuzt und nicht zutreffende Regelungen gestrichen werden, die Regelung angekreuzt „Für die Kündigung des Arbeitsverhältnisses – nach Ablauf der Probezeit – gilt die gesetzliche Kündigungsfrist“, ist grds. davon auszugehen, dass die Parteien die ordentliche Kündbarkeit des befristeten Arbeitsvertrages einzelvertraglich iSv § 15 Abs. 3 TzBfG vereinbart haben. Vertragliche Abreden über die Kündbarkeit eines befristeten Arbeitsverhältnisses sind in § 15 Abs. 3 TzBfG ausdrücklich vorgesehen und schon deshalb nicht ungewöhnlich iSv § 305 c Abs. 1 BGB. Auch angesichts der Häufigkeit dahingehender Abreden liegt keine überraschende Klausel im Sinne dieser Vorschrift vor.[57]

---

53 LAG Rheinland-Pfalz 11.3.2011 – 9 Sa 709/10 zur Auslegung einer vertraglichen Kündigungsfristenregelung unter Verweis auf BAG 18.5.2010 – 3 AZR 373/08, NZA 2010, 935.

54 LAG Rheinland-Pfalz 11.3.2011 – 9 Sa 709/10, u.a. mit Hinweis auf BAG 24.10.2007 – 10 AZR 825/06, DB 2008, 126.

55 LAG Hessen 31.5.2011 – 12 Sa 941/10, NZA-RR 2011, 571.

56 LAG Rheinland-Pfalz 30.4.2010 – 9 Sa 776/09, NZA-RR 2010, 464.

57 BAG 4.8.2011 – 6 AZR 436/10, DB 2011, 2552.

ff) Sonderregelungen

Bei den Kündigungsfristen sind folgende **Sonderregelungen** zu beachten: 2835

- Bei **Berufsausbildungsverhältnissen** ist § 22 BBiG einschlägig. Während der Probezeit kann das Ausbildungsverhältnis jederzeit ohne Einhaltung einer Frist gekündigt werden. Nach Ablauf der Probezeit bleibt ohnehin für den Ausbilder nur Raum für eine außerordentliche Kündigung.
- Der Auszubildende kann unter den Voraussetzungen des § 22 Abs. 2 Nr. 2 BBiG mit einer Kündigungsfrist von vier Wochen kündigen, wenn er die Berufsausbildung aufgibt oder sich für eine andere Berufstätigkeit ausbilden lassen will.
- Für den Bereich der **Heimarbeit** besteht eine Regelung in § 29 HAG. Die Bestimmung entspricht im Wesentlichen der Kündigungsfrist des § 622 BGB.
- Ebenfalls der gesetzlichen Regelung des § 622 BGB nachgebildet ist die Sonderregelung für **Heuerverhältnisse** § 63 SeemG bei der Seeschifffahrt.
- Für werdende Mütter ist in der **Schwangerschaft** § 10 Abs. 1 MuSchG einschlägig, wonach eine Schwangere oder junge Mutter während der Schutzzeit nach der Schwangerschaft zur Kündigung ohne Einhaltung einer Frist berechtigt ist.
- Arbeitnehmer oder Arbeitnehmerinnen in **Elternzeit** können das Arbeitsverhältnis zum Ende der Elternzeit nur unter Einhaltung einer Kündigungsfrist von drei Monaten kündigen (§ 19 BEEG).
- Für **schwerbehinderte Menschen** gilt § 86 SGB IX, der für eine Kündigung durch den Arbeitgeber eine Frist von vier Wochen vorsieht, sofern das Arbeitsverhältnis mit dem Schwerbehinderten ununterbrochen sechs Monate bestanden hat.
- Für **Zeitarbeitsverhältnisse** gelangt grds. § 622 BGB zur Anwendung. Allerdings besteht die Besonderheit, dass eine einzelvertragliche Abkürzung der Kündigungsfristen entsprechend § 622 Abs. 5 S. 1 Nr. 1 BGB im Zeitarbeitsverhältnis nach § 11 Abs. 4 AÜG nicht möglich ist.
- Ist eine Befristung rechtsunwirksam, so gilt der **befristete Arbeitsvertrag** als auf unbestimmte Zeit geschlossen. Er kann vom Arbeitgeber frühestens zum vereinbarten Ende ordentlich gekündigt werden, sofern nicht nach § 15 Abs. 3 TzBfG die ordentliche Kündigung zu einem früheren Zeitpunkt möglich ist.[58] Ist die Befristung nur wegen des Mangels der Schriftform (§ 14 Abs. 4 TzBfG) unwirksam, kann der Arbeitsvertrag auch vor dem vereinbarten Ende ordentlich gekündigt werden (§ 16 TzBfG).

Der Sonderfall der **Kündigung vor Dienstantritt** wird unter dem Klauselstichwort „8. Arbeitsaufnahmeklauseln“ (§ 1 Rn 733 ff) erörtert. 2836

b) Klauseltypen und Gestaltungshinweise

aa) Gesetzliches Grundmuster

(1) Klauseltyp A

Das Arbeitsverhältnis kann mit den sich aus § 622 Abs. 1 und 2 BGB ergebenden Fristen gekündigt werden. Die ersten sechs Monate des Arbeitsverhältnisses gelten als Probezeit. Während dieser Zeit kann das Arbeitsverhältnis mit einer Frist von zwei Wochen gekündigt werden (§ 622 Abs. 3 BGB). 2837

58 Zur Unwirksamkeit der Kündigung gem. § 15 Abs. 3 TzBfG LAG Rheinland-Pfalz 22.1.2009 – 11 Sa 616/08.

(2) Gestaltungshinweise

2838 Die Klausel A ist auf die aktuelle gesetzliche Regelung hin konzipiert. Weiterer Erläuterungen im Arbeitsvertrag bedarf es nicht. Gesetzliche Vorschriften müssen im Vertragstext nicht wiedergegeben werden.

bb) Kündigungsfristenregelung

(1) Klauseltyp B

2839 Das Arbeitsverhältnis kann von beiden Seiten nur mit einer Frist von drei Monaten zum Quartalsende gekündigt werden. Unbeschadet hiervon bleibt das Recht zur fristlosen Kündigung aus gesetzlich zulässigem Grund.

(2) Gestaltungshinweise

2840 Das Verhältnis von Kündigungsfrist und Kündigungstermin führt, insb. bei Altverträgen, manchmal zu sprachlichen Verwechselungen. Wie *Diller*[59] dargestellt hat, muss sich der Arbeitsrechtler in der Praxis häufiger mit folgender Fallkonstellation auseinandersetzen: Im Arbeitsvertrag ist eine Kündigungsfrist von sechs Wochen oder drei Monaten zum Quartal vorgesehen, wie hier in der Klauselvariante B. Der gekündigte Arbeitnehmer hat aufgrund längeren Bestands des Arbeitsverhältnisses eine gesetzliche Kündigungsfrist gem. § 622 Abs. 2 BGB von zwei, drei, vier oder mehr Monaten, jeweils zum Ende des Kalendermonats. § 622 Abs. 5 BGB untersagt die einzelvertragliche Vereinbarung von Kündigungsfristen, die kürzer als die gesetzlichen Fristen sind. Mit Blick hierauf stellt sich die Frage, welcher Maßstab bei dem erforderlichen Günstigkeitsvergleich anzulegen ist? Bezieht sich der Günstigkeitsvergleich („kürzere Frist“) nur auf die Kündigungsfrist (sechs Wochen, drei Monate) oder auch auf den Kündigungstermin (Monatsende, Quartalsende)? Und falls Letzteres der Fall sein sollte, ist etwa eine Frist von sechs Wochen zum Quartal günstiger als zwei Monate zum Monatsende?

2841 Maßgeblich für die richtigen Antworten auf die vorstehenden Fragen ist, ob die Arbeitsvertragsparteien mit der von ihnen vereinbarten Vertragsfassung die Kündigungsfrist **konstitutiv** oder lediglich **deklaratorisch** regeln wollten.[60] Haben die Parteien zu Informationszwecken nur die gesetzliche Regelung wiederholt, ohne eine eigenständige Regelung zu treffen, findet sich eine klare Lösung. An die Stelle des Verweises auf die alte Gesetzeslage tritt die Verweisung auf die nunmehr geltende Gesetzeslage. Sowohl hinsichtlich der Frist als auch hinsichtlich des Termins gilt ausschließlich § 622 BGB in der ab 1993 geltenden Fassung. Die frühere Quartalskündigungsfrist ist obsolet. Maßgeblich sind allein die Monatskündigungsfristen des BGB. Entsprechend führt das BAG in einer Entscheidung vom 4.7.2001[61] aus, sofern es keine Anhaltspunkte für einen entgegenstehenden Parteiwillen gebe, könne aus einer 1971 getroffenen Vereinbarung (Kündigungsfrist von drei Monaten zum Quartalsende) idR nicht geschlossen werden, dass der vertragliche Kündigungstermin (Quartalsende) auch dann Bestand haben solle, wenn nach einer Gesetzesänderung der Gesamtvergleich von Kündigungsfrist und Kündigungstermin zu dem Ergebnis führe, dass die gesetzliche Regelung für den Arbeitnehmer stets günstiger sei.

2842 Schwieriger gestaltet sich die Entscheidung, wenn die Vertragsparteien eine konstitutive Quartalskündigungsfrist vereinbart haben.[62] Konstitutiv sind auf jeden Fall Quartalskündigungsfristen mit Arbeitern sowie in nach Oktober 1993 abgeschlossenen Arbeitsverträgen mit Angestellten. Bei konstitutiven Quartalskündigungsfristen ist ein Günstigkeitsvergleich mit den gesetzlichen Kündigungsfristen nach § 622 BGB vorzunehmen. Im Wege eines **„Gesamtver-**

59 *Diller*, NZA 2000, 293 f.

60 KR/*Spilger*, § 622 BGB Rn 280 ff.

61 BAG 4.8.2001 – 2 AZR 469/00, NZA 2002, 380.

62 LAG Nürnberg 13.4.1999 – 6 (5) Sa 182/98, NZA-RR 2000, 80.

gleichs" sind Kündigungsfristen und -termine als Paket zu bewerten. Die längeren Fristen können also nicht ohne Weiteres im Sinne einer „Rosinentheorie" mit den vertraglich vereinbarten Quartalsterminen kombiniert werden.[63] Etwas anderes gilt ausnahmsweise dann, wenn der Vereinbarung der Quartalstermine aufgrund besonderer Umstände eine eigenständige Bedeutung zukommt. Unter Aspekten der Rechtsklarheit ist es sachgerecht, den Günstigkeitsvergleich zwischen vertraglicher Quartalskündigungsfrist und gesetzlicher Monatskündigungsfrist bezogen auf die Umstände des konkreten Einzelfalls in Abhängigkeit vom Tag des Ausspruchs einer Kündigung zu ermitteln.[64]

cc) Verlängerungsklausel

(1) Klauseltyp C

C 1: Das Arbeitsverhältnis kann von beiden Seiten mit einer Frist von sechs Monaten zum Vierteljahresende gekündigt werden. Im Übrigen verlängern sich die Kündigungsfristen gem. § 622 BGB. Jede Kündigung bedarf der Schriftform. 2843

C 2: Nach Ablauf der Probezeit kann das Arbeitsverhältnis beiderseits ordentlich unter Einhaltung der für den Arbeitgeber nach § 622 BGB gesetzlich geregelten Kündigungsfristen gekündigt werden. Das Recht zur außerordentlichen Kündigung aus wichtigem Grund bleibt unberührt. Eine außerordentliche Kündigung gilt gleichzeitig vorsorglich als fristgerechte Kündigung zum nächstmöglichen Zeitpunkt.

(2) Gestaltungshinweise

Längere Kündigungsfristen als die gesetzliche Grundkündigungsfrist oder die verlängerten gesetzlichen Kündigungsfristen können zwischen Arbeitgeber und Arbeitnehmer vereinbart werden. Insbesondere bei leitenden Angestellten ist in Anbetracht der exponierten Stellung, die sie im Unternehmen einnehmen, eine solche Verlängerung üblich und empfehlenswert. Die **Klausel C 1** bewirkt, dass die Fristen des § 622 Abs. 2 BGB mit dem Jahresviertel als Enddatum kombiniert werden. Daher ist nicht das Monatsende, sondern das Vierteljahr maßgebend. 2844

Die **Klausel C 2** ist der Entscheidung des BAG vom 28.5.2009[65] entnommen. Sie war in der Entscheidung mit der folgenden Vertragsstrafenregelung verknüpft: 2845

> „Nimmt der Mitarbeiter die Arbeit nicht oder verspätet auf, verweigert er vorübergehend unberechtigt die Arbeit, löst er das Arbeitsverhältnis ohne Einhaltung der maßgeblichen Kündigungsfrist unberechtigt auf und wird der Arbeitgeber durch vertragswidriges Verhalten des Arbeitnehmers zur außerordentlichen Kündigung veranlasst, so hat der Arbeitnehmer an den Arbeitgeber eine Vertragsstrafe zu zahlen. Als Vertragsstrafe wird für den Fall der verspäteten Aufnahme der Arbeit, der vorübergehenden Arbeitsverweigerung und der Auflösung des Arbeitsverhältnisses ohne Einhaltung der maßgeblichen Kündigungsfrist ein sich aus der Bruttomonatsvergütung nach vorstehendem § 4 Abs. 1 zu errechnendes Bruttoentgelt für jeden Tag der Zuwiderhandlung vereinbart, insgesamt jedoch nicht mehr als das in der gesetzlichen Mindestkündigungsfrist ansonsten zu zahlende Arbeitsentgelt. Im Übrigen beträgt die Vertragsstrafe ein Bruttomonatsentgelt gem. vorstehendem § 4 Abs. 1. Das Recht des Arbeitgebers, einen weitergehenden Schaden geltend zu machen, bleibt unberührt."[66]

---

63 AA KR/*Spilger*, § 622 BGB Rn 178.

64 AA *Diller*, NZA 2000, 293 ff, der im Wege einer abstrakt-generellen Betrachtung ermitteln will, welche Regelung während der jeweils längeren Zeit des Jahres den besseren Schutz bietet.

65 BAG 28.5.2009 – 8 AZR 896/07, NZA 2009, 1337.

66 Zu Vertragsstrafenklauseln s. § 1 Rn 4016 ff (64. Vertragsstrafenklauseln).

Nach Ansicht des BAG sind die Verlängerung der Kündigungsfrist und die Vertragsstrafenabrede **wirksam:**
Die **Verlängerungsregelung** ist hinreichend bestimmt und lässt für den Arbeitnehmer erkennen, unter welchen Voraussetzungen er ordentlich kündigen kann. Nach Ablauf der Probezeit soll das Arbeitsverhältnis „beiderseits" ordentlich unter Einhaltung der für den Arbeitgeber nach § 622 BGB gesetzlich geltenden Kündigungsfristen gekündigt werden können. Diese Regelung ist eindeutig und einer Auslegung nicht zugänglich. Die fehlende genaue Verweisung auf § 622 Abs. 2 BGB lässt die Klausel nicht intransparent werden, sie eröffnet auch keinen Raum für eine Anwendung der sog. Unklarheitenregelung (§ 305 c Abs. 2 BGB). Für die Praxis empfiehlt sich allerdings – zur Vermeidung jeglicher Unklarheiten – eine unmittelbare Verweisung auf § 622 Abs. 2 BGB.
Die Verlängerungsregelung ist auch keine überraschende Klausel iSv § 305 c Abs. 1 BGB. Sie ist nicht ungewöhnlich oder aber unangemessen iSd § 307 Abs. 1 S. 1 BGB.
Unter Berücksichtigung der im Arbeitsrecht geltenden Besonderheiten gem. § 310 Abs. 4 S. 2 BGB ist zudem die an sich gem. § 309 Nr. 6 BGB unzulässige **Vertragsstrafenabrede** wirksam. Siehe dazu die Ausführungen in Abschnitt „64. Vertragsstrafenklauseln" (§ 1 Rn 4016 ff).

dd) Probezeitregelung

(1) Klauseltyp D

2846 **D 1:** Die ersten sechs Monate des Anstellungsverhältnisses gelten als Probezeit. In dieser Zeit kann das Arbeitsverhältnis von beiden Seiten mit einer Frist von einem Monat zum Monatsende gekündigt werden. Danach kann das Arbeitsverhältnis von beiden Seiten mit einer Frist von (...) gekündigt werden.

D 2: Die ersten sechs Monate des Arbeitsverhältnisses gelten als Probezeit. In dieser Zeit kann das Arbeitsverhältnis mit einer Frist von zwei Wochen gekündigt werden.

(2) Gestaltungshinweise

2847 Die Kündigungsfrist in der Probezeit beträgt gem. § 622 Abs. 3 BGB vierzehn Tage. Dementsprechend ist auch die Klauselvariante D 2 vorformuliert. Sie entspricht dem gesetzlichen Normalfall. Die gesetzlich verkürzte Zwei-Wochen-Frist knüpft an den Begriff der Probezeit an. Intention des Gesetzgebers war es, durch diese Regelung den Abschluss unbefristeter Probearbeitsverhältnisse zu erleichtern.[67] Den Vertragsparteien bleibt es unbenommen, eine längere Frist, etwa von einem Monat, wie in der Variante D 1 vorgesehen, zu vereinbaren (§ 622 Abs. 5 S. 3 BGB). Zu beachten ist, dass eine Verlängerung der Probezeit über 6 Monate hinaus den Wegfall der Wartefrist gem. § 1 Abs. 1 KSchG zur Folge hat und damit zum Fortfall erleichterter Kündigungsmöglichkeiten führt.

ee) Aushilfsvertragsklauseln

(1) Klauseltyp E

2848 **E 1:** Jede Seite kann das Aushilfsarbeitsverhältnis mit einer Frist von fünf Tagen kündigen. Nach Ablauf von drei Monaten gelten die gesetzlichen Kündigungsfristen.

↓ **E 2:** Das Aushilfsarbeitsverhältnis kann in den ersten drei Monaten durch eine fristlose, ordentliche Kündigung aufgelöst werden.

67 BT-Drucks. 12/4902, S. 7.

(2) Gestaltungshinweise

Der Aushilfscharakter muss, damit die Wirksamkeit der verkürzten Kündigungsfrist sichergestellt ist, durch den Wortlaut der Vertragsklausel zum Ausdruck gebracht werden.[68] Aus der Vereinbarung einer Aushilfsklausel kann nicht geschlossen werden, dass auch die Kündigungsfristen „auf Null" verkürzt werden dürfen.[69] Deshalb ist die Klausel E 2 nicht wirksam. Es sollte zumindest die für Aushilfsarbeitsverhältnisse maßgebliche Fünf-Tages-Frist eingehalten werden, wobei diese Frist auch nur für die ersten drei Monate wirksam vereinbart werden kann. 2849

ff) Abweichende Regelungen durch Tarifverträge

(1) Klauseltyp F

F 1: Bezüglich der Kündigung des Arbeitsverhältnisses gelten die tariflichen Bestimmungen des Manteltarifvertrages für Arbeiter und Angestellte in der Metallindustrie in Nordwürttemberg/Nordbaden in der Fassung vom (...). 2850

F 2: Bezüglich der Kündigung des Arbeitsverhältnisses gelten die tariflichen Bestimmungen des Manteltarifvertrages für Arbeiter und Angestellte in der Metallindustrie in Nordwürttemberg/Nordbaden in ihrer jeweils gültigen Fassung.

F 3: Bezüglich der Kündigung des Arbeitsverhältnisses gelten die tariflichen Bestimmungen des Manteltarifvertrages für Arbeiter und Angestellte in der Metallindustrie in Nordwürttemberg/Nordbaden. Ein Exemplar des genannten Tarifvertrages erhält der Mitarbeiter gegen Empfangsbescheinigung ausgehändigt. Der Tarifvertrag kann außerdem in der Personalabteilung oder beim Betriebsrat eingesehen werden.

(2) Gestaltungshinweise

Die **Klauseln F1 bis F3**[70] tragen dem Umstand Rechnung, dass gem. § 622 Abs. 4 S. 1 BGB von den Absätzen 1–3 des § 622 BGB abweichende Regelungen durch Tarifvertrag vereinbart werden können. Im Geltungsbereich eines solchen Tarifvertrages gelten die abweichenden tarifvertraglichen Bestimmungen zwischen nicht tarifgebundenen Arbeitgebern und Arbeitnehmern, wenn ihre Anwendung zwischen ihnen vereinbart ist (§ 622 Abs. 4 S. 2 BGB). Die Vereinbarung tariflicher Kündigungsfrist ist darüber hinaus – entgegen dem Wortlaut der Norm – nicht nur dann möglich, wenn Arbeitgeber und Arbeitnehmer nicht tarifgebunden sind. Nach ihrem Zweck (Gewährleistung einer einheitlichen Gestaltung einer dem einschlägigen Tarifvertrag entsprechenden Kündigungsvorschrift) ist die Zulassungsnorm vielmehr auch dann anwendbar, wenn nur eine Partei des Arbeitsvertrages nicht tarifgebunden ist.[71] Der in Bezug genommene Tarifvertrag muss allerdings im Übrigen alle für den Geltungsbereich wesentlichen Kriterien (räumlicher, betrieblicher, fachlicher, persönlicher und zeitlicher Geltungsbereich) erfüllen, dh, er müsste bei einer beiderseitigen Tarifgebundenheit einschlägig und anwendbar sein. Hieraus folgt: Die Anwendung fremder Tarifverträge kann nicht vereinbart werden. Dies gilt auch, wenn sie günstiger sind.[72] 2851

68 BAG 22.5.1986 – 2 AZR 392/85, NZA 1987, 60.
69 Preis/*Preis*, Der Arbeitsvertrag, II K 10 Rn 57.
70 Preis/*Preis*, Der Arbeitsvertrag, II K 10 Rn 64.
71 Preis/*Preis*, Der Arbeitsvertrag, II K 10 Rn 65.
72 Preis/*Preis*, Der Arbeitsvertrag, II K 10 Rn 66.

42. Kündigungsschutzklageverzichtsklauseln

Literatur

Ahrens, Verzicht auf Kündigungsschutzklage, RdA 2009, 111; *Bauer*, Verzicht auf Kündigungsschutzklage, AP § 623 BGB Nr. 9; *Bauer/Günther*, Neue Spielregeln für Klageverzichtsvereinbarungen, NJW 2008, 1617; *dies.*, Schriftform bei Klageverzichtsvertrag, AP § 623 BGB Nr. 9; *Beckmann*, Verzicht auf Kündigungsschutzklage im AGB, jurisPR-ArbR 52/2000 Anm. 1; *Bender*, Verzicht auf Kündigungsschutz, ArbuR 2008, 216; *Gravenhorst*, Formbedürftigkeit eines Klageverzichtsvertrags, jurisPR-ArbR 27/2007 Anm. 3; *Guth*, Schriftform bei Klageverzichtsvertrag, jurisPR-ArbR 46/2007 Anm. 1; *Hümmerich*, Alea iacta est – Aufhebungsvertrag kein Haustürgeschäft, NZA 2004, 809; *Ingenfeld*, Zur arbeitsrechtlichen Beendigungsvereinbarung, EWiR 2005, 105; *Krause*, Anfechtung und Widerruf einer Beendigungsvereinbarung, EZA § 312 BGB, 2002 Nr. 1; *Müller*, Klageverzicht und Abwicklungsvereinbarung, BB 2011, 1653; *Pomberg*, Zur Klageverzichtserklärung des Arbeitnehmers, EWiR 2004, 795; *ders.*, Zur Klageverzichtserklärung des Arbeitnehmers, EWiR 2004, 795; *Schiefer/Conrad*, Beendigung des Arbeitsverhältnisses und Umstrukturierung, Düsseldorfer Schriftenreihe, 3. Aufl. 2008; *Schöne*, Der Klageverzichtsvertrag als Auflösungsvertrag?, SAE 2008, 155; *Schwarz*, Klageverzicht gegen eine Abfindung?, AuA 2007, 427; *Utess*, Verzicht auf Kündigungsschutzklage, AiB 2008, 230; *Worzalla*, Der Verzicht auf die Erhebung der Kündigungsschutzklage – eine unangemessene Benachteiligung, SAE 2009, 31.

a) Rechtslage im Umfeld

aa) Klageverzicht

2852 Will ein Arbeitnehmer geltend machen, dass eine Kündigung sozial ungerechtfertigt oder aus anderen Gründen rechtsunwirksam ist, so muss er innerhalb von drei Wochen nach Zugang der schriftlichen Kündigung Klage beim Arbeitsgericht auf Feststellung erheben, dass das Arbeitsverhältnis durch die Kündigung nicht aufgelöst ist (§ 4 S. 1 KSchG).[1]

2853 Aus dem zwingenden Charakter des Kündigungsschutzgesetzes wird abgeleitet, dass der Arbeitnehmer **vor** Zugang der Kündigung – insb. also schon im Arbeitsvertrag – nicht auf sein Recht verzichten kann, nach Maßgabe der §§ 4 ff KSchG die Rechtswirksamkeit der Kündigung einer gerichtlichen Überprüfung zu unterziehen.

2854 Nach stRspr des BAG kann ein Arbeitnehmer aber **nach Ausspruch** der Kündigung durch den Arbeitgeber auf die Erhebung oder Durchführung einer Kündigungsschutzklage verzichten.[2]

2855 Zum Teil wird in der Lit. zwar vertreten, dass der Arbeitnehmer innerhalb der Drei-Wochen-Frist des § 4 S. 1 KSchG auf den Kündigungsschutz **nicht verzichten** könne,[3] weil das KSchG den Bestandsschutz von Arbeitsverhältnissen sichere, weshalb der Arbeitnehmer nicht über sein Klagerecht disponieren könne. Das BAG[4] hält jedoch an seiner stRspr[5] fest. Danach gibt es keinen vom Gesetz angeordneten oder sonst als zwingend anzuerkennenden Grund, den Arbeitnehmer durch Beschränkung seiner Entscheidungsfreiheit auch während des Ablaufs der Drei-Wochen-Frist des § 4 KSchG über das gesetzliche Maß hinaus zu schützen.

2856 Die Erklärung, auf die Kündigungsschutzklage zu verzichten, kann je nach Lage des Falles ein Aufhebungsvertrag, ein Vergleich, ein Klageverzichtsvertrag oder ein vertragliches Rücknahmeversprechen sein. Worum es sich im Einzelfall handelt, ist ggf durch Auslegung zu ermitteln.[6]

2857 Erklärt ein Arbeitnehmer in einer Vereinbarung nach Zugang einer fristlosen Kündigung, er akzeptiere diese, und wird in dieser Vereinbarung Einvernehmen erzielt, dass das Arbeitsverhältnis am Tage der Vereinbarung endet, so verzichtet der Arbeitnehmer damit – bei Wirksam-

---

1 BAG 22.3.2012 – 2 AZR 224/11 zur Frage des Zugangs unter Abwesenden und der nachträglichen Zulassung.

2 ArbG Hamburg 13.3.2008 – 2 Ca 454/07 unter Verweis auf BAG 3.5.1979 – 2 AZR 679/77, DB 1979, 1465; BAG 6.9.2007 – 2 AZR 722/06, NZA 2008, 219 = DB 2008, 411; LAG Berlin-Brandenburg 15.1.2011 – 5 Sa 1992/10; LAG Niedersachsen 27.3.2014 – 5 Sa 1099/13, ArbuR 2014, 287 (n.rk.; eine Entscheidung des BAG bleibt abzuwarten).

3 MüKo-BGB/*Schwerdtner*, § 622 Anh Nr. 62.

4 BAG 19.4.2007 – 2 AZR 208/06, DB 2007, 2266.

5 BAG 3.5.1979 – 2 AZR 679/77, DB 1979, 1565.

6 *Worzalla*, SAE 2009, 31.

keit der Vereinbarung – auf die Geltendmachung von Unwirksamkeitsgründen im Gerichtsweg.[7]

bb) Schriftform

Klageverzichtsvereinbarungen, die in unmittelbaren zeitlichen und sachlichen Zusammenhang mit dem Ausspruch einer Kündigung getroffen werden, sind danach Auflösungsverträge iSd § 623 BGB und bedürfen daher der **Schriftform.**[8] Erforderlich sei daher nicht nur die Unterzeichnung seitens des Arbeitnehmers, sondern auch des Arbeitgebers.[9] In der Lit. wird zwar zutreffend darauf hingewiesen, dass dies unrichtig ist, weil nicht der Abwicklungsvertrag, sondern die vorausgegangene Kündigung das Arbeitsverhältnis beendet. Dennoch wird empfohlen, den Klageverzicht vom Arbeitgeber gegenzeichnen zu lassen, damit die Schriftform des § 623 BGB gewahrt wird.[10] 2858

cc) AGB-Kontrolle

Ein formularmäßiger Verzicht auf eine Kündigungsschutzklage unterfällt nach Ansicht des BAG[11] der AGB-Kontrolle. Dieser AGB-Kontrolle hielt der auf einem Kündigungsformular befindliche folgende Passus nicht stand: 2859

> „Kündigung akzeptiert und mit Unterschrift bestätigt. Auf Klage gegen die Kündigung wird verzichtet."

Inhalt und äußere Gestalt dieser Formulierung sprechen für den von dem Arbeitgeber zu widerlegenden Anschein, dass es sich hierbei um eine Allgemeine Geschäftsbedingung handelt (Mehrfachverwendung). Zwar liegen Allgemeine Geschäftsbedingungen gem. § 305 Abs. 1 S. 3 BGB nicht vor, soweit die Vertragsbedingungen zwischen den Vertragsparteien im Einzelnen ausgehandelt sind. „Aushandeln" bedeutet jedoch mehr als verhandeln. Es genügt nicht, dass der Vertragsinhalt lediglich erläutert oder erörtert wird und den Vorstellungen des Vertragspartners entspricht. **„Ausgehandelt"** iSv § 305 Abs. 1 S. 3 BGB ist eine Vertragsbedingung nur, wenn der Verwender die betreffende Klausel inhaltlich ernsthaft zur Disposition stellt und dem Verhandlungspartner Gestaltungsfreiheit zur Wahrung eigener Interessen einräumt mit der realen Möglichkeit, die inhaltliche Ausgestaltung von Vertragsbedingungen zu beeinflussen. Das setzt voraus, dass sich – wovon vorliegend nicht auszugehen war – der Verwender deutlich und ernsthaft zu gewünschten Änderungen der zu treffenden Vereinbarung bereit erklärt. Die danach der AGB-Kontrolle unterfallende Klageverzichtsformulierung war nicht überraschend iSd § 305 c Abs. 1 BGB. 2860

Sie hielt jedoch einer Inhaltskontrolle nach § 307 Abs. 1 S. 1 BGB nicht stand. Ohne **kompensatorische Gegenleistung** des Arbeitgebers stellt ein solcher Klageverzicht eine **unangemessene Benachteiligung** des Arbeitnehmers dar. Der Verzicht ist eine Bestimmung, durch die iSd § 307 Abs. 3 S. 1 BGB von „der gesetzlichen Regelung Abweichendes" vereinbart wird (§ 4 S. 1 KSchG). Der formularmäßige Verzicht auf Erhebung einer Kündigungsschutzklage ohne Gegenleistung ist zudem eine unangemessene Benachteiligung iSv § 307 Abs. 1 S. 1 BGB. Die unangemessene Benachteiligung liegt in dem Versuch des Arbeitgebers, seine Rechtsposition ohne Rücksicht auf die Interessen des Arbeitnehmers zu verbessern, indem er dem Arbeitnehmer die Möglichkeit einer gerichtlichen Überprüfung der Kündigung entzieht. Die Belange des Arbeitnehmers werden nicht ausreichend berücksichtigt, da diesem durch den Verzicht **ohne jede Gegenleistung** das Recht einer gerichtlichen Überprüfung der Kündigung genommen wird. 2861

---

7 ArbG Hamburg 13.3.2008 – 2 Ca 454/07.
8 BAG 19.4.2007 – 2 AZR 208/06, DB 2007, 2266.
9 BAG 19.4.2007 – 2 AZR 208/06, DB 2007, 2266.
10 Preis/*Rolfs*, Der Arbeitsvertrag, II V 50 Rn 35.
11 BAG 6.9.2007 – 2 AZR 722/06, NZA 2008, 219 = DB 2008, 411.

2862 Der reine Klageverzicht ohne jede arbeitgeberseitige Kompensation (etwa in Bezug auf den Beendigungszeitpunkt, die Beendigungsart, die Zahlung einer Entlassungsentschädigung, Verzicht auf eigene Ersatzansprüche etc.) soll unangemessen sein. Dies überzeugt nicht, da es sich bei dem Klageverzicht um eine vom Arbeitnehmer in der Vereinbarung erbrachte „Hauptleistung" handelt, die nach § 307 Abs. 3 BGB keiner Inhaltskontrolle unterfällt und zwar unabhängig davon, ob der Klageverzicht mit sonstigen Regeln (zB der Gewährung einer Abfindung) zusammentrifft.[12]

2863 Das BAG erschwert hiermit weiterhin Klageverzichtsvereinbarungen. Es schützt Arbeitnehmer bei Abschluss von Klageverzichtsvereinbarungen mit den Instrumenten des Schriftformerfordernisses und der AGB-Kontrolle über das gesetzlich notwendige Maß hinaus und verkennt, dass der Arbeitnehmer sich eines Verzichtsbegehrens des Arbeitgebers nach ausgesprochener Kündigung risikolos durch ein „schlichtes Nein" erwehren kann.[13]

2864 Dennoch muss darauf geachtet werden, dass bei der Vereinbarung eines formularmäßigen Klageverzichts im unmittelbaren zeitlichen und sachlichen Zusammenhang mit dem Ausspruch der Kündigung eine **Gegenleistung** für den Verzicht in die Regelung aufgenommen wird. Wie dieser Verzicht beschaffen sein muss, ist unklar.[14] Sicher ist allerdings, dass er nicht nur Symbolcharakter haben darf.[15]

2865 Zum Teil wird erwogen, den in § 1 a Abs. 2 KSchG genannten Abfindungsbetrag (halbes Monatsgehalt pro Beschäftigungsjahr) als Maßstab heranzuziehen, da eine Abfindung, die der „gesetzlichen" Höhe entspreche, nicht als unangemessen niedrig angesehen werden könne.[16] Nach anderer Auffassung wird der erforderlichen „**Kompensation**" durch folgende Formulierung in unmittelbarem Zusammenhang mit dem Verzicht auf die Erhebung der Kündigungsschutzklage ausreichend Rechnung getragen:[17]

> „Mit vorstehender Kündigung wird das Arbeitsverhältnis statt der in Aussicht genommenen außerordentlichen Kündigung fristgemäß beendet. Der Arbeitnehmer verzichtet im Gegenzug auf die Erhebung der Kündigungsschutzklage."

2866 Der Rspr des BAG[18] kann entnommen werden, dass die als erforderlich erachtete arbeitgeberseitige Kompensation nicht nur durch die Vereinbarung einer Abfindungszahlung erfolgen kann. Sie kann sich aus dem gewählten Beendigungszeitpunkt (durch eine verlängerte Kündigungsfrist), der Beendigungsart, dem Verzicht auf eigene Ersatzansprüche des Arbeitgebers oder aus anderen Umständen ergeben.[19] Hiervon ausgehend hat das ArbG Leipzig[20] die Weiterzahlung einer freiwilligen Sonderzahlung von 200 € brutto für einen Monat, verbunden mit der bezahlten unwiderruflichen Freistellung (abzüglich der noch offenen Urlaubstage) im Umfang von 17 Arbeitstagen, als ausreichende Kompensation angesehen und daher eine Unangemessenheit iSv § 307 Abs. 1 S. 1 BGB verneint.

2867 Nach Ansicht des LAG Niedersachsen[21] kann eine **ausreichende Kompensation** in der im Gegenzug zu dem Klageverzicht gegebenen Verpflichtung des Arbeitgebers zur Erteilung eines

12 *Müller*, BB 2011, 1654; zum Erfordernis einer Kompensation s. auch LAG Schleswig-Holstein 28.5.2008 – 3 Sa 31/08, DB 2008, 1976.

13 Zur berechtigten Kritik s. insb. *Worzalla*, SAE 2009, 31 ff.

14 *Worzalla*, SAE 2009, 31 ff.

15 *Bauer/Günther*, AP § 4 KSchG 1969 Nr. 62.

16 Preis/*Rolfs*, Der Arbeitsvertrag, II V 50 Rn 32; zum Abfindungsbetrag gem. § 1 a KSchG s. auch BSG 2.5.2012 – B 11 AL 6/11 R, DB 2012, 2700.

17 *Worzalla*, SAE 2009, 35, 35.

18 BAG 6.9.2007 – 2 AZR 722/06, NZA 2008, 219 = DB 2008, 411.

19 *Müller*, DB 2011, 1653, 1655.

20 ArbG Leipzig 27.1.2010 – 3 Ca 2661/09.

21 LAG Niedersachsen 27.3.2014 – 5 Sa 1099/13, ArbuR 2014, 287 (n.rk.; eine Entscheidung des BAG bleibt abzuwarten).

Zeugnisses mit **guter Leistungs- und Führungsbewertung** bestehen. In einem Rechtsstreit trage der Arbeitnehmer die Darlegungs- und Beweislast, wenn er die Erteilung eines überdurchschnittlichen guten Zeugnisses begehre. Stehe nicht zweifelsfrei fest, ob dem Arbeitgeber eine entsprechende Darlegung gelinge, so sei die Verpflichtung des Arbeitgebers zur Erteilung eines guten Zeugnisses ein **substantielles Entgegenkommen** im Sinne der oben genannten Kompensation.

dd) Folgen für die Praxis

Kündigungsklageverzichtsvereinbarungen sind auch im Anschluss an die oben geschilderte Rspr (s. Rn 2859 ff) nach wie vor möglich. Die Hürden sind allerdings höher geworden. Zu beachten ist zum einen das von der Rspr angenommene **Schriftformerfordernis** gem. § 623 BGB. Zum anderen bedarf es einer sog. **kompensatorischen Gegenleistung**, soweit die Klausel der AGB-Kontrolle unterfällt, da sie – was arbeitgeberseitig idR kaum nachweisbar ist – nicht „ausgehandelt“ worden ist. 2868

Eine **Kompensation** kann zB sein: 2869

- Ein späterer Termin für die Beendigung des Arbeitsverhältnisses (zB eine ordentliche Kündigung mit verlängerter Kündigungsfrist);
- eine andere Beendigungsart (ordentliche statt außerordentliche Kündigung);
- die Gewährung einer Abfindung, die jedoch ausdrücklich auf den Klageverzicht bezogen werden sollte;
- der Verzicht auf Schadensersatzansprüche durch den Arbeitgeber, sofern ein verständiger Arbeitgeber davon ausgehen kann, dass er solche Schadensersatzansprüche gegen den Arbeitnehmer hat;
- der Verzicht des Arbeitgebers auf Erhebung einer Strafanzeige, wenn ein verständiger Arbeitgeber davon ausgehen kann, dass das Verhalten des Arbeitnehmers einen Straftatbestand erfüllt;
- der Verpflichtung zur Erteilung eines Zeugnisses mit guter Leistungs- und Führungsbewertung.[22]

Die kompensatorische Maßnahme sollte in der Formulierung in unmittelbarem Zusammenhang mit dem Verzicht auf die Erhebung der Kündigungsschutzklage gestellt werden, zB: 2870

> „Mit vorstehender Kündigung wird das Arbeitsverhältnis statt der in Aussicht genommenen außerordentlichen Kündigung fristgemäß beendet. Der Arbeitnehmer verzichtet im Gegenzug auf die Erhebung der Kündigungsschutzklage.“

Sofern nicht besondere Gründe eine entsprechende Handhabung notwendig machen, sollte die Klageverzichtserklärung nicht im Rahmen einer allgemeinen Ausgleichsquittung geregelt werden. Geschieht dies, sollte sie sicherheitshalber drucktechnisch deutlich hervorgehoben werden.[23] 2871

Aus Gründen der Rechtsklarheit verlangt das BAG zudem, dass ein Verzicht in einer vertraglichen Erklärung unmissverständlich zum Ausdruck gebracht wird.[24] Dies kann nach Ansicht des BAG etwa in der Weise geschehen, dass der Arbeitnehmer erklärt, er wolle von seinem Recht, das Fortbestehen des Arbeitsverhältnisses geltend zu machen, Abstand nehmen oder eine mit diesem Ziel bereits erhobene Klage nicht mehr durchführen. Gleiches dürfte bei einer Erklärung des Arbeitnehmers gelten, gegen die Kündigung erhebe er keine Einwendungen. Nur so werde sichergestellt, dass der Arbeitnehmer bei der Unterschriftsleistung die Bedeutung und 2872

22 LAG Niedersachsen 27.3.2014 – 5 Sa 1099/13, ArbuR 2014, 287 (n.rk.; eine Entscheidung des BAG bleibt abzuwarten).

23 S. im Einzelnen *Worzalla*, SAE 2009, 31, 34.

24 BAG 17.5.2001 – 2 AZR 460/00, EzA § 620 BGB Kündigung Nr. 3.

Tragweite seiner Erklärung erkennt und dass spätere Unklarheiten über den Erklärungswillen des Arbeitnehmers weitgehend ausgeräumt werden.[25]

ee) Verzicht auf einen Wiedereinstellungsanspruch

2873 Entfällt der Kündigungsgrund während des Laufs der Kündigungsfrist, so kann der aus personen- und betriebsbedingten Gründen gekündigte Arbeitnehmer nach der Rspr ggf einen Wiedereinstellungsanspruch geltend machen.[26] Etwaigen Unwägbarkeiten kann ggf durch folgende Vereinbarung begegnet werden:

> „Frau/Herr (...) verzichtet auf einen etwaigen Wiedereinstellungsanspruch."

2874 Zur Zulässigkeit einer solchen Klausel hat das BAG bislang nicht Stellung genommen. Die verschiedenen dogmatischen Begründungen des Wiedereinstellungsanspruchs dürften einer solchen Vereinbarung aber nicht im Wege stehen.[27]

b) Klauseltypen und Gestaltungshinweise

aa) Klageverzichtsklauseln ohne Kompensation

(1) Klauseltyp A

2875 ↓ Kündigung akzeptiert und mit Unterschrift bestätigt. Auf Klage gegen die Kündigung wird verzichtet.

(2) Gestaltungshinweise

2876 Eine solche formularmäßige Klageverzichtsvereinbarung würde nach Ansicht des BAG[28] einer Inhaltskontrolle nicht standhalten. Etwas anderes gilt dann, wenn der Arbeitgeber gleichzeitig für den Klageverzicht eine **kompensatorische Gegenleistung** anbieten würde. Eine solche kompensatorische Gegenleistung könnte im Hinblick auf den Beendigungszeitpunkt, die Beendigungsart, die Zahlung einer Entlassungsentschädigung, den Verzicht auf eigene Ersatzansprüche etc. erfolgen.
In jedem Falle ist die Schriftform gem. § 623 BGB zu wahren.

bb) Klageverzichtsklauseln mit Kompensation

(1) Klauseltyp B

2877 **B 1:** Mit vorstehender Kündigung wird das Arbeitsverhältnis statt der in Aussicht genommenen außerordentlichen Kündigung fristgemäß beendet. Der Arbeitnehmer verzichtet im Gegenzug auf die Erhebung der Kündigungsschutzklage.

→ **B 2:** Mit vorstehender Kündigung wird das Arbeitsverhältnis fristgemäß beendet. Der Arbeitnehmer erhält hierfür eine Abfindung in Höhe eines halben Monatsgehalts. Er verzichtet im Gegenzug auf die Erhebung einer Kündigungsschutzklage.

→ **B 3:** Der Arbeitgeber verpflichtet sich, dem Arbeitnehmer ein qualifiziertes Endzeugnis mit guter Leistungs- und Führungsbewertung zu erteilen. Der Arbeitnehmer verzichtet im Gegenzug auf die Erhebung einer Kündigungsschutzklage.

---

25 BAG 3.5.1979 – 2 AZR 679/77, DB 1979, 1465; LAG Berlin-Brandenburg 5.1.2011 – 15 Sa 1992/10.
26 S. im Einzelnen zur betriebsbedingten Kündigung KPK/*Schiefer*, Nr. 1, Rn 1350 ff.
27 Preis/*Rolfs*, Der Arbeitsvertrag, II A 15 Rn 15.
28 BAG 6.9.2007 – 2 AZR 722/06, NZA 2008, 219 = DB 2008, 411.

(2) Gestaltungshinweise

Die **Klausel B 1**[29] dürfte den vom BAG geforderten kompensatorischen Ausgleich enthalten (fristgemäße Kündigung anstelle der ursprünglich in Aussicht genommenen außerordentlichen Kündigung). Sie dürfte daher iSd AGB-Kontrolle angemessen und damit wirksam sein. 2878

Gleiches dürfte für die **Klausel B 2** gelten, obwohl sich der Rspr nicht entnehmen lässt, wie die Kompensation (hier: Abfindungszahlung) beschaffen sein muss. Die hier vorgeschlagene Kompensation orientiert sich an dem in § 1 a Abs. 2 KSchG (Abfindungsanspruch bei betriebsbedingter Kündigung) geregelten – gesetzlichen – Abfindungsanspruch, der allerdings erst ausgelöst wird, wenn der Arbeitnehmer innerhalb der dreiwöchigen Klagefrist des § 4 S. 1 KSchG keine Kündigungsschutzklage erhebt. Dennoch dürfte es sich bei der in der Klausel B 2 vorgesehenen Abfindungszahlung um eine ausreichende **Gegenleistung** handeln, die nicht nur „Symbolcharakter" hat. 2879

Die **Klausel B 3** enthält nach Ansicht des LAG Niedersachsen[30] eine **ausreichende Kompensation** im Sinne eines wirksamen Klageverzichts. 2880

29 *Worzalla*, SAE 2009, 31, 34.

30 LAG Niedersachsen 27.3.2014 – 5 Sa 1099/13, ArbuR 2014, 287 (n.rk.; eine Entscheidung des BAG bleibt abzuwarten).

43. Kündigungsvereinbarungen

Literatur

Bröhl, Aktuelle Rechtsprechung des BAG zur Sozialauswahl, BB 2006, 1050; *Doublet*, Rechtliche Tücken der Abmahnung, PuR 2012, 54; *ders.*, Rechtliche Tücken der Abmahnung, PuR 2012, 104; *Freckmann*, Betriebsbedingte Kündigung und AGG – was ist noch möglich?, BB 2007, 1049; *Gamillscheg*, Der zweiseitig-zwingende Charakter des § 626 BGB, AuR 1981, 105; *Geller*, Der vertragliche Ausschluss der ordentlichen Kündigung, 2001; *Hümmerich*, Aufklärungspflichten des Arbeitgebers im Anbahnungsverhältnis bei ungesicherter Beschäftigung des Arbeitnehmers, NZA 2002, 1305; *Kania/Kramer*, Unkündbarkeitsvereinbarungen in Arbeitsverträgen, Betriebsvereinbarungen und Tarifverträgen, RdA 1995, 287; *Körner*, Diskriminierung älterer Arbeitnehmer, NZA 2008, 497; *Kramer*, Kündigungsgrundvereinbarungen im Arbeitsvertrag, 1994; *Künzl*, Probleme der Sozialauswahl bei betriebsbedingter Kündigung, ZTR 1996, 385; *Künzel/Fink*, Arbeitsvertraglicher Sonderkündigungsschutz und Sozialauswahl, NZA 2011, 1385 M; *Mauer/Schüßler*, Kündigung unkündbarer Arbeitnehmer, BB 2001, 466; *Pauly*, Unkündbarkeitsvereinbarungen in Arbeitsverträgen – Kündigung trotz Ausschluss der Kündigung, AuR 1997, 94; *Rolfs*, Begründung und Beendigung des Arbeitsverhältnisses mit älteren Arbeitnehmern, NZA-Beilage 1 zu Heft 7, 2008, 8, 15; *Schiefer*, Betriebsbedingte Kündigung nach aktueller Rechtsprechung – Zwei Schritte vor, ein Schritt zurück, DB 2007, 54, 56; *ders.*, Die Abmahnung, Düsseldorfer Schriftenreihe, 3. Aufl. 2014; *ders.*, Die Abmahnung – Aktuelle Brennpunkte, DB 2013, 1785; *ders.*, Personen- und betriebsbedingte Kündigung – anderweitiger Arbeitsplatz, PuR 204, 103; *ders.*, Betriebsbedingte Kündigung – nach neuem Recht, Düsseldorfer Schriftenreihe, 4. Aufl. 2009; *ders.*, Zwei Jahre Allgemeines Gleichbehandlungsgesetz, ZfA 2008, 493; *ders.*, in: Sowka/Schiefer, Arbeitsrecht für die betriebliche Praxis – Ein Handbuch für Führungskräfte, 11. Aufl. 2010; *Schiefer/Conrad*, Beendigung des Arbeitsverhältnisses und Umstrukturierung, Düsseldorfer Schriftenreihe, 3. Aufl. 2008; *Schiefer/Ettwig/Krych*, Das Allgemeine Gleichbehandlungsgesetz, Düsseldorfer Schriftenreihe, 2006; *Schiefer/Ettwig/Worzalla*, Ein Jahr Allgemeines Gleichbehandlungsgesetz, DB 2007, 1977; *Schwerdtner*, Die außerordentliche arbeitgeberseitige Kündigung bei ordentlich unkündbaren Arbeitnehmern, in: FS Kissel, 1994, S. 1077; *Sowka*, Befristete Arbeitsverträge, Düsseldorfer Schriftenreihe, 3. Aufl. 2008; *Wisskirchen/Bissels/Schumacher*, Vorweggenommene Abmahnung – satt des Mantras der unentbehrlichen Abmahnung, BB 2012, 1473.

a) Rechtslage im Umfeld

aa) Außerordentliche Kündigungen

(1) Erweiterung des Rechts der außerordentlichen Kündigung zu Gunsten des Arbeitgebers

2881 Weder Arbeitsvertrags- noch Tarifvertragsparteien können neben § 626 BGB zwingende Regelungen für die fristlose Beendigung von Arbeitsverhältnissen schaffen. Auch die Tarifvertragsparteien können das Recht zur fristlosen Kündigung aus wichtigem Grund iSd § 626 Abs. 1 BGB durch die Normierung bestimmter Tatbestände über das gesetzliche Maß hinaus nicht erweitern.[1] Diese Auffassung entspricht auch der hM in der Literatur.[2]

2882 § 626 BGB ist ein zweiseitig zwingendes Recht.[3] Die Norm kann weder ausgeschlossen noch beschränkt werden,[4] ist also **unabdingbar.**[5] Im Kern ist die Möglichkeit zur außerordentlichen Kündigung verfassungsrechtlich geschützt. Jede einzel- und kollektivvertragliche Ausschließung oder Beschränkung des außerordentlichen Kündigungsrechts ist nichtig.[6]

2883 Unzulässig ist auch die unzumutbare Erschwerung des Kündigungsrechts für den bei Vorliegen der Voraussetzungen des § 626 BGB Kündigenden.[7] Die Arbeitsvertragsparteien vermögen daher weder den wichtigen Grund iSd § 626 BGB näher zu bestimmen, noch ist es ihnen gestattet, Erschwerungen des Rechts der außerordentlichen Kündigung zu vereinbaren. Nach Ansicht des BGH ist eine im Dienstvertrag vereinbarte Abfindung (Vertragsstrafenvereinbarung)

---

1 BAG 24.6.2004 – 2 AZR 656/02, NZA-RR 2005, 440; BAG 22.11.1973 – 2 AZR 580/72, AP § 626 BGB Nr. 67; BAG 19.12.1974 – 2 AZR 565/73, BAGE 26, 417; BAG 4.6.1987 – 2 AZR 416/86, AP § 1 KSchG Nr. 16.

2 ErfK/*Müller-Glöge*, § 626 BGB Rn 234; HWK/*Sandmann*, § 626 BGB Rn 46; KR-*Fischermeier*, § 626 BGB Rn 70; Staudinger/*Preis*, § 626 BGB Rn 47.

3 BAG 8.8.1963 – 5 AZR 395/62, AP § 626 BGB Kündigungserschwerung Nr. 2; BAG 15.3.1991 – 2 AZR 516/90, AP § 47 BBiG Nr. 2; ErfK/*Müller-Glöge*, § 626 BGB Rn 234; HWK/*Sandmann*, § 626 BGB Rn 46.

4 LAG Hessen 26.9.1999 – 16 Sa 2617/98, NZA-RR 2000, 413.

5 APS/*Dörner*, § 626 BGB Rn 7.

6 APS/*Dörner*, § 626 BGB Rn 7.

7 APS/*Dörner*, § 626 BGB Rn 12.

nichtig (Verstoß gegen § 134 BGB), wenn die Abfindung auch im Falle der außerordentlichen Kündigung nach § 626 Abs. 1 BGB zu zahlen wäre.[8] Das BAG zieht den Kreis der Erschwerungstatbestände nicht ganz so weit.[9] Dem Urteil des BAG[10] ist zu entnehmen, dass das BAG nur in extremen Ausnahmefällen die tarifvertragliche Vereinbarung von Gründen einer außerordentlichen Kündigung zulässt, so bspw in Krisen- und Kriegssituationen. Anlass bildete die Entscheidung über die Wirksamkeit einer außerordentlichen Kündigungsregelung in § 11 TV Angestellte Ausland und § 3 Ziff. 1 lit. b) TV Goethe-Institut. Nur bei Beendigung eines Arbeitsverhältnisses eines Angestellten im Falle einer Auflösung oder wesentlichen Einschränkung der Dienststelle im Ausland in Fällen krisenhafter Situationen am Sitz des Instituts soll ein außerordentlicher Kündigungsgrund gegeben sein, wobei das BAG offen gelassen hat, ob es in diesem Falle die tarifvertragliche Regelung als wirksame Vereinbarung eines Kündigungsgrundes oder den Umstand selbst als einen wichtigen Grund iSd § 626 BGB ansieht.

Möglich und zulässig ist es aber, einzelne Kündigungsgründe im Rahmen des § 626 Abs. 1 BGB zu **konkretisieren**. Einer derartigen Konkretisierung kommt zwar rechtlich keine § 626 Abs. 1 BGB ausschließende oder beschränkende Bedeutung zu. Sie kann aber in der Praxis eine Art vorbeugende **Warnfunktion** erfüllen.[11] 2884

Auch im Übrigen sind einzel- und tarifvertragliche Regelungen, die das Recht einer Partei zur außerordentlichen Kündigung ausschließen oder einschränken, nicht völlig bedeutungslos. Sie können durchaus die Schwerpunkte einer im Rahmen des § 626 Abs. 1 BGB stets vorzunehmenden Interessenabwägung verlagern. Denn sie machen deutlich, welche Gesichtspunkte die Tarifvertragsparteien zB als für den Bestand des Arbeitsverhältnisses bedeutsam ansehen. Das ist aber zB dann nicht der Fall, wenn schon die einmalige Verletzung der Pflicht zur Krankmeldung für den Arbeitgeber ein wichtiger Grund sein soll.[12] 2885

Das Vereinbarungsverbot außerordentlicher Kündigungen erstreckt sich allein auf die Kündigungsgründe „an sich", nicht aber auf die ohnehin der richterlichen Einzelfallabwägung unterliegenden allgemeinen Kriterien wie „Verschulden" oder „abschließende Interessenabwägung". Dementsprechend hat das BAG[13] festgestellt, dass tarifliche Vereinbarungen über die zur außerordentlichen Kündigung rechtfertigenden Gründe „lediglich" im Rahmen der Interessenabwägung eine beschränkte rechtliche Bedeutung erlangen können.[14] Dies dürfte aber nur für tarifvertragliche, nicht jedoch für arbeitsvertragliche Regelungen gelten. Das heißt, allein den Tarifvertragsparteien ist das Recht vorbehalten, über Regelungen zu den Kündigungsgründen den gerichtlichen Prüfungsmaßstab (Interessenabwägung) zu beeinflussen. 2886

Eine Sonderregelung findet sich in § 67 SeemG. Diese Vorschrift enthält absolute Kündigungsgründe. Im Unterschied zu § 626 Abs. 1 BGB kann bei Vorliegen eines der genannten Tatbestände das Heuerverhältnis fristlos gekündigt werden, ohne dass zusätzlich im Einzelnen noch nachzuprüfen ist, ob seine Fortsetzung für die Dauer der ordentlichen Kündigungsfrist oder bis zum vereinbarten Vertragsende zumutbar ist. Wie das BAG noch einmal bestätigt hat, ist eine außerordentliche Kündigung beim Vorliegen einer der in § 67 Nr. 1 und 2 SeemG genannten Tatbestände stets berechtigt.[15] 2887

---

8 BGH 3.7.2000 – II ZR 282/98, ZIP 2000, 1442.
9 BAG 4.5.1983 – 5 AZR 95/81.
10 BAG 24.6.2004 – 2 AZR 656/02, NZA-RR 2005, 440.
11 MünchHandbArbR/*Wank*, § 122 Rn 84.
12 APS/*Dörner*, § 626 BGB Rn 15.
13 BAG 22.11.1973 – 2 AZR 580/72, AP § 626 BGB Nr. 67.
14 BAG 24.6.2007 – 7 AZR 500/04, NZA 2006, 1162 = SAE 2007, 16 m. Anm. *Mohr*.
15 BAG 16.1.2003 – 2 AZR 653/01, AP § 67 SeemG Nr. 2.

(2) Vereinbarung einer Begründungspflicht

2888 Für die Kündigung gilt gem. § 623 BGB die **Schriftform**. Die Erklärung selbst muss eindeutig als Kündigung erkennbar sein.

2889 Die Angabe eines Kündigungsgrundes im Kündigungsschreiben ist grds. nicht erforderlich. Dies gilt für die ordentliche und die außerordentliche Kündigung. Ausnahmen gelten nur für bestimmte Fälle (s. § 1 Rn 2935).

(3) Umdeutung einer unwirksamen fristlosen in eine fristgerechte Kündigung

2890 Eine unwirksame außerordentliche Kündigung kann grds. in eine ordentliche Kündigung nach § 140 BGB umgedeutet werden.[16] Voraussetzung ist, dass diese Umdeutung dem **mutmaßlichen Willen** des Kündigenden entspricht und dieser Wille dem Kündigungsempfänger im Zeitpunkt des Kündigungszugangs **erkennbar** ist.[17] Findet auf ein Arbeitsverhältnis das KSchG – noch – keine Anwendung, ist regelmäßig davon auszugehen, dass bei Unwirksamkeit der außerordentlichen Kündigung der Arbeitgeber eine Beendigung zum nächst zulässigen Termin gewollt hat.[18]

2891 Die Gerichte für Arbeitssachen müssen von sich aus prüfen, ob aufgrund der feststehenden Tatsachen eine Umdeutung der außerordentlichen Kündigungserklärung in Betracht kommt.[19] Es geht insoweit um den hypothetischen und nicht um den fingierten Willen.

2892 Die Kündigung muss dem **Bestimmtheitsgebot** genügen. Aus ihr muss sich ergeben, zu **welchem Zeitpunkt** das Arbeitsverhältnis beendet werden soll – ohne dass der Arbeitnehmer darüber „rätseln muss, zu welchem anderen als in der Kündigungserklärung genannten Termin der Arbeitgeber die Kündigung gewollt haben könnte". Ob und inwieweit eine Auslegung in Betracht kommt, wird in aktuellen Entscheidungen des 5.[20] und 6.[21] Senats unterschiedlich beurteilt (s. ausf. § 1 Rn 2826 f).

2893 Stimmt der Personalrat der beabsichtigten außerordentlichen Kündigung ausdrücklich und vorbehaltlos zu und ist auch aus den sonstigen Umständen nicht erkennbar, dass er einer umgedeuteten ordentlichen Kündigung entgegengetreten wäre, so scheitert eine Umdeutung nicht an der fehlenden **Beteiligung des Personalrats** (Betriebsrats) zur ordentlichen Kündigung.[22]

2894 Zur Vermeidung von Auslegungsproblemen sollte idR **außerordentlich** und **hilfsweise ordentlich gekündigt** werden[23] (s. § 1 Rn 2938).

2895 Eine eindeutige Erkennbarkeit der hilfsweise erklärten ordentlichen Kündigung kann über eine entsprechende Vertragsklausel im Arbeitsvertrag sichergestellt werden, wenn es im Arbeitsvertrag heißt, dass mit jeder außerordentlichen Kündigung des Arbeitgebers hilfsweise eine ordentliche Kündigung ausgesprochen wird. Die BAG-Rspr besagt nicht, aus welchen Umständen sich die eindeutige Erkennbarkeit ergeben soll, so dass sie sich auch aus einer Formulierung im Arbeitsvertrag ergeben kann.

2896 Eine vertragliche Umdeutungsklausel hält auch einer Inhaltskontrolle stand. Was ohne vertragliche Regelung im Regelfalle wirksam ist, kann auch ohne Verstoß gegen anderweitige Rechtsgrundsätze zu Klarstellungszwecken vertraglich geregelt werden.

---

16 BAG 23.10.2008 – 2 AZR 388/07, BB 2009, 1648; BAG 15.11.2001 – 2 AZR 310/00, DB 2002, 1562.
17 BAG 15.11.2001 – 2 AZR 310/00, DB 2002, 562.
18 BAG 15.11.2001 – 2 AZR 310/00, DB 2002, 562.
19 BAG 15.11.2001 – 2 AZR 310/00, DB 2002, 562.
20 BAG 15.5.2013 – 5 AZR 130/12, BB 2013, 2164.
21 BAG 20.6.2013 – 6 AZR 805/11, DB 2013, 2093.
22 BAG 23.10.2008 – 2 AZR 388/07, BB 2009, 1648.
23 *Schiefer/Conrad*, Beendigung des Arbeitsverhältnisses und Umstrukturierung, Checkliste 4, Formulare/Handlungsempfehlungen, Rn 39.

bb) Ordentliche Kündigungen

(1) Beiderseitiger Ausschluss der ordentlichen Kündigung

Den Arbeitsvertragsparteien steht es frei, den Ausschluss der ordentlichen Kündigung zu vereinbaren.[24] Früher verbreitet war eine solche Vereinbarung in befristeten Verträgen. § 15 Abs. 3 TzBfG sieht hingegen nunmehr ausdrücklich Folgendes vor: „Ein befristetes Arbeitsverhältnis unterliegt nur dann der ordentlichen Kündigung, wenn dies einzelvertraglich oder im anwendbaren Tarifvertrag vereinbart ist.“ 2897

Sieht ein Vertragsmuster vor, dass zutreffende Regelungen angekreuzt und nicht zutreffende Regelungen gestrichen werden, wird grds. die ordentliche Kündbarkeit eines befristeten Arbeitsverhältnisses iSv § 15 Abs. 3 TzBfG vereinbart, wenn unter der vom Schriftbild hervorgehobenen Überschrift „Tätigkeit, Lohn, Probezeit, Kündigung, Arbeitszeit“ die Regelung „für die Kündigung des Arbeitsverhältnisses – nach Ablauf der Probezeit – gilt die gesetzliche Kündigungsfrist“ angekreuzt wird. Eine solche Regelung ist weder unklar oder missverständlich iSv § 307 Abs. 1 S. 2 BGB, zweifelhaft iSd § 305c Abs. 2 BGB noch überraschend iSv § 305c Abs. 1 BGB. Dabei sind Allgemeine Geschäftsbedingungen nach ihrem objektiven Inhalt und typischen Sinn einheitlich so auszulegen, wie sie von verständigen und redlichen Vertragspartnern unter Abwägung der Interessen der normalerweise beteiligten Verkehrskreise verstanden werden, wobei nicht die Verständnismöglichkeiten des konkreten, sondern die des durchschnittlichen Vertragspartners des Verwenders zugrunde zu legen sind. Es ist daher bei der Auslegung nicht zu berücksichtigen, wenn der Arbeitnehmer geltend macht, dass bei den Vertragsgesprächen nur von der ordentlichen Kündigung während der Probezeit, nicht aber nach der Probezeit die Rede gewesen sei.[25] 2898

Einseitig zu Lasten des Arbeitnehmers kann die ordentliche Kündigung wegen § 622 Abs. 6 BGB nicht ausgeschlossen werden, da die Vereinbarung ungünstiger Kündigungsbedingungen zu Lasten des Arbeitnehmers von Gesetzes wegen unwirksam ist.[26] Nach Urteil des BAG vom 25.3.2005[27] kann das Kündigungsrecht zu Lasten des Arbeitnehmers wegen § 15 Abs. 4 TzBfG nicht ausgeschlossen werden, da das besondere Kündigungsrecht aus § 15 Abs. 4 TzBfG nicht abdingbar ist. 2899

(2) Ausschluss der ordentlichen Kündigung zu Gunsten des Arbeitnehmers

Der Ausschluss der ordentlichen Kündigung zu Gunsten des Arbeitnehmers ist wirksam, wie der Umkehrschluss aus § 622 Abs. 6 BGB ergibt.[28] Eine Gegenmeinung hält eine entsprechende einzelvertragliche Regelung für unwirksam, weil über den Ausschluss der ordentlichen Kündbarkeit im Falle der betriebsbedingten Kündigung die Grundsätze der Sozialauswahl umgangen werden könnten.[29] Nach zutreffender Auffassung des BAG[30] ist eine solche Vereinbarung (hier: Berücksichtigung an sich nicht anrechnungsfähiger früherer Beschäftigungszeiten bei demselben Arbeitgeber oder einem anderen Unternehmen bei der Dauer der Betriebszugehörigkeit aufgrund vertraglicher Vereinbarung) grds. wirksam. Die sich zu Lasten anderer Arbeitnehmer auswirkende Individualvereinbarung darf jedoch nicht rechtsmissbräuchlich sein und nur die Umgehung der Sozialauswahl bezwecken. Für eine Berücksichtigung der vertraglich vereinbarten Betriebszugehörigkeitszeiten muss ein sachlicher Grund vorliegen. Dies ist ohne 2900

---

24 APS/*Preis*, Grundlagen J Rn 4; *Kania/Kramer*, RdA 1995, 287; *Pauly*, AuR 1997, 94; Preis/*Preis*, Der Arbeitsvertrag, II K 10 Rn 27; LAG Rheinland-Pfalz 24.7.2013 – 8 Sa 51/13.

25 BAG 4.8.2011 – 6 AZR 436/10, DB 2011, 252.

26 LAG Hamm 15.3.1989 – 15 (17) Sa 1127/88, DB 1989, 1991; ErfK/*Müller-Glöge*, § 622 BGB Rn 101.

27 BAG 25.3.2004 – 2 AZR 153/03, BB 2004, 2303.

28 Preis/*Preis*, Der Arbeitsvertrag, II K 10 Rn 30.

29 MünchHandbArbR/*Berkowsky*, § 139 Rn 114; *v. Hoyningen-Huene*, § 1 KSchG Rn 459; *Kania/Kramer*, RdA 1995, 287; *Künzl*, ZTR 1996, 385; *Löwisch*, § 1 KSchG Rn 324.

30 BAG 2.6.2005 – 2 AZR 480/04, DB 2006, 110.

Weiteres anzunehmen, wenn der Berücksichtigung früherer Beschäftigungszeiten ein arbeitsgerichtlicher Vergleich wegen eines streitigen Betriebsübergangs zugrunde liegt.[31]

2901 Mit Urteil vom 25.3.2004[32] hat das BAG klargestellt, dass ein Arbeitsverhältnis auf Lebenszeit geschlossen werden kann. Wird die ordentliche Kündigung ausgeschlossen, so verbleibt dem Arbeitnehmer das besondere Kündigungsrecht des § 15 Abs. 4 TzBfG. Nach dieser Bestimmung kann ein Arbeitsverhältnis, das für die Lebenszeit einer Person oder für längere Zeit als fünf Jahre eingegangen ist, von dem Arbeitnehmer nach Ablauf von fünf Jahren gekündigt werden. Die Kündigungsfrist beträgt sechs Monate. Dieses Recht ist nicht abdingbar.

2902 Die Äußerung des Firmeninhabers, „auch wenn es der Firma mal nicht so gut gehe, werde der Arbeitnehmer der Letzte sein, der das Licht ausmache“, kann nicht als vertragliche Kündigungsbeschränkung (hier: Kündigungsfrist von sechs Monaten) gewertet werden.[33]

(3) Regelungen zur Sozialauswahl gem. § 1 Abs. 3 KSchG

2903 Nach § 1 Abs. 3 S. 1 KSchG ist eine Kündigung trotz Vorliegens dringender betrieblicher Erfordernisse iSd Absatzes 2 der Bestimmung sozial ungerechtfertigt, wenn der Arbeitgeber bei der Auswahl des Arbeitnehmers die Dauer der Betriebszugehörigkeit, dessen Lebensalter, mögliche Unterhaltspflichten und ggf eine Schwerbehinderung nicht oder nicht ausreichend berücksichtigt hat. Der Arbeitgeber hat in die Sozialauswahl diejenigen Arbeitnehmer einzubeziehen, die objektiv miteinander vergleichbar sind. **Vergleichbar** sind die Arbeitnehmer, die – bezogen auf die Merkmale des Arbeitsplatzes – sowohl aufgrund ihrer Fähigkeiten und Kenntnisse als auch nach dem Inhalt der von ihnen vertraglich geschuldeten Aufgaben austauschbar sind.[34] Dies ist nicht nur bei identischen Arbeitsplätzen der Fall, sondern auch dann, wenn der Arbeitnehmer aufgrund seiner Tätigkeit und Ausbildung die zwar andere, aber gleichwertige Tätigkeiten ausüben kann. An einer Vergleichbarkeit fehlt es, wenn der Arbeitgeber den Arbeitnehmer aus Rechtsgründen nicht einseitig auf den fraglichen anderen Arbeitsplatz um- oder versetzen kann. Die Sozialauswahl ist auf Arbeitnehmer **desselben Betriebs** beschränkt.[35] Dem Arbeitgeber steht bei der Gewichtung der in § 1 Abs. 3 S. 1 KSchG angeführten sozialen Grunddaten ein **Wertungsspielraum** zu. Dieser ist auch dann zu beachten, wenn er eine Sozialauswahl zunächst für entbehrlich gehalten hat.[36] Auch wenn eine Sozialauswahl gar nicht oder methodisch fehlerhaft durchgeführt wurde, ist die Kündigung nicht aus diesem Grunde unwirksam, wenn mit der Person des Gekündigten gleichwohl – und sei es zufällig – eine objektiv vertretbare Auswahl getroffen wurde. Der Arbeitgeber braucht nicht die „bestmögliche“ Sozialauswahl vorgenommen zu haben. Der ihm einzuräumende Wertungsspielraum führt dazu, dass sich nur deutlich schutzwürdigere Arbeitnehmer mit Erfolg auf einen **Auswahlfehler** berufen können. Die Darlegungs- und Beweislast für die Fehlerhaftigkeit der Sozialauswahl trägt gem. § 1 Abs. 3 S. 3 KSchG der Arbeitnehmer.

2904 Die Regelungen zur Sozialauswahl können weder durch **einzelvertragliche** noch durch **kollektivrechtliche Vereinbarung** abbedungen werden, auch nicht **zugunsten** einzelner Arbeitnehmer. Eine solche Regelung würde sich zu Lasten anderer Arbeitnehmer auswirken. § 1 Abs. 3 KSchG steht aber solchen Verschlechterungen der kündigungsrechtlichen Position eines Arbeitnehmers nicht entgegen, die sich aus einer zulässigen vertraglichen Gestaltung von Arbeitsbedingungen mit anderen Arbeitnehmern ergeben. Allerdings darf die betreffende Vertragsgestaltung nicht **rechtsmissbräuchlich** sein und allein Vorteile bei der Sozialauswahl bezwecken.[37]

31 Zu den Einzelheiten s. KPK/*Schiefer*, Rn 1144; *Künzel/Fink*, NZA 2011, 1385.
32 BAG 25.3.2004 – 2 AZR 153/03, BB 2004, 2303.
33 LAG Köln 28.9.2010 – 5 Sa 814/10, AE 2011, 127.
34 BAG 22.3.2012 – 2 AZR 167/11, NZA 2012, 1040.
35 S. im Einzelnen *Schiefer*, Betriebsbedingte Kündigung, S. 69 ff.
36 BAG 7.7.2011 – 2 AZR 476/10, AP § 1 KSchG 1969 Wartezeit, Nr. 26.
37 BAG 2.6.2005 – 2 AZR 480/04, DB 2006, 110; BAG 20.6.2013 – 2 AZR 271/12, DB 2013, 1674.

(4) Vereinbarung von Kündigungsgründen zu Lasten des Arbeitnehmers

(a1) Kündigungsgründe

Die Vereinbarung von Kündigungsgründen, ob zu Gunsten des Arbeitgebers oder zu seinen Lasten, ob zu Gunsten des Arbeitnehmers oder zu dessen Lasten, ist, wenn man den Umkehrschluss zum Urteil des BAG vom 22.11.1973[38] zulässt, grds. den Parteien des Arbeitsvertrages gestattet. Eine Verkürzung der Kündigungsfristen gem. § 622 BGB findet durch die Vereinbarung von ordentlichen Kündigungsgründen nicht statt. 2905

Auch wird man nicht einwenden können, dass eine Umgehung des Kündigungsschutzrechts entsteht, weil die übrigen Wirksamkeitsraster (Interessenabwägung, ultima-ratio-Prinzip u.Ä.) der Rspr erhalten bleiben. Es dürfte daher grds. zulässig sein, im Arbeitsvertrag wirksam verhaltensbedingte Kündigungsgründe zu vereinbaren. Für personen- und betriebsbedingte Gründe dürfte dies nicht gelten, da hier nicht die spezifischen Sozialbeziehungen der Parteien in Rede stehen, die bei den verhaltensbedingten Trennungsgründen im Vordergrund stehen. 2906

Geht man davon aus, dass wirksam verhaltensbedingte Trennungsgründe vereinbart werden können, so ändert dies nichts daran, dass weiterhin der das Kündigungsrecht prägende **ultima-ratio-Grundsatz** zu beachten ist. Dies bedeutet: Die Kündigung kommt nur als letztes Mittel in Betracht, wenn andere geeignete Mittel (zur Zweckerreichung tauglich und rechtlich tatsächlich möglich) nicht zur Verfügung stehen. Danach gilt der **Vorrang der Änderungs- vor der Beendigungskündigung**. Kann die Kündigung durch Einsatz auf einem freien Arbeitsplatz vermieden werden, so ist der Arbeitgeber verpflichtet, vor Ausspruch einer Beendigungs- eine Änderungskündigung auszusprechen. Eine Beendigungskündigung ist in diesem Falle sozial nicht gerechtfertigt.[39] Einer verhaltensbedingten Beendigungskündigung hat nach dem ultima-ratio-Prinzip grds. eine Abmahnung vorauszugehen.[40] 2907

Vereinbaren die Parteien zusätzlich zur bestehenden Rechtslage einen verhaltensbedingten Kündigungsgrund im Arbeitsvertrag oder regeln sie, dass ein bestimmtes Verhalten des Arbeitnehmers den Arbeitgeber zur verhaltensbedingten Kündigung berechtigen soll, ist damit bei den Kündigungsvoraussetzungen nur partiell eine Änderung der Rechtslage eingetreten. Denn von den Fällen der Straftaten im Vertrauensbereich, die ohnehin den Arbeitgeber zur Kündigung berechtigen,[41] abgesehen, gestattet das vom Arbeitnehmer begangene, im Arbeitsvertrag als ordentlicher verhaltensbedingter Kündigungsgrund vereinbarte Verhalten allein noch nicht bereits die Kündigung durch den Arbeitgeber. Hinzu treten muss, dass der Arbeitnehmer zunächst abgemahnt wurde und dass die übrigen Kündigungsvoraussetzungen (Verschulden, allgemeine Interessenabwägung) erfüllt sind.[42] 2908

Mit der Vereinbarung von Kündigungsgründen erweitert der Arbeitgeber zwar ggf seine Kündigungsbefugnis. Dies ändert jedoch nichts an dem Abmahnungserfordernis vor einer verhaltensbedingten Kündigung, dh, die Abmahnung bleibt erforderlich, soweit sie nicht ausnahmsweise entbehrlich ist.[43] 2909

38 BAG 22.11.1973 – 2 AZR 580/72, EzA § 626 BGB Nr. 33 = DB 1974, 878.

39 BAG 21.4.2005 – 2 AZR 244/04, BB 2006, 266 ff; zur Kritik *Schiefer*, DB 2007, 54, 56; LAG Mecklenburg-Vorpommern 19.3.2014 – 3 Sa 128/13, EzA-SD 2014, Nr. 15, 3; zur vorrangigen Beschäftigung auf einem freien Arbeitsplatz s. *Schiefer*, PuR 2014, 103.

40 BAG 13.12.2007 – 6 AZR 145/07, NZA 2008, 403; *Schiefer*, Die Abmahnung, S. 11 ff.

41 BAG 17.5.1984 – 2 AZR 3/83, AP § 626 BGB Verdacht strafbarer Handlung Nr. 14; BAG 20.9.1984 – 2 AZR 633/82, AP § 626 BGB Nr. 80; BAG 20.9.1984 – 2 AZR 233/83, AP § 1 KSchG 1969 Verhaltensbedingte Kündigung Nr. 13.

42 *Schiefer/Conrad*, Beendigung des Arbeitsverhältnisses und Umstrukturierung, Checkliste 13.

43 Zur Entbehrlichkeit s. *Schiefer*, Die Abmahnung, S. 71 ff.

(a2) Wertentscheidung und Entscheidungsspielraum des Arbeitsgerichts

2910 Die Wertentscheidung, die die Parteien durch Vereinbarung von Kündigungsgründen im Arbeitsvertrag zum Ausdruck gebracht haben, ist nicht ohne Einfluss auf den Entscheidungsspielraum der Gerichte, welche Gründe für die sofortige (bei der ordentlichen Kündigung: für die fristgerechte) Lösung des Arbeitsverhältnisses als besonders bedeutsam anzusehen sind.[44] Gerade in den Grenzbereichen, in denen unterschiedliche Rechtsgüter konkurrieren, kann es den Arbeitsvertragsparteien erlaubt sein, die Kündigungsgründe durch Verhaltensregeln zu präzisieren.

2911 Üblicherweise zeigt sich das Aufeinanderprallen unterschiedlicher Interessen im **außerdienstlichen Verhalten**, wenn zB das Ansehen des Arbeitgebers in der Öffentlichkeit tangiert wird oder wenn der Arbeitnehmer auf die bloße Pflicht zur Bereitstellung seiner Arbeitsleistung verwiesen werden kann und damit sein Freizeitverhalten als Teil seiner nicht dem arbeitsrechtlichen Pflichtengefüge unterworfenen Privatsphäre bewertet werden soll. Hier haben die Parteien Gestaltungsmöglichkeiten wie bspw auch bei Spitzensportlern, die sich im außerdienstlichen Verhalten Leistungspflichten unterwerfen (Verzicht auf die Einnahme von Medikamenten, die Substanzen enthalten, die auf einer Doping-Liste aufgeführt sind u.Ä.). Auch im Sicherheitsbereich können Freizeitbeschränkungen Gegenstand arbeitsvertraglicher Pflichten, ihre Verletzung somit Kündigungsgründe sein, wie bspw das Verbot von Alkoholkonsum 12 Stunden vor Arbeitsantritt bei einem Piloten, bei einem Berufskraftfahrer oder einem Straßenbahnfahrer.

2912 Zu Gunsten des Arbeitnehmers können auch **Kündigungsgründe** im Arbeitsvertrag **ausgeschlossen** werden, wie zB wiederholte Lenkzeitüberschreitungen bei Lkw-Fahrern oder der Entzug der Fahrerlaubnis aufgrund eines bei einem dienstlichen Verhalten entstandenen Sachverhalts. Ist es den Parteien gestattet, durch eine schuldrechtliche Kündigungsbeschränkung auf das Recht der ordentlichen Kündigung generell zu verzichten,[45] ist zumindest auch das „Weniger“, nämlich der Verzicht auf einzelne Kündigungsgründe zu Gunsten des Arbeitnehmers, schuldrechtlich wirksam.

2913 Damit lässt sich zusammenfassen: Ordentliche, verhaltensbedingte Kündigungsgründe können vereinbart werden. Die übrigen Kündigungsvoraussetzungen, wie Verschulden, vorausgegangene Abmahnung und Interessenabwägung, sind weiterhin zu beachten.

2914 Der Umstand, dass dem Arbeitnehmer über eine Arbeitsvertragsklausel bekannt war, welches Gewicht ein bestimmtes Fehlverhalten aus der Sicht des Arbeitgebers besitzt, ist als **überwiegendes Interesse des Arbeitgebers** zu berücksichtigen. Es macht einen Unterschied, ob der Arbeitnehmer schon im Arbeitsvertrag darauf hingewiesen worden ist, dass der Arbeitgeber ein Verhalten als Pflichtwidrigkeit wertet, oder ob der Arbeitnehmer erst die nachhaltige, negative Bedeutung seines Verhaltens aus Sicht des Arbeitgebers über eine Abmahnung erfährt.

(5) Abmahnung

(a1) Definition der Abmahnung

2915 Die Abmahnung (Gläubigerrecht) selbst ist gesetzlich nicht geregelt. Sie ist eine „Erfindung“ der Arbeitsgerichtsbarkeit – was zu nicht unerheblichen Anwendungsproblemen führt. § 314 Abs. 2 BGB (Schuldrechtsreform 1.1.2002) sieht allerdings (nunmehr) das Erfordernis einer erfolglosen Abmahnung vor Ausspruch einer außerordentlichen Kündigung vor. Erwähnt wird die Abmachung u.a. auch in § 12 Abs. 3 des am 18.8.2006 in Kraft getretenen Allgemeinen Gleichbehandlungsgesetzes (AGG). Verstoßen Beschäftigte gegen das Benachteiligungsverbot des § 7 Abs. 1 AGG, so hat der Arbeitgeber die im Einzelfall geeigneten, erforderlichen und an-

44 Preis/*Preis*, Der Arbeitsvertrag, II K 10 Rn 22.

45 *Kania/Kramer*, RdA 1995, 287; *Schwerdtner*, FS Kissel, 1994, S. 1077.

gemessenen Maßnahmen zur Unterbindung der Benachteiligung wie Abmahnung, Umsetzung, Versetzung oder Kündigung zu ergreifen.[46]

Das BAG[47] **definiert** den Begriff der Abmahnung wie folgt: 2916

„Mit einer Abmahnung übt ein Arbeitgeber seine arbeitsvertraglichen Gläubigerrechte in doppelter Hinsicht aus. Zum einen weist er den Arbeitnehmer als seinen Schuldner auf dessen vertragliche Pflichten hin und macht ihn auf die Verletzung dieser Pflichten aufmerksam (Rüge- und Dokumentationsfunktion). Zum anderen fordert er ihn für die Zukunft zu einem vertragstreuen Verhalten auf und kündigt, sofern ihm dies angebracht erscheint, individualrechtliche Konsequenzen für den Fall einer erneuten Pflichtverletzung an (Warnfunktion).“

Auch eine außerordentliche Kündigung kommt nur in Betracht, wenn es keinen angemessenen Weg gibt, das Arbeitsverhältnis fortzusetzen, weil dem Arbeitgeber sämtliche milderen Reaktionsmöglichkeiten unzumutbar sind.[48] Als **mildere Reaktionen** sind insb. Abmahnung und ordentliche Kündigung anzusehen. Sie sind dann alternative Gestaltungsmittel, wenn schon sie geeignet sind, den mit der außerordentlichen Kündigung verfolgten Zweck – die Vermeidung des Risikos künftiger Störungen – zu erreichen. Beruht die Vertragspflichtverletzung auf steuerbarem Verhalten des Arbeitnehmers, ist grds. davon auszugehen, dass sein künftiges Verhalten schon durch die Androhung von Folgen für den Bestand des Arbeitsverhältnisses positiv beeinflusst werden kann.[49] Ordentliche und außerordentliche Kündigung wegen einer Vertragspflichtverletzung setzen deshalb regelmäßig eine Abmahnung voraus. Die Abmahnung dient zugleich der Objektivierung der negativen Prognose.[50] 2917

Nach dem **Verhältnismäßigkeitsgrundsatz** ist eine Kündigung nicht gerechtfertigt, wenn es mildere Mittel gibt, eine Vertragsstörung zukünftig zu beseitigen. Dieser Aspekt hat durch die Regelung des § 314 Abs. 2 BGB iVm § 323 Abs. 2 BGB eine gesetzgeberische Bestätigung erfahren. Einer Abmahnung bedarf es in Ansehung des Verhältnismäßigkeitsgrundsatzes deshalb nur dann nicht, wenn eine Verhaltensänderung in Zukunft selbst nach Abmahnung nicht zu erwarten steht oder es sich um eine so schwere Pflichtverletzung handelt, dass eine Hinnahme durch den Arbeitgeber offensichtlich – auch für den Arbeitnehmer erkennbar – ausgeschlossen ist.[51] Mit anderen Worten: Eine Abmahnung ist nach Maßgabe des auch in § 314 Abs. 2 iVm § 323 Abs. 2 BGB zum Ausdruck kommenden Verhältnismäßigkeitsgrundsatzes demnach nur dann nicht erforderlich, wenn bereits ex ante erkennbar ist, dass eine Verhaltensänderung auch in Zukunft nach Abmahnung nicht zu erwarten steht oder es sich um eine so schwere Pflichtverletzung handelt, dass selbst deren erstmalige Hinnahme dem Arbeitgeber nach objektiven Maßstäben unzumutbar und damit offensichtlich – auch für den Arbeitnehmer erkennbar – ausgeschlossen ist.[52] 2918

Wesentliche und unverzichtbare Bestandteile der Abmahnung sind danach: 2919

- Rüge- bzw Dokumentationsfunktion und
- Warnfunktion.[53]

---

46 S. im Einzelnen *Schiefer/Ettwig/Krych*, Das Allgemeine Gleichbehandlungsgesetz, Rn 510 ff.

47 BAG 19.7.2012 – 2 AZR 72/11, DB 2012, 2939; BAG 13.12.2007 – 6 AZR 145/07, NZA 2008, 403; BAG 17.2.1994 – 2 AZR 616/03, DB 1994, 1477; BAG 9.6.2011 – 2 AZR 284/10, DB 2011, 2774; BAG 21.6.2012 – 2 AZR 153/11, NZA 2012, 1025.

48 BAG 10.6.2010 – 2 AZR 541/09, DB 2010, 2359.

49 BAG 10.6.2010 – 2 AZR 541/09, DB 2010, 2359.

50 BAG 24.3.2011 – 2 AZR 282/10, DB 2011, 1865.

51 BAG 10.6.2010 – 2 AZR 541/09, DB 2010, 2359.

52 BAG 9.6.2011 – 2 AZR 284/10, DB 2011, 2774; BAG 21.6.2012 – 2 AZR 153/11, NZA 2012, 1025.

53 Zur Rüge- und Warnfunktion, insb. bei der Abmahnung wegen quantitativer Minderleistung, BAG 27.11.2008 – 2 AZR 675/07, NZA 2009, 842.

2920 Nur wenn die Abmahnung diese Bestandteile aufweist, kann sie als Vorstufe zur Kündigung Wirkung entfalten.[54] Mit der Abmahnung verzichtet der Arbeitgeber idR auf sein Kündigungsrecht.[55]

2921 Die **Warnfunktion** kann grds. auch durch einen Hinweis erfüllt werden, wonach „im Wiederholungsfall der Bestand oder der Inhalt des Arbeitsverhältnisses gefährdet" sei. Die Androhung „arbeitsrechtlicher Konsequenzen" kann eine hinreichende Warnung vor einer Bestandsgefährdung des Arbeitsverhältnisses sein. Mit einer solchen Formulierung wird – so das BAG[56] – ausgedrückt, dass der Arbeitnehmer im Wiederholungsfall mit allen denkbaren arbeitsrechtlichen Folgen bis hin zur Beendigung des Arbeitsverhältnisses rechnen muss. Eine ausdrückliche Kündigungsandrohung sei nicht erforderlich. Ausreichend sei, wenn der Arbeitnehmer erkennen könne, der Arbeitgeber werde im Wiederholungsfall möglicherweise auch mit einer Kündigung reagieren.

2922 Zur Vermeidung etwaiger Auslegungsschwierigkeiten kann es sich aber dennoch grds. empfehlen, in einem – deutlich als Abmahnung gekennzeichneten – Schreiben ausdrücklich eine Kündigung anzudrohen.

2923 Ein entsprechendes Abmahnungsschreiben kann wie folgt formuliert werden:[57]

> „**Abmahnung**
> Sehr geehrte/r Frau/Herr (...),
> Sie sind am (...), am (...) und am (...) erst um 8.30 Uhr zur Arbeit erschienen, obwohl Sie gemäß Arbeitsvertrag verpflichtet sind, die Arbeit um 8.00 Uhr aufzunehmen. Durch dieses Verhalten haben Sie gegen arbeitsvertragliche Pflichten verstoßen.
> Wir können dieses Verhalten nicht unbeanstandet hinnehmen. Bemühen Sie sich daher, dass Ihr Verhalten/Ihre Arbeitsleistung keinen Anlass mehr zur Klage gibt. Andernfalls müssen Sie mit einer Kündigung Ihres Arbeitsverhältnisses rechnen."

2924 Arbeitnehmer – nicht jedoch der Betriebsrat – können in entsprechender Anwendung von §§ 242, 1004 Abs. 1 S. 1 BGB die **Entfernung** einer **zu Unrecht** erteilten Abmahnung aus ihrer **Personalakte** verlangen. Der Anspruch besteht, wenn die Abmahnung entweder inhaltlich unbestimmt ist, unrichtige Tatsachenbehauptungen enthält, auf einer unzutreffenden rechtlichen Bewertung des Verhaltens des Arbeitnehmers beruht oder den Grundsatz der Verhältnismäßigkeit verletzt, und auch dann, wenn selbst bei einer zu Recht erteilten Abmahnung kein schutzwürdiges Interesse des Arbeitgebers mehr an deren Verbleib in der Personalakte besteht.[58]

2925 Die Entfernung einer **zu Recht** erteilten Abmahnung aus der Personalakte kann der Arbeitnehmer nur dann verlangen, wenn das gerügte Verhalten für das Arbeitsverhältnis in jeder Hinsicht bedeutungslos geworden ist.[59]

(a2) Vorweggenommene Abmahnung

2926 Ob eine sog. vorweggenommene Abmahnung Wirkung entfalten kann, ist umstritten. Zum Teil wird die Auffassung vertreten, eine Abmahnung könne entbehrlich werden, wenn der Arbeitgeber zB durch Aushang am Schwarzen Brett, im Arbeitsvertrag, in einer Arbeitsordnung etc. deutlich macht, dass ein bestimmtes Verhalten eine Kündigung zur Folge hat. In diesen Fällen habe der Arbeitgeber dem Arbeitnehmer die Kündigungsrelevanz so deutlich vor Augen geführt, dass dieser wissen müsse, dass ein Fehlverhalten notwendigerweise eine Kündigung

---

54 Zu den Einzelheiten *Schiefer*, Die Abmahnung, S. 11 ff.
55 BAG 13.12.2007 – 6 AZR 145/07, NZA 2008, 403.
56 BAG 19.4.2012 – 2 AZR 258/11, DB 2012, 2559 = PuR 2012, 242.
57 S. im Einzelnen *Schiefer*, Die Abmahnung, S. 9 ff.
58 BAG 12.8.2010 – 2 AZR 593/09, DB 2011, 2545; BAG 4.12.2013 – 7 ABR 7/12, BB 2014, 948.
59 BAG 19.7.2012 – 2 AZR 782/11, DB 2012, 2939.

nach sich ziehe. Die Abmahnung müsse dann entbehrlich sein. Das LAG Köln[60] hat eine vorweggenommene Abmahnung im Arbeitsvertrag akzeptiert. Der Arbeitgeber hatte im Arbeitsvertrag darauf hingewiesen, dass die Verletzung der Pflicht zur Anzeige der Arbeitsunfähigkeit die fristlose Entlassung nach sich ziehe. Dieser Hinweis erweitert nach Ansicht des Gerichts zwar nicht die gesetzlichen Kündigungsmöglichkeiten. Er könne aber – da er jedenfalls eine Warnfunktion erfülle – eine Abmahnung als Kündigungsvoraussetzung entbehrlich machen. In diesem Sinne hat das LAG Hamm[61] entschieden, dass eine Abmahnung vor Ausspruch der Kündigung nicht erforderlich ist, wenn der Arbeitgeber durch Betriebsaushang zu erkennen gegeben hat, dass er ein Fehlverhalten (hier: nicht rechtzeitiges Einreichen einer Folgekrankenbescheinigung) nicht hinnehmen werde.

Nach Ansicht des LAG Berlin-Brandenburg[62] gilt Folgendes: „Auch wenn es eine antizipierte, 2927
also eine vorweggenommene Abmahnung grds. nicht gibt und diese jedenfalls nicht dieselbe Warn- und Rügewirkung besitzt wie eine echte Abmahnung, kann sie dennoch im Einzelfall bei der Prüfung der Erfolgsaussichten einer Abmahnung ein der Arbeitnehmerin ungünstiges Ergebnis rechtfertigen."[63]

Nach Ansicht des LAG Schleswig-Holstein[64] spreche viel dafür, dass eine Abmahnung entbehr- 2928
lich ist, wenn der Arbeitnehmer regelmäßig darüber belehrt wurde, dass die Mitnahme von Verpflegungsmitteln verboten ist und die Zuwiderhandlung gegen das Verbot die sofortige Entlassung nach sich zieht. Dabei müsse nicht entschieden werden, ob eine Abmahnung entbehrlich ist, wenn der Arbeitgeber im Vorfeld deutlich gemacht hat, ein bestimmtes Verhalten habe eine Kündigung zur Folge (sog. vorweggenommene Abmahnung).

Eine **Abmahnung** ist auch **entbehrlich**, wenn der Arbeitnehmer sich endgültig weigert, eine (im 2929
Rahmen des Direktionsrechts) zugewiesene Tätigkeit fortzusetzen. In diesem Falle ist eine Verhaltensänderung nicht zu erwarten. „Diese negative Prognose war jedenfalls deshalb gerechtfertigt, weil die Beklagte dem Kläger bereits mit Schreiben vom 30.6.1995 im Sinne einer **vorweggenommenen Abmahnung** für den Fall, dass er am 3.7.1995 seinem Arbeitsplatz fernbleibe, den Ausspruch einer fristlosen Kündigung angedroht hat."[65]

Auch wenn in der Lit. zT davon ausgegangen wird, dass das Abmahnungsrecht keine antizi- 2930
pierte Abmahnung[66] kenne, kann es sich anbieten, zB in einem Arbeitsvertrag oder in einem Aushang darauf hinzuweisen, dass bestimmte Verstöße arbeitsrechtliche Sanktionen nach sich ziehen werden. Eine Abmahnung kann hierdurch ggf entbehrlich werden. Zumindest dürfte eine vorweggenommene Abmahnung im Einzelfall bei der Prüfung der Erfolgsaussichten einer Abmahnung ein für den Arbeitnehmer ungünstiges Ergebnis rechtfertigen.[67] Es ist jedoch darauf hinzuweisen, dass die angesprochene Rspr bislang – soweit ersichtlich – durch das BAG nicht ausdrücklich bestätigt worden ist. Es kann daher nicht ohne Weiteres davon ausgegangen werden, dass auch das BAG einer sog. vorweggenommenen Abmahnung die erforderliche Warnfunktion beimisst. Ob eine sog. vorweggenommene Abmahnung die Abmahnung im konkreten Fall entbehrlich macht, ist zumindest umstritten.

Ein aktueller Beitrag[68] kommt zu folgendem Ergebnis: Die vorweggenommene Abmahnung 2931
stellt für Unternehmen ein zulässiges Instrumentarium dar, Kardinalpflichtverstöße der Arbeit-

60 LAG Köln 12.11.1993 – 13 Sa 726/93, ART 1994, 57.
61 LAG Hamm 16.12.1982 – 10 Sa 965/82, BB 1983, 1601.
62 LAG Berlin-Brandenburg 30.3.2012 – 10 Sa 2772/11, NZA-RR 2012, 353.
63 S. auch LAG Berlin-Brandenburg 26.11.2010 – 10 Sa 1823/10, AuA 2012, 305; zur vorweggenommenen Abmahnung s. auch LAG Rheinland-Pfalz 14.12.2011 – 8 Sa 328/11 und LAG Hamm 17.3.2011 – 8 Sa 1854/10, LAGE § 626 BGB 2002 Nr. 33; zum Meinungsstand s. *Schiefer*, DB 2013, 1785.
64 LAG Schleswig-Holstein 18.12.2013 – 6 Sa 203/13.
65 BAG 5.4.2001 – 2 AZR 580/99, DB 2001, 2115.
66 Preis/*Preis*, Der Arbeitsvertrag, II K 10 Rn 23.
67 LAG Berlin-Brandenburg 3.3.2012 – 10 Sa 2272/11, NZA-RR 2012, 353.
68 *Wisskirchen/Bissels/Schumacher*, DB 2012, 1473, 1477.

nehmer bereits im Vorfeld unterbinden zu können. Grundsätzlich befreit diese zwar nicht davon, die weiteren kündigungsrechtlichen Voraussetzungen zu beachten. Doch kann die vorweggenommene Abmahnung den Kündigungsschutzprozess beschleunigen und eine etwaige weitere Abmahnung vermeiden. Darüber hinaus kann die vorweggenommene Abmahnung als Erleichterung bei der Feststellung eines konkreten Pflichtverstoßes dienen, da ein solcher ohne Vorliegen von betrieblichen Aushängen, Betriebsvereinbarungen oder Arbeitgeberrichtlinien ansonsten nur durch Auslegung der allgemeinen Vertragsklauseln und der jeweiligen Umstände des Einzelfalls festgestellt werden könnte.

(6) Dauerstellungszusage

2932 Vertraglich geschieht es selten, im Gespräch zwischen dem Arbeitgeber und dem Arbeitnehmer ereignet es sich häufiger, dass arbeitgeberseits die Zusage erteilt wird, mit der angetretenen Stelle sei eine **Lebens- oder Dauerstellung** verbunden. In einer solchen Erklärung des Arbeitgebers kann nur dann jeglicher Verzicht auf die Kündigung des Arbeitsverhältnisses gesehen werden, wenn unmissverständlich, ohne Wenn und Aber, der Verzicht des Arbeitgebers auf eine ordentliche Kündigung klar und präzise erklärt wurde. Nur dann beinhaltet die ohnehin meist nur mündlich abgegebene Erklärung einen Ausschluss des Rechts der ordentlichen Kündigung.[69] Anders lag der Fall des BAG vom 25.3.2004.[70] Hier wurde schriftlich ein „Arbeitsverhältnis auf Lebenszeit" vereinbart. Die Wirksamkeit dieser vertraglichen Regelung wurde durch das BAG mit der Maßgabe bestätigt, dass dem Arbeitnehmer gleichwohl das Sonderkündigungsrecht des § 15 Abs. 4 TzBfG zusteht.

2933 Recht allgemein gehaltene Erklärungen des Arbeitgebers, bei denen vielleicht auch das Wort „Dauerstellung" fällt, führen nicht zu einem Kündigungsverzicht. Selbst dann, wenn eine solche Erklärung zu Beginn eines Arbeitsverhältnisses abgegeben wird, der Arbeitgeber aber dennoch schon während der Probezeit eine Kündigung ausspricht, bewirkt die Aussage des Arbeitgebers nur Schadensersatzansprüche aus dem Gesichtspunkt der *culpa in contrahendo*,[71] nicht einen Nichtigkeitsgrund der Kündigung.

2934 Der gesetzliche Kündigungsschutz kann auch bei Nichtvorliegen der maßgeblichen Voraussetzungen durch eine entsprechende Parteivereinbarung begründet werden.[72] Insbesondere können die Parteien eines Arbeitsvertrages vereinbaren, dass der gesetzliche Kündigungsschutz nicht erst nach sechs Monaten, sondern schon zu Beginn der Beschäftigung einsetzen soll. Solch eine Vereinbarung kann angenommen werden, wenn ein Arbeitnehmer, bevor er seine bisherige Stelle aufgrund eines Angebots des neuen Arbeitgebers aufgibt, diesem gegenüber erklärt, er lege nur Wert auf eine Dauerstellung.[73]

(7) Kündigungsbegründungspflicht

2935 Der Kündigungsgrund muss im Kündigungsschreiben grds. nicht angegeben werden. Ausnahmen gelten für:

- das Berufsausbildungsverhältnis (§ 22 Abs. 3 BBiG);
- die außerordentliche Kündigung nach der Probezeit („muss unter Angabe der Kündigungsgründe erfolgen");
- die außerordentliche Kündigung (Mitteilung des Kündigungsgrundes auf Verlangen des Arbeitnehmers unverzüglich, schriftlich; § 626 Abs. 2 S. 3 BGB);

69 Staudinger/*Preis*, § 624 BGB Rn 11; BAG 18.2.1967 – 2 AZR 114/66, NJW 1967, 1152.

70 BAG 25.3.2004 – 2 AZR 153/03, BB 2004, 2303.

71 LAG Nürnberg 25.7.1994 – 7 Sa 1217/93, LAGE § 276 BGB Verschulden bei Vertragsschluss Nr. 3; *Hümmerich*, NZA 2002, 173.

72 LAG Rheinland-Pfalz 24.7.2013 – 8 Sa 51/13; BAG 8.6.1972 – 2 AZR 285/71, DB 1972, 2071.

73 BAG 16.2.1967 – 2 AZR 114/66, DB 1967, 603.

- die betriebsbedingte Kündigung (Angaben zur Sozialauswahl auf Verlangen des Arbeitnehmers; § 1 Abs. 3 S. 1 KSchG);
- die Kündigung Schwangerer und Mütter nach der Entbindung (§ 9 Abs. 3 MuSchG; Angabe des zulässigen Kündigungsgrundes);
- soweit ein Tarifvertrag, eine Betriebsvereinbarung oder der Arbeitsvertrag eine Begründungspflicht vorsieht.[74]

b) Klauseltypen und Gestaltungshinweise

aa) Vertragliche Umdeutungsklauseln

(1) Klauseltyp A

A 1: Das Recht zur fristlosen Kündigung bleibt unberührt. Eine fristlose Kündigung ist im Falle ihrer Unwirksamkeit als fristgemäße Kündigung zum nächst zulässigen Termin umzudeuten. 2936

A 2: Hiermit kündigen wir das mit Ihnen bestehende Arbeitsverhältnis fristlos mit sofortiger Wirkung außerordentlich. Rein vorsorglich erklären wir gleichzeitig die ordentliche Kündigung zum (...).

A 3: Hiermit kündigen wir Ihr Arbeitsverhältnis außerordentlich mit sofortiger Wirkung. Sollte die außerordentliche fristlose Kündigung keinen Bestand haben, gilt sie als ordentliche Kündigung zum (...).

A 4: Wir kündigen Ihr Arbeitsverhältnis außerordentlich, hilfsweise ordentlich zum (...).

A 5: Hiermit kündigen wir das mit Ihnen bestehende Arbeitsverhältnis fristlos mit sofortiger Wirkung außerordentlich. Rein vorsorglich erklären wir gleichzeitig die ordentliche Kündigung unter Einhaltung der ordentlichen Kündigungsfrist gem. (...) (zB § 7 des Arbeitsvertrages; § 20 Ziff. 3 EMTV METALL NRW; § 622 Abs. 2 BGB) zum nächstmöglichen Termin. Das Arbeitsverhältnis kann danach unter Einhaltung einer Kündigungsfrist zum (...) (zB Monatsende) gekündigt werden. Gemäß der vorsorglich ausgesprochenen ordentlichen Kündigung endet das Arbeitsverhältnis deshalb nach unserer Berechnung zum (...).

(2) Gestaltungshinweise

Die vertragliche **Umdeutungsklausel A 1** ist empfehlenswert, weil sie jeglichen Zweifel beseitigt, ob für den Arbeitnehmer der Wille des Arbeitgebers erkennbar wurde, dass die fristlose Kündigung auch als ordentliche Kündigung zum nächst möglichen Zeitpunkt gewollt war. 2937

Die **Klauseln A 2 bis A 4** tragen dem Umstand Rechnung, dass zur Vermeidung von Auslegungsproblemen idR außerordentlich und hilfsweise ordentlich gekündigt werden sollte – soweit eine außerordentliche Kündigung in Betracht kommt –, und stellen dies ausdrücklich klar, ohne dass es auf eine „Umdeutung" iSd Klausel A 1 ankäme (s. § 1 Rn 2894). 2938

Soweit danach eine Umdeutung in eine ordentliche Kündigung möglich ist, ist des Weiteren mit Blick auf das Bestimmtheitsgebot der Kündigung die aktuelle Entwicklung der Rspr zur Kündigung „zum nächstmöglichen Zeitpunkt" bzw „fristgemäß zum" zu beachten[75] (s. ausf. § 1 Rn 2828 bzw Rn 2826 f). Dem trägt die **Klausel A 5** Rechnung. 2939

bb) Kündigungsbegründungsklausel

(1) Klauseltyp B

B 1: Im Kündigungsschreiben sind sämtliche Kündigungsgründe aufzuführen. 2940

---

74 S. im Einzelnen *Schiefer*, in: Sowka/Schiefer, Arbeitsrecht für die betriebliche Praxis – Ein Handbuch für Führungskräfte, Rn 1186.

75 BAG 15.5.2013 – 5 AZR 130/12, BB 2013, 2164; BAG 20.6.2013 – 6 AZR 805/11, DB 2013, 2093.

B 2: In einem Kündigungsschreiben des Arbeitgebers sind zugleich die Kündigungsgründe bekannt zu machen. Wird dem Mitarbeiter ohne Angabe der Kündigungsgründe gekündigt, ist die Kündigungserklärung nichtig.

(2) Gestaltungshinweise

2941 Gegen eine Begründungspflicht spricht aus Arbeitgeberperspektive, dass sie in der Praxis leicht vergessen wird, weil man vor Ausspruch von Kündigungen selten vorher noch einmal in den Arbeitsvertrag schaut. Außerdem bindet sich der Kündigende in einer vom Gesetz nicht geforderten Weise. Der Arbeitgeber erschwert im Falle einer von ihm ausgesprochenen Kündigung den Prozesserfolg. Er bleibt an die im Kündigungsschreiben aufgeführten Gründe auch in einem betriebsratlosen Betrieb gebunden.

2942 Ein Verstoß gegen die vertraglich vereinbarte Begründungspflicht hat im Zweifel nicht die Rechtsunwirksamkeit der Kündigung zur Folge.[76] Deshalb verfehlt die Klausel B 1 im Streitfall ihr Ziel, während über die Klausel B 2 das von den Parteien angestrebte, qualifizierte Formerfordernis bei Kündigungen erfüllt wird.

2943 Die Klausel B 1 ist nicht unwirksam, aber nicht empfehlenswert. Die Klausel B 2 schränkt die Rechte des Arbeitnehmers nach § 622 Abs. 1 BGB, begründungslos kündigen zu können, nicht ein. Eine Begrenzung der Arbeitgeberrechte durch einen Begründungszwang ist nach der Entscheidung des BAG vom 25.3.2004[77] nicht unzulässig, sofern der Arbeitgeber nicht in seiner Geschäftsfähigkeit eingeschränkt ist.

cc) Ordentlicher Kündigungsausschluss für den Arbeitgeber

(1) Klauseltyp C

2944 Das Recht der ordentlichen Kündigung durch die Klinik ist ausgeschlossen.[78]

(2) Gestaltungshinweise

2945 Die Klausel C ist wirksam.[79] Sie ist dem Arbeitgeber allerdings nicht zu empfehlen.

dd) Beiderseitiger Ausschluss der ordentlichen Kündigung

(1) Klauseltyp D

2946 → **D 1:** Das Recht der ordentlichen Kündigung wird ausgeschlossen.

→ **D 2:** Bei einem Arbeitnehmer ist nach ununterbrochener fünfzehnjähriger Beschäftigung bei dem gleichen Arbeitgeber das Recht der ordentlichen Kündigung ausgeschlossen. Dieses Recht entsteht frühestens, wenn der Arbeitnehmer das vierzigste Lebensjahr vollendet hat.[80]

(2) Gestaltungshinweise

2947 Beide Klauseln sind wirksam. Die Klausel D 2 findet man vor allem in Verträgen mit Angestellten in nicht dem TVöD oder BAT unterworfenen Unternehmen oder sonstigen Institutionen, die dem öffentlichen Dienst im weitesten Sinne zugerechnet werden.

2948 Nach Inkrafttreten des AGG mit Wirkung zum 1.8.2006 stellt sich allerdings die Frage, ob und ggf inwieweit Arbeitnehmer, deren ordentliche Kündigung durch eine tarif- oder einzelvertragliche Vereinbarung ausgeschlossen ist, die an das **Lebensalter** oder die **Betriebszugehörigkeit** anknüpft, in die **Sozialauswahl** einzubeziehen sind. Nach bislang hM erfolgte keine Einbeziehung dieser Personengruppe in die Sozialauswahl. Etwas anderes galt nur dann, wenn auf-

---

76 MüKo-BGB/*Schwerdtner*, Vor § 620 Rn 146.
77 BAG 25.3.2004 – 2 AZR 153/03, BB 2004, 2303.
78 *Hümmerich/Lücke/Mauer*, FB ArbR, Muster 1176 (§ 7 Abs. 4).
79 BAG 25.3.2004 – 2 AZR 153/03, BB 2004, 2303.
80 § 34 Abs. 2 TVöD (früher: § 53 BAT).

grund Vorliegens eines wichtigen betriebsbedingten Grundes eine außerordentliche Kündigung mit Auslauffrist in Betracht kam.[81] § 10 S. 3 Nr. 7 AGG aF sah zu den genannten Unkündbarkeitsbestimmungen Folgendes vor: „Derartige unterschiedliche Behandlungen können die individual- oder kollektivrechtliche Vereinbarung der Unkündbarkeit von Beschäftigten eines bestimmten Alters und einer bestimmten Betriebszugehörigkeit einschließen, soweit dadurch nicht der Kündigungsschutz anderer Beschäftigter im Rahmen der Sozialauswahl nach § 1 Abs. 3 KSchG grob fehlerhaft gemindert wird." Diese Regelung ist zwischenzeitlich durch das Gesetz zur Änderung des Betriebsrentengesetzes und anderer Gesetze vom 2.12.2006[82] aufgehoben worden. Die Frage, ob Arbeitnehmer, die aufgrund eines bestimmten Alters oder einer bestimmten Betriebszugehörigkeit besonders gegen Kündigung geschützt sind, aus der Sozialauswahl herausgenommen werden können, ist damit weiterhin offen. Nach Entscheidung des LAG Baden-Württemberg[83] ist dies nicht altersdiskriminierend. Die Meinungsbildung ist aber nicht abgeschlossen. Es werden unterschiedliche Lösungsansätze diskutiert.[84]

Nach Ansicht des BAG[85] sind derartige Kündigungsregelungen wirksam und führen grds. zum Ausschluss der kündigungsgeschützten Arbeitnehmer aus der Sozialauswahl. Das BAG weist allerdings ausdrücklich darauf hin, dass eine entsprechende Regelung nicht zu Ergebnissen führen darf, die die gesetzliche Wertung des § 1 Abs. 3 S. 1 KSchG auf den Kopf stellen. Dies wäre zB der Fall, wenn ein 53-jähriger, seit drei Jahren beschäftigter Arbeitnehmer ohne Unterhaltspflichten aufgrund der tarifvertraglichen Regelung aus der Sozialauswahl ausscheiden soll, während ein 52-jähriger, seit 35 Jahren im Betrieb beschäftigter Arbeitnehmer mit mehrfachen Unterhaltspflichten zur Kündigung ansteht. In einem solchen (extremen) Fall wäre dann zu erwägen, die Regelung ggf im Hinblick auf die Grundrechte des ordentlich kündbaren Mitarbeiters verfassungskonform bzw im Hinblick auf die Regelungen zur Altersdiskriminierung (Richtlinie 2000/78/EG des Rates vom 27.11.2000) gemeinschaftskonform einzuschränken bzw für den Einzelfall durch einen ungeschriebenen Ausnahmetatbestand innerhalb der Tarifnorm anzupassen.[86] 2949

ee) Vereinbarung außerordentlicher Kündigungsgründe

(1) Klauseltyp E

E 1: Jede Mitteilung eines der Verschwiegenheitspflicht unterliegenden Betriebsgeheimnisses an einen Dritten berechtigt die Geschäftsleitung zur sofortigen fristlosen Kündigung des Mitarbeiters. 2950

E 2: Hat sich die Mitarbeiterin an HIV infiziert und ist die AIDS-Erkrankung ausgebrochen, ist der Arbeitgeber zur Kündigung des Arbeitsverhältnisses ohne Einhaltung einer Kündigungsfrist mit Rücksicht auf die übrige Belegschaft berechtigt.

E 3: Zwischen den Parteien herrscht Einigkeit, dass die nachfolgend aufgeführten Verfehlungen als wichtige Gründe zur außerordentlichen Kündigung anzusehen sind:

1. Anzeige gegen den Arbeitgeber bei der Staatsanwaltschaft, dem Finanzamt, dem Gewerbeaufsichtsamt oder bei sonstigen Behörden;
2. Abwerben von Kollegen, wenn der Mitarbeiter in eine andere Firma wechselt oder sich selbständig macht;

---

81 LAG München 15.11.2007 – 3 Sa 303/07, LAGE Nr. 4 zu § 626 BGB, 2002, Unkündbarkeit; *Schiefer*, Betriebsbedingte Kündigung, Rn 370 ff.

82 BGBl. I S. 2742.

83 LAG Baden-Württemberg 30.7.2007 – 15 Sa 29/07, ArbuR 2007, 406.

84 *Freckmann*, BB 2007, 1049, 1052 f; *Körner*, NZA 2008, 497, 501; *Rolfs*, NZA-Beilage 1 zu Heft 7, 2008, 8, 15.

85 BAG 5.6.2008 – 2 AZR 907/06, NZA 2008, 1120 ff; s. im Einzelnen KPK/*Schiefer*, Rn 1140 ff.

86 *Bröhl*, BB 2006, 1050.

3. Diebstahl oder Unterschlagung von Firmeneigentum;
4. unwahre Angaben im Personalfragebogen;
5. Ausübung einer unzulässigen Konkurrenztätigkeit und
6. sexuelle Belästigungen am Arbeitsplatz.

E 4: Treten während der Arbeitszeit der Verkäuferin Fehlbeträge in der Kasse der Verkaufsstelle auf, ist der Arbeitgeber berechtigt, der Verkäuferin fristlos zu kündigen.[87]

(2) Gestaltungshinweise

2951 Zwar ist es dem Arbeitgeber grds. gestattet, einer Verkäuferin, in deren Kasse Fehlbeträge festgestellt worden sind, fristlos zu kündigen, sofern die übrigen Voraussetzungen des § 626 BGB erfüllt sind.[88] Eine vertragliche Vereinbarung wie in der Klausel E 4, die generell und ohne die weiteren Voraussetzungen des § 626 BGB anzulegen dem Arbeitgeber das Recht einräumt, das Arbeitsverhältnis zu kündigen, selbst dann, wenn andere Verkäuferinnen den Fehlbetrag mit verursacht haben könnten, ist sittenwidrig, selbst wenn der Verkäuferin ein Mankogeld gezahlt wird.[89] Auch die Kündigungsgrundvereinbarungen E 1 bis E 3 sind nicht wirksam, weil sich außerhalb von Tarifverträgen nach der Rspr des BAG Kündigungsgründe nicht vereinbaren lassen.[90] Zwar sind sämtliche der in den Klauseln E 1 bis E 3 aufgeführten Gründe im Einzelfall nach einer umfassenden Interessenabwägung denkbare Kündigungsgründe iSv § 626 BGB. Über ihre schriftliche Fixierung kann auch für den Arbeitnehmer deutlich zum Ausdruck kommen, dass Verstöße gegen die vereinbarten Pflichten für den Arbeitgeber von hohem Gewicht sind. Die bloße Fixierung derartiger Kündigungsgründe im Arbeitsvertrag macht die Erfüllung sämtlicher an eine außerordentliche Kündigung zu stellenden Anforderungen gem. § 626 BGB jedoch nicht entbehrlich.

ff) Vereinbarung ordentlicher Kündigungsgründe/Verhaltenspflichten

(1) Klauseltyp F

2952 **F 1:** Die Parteien vereinbaren, dass jeder Verstoß gegen Unfallverhütungsvorschriften nach einmaliger Abmahnung im Wiederholungsfall die sofortige ordentliche Kündigung nach sich zieht.

F 2: Der Vertrag besitzt nur Gültigkeit für die erste Bundesliga. Steigt der Verein während der Laufzeit dieses Vertrages ab, können die Vertragsparteien die Vergütung des Spielers unter Berücksichtigung der neuen Spielklasse und der dann für den Verein gegebenen Möglichkeiten neu vereinbaren. Führen die Verhandlungen zu keinem Ergebnis, können die Vertragsparteien das Vertragsverhältnis mit einer Frist von (...) Wochen ordentlich kündigen.[91]

F 3: Die Parteien vereinbaren, dass der Hausmeister in der Zeit vom 15.4. bis zum 15.9. zu Beginn der Arbeit – außer an kühlen Tagen – alle Fenster der Büros öffnet und die Räume lüftet. Die Mitarbeiter schließen nach Betreten ihrer Büros die Fenster. Auf diese Weise wird sichergestellt, dass sich die Räume tagsüber nicht so sehr aufheizen. Kommt der Hausmeister dieser vereinbarten Pflicht nicht nach, wird er abgemahnt. Wird nach einer Abmahnung erneut festgestellt, dass der Hausmeister seiner Pflicht zum Lüften und Fensteröffnen nicht nachgekommen ist, sind sich die Parteien einig, dass ein Grund zur ordentlichen Kündigung besteht.

---

87 BAG 22.11.1973 – 2 AZR 580/72, DB 1974, 878.
88 BAG 22.11.1973 – 2 AZR 580/72, DB 1974, 878.
89 BAG 22.11.1973 – 2 AZR 580/72, DB 1974, 878.
90 BAG 24.6.2004 – 2 AZR 656/02, NZA-RR 2005, 440 = ZTR 2005, 260.
91 Formulierung in Anlehnung an den Wortlaut des DFB-Lizenzspieler-Musterarbeitsvertrages, abgedruckt bei *Kittner/Zwanziger*, Formularbuch Arbeitsrecht, Teil 5, Muster Nr. 306, § 9.

(2) Gestaltungshinweise

Bei allen drei vereinbarten Kündigungsgründen bestehen keine rechtlichen Bedenken. 2953

gg) Vereinbarung eines Kündigungsschutzes

(1) Klauseltyp G

G 1: Auf das Arbeitsverhältnis findet das Kündigungsschutzgesetz mit Abschluss des Vertrages – mit dem Tag der Arbeitsaufnahme/einen Monat nach Arbeitsaufnahme – Anwendung. 2954

G 2: Für den Fall, dass der Betrieb nach § 23 KSchG nicht mehr unter den Geltungsbereich des Gesetzes fällt, vereinbaren die Parteien die Geltung des Kündigungsschutzgesetzes auf das Arbeitsverhältnis.

(2) Gestaltungshinweise

Die von *Preis*[92] vorgeschlagenen Klauseln stellen den Arbeitnehmer günstiger als die einschlä- 2955
gigen gesetzlichen Regelungen und sind damit grds. zulässig. Die **Klausel G 1** sieht vor, dass das Arbeitsverhältnis nicht erst nach Ablauf der sechsmonatigen Wartezeit des § 1 Abs. 1 KSchG unterfällt. Die **Klausel G 2** erhält dem Arbeitnehmer den allgemeinen Kündigungsschutz auch dann, wenn der gem. § 23 KSchG für das Eingreifen dieses Kündigungsschutzes maßgebliche Schwellenwert (zehn oder weniger Arbeitnehmer) unterschritten wird.

Zu bedenken ist, dass durch die Klausel G 1 auch der Personenkreis der im Falle einer be- 2956
triebsbedingten Kündigung in die Sozialauswahl einzubeziehenden Arbeitnehmer erweitert wird. Grundsätzlich können sich Arbeitnehmer, für die der allgemeine Kündigungsschutz nicht greift, nicht auf eine Einbeziehung in eine Sozialauswahl berufen. Der Arbeitnehmer wäre vielmehr ohne Rücksicht auf die soziale Schutzbedürftigkeit vorrangig vor anderen Arbeitnehmern zu kündigen, für die die Sozialauswahl greift.[93] Dies wird durch die Klausel G 1 ggf zu Lasten anderer Arbeitnehmer geändert, was nach der Rspr aber grds. zulässig sein dürfte, soweit die vertragliche Bestimmung nicht ersichtlich auf eine Umgehung des § 1 Abs. 3 KSchG zielt (s. § 1 Rn 2904, 2906).

§ 1 Abs. 3 KSchG steht solchen Verschlechterungen der kündigungsrechtlichen Position eines 2957
Arbeitnehmers nicht entgegen, die sich aus einer zulässigen vertraglichen Gestaltung von Arbeitsbedingungen mit anderen Arbeitnehmern ergeben.[94]

hh) Ordentliche Kündigung eines befristeten Arbeitsverhältnisses

(1) Klauseltyp H

Für die Kündigung des Arbeitsverhältnisses – nach Ablauf der Probezeit – gilt die gesetzliche Kündigungsfrist. 2958

(2) Gestaltungshinweise

Gemäß § 15 Abs. 3 TzBfG unterliegt ein befristetes Arbeitsverhältnis nur dann der ordentli- 2959
chen Kündigung, wenn dies einzelvertraglich oder im anwendbaren Tarifvertrag vereinbart ist.

Ist in einem Formulararbeitsvertrag, der vorsieht, dass zutreffende Regelungen angekreuzt und 2960
nicht zutreffende Regelungen gestrichen werden, die Regelung der Klausel H angekreuzt, ist grds. davon auszugehen, dass die Parteien die ordentliche Kündbarkeit des befristeten Arbeitsverhältnisses einzelvertraglich iSv § 15 Abs. 3 TzBfG vereinbart haben.[95]

92 Preis/*Preis*, Der Arbeitsvertrag, II K 10 Rn 32.

93 KPK/*Schiefer*, Rn 1149 ff.

94 BAG 20.6.2013 – 2 AZR 271/12, DB 2013, 1674; BAG 2.6.2005 – 2 AZR 480/04, DB 2006, 110 zur Anrechnung einer an sich nicht anrechnungsfähigen früheren Beschäftigungszeit durch einzelvertragliche Vereinbarung.

95 BAG 4.8.2011 – 6 AZR 436/10, DB 2011, 2552; *Sowka*, Befristete Arbeitsverträge, S. 101.

ii) Vorweggenommene Abmahnung

(1) Klauseltyp I

2961 → **I 1:** Alle Arbeitnehmer, die in dem Bereich (...) des (...)-Betriebes beschäftigt sind, verpflichten sich, bei der Wartung der Aufzugsanlagen stets die Sicherheitsbestimmung (...), die jedem Mitarbeiter zusammen mit dieser Erklärung separat ausgehändigt worden ist, zu erfüllen. Sofern Arbeitnehmer gegen eine in der Sicherheitsbestimmung (...) benannte Verpflichtung verstoßen und die abstrakte Gefahr von Sach- und Personenschäden an Rechtsgütern des Arbeitgebers, anderer Arbeitnehmer oder Dritten verursachen, müssen sie mit arbeitsrechtlichen Konsequenzen bis hin zur Kündigung des Arbeitsverhältnisses rechnen. Die Arbeitnehmer bestätigen mit ihrer Unterschrift den Erhalt der Sicherheitsbestimmung (...) sowie die Teilnahme an einer entsprechenden Schulung, durch die diesen die Inhalte und die Bedeutung der Sicherheitsbestimmung (...) vermittelt wurden. Zudem bestätigen sie die tatsächliche und inhaltliche Kenntnisnahme dieser Verpflichtungserklärung; es ist ihnen bekannt, dass jede Zuwiderhandlung gegen die Sicherheitsbestimmung (...) den Bestand des Arbeitsverhältnisses gefährdet.[96]

→ **I 2:** Es ist allen Arbeitnehmern der X-GmbH untersagt, sich außer durch die gesondert für Fußgänger vorgesehenen Ein- und Ausgänge Zutritt zum Gelände der X-GmbH zu verschaffen. Insbesondere ist es den Arbeitnehmern aufgrund der damit verbundenen Gefahren untersagt, die speziell für Lkw errichteten Durchfahrtsschranken zu nutzen. Diese dürfen ausschließlich von Arbeitnehmern, die einen Lkw steuern oder sich als Beifahrer in diesem befinden, befahren bzw. genutzt werden. Ein Betreten dieser Bereiche ist für alle Arbeitnehmer ausnahmslos verboten. Jeder Arbeitnehmer, der gegen o.g. Bestimmungen verstößt, muss mit arbeitsrechtlichen Konsequenzen bis hin zur Kündigung des Arbeitsverhältnisses rechnen. Mit seiner Unterschrift bestätigt der Arbeitnehmer, die o.g. Bestimmungen zur Kenntnis genommen und verstanden zu haben sowie ihnen nachzukommen. Er ist sich der arbeitsrechtlichen Auswirkungen eines Verstoßes bewusst, die in einer sofortigen Beendigung des Arbeitsverhältnisses auch schon bei einem erstmaligen Verstoß liegen kann.[97]

→ **I 3:** Herrn (...) ist es als Arbeitnehmer der (...)-GmbH untersagt, gegen die unternehmensinternen Hygienebestimmungen zu verstoßen. Als Küchenleiter und zugleich Hygienebeauftragter trägt er eine besondere Verantwortung für den ihm unterstellten Bereich. Er wird sich jederzeit nach den veröffentlichten Hygienebestimmungen richten und die täglichen Kontrollen und Reinigungsarbeiten gemäß diesen Hygienebestimmungen durchführen und überwachen. Falls Herr (...) gegen eine der Hygienebestimmungen verstößt und dadurch sich oder Dritte der abstrakten Gefahr einer Rechtsgutsbeeinträchtigung aussetzt, muss er mit arbeitsrechtlichen Konsequenzen bis hin zur fristlosen Kündigung des Arbeitsverhältnisses rechnen.[98]

(2) Gestaltungshinweise

2962 Es ist nicht abschließend geklärt, ob eine sog. vorweggenommene Abmahnung iSd **Klauseln I 1 bis I 3** Wirkung entfalten kann (s. näher § 1 Rn 2926 ff). Richtigerweise wird davon ausgegangen, dass die Klauseln I 1 bis I 3 die Funktionen einer „echten" Abmahnung erfüllen und folglich von den Arbeitsgerichten als zulässige vorweggenommene Abmahnungen anerkannt werden müssen. Um die Nachhaltigkeit solcher vorweggenommenen Abmahnungen zu sichern, sind Arbeitgeber gehalten, vorweggenommene Abmahnungen regelmäßig zu wiederholen. Ein sechsmonatiger Wiederholungszyklus wird als ausreichend erachtet.[99]

---

96 *Wisskirchen/Schumacher/Bissels*, BB 2012, 1473, 1476.
97 *Wisskirchen/Schumacher/Bissels*, BB 2012, 1473, 1476.
98 *Wisskirchen/Schumacher/Bissels*, BB 2012, 1473, 1476.
99 *Wisskirchen/Schumacher/Bissels*, BB 2012, 1473, 1476.

Im jeweiligen Einzelfall bedarf es der Prüfung, ob die Abmahnung an sich und somit auch die vorweggenommene Abmahnung überhaupt das zulässige Mittel ist. Sollte eine (vorweggenommene) Abmahnung für jeden noch so irrelevanten Verstoß möglich sein, würde sich hieraus für den Arbeitnehmer eine Art „Freifahrtschein“ für verhaltensbedingte Kündigungen ergeben. Daher ist der Anwendungsbereich der vorweggenommenen Abmahnung auf **Kardinalpflichtverletzungen** zu beschränken. 2963

Auch im Falle einer (wirksamen) vorweggenommenen Abmahnung sollte vor Ausspruch einer Kündigung auf eine weitere Abmahnung nur verzichtet werden, wenn der Verstoß des Arbeitnehmers ganz offensichtlich unter Missachtung von Anweisungen, Richtlinien oder Schulungen erfolgt ist und deren Kenntnis nachgewiesen werden kann. Eine entsprechende Dokumentation der einzelnen Maßnahmen ist unverzichtbar und notwendig, da anderenfalls unter prozessualen Gesichtspunkten die Durchsetzung der arbeitsrechtlichen „Sanktionen“ nicht gewährleistet ist.[100] 2964

100 S. im Einzelnen auch *Schiefer*, Die Abmahnung, S. 70 ff.

44. Kurzarbeitsklauseln

Literatur

Bauer/Günther, Ungelöste Probleme bei der Einführung von Kurzarbeit, BB 2009, 662; *Bauer/Kern*, Wechselwirkung zwischen Kurzarbeit und Urlaub, NZA 2009, 925; *Bonanni/Naumann*, Konjunkturelle Kurzarbeit: Arbeits- und sozialversicherungsrechtliche Voraussetzungen und Konsequenzen, DStR 2009, 1374; *dies.*, Neue Rahmenbedingungen für konjunkturelle Kurzarbeit, ArbRB 2009, 172; *Brand*, SGB III, Kommentar, 6. Aufl. 2012; *Cohnen/Röger*, Kurzarbeit als Antwort auf kurzfristige Konjunkturschwächen, BB 2009, 46; *Dendorfer/Krebs*, Kurzarbeit und Kurzarbeitergeld – Überblick unter Berücksichtigung des Konjunkturpakets II, DB 2009, 902; *Gagel*, SGB II/SGB III, Kommentar, 53. Aufl. 2014, Loseblatt; *Groeger/Stadtler*, Möglichkeiten und Grenzen der flexiblen Gestaltung des Umfangs der Arbeitszeit, ArbRB 2009, 117; *Heinze*, Die arbeitsrechtliche Zulässigkeit der Einführung von Kurzarbeit, RdA 1998, 14; *Hümmerich*, Gestaltung von Arbeitsverträgen nach der Schuldrechtsreform, NZA 2003, 753; *Kleinebrink*, In der Krise: Arbeitsrechtliche Möglichkeiten zur Verringerung des Volumens der Arbeitszeit, DB 2009, 342; *Müller/Deeg*, Kurzarbeitsklauseln in Arbeitsverträgen, ArbRAktuell 2010, 209; *Ohle*, Kurzarbeitergeld – Eine wichtige Unterstützung für Arbeitgeber in der Krise, ArbRB 2009, 19; *Plagemann* (Hrsg.), Münchener Anwalts-Handbuch Sozialrecht, 4. Aufl. 2013; *Säcker/Oetker*, Tarifliche Kurzarbeits-Ankündigungsfristen im Gefüge des Individualarbeitsrechts und des kollektiven Arbeitsrechts, ZfA 1991, 131; *Waltermann*, Anordnung von Kurzarbeit durch Betriebsvereinbarung?, NZA 1993, 679; *Weiss/Gagel*, Handbuch des Arbeits- und Sozialrechts, Bd. 3, 2003.

a) Rechtslage im Umfeld

aa) Kurzarbeit in der Wirtschaftskrise

2965 Die Anordnung von Kurzarbeit bildete in der Bundesrepublik Deutschland seit der letzten nennenswerten Rezession Mitte der 90er Jahre eine praktisch nicht mehr häufig auftretende Randerscheinung. Durch die **globale Wirtschaftskrise**, welche im Jahr 2008 ausgehend vom Finanzsektor einen Großteil der Wirtschaftszweige, insb. der produzierenden Industrie, erreichte, gewann sie zwischenzeitlich wieder an Bedeutung. Viele Betriebe suchten nach Wegen und **Mitteln zur Kostensenkung**, um die schwierige Situation zu überstehen. Der stärkste weltweite Konjunktureinbruch seit der vom Zusammenbruch der New Yorker Börse im Oktober 1929 ausgelösten Weltwirtschaftkrise in den 1930er Jahren führte bei einem Großteil der Unternehmen zu Absatzschwierigkeiten und Auftragsrückgängen, was seinerseits eine Reduzierung des Produktionsumfangs, verbunden mit einem geringeren Personalbedarf, zur Folge hatte. Aus diesem Grund beabsichtigte im Jahr 2009 nach Angaben von Wirtschaftsinstituten mehr als ein Drittel der Arbeitgeber die Entlassung von Arbeitnehmern, obwohl zunächst weniger stark eingreifende Mittel zur Regulierung angestrengt werden sollten.[1] Neben dem **Abbau von Leiharbeitnehmern**, der **Ausnutzung von Arbeitszeitkonten** oder der **Anordnung von Betriebsferien** rückte zur **Verhinderung von Massenentlassungen oder Werksschließungen** vielfach auch die **Anordnung von Kurzarbeit** wieder in das Zentrum des Interesses.[2]

2966 Durch die Einführung von Kurzarbeit ist es dem Arbeitgeber zumindest auf einen bestimmten Zeitraum beschränkt möglich, das Arbeitszeitvolumen angepasst an den verringerten Arbeitsanfall zu reduzieren und die Personalkosten entsprechend zu senken.[3] Neben der vorübergehenden **wirtschaftlichen Entlastung des Arbeitgebers** steht bei der Kurzarbeit der **Erhalt von Arbeitsplätzen** mit qualifizierten Arbeitnehmern im Vordergrund.[4] Verglichen mit der Entlassung von Arbeitnehmern bietet sie im Falle eines nur vorübergehend geminderten Personalbedarfs den Vorteil, dass nach Entspannung der Situation und einem erneuten Anstieg des Arbeitsanfalls wieder auf die volle Arbeitskraft der Beschäftigten zurückgegriffen werden kann und nicht erst neue Arbeitnehmer eingestellt und angelernt werden müssen. Auch aus Sicht der Arbeitnehmer wirkt sich die vorübergehende Ableistung von Kurzarbeit in den meisten Fällen positiv aus, da als Alternative einer zeitweiligen Entgeltreduzierung im Wege der Kurzarbeit in

1 *Cohnen/Röger*, BB 2009, 46.
2 *Bauer/Günther*, BB 2009, 662.
3 *Kleinebrink*, DB 2009, 342, 343.
4 *Cohnen/Röger*, BB 2009, 46.

vielen Fällen lediglich eine betriebsbedingte Kündigung und damit der dauerhafte Arbeitsplatzverlust in Betracht kommen würde.

Allerdings ist der Arbeitgeber auch nach Anordnung von Kurzarbeit grds. nicht daran gehindert, betriebsbedingte Kündigungen auszusprechen, soweit nicht ein entsprechendes tarifvertragliches Verbot besteht und er belegen kann, dass aufgrund der betrieblichen Lage eine Beschäftigungsmöglichkeit für einzelne Arbeitnehmer dauerhaft entfallen ist.[5] Der Arbeitgeber kann die betriebsbedingten Kündigungen dabei allerdings nur auf Gründe stützen, die nicht schon zur Begründung der Einführung der Kurzarbeit angeführt wurden.[6] 2967

Nach Angaben der Bundesagentur für Arbeit[7] ist die Zahl der **Anträge auf Kurzarbeit** in den Jahren 2008 und 2009 **drastisch angestiegen**. Ihren Höhepunkt erreichte die Inanspruchnahme des Kurzarbeitergeldes mit über 1,4 Mio. Leistungsempfängern (mehr als 5 % aller sozialversicherungspflichtig Beschäftigten) im Mai 2009.[8] Am stärksten von der krisenbedingten Kurzarbeit beeinträchtigt waren die Metallbranche (35,3 % der Beschäftigten), der Maschinenbau (24,7 %), die Elektrobranche (21,9 %) und die Automobilindustrie (21,5 %), wogegen von der Konjunktur eher unabhängige Branchen, wie das Gesundheitswesen, die Gastronomie und der Einzelhandel, nahezu verschont blieben.[9] In der Folge ist Zahl der Kurzarbeit erneut stark zurückgegangen und hat sich seit 2012 auf einem niedrigen Niveau mit weiterhin leicht sinkender Tendenz eingependelt. So waren im Oktober 2012 etwa 70.000 Beschäftigt in Kurzarbeit, wogegen nach Schätzungen der Bundesagentur für Arbeit im Oktober 2014 nur noch knapp über 50.000 Arbeitnehmer davon betroffen waren.[10] 2968

Um eine vereinbarte Arbeitszeitverkürzung zur Überbrückung vorübergehender Konjunkturprobleme besser handhabbar und auch über längere Dauer zu einer echten Alternative zu betriebsbedingten Massenkündigungen zu machen, ist in Anbetracht der Wirtschaftskrise die **maximale Bezugsdauer des Kurzarbeitergeldes** zwischenzeitlich angehoben worden. Nach § 104 Abs. 1 S. 1 SGB III wird Kurzarbeitergeld grds. für die Dauer von höchstens sechs Monaten gewährt. Durch Änderungen der Verordnung über die Bezugsdauer für das Kurzarbeitergeld (KuArbGeldFristV 2009) wurde die Bezugsfrist in den Jahren der Wirtschaftskrise deutlich ausgedehnt. Gemäß einer neugefassten Verordnung über die Bezugsdauer für das Kurzarbeitergeld (KuArbGeldFristV 2012) fand nach zwischenzeitlicher Geltung der gesetzlichen Regelfrist wiederum eine Verlängerung auf 12 Monate statt. Diese Verlängerung auf 12 Monate wurde in der Ersten Verordnung über die Änderung der Verordnung über die Bezugsdauer von Kurzarbeitergeld vom 31.10.2013[11] auf das Jahr 2014 ausgedehnt. Ebenso für das Jahr 2015 wurde durch entsprechenden Verordnungserlass[12] die 12-monatige Bezugsdauer beibehalten: 2969

5 Küttner/*Kreitner*, Personalbuch, 266 (Kurzarbeit) Rn 17; *Kleinebrink*, DB 2009, 342, 345.

6 Küttner/*Eisemann*, Personalbuch, 258 (Kündigung, betriebsbedingte) Rn 54.

7 Pressemitteilungen der Bundesagentur für Arbeit vom 4.2., 4.3. und 6.4.2009, veröffentlicht unter: www.arbeitsagentur.de.

8 Bundesagentur für Arbeit, Arbeitsmarktberichterstattung Dezember 2012: Der Arbeitsmarkt in Deutschland – Konjunkturelle Kurzarbeit, S. 4, PDF (http://statistik.arbeitsagentur.de/Statischer-Content/Arbeitsmarktberichte/Berichte-Broschueren/Arbeitsmarkt/Generische-Publikationen/Kug-Bericht-2012-12.pdf).

9 Bundesagentur für Arbeit, Arbeitsmarktberichterstattung: Der Arbeitsmarkt in Deutschland, Broschüre zur aktuellen Entwicklung der Kurzarbeit, Nürnberg 2009, veröffentlicht unter: www.arbeitsagentur.de.

10 Statistiken der Bundesagentur für Arbeit, Stand Dezember 2014 (https://statistik.arbeitsagentur.de/nn_32018/SiteGlobals/Forms/Rubrikensuche/Rubrikensuche_Form.html?view=processForm&resourceId=210368&input_=&pageLocale=de&topicId=20128&year_month=aktuell&year_month.GROUP=1&search=Suchen).

11 BGBl. I S. 3905.

12 Zweite Verordnung zur Änderung der Verordnung über die Bezugsdauer für das Kurzarbeitergeld vom 13.11.2014 (BGBl. I S. 1749).

2970 **Übersicht: Veränderungen der Bezugsdauer von Kurzarbeitergeld**

Zeitraum der Anspruchsentstehung	Bezugsdauer Kurzarbeitergeld
1.1.2009 bis 31.12.2009	24 Monate[13]
1.1.2010 bis 31.12.2010	18 Monate[14]
1.1.2011 bis 31.12.2011	12 Monate[15]
1.1.2012 bis 13.12.2012	6 Monate[16]
14.12.2012 bis 31.12.2013	12 Monate[17]
1.1.2014 bis 31.12.2014	12 Monate[18]
1.1.2015 bis 31.12.2015	12 Monate[19]

2971 Zudem hatte das Bundeskabinett beschlossen, dass für ab dem 1.1.2009 durchgeführte Kurzarbeit ab dem siebten Kalendermonat des Bezugs von Kurzarbeitergeld auf Antrag eine vollständige Erstattung der Sozialversicherungsbeiträge erfolgen sollte.[20] Diese zum 1.7.2009 in Kraft getretene Änderung galt zunächst befristet bis zum 31.12.2010 und wurde später bis zum 31.12.2011 verlängert (vgl § 419 Abs. 1 Nr. 3 SGB III nF).

2972 Vor der Anordnung von Kurzarbeit ist für jeden einzelnen Betrieb zunächst zu prüfen, ob dies aus betriebswirtschaftlicher Sicht tatsächlich sinnvoll erscheint, da die Kostenentlastung für den Arbeitgeber sich nicht proportional zur Verringerung der Arbeitszeit darstellt. Dies gilt insb., weil sich die Beiträge zur Sozialversicherung nach der Anordnung nicht unmittelbar an dem durch die Kurzarbeit geminderten Arbeitslohn bemessen, sondern an einem speziell errechneten Entgelt.[21] Erschwerend kommt hinzu, dass der Arbeitgeber die Beiträge zur gesetzlichen Krankenversicherung (§ 249 Abs. 2 SGB V), zur gesetzlichen Pflegeversicherung (§ 58 Abs. 1 S. 2 SGB XI) sowie zur gesetzlichen Rentenversicherung (§ 168 Abs. 1 Nr. 1 a SGB VI) während der Dauer der Kurzarbeit allein zu tragen hat. Die übliche jeweils hälftige Beitragsleistung zur Sozialversicherung wird demnach währen der Kurzarbeitsanordnung ausgesetzt. Darüber hinaus behält der Arbeitnehmer seinen vollen Urlaubsanspruch, wobei sich das Urlaubsentgelt nach dem Betrag bestimmt, den der Arbeitnehmer erhalten hätte, wenn keine Kurzarbeit angeordnet worden wäre.[22] Insgesamt kommt es somit zwar zu einer finanziellen Entlastung des Arbeitgebers durch die Kurzarbeit, da er ansonsten trotz fehlenden Arbeitsanfalls über die Regelungen des Annahmeverzugs nach § 615 BGB den Arbeitnehmer trotz fehlender Gegenleistung grds. den vollen Lohn zu gewähren hätte. Allerdings fällt die Ersparnis in der Praxis doch geringer aus, als man im ersten Moment annehmen könnte.

---

13 BGBl. I 2008, S. 2332.

14 BGBl. I 2009, S. 3855.

15 BGBl. I 2010, S. 1823; vgl für die Jahre 2009–2011 die Fassung der Verordnung ab dem 1.4.2012, BGBl. I 2011, S. 2854.

16 § 104 Abs. 1 S. 1 SGB III nF bzw § 177 Abs. 1 S. 3 SGB III aF.

17 BGBl. I 2012, S. 2570.

18 BGBl. I 2013, S. 3905.

19 BGBl. I 2014, S. 1749.

20 Pressemitteilung des Bundesministeriums für Arbeit und Soziales vom 20.5.2009, veröffentlicht unter: www.bmas.de.

21 Als beitragspflichtige Einnahmen für Kranken-, Pflege- und Rentenversicherung gelten 80 % der Differenz zwischen Soll-Entgelt und Ist-Entgelt, § 232 a Abs. 2 SGB V, §§ 57 Abs. 1, 58 Abs. 1 S. 2 SGB XI, § 163 Abs. 6 SGB VI; Weiss/Gagel/*Weßler-Hoth*, Handbuch Arbeits- und Sozialrecht, § 16 C, Rn 175 f.

22 Im Einzelnen dazu *Kleinebrink*, DB 2009, 342, 343.

bb) Arbeitsförderungsrechtliche Grundlagen

(1) Betriebliche und persönliche Voraussetzungen, Mitwirkungspflichten des Arbeitnehmers

Im Zusammenhang mit der Kurzarbeit sind zwei Regelungsbereiche voneinander zu trennen: Das **Sozialrecht** regelt in den **§§ 95 ff SGB III** allein die Voraussetzungen des Bestehens eines **Anspruchs auf Kurzarbeitergeld**. Denklogisch steht diese Problematik jedoch erst auf einer zweiten Stufe, während sich auf einer ersten Stufe die **arbeitsrechtliche** Frage stellt, ob der Arbeitgeber überhaupt berechtigt ist, einseitig Kurzarbeit anzuordnen. Das Sozialrecht blendet diese Problematik grds. aus. Die **Befugnis zur einseitigen Anordnung von Kurzarbeit** ist ein ausschließlich arbeitsrechtlich zu beurteilendes Problem. Für den sozialrechtlichen Anspruch auf Kurzarbeitergeld wird die Anordnung erst dadurch relevant, dass der Anspruch auf Kurzarbeitergeld gem. § 95 S. 1 Nr. 1 SGB III einen Arbeitsausfall mit Entgeltausfall voraussetzt. Einen solchen kann es wiederum nur geben, wenn die Verkürzung der Arbeitszeit nach arbeitsrechtlichen Maßstäben zulässig ist (s. § 1 Rn 2990 ff). Die Ausweitungen des Anspruchs auf Kurzarbeitergeld im Sozialrecht in den vergangenen Jahren sollten daher nicht zu dem Trugschluss verleiten, der Gesetzgeber habe damit die Voraussetzungen, die an die arbeitgeberseitige Anordnung von Kurzarbeit zu stellen sind, abgesenkt. 2973

Unter „**Kurzarbeit**" versteht man die **vorübergehende Verkürzung der regelmäßigen Arbeitszeit bei entsprechender Minderung der Entgeltansprüche** des Arbeitnehmers.[23] Im Regelfall wird durch die Einführung von Kurzarbeit die regelmäßige wöchentliche Arbeitszeit der Arbeitnehmer nur anteilmäßig reduziert. Allerdings ist auch eine vorübergehende vollständige Arbeitseinstellung denkbar, die als „**Kurzarbeit Null**" bezeichnet wird.[24] Dies wurde im Zusammenhang mit dem sozialrechtlichen Anspruch auf Kurzarbeitergeld vom BSG in zwei Entscheidungen vom 14.9.2010[25] in Frage gestellt. Durch die neue Regelung in § 96 Abs. 1 S. 1 Nr. 4 aE SGB III hat der Gesetzgeber jedoch klargestellt, dass die „Kurzarbeit Null" dem Anspruch auf Kurzarbeitergeld nicht entgegensteht. Ist im Rahmen der angeordneten Kurzarbeit die Arbeitszeit auf Null verringert, befreit die Anordnung den Arbeitnehmer auch vollständig von seiner Arbeitspflicht, wenn der Arbeitgeber ihm vor Einführung der Kurzarbeit für den betroffenen Zeitraum **Urlaub** gewährt hat. Aus diesem Grund tritt für den mit dem Urlaub verfolgten Zweck der vorübergehenden Befreiung von der Arbeitspflicht nachträgliche Unmöglichkeit iSv § 275 Abs. 1 BGB ein, so dass der Arbeitnehmer einen Anspruch auf Ersatzurlaub erhält.[26] Aus diesem Grund sollte der Arbeitgeber bei Abschluss einer Kurzarbeitsvereinbarung darauf achten, die sich im Urlaub befindlichen Arbeitnehmer für die Urlaubsdauer von der Kurzarbeitsregelung auszunehmen.[27] 2974

Die Agenturen für Arbeit gewähren „**Kurzarbeitergeld**" gem. § 95 S. 1 SGB III, wenn ein erheblicher Arbeitsausfall mit Entgeltausfall vorliegt, die betrieblichen und persönlichen Voraussetzungen erfüllt sind und der Arbeitsausfall der Agentur für Arbeit angezeigt wurde. Das Kurzarbeitergeld soll dazu beitragen, aus dem Entgeltausfall resultierende soziale Härten bei den betroffenen Arbeitnehmern zu vermeiden und ihre Existenzgrundlage während der Kurzarbeitszeit zu sichern. Es ist im Rahmen der Sozialabgaben von Arbeitgeber und Arbeitnehmer beitragsfinanziert und stellt somit eine Versicherungsleistung bei Teilarbeitslosigkeit dar.[28] 2975

Ein **Arbeitsausfall** ist gem. § 96 Abs. 1 SGB III **erheblich**, wenn er auf **wirtschaftlichen Gründen** oder einem **unabwendbaren Ereignis** beruht, **vorübergehend** (eine Voraussetzung, von der in den neuen Bundesländern nach der Wende teilweise bewusst abgewichen wurde) und **nicht ver-** 2976

23 MüKo-BGB/*Henssler*, § 615 BGB Rn 80.
24 Schaub/*Linck*, Arbeitsrechts-Handbuch, § 47 Rn 1.
25 BSG 14.9.2010 – B 7 AL 21/09 R, NZA-RR 2011, 319; BSG 14.9.2010 – B 7 AL 29/09 R, juris.
26 BAG 16.12.2008 – 9 AZR 164/08, NZA 2009, 689.
27 So auch *Bauer/Kern*, NZA 2009, 925 ff.
28 Gagel/*Bieback*, SGB II/SGB III, § 95 SGB III Rn 6 ff; Brand/*Kühl*, SGB III, § 95 Rn 3.

meidbar ist. Weiterhin muss **im jeweiligen Kalendermonat mindestens ein Drittel der in dem Betrieb beschäftigten Arbeitnehmer** von einem Entgeltausfall von jeweils mehr als 10 % ihres monatlichen Bruttoentgelts **betroffen** sein. Wurde die Kurzarbeit unter Missachtung der arbeitsrechtlichen Vorschriften angeordnet, liegt kein maßgeblicher Entgeltausfall vor, so dass der Arbeitnehmer über § 615 BGB den vollen Lohnanspruch behält.[29] Zur Vereinfachung des Verfahrens und erleichterten Anwendbarkeit der Vorschriften über das Kurzarbeitergeld wurde die Drittel-Regelung bis zum 31.12.2011 ausgesetzt (§ 419 Abs. 2 Nr. 1 SGB III). Demnach war ein Arbeitsausfall auch dann erheblich, wenn im jeweiligen Kalendermonat weniger als ein Drittel der in dem Betrieb beschäftigten Arbeitnehmer von einem Entgeltausfall betroffen war, soweit dieser jeweils mehr als 10 % ihres monatlichen Bruttoentgelts betraf.

2977 **Wirtschaftliche Gründe** für einen Arbeitsausfall können zum einen konjunkturelle Schwankungen sein.[30] Hierzu zählen Auftragsmangel oder Absatzschwierigkeiten, nicht jedoch ein Arbeitsausfall, der darauf beruht, dass ein bestimmtes Produkt aus der Mode gekommen ist.[31] Weiterhin können gem. § 96 Abs. 2 SGB III auch betriebliche Strukturveränderungen, die durch die allgemeine wirtschaftliche Entwicklung bedingt sind, maßgebliche wirtschaftliche Ursachen in diesem Sinne darstellen. Betriebsspezifische Gründe wie Änderungen der Produkte, Fehleinschätzungen oder Missmanagement scheiden als wirtschaftliche Ursache dagegen aus, da es sich dabei um ein von der Solidargemeinschaft nicht zu tragendes individuelles Betriebsrisiko handelt.[32]

2978 Ein **unabwendbares Ereignis** im Sinne der Regelungen zum Kurzarbeitergeld liegt vor, wenn es objektiv feststellbar und auch durch die äußerste, nach den Umständen des Falles gebotene Sorgfalt des betroffenen Betriebes nicht abwendbar ist.[33] Nach § 96 Abs. 3 SGB III ist eine Unabwendbarkeit etwa bei ungewöhnlichen Witterungsverhältnissen oder auch bei behördlichen Maßnahmen anzunehmen.

2979 **Vorübergehend** ist ein Arbeitsausfall, wenn mit einer gewissen Wahrscheinlichkeit voraussehbar ist, dass mit einem Übergang zur Vollarbeit in absehbarer Zeit, also in einem die maximalen Bezugsfristen nicht wesentlich überschreitenden Zeitraum, zu rechnen ist.[34] Der Arbeitsausfall ist weiterhin gem. § 96 Abs. 4 S. 1 SGB III nur als **unvermeidbar** anzusehen, wenn im Betrieb alle zumutbaren Vorkehrungen getroffen wurden, um dessen Eintritt zu verhindern. Als zumutbare Maßnahmen in dieser Hinsicht werden bspw innerbetriebliche Umsetzungen, Ersatzdienste durch Aufräum- und Reparaturarbeiten und die Produktion auf Lager angesehen, soweit das Unternehmen üblicherweise nicht nur im Rahmen einer Just-in-Time-Produktion tätig wird.[35] Auch ist gem. § 96 Abs. 4 S. 2 Nr. 2 und 3 SGB III vorrangig auf die Gewährung von bezahltem Urlaub und den Abbau von Zeitguthaben auf Arbeitszeitkonten zurückzugreifen.

2980 Die **betrieblichen** Voraussetzungen beinhalten minimale Anforderungen: Gemäß § 97 S. 1 SGB III muss **mindestens ein Arbeitnehmer** in einem Betrieb oder einer Betriebsabteilung beschäftigt sein.

2981 Die **persönlichen** Voraussetzungen setzen zunächst voraus, dass der Arbeitnehmer nach Beginn des Arbeitsausfalls eine versicherungspflichtige Beschäftigung fortsetzt, aus zwingenden Gründen oder im Anschluss an die Beendigung eines Berufsausbildungsverhältnisses aufnimmt, das Arbeitsverhältnis nicht gekündigt oder durch Aufhebungsvertrag aufgelöst worden ist und der Arbeitnehmer nicht vom Kurzarbeitergeldbezug ausgeschlossen ist, § 98 Abs. 1 SGB III.

---

29 *Cohnen/Röger*, BB 2009, 46, 49.
30 Schaub/*Koch*, Arbeitsrechts-Handbuch, § 48 Rn 3.
31 BSG 15.12.2005 – B 7 a AL 10/05 R, BSGE 96, 14.
32 Gagel/*Bieback*, SGB II/SGB III, § 96 SGB III Rn 27.
33 BT-Drucks. 5/2291, S. 70.
34 BSG 17.5.1983 – 7 RAr 13/82, SozR 4100, § 63 Nr. 2 (S. 13).
35 Schaub/*Koch*, Arbeitsrechts-Handbuch, § 48 Rn 6.

Eine eventuelle zur Arbeitsunfähigkeit führende **Erkrankung** des Arbeitnehmers während der Kurzarbeitsphase hat nach § 98 Abs. 2 SGB III auf das Vorliegen der persönlichen Voraussetzungen keinen Einfluss, solange Anspruch auf Entgeltfortzahlung im Krankheitsfalle besteht oder ohne den Arbeitsausfall bestehen würde. 2982

Allerdings bestehen in persönlicher Hinsicht bestimmte **Ausnahmetatbestände** nach § 98 Abs. 3 und 4 SGB III, nach welchen für die Betroffenen ein Anspruch auf die Gewährung von Kurzarbeitergeld gerade nicht besteht. Teilnehmer an beruflichen Weiterbildungsmaßnahmen unter Bezug von Arbeitslosen- oder Übergangsgeld und Bezieher von Krankengeld zum Eintrittszeitpunkt des Arbeitsausfalls fallen demnach von vorneherein aus dem Anwendungsbereich des Bezuges heraus. Ausgeschlossen sind weiterhin Arbeitnehmer für den Zeitraum, in welchem sie bei einer Vermittlung nicht in der von der Agentur für Arbeit verlangten und gebotenen Weise mitwirken. Dieser Ausschluss gründet sich auf den Umstand, dass die Bezieher von Kurzarbeitergeld bei einem erheblichen Arbeitsausfall in die Vermittlungsbemühungen der Agentur für Arbeit einzubeziehen sind. 2983

Diese **Mitwirkungsobliegenheit** des in Kurzarbeit tätigen Arbeitnehmers umfasst vorrangig die Erfüllung der allgemeinen Meldepflicht, das Erscheinen zu medizinischen und psychologischen Untersuchungen, die Erteilung der zur Vermittlung notwendigen Auskünfte und Vorlage von Unterlagen sowie die Bereitschaft, bei erheblichem Arbeitsausfall ein anderes zumutbares Zweitarbeitsverhältnis anzunehmen.[36] Diese Obliegenheit umfasst allerdings nicht die aktive Beschäftigungssuche wie bei einem Arbeitslosen. Bei **Verstößen** des Mitarbeiters gegen diese Obliegenheiten droht ihm für den Zeitraum der fehlenden Mitwirkung der **Entzug des Anspruchs** auf den Erhalt von Kurzarbeitergeld. Dies gilt allerdings nur, soweit er vorab umfassend über seine Mitwirkungspflicht und die Konsequenzen der Nichtbefolgung belehrt wurde.[37] Lehnt der das Kurzarbeitergeld empfangende Arbeitnehmer eine zumutbare Beschäftigung ab, droht ihm in entsprechender Anwendung von § 159 SGB III die Verhängung einer Sperrzeit von 12 Wochen.[38] Allerdings sind aufgrund der zu erwartenden Fortsetzung des Arbeitsverhältnisses und der damit verbundenen Integration in den Arbeitsmarkt an die Vermittlungsbereitschaft von Arbeitnehmern auf Kurzarbeit mildere Anforderungen zu stellen als an diejenige von Arbeitslosen.[39] 2984

(2) Anzeige der Kurzarbeit

Der Arbeitsausfall ist nach § 99 SGB III schließlich bei der Agentur für Arbeit, in deren Bezirk der Betrieb liegt, schriftlich **anzuzeigen**. Dieser Vorgang ist als **zweistufiges Verfahren** ausgestaltet. Zunächst ist in einem ersten Schritt der Arbeitsausfall anzuzeigen, damit ein Bescheid über das Bestehen der allgemeinen und betrieblichen Voraussetzungen ergehen kann. Anschließend ist in einem zweiten Schritt ein Antrag für die jeweils betroffenen Arbeitnehmer zu stellen, über den durch weiteren Bescheid in Bezug auf die persönlichen Voraussetzungen und die einzelnen Ansprüche entschieden wird.[40] Die Anzeige kann nur vom Arbeitgeber oder von der Betriebsvertretung (Betriebsrat) erstattet werden. Der Anzeige des Arbeitgebers ist eine Stellungnahme des Betriebsrats, soweit vorhanden, beizufügen. Fungiert dagegen der Betriebsrat als Antragsteller, ist der Arbeitgeber zwingend zu beteiligen, wobei die fehlende Beteiligung nicht zur Unwirksamkeit der Anzeige, sondern lediglich zu deren Anfechtbarkeit durch den Arbeitgeber führt.[41] 2985

36 Brand/*Kühl*, SGB III, § 98 Rn 15 f; BeckOK-SozR/*Bieback*, SGB III, § 98 Rn 11 f.

37 BeckOK-SozR/*Bieback*, SGB III, § 98 Rn 11 f.

38 Brand/*Kühl*, SGB III, § 98 Rn 17; BeckOK-SozR/*Bieback*, SGB III, § 98 Rn 11 f; Plagemann/*Wortha*, MAH SozR, § 15 Rn 99; Schaub/*Koch*, Arbeitsrechts-Handbuch, § 48 Rn 10.

39 BeckOK-SozR/*Bieback*, SGB III, § 98 Rn 12; Brand/*Kühl*, SGB III, § 98 Rn 19.

40 BeckOK-SozR/*Bieback*, SGB III, § 96 Rn 3; Plagemann/*Wortha*, MAH SozR, § 15 Rn 100.

41 Gagel/*Bieback*, SGB II/SGB III, § 99 SGB III Rn 44.

2986 Mit der Anzeige sind das Vorliegen eines erheblichen Arbeitsausfalls und die betrieblichen Voraussetzungen für das Kurzarbeitergeld glaubhaft zu machen, § 99 Abs. 1 S. 4 SGB III. Die **Glaubhaftmachung** dieser Voraussetzungen kann insb. durch Beifügung bestehender Betriebsvereinbarungen über Kurzarbeit, nach betroffenen Beteiligungen aufgeschlüsselter Lohnabrechnungslisten oder detaillierterer Angaben zu betriebsspezifischen Umständen wie Lagerhaltung, Auftragslage und möglicher Urlaubsgewährung erreicht werden.[42] Im Rahmen der Anzeige ist es nicht erforderlich, dass letzte Zweifel der Bundesagentur für Arbeit vollständig ausgeräumt werden, da eine überwiegende Wahrscheinlichkeit für das Vorliegen der zur Bewilligung notwendigen Umstände ausreicht.[43]

2987 Nach Eingang der Anzeige hat die Agentur für Arbeit gem. § 99 Abs. 3 SGB III unverzüglich die Voraussetzungen zu prüfen und dem Arbeitgeber anschließend einen schriftlichen Bescheid hierüber zu erteilen. Die auf die Anzeige folgenden konkreten Anträge auf Kurzarbeitergeld sind gem. §§ 323 Abs. 2, 325 Abs. 3 SGB III bei der zuständigen Arbeitsagentur unter Beifügung einer Abrechnungsliste innerhalb einer Ausschlussfrist von drei Monaten ab Beginn der Kurzarbeit zu stellen.[44]

(3) Kurzarbeitergeld bei Arbeitskämpfen

2988 Während **Arbeitskämpfen** ist die Zahlung von Kurzarbeitergeld nach § 100 SGB III **ausgeschlossen.** Durch diese Norm soll die Neutralität der Bundesagentur für Arbeit im Falle von Arbeitskämpfen und damit verbunden die **Chancengleichheit der Tarifvertragsparteien** gewahrt werden.[45] Soweit es um Arbeitnehmer in direkt bestreikten oder von Aussperrungen betroffenen Betrieben geht, fallen diese bereits von Anfang an aus dem Anwendungsbereich des Kurzarbeitergeldes heraus. Denn in ihrem Fall beruht der Arbeitsausfall nicht auf wirtschaftlichen Gründen oder einem unabwendbaren Ereignis, sondern vielmehr auf dem von den Tarifparteien geführten Arbeitskampf.[46] Eine Gewährung von Kurzarbeitergeld kommt somit nur für mittelbar von Streik oder Aussperrung betroffene Unternehmen und Arbeitnehmer in Betracht. Dies kann etwa der Fall sein, wenn der Arbeitsausfall, wie etwa bei Zulieferungsbetrieben, unvermeidbare Folge eines inländischen Arbeitskampfes ist und der Betrieb nicht iSv § 146 Abs. 3 SGB III dem umkämpften Tarifbereich fachlich und räumlich zuzuordnen ist oder eine gleichartige Forderung erhoben hat.[47] In diesen Fällen steht das Neutralitätsgebot der Bundesagentur für Arbeit der Gewährung mangels tauglichen Eingriffs in den Arbeitskampf nicht entgegen. Soweit sich der Arbeitgeber darauf beruft, ein Arbeitsausfall stelle die Folge eines Arbeitskampfes dar, obliegt ihm gem. § 100 Abs. 2 SGB III die Darlegung und Glaubhaftmachung unter Beifügung einer Stellungnahme des Betriebsrates.

(4) Transferkurzarbeitergeld

2989 Besonderheiten bestehen für den Fall des sog. Transferkurzarbeitergelds. Die Bestimmungen zum Transferkurzarbeitergeld finden sich in **§ 111 SGB III** und haben die zuvor bekannten Instrumente der strukturellen Kurzarbeit (§ 175 SGB III aF) und der Zuschüsse zu Sozialplanmaßnahmen (§§ 254–259 SGB III aF) ersetzt.

42 *Cohnen/Röger*, BB 2009, 46, 51.
43 Brand/*Kühl*, SGB III, § 99 Rn 10; Gagel/*Bieback*, SGB II/SGB III, § 99 SGB III Rn 48.
44 *Ohle*, ArbRB 2009, 19, 20.
45 Brand/*Kühl*, SGB III, § 100 Rn 1; Gagel/*Bieback*, SGB II/SGB III, § 100 SGB III Rn 1.
46 Gagel/*Bieback*, SGB II/SGB III, § 100 SGB III Rn 7.
47 Brand/*Kühl*, SGB III, § 100 Rn 3; Gagel/*Bieback*, SGB II/SGB III, § 100 SGB III Rn 8 f.

cc) Arbeitsrechtliche Grundlagen

(1) Problemstellung bei der Verkürzung von Arbeitszeiten

Liegen die arbeitslosenversicherungsrechtlichen Voraussetzungen für die Gewährung von Kurzarbeitergeld nach den §§ 95 ff SGB III vor, folgt aus diesem Umstand allein noch nicht, dass der Arbeitgeber befugt ist, die Kurzarbeit einzuführen. Selbst den Tarifvertragsparteien ist es aus Gründen der Kernbereichslehre untersagt, den Arbeitgebern die voraussetzungslose Einführung von Kurzarbeit zu gestatten. Dies hat auch das BAG bereits in zwei Entscheidungen[48] ausdrücklich herausgestellt. Arbeitsrechtlich werden bei der Kurzarbeit die Hauptleistungspflichten der Parteien, in Form der Erbringung von Arbeitsleistung gegen Zahlung eines Entgelts, teilweise oder gar vollständig suspendiert. Hierzu bedarf jeder Vertragspartner einer Ermächtigungsgrundlage. 2990

Während einer mit dem Betriebsrat vereinbarten Kurzarbeitsperiode behält der Arbeitnehmer seinen Lohnanspruch in Höhe des Kurzarbeitergeldes gegen den Arbeitgeber, wenn die Agentur für Arbeit die Bewilligung des Kurzarbeitergeldes rückwirkend widerrufen hat.[49] Liegen trotz der Anordnung durch den Arbeitgeber die Voraussetzungen für die Einführung von Kurzarbeit nicht vor, bleibt der volle Lohnanspruch des Arbeitnehmers über die Regelung des Annahmeverzugs gem. § 615 S. 1 BGB bestehen. In diesem Zusammenhang genügt regelmäßig ein wörtliches Angebot des Arbeitnehmers zur Begründung des Annahmeverzuges, da der Arbeitgeber durch die Anordnung bereits erklärt, dass er eine zeitlich weitergehende Beschäftigung des Arbeitnehmers ablehnt.[50] Ein Angebot des Arbeitnehmers kann darüber hinaus nach § 296 BGB entbehrlich sein, da es sich bei der Einrichtung eines funktionsfähigen Arbeitsplatzes und der Zuweisung von Arbeit um eine Mitwirkungshandlung des Arbeitgebers handeln kann, deren Zeit nach dem Kalender bestimmt ist.[51] 2991

Nicht jede vorübergehende Verringerung der regelmäßigen wöchentlichen Arbeitszeit ist zugleich Kurzarbeit. So kann zur Beschäftigungssicherung eine vorübergehende Reduzierung der wöchentlichen Arbeitszeit von 38,5 Stunden auf 30,5 Stunden durch Firmentarifvertrag vorgenommen werden, ohne dass es sich hierbei um Kurzarbeit handelt und ohne dass eine solche Maßnahme der Beschäftigungssicherung gegen höherrangiges Recht verstößt.[52] 2992

(2) Ermächtigungsgrundlagen für die Anordnung von Kurzarbeit

Da der Arbeitnehmer während des Arbeitsverhältnisses grds. einen Anspruch auf Beschäftigung hat, bedarf der Arbeitgeber für die Einführung von Kurzarbeit arbeitsrechtlich einer besonderen **Ermächtigungsnorm**.[53] Diese Rechtsgrundlage kann in einem Gesetz (§ 19 KSchG), einem Tarifvertrag, einer Betriebsvereinbarung oder einer Vereinbarung im Individualarbeitsvertrag enthalten sein.[54] Fehlt es an einer entsprechenden Grundlage, kann der Arbeitgeber eine wirksame Anordnung von Kurzarbeit nur mittels Abschluss einer Änderungsvereinbarung zum Arbeitsvertrag oder Ausspruchs einer Änderungskündigung erreichen.[55] Eine Einführung über das Direktionsrecht scheidet dagegen als nachträgliche einseitige Änderung der Hauptleistungspflichten aus.[56] 2993

48 BAG 27.1.1994 – 6 AZR 541/93, NZA 1995, 134; BAG 18.10.1994 – 1 AZR 503/93, NZA 1995, 1064.
49 BAG 11.7.1990 – 5 AZR 557/89, NZA 1991, 67.
50 BAG 10.10.2006 – 1 AZR 811/05, NZA 2007, 637.
51 BAG 27.1.1994 – 6 AZR 541/93, NZA 1995, 134.
52 BAG 25.10.2000 – 4 AZR 438/99, NZA 2001, 328.
53 BAG 15.12.1961 – 1 AZR 207/59, BB 1962, 220.
54 BAG 15.12.1961 – 1 AZR 207/59, BB 1962, 220; Schaub/*Linck*, Arbeitsrechts-Handbuch, § 47 Rn 2.
55 BAG 15.12.1961 – 1 AZR 207/59, BB 1962, 220; BAG 14.2.1991 – 2 AZR 415/90, NZA 1991, 607.
56 BAG 16.12.2008 – 9 AZR 164/08, NZA 2009, 689; *Groeger/Stadtler*, ArbRB 2009, 117, 118.

2994 In vielen Fällen existieren Ermächtigungsnormen zur Einführung von Kurzarbeit bereits in **Tarifverträgen**. Diese können in verschiedener Form ausgestaltet sein.[57] Tarifverträge können bspw die Notwendigkeit des Ablaufs einer bestimmten **Ankündigungsfrist** vor der Einführung, Regelungen über die Vergütungsmodalitäten, einen Ausschluss der betriebsbedingten Kündigung während der Kurzarbeitszeit oder einen Anspruch der Arbeitnehmer auf Zuschuss zum Kurzarbeitergeld regeln.[58] Eine tarifvertragliche Gestaltung, die ohne weitergehende Regelungen über Voraussetzungen, Umfang und Höchstdauer dem Arbeitgeber erlaubt, einseitig Kurzarbeit anzuordnen, ist allerdings unwirksam.[59] Aus diesem Grund wird in Tarifverträgen in der Praxis die mögliche Anordnung von Kurzarbeit häufig an das **Vorliegen der Voraussetzungen für den Erhalt von Kurzarbeitergeld iSd §§ 95 ff SGB III geknüpft.**[60] Regelmäßig werden im Tarifvertrag Arbeitgeber und Betriebsrat zum Abschluss einer **Betriebsvereinbarung** ermächtigt, welche die genaue Ausgestaltung der konkreten Arbeitsverkürzung regelt.[61] Kommt es dabei zu einer Missachtung der Ankündigungsfristen, ist eine sich auf die Tarifnorm gründende Betriebsvereinbarung unwirksam.[62]

2995 Unabhängig vom Bestehen oder von der Anwendbarkeit einer Tarifnorm ist in einem Betrieb mit Betriebsrat die Einführung von Kurzarbeit **mitbestimmungspflichtig**. Demnach kann nur im Fall der Zustimmung des Betriebsrats nach § 87 Abs. 1 Nr. 3 BetrVG Kurzarbeit eingeführt werden.[63] Wird diese verweigert oder unterlassen, kann an die Stelle der Zustimmung des Betriebsrats der Spruch der Einigungsstelle treten. Da im BPersVG eine dem § 87 Abs. 1 Nr. 3 BetrVG entsprechende Regelung fehlt, hat der Personalrat im Anwendungsbereich des BPersVG kein Mitbestimmungsrecht hinsichtlich der Einführung von Kurzarbeit.[64]

2996 Tarifvertragliche Kurzarbeitsklauseln werden von der hM[65] als **Betriebsnormen** iSv § 3 Abs. 2 TVG behandelt, so dass sie unabhängig von der Tarifgebundenheit gegenüber allen Arbeitnehmern Geltung entfalten, solange nur der Arbeitgeber Mitglied des tarifschließenden Verbandes ist.[66] Diese Einordnung hat auch der 4. Senat des BAG zumindest für möglich gehalten.[67]

2997 Sieht der einschlägige Tarifvertrag keine abschließende Regelung zur Kurzarbeit vor, kann die Anordnung der Kurzarbeit auf Grundlage einer zwischen Arbeitgeber und Betriebsrat geschlossenen **förmlichen Betriebsvereinbarung** vorgenommen werden. Der Einführung von Kurzarbeit durch eine Betriebsvereinbarung steht eine arbeitsvertraglich vereinbarte regelmäßige höhere Wochenarbeitszeit auch dann nicht entgegen, wenn es an einer ausdrücklichen Kurzarbeitsklausel im Arbeitsvertrag fehlt.[68]

2998 Der Abschluss einer **formlosen Regelungsabrede** führt dagegen nicht zu einer Änderung der Arbeitsverträge der betroffenen Arbeitnehmer für die Zeit der Kurzarbeit.[69] Will der Arbeitgeber unter Berufung auf eine solche formlose Regelungsabrede Kurzarbeit einführen, bedarf es zu-

57 Grundlegend zu tariflichen Kurzarbeitsklauseln: BAG 28.6.2001 – 6 AZR 114/00, juris Rn 90 ff; Küttner/*Kreitner*, Personalbuch, 266 (Kurzarbeit) Rn 3.

58 HWK/*Henssler*, § 1 TVG Rn 128.

59 BAG 27.1.1994 – 6 AZR 541/93, NZA 1995, 134.

60 *Kleinebrink*, DB 2009, 342, 344.

61 *Bauer/Günther*, BB 2009, 662, 663.

62 BAG 12.10.1994 – 7 AZR 398/93, DB 1995, 734.

63 BAG 15.12.1961 – 1 AZR 207/59, BB 1962, 220; LAG Hessen 14.3.1997 – 17/13 Sa 162/96, NZA-RR 1997, 479; aA *Waltermann*, NZA 1993, 679; *Heinze*, RdA 1998, 14.

64 BAG 10.10.2006 – 1 AZR 811/05, NZA 2007, 637.

65 Däubler/*Hensche*, TVG, § 1 Rn 533; Wiedemann/*Thüsing*, TVG, § 1 Rn 369; HWK/*Henssler*, § 1 TVG Rn 128; Schaub/*Linck*, Arbeitsrechts-Handbuch, § 47 Rn 4.

66 HWK/*Henssler*, § 1 TVG Rn 128.

67 BAG 1.8.2001 – 4 AZR 388/99, DB 2001, 2609.

68 ArbG Berlin17.3.2004 – 7 Ca 25174/03, juris.

69 BAG 14.2.1991 – 2 AZR 415/90, NZA 1991, 607.

sätzlich einer Änderung der Arbeitsverträge durch Änderungskündigung oder Individualvereinbarung.[70]

Inwieweit die Betriebsvereinbarung bereits die einzelnen Modalitäten der Kurzarbeit konkret ausgestaltet und somit Beginn, Dauer, Lage und Verteilung der Kurzarbeit sowie die betroffenen Abteilungen enthalten muss, ist innerhalb der Instanzenrechtsprechung umstritten.[71] Zur Absicherung erscheint es vorzugswürdig, die Modalitäten so weit wie möglich von Anfang an festzulegen, ohne sich jedoch einen möglichen Spielraum zur Verlängerung oder Ausweitung der Kurzarbeit zu versperren. 2999

Weiterhin ist zu beachten, dass es für die nach § 5 Abs. 2 und 3 BetrVG nicht unter den Anwendungsbereich des BetrVG fallenden Personen zur Einführung von Kurzarbeit einer gesonderten Rechtsgrundlage bedarf.[72] Für **leitende Angestellte**, welche von Betriebsvereinbarungen nicht erfasst werden, ist etwa die Vereinbarung einer **Richtlinie zwischen Arbeitgeber und Sprecherausschuss** iSv § 28 SprAuG notwendig. Der Richtlinie kommt allerdings eine echte zwingende Wirkung für die leitenden Angestellten nur zu, soweit deren Anstellungsverträge unter den Vorbehalt abweichender Regelungen in Richtlinien gestellt sind.[73] 3000

Auch eine **einzelvertragliche** Vereinbarung kann den Arbeitgeber zur Einführung von Kurzarbeit berechtigen. Derartige einzelvertragliche Regelungen kommen entweder aus konkretem Anlass oder bereits bei Abschluss des Arbeitsvertrages in Betracht (**Vorratsvereinbarungen**).[74] Eine bereits anfängliche Einfügung einer Kurzarbeitsklausel in den Arbeitsvertrag bietet den Vorteil der schnelleren Reaktionsmöglichkeit. Die Einführung von Kurzarbeit geschieht idR unter erheblichem Zeitdruck. Muss der Arbeitgeber im konkreten Fall der Auftragsknappheit zunächst mit den einzelnen Arbeitnehmern eine Vereinbarung aushandeln, bedeutet dies einen hohen Aufwand. Zudem besteht die Gefahr, dass einzelne Arbeitnehmer kein Verständnis zeigen und die individualvertragliche Einführung der Kurzarbeit ablehnen. Die Einführung einer einzelvertraglichen Ermächtigungsgrundlage wäre in diesem Fall lediglich noch im Wege der Änderungskündigung möglich. Eine flächendeckende Einführung über nachträgliche Individualvereinbarungen dürfte in der Praxis wenig Erfolg versprechen.[75] 3001

(3) Probleme bei Fehlen einer arbeitsvertraglichen Ermächtigungsgrundlage

Nach einer Entscheidung des LAG Düsseldorf[76] muss die Vereinbarung von Kurzarbeit nicht ausdrücklich erfolgen. Dies könne auch **konkludent** geschehen, indem der Arbeitnehmer entsprechend der Weisung des Arbeitgebers tatsächlich widerspruchslos Kurzarbeit leiste. 3002

Wenn kein Betriebsrat gebildet ist, kann Kurzarbeit grds. auch ohne Rücksicht auf die Mitbestimmungsrechte nach § 87 Abs. 1 Nr. 3 BetrVG eingeführt werden.[77] Hat der Arbeitgeber nicht arbeitsvertraglich über eine Vorratsvereinbarung Vorsorge getroffen und steht die Möglichkeit einer Betriebsvereinbarung mangels Bestehens eines Betriebsrats nicht zur Verfügung, ist er auf die Zustimmung des Arbeitnehmers angewiesen oder er muss das Rechtsinstitut der Änderungskündigung gem. § 2 KSchG zum Einsatz bringen. 3003

Die **Änderungskündigung** einer größeren Zahl von Arbeitnehmern ist ein umständliches Organisationsmittel und in vielen Fällen ungeeignet, rechtzeitig zur Suspendierung oder Teilsuspendierung der Hauptpflichten des Arbeitsverhältnisses beizutragen. Denn auch wenn der Anordnung von Kurzarbeit eine gewisse Vorlaufzeit vorausgeht, die je nach Branche zwischen weni- 3004

70 Küttner/*Kreitner*, Personalbuch, 266 (Kurzarbeit) Rn 4.
71 Überblick bei *Bonanni/Naumann*, ArbRB 2009, 172, 174 sowie bei *Cohnen/Röger*, BB 2009, 46, 47.
72 *Kleinebrink*, DB 2009, 342, 344.
73 *Bauer/Günther*, BB 2009, 662, 663.
74 *Bauer/Günther*, BB 2009, 662, 664; *Säcker/Oetker*, ZfA 1991, 131.
75 So auch *Cohnen/Röger*, BB 2009, 46, 47.
76 LAG Düsseldorf 14.10.1994 – 10 Sa 1194/94, DB 1995, 682.
77 BAG 25.11.1981 – 4 AZR 274/79, DB 1982, 909.

gen Wochen (zB bei Ausfall eines größeren Auftrags) oder ein bis zwei Monaten (bei einem schleichenden Auftragseinbruch) liegen kann, reicht die im Rahmen einer Änderungskündigung einzuhaltende Kündigungsfrist, v.a. bei älteren Arbeitnehmern und angesichts der Unterschiedlichkeit der Kündigungsfristen der einzelnen Arbeitnehmer, nicht aus, um in geordneter und den Umständen entsprechender Weise Kurzarbeit einzuführen. Daneben birgt die Änderungskündigung das Risiko, dass einzelne Arbeitnehmer das Angebot des Arbeitgebers ablehnen und aus dem Betrieb ausscheiden. Der unfreiwillige Verlust von Mitarbeitern kann sich insb. im Falle von qualifizierten, schwer ersetzbaren Arbeitskräften in der Phase des Aufschwungs, in der diese wieder dringend benötigt werden, schmerzhaft bemerkbar machen.[78]

3005 Auch die vom LAG Düsseldorf[79] für möglich gehaltene Handlungsoption, die Belegschaft in Unkenntnis der arbeitsrechtlichen Voraussetzungen bei der Einführung von Kurzarbeit durch konkludentes Handeln Kurzarbeit durchführen zu lassen, erscheint riskant. Ein solches Vorgehen birgt die Gefahr, dass der Arbeitgeber im Falle des Fehlens einer hinreichenden arbeitsrechtlichen Grundlage für die Einführung der Kurzarbeit zur Zahlung des vollen Annahmeverzugslohnes verpflichtet ist.[80]

3006 Deshalb empfiehlt es sich grds., sowohl in betriebsratslosen Betrieben als auch vorbeugend für den etwaigen Fall der Betriebsratsauflösung in Betrieben mit Betriebsrat, dem Arbeitgeber das Recht der Einführung von Kurzarbeit unter den Voraussetzungen der §§ 95 ff SGB III **arbeitsvertraglich** durch eine entsprechende Kurzarbeitsklausel einzuräumen.[81]

dd) AGB-Kontrolle von Kurzarbeitsklauseln

3007 Klauseln, die das vertragliche Leistungsversprechen einer Partei einschränken oder modifizieren, sind in ihrer Wirksamkeit an den §§ 307–309 BGB zu messen. Da in einem gegenseitigen Vertrag keine Partei einseitig Hauptleistungspflichten als Kerngegenstand des Vertrages ohne Zustimmung der anderen Vertragspartei suspendieren darf, kann man durchaus zu dem Ergebnis kommen, dass Kurzarbeitsklauseln mit den wesentlichen Grundgedanken der gesetzlichen Regelung des Arbeitsverhältnisses als eines Austausch- und Gemeinschaftsverhältnisses nicht in Einklang stehen.[82] Aus diesem Grunde könnte man Kurzarbeitsklauseln in Arbeitsverträgen für nach § 307 Abs. 2 Nr. 1 BGB unwirksam halten.

3008 Andererseits sprechen gewichtige Gründe für die Wirksamkeit von Kurzarbeitsklauseln. Zunächst gilt es zu bedenken, dass Kurzarbeit in § 95 S. 1 Nr. 1 SGB III („erheblicher Arbeitsausfall mit Entgeltausfall") ausdrücklich anerkannt ist und durch die Zahlung von Kurzarbeitergeld staatlich gefördert wird. Es entspricht dem Leitbild des Gesetzes, dass dem Arbeitgeber unter den Voraussetzungen der §§ 95 ff SGB III die Befugnis eingeräumt wird, Kurzarbeit anzuordnen. Denn nur im Falle einer zeitgerechten, arbeitsvertraglichen Rechtsgrundlage kann das die Voraussetzungen von Kurzarbeit präzise umreißende Instrumentarium des Arbeitslosenversicherungsrechts gem. §§ 95 ff SGB III zur Anwendung kommen.

3009 Zu beachten ist überdies, dass das BAG in seinen Entscheidungen vom 27.1.1994[83] und vom 18.10.1994[84] nicht generell die einseitige Anordnung von Kurzarbeit durch den Arbeitgeber untersagt hat. Es hat vielmehr zu der tarifvertraglichen Regelung in § 15 Abs. 5 BAT-O nur entschieden, dass die Tarifvertragsparteien dem Arbeitgeber nicht das Recht einräumen können, **voraussetzungslos** Kurzarbeit einzuführen. Wird das Recht auf Einführung von Kurzarbeit dagegen an die bereits im SGB III normierten Voraussetzungen geknüpft, ist das tarifvertragli-

78 *Bauer/Günther*, BB 2009, 662, 667.
79 LAG Düsseldorf 14.10.1994 – 10 Sa 1194/94, DB 1995, 682.
80 Vgl LAG Rheinland-Pfalz 30.3.2006 – 11 Sa 609/05, juris.
81 So auch *Müller/Deeg*, ArbRAktuell 2010, 209.
82 *Hümmerich*, NZA 2003, 753, 764.
83 BAG 27.1.1994 – 6 AZR 541/93, NZA 1995, 134.
84 BAG 18.10.1994 – 1 AZR 503/93, NZA 1995, 1375.

che Verbot der voraussetzungslosen Anordnungsbefugnis für Arbeitgeber, Kurzarbeit einzuführen, nicht tangiert.

Die Frage der **Ausgestaltung einer vertraglichen Kurzarbeitsklausel** ist bislang nicht höchstrichterlich geklärt. Aufgrund der Auffassung des BAG, dass noch nicht einmal Tarifvertragsparteien ein bedingungsloses Anordnungsrecht des Arbeitgebers vereinbaren können, ist jedoch von entsprechenden Maßgaben für arbeitsvertragliche Klauseln auszugehen. So wird eine Vertragsklausel, die dem Arbeitgeber gestattet, jederzeit und ohne Vorliegen besonderer Voraussetzungen Kurzarbeit einzuführen, einer Angemessenheitskontrolle nach § 307 BGB nicht standhalten.[85] Zudem wird eine derartige voraussetzungslose Vorratsklausel über die Einführung von Kurzarbeit auch wegen mangelnder Bestimmtheit gem. § 307 Abs. 1 S. 2 BGB unwirksam sein. 3010

Bei der Vertragsgestaltung ist ferner darauf zu achten, dass die Kurzarbeitsklausel im Arbeitsvertrag unter dem Punkt „Arbeitszeit" aufgeführt wird, um eine Bewertung als „im Vertrag versteckte" und somit überraschende Klausel gem. § 305 c Abs. 1 BGB zu verhindern.[86] 3011

Die grundsätzliche Möglichkeit der einzelvertraglichen Vereinbarung zulässiger Kurzarbeitsklauseln entspricht weiter der Interessenlage der Arbeitsvertragsparteien und dem generellen praktischen Bedürfnis. Andernfalls wäre der Arbeitgeber im Fall betrieblicher Schieflagen möglicherweise gezwungen, die den Arbeitnehmer nachhaltiger belastende Maßnahme (betriebsbedingte Beendigungskündigung) statt des milderen Mittels (Einführung von Kurzarbeit) ergreifen zu müssen. Auch sollte bedacht werden, dass es einem sozialpolitischen Ziel entspricht, auf Schwankungen in der Auftragslage der Unternehmen flexibel zu reagieren. Insbesondere sollte der Bestand der Arbeitsverhältnisse nicht zur Disposition gestellt werden, wenn auf das mildere Mittel der von der Arbeitslosenversicherung getragenen Kurzarbeit zugegriffen werden kann. Die in den letzten Jahren erfolgte Förderung des Instruments der Kurzarbeit durch die Verlängerungen der maximalen Bezugsdauer des Kurzarbeitergeldes, die vorübergehende Aussetzung des sog. Drittel-Erfordernisses und die Erstattung von Sozialversicherungsbeiträgen verdeutlichen, dass die Anordnung von Kurzarbeit zur Überbrückung wirtschaftlicher Krisenzeiten gesetzgeberisch erwünscht ist, um betriebsbedingte Entlassungen zu verhindern. Wenn die Nutzung des Instruments der Kurzarbeit demnach auch sozialpolitisch erwünscht ist, diese aber stets das Vorliegen einer eindeutigen Ermächtigungsgrundlage voraussetzt, muss auch die Aufnahme einer entsprechenden Regelung in den Arbeitsvertrag grds. ermöglicht werden. 3012

Aus diesen Gründen ist eine an die Voraussetzungen für die Zahlung von Kurzarbeitergeld geknüpfte vorsorgliche Vertragsklausel zur Einführung von Kurzarbeit als mit § 307 BGB vereinbar anzusehen.[87] Wegen der §§ 95 ff SGB III verstößt eine solche Kurzarbeitsklausel gerade nicht gegen wesentliche Grundgedanken einer gesetzlichen Regelung.[88] 3013

b) Klauseltypen und Gestaltungshinweise

aa) Kurzarbeitsklausel auf tarifvertraglicher Grundlage

(1) Klauseltyp A

Die Firma ist berechtigt, unter Beachtung der tarifvertraglichen Bestimmungen Kurzarbeit einzuführen. 3014

85 LAG Berlin-Brandenburg 7.10.2010 – 2 Sa 1230/10, NZA-RR 2011, 65; LAG Berlin-Brandenburg 19.1.2011 – 17 Sa 2153/10, juris; so auch *Bauer/Günther*, BB 2009, 662, 664; *Bonanni/Naumann*, DStR 2009, 1375.

86 *Bauer/Günther*, BB 2009, 662, 665.

87 AA offenbar LAG Berlin-Brandenburg 7.10.2010 – 2 Sa 1230/10, NZA-RR 2011, 65; LAG Berlin-Brandenburg 19.1.2011 – 17 Sa 2153/10, juris.

88 *Kleinebrink*, DB 2009, 342, 344; *Dendorfer/Krebs*, DB 2009, 902, 903; *Bauer/Günther*, BB 2009, 662, 664; Preis/*Lindemann*, Der Arbeitsvertrag, II A 90 Rn 79.

(2) Gestaltungshinweise

3015 Die Klausel A berücksichtigt, dass auf das Arbeitsverhältnis ein Tarifvertrag Anwendung findet, der den Arbeitgeber zur Einführung von Kurzarbeit berechtigt. Sie ist grds. somit nur deklaratorischer Natur, eignet sich aufgrund ihres klarstellenden Charakters allerdings dennoch, dem Arbeitnehmer die generelle Möglichkeit der Einführung von Kurzarbeit zu verdeutlichen.

bb) Kurzarbeitsklausel auf betriebsverfassungsrechtlicher Grundlage

(1) Klauseltyp B

3016 Durch eine Betriebsvereinbarung mit dem Betriebsrat ist es der Firma nach § 87 BetrVG gestattet, Kurzarbeit einzuführen, soweit die Voraussetzungen nach dem SGB III erfüllt sind. Dem Mitarbeiter ist bekannt, dass Kurzarbeit mit einer Ankündigungsfrist von zwei Wochen angeordnet werden darf.

(2) Gestaltungshinweise

3017 Die Klausel B ist ebenfalls rein deklaratorischer Natur, mit Ausnahme des letzten Halbsatzes, welcher die zweiwöchige Ankündigungsfrist regelt. Es ergibt sich bereits aus § 87 Abs. 1 Nr. 3 BetrVG, dass auf Basis einer Betriebsvereinbarung Kurzarbeit eingeführt werden kann.[89]

cc) Arbeitsvertragliche Kurzarbeitsklausel

(1) Klauseltyp C

3018 ↓ **C 1:** Kurzarbeit kann, wenn sie vom Arbeitsamt anerkannt wird, für den Betrieb, eine Betriebsabteilung oder einzelne Arbeitnehmer nach deren Ankündigung eingeführt werden.

C 2: Sofern der Betrieb nicht der Ausübung von Mitbestimmungsrechten nach dem Betriebsverfassungsgesetz unterliegt, darf der Arbeitgeber durch Direktionsrecht Kurzarbeit anordnen, soweit die nach dem SGB III geforderten arbeitslosenversicherungsrechtlichen Voraussetzungen für die Gewährung von Kurzarbeitergeld erfüllt sind. Der Arbeitgeber soll die Einführung von Kurzarbeit mit einer Frist von zwei Wochen ankündigen.

C 3: Die Gesellschaft kann Kurzarbeit anordnen, wenn ein erheblicher Arbeitsausfall vorliegt, der auf wirtschaftlichen Gründen oder einem unabwendbaren Ereignis beruht, und der Arbeitsausfall der Arbeitsverwaltung angezeigt ist (§§ 95 ff SGB III). Für die Dauer der Kurzarbeit vermindert sich die in § (...) dieses Vertrages geregelte Vergütung im Verhältnis der ausgefallenen Arbeitszeit. Die Gesellschaft hat bei der Anordnung von Kurzarbeit gegenüber dem Arbeitnehmer eine Ankündigungsfrist von drei Wochen einzuhalten.[90]

(2) Gestaltungshinweise

3019 Im Hinblick auf das Fehlen einer höchstrichterlichen Klärung ist nach wie vor offen, ob die Klauseln C 1–C 3 mit § 307 Abs. 2 Nr. 1 BGB vereinbar sind. Stellt man sich auf den Standpunkt, dass die Befugnis zur einseitigen Suspendierung von Hauptleistungspflichten durch eine Partei mit wesentlichen Grundgedanken des Synallagma des Arbeitsvertrages nicht in Einklang steht, sind die Klauseln unwirksam.[91] Diese Ansicht überzeugt, wie bereits ausgeführt, nicht. Der Gesetzgeber hat das Instrument des Kurzarbeitergeldes geschaffen, um Arbeitgeber flexibel auf Auftragsrückgänge reagieren zu lassen und statt der Beendigungskündigung die Einführung von Kurzarbeit zu wählen. Dieses gesetzgeberische Ziel wurde durch die besondere Förderung und Vereinfachung der Anordnung von Kurzarbeit als Reaktion auf die wirtschaftliche

---

89 BAG 14.2.1991 – 2 AZR 415/90, NZA 1991, 607.

90 *Bauer/Günther*, BB 2009, 662, 665.

91 LAG Berlin-Brandenburg 7.10.2010 – 2 Sa 1230/10, NZA-RR 2011, 65, Rn 29 ff; *Hümmerich*, NZA 2003, 753, 764.

Krisensituation seit 2008 nochmals betont. Aufgrund der gesetzlichen Regelung in den §§ 95 ff SGB III verstößt die einzelvertragliche Kurzarbeitsklausel nicht gegen die wesentlichen Grundgedanken der gesetzlichen Regelung. Zumindest die Klauseln C 2 und C 3 machen hinreichend deutlich, dass eine Anordnung von Kurzarbeit grds. nur möglich ist, wenn die allgemeinen Voraussetzungen zur Gewährung von Kurzarbeitergeld iSd SGB III vorliegen.

In der Instanzenrechtsprechung wird darauf verwiesen, dass Kurzarbeitsklauseln in Arbeitsverträgen eine Abweichung von § 611 BGB und von § 2 KSchG darstellen.[92] Die **Klausel C 1** wurde daher vom LAG Berlin-Brandenburg wegen Verstoßes gegen § 307 Abs. 1, 2 BGB für **unwirksam** gehalten. Zum einen ergebe sich die Unwirksamkeit aus dem **Fehlen einer Ankündigungsfrist.**[93] Darüber hinaus stellte das LAG heraus, dass arbeitsvertragliche Kurzarbeitsklauseln auch dann gem. § 307 Abs. 1, 2 BGB unwirksam sein können, wenn sie keine Regelungen über Umfang und Ausmaß der Kurzarbeit, Festlegung des betroffenen Personenkreises, Art und Weise der Einbeziehung des Personenkreises „und Ähnliches" enthielten.[94] Die Klausel stelle daher eine unangemessene Benachteiligung iSv § 307 Abs. 2 BGB dar.[95] Die bloße Bezugnahme auf die Vorschriften der §§ 95 ff SGB III führe weder für sich genommen noch aufgrund der Regelung des § 310 Abs. 4 S. 2 BGB (arbeitsrechtliche Besonderheiten) zu einer Legitimation der Klausel.[96] 3020

Im Hinblick auf die Ankündigungsfrist genügt **Klausel C 3** den Anforderungen des LAG Berlin-Brandenburg (s. § 1 Rn 3020), legt dem Arbeitgeber aber strengere Grenzen auf, da er in jedem Fall eine Ankündigungsfrist von drei Wochen zu wahren hat. Eine dreiwöchige Frist entspricht dabei den üblichen Vereinbarungen von Kurzarbeitsregelungen in Tarifverträgen. Allerdings beinhaltet auch die Klausel C 3 keine detaillierten Regelungen zu den weiteren vom LAG genannten Kriterien wie dem Umfang und Ausmaß der Kurzarbeit, einer Festlegung des betroffenen Personenkreises oder der Art und Weise der Einbeziehung des Personenkreises. Ob ein Verweis auf das Direktionsrecht des Arbeitgebers, das nach § 106 S. 1 GewO billigem Ermessen genügen muss, zur Erfüllung der vom LAG geforderten Voraussetzungen genügt, ist unklar. Der Entscheidung des LAG Berlin-Brandenburg vom 7.10.2010[97] ist insoweit jedoch entgegenzuhalten, dass die wirtschaftlichen Unwägbarkeiten, die den Arbeitgeber zur Einführung von Kurzarbeit veranlassen können, eine Konkretisierung der Voraussetzungen in dem geforderten Ausmaß als schwer realisierbar erscheinen lassen. Überzeugender ist es, den Rechtsgedanken des Anspruchs auf Kurzarbeitergeld nach den §§ 95 ff SGB III auf das Arbeitsvertragsrecht zu übertragen mit der Folge, dass die Erfüllung der sozialrechtlichen Voraussetzungen für die Gewährung von Kurzarbeitergeld gleichermaßen zur Legitimation der einseitigen Anordnung von Kurzarbeit durch den Arbeitgeber führen sollte. 3021

92 LAG Berlin-Brandenburg 7.10.2010 – 2 Sa 1230/10, NZA-RR 2011, 65, Rn 29 ff; LAG Berlin-Brandenburg 19.1.2011 – 17 Sa 2153/10, ArbRB 2011, 169; weniger streng, wenn auch gegenüber einer tarifvertraglichen Kurzarbeitsklausel, das BAG 28.6.2001 – 6 AZR 114/00, juris Rn 92 ff.

93 LAG Berlin-Brandenburg 7.10.2010 – 2 Sa 1230/10, NZA-RR 2011, 65, Rn 32; LAG Berlin-Brandenburg 19.1.2011 – 17 Sa 2153/10, ArbRB 2011, 169.

94 LAG Berlin-Brandenburg 7.10.2010 – 2 Sa 1230/10, NZA-RR 2011, 65, Rn 33 ff; LAG Berlin-Brandenburg 19.1.2011 – 17 Sa 2153/10, ArbRB 2011, 169.

95 LAG Berlin-Brandenburg 7.10.2010 – 2 Sa 1230/10, NZA-RR 2011, 65, Rn 27.

96 LAG Berlin-Brandenburg 7.10.2010 – 2 Sa 1230/10, NZA-RR 2011, 65, Rn 38 ff; LAG Berlin-Brandenburg 19.1.2011 – 17 Sa 2153/10, ArbRB 2011, 169.

97 LAG Berlin-Brandenburg 7.10.2010 – 2 Sa 1230/10, NZA-RR 2011, 65.

45. Mandantenschutzklauseln

Literatur

Bauer/Diller, Wettbewerbsverbote, 6. Aufl. 2012; *Bohle*, Verträge mit juristischen Mitarbeitern – Mandantenschutzklauseln und Mandantenübernahmeklauseln, MDR 2003, 140; *Diller*, Nachvertragliche Wettbewerbsverbote und AGB-Recht, NZA 2005, 250; *Fuhlrott*, Wettbewerbsverbote, AuA 2014, 522; *Grimm/Brock/Windeln*, Mandantenübernahmeklauseln – Grenzen zulässiger Vertragsgestaltung, ArbRB 2005, 92; *Henssler/Holthausen*, Der Eintritt in eine Kanzlei: Gestaltung des anwaltlichen Arbeitsvertrages, BRAK-Mitt. 2001, 132; *dies.*, in: Axmann, Starthandbuch für Rechtsanwälte, 2002; *Henssler/Michel*, Austritt und Ausschluss aus der freiberuflichen Sozietät, NZG 2012, 401; *Henssler/Prütting*, Bundesrechtsanwaltsordnung, 4. Aufl. 2014; *Hülsmann*, Anwaltssozietät: Rechtsprechungsreport zu Austrittsfolgen, NZG 2001, 625; *Hümmerich*, Beendigung von Arbeitsverhältnissen angestellter Anwälte, AnwBl 2005, 77; *Knief*, Der Rechtsanwalt als Angestellter und freier Mitarbeiter, AnwBl 1985, 58; *Lingemann/Winkel*, Der Anstellungsvertrag des Rechtsanwalts (Teil 4), NJW 2009, 966; *Meier*, Das Ende der Mandantenübernahmeklausel?, NZA 2013, 253; *Menke*, Gestaltung nachvertraglicher Wettbewerbsverbote mit GmbH-Geschäftsführern – Verzicht statt Karenzentschädigung, NJW 2009, 636; *Michalski/Römermann*, Wettbewerbsbeschränkungen zwischen Rechtsanwälten, ZIP 1994, 433; *Morawietz*, Nachvertragliche Wettbewerbsverbote beim Ausscheiden aus einer ärztlichen Gemeinschaftspraxis, NJOZ 2008, 3813; *Reuter*, Wettbewerbsrechtliche Ansprüche bei Konflikten zwischen Arbeitgebern und Arbeitnehmern – Terra Incognita?, NJW 2008, 3538; *Römermann*, Nachvertragliche Wettbewerbsverbote bei Anwaltssozietäten, NJW 2002, 1399; *ders.*, Auflösung und Abspaltung bei Anwaltssozietäten, NJW 2007, 2209; *Roth*, Zu den Grenzen der Zulässigkeit von Wettbewerbsverboten zu Lasten ausscheidender Teilhaber freiberuflicher Praxen, EWIR 1991, 73.

a) Rechtslage im Umfeld

aa) Abgrenzung der einzelnen Klauselarten

3022 Mandantenschutzklauseln und Mandantenübernahmeklauseln bewirken durch eine Sondervertragsgestaltung Einschränkungen des ausgeschiedenen Arbeitnehmers, die Parallelen zu nachvertraglichen Wettbewerbsverboten aufweisen.[1] Wie stets bei nachvertraglichen Wettbewerbsverboten ist auch die Vereinbarung von Mandantenschutzklauseln und Mandantenübernahmeklauseln nur in engen Grenzen gestattet, da andernfalls das Recht des Arbeitnehmers aus Art. 12 GG auf freie Berufswahl und freie Berufsausübung zu sehr eingeschränkt würde.

3023 Bei allen Berufsgruppen, bei denen einzelne Arbeitnehmer/Mitgesellschafter Mandanten, Patienten oder Kunden selbständig betreuen und ein persönliches Vertrauensverhältnis zu diesen aufbauen, besteht die Gefahr, dass bei deren Ausscheiden die Mandanten, Patienten bzw Kunden von diesen abgeworben werden oder freiwillig folgen. Daher besteht hier gesteigerter Bedarf, den erworbenen Mandanten-, Patienten- oder Kundenstamm zu sichern.[2] Das Interesse des Arbeitgebers/verbleibenden Gesellschafters liegt dabei zumeist nicht darin, dem ausscheidenden Arbeitnehmer oder Partner ein umfassendes Tätigkeitsverbot aufzuerlegen,[3] denn durch Mandantenschutz- und -übernahmeklauseln kann der Stamm hinreichend gesichert werden. Daher ist dem Arbeitgeber bei angestellten Freiberuflern die Vereinbarung eines (wirksamen) nachvertraglichen Wettbewerbsverbots auch versperrt. In diesen Fällen vermag der Arbeitgeber regelmäßig allein ein berechtigtes geschäftliches Interesse einer **Mandantenschutzklausel** reklamieren. Dem Arbeitnehmer darf nur die Betreuung von solchen Mandanten untersagt werden, die in den letzten Jahren in Geschäftsbeziehungen zu dem Unternehmen standen.[4]

3024 Mandantenschutzklauseln und – im von der Rspr zunehmend begrenzten Umfang – Mandantenübernahmeklauseln sind probate Mittel, um den ausscheidenden Arbeitnehmer daran zu hindern, die bereits für die Einrichtung des Arbeitgebers akquirierte Mandantschaft bei Weg-

1 BAG 16.7.1971 – 3 AZR 384/70, DB 1971, 1920; BGH 13.2.1986 – II ZR 229/83, BGHZ 91, 1; BGH 16.10.1989 – II ZR 2/89, ZIP 1990, 586 = WM 1990, 13; BGH 29.1.1996 – II ZR 286/94, DStR 1996, 1254; BGH 8.5.2000 – II ZR 308/98, NJW 2000, 2584.

2 *Hümmerich*, AnwBl 2005, 77, 83; zum Schutz durch das UWG vgl *Reuter*, NJW 2008, 3538.

3 Preis/*Stoffels*, Der Arbeitsvertrag, II W 10 Rn 73.

4 LAG Schleswig-Holstein 19.3.2013 – 1 SaGa 2/13, juris; vgl BAG 21.4.2010 – 10 AZR 288/09, NZA 2010, 1175.

gang mitzunehmen.[5] **Mandantenschutzklauseln** sind Vereinbarungen zwischen Arbeitgeber und Arbeitnehmer, bei denen dem Arbeitnehmer nach Beendigung des Arbeitsverhältnisses untersagt wird, zum ehemaligen Arbeitgeber in Konkurrenz zu treten oder bisherige Mandate abzuwerben oder anzunehmen.[6] **Mandantenübernahmeklauseln** hingegen untersagen dem Arbeitnehmer die Aufnahme von Konkurrenztätigkeit nach Beendigung des Arbeitsverhältnisses nicht.[7] Die Betreuung von Mandanten des ehemaligen Arbeitgebers wird darin ausdrücklich zugelassen.[8] Der Arbeitnehmer hat jedoch im Gegenzug einen Teil des mit dem übernommenen Mandat erworbenen Honorars an den ehemaligen Arbeitgeber abzuführen.[9]

Mandantenschutzklauseln sind prinzipiell nur zulässig, wenn dem ausscheidenden Arbeitnehmer als Gegenleistung für das Konkurrenzverbot eine **Karenzentschädigung** entsprechend § 74 Abs. 2 HGB gezahlt wird.[10] Mandantenschutzklauseln können je nach Regelungsziel verschiedenartig ausgestaltet sein. Entsprechend dem Grad der von Wettbewerbsbeschränkungen ausgehenden Unterlassungspflichten unterscheidet man zwischen **Niederlassungsverboten, allgemeinen Mandantenschutzklauseln** und **beschränkten Mandantenschutzklauseln.**[11] Diese Wettbewerbsbeschränkungen sind allerdings nur insoweit zulässig, als sie notwendig sind, um den Arbeitgeber oder Partner des ausscheidenden Arbeitnehmers/Partners vor einer illoyalen Verwertung der Erfolge der gemeinsamen Arbeit oder vor einem Missbrauch der Ausübung der Berufsfreiheit zu schützen; sie dürfen insb. nicht dazu eingesetzt werden, den ehemaligen Arbeitnehmer/Partner als Wettbewerber auszuschalten.[12] Ihre Wirksamkeit hängt davon ab, ob sie in räumlicher, gegenständlicher und zeitlicher Hinsicht das notwendige Maß nicht überschreiten.[13] 3025

Bei **Mandantenübernahmeklauseln** hingegen ist – jedenfalls nach der bislang hM – grds. **keine Karenzentschädigung** an den ausscheidenden Arbeitnehmer zu zahlen.[14] Mandantenübernahmeklauseln boten aus Arbeitgebersicht also gegenüber Mandantenschutzklauseln den Vorteil, dass keine Karenzentschädigung gezahlt werden muss und zudem vom ehemaligen Arbeitnehmer für abgeworbene oder verlustige Mandate noch ein finanzieller Ausgleich zu leisten ist.[15] Diese überkommene Auffassung wird im Schrifttum zunehmend kritisch gesehen.[16] Bei Mandantenübernahmeklauseln darf die vereinbarte Gewinnabführungspflicht selbst bei Anerkennung ihrer grundsätzlichen Zulässigkeit nicht dazu führen, dass die Übernahme des Mandats wirtschaftlich sinnlos wird, weil mit dem übernommenen Mandat nicht einmal mehr ein Minimalgewinn erwirtschaftet werden kann.[17] Eine derartige Klausel enthält darüber hinaus möglicherweise eine unangemessene Benachteiligung iSv § 307 Abs. 2 Nr. 1 BGB, weil sie dem ge- 3026

5 *Hülsmann*, NZG 2001, 625, 630.
6 Entsprechend auch *Römermann*, NJW 2002, 1399, 1400.
7 *Bohle*, MDR 2003, 140, 141.
8 *Henssler/Holthausen*, BRAK-Mitt. 2001, 132, 134.
9 *Grimm/Brock/Windeln*, ArbRB 2005, 92.
10 *Grimm/Brock/Windeln*, ArbRB 2005, 92.
11 *Henssler/Holthausen*, in: Axmann, Starthandbuch für Rechtsanwälte, Teil 3 Rn 43.
12 BGH 18.7.2005 – II ZR 159/03, DB 2005, 2129; BGH 29.9.2003 – II ZR 59/02, DB 2003, 2699; BGH 8.5.2000 – II ZR 308/98, DB 2000, 1960; BGH 14.7.1997 – II ZR 238/96, DB 1997, 2070; BGH 29.1.1996 – II ZR 286/94, NJW-RR 1996, 741.
13 BGH 18.7.2005 – II ZR 159/03, DB 2005, 2129; BGH 29.9.2003 – II ZR 59/02, DB 2003, 2699; BGH 8.5.2000 – II ZR 308/98, DB 2000, 1960.
14 BAG 7.8.2002 – 10 AZR 586/01, NZA 2002, 1282, 1283.
15 Krit. jedoch *Meier*, NZA 2013, 253.
16 *Meier*, NZA 2013, 253, 256 f; vgl auch LAG Niedersachsen 8.2.2013 – 12 Sa 904/12, NZA-RR 2013, 347; ArbG Leipzig 5.1.2012 – 7 Ca 2045/11 (zur Mandantenübernahmeklausel einer weltweit tätigen WP-Gesellschaft), zit. von *Meier*, NZA 2013, 253 (Fn 3).
17 BAG 11.12.2013 – 10 AZR 286/13, NZA 2014, 433; BAG 7.8.2002 – 10 AZR 586/01, NZA 2002, 1282; LAG Schleswig-Holstein 1.7.2014 – 1 Sa 392/13, juris; LAG Niedersachsen 8.2.2013 – 12 Sa 904/12, NZA-RR 2013, 347.

setzlichen Leitbild widerspricht, nach dem nach Beendigung des Arbeitsverhältnisses Wettbewerbstätigkeit uneingeschränkt zulässig ist, sofern die Parteien kein nachvertragliches Wettbewerbsverbot vereinbart haben.[18] Nachteil einer Mandantenübernahmeklausel ist jedoch, dass der Arbeitgeber nicht davor geschützt ist, wichtige Mandate an den ausscheidenden Arbeitnehmer zu verlieren.

3027 Für welche Klausel man sich bei der Vertragsgestaltung entscheidet, hängt davon ab, ob und wie viele Mandate oder Kunden der ausscheidende Arbeitnehmer/Partner tatsächlich mitnehmen kann. Wenn zu befürchten ist, dass der ausscheidende Arbeitnehmer/Partner viele und vor allem wichtige Mandate/Kunden an sich binden kann, empfiehlt sich eine Mandantenschutzklausel, die diesem die Mitnahme untersagt. Besteht hingegen nur geringes Risiko, dass wichtige Mandate/Kunden durch das Ausscheiden verlustig gehen, so empfiehlt sich eine Mandantenübernahmeklausel, da damit ein finanzieller Ausgleich für die verloren gegangenen Mandate erfolgt. Gleiches gilt, wenn zu befürchten ist, dass das Vertrauensverhältnis zwischen dem Mandanten und dem ausscheidenden Arbeitnehmer so stark ist, dass eine fortgesetzte eigene Beratung nach Ausscheiden ohnehin unwahrscheinlich wird.

bb) Niederlassungsverbote

(1) Grundsätzliches

3028 Die Vereinbarung eines Niederlassungsverbotes ist das einfachste und nachhaltigste Mittel, um eine Wettbewerbstätigkeit des ausscheidenden Arbeitnehmers in der unmittelbaren Nähe des Arbeitgebers zu unterbinden.[19] Niederlassungsverbote untersagen dem ausscheidenden Arbeitnehmer/Partner seine Berufsausübung in umfassender Art und Weise für einen bestimmten Zeitraum in einem vertraglich festgelegten örtlichen Bereich.[20] Niederlassungsverbote sind nur dann wirksam, wenn sie in drei Richtungen – nämlich **räumlich, zeitlich** und **gegenständlich – begrenzt** sind.[21] Des Weiteren ist für die Wirksamkeit von Niederlassungsverboten zwischen Sozien/Gesellschaftern und Arbeitnehmern zu unterscheiden.[22]

(2) Arbeitnehmer

3029 Bei Arbeitnehmern werden für die Beurteilung der Wirksamkeit von Niederlassungsverboten die §§ 74 ff HGB zumindest analog angewandt. *Henssler/Holthausen*[23] halten umfassende Niederlassungsverbote – auch wenn zeitlich und räumlich begrenzt – jedenfalls bei angestellten Rechtsanwälten und damit wohl auch bei anderen angestellten Freiberuflern für unwirksam. Niederlassungsverbote seien mit Rücksicht auf die mittelbare Drittwirkung der Grundrechte des angestellten Steuerberaters oder Anwalts aus Art. 12 GG in aller Regel sittenwidrig.[24] Den berechtigten Interessen des Arbeitgebers, einen Schutz des von ihm aufgebauten Mandantenstammes zu erreichen, könne zudem regelmäßig über die Vereinbarung von allgemeinen oder beschränkten Mandantenschutzklauseln angemessen Rechnung getragen werden.[25] Auch *Michalski/Römermann*[26] vertreten die Auffassung, dass bei angestellten Rechtsanwälten und freien Mitarbeitern regelmäßig kein Bedürfnis für ein Niederlassungsverbot bestehe und ein solches deswegen unzulässig sei, da angestellte Anwälte am Goodwill der Kanzlei nicht teilha-

18 LAG Schleswig-Holstein 1.7.2014 – 1 Sa 392/13, juris.
19 Ähnl. *Römermann*, NJW 2002, 1399.
20 *Henssler/Michel*, NZG 2012, 401, 410 f; *Hümmerich*, AnwBl 2005, 77, 84.
21 BGH 18.7.2005 – II ZR 159/03, DB 2005, 2129; BGH 29.9.2003 – II ZR 59/02, DB 2003, 2699; BGH 8.5.2000 – II ZR 308/98, DB 2000, 1960.
22 *Michalski/Römermann*, ZIP 1994, 433, 439.
23 *Henssler/Holthausen*, in: Axmann, Starthandbuch für Rechtsanwälte, Teil 3 Rn 44.
24 *Henssler/Holthausen*, BRAK-Mitt. 2001, 132, 134.
25 *Henssler/Holthausen*, in: Axmann, Starthandbuch für Rechtsanwälte, Teil 3 Rn 44; *Knief*, AnwBl 1985, 58.
26 *Michalski/Römermann*, ZIP 1994, 433, 440.

ben und nicht prägend im Außenauftritt für die Kanzlei seien. In dieser Allgemeinheit ist dem nur bei „Musterkanzleien" zuzustimmen, in denen der angestellte Rechtsanwalt nach zwei bis drei Jahren tatsächlich in die echte Partnerschaft aufrückt. Die Wirklichkeit ist jedoch eine andere. Aufgrund der zunehmenden Kanzleifusionen und dem Anwachsen der durchschnittlichen Kanzleigrößen wird bei weitem nicht mehr jeder Rechtsanwalt auch Partner. Immer mehr Rechtsanwälte, genauso wie auch viele andere Freiberufler, bleiben bis zu ihrem Rentenalter angestellt. Langjährig angestellte Rechtsanwälte und andere Freiberufler partizipieren aber ebenso wie Partner am Goodwill des Arbeitgebers und repräsentieren das Unternehmen nach Außen hin in gleicher Weise. Ein langjährig angestellter Freiberufler ist gleichfalls in der Lage, bei seinem Weggang Mandate und Kunden abzuwerben. Der Form des Beschäftigungsverhältnisses – Angestellter oder Partner – kommt daher für die Beurteilung der Zulässigkeit von Niederlassungsverboten nur insoweit eine Bedeutung zu, als sich aus der abhängigen Beschäftigung eine stärkere Berücksichtigung des Grundrechts aus Art. 12 GG ergibt, als dies für einen Unternehmer im Wettbewerb der Fall ist. Niederlassungsverbote können deshalb vom Grundsatz her auch mit angestellten Freiberuflern vereinbart werden.

Die **Wirksamkeit** von Niederlassungsverboten richtet sich danach, ob in räumlicher, gegen- 3030
ständlicher und zeitlicher Hinsicht das notwendige Maß zum Schutz des eigenen Mandantenstamms nicht überschritten wurde.[27] Welches das **notwendige Maß** ist, hängt vor allem in gegenständlicher und räumlicher Hinsicht vom Einzelfall ab.

Sah der BGH in früheren Entscheidungen das notwendige Maß in zeitlicher Hinsicht bei Nie- 3031
derlassungsverboten von über drei Jahren und bei Wirtschaftsprüfern aufgrund von Standesrecht erst bei mehr als fünf Jahren als überschritten an,[28] so erachtet er nunmehr bereits Niederlassungsverbote von mehr als zwei Jahren als unzulässig.[29] Probleme bereitet die Bestimmung des noch zulässigen räumlichen Geltungsbereichs von Niederlassungsverboten.[30] Von der Rspr werden sowohl rein geographische Beschränkungen wie „in einem Radius von 30 km" (vom BGH als zu weitgehend bei einer ländlichen Tierarztpraxis erachtet)[31] oder „in einem Radius von 5 km um den Innenstadt-Praxissitz" bei einem Arzt[32] diskutiert als auch eine Erstreckung des Niederlassungsverbotes bei Rechtsanwälten auf einen oder mehrere AG-Bezirke oder gar den gesamten LG-Bezirk.[33] Das noch zulässige räumliche und gegenständliche Maß hängt von mehreren Faktoren ab. Zu betrachten sind neben dem Tätigkeitsbereich des Arbeitnehmers die räumliche Lage des Arbeitgebers/Unternehmens, der Mandanten-/Kundenzuschnitt und nicht zuletzt die Branchenspezifika des Arbeitgebers. Das Niederlassungsverbot darf in gegenständlicher Hinsicht keinesfalls dazu führen, dass der Arbeitnehmer über Gebühr in seinem Recht aus Art. 12 GG auf freie Berufswahl und -ausübung eingeschränkt wird.

Soweit das notwendige und zugleich noch zulässige Maß der räumlichen, gegenständlichen 3032
oder zeitlichen Grenze eines Niederlassungsverbotes überschritten wurde, ist das Niederlassungsverbot unwirksam. Eine geltungserhaltende Reduktion kommt bei Arbeitnehmern nicht in Betracht, da eine solche bei Formulararbeitsverträgen wegen § 306 Abs. 2 BGB grds. ausscheidet.[34]

27 In diesem Sinne auch Preis/*Stoffels*, Der Arbeitsvertrag, II W 10 Rn 75.

28 *Römermann*, NJW 2002, 1399, 1400; *Roth*, EWIR 1991, 73.

29 BGH 30.4.2014 – I ZR 245/12, MDR 2014, 1275; BGH 18.7.2005 – II ZR 159/03, DB 2005, 2129; BGH 29.9.2003 – II ZR 59/02, DB 2003, 2699; BGH 8.5.2000 – II ZR 308/98, DB 2000, 1960.

30 Für Praxen ausf. *Morawietz*, NJOZ 2008, 3813, 3815 ff.

31 BGH 14.7.1997 – II ZR 238/96, DB 1997, 2070.

32 Vom LG Hannover 22.4.1998 – 12 O 165/97, BB 1998, 1501 als zulässig erachtet.

33 *Michalski/Römermann*, ZIP 1994, 433, 440.

34 Zur salvatorischen Klausel mit entsprechender Argumentation im Ergebnis ebenso *Morawietz*, NJOZ 2008, 3813, 3820 f.

(3) Sozien/Gesellschafter

3033 Bei Sozien und Gesellschaftern beurteilt sich die Zulässigkeit von Niederlassungsverboten anhand von § 138 BGB und Art. 12 GG.[35] Die strengeren Vorschriften zum vertraglichen Wettbewerbsverbot gem. §§ 74 ff HGB finden weder direkt noch analog auf Sozien und Gesellschafter Anwendung, da Sozien und Gesellschafter mit der Stellung des Prinzipals und nicht mit der des Handlungsgehilfen vergleichbar sind.[36] Außerdem findet keine AGB-rechtliche Überprüfung des Niederlassungsverbotes statt, wenn dieses (nur) im Gesellschaftsvertrag vereinbart ist, denn es stellt dann keine für eine Vielzahl von Verträgen vorformulierte Vertragsbedingung iSd § 305 Abs. 1 S. 1 BGB dar. Eine andere Bewertung ist aber dann geboten, wenn das Niederlassungsverbot nur in einem Anstellungsvertrag verortet ist, der zwischen der Gesellschaft und dem beigetretenen Gesellschafter geschlossen wurde. Hier bleibt eine Kontrolle nach AGB-Recht je nach Konstellation durchaus möglich.

3034 Die Vereinbarung von Niederlassungsverboten bei Sozien und Gesellschaftern ist aufgrund des geringeren gesetzlichen Schutzes in einem umfangreicheren Rahmen zulässig als bei Arbeitnehmern. Dennoch dürfen Niederlassungsverbote auch bei Sozien und Gesellschaftern in räumlicher, gegenständlicher und zeitlicher Hinsicht das oben dargestellte notwendige Maß nicht überschreiten.[37] Allerdings muss hierbei nicht zwingend stets eine Karenzentschädigung gezahlt werden.[38] Bei einer Überschreitung kommt eine geltungserhaltende Reduktion nur in Betracht, soweit die zeitlichen Grenzen berührt sind.[39] Sind die räumlichen oder gegenständlichen Grenzen überschritten, scheidet eine geltungserhaltende Reduktion aus.[40] Andernfalls wäre das Wirksamkeits- bzw Vertragsgestaltungsrisiko in nicht tragbarem Umfang auf den Vertragspartner abgewälzt, es bestünde für den Vertragsverwender keine Notwendigkeit, klare Klauseln zu formulieren, und den Gerichten würde bei ständiger Reduktion der jeweiligen Klauseln auf das maximal Zulässige eine das vertretbare Maß übersteigende Vertragsgestaltungsfunktion zukommen.[41]

cc) Allgemeine Mandantenschutzklauseln

3035 Allgemeine Mandantenschutzklauseln verbieten es dem ausscheidenden Arbeitnehmer umfassend, nach Beendigung des Arbeitsverhältnisses Mandanten/Kunden seines früheren Arbeitgebers zu betreuen, auch wenn diese ohne eigenes Zutun – zB beim Anwalt – dessen Beratung suchen.[42] Rspr und Schrifttum sehen allgemeine Mandantenschutzklauseln als rechtlich zulässig an.[43] Sie sind jedoch unwirksam, wenn sie gegenständlich oder zeitlich zu weit gefasst wurden und damit das notwendige Maß überschreiten. In **gegenständlicher** Hinsicht ist es im Wege einer allgemeinen Mandantenschutzklausel nicht möglich, alle potentiellen Mandanten zu sperren.[44] Nur der eigene, zuvor bestehende Mandantenstamm ist geschützt.[45] In **zeitlicher** Hinsicht dürfen allgemeine Mandantenschutzklauseln nicht für länger als zwei Jahre nach Be-

35 BGH 18.7.2005 – II ZR 159/03, DB 2005, 2129.
36 BGH 7.7.2008 – II ZR 81/07, NZG 2008, 753; *Menke*, NJW 2009, 636; *Michalski/Römermann*, ZIP 1994, 433, 440.
37 BGH 18.7.2005 – II ZR 159/03, DB 2005, 2129; BGH 29.9.2003 – II ZR 59/02, DB 2003, 2699; BGH 8.5.2000 – II ZR 308/98, DB 2000, 1960.
38 Entschieden für den GmbH-Geschäftsführer BGH 28.4.2008 – II ZR 11/07, DStR 2009, 1394, 1395.
39 BGH 18.7.2005 – II ZR 159/03, DB 2005, 2129; BGH 14.7.1997 – II ZR 238/96, DStR 1997, 1413.
40 AA und auch die räumliche Begrenzung miteinbeziehend *Römermann*, NJW 2007, 2209, 2214.
41 Krit. *Bauer/Diller*, Wettbewerbsverbote, Rn 731 ff.
42 *Henssler*, FS Geiß, S. 271 f.
43 BGH 18.7.2005 – II ZR 159/03, DB 2005, 2129; BGH 29.9.2003 – II ZR 59/02, DB 2003, 2699; BGH 8.5.2000 – II ZR 308/98, DB 2000, 1960.
44 *Hülsmann*, NZG 2001, 625, 630.
45 *Bohle*, MDR 2003, 140.

endigung des Arbeitsverhältnisses vereinbart werden.[46] Denn nach einem Zeitraum von zwei Jahren haben sich die während der Zugehörigkeit zur Gesellschaft des Arbeitgebers geknüpften Mandats-/Kundenverbindungen typischerweise so gelöst, dass der ausgeschiedene Arbeitnehmer wie jeder andere Wettbewerber zu betrachten ist.[47] Darüber hinaus muss sich das Abwerbeverbot/Annahmeverbot auf diejenigen Mandanten/Kunden beziehen, die zumindest in den letzten drei Jahren vor Beendigung des Arbeitsverhältnisses in Geschäftsbeziehungen zum Arbeitgeber standen. Der Arbeitnehmer kann ferner nicht von denjenigen Mandaten/Kunden wirksam ausgeschlossen werden, die schon vor Beendigung des Arbeitsverhältnisses jegliche Vertragsbeziehungen zum Arbeitgeber endgültig abgebrochen haben, auch wenn innerhalb der letzten drei Jahre Geschäftsbeziehungen bestanden, da insoweit von einer illoyalen Verwertung des Erfolgs der innerhalb des Unternehmens geleisteten Arbeit keine Rede mehr sein kann.[48] Eine geltungserhaltende Reduktion ist nur in zeitlicher Hinsicht und nur bei Sozien/Gesellschaftern, nicht jedoch bei Arbeitnehmern denkbar (s. § 1 Rn 3032, 3034).

Das Verbot kann über **Unterlassungsansprüche** durchgesetzt werden.[49] Ratsam ist es jedoch, zudem die Zahlung einer **Vertragsstrafe**[50] für jeden Fall der Zuwiderhandlung zu vereinbaren, da eine solche Vereinbarung den ehemaligen Arbeitnehmer abschreckt und ein durch Vertragsverstoß entstandener Schaden vom Arbeitgeber nur schwer dargelegt und bewiesen werden kann.[51] Eine Wettbewerbsabrede enthält aber keine wirksame Vertragsstrafenabrede, wenn die entsprechende Wettbewerbsklausel ohne gleichzeitige Vereinbarung einer Entschädigung geschlossen wurde und damit unwirksam ist, § 74 Abs. 2 HGB.[52] 3036

dd) Beschränkte Mandantenschutzklauseln

Im Gegensatz zu allgemeinen Schutzklauseln untersagen beschränkte Mandantenschutzklauseln dem ausscheidenden Arbeitnehmer nur, aktiv Mandanten/Kunden seines ehemaligen Arbeitgebers abzuwerben und sodann zu betreuen.[53] Beschränkte Mandantenschutzklauseln sind grds. wirksam. Zwar wird vertreten, dass die Vereinbarung einer beschränkten Mandantenschutzklausel überflüssig sei, da jede Art von Abwerbung bereits nach Standesrecht, nach §§ 8, 3 UWG sowie nach §§ 823, 826 BGB verboten sei.[54] Zudem entspreche eine beschränkte Mandantenschutzklausel lediglich den in § 43 b BRAO normierten Verhaltenspflichten, jedenfalls bei Rechtsanwälten. Sie weise keinen darüber hinausgehenden eigenen Regelungsgehalt aus, weshalb auch keine Verpflichtung bestehe, eine Karenzentschädigung gem. §§ 74 ff HGB zu zahlen. Für Rechtsanwälte und auch für andere Freiberufler mag dieser Grundsatz prinzipiell zutreffen. Er gilt jedoch nicht außerhalb der freien Berufe, da der freie Wettbewerb in einer freien Marktwirtschaft geradezu erwünscht ist. Auch bei Rechtsanwälten sind Szenarien möglich, in denen ein Abwerben nach Standesrecht zulässig ist, zB *beauty contests* bei Großaufträgen.[55] Über eine beschränkte Mandantenschutzklausel würde bereits der Abwerbeversuch unterbunden. 3037

Herrscht ein gesetzliches Abwerbeverbot, besteht bei einer rein deklaratorischen Klausel keine Pflicht zur Zahlung von Karenzentschädigungen. Sofern ein Arbeitnehmer nicht gesetzlich an einer Abwerbung von Mandanten und Kunden gehindert ist, stellt ein entsprechendes vertrag- 3038

46 BGH 8.5.2000 – II ZR 308/98, DB 2000, 1960; BGH 29.10.1990 – II ZR 241/89, DB 1990, 2588; so auch *Lingemann/Winkel*, NJW 2009, 966.

47 BGH 29.9.2003 – II ZR 59/02, DB 2003, 2699; BGH 8.5.2000 – II ZR 308/98, DB 2000, 1960.

48 *Hülsmann*, NZG 2001, 625, 630.

49 *Henssler/Holthausen*, in: Axmann, Starthandbuch für Rechtsanwälte, Teil 3 Rn 45.

50 S. dazu § 1 Rn 4016 ff (64. Vertragsstrafenklauseln).

51 *Diller*, NZA 2005, 250, 253.

52 LAG München 4.10.2012 – 11 Sa 515/12, juris.

53 *Henssler/Holthausen*, in: Axmann, Starthandbuch für Rechtsanwälte, Teil 3 Rn 49 f.

54 *Michalski/Römermann*, ZIP 1994, 433, 446.

55 Henssler/Prütting/*Prütting*, BRAO, § 43 b Rn 39.

liches, konstitutives Verbot aber eine Beschränkung seiner gewerblichen Tätigkeit dar und ist entsprechend § 74 Abs. 2 HGB mit Karenzzahlungen zu entschädigen.[56] Beschränkte Mandantenschutzklauseln dürfen – ebenso wie die allgemeinen Mandantenschutzklauseln – in gegenständlicher und zeitlicher Hinsicht das notwendige Maß nicht überschreiten. Eine geltungserhaltende Reduktion ist auch hier lediglich bei Überschreitungen in zeitlicher Hinsicht und nur bei Sozien und Gesellschaftern möglich.[57]

ee) Mandanten-/Kundenübernahmeklauseln

3039 Während Mandantenschutzklauseln dem Arbeitnehmer die Mitnahme und weitere Betreuung von Mandanten untersagen, erlauben Mandantenübernahmeklauseln die Weiterbetreuung bisheriger Mandanten und Mandate.[58] Dafür, dass der ausscheidende Arbeitnehmer Mandanten/Kunden des früheren Arbeitgebers weiterhin betreuen darf, hat er als Gegenleistung einen Anteil an den Honoraren, die er mit dem jeweils übernommenen Mandat verdient, an den ehemaligen Arbeitgeber abzuführen.[59] Mandantenübernahmeklauseln wurden in der Vergangenheit allgemein als **zulässig** angesehen,[60] jedoch zunehmend kritisch gesehen.[61] Im Wesentlichen wird die Zulässigkeit damit begründet, dass durch Mandantenübernahmeklauseln der ausscheidende Arbeitnehmer nur mittelbar, und zwar in wirtschaftlicher Hinsicht, beschränkt werde. Er wird lediglich verpflichtet, für die Übernahme von Mandanten für einen bestimmten angemessenen Zeitraum Teile des Honorars abzuführen.[62] Mandantenübernahmeklauseln unter Rechtsanwälten verstoßen nicht gegen das Verbot der Gebührenteilung in § 49 b Abs. 3 BRAO, § 22 BerufsO. Bei der Vereinbarung einer Gewinnabführungsverpflichtung geht es nicht um eine unzulässige Vergütung für die Vermittlung eines Mandats. Es geht vielmehr um einen wirtschaftlichen Ausgleich für die Mitnahme eines unter Ausnutzung der bisherigen Sozietät geworbenen Mandats. Die Abgabe des Honoraranteils hat keinen Einfluss auf den Erwerb des Mandats, so dass auch nicht von einem Verkauf von Mandaten oder Mandanten gesprochen werden kann.

3040 Mandantenübernahmeklauseln stellen typischerweise kein Wettbewerbsverbot dar und müssen sich daher nicht an den §§ 74 ff HGB messen lassen. Sie sind deshalb grds. auch ohne eine Verpflichtung des Arbeitgebers zur Zahlung einer Karenzentschädigung zulässig und verbindlich, soweit sie dem Schutz eines berechtigten geschäftlichen Interesses des Arbeitgebers dienen und das berufliche Fortkommen des Arbeitnehmers nicht unbillig erschweren.[63] Mandantenübernahmeklauseln ohne Karenzentschädigung sind allerdings dann unwirksam, wenn sie eine Umgehung von § 75 d S. 2 HGB darstellen, indem die Konditionen so ausgestaltet sind, dass sich die Bearbeitung der Mandate für den ausscheidenden Arbeitnehmer nicht mehr lohnt.[64] In diesem Fall schaltet der Arbeitgeber seinen früheren Mitarbeiter als Konkurrenten aus, dh, es handelt sich um ein verdecktes Wettbewerbsverbot, das den Arbeitnehmer iSv § 74 Abs. 1 HGB in seiner beruflichen Tätigkeit übermäßig beschränkt.[65]

---

56 *Bauer/Diller*, Wettbewerbsverbote, Rn 147.

57 BGH 18.7.2005 – II ZR 159/03, DB 2005, 2129; BGH 8.5.2000 – II ZR 308/98, DB 2000, 1960.

58 *Hümmerich*, AnwBl 2005, 77, 86.

59 *Bohle*, MDR 2003, 140, 141.

60 *Bauer/Diller*, Wettbewerbsverbote, Rn 170 ff; Preis/*Stoffels*, Der Arbeitsvertrag, II W 10 Rn 73; Moll/*Reinfeld*, MAH Arbeitsrecht, § 30 Rn 51; *Michalski/Römermann*, ZIP 1994, 433, 446.

61 S. *Meier*, NZA 2013, 253.

62 BGH 9.5.1968 – II ZR 158/66, NJW 1968, 1717; *Bruckner*, Nachvertragliche Wettbewerbsverbote zwischen Rechtsanwälten, S. 136; *Bauer/Diller*, Wettbewerbsverbote, Rn 170; *Henssler/Holthausen*, in: Axmann, Starthandbuch für Rechtsanwälte, Teil 3 Rn 51.

63 BAG 7.8.2002 – 10 AZR 586/01, NZA 2002, 1282; aA Vorinstanz LAG Düsseldorf 28.6.2001 – 11 Sa 532/01, DB 2002, 150.

64 BAG 7.8.2002 – 10 AZR 586/01, NZA 2002, 1282, 1283.

65 LAG Schleswig-Holstein 1.7.2014 – 1 Sa 392/13, juris; BAG 7.8.2002 – 10 AZR 586/01, NZA 2002, 1282, 1283.

Mandantenübernahmeklauseln können also ebenfalls unwirksam sein, wenn eine **zu lange Bindungsdauer** vereinbart wird oder die vereinbarte **Gewinnabführung zu hoch** ist. Nach Auffassung des BAG kann die Vereinbarung einer zu langen Bindungsdauer dazu führen, dass sich die Übernahme eines Mandanten für den ausscheidenden Arbeitnehmer nicht mehr lohnt. Insoweit sieht das BAG in Anlehnung an § 74 a Abs. 1 S. 3 HGB bei einer Mandantenübernahmeklausel eine Bindung von mehr als zwei Jahren als nicht mehr angemessen an.[66] Das Verbleiben von Mandanten beim ehemaligen Mitarbeiter nach Ablauf von zwei Jahren sei nicht mehr auf den mitgegebenen Goodwill des ehemaligen Arbeitgebers, sondern auf dessen eigene Leistung zurückzuführen.[67] Dabei ist es unbeachtlich, dass etwa die Standesrichtlinien der Wirtschaftsprüfer eine großzügigere Billigung von Mandantenklauseln enthalten und eine Bindung von bis zu fünf Jahren vorsehen. Diese Standesregeln können grds. nur Regeln für das Verhältnis selbständiger Standesgenossen aufstellen, nicht aber dem Arbeitnehmer einen ihm nach arbeitsrechtlichen Grundsätzen zustehenden Schutz entziehen.[68] Bei längeren Bindungsfristen ist eine geltungserhaltende Reduktion auf zwei Jahre nicht möglich. Zwar nimmt der BGH bei Sozien und Gesellschaftern in stRspr bei Wettbewerbsverboten mit zu langer Bindung eine geltungserhaltende Reduktion vor. Es handelt sich jedoch insoweit um Wettbewerbsverbote außerhalb des Schutzbereichs der §§ 74 ff HGB. Bei Arbeitnehmern ist dagegen der Prüfungsmaßstab des § 75 d S. 2 HGB anzulegen. Stellt sich die Mandantenübernahmeklausel als verdeckte Mandantenschutzklausel dar, die aufgrund der lang andauernden wirtschaftlichen Belastung für den Arbeitnehmer eine Übernahme der Mandate überhaupt in Frage stellt und ihn so als Konkurrenten ausschalten kann, liegt eine Umgehung der Pflicht zur Karenzentschädigung vor.[69] Diese Umgehung kann nicht über eine geltungserhaltende Reduktion beseitigt werden, weil die Entscheidung im Hinblick auf die wirtschaftliche Belastung, ein Mandat anzunehmen oder abzulehnen, nicht rückgängig gemacht werden kann. 3041

Auch bei **unzumutbarer Höhe** des vom ausscheidenden Arbeitnehmer abzuführenden Honoraranteils kann eine verdeckte allgemeine Mandantenschutzklausel vorliegen, deren Sittenwidrigkeit sich aus der wirtschaftlichen Knebelung des Verpflichteten ergibt.[70] Eine geltungserhaltende Reduktion kommt bei einer zu hohen Honorarabführungspflicht ebenfalls nicht in Betracht. Der zulässige Honoraranteil wird allgemein so berechnet, dass dem Verpflichteten nach Abzug seiner eigenen Kanzleikosten und des abzuführenden Betrages zumindest noch der Wert der eigenen Arbeitsleistung verbleibt oder das, was er zum Aufbau einer eigenen Praxis und zur Sicherung seiner Existenz benötigt.[71] Ausgehend von dem allgemein zugrunde gelegten Erfahrungssatz, dass die durchschnittliche Gewinnspanne bei Freiberuflern bei etwa 50 % liegt, wird insoweit eine Gewinnabführungsquote von 20 % allgemein als zulässig angesehen.[72] Die Vereinbarung einer höheren Gewinnabführungsquote von zB 25 oder 30 %, wie sie in der Lit. zT als zulässig erachtet wird,[73] birgt die Gefahr der Unwirksamkeit, was zur Gesamtnichtigkeit der Mandantenübernahmeklausel führen würde. 3042

66 BAG 7.8.2002 – 10 AZR 586/01, NZA 2002, 1282, 1283; *Grimm/Brock/Windeln*, ArbRB 2005, 92, 93.
67 BAG 7.8.2002 – 10 AZR 586/01, NZA 2002, 1282, 1283; *Grimm/Brock/Windeln*, ArbRB 2005, 92, 93.
68 BAG 7.8.2002 – 10 AZR 586/01, NZA 2002, 1282, 1283; *Grimm/Brock/Windeln*, ArbRB 2005, 92, 93.
69 BAG 7.8.2002 – 10 AZR 586/01, NZA 2002, 1282, 1284.
70 *Michalski/Römermann*, ZIP 1994, 433, 446.
71 *Michalski/Römermann*, ZIP 1994, 433, 446.
72 BAG 7.8.2002 – 10 AZR 586/01, NZA 2002, 1284; *Grimm/Brock/Windeln*, ArbRB 2005, 92, 94.
73 *Henssler/Holthausen*, in: Axmann, Starthandbuch für Rechtsanwälte, Teil 3 Rn 51; *Michalski/Römermann*, ZIP 1994, 433, 446; *Fuhlrott*, AuA 2014, 522.

b) Klauseltypen und Gestaltungshinweise

aa) Niederlassungsverbote

(1) Klauseltyp A

3043  **A 1:**

(1) Nach Beendigung des Arbeitsverhältnisses ist Ihnen jede Konkurrenztätigkeit untersagt, insbesondere jedwede Tätigkeit als Rechtsanwalt, die Beteiligung an einer Rechtsanwaltskanzlei, Rechtsbeistandskanzlei, Steuerberatungsgesellschaften sowie ähnlichen Unternehmen, gleich ob als Angestellter oder freier Mitarbeiter. Das Verbot beginnt mit dem Ausscheiden aus der Sozietät, gilt fünf Jahre lang und erstreckt sich auf den Bereich des Regierungsbezirkes (...).
(2) Für die Dauer des Niederlassungsverbotes wird Ihnen eine Karenzentschädigung gezahlt, die für jedes Jahr des Verbotes der Hälfte der von Ihnen zuletzt bezogenen vertragsmäßigen Leistungen entspricht.

A 2:

(1) Nach Beendigung des Arbeitsverhältnisses wird sich der Arbeitnehmer für einen Zeitraum von zwei Jahren in einem Umkreis von fünf Kilometer um den Sitz der Arztpraxis nicht als angestellter oder selbständiger Arzt niederlassen.
(2) Für die Dauer des Niederlassungsverbotes zahlt der Arbeitgeber eine Karenzentschädigung, die für jedes Jahr des Verbotes der Hälfte der von dem Arbeitnehmer zuletzt bezogenen vertragsmäßigen Leistungen entspricht.

(2) Gestaltungshinweise

3044 Die Klausel A 1 verstößt sowohl in zeitlicher, in räumlicher als auch in gegenständlicher Hinsicht gegen das notwendige Maß eines Niederlassungsverbotes. In zeitlicher Hinsicht sind Niederlassungsverbote nur bis maximal zwei Jahre zulässig.[74] In räumlicher Hinsicht ist die Erstreckung auf den Bereich eines Regierungsbezirkes bei einem Rechtsanwalt als zu weitgehend anzusehen.[75] Die Erstreckung auf einen Amtsgerichtsbezirk könnte als zulässig angesehen werden. Auch in gegenständlicher Hinsicht ist die Klausel A 1 zu weit gefasst, denn dem Rechtsanwalt wird es auch verboten, in anderen Unternehmen, zB Steuerberatungsgesellschaften, oder als Syndikus in Unternehmen tätig zu werden. In Steuerberatungsgesellschaften und in Industrieunternehmen besteht jedoch nicht die Gefahr der illoyalen Verwertung des Erfolgs der innerhalb der Sozietät geleisteten Arbeit. Deswegen ist die Klausel unwirksam.

3045 Die Klausel A 2 hingegen ist wirksam. Es wird sowohl der zeitliche Rahmen von zwei Jahren eingehalten als auch der räumliche Rahmen von fünf Kilometern um den Sitz der Arztpraxis.[76] Darüber hinaus bezieht sich das Niederlassungsverbot nur auf die zuvor ausgeübte Tätigkeit als Arzt. Andere Tätigkeiten, wie zB in der Forschung, sind dem Arbeitnehmer gestattet. Deswegen ist die Klausel A 2 wirksam.

bb) Mandantenschutzklauseln

(1) Klauseltyp B

3046  **B 1:** Nach Beendigung des Arbeitsverhältnisses ist es dem Arbeitnehmer untersagt, aktiv um Kunden des Arbeitgebers zu werben. Das Verbot ist beschränkt auf zwei Jahre und gilt nur für Kunden, die zumindest in den drei Jahren vor Beendigung des Arbeitsverhältnisses Geschäftsbeziehungen zum Arbeitgeber hatten.

---

74 BGH 18.7.2005 – II ZR 159/03, DB 2005, 2129; BGH 29.9.2003 – II ZR 59/02, DB 2003, 2699; BGH 8.5.2000 – II ZR 308/98, DB 2000, 1960.

75 BGH 18.7.2005 – II ZR 159/03, DB 2005, 2129.

76 Räumliche Begrenzung im Wesentlichen abhängig vom Einzelfall, vgl ausf. *Morawietz*, NJOZ 2008, 3813, 3815.

B 2:
(1) Dem Arbeitnehmer ist es untersagt, nach Beendigung des Arbeitsverhältnisses Kunden aktiv abzuwerben oder zu übernehmen, die während der letzten drei Jahre vor seinem Ausscheiden Kunden des Arbeitgebers waren. Das Verbot gilt für die Dauer von zwei Jahren.
(2) Für die Dauer des Niederlassungsverbotes zahlt der Arbeitgeber eine Karenzentschädigung, die für jedes Jahr des Verbotes der Hälfte der von dem Arbeitnehmer zuletzt bezogenen vertragsmäßigen Leistungen entspricht.

(2) Gestaltungshinweise

Bei der Klausel B 1 handelt es sich um eine beschränkte Mandantenschutzklausel. Sie sieht kei- 3047
ne Karenzentschädigung vor. Die Klausel B 1 ist deswegen nur bei Arbeitnehmern wirksam, denen schon aufgrund gesetzlicher Vorschriften das Abwerben von Mandaten oder Kunden verboten ist. Bei anderen Arbeitnehmern ist die Klausel hingegen unwirksam. Eine Karenzentschädigung ist in diesen Fällen nicht erforderlich. Bei der Klausel B 2 handelt es sich um eine wirksame allgemeine Mandantenschutzklausel. Sie wahrt sowohl in zeitlicher als auch in gegenständlicher Hinsicht die Vorgaben der Rspr.

cc) Mandantenübernahmeklausel

(1) Klauseltyp C

(1) Der Arbeitnehmer verpflichtet sich, nach seinem Ausscheiden für die unmittelbare oder mit- 3048
telbare Übernahme der bislang vom Arbeitgeber betreuten Kunden eine Entschädigung zu zahlen, die 20 % des Gewinns aus den übernommenen Kunden für die Dauer von zwei Jahren beträgt. Die Entschädigungszahlung ist jeweils zum Ende eines Quartals hinsichtlich des Gewinns für das vorangegangene Quartal fällig.
(2) Der Arbeitnehmer ist insoweit auch dazu verpflichtet, dem Arbeitgeber die für die Ermittlung und Berechnung der Entschädigungszahlung erforderlichen Auskünfte zu erteilen und entsprechend § 259 Abs. 2 BGB die Richtigkeit und Vollständigkeit der Auskünfte an Eides statt zu versichern.

(2) Gestaltungshinweise

Die Wirksamkeit der Klausel C ist unter Berücksichtigung der jüngsten Rechtsprechungsent- 3049
wicklung zweifelhaft.[77] Die Höhe der Gewinnabführung von 20 % sowie die maximale Bindungsdauer von zwei Jahren entsprechen zwar den Vorgaben des BGH.[78] Indes gilt zu konstatieren, dass der ausscheidende Arbeitnehmer stets 20 % der mit den vormaligen Mandanten des Arbeitgebers erwirtschafteten Nettohonorare abführen soll, ganz gleich, in welchem Verhältnis die Höhe dieser Nettohonorare zu dem vom ausscheidenden Arbeitnehmer bezogenen Angestelltenentgelt steht. Andererseits ist eine unangemessene Benachteiligung deshalb zu besorgen, weil der ausscheidende Arbeitnehmer dem Direktionsrecht seines neuen Arbeitgebers unterworfen ist und es somit nicht in der Hand hat, der Verletzung der Mandantenschutzklausel auszuweichen. Vor diesem Hintergrund ist ernsthaft zu erwägen, die Mandantenschutzklausel auf den Fall zu beschränken, dass der ausscheidende Rechtsanwalt seine berufliche Tätigkeit außerhalb eines Angestelltenverhältnisses fortsetzt. Alternativ ist die Vereinbarung einer karenzpflichtigen Mandantenschutzklausel zu erwägen.

---

77 Das LAG Niedersachsen (8.2.2013 – 12 Sa 904/12, NZA-RR 2013, 347) wertet diese Mandantenübernahmeklausel als unangemessene Benachteiligung des angestellten Rechtsanwalts entgegen den Geboten von Treu und Glauben (§ 307 Abs. 1 S. 1 BGB), weil dieser stets 20 % der Nettohonorare abzuführen hätte, obwohl nicht sichergestellt ist, dass er selbst überhaupt mindestens in diesem Umfang an den Einnahmen aus dem Mandat beteiligt ist. Revision ist eingelegt unter BAG – 10 AZR 286/13.

78 BGH 18.7.2005 – 2 ZR 159/03, DB 2005, 2129.

46. Mediationsklauseln

Literatur

Ahrens, Mediationsgesetz und Güterichter – Neue gesetzliche Regelungen der gerichtlichen und außergerichtlichen Mediation, NJW 2012, 2465; *Breidenbach*, Mediation – Struktur, Chancen und Risiken von Vermittlung im Konflikt, 1998; *Breidenbach/Henssler*, Mediation für Juristen – Konfliktbehandlung ohne gerichtliche Entscheidung, 2005; *Busemann*, Überlegungen zur gerichtsinternen Mediation im arbeitsgerichtlichen Verfahren, AuR 2009, 115; *Clarke/Gordon*, Public Sponsorship of Private Settling: Court-ordered Civil Case Mediation, The Justice Journal 1997, S. 311; *Dahl*, Das neue Mediationsgesetz, FA 2012, 258; *Damerau/Zemmerich*, Mediation im Gerichtswesen, JA 2007, 203; *Düwell*, Das Gesetz zur Förderung der Mediation und anderer Verfahren der außergerichtlichen Konfliktbeilegung, jurisPR-ArbR 28/2012 Anm. 1; *Francken*, Weitere Optimierung des arbeitsgerichtlichen Verfahrens, NJW 2007, 1792; *ders.*, Der Entwurf des Gesetzes zur Förderung der Mediation und die gerichtsinterne Mediation im arbeitsgerichtlichen Verfahren, NZA 2011, 1001; *ders.*, Das Gesetz zur Förderung der Mediation und das arbeitsgerichtliche Verfahren, NZA 2012, 836; *Göttling*, Gerichtsinterne Mediation bei den Arbeitsgerichten Düsseldorf, Krefeld und Oberhausen, PuR 2010, 201; *dies.*, Interview zum Güterichterverfahren, PuR 2013, 191; *Haft*, Verhandlung und Mediation – die Alternative zum Rechtsstreit, 2000; *Hartmann*, Das neue Mediationsgesetz, AuA 2011, 611; *Henkel*, Elemente der Mediation im arbeitsgerichtlichen Verfahren, dargestellt am Modell des Kündigungsschutzprozesses, NZA 2000, 925; *Henssler*, Mediation und RDG, AnwBl 2007, 553; *Henssler/Deckenbrock*, Neue Regeln für den deutschen Rechtsberatungsmarkt, DB 2008, 41; *Henssler/Koch*, Mediation in der anwaltlichen Praxis, 2. Aufl. 2004; *Hergenröder*, Mediation, AR-Blattei SD 1185; *Leiss/Göttgens*, Fallstudie zur Mediation: Beendigung eines Arbeitsverhältnisses, Jura 2008, 175; *Lembke*, Mediation im Arbeitsverhältnis, 2001; *Löwisch*, Mediation arbeitsrechtlicher Regelungsstreitigkeiten, BB 2012, 3073; *Nicola de Paoli*, Bald neuer Schub für Mediation?, PersF 7/2009, 6; *Niedostadek*, Das Mediationsgesetz und die außergerichtliche Konfliktlösung im Arbeits- und Sozialrecht, ZESAR 2012, 319; *Pilartz*, Mediation im Arbeitsrecht, 2013; *Ponschab/Dendorfer*, Mediation in der Arbeitswelt – Eine ökonomisch sinnvolle Perspektive, BB 2001, Beil. Mediation & Recht, 1; *Prütting*, Streitschlichtung und Mediation im Arbeitsrecht, FS Hanau, 1999, S. 743; *Redmann*, Mediation – Erfolgreiche Alternative zur Einigungsstelle, FA 2000, 76; *Schiefer/Borchard*, Betriebsratsschulungen, Düsseldorfer Schriftenreihe, 2. Aufl. 2010; *I. Schmidt*, Mediation und arbeitsgerichtliches Verfahren, in: Joussen/Unerath, Mediation im Arbeitsrecht, Tagung vom 25./26. April 2009, Tagungsband, 2009, S. 119; *Schubert*, Mediation im Arbeitsrecht und in der Betriebsratsarbeit?, AiB 2000, 524; *Wagner*, Außergerichtliche Streitschlichtung – insb. durch Mediationsverfahren, NJW 2001, 1398.

a) Rechtslage im Umfeld

aa) Mediationsgesetz

3050 Am 26.7.2012 ist – „wie es sich für ein Gesetz über Konfliktbeilegung gehört“ nach über zehnjähriger Diskussion im Wege eines Kompromisses[1] – das „Gesetz zur Förderung der Mediation und anderer Verfahren der außergerichtlichen Konfliktbeilegung“[2] in Kraft getreten. Es dient der Umsetzung der Richtlinie 2008/52/EG des Europäischen Parlaments und des Rates vom 21.5.2008 über bestimmte Aspekte der Mediation in Zivil- und Handelssachen (Mediationsrichtlinie).[3] Kernstück ist das **Mediationsgesetz** (**MediationsG**).[4] Die übrigen Vorschriften betreffen notwendige Folgeänderungen in den jeweiligen Prozessordnungen.

3051 Der ursprüngliche Gesetzentwurf umfasste zunächst die folgenden „drei tragenden Säulen“ für die Mediation:[5]

- Außergerichtliche Mediation (unabhängig von einem gerichtlichen Verfahren)
- gerichtsnahe Mediation (während eines Gerichtsverfahrens außerhalb des Gerichts)
- gerichtsinterne Mediation (während eines Gerichtsverfahrens vor einem nicht entscheidungsbefugten Richter).[6]

1 *Francken*, NZA 2012, 836.
2 Gesetz vom 21.7.2012 (BGBl. I S. 1577).
3 ABl. L 136 vom 24.5.2008, S. 3.
4 Verkündet als Art. 1 des Gesetzes zur Förderung der Mediation und anderer Verfahren der außergerichtlichen Konfliktbeilegung vom 21.7.2012 (BGBl. I S. 1577).
5 *Francken*, NZA 2011, 836, 837.
6 Zur gerichtsinternen Mediation s. *Göttling*, PuR 2011, 201; *Francken*, NZA 2011, 1001.

In der BT-Drucksache[7] heißt es hierzu wie folgt: „Die im Regierungsentwurf vorgesehenen Bestimmungen zur gerichtsinternen Mediation werden gestrichen. Im Interesse einer klaren Abgrenzung der richterlichen Streitschlichtung von der Mediation werden die bisher praktizierten unterschiedlichen Modelle der gerichtsinternen Mediation in ein erheblich erweitertes Güterichterkonzept überführt und dieses auf die Verfahrensordnungen der Arbeits-, Sozial-, Verwaltungs-, Patent-, Marken- sowie Finanzgerichte ausgedehnt."[8] 3052

Das Mediationsgesetz soll die Mediation und andere Verfahren der außergerichtlichen Konfliktbeilegung insgesamt fördern und Regelungen sowohl zur außergerichtlichen Mediation als auch zum sog. erweiterten Güterichtermodell[9] treffen. 3053

§ 1 Abs. 1 MediationsG **definiert** die **Mediation** als ein vertrauliches und strukturiertes Verfahren, bei dem Parteien mithilfe eines oder mehrerer Mediatoren freiwillig und eigenverantwortlich eine einvernehmliche Beilegung ihres Konflikts anstreben. Ein **Mediator** ist eine unabhängige und neutrale Person ohne Entscheidungsbefugnis, die die Parteien durch die Mediation führt (§ 1 Abs. 2 MediationsG). Das Mediationsverfahren nach dem MediationsG erfasst Regelungsstreitigkeiten sowohl auf arbeitsvertraglicher Ebene wie auf kollektivrechtlicher Ebene. Das sollte nach Ansicht von *Löwisch*[10] auch bei der nach § 6 MediationsG zu erlassenden Verordnung über die Ausbildung zum zertifizierten Mediator, über die Fortbildung des zertifizierten Mediators sowie über die Anforderungen an Aus- und Fortbildungseinrichtungen berücksichtigt werden.[11] 3054

§ 2 Abs. 1 MediationsG stellt klar, dass sich die Parteien ihren Mediator **selbst aussuchen**. Sie können sich nach der Definition des § 1 Abs. 1 MediationsG auch für mehrere Mediatoren entscheiden. Damit erfasst das Gesetz ausdrücklich auch die **Co-Mediation**.[12] 3055

Gemäß § 2 Abs. 2 MediationsG hat sich der Mediator zunächst zu vergewissern, dass die Parteien die Grundsätze und den Ablauf des Mediationsverfahrens verstanden haben und freiwillig an der Mediation teilnehmen. Dabei kann nach der Gesetzesbegründung wohl nur zu Beginn der Mediation ein Hinweis geboten sein, dass die Parteien in einer Vereinbarung grundlegende Verfahrens-, Kommunikations- und Verhaltensregeln festlegen können.[13] Die Parteien können Regelungen über die Geheimhaltung und Beweisverwertung von Erkenntnissen treffen, Fragen der Vergütung regeln, den Umfang des Einsichtsrechts in die Mediationsakten festhalten und einen respektvollen Umgang in der gemeinsamen Kommunikation niederlegen.[14] 3056

Der Mediator hat die Parteien auf deren Verlangen hin über seinen fachlichen Hintergrund, seine Ausbildung und seine Erfahrung auf dem Gebiet der Mediation zu informieren (§ 3 Abs. 5 MediationsG). 3057

Von besonderer Bedeutung ist die **Vertraulichkeit des Mediationsverfahrens.** § 4 MediationsG sieht daher entsprechend Art. 7 der Mediationsrichtlinie eine allgemeine **Verschwiegenheitspflicht** für Mediatoren sowie für die in die Durchführung des Mediationsverfahrens eingebundenen Personen vor. Dabei ist der Personenkreis „der in die Durchführung des Mediationsverfahrens eingebundene Personen" eng zu verstehen.[15] Hierunter fallen nur die Hilfspersonen 3058

7 BT-Drucks. 17/8058.

8 S. hierzu *Dahl*, FA 2012, 258.

9 Zu dem seit dem 1.8.2013 von den Arbeitsgerichten Düsseldorf und dem LAG Düsseldorf angebotenen Güterichterverfahren s. *Göttling*, PuR 2013, 191.

10 *Löwisch*, Mediation arbeitsrechtlicher Regelungsstreitigkeiten, BB 2012, 3073.

11 S. hierzu den Referentenentwurf einer Verordnung über die Aus- und Fortbildung von zertifizierten Mediatoren (Zertifizierte-Mediatoren-Ausbildungs-Verordnung – ZMediatAusbV) vom 31.1.2014, der sich an den einschlägigen Ausführungen des Rechtsausschusses des Deutschen Bundestages in der Beschlussempfehlung und dem Bericht vom 1.12.2011 (BT-Drucks. 17/8058, 18–20) orientiert.

12 *Dahl*, FA 2012, 258, 259.

13 BT-Drucks. 17/5335.

14 *Dahl*, FA 2012, 258, 259.

15 BT-Drucks. 17/5335.

des Mediators, nicht dagegen die Parteien selbst und deren Familienangehörige sowie Sachverständige. Soweit die Parteien die Vertraulichkeit auf weitere Personen beziehen wollen, können sie hierüber eine Parteivereinbarung schließen. Ein Verstoß kann dann zu haftungsrechtlichen Ansprüchen führen.[16]

3059 Allerdings gilt die Verschwiegenheitspflicht des Mediators nach § 4 S. 3 MediationsG nicht,

- soweit die Informationen zur Umsetzung oder Vollstreckung der erzielten Vereinbarung erforderlich sind,
- bei offenkundigen Tatsachen,
- soweit dies aus Gründen des öffentlichen Wohls geboten ist.

3060 Aufgrund der gesetzlichen Regelung über die Verschwiegenheitspflicht (§ 4 MediationsG) sind alle Mediatoren und die eingebundenen Personen gem. § 383 Abs. 1 Nr. 6 ZPO in Zivilsachen und in allen auf diese Regelung Bezug nehmenden Verfahren **zeugnisverweigerungsberechtigt.**[17]

3061 Gemäß § 2 Abs. 3 S. 1 MediationsG ist der Mediator zur **Neutralität (Allparteilichkeit)** verpflichtet. Er hat daher den Parteien alle Umstände offenzulegen, die seine Unabhängigkeit und Neutralität beeinträchtigen. Er darf in diesem Falle nur nach ausdrücklicher Zustimmung der Parteien tätig werden (§ 3 Abs. 1 MediationsG).

3062 In § 1 Abs. 1 MediationsG sind ausdrücklich die **Freiwilligkeit** und **Eigenverantwortlichkeit** des Mediationsverfahrens vorgesehen. Damit geht einher, dass die Parteien das Verfahren **jederzeit beenden** können (§ 2 Abs. 5 S. 1 MediationsG).

3063 Das MediationsG regelt nicht, wer die **Kosten** der Mediation zu tragen hat. Bei einer Mediation zwischen Arbeitgeber und Betriebsrat dürfte infolge Vermögenslosigkeit des Betriebsrats eine Kostentragungspflicht des Arbeitgebers – einschließlich der Kosten des Rechtsanwalts des Betriebsrats – gegeben sein. Bei einem Konflikt zwischen Arbeitgeber und Arbeitnehmer ist – soweit keine abweichende Vereinbarung getroffen wird – davon auszugehen, dass jede Partei die Kosten – einschließlich eines beauftragten Rechtsanwalts – selbst zu tragen hat.[18]

bb) Erweitertes Güterichtermodell im arbeitsgerichtlichen Verfahren

3064 Maßgebend ist § 54 Abs. 6 ArbGG. Die Regelung des S. 1 sieht vor, dass der Vorsitzende die Parteien für die Güteverhandlung sowie deren Fortsetzung vor einen hierfür bestimmten und nicht entscheidungsbefugten Richter (**Güterichter**) verweisen kann. Dieser kann alle Methoden der Konfliktbeilegung einschließlich der Mediation einsetzen (§ 54 Abs. 6 S. 2 ArbGG). Hierdurch wird das in einzelnen Bundesländern in der Arbeitsgerichtsbarkeit bereits seit Längerem eingeführte sog. **Güterichtermodell**[19] gesetzlich geregelt. Diese Verweisung kann ausweislich der Gesetzesbegründung[20] nur im **Einverständnis der Parteien** erfolgen.

3065 Dem arbeitsgerichtlichen Beschleunigungsgrundsatz soll in § 54 Abs. 6 ArbGG dadurch Rechnung getragen werden, dass der Vorsitzende die Parteien für die Güteverhandlung sowie deren Fortsetzung vor einen nicht entscheidungsbefugten Güterichter verweisen kann. Es wird damit klargestellt, dass die durch Beschluss des Vorsitzenden und im Einverständnis der Parteien erfolgende Verweisung nur vor dem Gütetermin iSd § 54 Abs. 1 ArbGG, im Gütertermin oder im unmittelbaren Anschluss an den Gütetermin erfolgen kann. Soweit sich der Rechtsstreit bereits vor der Kammer befindet, ist Spruchkörper die Kammer und nicht mehr der Vorsitzende allein. Eine Verweisung durch die Kammer an den nicht entscheidungsbefugten Güterichter sieht § 54

16 BT-Drucks. 17/5335.
17 *Dahl*, FA 2012, 258, 259.
18 S. hierzu auch *Dahl*, FA 2012, 258, 260.
19 *Göttling*, PuR 2013, 191.
20 BT-Drucks. 17/8058, S. 22.

Abs. 6 ArbGG nicht vor, da keine weiteren Verzögerungen durch ein Verfahren vor dem Güterichter eintreten sollen.[21]

Die für das Urteilsverfahren des ersten Rechtszugs maßgebenden Vorschriften über das Güteverfahren gelten gem. § 80 Abs. 2 S. 2 ArbGG auch im Rahmen eines **arbeitsgerichtlichen Beschlussverfahrens**. Dementsprechend kann der Vorsitzende im arbeitsgerichtlichen Beschlussverfahren im Einverständnis der Parteien von der Möglichkeit Gebrauch machen, vor einen nicht entscheidungsbefugten Güterichter zu verweisen.[22] 3066

cc) Außergerichtliche Mediation

Gemäß § 54 a Abs. 1 ArbGG kann das Gericht den Parteien eine (außergerichtliche) Mediation oder ein anderes Verfahren der außergerichtlichen Konfliktbeilegung vorschlagen. Soweit die Parteien sich hierfür entscheiden, ordnet das Gericht das Ruhen des Verfahrens an (§ 54 a Abs. 2 S. 1 ArbGG).[23] 3067

dd) Vereinbarung der Vertraulichkeit

Auch dann, wenn mangels entsprechenden Antrags kein Güteverhandlungsprotokoll aufgenommen wird, ist nicht ausgeschlossen, dass der Prozessgegner bei einer Fortsetzung des streitigen Verfahrens vorträgt, welche Erklärungen im Termin vor dem nicht entscheidungsbefugten Güterichter abgegeben wurden. Eine umfassende Erörterung des Konflikts in der Güteverhandlung kann hierdurch gefährdet werden. Es kann sich daher anbieten, dass die Parteien die Vertraulichkeit des Güteverfahrens vereinbaren. In einem solchen **Prozessvertrag**[24] können sich die Parteien verpflichten, den Verlauf der Güteverhandlung und die dort abgegebenen Erklärungen nicht im anschließenden streitigen Verfahren vorzutragen.[25] In Rspr und Lit. wird zutreffend davon ausgegangen, dass sich die Prozessparteien vertraglich zu jedem prozessualen Verhalten verpflichten können, das möglich ist und nicht gegen ein Gesetz oder die guten Sitten verstößt. Im Falle eines abredewidrigen Vortrags kann der Gegner hierzu unter Berufung auf die im Prozessvertrag vereinbarte Vertraulichkeit die Einlassung verweigern, ohne dass die Geständniswirkung eintritt. 3068

Die Parteien können auch vereinbaren, dass im Gütetermin erörterte Beweismittel nicht verwendet werden. Abredewidrige Beweisanträge sind damit unzulässig.[26] 3069

Für die Mediation selbst empfiehlt es sich, mit allen teilnehmenden Personen mit Blick auf die Vertraulichkeit, die Freiwilligkeit und die Eigenverantwortlichkeit der Parteien in einem Prozessvertrag die Mindeststandards des MediationsG zu vereinbaren, da dieses auf die Mediation durch einen Güterichter keine unmittelbare Anwendung findet.[27] 3070

Mit Blick auf die Vertraulichkeit könnte eine entsprechende Vereinbarung wie folgt lauten:[28] 3071

> **„Vereinbarung über eine Mediation**
> 1. Personen, die an der Mediation beteiligt sind (inklusive Mediator), dürfen keine der Parteien in einem sich ggf anschließenden Gerichtsprozess als Zeugen benennen.
> 2. Der Mediator kann nach Abschluss der Mediation auch keine der Parteien in der Angelegenheit, die Gegenstand des Mediationsverfahrens war, beraten oder vertreten.

21 Zu den Einzelheiten *Francken*, NZA 2012, 249, 251; *ders.*, NZA 2012, 836, 838.
22 BT-Drucks. 17/8058, S. 22.
23 Zu den Einzelheiten s. *Francken*, NZA 2012, 836, 840.
24 Zöller/*Greger*, ZPO, § 278 Rn 26.
25 *Wagner*, NJW 2001, 1398, 1399.
26 S. im Einzelnen *Francken*, NZA 2012, 836, 840.
27 Zu den Einzelheiten s. *Francken*, NZA 2012, 836, 840.
28 *Hartmann*, AuA 2011, 340, 341.

3. Tatsachen, die ausschließlich im Mediationsverfahren bekannt wurden, sowie Dokumente, die nur für das Mediationsverfahren erstellt wurden, dürfen die Beteiligte zudem weder in einen späteren Gerichtsprozess einführen noch sonst außerhalb des Mediationsverfahrens verwenden.
4. Personen, die im Laufe eines Mediationsverfahrens hinzutreten, sind ebenfalls zur Vertraulichkeit zu verpflichten."

ee) Rechtsprechung zur Mediation

3072 Soweit auf betriebskollektiver Ebene eine Mediation vorgesehen ist, hält das LAG Hamburg derartige Regelungen in Betriebsvereinbarungen für unzulässig. Konfliktbearbeitungsverfahren und Konfliktbearbeitungseinrichtungen neben dem Betriebsrat zu schaffen, sei mit dem Betriebsverfassungsgesetz nicht in Einklang zu bringen.[29] Ein vom Betriebsrat im Zusammenhang mit einem Antrag auf Einsetzung einer Einigungsstelle nach § 98 ArbGG vorgelegter Betriebsvereinbarungsentwurf mit dem Titel „Sozialer Umgang von Arbeitnehmern untereinander" sah vor, zur Verhinderung von Mobbing betriebliche Konfliktbeauftragte einzusetzen. Das LAG Hamburg war der Auffassung, dem angestrebten Regelungssachverhalt stehe der Gesetzesvorbehalt des § 87 Abs. 1 BetrVG entgegen. Nach § 75 BetrVG sei allein der Betriebsrat für die in dem Betriebsvereinbarungsentwurf aufgezeichneten Problemfälle zuständig.

3073 Eine Schulungsveranstaltung für Betriebsratsmitglieder zum Thema „Mediation im Betrieb" ist nicht gem. § 37 Abs. 7 BetrVG erforderlich, wenn der Arbeitgeber klargemacht hat, dass er dieses Verfahren zur Lösung innerbetrieblicher Konflikte ablehnt. Darüber hinaus sei die Einführung eines weiteren Konfliktlösungsverfahrens in das betriebliche Geschehen unnötig. Sämtliche Probleme im Betrieb könnten durch die bewährten Instrumentarien des Betriebsverfassungsgesetzes und des Arbeitsgerichtsgesetzes erfasst und gelöst werden.[30]

3074 Nach Ansicht des ArbG Lübeck[31] soll ein **Anwaltsmediator**, der im Rahmen der Mediation einen eigenen Vorschlag unterbreitet (hier: zur Unterhaltsberechnung), für die rechtliche Richtigkeit des Vorschlags nicht in gleicher Weise haften wie der für eine Partei beratend tätig werdende Rechtsanwalt. § 628 Abs. 1 S. 2 BGB sei auf einen Vertrag über eine Anwaltsmediation anwendbar. Der Anwaltsmediator behalte seinen Vergütungsanspruch auch, wenn eine der Parteien den Mediationsvertrag kündige, weil sie einen Vorschlag des Mediators für rechtlich falsch halte.

b) Klauseltyp und Gestaltungshinweise

aa) Mediationsklausel

(1) Klauseltyp A

3075 Bei etwaigen Streitigkeiten aus dem Arbeitsvertrag verpflichten sich die Vertragsparteien, vor Beschreiten des Rechtswegs eine Mediation zu versuchen. Nicht ausgeschlossen sind damit Klageerhebungen zum Zweck der Fristwahrung. Als Mediator wird von den Parteien Frau (...) vorgeschlagen.[32]

29 LAG Hamburg 15.7.1998 – 5 TaBV 4/98, NZA 1998, 1245.

30 ArbG Bochum 9.9.2005 – 4 BV 49/05; zur Betriebsratsschulung s. im Einzelnen *Schiefer/Borchard*, Betriebsratsschulungen, S. 1 ff.

31 ArbG Lübeck 29.9.2006 – 24 C 1853/06, NJW 2007, 3789.

32 Textvorschlag H/S-*Hümmerich*, Das arbeitsrechtliche Mandat, § 1 Rn 267.

(2) Gestaltungshinweise

Die Mediationsklausel im Arbeitsvertrag schafft eine vertragliche Verpflichtung der Parteien, vor jeder weiteren Konfliktlösung eine Mediation zu versuchen. So wie die Parteien eine schiedsgerichtliche Vereinbarung treffen können, die im Falle einer Kündigung allerdings nicht den Kündigungsschutzprozess ersetzt, können die Parteien als Ausdruck der Privatautonomie eine private Schlichtung vereinbaren. Zum Wesen der Mediation gehört es nicht, dass der Mediator eine Lösung entwickelt, sondern die Konfliktlösungshoheit liegt und bleibt bei den Parteien. Deshalb ist es eine selbstverständliche Folge der Mediation, deren Ergebnis allerdings schriftlich niedergelegt werden sollte, dass die Parteien das gemeinsam entwickelte Mediationsergebnis als auch im Rechtssinne verbindlich anerkennen. 3076

Ihrer Natur nach ist die auf Basis einer Mediationsklausel getroffene Mediationsvereinbarung ein im Wege wechselseitigen Nachgebens zustande gekommener **Vergleichsvertrag** gem. § 779 BGB. Soweit Zahlungsansprüche formuliert werden, bildet das Mediationsergebnis eine vertragliche Anspruchsgrundlage. 3077

Einer betrieblichen Regelung, in welcher Weise und durch welche Personen dem „Mobbing" von Mitarbeitern entgegenzutreten und wie dieses zu sanktionieren ist, steht der Gesetzesvorbehalt des § 87 Abs. 1 BetrVG entgegen, da entsprechende Maßnahmen zu den gem. § 75 BetrVG unveräußerlichen Aufgaben des Betriebsrats gehören und das Procedere in den §§ 82 ff BetrVG, insb. in den §§ 84, 85 BetrVG, seine Regelung gefunden hat.[33] 3078

Verpflichten sich Arbeitgeber und Arbeitnehmer in einer Mediationsvereinbarung, vor Anrufung der Arbeitsgerichte oder auch vor Einleitung sonstiger Verfahren einen Mediationsversuch zu unternehmen, ist gemäß dem Wortlaut der hier gewählten Mediationsklausel nicht ausgeschlossen, dass bereits parallel mit Ausspruch einer Kündigung eine Kündigungsschutzklage beim Arbeitsgericht anhängig gemacht, dort aber zunächst bis zur Durchführung des Mediationsverfahrens zum Ruhen gebracht wird. Die Frist des § 4 KSchG kann durch die privatautonome Vereinbarung einer Mediationsklausel nicht abbedungen werden. Die **Klagefrist** ist eine prozessuale Frist, an deren Versäumung sich materiell-rechtliche Folgen knüpfen.[34] Ein Arbeitnehmer kann **nach Ausspruch** einer Kündigung durch den Arbeitgeber zwar auf die Erhebung oder Durchführung einer Kündigungsschutzklage verzichten. Ein formularmäßiger Verzicht auf eine Kündigungsschutzklage hält aber nach Inkrafttreten des Gesetzes zur Modernisierung des Schuldrechts am 1.1.2002 und der dadurch erfolgten Einbeziehung des Arbeitsrechts in die AGB-Kontrolle einer Inhaltskontrolle nach § 307 Abs. 1 S. 1 BGB nicht stand. Ohne **kompensatorische Gegenleistung** des Arbeitgebers stellt ein solcher Klageverzicht eine unangemessene Benachteiligung des Arbeitnehmers dar (s. § 1 Rn 2861). 3079

Zwar kann bei Versäumung der Frist eine Kündigungsschutzklage gem. § 5 KSchG nachträglich zugelassen werden. Die Nichteinhaltung der Drei-Wochen-Frist aus dem Grunde, dass im Arbeitsvertrag eine Mediation vereinbart wurde, dass das Mediationsgespräch erst mehr als drei Wochen nach Zugang der Kündigung stattgefunden und kein einvernehmliches Ergebnis erbracht hat, scheidet aus, weil ein Zulassungsgrund iSd § 5 Abs. 1 KSchG fehlt. Nach Anwendung aller der dem Arbeitnehmer nach Lage der Umstände zuzumutenden Sorgfalt war der Arbeitnehmer in diesem Falle durch die Vereinbarung einer Mediationsklausel nicht gehindert, innerhalb der Drei-Wochen-Frist eine Klage zu erheben. Die hier vorgestellte Klausel zielt deshalb auch darauf ab, den Arbeitnehmer in Satz 2 darauf hinzuweisen, dass eine ggf erforderliche Klageerhebung im Hinblick auf Klagefristen unabhängig vom Mediationsverfahren durchgeführt werden soll. 3080

33 LAG Hamburg 15.7.1998 – 5 TaBV 4/98, NZA 1998, 1245.

34 BAG 26.6.1986 – 2 AZR 358/85, NZA 1986, 761; ErfK/*Kiel*, § 4 KSchG Rn 1; *Dahl*, FA 2012, 258, 261.

47. Nachteilsausgleichsverzichtsklauseln

Literatur

Berenz, Aktuelle Probleme im Sozialplanrecht, NZA 1993, 543; *Hanau*, Probleme der Mitbestimmung des Betriebsrats über den Sozialplan, ZfA 1974, 110; *Jox*, Probleme der Bindung an Gerichtsentscheidungen im Rahmen von §§ 111, 113 BetrVG, NZA 1990, 424; *Keller*, Kann auf Nachteilsausgleich nach § 113 BetrVG verzichtet werden?, NZA 1997, 519; *Krichel*, Betriebsänderungen – Interessenausgleich – Sozialplan – Transferleistungen, Düsseldorfer Schriftenreihe, 2. Aufl. 2003; *Lechner*, Voraussetzungen für Zahlung eines Nachteilsausgleichs nach § 113 Abs. 2 BetrVG, AnwZert ArbR 15/2012 Anm. 1; *Löwisch*, Der arbeitsrechtliche Teil des sog. Korrekturgesetzes, BB 1999, 106; *Matthes*, Das Mitbestimmungsrecht des Betriebsrats bei Betriebsänderungen, DB 1972, 286; *Otto*, Zum Nachteilsausgleich gemäß § 113 BetrVG, SAE 1977, 284; *Rebel*, Grundprobleme des Nachteilsausgleichs gemäß § 113 Abs. 3 BetrVG, 2008; *Schäfer*, Zum Nachteilsausgleich bei Betriebsänderung, AuR 1982, 120.

a) Rechtslage im Umfeld

3081 Der Nachteilsausgleich gem. § 113 BetrVG wird dem Arbeitnehmer vom Arbeitgeber geschuldet, wenn entweder von einem Interessenausgleich über eine geplante Betriebsänderung ohne zwingenden Grund abgewichen und dem Arbeitnehmer deshalb gekündigt wurde (§ 113 Abs. 1 BetrVG) oder wenn der Unternehmer eine geplante Betriebsänderung durchführt, ohne zuvor mit dem Betriebsrat über einen Interessenausgleich verhandelt zu haben (§ 113 Abs. 3 BetrVG).

3082 § 113 BetrVG enthält – anders als § 112 Abs. 1 S. 3 BetrVG iVm § 77 Abs. 4 S. 2 BetrVG für Sozialplanansprüche – keine ausdrückliche Anordnung der Unverzichtbarkeit von Nachteilsausgleichsansprüchen. Eine Sozialplanabfindung kann **nicht** von dem **Verzicht** auf die **Erhebung einer Kündigungsschutzklage** abhängig gemacht werden. Etwas anderes gilt für eine „außerhalb eines Sozialplans" zugesagte Abfindung.[1]

3083 Eine analoge Anwendung von § 112 Abs. 1 S. 2 BetrVG iVm § 77 Abs. 2 BetrVG auf die Ansprüche aus § 113 Abs. 3 BetrVG scheidet aus.[2] Dafür fehlt es an der erforderlichen Ähnlichkeit der Sachverhalte, welche die Annahme einer Regelungslücke in § 113 Abs. 3 BetrVG nahe legen könnte. Die **Unverzichtbarkeit von Sozialplanansprüchen** beruht auf dem normativen Status des Sozialplans als Betriebsvereinbarung. Die in § 77 Abs. 4 S. 2 BetrVG für die Wirksamkeit eines Anspruchsverzichts verlangte Zustimmung des Betriebsrats schützt den zwingenden Geltungsanspruch der betreffenden betrieblichen Norm und soll diese vor einer Aushöhlung durch Individualabsprachen bewahren. Nachteilsausgleichsansprüche aus § 113 Abs. 3 BetrVG beruhen demgegenüber nicht auf einer zu schützenden Betriebsvereinbarung. Selbst ein vereinbarter Interessenausgleich, dessen tatsächliche Durchführung durch § 113 Abs. 1, 2 BetrVG mittelbar bewirkt werden soll, stellt keine Betriebsvereinbarung und deshalb keine Rechtsnorm dar. Nachteilsausgleichsansprüche sind gesetzliche Ansprüche, die **grds. zur Disposition** des Anspruchsinhabers stehen; etwas anderes gilt für gesetzliche Ansprüche nur, wenn das Gesetz selbst die Unverzichtbarkeit des Anspruch vorsieht, etwa § 13 Abs. 1 S. 3 BUrlG, § 12 EFZG, § 22 Abs. 1 TzBfG und § 18 BBiG.[3] Die Unverzichtbarkeit von Nachteilsausgleichsansprüchen ist auch nicht vom Normzweck des § 113 Abs. 3 BetrVG geboten.

3084 Voraussetzung für die **Wirksamkeit des Anspruchsverzichts** ist allerdings, dass bereits **vorher** mit dem Beginn der Durchführung der Betriebsänderung gegen die Beteiligungsrechte des Betriebsrats verstoßen worden war und der Nachteilsausgleichsanspruch **deshalb schon bestand.** Ein früherer Verzicht zu einem Zeitpunkt, zu welchem die Wahrung der Beteiligungsrechte noch möglich gewesen wäre, brächte § 113 Abs. 3 BetrVG um seine Sanktionswirkung. Es wäre dann die anschließende Verletzung der Beteiligungsrechte möglich, ohne dass der Unterneh-

1 BAG 15.2.2005 – 9 AZR 116/04, DB 2005, 2245.

2 BAG 23.9.2003 – 1 AZR 576/02, DB 2004, 658 unter Verweis auf *Keller*, NZA 1997, 519; *Richardi/Annuß*, in: Richardi, BetrVG, § 113 Rn 64.

3 BAG 23.9.2003 – 1 AZR 576/02, DB 2004, 658.

mer die wirtschaftliche Belastung durch Nachteilsausgleichsansprüche fürchten müsste. Von diesem Risiko darf er um des erstrebten Schutzes willen nach Ansicht des BAG nicht entlastet werden.

Dagegen kann ein **nachträglicher Anspruchsverzicht** den Schutz der Beteiligungsrechte nicht 3085
vermindern. Seine Wirksamkeit setzt aus diesem Grund auch nicht voraus, dass die Betriebsänderung bei der Vereinbarung des Verzichts schon vollständig abgeschlossen war. Bereits mit dem Beginn der Durchführung der Betriebsänderung sind die Beteiligungsrechte des Betriebsrats unheilbar verletzt. Dieser Verstoß kann weder durch ein Absehen von der weiteren Durchführung der Betriebsänderung noch durch eine spätere Beratung oder Verständigung mit dem Betriebsrat rückgängig gemacht werden.

Der Wirksamkeit eines Verzichts auf Nachteilsausgleichsansprüche steht auch europäisches 3086
Recht nicht entgegen. Einer Zustimmung des Betriebsrats bedarf es nicht.[4]

Hieraus folgt: Die Betriebs- oder Arbeitsvertragsparteien können Ansprüche nach § 113 Abs. 3 3087
BetrVG im Voraus **nicht ausschließen.**[5] Auf einen **bereits entstandenen** Nachteilsausgleichsanspruch kann der Arbeitnehmer aber, etwa in einem Aufhebungsvertrag, wirksam – auch ohne Zustimmung des Betriebsrats – verzichten. Hinsichtlich des Verzichts auf den Nachteilsausgleich ist also nach dem **Zeitpunkt** zu differenzieren, in dem der Arbeitnehmer diesen erklärt hat. Vor Durchführung der Betriebsänderung ist der Verzicht unwirksam. In dem nachfolgenden Zeitraum bestehen jedoch weder im Hinblick auf den Zweck des Nachteilsausgleichs noch aus Sicht des Gemeinschaftsrechts durchgreifende Bedenken gegen einen Verzicht.[6]

b) Klauseltypen und Gestaltungshinweise

aa) Verzicht auf einen Nachteilsausgleichsanspruch im Voraus

(1) Klauseltyp A

↓ Der Der Arbeitnehmer verzichtet auf eventuelle Nachteilsausgleichsansprüche.[7] 3088

(2) Gestaltungshinweise

Die Klausel A ist ggf in AGB-rechtlicher Hinsicht vertretbar (keine Unverständlichkeit iSd 3089
§ 307 Abs. 1 S. 2 BGB; keine unangemessene Benachteiligung gem. § 307 Abs. 1 S. 1 BGB). Sie dürfte jedoch mit der Entscheidung des BAG vom 23.9.2003[8] nicht zu vereinbaren sein, da danach nur ein Verzicht auf **bereits entstandene** Ansprüche möglich ist.

bb) Verzicht auf einen bereits entstandenen Nachteilsausgleichsanspruch

(1) Klauseltyp B

Mit Abschluss dieser Vereinbarung und Erfüllung der sich hieraus ergebenden Verpflichtungen 3090
sind alle gegenseitigen Ansprüche aus dem Arbeitsverhältnis und dessen Beendigung – gleich aus welchem Rechtsgrund, ob bekannt oder unbekannt – abgegolten.

(2) Gestaltungshinweise

Durch eine solche Vereinbarung des Klauseltyps B kann auf bereits entstandene Nachteilsaus- 3091
gleichsansprüche wirksam verzichtet werden.[9]

4 Im Einzelnen BAG 23.9.2003 – 1 AZR 576/02, DB 2004, 658.
5 *Fitting u.a.*, BetrVG, § 113 Rn 46.
6 GK-BetrVG/*Oetker*, § 113 Rn 85; *Löwisch/Kaiser*, BetrVG, § 113 Rn 18; *Lechner*, AnwZert ArbR 15/2012 Anm. 1.
7 *Hümmerich/Lücke/Mauer*, FB ArbR, Muster 1134 (§ 18); Muster 1170 (§ 14).
8 BAG 23.9.2003 – 1 AZR 576/02, DB 2004, 658.
9 BAG 23.9.2003 – 1 AZR 576/02, DB 2004, 658.

48. Nebentätigkeitsklauseln

Literatur

Berger-Delhey, Erwerbstätigkeit während des Urlaubs, ZTR 1989, 146; *Engelken*, Vorzensur für schriftstellerische, wissenschaftliche, künstlerische und Vortrags-Nebentätigkeiten?, ZRP 1998, 50; *Gaul/Bonanni*, Die Nebentätigkeitsgenehmigung, ArbRB 2002, 284; *Glöckner*, Nebentätigkeitsverbote im Individualarbeitsrecht, Diss. 1993; *Hoß*, Vorbereitung einer späteren Konkurrenztätigkeit, ArbRB 2002, 87; *Hunold*, Rechtsprechung zur Nebentätigkeit des Arbeitnehmers, NZA-RR 2002, 505; *Kappes/Aabadi*, Nebentätigkeit und Abmahnung, DB 2003, 938; *Kempen/Kreuder*, Nebentätigkeit und arbeitsrechtliches Wettbewerbsverbot bei verkürzter Arbeitszeit, AuR 1994, 214; *Kombichler*, Nebentätigkeit des Arbeitnehmers, AuA 2003, 16; *Stoffels*, Der Vertragsbruch des Arbeitnehmers, Diss. 1994; *Wank*, Nebentätigkeit des Arbeitnehmers, AR-Blattei SD 1230.

a) Rechtslage im Umfeld

aa) Grundfragen

3092 Bei der Nebentätigkeit stellt sich zunächst die Frage, in welchem Umfang der Arbeitgeber darauf einwirken darf, dass der Arbeitnehmer keine Nebentätigkeit ausübt. Die freie Berufsausübung ist durch Art. 12 GG verfassungsmäßig geschützt. Der Arbeitnehmer muss im Geltungsbereich des Grundgesetzes die Möglichkeit haben, durch Verwertung seiner Arbeitskraft den gewünschten Lebensunterhalt zu bestreiten. Auch Zweitberufe und Nebentätigkeiten werden vom Schutzbereich des Art. 12 GG erfasst.[1] Jeder darf für sich selbst entscheiden, wie viel er arbeitet und wie er sein Leben im Bereich der Arbeit gestaltet. Zur Verwirklichung dieses Rechts sei es häufig sogar notwendig, mehrere Berufe auszuüben, weil ansonsten eine Existenzgrundlage nicht geschaffen werden könne.[2] Dieser Auffassung ist auch das BAG; über Art. 12 Abs. 1 GG werde auch die Freiheit geschützt, eine nebenberufliche Tätigkeit auszuüben.[3]

3093 Jeder Arbeitnehmer hat daher grds. einen Anspruch darauf, einer Nebentätigkeit nachzugehen. Dieses Recht besteht jedoch nicht schrankenlos. Eine Reihe von Verboten und Einschränkungen muss der Arbeitnehmer hinnehmen.

3094 So darf er angesichts des bestehenden **Treueverhältnisses**, bzw nunmehr aufgrund der Pflicht zur Rücksichtnahme gem. § 241 Abs. 2 BGB, und in Analogie zu § 60 HGB dem Arbeitgeber ohne dessen Einwilligung in dessen Geschäftszweig keine Konkurrenz durch eigene Geschäfte machen.[4] Während des rechtlichen Bestandes eines Arbeitsverhältnisses ist dem Arbeitnehmer jegliche **Konkurrenztätigkeit** zum Nachteil des Arbeitgebers untersagt, auch wenn der Arbeitsvertrag keine entsprechende, ausdrückliche Regelung vorsieht.[5]

3095 Eine weitere Einschränkung ergibt sich aus der Verpflichtung des Arbeitgebers, auf die **Einhaltung der Vorschriften des ArbZG** zu achten.[6] Nach § 3 S. 1 ArbZG ist die regelmäßige werktägliche **Arbeitszeit** für den Arbeitnehmer auf acht Stunden begrenzt, die regelmäßige Wochenarbeitszeit darf – abgestimmt mit Art. 6 lit. b der Richtlinie 2003/88/EG – grds. 48 Stunden nicht überschreiten.[7] Arbeitszeiten bei mehreren Arbeitgebern sind nach § 2 Abs. 1 ArbZG zusammenzurechnen. Die Einhaltung der zulässigen Arbeitszeit und Ruhepausen obliegt dem Arbeitgeber, der somit ein berechtigtes Interesse an der Kenntnis und eventuellen Untersagung der Nebentätigkeit hat. Kommt es durch Aufnahme eines weiteren Arbeitsverhältnisses zu einer erheblichen Überschreitung der gesetzlich zulässigen Höchstarbeitszeit, ist das zusätzliche

1 BVerfG 4.11.1992 – 1 BvR 79/85, NJW 1993, 317.

2 BVerfG 4.11.1992 – 1 BvR 79/85, NJW 1993, 317.

3 BAG 11.12.2001 – 9 AZR 464/00, NZA 2002, 966 = RdA 2003, 175 m. Anm. *Büchner*; BAG 26.6.2001 – 9 AZR 343/00, NZA 2002, 98.

4 BAG 26.1.1995 – 2 AZR 355/94, EzA BGB § 626 nF Nr. 155; BAG 24.3.2010 – 10 AZR 66/09, NZA 2010, 693.

5 BAG 26.1.1995 – 2 AZR 355/94, EzA § 626 BGB nF Nr. 155.

6 BAG 11.12.2001 – 9 AZR 464/00, NZA 2002, 966.

7 ErfK/*Wank*, § 3 ArbZG Rn 5; Küttner/*Poeche*, Personalbuch, 59 (Arbeitszeit) Rn 9.

Arbeitsverhältnis in vollem Umfange nichtig,[8] wobei eine Beschränkung der Nichtigkeitsfolge auf die Arbeitszeitregelung in der Lit. für zutreffend gehalten wird.[9]

Eine dritte Themengruppe rankt sich um den Aspekt der **Beeinträchtigung des Hauptarbeitsverhältnisses.**[10] Das BAG folgt dem Grundsatz, dass die anderweitige Tätigkeit eines Angestellten außerhalb seines Arbeitsbereichs im Arbeitsverhältnis, auch wenn sie an sich erlaubt ist, eine Kündigung rechtfertigen kann, wenn der Angestellte infolge seiner „Nebentätigkeit" seiner eigentlichen Arbeitspflicht nicht mehr ausreichend nachkommt.[11] Nach dem BAG reicht jedoch auch die fortgesetzte und vorsätzliche Ausübung nicht genehmigungsfähiger Nebentätigkeiten in Unkenntnis des Arbeitgebers bereits ohne das Hinzutreten besonderer Umstände an sich als wichtiger Grund zur Kündigung nach § 626 Abs. 1 BGB.[12] Die Beeinträchtigung kann zB darin bestehen, dass der Arbeitnehmer in seiner Nebentätigkeit Mitarbeiter aus dem Hauptarbeitsverhältnis zur Mithilfe heranzieht.[13] 3096

Eine **breite Kasuistik** rankt sich um die von der Rspr entschiedene Beeinträchtigung des Hauptarbeitsverhältnisses durch die Ausübung von Nebentätigkeiten während **krankheitsbedingter Fehlzeiten,** wobei die während der Nebentätigkeit ausgeübte Arbeit meist gegen die **Gesunderhaltungspflicht** des Arbeitnehmers verstößt. Die Beispiele reichen vom Karatetraining bei angeblich gleichzeitigen Bandscheibenbeschwerden[14] über Keyboardspielen in einer Hotelbar während vermeintlicher Arbeitsunfähigkeit,[15] vom Kirmesbesuch bei Gichtbeschwerden[16] über den Messestandaufbau nach Bandscheibenvorfall,[17] vom Spielen des Musikers, der angeblich arbeitsunfähig erkrankt ist, in einem anderen Orchester während „krankheitsbedingter" Fehlzeiten[18] bis hin zum Spielkasinobesuch am Tag der Krankschreibung[19] oder zur Wohnungsrenovierung bei akuten Rückenbeschwerden.[20] 3097

Eine Beeinträchtigung der Haupttätigkeit kann es darstellen, wenn ein Busfahrer eine weitere Nebentätigkeit als Fahrer ausüben möchte. Der Arbeitgeber hatte in dem vom BAG entschiedenen Fall die Nebentätigkeit unter Bezugnahme auf den Manteltarifvertrag für die gewerblichen Arbeitnehmer des privaten Omnibusgewerbes in Bayern abgelehnt, wonach jegliche Nebentätigkeiten untersagt sind, die mit dem Lenken von Kraftfahrzeugen verbunden sind. In der maßgeblichen Tarifnorm heißt es: „Jede Nebenbeschäftigung ohne vorherige Zustimmung des Arbeitgebers ist untersagt. Nebentätigkeiten, die mit dem Lenken von Kraftfahrzeugen verbunden sind, sind nicht gestattet (Lenkzeitkontrolle!)." Das BAG hielt es für zulässig, dass durch diese Klausel für Busfahrer jede anderweitige Nebentätigkeit im Fahrdienst wirksam ausgeschlossen wird.[21] Auch das Angebot des Arbeitnehmers, die Nebentätigkeit nur an dienstfreien Tagen auszuüben, änderte aus Sicht des BAG an der Wirksamkeit des absoluten Nebentätigkeitsverbots nichts. Die Tarifvertragsparteien hätten mit dem Klammerzusatz „Lenkzeitkontrolle!" deutlich gemacht, welches Ziel sie mit ihrer Regelung verfolgten. Durch das Verbot 3098

8 LAG Nürnberg 29.8.1995 – 2 Sa 429/94, AP § 134 BGB Nr. 9; BGH 28.1.1986 – VI ZR 151/84, NJW 1986, 1486.
9 Palandt/*Ellenberger*, § 134 BGB Rn 15; Preis/*Rolfs*, Der Arbeitsvertrag, II N 10 Rn 12; Staudinger/*Sack*/*Seibl*, § 134 BGB Rn 199 f.
10 *Hunold*, NZA-RR 2002, 505, 507.
11 BAG 7.9.1972 – 2 AZR 486/71, EzA § 60 HGB Nr. 7.
12 BAG 18.9.2008 – 2 AZR 827/06, DB 2009, 743; BAG 19.4.2007 – 2 AZR 180/06, NZA 2007, 1319.
13 ArbG Passau 16.1.1992 – 4 Ca 654/91, ARST 1992, 84.
14 ArbG Solingen 13.5.1982 – 1 Ca 1357/81, ARST 1983, 175.
15 LAG Schleswig-Holstein 3.11.1997 – 2 Sa 373/97.
16 ArbG Solingen 14.1.1982 –1 Ca 1077/81, ARST 1983, 24.
17 LAG Hessen 15.8.1985 –12 Sa 963/84, BB 1986, 198.
18 LAG München 9.9.1982 – 6 Sa 96/82, DB 1983, 1931.
19 LAG Hamm 11.5.1982 – 13 Sa 85/82, DB 1983, 235.
20 LAG Köln 9.10.1998 – 11 Sa 400/98, NZA-RR 1999, 188.
21 BAG 26.6.2001 – 9 AZR 343/00, NZA 2002, 98.

solle die Einhaltung der Lenk- und Ruhezeiten sichergestellt werden. Dies liege im Interesse des Arbeitgebers, der nach den gesetzlichen Bestimmungen den zuständigen Behörden gegenüber verantwortlich sei, dass die Arbeitszeitvorschriften eingehalten würden. Angesichts der nur eingeschränkten Kontrollmöglichkeiten des Arbeitgebers auf Einhaltung der Lenkzeiten sei die tarifvertragliche Regelung auch vernünftig, die der Arbeitnehmer im Übrigen mit Abschluss des Arbeitsvertrages freiwillig eingegangen sei.[22]

3099 Ein vierter Themenbereich behandelt die Ausübung von **Nebentätigkeiten während des Urlaubs**. Nach § 8 BUrlG besteht während des Urlaubs ein eingeschränktes Nebentätigkeitsverbot. Der Arbeitnehmer darf während des Urlaubs keine dem Urlaubszweck widersprechende Erwerbstätigkeit leisten. Bei verbotener Urlaubsarbeit steht dem Arbeitgeber kein Anspruch auf Rückzahlung des gezahlten Urlaubsgeldes zu.[23] Weder § 8 BUrlG noch das Bereicherungsrecht ergeben eine geeignete Rechtsgrundlage eines Rückzahlungsanspruchs.[24] Abmahnungen oder Kündigungen, ggf auch Schadensersatz sind die denkbaren Rechtsfolgen bei Verstoß gegen **verbotene Urlaubsarbeit**. Nebentätigkeiten, die zulässigerweise neben der Haupttätigkeit ausgeübt werden, können während des Urlaubs in der Haupttätigkeit fortgesetzt werden.[25] Es besteht auch keine Pflicht des Arbeitnehmers, in beiden Arbeitsverhältnissen gleichzeitig Urlaub zu nehmen.[26]

3100 Eine fünfte Gruppe von Nebentätigkeitseinschränkungen ergibt sich bei Arbeitnehmern des öffentlichen Dienstes sowie generell bei solchen Arbeitnehmern, die einer tarifvertraglichen Einschränkung im Bereich der Nebentätigkeit unterliegen. Im Bereich des **öffentlichen Dienstes** bestehen zunächst die **Nebentätigkeitsregelungen für Beamte** (§ 40 BeamtStG, §§ 97 ff BBG, Bundesnebentätigkeitsverordnung)[27] sowie die entsprechenden Ländervorschriften. Früher fanden diese Vorschriften über § 11 BAT für die Angestellten des öffentlichen Dienstes (gegenwärtig noch im Geltungsbereich der Tarifgemeinschaft der Länder) sinnentsprechend Anwendung.[28] Das BAG hielt die Inbezugnahme dieser, als Ausdruck der hergebrachten Grundsätze des Berufsbeamtentums entwickelten, strengen Nebentätigkeitsregelungen für wirksam.[29] Heute ist in § 3 Abs. 3 TVöD nur noch eine Anzeigepflicht für Nebentätigkeiten vorgeschrieben. Der Arbeitgeber kann die Nebentätigkeit untersagen oder mit Auflagen versehen, wenn sie geeignet ist, die Erfüllung der arbeitsvertraglichen Pflichten der Beschäftigten oder berechtigte Interessen des Arbeitgebers zu beeinträchtigen. Sofern ein Beamter Nebentätigkeiten ausübt, ohne die erforderliche Genehmigung einzuholen, weil ihm bewusst war, dass diese Nebentätigkeiten nicht genehmigungsfähig waren, kann eine darauf gestützte Kündigung wirksam sein. In dem vom BAG zu entscheidenden Fall lag zudem der Verdacht der Bestechlichkeit des Arbeitnehmers durch die Nebentätigkeit nahe.[30] Hat im öffentlichen Dienst ein Arbeitgeber mit einem Angestellten auf Dauer Sonderurlaub ohne Fortzahlung der Bezüge allein zur Vermeidung versorgungsrechtlicher Nachteile vereinbart und ist eine vorzeitige Beendigung des Urlaubs ausgeschlossen, stehen der Erlaubnis zur Aufnahme einer beruflichen Tätigkeit berechtigte dienstliche Interessen nicht entgegen.[31] Ob bei einem dauerhaft ruhenden Arbeitsverhältnis eine Nebentätigkeitsgenehmigung erforderlich ist, hat das BAG offen gelassen.

---

22 *Gaul/Bonanni*, ArbRB 2002, 284.
23 BAG 25.2.1988 – 8 AZR 596/85, AP § 8 BUrlG Nr. 3; Preis/*Rolfs*, Der Arbeitsvertrag, II N 10 Rn 15.
24 Kritisch *Adomeit*, SAE 1989, 159 f; *Berger-Delhey*, ZTR 1989, 146; *Neumann/Fenski*, § 8 BUrlG Rn 11.
25 ErfK/*Gallner*, § 8 BUrlG Rn 2; Preis/*Rolfs*, Der Arbeitsvertrag, II N 10 Rn 14.
26 Preis/*Rolfs*, Der Arbeitsvertrag, II N 10 Rn 14.
27 *Battis*, AuR 1998, 61; *Engelken*, ZRP 1998, 50.
28 BAG 16.11.1989 – 6 AZR 168/89, AP § 11 BAT Nr. 3; BAG 30.5.1996 – 6 AZR 537/95, NZA 1997, 145.
29 BAG 25.7.1996 – 6 AZR 683/95, AP § 11 BAT Nr. 6.
30 BAG 18.9.2008 – 2 AZR 827/06, NZA-RR 2009, 393.
31 BAG 13.3.2003 – 6 AZR 585/01, NZA 2003, 976.

Das Nebentätigkeitsrecht für **kirchliche Mitarbeiter** entspricht, bspw über § 5 Abs. 2 AVR/Caritas, weitgehend dem früheren Nebentätigkeitsrecht der Mitarbeiter des öffentlichen Dienstes. Hier besteht die Besonderheit, dass Nebentätigkeiten mit der kirchlichen Sittenlehre in Einklang stehen müssen. Die Berücksichtigung des Ansehens des Arbeitgebers, das durch die Nebentätigkeit nicht beeinträchtigt werden darf, erfolgt insoweit in einer spezifischeren Ausprägung als bei den Mitarbeitern des öffentlichen Dienstes generell. So kann es nach Ansicht des BAG mit dem Ansehen eines katholischen Krankenhauses nicht in Einklang gebracht werden, wenn jemand im Hauptberuf als Krankenpfleger der Rettung und Erhaltung von Leben und Gesundheit der ihm anvertrauten Patienten dient, in seiner Nebentätigkeit dagegen im gleichen Ort als Bestatter arbeitet.[32] 3101

Die **punktuelle Rechtssetzung** im Bereich der Arbeitsvertragsgestaltung zeigt sich auch im Bereich des Nebentätigkeitsrechts. Die meisten Entscheidungen zum Nebentätigkeitsrecht sind im Zusammenhang mit Kündigungsschutzklagen wegen des Verstoßes des Arbeitnehmers gegen Nebentätigkeitsvereinbarungen ergangen, also nicht primär, um ein spezifisches Nebentätigkeitsrecht im Arbeitsverhältnis herauszubilden.[33] So auch eine jüngere Entscheidung des BAG, in welcher eine außerordentliche Kündigung wegen nicht genehmigter Nebentätigkeit eines Arztes für wirksam erklärt wurde.[34] 3102

bb) Gestaltungsanforderungen

Zwar kann man sich bei der Gestaltung von Nebentätigkeitsregelungen damit begnügen, die gesetzlichen Verbote im Arbeitsvertrag zu wiederholen, also das Verbot der **Konkurrenztätigkeit**, das Verbot des Verstoßes gegen die **gesetzliche Höchstarbeitszeit** und das Verbot, eine dem **Urlaubszweck widersprechende Erwerbstätigkeit** auszuüben. Solche **deklaratorischen** Nebentätigkeitsverbote werden jedoch der vielfältigen Interessenlage des Arbeitgebers nur bedingt gerecht. 3103

Die strengste Nebentätigkeitsregelung bildet das **absolute Nebentätigkeitsverbot.** Ebenso kommt ein **partielles Nebentätigkeitsverbot** in Betracht, wie es im Tarifvertrag für das Omnibusgewerbe in Bayern zum Ausdruck kommt. Danach sind Nebentätigkeiten, die mit dem Lenken von Kraftfahrzeugen verbunden sind, nicht gestattet. Daneben kann ein **Nebentätigkeitsverbot mit Erlaubnisvorbehalt** vereinbart werden. Der Vorteil eingeschränkter und absoluter Nebentätigkeitsverbote besteht darin, dass die von der Rspr vorgenommene Eingrenzung vertraglicher Nebentätigkeitsklauseln unter dem Gesichtspunkt der Wahrung der beruflichen Entfaltungsfreiheit des Arbeitnehmers nur den Genehmigungsvorbehalt betrifft, nicht aber die Pflicht des Arbeitnehmers, eine solche Nebentätigkeit zunächst einmal anzuzeigen und den Arbeitgeber zur Genehmigung aufzufordern.[35] Schließlich besteht auch die Möglichkeit, dem Arbeitnehmer eine **Anzeigepflicht für Nebentätigkeiten** aufzuerlegen. Eine interessante Gestaltungsvariante ist der **Zustimmungsvorbehalt mit Zustimmungsfiktion.**[36] 3104

Ein weiterer Regelungsbereich erschließt sich bei den **Auskunftsrechten** des Arbeitgebers und der Frage, in welchem Umfang der Arbeitgeber **Vertragsstrafen** für den Fall des Verstoßes gegen das Nebentätigkeitsverbot vereinbaren darf. Eng verknüpft ist diese Frage mit den **Rechtsfolgeregelungen**, die sich aus Verstößen gegen Nebentätigkeitseinschränkungen ergeben oder vertraglich vorgesehen sind. Schließlich muss sich der Gestalter auch darüber Gedanken machen, inwieweit der Arbeitgeber auf die arbeitnehmerseitige Ausübung von **Ehrenämtern** Einfluss nehmen darf. 3105

32 BAG 28.2.2002 – 6 AZR 357/01, DB 2002, 1560.
33 *Hunold*, NZA-RR 2002, 505.
34 BAG 19.4.2007 – 2 AZR 180/06, NZA-RR 2007, 571, 576.
35 So *Löwisch*, Anm. zu BAG 26.8.1976 – 2 AZR 377/75, AP § 626 BGB Nr. 68.
36 Vgl Preis/*Rolfs*, Der Arbeitsvertrag, II N 10 Rn 32.

3106 Durch die Einstellung **Teilzeitbeschäftigter** oder auch **geringfügig Beschäftigter** kann eine unvorhergesehene Inanspruchnahme des Arbeitgebers auf Lohnsteuer oder Sozialversicherungsbeiträge eintreten. Zwar ist der Arbeitnehmer, der seine Anzeigepflicht gegenüber dem Arbeitgeber insoweit verletzt, dem Arbeitgeber zum Schadensersatz verpflichtet. Zu dem zu ersetzenden Schaden gehören jedoch nicht die Arbeitgeberanteile der Beiträge zur gesetzlichen Kranken- und Rentenversicherung, die der Arbeitgeber nachentrichten muss. Das BAG ist der Auffassung, eine Abwälzung der **Arbeitgeberanteile** komme wegen § 32 SGB I und im Übrigen auch deshalb nicht in Betracht, weil der Arbeitgeber diese Anteile selbst bei ordnungsgemäßer Erfüllung der Mitteilungspflicht durch den Arbeitnehmer zu tragen gehabt hätte.[37] Schadenspauschalierungen, also Regelungen, über die der Arbeitnehmer wegen **Verletzung der Anzeigepflicht** dem Arbeitgeber Schadensersatz pauschal in Höhe der nachentrichteten Arbeitgeberanteile schuldet, sind nichtig.[38]

cc) Prozessuale Aspekte

3107 Prozessual bedeutsam sind die – meist im Zusammenhang mit vermuteter Konkurrenztätigkeit ergangenen – Entscheidungen, die sich mit dem **vorläufigen Rechtsschutz** des Arbeitgebers gegen Nebentätigkeiten des Arbeitnehmers befassen. Derjenige, der einem anderen gegenüber vertraglich verpflichtet ist, Wettbewerb zu unterlassen, schuldet diesem Auskunft, sobald er ihm zu der Vermutung erheblichen Anlass gegeben hat, er habe seine Vertragspflicht verletzt.[39] Die **Auskunftspflicht** erstreckt sich auf alle Angaben, die Voraussetzung einer etwaigen Schadensersatzforderung sein können. Dazu können auch unter Verstoß gegen die Treuepflicht vom Arbeitnehmer in einer nicht berechtigten Nebentätigkeit angebotene Preise gehören. Bestreitet die auskunftspflichtige Partei im Prozess eine vertragswidrige Konkurrenztätigkeit, so liegt darin zumindest dann nicht schon die geschuldete Auskunft, wenn die Parteien noch darüber streiten, wie weit die Unterlassungspflicht des Auskunftspflichtigen reicht.[40]

3108 Für den Vertragsgestalter ergibt sich hieraus die Forderung, ein weitgehendes Auskunftsrecht in die Nebentätigkeitsvereinbarung aufzunehmen, um nicht auf den im Prozess nicht immer einfach darzulegenden Vortrag angewiesen zu sein, der Kläger übe eine Konkurrenztätigkeit aus. Schon der Verdacht kann deshalb Anknüpfungspunkt einer Auskunftspflicht durch Vertragsgestaltung sein. Andernfalls gerät der Arbeitgeber allzu rasch in Beweisnot. Einen Ausweg bietet nur die Gestaltung einer umfassenden arbeitsvertraglichen Auskunftspflicht bei Verdacht des Arbeitgebers auf unzulässige Nebentätigkeit.

b) Klauseltypen und Gestaltungshinweise

aa) Deklaratorische Nebentätigkeitsverbote

(1) Klauseltyp A

3109 **A 1:** Sie verpflichten sich, keine Nebentätigkeit auszuüben, die zu einer Überschreitung der gesetzlichen Höchstarbeitszeit führt,[41] keine Konkurrenztätigkeit auszuüben, während Ihres Urlaubs keiner dem Urlaubszweck widersprechenden Erwerbstätigkeit nachzugehen[42] und auch im Falle von Arbeitsunfähigkeit keinen Nebenbeschäftigungen nachzugehen, die Ihre Genesung verzögern könnten.

37 BAG 18.11.1988 – 8 AZR 12/86, NZA 1989, 389 = AP § 611 BGB Doppelarbeitsverhältnis Nr. 3.
38 BAG 18.11.1988 – 8 AZR 12/86, NZA 1989, 389; *Krause*, AuR 1999, 390.
39 BAG 12.5.1972 – 3 AZR 401/71, EzA § 60 HGB Nr. 6.
40 BAG 12.5.1972 – 3 AZR 401/71, EzA § 60 HGB Nr. 6.
41 Vgl Preis/*Rolfs*, Der Arbeitsvertrag, II N 10 Rn 10.
42 Vgl Preis/*Rolfs*, Der Arbeitsvertrag, II N 10 Rn 13.

A 2: Während der Dauer des Arbeitsverhältnisses ist jede entgeltliche oder unentgeltliche Nebentätigkeit, mit der Sie gegen Ihre arbeitsvertraglichen Pflichten verstoßen (Konkurrenztätigkeit, Beeinträchtigung der Leistungsfähigkeit, Verstoß gegen Gesunderhaltungs- oder Urlaubspflicht, Beeinträchtigung der zeitlichen Verfügbarkeit, Verstoß gegen ArbZG etc.) unzulässig.[43]

(2) Gestaltungshinweise

Die Klauseln A 1 und A 2 geben auf unterschiedliche Weise wieder, was bereits durch Gesetz und Rspr an Einschränkungen der Nebentätigkeitsbefugnis für den Arbeitnehmer besteht. 3110

Die **Klausel A 1** enthält weder eine Genehmigungspflicht noch ein eigenes Nebentätigkeitsverbot, sondern beschränkt sich hinweisartig auf die gesetzlichen Nebentätigkeitsverbote. Der Klausel kommt damit die Funktion eines **deklaratorischen Nebentätigkeitsverbots** zu. Durch die Klausel A 1 werden auch besondere Arbeitszeitschutzvorschriften nach dem Jugendarbeitsschutzgesetz (§§ 8 ff JArbSchG) sowie des Mutterschutzgesetzes (MuSchG) erfasst.[44] 3111

Die **Klausel A 2** betont die aus der **Treuepflicht** des Arbeitnehmers herrührende Verpflichtung, keine solchen Nebentätigkeiten auszuüben, über die das Hauptarbeitsverhältnis beeinträchtigt werden kann. Da die Pflicht zu einer das Hauptarbeitsverhältnis nicht beeinträchtigenden Nebentätigkeit bereits Ausdruck der gesetzlichen Loyalitäts-/Treuepflicht des Arbeitnehmers ist, enthält das deklaratorische Nebentätigkeitsverbot A 1 diese Verpflichtung in gleicher Weise, weil sie bereits Bestandteil des vertraglichen Versprechens der Arbeitsvertragsparteien ist. 3112

bb) Absolute Nebentätigkeitsverbote

(1) Klauseltyp B

↓ **B 1:** Der Arbeitnehmer verpflichtet sich, seine volle Arbeitskraft in die Dienste des Arbeitgebers zu stellen. Die Übernahme von entgeltlichen oder unentgeltlichen Nebentätigkeiten ist untersagt.[45] 3113

↓ **B 2:** Der Arbeitsumfang der vereinbarten Tätigkeit schließt die Aufnahme jeglicher Nebentätigkeit aus.

(2) Gestaltungshinweise

Die Klauseln B 1 und B 2 sind unwirksam, weil sie **absolute Nebentätigkeitsverbote** zum Inhalt haben, die mit der Berufsfreiheit des Arbeitnehmers gem. Art. 12 GG unvereinbar sind.[46] Da auch die nichtberufliche Tätigkeit durch das Recht auf freie Entfaltung der Persönlichkeit gem. Art. 2 Abs. 1 GG geschützt ist, muss es dem Arbeitnehmer möglich sein, über die Verwendung seiner Arbeitskraft, entgeltlich wie unentgeltlich, im Rahmen seiner Freizeit grds. ohne Einflussnahme des Arbeitgebers zu befinden.[47] Die Unwirksamkeit absoluter Nebentätigkeitsverbote ergibt sich auch aus § 307 Abs. 1 BGB iVm Art. 12 GG. 3114

cc) Nebentätigkeitsverbote mit Erlaubnisvorbehalt

(1) Klauseltyp C

↓ **C 1:** Die Mitarbeiterin darf eine Nebenbeschäftigung, solange sie bei der Praxis beschäftigt ist, nur mit vorheriger schriftlicher Zustimmung der Praxis übernehmen. 3115

---

43 Vgl Preis/*Rolfs*, Der Arbeitsvertrag, II N 10 Rn 16.

44 *Gift*, BB 1959, 43.

45 *Schrader*, Rechtsfallen in Arbeitsverträgen, Rn 778; vgl auch Preis/*Rolfs*, Der Arbeitsvertrag, II N 10 Rn 26.

46 BVerfG 4.11.1992 – 1 BvR 79/85, NJW 1993, 317; BAG 26.6.2001 – 9 AZR 343/00, NZA 2002, 98; BAG 3.12.1970 – 2 AZR 110/70, AP § 626 BGB Nr. 60; BAG 6.9.1990 – 2 AZR 165/90, AP § 615 BGB Nr. 47; BAG 18.1.1996 – 6 AZR 314/95, NZA 1997, 41.

47 BAG 18.1.1996 – 6 AZR 314/95, NZA 1997, 41; *Schrader*, Rechtsfallen in Arbeitsverträgen, Rn 790.

C 2: Der Arbeitgeber erwartet vom Arbeitnehmer den Einsatz seiner gesamten Arbeitskraft, wobei Leistungen zu erbringen sind, die den Zielen des Arbeitgebers gerecht werden. Jegliche Nebentätigkeit gegen Entgelt ist unbedingt an die Erlaubnis des Arbeitgebers gebunden.

C 3: Die Übernahme jeder auf Erwerb gerichteten Nebentätigkeit bedarf der vorherigen schriftlichen Zustimmung der Firma. Das Gleiche gilt für die Beteiligung an einer anderen Firma sowie für die Mitwirkung in Aufsichtsorganen einer anderen Gesellschaft. Die Zustimmung wird erteilt, sofern nicht berechtigte betriebliche Interessen entgegenstehen.

C 4: Die Übernahme einer das Arbeitsverhältnis beeinträchtigenden Nebentätigkeit bedarf der Zustimmung des Arbeitgebers.

(2) Gestaltungshinweise

3116 Die Klauseln C 1 bis C 4 enthalten ein generelles Nebentätigkeitsverbot, das unter unterschiedlichen Erlaubnisvorbehalten steht. Spätestens seit dem Urteil des BAG vom 11.12.2001[48] ist klargestellt, dass arbeitsvertragliche Zustimmungsvorbehalte zugunsten des Arbeitgebers über die Aufnahme einer Nebentätigkeit durch den Arbeitnehmer zulässig und wirksam sind.[49] Danach ist Klausel C 1 unwirksam, weil intransparent. Sie suggeriert, dass die Einwilligung im Ermessen des Arbeitgebers steht.[50] Tatsächlich ist die Zustimmung unter bestimmten Voraussetzungen nach Art. 12 GG zu erteilen. Entsprechendes gilt für Klausel C 2, während Klausel C 3 und C 4 insoweit wirksam sind. Die Klausel C 4 unterscheidet sich dadurch von den übrigen drei Klauseln, dass der Arbeitnehmer nicht in allen Fällen eine Erlaubnis einholen muss, sondern nur dann, wenn es sich um eine „das Arbeitsverhältnis beeinträchtigende Nebenbeschäftigung“ handelt.

3117 Nach der fortentwickelten Rspr des BAG zur Nebentätigkeit, die übrigens mit dem Urteil vom 11.12.2001[51] vordergründig wegen einer Abmahnung in der Personalakte ergangen ist, sind nur die absoluten Nebentätigkeitsverbote unwirksam; relative Nebentätigkeitsverbote, die einen Zustimmungsvorbehalt enthalten, dagegen nicht. Der Zustimmungsvorbehalt selbst beeinträchtige das Recht auf Aufnahme einer Nebentätigkeit nicht. Der Arbeitgeber sei grds. verpflichtet, der Nebentätigkeit zuzustimmen, wenn dem keine betrieblichen Interessen entgegenstehen. Der Arbeitnehmer müsse jedoch bei Versagung der Zustimmung die Berechtigung zur Nebentätigkeit notfalls gerichtlich geltend machen. Das BAG führt hierzu aus, dass es Aufgabe des Arbeitgebers sei, bspw auf die Einhaltung der Vorschriften des Arbeitszeitgesetzes zu achten. Diese und andere Umstände gäben ihm das Recht, die Ausübung der Nebentätigkeit an einen Erlaubnisvorbehalt zu knüpfen. Um die nach § 307 Abs. 1 S. 2 BGB erforderliche Transparenz zu wahren, muss aber die Ermessensbindung bei der Zustimmungsentscheidung richtigerweise aus der Klausel selbst hervorgehen.

3118 Die Klauseln C 1 und C 2 sind daher unwirksam, die Klauseln C 3 und C 4 sind wirksam. Die Auffassung des ArbG Passau,[52] dass ein Zustimmungserfordernis, das auch solche Tätigkeiten umfasse, die keine Beeinträchtigung der Arbeitsleistung zur Folge hätten, ein unangemessener Eingriff in die Privatsphäre des Arbeitnehmers sei, hat sich nicht durchgesetzt.

48 BAG 11.12.2001 – 9 AZR 464/00, NZA 2002, 966.

49 AA *Wank*, Nebentätigkeit, Rn 369; *Säcker/Oetker*, ZfA 1987, 95, 123.

50 Vgl zutr. Preis/*Rolfs*, Der Arbeitsvertrag, II N 10 Rn 30 f.

51 BAG 11.12.2001 – 9 AZR 464/00, NZA 2002, 966.

52 ArbG Passau 16.1.1992 – 4 Ca 654/91, BB 1992, 567.

dd) Auf Anzeigepflichten beschränkte Nebentätigkeitsklauseln

(1) Klauseltyp D

D 1: Die Mitarbeiterin verpflichtet sich, jede bei Vertragsschluss bereits ausgeübte oder später beabsichtigte, entgeltliche Nebentätigkeit der Firma unaufgefordert und rechtzeitig mitzuteilen. 3119

D 2:
(1) Der Arbeitnehmer verpflichtet sich, jede Nebentätigkeit und jedes Nebenamt unbeschadet des Umfangs, in dem er hierfür zeitlich in Anspruch genommen wird, vor der Tätigkeitsaufnahme dem Arbeitgeber schriftlich mitzuteilen. In die Mitteilung sind der voraussichtliche zeitliche Umfang und das zu erwartende Entgelt aufzunehmen. Jede Veränderung ist dem Arbeitgeber bekannt zu geben. Die Mitteilungspflicht des Arbeitnehmers erstreckt sich auch auf die etwaige Vorbereitung eines eigenen geführten oder als Hauptgesellschafter gehaltenen Unternehmens.

 (2) Die Mitteilungspflicht des Arbeitnehmers erstreckt sich auch auf die etwaige Vorbereitung eines von dem Partner des Arbeitnehmers geführten oder als Hauptgesellschafter gehaltenen Unternehmens.

(2) Gestaltungshinweise

Der Arbeitnehmer begeht eine **Pflichtverletzung**, die zumindest zur Abmahnung berechtigt, wenn er seiner **Anzeigepflicht** nicht nachgekommen ist, unbeschadet der Tatsache, ob die Nebentätigkeitsklausel wirksam ist oder nicht. Mit der Begründung der Anzeigepflicht schafft der Arbeitgeber einen ggf abmahnungsfähigen Sachverhalt. 3120

Generell besteht eine Anzeigepflicht des Arbeitnehmers im Hinblick auf Nebentätigkeiten nur im Bereich des öffentlichen Dienstes. Beamtenrechtliche Vorschriften (zB § 100 Abs. 2 BBG), auf die § 11 BAT für Angestellte des öffentlichen Dienstes früher verwies, begründen eine generelle Anzeigepflicht des Arbeitnehmers, falls er Nebentätigkeiten ausüben will.[53] Diese Pflicht wurde in § 3 Abs. 3 S. 1 TVöD beibehalten. 3121

Ansonsten kennt das Arbeitsrecht **keine Anzeigepflicht** des Arbeitnehmers. Vereinbaren die Parteien eine solche Pflicht, wogegen in rechtlicher Hinsicht keine Bedenken bestehen,[54] ermöglicht es die Anzeigepflicht dem Arbeitgeber, eine Prüfung vorzunehmen, ob die beabsichtigte Nebentätigkeit gegen Nebentätigkeitsverbote oder gegen die Treuepflicht verstößt. Die Anzeigepflicht versetzt den Arbeitgeber in die Lage, den ihm zustehenden Unterlassungsanspruch geltend zu machen, falls er einen Pflichtenverstoß annehmen muss.[55] Der Arbeitnehmer ist verpflichtet, auf entsprechende Aufforderung nähere Angaben über Art und Umfang der Nebentätigkeit vorzunehmen.[56] 3122

Ohne vertragliche Vereinbarung kann eine Anzeigepflicht des Arbeitnehmers über eine weitere berufliche Tätigkeit nur ausnahmsweise angenommen werden, wenn für den Arbeitgeber an dieser Information ein berechtigtes Interesse besteht.[57] *Rolfs*[58] vertritt die Auffassung, dass eine Anzeigepflicht namentlich für **geringfügig Beschäftigte** gelte, die eine weitere Tätigkeit aufnehmen und durch die in § 8 Abs. 2 SGB IV angeordnete Zusammenrechnung ihre Versicherungsfreiheit in der Sozialversicherung verlieren. Der Zusatz in der Klausel D 2 **Abs. 1 (letzter Satz)**, wonach der Arbeitnehmer dem Arbeitgeber die Vorbereitung eines eigenen Unterneh- 3123

53 BAG 16.11.1989 – 6 AZR 168/89, AP § 11 BAT Nr. 3; BAG 13.3.2003 – 6 AZR 585/01, NZA 2003, 976.
54 BAG 17.10.1969 – 3 AZR 442/68, AP § 611 BGB Treuepflicht Nr. 7.
55 BAG 17.10.1969 – 3 AZR 442/68, AP § 611 BGB Treuepflicht Nr. 7.
56 BAG 18.1.1996 – 6 AZR 314/95, AP § 242 BGB Auskunftspflicht Nr. 25.
57 BAG 18.1.1996 – 6 AZR 314/95, AP § 242 BGB Auskunftspflicht Nr. 25; BAG 18.11.1988 – 8 AZR 12/86, AP § 611 BGB Doppelarbeitsverhältnis Nr. 3.
58 Preis/*Rolfs*, Der Arbeitsvertrag, II N 10 Rn 42.

mens unverzüglich anzuzeigen hat, ist in vielen Arbeitsverträgen verbreitet und steht in seiner Wirksamkeit außer Zweifel.[59] Der Arbeitnehmer darf schon während des bestehenden Arbeitsverhältnisses Vorbereitungshandlungen für die Aufnahme einer eigenen, selbständigen Tätigkeit treffen.[60] Er darf eine Gesellschaft oder ein Gewerbe gründen und anmelden, er darf Räume anmieten, Angebote und Preise einholen, Lizenzen erwerben und Personaleinstellungen vornehmen.[61] Die Durchführung von Vorbereitungshandlungen ist noch kein vertraglicher Wettbewerb, solange nicht die Geschäftsinteressen des Arbeitgebers beeinträchtigt werden.[62] Nicht erlaubt sind jedoch das aktive Eindringen in den Kunden- oder Lieferantenkreis des Arbeitgebers, das Abwerben von Arbeitnehmern sowie allgemeine Vorbereitungshandlungen, die der Aufnahme von nach Wettbewerbsrecht unzulässiger Betätigung (UWG, MarkenG) dienen.[63]

3124 Eine in der Praxis häufig anzutreffende Form der Wettbewerbstätigkeit während eines bestehenden Arbeitsverhältnisses, verschiedentlich auch während eines lange andauernden Kündigungsschutzprozesses, verbirgt sich hinter einer **Ehepartner-Strohmann-Gesellschaft.** Der Ehepartner des Arbeitnehmers gründet eine Gesellschaft, übernimmt dort formal die Stellung des Geschäftsführers und der Arbeitnehmer überträgt im Wege eines Treuhandverhältnisses seine 100 %igen Gesellschaftsanteile auf den Ehepartner. Der Ehepartner, verschiedentlich Hausfrau, versteht weder etwas von dem einschlägigen Geschäft, noch hat er die Zeit, um Aufgaben in der Strohmann-Gesellschaft wahrzunehmen. Die Gesellschaft wird in Wahrheit von einem wettbewerbswidrig handelnden Arbeitnehmer geführt, der der alleinige Know-how-Träger ist und exakt im Geschäftsbereich des Arbeitgebers tätig wird. Diese von Arbeitnehmern verschiedentlich gewählte Rechtskonstruktion lässt sich nur schwer auf vertraglichem Wege ausschließen. Der Arbeitgeber kann seinen Unterlassungsanspruch allenfalls gegen den „mitarbeitenden“ Ehepartner, also den eigenen Arbeitnehmer durchsetzen. Er ist auf vielfältige Informationen, die ihm häufig nicht zur Verfügung stehen, angewiesen. Meist erlangt der Arbeitgeber Informationen über eigene Kunden, die über die geschäftlichen Aktivitäten des treuwidrig handelnden Arbeitnehmers berichten. Seine Rechtsposition kann der Arbeitgeber in diesen Fällen allerdings nicht verbessern, indem er eine Anzeigepflicht für geschäftliche Aktivitäten des Ehepartners in den Arbeitsvertrag aufnimmt. Da die Konkurrentenstellung des Ehepartners nicht in den vertraglichen Pflichtenkreis einbezogen ist, besteht keine Möglichkeit, die **Konkurrenztätigkeit des Ehepartners** zu einem anzeigepflichtigen Sachverhalt zu machen. Der Ehepartner verfügt über ein eigenes Berufsausübungsrecht, Art. 12 GG. In einer Rechtsbeziehung zum Ehepartner steht der Arbeitgeber nicht. Die Erweiterung der Anzeigepflicht auf den Ehepartner in einer Klausel wie D 2 **Abs. 2** ist daher unwirksam.

ee) Zustimmungsvorbehalt mit Zustimmungsfiktion

(1) Klauseltyp E

3125 (1) Jedwede Nebentätigkeit, sei sie ein Ehrenamt oder sei sie entgeltlich ausgeübt, macht die Einwilligung des Arbeitgebers erforderlich. Die Einwilligung ist zu erteilen, wenn nicht ein Versagungsgrund wegen einer zu befürchtenden Beeinträchtigung betrieblicher oder dienstlicher Interessen vorliegt.

(2) Der Arbeitgeber verpflichtet sich, seine Entscheidung über die beantragte Einwilligung innerhalb einer Frist von vier Wochen nach Antragseingang zu fällen. Verstreicht die Frist, ohne

59 Preis/*Rolfs*, Der Arbeitsvertrag, II N 10 Rn 46.

60 BAG 30.5.1978 – 2 AZR 598/76, AP § 60 HGB Nr. 9; BAG 7.9.1972 – 2 AZR 486/71, SAE 1973, 212 = ARST 1974, 14.

61 *Hoß*, ArbRB 2002, 87.

62 BAG 30.5.1978 – 2 AZR 598/76, AP § 60 HGB Nr. 9; BAG 30.1.1963 – 2 AZR 319/62, AP § 60 HGB Nr. 3.

63 LAG Köln 22.6.2001 – 11 Sa 28/01, MDR 2002, 100.

dass dem Arbeitnehmer die Entscheidung über den gestellten Antrag auf Nebentätigkeit zugegangen ist, gilt die Zustimmung des Arbeitgebers als erteilt.[64]

(2) Gestaltungshinweise

Die Klausel trägt dem Umstand Rechnung, dass Arbeitnehmer manchmal über einen längeren Zeitraum warten müssen, bis sie eine Entscheidung der Personalabteilung über den von ihnen gestellten Antrag auf Nebentätigkeitsgenehmigung erhalten. Dadurch, dass nach Abs. 2 S. 2 der Klausel ein Fristablauf eintritt, der nach dem Wortlaut der Klausel die Einwilligung fingiert, setzt sich der Arbeitgeber über eine Nebentätigkeitsklausel mit Zustimmungsfiktion unter Zugzwang. So, wie die Wochenfrist in § 99 Abs. 3 BetrVG vom Betriebsrat dazu genutzt werden kann, über eine Personalmaßnahme nicht zu entscheiden und damit die Fiktionswirkung einer Zustimmung herbeizuführen, gestattet die Klausel E in der Binnenbeziehung zwischen Arbeitgeber und Arbeitnehmer einen vergleichbaren Effekt. Eine Untätigkeit des Arbeitgebers wirkt nach Fristablauf als Zustimmung. Die Frist, die der Personalabteilung zur Entscheidung über den Nebentätigkeitsgenehmigungsantrag verbleibt, gilt mit vier Wochen als angemessen.[65] 3126

Die Klausel berücksichtigt, dass dem Arbeitgeber kein Ermessensspielraum bei Erteilung oder Versagung der Nebentätigkeitsgenehmigung eingeräumt ist, sondern vielmehr ein Rechtsanspruch des Arbeitnehmers auf Genehmigung besteht, sofern nicht ein Versagungsgrund wegen einer zu befürchtenden Beeinträchtigung betrieblicher oder dienstlicher Interessen vorliegt.[66] Die Formulierung, ein Nebentätigkeitsverbot könne vom Arbeitgeber ausgesprochen werden, wenn er ein berechtigtes Interesse hieran habe,[67] greift zu kurz. In Anbetracht der hohen Erfordernisse an die Rechtfertigung von Eingriffen in das Grundrecht aus Art. 12 Abs. 1 GG ist es nicht bereits ausreichend, dass beliebige betriebliche Belange durch die Nebentätigkeit berührt sein können.[68] Die Klausel beinhaltet kein absolutes Nebentätigkeitsverbot. Über das aus Arbeitnehmersicht hilfreiche Modell der Genehmigungsfiktion durch Zeitablauf erfährt die Klausel eine arbeitnehmerfreundliche Variante. 3127

ff) Nebentätigkeitsklausel mit Auskunftsverpflichtung

(1) Klauseltyp F

Die Übernahme jeder auf Erwerb gerichteten Nebentätigkeit bedarf der vorherigen schriftlichen Zustimmung des Arbeitgebers. Das Gleiche gilt für die Beteiligung an einer anderen Firma sowie für die Mitwirkung in Aufsichtsorganen einer anderen Gesellschaft. Die Zustimmung wird erteilt, sofern nicht berechtigte betriebliche Interessen entgegenstehen. Kann der Arbeitgeber Umstände benennen, die eine nicht genehmigte Nebentätigkeit des Arbeitnehmers vermuten lassen, verpflichtet sich der Arbeitnehmer, dem Arbeitgeber vollständig und wahrheitsgemäß Auskunft zu erteilen, ob und in welchem Umfang er Tätigkeiten ausübt, diese näher zu beschreiben und außergerichtlich wie ggf gerichtlich zu erläutern. 3128

(2) Gestaltungshinweise

Der Arbeitnehmer, der während des rechtlichen Bestandes des Arbeitsverhältnisses für einen neuen Arbeitgeber tätig wird, kann zur Auskunft über dessen Namen und Anschrift im Wege einer Leistungsverfügung verpflichtet werden, wenn ein begründeter Anlass oder eine hohe 3129

64 Vgl Preis/*Rolfs*, Der Arbeitsvertrag, II N 10, Vor Rn 33.

65 Preis/*Rolfs*, Der Arbeitsvertrag, 3. Aufl. 2009, II N 10 Rn 35 (in der 1. Auflage hielt *Rolfs* noch einen Zeitraum von 2 Wochen für ausreichend).

66 BAG 28.2.2002 – 6 AZR 33/01, ZTR 2002, 429.

67 BAG 26.8.1976 – 2 AZR 377/75, AP § 626 BGB Nr. 68 m. Anm. *Löwisch*.

68 HWK/*Thüsing*, § 611 BGB Rn 370 unter Hinweis auf BAG 3.12.1970 – 2 AZR 110/70, AP § 626 BGB Nr. 60 m. Anm. *A. Hueck*.

Wahrscheinlichkeit glaubhaft gemacht ist, dass es sich um eine Konkurrenztätigkeit handelt.[69] Nach dem Urteil des LAG Nürnberg wie auch nach einer ähnlichen Entscheidung des LAG Köln[70] ist mit Rücksicht auf Art. 12 GG und § 888 Abs. 2 ZPO ein Unterlassungsanspruch des Arbeitgebers nur dann gegeben, wenn es sich bei dem zweiten Vertragspartner des Arbeitnehmers um einen Wettbewerber des ersten Arbeitgebers handelt.

3130 Prozessual durchsetzbar sind Auskunftsansprüche nur unter erschwerten Bedingungen, insb. im summarischen Verfahren, weil die durch Umstände begründete Vermutung des Arbeitgebers des Hauptarbeitsverhältnisses, der Arbeitnehmer gehe einer Konkurrenztätigkeit nach, allein noch nicht ausreichend ist, eine Auskunftspflicht des Arbeitnehmers zu begründen. Erleichtert wird die prozessuale Durchsetzung mit der Klausel F.

gg) Ehrenamtsklauseln

(1) Klauseltyp G

3131 ↓ **G 1:** Der Mitarbeiter gewährt der Firma seine gesamte Arbeitskraft. Ehrenamtliche Nebentätigkeiten stehen daher nicht im Einklang mit dem Arbeitsvertrag.

↓ **G 2:** Die Übernahme von Ehrenämtern bedarf der Zustimmung der Firma.

G 3: Ehrenämter sind dem Unternehmen anzuzeigen. Nur dann, wenn die Ausübung des Ehrenamts zu einer Beeinträchtigung der Tätigkeit des Arbeitnehmers, zu einer Unvereinbarkeit mit den geschäftlichen Zwecken und Zielen des Unternehmens führt, kann das Unternehmen ausnahmsweise die Ehrenamtstätigkeit untersagen.

G 4: Möchte der Mitarbeiter an Übungen, Lehrgängen oder sonstigen Veranstaltungen auf Anforderung der Gemeinde teilnehmen, etwa im Rahmen seiner Tätigkeit bei der freiwilligen Feuerwehr, ist dies dem Arbeitgeber rechtzeitig anzuzeigen.

(2) Gestaltungshinweise

3132 Die Klauseln G 1 und G 2 sind schon deshalb unwirksam, weil sie die politische Mandatsträgerschaft an die Zustimmung des Arbeitgebers knüpfen. § 2 Abs. 2 AbgG bestimmt, dass Benachteiligungen am Arbeitsplatz im Zusammenhang mit der Bewerbung um ein Mandat sowie der Annahme und Ausübung eines Mandats unzulässig sind. Niemand darf nach § 2 Abs. 1 AbgG daran gehindert werden, sich um ein Mandat im Bundestag zu bewerben, es anzunehmen oder auszuüben. Die Genehmigung eines Abgeordnetenmandats, sei es auf Bundestags-, sei es auf Landtags-, sei es auf Kreistags- oder Stadtratsebene, lässt sich mit dem Verständnis vom Abgeordneten als einem selbständigen politischen Mandatsträger nicht in Einklang bringen. Entgegenstehende Vereinbarungen wie die Variante G 1 sind nichtig. Kündigungen oder Entlassungen aus Anlass der Bewerbung, Annahme oder Ausübung eines Mandats sind unwirksam.

3133 Entsprechende Vorschriften finden sich in den Landesgesetzen. § 44 Abs. 1 S. 1 GO NRW bestimmt, dass niemand gehindert werden darf, sich um ein Mandat als Mitglied des Rates, einer Bezirksvertretung oder eines Ausschusses zu bewerben, es anzunehmen oder auszuüben. Benachteiligungen am Arbeitsplatz im Zusammenhang mit der Bewerbung, der Annahme oder der Ausübung eines Mandats sind unzulässig.[71] Die Mitgliedschaft im Rat ist allerdings kein Ehrenamt, sondern ein Wahlmandat.[72] Zum Teil existieren sogar gesetzliche Bestimmungen, die den Bürger aufrufen, Ehrenämter zu übernehmen und auszuüben, so in § 28 Abs. 2 GO NRW oder in § 23 Abs. 1 Nds. GO.

---

69 LAG Nürnberg 23.4.1996 – 6 Sa 287/96, NZA-RR 1997, 188.

70 LAG Köln 29.4.1994 – 13 Sa 1029/93, NZA 1995, 994.

71 § 44 Abs. 1 S. 2 GO NW.

72 BAG 20.6.1995 – 3 AZR 857/94, NZA 1996, 383.

Nicht nur politische Ehrenämter unterliegen grds. der Entscheidung des Arbeitnehmers über seine Freizeitverwendung, sondern auch solche, die sich im kommunalen Bereich in vielfältiger Weise zum Wohle der Allgemeinheit ergeben, sei es das Engagement in einem Sportverein, sei es bei der Feuerwehr, bei der DLRG, beim Roten Kreuz oder vergleichbaren Organisationen. Um sicherzustellen, dass dem ehrenamtlich Tätigen keinerlei Nachteile entstehen, hat der Gesetzgeber spezifische Nebentätigkeitsschutznormen geschaffen, zB § 12 Abs. 2 Feuerschutzhilfeleistungsgesetz (FSHG NW) für den Fall der Mitgliedschaft eines Arbeitnehmers in einer freiwilligen Feuerwehr des Landes Nordrhein-Westfalen. 3134

Die Klausel G 3 berücksichtigt die Arbeitgeberinteressen und lässt eine Versagung der Zustimmung des Arbeitgebers zu ehrenamtlicher Tätigkeit nur ausnahmsweise zu. Eine solche Klausel ist wirksam, jedenfalls in denjenigen Fällen, in denen eine Kollision zwischen den Interessen des Arbeitgebers und denen des Arbeitnehmers entsteht. Konflikte können eintreten, wenn ein Arbeitnehmer bei einem Tendenzträger eine ehrenamtliche Tätigkeit ausüben möchte, die nicht zwangsläufig mit den Arbeitgeberinteressen in Einklang steht, wenn bspw ein Angehöriger der Bundeszentrale für politische Bildung sich in einem Aktionskreis zur Boykottierung von Wahlen engagieren möchte. Die rechtsgeschäftliche Erlaubnisebene in Form eines ausnahmsweise zulässigen Nebentätigkeitsverbots ist das mildere Mittel gegenüber einem Szenario, das mit einer Abmahnung beginnt und in einer verhaltensbedingten Kündigung endet. 3135

hh) Teilnahme an Reserveübungen für Soldaten

(1) Klauseltyp H

Jeder Mitarbeiter, der die Stellung eines Soldaten der Reserve (Reservist) innehat, hat den Arbeitgeber frühzeitig über eine bevorstehende Wehrübung zu informieren. 3136

(2) Gestaltungshinweise

Durch die Ableistung des **Wehrdienstes** (Grundwehrdienst oder Wehrübungen für Reservisten) wird auch das Rechtsverhältnis zwischen Arbeitgeber und Arbeitnehmer berührt. Das Arbeitsplatzschutzgesetz gilt nicht nur für Wehrdienstleistende, sondern auch zu Gunsten von Arbeitnehmern im Falle der Einberufung zu einer Wehrübung sowie bei Teilnahme an einer besonderen Auslandsverwendung (§§ 1 Abs. 1, 16 Abs. 2, 3 ArbPlSchG). Das Arbeitsverhältnis wird durch die Einberufung nicht gelöst, es ruht. Ein befristetes Arbeitsverhältnis wird über den Wehrdienst nicht verlängert (§ 1 Abs. 4 ArbPlSchG). 3137

Gemäß § 2 ArbPlSchG ist eine Kündigung aus Anlass des Wehrdienstes **ausgeschlossen**. Ausnahmen sind unter bestimmten Voraussetzungen bei Kleinbetrieben gestattet; bei fünf oder weniger Beschäftigten (§ 2 Abs. 3 S. 2 ArbPlSchG). Ist streitig, ob eine Kündigung aus Anlass des Wehrdienstes erfolgte, liegt die Beweislast beim Arbeitgeber. Nimmt der Arbeitnehmer im Anschluss an eine Wehrübung in seinem bisherigen Betrieb die Arbeit wieder auf, darf ihm aus der Abwesenheit, die durch den Wehrdienst veranlasst war, in beruflicher und betrieblicher Hinsicht kein Nachteil entstehen (§ 6 Abs. 1 ArbPlSchG). 3138

Reservisten werden frühestens 12 Monate nach der Entlassung aus dem „aktiven" Dienst einberufen (Schutzfrist). Zwischen zwei Wehrübungen soll ein zeitlicher Abstand von 12 Monaten eingehalten werden. In der Regel geht dem Wehrpflichtigen spätestens drei Monate vor Beginn der Wehrübung der Einberufungsbescheid zu. Dem wehrpflichtigen Reservisten obliegt die Pflicht, seinen Arbeitgeber über eine bevorstehende Wehrübung zu informieren (vgl § 1 Abs. 3 ArbPlSchG). Darauf weist auch die Klausel H ausdrücklich hin. Informiert der Wehrpflichtige den Arbeitgeber nicht sofort, handelt er pflichtwidrig, so dass er abgemahnt werden kann. 3139

ii) Vertragsstrafenregelung

(1) Klauseltyp I

3140 Im Falle der Zuwiderhandlung gegen die Nebentätigkeitsvereinbarung schuldet der Arbeitnehmer dem Arbeitgeber eine Vertragsstrafe in Höhe von (...) €.

(2) Gestaltungshinweise

3141 Die bisherige Rspr des BAG gestattet es im Arbeitsverhältnis, zur Einhaltung vertraglicher Vereinbarungen Vertragsstrafenabreden zu treffen.[73] Es kann dahinstehen, ob sich diese Rspr angesichts der Urteile vom 23.5.1984[74] und vom 5.2.1986[75] in der Weise verstehen lässt, dass die Wirksamkeit einer Vertragsstrafe nur anzuerkennen ist, wenn der Arbeitgeber mit der Vertragsstrafe eine Leistungspflicht absichern will, deren Verletzung ihm regelmäßig einen Schaden zufügt.[76]

3142 Mit der Schuldrechtsreform hat der Gesetzgeber in § 309 Nr. 6 BGB eine Regelung zu Vertragsstrafen, auch im Arbeitsverhältnis,[77] geschaffen. Danach sind Vertragsstrafen in Formulararbeitsverträgen unwirksam, durch die dem Verwender für den Fall der Nichtabnahme oder verspäteten Abnahme der Leistung, des Zahlungsverzugs oder für den Fall, dass der andere Vertragsteil sich vom Vertrag löst, die Zahlung einer Vertragsstrafe versprochen wird. Hält der Arbeitnehmer eine vereinbarte Nebentätigkeitsregelung nicht ein, verstößt er gegen seine Anzeigepflicht, oder nimmt er ohne Genehmigung des Arbeitgebers eine Nebentätigkeit auf, die dem Genehmigungsvorbehalt unterliegt, oder werden durch die Ausübung einer Nebentätigkeit die Rechte des Arbeitgebers beeinträchtigt, liegt tatbestandlich kein Fall des § 309 Nr. 6 BGB vor.[78]

3143 Daneben ist zur Bestimmung der Wirksamkeit einer Vertragsstrafenklausel eine Inhaltskontrolle gem. § 307 BGB durchzuführen.[79] Das BAG[80] hält Vertragsstrafen nicht für generell unwirksam, so dass auch Nebentätigkeitsregelungen mit Vertragsstrafeversprechen verbunden werden können. Der Arbeitgeber muss allerdings ein berechtigtes Interesse an der Vertragsstrafe haben, damit die Klausel nicht unangemessen iSv § 307 Abs. 1 S. 1 BGB ist.[81] Bei Nebenbeschäftigungen, bei denen der Arbeitnehmer eine Konkurrenztätigkeit ausübt, ist ein solches Interesse des Arbeitgebers regelmäßig zu bejahen und eine Vertragsstrafenregelung zulässig.[82]

3144 Das BAG legte zunächst einen Vertragsstrafenhöchstbetrag von einem Bruttomonatsgehalt nahe,[83] hat jedoch jüngst festgelegt, dass es **keine generelle Höchstgrenze** für eine arbeitsvertraglich vereinbarte Vertragsstrafe gibt.[84] Für Kündigungsfristen unter einem Monat – zB während einer Probezeit – wird zudem vertreten, dass eine Vertragsstrafe im Regelfall nicht höher sein darf als der Betrag, den der Arbeitnehmer während der für ihn geltenden Kündigungsfrist ver-

---

73 BAG 5.2.1986 – 5 AZR 564/84, AP § 339 BGB Nr. 12; BAG 27.7.1977 – 5 AZR 337/76, AP § 611 BGB Entwicklungshelfer Nr. 2; BAG 23.5.1984 – 4 AZR 129/82, AP § 339 BGB Nr. 9; BAG 25.9.2008 – 8 AZR 717/07, NZA 2009, 370, 374.

74 BAG 23.5.1984 – 4 AZR 129/82, AP § 339 BGB Nr. 9.

75 BAG 5.2.1986 – 5 AZR 564/84, AP § 339 BGB Nr. 12.

76 *Stoffels*, Vertragsbruch des Arbeitnehmers, S. 217 f.

77 BAG 4.3.2004 – 8 AZR 196/03, NZA 2004, 727; vgl HK-ArbR/*Boemke/Ulrici*, § 309 BGB Rn 36; aA Preis/*Stoffels*, Der Arbeitsvertrag, II V 30 Rn 29.

78 *Hümmerich*, NZA 2003, 753, 762.

79 BAG 4.3.2004 – 4 AZR 196/03, NZA 2004, 727; ErfK/*Preis*, § 310 BGB Rn 98; Schaub/*Linck*, Arbeitsrechts-Handbuch, § 57 Rn 10.

80 BAG 4.3.2004 – 4 AZR 196/03, NZA 2004, 727.

81 BAG 4.3.2004 – 4 AZR 196/03, NZA 2004, 727.

82 Vgl Schaub/*Linck*, Arbeitsrechts-Handbuch, § 57 Rn 20.

83 BAG 4.3.2004 – 4 AZR 196/03, NZA 2004, 727.

84 BAG 25.9.2008 – 8 AZR 717/07, NZA 2009, 370.

dient hätte.[85] In anders gelagerten Fällen wird ein berechtigtes Interesse des Arbeitgebers an der Sicherung der Einhaltung des Nebentätigkeitsverbots mit Hilfe einer Vertragsstrafe kaum begründbar sein.[86] Anders als im Fall einer Konkurrenztätigkeit bringt eine sonstige Nebentätigkeit selten Probleme mit einem Schadensnachweis mit sich.[87] Zudem stehen dem Arbeitgeber andere Sicherungsmöglichkeiten, wie zB eine Abmahnung oder eine verhaltensbedingte Kündigung, zur Verfügung.[88]

85 Däubler/Bonin/Deinert/*Däubler*, § 309 Nr. 6 BGB Rn 14; *Payrhuber*, JuS 2009, 328.

86 Vgl Schaub/*Linck*, Arbeitsrechts-Handbuch, § 57 Rn 20; ErfK/*Müller-Glöge*, § 345 BGB Rn 23; Preis/*Stoffels*, Der Arbeitsvertrag, II V 30 Rn 68.

87 Vgl Preis/*Stoffels*, Der Arbeitsvertrag, II V 30 Rn 68.

88 Vgl Preis/*Stoffels*, Der Arbeitsvertrag, II V 30 Rn 68.

49. Nichtraucherschutzklauseln

Literatur

Bergwitz, Das betriebliche Rauchverbot, NZA-RR 2004, 169; *Bronhofer*, Nichtraucher in den Betrieben schützen, AuA 2008, 340; *Ebert*, Raucherclub versus Nichtraucherschutz, NVwZ 2010, 26; *Ginal/Pinetzki*, „Dicke Luft" im Betrieb – Nichtraucherschutz am Arbeitsplatz, ArbRAktuell 2012, 369; *Künzel*, Rauchen und Nichtraucherschutz im Arbeitsverhältnis, ZTR 1999, 531; *Lorenz*, Nichtraucherschutz am Arbeitsplatz, DB 2003, 721; *ders.*, Der neue Nichtraucherschutz am Arbeitsplatz, ZMV 2002, 267; *Raif/Böttcher*, Nichtraucherschutz – haben Raucher im Betrieb ausgequalmt?, AuR 2009, 289; *Schmieding*, Nichtraucherschutz am Arbeitsplatz, ZTR 2004, 12; *Stück*, Nichtraucherschutz, AuA 2009, 140; *Wellenhofer-Klein*, Der rauchfreie Arbeitsplatz, RdA 2003, 155.

a) Rechtslage im Umfeld

aa) Gesetzliche Kodifizierung eines Nichtraucherschutzes

3145 Das zum 1.9.2007 in Kraft getretene Bundesnichtraucherschutzgesetz (**BNichtrSchG**)[1] regelt den Nichtraucherschutz in den Behörden und sonstigen Einrichtungen des Bundes, den Verkehrsmitteln des öffentlichen Nahverkehrs und den Personenbahnhöfen der öffentlichen Eisenbahnen. Der Arbeitgeber hat somit, soweit erforderlich, ein allgemeines Rauchverbot im öffentlich-rechtlichen Bereich zu erlassen. Das Rauchen ist nur in gesonderten und entsprechend gekennzeichneten Räumen erlaubt (vgl § 3 BNichtrSchG). Parallel dazu gilt grds. für alle Arbeitsstätten die Nichtraucherschutzregelung des **§ 5 ArbStättV**. Die Vorschrift des § 5 ArbStättV findet keine Anwendung in den Einrichtungen und Bereichen, für die bereits ein weitgehendes Rauchverbot nach dem BNichtrSchG bzw den Nichtraucherschutzgesetzen der Bundesländer gilt. Mangels Gesetzgebungskompetenz sind die Bundesländer dazu befugt, eigene Ländernichtraucherschutzgesetze zu erlassen, um den Nichtraucherschutz in den ländereigenen Behörden und Einrichtungen sowie in bestimmten anderen öffentlich zugänglichen Bereichen zu regeln.[2]

3146 Grundsätzlich ist dem Arbeitnehmer ein **tabakrauchfreier Arbeitsplatz** zur Verfügung zu stellen, um den angestrebten umfassenden Gesundheitsschutz der Nichtraucher zu ermöglichen;[3] der Arbeitsplatz ist der Ort, an dem sich der Arbeitnehmer aufhalten muss, um die von ihm geschuldete Arbeitsleistung zu erbringen.[4] Hier darf Tabakrauch weder zu sehen noch zu schmecken oder zu riechen, also nicht sinnlich wahrnehmbar, sein, wenn der Arbeitsplatz von einem oder mehreren Nichtrauchern benutzt wird.[5] Der Arbeitgeber kann, wenn ein Betriebsrat besteht, im Betrieb ein Rauchverbot nur mit **Zustimmung des Betriebsrats** erlassen, § 87 Abs. 1 Nr. 7 BetrVG.[6] Im betriebsratslosen Betrieb kann er Maßnahmen des Gesundheitsschutzes über sein Weisungsrecht nach § 106 GewO selbst anordnen.

bb) Gesetzliche Vorgaben nach der ArbStättV

3147 Die frühere Rspr des BAG[7] räumte dem Arbeitnehmer nur unter der Voraussetzung ein Recht auf einen tabakrauchfreien Arbeitsplatz ein, dass der Arbeitnehmer aufgrund einer persönlichen Disposition gegen Tabakrauch besonders anfällig ist, bspw wenn er an chronischen

---

1 Gesetz zur Einführung eines Rauchverbotes in Einrichtungen des Bundes und öffentlichen Verkehrsmitteln (Bundesnichtraucherschutzgesetz – BNichtrSchG) vom 20.7.2007 (BGBl. I S. 1595).

2 Mit Beispielen Kollmer/Klindt/*Lorenz*, Arbeitsschutzgesetz, 2. Aufl. 2011, § 5 ArbStättV Rn 4.

3 Küttner/*Poeche*, Personalbuch, 324 (Nichtraucherschutz) Rn 2.

4 BAG 19.5.2009 – 9 AZR 241/08, NZA 2009, 775.

5 BAG 17.2.1998 – 9 AZR 84/97, NZA 1998, 1231.

6 Anders BAG 19.1.1999 – 1 AZR 499/98, NZA 1999, 546: § 87 Abs. 1 Nr. 1 BetrVG.

7 BAG 19.1.1999 – 1 AZR 499/98, NZA 1999, 546; BAG 17.2.1998 – 9 AZR 84/97, NZA 1998, 1231; BAG 8.5.1996 – 5 AZR 971/94, NZA 1996, 927. Seit dem Beschluss des 1. Senats vom 19.1.1999 waren Arbeitgeber und Betriebsrat eines Unternehmens grds. berechtigt, ein Rauchverbot für alle Betriebsräume zu erlassen, sofern das Rauchverbot die gem. § 75 Abs. 2 BetrVG iVm Art. 2 Abs. 1 GG garantierte freie Entfaltung der Persönlichkeit *aller* im Betrieb beschäftigten Arbeitnehmer beachtete. Der Entscheidung über ein Rauchverbot hatte also iE einer Abwägung vorzugehen.

Atemwegserkrankungen litt[8] und innerhalb eines Großraumbüros Tabakrauch ausgesetzt war. Diese Rechtslage änderte sich mit der Einführung des neuen § 5 ArbStättV.[9] Seit 3.10.2002 hat der Arbeitgeber nunmehr unabhängig von der gesundheitlichen Disposition einzelner Arbeitnehmer die erforderlichen Maßnahmen zu treffen, damit die nichtrauchenden Beschäftigten in Arbeitsstätten wirksam vor den Gesundheitsgefahren durch Tabakrauch geschützt sind. Jeder Arbeitnehmer hat daher, soweit er nicht gem. § 5 Abs. 2 ArbStättV in einer Arbeitsstätte mit Publikumsverkehr arbeitet, einen **gesetzlichen Anspruch** auf einen tabakrauchfreien Arbeitsplatz. Dies ist Ausfluss der Schutz- und Fürsorgepflichten des Arbeitgebers nach § 618 Abs. 1 BGB. Einer weiteren Begründung bedarf es nicht. Der Antrag in einem Arbeitsrechtsstreit, einen „tabakrauchfreien Arbeitsplatz zur Verfügung zu stellen", ist nach Auffassung des BAG[10] hinreichend bestimmt. Auch kommt der Erlass einer einstweiligen Verfügung nach Auffassung des LAG München[11] in Betracht.

Die Ausnahmen für **Arbeitsstätten mit Publikumsverkehr** wurden durch die erlassenen Landes- 3148
gesetze zum Nichtraucherschutz weitgehend eingeschränkt. Das BAG legt die Ausnahmevorschrift in § 5 Abs. 2 ArbStättV, wonach der Arbeitgeber in Arbeitsstätten mit Publikumsverkehr Schutzmaßnahmen nach Abs. 1 nur insoweit treffen muss, als die Natur des Betriebes und die Art der Beschäftigung es erfordern, eng aus. Sie ist danach nur anwendbar, wenn der Arbeitgeber in rechtmäßiger Weise das Rauchen gestattet. Besteht – wie nach § 2 Abs. 1 Nr. 8 des Berliner Nichtraucherschutzgesetzes (NRSG-Bln)[12] – ein grundsätzliches Verbot für das Rauchen in Gaststätten,[13] dann kann ein dort beschäftigter Arbeitnehmer nach § 618 Abs. 1 BGB iVm § 5 Abs. 1 ArbStättV verlangen, auf einem tabakrauchfreien Arbeitsplatz beschäftigt zu werden. § 5 ArbStättV konkretisiert insoweit die Generalklausel des § 618 BGB.[14] Bedenken hinsichtlich der konkurrierenden Gesetzgebungskompetenz des Bundes für den Arbeitsschutz (Art. 74 Abs. 1 Nr. 12 GG) sah das BAG ebenso wie das BVerfG nicht: Dass der von den Landesgesetzen angestrebte Zweck des Schutzes der Gesamtbevölkerung in Gaststätten zugleich zugunsten der dort Beschäftigten wirke, begründet nicht die Sperrwirkung des Art. 72 Abs. 1 GG.[15] Dem Vorrang des Bundesrechts (Art. 31 GG) sei hier durch eine verfassungskonforme Auslegung des NRSG-Bln dahingehend zu entsprechen, dass nur der Nichtraucherschutz außerhalb der (nach § 4 Abs. 3 NRSG-Bln erlaubten) Raucherräume sichergestellt werden muss.[16] Ausnahmen gelten allerdings, soweit zulässigerweise Raucherräume in abgetrennten Nebenräumen von Gaststätten eingerichtet werden oder eine Gaststätte insgesamt als Rauchergaststätte gekennzeichnet wird (vgl § 4 Abs. 1 Nr. 10, Abs. 3, § 4 a NRSG-Bln).

In Randbereichen sind die Rechte des Rauchers wie des Nichtrauchers noch nicht abschließend 3149
verfeinert. Ein Lehrer an einer rauchfreien Schule hat keinen Anspruch auf Einrichtung eines Raucherzimmers.[17] Andererseits hat ein Arbeitnehmer grds. keinen Anspruch darauf, dass an seinem Arbeitsplatz außerhalb seiner Dienstzeiten nicht geraucht wird.[18] Die beiden Rechtsprechungsbeispiele zeigen, dass im Bereich der Berücksichtigung von Raucherinteressen wie

8 BAG 17.2.1998 – 9 AZR 84/97, NZA 1998, 1231.

9 Vorgängernorm war § 3 a ArbStättV, mit der schon die Änderung der Rechtslage eintrat.

10 BAG 17.2.1998 – 9 AZR 84/97, NZA 1998, 1231.

11 LAG München 27.11.1990 – 2 Sa 542/90, BB 1991, 624.

12 Gesetz zum Schutz vor den Gefahren des Passivrauchens in der Öffentlichkeit (Nichtraucherschutzgesetz – NRSG) vom 16.11.2007 (BerlGVBl. S. 578), zul. geänd. durch Art. 1 des Ersten ÄndG vom 14.5.2009 (BerlGVBl. S. 250).

13 Verfassungsgemäße Bedenken gegen allgemeine Rauchverbote in Gaststätten bestehen nicht, vgl BVerfG 30.7.2008 – 1 BvR 3262/07, NJW 2008, 2409; BVerfG 10.9.2009 – 1 BvR 2054/09, DÖV 2009, 1006.

14 BAG 19.5.2009 – 9 AZR 241/08, NZA 2009, 775.

15 BAG 19.5.2009 – 9 AZR 241/08, NZA 2009, 775; BVerfG 30.7.2008 – 1 BvR 3262/07, 1 BvR 402/08, 1 BvR 906/08, NJW 2008, 2409 (Rn 98 f).

16 BVerfG 30.7.2008 – 1 BvR 3262/07, 1 BvR 402/08, 1 BvR 906/08, NJW 2008, 2409 (Rn 100).

17 VG Schleswig-Holstein 13.10.2004 – 11 B 42/04, NVwZ-RR 2005, 723.

18 LAG Berlin 18.3.2005 – 6 Sa 2585/04, BB 2005, 1576.

im Bereich des Nichtraucherschutzes noch eine Reihe von Fallkonstellationen der Ausgestaltung in einem Arbeitsvertrag zugänglich ist.

b) Klauseltypen und Gestaltungshinweise

aa) Nichtraucherschutzzonenklausel

(1) Klauseltyp A

3150 Auf dem Betriebsgelände darf nur an solchen Stellen geraucht werden, die nicht als Nichtraucherzone gekennzeichnet sind.

(2) Gestaltungshinweise

3151 Die Nichtraucherschutzzonenklausel kann der Arbeitgeber als **Erlaubnis mit Verbotsvorbehalt,** aber auch als **Verbot mit Erlaubnisvorbehalt** formulieren, je nachdem, welche Kennzeichnung der Arbeitsstätten im Betrieb weniger Aufwand verursacht. Der Arbeitgeber kann auf diese Weise sowohl die dem Gesundheitsschutz (§ 5 ArbStättV) als auch die der Sicherheit im Betrieb dienenden Rauchverbote (Unfallverhütungsvorschriften) miteinander verbinden.

bb) Rauchverbot am Arbeitsplatz mit Arbeitszeitverlängerungsklausel

(1) Klauseltyp B

3152 → (1) Wir vereinbaren mit Ihnen, dass an Ihrem Arbeitsplatz ein absolutes Rauchverbot besteht.
(2) Das Rauchen ist Ihnen nur in hierzu eigens gekennzeichneten Räumen oder auf dem Freigelände gestattet.
(3) Entfernen Sie sich von Ihrem Arbeitsplatz, um eine Zigarette zu rauchen, erhöht sich Ihre tägliche Arbeitszeit um die durch das Rauchen ausfallende Arbeitszeit.

(2) Gestaltungshinweise

3153 Nach § 5 Abs. 1 ArbStättV besteht für jeden Arbeitnehmer das Recht auf einen tabakrauchfreien Arbeitsplatz. Dies gilt allerdings nur bei Arbeitsstätten, an denen kein Publikumsverkehr besteht und somit § 5 Abs. 2 ArbStättV nicht greift. In diesem Fall steht es den Parteien jedoch frei, eine Klausel wie Abs. 1 des Klauseltyps B zu vereinbaren.

3154 Im Hinblick auf das Urteil des BAG vom 17.2.1998[19] besteht aus Gründen des Persönlichkeitsschutzes für Arbeitnehmer, die auf dem Betriebsgelände rauchen wollen, auch ein Anspruch, in hierzu gekennzeichneten Räumen oder notfalls auf einem Freigelände dem Rauchen nachzugehen. Die Klausel B stellt einen tabakrauchfreien Arbeitsplatz sicher, ggf auch gegen den Willen des Arbeitnehmers. Insoweit hat der Arbeitgeber eine, jedenfalls seit der Einführung des § 5 ArbStättV, zweifelsfreie Anordnungsbefugnis. Über Abs. 2 der Klausel kommt er den Anforderungen der BAG-Rspr nach. Die Anrechnung der Zeiten, in denen der Raucher nicht seiner Arbeit nachgeht, sondern sich in das Freigelände des Betriebs oder in ein Raucherzimmer begibt, ist wirksam. Da der Arbeitnehmer keinen Anspruch hat, dem Rauchen an seinem Arbeitsplatz nachzugehen, ist jeder Zeitraum, der mit Nichtarbeit im Betrieb verbracht wird, von der tatsächlich geleisteten Arbeitszeit in Abzug zu bringen.[20]

19 BAG 17.2.1998 – 7 ABR 22/97, NZA 1999, 162.
20 S. § 1 Rn 832 ff (10. Arbeitszeitklauseln).

50. Pflegezeitregelungen

Literatur

Brose, Die sozialversicherungsrechtlichen Nebenwirkungen von Pflegezeit und Familienpflegezeit, NZS 2012, 499; *v. Creytz*, Das Gesetz zur besseren Vereinbarkeit von Familie, Pflege und Beruf, DStR 2015, 128; *Göttling/Neumann*, Das neue Familienpflegzeitgesetz, NZA 2012, 119; *Liebscher/Kühler*, Das Familienpflegezeitgesetz – Sinnvolle Ergänzung zum Pflegezeitgesetz?, ArbRAktuell 2012, 392; *Preis/Nehring*, Das Pflegezeitgesetz, NZA 2008, 729; *Stüben/v. Schwanenflügel*, Die rechtliche Stärkung der Vereinbarkeit von Familie, Pflege und Beruf, NJW 2015, 577; *Thüsing/Pötters*, Das Gesetz zur besseren Vereinbarkeit von Familie, Pflege und Beruf, BB 2015, 181.

a) Rechtslage im Umfeld

aa) Neue gesetzliche Regelungen im Überblick

Das gesamtgesellschaftliche Anliegen der Förderung der Vereinbarkeit von Familie und Beruf 3155 ist in den letzten 15 Jahren durch neue Gesetze befördert worden. In der Pflichtenkollision zwischen **beruflichen Anforderungen und Kindererziehung** wurde mit dem Bundeselterngeld- und Elternzeitgesetz (BEEG) eine dreijährige Elternzeit eingeführt mit einer staatlichen Entgeltersatzleistung für die ersten 12 Monate und einem kündigungsgeschützten Freistellungsanspruch für weitere zwei Jahre. Die Erweiterung des gesetzgeberischen Engagements auf die Gruppe der 2,63 Mio. **Pflegebedürftigen und der sie pflegenden Angehörigen** drängt sich angesichts einer häuslichen Pflegequote von rd. 50 % geradezu auf.[1]

Wird ein naher Angehöriger pflegebedürftig, bestehen für einen betroffenen Arbeitnehmer 3156 nunmehr gesetzliche Grundlagen, die es diesen Angehörigen erleichtern sollen, den Pflegebedürftigen trotz eines bestehenden Arbeitsverhältnisses zu Hause zu pflegen: das am 1.7.2008 in Kraft getretene Gesetz über die Pflegezeit (Pflegezeitgesetz – **PflegeZG**)[2] und das seit 1.1.2012 ergänzende Gesetz über die Familienpflegezeit (Familienpflegezeitgesetz – **FPfZG**).[3] Hierzu kam mit Wirkung ab 1.1.2015 das „Gesetz zur besseren Vereinbarkeit von Familie, Pflege und Beruf".[4] Letzteres ist ein Artikelgesetz zur Reform insb. des erst zwei Jahre zuvor verabschiedeten FPfZG. PflegeZG und FPfZG werden durch dieses Änderungsgesetz weiterentwickelt und besser aufeinander abgestimmt. Flankiert werden beide Gesetze weiterhin von einem Sonderkündigungsschutz (§ 5 PflegeZG, § 2 Abs. 2 FPfZG iVm § 5 PflegeZG).

Die im Rahmen der gesetzlichen Regelungen zur Vereinbarkeit von Beruf und Pflege maßgebli- 3157 chen Gesetze bleiben demnach also das PflegeZG und das FPfZG, nunmehr in der ab 1.1.2015 geltenden geänderten Fassung. Auch wenn sich ihre Anwendungsbereiche überschneiden, werden beide Gesetze nebeneinander fortentwickelt, was zusammen mit der technisch komplizierten Reform für ein so wichtiges Thema unangemessen ist, da es die Anwendung und Verständlichkeit erschwert. Immerhin: Zur Wahrung der einheitlichen Anwendung verweist § 2 Abs. 3 FPfZG für die grundlegenden Begriffe, wie zB „naher Angehöriger", „Beschäftigter" und „Pflegebedürftigkeit", auf die Begriffsbestimmungen in § 7 PflegeZG.

1 *Thüsing/Pötters*, BB 2015, 181.
2 Vom 28.5.2008 (BGBl. I S. 874, 896).
3 Vom 6.12.2011 (BGBl. I S. 2564).
4 Vom 23.12.2014 (BGBl. I S. 2462).

bb) Pflege nach dem PflegeZG

(1) Grundkonstellationen im Überblick

3158 Das PflegeZG regelt drei Grundkonstellationen:

- Kurzzeitige Arbeitsfreistellung von bis zu 10 Arbeitstagen (§ 2 Abs. 1 PflegeZG);
- Reguläre Pflegezeit von bis zu 6 Monaten mit vollständiger Arbeitsbefreiung oder Teilzeit (§ 3 Abs. 1 PflegeZG);
- Pflegezeit zur Begleitung in der letzten Lebensphase von bis zu drei Monaten (§ 3 Abs. 6 PflegeZG).

3159 Für die Dauer der Freistellungen nach § 3 PflegeZG gewährt das Bundesamt für Familie und zivilgesellschaftliche Aufgaben (BAFzA) Beschäftigten auf Antrag ein in monatlichen Raten zu zahlendes zinsloses Darlehen (§ 3 Abs. 1 FPfZG). Siehe näher § 1 Rn 3168.

(2) Kurzzeitige Arbeitsverhinderung/Akutpflege

3160 Bei unerwartetem plötzlichen Eintritt einer Pflegesituation eines nahen Angehörigen hat der Arbeitnehmer das Recht, ohne eine Ankündigungsfrist **bis zu zehn Arbeitstage** der Arbeit fernzubleiben, um eine bedarfsgerechte Pflege zu organisieren oder eine pflegerische Versorgung in dieser Zeit sicherzustellen (§ 2 Abs. 1 PflegeZG), dh, der Beschäftigte kann seine **Arbeitsleistung verweigern.** Dies gilt unabhängig von der Anzahl der im Betrieb Beschäftigten, also auch im Kleinbetrieb. Der Anspruch kann mehrfach, sogar mehrfach binnen eines Jahres, geltend gemacht werden, wenn die Voraussetzungen bestehen.[5] Nach dem PflegeZG ist der Arbeitgeber während der zehn Tage allerdings **nicht** zur **Fortzahlung der Vergütung** verpflichtet, es sei denn, dies ergibt sich aus anderen gesetzlichen Vorschriften, aus einem Tarifvertrag oder aus dem Arbeitsvertrag (§ 2 Abs. 3 S. 1 PflegeZG). Eine Verpflichtung zur Zahlung kann sich insb. aus § 616 BGB ergeben, wenn dieser Anspruch nicht arbeitsvertraglich ausgeschlossen wurde.[6] Durch das neu eingeführte **Pflegeunterstützungsgeld** als Lohnersatzleistung besteht nunmehr eine soziale Absicherung, falls ansonsten kein Anspruch auf Fortzahlung des Entgelts gewährt würde (§ 44 a Abs. 3–7 SGB XI).[7] Das Pflegeunterstützungsgeld wird allerdings pro für jede pflegebedürftige Person nur einmal für bis zu zehn Arbeitstage gezahlt.[8]

(3) Freistellung bei Pflegezeit

3161 Bei längerer Pflege naher Angehöriger in häuslicher Umgebung besteht in Unternehmen mit mehr als 15 Beschäftigten ein einmaliger Anspruch auf **bis zu sechs Monate** unbezahlter Freistellung von der Arbeit (§§ 3, 4 PflegeZG), wobei auch die Möglichkeit einer zeitgleichen Teilzeitbeschäftigung besteht. Die Ankündigungsfrist beträgt 10 Arbeitstage. Wenn Teilzeitarbeit während der Pflegezeit gewünscht ist, haben die Parteien über die **Verringerung und die Verteilung der Arbeitszeit** eine schriftliche **Vereinbarung** zu treffen. Hierbei hat der Arbeitgeber den Wünschen des Arbeitnehmers zu entsprechen, es sei denn, dass dringende betriebliche Gründe entgegenstehen (§ 3 Abs. 4 PflegeZG). Anders als bei einer Reduzierung der Arbeitszeit nach FPfZG muss die Teilzeitarbeit keinen Mindestumfang von 15 Wochenstunden aufweisen.

3162 Eine **mehrmalige Inanspruchnahme** der Pflegezeit, soweit es um die Pflege des gleichen Pflegebedürftigen geht, ist auch bei Unterschreiten der maßgeblichen Höchstdauer von sechs Monaten nicht möglich; eine Aufteilung der Pflegezeit auf mehrere Zeiträume ist im Gesetz nicht vorgesehen.[9]

---

5 *Preis/Nehring*, NZA 2008, 729, 731.
6 *Brose*, NZS 2012, 499; *ders.*, NZA 2011, 719, 723.
7 BT-Drucks. 18/3124, S. 47.
8 *Stüben/v. Schwanenflügel*, NJW 2015, 577, 578.
9 BAG 15.11.2011 – 9 AZR 348/10, NZA 2012, 323.

(4) Begleitung in der letzten Lebensphase

Zur Begleitung von nahen Angehörigen in der letzten Lebensphase besteht ein Anspruch auf Pflegezeit von **bis zu drei Monaten** (§ 3 Abs. 6 PflegeZG). Der Anspruch ist auf vollständige oder teilweise Freistellung von der Arbeitspflicht gerichtet, eine Mindeststundenzahl bei Teilzeitarbeit ist nicht vorgeschrieben. Dieser Anspruch tritt zum sechsmonatigen Pflegezeit-Anspruch hinzu, wird aber auf die maximal 24 Monate kombinierte Freistellungszeit nach PflegeZG und FPfZG angerechnet. Wie auch die Pflegezeit ist der Anspruch auf eine reine Arbeitsfreistellung ohne Entgeltersatzleistung beschränkt. 3163

(5) Sonderkündigungsschutz

Der in allen Varianten der Pflegezeit gewährte **Sonderkündigungsschutz** greift auch während der Probezeit oder im Kleinbetrieb sogleich ein, eine Kündigung aufgrund der Inanspruchnahme von Pflegezeit wäre daher selbst bei generell nicht bestehendem Kündigungsschutz unwirksam.[10] Allerdings kann eine Kündigung in besonderen Fällen von der für den Arbeitsschutz zuständigen obersten Landesbehörde oder der von ihr bestimmten Stelle ausnahmsweise für zulässig erklärt werden (§ 5 Abs. 2 S. 1 PflegeZG). Kündigungsschutz besteht nunmehr nicht mehr ab Ankündigung, sondern ab frühestens **zwölf Wochen** vor dem Beginn der Arbeitsverhinderung (§ 5 Abs. 1 PflegeZG). 3164

cc) Familienpflegezeit nach dem FPfZG

Durch das FPfZG sollen die Bedingungen für die Vereinbarung einer **Familienpflegezeit** durch **Teilzeitarbeit** erleichtert werden. Damit wird erstmals ein einklagbarer Rechtsanspruch auf Familienpflegezeit geschaffen.[11] Voraussetzung ist, dass der Arbeitgeber in der Regel mehr als 25 Arbeitnehmer beschäftigt. Es besteht sodann ein Rechtsanspruch auf Familienpflegezeit gem. § 2 Abs. 1 FPfZG mit einer Verringerung der wöchentlichen Arbeitszeit für Arbeitnehmer, die einen pflegebedürftigen nahen Angehörigen in häuslicher Umgebung pflegen. Für längstens 24 Monate (Höchstdauer) kann die wöchentliche Arbeitszeit bis auf einen Mindestumfang von 15 Stunden reduziert werden; eine vollständige Freistellung wie bei der sechsmonatigen Pflegezeit (§ 3 PflegeZG) ist nicht möglich. Auch bei Kombination von Pflegezeit und Familienpflegezeit darf der maximale Umfang von 24 Monaten nicht überschritten werden. 3165

Die **Ankündigungsfrist** beträgt acht Wochen vor dem gewünschten Beginn (§ 2 a Abs. 1 S. 1 FPfZG); durch eine vorherige Inanspruchnahme von kurzzeitiger Arbeitsbefreiung nach dem PflegeZG kann sich diese effektiv verkürzen. 3166

Familienpflegezeit kann nur in Anspruch nehmen, wer mit seinem Arbeitgeber eine **schriftliche Vereinbarung über die Familienpflegezeit** abschließt (§ 2 a Abs. 2 FPfZG). Diese muss allerdings, anders als noch die bis 31.12.2014 geltende frühere Fassung des Gesetzes,[12] lediglich die Aspekte der Verringerung und Verteilung der Arbeitszeit abhandeln (vgl § 2 a Abs. 1 S. 1 und 2 FPfZG).[13] Der Arbeitgeber kann den Vorstellungen des Arbeitnehmers hierbei nur bei Vorliegen dringender betrieblicher Gründe widersprechen. Weitere vertragliche Vereinbarungen zur Ausgestaltung sind daneben möglich, allerdings sind die gesetzlichen Ansprüche auf Familienpflegezeit unabdingbar. 3167

Die mit der Arbeitsverringerung einhergehenden **finanziellen Einbußen** müssen nicht durch den Arbeitgeber ausgeglichen werden. Der Arbeitnehmer kann allerdings eine **finanzielle Förderung** durch ein **zinsloses Darlehen** des Bundesamtes für Familie und zivilgesellschaftliche Aufgaben (BAFzA) beanspruchen. Dieses steht auch bei der Pflegezeit nach dem PflegeZG zur Verfügung. 3168

10 Die ursprüngliche Regelung des ab Ankündigung bestehenden Kündigungsschutzes ist bereits Gegenstand arbeitsrechtlicher Streitigkeit gewesen, vgl insoweit LAG Thüringen 2.10.2014 – 6 Sa 345/13, juris.

11 *Thüsing/Pötter*, BB 2015, 181, 183.

12 *Liebscher/Kühler*, ArbRAktuell 2012, 393.

13 *Thüsing/Pötter*, BB 2015, 181, 182.

Das Darlehen wird wie eine Lohnersatzleistung in monatlichen Raten ausgezahlt, die Höhe entspricht der Hälfte der Differenz zwischen dem pauschalierten monatlichen Nettoentgelt vor und während der pflegebedingten teilweisen Arbeitsfreistellung (§ 3 Abs. 1–3 FPfZG). Die **Rückzahlung** beginnt nach Ende der Freistellung und soll über 48 Monate in gleichbleibenden Raten erfolgen (§ 6 FPfZG).

3169 Alternativ besteht die Möglichkeit, die Entgelteinbußen der wegen Pflegeanforderungen beanspruchten Freistellung oder reduzierten Arbeitszeit nach FPfZG oder PflegeZG durch Entgeltaufstockung unter Verwendung eines **Wertguthabens** zu mindern.

b) Klauseltypen und Gestaltungshinweise

aa) Vereinbarung nach dem PflegeZG – Teilzeittätigkeit während der Pflegezeit

(1) Klauseltyp A

3170 1. Zur angekündigten Pflege des pflegebedürftigen Angehörigen in häuslicher Umgebung gem. § 3 PflegeZG [alternativ: Für den nach § 3 Abs. 6 PflegeZG (Begleitung eines nahen Angehörigen) beschriebenen Zeitraum] wird die durchschnittliche regelmäßige wöchentliche Arbeitszeit von derzeit (...) Stunden ab (...) verringert auf (...) Stunden. Die verringerte Arbeitszeit wird wie folgt verteilt: (...)

2. Die verringerte und neu verteilte Arbeitszeit gilt befristet bis (...) und endet mit Ablauf dieses Tages, ohne dass es einer Kündigung oder einer weiteren Vereinbarung bedarf. Die gesetzlichen Regelungen zur Verlängerung und Verkürzung der Pflegezeit (§ 4 PflegeZG) bleiben unberührt und gehen der vorstehenden Befristung der hier vereinbarten Teilzeit vor.

3. Herr/Frau (...) hat die Pflegebedürftigkeit des nahen Angehörigen durch Vorlage einer Bescheinigung der Pflegekasse/des Medizinischen Dienstes der Krankenkasse mit Schreiben vom (...) nachgewiesen. Der Nachweis der Pflegebedürftigkeit sowie der Pflegezeitantrag sind Bestandteil dieser Vereinbarung. Der Arbeitnehmer ist verpflichtet, Änderungen der Verhältnisse unverzüglich mitzuteilen.

4. Im Übrigen gelten die Regelungen des Arbeitsvertrages vom (...) fort.

(2) Gestaltungshinweise

3171 Die Klausel bietet eine am Gesetz orientierte Regelung für den Fall der Beanspruchung von Pflegezeit nach dem PflegeZG mit fortgesetzter Teilzeitarbeit. Hier ist keine Mindestanzahl von Wochenstunden vorgeschrieben, die Teilzeitquote ist frei vereinbar. Eine schriftliche Vereinbarung ist vom Gesetz gefordert. Die konkrete Anspruchsgrundlage für die beanspruchte Teilzeit sollte aufgeführt werden, da dies zum eine über die Anrechnung auf die maximal 24-monatige Pflegezeit insgesamt entscheidet und zum anderen klarstellt, dass die Regelungen zum Kündigungsschutz nach § 5 PflegeZG während der Zeit der hiernach vereinbarten Teilzeit Anwendung finden.

3172 Da die Regelung des § 4 PflegeZG der unter Ziff. 2 vereinbarten Befristung vorgehen dürfte, sollte man diesen Vorbehalt, wie in Satz 2 der Klausel A geschehen, unbedingt aufnehmen. Auf diese Weise wird der Rspr des BAG zur doppelten Schriftformklausel Genüge getan,[14] die ausdrücklich die Aufnahme eines Vorbehalts, der sich aus dem Gesetz ergibt, verlangt.[15]

14 BAG 10.5.2008 – 9 AZR 382/07, NZA 2008, 1233.

15 Anwalts-Formularbuch ArbR/*Lingemann*, Kap. 17, M 17.1 Rn 4.

bb) Vereinbarung nach dem FPfZG

(1) Klauseltyp B

Vereinbarung zur Familienpflegezeit mit Aufstockungsoption aus einem Wertguthaben 3173

zwischen
(...) (im Folgenden Arbeitgeber)
und
Herrn/Frau (...) (im Folgenden Beschäftigte/r)

1. Familienpflegezeit – Arbeitszeit vor und während der Familienpflegezeit und Dauer der Familienpflegezeit

(a) In der Zeit vom (...) bis (...) wird der/dem Beschäftigten Familienpflegezeit gem. § 2 Familienpflegezeitgesetz (FPfZG) für die häusliche Pflege des/der Herrn/Frau (...), geb. am (...), wohnhaft (...), gewährt.

(b) Die Pflegebedürftigkeit der/des nahen Angehörigen wird durch Vorlage
□ einer Bescheinigung der Pflegekasse oder des Medizinischen Dienstes der Krankenkasse
(oder)
□ einer entsprechenden Bescheinigung der privaten Pflege-Pflichtversicherung
nachgewiesen.

(c) Die wöchentliche Arbeitszeit vor der Familienpflegezeit beträgt (...) Stunden.

(d) Während der Familienpflegezeit (Pflegephase) beträgt die wöchentliche Arbeitszeit (...) Stunden.

(e) Nach dem Ende der Familienpflegezeit kehrt die/der Beschäftigte zu der vor Eintritt in die Familienpflegezeit gültigen wöchentlichen Arbeitszeit von (...) Stunden zurück.

2. Familienpflegezeit – Entgeltaufstockung

(a) Während der Familienpflegezeit wird das sich aus der verringerten Arbeitszeit ergebende Entgelt um einen monatlichen Bruttobetrag iHv (...) € aufgestockt.

(b) Für die/den Beschäftigte(n) wird ein Wertguthaben geführt. Durch die Aufstockung des Arbeitsentgelts entsteht während der Familienpflegezeit ein Negativsaldo auf dem Wertguthaben. Dieser umfasst neben dem Aufstockungsbetrag auch den hierauf entfallenden Arbeitgeberanteil am Gesamtsozialversicherungsbeitrag. In der Nachpflegephase wird das negative Wertguthaben durch die Beschäftigte/den Beschäftigten nach Maßgabe der Ziff. 4 dieser Vereinbarung wieder ausgeglichen.

3. Ende der Familienpflegephase

(a) Die Familienpflegezeit endet zu dem unter Ziff. 1 vereinbarten Termin (spätestens nach 24 Monaten), ohne dass es einer Kündigung oder einer weiteren Vereinbarung bedarf.

(b) Ist die oder der nahe Angehörige nicht mehr pflegebedürftig oder die häusliche Pflege der oder des nahen Angehörigen unmöglich oder unzumutbar, endet die Familienpflegezeit nach § 2 a Abs. 5 FPfZG vier Wochen nach Eintritt der veränderten Umstände. Diese gesetzliche Regelung zur Verkürzung der Familienpflegezeit bleibt unberührt und geht der vorstehenden Befristung der hier vereinbarten Teilzeit vor.

(c) Im Übrigen kann die Familienpflegezeit nur vorzeitig beendet werden, wenn der Arbeitgeber zustimmt.

(d) Die/der Beschäftigte verpflichtet sich, dem Arbeitgeber die Beendigung der häuslichen Pflege und jede sonstige Veränderung der für die Familienpflegezeit maßgeblichen Umstände unverzüglich schriftlich mitzuteilen.

(e) Die Aufstockung des Arbeitsentgelts endet mit der Familienpflegezeit (Pflegephase).

4. Nachpflegephase

(a) Mit dem Ende der Familienpflegezeit (Pflegephase) beginnt die Nachpflegephase, in der das infolge der Aufstockung des Arbeitsentgelts mit einem negativen Saldo belastete Wertguthaben der/des Beschäftigten ausgeglichen wird. Zu diesem Zweck wird mit jeder monatlichen Entgeltabrechnung derjenige Betrag vom Arbeitsentgelt einbehalten, um den während der Familienpflegezeit gem. Ziff. 1 Buchst. c) dieser Vereinbarung aufgestockt wurde.

(b) Der Arbeitgeber ist berechtigt, das Arbeitsentgelt zum Ausgleich des Negativsaldos wie geplant einzubehalten, selbst wenn die/der Beschäftigte in der Nachpflegephase ihre/seine Arbeitszeit aufgrund gesetzlicher oder kollektivrechtlicher Bestimmungen oder individueller Vereinbarungen verringert. Im Falle der Kurzarbeit dagegen vermindert sich der Anspruch auf Einbehalt vom Arbeitsentgelt um den Anteil, um den die Arbeitszeit durch die Kurzarbeit vermindert ist; die Nachpflegephase verlängert sich in diesem Fall entsprechend.

5. Vorzeitige Beendigung des Beschäftigungsverhältnisses/Freistellung von der Arbeitsleistung während der Nachpflegephase

(a) Sofern das Beschäftigungsverhältnis zu einem Zeitpunkt beendet wird, in dem noch ein Negativsaldo besteht, ist die/der Beschäftigte zum Ausgleich des Wertguthabens verpflichtet.

(b) Wird die/der Beschäftigte von der Arbeitsleistung freigestellt (zB wegen der Inanspruchnahme von Elternzeit), so dass ein Einbehalt von Arbeitsentgelt nicht erfolgen kann, kann der Arbeitgeber von der/dem Beschäftigten einen Ausgleich in Geld verlangen.

(...) (Ort, Datum)

(...) (Unterschriften Arbeitgeber und Beschäftigte/Beschäftigter)

(2) Gestaltungshinweise

3174 Die Inanspruchnahme von Familienpflegezeit erfordert nach der gesetzlichen Konzeption eine Regelung über die Dauer und Verteilung der Teilzeitarbeit (§ 2 a Abs. 2 FPfZG). Soll ansonsten keine Regelung über den Ausgleich des durch die Teilzeit reduzierten Arbeitsentgelts erfolgen, kann auf die Klausel A (s. Rn 3170) zurückgegriffen werden. Zu den Optionen des Arbeitnehmers, zum Ausgleich der verringerten Entgeltbezüge ein Darlehn des BAFzA zu beantragen, ist keine Vereinbarung zwischen den Arbeitsvertragsparteien erforderlich.

3175 Den Arbeitsvertragsparteien bleibt es aber auch nach der Reform des FPfZG[16] unbenommen, die Familienpflegezeit unter Verwendung eines **Wertguthabens mit anfänglich negativem Saldo** zu unterstützen. Der Arbeitnehmer erhält hier während der Teilzeit ein aufgestocktes Entgelt, die Höhe der Aufstockung ist frei vereinbar. Nach Abschluss der Familienpflegezeit wird der aufgelaufene Negativsaldo über einen längeren Zeitraum abgetragen, hierzu wird das Entgelt des Arbeitnehmers dann in einem zu bestimmenden Umfang einbehalten.

3176 Eine solche Vereinbarung ist für den Arbeitgeber freiwillig und mit Risiken behaftet: Anders als die gesetzlich geregelte Wertguthabenregelung des alten FPfZG lässt sich bei der privatrechtlichen Vereinbarung eines Wertguthabens, bei dem der Arbeitgeber in Vorleistung treten muss, eine versicherungsrechtliche Absicherung nur mit unverhältnismäßigem Aufwand herstellen. Eine Alternative zu der für den Arbeitgeber aufgrund des Ausfallrisikos schwierigen Variante des negativen Wertguthabens, das während der Pflege aufgebaut wird, wäre die Vereinbarung eines positiven Wertguthabens, auf dem während der aktiven Vollzeittätigkeit Zeiten oder Entgeltbestandteile angespart werden. Ein solches Konto wäre gegen die Insolvenz des Arbeitgebers abzusichern, hierfür stehen allerdings ausreichend eingeführte Systeme bereit.

16 Art. 1 des Gesetzes zur besseren Vereinbarkeit von Familie, Pflege und Beruf vom 23.12.2014 (BGBl. I S. 2462), in Kraft getreten am 1.1.2015.

Da die Regelung des § 2a FPfZG der unter Ziff. 3 vereinbarten Befristung vorgehen soll, empfiehlt sich die ausdrückliche Aufnahme der Regelung nach Ziffer 3 (b). Auf diese Weise wird der Rspr des BAG zur doppelten Schriftformklausel Genüge getan, die ausdrücklich die Aufnahme eines Vorbehalts, der sich aus dem Gesetz ergibt, verlangt (s. § 1 Rn 3199, 3205 ff, 3216 f). 3177

51. Salvatorische Klauseln

Literatur

Bayreuther, Das Verbot der geltungserhaltenden Reduktion im Arbeitsrecht – Zur Kehrtwende des BAG vom 4.3.2004, NZA 2004, 953; *Däubler*, Aktuelle Fragen der AGB-Kontrolle im Arbeitsrecht – Bezugnahme auf Tarifverträge, salvatorische Klausel, Schriftform, Altersgrenze, NZA-Beil. 2006, 133; *Hanau/Hromadka*, Richterliche Kontrolle flexibler Entgeltregelungen in Allgemeinen Arbeitsbedingungen, NZA 2005, 73; *Junker*, AGB-Kontrolle von Arbeitsvertragsklauseln in der neueren Rechtsprechung des Bundesarbeitsgerichts, BB 2007, 1274; *Ohlendorf/Salamon*, Die Aufrechterhaltung unwirksamer Formulararbeitsbedingungen – das Verhältnis des Verbots geltungserhaltender Reduktion zur ergänzenden Vertragsauslegung im Arbeitsrecht, RdA 2006, 281; *Schrader/Schubert*, AGB-Kontrolle von Arbeitsverträgen (Teil 2), NZA-RR 2005, 225; *Stoffels*, Vertragsgestaltung nach der Schuldrechtsreform – eine Zwischenbilanz, Sonderbeil. NZA 1/2004, 19; *Stoffels/Bieder*, AGB-rechtliche Probleme der arbeitsvertraglichen Bezugnahme auf mehrgliedrige Zeitarbeitstarifverträge, RdA 2012, 27; *Thüsing/Leder*, Gestaltungsspielräume bei der Verwendung vorformulierter Arbeitsvertragsbedingungen – allgemeine Grundsätze, BB 2005, 938; *Willemsen/Grau*, Geltungserhaltende Reduktion und „Besonderheiten des Arbeitsrechts", RdA 2003, 321.

a) Rechtslage im Umfeld

3178 Salvatorische Klauseln haben den Zweck, die Wirksamkeit eines Vertrags insgesamt sowie die möglichst weitgehende Wirksamkeit einzelner Vertragsbestimmungen für den Fall zu sichern, dass sich im Laufe der Durchführung des Vertragsverhältnisses die Unwirksamkeit einzelner Klauseln oder eine Lücke im Regelungswerk herausstellen sollte. Man kann die einzelnen Bestimmungen der üblichen salvatorischen Klauseln in **Teilnichtigkeits-, Ersetzungs- und Reduktionsklauseln sowie gesetzesersetzende Klauseln** einteilen.[1] Wesentlicher Beweggrund für die Aufnahme dieser Klauseln ist die Auslegungsregel des § 139 BGB, wonach grds. die partielle Nichtigkeit zur Gesamtnichtigkeit eines Rechtsgeschäfts führt. Im Arbeitsrecht wird hingegen ganz allgemein die Rechtsfolge der Totalnichtigkeit vermieden, da ansonsten der Schutzgedanke zwingender arbeitsrechtlicher Bestimmungen leer liefe. Nach der Rspr des BAG führen daher arbeitsvertragliche Verstöße gegen arbeitnehmerschützende Bestimmungen grds. nicht zur Unwirksamkeit des Vertrages.[2] **Teilnichtigkeit** des Vertrages wegen unklarer, unangemessener oder aus sonstigen Gründen unwirksamer Arbeitsvertragsklauseln führt mithin nicht zur Gesamtnichtigkeit; vielmehr bedient sich die Rspr des § 139 Hs 2 BGB, wonach die Unwirksamkeitsvermutung entfällt, wenn das Rechtsgeschäft auch ungeachtet des nichtigen Teils so abgeschlossen worden wäre. Im AGB-Recht regelt § 306 Abs. 1 BGB entsprechend, dass die Rechtsfolgen der **AGB-Kontrolle** auf die jeweils betroffene Klausel beschränkt sind und der Vertrag im Übrigen erhalten bleibt.

3179 **Teilnichtigkeitsklauseln**, die besagen, dass die etwaige Unwirksamkeit einzelner Bestimmungen des Vertrages die Wirksamkeit der übrigen Vertragsbestimmungen unberührt lässt, sind daher rechtlich unbedenklich.[3] Sie führen allerdings nicht dazu, dass die von dem Nichtigkeitsgrund nicht unmittelbar erfassten Teile des Vertrages unter allen Umständen als wirksam behandelt werden. In den Fällen, in denen allgemein aufgrund der Unzumutbarkeit des Festhaltens am Vertrag[4] bzw bei AGB-Fällen aufgrund einer unzumutbaren Härte iSd § 306 Abs. 3 BGB die Teilnichtigkeit entgegen §§ 139 Hs 2, 306 Abs. 1 BGB zur Gesamtnichtigkeit des Arbeitsvertrages führt, wird diese Rechtsfolge durch die Aufnahme einer salvatorischen Teilnichtigkeitsklausel in den Vertrag nicht verhindert werden können.[5] Allerdings ist stets zu prüfen, ob die Parteien das teilnichtige Geschäft als Ganzes verworfen hätten oder aber den Rest hätten gelten

1 Vgl Preis/*Preis*, Der Arbeitsvertrag, II S 10 Rn 9–26.
2 BAG 23.1.1990 – 3 AZR 58/88, EzA § 1 BetrAVG Gleichberechtigung Nr. 6; BAG 28.3.1963 – 5 AZR 472/62, AP § 1 HausarbeitstagsG NRW Nr. 24; BAG 9.9.1981 – 5 AZR 1182/79, BAGE 36, 187.
3 Preis/*Preis*, Der Arbeitsvertrag, II S 10 Rn 10.
4 *Stoffels*, AGB-Recht, § 19 Rn 584, § 21 Rn 632.
5 *Stoffels*, AGB-Recht, § 19 Rn 584, § 20 Rn 627, § 21 Rn 634.

lassen.[6] Soweit sich jedoch nur eine Partei entgegen einer Teilnichtigkeitsklausel auf die Unwirksamkeit des Vertrages beruft, obliegt ihr aufgrund dieser vertraglichen Klausel dann auch die Darlegungs- und Beweislast für die Unzumutbarkeit des Festhaltens am Vertrag.[7]

Inwieweit die beiden anderen im Arbeitsrecht gebräuchlichen salvatorischen Klauseln, nämlich die Ersetzungsklausel und die Reduktionsklausel, wirksam sind oder sein können, ist umstritten, wobei es entscheidend darauf ankommt, ob der maßgebliche Vertrag als Formularvertrag unter die §§ 305 f BGB fällt. 3180

Bei der **Ersetzungsklausel** vereinbaren die Vertragsparteien, rechtsunwirksame Bestimmungen durch solche Regelungen zu ersetzen, die dem von ihnen ursprünglich verfolgten Vertragszweck am nächsten kommen. Eine solche Ersetzung geschieht oft in der Weise, dass dem Arbeitgeber ein einseitiges Leistungsbestimmungsrecht eingeräumt wird oder dass beide Parteien verpflichtet werden, eine wirksame Ersatzbestimmung zu vereinbaren. Alternativ wird eine automatische Ersetzung der unwirksamen durch eine wirksame Klausel vereinbart. Typisch ist in diesem Zusammenhang der Zusatz, dass an die Stelle unwirksamer Bestimmungen eine Regelung treten soll, die dem Inhalt oder dem gemeinsam erwarteten Erfolg der ursprünglichen Bestimmung möglichst nahe kommt. Bei der **Reduktionsklausel** wird die geltungserhaltende Reduktion zur Regel gemacht. 3181

Ersetzungs- und Reduktionsklauseln wurden bis zur Schuldrechtsreform als unproblematisch wirksam erachtet.[8] Die Rspr stand geltungserhaltenden Klauseln recht aufgeschlossen gegenüber;[9] beispielhaft zu nennen sind unvertretbare hohe Rückzahlungsbeträge für Aus- und Fortbildung, die auf die noch zulässige Höhe reduziert wurden,[10] die Anpassung von zu weitreichenden Wettbewerbsverboten[11] oder Rückzahlungsabreden über Sondergratifikationen.[12] Seit Beginn des Jahres 2003 hat sich die Rechtslage vollständig geändert: Für **Formulararbeitsverträge** gilt seither das **Verbot der geltungserhaltenden Reduktion**, § 306 Abs. 2 BGB.[13] Besonderheiten des Arbeitsrechts (§ 310 Abs. 4 S. 2 BGB) stehen dem nicht entgegen,[14] da allein der Hinweis auf die Tatsache, dass im Arbeitsrecht an die Stelle des fehlenden dispositiven Rechts in beträchtlichem Umfang Richterrecht getreten ist, keine Besonderheit iSv § 310 Abs. 4 S. 2 BGB zu begründen vermag.[15] 3182

Folge ist, dass **salvatorische Klauseln** in **Formulararbeitsverträgen** – gleichgültig, ob als **Ersetzungs-** oder als **Reduktionsklauseln** ausgestaltet – **unwirksam** sind. Das BAG hat seine Rspr demgemäß umgestellt und bereits 2004 die Reduktion einer Vertragsstrafenklausel abgelehnt.[16] Selbst die bei unbillig hohen Vertragsstrafenabreden gesetzlich vorgesehene Reduktionsregel des § 343 BGB wendet das BAG unter Hinweis auf § 306 Abs. 2 BGB nicht mehr an. 3183

---

6 BGH 24.9.2002 – KZR 10/01, NJW 2003, 347.

7 BGH 24.9.2002 – KZR 10/01, NJW 2003, 347.

8 *Schrader*, Rechtsfallen in Arbeitsverträgen, Rn 821 ff; *Bauer*, Arbeitsrechtliche Aufhebungsverträge, Rn 218 a.

9 BAG 6.3.1994 – 5 AZR 339/92, NZA 1994, 937; BAG 15.2.1990 – 6 AZR 381/88, AP § 611 BGB Anwesenheitsprämie Nr. 15; BAG 15.5.1985 – 5 AZR 161/84, AP § 611 BGB Ausbildungsbeihilfe Nr. 9; BAG 11.4.1984 – 5 AZR 430/82, NZA 1984, 288; BAG 20.2.1975 – 5 AZR 240/75, BB 1975, 1206; BAG 3.10.1963 – 5 AZR 131/63, AP § 611 BGB Urlaub und Gratifikation Nr. 1.

10 BAG 12.12.1979 – 5 AZR 1056/77, DB 1980, 1704.

11 BAG 2.2.1968 – 3 AZR 462/66, DB 1968, 1138.

12 BAG 20.3.1974 – 5 AZR 327/73, NJW 1974, 1671.

13 HWK/*Gotthardt*, § 306 BGB Rn 4; Däubler/Bonin/Deinert/*Bonin*, § 306 BGB Rn 14, 18 b ff; ErfK/*Preis*, §§ 305–310 BGB Rn 104.

14 ErfK/*Preis*, §§ 305–310 BGB Rn 99; Däubler/Bonin/Deinert/*Deinert*, § 307 BGB Rn 133 f; HWK/*Gotthardt*, § 306 BGB Rn 4; *Reinecke*, DB 2002, 583, 586; aA *Annuß*, BB 2002, 458, 461; MüKo-BGB/*Basedow*, § 310 Rn 92.

15 *Stoffels*, Vertragsgestaltung nach der Schuldrechtsreform – eine Zwischenbilanz, Sonderbeil. zu NZA 1/2004, 19, 26; aA *Hromadka*, NJW 2002, 2524; *Thüsing*, NZA 2002, 594.

16 BAG 4.3.2004 – 8 AZR 196/03, NZA 2004, 727.

Auch eine zu kurz bemessene Ausschlussfrist kann durch eine salvatorische Klausel nicht gerettet werden, sie ist unwirksam.[17]

3184 Ersatzordnung bei unwirksamen Klauseln bildet nach § 306 Abs. 2 BGB das **dispositive Recht,** zu dem auch ungeschriebene Rechtssätze zählen, die durch Richterrecht entwickelt wurden.[18] Zu den Vorschriften des dispositiven Rechts zählen auch die Generalklauseln und methodischen Vorschriften zur Ausfüllung von Vertragslücken, wie die Grundsätze der ergänzenden Vertragsauslegung.[19]

3185 Die Frage, ob es bei der Wirksamkeit salvatorischer Klauseln in der AGB-Kontrolle unterliegenden Verträgen darauf ankommen kann, welche Seite sich auf die Ersetzungs- oder Erhaltungsklausel beruft, ist durch das LAG Hamm in der Entscheidung vom 18.2.2014 neu aufgerufen worden. Das LAG erkannte bei einem nachvertraglichen Wettbewerbsverbot, das aufgrund fehlender Zusage einer Karenzentschädigung unwirksam war, auf eine durch die vereinbarte salvatorische Ersetzungsklausel herbeigeführte Zusage auf eine Karenzentschädigung in gesetzlicher Höhe.[20] Tragender Grund der Entscheidung war die Berufung des Arbeitnehmers auf die Ersetzungsklausel. Die Arbeitgeberin und Verwenderin der vorformulierten Bedingungen des Arbeitsvertrages sollte sich gegenüber dem Arbeitnehmer nicht darauf berufen könne, dass im Rahmen einer AGB-Kontrolle die salvatorische Klausel des Arbeitsvertrages unwirksam sei. Für die Gestaltung von Arbeitsverträgen kann aus diesem Fall die Lektion mitgenommen werden, dass die Wirkung salvatorischer Klauseln immer für beide Seiten durchdacht werden muss. Die Entscheidung liegt dem BAG zur Revision vor.

b) Klauseltypen und Gestaltungshinweise

aa) Teilnichtigkeitsklauseln

(1) Klauseltyp A

3186 Sollten eine oder mehrere Bestimmungen dieses Vertrages ganz oder teilweise gegen zwingendes Recht verstoßen oder aus anderen Gründen nichtig oder unwirksam sein oder werden, oder sollte der Vertrag eine Lücke enthalten, wird die Wirksamkeit der übrigen Bestimmungen des Vertrages hiervon nicht berührt.

(2) Gestaltungshinweise

3187 In Teilnichtigkeitsklauseln[21] regeln die Parteien, dass unklare, unangemessene oder aus sonstigen Gründen unwirksame Arbeitsvertragsklauseln nicht zur Gesamtnichtigkeit führen. Ein Beispiel hierfür bildet die Klausel A. Ihre Bewertung hat sich durch die Erweiterung des AGB-Rechts auf Arbeitsverträge für die Praxis nicht verändert: Teilnichtigkeitsklauseln in Formulararbeitsverträgen sind unschädlich, weil sie mit geltendem AGB-Recht nicht kollidieren. Auch außerhalb des Anwendungsbereichs der §§ 305 ff BGB führen nichtige Vertragsklauseln in Arbeitsverträgen nach ständiger BAG-Rspr grds. nicht zur Unwirksamkeit des Vertrages in seiner Gesamtheit,[22] da nach § 139 Hs 2 BGB die Unwirksamkeitsvermutung entfällt, wenn das Rechtsgeschäft auch ungeachtet des nichtigen Teils geschlossen worden wäre. Bedeutung hat die Klausel daher v.a. für die Klarstellung, dass die Darlegungs- und Beweislast diejenige Partei

17 BAG 25.5.2005 – 5 AZR 572/04, NZA 2005, 1111; BAG 19.12.2007 – 5 AZR 1008/06, NZA 2008, 465.

18 BGH 14.5.1996 – XI ZR 257/94, NJW 1996, 2092; BGH 11.7.1996 – IX ZR 74/95, NJW 1996, 2786.

19 BGH 1.2.1984 – VIII ZR 54/83, BGHZ 90, 69; LAG Köln 1.2.2001 – 10 Sa 625/00, NZA-RR 2001, 461; ErfK/*Preis*, §§ 305–310 BGB Rn 104 f; *Stoffels*, AGB-Recht, § 19 Rn 584, § 20 Rn 608.

20 LAG Hamm 18.2.2014 – 14 Sa 806/13, juris; Revision anhängig unter BAG 10 AZR 181/14.

21 BAG 24.10.1989 – 8 AZR 6/89, n.v.; *Schrader*, Rechtsfallen in Arbeitsverträgen, Rn 813 ff.

22 BAG 23.1.1990 – 3 AZR 58/88, EzA § 1 BetrAVG Gleichberechtigung Nr. 6; BAG 28.3.1963 – 5 AZR 472/62, AP § 1 HausarbeitstagsG NRW Nr. 24.

trifft, die sich auf die Gesamtnichtigkeit des Vertrages beruft, sei es nach § 139 Hs 1 BGB oder nach der Ausnahmeklausel des § 306 Abs. 3 BGB.

bb) Ersetzungsklauseln

(1) Klauseltyp B

→ **B 1:** Die Parteien verpflichten sich, die unwirksame Bestimmung durch eine dieser in Interessenlage und Bedeutung möglichst nahe kommende, wirksame Vereinbarung zu ersetzen. 3188

→ **B 2:** An die Stelle der nichtigen oder unwirksamen Bestimmung soll eine Regelung treten, die deren Sinn und Zweck in rechtlicher und wirtschaftlicher Hinsicht so weit wie möglich entspricht. Andere Vertragslücken sind nach billigem Ermessen auszufüllen. Kommt innerhalb einer Frist von einem Monat eine Einigung der Parteien über die Ersetzung nicht zustande, entscheidet ein fachkundiger Schiedsgutachter, der, soweit sich die Parteien nicht innerhalb einer Frist von einem Monat über die Person eines Schiedsgutachters einigen, auf Antrag der einen oder anderen Partei von der zuständigen Industrie- und Handelskammer zu benennen ist.[23]

(2) Gestaltungshinweise

Die **Klausel B 1** ist eine Ersetzungsklausel, die auf den von den Parteien ursprünglich verfolgten, wirtschaftlichen Zweck abstellt. In **Formulararbeitsverträgen** sind Ersetzungsklauseln unwirksam, da dem Klauselverwender das Risiko der Unwirksamkeit einer AGB-widrigen Vertragsformulierung abgenommen wird.[24] Sie stehen mit § 306 Abs. 2 BGB nicht in Einklang. Das BAG lässt die Klausel zudem an dem spezielleren § 307 Abs. 1, Abs. 2 Nr. 1 BGB scheitern, da sie mit wesentlichen gesetzlichen Grundgedanken (§ 306 Abs. 2 BGB) unvereinbar ist.[25] Nicht eine Regelung, die dem ursprünglich verfolgten, wirtschaftlichen Zweck am nächsten kommt, sondern das im Gesetz oder in entsprechender Rspr Bestimmte hat nach § 306 Abs. 2 BGB an die Stelle der unwirksamen vertraglichen Regelung zu treten. Zudem hat das BAG jüngst auch Klarheit und Durchschaubarkeit entgegen § 307 Abs. 1 S. 2 BGB als nicht gegeben erachtet und die Unwirksamkeit einer Rückzahlungsklausel auch durch die verwendete Ersetzungsklausel nicht geheilt.[26] 3189

In **Individualverträgen** sind Ersetzungsklauseln hingegen wirksam. Sind einzelne Vertragsklauseln in einem ansonsten vorgegebenen Formularvertrag individuell ausgehandelt worden, so kann die Ersetzungsklausel auch im Hinblick auf diese Regelungen wirksam sein, während sie im Hinblick auf den übrigen vorgegebenen Vertrag keine Wirkung entfaltet. Individuelle Vertragsabreden haben nach § 305 b BGB Vorrang. Diese Wertung darf nicht durch eine undifferenzierte Anwendung der §§ 305 ff BGB im Übrigen umgangen werden.[27] Zu beachten ist allerdings, dass die einseitig vorgegebene salvatorische Klausel selbst aufgrund von AGB-Mängeln unwirksam und dann für die Korrektur einzelner unwirksamer Individualklauseln unanwendbar sein kann. Da eine AGB-feste Ersetzungs- bzw Reduktionsklausel in einem Vertrag, der sowohl aus einseitig gestellten Klauseln als auch aus Individualklauseln besteht, wegen des klaren Widerspruchs zu § 306 Abs. 2 BGB nicht möglich ist,[28] müsste die salvatorische Klausel daher auch selbst als Individualabrede von der Klauselkontrolle ausgenommen, sprich zwischen den Parteien individuell verhandelt worden sein. 3190

23 Vgl zu dieser Klausel *Michalski*, NZG 1998, 7, 15; die Benennung von Schiedsgutachtern erfolgt durch die Industrie- und Handelskammern als Service für ihre Mitglieder gegen eine Verwaltungsgebühr von je nach Kammer zwischen 60 und 120 €.

24 *Stoffels/Bieder*, RdA 2012, 27, 37.

25 BAG 25.5.2005 – 5 AZR 572/04, NZA 2005, 1111; *Glanz*, NJW-Spezial 2008, 466.

26 BAG 28.5.2013 – 3 AZR 103/12, NZA 2013, 1419.

27 BAG 25.5.2005 – 5 AZR 572/04, NZA 2005, 1111, 1115.

28 BAG 25.5.2005 – 5 AZR 572/04, NZA 2005, 1111, 1115 (IV.8.c der Gründe).

3191 Ersetzungsklauseln nach Art von B 1 sind aufgrund ihrer Rechtsfolge schwierig, da sie zu einer Verpflichtung zum Abschluss einer interessengerechten Vereinbarung führen. Für die gerichtliche Durchsetzung der Klausel muss die andere Partei auf Abgabe einer Willenserklärung verklagt werden.[29] Auf Schadensersatz kann in diesem Stadium regelmäßig noch nicht geklagt werden,[30] da der Inhalt der Vertragspflicht zunächst nicht feststeht. Diese Bedenken bestehen bei der **Klausel B 2** nicht; sie empfiehlt sich aber wegen der mit dem vorgesehenen Ersetzungsmechanismus verbundenen Kosten eher für Verträge mit Führungskräften.

cc) Reduktionsklauseln

(1) Klauseltyp C

3192 → **C 1:** Anstelle der unwirksamen Bestimmung oder der Regelungslücke gilt diejenige wirksame Bestimmung als vereinbart, die dem rechtlichen und wirtschaftlichen Sinn und Zweck der unwirksamen Bestimmung am nächsten kommt. Dies gilt auch dann, wenn die Unwirksamkeit einer Bestimmung auf einem Maß der Leistung oder der Zeit beruht; es gilt dann das nächstliegende rechtlich zulässige Maß.

→ **C 2:** Anstelle der unwirksamen oder fehlenden Bestimmungen soll eine Regelung gelten, die dem Willen der Parteien wirtschaftlich am besten entspricht.

(2) Gestaltungshinweise

3193 Bei einer Reduktionsklausel (C 1 und C 2) wird die geltungserhaltende Reduktion zur Regel gemacht. Könnte der Verwender Allgemeiner Geschäftsbedingungen darauf vertrauen, eine unzulässige Klausel werde im Streitfall vom Gericht auf das gerade noch zulässige Maß reduziert, fehlte für ihn jeder Anreiz, unzulässige Klauseln zu vermeiden. Aus diesem Grunde sind Reduktionsklauseln mit wesentlichen Grundgedanken der gesetzlichen AGB-Kontrolle gem. § 307 Abs. 2 Nr. 1 BGB sowie unmittelbar wegen Widerspruchs zu § 306 Abs. 2 BGB in **Formulararbeitsverträgen** unwirksam.

3194 Im **Individualvertrag** ist die Klausel hingegen wirksam und empfehlenswert. Es spricht nichts dafür anzunehmen, dass das BAG seine alte Rspr zur Zulässigkeit geltungserhaltender Reduktion bei echten Individualabsprachen aufgegeben hat. Die Beweislast dafür, dass ein Arbeitnehmer auf den Inhalt einer Vereinbarung keinen Einfluss nehmen konnte, trägt der Arbeitnehmer als „Verbraucher" iSd § 310 Abs. 3 BGB selbst.[31] Auch bei Zusatz- oder Ergänzungsvereinbarungen im laufenden Arbeitsverhältnis, die häufiger die Kriterien der individuellen Absprache erfüllen werden, ist die Aufnahme einer Klausel wie C 1 zu empfehlen, diese sollte dann allerdings – was für beide Seiten vorteilhaft ist – von der Individualverhandlung erfasst sein und in den Wortlaut der Vereinbarung neu aufgenommen werden. Wird etwa eine Frist als unangemessen lang angesehen, tritt an ihre Stelle eine angemessene Frist, so ausdrücklich geregelt in Klausel C 1. Klausel C 2 ist bei der Bestimmung der Anpassung weniger detailliert und daher eher nicht zu empfehlen, da die Gerichte bei Wirksamkeit der salvatorischen Klausel eng am vertraglichen Wortlaut entscheiden.

---

29 Vgl weiterführend *Michalski*, NZG 1998, 7, 10.

30 So etwa Preis/*Preis*, Der Arbeitsvertrag, II S 10 Rn 14.

31 LAG Köln 12.6.2009 – 4 Sa 1169/08, juris.

Da eine vertragliche Einigung der Parteien in beiden Fällen der Klauseln C nicht vorgesehen sind, können Ansprüche direkt aus dem Vertrag geltend gemacht werden. Problematisch ist, dass dem Gericht durch derartige Klauseln die Rolle der Entscheidung darüber zufällt, was dem rechtlichen und wirtschaftlichen Zweck der Vereinbarung bzw dem eigentlichen Willen der Parteien in rechtlich zulässiger Weise entspricht.[32] Es sind verschiedene Konstellationen denkbar, in denen ein Gericht diese Aufgabe nicht leisten kann. In diesen Fällen läuft die Reduktionsklausel leer, eine Ersetzungsklausel wäre in diesen Fällen trotz der beschriebenen Bedenken besser geeignet. 3195

32 Vgl weiterführend *Michalski*, NZG 1998, 7, 9.

52. Schriftformklauseln

Literatur

Barthel, Doppelte Schriftformklausel – AGB-Kontrolle, AuA 2009, 52; *Bauer*, Doppelt hält nicht besser, BB 2009, 1588; *Beckschulze/Henkel*, Der Einfluss des Internets auf das Arbeitsrecht, DB 2001, 1491; *Bieder*, Zur Verwendung „qualifizierter" Schriftformklauseln in Formulararbeitsverträgen, SAE 2007, 379; *Böhm*, Vereinbarte Formerfordernisse im Arbeitsrecht, ArbRB 2008, 91; *Ebeling*, AGB-Kontrolle einer doppelten Schriftformklausel, jurisPR-ArbR 45/2008 Anm. 1; *Franzen*, Doppelte Schriftformklausel, Vorrang der Individualabrede nach § 305 b BGB und betriebliche Übung, SAE 2009, 89; *Henssler/Moll*, AGB-Kontrolle vorformulierter Arbeitsbedingungen, 2011; *Hromadka*, Schriftformklauseln in Arbeitsverträgen, DB 2004, 1261; *Jensen*, Arbeitsvertragsklauseln gegen betriebliche Übungen – Was geht noch?, NZA-RR 2011, 225; *Karlsfeld*, Doppelte Schriftformklausel in AGB – seit dem 2.5.2008 nicht mehr möglich?, ArbRB 2008, 222; *Kliemt*, Formerfordernisse im Arbeitsverhältnis, 1998; *Laskawy*, Ausschlussfristen im Arbeitsrecht: Verständnis und Missverständnisse, DB 2003, 1325; *Leder/Scheuermann*, Schriftformklauseln in Arbeitsverträgen – das Ende einer betrieblichen Übung?, NZA 2008, 1222; *Lingemann/Gotham*, Doppelte Schriftformklausel – gar nicht einfach!, NJW 2009, 268; *Mauer*, Zugangsfiktion für Kündigungserklärungen in Arbeitsverträgen, DB 2002, 1442; *Michalski*, Schriftformklauseln in Individual- und Formularverträgen, DStR 1998, 771; *Pauly*, Aktuelle Rechtsentwicklung zur betrieblichen Übung, ArbuR 2013, 249; *Preis*, Der langsame Tod der Freiwilligkeitsvorbehalte und die Grenzen betrieblicher Übung, NZA 2009, 281; *Reiling*, Vorkehrungen gegen Vertragsänderungen durch den Vertragspartner: Schriftformklauseln, JA 2000, 866; *Reinecke*, Kontrolle allgemeiner Arbeitsbedingungen nach dem Schuldrechtsmodernisierungsgesetz, DB 2002, 583; *Richardi/Annuß*, Nachweispflicht und Formzwang beim befristeten Arbeitsvertrag, FS Schwerdtner, 2003, S. 133; *Salomon*, Individuelle Zusagen durch konkludentes Handeln – Abgrenzung zur betrieblichen Übung, FA 2013, 194; *Sander/Siebert*, Die Schriftform im (individuellen) Arbeitsrecht, Teil 1, AuR 2000, 287, Teil 2, AuR 2000, 330; *Schmitt-Rolfes*, Aus für Schriftformklausel?, AuA 2008, 583; *Schramm/Kröpelin*, Neue Anforderungen an die arbeitsvertragliche Gestaltung von Schriftformklauseln, DB 2008, 2362; *Schramm/Scheuermann*, Neue Anforderungen an die arbeitsvertragliche Gestaltung von Schriftformklauseln, DB 2008, 2365; *Schulz*, Schriftformklauseln in Allgemeinen Geschäftsbedingungen, Jura 1995, 71; *Sowka*, Befristete Arbeitsverträge, Düsseldorfer Schriftenreihe, 4. Aufl. 2014; *Sutschet*, Doppelte Schriftformklausel, RdA 2009, 386; *Teske*, Schriftformklauseln in Allgemeinen Geschäftsbedingungen, 1990; *Ulrici*, Betriebliche Übung und AGB-Kontrolle, DB 2005, 1902; *ders.*, Anm. zu BAG, Urteil vom 20.5.2008 – 9 AZR 382/07, BB 2008, 2243; *ders.*, BB-Kommentar: „Das Urteil verbietet formularmäßige Schriftformklauseln zwar nicht, zwingt aber zu differenzierten Gestaltungen", BB 2008, 2243.

a) Rechtslage im Umfeld

aa) Abgrenzung: Einfache und doppelte Schriftformklausel

3196 Viele Arbeitsverträge enthalten sog. Schriftformklauseln.[1] Sie gehörten bislang zum Standardrepertoire der Gestaltung von Formulararbeitsverträgen. Im Gefolge eines Urteils des BAG aus dem Jahre 2003 sind insb. sog. doppelte Schriftformklauseln zur Verhinderung einer betrieblichen Übung „*lege artis*" geworden.[2] Die Wirksamkeit dieser Klauseln war und ist umstritten.[3]

3197 Zu unterscheiden ist zunächst zwischen der einfachen und der doppelten Schriftformklausel. Die **einfache Schriftformklausel** sieht Folgendes vor: „Änderungen und Ergänzungen des Vertrages bedürfen der Schriftform." Es wird also nur für die Vertragsänderung selbst die Schriftform vorgeschrieben. Die **doppelte Schriftformklausel** bestimmt darüber hinaus, dass auch die Aufhebung des Schriftformerfordernisses der Schriftform bedarf. Formulierungsbeispiele: „Änderungen und Ergänzungen dieses Vertrages bedürfen der Schriftform. Das gilt auch für diese Klausel." oder „Auf das Erfordernis der Schriftform kann nur durch schriftliche Erklärung verzichtet werden."

3198 Rspr und Lit. haben sowohl im Hinblick auf die einfache wie auch die doppelte Schriftformklausel zahlreiche rechtliche Fragen aufgeworfen, bspw „Soll die Schriftform deklaratorisch

---

1 S. BAG 11.2.2009 – 10 AZR 222/08, DB 2009, 854 zu einer zu weit gefassten Anpassungs- bzw Änderungsklausel, durch die eine vereinbarte Schriftformklausel „leerläuft".

2 *Leder/Scheuermann*, NZA 2008, 1222.

3 *Hromadka*, DB 2004, 1261; *Schramm/Kröpelin*, DB 2008, 2362; *Leder/Scheuermann*, NZA 2008, 1222; *Lingemann/Gotham*, NJW 2009, 268; *Franzen*, SAE 2009, 89; *Bauer*, BB 2009, 1588; *Jensen*, NZA-RR 2011, 225; LAG Sachsen-Anhalt 18.3.2014 – 6 Sa 404/12 („unbeschadete Rechtswirksamkeit").

oder konstitutiv sein?"[4] oder „Soll die Klausel sich auf alle Abreden oder nur auf Nebenabreden beziehen?"

bb) Grundlegende Entscheidungen des BAG

(1) Kernaussagen der BAG-Rechtsprechung

Das BAG hat sich mit der Wirksamkeit und Reichweite von (doppelten) Schriftformklauseln grundlegend in seiner Entscheidung vom 24.6.2003[5] und sodann vom 20.5.2008[6] befasst. Danach gilt Folgendes: 3199

- Eine vom Arbeitgeber im Arbeitsvertrag als Allgemeine Geschäftsbedingung aufgestellte **doppelte Schriftformklausel** kann beim Arbeitnehmer den Eindruck erwecken, jede spätere vom Vertrag abweichende mündliche Abrede sei gem. § 125 S. 2 BGB nichtig. Das entspricht *nicht* der wahren Rechtslage. Denn gem. § 305 b BGB haben individuelle Vertragsabreden Vorrang vor Allgemeinen Geschäftsbedingungen. Dieses **Prinzip des Vorrangs (mündlicher) individueller Vertragsabreden** setzt sich auch gegenüber doppelten Schriftformklauseln durch. Eine zu weit gefasste doppelte Schriftformklausel ist irreführend. Sie benachteiligt den Vertragspartner deshalb unangemessen iSv § 307 Abs. 1 BGB.
- Der Vorrang von Individualabreden gem. § 305 b BGB erfasst zwar nicht **betriebliche Übungen.** Eine zu weit gefasste Schriftformklausel wird aber nicht auf das richtige Maß zurückgeführt, sondern muss insgesamt als unwirksam angesehen werden.

Aus diesen grundlegendenden Entscheidungen ergibt sich, dass eine doppelte Schriftformklausel gegen § 307 Abs. 1 BGB verstößt, wenn aus der Schriftformklausel nicht hervorgeht, dass individuelle Vertragsabreden nach § 305 b BGB gleichwohl zulässig und wirksam sind. Im Einzelnen: 3200

(2) Einfache Schriftformklauseln

Einfache Schriftformklauseln sind grds. zulässig. Sie sind aber in ihrer Wirkung beschränkt, da die Vertragsparteien das für eine Vertragsänderung vereinbarte Schriftformerfordernis jederzeit schlüssig und formlos aufheben können.[7] 3201

Nach Ansicht des BAG[8] kann eine einfache Schriftformklausel, nach der Änderungen und Ergänzungen des Vertrages zu ihrer Gültigkeit der Schriftform bedürfen, von den Vertragsparteien jederzeit konkludent und formlos aufgehoben werden. Das ist sogar dann möglich, wenn die Parteien bei ihrer mündlichen Abrede an die Schriftform nicht gedacht haben. Ein vereinbartes einfaches Schriftformerfordernis kann deshalb auch durch eine formfreie betriebliche Übung abbedungen werden. 3202

Das LAG Niedersachsen[9] fasst dies wie folgt zusammen: „Für die vorliegende einfache Schriftformklausel entspricht es der stRspr des BAG, dass diese das Entstehen einer betrieblichen 3203

---

4 LAG Baden-Württemberg 7.10.2013 – 10 Sa 9/13: „Ein gewillkürtes Schriftformerfordernis kann zwar auch durch eine betriebliche Übung formlos abgedungen werden. Ein dahingehender objektiver Erklärungswert der Betriebsübung ist jedoch nicht anzunehmen, wenn es gerade Sinn des Schriftformerfordernisses war, auch das Entstehen abweichender betrieblicher Übung zu verhindern. Dies ist jedenfalls dann der Fall, wenn der einschlägige Tarifvertrag ein konstitutives Schriftformerfordernis vorsieht und das einzelvertraglich vereinbarte Schriftformerfordernis auch den Sinn hatte, eine unterschiedliche Rechtsstellung der tarifgebundenen und der nicht tarifgebundenen Arbeitnehmer zu verhindern."

5 BAG 24.6.2003 – 9 AZR 302/02, DB 2003, 2339.

6 BAG 20.5.2008 – 9 AZR 382/07, DB 2008, 2365; zur Wirksamkeit der sog. doppelten Schriftformklausel s. auch ArbG Cottbus 12.9.2012 – 2 Ca 1857/11; zu einer in einem Änderungsgebot einer Änderungskündigung vorgesehenen doppelten Schriftformklausel BAG 29.9.2011 – 2 AZR 613/10.

7 BAG 17.7.2000 – 9 AZR 819/06, NZA 2008, 118.

8 BAG 15.5.2012 – 3 AZR 469/11, EzA-SD 2012, Nr. 122, 10; BAG 14.9.2011 – 10 AZR 526/10, DB 2012, 179; *Jensen*, NZA-RR 2011, 227, 229.

9 LAG Niedersachsen 20.12.2013 – 6 Sa 392/13, EzA-SD 2014, Nr. 7, 7.

Übung nicht verhindert. Vielmehr wird zutreffend davon ausgegangen, dass die Vertragsparteien das für eine Vertragsänderung vereinbarte Schriftformerfordernis jederzeit schlüssig und formlos aufheben können, und zwar selbst dann, wenn beide dabei an die Schriftforum überhaupt nicht gedacht haben."

3204 Bereits vor der Entscheidung des BAG vom 20.5.2008 bestand weitgehend Einigkeit dahin gehend, dass eine einfache Schriftformklausel jederzeit mündlich oder auch konkludent abbedungen werden kann.[10] Da einfache Schriftformklauseln damit **praktisch wirkungslos** sind bzw ihr Nutzen gering ist,[11] ist die Vertragspraxis dazu übergegangen, im Arbeitsvertrag sog. doppelte Schriftformklauseln zu verwenden.

(3) Doppelte Schriftformklauseln

3205 Eine doppelte Schriftformklausel kann regelmäßig nicht durch eine die Schriftform nicht wahrende Vereinbarung abbedungen werden. Die Verwendung der doppelten Schriftformklausel verdeutlicht gerade, dass die Vertragsparteien auf die Wirksamkeit ihrer Schriftformklausel besonderen Wert legen. Ein Verstoß führt gem. § 125 S. 2 BGB zur **Nichtigkeit** der Änderungsabrede. Durch die doppelte Schriftformklausel kann deshalb verhindert werden, dass eine betriebliche Übung entsteht. Hieran hält das BAG fest.[12]

3206 Die Unwirksamkeit nicht formwahrender Änderungen des Arbeitsvertrages gem. § 125 S. 2 BGB setzt allerdings voraus, dass die Parteien eine **konstitutive** (nicht lediglich deklaratorische) Schriftformklausel vereinbart haben. Bei einer solchen Klausel sind Änderungen und Ergänzungen des Vertrages ohne Beachtung der Schriftform unwirksam. Dient die Einhaltung der Form dagegen **nur Beweiszwecken**, handelt es sich um eine **deklaratorische** Schriftformklausel. Die gegen eine solche Klausel verstoßende Abrede ist nicht nichtig.[13] Es ist ggf durch **Auslegung** zu ermitteln, ob ein konstitutives oder nur ein deklaratorisches Schriftformerfordernis vereinbart ist. Führt die Auslegung zu keinem Ergebnis, so greift die Vermutung des § 125 S. 2 BGB ein, wonach das rechtsgeschäftliche Formerfordernis **im Zweifel konstitutive** Bedeutung hat. Dabei gilt Folgendes: Gerade durch die Verwendung einer doppelten Schriftformklausel wird deutlich, dass die Parteien einerseits auf die Wirksamkeit der Schriftformklausel besonderen Wert legen, andererseits ein Verstoß auch zur Unwirksamkeit der Änderungsabrede führen soll.[14] Das heißt, idR ist von einer **konstitutiven Schriftformklausel** auszugehen.

3207 Formlosen Vereinbarungen steht die doppelte Schriftformklausel aber nur entgegen, wenn diese wirksam ist. Unterfällt sie der AGB-Kontrolle (für eine Vielzahl von Verträgen vorformulierte Vertragsbedingungen, § 305 Abs. 1 S. 1 BGB), so werden von der Rspr im Hinblick auf die Wirksamkeit der doppelten Schriftformklausel enge Grenzen gezogen.[15] Mit anderen Worten: Die Rspr verbietet formularmäßige (doppelte) Schriftformklauseln zwar nicht bzw sie lässt offen, ob diese wirksam sind. Sie zwingt aber jedenfalls zu differenzierten Gestaltungen.[16] Die doppelte Schriftformklausel ist nur noch zulässig, wenn aus ihrer Gestaltung der **Vorrang der Individualabrede** hervorgeht; eine insoweit uneingeschränkte doppelte Schriftformklausel verstößt nach der Rspr des BAG gegen § 307 Abs. 1 BGB. Sie ist somit unwirksam und kann wegen des Verbotes geltungserhaltender Reduktion nicht auf ihren zulässigen Kern reduziert werden.[17]

10 *Schramm/Scheuermann*, DB 2008, 2362.
11 *Henssler/Moll*, AGB-Kontrolle vorformulierter Arbeitsbedingungen, S. 88.
12 BAG 20.5.2008 – 9 ZR 382/07, DB 2008, 2365; LAG Baden-Württemberg 12.9.2013 – 11 Sa 10/13.
13 Zur Unterscheidung zwischen konstitutiver und deklaratorischer Bedeutung von Schriftformerfordernissen in Tarifverträgen vgl BAG 1.12.2004 – 7 AZR 135/04, NZA 2005, 211.
14 BAG 20.5.2008 – 9 AZR 382/07, DB 2008, 2365.
15 BAG 20.5.2008 – 9 AZR 382/07, DB 2008, 2365.
16 *Ulrici*, BB 2008, 2243; *Lingemann/Gotham*, NJW 2009, 268, 270; *Schramm/Kröpelin*, DB 2008, 2362; *Franzen*, SAE 2009, 89, 93.
17 *Franzen*, SAE 2009, 89.

Dies bedeutet: Schriftformklauseln sind nach § 307 Abs. 1 S. 1 BGB daran zu messen, ob sie den Arbeitnehmer als Vertragspartner des die Klausel verwendenden Arbeitgebers „unangemessen benachteiligen“. Nach § 307 Abs. 1 S. 1 BGB ist eine formularmäßige Vertragsbestimmung **unangemessen**, wenn der Verwender durch einseitige Vertragsgestaltung missbräuchlich eigene Interessen auf Kosten seines Vertragspartners durchzusetzen versucht, ohne von vornherein auch dessen Belange hinreichend zu berücksichtigen und ihm einen angemessenen Ausgleich zu gewähren. Die Feststellung einer unangemessenen Benachteiligung setzt eine wechselseitige Berücksichtigung und Bewertung rechtlich anzuerkennender Interessen der Vertragspartner voraus. Bei diesem Vorgang sind auch grundrechtlich geschützte Rechtspositionen zu beachten. Bei zu beurteilender Unangemessenheit ist ein genereller, typisierender, vom Einzelfall losgelöster Maßstab anzulegen. Im Rahmen der Inhaltskontrolle sind dabei Art und Gegenstand, Zweck und besondere Eigenarten des jeweiligen Geschäfts zu berücksichtigen. Zu prüfen ist, ob der Klauselinhalt bei der in Rede stehenden Art des Rechtsgeschäfts generell und unter Berücksichtigung der typischen Interessen der beteiligten Verkehrskreise eine unangemessene Benachteiligung des Vertragspartners ergibt.[18] 3208

Hiervon ausgehend lässt es das BAG offen, ob doppelte Schriftformklauseln in Allgemeinen Geschäftsbedingungen schlechthin gem. § 307 BGB unwirksam sind. Ein generelles Verbot von doppelten Schriftformklauseln in Arbeitsverträgen ist nach Ansicht des 9. Senats zweifelhaft.[19] 3209

Soweit unter Hinweis auf eine mögliche Abweichung von dem gesetzlichen Grundgedanken (§ 307 Abs. 2 Nr. 1 BGB iVm § 305 b BGB), wonach ein Formzwang formfrei aufgehoben werden kann, von einer generellen Unwirksamkeit ausgegangen wird, steht dem nach Ansicht des BAG entgegen, dass derartige Klauseln in AGB gem. § 309 Nr. 13 BGB nur unwirksam sind, wenn für Anzeigen oder Erklärungen eine strengere Form als die Schriftform gefordert wird. Im Umkehrschluss folgt hieraus, dass eine Klausel, die für die Abgabe von Erklärungen die Schriftform vorsieht, nicht generell mit §§ 307 ff BGB unvereinbar sein kann.[20] Zumindest für die **betriebliche Übung** kann die Zulässigkeit doppelter Schriftformklauseln nach Ansicht des 9. Senats gerechtfertigt sein, weil der Arbeitgeber ein anerkennenswertes Interesse daran hat zu vermeiden, dass sein tatsächliches Verhalten ohne einen entsprechenden Rechtsbindungswillen zu einem vertraglichen Anspruch führt. Durch die doppelte Schriftformklausel kann daher die Entstehung einer betrieblichen Übung verhindert werden. Das kann der Arbeitgeber – jedoch ebenso und ggf rechtssicherer – erreichen, indem er bei jeder Leistungsgewährung gesondert darauf hinweist, mit der Leistungserbringung keinen Anspruch für die Zukunft begründen zu wollen (sog. **Freiwilligkeitsvorbehalt**). Allerdings sind gerade in jüngerer Zeit wieder erhebliche Zweifel aufgetreten, ob und unter welchen Voraussetzungen überhaupt Freiwilligkeitsvorbehalte noch wirksam verwendet werden können. Zum Freiwilligkeitsvorbehalt s. ausf. § 1 Rn 4101 ff. 3210

Geht man mithin davon aus, dass doppelte Schriftformklauseln **grds. zulässig** sein können, so hängt deren Wirksamkeit von der **konkreten Ausgestaltung** und dem Anwendungsbereich der konkreten Klausel ab. Unwirksam ist eine Schriftformklausel, wenn sie dazu dient, nach Vertragsschluss getroffene Individualvereinbarungen zu unterlaufen, indem sie beim anderen Vertragsteil den Eindruck erweckt, eine mündliche Abrede sei entgegen § 305 b BGB unwirksam.[21] Solche Klauseln sind geeignet, den Vertragspartner von der Durchsetzung der ihm zustehenden Rechte abzuhalten. Die Bedeutung der Schriftformklausel liegt in einer „stets unzutreffenden Belehrung über die Rechtslage“. Diese Irreführung des Vertragspartners benachteiligt ihn unangemessen iSv § 307 Abs. 1 BGB. Der Arbeitnehmer wird davon abgehalten, sich auf Rechte 3211

18 BAG 19.3.2008 – 9 AZR 186/07, DB 2008, 1805.

19 BAG 20.5.2008 – 9 AZR 382/07, DB 2008, 2365.

20 *Böhm*, ArbRB 2008, 91, 93, der daraus auf die generelle Wirksamkeit von Schriftformklauseln schließt.

21 BGH 15.2.1995 – VIII ZR 93/94, NJW 1995, 1488.

zu berufen, die ihm aufgrund einer wirksamen mündlichen Vereinbarung zustehen.[22] Das gilt auch für die doppelte Schriftformklausel. Sieht man es im Hinblick auf § 307 BGB bereits als unzulässig an, Klauseln in Formulararbeitsverträgen aufzunehmen, durch die ein genereller Formzwang für individuelle Vertragsänderungen begründet werden soll, so kann – so das BAG – erst recht eine Verwendung von Klauseln nicht zulässig sein, durch die einem solchen Formzwang ein erhöhter Bestandsschutz verliehen werden soll.

3212 Das LAG Schleswig-Holstein[23] fasst dies wie folgt zusammen: „Eine vom Arbeitgeber im Arbeitsvertrag als Allgemeine Geschäftsbedingung aufgestellte doppelte Schriftformklausel ist zu weit gefasst, irreführend und benachteiligt den Vertragspartner dann unangemessen im Sinne von § 307 Abs. 1 BGB, wenn sie bei dem anderen Vertragsteil den Eindruck erweckt, eine mündliche Abrede sei entgegen § 305 b BGB per se unwirksam. Eine Klausel, die den Eindruck erweckt, jede spätere vom Vertrag abweichende mündliche Abrede sei gemäß § 125 Satz 2 BGB nichtig, entspricht nicht der wahren Rechtslage. Denn gemäß § 305 b BGB haben individuelle Vertragsabreden Vorrang vor Allgemeinen Geschäftsbedingungen. Dieses Prinzip des Vorrangs mündlicher individueller Vertragsabreden setzt sich auch gegenüber doppelten Schriftformklauseln durch. Eine zu weit gefasste doppelte Schriftformklausel ist irreführend. Sie benachteiligt den Vertragspartner deshalb unangemessen im Sinne von § 307 Abs. 1 BGB."[24]

3213 Die Formulierung einer doppelten Schriftformklausel muss sich also an den – engen –Vorgaben der Rspr orientieren. Dieser lässt sich allerdings nicht einmal verlässlich entnehmen, dass es – wovon das Schrifttum ganz überwiegend ausgeht[25] – ausreicht, wenn der Vorrang individueller Abreden ausdrücklich als Ausnahme in die Schriftformklausel aufgenommen wird.

3214 Eine doppelte Schriftformklausel darf zudem nur so weit gefasst werden, als tatsächlich ausreichend gewichtige Arbeitgeberinteressen bestehen. Für die Fälle der **betrieblichen Übung** ist dies im Anschluss an die Entscheidung des BAG vom 20.5.2008[26] anzunehmen. Angesichts der insoweit bestehenden erheblichen Formulierungsschwierigkeiten empfiehlt es sich allerdings, einer betrieblichen Übung bereits durch Vereinbarung eines – nach aktueller Rspr allerdings ebenfalls nicht unproblematischen – **Freiwilligkeitsvorbehalts** (s. § 1 Rn 4101 ff) zu begegnen.[27] Dies gilt umso mehr, da das BAG nunmehr auch das Rechtsinstitut der sog. gegenläufigen betrieblichen Übung in Anwendung des § 308 Nr. 5 BGB nur noch bei Vorliegen strenger Voraussetzungen zulässt.[28]

(4) Zusammenfassung

3215 Schriftformklauseln können idR das mit ihnen verfolge Ziel (Schutz vor mündlichen Vertragsänderungen) nicht oder nur schwer erreichen. Dennoch kann sich die Aufnahme – insb. von **einfachen Schriftformklauseln** – in den Arbeitsvertrag aus Gründen der Klarstellung durchaus empfehlen. Die Schriftformklauseln dienen einem vertragspolitischen Zweck, nämlich die Vertragsparteien daran zu erinnern, dass alle Änderungsvereinbarungen schriftlich niedergelegt werden sollten (Förderung der Vertragsdisziplin).[29] Einen Anspruch auf die schriftliche Niederlegung der Vertragsänderungen hat der Arbeitnehmer nach § 3 NachwG ohnehin.[30]

---

22 BGH 27.9.2000 – VIII ZR 155/99, NJW 2001, 292.

23 LAG Schleswig-Holstein 23.5.2013 – 5 Sa 375/12, EzA-SD 2013, Nr. 16, 8.

24 LAG Schleswig-Holstein 10.4.2013 – 3 Sa 316/12, LAGE § 307 BGB 2002 Nr. 33 b; BAG 20.5.2008 – 9 AZR 382/07, DB 2008, 2365; OLG Rostock 19.5.2009 – 3 U 16/09, NJW 2009, 3376.

25 S. zB *Franzen*, SAE 2009, 89, 93; *Lingemann/Gotham*, NJW 2009, 268, 270; *Schramm/Kröpelin*, DB 2008, 2360.

26 BAG 20.5.2008 – 9 AZR 382/07, DB 2008, 2365.

27 *Ulrici*, BB 2005, 1902, 1903 f; *ders.*, BB 2008, 2243, 2244; *Jensen*, NZA-RR 2011, 225, 229.

28 BAG 18.3.2009 – 10 AZR 281/08, DB 2009, 1186.

29 *Leder/Scheuermann*, NZA 2008, 1222, 1226.

30 Preis/*Preis*, Der Arbeitsvertrag, II S 30 Rn 15.

Auch die Verwendung einer **doppelten Schriftformklausel** scheidet nicht generell aus. Ggf ist es angesichts der auch bei der Formulierung von Freiwilligkeitsvorbehalten gegebenen Rechtsunsicherheiten ratsam, eine solche Klausel zum generellen Ausschluss zukünftiger betrieblicher Übungen in den Arbeitsvertrag aufzunehmen. In diesem Fall muss aber der Vorrang der Individualvereinbarungen ausdrücklich ausgenommen werden.[31] Es muss also gewährleistet sein, dass nicht der Eindruck erweckt wird, eine mündliche Abrede sei entgegen § 305 b BGB unwirksam. Für die Praxis ist also Folgendes zu berücksichtigen: Schriftformklauseln dürfen nicht den Eindruck hervorrufen, dass nach Vertragsschluss getroffene Individualabreden unwirksam seien. Sie müssen klarstellen, dass Regelungen iSd § 305 b BGB vom Schriftformerfordernis nicht berührt werden.[32] 3216

Die aktuelle Rspr des BAG wird zu Recht kritisiert. Fälschlicherweise werde unterstellt, dass das doppelte Schriftformerfordernis – anders als ein einfaches Schriftformerfordernis – die Gegenseite des Verwenders in die Irre führe und folglich unwirksam sei. Das abweichende Ergebnis des BAG beruhe auf einer unzulänglichen Analyse der AGB-Vorschriften und der hierzu ergangenen Rspr.[33] Der Praxis muss aber dennoch empfohlen werden, sich an den vom BAG entwickelten Grundsätzen zu orientieren. 3217

Das ArbG Cottbus[34] weist darauf hin, dass eine **betriebliche Übung** auch dann ausgeschlossen ist, wenn die Parteien nach zweimaliger Leistung das Vertragsverhältnis schriftlich auf neue Grundlagen stellen, in denen sie festhalten, dass außer den nunmehr schriftlich fixierten Vergütungsbestandteilen keine weiteren Ansprüche bestehen. 3218

(5) Keine Berufung des Arbeitgebers auf unwirksame Schriftformklausel

Als Verwender eines Formulararbeitsvertrages kann sich der Arbeitgeber nicht auf eine etwaige Unwirksamkeit der doppelten Schriftformklausel nach § 307 Abs. 1 BGB berufen und bleibt wie bei einer entsprechenden Individualvereinbarung an das von ihm selbst vorgegebene Schriftformerfordernis **gebunden**, wenn es um Änderungen und Abreden neben dem schriftlichen Arbeitsvertrag geht, aus denen er für sich Rechte herleiten will.[35] 3219

cc) Schriftformerfordernis

Ist Schriftform vereinbart worden, so ist das Dokument von **beiden** Vertragspartnern zu **unterzeichnen.** Dies gilt auch für Anlagen, wie zB allgemeine Arbeitsanweisungen. 3220

Mehrere Blätter eines Textes müssen eindeutig zusammengefasst sein. Eine körperliche Verbindung der einzelnen Blätter ist vorzunehmen, beim Aufhebungsvertrag auch im Hinblick auf Anlagen wie den Wortlaut eines Zeugnisses.[36] Die **Einheit** kann auch durch fortlaufende Paginierung, inhaltlichen Zusammenhang des Textes, fortlaufende Nummerierung der Paragrafen oder ähnliche Merkmale geschaffen werden.[37] Wird auf eine **Anlage verwiesen**, um den vollständigen Vertragsinhalt darzustellen, muss diese körperlich mit der Urkunde verbunden oder gesondert unterzeichnet werden.[38] Hat eine formlos getroffene Nebenabrede wesentliche Bedeutung für den Vertrag, kann gem. § 139 BGB nicht nur diese Nebenabrede, sondern der Vertrag als Ganzes nichtig sein.[39] 3221

31 *Lingemann/Gotham*, NJW 2009, 268, 271.
32 *Henssler/Moll*, AGB-Kontrolle vorformulierter Arbeitsbedingungen, S. 90.
33 *Sutschet*, RdA 2009, 386, 389.
34 ArbG Cottbus 12.9.2012 – 2 Ca 1857/11, EzA-SD 2012, Nr. 21, 7.
35 LAG Hamm 2.7.2013 – 14 Sa 1706/12, EzA-SD 2013, Nr. 18, 9.
36 AnwK-ArbR/*Hümmerich*, § 623 BGB Rn 37; *Rolfs*, NJW 2000, 1227; BGH 30.6.1999 – XII ZR 55/97, NJW 1999, 257.
37 BGH 24.9.1997 – XII ZR 234/95, NJW 1998, 58.
38 BGH 30.6.1999 – XII ZR 55/97, NJW 1999, 259.
39 *Preis/Gotthardt*, NZA 2000, 348.

3222 Verpflichtet sich der Arbeitgeber im Arbeitsvertrag, im **Kündigungsschreiben** die Kündigungsgründe anzugeben, so ist durch Auslegung zu ermitteln, ob ein qualifiziertes Schriftformerfordernis mit konstitutiver Wirkung vorliegt. Soll die Kündigungsbegründung konstitutive Bedeutung haben, ist die Kündigung bei fehlender Angabe von Kündigungsgründen formnichtig, § 125 BGB.[40] Ist eine Schriftformklausel dagegen so auszulegen, dass die Angabe der Kündigungsgründe nur der Klarstellung dienen soll oder zur Beweissicherung in den Arbeitsvertrag aufgenommen wurde, führt der Verstoß nicht zur Formnichtigkeit. Ist im Arbeitsvertrag die Versendung des Kündigungsschreibens durch eingeschriebenen Brief vereinbart, liegt hierin regelmäßig eine konstitutive Schriftformklausel.[41]

3223 Die Berufung des Arbeitnehmers auf die Formnichtigkeit einer Kündigung konnte vor Inkrafttreten des § 623 BGB gegen Treu und Glauben verstoßen (Rechtsmissbrauch[42] bzw widersprüchliches Verhalten).[43] Nahm der Arbeitnehmer eine Abschrift entgegen, ohne zu diesem Zeitpunkt oder spätestens bei Klageerhebung den fehlenden Zugang des Originalschreibens zu rügen, so war darin nach Auffassung des BAG ein wirksamer Verzicht auf die Übersendung des Originalschreibens zu sehen, so dass die Kündigung als zugegangen galt.[44] Diese Rspr stammt aus der Zeit vor Inkrafttreten des § 623 BGB und lässt sich deshalb heute nur noch auf die Fälle der Kündigung von Dienstverträgen mit GmbH-Geschäftsführern, Vorständen und freien Mitarbeitern anwenden.

dd) Schriftformerfordernis und Ausbildungsvertrag

3224 Für den Ausbildungsvertrag ist gem. § 11 Abs. 1 S. 1 BBiG eine Vertragsniederschrift vorgesehen. Ausbildende haben hiernach unverzüglich nach Abschluss des Berufsausbildungsvertrages, spätestens vor Beginn der Berufsausbildung, den wesentlichen Inhalt des Vertrages gem. Satz 2 des § 11 Abs. 1 BBiG schriftlich niederzulegen; die elektronische Form ist ausgeschlossen. Diese Niederschrift muss die in § 11 Abs. 1 S. 2 BBiG genannten Kriterien aufnehmen.

3225 Soweit es um den Schutz des **Auszubildenden** geht, vertritt das BAG die Auffassung, dass keine Formnichtigkeit des Berufsausbildungsvertrages vorliege, wenn der Ausbildungsvertrag nicht unterschrieben sei. Hieran habe auch die Nachweisrichtlinie[45] nichts geändert.[46]

ee) Schriftformerfordernis und Befristung eines Arbeitsvertrages

3226 Gemäß § 14 Abs. 4 TzBfG bedarf die Befristung eines Arbeitsvertrages zur ihrer Wirksamkeit der **Schriftform.** Nach § 125 S. 1 BGB ist eine Befristungsabrede, die dem gesetzlich normierten Schriftformerfordernis nicht genügt, **nichtig** mit der Folge, dass der Arbeitsvertrag nach § 16 S. 1 Hs 1 TzBfG als auf **unbestimmte Zeit** geschlossen gilt. Vereinbaren die Parteien **vor Vertragsbeginn** zunächst nur mündlich die Befristung des Arbeitsvertrages und halten sie die mündlich getroffene Befristungsabrede in einem **nach Vertragsbeginn** unterzeichneten Arbeitsvertrag schriftlich fest, ist die zunächst mündlich vereinbarte Befristung nach § 14 Abs. 4 TzBfG, § 125 S. 1 BGB **nichtig,** so dass bei Vertragsbeginn ein unbefristetes Arbeitsverhältnis entsteht. Die **spätere schriftliche Niederlegung** der zunächst nur mündlich vereinbarten Befristung führt nicht dazu, dass die zunächst formnichtige Befristung rückwirkend wirksam wird. Dadurch kann allenfalls das bei Vertragsbeginn nach § 16 S. 1 TzBfG entstandene unbefristete Arbeitsverhältnis **nachträglich befristet** werden, was bei Vorliegen eines die Befristung rechtfer-

40 KR/*Griebeling,* § 1 KSchG Rn 240; zum Schriftformerfordernis s. im Einzelnen KPK/*Heise,* Rn 122 f.
41 BAG 20.9.1979 – 2 AZR 967/77, EzA § 125 BGB Nr. 5.
42 BAG 27.3.1981 – 7 AZR 1005/78, n.v.
43 BAG 27.3.1981 – 7 AZR 1005/78, n.v.
44 BAG 30.6.1983 –2 AZR 10/82, NJW 1984, 687.
45 Richtlinie 91/533/EWG.
46 BAG 21.8.1997 – 5 AZR 713/96, NZA 1998, 37.

tigenden sachlichen Grundes zulässig ist.[47] Hierzu sind allerdings auf die Herbeiführung dieser Rechtsfolge gerichtete **Willenserklärungen** der Parteien erforderlich. Daran fehlt es idR, wenn die Parteien nach Vertragsbeginn lediglich eine bereits zuvor mündlich vereinbarte Befristung in einem schriftlichen Arbeitsvertrag niederlegen. Dadurch wollen sie im Allgemeinen nur das zuvor Vereinbarte schriftlich festhalten und **keine eigenständige** rechtsgestaltende Regelung treffen.

Anders verhält es sich, wenn die Parteien vor Vertragsbeginn und vor Unterzeichnung des schriftlichen Arbeitsvertrages mündlich **keine Befristung** vereinbart haben oder wenn sie eine mündliche Befristungsabrede getroffen haben, die inhaltlich mit der in dem später unterzeichneten schriftlichen Arbeitsvertrag enthaltenen Befristung **nicht übereinstimmt.** In diesem Fall wird in dem schriftlichen Arbeitsvertrag nicht lediglich eine zuvor vereinbarte mündliche Befristung schriftlich niedergelegt, sondern eine davon abweichende und damit **eigenständige Befristungsabrede** getroffen, durch die das zunächst bei Vertragsbeginn unbefristet entstandene Arbeitsverhältnis nachträglich befristet wird. Entspricht die Vertragsurkunde den Voraussetzungen des § 126 BGB, ist die Befristung nicht wegen eines Verstoßes gegen das Schriftformerfordernis des § 14 Abs. 4 TzBfG unwirksam.[48] 3227

Stellt der Arbeitgeber den Abschluss des befristeten Arbeitsvertrages ausdrücklich unter den **Vorbehalt** eines **schriftlichen Vertragsschlusses,** so kommt ein wirksam befristeter Arbeitsvertrag idR auch dann zustande, wenn dem Schriftformerfordernis erst **nach Arbeitsaufnahme** genügt wird (hier: Übergabe des bereits vor Arbeitsaufnahme vom Arbeitgeber unterzeichneten befristeten Arbeitsvertrages nach Arbeitsaufnahme). In der bloßen Entgegennahme der Arbeitsleistung des Arbeitnehmers (vor Übergabe des befristeten Arbeitsvertrages) liegt regelmäßig keine Annahme eines vermeintlichen Vertragsangebots des Arbeitnehmers.[49] 3228

Das in § 14 Abs. 4 TzBfG normierte Schriftformgebot findet auf die Befristung einzelner Arbeitsbedingungen **keine Anwendung.**[50] 3229

ff) Schriftform und NachwG

Schriftform iSd BGB ist **nicht Schriftform iSd NachwG.** Die Verpflichtung zur schriftlichen Niederlegung der wesentlichen Vertragsbestandteile gem. § 2 NachwG ist ein zwingendes, aber **kein konstitutives** Formerfordernis.[51] 3230

b) Klauseltypen und Gestaltungshinweise

aa) Einfache Schriftformklausel

(1) Klauseltyp A

A 1: Änderungen und Ergänzungen dieses Vertrages bedürfen zu ihrer Wirksamkeit der Schriftform. 3231

A 2: Änderungen und Ergänzungen dieses Vertrages sind, auch wenn sie bereits mündlich getroffen wurden, nur wirksam, wenn sie schriftlich festgelegt und von beiden Parteien unterzeichnet worden sind.

A 3: Änderungen dieses Vertrages und Nebenabreden bedürfen zu ihrer Rechtswirksamkeit der Schriftform.

47 BAG 1.12.2004 – 7 AZR 198/04, NZA 2005, 575.
48 BAG 13.6.2007 – 7 AZR 700/06, DB 2007, 2485.
49 BAG 16.4.2008 – 7 AZR 1048/06, DB 2008, 945; s. im Einzelnen *Sowka*, Befristete Arbeitsverträge, S. 119.
50 BAG 2.9.2009 – 7 AZR 233/08, DB 2009, 2439.
51 Erfk/*Preis*, § 2 NachwG Rn 1.

(2) Gestaltungshinweise

3232 Die Vereinbarung einer einfachen konstitutiven Schriftformklausel (**Klausel A 1**) ist zulässig. Allerdings hält sich ihre Bedeutung in Grenzen.[52] Sie hindert eine Vertragsänderung durch formlose Vereinbarung nicht. Dabei ist gleichgültig, ob die Vertragsänderung ausdrücklich oder durch schlüssiges Verhalten vereinbart wird. Auch eine Vertragsänderung durch betriebliche Übung ist möglich.[53]

3233 Die **Klausel A 2** ist der Entscheidung des BAG vom 20.5.2008[54] entnommen (s. dazu § 1 Rn 3199, 3205 ff). Sie enthielt allerdings den weitergehenden Zusatz „Dies gilt auch für den Verzicht auf das Schriftformerfordernis" und ist mithin vom BAG als konstitutive doppelte Schriftformklausel gewertet worden.

3234 Um spätere Beweisprobleme wegen etwaiger mündlicher oder durch schlüssiges Verhalten getroffener Nebenabreden zu verhindern, kann es sich empfehlen, alle Abreden – auch vermutlich nebensächliche und nachrangige, erst recht aber die Hauptleistungspflichten – schriftlich niederzulegen. Ein Beispiel dafür sehen die **Klauselvarianten A 1 und A 3** vor.

bb) Doppelte Schriftformklausel

(1) Klauseltyp B

3235 ↓ **B 1:** Änderungen und Ergänzungen dieses Vertrages bedürfen der Schriftform. Eine mündliche Aufhebung des Schriftformerfordernisses ist ausgeschlossen.

↓ **B 2:** Änderungen und Ergänzungen dieses Vertrages bedürfen der Schriftform. Eine mündliche Aufhebung der Schriftformklausel ist unwirksam.

↓ **B 3:** Änderungen und Ergänzungen dieses Vertrages sind, auch wenn sie bereits mündlich getroffen wurden, nur wirksam, wenn sie schriftlich festgelegt und von beiden Parteien unterzeichnet worden sind. Dies gilt auch für den Verzicht auf das Schriftformerfordernis.

(2) Gestaltungshinweise

3236 Bei **allen Klauseltypen B** handelt es sich um sog. doppelte Schriftformklauseln. Die Klauseln enthalten also zwei Abreden: eine, die sich auf Änderungen und Ergänzungen des Vertrages, und eine zweite, die sich auf die Aufhebung der ersten Abrede bezieht. Diese Klauseln begründen – was ggf im Wege der Auslegung zu ermitteln ist – ein **konstitutives Schriftformerfordernis**, denn durch die Verwendung der doppelten Schriftformklausel wird verdeutlicht, dass die Parteien einerseits auf die Wirksamkeit der Schriftformklausel besonders Wert legen, andererseits ein Verstoß auch zur Unwirksamkeit der Änderungsabrede führen soll.[55] Derartige Klauseln sind **nicht generell unzulässig.** Der Spielraum für eine wirksame Gestaltung ist aber gering.[56] Sie erwecken – so das BAG – den nicht mit § 305 b BGB (individuelle Vertragsabreden haben Vorrang vor Allgemeinen Geschäftsbedingungen) zu vereinbarenden Eindruck, die spätere vom Vertrag abweichende mündliche Abrede sei nichtig. Eine solche Klausel ist daher irreführend und benachteiligt damit den Vertragspartner unangemessen iSv § 307 Abs. 1 BGB.

3237 Der Vorrang von Individualabreden gem. § 305 b BGB erfasst zwar nicht **betriebliche Übungen.** Eine zu weit gefasste Schriftformklausel (die sich also auf jede spätere vom Vertrag abweichende mündliche Abrede bezieht) wird aber nicht auf das richtige Maß zurückgeführt, sondern muss insgesamt als unwirksam angesehen werden. Die **Klausel B 3** war daher nach An-

52 *Hromadka*, DB 2004, 1261, 1262.
53 BAG 20.5.2008 – 9 AZR 382/07, DB 2008, 2365.
54 BAG 20.5.2008 – 9 AZR 382/07, DB 2008, 2365.
55 BAG 20.5.2008 – 9 AZR 382/07, DB 2008, 2365.
56 *Ulrici*, BB 2008, 2242, 2243.

sicht des BAG[57] insgesamt unwirksam und konnte das Entstehen einer betrieblichen Übung nicht verhindern. Hätte sie sich nur auf die betriebliche Übung bezogen, so wäre sie nach den vom BAG aufgestellten Grundsätzen wirksam gewesen. Insoweit ergeben sich aber kaum überwindliche Formulierungsschwierigkeiten.[58] Dem Entstehen einer betrieblichen Übung sollte daher durch Vereinbarung eines Freiwilligkeitsvorbehalts begegnet werden.[59] Auch hierbei sind jedoch die geänderten Vorgaben des BAG für die Transparenz des Freiwilligkeitsvorbehalts zu beachten.[60]

cc) Vermeidung einer betrieblichen Übung durch doppelte Schriftformklausel

(1) Klauseltyp C

↓ **C 1:** Ergänzungen und Änderungen dieses Arbeitsvertrages bedürfen der Schriftform, sofern sie nicht auf einer ausdrücklichen oder einer individuell ausgehandelten Abrede beruhen. Auch die Aufhebung dieses Schriftformerfordernisses bedarf der Schriftform. 3238

→ **C 2:** Jede Änderung oder Ergänzung dieses Arbeitsvertrages, die nicht durch eine individuelle Vereinbarung der Vertragsparteien erfolgt, bedarf zu ihrer Wirksamkeit der Schriftform. Dies gilt auch für Änderungen dieses Schriftformerfordernisses. Dies bedeutet, dass keine Ansprüche aufgrund betrieblicher Übung entstehen können.

C 3: Änderungen und Ergänzungen dieses Vertrages bedürfen der Schriftform. Dies gilt auch für die Aufhebung der Schriftformabrede selbst. Ausgenommen hiervon sind Individualabreden iSv § 305 BGB.
Durch die bloße mehrfache Gewährung von Leistungen, auf die weder ein individualvertraglicher noch ein kollektivvertraglicher (Tarifvertrag, Betriebsvereinbarung) Anspruch besteht, kann ein Anspruch auf künftige Gewährung dieser Leistung nicht begründet werden.

C 4: Ergänzungen und Änderungen dieses Arbeitsvertrages bedürfen der Schriftform, es sei denn, sie beruhen auf einer ausdrücklichen oder individuellen Vertragsabrede. Auch die Aufhebung dieses Schriftformerfordernisses bedarf der Schriftform. Eine betriebliche Übung ist keine ausdrückliche bzw individuelle Vertragsabrede. Auch wiederholte Leistungen oder Vergünstigungen ohne ausdrückliche Vertragsabrede begründen keinen Anspruch für die Zukunft.

(2) Gestaltungshinweise

Die **Klausel C 1** wird von *Schramm/Kröpelin*[61] erwogen. Sie weisen zugleich auf die nach wie vor bestehenden Unsicherheiten hin. Die Klausel soll zum einen den Eindruck vermeiden, dass eine mündliche Abrede entgegen § 305 b BGB unwirksam sei. Zum anderen soll zum Ausdruck gebracht werden, dass durch die doppelte Schriftformklausel nicht die Wirksamkeit „ausdrücklicher, mündlicher Abreden" in Frage gestellt wird. 3239

Schramm/Kröpelin betonen, dass die vorgeschlagene Klausel neben der betrieblichen Übung und der Konkretisierung allerdings auch sonstige konkludente Vereinbarungen erfasst, die nach vielfach vertretener Ansicht – entgegen dem Wortlaut – ebenfalls Individualabreden iSv § 305 b BGB darstellen sollen.[62] Es könne sich deshalb aus Gründen der Vorsicht empfehlen, die arbeitsvertragliche Regelung dergestalt „maßzuschneidern", dass sich ihr Anwendungsbereich ausschließlich auf die betriebliche Übung erstreckt. Dies ließe sich jedoch nicht mit Hilfe 3240

57 BAG 20.5.2008 – 9 AZR 382/07, DB 2008, 2365.
58 *Ulrici*, BB 2008, 2242, 2244.
59 *Ulrici*, BB 2005, 1902, 1903 f.
60 *Lingemann/Gotham*, NJW 2009, 268, 272.
61 DB 2008, 2362, 2365.
62 *Hromadka*, DB 2004, 1265.

einer doppelten Schriftformklausel bewerkstelligen.[63] Änderungen oder Ergänzungen des Arbeitsvertrages, die auf einer betrieblichen Übung beruhen, erfolgen nämlich naturgemäß nicht schriftlich, sondern werden durch tatsächliches, wiederkehrendes Verhalten des Arbeitgebers begründet.

3241 Vor diesem Hintergrund schlagen *Schramm/Kröpelin* folgende Klausel vor:

> „Betriebliche Übungen begründen keinen Rechtsanspruch."

Ob aber die Verwendung dieses Rechtsbegriffs den Anforderungen an das Transparenzgebot gerecht wird, erscheint zumindest zweifelhaft. Alternativ erwägen die Autoren daher folgende Klausel:

> „Die wiederholte Gewährung von Leistungen oder Vergünstigungen begründet keinen Anspruch auf Gewährung von Dauer."

Insofern könnte aber ebenfalls zweifelhaft sein, ob eine solche Klausel einer Inhaltskontrolle standhält. Ein solcher Generalvorbehalt schließt nämlich nicht aus, dass der Leistungsgewährung im Einzelfall auch eine ausdrückliche, mündliche Abrede zugrunde liegt. Um dieses Risiko von vornherein zu vermeiden, müsste man konsequenterweise darauf hinweisen, dass hiervon keine Ansprüche erfasst sind, die auf einer ausdrücklichen, mündlichen oder schriftlichen Abrede beruhen.

3242 Die **Klausel C 2** wird von *Leder/Scheuermann*[64] erwogen. Sie merken allerdings an, dass sich das gleiche Ziel im Bereich zusätzlicher Sonderleistungen mit einem Freiwilligkeitsvorbehalt erreichen lasse, der wie folgt formuliert werden könnte:

> „Sollte der Arbeitgeber über die in diesem Vertrag genannten Leistungen hinaus weitere Sonderleistungen erbringen, erfolgt dies freiwillig und ohne Einräumung eines Rechtsanspruchs. Ein Anspruch für die Zukunft wird auch durch wiederholte Gewährung nicht begründet. Es bleibt stattdessen im freien, unbeschränkten Ermessen des Arbeitgebers, eine ähnliche Leistung zukünftig zu erbringen. Die Gewährung von derartigen Sonderleistungen führt deshalb nicht zur Entstehung einer sog. betrieblichen Übung."

3243 Insgesamt sind die Autoren der Auffassung, dass doppelte Schriftformklauseln in Formulararbeitsverträgen in ihrer bisherigen Form der Vergangenheit angehören. Ihr primäres Ziel, das Entstehen einer betrieblichen Übung zu verhindern, könnten sie nicht mehr erfüllen. Hierzu bedürfe es entweder einer konkret auf diese Rechtsfigur zugeschnittenen Schriftformabrede oder – bei Sonderleistungen – eines Freiwilligkeitsvorbehalts. Der vorsichtige Arbeitgeber sei zudem gut beraten, nicht einfach zweigleisig zu fahren: Wer neben einem neuen „Schriftformvorbehalt" gleichzeitig eine (einfache oder doppelte) Schriftformklausel nach altem Muster in seine Arbeitsverträge aufnehme – etwa um die „Vertragsdisziplin" zu fördern –, riskiere den Vorwurf der Intransparenz. Diese könne nämlich nicht nur auf dem Klauseltext selbst gründen, sondern sich ebenso aus dem (widersprüchlichen) Verhalten der „neuen" zu der „alten" Schriftformklausel ergeben. Daher müsste jedenfalls ein klarstellender Hinweis zum Verhältnis beider Regelungskomplexe in den Vertragstext aufgenommen werden.

3244 Die **Klausel C 3** soll als sog. qualifizierte Schriftformklausel[65] die Anforderungen der Rspr umsetzen (Vorrang der Individualabrede) und das Entstehen einer betrieblichen Übung vermeiden. Gleiches gilt für die **Klausel C 4**.[66] Beide Klauseln dürften den Anforderungen der Rspr gerecht werden.

---

63 *Ulrici*, BB 2005, 1902; *ders.*, BB 2008, 2244.

64 *Leder/Scheuermann*, NZA 2008, 1222, 1226.

65 *Henssler/Moll*, AGB-Kontrolle vorformulierter Arbeitsbedingungen, S. 90.

66 *Preis*, NZA 2009, 281, 286.

dd) Besondere Schriftform bei Kündigung

(1) Klauseltyp D

Eine Kündigung seitens des Arbeitnehmers kann nur in Form eines Einschreibens wirksam erklärt werden. 3245

(2) Gestaltungshinweise

Aufgrund der Regelung des § 309 Nr. 13 BGB sind Klauseln, durch die Anzeigen oder Erklärungen an eine strengere Form als die gesetzliche Schriftform oder an besondere Zugangserfordernisse gebunden werden, unwirksam. Unzulässig sind damit insb. die in der Praxis immer noch gebräuchlichen Vereinbarungen, wonach der Arbeitnehmer **nur per Einschreiben** kündigen darf, so auch die Klausel D.[67] Der Verwender kann ebenso wenig die Benutzung seiner Formulare verlangen.[68] Gleiches gilt, wenn nach dem Wortlaut des Arbeitsvertrages der Eingang der Kündigung bei der Personalabteilung maßgebend sein soll.[69] Unzulässig ist auch eine Klausel, die den Arbeitnehmer zu einer Kündigung in elektronischer Form zwingt.[70] Nicht wirksam ist eine Arbeitsvertragsklausel, die die Kündigung an ein über § 623 BGB hinausgehendes Formerfordernis bindet.[71] 3246

Eine Vereinbarung von Form- oder Zugangsforderungen, die über § 623 BGB hinausgehen, ist also unzulässig.[72] 3247

Allerdings hat die Rspr schon bislang Klauseln, nach denen die Kündigung des Vertrages durch **eingeschriebenen Brief** zu erfolgen habe, nur **beweissichernden Charakter** zugesprochen.[73] Haben die Vertragsparteien in zulässiger Weise die Schriftform vereinbart, kann der vereinbarte Schriftformzwang einvernehmlich aufgehoben werden, wenn „die Parteien die Maßgeblichkeit der mündlichen Vereinbarung übereinstimmend gewollt haben".[74] 3248

67 Staudinger/*Schlosser*, § 11 Nr. 16 AGBG Rn 5.
68 OLG Schleswig-Holstein 8.11.2000 – 9 U 104/99, NJW-RR 2001, 818.
69 Däubler/Bonin/Deinert/*Däubler*, § 309 BGB Rn 5.
70 *Richardi*, NZA 2002, 1064.
71 HWK/*Gotthardt*, § 309 BGB Rn 18.
72 *Henssler/Moll*, AGB-Kontrolle vorformulierter Arbeitsbedingungen, S. 88.
73 BAG 20.9.1979 – 2 AZR 967/77, AP § 125 BGB Nr. 8.
74 BAG 10.1.1989 – 3 AZR 460/87, AP § 74 HGB Nr. 57; zur weiteren Gültigkeit der Rspr angesichts § 305 b BGB *Lingemann*, NZA 2002, 185.

53. Sondervergütungsklauseln (Jahressonderleistungen, Zulagen)

Literatur

Bayreuther, Freiwilligkeitsvorbehalte: Zulässig, aber überflüssig?, BB 2009, 102; *ders.*, Der gesetzliche Mindestlohn NZA 2014, 865; *Beitz*, Sonderzuwendung mit Mischcharakter – Stichtagsregelung im AGB, SAE 2013, 17; *Bepler*, Die „zweifelhafte Rechtsquelle" der betrieblichen Übung – Beharrungen und Entwicklungen, RdA 2005, 323; *Gaul*, Sonderleistungen und Fehlzeiten, 1994; *Groeger*, Arbeitsvertragliche Vereinbarungen über Sondervergütungen, ArbRB 2010, 156; *Günther/Biedrzynska*, Nach dem Fest der Streit? – Die jüngste Entwicklung der Rechtsprechung zu Stichtagsklauseln bei Weihnachtsgeld und sonstigen Sonderzahlungen, ArbRAktuell 2014, 66; *Heiden*, Neue Entwicklung im Recht der Sonderzahlungen, RdA 2012, 225; *Henssler*, Stichtagsklauseln im System variabler Entgeltgestaltung, in: FS Bepler, 2012, S. 215 ff; *Hoß*, Neue Rechtsprechung zur Anrechnung der Tariflohnerhöhung, NZA 1997, 1129; *Hromadka*, Änderung von Arbeitsbedingungen, RdA 1992, 234; *Hunold*, Kontrolle arbeitsrechtlicher Absprachen nach der Schuldrechtsreform, NZA-RR 2006, 113; *Hümmerich*, Widerrufsvorbehalte in Formulararbeitsverträgen, NJW 2005, 1759; *ders.*, Widerruf von Gehaltszusätzen im medizinischen Bereich durch den Arbeitgeber, MedR 2005, 575; *Jahna*, Die Anrechnung von Tariflohnerhöhungen auf über- und außertarifliche Zulagen, 1995; *Kleinebrink*, Mitbestimmungsrechte des Betriebsrats bei der Anrechnung von Tariferhöhungen in problematischen Fällen, ArbRB 2005, 185; *ders.*, Vertragliche Flexibilisierung der Höhe des Arbeitsentgelts durch Anrechnung von Tariferhöhungen, ArbRB 2005, 122; *Knevels/Wagner*, Gratifikationen, Anwesenheits- und Treueprämien, Tantiemen, 1992; *Kort*, Der Widerruf einer Gesamtzusage bei Bindung des Widerrufsvorbehalts an das Schicksal einer Kollektivvereinbarung, NZA 2005, 509; *Krämer*, Der Widerruf im Arbeitsrecht, 1998; *Kukat*, Weihnachtsgratifikationen bei Arbeitsunfähigkeit, BB 1998, 2368; *Leder*, Aktuelles zur Flexibilisierung von Arbeitsbedingungen, RdA 2010, 93; *Lembke*, BAG: Bonuszahlung – Stichtagsklausel und Transparenzgebot, BB 2008, 166; *ders.*, Die Gestaltung von Vergütungsvereinbarungen, NJW 2010, 257 und NJW 2010, 321; *Lieb*, Mitbestimmung – Anrechnung übertariflicher Zulagen, SAE 1993, 114; *Lingemann/Gotham*, Freiwilligkeits-, Stichtags- und Rückzahlungsregelungen bei Bonusvereinbarungen – was geht noch?, NZA 2008, 509; *Lipke/Vogt/Steinmeyer*, Sonderleistungen im Arbeitsverhältnis, 1995; *Marschner*, Entscheidung des Bundesverfassungsgerichts zur sozialversicherungsrechtlichen Behandlung von sog. Einmalzahlungen, ZTR 2000, 399; *Maschmann*, Die Befristung einzelner Arbeitsbedingungen, RdA 2005, 212; *Maties*, Freiwilligkeits- und Widerrufsvorbehalte in Arbeitsverträgen und bei der betrieblichen Übung, DB 2005, 2689; *Matthes*, Rechtsfragen zur Sondervergütung, in: Hromadka, Die Mitarbeitervergütung – Entgeltsysteme der Zukunft, 1995; *Mengel*, Erfolgs- und leistungsorientierte Vergütung, 5. Aufl. 2008; *Mikosch*, Die betriebliche Übung bei Arbeitgeberleistungen, insbesondere bei Sondervergütungen – Eine Skizze, in: FS Düwell, 2011, S. 115 ff; *Moderegger*, Möglichkeiten der Kürzung oder Streichung von Zulagen, ArbRR 2002, 210; *Moll*, AGB-Kontrolle von Änderungs- und Bestimmungsklauseln in Entgeltregelungen, in: Arbeitsgemeinschaft ArbR, FS zum 25-jährigen Bestehen, 2006, S. 91 ff; *Preis*, Der langsame Tod der Freiwilligkeitsvorbehalte und die Grenzen betrieblicher Übung, NZA 2009, 281; *Preis/Bender*, Die Befristung einzelner Arbeitsbedingungen – Kontrolle durch Gesetz oder Richterrecht?, NZA-RR 2005, 337; *Preis/Sagan*, Der Freiwilligkeitsvorbehalt im Fadenkreuz der Rechtsgeschäftslehre, NZA 2012, 697; *dies.*, Wider die Wiederbelebung des Freiwilligkeitsvorbehalts!, NZA 2012, 1077; *Reinecke*, Vertragskontrolle im Arbeitsverhältnis, NZA 2000, Beil. Heft 3, 23; *Reiserer*, Freiwilligkeits- und Widerrufsvorbehalt bei Gratifikationen, DB 1997, 426; *Richardi*, Der Große Senat des BAG zur Mitbestimmung bei der Anrechnung einer Tariflohnerhöhung auf über- und außertarifliche Zulagen, NZA 1992, 961; *Ricken*, Betriebliche Übung und Vertragskontrolle, DB 2006, 1372; *Schiefer*, Die schwierige Handhabung der Jahressonderzahlungen, NZA-RR 2000, 561; *Seel*, Arbeitsvertrag – Wirksamkeit eines Widerrufsvorbehalts, MDR 2005, 724; *ders.*, (Sonder-)Vergütung an Arbeitnehmer – Außer- vs. übertarifliche Zulagen und Gestaltungsfragen, öAT 2013, 51; *Simon/Greßlin*, BAG: Freiwilligkeitsvorbehalt bei Sonderzahlungen, BB 2008, 2465; *Simon/Hidalgo/Koschker*, Flexibilisierung von Bonusregelungen – eine unlösbare Aufgabe?, NZA 2012, 1071; *Slupik*, Lohnzuschlagsregelungen, BB 1994, 1631; *Spielberger*, Sonderzahlungen und Stichtagsklauseln – nichts ist (un-)möglich?, ArbR 2014, 373; *Thüsing*, Vom Ende einer betrieblichen Übung, NZA 2005, 718; *Urban*, Sondervergütung unter Freiwilligkeitsvorbehalt, ArbR 2010, 6; *v. Medem/Bauer*, Rettet den Freiwilligkeitsvorbehalt – oder schafft eine Alternative!, NZA 2012, 894; *Vossen*, Das 13. Monatsgehalt, in: FS Stahlhacke, 1995, S. 617 ff; *ders.*, Die Jahressondervergütung, NZA 2005, 734; *Wackerbarth*, Entgelt für Betriebstreue, 1995; *Weber/Ehrich*, Der Gleichbehandlungsgrundsatz bei freiwilligen Leistungen des Arbeitgebers, ZIP 1997, 168; *Willemsen/Grau*, Alternative Instrumente zur Entgeltflexibilisierung im Standardarbeitsvertrag, NZA 2005, 1137.

a) Rechtslage im Umfeld

aa) Arten von Sondervergütungen

3249 Zusätzliche Leistungen des Arbeitgebers zum monatlichen festen Gehalt werden in der Arbeitswelt mit unterschiedlichen Begriffen belegt. Hier werden unter dem Oberbegriff „**Sondervergütungen**" verschiedene solcher zusätzlicher Zahlungen des Arbeitgebers zusammengefasst, wie zB die **Jahressonderzahlung**, das **13. Monatsgehalt**, das **Weihnachtsgeld**, die **Gratifikation**, der (monatliche) **Zuschlag** oder die (monatliche) **Zulage** sowie die **Sonderprämie**.

Das **Urlaubsgeld** wird an anderer Stelle[1] behandelt, ebenso die variablen **Sonderzahlungen** (Bonus, Zielvereinbarungen, Tantiemen, Provisionen)[2] sowie **steuerfreie Zusatzleistungen**[3] und **Aktienoptionen.**[4] Ebenfalls gesondert werden **Incentives** dargestellt.[5]
Bei den **Zulagen** ist zwischen verschiedenen Arten zu unterscheiden: freiwillige Zulagen, Leistungszulagen sowie Zulagen, die aufgrund von Jubiläen oder persönlichen Lebensereignissen (zB Dienstjubiläen, Hochzeit) oder aus sonstigem Anlass gewährt wurden. Einen besonderen Themenbereich im Bereich der Zulagen bilden **Anrechnungsklauseln** bei **Tariflohnerhöhungen.**

Da diese Sonderleistungen des Arbeitgebers in Unternehmenspraxis, Lit. und Rspr ohne einheitliche Definition und Begriffsbildung oftmals sehr unterschiedlich eingesetzt werden, ist für das Verständnis der Rspr und Lit. weniger der verwendete Begriff als der mit der Leistung nach den Vertragsbedingungen erkennbar verfolgte Zweck maßgeblich. Einer unerwünschten Auslegung durch die Rspr kann nur durch eine sorgfältige **Gestaltung der Leistungsbedingungen** vorgebeugt werden. 3250

bb) Jahressonderzahlungen

(1) Arten von Jahressonderzahlungen

Grundsätzlich sind Jahressonderleistungen nur zu zahlen, wenn sich eine entsprechende Verpflichtung aus dem Arbeits- oder Tarifvertrag, aus einer betrieblichen Übung oder dem arbeitsrechtlichen Gleichbehandlungsgrundsatz ergibt.[6] **Jahressonderzahlungen** sind aber auch bei vertraglicher Regelung oftmals **freiwillige Leistungen**, auf die die Arbeitnehmer für die Zukunft keinen Anspruch haben. Freiwilligkeit bedeutet nicht Unentgeltlichkeit.[7] Jahressonderzahlungen sind daher – rechtlich betrachtet – stets auch **Vergütung.**[8] 3251

Seit dem 1.1.2015 gilt in Deutschland das **Mindestlohngesetz** (MiLoG[9]), das jedem Arbeitnehmer – mit einige Ausnahmen – einen zwingenden Anspruch auf eine **Mindestvergütung** gewährt, zunächst auf eine Vergütung von 8,50 € brutto je Arbeitsstunde. Grundsätzlich ist anerkannt, dass nur solche Zahlungen mindestlohnwirksam geleistet werden, die tatsächlich und unwiderruflich zum Fälligkeitszeitpunkt ausbezahlt werden.[10] Damit scheidet eine Anrechnung von aufgesparten Gratifikationen oder Sonderzahlungen aus, weil diese üblicherweise erst zum Jahresende und nicht monatlich ausbezahlt werden.[11] 3252

Soweit die Kombination eines **Freiwilligkeitsvorbehalts** mit anderen Vorbehalten bzw Leistungsbedingungen bei Sonderleistungen oder Sondervergütung allgemein oder, wenn die Sondervergütung für konkrete Zwecke angesetzt wird, nicht mehr für zulässig gehalten wird,[12] ist diese Ansicht nicht nachvollziehbar. Denn jedenfalls, soweit der Freiwilligkeitsvorbehalt darauf gerichtet ist, die Sonderleistung/-vergütung nur für einen zukünftigen Leistungszeitraum entfallen zu lassen, entsteht durch den Freiwilligkeitsvorbehalt kein „Widerspruch" zu der mit der 3253

1 § 1 Rn 3703 ff (61. Urlaubsklauseln).
2 § 1 Rn 1772 ff (21. Bonusregelungen, Zielvereinbarungen, Tantieme und Provision).
3 § 1 Rn 2365 ff (im Rahmen von Klauselstichwort „32. Gehaltsklauseln", § 1 Rn 2321 ff).
4 § 1 Rn 531 ff (3. Aktienoptionen).
5 § 1 Rn 2749 ff (39. Incentive-Klauseln).
6 BAG 30.7.2008 – 10 AZR 496/07, AP § 611 BGB Gratifikation Nr. 277; BAG 27.10.1998 – 9 AZR 299/97, NZA 1999, 700.
7 Preis/*Preis*, Der Arbeitsvertrag, II S 40 Rn 2.
8 BAG 23.10.2002 – 10 AZR 48/02, NZA 2003, 557, 559; BAG 17.4.1996 – 10 AZR 558/95, AP § 611 BGB Kirchendienst Nr. 24; BAG 28.9.1994 – 10 AZR 697/93, EzA § 611 BGB Gratifikation, Prämie Nr. 114.
9 Gesetz zur Regelung eines allgemeinen Mindestlohns vom 11.8.2014 (BGBl. I S. 1348).
10 Vgl EuGH 7.11.2013 – C-522/12, NZA 2013, 1359; BAG 18.4.2012 – 4 AZR 139/10, NZA 2013, 392.
11 Vgl dazu ausf. *Bayreuther*, NZA 2014, 865, 868.
12 Vgl ErfK/*Preis*, § 611 BGB Rn 530; *Preis/Sagan*, NZA 2012, 697; *Lakies*, ArbRAktuell 2012, 306, 307; vgl auch BAG 12.4.2011 – 1 AZR 412/09, NZA 2011, 989, 991; BAG 14.9.2011 – 10 AZR 526/10, NZA 2012, 81.

Vereinbarung verfolgten Zwecksetzung oder Incentivierung in einem konkreten Leistungszeitraum. Das rechtliche Problem ist – bei transparenter, der neuen Rspr entsprechender Gestaltung des Freiwilligkeitsvorbehalts – nur eine Frage der Ausübungskontrolle, nicht der vertraglichen Inhaltskontrolle. So ist es richtigerweise widerspruchsfrei möglich, dass dem Arbeitnehmer vertraglich eine Jahressonderleistung ohne nähere Leistungsbedingungen in Aussicht gestellt wird für den Fall, dass bis zum 1. Dezember des Jahres das Arbeitsverhältnis ohne Eigenkündigung des Arbeitnehmers besteht, und zugleich vorbehalten wird, diese (freiwillige) Betriebstreueleistung für Folgejahre mit rechtzeitiger Erklärung vor Beginn des neuen Betriebstreuezeitraums, zB bis zum 1. Dezember des Vorjahres, entfallen zu lassen. Soweit die Sonderleistung, die unter Freiwilligkeitsvorbehalt steht, nicht mehr als 25 % der Gesamtvergütung ausmacht, ist das schützenswerte Interesse der Arbeitnehmer vor einem wesentlichen Eingriff in das vertragliche Austauschverhältnis – ebenso wie bei einem Widerrufsvorbehalt[13] – gewahrt. Da die zweckorientierten Leistungsbedingungen (Betriebstreue – Stichtagsklausel) einerseits und der Freiwilligkeitsvorbehalt andererseits in der hier dargestellten Konstellation verschiedene Leistungszeiträume betreffen, entsteht kein Widerspruch und keine Intransparenz für die Arbeitnehmer.

3254 Sonderzahlungen/-vergütungsleistungen können **Entgelt für die geleistete Arbeit** sein oder die Zugehörigkeit des Arbeitnehmers zum Betrieb belohnen („**Betriebstreue**"). Der **Zweck der Leistung** ist von Bedeutung für die Beurteilung der tatsächlichen und rechtlichen Voraussetzung der Zahlung sowie für die Ausschluss- und Kürzungstatbestände, etwa die Frage, ob die Jahressonderzahlung für unberechtigte Fehlzeiten des Arbeitnehmers gekürzt werden kann. Sonderzahlungen, über die zumindest auch die Betriebstreue des Arbeitnehmers belohnt werden soll, zeichnen sich dadurch aus, dass die zugrunde liegenden Regelungen die Erfüllung einer Wartezeit oder ein ungekündigtes Arbeitsverhältnis zu einem bestimmten Stichtag voraussetzen.

3255 Enthält eine Jahressonderleistungsklausel lediglich die Höhe der Jahreszahlung und den Termin der Auszahlung und werden ansonsten keine weiteren Voraussetzungen bestimmt und ist auch keine Stichtagsregelung enthalten, handelt es sich nach der Rspr des BAG um eine Jahressonderleistung mit sog. „reinem" Entgeltcharakter.[14] Darunter fällt oftmals auch ein **13. Gehalt**, das zusätzlich für die im Laufe eines Jahres geleistete Arbeit vom Arbeitgeber gezahlt wird. Das BAG geht davon aus, dass es sich im Zweifel immer dann um eine **Jahresleistung** handelt, wenn die Zusage an keine besonderen Voraussetzungen geknüpft ist.[15] Entsprechend entsteht ein Anspruch auf eine Jahressonderleistung, die als Teil der im Austauschverhältnis zur Arbeitsleistung stehenden Vergütung vereinbart ist, auch für Zeiträume, in denen aufgrund von Beschäftigungsverboten – wie § 3 Abs. 2, § 6 Abs. 1 MuSchG – keine Arbeitsleistung erbracht wird.[16] In seiner Entscheidung vom 4.12.2002 betonte das BAG mit Bezugnahme auf die Rspr des EuGH, dass Mutterschutzzeiten Beschäftigungszeiten gleichzustellen sind, um eine mittelbare Diskriminierung zu vermeiden. Würden Mutterschutzzeiten für die Zwecke der Gewährung einer Gratifikation, mit der geleistete Arbeit vergütet werden soll, nicht als Beschäftigungszeiten berücksichtigt, so würde eine Arbeitnehmerin unzulässig diskriminiert, da diese Zeiten als Beschäftigungszeiten angerechnet würden, wenn sie nicht schwanger wäre.[17]

---

13 Vgl nur BAG 12.1.2005 – 5 AZR 364/04, NZA 2005, 465.

14 BAG 11.10.1995 – 10 AZR 984/94, NZA 1996, 432; BAG 26.6.1975 – AZR 412/74, AP § 611 BGB Gratifikation Nr. 86.

15 BAG 8.11.1978 – 5 AZR 358/77, EzA § 611 BGB Gratifikation, Prämie Nr. 60; BAG 24.10.1990 – 6 AZR 156/89, EzA § 611 BGB Gratifikation, Prämie Nr. 81.

16 BAG 24.2.1999 – 10 AZR 258/98, NZA 1999, 772; BAG 25.11.1998 – 10 AZR 595/97, NZA 1999, 766.

17 BAG 4.12.2002 – 10 AZR 138/02, AP § 611 BGB Gratifikation Nr. 245; EuGH 21.10.1999 – C-333/97 (Susanne Lewen/Lothar Denda), NZA 1999, 1325.

In der Rspr gilt die Auslegungsregel, dass durch eine Sondervergütung **im Zweifel**, dh ohne besondere Anhaltspunkte für eine abweichende Zwecksetzung, auch die im Bezugsjahr geleistete Arbeit zusätzlich vergütet werden soll.[18] **Indiz** für den Zweck einer Leistung stellte nach der (früheren) BAG-Rspr auch die **Bezeichnung der Vergütung** dar.[19] Nach neuerer Rspr ist die Bezeichnung nur der erste Ansatz für die Auslegung und ein von dem grundsätzlichen Entgeltcharakter abweichender Zweck muss ausdrücklich aus den Leistungsbedingungen hervorgehen.[20] Bezeichnungen wie **„Gewinnbeteiligung"**, **„Anwesenheitsprämie"**, **„Leistungsprämie"** oder **„13. Monatsgehalt"** deuten auf eine leistungsbezogene Zuwendung hin. 3256

So kann die Auszahlung einer Jahressonderleistung, die alleine Entgelt für geleistete Arbeit ist, vom Arbeitgeber nicht mehr mit der Begründung verweigert werden, der Arbeitnehmer sei zu einem bestimmten Stichtag ausgeschieden, wenn eine solche **Stichtagsklausel** nicht vertraglich vereinbart ist. Nach der Rspr des 10. Senats des BAG ist für die Voraussetzungen eines Anspruchs und insb. Kürzungstatbestände oder das Wegfallen des Anspruchs allein die **vertragliche Gestaltung, nicht die Bezeichnung der Leistung** maßgeblich.[21] Darüber hinaus ist aber die Wirksamkeit der konkreten Gestaltung einer Stichtagsklausel zu prüfen; vor allem Stichtagsklauseln, die auf einen Stichtag *nach* dem Leistungszeitraum abstellen, sind nach neuester Rspr grds. nicht mehr wirksam bzw an den sehr strengen Anforderungen von Rückzahlungsklauseln zu messen.[22] Daran ändert auch die Entscheidung des BAG vom 22.7.2014 nichts, weil der Fall eine Stichtagsklausel für Sonderzahlungen ohne Entgeltcharakter betraf.[23] Nach der neuesten Rspr des 10. Senats des BAG ist sogar davon auszugehen, dass Stichtagsklauseln in Arbeitsverträgen nur noch dann wirksam vereinbart werden können, wenn es sich um eine Leistung zur Honorierung allein von Betriebstreue handelt; für entgeltbezogene Leistungen oder Sondervergütung mit Mischcharakter sind Stichtagsklauseln wohl auch für den Zeitraum der Leistung, idR unterjährig, unzulässig.[24] 3257

(2) Kürzungen von Jahressonderleistungen

Aus dem nach der Rspr nunmehr geltenden Grundsatz, dass auch Sonderleistungen und Sondervergütung ohne abweichende Vertragsgestaltung stets (nur) die erbrachte Arbeitsleistung entlohnen, folgt andererseits, dass Sonderleistungen und Sondervergütungen auch ohne eine ausdrückliche Kürzungsvereinbarung stets nur **zeitanteilig** gezahlt werden müssen. Die Auszahlung kann somit um Zeiten **gemindert** werden, in denen das Arbeitsverhältnis nicht bestand oder Fehlzeiten ohne Anspruch auf Entgeltfortzahlung vorliegen.[25] Wird ein **13. Monatsgehalt** als arbeitsleistungsbezogene Sonderzahlung vereinbart, entsteht für Zeiten, in denen bei Arbeitsunfähigkeit infolge Krankheit kein Entgeltfortzahlungsanspruch mehr besteht, auch kein anteiliger Anspruch auf das 13. Monatsgehalt. Einer gesonderten arbeitsvertraglichen Kürzungsvereinbarung bedarf es richtigerweise nicht;[26] allerdings empfiehlt sich in der Praxis dennoch eine entsprechende ausdrückliche Vereinbarung im Arbeitsvertrag. Soweit die Sonderver- 3258

18 BAG 7.9.1989 – 6 AZR 637/88, NZA 1990, 497.

19 BAG 25.4.1991 – 6 AZR 183/90, NZA 1991, 765; BAG 13.6.1991 – 6 AZR 421/89, EzA § 611 BGB Gratifikation, Prämie Nr. 86.

20 Vgl ErfK/*Preis*, § 611 BGB Rn 528 mit Verweis auf BAG 12.10.2010 – 9 AZR 522/09, NZA 2011, 695 – allerdings zum Urlaubsgeld.

21 BAG 20.2.2013 – 10 AZR 177/12, NZA 2013, 1015, 1017; BAG 16.3.1994 – 10 AZR 669/92, AP § 611 BGB Gratifikationen Nr. 162; BAG 9.9.1992 – 10 AZR 24/91.

22 Vgl nur BAG 18.1.2012 – 10 AZR 612/10, NZA 2012, 561, 562 (auf entgeltbezogenen Zweck bei Sonderzahlungen mit Mischcharakter); BAG 12.4.2011 – 1 AZR 412/09, NZA 2011, 989.

23 BAG 22.7.2014 – 9 AZR 981/12, GWR 2014, 443.

24 BAG 13.11.2013 – 10 AZR 848/12, NZA 2014, 368.

25 BAG 19.4.1995 – 10 AZR 49/94, EzA § 611 BGB Gratifikation, Prämie Nr. 126; BAG 10.5.1995 – 10 AZR 648/94, EzA § 611 BGB Gratifikation, Prämie Nr. 125.

26 BAG 21.3.2001 – 10 AZR 28/00, NZA 2001, 785.

gütung auch oder ausschließlich die Arbeitsleistung vergüten soll,[27] sind richtigerweise Vereinbarungen dahin gehend zulässig, die sich auf Zeiten ohne tatsächliche Arbeitsleistung anspruchsmindernd oder anspruchsausschließend auf die Sonderzahlung auswirken sollen.[28]

3259 **Proportionale zeitanteilige Kürzungen** sind zulässig bei Fehlzeiten infolge Arbeitsunfähigkeit, Fehlzeiten wegen Streik oder Kurzarbeit,[29] Fehlzeiten aufgrund unentschuldigten Fernbleibens von der Arbeit[30] sowie Fehlzeiten aufgrund eines ruhenden Arbeitsverhältnisses, bspw bei Elternzeit oder unbezahltem Sonderurlaub.[31] Die Entscheidung des EuGH vom 21.10.1999 hat hieran nichts geändert, denn auch für den EuGH kommt es darauf an, zu welchem Zweck die Sonderzuwendung erbracht wird.[32] Ebenso bezieht sich die Folgeentscheidung des BAG von 2002 sich auf die Argumente des EuGH. Danach sind Mutterschutzzeiten als Beschäftigungszeiten anzusehen. Das bedeutet auch, dass die Zeiten der Beschäftigungsverbote im Anschluss an ein aktives Arbeitsverhältnis anteilig zu berücksichtigen sein können.[33]

3260 Bei **Kürzungsklauseln** muss danach unterschieden werden, ob sie ein ruhendes Arbeitsverhältnis einschließen oder nicht. Beim ruhenden Arbeitsverhältnis werden die Hauptleistungspflichten der Arbeitsvertragspartner suspendiert.[34] Ein ruhendes Arbeitsverhältnis entsteht typischerweise bei der Einberufung zum Grundwehr- oder Zivildienst oder zu einer Eignungs- oder Wehrübung (§§ 1, 10 ArbPlSchG, § 78 ZDG, § 1 EignungsübungsG), bei der Inanspruchnahme von (vollständiger) Elternzeit (§§ 15 ff BEEG)[35] oder auch durch die Vereinbarung unbezahlten Sonderurlaubs. Das Arbeitsverhältnis ruht auch während der Beteiligung des Arbeitnehmers an einem rechtmäßigen Streik.[36] Für die Fälle des Ruhens eines Arbeitsverhältnisses sind Kürzungen von Jahressonderzahlungen mit reinem Entgeltcharakter auch ohne ausdrückliche Abrede zulässig, sie sollten allerdings zur Klarstellung im Arbeitsvertrag vereinbart werden.[37] Im Übrigen ist bei nicht-ruhenden Arbeitsverhältnissen für Zeiträume, in denen der Arbeitnehmer aber auch nicht zur Arbeit verpflichtet ist, jeweils im Einzelfall zu prüfen, ob eine zeitanteilige Kürzung vereinbart und diese Vereinbarung unter Berücksichtigung der einschlägigen gesetzlichen Regelungen auch wirksam ist. Eine Kürzung während des Erholungsurlaubs oder bei Krankheit während der Zeit der Entgeltfortzahlungspflicht ist ersichtlich nicht mit den gesetzlichen Regelungen oder Wertungen vereinbar, wie bereits § 4 a EFZG zeigt. Die Rspr zu Mutterschutzfristen ist unklar. Während das BAG in seinem Urteil vom 11.10.2000 davon ausgegangen ist, dass mit Beginn der Mutterschutzfrist die gegenseitigen Hauptleistungspflichten aus dem Arbeitsvertrag suspendiert sind,[38] hat es in 2002 entschieden, dass die Zeiten der Beschäftigungsverbote während der Mutterschutzfristen keine Ruhestatbestände sind.[39]

3261 Wird dem Arbeitnehmer eine Sondervergütung in Form einer **prozentualen jährlichen Gewinn-/Erfolgsbeteiligung** zugesagt, gilt ebenfalls das Prinzip des zeitanteiligen Erwerbs bzw der

27 Sog. „arbeitsleistungsbezogene" Sonderzahlung, BAG 10.5.1995 – 10 AZR 648/94, EzA § 611 BGB Gratifikation, Prämie Nr. 125.

28 BAG 16.3.1994 – 10 AZR 669/92, EzA § 611 BGB Gratifikation, Prämie Nr. 111; BAG 5.8.1992 – 10 AZR 88/90, EzA § 611 BGB Gratifikation, Prämie Nr. 90.

29 BAG 10.5.1995 – 10 AZR 650/94, EzA § 611 BGB Gratifikation, Prämie Nr. 128.

30 BAG 19.4.1995 – 10 AZR 259/94, EzA § 611 BGB Gratifikation, Prämie Nr. 121.

31 BAG 24.5.1995 – 10 AZR 619/94, EzA § 611 BGB Gratifikation, Prämie Nr. 124; BAG 28.9.1994 – 10 AZR 697/93, EzA § 611 BGB Gratifikation, Prämie Nr. 114; BAG 24.11.1993 – 10 AZR 704/92, EzA § 15 BErzGG Nr. 5.

32 EuGH 21.10.1999 – Rs. C-333/97 (Susanne Lewen/Lothar Denda), NZA 1999, 1325.

33 BAG 4.12.2002 – 10 AZR 138/02, AP § 611 BGB Gratifikation Nr. 245.

34 BAG 10.5.1989 – 6 AZR 660/87, DB 1989, 2127; BAG 7.6.1990 – 6 AZR 52/89, DB 1990, 1971.

35 BAG 24.5.1995 – 10 AZR 619/94, EzA § 611 BGB Gratifikation, Prämie Nr. 124; BAG 15.2.1994 – 3 AZR 708/93, BB 1994, 1638.

36 BAG 30.8.1994 – 1 AZR 765/93, BB 1994, 2280.

37 Vgl Preis/*Preis*, Der Arbeitsvertrag, II S 40 Rn 83; Moll/*Boudon*, MAH ArbR, § 20 Rn 147.

38 BAG 11.10.2000 – 5 AZR 240/99, NZA 2001, 445, 447.

39 BAG 4.12.2002 – 10 AZR 138/02, AP § 611 BGB Gratifikation Nr. 245 Rn 48.

zeitanteiligen Kürzung. Eine Vereinbarung, dass eine Umsatzbeteiligung im Folgejahr in monatlich gleichen Raten ausgezahlt werde, lässt aber den im Vorjahr erworbenen Anspruch nicht untergehen, wenn das Arbeitsverhältnis im Folgejahr nicht mehr besteht, denn der „Erdienungszeitraum" ist allein das Vorjahr.[40] Ist ein Arbeitnehmer während eines gesamten Geschäftsjahres arbeitsunfähig erkrankt und konnte er keine Entgeltfortzahlung beanspruchen, muss auch eine im Arbeitsvertrag zugesagte Tantieme nicht gezahlt werden.[41]

(3) Jahressonderleistung und Gleichbehandlung

Bei der Zahlung von Jahressonderleistungen muss der Arbeitgeber – wie insgesamt bei Vergütungsfragen – insb. auch den **Gleichbehandlungsgrundsatz** in gewissem Umfang beachten.[42] Zwar bedeutet dies nicht, dass das Unternehmen zu einer absoluten Gleichbehandlung aller Arbeitnehmer verpflichtet ist, sondern es schuldet nur die gleiche Behandlung von vergleichbaren Arbeitnehmern in vergleichbarer Situation. Der Gleichbehandlungsgrundsatz erlaubt daher ohne Weiteres unterschiedliche Gehaltsvereinbarungen, wenn und soweit Unterschiede zwischen den Arbeitnehmern bzw Arbeitnehmergruppen insb. aus Funktion, auch Hierarchie, und Qualifikation resultieren. Aber auch, wenn derartige sachliche Gründe für eine Differenzierung nicht gegeben sind, ist der Gleichbehandlungsgrundsatz nicht verletzt, wenn eine bessere Vergütung im Einzelfall individuell ausgehandelt ist. Denn der Gleichbehandlungsgrundsatz ist gar nicht anwendbar für Vergütungsfragen, wenn der Arbeitgeber kein einheitliches Vergütungssystem anwendet oder zB eine allgemeine Gehaltserhöhung zum Inflationsausgleich vornimmt. Bei individuellen Gehaltsverhandlungen, insb. auch im Zusammenhang mit einer Neueinstellung, ist der Arbeitgeber vielmehr frei, Unterschiede auch zwischen vergleichbaren Arbeitnehmern zu machen. Allerdings erstreckt sich die Gleichbehandlungspflicht auch auf eine sachgerechte Gruppenbildung in der Belegschaft.[43] Nach einem Beschluss des BVerfG[44] ist es daher ungerechtfertigt, der Gruppe von Arbeitern beim 13. Monatsgehalt Nachteile aufzuerlegen, solange nicht ausgeschlossen werden kann, dass ein unterschiedlich hoher Krankenstand von Angestellten und Arbeitern auf gesundheitlichen Arbeitsbedingungen beruht, für die der Arbeitgeber allein verantwortlich ist. Umgekehrt ist die Ungleichbehandlung verschiedener Arbeitnehmergruppen bei freiwilligen übertariflichen Leistungen mit dem arbeitsrechtlichen Gleichbehandlungsgrundsatz vereinbar, wenn die Unterscheidung nach dem Zweck der Leistung gerechtfertigt ist.[45] 3262

Vereinbaren die Betriebspartner, dass Mitarbeitern, die zu einem bestimmten Zeitpunkt dem Betrieb angehören, eine **Produktivitätsprämie** gezahlt wird, liegt kein Verstoß gegen den betriebsverfassungsrechtlichen Gleichheitsgrundsatz vor, wenn sich die Betriebspartner bei ihren Regelungen innerhalb ihres Beurteilungsspielraums und ihrer Einschätzungsprärogative zu den tatsächlichen Voraussetzungen und Folgen bewegen.[46] Der betriebsverfassungsrechtliche Gleichbehandlungsgrundsatz schließt – wie auch der allgemeine arbeitsrechtliche Gleichbehandlungsgrundsatz – nicht aus, dass durch die von den Betriebspartnern gewählten Stichtagsregelungen Härtefälle entstehen. 3263

Eine **Differenzierung** zwischen **Arbeitern** und **Angestellten** bei Sonderleistungen ist prinzipiell nicht zulässig, denn diese traditionelle Kategorisierung ist als solche kein hinreichender Grund 3264

40 BAG 25.11.1998 – 10 AZR 595/97, NZA 1999, 766.
41 BAG 8.9.1998 – 9 AZR 273/97, NZA 1999, 824.
42 BAG 30.7.2008 – 10 AZR 496/07, AP § 611 BGB Gratifikation Nr. 277.
43 Zum Gleichbehandlungsgrundsatz bei Vergütung vgl nur BAG 2.9.2014 – 3 AZR 951/12, juris, Rn 76 f.
44 BVerfG 1.9.1997 – 1 BvR 1929/95, NZA 1997, 1339.
45 BAG 21.3.2002 – 6 AZR 144/01, NZA 2002, 1304.
46 BAG 22.3.2005 – 1 AZR 49/04, NZA 2005, 773.

mehr für eine unterschiedliche Behandlung.[47] Nur dann, wenn mit der Anknüpfung an den Statusunterschied gleichzeitig an einen unterschiedlichen Lebenssachverhalt angeknüpft wird, der geeignet ist, die vorgesehenen unterschiedlichen Rechtsfolgen zu tragen, kann eine Differenzierung noch **sachlich gerechtfertigt** sein.[48] Wenn ein Arbeitgeber aus sachlichen Gründen die Angestellten stärker an sein Unternehmen binden wolle und ihnen deshalb eine höhere Jahreszuwendung gewährt als den gewerblichen Arbeitnehmern, bestehe für die gewerblichen Arbeitnehmer grds. kein Anspruch auf die höhere Zuwendung nach dem Grundsatz der Gleichbehandlung.[49] Außerdem haben die Mitglieder der nicht begünstigten Gruppe nicht bereits deshalb einen Anspruch auf Gleichbehandlung, weil ihnen gegenüber die Gründe für die Differenzierung nicht offen gelegt wurden. Es genügt, dass der Zuwendungszweck und Differenzierungsgrund gegenüber der begünstigten Gruppe dokumentiert wurden.[50]

(4) Inhaltskontrolle von Jahressonderleistungen

3265 Die vertragliche Regelung von Sonderzahlungen muss am **AGB-Recht** gem. §§ 305 ff BGB gemessen werden. Die frühere Rspr des BAG,[51] die aus der Bezeichnung oder auch dem Zweck einer Sondervergütung auf deren Leistungsbedingungen bis hin zu Kürzungstatbeständen geschlossen hat, ist überholt. Welche Rechtsqualität die Sonderzahlung im Einzelfall hat, ist durch Auslegung zu ermitteln.[52]

3266 Wesentlich für die vertragliche Gestaltung von Sonderleistungen und damit die Inhaltskontrolle sind diverse traditionell weit verbreitete Klauseln zu Zahlungsvorbehalten, wie Widerrufsvorbehalte, Freiwilligkeitsvorbehalte, Anrechnungsvorbehalte. Mit Urteil vom 12.1.2005[53] hat das BAG dazu die immer noch geltenden Grundlagen neu gelegt. Zwar hat das BAG ausdrücklich nur zu einem Widerrufsvorbehalt entschieden. Es müssen danach erstens die Voraussetzungen des Widerrufsgrundes in der Vereinbarung genannt und bestimmt sein und es darf zweitens keine Kürzung über einen Umfang von 25 bis 30 % des Gesamtentgelts eintreten. Es ist aber naheliegend, diese Gestaltungsanforderungen, soweit sinnvoll, auch auf andere typische Vorbehaltsklauseln zu übertragen. Vor diesem Hintergrund hat eine Reihe von Autoren überdies empfohlen, statt **Widerrufsvorbehalten** die Instrumente des **Freiwilligkeitsvorbehalts** und der **Befristung** einzusetzen.[54]

3267 Bei Freiwilligkeitsvorbehalten und Befristungen soll ein geringeres „Formulierungsrisiko“[55] als bei Widerrufsvorbehalten bestehen. Allerdings ist zwischenzeitlich die BAG-Rspr zur transparenten Formulierung von Freiwilligkeitsvorbehalten wiederum strenger geworden und verbietet jede Form der ausdrücklichen „Zusage“ oder „Gewährung“.[56] Außerdem muss mit der Klausel ausdrücklich und eindeutig klargestellt werden, dass die Leistung freiwillig gewährt wird und zukünftige Rechtsansprüche auf die Leistung ausgeschlossen werden.[57]

47 Vgl nur BVerfG 16.11.1982 – 1 BvL 16/79, NJW 1983, 617; BAG 10.12.2002 – 3 AZR 3/02, NZA 2004, 321, 324.

48 ErfK/*Preis,* § 611 BGB Rn 536.

49 BAG 19.3.2003 – 10 AZR 365/02, NZA 2003, 724; vgl auch zu einer Differenzierung bei der betrieblichen Altersversorgung BAG 17.6.2014 – 3 AZR 757/12, DB 2014, 2292.

50 BAG 19.3.2003 – 10 AZR 365/02, ArbRB 2003, 230 m. Anm. *Marquardt.*

51 BAG 19.4.1995 – 10 AZR 49/94, EzA § 611 BGB Gratifikation, Prämie Nr. 126; BAG 10.5.1995 – 10 AZR 648/94, EzA § 611 BGB Gratifikation, Prämie Nr. 125.

52 Vgl auch *Lakies,* ArbRAktuell 2012, 306, 307.

53 BAG 12.1.2005 – 5 AZR 364/04, NZA 2005, 465 = NJW 2005, 1820.

54 *Hunold,* NZA-RR 2006, 113, 120; *Moll,* in: Arbeitsgemeinschaft ArbR, FS zum 25-jährigen Bestehen, S. 91, 101, 102; *Seel,* MDR 2005, 724; *Willemsen/Grau,* NZA 2005, 1137, 1140.

55 *Willemsen/Grau,* NZA 2005, 1137, 1140.

56 Vgl nur BAG 20.2.2013 – 10 AZR 177712, NZA 2013, 1015, 1016.

57 Vgl nur BAG 20.2.2013 – 10 AZR 177712, NZA 2013, 1015, 1017; BAG 11.4.2000 – 9 AZR 255/99, DB 2000, 2328.

Moll[58] hat empfohlen, zusätzliche Leistungen wie Jahressondervergütungen generell nur noch zu **befristen**. Die Zulässigkeit der Befristung von Entgeltbestandteilen sei höchstrichterlich grds. anerkannt.[59] Richtigerweise ist die Befristung einzelner Vertragsbedingungen an den Regeln der AGB-Kontrolle zu messen.[60] In die Angemessenheitskontrolle lässt das BAG aber die Wertungen des TzBfG einfließen.[61] Dennoch ist die Befristung von Vergütungsleistungen aus Arbeitgebersicht nicht gleichermaßen praktikabel wie der Einsatz von Vorbehalten. 3268

(5) Bezugnahme auf Betriebsvereinbarungen

Bei der arbeitsvertraglichen Regelung von Jahressonderleistungen sollte auf eine **Bezugnahme auf Betriebsvereinbarungen** verzichtet werden oder jedenfalls hinreichend deutlich gemacht werden, dass vertraglich keine (zusätzliche) konstitutive Zusage gegeben werden soll, die nach Beendigung oder Verschlechterung der Betriebsvereinbarung fortgilt. Denn wenn in dem Arbeitsvertrag an einer Stelle auf Arbeitsbedingungen aus einer Gesamtbetriebsvereinbarung Bezug genommen wird, „soweit dieser Arbeitsvertrag nichts Abweichendes regelt", und in einer anderen Regelung des Arbeitsvertrages ausgeführt wird, dass der „Arbeitgeber ... eine Zuwendung nach den Maßgaben" einer bestimmten Vorschrift der Arbeitsbedingungen „zahlt", soll der Zusammenhang für eine Auslegung im Sinne einer **konstitutiven Verpflichtung** sprechen.[62] 3269

(6) Jahressondervergütung und betriebliche Übung

Bei arbeitsleistungsbezogenen oder ausschließlich die Betriebstreue belohnenden Sondervergütungen stellt sich in der Praxis oft die Frage, ob eine **betriebliche Übung** den Anspruch unkürzbar gemacht hat. *Ricken*[63] hat zutreffend unter Hinweis auf zwei Entscheidungen des BAG[64] darauf aufmerksam gemacht, dass bei der betrieblichen Übung im öffentlichen Dienst und in der Privatwirtschaft mit zweierlei Maß gemessen werde. Im Bereich der Privatwirtschaft löst eine dreimalige vorbehaltslose Leistung die Bindungswirkung der betrieblichen Übung aus, im öffentlichen Dienst muss der Arbeitnehmer davon ausgehen, dass ihm sein Arbeitgeber wegen der haushaltsrechtlichen Gebundenheit nur die Leistungen gewähren will, zu denen er rechtlich verpflichtet ist, und er deshalb nicht annehmen kann, eine langjährige Übung werde Vertragsinhalt. 3270

Eine betriebliche Übung ist nach ständiger Rspr des BAG ein **gleichförmiges und wiederholtes Verhalten des Arbeitgebers**, das den Inhalt des Arbeitsverhältnisses gestaltet und geeignet ist, vertragliche Ansprüche auf eine Leistung zu begründen, wenn die Arbeitnehmer aus dem Verhalten des Arbeitgebers schließen durften, ihnen werde die Leistung auch künftig gewährt. Nach § 1 b Abs. 1 S. 4 BetrAVG hat eine betriebliche Übung im Bereich der betrieblichen Altersversorgung anspruchsbegründende Qualität.[65] Nur durch eine unmissverständliche Freiwilligkeitsklausel kann sich der Arbeitgeber der Wirkung einer betrieblichen Übung entziehen.[66] 3271

Vorsicht ist daher bei der **Gesamtzusage** einer Sondervergütung durch den Arbeitgeber über das **Intranet** geboten. Wird über das Intranet die Zahlung einer Sonderprämie an Mitarbeiter zugesagt, die zum Zeitpunkt der Zusage im noch nicht abgelaufenen Geschäftsjahr zur **Belegschaft** gehören, so sind mangels gegenteiliger Anhaltspunkte auch solche Arbeitnehmer Adressaten der Zusage, die während des Geschäftsjahres im Wege eines Betriebsübergangs ausge- 3272

58 In: Arbeitsgemeinschaft ArbR, FS zum 25-jährigen Bestehen, S. 91, 105.
59 BAG 23.1.2002 – 7 AZR 563/00, NZA 2003, 104.
60 BAG 3.9.2003 – 7 AZR 106/03, NZA 2004, 255.
61 Vgl dazu *Simon/Hidalgo/Koschker*, NZA 2012, 1071, 1075.
62 BAG 24.9.2003 – 10 AZR 34/03, NZA 2004, 149.
63 DB 2006, 1372, 1376.
64 BAG 29.9.2004 – 5 AZR 528/03, BAGE 112, 112 = BB 2005, 1972; BAG 16.11.2005 – 10 AZR 108/05, ZTR 2006, 313.
65 BAG 25.6.2002 – 3 AZR 360/01, NZA 2003, 875.
66 BAG 18.3.2009 – 10 AZR 289/08, NZA 2009, 535; *Heiden*, RdA 2012, 225, 234 f; *Ricken*, DB 2006, 1372.

schieden sind, jedoch mit Wissen und Willen des früheren Arbeitgebers weiterhin Zugriff auf dessen Intranet haben. Eine in späteren Mitteilungen nachgeschobene Stichtagsregelung kann dann die mit der ursprünglichen Zusage für die ausgeschiedenen Arbeitnehmer begründeten Ansprüche nicht mehr beseitigen.[67]

3273 Wenn die Zahlung einer Sondervergütung allein an die „**Zugehörigkeit**" des Arbeitnehmers zum Betrieb anknüpft, besteht der Sonderzahlungsanspruch so lange, bis das Arbeitsverhältnis beendet worden ist. Bei einem Arbeitnehmer, der eine zeitlich unbegrenzte Erwerbsunfähigkeitsrente bezieht, ohne dass sein Arbeitsvertrag aufgehoben worden ist, besteht somit weiterhin der Anspruch auf eine im Arbeitsvertrag vereinbarte Sondervergütung, weil die arbeitsvertragliche Regelung allein die Zugehörigkeit des Arbeitnehmers zum Betrieb voraussetzt.[68]

3274 Soweit der Arbeitgeber in Lohnabrechnungen darauf hinweist, dass es sich bei dem gezahlten Gehalt um „Tariflohn" handele, entsteht bei einem nicht tarifgebundenen Unternehmen keine betriebliche Übung in dem Sinne, es wolle stets den Tariflohn zahlen.[69] Gewährt ein Arbeitgeber, der ca. 230 Arbeitnehmer beschäftigt, sechs Arbeitnehmern „der ersten Stunde" und im übernächsten Jahr nochmals zwei Arbeitnehmern anlässlich ihres 25-jährigen Dienstjubiläums eine Jubiläumszuwendung, so löst er damit noch keine betriebliche Übung aus, aufgrund derer auch nachfolgende Jubilare eine entsprechende Zuwendung beanspruchen könnten.[70] Ein in einer Musterbetriebsordnung niedergelegtes Kündigungsrecht des Arbeitgebers wegen Treuegeldregelungen, die im Verhältnis zum einzelnen Arbeitnehmer nach den Grundsätzen zur betrieblichen Übung angewandt wurden, kann gegen das Transparenzgebot des § 307 Abs. 1 S. 2 BGB verstoßen und nach § 308 Nr. 4 BGB unwirksam sein.[71]

3275 Für einige Jahre konnten sich Arbeitgeber einer betrieblichen Übung entledigen, indem sie eine **gegenläufige betriebliche Übung** begründet haben.[72] Inzwischen hat das BAG die Rspr zu gegenläufigen betrieblichen Übungen aber wieder aufgegeben.[73]

3276 Betriebliche Übungen unterliegen, wie auch die Auslegung von Formularverträgen und Gesamtzusagen, einer uneingeschränkten revisionsrechtlichen Überprüfung.[74]

(7) Jahressonderzahlung bei wirtschaftlicher Notlage des Unternehmens

3277 Ein Problem ergibt sich bei einer wirtschaftlichen Notlage eines Unternehmens, das in der Vergangenheit Gratifikationen gezahlt hat, die sich in der Notsituation ohne Existenzgefährdung und Aufgabe von Arbeitsplätzen nicht mehr leisten lassen. In solchen Fällen hatte das BAG früher aus dem Gesichtspunkt der Solidarität und Betriebsverbundenheit (Treuepflicht) die Rspr entwickelt, der Arbeitnehmer müsse im Falle der drohenden Insolvenz auf ihm zustehende Gratifikationsansprüche verzichten, damit andere Arbeitnehmer ihre sonst gefährdeten Arbeitsplätze – und sei es auch nur noch eine gewisse Zeit – behalten könnten.[75] Zwar hat das LAG Hamm[76] in jüngerer Vergangenheit entschieden, dass bei Gewährung einer Gratifikation aufgrund betrieblicher Übung eine Kürzung oder ein vollständiger Wegfall des Anspruchs we-

67 BAG 22.1.2003 – 10 AZR 395/02, ZIP 2003, 1858.
68 BAG 26.1.2005 – 10 AZR 215/04, ArbRB 2005, 134.
69 BAG 3.11.2004 – 5 AZR 622/03, NZA 2005, 1208.
70 BAG 28.7.2004 – 10 AZR 19/04, NZA 2004, 1152.
71 BAG 28.3.2007 – 10 AZR 720/05.
72 BAG 26.3.1997 – 10 AZR 612/96, NZA 1997, 1007; BAG 4.5.1999 – 10 AZR 290/98, NZA 1999, 1162; BAG 24.11.2004 – 10 AZR 202/04, DB 2005, 615.
73 Nach heftiger Kritik in der Lit. Vgl BAG 18.3.2009 – 10 AZR 281/08, NJW 2009, 2475; ErfK/*Preis*, § 611 BGB Rn 225 mwN; *Thüsing*, NZA 2005, 718, 719 ff; *Speiger*, NZA 1998, 510, 512 f; *Kettler*, NJW 1998, 435 ff.
74 BAG 20.1.2004 – 9 AZR 43/03, NZA 2005, 655.
75 BAG 18.12.1964 – 5 AZR 262/64, AP § 611 BGB Gratifikation Nr. 51; BAG 17.4.1957 – 2 AZR 411/54, AP § 611 BGB Gratifikation Nr. 5; BAG 26.10.1961 – 5 AZR 470/58, AP § 322 ZPO Nr. 7.
76 LAG Hamm 13.9.2004 – 8 Sa 721/04, NZA-RR 2005, 237.

gen einer wirtschaftlichen Notlage des Arbeitgebers aus Gründen der Treuepflicht des Arbeitnehmers nicht in Betracht komme. Ohne besondere Anhaltspunkte könne das Wirtschaftsrisiko des Arbeitgebers nicht als Geschäftsgrundlage der Gratifikationszuwendung angesehen werden. Das BAG hat jedoch an seiner Rspr festgehalten: Ist die wirtschaftliche Lage des Unternehmens so schlecht, dass der Arbeitgeber einen Insolvenzantrag stellen müsste, ist eine Änderungskündigung zur Entgeltsenkung – hier Sonderzuwendung – gegenüber der sonst zu befürchteten Betriebsschließung regelmäßig das milderer Mittel.[77] Ob dies für alle Sonderzuwendungen gilt oder nur für eine Weihnachtsgratifikation, ist wegen des unterschiedlichen Leistungszwecks fraglich.

cc) Weihnachtsgeld

(1) Zweckrichtung

Bei Weihnachtsgeld oder **Weihnachtsgratifikation** liegt traditionell ein anderer Leistungszweck vor als bei anderen Jahressonderzahlungen. Beim klassischen Weihnachtsgeld und bei Gratifikationen soll die **künftige** oder **bisherige Betriebstreue** des Arbeitnehmers belohnt werden.[78] Insoweit hat der Arbeitgeber das Interesse, die Jahresleistung nur an die Arbeitnehmer zu zahlen, deren Arbeitsverhältnis bis zum Jahresende besteht. Dennoch ist auch hier eine Regelung erforderlich, um die Betriebstreue in Form von Stichtagsklauseln durchzusetzen (vgl § 1 Rn 3257). 3278

(2) Stichtagsregelungen beim Weihnachtsgeld

Weihnachtsgeldzusagen sind eng verbunden mit der Frage der Wirksamkeit von Stichtagsregelungen. Die Rspr des BAG zu **Stichtagsregelungen** ist sehr wechselhaft. Anerkannt war lange, dass der Arbeitnehmer im Falle einer Stichtagsregelung keinen Anspruch auf eine allein die Betriebstreue belohnende Sondervergütung besitzt, wenn sein Arbeitsverhältnis vor dem Stichtag endet. Die Sondervergütung entfällt im Ganzen, unabhängig von der bereits erbrachten Arbeitsleistung.[79] Dies ist auch nach aktueller Rspr des BAG jedenfalls dann richtig, wenn der Stichtag innerhalb des Leistungszeitraums liegt, dh bei Jahressonderleistungen innerhalb des Kalender- oder Geschäftsjahres, für das die Leistung gezahlt wird.[80] Dagegen erkennt das BAG Stichtagsklauseln nicht mehr als wirksam an, wenn der Stichtag zwar noch vor der Fälligkeit der Leistung, aber nach Beendigung des Leistungszeitraums liegt.[81] Während es zwar insoweit nachvollziehbar ist, dass das BAG Stichtagsklauseln, die außerhalb des Leistungszeitraums liegen und auf die (hinausgeschobene) Fälligkeit der Leistung abstellen, eher als „Rückzahlungsklauseln" bewertet, wäre es nicht richtig, jede Form von Stichtagsklausel als unzulässig einzustufen.[82] Denn nur mit Stichtagsklauseln kann eine Jahressonderleistung auch einen Betriebstreuezweck erhalten. Es ist nicht nachvollziehbar, warum bei freiwilligen (übertariflichen) Leistungen der Arbeitgeber bei der Wahl des Leistungszwecks beschränkt werden sollte. 3279

So ließ das BAG früher auch Stichtagsregelungen zu, nach denen der Arbeitnehmer auch dann keinen Anspruch auf die Sonderzahlung hatte, wenn er die Nichterfüllung des Stichtagserfordernisses nicht zu vertreten hatte, wie insb. bei einer betriebsbedingten Kündigung vor dem 3280

77 BAG 1.3.2007 – 2 AZR 580/05, NZA 2007, 1445, 1449.

78 Vgl nur *Vossen*, NZA 2005, 734.

79 BAG 7.11.1991 – 6 AZR 489/89, BB 1992, 143; BAG 20.4.1989 – 6 AZR 198/86, NZA 1989, 642; ErfK/*Preis*, § 611 BGB Rn 539.

80 Vgl BAG 22.7.2014 – 9 AZR 991/12, GWR 2014, 443; BAG 12.1.2012 – 10 AZR 667/10, NZA 2012, 620.

81 Zu Sonderzahlungen, die auch die Betriebstreue belohnen wollen, vgl nur BAG 12.4.2011 – 1 AZR 412/09, NZA 2011, 989; BAG 18.1.2012 – 10 AZR 612/10, NZA 2012, 561 und *Günther/Biedrzynska*, ArbRAktuell 2014, 66.

82 So aber (wohl) ArbG Wiesbaden 19.12.2000 – 8 Ca 1897/00, NZA-RR 2001, 80.

Stichtag;[83] allerdings gab es auch davor eine Phase, in der die BAG-Rspr Stichtagsregelungen auch für Fälle betriebsbedingter Kündigungen ablehnte.[84] Die Rspr, dass eine betriebsbedingte Kündigung ebenfalls zu den Ausschlussgründen gehören darf, hat das BAG mit Urteil vom 18.1.2012 fortgesetzt. Eine Klausel, die ein Sonderzuwendung allein an das Bestehen eines ungekündigten Arbeitsverhältnisses knüpft, ist auch dann zulässig, wenn der Kündigungsgrund nicht in der Sphäre des Arbeitnehmers liegt, sondern auf einer betriebsbedingten Kündigung beruht.[85] Ist am Stichtag das Arbeitsverhältnis zwar noch nicht beendet, aber bereits ein **Aufhebungsvertrag** geschlossen, kann es bei dem Anspruch auf die Jahressonderleistung bleiben.[86]

3281 Jahressonderleistungen, die auch als Weihnachtsgeld oder Gratifikationen bezeichnet werden, dienen oftmals bewusst unterschiedlichen Vergütungszwecken und haben dann einen sog. **Mischcharakter.**[87] Bei einer **Jahressondervergütung mit Mischcharakter** galt, dass sich nur bei ausdrücklicher Regelung in der Zusage Zeiten ohne tatsächliche Arbeitsleistung anspruchsmindernd auf die Jahressondervergütung auswirken können.[88] Die Kürzungsvereinbarung konnte sich nicht nur auf Fehlzeiten ohne Entgeltfortzahlung, sondern grds. auch auf Fehlzeiten mit gesetzlich zwingender Entgeltfortzahlung beziehen.[89] Es ist nun angesichts der neueren Rspr zu Jahressonderleistungen und Stichtagsklauseln außerhalb des Leistungszeitraums fraglich,[90] ob diese Grundsätze noch gelten werden. Nach der neuen Rspr gilt, dass ein Arbeitgeber in aller Regel zumindest „auch" die Arbeitsleistung des Arbeitnehmers honorieren will.[91] Dieser Grundsatz kann so fortgeführt werden, dass jeweils zumindest eine zeitanteilige Leistung auch bei Ausscheiden des Arbeitnehmers im Leistungszeitraum erforderlich ist und jede „überproportionale" Kürzung durch Stichtagsklauseln unzulässig wäre;[92] richtig wäre dies jedoch nicht, denn es wäre dann keine echte Betriebstreueregelung für Jahressonderleistungen mehr möglich (vgl § 1 Rn 3279 ff mwN).

3282 Kürzungsabreden, die **Fehlzeiten ohne Entgeltfortzahlung** umfassen, betreffen vor allem Zeiten, in denen das Arbeitsverhältnis ruht.[93] Dazu zählt die Elternzeit (§§ 15 ff BEEG), aber auch der rechtmäßige Arbeitskampf.[94] Entgegen früherer Rspr des BAG[95] kann eine Jahressondervergütung mit Mischcharakter nicht für die Zeit der Mutterschutzfristen nach § 3 Abs. 2, § 6 Abs. 1 MuSchG aufgrund entsprechender Vereinbarung gekürzt werden. Denn eine Kürzung würde eine Arbeitnehmerin allein aufgrund ihrer Arbeitnehmereigenschaft nach Art. 157 AEUV (ex-Art. 141 EGV) diskriminieren, weil die Mutterschutzzeiten nur bei Frauen anfallen

83 BAG 19.11.1992 – 10 AZR 264/91, NZA 1993, 353; BAG 4.5.1999 – 10 AZR 417/98, NZA 1999, 1053, 1054; BAG 28.3.2007 – 10 AZR 261/06, NZA 2007, 687, 789.

84 BAG 13.9.1974 – 5 AZR 48/74, AP § 611 BGB Gratifikation Nr. 84.

85 BAG 12.1.2012 – 10 AZR 667/10, NZA 2012, 620, 621.

86 BAG 7.10.1992 – 10 AZR 186/91, EzA § 611 BGB Gratifikation, Prämie Nr. 92; ErfK/*Preis*, § 611 BGB Rn 539 mit dem Hinweis, dass eine ausdrückliche Regelung geschaffen werden sollte, in der deutlich gemacht wird, dass Aufhebungsverträge und Kündigungen nicht gleichzusetzen sind.

87 Vgl nur *Günther/Biedrzynska*, ArbRAktuell 2014, 66; *Spielberger*, ArbR 2014, 373, 374 f; *Vossen*, NZA 2005, 734.

88 BAG 5.8.1992 – 10 AZR 88/90, NZA 1993, 130; BAG 10.4.1996 – 10 AZR 600/95, NZA 1997, 498.

89 BAG 26.10.1994 – 10 AZR 482/93, NZA 1995, 266; BAG 7.8.2002 – 10 AZR 709/01, NZA 2002, 1284.

90 BAG 13.11.2013 – 10 AZR 848/12, NJW 2014, 1466, 1468; BAG 18.1.2012 – 10 AZR 612/10, NZA 2012, 561.

91 Vgl ErfK/*Preis*, § 611 BGB Rn 534 a.

92 So nun wohl der 10. Senat des BAG: BAG 13.11.2013 – 10 AZR 848/12, NZA 2014, 368.

93 BAG 21.5.2003 – 10 AZR 398/02, NZA 2004, 456; BAG 26.1.2005 –10 AZR 215/04, NZA 2005, 655.

94 BAG 12.1.2000 – 10 AZR 840/98, NZA 2000, 944; BAG 31.7.2002 – 10 AZR 578/01, AP § 1 TVG Tarifverträge: Wohnungswirtschaft Nr. 3; BAG 20.12.1995 – 10 AZR 742/94, NZA 1996, 491; BAG 3.8.1999 – 1 AZR 735/98, NZA 2000, 487.

95 BAG 12.7.1995 – 10 AZR 511/94, AP § 611 BGB Gratifikation Nr. 182; offen gelassen: BAG 25.11.1998 – 10 AZR 595/97, NZA 1999, 766.

können.[96] Der Mischcharakter der Sonderzahlung hat insoweit einen Unterschied gegenüber einer reinen Entgeltleistung gemacht. Es ist aber abzuwarten, ob dies angesichts der neuen Rspr zu Stichtagsklauseln so bleiben wird.

Sah die Stichtagsklausel vor, dass die Jahressonderzahlung entfällt, wenn der Arbeitnehmer am Stichtag aus betriebsbedingten oder aus anderen Gründen aus dem Betrieb ausgeschieden ist, erfasste dies nach der früheren Rspr zulässigerweise auch die Sonderzahlung für die Jahresleistung bei Beendigung des Arbeitsverhältnisses aufgrund betriebsbedingter Kündigung[97] oder Kündigung innerhalb der Probezeit.[98] Nach den Entscheidungen des BAG vom 18.1.2012[99] und vom 13.11.2013[100] ist diese Rspr zumindest teilweise überholt, denn nun sind Stichtagsklauseln bei Sondervergütungen, die jedenfalls auch als Vergütung für erbrachte Leistung dienen (Mischcharakter), unzulässig. Dies gilt nun sowohl für Stichtage außerhalb des Bezugszeitraums als auch für Stichtage innerhalb des Bezugszeitraums.[101] 3283

Sieht eine vertragliche Vereinbarung die **Rückzahlung einer Jahressonderleistung** für den Fall vor, dass das Arbeitsverhältnis zu einem bestimmten Stichtag gekündigt oder beendet ist, hat die frühere Rspr (überwiegend) darauf abgestellt, ob der Stichtag vor oder nach der Fälligkeit/Auszahlung der Leistung lag. Bei einem Stichtag nach der Auszahlung galt die stets restriktive Rspr zu „Rückzahlungsklauseln" (s. dazu § 1 Rn 3297), bei einem Stichtag vor der Auszahlung wurden die hier zuvor dargelegten, großzügigeren Regeln zu Stichtagsklauseln angewandt. Nach der neuen Rspr ist nun jedenfalls nicht mehr nach dem Termin der Fälligkeit und/oder Auszahlung zu differenzieren, sondern allein nach dem „**Leistungszeitraum**", für den die Jahressonderleistung gezahlt wird: Liegt der Stichtag nach dem Ende des Leistungszeitraums oder ist dieser abgeschlossen, bevor das anspruchsbeseitigende Ereignis eintritt, gelten für die Regelungen die Regeln über Rückzahlungsklauseln, wenn überhaupt noch ein solcher Beseitigungstatbestand vereinbart werden kann. Nur bei Stichtagen, die innerhalb (auch gerade noch am Ende) des Leistungszeitraums liegen, sind die Regeln für „einfache" Stichtagsklauseln anwendbar.[102] 3284

Scheitert der Anspruch des Arbeitnehmers auf eine Jahressonderleistung deshalb, weil der Arbeitgeber vor dem Stichtag eine Kündigung ausgesprochen hat, ist die Leistung selbstverständlich nachzuzahlen, wenn der Arbeitnehmer im Kündigungsschutzprozess obsiegt.[103] 3285

(3) Freiwilligkeits- und Widerrufsvorbehalte

Grundsätzlich sind bei Jahressonderleistungen und bei Sondervergütungszusagen **Freiwilligkeits- oder Widerrufsvorbehalte** weit verbreitet und (immer noch) unter bestimmten engeren Voraussetzungen zulässig.[104] Nach der neueren Rspr sind Freiwilligkeitsvorbehalte, die dem Entstehen einer betrieblichen Übung vorbeugen und aufgrund derer der Arbeitgeber durch einfache Erklärung die Leistung grds. für zukünftige Zeiträume ohne Weiteres entfallen lassen 3286

96 EuGH 21.10.1999 – Rs. C-333/97 (Susanne Lewen/Lothar Denda), NZA 1999, 1325; BAG 4.12.2002 – 10 AZR 138/02, AP § 611 BGB Gratifikation Nr. 245.

97 BAG 19.11.1992 – 10 AZR 264/91, AP § 611 BGB Gratifikation Nr. 147; BAG 4.9.1985 – 5 AZR 655/84, AP § 611 BGB Gratifikation Nr. 123; BAG 25.4.1991 – 6 AZR 532/89, AP § 611 BGB Gratifikation Nr. 37; ArbG Frankfurt 31.3.1999 – 2 Ca 559/99, NZA-RR 2000, 22.

98 LAG Hamm 30.7.1999 – 10 Sa 744/99, MDR 2000, 219.

99 BAG 18.1.2012 – 10 AZR 612/10, NZA 2012, 561.

100 BAG 13.11.2013 – 10 AZR 848/12, NJW 2014, 1466.

101 Vgl dazu Anm. *Kock*, NJW 2014, 1470.

102 Vgl nur BAG 18.1.2012 – 10 AZR 612/10, NZA 2012, 561; ErfK/*Preis*, § 611 BGB Rn 548; *Heiden*, RdA 2012, 225, 228 f.

103 BAG 7.12.1989 – 6 AZR 324/88, EzA § 4 TVG Bekleidungsindustrie Nr. 4.

104 Vgl nur *Mengel*, Erfolgs- und leistungsorientierte Vergütung, Rn 130 ff, 137 ff; *Willemsen/Grau*, NZA 2005, 1137.

kann, allerdings nicht mehr für „laufende" Leistungen, insb. monatliche Vergütung zulässig.[105] Freiwilligkeitsvorbehalte können daher allenfalls noch für Jahressonderleistungen eingesetzt werden, für die sie auch traditionell am weitesten verbreitet sind. Widerrufsvorbehalte hat die Rspr dagegen seit 2005 unter verschärfte Gestaltungsanforderungen gestellt,[106] aber bis in die jüngste Zeit noch für monatliche Leistungen, wie zB auch die Zusage der privaten Dienstwagennutzung, akzeptiert.[107]

3287 Bei der Formulierung eines **Freiwilligkeitsvorbehalts** ist zu beachten, dass dieser die **Leistung als freiwillig** deklariert und feststellt, dass auch die Gewährung der Leistung **keinen Rechtsanspruch für die Zukunft** begründet. Außerdem sollte vereinbart sein, dass auch aus **wiederholten (vorbehaltslosen) Zahlungen kein Anspruch hergeleitet** werden kann. Nur mit diesen sich ergänzenden Formulierungen wird verhindert, dass die dreimalige vorbehaltslose Gewährung einen Anspruch aufgrund betrieblicher Übung bewirkt.[108] Nicht ausreichend für einen Freiwilligkeitsvorbehalt ist eine bloße Überschrift zu der Vertragspassage über Sonderleistungen, die auf „freiwillige soziale Leistungen" hinweist.[109] Entsprechendes gilt wohl auch für die Klausel, die eine Leistung lediglich als „freiwillig" bezeichnet. Schädlich ist es nach der neuen Rspr ebenfalls, wenn der Freiwilligkeitsvorbehalt erst auf eine „ausdrückliche" Leistungszusage folgt, weil dann die vorhergehende Zusage einen unbedingten Leistungsanspruch signalisiert und der folgende (klassische) Freiwilligkeitsvorbehalt dazu im Widerspruch steht. Die Folge ist die Unwirksamkeit wegen fehlender Transparenz gem. § 307 BGB.[110]

3288 Für die Formulierung eines **Widerrufsvorbehalts** sind nach der grundlegenden Entscheidung des BAG vom 12.1.2005 und Folgeentscheidungen gesteigerte Transparenzanforderungen zu beachten: Erstens sind die Gründe, die den Arbeitgeber zum Widerruf berechtigen, im Vertrag bereits ausdrücklich festzulegen; insoweit besteht unverändert eine gewisse Unsicherheit, wie genau die jeweiligen Tatbestände beschrieben werden müssen.[111] Zweitens hat das BAG in diversen Urteilen auch strengere Regeln für die Ausübung des Widerrufsrechts und deren Kontrolle aufgestellt, die sicherheitshalber ebenfalls bereits in die Vertragsgestaltung einfließen.[112] Insbesondere ist zur Ausübungskontrolle auf eine **Auslauf- oder Ankündigungsfrist** zu achten.[113] Bereits früher war anerkannt, dass der Arbeitgeber einen Widerruf (deutlich) vor der Fälligkeit der Leistung erklären muss. Wird eine unter Vorbehalt eines Widerrufs jahrelang in gleicher Höhe gezahlte Weihnachtsgratifikation zB erst am 15. Dezember widerrufen, so galt dieser Widerruf auch nach früherer Ansicht als **zur Unzeit** erklärt.[114] Nach neuerer Rspr ist auch der Widerruf der privaten Dienstwagennutzung im laufenden Monat wegen steuerrechtlicher Nachteile für den Arbeitnehmer nicht mehr wirksam.[115] Aufgrund seiner Fürsorgepflicht

105 Vgl nur BAG 14.9.2011 – 10 AZR 526/10, NZA 2012, 81, 84; ErfK/*Preis*, § 611 BGB Rn 533; HWK/*Thüsing*, § 611 BGB Rn 508.

106 Vgl nur BAG 12.1.2005 – 5 AZR 364/04, NZA 2005, 465; HWK/*Thüsing*, § 611 BGB Rn 512 f.

107 Vgl nur BAG 21.3.2012 – 5 AZR 651/10, NZA 2012, 616; LAG Hamm 9.6.2005 – 8 Sa 2403/04, NZA-RR 2005, 624; ErfK/*Preis*, §§ 305–310 BGB Rn 61.

108 BAG 2.9.1992 – 10 AZR 536/90, EzA § 611 BGB Gratifikation, Prämie Nr. 95; BAG 10.5.1995 – 10 AZR 648/94, EzA § 611 BGB Gratifikation, Prämie Nr. 125.

109 Vgl nur BAG 17.4.2013 – 10 AZR 281/12, NJW 2013, 3051; BAG 20.2.2013 – 10 AZR 177/12, NZA 2013, 1015, 1016; BAG 23.10.2002 – 10 AZR 48/02, BB 2003, 369; BAG 12.1.2000 – 10 AZR 840/98, NZA 2000, 944.

110 BAG 20.2.2013 – 10 AZR 177/12, NZA 2013, 1015; krit. zu Recht dazu *Bauer/v. Medem*, NZA 2012, 994.

111 BAG 11.10.2006 – 5 AZR 721/05, NZA 2007, 87; BAG 12.1.2005 – 5 AZR 364/04, NZA 2005, 465; ErfK/*Preis*, §§ 305–310 BGB Rn 60.

112 Vgl BAG 8.12.2010 – 10 AZR 671/09, NZA 2011, 628; BAG 24.10.2007 – 10 AZR 825/06, NZA 2008, 40; BAG 10.10.2006 – 5 AZR 721/05, NZA 2007, 87.

113 BAG 12.1.2005 – 5 AZR 364/04, DB 2005, 669.

114 *Mengel*, Erfolgs- und leistungsorientierte Vergütung, Rn 154 mwN.

115 BAG 21.2.2012 – 5 AZR 651/10, NJW 2012, 1756.

ist der Arbeitgeber insgesamt gehalten, den Widerruf **rechtzeitig** zu erklären, damit sich die Arbeitnehmer auf das Fehlen einer zusätzlichen Zahlung einstellen können.

Ausgeschlossen ist es bei richtigem Verständnis der aktuellen Rspr nicht, für eine unter Freiwilligkeitsvorbehalt (für die Zukunft) oder unter Widerrufsvorbehalt stehende Sonderzahlung auch **Leistungskriterien** zu berücksichtigen. Eine leistungsbezogene Differenzierung verstößt auch nicht gegen den Gleichbehandlungsgrundsatz, wenn der Arbeitgeber die Anspruchsvoraussetzungen rechtzeitig transparent kommuniziert.[116] Die Anwendung des **Gleichbehandlungsgrundsatzes** ist nicht auf den einzelnen Betrieb beschränkt. Nach der Rspr des BAG gilt er **betriebsübergreifend** für das gesamte Unternehmen, somit arbeitgeberbezogen, aber nicht konzernweit.[117] Unter Gleichbehandlungsgesichtspunkten können auch bei Jahressonderleistungen Ausschlusstatbestände oder Kürzungsregelungen unwirksam und eine Gleichbehandlung geboten sein, wenn es für den Ausschluss einzelner Arbeitnehmer oder einer Arbeitnehmergruppe keinen sachlichen Grund gibt;[118] der **sachliche Grund** ist jeweils an dem (erklärten oder objektiven) Leistungszweck zu messen. So ist der Ausschluss einer gering qualifizierten Arbeitnehmergruppe bei der Urlaubs- und Weihnachtsgeldzahlung unwirksam, wenn Urlaubs- und Weihnachtsgeld einen erhöhten saisonalen Bedarf der Arbeitnehmer decken sollen und gering qualifizierte Obstsortiererinnen ebenso wie andere Arbeitnehmer diesen erhöhten Bedarf haben.[119] Zahlt der Arbeitgeber Weihnachtsgeld, rechtfertigt weder der Zweck, zu den anlässlich des Weihnachtsfestes erhöhten Lebenshaltungskosten der Arbeitnehmer beizutragen, noch der Zweck, in der Vergangenheit geleistete Dienste zusätzlich zu honorieren, eine unterschiedliche Höhe des Weihnachtsgeldes im Vergleich von Angestellten und gewerblichen Arbeitnehmern.[120] Dem Arbeitgeber ist es allerdings nicht in jedem Fall verwehrt, der Gruppe der Angestellten ein höheres Weihnachtsgeld zu zahlen; erforderlich dazu ist aber eine auf sachlichen Kriterien beruhende Rechtfertigung der Besserstellung gegenüber der Gruppe der gewerblichen Arbeitnehmer. Begründet der Arbeitgeber die Begünstigung der Angestellten mit der Absicht, diese aufgrund der Arbeitsmarktsituation stärker an sich zu binden, mag dies eine sachliche Rechtfertigung bieten, die aber der Arbeitgeber, zugeschnitten auf sein Unternehmen, substantiiert darzulegen hat.[121] Zur Darlegung sachlicher Kriterien für die Ungleichbehandlung genügt aber nicht die subjektive Einschätzung des Arbeitgebers, Angestellte seien aufgrund ihres höheren Bildungs- und Qualifikationsstands auf dem Arbeitsmarkt begehrter.[122] Erhält der Arbeitgeber von einem Dritten arbeitsplatzgebundene Mittel für die Zahlung einer Weihnachtsgratifikation, so verpflichtet der Gleichbehandlungsgrundsatz nicht dazu, auch den auf anderen Arbeitsplätzen beschäftigten Arbeitnehmern eine entsprechende Gratifikation aus eigenen Mitteln zu gewähren.[123] 3289

Besteht ein Mangel an Pflegekräften und zahlt ein Arbeitgeber deshalb in Anlehnung an die tarifliche Regelung über eine Pflegezulage eine übertarifliche Zulage in entsprechender Höhe, um Pflegekräfte zu gewinnen oder im Betrieb zu erhalten (Arbeitsmarktzulage), so ist er nicht verpflichtet, neu einzustellenden Pflegekräften diese Zulage zu gewähren, wenn nach einer sachlich begründeten Prognose ein Mangel an Pflegekräften nicht mehr besteht.[124] 3290

116 LAG Hamm 5.11.1997 – 10 Sa 1006/97, NZA-RR 1998, 293; vgl auch zur Gestaltung von Freiwilligkeitsvorbehalten und Bonuszahlungen BAG 24.10.2007 – 10 AZR 825/06, NZA 2008, 40.

117 BAG 17.11.1998 – 1 AZR 147/98, NZA 1999, 606 = ARST 1999, 101.

118 BAG 12.10.2011 – 10 AZR 510/10, NZA 2012, 680.

119 BAG 27.10.1998 – 9 AZR 299/97, NZA 1999, 700.

120 BAG 12.10.2005 – 10 AZR 640/04, NZA 2005, 1418.

121 BAG 12.10.2011 – 10 AZR 510/10, NZA 2012, 680, 682; BAG 12.10.2005 – 10 AZR 640/04, NZA 2005, 1418.

122 BAG 12.10.2005 – 10 AZR 640/04, NZA 2005, 1418 (Orientierungssatz Nr. 2).

123 BAG 21.5.2003 – 10 AZR 524/02, BB 2003, 2014.

124 BAG 21.3.2001 – 10 AZR 444/00, NZA 2001, 782.

3291 Bei einer zukunftsgerichteten **Anwesenheitsprämie** muss den Arbeitnehmern im Voraus bekannt gegeben werden, dass und in welchem Umfang die Prämie bei Fehltagen im Bezugszeitraum gekürzt wird.[125] Um eine solche Anwesenheitsprämie handelt es sich nicht, wenn der Arbeitgeber ohne Rechtspflicht und ohne jegliche Bindung für die Zukunft ein Weihnachtsgeld als freiwillige Leistung gewährt und dabei u.a. danach differenziert, in welchem Umfang die Arbeitnehmer in der Vergangenheit Arbeitsleistungen erbracht haben oder Fehlzeiten aufweisen. Der Arbeitgeber kann dann in den Grenzen von § 4a Abs. 2 EFZG solche Arbeitnehmer ausnehmen, bei denen im Bezugszeitraum Fehlzeiten angefallen sind. Zahlt der Arbeitgeber das Weihnachtsgeld in unterschiedlicher Höhe, hat ein nicht berücksichtigter Arbeitnehmer etwaige generelle Regelungen darzulegen und die Gruppe von Arbeitnehmern zu bezeichnen, mit der er sich für vergleichbar hält, wenn er geltend machen will, nach dem Gleichbehandlungsgrundsatz stehe auch ihm ein Weihnachtsgeld zu.[126]

3292 Sind die in den Außenstellen einer Dienststelle beschäftigten Bediensteten nur zu einem geringen Teil bereit, sich an den Kosten eines Job-Tickets zu beteiligen, ist es nicht sachfremd, das Job-Ticket nur an Beschäftigte in der Hauptstelle auszugeben, wenn sich dort eine bedeutend größere Zahl beteiligt als in den Außenstellen.[127]

3293 Der **Widerruf** einer (übertariflichen) Leistung widerspricht nicht dem Gleichbehandlungsgebot, wenn er auf die wirtschaftlich schlechte Lage des Betriebs gestützt wird und dieser **Betrieb** Verluste macht, auch, wenn andere Betriebe und das Unternehmen wirtschaftlich erfolgreich ist und das **Unternehmen** (nach vorangegangenen Verlusten) einen deutlichen Gewinn erwirtschaftet.[128] Zu einem solchen Widerruf sind unabhängig vom Gleichbehandlungsgrundsatz allerdings die Anforderungen an wirksame Widerrufsvorbehalte zu beachten (s. § 1 Rn 3288).[129]

(4) Weihnachtsgeld und Bindungsgrenzen

3294 Während eine Stichtagsklausel eine Bindung des Arbeitnehmers im Leistungszeitraum für die Sonderleistung erreichen soll – typischerweise das (ungekündigte) Bestehen des Arbeitsverhältnisses zum Jahresende (s. § 1 Rn 3283) –, ist eine Rückzahlungsklausel auf eine noch weitergehende Bindung des Arbeitnehmers über den Leistungszeitraum gerichtet; nach neuerer Rspr differenziert das BAG nun nicht mehr – wie früher – nach dem Fälligkeits- oder Auszahlungstermin, sondern nach dem **Ende des Leistungszeitraums** (s. § 1 Rn 3283 f).[130] Zu **Rückzahlungsklauseln** hat das BAG traditionell sehr viel stärker einschränkende Voraussetzungen als für Stichtagsklauseln mit dem Verweis auf das verfassungsrechtlich verankerte Recht der freien Arbeitsplatzwahl aufgestellt.[131] Für die Inhaltskontrolle ist an zwei Kriterien anzuknüpfen: die **Höhe der empfangenen Leistung** im Verhältnis zum Gehalt des Arbeitnehmers und den **Zeitraum**, für den die Bindung wirkt. Eine gewisse Vorbildfunktion hatte dabei die früher für den öffentlichen Dienst geltende und inzwischen in § 21 TVöD entfallene Regelung, nach der die Sonderzahlung in Höhe eines Monatsgehalts zurückzuzahlen ist, wenn der Arbeitnehmer im darauf folgenden Jahr am 1. April nicht mehr in den Diensten des öffentlichen Arbeitgebers stand (§ 1 Abs. 1 Nr. 3 des Tarifvertrages über eine Zuwendung für Angestellte – Zusatztarifvertrag zum BAT).

125 BAG 26.10.1994 – 10 AZR 482/93, BAGE 78, 174 = DB 1995, 830.
126 BAG 7.8.2002 – 10 AZR 709/01, BAGE 102, 151 = NZA 2002, 1284.
127 BAG 11.8.1998 – 9 AZR 39/97, ARST 1999, 98.
128 LAG Hamm 19.4.1999 – 16 Sa 562/98, NZA-RR 1999, 569.
129 Vgl BAG 12.1.2005 – 5 AZR 364/04, DB 2005, 669.
130 *Mengel*, Erfolgs- und leistungsorientierte Vergütung, Rn 225 ff (zu Stichtagsklauseln) und Rn 241 ff (zu Rückzahlungsklauseln).
131 Vgl zu einem Überblick: ErfK/*Preis*, § 611 BGB Rn 547 f; HWK/*Thüsing*, § 611 BGB Rn 111 f; *Mengel*, Erfolgs- und leistungsorientierte Vergütung, Rn 241 ff.

Nach einer bereits langjährigen (und leider wirtschaftlich kaum angepassten) Rspr dürfen Jahressonderzahlungen bis zu einem Betrag von 100 € keine Rückzahlungspflicht im Fall der Beendigung des Arbeitsverhältnisses nach dem Ende des Leistungszeitraums auslösen.[132] Liegt die Höhe des gezahlten Betrags zwischen 100 € und einem Monatsgehalt, beträgt die zulässige Bindungsfrist für eine Rückzahlung maximal drei Monate.[133] Bei einem Betrag zwischen einem und zwei Monatsgehältern kann die Rückzahlungspflicht für sechs Monate gelten.[134] Entspricht der Betrag zwei Monatsgehältern und mehr, so ist auch eine Bindung von über sechs Monaten zulässig, bspw eine Klausel mit einer abgestuften Rückzahlungspflicht bis zum Ende des neunten Monats.[135] Das BAG hat an dieser Staffel für die Zulässigkeit von Rückzahlungsklauseln zuletzt in seinem Urteil vom 24.10.2007 festgehalten,[136] wobei es gleichfalls angekündigt hat, dass künftig strengere Anforderungen zu stellen sind. In der jüngeren Entscheidung von 2009[137] hat sich aber keine Rechtsprechungsänderung vollzogen. Erhält ein Arbeitnehmer eine Sonderzahlung in Höhe einer Monatsvergütung, kann sich der Arbeitgeber die Rückforderung für den Fall vorbehalten, dass der Arbeitnehmer nicht über die folgenden drei Monate hinaus (bis zum nächst zulässigen Kündigungstermin) im Anstellungsverhältnis verbleibt; eine weitergehende Bindung des Arbeitnehmers ist unwirksam.[138] 3295

Bei **Teilleistungen** richtet sich die zulässige Bindungsdauer richtigerweise nach der jeweiligen Teilleistung.[139] Das LAG Schleswig-Holstein hat jedoch geurteilt, dass sich die zulässige Bindungsdauer nach der Gesamtleistung richte, wenn eine als einheitlich bezeichnete Leistung in zwei Teilbeträgen zu unterschiedlichen Zeitpunkten fällig werde. Entsprechendes gelte, wenn die Parteien im Nachhinein einvernehmlich eine Gratifikation (Weihnachtsgeld) in zwei Teilbeträge (Urlaubs- und Weihnachtsgeld) splitten, die jeweils zu unterschiedlichen Zeitpunkten fällig werden. Es komme insoweit nicht darauf an, ob die Änderung der Zahlungsmodalitäten auf Wunsch des Arbeitnehmers erfolge. Bei einer Gratifikation unterhalb eines Monatsgehalts könne eine Rückzahlungsvereinbarung den Arbeitnehmer nur bis zu drei Monaten, gerechnet ab Fälligkeit der Gratifikation, an das Arbeitsverhältnis binden.[140] 3296

Unzulässige Rückzahlungsklauseln führten nach früherer Rspr nicht zu einem vollen Anspruch des Arbeitnehmers auf Jahressonderzahlung bzw Gratifikation, sondern die Rückzahlungspflicht wurde im Wege der geltungserhaltenden Reduktion auf die zulässige Bindungsdauer reduziert und angewandt.[141] Diese Rspr hat angesichts des Verbots der geltungserhaltenden Reduktion bei der Inhaltskontrolle nach § 306 Abs. 2 BGB keinen Bestand mehr. Daher entfallen unwirksame Rückzahlungsklauseln ersatzlos[142] und die Arbeitnehmer haben auch bei Beendigung des Arbeitsverhältnisses den vollen Leistungsanspruch. In einem Fall hat das BAG eine unangemessene Klausel mit Blick auf die Regel zur Teilnichtigkeit erhalten (blue-pencil-Test), indem es das Wort „ungekündigt" gestrichen hat.[143] 3297

132 BAG 17.3.1982 – 5 AZR 1185/79, DB 1982, 1881.

133 BAG 9.6.1993 – 10 AZR 529/92, EzA § 611 BGB Gratifikation, Prämie Nr. 103; BAG 10.5.1962 – 5 AZR 452/61, AP § 611 BGB Gratifikation Nr. 22.

134 BAG 27.10.1978 – 5 AZR 754/77, EzA § 611 BGB, Gratifikation, Prämie Nr. 61; LAG Köln 14.5.1993 – 14 Sa 119/93, LAGE § 611 BGB Gratifikation, Prämie Nr. 19.

135 BAG 13.11.1969 – 5 AZR 232/69, AP § 611 BGB Gratifikation Nr. 69.

136 BAG 24.10.2007 – 10 AZR 825/06, NZA 2008, 40, 42 f; vgl dazu *Lembke*, NJW 2010, 321, 324.

137 BAG 6.5.2009 – 10 AZR 443/08, NZA 2009, 783.

138 BAG 28.4.2004 – 10 AZR 356/03, NZA 2004, 924.

139 BAG 21.5.2003 – 10 AZR 390/02, BAGE 106, 159 = NZA 2003, 1032; *Bepler*, jurisPR-ArbR 11/2003, Anm. 2.

140 LAG Schleswig-Holstein 8.2.2005 – 5 Sa 435/04, NZA-RR 2005, 290.

141 BAG 3.10.1963 – 5 AZR 131/63, AP § 611 BGB Urlaub und Gratifikation Nr. 1; BAG 3.10.1963 – 5 AZR 456/62, EzA § 611 BGB Gratifikation, Prämie Nr. 5.

142 Vgl nur BAG 24.10.2007 – 10 AZR 825/06, NZA 2008, 40, 44.

143 BAG 6.5.2009 – 10 AZR 443/08, NZA 2009, 783.

3298 Bei der Formulierung einer Rückzahlungsklausel in einem Arbeitsvertrag ist mit dem LAG Hamm[144] darauf zu achten, dass strenge Anforderungen an die **Eindeutigkeit, Klarheit** und **Unmissverständlichkeit** einer vertraglichen Rückzahlungsklausel gestellt werden. Enthält ein Arbeitsvertrag die Regelung, dass ein Weihnachtsgeld in Höhe eines bestimmten Betrags gezahlt wird, sowie eine Bestimmung, dass im Übrigen die tariflichen Vorschriften gelten, sind mit einer derartigen Bezugnahmeklausel unter Anwendung der Bestimmtheitsregel zur Inhaltskontrolle (§ 307 Abs. 1 S. 2 BGB) regelmäßig nicht auch tarifliche Rückzahlungsklauseln vertraglich vereinbart. Im konkreten Fall war der Arbeitnehmer nicht Mitglied einer Gewerkschaft, so dass sich die Anwendbarkeit der Rückzahlungsklausel aufgrund des einschlägigen Tarifvertrages nicht aus beiderseitiger Tarifbindung ergab. Die Anwendbarkeit der Rückzahlungsklausel folgte auch nicht aus einer arbeitsvertraglichen Bezugnahme. Die Bestimmungen im Arbeitsvertrag enthielten keine ausdrückliche Bezugnahme auf die Rückzahlungsklausel, sondern nur eine allgemeine Bezugnahmeklausel auf den Tarifvertrag. Das LAG Hamm leitete dieses Ergebnis aus dem Umstand ab, dass im Arbeitsvertrag die Klausel enthalten war, die Parteien vereinbarten „im Übrigen" die Geltung der tariflichen Bestimmungen. Bei der Formulierung einer Bezugnahmeklausel ist somit Vorsicht geboten, wenn der Vertragstext „im Übrigen" auf tarifliche Bestimmungen verweist. Wer auf den ganzen Tarifvertrag inklusive tarifvertraglicher Rückzahlungsklausel Bezug nehmen will, muss dies deutlich formulieren.

(5) Weihnachtsgeld und betriebliche Übung

3299 Die Ansprüche aus vorbehaltlosen Weihnachtsgeld- oder sonstigen Sonderzahlungen in der Vergangenheit konnte nur einige Jahre durch eine **gegenläufige betriebliche Übung** beseitigt werden.[145] Konkret hatte das BAG[146] über einen Fall zu befinden, in dem der Arbeitgeber bislang vorbehaltlos geleistete Sonderzahlungen drei Jahre lang – ohne Widerspruch der Mitarbeiter und mit einem gesonderten Schreiben erläutert – unter einen Freiwilligkeitsvorbehalt gestellt hatte. Später hat der 10. Senat des BAG diese Rspr zur gegenläufigen Übung wieder aufgegeben.[147]

3300 Für einen Einzelfall entschied das LAG Hamm zu einer Auslegung einer Gratifikationszusage: Sagt der Arbeitgeber dem Arbeitnehmer eine Gratifikationsleistung zu, die bei Beendigung des Arbeitsverhältnisses bis zum 31. März des Folgejahres zurückzuzahlen sei, und enthält dann die Auszahlungsmitteilung die Erklärung, es handele sich um eine freiwillige Zuwendung ohne Rechtsanspruch, die im Falle der Kündigung des Arbeitsverhältnisses zurückzuzahlen sei, gelten für die Rückzahlungsverpflichtung allein die günstigeren Modalitäten der Auszahlungsmitteilung.[148]

dd) Zulagen

(1) Zweckbestimmung

3301 Die Inhaltskontrolle von vertraglichen Regelungen über Zulagen wird wesentlich von dem Vergütungszweck bestimmt, dem die Zulage dienen soll. In der Praxis finden sich jedoch oftmals Zulagen, ohne dass ihr Zweck im Vertrag ausdrücklich (umfassend) definiert ist. Die Rspr[149] zur Anrechnung von Zulagen auf den Mindestlohn wird auch Bedeutung für den seit dem

144 LAG Hamm 25.2.2000 – 10 Sa 2061/99, NZA-RR 2000, 541; s. auch LAG Hamm 12.2.1999 – 10 Sa 1621/98, NZA-RR 1999, 514; LAG Hessen 23.3.1999 – 4 Sa 1300/98, NZA-RR 2000, 93; ferner *Reinecke*, NZA 2000, Beil. zu Heft 3, 23.

145 BAG 26.3.1997 – 10 AZR 612/96, NZA 1997, 1007.

146 BAG 26.3.1997 – 10 AZR 612/96, NZA 1997, 1007; BAG 4.5.1999 – 10 AZR 290/98, DB 1999, 1907; *Tappe/Koplin*, DB 1998, 2114.

147 BAG 18.3.2009 – 10 AZR 281/08, NJW 2009, 2475.

148 LAG Hamm 18.4.2002 – 8 Sa 136/02, NZA-RR 2003, 13.

149 BAG 16.4.2014 – 4 AZR 802/11, NZA 2014, 1277.

1.1.2015 geltenden gesetzlichen Mindestlohn haben. Danach ist nach dem Inhalt und Zweck der Zulage zu unterscheiden.[150] Ist die Zulage als Gegenleistung für die (reguläre) Arbeitsleistung, die Gegenstand der Mindestlohnverpflichtung ist, gewährt, wird sie wohl anrechnungsfähig sein. Umgekehrt werden Zahlungen nicht berücksichtigt, die nicht im Zusammenhang mit der konkreten Erbringung der Arbeitsleistung („funktionale Gleichwertigkeit") stehen.[151]

(2) Zulage und Freiwilligkeits- und Widerrufsvorbehalte

Nach neuerer Rspr sind **Freiwilligkeitsvorbehalte** bei laufenden (monatlichen) Leistungen nicht mehr zulässig (s. § 1 Rn 3286).[152] 3302

Unverändert sind aber **Widerrufsvorbehalte** für laufende (monatliche) Leistungen anerkannt[153] (s. § 1 Rn 3286) und entsprechend für die Vertragspraxis zu empfehlen, wenn die Zulage nicht uneingeschränkt zugesagt werden soll. 3303

(3) Zulage und betriebliche Übung

Da ein Freiwilligkeitsvorbehalt nicht mehr wirksam ist, kann ein Anspruch auf Zulage aufgrund **betrieblicher Übung** bei dreimal wiederholter Gewährung entstehen.[154] Nach der neueren Rspr gilt dieser Grundsatz jedoch nur, wenn die gewährten Leistungen dreimal **gleich hoch waren** und deshalb eine Erwartung der Arbeitnehmer entstehen konnte, das Unternehmen werde auch in Zukunft gleichartig verfahren.[155] An die betriebliche Übung hat das BAG bisher strenge Anforderungen gestellt. Es reicht nicht aus, dass eine Zulage mehrfach anrechnungsfrei gezahlt worden ist.[156] Selbst dann, wenn die übertarifliche Zulage über einen längeren Zeitraum vorbehaltlos zum Tariflohn gewährt und nicht mit Tariflohnerhöhungen verrechnet worden sei, entsteht kein Vertrauenstatbestand dahin, dass die übertarifliche Zulage auch in Zukunft ungeschmälert weitergezahlt werde.[157] Eine Einmalzahlung im Zusammenhang mit einer Tariflohnerhöhung, die nicht das regelmäßige monatliche Arbeitsentgelt erhöht, ist von einer Anrechnung übertariflicher Zulagen aus Anlass der Tariferhöhung ausgenommen.[158] 3304

(4) Zulage und Gleichbehandlung

Bei zwei Arbeitnehmern unterschiedlichen Geschlechts, die einen gleichartigen Arbeitsplatz einnehmen oder für eine gleichwertige Arbeit eingestellt werden, darf die Zahlung eines unterschiedlichen Entgelts nicht durch Faktoren gerechtfertigt werden, die erst nach dem Dienstantritt bekannt werden und erst während der Durchführung des Arbeitsvertrages beurteilt werden können, wie etwa durch einen Unterschied in der persönlichen Leistungsfähigkeit der Betroffenen oder in der Qualität ihrer Leistungen.[159] Zulagen sind daher auch unter dem Aspekt geschlechtsspezifischer Ungleichbehandlung zu beurteilen. Die Ungleichbehandlung verschiedener Arbeitnehmergruppen bei freiwilligen übertariflichen Leistungen ist mit dem arbeitsrechtli- 3305

150 Dazu ausf. *Bayreuther*, NZA 2014, 865.

151 *Fischer*, jurisPR-ArbR 40/2014, Anm. 1.

152 Vgl BAG 14.9.2011 – 10 AZR 526/10, NZA 2012, 81, 84.

153 Vgl BAG 21.3.2012 – 5 AZR 651/10, NZA 2012, 616.

154 BAG 6.3.1956 – 3 AZR 175/55, AP § 611 BGB Gratifikation Nr. 3; BAG 4.10.1956 – 2 AZR 213/54, AP § 611 BGB Gratifikation Nr. 4; BAG 17.4.1957 – 2 AZR 411/54, AP § 611 BGB Gratifikation Nr. 5; BAG 23.4.1963 – 3 AZR 173/62, AP § 611 BGB Gratifikation Nr. 26.

155 Zur übertariflichen Leistung vgl BAG 19.8.2012 – 10 AZR 571/11, NZA 2013, 40; BAG 12.1.1994 – 5 AZR 41/93, DB 1994, 2034.

156 BAG 22.9.1992 – 1 AZR 235/90, NZA 1993, 232.

157 BAG 28.8.1985 – 5 AZR 500/84.

158 BAG 14.8.2001 – 1 AZR 744/00, ArbRB 2002, 74; anders noch BAG 10.3.1982 – 4 AZR 540/79, DB 1982, 1223.

159 EuGH 26.6.2001 – Rs. C-381/99 (Susanna Brunnhofer/Bank der österreichischen Postsparkasse AG), NZA 2001, 883.

chen Gleichbehandlungsgrundsatz vereinbar, wenn die Unterscheidung nach dem Zweck der Leistung gerechtfertigt ist.[160]

(5) Kürzung von Zulagen

3306 Häufig möchten Arbeitgeber Zulagen im Laufe der Zeit kürzen oder abbauen und/oder mit Tariflohnerhöhungen verrechnen. Es hängt von der Ausgestaltung des Arbeitsvertrages und vom Inhalt einer Zulagenzusage ab, ob eine Tariflohnerhöhung mit einer übertariflichen Zulage verrechnet werden darf oder nicht. Auf Basis einer Grundsatzentscheidung des Großen Senats des BAG[161] hat die Rspr in einer Reihe weiterer Entscheidungen – vergleichsweise großzügige – Maßstäbe entwickelt: Individualrechtlich gilt, dass ein Arbeitgeber auch ohne ausdrücklichen Widerrufs- oder **Anrechnungsvorbehalt** allgemeine, nicht speziell für Gegenleistungszwecke vereinbarte Zulagen mit Tariflohnerhöhungen im Zeitpunkt der Anhebung des Tariflohns verrechnen darf, wenn in dem Arbeitsvertrag oder in der Zusage keine gegenteilige Regelung getroffen ist.[162] Nur dann, wenn sich ausnahmsweise aus den Umständen, wie bspw einem besonderen Zweck der Zulage, etwas anderes ergibt, ist von einer Tariffestigkeit der Zulage auszugehen. Die Anrechnung von Tariflohnerhöhungen auf eine Erschwerniszulage ist ausgeschlossen.[163]

3307 Das BAG hat bislang dem Arbeitgeber einen stillschweigenden Anrechnungsvorbehalt zugebilligt.[164] Eine Anrechnung von Zulagen auf Tariflohnerhöhungen ist auch unabhängig davon möglich, ob die über- oder außertariflichen Verdienstbestandteile gemeinsam mit dem Tarifentgelt zu einem einheitlichen Gesamtverdienst im Arbeitsvertrag zusammengefasst sind oder ob sie als ausdrücklich ausgewiesene Zulage gewährt werden. Das BAG geht sogar davon aus, dass die Ausweisung des Entgelts in einer Summe, also nur des Effektiventgelts, regelmäßig ein deutliches Anzeichen dafür ist, dass kein anrechnungsfester über- oder außertariflicher Teil vereinbart werden sollte.[165] Darüber hinaus ist die Anrechnung selbst dann zulässig, wenn der Arbeitgeber über Jahre eine Zulage vorbehaltlos geleistet und niemals mit Tarifentgelterhöhungen verrechnet hat. Ein solches tatsächliches Verhalten des Arbeitgebers genügt nicht für die Annahme einer betrieblichen Übung. Wenn der Arbeitgeber zusätzlich zum jeweiligen Tarifentgelt und ohne Rücksicht auf dessen Höhe Zulagen zahlt, kann der Arbeitnehmer für die Zukunft nicht darauf vertrauen.[166]

3308 Mit Blick auf das **Transparenzgebot** zur Inhaltskontrolle gem. § 307 Abs. 1 S. 2 BGB empfiehlt es sich trotz der bisher eher großzügigen Rspr, im Arbeitsvertrag klar zu vereinbaren, zu welchem **Zweck** die Zulage gezahlt wird und ob sie auf eine Tariferhöhung angerechnet werden kann. So zeigt das BAG im Urteil vom 17.9.2003[167] zumindest auch Auslegungsrisiken bei unklarer Vertragsgestaltung auf, denn eine arbeitsvertragliche Vereinbarung, nach der übertarifliche Zulagen auf „kommende" Lohnerhöhungen anrechenbar waren, begrenzt nach Meinung des BAG das Anrechnungsrecht des Arbeitgebers auf den Zeitraum bis zum Beginn der Tariferhöhung. Eine nach Beginn der Lohnerhöhung (rückwirkend) für den Zeitraum seit Inkrafttreten der Tariferhöhung erklärte Anrechnung war danach sowohl für die Vergangenheit als auch

160 BAG 21.3.2002 – 6 AZR 144/01, EzA § 242 BGB Gleichbehandlung Nr. 88.

161 BAG GS 3.12.1991 – GS 2/90, NZA 1992, 749.

162 BAG 27.8.2008 – 5 AZR 820/07, NZA 2009, 49; BAG 22.9.1992 – 1 AZR 235/90, NZA 1993, 232; *Hoß*, NZA 1997, 1129; ErfK/*Preis*, §§ 305–310 BGB Rn 64 f.

163 BAG 27.8.2008 – 5 AZR 820/07, NZA 2009, 49; BAG 7.2.1996 – 1 AZR 657/95, NZA 1996, 832.

164 BAG 27.8.2008 – 5 AZR 820/07, NZA 2009, 49, 52; BAG 1.3.2006 – 5 AZR 363/05, NZA 2006, 746; BAG 7.2.1996 – 1 AZR 657/95, DB 1996, 1630.

165 BAG 23.9.2009 – 5 AZR 973/08, ArbR 2010, 18; BAG 22.9.1992 – 1 AZR 405/90, DB 1993, 380; LAG Baden-Württemberg 21.6.2013 – 9 Sa 10/13, juris, Rn 13; ErfK/*Preis*, §§ 305–310 BGB Rn 65.

166 BAG 7.2.1995 – 3 AZR 402/94, DB 1995, 1769.

167 BAG 17.9.2003 – 4 AZR 533/02, BAGE 107, 295 = NZA 2004, 437.

für die weitere Laufzeit des Lohntarifvertrages unwirksam, weil sie verfristet erklärt wurde; die Erklärung hätte vor Inkrafttreten der Tariferhöhung erfolgen müssen.

Kürzungen von Zulagen sind aber nicht an den Anforderungen an Änderungsvorbehalte gem. § 308 Nr. 4 BGB zu messen.[168] 3309

ee) Mitbestimmung des Betriebsrats

Die Entscheidung des Arbeitgebers über eine Anrechnung einer Tariflohnerhöhung auf übertarifliche Leistungen ist mitbestimmungsfrei, wenn sie im Rahmen des rechtlich Möglichen vollständig und gleichmäßig erfolgt. Bei einer für eine längere Laufzeit eines Tarifvertrages vorgesehenen, zweistufigen Tariferhöhung unterliegen das Unterlassen der Anrechnung in der ersten Stufe und die vollständige Anrechnung in der zweiten Stufe der Mitbestimmung des Betriebsrats, wenn beide Entscheidungen auf einem einheitlichen Anrechnungskonzept beruhen.[169] Ein Mitbestimmungsrecht des Betriebsrats nach § 87 Abs. 1 Nr. 10 BetrVG setzt nicht nur einen kollektiven Tatbestand voraus.[170] Es müssen sich zusätzlich infolge der Anrechnung die bisher bestehenden Verteilungsrelationen ändern, dh das Verhältnis der Zulagenbeträge der Mitarbeiter zueinander muss sich verschieben und es muss außerdem für die Neuregelung innerhalb des vom Arbeitgeber mitbestimmungsfrei vorgegebenen Dotierungsrahmens ein Gestaltungsspielraum bestehen.[171] 3310

Übertarifliche Zulagen können in tarifgebundenen Betrieben nicht durch Betriebsvereinbarung eingeführt werden. Hingegen kann eine Anrechnung einzelvertraglich zugesagter übertariflicher Zulagen auf Tariferhöhungen durch Betriebsvereinbarung erfolgen.[172] Sofern der Arbeitgeber bisher freiwillig gewährte Zulagen vollständig streicht, steht dem Betriebsrat kein Mitbestimmungsrecht gem. § 87 Abs. 1 Nr. 10 BetrVG zu. Der Arbeitgeber entscheidet unter Berücksichtigung der individualrechtlichen Zulässigkeiten allein, ob und in welchem Umfang er eine Streichung vornehmen möchte.[173] Verbleibt jedoch ein Vergütungsvolumen aufgrund anderer Leistungen, obwohl die Gratifikation vollständig gestrichen wird, besteht ein Mitbestimmungsrecht.[174] 3311

Zur Ausübung eines Freiwilligkeits- oder Widerrufsvorbehalts besteht kein Mitbestimmungsrecht des Betriebsrats, wenn die Vergütungsleistungen jeweils insgesamt eingestellt oder widerrufen werden.[175] Es besteht allerdings ein Mitbestimmungsrecht, wenn diese Leistungen nur teilweise eingestellt oder widerrufen werden; der Betriebsrat hat dann über den anderen Teil im Hinblick auf eine gerechte Verteilung des verringerten Dotierungsrahmens mitzubestimmen.[176] Nach § 87 Abs. 1 Nr. 10 BetrVG bestimmt der Betriebsrat auch über die Aufnahme von Freiwilligkeits- oder Widerrufsvorbehalten in die Standardarbeitsverträge mit.[177] 3312

---

168 Vgl Palandt/*Grüneberg*, § 308 BGB Rn 27.

169 BAG 8.6.2004 – 1 AZR 308/03, NZA 2005, 66.

170 BAG 3.6.2003 – 1 AZR 314/02, BuW 2004, 260.

171 BAG 9.7.2013 – 1 AZR 275/12, NZA 2013, 1438, 1440.

172 BAG 9.12.1997 – 1 AZR 319/97, SPA 1999, 3.

173 BAG 23.6.2009 – 1 AZR 214/08, NZA 2009, 1159; BAG 13.1.1987 – 1 ABR 51/85, DB 1987, 1096.

174 BAG 10.11.2009 – 1 AZR 511/08, NZA 2011, 475.

175 ErfK/*Kania*, § 87 BetrVG Rn 113 ff; *Fitting*, BetrVG, § 87 Rn 449; *Mengel*, Erfolgs- und leistungsorientierte Vergütung, Rn 339, jeweils mwN.

176 ErfK/*Kania*, § 87 BetrVG Rn 113; *Fitting*, BetrVG, § 87 Rn 450, jew. mwN.

177 *Mengel*, Erfolgs- und leistungsorientierte Vergütung, Rn 334 f mwN; Grobys/*Schönhöft*, 84 Freiwilligkeitsvorbehalt Rn 21; aA *Richardi*, § 87 BetrVG Rn 775.

b) Klauseltypen und Gestaltungshinweise

aa) Klauseln zu Jahressonderzahlungen

(1) Klauseltyp A

3313 **A 1:** Der Mitarbeiter erhält eine jährliche Sonderzahlung iHv (...) €.

↓ **A 2:** Der Mitarbeiter erhält ohne Anerkennung einer Rechtspflicht eine freiwillige Jahressonderzahlung. Die Geschäftsleitung behält sich vor, jährlich neu darüber zu befinden, ob die Sonderzahlung gewährt werden soll (...). Vertragsänderungen bedürfen der Schriftform. Mündliche Vereinbarungen über die Aufhebung der Schriftform sind nichtig, soweit sie nicht individuell vereinbart wurden.

→ **A 3:** Wir zahlen Ihnen ein 13. Monatsgehalt, das zum 1.12. eines Jahres fällig wird. Ruht das Arbeitsverhältnis während des Bezugszeitraums durch Gesetz oder Vereinbarung, wird die Jahressonderleistung entsprechend gekürzt.

A 4: Bei krankheitsbedingten und sonstigen berechtigten Fehlzeiten innerhalb eines Kalenderjahres wird die Jahressonderleistung für jeden Fehltag um 20 % eines Tagesarbeitsentgelts gekürzt.

↓ **A 5:**
(1) Der Arbeitgeber zahlt eine Jahressonderleistung in Höhe eines Monatsgrundgehalts. Die Berechnung richtet sich nach dem im Monat Dezember des betreffenden Jahres zustehenden Gehalts. Falls der Arbeitnehmer im Monat Dezember Krankengeld bezieht, wird zur Berechnung der Jahressonderleistung das Grundgehalt des letzten voll bezahlten Monats angewandt.
(2) Bei einer Kündigung während der Probezeit, ganz gleich aus welchen Gründen, entfällt die Zahlung der anteiligen Jahressonderleistung, desgleichen, wenn dem Arbeitnehmer aus einem wichtigen Grund gekündigt wird. Gezahlte Jahressonderleistung ist in diesen Fällen zurückzahlen.
(3) Bei gesetzlichem oder vertraglichem Ruhen des Arbeitsverhältnisses wird die anteilige Jahressonderleistung nicht für diejenigen Kalendermonate gewährt, in denen das Arbeitsverhältnis geruht hat.[178]

A 6:
(1) Die bisher entsprechend dem (...)-Tarifvertrag geleistete Sonderzahlung planen wir, im gleichen Umfang weiterzugewähren, auch wenn keine Tarifbindung mehr besteht. Rechtsgrundlage dieser Vereinbarung ist die Bezugnahmeklausel in § (...) dieses Vertrages. Eine Nachwirkung nach § 4 Abs. 5 TVG findet nicht statt.
(2) Soweit die Zahlung erfolgt, ist diese eine freiwillige Leistung und begründet auch nach wiederholter Gewährung keinen Rechtsanspruch für die Zukunft.

(2) Gestaltungshinweise

3314 Die **Klausel A 1** sieht eine Sondervergütung des Arbeitnehmers in Höhe eines vereinbarten Betrags vor. Um Zweifel zu vermeiden, erscheint es sinnvoll, die Bedingungen, unter denen die Sonderzahlung nicht oder nicht vollständig erbracht werden soll, im Vertrag festzulegen.

3315 Die **Klausel A 2** enthält einen nach früherer Rspr wirksamen Freiwilligkeitsvorbehalt. Auch die doppelte Schriftformklausel sollte einen Anspruch auf eine Leistung aus betrieblicher Übung verhindern.[179] Nach neuerer Rspr des BAG ist die Kombination einer vertraglichen Formulie-

178 Hümmerich/Lücke/Mauer/*Wisswede*, NomosFormulare ArbR, Muster 1405 (XIX. Abs. 1, 4 und 5).
179 BAG 24.6.2003 – 9 AZR 302/02, NZA 2003, 1145.

rung zum „Erhalt" einer Leistung mit einem Freiwilligkeitsvorbehalt aber intransparent und damit unwirksam.[180]

Die **Klausel A 3** enthält die Vereinbarung eines 13. Monatsgehalts, das im Falle des Ruhens des Arbeitsverhältnisses während des Bezugszeitraums zeitanteilig und damit wirksam gekürzt wird. 3316

Die **Klausel A 4** enthält eine Kürzungsregelung für eine Prämie (Sondervergütung), die gem. § 4 a EFZG keinen Wirksamkeitsbedenken begegnet. 3317

Die **Klausel A 5** benennt recht umfangreich, unter welchen Bedingungen die Zusage der Jahressonderleistung steht. Sie ist hinreichend bestimmt iSv § 307 Abs. 1 S. 2 BGB. Sie regelt detailliert, unter welchen Voraussetzungen die Jahressonderleistung entfällt. Insoweit sind aber zulässige Kürzungstatbestände – wie in Klausel 3 – und unzulässige Tatbestände wie die Rückzahlungsklausel ohne konkrete Angabe zu einem (zulässigen) Bindungszeitraum vermischt. Deshalb ist die Klausel insgesamt nicht zu empfehlen. 3318

Die **Klausel A 6** ist nach der Entscheidung des BAG vom 24.11.2004[181] gestaltet. Sie beseitigt die Nachwirkung eines tariflichen Anspruchs, weil bei Bestehen einer Bezugnahmeklausel im Arbeitsvertrag die Zahlung einer Sonderleistung für gewerkschaftlich nicht organisierte Arbeitnehmer ausschließlich auf die individualarbeitsrechtliche Abrede gestützt werden kann. Auch bei gewerkschaftlich organisierten Arbeitnehmern, die durch eine „andere Abmachung" iSv § 4 Abs. 5 TVG die Nachwirkung abbedingen können, kann mit der Klausel A 6 der Weg von einer Sonderleistung aufgrund Tarifbindung in eine vertragliche Leistung gewählt werden. Die Wirksamkeit des Freiwilligkeitsvorbehalts ist nur noch für Jahressonderleistungen argumentierbar. 3319

bb) Klauseln zu freiwilligen Gratifikationen

(1) Klauseltyp B

B 1: Der Mitarbeiter erhält eine jährliche Gratifikation iHv (...) €, die zusammen mit dem Gehalt für den Monat November fällig ist (Weihnachtsgeld). Der Anspruch auf Gratifikation setzt voraus, dass das Arbeitsverhältnis am 1.11. des jeweiligen Kalenderjahres ungekündigt besteht und auch kein Aufhebungsvertrag geschlossen wurde. Andernfalls wird ein Weihnachtsgeld nicht, auch nicht zeitanteilig gezahlt.[182]  3320

B 2: Bei Weihnachts-, Urlaubs- oder Abschlussgratifikationen handelt es sich um freiwillige Leistungen, die ohne Anerkennung einer Rechtspflicht gewährt werden und auch bei wiederholter Zahlung keinen Rechtsanspruch für die Zukunft begründen.

B 3: Mit dem Dezembergehalt erhält der Arbeitnehmer eine Gratifikation in Höhe eines Bruttomonatsgehalts. Die Gratifikation ist zurückzuzahlen, wenn der Arbeitnehmer bis einschließlich zum 31.3. des Folgejahres aufgrund Eigenkündigung ausscheidet.

B 4: Sie erhalten folgende Sonderzahlungen: (...). Diese Leistungen erfolgen ohne Anerkennung einer Rechtspflicht. Auch aus wiederholten Zahlungen kann kein Anspruch hergeleitet werden. Die Geschäftsleitung muss sich vielmehr vorbehalten, jedes Jahr neu zu entscheiden, ob die Sonderzahlungen gewährt werden sollen.

B 5: Für das Jahr 2015 gewährt die Firma freiwillig folgende Leistungen: (...)

180 BAG 30.7.2008 – 10 AZR 606/07, NZA 2008, 1173; BAG 24.10.2007 – 10 AZR 825/06, NZA 2008, 40; *Bayreuther*, BB 2009, 102, 103; *Preis*, NZA 2009, 281, 283 f.

181 BAG 24.11.2004 – 10 AZR 202/04, NZA 2005, 349.

182 SPA 19/2002, 2.

(2) Gestaltungshinweise

3321 Die **Klausel B 1** enthält eine richtigerweise noch zulässige Stichtagsregelung. Durch die Klausel B 1 wird die Zahlung der Gratifikation an ein Ereignis zu einem Stichtag innerhalb des Leistungszeitraums, namentlich den 1.12. eines Jahres, geknüpft. Soweit die Klausel allerdings auch die Beendigung des Arbeitsverhältnisses durch betriebsbedingte Kündigungen erfasst, wird dies unwirksam sein, soweit sie jedenfalls auch Vergütung für bereits erbrachte Leistung darstellt.[183] Sonderzuwendungen, die alleine die Betriebstreue honorieren, können auch dann zulässig sein, wenn die Beendigung nicht in der Sphäre des Arbeitnehmers liegt.[184]

3322 Die **Klausel B 3** enthält dagegen eine Rückzahlungsklausel, die den Anforderungen der Rspr zum zulässigen Bindungsumfang entspricht.

3323 Bei der **Formulierung** eines **Freiwilligkeitsvorbehalts** ist seit dem Urteil des BAG vom 24.10.2007 Vorsicht geboten.[185] Die **Klausel B 2** macht bei richtiger Auslegung hinreichend deutlich, dass die Zahlung unter einem Freiwilligkeitsvorbehalt steht. Allerdings birgt die Klausel auch Unsicherheit, weil sie im Zusammenhang mit dem Vorbehalt das Wort „gewähren" verwendet. Die **Klausel B 4** ist noch bedenklicher. Besser ist zu formulieren: „Es ist geplant, folgende Sonderleistungen zu zahlen: ..." oder „Es besteht die Chance, ...". Die **Klausel B 5** lässt keine betriebliche Übung entstehen, weil sie die Zusage der Sondervergütung schlicht zeitlich bereits auf ein Kalenderjahr beschränkt.

cc) Zulagen

(1) Klauseltyp C

3324 → **C 1:** Der Mitarbeiter erhält eine Zulage iHv monatlich (...) €.

↓ **C 2:** Der Mitarbeiter erhält ohne Anerkennung einer Rechtspflicht eine freiwillige Zulage iHv monatlich (...) €. Die Zahlung der Zulage erfolgt freiwillig.

→ Die Zulage kann jederzeit von der Firma unter den nachfolgend benannten Gründen widerrufen werden: Gegenüber dem Vorjahr um mehr als 10 % gesunkener, körperschaftsteuerlicher Gewinn, schriftliche Beschwerden über den Mitarbeiter, Auftragsrückgang von mehr als 3 % sowie eine gegenüber dem Mitarbeiter erklärte Abmahnung.

C 3: Die Zulage iHv (...) € monatlich wird freiwillig übertariflich gezahlt. Wir behalten uns die Anrechnung von Tariferhöhungen auf die Zulage vor. Unter Tariferhöhung verstehen wir nicht nur die üblichen prozentualen Erhöhungen, sondern auch Erhöhungen durch Aufrücken in eine höhere Lebensalters- oder Dienstjahresstufe und Erhöhungen zum Ausgleich einer tariflichen Arbeitszeitverkürzung. Der Anrechnungsvorbehalt wird nicht dadurch gegenstandslos, dass wir ggf mehrere Jahre lang von ihm keinen Gebrauch machen.

→ **C 4:** Auf übertarifliche Zahlungen können Tariferhöhungen angerechnet werden.

↓ **C 5:** Der Mitarbeiter erhält eine freiwillige übertarifliche Zulage. Die Zulage ist keine Leistungszulage und wird auf künftige Tariferhöhungen sowie auf Lohnerhöhungen infolge von Steigerungen durch Übernahme in eine andere Tarifgruppe angerechnet. Sie wird darüber hinaus unter dem Vorbehalt des jederzeitigen Widerrufs nach freiem Ermessen gewährt. Der Widerruf ist mit einer Ankündigungsfrist von 14 Tagen auszusprechen, im Übrigen wird der Arbeitsvertrag hiervon nicht berührt.[186]

---

183 BAG 24.10.2007 – 10 AZR 825/06, NZA 2008, 40.

184 Vgl BAG 18.1.2012 – 10 AZR 667/10, NZA 2012, 620.

185 BAG 24.10.2007 – 10 AZR 825/06, NZA 2008, 40; vgl dazu *Simon/Greßlin*, BB 2008, 2465, 2468; ErfK/*Preis*, § 611 BGB Rn 529 f.

186 *Kleinebrink*, ArbRB 2005, 122.

C 6: Eine Veränderung der Tarifansprüche kann auf den jeweiligen übertariflichen Gesamtbezug angerechnet werden.[187]

C 7: Die übertarifliche Zulage vermindert sich mit jeder Tariflohnerhöhung automatisch um deren vollen Betrag.[188]

(2) Gestaltungshinweise

Die Zulagenregelung in der **Klausel C 1** erlaubt nach bisheriger BAG-Rspr dem Arbeitgeber eine Anrechnung auf Tariflohnerhöhungen. 3325

Die **Klausel C 2** enthält detaillierte Widerrufsgründe und erfüllt insoweit die Anforderungen der neueren Rspr an Widerrufsvorbehalte.[189] Unzulässig ist allerdings die Kombination mit einem (zu knappen) Freiwilligkeitsvorbehalt.[190] Der Freiwilligkeitsvorbehalt ist überdies unzulässig, weil er sich auf laufende monatliche Zulagen bezieht und die Freiwilligkeit mit einer gleichzeitigen Zusage kombiniert (s. § 1 Rn 3302).[191] 3326

Bei den **Klauseln C 3 und C 4** handelt es sich um Anrechnungsklauseln für Zulagen bei Tariflohnerhöhungen. Die **Klausel C 3** ist eine umfangreich gestaltete Klausel, allerdings werden Einmalzahlungen, wie sie öfter das Ergebnis in Tarifverhandlungen sind, nicht erfasst.[192] Ein Vorteil der Klausel C 3 ist, dass der ggf missverständliche Begriff „Widerruf" vermieden wird und kein Widerspruch zwischen der Zusage einer freiwilligen Leistung und dem Gebrauch des Begriffs „Widerruf" in derselben Klausel entstehen kann.[193] 3327

Die **Klausel C 4** ist wesentlich einfacher strukturiert als die Klausel C 3. Nach gegenwärtiger Rspr kann sie auch noch als wirksam angesehen werden. 3328

Die **Klausel C 5** war nach alter Rechtslage bereits bedenklich, soweit der Widerruf in das freie Ermessen gestellt wird. Nunmehr ist die Klausel nach neuer Rspr unwirksam, weil die Widerrufsgründe nicht ausdrücklich genannt sind.[194] Die Kombination von (unwirksamem) Widerrufsvorbehalt und Anrechnungsvorbehalt könnte auch insgesamt zur Intransparenz und zur Unwirksamkeit des Anrechnungsvorbehalts führen. 3329

Die **Klausel C 6** ist eine umfassende Anrechnungsklausel, die allerdings bei Veränderungen des Tarifvertrages einen Gesamtvergleich zwischen den vertraglichen, teilweise übertariflichen Leistungen und den Ansprüchen aus dem Tarifvertrag vornimmt, um das mögliche Volumen der Anrechnung zu bestimmen. Sie ist nach der Rspr zulässig.[195] 3330

Die **Klausel C 7** geht bei den Arbeitnehmern von einem einheitlichen, übertariflichen Gehalt aus und wählt einen Automatismus, über den sich der übertarifliche Bestandteil durch die Tariflohnerhöhung nach und nach verbraucht. Eine derartige Regelung war bislang wirksam.[196] 3331

---

187 BAG 19.5.2004 – 5 AZR 354/03, NZA 2005, 599.

188 BAG 17.9.2003 – 4 AZR 533/02, NZA 2004, 437.

189 BAG 12.1.2005 – 5 AZR 364/04, NJW 2005, 1820.

190 BAG 24.10.2007 – 10 AZR 825/06, NZA 2008, 40; LAG Hamm 27.7.2005 – 6 Sa 29/05, NZA-RR 2006, 125; aA LAG Düsseldorf 30.11.2005 – 12 Sa 1210/05, LAGE § 305 c BGB 2002 Nr. 4; *Mengel*, Erfolgs- und leistungsorientierte Vergütung, Rn 138 mwN.

191 BAG 24.10.2007 – 10 AZR 825/06, NZA 2008, 40.

192 BAG 14.8.2001 – 1 AZR 744/00, ArbRB 2002, 74.

193 So bereits LAG Hamm 27.7.2005 – 6 Sa 29/05, NZA-RR 2006, 125; aA LAG Düsseldorf 30.11.2005 – 12 Sa 1210/05, LAGE § 305 c BGB 2002 Nr. 4.

194 BAG 12.1.2005 – 5 AZR 364/04, NJW 2005, 1820; *Mengel*, Erfolgs- und leistungsorientierte Vergütung, Rn 149.

195 BAG 19.5.2004 – 5 AZR 354/03, NZA 2005, 599.

196 BAG 25.6.2002 – 3 AZR 167/01, NZA 2002, 1216.

54. Social-Media-Klauseln

Literatur

Berger-Dehley, Die Leistungs- und Weisungsbefugnis des Arbeitgebers, DB 1990, 2266; *Bissels/Lützeler/Wisskirchen*, Facebook, Twitter & Co.: Das Web 2.0 als arbeitsrechtliches Problem, BB 2010, 2433; *Borsutzky*, Soziale Netzwerke-Regelungskompetenz des Arbeitgebers und Mitbestimmungsrechte des Betriebsrats, NZA 2013, 647; *Byers/Mößner*, Die Nutzung des Web 2.0 am Arbeitsplatz: Fluch und Segen für den Arbeitgeber, BB 2012, 1665; *Determann*, Soziale Netzwerke in der Arbeitswelt – Ein Leitfaden für die Praxis, BB 2013, 181; *Elking/Fürsen*, Unternehmenszugehörigkeit im Internet, NZA 2014, 1111; *Frik/Klühe*, Nutzung von Kontakten aus sozialen Netzwerken während und bei Beendigung des Arbeitsverhältnisses, BB 2013, 1174; *Göpfert/Wilke*, Facebook-Aktivitäten als Kündigungsgrund, ArbRAktuell 2011, 159; *Greve/Wedde*, Social-Media-Guidelines – Betriebs- und Dienstvereinbarungen, 2014; *Günther*, Unternehmensschädliche Äußerungen von Arbeitnehmern in sozialen Medien – Social Media Guidelines als Mittel der Prävention, ArbRAktuell 2013, 223; *Hinrichs/Hörtz*, Web 2.0: Bild' Dir Deine Meinung – auf Kosten des Arbeitgebers?, NJW 2013, 648; *Hromadka*, Das allgemeine Weisungsrecht, DB 1995, 2601; *ders.*, Das Leistungsbestimmungsrecht des Arbeitgebers, DB 1995, 1609; *Hützen*, Facebook und die Folgen – Arbeitsrechtliche Probleme bei der Nutzung sozialer Netzwerke, AE 2013, 39; *Leist/Koschker*, Social Media Guidelines: Chancen und Risiken des Mitmach-Webs im Betrieb verbindlich regeln, BB 2013, 2229; *Leßmann*, Die Grenzen des arbeitgeberseitigen Direktionsrechts, DB 1992, 1137; *Lützeler/Bissels*, Social Media-Leitfaden für Arbeitgeber: Rechte und Pflichten im Arbeitsverhältnis, ArbRAktuell 2011, 499; *Scheid/Klinkhammer*, Kündigung wegen beleidigender Äußerungen des Arbeitnehmers in sozialen Netzwerken, ArbRAktuell 2013, 6; *Waltermann*, Anspruch auf private Internetnutzung durch betriebliche Übung, NZA 2007, 529.

a) Rechtslage im Umfeld

aa) Betroffene Rechtsfragen und Interessen

3332 Die Nutzung von internetbasierten Kommunikationsplattformen (**Social Media**) im Umfeld des Arbeitsverhältnisses wirft eine Reihe praktisch höchst relevanter Rechtsfragen auf, wie etwa: Mitnahme arbeitnehmereigener Geräte von erheblichem Wert an den Arbeitsplatz bzw Nutzung der von dem Arbeitgeber zur Verfügung gestellten Betriebsmittel, Schutz von Betriebsgeheimnissen und dem Datenschutz unterliegenden Informationen über Mitarbeiter, Gewährleistung der Meinungsfreiheit der Arbeitnehmer und Schutz des Persönlichkeitsrechts aller Arbeitnehmer, Mitbestimmung des Betriebsrats, Gewährleistung der Regelungen zum Urheberrecht an erstelltem Content.

3333 Um den teils widersprüchlichen Interessen im Einzelfall gerecht zu werden, ist abzuwägen, ob

- ein vollständiges Verbot,
- eine vollständige Gestattung oder
- eine beschränkte Gestattung

der privaten Internetnutzung das Mittel der Wahl ist.[1] Kaum eine der angesprochenen Rechtsfragen ist gesetzlich so geregelt, dass sich eindeutige Lösungen ergeben. Vertragliche Regelungen sind daher dringend zu empfehlen, wenn Social Media im Arbeitsverhältnis eine Rolle spielen können.

3334 Auch ohne detaillierte vertragliche Regelungen zur Nutzung von Social Media ist es zulässig, dass der Arbeitgeber gegenüber den Arbeitnehmern eine sämtliche betriebliche Belange umfassende, generelle Untersagung der Teilnahme an Social Media während der Arbeitszeit verfügt. Weitere Regelungen erübrigen sich dann. Ausnahmen von einem **generellen Untersagungsrecht** können unter dem Aspekt der freien Meinungsäußerung, Pressefreiheit oder Koalitionsfreiheit in Betracht kommen, insb. in Tendenzbetrieben. Der Arbeitgeber wäre dann gegenüber den entsprechend vom Tendenzschutz erfassten Arbeitnehmern verpflichtet, Social Media im zur Ausübung der Tätigkeit notwendigen Umfang zu gestatten. Eine Untersagungsregelung kann der Arbeitgeber individualrechtlich durch eine entsprechende Klausel im Arbeitsvertrag oder auch im Rahmen einer Betriebsvereinbarung bzw in einer entsprechenden „**Social Media Guideline**“, die dann allerdings verbindlich eingeführt werden muss, regeln. In welcher Form

1 Vgl *Determann*, BB 2013, 181.

eine entsprechende Untersagung geregelt wird, obliegt der freien Entscheidung des Arbeitgebers.

bb) Untersagung der Nutzung von Social Media während der Arbeitszeit und arbeitgeberseitige Sanktionen bei Zuwiderhandlung

Der Arbeitgeber ist aufgrund des ihm zustehenden Direktionsrechts gem. § 106 GewO berechtigt, den betrieblichen Internetzugang oder auch speziell den Zugang zu sozialen Medien während der Arbeitszeit vollständig zu untersagen.[2] Dies erfasst auch die Bestimmung, ob der Arbeitnehmer während seiner Arbeitszeit in sozialen Netzwerken passiv registriert (*eingeloggt*) sein darf. Häufig übermitteln die persönlichen Kommunikationsgeräte (Smartphones etc.) auch ohne jedes aktive Zutun des Arbeitnehmers Informationen, etwa über den Aufenthaltsort des Arbeitnehmers. Eine solche Datenübermittlung mit betrieblichem Bezug muss der Arbeitgeber nicht dulden, die vollständige Untersagung der Verwendung einschließlich auch des passiven Registriert-Bleibens während der Arbeitszeit dürfte insoweit von einem berechtigten Interesse gedeckt und damit zulässig sein. Dies gilt im Übrigen auch für den Einsatz privater Geräte zu dienstlichen Zwecken – aufgrund der mit der Nutzung verbundenen Gefahren für den Schutz persönlicher Daten und von Betriebsgeheimnissen wird man eine Nutzung zu dienstlichen Zwecken nur mit ausdrücklicher Genehmigung des Arbeitgebers erlauben können. 3335

Häufig will der Arbeitgeber jedoch einerseits dem Informations- und Kommunikationsbedürfnis seiner Mitarbeiter Rechnung tragen, andererseits aber privates Surfen während der Arbeitszeit doch auf ein angemessenes Maß begrenzen. Die grundlegende Entscheidung des Arbeitgebers liegt also darin, wie er die private Nutzung verbieten oder erlauben möchte und welche Einschränkungen in letzterem Fall bestehen sollen. In vielen Unternehmen fehlt es hierzu an klaren Regelungen oder diese Regelungen werden mit Kenntnis des Arbeitgebers missachtet und Zuwiderhandlungen nicht sanktioniert. In diesen Fällen läuft der Arbeitgeber Gefahr, dass eine **betriebliche Übung** entsteht, so dass die Arbeitnehmer zukünftig den Anspruch erwerben, die betrieblichen Mittel dauerhaft privat nutzen zu dürfen.[3] 3336

Im Übrigen schafft sich der Arbeitgeber durch eine Regelung zur Untersagung der Nutzung sozialer Medien bzw zur beschränkten Nutzung sozialer Medien die Möglichkeit, auf Verstöße mit arbeitsrechtlichen Mitteln, wie zB einer Abmahnung oder einer ordentlichen bzw außerordentlichen Kündigung, zu reagieren. 3337

cc) Verbotswidrige Nutzung sozialer Netzwerke

Arbeitnehmer müssen bei einer verbotswidrigen Nutzung sozialer Netzwerke mit **arbeitsrechtlichen Konsequenzen** rechnen.[4] Soweit es um eine verbotswidrige Nutzung **während der Arbeitszeit** geht, ist dies bereits wegen der Nutzung an sich als **vertragswidriges Verhalten**, uU sogar als **Arbeitszeitbetrug** zu behandeln. Ein inhaltliches Fehlverhalten kann dem Vertragsverstoß ein größeres Gewicht verleihen, jedoch kann selbst eine schlicht passive Nutzung (Betrachtung von Fotos) zu schwerwiegenden Konsequenzen führen. 3338

Bei ausschließlich inhaltlich als verbotswidrig qualifizierter Nutzung, etwa Darstellung betrieblicher Gegebenheiten in einem Forum, kommt es maßgeblich nicht darauf an, ob dies während der Arbeitszeit erfolgt. Folglich ist die Schwelle für eine Sanktion unter Abwägung der allgemeinen Meinungs- und Verhaltensfreiheit in der Privatsphäre angehoben. Insoweit ist die erste Voraussetzung, dass der Arbeitnehmer mit seinen Äußerungen im sozialen Netzwerk dem Unternehmen zugeordnet werden kann. Weiterhin muss er sich dort entweder in einer Art und 3339

2 Vgl *Berger-Delhey*, DB 1990, 2266; vgl auch *Hromadka*, DB 1995, 1609; *ders.*, DB 1995, 2601; *Leßmann*, DB 1992, 1137.

3 Vgl *Waltermann*, NZA 2007, 529.

4 Schaub/*Linck*, Arbeitsrechts-Handbuch, § 53 Rn 18.

Weise verhalten, die zumindest abstrakt geeignet ist, das Ansehen des Arbeitgebers in der Öffentlichkeit erheblich zu schädigen oder anerkannte Interessen des Arbeitgebers zu verletzten.[5]

3340 Problematisch ist häufig, dass Arbeitnehmer die Relevanz ihrer Äußerungen im Netz verkennen. Vor diesem Hintergrund sollten Arbeitgeber die Verpflichtung zur **Wahrung von Betriebs- und Geschäftsgeheimnissen** von Zeit zu Zeit in Erinnerung rufen und an neuere Entwicklungen anpassen. Auch ohne ausdrückliche Regelung im Arbeitsvertrag ist der Arbeitnehmer verpflichtet, Betriebs- und Geschäftsgeheimnisse zu wahren. Eine Geheimhaltungspflicht des Arbeitnehmers entfällt nur dann, wenn die Tatsache offenkundig ist und somit ohne besonderen Aufwand von jedermann in Erfahrung gebracht werden kann.[6] Gerade die arbeitsvertragliche Pflicht zur Wahrung von Betriebs- und Geschäftsgeheimnissen wird nicht dadurch relativiert, dass ein Unternehmen dem Mitarbeiter gestattet, sich auch während der Arbeitszeit in sozialen Netzwerken zu bewegen. Die Preisgabe von Geschäfts- und Betriebsgeheimnissen kann eine Straftat darstellen, mindestens ebenso problematisch ist jedoch die eher gedankenlose oder sogar unwissentliche Preisgabe von bedeutsamen Arbeitgeberdaten durch das oft schrankenlos ausgelebte Mitteilungsbedürfnis in den Social Media. In diesem Bereich muss der Arbeitgeber zunächst ein Bewusstsein dafür schaffen, was als Geschäfts- oder Betriebsgeheimnis zu sehen ist bzw was aus anderen, insb. datenschutzrechtlichen Gründen vertraulich zu behandeln ist. Ferner kann der Arbeitgeber darauf achten, dass ausgeschiedene Mitarbeiter ihre Angaben in Social Media aktualisieren und kein fortbestehendes Arbeitsverhältnis behaupten, wenn dieses beendet worden ist.[7]

dd) Private Meinungsäußerung des Arbeitnehmers in sozialen Netzwerken

3341 Jeder Arbeitnehmer kann sich auf sein grundgesetzlich geschütztes Recht der Meinungsfreiheit berufen (Art. 5 GG). Jedoch sind der Meinungsfreiheit auch im Privaten Grenzen gesetzt: Diffamierende oder ehrverletzende Äußerungen muss ein Arbeitgeber auch außerhalb der Arbeitszeit nicht sanktionslos dulden.[8] Ebenso wenig muss er die öffentlich erkennbare Zustimmung zu derartigen Äußerungen anderer Personen (zB per „Like-it-Button")[9] sanktionslos hinnehmen. Dies gilt für das Agieren in den sozialen Netzwerken gleichermaßen.[10]

ee) Verpflichtung des Arbeitnehmers, Social Media dienstlich zu nutzen

3342 Durch das Internet ergeben sich neue Geschäftsmodelle und Möglichkeiten des Marketing oder Recruiting. Es kann daher durchaus für den Arbeitgeber interessant sein, Arbeitnehmer anzuhalten oder gar zu verpflichten, in sozialen Netzwerken aktiv zu werden.[11] Der Arbeitgeber kann insofern die Nutzung der sozialen Medien dienstlich veranlassen, wenn die Marketingabteilung eine Werbeaktion in verschiedenen Foren unterstützen oder eine Verkaufsveranstaltung über Platzierung des „Events" in Netzwerke aufwerten soll.[12] Dabei darf der Arbeitgeber die Steuerung jedoch nicht aus der Hand geben: Etwa vorgeblich private Äußerungen in einem Blog auf Anweisung des Arbeitgebers verstoßen gegen das Verbot getarnter Werbung nach § 4 Nr. 3 UWG, was zu wettbewerbsrechtlichen Abmahnungen und Unterlassungsverfü-

5 Vgl auch *Göpfert/Wilke*, ArbRAktuell 2011, 159; vgl *Günther*, ArbRAktuell 2013, 223; vgl *Scheid/Klinkhammer*, ArbRAktuell 2013, 6.
6 Vgl *Lützeler/Bissels*, ArbRAktuell 2011, 499.
7 Vgl *Fürsen/Elking*, NZA 2014, 1111, 1114 f.
8 Vgl *Hinrichs/Hörtz*, NJW 2013, 648.
9 ArbG Dessau-Roßlau 21.3.2012 – 1 Ca 148/11; vgl auch *Frik/Klühe*, BB 2013, 181.
10 ArbG Bochum 29.3.2012 – 3 Ca 1283/11; vgl auch *Frik/Klühe*, BB 2013, 1174.
11 *Bissels/Lützeler/Wisskirchen*, BB 2010, 2433; *Determann*, BB 2013, 181.
12 Vgl auch *Lützeler/Bissels*, ArbRAktuell 2011, 499.

gungen führen kann. Nur bei Bestehen und Einhaltung eines rechtskonformen Regelwerks zur Tätigkeit in Social Media lassen sich derartige Fehler vermeiden.[13]

Die arbeitsrechtliche Anweisung zur Tätigkeit im Netz selbst ist für die Mitarbeiter mit entsprechenden Arbeitsbereichen ohne Weiteres möglich, wenn das Unternehmen in den Social Media über eigene Zugänge und Kennungen aktiv ist. Viele Plattformen ermöglichen jedoch nur eine Nutzung durch authentische natürliche Personen, was auch in den AGB vieler Dienste verankert ist. Verstößt der Arbeitgeber gegen die AGB der Dienstanbieter, so kann dies erhebliche unangenehme Konsequenzen haben.[14] Folglich hat der Arbeitgeber meist ein Interesse daran, seine Arbeitnehmer als Person zur entsprechenden regelkonformen Nutzung der Netzwerke im Interesse des Unternehmens zu veranlassen. Hierzu bedarf es einer ausdrücklichen arbeitsvertraglichen Grundlage. Die Tätigkeit lässt sich nämlich weder mittels allgemeinem Weisungsrecht verbindlich anordnen noch durch eine generelle arbeitsvertragliche Regelung begründen, da sie zwangsläufig mit der Preisgabe von persönlichen Daten verbunden und daher nicht ohne Weiteres zumutbar ist. 3343

Das Spannungsverhältnis zwischen arbeitgebergeleiteter Teilnahme in Social Media und dem Recht auf persönliche Äußerung in oder Rückzug aus Social Media ist noch nicht ausreichend untersucht. Die denkbaren Konflikte sind vor allem mit längerer und identitätsstiftender Nutzung von Social Media vielfältig. Es dürfte daher wichtig sein, vertragliche Regelungen so zu fassen, dass Änderungen je nach Entwicklung der künftigen Rechtslage möglich sind. Dies spricht ggf für das Regelungsinstrument der Betriebsvereinbarung. 3344

ff) Social Media und Mitbestimmungsrechte des Betriebsrats

Ob Informations- oder Mitbestimmungsrechte des Betriebsrats gegeben sind, hängt von dem jeweiligen Sachzusammenhang und der gewünschten Regelung ab. Ohne Weiteres sind Mitbestimmungsrechte nach § 87 Abs. 1 Nr. 6 BetrVG („Einführung und Anwendung von technischen Einrichtungen, die dazu bestimmt sind, das Verhalten oder die Leistung der Arbeitnehmer zu überwachen") einschlägig, wenn Social Media vom Arbeitsplatz aus zu betrieblichen Zwecken genutzt werden sollen und dabei Nutzungsdaten anfallen, die zu Kontrollzwecken genutzt werden können. Zu weitgehend dürfte allerdings die Entscheidung des ArbG Düsseldorf sein, wonach schon die Einrichtung einer Facebook-Seite durch den Arbeitgeber mitbestimmungspflichtig sein soll, da sich über die Bewertung der Seiteninhalte („liken") Rückschlüsse auf das Arbeits- und Leistungsverhalten gewinnen ließen.[15] 3345

Im Bereich der Privatnutzung gilt, dass der Betriebsrat gem. § 87 Abs. 1 Nr. 1 BetrVG („Fragen der Ordnung des Betriebs und des Verhaltens der Arbeitnehmer im Betrieb") zu beteiligen ist, wenn der Arbeitgeber die Nutzung sozialer Netzwerke während der Arbeitszeit nicht generell untersagt, sondern lediglich Umfang und Inhalt einer solchen Nutzung regelt. 3346

Ein Mitbestimmungsrecht des Betriebsrats scheidet hingegen aus, wenn eine Guideline oder eine Regelung ein außerdienstliches Verhalten der Arbeitnehmer betrifft oder die private Nutzung des Internetzugangs im Betrieb vom Arbeitgeber vollständig untersagt ist.[16] 3347

gg) Guideline oder Policy

Unternehmen sollten Rahmenbedingungen für die Nutzung sozialer Netzwerke schriftlich festhalten.[17] Die Entscheidung zwischen **informierender Richtlinie (Guidelines)** oder **verpflichten-** 3348

13 LG Hamburg 24.4.2012 – 312 O 715/11, BeckRS 2012, 11414.

14 *Hartung/Hexel/Lecheler*, Compliance-Anforderungen bei Social Media im Unternehmen, Newsdienst Compliance 2014, 72010.

15 ArbG Düsseldorf 27.6.2014 – 14 BV 104/13, juris; dazu *Nebeling/Klumpp*, DB 2014, 2352 f.

16 *Lützeler/Bissels*, ArbRAktuell 2011, 501; vgl auch *Borsutzky*, NZA 2013, 647 ff.

17 Vgl *Greve/Wedde*, Social-Media-Guidelines, S. 115.

dem Regelwerk (Policy) hängt ganz wesentlich von der Unternehmenskultur ab.[18] Soll eine internetaffine Belegschaft zur Nutzung von Social Media im Sinne des Unternehmens angehalten werden, wird der Grundton der Festlegung eher einladend und anleitend sein.[19] Sind hingegen betriebliche Vorgänge gegen Industriespionage und Datenmissbrauch abzusichern, wird eine deutliche und durchsetzbare Regelung erforderlich sein.

hh) Verwertung von Daten aus sozialen Medien im Kündigungsschutzprozess

3349 Gesetzlich nicht geregelt und auch von der Rspr bislang nicht entschieden ist die Frage der Verwertung von Daten aus Internetquellen im Kündigungsschutzprozess.[20] Wenn die Erhebung, Verarbeitung und Speicherung der betreffenden Daten im Einklang mit dem geltenden Datenschutzrecht erfolgt ist und damit die Grundrechte des Arbeitnehmers gewahrt sind, ist die Verwertung der Daten als Beweisgrundlage weitgehend unproblematisch.[21] Dieses Kriterium ist allerdings mitunter nur schwer zu erfüllen: Bereits die Erhebung personenbezogener Daten durch den Arbeitgeber ist nach BDSG erlaubnispflichtig; ein Erlaubnistatbestand für eine allgemeine Durchsuchung des Internets per Suchmaschine (etwa zur Ausforschung von Bewerbern oder Arbeitnehmern) besteht entgegen einer möglicherweise weit verbreiteten Praxis nicht.

b) Klauseltypen und Gestaltungshinweise

aa) Klauseltyp A

3350 **A 1:** Die Nutzung der Betriebs-IT einschließlich des Internetzugangs darf ausschließlich zu dienstlichen Zwecken erfolgen. Die private Nutzung durch den Arbeitnehmer ist nicht gestattet. Als verbotene Privatnutzung gilt insbesondere auch die Nutzung von sozialen Netzwerken (etwa Facebook, Twitter oder Xing).[22]

A 2: Die Nutzung der Betrieb-IT ist auch zu privaten Zwecken erlaubt.[23]

A 3 a: Die Betriebs-IT darf grundsätzlich auch zu privaten Zwecken genutzt werden. Eine private Nutzung durch den Arbeitnehmer darf 15 Minuten am Tag nicht überschreiten.

[oder]

A 3 b: Die Betriebs-IT darf grundsätzlich auch zu privaten Zwecken genutzt werden. Eine private Nutzung durch den Arbeitnehmer ist jedoch nur in angemessenen Umfang und nur außerhalb der Arbeitszeit, etwa in Pausen und nach Ende der täglichen Arbeitszeit, erlaubt.

A 4: Die Erlaubnis der privaten Internetnutzung kann vom Arbeitgeber widerrufen werden, wenn die betriebliche Internetnutzung eingestellt wird. Ein Widerruf der Erlaubnis im Einzelfall kann erfolgen, wenn eine missbräuchliche Nutzung festgestellt wird. Dies ist insbesondere der Fall, wenn kostenpflichtig Informationen für den Privatgebrauch abgerufen werden und/ oder wenn Internetseiten mit pornographischem, sexistischem, pädophilem, gewaltverherrlichendem, fremdenfeindlichem, verfassungsfeindlichem, nazistischem, rassistischem oder sittenwidrigem Inhalt abgerufen werden. Missbrauch liegt auch vor, wenn der übliche Nutzungsumfang überschritten wird, wenn voreingestellte oder bekannt gemachte Sicherheitseinstel-

18 Vgl *Leist/Koschker*, BB 2013, 2229.
19 Vgl *Leist/Koschker*, BB 2013, 2229.
20 Vgl *Göpfert/Wilke*, ArbRAktuell 2011, 160.
21 Vgl *Göpfert/Wilke*, ArbRAktuell 2011, 160.
22 Ähnliche Klausel bei Maschmann/Sieg/Göpfert/*Tödtmann/Kaluza*, Vertragsgestaltung im Arbeitsrecht, Kap. 410 Rn 33; Preis/*Preis*, Der Arbeitsvertrag, II I 10 Rn 6.
23 Ähnliche Klausel bei Maschmann/Sieg/Göpfert/*Tödtmann/Kaluza*, Vertragsgestaltung im Arbeitsrecht, Kap. 410 Rn 9.

lungen oder -vorgaben des Arbeitgebers überschritten werden oder wenn virenverseuchte Dateien heruntergeladen werden.

A 5:
(1) Der Arbeitgeber wird Social Media einsetzen, um lebendige, authentische Kommunikationsbeziehungen mit Aktionären, Kunden, Vertriebs- und Geschäftspartnern und neuen Zielgruppen zu schaffen und zu pflegen. Social Media sollen genutzt werden als Instrument der Markenpositionierung, des Support (zB Suchmaschinenoptimierung), des Vertriebs (Direktvertrieb online, Vertriebsförderung) und der Marktforschung.
(2) Der Arbeitnehmer erklärt sich ausdrücklich bereit, nach Weisung in Social Media Plattformen im Internet unter seinem Namen für Zwecke des Arbeitgebers tätig zu werden. Sämtliche Aktivitäten dieser Art müssen im Einklang mit den gesetzlichen Vorschriften (zB Beachtung des Verbots versteckter Werbung, Einhaltung der Allgemeinen Nutzungsbedingungen von Anbietern von Social Media Plattformen) erfolgen; der Arbeitgeber wird in der Gestaltung der Weisungen dafür sorgen, dass sämtliche Regelungen eingehalten werden. Bieten Plattformen die Möglichkeit zur Anmeldung eines personenunabhängigen Organisationsprofils, ist dieses zu nutzen.
(3) Wird der Arbeitnehmer aufgrund Weisung in Social Media tätig, so sind bei der Anlage von Benutzerkonten oder Profilen in Social Media bzgl personenbezogener Daten die datenschutzrechtlichen Prinzipien der Datenvermeidung bzw der Datensparsamkeit zu beachten. Die datenschutzrechtlichen Möglichkeiten der jeweiligen Plattform im Hinblick auf Erforderlichkeit, Zweckmäßigkeit, Verhältnismäßigkeit und Vertraulichkeit sind konsequent zu nutzen. Es dürfen nur die vom Anbieter verlangten Pflichtfelder ausgefüllt werden. Die Angabe freiwilliger Angaben in den Profilen ist, sofern keine dienstlichen Gründe vorliegen, zu unterlassen.
(4) Auf die datenschutzrechtliche Einwilligung des Arbeitnehmers, die separat zum Arbeitsvertrag abzugeben ist, wird verwiesen. Sollte der Arbeitnehmer von seinem datenschutzrechtlichen Widerrufsrecht Gebrauch machen, ist ein Einsatz in den hier unter Abs. 1 genannten Bereichen nicht mehr möglich; der Arbeitgeber ist dann berechtigt, den Arbeitnehmer mit andersartigen Tätigkeiten zu beschäftigen.

bb) Gestaltungshinweise

Die **Klausel A 1** regelt, dass kein Anspruch auf die private Nutzung des betrieblichen Internetzugangs besteht. Der Arbeitnehmer hat zwar ohnehin keinen Anspruch auf die private Nutzung des betrieblichen Internetzugangs, aber zur Vermeidung von Rechtsunsicherheiten ist es empfehlenswert, eine ausdrückliche Regelung in den Arbeitsvertrag aufzunehmen.[24] Da eine formulararbeitsvertragliche Klausel, welche die Nutzung des betrieblichen Internetzugangs betrifft, vom allgemeinen Weisungsrecht des Arbeitgebers umfasst wird, ist diese Regelung grds. gem. § 307 Abs. 3 S. 1 BGB als deklaratorische Klausel inhaltskontrollfrei.[25] 3351

Die **Klausel A 2** erlaubt dem Arbeitnehmer die private Nutzung des betrieblichen Internetzugangs ohne jegliche Einschränkung. Gestattet der Arbeitgeber die Nutzung zu privaten Zwecken in allgemeiner Form, ist grds. alles erlaubt, was die Betriebstätigkeit nicht stört, keine erheblichen und daher unzumutbaren Kosten verursacht und das betriebliche IT-System nicht gefährdet.[26] Die Erlaubnis erstreckt sich somit auch auf die Nutzung von sozialen Netzwerken während der Arbeitszeit. Aufgrund der durch die unbeschränkte Privatnutzung gegebenen datenschutzrechtlichen Einschränkungen beim Zugriff auf gespeicherte Daten ist diese Klausel nicht zu empfehlen. Falls der Arbeitgeber eine private Internetnutzung gestatten will, jedoch 3352

24 Vgl Preis/*Preis*, Der Arbeitsvertrag, II I 10 Rn 6.
25 Vgl Preis/*Preis*, Der Arbeitsvertrag, II I 10 Rn 7.
26 LAG Köln 11.2.2005 – 4 Sa 1018/04; vgl auch Maschmann/Sieg/Göpfert/*Tödtmann*/*Kaluza*, Vertragsgestaltung im Arbeitsrecht, Kap. 410 Rn 10.

den Zugriff auf soziale Netzwerke während der Arbeitszeit verbieten möchte, muss dies ausdrücklich in die Klausel aufgenommen werden.[27]

3353 Die **Klausel A 3** erlaubt dem Arbeitnehmer eine private Internetnutzung in begrenztem Umfang. Eine solche Klausel ist sinnvoll, um eine Zweckentfremdung von Arbeitszeit zu verhindern und um die Beeinträchtigungen der Betriebsabläufe sowie der finanziellen Nachteile zu minimieren und Sicherheitsrisiken zu begrenzen.[28] Zur Festlegung des Umfangs der Privatnutzung bieten sich insb. die zeitliche Begrenzung der privaten Internetnutzung sowie die Auflistung inhaltlicher Verbote an. Je nach Betriebszweck kann es auch sinnvoll sein, die Erlaubnis für unterschiedliche elektronische Medien (zB Internet, E-Mail, Mobiltelefon oder Smartphone) differenziert zu gestalten.[29]

3354 Mittels der **Klausel A 4** kann sich der Arbeitgeber vorbehalten, die Berechtigung des Arbeitnehmers zur Internetnutzung bei Vorliegen bestimmter Umstände jederzeit zu widerrufen. Häufig wird die Klausel A 4 kombiniert mit der Klausel A 2 oder der Klausel A 3. Es ist darauf hinzuweisen, dass das Widerrufsrecht des Arbeitgebers nach der Rspr des BAG ohne Bindung an Sachgründe gegen das Transparenzgebot des § 308 Nr. 4 BGB verstößt.[30] Mithin muss die Widerrufsklausel so formuliert werden, dass die einzelnen Gründe für den Widerruf der privaten Internetnutzung aufgelistet werden.

3355 Die **Klausel A 5** beinhaltet die Verpflichtung des Arbeitnehmers, im Sinne des Unternehmens in Social Media Netzwerken tätig zu werden. Hierzu sind vor allem datenschutzrechtliche Anforderungen zu berücksichtigen.[31] Mit der vertraglichen Absprache, im Interesse des Arbeitgebers im Internet aktiv zu werden, verpflichtet sich der Arbeitnehmer, seinen Namen mit dem Unternehmen im Internet, also weltweit abrufbar, zu verknüpfen. Diese Verpflichtung sollte durch den Arbeitgeber nur nach sorgfältiger Abwägung vereinbart werden. Aufgrund der notwendigen Preisgabe personenbezogener Daten ist die Verpflichtung nur einzuhalten, solange eine wirksame datenschutzrechtliche Einwilligungserklärung vorliegt. Da der Arbeitnehmer es durch die freie Widerruflichkeit der Einwilligung in der Hand hat, die Tätigkeit für ihn unmöglich zu machen, ist die erweiterte Versetzungsregelung eine angemessene und notwendige Konsequenz aus der Beauftragung mit Social Media relevanten Internetaktivitäten.

27 Vgl auch Maschmann/Sieg/Göpfert/*Tödtmann/Kaluza*, Vertragsgestaltung im Arbeitsrecht, Kap. 410 Rn 34.

28 Vgl Maschmann/Sieg/Göpfert/*Tödtmann/Kaluza*, Vertragsgestaltung im Arbeitsrecht, Kap. 410 Rn 12.

29 Vgl Preis/*Preis*, Der Arbeitsvertrag, II I 19 Rn 12.

30 Vgl Preis/*Preis*, Der Arbeitsvertrag, II I 10 Rn 15.

31 Zur datenschutzrechtlichen Klauselgestaltung bei der Überwachung und Kontrolle des Arbeitnehmers am Arbeitsplatz vgl § 1 Rn 2760 ff (40. Internet- und E-Mail-Nutzungsklauseln).

55. Tätigkeitsbeschreibungsklauseln

Literatur

Bayreuther, Was schuldet der Arbeitnehmer? – Möglichkeiten und Grenzen einer vertraglichen Ausgestaltung der Leistungspflicht des Arbeitnehmers, Sonderbeil. zu NZA Heft 1/2006; *ders.*, Widerrufs-, Freiwilligkeits- und Anrechnungsvorbehalte – geklärte und ungeklärte Fragen der aktuellen Rechtsprechung des BAG zu arbeitsvertraglichen Vorbehalten, ZIP 2007, 2009; *Domschke/Gerstenberg*, Abschied von der Stellenbeschreibung?, AuA 2003, 30; *Dzida/Schramm*, Versetzungsklauseln: Mehr Flexibilität für den Arbeitgeber, mehr Kündigungsschutz für den Arbeitnehmer, BB 2007, 1221; *Frey*, Flexible Arbeitszeit, 1994; *Gaul/Ludwig*, Uneingeschränkte AGB-Kontrolle bei dynamischer Bezugnahme im Arbeitsvertrag bei arbeitgeberseitigen Regelungswerken, BB 2010, 55; *Hilbrandt*, Versetzung aufgrund vermeintlichen Weisungsrechts und einstweiliger Rechtsschutz, RdA 1998, 155; *Hromadka*, Grenzen des Weisungsrechts, NZA 2012, 233; *Hromadka/Schmitt-Rolfes*, Die AGB-Rechtsprechung des BAG zu Tätigkeit, Entgelt und Arbeitszeit, NJW 2007, 1777; *Lakies*, Das Weisungsrecht des Arbeitgebers (§ 106 GewO) – Inhalt und Grenzen, BB 2003, 364; *Lindemann*, Einseitige Leistungsbestimmungsrechte auf dem Prüfstand, AuR 2004, 201; *Neumann*, Versetzung des Arbeitnehmers, AR-Blattei, SD 1700; *Popp*, Status quo und Perspektiven des arbeitsvertraglichen Direktionsrechts, BB 1997, 1790; *Preis*, Unbillige Weisungsrechte und überflüssige Änderungskündigungen, NZA 2015, 1; *Preis/Genenger*, Die unechte Direktionsrechtserweiterung, NZA 2008, 969; *Preis/Lindemann*, Änderungsvorbehalte – das BAG durchschlägt den gordischen Knoten, NZA 2006, 632; *Schulte*, Direktionsrecht á la § 106 GewO – mehr Rechtssicherheit?, ArbRB 2003, 245; *Stoffels*, Grundfragen der Inhaltskontrolle von Arbeitsverträgen, ZfA 2009, 861.

a) Rechtslage im Umfeld

aa) Tätigkeitsbeschreibung und Weisungsrecht

Verschiedene Rechtsquellen des Arbeitsrechts kommen bei der Bestimmung der vom Arbeitnehmer geschuldeten Hauptleistungspflicht zusammen. Häufig werden hierzu im Arbeitsvertrag Festlegungen in Form einer **Tätigkeitsbeschreibung** getroffen. Die vom Arbeitnehmer zu erbringende Hauptleistungspflicht wird dann wesentlich durch die Tätigkeitsbeschreibung und die sie ausfüllenden **Weisungen des Arbeitgebers** bestimmt. Durch die Erweiterungen des Direktionsrechts, die der Arbeitgeber bspw über eine **Versetzungsklausel** in begrenztem Maße erreichen kann,[1] sind im laufenden Arbeitsverhältnis weitgehende Änderungen möglich. Der Umfang der Weisungsbefugnis des Arbeitgebers bei **Arbeitsort**[2] und **Arbeitszeit**[3] wird an anderer Stelle dargestellt. 3356

Der Gesetzgeber hat das Weisungsrecht des Arbeitgebers in § 106 GewO formuliert und damit eine Rechtsgrundlage für das früher aus Rspr und Lehre entwickelte **allgemeine Direktionsrecht** geschaffen. Das Direktionsrecht erlaubt dem Arbeitgeber, eine vertraglich nur rahmenmäßig bestimmte Leistungspflicht des Arbeitnehmers jeweils täglich, stündlich oder anlassbezogen zu konkretisieren. Die Weisung besteht darin, dem Arbeitnehmer einen konkreten Arbeitsauftrag zu erteilen. Wirksam ist eine solche Leistungsbestimmung nur, wenn sie sich innerhalb der vertraglich vereinbarten Arbeitspflicht hält,[4] die sich regelmäßig als Tätigkeitsbeschreibung im Arbeitsvertrag wiederfindet. Ist der Arbeitnehmer bspw als Schlosser eingestellt, ist kraft Direktionsrechts die Zuweisung einer Hilfsarbeitertätigkeit unzulässig;[5] es können jedoch jegliche Arbeiten zugewiesen werden, die dem Berufsbild des Schlossers entsprechen. 3357

Erweitertes Direktionsrecht nennt man das vertraglich ausdrücklich vereinbarte Recht des Arbeitgebers, dem Arbeitnehmer auch solche Leistungspflichten aufzuerlegen, die vom allgemeinen Direktionsrecht nicht umfasst sind, da sie über die vertraglich geschuldete Leistung hinausgehen.[6] 3358

1 HWK/*Lembke*, § 106 GewO Rn 57.
2 S. § 1 Rn 798 ff (9. Arbeitsortklauseln).
3 S. § 1 Rn 832 ff (10. Arbeitszeitklauseln).
4 *Richter*, DB 1989, 2378.
5 LAG Hamm 10.6.2002 – 19 (11) Sa 1031/01.
6 Preis/*Preis*, Der Arbeitsvertrag, II D 30 Rn 3.

3359 Das **allgemeine Direktionsrecht** ergibt sich aus **§ 106 S. 1 GewO**. Der Arbeitgeber kann Inhalt, Ort und Zeit der Arbeitsleistung nach billigem Ermessen näher bestimmen, soweit die Arbeitsbedingungen nicht im Arbeitsvertrag, in Bestimmungen einer Betriebsvereinbarung, eines anwendbaren Tarifvertrages oder in einer gesetzlichen Vorschrift festgelegt sind. Die Ausübung der Direktionsbefugnis unterliegt gem. § 307 Abs. 3 S. 1 BGB, § 106 GewO, § 315 BGB keiner AGB-rechtlichen Inhaltskontrolle. **Direktionsrechtserweiternde Klauseln** sind seit dem Inkrafttreten der Schuldrechtsreform an §§ 307 ff BGB zu messen. Dies ergibt sich daraus, dass es für die Hauptleistungen regelmäßig keinen gesetzlichen Maßstab zur Angemessenheitskontrolle gibt und eine gerechte oder auch nur angemessene Festlegung der Hauptleistungspflichten, gleich ob Leistung oder Preis, durch die staatlichen Gerichte nicht vorgesehen ist.[7] Ein Schutz des Arbeitnehmers ist bei den Hauptleistungspflichten auch weniger erforderlich, da diese Regelung regelmäßig im Focus der Aufmerksamkeit steht und somit – anders als Nebenregelungen – durch die Vertragsparteien zur Kenntnis genommen und verstanden werden.[8]

3360 § 308 Nr. 4 BGB ist bei **Versetzungsklauseln** unanwendbar, da diese Vorschrift nur einseitige Bestimmungsrechte hinsichtlich der Leistung des Verwenders erfasst, die Arbeitsleistung jedoch die dem Verwender (also in aller Regel dem Arbeitgeber) geschuldete Gegenleistung betrifft.[9] Da Versetzungsvorbehaltsklauseln in Arbeitsverträgen eine lange Tradition haben, scheiden sie als überraschende Klauseln iSv § 305 c BGB idR aus, wenn sie nicht bei Unübersichtlichkeit des Vertrages oder wegen gezielter Einbeziehung in eine nicht hierzu geeignete Vertragspassage für den Arbeitnehmer leicht zu übersehen sind.

3361 Über die AGB-rechtliche Kontrolle direktionsrechtserweiternder Klauseln wird zwar methodisch nunmehr ein anderer Anknüpfungspunkt gewählt als in der früheren BAG-Rspr. Klopft man aber die verschiedenen Ansatzpunkte der Inhaltskontrolle in § 307 BGB auf ihren gemeinsamen Kern ab, stellt man fest, dass die Gebote der Inhaltskontrolle nichts wesentlich anderes besagen, als sich aus § 315 BGB und dem für das allgemeine Direktionsrecht maßgeblichen § 106 S. 1 GewO bereits ergibt. Wesen der **billigen Ermessensausübung** ist es, die rechtsgestaltende Leistungsbestimmung innerhalb eines Entscheidungsspielraums unter Berücksichtigung der Interessen beider Parteien und des in vergleichbaren Fällen Üblichen vorzunehmen.[10] Mit der Inhaltskontrolle verfolgt der Gesetzgeber des BGB keine hiervon abweichenden Ziele. Hingegen tritt durch die Inhaltskontrolle der Vertragsbestimmungen eine zuvor kaum wahrgenommene Unterscheidung zur Ausübungskontrolle nun stärker hervor.[11] Für die Erstellung eines Arbeitsvertrages bedeutet dies eine intensive Befassung mit den §§ 305 ff BGB und der dazu ständig ergehenden neuen Rspr. Bei der Bewertung bestehender Konfliktlagen ist hingegen zunächst festzustellen, ob das Problem in der Vertragsklausel selbst oder in deren Anwendung liegt; damit ist dann die Weiche für die weitere rechtliche Bearbeitung richtig gestellt.

3362 Enthält die Tätigkeitsklausel einen direktionsrechtserweiternde **Vorbehalt**, findet mangels direkter Anwendbarkeit von § 308 Nr. 4 BGB eine Inhaltskontrolle anhand der Generalklausel des § 307 BGB statt.[12] Zu prüfen sind die Angemessenheit und Transparenz der Klausel. Dabei ist es erforderlich, dass aus der Versetzungsklausel konkret hervorzugehen hat, welche Gründe den Arbeitgeber zu einer abweichenden Leistungsbestimmung berechtigen.[13] Welche Gründe zu einer Situation führen können, die den Arbeitgeber veranlasst, die Rechte aus dem erweiter-

7 Clemenz/Kreft/Krause/*Klumpp*, AGB-Arbeitsrecht, § 307 BGB Rn 28 f; BAG 16.5.2012 – 5 AZR 331/11, NZA 2012, 908.

8 *Stoffels*, ZfA 2009, 861, 867.

9 BAG 11.4.2006 – 9 AZR 557/05, NZA 2006, 1149 f; *Reinecke*, NZA-RR 2013, 393, 394 f.

10 BGH 2.4.1964 – KZR 10/62, BGHZ 41, 271; BAG 4.5.1993 – 3 AZR 625/92, NZA 1994, 361.

11 Vgl hierzu BAG 3.12.2008 – 5 AZR 62/08, juris (Tz 34); die Unterscheidung zwischen Vertrags- und Ausübungskontrolle übersieht BAG 9.5.2006 – 9 AZR 424/05, NZA 2007, 145; dazu *Hromadka/Schmitt-Rolfes*, NJW 2007, 1777, 1778 f.

12 *Stoffels*, AGB-Recht, Rn 792, 803.

13 BAG 11.2.2009 – 10 AZR 222/08, NZA 2009, 428, 430.

ten Direktionsrecht auszuüben, muss angesichts des in § 307 Abs. 1 S. 2 BGB enthaltenen Transparenzgebotes für den Arbeitnehmer erkennbar sein.[14] Mit den hierzu in den letzten Jahren ergangenen Entscheidungen haben die Arbeitsgerichte die bisherige Rechtslage zu den direktionsrechtserweiternden Klauseln grundlegend geändert.

Der Verstoß einer direktionsrechtserweiternden Klausel gegen § 307 BGB ist sowohl nach alter als auch nach aktueller Rspr anzunehmen, wenn sich der Arbeitgeber vorbehält, dem Arbeitnehmer eine **geringerwertige Tätigkeit** zuzuweisen, die dann entsprechend geringer vergütet werden soll.[15] Die Unwirksamkeit derartiger Direktionsrechtserweiterungen hatte bereits die ältere Rspr gem. § 134 BGB, § 2 KSchG angenommen.[16] 3363

Darüber hinaus ist zu berücksichtigen, dass die Festlegung der arbeitsvertraglich geschuldeten Tätigkeit und das Ausmaß an **kündigungsrechtlichem Sozialschutz** im Bereich der **Sozialauswahl** miteinander verbunden sind. Je konkreter die Tätigkeit des Arbeitnehmers im Arbeitsvertrag festgelegt ist, desto geringer ist der Spielraum des Arbeitgebers zur Ausübung des Direktionsrechts.[17] Je nachdem, wie eng oder wie weit die Tätigkeitsbeschreibung gefasst ist, bindet sich der Arbeitgeber im Rahmen der Sozialauswahl. Je weiter das Direktionsrecht reicht, desto weiter greift der Kreis derjenigen Arbeitnehmer, die in die Sozialauswahl einzubeziehen sind. Je begrenzter das Tätigkeitsfeld im Arbeitsvertrag umschrieben ist, desto mehr verengt sich der Kreis der bei einer Sozialauswahl zu berücksichtigenden Arbeitnehmer. In dem Maße, in dem das Element der Unbestimmtheit bei der direktionsrechtserweiternden Klausel die Rechtsposition des Arbeitnehmers einschränkt, verstärkt sich sein bestandsrechtlicher Sozialschutz.[18] 3364

Die **Grenzen der Abstraktion** bei der Tätigkeitsbeschreibung im Arbeitsvertrag ergeben sich aus § 2 Abs. 1 S. 2 Nr. 5 NachwG. Allerdings ist das NachwG bislang aufgrund seiner Sanktionslosigkeit weitgehend folgenlos geblieben. Wird jemand im **öffentlichen Dienst** als Sachgebietsleiter oder Verwaltungsangestellter eingestellt, kann ihm nach ständiger Rspr[19] jedwede Tätigkeit zugewiesen werden, die den Merkmalen seiner Vergütungsgruppe entspricht. Auch wenn diese Rspr vor dem Hintergrund der Kampelmann-Entscheidung des EuGH[20] und der daraufhin ergangenen Neufassung des § 2 Abs. 1 S. 2 Nr. 5 NachwG[21] korrekturbedürftig erschien und **Sammelbezeichnungen** wie Angestellter oder selbst **Umschreibungen** wie kaufmännischer Angestellter danach nicht mehr den gesetzlichen Anforderungen genügen,[22] hat das BAG die alte Rechtslage im Wesentlichen konserviert. Schon die bloße Bezugnahme auf eine Arbeitsplatz- oder eine Stellenbeschreibung, die im Arbeitsvertrag nicht enthalten ist, genügt den Anforderungen des § 2 Abs. 1 S. 2 Nr. 5 NachwG für Mitarbeiter im öffentlichen Dienst. Eine Verpflichtung zu einer kurzen Charakterisierung oder Beschreibung der vom Arbeitnehmer zu leistenden Tätigkeit ist darüber hinaus im Arbeitsvertrag nicht erforderlich.[23] Noch nicht einmal die Vergütungs- und Fallgruppe muss nach derzeit ständiger Rspr im Arbeitsvertrag eines Mitarbeiters des öffentlichen Dienstes enthalten sein.[24] 3365

Unabhängig von der Formulierung der Tätigkeitsbeschreibung im Arbeitsvertrag können durch die **praktische Handhabung eines Arbeitsverhältnisses** Konkretisierungen eintreten, die 3366

14 BAG 12.1.2005 – 5 AZR 364/04, NJW 2005, 1820.
15 BAG 9.5.2006 – 9 AZR 424/05, NZA 2007, 145; vgl dazu *Hromadka/Schmitt-Rolfes*, NJW 2007, 1777, 1778 f.
16 BAG 12.12.1984 – 7 AZR 509/83, NZA 1985, 321.
17 LAG Berlin 25.4.1988 – 9 Sa 15/88, DB 1988, 1228; LAG Rheinland-Pfalz 13.10.1987 – 3 Sa 457/87, NZA 1988, 471; LAG Köln 26.10.1984 – 6 Sa 740/84, NZA 1985, 258.
18 *Dzida/Schramm*, BB 2007, 1221.
19 BAG 30.8.1995 – 1 AZR 47/95, NZA 1996, 440.
20 EuGH 4.12.1997 – Rs. C-253/96 bis C-258/96, NZA 1998, 137.
21 ÄndG vom 29.6.1998 (BGBl. I S. 1692).
22 *Berscheid*, SPA 24/1998, S. 1 ff.
23 BAG 8.6.2005 – 4 AZR 406/04, BB 2005, 2584.
24 BAG 8.6.2005 – 4 AZR 406/04, BB 2005, 2584.

es dem Arbeitgeber nicht mehr ohne Weiteres gestatten, dem Arbeitnehmer eine andere Tätigkeit als die bspw in den vergangenen fünfzehn Jahren verrichtete Arbeitsaufgabe ohne Ausspruch einer Änderungskündigung zuzuweisen. Nach der Rspr tritt eine solche **Konkretisierung** indessen nur dann ein, wenn weitere besondere Umstände neben dem Zeitablauf hinzugetreten sind, aus denen sich ergibt, dass der Arbeitnehmer künftig nur noch eine ganz bestimmte Arbeit verrichten soll.[25] Solche Umstände können sich aus der Ausbildung, einer Beförderung, der Gewöhnung an einen Rechtszustand oder aus der konkreten Übertragung von Führungsaufgaben ergeben.[26] Entscheidend ist, ob der Arbeitnehmer darauf vertrauen kann, eine einseitige Einwirkung des Arbeitgebers auf seinen Arbeitsbereich werde es nicht mehr geben.[27] Ein solch schutzwürdiges Vertrauen liegt insb. dann vor, wenn der Arbeitnehmer mit höher qualifizierten Arbeiten beschäftigt worden ist, so dass die Zuweisung einer Arbeit mit anderen, geringeren Anforderungen dem Arbeitnehmer gegenüber als Zurücksetzung erscheinen würde.[28] Allerdings führt die lediglich vorübergehende Übertragung höherwertiger Tätigkeiten grds. nicht zu einer Konkretisierung.[29] Zu Recht wird nach der Rspr eine Konkretisierung durch Zeitablauf generell nur ausnahmsweise angenommen,[30] wie der Fall der Stationsschwester zeigt, die 25 Jahre lang einer Station vorstand und die Zuweisung der Leitung einer anderen Station als das Direktionsrecht überschreitende Maßnahme ansah. Das BAG lehnte die Annahme einer Konkretisierung durch Beschäftigung in einer bestimmten Station ab.[31] Selbst trotz des sehr langen Zeitablaufs war kein Anspruch auf Tätigkeit in einer bestimmten Station eingetreten.

3367 Der Zeitraum, aufgrund dessen der Arbeitnehmer eine Konkretisierung seines Beschäftigungsanspruchs behauptet, ist nicht alleine maßgeblich. Es kommt vor allem auf die Umstände des Einzelfalles an, wie sich an der Entscheidung des LAG Nürnberg[32] demonstrieren lässt, die eine Konkretisierung schon nach viereinhalbjähriger Beschäftigung auf ein und derselben Position im Abend-, Wochenend- und Feiertagsdienst annahm. Hingegen ist die Rspr grds. eher **zurückhaltend**, das Direktionsrecht aufgrund einer Konkretisierung einzuschränken, weil der Verzicht auf die Ausübung des Direktionsrechts im Zweifel nicht im Interesse des Arbeitgebers liegt und somit auch nicht der Wille zur Konkretisierung unterstellt werden kann.[33]

3368 In einer letztlich aufgehobenen Entscheidung des LAG Köln[34] ging es um eine Neuverteilung von Aufgaben im Rahmen einer betrieblichen Umorganisation. Das Gesamtbild der dem Arbeitnehmer übertragenen Aufgaben hatte sich nach Ansicht der Richter so verändert, dass selbst dann, wenn nicht von einer Konkretisierung der dem Arbeitnehmer übertragenen Aufgaben ausgegangen werden könne, eine Änderung nicht mehr im Wege des Direktionsrechts, sondern nur im Wege der Änderungskündigung möglich sei. Im konkreten Fall war der Arbeitnehmer als „Leiter der Abteilung Betriebswirtschaft“ mit zuletzt 32 Mitarbeitern beschäftigt. Der Arbeitgeber strukturierte die Abteilung um, so dass dem „Leiter Betriebswirtschaft“ nur noch 6,5 Arbeitnehmer unterstellt waren. Das LAG Köln meinte, die Grenzen des Direktionsrechts

25 BAG 12.4.1973 – 2 AZR 291/72, AP § 611 BGB Direktionsrecht Nr. 24; BAG 27.3.1980 – 2 AZR 506/78, AP § 611 BGB Direktionsrecht Nr. 26; LAG Köln 26.1.1994 – 2 Sa 120/93, MDR 1995, 75 = ZTR 1994, 374; LAG Rheinland-Pfalz 13.10.1987 – 3 Sa 457/87, NZA 1988, 471; LAG Köln 23.2.1987 – 6 Sa 957/86, LAGE § 611 BGB Direktionsrecht Nr. 1.

26 BAG 14.12.1961 – 5 AZR 180/61, AP § 611 BGB Direktionsrecht Nr. 17; LAG Köln 26.10.1984 – 6 Sa 740/84, NZA 1985, 258; BAG 7.9.1972 – 5 AZR 12/72, AP § 767 ZPO Nr. 2.

27 BAG 14.12.1961 – 5 AZR 180/61, AP § 611 BGB Direktionsrecht Nr. 17 und 24.

28 BAG 15.10.1960 – 5 AZR 152/58, AP § 3 TOA Nr. 73; BAG 14.12.1961 – 5 AZR 180/61, AP § 611 BGB Direktionsrecht Nr. 17.

29 BAG 17.4.2002 – 4 AZR 174/01, NZA 2003, 159; dazu *Hromadka*, RdA 2003, 237.

30 BAG 7.12.2000 – 6 AZR 444/99, NZA 2001, 780; HWK/*Lembke*, § 106 GewO Rn 76.

31 BAG 24.4.1996 – 5 AZR 1031/94, DB 1996, 1931.

32 LAG Nürnberg 5.11.1997 – 4 Sa 796/96, AiB 1998, 711.

33 BAG 23.6.1992 – 1 AZR 296/92, DB 1993, 788; *Preis*, NZA 2015, 1, 4.

34 LAG Köln 22.4.1999 – 5 Sa 30/99, juris.

seien überschritten, wenn einer Führungskraft mehr als 50 % der hierzu gehörenden Aufgaben und Arbeitnehmer entzogen würden.[35] Das BAG[36] hob die Entscheidung des LAG Köln auf: Eine Konkretisierung des Arbeitsvertrages erfordere über die langjährige Handhabung hinaus zusätzliche Umstände, die ein schutzwürdiges Vertrauen des Arbeitnehmers auf Beibehaltung des bisherigen Leistungsinhalts für die Zukunft begründeten. Umfasse der vertragliche Anspruch des Arbeitnehmers nicht alle tatsächlich erreichten Arbeitsaufgaben, sei es dem Arbeitgeber nicht verwehrt, dem Arbeitnehmer einzelne Aufgaben einseitig zu entziehen, ohne dabei den Arbeitsvertrag zu verletzen oder das Direktionsrecht zu überschreiten.

bb) Das allgemeine Weisungsrecht (§ 106 S. 1 GewO)

Die drei Inhalte des allgemeinen Weisungsrechts (Direktionsrecht) des Arbeitgebers sind: 3369

- die Arbeitspflicht inhaltlich zu präzisieren,
- die Arbeitszeit auszugestalten und
- den Arbeitsort festzulegen.

Sie berühren stets auf grundlegende Weise den mit einem Arbeitsvertrag vom Arbeitgeber verfolgten Zweck. Wann der Gestalter von Arbeitsverträgen bei der Beschreibung der Tätigkeit die gebotene Konkretisierung verlässt, lässt sich nicht verallgemeinern.

Das Direktionsrecht des Arbeitgebers umfasst das Recht, die **Arbeitspflicht** des Arbeitnehmers 3370
durch einseitige Weisungen näher auszugestalten.[37] Wer als Schlagzeuger beschäftigt ist, muss auch ein Geräuscheffektgerät bedienen.[38] Der Arbeitgeber darf einem Arbeitnehmer, der als Verkaufssachbearbeiter in einem Möbelhaus der gehobenen Kategorie tätig ist, untersagen, in Gegenwart von Kunden mit Jeans und Turnschuhen aufzutreten, und er darf den Mitarbeiter anweisen, Sakko und Krawatte zu tragen.[39] Ein Bildberichterstatter kann zu höflichem Verhalten verpflichtet werden.[40] Das Direktionsrecht erlaubt es, einen Arbeitnehmer anzuweisen, eine Geschäftsfahrt mit einem hierfür zur Verfügung gestellten Geschäftswagen auszuführen und hierbei Arbeitskollegen mitzunehmen.[41] Rechtswidrig und unbeachtlich ist die Weisung, die dem Arbeitnehmer auferlegt, ein verkehrsunsicheres Fahrzeug zu benutzen oder ohne Fahrerlaubnis zu fahren.[42] Wirksam ist dagegen die Weisung, aufgrund einer vom Arbeitgeber gepflegten Betriebsüblichkeit, dass alle Mitarbeiter einander mit dem Vornamen ansprechen und duzen.[43]

Weisungen zum Tätigkeitsbereich gehen verschiedentlich mit Weisungen zum **Arbeitsort** und 3371
zur **Arbeitszeit** einher. Beispielhaft sei auf das Urteil des BAG vom 7.12.2000[44] verwiesen: Bei mehreren für eine Stadt tätigen Kontrollschaffnern hatte es sich über die Jahre eingebürgert, dass diese jeweils an der nächstgelegenen Bushaltestelle zu ihrem Wohnort mit ihrer Arbeit begannen, sich im Laufe des Tages trafen, um die Arbeit miteinander zu koordinieren, und über eine Busfahrt nach Hause mit einem in der Nähe ihres Wohnsitzes haltenden Bus auch ihre Arbeit beendeten. Im Arbeitsvertrag war diese, über viele Jahre praktizierte Arbeitsort- und Arbeitszeitregelung nicht niedergelegt. Es existierte eine Richtlinie zu dieser Praxis, die aber förmlich nicht vom Arbeitsvertrag erfasst und auch von keiner der vertragsschließenden Parteien unterzeichnet war. Als die Stadt die Richtlinie änderte und verlangte, dass die Buskontrol-

35 LAG Köln 22.4.1999 – 5 Sa 30/99, juris.
36 BAG 24.1.2001 – 5 AZR 411/99, FA 2001, 315.
37 BAG 7.12.2000 – 6 AZR 444/99, NZA 2001, 780.
38 BAG 27.9.2001 – 6 AZR 577/00, AuR 2001, 468.
39 LAG Hamm 22.10.1991 – 13 TaBV 36/91, LAGE § 611 BGB Direktionsrecht Nr. 11.
40 BAG 23.6.2009 – 2 AZR 283/08, NZA 2009, 1168.
41 BAG 29.8.1991 – 6 AZR 593/88, DB 1992, 147.
42 BAG 23.6.1988 – 8 AZR 300/85, DB 1989, 280.
43 BAG 29.6.1989 – 2 AZR 482/88, NZA 1990, 63.
44 BAG 7.12.2000 – 6 AZR 444/99, NZA 2001, 780.

leure ihre Arbeit gemeinschaftlich zu einer bestimmten Uhrzeit im Busbahnhof aufnehmen sollten, führte diese Änderung bei einzelnen Arbeitnehmern zu einer Verlängerung der Wegezeit zur Arbeit um bis zu 55 Minuten. Die Buskontrolleure wandten ein, der Arbeitgeber sei hinsichtlich Ort und Zeit der Arbeitsleistung eingeschränkt, die Änderung des Beginns ihres Arbeitsortes verstoße gegen die Grundsätze des billigen Ermessens.

3372 Das BAG entschied, dass die Befugnis, kraft Direktionsrechts Ort und Zeit der Arbeitsleistung festzulegen, nicht dadurch eingeschränkt werde, dass der Arbeitgeber bei Abschluss der Arbeitsvertrages auf die für den Arbeitsbereich des Arbeitnehmers geltende betriebliche Regelung über Zeit und Ort des Beginns und Ende der täglichen Arbeit hingewiesen habe. Das Direktionsrecht werde nicht dadurch verbraucht, dass der Arbeitgeber danach über längere Zeit von ihm keinen Gebrauch gemacht habe. Das Direktionsrecht ermögliche dem Arbeitgeber, die **im Arbeitsvertrag nur rahmenmäßig umschriebene Leistungspflicht im Einzelnen nach Zeit, Art und Ort zu bestimmen.** Dieses Recht gehöre zum wesentlichen Inhalt eines jeden Arbeitsverhältnisses. Das Direktionsrecht des Arbeitgebers könne nur durch Gesetz, Tarifvertrag, Betriebsvereinbarung oder Einzelarbeitsvertrag eingeschränkt sein.

3373 Die Wahrung billigen Ermessens setzt voraus, dass die wesentlichen Umstände des Falles **abgewogen** und die **beiderseitigen Interessen angemessen berücksichtigt** werden.[45] Als unbillig gilt, wenn der Arbeitgeber ausschließlich seine Interessen durchsetzt und auf die Belange des Arbeitnehmers keine Rücksicht nimmt.[46] Sieht dagegen ein Tarifvertrag eine ausschließlich an den Bedürfnissen des Arbeitgebers orientierte Direktionsrechtsausübung vor, bemisst sich die Wirksamkeit einer Leistungsbestimmung im Bereich der Tätigkeiten des Arbeitnehmers nicht an § 315 Abs. 1 BGB, sondern allein an den Maßstäben der tarifvertraglichen Klausel.[47] Über § 310 Abs. 4 S. 1 BGB gelten diese Grundsätze auch nach der Schuldrechtsreform fort.

3374 Insbesondere bei Weisungen mit betriebskollektivem Inhalt greift eine Reihe von **Mitbestimmungsrechten** des Betriebsrats. Ein Rauchverbot im Betrieb kann nur mit Zustimmung des Betriebsrats angeordnet werden.[48] Gleiches gilt für ein Alkoholverbot.[49] Die Weisung, am Arbeitsplatz nicht Radio zu hören, ist nach § 87 Abs. 1 Nr. 1 BetrVG mitbestimmungspflichtig.[50] Auch Kleiderordnung und Bekleidungsvorschriften unterliegen Mitbestimmungsnormen, ebenso die Benutzungsregeln für einen Firmenparkplatz,[51] Regeln zur Benutzung des Telefons,[52] Weisungen zur Torkontrolle[53] oder Weisungen zur Benutzung eines Werksausweises.[54] Der Mitbestimmung des Betriebsrats unterliegt es hingegen nicht, wenn der Arbeitgeber eine generelle Weisung erteilt, dass in Geschäftsbriefen einheitlich unter „Betreff" die jeweiligen Bearbeiter mit Vor- und Nachnamen sowie mit dem betrieblichen Telefonanschluss angegeben werden.[55]

3375 Nach stRspr des BAG ist eine Änderungskündigung unwirksam, wenn der Arbeitgeber die Änderung der Leistungspflicht durch die Ausübung seines Weisungsrechts bereits herbeigeführt hatte. Die Wirksamkeit einer **„überflüssigen" Änderungskündigung** hängt jeweils von der Re-

45 BAG 11.4.2006 – 9 AZR 557/05, NZA 2006, 1149; BAG 24.4.1996 – 5 AZR 1031/94, AP § 611 BGB Direktionsrecht Nr. 48; BAG 28.11.1984 – 5 AZR 123/83, DB 1985, 132.

46 BAG 19.5.1992 – 1 AZR 418/91, NZA 1992, 978.

47 BAG 14.1.2009 – 5 AZR 75/08, NZA 2009, 984; BAG 22.5.1985 – 4 AZR 427/83, AP § 1 TVG Tarifverträge – Bundesbahn Nr. 7; LAG Schleswig-Holstein 30.12.1998 – 4 Sa 365/98, ARST 1999, 108; Clemenz/Kreft/Krause/*Klumpp*, AGB-Arbeitsrecht, § 307 BGB Rn 21 f.

48 BAG 19.1.1999 – 1 AZR 499/98, NZA 1999, 546.

49 BAG 23.9.1986 – 1 AZR 83/85, DB 1987, 337.

50 BAG 14.1.1986 – 1 ABR 75/83, DB 1986, 1025.

51 BAG 16.3.1966 – 1 AZR 340/65, AP § 611 BGB Parkplatz Nr. 1.

52 LAG Nürnberg 29.1.1987 – 5 TaBV 4/86, NZA 1987, 572.

53 BAG 17.8.1982 – 1 ABR 50/80, DB 1982, 2578.

54 BAG 16.12.1986 – 1 ABR 35/85, DB 1987, 791.

55 BAG 8.6.1999 – 1 ABR 67/98, AP § 87 BetrVG 1972 Ordnung des Betriebes Nr. 31.

aktion des Arbeitnehmers ab. Lehnt der Arbeitnehmer die angebotene Beschäftigung zu geänderten Bedingungen vorbehaltlos ab, ist eine „überflüssige“ Änderungskündigung wegen der damit verbundenen Bestandsgefährdung unwirksam. Nimmt der Arbeitnehmer dagegen das mit der Änderungskündigung verbundene Angebot unter Vorbehalt an, führt dies nicht zur Unwirksamkeit der Änderung der Arbeitsbedingungen. Denn bei der Annahme unter Vorbehalt gehe es nicht um die Beendigung des Arbeitsverhältnisses, sondern lediglich um dessen inhaltliche Ausgestaltung.[56]

Bei vorbehaltloser Ablehnung eines im Rahmen einer überflüssigen Änderungskündigung ausgesprochenen Angebots zu geänderten Arbeitsbedingungen wird demgegenüber das Risiko der Wirksamkeit von Arbeitsweisungen im Widerspruch zur gesetzlichen Regelung auf den Arbeitnehmer verlagert. Hiergegen lässt sich nicht einwenden, der Arbeitnehmer habe die Möglichkeit, die geänderten Arbeitsbedingungen unter dem Vorbehalt ihrer sozialen Rechtfertigung anzunehmen. Zudem ist die Änderung der Arbeitsbedingungen durch die wirksame Ausübung des Direktionsrechts bereits de facto umgesetzt, sie wird zwischen den Parteien nur (noch) nicht gelebt. Der Arbeitgeber war daher berechtigt, in dem hier angeführten Beispielsfall nach Abmahnung eine verhaltensbedingte Beendigungskündigung auszusprechen. Ferner war auch keine Vergütung zu zahlen, da der Vergütungsanspruch mangels Annahmeverzugs des Arbeitgebers entfallen war.

Richtigerweise hatte das LAG Köln[57] hieraus den Schluss gezogen, dass bei Fortfall eines Tätigkeitsbereichs und arbeitgeberseitigem Angebot einer anderweitigen Stelle (Spüler statt Pizzabäcker) trotz zweifelhafter Gleichwertigkeit die betriebsbedingte Kündigung bei Nichtannahme des Versetzungsangebots sozial gerechtfertigt ist. Das Arbeitsrecht hat bislang durch die sich aus § 315 BGB ergebenden Anforderungen weitgehend flexibel und ohne statische Fixierung auf natürliche Wandlungsprozesse reagiert.

Der Arbeitnehmer hat zwar einen Anspruch iSv § 194 Abs. 1 BGB darauf, dass der Arbeitgeber 3376
die Zuweisung einer vertraglich nicht geschuldeten Arbeit sowie eine nicht vertragsgemäße Beschäftigung unterlässt. Dieser Anspruch lässt sich aber meist nicht im Wege des **einstweiligen Rechtsschutzes** durchsetzen. Die Rspr der Instanzgerichte ist unterschiedlich, die überwiegende Rspr tendiert jedoch zur Ablehnung der Durchsetzung inhaltlicher Arbeitsansprüche im Verfügungsverfahren.[58] Das ArbG Koblenz erließ bei einem Psychologen eine einstweilige Verfügung, da der Psychologe eindeutig abweichend von seiner vertraglich geschuldeten Tätigkeit beschäftigt wurde.[59] Bei prozessualer Sichtweise beschränkt sich nach Ansicht des LAG München der Anspruch des Arbeitnehmers darauf, **nicht geschuldete Arbeit zu verweigern**. Für eine einstweilige Verfügung, die dem Arbeitgeber verbieten soll, dem Arbeitnehmer eine vertraglich nicht geschuldete Arbeit zuzuweisen oder ihn nicht vertragswidrig zu beschäftigen, gebe es generell weder einen Verfügungsgrund noch einen Verfügungsanspruch.[60]

cc) Tätigkeitsbeschreibungen bei Vertriebsmitarbeitern

Im **Vertriebsbereich** besteht eine Übung, die Vertriebsbezirke erfolgreicher Verkäufer im Laufe 3377
der Zeit zu verkleinern, um den provisionsabhängigen Verdienst des Mitarbeiters zu verringern, den zusätzlichen Verdienst für weitere Mitarbeiter in dem aus dem Vertriebsbezirk herausgenommenen Teil zu generieren und die Anreizsituation zu setzen, die Umsätze des von der Bezirksverkürzung betroffenen Mitarbeiters zu steigern. Deshalb ist es aus Arbeitgebersicht wichtig, dem Mitarbeiter bei der Tätigkeitsbeschreibung keinen bestimmten Verkaufsbezirk

56 BAG 6.9.2007 – 2 AZR 368/06, NZA-RR 2008, 291 f.

57 BAG 6.9.2007 – 2 AZR 368/06, NZA-RR 2008, 291; dazu *Wolff*, BB 2008, 896.

58 LAG Köln 19.12.2007 – 9 Ta 350/07, ArbuR 2008, 275; LAG MV 12.5.2009 – 5 SaGa 4/08, juris; LAG Hamm 5.2.2008 – 11 SaGa 4/08, juris; LAG Köln 27.8.2009 – 7 Ta 296/09, ArbR 2009, 169.

59 ArbG Koblenz 8.3.2006 – 2 Ga 9/06 n.v.

60 LAG München 1.12.2004 – 5 Sa 913/04, LAGE § 106 GewO 2003 Nr. 2.

(Postleitzahl, Aufzählung von Orten) verbindlich und unabänderlich zuzusagen, sondern den jeweiligen Vertriebsbezirk offen zu lassen.[61] Diese Flexibilität ist durch die Anwendung des allgemeinen Weisungsrechts iSd § 106 Abs. 1 GewO nicht zu erreichen. Es bedarf daher einer Erweiterung des Direktionsrechts.

3378 Dass eine direktionsrechtserweiternde Klausel an den Maßstäben des AGB-Rechts zu Widerrufsvorbehalten gemessen werden muss, hat das BAG in der Entscheidung vom 11.2.2009 dem Grunde nach entschieden.[62] Dabei lag dem Gericht eine dynamische Verweisungsklausel auf eine von dem Arbeitgeber einseitig aufgestellte Arbeits- und Sozialordnung zur Bewertung vor, durch die eine Vielzahl von teilweise auch entgeltrelevanten Leistungen beider Vertragsparteien verändert werden konnte. Nach den nachvollziehbaren Erwägungen des Gerichts befreit die Berücksichtigung der im Arbeitsrecht geltenden Besonderheiten nicht davon, die einseitige Abänderung vertraglicher Bedingungen zu begründen und die angeführten Gründe auch inhaltlich einer Überprüfung zu unterziehen. Zwar sind insb. dynamische Bezugnahmeklauseln eine übliche Regelungstechnik im Arbeitsvertrag, dies solle aber auch den Interessen beider Parteien dienen.[63] Daher ist zu prüfen, ob bei dieser Flexibilisierung die Interessen beider Vertragspartner tatsächlich angemessen berücksichtigt werden. Soweit es sich dabei um Kollektivvereinbarungen handelt, wird dies wegen der Parität der Verhandlungspartner vermutet,[64] für einseitig ausgearbeitete Regelwerke kann diese Vermutung jedoch nicht aufgestellt werden. Eine solche, das Direktionsrecht erweiternde Regelung wird daher vom BAG der gleichen Prüfung unterzogen wie die Befristung einzelner Arbeitsbedingungen oder ein Widerrufsvorbehalt.[65] Vorbehalte einer einseitigen Leistungsänderung oder -abweichung sind nur dann wirksam, wenn die Vereinbarung der Änderung oder Abweichung unter Berücksichtigung der Interessen des Verwenders für den anderen Vertragsteil zumutbar ist (vgl § 308 Nr. 4 BGB, soweit es die Vergütungsleistung des Arbeitgebers betrifft; bei die Arbeitsleistung betreffenden Regelungsbereichen ist die Wertung des § 308 Abs. 4 BGB bei Anwendung der Generalklauseln des § 307 BGB entsprechend zu berücksichtigen). Zur Rechtfertigung der Änderung ist daher ein triftiger Grund erforderlich, der bereits in der Änderungsklausel beschrieben werden muss.[66]

3379 Vor Inkrafttreten der Schuldrechtsreform lag die **Grenze der zulässigen Entgeltminderung** bei einem Außendienstmitarbeiter durch Entziehung des Verkaufsbezirks gemäß Urteil des BAG vom 7.10.1982 bei 20 % des Gesamteinkommens.[67] Diese Grenze hat das BAG insoweit zu Gunsten des Arbeitgebers abgesenkt, als nunmehr nach dem Urteil vom 12.1.2005[68] der Korridor der zulässigen Kürzung des Gesamteinkommens bei Bestehen eines Widerrufsvorbehalts zwischen 25 und 30 % angesiedelt ist.

3380 Im Übrigen ist auch bei der Ausübung einer Flexibilisierungsklausel auf die Wirksamkeit der modifizierenden Anweisungen zu achten: Auch beim Vertriebsmitarbeiter darf das Weisungsrecht gemäß der Rspr des BAG **nur nach billigem Ermessen** und **ohne Verletzung des bestandsfesten Kerns des Arbeitsverhältnisses** ausgeübt werden.[69]

dd) Einbeziehung von Stellenbeschreibungen

3381 Eine ähnliche Methode wie bei einer Richtlinie über die Arbeitszeit wählen viele Arbeitgeber zur Beschreibung der Tätigkeit des Arbeitnehmers durch die Einbeziehung oder durch die blo-

61 Vgl die Fallgestaltung in LAG München 13.8.2009 – 3 Sa 91/09, AuA 2009, 724.
62 BAG 11.2.2009 – 10 AZR 222/08, NZA 2009, 428.
63 BAG 14.3.2007 – 5 AZR 630/06, NZA 2008, 45.
64 BAG 24.9.2008, 6 AZR 76/07, NZA 2009, 154.
65 Vgl *Gaul/Ludwig*, BB 2010, 55, 58.
66 BAG 11.2.2009 – 10 AZR 222/08, NZA 2009, 428; BAG 12.1.2005 – 5 AZR 364/04, NZA 2005, 465.
67 BAG 7.10.1982 – 2 AZR 455/80, DB 1983, 1368.
68 BAG 12.1.2005 – 5 AZR 364/04, NJW 2005, 1820.
69 BAG 27.3.1980 – 2 AZR 506/78, DB 1980, 1603.

ße Erstellung einer sich verschiedentlich wandelnden Stellenbeschreibung. Die **Stellenbeschreibung** legt die Funktion einer bestimmten Stelle innerhalb des betrieblichen Geschehens fest. Sie definiert die Aufgaben und die Kompetenzen dieser Stelle und beschreibt, welche Tätigkeiten zur Erfüllung dieser Aufgabe verrichtet werden müssen.[70] Sie ist Teil der Organisation des betrieblichen Ablaufs, indem sie festlegt, in welcher Funktion im Betrieb welche Arbeit zu verrichten ist.[71]

Isoliert neben der Arbeitsplatzbeschreibung im Unternehmen verwendete Stellenbeschreibungen werden nicht Arbeitsvertragsbestandteil, sie sind allein Interpretationshilfe. Die personalwirtschaftliche Methode der vom Individualarbeitsrecht losgelösten Stellenbeschreibung hat für den Arbeitgeber Vor- und Nachteile. Richtet sich die Vergütung nach einem Tarifvertrag und ergibt die Arbeitsplatzbeschreibung eine höherwertige als die vergütete Tätigkeit, kann aus der im Laufe der Jahre angepassten Stellenbeschreibung ein Höhergruppierungsanspruch des Arbeitnehmers erwachsen. 3382

b) Klauseltypen und Gestaltungshinweise

aa) Tätigkeitsklauseln

(1) Klauseltyp A

A 1: Der Arbeitnehmer wird als Betriebsschlosser beschäftigt. 3383

A 2: Der Arbeitnehmer wird als Verkäufer eingestellt. Er hat sein äußeres Erscheinungsbild dem Charakter des Betriebes anzupassen, insbesondere die berufs- und betriebsübliche Kleidung zu tragen. Wer im Verkauf tätig ist, hat unbedingt auf saubere Kleidung und ein stets gepflegtes Äußeres zu achten. Das Verhalten gegenüber den Kunden hat stets von Zuvorkommenheit, Korrektheit und Freundlichkeit geprägt zu sein.

A 3: Obwohl das Aufgabengebiet des Arbeitnehmers ein generell selbständiges und innovatives Arbeiten erfordert, gehört es zu den Obliegenheiten des Arbeitnehmers, die Bestimmung der Dringlichkeit von Arbeiten nicht ohne Zustimmung seiner Vorgesetzten vorzunehmen und die Vorgesetzten über beabsichtigte Vorhaben und den Stand von Arbeiten zu unterrichten.

A 4: Die Arbeitnehmerin wird als Verwaltungsangestellte tätig. Die Gesellschaft behält sich vor, ohne dass es einer Kündigung bedarf, der Arbeitnehmerin innerhalb des Unternehmens eine andere, ihrer Ausbildung und beruflichen Entwicklung oder vorherigen Tätigkeit entsprechende gleichwertige Tätigkeit zu übertragen, soweit dies mit einem Wohnungswechsel nicht verbunden ist.[72]

(2) Gestaltungshinweise

Die Klauseln A 1 und A 2 enthalten die üblichen Grundmuster einer Tätigkeitsbeschreibung. 3384
Die **Klausel A 1** wählt ein Berufsbild, einen Ausbildungstand als Tätigkeitsbereich. Damit sind alle Arbeiten, die hier bspw ein Betriebsschlosser üblicherweise verrichtet, umschrieben und bilden den Gegenstand der Hauptleistungspflichten des Arbeitnehmers. Alle Arten von Ausbildungsberufen im Handwerk, aber auch akademische Berufe wie Lehrer, Diplominformatiker, Diplomchemiker oder ähnliche Grade umschreiben als Hauptleistungspflicht im Arbeitsvertrag jene Arbeiten, die zu dem Berufsbild gehören. Das allgemeine Weisungsrecht gestattet dem Arbeitgeber in diesen Fällen, dem Arbeitnehmer solche Arbeiten zur Erledigung zuzuweisen, die üblicherweise nach dem jeweiligen Berufsbild erwartet werden können.

---

70 BAG 31.1.1984 – 1 ABR 63/81 (Ziffer 33), NZA 1984, 1709.
71 BAG 31.1.1984 – 1 ABR 63/81, NZA 1984, 1709.
72 Vgl BAG 3.12.2008 – 5 AZR 62/08, DB 2009, 850.

3385 Bei der **Klausel A 2** handelt es sich um die Beschreibung einer Tätigkeit, wie sie sowohl im Rahmen eines Ausbildungsberufs, aber auch ohne berufliche Qualifikation, mithin über Berufserfahrung, erworben werden kann. Die Klausel setzt sich weiterhin von der Klausel A 1 dadurch ab, dass präzise Anforderungen an das Verhalten (Verhalten gegenüber Kunden) und an das äußere Erscheinungsbild (Kleidung uÄ) gefordert werden. Eine Folge, die sich daraus ergibt, dass ein Arbeitnehmer die Anforderungen der Tätigkeitsbeschreibung in Klausel A 2 nicht erfüllt, kann darin bestehen, dass sich eine abmahnungsfähige Pflichtverletzung müheloser darlegen lässt als in dem Fall, dass die Anforderungen an das äußere Auftreten nicht umschrieben sind. Auch unter dem Gesichtspunkt der Bestimmung von Arbeitspflichten haben Tätigkeitsbeschreibungen arbeitsrechtliches Gewicht.

3386 Die Klauseln A 1 und A 2 erweitern das Direktionsrecht des Arbeitgebers nicht. Sie beschränken die Weisungsbefugnis auf definierte Berufsbilder und darauf, dass sich der Arbeitnehmer zur Ausführung sämtlicher sich hieraus ergebender Tätigkeiten verpflichtet.

3387 Die **Prioritätenklausel A 3** ist im Falle von Leistungsmängeln von hohem praktischem Nutzen. Bei mehreren Arbeitsaufgaben, die vom Arbeitnehmer zu erledigen sind, kann sich dieser gegenüber einem arbeitgeberseitigem Vorhalt langsamer Bearbeitung fast immer auf verschiedene, gleichzeitig bestehende Arbeitsanweisungen verweisen. Die Klausel A 3 nimmt dem Arbeitnehmer insoweit die Argumente, denn ihm obliegt nicht nur eine Berichtspflicht gegenüber seinem Vorgesetzten, sondern auch, Arbeitsaufträge in der Reihenfolge, die der Vorgesetzte anweist, abzuarbeiten. Einer Inhaltskontrolle hält diese Klausel infolge ausreichender Bestimmtheit stand.

3388 Mit der **Klausel A 4** wird schließlich eine wirksame Regelung zur konkretisierenden Erhaltung des Direktionsrechts vorgestellt, die in ähnlicher Form vom BAG in der Entscheidung vom 3.12.2008 inhaltlich nicht beanstandet wurde. Die Klausel sieht weder eine einseitige Änderung der vertraglichen Tätigkeit unter Umgehung von § 2 KSchG noch den Vorbehalt der Zuweisung einer geringerwertigen Tätigkeit vor. Auch schließt sie die Abwägung der beiderseitigen Interessen im Rahmen der Ausübung billigen Ermessens gem. § 106 GewO nicht aus und erweckt auch nicht den Eindruck, die Kontrolle billigen Ermessens sei ausgeschlossen. Die Vertragsbedingung ist folglich nicht wegen § 307 BGB unwirksam.[73] Zu beachten ist jedoch, dass das BAG im konkreten Fall der gewünschten Versetzung eine Absage erteilte, weil bei der Zuweisung billiges Ermessen nicht gewahrt worden war.

bb) Vergütungsgruppenklauseln

(1) Klauseltyp B

3389 Frau/Herr (...) wird als Angestellte/Angestellter eingestellt und in die Vergütungsgruppe (...) mit dem Tabellenentgelt (...) und der Stufe (...) eingruppiert.

(2) Gestaltungshinweise

3390 Die Frage, in welchem Umfange eine solche Klausel eine wirksame Tätigkeitsbeschreibung enthält, ist unter mehreren Aspekten zu würdigen, insb. ist die Entwicklung von Rspr und Gesetzgebung zu beachten. Die allgemeine Vergütungsgruppenklausel war und ist im öffentlichen Dienst gang und gäbe. Früher beurteilte die Rspr den Umfang der Arbeitspflicht eines Arbeitnehmers, bei dem ausschließlich ein Schlagwort, das noch nicht einmal eine Berufsbezeichnung beinhaltete, gewählt worden war, nach den sich aus diesem Schlagwort ableitbaren Inhalten. So entschied das BAG mit Urteil vom 11.6.1958, dass ein Arbeitnehmer, dessen sachlicher Arbeitsbereich mit der Bezeichnung „Nichthandwerker" umschrieben war, grds. jede Tätigkeit ei-

73 Vgl BAG 3.12.2008 – 5 AZR 62/08, DB 2009, 850.

nes Arbeitnehmers, der nicht als Handwerker beschäftigt wird, auszuführen hatte, bspw Arbeiten als Hilfsarbeiter oder als Zuarbeiter.[74]

In späteren Entscheidungen vertrat das BAG die Auffassung, dass der Arbeitgeber auch bei einer nur allgemeinen Umschreibung des Tätigkeitsbereichs dem Arbeitnehmer aufgrund des allgemeinen Direktionsrechts nicht jegliche Art von Aufgaben zuweisen dürfe, sondern dass die Zuweisung geringerwertiger Arbeiten, selbst bei Beibehaltung der alten Vergütung, grds. nicht zulässig sei.[75] 3391

Diese Rspr lässt sich allerdings nur bedingt auf allgemeine Tätigkeitsbeschreibungen im Arbeitsvertrag übertragen. Auch beim „Nichthandwerker" wird man nach dem bloßen Wortlaut des Vertrages keine Abgrenzung über die Wertigkeit der Stelle vornehmen können, ohne die konkreten Betriebsabläufe und die üblicherweise ausgeübten Tätigkeiten einzubeziehen. Bei einer derartigen allgemeinen Beschreibung ergibt sich die Stellung in der betrieblichen Hierarchie nur aus der Abgrenzung gegenüber anderen Arbeitnehmern und deren Tätigkeitszuschreibung.

Die Problematik im öffentlichen Dienst besteht darin, dass sich das Direktionsrecht des Arbeitgebers grds. auf alle Tätigkeiten erstreckt, deren Merkmale in der Vergütungsgruppe aufgeführt sind, in die der Angestellte eingestuft ist.[76] Auf der anderen Seite sind – entgegen einer jüngst bestätigten Rspr des BAG[77] – bei einer derart weiten Tätigkeitsbeschreibung die Anforderungen des § 2 Abs. 1 S. 2 Nr. 5 NachwG nicht erfüllt. Die bloße Benennung einer Vergütungsgruppe ist keine allgemeine Beschreibung der vom Arbeitnehmer zu leistenden Tätigkeit. 3392

Auch vor dem Hintergrund des Transparenzgebots gem. § 307 Abs. 1 Nr. 2 BGB, das im Unterschied zum NachwG bei Nichteinhaltung zur Unwirksamkeit der Klausel führt, sollten reine Vergütungsgruppenklauseln als Tätigkeitsbeschreibung im Arbeitsvertrag keinen Bestand haben. Auch im Bereich des öffentlichen Dienstes muss grds. neben der Eingruppierung eine Aufgabenbeschreibung im Arbeitsvertrag vorgenommen werden. Auch § 310 Abs. 4 S. 1 BGB macht die Einhaltung des Transparenzgebots für den Bereich des öffentlichen Dienstes nicht entbehrlich, denn der TVöD regelt nicht unmittelbar, welche Tätigkeiten dem Angestellten übertragen werden können, sondern nur im Umkehrschluss aus dem Tabellengeld, in das der Arbeitnehmer nach §§ 12, 15 TVöD eingruppiert ist (in Verbindung mit der für den Arbeitnehmer geltenden Stufe), dass er nach der Vergütungsgruppe zu vergüten ist, die den Merkmalen seiner nicht nur vorübergehend ausgeübten Tätigkeit entspricht (früher: Umkehrschluss aus § 22 BAT). Eine Tarifnorm für die vom BAG auch nach Inkrafttreten der Schuldrechtsreform gebilligte Praxis[78] der weiten Verwendbarkeit und Aufgabenzuweisung bei Angestellten des öffentlichen Dienstes fehlt allerdings, so dass eine Legalisierung der bisherigen Rechtslage über § 310 Abs. 4 S. 1 BGB nicht eingetreten ist. Die Rspr hat diese Kritik jedoch bislang nicht angenommen, sondern mehrfach bestätigt, dass durch die Festlegung der Vergütungsgruppe das Direktionsrecht lediglich auf alle Tätigkeiten konkretisiert werde, die dieser Vergütungsgruppe und der Qualifikation entsprechen. Nur aufgrund einer eindeutigen Absprache sei eine Kon- 3393

74 BAG 11.6.1958 – 4 AZR 514/55, AP § 611 BGB Direktionsrecht Nr. 2; BAG 16.10.1965 – 5 AZR 55/65, AP § 611 BGB Direktionsrecht Nr. 20.

75 BAG 8.6.2005 – 4 AZR 406/04, BB 2005, 2584; vgl auch LAG Baden-Württemberg 20.4.2009 – 4 Sa 4/09, BB 2009, 1069.

76 BAG 29.10.1997 – 5 AZR 455/96 (Umsetzung eines Referatsleiters); ähnl. LAG Hamm 9.1.1997 – 17 Sa 1554/96, ZTR 1997, 279; LAG Hamm 6.5.1991 – 17 Sa 65/91, ZTR 1991, 388.

77 BAG 29.10.1997 – 5 AZR 455/96, ZTR 1998, 187; BAG 24.4.1996 – 4 AZR 976/94, AP § 611 BGB Direktionsrecht Nr. 49; BAG 30.8.1995 – 1 AZR 47/95, AP § 611 BGB Direktionsrecht Nr. 44; BAG 26.2.1976 – 3 AZR 166/75, EzA § 242 BGB Ruhegeld Nr. 50; LAG Hessen 7.11.1968 – 4 Sa 268/68, DB 1969, 2043; BAG 28.2.1968 – 4 AZR 144/67, AP § 611 BGB Direktionsrecht Nr. 22; BAG 14.7.1965 – 4 AZR 347/63, AP § 611 BGB Direktionsrecht Nr. 19; BAG 8.10.1962 – 2 AZR 550/61, AP § 611 BGB Direktionsrecht Nr. 18.

78 Vgl BAG 21.1.2004 – 6 AZR 583/02, NZA 2005, 61; BAG 8.6.2005 – 4 AZR 406/04, BB 2005, 2584.

kretisierung auf eine bestimmte Stelle oder einen bestimmte Arbeitsplatz anzunehmen.[79] Hierfür reichte selbst ein jahrelanger tatsächlicher Einsatz auf einer bestimmten Stelle nicht aus.

3394 Das BAG geht allerdings gegenwärtig noch davon aus, dass im öffentlichen Dienst die Charakterisierung oder Beschreibung der vom Arbeitnehmer zu leistenden Tätigkeit nach § 2 Abs. 1 S. 2 Nr. 5 NachwG durch eine Arbeitsplatz- oder Stellenbeschreibung erfüllt wird.[80] Das BAG hat es neuerdings abgelehnt, eine Verpflichtung des öffentlichen Arbeitgebers anzunehmen, den Nachweis durch Angabe der Vergütungs- und Fallgruppe zu führen.

cc) Tätigkeitsklauseln und Stellenbeschreibungen

(1) Klauseltyp C

3395 **C 1:** Die Stellenbeschreibung Nr. (...) bildet einen festen Bestandteil des Arbeitsvertrages.

→ **C 2:** Einzelheiten zum Tätigkeitsgebiet ergeben sich aus der verbindlichen Arbeitsplatzbeschreibung in ihrer jeweils aktuellen Fassung.

C 3: Der Arbeitnehmer hat die sich aus seiner Stellenbeschreibung ergebenden Angaben bei der Erledigung seiner Arbeit zu beachten. Spätere Änderungen der Stellenbeschreibung werden mit Zustimmung des Arbeitnehmers Bestandteil der geschuldeten Arbeitsleistung.

(2) Gestaltungshinweise

3396 Eine **Stellenbeschreibung** ist richtig definiert eine abstrakte Vorgabe des Arbeitgebers über die sich im Arbeitsprozess stellenden Aufgaben und Anforderungen einer bestimmten Arbeitsstelle im Unternehmen.[81] Hingegen ist für die Beschreibung des konkreten Arbeitsplatzes in der betrieblichen Praxis zum gegenwärtigen Zeitpunkt der Begriff der **Arbeitsplatzbeschreibung** zu wählen.[82] Im allgemeinen Sprachgebrauch wird hingegen kaum zwischen den beiden Beschreibungen unterschieden. Bei der **Auslegung** geschlossener Verträge wird dem jeweiligen Verständnis der Parteien und dem Inhalt der konkreten Stellen- bzw Arbeitsplatzbeschreibung entscheidende Bedeutung zukommen.

3397 Die hier vorgestellten Klauseln enthalten jeweils mit Bedacht einen Verweis entweder auf eine „Stellenbeschreibung“ oder auf eine „Arbeitsplatzbeschreibung“. Der Verpflichtung aus § 2 Abs. 1 S. 2 Nr. 5 NachwG kommt der Arbeitgeber mit beiden Dokumenten nach.

3398 Dem Klauselverwender muss bewusst sein, dass er durch eine zu detaillierte Vereinbarung über den Arbeitsplatz die Möglichkeiten des arbeitsvertraglichen Direktionsrechts aufgibt, wenn nicht entsprechende direktionsrechtserhaltende Regelungen zusätzlich vereinbart werden.

3399 Die Klauseln C 1 und C 2 unterscheiden sich dadurch, dass in dem einen Falle eine zum Zeitpunkt des Vertragsschlusses vorliegende Stellenbeschreibung zum Vertragsinhalt gemacht wird, während die Klausel C 2 eine dynamische Verweisung auf eine Arbeitsplatzbeschreibung enthält. Die Klausel C 3 schließlich unterscheidet sich von den beiden anderen Klauseln dadurch, dass zwar auf eine Stellenbeschreibung hingewiesen wird, der Inhalt der Stellenbeschreibung aber nicht zum Bestandteil des Arbeitsvertrages erhoben wird.

3400 Jede dieser Klauseln bietet Stärken und Schwächen. Die **Klausel C 1** besitzt den Vorteil, dass sie grds. uneingeschränkt und für beide Parteien verbindlich zu einer präzisen Beschreibung der zu besetzenden Position führt, die außerdem auch wirksam ist, weil die Anforderungen des § 307 Abs. 1 S. 2 BGB erfüllt werden. Der Arbeitnehmer weiß mit seiner Unterschriftsleistung unter den Arbeitsvertrag und/oder die Stellenbeschreibung, worauf er sich einlässt. Wichtig ist allerdings, dass der Arbeitnehmer von der in Bezug genommenen Stellenbeschreibung bei Ver-

79 LAG Brandenburg 2.6.2006 – 5 Sa 653/05, NZA-RR 2007, 448; LAG Hamm 14.8.2008 – 11 Sa 552/08, juris (Tz 132).

80 BAG 8.6.2005 – 4 AZR 406/04, NZA 2006, 53.

81 Küttner/*Reinecke*, Personalbuch, 389 (Stellenbeschreibung) Rn 2.

82 Küttner/*Reinecke*, Personalbuch, 49 (Arbeitsplatzbeschreibung) Rn 1.

tragsunterzeichnung bereits tatsächlich Kenntnis nehmen kann und diese nicht – wie in der Praxis häufig – nachträglich angefertigt wird.

Bei der **Klausel C 2** sind die unter der AGB-Kontrolle einzuhaltenden Voraussetzungen unbestrittener Wirksamkeit nicht erfüllt. Wenn der Arbeitgeber über die Jahre einseitig die Arbeitsplatzbeschreibung verändern kann, kann er mithin einseitig den Tätigkeitsbereich nicht nur im Rahmen seines allgemeinen Weisungsrechts fortlaufend präzisieren, sondern auch direktionsrechtserweiternd – im Extremfall bis hin zu völlig anderen Aufgaben – dem Arbeitnehmer andere Hauptleistungspflichten auferlegen, als dieser sie zum Zeitpunkt des ursprünglichen Vertragsschlusses schuldet. Klausel C 2 kann also je nach Handhabung durch den Arbeitgeber in den Kernbereich der Hauptleistungspflichten eingreifen und wird damit, je weiter sich künftige Stellenbeschreibungen ohne Zustimmung des Arbeitnehmers von der Ausgangstätigkeitsbeschreibung entfernen, nach § 307 Abs. 1 S. 2 BGB unwirksam sein. 3401

Soweit sich der Arbeitgeber konkret bei der Anwendung der Klausel C 2 noch innerhalb seines, ggf über eine Versetzungsklausel wirksam gestalteten erweiterten Direktionsrechts bewegt, ist die Klausel solange wirksam, wie die Grenze billigen Ermessens nicht überschritten wird. § 308 Nr. 4 BGB ist bei Klauseln zum Gegenstand der Arbeitsleistung unanwendbar.[83] Nach stRspr des BAG bestehen zudem begründete Zweifel daran, ob durch den Umstand, dass die kontrollfähige Klausel Fallgestaltungen ermöglicht, die zu einer AGB-rechtlichen Unwirksamkeit führen, dieser Klausel ohne Eintritt der Fallgestaltung bereits generell die Wirksamkeit zu versagen ist.[84] Nach dieser Rspr missbilligen die §§ 305 ff BGB bereits das Stellen inhaltlich unangemessener Allgemeiner Geschäftsbedingungen, nicht erst den unangemessenen Gebrauch einer Klausel im konkreten Einzelfall. Die Rechtsfolge der Unwirksamkeit trifft daher auch solche Klauseln, bei denen das Risiko einer unangemessenen Anwendung im Verlauf der Durchführung des Vertragsverhältnisses besteht.[85] 3402

Die **Klausel C 3** beinhaltet eine Regelung, die die Interessenlage des Arbeitgebers an einer flexiblen Fortschreibung des Tätigkeitsbereichs des Arbeitnehmers wahrt, allerdings mehr im Faktischen als im Rechtlichen. Der Arbeitgeber kann angesichts der Trennung von individualarbeitsrechtlicher Tätigkeitsbeschreibung und personalwirtschaftlicher Stellenplanorganisation zwar bei einer fortlaufenden Änderung der Stellenbeschreibung nicht aus Rechtsgründen verlangen, dass der Arbeitnehmer der Stellenbeschreibung kraft arbeitsrechtlicher Weisung nachkommt. Selbst wenn sich eine spätere Stellenbeschreibung von der Ausgangstätigkeit des Arbeitnehmers vollständig entfernt, greift die neue Stellenbeschreibung nicht in den Kernbestand des Arbeitsverhältnisses ein, denn sie begründet und präzisiert die Hauptleistungspflicht des Arbeitnehmers nicht.[86] Sie ist eine individualarbeitsrechtlich unverbindliche Dokumentation der Tätigkeiten, die für eine Stelle vorgesehen sind, die aber vom Arbeitnehmer nur insoweit zu erledigen sind, als sie arbeitsrechtlich gefordert werden können. Idealerweise findet die Änderung von Stellenbeschreibungen einvernehmlich im Wege der Unterzeichnung des geänderten Textes durch den Arbeitnehmer und damit im Wege einer **Änderungsvereinbarung** statt. Viele Stellenbeschreibungsformulare enthalten daher eine Unterschriftenzeile für den Arbeitnehmer zum Zeichen seines Einverständnisses. Dem Verwender der Klausel C 3 muss allerdings bewusst sein, dass die vorgesehene Regelung der einvernehmlichen Einbeziehung der geänderten Stellenbeschreibung bei der Vertragsdurchführung gelebt werden muss, was eine aktive Personaladministration erforderlich macht. Ist diese Voraussetzung nicht gegeben, wirkt die Klausel statisch und führt für den Arbeitgeber damit eher zu Problemen als zur erhofften faktischen Flexibilität. 3403

---

83 BAG 11.4.2006 – 9 AZR 557/05, NZA 2006, 1149 f; BeckOK ArbR/*Jacobs*, § 308 BGB Rn 19.

84 BAG 11.2.2009 – 10 AZR 222/08, NZA 2009, 428.

85 BAG 11.2.2009 – 10 AZR 222/08, NZA 2009, 428, 430; BAG 11.4.2006 – 9 AZR 610/05, NZA 2006, 1149 f.

86 *Frey*, Flexible Arbeitszeit, S. 45.

3404 Die Klausel C 3 verstößt nicht gegen das Bestimmtheitsgebot des § 307 Abs. 1 S. 2 BGB. Sie verlangt nur, die zum Zeitpunkt des Vertragsschlusses dem Arbeitnehmer im vollen Wortlaut bekannte Stellenbeschreibung zu beachten. Spätere Änderungen bedürfen der Zustimmung des Arbeitnehmers, um Vertragsbestandteil zu werden. Damit ist dem Bestimmtheitsgebot Genüge getan. Für den Arbeitnehmer ist die Verpflichtung, die sich aus zukünftigen Stellenplanänderungen ergeben könnte, nicht intransparent, denn zur Beachtung künftiger, ihm zum Zeitpunkt seiner Unterschriftsleistung unbekannter Tätigkeitsbeschreibungen verpflichtet er sich gemäß Klausel C 3 Satz 2 gerade nicht. Im Umfang der arbeitsrechtlichen Bindung des Arbeitnehmers läuft die Klausel C 3 auf die Klausel C 1 hinaus.

dd) Vertriebsmitarbeiterklauseln

(1) Klauseltyp D

3405 ↓ **D 1:** Der Arbeitgeber überträgt dem Angestellten die gesamte anwendungstechnische Kundenbetreuung:

a) für das Verkaufsprogramm des Unternehmens, insbesondere für folgende Produkte: (...)

b) für folgende Gebiete (Postleitzahlgebiete, Regierungsbezirke, Landkreise, Städte): (...)

Der dem Angestellten zugewiesene regionale Tätigkeitsbereich sowie die von ihm zu vertretenden Produkte können durch den Arbeitgeber entsprechend den geschäftlichen Erfordernissen unter Berücksichtigung der berechtigten Interessen des Angestellten neu eingeteilt werden.

D 2: Die Tätigkeit des Arbeitnehmers umfasst die Anbahnung und Abwicklung von allen Geschäften für Namen und Rechnung des Arbeitgebers in der Zweigstelle (...). Die Lagerverwaltung obliegt ihm gemeinsam mit Herrn (...).

D 3:

(1) Der Arbeitnehmer ist als Fachberater im Vertrieb eingesetzt und untersteht dem Vertriebsbeauftragten des Unternehmens. Er ist berechtigt und verpflichtet zur selbständigen Verhandlung von Verträgen bis zur Abschlussreife im Alt- und Neukundengeschäft der Vertriebsregion (...). Zu seinen Aufgaben gehört es, Geschäftsmöglichkeiten zu ermitteln und anzubahnen, verantwortlich und umfassend Interessenten und Kunden zu beraten sowie unter Beachtung der jeweils geltenden „Allgemeinen Verhandlungsanweisung für Kundenverträge" des Unternehmens selbständig Verträge mit Kunden zu verhandeln und dem Vertriebsbeauftragten zur Annahme vorzulegen. Die Berechtigung zur Unterschriftsleistung und zum Vertragsschluss im Namen des Unternehmens ist damit nicht verbunden.

(2) Zu den Aufgaben des Arbeitnehmers gehört es ferner, in dem ihm zugewiesenen Postleitzahlbezirk ein Händlernetz aufzubauen und zu pflegen, ferner freie Handelsvertreter zu gewinnen und neben den Vertriebskanälen auch den Endverbraucher zu betreuen. Die Bildung von Unterbezirken, die Auswahl der Händler und die Schulung fallen in den Aufgabenbereich des Vertriebsbeauftragten.

(3) Dem Arbeitnehmer ist der Postleitzahlbezirk (...) zugewiesen. In diesem Bezirk hat sich der Arbeitnehmer von Montag bis Donnerstag aufzuhalten und seinen Aufgaben nachzugehen. Änderungen des dem Arbeitnehmer zugewiesenen Bezirks bleiben vorbehalten. Eine Änderung des Bezirks ist dem Arbeitgeber nur gestattet, wenn über einen Zeitraum von drei Jahren in jedem Jahr der vom Fachberater vermittelte Umsatz mindestens jährlich um 10 % gestiegen ist und der vom Arbeitgeber geänderte Zuschnitt des Bezirks im Vergleich mit dem Vorjahr keine höhere Einbuße als 20 % von den Gesamtumsätzen des Fachberaters erwarten lässt.

(4) Der Fachberater hat über laufende Ermittlungen, Beratungen und Geschäftsanbahnungen aus seinem Bezirk Bericht zu erstatten. Die Annahme der Aufträge erfolgt durch den Vertriebsbeauftragten bzw die Geschäftsleitung.

D 4: Die Zuteilung eines anderen Verkaufsgebietes oder die Änderung des Gebietes bleibt dem Unternehmen vorbehalten. Das Unternehmen hat bei Änderung des Verkaufsgebietes die Interessen des Angestellten zu berücksichtigen. Durch die Änderung des Bezirks darf keine Reduzierung des Gesamtentgelts des Angestellten von mehr als 25 % (verglichen mit dem Durchschnitt der letzten drei Jahre) eintreten. Als Sachgrund der Änderung des Verkaufsgebietes kommt in Betracht (...). Die Durchführung einer Gebietsänderung bedarf einer vorhergehenden Ankündigung, muss billigem Ermessen entsprechen und dem Angestellten mit einer Frist zur Einstellung auf die veränderten Verhältnisse von mindestens drei Monaten mitgeteilt werden.

(2) Gestaltungshinweise

Beim Vertriebsmitarbeiter gehört zum Tätigkeitsbereich eine möglichst klare Aussage zur rechtlichen Gebundenheit an Ziele, besonders an Absatzplanungen des Unternehmens, an die Vorgabe von Tourenplänen und auch die Vorgabe der Anzahl von Kundenbesuchen. Zur Tätigkeitsbeschreibung rechnet man Regelungen über den Umfang der regelmäßigen Teilnahme an Meetings, in denen keine Aufträge geschrieben werden können, zu Schulungen und zur regelmäßigen Berichterstattung über Kundenbesuche. 3406

Ausführliche Beschreibungen der für einen Vertriebsmitarbeiter wesentlichen Tätigkeiten enthält die Klausel D 3. Häufig werden weitere Regeln zum Verhalten von Vertriebsmitarbeitern in Handbüchern zusammengefasst. Dies ist nicht zu beanstanden, solange es sich hierbei um reine Weisungen zum Arbeitsverhalten handelt, mit denen die rahmenmäßig umschriebene Arbeitspflicht konkretisiert wird. 3407

Allen vier Klauseln ist gemeinsam, dass ein Verkaufsbezirk nicht verbindlich und unabänderlich übertragen wird, sondern der Hinweis aufgenommen ist, dass der Verkaufsbezirk aus betrieblichen Gründen geändert werden kann. Diese Änderungsmöglichkeit geht allerdings über die reine Weisung zum Arbeitsverhalten hinaus, weil mit einer Änderung des Verkaufsbezirks häufig Änderungen des Arbeitsortes und der erzielbaren Umsätze verbunden sind, so dass das Austauschverhältnis im Arbeitsvertrag betroffen sein kann. Nicht alle vorgestellten Klauseln sind daher wirksam. 3408

Die **Klausel D 1** leidet an dem Mangel, dass die für einen Widerrufsvorbehalt erforderlichen, präzise im Arbeitsvertrag zu benennenden Widerrufsgründe fehlen. Deshalb ist die Klausel D 1 mit Blick auf die Rspr des BAG[87] nach § 307 Abs. 1 S. 2 BGB unwirksam. 3409

Die **Klausel D 2** ist wirksam. Sie bindet den Arbeitgeber und nimmt ihm die Möglichkeit, den Tätigkeitsbereich ohne Ausspruch von Änderungskündigungen zu erweitern. Nur im Rahmen des allgemeinen Weisungsrechts räumt die Klausel dem Arbeitgeber die Möglichkeit ein, konkrete Anweisungen innerhalb der beschriebenen Tätigkeit auszusprechen, § 307 Abs. 3 S. 1 BGB, § 106 GewO. 3410

Auch die **Klausel D 3** ist sowohl hinsichtlich der detaillierten Festlegung der Arbeitspflichten als auch hinsichtlich der vorbehaltenen Änderungsmöglichkeiten wirksam. Auf die in Absatz 1 in Bezug genommenen internen Anweisungen zur Verhandlung von Kundenverträgen kann auch in ihrer jeweiligen Fassung wirksam verwiesen werden, weil es sich ausschließlich um Bestimmungen zum Arbeitsverhalten handelt. Dies wäre anders, wenn sich der Arbeitgeber mit einseitig von ihm gefertigten Richtlinien eine Änderung der Leistungsbeziehungen vorbehalten würde.[88] Die in Absatz 3 enthaltene Änderungsmöglichkeit des Kundenbezirks entspricht den Anforderungen aus dem Urteil des BAG vom 12.1.2005. In der Höhe wird der vom 5. Senat bestimmte Grenzkorridor nicht erreicht. Der Widerrufsgrund, nämlich ein stetig steigender Umsatz, der sogar zahlenmäßig benannt ist, ist hinreichend bestimmt und erklärt dem Arbeit- 3411

87 BAG 12.1.2005 – 5 AZR 364/04, NJW 2005, 1820.
88 BAG 11.2.2009 – 10 AZR 222/08, NZA 2009, 428.

nehmer präzise, unter welchen Voraussetzungen sich der Arbeitgeber die Änderung des Außendienstbezirks vorbehält.

3412 Die **Klausel D 4** wahrt zum einen den Maßstab des billigen Ermessens. Zum anderen beschreibt sie, unter welchen Voraussetzungen ein Widerruf erfolgen darf. Wirksamkeitsbedenken bestehen auch hier nicht.

56. Teilzeitvereinbarungen

Literatur

Annuß/Thüsing (Hrsg.), Teilzeit- und Befristungsgesetz, Kommentar, 3. Aufl. 2012; *Bauer*, Neue Spielregeln für Teilzeitarbeit und befristete Arbeitsverträge, NZA 2000, 1039; *Beckschulze*, Die Durchsetzbarkeit des Teilzeitanspruchs in der betrieblichen Praxis, DB 2000, 2598; *Bepler*, Gleichbehandlung im Betrieb, Unternehmen, Konzern, Beilage zu NZA Heft 18/2004, 3; *Bezani/Müller*, Das Gesetz über Teilzeitarbeit und befristete Arbeitsverträge, DStR 2001, 87; *Blanke*, Frisch gewählt – was nun?, AiB 2007, 31; *Boecken/Joussen*, TzBfG, Handkommentar, 3. Aufl. 2012; *Bruns*, Teilzeit- und Befristungsrecht, 2013; *Dassau*, Das Gesetz über Teilzeitarbeit und befristete Arbeitsverträge, ZTR 2001, 64; *Diller*, Der Teilzeitwunsch im Prozess, Maßgeblicher Beurteilungszeitpunkt, insbesondere bei nachfolgenden Tarifverträgen nach § 8 IV 3 TzBfG, NZA 2001, 589; *Ebert*, Fallstricke der Flexiblen Arbeitszeitgestaltung bei Teilzeitbeschäftigten, ArbRB 2012, 123; *Fischer*, Teilzeitarbeit im Kleinunternehmen, BB 2001, 94; *Gotthardt*, Teilzeitanspruch und einstweiliger Rechtsschutz, NZA 2001, 1183; *Grobys*, Auswirkungen einer nachvertraglichen Arbeitszeitreduzierung auf das nachträgliche Arbeitsentgelt und andere Vertragsbestandteile, DB 2001, 758; *Grobys/Bram*, Die prozessuale Durchsetzung des Teilzeitanspruchs, NZA 2001, 1175; *Gutzeit*, Zur Abwehr von Teilzeitansprüchen, DPL 2005, 37; *Hahn*, Durchsetzung des gesetzlichen Teilzeitanspruchs im Weg der einstweiligen Verfügung, FA 2007, 130; *Hamann*, BB-Spezial 6/05, 4; *Hanau*, Bedarfs- und Abrufarbeit (§ 4 BeschFG), in: Hromadka, Möglichkeiten und Grenzen flexibler Vertragsgestaltung, S. 119 ff; *Hartwig*, Aktuelles zur Teilzeitarbeit, FA Arbeitsrecht, 2001, 34; *Haußmann*, Konkretisierung der Ablehnungsgründe eines Anspruchs auf Verringerung der Arbeitszeit, BB 2007, 1004; *Hopfner*, Formelle Wirksamkeitserfordernisse des Antrags des Arbeitnehmers auf Teilzeitarbeit, DB 2001, 2144; *Hromadka*, Das neue Teilzeit- und Befristungsgesetz, NJW 2001, 400; *Kelber/Zeißig*, Das Schicksal der Gegenleistung bei der Reduzierung der Leistung nach dem Teilzeit- und Befristungsgesetz, NZA 2001, 577; *Kolmhuber*, Die gerichtliche Durchsetzung des Anspruchs auf Verringerung der Arbeitszeit nach § 15 Abs. 7 BErzGG; FA 2006, 357; *Kuhner*, Teilzeitarbeit nach dem Familienpflegezeitgesetz, ZMV 2012, 5; *Lakies*, Das Teilzeit- und Beschäftigungsgesetz, DZWiR 2001, 1; *Lindemann/Simon*, Neue Regelungen zur Teilzeitarbeit, BB 2001, 146; *Link/Fink*, Anspruch auf Verringerung der Arbeitszeit, AuA 2001, 107; *Mayer*, Teilzeitanspruch nach § 8 TzBfG, AiB 2002, 502; *Mittag*, Möglichkeiten bei der Durchsetzung einer Arbeitszeitreduzierung, AiB 2002, 350; *Müller-Volbehr*, Teilzeitarbeit und kirchliche Arbeitsverhältnisse, NZA 2002, 301; *Pelzner/Scheddler/Widlak*, Flexibilität im Arbeitsverhältnis, 2001; *Perreng*, Geltendmachung des Teilzeitanspruchs, AiB 2001, 258; *Pietras*, Der Teilzeitanspruch gemäß § 8 TzBfG und das deutsche internationale Privatrecht, NZA 2008, 1051; *ders.*, Beschränkung des Teilzeitanspruchs aus § 8 TzBfG durch Betriebsvereinbarung, ZEVR-online 2008, Nr. 10, 13–14; *Pöttering*, Koalitionsvertrag 2013–2017: Die arbeits- und sozialrechtlichen Vorhaben der Großen Koalition, PuR 2041, 3; *Preis/Gotthardt*, Neuregelung der Teilzeitarbeit und befristeten Arbeitsverhältnisse, DB 2000, 2065; *dies.*, Das Teilzeit- und Befristungsgesetz, DB 2001, 145; *Rambach*, Neuregelung der befristeten Arbeitsverhältnisse und der Teilzeitarbeit, ZAP Fach 17, 599 (2004); *Reiserer/Penner*, Teilzeitarbeit – Ablehnung des Arbeitgebers wegen betrieblicher Gründe nach § 8 TzBfG, BB 2002, 1694; *Richardi/Annuß*, Gesetzliche Neuregelung von Teilzeitarbeit und Befristung, BB 2000, 2201; *Rieble/Gutzeit*, Teilzeitanspruch nach § 8 TzBfG und Arbeitszeitmitbestimmung, NZA 2002, 7; *Ristow*, Das Teilzeitverlangen nach § 8 TzBfG, AuA 3/2006, 636; *Roetteken*, Betriebstätigkeit während der Elternzeit, jurisPR-ArbR 37/2005 Anm. 3; *ders.*, Berechnung der versorgungsrechtlichen Mindestdienstzeit bei Teilzeitbeschäftigung, jurisPR-ArbR 30/2012 Anm. 6; *Rolfs*, Das neue Recht der Teilzeitarbeit, RdA 2001, 129; *Rzadkowski*, Das Gesetz über Teilzeitarbeit und befristete Arbeitsverträge, Der Personalrat 2001, 51; *Schiefer*, Entwurf eines Gesetzes über Teilzeitarbeit und befristete Arbeitsverhältnisse und zur Änderung und Aufhebung arbeitsrechtlicher Bestimmungen, DB 2000, 2118; *ders.*, Verringerung und Neuverteilung der Arbeitszeit gemäß § 8 TzBfG – Erste Entscheidungen, FA Arbeitsrecht, 2001, 358; *ders.*, Urlaub, Pflegezeit, Teilzeitwunsch – Wie das Arbeitsrecht knappe Güter verteilt, NZA-Beilage 2012, 132; *ders.*, Betriebsbedingte Kündigung, Düsseldorfer Schriftenreihe, 4. Aufl. 2009; *ders.*, Anspruch auf Teilzeitarbeit gem. § 8 TzBfG, PuR 2013, 103; *Schiefer/Müller*, Teilzeitarbeit, Düsseldorfer Schriftenreihe, 2. Aufl. 2005; *Schiefer/Pöttering*, Koalitionsvertrag 2013–2017: Die arbeits- und tarifrechtlichen Vorhaben der Großen Koalition, DB 2013, 2928; *Schiefer/Worzalla*, Familienpflegezeitgesetz, DB 2012, 516; *Schmidt*, Neue Probleme der Teilzeitarbeit, AuR 2002, 245; *Schmitt-Rolfes*, Hinreichend gewichtige Gründe gegen Teilzeitanspruch, AuA 2007, 71; *Schulte*, Der „betriebliche Grund" i.S.v. § 8 Abs. 4 TzBfG, DB 2001, 2715; *Schunder*, Der Teilzeitanspruch und seine strategische Bewältigung in der anwaltlichen Praxis, in: Arbeitsgemeinschaft ArbR, FS zum 25-jährigen Bestehen, 2006, S. 171 ff; *Sievers*, Änderung des Verteilungswunsches bei Teilzeit, jurisPR-ArbR 48/2008 Anm. 1; *Sowka/Köster*, Teilzeitarbeit und geringfügige Beschäftigung, 1999; *Sperl*, Teilzeitarbeit, AiB 2011, 460; *Straub*, Erste Erfahrungen mit dem Teilzeit- und Befristungsgesetz, NZA 2001, 919; *ders.*, Der Teilzeitanspruch – Wunsch und Wirklichkeit, in: Arbeitsgemeinschaft ArbR, FS zum 25-jährigen Bestehen, 2006, S. 183 ff; *Thüsing*, Teilzeit und Befristungsgesetz – Oder: Von der Schwierigkeit eines Kompromisses zwischen Beschäftigungsförderung und Arbeitnehmerschutz, ZfA 2004, 67; *ders.*, Das Verbot der Diskriminierung wegen Teilzeit und Befristung nach § 4 TzBfG; *Tiedemann*, Die gerichtliche Durchsetzung des Teilzeitanspruchs nach § 8 TzBfG mittels Antrag auf Erlass einer einstweiligen Verfügung, ArbRB 2006, 284; *Viethen*, Das neue Recht der Teilzeitarbeit, Sonderbeil. zu NZA-Heft 24/2001, 3; *Worzalla*, Teilzeitanspruch und Mitbestimmung des Betriebsrats, PuR 06/2009, 3; *ders.*, Und wieder: Neues Urlaubsrecht aus Luxemburg, PuR 2013, 153; *ders.*, Teilzeitansprüche, PuR 2013, 203.

a) Rechtslage im Umfeld

aa) Einführung

3413 Bei Teilzeitarbeitsverhältnissen ist eine Reihe punktueller Rechtssätze zu beachten, die sich zum einem aus dem TzBfG, zum anderen aus den von der Rspr entwickelten Grundsätzen zur Gleichbehandlung Teilzeitbeschäftigter mit Vollzeitbeschäftigten sowie aus dem **Diskriminierungsverbot** (§ 4 TzBfG) ergeben. Zu einem nennenswerten Teil haben die Rechtsprechungsgrundsätze im TzBfG ihren Niederschlag gefunden, so im Verbot der Diskriminierung (§ 4 TzBfG), im Benachteiligungsverbot (§ 5 TzBfG) oder in der Gleichbehandlungspflicht des Arbeitgebers bei der Aus- und Weiterbildung (§ 10 TzBfG). Bei der Gestaltung von Teilzeitarbeitsverträgen zeigt sich die Wahrung oder Nichtwahrung dieser Rechtsgrundsätze in den Bereichen Vergütung, bei Überstunden- und Urlaubsregelungen, bei der betrieblichen Altersversorgung oder bei der Nebentätigkeitsgenehmigung.

3414 Seit der Rechtsprechungswende durch den 7. Senat vom 27.7.2005[1] findet die **Wirksamkeitskontrolle** befristeter Klauseln zu Arbeitszeit- und Entgelterhöhung nicht mehr nach Maßgabe des TzBfG, sondern im Zuge einer **Inhaltskontrolle gem. §§ 305 ff** BGB statt. Dies bedeutet: Die Vorschriften des TzBfG sind in einem solchen Fall auf die Befristung **einzelner Arbeitsbedingungen** nicht – auch nicht entsprechend – anwendbar. Dennoch finden bei der Inhaltskontrolle gem. § 307 Abs. 1 S. 1 BGB die Wertungsmaßstäbe des § 14 Abs. 1 TzBfG (zB Sachgrund der Vertretung, § 14 Abs. 1 S. 2 Nr. 3 TzBfG) Berücksichtigung. Ein unbefristet teilzeitbeschäftigter Arbeitnehmer wird danach durch die Befristung einer Arbeitszeiterhöhung regelmäßig nicht iSv § 307 Abs. 1 BGB unangemessen benachteiligt, wenn die Befristung auf Umständen beruht, die die Befristung eines Arbeitsvertrages insgesamt nach § 14 Abs. 1 TzBfG sachlich rechtfertigen könnte. Jedenfalls bei der befristeten Erhöhung der Arbeitszeit in einem erheblichen Umfang – im Streitfall für drei Monate um 4/8 – bedarf es zur Annahme einer nicht unangemessenen Benachteiligung solcher Umstände, die auch die Befristung eines gesondert im Umfang der Arbeitszeiterhöhung geschlossenen zusätzlichen Arbeitsvertrages nach § 14 Abs. 1 TzBfG rechtfertigen würden.[2]

Dies bedeutet: Die Grundsätze, die das BAG zum institutionellen Rechtsmissbrauch zur Befristungskontrolle nach § 14 Abs. 1 TzBfG entwickelt hat, finden auch bei der Inhaltskontrolle der Befristung von einzelnen Arbeitsbedingungen nach § 307 BGB Anwendung, falls eine wertungsmäßige Vergleichbarkeit der Fallgestaltungen besteht. Eine derartige Vergleichbarkeit liegt etwa vor, wenn der Arbeitgeber bei einem Teilzeitarbeitsverhältnis mit 50 % der regelmäßigen Arbeitszeit über Jahre hinweg (im Entscheidungsfall: 11 Jahre) nur befristete Aufstockungen der Arbeitszeit angeboten hat, obwohl der Arbeitnehmer den Wunsch nach einem unbefristeten Vollzeitarbeitsverhältnis geäußert hatte.[3]

3415 Im Mittelpunkt stehen die Vorschriften der §§ 8 und 9 TzBfG. Nach **§ 8 Abs. 1 TzBfG** kann ein Arbeitnehmer, dessen Arbeitsverhältnis länger als sechs Monate bestanden hat, verlangen, dass seine vertraglich vereinbarte Arbeitszeit **verringert** wird. Unerheblich ist, aus welchen Gründen der Arbeitnehmer seine Arbeitszeit verringern will. Für den Arbeitgeber kann sich die Frage stellen, wie er derartige Teilzeitansprüche erfolgreich „abwehren“ kann.[4] Vertragsrechtlich gibt es insoweit keine Möglichkeiten.

3416 Gemäß **§ 9 TzBfG** (**Verlängerung** der Arbeitszeit) hat der Arbeitgeber einen teilzeitbeschäftigten Arbeitnehmer, der ihm den Wunsch nach einer Verlängerung seiner vertraglich vereinbarten Arbeitszeit angezeigt hat, bei der Besetzung eines entsprechenden freien Arbeitsplatzes bei

1 BAG 27.7.2005 – 7 AZR 486/04, ZTR 2005, 526.
2 BAG 15.12.2011 – 7 AZR 394/10, DB 2012, 1442.
3 LAG Baden-Württemberg 17.6.2013 – 1 Sa 2/13, ArbR 2013, 479.
4 *Gutzeit*, DPL 2005, 73.

gleicher Eignung bevorzugt zu berücksichtigen, es sei denn, dass dringende betriebliche Gründe oder Arbeitszeitwünsche anderer teilzeitbeschäftigter Arbeitnehmer entgegenstehen.[5]

Diese durch das TzBfG mit Wirkung vom 1.1.2001 eingeführten Vorschriften werden gegenwärtig kontrovers diskutiert. Es geht insb. um die Frage, ob der Arbeitnehmer die Möglichkeit haben soll, aus jedwedem Grund eine Verringerung und anderweitige Verteilung der Arbeitszeit gem. § 8 TzBfG zu beanspruchen, oder ob der allgemeine Teilzeitanspruch auf Arbeitnehmer reduziert werden soll, die **familiäre Pflichten** wahrnehmen wollen. Auf der anderen Seite wird darüber nachgedacht, die Rückkehr des Teilzeitarbeitnehmers auf eine Vollzeitstelle zu erleichtern bzw ihm einen entsprechenden Rechtsanspruch einzuräumen (Stichwort: **Teilzeitfalle**).[6] Unterdessen erweitert das BAG den Anwendungsbereich des § 8 TzBfG und beschneidet etwaige „Abwehrmöglichkeiten" des Arbeitgebers.[7] 3417

Soweit im Übrigen gegenwärtig Teilzeitarbeit zT als „prekär" klassifiziert wird, ist auf Folgendes hinzuweisen: Der Gesetzgeber hat bewusst zur **Förderung von Teilzeitarbeit**, der Vereinbarkeit von Familie und Beruf,[8] Teilzeitansprüche geschaffen. Von diesen können Arbeitnehmer Gebrauch machen „oder auch nicht". Es erscheint daher äußerst problematisch bzw „scheinheilig", wenn die Teilzeitarbeit als „prekär" diskreditiert wird. Die tatsächlichen Gegebenheiten werden so geradezu auf den Kopf gestellt.[9] 3418

bb) Diskriminierungs- und Gleichbehandlungsschutz

(1) Verbot der Diskriminierung

§ 4 Abs. 1 TzBfG enthält ein spezielles Verbot der Ungleichbehandlung wegen der Teilzeitarbeit und stellt einen Sonderfall des allgemeinen Gleichbehandlungsgrundsatzes dar.[10] § 4 Abs. 1 TzBfG regelt in Satz 1 ein allgemeines Verbot der Diskriminierung wegen Teilzeitarbeit. In Satz 2 wird ausdrücklich der sog. Pro-rata-temporis-Grundsatz für das Arbeitsentgelt und geldwerte Leistungen normiert. 3419

Das Diskriminierungsverbot ist zwingend und steht als gesetzlich geregelter Sonderfall des Allgemeinen Gleichbehandlungsgesetzes (§ 1 AGG) und des allgemeinen Gleichheitssatzes (Art. 3 Abs. 1 GG) nicht zur Disposition der Tarifparteien,[11] dh, das Diskriminierungsverbot kann zB nicht durch Vereinbarung abbedungen werden. 3420

Das am 18.8.2006 in Kraft getretene Allgemeine Gleichbehandlungsgesetz (AGG) nennt in § 1 – abschließend – die folgenden acht Diskriminierungsmerkmale: Rasse, ethnische Herkunft, Geschlecht, Religion, Weltanschauung, Behinderung, Alter und sexuelle Identität. Das AGG verdrängt damit das in § 4 Abs. 1 TzBfG genannte Antidiskriminierungsverbot wegen Teilzeitarbeit nicht. Ggf kann es allerdings zu Überschneidungen kommen, wenn etwa eine teilzeitbeschäftigte Frau schlechter behandelt wird als eine vollzeitbeschäftigte (mögliche Diskriminierung wegen der Teilzeitarbeit und des Geschlechts). 3421

Verstößt der Arbeitgeber – ohne sachlichen Grund – gegen das Diskriminierungsverbot des § 4 Abs. 1 TzBfG, so hat der Arbeitnehmer – ggf unter Beachtung tariflicher oder sonstiger Ausschlussklauseln – Anspruch auf Gewährung der ihm zu Unrecht vorenthaltenen Leistung. 3422

Das Verbot der Ungleichbehandlung gilt für alle Formen der Teilzeitbeschäftigung. Dazu gehören gem. § 2 Abs. 2 TzBfG auch geringfügige Beschäftigungen iSd § 8 Abs. 1 Nr. 1 SGB IV. Das Verbot gilt auch dann, wenn teilzeitbeschäftigte Arbeitnehmer untereinander unterschiedlich behandelt werden, sofern eine Gruppe der teilzeitbeschäftigten Arbeitnehmer wie vollzeitbe- 3423

5 BAG 8.5.2007 – 9 AZR 874/06, DB 2007, 2207.
6 *Schiefer/Pöttering*, DB 2013, 2928; *Pöttering*, PuR 2014, 3.
7 *Schiefer*, PuR 2013, 103.
8 *Worzalla*, PuR 11–12/2011, 227 ff; *Schiefer/Worzalla*, DB 2012, 516.
9 *Worzalla*, PuR 2013, 203, 207; *Schiefer*, NZA Beilage 2012, Nr. 4, 132.
10 BAG 5.11.2003 – 5 AZR 8/03, NZA 2005, 222; *Bepler*, Beil. zu NZA Heft 18/2004, 3 ff.
11 *Preis/Gotthardt*, DB 2000, 2066.

schäftigte Arbeitnehmer behandelt und die andere Gruppe der Teilzeitbeschäftigten von einzelnen Leistungen ausgeschlossen wird. Eine tarifvertragliche Norm, die gegen das Verbot der Ungleichbehandlung verstößt, ist nichtig (§ 134 BGB). Dies gilt auch für eine tarifvertragliche Norm, wonach Zeiten geringfügiger Beschäftigung nicht als Beschäftigungszeiten (hier: bei der Berechnung der Beschäftigungszeiten für das Eingreifen einer Unkündbarkeit) gelten.[12]

3424 Untersagt ist allerdings ausschließlich die **Schlechterbehandlung wegen der Teilzeitarbeit** – nicht aus sonstigen Gründen. Eine Ungleichbehandlung liegt also nur vor, wenn die **Dauer der Arbeitszeit** das Merkmal ist, an das die Differenzierung hinsichtlich der unterschiedlichen Arbeitsbedingungen anknüpft.[13]

(2) Pro-rata-temporis-Grundsatz

3425 Einem teilzeitbeschäftigten Arbeitnehmer ist Arbeitsentgelt oder eine andere teilbare geldwerte Leistung mindestens in dem Umfang zu gewähren, der dem Anteil seiner Arbeitszeit an der Arbeitszeit eines vergleichbaren vollzeitbeschäftigten Arbeitnehmers entspricht, § 4 Abs. 1 S. 2 TzBfG. Die Vorschrift des **§ 4 Abs. 1 S. 2 TzBfG** setzt den **Pro-rata-temporis-Grundsatz** um, wonach der Arbeitgeber das Arbeitsentgelt oder eine andere teilbare geldwerte Leistung für Teilzeitbeschäftigte entsprechend ihrer gegenüber vergleichbaren Vollzeitbeschäftigten verringerten Arbeitsleistung anteilig kürzen darf. Das Gleichbehandlungsgebot des § 4 Abs. 1 S. 1 TzBfG ist gem. § 22 Abs. 1 TzBfG **nicht dispositiv**, kann also durch Klauseln eines Vertragstextes nicht abbedungen werden.

3426 *Thüsing*[14] zeigt an **drei Beispielen**, wie der Pro-rata-temporis-Grundsatz verstanden werden kann: Kürzt ein Tarifvertrag allen Arbeitnehmern, ob sie in Teilzeit oder in Vollzeit beschäftigt werden, das Weihnachtsgeld um 1.000 €, werden zwar beide Gruppen förmlich gleich behandelt, die Belastung des Teilzeitbeschäftigten ist jedoch wegen der geringeren Höhe seines Entgelts ungleich. Eine solche förmliche Gleichbehandlung, die materiell-rechtlich nach dem Pro-rata-temporis-Grundsatz eine Ungleichbehandlung darstellt, ist unzulässig.[15] Kürzt ein Tarifvertrag das Weihnachtsgeld allen Arbeitnehmern um 20 %, werden alle Arbeitnehmer, ob in Teilzeit oder in Vollzeit, bei reiner Betrachtung des Prozentsatzes gleich behandelt, wenn man die absolute Summe zum Maßstab nimmt, jedoch ungleich behandelt. Gleichwohl ist die Gleichbehandlung gem. § 4 TzBfG gewahrt, da eine Regelung, die sich an prozentualen Änderungen auf der Leistungs- wie auf der Gegenleistungsseite orientiert, eine dem Pro-rata-temporis-Prinzip entsprechende Regelung darstellt.

3427 Anhand eines dritten Beispiels verdeutlicht *Thüsing*,[16] dass bei der Weihnachtsgeldkürzung auch noch eine weitere Variante, die dem Pro-rata-temporis-Grundsatz in Wahrheit nicht entspricht, gewählt werden kann. Wird den vollzeitbeschäftigten Arbeitnehmern das Weihnachtsgeld um 20 %, den teilzeitbeschäftigten Mitarbeitern um 10 % gekürzt, findet zwar formal eine Ungleichbehandlung statt. Schaut man auf die Prozentzahl, werden die Vollzeitbeschäftigten im Verhältnis zu den Teilzeitbeschäftigten benachteiligt. Die Besserstellung der Teilzeitbeschäftigten ist aber eine Ungleichbehandlung, die durch das Wort „mindestens" in § 4 Abs. 1 S. 2 TzBfG nicht verboten und damit wirksam ist.

3428 Wird ein in Teilzeit beschäftigter Arbeitnehmer besser als ein in Vollzeit beschäftigter Arbeitnehmer gestellt, liegt somit kein Verstoß gegen § 4 Abs. 1 TzBfG vor. Auch wenn es nicht geboten ist, so kann es zulässig sein, Überstundenzuschläge auch Teilzeitbeschäftigten ab der ersten

12 BAG 20.4.2007 – 6 AZR 746/06, NZA 2007, 881.

13 BAG 15.10.2003 – 4 AZR 606/02, NZA 2004, 551; BAG 24.9.2003 – 10 AZR 675/02, NZA 2004, 611; zu den Einzelheiten *Schiefer/Müller*, Teilzeitarbeit, Rn 19 ff.

14 Annuß/Thüsing/*Thüsing*, TzBfG, § 4 Rn 30.

15 BAG 24.5.2000 – 10 AZR 629/99, BB 2000, 2052.

16 Annuß/Thüsing/*Thüsing*, TzBfG, § 4 Rn 30.

Stunde über die individuelle Arbeitszeit hinaus zu zahlen.[17] Nach *Willemsen/Bauer*[18] kann in einer solchen Vereinbarung allerdings ein Verstoß gegen den allgemeinen Gleichbehandlungsgrundsatz gesehen werden, der nach beiden Seiten hin greift und sowohl eine Besserstellung als auch eine Schlechterstellung verbietet.

An seine Grenzen stößt der Pro-rata-temporis-Grundsatz, wenn es um **unteilbare Leistungen** geht, wie etwa Ansprüche aus einer sozialen Einrichtung, Gestellung eines Parkplatzes oder einer Hortstelle im Betriebskindergarten. Bei unteilbaren Leistungen muss auf § 1 Abs. 1 S. 1 Hs 2 TzBfG zurückgegriffen werden, der eine unterschiedliche Behandlung aus sachlichen Gründen zulässt. Stellt der Arbeitgeber allen leitenden Mitarbeitern, die mindestens die Hälfte der Arbeitszeit eines vollschichtigen Arbeitnehmers erbringen, einen Geschäftswagen zur Verfügung, ist der Arbeitgeber verpflichtet, bei den Teilzeitbeschäftigten in Gänze den geldwerten Vorteil (1 % der Anschaffungskosten) vom Gehalt in Abzug zu bringen, wenn die Teilzeitbeschäftigten ihre Geschäftswagen auch privat nutzen können. Bei dem Teilzeitbeschäftigten spricht sogar eine Vermutung dafür, dass er angesichts seines höheren Freizeitanteils den Geschäftswagen in höherem Maße privat nutzt als der Vollzeitbeschäftigte, der mutmaßlich bis zum doppelten zeitlichen Umfang – verglichen mit einem zu 50 % tätigen Teilzeitbeschäftigten – das Fahrzeug dienstlich nutzen wird. 3429

Der Pro-rata-temporis-Grundsatz besagt, dass das Arbeitsentgelt im engeren Sinne den teilzeitbeschäftigten Arbeitnehmern in dem Umfang zu gewähren ist, der dem Anteil ihrer Arbeitszeit eines vergleichbaren vollzeitbeschäftigten Arbeitnehmers entspricht.[19] Auch wenn der Stundenlohn eines vollzeitbeschäftigten Arbeitnehmers zum Ausgleich einer tariflichen Arbeitszeitverkürzung erhöht wird, haben teilzeitbeschäftigte Arbeitnehmer bei unveränderter Arbeitszeit Anspruch auf eine entsprechende Lohnerhöhung je Arbeitsstunde.[20] 3430

Eine **Gleichbehandlung Teilzeitbeschäftigter** bei der Vergütung entsprechend dem Pro-rata-temporis-Grundsatz des § 4 Abs. 1 S. 2 TzBfG schließt eine **sonstige Benachteiligung** nicht aus.[21] Eine schlechtere Behandlung iSd § 4 Abs. 1 S. 1 TzBfG kann auch darin liegen, dass aufgrund unterschiedlicher Vertragsgestaltung der teilzeitbeschäftigte Arbeitnehmer Nachteile erleidet, die ein vollzeitbeschäftigter Arbeitnehmer nicht hat. Lässt bspw die Erhöhung des Unterrichtsdeputats die monatliche Vergütung vergleichbarer vollbeschäftigter Lehrkräfte unberührt, wohingegen sie bei teilzeitbeschäftigten Lehrkräfte zu einer Minderung der monatlichen Vergütung führt, so kann dies nach Ansicht des BAG nur darin liegen, dass vollzeitbeschäftigte Lehrkräfte eine feste monatliche Vergütung unabhängig von der Höhe des Unterrichtsdeputats erhalten.[22] Soweit hierfür keine sachlichen Gründe vorgetragen werden können, handelt es sich um eine Ungleichbehandlung Teilzeitbeschäftigter. 3431

Unterlässt der Arbeitgeber das zur Verhinderung (oder Beseitigung) einer nach § 4 Abs. 1 S. 1 TzBfG verbotenen schlechteren Behandlung Erforderliche, macht er sich ggf schadensersatzpflichtig.[23] 3432

(3) Anwendungsfälle der Pro-rata-temporis-Regelung

Der Gleichbehandlungsgrundsatz gebietet dem Arbeitgeber, seine Arbeitnehmer oder Gruppen von Arbeitnehmern, die sich in vergleichbarer Lage befinden, bei Anwendung einer selbstgesetzten Regel gleich zu behandeln. Damit verbietet der Gleichbehandlungsgrundsatz eine sach- 3433

---

17 *Däubler*, ZIP 2001, 217.

18 *Willemsen/Bauer*, DB 2000, 2223; *Richardi/Annuß*, BB 2000, 2201, 2204.

19 BAG 21.4.1999 – 10 AZR 70/97, ZTR 2000, 27; BAG 16.6.1993 – 4 AZR 317/92, BB 1993, 2532; BAG 26.5.1993 – 4 AZR 461/92, AP § 612 BGB Diskriminierung Nr. 2.

20 LAG Sachsen-Anhalt 6.3.2001 – 11 Sa 684/00, n.v.

21 Insoweit missverständlich BAG 24.9.2008 – 10 AZR 634/07, DB 2008, 2768; BAG 18.3.2009 – 10 AZR 338/08, DB 2009, 717.

22 Zur entsprechenden Vertragsgestaltung s. BAG 20.10.2010 – 5 AZR 986/08, NZA 2010, 840.

23 BAG 14.12.2011 – 5 AZR 457/10, DB 2012, 1516.

fremde Gruppenbildung und die willkürliche Schlechterstellung einzelner Arbeitnehmer innerhalb einer Gruppe. Im Bereich der Arbeitsvergütung ist er trotz des Vorrangs der Vertragsfreiheit anwendbar, wenn Arbeitsentgelte durch eine betriebliche Einheitsregelung generell angehoben werden und der Arbeitgeber die Leistungen nach einem bestimmten erkennbaren und generalisierenden Prinzip gewährt, in dem der Arbeitgeber bestimmte Voraussetzungen oder Zwecke festlegt.

3434 Der Pro-rata-temporis-Grundsatz gilt für **Zulagen**, sobald sie wegen einer besonderen Belastung durch die Arbeit gewährt werden. Die Rspr hat entsprechende Grundsätze, zum Teil bereits vor Inkrafttreten des TzBfG, für Funktionszulagen,[24] für Schichtarbeiterzulagen,[25] für Sicherheitszulagen nach dem TV Sicherheitszulage,[26] für Geriatrie-Zulagen nach dem BAT[27] und für Spätarbeit- und Nachtarbeitzuschläge[28] entwickelt. Auch für das **Urlaubsentgelt** nach § 11 BUrlG, das nicht mit einem etwaigen Urlaubsgeld verwechselt werden darf, gilt der Pro-rata-temporis-Grundsatz.[29]

3435 Eine tarifvertragliche Regelung (hier: TVöD), die vorsieht, dass Teilzeitbeschäftigte das **Arbeitsentgelt** und **alle sonstigen Entgeltbestandteile** nur in dem Umfang erhalten, der dem Anteil ihrer individuell vereinbarten durchschnittlichen Arbeitszeit an der regelmäßigen Arbeitszeit vergleichbarer Vollzeitbeschäftigter entspricht, ist nicht diskriminierend.[30] Eine solche Regelung wahrt den Grundsatz, dass einem teilzeitbeschäftigten Arbeitnehmer das Arbeitsentgelt oder eine andere teilbare geldwerte Leistung mindestens in dem Umfang zu gewähren ist, der dem Anteil seiner Arbeitszeit an der Arbeitszeit eines vergleichbaren vollzeitbeschäftigten Arbeitnehmers entspricht. Eine solche Gleichbehandlung gemäß dem Pro-rata-temporis-Grundsatz schließt eine Diskriminierung des Teilzeitbeschäftigten aufgrund der Teilzeitbeschäftigung aus.

3436 Ein anteilmäßiger Anspruch besteht bei **Urlaub** und **Urlaubsgeld.**[31] Ändert sich im Verlauf eines Kalenderjahres die Verteilung der Arbeitszeit auf weniger oder auf mehr Arbeitstage einer Kalenderwoche, verkürzt oder verlängert sich entsprechend die Dauer des dem Arbeitnehmer zustehenden Urlaubs. Sie ist dann jeweils unter Berücksichtigung der nunmehr für den Arbeitnehmer maßgeblichen Verteilung seiner Arbeitszeit neu zu berechnen.[32] Eine neue Entscheidung des EuGH[33] führt aber nunmehr zu einer neuen Betrachtungsweise, wenn Arbeitnehmer **von Vollzeit in Teilzeit wechseln und an weniger Tagen arbeiten als zuvor.** In diesen Fällen sind ihnen die noch nicht gewährten Urlaubstage in vollem Umfang auch während der Teilzeittätigkeit zu gewähren. Eine Anpassung auf die Teilzeittätigkeit findet nicht mehr statt. Die gegenteilige stRspr des BAG ist damit obsolet.

24 BAG 17.4.1996 – 10 AZR 617/95, BB 1996, 1564.
25 BAG 11.6.1997 – 10 AZR 784/96, BB 1997, 2224; LAG Köln 1.12.1995 – 13 Sa 767/91, LAGE § 2 BeschFG 1985 Nr. 29.
26 BAG 11.12.1996 – 10 AZR 359/96, BB 1997, 636.
27 LAG Hamm 24.9.1998 – 17 Sa 682/98, ZTR 1999, 32.
28 BAG 15.12.1998 – 3 AZR 239/97, BB 1999, 1435 = RdA 2000, 46 m. Anm. *Schüren.*
29 BAG 24.10.1989 – 8 AZR 5/89, BB 1990, 1414.
30 BAG 24.9.2008 – 10 AZR 634/07, DB 2008, 2768.
31 BAG 15.11.1990 – 8 AZR 283/89, BB 1991, 981; zur Quotierung von erworbenen Urlaubsansprüchen beim Übergang von Voll- zu Teilzeitbeschäftigung und der Reduzierung der wöchentlichen Arbeitstage s. den Vorlagebeschluss des ArbG Nienburg 4.9.2012 – 2 Ca 257/12.
32 BAG 28.4.1998 – 9 AZR 314/97, DB 1999, 54.
33 EuGH 13.6.2013 – Rs. C-415/12, NZA 2013, 775; s. hierzu *Worzalla*, PuR 2013, 152.

Umfangreich ist die Rspr zur anteilmäßigen Gewährung von **Überstundenzuschlägen** teilzeitbeschäftigter Arbeitnehmer. EuGH[34] und BAG[35] haben entschieden, dass bei Teilzeitbeschäftigten die geleisteten Stunden als solche zu vergüten sind und ein Überstundenzuschlag erst ab dem Arbeitsumfang zu zahlen ist, ab dem ein vollzeitbeschäftigter Arbeitnehmer den Zuschlag erhält. Im Einzelnen gilt: 3437

In der Angelegenheit **Helmig u.a.**[36] hat der EuGH festgestellt, dass keine Ungleichbehandlung von Teilzeit- und Vollzeitbeschäftigten vorliegt, wenn die Entgeltregelung die Zahlung von Gehaltszuschlägen für Überstunden nur bei Überschreiten der tarifvertraglich festgelegten Regelarbeitszeit vorsieht, nicht aber bei Überschreiten der individuellen Arbeitszeit. Unter diesen Umständen erhalten die Teilzeitbeschäftigten für die gleiche Anzahl geleisteter Arbeitsstunden die gleiche Vergütung wie die Vollzeitbeschäftigten. Dies gilt sowohl dann, wenn die tarifvertraglich festgesetzte Regelarbeitszeit nicht überschritten wird, als auch dann, wenn über diese Regelarbeitszeit hinaus Stunden geleistet werden, da die Überstundenzuschläge im letztgenannten Fall beiden Arbeitnehmergruppen zugute kommen. In der Entscheidung **Elstner-Lakeberg**[37] ist der EuGH hingegen davon ausgegangen, dass eine Ungleichbehandlung von Teilzeit- und Vollzeitbeschäftigten vorliegt, wenn nach der Entgeltregelung alle Arbeitnehmer für einen Anspruch auf Mehrarbeitsvergütung über ihre individuelle Arbeitszeit hinaus mindestens drei Unterrichtsstunden pro Monat leisten müssen. Hieraus ergibt sich eine Ungleichbehandlung, da Teilzeitbeschäftigte für die gleiche Zahl geleisteter Unterrichtsstunden schlechter vergütet werden als Vollzeitbeschäftigte. In dem Rechtsstreit **Voß**[38] kommt der EuGH zu dem Ergebnis, dass es eine mittelbare Geschlechtsdiskriminierung darstellen kann, wenn teilzeitbeschäftigte Arbeitnehmer für Überstunden eine geringere Vergütung erhalten als vollzeitbeschäftigte Arbeitnehmer während der Regelarbeitszeit. 3438

Für die Privatwirtschaft ist vor allem die Entscheidung **Helmig** von Bedeutung. Danach gilt: Die Vereinbarung von Zuschlägen für Mehrarbeit stellt dann keine Diskriminierung dar und ist zulässig, wenn diese gleichmäßig für Zeiten vorgesehen wird, die über der tarifvertraglichen Regelarbeitszeit liegen. Da die Entlohnung von Vollzeit- und Teilzeitbeschäftigten in diesem Falle gleich ist, ist keine Ungleichbehandlung anzunehmen. Argument: Die Entlohnung von Vollzeit- und Teilzeitbeschäftigten während der tariflichen Regelarbeitszeit ist gleich. Nur für die außerhalb der Regelarbeitszeit geleistete Mehrarbeit erhalten Vollzeit- und Teilzeitbeschäftigte die erhöhte Mehrarbeitsvergütung. Dies ist gerechtfertigt. 3439

Knüpft ein Tarifvertrag bei einer **Wechselschichtzulage** alleine daran an, dass der Arbeitnehmer in Wechselschicht arbeitet und innerhalb eines bestimmten Zeitraums eine bestimmte Mindestzahl von Nachtdienststunden leistet, verlangt das BAG aus Gründen der Gleichbehandlung, dass auch dem Teilzeitbeschäftigten die volle Höhe der Wechselschichtzulage zu gewähren ist.[39] Dementsprechend war auch die Jubiläumszuwendung nach § 39 BAT Teilzeitbeschäftigten in voller Höhe zu zahlen.[40] Bemisst sich die Höhe einer **Jubiläumszuwendung** auch nach dem Umfang der vom Arbeitnehmer erbrachten Tätigkeit während der Betriebszugehörigkeit, verstößt es nicht gegen den Gleichbehandlungsgrundsatz (damals § 2 BeschFG), wenn bei einem Teilzeitbeschäftigten die Jubiläumszuwendung entsprechend gekürzt wird.[41] 3440

34 EuGH 15.12.1994 – Rs. C-399/92, BB 1995, 153; ArbG Bochum 21.1.1993 – 3 Ca 2081/92, AuR 1993, 305; LAG Schleswig-Holstein 27.5.1993 – 4 Sa 490/92, AuR 1993, 304.

35 BAG 23.4.1998 – 6 AZR 558/96, n.v.; BAG 25.7.1996 – 6 AZR 420/93, BB 1996, 1670; BAG 20.6.1995 – 3 AZR 684/93, BB 1996, 1277; BAG 20.6.1995 – 3 AZR 539/93, AP § 1 TVG Tarifverträge: Nährmittelindustrie Nr. 1 m. Anm. *Schüren.*

36 EuGH 15.12.1994 – Rs. C-399/92, BB 1995, 153.

37 EuGH 27.5.2004 – Rs. C-285/02, NZA 2004, 783.

38 EuGH 6.12.2007 – Rs. C-300/06, DB 2008, 187.

39 BAG 23.6.1993 – 10 AZR 127/92, BB 1993, 1875.

40 BAG 22.5.1996 – 10 AZR 618/95, BB 1996, 1724; Annuß/Thüsing/*Thüsing*, TzBfG, § 4 Rn 38.

41 BAG 13.12.2000 – 10 AZR 383/99, FA 2001, 158.

3441 Auch **Sonderkonditionen** für die Gewährung von Darlehen beim Immobilienerwerb durch den Angestellten einer Bank kann man nach Auffassung des BAG nicht einzelnen Arbeitsstunden zuordnen, so dass sie unterschiedslos auch teilzeitbeschäftigten Arbeitnehmern in gleicher Höhe gewährt werden müssen.[42] Beim Entgelt im weiteren Sinne kann der Entgeltcharakter so sehr in den Vordergrund treten, dass eine anteilige Kürzung entsprechend dem Arbeitsumfang Teilzeitbeschäftigter zulässig ist. Hierfür können die Abhängigkeit der Zulage von der Besoldungseinstufung sprechen und ihre Kürzung im Hinblick auf Zeiten, in denen dem Arbeitnehmer keine Ansprüche auf Vergütung, Urlaubsvergütung oder Krankenbezüge zustehen.[43] Ein **Weihnachtsgeld**, das sowohl als Vergütung für geleistete Dienste als auch als Zuwendung für erwiesene und zu erwartende Betriebstreue gewertet wird, kann beim Teilzeitbeschäftigten anteilmäßig gekürzt werden.[44]

3442 Bei der **betrieblichen Altersversorgung** gilt die Pro-rata-temporis-Gleichbehandlung.[45] Teilzeitkräfte haben keinen Anspruch auf eine gleich hohe betriebliche Altersversorgung wie Vollzeitbeschäftigte.[46] Auch Beihilfeansprüche[47] und Essensgeldzuschüsse[48] können bei Teilzeitbeschäftigten anteilmäßig gekürzt werden.

3443 Eine an den **Familienstand** und die **Anzahl der Kinder** gekoppelte tarifliche Sonderzulage kann nach Maßgabe der vom Arbeitnehmer zu erbringenden Arbeitszeit gekürzt werden. Eine solche Kürzung stellt keine Ungleichbehandlung teilzeitbeschäftigter Arbeitnehmer dar.[49] Auch die Koppelung von Sozialplanabfindungen und Übergangsgeld an die **Arbeitszeit** des Arbeitnehmers zum Zeitpunkt der Beendigung des Arbeitsverhältnisses stellt keine Ungleichbehandlung teilzeitbeschäftigter Arbeitnehmer dar, weil Sozialplanabfindungen und Übergangsgeld primär Entgeltcharakter haben.[50]

3444 Die Rspr hat es gegenwärtig offen gelassen, ob dann, wenn die wöchentliche Arbeitszeit der Teilzeitkraft nicht im gleichen Verhältnis wie bei den Vollzeitkräften auf den Wochenenddienst und den Dienst an den übrigen Wochentagen verteilt wird, eine unzulässige Ungleichbehandlung vorliegt.[51] *Thüsing*[52] ist der Auffassung, der Pro-rata-temporis-Grundsatz müsse auch in diesem Falle angewendet werden, andernfalls liege eine unzulässige Ungleichbehandlung vor. Unwirksam sind Klauseln, in denen Zeiten eines Teilzeitarbeitsverhältnisses nicht voll auf die Dauer des Beschäftigungsverhältnisses, bspw zur Berechnung der Kündigungsfrist oder bei Gewährung einer betrieblichen Altersversorgung, angerechnet werden.[53]

3445 Unterhälftig beschäftigte Arbeitnehmer können durch Tarifvertrag wirksam vom Anspruch auf **Altersteilzeit** ausgeschlossen werden.[54] Wird einem vollzeitbeschäftigten Lehrer eine altersab-

42 BAG 27.7.1994 – 10 AZR 538/93, BB 1994, 2279 = AP § 2 BeschFG 1985 Nr. 37.

43 BAG 11.12.1996 – 10 AZR 359/96, AP §§ 22, 23 BAT Nr. 19.

44 BAG 19.4.1995 – 10 AZR 344/94, BB 1995, 2272; BAG 6.12.1990 – 6 AZR 159/89, BB 1991, 2299.

45 BAG 28.7.1992 – 3 AZR 173/92, BB 1993, 437; BAG 8.12.1992 – 3 AZR 253/92, n.v.; zur Differenzierung zwischen befristet und unbefristeten Beschäftigten bei der betrieblichen Altersversorgung durch Stichtagsregelung s. LAG Köln 15.11.2010 – 5 Sa 102/10; zur Ungleichbehandlung befristet beschäftigter Arbeitnehmer in der betrieblichen Altersversorgung s. auch BAG 23.11.2010 – 16 Sa 1093/10.

46 BAG 25.10.1994 – 3 AZR 149/94, AP § 2 BeschFG 1985 Nr. 40; BAG 15.2.1994 – 3 AZR 708/93, AP § 1 BetrAVG Gleichberechtigung Nr. 12; BAG 25.10.1994 – 3 AZR 149/94, AP § 2 BeschFG 1985 Nr. 40.

47 BAG 25.2.1999 – 6 AZR 488/97, ZTR 1999, 522; BAG 19.2.1998 – 6 AZR 460/96, AP § 40 BAT Nr. 12; BAG 19.2.1998 – 6 AZR 477/96, BB 1998, 2420.

48 BAG 26.9.2001 – 10 AZR 714/00, BB 2001, 2654.

49 BAG 7.10.1992 – 10 AZR 51/91, BB 1993, 652.

50 BAG 10.11.1994 – 6 AZR 486/94, AP § 63 BAT Nr. 11; BAG 7.11.1991 – 6 AZR 392/88, AP § 62 BAT Nr. 14; BAG 28.10.1992 – 10 AZR 129/92, BB 1993, 506.

51 BAG 1.12.1994 – 6 AZR 501/94, NZA 1995, 590.

52 Annuß/Thüsing/*Thüsing*, TzBfG, § 4 Rn 44.

53 BAG 15.5.1997 – 6 AZR 40/96, NZA 1997, 1355; Parallelsache: BAG 15.5.1997 – 6 AZR 220/96, n.v.

54 LAG Köln 10.5.2000 – 12 (10) Sa 1474/99, n.v.; LAG Köln 16.2.2000 – 2 Sa 1228/99, n.v.

hängige Unterrichtsermäßigung gewährt, ist diese Ermäßigung auch teilzeitbeschäftigten Kollegen anteilmäßig zu gewähren.[55]

Das Diskriminierungsverbot erfasst auch **Gleitzeitvereinbarungen**. Betriebsvereinbarungen über Gleitzeit, deren persönlicher Geltungsbereich auf Vollbeschäftigte beschränkt wird, beinhalten eine Ungleichbehandlung Teilzeitbeschäftigter, für die es keinen sachlichen Grund gibt.[56] Wenn die regelmäßige wöchentliche Arbeitszeit festgelegt ist und wenn die Gehaltsauszahlung trotz etwaiger Blockbildung im Rahmen einer Arbeitszeitkontenregelung kontinuierlich erfolgt und außerdem die sich aus § 12 Abs. 2 TzBfG ergebende Verpflichtung, den Arbeitseinsatz mindestens vier Tage im Voraus mitzuteilen, erfüllt ist, sind Teilzeitvereinbarungen unter Verwendung von Arbeitszeitkonten, auch in Form eines Jahresarbeitszeitvertrages, möglich.[57] Eine zu niedrige Bezahlung, die gegen den Gleichbehandlungsgrundsatz des § 4 Abs. 1 S. 1 TzBfG verstößt, stellt eine unerlaubte Handlung dar, die von tariflichen oder einzelvertraglichen Ausschlussfristen nicht erfasst wird.[58] 3446

Aus der Eigenart einer Teilzeitbeschäftigung folgt, dass grds. dem Arbeitnehmer mehrere Beschäftigungen dieser Art nebeneinander gestattet sind. Denn der Teilzeitarbeitnehmer schuldet nicht seine gesamte Arbeitskraft, sondern er ist lediglich verpflichtet, für eine bestimmte Zeit dem Arbeitgeber leistungsmäßig zur Verfügung zu stehen.[59] *Preis*[60] vertritt die Ansicht, Teilzeitbeschäftigte müssten in einem größeren Umfang als Vollzeitbeschäftigte, die ihre Existenz aus einem Arbeitsverhältnis sichern könnten, in der Verwertung ihrer Restarbeitszeit frei sein. Schon mit Rücksicht auf diesen Umstand könne der Arbeitgeber nicht ohne Weiteres die Begründung weiterer konkurrenzfreier Beschäftigungsverhältnisse untersagen. Die damit aufgeworfene Frage lautet: In welchem Umfange ist dem in einem Teilzeitarbeitsverhältnis stehenden Mitarbeiter eine **Mehrfachbeschäftigung** zu gestatten? Oder – anders formuliert: Inwieweit führt es zu einer Diskriminierung des Teilzeitbeschäftigten, wenn ihm über eine Nebentätigkeitsklausel die Aufnahme weiterer Teilzeitbeschäftigungen untersagt und damit sein Recht auf Mehrfachbeschäftigung eingeschränkt wird? 3447

Die Rspr verlangt unter Hinweis auf §§ 3, 14 ArbZG, dass die Summe der **Arbeitszeiten** aus allen Teilzeitarbeitsverhältnissen die Höchstgrenze der gesetzlich zugelassenen Arbeitszeit nicht überschreitet.[61] Geringfügige Überschreitungen führen nicht zur Rechtsunwirksamkeit des zweiten oder weiterer Beschäftigungsverhältnisse, sondern bewirken lediglich unter Erhaltung des Vertrages mit der gesetzlich zulässigen Höchstarbeitszeit ein Beschäftigungsverbot auf Arbeitgeber- bzw ein Leistungsverweigerungsrecht auf Arbeitnehmerseite wegen des übersteigenden Arbeitszeitvolumens.[62] Das BAG erklärt bei erheblicher Überschreitung der gesetzlich zulässigen Arbeitszeit das zweite Arbeitsverhältnis unter Hinweis auf § 134 BGB in vollem Umfang für unwirksam.[63] Vom Teilzeitbeschäftigten kann daher verlangt werden, dem Arbeitgeber alle weiteren Beschäftigungsverhältnisse mitzuteilen.[64] Soweit ein tarifgebundener Arbeitgeber über mehrere Teilzeitverträge mit einem Arbeitnehmer zu Gunsten der Vollzeitbeschäftigten bestehende Tarifnormen außer Acht lassen möchte, hat das BAG solcher Gestaltung einen Riegel vorgeschoben. Mit Urteil vom 25.11.1970[65] stellte es klar, dass ein Arbeitgeber 3447a

55 BAG 30.9.1998 – 5 AZR 18/98, BB 1999, 910.
56 LAG Hessen 10.11.1989 – 13 Sa 255/89, DB 1991, 918.
57 BAG 23.6.1992 – 1 AZR 57/92, EzA § 611 BGB Direktionsrecht Nr. 12.
58 BAG 12.6.1997 – 5 AZR 960/94, AP § 611 BGB Werkstudent Nr. 4.
59 *Seiter*, AR-Blattei C I 2 c.
60 Preis/*Preis*, Der Arbeitsvertrag, II T 10 Rn 43.
61 BAG 19.6.1959 – 1 AZR 565/57, AP § 611 BGB Doppelarbeitsverhältnis Nr. 1; LAG Nürnberg 19.9.1995 – 2 Sa 429/94, AP § 134 BGB Nr. 9.
62 BAG 14.12.1967 – 5 AZR 74/67, AP § 1 AZO Nr. 2.
63 BAG 19.6.1959 – 1 AZR 565/57, AP § 611 BGB Doppelarbeitsverhältnis Nr. 1.
64 GK-TzA/*Lipke*, Art. 1 § 2 BeschFG Rn 119; Preis/*Preis*, Der Arbeitsvertrag, II T 10 Rn 46.
65 BAG 25.11.1970 – 4 AZR 534/69, AP § 4 TVG Nr. 10.

durch die einzelvertragliche Vereinbarung mehrerer Teilzeitarbeitsverhältnisse mit einem Arbeitnehmer tarifliche Vorschriften nicht umgehen dürfe. Auf eine Umgehungsabsicht komme es dabei nicht an.

(4) Befristete Erhöhung der Arbeitszeit

3448 Das **TzBfG** enthält die Regeln zur Wirksamkeitskontrolle **befristeter Arbeitsverträge.** Hinsichtlich der Befristung **einzelner Arbeitsbedingungen** gelten im Kern vergleichbare Rechtsgrundsätze wie für die Befristung des Arbeitsverhältnisses selbst.[66] Das TzBfG – insb. § 14 TzBfG – erfasst diese Fallgestaltungen nicht[67] (vgl § 1 Rn 3414 iVm Rn 1287 f). Die befristete Erhöhung der Arbeitszeit innerhalb eines unbefristeten Arbeitsverhältnisses bedarf daher zu ihrer Wirksamkeit nicht der Schriftform gem. § 14 Abs. 4 TzBfG.[68] Die Wirksamkeit der Befristung einzelner Arbeitsbedingungen ist daher auch nicht Gegenstand einer Befristungskontrollklage gem. § 17 TzBfG[69] (zur Befristungskontrollklage s. § 1 Rn 1292 ff).

3449 Das Fehlen einer ausdrücklichen gesetzlichen Regelung führt aber nicht dazu, dass die formularmäßig vereinbarte Befristung einzelner Arbeitsbedingungen nicht nach §§ 305 ff BGB zu kontrollieren wäre. Auch Vertragstypen, die gesetzlich nicht geregelt sind, können am Maßstab der §§ 305 ff BGB überprüft werden.[70] Mit anderen Worten: Die Geltung der §§ 305 ff BGB wird hinsichtlich der Kontrolle der Befristung einzelner Arbeitsbedingungen nicht durch die für die Befristung von Arbeitsverträgen geltenden Bestimmungen in §§ 14 ff TzBfG verdrängt.[71]

3450 Für den Vertragsgestalter folgt aus diesen Entscheidungen, dass **befristete Einzelabsprachen,** die formularmäßig den Arbeitsvertrag ergänzen, an den **§§ 305 ff BGB** zu messen sind. Hierbei ist der Wertungsmaßstab des § 14 Abs. 1 TzBfG zu berücksichtigen.[72] Besondere Sorgfalt ist somit an befristete Änderungsverträge mit Teilzeitbeschäftigten zu stellen, unabhängig davon, von wem das Änderungsverlangen ausgeht. Nicht selten erfordert ein vorübergehender oder saisonaler Arbeitsanfall, dass die Arbeitszeit des Teilzeitbeschäftigten erhöht wird oder dass eine veränderte Lage der Arbeitszeit vereinbart werden muss.

cc) Teilzeitverlangen des Arbeitnehmers nach § 8 TzBfG

(1) Voraussetzungen

3451 Ein Arbeitnehmer, dessen Arbeitsverhältnis länger als sechs Monate bestanden hat, kann verlangen, dass seine vertraglich vereinbarte **Arbeitszeit verringert** wird, § 8 Abs. 1 TzBfG. Dies gilt auch für Arbeitnehmer, die im Zeitpunkt der Antragstellung bereits in Teilzeit arbeiten, dh auch für Teilzeitbeschäftigte.[73] Kleinunternehmen mit in der Regel nicht mehr als 15 Arbeitnehmern sind aus dem Geltungsbereich des § 8 TzBfG ausgenommen, § 8 Abs. 7 TzBfG. Es handelt sich um eine „Kleinunternehmensklausel".[74] Das heißt, nicht die Beschäftigtenzahl im Beschäftigungsbetrieb ist maßgeblich. Es ist vielmehr eine unternehmensbezogene Betrachtung anzustellen. Verfassungsrechtliche Bedenken gegen diese Regelung bestehen nicht.[75] Bei der Be-

66 BAG 3.9.2009 – 7 AZR 233/08, DB 2009, 2439.
67 BAG 18.1.2006 – 7 AZR 191/05, DB 2006, 1326; BAG 14.1.2004 – 7 AZR 213/03, NZA 2004, 719.
68 BAG 4.9.2003 – 7 AZR 106/03, DB 2004, 409.
69 BAG 18.1.2006 – 7 AZR 191/05, DB 2006, 1326.
70 Zur Vorgängerregelung in § 8 AGBG: BGH 23.3.1988 – VIII ZR 58/87, BGHZ 104, 82.
71 BAG 18.1.2006 – 7 AZR 191/05, DB 2006, 1326; BAG 8.8.2007 – 7 AZR 855/06, NZA 2008, 229; BAG 2.9.2009 – 7 AZR 233/08, DB 2009, 2439.
72 BAG 15.12.2011 – 7 AZR 394/10, DB 2012, 1424; LAG Baden-Württemberg 17.6.2013 – 1 Sa 2/13, ArbR 2013, 479.
73 BAG 13.11.2012 – 9 AZR 259/11, DB 2013, 760.
74 *Preis/Gotthardt*, DB 2000, 2068.
75 LAG Köln 18.1.2002 – 4 Sa 1066/01, DB 2002, 1057; *Schiefer/Müller*, Teilzeitarbeit, Rn 85.

stimmung der Anzahl der in der Regel beschäftigten Arbeitnehmer zählen Personen in Berufsausbildung nicht mit.

Der Arbeitnehmer muss die Verringerung seiner Arbeitszeit und den Umfang der Verringerung **spätestens drei Monate vor deren Beginn** geltend machen. Er soll dabei die gewünschte Verteilung der Arbeitszeit angeben, § 8 Abs. 2 TzBfG. Versäumt der Arbeitnehmer diese Frist, so führt dies nicht zur Unwirksamkeit des Antrags. Die beantragte Verringerung der Arbeitszeit wird lediglich entsprechend „nach hinten verschoben".[76] 3452

Mit dem Urteil vom 23.11.2004[77] hat es der 9. Senat in das Ermessen des Arbeitnehmers gestellt, ob er ausschließlich die Herabsetzung der vertraglich vereinbarten Arbeitszeit beansprucht oder ob er zusätzlich eine bestimmte Verteilung der verringerten Arbeitszeit verlangt. § 8 Abs. 2 S. 2 TzBfG spricht nur davon, dass der Arbeitnehmer die gewünschte Verteilung der Arbeitszeit angeben „soll". Der Arbeitnehmer, so der Senat, sei nicht verpflichtet, bereits mit dem Antrag auf Herabsetzung der Arbeitszeit verbindlich anzugeben, **in welcher Weise die Arbeitszeit verteilt** werden solle. Wolle der Arbeitnehmer eine bestimmte Verteilung der Arbeitszeit erreichen, müsse er seinen Wunsch spätestens in das Erörterungsgespräch mit dem Arbeitgeber einbringen. 3453

Der Arbeitgeber ist verpflichtet, mit dem Arbeitnehmer die gewünschte Verringerung der Arbeitszeit zu **erörtern**. Dabei soll die Erörterung mit dem Ziel erfolgen, zu einer Vereinbarung zu gelangen, § 8 Abs. 3 TzBfG. Der Arbeitgeber hat der Verringerung der Arbeitszeit zuzustimmen und ihre Verteilung entsprechend den Wünschen des Arbeitnehmers festzulegen, soweit betriebliche Gründe nicht entgegenstehen, § 8 Abs. 4 S. 1 TzBfG. In § 8 Abs. 4 TzBfG werden weiterhin die betrieblichen Gründe erläutert. Schließlich muss der Arbeitgeber spätestens einen Monat vor dem gewünschten Beginn der Verringerung dem Arbeitnehmer schriftlich die Verringerung der Arbeitszeit und ihre Verteilung mitteilen, § 8 Abs. 5 S. 1 TzBfG. Aufgrund dieser Gesetzeslage stellen sich in der Praxis zahlreiche Fragen zu den Voraussetzungen des Arbeitszeitverringerungsanspruchs, den Anforderungen und Wirkungen beim Antrag des Arbeitnehmers auf Teilzeitverlangen, zu den vom Arbeitgeber geltend zu machenden betrieblichen Gründen und zur Durchsetzbarkeit des Verringerungsanspruchs im Wege der einstweiligen Verfügung.[78] 3454

§ 8 TzBfG sieht keinen Anspruch auf lediglich **vorübergehende Verringerung** der Arbeitszeit vor.[79] Eine solche „Befristungsmöglichkeit" wird allerdings gegenwärtig diskutiert.[80] 3455

(2) Höchstmögliche Flexibilität

Das BAG betont, dass § 8 TzBfG – im Sinne höchstmöglicher Flexibilität – nicht nur für die Verringerung der Arbeitszeit, sondern für ihre **Verteilung** bis zu den Grenzen des Rechtsmissbrauchs (§ 242 BGB) einen Anspruch auf Vertragsänderung begründet. Der Arbeitnehmer kann deshalb nicht nur eine proportionale Verkürzung der Arbeitszeit an fünf Tagen von Montag bis Freitag verlangen. Er hat auch einen Anspruch darauf, bspw in der 4-Tage-Woche statt in einer 5-Tage-Woche zu arbeiten. Wortlaut und Zusammenhang des § 8 Abs. 1 TzBfG geben nach Ansicht des BAG keine Beschränkung auf das arbeitsvertraglich vereinbarte Arbeitszeitverteilungsmodell.[81] 3456

Ein Teilzeit- und Neuverteilungsbegehren ist aber **rechtsmissbräuchlich**, wenn mit einem geringfügigen Verringerungsbegehren von 3,29 % eine andere Arbeitszeitverteilung erreicht werden soll, die freie Tage an Weihnachten, Silvester, Neujahr und der Zeit „zwischen den Jahren" 3457

76 BAG 16.12.2008 – 9 AZR 893/07, NJW 2009, 1527; *Worzalla*, PuR 06/2009, 3; LAG Düsseldorf 25.8.2011 – 11 Sa 360/11, ArbuR 2012, 39; BAG 20.7.2004 – 9 AZR 626/03, NZA 2004, 1090 = DB 2004, 2323.

77 BAG 23.11.2004 – 9 AZR 644/03, NZA 2005, 769 = MDR 2005, 933.

78 LAG Hamm 6.5.2002 – 8 Sa 641/02, NZA-RR 2003, 178.

79 BAG 24.6.2008 – 9 AZR 313/07, BB 2008, 1449; *Schiefer/Müller*, Teilzeitarbeit, Rn 100 ff.

80 *Schiefer/Pöttering*, DB 2013, 2928.

81 BAG 18.8.2009 – 9 AZR 517/08, NZA 2009, 1207.

garantieren würde, ohne dass hierzu ein Urlaubstag unter Rücksichtnahme anderer Urlaubswünsche gestellt werden müsste.[82]

3458

Voraussetzungen des Teilzeitanspruchs

↓

Arbeitnehmer

↓

Geltendmachung des Anspruchs frühestens nach sechsmonatigem Bestehen des Arbeitsverhältnisses

↓

Geltendmachung spätestens drei Monate vor Beginn der Verringerung bzw der anderen Verteilung der Arbeitszeit

↓

Beschäftigung von in der Regel mehr als 15 Arbeitnehmern im Betrieb und Unternehmen (Kleinunternehmensklausel)

⇓

Keine vorangegangene Verringerung der Arbeitszeit innerhalb der Zwei-Jahres-Frist des § 8 Abs. 6 TzBfG

↓

Weiterer Verfahrensablauf

↓

Versuch einer einvernehmlichen Lösung im Hinblick auf Verringerung und Verteilung der Arbeitszeit gemäß § 8 Abs. 3 TzBfG

↓

Entscheidung über Verringerung

↓

- Ausdrückliche Zustimmung
- Fiktion der Zustimmung bei unterbliebener schriftlicher Ablehnung innerhalb eines Monats vor gewünschtem Beginn der Verringerung
- Ablehnung der Verringerung schriftlich innerhalb eines Monats vor dem gewünschten Beginn

Folge:

- Selbstvollzug ausgeschlossen
- Klage des Arbeitnehmers auf Verringerung
- Obsiegen des Arbeitgebers, wenn der gewünschten Verringerung betriebliche Gründe entgegenstehen bzw. bei Nichtvorliegen der o.g. Voraussetzungen des Teilzeitanspruchs

  ↓

- Prüfung des Vorliegens „betrieblicher Gründe“ nach dem dreistufigen Prüfungsaufbau des BAG

Entscheidung über Verteilung

↓

- Ausdrückliche Zustimmung

  Aber: Änderung möglich, wenn das betriebliche Interesse daran das Interesse des Arbeitnehmers an der Beibehaltung erheblich überwiegt und der Arbeitgeber die Änderung spätestens einen Monat vorher angekündigt hat (§ 8 Abs. 5 Satz 4 TzBfG)
- Fiktion der Zustimmung bei unterbliebener schriftlicher Ablehnung innerhalb eines Monats vor gewünschtem Beginn der Verteilung

  Aber: Einseitige Änderung durch den Arbeitgeber, wenn das betriebliche Interesse des Arbeitnehmers an der Beibehaltung erheblich überwiegt und der Arbeitgeber die Änderung spätestens einen Monat vorher angekündigt hat
- Ablehnung der anderweitigen Verteilung schriftlich innerhalb eines Monats vor dem gewünschten Beginn

Folge:

- Selbstvollzug ausgeschlossen
- Klage auf Verteilung
- Obsiegen des Arbeitgebers bei entgegenstehenden betrieblichen Gründen bzw. Nichtvorliegen der o.g. Voraussetzungen des Teilzeitanspruchs

82 LAG Hessen 22.8.2011 – 17 Sa 133/11.

(3) Kein Begründungszwang

Unerheblich ist, aus welchen Gründen die Verringerung bzw anderweitige Verteilung der Arbeitszeit begehrt wird. Mit dem am 28.10.2011 übergebenen 8. Familienbericht wird allerdings eine Neugestaltung des § 8 TzBfG in dem Sinne vorgeschlagen, dass der allgemeine Teilzeitanspruch auf Arbeitnehmer reduziert wird, die familiäre Pflichten wahrnehmen wollen. Im Ausgleich dafür soll der Anspruch auf Mitsprache bei der Lage der Arbeitszeit erweitert werden, solange die familiäre Konfliktsituation besteht.[83] Die Umsetzung der arbeitsrechtlichen Vorhaben des Koalitionsvertrages 2013–2017, die auch das Teilzeitverlangen betreffen, bleibt abzuwarten.[84] 3459

(4) Formale Antragsvoraussetzungen

In formaler Hinsicht verlangt der 9. Senat des BAG, dass der Antrag des Arbeitnehmers auf Verringerung der Arbeitszeit gem. § 8 Abs. 1 TzBfG als **Antrag zur Änderung des Arbeitsvertrages (Änderungsvertrag)** iSv § 145 BGB so formuliert sein muss, dass er vom Arbeitgeber mit einem einfachen „Ja“ angenommen oder mit einem „Nein“ abgelehnt werden kann.[85] Diese Rspr wurde bereits durch die Vorinstanz begründet, die zum Ausdruck brachte, dass die Fiktion des § 8 Abs. 5 S. 3 TzBfG nur dann eingreife, wenn ein eindeutiges Verlangen auf Verringerung der Arbeitszeit gestellt worden sei, so dass bei Schweigen des Arbeitgebers der geänderte Vertragsinhalt ohne Weiteres feststehe.[86] An den einmal gestellten Antrag ist der Arbeitnehmer gebunden. Der Antrag ist nicht mehr frei widerrufbar. Dieser Grundsatz gilt auch dann, wenn der Arbeitnehmer nur den Antrag gestellt hat, dass sich die Arbeitszeit von Vollzeit auf Halbtags reduzieren soll und keine konkrete Verteilung der Arbeitszeit beantragt wurde.[87] 3460

Der Arbeitgeber muss den Antrag des Arbeitnehmers schriftlich und innerhalb der in § 8 Abs. 5 S. 3 TzBfG vorgesehenen Frist ablehnen. Andernfalls gilt die vom Arbeitnehmer beantragte Arbeitszeit als vertraglich vereinbart. Lehnt der Arbeitgeber den Antrag nur mündlich ab, handelt er nicht rechtsmissbräuchlich, wenn er sich auf den Formmangel beruft.[88] Diese Rechtsfolge ergibt sich bereits unmittelbar aus dem Gesetz. In § 8 Abs. 5 S. 3 TzBfG heißt es hierzu wie folgt: „Haben Arbeitgeber und Arbeitnehmer über die Verteilung der Arbeitszeit kein Einvernehmen nach Absatz 3 Satz 2 erzielt und hat der Arbeitgeber nicht spätestens einen Monat vor dem gewünschten Beginn der Arbeitszeitverringerung die gewünschte Verteilung der Arbeitszeit schriftlich abgelehnt, gilt die Verteilung der Arbeitszeit entsprechend den Wünschen des Arbeitnehmers als festgelegt.“ Wünsche auf Verringerung der Arbeitszeit und deren Neuverteilung können zu einem einheitlichen Antrag auf Zustimmung zur Änderung des Arbeitsvertrages vom Arbeitnehmer miteinander verbunden werden.[89] Ist für den Arbeitgeber im Rahmen der Erörterung des Antrags erkennbar, dass der Arbeitnehmer die Verringerung der Arbeitszeit von der gewünschten Verteilung der Arbeitszeit abhängig machen will, kann der Arbeitgeber nur einheitlich das Änderungsangebot annehmen oder ablehnen.[90] 3461

Die in § 8 Abs. 5 S. 3 TzBfG vorgesehene **Fiktion** der Verteilung der Arbeitszeit entsprechend den Wünschen des Arbeitnehmers bei unterbliebener – schriftlicher – Ablehnung des Teilzeitantrags durch den Arbeitgeber greift aber nur, wenn der Arbeitnehmer eine **unbefristete Verringerung** begehrt. Einen Anspruch auf befristete Verringerung begründet § 8 TzBfG nicht. Infolgedessen können auch die weiteren in § 8 TzBfG geschilderten Rechtsfolgen durch einen An- 3462

83 *Schiefer*, NZA-Beilage 2012, 132.
84 *Schiefer/Pöttering*, DB 2013, 2928; *Pöttering*, PuR 2014, 3.
85 BAG 18.5.2004 – 9 AZR 319/03, BAGE 110, 356 = NZA 2005, 108; BAG 15.11.2011 – 9 AZR 729/07.
86 LAG Niedersachsen 11.4.2003 – 10 Sa 1746/02, LAGE § 8 TzBfG Nr. 11 a.
87 ArbG Passau 5.6.2003 – 2 Ca 1165/02 D, DB 2003, 2071.
88 BAG 18.5.2004 – 9 AZR 319/03, BAGE 110, 356 = NZA 2005, 108.
89 BAG 18.2.2003 – 9 AZR 356/02, BAGE 105, 133 = NZA 2003, 911.
90 BAG 18.2.2003 – 9 AZR 356/02, BAGE 105, 133 = NZA 2003, 911.

trag auf befristete Verringerung nicht ausgelöst werden. Ein solcher Antrag auf befristete Verringerung kann idR auch nicht dahin gehend ausgelegt werden, dass eine unbefristete Verringerung gewünscht werde.[91] Stellt ein Arbeitnehmer, nachdem er vom Arbeitsgericht im Rahmen einer Güteverhandlung über ein Teilzeitbegehren iSd § 8 TzBfG darauf hingewiesen wurde, dass sein befristeter Wunsch unzulässig sein dürfte, einen neuen unbefristeten Antrag, so steht diesem die Ausschlussfrist des § 8 TzBfG (erneute Verringerung der Arbeitszeit frühestens nach Ablauf von zwei Jahren) nicht entgegen.[92]

(5) Ablehnungsgründe

(a1) „Entgegenstehende betriebliche Gründe"

3463 Der Arbeitgeber kann den Teilzeitwunsch nicht ohne Weiteres ablehnen. Das Gesetz verlangt **„entgegenstehende betriebliche Gründe"**. Die Beurteilung der entgegenstehenden betrieblichen Gründe hat sich nach jüngerer Rspr[93] nicht nur auf den **einzelnen Arbeitsplatz** zu erstrecken, den der Arbeitgeber dem Arbeitnehmer zugewiesen hat. Maßgeblich ist auf den **Betrieb als organisatorische Einheit** Bezug zu nehmen. Hieraus folgt: Hat sich der Arbeitgeber im Arbeitsvertrag ein **weitreichendes Direktionsrecht** vorbehalten, schließt dieser Gewinn an Flexibilität nach Ansicht des BAG die Verpflichtung ein, einem Verringerungswunsch des Arbeitnehmers nachzukommen, wenn ihm dies **kraft seines Weisungsrechts** möglich ist.

3464 Gegebenenfalls hat der Arbeitgeber **darzulegen**, dass es ihm **nicht möglich** ist, durch die Umsetzung eines oder mehrerer Arbeitnehmer im Wege eines **Ringtauschs** den Arbeitszeitwunsch des Klägers zu erfüllen. Im konkreten Fall war allein der Hinweis, der bisherige Arbeitsplatz des Klägers lasse die von diesem gewünschte Verringerung seiner Arbeitszeit nicht zu, nicht ausreichend. Dies gilt – so das BAG – auch für den pauschalen Einwand, in dem Betrieb sei ein freier Arbeitsplatz, der dem Verringerungswunsch des Klägers entspreche, nicht vorhanden. Der Arbeitgeber habe nicht nur freie, sondern auch Arbeitsplätze, die er anderen Arbeitnehmern zugewiesen habe, in seine Entscheidung einzubeziehen, ob er dem Antrag nach § 8 Abs. 1 TzBfG entsprechen könne.

3465 Hieraus folgt: Die Festschreibung eines weitreichenden Direktionsrechts im Arbeitsvertrag kann sich also nicht nur auf die Sozialauswahl bei der betriebsbedingten Kündigung[94] auswirken. Sie kann auch für die Frage Bedeutung erlangen, ob der Arbeitgeber einen Teilzeitwunsch aus „betrieblichen Gründen" ablehnen kann.

(a2) Dreistufige Prüfungsfolge

3466 Die Durchsetzbarkeit des Rechtsanspruchs auf Teilzeitarbeit hängt davon ab, ob der Arbeitgeber dem Anspruch betriebliche Gründe gem. § 8 Abs. 4 TzBfG entgegensetzen kann. Ob **betriebliche Gründe** einem Teilzeitwunsch des Arbeitnehmers im konkreten Fall entgegenstehen, ist nach der Rspr des BAG in **drei Stufen** zu prüfen:[95]

3467 **1. Stufe: Betriebliches Organisationskonzept.** Es ist festzustellen, ob überhaupt und wenn ja, welches betriebliche Organisationskonzept der vom Arbeitgeber als erforderlich angesehenen Arbeitszeitregelung zugrunde liegt. Organisationskonzept ist das Konzept, mit dem die unternehmerische Aufgabenstellung im Betrieb verwirklicht werden soll. Hierbei sind die dem Organisationskonzept zugrunde liegende unternehmerische Aufgabenstellung und die darauf beruhenden organisatorischen Entscheidungen hinzunehmen, sofern sie nicht willkürlich sind. Da-

91 BAG 12.9.2006 – 9 AZR 686/05, DB 2007, 525.

92 LAG Hessen 24.10.2011 – 7 Sa 399/11.

93 BAG 13.11.2012 – 9 AZR 259/11, DB 2013, 716; s. hierzu *Schiefer*, PuR 2013, 103, 104.

94 S. *Schiefer*, Betriebsbedingte Kündigung, S. 69 ff.

95 BAG 18.2.2003 – 9 AZR 164/02, NZA 2003, 1392; bestätigt durch BAG 19.8.2003 – 9 AZR 542/02 und BAG 14.10.2003 – 9 AZR 636/02, DB 2004, 986; BAG 21.6.2005 – 9 AZR 409/04, BB 2006, 1169; BAG 15.8.2006 – 9 AZR 30/06, NZA 2007, 259.

gegen ist durch die Arbeitsgerichte komplett überprüfbar, ob ein vorhandenes Konzept auch tatsächlich in die betriebliche Realität umgesetzt wird.

2. Stufe: „Kollision" der betrieblichen Arbeitszeitregelung mit dem Arbeitszeitverlangen des Arbeitnehmers. Hier ist zu prüfen, ob die im Betrieb bestehende Arbeitszeitregelung dem Arbeitszeitverlangen des Arbeitnehmers entgegensteht. Für die Rspr ist dabei entscheidend, ob durch eine dem Arbeitgeber zumutbare Änderung von betrieblichen Abläufen oder des Personaleinsatzes der betrieblich als erforderlich angesehene Arbeitszeitbedarf mit dem individuellen Arbeitszeitwunsch des Arbeitnehmers in Einklang gebracht werden kann. 3468

3. Stufe: Interessenabwägung – Gewicht der entgegenstehenden Gründe. Ergibt sich, dass Arbeitszeitverlangen und Arbeitszeitregelung nicht in Einklang zu bringen sind, so wird im Rahmen einer Interessenabwägung das Gewicht der entgegenstehenden betrieblichen Gründe geprüft. Durch die vom Arbeitnehmer gewünschte Arbeitszeitregelung müssen die besonderen betrieblichen Belange, das betriebliche Organisationskonzept oder die zugrunde liegende Aufgabenstellung wesentlich beeinträchtigt werden. 3469

Daraus ergibt sich im Hinblick auf die Anforderungen an den **Vortrag des Arbeitgebers** Folgendes: Der Arbeitgeber muss zur Abwehr des Teilzeitanspruches ein insb. durch die Aufgabe des Betriebes **begründetes Organisationskonzept** darlegen, welches dem Teilzeitwunsch entgegensteht. Hierbei unterliegt das Konzept nur einer Missbrauchskontrolle; es ist nicht zu überprüfen, ob es sinnvoll und zweckmäßig bzw wirtschaftlich erfolgversprechend ist. Voll gerichtlich überprüfbar ist, ob das zugrunde liegende Konzept gerade das betriebliche Arbeitszeitmodell bedingt und ob dieses auch in die betriebliche Praxis umgesetzt wurde.[96] Der Arbeitgeber darf allerdings in Ausnahmefällen, die von ihm regelmäßig nicht beeinflusst werden können, auch von dem Organisationskonzept abweichen; in Betracht kommen insoweit u.a. Urlaub oder Krankheit von Mitarbeitern.[97] Der Arbeitgeber hat besonders darauf zu achten, dass er sich nicht in Widerspruch zu seinem eigenen Organisationskonzept setzt. Dieses wäre zB der Fall, wenn trotz eines Konzeptes, das auf der Beschäftigung von Vollzeitkräften beruht, Teilzeitkräfte beschäftigt werden oder wenn der Erziehungsurlaub (die Elternzeit) einer Arbeitnehmerin ohne Einstellung einer Ersatzkraft überbrückt werden konnte.[98] 3470

(a3) Grenzen des Verringerungsverlangens

Der Arbeitnehmer kann zur Durchsetzung seines Teilzeitanspruchs vom Arbeitgeber nicht verlangen, dass dieser zum Ausgleich der verringerten Arbeitszeit eine Vollzeitkraft bei gleichzeitigem Abbau von Überstunden anderer Arbeitnehmer einstellt.[99] Auch könne der Arbeitnehmer den Arbeitgeber nicht auf die Inanspruchnahme von Leiharbeit verweisen, wenn der Arbeitgeber nicht ohnehin auf Leiharbeit als übliche Maßnahme zurückgreife. Dem Teilzeitwunsch eines Arbeitnehmers können nach Auffassung des 9. Senats künstlerische Belange entgegenstehen. Die Aufzählung der entgegenstehenden betrieblichen Gründe in § 8 Abs. 4 S. 2 TzBfG sei nicht abschließend. Auch subjektive künstlerische Gesichtspunkte könnten dem Teilzeitwunsch einer Orchestermusikerin entgegenstehen.[100] 3471

Den Wunsch nach Teilzeitarbeit kann der Arbeitgeber auch mit der Begründung ablehnen, dass hierdurch **unverhältnismäßige Kosten** entstehen würden.[101] Nach Ansicht des BAG[102] gilt Folgendes: Der Begriff „Kosten" spricht den finanziellen Aufwand an, der mit der Arbeitsplatzteilung verbunden ist. Diese müssen „unverhältnismäßig" sein. In Verhältnis zu setzen sind die 3472

96 BAG 18.3.2003 – 9 AZR 126/02, DB 2004, 320.
97 BAG 4.10.2003 – 9 AZR 636/02, DB 2004, 987.
98 LAG Rheinland-Pfalz 12.4.2002 – 3 Sa 161/02, NZA 2002, 858.
99 BAG 9.12.2003 – 9 AZR 16/03, BAGE 109, 81 = NZA 2004, 921.
100 BAG 27.4.2004 – 9 AZR 522/03, BAGE 110, 232 = NZA 2004, 1225.
101 BAG 21.6.2005 – 9 AZR 409/04, DB 2006, 105 = BB 2006, 105.
102 BAG 23.11.2004 – 9 AZR 644/03, NZA 2005, 769 = DB 2005, 1279.

Kosten, die üblicherweise mit dem eingerichteten Arbeitsplatz verbunden sind, mit denjenigen, die bei einer Arbeitsplatzteilung anfallen. Nach dem Schutzziel des Gesetzes sind u.a. die Kosten außer Ansatz zu lassen, die mit der Personalverwaltung zusammenhängen.

3473 Grundsätzlich ist anzunehmen, dass eine im Außendienst mit Akquisition betraute Teilzeitkraft über dieselben Kenntnisse bzgl der vom Arbeitgeber angebotenen Produkte verfügen muss wie eine Vollzeitkraft. Deshalb ist für ihre Fortbildung auch derselbe Aufwand erforderlich. Will ein im Außendienst beschäftigter Arbeitnehmer seine Arbeitszeit verringern, so kann er den Einwand unverhältnismäßiger Aufwendungen für eine Ersatzkraft nicht dadurch ausräumen, dass er seine Arbeit verdichte und für Kunden auch außerhalb seiner Arbeitszeit zur Verfügung stehe, so dass er sein bisheriges Arbeitspensum auch nach Arbeitszeitverringerung erledigen könne.[103]

3474 Es stellt einen hinreichenden betrieblichen Grund dar, wenn eine Fluglinie aufgrund des Teilzeitbegehrens die Einsatzplanung für eine erforderliche sog. Sechs-Tage-Kette nicht mehr vornehmen kann.[104] Im Übrigen kommt es allein darauf an, ob arbeitgeberseitig ein betrieblicher Ablehnungsgrund vorliegt. Im Rahmen der Prüfung ist es unerheblich, aus welchen – ggf dringenden – Gründen der Arbeitnehmer die Arbeitszeitreduzierung bzw anderweitige Arbeitszeitverteilung begehrt.[105] Die Arbeitszeitreduzierung ist beim fliegenden Personal eines Luftverkehrsunternehmens aufgrund der Besonderheiten der Arbeitszeitgestaltung grds. nur durch Gewährung zusätzlicher freier Tage möglich.[106]

3475 Es kann einen entgegenstehenden betrieblichen Grund iSv § 8 Abs. 4 S. 1 TzBfG darstellen, wenn der Arbeitgeber möglichst jeden Kunden nur von einem Verkäufer bedienen lassen möchte. Ein solcher Grund besteht jedoch nicht, wenn sich die Öffnungszeiten eines Verkaufsgeschäfts von der durchschnittlichen Wochenarbeitszeit einer Vollzeitkraft deutlich unterscheiden.[107]

3476 Die Landesarbeitsgerichte und die Instanzgerichte haben mit einer Vielzahl von Detailaspekten die vom 9. Senat vorgegebenen Rechtsgrundsätze umgesetzt und spezifiziert. So hat das LAG Baden-Württemberg entschieden, dass dem Wunsch eines Pharmareferenten im Außendienst, die vertragliche Arbeitszeit von 37,5 Stunden auf 30 Stunden bei einer Verteilung auf vier Arbeitstage zu verringern, betriebliche Gründe entgegenstehen können, wenn der Fortbildungsaufwand der einzustellenden Ersatzkraft mit zwei Fünftel der Jahresarbeitszeit außer Verhältnis zur „produktiven" Arbeitszeit stehe und damit unverhältnismäßige Kosten verursachen würde.[108] Das Gros der Entscheidungen befasst sich mit den „betrieblichen Gründen" iSv § 8 Abs. 4 Sätze 2 und 3 TzBfG.

3477 *Straub*[109] hält in dem Abwägungsvorgang kollidierender Grundrechtspositionen von Arbeitgeber und Arbeitnehmer die Argumentation des ArbG Freiburg[110] für die überzeugendste. Ein „betrieblicher Grund" liegt nach Ansicht des ArbG Freiburg immer in den Fällen vor, in denen der Arbeitgeber, die angestrebte Änderungen des Arbeitsvertrages in Teilzeit als gegeben unterstellt, den Arbeitsplatzinhaber betriebsbedingt kündigen könnte. Würde der Arbeitgeber eine nur der Missbrauchskontrolle unterworfene Unternehmerentscheidung treffen, künftig in dieser Abteilung nur Vollzeitkräfte zu beschäftigen, wäre eine entsprechende Kündigung durch betriebliche Erfordernisse, die einer Weiterbeschäftigung in diesem Betrieb entgegenstehen,

103 BAG 21.6.2005 – 9 AZR 409/04, DB 2006, 105 = BB 2006, 105.
104 BAG 15.8.2006 – 9 AZR 30/06, NZA 2007, 259.
105 BAG 15.8.2006 – 9 AZR 30/06, NZA 2007, 259.
106 LAG Hessen 16.4.2012 – 17 Sa 1634/11.
107 BAG 30.9.2003 – 9 AZR 665/02, BAGE 108, 47 = NZA 2004, 382.
108 LAG Baden-Württemberg 9.6.2004 – 4 Sa 50/03, LAGReport 2004, 289; s. auch BAG 21.6.2005 – 9 AZR 409/04, DB 2006, 105 = BB 2006, 105.
109 In: Arbeitsgemeinschaft ArbR, FS zum 25-jährigen Bestehen, S. 183, 196.
110 ArbG Freiburg 4.9.2001 – 7 Ca 143/01, NZA 2002, 216.

nach § 1 Abs. 2 KSchG sozial gerechtfertigt. Bei einer derartigen Kündigung gehöre es zu der nur eingeschränkt nachprüfbaren unternehmerischen Entscheidung, ob der Betriebsablauf den Einsatz von Voll- oder Teilzeitkräften erfordere und ob eine Umwandlung von Teilzeit- in Vollzeitarbeitsplätze erforderlich sei. Seien aber dringende betriebliche Erfordernisse für eine Kündigung, eine Veränderung des Arbeitsvertrages nach Maßgabe des Teilzeitwunschs einmal unterstellt, gegeben, so lägen erst recht betriebliche Gründe vor, die einer Veränderung des Arbeitsvertrages nach Maßgabe des arbeitnehmerseitigen Teilzeitwunsches entgegenstünden. Nur auf diese Weise lässt sich nach Auffassung von *Straub* ein Wertungswiderspruch auflösen, denn welchen Sinn würde es sonst machen, dem Teilzeitverlangen des Arbeitnehmers stattzugeben, um sodann den Teilzeitarbeitsplatz durch betriebsbedingte Kündigung wieder beseitigen zu können.

Eine **wesentliche Beeinträchtigung der Organisation** und damit ein „**betrieblicher Grund**" zur Ablehnung des Teilzeitbegehrens liegt dann vor, wenn eine benötigte Ersatzkraft weder auf dem Arbeitsmarkt noch im Betrieb verfügbar ist. Der Arbeitgeber muss insoweit nachweisen, dass eine dem Berufsbild des Arbeitnehmers entsprechende zusätzliche Arbeitskraft auf dem für ihn maßgeblichen Arbeitsmarkt nicht zur Verfügung steht.[111] Das bedeutet: Der Einwand des Arbeitgebers, **keine geeignete Ersatzkraft** finden zu können, ist nur beachtlich, wenn der Arbeitgeber nachweist, dass eine dem Berufsbild des Arbeitnehmers, der seine Arbeitszeit reduzieren möchte, entsprechende Arbeitskraft nicht verfügbar ist.[112] Die Darlegungs- und Beweislast liegt beim Arbeitgeber. Zeitpunkt der Beurteilung ist das Datum, zu dem das Ablehnungsschreiben dem Arbeitnehmer zugegangen ist.[113] 3478

Seinen auf Verringerung gestützten Antrag kann der Arbeitnehmer in der Weise mit einem konkreten Verteilungswunsch verbinden, dass er sein Änderungsangebot von der gewünschten Arbeitszeitverteilung **abhängig** macht. Ein vollzeitbeschäftigter (40 Stunden wöchentlich) Arbeitnehmer kann daher eine Reduzierung auf 36 Stunden wöchentlich bei einer Verteilung dieser Arbeitszeit auf 4 Werktage (jeweils 9 Stunden) begehren. Das **Arbeitszeitgesetz** (§ 3 ArbZG – 8 Stunden werktäglich) steht diesem Begehren nicht entgegen, da gem. § 3 S. 2 ArbZG die Arbeitszeit auf bis zu 10 Stunden verlängert werden kann, wenn innerhalb von 6 Kalendermonaten oder innerhalb von 24 Wochen im Durchschnitt 8 Stunden werktäglich nicht überschritten werden (hier: Ausgleich durch Freizeit am Freitag und Samstag). Ein **vertraglich vereinbartes Arbeitszeitverteilungsmodell** (hier: 5-Tage-Woche) steht einem entsprechenden Arbeitszeitverteilungswunsch des Arbeitnehmers nicht entgegen. Er hat Anspruch auf eine entsprechende Vertragsänderung und kann zB verlangen, statt in der 5-Tage-Woche in der 4-Tage-Woche zu arbeiten. Kollektivrechtliche Regelungen (Betriebsvereinbarung/Regelungsabrede) können der begehrten Arbeitszeitverteilung zwar entgegenstehen. Dies gilt aber nur dann, wenn die gewünschte Arbeitszeitverteilung **Auswirkungen auf das kollektive System** der Verteilung der betriebsüblichen Arbeitszeit hat. Dies ist anzunehmen, wenn die beabsichtigte Arbeitszeitverteilung Auswirkungen auf den ganzen Betrieb, eine Gruppe von Arbeitnehmern oder einen Arbeitsplatz hat[114] (s. dazu § 1 Rn 3486). 3479

Die mit einer Arbeitszeitreduzierung einhergehenden **üblichen Reibungsverluste** (Informationsaustausch etc.) und Ablaufstörungen sind vom Arbeitgeber grds. hinzunehmen. Er trägt die Darlegungs- und Beweislast für das Vorliegen entgegenstehender Gründe. 3480

Die bloße Berufung des Arbeitgebers auf ein praktiziertes **Organisationskonzept**, wonach alle Beschäftigten des Betriebs, auch die Teilzeitbeschäftigten, im Schichtbetrieb arbeiten und in diesem Zusammenhang die Nachmittagsschicht bis mindestens 18.00 Uhr abdecken müssen, 3481

111 ArbG Wetzlar 26.9.2001 – 2 Ca 147/01, ArbuR 2002, 77.

112 LAG Niedersachsen 26.6.2003 – 4 Sa 1306/02, MDR 2004, 101; ArbG Lübeck 10.7.2003 – 1 Ga 21/03, NZA-RR 2004, 14.

113 BAG 23.11.2004 – 9 AZR 644/03, DB 2005, 1279.

114 BAG 18.8.2009 – 9 AZR 517/08, NZA 2009, 1207.

soll allein kein Grund für die Ablehnung eines Teilzeitwunsches nach § 8 Abs. 4 TzBfG sein. Es bedürfe darüber hinaus der Darlegung und ggf des Nachweises konkreter Umstände, inwiefern dieses Konzept dem konkreten Teilzeitwunsch tatsächlich entgegensteht und die gewünschte zeitliche Lage der Arbeit nicht durch zumutbare Änderungen der Betriebsabläufe ermöglicht werden kann.[115]

3482 Bei drittbezogenem Personaleinsatz in Form von **Arbeitnehmerüberlassung** ohne eigenes betriebliches arbeitszeitbezogenes Organisationskonzept können betriebliche Gründe iSd § 8 Abs. 4 TzBfG in der vertraglichen Beziehung zum Entleiher begründet sein. Dies gilt jedenfalls dann, wenn diese vertraglichen Beziehungen dazu führen, dass der innegehaltene Arbeitsplatz des Arbeitnehmers nicht (weiter) teilbar ist.[116]

3483 Auf ein Altersteilzeitarbeitsverhältnis im Teilzeitmodell findet § 8 Abs. 4 TzBfG keine Anwendung. Über die Verteilung der Arbeitszeit im Teilzeitmodell entscheidet der Arbeitgeber nach billigem Ermessen.[117]

3484 Grundsätzlich können **kollektive Regelungen**, wie zB in Betriebsvereinbarung niedergelegte Arbeitszeitmodelle, für den Arbeitgeber einen entgegenstehenden „betrieblichen Grund" darstellen und sind daher geeignet, einen bestimmten Teilzeitwunsch des Arbeitnehmers abzulehnen. Dabei ist wie folgt zu differenzieren:[118] Hat der Arbeitszeitverringerungswunsch einen kollektiven Bezug, werden also die Interessen der übrigen Belegschaft berührt, so kann der Arbeitgeber bei einer Ablehnung des Teilzeitwunsches auf die entgegenstehende kollektive Arbeitszeitregelung verweisen. Handelt es sich hingegen nur um eine reine Individualmaßnahme, durch die die Interessen der übrigen Belegschaft nicht berührt werden, so kann die Ablehnung nicht mit einer entgegenstehenden kollektiven Arbeitszeitregelung begründet werden.[119]

3485 Mit Entscheidung vom 24.6.2008[120] hat das BAG nochmals bestätigt, dass eine auf der Grundlage von § 87 Abs. 1 Nr. 2 BetrVG geschlossene Betriebsvereinbarung den Arbeitgeber dazu berechtigen kann, den Wunsch eines Arbeitnehmers auf Neuverteilung der Arbeitszeit abzulehnen. Ob aber auch eine freiwillige Betriebsvereinbarung dem Teilzeitwunsch eines Arbeitnehmers entgegenstehen kann, bleibt offen. Die Betriebsparteien können den gesetzlichen Teilzeitanspruch aus § 8 TzBfG jedenfalls nicht „kontingentieren" und befristen (s. auch § 1 Rn 3490 ff).

3486 Mit Entscheidung vom 16.12.2008[121] hat das BAG wiederholt, dass eine **Betriebsvereinbarung** einen „betrieblichen Grund" darstellen kann. Gleiches gilt – so das BAG – auch für eine **formlose Regelungsabrede**. Hiervon ist aber nur dann auszugehen, wenn die begehrte Verteilung der Arbeitszeit **kollektive** Auswirkungen hat und nicht **nur ein einzelnes Arbeitsverhältnis** gestaltet werden soll und damit keine allgemeinen Belange der Arbeitnehmer berührt werden. Dies ist anzunehmen, wenn die beabsichtigte Arbeitsverteilung Auswirkungen auf den ganzen Betrieb, eine Gruppe von Arbeitnehmern oder einen Arbeitsplatz hat.[122] Stimmt der Betriebsrat dem entsprechenden Antrag des Arbeitgebers auf Festlegung der Arbeitszeit in dem von dem Arbeitnehmer gewünschten Sinne nicht zu und beruft sich der Arbeitgeber bei der Ablehnung des Arbeitszeitverlangens gegenüber dem Arbeitnehmer auf diese „Zustimmungsverweigerung", so ist der Arbeitgeber nicht nur verpflichtet, der gewünschten Neuverteilung die Zu-

---

115 LAG Schleswig-Holstein 15.12.2010 – 3 SaGa 14/10.

116 LAG Hessen 31.1.2011 – 17 Sa 641/10.

117 BAG 12.4.2011 – 9 AZR 19/10, NZA 2011, 1044; zur unternehmerischen Entscheidung, allein Teilzeitkräfte zu beschäftigen, als Ablehnungsgrund iSd § 8 Abs. 4 TzBfG s. LAG Köln 21.4.2011 – 7 Sa 24/11; zur Anwesenheitspflicht für Lehrer in der Kernarbeitszeit als möglicher Abfindungsgrund iSd § 8 Abs. 4 TzBfG s. LAG Berlin-Brandenburg 17.8.2011 – 15 Sa 981/11.

118 BAG 16.3.2004 – 9 AZR 323/03, NZA 2004, 1047.

119 Zur Kritik *Hamann*, BB Spezial 6/2005, 4.

120 BAG 24.6.2008 – 9 AZR 313/07, BB 2008, 1449.

121 BAG 16.12.2008 – 9 AZR 893/07, NJW 2009, 1527; *Worzalla*, PuR 06/2009, 3.

122 BAG 18.8.2009 – 9 AZR 517/08, NZA 2009, 1207.

stimmung zu versagen. In diesem Fall ist es ihm auch rechtlich verwehrt. Dies gilt zumindest dann, wenn die begehrte Neuverteilung den oben dargestellten kollektiven Bezug hat.

(6) Verhandlungsobliegenheit nach § 8 Abs. 3 TzBfG

Nach § 8 Abs. 3 S. 1 TzBfG hat der Arbeitgeber mit dem Arbeitnehmer die gewünschte Verringerung der Arbeitszeit mit dem Ziel zu erörtern, zu einer Vereinbarung zu gelangen. Er hat mit dem Arbeitnehmer Einvernehmen über die von ihm festzulegende Verteilung der Arbeitszeit zu erzielen, § 8 Abs. 3 S. 2 TzBfG. Trotz dieser missverständlichen Formulierung („hat") muss der Arbeitgeber sich allerdings nicht mit dem Arbeitnehmer „einigen". Ihm verbleibt die Möglichkeit, den Anspruch aus betrieblichen Gründen abzulehnen (s. § 1 Rn 3463 ff). 3487

Der Arbeitgeber hat darüber hinaus auch die Möglichkeit, gänzlich auf das Erörterungsgespräch zu verzichten. Zu empfehlen ist dies allerdings nicht. Der Gesetzgeber hat mit dieser Bestimmung eine **Verhandlungsobliegenheit** (kein rechtlich unverbindlicher Appell) begründet, die Rechtsfolgen zeitigt. So kann der Arbeitgeber dem Arbeitnehmer im Rahmen eines arbeitsgerichtlichen Verfahrens betreffend das Teilzeitbegehren keine Einwendungen entgegenhalten, die im Rahmen einer Verhandlung hätten ausgeräumt werden können, wenn er entgegen der Vorschrift nicht verhandelt hat. Das Gesetz sieht allerdings nicht vor, dass die Ablehnung der gewünschten Arbeitszeitverringerung/-verteilung bei Verletzung der Verhandlungsobliegenheit unwirksam wäre.[123] 3488

Der Arbeitgeber unterliegt allerdings nicht der Verhandlungsobliegenheit gem. § 8 Abs. 3 TzBfG, wenn das Teilzeitangebot vollkommen unbestimmt und nicht einlassungsfähig ist, sich die arbeitnehmerseitig begehrte Arbeitszeitreduzierung praktisch auf den Abschluss eines inhaltlich anderen (neuen) Arbeitsvertrages richtet. Dies ist zB der Fall, wenn es dem Arbeitnehmer, der bisher in Vollzeit und in einem Schichtsystem tätig war, nicht mehr möglich wäre, bei Realisierung seines Teilzeitangebots die von ihm übernommenen komplexen Aufgaben als Abteilungsleiter und Vorgesetzter von 16 Mitarbeitern zu erfüllen. Der Arbeitnehmer, der für Personal und die Sicherheit in der Warenproduktion verantwortlich ist, kann diese Verantwortung nicht mehr wahrnehmen, wenn er – so sein Teilzeitangebot – 14 Stunden im Monat arbeiten möchte.[124] 3489

(7) Kontingentierung des Teilzeitverlangens in kollektivrechtlichen Regelungen

Ablehnungsgründe können gem. § 8 Abs. 4 S. 3 TzBfG durch Tarifvertrag festgelegt werden. Die Tarifvertragsparteien sind nach § 8 Abs. 4 S. 3 TzBfG allerdings lediglich befugt, die Gründe festzulegen, die den Arbeitgeber zur Ablehnung eines Verringerungsantrags berechtigen. Gemäß § 22 Abs. 1 TzBfG sind hingegen alle Regelungen untersagt, die vom gesetzlichen Verringerungsanspruch des Arbeitnehmers „abweichen". § 22 Abs. 1 TzBfG erfasst alle Regelungen, die den Inhalt des Anspruchs zum Nachteil des Arbeitnehmers verändern.[125] 3490

Es lassen sich damit weder die persönlichen Anspruchsvoraussetzungen regeln noch können die Parteien zu Lasten des Arbeitnehmers den Zeitraum zwischen Antragstellung und Anspruch auf Verringerung der Arbeitszeit nach § 8 Abs. 2 S. 1 TzBfG verlängern. Nicht dispositiv ist ebenfalls die in § 8 Abs. 3 TzBfG vorgeschriebene Erörterungspflicht. Auch das Schriftformerfordernis für Antrag und Ablehnungsentscheidung steht nicht im Gestaltungsbelieben der Arbeitsvertragsparteien. 3491

Die Betriebsparteien können den gesetzlichen Teilzeitanspruch gem. § 8 TzBfG auch nicht „kontigentieren" und befristen. Eine sog. **Überforderungsquote** können nur die Tarifvertragsparteien festlegen.[126] 3492

123 BAG 18.2.2003 – 9 AZR 164/02, NZA 2003, 1392.
124 LAG Rheinland-Pfalz 19.8.2011 – 6 Sa 214/11.
125 BAG 14.10.2003 – 9 AZR 100/03, NZA 2004, 614.
126 BAG 24.6.2008 – 9 AZR 313/97, BB 2008, 1449.

(8) Teilzeitverlangen im Arbeitsvertrag

3493 Das TzBfG enthält keine Schranken, die die Arbeitsvertragsparteien daran hindern, die in § 8 Abs. 4 S. 2 TzBfG erwähnten betrieblichen Gründe zu präzisieren, natürlich unter Berücksichtigung der geltenden Rspr, und ggf zu erweitern. Insoweit ist § 8 TzBfG **parteidispositiv**.

3494 Eine Teilzeitvereinbarung, die bereits im Arbeitsvertrag oder als Nachtrag zum Arbeitsvertrag geschlossen wird, die die vorgenannten Grundsätze beachtet und zu einer deutlicheren Bestimmtheit der betrieblichen Gründe führt, dürfte auch bei formularmäßiger Abfassung einer Inhaltskontrolle standhalten. Ziel des Transparenzgebots nach § 307 Abs. 1 S. 2 BGB ist es, dass der Verwender dem anderen Vertragsteil in klaren und verständlichen Vertragsbestimmungen die Tatbestände benennt, die Gegenstand der formularmäßigen Vereinbarung sein sollen. Geltende „betriebliche Gründe", seien sie durch § 8 TzBfG, seien sie durch die Rspr vorgegeben, sind nicht parteidispositiv. Ihre Präzisierung unterliegt der Privatautonomie, soweit nicht von den Vorschriften des TzBfG zu Ungunsten des Arbeitnehmers abgewichen wird, § 22 Abs. 1 TzBfG. Auch eine rückwirkende Verringerung der Arbeitszeit nach § 8 TzBfG kann zwischen den Parteien vereinbart werden. Der Wirksamkeit eines Vertrages steht nicht entgegen, dass der Schuldner nach § 275 Abs. 1 BGB nicht zu leisten braucht, auch wenn das Leistungshindernis schon bei Vertragsschluss vorlag. Denn nach § 275 Abs. 1 BGB ist der Anspruch auf die Leistung ausgeschlossen, soweit diese für den Schuldner oder für jedermann unmöglich ist. Der rückwirkende Abschluss eines Vertrages ist damit keinesfalls nichtig, §§ 311 a Abs. 1, 275 Abs. 1 BGB.[127]

(9) Mitbestimmung beim Teilzeitverlangen

3495 § 8 TzBfG begründet keinen Gesetzesvorbehalt iSd Eingangssatzes von § 87 Abs. 1 BetrVG, der zum Ausschluss des Mitbestimmungsrechts des Betriebsrats führt.[128]

3496 Mitbestimmungsrechte des Betriebsrats bei der Verteilung der Arbeitszeit gem. § 87 Abs. 1 Nr. 2 BetrVG bleiben unberührt. Eine bestehende Betriebsvereinbarung zur Lage der Arbeitszeit kann ein Ablehnungsgrund für den Arbeitgeber sein.[129] Das gilt aber nur dann, wenn die Arbeitszeitverteilung eines einzelnen Arbeitnehmers Auswirkungen auf das kollektive System hat.[130]

dd) Änderung der festgelegten Verteilung der Arbeitszeit durch den Arbeitgeber

3497 Der Arbeitgeber kann gem. § 8 Abs. 5 S. 4 TzBfG die infolge Teilzeitverlangens des Arbeitnehmers festgelegte Verteilung – nicht jedoch die Verringerung als solche – der Arbeitszeit wieder ändern, wenn das betriebliche Interesse daran das Interesse des Arbeitnehmers an der Beibehaltung erheblich überwiegt und der Arbeitgeber die Änderung spätestens einen Monat vorher angekündigt hat.

3498 Eine einseitige Änderung gem. § 8 Abs. 5 S. 4 TzBfG aufgrund eines **überwiegenden betrieblichen Interesses** kommt aber nur in Betracht, wenn es sich um eine Teilzeitarbeit auf der Grundlage der folgenden Voraussetzungen handelt:

127 BAG 27.4.2004 – 9 AZR 522/03, NZA 2004, 1225.

128 BAG 16.3.2004 – 9 AZR 323/03, NZA 2004, 1047; BAG 18.2.2003 – 9 AZR 164/02, NZA 2003, 1392; BAG 24.6.2008 – 9 AZR 313/07, BB 2008, 1449; BAG 16.12.2008 – 9 AZR 893/07, NJW 2009, 1527.

129 BAG 18.2.2003 – 9 AZR 164/02, BAGE 105, 107 = NJW 2004, 386; BAG 16.3.2004 – 9 AZR 323/03, NZA 2004, 1047; zum Mitbestimmungsrecht im Einzelnen *Schiefer*, FA 2001, 258; *Hamann*, BB Spezial 6/2005, 10; BAG 16.12.2008 – 9 AZR 893/07, NJW 2009, 1527; *Worzalla*, PuR 06/2009, 3.

130 BAG 16.12.2008 – 9 AZR 893/07, NZA 2009, 565.

- Verringerungswunsch des Arbeitnehmers gem. § 8 Abs. 2 TzBfG,
- Reduzierung der Arbeitszeit im Wege der Fiktion gem. § 8 Abs. 5 S. 3 TzBfG (nicht fristgerechte Ablehnung des Arbeitszeitwunsches durch den Arbeitgeber) oder
- einvernehmliche Verteilung der Arbeitszeit gem. § 8 Abs. 3 S. 2 TzBfG.[131]

ee) Verlängerung der Arbeitszeit gem. § 9 TzBfG

Arbeitnehmer, die die Arbeitszeit gem. § 8 TzBfG verringert haben, haben – anders als in der Elternzeit – keinen Anspruch auf (Wieder-)Verlängerung der Arbeitszeit.[132] Sie sind jedoch bei der Besetzung eines entsprechenden freien Arbeitsplatzes bei gleicher Eignung bevorzugt zu berücksichtigen (§ 9 TzBfG). 3499

Nach seinem Wortlaut bezieht sich § 9 TzBfG auf alle teilzeitbeschäftigten Arbeitnehmer, dh, es sind nicht nur die Arbeitnehmer erfasst, die zuvor die Arbeitszeit gem. § 8 TzBfG verringert haben. 3500

Voraussetzung für die bevorzugte Berücksichtigung des Arbeitnehmers ist die **Anzeige** eines Verlängerungswunsches. Das Gesetz sieht für diesen Wunsch weder eine Form noch eine Begründung vor. 3501

Der Arbeitgeber muss einen entsprechenden **freien Arbeitsplatz** haben, den er besetzen will. Er ist nicht verpflichtet, einen entsprechenden freien Arbeitsplatz zur Erfüllung des Verlängerungsverlangens des Teilzeitbeschäftigten anders zuzuschneiden.[133] § 9 TzBfG kann keinesfalls einen „Beförderungsanspruch“ begründen. Der Arbeitnehmer kann keine höherwertige Tätigkeit für sich in Anspruch nehmen.[134] 3502

An dem Tatbestandsmerkmal „freier Arbeitsplatz“ fehlt es, wenn der Arbeitgeber einen ursprünglichen freien Arbeitsplatz mit einem anderen Arbeitnehmer besetzt. Dem teilzeitbeschäftigten Arbeitnehmer soll allerdings die Möglichkeit verbleiben, Schadensersatzansprüche geltend zu machen.[135] 3503

Hat der Arbeitnehmer einen Wunsch nach Verlängerung seiner vertraglich vereinbarten Arbeitszeit angezeigt, hat der Arbeitgeber ihn bei Besetzung eines entsprechenden freien Arbeitsplatzes **bei gleicher Eignung bevorzugt** zu berücksichtigen, es sei denn, dass dringende betriebliche Gründe oder Arbeitszeitwünsche anderer teilzeitbeschäftigter Arbeitnehmer entgegenstehen. Es handelt sich hierbei um einen einklagbaren Rechtsanspruch eines iSv § 2 TzBfG teilbeschäftigten Arbeitnehmers. Voraussetzung ist ein „**entsprechender freier Arbeitsplatz**“. Maßgeblich ist die arbeitsplatzbezogene Vergleichbarkeit, wobei auf den Arbeitsplatz (in örtlichräumlicher und funktionaler Hinsicht), nicht aber den Arbeitsvertrag (zB die Vergütung) abzustellen ist. Dementsprechend hat ein teilzeitbeschäftigter – tarifvertraglich vergüteter – Disponent einen Anspruch auf eine freie Volldisponentenstelle auch dann, wenn die Vollzeitstelle „tariffrei“ vergütet werden soll. Die Absicht des Arbeitgebers, die Tätigkeit anders zu vergüten, ist kein entgegenstehender betrieblicher Grund iSv § 9 TzBfG. Die „entsprechende“ Stelle muss allerdings im zeitlichen Zuschnitt dem Verlängerungswunsch entsprechen.[136] 3504

Eine gleiche Eignung liegt vor, wenn der Teilzeitbeschäftigte im Vergleich zum Mitbewerber über insgesamt dieselben persönlichen und fachlichen Fähigkeiten, theoretischen und praktischen Kenntnisse, Erfahrungen und Fertigkeiten verfügt und im bisherigen Berufsleben dieselben Leistungen erbracht hat.[137] 3505

131 BAG 17.7.2007 – 9 AZR 819/06, NZA 2008, 118.
132 *Blanke*, AiB 2007, 31.
133 LAG Schleswig-Holstein 19.9.2011 – 3 Sa 71/11, AE 2012, 101.
134 LAG Berlin 2.12.2003 – 3 Sa 1041/03, ArbuR 2004, 468.
135 LAG Thüringen 26.1.2012 – 6 Sa 393/10.
136 BAG 8.5.2007 – 9 AZR 874/06, NZA 2007, 1349 = DB 2007, 2207.
137 LAG Schleswig-Holstein 19.9.2011 – 3 Sa 71/11, AE 2012, 101.

3506 Sind die Tatbestandsvoraussetzungen des § 9 TzBfG erfüllt, so hat der Arbeitnehmer – entgegen dem Wortlaut des § 9 TzBfG – einen **Anspruch auf Verlängerung der Arbeitszeit.** Es liegt aber grds. im Organisationsermessen des Arbeitgebers, welche Arbeitsplätze er mit welchem Arbeitszeitkontingent einrichtet und besetzt. Sein Ermessen ist aber im Hinblick auf § 9 TzBfG eingeschränkt. Die Einrichtung von Arbeitsplätzen, auf denen Arbeitnehmer ausschließlich Teilzeitarbeit leisten sollen, muss arbeitsplatzbezogen veranlasst sein.[138]

3507 Bei der Auswahl, welcher Teilzeitkraft er im Falle eines erhöhten Arbeitskräftebedarfs eine Vertragsänderung anbietet, ist der Arbeitgeber frei. Es findet also **keine Sozialauswahl** statt. Der Arbeitgeber wird durch § 9 TzBfG nicht verpflichtet, das gestiegene Arbeitszeitvolumen anteilig auf alle interessierten Teilzeitbeschäftigten zu verteilen.[139]

3508 Will ein Arbeitgeber einem Aufstockungsverlangen eines Arbeitnehmers entgegenhalten, er wolle dort ausschließlich Teilzeitkräfte beschäftigen, muss dies arbeitsplatzbezogene Gründe haben. Daran fehlt es, wenn ein Flexibilitätsgewinn durch Teilzeitkräfte, der vom Arbeitgeber angeführt wird, angesichts der im Betrieb geltenden Mindestzeitdauer für eine Schicht nicht realisierbar ist.[140]

3509 Einem Aufstockungsverlangen des Arbeitnehmers kann der Arbeitgeber eine unternehmerische Entscheidung, grds. nur Teilzeitbeschäftigte beschäftigen zu wollen, nur entgegenhalten, wenn dies durch arbeitsplatzbezogene Merkmale gerechtfertigt ist.[141]

b) Klauseltypen und Gestaltungshinweise

aa) Urlaubsklauseln für Teilzeitbeschäftigte

(1) Klauseltyp A

3510 **A 1:** Dem Arbeitnehmer wird kalenderjährlich ein Erholungsurlaub von (...) Arbeitstagen gewährt. Die Festlegung des Urlaubs erfolgt durch den Arbeitgeber nach Absprache mit dem Arbeitnehmer. Im Übrigen gilt die gesetzliche Regelung.

A 2: Bei Urlaubsantritt erhält der Arbeitnehmer ein zusätzliches Urlaubsgeld. Die Höhe des Urlaubsgeldes bestimmt sich nach dem Verhältnis der Arbeitszeit des Teilzeitbeschäftigten zur Arbeitszeit eines Vollzeitbeschäftigten.

A 3: Der Erholungsurlaub richtet sich nach den einschlägigen gesetzlichen Bestimmungen und beträgt zur Zeit (...) Arbeitstage im Kalenderjahr. Der Arbeitgeber wird den Urlaub zu dem vom Arbeitnehmer gewünschten Zeitpunkt festlegen, wenn dem keine dringenden betrieblichen Belange oder vorrangige Urlaubswünsche anderer Arbeitnehmer entgegenstehen. Übt der Arbeitnehmer mehrere Teilzeitarbeitsverhältnisse aus, so bemüht sich der Arbeitgeber, die Lage des Urlaubs so festzulegen, dass der Arbeitnehmer in allen Arbeitsverhältnissen einen zusammenhängenden Urlaub hat.

(2) Gestaltungshinweise

3511 Teilzeitbeschäftigte haben Anspruch auf Erholungsurlaub in gleicher Höhe wie Vollzeitbeschäftigte. Der Urlaubsanspruch des Teilzeitbeschäftigten wird anteilig gekürzt, soweit seine Arbeitszeit im Vergleich zu einem Vollzeitbeschäftigten gemindert ist. Dem trägt die **Klausel A 2** Rechnung. Arbeitet ein Teilzeitarbeitnehmer bspw wie ein Vollzeitarbeitnehmer an fünf Tagen pro Woche, aber nur halbtags, hat er von der Anzahl der Tage her den gleichen Urlaubsan-

---

138 BAG 15.8.2006 – 9 AZR 8/06, NZA 2007, 255 = BB 2007, 781.

139 *Schiefer/Müller*, Teilzeitarbeit, S. 116.

140 LAG Köln 13.12.2010 – 5 Sa 1179/10.

141 LAG Köln 30.9.2010 – 7 Sa 952/10, LAGE § 9 TzBfG Nr. 4; BAG 15.8.2006 – 9 AZR 8/06, NZA 2007, 255 ff; s. auch LAG Köln 21.4.2011 – 7 Sa 25/11, AE 2012, 100; zur Erhöhung der wöchentlichen Arbeitszeit eines Rundfunkredakteurs: LAG Köln 19.5.2011 – 13 Sa 1567/10, AE 2012, 101.

spruch wie der Vollzeitarbeitnehmer.[142] Dieses Ergebnis wirkt zunächst erstaunlich, könnte man doch meinen, dem Halbtagsbeschäftigten stünde nur die Hälfte der Urlaubstage zu. Auch wenn die Zahl der Urlaubstage des Halbtagsbeschäftigten der Zahl der Urlaubstage eines Vollzeitbeschäftigten entspricht, beträgt die tatsächliche Urlaubszeit des halbzeitbeschäftigten Arbeitnehmers nur 50 % der tatsächlichen Urlaubszeit eines vollzeitbeschäftigten Arbeitnehmers. Zum Verständnis muss man sich vergegenwärtigen, dass der Halbzeitbeschäftigte auch nur halbtags zur Erbringung der Arbeitsleistung verpflichtet ist.

Die **Klausel A 1** legt die Urlaubstage des Arbeitnehmers unabhängig von einer proportionalen Kürzung im Verhältnis zu einem Vollzeitbeschäftigten für das Teilzeitarbeitsverhältnis konkret fest und verhindert damit jeglichen Diskussionspunkt zwischen den Vertragsparteien. 3512

Die **Klausel A 3** präzisiert die Gründe, die den Arbeitgeber berechtigen können, der vom Arbeitnehmer gewünschten Festlegung des Urlaubs zu widersprechen. Dabei werden letztlich allein die in § 7 Abs. 2 BUrlG genannten Gründe wiederholt. Darüber hinaus bringt sie zum Ausdruck, dass der Arbeitgeber sich „bemüht" – nicht verpflichtet –, einem Arbeitnehmer mit mehreren Teilzeitarbeitsverhältnissen einen zusammenhängenden Urlaub zu ermöglichen.[143] 3513

bb) Gehaltsklauseln für Teilzeitbeschäftigte

(1) Klauseltyp B

B 1: Die Gehaltszahlung erfolgt monatlich und basiert auf Tarifgruppe (...). Berechnungsgrundlage für die Tarifgruppe sind die durchschnittlich in einem Monat geleisteten Arbeitsstunden, bezogen auf ein Kalenderjahr. 3514

B 2: § 616 Abs. 1 BGB wird dahin gehend abgeändert, dass nur die tatsächlich geleistete Arbeit mit (...) € pro Arbeitsstunde vergütet wird.

B 3: In der Tarifgruppe (...) beträgt das Bruttomonatsgehalt derzeit (...) €.

(2) Gestaltungshinweise

Die Klausel B 3 folgt in klassischer Manier dem Pro-rata-temporis-Grundsatz der BAG-Rspr[144] und entspricht damit den Anforderungen des § 4 Abs. 1 S. 2 TzBfG, wonach einem Teilzeitarbeitnehmer das Arbeitsentgelt oder eine andere teilbare geldwerte Leistung anteilig, mindestens im gleichen Umfang zu gewähren ist wie einem Vollzeitarbeitnehmer. Das Diskriminierungsverbot und der Gleichstellungsgrundsatz des § 4 TzBfG führen dazu, dass eine Reihe von Zusatzleistungen zur Arbeitsvergütung nicht proportional gekürzt werden darf, bspw Jubiläumszuwendungen oder Sonderkonditionen einer Bank. Es empfiehlt sich, die Zusatzleistungen zum Gehalt gesondert in der Arbeitsvertragsklausel auszuweisen, damit die Wirksamkeit der Vergütungsregelung nicht in Frage steht. 3515

Arbeitnehmer, die durch einen in ihrer Person liegenden Grund ohne ihr Verschulden und für eine verhältnismäßig nicht erhebliche Zeit an der Arbeitsleistung verhindert sind, haben grds. nach § 616 Abs. 1 BGB Anspruch auf Entgeltfortzahlung. Anerkannt als Ausschluss des Entgeltfortzahlungsanspruchs bei persönlicher Verhinderung gem. § 616 Abs. 1 BGB ist eine Regelung wie in der Klausel B 2. *Preis*[145] bezweifelt, ob die formularmäßige Umkehrung des § 616 Abs. 1 BGB als Abweichung von der gesetzlichen Risikoverteilung in jedem Fall Bestand habe. Ein sachlicher Grund für den Ausschluss müsse gefordert werden. Der Autor hält allerdings 3516

142 BAG 14.2.1991 – 8 AZR 97/90, AP § 3 BUrlG Teilzeit Nr. 1; BAG 20.6.2000 – 9 AZR 309/99, AP § 3 BUrlG Fünf-Tage-Woche Nr. 15.

143 Zu der Klausel s. im Einzelnen *Viethen/Viethen*, in: Maschmann/Sieg/Göpfert, Vertragsgestaltung im Arbeitsrecht, 510 Rn 78.

144 BAG 12.3.1996 – 3 AZR 993/94, AP § 24 TV Arb Bundespost Nr. 1; BAG 27.7.1994 – 10 AZR 538/93, AP § 2 BeschFG 1985 Nr. 37.

145 Preis/*Preis*, Der Arbeitsvertrag, II T 10 Rn 27.

beim Teilzeitarbeitsverhältnis die Voraussetzungen für erfüllt, weil das Bedürfnis für den Entgeltschutz im Hinblick auf die geringere Auslastung auch geringer erscheine. So ist ein Teilzeitbeschäftigter eher in der Lage, einen Arztbesuch in die arbeitsfreie Zeit zu legen. In einigen Tarifverträgen ist explizit geregelt, dass Teilzeitbeschäftigte Verhinderungen an der Arbeitsleistung vorrangig durch Nutzung der arbeitsfreien Zeit zu vermeiden haben.[146] Die hinreichend konkrete Klausel B 1 bedarf keiner näheren Erläuterung.

cc) Überstundenklauseln für Teilzeitbeschäftigte

(1) Klauseltyp C

3517 **C 1:** Bei entsprechendem betrieblichem Bedarf ist der Arbeitnehmer verpflichtet, in zumutbarem Maß zusätzliche Stunden über die vereinbarte Arbeitszeit hinaus zu leisten.[147]

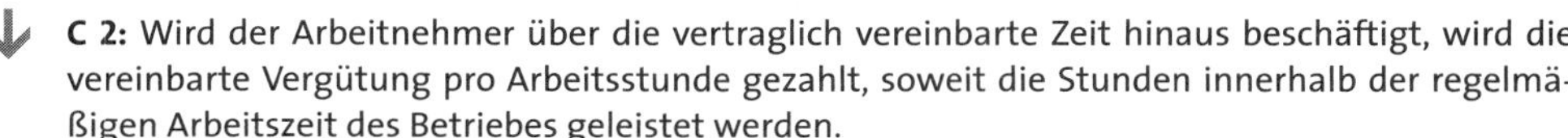

C 2: Wird der Arbeitnehmer über die vertraglich vereinbarte Zeit hinaus beschäftigt, wird die vereinbarte Vergütung pro Arbeitsstunde gezahlt, soweit die Stunden innerhalb der regelmäßigen Arbeitszeit des Betriebes geleistet werden.

C 3: Bei einer Beschäftigung des Arbeitnehmers, die die vertraglich vereinbarte Zeit übersteigt, ist ein Zuschlag nur dann zu zahlen, wenn die über die vereinbarte Arbeitszeit hinausgehenden Stunden auch bei einem Vollzeitbeschäftigten als tarifvertragliche Überstunden mit einem Zuschlag zu vergüten wären.

(2) Gestaltungshinweise

3518 Die Klausel C 1 ist eine Überstundengrundklausel, die keine Regelung über die Höhe der Überstundenvergütung enthält, sondern nur dem Arbeitgeber das nicht selbstverständliche Recht einräumt, Überstunden zu verlangen. Beim Teilzeitarbeitsverhältnis kann der Arbeitgeber fraglos Überstunden nur unter den eng umrissenen Voraussetzungen einer klaren Vereinbarung verlangen. In der Überstundenklausel kann auch die Zahl der Überstunden, die der Arbeitnehmer schuldet, im Sinne einer Obergrenze vereinbart werden.

3519 Eine höchst interessante Frage wirft *Mengel*[148] auf, nämlich die Überlegung, in welchem Umfang bislang vom Vollzeitarbeitnehmer geschuldete Überstunden, bspw in leitender Position, von ihm anteilmäßig auch noch unvergütet in der Stellung als Teilzeitbeschäftigter verlangt werden können. Bei genauer Betrachtung schuldet der Arbeitnehmer, wenn er bereits im Vollzeitarbeitsverhältnis nicht nur freiwillig, sondern aufgrund arbeitsvertraglicher Verpflichtung Überstunden geleistet hat, nach dem Pro-rata-temporis-Prinzip die anteilmäßigen Überstunden weiter. Die Klausel C 2 weist den Mangel auf, dass keine Überstundengrundverpflichtung enthalten ist. Sie zeigt ferner auf, dass jeglicher Überstundenzuschlag bis zur regelmäßigen Arbeitszeit der Vollzeitbeschäftigten ausscheidet.

3520 Die Klausel C 3 folgt mit einem allerdings erheblichen Unterschied dem Modell der Klausel C 2 und steht im Einklang mit der Rspr. Sowohl der EuGH[149] als auch das BAG[150] lehnen es ab, dem Teilzeitbeschäftigten eine zuschlagspflichtige Vergütung für Überstunden zuzuerkennen, wenn die Zuschlagspflicht nach Tarifvertrag oder Arbeitsvertrag für Vollzeitbeschäftigte erst nach Erfüllung der für Vollzeitangestellte maßgeblichen Arbeitszeit entsteht.

---

146 BAG 29.2.1984 – 5 AZR 455/81, AP § 616 BGB Nr. 64.
147 *Hümmerich/Lücke/Mauer*, FB ArbR, Muster 1321 (Ziffer 1, letzter Satz).
148 Annuß/Thüsing/*Mengel*, TzBfG, § 8 Rn 17.
149 EuGH 15.12.1994 – Rs. C-399/92, BB 1995, 153.
150 BAG 21.4.1999 – 5 AZR 200/98, AP § 2 BeschFG 1985 Nr. 72.

dd) Arbeitszeitverringerung nach § 8 TzBfG

(1) Klauseltyp D

D 1: Der Mitarbeiter hat mit Schreiben vom (...) gem. § 8 TzBfG eine Verringerung seiner vertraglich vereinbarten Arbeitszeit geltend gemacht. In einer Erörterung am (...) haben die Parteien die Gegenstand dieser Vereinbarung bildende Verringerung der Arbeitszeit/anderweitige Verteilung der Arbeitszeit vereinbart. 3521
Die tägliche Arbeitszeit des Mitarbeiters bestimmt sich künftig wie folgt: Montags bis freitags (...).

Mit der vereinbarten Verringerung findet eine Verringerung der im Arbeitsvertrag vom (...) vereinbarten Arbeitszeit iHv (...) % statt. Das Arbeitsentgelt ändert sich damit, mit Ausnahme der vermögenswirksamen Leistungen, auf monatlich (...) €.
Durch diesen Vertrag ändern sich ausschließlich die Arbeitsbedingungen des Mitarbeiters im Bereich der Arbeitszeit und des Arbeitsentgelts. Im Übrigen bleibt der Arbeitsvertrag vom (...), soweit diese Vereinbarung keine abweichenden Regelungen enthält, unverändert fortbestehen.[151]

D 2: Ihr Antrag vom (...) auf Verringerung der Arbeitszeit und anderweitige Verteilung der Arbeitszeit gem. § 8 TzBfG ist bei uns fristgerecht eingegangen. Am (...) haben wir mit Ihnen die Verringerung und anderweitige Verteilung der Arbeitszeit erörtert und sind dabei zu folgendem Ergebnis gekommen:

Ab (...) beginnt Ihre Arbeitszeit um (...) Uhr und endet um (...) Uhr. Diese Arbeitszeit entspricht einer Verringerung Ihrer bisherigen Arbeitszeit um (...) %. Dementsprechend ändert sich ab (...) Ihr monatliches Arbeitsentgelt um (...) %. Im Übrigen bleibt der Arbeitsvertrag vom (...) unverändert. Zum Zeichen Ihres Einverständnisses bitten wir Sie, ein unterzeichnetes Exemplar dieses Briefes mit Ihrer Unterschrift an uns bis zum (...) zurückzugeben.
Mit freundlichen Grüßen

D 3:
Sehr geehrte Frau (...),
Sie möchten ab 1.3.2010 nur noch 15 Stunden/Woche arbeiten. Einen Antrag hierüber hätten Sie spätestens am 30.11.2009 stellen müssen. Da Ihr Antrag erst am 17.12.2009 bei der Personalabteilung eingegangen ist, ist er unwirksam. Wir stellen anheim, einen neuen Antrag unter Beachtung der Drei-Monats-Frist des § 8 Abs. 2 S. 1 TzBfG zu stellen.[152]

D 4: Für den Fall, dass die Mitarbeiterin sechs Monate nach Beginn des Arbeitsverhältnisses ein Arbeitszeitverringerungsverlangen gem. § 8 TzBfG stellt, vereinbaren die Parteien was folgt:
(1) Der Antrag auf Verringerung der Arbeitszeit nach § 8 TzBfG ist über den Fachvorgesetzten drei Monate vor dem gewünschten Beginn zu stellen. Die Frist des § 8 Abs. 2 S. 1 TzBfG beginnt mit der Einreichung des Antrags bei dem Fachvorgesetzten. Der Antrag kann schriftlich, per E-Mail oder auch per Fax gestellt werden.
(2) Die Mitarbeiterin kann auf Wunsch zu dem Erörterungstermin gem. § 8 Abs. 3 TzBfG ein Mitglied des Betriebsrats hinzuziehen.
(3) Der Mitarbeiterin steht es frei, sich im Antrag dazu zu äußern, inwieweit sich die Verringerung der Arbeitszeit mit der Organisation, den Arbeitsabläufen oder der Sicherheit im Betrieb verträgt und inwieweit zusätzliche Kosten mit der Durchführung des Teilzeitverlangens verursacht werden.

151 *Hümmerich/Lücke/Mauer*, FB ArbR, Muster 3320.
152 SPA 14/2002, 2.

(4) Es besteht Einigkeit, dass unter den nachfolgend genannten Umständen ein betrieblicher Grund vorliegt, der die Firma zur Ablehnung eines Teilzeitverlangens berechtigt:

a) Wenn Sie dem Führungskreis 3 angehören, besteht eine Vermutung, dass die von Ihnen eingenommene Position weder aus Gründen der Betriebsorganisation noch mit Blick auf die Arbeitsabläufe eine Teilzeittätigkeit ermöglicht.
b) Soweit Sie im Vertrieb tätig sind und persönliche Kundenbindungen die Grundlage Ihrer Arbeit bilden, scheidet im Zweifel eine Teilzeittätigkeit aus.
c) Soweit Sie an einer Projekttätigkeit teilnehmen, die unter Zeitdruck steht, besteht Einigkeit, dass eine Teilzeittätigkeit für die Dauer der Projekttätigkeit nicht ausgeübt werden kann.
d) Wenn Sie in Schichtarbeit tätig sein sollten, besteht ein derart erheblicher organisatorischer Mehraufwand, dass aus Kostengründen und aus Gründen des Arbeitsablaufs eine Verringerung Ihrer Vollzeitstelle auf eine Teilzeitstelle nicht in Frage kommen kann.
e) Soweit Sie in Team- und Gruppenarbeit tätig sind, besteht Einigkeit, dass regelmäßig eine gleichlaufende Arbeitszeit aller Teammitglieder erforderlich ist und deshalb ein Einzelner nicht in Teilzeit tätig werden kann.
f) Wenn ein Teilzeitverlangen die Einrichtung von Ersatzarbeitsplätzen mit entsprechender technischer Ausstattung, die Anmietung zusätzlicher Büroräume, lange Einarbeitungszeiten eines neuen Mitarbeiters sowie Lohnkosten für Ersatzarbeitnehmer verlangt, besteht Einigkeit, dass die Kosten unverhältnismäßig iSv § 8 Abs. 4 S. 2 TzBfG sind und deshalb eine Teilzeittätigkeit der Mitarbeiterin ausscheidet.

(5) Ist die Firma einem Arbeitszeitverringerungsverlangen der Mitarbeiterin nachgekommen, besteht zwischen den Parteien Einigkeit, dass eine Änderung der Arbeitszeit vor Ablauf von zwei Jahren ausgeschlossen ist.

(2) Gestaltungshinweise

3522 Die Änderung der Arbeitszeit und die anderweitige Verteilung der Arbeitszeit nach § 8 TzBfG kann durch ein vom Arbeitgeber formuliertes Schreiben – wie D 2 – wirksam geregelt werden, wenn das Anschreiben inhaltlich dem Antrag des Arbeitnehmers entspricht. In diesem Falle bedeutet das Antwortschreiben des Arbeitgebers die Annahme eines Antrags des Arbeitnehmers, wobei dem Arbeitgeber mit der in § 8 Abs. 2 S. 1 TzBfG enthaltenen Frist eine – ungewöhnlich lange – Annahmefrist iSv §§ 147 Abs. 2, 148 BGB eingeräumt wird. Der in der Klausel D 2 enthaltenen schriftlichen Einverständniserklärung des Arbeitnehmers bedarf es nicht. Als beweissichernde Urkunde schadet sie aber auch nicht. Die in der Klausel D 1 gewählte Methode der Vereinbarung eines Umwandlungsvertrages bindet die Parteien in gleicher Weise wie ein übereinstimmender Antrag nach § 8 TzBfG und ein dementsprechendes Antwortschreiben in der Klausel D 2.

3523 Das Ablehnungsschreiben des Arbeitgebers wegen Nichteinhaltung der Drei-Monats-Frist gem. § 8 Abs. 2 S. 1 TzBfG (Klausel D 3) steht nicht im Einklang mit der Rechtslage. Nach dem Urteil des BAG vom 20.7.2004[153] kann ein zu kurzfristig gestelltes Teilzeitverlangen so ausgelegt werden, dass es sich hilfsweise auf den Zeitpunkt richtet, zu dem der Arbeitnehmer die Verringerung frühestmöglich verlangen kann. Infolgedessen ist die in der Klausel D 3 gezogene Parallele zu § 15 Abs. 7 Nr. 5 BErzGG nicht wirksam.

3524 Schon die Instanzrechtsprechung war davon ausgegangen, dass die verspätete Geltendmachung eines Arbeitszeitverringerungsverlangens nicht zur Unwirksamkeit des Antrags nach § 8 Abs. 2 S. 1 TzBfG führe, sondern zu einer Verschiebung des beantragten Zeitpunkts. Nach dem hypothetischen Willen des Antragstellers verschiebe sich die Verkürzung der Arbeitszeit um den der

153 BAG 20.7.2004 – 9 AZR 626/03, DB 2004, 2323 = NZA 2004, 1090.

Verfristung entsprechenden Zeitraum, da die Frist des § 8 Abs. 2 S. 1 TzBfG keine materielle Wirksamkeitsvoraussetzung sei.[154]

Die Klausel D 4 präzisiert, ohne gegen § 22 Abs. 1 TzBfG zu verstoßen, die Abläufe im Verfahren eines Teilzeitverringerungsverlangens und die betrieblichen Gründe iSv § 8 Abs. 4 Sätze 1 und 2 TzBfG. Soweit das Verfahren vor und nach einer Entscheidung über den Teilzeitverringerungsantrag betroffen ist, bewegen sich die Vertragsparteien bei der Klausel D 2 im dispositiven Bereich. Soweit die „betrieblichen Gründe" präzisiert werden, wählen die Parteien Rechtsgrundsätze, wie sie in Rspr und Schrifttum anerkannt sind. Dass die Verringerung der Arbeitszeit nur kostenneutrale Folgen für den Arbeitgeber haben darf, hat bereits das ArbG Hannover entschieden.[155] Dass der Arbeitnehmer zur Durchsetzung seines Teilzeitanspruchs vom Arbeitgeber nicht die Einstellung zusätzlicher Arbeitnehmer verlangen kann, hat der 9. Senat bereits deutlich gemacht.[156] Es besteht in der Lit. Einigkeit, dass vom Arbeitgeber nicht verlangt werden kann, Ersatzarbeitsplätze mit entsprechender technischer Ausstattung einzurichten.[157] Dass Mitarbeiter, die sich bei gleichlaufenden Arbeitszeiten aller Teammitglieder in Team- und Gruppenarbeit befinden, nicht mit einer abweichenden Arbeitszeit weiterbeschäftigen lassen, so dass die Betriebsorganisation und die Arbeitsabläufe erheblich gestört werden, ist allgemeine Auffassung.[158] Eine besondere Führungsebene schließt es aus, dass der Arbeitnehmer bei den heutigen Anforderungen an das Management eines Unternehmens einer bloßen Teilzeittätigkeit nachgeht.[159] 3525

Gegen die Wirksamkeit der Klausel D 4 dürften daher keine Bedenken bestehen. Aus der Tatsache, dass den Tarifvertragsparteien in § 8 Abs. 4 S. 3 TzBfG das Recht eingeräumt wurde, Ablehnungsgründe festzulegen, lässt sich nicht folgern, dass die in der Klausel D 2 aufgeführten Tatbestände der Gestaltungsmacht der Arbeitsvertragsparteien entzogen wäre. In der Klausel D 2 werden gerade keine der Tarifmacht vorbehaltene zusätzliche Ablehnungsgründe neben den in § 8 Abs. 4 S. 2 TzBfG aufgeführten Beispielsfällen vereinbart,[160] sondern die gesetzlichen Gründe präzisiert. Insoweit ist § 8 Abs. 4 S. 2 TzBfG iVm § 22 Abs. 1 TzBfG dispositiv. Dass der Beispielskatalog von Seiten des Arbeitgebers präzisiert wird, stellt keine zu Ungunsten des Arbeitnehmers wirkende Abweichung vom Gesetz dar. Denn es wirkt sich zu Gunsten des Arbeitnehmers aus, wenn er die Regelbeispiele mit Arbeitsvertragsschluss kennt, die den Arbeitgeber zur Ablehnung eines Arbeitszeitverringerungsverlangens berechtigen. 3526

ee) Nebentätigkeitsklauseln in Teilzeitarbeitsverträgen

(1) Klauseltyp E

↓ **E 1:** Der Arbeitnehmer darf eine Nebenbeschäftigung, die das Arbeitsverhältnis beeinträchtigt, nur mit vorheriger schriftlicher Genehmigung des Arbeitgebers übernehmen.[161] 3527

154 ArbG Oldenburg 26.3.2002 – 6 Ga 3/02, NZA 2002, 908; ArbG Nienburg 23.1.2002 – 1 Ca 603/01, NZA-RR 2002, 382.

155 ArbG Hannover 31.1.2002 – 10 Ca 419/01, NZA-RR 2002, 294.

156 BAG 9.12.2003 – 9 AZR 16/03, NZA 2004, 921.

157 *Beckschulze*, DB 2000, 2598; *Pelzner/Scheddler/Widlak*, Flexibilität im Arbeitsverhältnis, S. 49; Annuß/Thüsing/*Mengel*, TzBfG, § 8 Rn 133.

158 *Flatten/Coeppcius*, ZIP 2001, 1477, 1479; *Pelzner/Scheddler/Widlak*, Flexibilität im Arbeitsverhältnis, S. 47.

159 AA *Däubler*, ZIP 2001, 217, 220; *Beckschulze*, DB 2000, 2598, 2602.

160 Beispiel: § 9 Manteltarifvertrag des Bankgewerbes (MTV Banken).

161 *Hümmerich/Lücke/Mauer*, FB ArbR, Muster 1015 (§ 8).

E 2: Der Arbeitnehmer verpflichtet sich, den Arbeitgeber über jedes weitere Arbeitsverhältnis zu unterrichten. Er hat die Aufnahme eines zusätzlichen Arbeitsverhältnisses zu unterlassen, wenn dadurch seine Verpflichtung, die Arbeitsleistung entsprechend dem Arbeitsanfall zu erbringen, beeinträchtigt wird.[162]

E 3: Dem Arbeitnehmer kann eine selbständige Tätigkeit oder die Begründung eines weiteren Arbeitsverhältnisses untersagt werden, wenn er dadurch seine vertraglichen Pflichten aus dem vorliegenden Vertrag nicht mehr ordnungsgemäß erfüllen kann oder andere betriebliche Belange durch die Nebentätigkeit beeinträchtigt werden.

(2) Gestaltungshinweise

3528 Bei der **Klausel E 1** handelt es sich um ein absolutes Nebentätigkeitsverbot, das mit der Berufsfreiheit des Arbeitnehmers gem. Art. 12 GG unvereinbar ist.[163]

3529 Die **Klausel E 2** stellt sicher, dass der Arbeitgeber über die Summe der Arbeitszeit aus allen Teilzeitarbeitsverhältnissen informiert wird. Sie ermöglicht auch, dass der Arbeitgeber verlangen kann, dass die Arbeitszeit, bspw bei häufiger Nachtarbeit, reduziert wird, wenn erkennbar die Arbeitskraft des Arbeitnehmers nicht mehr ausreicht, um ordnungsgemäß die im Teilzeitarbeitsverhältnis vereinbarte Arbeitsleistung zu erbringen.

3530 Aus den gleichen Gründen ist die **Klausel E 3** wirksam, die dem Arbeitgeber den Spielraum belässt, den er im Rahmen seiner Befugnisse hat, also im Rahmen seiner berechtigten Interessen, die darauf gerichtet sind, dass keine Konkurrenztätigkeit während des Bestehens eines Arbeitsverhältnisses ausgeübt wird und dass auch die Arbeitskraft ungeschmälert dem Arbeitgeber zur Verfügung steht.[164]

ff) Wiederaufstockungsklausel

(1) Klauseltyp F

3531 **F 1:** Wurde das Arbeitsverhältnis im Verfahren des § 8 TzBfG von dem Vollzeitarbeitsverhältnis in ein Teilzeitarbeitsverhältnis umgewandelt, kann der Arbeitnehmer spätestens nach Ablauf von zwei Jahren mit einer Ankündigungsfrist von drei Monaten vom Arbeitgeber verlangen, wieder im Vollarbeitsverhältnis beschäftigt zu werden.

→ **F 2:** Arbeitgeber und Arbeitnehmer vereinbaren, dass eine etwaige, vom Arbeitnehmer geltend gemachte Herabsetzung der wöchentlichen Arbeitszeit gem. § 8 TzBfG ausschließlich befristet für die Dauer von (...) Jahren erfolgt. Nach Fristablauf kann der Arbeitnehmer verlangen, wieder vollschichtig in seinem Tätigkeitsbereich beschäftigt zu werden.

(2) Gestaltungshinweise

3532 Der Arbeitgeber hat zwar in § 8 TzBfG geregelt, unter Beachtung welcher Verfahrensgrundsätze und unter welchen materiell-rechtlichen Voraussetzungen der Arbeitnehmer verlangen kann, anstelle im Vollzeitarbeitsverhältnis seine Arbeitsleistung künftig nur noch im Teilzeitarbeitsverhältnis zu erbringen. Ist der Arbeitnehmer eine Zeit lang im Teilzeitarbeitsverhältnis beschäftigt worden und möchte er wieder vollschichtig arbeiten, so hat er **keinen gesetzlichen Anspruch auf Rückführung in die regelmäßige (tarifliche) Wochenarbeitszeit.** Der Gesetzgeber hat in § 9 TzBfG nur bedacht, dass der Arbeitgeber einen teilzeitbeschäftigten Arbeitnehmer, der ihm den Wunsch nach einer Verlängerung seiner vertraglichen vereinbarten Arbeitszeit angezeigt hat, bei der Besetzung eines entsprechenden freien Arbeitsplatzes bei gleicher Eignung bevorzugt berücksichtigt.

---

162 *Hümmerich/Lücke/Mauer*, FB ArbR, Muster 1321 (Ziffer 6).

163 BVerfG 4.11.1992 – 1 BVR 79/85, NJW 1993, 317; BAG 26.6.2001 – 9 AZR 343/00, NZA 2002, 98.

164 S. § 1 Rn 3092 ff (48. Nebentätigkeitsklauseln).

Besteht **kein freier Arbeitsplatz**, hat der Arbeitgeber weder die Verpflichtung, Arbeitszeit in dem vom Arbeitnehmer beantragten Umfang zu vergüten, noch die Stelle des Teilzeitbeschäftigten um Arbeiten zu erweitern, damit der Arbeitnehmer wieder vollschichtig beschäftigt und vergütet wird. Das BAG hat mit Urteil vom 13.11.2001[165] deutlich gemacht, dass eine Angestellte, deren Arbeitszeit zur Betreuung ihres Kindes wunschgemäß auf die Hälfte der regelmäßigen tariflichen Wochenarbeitszeit verringert wurde, eine spätere Aufstockung zur regelmäßigen tariflichen Wochenarbeitszeit nur auf Basis einer gesonderten Vereinbarung mit dem Arbeitgeber geltend machen kann. Der Arbeitgeber schulde nicht schon deshalb die Zustimmung zur Aufstockung der Arbeitszeit, weil er vor der Verringerung der Arbeitszeit die Angestellte nicht auf die Möglichkeit hingewiesen habe, die Herabsetzung der Wochenarbeitszeit zeitlich zu befristen. 3533

Einen Anspruch auf befristete Arbeitszeitverringerung begründet § 8 TzBfG nicht.[166] 3534

Die Klausel F 1 gibt dem Arbeitnehmer das Recht, nach Ablauf eines festgelegten Zeitraums die Aufstockung der Arbeitszeit bis zur vollschichtigen Tätigkeit zu verlangen, die Klausel F 2 gestaltet das Teilzeitverlangen nach § 8 TzBfG in eine befristete Vereinbarung um. Die Folge ist, dass es nach der Klausel F 2 keines weiteren Antrags des Arbeitnehmers bedarf, wenn er wieder vollschichtig tätig werden möchte, weil die Teilzeittätigkeit von vornherein befristet war. Befristungsgrund ist in diesem Falle der Wunsch des Arbeitnehmers, für einen befristeten Zeitraum statt einer vollschichtigen einer Teilzeittätigkeit nachzugehen, so dass in der Person des Arbeitnehmers liegende Gründe die Befristung rechtfertigen, § 14 Abs. 1 S. 2 Nr. 6 TzBfG. Wird die Klausel F 2 auf Wunsch des Arbeitnehmers vereinbart, ist sie wirksam. Gewährt der Arbeitgeber Teilzeit nach § 8 Abs. 1 TzBfG nur als befristete Verringerung, ist die Klausel unwirksam. Der Arbeitnehmer hat angesichts seines Teilzeitverlangens Anspruch auf eine unbefristete Arbeitszeitverringerung.[167] 3535

gg) Änderung der festgelegten Verteilung der Arbeitszeit durch den Arbeitgeber

(1) Klauseltyp G

Sehr geehrter Herr (...),[168] 3536
wir kündigen hiermit an, dass die gem. § 8 Abs. 3 TzBfG einvernehmlich festgelegte/gem. § 8 Abs. 5 S. 3 TzBfG als anderweitig verteilt geltende Arbeitszeit ab dem (...) wie folgt verteilt wird:
(...)
Wir weisen darauf hin, dass Sie ab diesem Zeitpunkt Ihren Arbeitspflichten entsprechend der vorgenannten Verteilung nachkommen müssen.
Mit freundlichen Grüßen
(...) (Ort/Datum/Unterschrift des Arbeitgebers)

Empfangsbestätigung
Hiermit bestätige ich den Erhalt des Schreibens vom (...), mit dem die Arbeitszeit ab dem (...) anderweitig verteilt wird.
(...) (Ort/Datum/Unterschrift des Arbeitnehmers)

(2) Gestaltungshinweise

Der Arbeitgeber kann gem. § 8 Abs. 5 S. 4 TzBfG die infolge Teilzeitverlangens des Arbeitnehmers festgelegte Verteilung – nicht jedoch die Verringerung als solche – der Arbeitszeit wieder ändern, wenn das betriebliche Interesse daran das Interesse des Arbeitnehmers an der Beibehaltung erheblich überwiegt und der Arbeitgeber die Änderung spätestens einen Monat vorher 3537

165 BAG 13.11.2001 – 9 AZR 442/00, NZA 2002, 1047.
166 BAG 16.9.2006 – 9 AZR 686/05, DB 2007, 525; BAG 24.6.2008 – 9 AZR 313/07, BB 2008, 1449.
167 Annuß/Thüsing/*Mengel*, TzBfG, § 8 Rn 72; *Hanau*, NZA 2001, 1168.
168 *Schiefer/Müller*, Teilzeitarbeit, Rn 138.

angekündigt hat. Dies geschieht vorliegend in dem Anschreiben an den Arbeitnehmer. Eine einseitige Änderung gem. § 8 Abs. 5 S. 4 TzBfG aufgrund eines **überwiegenden betrieblichen Interesses** kommt aber nur in Betracht, wenn es sich um eine Teilzeitarbeit auf der Grundlage der folgenden Voraussetzungen handelt: Verringerungswunsch des Arbeitnehmers gem. § 8 Abs. 2 TzBfG, Reduzierung der Arbeitszeit im Wege der Fiktion gem. § 8 Abs. 5 S. 3 TzBfG (nicht fristgerechte Ablehnung des Arbeitszeitwunsches durch den Arbeitgeber) oder einvernehmliche Verteilung der Arbeitszeit gem. § 8 Abs. 3 S. 2 TzBfG.[169]

169 BAG 17.7.2007 – 9 AZR 819/06, NZA 2008, 118.

57. Telearbeitsklauseln

Literatur

Albrecht, Die Einrichtung von Tele- und Außenarbeitsplätzen – rechtliche und personalpolitische Anforderungen, NZA 1996, 1240; *Boemke/Ankersen*, Das Telearbeitsverhältnis – Arbeitsschutz-, Datenschutz- und Sozialversicherungsrecht, BB 2000, 1570; *Boemke/Kaufmann*, Der Telearbeitsvertrag, 2000; *Collardin*, Aktuelle Rechtsfragen der Telearbeit, 1995; *Dzida*, Flexibles Arbeiten im Home Office, ArbRB 2013, 254; *Falkenberg*, Freier Mitarbeiter – Arbeitnehmer – arbeitnehmerähnliche Person, DB 1969, 1409; *Fenski*, Außerbetriebliche Arbeitsverhältnisse, 2. Aufl. 2000; *Goerke*, Arbeit- und datenschutzrechtliche Grundlagen der Telearbeit, AuA 1996, 188; *Greiner*, Die Ich-AG als Arbeitnehmer, DB 2003, 1058; *Herberger*, Telearbeit, 2007; *Herschel*, Die arbeitnehmerähnliche Person, DB 1977, 1185; *Hohmeister/Küper*, Individualvertragliche Arbeitszeitgestaltung bei der alternierenden Telearbeit, NZA 1998, 1206; *Huber*, Arbeitsrechtliche Aspekte der Telearbeit, FA 1999, 109; *ders.*, Telearbeit – Arbeitsvertrag und betriebsverfassungsrechtliche Besonderheiten, FA 1999, 146; *Körner*, Telearbeit – neue Form der Erwerbsarbeit, alte Regeln?, NZA 1999, 1190; *Kramer*, Gestaltung arbeitsvertraglicher Regelungen zur Telearbeit, DB 2000, 1329; *Kreilkamp*, Telearbeit – Ihre Einführung will gut vorbereitet sein, AuA 1999, 64; *Leube*, Häusliche Telearbeit und gesetzliche Unfallversicherung, SGb 2012, 380; *Mankowski*, Internet und Telearbeit im Internationalen Arbeitsvertragsrecht, DB 1999, 1854; *Otten*, Heim- und Telearbeit, 1996; *ders.*, Heimarbeitsrecht, Kommentar zum HAG, zu heimarbeitsrelevanten Normen und Erläuterungen zur Teleheimarbeit, 2008; *Peter*, Kernfragen der Telearbeit, DB 1998, 573; *Pfarr/Drücke*, Rechtsprobleme der Telearbeit, 1989; *Richardi*, Abschied von der gefahrgeneigten Arbeit als Voraussetzung für die Beschränkung der Arbeitnehmerhaftung, NZA 1994, 241; *Richardi/Annuß*, Neues Betriebsverfassungsgesetz – Revolution oder strukturwahrende Form?, DB 2001, 43; *Richenhagen/Prümper/Wagner*, Handbuch der Bildschirmarbeit, 3. Aufl. 2002; *Schaub*, Flexibilisierung des Personaleinsatzes, BB 1998, 2106; *Simon/Kuhne*, Arbeitsrechtliche Aspekte der Telearbeit, BB 1987, 201; *Stege/Weinspach/Schiefer*, BetrVG, 9. Aufl. 2002; *Schiefer/Korte*, Das Betriebsverfassungsgesetz, Düsseldorfer Schriftenreihe, 2. Aufl. 2011; *Wank*, Telearbeit, NZA 1999, 225; *ders.*, Telearbeit, 2002; *ders.*, Telearbeit und Arbeitsrecht, AuA 1998, 192; *Wedde*, Telearbeit, 3. Aufl. 2002; *ders.*, Aktuelle Rechtsfragen für Telearbeit, NJW 1999, 527; *Zec*, Versicherte im Home Office, A & G 2012 Nr. 7/8, 26.

a) Rechtslage im Umfeld

aa) Definition und Arten von Telearbeit

Der Begriff „Telearbeit" wird vom Gesetzgeber durch die Neufassung des § 5 BetrVG[1] in das Arbeitsrecht eingeführt. Der Gesetzgeber folgte damit in der Sache einer Entwicklung im Erwerbsleben, die durch die fortschreitende Loslösung von Tätigkeiten an einer festen Betriebsstätte gekennzeichnet ist. Nach wie vor gibt der Gesetzgeber allerdings **keine Legaldefinition** des Begriffs „Telearbeit". „Tele" bedeutet „fern" (englisch: *remote*), also Arbeit unter Verwendung von Informationstechnologien fern der eigentlichen Betriebsstätte, in der die Arbeit auch durchgeführt werden könnte. Sie kann mobil (an verschiedenen Orten, zB bei Kunden bzw Lieferanten), alternierend inner- und außerhalb des Betriebs in einer festen Arbeitsstätte (zB eigene Wohnung, eigenes Büro, Räume eines Dritten, Zweitbüro des Unternehmens, Nachbarschaftsbüro, selbständiges Servicebüro) oder an einem anderen vom Beschäftigten gewählten Ort erbracht werden.[2] Sie kann in Vollzeit oder aber auch in Teilzeit fernab vom Betrieb, abwechselnd mit mehr oder weniger großen Präsenzanteilen im Betrieb, geleistet werden. Der Ort der Arbeitsleistung ist für den Begriff der Telearbeit nur insoweit beachtlich, als dass die Arbeit eben nicht innerhalb des Betriebs erbracht wird.[3] 3538

Telearbeit in diesem Sinne ist arbeitsrechtlich **statusneutral**. Sie kann von einem Freiberufler, Arbeitnehmer oder auch von in Heimarbeit Beschäftigten oder arbeitnehmerähnlichen Personen verrichtet werden. Ausschließlich die in einem Arbeitsverhältnis geleistete Telearbeit begründet den Arbeitnehmerstatus iSv § 5 Abs. 1 S. 1 BetrVG, zB nicht die in einem Dienstverhältnis.[4] 3539

1 *Stege/Weinspach/Schiefer*, BetrVG, § 5 Rn 1 c.
2 BT-Drucks. 14/5741, S. 35.
3 *Otten*, Heimarbeitsrecht, A § 2 Rn 103.
4 *Otten*, Heimarbeitsrecht, A § 2 Rn 104.

bb) Der Telearbeiter als Arbeitnehmer

3540 Die rechtliche Einordnung eines Telearbeiters als Arbeitnehmer, Heimarbeiter oder selbständig Tätiger ist abhängig von der tatsächlichen und rechtlichen Ausgestaltung der Tätigkeit.[5] Maßgeblich sind die allgemeinen Kriterien. Arbeitnehmer ist, wer persönlich abhängig ist. Dies ist der Fall, wenn er dem gesetzlichen **Weisungsrecht** (§ 106 GewO) bei der Festlegung seiner Arbeitspflichten unterliegt. Das Transparenzgebot des § 307 Abs. 1 S. 2 BGB verlangt von dem Verwender nicht, alle möglichen Konkretisierungen der Arbeitspflicht und des Weisungsrechts ausdrücklich zu regeln. Vielmehr ist das gesetzliche Weisungsrecht (§ 106 GewO) Ausfluss und Folge der vertraglichen Festlegung der Arbeitspflicht.[6]

3541 Bei der Telearbeit verliert das Bestimmungsrecht über den Arbeitsort und in Grenzen auch das Bestimmungsrecht über die inhaltliche Durchführung der Arbeit bei Dienstleistungen höherer Art an Gewicht.[7] Das Weisungsrecht ist trotz dieser „Lockerungen" zu bejahen, wenn eine Einbindung in die betriebliche Organisation gegeben ist. Dies ist offensichtlich dann zu bejahen, wenn mit der Tätigkeit die stunden- oder tageweise Anwesenheit im Betrieb (Abstimmungsgespräche, Erfahrungsaustausch, Zusatzarbeit bei gemeinsamen Projekten) oder feste Arbeitszeiten wegen des gemeinsamen Online-Zugriffs oder Datenaustauschs verbunden sind. Die Einbindung kann auch darauf beruhen, dass der Telearbeiter auf die betriebliche Organisation angewiesen ist, zB im Hinblick auf Kundenbetreuungskonzepte[8] oder Teamarbeit.[9] Die Einbindung kann sich auch aus der Struktur der vom Arbeitgeber vorgegebenen Software ergeben, wenn sie bspw einen exakt koordinierten wechselnden Zugriff bzw wechselnde Handlungsschritte erfordert, erst recht im Falle einer uU notwendigen zeitgleichen Interaktion.[10]

3542 Bei Rechtsstreitigkeiten aus einem „Telearbeitsplatzverhältnis" ist nicht das Gericht des Wohnortes des Arbeitnehmers, sondern des Sitzes der Gesellschaft **örtlich zuständig.**[11]

cc) Betriebsverfassungsrechtliche Stellung

3543 Gemäß § 5 Abs. 1 BetrVG sind Arbeitnehmer iSv BetrVG Arbeiter und Angestellte einschließlich der zu ihrer Berufsbildung Beschäftigten, unabhängig davon, ob sie im Betrieb, im Außendienst oder mit Telearbeit beschäftigt werden.[12]

3544 Die Bestimmung erfasst die **alternierende Telearbeit**, bei der teils im Betrieb, teils an einem anderen Ort gearbeitet wird, ferner die **mobile Telearbeit**, die an verschiedenen Orten oder in Betrieben von Kunden oder Lieferanten erbracht wird, sowie die **häusliche Telearbeit**, die entweder zu Hause oder an einem anderen selbstgewählten Ort verrichtet wird.

3545 Die Erwähnung der Telearbeit in § 5 Abs. 1 S. 1 BetrVG hat im Übrigen nur klarstellenden Charakter.[13] Es bleibt dabei, dass jeweils anhand allgemeiner Grundsätze zu ermitteln ist, ob die genannten Personen Arbeitnehmer iSd § 5 BetrVG oder arbeitnehmerähnliche Personen oder Selbstständige sind.[14]

3546 Nach § 7 Abs. 1 BetrVG sind für die Betriebsratswahl alle Arbeitnehmer **wahlberechtigt,** die das 18. Lebensjahr vollendet haben. Dies gilt gem. § 5 Abs. 1 S. 1 BetrVG auch für die mit Telearbeit beschäftigten Arbeitnehmer.[15]

---

5 BAG 3.4.1990 – 3 AZR 258/88, NZA 1991, 267; BAG 14.3.2007 – 5 AZR 599/06, NZA-RR 2007, 424.
6 BAG 13.6.2007 – 5 AZR 564/06, DB 2007, 2035.
7 LAG Hamm 30.5.2001 – 4 (19) Sa 1773/00; BAG 13.2.2003 – 8 AZR 59/02, NZA 2003, 854.
8 BAG 6.5.1998 – 5 AZR 247/07, NZA 1999, 205.
9 BAG 15.3.1978 – 5 AZR 819/76, DB 1978, 1035.
10 *Otten*, Heimarbeitsrecht, A § 2 Rn 105.
11 ArbG Elmshorn 26.4.2007 – 5 Ca 582/d/07.
12 S. hierzu *Schiefer/Korte*, Das Betriebsverfassungsgesetz, Checkliste 1, Rn 10.
13 *Richardi/Annuß*, DB 2001, 43.
14 *Richardi/Annuß*, DB 2001, 43.
15 BAG 16.11.2011 – 7 ABR 48/10.

Die **Freistellung von Betriebsratsmitgliedern** nach § 38 Abs. 1 S. 1 BetrVG ist von der Betriebsgröße abhängig. Maßgeblich hierfür ist die Anzahl der in der Regel beschäftigten Arbeitnehmer, wobei Telearbeitnehmer iSd § 5 Abs. 1 S. 1 BetrVG bei der Ermittlung des „Schwellenwerts“ zu berücksichtigen sind.[16] 3547

Die Einführung von Telearbeit ist grds. **mitbestimmungspflichtig.**[17] 3548

Gegebenenfalls kann die Zuordnung eines anderen Stammbetriebs für einen in Telearbeit beschäftigten Arbeitnehmer eine zustimmungsbedürftige Versetzung iSd §§ 95, 99 BetrVG darstellen.[18] 3549

dd) Gleitzeitmanipulation bei alternierender Telearbeit

Eine Gleitzeitmanipulation im Rahmen alternierender Telearbeit (hier: Manipulation bei der Zeiterfassung) ist an sich geeignet, einen wichtigen Grund zur außerordentlichen Kündigung iSv § 626 Abs. 1 BGB darzustellen. Dabei kommt es nicht entscheidend auf die strafrechtliche Würdigung, sondern auf den mit der Pflichtverletzung verbundenen schweren Vertrauensbruch an. Voraussetzung für den Nachweis einer Gleitzeitmanipulation ist, dass die Erbringung von Arbeitsleistung im streitigen Zeitraum ausgeschlossen ist.[19] 3550

ee) Telearbeitsplatz für schwerbehinderte Menschen

Der sich aus § 81 Abs. 4 S. 1 Nr. 1 SGB IX ergebende Anspruch eines schwerbehinderten Menschen kann auch einen Anspruch auf Änderung des Ortes, an dem die Arbeitsleistung zu erbringen ist, einschließen. Wenn der Arbeitgeber für den schwerbehinderten Menschen bereits in der Vergangenheit einen funktionsfähigen Telearbeitsplatz in dessen Wohnung eingerichtet hat, so soll es ihm ohne das Hinzutreten neuer, gewichtiger Umstände im Zweifel nicht unzumutbar iSv § 81 Abs. 4 S. 3 SGB IX sein, den Arbeitnehmer weiterhin an zwei Werktagen die Woche in Telearbeit zu beschäftigen. Sofern die leidensgerechte Beschäftigung am heimischen Telearbeitsplatz eine Abänderung des ursprünglich geschlossenen Arbeitsvertrages hinsichtlich des Ortes der Erbringung der Arbeitsleistung erforderlich macht, kann der betroffene Arbeitnehmer unmittelbar auf entsprechende tatsächliche Beschäftigung klagen.[20] 3551

Der Vertrauensperson der schwerbehinderten Menschen, die dienstlich über einen häuslichen Telearbeitsplatz verfügt, stehen (auch dann) keine Reisekosten für Fahrten zwischen ihrer Wohnung und der Dienststelle zu, wenn die Fahrt zur Dienststelle ausschließlich der Wahrnehmung von Aufgaben der Schwerbehindertenvertretung dient.[21] 3552

ff) Der Telearbeiter als Heimarbeiter

Der Begriff „Telearbeit“ wird vom Gesetz nur in § 5 Abs. 1 S. 1 BetrVG verwandt. Im Sprachgebrauch wird damit Telearbeit,[22] die unter den Bedingungen der Heimarbeit geleistet wird, bezeichnet. Dies bedeutet insb. eine ausschließliche Tätigkeit fernab von einem (betrieblichen) Arbeitsplatz unter Nutzung der modernen Informations- und Telekommunikationsmittel. 3553

Die heimarbeitsspezifischen Voraussetzungen müssen wie bei der traditionellen Heimarbeit erfüllt sein. Dies bedeutet für Hausgewerbetreibende, dass Teleheimarbeit für sie in dieser Eigenschaft prinzipiell ausscheidet. Sie sind auf die Herstellung, Bearbeitung und Verpackung von Waren „beschränkt“. Vergeben sie Teleheimarbeit, dann tun sie dies in ihrer Eigenschaft als Gewerbetreibende und kommen in Ansehen dieser Tätigkeiten nicht in den Genuss der heimar- 3554

16 BAG 15.12.2011 – 7 ABR 65/10, NZA 2012, 519.
17 S. im Einzelnen LAG Hamm 17.10.2011 – 10 TaBV 69/11.
18 LAG Köln 20.8.2010 – 11 TaBV 78/09.
19 ArbG Düsseldorf 16.12.2008 – 10 Ca 5702/08.
20 LAG Niedersachsen 6.12.2010 – 12 Sa 860/10, AE 2011, 118.
21 VG Regensburg 1.4.2010 – RN 8 K 10.346, ZBVR online 2011 Nr. 12, 16.
22 *Otten*, Heimarbeitsrecht, A § 2 Rn 105.

beitsrechtlichen Vergünstigungen (zB §§ 10, 11 EFZG, § 12 BUrlG). Ihre Arbeitnehmer werden insoweit nicht gem. § 26 HAG geschützt. Teleheimarbeit iSd HAG kann ausschließlich von Heimarbeitern verrichtet werden.

3555 Zu den Charakteristiken der Heimarbeit gehören auszugsweise insb.:
- die selbst gewählte Arbeitsstätte,
- freie Wahl der Arbeitstage, Arbeitszeit und Pausen,
- keine Verpflichtung zur Leistung „in Person“,
- Weisungsfreiheit als Teil der persönlichen Unabhängigkeit,
- Auftragserteilung an Heimarbeit durch Gewerbetreibende oder Zwischenmeister.

3556 Daraus folgt, dass Teleheimarbeit in keinem Fall vorliegen kann, wenn ein Dritter den Ort der Arbeitsleistung ständig oder nur zeitweise bestimmen kann. Ergibt sich eine Präsenznotwendigkeit im Betrieb aufgrund einer Schulung, die zur sachgerechten Nutzung der Softwareprogramme oder der Anpassung der zu leistenden Arbeiten an veränderte Anforderungen, zB der Datenverarbeitung, erforderlich sind, so berührt auch dies die „persönliche Unabhängigkeit“ nicht; es geht dabei nicht um die Erfüllung der heimarbeitsrechtlichen Tätigkeitsverpflichtungen.[23]

gg) Der Telearbeiter als freier Mitarbeiter

3557 Für die Telearbeiter, die mangels persönlicher Abhängigkeit keine Telearbeitnehmer und mangels heimarbeitstypischer Ausgestaltung ihrer Tätigkeit keine Teleheimarbeiter sind, kommt eine Beschäftigung als persönlich selbständige freie Mitarbeiter auf der Grundlage von Dienst- oder Werkverträgen in Betracht. Die Telearbeiter sind im Rahmen dieses Beschäftigungsverhältnisses **freie Telearbeiter**.

3558 Die Selbständigkeit freier Mitarbeiter äußert sich darin, dass freie Mitarbeiter ihre Tätigkeit grds. frei gestalten und Arbeitszeit und -ort frei bestimmen können.[24] Freie Mitarbeiter können entweder wirtschaftlich abhängig oder wirtschaftlich selbständig sein wie Unternehmer.[25] Zu den entscheidenden Kriterien, die für einen Status als Selbständiger sprechen, zählen die Möglichkeit der Einschaltung Dritter im Rahmen der Leistungserbringung, die Tätigkeit für mehrere Auftraggeber sowie die Übernahme des Unternehmerrisikos.

hh) Häusliche Telearbeit und gesetzliche Unfallversicherung

3559 Im Einzelfall bedarf es der Klärung, welche Verrichtungen im Rahmen häuslicher Telearbeit gem. § 8 Abs. 1 und 2 SGB VII unter dem Schutz der gesetzlichen Unfallversicherung stehen. Die unfallversicherungsrechtliche Rspr zum „häuslichen Bereich“ dürfte nur in eingeschränktem Umfang auf die häusliche Telearbeit anwendbar sein. Hinsichtlich des betrieblichen Arbeits- und Gesundheitsschutzes können sich im Hinblick auf eine etwaige Überwachungsmöglichkeit seitens der Aufsichtspersonen der gesetzlichen Unfallversicherung wegen des grundgesetzlichen Schutzes der Wohnung schwierige Abgrenzungsfragen ergeben.[26]

3560 Bei genehmigter Telearbeit beginnt und endet die dienstliche Tätigkeit mit dem Betreten bzw Verlassen des häuslichen Arbeitszimmers, in dem sich die vom Dienstherrn bereitgestellten Arbeitsmittel befinden. Das Zurücklegen von Wegen innerhalb der Wohnräume des Beamten steht grds. nicht unter Dienstunfallschutz.[27]

---

23 *Otten*, Heimarbeitsrecht, A § 2 Rn 108.

24 BAG 13.1.1983 – 5 AZR 149/82, AP § 611 BGB Abhängigkeit Nr. 42; *Falkenberg*, DB 1969, 1409; *Herschel*, DB 1977, 1185.

25 *Wedde*, Telearbeit und Arbeitsrecht, S. 80.

26 *Leube*, SGb 2012, 380; zum Unfallversicherungsschutz von Telearbeitern an ihrem Home Office-Arbeitsplätzen s. *Zec*, A & G 2012 Nr. 7/8, 26.

27 Zum Dienstunfallschutz bei Telearbeit s. im Einzelnen VG Bayreuth 17.4.2009 – B 5 K 08.751.

ii) Weitere Regelungen bei häuslicher Telearbeit (Home Office)

Soweit Telearbeit in einem **Home Office** stattfindet, kann bzw sollte zumindest Folgendes geregelt werden:[28] 3561

- Unter welchen Voraussetzungen darf der Arbeitnehmer zu Hause arbeiten?
- Genügt das Home Office den arbeitsschutzrechtlichen Bestimmungen?
- Wie erfasst der Arbeitnehmer seine Arbeitszeit und muss er zu bestimmten Kernarbeitszeiten im Home Office erreichbar sein?
- Welche Arbeitsmittel stellt der Arbeitgeber?
- Welche Kosten und Aufwendungen erstattet der Arbeitgeber?
- Wie werden Betriebs- und Geschäftsgeheimnisse auch im Home Office geschützt?

b) Klauseltypen und Gestaltungshinweise

aa) Zutrittsklauseln

(1) Klauseltyp A

A 1: Vertreter des Arbeitgebers, der Beschäftigtenvertreter sowie Datenschutzbeauftragte haben nach vorheriger Abstimmung mit dem/der Arbeitnehmer/in Zugang zur häuslichen Arbeitsstätte. 3562

A 2: Der Mitarbeiter gewährt nach vorheriger Absprache dem Arbeitgeber, vom Arbeitgeber beauftragten Vertretern und Personen, deren Zugangsrecht auf einer gesetzlichen Verpflichtung beruht, Zugang zur häuslichen Arbeitsstätte, soweit Gründe vorliegen, die einen Zugang erforderlich machen. Der Zugang ist insb. dann zu gewähren, wenn die Einhaltung der vertraglich vereinbarten Anforderungen an den Telearbeitsplatz überprüft werden soll.

A 3: Die Arbeitsstätte in der Wohnung kann nur eingerichtet werden, wenn sie für die allgemeinen Arbeitsplatzanforderungen geeignet ist. Für diese Feststellung und zur ergonomischen Überprüfung hat der Arbeits- und Sicherheitstechnische Dienst nach vorheriger Terminabsprache Zugang zu einer solchen Arbeitsstätte. Dies gilt auch für den Datenschutzbeauftragten bei Vorliegen berechtigter Interessen. Der Betriebsrat hat die Möglichkeit der Teilnahme.
Der Zugang aus anderen dienstlichen Gründen ist auf das Unabwendbare zu begrenzen; eine vorherige Terminabstimmung ist vorzunehmen. Kontrollbesuche sind nicht zulässig. Auf Wunsch des/der Beschäftigten kann Beauftragten der Dienststelle und Interessenvertretungen Zugang gewährt werden.

(2) Gestaltungshinweise

Der Arbeitgeber hat ein berechtigtes Interesse daran, den Telearbeitsplatz im Hinblick auf seine effiziente Ausgestaltung, die Verwendung der Arbeitsmittel, die Gewährleistung des Datenschutzes sowie die Einhaltung arbeitsschutzrechtlicher Bestimmungen zu prüfen und gegebenenfalls in regelmäßigen Abständen zu kontrollieren. Da ein allgemeines Zutrittsrecht wegen der verfassungsmäßig garantierten Unverletzlichkeit der Wohnung des Telearbeiters ausscheidet (Art. 13 Abs. 1 GG), kann ein **Kontroll- und Zugangsrecht** nur einvernehmlich, durch eine Vereinbarung zwischen Arbeitgeber und Arbeitnehmer, begründet werden. Empfehlenswert sind dabei die **Klauseln A 1** und **A 2.** 3563

Ob die Betriebspartner ein Zutrittsrecht **betriebskollektiv** regeln können, ist aufgrund der grundrechtlich geschützten Privatsphäre der Wohnung zweifelhaft. In der **Klausel A 3** wird das Zutrittsrecht daher nur unter ganz eng umrissenen Voraussetzungen zur Überprüfung der Ergonomie des Arbeitsplatzes dem sicherheitstechnischen Dienst und bei Bedarf dem Daten- 3564

28 *Dzida*, ArbRB 2013, 254.

schutzbeauftragten eingeräumt. In manchen Mustern verzichten die Betriebspartner aus verfassungsrechtlichen Gründen auf die Einräumung jeglichen Zutrittsrechts.[29]

bb) Haftungsklauseln

(1) Klauseltyp B

3565 **B 1:** Der Arbeitnehmer haftet für eine Schädigung des Arbeitgebers im Zusammenhang mit der Ausübung der Telearbeit nach den vom BAG zur Arbeitnehmerhaftung entwickelten Grundsätzen. Danach gilt: Bei leichter Fahrlässigkeit entfällt eine Haftung, bei mittlerer Fahrlässigkeit erfolgt eine Schadensteilung, bei grober Fahrlässigkeit und Vorsatz haftet der Arbeitnehmer voll. Bei mittlerer Fahrlässigkeit ist die Haftung der Höhe nach auf ein Bruttomonatsgehalt, bei grober Fahrlässigkeit auf drei Bruttomonatsgehälter beschränkt.
Die vorgenannten Grundsätze gelten auch für Schädigungen durch im Haushalt des Arbeitnehmers lebende Familienangehörige und berechtigte Besucher, falls die Schädigung im Zusammenhang mit der Ausübung der Tätigkeit des Telearbeitnehmers erfolgt und keine Haftpflichtversicherung für den Schaden aufkommt.

B 2: Soweit ein Schaden an einem vom Arbeitgeber zur Verfügung gestellten Gegenstand eintritt, hat der Arbeitnehmer dem Arbeitgeber unverzüglich eine schriftliche Schadensmeldung zu erstatten. Steht der Schaden mit einer strafbaren Handlung eines Dritten in Zusammenhang, wird der Arbeitnehmer den Sachverhalt auch der Polizei mitteilen.

B 3: Der Arbeitnehmer verpflichtet sich, mit den ihm zur Verfügung gestellten Sachen gewissenhaft und ordnungsgemäß umzugehen und diese nur zum Zwecke der Arbeit einzusetzen.

(2) Gestaltungshinweise

3566 Schädigt der Arbeitnehmer bei Ausübung der Telearbeit den Arbeitgeber oder einen Dritten, so kommen ihm die vom BAG entwickelten Grundsätze der eingeschränkten Arbeitnehmerhaftung zugute.[30] Danach haftet der Telearbeiter grds. vollständig bei Vorsatz und grober Fahrlässigkeit; bei mittlerer Fahrlässigkeit kommt es zu einer quotalen Haftungsverteilung nach Billigkeitsgesichtspunkten[31] und bei leichter Fahrlässigkeit entfällt die Haftung für den Arbeitnehmer ganz.

3567 Aus dem System heraus fällt die Schädigung des Arbeitgebers durch Familienangehörige oder Besucher des Telearbeitnehmers. Für diese Personen greift die vorbeschriebene Haftungserleichterung mangels „betrieblich veranlasster Tätigkeit“[32] nicht. Familienangehörige haften daher auch für leichteste Fahrlässigkeit in vollem Umfang. Angesichts des Umstands, dass es der Arbeitgeber ist, der diesen Personenkreis – mit kausal – durch die Einrichtung eines Telearbeitsplatzes im Einzelfall einem besonderen Haftungsrisiko aussetzt, lässt sich eine sachgerechte Lösung nur herbeiführen, wenn der Arbeitgeber auch mit diesen Personen die Grundsätze der Haftungsreduzierung vereinbart.

3568 Eine solche Individualabrede zur Haftung sehen die Klauseln B 1 und B 2 vor. Die Variante B 3 erinnert den Arbeitnehmer nochmals an die ihm obliegende Sorgfaltspflicht im Umgang mit den Arbeitsgeräten. Erfolgt die Schädigung unabhängig von der Telearbeit, zB durch Verrat verschaffter Betriebsgeheimnisse, greift die Haftungsbeschränkung nicht ein.[33]

---

29 *Hümmerich/Lücke/Mauer*, FB ArbR, Muster 5465.

30 *Kramer*, DB 2000, 1331; Preis/*Preis*, Der Arbeitsvertrag, II T 20 Rn 55.

31 *Richardi*, NZA 1994, 241; BAG 12.6.1992 – Gs 1/89, DB 1993, 939; BAG 27.9.1994 – Gs 1/89 (A), DB 1994, 2237.

32 BAG 27.9.1994 – Gs 1/89 (A), DB 1994, 2237.

33 *Schaub*, BB 1998, 2109.

cc) Kostentragung

(1) Klauseltyp C

Der Arbeitgeber zahlt vierteljährlich einen Pauschalbetrag in Höhe von (...) € als Aufwendungsersatz für die durch die Tätigkeit am Telearbeitsplatz verursachten Anteile an der Miete der Räumlichkeit, in der die Telearbeit verrichtet wird, an deren Beheizung und am Stromverbrauch. 3569

(2) Gestaltungshinweise

Beim Telearbeitnehmer bietet es sich an, wie auch bei Vertriebsmitarbeitern, die zu Hause ein Büro für die Firma unterhalten, einen **Sachkostenzuschuss** zu gewähren. Die Klausel C stellt sicher, dass der Telearbeiter den anteiligen Kostenersatz nicht als „geldwerten Vorteil" versteuern muss. 3570

dd) Schutz von Daten und Informationen

(1) Klauseltyp D

§ (...) Schutz von Daten und Informationen 3571

Auf den Schutz von Daten und Informationen gegenüber Dritten ist am Telearbeitsplatz besonders zu achten.

Der Arbeitnehmer hat über alle betrieblichen und geschäftlichen Daten, über die er im Rahmen seiner Tätigkeit Kenntnis erlangt, Stillschweigen zu bewahren. Die gesetzlichen und betrieblichen Datenschutzregelungen sind einzuhalten.

Unternehmenseigene Unterlagen dürfen nur aus dem Unternehmen genommen werden, wenn dies zur unmittelbaren Erfüllung der vereinbarten Arbeitsaufgabe notwendig ist. Der unmittelbare Vorgesetzte entscheidet darüber, ob und ggf welche Unterlagen der Arbeitnehmer aus dem Betrieb entnehmen darf.

Vertrauliche Daten, Informationen und Unterlagen sind vom Arbeitnehmer so zu schützen, dass Dritte – insb. auch im Haushalt des Arbeitnehmers lebende Personen – keine Einsicht und/oder keinen Zugriff nehmen können. Sie dürfen nur in Räumen des Arbeitgebers entsorgt werden.

Der Raum, in dem sich die häusliche Arbeitsstätte befindet, ist abzuschließen, wenn sich der Arbeitnehmer nicht darin aufhält.

(2) Gestaltungshinweise

Die vorstehende Regelung empfiehlt *Preis*[34] mit dem Hinweis, dass sich im Falle der Verarbeitung personenbezogener Daten im Rahmen von Telearbeit zudem aus § 9 BDSG ergibt, dass der Arbeitgeber seine Verpflichtung zum Datenschutz durch geeignete Anordnungen (zB Datenschutz durch Passwörter und Benutzungserkennung, begrenzte Freigabe personenbezogener Daten) zu gewährleisten hat. Es kann in solchen Fällen auch eine sog. interne Datenverarbeitung vorliegen, die datenschutzrechtlich nach Maßgabe des § 28 BDSG oder § 32 BDSG zu beurteilen sein kann. Richtigerweise sind daher vertragliche Regelungen geboten (auch gemäß der europäischen Rahmenvereinbarung über Telearbeit), nach denen der Mitarbeiter zum Daten- und Geheimnisschutz verpflichtet wird. 3572

---

34 Preis/*Preis*, Der Arbeitsvertrag, II T 20 Rn 61.

ee) Unfallversicherungsschutz

(1) Klauseltyp E

3573 Für Arbeitsunfälle an der außerbetrieblichen Arbeitsstätte bei der Verrichtung von Telearbeit sowie für Wege und Fälle auf dem Weg zur betrieblichen Arbeitsstätte bzw zum Nachbarschafts- oder Satellitenbüro besteht der Schutz der gesetzlichen Unfallversicherung. Der Arbeitgeber informiert die zuständige Berufsgenossenschaft über die Telearbeit. Der Arbeitnehmer muss bei einem Unfall nachweisen können, dass sich dies während einer versicherten Tätigkeit ereignet hat.

(2) Gestaltungshinweise

3574 Diese von *Preis*[35] vorgeschlagene Klausel empfiehlt sich insb. deswegen, da sich bei der Telearbeit ggf Abgrenzungsprobleme ergeben können, ob die unfallverursachende Tätigkeit noch zur Arbeit – und damit der gesetzlichen Unfallversicherung unterfallend – oder schon zur Freizeit gehört, die keinen Bezug zur versicherten Tätigkeit hat.[36]

ff) Telearbeit- und Home Office-Regelung

(1) Klauseltyp F

3575 1. Gemäß arbeitsvertraglicher Regelung besteht die grundsätzliche Möglichkeit, die Arbeit auch in einem sog. Home Office zu erbringen.

2. Der jeweilige Home Office-Tag ist mit dem jeweiligen Vorgesetzten zu vereinbaren. Dieser kann die Arbeit im Home Office von einer Einwilligung, einer bloßen Mitteilung oder einer Genehmigung abhängig machen.

3. Der Home Office-Platz muss in der Wohnung des Arbeitnehmers (keine Garage, kein Keller) in einem abschließbaren Raum sein, der für einen dauernden Aufenthalt zugelassen und vorgesehen sowie für die Aufgabenerledigung unter Berücksichtigung der allgemeinen Arbeitsplatzanforderungen geeignet ist.

4. Die notwendigen und den Arbeitsplatzschutzbestimmungen entsprechenden Arbeitsmittel für den Telearbeitsplatz werden für die Zeit des Bestehens dieses Telearbeitsplatzes vom Arbeitgeber kostenlos zur Verfügung gestellt und unterhalten. Sie bleiben im Eigentum des Arbeitgebers.

5. Die vom Arbeitgeber zur Verfügung gestellten Arbeitsmittel sind im Einzelnen: (...)

6. Die vom Arbeitgeber gestellten Arbeitsmittel dürfen nicht für private Zwecke benutzt werden. Die Nutzung der Telekommunikationsmittel kann durch den Arbeitgeber durch geeignete technische Maßnahmen eingeschränkt werden und anhand des monatlichen Gebührenaufkommens überprüft werden.

Weitergehende Arbeitsmittel werden vom Arbeitgeber nicht zur Verfügung gestellt. Er trägt hierfür keine Kosten.

7. Auf den Schutz von Daten und Informationen gegenüber Dritten ist auf dem Home Office-Platz besonders zu achten.

Der Mitarbeiter hat über alle betrieblichen und geschäftlichen Daten, über die er im Rahmen seiner Tätigkeit Kenntnis erlangt, Stillschweigen zu bewahren. Die gesetzlichen und betrieblichen Datenschutzregelungen sind einzuhalten.

Vertrauliche Daten, Informationen und Unterlagen sind vom Arbeitnehmer so zu schützen, dass Dritte – insb. auch im Haushalt des Arbeitnehmers lebende Personen – keine Einsicht und/oder keinen Zugriff nehmen können. Sie dürfen nur in Räumen des Arbeitgebers entsorgt werden.

---

35 Preis/*Preis*, Der Arbeitsvertrag, II T 20 Rn 67.

36 Küttner/*Völzke*, Personalbuch 2014, 403 (Telearbeit), Rn 90; zu einem Dienstunfall eines Beamten an einem Telearbeitsplatz in dessen Wohnung s. auch BayVGH 10.6.2008 – 3 ZD 07.2366.

8. Für Arbeitsunfälle im Rahmen der Home Office-Tätigkeit besteht der Schutz der gesetzlichen Unfallversicherung. Der Mitarbeiter muss bei einem Unfall nachweisen können, dass dieser sich während einer versicherten Tätigkeit ereignet hat.
Der Arbeitgeber informiert die zuständige Berufsgenossenschaft über die Home Office-Tätigkeit.
9. Der Mitarbeiter verpflichtet sich, bei seiner Tätigkeit im Home Office die Vorgaben des Arbeitszeitgesetzes einzuhalten, insb. die tägliche Höchstarbeitszeit von 10 Stunden (§ 3 ArbZG) und die mindestens elfstündige Ruhepause zwischen Arbeitstagen (§ 5 Abs. 1 ArbZG).
Für die Arbeitszeit sowie etwaige Überstunden gelten im Übrigen die diesbezüglichen arbeitsvertraglichen Regelungen.
Dies gilt auch für die Zeiterfassung.[37]

(2) Gestaltungshinweise

Die Regelung in Klausel F befasst sich insb. mit den Anforderungen an die häusliche Arbeitsstätte bei alternierender und ausschließlicher Telearbeit sowie die eingesetzten Arbeitsmittel.[38] Im Hinblick auf die Einhaltung arbeitsschutzrechtlicher Bestimmungen schlägt *Dzida*[39] ergänzend vor, dass zum Zwecke der Kontrolle der Einhaltung dieser Bestimmungen ein Zutrittsrecht des Arbeitgebers vereinbart werden sollte. Hierbei sollte geregelt werden, unter welchen Voraussetzungen (zB Ankündigungsfrist) der Arbeitgeber dieses ausüben darf. 3576

37 Preis/*Preis*, Der Arbeitsvertrag II, T 20 Rn 41 f.
38 Preis/*Preis*, Der Arbeitsvertrag II, T 20 Rn 41 f.
39 *Dzida*, ArbRB 2013, 254, 255.

58. Überstundenklauseln

Literatur

Bauer, Etwas mehr Klarheit durch das BAG bei Überstunden, PuR 2012, 252; *Bauer/Arnold/Willemsen*, Überstunden und ihre Tücken, DB 2012, 1986; *Bauer/Merten*, Anspruch auf Überstundenvergütung bei unwirksamer Mehrarbeitsklausel, RdA 2012, 178; *Bepler*, Mitbestimmung des Betriebsrats bei der Regelung der Arbeitszeit, NZA-Beilage 1/2006, 45; *Bonin*, Mitbestimmungsrecht des Personalrats bei Anordnung betriebsbedingter Überstunden, jurisPR-ArbR 17/2005 Anm. 5; *Franke*, Der außertarifliche Angestellte, 1996; *Frey*, Flexible Arbeitszeit, zeitgemäße Vertragsformen bei wechselndem betrieblichem Personalbedarf, 1994; *Hinrichs*, Neue Rechtsprechung zur Überstundenvergütung, AiB 2012, 355; *Hümmerich*, Wie gestaltet der Anwalt einen Anwaltsvertrag, AnwBl 1999, 9; *ders.*, Gestaltung von Arbeitsverträgen nach der Schuldrechtsreform, NZA 2003, 753; *Hümmerich/Rech*, Antizipierte Einwilligung in Überstunden durch arbeitsvertragliche Mehrarbeitsabgeltungsklauseln, NZA 1999, 1132; *Kerger*, Die Vereinbarung einer pauschalen Mehrarbeitsabgeltung, RdA 1971, 275; *Kleinebrink*, Vertragliche Regelungen zur Vergütung von Überstunden nach der Reform des Schuldrechts, ArbRB 2005, 21; *Kließ*, Darlegungs- und Beweislast im Überstundenprozess, ArbuR 2012, 409; *Kock*, Pauschalabgeltung von Überstunden, DB 2012, 1328; *Ley*, Eine pauschale Überstundenvergeltung ist unwirksam, DB 2011, 1407; *Lindemann*, Entgeltpauschalisierungsabreden für geleistete Überstunden, BB 2006, 826; *Lobinger*, Betriebsvereinbarung – Langfristige Überstundenvereinbarung und Tarifsperre, AP Nr. 19 zu § 77 BetrVG 1972 Tarifvorbehalt; *Müller*, Immer Ärger mit den Überstunden, AiB 2012, 587; *Rath*, Die pauschale Abgeltung von Überstunden im Arbeitsvertrag, 2010; *Rieble*, Flexible Gestaltung von Entgelt und Arbeitszeit im Arbeitsvertrag, NZA 2000, Sonderbeil. zu Heft 3, 34; *Ruland*, Flexible Arbeitszeitgestaltungen und Sozialversicherungsrecht, DAV 1987, 21; *Schiefer*, Überstundenprozess – Darlegungs- und Beweislast, PuR 2013, 211; *Schmitt-Rolfes*, Überstundenvergütung, AuA 2012, 391; *ders.*, Pauschalabgeltung von Überstunden: ja, aber in Grenzen, AuA 2011, 71; *Schramm/Kuhnke*, Neue Grundsätze des BAG zur Überstundenvergütung, NZA 2012, 127; *Seel*, Wirksamkeit von Überstundenregelungen in Formulararbeitsverträgen, DB 2005, 1330; *Strecker*, Pauschale Überstundenabgeltung und Vergütungserwartung bei Überstunden, BB 2013, 949; *v. Stebut*, Rechtsfolgen von Arbeitszeitüberschreitungen, NZA 1987, 257; *Wahlers*, Neuere Entscheidungen zu Fragen der Arbeitszeit, PersV 1993, 203; *Walker*, Pauschale Abgeltung von Überstunden durch die Bruttovergütung, SAE 2012, 51; *Weiß*, Die Regelung der Rufbereitschaften und Bereitschaftsdienste im Krankenhaus, PersR 1996, 196; *Worzalla*, Überstunden – ein Mysterium, PuR 2012, 150; *ders.*, Lohnwucher, PuR 2012, 236; *Zöllner*, Vorsorgende Flexibilisierung durch Vertragsklauseln, NZA 1997, 121.

a) Rechtslage im Umfeld

aa) Grundfragen der Überarbeit

3577 In der Definition des BAG spricht man von „**Überstunden**" oder „**Überarbeit**", wenn die für das jeweilige Arbeitsverhältnis **vereinbarte Arbeitszeit überschritten** wird, die durch Kollektiv- oder Einzelarbeitsvertrag festgelegt ist.[1] Kann der Arbeitgeber die regelmäßige Arbeitszeit aufgrund eines Tarifvertrages einseitig erhöhen, erbringt der Arbeitnehmer bis zu dem vom Arbeitgeber festgesetzten Ausmaß, soweit sich dieses in den tarifvertraglichen Grenzen hält, keine Überstunden.[2]

3578 Unter „**Mehrarbeit**" versteht man demgegenüber solche Überstunden, die über die **gesetzlich zugelassene Höchstarbeitszeit** hinausgehen.[3] Der Begriff „Mehrarbeit" hat dadurch an Bedeutung verloren, dass eine Folge der Überschreitung der gesetzlich zulässigen Höchstarbeitszeit in der Vergangenheit nach § 15 AZO darin bestand, dass eine „Mehrarbeitsvergütung", also ein Zuschlag von 25 % auf die Vergütung, durch den Arbeitgeber zu zahlen war. Mit dem Inkrafttreten des ArbZG und dem Außerkrafttreten der AZO entfiel die Zuschlagspflicht und der Begriff der Mehrarbeit war weitgehend aus dem Arbeitsrecht verschwunden. Er ist noch in wenigen Tarifverträgen gebräuchlich, die über tarifliche Mehrarbeitszuschläge Überarbeit gesondert vergüten.

3579 Die **regelmäßige werktägliche Arbeitszeit** beträgt gem. § 3 Abs. 1 S. 1 ArbZG acht Stunden. Für die darüber hinausgehende Arbeitszeit besteht die Pflicht des Arbeitgebers, Aufzeichnungen zu führen und bis zur Dauer von mindestens zwei Jahren aufzubewahren, §§ 16 Abs. 2, 3

1 BAG 25.7.1996 – 6 AZR 138/94, NZA 1997, 774; BAG 8.11.1989 – 5 AZR 642/88, DB 1990, 889.
2 BAG 12.12.1990 – 4 AZR 238/90, DB 1991, 865 (54 Stunden wöchentliche Arbeitszeit in Saudi-Arabien).
3 BAG 16.1.1965 – 5 AZR 154/64, AP § 1 AZO Nr. 1.

S. 1 ArbZG. Bei der Gestaltung von Überstundenvereinbarungen in Arbeitsverträgen ist zunächst zu beachten, dass nach heute verbreiteter Auffassung eine Verpflichtung des Arbeitnehmers zur Leistung von Überstunden nicht mehr besteht.[4] Überstunden sind nur in außergewöhnlichen Fällen und in Notfällen (§ 14 ArbZG) zu erbringen. Der Arbeitnehmer muss einer **Anordnung** von Überstunden nur Folge leisten, wenn der Arbeitsvertrag eine entsprechende Verpflichtung enthält, auch wenn der Umgang mit Überstunden, insb. in kleineren Betrieben, in der Praxis anders verläuft. Haben die Parteien im Arbeitsvertrag eine Anordnungsbefugnis des Arbeitgebers vereinbart, ist der Arbeitgeber grds. jederzeit und ohne Einhaltung einer Ankündigungsfrist befugt, den Arbeitnehmer zur Leistung von Überstunden anzuweisen. Lehnt der Arbeitnehmer zulässig angeordnete Überstunden ab, so kann – jedenfalls nach einschlägiger vorangegangener Abmahnung – eine Kündigung des Arbeitsverhältnisses gerechtfertigt sein.[5] Auch der EuGH[6] verlangt, dass die Anordnungsbefugnis des Arbeitgebers vertraglich verankert ist. Seiner Meinung nach ergibt sich die Pflicht zur schriftlichen Vereinbarung einer Anordnungsbefugnis aus Art. 2 Abs. 1 der Richtlinie 91/533/EWG des Rates vom 14.10.1991.

bb) Grundtyp: Überstunde gegen Zusatzentgelt

Beim Grundtyp – Überstunden gegen vereinbartes Zusatzentgelt – entstehen keine gesondert zu beachtenden arbeitsrechtlichen Gestaltungsanforderungen. Das Transparenzgebot des § 307 Abs. 1 S. 2 BGB ist einzuhalten, aus der Formulierung muss klar und deutlich hervorgehen, unter welchen Voraussetzungen und in welcher Höhe Überstunden vom Arbeitgeber vergütet werden. Überstunden sind nur zu vergüten, wenn sie mit „Wissen und Wollen" des Arbeitgebers geleistet werden. Der Arbeitnehmer hat darzulegen, dass die Überstunden vom Arbeitgeber **angeordnet** oder zur Erledigung der ihm obliegenden Arbeit notwendig oder vom Arbeitgeber gebilligt oder geduldet wurden.[7] Fehlt es an einer ausdrücklichen Anordnung des Arbeitgebers, muss der Arbeitnehmer substantiiert darlegen, dass und weshalb die von ihm geleisteten Überstunden sachdienlich waren.[8] 3580

Die Praxis zeigt, dass häufig Überstunden geleistet, jedoch vom Arbeitgeber **nicht angeordnet** werden. Das Fehlen einer Anordnungskette kann mehrere Ursachen haben. Manchmal ist es in Betrieben üblich, Überstunden zu leisten, ohne dass der Vorgesetzte eine gesonderte Weisung erteilt hat. Manchmal kommt es vor, dass Arbeitnehmer von ihnen erbrachte Überarbeit auf einem Datenträger erfassen, diesen dem Arbeitgeber späterhin präsentieren und erwarten, dass die Zusatzzeiten gesondert vergütet werden. Manchmal trauen sich Arbeitnehmer erst, nachdem ihnen gekündigt wurde, die von ihnen erfassten Überstunden dem Arbeitgeber entgegenzuhalten und eine Vergütung zu fordern. Auch geschieht es, dass Arbeitgeber die Erbringung von Überstundenleistungen erwarten, jedoch auf eine förmliche Anordnung verzichten, um im Konfliktfall darlegen zu können, die Überarbeit sei ohne ihr Wollen erbracht worden und müsse deshalb nicht vergütet werden.[9] 3581

Bei **Streit** über die **Überstundenvergütung** trifft den **Arbeitnehmer** die **Darlegungs- und Beweislast.** Er muss alle tatsächlichen Voraussetzungen nachweisen, aus denen sich ergibt, dass Überstunden geleistet worden sind.[10] Besteht eine feste betriebliche Arbeitszeit, genügt es, wenn der Arbeitnehmer belegt, wann und in welchem Umfang er außerhalb dieser Arbeitszeit tätig geworden ist. Dass er die übliche Arbeitszeit eingehalten hat, wird zu seinen Gunsten unter- 3582

4 Küttner/*Reinecke*, Personalbuch, 411 (Überstunden) Rn 4; MünchHandbArbR/*Blomeyer*, § 46 Rn 119.
5 LAG Köln 27.4.1999 – 13 Sa 1380/98, NZA 2000, 39.
6 EuGH 8.1.2001 – Rs. C-350/99, NZA 2001, 381.
7 BAG 15.6.1961 – 2 AZR 436/60, AP § 253 ZPO Nr. 7.
8 LAG Baden-Württemberg 20.1.1993 – 12 Sa 76/92, DB 1993, 1479.
9 *Hümmerich/Rech*, NZA 1999, 1132.
10 BAG 17.4.2002 – 5 AZR 644/00, NZA 2002, 1340.

stellt.[11] Allerdings muss der Arbeitnehmer auch im Einzelnen darlegen, an welchen Tagen und zu welchen Tageszeiten er über die übliche Arbeitszeit hinaus gearbeitet hat.[12] Des Weiteren ist Voraussetzung, dass die Überstunden vom Arbeitgeber angeordnet, gebilligt oder geduldet wurden.

3583 Höhere Anforderungen werden bei fehlender fester Arbeitszeit gestellt. Es ist dann für jeden Arbeitstag nach Datum und Stunde aufzuschlüsseln und darzulegen, wie die Arbeitszeit gestaltet wurde.[13] Dem Arbeitgeber obliegt es, dem Vortrag des Arbeitnehmers substantiiert entgegenzutreten. Gelingt es ihm, ist es Sache des Arbeitnehmers, im Einzelnen Beweis für die geleisteten Arbeitsstunden anzutreten.[14] Zu dem vom Arbeitnehmer geschuldeten Vortrag gehört auch die Angabe, welche Tätigkeit er während der Zeit der Überarbeit ausgeübt hat. Den Arbeitnehmer trifft die Darlegungslast auch, soweit streitig ist, ob Arbeitsleistung oder ob in der Zeit der vermeintlichen Überarbeit nur Bereitschaftsdienst, der geringer vergütet wird, angefallen ist.[15]

3584 Schwieriger zu beurteilen sind Gestaltungen, wenn **Überstunden nicht oder** nur **pauschal vergütet** werden sollen. Von einem hochbezahlten Angestellten verlangt die Rspr ein besonderes Maß an Arbeitsleistung, auch wenn dadurch die im Betrieb übliche Arbeitszeit überschritten wird.[16] Leitende Angestellte im Sinne des ArbZG können eine zusätzliche Vergütung aus § 107 GewO (§ 612 BGB) nur fordern, wenn hierüber eine besondere Vereinbarung getroffen wurde oder mit der Vergütung lediglich eine zeitlich oder sachlich genau bestimmte Leistung abgegolten werden sollte.[17]

cc) Pauschalierte Überstundenabgeltung nach altem Recht

3585 Sieht man von § 17 Abs. 3 BBiG einmal ab, so ist gesetzlich nicht geregelt, ob und in welchem Ausmaß Überstunden zu vergüten sind. Allerdings findet sich häufig eine dezidierte Regelung in Tarifverträgen. Nach den meisten **Tarifverträgen** sind für Überstunden neben der Grundvergütung eine spezielle Überstundenvergütung und häufig auch noch ein besonderer Zuschlag zu zahlen. In **Arbeitsverträgen** fehlt vielfach eine Regelung zur Vergütung von Überstunden.[18] Greift konkret keine Regelung ein, muss im Einzelfall festgestellt werden, ob eine Verpflichtung des Arbeitgebers zur gesonderten Vergütung von Überstunden besteht. Es lässt sich nicht der Rechtssatz aufstellen, dass sich aus der vereinbarten Vergütung für eine bestimmte Arbeitszeit das Recht des Arbeitnehmers ergebe, für über diese vereinbarte Arbeitszeit hinausgehende Überstunden eine zusätzliche Vergütung zu fordern.[19] Das LAG Köln hat klargestellt, dass es keinen Rechtsgrundsatz gebe, nach dem jede Mehrarbeitszeit oder jede „dienstliche" Anwesenheit über die vereinbarte oder betriebsübliche Wochenarbeitszeit hinaus zusätzlich zu vergüten sei.[20]

3586 Ebenso hatte bereits das BAG in seinem grundlegenden Urteil zur Mehrarbeitsvergütung entschieden. Wenn Arbeitgeber und Arbeitnehmer eine **Gesamtvergütung** vereinbarten, sei es ohne Bedeutung, welcher Teil des vereinbarten Gehalts als Mehrarbeitszuschlag anzusehen sei.[21] Die

---

11 Küttner/*Reinecke*, Personalbuch, 411 (Überstunden) Rn 15.
12 BAG 25.5.2005 – 5 AZR 319/04, NZA 2005, 1432.
13 BAG 10.12.1973 – 3 AZR 318/73, EzA § 198 BGB Nr. 2; BAG 5.9.1995 – 3 AZR 58/95, DB 1996, 1344.
14 BAG 17.4.2002 – 5 AZR 644/00, DB 2002, 1455.
15 BAG 29.5.2002 – 5 AZR 370/01, NZA 2003, 120; BAG 17.12.1966 – 5 AZR 225/66, DB 1967, 126; BFH 19.3.1997 – 1 R 75/96, DB 1997, 1596.
16 BAG 13.3.1967 – 2 AZR 133/66, AP § 618 BGB Nr. 15.
17 BAG 17.11.1966 – 5 AZR 225/66, DB 1967, 127; BAG 16.1.1965 – 5 AZR 154/64, AP § 1 AZO Nr. 1.
18 Küttner/*Reinecke*, Personalbuch, 411 (Überstunden) Rn 10.
19 *Anzinger/Koberski*, ArbZG, § 3 Rn 45.
20 LAG Köln 7.9.1989 – 10 Sa 488/89, NZA 1990, 349.
21 BAG 26.1.1956 – 2 AZR 98/54, BAGE 2, 277; für Angestellte in nicht leitender Position: BAG 16.1.1965 – 5 AZR 154/64, BAGE 17, 41, 45 = NJW 1965, 1549.

Entscheidung des BAG stammt aus einer Zeit, als noch die frühere Arbeitszeitordnung galt. Nachdem über das ArbZG mittlerweile der gesetzliche Anspruch auf Mehrarbeitsvergütung entfallen ist, erfuhr die Rspr des BAG gleichwohl keine Änderung. Wenn schon nach der alten Rechtslage im Falle der Vereinbarung einer Gesamtvergütung nicht der für die Abgeltung von Mehrarbeitsstunden bestimmte Vergütungsteil gesondert auszuweisen war, musste der Grundsatz erst recht seit der Gesetzesänderung gelten, solange nicht notwendig war, im Arbeitsvertrag die Vergütung von Überstunden gesondert zu erwähnen. Diese Rechtslage war schon in der Vergangenheit nicht unumstritten,[22] sie hat sich jedenfalls nach der Schuldrechtsreform geändert.[23]

Kritischer Betrachtung bedürfen Rspr und Lit., soweit sie weitgehend einheitlich die Meinung vertreten, Überstunden könnten pauschal abgegolten werden.[24] Eine Obergrenze könnte sich aus § 4 TVG ergeben. Eine Pauschalierung der Überstundenvergütung sei danach einzelvertraglich möglich, wenn sie für den Arbeitnehmer günstiger sei als die tarifliche Regelung.[25] Dabei gelte aber der Grundsatz, dass allein die Tatsache, dass die Pauschale im Einzelfall niedriger sei als eine Überstundenvergütung aufgrund von Einzelabrechnung, nicht zur Unwirksamkeit der Pauschalvereinbarung führe.[26] 3587

Diese Ansicht ist im Hinblick auf die zwingende Wirkung der Tarifverträge bedenklich, denn faktisch kann bei mangelnder Aufschlüsselung von Überstunden im Arbeitsvertrag eine Schlechterstellung des Arbeitnehmers eintreten, die sich der Vereinbarung selbst nicht entnehmen lässt, weil ein Vergleich erst bei feststehender Überstundenzahl möglich ist. Ferner stellt sich die Frage, wo im Einzelfall die Grenze gezogen werden muss, wenn schon eine Schlechterstellung erfolgen darf. Da § 4 TVG bei einer Gesamtbetrachtung eine Schlechterstellung verbietet, müsste eigentlich innerhalb eines nicht näher bestimmten Zeitraums ein angemessener Ausgleich erfolgen. 3588

Eine weitere, in der Rspr des BAG und in der Lit. immer wieder bemühte **Grenze der Wirksamkeit** von Vereinbarungen zur pauschalen Abgeltung von Überstunden wird aus § 138 BGB hergeleitet.[27] Es heißt, die Pauschalen dürften nicht so gering bemessen werden, dass sie eine unsittliche Ausbeutung der Arbeitskraft des Arbeitnehmers enthielten.[28] Sei die Pauschale im Verhältnis zu der zu leistenden Mehrarbeit derart niedrig, dass ein krasses Missverhältnis zwischen Leistung und Gegenleistung entstehe, verstoße die Vereinbarung gegen die guten Sitten und sei nichtig.[29] 3589

Zur Feststellung der **Sittenwidrigkeit** bedarf es neben der Ermittlung des Ausmaßes eines Leistungsmissverhältnisses stets einer Gesamtwürdigung aller Umstände des Einzelfalls.[30] Nicht jedes Missverhältnis zwischen Leistung und Gegenleistung, auch nicht jedes unbillig erscheinende ökonomische Ergebnis, führt zur Sittenwidrigkeit des Arbeitsvertrages. Nach der Rspr reicht nicht einmal ein auffälliges, mithin ein grobes Leistungsmissverhältnis aus. Hinzukommen müssen vielmehr zusätzliche Umstände.[31] 3590

22 *Hümmerich/Rech*, NZA 1999, 1132.

23 *Seel*, DB 2005, 1330.

24 BAG 26.1.1956 – 2 AZR 98/54, BAGE 2, 277; BAG 16.1.1965 – 5 AZR 154/64, BAGE 17, 41, 45 = NJW 1965, 1549; BAG 17.11.1966 – 5 AZR 225/66, BAGE 19, 126, 129 = NJW 1967, 413; Küttner/*Reinecke*, Personalbuch, 411 (Überstunden) Rn 12; Preis/*Preis*, Der Arbeitsvertrag, II M 20 Rn 14.

25 Küttner/*Reinecke*, Personalbuch, 411 (Überstunden) Rn 12; BAG 26.1.1956 – 2 AZR 98/54, BAGE 2, 277, 279 = NJW 1956, 607.

26 *Meisel/Hirsemann*, AZO, § 15 Rn 72; ArbG Berlin 31.10.1988 – 30 Ca 214/88, DB 1989, 1423, 1424.

27 BAG 26.1.1956 – 2 AZR 98/54, BAGE 2, 277, 279; BAG 16.1.1965 – 5 AZR 154/64, BAGE 17, 41, 45 = NJW 1965, 1549; LAG Schleswig-Holstein 5.11.2002 – 5 Sa 147/02, NZA-RR 2003, 242; ArbG Berlin 31.10.1988 – 30 Ca 214/88, DB 1989, 1423; *Meisel/Hirsemann*, § 15 AZO Rn 72.

28 BAG 26.1.1956 – 2 AZR 98/54, BAGE 2, 277, 279.

29 ArbG Berlin 31.10.1988 – 30 Ca 214/88, DB 1989, 1423, 1424; *Meisel/Hirsemann*, § 15 AZO Rn 72.

30 MüKo-BGB/*Mayer-Maly*, § 138 Rn 99.

31 MüKo-BGB/*Mayer-Maly*, § 138 Rn 98.

3591 Mit Entscheidung vom 22.4.2009[32] und vom 16.5.2012[33] hat das BAG greifbare **Anhaltspunkte** zur Feststellung eines ggf anzunehmenden auffälligen „Missverhältnisses zwischen Leistung und Gegenleistung" iSv § 138 Abs. 2 BGB gegeben (s. ausf. § 1 Rn 3610).

dd) EuGH zur Überstundenpauschalierung

3592 Durch einen Vorlagebeschluss des ArbG Bremen[34] gewann die Frage der Wirksamkeit pauschaler Überstundenregelungen zeitweilig an Aktualität. Das ArbG Bremen hatte dem EuGH die Frage vorgelegt, ob eine Mehrarbeitsklausel im Arbeitsvertrag unwirksam sei, wenn die Klausel nicht die in der Nachweisrichtlinie geforderte Genauigkeit enthalte. Außerdem wollte das ArbG Bremen wissen, ob eine ungenaue Mehrarbeitsklausel zur Folge habe, dass der Mitarbeiter nicht verpflichtet sei, Überstunden zu leisten.

3593 Der EuGH fällte ein sibyllinisches Urteil: Zwar bestehe für den Arbeitgeber eine schriftliche Hinweispflicht, wenn der Arbeitnehmer auf bloße Anordnung des Arbeitgebers zur Leistung von Überstunden verpflichtet sein solle. Sei ein wesentlicher Punkt des Arbeitsverhältnisses in einem Schriftstück nicht hinreichend genau bezeichnet, führe dies nach der Nachweisrichtlinie nicht zwingend zur Unwirksamkeit der Regelung. Dem nationalen Gericht sei es unbenommen, bei Nichterfüllung der Unterrichtungspflicht im Sinne der Nachweisrichtlinie Grundsätze des nationalen Rechts anzuwenden, die eine Beweisvereitelung annehmen, wenn eine Prozesspartei gesetzlichen Dokumentationspflichten nicht nachkomme.[35]

ee) Pauschale Überstundenabgeltung und AGB-Kontrolle – Rechtsprechungsüberblick

3594 Das BAG hat im Lichte der **AGB-Kontrolle** die Spielregeln der Vertragsgestaltung für „**Überstundenpauschalierungsabreden**" in mehreren Entscheidungen aus der jüngeren Vergangenheit präzisiert. Dabei räumt das BAG[36] zunächst ein, dass eine entsprechende Klausel nicht ungewöhnlich ist. „Dass Arbeitgeber versuchen, Überstunden pauschal abzugelten, ist im Arbeitsleben weit verbreitet. Das belegen nicht nur zahlreiche Gerichtsentscheidungen,[37] sondern auch die vielen Vorschläge und Formulierungshilfen im Schrifttum zur Vertragsgestaltung[38]."

3595 Die Entwicklung der Rspr zu diesen Klauseln, die seit der Schuldrechtsreform einer strengen **Transparenzkontrolle nach § 307 Abs. 1 S. 2 BGB** unterzogen werden, fasst *Bauer* unter dem Titel „Etwas mehr Klarheit durch das BAG bei Überstunden" in PuR 2012, 252 zusammen.

3596 Danach ist die Arbeitgeberseite zunächst vor Klauseln zu warnen, in denen es etwa heißt:

> „Durch die zu zahlende Bruttovergütung ist eine etwaig notwendig werdende Über- oder Mehrarbeit abgegolten."

3597 Derartige Klauseln sind intransparent,[39] da weder der Umfang noch die Voraussetzungen erkennbar sind, unter denen Überstunden notwendig sein sollen. Ebenso wie bspw bei Widerrufsklauseln soll der Arbeitnehmer also hinreichend klar erkennen können, „was auf ihn zukommen kann".

3598 Unklar bleibt allerdings,[40] ob der Arbeitgeber ggf auch angeben muss, zu welchen Arbeitsleistungen ein Arbeitnehmer herangezogen werden kann. Es kann doch – worauf *Bauer* zu Recht

---

32 BAG 22.4.2009 – 5 AZR 436/08, DB 2009, 1599.

33 BAG 16.5.2012 – 5 AZR 331/11, DB 2012, 1990.

34 ArbG Bremen 25.8.1999 – 10 h Ca 10428/98, SPA 2/2000, 4.

35 EuGH 8.1.2001 – Rs. C-350/99, NZA 2001, 381.

36 BAG 16.5.2012 – 5 AZR 331/11, DB 2012, 1919.

37 BAG 1.9.2010 – 5 AZR 517/09, DB 2011, 61; BAG 22.2.2012 – 5 AZR 765/10, DB 2012, 1932.

38 *Wisskirchen/Bissels*, in: Tschöpe, Anwalts-Handbuch Arbeitsrecht, Teil 1, D, Rn 151 ff; *Schiefer*, in: Hümmerich/Reufels, Gestaltung von Arbeitsverträgen, 2. Aufl. 2011, § 1 Rn 3070 ff (57. Überstundenklauseln).

39 BAG 16.5.2012 – 5 AZR 347/11, DB 2012, 1752; BAG 1.9.2010 – 5 AZ R517/09, DB 2011, 61.

40 In diesem Sinne BAG 27.6.2012 – 5 AZR 530/11, NZA 2012, 147.

hinweist[41] – nur um Arbeitsleistungen gehen, die im Einklang mit dem Direktionsrecht des Arbeitgebers stehen. Jedenfalls empfiehlt sich, im Rahmen solcher Klauseln Worte wie „notwendige" oder „erforderliche" Überstunden zu vermeiden.

Bei hinreichend klarer Quantifizierung des Überstundenkontingents bestehen im Hinblick auf die Transparenz einer entsprechenden Klausel keine Bedenken. Wichtig ist, dass keine Angemessenheitskontrolle nach § 307 Abs. 1 S. 1 BGB stattfindet, da es sich um eine Hauptleistungsabrede handelt, die nur die Gegenleistung des Arbeitgebers für die vom Arbeitnehmer erbrachte Arbeitsleistung betrifft.[42] Dies bedeutet: Eine pauschale Abgeltungsklausel hinsichtlich eines bestimmten Überstundenkontingents ist eine nicht kontrollfähige Leistungsabrede. Es ist nicht Aufgabe der Gerichte, über §§ 305 ff BGB einen „gerechten Preis" zu finden.[43] 3599

Unklar bleibt, wenn im Zusammenhang mit der Abgeltung die Befugnis des Arbeitgebers zur Anordnung geregelt wird. Das BAG[44] hat ausdrücklich offengelassen, ob in diesem Falle eine Angemessenheitskontrolle stattzufinden hat. *Bauer*[45] vertritt allerdings zu Recht die Auffassung, dass eine ausdrückliche Regelung der Anordnungsbefugnis verzichtbar ist, weil „normale" Arbeitnehmer ohnehin stets – wenn auch ggf irrtümlich – davon ausgehen, dass sie verpflichtet sind, erbetene Überstunden zu leisten. 3600

Für sog. **besserverdienende Arbeitnehmer** oder aber Arbeitnehmer, die sog. **höherwertige Dienste** verrichten, kann letztlich dahinstehen, ob eine Klausel transparent ist oder nicht. Im Falle der Unwirksamkeit der Klausel greift § 612 BGB. Danach gilt eine Vergütung als stillschweigend vereinbart, wenn die Dienstleistung den Umständen nach nur gegen eine Vergütung zu erwarten ist. Wie das BAG betont, gibt es allerdings keinen allgemeinen Rechtsgrundsatz, wonach jede Mehrarbeit über die vereinbarte Arbeitszeit hinaus zu vergüten ist.[46] „Besserverdienende" haben – so ausdrücklich das BAG – keine solche **Vergütungserwartung**. Dabei stellt das BAG auf die Beitragsbemessungsgrenze oder aber auf eine „Höherwertigkeit der Tätigkeit" ab.[47] 3601

Insbesondere folgende Entscheidungen sind zu nennen: 3602

BAG vom 1.9.2010:[48] 3603

> „Mit der vorstehenden Vergütung sind erforderliche Überstunden des Arbeitnehmers mitabgegolten."

AGB-Kontrolle: Diese Klausel genügt nicht dem Transparenzgebot (§ 307 Abs. 1 S. 2 BGB), denn der Umfang der danach ohne zusätzliche Vergütung zu leistenden Überstunden ergibt sich nicht hinreichend deutlich aus dem Arbeitsvertrag. Da die Klausel unwirksam ist, ist auf § 612 Abs. 1 BGB zurückzugreifen und zu fragen, ob der Arbeitnehmer eine „Vergütungserwartung" haben durfte.

BAG vom 17.8.2011:[49] 3604

> „Der Mitarbeiter erhält für die vertragliche Tätigkeit ein monatliches Bruttogehalt iHv 5.833,33 €. Die Vergütung ist jeweils am Letzten eines Monats fällig und wird auf ein von

41 *Bauer*, PuR 2012, 252.
42 BAG 16.5.2012 – 5 AZR 331/11, PuR 2012, 211 = DB 2012, 1990 („Die ersten 20 Überstunden/Monat sind mit drin").
43 Zum sog. Lohnwucher s. *Worzalla*, PuR 2012, 236.
44 BAG 16.5.2012 – 5 AZR 331/11, PuR 2012, 211 = DB 2012, 1990.
45 *Bauer*, PuR 2012, 225.
46 BAG 17.8.2011 – 5 AZR 406/10, DB 2011, 2550.
47 BAG 22.2.2012 – 5 AZR 765/10, PuR 2012, 190 = DB 2012, 1932.
48 BAG 1.9.2010 – 5 AZR 517/09, DB 2011, 61.
49 BAG 17.8.2011 – 5 AZR 406/10, DB 2011, 2550.

dem Mitarbeiter noch zu benennendes Bankkonto überwiesen. Durch die zu zahlende Bruttovergütung ist eine etwaig notwendig werdende Über- oder Mehrarbeit abgegolten."

AGB-Kontrolle: Ungeachtet der Frage, ob diese Regelung die Hauptleistungspflichten der Parteien betrifft, unterliegt sie jedenfalls gem. § 307 Abs. 3 S. 1 BGB der **Transparenzkontrolle.** Dabei kann sich die zur Unwirksamkeit Allgemeiner Geschäftsbedingungen führende unangemessene Benachteiligung aus der mangelnden Klarheit und Verständlichkeit der Bedingung ergeben. Eine Klausel muss im Rahmen des rechtlich und tatsächlich Zumutbaren die Rechte und Pflichten des Vertragspartners des Klauselverwenders so klar und präzise wie möglich umschreiben. Sie verletzt das Bestimmtheitsgebot, wenn sie vermeidbare Unklarheiten und Spielräume enthält.[50] Eine die pauschale Vergütung von Überstunden regelnde Klausel ist nur klar und verständlich, wenn sich aus dem Arbeitsvertrag selbst ergibt, welche Arbeitsleistungen in welchem zeitlichen Umfang von ihr erfasst werden sollen. Der Arbeitnehmer muss bereits bei Vertragsschluss erkennen können, was ggf „auf ihn zukommt" und welche Leistung er für die vereinbarte Vergütung maximal erbringen muss.

3605 **BAG vom 22.2.2012:**[51]

„Der Arbeitnehmer (1.800 € brutto) ist bei betrieblicher Erfordernis auch zur Mehrarbeit sowie Sonntags- und Feiertagsarbeit verpflichtet. Der Arbeitnehmer erhält für die Über- und Mehrarbeit keine weitergehende Vergütung."

AGB-Kontrolle: Die Klausel genügt nicht der Transparenzkontrolle. Für den Arbeitnehmer ist nicht erkennbar, „was auf ihn zukommt" und welche Leistung er für die vereinbarte Vergütung maximal erbringen muss. Unklar ist insofern bereits die Formulierung, dass bei betrieblichem Erfordernis „Überstunden zu leisten sind". Unklar ist eine Klausel auch dann, wenn sich ihr keine Begrenzung auf die gem. § 3 ArbZG zulässige Höchstarbeitszeit entnehmen lässt. Infolge Unwirksamkeit der Klausel greift § 612 Abs. 1 BGB. An einer Vergütungserwartung iSd Vorschrift fehlt es allerdings, wenn „arbeitsbezogene und arbeitszeitunabhängig vergütete Arbeitsleistungen zeitlich verschränkt sind oder wenn Dienste höherer Art geschuldet sind oder insgesamt eine deutlich herausgehobene Vergütung gezahlt wird". Eine deutlich herausgehobene Vergütung wird regelmäßig anzunehmen sein, wenn das Entgelt die Beitragsbemessungsgrenze in der gesetzlichen Rentenversicherung überschreitet. Ist dies – wie vorliegend (1.800 € brutto monatlich) – nicht der Fall, so fehlt regelmäßig im Hinblick auf Überstunden eine Vergütungserwartung.

3606 **BAG vom 16.5.2012:**[52]

(mündlich): „Die ersten 20 Überstunden im Monat sind im Grundgehalt (2.184,84 € monatlich) ‚mit drin'."

AGB-Kontrolle: Auch eine mündliche oder durch betriebliche Übung begründete Vertragsbedingung, die der Arbeitgeber für eine Vielzahl von Arbeitsverhältnissen verwendet, ist eine Allgemeine Geschäftsbedingung („im Kopf des Arbeitgebers vorformuliert"). Die Klausel ist **nicht überraschend** iSv § 305 c Abs. 1 BGB (kein „Überrumpelungs- oder Übertölpelungseffekt"). Sie ist **nicht intransparent**, denn der Arbeitnehmer weiß, „was auf ihn zukommt". Einer weitergehenden Inhaltskontrolle unterliegt die Klausel nicht, da es sich um eine Hauptleistungsabrede handelt, die nur die Gegenleistung betrifft.

50 S. bereits BAG 31.8.2005 – 5 AZR 545/04, DB 2006, 1273.
51 BAG 22.2.2012 – 5 AZR 765/10, DB 2012, 645 = PuR 2012, 35 sowie PuR 2012, 192.
52 BAG 16.5.2012 – 5 AZR 331/11, DB 2012, 1990.

BAG vom 16.5.2012:[53] 3607

> „In Fällen dringenden betrieblichen Bedarfs ist der Arbeitnehmer verpflichtet, vorübergehend Mehrarbeit (Überstunden) zu leisten. Bei Gehaltsempfängern sind die Überstunden, Nacht-, Sonn- und Feiertagsarbeit durch Zahlung des Gehalts pauschal abgegolten."

AGB-Kontrolle: Die Pauschalabgeltungsregelung ist mangels hinreichender Transparenz unwirksam (§ 307 Abs. 1 S. 2 BGB). Eine die pauschale Vergütung von Überstunden regelnde Klausel ist nur dann klar und verständlich, wenn sich aus dem Arbeitsvertrag selbst ergibt, welche Arbeitsleistungen in welchem zeitlichen Umfang von ihr erfasst werden sollen. Der Arbeitnehmer muss bereits bei Vertragsschluss erkennen können, was ggf „auf ihn zukommt" und welche Leistungen er für die vereinbarte Vergütung maximal erbringen muss.

BAG vom 27.6.2012:[54] 3608

> „Der Arbeitnehmer erhält für seine Tätigkeit ein monatliches Gehalt iHv 2.200 € brutto. Etwaige Überstunden gelten mit dem Gehalt als abgegolten. Zusätzlich ist eine Vergütung für die allgemeine Vermittlung iHv 10 % des Nettobetrags aus der berechneten Provision und für die Kanzleivermittlung vereinbart. Etwaige Überstunden gelten mit dem Gehalt als abgegolten."

AGB-Kontrolle: Die Klausel ist mangels Transparenz unwirksam, so dass als Anspruchsgrundlage nur § 612 Abs. 1 BGB in Betracht kommt. Einen allgemeinen Rechtsgrundsatz, dass jede Mehrarbeitszeit über die vereinbarte Arbeitszeit hinaus zu vergüten ist, gibt es nicht. Die Vergütungserwartung ist stets anhand eines objektiven Maßstabs unter Berücksichtigung der Verkehrssitte, der Art, des Umfangs und der Dauer der Dienstleistung sowie der Stellung der Beteiligten zueinander festzustellen, ohne dass es auf deren persönliche Meinung ankäme. Darlegungs- und beweispflichtig für das Bestehen einer Vergütungserwartung ist derjenige, der eine Vergütung begehrt. Erhält der Arbeitnehmer eine arbeitsbezogene Vergütung und zusätzlich für einen Teil seiner Arbeitsaufgaben in nicht unerheblichem Maße Provision, lässt sich das Bestehen einer objektiven Vergütungserwartung für Überstunden nicht ohne Hinzutreten besonderer Umstände oder einer entsprechenden Verkehrssitte begründen.

ff) Entgeltabreden – keine Inhaltskontrolle

Klauseln, die (nur) den Umfang der von den Parteien geschuldeten Vertragsleistung festlegen („20 Überstunden sind im Grundgehalt mit drin"[55]), unterfallen **nicht** der **Inhaltskontrolle.** Es handelt sich hier um eine Hauptleistungsabrede, die nur die „Gegenleistung" des Arbeitgebers für die vom Arbeitnehmer erbrachte Arbeitsleistung betrifft. 3609

Soweit die Entgeltabrede allerdings gegen **§ 138 BGB** verstößt (sittenwidriges Rechtsgeschäft, Wucher), schuldet der Arbeitgeber gem. § 612 Abs. 2 BGB die übliche Vergütung. Grundsätzlich liegt ein **auffälliges Missverhältnis zwischen Leistung und Gegenleistung iSv § 138 Abs. 2 BGB** vor, wenn die Arbeitsvergütung nicht einmal zwei Drittel eines in der betreffenden Branche und Wirtschaftsregion üblicherweise gezahlten Tariflohns erreicht. Eine Üblichkeit der Tarifvergütung kann angenommen werden, wenn mehr als 50 % der Arbeitgeber eines Wirtschaftsgebiets tarifgebunden sind oder wenn die organisierten Arbeitgeber mehr als 50 % der Arbeitnehmer eines Wirtschaftsgebiets beschäftigen. Zu vergleichen ist hier regelmäßig die gezahlte Vergütung mit dem regelmäßigen Tariflohn. Tarifliche Zulagen und Zuschläge für besondere Erschwernisse oder aus bestimmten Anlässen werden ebenso wenig berücksichtigt wie unregelmäßige Zusatzleistungen neben der Arbeitsvergütung. Besondere Einzelumstände können die Bestimmungen des Werts der Arbeitsleistung und die Beurteilung der sittenwidrigen 3610

53 BAG 16.5.2012 – 5 AZR 347/11, DB 2012, 1752.
54 BAG 27.6.2012 – 5 AZR 520/11, BB 2012, 2432.
55 BAG 16.5.2012 – 5 AZR 331/11, DB 2012, 1990.

Ausbeutung beeinflussen und ggf zu einer Korrektur der 2/3-Grenze führen. Maßgebend ist nicht allein der Zeitpunkt des Vertragsschlusses. Vielmehr kann eine Entgeltvereinbarung auch nachträglich „sittenwidrig“ werden, wenn sie nicht an die allgemeine Lohnentwicklung angepasst wird.[56]

gg) Darlegungs- und Beweislast im Überstundenprozess

3611 Verlangt der Arbeitnehmer aufgrund arbeitsvertraglicher Vereinbarung, tarifvertraglicher Verpflichtung des Arbeitgebers oder nach § 612 Abs. 1 BGB Arbeitsvergütung für Überstunden, hat er darzulegen und – im Bestreitensfall – zu beweisen, dass er Arbeit in einem die Normalarbeitszeit übersteigenden zeitlichen Umfang verrichtet hat. Dabei genügt der **Arbeitnehmer** seiner **Darlegungslast,** indem er vorträgt, an welchen Tagen er von wann bis wann Arbeit geleistet oder sich auf Weisung des Arbeitgebers zur Arbeit bereitgehalten hat.

3612 Auf diesen Vortrag muss der **Arbeitgeber** im Rahmen einer **gestuften Darlegungslast** substantiiert erwidern und im Einzelnen vortragen, welche Arbeiten er dem Arbeitnehmer zugewiesen hat und an welchen Tagen der Arbeitnehmer von wann bis wann diesen Weisungen nicht nachgekommen ist.

3613 Diese Grundsätze dürfen jedoch **nicht schematisch** angewendet werden, sondern bedürfen stets der Berücksichtigung der im jeweiligen Streitfall zu verrichtenden Tätigkeit und der konkreten betrieblichen Abläufe.

3614 Ein Kraftfahrer, dem vom Arbeitgeber bestimmte Touren zugewiesen werden, kann seiner Darlegungslast dadurch genügen, dass er vorträgt, an welchen Tagen er welche Tour wann begonnen und wann beendet hat. Im Rahmen der gestuften Darlegungslast ist es dann Sache des Arbeitgebers, unter Auswertung der Aufzeichnungen nach § 21 a Abs. 7 S. 1 ArbZG substantiiert darzulegen, an welchen Tagen der Arbeitnehmer aus welchen Gründen in geringerem zeitlichen Umfang als von ihm behauptet gearbeitet haben muss.

3615 Die Darlegung der Leistung von Überstunden durch den Arbeitnehmer und die substantiierte Erwiderung hierauf durch den Arbeitgeber haben entsprechend § 130 Nr. 3 und 4 ZPO **schriftsätzlich** zu erfolgen. Beigefügte Anlagen können den schriftsätzlichen Vortrag lediglich erläutern oder belegen, verpflichten das Gericht aber nicht, sich die unstreitigen oder streitigen Arbeitszeiten aus den Anlagen selbst zusammenzusuchen.[57]

3616 Mit Entscheidung vom 10.4.2013[58] fasst das BAG die im Überstundenprozess zu beachtenden Grundsätze nochmals wie folgt zusammen:[59]

Der Anspruch auf Vergütung von Überstunden setzt **nebst der Leistung** voraus, dass die Überstunden vom Arbeitgeber **angeordnet, gebilligt, geduldet** oder **jedenfalls zur Erledigung der geschuldeten Arbeit** notwendig gewesen sind. Die Darlegungs- und **Beweislast** hierfür trägt der Arbeitnehmer. Für eine **ausdrückliche Anordnung** von Überstunden muss der Arbeitnehmer vortragen, **wer wann auf welche Weise wie viele Überstunden** angeordnet hat. Für die vom Arbeitnehmer zu tragende Darlegungs- und Beweislast gilt:

- **Konkludente Anordnung:** Der Arbeitnehmer muss darlegen, dass eine bestimmte angewiesene Arbeit innerhalb der Normalarbeitszeit nicht zu leisten oder ihm zur Erledigung der aufgetragenen Arbeiten ein bestimmter Zeitrahmen vorgegeben war, der nur durch die Leistung von Überstunden eingehalten werden konnte.
- **Ausdrückliche oder konkludente Billigung:** Der Arbeitnehmer muss darlegen, wer wann auf welche Weise zu erkennen gegeben hat, mit der Leistung welcher Überstunden einverstanden zu sein.

---

56 BAG 22.4.2009 – 5 AZR 436/08, DB 2009, 1599; BAG 16.5.2012 – 5 AZR 331/11, DB 2012, 1990; zum Lohnwucher s. *Worzalla*, PuR 2012, 236.

57 BAG 16.5.2012 – 5 AZR 347/11, DB 2012, 1752.

58 BAG 10.4.2013 – 5 AZR 122/12, DB 2013, 2089.

59 S. im Einzelnen *Schiefer*, PuR 2013, 211.

- **Duldung von Überstunden:** Der Arbeitnehmer muss darlegen, dass der Arbeitgeber in Kenntnis einer Überstundenleistung **diese hinnimmt** und **keine Vorkehrungen** trifft, die Leistung von Überstunden künftig zu unterbinden.
- Dazu muss der **Arbeitnehmer vortragen**, von welchen wann geleisteten Überstunden der Arbeitgeber auf welche Weise wann Kenntnis erlangt haben soll und dass es im Anschluss daran zu einer weiteren Überstundenleistung gekommen ist.
- Erst wenn dieses feststeht, muss der Arbeitgeber darlegen, welche Maßnahmen er **zur Unterbindung** der von ihm nicht gewollten Überstundenleistung ergriffen hat.[60]

b) Klauseltypen und Gestaltungshinweise

aa) Anordnungsbefugnisklauseln

(1) Klauseltyp A

A 1: Die Parteien vereinbaren, dass der Arbeitgeber monatlich bis zu 25 Überstunden anordnen darf. Bei der Anordnung von Überstunden hat der Arbeitgeber die dienstlichen Notwendigkeiten und die berechtigten Belange des Arbeitnehmers zu berücksichtigen. 3617

A 2: Der Arbeitgeber ist berechtigt, an jedem beliebigen Werktag Überstunden anzuordnen. Wöchentlich dürfen nicht mehr als (...) Überstunden angeordnet werden. Die Anordnung von Überstunden hat zum frühestmöglichen Zeitpunkt zu geschehen, mindestens vier Tage, in Notfällen (...) Stunden vor dem als Überstunden abzuleistenden Zeitraum. Die Anzahl der Überstunden eines halben Jahres darf zusammen mit der Regelarbeitszeit die halbjährlichen Grenzen des Arbeitszeitgesetzes nicht überschreiten.[61] Jede Überstunde wird mit (...) € brutto am Monatsende vergütet.

A 3 a: Die wöchentliche Arbeitszeit beträgt 40 Stunden. Der Mitarbeiter ist an feste Arbeitszeiten nicht gebunden und dokumentiert seine tägliche Arbeitszeit eigenverantwortlich. Abweichend von diesem Grundsatz hat der Mitarbeiter Weisungen des Arbeitgebers zur Lage der Arbeitszeit zu befolgen.

oder:

A 3 b: (1) Die wöchentliche Arbeitszeit beträgt 40 Stunden. Der Mitarbeiter hat Dienstag bis Donnerstag immer zwischen 10.00 Uhr bis 15.00 Uhr im Unternehmen zu arbeiten; im Übrigen ist er weder an einzelne Arbeitszeiten noch an den Ort der Tätigkeit gebunden.
(2) Der Mitarbeiter verpflichtet sich, bei betrieblichem Bedarf Mehrarbeit zu leisten.
(3) Überschreitungen der vereinbarten regelmäßigen Arbeitszeit um bis zu (...) Stunden je Monat/Woche sind mit dem laufenden Entgelt abgegolten. Für darüber hinaus geleistete Überstunden wird ausschließlich Freizeitausgleich gewährt.

(2) Gestaltungshinweise

Die **Klauseln A 1 und A 2** sind beide wirksam, weil sie dem Arbeitgeber zum einen eine durch Obergrenzen und Präzisierungen eingeschränkte Befugnis zur Anordnung von Überstunden gestatten, zum anderen die nach § 308 Nr. 4 BGB geforderten Grenzen der Direktionsrechtserweiterung beachten. Bei beiden Klauseln müssen die Belange des Arbeitnehmers Berücksichtigung finden. 3618

Bei der Anordnung von Überstunden hatte der Arbeitgeber schon nach bisheriger Rechtslage die Grundsätze billigen Ermessens zu beachten, die beiderseitigen Interessen abzuwägen und 3619

60 S. auch *Worzalla*, PuR 2012, 155 f u.a. zu folgenden Aspekten: Vertragliche Verpflichtung zur Ableistung von Überstunden, Anordnungsbefugnis des Arbeitgebers und Mitbestimmung des Betriebsrats.

61 *Hümmerich*, NZA 2003, 753, 758.

einen angemessenen Ausgleich herzustellen. So durften Überstunden nur ausnahmsweise zwischen zwei verschiedenen Diensten des Arbeitnehmers angeordnet werden.[62]

3620 Anordnungen sind iSv §§ 308 Nr. 4, 307 Abs. 1 S. 2 BGB nur wirksam, wenn sie für den Arbeitnehmer zumutbar und wenn sie bestimmt sind. In der **Klausel A 1** werden sogar die familiären Belange als berechtigte Belange, die einer Überstundenanordnung entgegenstehen können, erfasst. In **Klausel A 2** erfolgt der Schutz des Arbeitnehmers durch strenge Ankündigungsfristen, die sich am TzBfG orientieren. Über die **Klausel A 2** weiß der Arbeitnehmer genau, nach welchen Regeln der Arbeitgeber bei der Überstundenanordnung seine Weisungsbefugnis ausübt und wie die Überstunden vergütet werden.

3621 Die **Klauseln A 3 a bzw A 3 b** werden von *Bodem*[63] empfohlen. Sie enthalten eine Anordnungsbefugnis im Hinblick auf Überstunden sowie eine Abgeltungsregelung. Sie sind transparent und dürften nach den Grundsätzen der Rspr wirksam sein. *Bauer*[64] weist allerdings darauf hin, dass das BAG nicht entschieden hat, ob eine Klausel, die neben der Abgeltung auch eine Anordnungsbefugnis regelt, einer Angemessenheitskontrolle zu unterziehen ist. Er empfiehlt, gänzlich auf die Regelung einer Anordnungsbefugnis zu verzichten. Im Übrigen regeln die Klauseln A 3 a bzw A 3 b – wirksam – eine sog. Vertrauensarbeitszeit.

bb) Überstundenentgeltklauseln

(1) Klauseltyp B

3622 **B 1:** Alle geleisteten Überstunden werden vergütet.[65]

B 2: Der Arbeitgeber kann dem Arbeitnehmer in dem Umfange, in dem er Überstunden erbracht hat, entweder Freizeit gewähren oder eine am Maßstab des Bruttoarbeitsentgelts ausgerichtete, anteilige Überstundenvergütung zahlen.

B 3: Der Arbeitnehmer erhält für jede auf Anordnung des Arbeitgebers geleistete Überstunde einen Zuschlag von 25 %.[66]

B 4: Ein Anspruch auf Über- oder Mehrarbeitsstundenabgeltung besteht nur, wenn die Über- oder Mehrarbeitsstunden angeordnet oder vereinbart worden sind oder wenn sie aus dringenden betrieblichen Interessen erforderlich waren und der Arbeitnehmer Beginn und Ende der Über-(Mehr-)Arbeit spätestens am folgenden Tag der Geschäftsleitung schriftlich anzeigt.[67]

(2) Gestaltungshinweise

3623 Die Klauseln B 1 bis B 3 enthalten keine unmittelbare Regelung zur Befugnis des Arbeitgebers, Überstunden anzuordnen. Sie sollten deshalb im Zusammenhang mit Klauseln des Typs A Verwendung finden.

3624 Die **Klausel B 1** betrifft einen Sachverhalt, den das BAG[68] entschieden hat. Besteht auf Seiten des Arbeitgebers allein die Befugnis, Überstunden zu vergüten, ist der Arbeitgeber nicht in der Lage, nach erfolgter Kündigung und Freistellung den Arbeitnehmer zu verpflichten, in der Freistellungsphase Überstunden abzufeiern. Über dieses Recht verfügt der Arbeitgeber dagegen, wenn er im Arbeitsvertrag mit dem Mitarbeiter die **Klausel B 2** vereinbart hat.

3625 Die **Klausel B 3** schließlich greift die frühere Regelung in § 15 AZO auf, die noch in zahlreichen Tarifverträgen enthalten und zum Teil auch noch in der betrieblichen Praxis üblich ist,

62 BAG 27.1.1994 – 6 AZR 465/93, DB 1994, 1987.
63 *Bodem*, in: Maschmann/Sieg/Göpfert, Vertragsgestaltung im Arbeitsrecht, 120 Rn 86.
64 *Bauer*, PuR 2012, 252.
65 BAG 18.9.2001 – 9 AZR 307/00, NZA 2002, 268.
66 SPA 18/2002, 3.
67 *Schrader*, in: Schaub u.a., Arbeitsrechtliches Formular- und Verfahrenshandbuch, S. 29.
68 BAG 18.9.2001 – 9 AZR 307/00, NZA 2002, 268.

auch wenn es an einer entsprechenden Anspruchsgrundlage für den Arbeitnehmer im Arbeitsvertrag fehlt.

Die **Klausel B 4** wird von *Schrader*[69] empfohlen. Sie berücksichtigt, dass eine Verpflichtung zur Leistung von Überstunden oder Mehrarbeit bei Voll- und Teilzeitarbeit grds. einzelvertraglich vereinbart sein muss. Ansonsten kann sie nur in außergewöhnlichen Fällen (§ 14 ArbZG) und in Notfällen abverlangt werden. Um zu vermeiden, dass Arbeitnehmer „im eigenen Interesse" Überstunden oder Mehrarbeit leisten, sollte klar definiert werden, dass es der Anordnung durch den Arbeitgeber bedarf. Aus Arbeitgebersicht sollte daher zum einen eine Verpflichtung zur Ableistung von Überstunden oder Mehrarbeit in den Arbeitsvertrag aufgenommen werden. Zum anderen sollte geregelt werden, dass diese der Anordnung durch den Arbeitgeber bedarf. Für den Arbeitnehmer ist eine exakte vertragliche Regelung erforderlich, ob und wie viele Überstunden durch die vereinbarte Vergütung mit abgegolten sind bzw wie die Überstunden vergütet werden. Eine unmissverständliche Regelung dieser Punkte kann künftigen Streit vermeiden. 3626

cc) Überstundenabgeltungsklauseln

(1) Klauseltyp C

↓ **C 1:** Mit der vorstehenden Vergütung sind erforderliche Überstunden des Arbeitnehmers mit abgegolten. 3627

↓ **C 2:** Durch die zahlende Bruttovergütung ist eine etwaig notwendig werdende Über- oder Mehrarbeit abgegolten.

C 3: Die ersten 20 Überstunden im Monat sind im Grundhalt „mit drin".

C 4: Der Arbeitgeber zahlt dem Arbeitnehmer ein Grundgehalt iHv (...) €. Zur Abgeltung von bis zu 15 im Monat evtl. geleisteten Überstunden erhält der Arbeitnehmer eine Pauschale iHv (...) €.

C 5: Zur Abgeltung etwaiger Überstunden erhält der Arbeitnehmer zusätzlich eine Pauschale von (...) €, die ausgehend vom Grundgehalt monatlich bis zu (...) Überstunden abgelten. Die Pauschalvereinbarung kann von beiden Seiten mit einer Kündigungsfrist von drei Monaten zum Monatsende gekündigt und der Übergang zur Einzelabrechnung verlangt werden.

C 6: Ansprüche auf Freizeitausgleich, Vergütung und Zuschläge für etwaige Mehrarbeit sowie Nacht-, Sonn- und Feiertagsarbeit bestehen nur, wenn die Tätigkeit von der Firma angeordnet oder genehmigt worden ist. Zur Abgeltung etwaiger Mehrarbeit erhält der Mitarbeiter eine monatliche Pauschale iHv (...) €. Mit dieser Pauschale werden bis zu (...) Überstunden im Monat abgegolten. Darüber hinausgehende genehmigte Überstunden werden durch Freizeitgewährung ausgeglichen. Die Pauschalabgeltung kann von beiden Parteien mit einer einmonatigen Kündigungsfrist gekündigt und die Ablösung durch eine Einzelabrechnung oder die Anpassung der Pauschale verlangt werden, sofern die tatsächlichen Grundlagen der Pauschalabgeltung sich nicht nur geringfügig verändert haben.[70]

C 7: Der Mitarbeiter erklärt sich einverstanden, im Bedarfsfall Überstunden zu leisten. Bis zu zwei Überstunden pro Woche sind vom Monatsgehalt umfasst. Überstunden dürfen vom Arbeitnehmer nur dann erbracht werden, wenn sie vom Arbeitgeber zuvor ausdrücklich angewiesen worden sind. Datum und Anzahl der Überstunden sowie Gegenstand der Tätigkeit sind vom Arbeitnehmer zu dokumentieren und vom Arbeitgeber zu bestätigen. Dem Mitarbeiter ist

69 *Schrader*, in: Schaub u.a., Arbeitsrechtliches Formular- und Verfahrenshandbuch, S. 29.

70 Preis/*Wagner*/*Preis*/*Lindemann*, Der Arbeitsvertrag, II M 20 Rn 56.

bekannt, dass Überstunden im Übrigen weder gewollt noch geduldet werden. In Zweifelsfällen hat der Arbeitgeber Überstunden vor Beginn schriftlich anordnen zu lassen.

C 8: Herr/Frau (...) ist verpflichtet, bei Bedarf Mehrarbeit, Nacht-, Sonn- und Feiertagsarbeit sowie Schichtarbeit zu leisten. Ansprüche auf Freizeitausgleich oder Vergütung und etwaige Zuschläge für Mehrarbeit sowie Nacht-, Sonn- und Feiertagsarbeit sowie Schichtarbeit können generell nur entstehen, wenn die Tätigkeit durch den Arbeitgeber angeordnet oder genehmigt ist. Zur Abgeltung etwaiger Mehrarbeit erhält der Arbeitnehmer eine monatliche Pauschale iHv (...) € brutto. Mit dieser Pauschale werden bis zu (...) Überstunden im Monat abgegolten. Darüber hinausgehende angeordnete oder genehmigte Mehrarbeit wird durch Freizeitgewährung ausgeglichen.[71]

(2) Gestaltungshinweise

3628 Die **Klausel C 1** genügt nicht dem Transparenzgebot, da der Umfang der danach ohne zusätzliche Vergütung zu leistenden Überstunden nicht hinreichend deutlich wird. Es ist daher auf die Regelung des § 612 Abs. 1 BGB zurückzugreifen.[72]

3629 Auch die **Klausel C 2** verletzt das Bestimmtheitsgebot, da sie vermeidbare Unklarheiten und Spielräume enthält. Für den Arbeitnehmer ist nicht ersichtlich, „was auf ihn zukommt".

3630 Die **Klausel C 3** ist nicht überraschend iSd § 305 c Abs. 1 BGB. Sie ist darüber hinaus nicht intransparent, da der Arbeitnehmer weiß, „was auf ihn zukommt". Einer weitergehenden Inhaltskontrolle unterliegt die Klausel nicht (Hauptleistungsabrede).[73] Die Formulierung selbst erscheint allerdings eher unglücklich.

3631 Die **Klausel C 4** verdeutlicht, was im Hinblick auf Überstunden „auf den Arbeitnehmer zukommen kann". Sie ist damit transparent und wirksam. Gleiches gilt für die **Klausel C 5**, die darüber hinaus eine Übergangsregelung enthält.

3632 Die **Klausel C 6** wird in der Lit.[74] empfohlen. Sie sieht vor, dass Überstunden anzuordnen oder zu genehmigen sind. Darüber hinaus werden eine transparente Abgeltung, ein etwaiger Ausgleich durch Freizeitgewährung und eine Kündigungsmöglichkeit geregelt. Die Klausel dürfte den Anforderungen der Rspr genügen. Gleiches gilt für die **Klausel C 7**.[75]

3633 Die **Klausel C 8** wird von *Schrader*[76] vorgeschlagen. Sie sieht die Verpflichtung des Arbeitnehmers zur Ableistung der in ihr beschriebenen Mehrarbeit sowie das Erfordernis der Anordnung oder Genehmigung durch den Arbeitgeber vor. Zum anderen enthält sie im Sinne des Transparenzgebotes eine Pauschalierung im Hinblick auf die Abgeltung einer bestimmten Anzahl von Überstunden.

---

71 *Schrader*, in: Schaub u.a., Arbeitsrechtliches Formular- und Verfahrenshandbuch, S. 29.

72 BAG 1.9.2010 – 5 AZR 51/09, DB 2011, 61.

73 BAG 16.5.2012 – 5 AZR 331/11, DB 2011, 1990.

74 Preis/*Wagner/Preis/Lindemann*, Der Arbeitsvertrag, II M 20 Rn 56.

75 *Bodem*, in: Maschmann/Sieg/Göpfert, Vertragsgestaltung im Arbeitsrecht, 120 Rn 182.

76 *Schrader*, in: Schaub u.a., Arbeitsrechtliches Formular- und Verfahrenshandbuch, S. 29.

59. Überwachungsklauseln und Mitarbeiterkontrollklauseln

Literatur

Bauer/Schansker, (Heimliche) Videoüberwachung durch den Arbeitgeber, NJW 2012, 3537; *Bayreuther*, Videoüberwachung am Arbeitsplatz, NZA 2005, 1038; *ders.*, Zulässigkeit und Verwertbarkeit heimlicher Videoaufzeichnungen am Arbeitsplatz, DB 2012, 2222; *Beckschulze*, Internet-, Intranet- und E-Mail-Einsatz am Arbeitsplatz, DB 2003, 2777; *Bergwitz*, Verdeckte Videoüberwachung weiterhin zulässig, NZA 2012, 1206; *Brandt*, Zugangskontrollen, AiB 2013, 75; *Cornelius*, Schneidiges Datenschutzrecht: Zur Strafbarkeit einer GPS-Überwachung, NJW 2013, 3340; *Freckmann/Wahl*, Überwachung am Arbeitsplatz, BB 2008, 1904; *Gola*, Datenschutz bei der Kontrolle „mobiler" Arbeitnehmer – Zulässigkeit und Transparenz, NZA 2007, 1139; *Gola/Klug*, Videoüberwachung gemäß § 6 b BDSG – Anmerkungen zu einer verunglückten Gesetzeslage, RDV 2004, 65; *Grimm/Schiefer*, Videoüberwachung am Arbeitsplatz, RdA 2009, 329; *Grosjean*, Überwachung von Arbeitnehmern – Befugnisse des Arbeitgebers und mögliche Beweisverwertungsverbote, DB 2003, 2650; *Helle*, Die heimliche Videoüberwachung – zivilrechtlich betrachtet, JZ 2004, 340; *Hornung/Steidle*, Biometrie am Arbeitsplatz – Sichere Kontrollverfahren versus ausuferndes Kontrollpotential, AuR 2005, 201; *Hunold*, Videoüberwachung am Arbeitsplatz, BB 2005, 108; *ders.*, Mitbestimmung bei Einsatz von Arbeitnehmern in Kundebetrieben mit Zugangskontrollsystem, BB 2004, 1992; *Joussen*, Mitarbeiterkontrolle: Was muss, was darf das Unternehmen wissen?, NZA-Beil. 2011, 35; *Lunk*, Prozessuale Verwertungsverbote im Arbeitsrecht, NZA 2009, 457; *Maties*, Arbeitnehmerüberwachung mittels Kamera?, NJW 2008, 2219; *Mengel*, Compliance und Arbeitsrecht, 2009; *dies.*, Kontrolle der Telefonkommunikation am Arbeitsplatz, BB 2004, 1445; *dies.*, Kontrolle der E-Mail- und Internetkommunikation am Arbeitsplatz, BB 2004, 2014; *Meyer*, Mitarbeiterüberwachung: Kontrolle durch Ortung von Arbeitnehmern, K&R 2009, 14; *Oberwetter*, Arbeitnehmerrechte bei Lidl, Aldi & Co., NZA 2008, 609; *Raif*, Beschäftigtendatenschutz: Wird alles neu bei der Arbeitnehmerkontrolle?, ArbRAktuell 2010, 359; *Thinnefeld/Viethen*, Das Recht am eigenen Bild als besondere Form des allgemeinen Persönlichkeitsrechts, NZA 2003, 468; *v. Steinau-Steinrück/Glanz*, Grenzen der Mitarbeiterüberwachung, NJW-Spezial 2008, 402.

a) Rechtslage im Umfeld

aa) Allgemeines zur Mitarbeiterüberwachung

Obwohl die relevanten Normen im Wesentlichen seit Langem unverändert sind, ist die Über- 3634
wachung von Mitarbeitern ein Rechtsbereich, der in den letzten Jahren an Interesse in der öffentlichen und betrieblichen Diskussion gewonnen hat. So haben diverse Fälle von Datenmissbrauch, auch bei bekannten deutschen Unternehmen, die Öffentlichkeit und viele Arbeitnehmer nachhaltig alarmiert. Der Gesetzgeber ist mit einer Änderung des allgemeinen Datenschutzrechts und der Einführung von **§ 32 BDSG** für den **Datenschutz im Arbeitsverhältnis** zum 1.9.2009 aktiv geworden. Konkrete Regelungen zur Kontrolle von Mitarbeitern und ihrem (Fehl-)Verhalten am Arbeitsplatz fehlen aber unverändert. Dennoch ist § 32 BDSG die zentrale Norm zur **Mitarbeiterkontrolle** im Unternehmen geworden, vor allem, weil die neuen besonderen Arbeitnehmerdatenschutzregeln aufgrund ausdrücklicher Anordnung in § 32 Abs. 2 BDSG nicht – wie das BDSG im Übrigen – nur bei automatisierter Verarbeitung der Daten, sondern für überhaupt jede – auch nicht automatisierte – Datenverarbeitung gelten, somit auch für klassische Mitarbeiterkontrollen an Werkstoren oder durch den Sicherheitsdienst.

§ 32 BDSG führt in Abs. 1 S. 2 eine besondere Regelung zur Datenverarbeitung **personenbezo-** 3635
gener Daten von Arbeitnehmern **„zur Aufdeckung von Straftaten"** ein. Diese Norm ist sicher durch die zT verheerenden Fälle von Datenmissbrauch motiviert, die in der Zeit vor der Gesetzesnovelle bei bekannten deutschen Unternehmen offenbar geworden waren, aber auch ein Beitrag des Gesetzgebers zur Regulierung von unternehmensinternen Investigations, die mit dem intensivierten Kampf führender deutscher Unternehmen gegen Korruption und Straftaten seit der Jahrestausendwende üblich geworden sind. Zu dieser Neuerung besteht noch die größte Unsicherheit und daran hat auch bereits massive Kritik an dem Gesetzgeber angesetzt, dass zukünftig jede Form der Mitarbeiterkontrolle und jede Prävention von Pflichtverletzungen im Unternehmen unmöglich gemacht werde. Die Vorschrift verlangt nach ihrem Wortlaut einen **konkreten Tatverdacht** gegen den Arbeitnehmer, dessen personenbezogene Daten für die Ermittlungen genutzt werden, sowie eine **Interessenabwägung** und **Verhältnismäßigkeitsprüfung**. Insgesamt sind dies erheblich strengere Anforderungen, als sie bisher an die Untersuchung von (vermeintlichen) Straftaten im Unternehmen gestellt wurden. Der Gesetzgeber hat sich hier

ausweislich seiner Begründung auf einen sehr **strengen Kontrollmaßstab** verlegt, den die Rspr bisher nur für die heimliche Videoüberwachung von Arbeitnehmern entwickelt hatte. Dies ist als allgemeiner Maßstab sicherlich zu restriktiv und entsprechend auch kritikwürdig.

3636 Dennoch ist richtigerweise zu differenzieren: Nach der Gesetzesbegründung sollen Maßnahmen, die zur Verhinderung von Straftaten oder sonstigen Rechtsverstößen, die im Zusammenhang mit dem Arbeitsverhältnis stehen, nicht dem strengen Maßstab gem. § 32 Abs. 1 S. 2 BDSG unterliegen, sondern nach den allgemeinen Regeln des Satzes 1 erfolgen.[1] Entgegen erster Stellungnahmen zu der Norm ist damit nicht jede Mitarbeiterkontrolle oder auch die Tätigkeit der Revision im Unternehmen unmöglich geworden. Gerade für präventive Maßnahmen oder die Revisionstätigkeit zu Regel- oder Pflichtverletzungen, die keine Straftaten darstellen (können), ist es zu Recht bei den bisherigen Anforderungen geblieben.[2] Richtig ist allerdings, dass bei der repressiven Kontrolle sowie der Implementierung von Revisionsprüfungen oder bei einer unternehmensinternen Investigation, die sich (auch) auf mögliche Straftaten, wie zB Korruptionsdelikte und Vermögensdelikte im Unternehmen, richtet, die früheren Verfahren und Gepflogenheiten stark verändert oder teils aufgegeben werden mussten.

bb) Videoüberwachung

3637 Für die Zulässigkeit einer Videoüberwachung von Arbeitnehmern ist zu differenzieren: Für die Videoüberwachung **öffentlich zugänglicher Räume** existiert seit dem 23.5.2001 eine ausdrückliche gesetzliche Regelung in § 6 b BDSG. Zu den öffentlich zugänglichen Räumen gehören alle Bereiche innerhalb oder außerhalb von Gebäuden, die nach dem erkennbaren Willen ihres Inhabers oder desjenigen, der an seiner Stelle das Hausrecht ausübt, von jedermann genutzt oder betreten werden können.[3] Nach § 6 b Abs. 1 BDSG ist die Videoüberwachung öffentlich zugänglicher Räume nur zulässig, soweit sie zur Aufgabenerfüllung öffentlicher Stellen, zur **Wahrnehmung des Hausrechts** (dh zum Schutz des Objekts und der sich dort aufhaltenden Personen) oder zur **Wahrnehmung berechtigter Interessen für konkret festgelegte Zwecke** (zB zur Verhinderung der Begehung von Diebstählen oder anderen strafbaren Handlungen)[4] erforderlich ist und keine Anhaltspunkte bestehen, dass schutzwürdige Interessen der Betroffenen, dh der überwachten Personen, überwiegen. Dies ist bei der Aufklärung und Verhinderung von Diebstählen in Kaufhäusern oder von Raubüberfällen in Bankfilialen regelmäßig der Fall.[5] In diesem Fall überwiegt das Interesse des Arbeitgebers auch das Persönlichkeitsrecht der Arbeitnehmer.[6] § 6 b Abs. 2 BDSG verlangt ferner die Kenntlichmachung der Beobachtung und der dafür verantwortlichen Stelle durch geeignete Maßnahmen (zB die sichtbare Installation der Überwachungskameras oder einen deutlich erkennbaren Warnhinweis). Dieses Transparenzgebot hat eine gewichtige Literaturansicht so verstanden, dass die **heimliche/verdeckte Videoüberwachung** öffentlich zugänglicher Räume unzulässig ist.[7] Das BAG hat aber in einer grundlegenden Entscheidung vom 21.6.2012[8] eine verdeckte Videoüberwachung auch in öffentlich zugänglichen Räumen unter Vorgabe einer strengen Verhältnismäßigkeitsprüfung für zulässig

1 Vgl BT-Drucks. 16/13657, S. 21.

2 Vgl BT-Drucks. 16/13657, S. 21.

3 Vgl BAG 14.12.2004 – 1 ABR 34/03, juris (Rn 27); *Bayreuther*, NZA 2005, 1038; *Mengel*, Compliance und Arbeitsrecht, Kap. 7 Rn 31.

4 Vgl BayObLG 24.1.2002 – 2 St RR 8/02, NJW 2002, 2893.

5 Vgl *Bauer/Schansker*, NJW 2012, 3537, 3539; *Bayreuther*, NZA 2005, 1038, 1039; ErfK/*Franzen*, § 6 b BDSG Rn 6; Schaub/*Linck*, Arbeitsrechts-Handbuch, § 53 Rn 27; ausf. *Maties*, NJW 2008, 2219, 2220 ff.

6 *Bayreuther*, NZA 2005, 1038, 1039; *Mengel*, Compliance und Arbeitsrecht, Kap. 7 Rn 32.

7 Ebenso *Bayreuther*, NZA 2005, 1038, 1040 und *v. Steinau-Steinrück/Glanz*, NJW-Spezial 2008, 402, 402; vgl aber *Helle*, JZ 2004, 340, 346, der für eine teleologische Reduktion dahin gehend plädiert, dass zur Aufdeckung von Straftaten die heimliche Überwachung zulässig sein soll; aA ErfK/*Franzen*, § 6 b BDSG Rn 2.

8 Vgl BAG 21.6.2012 – 2 AZR 153/11, NZA 2012, 1025; vgl auch BAG 21.11.2013 – 2 AZR 797/11, NZA 2014, 243; dazu *Bayreuther*, DB 2012, 2222; *Bergwitz*, NZA 2012, 1206.

eingestuft für den Fall, dass erstens der konkrete Verdacht einer strafbaren Handlung oder einer anderen schweren Verfehlung zu Lasten des Arbeitgebers besteht, zweitens weniger einschneidende Mittel zur Aufklärung des Verdachts ergebnislos ausgeschöpft sind, drittens die verdeckte Videoüberwachung damit praktisch das einzige verbleibende Mittel zur Ermittlung darstellt und sie viertens insgesamt nicht unverhältnismäßig ist. Ein Verstoß gegen das Kennzeichnungsgebot macht nach der Bewertung des BAG eine verdeckte Videoüberwachung öffentlich zugänglicher Arbeitsplätze **nicht per se unzulässig.**

Die Zulässigkeit der Videoüberwachung **nicht öffentlich zugänglicher Arbeits- und Betriebsräume** richtet sich in Ermangelung einer gesetzlichen Regelung[9] nach den Voraussetzungen, die von der Rspr der Arbeitsgerichte aufgestellt worden sind.[10] Dabei gelten **besonders strenge Anforderungen** für die **heimliche** Überwachung von Arbeitnehmern durch verdeckt installierte Videokameras. Bei der Güterabwägung im Rahmen der Verhältnismäßigkeitsprüfung sind u.a. die Zahl der überwachten Personen sowie die Intensität bedeutsam.[11] Der Einsatz dieses Kontrollmittels ist aufgrund des damit verbundenen erheblichen Eingriffs in das Persönlichkeitsrecht der betroffenen Arbeitnehmer nur ausnahmsweise zulässig, wenn er durch überwiegende schutzwürdige Interessen des Arbeitgebers gerechtfertigt wird und die einzige Möglichkeit darstellt, diese Interessen zu wahren.[12] 3638

Verdeckt installierte Videokameras dürfen daher grds. nicht verwendet werden, um die Arbeitsleistung der Mitarbeiter zu kontrollieren oder das Eigentum und andere Rechtsgüter des Arbeitgebers präventiv vor unredlichen Arbeitnehmern zu schützen, weil dieser Zweck im Regelfall auch durch sichtbar angebrachte Überwachungskameras erreicht werden kann. 3639

Anders ist die Interessenlage, wenn die heimliche Videoüberwachung **zur Aufklärung von Straftaten oder anderen schweren Vertragsverletzungen** durch Mitarbeiter am Arbeitsplatz eingesetzt werden soll. Nach der Rspr der Arbeitsgerichte[13] besteht für diese Maßnahme ein Rechtfertigungsgrund, wenn ein **konkreter Tatverdacht** gegen einen oder mehrere bestimmte Arbeitnehmer besteht, weniger einschneidende Mittel zur Aufklärung des Verdachts ausgeschöpft sind bzw nicht zur Verfügung stehen, so dass die verdeckte Videoüberwachung praktisch das einzig verbleibende Mittel darstellt, und die Durchführung der Überwachung in ihrer Art und Dauer nicht unverhältnismäßig ist. Ein pauschaler Verdacht gegen die gesamte Belegschaft oder eine größere Arbeitnehmergruppe reicht im Regelfall nicht aus, um eine verdeckte Videoüberwachung am Arbeitsplatz zu rechtfertigen.[14] Auch dürfen bestimmte Privat- und Intimbereiche am Arbeitsplatz, wie zB die Toilettenräume, nicht heimlich überwacht werden.[15] Es versteht sich von selbst, dass danach erst recht die kombinierte optische und akustische Überwachung mithilfe von Video- und Tontechnik unzulässig ist, weil kein Fall vorstellbar ist, in dem die Kombination zur Aufklärung einer Straftat unbedingt erforderlich ist. 3640

9 § 6 b Abs. 2 BDSG ist auch nicht analog anwendbar, vgl BAG 29.6.2004 – 1 ABR 21/03, NZA 2004, 1278 mit Verweis auf BT-Drucks. 14/4329, S. 38.

10 Die Voraussetzung sind nun in § 32 BDSG ausdrücklich formuliert – insofern ergeben sich keine Änderungen.

11 Vgl dazu *Bauer/Schansker*, NJW 2012, 3537, 3539; Simitis/*Seifert*, § 32 BDSG Rn 80.

12 Vgl nur BAG 26.8.2008 – 1 ABR 16/07, juris (Rn 12 ff); BAG 29.6.2004 – 1 ABR 21/03, NZA 2004, 1278; BAG 27.3.2003 – 2 AZR 51/02, NJW 2003, 3436; BAG 14.12.2004 – 1 ABR 34/03, NZA 2005, 839; *Bergwitz*, NZA 2012, 1205, 1208; *Maties*, NJW 2008, 2219 ff mwN; *Mengel*, Compliance und Arbeitsrecht, Kap. 7 Rn 36.

13 Vgl BAG 26.8.2008 – 1 ABR 16/07, juris (Rn 13 ff, 27 ff, 38 ff) und grundl. BAG 29.6.2004 – 1 ABR 21/03, NZA 2004, 1278, 1279; LAG Thüringen 9.12.2003 – 5 Sa 157/02; LAG Niedersachsen 19.12.2001 – 6 Sa 1376/01, juris; LAG Hamm 24.7.2001 – 11 Sa 1524/00, NZA-RR 2002, 464; LAG Baden-Württemberg 6.5.1998 – 12 Sa 115/97, BB 1999, 1439 = ArbuR 1999, 491; LAG Köln 30.8.1996 – 12 Sa 639/96, LAGE Nr. 8 zu § 611 BGB Persönlichkeitsrecht = BB 1997, 476.

14 Vgl BAG 26.8.2008 – 1 ABR 16/07, juris (Rn 38 ff).

15 Zutreffend *v. Steinau-Steinrück/Glanz*, NJW-Spezial 2008, 402, 402; Thüsing/*Thüsing/Pötters*, Beschäftigtendatenschutz und Compliance, § 11 Rn 47; vgl auch BAG 27.3.2003 – 2 AZR 51/02, NZA 2003, 1193, 1195.

3641 Die Videoüberwachung von Mitarbeitern am Arbeitsplatz unterliegt der **Mitbestimmung des Betriebsrats** nach § 87 Abs. 1 Nr. 6 BetrVG.[16] Videokameras sind technische Einrichtungen im Sinne dieser Vorschrift und auch dann dazu bestimmt, die Leistung oder das Verhalten von Arbeitnehmern zu überwachen, wenn die Mitarbeiterkontrolle nicht das Hauptziel, sondern nur ein Nebeneffekt ist.[17] Maßgeblich ist nicht der mit der Videoüberwachung verfolgte Zweck, sondern allein der Umstand, dass sie objektiv zur Überwachung der Mitarbeiter geeignet ist.[18] Daher ist auch dann die Zustimmung des Betriebsrats erforderlich, wenn Videokameras in der Arbeitsstätte installiert werden, um Straftaten durch Kunden (zB Ladendiebstähle in einem Warenhaus) zu verhindern oder das Eigentum des Arbeitgebers gegen Einbrüche und Überfälle von außen zu schützen.

3642 Mitbestimmungspflichtig ist die Einführung von Videokameras am Arbeitsplatz und deren Anwendung, dh der **gesamte Überwachungsvorgang** (zB der Umfang der überwachten Bereiche, die Aufbewahrung und Löschung der Videobänder, die Auswertung der Aufzeichnungen bei festgestellten Verfehlungen von Mitarbeitern).[19]

3643 Nach der bisherigen Rspr des BAG ist die **Verwertung von Beweisen** auch gestattet, wenn die Videoüberwachung entgegen § 87 Abs. 1 Nr. 6 BetrVG ohne vorherige Zustimmung des Betriebsrats durchgeführt worden ist. Dies gilt jedenfalls, wenn der Betriebsrat der Kündigung zugestimmt hat, weil er damit auch der Verwendung des Beweismittels zustimme.[20] So führt die Tatsache, dass die Videoüberwachung ohne Zustimmung des Betriebsrats erfolgt ist, nicht per se dazu, dass die Verwertung des Videos verboten ist, weil der „Unrechtsgehalt" der Videoüberwachung gerade nicht in der Verletzung des Persönlichkeitsrechts des Arbeitnehmers liegt.[21] Diese Rspr hat sich inzwischen durchgesetzt und wird von den Landesarbeitsgerichten geteilt.[22] Die früher verbreitete Rspr, dass bei Beweismitteln durch Videoanlage weitgehend ein Beweisverwertungsverbot bestehe,[23] ist damit nicht mehr vertretbar.

cc) Einsatz von Privatdetektiven

3644 Anders als die Videoüberwachung unterliegt der Einsatz von Privatdetektiven zur Überwachung von Arbeitnehmern bei der Erfüllung ihrer Arbeitspflicht **nicht** der **Mitbestimmung** des Betriebsrats.[24] Die individualrechtliche Zulässigkeit des Detektiveinsatzes ist dagegen gesetzlich nicht geregelt. Von der arbeitsgerichtlichen Rspr wird die heimliche Beobachtung von Arbeitnehmern durch Privatdetektive als schwerwiegender Eingriff in das Persönlichkeitsrecht beurteilt. Erforderlich ist daher, dass der Detektiveinsatz durch überwiegende schutzwürdige Interessen des Arbeitgebers gerechtfertigt wird und die einzige Möglichkeit darstellt, diese Interessen zu wahren. Diese Voraussetzungen sind idR nur dann erfüllt, wenn es um die **Aufklärung von Straftaten oder anderen schweren Vertragsverletzungen** geht, ein **konkreter Tatverdacht** gegen einen oder mehrere bestimmte Mitarbeiter besteht und keine andere Möglichkeit zum

16 Vgl BAG 11.12.2012 – 2 AZR 743/98, NZA 2013, 352 (zur Einschränkung des grds. bestehenden Mitbestimmungsrechts); BAG 26.8.2008 – 1 ABR 16/07, juris (Rn 13 ff, 27 ff, 38 ff) und grundl. BAG 29.6.2004 – 1 ABR 21/03, NZA 2004, 1278, 1279; BAG 27.3.2003 – 2 AZR 51/02, NJW 2003, 3436.

17 Vgl BAG 29.6.2004 – 1 ABR 21/03, NZA 2004, 1278, 1279 mwN.

18 Vgl BAG 10.7.1979 – 1 ABR 97/77, AP Nr. 4 zu § 87 BetrVG 1972 Überwachung.

19 ErfK/*Kania*, § 87 BetrVG Rn 58.

20 BAG 13.12.2007 – 2 AZR 537/06, NZA 2008, 1008, 1011; BAG 27.3.2003 – 2 AZR 51/02, NZA 2003, 1193.

21 Vgl dazu *Bauer/Schansker*, NJW 2012, 3537, 3540.

22 LAG Rheinland-Pfalz 3.5.2004 – 7 Sa 2147/03, juris; LAG Mecklenburg-Vorpommern 18.5.2004 – 1 Sa 387/03, juris; ArbG Ludwigshafen 6.6.2002 – 4 Ca 827/02, NZA-RR 2004, 16.

23 LAG Köln 30.8.1996 – 12 Sa 639/96, BB 1997, 476; LAG Baden-Württemberg 6.5.1998 – 12 Sa 115/97, BB 1999, 1439; LAG Hamm 24.7.2001 – 11 Sa 1524/00, NZA-RR 2002, 464.

24 BAG 18.11.1999 – 2 AZR 743/98, NZA 2000, 418; BAG 26.3.1991 – 1 ABR 26/90, NZA 1991, 729.

Nachweis des Fehlverhaltens vorhanden ist, weil betriebsinterne Ermittlungsmaßnahmen nicht erfolgsversprechend sind oder bereits ohne Ergebnis durchgeführt wurden.[25]

Arbeitsgerichtlich entschieden ist, dass der Arbeitgeber dem Arbeitnehmer **Detektivkosten** bei Feststellung strafbarer Handlungen im Zuge der bestehenden Schadensersatzpflicht des Arbeitnehmers bei Diebstahl, Unterschlagung oder Untreue in Rechnung stellen kann.[26] Der Schadensersatzanspruch ergibt sich aus § 280 Abs. 1 S. 1 BGB und § 823 Abs. 1 und Abs. 2 BGB iVm § 242 StGB. Eine Ersatzpflicht des Arbeitnehmers besteht jedoch nicht im Falle sog. **Vorhaltekosten**, so dass auch die Personalkosten eines festangestellten Detektivs nicht als Schadensfolge gelten können.[27] 3645

dd) Ehrlichkeitskontrollen

Auch sog. Ehrlichkeitskontrollen sind zulässig. Nach der Rspr der Arbeitsgerichte[28] ist ihre Durchführung ausnahmsweise zulässig, wenn die Ehrlichkeit des betroffenen Mitarbeiters auf andere Weise nicht oder nur unter erschwerten Bedingungen überprüft werden kann. Dies ist insb. der Fall bei Arbeitnehmern, die der Arbeitgeber bei ihrer Tätigkeit nicht laufend und unverdeckt überwachen kann (zB Außendienstmitarbeiter, Mitarbeiter in leitender Position, Kassenkräfte). So hat das BAG dem Arbeitgeber die Überwachung des Arbeitnehmers dadurch gestattet, dass der **Kassenbestand absichtlich erhöht** wurde, um so zu testen, ob der Arbeitnehmer den Kassenüberschuss ordnungsgemäß vermerkte.[29] Liegen diese Voraussetzungen nicht vor, so darf der Arbeitgeber den Arbeitnehmer nur dann auf die Probe stellen, wenn bereits konkrete Verdachtsmomente für eine Straftat oder sonstige schwere Arbeitsvertragsverletzung vorhanden sind und andere Maßnahmen zur Überführung des Mitarbeiters keinen hinreichenden Erfolg versprechen. 3646

Insgesamt sind Ehrlichkeitskontrollen daher nur **stichprobenmäßig**, wenngleich durchaus **regelmäßig**, zulässig. 3647

Der Arbeitgeber muss bei der Ausgestaltung und Durchführung von Ehrlichkeitskontrollen überdies der damit verbundenen Verführungssituation für den betroffenen Arbeitnehmer Rechnung tragen. Die Grenze zwischen der (zulässigen) Schaffung einer Tatgelegenheit und der (unzulässigen) Anstiftung zur Tatbegehung darf nicht überschritten werden. Verboten ist daher jede Einwirkung auf den betroffenen Mitarbeiter, die als aktive Bestimmung zur Tatbegehung gewertet werden kann (zB Überredung trotz anfänglicher Weigerung, Appell an das Mitgefühl oder Anbieten einer Gefälligkeit).[30] 3648

Bei der Durchführung von Ehrlichkeitskontrollen ohne Zuhilfenahme einer technischen Einrichtung hat der Betriebsrat kein **Mitbestimmungsrecht**,[31] da es um die Kontrolle des Arbeitsverhaltens geht. Etwas anderes gilt nur, wenn fremde Mitarbeiter bei der Ausführung der Ehrlichkeitskontrolle so in den Betriebsablauf eingliedert werden, dass eine mitbestimmungspflichtige Einstellung iSd § 99 BetrVG vorliegt.[32] 3649

---

25 Vgl BAG 18.11.1999 – 2 AZR 743/98, NZA 2000, 418, 421 mwN; LAG Baden-Württemberg 25.10.2002 – 5 Sa 59/00, juris; ArbG Köln 15.7.1998 – 9 Ca 4425/97, juris; so auch *Lunk*, NZA 2009, 457, 461; *Joussen*, NZA-Beil. 2011, 35, 39.

26 BAG 26.9.2013 – 8 AZR 1026/12, NZA 2014, 301; BAG 28.10.2010 – 8 AZR 547/09, NZA-RR 2011, 231; BAG 17.9.1998 – 8 AZR 5/97, NZA 1998, 1334.

27 BAG 3.12.1985 – 3 AZR 277/84, BB 1987, 689.

28 Vgl BAG 9.4.2009 – 5 Ca 2327/08, juris; BAG 18.11.1999 – 2 AZR 743/98, NZA 2000, 418; LAG Hamm 14.3.1997 – 15 Sa 1315/96.

29 BAG 18.11.1999 – 2 AZR 743/98, NZA 2000, 418.

30 Vgl LAG Hamm 29.6.1989 – 10 Sa 458/89, LAGE § 626 BGB Nr. 44.

31 Vgl BAG 18.11.1999 – 2 AZR 743/98, NZA 2000, 418.

32 Vgl BAG 13.3.2001 – 1 ABR 34/00, AP Nr. 34 zu § 99 BetrVG 1972 Einstellung.

ee) Werkstor- und Taschenkontrollen sowie Zugangskontrollsysteme

3650 Taschenkontrollen und persönliche Durchsuchungen (zB Leibesvisitation) bedeuten einen erheblichen Eingriff in das allgemeine Persönlichkeitsrecht des betroffenen Arbeitnehmers. Nach der herrschenden arbeitsrechtlichen Ansicht sind auch diese Mitarbeiterkontrollen jedoch zulässig, allerdings je nach Art der Kontrolle dem Umfang und der Intensität nach stärker oder schwächer begrenzt. Auch **Spind-/Schrankkontrollen** stellen grds. einen schwerwiegenden Eingriff in das allgemeine Persönlichkeitsrecht dar, der nur bei Vorliegen zwingender Gründe gerechtfertigt sein kann.[33] Bei der Durchführung ist ebenfalls auf die Verhältnismäßigkeit zu achten; so ist nach Ansicht des BAG die Kontrolle in Anwesenheit des Arbeitnehmers weniger invasiv als in dessen Abwesenheit.[34]

3651 Für die Zulässigkeit von **Taschenkontrollen** und weitergehenden **persönlichen Durchsuchungen (Leibesvisitationen)** der Mitarbeiter ist zwischen **präventiven** (systematischen) Kontrollen und **anlassbezogenen Einzelkontrollen** im Verdachtsfall zu unterscheiden. Allgemein hat eine Verhältnismäßigkeitsprüfung mit Abwägung der beiderseitigen Interessen zu erfolgen.

3652 Nach der bisher herrschenden arbeitsrechtlichen Meinung soll regelmäßig keine Präventivkontrolle durch umfassende Personenkontrollen, sondern nur eine Taschenkontrolle und ggf das Abtasten der Oberbekleidung am Eingang/Ausgang des Unternehmens („**Werkstorkontrolle**") zulässig sein.[35] Nach anderer restriktiverer Ansicht soll eine präventive Überwachung der Arbeitnehmer allgemein sogar unzulässig sein und die Kontrolle stets eines konkreten Anlasses bedürfen.[36] Zu anlassbezogenen Einzelkontrollen ist dagegen nun der Maßstab nach § 32 Abs. 1 S. 2 BDSG zu beachten: Es muss ein konkreter und dokumentierter Tatverdacht für die Kontrolle bestehen, zB wenn es bereits zu Vermögensschäden aufgrund von Diebstählen oder anderen Straftaten gekommen ist und dafür nur einer oder mehrere bestimmte Mitarbeiter in Betracht kommen. Verweigert der Mitarbeiter die Durchsuchung, so darf kein Zwang angewendet werden; diese Maßnahme ist der Polizei vorbehalten, die ggf hinzuzuziehen ist.

3653 Bei der Durchführung von Taschenkontrollen und persönlichen Durchsuchungen sind der **Gleichbehandlungsgrundsatz** und das **Übermaßverbot** zu beachten.[37] Von einer systematischen Präventivkontrolle (zB am Werkstor, Eingang) müssen grds. alle betroffenen Arbeitnehmer gleichmäßig erfasst werden. Finden nur stichprobenartige Prüfungen statt, so muss die Auswahl der betroffenen Arbeitnehmer nach neutralen Kriterien so erfolgen, dass jeder Arbeitnehmer irgendwann kontrolliert wird.[38] Die Durchsuchung muss verhältnismäßig sein und darf das Ehrgefühl der Mitarbeiter nicht verletzen. Deshalb ist idR nur das Öffnen mitgeführter Taschen zulässig. Weitergehende körperliche Durchsuchungen (zB Abtasten der Oberbekleidung, Leibesvisitation) dürfen nur erfolgen, wenn der konkrete Verdacht einer erheblichen Straftat gegeben ist.[39]

3654 Die Einführung und Durchführung von generellen oder stichprobenartig durchgeführten Taschenkontrollen und persönlichen Durchsuchungen unterliegt der **Mitbestimmung des Betriebsrats** nach § 87 Abs. 1 Nr. 1 BetrVG, da von dieser Maßnahme das kollektive Ordnungs-

33 BAG 20.6.2013 – 2 AZR 546/12, NZA 2014, 143.

34 BAG 20.6.2013 – 2 AZR 546/12, NZA 2014, 143.

35 Vgl nur ErfK/*Schmidt*, Art. 2 GG Rn 100; MünchHandbArbR/*Reichold*, Bd. 1, § 49 Rn 31 f; Schaub/*Linck*, Arbeitsrechts-Handbuch, § 53 Rn 25; Moll/*Reinfeld*, MAH Arbeitsrecht, § 33 Rn 22.

36 Vgl *Joussen*, NZA-Beil. 2011, 35, 40; Küttner/*Kreitner*, Personalbuch, 246 (Kontrolle des Arbeitnehmers) Rn 3 mit Berufung auf LAG Köln 29.9.2006 – 4 Sa 772/06; so wohl auch LAG Mainz 13.1.1953 – 1 Sa 255/52, AP Nr. 1 zu § 71 HGB.

37 Vgl MünchHandbArbR/*Reichold*, Bd. 1, § 49 Rn 31.

38 Vgl auch Schaub/*Linck*, Arbeitsrechts-Handbuch, § 53 Rn 25.

39 Ebenso ErfK/*Schmidt*, Art. 2 GG Rn 100; MünchHandbArbR/*Reichold*, § 49 Rn 32; Schaub/*Linck*, Arbeitsrechts-Handbuch, § 53 Rn 25.

verhalten der Belegschaft betroffen ist.[40] Für Zugangskontrollsysteme gilt, dass eine Mitbestimmung des Betriebsrats nach § 87 Abs. 1 Nr. 1 und Abs. 6 BetrVG besteht. Selbst bei einer biometrischen Zugangskontrolle in einem Kundenbetrieb, auf den der Arbeitgeber keinen Einfluss nehmen konnte, hat das BAG dem Betriebsrat des hin und wieder durch seine Arbeitnehmer und den Kunden aufsuchenden Ausgangsbetriebs ein Mitbestimmungsrecht eingeräumt.[41]

Es besteht aber kein Mitbestimmungsrecht des Betriebsrats, wenn eine konkrete Kontrollmaßnahme nur einen Arbeitnehmer betrifft, weil es insoweit an dem erforderlichen kollektiven Bezug iSv § 87 Abs. 1 Nr. 1 BetrVG fehlt, so zB bei einer **einzelfallbezogenen Spindkontrolle**;[42] insoweit kann die Anwesenheit der Betriebsratsvorsitzenden auch den datenschutzrechtlich bedenklichen Eingriff nicht rechtfertigen.[43] 3655

ff) Ortung von Arbeitnehmern

Sogenannte RFID-Chips[44] können als Bestandteil von **Hausausweisen**, die Mitarbeiter bei sich führen müssen, oder zur **Ortung von Dienstwagen** eingesetzt werden und ermöglichen eine detaillierte Überwachung der Arbeitnehmer durch Standortbestimmung und ggf weitere Angaben. Eine solche verdachtsunabhängige Dauerkontrolle ist aber nach § 28 Abs. 1 bzw § 32 Abs. 1 BDSG unzulässig, sofern nicht spezielle Sicherheitsinteressen diese erforderlich machen (zB bei Rundgängen von Wachpersonal); auch dann ist aber nur die offene, also dem Arbeitnehmer bekannte, Ausstattung mit solchen Chips zulässig.[45] Es besteht eine umfassende Unterrichtungspflicht gem. § 4 Abs. 3 BDSG. 3656

Die **heimliche Ausstattung** von Arbeitnehmern oder ihren Dienstwagen mit diesen Chips ist in aller Regel unzulässig. Eine Ausnahme kommt aber in Notwehrfällen in Betracht, wenn – ähnlich wie bei der verdeckten Videoüberwachung – diese das letzte zur Verfügung stehende Mittel darstellt, um den Arbeitnehmer einer Straftat oder schweren Pflichtverletzung zu überführen.[46] Allerdings ist eine solche Überwachung weniger aussage- und beweiskräftig als eine Videoüberwachung,[47] so dass sich bereits die Frage stellt, ob der Einsatz im Einzelfall geeignet ist. 3657

Die Ausstattung von Dienstwagen mit **Kontrollchips** ist – vorausgesetzt, dies ist im Einzelfall datenschutzrechtlich zulässig – wohl **mitbestimmungspflichtig** nach § 87 Abs. 1 Nr. 6 BetrVG, da die Chips selbständig Aufzeichnungen machen bzw Daten sammeln; anders kann es allerdings liegen, wenn es um eine allein individuelle Kontrollmaßnahme geht, weil es insoweit an einem kollektiven Tatbestand fehlen dürfte, jedenfalls wenn der Dienstwagen einem Arbeitnehmer allein zugeordnet ist. 3658

Ein Mitbestimmungsrecht des Betriebsrats besteht zB aber nicht, wenn der Arbeitgeber in der Personalabteilung einen **Routenplaner** einsetzt, um Reisekostenabrechnungen zu prüfen. Denn anders als bei einer automatisierten Verhaltens- und Leistungskontrolle ist der Einsatz von Routenplanern und die Reaktion auf die durch seine Verwendung gewonnenen Erkenntnisse von der Kontrolle einer natürlichen Person abhängig.[48] 3659

40 Vgl nur BAG 13.12.2007 – 2 AZR 537/06, NZA 2008, 1008, 1009; BAG 12.8.1999 – 2 AZR 923/98, AP Nr. 28 zu § 626 BGB Verdacht strafbarer Handlungen; LAG Hamm 8.3.2000 – 18 Sa 2009/99.

41 BAG 27.1.2004 – 1 ABR 7/03, NZA 2004, 556; krit. dazu *Hunold*, BB 2004, 1992; *Boemke*, jurisPR-ArbR 23/2004, Anm. 2.

42 BAG 20.6.2013 – 2 AZR 546/12, NZA 2014, 143.

43 BAG 20.6.2013 – 2 AZR 546/12, NZA 2014, 143.

44 Entsprechende Systeme bestehen u.a. aus einem Transponder, der neben den gespeicherten Daten auch eine Antenne enthält, die Funkwellen aussendet und empfängt, vgl *Oberwetter*, NZA 2008, 609, 611.

45 Vgl *Oberwetter*, NZA 2008, 609, 612; *Mengel*, Compliance und Arbeitsrecht, Kap. 7 Rn 49; dazu Thüsing/*Thüsing/Forst*, Beschäftigtendatenschutz und Compliance, § 12 Rn 30.

46 So auch *Raif*, ArbRAktuell 2012, 359, 360; vgl zur GPS-Überwachung *Cornelius*, NJW 2013, 3340.

47 So auch *Oberwetter*, NZA 2008, 609, 612; *Mengel*, Compliance und Arbeitsrecht, Kap. 7 Rn 50.

48 Vgl dazu BAG 10.12.2013 – 1 ABR 43/12, NZA 2014, 439, 441.

gg) Zusammenfassung

3660 Die dargestellte Rspr zeigt, dass die Überwachung am Arbeitsplatz unter Beachtung der datenschutzrechtlichen Grenzen auch ohne besondere Vertragsklauseln statthaft ist. Daraus ergibt sich für die **Arbeitsvertragsgestaltung** die Frage, in welchem Umfang der Arbeitgeber klarstellend oder über die von der Rspr gewährten Rechte hinaus Regelungen zu Überwachungs- und Kontrolleinrichtungen bzw -maßnahmen mit dem Arbeitnehmer vereinbaren kann. Zur **Videoüberwachung** gilt, dass das Wissen des Arbeitnehmers um die Existenz einer Überwachungseinrichtung bereits zu einer geringeren Intensität des Eingriffs in das allgemeine Persönlichkeitsrecht führt.[49] Daher liegt es nahe, dass sich die Arbeitsvertragspartner über den Einsatz von präventiven Überwachungsgeräten in weiterem Umfang als von der Rspr für eine Situation ohne ausdrückliche Vereinbarung toleriert einigen können. Entsprechend kann bei Bedarf dazu oder auch zu stichprobenhaften, präventiven Ehrlichkeitskontrollen anderer Art eine vertragliche Vereinbarung getroffen werden. Soweit sich aus **GPS**-basierten IT-Geräten oder Softwareapplikationen **automatisch Kontrolldaten** ergeben, die das Unternehmen zB im Fall von Diebstahl, Verlust o.Ä. von teurem Gerät nutzen möchte, kann ebenfalls eine entsprechende Vereinbarung zur Datenspeicherung eingeführt werden.

3661 Soweit Mitbestimmungsrechte des **Betriebsrats** berührt sind, v.a. nach den Tatbeständen gem. § 87 Abs. 1 Nr. 1 und Nr. 6 BetrVG, stehen Überwachungsklauseln unter dem Vorbehalt der Zustimmung des Betriebsrats. Da im Bereich der Mitarbeiterkontrolle die Betriebsräte generell von ihren Rechten nach § 87 Abs. 1 Nr. 1 und Abs. 6 BetrVG Gebrauch machen, empfiehlt sich insoweit eine alleinige individualarbeitsrechtliche Klausel nicht, stattdessen ist bei Bestehen eines Betriebsrats in der Praxis möglichst eine Betriebsvereinbarung zu schließen; es kann aber je nach Regelungsinhalt erforderlich oder sinnvoll sein, zusätzlich zu der Betriebsvereinbarung auch eine individualrechtliche datenschutzrechtliche Einwilligung jedes betroffenen Arbeitnehmers in Verbindung mit dem Inkraftsetzen der Betriebsvereinbarung einzuholen. Soweit Kontrollmaßnahmen in Betriebsvereinbarungen geregelt sind, müssen diese kollektivrechtlichen Regelungen die Persönlichkeitsrechte der Arbeitnehmer beachten und den Verhältnismäßigkeitsgrundsatz wahren.[50]

b) Klauseltypen und Gestaltungshinweise

aa) Videoüberwachungsklauseln und Fernsehmonitoring

(1) Klauseltyp A

3662 **A 1:**

Einwilligung in Videoüberwachung und Fernsehmonitoring
(1) Mit seiner Unterschrift unter den Arbeitsvertrag willigt der Arbeitnehmer in die nachfolgenden Überwachungsmaßnahmen ein:
Überwachung des Arbeitsplatzes an 20 Arbeitsstunden pro Kalenderwoche über Fernsehmonitoring und Videoaufzeichnung. Wann die Videoüberwachung eingeschaltet ist, ist nicht erkennbar. Die Zeiten, in denen die Anlage benutzt wird, stehen im Belieben des Arbeitgebers.
(2) Die Aufzeichnungen auf Videoband sind vom Arbeitgeber innerhalb von vier Wochen auszuwerten und danach zu vernichten, sofern nicht eine der unter Abs. 3 erwähnten Maßnahmen ergriffen wird. Die speichernde Stelle hat dafür Sorge zu tragen, dass niemand außerhalb der für die Überwachung Verantwortlichen Gelegenheit erhält, in den Besitz der Videoaufzeichnungen zu gelangen, sich diese anzuschauen oder außerhalb der speichernden Stelle verbringen zu können.

49 BAG 27.3.2003 – 2 AZR 51/02, NZA 2003, 1193; BAG 29.6.2004 – 1 ABR 21/03, NJW 2005, 313.
50 BAG 9.7.2013 – 1 ABR 2/13 (A), NZA 2013, 1433.

(3) Über die Verwendung von Videoaufzeichnungen entscheidet die speichernde Stelle im Benehmen mit dem betrieblichen Datenschutzbeauftragten. Die Weitergabe von Videoaufzeichnungen über den Arbeitnehmer außerhalb der speichernden Stelle, bspw an die Personalabteilung oder die Kriminalpolizei, bedarf der Zustimmung des Datenschutzbeauftragten. In Fällen, in denen aus den Videoaufzeichnungen eine Pflichtverletzung oder der Verdacht einer Pflichtverletzung des Arbeitnehmers erkennbar wird, stimmt der Arbeitnehmer zu, dass die Videoaufzeichnung außerhalb der speichernden Stelle an die Personalabteilung oder bei Bedarf auch an Strafverfolgungsbehörden übermittelt wird.
(4) Der Arbeitgeber verpflichtet sich, bei Fernsehmonitoring keine weiteren Personen, die nicht zu der mit der Überwachung befugten Stelle gehören, Einblick in das zur Überwachung entstehende Fernsehbild geben zu lassen. Der Bildschirm des Überwachers wird so eingerichtet, dass weitere Personen keinen Einblick erhalten.
(5) Der Arbeitgeber verpflichtet sich, stichprobenmäßig durch den Datenschutzbeauftragten kontrollieren zu lassen, ob die in dieser Vereinbarung getroffenen Regelungen durch die speichernde Stelle eingehalten werden. Im Falle von Beanstandungen durch den Datenschutzbeauftragten ist der Arbeitnehmer unverzüglich zu unterrichten.

A 2:
(1) Zu Ihrer und unserer Sicherheit verwenden wir ein Videoüberwachungssystem, das wir in unregelmäßigen Abständen einschalten, um etwaige strafbare Handlungen oder Pflichtverletzungen von Arbeitnehmern frühzeitig zu erkennen. Die Videokamera wird nicht länger als an zehn Stunden pro Woche eingeschaltet. Es liegt im Wesen der Videoüberwachung, dass die wechselnden Zeiten, zu denen das Überwachungsgerät eingeschaltet wird, nicht mitgeteilt werden.
(2) Wir verpflichten uns, die Videoaufzeichnungen innerhalb von zwei Wochen nach ihrer Entstehung zu vernichten, sofern sich aus ihnen keine Anhaltspunkte für Pflichtverletzungen oder strafbare Handlungen ergeben. Wir verpflichten uns ferner, den betrieblichen Datenschutzbeauftragten in alle Maßnahmen der Videoüberwachung einzubeziehen und keine Maßnahmen zu ergreifen, die nicht mit dem Datenschutzbeauftragten abgestimmt sind.
(3) Die Aufzeichnungen auf den Videobändern dienen der Beweissicherung. Sie werden von uns für den Fall, dass Sie sich etwas haben zuschulden kommen lassen, der Personalabteilung oder den für strafbare Handlungen zuständigen staatlichen Stellen zur Verfügung gestellt. Wir verpflichten uns, die Aufzeichnungen an keine sonstigen Personen oder Stellen weiterzugeben.
(4) Auf Ihren Wunsch erläutern wir Ihnen, wie die Kontrolle Ihres Arbeitsplatzes organisiert ist. Wenn Sie Interesse an entsprechenden Erklärungen haben, machen Sie bitte einen Termin mit Ihrem Vorgesetzten aus.
(5) Wir versichern Ihnen, dass wir die Regeln des Bundesdatenschutzgesetzes strengstens beachten und alles unternehmen, damit mit den Videoaufzeichnungen in unserem Hause oder außerhalb unseres Hauses nicht in unsachgemäßer Weise verfahren wird.

(2) Gestaltungshinweise

Die Klauseln A 1 und A 2 sehen sehr intensive Überwachungsmaßnahmen vor, aber bewegen 3663
sich innerhalb der durch das BAG gestellten strengen Anforderungen an zulässige Videoüberwachungen für den Fall, dass für den jeweiligen Arbeitsbereich/-platz ein stark erhöhtes Schutzinteresse des Arbeitgebers vor Straftaten besteht, wie zB im Kassenbereich oder in einem Briefverteilzentrum.[51] Der Arbeitnehmer willigt nicht uneingeschränkt in die Überwachung ein. Während die Klausel A 1 eine starke Einbeziehung des Datenschutzbeauftragten enthält, um neben den festgelegten Regeln eine institutionelle Missbrauchskontrolle sicherzustellen, legt die Klausel A 2 das Gewicht auf die Erläuterung auch solcher Umstände, die üblicherweise

51 Vgl BAG 26.8.2008 – 1 ABR 16/07, NZA 2008, 1187.

bei der in vielen Betrieben in starkem Maße geheim gehaltenen Videoüberwachung dem Mitarbeiter nicht bekannt gemacht werden. Beide Klauseln orientieren sich an den Schranken des BDSG für Prävention von Straftaten bzw Pflichtverletzungen und lassen nur die Übermittlung zu dem Zweck zu, zu dem die Daten erhoben werden.

3664 Für das **Fernsehmonitoring** sieht die Klausel A 1 eine starke Abschottung des Überwachungsmonitors als zusätzlicher Maßnahme der Sicherung von Persönlichkeitsrechten des Arbeitnehmers vor. Da der Arbeitnehmer in den von dem BVerfG aufgezeigten Grenzen, die hier nicht berührt sind, über seine Persönlichkeitsrechte verfügen kann, in beiden Klauseln der Eingriff so gering wie möglich gehalten wird, sollten die Maßnahmen wirksam sein. Gerichtlich erprobt sind beide Klauseln nicht.

bb) Ehrlichkeitskontrollklauseln

(1) Klauseltyp B

3665 **B 1:** Wir machen Sie darauf aufmerksam, dass in regelmäßigen Abständen Kontrollen des Kassenbestandes durchgeführt werden. Es ist auch denkbar, dass wir den Kassenbestand verändern, um bei einem Fehlbestand oder Überschuss Ihre Ehrlichkeit anhand der von Ihnen gemachten Angaben zu testen. Diese und vergleichbare Maßnahmen sind als vertrauensbildende Maßnahmen dazu geeignet, Ihre Verlässlichkeit als Mitarbeiterin unter Beweis zu stellen.

B 2:
(1) Zwischen den Vertragspartnern besteht Einigkeit, dass die Gesellschaft befugt ist, die Verkäuferinnen und Verkäufer, Kassiererinnen und Kassierer mit geeigneten Mitteln zu überwachen.
(2) Als geeignete Mittel gelten in diesem Sinne Testkäufe, Überwachung durch Detektive sowie sonstige Kontrollmaßnahmen, die einen Überraschungs- und Ehrlichkeitskontrolleffekt enthalten.

(2) Gestaltungshinweise

3666 Die Klausel B 1 hat das BAG für zulässig erachtet.[52] Auch die Klausel B 2 sollte wirksam sein. Zwar lässt sich gegen diese Klausel einwenden, dass allgemeine Begriffe wie „Maßnahmen der Ehrlichkeitskontrolle“ zu unbestimmt sein könnten und somit gem. § 307 Abs. 1 S. 2 BGB intransparent und unwirksam. Es liegt aber im Wesen von Kontrollmaßnahmen, dass sie einer gewissen Unbestimmtheit bedürfen, um effektiv zu sein. Würden sämtliche Kontrollmaßnahmen detailliert in dem Arbeitsvertrag erläutert, wären sie sozusagen angekündigt und zur Entwicklung von Umgehungsmechanismen freigegeben. Insofern kann das Transparenzgebot nach § 307 Abs. 1 S. 2 BGB im Ergebnis keine Anforderungen stellen, die den notwendigen Schutz der Kontrollmaßnahmen aufheben würden.

52 BAG 18.11.1999 – 2 AZR 743/98, NZA 2000, 418.

60. Umzugsklauseln

Literatur

Beckmann, jurisPR-ArbR 31/2007 Anm. 5 zu BAG, Urteil vom 23.1.2007 – 9 AZR 482/06; *Berger-Delhey*, Arbeitsrechtliche Probleme des Arbeitgeberdarlehens, DB 1990, 837; *Blomeyer/Buchner*, Rückzahlungsklauseln im Arbeitsrecht, 1994; *Borrmann*, Rückforderungsansprüche des Arbeitgebers, AR-Blattei (D) Rückzahlungsklauseln II; *Brötzmann*, Anmerkung zu BAG, Urteil vom 23.1.2007 – 9 AZR 482/06, NJW 2007, 320; *Gotthardt*, Einsatz von Arbeitnehmern im Ausland – Arbeitsrechtliche Probleme und praktische Hinweise für die Vertragsgestaltung, MDR 2001, 961; *Hanau/Stoffels*, Beteiligung von Arbeitnehmern an den Kosten der beruflichen Fortbildung, 1992; *Hennige*, Rückzahlung von Aus- und Fortbildungskosten, NZA-RR 2000, 617; *Jesse/Schellen*, Arbeitgeberdarlehen und Vorschuss, 1990; *Lipke*, Gratifikationen, Tantiemen, Sonderzulagen, 1982; *Maier/Mosig*, Unwirksame Rückzahlungsklauseln bei arbeitgeberseitiger Übernahme der Ausbildungskosten, NZA 2008, 1168; *Saecker*, Anmerkung zu BAG, Urteil vom 21.3.1973, AP Nr. 4 zu § 44 BAT, SAE 1976, 73; *Tiemann*, jurisPR-ArbR 5/2007 Anm. 1 zu BAG, Urteil vom 11.4.2006 – 9 AZR 610/05.

a) Rechtslage im Umfeld

aa) Gestaltungsgegenstand

In Umzugsklauseln kann vereinbart werden, dass der Arbeitnehmer gleich zu Beginn oder verschiedentlich nach Ablauf der Probezeit seinen Lebensmittelpunkt an den Standort der Firma verlegt. Viele Unternehmen legen Wert auf **Wohnsitzklauseln**, weil die dauernde private Anwesenheit am Dienstsitz Praktikabilitätsbedürfnissen entspricht, häufig aber auch im Mittelstand Aussagen über den Umfang der Identifikation von Mitarbeitern in Führungspositionen mit dem Unternehmen zulässt. Ein zweiter Regelungsbereich erfasst den Umfang der **vom Arbeitgeber zu tragenden Kosten eines Umzugs**. Ein dritter Themenkomplex betrifft **Rückzahlungsklauseln** bei vorzeitigem Ausscheiden des Arbeitnehmers nach einem arbeitgeberseitig vollständig oder teilweise „finanzierten“ Umzug. Schließlich ist zu beantworten, mit welchen Bedingungen verknüpft der Arbeitgeber die Finanzierung eines von ihm veranlassten Umzugs des Arbeitnehmers über **Kostenerstattung** oder **Darlehensgewährung** begleiten darf. 3667

bb) Umzugs- und Wohnsitzvereinbarungen

Inwieweit über eine Dienstortklausel der Umzug wirksam vereinbart werden kann, ist nicht unumstritten. Nach Ansicht des LAG Nürnberg[1] berechtigt es den Arbeitgeber nicht zur Anfechtung des Arbeitsvertrages nach § 123 BGB, wenn der Arbeitnehmer sich im Arbeitsvertrag zum Umzug mit seiner Familie an den Firmensitz verpflichtet hat, eine entsprechende Absicht auf Seiten des Arbeitnehmers aber zu keiner Zeit bestand. Nach Auffassung des LAG München sind Umzugs- und Wohnsitzvereinbarungen aus Gründen der allgemeinen Vertragsfreiheit **zulässig.**[2] Zu Wohnsitzklauseln s. ferner § 1 Rn 810 f. 3668

Die Frage, ob der Arbeitnehmer arbeitsvertraglich verpflichtet ist, seinen Wohnsitz in einer „Einsatzgemeinde“ (hier: Gemeindereferentin im pastoralen Dienst eines Bistums) zu nehmen, kann zulässiger Gegenstand einer Feststellungsklage sein. Nach Ansicht des ArbG Paderborn[3] kann eine entsprechende **Residenzpflicht** eine unangemessene Benachteiligung iSd § 307 Abs. 1 S. 1 BGB darstellen. Hat sich die Gemeindereferentin allerdings bei der auf ihrem Wunsch vorgenommenen Versetzung damit einverstanden erklärt, ihren Wohnsitz in einer Einsatzgemeinde zu nehmen, so ist die Vereinbarung nur nach allgemeinen rechtlichen Grundsätzen zu überprüfen. Die Gemeindereferentin erfüllt ihre Verpflichtung allerdings schon dadurch, dass sie einen Zweitwohnsitz in einer Einsatzgemeinde nimmt.[4] 3669

1 LAG Nürnberg 9.12.2003 – 6 SA 676/02, AE 2004, 263.

2 LAG München 9.1.1991 – 5 Sa 31/90, NZA 1991, 821.

3 ArbG Paderborn 16.5.2008 – 2 Ca 118/08, ZMV 2008, 217.

4 LAG Hamm 13.8.2009 – 16 Sa 1045/08; zur Frage, ob das Kirchenrecht zwingend den Bezug einer Dienstwohnung erfordern kann, s. BAG 26.6.2008 – 2 AZR 147/07, BB 2009, 108.

3670 Auf Anfrage des VG Karlsruhe[5] wird der EuGH darüber zu befinden haben, ob **Unionsrecht** einer nationalen Regelung entgegensteht, die die Bewilligung von Ausbildungsförderung für das Studium in einem anderen Mitgliedstaat ausschließlich aus dem Grund versagt, weil der Auszubildende, der vom Freizügigkeitsrecht Gebrauch gemacht hat, bei Studienbeginn nicht seit mindestens drei Jahren den ständigen Wohnsitz in seinem Herkunftsmitgliedstaat hat.

cc) Umfang des Umzugskostenerstattungsanspruchs

3671 Der Umzug gehört grds. zum privaten Lebensbereich des Arbeitnehmers. Ein spezifisch-arbeitsrechtlicher Kostenerstattungsanspruch kraft Gesetzes besteht nicht, wenn der Arbeitnehmer ein neues Arbeitsverhältnis aufnimmt und zu diesem Zweck seinen Wohnsitz in die Nähe der neuen Arbeitsstätte verlegt.[6] Besteht dagegen eine betriebliche Notwendigkeit eines Umzugs, weil der Arbeitnehmer versetzt wurde und die Entfernung für eine tägliche Hin- und Rückfahrt zu hoch ist, besteht ein gesetzlicher Anspruch auf Kostenerstattung gem. § 670 BGB.[7] Erfolgt die Versetzung nicht im betrieblichen Interesse, sondern allein auf Wunsch des Arbeitnehmers, bspw wegen einer Beförderungsstelle, entfällt ein Aufwendungsersatzanspruch.[8]

3672 Im Bereich des öffentlichen Dienstes bestand vor Inkrafttreten des TVöD generell eine tarifvertragliche Kostenübernahmepflicht gem. § 44 BAT unter einer Reihe von Voraussetzungen, bspw bei einem aus Anlass der Einstellung des Arbeitnehmers erfolgten Umzug, wenn die Einstellung im dringenden öffentlichen Interesse lag.[9] Der Arbeitgeber des öffentlichen Dienstes war an eine erteilte Kostenzusage gebunden.[10]

3673 Ein Arbeitgeber, der einem neu eingestellten Arbeitnehmer die Erstattung von Umzugskosten zusagt, muss regelmäßig nicht damit rechnen, dass der Arbeitnehmer außer den Kosten des Umzugs von seinem bisherigen Arbeitsort auch weitere Umzugskosten aus der Zusammenlegung von zwei bisher an verschiedenen Orten unterhaltenen Wohnungen vom Arbeitgeber verlangen will.[11]

3674 Bei einer Versetzung ins entfernte Ausland ist eine Zusage der Umzugskostenerstattung im Zweifel dahin auszulegen, dass sie auch die Kosten des **Rückumzugs** umfasst.[12]

dd) Rückzahlungsklauseln bei Umzugskostenerstattung

3675 Je nach Vertragsgestaltung wird der Arbeitnehmer durch eine Rückzahlungsklausel oder über eine atypische Darlehensklausel verpflichtet, die empfangene Umzugskostenerstattung ganz oder teilweise zurückzahlen, wenn das Arbeitsverhältnis vorzeitig beendet wurde. Die Rückzahlungsverpflichtung besteht nur, sofern die Parteien eine **Rückzahlungsvereinbarung** geschlossen haben. Häufig bietet der Arbeitgeber die Umzugskostenerstattung zusammen mit einer Rückzahlungsvereinbarung an, die nach Höhe und Zeiträumen gestaffelt ist. Der Arbeitnehmer ist nur zur Rückzahlung verpflichtet, wenn dies **ausdrücklich** vereinbart wurde. Lag die Versetzung des Arbeitnehmers ausschließlich im Interesse des Arbeitgebers, soll eine Rückzahlungsvereinbarung nichtig sein.[13] Rückzahlungsvereinbarungen unterliegen einer **strengen Wirksamkeitskontrolle**, da sie zu einer übermäßigen Einschränkung der Berufsfreiheit des Arbeitnehmers führen können.

---

5 VG Karlsruhe 16.11.2011 – 5 K 1480/10.
6 Küttner/*Griese*, Personalbuch, 415 (Umzugskosten) Rn 2.
7 BAG 21.3.1973 – 4 AZR 187/72, BB 1973, 983; ErfK/*Preis*, § 611 BGB Rn 429.
8 BAG 18.3.1992 – 4 AZR 374/91, DB 1992, 1891.
9 BAG 7.9.1982 – 3 AZR 1252/79, AP § 44 BAT Nr. 7.
10 BAG 18.3.1992 – 4 AZR 374/91, DB 1992, 1891.
11 LAG Mecklenburg-Vorpommern 6.1.2005 – 1 Sa 283/04.
12 BAG 26.7.1995 – 5 AZR 216/94, NJW 1996, 741; *Gotthardt*, MDR 2000, 961, 968.
13 Küttner/*Griese*, Personalbuch, 415 (Umzugskosten) Rn 9.

Die Vereinbarung einer Rückzahlungsklausel entspricht der Vertragsfreiheit der Parteien.[14] Um den Arbeitnehmer vor übermäßigen Bindungen zu schützen, unterzieht die Rspr Rückzahlungsklauseln einer inhaltlichen Überprüfung, ähnlich den Grundsätzen zur Rückzahlung von Fortbildungs- und Ausbildungskosten.[15] Dabei ist der Kontrollmaßstab zur Rückzahlung von Ausbildungskosten nicht völlig identisch mit Umzugskostenrückzahlungsklauseln. Während Aufwendungen für Aus- und Fortbildung in Form des beruflichen Wissens, unabhängig von der Dauer der Tätigkeit für den Arbeitgeber, beim Arbeitnehmer als Qualifikation verbleiben, auch wenn der Arbeitnehmer ausgeschieden ist, verliert der Wert der vom Arbeitgeber getätigten Aufwendungen für Umzüge jede nachwirkende wirtschaftlich vorteilhafte Bedeutung für den Arbeitnehmer, falls er ausscheidet und seine nächste Arbeitsstelle nicht am eingenommenen Wohnort antreten kann. Der Transport von Umzugsgut, Maklerkosten und ähnliche Aufwendungen tätigt der Arbeitnehmer im Falle eines überflüssigen Umzugs vergeblich. 3676

Die Interessen des Arbeitgebers sind bei Rückzahlungsklauseln für Aus- und Fortbildung sowie für Umzugskosten weitgehend die gleichen: In beiden Fällen will der Arbeitgeber den Arbeitnehmer zur Betriebstreue motivieren, während sich dieser nur nach und nach übernommenen finanziellen Verpflichtungen gegenüber dem Arbeitgeber durch Zeitablauf lösen kann. Die Rspr ist bemüht, den Arbeitnehmer von der Rückzahlungsverpflichtung ganz oder teilweise nach einem gestuften System, das keine allzu lange Bindungsdauer bewirkt, zu entlasten, ihn sogar teilweise von der Rückzahlungsverpflichtung zu befreien, wenn Umstände, die er nicht zu verantworten hat, zu einer vorzeitigen Beendigung des Arbeitsverhältnisses führen.[16] 3677

Der **Umfang** der in der Rückzahlungsklausel versprochenen Leistungen des Arbeitnehmers darf ein Monatsgehalt regelmäßig nicht überschreiten.[17] Keinesfalls darf der Rückzahlungsbetrag über den tatsächlich erstatteten Kosten liegen, andernfalls würde die Rückzahlung zu einer unzulässigen Vertragsstrafe führen.[18] 3678

Als maximale **zeitliche Bindungsfrist** gestattet das BAG drei Jahre.[19] Eine über drei Jahre hinausgehende Bindung lässt die Rspr nur in besonderen Ausnahmefällen zu.[20] In Einzelfällen kann die Höchstgrenze auf zwei Jahre zurückfallen, wenn bspw der Arbeitgeber ein Interesse daran hat, größere Teile der Belegschaft durch Zahlung einer Pauschale zu veranlassen, in ein anderes Werk, das weiter entfernt an einem für den Arbeitnehmer ungünstigeren Standort liegt, zu wechseln.[21] 3679

Analog der Rspr zur Rückzahlung von Ausbildungskosten[22] muss sich der Rückzahlungsbetrag mit fortschreitender Dauer des Arbeitsverhältnisses **absenken**. Ohne eine solche **Staffelung** ist eine Rückzahlungsklausel unwirksam.[23] Als angemessen gilt eine Vereinbarung, nach der der Rückzahlungsbetrag für jeden Monat nach dem Umzug um 1/36 getilgt wird.[24] Nach der 3680

14 LAG Düsseldorf 3.12.1971 – 9 Sa 785/71, DB 1972, 1588.

15 BAG 24.2.1975 – 5 AZR 235/74, EzA Art. 12 GG Nr. 11 m. Anm. *Blomeyer*; LAG Düsseldorf 3.12.1971 – 8 Sa 418/71, DB 1972, 97; LAG Düsseldorf 23.12.1971 – 9 Sa 785/71, DB 1972, 979; LAG Düsseldorf 23.12.1971 – 7 Sa 722/71, DB 1972, 979; LAG Schleswig-Holstein 15.12.1972 – 4 Sa 329/72, AP § 611 BGB Umzugskosten Nr. 1; zur Rückzahlung von Fortbildungsklauseln s. zuletzt BAG 18.3.2014 – 9 AZR 545/12, DB 2014, 1620; s. ferner § 1 Rn 959 ff (13. Aus- und Fortbildungsfinanzierungsklauseln).

16 LAG Düsseldorf 1.4.1975 – 8 Sa 62/75, EzA § 157 BGB Nr. 1.

17 BAG 24.2.1975 – 5 AZR 235/74, BB 1975, 702.

18 ErfK/*Preis*, § 611 BGB Rn 431.

19 BAG 23.2.1983 – 5 AZR 531/80, DB 1983, 1210; BAG 24.2.1975 – 5 AZR 235/74, EzA Art. 12 GG Nr. 11; LAG Düsseldorf 23.12.1971 – 9 Sa 785/71, DB 1972, 979; LAG Kiel 15.12.1972 – 4 Sa 329/72, AP § 611 BGB Umzugskosten Nr. 1.

20 LAG Düsseldorf 3.12.1971 – 9 Sa 785/71, DB 1972, 1587; LAG Düsseldorf 3.12.1971 – 8 Sa 418/71, EzA Art. 12 GG Nr. 6.

21 LAG Düsseldorf 3.12.1971 – 8 Sa 418/71, DB 1972, 97.

22 BAG 11.4.1990 – 5 AZR 308/89, DB 1990, 2222.

23 BAG 6.5.1998 – 5 AZR 535/97, NJW 1999, 443.

24 Küttner/*Griese*, Personalbuch, 415 (Umzugskosten) Rn 9.

Rspr des BAG sind Rückzahlungsklauseln, die eine jahresweise Tilgung um jeweils ein Drittel vorsehen, nicht zu beanstanden.[25] *Stoffels*[26] interpretiert diese Rspr so, dass, anders als im Bereich der Rückzahlung von Aus- und Fortbildungskosten, die **Staffelung** des Rückforderungsbetrags keine Wirksamkeitsvoraussetzung sei.[27]

3681 Als unzulässig gelten Rückzahlungsklauseln, soweit sie die Rückzahlung auch bei **betriebs- oder personenbedingter Kündigung** des Arbeitgebers vorsehen.[28] Beendet der Arbeitnehmer vorzeitig das Arbeitsverhältnis, ist er dann nicht zur Rückzahlung verpflichtet, wenn der Arbeitgeber die Kündigung zu vertreten hat.[29] In Formulararbeitsverträgen sollte klargestellt werden, dass in Fällen, in denen der Grund für die Beendigung des Arbeitsverhältnisses in der Sphäre des Arbeitgebers liegt (zB bei betriebsbedingter Kündigung), die Rückzahlungspflicht entfällt.[30] Für die Rückzahlung von Ausbildungskosten geht das BAG[31] davon aus, dass eine – iSd § 305 Abs. 1 S. 1 BGB vorformulierte und damit der AGB-Kontrolle unterfallende – Rückzahlungsklausel **unangemessen** und mithin unwirksam (§ 307 Abs. 1 S. 1 BGB) ist, wenn sie die Rückzahlungspflicht ohne Rücksicht **auf den jeweiligen Grund** für die Beendigung des Arbeitsverhältnisses auslösen soll. Dies gilt auch dann, wenn im Formulararbeitsvertrag unter Voranstellung des Wortes „insbesondere" zwei Beispielsfälle genannt sind, für welche wirksam eine Rückzahlungsverpflichtung begründet werden könnte (Eigenkündigung des Arbeitnehmers und Kündigung durch den Arbeitgeber aus einem vom Arbeitnehmer zu vertretenen Grund). Hier ist zu berücksichtigen, dass das BAG für die Rückzahlung von Fortbildungskosten davon ausgeht, dass eine entsprechende Klausel nur dann eine ausgewogene Gesamtregelung darstellt, wenn es der Arbeitnehmer selbst in der Hand hat, durch eigene Betriebstreue der Rückzahlungsverpflichtung zu entgehen. Eine entsprechende Regelung benachteiligt den Arbeitnehmer bspw dann unangemessen iSv § 307 Abs. 1 BGB, wenn die Rückzahlungspflicht ausnahmslos an eine von dem Arbeitnehmer erklärte Eigenkündigung des Arbeitsverhältnisses geknüpft ist. Es fehlt in diesem Falle eine Unterscheidung danach, ob der Grund für die Beendigung des Arbeitsverhältnisses der Sphäre des Arbeitgebers oder des Arbeitnehmers entstammt. Eine entsprechende Klausel greift daher ohne Einschränkung auch dann ein, wenn die Kündigung des Arbeitnehmers durch den Arbeitgeber (mit-)veranlasst wurde (zB durch ein vertragswidriges Verhalten). Der Arbeitnehmer wird durch eine solche undifferenzierte Regelung unangemessen benachteiligt.[32]

Die von der Rspr zu Ausbildungskosten entwickelten Grundsätze dürften auch für die Rückzahlung von **Umzugskosten** gelten. Auf die Ausführungen in § 1 Rn 959 ff (Stichwort „13. Aus- und Fortbildungsfinanzierungsklauseln") kann daher verwiesen werden.

3682 Fragen ergeben sich, wenn der Arbeitnehmer **während der Probezeit gekündigt** wird. Das ArbG Hagen[33] ist der Ansicht, bei vorzeitiger Beendigung eines Arbeitsverhältnisses aufgrund ungenügender Leistungen des Arbeitnehmers in der Probezeit entfalle der Anspruch auf Rückzahlung erstatteter Umzugskosten. Wegen der noch erforderlichen Bewährung löst die Praxis die Probezeitthematik meist in der Weise, dass der Umzug des Arbeitnehmers auf die Zeit nach Ablauf der in § 1 Abs. 1 KSchG geregelten sechsmonatigen Wartezeit verschoben wird.

25 BAG 23.4.1986 – 5 AZR 159/85, DB 1986, 2135.

26 Preis/*Stoffels*, Der Arbeitsvertrag, II U 10 Rn 21.

27 BAG 24.2.1975 – 5 AZR 235/74, EzA Art. 12 GG Nr. 11; LAG Schleswig-Holstein 15.12.1972 – 4 Sa 329/72, AP § 611 BGB Umzugskosten Nr. 1.

28 BAG 6.5.1998 – 5 AZR 535/97, NJW 1999, 443.

29 LAG Bremen 25.2.1994 – 4 Sa 13/93, DB 1994, 2630.

30 *Lingemann*, in: Bauer/Lingemann u.a., Anwalts-Formularbuch Arbeitsrecht, Kap. 12, M 12.20 Rn 1207.

31 BAG 11.4.2006 – 9 AZR 610/05, DB 2006, 2241; BAG 23.1.2007 – 9 AZR 482/06, NZA 2007, 748; *Brötzmann*, NJW 2007, 320.

32 BAG 18.3.2014 – 9 AZR 545/12, DB 2014, 1620.

33 ArbG Hagen 16.12.1976 – 2 Ca 721/76, BB 1977, 144.

ee) Leitlinien für die Wirksamkeit von Vereinbarungen zur Rückzahlung von Umzugskosten

In Anwendung der für die Rückzahlung von Aus- und Fortbildungskosten geltenden Leitlinien lassen sich für die Wirksamkeit von Vereinbarungen zur Rückzahlung von Umzugskosten folgende Kriterien zusammenfassen:[34] 3683

- Der Umzug muss zumindest auch im Interesse des Arbeitnehmers liegen;
- der Grund für das vorzeitige Ausscheiden aus dem Arbeitsverhältnis muss der Risikosphäre des Arbeitnehmers zuzurechnen sein;
- der Arbeitnehmer darf durch die Rückzahlungsverpflichtung grds. nicht länger als drei Jahre an das Arbeitsverhältnis gebunden werden (s. § 1 Rn 3679);
- die Höhe des Rückzahlungsbetrags darf in keinem Fall über den tatsächlich erstatteten Kosten liegen und muss sich mit fortschreitender Dauer des Arbeitsverhältnisses ratierlich mindern.

Tarifliche Rückzahlungsklauseln sind an die gleichen Voraussetzungen geknüpft wie arbeitsvertragliche Rückzahlungsklauseln wegen erstatteter Umzugskosten.[35] Sie unterfallen allerdings nicht der AGB-Kontrolle. 3684

Die Höhe des Rückforderungsbetrags erfasst nach *Stoffels*[36] nur dann sämtliche, vom Arbeitgeber erstatteten Kosten wie Maklergebühren, Restzahlungen an früheren Vermieter, Umbau von Möbelstücken wegen des Zuschnitts der neuen Wohnung, wenn die Parteien eine solche umfängliche Regelung in die Rückzahlungserstattungsvereinbarung aufgenommen haben. 3685

ff) AGB-Kontrolle von Umzugskostenerstattungsklauseln

Seit der Schuldrechtsreform sind Umzugskostenrückzahlungsklauseln einer Inhaltskontrolle nach § 307 Abs. 2 Nr. 1 BGB zu unterziehen. Es ist die Frage zu stellen, ob derartigen Klauseln das Klauselverbot des § 308 Nr. 7 BGB entgegensteht. Eine Inhaltskontrolle nach § 307 Abs. 2 Nr. 1 BGB ergibt grds. keinen Gesetzesverstoß bei Umzugskostenrückzahlungsklauseln. Es fehlt bereits an einer gesetzlichen Regelung, von der mit der Rückzahlungsklausel abgewichen werden könnte. Auch eine unangemessene Benachteiligung nach § 307 Abs. 1 S. 1 BGB scheidet aus. Rückzahlungsklauseln für erstattete Umzugskosten unterliegen der Privatautonomie,[37] so dass eine Unvereinbarkeit mit wesentlichen Grundgedanken oder mit Treu und Glauben nicht erkennbar ist. 3686

§ 308 Nr. 7 b BGB ist nicht einschlägig, wenn der arbeitsvertragliche Umzugskostenerstattungsanspruch die Höhe eines Bruttomonatsgehalts oder gemäß den von der Rspr vorgegebenen Staffelungen 1/36 des vom Arbeitgeber geleisteten Erstattungsbetrags pro Monat nicht überschreitet. 3687

Unangemessen gem. § 307 Abs. 1 S. 1 BGB dürften allerdings Klauseln sein, die die Rückzahlungspflicht ohne Rücksicht auf den **jeweiligen Grund für die Beendigung** des Arbeitsverhältnisses auslösen.[38] 3688

Eine entsprechende Klausel muss **klar und verständlich** sein (Transparenzgebot/Bestimmtheitsgebot). Sie muss die tatbestandlichen Voraussetzungen und die Rechtsfolgen so genau beschreiben, dass für den Arbeitgeber als Verwender keine ungerechtfertigten Beurteilungsspielräume entstehen. Ein Verstoß gegen das Transparenzgebot liegt bei Rückzahlungsklauseln insb. in den Fällen vor, in denen die Klausel dem Arbeitgeber als Verwender vermeidbare Spielräume hinsichtlich der erstattungspflichtigen Kosten gewährt. Es müssen zumindest Art und Berechnungsgrundlagen der ggf zu erstattenden Kosten angegeben werden, damit der Arbeitnehmer 3689

34 *Jochums*, in: Maschmann/Sieg/Göpfert, Vertragsgestaltung im Arbeitsrecht, 520 Rn 6.
35 BAG 21.3.1973 – 4 AZR 187/72, BB 1973, 983.
36 Preis/*Stoffels*, Der Arbeitsvertrag, II U 10 Rn 20.
37 LAG Düsseldorf 3.12.1971 – 9 Sa 785/71, DB 1972, 1588.
38 Zuletzt BAG 23.1.2007 – 9 AZR 482/06, NZA 2007, 748.

sein Rückzahlungsrisiko ausreichend abschätzen kann. Erforderlich sind die genaue und abschließende Bezeichnung der einzelnen Positionen, aus denen sich die Gesamtforderung zusammensetzen soll, und die Angabe, nach welchen Parametern die einzelnen Positionen berechnet werden.[39]

3690 Genügt eine entsprechende Rückzahlungsklausel nicht diesen Anforderungen und ist sie mithin unwirksam, so scheidet eine ergänzende Vertragsauslegung aus, da anderenfalls die gesetzlichen Wertungen des § 307 BGB unterlaufen würden. Ein Erstattungsanspruch des Arbeitgebers kann auch nicht auf bereicherungsrechtliche Vorschriften gestützt werden (§ 812 Abs. 1 S. 1, § 818 Abs. 2 BGB), da die Vereinbarung (hier: Fortbildungsvereinbarung) mit Ausnahme der Rückzahlungsklausel wirksam ist.[40]

3691 Im Einzelnen kann zur AGB-Kontrolle auf die Ausführungen zur Rückzahlung von Aus- und Fortbildungskosten verwiesen werden (s. § 1 Rn 976 ff).

gg) Steuerrechtliche Aspekte

3692 Die **Erstattung von Umzugskosten** durch den privaten Arbeitgeber ist unter den im Gesetz näher beschriebenen Voraussetzungen **steuerfrei**, dh, der Arbeitnehmer muss keinen geldwerten Vorteil versteuern, wenn ihm der Arbeitgeber für die Aufnahme einer beruflichen Tätigkeit oder im Rahmen eines Arbeitsplatzwechsels die Umzugskosten erstattet, § 3 Nr. 16 EStG. Maßgebliches Kriterium für die Steuerfreiheit ist, dass die Umzugskosten **„beruflich veranlasst“** sind. Umzugskostenerstattungen für einen privat veranlassten Umzug zählen hingegen zum steuerpflichtigen Arbeitslohn.

3693 Die Frage, ob eine berufliche Veranlassung des Umzugs anzunehmen ist, ist anhand der Umstände des Einzelfalls zu beurteilen. Zu den wesentlichen Kriterien, die für eine berufliche Veranlassung sprechen, zählen die Aufnahme einer beruflichen Tätigkeit und ein Arbeitsplatzwechsel.

3694 Die steuerliche Behandlung einer Umzugskostenvergütung aus **„öffentlichen Kassen“** ist in § 3 Nr. 9–13 EStG geregelt. Danach sind derartige Umzugskostenvergütungen steuerfrei. Öffentliche Kassen iSd Vorschrift sind die Kassen der inländischen juristischen Personen des öffentlichen Rechts und solche Kassen, die einer Dienstaufsicht und Prüfung der Finanzgebarung durch die inländische öffentliche Hand unterliegen. Hierzu gehören demnach neben den Kassen des Bundes, der Länder und der Gemeinden auch die Kassen der öffentlich-rechtlichen Religionsgemeinschaften, die Ortskrankenkassen, landwirtschaftliche Krankenkassen, Innungskrankenkassen und Ersatzkassen sowie die Kassen des Bundeseisenbahnvermögens, der Deutschen Bundesbank, der öffentlich-rechtlichen Rundfunkanstalten, der Berufsgenossenschaften, der Gemeindeunfallversicherungsverbände, der Träger der gesetzlichen Rentenversicherungen, der Knappschaften und die Unterstützungskassen der Postunternehmen.

3695 Steuerfreiheit der Umzugskostenvergütung besteht in der **Höhe**, in der sie aufgrund der umzugskostenrechtlichen Vorschriften des Bundes und der Länder (zB Bundesumzugskostengesetz, Auslandsumzugskosten-VO) gezahlt werden.

---

39 BAG 21.8.2012 – 3 AZR 698/10, DB 2012, 2894; BAG 20.3.2013 – 10 AZR 8/12, NZA 2013, 917; BAG 6.8.2013 – 9 AZR 442/12, DB 2013, 2866 – jew. zur Rückzahlung von Fortbildungskosten.

40 BAG 6.8.2013 – 9 AZR 442/12, DB 2013, 2866.

b) Klauseltypen und Gestaltungshinweise

aa) Umzugskostenerstattung mit gestaffelter Rückerstattung

(1) Klauseltyp A

A 1: 3696

Umzugskosten

a) Die Gesellschaft verpflichtet sich, die Umzugskosten von (...) nach (...) gegen Vorlage der Belege zu erstatten.
b) Die Erteilung des Umzugsauftrags darf nur im Einverständnis mit der Gesellschaft erfolgen. Vorher sind die Angebote von mindestens (...) Möbelspediteuren beizubringen.
c) Scheidet Herr/Frau (...) vor Ablauf von drei Jahren nach dem Umzugstermin aus dem Arbeitsverhältnis aus, ohne dass er/sie dafür einen wichtigen Grund hat, oder beruht eine Kündigung der Gesellschaft innerhalb dieses Zeitraums auf Gründen, die Herr/Frau (...) zu vertreten hat, so ist Herr/Frau (...) verpflichtet, die Umzugskosten zurückzuzahlen, wobei pro Monat der Betriebszugehörigkeit 1/36 der Umzugskosten als getilgt gelten.[41]

A 2: Der Arbeitgeber erstattet dem Arbeitnehmer die notwendigen Kosten eines Umzugs in die nähere Umgebung des Betriebs. Kündigt der Arbeitnehmer das Arbeitsverhältnis innerhalb von drei Jahren nach Auszahlung der Umzugskostenerstattung, ist der Umzugskostenerstattungsbetrag von ihm an den Arbeitgeber zurückzuzahlen. Der Rückzahlungsbetrag wird Jahresweise um ein Drittel getilgt.

A 3: Die (...)-GmbH verpflichtet sich, sich an den Umzugskosten, die Ihnen entstehen, bis zur Höhe von maximal 3.500 € zu beteiligen.

A 4:
(1) Zieht der Arbeitnehmer von (...) nach (...) bzw in die räumliche Nähe von (...), verpflichtet sich die Gesellschaft, ihm jeweils gegen geeigneten Nachweis folgende Leistungen zu gewähren:
- die auf das Umzugsgut entfallenden notwendigen Beförderungsauslagen;
- die mit dem Umzug selbst verbundenen notwendigen Reisekosten;
- Mietdoppelzahlungen für die bisherige Wohnung für einen Zeitraum von bis zu drei Monaten;
- Kosten für eine Reise für eine Person zum neuen Wohnort für die Suche nach und die Besichtigung einer neuen Wohnung;
- Maklerkosten bis zu einer Höchstgrenze von (...) € brutto für die Vermittlung einer angemessenen Mietwohnung in Höhe von bis zu zwei Monatsmieten zzgl gesetzlicher Mehrwertsteuer.

(2) Scheidet der Arbeitnehmer innerhalb von 36 Monaten seit Beginn des Arbeitsverhältnisses bzw, wenn der Umzug nach Beginn des Arbeitsverhältnisses erfolgt, seit dem Tag des Umzugs aufgrund einer nicht vom Arbeitgeber veranlassten Eigenkündigung aus dem Arbeitsverhältnis aus, so hat er die gemäß vorstehendem Absatz 1 wegen des Umzugs gewährten Leistungen mit der Maßgabe zu erstatten, dass der Erstattungsbetrag für jeden vollen Monat des Ausscheidens vor Vollendung der 36-Monats-Frist 1/36 der gemäß Absatz 1 gewährten Leistungen beträgt. Das Gleiche gilt, wenn das Arbeitsverhältnis innerhalb der 36-Monats-Frist aufgrund eines vom Arbeitnehmer gewünschten – nicht vom Arbeitgeber veranlassten – Aufhebungsvertrages oder aufgrund einer verhaltensbedingten oder personenbedingten Kündigung des Arbeitgebers endet.

41 *Lingemann*, in: Bauer/Lingemann u.a., Anwalts-Formularbuch Arbeitsrecht, Kap. 12, M 12.21, Fn 8.

(3) Die Versteuerung eines mit den in Absatz 1 genannten Leistungen eventuell verbundenen geldwerten Vorteils erfolgt nach den jeweils geltenden steuerrechtlichen Regelungen und ist vom Arbeitnehmer zu tragen.

(2) Gestaltungshinweise

3697 Die **Klausel A 1** dürfte der aktuellen Rspr zur AGB-Kontrolle genügen. Sie trägt dem Umstand Rechnung, dass in Formularverträgen ausdrücklich klargestellt werden sollte, dass in Fällen, in denen der Grund für die Beendigung des Arbeitsverhältnisses in der Sphäre des Arbeitgebers liegt, die Rückzahlungspflicht entfällt, was ggf auch im Falle der Eigenkündigung anzunehmen ist.[42]

Des Weiteren trägt die Klausel dem Umstand Rechnung, dass der zu ersetzende Betrag idR ein Monatsgehalt nicht überschreiten und sich mit fortschreitender Dauer des Arbeitsverhältnisses angemessen vermindern muss (hier: um 6/35 pro Monat, möglich ist auch 1/3 pro Jahr).[43]

Die höchstmögliche zeitliche Bindung beträgt danach drei Jahre. Ob sie – wie im Falle einer Fortbildungsvereinbarung – bei einer Umzugsregelung im Einzelfall auch auf fünf Jahre ausgedehnt werden kann,[44] ist äußerst fraglich. In jedem Fall muss der Umzug zumindest auch im Interesse des Arbeitnehmers erfolgt sein.

3698 In Anlehnung an die Rspr zu Rückzahlungsklauseln dürfte die **Klausel A 2** unwirksam sein, da sie eine Rückzahlungspflicht im Falle der Eigenkündigung ohne Ausnahme vorsieht, also auch dann, wenn die Beendigung des Arbeitsverhältnisses durch den Arbeitgeber (mit)veranlasst wurde, zB durch Eigenkündigung des Arbeitnehmers wegen eines vertragswidrigen Verhaltens des Arbeitgebers. Das führt nach der Rspr des BAG betreffend Rückzahlungsklauseln zu einer unangemessenen Benachteiligung.[45] Der Arbeitgeber sollte in diesem Falle ein etwaiges Rückzahlungsverlangen auch nicht auf bereicherungsrechtliche Vorschriften stützen können.[46]

3699 Die **Klausel A 3** ist der Entscheidung des LAG Mecklenburg-Vorpommern vom 6.1.2005[47] entnommen. Sie ist dahin gehend auszulegen (s. auch § 1 Rn 3673), dass sich eine Kostenübernahmeverpflichtung nicht auf die Umzugskosten für mehrere Wohnungen erstreckt. Will ein Arbeitnehmer entgegen den Gepflogenheiten von seinem Arbeitgeber nicht nur die Kosten des Umzugs von seiner Wohnung am bisherigen Arbeitsort, sondern auch die Kosten des Umzugs einer Lebensgefährtin aus deren bisheriger Wohnung in eine gemeinsame Wohnung am neuen Arbeitsort des Arbeitnehmers erstattet haben, so obliegt es ihm, diesen Wunsch deutlich auszusprechen und auf eine Umzugskostenvereinbarung zu drängen, die die Zusage der Erstattung der Kosten beider Umzüge eindeutig enthält.

3700 Die **Klausel A 4**[48] regelt neben der Kostenerstattungspflicht des Arbeitgebers auch eine Rückzahlungsverpflichtung des Arbeitnehmers für den Fall seines vorzeitigen Ausscheidens. Zur Vermeidung von Auslegungsschwierigkeiten betreffend den Begriff „Umzugskosten" werden im Klauselvorschlag die vom Arbeitgeber zu gewährenden Leistungen ausdrücklich genannt. In Anlehnung an die Rspr zu Klauseln betreffend die Rückzahlung von Aus- und Fortbildungskosten empfiehlt es sich, vermeidbare Spielräume hinsichtlich der erstattungspflichtigen Kosten zu vermeiden und das auf den Arbeitnehmer ggf zukommende Rückzahlungsrisiko möglichst genau und abschließend zu bezeichnen.[49]

---

42 BAG 18.3.2014 – 9 AZR 545/12, DB 2014, 1620 (zur Rückzahlung von Ausbildungskosten).

43 *Lingemann*, in: Bauer/Lingemann u.a., Anwalts-Formularbuch Arbeitsrecht, Kap. 12, M 12.21, Fn 8.

44 BAG 14.1.2009 – 3 AZR 900/07, DB 2009, 1129.

45 BAG 13.12.2011 – 3 AZR 791/09, NZA 2012, 738, 739; ArbG Köln 7.3.2013 – 10 Ca 2964/12; BAG 28.5.2013 – 3 AZR 103/12, DB 2013, 2152.

46 BAG 28.5.2013 – 3 AZR 103/12, DB 2013, 2152.

47 LAG Mecklenburg-Vorpommern 6.1.2005 – 1 Sa 283/04.

48 *Jochums*, in: Maschmann/Sieg/Göpfert, Vertragsgestaltung im Arbeitsrecht, 520 Rn 9.

49 BAG 6.8.2013 – 9 AZR 443/12, DB 2013, 2866.

Die die Rückzahlungsverpflichtung begründenden Beendigungstatbestände werden ausdrücklich aufgeführt (Abs. 2). Dabei wird – was in Rspr und Lit. nach wie vor nicht abschließend geklärt ist – auch die personenbedingte Kündigung erfasst, wobei davon ausgegangen wird, dass dieser Passus für den Fall der Feststellung der Unwirksamkeit durch das Arbeitsgericht „herausgestrichen" werden könnte, ohne dass hiermit der Regelungsgehalt der Klausel im Übrigen angetastet würde. Sicherheitshalber ist insoweit von vornherein auf die Worte „oder personenbedingten" zu verzichten.
Die allgemein als maximal zulässig erachtete Bindungsdauer von drei Jahren (Abs. 2) wird vollständig ausgeschöpft. Die Rückzahlungsverpflichtung vermindert sich innerhalb dieses Zeitraums mit jedem Monat des Fortbestands des Arbeitsverhältnisses. Eine entsprechende Regelung empfiehlt sich,[50] weil anderenfalls die Wirksamkeit der Rückzahlungsverpflichtung wegen einer unangemessenen Bindungsintensität gefährdet wäre.
Abs. 3 regelt die Versteuerung der in Abs. 1 genannten Leistungen.

bb) Atypische Darlehensklausel

(1) Klauseltyp B

➔ Nach erfolgtem Umzug des Mitarbeiters nach (...) gewährt die Gesellschaft dem Mitarbeiter ein zinsloses Darlehen in Höhe der nachgewiesenen Umzugskosten. Scheidet der Mitarbeiter vor Ablauf einer ununterbrochenen dreijährigen Unternehmenszugehörigkeit – gerechnet ab dem Tag des Umzugs – aufgrund einer freiwilligen Eigenkündigung oder durch sein Verschulden aus den Diensten der Gesellschaft aus, hat er pro vollem Monat des Ausscheidens vor Vollendung der dreijährigen Unternehmenszugehörigkeit 1/36 des Darlehens an die Gesellschaft zurückzuzahlen. Anderenfalls ist das Darlehen nicht zurückzuzahlen.[51] 3701

(2) Gestaltungshinweise

Auch mit dieser Klausel B soll der Arbeitnehmer zur Rückzahlung verpflichtet werden. Die Be- 3702
zeichnung und die Konstruktion der Zahlungsverpflichtung (hier: Darlehen) sind für die rechtliche Beurteilung irrelevant. Auch die Darlehensklausel muss insoweit den von der Rspr zu Rückzahlungsklauseln entwickelten Wirksamkeitsvoraussetzungen genügen.[52] Die Darlehensklausel hat insofern keine Vorteile gegenüber einer „normalen" Rückzahlungsklausel. Die Klausel B stellt in Anlehnung an die Rspr zu Rückzahlungsklauseln mithin darauf ab, dass das Arbeitsverhältnis durch „freiwillige Eigenkündigung" oder durch das Verschulden des Arbeitnehmers endet. Gegebenenfalls wäre es sicherer, von einer „vom Arbeitnehmer veranlassten Eigenkündigung" zu sprechen. Es würde in diesem Falle noch deutlicher, dass nicht an Umstände angeknüpft wird, die aus der Sphäre des Arbeitgebers stammen.

50 *Jochums*, in: Maschmann/Sieg/Göpfert, Vertragsgestaltung im Arbeitsrecht, 520 Rn 12.
51 *Jochums*, in: Maschmann/Sieg/Göpfert, Vertragsgestaltung im Arbeitsrecht, 520 Rn 27.
52 Preis/*Stoffels*, Der Arbeitsvertrag II, U 10 Rn 24.

61. Urlaubsklauseln

Literatur

Bauer, „Spielregeln" für die Freistellung von Arbeitnehmern, NZA 2007, 409; *Bauer/Arnold*, EuGH kippt deutsches Urlaubsrecht, NJW 2009, 631; *Bauer/von Medem*, Von Schultz-Hoff zu Schulte – Der EuGH erweist sich als lernfähig, NZA 2012, 113; *Bayreuther*, Kurzarbeit, Urlaub und der EuGH, DB 2012, 2748; *Benecke*, Urlaub und Urlaubsabgeltung, RdA 2011, 241; *Bieder*, Die Vererblichkeit von Urlaub und Urlaubsabgeltungsansprüchen, AuR 2012, 239; *Böckel*, Das Urlaubsrecht in der betrieblichen Praxis, 2. Aufl. 1989; *Brasse*, Der EuGH macht Urlaub, PuR 2011, 145; *ders.*, Urlaub ohne Ende?, PuR 2012, 3; *Corts*, Einstweilige Verfügung auf Urlaubsgewährung, NZA 1998, 357; *Dornbusch/Arner*, Urlaubsanspruch und Urlaubsabgeltung bei fortdauernder Arbeitsunfähigkeit des Arbeitnehmers, NZA 2009, 180; *Dörner*, Die Verfügungsmöglichkeiten des Arbeitnehmers über seine urlaubsrechtlichen Ansprüche, AR-Blattei, Urlaub XI; *Düwell*, Urlaub bei Erwerbsunfähigkeit, DB 2012, 1749; *ders.*, Urlaubsrecht im Umbruch, NZA-Beilage 2011 Nr. 3, 133; *Eckstein*, Der EuGH und der Urlaub bei Teilzeitbeschäftigung, BB 2012, 3083; *Ernst*, Die Fristen des § 7 Abs. 3 BUrlG als „best-before-Daten", BB 2008, 111; *Fieberg*, Urlaubsanspruch bei Übergang in Teilzeit – Neues aus Luxemburg, NZA 2010, 925; *Fuhlrott/Hoppe*, Aktuelles Urlaubsrecht, AuA 2012, 86; *Gaul/Bonanni*, Urlaubsanspruch trotz Langzeiterkrankung – Handlungsbedarf für die betriebliche Praxis!, DB 2009, 1013; *Gaul/Josten/Straub*, EuGH: Urlaubsanspruch trotz Dauerkrankheit, BB 2009, 497; *Heilmann*, Übertragung, Abgeltung und Verfall von Urlaubsansprüchen, ArbuR 2012, 234; *Hohmeister*, Die Rechtsprechung des BAG zum Urlaubsrecht in den Jahren 2007/2008, BB 2009, 494; *ders.*, DB-Rechtsprechungsreport: Die Rechtsprechung des BAG zum Urlaubsrecht im Jahr 2013, 2037; *Hümmerich*, Gestaltung von Arbeitsverträgen nach der Schuldrechtsreform, NZA 2003, 753; *Issels*, jurisPR-ArbR 13/2008 Anm. 4; *Jesgarzewski*, Keine Urlaubsabgeltung bei Tod des Arbeitnehmers, BB 2012, 1347; *Kallmann*, Urlaub im Arbeitsrecht, 1991; *Köster/Nimscholz/Korte*, Kurzarbeit und Beschäftigungstransfer – Konjunkturelles und Transfer-Kurzarbeitergeld, Düsseldorfer Schriftenreihe, 2009; *Kramer*, Gestaltung einer Freistellung von der Arbeit, DB 2008, 2538; *Leinemann*, Die Deformierung der Urlaubsabgeltung durch den EuGH, DB 2009, Nr. 8, I; *Linck/Schütz*, Möglichkeiten und Grenzen der Vertragsgestaltung im Urlaubsrecht, in: FS Leinemann, 2006, S. 171; *Meyer*, Freistellung als Urlaubsgewährung, NZA 2002, 873; *Moderegger*, Rolle rückwärts im Urlaubsrecht, ArbRB 2012, 54; *Nägele*, Urlaubsansprüche in der Zeit der Freistellung, DB 1998, 1132; *Natzel*, Tilgungsbestimmung – Heilmittel im Urlaubsrecht?, NZA 2011, 77; *Plüm*, Wohin im Urlaub?, NZA 2013, 11; *Pötters/Stiebert*, Neuausrichtung des deutschen Urlaubsrechts, ZESAR 2012, 23; *Powietzka/Christ*, Urlaubsanspruch im ruhenden Arbeitsverhältnis – oder doch nicht?, NZA 2013, 18; *Powietzka/Fallenstein*, Urlaubsklauseln in Arbeitsverträgen, NZA 2010, 673; *Schiefer*, Rechtsprechungsübersicht – Urlaubsrecht, PuR 2012, 12; *Schiefer/Brasse*, Verfallbarkeit wegen Krankheit nicht genommenen Urlaubs – Richtungswechsel?, DB 2011, 1976; *Schiefer/Heitmann*, Krankheit im Arbeitsverhältnis/Pflege naher Angehöriger, Düsseldorfer Schriftenreihe, 2014; *Schipper/Polzer*, Die Vererblichkeit des Urlaubsanspruchs – Die Rechtsprechung im Wandel, NZA 2011, 80; *Schwarz-Seeberger*, Urlaubsabgeltung bei zweiter Elternzeit, ZMV 2009, 50; *Stenslik*, Begrenzung der Urlaubsübertragung bei Dauererkrankung, DStR 2012, 659; *Stoffels*, Der Vertragsbruch des Arbeitnehmers, 1994; *Subatzus*, Übertragung von Urlaubsansprüchen bei Arbeitsunfähigkeit, DB 2009, 510; *Thüsing*, Das deutsche Urlaubsrecht in Luxemburger Rechtsfortbildung, FA 2009, 65; *Tschöpe*, Gestaltungselemente bei Arbeitsverträgen, MDR 1996, 1081; *Wicht*, Urlaubsansprüche im ruhenden Arbeitsverhältnis, BB 2012, 1349; *Worzalla*, Urlaub und Urlaubsabgeltung bei Langzeiterkrankung, PuR 05/2009, 3; *ders.*, Und wieder: Neues Urlaubsrecht aus Luxemburg, PuR 2013, 152.

a) Rechtslage im Umfeld

aa) Gesetzliches Mindesturlaubsrecht

3703 Nach Art. 7 Abs. 1 der Richtlinie 2003/88/EG vom 4.11.2003, der inhaltlich den früheren Richtlinienfassungen 2000/34/EG und 93/104/EG entspricht, treffen die Mitgliedstaaten die erforderlichen Maßnahmen, damit jeder Arbeitnehmer einen bezahlten **Mindesturlaub** von vier Wochen nach Maßgabe der Bedingungen für die Inanspruchnahme und die Gewährung erhält, die in den Einzelstaaten nach den Rechtsvorschriften und/oder nach den einzelstaatlichen Gepflogenheiten vorgesehen sind. Der EuGH hat in mehreren Entscheidungen hervorgehoben, dass der Anspruch jedes Arbeitnehmers auf bezahlten Jahresurlaub ein besonders bedeutsamer Grundsatz des Sozialrechts der Gemeinschaft ist.[1]

3704 Art. 7 Abs. 1 der Richtlinie 2003/88/EG ist dahin auszulegen, dass er nationalen Bestimmungen oder Gepflogenheiten entgegensteht, nach denen der Anspruch auf bezahlten Jahresurlaub von einer effektiven Mindestarbeitszeit von zehn Tagen oder einem Monat während des Be-

1 EuGH 6.4.2006 – Rs. C-124/05, NZA 2006, 719.

zugszeitraums abhängt.[2] Urlaubsansprüche, die über die in der Richtlinie vorgesehenen vier Wochen hinausgehen, fallen nicht in den Anwendungsbereich der Richtlinie.[3]

Gemäß § 3 BUrlG beträgt der Urlaub jährlich mindestens 24 Werktage. Der gesetzliche Mindesturlaub von 24 Werktagen in der Sechs-Tage-Woche oder von 20 Arbeitstagen in der Fünf-Tage-Woche ist nach §§ 1, 3 Abs. 1 iVm § 13 Abs. 1 S. 3 BUrlG **unabdingbar.**[4] 3705

Von den Bestimmungen des BUrlG kann mit Ausnahme der § 1 (Urlaubsanspruch), § 2 (Geltungsbereich) und § 3 Abs. 1 (jährlicher Urlaub von mindestens 24 Werktagen) in Tarifverträgen abgewichen werden (§ 13 Abs. 1 BUrlG). Die abweichenden Bestimmungen haben zwischen nicht tarifgebundenen Arbeitgebern und Arbeitnehmern Geltung, wenn zwischen diesen die Anwendung der einschlägigen tariflichen Urlaubsregelung vereinbart ist (§ 13 Abs. 2 BUrlG). Im Übrigen kann, abgesehen von § 7 Abs. 2 S. 2 BUrlG (zusammenhängende Gewährung des Urlaubs), von den Bestimmungen dieses Gesetzes nicht zu Ungunsten des Arbeitnehmers abgewichen werden (Unabdingbarkeit) (§ 13 Abs. 3 BUrlG). 3706

Der in § 7 Abs. 4 BUrlG geregelte **Abgeltungsanspruch** für den Fall, dass der Urlaub wegen Beendigung des Arbeitsverhältnisses ganz oder teilweise nicht mehr gewährt werden kann, war nach bisheriger Rspr als **Surrogat** des tariflich „unantastbaren Urlaubsanspruchs" gem. §§ 1, 3 Abs. 1 BUrlG anzusehen und mithin ebenfalls unabdingbar.[5] Diese **Surrogatstheorie** hat das BAG infolge der Schultz-Hoff-Entscheidung des EuGH[6] **aufgegeben.**[7] Die Surrogatstheorie hat das BAG zunächst partiell in Bezug auf Abgeltungsansprüche bei fortdauernder Arbeitsunfähigkeit bis zum Ende des Übertragungszeitraums aufgegeben.[8] Sodann hat das BAG festgestellt,[9] dass an der Surrogatstheorie auch für den Fall der Arbeitsfähigkeit des aus dem Arbeitsverhältnis ausscheidenden Arbeitnehmers nicht festgehalten werden kann. Die völlige Aufgabe der Surrogatstheorie hat zur Folge, dass der Urlaubsabgeltungsanspruch nunmehr stets einen auf eine finanzielle Vergütung gerichteten **reinen Geldanspruch** darstellt, der sich nicht mehr von sonstigen Entgeltansprüchen aus dem Arbeitsverhältnis unterscheidet und deshalb auch nicht mehr dem Fristenregime des BUrlG unterfällt. Die damit insb. verbundene Möglichkeit des Verfalls aufgrund Nichtwahrung tariflicher Ausschlussfristen steht – so das BAG – im Einklang mit Art. 7 der Arbeitszeitrichtlinie.[10] 3707

Beispiel: Ein Arbeitnehmer hat Anspruch auf 24 Tage Erholungsurlaub im Jahr. Er erkrankt im Februar 2010. Bis zu seiner Erkrankung hat er für das Jahr 2010 keinen Urlaub genommen. Zum 30.6.2011 endet das Arbeitsverhältnis. Bis dahin bestand die Arbeitsunfähigkeit des Arbeitnehmers fort. Der Arbeitnehmer macht im Januar 2012 die Abgeltung von 36 Urlaubstagen aus den Jahren 2010 und 2011 geltend.

Ergebnis: Soweit das Arbeitsverhältnis mit einer Ausschlussfrist von 3 Monaten anwendbar ist, kommt es nach Aufgabe der Surrogatstheorie nicht mehr darauf an, ob der Arbeitnehmer bei Beendigung des Arbeitsverhältnisses arbeitsunfähig war und wann er ggf genesen ist. Der Anspruch ist jedenfalls verfallen, da er nicht rechtzeitig innerhalb der Ausschlussfrist geltend gemacht wurde. So-

2 EuGH 24.1.2012 – Rs. C-282/10, NZA 2012, 139.
3 EuGH 24.1.2012 – Rs. C-282/10, NZA 2012, 139; BAG 23.3.2010 – 9 AZR 128/09, NZA 20120, 810; BAG 22.5.2012 – 9 AZR 618/10, DB 2012, 2050.
4 BAG 20.5.2008 – 9 AZR 219/07, DB 2008, 2258.
5 BAG 24.11.1992 – 9 AZR 549/91, DB 1993, 1423; BAG 23.4.1996 – 9 AZR 165/95, DB 1996, 2132; BAG 20.5.2008 – 9 AZR 219/07, DB 2008, 2258.
6 EuGH 20.1.2009 – Rs. C-315/06, DB 2009, 234.
7 *Brasse*, PuR 2011, 145; *Schiefer/Brasse*, DB 2011, 145.
8 BAG 13.12.2011 – 9 AZR 399/10, DB 2012, 923 = PuR 2013, 21.
9 BAG 19.6.2012 – 9 AZR 652/10, DB 2012, 2288.
10 Zur Aufgabe der Surrogatstheorie: BAG 9.8.2011 – 9 AZR 365/10, NZA 2011, 1421; BAG 21.2.2012 – 9 AZR 486/10, NZA 2012, 750; BAG 13.12.2011 – 9 AZR 399/10, NZA 2012, 514; BAG 19.6.2012 – 9 AZR 652/10, NZA 2012, 1087.

weit keine Ausschlussfrist anwendbar ist, ist der Abgeltungsanspruch entstanden. Die Verjährungsfrist ist noch nicht abgelaufen.

3708 Bei der Ermittlung der **Höhe** des **Urlaubsentgelts** sind alle im gesetzlichen Referenzzeitraum der letzten 13 Wochen vor Urlaubsbeginn gezahlten laufenden Vergütungsbestandteile – mit Ausnahme des zusätzlich für Überstunden gezahlten Arbeitsverdienstes – zu berücksichtigen (§ 11 BUrlG).[11]

3709 Die Tarifvertragsparteien sind gem. § 13 Abs. 1 BUrlG berechtigt, auch **zu Ungunsten** der Arbeitnehmer von § 11 BUrlG **abzuweichen.** Sie sind damit frei, jede ihnen angemessen erscheinende Berechnungsmethode zu wählen und zu pauschalieren. Es muss jedoch hinsichtlich des gesetzlichen Mindesturlaubsanspruchs (§ 3 BUrlG) sichergestellt sein, dass der Arbeitnehmer ein Urlaubsentgelt erhält, wie er es bei Weiterarbeit ohne Urlaubsgewährung hätte erwarten können. Eine tarifliche Klausel, wonach für einen in Prämienlohn beschäftigten Arbeitnehmer bei der Berechnung des Urlaubsentgelts gezahlte Prämien nicht zu berücksichtigen sind, ist daher wegen Verstoßes gegen § 1 iVm § 13 Abs. 1 BUrlG unwirksam, soweit der **gesetzliche Mindesturlaub** betroffen ist. Der Regelungsspielraum der Tarifvertragsparteien ist überschritten, wenn wesentliche Vergütungsbestandteile (hier: laufende Prämien) bei der Berechnung des Urlaubsentgelts nicht berücksichtigt werden. Die Zahlung eines zusätzlichen Urlaubsentgeltes stellt hierfür keine Kompensation dar.[12]

3710 Soweit einzelne Vertragsbestimmungen im Arbeitsvertrag Verbesserungen, andere wiederum Verschlechterungen – bezogen auf einen Vergleich mit den korrespondierenden Vorschriften des BUrlG – enthalten, muss die generelle Aussage, ob eine Verschlechterung oder eine gleichwertige Regelung vereinbart wurde, durch einen Einzelvergleich herbeigeführt werden, stets bezogen auf einzelne Tatbestände wie Wartezeit, Teilurlaub, Übertragbarkeit oder Abgeltung des Urlaubs.[13]

3711 Aus einfach-gesetzlichen, verfassungs- und gemeinschaftsrechtskonformen Erwägungen hat das BAG abgeleitet, dass § 17 Abs. 2 BErzGG (jetzt: § 17 Abs. 2 BEEG) dahin gehend auszulegen ist, dass ein **Resturlaub weiter übertragen** wird, wenn er nach dem Ende der ersten **Elternzeit** aufgrund einer weiteren Elternzeit nicht genommen werden kann.[14]

bb) Übertragung und Abgeltung, Urlaubsgeld, Urlaubsabgeltung; gesetzlicher Urlaubsanspruch bei Langzeiterkrankung

3712 Gemäß § 7 Abs. 3 S. 1 BUrlG muss der Urlaub im laufenden Kalenderjahr gewährt und genommen werden. Eine **Übertragung** des Urlaubs auf das nächste Kalenderjahr ist nur statthaft, wenn dringende betriebliche oder in der Person des Arbeitnehmers liegende Gründe dies rechtfertigen, § 7 Abs. 3 S. 2 BUrlG. Kann der Urlaub wegen Beendigung des Arbeitsverhältnisses ganz oder teilweise nicht mehr gewährt werden, so ist er **abzugelten,** § 7 Abs. 4 BUrlG.

3713 Entgegen teilweiser heftiger Kritik im Schrifttum und einer Kammer des LAG Düsseldorf[15] hat das BAG seit 1982 in stRspr die Auffassung vertreten, der gesetzliche Urlaubsanspruch sei **auf die Dauer des Kalenderjahres befristet,** wenn nicht die Voraussetzungen für eine Übertragung vorliegen. Hieraus hatte das BAG des Weiteren abgeleitet, dass der gesetzliche Urlaubsabgeltungsanspruch ebenso wie der Urlaubsanspruch aufgrund der Befristung mit dem Ende des Übertragungszeitraums erlösche, wenn der Freistellungsanspruch aufgrund **fortdauernder Arbeitsunfähigkeit** nicht hätte erfüllt werden können.

---

11 Zur Frage, welche Entgeltbestandteile bei der Berechnung des Urlaubsentgelts zu berücksichtigen sind, s. EuGH 15.9.2011 – Rs. C-155/10, NZA 2011, 1167.

12 BAG 15.12.2009 – 9 AZR 887/08, BB 2010, 51.

13 BAG 10.2.1966 – 5 AZR 408/65, AP § 13 BUrlG Unabdingbarkeit Nr. 1; BAG 25.11.1958 – 2 AZR 259/58, AP § 10 UrlaubsG Hamburg Nr. 1.

14 BAG 20.5.2008 – 9 AZR 219/07, DB 2008, 2258.

15 LAG Düsseldorf 25.7.2007 – 12 Sa 944/07, BB 2008, 111.

3714 Nach der Entscheidung des EuGH vom 20.1.2009 (**Schultz-Hoff**)[16] gilt hingegen Folgendes: „Artikel 7 Abs. 1 der Richtlinie 2003/88/EG ist dahin auszulegen, dass er einzelstaatlichen Rechtsvorschriften oder Gepflogenheiten entgegensteht, nach denen der Anspruch auf bezahlten Jahresurlaub bei Ablauf des Bezugszeitraums und/oder eines im nationalen Recht festgelegten Übertragungszeitraums auch dann erlischt, wenn der Arbeitnehmer während des gesamten Bezugszeitraums oder eines Teils davon krankgeschrieben war und seine **Arbeitsunfähigkeit** bis zum Ende seines Arbeitsverhältnisses fortgedauert hat, weshalb er seinen Anspruch auf bezahlten Jahresurlaub nicht ausüben konnte."

3715 Dieser Entscheidung, die zu einer „**Hortung von Urlaubsansprüchen**" und einer erheblichen Belastung der Unternehmen führen kann, hat sich das BAG mit Entscheidung vom 24.3.2009[17] angeschlossen: „Der Anspruch auf Abgeltung gesetzlichen Voll- und Teilurlaubs erlischt nicht, wenn der Arbeitnehmer bis zum Ende des Urlaubsjahres und/oder des Übertragungszeitraums erkrankt und deshalb arbeitsunfähig ist. § 7 Abs. 3 und 4 BUrlG ist im Verhältnis zu privaten Arbeitgebern nach den Vorgaben des Art. 7 der Richtlinie 2003/88/EG gemeinschaftsrechtskonform fortzubilden. Der Senat **gibt** seine entgegenstehende bisherige Rechtsprechung **auf.**"[18] Zur Begründung verweist das BAG darauf, dass die Auslegung, die § 7 Abs. 3 und 4 BUrlG in der Senatsrechtsprechung für diese Fälle krankheitsbedingter Arbeitsunfähigkeit erfahren hat, sekundärem Gemeinschafsrecht widerspreche. Das folgt aus dem Urteil des EuGH vom 20.1.2009.[19]

3716 Eine Anfrage des LAG Hamm[20] hat der EuGH in der sog. **KHS-Entscheidung**[21] zum Anlass genommen, seine Rspr zur „**unbegrenzten Ansammlung**" von Urlaubsansprüchen zu „nuancieren". Anders als im Fall Schultz-Hoff beantragte der Kläger in dem Verfahren Urlaubsabgeltung nicht für lediglich 12 Monate, sondern für die Jahre 2006, 2007 und 2008. Der Kläger war seit 2002 durchgehend arbeitsunfähig erkrankt und im August 2008 infolge eines Aufhebungsvertrages aus dem Arbeitsverhältnis ausgeschieden. Er hatte folglich nicht die Möglichkeit, seinen Anspruch auf bezahlten Jahresurlaub zu realisieren. Da zumindest der Jahresurlaub des Klägers aus 2006 nach der einschlägigen tarifvertraglichen Regelung der M+E-Industrie NRW wegen Ablaufs des Übertragungszeitraums (**15 Monate**) erloschen war, legte das LAG Hamm dem EuGH mit Hinweis auf entsprechende Regelungen in einem Abkommen der ILO die Frage vor, ob nationale Regelungen oder nationale Gepflogenheiten, die die Übertragung von Ansprüchen auf bezahlten Jahresurlaub wegen Arbeitsunfähigkeitszeiten begrenzen, generell mit der Richtlinie 2003/88/EG vereinbar sind.

Hierzu hat der EuGH festgestellt: „Art. 7 Abs. 1 der Richtlinie 2003/88/EG ist dahin auszulegen, dass er einzelstaatlichen Rechtsvorschriften oder Gepflogenheiten wie etwa Tarifverträgen nicht entgegensteht, die die Möglichkeit für einen während mehrerer Bezugszeiträume in Folge arbeitsunfähigen Arbeitnehmer, Ansprüche auf bezahlten Jahresurlaub anzusammeln, dadurch einschränken, dass sie einen Übertragungszeitraum von 15 Monaten vorsehen, nach dessen Ablauf der Anspruch auf bezahlten Jahresurlaub erlischt."

Hieraus folgte zunächst, dass Regelungen in Manteltarifverträgen wie der M+E-Industrie NRW, die den **Übertragungszeitraum von Urlaubsansprüchen auf 15 Monate** nach Ablauf des Bezugszeitraums befristen, **europarechtskonform** sind. Ob dies aber auch für einzelvertragliche

16 EuGH 20.1.2009 – Rs. C-315/06, DB 2009, 234; *Bauer/Arnold*, NJW 2009, 631.

17 BAG 24.3.2009 – 9 AZR 983/07, BB 2009, 717; s. auch LAG München 10.12.2008 – 9 Sa 647/08.

18 Zur bisherigen Rspr s. BAG 21.6.2005 – 9 AZR 200/04, NZA 2006, 232; BAG 10.5.2005 – 9 AZR 253/94, FA 2006, 95.

19 EuGH 20.1.2009 – Rs. C-315/06, NJW 2009, 495; *Bauer/Arnold*, NJW 2009, 631; *Brasse*, PuR 2011, 145; *Schiefer/Brasse*, DB 2011, 1976; *Brasse*, PuR 2012, 3.

20 S. im Einzelnen *Brasse*, PuR 2011, 145.

21 EuGH 22.11.2011 – Rs. C-240/10, DB 2011, 2722; s. hierzu *Schiefer*, PuR 2012, 12; EuGH 12.6.2014 – C-118/13, DB 2014, 1437.

Regelungen gilt oder aber generell für die Begrenzung des Übertragungszeitraums von 15 Monaten nach Ablauf des Bezugszeitraums angenommen werden kann, blieb zunächst offen. Den vorläufigen Schlusspunkt in der Diskussion um eine „Uminterpretation" des § 7 Abs. 3 S. 3 BUrlG setzt das BAG mit Entscheidung vom 7.8.2012:[22] „§ 7 Abs. 3 S. 3 BUrlG ist unionsrechtskonform so auszulegen, dass gesetzliche Urlaubsansprüche vor Ablauf eines Zeitraums von 15 Monaten nach dem Ende des Urlaubsjahres nicht erlöschen, wenn der Arbeitnehmer aus gesundheitlichen Gründen an seiner Arbeitsleistung gehindert war. Sie gehen jedoch **mit Ablauf des 31.3. des zweiten Folgejahres** unter. Dies gilt auch bei fortdauernder Arbeitsunfähigkeit. Ein solcher Übertragungszeitraum von **15 Monaten** wurde vom EuGH als unionsrechtskonform gebilligt, so dass es keines Vorabentscheidungsersuchens bedarf."

3717 **Beispiel:** Ein Arbeitnehmer hat Anspruch auf 24 Tage Erholungsurlaub im Jahr. Er erkrankt im Februar 2012. Bis zu seiner Erkrankung hat er für das Jahr 2012 keinen Urlaub genommen. Im Juni 2014 nimmt er seine Arbeit wieder auf und macht 72 Tage Urlaub für die Jahre 2012 bis 2014 geltend.
Ergebnis: Der Anspruch besteht nur in Höhe von 48 Tagen. Der Urlaubsanspruch aus dem Jahr 2012 ist auf das Jahr 2013 übertragen worden. Er verfällt auch nicht mit Ablauf des Jahres 2013, wohl aber mit Ablauf des 31.3.2014 (15 Monate nach Ablauf des Urlaubsjahres). Der Anspruch aus dem Jahr 2013 wurde auf das Jahr 2014 übertragen und unterliegt demselben Fristenregime wie der Anspruch aus dem Jahr 2014. Diese Ansprüche kann der Arbeitnehmer im Juni 2014 also geltend machen.

3718 Nimmt ein Arbeitnehmer nach längerer Erkrankung die Arbeit wieder auf und realisiert den infolge Krankheit übertragenen Urlaub im laufenden Urlaubsjahr/Übertragungszeitraum nicht, obwohl ihm das möglich wäre, erlischt der Urlaubsanspruch. Das BAG stellt hierzu ausdrücklich fest,[23] dass der aufgrund andauernder Erkrankung übertragene Urlaub denselben Regeln wie der Urlaub unterliegt, der im aktuellen Urlaubsjahr neu entsteht.

3719 **Beispiel:** Ein Arbeitnehmer hat Anspruch auf 30 Tage Erholungsurlaub im Jahr. Er erkrankt im Februar 2012. Bis zu seiner Erkrankung hat er für das Jahr 2012 keinen Urlaub genommen. Im Juni 2013 nimmt er seine Arbeit wieder auf. Der Arbeitgeber gewährt ihm im Jahr 2013 30 Tage Urlaub. Im April 2014 macht der Arbeitnehmer 30 Tage Urlaub aus dem Jahr 2012 geltend.
Ergebnis: Der Urlaubsanspruch ist mit Ablauf des Jahres 2013 verfallen. Nach seiner Genesung im Jahr 2013 hätte der Arbeitnehmer sowohl den Urlaub des Jahres 2013 als auch den aus dem Jahr 2012 übertragenen Urlaub nehmen können. Tut er dies nicht und liegen keine Gründe für eine Übertragung in das Jahr 2014 vor, verfallen die Urlaubsansprüche aus den Jahren 2012 und 2013 mit Ablauf des Jahres 2013. Welchen Urlaubsanspruch der Arbeitgeber mit der Gewährung von 30 Urlaubstagen im Jahr 2013 erfüllen wollte, ist dabei unerheblich. Weder der Anspruch aus dem Jahr 2013 noch der aufgrund der Krankheit zunächst erhalten gebliebene Anspruch aus dem Jahr 2012 wird ohne Übertragungsgrund in das Jahr 2014 übertragen.

3720 Eine tarifliche Regelung, die die Kürzung von Urlaubsansprüchen vorsieht, wenn das Arbeitsverhältnis aufgrund des Bezugs einer Erwerbsminderungsrente ruht, ist jedenfalls insoweit unwirksam, als sie auch Arbeitnehmer erfasst, die **aus gesundheitlichen Gründen** ihre Arbeitsleistung nicht erbracht haben.[24] EU-rechtlich darf der Urlaubsanspruch bei krankgeschriebenen Arbeitnehmern nicht davon abhängig gemacht werden, dass der Arbeitnehmer im Urlaubsjahr tatsächlich gearbeitet hat. Vor diesem Hintergrund kann § 13 Abs. 1 S. 1 BUrlG nur so ausgelegt werden, dass er eine Kürzung von Mindesturlaubsansprüchen erkrankter Arbeitnehmer nicht gestattet. Urlaubsansprüche entstehen daher auch dann, wenn ein Arbeitnehmer eine **be-**

22 BAG 7.8.2012 – 9 AZR 353/10, DB 2012, 2462.
23 BAG 9.8.2011 – 9 AZR 425/10, NZA 2012, 29.
24 BAG 23.3.2010 – 9 AZR 128/09, NZA 2010, 810.

fristete Rente wegen Erwerbsminderung bezieht und ein anwendbarer Tarifvertrag bestimmt, dass das Arbeitsverhältnis während dieser Zeit ruht.[25]

Die Rspr, wonach im Falle der Langzeiterkrankung Urlaubsansprüche angesammelt werden 3721 können, die jedoch 15 Monate nach Ablauf des Urlaubsjahres verfallen, gilt auch für den **Zusatzurlaub schwerbehinderter Menschen** gem. § 125 Abs. 1, 3 SGB IX. Dies bedeutet, dass der Schwerbehindertenzusatzurlaub aus § 125 Abs. 1 S. 1 SGB IX ebenso wie der Mindesturlaub nach dem Ende des Arbeitsverhältnisses abzugelten ist, wenn der Zusatzurlaub nicht gewährt werden konnte, weil der Arbeitnehmer arbeitsunfähig erkrankt war.[26]

Für den sog. **übergesetzlichen Urlaub** (zusätzlicher arbeitsvertraglicher oder tarifvertraglicher 3722 Urlaubsanspruch) gilt:[27] Haben die Arbeits- oder Tarifvertragsparteien den Verfall und die Abgeltung des **Mehrurlaubs** nicht gesondert geregelt, gelten für den Mehrurlaub dieselben Regeln wie für den Mindesturlaub. Ob eine **abweichende Regelung** getroffen wurde, ist durch **Auslegung** zu bestimmen. Es ist jeweils getrennt zu prüfen, ob Befristung, Übertragung und Verfall des Mehrurlaubs einerseits und die Abgeltung des Mehrurlaubs andererseits gesondert geregelt wurden. Für den TV-L hat das BAG entschieden, dass er zwar die Befristung und Übertragung – und damit auch den Verfall – des Urlaubs abweichend von § 7 Abs. 3 BUrlG geregelt hat, nicht aber die Urlaubsabgeltung. Der gleichlautende § 26 Abs. 2 Buchst. a TVöD lautet wie folgt: „Im Falle der Übertragung muss der Erholungsurlaub in den ersten drei Monaten des folgenden Kalenderjahres angetreten werden. Kann der Erholungsurlaub wegen Arbeitsunfähigkeit oder aus betrieblichen/dienstlichen Gründen nicht bis zum 31.3. angetreten werden, ist er bis zum 31.5. anzutreten." Hierzu stellt das LAG Niedersachsen[28] Folgendes fest: Die Tarifvertragsparteien des TVöD haben sowohl für den unionsrechtlich garantierten Mindesturlaub als auch für den übersteigenden tariflichen Mindesturlaub nach § 7 Abs. 3 BUrlG **wesentlich abweichende Übertragungs- und Verfallsregeln** vereinbart. Der tarifliche Mehrurlaub verfällt gem. § 26 Abs. 2 Buchstabe a TVÖD, wenn er nicht zum 31.3. bzw 31.5. des Folgejahres angetreten wird."

Auch der Urlaubsregelung im MTV Chemie lässt sich der **Regelungswille der Tarifvertragsparteien** entnehmen, den tariflichen Mehrurlaub einem **eigenen**, von dem des Mindesturlaubs abweichenden **Abgeltungsregime** zu unterstellen.[29] 3723

Beispiel: Ein Arbeitnehmer hat einen tariflichen Anspruch auf 34 Tage Erholungsurlaub. Die tarifliche Regelung ist gegenüber dem BUrlG eigenständig. Sie sieht u.a. vor, dass Urlaubsansprüche zum 31.3. des Folgejahres verfallen, wenn sie nicht bis dahin erfolglos geltend gemacht wurden. Der Arbeitnehmer erkrankt im Februar 2012. Bis zu seiner Erkrankung hat er für das Jahr 2012 keinen Urlaub genommen. Im Juni 2014 nimmt er seine Arbeit wieder auf und macht 102 Tage Urlaub für die Jahre 2012 bis 2014 geltend. 3724

25 Für die Entstehung von Urlaubsansprüchen im ruhenden Arbeitsverhältnis: LAG Baden-Württemberg 29.4.2011 – 11 Sa 64/09, BB 2010, 1724; LAG Berlin-Brandenburg 6.7.2012 – 10 Sa 368/12, EzA-SD 2012 Nr. 19, 12; LAG Düsseldorf 23.2.2012 – 5 Sa 1370/11, ZTR 2012, 350; LAG Schleswig-Holstein 16.12.2010 – 4 Sa 209/10; gegen die Entstehung von Urlaubsansprüchen im ruhenden Arbeitsverhältnis: LAG Baden-Württemberg 9.6.2011 – 6 Sa 109/10; LAG Köln 19.8.2011 – 12 Sa 110/11, ZTR 2011, 732; gegen die Entstehung von Urlaubsansprüchen im ganzjährig ruhenden Arbeitsverhältnis: LAG Düsseldorf 1.10.2010 – 9 Sa 1541/09, ArbuR 2011, 128; LAG Düsseldorf 19.1.2012 – 15 Sa 380/11, ArbR 2012, 231; gegen die Entstehung von Urlaubsansprüchen im ruhenden Arbeitsverhältnis bei Arbeitslosengeldbezug: LAG Düsseldorf 7.7.2011 – 5 Sa 416/11, ArbuR 2011, 504; LAG Schleswig-Holstein 21.6.2012 – 5 Sa 80/12; LAG Hamm 13.2.2012 – 16 Sa 148/11, NZA-RR 2012, 459 und LAG Berlin-Brandenburg 6.12.2011 – 19 Sa 795/11.

26 BAG 23.3.2010 – 9 AZR 128/09, NZA 2010, 810.

27 BAG 22.5.2012 – 9 AZR 618/10, DB 2012, 2050.

28 LAG Niedersachsen 13.4.2012 – 6 Sa 991/11, öAT 2012, 165.

29 BAG 13.11.2012 – 9 AZR 64/11, BB 2013, 308.

Ergebnis: Der Arbeitnehmer kann nur einen Anspruch in Höhe von 58 Tagen geltend machen. Denn der gesetzliche Mindesturlaubsanspruch aus dem Jahr 2012 ist auf das Jahr 2013 übertragen worden. Er verfiel auch nicht mit Ablauf des Jahres 2013, wohl aber mit Ablauf des 31.3.2014 (15 Monate nach Ablauf des Urlaubsjahres). Der Anspruch aus dem Jahr 2013 wurde auf das Jahr 2014 übertragen und unterliegt demselben Fristenregime wie der Anspruch aus dem Jahr 2014. Diese Ansprüche kann der Arbeitnehmer im Juni 2014 also geltend machen. Für den tariflichen Urlaubsanspruch ist der Verfall für den Arbeitnehmer ungünstiger geregelt. Zum einen ist der Anspruch aus dem Jahr 2012 verfallen. Gleiches gilt für den Anspruch aus dem Jahr 2013, da der Arbeitnehmer diese Ansprüche jeweils nicht bis zum 31.3. des Folgejahres geltend machen konnte.

3725 Mit Entscheidung vom 16.7.2013[30] stellt das BAG nochmals klar, dass ein Tarifvertrag auch nach Aufgabe der Surrogatstheorie (s. § 1 Rn 3707) weiterhin vorsehen kann, dass der den gesetzlichen Mindesturlaub übersteigende tarifliche Mehrurlaub bei Beendigung des Arbeitsverhältnisses nur dann abzugelten ist, wenn der Arbeitnehmer arbeitsfähig und damit der Arbeitsvertrag von ihm theoretisch – also im Falle eines gedachten Fortbestands des Arbeitsverhältnisses – erfüllbar ist. Des Weiteren verdeutlicht das BAG erneut,[31] dass die Tarifvertragsparteien den tariflichen Mehrurlaub in einem eigenständigen, vom gesetzlichen Mindesturlaub abweichenden Fristenregime regeln und die Verfallbarkeit trotz krankheitsbedingter Arbeitsunfähigkeit des Arbeitnehmers auch schon vor Ablauf von 15 Monaten seit Ende des Urlaubsjahres festschreiben können.[32]

3726 Endet das Arbeitsverhältnis mit dem **Tod** des Arbeitnehmers, **erlischt** zugleich der Urlaubsanspruch. Er wandelt sich nicht in einen Abgeltungsanspruch iSv § 7 Abs. 4 BUrlG um (Aufgabe der sog. Surrogatstheorie: Urlaubsabgeltungsanspruch ist nur noch ein reiner Geldanspruch).[33] Dies gilt auch, wenn der Arbeitnehmer bis zur Beendigung des Arbeitsverhältnisses **arbeitsunfähig krank** war. Auch die Rechtshängigkeit von Urlaubsansprüchen (hier: anhängiger Kündigungsschutzprozess des verstorbenen Arbeitnehmers) hindert das Erlöschen nicht. Ein „vererblicher" Schadensersatzanspruch kommt nur in Betracht, wenn der Arbeitgeber sich gegenüber dem verstorbenen Arbeitnehmer bereits zu dessen Lebzeiten mit der Urlaubsgewährung in Verzug befunden hat.[34]

3727 Nach Ansicht des **EuGH** ist hingegen bei **Tod** des Arbeitnehmers ein – vererblicher – Urlaubsabgeltungsanspruch gegeben, da anderenfalls ein unwägbares – weder vom Arbeitnehmer noch vom Arbeitgeber beherrschbares – Vorkommnis rückwirkend zum vollständigen Verlust des Anspruchs auf bezahlten Jahresurlaub führen würde. Die Entstehung des Anspruchs kann nicht davon abhängig gemacht werden, dass im Vorfeld ein entsprechender Antrag gestellt wurde.[35]

3728 Der Anspruch auf Urlaubsabgeltung entsteht mit der Beendigung des Arbeitsverhältnisses. Der Arbeitgeber kommt – was für eine etwaige Verzinsung des Anspruchs von Bedeutung sein kann – grds. erst durch Mahnung in Verzug.[36]

3729 Hat der Arbeitgeber vom Arbeitnehmer rechtzeitig verlangten Urlaub nicht gewährt, wandelt sich der im Verzugszeitraum verfallene Urlaubsanspruch in einen auf Gewährung von Ersatzurlaub als Naturalrestitution gerichteten Schadensersatzanspruch um. Von einer Erfüllungsverweigerung eines Anspruchs auf Urlaubsgewährung und einer Entbehrlichkeit der Mahnung nach § 286 Abs. 2 Nr. 3 BGB kann ausgegangen werden, wenn der Arbeitgeber nach einer von ihm erklärten Kündigung den Bestand des Arbeitsverhältnisses in Abrede stellt und trotz einer

30 BAG 16.7.2013 – 8 AZR 914/11, NZA 2013, 1285 ff.

31 S. bereits BAG 22.5.2012 – 9 AZR 618/10, DB 2012, 2050.

32 *Hohmeister*, BB 2014, 2037, 2040.

33 BAG 20.9.2011 – 9 AZR 416/10, DB 2012, 235.

34 BAG 12.3.2013 – 9 AZR 532/11, DB 2013, 1418.

35 EuGH 12.6.2014 – Rs. C-118/13, DB 2014, 1437.

36 BAG 7.8.2012 – 9 AZR 353/10, DB 2012, 2462.

entsprechenden Aufforderung des Arbeitnehmers den verlangten Urlaub nicht erteilt. Liegen keine besonderen Umstände vor, die dem entgegenstehen, darf der Arbeitnehmer aus dem Verhalten des Arbeitgebers schließen, er werde ihm keinen Urlaub gewähren. Eine Mahnung erweise sich in diesem Falle als bloße Frömmelei.[37]

cc) Kurzarbeit und Urlaubsanspruch

Bei Kurzarbeit kann der Urlaubsanspruch eines Arbeitnehmers **pro rata temporis** gekürzt werden.[38] Art. 31 Abs. 2 der Charta der Grundrechte der Europäischen Union und Art. 7 Abs. 1 der Richtlinie 2003/88/EG sind dahin auszulegen, dass sie nationalen Rechtsvorschriften oder Gepflogenheiten – wie etwa einem von einem Unternehmen und seinem Betriebsrat vereinbarten Sozialplan –, nach denen der Anspruch eines Kurzarbeiters auf bezahlten Jahresurlaub pro rata temporis berechnet wird, nicht entgegenstehen.[39] 3730

dd) Teilzeitarbeit und Urlaubsanspruch

Der Urlaubsanspruch eines Teilzeitarbeitnehmers ist **pro rata temporis** an die Zahl seiner Arbeitstage anzupassen. 3731

Reduziert ein Vollzeitarbeitnehmer seine Arbeitszeit, darf eine Regelung nicht vorsehen, dass der in der Zeit der Vollzeitbeschäftigung erworbene Anspruch auf bezahlten Jahresurlaub, dessen Ausübung dem Arbeitnehmer während dieser Zeit nicht möglich war, reduziert wird oder der Arbeitnehmer diesen Urlaub nunmehr mit einem geringeren Urlaubsentgelt verbrauchen kann.[40] 3732

Das ArbG Nienburg[41] hat dem EuGH zur Quotierung von erworbenen Urlaubsansprüchen beim Übergang von Voll- zur Teilzeitbeschäftigung unter Reduzierung der wöchentlichen Arbeitstage die folgende Frage vorgelegt: 3733

„Ist das einschlägige Unionsrecht, insb. § 4 Nr. 1 und 2 der Rahmenvereinbarung über Teilzeitarbeit im Anhang der Richtlinie 97/81, zu der von UNICE, CEP und EGP geschlossenen Rahmenvereinbarung über Teilzeitarbeit in der durch die Richtlinie 98/23 geänderten Fassung, dahin auszulegen, dass es nationalen gesetzlichen oder tariflichen Bestimmungen oder Gepflogenheiten entgegensteht, nach der bei einer mit der Änderung der Zahl der wöchentlichen Arbeitstage verbundenen Änderung des Beschäftigungsausmaßes eines Arbeitnehmers das Ausmaß des noch nicht verbrauchten Anspruchs auf Erholungsurlaub, dessen Ausübung dem Arbeitnehmer im Bezugszeitraum nicht möglich war, in der Weise angepasst wird, dass der in Wochen ausgedrückte Urlaubsanspruch der Höhe nach zwar gleichbleibt, jedoch hierbei der in Tagen ausgedrückte Urlaubsanspruch auf das neue Beschäftigungsausmaß umgerechnet wird?“[42]

Nach Ansicht des EuGH[43] gilt: Hat der Arbeitnehmer bei einem **Wechsel von Vollzeit- zu einer Teilzeitbeschäftigung** in der Zeit der Vollzeitbeschäftigung Urlaubsansprüche **erworben**, die während dieser Zeit nicht realisiert werden konnten (hier: Beschäftigungsverbot infolge Schwangerschaft; Mutterschutz/Elternzeit), so kann dies – aus europarechtlichen Gründen – nicht mit einem **nachträglichen Teilverlust des bereits erworbenen Anspruchs** des bezahlten Urlaubs einhergehen. Diese Entscheidung dürfte zu neuer Unruhe im deutschen Urlaubsrecht füh- 3734

37 BAG 14.5.2013 – 9 AZR 760/11, DB 2013, 2155.
38 EuGH 8.11.2012 – Rs. C-229/11 und Rs. C-230/11, DB 2012, 2751.
39 *Bayreuther*, DB 2012, 2748; zur Kurzarbeit s. im Einzelnen *Köster/Nimscholz/Korte*, Kurzarbeit und Beschäftigungstransfer – Konjunkturelles und Transfer-Kurzarbeitergeld, S. 9 ff.
40 EuGH 22.4.2010 – Rs. C-486/08, NZA 2010, 374.
41 ArbG Nienburg, EuGH-Vorlage 4.9.2012 – 2 Ca 257/12 Ö (beim EuGH anhängig unter Rs. C-415/12).
42 S. hierzu auch *Eckstein*, BB 2012, 3083.
43 EuGH 13.6.2013 – Rs. C-415/12, NZA 2013, 775.

ren.[44] Es dürfte aber zunächst an der grundsätzlichen Entscheidung des BAG vom 28.4.1998[45] festzuhalten sein, mit der das BAG festgestellt hat: „Ändert sich im Verlauf eines Kalenderjahres die Verteilung der Arbeitszeit auf weniger oder auch auf mehr Arbeitstage einer Kalenderwoche, verkürzt oder verlängert sich entsprechend die Dauer des dem Arbeitnehmer zustehenden Urlaubs. Sie ist dann jeweils unter Berücksichtigung der nunmehr für den Arbeitnehmer maßgeblichen Verteilung seiner Arbeitszeit neu zu berechnen."

3735 Die vorgenannte Entscheidung des EuGH erfasst nur den Fall, dass der Arbeitnehmer den Urlaub während der Vollzeitbeschäftigung **nicht nehmen konnte**, also zB wegen dauerhafter Krankheit. Einer Anpassung des in der Vollzeitbeschäftigung erlangten Urlaubs beim Übergang in eine Teilzeitbeschäftigung dürfte die Entscheidung nicht entgegenstehen, wenn der Arbeitnehmer nicht daran gehindert war, den Urlaub während der Vollzeitbeschäftigung zu nehmen.

ee) Erkrankung während des Urlaubs

3736 Art. 7 Abs. 1 der Richtlinie 2003/88/EG ist dahin gehend auszulegen, dass er nationalen Rechtsvorschriften entgegensteht, die vorsehen, dass ein Arbeitnehmer, der während des bezahlten Jahresurlaubs arbeitsunfähig wird, nicht berechtigt ist, den Jahresurlaub, der mit der Arbeitsunfähigkeit zusammenfällt, später in Anspruch zu nehmen.[46] Diese vom EuGH verlangte Nachholbarkeit ist im deutschen Recht in § 9 BUrlG geregelt. Danach werden die durch ärztliches Zeugnis nachgewiesenen Tage der Arbeitsunfähigkeit eines während des Urlaubs erkrankten Arbeitnehmers auf den Jahresurlaub nicht angerechnet.

3737 Hat der Arbeitnehmer bei einem Wechsel von einer Vollzeit- zu einer Teilzeitbeschäftigung in der Zeit der Vollzeitbeschäftigung Urlaubsansprüche erworben, die während dieser Zeit nicht realisiert werden konnten (hier: Beschäftigungsverbot infolge Schwangerschaft; Mutterschutz; Elternzeit), so kann dies – aus europarechtlichen Gründen – nicht mit einem nachträglichen Teilverlust des bereits erworbenen Anspruchs auf bezahlten Urlaub einhergehen.[47]

ff) Kürzung des arbeitsvertraglichen Mehrurlaubs aufgrund krankheitsbedingter Fehltage

3738 Eine Vereinbarung über die Kürzung von Leistungen, die der Arbeitgeber zusätzlich zum laufenden Arbeitsentgelt erbringt (Sondervergütung), ist auch für Zeiten der Arbeitsunfähigkeit infolge Krankheit zulässig. Gemäß § 4 Abs. 2 EFZG darf die Kürzung für jeden Tag der Arbeitsunfähigkeit infolge Krankheit ein Viertel des Arbeitsentgelts, das im Jahresdurchschnitt auf einen Arbeitstag entfällt, nicht überschreiten. Die Kürzung des vertraglichen „Mehrurlaubs" für den Fall der Erkrankung des Arbeitnehmers ist grds. möglich. Ob die Kürzung vertraglichen Mehrurlaubs aufgrund krankheitsbedingter Fehltage am Maßstab dieser Regelung zu messen ist, bleibt offen. Jedenfalls muss eine entsprechende Kürzungsregelung – soweit sie der AGB-Kontrolle unterfällt – dem Transparenzgebot genügen. Dies ist nur der Fall, wenn für den Arbeitnehmer hinreichend deutlich wird, „was auf ihn zukommt", mit „welchen wirtschaftlichen Belastungen" er zu rechnen hat etc. Danach ist eine Kürzungsregelung intransparent und unwirksam, wenn sie die Begriffe „krankheitsbedingte Fehltage" und „Krankheitstage" verwendet, ohne deutlich zu machen, ob beide Begriffe identisch zu verstehen sind. Intransparenz ist insb. dann anzunehmen, wenn nicht deutlich wird, ob sämtliche Tage erfasst sein sollen, an denen der Arbeitnehmer erkrankt ist (so § 5 Abs. 1 EFZG) (einschließlich Samstage, Sonntage, gesetzliche Feiertage und „Krankheitstage" während eines gewährten Urlaubs), oder aber Tage, an denen grds. eine Arbeitsleistung geschuldet wird.[48]

---

44 *Worzalla*, PuR 2013, 153.

45 BAG 28.4.1998 – 9 AZR 314/97, DB 1999, 54.

46 EuGH 21.6.2012 – Rs. C-78/11, NZA 2012, 851.

47 EuGH 13.6.2013 – Rs. C-415/12, NZA 2013, 775.

48 BAG 15.10.2013 – 9 AZR 374/12, NZA-RR 2014, 234; zu den Einzelheiten s. *Schiefer/Heitmann*, Krankheit im Arbeitsverhältnis/Pflege naher Angehöriger, S. 54 ff.

gg) Tilgung von Mindest-, Zusatz- und Mehrurlaub

Unter anderem mit Blick auf den Verfall des Urlaubsanspruchs ist zu unterscheiden zwischen 3739

- dem gesetzlichen Mindesturlaubsanspruch,
- dem Zusatzurlaub schwerbehinderter Menschen und
- dem übergesetzlichen Urlaub.

Bedeutung kann hierbei insb. auch die Frage erlangen, welche der genannten Urlaubsansprüche der Arbeitgeber mit einer Urlaubsgewährung „tilgt“. Dabei ist streitig, ob die gesetzliche Tilgungsbestimmung des § 366 Abs. 2 BGB Anwendung findet.[49]

Zum Teil wird davon ausgegangen, dass der Arbeitgeber in analoger Anwendung des § 366 Abs. 2 BGB im Zweifel zunächst den (verfallbaren) – und damit **weniger sicheren** – tariflichen Urlaub und alsdann den gesetzlichen Mindesturlaub gewährt.[50] Nach aA soll zunächst der **gesetzliche Urlaub** erfüllt werden. 3740

In jüngerer Zeit nimmt das BAG vom 7.8.2012[51] Folgendes an: Differenziert eine Regelung in einem Arbeits- oder Tarifvertrag hinsichtlich des Umfangs des Urlaubsanspruchs nicht zwischen dem gesetzlichen Mindesturlaub und einem übergesetzlichen Mehrurlaub, liegt in Höhe des gesetzlichen Urlaubsanspruchs Konkurrenz mit der Folge vor, dass ein Arbeitgeber mit der Freistellung des Arbeitnehmers von der Verpflichtung zur Arbeitsleistung auch ohne ausdrückliche oder konkludente Tilgungsbestimmung **beide Ansprüche ganz oder teilweise** erfüllt. Es treffe zwar zu, dass der Senat in seiner Entscheidung vom 5.9.2002[52] auf § 366 Abs. 2 BGB zurückgegriffen und angenommen habe, dass danach ein Arbeitgeber zunächst auf den gesetzlichen und sodann auf den tariflichen/vertraglichen Urlaubsanspruch leiste, wenn er Urlaubsansprüche erfülle. Wenn aber eine **arbeits- oder tarifvertragliche Regelung** hinsichtlich des Umfangs des Urlaubsanspruchs nicht zwischen gesetzlichen und arbeits- oder tarifvertraglichen Urlaubsansprüchen **unterscheide** und dem Arbeitnehmer einen über den gesetzlichen Anspruch hinausgehenden Anspruch auf Erholungsurlaub einräume, komme ein Rückgriff auf die Auslegungsregel in § 366 Abs. 2 BGB jedoch ebenso wenig in Betracht wie eine analoge Anwendung dieser Vorschrift. Treffen gesetzliche und tarif- oder arbeitsvertragliche Erholungsansprüche zusammen, handelt es sich, soweit sich die Ansprüche decken, grds. nicht um selbstständige Urlaubsansprüche. Es handelt sich insoweit um einen **einheitlichen Anspruch** auf Erholungsurlaub, der auf verschiedenen Anspruchsgrundlagen beruht. Anders verhält es sich bei unterschiedlichen Urlaubsansprüchen, zB dem Anspruch auf Erholungsurlaub einerseits und dem Anspruch auf Bildungs- oder Sonderurlaub andererseits. 3741

Die Regelung des § 366 BGB sei auch **nicht analog** mit dem Ergebnis anzuwenden, dass zunächst ausschließlich auf den den gesetzlichen Mindesturlaub übersteigenden, nur tarifvertraglich begründeten Teil des Urlaubsanspruchs geleistet wird. Dies würde das Vorliegen einer planwidrigen Regelungslücke voraussetzen. Eine solche Lücke ist nach dem Regelungsplan des Gesetzes nicht zu erkennen.[53] Die Unabdingbarkeit des gesetzlichen Urlaubsanspruchs spricht – so das BAG – dafür, dass die Freistellung zur Erfüllung des Anspruchs auf Erholungsurlaub – zumindest auch – in Bezug auf das BUrlG als Anspruchsgrundlage erfolgt. 3742

49 In diesem Sinne – zumindest analog – LAG Düsseldorf 30.9.3010 – 5 Sa 353/10, ArbR 2011, 49; LAG Sachsen-Anhalt 8.12.2011 – 3 Sa 338/10; Sächsisches LAG 24.11.2010 – 5 Sa 211/10; aA LAG Berlin-Brandenburg 2.12.2009 – 17 Sa 621/09, jurisRP-ArbR 25/2010 Anm. 5 und LAG Hessen 26.4.2010 – 17 Sa 1772/09.

50 LAG Düsseldorf 30.9.2010 – 5 Sa 353/10, ZTR 2011, 97; ErfK/*Gallner*, § 7 BUrlG Rn 54; aA in einem anderen Kontext BAG 5.9.2002 – 9 AZR 244/01, NZA 2003, 726.

51 BAG 7.8.2012 – 9 AZR 760/10, NZA 2013, 104 = DB 2013, 820.

52 BAG 5.9.2002 – 9 AZR 244/01, DB 2003, 1521.

53 *Natzel*, NZA 2011, 77, 79.

3743 Nach § 366 Abs. 1 BGB muss die Tilgungsbestimmung bei der Leistung erfolgen, eine nachträgliche Bestimmung ist grds. unwirksam.[54] Ist der Schuldner dem Gläubiger aus mehreren Schuldverhältnissen zu gleichartigen Leistungen verpflichtet und reicht das von ihm Geleistete nicht zur Tilgung sämtlicher Schulden aus, so wird gem. § 366 Abs. 1 BGB diejenige Schuld getilgt, welche er bei der Leistung bestimmt. Die Tilgungsbestimmung erfolgt durch eine einseitige empfangsbedürftige Willenserklärung.

hh) Gesonderte Regelung von Verfall und Abgeltung des Mehrurlaubs

3744 Die unionsrechtlichen Vorgaben zur Ansammlung von Urlaubsansprüchen während einer Langzeiterkrankung (s. § 1 Rn 3714 ff) betreffen ausschließlich den gesetzlichen Urlaubsanspruch – einschließlich des Zusatzurlaubs schwerbehinderter Menschen (s. § 1 Rn 3721). Darüber hinausgehende (übergesetzliche) Urlaubsansprüche können frei geregelt werden. Für einen solchen Regelungswillen müssen deutliche Anhaltspunkte vorliegen. Fehlen solche, ist von einem **„Gleichlauf"** des gesetzlichen Urlaubsanspruchs und des Anspruchs auf übergesetzlichen Mehrurlaub auszugehen. Ein „Gleichlauf" ist nicht gewollt, wenn zB die Tarifvertragsparteien im Hinblick auf tariflichen Mehrurlaub entweder bei der Befristung und Übertragung oder beim Verfall des Urlaubs zwischen gesetzlichem Mindesturlaub und tariflichem Mehrurlaub unterscheiden oder sich vom gesetzlichen Fristenregime gelöst und eigenständige, vom BUrlG abweichende Regelungen zur Befristung und Übertragung und zum Verfall des Urlaubsanspruchs treffen (hier: viermonatiger Übertragungszeitraum).[55]

3745 Werden Verfall und Abgeltung des Mehrurlaubs nicht gesondert geregelt, gelten für den Mehrurlaub dieselben Regeln wie für den Mindesturlaub.[56] Die richtlinienkonforme Auslegung von § 7 Abs. 3 und 4 BUrlG steht einem Verfall des über den gesetzlichen Mindesturlaub hinausgehenden, übergesetzlichen Urlaubsanspruchs aber nicht entgegen.[57] Die Arbeitsvertragsparteien können Urlaubs- und Urlaubsabgeltungsansprüche, die den von Art. 7 Abs. 1 der Richtlinie 2003/88/EG bzw §§ 1, 3 Abs. 1 BUrlG begründeten Mindestjahresurlaubsanspruch von vier Wochen übersteigen, **frei regeln**. Insbesondere sind entsprechende Regelungen, sofern sie im Arbeitsvertrag getroffen werden, keiner Angemessenheitskontrolle nach § 307 Abs. 1 S. 1 BGB unterworfen.[58]

3746 Vor diesem Hintergrund sollten individual- oder kollektivrechtliche Vereinbarungen deutlich zwischen dem gesetzlichen und dem übergesetzlichen Urlaubsanspruch unterscheiden.

3747 Für den **übergesetzlich gewährten Urlaub** können die Vertragsparteien entsprechend der bisherigen Rspr des BAG den Verfall des Urlaubs und Urlaubsabgeltungsanspruchs nach Ablauf des Übertragungszeitraums zum 31.3. des Folgejahres anordnen. Wichtig ist – so *Gaul/Bonanni* –, dass erkennbar wird, dass diese Regelungen über den Verfall den gesetzlichen Urlaubsanspruch nicht erfassen, den der Arbeitnehmer aus Gründen in seiner Person unverschuldet nicht hat in Anspruch nehmen können. Für individualrechtliche Regelungen erfolgt dies bereits aus dem Transparenzgebot des § 307 Abs. 1 S. 2 BGB. Ausgehend von einer Fünf-Tage-Woche und einem „Ziel-Urlaub" von sechs Wochen wird insoweit unter Berücksichtigung der bereits in § 7 Abs. 3, 4 BUrlG getroffenen Regelungen insofern die folgende Bestimmung empfohlen:[59]

> „(1) Ausgehend von einer Fünf-Tage-Woche hat der Arbeitnehmer einen gesetzlichen Anspruch auf einen bezahlten Jahresurlaub von 20 Tagen. Über diesen Anspruch hinaus hat der Arbeitnehmer einen übergesetzlichen Anspruch auf einen bezahlten Jahresurlaub von weiteren zehn Tagen.

54 BAG 16.7.2013 – 9 AZR 914/11, DB 2014, 366.
55 BAG 12.11.2013 – 9 AZR 551/12, NZA 2014, 383.
56 BAG 22.5.2012 – 9 AZR 618/10, DB 2012, 2050; BAG 13.11.2012 – 9 AZR 64/11, BB 2013, 305.
57 BAG 24.3.2009 – 9 AZR 983/07, BB 2009, 717.
58 AA *Bauer/Arnold*, NJW 2009, 631.
59 *Gaul/Bonanni*, DB 2009, 1013, 1017.

(2) Der Urlaub muss im laufenden Kalenderjahr gewährt und genommen werden. Eine Übertragung des Urlaubs auf das nächste Kalenderjahr ist nur statthaft, wenn dringende betriebliche oder in der Person des Arbeitnehmers liegende Gründe dies rechtfertigen. Im Fall der Übertragung muss der Urlaub in den ersten drei Monaten des folgenden Kalenderjahres gewährt und genommen werden; andernfalls verfällt der Urlaub mit Ablauf des 31.3. des folgenden Kalenderjahres, soweit nicht durch zwingende gesetzliche Vorgaben etwas anderes bestimmt wird.

(3) Kann der gesetzliche Urlaub wegen Beendigung des Arbeitsverhältnisses ganz oder teilweise nicht mehr gewährt werden, so ist er abzugelten. In Bezug auf den gesetzlichen Urlaubsanspruch besteht ein Abgeltungsanspruch auch dann, wenn die Inanspruchnahme wegen krankheitsbedingter Arbeitsunfähigkeit nicht bis zum Ende des Kalenderjahres bzw – für den Fall der Übertragung – bis zum 31.3. des folgenden Kalenderjahres erfolgt ist. Eine Abgeltung des übergesetzlichen Urlaubsanspruchs ist ausgeschlossen."

Im Anschluss an die Entscheidung des BAG vom 7.8.2012[60] könnte Abs. 3 der oben genannten 3748
Klausel wie folgt angepasst werden:

„Kann der gesetzliche Urlaub wegen Beendigung des Arbeitsverhältnisses ganz oder teilweise nicht mehr gewährt werden, so ist er abzugelten. Kann er aus gesundheitlichen Gründen in dem Urlaubsjahr nicht gewährt und genommen werden, so geht er mit Ablauf des 31.3. des zweiten Folgejahres unter. In diesem Falle entfällt auch ein Abgeltungsanspruch.
Die Abgeltung des übergesetzlichen Urlaubsanspruchs ist ausgeschlossen."

Das BAG weist in der genannten Entscheidung ausdrücklich darauf hin, dass der Gesetzgeber nicht gehindert wäre, einen anderen Übertragungszeitraum (also abweichend von dem vom BAG angenommenen 15-Monats-Zeiraum) festzusetzen, der lediglich deutlich länger sein müsste als der Bezugszeitraum.

Worzalla[61] empfiehlt, für künftig abzuschließende Arbeitsverträge für den über den gesetzli- 3749
chen Mindesturlaub hinaus gewährten Urlaub – so rechtlich möglich – eine **eigenständige Verfallsregelung** aufzunehmen.

ii) Nach Lebensalter gestaffelter Erholungsurlaub

Die Regelung in § 26 Abs. 1 S. 2 TVöD, wonach Beschäftigte nach der Vollendung ihres 3750
40. Lebensjahres in jedem Kalenderjahr Anspruch auf 30 Arbeitstage Urlaub haben, während der Urlaubsanspruch bis zur Vollendung des 30. Lebensjahres nur 26 Arbeitstage und bis zur Vollendung des 40. Lebensjahres nur 30 Arbeitstage beträgt, beinhaltet eine unmittelbare, nicht gerechtfertigte **Diskriminierung wegen des Alters.**

Der Verstoß der in der tariflichen Norm angeordneten Bemessung des Urlaubs nach Altersstu- 3751
fen gegen das Verbot der Diskriminierung wegen des Alters kann für die Vergangenheit nur beseitigt werden, indem der Urlaub der wegen ihres Alters diskriminierten Beschäftigten in der Art und Weise **„nach oben"** angepasst wird, dass auch ihr Urlaubsanspruch in jedem Kalenderjahr 30 Arbeitstage beträgt.

Zu der in der Entscheidung offengelassenen Frage, ob eine Altersdiskriminierung durch den 3752
Gesundheitsschutz älterer Arbeitnehmer gerechtfertigt werden kann, wird das BAG noch Stellung nehmen müssen.

jj) Urlaubsansprüche bei Doppelarbeitsverhältnis

Gemäß § 6 Abs. 1 BUrlG besteht kein Anspruch auf Urlaub, soweit dem Arbeitnehmer für das 3753
laufende Kalenderjahr bereits **von einem früheren Arbeitgeber** Urlaub gewährt worden ist. Der

60 BAG 7.8.2012 – 9 AZR 760/10, NZA 2013, 104 = DB 2013, 820.

61 *Worzalla*, PuR 05/2009, 3, 4.

Regelungsbereich des § 6 Abs. 1 BUrlG erfasst aber **keine Doppelarbeitsverhältnisse.** Steht ein Arbeitnehmer in **zwei Arbeitsverhältnissen** und kann er sich die hieraus ergebenden Arbeitspflichten aus beiden Arbeitsverhältnissen nebeneinander erfüllen, so werden die in den jeweiligen Arbeitsverhältnissen gewährten Urlaube nicht auf den Urlaubsanspruch in dem jeweils anderen Arbeitsverhältnis angerechnet. Geht ein Arbeitnehmer **nach einer Kündigung** ein Arbeitsverhältnis mit einem neuen Arbeitgeber ein und kann der Arbeitnehmer die Pflichten aus diesem neuen Arbeitsverhältnis nur erfüllen, weil er nach Ablauf der Kündigungsfrist vom bisherigen Arbeitgeber nicht mehr beschäftigt wird, muss er sich bei einer **späteren Feststellung der Unwirksamkeit** der Kündigung den vom neuen Arbeitgeber gewährten Urlaub auf den im gekündigten Arbeitsverhältnis entstandenen Urlaub in entsprechender Anwendung von § 11 Nr. 1 KSchG und § 615 S. 2 BGB anrechnen lassen.[62]

kk) Freistellungserklärung/Anrechnung des Urlaubs

3754 Der Arbeitgeber erfüllt den Anspruch auf Erholungsurlaub, indem er den Arbeitnehmer durch Freistellungserklärung zu Erholungszwecken von seiner sonst bestehenden Arbeitspflicht **befreit.** Dies ist auch an den gesetzlichen Feiertagen möglich und notwendig, an denen der Arbeitnehmer ansonsten dienstplanmäßig zur Arbeit verpflichtet wäre. Dies gilt zumindest dann, soweit ein einschlägiger Tarifvertrag (hier: TVöD) keine hiervon abweichende Regelung enthält.

3755 Die Freistellung zum Zwecke der Gewährung von Erholungsurlaub erfolgt durch **einseitige empfangsbedürftige Willenserklärung des Arbeitgebers,** die als solche mit Zugang beim Arbeitnehmer nach § 130 Abs. 1 S. 1 BGB wirksam wird. Die sog. Freistellungserklärung muss hinsichtlich der Urlaubsgewährung **hinreichend deutlich** sein. Zweifel über den Inhalt der Freistellungserklärung gehen zu Lasten des Arbeitgebers.

3756 Die Erfüllung eines Anspruchs auf Erholungsurlaub setzt voraus, dass der Arbeitnehmer durch eine Freistellungserklärung des Arbeitgebers zu Erholungszwecken von seiner sonst bestehenden Arbeitspflicht befreit wird.[63] Die Freistellungserklärung muss erkennen lassen, an welchen Tagen der Arbeitgeber dem Arbeitnehmer zum Zwecke der Gewährung von Erholungsurlaub und an welchen Tagen er ihn ggf zu anderen Zwecken von der Verpflichtung zur Arbeitsleistung freistellt.[64]

3757 Der Arbeitgeber ist rechtlich nicht gehindert, im Falle einer **jahresübergreifenden Kündigungsfrist** (hier: von 13.11.2006 bis 31.3.2007) zum Zwecke der Anrechnung von Urlaub während der laufenden Kündigungsfrist in Vorgriff auf das Folgejahr Urlaub zu erteilen. Es muss dann aber hinreichend deutlich werden, für welche Zeiträume Urlaubsansprüche erfasst werden sollen. Wird **nicht hinreichend deutlich,** dass neben dem Resturlaub für das Jahr 2006 nicht nur der bis zum Ablauf der Kündigungsfrist (hier: 31.3.2007) anfallende Urlaub, sondern – für den Fall der Unwirksamkeit der Kündigung – der gesamte Jahresurlaub für das Jahr 2007 erfasst werden soll, so verbleibt ggf im Hinblick auf einen nicht realisierten Urlaub (hier: im Jahr 2007) ein Resturlaubsanspruch.[65]

3758 Durch eine „versehentliche" Gewährung eines bereits verfallenen Urlaubsanspruchs wird – soweit nicht besondere Umstände vorliegen – der bereits verfallene Urlaubsanspruch nicht neu begründet. Die Urlaubsgewährung kann mithin „widerrufen" werden.[66]

62 BAG 21.2.2012 – 9 AZR 487/10, DB 2012, 1513.
63 BAG 19.1.2010 – 9 AZR 246/09, DB 2010, 1596.
64 BAG 14.5.2013 – 9 AZR 760/11, DB 2013, 2155.
65 BAG 17.5.2011 – 9 AZR 189/10, BB 2011, 2152.
66 BAG 12.11.2013 – 9 AZR 551/12, NZA 2014, 383.

ll) Verzicht auf Urlaubsabgeltung in einem gerichtlichen Vergleich

Hatte der Arbeitnehmer nach der Beendigung des Arbeitsverhältnisses tatsächlich die Möglichkeit, die Abgeltung des ihm zustehenden gesetzlichen Mindesturlaubs in Anspruch zu nehmen, und schließt er einen Vergleich mit einer Ausgleichsklausel, derzufolge sämtliche Ansprüche aus dem Arbeitsverhältnis „erledigt" sind, erfasst diese grds. auch den Urlaubsabgeltungsanspruch. Der Wirksamkeit einer solchen Vereinbarung stehen weder § 13 Abs. 1 S. 2 BUrlG noch Art. 7 der Arbeitszeitrichtlinie entgegen. 3759

Im Einzelnen: § 13 Abs. 1 S. 3 BUrlG stellt sicher, dass der Arbeitnehmer im laufenden Arbeitsverhältnis Anspruch auf den gesetzlichen Mindesturlaub hat. Nach Beendigung des Arbeitsverhältnisses bedarf es dieses Schutzes des Arbeitnehmers nicht. Der Anspruch auf Urlaubsabgeltung ist – nach geänderter Rspr – ein reiner Geldanspruch und nicht mehr Surrogat des Urlaubsanspruchs. Deshalb unterfällt der Anspruch auf Abgeltung grds. tariflichen Ausschlussfristen. Macht der Arbeitnehmer seinen Anspruch auf Urlaubsabgeltung gegenüber dem Arbeitgeber nicht vor Ablauf der Ausschlussfrist geltend, wird dieser von seiner Leistungspflicht frei. Unionsrecht steht der Annahme, der Arbeitnehmer dürfe über die ihm durch Art. 7 EGRL 88/2003 verliehenen Rechte im Wege des Rechtsgeschäfts verfügen, nicht entgegen, sofern der Arbeitnehmer die tatsächliche Möglichkeit hatte, die Ansprüche vor deren Untergang zu realisieren.[67] 3760

Die Erfüllung eines Anspruchs auf Erholungsurlaub setzt voraus, dass der Arbeitnehmer im Voraus durch eine widerrufliche Freistellungserklärung des Arbeitgebers zu Erholungszwecken von seiner sonst bestehenden Arbeitspflicht befreit wird. Der Erfüllungswirkung steht nicht entgegen, dass eine Freistellungserklärung nicht erkennen lässt, an welchen Tagen der Arbeitgeber den Arbeitnehmer zum Zwecke der Gewährung von Erholungsurlaub und an welchen Tagen er ihn zu anderen Zwecken freistellt. Einer nicht näher bestimmten Urlaubsfestlegung kann der Arbeitnehmer regelmäßig entnehmen, dass der Arbeitgeber es ihm überlässt, die zeitliche Lage seines Urlaubs innerhalb des Freistellungszeitraums festzulegen. Es kommt nicht darauf an, ob der Arbeitgeber den Arbeitnehmer von der Verpflichtung zur Arbeitsleistung freistellen durfte. Eine rechtswidrige Freistellung hat lediglich zur Folge, dass der Arbeitnehmer weiterhin einen Beschäftigungsanspruch geltend machen kann. Annahmeverzugsansprüche entstehen nicht. Denn mit der Freistellung bringt der Arbeitgeber zum Ausdruck, dass er auch ohne Arbeitsleistung die Vergütungsansprüche des Arbeitnehmers erfüllen werde.[68] 3761

Das BAG[69] bringt damit erneut zum Ausdruck, dass eine widerrufliche Freistellung des Arbeitnehmers von der Arbeitspflicht nicht geeignet ist, den Urlaubsanspruch zu erfüllen. Mit anderen Worten: Ein wirksamer Verbrauch von Urlaubsansprüchen in einer arbeitgeberseitig angeordneten Freistellungsphase kann nur erfolgen, wenn die Freistellung von der Arbeitspflicht unwiderruflich erklärt wird.[70] 3762

mm) Gestaltung von Urlaubsklauseln

Infolge der aktuellen Rspr (s. § 1 Rn 3714 ff) empfiehlt sich eine deutliche **Differenzierung** zwischen dem gesetzlichen und dem übergesetzlichen Urlaubsanspruch sowie ggf hierauf aufbauend eine **Tilgungsbestimmung.** Über den gesetzlichen Urlaubsanspruch hinausgehende Urlaubsansprüche können frei regelt werden. Soll ein „Gleichlauf" zwischen gesetzlichem und übergesetzlichem Urlaub vermieden werden, so müssen die entsprechenden Regelungen hierfür deutliche Anhaltspunkte enthalten.[71] 3763

---

67 BAG 14.5.2013 – 9 AZR 844/11, DB 2013, 2154.

68 BAG 16.7.2013 – 9 AZR 50/12, FA 2013, 367.

69 BAG 19.5.2009 – 9 AZR 433/08, DB 2009, 2103.

70 *Hohmeister*, DB 2014, 2037, 2040.

71 BAG 12.11.2013 – 9 AZR 551/12, NZA 2014, 383.

3764 Grundsätzlich sollten arbeitsvertragliche Urlaubsabreden **deutlich erkennen lassen**, ob die jeweilige Regelung für den arbeitsvertraglich eingeräumten Mehrurlaub oder aber darüber hinaus auch für den gesetzlichen Mindesturlaub gelten sollen. Dies könnte in der betreffenden Klausel durch Überschriften wie folgt zum Ausdruck gebracht werden:[72]

> „I. Gesetzlicher/tariflicher Mindesturlaub
> (...)
> II. Arbeitsvertraglicher Mehrurlaub, Urlaubsgeld
> (...)
> III. Sonderabreden
> (...)“

nn) Regelungsgegenstände

3765 Als Regelungsgegenstände von Urlaubsklauseln kommen des Weiteren **Verkürzungen der Wartezeit** und **erleichterte Übertragungsmöglichkeiten** in Betracht. **Nachteilige Abweichungen vom BUrlG** sind im Arbeitsvertrag nur denkbar, soweit eine Dispositionsbefugnis der Parteien besteht. Findet ein Tarifvertrag – sei es über beiderseitige Tarifbindung, sei es über eine Allgemeinverbindlicherklärung – Anwendung, verbleibt den Parteien als alleiniger Spielraum, dem Arbeitnehmer einen weitergehenden Urlaubsanspruch, bspw zusätzliche Urlaubstage, einzuräumen. Im Ergebnis können also wirksam nur Regelungen vereinbart werden, die die urlaubsgesetzliche Position des Arbeitnehmers verbessern. Soweit tarifvertragliche Normen zum Urlaubsrecht lückenhaft sind oder zumindest Themenkomplexe aussparen, sind die Arbeitsvertragsparteien befugt, die Regelungskomplexe entsprechend den Bestimmungen des BUrlG auszugestalten.[73]

3766 Die Parteien haben außerdem eine Dispositionsbefugnis zu urlaubsrechtlichen Regelungen, soweit dem Arbeitnehmer vom Arbeitgeber freiwillig im Arbeitsvertrag über den Mindesturlaub von 24 Tagen hinaus weitere Urlaubstage gewährt werden. Die Dispositionsbefugnis bezieht sich auf die **Mehrurlaubstage**, deren Gewährung an Bedingungen geknüpft werden kann.[74] Keiner Vereinbarung zugänglich sind Abweichungen vom Zwölftelungsprinzip gem. § 5 BUrlG, von der Aufrundung von Bruchteilen von Urlaubstagen nach § 5 Abs. 2 BUrlG sowie bei allen zwingenden Mindestbedingungen bei der Gewährung von Erholungsurlaub nach dem BUrlG.

3767 Eine Reihe von Gegenständen des Urlaubsrechts kann zwischen den Parteien vereinbart werden, wie die generelle Gewährung von **Urlaub während einer Kündigungsfrist**, die **Anrechenbarkeit von Freistellung auf Urlaub**[75] oder **Bedingungen**, unter denen Urlaubsgeld gewährt wird oder zurückzuzahlen ist. Von Regelungen zur Rückzahlung von Vergütung im Falle urlaubszweckwidriger Erwerbstätigkeit wird abgeraten, weil das BAG einen Rückzahlungsanspruch gegenüber dem Arbeitnehmer trotz eines Verstoßes gegen das Erholungsgebot verneint.[76]

Im Hinblick auf die Erfüllung des Urlaubsanspruchs während einer Freistellung sind die Entscheidungen des BAG vom 19.5.2009[77] und 16.7.2013[78] zu beachten. Danach gilt:

- Eine widerrufliche Freistellung des Arbeitnehmers (hier: in einem Kündigungsschreiben) von der Arbeitspflicht ist nicht geeignet, den Urlaubsanspruch zu erfüllen.

72 Preis/*Stoffels*, Der Arbeitsvertrag, II U 20 Rn 93.
73 BAG 18.10.1990 – 8 AZR 490/89, BAGE 66, 134 = NZA 1991, 466.
74 BAG 21.6.1968 – 5 AZR 408/67, EzA § 9 BUrlG Nr. 1; BAG 12.1.1989 – 8 AZR 404/87, BAGE 61, 1 = NZA 1989, 758; BAG 26.5.1983 – 6 AZR 273/82, AP § 7 BUrlG Abgeltung Nr. 12.
75 *Kramer*, BB 2008, 2538; *Bauer*, NZA 2007, 409; BAG 17.5.2011 – 9 AZR 189/10, BB 2011, 2152.
76 BAG 25.2.1988 – 8 AZR 596/85, BAGE 57, 366 = NZA 1988, 607.
77 BAG 19.5.2009 – 9 AZR 433/08, DB 2009, 2103.
78 BAG 16.7.2013 – 9 AZR 50/12, FA 2013, 467 = AA 2014, 81.

- Der Arbeitnehmer muss erkennen können, dass er zum Zweck des **selbst bestimmten Erholungsurlaubs** freigestellt wird.
- Eine Freistellungserklärung kann daher das Erlöschen des Urlaubsanspruchs nur dann bewirken, wenn sie **unwiderruflich** erfolgt.
- Durch eine **widerrufliche** Freistellung kann hingegen ein Anspruch auf Freizeitausgleich aus einem Arbeitszeitkonto erfüllt werden.
- Es muss zudem hinreichend deutlich werden, für welche Zeiträume Urlaubsansprüche erfasst werden sollen.[79]

b) Klauseltypen und Gestaltungshinweise

aa) Urlaubsrechte erweiternde Klauseln

(1) Klauseltyp A

A 1: Der Urlaubsanspruch entsteht erstmalig nach einer Betriebszugehörigkeit von drei Monaten. Unverschuldete Zeiten der Nichtarbeit bleiben ohne Einfluss auf die Wartezeit. 3768

A 2: Der Urlaub kann bis zum 31. März des folgenden Jahres genommen werden.

(2) Gestaltungshinweise

Die **Klauseln A 1** und **A 2** verbessern in unterschiedlichen Bereichen die Rechtsstellung des Arbeitnehmers. Bei der **Klausel A 1** wird die sechsmonatige **Wartezeit** gem. § 4 BUrlG auf drei Monate verkürzt. Die Wartezeit ist vom Arbeitnehmer nur einmal zurückzulegen.[80] Scheidet der Arbeitnehmer vor erfüllter Wartezeit aus dem Arbeitsverhältnis aus, steht ihm nur ein **Teilurlaubsanspruch** zu. Der Grundsatz, dass unverschuldete Zeiten der Nichtarbeit ohne Einfluss auf die Wartezeit sind, gilt auch bei Anwendung der gesetzlichen Wartezeit.[81] 3769

Die **Klausel A 2** bewirkt, dass dem Arbeitnehmer der zustehende (Rest-)Urlaub nicht am Jahresende verfällt.[82] Der in § 3 Abs. 2 S. 2 BUrlG vorgesehenen Übertragung des Urlaubs auf das nächste Kalenderjahr, die nur statthaft ist, wenn dringende betriebliche oder in der Person des Arbeitnehmers liegende Gründe dies rechtfertigen, bedarf es daher nicht. Zwar ist für die Übertragung keine mitwirkende Handlung des Arbeitgebers erforderlich. Um jedoch Streit zwischen den Parteien darüber zu vermeiden, ob die gesetzlichen Übertragungsvoraussetzungen vorliegen, begünstigt es den Arbeitnehmer, wenn die von *Tschöpe*[83] empfohlene Klausel in den Arbeitsvertrag aufgenommen wird. 3770

Klauseln, wonach der (Rest-)Urlaub nicht am Jahresende verfällt, in das nächste Jahr übertragen wird (ohne dass ein gesetzlicher Übertragungstatbestand vorliegt), dem Urlaubskonto für das Jahr gutgeschrieben wird, zu einem bestimmten Zeitpunkt im nächsten Jahr genommen werden kann u.Ä., sind in der Praxis üblich. Eine derartige Zusage bzw Vereinbarung hindert nicht das Erlöschen des gesetzlichen oder tariflichen Urlaubs durch Ablauf der Befristung. Jedoch entsteht dann statt des gesetzlichen (oder tariflichen) Urlaubsanspruchs ein einzelvertraglicher Urlaubsanspruch. Ungeachtet dessen kann eine Übertragungsvereinbarung auch konkludent erfolgen, zB wenn ein Arbeitgeber über längere Zeit in den Lohnabrechnungen des laufenden Jahres den noch nicht erfüllten Urlaub aus dem Vorjahr aufführt und für die gewährten Urlaubstage zuerst den „alten" Urlaub heranzieht. Solche Vereinbarungen sind zulässig. § 13 Abs. 1 S. 3 BUrlG steht dem nicht entgegen. Die Regelung ist für den Arbeitnehmer günstiger 3771

79 BAG 17.5.2011 – 9 AZR 189/10, BB 2011, 2152.

80 BAG 2.5.1956 – 1 AZR 416/55, AP § 4 UrlG Hessen Nr. 1.

81 GK-BUrlG/*Bleistein*, § 4 BUrlG Rn 19; *Natzel*, § 4 BUrlG Rn 31; MünchHandbArbR/*Leinemann*, § 89 Rn 41.

82 BAG 7.12.1993 – 9 AZR 583/92, EzA § 7 BUrlG Nr. 91; BAG 13.5.1982 – 6 AZR 360/80, BAGE 39, 53 = DB 1982, 2470.

83 MDR 1996, 1084.

als eine auf den 31. März des Folgejahres befristete Übertragung. Sie verletzt auch nicht das in §§ 1, 7 Abs. 3 BUrlG festgelegte Gebot zeitnaher Erfüllung des Urlaubsanspruchs.[84]

bb) Mindesturlaubsklauseln mit Zusatzurlaub

(1) Klauseltyp B

3772 ↓ **B 1:** Der Mitarbeiter erhält einen jährlichen Urlaub von 24 Werktagen. Der Zeitpunkt des Urlaubsantritts ist unter Berücksichtigung der Geschäftsinteressen des Arbeitgebers festzulegen. Der volle Urlaubsanspruch wird erstmalig nach Ablauf der Probezeit erworben. Der Mitarbeiter erhält einen Zusatzurlaub von sechs Werktagen jährlich. Der Zusatzurlaub verkürzt sich um je einen Tag für je drei Tage, an denen der Arbeitnehmer seiner Arbeitspflicht nicht nachgekommen ist oder wegen Arbeitsunfähigkeit an der Ausübung seiner Tätigkeit gehindert war.[85]

→ **B 2:** Unter der Voraussetzung, dass der Mitarbeiter im Kalenderjahr nicht wegen Arbeitsunfähigkeit an der Ausübung seiner Tätigkeit gehindert war, erhält er einen Zusatzurlaub von sechs Werktagen. Der Zusatzurlaub verringert sich um je einen Tag für je drei Tage, an denen der Arbeitnehmer wegen Arbeitsunfähigkeit an der Ausübung seiner Tätigkeit gehindert war.[86]

(2) Gestaltungshinweise

3773 Der **gesetzliche Mindesturlaub** beträgt 24 Werktage (§ 3 Abs. 1 BUrlG). In der Praxis werden den Arbeitnehmern in Deutschland regelmäßig mehr Tage als die 24 Werktage gewährt, was seine Ursache in einem Tarifvertrag, aber auch in der arbeitsvertraglichen Vereinbarung haben kann. Da gem. § 3 Abs. 2 BUrlG auch die Samstage Werktage im Sinne des Gesetzes sind, hat der Arbeitnehmer außerhalb eines Tarifvertrages auf Basis des gesetzlichen Urlaubsanspruchs regelmäßig einen Mindesturlaub von vier Wochen und vier Tagen. Die Praxis belegt, dass sowohl im Rahmen von Tarifverträgen als auch bei nicht tarifgebundenen Arbeitsvertragsparteien der vereinbarte Urlaub länger dauert. 30 Werktage sind in vielen Branchen an der Tagesordnung. Bei den **Klauseln B 1** und **B 2** machen sich die Verwender zunutze, dass ein übergesetzlicher Urlaub gewährt wird. Für den übergesetzlichen Teil des Jahresurlaubs besteht eine arbeitsvertragliche Dispositionsbefugnis der Parteien. Der über den Mindesturlaub hinausgehend vereinbarte Urlaub kann bei tarifungebundenen Parteien von Bedingungen, wie bspw Anwesenheit oder nur geringen Fehlzeiten, abhängig gemacht werden.[87]

3774 Die Klausel B 1 könnte allerdings gegen § 308 Nr. 4 BGB (Änderungsvorbehalt) verstoßen und damit unwirksam sein. Sie beinhaltet einen Änderungsvorbehalt. Der Arbeitnehmer kann danach den eingeräumten **Zusatzurlaub** um Fehlzeitentage kürzen. Sie sieht nicht iSd § 308 Abs. 4 BGB vor, dass die Änderung oder Abweichung unter Berücksichtigung der Interessen des Verwenders für den anderen Vertragsteil zumutbar ist. Eine Unzumutbarkeit kann aber insb. dann angenommen werden, wenn der Zusatzurlaub um unverschuldete Fehlzeiten gekürzt werden soll. § 308 Nr. 4 BGB gilt allerdings nicht für zwischen den Parteien als Voraussetzung des Zusatzurlaubs vereinbarte Bedingungen.[88] Daher lässt sich das Ziel, die Gewährung übergesetzlichen Urlaubs an möglichst geringe Fehlzeiten zu knüpfen, künftig über die Vereinbarung einer Bedingung herbeiführen, wie in der Klausel B 2 geschehen.

3775 Mit Entscheidung vom 15.10.2013[89] hat das BAG bestätigt, dass die Kürzung eines vertraglichen „Mehrurlaubs“ für den Fall der Erkrankung des Arbeitnehmers grds. möglich ist. Ob die-

84 BAG 21.6.2005 – 9 AZR 204/04, AiB 2007, 55; HWK/*Schinz*, § 7 BUrlG Rn 79.

85 *Hümmerich/Lücke/Mauer*, FB ArbR, Muster 1081 (§ 6).

86 *Hümmerich*, NZA 2003, 753, 761.

87 BAG 12.1.1989 – 8 AZR 404/87, EzA § 11 BUrlG Nr. 27; BAG 25.2.1988 – 8 AZR 596/86, DB 1988, 1554; BAG 18.6.1980 – 6 AZR 328/78, AP § 13 BUrlG Unabdingbarkeit Nr. 6; BAG 25.1.1990 – 8 AZR 12/89, NZA 1990, 450; BAG 26.5.1983 – 6 AZR 273/82, AP § 7 BUrlG Abgeltung Nr. 12.

88 Palandt/*Grüneberg*, § 308 BGB Rn 27.

89 BAG 15.10.2013 – 9 AZR 374/12, NZA-RR 2014, 234 = PuR 2014, 137.

se Kürzung an § 4 a Abs. 2 EFZG zu messen ist, bleibt offen. Jedenfalls muss eine entsprechende Kürzungsregelung der AGB-Kontrolle – insb. unter dem Gesichtspunkt des Transparenzgebots – genügen.

cc) (Unwiderrufliche) Freistellung – Erfüllung des Urlaubsanspruchs/Erfüllung eines Anspruchs auf Freizeitausgleich

(1) Klauseltyp C

C 1: Bis zur Beendigung des Anstellungsverhältnisses werden Sie unter Fortzahlung der Bezüge und unter Anrechnung noch offener Urlaubsansprüche sowie noch nicht abgegoltener Zeitguthaben von der Arbeitsleistung freigestellt. 3776

C 2: Wir kündigen Ihr Arbeitsverhältnis fristlos. Soweit sie von der Arbeit freigestellt sind, erfolgt dies unter Anrechnung auf etwaige Resturlaubsansprüche.

C 3: Der Arbeitgeber ist berechtigt, Herrn (...) nach Kündigung dieses Vertrages unter Fortzahlung der Bezüge und unter Anrechnung auf bestehende Urlaubsansprüche zu beurlauben.[90]

C 4: Im Falle der Kündigung ist der Arbeitgeber berechtigt, den Arbeitnehmer während der Kündigungsfrist unter Anrechnung auf bestehende Urlaubsansprüche unwiderruflich von der Arbeit freizustellen, wenn er dem Arbeitnehmer die Bezüge weiterzahlt. Die monatlichen Bezüge während einer Freistellung bestehen aus der Gesamtvergütung (Fixum und durchschnittliche Provision der letzten (...) abgerechneten Monate). Durch die Freistellung werden eventuell bestehende Urlaubsansprüche in entsprechendem Umfang abgegolten.

C 5: Der Arbeitnehmer wird mit sofortiger Wirkung von der Pflicht zur Arbeitsleistung unter Fortzahlung der vereinbarten Vergütung freigestellt. Die Freistellung erfolgt zunächst unwiderruflich unter Anrechnung auf etwaige Urlaubsansprüche und offene Zeitguthaben auf dem Arbeitszeitkonto. Im Anschluss an die damit verbundene Gewährung des Urlaubs und den Verbrauch etwaiger Zeitguthaben bleibt die Freistellung – dann allerdings unter dem Vorbehalt eines etwaigen Widerrufs – bis zur Vertragsbeendigung aufrechterhalten; während dieser Zeit findet dann auch § 615 S. 2 BGB Anwendung.[91]

C 6: Hiermit kündigen wir das mit Ihnen bestehende Arbeitsverhältnis ordentlich unter Einhaltung der Kündigungsfrist zum (...). Für die Zeit ab morgen bis zum (...) gewähren wir Ihnen Ihren Resturlaub. In der Zeit vom (...) bis zum (...) erhalten Sie Freizeitausgleich wegen geleisteter Überstunden. Im Anschluss an die Urlaubs- und Freizeitgewährung sind Sie bis zur Beendigung des Arbeitsverhältnisses unter Fortzahlung der Vergütung widerruflich von der Arbeit freigestellt, wobei anderweitiger Verdienst anzurechnen und mitzuteilen ist. Vor Ablauf der Kündigungsfrist dürfen Sie keine Konkurrenztätigkeit entfalten.[92]

C 7: (Kündigungsschreiben): Die Klägerin wird ab sofort bis auf Widerruf unter Fortzahlung der Bezüge und unter Anrechnung des Resturlaubsanspruchs und des Guthabens auf dem Gleitzeit-/Freizeitkonto von jeglicher Arbeit freigestellt.

C 8: (Kündigungsschreiben): Sie werden ab sofort unter Anrechnung Ihrer Urlaubstage von Ihrer Arbeit unter Fortzahlung Ihrer Bezüge freigestellt.

90 *Hümmerich/Lücke/Mauer*, FB ArbR, Muster 1208 (§ 12 Abs. 4).
91 *Gaul*, BB 2008, 2457, 2463.
92 *Kramer*, DB 2008, 2538, 2539.

(2) Gestaltungshinweise

3777 Die **Klausel C 1** ist der Entscheidung des BAG vom 14.3.2006[93] entnommen. Das BAG weist auf Folgendes hin: Nach stRspr des BAG kann der Urlaubsanspruch eines Arbeitnehmers auch dadurch erfüllt werden, dass der Arbeitgeber den Arbeitnehmer bis zur Beendigung des Arbeitsverhältnisses unter Anrechnung auf den Urlaubsanspruch von der Arbeit freistellt. Die zur Erfüllung des Anspruchs erforderliche Erklärung des Arbeitgebers muss **hinreichend deutlich** erkennen lassen, dass eine Befreiung von der Arbeitspflicht zur Erfüllung des Anspruchs auf Urlaub gewährt wird. Die Erfüllung von Urlaubsansprüchen durch den Arbeitgeber bedarf der **unwiderruflichen** Befreiung des Arbeitnehmers von der Arbeitspflicht. Nur dann ist es dem Arbeitnehmer möglich, anstelle der geschuldeten Arbeitsleistung die ihm aufgrund des Urlaubsanspruchs zustehende Freizeit uneingeschränkt zu nutzen.

3778 Die **Klausel C 2** ist der Entscheidung des BAG vom 14.8.2007[94] entnommen. Danach kann der Arbeitgeber den Urlaubsanspruch auch dadurch erfüllen, dass er den Arbeitnehmer nach Ausspruch einer Kündigung bis zur Beendigung des Arbeitsverhältnisses unter Anrechnung auf den Urlaubsanspruch freistellt. Die Freistellung muss sich auf einen bestimmten künftigen Zeitraum beziehen. Ist der Arbeitnehmer bereits aus anderen Gründen von der Arbeitspflicht befreit, kommt eine nachträgliche Festlegung dieser Zeiten als Urlaub nicht in Betracht. Der Arbeitgeber kann den Urlaub auch vorsorglich für den Fall gewähren, dass eine von ihm erklärte ordentliche oder außerordentliche Kündigung das Arbeitsverhältnis nicht auflöst. Der Bestand des Arbeitsverhältnisses als solcher wird durch eine Kündigung nicht berührt. Mit der Kündigung macht der Arbeitgeber lediglich geltend, er gehe davon aus, das Arbeitsverhältnis werde zu dem von ihm bestimmten Zeitpunkt enden. Er „behauptet" eine Beendigung. Dem entspricht, dass der Arbeitgeber einem Arbeitnehmer, der während eines Kündigungsschutzstreits Urlaub verlangt, Urlaub zu gewähren hat. Die vorsorgliche Urlaubsgewährung liegt im wohlverstandenen Eigeninteresse des Arbeitgebers, um die Kumulation von Annahmeverzugs- und Urlaubsabgeltungsansprüchen zu verhindern. Dem steht nicht entgegen, dass bis zur rechtskräftigen Entscheidung über den Kündigungsrechtsstreit offen ist, ob der Arbeitgeber Urlaubsentgelt oder Urlaubsabgeltung schuldet.

3779 Mit der **Klausel C 3** macht sich der Klauselverwender zunutze, dass die Freistellungserklärung als Urlaubs- und Freizeitgewährung zum Ausgleich von Überstunden seitens des Arbeitgebers genutzt werden kann. Aus der Erklärung des Arbeitgebers muss dabei für den Arbeitnehmer aber ersichtlich sein, dass er in Erfüllung der Pflicht zur Urlaubsgewährung freigestellt wird. Das ist dann der Fall, wenn der Arbeitnehmer während des Freistellungszeitraums nicht damit rechnen muss, zur Arbeitsleistung aufgefordert zu werden.[95] Eine Freistellung unter Vorbehalt führt nicht zur Erfüllung des offenen Urlaubsanspruchs.[96] Hieraus folgt, dass die Anrechnung von Urlaub ausschließlich bei einer **unwiderruflichen Freistellung** erfolgt, nicht jedoch bei einer widerruflichen.[97] Will der Arbeitgeber mit seiner Freistellungserklärung gleichzeitig bereits entstandene und noch entstehende Urlaubsansprüche erfüllen, muss er dies ausdrücklich im Rahmen der Freistellungserklärung dem Arbeitnehmer mitteilen. Eine automatische bzw konkludente Urlaubsanrechnung auf die Freistellung gibt es nicht. Sowohl bei Fehlen einer ausdrücklichen Urlaubsgewährung als auch im Falle der widerruflichen Freistellung liegt keine Erfüllung des Urlaubsanspruchs vor. Der Arbeitnehmer kann in diesen Fällen nach Ablauf des Frei-

93 BAG 14.3.2006 – 9 AZR 11/95, NZA 2006, 1008; BAG 22.9.1992 – 9 AZR 483/91, NZA 1993, 406.
94 BAG 14.8.2007 – 9 AZR 934/06, DB 2008, 514.
95 BAG 14.3.2006 – 9 AZR 11/05, DB 2006, 2583.
96 *Kramer*, DB 2008, 2538, 2540.
97 BAG 16.7.2013 – 9 AZR 50/12, FA 2013, 367.

stellungszeitraums und der Beendigung des Arbeitsverhältnisses grds. noch eine Abgeltung des offenen Urlaubs verlangen.[98]

Im Arbeitsvertrag empfiehlt sich eine Klausel (**C 3 und C 4**), wonach der Mitarbeiter verpflichtet ist, im Falle einer Kündigung während der Kündigungsfrist seinen restlichen Urlaub zu nehmen, unabhängig davon, wer die Kündigung erklärt hat. 3780

Personalwirtschaftlich sinnvoll ist es, einen Mitarbeiter, dessen Vertragsende feststeht, nicht länger in der Belegschaft verweilen zu lassen. Freistellung ist nicht gleichbedeutend mit Urlaub. Wird in einem Aufhebungs- oder Abwicklungsvertrag die Freistellung des Arbeitnehmers geregelt und wird dabei nichts über den noch bestehenden Resturlaub vereinbart, bleibt der Urlaubsanspruch erhalten.[99] Die unwiderrufliche Freistellung während der Kündigung unter Anrechnung etwaiger Urlaubsansprüche führt dagegen zur Urlaubsgewährung.[100] Unterlässt es der Arbeitgeber, die Freistellung mit dem Zusatz „unter Anrechnung auf sämtliche noch bestehenden Urlaubsansprüche" zu verbinden, kann der Arbeitnehmer trotz monatelanger Freistellung für seine restlichen Urlaubstage Urlaubsabgeltung verlangen.[101] Der gesetzliche Urlaubsanspruch ist unverzichtbar, §§ 13 Abs. 1 S. 3, 7 Abs. 4 BUrlG.[102] 3781

Die Urlaubsgewährung ist Sache des Arbeitgebers, so dass der Arbeitgeber im Arbeitsvertrag generell regeln kann, dass restliche Urlaubsansprüche über die Freistellung ausgeglichen werden.[103] War der Urlaub für den Arbeitnehmer nach Ablauf der Kündigungsfrist festgelegt, verliert diese Festsetzung mit der Kündigung ihre Verbindlichkeit.[104] Nach dem Grundsatz des Vorrangs der Urlaubsgewährung *in natura* vor der Urlaubsabgeltung, ist der Arbeitgeber befugt, den Urlaub gem. § 7 Abs. 1 BUrlG, § 315 Abs. 1 BGB neu festzusetzen, so dass sich aus Arbeitgebersicht vermeiden lässt, einen nicht mehr hinreichend motivierten Mitarbeiter nicht in Urlaub schicken zu dürfen und stattdessen anschließend zusätzlich noch eine Urlaubsabgeltung zu zahlen. 3782

Die **Klausel C 4** steht nur so lange im Einklang mit der Rspr des 9. Senats, wie die Freistellung unwiderruflich erklärt wird.[105] Mit einer widerruflich erklärten Freistellung kann der Arbeitgeber den Urlaubsanspruch nach § 7 BUrlG nicht erfüllen. 3783

Das von *Gaul*[106] vorgeschlagene Kombinationsmodell[107] (**Klausel C 5**) trägt dem Umstand Rechnung, dass allein die Freistellung von der Arbeitspflicht von der Rspr nicht als Urlaubsgewährung angesehen wird. Die Klausel versucht zugleich, die negativen Rechtsfolgen zu vermeiden, die sich aus einer unwiderruflichen oder widerruflichen Freistellung ergeben können. Wird nur unwiderruflich freigestellt, ohne gleichzeitig Urlaub zu erteilen, hat dies aufgrund der Rspr des BAG zwei Folgen: Einerseits kommt es zur Anrechnung anderweitigen Verdienstes nach § 615 S. 2 BGB, andererseits kann der Arbeitnehmer nach Beendigung des Arbeitsverhältnisses Urlaubsabgeltung verlangen. Beurlaubt der Arbeitgeber dagegen den Arbeitnehmer für die Restlaufzeit, gibt es keine Urlaubsabgeltung, dafür scheidet aber eine Anrechnung anderweitigen Verdienstes nach § 615 S. 2 BGB aus.[108] 3784

---

98 BAG 9.6.1998 – 9 AZR 43/97, DB 1999, 52; BAG 14.8.2007 – 9 AZR 934/06, DB 2008, 514; *Bauer*, NZA 2007, 409.

99 BAG 9.6.1998 – 9 AZR 43/97, NZA 1999, 80.

100 LAG Köln 16.3.2000 – 11 Sa 1280/99, LAGE § 7 BUrlG Nr. 37; LAG Köln 29.6.2001 – 11 Sa 305/01, NZA-RR 2002, 237.

101 BAG 9.6.1998 – 9 AZR 483/91, NZA 1999, 80.

102 BAG 31.5.1990 – 8 AZR 132/89, NZA 1990, 935; BAG 20.5.2008 – 9 AZR 219/07, DB 2008, 2558.

103 Küttner/*Kreitner*, Personalbuch, 191 (Freistellung von der Arbeit) Rn 25.

104 BAG 10.1.1974 – 5 AZR 208/73, EzA § 7 BUrlG Nr. 16.

105 BAG 14.3.2006 – 9 AZR 11/05, NZA 2006, 1008; BAG 16.7.2013 – 9 AZR 50/12, FA 2013, 367.

106 *Gaul*, BB 2008, 2457, 2463.

107 *Bauer*, NZA 2007, 409, 410.

108 *Bauer*, NZA 2007, 409, 410.

3785 Auch die von *Kramer*[109] vorgeschlagene **Klausel C 6** kombiniert die Vor- und Nachteile der widerruflichen und unwiderruflichen Freistellung und berücksichtigt die von der Rspr im Hinblick auf die Urlaubsgewährung entwickelten Grundsätze.

3786 Das Kündigungsschreiben (**Klausel C 7**) ist der Entscheidung des BAG vom 19.5.2009[110] entnommen. Das BAG hat in dieser Entscheidung verdeutlicht, dass die in dem Kündigungsschreiben vorgesehene **widerrufliche** Freistellung nicht geeignet ist, den Urlaubsanspruch zu erfüllen. Eine Freistellungserklärung kann daher das Erlöschen des Urlaubsanspruchs nur dann bewirken, wenn sie **unwiderruflich** erfolgt. Dieser unmissverständliche Hinweis des BAG ist bei künftigen Formulierungen zu beachten. Durch die widerrufliche Freistellung kann allerdings ein Anspruch auf Freizeitausgleich aus einem Arbeitszeitkonto erfüllt werden.

3787 Die **Klausel C 8** ist der Entscheidung des BAG vom 17.5.2011 entnommen.[111] Es ging um einen „jahresübergreifenden Erholungsurlaub". Der gem. §§ 133, 157 BGB auszulegenden Erklärung ließ sich nicht hinreichend deutlich entnehmen, ob neben dem Resturlaub für das Jahr 2006 der gesamte Jahresurlaub für das Jahr 2007, den der Arbeitnehmer am 1.1.2007 erworben hatte, oder lediglich der auf den Zeitraum vom 1.1. bis zum 31.3.2007 entfallende Teilurlaub gewährt werden sollte. Steht also ein **jahresübergreifender Erholungsurlaub** in Rede, so muss in der Freistellungserklärung hinreichend deutlich gemacht werden, für welche Zeiträume Urlaubsansprüche erfasst werden sollen.

dd) Abgeltungsverzichtsklauseln

(1) Klauseltyp D

3788 **D 1:** Sie verzichten auf Urlaubsabgeltung, wenn Sie aus dienstlichen oder persönlichen Gründen Ihren Urlaub nicht bis zur Beendigung des Arbeitsverhältnisses nehmen konnten oder nehmen wollten.

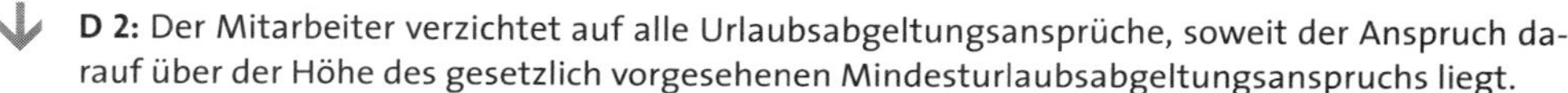

D 2: Der Mitarbeiter verzichtet auf alle Urlaubsabgeltungsansprüche, soweit der Anspruch darauf über der Höhe des gesetzlich vorgesehenen Mindesturlaubsabgeltungsanspruchs liegt.

D 3: (Gerichtlicher Vergleich): Die Parteien sind sich darüber einig, dass das Arbeitsverhältnis zwischen ihnen durch die ordentliche personenbedingte Kündigung der Beklagten vom (...) mit Ablauf des (...) sein Ende gefunden hat. Mit Erfüllung des vorliegenden gerichtlichen Vergleichs sind wechselseitig alle finanziellen Ansprüche aus dem Arbeitsverhältnis, gleich ob bekannt oder unbekannt, gleich aus welchem Rechtsgrund, erledigt.

(2) Gestaltungshinweise

3789 Während der Dauer des laufenden Vertragsverhältnisses ist der Urlaubsabgeltungsanspruch gem. § 13 Abs. 1 S. 3 iVm § 7 Abs. 4 BUrlG unabdingbar und damit auch unverzichtbar.[112] Deshalb sind die **Klauseln D 1 und D 2** grds. **unzulässig,** § 134 BGB. Tariflich abgesicherte Urlaubsabgeltungsansprüche sind wegen § 4 Abs. 4 TVG unverzichtbar.[113] Die Klausel D 1 bleibt auch im Falle der Aufnahme in einen Aufhebungs- oder Abwicklungsvertrag unwirksam. Allerdings begnügen sich die Parteien manchmal mit einem **Tatsachenvergleich**, um Meinungsverschiedenheiten darüber zu bereinigen, wie viele Urlaubstage der Arbeitnehmer tatsächlich be-

109 *Kramer*, DB 2008, 2538, 2539.

110 BAG 19.5.2009 – 9 AZR 433/08, DB 2009, 2103; BAG 16.7.2013 – 9 AZR 50/12, FA 2013, 367.

111 BAG 17.5.2011 – 9 AZR 189/10, BB 2011, 2152.

112 BAG 27.7.1967 – 5 AZR 112/67, DB 1967, 1859; *Schulte*, DB 1981, 937, 940; *Bauer*, NZA 2007, 409, 411.

113 *Frohner*, AuR 1975, 108.

reits erhalten oder verbraucht hat.[114] Derartige Tatsachenvergleiche verstoßen nicht gegen den Grundsatz der Unverzichtbarkeit von Urlaubsabgeltungsregelungen.[115]

Die in **Klausel D 3** formulierte **Ausgleichsklausel** ist der Entscheidung des BAG vom 3790
14.5.2013[116] entnommen. Hatte der Arbeitnehmer nach der Beendigung des Arbeitsverhältnisses tatsächlich die Möglichkeit, die Abgeltung des ihm zustehenden gesetzlichen Mindesturlaubs in Anspruch zu nehmen, und schließt er einen **Vergleich** mit einer Ausgleichsklausel im oben genannten Sinne, derzufolge sämtliche Ansprüche aus dem Arbeitsverhältnis „erledigt" sind, erfasst diese grds. auch den Urlaubsabgeltungsanspruch. Der Wirksamkeit einer solchen Vereinbarung stehen weder § 13 Abs. 1 S. 3 BUrlG noch Art. 7 der Arbeitszeitrichtlinie entgegen.

ee) Urlaubsentgeltrückforderungsklausel

(1) Klauseltyp E

E 1: Wenn dem Arbeitnehmer zum Zeitpunkt seines Ausscheidens aus dem Betrieb mehr Ur- 3791
laub gewährt wurde, als ihm zusteht, ist er zu einer Rückerstattung des zuviel erhaltenen Urlaubs in Geld nach Urlaubsabgeltungsgrundsätzen verpflichtet.

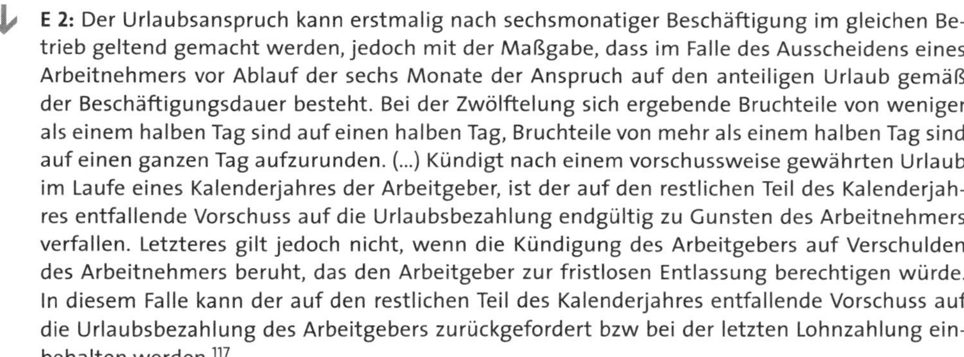

E 2: Der Urlaubsanspruch kann erstmalig nach sechsmonatiger Beschäftigung im gleichen Betrieb geltend gemacht werden, jedoch mit der Maßgabe, dass im Falle des Ausscheidens eines Arbeitnehmers vor Ablauf der sechs Monate der Anspruch auf den anteiligen Urlaub gemäß der Beschäftigungsdauer besteht. Bei der Zwölftelung sich ergebende Bruchteile von weniger als einem halben Tag sind auf einen halben Tag, Bruchteile von mehr als einem halben Tag sind auf einen ganzen Tag aufzurunden. (...) Kündigt nach einem vorschussweise gewährten Urlaub im Laufe eines Kalenderjahres der Arbeitgeber, ist der auf den restlichen Teil des Kalenderjahres entfallende Vorschuss auf die Urlaubsbezahlung endgültig zu Gunsten des Arbeitnehmers verfallen. Letzteres gilt jedoch nicht, wenn die Kündigung des Arbeitgebers auf Verschulden des Arbeitnehmers beruht, das den Arbeitgeber zur fristlosen Entlassung berechtigen würde. In diesem Falle kann der auf den restlichen Teil des Kalenderjahres entfallende Vorschuss auf die Urlaubsbezahlung des Arbeitgebers zurückgefordert bzw bei der letzten Lohnzahlung einbehalten werden.[117]

E 3: (a) Hat der Mitarbeiter im Zeitpunkt seines Ausscheidens aus der Firma mehr Urlaub erhalten als ihm zusteht, so hat er den Mehrbetrag zurückzuzahlen. Dies gilt nicht hinsichtlich des gesetzlichen Mindesturlaubs, wenn die Überzahlung darauf beruht, dass der Mitarbeiter nach erfüllter Wartezeit in der ersten Hälfte des Kalenderjahres ausscheidet.[118]
(b) Hat der Arbeitnehmer mehr Urlaub erhalten als ihm vertraglich zusteht, so hat er das auf die überzähligen Urlaubstage erhaltene Urlaubsentgelt zurückzuerstatten, soweit die überzähligen Urlaubstage den gesetzlichen Mindesturlaub überschritten haben.

E 4: Erhält der Arbeitnehmer mehr Urlaubsentgelt als ihm zusteht, so hat er dieses an den Arbeitgeber zurückzuzahlen. Dies gilt nicht für den gesetzlichen Mindesturlaub, wenn der Arbeitnehmer nach erfüllter Wartezeit in der ersten Hälfte eines Kalenderjahres aus dem Arbeitsverhältnis ausscheidet (§ 5 Abs. 1 Buchst. c BUrlG).

114 BAG 20.1.1998 – 9 AZR 812/96, NZA 1998, 816 = DB 1998, 1236.
115 BAG 20.1.1998 – 9 AZR 812/96, NZA 1998, 816 = DB 1998, 1236.
116 BAG 14.5.2013 – 9 AZR 844/11, NZA 2013, 1098.
117 BAG 9.7.1964 – 5 AZR 463/63, NJW 1964, 2033 = DB 1964, 1340.
118 Preis/*Stoffels*, Der Arbeitsvertrag, II U 20 Rn 59.

(2) Gestaltungshinweise

3792 Die Rückforderungsproblematik bei bereits in der ersten Hälfte eines Jahres gewährtem Urlaub für ein Kalenderjahr lässt sich, wenn der Mitarbeiter vor dem 1.7. eines Jahres ausscheidet, nur schwerlich über eine Klausel des Arbeitsvertrages regeln. Es besteht zum einen das Rückforderungsverbot nach § 5 Abs. 3 BUrlG, zum anderen kann sich die Rückforderung allenfalls auf den über den Mindesturlaub hinausgehenden Urlaub erstrecken. Hierbei handelt es sich allerdings erfahrungsgemäß, bei 24 Werktagen Mindesturlaub, nur noch um wenige Tage, die mit einer **Klausel wie E 1** erfasst werden können. Im Übrigen gilt § 6 Abs. 2 BUrlG, wonach in einem Folgearbeitsverhältnis der Arbeitnehmer eine Urlaubsbescheinigung vorzulegen hat. Hat er bei seinem alten Arbeitgeber zu viel Urlaub erhalten, sind Doppelansprüche nach § 6 Abs. 1 BUrlG ausgeschlossen.

3793 Das BAG hat die **Klausel E 2** in älteren Entscheidungen weitgehend passieren lassen.[119] Dabei ließ sich das BAG von dem Gedanken leiten, dass die Rückzahlungs- und Vorschussvereinbarung den Arbeitnehmer zur Rückgewährung von Erlangtem verpflichtete, mithin zu Leistungen, die er erhalten hatte, ohne dass der Anspruch vollständig erfüllt war. *Stoffels*[120] hält Vorschussabreden in der Klausel E 2 für **nicht geeignet**. Das zu viel gezahlte Urlaubsentgelt könne nicht zurückverlangt werden. Die Auffassung des BAG, wonach die Pfändungsschutzvorschriften keine Anwendung finden sollen,[121] bilde dabei nur ein Argument. Die §§ 394, 400, 1274 Abs. 2 BGB ergäben eine allgemeine Schutznorm, die nicht zur Disposition der Parteien stehe, insb. nicht durch „ausgefallene rechtliche Konstruktionen umgangen werden dürfe".

3794 *Stoffels* ist im Ergebnis, nicht in der Begründung zuzustimmen. Der Gesetzgeber hat in § 6 BUrlG den Fall gesehen, dass manchmal ein Arbeitnehmer mehr Urlaub nimmt als ihm entsprechend der Dauer seines Arbeitsverhältnisses zusteht und diesen Fall **geregelt**. Der Arbeitnehmer soll sich den vom ersten Arbeitgeber in einem Kalenderjahr gewährten Urlaub auf den Urlaubsanspruch in dem darauf folgenden Arbeitsverhältnis anrechnen lassen. Eine Rückgewähr soll danach nicht stattfinden. Die Klausel E 2 verstößt daher gem. § 134 BGB, § 6 BUrlG gegen zwingendes Urlaubsrecht.

3795 Die **Klausel E 3** wird von *Stoffels*[122] empfohlen. Er verweist darauf, dass sich Vorschussabreden im Ergebnis nicht von Rückzahlungsklauseln unterscheiden und rät daher, der Klarheit willen zu entsprechend formulierten Rückzahlungsklauseln überzugehen. Eine solche Rückzahlungsklausel benachteilige den Arbeitnehmer nicht unangemessen iSd § 307 BGB. Die gegenteilige Argumentation[123] überzeuge nicht.

3796 Die von *Viethen/Viethen*[124] vorgeschlagene **Klausel E 4** trägt zunächst dem Umstand Rechnung, dass eine Rückforderung von zuviel gezahlten Urlaubsentgelt nach § 5 Abs. 3 BUrlG für den gesetzlichen Urlaub ausscheidet, wenn der Arbeitnehmer nach erfüllter Wartezeit in der ersten Hälfte des Kalenderjahres aus dem Arbeitsverhältnis ausscheidet und der Arbeitnehmer Urlaub über den ihm zustehenden Umfang hinaus erhalten hat (§ 5 Abs. 1 Buchst. c BUrlG). In den übrigen Fällen kann vertraglich eine Rückzahlungsklausel vereinbart werden, die sich u.a. deshalb empfiehlt, da einem Rückforderungsanspruch auf bereichungsrechtlicher Grundlage (§§ 812 ff BGB) unter Umständen ein stillschweigender Rückforderungsverzicht des Arbeitgebers entgegengehalten werden kann.[125]

---

119 BAG 9.7.1964 – 5 AZR 463/63, EzA § 13 BUrlG Nr. 1; BAG 27.11.1959 – 1 AZR 355/57, EzA § 611 BGB Urlaub Nr. 1.

120 Preis/*Stoffels*, Der Arbeitsvertrag, II U 20 Rn 63.

121 BAG 22.2.1962 – 5 AZR 126/61, AP § 8 BUrlG Nr. 1; BAG 27.11.1959 – 1 AZR 355/57 und 1 AZR 479/57, AP § 611 BGB Urlaubsrecht Nr. 55; BAG 3.10.1958 – 1 AZR 183/58, AP § 394 BGB Nr. 3; abweichend BAG 9.7.1964 – 5 AZR 463/63, EzA § 13 BUrlG Nr. 1.

122 Preis/*Stoffels*, Der Arbeitsvertrag, II U 20 Rn 64.

123 *Linck/Schütz*, in: FS Leinemann, 2006, S. 171, 182 f.

124 S. *Viethen/Viethen*, in: Maschmann/Sieg/Göpfert, Vertragsgestaltung im Arbeitsrecht, 530 Rn 78.

125 *Gaul*, BB 1965, 869, 874.

ff) Urlaubsgeldklauseln/Urlaubsentgeltklauseln

(1) Klauseltyp F

F 1: 3797

(1) Die Arbeitnehmerin erhält ein Urlaubsgeld, wenn sie

a) am 1. Juli im ungekündigten Arbeitsverhältnis steht und

b) seit dem 1. Januar des laufenden Jahres ununterbrochen als Arbeitnehmerin beim Arbeitgeber beschäftigt war oder in einem Ausbildungsverhältnis gestanden hat und

c) mindestens für einen Teil des Monats Juli Anspruch auf Vergütung, Mutterschaftsgeld oder Krankenbezüge hat.

(2) Das Urlaubsgeld beträgt 250 €. Das Urlaubsgeld beträgt für die am 1. Juli nicht vollbeschäftigte Arbeitnehmerin den Teil des Urlaubsgeldes, der dem Maß der mit ihr vereinbarten, am 1. Juli geltenden durchschnittlichen Arbeitszeit entspricht. Das Urlaubsgeld wird mit den Bezügen für den Monat Juli ausgezahlt. Ist das Urlaubsgeld gezahlt worden, obwohl es der Arbeitnehmerin nicht zustand, ist es in voller Höhe zurückzuzahlen.

F 2: Die Firma zahlt kalenderjährlich ein Urlaubsgeld iHv 255 € mit dem Juli-Gehalt.

F 3: Der Arbeitnehmer erhält ein Urlaubsgeld entsprechend den tarifvertraglichen Bestimmungen.

F 4: Sobald die Jahressonderzuwendung und das Urlaubsgeld gewährt werden, besteht für den Arbeitgeber ein Zurückbehaltungsanspruch gegenüber der Bruttovergütung des Arbeitnehmers, falls dieser innerhalb der darauf folgenden zwei Kalendermonaten sein Arbeitsverhältnis kündigt. Die jeweilige Zahlung kann mit den folgenden beiden Monatsvergütungen verrechnet werden. Übertarifliche Teile der Jahressonderzuwendung und des Urlaubsgeldes können einseitig vom Arbeitgeber mit tatsächlich geleisteter Mehrarbeit und deren Zuschlägen verrechnet werden.[126]

↓ **F 5:** Das Urlaubsgeld steht unter dem gleichen Rückzahlungsvorbehalt wie Weihnachtsgeldzahlungen nach der derzeitigen Rechtsprechung.[127]

↓ **F 6:** Als Urlaubsentgelt erhält der Arbeitnehmer den durchschnittlichen Stundenverdienst wie Schichtzulagen – ohne Prämien – der letzten 13 Wochen.

(2) Gestaltungshinweise

Die Begriffe „Urlaubsentgelt“[128] und „Urlaubsgeld“ werden häufig verwechselt oder nicht ausreichend auseinandergehalten. **Urlaubsentgelt** ist dasjenige Entgelt (Gehalt), das der Arbeitgeber während des Urlaubs, also während „bezahlter Freistellung“ zu Erholungszwecken an den Arbeitnehmer leistet. Als **Urlaubsgeld** bezeichnet man zusätzliche Zahlungen des Arbeitgebers, Sonderzuwendungen, die dem Arbeitnehmer zur Urlaubszeit wegen der Kosten einer Urlaubsreise, zusätzlich zugewendet werden.[129] 3798

Viele Tarifverträge haben das Urlaubsgeld als zusätzliche Vergütung eingeführt. Das Urlaubsgeld hat seine Wurzeln in Tarifnormen, wird aber daneben oder unabhängig von tariflichen Ansprüchen zwischen den Arbeitsvertragsparteien vereinbart. Wird – wie in der Klausel F 3 – pauschal auf die Normen eines allgemeinverbindlichen Tarifvertrages wie des Manteltarifvertrages für den Einzelhandel NW verwiesen, kommt der Vertragsklausel unbeschadet einer etwaigen zusätzlichen Tarifbindung von Arbeitgeber und/oder Arbeitnehmer rein deklaratorische 3799

126 *Hümmerich/Lücke/Mauer*, FB ArbR, Muster 1330 (§ 5).
127 ArbG Wetzlar 26.6.2001 – 1 Ca 18/01, NZA-RR 2002, 237.
128 BAG 15.12.2009 – 9 AZR 887/08, NZA-RR 2011, 224.
129 Küttner/*Röller*, Personalbuch, 426 (Urlaubsgeld) Rn 1.

Bedeutung zu. Die Formulierung „... erhält ein Urlaubsgeld entsprechend den tarifvertraglichen Bestimmungen" spricht nicht für eine zusätzliche Verweisung oder Bezugnahmeklausel oder Gleichstellungsabrede, falls eine tarifliche Allgemeinverbindlichkeit nicht mehr besteht.

3800 Die **Klauseln F 1, F 2** und **F 4** zeigen, welcher Gestaltungsreichtum bei der Vereinbarung von Urlaubsgeldklauseln den Arbeitsvertragsparteien verbleibt, soweit der Arbeitnehmer Außenseiter, mithin nicht tarifgebunden ist. Bei allen drei Klauseln (F 1, F 2 und F 4) ergeben sich keine Wirksamkeitsbedenken, weder nach den für Gratifikationen, Zulagen und vergleichbaren Leistungen bestehenden Rechtsprechungsgrundsätzen noch aufgrund der bei Formulararbeitsverträgen anzuwendenden §§ 305 ff BGB.

3801 Die **Klausel F 5** entstammt einem Fall, über den das ArbG Wetzlar[130] zu befinden hatte. Das ArbG Wetzlar war der Auffassung, der Wortlaut der Klausel stehe mit dem Bestimmtheitsgrundsatz in Einklang. Ob diese Rspr angesichts des Transparenzgebots in § 308 Nr. 4 BGB Bestand haben wird, muss bezweifelt werden. Welcher Arbeitnehmer weiß, welchen Inhalt die „derzeitige Rechtsprechung" zu Rückzahlungsvorbehalten bei Weihnachtsgeldklauseln hat? Diese Frage können selbst Juristen meist nicht zufriedenstellend beantworten.

3802 Die **Klausel F 6** ist sinngemäß der Entscheidung des BAG vom 15.2.2009[131] entnommen. Das BAG hat hier bestätigt, dass die Tarifvertragsparteien zwar gem. § 13 Abs. 1 BUrlG berechtigt sind, auch zu Ungunsten der Arbeitnehmer von § 11 BUrlG (Urlaubsabgeltung) abzuweichen. Es muss jedoch hinsichtlich des gesetzlichen Mindesturlaubsanspruchs (§ 3 BUrlG) sichergestellt sein, dass der Arbeitnehmer ein Urlaubsentgelt erhält, wie er es bei Weiterarbeit ohne Urlaubsgewährung voraussichtlich hätte erwarten können. Bei einem in Prämienlohn beschäftigten Arbeitnehmer darf daher bei der Berechnung des Urlaubsentgelts eine gezahlte Prämie nicht unberücksichtigt bleiben.

gg) Urlaubsbescheinigungsklausel

(1) Klauseltyp G

3803 → Der Mitarbeiter ist verpflichtet, bei Arbeitsantritt eine Urlaubsbescheinigung des letzten Arbeitgebers vorzulegen. Die Firma kann die Gewährung von Urlaub so lange verweigern, bis diese Bescheinigung vorliegt. Vom letzten Arbeitgeber gewährter Urlaub wird gem. § 6 Abs. 1 BUrlG angerechnet.[132]

(2) Gestaltungshinweise

3804 Mit der Variante G vereinbaren die Parteien ein **Leistungsverweigerungsrecht** des Arbeitgebers, falls der Arbeitnehmer nicht seiner gesetzlichen Verpflichtung nachkommt, eine Urlaubsbescheinigung aus dem vorangegangenen Arbeitsverhältnis gem. § 6 Abs. 2 BUrlG vorzulegen. Die Wirksamkeit einer solchen Klausel kann bei der seltenen Fallkonstellation in Zweifel stehen, dass der Arbeitnehmer beim Vor-Arbeitgeber eine Urlaubsbescheinigung verlangt, diese aber nicht erhalten hat und noch Urlaubsansprüche gegenüber dem neuen Arbeitgeber in einem laufenden Kalenderjahr erwachsen sind, der Arbeitnehmer die Ansprüche aber nicht geltend machen kann, weil sich der neue Arbeitgeber auf das Leistungsverweigerungsrecht in der Klauselvariante G beruft.

3805 Derartigen Wirksamkeitsbedenken kann man unter Hinweis darauf entgegentreten, dass der Arbeitnehmer die Möglichkeit hätte, im Wege einer einstweiligen Verfügung die Verurteilung des früheren Arbeitgebers zu erreichen. Der Verfügungsgrund ergibt sich aus § 6 Abs. 2 BUrlG, der Verfügungsanspruch aus dem drohenden Verfall des Urlaubs gem. § 7 Abs. 3 BUrlG. Mit

130 ArbG Wetzlar 26.6.2001 – 1 Ca 18/01, NZA-RR 2002, 237.
131 BAG 15.2.2009 – 9 AZR 887/08, NZA-RR 2011, 224.
132 *Hümmerich/Lücke/Mauer*, FB ArbR, Muster 1336 (§ 4 Abs. 4).

der Klausel G schützt sich deshalb der Arbeitgeber grds. wirksam entsprechend dem Gesetzeszweck des § 6 Abs. 1 BUrlG vor Doppelansprüchen des Arbeitnehmers.

hh) Urlaubsanrechnungsklauseln

(1) Klauseltyp H

↓ **H 1:** Auf den Urlaub des Arbeitnehmers werden arbeitsfreie Sonnabende in der Schlechtwetterzeit angerechnet. 3806

↓ **H 2:** Der Tag des Betriebsausflugs wird vom Urlaub in Abzug gebracht.

(2) Gestaltungshinweise

Die Klauseln H 1 und H 2 beinhalten Versuche von Arbeitgebern, bestimmte Tage der Freistellung des Arbeitnehmers in die Urlaubsansprüche einzubeziehen. Beide Klauseln sind unwirksam. Wie das LSG Niedersachsen festgestellt hat, ist eine Vereinbarung zwischen Bauarbeiter und Arbeitgeber, durch die der gesetzliche Mindesturlaub auf die arbeitsfreien Sonnabende in der Schlechtwetterzeit verteilt wird, nichtig. Derartige freie Tage können nicht in eine Urlaubsgewährung für Ausfalltage umgedeutet werden.[133] Ebenso ist die Klausel H 2 unwirksam, weil schon der 5. Senat des BAG im Jahre 1970 entschieden hat, dass jeder Arbeitnehmer frei darüber entscheiden könne, ob er an einem Betriebsausflug teilnehmen wolle.[134] Wenn es im Ermessen des Arbeitnehmers liegt, darüber zu entscheiden, ob er an einem Betriebsausflug teilnimmt, ist damit auch die Befugnis des Arbeitgebers inzidenter ausgeschlossen, jeden Betriebsausflug auf Urlaubstage anzurechnen. Will der Arbeitnehmer am Tag des Betriebsausflugs seiner Arbeitspflicht nachgehen, ist er hierzu befugt. Auch nach § 307 Abs. 2 Nr. 1 BGB ist die Klausel H 2 unwirksam. 3807

ii) Urlaubsübertragungs- und Abgeltungsregelung – Vermeidung eines „Gleichlaufs“

(1) Klauseltyp I

→ **I 1:** Ausgehend von einer 5-Tage-Woche hat der Arbeitnehmer einen gesetzlichen Anspruch auf einen bezahlten Jahresurlaub von 20 Tagen. Über diesen Anspruch hinaus hat der Arbeitnehmer einen übergesetzlichen Anspruch auf einen bezahlten Jahresurlaub von weiteren 10 Tagen. Der Urlaub muss im laufenden Kalenderjahr gewährt und genommen werden. Eine Übertragung des Urlaubs auf das nächste Kalenderjahr ist nur statthaft, wenn dringende betriebliche oder in der Person des Arbeitnehmers liegende Gründe dies rechtfertigen. Im Fall der Übertragung muss der Urlaub in den ersten drei Monaten des folgenden Kalenderjahres gewährt und genommen werden; andernfalls verfällt der Urlaub mit Ablauf des 31. März des folgenden Kalenderjahres, soweit nicht durch zwingende gesetzliche Vorgaben etwas anderes bestimmt wird. 3808

Kann der gesetzliche Urlaub wegen Beendigung des Arbeitsverhältnisses ganz oder teilweise nicht mehr gewährt werden, so ist er abzugelten. In Bezug auf den gesetzlichen Urlaubsanspruch besteht ein Abgeltungsanspruch auch dann, wenn die Inanspruchnahme wegen krankheitsbedingter Arbeitsunfähigkeit nicht bis zum Ende des Kalenderjahres bzw – für den Fall der Übertragung – bis zum 31.3. des folgenden Kalenderjahres erfolgt ist. Eine Abgeltung des übergesetzlichen Urlaubsanspruchs ist ausgeschlossen.[135]

→ **I 2:** Der nach diesem Arbeitsvertrag über den gesetzlichen Mindesturlaubsanspruch nach dem Bundesurlaubsgesetz hinausgehende Urlaub verfällt ersatzlos, wenn er nicht im Kalenderjahr genommen wird. Wird er arbeitsunfähigkeitsbedingt ins Folgejahr übertragen, so verfällt er er-

133 LSG Niedersachsen 24.3.1991 – L 7 Ar 23/70, ABA 1971, 327.
134 BAG 4.12.1970 – 5 AZR 242/70, DB 1971, 295 = BB 1971, 220.
135 *Gaul/Bonanni*, DB 2009, 1013, 1017.

satzlos, wenn er nicht bis zum 31.3. genommen wird. Darüber hinaus gelten die gesetzlichen Regelungen.[136]

→ **I 3:** Der Urlaub beträgt derzeit (...) Arbeitstage je Kalenderjahr. Er setzt sich zusammen aus dem Mindesturlaub nach dem Bundesurlaubsgesetz, der vorrangig zu nehmen und zu gewähren ist, und (...) weiteren Arbeitstagen. Sofern sich die gesetzlichen Urlaubsansprüche nach dem Bundesurlaubsgesetz erhöhen, reduzieren sich die vertraglichen Zusatzurlaubsansprüche im Verhältnis entsprechend.
Bei krankheitsbedingter Arbeitsunfähigkeit von über zwei Monaten im Kalenderjahr verringert sich der Anspruch auf den zusätzlichen Urlaub für jeden weiteren Monat um 1/10, in dem der Beschäftigte keinen Anspruch auf Entgelt oder Entgeltfortzahlung hat.
Der zusätzliche Urlaub verfällt auch, soweit er bis zum 31. März des Folgejahres wegen krankheitsbedingter Arbeitsunfähigkeit des Beschäftigten nicht genommen werden konnte. Ein Abgeltungsanspruch entsteht insoweit nicht.

I 4: Abweichend von den rechtlichen Vorgaben für den gesetzlichen Mindesturlaub gilt für den über den gesetzlichen Mindesturlaub hinausgehenden arbeitsvertraglichen Urlaubsanspruch, dass dieser nach Ablauf des Kalenderjahres und im Falle der Übertragung spätestens nach Ablauf des Übertragungszeitraumes am 31.3. des folgenden Kalenderjahres auch dann verfällt, wenn der Urlaub im Urlaubsjahr und/oder bis zum 31.3. des folgenden Kalenderjahres wegen krankheitsbedingter Arbeitsunfähigkeit nicht genommen werden konnte.

I 5: Der Arbeitnehmer hat Anspruch auf den gesetzlichen Mindesturlaub gem. § 3 Abs. 1 BUrlG von vier Wochen/Jahr.
Der Arbeitgeber gewährt dem Arbeitnehmer einen Urlaubsanspruch von zwei weiteren Wochen/Jahr. Für diesen zusätzlichen Urlaub gilt abweichend von den rechtlichen Vorgaben für den gesetzlichen Mindesturlaub, dass der Urlaubsanspruch nach Ablauf des Übertragungszeitraumes gem. § 7 Abs. 3 BUrlG auch dann verfällt, wenn der Urlaub bis dahin wegen Arbeitsunfähigkeit des Arbeitnehmers nicht genommen werden kann.
Mit der Erteilung von Urlaub wird bis zu dessen vollständiger Erfüllung zunächst der gesetzliche Mindesturlaubsanspruch erfüllt.

(2) Gestaltungshinweise

3809 Die **Klausel I 1** empfehlen *Gaul/Bonanni*[137] mit Blick auf die geänderte Rspr des BAG vom 24.3.3009,[138] wonach der Urlaubs- und Urlaubsabgeltungsanspruch nicht erlöschen, wenn der Urlaub **aufgrund krankheitsbedingter Arbeitsunfähigkeit** des Arbeitnehmers bis zum Ende des Übertragungszeitraums nicht genommen werden kann. Der Verfall des übergesetzlichen Urlaubsanspruchs ist danach weiterhin möglich.[139] Es bedarf aber einer hinreichend deutlichen Trennung in der arbeitsvertraglichen Klausel (zu den Einzelheiten s. § 1 Rn 3714 ff).

3810 Zu beachten ist, dass nach der Entscheidung des BAG vom 7.8.2012[140] gesetzliche Urlaubsansprüche angesammelt werden können, wenn „allgemein" die Arbeitsleistung aus gesundheitlichen Gründen – auch im Falle einer befristeten Rente wegen Erwerbsminderung – nicht erbracht werden kann (s. § 1 Rn 3716 aE, 3720).

3811 Auch die **Klausel I 2** empfiehl *Worzalla*[141] mit Blick auf die geänderte Rspr zur Urlaubsübertragung und Urlaubsabgeltung, die bei entsprechender Differenzierung in der einschlägigen Re-

136 *Worzalla*, PuR 05/2009, 3, 4.
137 *Gaul/Bonanni*, DB 2009, 1013, 1017.
138 BAG 24.3.2009 – 9 AZR 983/07, DB 2009, 1018; BAG 7.8.2012 – 9 AZR 353/10, DB 2012, 2462.
139 BAG 14.5.2013 – 9 AZR 551/12, NZA 2014, 383.
140 BAG 7.8.2012 – 9 AZR 353/10, DB 2012, 2462.
141 *Worzalla*, PuR 05/2009, 3, 4.

gelung (zur Vermeidung eines Gleichlaufs) nur für den gesetzlichen, nicht aber für den über den gesetzlichen Mindesturlaub hinaus gewährten Urlaub gilt. Für den über den gesetzlichen Mindesturlaub hinaus gewährten Urlaub empfiehlt sich also die in der Klausel vorgesehene eigenständige Verfallsregelung.

Die **Klausel I 3** trägt dem Umstand Rechnung, dass die geänderte Rspr des BAG auf die über den gesetzlichen Mindesturlaub hinausgehenden vertraglichen Zusatzurlaubsansprüche nicht anzuwenden ist, wenn der Arbeitsvertrag zwischen dem gesetzlichen und dem übergesetzlichen Urlaub differenziert. 3812

Für die „strikte Verfallklausel für Mehrurlaub“[142] (**Klausel I 4**) greift die geänderte Rspr des BAG zur Kumulation von Urlaubsansprüchen langzeiterkrankter Arbeitnehmer. Sie berücksichtigt zugleich, dass die Parteien des Einzelvertrages Urlaubs- und Urlaubsabgeltungsansprüche, die den von Art. 7 Abs. 2 der Arbeitszeitrichtlinie gewährleisteten und von § 3 Abs. 1 BUrlG begründeten Mindestjahresurlaub von vier Wochen übersteigen, frei regeln können. Dem einzelvertraglich angeordneten Verfall des übergesetzlichen Urlaubsanspruchs und seiner Abgeltung steht das Gemeinschaftsrecht nicht entgegen.[143] *Stoffels*[144] empfiehlt ausdrücklich, dass auf eine transparente Klauselgestaltung geachtet werden sollte. 3813

Die **Klausel I 5** wird von *Lingemann*[145] mit Blick auf die aktuelle Rspr zur möglichen Kumulation von Urlaubsansprüchen bei Arbeitsunfähigkeit vorgeschlagen. Die Klausel differenziert zwischen dem gesetzlichen Urlaubsanspruch, der nicht verfällt, und dem weitergehenden vertraglichen Anspruch, der verfallen kann. Sie enthält zudem eine Tilgungsbestimmung (3. Absatz), die darauf abzielt, dass zunächst der gesetzliche Mindesturlaub durch Erteilung von Urlaub erfüllt wird. Eine solche Tilgungsbestimmung dürfte zulässig sein. Sie bezieht sich – aus Arbeitgebersicht sinnvollerweise – auf den (stärkeren) gesetzlichen Mindesturlaubsanspruch. 3814

jj) Tilgungsklausel

(1) Klauseltyp J

J 1: Mit der Erteilung von Urlaub wird bis zu dessen vollständiger Erfüllung zunächst der gesetzliche Mindesturlaub erfüllt. 3815

J 2:
(1) Der Arbeitnehmer hat Anspruch auf den gesetzlichen Mindesturlaub von 20 Arbeitstagen (bezogen auf eine 5-Tage-Woche = 24 Werktage). Das Nähere bestimmt sich nach den Vorschriften des Bundesurlaubsgesetzes.
(3) Zusätzlich zu diesem gesetzlichen Mindesturlaub erhält der Arbeitnehmer einen vertraglichen Mehrurlaub von 8 Tagen. Für diesen vertraglichen Mehrurlaub gelten die nachfolgenden Regeln: (...)
(3) Mit der Urlaubserteilung erfüllt der Arbeitgeber zunächst den Anspruch des Arbeitnehmers auf den gesetzlichen Mindesterholungsurlaub, dann einen ggf bestehenden Anspruch auf gesetzlichen Zusatzurlaub (danach ggf tariflicher Mehrurlaub). Erst nach vollständiger Erfüllung des gesetzlichen (und ggf des tariflichen) Urlaubsanspruchs wird der vertragliche Mehrurlaub iSd Abs. 2 erteilt.

142 S. hierzu Preis/*Stoffels*, Der Arbeitsvertrag, II U 20 Rn 44.
143 BAG 12.11.2013 – 9 AZR 551/12, NZA 2014, 383.
144 Preis/*Stoffels*, Der Arbeitsvertrag, II U 20 Rn 44.
145 BLDH/*Lingemann u.a.*, Anwalts-Formularbuch Arbeitsrecht, M 2. 1 a, Fn 41.

(2) Gestaltungshinweise

3816 Durch diese Tilgungsbestimmung (**Klausel J 1**) soll erreicht werden, dass zunächst der „stärkere" gesetzliche Urlaubsanspruch – vor dem übergesetzlichen Urlaubsanspruch – erfüllt wird. Ist der Schuldner dem Gläubiger aus mehreren Schuldverhältnissen zu gleichartigen Leistungen verpflichtet und reicht das von ihm Geleistete nicht zur Tilgung sämtlicher Schulden aus, so wird gem. § 366 Abs. 1 BGB diejenige Schuld getilgt, welche er bei der Leistung bestimmt. Die Tilgungsbestimmung erfolgt durch einseitige empfangsbedürftige Willenserklärung.[146]

3817 Die **Klausel J 2**[147] differenziert in der gebotenen Deutlichkeit zwischen dem gesetzlichen Mindest- bzw Zusatzurlaub und dem arbeitsvertraglich eingeräumten Mehrurlaub und trägt damit den Anforderungen der geänderten Rspr (s. im Einzelnen § 1 Rn 3714 ff) Rechnung. Die hier vorgesehene klare Tilgungsbestimmung ist jedenfalls dann zu empfehlen, wenn in den Arbeitsvertrag vom BUrlG abweichende Regelungen für den arbeitsvertraglichen Mehrurlaub aufgenommen werden. Zur Tilgungsbestimmung und zur aktuellen Rspr des BAG 7.8.2012 – 9 AZR 760/10 s. im Einzelnen § 1 Rn 3741.

kk) Kürzung der Urlaubsdauer wegen Krankheit

(1) Klauseltyp K

3818 ↓ Der Anspruch auf den über den gesetzlichen Urlaubsanspruch hinausgehenden zusätzlichen Urlaub entfällt.
Für krankheitsbedingte Fehltage gilt folgende Staffelung:
- Vom 4. bis 7. Krankheitstag = 1 Urlaubstag
- Vom 8. bis 11. Krankheitstag = 2 Urlaubstage
- (...)
- Vom 28. bis 31. Krankheitstag = 7 Urlaubstage.

(2) Gestaltungshinweise

3819 Die Klausel K ist der Entscheidung des BAG vom 15.10.2013[148] entnommen. Sie hält einer AGB-Kontrolle (Transparenzgebot) nicht stand. Die Kürzungsregelung ist intransparent und unwirksam, da sie die Begriffe „krankheitsbedingte Fehltage" und „Krankheitstage" verwendet, ohne deutlich zu machen, ob beide Begriffe identisch zu verstehen sind. Intransparenz ist insb. deswegen anzunehmen, da nicht deutlich wird, ob sämtliche Tage erfasst sein sollen, an denen der Arbeitnehmer erkrankt ist (so § 5 Abs. 1 EFZG). Ungeachtet dessen kommt eine entsprechende Kürzungsvereinbarung auch für Zeiten der Arbeitsunfähigkeit infolge Krankheit grds. in Betracht, wobei das BAG offen lässt, ob diese Regelung an § 4 a Abs. 2 EFZG zu messen ist.

146 BAG 16.7.2013 – 9 AZR 914/11, NZA 2013, 1285.

147 S. hierzu Preis/*Stoffels*, Der Arbeitsvertrag, II U 20 Rn 18 in Anlehnung an *Powietzka/Fallenstein*, NZA 2010, 664.

148 BAG 15.10.2013 – 9 AZR 374/12, NZA-RR 2014, 234 = PuR 2014, 137.

62. Verschwiegenheitsklauseln

Literatur

Bauer/Diller, Wettbewerbsverbote, 6. Aufl. 2012; *Benecke/Pils*, Arbeitsplatzwechsel nach Abwerbung: Rechtsprobleme des „Headhunting", NZA-RR 2005, 561; *Däubler*, Der Arbeitnehmer – ein Geheimnisträger?, AiB 1991, 43; *Depenheuer*, Zulässigkeit und Grenzen der Verwertung von Unternehmensgeheimnissen, MittdtschPatAnw 1997, 1; *Eckert*, Blick ins Arbeitsrecht, DStR 2006, 804; *Fezer*, Der zivilrechtliche Geheimnisschutz im Wettbewerbsrecht – Zur wettbewerbsrechtlichen und arbeitsrechtlichen Dogmatik nachvertraglicher Verschwiegenheitspflichten eines ausgeschiedenen Arbeitnehmers, in: FS Traub, 1994, S. 81 ff; *Gach/Rützel*, Verschwiegenheitspflicht und Behördenanzeigen von Arbeitnehmern, BB 1997, 1959; *Gaul*, Die nachvertragliche Geheimhaltungspflicht eines ausgeschiedenen Arbeitnehmers, NZA 1988, 225; *ders.*, Die Abgrenzung nachvertraglicher Geheimhaltungsverpflichtungen gegenüber vertraglichen Wettbewerbsbeschränkungen, ZIP 1988, 689; *Grimm*, Geheimnisschutz im Arbeitsrecht, Die Verschwiegenheitspflicht, AR-Blattei SD 770; *Herbert/Oberrath*, Schweigen ist Gold? – Rechtliche Vorgaben für den Umgang des Arbeitnehmers mit seiner Kenntnis über Rechtsverstöße im Betrieb, NZA 2005, 193; *Hoß*, Vorbereitung einer späteren Konkurrenztätigkeit, ArbRB 2002, 87; *Junker*, Wettbewerbsrechtlicher Schutz für Computerprogramme, BB 1988, 1334; *Kragler*, Schutz des geheimen Know-how – Rechtliche Grundlagen und Maßnahmenkatalog, 1987; *Kunz*, Betriebs- und Geschäftsgeheimnisse und Wettbewerbsverbote während der Dauer und nach Beendigung des Anstellungsverhältnisses, DB 1993, 2482; *Mautz/Löblich*, Nachvertraglicher Verrat von Betriebs- und Geschäftsgeheimnissen, MDR 2000, 67; *Mengel*, Compliance und Arbeitsrecht, 2009; *Mes*, Arbeitsplatzwechsel und Geheimnisschutz, GRUR 1979, 583; *Molkenbur*, Pflicht zur Geheimniswahrung nach Ende des Arbeitsverhältnisses?, BB 1990, 1196; *Müller*, Whistleblowing – Ein Kündigungsgrund?, NZA 2002, 424; *Otto*, Verrat von Betriebs- und Geschäftsgeheimnissen, § 17 UWG, wistra 1988, 215; *Pfeiffer*, Der strafrechtliche Verrat von Betriebs- und Geschäftsgeheimnissen, in: FS Nirk, 1992, S. 861 ff; *Preis/Reinfeld*, Schweigepflicht und Anzeigerecht im Arbeitsverhältnis, AuR 1989, 361; *Reinfeld*, Verschwiegenheitspflicht und Geheimnisschutz im Arbeitsrecht; *ders.*, Das nachvertragliche Wettbewerbsverbot im Arbeits- und Wirtschaftsrecht; *Reufels/Deviard*, Die Implementierung von Whistleblower-Hotlines aus US-amerikanischer, europäischer und deutscher Sicht, CCZ 2009, 201; *Richters/Wodtke*, Schutz von Betriebsgeheimnissen aus Unternehmenssicht, NZA-RR 2003, 281; *Salger/Breitfeld*, Regelungen zum Schutz von betrieblichem Know-how – die Abwerbung von Mitarbeitern, DB 2004, 2574; *dies.*, Regelungen zum Schutz von betrieblichem Know-how – die Sicherung von Geschäfts- und Betriebsgeheimnissen, BB 2005, 154; *Schloßer*, Effektiver Schutz der Belegschaft durch vertragliche Abwerbungsverbote, BB 2003, 1382; *Schmiedl*, Mitarbeiterabwerbung durch Kollegen während des laufenden Arbeitsverhältnisses, BB 2003, 1120; *Taeger*, Die Offenbarung von Betriebs- und Geschäftsgeheimnissen, 1988; *ders.*, Softwareschutz durch Geheimnisschutz, CR 1991, 449; *Wertheimer*, Bezahlte Karenz oder entschädigungslose Wettbewerbsenthaltung des ausgeschiedenen Arbeitnehmers?, BB 1999, 1600; *Westermann*, Der BGH baut den Know-how-Schutz aus, GRUR 2007, 116; *Wiebe*, Know-how-Schutz von Computersoftware, 1997; *Wisskirchen/Körber/Bissels*, „Whistleblowing" und „Ethikhotlines", BB 2006, 1567; *Wochner*, Die Geheimhaltungspflicht nach § 79 BetrVG und ihr Verhältnis zum Privatrecht, insbesondere Arbeitsvertragsrecht, BB 1975, 1541.

a) Rechtslage im Umfeld

aa) Einführung

Eines von zahlreichen Beispielen für punktuelle Rechtssätze, die den Hintergrund bei der Gestaltung von Arbeitsvertragsklauseln bilden, ist das **Geheimnisrecht im Arbeitsverhältnis**. Wer wirksam Verschwiegenheitsklauseln vereinbaren will, muss auf der einen Seite die Vorschriften zum Geheimnisschutz in § 17 UWG beachten. Er kann weiterhin die Grenzen wirksamer Verschwiegenheitsklauseln anhand der Strafvorschriften der §§ 17, 18, 19 UWG ziehen. Ihm stehen bei personenbezogenen, der Geheimhaltung unterliegenden Daten die Übermittlungsschranken des Bundesdatenschutzgesetzes (§§ 28 ff BDSG) zur Seite. Der Gestalter kann auf das Arbeitnehmererfindungsrecht zurückgreifen, soweit der Arbeitnehmer eine Diensterfindung entwickelt hat. Denn § 24 ArbNErfG verpflichtet den Arbeitnehmer dazu, von ihm während der Dauer des Arbeitsverhältnisses gemachte Erfindungen so lange geheim zu halten, wie sie nicht nach § 8 Abs. 1 ArbNErfG frei geworden sind. Einzelne Vorschriften verpflichten Mandatsträger zu besonderer Verschwiegenheit, wie bspw Betriebsräte gem. § 79 BetrVG. Die Verschwiegenheitspflicht des Betriebsrats ist über § 120 Abs. 1 Nr. 1 BetrVG strafbewehrt. Der Auszubildende ist gem. § 13 Nr. 6 BBiG zur Wahrung der Betriebs- und Geschäftsgeheimnisse verpflichtet. 3820

3821 Die Verschwiegenheitspflicht des Arbeitnehmers besteht arbeitsvertraglich **während** der **Dauer** des Arbeitsverhältnisses, aber auch in Teilbereichen **nach Beendigung** des Arbeitsverhältnisses. Sie kann sowohl für die Dauer des Arbeitsverhältnisses verschärft als auch über die Beendigung des Arbeitsverhältnisses hinaus verlängert werden. Grundsätzlich besteht sie gegenüber jedermann, umfasst also auch die Geheimhaltung gegenüber anderen Arbeitnehmern desselben Betriebes, soweit diese ersichtlich keine Kenntnis von den entsprechenden vertraulichen Tatsachen haben.[1]

3822 Bei einer Verlängerung der Verschwiegenheitsverpflichtung treten sogleich wettbewerbsrechtliche Fragestellungen auf. Vor allem muss die Frage beantwortet werden, ob eine Verschwiegenheitsklausel, über die betriebliches Know-how geschützt werden soll, durch das Verbot der Weiterverbreitung über einen ausgeschiedenen Arbeitnehmer für diesen nicht zugleich auch ein nachvertragliches Wettbewerbsverbot darstellt.

bb) Betriebs- oder Geschäftsgeheimnisse

3823 Über Verschwiegenheitsklauseln sollen Betriebs- oder Geschäftsgeheimnisse geschützt werden. Man versteht unter **Betriebs- oder Geschäftsgeheimnissen**[2]

- Tatsachen im Zusammenhang mit einem Geschäftsbetrieb,
- die nur einem eng begrenzten Personenkreis bekannt sind,[3]
- nicht offenkundig sind,
- nach dem (ausdrücklich oder konkludent) bekundeten Willen des Betriebsinhabers[4] geheim gehalten werden sollen und
- an deren Geheimhaltung der Unternehmer ein berechtigtes rechtliches oder wirtschaftliches Interesse hat.

3824 Die durch die Formulierung „**eng begrenzter Personenkreis**" zunächst naheliegende Annahme, die Zahl der Personen, die das Geheimnis kennt, sei von Bedeutung, trifft nicht zu.[5] Die Personenzahl ist grds. unerheblich; jedoch kann eine zu große Zahl dazu führen, dass nicht mehr von einem Geheimnis ausgegangen werden kann.[6] Auch ein an sich bekanntes Verfahren kann für ein bestimmtes Unternehmen Gegenstand eines Betriebsgeheimnisses sein, sofern geheim ist, dass sich dieses Unternehmen dieses Verfahrens bedient und vielleicht gerade dadurch besondere Erfolge erzielt.[7] Ein schutzwürdiges Geheimnis kann auch gegeben sein, wenn ein Möbelhersteller eine allgemein bekannte Möbelwachspaste anwendet, von dieser Tatsache aber nur ein kleiner Personenkreis Kenntnis hat.[8]

3825 **Offenkundig** ist eine Tatsache, wenn sie der Öffentlichkeit bekannt ist oder wenn sie ohne größere Schwierigkeiten von jedermann in Erfahrung gebracht werden kann.[9] Solche allgemein bekannten und üblichen Verfahren und Tatsachen sind selbst dann keine Betriebs- und Geschäftsgeheimnisse, wenn der Arbeitgeber sie als solche bezeichnet.[10] Wird eine an den Arbeitnehmer gerichtete E-Mail mit dem Zusatz „vertrauliche und/oder rechtlich geschützte Informa-

1 Tschöpe/*Schmalenberg*, Anwalts-Handbuch ArbR, Teil 2 A Rn 250.

2 Zusammenfassung nach Preis/*Rolfs*, Der Arbeitsvertrag, II V 20 Rn 18; so auch MünchHandbArbR/*Blomeyer*, § 53 Rn 56 ff.

3 BGH 15.3.1955 – I ZR 111/53, GRUR 1955, 424 (Möbelwachspaste).

4 Bei juristischen Personen versteht man unter dem Willen des Betriebsinhabers den Willen des zuständigen Gesellschaftsorgans, bei der GmbH den Geschäftsführer (Scholz/*Tiedemann*, § 85 GmbHG Rn 9), bei der AG den Vorstand (KölnKommAktG/*Geilen*, § 404 AktG Rn 33).

5 MünchHandbArbR/*Blomeyer*, § 53 Rn 56.

6 Schaub/*Linck*, Arbeitsrechts-Handbuch, § 55 Rn 52.

7 BGH 15.3.1955 – I ZR 111/53, GRUR 1955, 424 (Möbelwachspaste).

8 BGH 15.3.1955 – I ZR 111/53, GRUR 1955, 424 (Möbelwachspaste).

9 BGH 22.1.1963 – Ia ZR 60/63, GRUR 1963, 311; BGH 17.12.1981 – X ZR 71/80, NJW 1982, 937 (Straßendecke II); BAG 16.3.1982 – 3 AZR 83/79, NJW 1983, 134 (Thrombosol).

10 Schaub/*Linck*, Arbeitsrechts-Handbuch, § 55 Rn 52.

tion" versehen, verleiht dies allein dem Inhalt ebenfalls nicht zwingend den Charakter eines Betriebsgeheimnisses.[11]

Eine Tatsache ist **nicht offenkundig**, wenn nur ein ausgebildeter Fachmann sie mit Anstrengungen mittleren Schwierigkeitsgrades ermitteln kann und die sinnvolle Verwendung zahlreicher Details der Tatsache nicht ohne besondere Kenntnisse und erst nach entsprechenden Überlegungen und Untersuchungen möglich ist.[12] Die Nichtoffenkundigkeit geht selbst dann verloren, wenn der Firmeninhaber sie nicht zu vertreten hat oder die Offenkundigkeit Folge vertragswidrigen Verhaltens Dritter ist.[13] Das Merkmal bezieht sich auf die bloße Möglichkeit der Kenntniserlangung und nicht auf die tatsächliche Kenntnis. Die Veröffentlichung in einer Fachzeitschrift führt damit zur Offenkundigkeit.[14] Allein der Fakt, dass Informationen zum Stand der Technik gehören, führt nicht generell zu einem Ausschluss der Charakterisierung als Betriebsgeheimnis, da dies nur für Informationen gelten soll, die allgemein und ohne großen Zeit- und Geldaufwand zugänglich sind; der Stand der Technik kann dagegen eine Fülle von unaufbereiteten und nur schwer zugänglichen Informationen umfassen.[15] 3826

Die Tatsache muss nach dem Willen des Betriebsinhabers geheim zu halten sein.[16] Der **Wille der Geheimhaltung** kann durch ausdrückliche Erklärung kundgetan werden, bspw dadurch, dass ein Schriftstück über die geheim zu haltende Tatsache den Zusatz „vertraulich" enthält. Der Geheimhaltungswille kann auch durch konkludentes Verhalten für den Arbeitnehmer erkennbar werden, wie bspw dadurch, dass Unterlagen unter Verschluss gehalten werden.[17] Im Zweifel muss der Arbeitnehmer bei allen Tatsachen, die nur einem eng begrenzten Personenkreis bekannt sind und den Geschäftsbetrieb des Arbeitgebers betreffen, auf einen Geheimhaltungswillen des Arbeitgebers schließen.[18] Hat ein Arbeitnehmer gerade eine Diensterfindung gemacht und kennt der Arbeitgeber das Geheimnis noch nicht, reicht der für den Arbeitnehmer erkennbare hypothetische Geheimhaltungswille des Arbeitgebers aus.[19] 3827

Das **berechtigte wirtschaftliche Interesse des Arbeitgebers** an der Geheimhaltung dient v.a. dem Willkürausschluss.[20] Entscheidend für das wirtschaftliche Interesse sind etwaige spürbare Auswirkungen auf die Wettbewerbsfähigkeit des Unternehmens.[21] Zu Betriebsgeheimnissen zählen auch Tatsachen, welche die Person des Arbeitgebers oder eines anderen Arbeitnehmers in besonderem Maße berühren und die der Arbeitnehmer aufgrund seiner Tätigkeit im Betrieb erfahren hat. Noch nicht hinreichend geklärt ist, inwieweit der Geheimnisschutz im Fall des **„Whistleblowing"** zurücktritt.[22] Zwar kann ein „Whistleblowing", also das „Brechen" der Verschwiegenheitspflicht als einzige Möglichkeit zur Abwendung einer drohenden Gefahr für den Arbeitnehmer selbst, einen Kollegen oder die Öffentlichkeit, in Ausnahmefällen möglich sein. Dabei sind allerdings die Grenzen der Verhältnismäßigkeit zu beachten, wonach vor dem Weg an die breite Öffentlichkeit zunächst nur die innerbetrieblichen und dann die zuständigen staatlichen Stellen informiert werden müssen.[23] Eine vorherige innerbetriebliche Klärung ist al- 3828

11 LAG Rheinland-Pfalz 22.2.2008 – 6 Sa 626/07.
12 BAG 16.3.1982 – 3 AZR 83/79, NJW 1983, 134 (Thrombosol).
13 *Richters/Wodtke*, NZA-RR 2003, 281.
14 MünchHandbArbR/*Blomeyer*, § 53 Rn 59; *Richters/Wodtke*, NZA-RR 2003, 281.
15 BGH 13.12.2007 – 1 ZR 71/05, NZA-RR 2008, 421.
16 BGH 15.3.1955 – I ZR 111/53, GRUR 1955, 424 (Möbelwachspaste); BAG 16.3.1982 – 3 AZR 83/79, NJW 1983, 134 (Thrombosol).
17 MünchHandbArbR/*Blomeyer*, § 53 Rn 60.
18 *Grimm*, AR-Blattei SD 770.
19 BGH 18.2.1977 – I ZR 112/75, GRUR 1977, 539.
20 *Richters/Wodtke*, NZA-RR 2003, 281.
21 *Richters/Wodtke*, NZA-RR 2003, 281.
22 *Mengel*, Compliance und Arbeitsrecht, S. 156 ff; *Müller*, NZA 2002, 424; *Preis/Reinfeld*, AuR 1989, 362; *Reufels/Deviard*, CCZ 2009, 201 ff.
23 Tschöpe/*Schmalenberg*, Anwalts-Handbuch ArbR, Teil 2 A Rn 253; *Herbert/Oberrath*, NZA 2005, 193.

lerdings für den Arbeitnehmer dann unzumutbar, wenn es sich um schwerwiegende oder vom Arbeitgeber selbst begangene Straftaten handelt oder er sich durch die Nichtanzeige selbst strafbar machen würde.[24] Ob illegale Geheimnisse, bspw Wettbewerbsverstöße, Straftaten, sonstige Gesetzeswidrigkeiten und eindeutige Vertragsbrüche des Arbeitgebers zu den Betriebsgeheimnissen gehören, ist umstritten.[25]

3829 Zusammengefasst[26] lässt sich feststellen, dass Betriebsgeheimnisse häufig aus folgenden Bereichen stammen:

- Aus dem technischen/betrieblichen Bereich (Produktionseinrichtungen, Produktionsverfahren, betriebliche Abläufe, technisches Wissen, Erfindungen, schutzfähige Gestaltungen und Werke, Computersoftware);
- aus dem Absatzbereich (Preisberechnungen und Kundenlisten, Kundenkarteien, Absatzgebiete und Vertriebspläne);
- aus dem Lieferantenbereich (Warenbezugsquellen und Kreditwürdigkeit);
- aus dem Rechnungswesen (Inventuren, Bilanzen und Kalkulationen sowie Strategien und Ereignisse im Wettbewerbsbereich);
- aus dem Personalbereich (Personaleinsatz, Gehälter, Tatsachen, die den Arbeitnehmer selbst betreffen, wie zB Gehalt, besondere Abreden).

cc) Die Rechtsprechung des BAG und des BGH zur Verschwiegenheitspflicht des Arbeitnehmers

3830 Sieben ausgewählte Urteile lassen erkennen, welche Anforderungen die Rspr an die Verschwiegenheit des Arbeitnehmers stellt und zeigen zugleich auf, welcher Spielraum dem Gestalter in Arbeitsverträgen verbleibt.

(1) Thrombosol-Urteil

3831 Die erste grundlegende Entscheidung des BAG zur Verschwiegenheitspflicht des Arbeitnehmers bildet die Thrombosol-Entscheidung.[27] Ein Arbeitgeber hatte im Rahmen seines Geschäftsbetriebs ein medizinisches Rezept entwickelt, das er stets als Betriebsgeheimnis behandelte. In seinem Betrieb wusste **nur ein Angestellter**, wie sich Thrombosol zusammensetzte. Diesen Angestellten hatte der Arbeitgeber zur Geheimhaltung des Rezeptes verpflichtet. Nach dem Ausscheiden des Mitarbeiters brachte dieser ein ähnliches, aber verbessertes Rezept auf den Markt. Der frühere Arbeitgeber verlangte Schadensersatz. Er war der Ansicht, der Mitarbeiter habe sein Betriebsgeheimnis verwertet.

3832 Das BAG entschied, dass selbst ohne einen ausdrücklichen Geheimhaltungsvertrag die Nachwirkung des Arbeitsvertrages den Arbeitnehmer verpflichten könne, ein Betriebsgeheimnis weiterhin zu wahren. Daneben könne dem Arbeitnehmer die Pflicht zur Wahrung von Betriebsgeheimnissen über das Ende des Arbeitsverhältnisses hinaus auch vertraglich auferlegt werden.

3833 Der Thrombosol-Fall bot dem BAG Gelegenheit, die **nachvertragliche Verschwiegenheitspflicht** vom **karenzpflichtigen Wettbewerbsverbot abzugrenzen.** Im Unterschied zum allgemeinen Wettbewerbsverbot schränke die nachvertragliche Verschwiegenheitspflicht die Rechte des Arbeitnehmers nicht in unzulässiger Weise ein. Eine Pflicht zur Wahrung des Betriebsgeheimnisses über das Ende des Arbeitsverhältnisses hinaus könne auch ohne Karenzentschädigung wirksam vereinbart werden. Denn anders als die Pflicht zur Unterlassung jeglichen Wettbewerbs schränke die nachvertragliche Pflicht, Betriebsgeheimnisse weiter zu wahren, die berechtigten Interessen des Arbeitnehmers nicht unzulässig ein.

---

24 BAG 3.7.2003 – 2 AZR 235/03, NZA 2004, 427.

25 *Preis/Reinfeld*, AuR 1989, 361; MünchHandbArbR/*Blomeyer*, § 53 Rn 61; *Taeger*, Die Offenbarung von Betriebs- und Geschäftsgeheimnissen, S. 76 ff, 96.

26 *Richters/Wodtke*, NZA-RR 2003, 281.

27 BAG 16.3.1982 – 3 AZR 83/79, NJW 1983, 134 (Thrombosol).

Die freie Entfaltung und Weiterentwicklung im Berufsleben könne regelmäßig nicht daran scheitern, dass es dem Arbeitnehmer verwehrt sei, seinen künftigen beruflichen Erfolg gerade auf die Verwertung eines bestimmten Betriebsgeheimnisses zu gründen. Dem Arbeitnehmer sei nicht erlaubt, Betriebsgeheimnisse preiszugeben. Ansonsten sei er in seiner beruflichen Tätigkeit nicht behindert. Daraus folge zugleich, dass eine solche Bindung des Arbeitnehmers nicht zu einer Umgehung der Vorschriften über das nachvertragliche Wettbewerbsverbot führe. Der Geheimnisschutz schließe gerade eine Konkurrenztätigkeit nicht aus. 3834

Hätte der Arbeitnehmer an eine andere Firma die Zusammensetzung des Rezeptes übermittelt, hätte er gegen den Geheimnisschutz verstoßen, allerdings keinen eigenen Wettbewerb entfaltet. Die Wettbewerbstätigkeit besteht also in Fällen der vorliegen Art aus der wirtschaftlichen Verwertung des Geheimnisbruchs, nicht aus der Verletzung des Betriebsgeheimnisses selbst. 3835

(2) Kundenlisten-Fall

Im Kundenlisten-Fall[28] entschied das BAG über die **Verwendung von Kundeninformationen durch ausgeschiedene Mitarbeiter**. Der Arbeitnehmer hatte sich vertraglich gegenüber dem Arbeitgeber verpflichtet, auch nach Beendigung des Vertrages die Namen der Kunden, die er durch seine Tätigkeit in der Firma erfahren hatte, in keiner Weise für sich oder einen Dritten zu verwenden. Für Fälle der Zuwiderhandlung war im Arbeitsvertrag eine Konventionalstrafe vereinbart worden. Mit der Beendigung seines Arbeitsverhältnisses machte sich der frühere Arbeitnehmer in der gleichen Branche selbständig. Der Arbeitgeber ging gegen den früheren Mitarbeiter vor, da er der Ansicht war, dieser habe Kundendaten in unzulässiger Weise weitergegeben. 3836

Das BAG lehnte einen Anspruch des Arbeitgebers gegen den ehemaligen Arbeitnehmer auf Zahlung einer Vertragsstrafe ab. Eine **nachvertragliche Verschwiegenheitspflicht** des Arbeitnehmers in Bezug auf Kundendaten werde nicht vorneherein begründet. Zu den Geschäftsgeheimnissen könnten zwar Kundenlisten, Kaufgewohnheiten der Kunden, ihr Geschmack und ähnliche Umstände gehören. Diese Kenntnisse dürfe der Mitarbeiter auch nicht veräußern und auf diese Weise für sich verwerten. Dagegen folge aus der Verschwiegenheitspflicht kein weitergehendes allgemeines Verbot, Kunden des ehemaligen Arbeitgebers nach dem Ausscheiden zu umwerben.[29] Dem Arbeitnehmer könne es grds. nicht verwehrt sein, künftig im selben Geschäftsfeld tätig zu werden. Mit einer Geheimhaltungsklausel kann also zwar eine unmittelbare Verwertung von **Kundenlisten**, wie etwa durch **Veräußerung** an einen Wettbewerbskonkurrenten des ehemaligen Arbeitgebers, wirksam verhindert werden, jedoch nicht die **Nutzung der Kundendaten** durch den Arbeitnehmer selbst im Rahmen einer neuen Tätigkeit in seinem eigenen Unternehmen oder für einen anderen Arbeitgeber.[30] Der BGH hat allerdings in einer Entscheidung vom 27.4.2006[31] die Möglichkeit einer solchen Nutzung von Kundendaten eingeschränkt: Danach sollen Kundendaten nur dann nicht der Verschwiegenheitspflicht unterfallen, soweit der Arbeitnehmer auf diese „aus seinem Gedächtnis" zurückgreifen könne und nicht etwa von Aufzeichnungen oder Unterlagen profitiere, die er während der Beschäftigungszeit angefertigt oder auf seinem Computer gespeichert hat. Außerdem beschränke sich die Verwendungsmöglichkeit auf solche Informationen, die der Arbeitnehmer redlicherweise erlangt hat, so dass eine Verwertung unbefugt gesicherter oder verschaffter Daten ausscheide. Indem der BGH auch den Rückgriff auf redlicherweise erlangte Unterlagen als unbefugtes Verschaffen einordnet, unterstreicht er in dieser Entscheidung die Rechte der Arbeitgeber, die sich gegen 3837

28 BAG 15.12.1987 – 3 AZR 474/86, NZA 1988, 502 (Kundenlisten-Fall).

29 So auch BAG 16.8.1988 – 3 AZR 664/87; bestätigt durch BVerfG 10.10.1989 – 1 BvR 1549/88, AP § 611 BGB Nr. 5 d (Betriebsgeheimnis).

30 LAG Baden-Württemberg 18.10.2006 – 13 Sa 69/05.

31 BGH 27.4.2006 – 1 ZR 126/03, NJW 2006, 3424.

Know-how-Verletzungen durch ursprünglich verschaffungs- und sicherungsberechtigte Mitarbeiter schützen wollen.[32]

3838 Das BAG betonte in seiner Kundenlisten-Entscheidung, dass die Vereinbarung nachvertraglicher Verschwiegenheit nicht dazu führe, dass dem ausgeschiedenen Mitarbeiter die Umwerbung von Kunden des ehemaligen Arbeitgebers untersagt sei. Für die Einschränkung der gewerblichen Tätigkeit nach Beendigung des Arbeitsverhältnisses habe der Gesetzgeber die Möglichkeit der Vereinbarung von Wettbewerbsverboten zur Verfügung gestellt. Deshalb bedürfe es einer nachvertraglichen, entschädigungspflichtigen Wettbewerbsabrede, wenn verhindert werden solle, dass der Arbeitnehmer nach seinem Ausscheiden Kunden des Arbeitgebers umwerbe.

3839 Anders als der BGH geht das BAG davon aus, dass die Pflicht, Geschäfts- und Betriebsgeheimnisse vertraulich zu behandeln, auch nach Vertragsende fortbesteht.[33] Daraus folgt allerdings nicht, dass die arbeitsgerichtliche Rspr den Arbeitgeber in wesentlich weitergehendem Umfang vor einer Verwendung von Geschäfts- und Betriebsgeheimnissen schützen wollte. Im sog. Thrombosol-Fall[34] ermittelte das BAG den Umfang der Geheimhaltungsverpflichtung aus einer Abwägung der nachvertraglichen Pflicht zur Rücksichtnahme mit den allgemeinen Grundsätzen der Redlichkeit unter Einbeziehung aller Umstände des Einzelfalles. Ohne Bezugnahme auf den Thrombosol-Fall führt das BAG in den **Weinberaterfällen**[35] aus, dass der Arbeitgeber gegen eine Verwertung des Geschäfts- oder Betriebsgeheimnisses durch Veräußerung geschützt sei. In beiden Fällen hob das BAG hervor, dass die Verschwiegenheitspflicht nicht zu einem Konkurrenzverbot führen dürfe. Da die Urteile keine nähere Begründung zur Reichweite und Einschränkung der nachvertraglichen Verschwiegenheitspflicht enthalten, ist unklar geblieben, wie die Entscheidungen miteinander vereinbar sind.[36] Im Leitsatz 1 des Urteils vom 16.3.1982 heißt es, dass die Parteien eines Arbeitsvertrages wirksam vereinbaren könnten, dass der Arbeitnehmer bestimmte Betriebsgeheimnisse, die er aufgrund seiner Tätigkeit erfährt, nach Beendigung des Arbeitsverhältnisses nicht nutzen oder weitergeben dürfe. Die Verbindlichkeit einer solchen Geheimhaltungsklausel **hänge nicht von der Zusage einer Entschädigung** ab.[37]

3840 Bei dieser Sachlage kann man nur zu der Schlussfolgerung gelangen, dass die Verschwiegenheitspflicht kein entschädigungsloses Konkurrenzverbot begründet und die – was immer man hierunter auch verstehen mag – „allgemeinen Grundsätze der Redlichkeit nicht überschritten" werden dürfen. Der Hinweis auf die Redlichkeit kann nur so verstanden werden, dass unlautere Handlungen iSd UWG nicht zulässig sein sollen.[38]

(3) Titandioxid-Entscheidung

3841 In der Titandioxid-Entscheidung[39] verfeinerte das BAG die im Kundenlisten-Urteil aufgestellten Kriterien. Hier ging es um einen Ressortleiter für den Vertrieb im Geschäftsbereich anorganische Chemie. Der Ressortleiter war 40 Jahre bei einem Unternehmen beschäftigt. Der zuletzt gültige Anstellungsvertrag enthielt eine weitgehende Verschwiegenheitsklausel. Ein Wettbewerbsverbot war zunächst vereinbart, aber dann aufgehoben worden. Nach Beendigung seines Arbeitsverhältnisses wechselte der Ressortleiter zu einem Konkurrenzunternehmen, bei dem er als Berater mit dem Vertrieb von Titandioxid betraut wurde.

---

32 *Westermann*, GRUR 2007, 116.

33 BAG 24.11.1956 – 2 AZR 345/56, BAGE 3, 139; BAG 16.8.1988 – 3 AZR 664/87; BAG 16.3.1982 – 3 AZR 83/79, NJW 1983, 134 (Thrombosol).

34 BAG 16.3.1982 – 3 AZR 83/79, NJW 1983, 134 (Thrombosol).

35 BAG 15.12.1987 – 3 AZR 474/86, NZA 1988, 502 (Kundenlisten-Fall); BAG 16.8.1988 – 3 AZR 664/87.

36 *Salger/Breitfeld*, BB 2005, 154, 156.

37 BAG 16.3.1982 – 3 AZR 83/79, NJW 1983, 134 (Thrombosol).

38 *Salger/Breitfeld*, BB 2005, 154, 156.

39 BAG 15.6.1993 – 9 AZR 558/91, NZA 1994, 502 (Titandioxid).

Das BAG stellte den Rechtssatz auf, dass ein ehemaliger Arbeitnehmer seine aus dem Arbeitsverhältnis nachwirkende Verschwiegenheitspflicht nicht verletze, wenn er sein **Erfahrungswissen** für eine Beschäftigung im Dienst eines Wettbewerbers nutze. Kein Verstoß gegen die nachwirkende Verschwiegenheitspflicht liege vor, wenn der Ressortleiter als ehemaliger Arbeitnehmer sein über viele Jahre bei der Arbeitgeberin erworbenes Know-how in den Dienst eines Konkurrenten stelle. Die Verwendung derartiger Kenntnisse könne nur durch die Vereinbarung eines Wettbewerbsverbotes verhindert werden. Ohne Bindung durch ein Wettbewerbsverbot sei der Arbeitnehmer nach Beendigung des Arbeitsverhältnisses in der Verwendung seiner beruflichen Kenntnisse und seines erworbenen Erfahrungswissens grds. frei, auch soweit er in Wettbewerb zum ehemaligen Arbeitgeber trete. Andernfalls laufe die nachvertragliche Verschwiegenheitspflicht im Hinblick auf kundenbezogene Informationen auf ein entschädigungsloses Verbot der Umwerbung von Kunden hinaus und stelle damit ein entschädigungsloses Wettbewerbsverbot dar. 3842

Eine Pflicht zur Unterlassung von Wettbewerb aus der nachvertraglichen Treuepflicht könne, ohne die gesetzgeberische Entscheidung zu entwerten, nur in eng begrenztem Umfang angenommen werden und zwar nur bezogen auf einzelne treuwidrige Verhaltensweisen, nicht aber auf eine den Wettbewerbsinteressen des alten Arbeitgebers zuwiderlaufende Tätigkeit schlechthin. Eine umfassende Verpflichtung zur Unterlassung jeder Form von Wettbewerb werde mit der nachvertraglichen Verschwiegenheitspflicht nicht begründet. 3843

Ein Unterlassungsanspruch aufgrund einer nachvertraglichen Verschwiegenheitspflicht setze schließlich Verhaltensweisen des Arbeitnehmers voraus, in denen eine Verletzung der Verschwiegenheitspflicht enthalten sei. Die nachvertragliche Verschwiegenheitspflicht sei auf das Verbot einer Verwertung durch Weitergabe von geheim zu haltenden Tatsachen begrenzt, erfasse aber nicht die Frage von Wettbewerb gegenüber dem ehemaligen Arbeitgeber. Eine solche Verwertung liege nicht in dem Umwerben von Kunden, die dem ausgeschiedenen Arbeitnehmer bei seiner Tätigkeit bekannt geworden seien, soweit dies ohne Rückgriff auf betriebsinterne Kundenlisten geschehe. Solange der ausgeschiedene Arbeitnehmer nur auf sein Erfahrungswissen und seine beruflichen Kenntnisse zurückgreife, gebe er keine Geschäftsgeheimnisse im Sinne eines gegenstandsbezogenen Geheimnisbegriffes weiter. 3844

(4) Kantenbänder-Fall

Im Kantenbänder-Fall[40] befasste sich das BAG erneut mit der **Abgrenzung** zwischen **entschädigungsloser Verschwiegenheitsverpflichtung** eines ausgeschiedenen Arbeitnehmers und **entschädigungspflichtigem nachvertraglichem Wettbewerbsverbot**. In einem zwischen Arbeitgeber und Arbeitnehmer geschlossenen Aufhebungsvertrag verpflichtete sich der Arbeitnehmer, über die ihm bekannt gewordenen Geschäftsvorgänge über die Produktion von Kantenbändern auch nach Beendigung des Arbeitsverhältnisses Stillschweigen zu bewahren. Nach seinem Ausscheiden stellte der Arbeitgeber fest, dass ein Teil der zu dem Produktionsverfahren erstellten Unterlagen fehlte und dass der ausgeschiedene Arbeitnehmer eine Gesellschaft gegründet hatte, deren Gegenstand die Produktion von Kantenbändern war. 3845

Das BAG wiederholte in der Kantenbänder-Entscheidung seine Grundsätze aus dem Titandioxid-Fall. Der Arbeitgeber könne sich vor einer nachvertraglichen konkurrierenden Tätigkeit des Arbeitnehmers nur durch die Vereinbarung eines bezahlten und auf höchstens zwei Jahre befristeten Wettbewerbsverbotes nach §§ 74 ff HGB (jetzt: § 110 GewO iVm §§ 74 ff HGB) schützen. Fehle es an einer rechtswirksamen Wettbewerbsabrede, könne der Arbeitnehmer zu seinem ehemaligen Arbeitgeber in Wettbewerb treten. Hierbei könne er sein im Arbeitsverhältnis erworbenes Erfahrungswissen einschließlich der Kenntnis von Betriebs- oder Geschäftsgeheimnissen einsetzen und sogar in den Kundenkreis des Arbeitgebers eindringen. Eine nachver- 3846

40 BAG 19.5.1998 – 9 AZR 394/97, NZA 1999, 200 (Kantenbänder-Fall).

tragliche Verschwiegenheitspflicht sowie eine allgemeine nachvertragliche Treuepflicht begründeten deshalb für den Arbeitgeber keinen Anspruch gegen den ehemaligen Arbeitnehmer auf Unterlassung von Wettbewerb.[41]

3847 Zwischen nachvertraglicher Verschwiegenheitspflicht und nachvertraglichem Wettbewerbsverbot grenzte das BAG wie folgt ab: Mit einer dem Arbeitnehmer auferlegten nachvertraglichen Schweigepflicht, die sich nicht auf ein oder mehrere konkret festgelegte Betriebsgeheimnisse beziehe, sondern sich unterschiedslos auf alle Geschäftsvorgänge beziehe, werde dem Arbeitnehmer faktisch jede berufliche Verwertung seiner in diesem Geschäftsbereich erworbenen Kenntnisse verwehrt und daher die Grenze zum entschädigungspflichtigen und zeitlich höchstens auf zwei Jahre begrenzbaren Wettbewerbsverbot überschritten.

(5) Stapel-Automat-Entscheidung des BGH

3848 Das Stapel-Automaten-Urteil[42] bestätigte, dass die **Erfindung eines Arbeitnehmers** auch dann ein **Betriebsgeheimnis** iSv § 17 Abs. 1 UWG darstellen könne, wenn der Unternehmer von ihr noch keine Kenntnis habe, jedoch davon auszugehen sei, dass der Unternehmer bei Kenntnis von der Erfindung dieses als Geheimnis behandelt haben würde. Ein Mitarbeiter gründete nach seinem Ausscheiden aus dem Unternehmen eine Firma mit dem gleichen Geschäftsgegenstand. In engem zeitlichem Zusammenhang hierzu lieferte er an einen Kunden einen Stapel-Automaten-Prototypen. Das Unternehmen war der Ansicht, dass dieser Prototyp unter Nutzung von Betriebsgeheimnissen zustande gekommen und darüber hinaus bereits konstruiert worden sei, als der Mitarbeiter noch Angestellter des Unternehmens gewesen sei.

3849 Der BGH meinte, dass die Pflicht des Angestellten, ein Betriebsgeheimnis zu wahren, zwar grds. nur für die Dauer des Anstellungsverhältnisses bestehe, die Geheimhaltungspflicht in besonderen Fällen jedoch über die Beendigung des Arbeitsverhältnisses hinaus bestehen bleibe. Allerdings könne nach der rechtlichen Beendigung des Dienstverhältnisses die Offenbarung und Verwertung eines Geheimnisses, von dem der Angestellte ohne Vertrauensbruch Kenntnis erlangt habe, nur unter ganz besonderen Umständen als unzulässig angesehen werden. Die Treuepflicht verbiete es dem Angestellten nicht einmal, bereits während der Dauer des Arbeitsverhältnisses ein Wettbewerbsunternehmen vorzubereiten, das dieser nach der Beendigung des Arbeitsverhältnisses betreiben wolle.

3850 Die **Grenze** einer **Vorbereitungshandlung** sah der BGH in der Stapel-Automat-Entscheidung in einem Verstoß gegen die guten Sitten, insb. bei einem Verstoß des ausscheidenden Arbeitnehmers gegen § 1 UWG aF, wenn sein Verhalten unredlich sei. Gerade Letzteres sei in der Praxis oft schwer nachzuweisen. Dies gelte insb. vor dem Hintergrund, dass im Rahmen der Prüfung des § 1 UWG aF die Mitnahme von Unterlagen zwar ein Indiz sein könne, jedoch nicht ohne Weiteres als ein Anscheinsbeweis dafür angesehen werde, dass diese Unterlagen auch tatsächlich verwandt worden seien, um den behaupteten Wettbewerbsverstoß zu begehen. Die tatsächliche Konstruktion eines Prototyps für einen konkreten Abnehmer stelle allerdings eine Überschreitung der bloßen Vorbereitungshandlung dar, da die Herstellung eines fertigen Produktes in aller Regel schon zum eigentlichen Geschäftsbereich des selbständigen Konkurrenzbetriebs zu zählen sein wird.[43] In einem weiteren Fall hat der BGH entschieden, dass auch ein als „Abschiedsschreiben" getarntes Rundschreiben eines wegen der Gründung eines Konkurrenzbetriebes ausscheidenden Steuersachbearbeiters an den Kundenkreis des ehemaligen Arbeitgebers einen wettbewerbswidrigen Abwerbungsversuch darstellen kann. Dies sei anzunehmen, wenn der Ausscheidende, bei gleichzeitiger Nutzung des Briefpapiers und der Kundenda-

41 BAG 16.3.1982 – 3 AZR 83/79, NJW 1983, 134 (Thrombosol).
42 BGH 19.11.1982 – I ZR 99/80, GRUR 1983, 179 (Stapel-Automat).
43 BGH 19.11.1982 – I ZR 99/80, GRUR 1983, 179 (Stapel-Automat).

tei des Arbeitgebers, in dem Schreiben seine Privatadresse angebe und sich für das bisherige Vertrauen der Kunden bedanke.[44]

(6) Spritzgießwerkzeuge-Urteil des BGH

Mit seinem Urteil vom 3.5.2001 senkte der BGH[45] den **Wert von Verschwiegenheitsklauseln** zu Lasten der Unternehmen erheblich herab. Zwar hielt der BGH in dieser Entscheidung förmlich an der Rspr fest, wonach der aus einem Beschäftigungsverhältnis ausgeschiedene Arbeitnehmer durch die Weitergabe und Verwertung der dort redlich erlangten Betriebsgeheimnisse nur unter besonderen Umständen gegen § 1 UWG aF verstoße. Ungeachtet der Rspr des BAG gilt weiterhin, dass der ausgeschiedene Arbeitnehmer auch ohne besondere Vereinbarung arbeitsrechtlich zur Verschwiegenheit über Geschäfts- und Betriebsgeheimnisse verpflichtet sei und ihm lediglich die Verwertung des erworbenen beruflichen Erfahrungswissens gestattet sein soll. 3851

Der Arbeitgeber, dessen ausgeschiedener Mitarbeiter **aufgrund des erlangten Know-hows** ein Werkzeug nachgebaut habe, könne ein unzulässiges Wettbewerbsverhalten nach § 1 UWG aF nur geltend machen, wenn die Prüfung des Gesamtverhaltens des Wettbewerbers nach seinem konkreten Anlass, Zweck und Mittel, seinen Begleitumständen und Auswirkungen eine Unlauterkeit des Verhaltens des ausgeschiedenen Arbeitnehmers ergebe. Bei einer Fallgestaltung wie im Spritzgießwerkzeuge-Fall sei daher grds. in eine einzelfallbezogene Gesamtabwägung der mit Verfassungsrang ausgestatteten Interessen des Arbeitnehmers an seinem beruflichen Fortkommen einerseits und des Arbeitgebers an einer Geheimhaltung seines im Herstellungsprozess verwendeten technischen Know-hows andererseits einzutreten. 3852

Der bloße Hinweis darauf, dass das Arbeitsgericht die fristlose Kündigung des Arbeitnehmers seinerzeit bestätigt habe, reiche im Rahmen der Interessenabwägung nicht aus. Man müsse sich auch mit den vom Arbeitsgericht für durchgreifend erachteten Kündigungsgründen auseinandersetzen und im Rahmen der Interessenabwägung ferner überlegen, inwieweit sich aus der unbeschränkten Verschwiegenheitsverpflichtung eine unzulässige Behinderung des Arbeitnehmers in seinem Fortkommen ergebe. Da diese Behinderung durch eine strikte Verschwiegenheitspflicht um so stärker wirke, je länger die Beschäftigung angedauert habe und somit der Arbeitswert des Arbeitnehmers auf dem Markt durch die Beschäftigung mit dem Betriebsgeheimnis und den daraus erworbenen Spezialfähigkeiten und -kenntnissen verbunden sei, müsse auch die Dauer der Betriebszugehörigkeit bei der Abwägung miteinbezogen werden.[46] Die Entwicklungsbeiträge eines Mitarbeiters an einer Werkkonstruktion seien im Rahmen der Interessenabwägung nicht nur dann zu seinen Gunsten zu berücksichtigen, wenn das Know-how im Kern oder ganz wesentlich auf seinem Gedankengut beruhe, sondern auch dann, wenn Änderungs- oder Verbesserungsvorschläge geringeren Ausmaßes Eingang gefunden hätten. 3853

Mit den strengen Anforderungen, die das Urteil des BGH vom 3.5.2001 im Rahmen der Interessenabwägung gem. § 1 UWG aF stellt, verlieren Verschwiegenheitsverpflichtungen in Arbeitsverträgen jedenfalls dann ihre Bedeutung, wenn der Arbeitnehmer, unabhängig von einem nachvertraglichen Wettbewerbsverbot, erlangtes Wissen aus seiner bisherigen beruflichen Tätigkeit weiterzuverwenden beabsichtigt. Die Rspr des BGH zielt offensichtlich darauf ab, bei der Interessenabwägung der Berufsausübungsfreiheit des Arbeitnehmers nach Art. 12 Abs. 1 GG vor dem Recht des Arbeitgebers am eingerichteten und ausgeübten Gewerbebetrieb (§ 823 Abs. 1 BGB) den Vorzug zu geben. Durch die Wahl anderer Formulierungen, als sie üblicherweise in Verschwiegenheitsklauseln enthalten sind, lässt sich eine höhere Verbotsdichte kaum erzielen. 3854

44 BGH 22.4.2004 – I ZR 303/01, GRUR 2004, 704.

45 BGH 3.5.2001 – I ZR 153/99, GRUR 2002, 91 (Spritzgießwerkzeuge).

46 *Richters/Wodtke*, NZA-RR 2003, 281, 286.

(7) Vereinbarungen gegen Abwerbung

3855 Mit dem Urteil vom 4.3.2004[47] („Direktansprache am Arbeitsplatz I") setzte der BGH hinter eine seit langem geführte Diskussion über die **Wettbewerbswidrigkeit von Anrufen eines Personalberaters am Arbeitsplatz des Arbeitnehmers** ein Ausrufezeichen. Es sei nicht wettbewerbswidrig, wenn ein Arbeitnehmer von einem Personalberater am Arbeitsplatz in einem zur ersten Kontaktaufnahme geführten Telefongespräch nach seinem Interesse an einer neuen Stelle befragt und diese kurz beschrieben werde. Diese Gespräche während der Arbeitszeit dürfen idR nicht länger als drei Minuten dauern, da sie der derzeitige Arbeitgeber quasi finanziert.[48] Eine mit den guten Sitten im Wettbewerb nicht zu vereinbarende Störung des betrieblichen Arbeitsablaufs liege dagegen vor, wenn sich der im Auftrag eines Wettbewerbers anrufende Personalberater bei einem solchen Gespräch darüber hinwegsetze, dass der Arbeitnehmer daran kein Interesse habe oder das Gespräch über eine knappe Stellenbeschreibung hinaus ausdehne. Dies hat der BGH in einer weiteren Entscheidung vom 22.11.2007 ausdrücklich bestätigt und dahingehend präzisiert, dass eine dezidierte Auseinandersetzung mit dem Lebenslauf des Arbeitnehmers bei der ersten Kontaktaufnahme an dessen Arbeitsplatz bereits ein wettbewerbsrechtlich unzulässiges Umwerben darstelle.[49]

3856 Eine Verleitung des abzuwerbenden Mitarbeiters zum Vertragsbruch sah der BGH, anders als zuvor das OLG Stuttgart,[50] in dem Verhalten des **Headhunters** nicht. Der BGH geht vom Fehlen einer weitgehenden Rücksichtnahmepflicht des Headhunters gegenüber dem noch in einem Arbeitsverhältnis befindlichen Arbeitnehmer aus, er arbeitet mit der Konstruktion des mutmaßlichen Einverständnisses eines jeden Arbeitnehmers, der sich gerne jederzeit über neue Stellen informieren lasse. Die Interessen des Arbeitgebers, auf seinem Betriebsgelände während der Arbeitszeit seiner Arbeitnehmer nicht in wettbewerbswidriger Weise gestört zu werden, haben sich nach Meinung des BGH dem Informationsinteresse des Arbeitnehmers unterzuordnen. Zwischenzeitlich hat der BGH außerdem entschieden, dass sich seine Rspr durch die geänderte Rechtsgrundlage (früher: § 1 UWG aF; jetzt: § 3 UWG nF) nicht ändere und dass es auch nicht darauf ankomme, ob der erstmalige Abwerbeversuch über Festnetz oder Handy erfolge.[51] Allerdings sei die Kontaktaufnahme über das Diensthandy teilweise noch problematischer, da sie zum einen, im Vergleich zu Anrufen auf dem Festnetztelefon im Büro, für den Arbeitgeber weniger kontrollierbar ist und zum anderen neben dem Arbeitsausfall weitere Kosten für den bisherigen Arbeitgeber in Form von Roaming-Gebühren verursachen kann, wenn sich der Mitarbeiter mit dem Handy gerade im Ausland befindet.[52]

3857 Zunehmend unternehmen die Gerichte eine Gratwanderung, um dem Arbeitnehmer in gewissem Umfang den Start einer Tätigkeit in ein neues Arbeitsverhältnis zu ermöglichen. Das Ansprechen, die Frage nach Interesse, nicht nur durch Headhunter, sondern auch durch den ausscheidenswilligen Arbeitnehmer gegenüber ebenfalls noch im Arbeitsverhältnis beim gleichen Arbeitgeber befindliche Kollegen, lässt die Rspr seit Jahren mit zunehmender Tendenz zu. **Abwerbung** liege noch nicht vor, wenn ein Arbeitnehmer seinen Kollegen anspricht und mit der Frage konfrontiert, ob auch er Lust habe, die Firma zu verlassen. Unter einer Abwerbung sei über eine bloße Veranlassung hinaus bereits begrifflich nur eine Einwirkung von einer gewissen Ernsthaftigkeit und Beharrlichkeit zu verstehen, die das Ziel verfolge, den Arbeitnehmer zur Aufgabe des bisherigen Arbeitsverhältnisses zu Gunsten einer neuen Tätigkeit zu bewegen.[53]

47 BGH 4.3.2004 – 1 ZR 221/01, NZA 2004, 794 (Direktansprache am Arbeitsplatz I).
48 *Eckert*, DStR 2006, 804, 805.
49 BGH 22.11.2007 – 1 ZR 183/04, NJW 2008, 855.
50 OLG Stuttgart 17.12.1999 – 2 U 133/99, BB 2000, 633, 634.
51 BGH 9.2.2006 – I ZR 73/02, NZA 2006, 500.
52 *Eckert*, DStR 2006, 804, 805.
53 LAG Baden-Württemberg 30.9.1970 – 4 Sa 21/70, DB 1970, 2325; LAG Rheinland-Pfalz 7.2.1992 – 6 Sa 528/91, NZA 1993, 265; *Schloßer*, BB 2003, 1382; *Schmiedl*, BB 2003, 1120.

Die Differenzierung zwischen eigennütziger und fremdnütziger Abwerbung hilft dem Geschädigten nicht weiter. Das gegenwärtige Schrifttum hält, spätestens seit dem Urteil des BGH vom 4.3.2004,[54] die **eigennützige Abwerbung** ebenso für zulässig wie die **fremdnützige Abwerbung**, wenn sie nicht mit der nachhaltigen Intensität einer Abwerbungsmaßnahme im eigentlichen Sinne betrieben werde. Ansprechen dürfe man jedermann. Vorbereitungshandlungen für die Gründung eines Unternehmens sind in allen Facetten erlaubt, angefangen von der Gründung und Anmeldung einer Gesellschaft oder eines Gewerbes über die Anmietung von Räumen, Einholung von Angeboten und Preisen bis hin zu Lizenzerwerb und Personaleinstellungen.[55] Nicht erlaubt sind das aktive Eindringen in den Kunden- oder Lieferantenkreis des Arbeitgebers, das Abwerben von Arbeitnehmern sowie allgemeine Vorbereitungshandlungen, die der Aufnahme einer nach Wettbewerbsrecht unzulässigen Betätigung dienen.[56] Aber selbst die Registrierung einer Internetdomäne für einen Arbeitnehmer mit einer Bezeichnung, die darauf schließen lässt, dass sie für den Internetauftritt eines noch zu gründenden Konkurrenzunternehmens verwendet werden soll, bedeutet keinen Verstoß gegen das für die Dauer des Arbeitsverhältnisses bestehende Wettbewerbsverbot.[57] 3858

Kautelarjuristische Möglichkeiten gegen Abwerbung sind meist wenig wirksam. Verschwiegenheitspflichten bedürfen eines konkreten, schutzwürdigen Geheimnisses. Häufige **„All-Klauseln"** in Formularverträgen, die zur generellen Verschwiegenheit verpflichten, sind wegen § 305 c BGB, wegen unangemessener Benachteiligung nach § 307 Abs. 1 BGB oder wegen sittenwidriger Vertragsbindung rechtlich wirkungslos.[58] Vertragsstrafen für Wettbewerbsverbote, Verschwiegenheitspflichten oder bei passiver Abwerbung scheitern meist an der Bestimmtheit, am berechtigten Arbeitnehmerinteresse oder an der Angemessenheit der Relation von Strafhöhe und Pflichtverletzung.[59] Ein Restitutions- oder Sanktionsinteresse fehlt, wenn der Arbeitgeber mit der Klausel eine Knebelung oder eine finanzielle Schädigung bezwecken oder berufliches Weiterkommen verhindern will.[60] Eine einzelvertraglich vereinbarte Vertragsstrafe kann wegen Unangemessenheit von Strafzweck, Strafhöhe oder Relation beider nach § 138 Abs. 1 BGB unwirksam sein.[61] 3859

Selbst durch Treueprämien und Gratifikationen lässt sich Abwerbung kaum wirksam verhindern, weder in ihrer unzulässigen Endstufe noch in ihrer zulässigen Vorstufe. 3860

dd) Fazit aus der Geheimhaltungsrechtsprechung

Geheimhaltungs- und Informationsbegrenzungsinteressen des Arbeitgebers finden bei den Arbeitsgerichten, auch bei Rechtsstreitigkeiten mit wettbewerbsrechtlichem Einschlag, häufig nur eingeschränkte Beachtung. Die **Abwägung** zwischen dem **Geheimhaltungsinteresse** des Arbeitgebers und dem **Freiheitsrecht der Berufsausübung** auf Seiten des Arbeitnehmers fällt rasch zu Gunsten des Arbeitnehmers aus. Während des Arbeitsverhältnisses halten die Arbeitsgerichte bestehende Geschäfts- und Betriebsgeheimnisse für geschützt, selbst dann, wenn keine Verschwiegenheitsklausel im Arbeitsvertrag enthalten ist.[62] Grundsätzlich kann im Rahmen der Vertragsfreiheit auch über Betriebs- und Geschäftsgeheimnisse hinaus eine Verpflichtung des Arbeitnehmers zur Verschwiegenheit über weitere Umstände begründet werden.[63] Eine Ver- 3861

54 BGH 4.3.2004 – 1 ZR 221/01, NZA 2004, 794 (Direktansprache am Arbeitsplatz I).
55 *Hoß*, ArbRB 2002, 87 mwN.
56 LAG Köln 23.6.2001 – 11 Sa 22/01, MDR 2002, 100.
57 LAG Köln 12.4.2005 – 9 Sa 1518/04, NZA-RR 2005, 595.
58 *Benecke/Pils*, NZA-RR 2005, 561, 567; Preis/*Rolfs*, Der Arbeitsvertrag, II V 20 Rn 31.
59 BAG 4.3.2004 – 8 AZR 196/03, NZA 2004, 728; BAG 27.4.2000 – 8 AZR 286/99, NZA 2000, 940; LAG Hamm 5.10.1988 – 15 Sa 1403/88, DB 1989, 783.
60 BAG 4.3.2004 – 8 AZR 196/03, NZA 2004, 728, 733; *Benecke/Pils*, NZA-RR 2005, 561.
61 MünchHandbArb/*Blomeyer*, § 57 Rn 60.
62 *Wochner*, BB 1975, 1541.
63 *Gaul*, NZA 1988, 215.

schwiegenheitsvereinbarung zu über Betriebs- und Geschäftsgeheimnisse hinausgehenden Tatsachen ist nach Ansicht des LAG Hamm jedoch nur zulässig, wenn die Geheimhaltung durch berechtigte betriebliche Interessen gerechtfertigt ist.[64] Die Vereinbarung von Klauseln, wonach sämtliche während der Tätigkeit bei einer Firma bekannt werdende Geschäftsvorgänge geheim zu halten sind, ist nach zutreffender Auffassung von *Rolfs*[65] unwirksam. In die Verpflichtung zur Verschwiegenheit kann generell auch die Höhe des vereinbarten Gehalts einbezogen werden.[66]

3862 Aufgrund der Nachwirkung arbeitsvertraglicher Treuepflichten ist der Arbeitnehmer nach der Rspr des BAG im Einzelfall auch ohne eine ausdrückliche vertragliche Vereinbarung verpflichtet, Betriebs- und Geschäftsgeheimnisse nach seinem Ausscheiden vertraulich zu behandeln.[67] Die Pflicht zur Verschwiegenheit ergibt sich als unselbständige Nebenpflicht aus dem Arbeitsvertrag in Form einer besonderen Schutz-, Loyalitäts- oder Rücksichtnahmepflicht gegenüber dem ehemaligen Arbeitgeber.[68] Erfahrungswissen wird dagegen nicht durch die Verschwiegenheitsklausel erfasst („Titandioxid-Fall").[69] Die Vorgaben des BAG für vertragliche Verschwiegenheitsklauseln sind uneinheitlich und beruhen letztlich auf einer Einzelfallprüfung.[70] Die Thrombosol- und die Kundenlisten-Entscheidung enthalten durchaus widersprüchliche Begründungselemente.[71]

3863 Für die Verwertung bekannt gewordener Betriebs- oder Geschäftsgeheimnisse im Rahmen einer beruflichen Betätigung sind neben der Grenze des treuwidrigen Verhaltens die Kriterien des BAG aus der Kantenbänder-Entscheidung maßgeblich.[72] Die Schwelle zum nachvertraglichen Wettbewerbsverbot bei allgemein formulierten Verschwiegenheitsklauseln wird jedenfalls dann überschritten, wenn dem ausgeschiedenen Arbeitnehmer faktisch jede berufliche Verwertung seiner in dem Geschäftsbereich erworbenen Kenntnisse verwehrt wird.[73]

3864 Nach der BAG-Rspr haben, vom Thrombosol-Fall abgesehen, Geheimnisschutzklauseln mit Arbeitnehmern nur in engen Grenzen Bestand. Gleiches gilt nach der BGH-Rspr. Die allgemeine nachvertragliche Verschwiegenheitsklausel läuft leer, wenn sie allgemeine betriebliche Interna betrifft. Ist sie auf einzelne bestimmte Geschäftsgeheimnisse bezogen, die den Marktwert eines Arbeitnehmers bei der Suche nach einer neuen Beschäftigung nicht beeinträchtigen, dürfte die Geheimnisschutzklausel als wirksam anzusehen sein.[74] Die Grenze der Zulässigkeit nachvertraglicher Verschwiegenheitspflichten setzt die BGH-Rspr, wenn ein schützenswertes Interesse des Arbeitgebers nicht mehr anzuerkennen ist oder der Mitarbeiter in seinem beruflichen Fortkommen erheblich eingeschränkt wird.[75] Sobald die Verschwiegenheitspflicht in ihrer Dimension materiell-rechtlich einem Wettbewerbsverbot gleichkommt, kann auch nur im Wege eines Wettbewerbsverbotes mit Entschädigungsregelung dem Arbeitnehmer abverlangt werden, Betriebsgeheimnisse zu wahren. Aus diesem Grund ist bei der Formulierung von Verschwiegenheitsklauseln darauf zu achten, diese – vorzugsweise unter genauer Bezeichnung einzelner zu wahrender Geheimnisse – möglichst konkret zu fassen und zeitlich zu begrenzen.[76]

---

64 LAG Hamm 5.10.1988 – 15 Sa 1403/88, DB 1989, 783.
65 Preis/*Rolfs*, Der Arbeitsvertrag, II V 20 Rn 31.
66 LAG Düsseldorf 9.7.1975 – 6 Sa 185/75, DB 1976, 1112; BAG 26.2.1987 – 6 ABR 46/84, DB 1987, 2526.
67 BAG 16.3.1982 – 3 AZR 83/79, NJW 1983, 134 (Thrombosol).
68 *Gaul*, NZA 1988, 225.
69 BAG 15.6.1993 – 9 AZR 558/91, NZA 1994, 502 (Titandioxid).
70 *Bauer/Diller*, Wettbewerbsverbote, Rn 118; *Richters/Wodtke*, NZA-RR 2003, 281, 285.
71 *Bauer/Diller*, Wettbewerbsverbote, Rn 120, vgl aber Rn 122.
72 BAG 19.5.1998 – 9 AZR 394/97, NZA 1999, 200 (Kantenbänder-Fall).
73 *Wertheimer*, BB 1999, 1600, 1601.
74 *Richters/Wodtke*, NZA-RR 2003, 281, 287.
75 *Richters/Wodtke*, NZA-RR 2003, 281, 285.
76 *Salger/Breitfeld*, BB 2005, 154, 155.

b) Klauseltypen und Gestaltungshinweise

aa) Deklaratorische Geheimhaltungsklausel

(1) Klauseltyp A

A 1: Der Arbeitnehmer verpflichtet sich, über alle vertraulichen Angelegenheiten und Vorgänge, die ihm im Rahmen der Tätigkeit zur Kenntnis gelangen, auch nach dem Ausscheiden aus dem Arbeitsverhältnis Stillschweigen zu bewahren. 3865

A 2: Dem Arbeitnehmer ist es strengstens untersagt, ihm bekannte Betriebs- oder Geschäftsgeheimnisse an Dritte weiterzuleiten oder für sich zu verwerten.

(2) Gestaltungshinweise

Die Klauseln A 1 und A 2 sind deklaratorischer bzw gesetzeskonkretisierender Natur. Sie dienen der Klarstellung ohnehin bestehender Geheimhaltungsverpflichtungen, wie sie sich aus § 3 UWG nF ergeben. Einen selbständigen Regelungsinhalt weisen sie nicht auf. Der Vorteil dieser Klauseln besteht allenfalls darin, dass sie nicht die Grenze zum Wettbewerbsverbot erreichen und ihre Unwirksamkeit somit nicht in Rede steht. Andererseits gewähren sie dem Arbeitgeber keinen zusätzlichen Schutz von Betriebsgeheimnissen. Sie haben eine deklaratorische Mahnfunktion, um dem Arbeitnehmer die gesetzlichen Regelungen zu verdeutlichen und im Arbeitsvertrag selbst vor Augen zu führen. 3866

bb) All-Klauseln

(1) Klauseltyp B

↓ **B 1:** Die Tätigkeit der Gesellschaft erfordert eine streng vertrauliche Behandlung sämtlicher Geschäftsvorfälle. Der Vermögensberater ist daher verpflichtet, sämtliche Geschäfts- und Betriebsgeheimnisse streng geheim zu halten. Er darf weder unmittelbar noch mittelbar für sich oder Dritte von Informationen Gebrauch machen, die er durch seine Tätigkeit bei der Gesellschaft erlangt hat. Das Gleiche gilt für Geschäfts- und Betriebsgeheimnisse oder sonstige Informationen, die der Gesellschaft anvertraut worden sind. 3867

↓ **B 2:** Die Mitarbeiterin ist verpflichtet, über alle ihr bekannt gewordenen Angelegenheiten des Betriebes gegenüber jedermann Verschwiegenheit zu bewahren.

(2) Gestaltungshinweise

Bei den Klauseln B 1 und B 2 handelt es sich um sog. **All-Klauseln**, die den Arbeitnehmer verpflichten, **sämtliche** Geschäftsvorfälle – so in der Klausel B 1 – oder „alle ihr bekannt gewordenen Angelegenheiten des Betriebes“ – so die Klausel B 2 – geheim zu halten. Solche allumfassenden Geheimhaltungsklauseln unterwerfen sämtliche, während der Tätigkeit bei einer Firma bekannt gewordenen Geschäftsvorfälle der Verschwiegenheit und gehen damit über die gesetzlich normierten Geheimhaltungspflichten hinaus.[77] Derartige Klauseln sind nach Ansicht des BAG zu weitreichend und daher im Ergebnis unwirksam.[78] Sie gehen über das anzuerkennende berechtigte Arbeitgeberinteresse hinaus und stellen als unverhältnismäßige Vertragsbindung regelmäßig einen Verstoß gegen § 138 Abs. 1 BGB dar.[79] 3868

77 *Richters/Wodtke*, NZA-RR 2003, 281, 288; Preis/*Rolfs*, Der Arbeitsvertrag, II V 20 Rn 31 f; derart weitgehende Klauseln sind im angloamerikanischen Rechtsraum üblich; zu einer solchen Klausel in englischer und deutscher Sprache s. Hümmerich/Lücke/Mauer/*Lücke*, NomosFormulare ArbR, Muster 1737 (Vertraulichkeitsvereinbarung für freie Mitarbeiter und Subunternehmer).

78 BAG 19.5.1998 – 9 AZR 394/97, NZA 1999, 200 (Kantenbänder-Fall).

79 *Gach/Rützel*, BB 1997, 1959, 1962; Küttner/*Kania*, Personalbuch, 437 (Verschwiegenheitspflicht) Rn 7.

cc) Beschränkte Geheimhaltungsklausel

(1) Klauseltyp C

3869 **C 1:** Die Mitarbeiterin verpflichtet sich über die Beendigung des Arbeitsverhältnisses hinaus solche Betriebs- oder Geschäftsgeheimnisse zu wahren, die für das Unternehmen besonders wichtig sind.

C 2:

1. Der Mitarbeiter verpflichtet sich, über alle Betriebs- und Geschäftsgeheimnisse, insbesondere Herstellungsverfahren, Vertriebswege und (...) während der Dauer des Arbeitsverhältnisses Stillschweigen zu bewahren. Die Geheimhaltungspflicht erstreckt sich nicht auf solche Kenntnisse, die jedermann zugänglich sind oder deren Weitergabe für die Firma ersichtlich ohne Nachteil ist.
   Im Zweifelsfalle sind technische, kaufmännische und persönliche Vorgänge und Verhältnisse, die dem Mitarbeiter in Zusammenhang mit seiner Tätigkeit bekannt werden, als Unternehmensgeheimnisse zu behandeln. In solchen Fällen ist der Mitarbeiter vor der Offenbarung verpflichtet, eine Weisung der Geschäftsleitung einzuholen, ob eine bestimmte Tatsache vertraulich zu behandeln ist.
2. Die Verschwiegenheitspflicht besteht insoweit auch nach der Beendigung des Arbeitsverhältnisses fort, wie Geschäfts- und Betriebsgeheimnisse aus den Bereichen (...), insbesondere die Verfahren (...), betroffen sind, an denen aus Sicht der Firma ein besonderes Geheimhaltungsinteresse besteht. Auch nach dem Ausscheiden aus den Diensten der Firma sollte der Arbeitnehmer vor der Offenbarung eine Weisung der Geschäftsleitung zur Vertraulichkeit der Information einholen.

(2) Gestaltungshinweise

3870 Die sog. beschränkten Geheimhaltungsklauseln sind nach der Rspr im Allgemeinen wirksam, da bei ihnen das Geheimhaltungsinteresse des Unternehmens gegenüber dem Interesse des Arbeitnehmers an seinem beruflichen Fortkommen überwiegt.[80] Insbesondere für die nachvertragliche Geheimhaltung ist die explizite Nennung bestimmter Bereiche ratsam, damit die Klausel nicht als entschädigungsloses Wettbewerbsverbot interpretiert und damit als unwirksam bewertet werden kann. Betriebsgeheimnisse, auf deren Verwendung der Arbeitnehmer in seinem beruflichen Fortkommen zwingend angewiesen ist, sind dabei sicherheitshalber von der nachvertraglichen Verschwiegenheitspflicht auszunehmen.[81]

3871 Aufgrund des Verbotes einer geltungserhaltenden Reduktion ist es sinnvoll, die Klausel C 2 in zwei Absätze zu unterteilen. Im zweiten Absatz sollten für die nachvertragliche Verschwiegenheitspflicht bestimmte Aufgabenbereiche und einzelne Verfahren so konkret und präzise wie möglich benannt werden, um die Gefahr der gerichtlichen Bewertung der Klausel als verkapptes entschädigungsloses Wettbewerbsverbot so gering wie möglich zu halten. Auf der anderen Seite können auch etwas allgemeiner gehaltene nachvertragliche Verschwiegenheitsregelungen von Vorteil sein, da sie neben dem größeren Risiko der Unwirksamkeit oftmals auch eine größere abschreckende Wirkung auf den Arbeitnehmer haben und es in den meisten Fällen nicht zu einer gerichtlichen Prüfung kommen wird. Sollte die Regelung der nachvertraglichen Verschwiegenheitspflicht dennoch als zu weitgehende Einschränkung des Arbeitnehmers unwirksam sein, bleibt dem Verwender durch die Unterteilung in zwei Absätze zumindest die Klausel zur Geheimhaltungspflicht während der Dauer des Arbeitsverhältnisses aus Abs. 1 wirksam erhalten.

---

80 *Gaul*, NZA 1988, 230; *Kunz*, DB 1993, 2482; *Mes*, GRUR 1979, 583.
81 So auch *Richters/Wodtke*, NZA-RR 2003, 281, 288.

dd) Vertrauliche Angaben

(1) Klauseltyp D

D 1: Der Arbeitnehmer hat auch über die als vertraulich bezeichneten Angelegenheiten Stillschweigen zu bewahren. 3872

D 2: Die Mitarbeiterin muss Geschäfts- und Betriebsgeheimnisse und betriebliche Angelegenheiten vertraulicher Art, die die Geschäftsleitung als Geheimnis gekennzeichnet hat oder die offensichtlich als Geschäftsgeheimnis zu erkennen sind, als ausschließlich interne Information behandeln und darf sie ohne ausdrückliche Genehmigung der Geschäftsleitung niemandem übermitteln.

D 3:
1. Der Mitarbeiter ist verpflichtet, Geschäfts- und Betriebsgeheimnisse sowie betriebliche Angelegenheiten vertraulicher Natur, die als solche von der Geschäftsleitung schriftlich gekennzeichnet oder mündlich bezeichnet bzw offensichtlich als solche zu erkennen sind, geheim zu halten und ohne ausdrückliche Genehmigung der Geschäftsleitung keinen dritten Personen zugänglich zu machen.
2. Geschäfts- und Betriebsgeheimnisse in diesem Sinne sind insbesondere Herstellungs- und Versuchsverfahren, Vertriebswege, Bezugsquellen, Kalkulationen und Geschäftsabschlüsse. Im Zweifel ist der Mitarbeiter verpflichtet, eine Weisung der Geschäftsleitung einzuholen, ob eine bestimmte Tatsache als vertraulich zu behandeln ist.
3. Diese Verpflichtung gilt auch nach Beendigung des Arbeitsverhältnisses. Sollte die nachvertragliche Verschwiegenheitspflicht den Mitarbeiter in seinem beruflichen Fortkommen unangemessen behindern, hat der Mitarbeiter gegen das Unternehmen einen Anspruch auf Freistellung von dieser Pflicht.[82]

D 4:
1. Wir haben Sie darüber belehrt, dass alle in der Firma bearbeiteten Entwicklungen, Konstruktionen, Produktionsverfahren und Geschäftsvorgänge als Betriebsgeheimnis gelten.
2. Sie verpflichten sich ausdrücklich, über diese von Ihnen während der Dauer des Arbeitsverhältnisses gewonnenen Erkenntnisse und Erfahrungen Verschwiegenheit zu bewahren, die von Ihnen erlangten Informationen in keiner Form Dritten zugänglich zu machen und sie auch nicht für eigene Zwecke auszuwerten.
3. Alle schriftlichen Unterlagen wie Zeichnungen, Pausen, Entwicklungsberichte und ähnliche Vorgänge, die Ihnen in dienstlicher Eigenschaft zugänglich sind oder werden, müssen sicher gegen Kenntnisnahme durch unbefugte Personen aufbewahrt werden.
4. Sie verpflichten sich mit Ihrer Unterschrift unter diese Vereinbarung zum Ersatz des Schadens, der dadurch entsteht, dass ein Betriebs- oder Geschäftsgeheimnis zu Zwecken des Wettbewerbs oder aus Eigennutz oder in der Absicht, der Firma Schaden zuzufügen, in einer von Ihnen zu verantwortenden Weise aufgrund mittlerer oder grober Fahrlässigkeit oder aufgrund von Vorsatz Unbefugten zur Kenntnis gelangt.
5. Sie verpflichten sich, nach Einsicht in das Gesetz über den unlauteren Wettbewerb sich nach den Bestimmungen dieses Gesetzes zu richten. Sie erklären sich bereit, die Geschäftsleitung unverzüglich zu unterrichten, falls Sie Kenntnis von Bestrebungen, Versuchen oder sonstigen Aktivitäten erhalten, an Betriebsgeheimnisse zu gelangen oder Mitarbeiter auf eine unzulässige Weise abzuwerben.

82 Preis/*Rolfs*, Der Arbeitsvertrag, II V 20 Rn 85; SPA 21/2002, 1.

(2) Gestaltungshinweise

3873 Mit Klauseln wie **D 1 und D 2**, über die auch vertrauliche Angaben unter die Verschwiegenheitspflicht des Arbeitnehmers fallen, wird der Umfang der Verschwiegenheitspflicht erweitert. Klauseln, die über Betriebs- und Geschäftsgeheimnisse hinaus vertrauliche Angaben der Verschwiegenheit des Arbeitnehmers unterwerfen, gelten im Rahmen der Privatautonomie als wirksam.[83] Nach *Rolfs* besteht richtigerweise auch ohne ausdrückliche Vertragsklausel eine Verschwiegenheitspflicht bei vertraulichen Angaben. Offensichtlich geheim zu haltende Tatsachen seien auch ohne ausdrückliche Kennzeichnung vertraulich zu behandeln.[84]

3874 Der Vorteil der allumfassenden, die höchstmögliche Verschwiegenheitspflicht begründenden **Klausel D 3** besteht darin, dass sie sich zunächst einmal auf Geschäfts- und Betriebsgeheimnisse erstreckt, gleichzeitig aber auch Angelegenheiten vertraulicher Natur einbezieht. Der Vorteil dieser Klausel besteht weiterhin darin, dass Geschäfts- und Betriebsgeheimnisse näher erläutert werden. Ein dritter Vorteil ist darin zu sehen, dass die Klausel zwar auch über die Beendigung des Arbeitsverhältnisses hinaus Gültigkeit beansprucht, dass sie aber die Grenze zur karenzpflichtigen nachvertraglichen Wettbewerbsabrede vermeidet, in dem sie dem Arbeitnehmer die Möglichkeit gibt, im Falle einer unangemessenen Beeinträchtigung seines beruflichen Fortkommens vom Unternehmen einen Anspruch auf Freistellung zu verlangen.[85]

3875 Durch diese spezielle Klausel für den Bereich der nachvertraglichen Geheimhaltungspflicht wird eine ausgewogene Berücksichtigung des unternehmerischen Geheimhaltungsinteresses und der grundrechtlich geschützten Berufsfreiheit des Arbeitnehmers erreicht. In der praktischen Umsetzung bedeutet diese Klausel zugleich, dass das Unternehmen durch eine etwaige Nachfrage des Arbeitnehmers die Information erhält, welche beruflichen Aktivitäten der ausgeschiedene Arbeitnehmer beabsichtigt. Diese Information ermöglicht dem Unternehmen, unter Umständen in angemessener Weise Gegenmaßnahmen zu ergreifen.

3876 Die **Klausel D 4** ist die weitreichendste, aber gleichwohl noch wirksam. Sie gibt die Gesetzeslage wieder und belehrt den Arbeitnehmer über Einzelheiten seiner Loyalitätspflichten.

3877 Wie die aufgeführten Formulierungsbeispiele zeigen, besteht häufig ein detailreicher Regelungsbedarf, der sich auf den Umgang mit vertraulichen Informationen im Unternehmen bezieht. Anstatt hier detaillierte Regelungen im Arbeitsvertrag vorzusehen (die dann nicht mehr einseitig geändert werden können), erscheint es vorzugswürdig, diese Umgangspflichten im Hinblick auf vertrauliche Informationen arbeitgeberseitig einseitig in einer **„Geheimschutzordnung“** oder **„Geheimschutz-Guideline“** festzulegen, die dann arbeitgeberseitig auch wieder geändert werden kann. Solche Regelungen fallen in das arbeitgeberseitige Direktionsrecht.

ee) Nachvertragliche Geheimhaltungsklauseln

(1) Klauseltyp E

3878 Die Mitarbeiterin verpflichtet sich, alle ihr bekannten Geschäfts- und Betriebsgeheimnisse geheim zu halten. Die Geheimhaltungspflicht besteht über die Beendigung des Arbeitsverhältnisses hinaus fort.

(2) Gestaltungshinweise

3879 Da die Rspr bei der Frage, inwieweit eine Verschwiegenheitsklausel den Arbeitnehmer wirksam bindet, in eine Abwägung zwischen Unternehmensgeheimnisschutz und Berufsausübungsfreiheit des Arbeitnehmers eintritt, kann man sich nicht alleine darauf verlassen, dass aus der Treuepflicht oder aus den vertraglichen Nebenpflichten des Arbeitnehmers abgeleitet wird, dass der Geheimnisschutz auch über die Beendigung des Arbeitsverhältnisses hinaus in allen

83 *Wochner*, BB 1975, 1541, 1542.
84 Preis/*Rolfs*, Der Arbeitsvertrag, II V 20 Rn 30.
85 Preis/*Rolfs*, Der Arbeitsvertrag, II V 20 Rn 85.

Fällen besteht. Gerade im Hinblick auf die Industrieböden-Entscheidung des BGH vom 21.12.1962,[86] in der das Gericht entschieden hat, dass die allgemeine Treuepflicht grds. nicht ausreiche, nachwirkende Geheimhaltungspflichten zu begründen, empfiehlt es sich, in Geheimhaltungsklauseln stets auch die Nachvertraglichkeitsphase einzubeziehen. Allerdings ist dabei darauf zu achten, dass die Klausel den Arbeitnehmer nicht unzumutbar in seinem beruflichen Fortkommen behindert, damit die Grenze zum entschädigungslosen Wettbewerbsverbot nicht überschritten wird.

ff) Kundenschutzklauseln

(1) Klauseltyp F

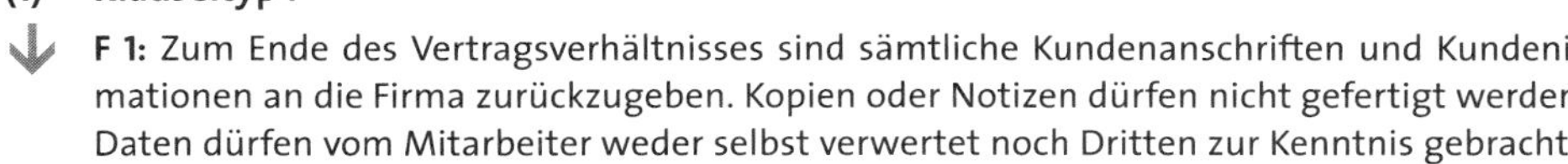

F 1: Zum Ende des Vertragsverhältnisses sind sämtliche Kundenanschriften und Kundeninformationen an die Firma zurückzugeben. Kopien oder Notizen dürfen nicht gefertigt werden. Die Daten dürfen vom Mitarbeiter weder selbst verwertet noch Dritten zur Kenntnis gebracht werden. 3880

F 2:

1. Der Mitarbeiter wird auch nach Beendigung des Vertrages die Namen der Kunden, die er durch seine Tätigkeit bei der Firma erfahren hat, in keiner Weise für sich oder einen Dritten verwenden. Jede einzelne Zuwiderhandlung bedingt eine Konventionalstrafe iHv (...) €. Der Mitarbeiter wird auch keine Notizen, die er sich während seiner Tätigkeit über die Bedürfnisse und Eigenarten der Kunden der Firma gemacht hat, für sich oder Dritte verwenden.
2. Der Mitarbeiter verpflichtet sich, am Tage seines Ausscheidens, gleich aus welchem Rechtsgrund, die gesamten Arbeitsunterlagen, Anschriften, Karteien etc. an die Firma zurückzugeben. Der Mitarbeiter verzichtet auf jegliches Leistungsverweigerung- und Zurückbehaltungsrecht. Für jeden Tag der Nichtbeachtung dieser Verpflichtung zahlt er eine Konventionalstrafe iHv (...) €.[87]

F 3: Der Mitarbeiter verpflichtet sich, im Falle der Beendigung des Arbeitsverhältnisses am letzten Arbeitstag, im Falle einer Freistellung ab dem Tag der Freistellung, sämtliche Arbeitsunterlagen, Anschriften von Kunden, sonstige Kundendateien und Karteien an die Firma zurückzugeben. Für jeden Tag der Zuwiderhandlung vereinbaren die Parteien eine Vertragsstrafe iHv (...) €.

(2) Gestaltungshinweise

In der Praxis werden, vordringlich im Vertriebsbereich, **Kundenschutzklauseln** in Arbeitsver- 3881
träge aufgenommen, über die sich der Mitarbeiter verpflichtet, bei Austritt aus der Firma keine Unterlagen aus dem Betrieb mitzunehmen und sich weder Lieferanten- noch Kundenadressen zu notieren. Die **Klausel F 2** ist nach der Entscheidung des BAG vom 15.12.1987[88] zwar insoweit wirksam, als sich der Arbeitnehmer die Kundenlisten und Kundendaten nicht aneignen darf, sondern an den Arbeitgeber mit der Beendigung des Arbeitsverhältnisses zurückgeben muss. Dem Arbeitnehmer ist jedoch nicht verboten, die Kunden des Arbeitgebers nach seinem Ausscheiden zu umwerben.

Allerdings darf der ausgeschiedene Arbeitnehmer diese Kundeninformationen nicht aus Origi- 3882
nalen oder vom ihm angefertigten Kopien der Kundenlisten des Arbeitgebers entnehmen; dies gilt selbst dann, wenn er während der Dauer des Arbeitsverhältnisses befugt war, eine Sicherheitskopie zu erstellen. Der ehemalige Mitarbeiter kann diese Informationen nur insoweit nut-

86 BGH 21.12.1962 – I ZR 47/61, DB 1963, 381.
87 BAG 15.12.1987 – 3 AZR 474/86, NZA 1988, 502 (Kundenlisten-Fall).
88 BAG 15.12.1987 – 3 AZR 474/86, NZA 1988, 502 (Kundenlisten-Fall).

zen, wie sie in seinem Gedächtnis noch vorhanden sind.[89] Daher empfiehlt sich eine Formulierung innerhalb der Klausel, nach welcher explizit die Rückgabe aller Schriftstücke und möglichen Kopien gefordert und eine direkte spätere Nutzung solcher Listen untersagt ist.

3883 Aus der Verpflichtung, Verschwiegenheit über Kundenlisten zu bewahren, folgt nicht gleichzeitig die Verpflichtung, die Kunden des Arbeitgebers nach dem Ausscheiden aus dem Arbeitsverhältnis „in Ruhe zu lassen". Soweit die Klausel F 2 das Verbot enthält, die Namen der Kunden nach dem Ende des Arbeitsverhältnisses zu verwenden, ist sie unwirksam. Die Konventionalstrafen, soweit sie angemessen sind, begegnen gem. § 309 Nr. 6 BGB keinen Bedenken, soweit nur die Nichtrückgabe von Kundendateien mit einer Vertragsstrafe belegt wird. Wirksam ist eine Kundenschutzklausel in der Form der Klausel F 3.

3884 Die **Klausel F 1** ist zu weitgehend, weil sie jegliche Verwertung der Informationen über Kunden nach dem Ende des Arbeitsverhältnisses verbietet und damit im Widerspruch zur Kundenlisten-Entscheidung des BAG[90] steht. Die Klausel F 1 hat auch deshalb keinen Bestand, weil sie als Kundenschutzklausel in den Bereich des karenzfreien Wettbewerbsschutzes strahlt. Ohne Wettbewerbsabrede mit Karenzentschädigung ist eine absolute Kundenschutzklausel unwirksam.[91]

89 BGH 27.4.2006 – 1 ZR 126/03, NJW 2006, 3424.
90 BAG 15.12.1987 – 3 AZR 474/86, NZA 1988, 502 (Kundenlisten-Fall).
91 BAG 23.2.1999 – 9 AZR 739/97, AP § 74 c HGB Nr. 20; BAG 16.8.1988 – 3 AZR 664/87.

63. Versetzungsklauseln

Literatur

Annuß, AGB-Kontrolle im Arbeitsrecht: Wo geht die Reise hin?, BB 2002, 458; *Birk*, AR-Blattei, D Direktionsrecht I, C I 2; *Bissels*, AGB-Kontrolle einer Versetzungsklausel, jurisPR-ArbR 30/2008 Anm. 3; *Brors*, Keine Erweiterung der Sozialauswahl bei betriebsübergreifendem Versetzungsrecht, jurisPR-ArbR 47/2005 Anm. 5; *Dzida/Schramm*, Versetzungsklauseln: Mehr Flexibilität für den Arbeitgeber, mehr Kündigungsschutz für den Arbeitnehmer, DB 2007, 1221; *Fuhlrott*, Arbeitgeberseitiges Direktionsrecht, PuR 2014, 156; *Gaul/Bonanni*, Betriebsübergreifende Sozialauswahl und die Bedeutung von Versetzungsklauseln, NZA 2006, 289; *Gotthardt*, Der Arbeitsvertrag auf dem AGB-rechtlichen Prüfstand, ZIP 2002, 285; *Hohenstatt/Schramm*, Anmerkung zu BAG vom 11.4.2006, NJW 2006, 3303; *Hromadka*, Grenzen des Weisungsrechts, NZA 2012, 233, 238; *ders.*, Neues zur überflüssigen Änderungskündigung, NZA 2012, 896; *Hromadka/Schmitt-Rolfes*, Die AGB-Rechtsprechung zu Tätigkeit, Entgelt und Arbeitszeit, NJW 2007, 1778; *Hümmerich*, Gestaltung von Arbeitsverträgen nach der Schuldrechtsreform, NZA 2003, 753; *Hümmerich/Bergwitz*, Entwicklungsklauseln in Chefarztverträgen, BB 2005, 977; *Hunold*, Die aktuelle Rechtsprechung zur Inhaltskontrolle arbeitsrechtlicher Absprachen – AGB-Kontrolle, NZA-RR 2008, 449; *ders.*, Versetzungsklauseln und AGB-Kontrolle, AuA 2007, 32; *ders.*, AGB-Kontrolle einer Versetzungsklausel, NZA 2007, 19; *ders.*, Die Rechtsprechung des BAG zur AGB-Kontrolle arbeitsvertraglicher Versetzungsklauseln, BB 2011, 693; *Junker*, AGB-Kontrolle von Arbeitsvertragsklauseln in der neueren Rechtsprechung des BAG, BB 2007, 1274; *Kleinebrink*, Tätigkeitsklauseln in Formulararbeitsverträgen, ArbRB 2007, 57; *Kort*, Der Widerruf einer Gesamtzusage bei Bindung des Widerrufsvorbehalts an das Schicksal einer Kollektivvereinbarung, NZA 2005, 509; *Küpper*, Die Zulässigkeit von Versetzungsklauseln unter Berücksichtigung der jüngsten Rechtsprechung, ZBVR-online 2008, Nr. 9; *Lakies*, Das Weisungsrecht des Arbeitgebers (§ 106 GewO) – Inhalt und Grenzen, BB 2003, 364; *ders.*, AGB-Kontrolle im Arbeitsrecht, AR-Blattei SD 35; *Lambrich/Schwab*, Betriebsübergreifende Versetzung im Konzern und Mitbestimmung gem. § 99 BetrVG, DB 2012, 1928; *Langer/Greiner*, Versetzungsklausel, AuA 2005, 642; *Lelley*, Zur Zulässigkeit formularmäßiger Versetzungsklauseln, EWiR 2006, 747; *Lingemann*, Allgemeine Geschäftsbedingungen und Arbeitsvertrag, NZA 2002, 181; *Löwisch*, Die Befristung einzelner Bedingungen des Arbeitsvertrags, ZfA 1986, 1; *Oelkers/Vernunft*, Einseitige Änderungen von Arbeitsbedingungen, NJW-Spezial 2008, 530; *Preis/Genenger*, Die unechte Direktionsrechtserweiterung, NZA 2008, 969; *Reinecke*, Weisungsrecht, Arbeitsvertrag und Arbeitsvertragskontrolle – Rechtsprechung des BAG nach der Schuldrechtsreform, NZA-RR 2013, 393; *Repey*, BB-Kommentar: „Kann sich der Arbeitgeber auf die Unwirksamkeit einer Versetzungsklausel berufen?“, BB 2009, 1245; *Schiefer*, Betriebsbedingte Kündigung nach aktueller Rechtsprechung – 2 Schritte vor, 1 Schritt zurück, DB 2007, 54; *ders.*, Betriebsbedingte Kündigung – nach neuem Recht, Düsseldorfer Schriftenreihe, 4. Aufl. 2009; *Schiefer/Conrad*, Beendigung des Arbeitsverhältnisses und Umstrukturierung, Düsseldorfer Schriftenreihe, 3. Aufl. 2008; *Schiefer/Korte*, Das Betriebsverfassungsgesetz, Düsseldorfer Schriftenreihe, 2. Aufl. 2011; *Schmitt-Rolfes*, Geringerwertiger Arbeitsplatz – weniger Entgelt?, AuA 2009, 135; *Schnitker/Grau*, Klauselkontrolle im Arbeitsvertrag, BB 2002, 2120; *Schöne*, Der Versetzungsvorbehalt in Formulararbeitsverträgen, SAE 2007, 370; *Schrader*, Versetzung und Umsetzung, AiB 2009, 21; *Straube*, AGB-Kontrolle von Entsendungsverträgen, DB 2012, 2808; *Wank*, Das Verhältnismäßigkeitsprinzip der betriebsbedingten Kündigung, RdA 2012, 139, 140; *ders.*, Änderung von Arbeitsbedingungen, NZA-Beilage 2/2012, 41, 48; *ders.*, Die Änderung von Arbeitsbedingungen – Systematik der Änderungsmöglichkeiten, mit Vergleich zum japanischen Recht, RdA 2005, 271, 272; *Weyand*, Arbeitsvertragliche Versetzungsklauseln und Transparenzgebot, jurisPR-ArbR 15/2008 Anm. 1; *Worzalla*, Die Wirksamkeit einzelner Arbeitsvertragsklauseln nach der Schuldrechtsreform, NZA-Beilage 2006, Nr. 3, 122; *Ziemann*, AGB-Kontrolle einer Versetzungsklausel, jurisPR-ArbR 5/2007 Anm. 1.

a) Rechtslage im Umfeld

aa) Unechte und echte Direktionsrechtserweiterung

In Standardarbeitsverträgen werden häufig Klauseln verwendet, mit denen sich die Unterneh- 3885
men die Möglichkeit vorbehalten, Art und Ort der vom Arbeitnehmer geschuldeten Arbeitsleistung flexibel zu gestalten. Zahlreiche Entscheidungen des BAG zur AGB-Kontrolle zeigen, dass bei der Formulierung von Versetzungsklauseln neue Spielregeln zu beachten sind. Allerdings setzen diese Entscheidungen unterschiedliche Maßstäbe, die der Praxis gewisse Rätsel aufgeben.[1] Bei der Verwendung von Versetzungsklauseln sollte der Arbeitgeber bedenken, dass hierdurch zwar das Direktionsrecht erweitert[2] und Flexibilität gewonnen werden kann. Auf der anderen Seite wird aber auch ggf der Kreis der bei der betriebsbedingten Kündigung in die

1 *Preis/Genenger*, NZA 2008, 669.

2 BAG 23.6.2009 – 2 AZR 606/08, NZA 2009, 1011.

Sozialauswahl einzubeziehenden Arbeitnehmer erweitert und auch die Prüfung der Weiterbeschäftigungsmöglichkeit auf einem freien vergleichbaren Arbeitsplatz ausgedehnt.[3]

3886 Das **Direktions- oder Weisungsrecht** des Arbeitgebers ist in **§ 106 GewO** geregelt. Danach kann der Arbeitgeber **Inhalt, Ort und Zeit der Arbeitsleistung** nach billigem Ermessen näher bestimmen, soweit diese Arbeitsbedingungen nicht durch den **Arbeitsvertrag**, Bestimmungen einer **Betriebsvereinbarung**, eines anwendbaren **Tarifvertrages** oder **gesetzliche Vorschriften** festgelegt sind. Dies gilt auch hinsichtlich der Ordnung und des Verhaltens der Arbeitnehmer im Betrieb.

3887 Wird im Arbeitsvertrag keine ausdrückliche Vereinbarung über die Dauer der Arbeitszeit getroffen, so ist anzunehmen, dass die Parteien die betriebsübliche Arbeitszeit (hier: 38 Stunden wöchentlich) vereinbaren wollen. Verweigert der Arbeitnehmer beharrlich die Erbringung der vertraglich geschuldeten Arbeitsleistung, so kommt eine außerordentliche Kündigung in Betracht. Ein Arbeitnehmer verweigert die angewiesene Arbeit beharrlich, wenn er sie bewusst und nachhaltig nicht leisten will. Maßgebend für die Bewertung, ob die bewusste Zurückhaltung der Arbeitskraft seitens des Arbeitnehmers eine **beharrliche Arbeitsverweigerung** und damit eine erhebliche Vertragspflichtverletzung darstellt, ist die objektive Rechtslage. Der Arbeitnehmer kann sich einem vertragsgemäßen Verlangen des Arbeitgebers nicht dadurch – vorläufig – entziehen, dass er ein gerichtliches Verfahren zur Klärung der umstrittenen Frage einleitet. Verweigert er die geschuldete Arbeitsleistung in der Annahme, er handele rechtmäßig, hat er grds. selbst das Risiko zu tragen, dass sich seine Rechtsauffassung als fehlerhaft erweist. Dies gilt auch dann, wenn sich der Arbeitnehmer seine Rechtsauffassung nach sorgfältiger Prüfung und sachgemäßer Beratung gebildet hat. Auf einen unverschuldeten Rechtsirrtum kann er sich nur dann berufen, wenn er mit einem Unterliegen im Rechtsstreit nicht zu rechnen braucht.[4]

3888 Nach aktueller Rspr[5] gilt: Gemäß § 106 GewO kann der Arbeitgeber Inhalt, Ort und Zeit der Arbeitsleistung – mit den in § 106 GewO vorgesehenen Einschränkungen – nach **billigem Ermessen** näher **bestimmen**. Soll die Bestimmung nach billigem Ermessen erfolgen, so ist die getroffene Bestimmung gem. § 315 Abs. 3 BGB für den anderen Teil nur verbindlich, wenn sie der Billigkeit entspricht. Bestimmt der Arbeitsvertrag einen Ort der Arbeitsleistung in Kombination mit einem Versetzungsvorbehalt „für das gesamte Unternehmen", verhindert dies regelmäßig die vertragliche Beschränkung auf den im Vertrag genannten Ort der Arbeitsleistung. Wird der **Ort der Arbeitsleistung** im Arbeitsvertrag nicht bestimmt, so ergibt sich der Umfang des Weisungsrechts des Arbeitgebers aus § 106 GewO. Ist im Arbeitsvertrag vorgesehen, dass der Arbeitnehmer am Beschäftigungsort „eingestellt" wird und ist die betreffende Passage mit „Beginn der Tätigkeit" überschrieben, so bestimmt die Regelung nicht den Inhalt der geschuldeten Arbeitsleistung, sondern den Ort ihrer erstmaligen Ausübung. Eine räumliche Konkretisierung auf den bisherigen Einsatzort tritt auch nach längerem Einsatz nur ein, wenn besondere Umstände hierfür sprechen oder aber eine stillschweigende Vereinbarung angenommen werden kann. Dies bedeutet: Die **Nichtausübung des Direktionsrechts** über einen **längeren Zeitraum** schafft regelmäßig keinen Vertrauenstatbestand dahin gehend, dass der Arbeitgeber von dem vertraglich und/oder gesetzlich eingeräumten Direktionsrecht in Zukunft keinen Gebrauch mehr machen will (kein Erklärungswert). Das Direktionsrecht kann nur im Rahmen **billigen Ermessens** ausgeübt werden. Dies bedeutet, es sind alle Umstände des Einzelfalls einzubeziehen. Liegt der Maßnahme eine unternehmerische Entscheidung zugrunde, so kommt dieser besonderes Gewicht zu. Maßgeblich ist, ob das Interesse des Arbeitgebers an der Durchsetzung seiner Organisationsentscheidung auch im Einzelfall die Weisung rechtfertigt. Bei der

3 BAG 11.4.2006 – 9 AZR 557/05, DB 2007, 289; *Schiefer*, Betriebsbedingte Kündigung nach neuem Recht, Rn 51 ff.

4 BAG 29.8.2013 – 2 AZR 273/12, NZA 2014, 533; zur Arbeitsverweigerung s. auch LAG Schleswig-Holstein 17.10.2013 – 5 Sa 111/13, PuR 2014, 139.

5 BAG 28.8.2013 – 10 AZR 569/12, DB 2014, 123 = PuR 2014, 68.

Ausübung des Direktionsrechts findet eine **Sozialauswahl** iSd § 1 Abs. 3 KSchG **nicht** statt. Ist eine Weisung durch das Direktionsrecht gedeckt, so wird ein bestehender Vertragsinhalt hierdurch nicht geändert mit der Folge, dass eine Änderungskündigung „überflüssig" und eine Änderungsschutzklage unbegründet ist.

Das Direktionsrecht gibt dem Arbeitgeber nicht nur das Recht, das Arbeitsverhältnis einseitig näher auszuformen. Es führt spiegelbildlich auch zu einer entsprechenden Pflicht des Arbeitgebers. Ein Arbeitgeber ist demnach nicht berechtigt, eine aus gesundheitlichen Gründen nur noch tagschichttauglich einsetzbare Krankenschwester als arbeitsunfähig einzustufen und nach Ablauf des Entgeltfortzahlungszeitraums die Gehaltszahlung einzustellen. Vielmehr muss der Arbeitgeber im Rahmen seines in diesem Falle vorliegenden Systems der rollierenden Schichteinteilung dafür Sorge tragen, dass die beeinträchtigte Arbeitnehmerin nur noch zu solchen Schichten eingeteilt wird, die sie gesundheitlich ableisten könnte. Da die Arbeitnehmerin alle vertraglich geschuldeten Tätigkeiten einer Krankenschwester gemäß ihrem Arbeitsvertrag ausführen konnte, war sie – so das BAG – nicht arbeitsunfähig. – Die Entscheidung zeigt, dass der **Arbeitnehmer** im Einzelfall auch **verlangen** kann, dass der Arbeitgeber sein Direktionsrecht so ausübt, dass eine vertragsgemäße Beschäftigung möglich ist. Lautet ein Arbeitsvertrag einer Arbeitnehmerin folglich nur auf „Krankenschwester", ist ein vertragsgemäßer Einsatz sowohl tags als auch nachts möglich.[6] 3889

Die nach **billigem Ermessen** vorzunehmende Leistungsbestimmung (§ 106 S. 1 GewO, § 315 BGB) verlangt eine Abwägung der wechselseitigen Interessen nach verfassungsrechtlichen und gesetzlichen Wertentscheidungen, den allgemeinen Wertungsgrundsätzen, der Verhältnismäßigkeit und Angemessenheit sowie der Verkehrssitte und Zumutbarkeit. In die Abwägung sind alle Umstände des Einzelfalls einzubeziehen. Hierzu gehören die Vorteile aus einer Regelung, die Risikoverteilung zwischen den Vertragsparteien, die beiderseitigen Bedürfnisse, außervertragliche Vor- und Nachteile, Vermögens- und Einkommensverhältnisse sowie soziale Lebensverhältnisse, wie zB familiäre Pflichten und Unterhaltspflichten (s. § 1 Rn 3888, 3974 ff).[7] Eine soziale Auswahl wie im Falle des § 1 Abs. 3 KSchG findet nicht statt. Soweit es bei der Ausübung des Direktionsrechts auf die Zumutbarkeit eines neu zugewiesenen Arbeitsorts ankommt, kann aus sozialrechtlichen Regelungen über die Zumutbarkeit einer Beschäftigung kein belastbarer Maßstab für die arbeitsrechtliche Beurteilung des Ermessensgebrauchs nach § 106 Abs. 1 GewO, § 315 BGB bei einer Versetzung abgeleitet werden.[8] 3890

Im Rahmen eines Direktionsrechts kann der Arbeitgeber den Arbeitnehmer bspw auch zur **Teilnahme an Gesprächen** verpflichten, in denen er Weisungen vorbereiten, erteilen oder ihre Nichteinhaltung beanstanden will. Die Teilnahme an Gesprächen, die mit im Gesetz genannten Zielen nicht im Zusammenhang stehen, kann der Arbeitgeber jedoch nicht durch einseitige Anordnung nach § 106 GewO zur verbindlichen Dienstpflicht erheben. Eine Abmahnung, die der Arbeitgeber ausspricht, da der Arbeitnehmer sich weigert, an einem Personalgespräch teilzunehmen, mit dem der Arbeitgeber den Arbeitnehmer zu einer **Vertragsänderung** bewegen will, die der Arbeitnehmer bereits definitiv abgelehnt hat, ist unwirksam.[9] 3891

Durch das Direktionsrecht ist es aber bspw gedeckt, wenn der Arbeitgeber bei Vorliegen einer behördlichen Bewilligung der Sonn- und Feiertagsarbeit gem. § 13 Abs. 4 oder 5 ArbZG **Sonn- und Feiertagsarbeit** anordnet, soweit keine kollektivrechtliche Regelung entgegensteht und das Direktionsrecht nicht vertraglich beschränkt worden ist. In Ausübung des Direktionsrechts 3892

6 BAG 9.4.2014 – 10 AZR 637/13, DB 2014, 1434 = PuR 2014, 113; s. im Einzelnen *Fuhlrott*, PuR 2014, 156.

7 BAG 13.4.2010 – 9 AZR 36/09, DB 2010, 2805.

8 BAG 17.8.2011 – 10 AZR 202/10, NZA 2012, 265; BAG 13.6.2012 – 10 AZR 296/11, NZA 2012, 1154; BAG 28.8.2013 – 10 AZR 569/12, DB 2014, 123 = PuR 2014, 68.

9 BAG 23.6.2009 – 2 AZR 606/08, DB 2009, 1991.

darf der Arbeitgeber grds. bestimmen, welche Art von Leistung der Arbeitnehmer zu welchen Zeiten zu erbringen hat.[10]

3893 Vom Arbeitgeber erstrebte Änderungen, die sich schon durch die Ausübung des Weisungsrechts gem. § 106 S. 1 GewO durchsetzen lassen, halten sich im Rahmen der vertraglichen Vereinbarungen und sind **keine „Änderung der Arbeitsbedingungen"** iSv § 2 S. 1, § 4 S. 2 KSchG. Soll der bestehende Vertragsinhalt nicht geändert werden, liegt in Wirklichkeit kein Änderungsangebot vor, die vermeintlich erst herbeizuführenden Vertragsbedingungen gelten bereits. Eine **Änderungskündigung** ist **„überflüssig"**. Eine Änderungskündigungsschutzklage ist in diesem Falle unbegründet.[11]

3894 An eine Weisung des Arbeitgebers, die nicht aus sonstigen Gründen unwirksam ist, ist der Arbeitnehmer vorläufig gebunden, bis durch ein rechtskräftiges Urteil gem. § 315 Abs. 3 S. 2 BGB die Unverbindlichkeit der Leistungsbestimmung festgestellt wird. Eine unbillige Leistungsbestimmung ist nicht nichtig, sondern nur **unverbindlich** (§ 315 Abs. 3 S. 1 BGB). Deshalb darf sich der Arbeitnehmer über eine **unbillige Ausübung des Direktionsrechts** – sofern sie nicht aus anderen Gründen unwirksam ist – nicht hinwegsetzen. Er muss vielmehr entsprechend § 315 Abs. 3 S. 2 BGB das Arbeitsgericht anrufen. An die Weisung ist er **vorläufig gebunden**, bis durch ein rechtskräftiges Urteil die Unverbindlichkeit der Leistungsbestimmung feststeht.[12]

3895 In den Bereich der **privaten Lebensführung** darf durch das Weisungsrecht grds. nicht eingegriffen werden. Eine arbeitsvertragliche Vereinbarung, derzufolge der Arbeitnehmer seine Steuererklärung durch eine vom Arbeitgeber beauftragte Steuerberatungsgesellschaft erstellen lassen muss, benachteiligt den Arbeitnehmer als Allgemeine Geschäftsbedingung (§ 307 Abs. 1 S. 1 BGB).[13]

3896 Zu differenzieren ist grds. zwischen der bloßen arbeitsvertraglichen Beschreibung der geschuldeten Tätigkeit, die weit oder eng gefasst werden kann (sog. **unechte Direktionsrechtserweiterung**),[14] und den vertraglichen Vorbehalten, die den Arbeitgeber zu Weisungen hinsichtlich Inhalt und Ort der Tätigkeit berechtigen, die nicht mehr vom allgemeinen Direktionsrecht des § 106 GewO gedeckt sind (sog. **echte Direktionsrechtserweiterung**).[15]

3897 Zum Teil erweisen sich vertragliche „Versetzungsvorbehalte" bei näherer Bewertung als bloße **unechte Direktionsrechtserweiterungen**. Dies bedeutet: Sie bewirken tatsächlich keine Erweiterung des allgemeinen Direktionsrechts, sondern stellen nur fest bzw **konkretisieren** die Rechte, die dem Arbeitgeber nach § 106 GewO ohnehin zustehen. Es handelt sich iSd AGB-Kontrolle um eine **kontrollfreie Hauptabrede**, die jedenfalls nicht vom dispositiven Recht (§ 106 GewO) abweicht. Derartige Klauseln unterfallen der **Unklarheitenregel** (§ 305 c Abs. 2 BGB) und einer **Transparenzkontrolle** (§ 307 Abs. 3 S. 2, Abs. 1 S. 2 BGB). Eine vorformulierte arbeitsvertragliche Versetzungsklausel, die materiell der Regelung in § 106 S. 1 GewO entspricht, unterliegt jedoch nicht der Angemessenheitskontrolle gem. § 307 Abs. 1 S. 1 BGB. Sie stellt keine von Rechtsvorschriften abweichende oder diese ergänzende Regelung iSd § 307 Abs. 3 S. 1 BGB dar und unterfällt deshalb nicht der Kontrolle nach § 307 Abs. 1 S. 1 und Abs. 2, §§ 308

10 BAG 15.9.2009 – 9 AZR 757/08, DB 2009, 2551.

11 BAG 19.7.2012 – 2 AZR 25/11, NZA 2012, 856; s. *Schiefer/Conrad*, Beendigung des Arbeitsverhältnisses und Umstrukturierung, Rn 64 ff; *Hromadka*, NZA 2012, 896; BAG 28.8.2013 – 10 AZR 569/12, DB 2014, 123 = PuR 2014, 68.

12 BAG 22.2.2012 – 5 AZR 249/11, DB 2012, 1628.

13 BAG 23.8.2012 – 8 AZR 804/11, DB 2013, 700.

14 BAG 13.6.2007 – 5 AZR 564/06, NZA 2007, 974 zur Bestimmung der Arbeitspflicht einer Filmschauspielerin, bei der es – so das BAG – nicht um das Recht geht, „die versprochene Leistung zu ändern, sondern um die Auslegung, welche Leistung versprochen worden ist".

15 *Preis/Genenger*, NZA 2008, 669 ff.

und 309 BGB.[16] Die Grenzen des Weisungsrechts ergeben sich in diesem Falle unmittelbar aus § 106 GewO.[17]

Der **„echte" Versetzungsvorbehalt** beschränkt sich hingegen nicht auf eine **Konkretisierung** der geschuldeten Tätigkeit, sondern soll dem Arbeitgeber die Befugnisse eröffnen, Weisungen zu erteilen, die über die vertraglich geschuldete Tätigkeit des Arbeitnehmers hinausgehen. Infolge des damit eröffneten möglichen Eingriffs in das Austauschverhältnis und den durch § 2 KSchG gewährleisteten Inhaltsschutz müssen diese Klauseln zusätzlich einer **Inhaltskontrolle** gem. §§ 307 ff BGB standhalten. Das heißt, sie unterliegen nicht dem Privileg der prinzipiellen Kontrollfreiheit nach § 307 Abs. 3 S. 1 BGB, da sie von Rechtsvorschriften (hier: § 106 GewO) abweichen. Behält sich also der Arbeitgeber mit einem Versetzungsvorbehalt über § 106 GewO hinaus ein Recht zur Vertragsänderung vor, unterliegt die Regelung daher der Angemessenheitskontrolle nach § 307 Abs. 1 S. 1 BGB – wobei im Falle der Teilbarkeit der Klausel die Inhaltskontrolle jeweils für verschiedene, nur formal verbundene Bestimmungen vorzunehmen ist.[18] Die vertragliche Regelung muss in diesem Falle die Beschränkung auf den materiellen Gehalt des § 106 GewO unter Berücksichtigung der für Allgemeine Geschäftsbedingungen geltenden Auslegungsgrundsätze aus sich heraus erkennen lassen.[19] 3898

Ungeachtet der Reichweite des in Rede stehenden Versetzungsvorbehalts (unechte oder echte Direktionsrechtserweiterung) muss die auf der Grundlage des Versetzungsvorbehalts erfolgende Maßnahme einer sog. **Ausübungskontrolle** (§ 106 S. 1 GewO) standhalten (s. § 1 Rn 3973 ff). 3899

bb) Neubestimmung der Hauptleistungspflicht

Ein Teil der für die Gestaltung der vorgenannten Klauseln zu beachtenden Rechtsgrundsätze wurde bereits unter dem Stichwort **„Tätigkeitsbeschreibungsklauseln"**,[20] ein anderer im Abschnitt **„Arbeitsortklauseln"**,[21] bei den **„Arbeitszeitklauseln"**[22] oder bei den **„Vorbehalts-, Widerrufs- und Anrechnungsklauseln"**[23] behandelt. 3900

Während sich der Abschnitt der **Tätigkeitsbeschreibung** mit der allgemeinen Weisungsbefugnis des Arbeitgebers befasst, also mit der täglich im Arbeitsverhältnis möglichen Anweisung des Arbeitgebers, über die die Arbeitspflicht des Arbeitnehmers auf Basis der im Arbeitsvertrag vereinbarten Tätigkeit konkretisiert wird, steht bei **Versetzungsklauseln** (echte Direktionsrechtserweiterung) die Frage im Vordergrund, wie der Arbeitgeber **ohne Änderungsvertrag** oder **Änderungskündigung** durch einseitige Leistungsbestimmung auf der Grundlage einer Arbeitsvertragsklausel die Hauptleistungspflicht des Arbeitnehmers neu bestimmen kann.

Eine **geringerwertige Tätigkeit** kann der Arbeitgeber dem Arbeitnehmer aufgrund seines Direktionsrechts grds. nicht zuweisen. Erforderlich ist also ein Versetzungsvorbehalt im Sinne einer echten Direktionsrechtserweiterung, durch die – je nach Umfang der Änderung – nicht unerheblich in das arbeitsvertragliche Synallagma eingegriffen wird. Dies wird noch verstärkt, wenn hiermit die **Absenkung der Vergütung** einhergeht. 3901

Behält sich der Arbeitgeber vor, ohne den Ausspruch einer Änderungskündigung einseitig die vertraglich vereinbarte Tätigkeit unter Einbeziehung geringerwertiger Tätigkeit zu Lasten des 3902

---

16 BAG 23.6.2009 – 2 AZR 606/08 zur Abmahnung wegen Weigerung, an einem Personalgespräch teilzunehmen; BAG 13.4.2010 – 9 AZR 36/09, DB 2010, 2805.

17 BAG 13.6.2012 – 10 AZR 296/11, NZA 2012, 1154.

18 BAG 25.8.2010 – 10 AZR 275/09, DB 2010, 2564.

19 BAG 25.8.2010 – 10 AZR 275/09, DB 2010, 2564; BAG 13.4.2010 – 9 AZR 36/09, DB 2010, 2805.

20 § 1 Rn 3356 ff (55. Tätigkeitsbeschreibungsklauseln).

21 § 1 Rn 798 ff (9. Arbeitsortklauseln).

22 § 1 Rn 832 ff (10. Arbeitszeitklauseln)

23 § 1 Rn 4089 ff (65. Vorbehalts-, Widerrufs- und Anrechnungsklauseln).

Arbeitnehmers ändern zu können, liegt darin regelmäßig eine unangemessene Benachteiligung iSv § 307 Abs. 2 Nr. 1 BGB.[24]

3903 Kennzeichnend für eine (individualrechtliche) **Versetzung** ist der dauerhafte Wechsel auf einen Arbeitsplatz in einer anderen Dienststelle desselben Arbeitgebers. Dem Versetzungsbegriff ist immanent, dass mit dem Wechsel auch eine Änderung des Tätigkeitsbereichs, dh der Art, des Ortes oder des Umfangs der Tätigkeit, verbunden ist.[25]

3904 Je mehr die Versetzung in seinen **privaten Lebensbereich** eingreift, desto größer ist der Bedarf an einer Verrechtlichung des Entscheidungswegs. Muss der Arbeitnehmer seinen Wohnort wechseln, weil der Arbeitsort zu weit von der bisherigen Arbeitsstelle entfernt liegt, ist ein höherer Änderungsschutz geboten als dann, wenn der Arbeitnehmer innerhalb seines bisherigen Betriebes am gleichen Standort umgesetzt wird. Muss der Arbeitnehmer aufgrund einer Konzernversetzungsklausel in ein anderes Bundesland umziehen oder sogar ins Ausland wechseln, ist die Abweichung von der im Arbeitsvertrag vereinbarten Tätigkeit besonders nachhaltig.

3905 Die bislang ergangene Rspr erlaubte keine sichere Abgrenzung, keine klare Aussage in dem Sinne, aufgrund welcher Umstände der Arbeitgeber von einer Versetzungsbefugnis Gebrauch machen dürfe. Ebenso wenig konnte die Reichweite eines wirksamen Versetzungsvorbehalts in Arbeitsverträgen bislang definiert werden. So hat es die Rspr einerseits gestattet, von einem Versetzungsvorbehalt aufgrund von Konflikten, an denen der Arbeitnehmer beteiligt war, unabhängig von der Erforschung des Konflikthintergrunds, Gebrauch zu machen.[26] Andererseits hat das BAG dem Arbeitnehmer ein Leistungsverweigerungsrecht eingeräumt, wenn der Arbeitgeber sein Direktionsrecht überschritt.[27]

3906 Arbeitgeber wie Arbeitnehmer haben ein Interesse daran, das auf den Arbeitsort bezogene Direktionsrecht zu präzisieren. Gewünscht wird häufig eine **Entfernungsangabe** zur Einschränkung der Versetzungsbefugnis des Arbeitgebers in räumlicher Hinsicht. Enthält der Arbeitsvertrag keine räumliche Versetzungseinschränkung, sucht man vergeblich nach präzisen Anhaltspunkten darüber, wie weit das **Versetzungsrecht des Arbeitgebers in räumlicher Hinsicht** reicht. Anknüpfungspunkt bildet einmal § 4 Abs. 1 S. 1 Nr. 1 BetrVG, der zur Abgrenzung von Betriebsteilen festlegt, dass selbständige Betriebe vorliegen, wenn sie „räumlich weit vom Hauptbetrieb entfernt“ liegen. Es lässt sich deshalb die Auffassung vertreten, dass die Versetzungsbefugnis des Arbeitgebers überschritten ist, wenn der Arbeitnehmer vom Arbeitgeber an einen „räumlich weit vom Hauptbetrieb“ entfernt liegenden Betrieb versetzt wird.

3907 Das Tatbestandsmerkmal **„räumlich weit entfernt“** wird in der Rspr nicht allein unter dem Gesichtspunkt der tatsächlichen, objektiven Entfernung geprüft. Wesentlich wird abgestellt auf die **Verkehrsverbindung** zwischen den beiden Betrieben. Schon ein Entfernungsbereich von 15 bis 30 Kilometer kann zu Wertungsschwierigkeiten führen, wenn die Leichtigkeit des Verkehrs im Einzelfall nicht gewährleistet ist. So hat das LAG Köln[28] die Entfernung Köln–Bonn und Köln–Düsseldorf wegen ständiger Verkehrsstaus als „räumlich weit entfernt“ bewertet. Das BVerwG ist im Beschluss vom 29.5.1991[29] davon ausgegangen, eine „räumlich weite Entfernung“ von Dienststellen sei iSd § 6 Abs. 3 BPersVG bei einer Entfernung von 20 km zu vermuten. Das BAG hat demgegenüber bei einer Wegstrecke von ca. 45 km[30] sowie bei einer Entfer-

24 BAG 25.8.2010 – 10 AZR 275/09, DB 2010, 2564.

25 LAG Hamm 28.2.2014 – 10 Sa 1394/13, EzA-SD 2014, Nr. 13, 15.

26 BAG 24.4.1996 – 5 AZR 1031/94, NZA 1996, 1088; LAG Schleswig-Holstein 12.2.2002 – 5 Sa 409 c/01, DB 2002, 1056.

27 BAG 3.12.1980 – 5 AZR 477/78, AP § 615 BGB Böswilligkeit Nr. 4; BAG 8.10.1962 – 2 AZR 550/61, AP § 611 BGB Direktionsrecht Nr. 18; BAG 20.5.1976 – 2 AZR 202/75, EzA § 305 BGB Nr. 9; BAG 13.5.1987 – 5 AZR 125/86, EzA § 315 BGB Nr. 34; LAG Düsseldorf 20.12.1957 – 5 Sa 544/57, BB 1958, 449.

28 LAG Köln 13.4.1989 – 1 TaBV 72/88, AiB 1990, 359.

29 BVerwG 29.5.1991 – 6 P 12/89, BVerwGE 88, 233.

30 BAG 24.2.1976 – 1 ABR 62/75, AP § 4 BetrVG 1972 Nr. 2; BAG 29.3.1977 – 1 ABR 31/76, n.v.

nung von 22 km[31] und einer Erreichbarkeit durch jeweils gute Verkehrsverbindungen mit öffentlichen Verkehrsmitteln eine „räumlich weite Entfernung“ verneint. Das LAG Hamburg hielt eine Entfernung von 22 km und eine Fahrzeit von 20 Minuten für keine „räumlich weite Entfernung“, wobei zwischen den Betriebsstätten ständig Geschäftsfahrtverkehr und regelmäßige Busverbindungen nach Schichtende bestanden.[32]

Um die Grenzen einer Versetzungsbefugnis in entfernungsmäßiger Hinsicht zu bestimmen, verweist die Rspr verschiedentlich auf § 121 Abs. 4 S. 2 SGB III, der besagt, dass als unverhältnismäßig lange Fahrtzeit zur Arbeitsstelle im Regelfall Pendelzeiten von insgesamt mehr als zweieinhalb Stunden täglich bei einer Arbeitszeit von mehr als sechs Stunden und Pendelzeiten von mehr als zwei Stunden bei einer Arbeitszeit von sechs Stunden und weniger anzusehen sind.[33] Während die Versetzung an einen **leicht erreichbaren Ort** gestattet ist, sofern der Vertrag keine Einschränkungen zum Arbeitsort enthält und sich der Tätigkeitsbereich nicht ändert,[34] ist die Versetzung an einen nur **schwer erreichbaren Ort** generell vom Weisungsrecht des Arbeitgebers nicht mehr gedeckt.[35] Der Vertragsgestalter will allerdings wissen, was ein leicht und was ein schwer erreichbarer Ort ist. 3908

Die Rspr gibt keine abschließenden Subsumtionshilfen, so wenig wie bei der Ausfüllung des betriebsverfassungsrechtlichen Tatbestandsmerkmals „räumlich weit entfernt“. Bis heute ist nicht geklärt, ob ein objektiver Maßstab (öffentliche Verkehrsmittel) oder ein subjektiver Maßstab (für den Arbeitnehmer verfügbare Beförderungsmittel) anzulegen ist.[36] Als der Umzug der Bundesregierung von Bonn nach Berlin anstand, befand das LAG Köln,[37] dass eine Versetzung in den um 500 Kilometer verlegten Dienstort Berlin bei Angestellten des öffentlichen Dienstes mit Verwendungsmöglichkeit im In- und Ausland vom Direktionsrecht des Arbeitgebers erfasst sei. 3909

cc) AGB-Kontrolle von Versetzungsklauseln

(1) Auslegung des Inhalts der Regelung unter Berücksichtigung aller Umstände des Einzelfalls

Bei der Prüfung der Wirksamkeit einer Versetzung, die auf Regelungen in Allgemeinen Geschäftsbedingungen gem. §§ 305 ff BGB beruht, ist zunächst durch Auslegung der Inhalt der vertraglichen Regelungen unter Berücksichtigung aller Umstände des Einzelfalls zu ermitteln. Festzustellen ist, ob ein bestimmter Tätigkeitsinhalt und Tätigkeitsort vertraglich festgelegt sind und welchen Inhalt ein ggf vereinbarter Versetzungsvorbehalt hat.[38] 3910

Dabei sind Allgemeine Geschäftsbedingungen nach ihrem objektiven Inhalt und dem typischen Sinn einheitlich so **auszulegen**, wie sie von verständigen und redlichen Vertragspartnern unter Abwägung der Interessen der normalerweise beteiligten Verkehrskreise verstanden werden, wobei nicht die Verständnismöglichkeiten des konkreten, sondern die des durchschnittlichen Vertragspartners des Verwenders zugrunde zu legen sind. Ansatzpunkt für die nicht am Willen der konkreten Vertragspartner zu orientierende Auslegung Allgemeiner Geschäftsbedingungen ist in erster Linie der Vertragswortlaut. Ist der Wortlaut eines Formularvertrages nicht eindeutig, kommt es für die Auslegung entscheidend darauf an, wie der Vertragstext aus der Sicht der 3911

31 BAG 17.2.1983 – 6 ABR 64/81, DB 1983, 2039.

32 LAG Hamburg 1.11.1982 – 2 TaBV 8/82, BB 1983, 1095.

33 LAG Hessen 11.4.2001 – 3 SaGa 2095/00, n.v.

34 *Berger-Delhey*, DB 1990, 2266; *Maschmann*, RdA 1996, 24; *Söllner*, Einseitige Leistungsbestimmung im Arbeitsverhältnis, 1966, S. 81.

35 Preis/*Preis*, Der Arbeitsvertrag, II D 30 Rn 110; MünchHandbArbR/*Blomeyer*, § 48 Rn 89; *Zöllner/Loritz*, ArbeitsR, S. 167 f.

36 *Hümmerich*, NJW 2005, 1759.

37 LAG Köln 13.6.2000 – 13 (2) Sa 480/00, ZTR 2001, 36.

38 BAG 19.1.2011 – 10 AZR 738/09, DB 2011, 1056; BAG 13.6.2012 – 10 AZR 296/11, NZA 2012, 1154.

typischerweise an Geschäften dieser Art beteiligten Verkehrskreise zu verstehen ist, wobei der Vertragswille verständiger und redlicher Vertragspartner beachtet werden muss. Von Bedeutung für das Auslegungsergebnis sind ferner der von den Vertragsparteien verfolgte Regelungszweck sowie die der jeweils anderen Seite erkennbare Interessenlage der Beteiligten.

3912 Bei der Auslegung der vertraglichen Bestimmungen ist zu beachten, dass die Bestimmung eines **Ortes** der Arbeitsleistung **in Kombination mit** einer im Arbeitsvertrag durch Versetzungsvorbehalt geregelten **Einsatzmöglichkeit im gesamten Unternehmen** regelmäßig die vertragliche Beschränkung auf den im Vertrag genannten Ort der Arbeitsleistung verhindert. Es macht keinen Unterschied, ob im Arbeitsvertrag auf eine Festlegung des Ortes der Arbeitsleistung verzichtet und diese dem Arbeitgeber im Rahmen von § 106 GewO vorbehalten bleibt oder ob der Ort der Arbeitsleistung bestimmt, aber die Möglichkeit der Zuweisung eines anderen Ortes vereinbart wird. In diesem Fall wird lediglich klargestellt, dass § 106 S. 1 GewO gelten und eine Versetzungsbefugnis an andere Arbeitsorte bestehen soll.

Mit anderen Worten: „Ist in einem Arbeitsvertrag neben dem **Ort der Arbeitsleistung** bestimmt, dass der Arbeitgeber berechtigt ist, den Arbeitnehmer **im gesamten Unternehmen** – auch an anderen Orten – einzusetzen, so ist damit regelmäßig **keine vertragliche Festlegung** des Arbeitsorts verbunden." Eine Versetzung an einen anderen Ort ist grds. auch dann arbeitsvertraglich zulässig, wenn der Arbeitsort weder ausdrücklich festgelegt ist noch sich aus anderen Gründen auf ein bestimmtes Gebiet konkretisiert hat.[39]

3913 Mit Entscheidung vom 28.8.2013[40] hatte das BAG folgende Klausel zu bewerten:

> „Beginn der Tätigkeit
> Die Mitarbeiterin wird am 3.12.1994 im Bereich Flugbetrieb, Beschäftigungsort Münster/Osnabrück, als Flugbegleiterin eingestellt."

Die später erfolge Zuweisung an einem anderen Standort (Düsseldorf/Hamburg) war durch das Direktionsrecht gedeckt. Fehlt es an einer Festlegung des Inhalts oder des Ortes der Leistungspflicht im Arbeitsvertrag, ergibt sich der Umfang des Weisungsrechts aus § 106 GewO. Auf die Zulässigkeit eines darüber hinaus vereinbarten Versetzungsvorbehalts kommt es dann nicht an. Der Arbeitsvertrag sah vor, dass die Klägerin am Beschäftigungsort Münster/Osnabrück „eingestellt" wird. Darin liegt keine vertragliche Beschränkung des Direktionsrechts auf Münster/Osnabrück als Arbeitsort. Die betreffende Passage ist mit „Beginn der Tätigkeit" überschrieben und legt lediglich fest, wo die Arbeitnehmerin bei Vertragsbeginn ihre Arbeit aufnehmen soll. Sie bestimmt nicht den Inhalt der geschuldeten Arbeitsleistung, sondern den Ort ihrer erstmaligen Ausübung. Die Arbeitspflicht hatte sich nicht durch die bisherige Tätigkeit auf den bisherigen Einsatzort konkretisiert. Die Nichtausübung des Direktionsrechts über einen längeren Zeitraum schafft regelmäßig keinen Vertrauenstatbestand dahin gehend, dass der Arbeitgeber von diesem vertraglich und/oder gesetzlich eingeräumten Recht in Zukunft keinen Gebrauch mehr machen will. Etwas anderes gilt nur bei Hinzutreten besonderer Umstände. Die Zuweisung des neuen Arbeitsortes genügte auch billigem Ermessen. Die von der Arbeitnehmerin erhobene Änderungsschutzklage war – mangels vorgesehener Änderung des Arbeitsvertrages – überflüssig und mithin unbegründet.

3914 Eine vertragliche Festschreibung des **Stationierungsortes** ergibt sich auch nicht aus den im Bereich der Luftfahrt geltenden Regelungen über Flug-, Dienst- und Ruhenszeiten (§ 20 ArbZG iVm § 5 Abs. 1 2. DVLuftBO bzw Art. 1 EV859/2008 iVm Ziff. 3.1 Anhang III Abschnitt Q OPS1.1090), wonach der Luftfahrtunternehmer verpflichtet ist, für jedes Besatzungsmitglied eine Heimatbasis anzugeben. Vielmehr schließen auch diese Vorschriften nicht aus, dass der

39 BAG 13.6.2012 – 10 AZR 296/11, NZA 2012, 1154; *Reinecke*, NZA-RR 2013, 393, 394.

40 BAG 28.8.2013 – 10 AZR 569/12, DB 2014, 123 = PuR 2014, 68.

Arbeitgeber im Rahmen der vertraglichen Regelungen im Wege des Direktionsrechts diese Heimatbasis verändert und gegenüber dem Besatzungsmitglied neu benennt.[41]

Dies bedeutet: Wird der **Ort der Arbeitsleistung** im Arbeitsvertrag nicht bestimmt, so ergibt sich der Umfang des Weisungsrechts des Arbeitgebers aus § 106 GewO. Bestimmt der Arbeitsvertrag einen Ort der Arbeitsleistung in Kombination mit einem Versetzungsvorbehalt, verhindert dies regelmäßig die vertragliche Beschränkung auf den im Vertrag genannten Ort der Arbeitsleistung. 3915

Eine Leistungsbestimmung entspricht **billigem Ermessen**, wenn die wesentlichen Umstände des Falles abgewogen und die beiderseitigen Interessen angemessen berücksichtigt worden sind.[42] 3916

Für die Versetzung an einen anderen Ort sind die folgenden **Konstellationen** zu unterscheiden: 3917

(2) Ort der Arbeitsleistung

Auf der Grundlage der aktuellen Rspr ist für die Versetzung an einen anderen Ort insb. wie folgt zu differenzieren: 3918

- Versetzung innerhalb des Betriebs,
- Versetzung in räumlich entfernt gelegene Betriebsteile,
- unternehmensweite Versetzung,
- Versetzung im Konzern.

(a1) Versetzung innerhalb des Betriebs

Hier bedarf es grds. keiner besonderen vertraglichen Regelung, da eine innerbetriebliche Versetzung idR aufgrund des allgemeinen Direktionsrechts gem. § 106 GewO möglich ist.[43] 3919

(a2) Versetzung in räumlich entfernt gelegene Betriebsteile

Auch auf räumlich entfernte Betriebsteile erstreckt sich grds. das **innerbetriebliche Versetzungsrecht**. Eine Versetzung in räumlich entfernte Betriebsteile kommt daher auch dann in Betracht, wenn im Arbeitsvertrag kein standortübergreifendes Versetzungsrecht enthalten ist.[44] Zu prüfen bleibt allerdings, ob die Versetzung im konkreten Fall den Anforderungen der **Ausübungskontrolle** gem. § 106 GewO standhält (s. dazu § 1 Rn 3888, 3973 ff). 3920

(a3) Unternehmensweite Versetzung

Zum Teil wird davon ausgegangen,[45] dass das Direktionsrecht eine unternehmensweite Versetzung nicht decke. Richtig dürfte sein, dass auch insoweit das Direktionsrecht greift[46] und eine entsprechende Klausel mithin lediglich dem ohnehin bestehenden **Direktionsrecht** entspricht. Ob vor diesem Hintergrund – aus Klarstellungsgründen – überhaupt entsprechende Klauseln verwendet werden sollten, ist sorgfältig zu prüfen. Grundsätzliche rechtliche Bedenken gegen die Wirksamkeit von Unternehmensklauseln bestehen nicht, wenn dadurch nicht in die gegenseitigen Hauptleistungspflichten eingegriffen wird.[47] 3921

---

41 BAG 26.9.2012 – 10 AZR 311/11, BB 2012, 3136.

42 Zuletzt BAG 18.10.12012 – 2 AZR 86/11, wobei der Senat es hier offengelassen hat, ob an seiner bisherigen Rspr des BAG zu den arbeitsvertraglichen Grenzen des gesetzlichen Direktionsrechts (§ 106 S. 1 GewO) bei Versetzungen mit einer Veränderung des Arbeitsortes festzuhalten ist (ablehnend: *Hromadka*, NZA 2012, 233, 238; *Wank*, RdA 2012, 139, 140, der auch dem individualrechtlichen Begriff der Versetzung aufgrund Direktionsrechts kritisch gegenübersteht und sich für den Begriff der Umsetzung ausspricht; *ders.*, NZA-Beilage 2/2012, 41, 48; *ders.*, RdA 2005, 271, 272).

43 BAG 11.4.2006 – 9 AZR 557/05, DB 2007, 289; LAG Köln 9.1.2007 – 9 Sa 1099/06, NZA-RR 343; zur Versetzung einer Filialleiterin an einen andern Ort: ArbG Berlin 28.6.2006 – 30 Ca 23055/05.

44 BAG 3.6.2004 – 2 AZR 577/03, NZA 2005, 175.

45 *Dzida/Schramm*, BB 2007, 1221, 1227.

46 LAG Baden-Württemberg 5.1.2007 – 7 Sa 93/06, NZA-RR 2007, 406.

47 Preis/*Preis*, Der Arbeitsvertrag, II D 30 Rn 208.

3922 In der Entscheidung des BAG vom 28.8.2013[48] heißt es nochmals ausdrücklich wie folgt: „Die Bestimmung eines Ortes der Arbeitsleistung in Kombination mit einer im Arbeitsvertrag durch Versetzungsvorbehalt geregelten Einsatzmöglichkeit **im gesamten Unternehmen** verhindert regelmäßig die vertragliche Beschränkung auf den im Vertrag genannten Ort der Arbeitsleistung. Es macht keinen Unterschied, ob im Arbeitsvertrag auf eine Festlegung des Ortes der Arbeitsleistung verzichtet und diese dem Arbeitgeber im Rahmen von § 106 GewO vorbehalten bleibt oder ob der Ort der Arbeitsleistung bestimmt, aber die Möglichkeit der Zuweisung eines anderen Ortes vereinbart wird. In diesem Fall wird lediglich klargestellt, dass § 106 S. 1 GewO gelten und eine Versetzungsbefugnis an andere Arbeitsorte bestehen soll. Fehlt es an einer Festlegung des Inhalts oder des Ortes der Leistungspflicht im Arbeitsvertrag, ergibt sich der Umfang der Weisungsrechte des Arbeitgebers aus § 106 GewO. Auf die Zulässigkeit eines darüber hinaus vereinbarten Versetzungsvorbehalts kommt es dann nicht an.“[49]

3923 Häufig findet sich in Arbeitsverträgen folgende Formulierung:

> „Der Arbeitgeber behält sich vor, den Arbeitnehmer bei Bedarf auch in anderen Betrieben des Unternehmens an einem anderen Ort zu beschäftigen.“

Ob eine solche unternehmensweite Versetzungsklausel einer Inhaltskontrolle nach §§ 305 ff BGB standhält, hat das BAG in seiner Entscheidung vom 15.12.2005[50] ausdrücklich offen gelassen. Die Zulässigkeit solcher Klauseln wird im Schrifttum zum Teil bejaht,[51] teilweise unter Hinweis auf die Entscheidung des BAG vom 11.4.2006[52] bezweifelt.[53] Das BAG habe hier die zu beurteilende Versetzungsklausel insb. deshalb als zulässig erachtet, da der Arbeitnehmer im Hinblick auf die kündigungsrechtliche Position (Sozialauswahl) eine entsprechende **Kompensation** erhalte. Dieser Vorteil bestehe aber bei einer unternehmensweiten Versetzung nicht, da nach der Entscheidung des BAG vom 5.12.2005[54] auch bei unternehmensweiter Versetzungsmöglichkeit **keine betriebsübergreifende** Sozialauswahl vorzunehmen sei.

Da der Arbeitnehmer also letztlich keine „kündigungsrechtliche Kompensation“ erhalte, müsse aus Gründen der **Transparenz** gem. § 307 Abs. 1 S. 2 BGB jedenfalls sichergestellt sein, dass für den Arbeitnehmer erkennbar wird, wann er mit einer Versetzung in anderen Betrieb zu rechnen habe. Bei einer unternehmensweiten Versetzungsklausel sei deshalb zwingend der Grund anzugeben, der eine Versetzung in einen anderen Betrieb des Unternehmens rechtfertigen soll. Der Versetzungsgrund sei im Arbeitvertrag anzugeben. Außerdem empfehle sich der klarstellende Hinweis, dass die Tätigkeit in dem anderen Betrieb gleichwertig mit der bisherigen Beschäftigung sein müsse.

Die folgende Rspr verdeutlicht hingegen – richtigerweise –, dass eine Versetzungsklausel weder den **Anlass** der Ausübung des Weisungsrechts noch **Gründe** für die arbeitsvertraglich zulässige Versetzung nennen muss.[55]

3924 Das LAG Baden-Württemberg hatte mit Entscheidung vom 5.1.2007[56] folgende Klausel zu beurteilen:

48 BAG 28.8.2013 – 10 AZR 569/12, DB 2014, 123 = PuR 2014, 68.

49 BAG 26.9.2012 – 10 AZR 311/11, DB 2013, 350; BAG 19.1.2011 – 10 AZR 738/09, DB 2011, 1056; BAG 13.4.2010 – 9 AZR 36/09, DB 2010, 2805.

50 BAG 15.12.2005 – 6 AZR 199/05, DB 2006, 1328.

51 S. im Einzelnen *Dzida/Schramm*, BB 2007, 1221, 1227.

52 BAG 11.4.2006 – 9 AZR 557/05, DB 2007, 289.

53 S. im Einzelnen *Dzida/Schramm*, BB 2007, 1221, 1227.

54 BAG 15.12.2005 – 6 AZR 199/05, DB 2006, 1328.

55 *Reinecke*, NZA-RR 2013, 393, 395.

56 LAG Baden-Württemberg 5.1.2007 – 7 Sa 93/06, NZA-RR 2007, 406.

> „Der Arbeitnehmer wird derzeit eingestellt als Kurierfahrer in B.-C.S. in F. Der Arbeitgeber strebt an, im begründeten Fall dem Arbeitnehmer eine andere, seiner Eignung entsprechende Tätigkeit innerhalb unserer Gesellschaft zu übertragen."

Diese „Unternehmensversetzungsklausel" ist nach Ansicht des LAG Baden-Württemberg zulässig. Sie verstößt nicht gegen das Transparenzgebot des § 307 Abs. 1 S. 2 BGB. Im Übrigen fehlt es an der Kontrollfähigkeit des in § 2 des Arbeitsvertrages der Parteien zum Ausdruck kommenden Direktionsrechts (§ 307 Abs. 3 S. 1 BGB). Es handelt sich lediglich um eine deklaratorische Wiedergabe dessen, was der gesetzlichen Regelung des § 106 GewO entspricht.

Mit Entscheidung vom 3.12.2008[57] hatte das BAG folgende Klausel zu beurteilen: 3925

> „Der Arbeitgeber ist berechtigt, dem Arbeitnehmer innerhalb des Unternehmens eine andere, seiner Ausbildung und beruflichen Entwicklung oder vorherigen Tätigkeit entsprechende Tätigkeit zu übertragen, soweit dies mit einem Wohnungswechsel nicht verbunden ist."

Nach Ansicht des BAG, das den Unternehmensbezug nicht thematisiert hat, hat sich der Arbeitgeber hierdurch die Zuweisung anderer Aufgaben wirksam vorbehalten, da die Klausel weder eine einseitige Änderung der vertraglichen Tätigkeit unter Umgehung von § 2 KSchG noch das Recht zur Zuweisung einer geringerwertigen Tätigkeit bezweckt. Insoweit dürfte es richtig sein, wenn man für die Zulässigkeit unternehmensweiter Versetzungsklauseln verlangt, dass ein einseitiger Eingriff in die gegenseitigen Hauptleistungspflichten ausgeschlossen ist.[58]

Mit Entscheidung vom 13.4.2010[59] hatte das BAG über folgende Klausel zu befinden: 3926

> „Sie werden ab 1.7.2000 als Manager für den Bereich TLF in unserer Niederlassung Bielefeld eingestellt. Wir behalten uns das Recht vor, Sie im Bedarfsfall auch an einem anderen Arbeitsort und/oder bei einer anderen Gesellschaft des Konzerns entsprechend ihrer Vorbildung und ihren Fähigkeiten für gleichwertige Tätigkeiten einzusetzen. Hierbei werden Ihre persönlichen Belange angemessen berücksichtigt."

Die Vorinstanz hatte angenommen, die Versetzungsklausel sei gem. § 307 Abs. 1 S. 2 BGB intransparent, da sie dem Arbeitgeber das Recht einräume, den Arbeitnehmer ohne weitere Einschränkungen eines zulässigen Entfernungsradius und ohne Ankündigungsfrist zu allen Betrieben des Bundesgebiets und darüber hinaus zu den international tätigen Konzernunternehmen zu versetzen.

Hierzu stellt das BAG fest: Die Klausel genügt einer Kontrolle am Maßstab des §§ 307 ff BGB. Der Arbeitgeber ist grds. berechtigt, den Ort der Arbeitsleistung innerhalb des Bundesgebiets nach billigem Ermessen näher zu bestimmen. Die Klausel ist auch **nicht intransparent.** Die arbeitsvertragliche Versetzungsklausel unterliegt nicht der Angemessenheitskontrolle des § 307 Abs. 1 S. 1 BGB. Sie ist nur auf **Unklarheit** (§ 305 c Abs. 2 BGB) und **Transparenz** (§ 307 Abs. 1 S. 2 BGB) zu untersuchen. Dabei kann dahinstehen, ob die Befugnis, den Arbeitnehmer auch bei einer anderen Gesellschaft des Konzerns einzusetzen, der Inhaltskontrolle gem. §§ 307 ff BGB standhält. Die davon abtrennbare Befugnis, den Arbeitnehmer zu einem anderen Arbeitsort im Bundesgebiet zu versetzen, ist jedenfalls nicht unwirksam. Eine Unwirksamkeit der Konzernversetzungsklausel würde nicht zur Gesamtunwirksamkeit der Versetzungsklausel des Arbeitsvertrages führen.

Des Weiteren betont das BAG: Nach den Grundsätzen von § 307 Abs. 1 S. 2 BGB ist es nicht notwendig, **Ankündigungsfristen** oder den zulässigen **Entfernungsradius** in derartigen Vertragsklauseln aufzunehmen. § 106 GewO sowie entsprechende Versetzungsklauseln tragen dem im

---

57 BAG 3.12.2008 – 5 AZR 62/08, DB 2009, 805.

58 *Henssler/Moll*, AGB-Kontrolle vorformulierter Arbeitsbedingungen, S. 67.

59 BAG 13.4.2010 – 9 AZR 36/09, DB 2010, 2805; s. hierzu auch *Henssler/Moll*, AGB-Kontrolle vorformulierter Arbeitsbedingungen, S. 68.

Arbeitsrecht bestehenden spezifischen **Anpassungs- und Flexibilisierungsbedürfnis** Rechnung. Der Arbeitsvertrag bedarf als Dauerschuldverhältnis einer **ständigen**, bei Vertragsschluss gedanklich nicht vorwegnehmbaren **Anpassung.** Die Einflussfaktoren sind im Arbeitsrecht so zahlreich und vielgestaltig, dass gesicherte Prognosen kaum möglich sind. Eine Konkretisierungsverpflichtung würde nicht dem Bedürfnis des Arbeitgebers gerecht, auf im Zeitpunkt des Vertragsschlusses nicht vorhersehbare Veränderungen reagieren zu können. Angaben betreffend Entfernungsradius und Mindestankündigungsfristen sind zwar grds. wünschenswert. Sie sind jedoch nicht zwingend zur Vermeidung einer unangemessenen Benachteiligung iSv § 307 Abs. 1 S. 2 BGB erforderlich. Den erforderlichen Schutz des Arbeitnehmers vor unbilliger Überforderung gewährleistet – so das BAG – letztlich die durchzuführende Ausübungskontrolle (s. auch § 1 Rn 3888, 3973 ff).[60]

3927 Mit Entscheidung vom 10.12.2010[61] hatte das LAG Baden-Württemberg folgende Klausel zu beurteilen:

> „Der Mitarbeiter wird als Montagearbeiter eingestellt und mit allen einschlägigen Arbeiten nach näherer Anweisung der Betriebsleitung und seines Vorgesetzten beschäftigt. Er ist verpflichtet, auch andere zumutbare Tätigkeiten zu verrichten."

Hierzu stellt das Gericht Folgendes fest: Enthält ein Arbeitsvertrag keine ausdrückliche Regelung zum Arbeitsort, gilt der Betriebsort als vertraglich festgelegter Arbeitsort. Dies folgt schon aus § 269 Abs. 1 BGB, wonach mangels Leistungsbestimmung oder wenn sich der Ort der Leistung nicht aus der Natur des Schuldverhältnisses ergibt, der Leistungsort am Betriebssitz gilt.

Genauso wie die Zuweisung von Tätigkeiten außerhalb des vertraglich vereinbarten Inhalts der Arbeitsleistung oder außerhalb der vertraglich vereinbarten Lage der Arbeitszeit durch Weisungsrecht eines entsprechenden Versetzungsvorbehalts bedürfen, kann auch der vereinbarte Arbeitsort bzw der über § 269 Abs. 1 BGB als vereinbart geltende Arbeitsort nur geändert werden, wenn ein entsprechender Versetzungsvorbehalt besteht.

3928 Dass dies unzutreffend ist, verdeutlicht das BAG mit Entscheidung vom13.6.2012.[62] Zu beurteilen war folgende Klausel:

> „Einsatzort ist grundsätzlich Frankfurt/Main. Der Arbeitgeber kann Frau (...) auch vorübergehend oder auf Dauer auf einem anderen Flugzeugmuster, an einem anderen Ort sowie befristet bei einem anderen Unternehmen einsetzen."

Hierzu stellt das BAG Folgendes fest: „Ist in einem Arbeitsvertrag festgelegt, dass der Einsatzort „grundsätzlich" in einer Stadt sei, dass der Arbeitgeber den Arbeitnehmer „auch vorübergehend oder auf Dauer an einem anderen Ort einsetzen" kann, ist damit hinreichend klargestellt, dass die Bestimmung des Einsatzortes im Vertrag lediglich die erstmalige Ausübung des Weisungsrechts in Bezug auf den Arbeitsort enthält. Dies hat das BAG zuletzt mit Entscheidung vom 28.8.2013[63] nochmals bestätigt (s. dazu § 1 Rn 3913, 3922).

Hieraus folgt: Soweit die Versetzung ohnehin durch das Direktionsrecht gedeckt ist, bleibt abzuwägen, ob es überhaupt Sinn macht, entsprechende Klauseln in den Arbeitsvertrag aufzunehmen. Ihre Zulässigkeit wird überwiegend bejaht, soweit sie sich auf den Einsatzort beschränken und nicht in die Hauptleistungspflichten eingreifen.

3929 Zur Vermeidung einer unangemessenen Benachteiligung iSd § 307 Abs. 1 S. 2 BGB wird zT empfohlen, die Versetzung in einer entsprechenden Klausel an einen sachlichen Grund zu kop-

60 BAG 13.4.2010 – 9 AZR 36/09, DB 2010, 2805; s. hierzu auch *Henssler/Moll*, AGB-Kontrolle vorformulierter Arbeitsbedingungen, S. 68.

61 LAG Baden-Württemberg 10.12.2010 – 18 Sa 33/10, LAGE § 611 BGB 2002, Direktionsrecht Nr. 2.

62 BAG 13.6.2012 – 2 AZR 296/11, NZA 2012, 1154.

63 BAG 28.8.2013 – 10 AZR 569/12, DB 2014, 123 = PuR 2014, 68.

peln. Zum anderen biete es sich an, schon im Arbeitsvertrag das Aufgabengebiet des Arbeitnehmers möglichst weit zu fassen.[64]

(a4) Versetzung im Konzern

Es ist zunächst zu unterscheiden, ob es sich um eine reine **Abordnungsklausel** handelt, die lediglich die Möglichkeit einer vorübergehenden Entsendung ohne Arbeitgeberwechsel eröffnet, oder aber um eine **Versetzungsklausel.** Die Vereinbarung von Abordnungsklauseln wird, soweit das Synallagma unberührt bleibt, überwiegend für zulässig erachtet.[65] 3930

Werden Mitarbeiter im Rahmen eines bestehenden Arbeitsverhältnisses vorübergehend **im Ausland** eingesetzt, regeln Arbeitgeber und Arbeitnehmer die Konditionen dieses Auslandseinsatzes regelmäßig in gesonderten schriftlichen Vereinbarungen, die den ursprünglichen Arbeitsvertrag für die Zeit des Auslandseinsatzes im Hinblick auf die Auslandstätigkeit abändern oder ergänzen. Derartige zusätzliche Vereinbarungen für die Zeit der Auslandstätigkeit werden allgemein als **Entsendungsverträge** bezeichnet. Die Frage, ob und unter welchen Voraussetzungen die §§ 305 ff BGB auf derartige Entsendungsverträge anzuwenden sind, ist in der Rspr bislang kaum behandelt worden. Auch in der Lit. finden sich hierzu nur wenige Hinweise.[66] Zu Auslandsarbeitsverträgen s. näher die Ausführungen unter dem Klauselstichwort „14. Auslandsarbeitsverträge" (§ 1 Rn 995 ff). 3931

Die von einer Abordnungs- oder Entsendungsklausel zu unterscheidende **Konzernversetzungsklausel** zielt auf eine **konzernweite Flexibilität** des Personaleinsatzes. Die Versetzung innerhalb eines Konzerns ist dabei notwendigerweise mit einem Arbeitgeberwechsel verbunden, woraus zT auf eine Unzulässigkeit einer entsprechenden Klausel geschlossen wird. Tatsächlich dürften Klauselverbote (§ 309 Nr. 10 Buchst. b BGB) einer solchen Klausel nicht entgegenstehen.[67] Fragen können sich aber zum einem im Hinblick auf § 307 Abs. 1 S. 1 BGB (unangemessene Benachteiligung) sowie Transparenz (§ 307 Abs. 1 S. 2 BGB) ergeben. Ungeachtet dessen kann sich die Frage stellen, ob eine Versetzungsklausel, die die ggf in Betracht kommenden Konzernunternehmen ausdrücklich bezeichnet, der in aller Regel lebendigen Struktur und einem ständigen Wandel des Konzernunternehmens überhaupt gerecht werden kann. Dies könnte dafür sprechen – wie bei einer unternehmens- oder betriebsinternen Versetzung – auch für Konzernversetzungsklauseln eine **Konkretisierungspflicht** abzulehnen. 3932

Die Rspr ist im Fluss. Eine **Orientierungshilfe** gibt zuletzt die Entscheidung des BAG vom 13.6.2012.[68] Die Entwicklung der Rspr lässt sich wie folgt zusammenfassen: 3933

Unter dem Gesichtspunkt des konzernweiten Kündigungsschutzes (nach stRspr ist das KSchG nicht konzernbezogen) stand in der Entscheidung des BAG vom 23.3.3006[69] folgende Klausel in Rede: 3934

> „Der Arbeitgeber kann dem Mitarbeiter an einem anderen seiner Vorbildung und seinen Fähigkeiten entsprechenden Arbeitsplatz innerhalb der Bundesrepublik auch bei einem anderen Unternehmen, das dem (...)-Konzern angehört, beschäftigen. Die persönlichen und sozialen Belange des Mitarbeiters sind zu berücksichtigen."

Das BAG hat diese Klausel keiner AGB-Kontrolle unterzogen. Es hat diese konzernweite Versetzungsmöglichkeit in der Entscheidung allerdings unbeanstandet gelassen.

---

64 *Henssler/Moll*, AGB-Kontrolle vorformulierter Arbeitsbedingungen, S. 68.
65 *Henssler/Moll*, AGB-Kontrolle vorformulierter Arbeitsbedingungen, S. 68.
66 S. im Einzelnen auch *Straube*, DB 2012, 2808.
67 *Tödtmann/Kalutza*, in: Maschmann/Sieg/Göpfert, Vertragsgestaltung im Arbeitsrecht, 420 Rn 17 ff.
68 BAG 13.6.2012 – 10 AZR 296/11, NZA 2012, 1154.
69 BAG 23.3.2006 – 2 AZR 162/05, NZA 2007, 30.

3935 Mit Entscheidung vom 13.3.2007[70] hatte das BAG eine auf **Tätigkeit und Ort** bezogene Versetzungsklausel folgenden Inhalts zu beurteilen:

> „Frau (...) wird ab dem (...) bei der (...) in Frankfurt beschäftigt. Der Arbeitgeber kann Frau (...) entsprechend ihrer Leistungen und Fähigkeiten mit einer anderen im Interesse des Arbeitgebers liegenden Aufgabe betrauen, sie an einen anderen Ort sowie vorübergehend auch bei einem anderen Unternehmen einsetzen."

Diese Erweiterung des Weisungsrechts hält nach Ansicht des BAG einer Kontrolle am Maßstab der §§ 305 ff BGB stand. Sie ist weder gem. § 308 Nr. 4 BGB unwirksam noch benachteiligt sie den Arbeitnehmer iSv § 307 Abs. 1 S. 1 BGB unangemessen. Sie verstößt auch nicht gegen das Transparenzgebot des § 307 Abs. 1 S. 2 BGB.
Unter Verweis auf die grundlegende Entscheidung vom 11.4.2006[71] bestätigt das BAG zunächst, dass § 308 Nr. 4 BGB auf das Leistungsbestimmungsrecht des Arbeitgebers nicht anzuwenden ist und dass die Klausel materiell der Regelung in § 106 S. 1 GewO entspricht und damit nicht benachteiligend iSd § 307 Abs. 1 S. 1 BGB ist. Die Klausel wird auch den formellen Anforderungen des § 307 Abs. 1 S. 2 BGB gerecht, obwohl keine konkreten Zuweisungsgründe vereinbart worden sind. Die Zulässigkeit einer aufgrund eines im Arbeitsvertrag zulässig vereinbarten Versetzungsvorbehalts angeordneten konkreten Versetzung unterliegt dann der sog. Ausübungskontrolle (s. dazu § 1 Rn 3973 ff).

3936 Das LAG Hamm hatte mit Entscheidung vom 11.12.2008[72] die Wirksamkeit der folgenden **„Konzernversetzungsklausel"** zu beurteilen:

> „Sie werden ab (...) als Manager für den Bereich (...) in unserer Niederlassung (...) eingestellt. Wir behalten uns das Recht vor, Sie im Bedarfsfall auch an einem anderen Arbeitsort und/oder bei einer anderen Gesellschaft des Konzerns entsprechend Ihrer Vorbildung und Ihren Fähigkeiten für gleichwertige Tätigkeiten einzusetzen. Hierbei werden wir Ihre persönlichen Belange angemessen berücksichtigen."

Eine solche Versetzungsklausel ist nach Ansicht des Gerichts unwirksam. Das BAG habe zwar entschieden, dass es keine unangemessene Benachteiligung des Arbeitnehmer darstelle, wenn sich ein Arbeitgeber in einem vorformulierten Arbeitsvertrag vorbehalte, den Arbeitnehmer entsprechend seiner Leistungen und seinen Fähigkeiten mit einer anderen im Interesse des Unternehmens liegenden Tätigkeit zu betrauen und auch an einem anderen Ort zu beschäftigen. Denn eine solche Vertragsklausel entspreche der Reglung des § 106 S. 1 GewO. Ob über den Regelungsgehalt des § 106 Abs. 1 GewO hinausgehende Voraussetzungen für die Ausübung des Leistungsbestimmungsrechts in einer vertraglichen Direktionsrechtsklausel ausnahmsweise dann genannt werden müssen, wenn es um **besonderes schwerwiegende Änderungen** gehe, wie etwa um die **Versetzung auf einen geringerwertigen Arbeitsplatz**, habe das BAG offengelassen.
In Anwendung der vom BAG formulierten Grundsätze sei eine „Konzernversetzungsklausel" wegen unangemessener Benachteiligung unwirksam, wenn sich der Arbeitgeber einen Einsatz in einem anderen Betrieb oder einem anderen Unternehmen des Konzerns im In- und Ausland vorbehalte, ohne eine vom Arbeitgeber zwingend einzuhaltende **angemessene Ankündigungsfrist** für eine Versetzung an einen weit entfernten Arbeitsort im In- oder Ausland festzulegen. Der Zusatz, bei der Versetzung würden die persönlichen Belange angemessen berücksichtigt, sei intransparent (§ 307 Abs. 1 S. 2 BGB) und deshalb unzureichend.

70 BAG 13.3.2007 – 9 AZR 433/06, DB 2007, 1985; zu einer vergleichbaren Klausel s. auch LAG Rheinland-Pfalz 1.9.2008 – 5 Sa 261/08.

71 BAG 11.4.2006 – 9 AZR 557/05, DB 2007, 289.

72 LAG Hamm 11.12.2008 – 11 Sa 817/08, EzA-SD 2009, Nr. 1, 8.

Mit Entscheidung vom 13.4.2010[73] hatte das BAG über folgende Klausel zu befinden: 3937

> „Sie werden in unserer Niederlassung Bielefeld eingestellt. Wir behalten uns das Recht vor, Sie im Bedarfsfall auch an einem anderen Arbeitsort und/oder bei einer anderen Gesellschaft des Konzerns entsprechend Ihrer Vorbildung und Ihren Fähigkeiten für gleichwertige Tätigkeiten einzusetzen."

Nach Ansicht des BAG unterliegt die in dieser Klausel geregelte Versetzungsbefugnis **nicht** der **Angemessenheitskontrolle** nach § 307 Abs. 1 S. 1 BGB. Sie stellt keine von Rechtsvorschriften abweichende oder diese ergänzende Regelung iSd § 307 Abs. 3 S. 1 BGB dar und unterliegt deshalb nicht der Kontrolle nach § 307 Abs. 1 S. 1 und Abs. 2, § 308 und § 309 BGB. Sie entspricht materiell der Regelung in § 106 S. 1 GewO. Danach steht das Direktionsrecht nur unter dem Vorbehalt auch der Beachtung der persönlichen Belange des Arbeitnehmers. Die Zuweisung darf zudem nur für gleichwertige Tätigkeiten erfolgen.

Die Versetzungsbefugnis wird nicht dadurch eingeschränkt, dass der Arbeitnehmer in der „Niederlassung Bielefeld" eingestellt wurde. Die Festlegung eines bestimmten Orts in Kombination mit einer im Arbeitsvertrag geregelten Einsatzmöglichkeit im gesamten Unternehmen verhindert die Beschränkung auf einen bestimmten Ort.[74] Es wird klargestellt, dass weiter § 106 S. 1 GewO und damit die Versetzungsbefugnis an andere Arbeitsorte gilt.

Die Versetzungsklausel unterliegt als kontrollfreie Hauptabrede (§ 307 Abs. 3 S. 1 BGB) sowohl der Unklarheitenregelung des § 305 Abs. 2 BGB als auch der Transparenzkontrolle nach § 307 Abs. 1 S. 2 BGB. Sie ist jedoch weder unklar noch intransparent. Ankündigungsfristen und Angabe eines Entfernungsradius sind zwar „wünschenswert", jedoch iSd AGB-Kontrolle nicht zwingend geboten. Ob die Ausübung des Versetzungsrechts der Billigkeit entspricht, ist im Einzelfall zu prüfen (Ausübungskontrolle).

Mit Entscheidung vom 13.6.2012[75] hatte das BAG folgende Klausel zu beurteilen: 3938

> „Einsatzort ist grundsätzlich Frankfurt/Main. Die Firma kann Frau (...) auch vorübergehend oder auf Dauer an einem anderen Ort sowie befristet bei einem anderen Unternehmen einsetzen."

Ist festgelegt, dass der Einsatzort „grundsätzlich" in einer bestimmten Stadt ist, dass der Arbeitgeber die Arbeitnehmerin „auch vorübergehend oder auf Dauer an einem Ort einsetzen" kann, ist hinreichend klargestellt, dass die Bestimmung des Einsatzortes im Vertrag lediglich die erstmalige Ausübung des Weisungsrechts in Bezug auf den Arbeitsort enthält. Die Nichtausübung des Direktionsrechts über einen längeren Zeitraum schafft regelmäßig keinen Vertrauenstatbestand dahin gehend, dass der Arbeitgeber von diesem vertraglich und/oder gesetzlich eingeräumten Recht in Zukunft keinen Gebrauch mehr machen will. Legt der Arbeitsvertrag den Ort der Arbeitsleistung nicht fest, so unterliegt ein zusätzlich im Arbeitsvertrag enthaltener Versetzungsvorbehalt keiner gesonderten Inhaltskontrolle. Die Grenzen des Weisungsrechts ergeben sich in diesem Falle unmittelbar aus § 106 GewO. Die Leistungsbestimmung nach billigem Ermessen (§ 106 S. 1 GewO, § 315 BGB) verlangt schließlich eine Abwägung der wechselseitigen Interessen nach verfassungsrechtlichen und gesetzlichen Wertentscheidungen.

Hieraus folgt: Konzernversetzungsklauseln sind keinesfalls generell unzulässig. Sie müssen keine Ankündigungsfristen oder aber eine Angabe eines Entfernungsradius enthalten. Ausweislich der aktuellen Rspr dürfte auch eine Konkretisierung im Hinblick auf die in Betracht kommenden Unternehmen (als neuer Arbeitgeber) nicht erforderlich sein. In der Lit. werden Konzernversetzungsklauseln allerdings nach wie vor als kritisch – zumindest aber als riskant – erachtet. 3939

73 BAG 13.4.2010 – 9 AZR 36/09, NZA 2011, 64.

74 *Preis/Genenger*, NZA 2008, 969.

75 BAG 13.6.2012 – 10 AZR 696/11, NZA 2012, 307.

3940 *Dzida/Schramm*[76] gehen davon aus, dass in jedem Falle der **Versetzungsgrund** in eine Konzernversetzungsklausel aufgenommen werden müsse. Ferner sollte klargestellt werden, dass der Arbeitnehmer nur auf eine gleichwertige Position versetzt werden könne. Zum Teil wird empfohlen, angesichts der mit ihnen verbundenen Schwierigkeiten gänzlich auf Konzernversetzungsklauseln zu verzichten.[77]

3941 Vor diesem Hintergrund empfiehlt es sich, derartige Klauseln nur dann in einen Arbeitsvertrag aufzunehmen, wenn sich bei Anwendung des „blue-pencil-Tests" die Versetzung im Übrigen aufrechterhalten lässt.[78]

(3) Art und Inhalt der Arbeitsleistung

(a1) Direktionsrechtserweiternde Klauseln

3942 In der Vergangenheit hat das BAG direktionsrechtserweiternde Klauseln und damit Versetzungsvorbehaltsklauseln in großem Stil passieren lassen. Beispielhaft sei eine Entscheidung des BAG vom 24.4.1996 angeführt, in der es heißt, dass grds. Vereinbarungen, die dem Arbeitgeber das Recht zur einseitigen Änderung einzelner Arbeitsbedingungen einräumen, zulässig seien. Nur wenn wesentliche Elemente des Arbeitsvertrages der einseitigen Änderung durch den Arbeitgeber unterliegen, mit der Folge, dass das bisherige Gleichgewicht des Vertrages, also das Verhältnis von Leistung und Gegenleistung, grundlegend gestört werde, sei die Grenze des gesetzlichen Schutzes durch Änderungskündigungen überschritten.[79]

3943 In der bisherigen BAG-Rspr blieb die Versetzungsbefugnis des Arbeitgebers unbeanstandet, wenn eine „den Fähigkeiten und Kenntnissen entsprechende" oder eine „anderweitige, zumutbare" Tätigkeit in einer Klausel als Bedingung einer wirksamen Versetzung vorgesehen war.[80] Kam es nach einer Versetzungsvorbehaltsformulierung im Arbeitsvertrag auf die Zumutbarkeit des neuen Arbeitsplatzes für den Arbeitnehmer an, waren die gebotenen Voraussetzungen nur dann erfüllt, wenn es sich um die Übertragung einer gleichwertigen Tätigkeit bei gleicher Vergütung handelte, einer Vergütung bspw, die im Rahmen der gleichen Tarifgruppe lag.[81]

3944 Als **direktionsrechtserweiternde Klauseln** waren in der Vergangenheit verschiedentlich Klauseln wirksam, die die Übertragung **geringerwertiger Tätigkeiten**, die bis zu zwei Vergütungsgruppen unter der bisherigen Vergütungsgruppe lagen, vorsahen, sofern die Versetzungsklausel eine ausdrückliche Vergütungsgarantie enthielt.[82]

(a2) AGB-Kontrolle

3945 Mit Entscheidung vom 11.4.2006[83] hatte das BAG über die folgende, 1993 vereinbarte Versetzungsklausel betreffend die **Zuweisung eines anderen Arbeitsgebiets** zu befinden:

> „Frau D wird als Redakteurin in der Hauptredaktion, Ressort Sonderaufgaben, beschäftigt. Der Verlag behält sich unter Wahrung der Interessen des Redakteurs die Zuweisung eines anderen Arbeitsgebietes vor."

---

76 *Dzida/Schramm*, BB 2007, 1221, 1227.

77 *Henssler/Moll*, AGB-Kontrolle vorformulierter Arbeitsbedingungen, S. 69.

78 BAG 13.4.2010 – 9 AZR 36/09, NZA 2011, 64.

79 BAG 24.4.1996 – 5 AZR 1032/94, PersR 1997, 179; BAG 15.11.1995 – 2 AZR 521/95, NZA 1996, 603; BAG 21.4.1993 – 7 AZR 297/92, NZA 1994, 476.

80 BAG 12.4.1973 – 2 AZR 291/72, EzA § 611 BGB Nr. 12; BAG 11.6.1958 – 4 AZR 514/55, AP § 611 BGB Direktionsrecht Nr. 2.

81 BAG 24.4.1996 – 4 AZR 976/94, AP § 611 BGB Direktionsrecht Nr. 49; BAG 30.8.1995 – 1 AZR 47/95, AP § 611 BGB Direktionsrecht Nr. 44; BAG 28.6.1973 – 5 AZR 568/72, EzA § 2 BUrlG Nr. 1; BAG 12.4.1973 – 2 AZR 291/72, EzA § 611 BGB Nr. 12.

82 BAG 12.12.1984 – 7 AZR 509/83, AP § 2 KSchG 1969 Nr. 6.

83 BAG 11.4.2006 – 9 AZR 557/05, DB 2007, 289.

Diese vorformulierte, das Direktionsrecht erweiternde Vertragsklausel hält nach Ansicht des BAG einer Kontrolle am Maßstab der §§ 305 ff BGB stand. Sie ist weder gem. § 308 Nr. 4 BGB (Unwirksamkeit eines Änderungsvorbehalts) unwirksam noch enthält sie eine unangemessene Benachteiligung iSv § 307 Abs. 1 S. 1 BGB. Sie verstößt auch nicht gegen das Transparenzgebot des § 307 Abs. 1 S. 2 BGB. § 308 Nr. 4 BGB ist nicht auf das Leistungsbestimmungsrecht des Arbeitgebers im Hinblick auf die Arbeitsleistung des Arbeitnehmers anzuwenden. 3946

Unter Berücksichtigung der im Arbeitsrecht geltenden Besonderheiten (§ 310 Abs. 4 S. 2 BGB) enthält die Versetzungsklausel **keine unangemessene Benachteiligung,** da der vereinbarte Vorbehalt den **Interessen** beider Vertragsparteien gerecht wird. Im Rahmen der Kontrolle von Allgemeinen Geschäftsbedingungen sind nicht nur rechtliche, sondern auch tatsächliche Besonderheiten des Arbeitslebens zu berücksichtigen. Gefordert ist die Beachtung aller dem Arbeitsverhältnis innewohnenden Besonderheiten.[84] Die arbeitsvertragliche Zuweisungsklausel entspricht materiell der Regelung in § 106 S. 1 GewO. 3947

Mit Entscheidung vom 9.5.2006[85] hatte das BAG über die 1995 vereinbarte folgende – **Ort und Art der Tätigkeit** betreffende – Versetzungsklausel zu befinden: 3948

> „Frau L steht ab dem 1.4.1995 als Personalsachbearbeiterin in den Diensten von (...). Falls erforderlich, kann der Arbeitgeber nach Abstimmung der beiderseitigen Interessen Art und Ort der Tätigkeit der Angestellten ändern."

Eine solche Klausel hält einer Kontrolle am Maßstab der §§ 305 ff BGB nicht stand. Sie benachteiligt entgegen den Geboten von Treu und Glauben die Arbeitnehmerin **unangemessen,** da sie deren Belange nicht hinreichend berücksichtigt.[86] Dies gilt auch unter Berücksichtigung der im Arbeitsrecht geltenden Besonderheiten (§ 310 Abs. 4 S. 2 BGB). Zwar können Versetzungsklauseln dem im Arbeitsrecht bestehenden spezifischen Anpassungs- und Flexibilisierungsbedürfnis Rechnung tragen. Bei der vorliegend zu beurteilenden Klausel geht es aber nicht um die Frage, ob im Rahmen der vertraglich geschuldeten Tätigkeit der Arbeitgeber eine Konkretisierung der Arbeitspflichten durch Zuweisung eines anderen Aufgabengebietes vornehmen darf. Der Arbeitgeber hat sich vielmehr eine **Änderung der vertraglichen Tätigkeit** als solche vorbehalten. Damit hat er sich das Recht vorbehalten, in den **Inhalt des Arbeitsvertrages** einzugreifen, ohne dass die in § 1 Abs. 2 S. 1–3, Abs. 3 S. 1 und 2 KSchG vorausgesetzten Bedingungen für eine solche Rechtfertigung der Änderung der vertraglich vereinbarten Arbeitsbedingungen vorliegen. Zwar sind als Voraussetzung für die Änderung des Arbeitsvertrages die Erforderlichkeit der Änderung und eine Abstimmung der beiderseitigen Interessen aufgeführt. Darin liegt aber **kein dem Änderungsschutz angenäherter Schutz** vor willkürlich einseitiger Änderung der vertraglich vereinbarten Tätigkeit. Nach der vorformulierten Bedingung ist kein Einvernehmen der Arbeitsvertragsparteien erforderlich. Gefordert ist nur der Versuch eines individuellen Interessenausgleichs. Die vorgeschriebene Abstimmungspflicht ist mit der Feststellung der Unvereinbarkeit der beiderseitigen Interessen beendet. Auch die weitere Einschränkung „falls erforderlich" stellt die Maßnahme in das weite Organisationsermessen des Arbeitgebers. Insgesamt liegt daher eine erhebliche Abweichung von dem Grundgedanken des arbeitsrechtlichen Inhaltsschutzes, der durch § 2 KSchG gewährleistet wird, vor. Das spricht für die Annahme einer **unangemessenen Benachteiligung** nach § 307 Abs. 2 Nr. 1 BGB. 3949

Hat sich der Arbeitgeber vorbehalten, einen Arbeitsplatz mit **geringerwertiger Tätigkeit** zuzuweisen, so wird dies als so schwerwiegender Eingriff in den gesetzlich **gewährleisteten Inhaltsschutz** angesehen, dass von einer Unvereinbarkeit iSv § 307 Abs. 2 Nr. 1 BGB auszugehen ist. Bei der Anlegung des vom Einzelfall losgelösten Maßstabes ist festzustellen, dass die vom Arbeitgeber vorformulierte Klausel keine Einschränkung enthält, dass eine einseitige Änderung 3950

84 BAG 25.5.2005 – 5 AZR 572/04, DB 2005, 2136.
85 BAG 9.5.2006 – 9 AZR 424/05, NZA 2007, 145.
86 BAG 11.4.2006 – 9 AZR 557/05, DB 2007, 289.

der Art der Tätigkeit nur dann zugelassen werden soll, wenn diese in der Zuweisung einer anderen **gleichwertigen** Tätigkeit besteht. Die zu weit gefasste Änderungsklausel ist nicht mit dem Inhalt aufrechtzuerhalten, dass nur einseitige Änderungen der arbeitsvertraglich geschuldeten Tätigkeit zulässig seien, wenn damit die Zuweisung einer gleichwertigen anderen Tätigkeit verbunden sei. Eine geltungserhaltende Reduktion der zu weit gefassten Klausel scheidet aus.[87]

3951 Mit Entscheidung vom 13.3.2007[88] hatte das BAG eine auf **Tätigkeit und Ort** bezogene Versetzungsklausel folgenden Inhalts zu beurteilen:

> „Frau (...) wird ab dem (...) bei der (...) in Frankfurt beschäftigt. Der Arbeitgeber kann Frau (...) entsprechend ihrer Leistungen und Fähigkeiten mit einer anderen im Interesse des Arbeitgebers liegenden Aufgabe betrauen, sie an einen anderen Ort sowie vorübergehend auch bei einem anderen Unternehmen einsetzen."

Diese Erweiterung des Weisungsrechts hält nach Ansicht des BAG einer Kontrolle am Maßstab der §§ 305 ff BGB stand. Sie ist weder gem. § 308 Nr. 4 BGB unwirksam noch benachteiligt sie den Arbeitnehmer iSv § 307 Abs. 1 S. 1 BGB unangemessen. Sie verstößt auch nicht gegen das Transparenzgebot des § 307 Abs. 1 S. 2 BGB.
Unter Verweis auf die grundlegende Entscheidung vom 11.4.2006[89] bestätigt das BAG zunächst, dass § 308 Nr. 4 BGB auf das Leistungsbestimmungsrecht des Arbeitgebers nicht anzuwenden ist und dass die Klausel materiell der Regelung in § 106 S. 1 GewO entspricht und damit nicht benachteiligend iSd § 307 Abs. 1 S. 1 BGB ist. Die Klausel wird auch den formellen Anforderungen des § 307 Abs. 1 S. 2 BGB gerecht, obwohl **keine konkreten Zuweisungsgründe** vereinbart worden sind. Die Zulässigkeit einer aufgrund eines im Arbeitsvertrag zulässig vereinbarten Versetzungsvorbehalts angeordneten konkreten Versetzung unterliegt dann der sog. Ausübungskontrolle (s. dazu § 1 Rn 3973 ff).
Nach Ansicht des ArbG Hamburg[90] ist eine vorformulierte Versetzungsklausel im Arbeitsvertrag, wonach der Arbeitgeber dem Arbeitnehmer einen **Arbeitsplatz mit geringerwertiger Tätigkeit** zuweisen kann, ein schwerwiegender Eingriff in den gesetzlich gewährleisteten Inhaltsschutz und hält deswegen der Inhaltskontrolle nach §§ 305 ff BGB nicht stand. Dies führt – so das ArbG – zur Unwirksamkeit der Klausel.

3952 Mit Entscheidung vom 25.8.2010[91] hatte das BAG folgende Formulierung zu beurteilen:

> „Mit Wirkung vom (...) ist Herr (...) zum Bereichsleiter der Zweigniederlassung Leipzig ernannt worden. Die Gesellschaft behält sich vor, Herrn (...) – sofern Geschäftsnotwendigkeiten dies erfordern – anderweitig einzusetzen und zu versetzen."

Ergibt die Auslegung eines in Allgemeinen Geschäftsbedingungen enthaltenen Versetzungsvorbehalts, dass diese Klausel inhaltlich der Regelung des § 106 S. 1 GewO entspricht, so unterliegt sie nach dieser BAG-Entscheidung **keiner Angemessenheitskontrolle** nach § 307 Abs. 1 S. 1 BGB. Der Arbeitgeber, der sich lediglich die Konkretisierung des vertraglich vereinbarten Tätigkeitsinhalts, **nicht aber eine Änderung** des Vertragsinhalts vorbehält, weicht **nicht zu Lasten** des Arbeitnehmers von Rechtsvorschriften ab (§ 307 Abs. 3 S. 1 BGB). Die Vertragsklausel muss dabei die Beschränkung auf den **materiellen Gehalt** des § 106 GewO aus sich heraus erkennen lassen. Insbesondere muss sich aus dem Inhalt der Klausel oder aus dem Zusammenhang der Regelung **deutlich** ergeben, dass sich der Arbeitgeber nicht die Zuweisung **geringwertigerer Tätigkeiten** – ggf noch unter Verringerung der Vergütung – vorbehält. Dagegen erfor-

87 BAG 11.4.2006 – 9 AZR 610/05, BB 2006, 2134.
88 BAG 13.3.2007 – 9 AZR 433/06, DB 2007, 1985; zu einer vergleichbaren Klausel s. auch LAG Rheinland-Pfalz 1.9.2008 – 5 Sa 261/08.
89 BAG 11.4.2006 – 9 AZR 557/05, DB 2007, 289.
90 ArbG Hamburg 27.8.2009 – 5 Ca 67/09, AuR 2010, 42.
91 BAG 25.8.2010 – 10 AZR 275/09, DB 2010, 2564.

dert auch die Verpflichtung zur transparenten Vertragsgestaltung gem. § 307 Abs. 1 S. 2 BGB nicht, dass die Klausel Hinweise auf den **Anlass** der Ausübung des Weisungsrechts enthält.[92] Ergibt die Vertragsauslegung, dass sich der Arbeitgeber mit dem Versetzungsvorbehalt **über § 106 GewO hinaus** ein Recht zur Vertragsänderung vorbehält, so unterliegt die Regelung der Angemessenheitskontrolle nach § 307 Abs. 1 S. 1 BGB. Insoweit hatte die Vorinstanz keine ausreichende Aufklärung vorgenommen.

(a3) Konsequenzen für die Formulierung von Versetzungsklauseln – Gleichwertigkeit der Tätigkeit

Der Rspr zur AGB-Kontrolle von Versetzungsklauseln betreffend Art und Inhalt der Tätigkeit lassen sich die folgenden **Grundsätze** entnehmen: 3953

Für **gebräuchliche Versetzungsklauseln**, dh solche Klauseln, die nicht die Zuweisung auf einen geringerwertigen Arbeitsplatz vorsehen, kann im Anschluss an die aktuelle Rspr grds. Entwarnung gegeben werden. Sie scheitern nicht am Transparenzgebot und auch nicht an der Angemessenheitskontrolle. 3954

Vorsicht ist aber geboten bei Regelungen zur **Versetzung auf einen geringerwertigen Arbeitsplatz.** Solche Klauseln dürften grds. als unangemessen iSd § 307 Abs. 2 Nr. 1 BGB zu qualifizieren sein.[93] 3955

Das Klauselverbot des **§ 308 Nr. 4 BGB** gilt **nicht** für die arbeitsvertragliche Versetzungsklausel. Eine unangemessene Benachteiligung iSd § 307 Abs. 1 BGB ist nicht anzunehmen, wenn mit der Klausel die vereinbarte Tätigkeit lediglich konkretisiert wird. Geht die Versetzungsklausel hingegen darüber hinaus, dh, ist ein Eingriff in den Inhalt des Arbeitsverhältnisses ohne Vorliegen der Voraussetzungen einer sozialen Rechtfertigung iSd Kündigungsrechts vorgesehen, so muss zumindest die Zuweisung einer **gleichwertigen Tätigkeit** gewährleistet sein. Es bedarf also einer „**Gleichwertigkeitsgarantie**".[94] 3956

Ein **Änderungsgrund** oder **Änderungsanlass** muss grds. nicht angegeben werden. Ob dies auch bei vorgesehenen besonders schweren Änderungen gilt, ist offen. In seiner Entscheidung vom 11.4.2006[95] deutet das BAG an, dass bei schwerwiegenden Änderungen (Versetzung auf einen geringerwertigen Arbeitsplatz) ggf Versetzungsgründe genannt werden müssen. 3957

In der Lit. finden sich u.a. die folgenden Formulierungszusätze: „Billiges Ermessen", „Wahrung der Interessen des Arbeitnehmers",[96] „betriebliche oder persönliche Gründe" bzw bei Zuweisung eines geringerwertigen Arbeitsplatzes „dringende betriebliche oder persönliche Gründe".[97] Diese Formulierungen sollen sicherstellen, dass eine erforderliche **Angemessenheit** gewahrt wird.

Hiervon ausgehend werden u.a. folgende **Klauselvorschläge** gemacht:[98] 3958

> **Klassische Versetzungsklauseln:** „Der Arbeitgeber ist berechtigt, dem Arbeitnehmer aus betrieblichen oder persönlichen Gründen im selben oder in einem anderen Betrieb des Unternehmens auch eine andere gleichwertige Arbeit zuzuweisen, die seinen Fähigkeiten und Kenntnissen entspricht."

> **Zuweisung einer geringerwertigen Tätigkeit:** „Aus dringenden betrieblichen oder persönlichen Gründen kann der Arbeitgeber dem Arbeitnehmer (mit einer Ankündigungsfrist, die der gesetzlichen Änderungskündigungsfrist entspricht) auch eine geringerwertige Tätigkeit zuwei-

92 BAG 13.3.2007 – 9 AZR 433/06, DB 2007, 1985.
93 ArbG Hamburg 27.8.2009 – 5 Ca 67/09, AuR 2010, 42; BAG 25.8.2010 – 10 AZR 275/09, DB 2010, 2564.
94 *Schöne*, SAE 2007, 370, 372.
95 BAG 11.4.2006 – 9 AZR 557/05, DB 2007, 289.
96 *Dzida/Schramm*, BB 2007, 1221.
97 *Hromadka/Schmitt-Rolfes*, NJW 2007, 1778.
98 *Hromadka/Schmitt-Rolfes*, NJW 2007, 1778.

sen. Die Zuweisung darf zwei Vergütungsgruppen nicht übersteigen. Das bisherige Entgelt wird (für die Dauer von ...) fortgezahlt. Der Arbeitgeber wird dem Arbeitnehmer so bald wie möglich wieder eine höherwertige Tätigkeit zuweisen."

(a4) Gleichwertige Tätigkeit (Rechtsprechungsbeispiele)

3959 Als **gleichwertige Tätigkeiten** galten bislang in der Rechtsprechung:
- Abteilungsleiter Boutique/Abteilungsleiter Damenhüte[99]
- Badeabteilung/Aufnahmedienst in Klinik[100]
- Büfettkraft/Kuchenverkaufsstand[101]
- Hilfsarbeiten sind immer gleichwertig[102]
- Hilfsarbeiter/Botengänge[103]
- Hilfsarbeiter/Fensterputzer[104]
- Kaffeekochen/andere Küchentätigkeiten[105]
- Kreditsachbearbeiter Außendienst/Kreditsachbearbeiter Innendienst[106]
- Pförtner/Nachtwächter[107]
- Pressesprecher mit Vertrauensposition/Vorstandsreferent[108]
- Schreibkraft mit Schreibmaschine/Computerschreibkraft[109]
- Sekretärin in einem Vorzimmer/Sekretärin im allgemeinen Schreibdienst[110]
- Verkäuferin Kinderabteilung/Verkäuferin Herrenabteilung.[111]

3960 **Ungleichwertige Tätigkeiten** sind:
- Angestellter/Arbeiter[112]
- Angestellter mit Prokura/Angestellter ohne Prokura[113]
- Kanzleivorsteherin/Stenotypistin[114]
- Krankenpfleger/Bürotätigkeit in Röntgenabteilung[115]
- Kundenbesucher/Mahnbuchhalter[116]
- Lohnbuchhalter/Überwachung von Schichtenbüchern[117]
- Orchestermusiker/Bühnenmusiker im Kostüm[118]
- Sachgebietsleiter mit Weisungsbefugnis/Sachgebietsleiter ohne Weisungsbefugnis[119]

---

99 BAG 25.10.1983 – 1 AZR 47/82, n.v.
100 ArbG Berlin 6.12.1956, Entschkal. 1957, III 163.
101 BAG 20.12.1983 – 1 AZR 380/82, n.v.
102 LAG Hamm 7.8.1962 – 2 Sa 182/62, BB 1962, 1160.
103 ArbG Essen 19.3.1963 – 3 Ca 2608/62, WA 1964, 39.
104 LAG Hamm 12.9.1951 – 3 Sa 298/51, BB 1951, 839.
105 LAG Schleswig-Holstein 3.12.1992 – 4 Sa 311/92, DB 1993, 284.
106 BAG 27.3.1980 – 2 AZR 506/78, EzA § 611 BGB Direktionsrecht Nr. 2; BAG 23.6.1993 – 5 AZR 337/92, AP § 611 BGB Direktionsrecht Nr. 42.
107 LAG Düsseldorf 11.3.1959 – 3 a Sa 2/59, BB 1959, 667 (keine Gleichwertigkeit, wenn Pförtner ausschließlich für Tagdienst eingestellt wurde).
108 LAG Köln 23.2.1987 – 6 Sa 957/86, § 611 BGB Direktionsrecht Nr. 1.
109 BAG 10.4.1984 – 1 ABR 67/82, EzA § 95 BetrVG 1972 Nr. 8.
110 BAG 24.4.1996 – 5 AZR 1032/94, n.v.
111 LAG Köln 26.10.1984 – 6 Sa 740/84, NZA 1985, 258.
112 LAG Tübingen 21.11.1966 – 4 Sa 20/66, DB 1967, 249; LAG Hamm 29.1.1988 – 5 Sa 897/87, ZTR 1988, 433; LAG Rheinland-Pfalz 19.8.1999 – 6 Sa 171/99, n.v.
113 BAG 26.8.1986 – 3 AZR 94/85, NZA 1987, 202.
114 LAG Düsseldorf 11.10.1960 – 8 Sa 286/60, BB 1960, 1326.
115 BAG 15.5.1984 – 1 AZR 289/83, n.v.
116 LAG Düsseldorf 21.11.1955 – 2 b Sa 295/55, ARST XVI. Nr. 347.
117 LAG Berlin 15.11.1962 – 6 Sa 21/62, DB 1963, 1123.
118 BAG 18.4.1984 – 4 AZR 212/83, AP § 611 BGB Musiker Nr. 9.
119 LAG Hamm 9.1.1997 – 17 Sa 1554/96, ZTR 1997, 279.

- Schlosser/Hilfsarbeiter[120]
- Serviererin/Zimmermädchen[121]
- Stenotypistin/Korrektorin in Kalkulation und Betriebsabrechnung.[122]

Bei der **Gleichwertigkeits-Rechtsprechung** geht es letztlich darum, welches **Ansehen** eine Tätigkeit in der Sozialanschauung der betroffenen Kreise auslöst.[123] Direktionsrechtserweiternde Versetzungsklauseln sind – vom Sonderfall der Konzernversetzungsklausel abgesehen – nur wirksam, wenn sie den Arbeitgeber verpflichten, dem Arbeitnehmer eine gleichwertige Tätigkeit zuzuweisen und sich das Gehalt des Arbeitnehmers durch die Ausübung des Versetzungsvorbehalts nicht verändert. Erhält der Arbeitnehmer ein Tarifgehalt, ist im Regelfalle davon auszugehen, dass immer dann, wenn die neue Tätigkeit zu einer Eingruppierung in die gleiche Vergütungsgruppe führt, Gleichwertigkeit bei der Tätigkeit besteht.[124] Entfällt eine Funktionszulage, eine Schmutzzulage oder eine vergleichbare Zulage durch die Übertragung der anderweitigen Tätigkeit, ist nicht sicher zu vermuten, dass die übertragene Tätigkeit nicht gleichwertig ist.[125] Außerdem müssen die Versetzungsvorbehaltsgründe künftig in der Versetzungsklausel enthalten sein. Bei der Versetzung lässt die Rspr, wenn nicht der Dienstort auf das gesamte Bundesgebiet vereinbart ist, eine Entfernung von bis zu einer Stunde und 15 Minuten Fahrtzeit (eine Strecke) zu dem neuen Dienstort als noch vom erweiterten Direktionsrecht erfasst zu. Nur in Notfällen, die in § 14 ArbZG katalogmäßig aufgeführt sind, kann der Arbeitgeber dem Arbeitnehmer vorübergehend aufgrund der Treuepflicht geringerwertige Tätigkeiten zuweisen.[126] Etwas anderes gilt bei tarifvertraglich verankerten Versetzungsbefugnissen. Hier ist die Zuweisung geringerwertiger Tätigkeiten ohne Ausspruch einer Änderungskündigung möglich.[127] Nach § 310 Abs. 4 S. 1 BGB findet bei derartigen Versetzungsbefugnissen keine Inhaltskontrolle statt. 3961

(4) Arbeitszeit

Insbesondere in sog. **Abruf-Arbeitsverhältnissen** finden sich Klauseln, die eine Erhöhung oder Verminderung der Arbeitszeit auf Dauer ermöglichen. Da sie von § 615 BGB abweichen, sind sie **kontrollfähig**. Mit Urteil vom 7.12.2005[128] hat das BAG den Grundsatz aufgestellt, dass die bei einer Vereinbarung von Arbeit auf Abruf (§ 12 Abs. 1 TzBfG) vom Arbeitgeber abrufbare, über die vereinbarte Mindestarbeitszeit hinausgehende Arbeitsleistung des Arbeitnehmers **nicht mehr als 25 %** der vereinbarten wöchentlichen Mindestarbeitszeit betragen darf und bei einer Vereinbarung über die Verringerung der vereinbarten Arbeitszeit demzufolge das Volumen **20 % der Arbeitszeit** beträgt. „Bei der Angemessenheitsprüfung sind das Interesse des Arbeitgebers an einer Flexibilisierung der Arbeitszeitdauer und das Interesse des Arbeitnehmers an einer festen Regelung der Dauer der Arbeitszeit und der sich daraus ergebenden Arbeitsvergütung angemessen zum Ausgleich zu bringen.“[129] 3962

---

120 LAG Hamm 2.11.1954 – 2 Sa 443/54, BB 1955, 255.
121 ArbG München 23.4.1998 – 2 b Ca 14200/97H, AiB 1998, 600.
122 LAG Tübingen 22.2.1960 – IV Sa 91/59, WA 1960, 116.
123 *Birk*, AR-Blattei, D Direktionsrecht I, C I 2.
124 Preis/*Preis*, Der Arbeitsvertrag, II D 30 Rn 55.
125 Zweifelnd BAG 15.11.1995 – 2 AZR 521/95, AP § 1 TVG Tarifverträge Lufthansa Nr. 20.
126 BAG 26.8.1986 – 3 AZR 94/85, NZA 1987, 202; BAG 29.1.1960 – 1 AZR 200/58, AP § 123 GewO Nr. 12; BAG 14.12.1961 – 5 AZR 180/61, AP § 611 BGB Direktionsrecht Nr. 17.
127 BAG 2.2.2006 – 2 AZR 222/05, NZA 2006, 880.
128 BAG 7.12.2005 – 5 AZR 535/04, NZA 2006, 423.
129 S. im Einzelnen insb. auch mit Lehrern abgeschlossene Formulararbeitsverträge, wonach Arbeitgeber das Recht haben, die für die Wochenarbeitszeit maßgebliche Unterrichtsverpflichtung befristet zu erhöhen, *Reinecke*, NZA-RR 2013, 293, 448.

(5) Konkretisierung bestimmter Arbeitsbedingungen

3963 Es ist nicht grds. ausgeschlossen, dass Arbeitspflichten sich, ohne dass darüber ausdrückliche Erklärungen ausgetauscht werden, nach längerer Zeit auf bestimmte Arbeitsbedingungen konkretisieren.[130] Dazu genügt jedoch nicht schon der bloße Zeitablauf. Vielmehr müssen **besondere Umstände** hinzutreten, aufgrund derer der Arbeitnehmer erkennen kann und vertrauen darf, dass er nicht in anderer Weise eingesetzt werden soll. Dass ein Arbeitnehmer sich im Laufe der Zeit bzgl der Gestaltung seines persönlichen Umfelds an der ausgeübten Tätigkeit und insb. am Ort seiner Arbeitsleistung ausrichtet, ist nur eine Folge der langjährigen Tätigkeit und begründet, ohne dass weitere Umstände hinzutreten, keine Konkretisierung auf einen bestimmten Arbeitsort. Auch aus dem Umstand, dass ein Vertragspartner auf das Bestehen eines vertraglich vereinbarten Rechts (hier: eine vorformulierte Zuweisungsklausel)[131] über einen längeren Zeitraum nicht hinweist, darf der andere Vertragspartner nicht den Schluss ziehen, sein Vertragspartner werde von seinem Recht keinen Gebrauch mehr machen.

3964 Die Nichtausübung des Direktionsrechts über einen längeren Zeitraum schafft regelmäßig keinen Vertrauenstatbestand dahin gehend, dass der Arbeitgeber von dem vertraglich und/oder gesetzlich eingeräumten Direktionsrecht in Zukunft keinen Gebrauch mehr machen will (kein Erklärungswert).[132]

dd) Folgen unwirksamer Versetzungsklauseln in Altverträgen

3965 Auch im Hinblick auf die Rechtsfolgen unwirksamer Versetzungsklauseln ist zwischen echten und unechten Direktionsrechtserweiterungen zu unterscheiden. Halten diese Klauseln einer AGB-Kontrolle (s. § 1 Rn 3910 ff) nicht stand, ergibt sich zunächst in beiden Fällen die Unwirksamkeit. Von einer echten Direktionsrechtserweiterung kann der Arbeitgeber in diesem Falle keinen Gebrauch machen. Da **unechte Direktionsrechtserweiterungen** lediglich allein die Rechte konkretisieren, die der Arbeitgeber ohnehin nach § 106 GewO hat, tritt hingegen an ihre Stelle gem. § 306 Abs. 2 BGB das **allgemeine Direktionsrecht** des § 106 GewO.[133]

3966 Die Frage der Wirksamkeit oder Unwirksamkeit einer Versetzungsklausel kann sich insb. dann stellen, wenn der Arbeitnehmer im Rahmen eines Kündigungsschutzverfahrens geltend macht, eine vertraglich vorgesehene Versetzungsklausel sei unwirksam mit der Folge, dass eine Sozialauswahl mangels vergleichbarer Mitarbeiter in dem unmittelbare Bereich des Arbeitnehmers nicht durchzuführen gewesen wäre.[134] Nach Ansicht des LAG Hessen[135] gilt Folgendes: Eine dem Arbeitnehmer unangemessen benachteiligende Versetzungsklausel in einem **vor dem 1.1.2002** geschlossenen Arbeitsvertrag ist so auszulegen, dass sie wirksam ist (ergänzende Vertragsauslegung). Der Arbeitgeber darf sich daher im Kündigungsschutzprozess nicht zu seinen Gunsten auf die Unwirksamkeit einer solchen alt-arbeitsvertraglichen Versetzungsklausel berufen.

3967 Das LAG Hessen orientiert sich dabei an einem Urteil des BAG vom 11.10.2006 zum Widerruf übertariflicher Leistungen.[136] Mit dem BAG geht das LAG Hessen davon aus, dass zumindest für Arbeitsverträge, die vor dem 1.1.2002 abgeschlossen wurden, eine ergänzende Vertragsauslegung der Versetzungsklausel vorzunehmen sei, wenn die Unwirksamkeit der Versetzungsklausel auf beiden Seiten unbillige Ergebnisse zu Tage bringen würde. Unbillig seien die Ergebnisse danach dann, wenn einerseits der Arbeitgeber wegen der Unwirksamkeit der Versetzungsklausel seine Sozialauswahl einseitig und räumlich beschränken könnte. Andererseits könnte

130 BAG 17.8.2011 – 10 AZR 202/10, NZA 2012, 265.
131 BAG 13.3.2007 – 9 AZR 433/06, DB 2007, 1985.
132 BAG 28.8.2013 – 10 AZR 569/12, DB 2014, 123 = PuR 2014, 68.
133 Zu den Einzelheiten *Preis/Genenger*, NZA 2008, 996, 976.
134 *Repey*, BB 2009, 1245.
135 LAG Hessen 31.10.2008 – 10 Sa 2096/06, BB 2009, 1242.
136 BAG 11.10.2006 – 5 AZR 721/05, NZA 2007, 87.

sich der Arbeitnehmer im Rahmen des Kündigungsschutzverfahrens zunächst auf eine räumlich weitere Sozialauswahl berufen und sich sodann später weigern, der Versetzung zu folgen, weil die Versetzungsklausel unwirksam ist.

Der Arbeitnehmer kann oft nicht präzise abschätzen, wann er über ein Leistungsverweigerungsrecht aufgrund einer sich auf eine unwirksame Versetzungsklausel gründenden Weisung oder aufgrund einer unwirksamen Weisung, die sich auf eine generell wirksame Versetzungsklausel bezieht, berufen kann und wann er mit der Entscheidung, seine Arbeitsleistung einzustellen und trotzdem das Arbeitsentgelt zu fordern, eine sozial gerechtfertigte verhaltensbedingte Kündigung wegen Arbeitsverweigerung auslöst. Verweigert er die geschuldete Arbeitsleistung in der Annahme, er handele rechtmäßig, hat grds. er selbst das Risiko zu tragen, dass sich seine Rechtsauffassung als fehlerhaft erweist. Dies gilt auch dann, wenn sich der Arbeitnehmer seine Rechtsauffassung nach sorgfältiger Prüfung und sachgemäßer Beratung gebildet hat. Auf einen unverschuldeten Rechtsirrtum kann er sich nur dann berufen, wenn er mit einem Unterliegen im Rechtsstreit nicht zu rechnen brauchte.[137] Es verbleibt ggf die Möglichkeit einer positiven oder negativen Feststellungsklage, für die die dreiwöchige Frist des § 4 KSchG nicht gilt.[138] 3968

Eine auf eine unwirksame Klausel gestützte Versetzung ist nach Ansicht des LAG Hamm **unwirksam.** Folgt der Arbeitnehmer der entsprechenden Weisung nicht, berechtigt dies den Arbeitgeber weder zu einer fristlosen Kündigung nach § 626 Abs. 1 BGB noch zu einer sozial gerechtfertigten ordentlichen Kündigung gem. § 1 Abs. 1, 2 KSchG.[139] Das **BAG** betont allerdings, dass der Arbeitnehmer an eine Weisung des Arbeitgebers, die nicht aus sonstigen Gründen unwirksam ist, **vorläufig gebunden** ist, bis durch ein rechtskräftiges Urteil gem. § 315 Abs. 3 S. 2 BGB die Unverbindlichkeit der Leistungsbestimmung festgestellt wird. Er darf sich über eine unbillige Ausübung des Direktionsrechts – sofern sie nicht aus anderen Gründen unwirksam ist – **nicht hinwegsetzen.** Vielmehr muss er entsprechend § 315 Abs. 3 S. 2 BGB das Arbeitsgericht anrufen.[140] 3969

ee) Auswirkungen auf die Sozialauswahl

Versetzungsklauseln tragen dem im Arbeitsrecht bestehenden spezifischen Anpassungs- und Flexibilisierungsbedürfnis Rechnung. Der Arbeitnehmer erhält für die von ihm abverlangte Flexibilität eine entsprechende **stärkere Sicherung** seines Arbeitsverhältnisses im Falle betriebsbedingter Kündigungen. Durch eine weite Versetzungsklausel erweitert sich der **Kreis der Sozialauswahl,** da die Arbeitnehmer auf allen in Frage kommenden Arbeitsplätzen einzubeziehen sind. Im Umfang der Versetzungsmöglichkeiten hat der Arbeitgeber im Falle der betriebsbedingten Kündigung zudem zu prüfen, ob freie Arbeitsplätze zur Verfügung stehen. Dem Anpassungs- und Flexibilisierungsbedürfnis des Arbeitgebers steht also als Kompensation eine **Stärkung der kündigungsschutzrechtlichen Position** des Arbeitnehmers gegenüber.[141] 3970

Dies gilt allerdings nur, soweit die Versetzung sich auf einen **anderweitigen Einsatz im Beschäftigungsbetrieb** erstreckt.[142] 3971

Ein **betriebsübergreifendes Versetzungsrecht** führt hingegen nicht zu einer Verbesserung der kündigungsrechtlichen Position des Arbeitnehmers. Die bei der betriebsbedingten Kündigung vorzunehmende Sozialauswahl ist auch in diesem Falle auf den **Beschäftigungsbetrieb** be- 3972

137 BAG 29.8.2013 – 2 AZR 273/12, NZA 2014, 533; zur Arbeitsverweigerung s. auch LAG Schleswig-Holstein 17.10.2013 – 5 Sa 111/13, PuR 2014, 139.

138 BAG 20.1.1960 – 4 AZR 267/59, AP § 611 BGB Direktionsrecht Nr. 8; BAG 27.3.1980 – 2 AZR 506/78, EzA § 611 BGB Direktionsrecht Nr. 2.

139 LAG Hamm 11.12.2008 – 11 Sa 817/08, EzA-SD 2002, Nr. 1, 8.

140 BAG 22.2.2012 – 5 AZR 249/11, DB 2012, 1628; BAG 29.8.2013 – 2 AZR 273/12, NZA 2014, 533.

141 BAG 11.4.2006 – 9 AZR 557/05, DB 2007, 289.

142 *Schiefer*, Betriebsbedingte Kündigung nach neuem Recht, Rn 58 ff.

schränkt. Nach ihrer Tätigkeit vergleichbare Arbeitnehmer in anderen Betrieben des Unternehmens sind also auch dann in die Sozialauswahl einzubeziehen, wenn der Arbeitgeber nach dem Arbeitsvertrag zu einer Versetzung des Arbeitnehmers in andere Betriebe berechtigt ist. Dies bedeutet: Die Sozialauswahl hat auch dann grds. **betriebsbezogen** zu erfolgen, wenn sich der Arbeitgeber ein betriebsübergreifendes Versetzungsrecht vorbehalten hat. Die Versetzungsklausel und die damit einhergehende Ausweitung des Direktionsrechts des Arbeitgebers führen also nicht zu einer unternehmensweiten Sozialauswahl. Bei Vereinbarung eines unternehmensweiten bzw konzernweiten Versetzungsrechts bleibt es bei der **betriebsbezogenen** Sozialauswahl (s. § 1 Rn 3923).[143]

ff) Ausübungskontrolle

3973 Die auf der jeweiligen Versetzungsklausel beruhende Maßnahme muss einer sog. Ausübungskontrolle standhalten. Mit anderen Worten: Hält die Klausel der AGB-Kontrolle stand, folgt die Ausübungskontrolle. Eine Ausübungskontrolle findet natürlich auch dann statt, wenn der Arbeitsvertrag keine das Weisungsrecht betreffende Klausel enthält, also insoweit gar keine Vertragskontrolle stattfindet.[144]

3974 Die konkreten Weisungen des Arbeitgebers müssen **billigem Ermessen** entsprechen (§ 106 S. 1 GewO). Die Leistungsbestimmung entspricht billigem Ermessen, wenn die wesentlichen Umstände des Falles abgewogen und die beiderseitigen Interessen angemessen berücksichtigt worden sind. Dabei müssen sowohl die Interessen des Arbeitnehmers an Planungs- und Organisationssicherheit als auch das Anpassungs- und Flexibilisierungsbedürfnis des Arbeitgebers Berücksichtigung finden. Es unterliegt der gerichtlichen Kontrolle (§ 315 Abs. 3 S. 2 BGB), ob in diesem Rahmen die beiderseitigen Interessen angemessen berücksichtigt worden sind.[145]

3975 Nach der Entscheidung des BAG vom 11.4.2006[146] gilt Folgendes: Zu Gunsten des Arbeitgebers ist zu berücksichtigen, dass er ein berechtigtes Interesse daran hat, freie Stellen innerhalb des Unternehmens mit aus seiner Sicht fachlich und persönlich geeigneten Mitarbeitern zu besetzen. Insbesondere bei operativ wichtigen Positionen ist der Arbeitgeber nicht dazu verpflichtet, vorrangig Bewerber mit einer deutlich geringeren Berufserfahrung zu berücksichtigen. Dieses Interesse des Arbeitgebers muss dann gegen die widerstreitenden Interessen des Arbeitnehmers abgewogen werden (zB ggf längere Wegezeiten, geänderte Arbeitszeiten sowie die Umstellung auf den geänderten Tätigkeitsbereich).

3976 Das bei der Ausübung des Leistungsbestimmungsrechts zu wahrende **billige Ermessen** wird inhaltlich durch die Grundrechte des Arbeitnehmers mitbestimmt. Kollidieren diese mit dem Recht des Arbeitgebers, dem Arbeitnehmer im Rahmen der gleichfalls grundrechtlich geschützten unternehmerischen Betätigungsfreiheit (Art. 12 Abs. 1 S. 2 GG) eine **von der vertraglichen Vereinbarung gedeckte Tätigkeit** zuzuweisen, sind die gegensätzlichen Rechtspositionen **grundrechtskonform** auszugleichen. Dabei sind die kollidierenden Grundrechte in ihrer Wechselwirkung zu sehen und so zu begrenzen, dass sie im Sinne einer praktischen Konkordanz für alle Beteiligten möglichst weitgehend wirksam werden. Insoweit gilt seit seinem Inkrafttreten für § 106 GewO nichts anders als zuvor für § 315 Abs. 1 BGB.[147] Hieraus folgt u.a., dass der Ar-

143 BAG 23.6.2005 – 2 AZR 158/04, NZA 2005, 1175; BAG 15.12.2005 – 6 AZR 199/05, DB 2006, 1328; BAG 18.10.2006 – 2 AZR 676/05, DB 2007, 2212; *Schiefer*, Betriebsbedingte Kündigung nach neuem Recht, Rn 253 ff; zur betriebsbezogenen Sozialauswahl bei Kündigung eines Leiharbeitnehmers BAG 20.6.2013 – 2 AZR 271/12, NZA 2013, 837 = DB 2013, 1674 = PuR 2013, 213; BAG 28.8.2013 – 10 AZR 569/12, DB 2014, 123 = PuR 2014, 68.

144 *Reinecke*, NZA-RR 2013, 393, 397.

145 *Dzida/Schramm*, BB 2007, 1221, 1227; *Preis/Genenger*, NZA 2008, 969, 976; zur Ausübungskontrolle s. im Einzelnen BAG 13.4.2010 – 9 AZR 36/09, DB 2010, 2805; BAG 17.8.2011 – 10 AZR 202/10, NZA 2012, 265; BAG 13.6.2012 – 10 AZR 296/11, NZA 2012, 1154.

146 BAG 11.4.2006 – 9 AZR 557/05, DB 2007, 289.

147 BAG 13.8.2010 – 1 AZR 173/09, DB 2011, 1115.

beitgeber bei der Ausübung seines Weisungsrechts auf **Glaubensüberzeugungen** des Arbeitnehmers Rücksicht zu nehmen hat (hier: Weigerung eines Muslims, alkoholische Getränke in Regale einzuräumen).[148]

Die Rechtmäßigkeit der vorübergehenden Übertragung einer höher bewerteten Tätigkeit durch den Arbeitgeber des öffentlichen Dienstes ist an den Regeln zu messen, die der Arbeitgeber bei der Ausübung seines arbeitsvertraglichen Leistungsbestimmungsrechts nach § 106 GewO (§ 315 Abs. 1 BGB) einzuhalten hat. Die Ausübung des Direktionsrechts durch den Arbeitgeber muss deshalb **billigem Ermessen** entsprechen. Entspricht die vorübergehende Übertragung der Tätigkeit nicht billigem Ermessen, so erfolgt die Bestimmung der „Leistung" entsprechend § 315 Abs. 3 S. 2 BGB durch eine **richterliche Entscheidung**. Es widerspricht grds. nicht billigem Ermessen, wenn der Arbeitgeber einem Arbeitnehmer eine höher bewertete Tätigkeit deshalb nur vorübergehend überträgt, weil die betreffende Arbeit bei einem anderen Arbeitgeber zu verrichten ist.[149] 3977

gg) Nachweisgesetz

Bei der Frage der örtlichen Versetzbarkeit ist § 2 S. 1 Nr. 4 NachwG zu beachten. Danach ist im Arbeitsvertrag der Arbeitsort oder – falls der Arbeitnehmer nicht nur an einem bestimmten Arbeitsort tätig sein soll – ein Hinweis darauf, dass der Arbeitnehmer an verschiedenen Orten tätig sein soll, aufzunehmen. Erfüllt der Arbeitgeber seine Nachweispflicht nicht, kann ggf eine Schadensersatzpflicht bestehen[150] (s. dazu § 1 Rn 318 ff). 3978

hh) Arbeitsvertragliche Entwicklungsklauseln in Chefarztverträgen

In Chefarztverträgen finden sich häufig sog. **Entwicklungsklauseln**. Nach der Entscheidung des BAG vom 13.3.2003[151] gilt Folgendes: Regelungen in einem Chefarztvertrag, dass der Krankenhausträger sachlich gebotene organisatorische Änderungen im Benehmen mit einem leitenden Arzt vornehmen und selbständige Abteilungen bei objektiv vorliegendem Bedarf neu einrichten kann, unterliegen den dem Änderungsbedarf zugrunde liegenden Prognosen einer **eingeschränkten gerichtlichen Kontrolle**. Zu überprüfen ist, ob der Krankenhausträger eine auf die konkrete Situation des Krankenhauses bezogene Bedarfsprognose erstellt hat, die Inhalt und Umfang der angestrebten Änderungen sachlich rechtfertigt. Die durch eine Entwicklungsklausel gedeckte Änderung des Aufgabengebietes eines Chefarztes wahrt die Grenzen des billigen Ermessens, wenn der damit verbundene Rückgang seiner Einkünfte aus Privatliquidationen lediglich 6 von 100 beträgt. 3979

Seit Inkrafttreten der Schuldrechtsreform (1.1.2002) unterfallen auch Entwicklungsklauseln der AGB-Kontrolle. 3980

Sind sie als **Widerrufsvorbehalte** zu qualifizieren, so können sie schon wegen fehlender **Transparenz** nach § 308 Nr. 4 iVm § 307 Abs. 1 S. 2 BGB als **unzumutbar** und unwirksam erweisen. Dies gilt insb. dann, wenn die Entwicklungsklausel keinerlei **Widerrufsgründe** enthält.[152] 3981

Die Wirksamkeit eines Widerrufsvorbehalts richtet sich nach § 308 Nr. 4 BGB als der gegenüber § 307 BGB spezielleren Norm. Da § 308 Nr. 4 BGB den § 307 BGB konkretisiert, sind die Wertungen des § 307 BGB heranzuziehen. Außerdem sind die nach § 310 Abs. 4 S. 2 BGB im Arbeitsrecht geltenden Besonderheiten angemessen zu berücksichtigen.[153] Im Rahmen des § 308 Nr. 4 BGB muss der Widerrufsvorbehalt der Zumutbarkeitskontrolle genügen, wobei 3982

148 BAG 24.2.2011 – 2 AZR 636/09, DB 2011, 2094, PuR 2011, 62 f.
149 BAG 18.4.2012 – 10 AZR 143/11, DB 2012, 2050.
150 BAG 17.4.2007 – 5 AZR 89/01, NZA 2002, 1096; *Schöne*, SAE 2007, 370, 372.
151 BAG 13.3.2003 – 6 AZR 557/01, DB 2003, 1960.
152 ArbG Hagen 5.9.2006 – 5 (2) Ca 2811/05, MedR 2007, 181 unter Verweis auf *Hümmerich/Bergwitz*, BB 2005, 977.
153 BAG 12.1.2005 – 5 AZR 364/04, NZA 2005, 465.

dieser anhand einer generalisierenden-typischen Betrachtungsweise durchzuführen ist. Im Ergebnis darf der Widerrufsvorbehalt **nicht** zu **Störungen des Arbeitsverhältnisses** führen und **keine Beeinträchtigung des Kernbereichs** des Arbeitsverhältnisses eintreten.[154] Außerdem muss der Widerrufsvorbehalt dem Transparenzgebot des § 307 Abs. 1 S. 2 BGB genügen. Es muss also zumindest klargestellt werden, auf welche Leistung der Widerruf sich bezieht und unter welchen Voraussetzungen er ausgeübt werden kann; das setzt die Angabe eines Widerrufsgrundes voraus. – Zur AGB-Kontrolle von Widerrufsvorbehalten s. ausf. § 1 Rn 4159 ff (mit Rspr-Beispielen).

3983 Enthält die Entwicklungsklausel **keine Widerrufsgründe** und nennt sie auch keine Gründe für die Ausübung des erweiterten Direktionsrechts, so erfüllt sie diese Voraussetzungen nicht. Der Verstoß der Entwicklungsklausel gegen § 308 Nr. 4 BGB und § 307 Abs. 1 S. 2 BGB hat ihre Unwirksamkeit zur Folge, während der Dienstvertrag im Übrigen wirksam bleibt (§ 306 Abs. 1 BGB).

3984 Die Vereinbarung eines jederzeitigen Änderungsvorbehalts (hier: Entwicklungsklausel in dem Anstellungsvertrag eines Krankenhausarztes) **ohne** die **Nennung jeglicher Gründe oder Voraussetzungen** soll nicht den formellen Anforderungen von §§ 308 Nr. 4, 307 BGB entsprechen, insb. dann, wenn in der Klausel eine vertragliche Festlegung des Anteils am Gesamtverdienst, der dem Chefarzt bei Änderungen aufgrund der Entwicklungsklausel in jedem Fall verbleiben muss, fehlt.[155]

ii) Betriebsverfassungsrechtliche Versetzung

3985 In Unternehmen mit idR mehr als 20 wahlberechtigten Arbeitnehmern hat der Arbeitgeber den Betriebsrat vor jeder Versetzung zu unterrichten, ihm die erforderlichen Bewerbungsunterlagen vorzulegen und Auskunft über die Person der Beteiligten zu geben; er hat dem Betriebsrat unter Vorlage der erforderlichen Unterlagen Auskunft über die Auswirkungen der geplanten Maßnahme zu geben und die **Zustimmung des Betriebsrats** zu der geplanten Maßnahme einzuholen (§ 99 Abs. 1 S. 1 BetrVG). Bei Versetzungen hat der Arbeitgeber insb. den in Aussicht genommenen Arbeitsplatz und die vorgesehene Eingruppierung mitzuteilen (§ 99 Abs. 1 S. 2 BetrVG).

3986 Der Betriebsrat kann die Zustimmung unter den in § 99 Abs. 2 Nr. 1–6 BetrVG abschließend aufgezählten Gründen verweigern. Verweigert der Betriebsrat seine Zustimmung, so hat er dies gem. § 99 Abs. 3 S. 1 BetrVG unter Angabe von Gründen innerhalb einer Woche nach Unterrichtung durch den Arbeitgeber diesem schriftlich mitzuteilen. Teilt der Betriebsrat dem Arbeitgeber die Verweigerung seiner Zustimmung nicht innerhalb der Frist schriftlich mit, so gilt die Zustimmung als erteilt (§ 99 Abs. 3 S. 2 BetrVG). Verweigert der Betriebsrat seine Zustimmung, so kann der Arbeitgeber beim Arbeitsgericht beantragen, die Zustimmung zu ersetzen (§ 99 Abs. 4 BetrVG).[156]

3987 Gemäß **§ 100 BetrVG** kann der Arbeitgeber, wenn dies aus **sachlichen Gründen** dringend erforderlich ist, die personelle Maßnahme iSd § 99 Abs. 1 S. 1 BetrVG **vorläufig durchführen**, bevor der Betriebsrat sich geäußert oder wenn er die Zustimmung verweigert hat. Der Arbeitgeber hat den Arbeitnehmer über die Sach- und Rechtslage aufzuklären (§ 100 Abs. 1 BetrVG).

3988 Gemäß § 100 Abs. 2 S. 1 BetrVG ist der Betriebsrat vom Arbeitgeber unverzüglich über eine vorläufige personelle Maßnahme zu unterrichten. Für die Dauer einer vorläufigen personellen Maßnahme ist der betroffene Arbeitnehmer betriebsverfassungsrechtlich dem neuen Arbeitsbereich zugeordnet. Die Rückkehr eines Arbeitnehmers auf seinen bisherigen Arbeitsplatz infolge Beendigung einer vorläufigen personellen Maßnahme stellt keine Einstellung oder Versetzung

154 *Kort*, NZA 2005, 509, 510 f.

155 ArbG Paderborn 12.4.2006 – 3 Ca 2300/05, ArztR 2006, 262.

156 S. im Einzelnen *Schiefer/Korte*, Das Betriebsverfassungsgesetz, Checkliste 31, Rn 244.

des Arbeitnehmers iSv § 99 Abs. 1, § 95 Abs. 3 S. 1 BetrVG dar. Der Betriebsrat hat daher kein Mitbestimmungsrecht nach diesen Bestimmungen.[157]

Der vom arbeitsvertraglichen Versetzungsbegriff zu unterscheidende **kollektivrechtliche Versetzungsbegriff** wird in § 95 Abs. 3 BetrVG definiert. Es handelt sich dabei um die Zuweisung eines **anderen Arbeitsbereichs**, die voraussichtlich die Dauer **von einem Monat** überschreitet (längerfristige Zuweisung) **oder** die mit einer **erheblichen Änderung** der Umstände verbunden ist, unter denen die Arbeit zu leisten ist (§ 95 Abs. 3 S. 1 BetrVG). Werden Arbeitnehmer nach der Eigenart ihrer Arbeitsverhältnisse **üblicherweise nicht ständig** an einem bestimmten Arbeitsplatz beschäftigt, so gilt die Bestimmung des jeweiligen Arbeitsplatzes nicht als Versetzung (§ 95 Abs. 3 S. 2 BetrVG).[158] 3989

Die arbeitskampfbedingte Versetzung arbeitswilliger Arbeitnehmer in einen bestreikten Betrieb (hier: von der Zentrale in das Logistikzentrum) unterliegt **während der Dauer eines Streiks** (hier: im Logistikzentrum) nicht der Mitbestimmung des Betriebsrats nach § 99 Abs. 1 BetrVG. Das gilt unabhängig davon, ob der abgebende Betrieb in den Arbeitskampf einbezogen ist oder nicht.[159] 3990

b) Klauseltypen und Gestaltungshinweise

aa) Kenntnisse- und Fähigkeitenklauseln

(1) Klauseltyp A

↓ **A 1:** Die Arbeitnehmerin steht ab dem Eintrittsdatum als Personalsachbearbeiterin in den Diensten des Arbeitgebers. Falls erforderlich, kann der Arbeitgeber nach Abstimmung der beiderseitigen Interessen Art und Ort der Tätigkeit der Arbeitnehmerin ändern. 3991

A 2: Frau (...) wird ab dem (...) bei (...) in Frankfurt beschäftigt. Der Arbeitgeber kann Frau (...) entsprechend ihren Leistungen und Fähigkeiten mit einer anderen im Interesse des Arbeitgebers liegenden Aufgabe betrauen, sie an einem anderen Ort sowie vorübergehend auch bei einem anderen Unternehmen einsetzen.[160]

A 3: Frau (...) wird als Redakteurin in der Hauptredaktion, Ressort Sonderaufgaben, beschäftigt. Der Verlag behält sich unter Wahrung der Interessen des Redakteurs die Zuweisung eines anderen Arbeitsgebietes vor.

↓ **A 4:** Der Arbeitnehmer verpflichtet sich, nach näherer Weisung auch andere zumutbare Tätigkeiten am Standort zu übernehmen.

↓ **A 5:** Der Arbeitnehmer kann im Rahmen seiner Vorbildung auch auf einem anderen zumutbaren Arbeitsplatz beschäftigt werden.

A 6: Der Arbeitgeber ist berechtigt, dem Arbeitnehmer aus betrieblichen oder persönlichen Gründen im selben oder in einem anderen Betrieb des Unternehmens auch eine andere gleichwertige Arbeit zuzuweisen, die seinen Fähigkeiten und Kenntnissen entspricht.[161]

→ **A 7:** Aus dringenden persönlichen Gründen kann der Arbeitgeber dem Arbeitnehmer (mit einer Ankündigungsfrist, die der gesetzlichen Änderungskündigungsfrist entspricht) auch eine geringerwertige Tätigkeit zuweisen. Die Zuweisung darf zwei Vergütungsgruppen nicht überstei-

---

157 BAG 15.4.2014 – 1 ABR 101/12, EzA-SD 2014, Nr. 16, 14.

158 S. im Einzelnen *Schiefer/Korte*, Das Betriebsverfassungsgesetz, Checkliste 31, Rn 244.

159 BAG 13.12.2011 – 1 ABR 2/10, DB 2012, 1993; zur betriebsübergreifenden Versetzung im Konzern und Mitbestimmung gem. § 99 BetrVG s. *Lambrich/Schwab*, DB 2012, 1928.

160 BAG 13.3.2007 – 9 AZR 433/06, DB 2007, 1985.

161 *Hormadka/Schmitt-Rolfes*, NJW 2007, 1777, 1778.

gen. Das bisherige Entgelt wird (für die Dauer von ...) fortbezahlt. Der Arbeitgeber wird dem Arbeitnehmer, sobald möglich, wieder eine höherwertige Tätigkeit zuweisen.[162]

(2) Gestaltungshinweise

3992 Da der Arbeitgeber sich mit der **Klausel A 1** eine Änderung der vertraglichen Tätigkeit und damit einen **schwerwiegenden Eingriff** in den gesetzlich gewährleisteten Inhaltsschutz vorbehalten hat, ohne festzuschreiben, dass eine einseitige Änderung der Art der Tätigkeit nur möglich sein soll, wenn diese in der Zuweisung einer anderen **gleichwertigen** Tätigkeit besteht, ist von einer unangemessenen Benachteiligung iSd § 307 Abs. 2 Nr. 1 BGB auszugehen.[163]

3993 Die **Klausel A 2** ist der Entscheidung des BAG vom 13.3.2007[164] entnommen. Danach gilt Folgendes: Die vorformulierte Zuweisungsklausel mit dem Inhalt, dass sich der Arbeitgeber vorbehält, einen Mitarbeiter entsprechend seinen Leistungen und Fähigkeiten mit einer anderen im Interesse des Unternehmens liegenden Tätigkeit zu betrauen und auch an einem anderen Ort zu beschäftigen, **erweitert** das **Direktionsrecht** des Arbeitgebers und ist weder gem. § 308 Nr. 4 BGB unwirksam noch benachteiligt sie den Arbeitnehmer iSv § 307 Abs. 1 S. 1 BGB unangemessen. Sie verstößt auch nicht gegen das **Transparenzgebot** des § 307 Abs. 1 S. 2 BGB. Die Zulässigkeit einer aufgrund eines im Arbeitsvertrag zulässig vereinbarten Versetzungsvorbehalts angeordneten konkreten Versetzung unterliegt sodann jedoch der sog. **Ausübungskontrolle**, dh, es ist zu überprüfen, ob sie billigem Ermessen entspricht. In diesem Zusammenhang ist auch zu prüfen, ob sich Arbeitspflichten nach längerer Zeit auf bestimmte Arbeitsbedingungen konkretisiert haben. Dazu genügt jedoch nicht schon der bloße Zeitablauf. Vielmehr müssen besondere Umstände hinzutreten, aufgrund derer der Arbeitnehmer erkennen kann und vertrauen darf, dass er nicht in anderer Weise eingesetzt werden soll.

3994 Die **Klausel A 3** hält nach der grundlegenden Entscheidung des BAG zur Zulässigkeit von Versetzungsklauseln[165] einer AGB-Kontrolle stand. Sie ist materiell der Regelung in § 106 S. 1 GewO nachgebildet und stellt weder eine unangemessene Benachteiligung des Arbeitnehmers nach § 307 Abs. 1 S. 1 BGB dar noch verstößt sie allein deshalb gegen das Transparenzgebot des § 307 Abs. 1 S. 2 BGB, weil keine konkreten Versetzungsgründe genannt sind. Da die Klausel in diesem Sinne nicht direktionsrechtserweiternd ist und nicht in den Inhalt des Arbeitsvertrages eingreift, bedarf es keiner sog. **Gleichwertigkeitsgarantie.**[166]

3995 Die **Klauseln A 4 und A 5** sind ggf nicht ausreichend klar iSd § 305 c Abs. 2 BGB, da sich ihnen nicht entnehmen lässt, ob lediglich das Direktionsrecht gem. § 106 GewO konkretisiert oder aber eine andere – ggf auch geringerwertige – Art der Tätigkeit erfasst werden soll. Da Auslegungszweifel gem. § 305 c Abs. 2 BGB zu Lasten des Arbeitgebers gehen, besteht nach Ansicht von *Dzida/Schramm*[167] die Gefahr, dass sie mangels einer „Gleichwertigkeitsgarantie" gem. § 307 Abs. 1 BGB insgesamt unwirksam sind.

3996 Bei der **Klausel A 6** handelt es sich um die von *Hromadka/Schmitt-Rolfes*[168] formulierte „klassische Versetzungsklausel", die sich auf die **Zuweisung einer gleichwertigen Arbeit** erstreckt und iSd AGB-Kontrolle zulässig sein dürfte.

3997 Für die **Zuweisung einer geringerwertigen Tätigkeit** empfehlen *Hromadka/Schmitt-Rolfes*[169] die unter **A 7** dargestellte Klausel. Die „Sozialauswahl" bei einer betriebsbedingten Versetzung könne dann der Ausübungskontrolle nach § 315 BGB überlassen bleiben. Wer die Angabe des

162 *Hormadka/Schmitt-Rolfes*, NJW 2007, 1777, 1778.
163 BAG 9.5.2006 – 9 AZR 424/05, NZA 2007, 145.
164 BAG 13.3.2007 – 9 AZR 433/06, DB 2007, 1985.
165 BAG 11.4.2006 – 9 AZR 557/05, DB 2007, 289.
166 *Dzida/Schramm*, DB 2007, 1221, 1223.
167 *Dzida/Schramm*, DB 2007, 1221, 1223.
168 *Hormadka/Schmitt-Rolfes*, NJW 2007, 1777, 1778.
169 *Hormadka/Schmitt-Rolfes*, NJW 2007, 1777, 1778.

Maßstabes für notwendig halte, könne einen Hinweis auf die Berücksichtigung der Kriterien des § 1 Abs. 3 S. 1 und 2 KSchG einarbeiten. Zu beachten ist, dass die Rspr[170] zT generell die Unwirksamkeit von Versetzungsklauseln annimmt, die die Zuweisung einer geringerwertigen Tätigkeit zum Gegenstand haben.

bb) Vergütungsfeste tätigkeitsverändernde Klauseln

(1) Klauseltyp B

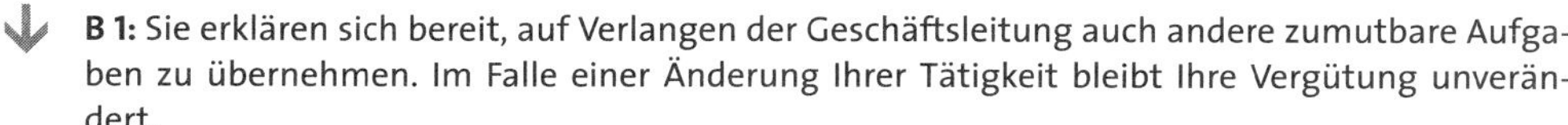

B 1: Sie erklären sich bereit, auf Verlangen der Geschäftsleitung auch andere zumutbare Aufgaben zu übernehmen. Im Falle einer Änderung Ihrer Tätigkeit bleibt Ihre Vergütung unverändert. 3998

B 2: Wir behalten uns vor, Sie in einer anderen Ihrer Vorbildung und Ihren Fähigkeiten entsprechenden Stellung mit gleichen Bezügen und Vertragsbedingungen zu beschäftigen und Sie in eine Abteilung oder in ein anderes Werk zu versetzen.

B 3: Herr (...) wird als Buchhalter eingestellt. Der Arbeitgeber ist berechtigt, Herrn (...) eine andere gleichwertige und gleichbezahlte Tätigkeit zuzuweisen, die seinen Fähigkeiten und Kenntnissen entspricht.[171]

B 4: Aus dringenden persönlichen Gründen kann der Arbeitgeber dem Arbeitnehmer (mit einer Ankündigungsfrist, die der gesetzlichen Änderungskündigungsfrist entspricht) auch eine geringerwertige Tätigkeit zuweisen. Die Zuweisung darf zwei Vergütungsgruppen nicht übersteigen. Das bisherige Entgelt wird (für die Dauer von ...) fortbezahlt. Der Arbeitgeber wird dem Arbeitnehmer, sobald möglich, wieder eine höherwertige Tätigkeit zuweisen.[172]

B 5: Der Arbeitgeber hat das Recht, der/dem Arbeitnehmer/in kurzfristig oder dauerhaft eine andere gleichwertige Tätigkeit der Vergütungsgruppe (...) zuzuweisen. Die Zuweisung hat keinen Einfluss auf die Höhe der Vergütung.[173]

(2) Gestaltungshinweise

Die Klausel B 1 könnte zumindest das Risiko der Unklarheit (§ 305 c Abs. 2 BGB) und damit der Unwirksamkeit enthalten, denn es wird nicht deutlich, wie weit reichend ggf eine Änderung der Tätigkeit erfolgen soll.[174] Das BAG hat allerdings mit Entscheidung vom 11.4.2006[175] grds. festgestellt, dass tätigkeitsbeschreibende Versetzungsklauseln auch dann wirksam sind, wenn sie lediglich an das Kriterium der Zumutbarkeit anknüpfen und mithin nicht notwendigerweise eine „Gleichwertigkeitsgarantie“ im Hinblick auf den neuen Arbeitsbereich erforderlich ist.[176] Bedenken bestehen vor diesem Hintergrund auch im Hinblick auf die Klausel B 2. 3999

Die **Klausel B 3** wird von *Preis/Genenger*[177] vorgeschlagen. Zur Vermeidung der Unwirksamkeit könne nur empfohlen werden, Tätigkeitsänderungen nur davon abhängig zu gestalten, dass dem Arbeitnehmer eine gleichwertige Tätigkeit zugewiesen wird. Soweit Klauseln (B 2 und B 3) nicht erkennen lassen, in welchem Umfang sich der Arbeitgeber die Befugnis zur Tätigkeitsänderung vorbehalten hat, führe diese fehlende Verständlichkeit wegen Verstoßes gegen das Transparenzgebot zur Unwirksamkeit. 4000

170 ArbG Hamburg 27.8.2009 – 5 Ca 67/09, AuR 2010, 42.
171 *Preis/Genenger*, NZA 2008, 969, 975.
172 *Hormadka/Schmitt-Rolfes*, NJW 2007, 1777, 1779.
173 *Henssler/Moll*, AGB-Kontrolle vorformulierter Arbeitsbedingungen, S. 66.
174 *Dzida/Schramm*, DB 2007, 1221, 1223.
175 BAG 11.4.2006 – 9 AZR 557/05, DB 2007, 289.
176 *Hohenstatt/Schramm*, NJW 2006, 3303, 3308.
177 *Preis/Genenger*, NZA 2008, 969, 975.

4001 Für die Zuweisung einer geringerwertigen Tätigkeit wird von *Hromadka/Schmitt-Rolfes*[178] die **Klausel B 4** empfohlen. Die „Sozialauswahl" bei einer betriebsbedingten Versetzung könne dann der Ausübungskontrolle nach § 315 BGB überlassen bleiben. Wer die Angabe des Maßstabes für notwendig halte, könne einen Hinweis auf die Berücksichtigung der Kriterien des § 1 Abs. 3 S. 1 und 2 KSchG einarbeiten. Auch an dieser Stelle ist auf die Rspr zu verweisen, die die Zuweisung einer geringerwertigen Tätigkeit als unwirksam erachtet.[179]

4002 Die von *Henssler/Moll*[180] vorgeschlagene **Klausel B 5** dürfte den Anforderungen der Rspr standhalten. Sie enthält die „Gleichwertigkeitsgarantie", wodurch dem Umstand Rechnung getragen wird, dass die Einbeziehung geringerwertiger Tätigkeiten idR unangemessen benachteiligend sein dürfte. In Anlehnung an die Rspr zum Widerrufsvorbehalt sei darüber hinaus in Erwägung zu ziehen, das Weisungsrecht auf solche Tätigkeiten zu beschränken, deren Vergütungsniveau innerhalb einer Spanne von höchstens 25 % unterhalb der bisher ausgeübten Tätigkeit liegt. Sofern diese Grenzen eingehalten werden, setze die Rechtmäßigkeit der Klausel nicht voraus, dass die Versetzung an das Vorhandensein dringender betrieblicher Erfordernisse iSd § 1 Abs. 2 KSchG geknüpft wird.

4003 Des Weiteren weisen *Henssler/Moll* darauf hin, dass Klauseln über die Zuweisung einer höherwertigen Tätigkeit idR nicht ohne eine Bestimmung zur entsprechenden Anpassung der Vergütung zulässig sein dürften, da anderenfalls der Arbeitgeber in erheblichem Maße einseitig das Verhältnis von Leistung und Gegenleistung beeinflussen könnte.[181]

cc) Unternehmensversetzungsklauseln

(1) Klauseltyp C

4004 → **C 1:** Der Arbeitgeber behält sich vor, den Arbeitnehmer bei Bedarf auch in anderen Betrieben des Unternehmens an einem anderen Ort zu beschäftigen.

C 2: Der Arbeitgeber behält sich vor, den Mitarbeiter bei Bedarf auch in anderen Betrieben innerhalb des Unternehmens am gleichen Ort zu beschäftigen.

C 3: Der Arbeitgeber kann den Arbeitnehmer entsprechend seinen Leistungen und Fähigkeiten mit einer anderen im Interesse des Arbeitgebers liegenden gleichwertigen Aufgabe betrauen, ihn an einem anderen Ort sowie vorübergehend auch bei einem anderen Unternehmen einsetzen.

(2) Gestaltungshinweise

4005 Die **Klausel C 1** ermöglicht eine Versetzung an einen anderen Ort im Unternehmen. Sie bezieht sich also nur auf den Beschäftigungsort, greift nicht in die Hauptleistungspflichten ein und entspricht damit richtigerweise dem ohnehin bestehenden Direktionsrecht.[182]

4006 Die **Klausel C 2** ermöglicht eine Versetzung am gleichen Ort. Sie entspricht damit erst recht dem ohnehin bestehenden Direktionsrecht, so dass auch hier die Wirksamkeit zu bejahen sein dürfte.[183]

---

178 *Hormadka/Schmitt-Rolfes*, NJW 2007, 1777, 1779.

179 ArbG Hamburg 27.8.2009 – 5 Ca 67/09, AuR 2010, 42.

180 *Henssler/Moll*, AGB-Kontrolle vorformulierter Arbeitsbedingungen, S. 66.

181 *Henssler/Moll*, AGB-Kontrolle vorformulierter Arbeitsbedingungen, S. 64, 65.

182 AA *Dzida/Schramm*, BB 2007, 1221, 1227, die mangels der bei unternehmensweiten Versetzungsklauseln nicht greifenden kündigungsrechtlichen Kompensation die Angabe des Versetzungsgrundes und eine „Gleichwertigkeitsgarantie" vorschlagen.

183 Preis/*Preis*, Der Arbeitsvertrag, II D 30 Rn 208.

Die **Klausel C 3** empfiehlt *Lingemann*.[184] Sie vollziehe die Rechtslage zu § 106 S. 1 GewO nach.[185] 4007

dd) Konzernversetzungsklauseln

(1) Klauseltyp D

→ **D 1:** Der Arbeitgeber ist berechtigt, den Arbeitnehmer auf einen anderen seiner Vorbildung und seinen Fähigkeiten entsprechenden Arbeitsplatz auch bei einem anderen inländischen Unternehmen innerhalb des (...)-Konzerns zu beschäftigen. 4008

→ **D 2:** Sie werden als Manager für den Bereich (...) in unserer Niederlassung (...) eingestellt. Wir behalten uns das Recht vor, Sie im Bedarfsfall auch an einem anderen Arbeitsort und/oder bei einer anderen Gesellschaft des Konzerns entsprechend Ihrer Vorbildung und Ihren Fähigkeiten für gleichwertige Tätigkeiten einzusetzen. Hierbei werden wir Ihre persönlichen Belange angemessen berücksichtigen.

D 3: Der Arbeitnehmer ist verpflichtet, vorübergehend auch Tätigkeiten, die seinen Fähigkeiten und Kenntnissen entsprechen, in einem anderen zum (...)-Konzern zur (...)-Gruppe gehörenden Unternehmen zu erbringen. Eine solche Abordnung hat auf die Vergütung keinen Einfluss.[186]

↓ **D 4:** [187]

a) Wir behalten uns vor, Sie innerhalb unseres Gesamtunternehmens, dh auch bei angeschlossenen Gesellschaften und Werken innerhalb Deutschlands, in einer anderen Ihrer Vorbildung und Ihren Fähigkeiten entsprechenden Stellung mit gleichen Bezügen und Vertragsbedingungen zu beschäftigen und Sie in ein anderes mit uns verbundenes Unternehmen zu versetzen. Außer bei dringenden betrieblichen Notwendigkeiten werden wir hierbei eine Ankündigungsfrist beachten, die Ihrer vertraglichen Kündigungsfrist entspricht. Vertragspartner wird dann allein das aufnehmende Unternehmen.
b) Der Mitarbeiter ist damit einverstanden, eine vergleichbare Tätigkeit zu denselben Vertragsbedingungen auch im Dienste einer anderen zur (...)-Gruppe gehörenden Gesellschaft auszuüben. Für die Dauer der Tätigkeit bei der anderen Gesellschaft tritt der Mitarbeiter in ein unmittelbares Dienstverhältnis zu dieser.

D 5: Sie werden in unserer Niederlassung (...) eingestellt. Wir behalten uns das Recht vor, Sie im Bedarfsfall auch an einem anderen Arbeitsort und/oder bei einer anderen Gesellschaft des Konzerns entsprechend Ihrer Vorbildung und Ihren Fähigkeiten für gleichwertige Tätigkeiten einzusetzen. Hierbei werden Ihre persönlichen Belange angemessen berücksichtigt.

D 6: Einsatzort ist grundsätzlich (...). Die Firma kann den Mitarbeiter auch vorübergehend oder auf Dauer an einem anderen Ort sowie befristet bei einem anderen Unternehmen einsetzen.

→ **D 7:** Der Arbeitnehmer erklärt sich bereit, eine vergleichbare Tätigkeit zu gleichen Vertragsbedingungen auch im Dienst eines anderen zum (...)-Konzern gehörenden Unternehmens innerhalb der Bundesrepublik Deutschland auszuüben.[188]

---

184 BLDH/*Lingemann*, Anwalts-Formularbuch Arbeitsrecht, M 2 a, Fn 8 mit Hinweis darauf, dass aus der BAG-Rspr abgeleitet werden könne, dass auch bei einer unternehmensweiten Versetzungsklausel etwaige Versetzungsgründe nicht angegeben werden müssen.

185 *Preis/Genenger*, NZA 2008, 969.

186 Preis/*Preis*, Der Arbeitsvertrag, II D 30 Rn 217.

187 Preis/*Preis*, Der Arbeitsvertrag, II D 30 Rn 225 ff.

188 *Tödtmann/Kaluza*, DB 2011, 114, 116.

(2) Gestaltungshinweise

4009 Die **Klausel D 1** ist nicht auf einen Arbeitgeberwechsel gerichtet. Vertragspartner bleibt der ursprüngliche Arbeitgeber. Es soll mithin eine **Entsendung** oder **Abordnung** erfolgen. Der Arbeitnehmer erbringt also die Hauptpflicht der Arbeitsleistung bei dem Drittunternehmen, während der Vertragsarbeitgeber Lohnschuldner bleibt. Die Zulässigkeit einer solchen Regelung ist nicht unumstritten. Teilweise wird von der generellen Zulässigkeit ausgegangen.[189] Teilweise werden mangels Kompensation durch einen entsprechenden Vorteil durch den Arbeitnehmer erhebliche Bedenken erhoben. Sei eine Konzernversetzungsklausel im Einzelfall wirksam, sei in jedem Fall ein **Versetzungsgrund** in den Arbeitsvertrag aufzunehmen und zudem klarzustellen, dass der Arbeitnehmer nur auf eine gleichwertige Position versetzt werden könne.[190]

4010 Die **Klausel D 2** basiert zwar grds. auf der Rspr des BAG, wonach die Zuweisung des Ortes durch das Direktionsrecht gedeckt ist. Nach Ansicht des LAG Hamm[191] ist die Klausel dennoch wegen unangemessener Benachteiligung unwirksam, wenn sich der Arbeitgeber einen Einsatz in einem anderen Unternehmen des Konzerns im In- und Ausland vorbehält, ohne eine ausreichende **Ankündigungsfrist** festzulegen. Die zugesagte „angemessene Berücksichtigung" persönlicher Belange sei unzureichend. Bei Festlegung einer Ankündigungsfrist, die ggf der gesetzlichen Änderungskündigungsfrist von drei Wochen (§ 2 KSchG) entspricht, könnte hingegen ggf von einer Zulässigkeit der Klausel ausgegangen werden.

Die Entscheidung des BAG vom 13.4.2010[192] zeigt, dass eine entsprechende Klausel auch ohne Ankündigungsfrist wirksam sein dürfte (s. hierzu auch Klausel D 5).

4011 Die **Klausel D 3** wird von *Preis*[193] vorgeschlagen und als „**Abordnungsklausel**" bezeichnet. Eine solche Abordnung werde als eine Überlassung der Ausübung der Arbeitgeberrechte, insb. des Direktionsrechts, durch einen Dritten angesehen und zu Recht als zulässig erachtet. Die Regelung, nach der die bisherige Vergütung weiterzuzahlen ist, sollte in jedem Falle aufgenommen werden. Im Übrigen seien die Vor- und Nachteile derartiger Klauseln sorgfältig abzuwägen. Auf der einen Seite erhöhe sich iSd Arbeitgebers die Flexibilität, auf der anderen Seite werde die Kündigung eines Arbeitnehmers ggf außerordentlich erschwert. Der unternehmensbezogene Kündigungsschutz werde im Falle einer Konzernversetzungsklausel ggf zu einem konzernbezogenen Kündigungsschutz, woraus eine konzernbezogene Weiterbeschäftigungspflicht folge.[194]

4012 *Preis*[195] weist zu Recht darauf hin, dass von der Verwendung der unter **D 4** aufgeführten Klauseln abzuraten ist. Es müssten von vornherein in Bezug auf den Arbeitgeberwechsel vielfältige ergänzende Regelungen (Sozialleistung, Anrechnungsvereinbarung etc.) getroffen werden, was schon mangels Voraussehbarkeit praktisch kaum möglich sei.

4013 Die **Klausel D 5** ist der Entscheidung des BAG vom 13.4.2010[196] entnommen. Da sie materiell der Regelung des § 106 S. 1 GewO – auch im Hinblick auf das zu beachtende billige Ermessen (Beachtung der persönlichen Belange) – entspricht, unterliegt sie nicht der Angemessenheitskontrolle nach § 307 Abs. 1 S. 1 BGB. Das Direktionsrecht wird auch nicht dadurch eingeschränkt, dass die Einstellung zunächst in der Niederlassung erfolgt. Die Festlegung eines bestimmten Ortes in Kombination mit einer im Arbeitsvertrag geregelten Einsatzmöglichkeit im gesamten Unternehmen verhindert die Beschränkung auf einen bestimmten Ort. Die Klausel ist weder unklar iSd § 305 c Abs. 2 BGB noch intransparent gem. § 307 Abs. 1 S. 2 BGB. Die An-

---

189 Preis/*Preis*, Der Arbeitsvertrag, II D 30 Rn 220.
190 *Dzida/Schramm*, BB 2007, 1221, 1227.
191 LAG Hamm 11.12.2008 – 11 Sa 817/08, EzA-SD 2009, Nr. 1, 8.
192 BAG 13.4.2010 – 9 AZR 36/09, DB 2010, 2805.
193 Preis/*Preis*, Der Arbeitsvertrag, II D 30 Rn 217.
194 S. auch *Henssler*, Der Arbeitsvertrag im Konzern, S. 129 ff.
195 Preis/*Preis*, Der Arbeitsvertrag, II D 30 Rn 225 ff.
196 BAG 13.4.2012 – 9 AZR 36/09, DB 2010, 2805.

gabe von Ankündigungsfristen und die Angabe des Entfernungsradius sind zwar „wünschenswert", jedoch iSd AGB-Kontrolle nicht zwingend geboten. Ob die Ausübung des Versetzungsrechts der Billigkeit entspricht, ist im Einzelfall zu prüfen (Auslegungskontrolle).

Die **Klausel D 6** ist der Entscheidung des BAG vom 13.6.2012[197] entnommen. Ist – wie in die- 4014
ser Klausel vorgesehen – festgelegt, dass der Einsatzort „grundsätzlich" in einer bestimmten Stadt ist, dass der Arbeitgeber den Arbeitnehmer „auch vorübergehend oder auf Dauer an einem anderen Ort einsetzen" kann, ist hinreichend klargestellt, dass die Bestimmung des Einsatzortes im Vertrag lediglich die erstmalige Ausübung des Weisungsrechts in Bezug auf den Arbeitsort enthält.[198] Die Nichtausübung des Direktionsrechts über einen längeren Zeitraum schafft regelmäßig keinen Vertrauenstatbestand dahin gehend, dass der Arbeitgeber von diesem vertraglich und/oder gesetzlich eingeräumten Recht in Zukunft keinen Gebrauch mehr machen will. Legt der Arbeitsvertrag den Ort der Arbeitsleistung nicht fest, so unterliegt ein zusätzlich im Arbeitsvertrag enthaltener Versetzungsvorbehalt keiner gesonderten Inhaltskontrolle. Die Grenzen des Weisungsrechts ergeben sich in diesem Fall unmittelbar aus § 106 GewO. Die Leistungsbestimmung nach billigem Ermessen (§ 106 S. 1 GewO, § 315 BGB) verlangt sodann eine Abwägung der wechselseitigen Interessen nach verfassungsrechtlichen und gesetzlichen Wertentscheidungen.

Die **Klausel D 7** wird von *Tödtmann/Kaluza*[199] vorgeschlagen. Mit Blick auf die Zweifel, die 4015
zT im Hinblick auf die Konzernversetzungsklauseln geltend gemacht werden, erscheint es richtig, diese nur dann zu verwenden, wenn sich bei Anwendung des „Blue-pencil-Tests" die Versetzung im Übrigen aufrechterhalten lässt.[200]

197 BAG 13.6.2012 – 10 AZR 296/11, NZA 2012, 1154.

198 S. auch BAG 28.8.2013 – 10 AZR 569/12, DB 2014, 123 = PuR 2014, 68.

199 *Tödtmann/Kaluza*, DB 2011, 114, 116.

200 *Henssler/Moll*, AGB-Kontrolle vorformulierter Arbeitsbedingungen, S. 69.

64. Vertragsstrafenklauseln

Literatur

Berger-Delhey, Der Vertragsbruch des Arbeitnehmers – Tatbestand und Rechtsfolgen, DB 1989, 2171; *Bötticher*, Wesen und Arten der Vertragsstrafe sowie deren Kontrolle, ZfA 1970, 1; *Däubler*, Die Auswirkungen der Schuldrechtsmodernisierung auf das Arbeitsrecht, NZA 2001, 1329; *Diller*, Vertragsstrafen bei Wettbewerbsverboten: Was nun?, NZA 2008, 574; *Engel*, Konventionalstrafen im Arbeitsvertrag, 1990; *Fischer*, Vertragsstrafe und vertragliche Schadenspauschalierung, 1981; *Fröhlich/Strauf*, Sanktionen im Profifußball, NZA 2011, 843; *Gaul/Tenbrock*, Neue Leitlinien des BAG zur Vertragsstrafenabrede im Formulararbeitsvertrag, ArbRB 2005, 303; *Günther/Nolde*, Vertragsstrafenklauseln bei Vertragsbruch – Angemessene und abschreckende Strafhöhe, NZA 2012, 62; *Haas/Fuhlrott*, Ein Plädoyer für mehr Flexibilität bei Vertragsstrafen, NZA-RR 2010, 1; *Hamann*, Zulässigkeit einer Vertragsstrafenabrede in einem Formulararbeitsvertrag, jurisPR-ArbR 50/2005 Anm. 1; *Heinze*, Konventionalstrafe und andere Sanktionsmöglichkeiten in der arbeitsrechtlichen Praxis, NZA 1994, 244; *Hoß*, Zulässigkeit von Vertragsstrafen im Arbeitsrecht, ArbRB 2002, 138; *Hümmerich*, Gestaltung von Arbeitsverträgen nach der Schuldrechtsreform, NZA 2003, 753; *Hümmerich/Holthausen*, Der Arbeitnehmer als Verbraucher, NZA 2002, 175; *Hunold*, Die aktuelle Rechtsprechung zur Inhaltskontrolle arbeitsrechtlicher Absprachen – AGB-Kontrolle, NZA-RR 2008, 449; *Junker*, AGB-Kontrolle von Arbeitsvertragsklauseln in der neueren Rechtsprechung des BAG, BB 2007, 1273; *v. Koppenfels*, Vertragsstrafen im Arbeitsrecht nach der Schuldrechtsmodernisierung, NZA 2002, 598; *Kothe/Weber*, AGB-Kontrolle von Vertragsstrafenvereinbarung im Formulararbeitsvertrag, jurisPR-ArbR 10/2009 Anm. 6; *Lakies*, AGB-Kontrolle von Vertragsstrafenvereinbarungen, ArbR 2014, 313; *Langheid*, Vertragsstrafenvereinbarung in Arbeitsverträgen, DB 1980, 1219; *Lechner*, AGB-Kontrolle einer Vertragsstrafenregelung, AnwZertArbR 16/2013, Anm. 2; *Leder/Morgenroth*, Die Vertragsstrafe im Formulararbeitsvertrag, NZA 2002, 952; *Leinemann*, Betriebsbußen – Betriebs- oder Vertragsstrafen?, AuR 1970, 134; *Lingemann*, Allgemeine Geschäftsbedingungen und Arbeitsvertrag, NZA 2002, 181; *Lingemann/Gottschalk*, Vertragsstrafengestaltung im Arbeitsrecht, DStR 2011, 774; *Lohr*, Vertragsstrafen im Arbeitsverhältnis, MDR 2000, 429; *Müller-Glöge*, Strafversprechen im Arbeitsvertrag, FA 2000, 114; *Niemann*, Vertragsbruch in Formulararbeitsverträgen, RdA 2013, 92; *Payrhuber*, Aus der Praxis: Vertragsstrafenklausel im Arbeitsvertrag, JuS 2009, 328; *Popp*, Schadensersatz und Vertragsstrafe bei Arbeitsvertragsbruch, NZA 1988, 455; *Preis/Stoffels*, Vertragsstrafe, AR-Blattei SD 1710; *Reichenbach*, Konventionalstrafe für den vertragsbrüchigen Arbeitnehmer, NZA 2003, 309; *Richter/Müller-Foell*, Wirksamkeit von Klauseln in Arbeitsverträgen des Profisports, KSzW 2013, 217; *Schöne*, Die Zulässigkeit von Vertragsstrafenabreden in Formulararbeitsverträgen, SAE 2006, 272; *Schrader/Schubert*, AGB-Kontrolle von Arbeitsverträgen, Teil 2, NZA-RR 2005, 225; *Schramm*, Neue Herausforderungen bei der Gestaltung von Vertragsstrafenklauseln, NJW 2008, 1494; *Schwarz/Spiegelberger*, Vorsicht bei Vertragsstrafen, AuA 2008, 542; *Stein*, Arbeitsvertragsbruch und formularmäßige Vertragsstrafe, BB 1985, 1402; *Stoffels*, Der Vertragsbruch des Arbeitnehmers, 1993; *ders.*, Grundfragen der Inhaltskontrolle von Arbeitsverträgen, ZfA 2009, 861; *Thüsing*, Was sind die Besonderheiten des Arbeitsrechts?, NZA 2002, 591; *Thüsing/Leder*, Gestaltungsspielräume bei der Verwendung vorformulierter Arbeitsvertragsbedingungen – Besondere Klauseln, BB 2005, 1563; *Ulrici*, AGB-Kontrolle einer Vertragsstrafenklausel bei vertragswidriger Beendigung des Arbeitsverhältnisses, jurisPR-ArbR 15/2011 Anm. 1; *Wiebauer*, Betriebsverfassungsrechtliche Vertragsstrafen, ArbuR 2012, 50; *Winter*, Wirksamkeits- und Angemessenheitskontrolle bei Vertragsstrafen im Formulararbeitsvertrag, BB 2010, 2757.

a) Rechtslage im Umfeld

aa) Begriff

4016 Gegen einen **Vertragsbruch** des Arbeitnehmers sichert sich der Arbeitgeber mit einer sog. **unselbständigen Vertragsstrafe** iSd §§ 339 ff BGB ab. Nach dieser Bestimmung können die Parteien eine Vertragsstrafe für den Fall vereinbaren, dass der Schuldner eine Verbindlichkeit, die auch in einem Unterlassen liegen kann, nicht erfüllt. Es handelt sich dann um ein **unselbständiges Strafversprechen**, das eine zu sichernde Hauptverpflichtung voraussetzt, während ein **uneigentliches Strafversprechen** die Pflicht zur Strafleistung eigenständig begründet.[1]

4017 Die unselbständige Vertragsstrafe erfüllt nach der Vorstellung des Gesetzgebers eine **Doppelfunktion**. Sie soll den Schuldner zur ordnungsgemäßen Erfüllung anhalten (Erfüllungssicherung, Druck, Prävention). „Das Kind soll gar nicht erst in den Brunnen fallen." Tut es dies doch, soll dem Gläubiger (zweite Funktion) wenigstens die Möglichkeit einer Schadloshaltung ohne Einzelnachweis eröffnet sein (Schadenssicherung, Ausgleich, Kompensation).

1 *Niemann*, RdA 2013, 92.

Die unselbständige Vertragsstrafe ist ein vom Gesetzgeber in den §§ 399 ff BGB zur Verfügung gestelltes besonderes Rechtsinstitut des Bürgerlichen Rechts für Schuldverhältnisse und kann demgemäß auch im Arbeitsverhältnis vereinbart werden.[2] 4018

bb) Rechtslage vor der Schuldrechtsreform

Das BAG hatte in stRspr keine grundsätzlichen Bedenken gegen Vertragsstrafen in Arbeitsverträgen, wenn der Arbeitgeber die Einhaltung vertraglicher Vereinbarungen durch den Arbeitnehmer sichern wollte.[3] Dabei unterschied es bislang zwischen verschiedenen Klauseltypen und Sachverhalten. Für zulässig hielt es eine Vertragsstrafe im Falle des **Vertragsbruchs** durch den Arbeitnehmer, wobei das BAG als **Vertragsbruch** folgende Sachverhalte definierte: **schuldhafte** und **rechtswidrige Nichtaufnahme der Arbeit,**[4] **Kündigung** des Arbeitsverhältnisses **vor Ablauf einer vereinbarten Vertragszeit** oder **vor Ablauf einer Kündigungsfrist**[5] ohne wichtigen Grund.[6] 4019

Vertragsbruch nahm das BAG auch bei Verletzung der Verschwiegenheitspflicht des Arbeitnehmers an.[7] Als Vertragsbruch, der mit einer angemessenen Vertragsstrafe belegt werden könne, galt auch, wenn der Arbeitnehmer vorzeitig nach einer vom Arbeitgeber finanzierten Aus- und Fortbildung aus dem Arbeitsverhältnis ausschied, selbst wenn er zusätzlich durch eine Rückzahlungsklausel beschränkt war.[8] Auch Verstöße gegen Wettbewerbsverbote durfte der Arbeitgeber bislang über eine Vertragsstrafe sanktionieren.[9] Vertragsstrafen waren nach altem Recht sowohl zur Sicherung eines vertraglichen[10] wie eines nachvertraglichen[11] Wettbewerbsverbotes zulässig. Mit dem Verlangen der Vertragsstrafe verlor der Arbeitgeber allerdings den Anspruch auf Einhaltung einer nachvertraglichen Wettbewerbsabrede für die Zeit, auf die sich die verwirkte Strafe bezog (§ 75 c Abs. 1 HGB, § 340 Abs. 1 S. 2 BGB).[12] 4020

Die Rspr[13] ließ Vertragsstrafenabreden grds. auch zur Sicherung ausdrücklich benannter Nebenpflichten zu, soweit die Vertragsstrafenregelung eindeutig mit der Nebenpflicht in Verbindung gebracht werden konnte.[14] Schlechtleistungen des Arbeitnehmers wurden dagegen nicht als Vertragsbruch und damit auch nicht als durch eine Vertragsstrafe sanktionierbares Verhalten angesehen.[15] Als unwirksam erkannte die Rspr den Verstoß gegen Mitteilungspflichten, bspw den Verstoß gegen die Pflicht zur Mitteilung einer Arbeitsverhinderung.[16] Akzeptiert wurde auch eine Vertragsstrafenabrede zwischen einem Barbesitzer und einer Tänzerin bei unterlassener Mitteilung einer Arbeitsverhinderung.[17] 4021

2 *Niemann*, RdA 2013, 92, 93.
3 BAG 5.2.1986 – 5 AZR 564/84, EzA § 339 BGB Nr. 2; BAG 27.5.1992 – 5 AZR 324/91, EzA § 339 BGB Nr. 8; BAG 13.6.1990 – 5 AZR 304/89, n.v.; zum Überblick über die Rspr s. *Müller-Glöge*, FA 2000, 114.
4 BAG 18.9.1991 – 5 AZR 650/90, NZA 1992, 215.
5 BAG 18.9.1991 – 5 AZR 650/90, NZA 1992, 215; BAG 27.4.2000 – 8 AZR 301/99, NZA 2001, 274.
6 BAG 18.9.1991 – 5 AZR 650/90, NZA 1992, 215.
7 BAG 16.8.1988 – 3 AZR 664/87, n.v.; Nichtannahmebeschluss des BVerfG 10.10.1989 – 1 BvR 1549/88, AP § 611 BGB Betriebsgeheimnis Nr. 5 d; BAG 15.12.1987 – 3 AZR 474/86, NZA 1988, 502; BAG 19.1.1961 – 5 AZR 215/60, EzA § 138 BGB Nr. 1.
8 BAG 27.7.1977 – 5 AZR 337/76, AP § 611 BGB Entwicklungshelfer Nr. 2.
9 BAG 21.5.1971 – 3 AZR 359/70, AP § 339 BGB Nr. 5; BAG 25.9.1980 – 3 AZR 133/80, AP § 339 BGB Nr. 7; BAG 30.4.1971 – 3 AZR 259/70, EzA § 340 BGB Nr. 1.
10 LAG Berlin 19.5.1980 – 8 Sa 19/80, DB 1980, 2342.
11 BAG 21.5.1971 – 3 AZR 359/70, AP § 75 c HGB Nr. 1.
12 BAG 13.9.1969 – 3 AZR 138/68, EzA § 74 HGB Nr. 10; BAG 26.11.1971 – 3 AZR 127/71, EzA § 74 HGB Nr. 25.
13 BAG 4.9.1964 – 5 AZR 511/63, AP § 339 BGB Nr. 3.
14 ArbG Berlin 1.9.1980 – 16 Ca 99/80, NJW 1981, 479.
15 LAG Hessen 5.9.1967 – 5 Sa 122/67, DB 1968, 987.
16 LAG Berlin 22.5.1997 – 1 Sa 4/97, NZA-RR 1998, 53.
17 ArbG Verden 7.10.1970 – Ca 203/70, ARST 1971, 64.

4022 Für wirksam hielt das BAG zum Erstaunen der Fachwelt eine recht allgemein gehaltene Formulierung im DFB-Musterarbeitsvertrag für **Lizenzspieler**, der bei **Verstößen gegen Anordnungen und Vertragspflichten** dem Verein das Recht einräumt, Vertragsstrafen gem. § 315 BGB festzusetzen.[18]

4023 Vertragsstrafen sollten seit jeher **eindeutig** und **klar** formuliert sein. Hieran fehlte es, wenn zwar in der Klausel von Vertragsbruch die Rede war, die sich anschließenden Regelbeispiele aber nichts mit dem Inhalt des Begriffs „Vertragsbruch" zu tun hatten.[19] Überraschende Klauseln, so auch optisch nicht sichtbar gemachte Vertragsstrafenregelungen, galten verschiedentlich nicht als Vertragsbestandteil.[20] Die Tatbestände der Verwirkung einer Vertragsstrafe hatten schon vor Inkrafttreten des Transparenzgebots generell eindeutig und bestimmt zu sein.[21] Ein Vertragsbruch war tatbestandlich nicht erfüllt, wenn nicht erkennbar war, welche Pflichten des Arbeitnehmers bei Nichtbeachtung maßgeblich sein sollten.[22]

cc) AGB-Kontrolle von Vertragsstrafenklauseln

(1) Vertragsstrafe als Besonderheit im Arbeitsrecht

4024 Im Sinne des § 305 BGB vorformulierte Vertragsstrafen unterliegen der AGB-Kontrolle. Soweit möglich, sollte eine Vertragsstrafe daher als **Individualabrede** vereinbart werden. In diesem Falle gelten die Regeln der AGB-Kontrolle nicht. Es greifen vielmehr die Regeln der allgemeinen Billigkeitskontrolle, denen eine individualvertragliche Vertragsstrafe nach der Rspr des BAG jedenfalls standhalten würde. Der Arbeitgeber muss in diesem Fall die Vertragsstrafe bei den Verhandlungen beweisbar ernsthaft zur Disposition stellen.[23]

4025 Für **formularmäßig** vereinbarte Vertragsstrafen sind die §§ 305–309 BGB anwendbar. In seiner ersten Entscheidung zur AGB-Kontrolle einer Vertragsstrafenabrede hat das BAG festgestellt, dass eine Vertragsstrafenabrede in formularmäßigen Arbeitsverträgen trotz § 309 Nr. 6 BGB grds. zulässig ist. Nach § 309 Nr. 6 BGB (Klauselverbot ohne Wertungsmöglichkeit) ist eine Bestimmung, durch die dem Verwender für den Fall der Nichtabnahme oder verspäteten Abnahme der Leistung, des Zahlungsverzugs oder für den Fall, dass der andere Vertragsteil sich vom Vertrag löst, Zahlung einer Vertragsstrafe versprochen wird, zwar unwirksam. Diese Regelung steht der Wirksamkeit eines Vertragsstrafeversprechens in einem formularmäßigen Arbeitsvertrag jedoch nicht entgegen, weil gem. § 310 Abs. 4 S. 2 Hs 1 BGB die **im Arbeitsrecht geltenden Besonderheiten** zu berücksichtigen sind. Eine solche arbeitsrechtliche Besonderheit ist insb. der **Ausschluss der Vollstreckbarkeit der Arbeitsleistung nach § 888 Abs. 3 ZPO**, der dem Arbeitgeber im Gegensatz zu anderen Gläubigern die Möglichkeit verwehrt, seinen Primäranspruch durchzusetzen.[24]

(2) Rechtsprechungsbeispiele

4026 Das BAG hatte folgende Vertragsklausel zu beurteilen:

> „Tritt der Arbeitnehmer das Arbeitsverhältnis nicht an, löst er das Arbeitsverhältnis unter Vertragsbruch oder wird der Arbeitgeber durch schuldhaft vertragswidriges Verhalten des Arbeitnehmers zur fristlosen Kündigung des Arbeitsverhältnisses veranlasst, so hat der Arbeitneh-

---

18 BAG 5.2.1986 – 5 AZR 564/84, EzA § 339 BGB Nr. 2; zur Wirksamkeit von Klauseln in Arbeitsverträgen des Profisports s. *Richter/Müller-Foell*, KSzW 2013, 217; *Lechner*, AnwZertArbR 16/2013, Anm. 2.

19 ArbG Rheine 20.3.1991 – 2 Ca 82/91, BB 1991, 1125; LAG Hessen 8.10.1990 – 10/2 Sa 1395/89, LAGE § 339 BGB Nr. 7.

20 BAG 29.11.1995 – 5 AZR 447/94, NZA 1996, 702.

21 BAG 18.9.1991 – 5 AZR 650/90, DB 1992, 383; BAG 5.2.1986 – 5 AZR 564/84, NZA 1986, 782.

22 BAG 27.4.2000 – 8 AZR 286/99, BB 2000, 1628.

23 BLDH/*Lingemann*, Anwalts-Formularbuch Arbeitsrecht, Kap. 2 Rn 76.

24 BAG 4.3.2004 – 8 AZR 196/03, DB 2004, 1616; *Niemann*, RdA 2013, 92, 95.

> mer an den Arbeitgeber eine Vertragsstrafe in Höhe von einem Bruttomonatsgehalt zu zahlen. Der Arbeitgeber kann einen weitergehenden Schaden geltend machen."

Hierzu hat das BAG mit Entscheidung vom 4.3.2004[25] festgestellt: Das Klauselverbot gem. § 309 Nr. 6 BGB (Vertragsstrafe) steht der Wirksamkeit der Klausel nicht entgegen. Eine Vertragsstrafenabrede ist grds. aufgrund der im Arbeitsrecht geltenden Besonderheiten gem. § 310 Abs. 4 S. 2 BGB – Ausschluss der Vollstreckbarkeit der Arbeitsleistung (§ 888 Abs. 3 ZPO) – möglich. Die Klausel ist jedoch unangemessen gem. § 307 Abs. 1 S. 1 BGB. Die Festsetzung einer Vertragsstrafe in Höhe eines vollen Monatsgehalts beeinträchtigt den Arbeitnehmer idR unangemessen, wenn er sich rechtmäßig mit einer Kündigungsfrist von zwei Wochen vom Vertrag lösen könnte. Dies führt zur Unwirksamkeit der gesamten Klausel. 4027

Ist eine Vertragsstrafe in einem Formulararbeitsvertrag zu hoch, kommt eine geltungserhaltende Reduktion grds. nicht in Betracht.[26] Diese Auffassung hat das BAG in zwei weiteren Urteilen vom gleichen Tage bestätigt.[27] 4028

In einem vierten Urteil bekräftigte der Senat seine Rspr, wobei die Vertragsstrafenabrede in dem vom Senat zu entscheidenden Fall mangels Bestimmtheit unwirksam war, weil sie die Pflichtverletzung des Arbeitnehmers nicht so klar bezeichnete, dass sich der Versprechende in seinem Verhalten darauf habe einstellen können.[28] Zu beurteilen war folgende Klausel: 4029

> „Tritt der/die Arbeitnehmer/in das Arbeitsverhältnis nicht an, löst er/sie das Arbeitsverhältnis unter Vertragsbruch oder wird der Arbeitgeber durch schuldhaftes vertragswidriges Verhalten des Arbeitnehmers/der Arbeitnehmerin zur fristlosen Kündigung des Arbeitsverhältnisses veranlasst, so hat der/die Arbeitnehmer/in an den Arbeitgeber eine Vertragsstrafe in Höhe von einem Bruttomonatsgehalt/-lohn zu zahlen. Der Arbeitgeber kann einen weitergehenden Schaden geltend machen."

Hierzu stellt das BAG – stichwortartig – Folgendes fest: Die Klausel unterfällt nicht dem Vertragsstrafenverbot nach § 309 Nr. 6 BGB. Sie verstößt aber gegen das Transparenzgebot gem. § 307 Abs. 1 S. 2 BGB. Nicht klar und verständlich in diesem Sinne ist eine Regelung, wonach eine Vertragsstrafe durch „schuldhaft vertragswidriges Verhalten" des Arbeitnehmers, das den Arbeitgeber zur fristlosen Kündigung des Arbeitsverhältnisses veranlasst, verwirkt ist. Es ist nicht zu erkennen, durch welche konkrete Pflichtverletzung die Vertragsstrafe verwirkt wird. Die auslösende Pflichtverletzung muss – so das BAG – so klar bezeichnet sein, dass sich der Versprechende darauf einstellen kann. Globale Versprechen, die auf die Absicherung aller vertraglichen Pflichten zielen, sind unwirksam. 4030

In einem weiteren Vertragsstrafenurteil hielt der 8. Senat[29] die folgende Klausel für unwirksam: 4031

> „Der Mitarbeiter hat im Fall eines gravierenden Vertragsverstoßes (etwa gegen das Wettbewerbsverbot, die Geheimhaltungspflicht oder bei einem Überschreiten der Befugnisse aus seinen Vollmachten) für jeden Einzelfall eine Vertragsstrafe in Höhe des ein- bis dreifachen Betrags des jeweiligen Monatsgehalts bzw nach seinem Ausscheiden des letzten Monatsgehalts an die R zu bezahlen. Die genaue Höhe wird von R festgesetzt und richtet sich nach der Schwere des Verstoßes. Die Geltendmachung eines darüber hinausgehenden Schadens bleibt davon unberührt."

25 BAG 4.3.2004 – 8 AZR 196/03, DB 2004, 1616.
26 BAG 4.3.2004 – 8 AZR 196/03, DB 2004, 1616.
27 BAG 4.3.2004 – 8 AZR 328/03, FA 2004, 152; BAG 4.3.2004 – 8 AZR 344/03, FA 2004, 152.
28 BAG 21.4.2005 – 8 AZR 425/04, NZA 2005, 1053.
29 BAG 18.8.2005 – 8 AZR 65/05, NZA 2006, 34.

4032 Das BAG stellt hierzu Folgendes fest: Das Klauselverbot gem. § 309 Nr. 6 BGB greift nicht. Es liegt auch kein Verstoß gegen das Transparenzgebot gem. § 307 Abs. 1 S. 2 BGB vor. Der „gravierende Vertragsverstoß" wird durch Beispiele ausreichend konkretisiert. Die Vertragsstrafe enthält dabei eine unangemessene Benachteiligung gem. § 307 Abs. 1 S. 1 BGB. Eine Vertragsstrafe in Höhe des ein- bis dreifachen Monatsgehalts, deren Höhe vom Arbeitgeber nach der Schwere des Verstoßes festgelegt wird, ist unangemessen. Das Leistungsbestimmungsrecht innerhalb des gesetzten Rahmens ist unbillig und nicht gerechtfertigt („Übersicherung"); s. hierzu aber auch § 1 Rn 4046 ff.

4033 Mit Urteil vom 14.8.2007[30] hat das BAG die Anforderungen an eine hinreichend transparente Gestaltung von Vertragsstrafenklauseln weiter verschärft. Es hat klargestellt, dass die Voraussetzungen und Rechtsfolgen einer Vertragsstrafe **so genau beschrieben** sein müssen, dass aus Sicht des Arbeitnehmers **keine „ungerechtfertigten Beurteilungsspielräume"** bestehen. Sinngemäß[31] lautete die zu beurteilende Vertragsklausel wie folgt:

> „(1) Der Mitarbeiter verpflichtet sich, über sämtliche geschäftliche Vorgänge des Arbeitgebers Stillschweigen zu bewahren. Diese Verschwiegenheitspflicht besteht auch nach Beendigung des Anstellungsvertrages fort. Bei Verletzung der Verschwiegenheitspflicht kann eine Vertragsstrafe in Höhe eines durchschnittlichen Brutto-Monatseinkommens verlangt werden.
> (2) Der Mitarbeiter verpflichtet sich, während der Dauer dieses Vertrages bei keinem Konkurrenzunternehmen irgendeine Tätigkeit oder Beteiligung – sei es selbständig, unselbständig, beratend oder in einer sonstigen Weise unterstützend, weder mittelbar noch unmittelbar – auszuüben, ohne hierfür vorab die Genehmigung des Arbeitgebers eingeholt zu haben. Der Arbeitgeber kann für den Fall der Zuwiderhandlung eine Vertragsstrafe von zwei durchschnittlichen Brutto-Monatseinkommen verlangen.
> (3) Im Fall einer dauerhaften Verletzung der Verschwiegenheitspflicht oder des Wettbewerbsverbotes gilt jeder angebrochene Monat als erneute Verletzungshandlung."

4034 Das BAG hielt diese Vertragsklausel wegen „vermeidbarer Unklarheiten und Spielräume" gem. § 307 Abs. 1 S. 2 BGB für unwirksam. Es ist – so das BAG – nicht erkennbar, unter welchen Voraussetzungen eine dauerhafte Verletzung bzw ein einmaliger Verstoß gegen das Wettbewerbsverbot vorliegen soll. So lässt sich der Klausel nicht zweifelsfrei entnehmen, in welcher Höhe eine Vertragsstrafe verwirkt sein soll, wenn der Arbeitnehmer zB über mehrere Monate hinweg für ein Konkurrenzunternehmen tätig ist und währenddessen wiederholt Wettbewerbsverstöße begeht. Unklar ist insoweit, ob es für die Verwirkung der Vertragsstrafe auf jede einzelne Verletzungshandlung (zB jeden Arbeitseinsatz) ankommen soll oder aber stattdessen (nur) auf den jeweiligen Monat abzustellen ist, in dem die Verletzungshandlungen begangen worden sind. Vergleichbare Unklarheiten treten nach Auffassung des BAG auch auf, wenn der Arbeitnehmer über einen längeren Zeitraum einen Wettbewerbsverstoß in Form der Beteiligung an einem Konkurrenzunternehmen begeht.[32]

4035 Mit Entscheidung vom 22.8.2007[33] verdeutlicht das LAG Sachsen-Anhalt, dass zur Wahrung des Transparenzgebots gem. § 307 Abs. 1 S. 2 BGB nicht nur die zu leistende **Vertragsstrafe,** sondern auch die sie auslösende **Pflichtverletzung möglichst so konkret benannt** werden muss, dass der Arbeitnehmer sein Verhalten danach ausrichten kann.

4036 Das LAG Rheinland-Pfalz[34] kommt zu dem Ergebnis, dass eine wegen unangemessener Höhe der Vertragsstrafe unwirksame Regelung in einem formularmäßig verwendeten Arbeitsvertrag nicht im Wege geltungserhaltender Reduktion mit einem zulässigen Inhalt aufrechterhalten

30 BAG 14.8.2007 – 8 AZR 973/06, NZA 2008, 170.
31 *Schramm*, NJW 2008, 1494.
32 S. auch *Hunold*, NZA-RR 2008, 449, 456.
33 LAG Sachsen-Anhalt 22.8.2007 – 4 Sa 118/07.
34 LAG Rheinland-Pfalz 28.6.2007 – 2 Sa 62/07.

werden kann. Wird ohne Unterscheidung für eine Probezeit mit zweiwöchiger Kündigungsfrist und für die nachfolgende Vertragslaufzeit eine Vertragsstrafe von 1 Brutto-Monatsentgelt für den Fall einer vertragswidrigen Beendigung des Arbeitsverhältnisses vereinbart, ist die Klausel insgesamt unwirksam.

Lediglich vereinzelt ist instanzgerichtlich die Auffassung vertreten worden, für die in § 309 Nr. 6 BGB aufgeführten Sachverhalte bestehe ein Vertragsstrafenverbot, das unter dem Gesichtspunkt der arbeitsrechtlichen Besonderheiten iSd § 310 Abs. 4 S. 2 BGB nicht überwunden werden könne.[35] Diese Auffassung dürfte aber angesichts der nunmehr stRspr des BAG keinen Bestand haben. Auch die zT in der Lit. geäußerten Bedenken haben das BAG nicht veranlasst, von der mit Entscheidung vom 4.3.2004[36] (s. § 1 Rn 4027) begründeten Rspr zur Vertragsstrafenabrede abzurücken. Es ist zu Recht auch nicht der von *v. Westphalen*[37] gegebenen Empfehlung gefolgt, die Argumentation unter Berücksichtigung der im Arbeitsrecht geltenden Besonderheiten (keine Vollstreckbarkeit der Arbeitsleistung gem. § 888 Abs. 3 ZPO) zu überdenken. 4037

Mit Entscheidung vom 28.5.2009[38] hat das BAG nochmals mit Hinweis auf § 310 Abs. 4 S. 2 BGB eine Vertragsstrafenabrede als wirksam erachtet (s. § 1 Rn 4083, Klausel B 5). 4038

Zuletzt mit Entscheidung vom 23.1.2014[39] betont das BAG nochmals Folgendes: „Vertragsstrafenabreden in Formularverträgen sind nach § 309 Nr. 6 BGB generell unzulässig, in formularmäßigen Arbeitsverträgen folgt aber aus der angemessenen Berücksichtigung der im Arbeitsrecht geltenden Besonderheiten nach § 310 Abs. 4 S. 2 BGB die grundsätzliche Zulässigkeit von Vertragsstrafenabreden. Dabei ist zum Schutz des Arbeitnehmers ein strenger Maßstab anzulegen." 4039

An der früheren Rechtslage, dass sich durch die **Bezeichnung** einer Vertragsstrafe („Konventionalabrede" u.Ä.) nichts daran ändert, dass die Sanktion an den Regeln wirksamer Vertragsstrafeversprechen zu messen ist, hat sich nichts geändert. Besteht die finanzielle Folge eines Versprechens des Arbeitnehmers im Arbeitsvertrag in einer „Abstandssumme" oder im „Verfall einer Kaution", ist nach dem Inhalt der Abrede ebenfalls von einer Vertragsstrafe auszugehen.[40] 4040

(3) Unklarheiten- und Überraschungsschutz

Die Inhaltskontrolle von Vertragsstrafeversprechen hat dem Grunde wie der Höhe nach anhand der Normen des Rechts der Allgemeinen Geschäftsbedingungen zu erfolgen. Einschlägig sind die Generalklausel des § 307 Abs. 1 S. 1 BGB sowie die Unklarheitenregel nach § 305 c Abs. 2 BGB und schließlich auch der Überraschungsschutz nach § 305 c Abs. 1 BGB. 4041

Überraschungsschutz hat das LAG Hamm[41] einem Arbeitnehmer gewährt, bei dem im Arbeitsvertrag das nachvertragliche Wettbewerbsverbot unter der Hauptüberschrift „Wettbewerbsverbot", jedoch ohne weitere Hervorhebung im Abschnitt „Vertragsstrafe" geregelt war. Für eine versteckte und damit überraschende Klausel hielt das ArbG Bremen[42] eine Vertragsstrafenregelung, die im Arbeitsvertragsformular unter dem Punkt „Verschiedenes" enthalten war und weder durch die Überschrift noch durch eine drucktechnische Hervorhebung ohne Weiteres er- 4042

35 LAG Hessen 25.4.2003 – 17 Sa 1723/02, AuR 2004, 273 = ARST 2004, 281; LAG Baden-Württemberg 10.4.2003 – 11 Sa 17/03, DB 2003, 2551; ArbG Bielefeld 2.12.2002 – 13 Ca 3733/02, AuR 2003, 124 m. Anm. *Brors*, jurisPR-ArbR 34/2004 Anm. 1; ArbG Nienburg 23.1.2003 – 2 Ca 624/02, NZA-RR 2004, 73; ArbG Bochum 8.7.2002 – 3 Ca 1287/02, NZA 2002, 978 = DB 2002, 1659.

36 BAG 4.3.2004 – 8 AZR 196/03, DB 2004, 1616.

37 BB 2005, 1, 5.

38 BAG 28.5.2009 – 8 AZR 896/07, NZA 2009, 1337.

39 BAG 23.1.2014 – 8 AZR 130/13, DB 2014, 1321.

40 So schon zur früheren Rechtslage: BAG 11.3.1971 – 5 AZR 349/70, AP § 622 BGB Nr. 9; für den Bereich des Zivilrechts MüKo-BGB/*Basedow*, § 309 Nr. 9 Rn 2.

41 LAG Hamm 10.9.2004 – 7 Sa 918/04, LAGE § 305 c BGB 2002 Nr. 2.

42 ArbG Bremen 30.1.2003 – 6 Ca 6124/02 und 6 Ca 6001/03, LAGE § 309 BGB 2002 Nr. 3.

kennbar war. Arbeitnehmer müssen bei einem standardisierten Arbeitsvertrag grds. nicht damit rechnen, dass sich eine Vertragsstrafenklausel in einem einseitigen Text mit der Überschrift „Verschiedenes" befindet. Das gilt insb. dann, wenn das Vertragsstrafenversprechen nicht durch eine eigene Überschrift oder eine drucktechnische Hervorhebung ohne Weiteres erkennbar ist. In diesem Fall kann eine überraschende Klausel iSv § 305 c Abs. 1 BGB vorliegen.[43]

4043 Ist in einer Vertragsstrafenklausel von „Vertragsbruch" die Rede und haben die anschließenden Regelbeispiele im Arbeitsvertrag nichts mehr mit dem Inhalt des Begriffs „Vertragsbruch" zu tun, ist die konkrete Vertragsstrafenregelung ungewöhnlich und überraschend.[44]

4044 Das LAG Schleswig-Holstein verlangt keine zusätzliche, **drucktechnische Hervorhebung** für Vertragsstrafen im Arbeitsvertrag. Eine formularmäßig vereinbarte, im Vertragstext nicht besonders hervorgehobene Vertragsstrafenregelung sei keine Überraschungsklausel iSd § 305 c Abs. 1 BGB, wenn der gesamte Vertragstext ein einheitliches Schriftbild aufweise, keinerlei drucktechnische Hervorhebungen enthalte, keine der im Einzelnen durchnummerierten Vertragsregelungen mit einer Überschrift versehen und die Vertragsstrafe auch nicht versteckt bei einer anderen Thematik untergebracht sei.[45]

4045 Grundsätzlich sind Vertragsstrafenabreden **nicht überraschend** iSd § 305 c BGB.[46] Für die Praxis empfiehlt es sich, die Vertragsstrafenabrede im Arbeitsvertrag deutlich als solche zu kennzeichnen. In der Lit. wird zT geltend gemacht, dass die Rspr des BAG[47] der berechtigten Erwartung des Arbeitnehmers nicht gerecht werde. Dieser müsse annehmen, der Arbeitgeber wolle mit einer zweckgerecht eingesetzten Vertragsstrafe primär Erfüllungsdruck ausüben und nur bei einem Fehlschlag eine finanzielle Kompensation erhalten. Deshalb dürfe er erwarten, dass der Arbeitgeber alles Zumutbare für die Wahrnehmung des Erfüllungsdrucks tue und es nicht darauf ankommen lasse, dass dieser verpuffe. Es sei nicht der Arbeitnehmer auf das Durchlesen des gesamten Vertragstextes, sondern der Arbeitgeber auf die „Mühen" einer zweckgerechten Vertragsgestaltung zu verweisen.[48]

(4) Transparenzgebot/Unangemessenheit/Übersicherung

4046 Eine unangemessene Benachteiligung iSd § 307 Abs. 1 BGB kann sich daraus ergeben, dass die Bestimmung nicht klar und verständlich ist (§ 307 Abs. 1 S. 2 BGB). Enthält die Vertragsstrafenregelung idS „vermeidbare Unklarheiten und Spielräume", so ist sie unwirksam.

4047 Hinreichend bestimmt ist die folgende Regelung:[49]

> „Dieser Dienstvertrag ist unbefristet und kann mit einer Frist von zwei Monaten zum 31.7. gekündigt werden. Die Vertragsschließenden sind sich einig, dass die ordentliche Kündigung wegen der besonderen pädagogischen Bedeutung eines kontinuierlichen Unterrichts nur zum 31.7. möglich ist. Wird der Kündigungstermin nicht eingehalten und kommt die Lehrkraft ihrer Verpflichtung zur Dienstleistung bis zum Ablauf des Dienstvertrages nicht nach, wird die Zahlung einer Vertragsstrafe von drei Bruttomonatsgehältern mit sofortiger Wirkung fällig."

4048 Hierzu stellt das BAG – stichwortartig – Folgendes fest: Vertragsstrafenabreden sind – entgegen § 309 Nr. 6 BGB – grds. zulässig. Sie sind grds. auch **nicht überraschend** iSd § 305 c BGB. Vertragsstrafenabreden sind aber unwirksam, wenn durch sie eine unwirksame Hauptverbindlichkeit (zB eine gegen das Gesetz verstoßende Kündigungsregelung) abgesichert werden soll.

---

43 LAG Sachsen-Anhalt 22.8.2007 – 4 Sa 118/07.

44 LAG Hessen 8.10.1990 – 16/2 Sa 1395/89, LAGE § 339 BGB Nr. 7; ArbG Rheine 20.3.1991 – 2 Ca 82/91, BB 1991, 1125.

45 LAG Schleswig-Holstein 2.2.2005 – 3 Sa 515/04, NZA-RR 2005, 351 = BB 2005, 896.

46 BAG 25.9.2008 – 8 AZR 717/07, NZA 2009, 370.

47 BAG 25.9.2008 – 8 AZR 717/07, NZA 2009, 370.

48 *Niemann*, RdA 2013, 92, 94.

49 BAG 25.9.2008 – 8 AZR 717/07, NZA 2009, 370.

Darüber hinaus sind sie unwirksam, wenn sie intransparent iSd § 307 BGB sind. Dies bedeutet: Vertragsstrafenabreden müssen so formuliert sein, dass für den Arbeitnehmer immer hinreichend deutlich wird, in welchen Fällen mit der Verhängung einer Vertragsstrafe zu rechnen ist. Die Vertragsstrafe darf darüber hinaus iSd Inhaltskontrolle nicht unangemessen sein. Eine **generelle Begrenzung** der Strafe auf 1 Bruttomonatsgehalt ist **nicht** zu rechtfertigen. Es bedarf einer **Einzelfallbetrachtung**, nach der ggf auch eine Vertragsstrafe iHv 3 Bruttomonatsgehältern nicht ausgeschlossen ist. Eine Vertragsstrafe in dieser Höhe muss aber **für alle denkbaren Fälle angemessen** sein, die sich aufgrund der Vertragsstrafenregelung ergeben. Ist eine Angemessenheit für bestimmte Fälle nicht gegeben, so wirkt sich dies – keine geltungserhaltende Reduktion! – auf die gesamte Vertragsstrafenabrede aus. Das heißt: Die Vertragsstrafenabrede ist in diesem Falle auch für Konstellationen unwirksam, in denen an sich eine Vertragsstrafenregelung in Höhe von 3 Bruttomonatsgehältern in Betracht kommen könnte.

Bezogen auf die zu beurteilende Klausel bedeutet dies insb.: Eine Vertragsstrafe iHv 3 Bruttomonatsverdiensten für den Fall, dass die Lehrkraft den vertraglich vereinbarten Kündigungstermin nicht einhält, stellt eine unangemessene Benachteiligung iSd § 307 Abs. 1 S. 1 BGB dar. 4049

Eine Vertragsstrafenabrede, die den Arbeitnehmer verpflichtet, die gesetzlichen Kündigungsfristen einzuhalten, ist nicht verwirkt, wenn der Arbeitnehmer seiner Verpflichtung zur Erbringung der Arbeitsleistung nicht nachkommt. Die Verpflichtung des Arbeitnehmers ist in diesem Falle nur auf die Einhaltung der gesetzlichen Kündigungsfristen bezogen. Für ein anderes Verständnis der Vertragsstrafenabrede gibt es keinerlei Anhaltspunkte, so dass die Problematik einer Angemessenheitskontrolle der Klausel (§ 307 BGB) in diesem Fall unentschieden bleiben kann.[50] 4050

Mit Entscheidung vom 19.8.2010[51] hatte das BAG die folgende Klausel zu beurteilen: 4051

> „Der Vertrag wird für die Dauer von sechs Monaten auf Probe abgeschlossen und endet mit dem Ablauf der Probezeit, sofern er nicht zuvor verlängert wird. Während der Probezeit kann das Arbeitsverhältnis jederzeit mit einer Frist von einem Monat gekündigt werden, unbeschadet des Rechts zur fristlosen Kündigung.
> Tritt der Arbeitnehmer das Dienstverhältnis nicht an, so verspricht er hiermit ungeachtet eines Schadensnachweises im Einzelfall der Gesellschaft eine Vertragsstrafe in Höhe von einem Monatsbruttolohn. Umgekehrt verpflichtet sich die Gesellschaft, sollte sie gleicherweise vertragsbrüchig werden, zu einer Vertragsstrafe in gleicher Höhe. Das Recht zur Geltendmachung eines höheren Schadens bleibt unberührt."

Hierzu stellt das BAG – stichwortartig – fest: Eine Vertragsstrafenregelung, die eine Vertragsstrafe von einem Bruttomonatslohn für den Fall des Nichtantritts eines Dienstverhältnisses vorsieht, benachteiligt den Arbeitnehmer nicht unangemessen nach § 307 Abs. 1 S. 1 BGB. Insbesondere ist die Vertragsstrafe nicht überhöht, wenn das Arbeitsverhältnis zur Probe auf sechs Monate befristet ist und während dieser Probezeit mit einer Frist von einem Monat gekündigt werden kann. Für die gebotene Transparenz einer Regelung ist es unschädlich, dass die Regelung nicht ausdrücklich darauf hinweist, dass die Vertragsstrafe nur verwirkt ist, wenn die Nichterbringung der geschuldeten Dienstleistung auf einem Verschulden des Arbeitnehmers beruht. Dies folgt bereits aus dem Umstand, dass der Regelung der juristische Fachbegriff einer „Vertragsstrafe" zugrunde gelegt ist. 4052

Für die Praxis ergibt sich aus den dargestellten Entscheidungen Folgendes: Bei der Gestaltung von Vertragsstrafenklauseln sollte künftig noch mehr Sorgfalt darauf verwendet werden, sowohl die **Pflichtverletzung** als auch die zu leistende Strafe ihrer **Höhe** nach **so präzise wie möglich** zu bestimmen. Insoweit empfiehlt es sich, insb. in Bezug auf typische „Dauerverstöße" (zB 4053

50 BAG 22.10.2009 – 8 AZR 865/08, DB 2010, 452.
51 BAG 19.8.2010 – 8 AZR 645/09, BB 2011, 767.

Tätigkeit für Wettbewerber; Beteiligung an einem Konkurrenzunternehmen) klarzustellen, wann eine Vertragsstrafe verwirkt sein soll.[52] Mit anderen Worten: Je präziser und genauer man sowohl die vereinbarte Vertragsstrafe als auch die sie auslösende Pflichtverletzung formuliert, desto wahrscheinlicher ist es, dass die Rspr keine Unwirksamkeit nach § 307 Abs. 1 BGB annimmt.

4054 Aus dem Urteil des Senats vom 18.8.2005[53] lässt sich zusätzlich schließen, dass es denkbar ist, gesonderte Vertragsstrafenregelungen, je nach Länge der Kündigungsfrist, für die Dauer der Probezeit wie für die restliche Vertragslaufzeit, u.a. auch hier noch einmal gestaffelt, vorzusehen.

4055 Ein Vertragsstrafenversprechen des Arbeitnehmers iHv 2 Bruttomonatsgehältern bei einer vereinbarten Kündigungsfrist von 30 Tagen zum Monatsende ist wirksam, wenn das Sanktionsinteresse des Arbeitgebers bei vorzeitiger Beendigung des Arbeitsverhältnisses überdurchschnittlich hoch ist. Das kann bei einem Vertriebsleiter eines kleinen Dienstleistungsunternehmens im Bereich der Logistik der Fall sein.[54]

4056 Eine generelle Begrenzung der Vertragsstrafenabrede auf 1 Bruttomonatsgehalt ist nicht zu rechtfertigen[55] (s. auch § 1 Rn 4048). Es bedarf einer Einzelfallbetrachtung, nach der ggf auch eine Vertragsstrafe in Höhe von **3 Bruttomonatsgehältern** nicht ausgeschlossen ist. Eine Vertragsstrafe in dieser Höhe muss aber für **alle denkbaren Fälle** angemessen sein, die sich aufgrund der Vertragsstrafenregelung ergeben. Ist eine Angemessenheit für bestimmte Fälle nicht gegeben, so wirkt sich dies auf die gesamte Vertragsstrafenabrede aus (keine geltungserhaltende Reduktion). Das heißt, die Vertragsstrafenabrede ist in diesem Falle auch für Konstellationen unwirksam, in denen an sich eine Vertragsstrafenregelung in Höhe von 3 Bruttomonatsgehältern in Betracht kommen könnte.

4057 Eine Vertragsstrafenregelung in einem Lizenzspielervertrag, wonach bei Verstößen des **Fußballspielers** gegen Vertragspflichten als Vertragsstrafe ein Verweis, ein Ausschluss von Clubveranstaltungen sowie Geldbußen bis zur Höhe eines Monatsgehalts – auch nebeneinander – festgesetzt werden können, verstößt nach Meinung des LAG Düsseldorf[56] gegen das Transparenzgebot (§ 307 Abs. 1 S. 2 BGB) und stellt darüber hinaus eine unangemessene Benachteiligung (§ 307 Abs. 1 S. 1 BGB) dar.

4058 Für die Wirksamkeit einer Freistellungsregelung und einer Ausschlussklausel im Vertrag eines **Fußballtrainers** gilt Folgendes: Auch der Arbeitsvertrag des Cheftrainers eines Profi-Fußballvereins unterliegt ganz oder in einzelnen Bestimmungen der AGB-Kontrolle gem. §§ 305 ff BGB, wenn der Verein nicht substantiiert darlegt, dass der Vertrag oder die streitige Bestimmung iSd § 305 Abs. 1 S. 2 BGB ausgehandelt wurde bzw der Trainer auf den Inhalt der Bestimmung trotz ihrer Vorformulierung Einfluss iSd § 310 Abs. 3 Nr. 2 BGB nehmen konnte. Eine Punkteprämie, welche für jeden Meisterschaftspunkt, der unter der tatsächlichen Mitwirkung als Cheftrainer erzielt wird, die Zahlung eines bestimmten Betrags vorsieht, ist bei einer Freistellung des Trainers als Bestandteil der als Gegenleistung für die Arbeitsleistung vereinbarten Vergütung gem. § 615 S. 1 BGB fortzuzahlen. Der vertraglich vereinbarte Wegfall der Punkteprämie im Falle einer Freistellung verstößt gegen § 308 Nr. 4 BGB, wenn der Anteil der wegfallenden Punkteprämie an der Gesamtvergütung mehr als 25 % betragen kann oder der Wegfall bei jeder Freistellung auch ohne Sachgrund erfolgen soll. Letzteres gilt gem. § 308 Nr. 4 BGB auch für eine Bestimmung, die die Herausgabe eines Dienstwagens oder die zeitanteilige Verkürzung einer Aufstiegsprämie vorsieht.[57]

52 S. im Einzelnen *Schramm*, NJW 2008, 1494, 1495.
53 BAG 18.8.2005 – 8 AZR 65/05, NZA 2006, 34.
54 LAG Schleswig-Holstein 28.2.2012 – 1 Sa 235b/11, LAGE § 307 BGB 2002 Nr. 29.
55 BAG 25.9.2008 – 8 AZR 717/07, NZA 2009, 370.
56 LAG Düsseldorf 1.3.2006 – 4 Sa 1568/05.
57 LAG Hamm 11.10.2011 – 14 Sa 543/11, DB 2011, 2676.

Nur wenn eine Vertragsstrafenregelung frei ausgehandelt worden ist, kann eine verwirkte Strafe, die unverhältnismäßig hoch ist, auf Antrag des Schuldners gem. § 343 BGB durch Urteil auf den angemessenen Betrag herabgesetzt werden. Ist eine Vertragsstrafenregelung demgegenüber Gegenstand Allgemeiner Geschäftsbedingungen, führt eine unangemessen hohe Vertragsstrafe zur Unwirksamkeit der Regelung, da eine geltungserhaltende Reduktion nach § 307 Abs. 1 S. 1 BGB nicht möglich ist. Der Arbeitnehmer wird unangemessen in seiner Berufungsausübungsfreiheit beeinträchtigt, wenn er infolge einer unangemessen hohen Vertragsstrafe davon abgehalten werden kann und soll, sein grundgesetzlich geschütztes Recht auf freie Berufswahl auszuüben.[58] 4059

(5) Höhe der Vertragsstrafe

Die Festsetzung einer Vertragsstrafe in Höhe eines vollen Monatsgehalts für den Fall des Nichtantritts der Arbeit beeinträchtigt den Arbeitnehmer typischerweise dann unangemessen, wenn sich der Arbeitnehmer rechtmäßig mit einer Kündigungsfrist von zwei Wochen vom Vertrag lösen könne[59] (s. § 1 Rn 4027). Bereits zu § 343 BGB ist von einem großen Teil des Schrifttums vertreten worden, dass eine Vertragsstrafe nur bis zur Höhe der Bezüge für die Zeit der Mindestkündigungsfrist zumutbar sei.[60] 4060

Thüsing/Leder merken zum Urteil des 8. Senats an, seine Formel habe insgesamt „etwas Gefälliges".[61] Die Gleichsetzung von möglichem Schaden und geschuldetem Entgelt sei jedoch frei gegriffen, denn der Schaden des Arbeitgebers bestehe nicht in der für Zeiten der Arbeitsverweigerung nicht bestehenden Entgeltpflicht und könne auch nicht aus ihrer Höhe abgeleitet werden. Maßgeblich hierfür seien die Organisation des Betriebes, die Art der Arbeit, die Dringlichkeit von Produktion oder Dienstleistung, vielleicht auch das Verhältnis von Lohnsumme zu Umsatz und Gewinn. Die Gleichsetzung von Bindungszeitraum und Entgeltsumme sei nur zu begründen, wenn man das Interesse des Arbeitnehmers und dessen Belastbarkeit in die Rechnung mit einbeziehe und vorrangig hierauf abstelle.[62] 4061

Gegenwärtig muss der Gestalter eines Arbeitsvertrages damit leben, dass die Berechnungssymmetrie des tatsächlichen Schadens des Arbeitgebers bei vertragswidrigem Verlassen der Arbeitsstelle durch den Arbeitnehmer im Einzelfall wesentlich höher ist als durch Begrenzung seitens des BAG abgedeckt. Die Scheinsymmetrie zwischen Schaden und Arbeitnehmergehalt bei der Bestimmung der angemessenen Höhe einer Vertragsstrafe setzt sich in der Instanzrechtsprechung fort. Das LAG Hamm orakelte, die bei vorzeitiger vertragswidriger Beendigung versprochene Vertragsstrafe eines Monatsgehalts sei unangemessen hoch, sobald in das Monatseinkommen eine Aufwandsentschädigung bis zu 40 % des Gesamteinkommens eingerechnet sei, wenn ein Arbeitnehmer eine vierwöchige Kündigungsfrist durch vorzeitige, vertragswidrige Beendigung nicht eingehalten habe.[63] Die gleiche Unsicherheit zeigte sich im Urteil des LAG Hamm vom 4.5.2004.[64] 4062

Die Bedeutung der Wirksamkeit eines Vertragsstrafeversprechens seiner Höhe nach hat mit der Schuldrechtsreform ein neues Gewicht erlangt. Konnte in der Vergangenheit eine zu hohe Vertragsstrafe durch das Gericht auf das angemessene Maß nach § 343 BGB herabgesetzt werden, scheidet eine Herabsetzung bei unverhältnismäßig hoher Vertragsstrafe nunmehr gem. § 306 4063

58 LAG Niedersachsen 15.9.2011 – 7 Sa 1908/10, ArbR 2011, 620.

59 BAG 4.3.2004 – 8 AZR 196/03, NZA 2004, 727.

60 *Heinze*, NZA 1994, 244; *Popp*, NZA 1988, 455; *Reichenbach*, NZA 2003, 309; Schaub/*Linck*, Arbeitsrechts-Handbuch, § 60 Rn 15.

61 *Thüsing/Leder*, BB 2005, 1563, 1570.

62 *Thüsing/Leder*, BB 2005, 1563, 1570.

63 LAG Hamm 7.5.2004 – 7 Sa 85/04, NZA-RR 2005, 128.

64 LAG Hamm 4.5.2004 – 19 Sa 360/04, n.v.

Abs. 2 BGB wegen des Verbotes der geltungserhaltenden Reduktion aus.[65] Auch das LAG Niedersachsen hat in zwei Entscheidungen festgestellt, dass eine unangemessen hohe Vertragsstrafe **nicht** nach § 343 Abs. 1 S. 1 BGB **herabgesetzt** werden könne.[66]

4064 Dass sich die Unwirksamkeit einer in Allgemeinen Geschäftsbedingungen enthaltenen Konventionalstrafe auch gem. § 307 BGB aus ihrer **unangemessenen Höhe** ergeben kann, entspricht ebenfalls der Rspr des BGH.[67] Die richterliche Inhaltskontrolle knüpft nicht erst an die verwirkte, sondern an die vereinbarte Strafe an.[68] Das BAG hat sich mit seinem Urteil vom 4.3.2004[69] (s. § 1 Rn 4027) dieser Rspr angeschlossen. Das LAG Düsseldorf[70] habe diesen Wirkungszusammenhang verkannt.

4065 Die Validilität der Angemessenheitskontrolle einer Vertragsstrafenhöhe macht es dem Arbeitsvertragsgestalter nicht einfacher, denn mit der Festlegung auf eine Vertragsstrafenhöhe verbindet sich zugleich das Risiko einer schädlichen und nicht korrigierbaren Unangemessenheit der Klausel nach § 307 Abs. 1 S. 1 BGB. Der Vorschlag von *Gaul* und *Tenbrock*,[71] mit Obergrenzen der Vertragsstrafenhöhe zu arbeiten, um im Einzelfall eine Herabsetzung durch das Arbeitsgericht nach § 343 BGB verlangen zu können, löst das strenge Verbot der geltungserhaltenden Reduktion in § 306 BGB auf. Auch beseitigt der Blue-pencil-Test, den das BAG im Urteil vom 21.4.2005 ausdrücklich zuließ,[72] die Folgen einer unangemessenen Vertragsstrafenhöhe nicht. Nach dem Blue-pencil-Test ergibt die Nichtigkeit einzelner, nicht abtrennbarer Bestandteile einer Vertragsklausel gem. § 306 Abs. 1 BGB, dass die fortbestehende Wirksamkeit des übrigen Teils der Klausel angenommen wird. Wird bei einer Vereinbarung über eine Vertragsstrafe, weil sie vom Vertragsgestalter zu hoch angesetzt wurde, die Vertragsstrafenhöhe als unwirksam erachtet und bleibt der Rest des Vertrages wirksam, ergibt sich allenfalls, dass zwischen dem Arbeitgeber und dem Arbeitnehmer in der Klausel eine Vertragsstrafe vereinbart wurde, deren Höhe nichtig ist. Das Herabsetzungsverbot nach § 343 BGB ist nach gegenwärtiger Rechtslage unumstößlich. Der Arbeitnehmer befindet sich damit in der kuriosen Lage, dass bestimmte Verhaltensweisen vertragsstrafenbewährt sind, gleichwohl eine Vertragsstrafe von ihm mangels wirksam vereinbarter Höhe nicht gefordert werden kann.

4066 Dies bestätigt auch die Entscheidung des BAG vom 25.9.2008,[73] mit der das BAG allerdings zunächst darauf hinweist, dass es eine **absolute Höchstgrenze** für Vertragsstrafen, aus der eine Unangemessenheit der Vertragsstrafenhöhe und damit eine Unwirksamkeit der Vertragsstrafe folge, nicht gibt. Die Festlegung einer Höchstgrenze für eine Vertragsstrafe widerspricht § 307 Abs. 1 S. 1 BGB und § 310 Abs. 3 Nr. 3 BGB. Die genannten Bestimmungen lassen es nicht zu, eine generelle Höchstgrenze in Höhe von 1 Bruttomonatsgehalt für eine wirksame Vertragsstrafe im Rahmen eines formularmäßigen Arbeitsvertrages festzuschreiben. § 307 Abs. 1 S. 1 BGB spricht von einer unangemessenen Benachteiligung. Ob eine solche vorliegt, ist nur anhand einer Interessenabwägung zu beurteilen. Aus § 310 Abs. 3 Nr. 3 BGB folgt, dass u.a. die persönlichen Eigenschaften des Verhandlungspartners, dessen Verhandlungsstärke sowie atypische Sonderinteressen des Vertragspartners Bedeutung haben und damit absolute Höchstgrenzen nicht gesetzt werden können. Beispielsweise stellt eine Vertragsstrafe von 3 Monatsgehältern nicht ohne Weiteres eine Übersicherung dar. Eine generelle Begrenzung der Vertragsstra-

---

65 BAG 4.3.2004 – 8 AZR 196/03, NZA 2004, 727; LAG Hamm 24.1.2003 – 10 Sa 1158/02, DB 2003, 2549; *Brors*, DB 2004, 1778.

66 LAG Niedersachsen 17.11.2004 – 16 Sa 1400/03, n.v.; LAG Niedersachsen 31.10.2003 – 16 Sa 1211/03, MDR 2004, 638.

67 BGH 21.3.1990 – VIII ZR 196/89, DB 1990, 1323; BGH 18.11.1982 – VII ZR 305/81, NJW 1983, 385.

68 BGH 18.11.1982 – VII ZR 305/81, NJW 1983, 385, 387; *Stoffels*, Sonderbeil. zu NZA 1/2004, 19, 27.

69 BAG 4.3.2004 – 8 AZR 196/03, NZA 2004, 727.

70 LAG Düsseldorf 8.1.2003 – 12 Sa 1301/02, NZA 2003, 382.

71 *Gaul/Tenbrock*, ArbRB 2005, 303.

72 BAG 21.4.2005 – 8 AZR 425/04, NZA 2005, 1053; ebenso HWK/*Gotthardt*, § 306 BGB Rn 3.

73 BAG 25.9.2008 – 8 AZR 717/07, NZA 2009, 370.

fenabrede auf 1 Bruttomonatsgehalt ist also nicht zu rechtfertigen.[74] Ist allerdings eine nicht teilbare Vertragsstrafenklausel für einzelne – von ihr erfasste – Fälle angemessen, für andere denkbare – und von ihr erfasste – Fälle jedoch nicht, so ist eine Übersicherung und damit eine Unwirksamkeit (keine geltungserhaltende Reduktion) anzunehmen.

Eine Vertragsstrafenabrede ist unangemessen, wenn sie für den Fall der vertragswidrigen Lösung des Arbeitsvertrages den Arbeitnehmer zur Zahlung einer Strafe in Höhe eines Betrags verpflichtet, der **höher ist als das Arbeitsentgelt**, welches der Arbeitgeber dem Arbeitnehmer für die Zeit **bis zur ordnungsgemäßen Beendigung** des Arbeitsverhältnisses schulden würde. Dies gilt allerdings nicht, wenn das **Sanktionsinteresse** des Arbeitgebers aufgrund **besonderer Umstände** den Wert der Arbeitsleistung, der sich in der Arbeitsvergütung bis zur vertraglich zulässigen Beendigung des Arbeitsverhältnisses dokumentiert, typischerweise und generell übersteigt.[75] 4067

dd) „Auslösendes" Fehlverhalten, rechtliche Beendigung des Vertrages, Transparenzkontrolle

In Fortsetzung der nunmehr stRspr zur AGB-Kontrolle von Vertragsstrafenabreden[76] betont das BAG mit Entscheidung vom 23.1.2014[77] nochmals die Anforderungen, die sich aus der Transparenzkontrolle im Hinblick auf die Beschreibung des die Vertragsstrafe auslösenden Fehlverhaltens ergeben. 4068

Zu beurteilen war die folgende Klausel: 4069

> „Vertragsstrafen
> Beenden Sie den Vertrag ohne Einhaltung der Kündigungsfrist, so verpflichten Sie sich, als Vertragsstrafe für jeden Tag der vorzeitigen Beendigung einen Betrag in Höhe des durchschnittlichen Tagesverdienstes der letzten drei Monate, höchstens jedoch bis zu einem Bruttomonatsgrundgehalt, zu zahlen."

Durch seine Kündigung hatte der Arbeitnehmer die Vertragsstrafe nicht verwirkt. Es gelten folgende Grundsätze:

- Eine Vertragsstrafenklausel in einem Arbeitsvertrag genügt nur dann dem Bestimmtheitsgebot des § 307 Abs. 1 S. 2 BGB, wenn das die Vertragsstrafe auslösende Fehlverhalten des Arbeitnehmers präzise beschrieben ist. Dies steht einer sich vom Wortlaut lösenden und dem Anwendungsbereich erweiternden Auslegung entgegen.
- In diesem Sinne sind Verwender von AGB entsprechend den Grundsätzen von Treu und Glauben verpflichtet, Rechte und Pflichten ihrer Vertragspartner möglichst klar und durchschaubar anzustellen.
- Dazu gehört, dass AGB wirtschaftliche Nachteile und Belastungen sofort erkennen lassen, wie dies nach den Umständen gefordert werden kann.
- Die tatbestandlichen Voraussetzungen und Rechtsfolgen müssen so genau beschrieben werden, dass für den Verwender keine ungerechtfertigten Beurteilungsspielräume entstehen.
- Eine Klausel genügt dem Bestimmtheitsgebot, wenn sie im Rahmen des rechtlich und tatsächlich Zumutbaren die Rechte und Pflichten des Vertragspartners so klar und präzise wie möglich beschreibt.

---

74 BAG 28.5.2009 – 8 AZR 896/07, NZA 2009, 1337.

75 BAG 18.12.2008 – 8 AZR 81/08, EzA-SD 2009, Nr. 19, 7; BAG 23.1.2014 – 8 AZR 130/13, DB 2014, 1321.

76 BAG 4.3.2004 – 8 AZR 196/03, DB 2004, 1616 sowie die nachfolgenden Entscheidungen; s. im Einzelnen § 1 Rn 4026 ff.

77 BAG 23.1.2014 – 8 AZR 130/13, DB 2014, 1321.

- Sie verletzt das Bestimmtheitsgebot, wenn sie vermeidbare Unklarheiten und Spielräume enthält. Maßgeblich ist nicht die Beurteilung des „flüchtigen Betrachters", sondern des aufmerksamen und sorgfältigen Teilnehmers am Wirtschaftsleben. Dies bedeutet:
  - Das eine Vertragsstrafe auslösende Fehlverhalten ist präzise zu beschreiben.
  - Das Abstellen auf eine Beendigung ist als rechtliche Beendigung des Arbeitsverhältnisses zu verstehen (bspw wird eine Arbeitsverweigerung hiervon nicht erfasst).
- Eine auf eine arbeitnehmerseitige Beendigung abstellende Vertragsstrafenabrede ist nicht auf eine arbeitgeberseitige Kündigung aufgrund grober Pflichtverletzung zu erstecken.

ee) Vertragsstrafe bei Verletzung von Mitbestimmungsrechten

4070 Die Vereinbarung einer Vertragsstrafenabrede zwischen Arbeitgeber und Betriebsrat, wonach der Arbeitgeber bei der Verletzung von Mitbestimmungsrechten eine Vertragsstrafe zu zahlen hat, ist unwirksam. Dies komme einem „Abkauf" gesetzlicher Rechte gleich und sei mit der gesetzlichen Konzeption der betrieblichen Mitbestimmung auch dann unvereinbar, wenn der Betriebsrat keinen finanziellen Vorteil aus der Verwirklichung der Vertragsstrafe zu erwarten habe.[78]

ff) Zusammenfassung

4071 Die bei der AGB-Kontrolle im Hinblick auf die Vertragsstrafenabrede nach der aktuellen Rspr zu beachtenden Grundsätze lassen sich wie folgt zusammenfassen:[79]

- Für den Vertragsbruch des Arbeitnehmers kann auch unter Geltung der §§ 305 ff BGB eine Strafe vereinbart werden.
- Eine solche Vertragsstrafenabrede hält der Einbeziehungskontrolle nach § 305 c Abs. 1 BGB stand, wenn sie entweder unter einer eigenen, aussagekräftigen Überschrift oder unter drucktechnischer Hervorhebung unmittelbar nach der zu sicherenden Pflicht in das Vertragswerk eingeordnet wird.
- Sie genügt der Transparenzkontrolle (§ 307 Abs. 1 S. 2 BGB), wenn sie den **Verwirkungstatbestand** und die auf **Rechtsfolgenseite** ausgelöste Strafe hinreichend bestimmt bezeichnet. Dabei muss das Verschuldenserfordernis nicht ausdrücklich benannt werden.
- Das besondere Klauselverbot des § 309 Nr. 6 BGB steht einer Vertragsstrafenabrede im Arbeitsrecht nicht entgegen.
- Eine Strafe für den Fall des Vertragsbruchs muss nicht stets 1 Bruttomonatsentgelt betragen. Ebenso gibt es keinen allgemeinen Rechtssatz, dass sie 1 Bruttomonatsvergütung nie überschreiten dürfe. Als „Faustformel" gilt vielmehr, dass für den Fall des Nichtantritts der Arbeit jedenfalls das für den restlichen Lauf der – anfänglich geltenden – Kündigungsfrist geschuldete Bruttoentgelt als Vertragsstrafe vereinbart werden darf.
- Soweit der Arbeitgeber sich nicht mit dem für den restlichen Lauf der – anfänglichen – Kündigungsfrist zu zahlenden Entgelt begnügt, muss er ein **besonderes Sanktionsinteresse** vorweisen, was nur in speziell gelagerten Ausnahmefällen gelingen wird.
- Nimmt man an, dass die Formulierung „schuldhafte Veranlassung einer fristlosen Kündigung" hinreichend bestimmt ist, kann auch für diesen Verwirkungstatbestand das für den Lauf der anfänglichen Kündigungsfrist geschuldete Entgelt als Strafe vereinbart werden. Dies gilt jedenfalls dann, wenn die Strafabrede wechselseitig eingreift.
- Hält die Vertragsstrafenabrede der Inhaltskontrolle – in Anwendung des Blue-Pencil-Tests – nicht stand, so ist sie insgesamt und ersatzlos unwirksam. Eine geltungserhaltende Reduktion kommt ebenso wenig in Betracht wie eine ergänzende Vertragsauslegung.

---

78 BAG 19.1.2010 – 1 ABR 62/08, NZA 2010, 592; LAG Hessen 2.12.2010 – 5 TaBV 115/10, NZA-RR 2011, 302.

79 *Niemann*, RdA 2013, 92, 101.

b) Klauseltypen und Gestaltungshinweise

aa) Unwirksame Vertragsstrafenklauseln

(1) Klauseltyp A

A 1: Die Kündigung des Arbeitsverhältnisses vor Arbeitsantritt ist ausgeschlossen. Tritt der Arbeitnehmer das Anstellungsverhältnis trotzdem nicht an, so ist eine Vertragsstrafe in Höhe einer Bruttomonatsvergütung verwirkt. Beendet der Arbeitnehmer das Anstellungsverhältnis unter Verletzung der vertraglichen Kündigungsfrist, ist ebenfalls eine Vertragsstrafe in Höhe einer Bruttomonatsvergütung für jeden angefangenen Monat der unterbliebenen Arbeitsleistung, begrenzt auf den Zeitraum, der der ordentlichen Kündigungsfrist entspricht, verwirkt.[80] 4072

A 2: Der Verkaufsfahrer stellt der Firma eine Kaution von 1.000 € zur Verfügung. Sollte der Verkaufsfahrer über die Summe nicht verfügen, so wird monatlich ein Betrag von 100 € netto einbehalten und auf ein Sperrkonto eingezahlt, bis die Summe von 1.000 € erreicht ist. Der Sperrbetrag verfällt zugunsten der Firma bei:
a) nachweisbaren Unregelmäßigkeiten;
b) Nichterreichung der 220.000 Euro-Grenze;
c) Ausscheiden aus der Firma während der Saison.[81]

A 3: Der Arbeitnehmer verpflichtet sich, dem Arbeitgeber eine Vertragsstrafe in Höhe eines monatlichen Brutto-Grundgehalts zu zahlen, wenn er die Arbeit rechtswidrig und schuldhaft nicht aufnimmt oder das Arbeitsverhältnis vertragswidrig beendet. Das Recht des Arbeitgebers auf Schadensersatz bleibt unberührt.[82]

A 4: Der Mitarbeiter gewährt der Gesellschaft ein Optionsrecht, nach dem diese ihn bis zum Ablauf eines Monats nach Beendigung dieses Vertrages für einen Dienstvertrag im Ausland bis zur Dauer von zwei Jahren verpflichten kann. Kommt der Mitarbeiter seinen Verpflichtungen schuldhaft nicht nach, wird eine Vertragsstrafe von 5.000 € fällig. Die Geltendmachung eines weiteren Schadensersatzanspruchs bleibt vorbehalten.[83]

A 5:
(1) Nimmt der Arbeitnehmer mindestens fünfmal innerhalb eines Kalenderhalbjahres die Arbeit zu spät auf, schuldet er der Firma eine Vertragsstrafe in Höhe von einem Zehntel eines Bruttomonatsgehalts. Als verspätete Arbeitsaufnahme gilt jede Verspätung von mehr als 10 Minuten.
(2) Die Vertragsstrafe ist an den Betriebsrat in bar zu entrichten. Dem Arbeitgeber ist die Durchschrift einer Quittung über die Einzahlung unverzüglich zuzuleiten.

A 6: (Arbeitsvertrag)

§ 6 Probezeit
Es wird ein unbefristetes Arbeitsverhältnis vereinbart. Die ersten sechs Monate gelten als Probezeit. Während dieser Probezeit haben beide Vertragspartner das Recht, den Arbeitsvertrag mit sechswöchiger Frist zum Monatsende schriftlich zu kündigen.

§ 7 Kündigung
Nach Ablauf der Probezeit beträgt die Kündigungsfrist sechs Wochen zum Quartalsende.

---

80 *Hoß*, ArbRB 2002, 138.
81 BAG 11.3.1971 – 5 AZR 349/70, DB 1971, 1068 = BB 1971, 706.
82 LAG Baden-Württemberg 1.4.1974 – 1 Sa 54/73, BB 1975, 373; ArbG Herford 2.7.1981 – 1 Ca 217/81, NJW 1982, 1550.
83 BAG 27.7.1977 – 5 AZR 337/76, AP § 611 BGB Entwicklungshelfer Nr. 2.

§ 13 Vertragsstrafe
Löst der Arbeitnehmer das Dienstverhältnis vertragswidrig oder tritt er die Tätigkeit gar nicht an, so hat er eine Vertragsstrafe in Höhe dreier Bruttomonatsvergütungen zu bezahlen.

(2) Gestaltungshinweise

4073 Die **Klausel A 1** ist unwirksam, weil eine Vertragsstrafe in Höhe einer Bruttomonatsvergütung bei Nichtantritt der Arbeit gefordert wird. Nach dem Urteil des BAG vom 4.3.2004[84] ist eine Vertragsstrafe in Höhe eines Monatsgehalt idR unangemessen hoch, wenn die Kündigungsfrist in der Probezeit zwei Wochen beträgt und der Arbeitnehmer während der Probezeit vertragswidrig der Arbeit fernbleibt. Überträgt man diese Rspr auf die Klausel A 1, so hat der Arbeitnehmer, der die Arbeit nicht antritt, keine höhere Vertragsstrafe zu gegenwärtigen, als sich im Falle des Antritts der Arbeit aufgrund der zur Verfügung stehenden Kündigungsfrist des § 622 Abs. 3 BGB ergeben würde. Die **Klausel A 3** ist aus den gleichen Gründen unwirksam.

4074 Die **Klausel A 2** ist ebenfalls nicht wirksam. Hat der Arbeitnehmer eine Kündigungsfrist von einem Monat, ist ein mit Vertragsstrafe verknüpftes Ausscheidensverbot gemäß Klausel A 2 Buchst. c) unangemessen iSv § 307 Abs. 1 S. 1 BGB. Der Verfall einer Kaution ist der Vereinbarung einer Vertragsstrafe gleichzusetzen.[85] Beträgt die Saison vier Monate und hat der Arbeitnehmer eine viermonatige Kündigungsfrist, scheidet das Unangemessenheitsargument aus § 307 Abs. 1 S. 1 BGB wegen Buchst. c) aus; allerdings ist die Klausel Buchst. a) stets mangels Bestimmtheit (§ 307 Abs. 1 S. 2 BGB) und die Klausel Buchst. b) wegen Nichterreichens einer Umsatzgröße nach § 307 Abs. 2 Nr. 1 BGB nicht wirksam.

4075 Der **Klausel A 4** liegt zugrunde, dass der Arbeitgeber einen befristeten Arbeitsvertrag mit einem Entwicklungshelfer schloss. Der Arbeitgeber hat sich gleichzeitig ausbedungen, nach Ablauf des befristeten Arbeitsverhältnisses ein neues befristetes Arbeitsverhältnis mit dem Arbeitnehmer einzugehen, selbst wenn der Arbeitnehmer nicht daran interessiert ist, ein weiteres befristetes Arbeitsverhältnis zu schließen. Das Recht, den Arbeitnehmer zur Begründung eines weiteren Arbeitsverhältnisses anhalten zu können, hat der Arbeitgeber mit einem Vertragsstrafeversprechen verstärkt. Die Wirksamkeit der Klausel A 4 scheitert in jedem Fall an der Missachtung des Transparenzgebots nach § 307 Abs. 1 S. 2 BGB. Der Inhalt eines Folgearbeitsverhältnisses ist derart unklar, dass die mit einer Vertragsstrafe verknüpfte Option den Arbeitnehmer unangemessen benachteiligt.

4076 Die ungewöhnliche **Klausel A 5**, die ein pünktliches Erscheinen der Mitarbeiter am Arbeitsplatz sicherstellen soll, ist unwirksam, weil der Betriebsrat nicht vermögensfähig ist. Der Betriebsrat besitzt infolgedessen auch keine Rechtsfähigkeit zum Abschluss von Vereinbarungen, durch die eigene vermögensrechtliche Ansprüche des Betriebsrats begründet werden können. Die Zahlung einer Vertragsstrafe in einen dem Betriebsrat zur Verfügung gestellten „Dispositionsfond" kann nicht wirksam vereinbart werden.[86]

4077 Die **Klausel A 6** ist der Entscheidung des BAG vom 18.12.2008[87] entnommen. Das BAG geht zwar davon aus, dass Vertragsstrafenabreden den Arbeitnehmer nicht schon generell unangemessen benachteiligen. Die zu beurteilende Vertragsstrafe (drei Bruttomonatsvergütungen) für den Fall der vertragswidrigen Lösung vom Arbeitsverhältnis sei jedoch unangemessen hoch und diene letztlich „zur bloßen Schöpfung neuer, vom Sachinteresse des Klägers losgelöster Geldforderungen". Eine unangemessene Benachteiligung könne aus der Höhe einer Vertragsstrafe folgen. Vorliegend übersteige die Vertragsstrafe deutlich die Vergütung für die in der Probezeit geltende Kündigungsfrist. Berechtigte Interessen, welche die Höhe der Vertragsstrafe rechtfertigen könnten, lägen nicht vor. Eine geltungserhaltende Reduktion komme nicht in Be-

---

84 BAG 4.3.2004 – 8 AZR 196/03, NZA 2004, 727, 733.
85 BAG 11.3.1971 – 5 AZR 349/70, DB 1971, 1068.
86 BAG 29.9.2004 – 1 ABR 30/03, NZA 2005, 163.
87 BAG 18.12.2008 – 8 AZR 81/08, EzA-SD 2009, Nr. 19, 7.

tracht. Dabei könne dahinstehen, ob es Ausnahmefälle gäbe, in denen das „Alles-oder-Nichts-Prinzip“ dem Charakter des Arbeitsverhältnisses zu einem Dauerschuldverhältnis nicht gerecht werde.

bb) Wirksame Vertragsstrafenklauseln

(1) Klauseltyp B

B 1: 4078

(1) Verweigert der Mitarbeiter vorübergehend die Arbeit, schuldet er der Firma eine Vertragsstrafe in Höhe der Vergütung, die er während die Zeit, in der er die Arbeit verweigert hat, bezogen haben würde. Die Vertragsstrafe entsteht nur, wenn der Mitarbeiter grob fahrlässig oder vorsätzlich gehandelt hat. Sie entfällt während der Zeit von Arbeitskämpfen.
(2) Verstößt der Mitarbeiter gegen die Verschwiegenheitspflicht, beträgt die Vertragsstrafe für jeden Fall der Zuwiderhandlung ein Bruttomonatsgehalt.
(3) Die Geltendmachung weitergehender Schadensersatzansprüche durch die Firma ist nicht ausgeschlossen.

B 2:

(1) In seiner Eigenschaft als (...) verpflichtet sich der Mitarbeiter zu absoluter Verschwiegenheit gegenüber jedermann in Bezug auf alle geheimhaltungsbedürftigen Vorgänge.
(2) Die Geheimhaltungspflicht erstreckt sich auf alle Angelegenheiten und Vorgänge, die ihm im Rahmen der Tätigkeit in der Abteilung bekannt geworden sind und bekannt werden, aber auch auf sonstige sachliche und persönliche Umstände in der Abteilung und im Betrieb, die nicht zu den formellen Geschäfts- und Betriebsgeheimnissen zählen. Die Geheimhaltungspflicht besteht nicht nur gegenüber Dritten, sondern auch gegenüber den Mitarbeitern der Firma, sofern nicht die Wahrnehmung der betrieblichen Aufgaben und die reibungslose Zusammenarbeit eine Mitteilung erforderlich machen.
(3) Für jeden Einzelfall des Verstoßes gegen die Pflichten aus dieser Geheimhaltungsvereinbarung ist der Mitarbeiter zur Zahlung einer Vertragsstrafe in Höhe eines halben durchschnittlichen Monatseinkommens der letzten zwölf abgerechneten Monate an die Firma verpflichtet. Diese Vertragsstrafe wird mit der Geltendmachung fällig. Dadurch wird die Geltendmachung weitergehender Schadensersatzansprüche nicht ausgeschlossen. Unter Beachtung der Pfändungsfreigrenzen ist die Firma befugt, Vertragsstrafen vom Gehalt einzubehalten.

B 3:

(1) Der Mitarbeiter verpflichtet sich, in folgenden Fällen folgende Vertragsstrafen an die Firma zu zahlen:
- bei schuldhaften Nichtantritt des Arbeitsverhältnisses: (...) €;
- bei Ausscheiden, ohne die vertraglich vereinbarte Kündigungsfrist einzuhalten: (...) €;
- bei Verstoß gegen das Wettbewerbsverbot während des Arbeitsverhältnisses: (...) € pro Verstoß;
- bei Verstoß gegen das nachvertragliche Wettbewerbsverbot: (...) € pro Verstoß;
- bei Zurückbehalten von Kundenadressen zum Vertragsende: (...) € pro Kundenadresse.

(2) Der Ausspruch einer Kündigung sowie die Geltendmachung eines höheren Schadens durch die Firma bleiben vorbehalten. Die Vertragsstrafe bei Nichteinhaltung der vertraglich vereinbarten Kündigungsfrist entsteht nur, wenn der Mitarbeiter kein Recht zur außerordentlichen Kündigung hatte.

B 4:

Der Arbeitnehmer ist verpflichtet, dem Arbeitgeber eine Vertragsstrafe zu zahlen, wenn er schuldhaft die Arbeit nicht oder nicht zum vereinbarten Zeitpunkt antritt oder wenn er ohne Grund fristlos kündigt. Der Arbeitnehmer ist auch dann zur Zahlung einer Vertragsstrafe ver-

pflichtet, wenn er durch schuldhaftes vertragswidriges Verhalten, insb. durch Eigentums- und Vermögensdelikte sowie Tätlichkeiten, schutzwürdige Interessen des Arbeitgebers verletzt und den Arbeitgeber zur fristlosen Kündigung veranlasst. Die Höhe der Vertragsstrafe bemisst sich nach der Höhe des Bruttoentgelts, das bei Einhaltung der ordentlichen Kündigungsfrist gezahlt worden wäre. Die Vertragsstrafe beträgt aber höchstens ein durchschnittliches Brutto-Monatsentgelt.
Die Vertragsstrafe ist sofort fällig und kann mit Ansprüchen des Arbeitnehmers auf Arbeitsentgelt, soweit sie pfändbar sind, aufgerechnet werden.
Der Arbeitgeber kann einen weitergehenden Schaden geltend machen.

B 5:

§ 11 Vertragsstrafe
Nimmt der Mitarbeiter die Arbeit nicht oder verspätet auf, verweigert er vorübergehend unberechtigt die Arbeit, löst er das Arbeitsverhältnis ohne Einhaltung der maßgeblichen Kündigungsfrist unberechtigt auf oder wird der Arbeitgeber durch vertragswidriges Verhalten des Arbeitnehmers zur außerordentlichen Kündigung veranlasst, so hat der Arbeitnehmer an den Arbeitgeber eine Vertragsstrafe zu zahlen. Als Vertragsstrafe wird für den Fall der verspäteten Aufnahme der Arbeit, der vorübergehenden Arbeitsverweigerung und der Auflösung des Arbeitsverhältnisses ohne Einhaltung der maßgeblichen Kündigungsfrist ein sich aus der Bruttomonatsvergütung nach vorstehendem § 4 Abs. 1 zu errechnendes Bruttoentgelt für jeden Tag der Zuwiderhandlung vereinbart, insgesamt jedoch nicht mehr als das in der gesetzlichen Mindestkündigungsfrist ansonsten zu zahlende Arbeitsentgelt. Im Übrigen beträgt die Vertragsstrafe ein Bruttomonatsentgelt gemäß vorstehendem § 4 Abs. 1. Das Recht des Arbeitgebers, einen weitergehenden Schaden geltend zu machen, bleibt unberührt.

§ 13 Beendigung des Arbeitsverhältnisses
Nach Ablauf der Probezeit kann das Arbeitsverhältnis beiderseits ordentlich unter Einhaltung der für den Arbeitgeber nach § 622 BGB gesetzlich geltenden Kündigungsfristen gekündigt werden. Das Recht zur außerordentlichen Kündigung aus wichtigem Grund bleibt unberührt. Eine außerordentliche Kündigung gilt gleichzeitig vorsorglich als fristgerechte Kündigung zum nächstmöglichen Zeitpunkt.

B 6: (Vertragsstrafe bei vertragswidriger Lösung vom Arbeitsverhältnis)
Im Falle der Nichtaufnahme oder Beendigung des Arbeitsverhältnisses ohne Einhaltung der Kündigungsfrist (beide Tatbestände nachfolgend bezeichnet als Vertragsverletzung) verpflichtet sich der Mitarbeiter, dem Unternehmen eine Vertragsstrafe nach Maßgabe der Absätze 2 und 3 zu zahlen.
Die Vertragsstrafe bei einer Vertragsverletzung beträgt vorbehaltlich des Satzes 2 ein Bruttomonatseinkommen. Die Vertragsstrafe wird in jedem Fall begrenzt durch den Betrag, den der Mitarbeiter noch an Gehalt erhielte, wenn er sein Arbeitsverhältnis bis zum Ende der fristgerechten nächstzulässigen Kündigungsmöglichkeit fortsetzen würde.
Erfolgt die Vertragsverletzung während der Probezeit und besteht in der Probezeit eine reduzierte Kündigungsfrist, so beträgt die Vertragsstrafe abweichend von Absatz 2 Satz 1 ein halbes Bruttomonatsgehalt.
Die Geltendmachung eines weitergehenden Schadens bleibt dem Unternehmen vorbehalten.

B 7:
(1) Tritt der Arbeitnehmer das Arbeitsverhältnis nicht an oder beendet er das Arbeitsverhältnis vertragswidrig, so gilt eine Vertragsstrafe in Höhe eines Bruttomonatsgehalts als verwirkt, höchstens jedoch in Höhe der Vergütung, die der Arbeitgeber zu zahlen hätte, wenn der Ar-

beitnehmer das Arbeitsverhältnis unter Einhaltung der maßgeblichen Kündigung beendet hätte.
(2) Verstößt der Arbeitnehmer gegen die Geheimhaltungspflicht aus Ziffer (...), so gilt für jeden Fall der Zuwiderhandlung eine Vertragsstrafe in Höhe eines Bruttomonatsgehalts als verwirkt.
(3) Verstößt der Arbeitnehmer gegen das Wettbewerbsverbot aus Ziffer (...), so gilt für jeden Fall der Zuwiderhandlung eine Vertragsstrafe in Höhe eines Bruttomonatsgehalts als verwirkt. Besteht die Verletzungshandlung in der kapitalmäßigen Beteiligung an einem Wettbewerbsunternehmen oder der Eingehung eines Dauerschuldverhältnisses (zB Arbeits-, Dienst-, Handelsvertreter- oder Beraterverhältnis), so wird die Vertragsstrafe für jeden angefangenen Monat, in dem die kapitalmäßige Beteiligung oder das Dauerschuldverhältnis besteht, neu verwirkt (sog. „Dauerverletzung"). Mehrere Verletzungshandlungen lösen jeweils gesonderte Vertragsstrafen aus, gegebenenfalls auch mehrfach innerhalb eines Monats. Erfolgen dagegen einzelne Verletzungshandlungen im Rahmen einer Dauerverletzung, sind sie von der für die Dauerverletzung verwirkten Vertragsstrafe mit umfasst.
(4) Bei Verwirkung mehrerer Vertragsstrafen innerhalb eines Monats ist der Gesamtbetrag der in diesem Monat zu zahlenden Vertragsstrafe auf das Doppelte des Bruttomonatsgehalts beschränkt. Bei Verwirkung mehrerer Vertragsstrafen innerhalb eines Jahres ist der Gesamtbetrag der in diesem Jahr zu zahlenden Vertragsstrafe auf das Sechsfache des Bruttomonatsgehalts beschränkt.
(5) Die Geltendmachung weiterer Schadenersatz- und Unterlassungsansprüche, aller sonstigen Ansprüche sowie arbeitsrechtlicher Sanktionen bleiben dem Arbeitgeber vorbehalten.

(2) Gestaltungshinweise

Die **Klausel B 1** überschreitet nicht die durch das Urteil des BAG vom 4.3.2004[88] vorgegebenen Größenordnungen, die bei der Bestimmung der Höhe einer Vertragsstrafe zu beachten sind. Gemäß Abs. 1 fällt die Vertragsstrafe nicht höher aus, als der Arbeitnehmer in dem Zeitraum an Gehalt verdient hätte, in dem er die Vertragsstrafe verwirkt. Auch in Abs. 2 ist die aus der Rspr vorgegebene Messlatte für die Bestimmung der angemessenen Höhe einer Vertragsstrafe gewahrt. 4079

Auch die **Klausel B 2** beachtet in Abs. 3 den zutreffenden Maßstab der Vertragsstrafenhöhe. 4080

Die **Klausel B 3** enthält keine Tatbestände, die zu einer unangemessenen Benachteiligung des Arbeitnehmers führen. Die Klausel B 3 ist wirksam. Sie zieht die Konsequenzen aus dem Urteil des BAG vom 21.4.2005.[89] Die eine Vertragsstrafe auslösenden Sachverhalte sind präzise aus dem Vertragsstrafeversprechen zu entnehmen. Bei dem ersten Spiegelstrich ist darauf zu achten, dass die Höhe der Vertragsstrafe nicht den Verdienst überschreitet, den der Arbeitnehmer bei sofortiger fristgerechter Kündigung zum Dienstantritt erzielen würde. Auch beim zweiten Spiegelstrich ergibt sich eine Begrenzung der Vertragsstrafe durch die Dauer der ordentlichen Kündigungsfrist. Über den Nachsatz in Abs. 2 ist sichergestellt, dass der Arbeitnehmer nicht eine Vertragsstrafe zahlen muss, falls er bei materiell-rechtlicher Betrachtung befugt war, mit der Wirkung eines Tages aus dem Arbeitsverhältnis auszuscheiden. Der dritte Spiegelstrich in Klausel B 3 resultiert gem. § 307 Abs. 3 BGB iVm § 75 c HGB aus dem Recht, nachvertragliche Wettbewerbsverbote mit einem Vertragsstrafeversprechen verknüpfen zu dürfen. Schwierig wird es im Einzelfall sein, die Höhe der Vertragsstrafe beim fünften Spiegelstrich zu bestimmen. Sicherlich wird man nicht die Cent-Beträge in Ansatz bringen können, die der Erwerb von Adressen über Adressenhändler verursacht. Es hängt schon davon ab, um wie viele Adressen es den Beteiligten geht, wie viele Kunden zu betreuen sind. Hier wird man auf die Umstän- 4081

88 BAG 4.3.2004 – 8 AZR 196/03, NZA 2004, 727.
89 BAG 21.4.2005 – 8 AZR 425/04, NZA 2005, 1053.

de des Einzelfalls abstellen müssen und leider kann man keine pauschalen Wertangaben ohne präzise Kenntnisse des jeweiligen Marktes zum Maßstab machen.

4082 Die **Klausel B 4** wird in der Lit. empfohlen.[90] Sie dürfte im Hinblick auf die Präzisierung der strafauslösenden Umstände dem Transparenzgebot genügen. Die bloße Angabe „Nichteinhaltung des Vertrages" reicht als Voraussetzungen für die Vertragsstrafe nach der Rspr nicht mehr aus. Die Vertragsklausel muss die entsprechenden Pflichtverletzungen vielmehr so klar bezeichnen, dass sich der Arbeitnehmer in seinem Verhalten darauf einstellen kann.[91] Die Regelung dürfte auch im Hinblick auf die Höhe angemessen sein. Es ist in der Rspr anerkannt, dass ein Monatsgehalt generell als Maßstab geeignet ist – allerdings auch keine absolute Höchstgrenze darstellt.[92] Dies gilt aber nicht, soweit in der Probezeit die Kündigungsfrist nur zwei Wochen beträgt. Die Höhe der Vertragsstrafe darf die Höhe der Vergütung bis zum Ablauf der Kündigungsfrist nicht überschreiten.

4083 Die in Verbindung mit der Kündigungsfristenregelung (§ 13) stehende Vertragsstrafenregelung in **Klausel B 5** ist der Entscheidung des BAG vom 28.5.2009[93] entnommen. Sie genügt nach Ansicht des BAG dem **Transparenzerfordernis** des § 307 Abs. 1 S. 2 BGB, ist nicht unklar iSd § 305 c Abs. 2 BGB und stellt auch keine unangemessene Benachteiligung iSd § 307 Abs. 1 S. 1 BGB dar. Sie ist nicht unangemessen hoch. Die Beklagte hat zum einen in § 11 Abs. 2 S. 2 eine der Dauer der Vertragsverletzung proportionale Vertragsstrafe formuliert („für jeden Tag der Zuwiderhandlung"), zum anderen hat sie eine Obergrenze für die Vertragsstrafe geschaffen, die unterhalb eines Bruttomonatsentgelts liegt, nämlich in Höhe des in der gesetzlichen Mindestkündigungsfrist ansonsten zu zahlenden Arbeitsentgelts. Dies entspricht während einer vereinbarten Probezeit dem Arbeitsentgelt für zwei Wochen (§ 622 Abs. 3 BGB), ansonsten der Vergütung von vier Wochen (§ 622 Abs. 1 BGB). Zu einer Vertragsstrafe, wie sie die Beklagte in nicht streitiger Höhe verrechnete, kam es vorliegend nur, weil der Kläger durch seine Kündigung die Frist für die Lösung vom Arbeitsverhältnis um den Zeitraum vom 16.9. bis 31.10.2006 verkürzt hatte. Darauf hatte ihn die Beklagte mit entsprechenden Aufforderungsschreiben ausdrücklich hingewiesen, so dass der Kläger noch durch vertragstreues Verhalten die Möglichkeit gehabt hätte, die Höhe der Vertragsstrafe zu mindern oder sie ganz zu vermeiden. Bei einer derartigen Vertragsgestaltung und -praxis liegt **keine Übersicherung** des Arbeitgebers vor, zumal es keine feste Höchstgrenze für eine Vertragsstrafe in Höhe eines Bruttomonatsentgelts gibt.

4084 Die Formulierung in **Klausel B 6** wird unter Verweis auf die höchstrichterliche Rspr (vgl auch § 1 Rn 4068 f) von *Haas/Fuhlrott*[94] empfohlen. Die Verfasser gehen davon aus, dass sich diese Klausel als „gerichtsfest" erweist.

4085 Mit der **Klausel B 7** wird der Versuch gemacht, mehrere Tatbestände in einer Vertragsstrafenabrede zu erfassen. Da die einzelnen Tatbestände voneinander getrennt aufgeführt werden, dürfte eine „Teilbarkeit" gegeben sein, die im Falle der Unwirksamkeit eines Teils die Wirksamkeit der übrigen Regelungen unberührt lässt. Diese in der Lit.[95] empfohlene umfängliche Regelung dürfte iSd Rspr sowohl transparent als auch angemessen sein.

90 *Schöne*, SAE 2006, 272; *Junker*, BB 2007, 1274, 1278.

91 S. auch BLDH/*Lingemann*, Anwalts-Formularbuch Arbeitsrecht, Kap. 2 Rn 73 ff.

92 BAG 25.9.2008 – 8 AZR 717/07, NZA 2009, 370 = DB 2009, 569.

93 BAG 28.5.2009 – 8 AZR 896/07, NZA 2009, 1337.

94 *Haas/Fuhlrott*, NZA-RR 2010, 1.

95 *Windeln*, in: Maschmann/Sieg/Göpfert, Vertragsgestaltung im Arbeitsrecht, 560 Rn 9.

cc) Vertragsstrafen bei Wettbewerbsverboten

(1) Klauseltyp C

C 1: 4086

(1) Für jede Handlung, durch die der Mitarbeiter das Verbot schuldhaft verletzt, hat er eine Vertragsstrafe von (...) zu zahlen.

(2) Besteht die Verletzungshandlung in der kapitalmäßigen Beteiligung an einem Wettbewerbsunternehmen oder der Eingehung eines Dauerschuldverhältnisses (zB Arbeits-, Dienst-, Handelsvertreter- oder Beraterverhältnis), wird die Vertragsstrafe für jeden angefangenen Monat, in dem die kapitalmäßige Beteiligung oder das Dauerschuldverhältnis besteht, neu verwirkt (Dauerverletzung). Mehrere Verletzungshandlungen lösen jeweils gesonderte Vertragsstrafen aus, ggf auch mehrfach innerhalb eines Monats. Erfolgen dagegen einzelne Verletzungshandlungen im Rahmen einer Dauerverletzung, sind sie von der für die Dauerverletzung verwirkten Vertragsstrafe mit umfasst.

(3) Die Geltendmachung von Schäden, die über die verwirkte Vertragsstrafe hinausgehen, bleibt vorbehalten. Desgleichen die Geltendmachung aller sonstigen gesetzlichen Ansprüche und Rechtsfolgen aus einer Verletzung (zB Unterlassungsansprüche, Wegfall des Anspruchs auf Karenzentschädigung für die Dauer des Verstoßes etc.).[96]

C 2: (Vertragsstrafe bei Verstoß gegen das Wettbewerbsverbot)

Für jede Zuwiderhandlung gegen das in § (...) normierte Wettbewerbsverbot hat der Mitarbeiter eine Vertragsstrafe von einem Bruttomonatsgehalt zu zahlen (Vertragsstrafe).

Besteht die Zuwiderhandlung in einer Dauerverletzung (als solche werden ausschließlich verstanden die kapitalmäßige Beteiligung von mehr als 5 % an einem Wettbewerbsunternehmen oder die Eingehung eines Dauerschuldverhältnisses wie eines Arbeits-, Dienst-, Handelsvertreter- oder Beraterverhältnisses), wird die Vertragsstrafe für jeden angefangenen Monat, in dem die Dauerverletzung anhält, neu verwirkt. Mehrere Zuwiderhandlungen führen unabhängig voneinander zur Verwirkung von jeweils einer Vertragsstrafe, ggf auch mehrfach innerhalb eines Monats. Hingegen sind mehrere einzelne Zuwiderhandlungen im Rahmen einer Dauerverletzung von der für diese Dauerverletzung verwirkten Vertragsstrafe mit umfasst.

Die Geltendmachung eines über die Vertragsstrafe hinausgehenden Schadens bleibt dem Arbeitgeber vorbehalten. Unberührt bleiben ebenfalls alle sonstigen dem Arbeitgeber zustehenden Ansprüche (wie zB Unterlassungsansprüche).

(2) Gestaltungshinweise

Die **Klausel C 1** versucht, der Entscheidung des BAG vom 14.8.2007[97] (s. § 1 Rn 4033 f) Rechnung zu tragen. Das BAG hat hier zum Ausdruck gebracht, dass AGB-mäßige Vertragsstrafen zur Absicherung von Wettbewerbsverboten im Grundsatz weder ungewöhnlich noch überraschend und auch nicht nach § 309 Nr. 6 BGB unwirksam sind. Enthält die Klausel jedoch den Satz „Im Fall einer dauerhaften Verletzung des Wettbewerbsverbotes gilt jeder angebrochene Monat als erneute Verletzungshandlung", so ist sie wegen Verstoßes gegen das Klarheitsgebot (§ 307 Abs. 1 S. 2 BGB) unwirksam, wenn nicht erläutert wird, wann von einem Einzelverstoß und wann von einem Dauerverstoß auszugehen ist und wie oft in den verschiedenen Konstellationen die Vertragsstrafe anfällt. Im Anschluss an diese Entscheidung wird in der Lit. zu Recht die Frage gestellt: „Vertragsstrafen bei Wettbewerbsverbot: Was nun?" Die in der Lit. bislang vorgeschlagenen Formulierungen halten ggf einer AGB-Kontrolle nicht stand.[98] Wie den neuen 4087

96 NZA 2008, 574, 576.

97 BAG 14.8.2007 – 8 AZR 973/06, NJW 2008, 458 = NZA 2008, 170.

98 S. im Einzelnen *Diller*, NZA 2008, 574; *Schaub/Koch/Neef/Schrader/Vogelsang*, Formular- und Verfahrenshandbuch, § 2 Rn 30.

Herausforderungen Rechnung getragen werden kann, ist nicht abschließend geklärt.[99] Die Klausel C 1 wird von *Diller*[100] vorgeschlagen, der aber selbst einräumt, dass er angesichts dieser Klausel nicht ruhig schlafen kann und sich fragt, welches Haar in der Suppe er wohl beim nächsten Mal finden wird.

4088 Die **Klausel C 2** wird von *Haas/Fuhlrott*[101] unter Bezugnahme auf die höchstrichterliche Rspr empfohlen. Die Verfasser sind der Ansicht, dass sich diese Klausel als „gerichtsfest" erweisen dürfte. Die Verfasser legen mit diesen Beitrag[102] ein „neues Modell" (Klauselentwurf mit anpassender Strafe) vor, das nach Ansicht der Verfasser ebenfalls „angemessen" sein dürfte. Dem Verwender, der eine „rechtssichere" Klausel verwenden möchte, empfehlen die Verfasser jedoch die Klausel C 2.

99 *Schramm*, NJW 2008, 1494.
100 NZA 2008, 574, 576.
101 *Haas/Fuhlrott*, NZA-RR 2010, 1.
102 *Haas/Fuhlrott*, NZA-RR 2010, 6.

65. Vorbehalts-, Widerrufs- und Anrechnungsklauseln

Literatur

Bauer/von Medem, Rettet den Freiwilligkeitsvorbehalt – oder schafft eine Alternative, NZA 2012, 894; *Bayreuther*, Widerrufs-, Freiwilligkeits- und Anrechnungsvorbehalte – geklärte und ungeklärte Fragen, ZIP 2007, 2009, 2015; *ders.*, Freiwilligkeitsvorbehalte: Zulässig, aber überflüssig, BB 2009, 102; *Borchard*, Rechtsfragen zum Weihnachtsgeld, PuR 11–12/2012, 233; *Burger*, Sonderzahlungen unter Freiwilligkeitsvorbehalt (zugleich Anmerkung zu BAG vom 30.7.2008 – 10 AZR 606/07), Der Personalleiter 2008, 264; *Diekmann/Bieder*, Wirksamkeit von Widerrufsvorbehalten in Formulararbeitsverträgen bei der Gewährung von freiwilligen Leistungen, DB 2005, 722; *Doublet*, Der Freiwilligkeitsvorbehalt – und was davon übrig bleibt, PuR 2014, 159; *Fischer*, Vom Ende einer arbeitsrechtlichen Kaffeefahrt – Hat der Freiwilligkeitsvorbehalt ausgedient?, FA 2007, 105; *Freihub*, Neue Spielregeln für arbeitsvertragliche Vereinbarungen von Sonderzahlungen, DB 2008, 124; *Freitag*, Über die Freiwilligkeit freiwilliger Leistungen, NZA 2002, 294; *Gaul*, Der Abschied von Freiwilligkeitsvorbehalten, in: Festschrift für Wolfgang Hromadka zum 70. Geburtstag, 2008, S. 99; *Gaul/Kaul*, Verschärfung der Rechtsprechung zum Widerrufsvorbehalt, BB 2011, 181; *Gaul/Naumann*, Widerrufs- und Anrechnungsvorbehalte im Lichte der AGB-Kontrolle, ArbRB 2005, 146; *Gruber/Stumpf*, Ablösung einer betrieblichen Übung durch Betriebsvereinbarung – überlagernde oder ersetzende Rechtswirkung?, BB 2014, 1205; *Hanau*, Neueste Rechtsprechung zum flexiblen Arbeitsverhältnis: Erfurter Allerlei oder neues Rezept?, ZIP 2005, 1661; *Hanau/Hromadka*, Richterliche Kontrolle flexibler Entgeltregelungen in Allgemeinen Arbeitsbedingungen, NZA 2005, 73; *Heiden*, Neue Entwicklungen im Recht der Sonderzahlungen, RdA 2012, 225; *Hertzfeld*, Zum Freiwilligkeitsvorbehalt in einem Arbeitsvertrag, EWiR 2007, 643; *Hoffmann*, Widerruf – AGB-Kontrolle – Ergänzende Vertragsauslegung in Altfällen, AP Nr. 9 zu § 308 BGB; *Hromadka*, Die ablösende Betriebsvereinbarung ist wieder da!, NZA 2013, 1061; *Hromadka/Schmitt-Rolfes*, Die AGB-Rechtsprechung zu Tätigkeit, Entgelt und Arbeitszeit, NJW 2007, 1777; *Hümmerich*, Gestaltung von Arbeitsverträgen nach der Schuldrechtsreform, NZA 2003, 753; *ders.*, Widerrufsvorbehalte in Formulararbeitsverträgen, NJW 2005, 1759; *ders.*, Widerruf von Gehaltszusätzen im medizinischen Bereich, Neue Grundsätze durch ein Urteil des BAG, MedR 2005, 575; *ders.*, Anwendbarkeit des § 308 Nr. 4 BGB auch bei freiwilligen Leistungen?, BB 2007, 1498; *ders.*, Was bleibt vom vertraglichen Freiwilligkeitsvorbehalt?, DB 2012, 1037; *Hund*, Zielvereinbarungen und Boni, AuA 2014, 364; *Hunold*, Die aktuelle Rechtsprechung zur Inhaltskontrolle arbeitsrechtlicher Absprachen – AGB-Kontrolle, NZA-RR 2008, 449; *ders.*, Flexible Vergütung nach der Schuldrechtsreform: Richtige Vertragsgestaltung, Mitarbeitervergütung auf dem Prüfstand 2008, 51; *Isenhardt*, Individualrechtliche Flexibilisierung von Arbeitsleistungen, FS Hanau, 1999, S. 221; *Jensen*, Arbeitsvertragsklauseln gegen betriebliche Übungen – was geht noch?, NZA-RR 2011, 225; *Kania*, Flexible Vergütungsgestaltung, DB 1998, 2418; *Kort*, Der Widerruf einer Gesamtzusage bei Bindung des Widerrufsvorbehalts an das Schicksal einer Kollektivvereinbarung, NZA 2005, 509; *Krämer*, Der Widerruf im Arbeitsrecht, 1998; *Krauß*, Widerruf von Arbeitgeberleistungen, 1997; *Küttner*, in: Hromadka (Hrsg.), Die Mitarbeitervergütung, 1995, S. 68; *Lakies*, Das Ende des arbeitsvertraglichen Freiwilligkeitsvorbehalts und Alternativen, ArbR 2012, 469; *ders.*, Begrenzte Vertragsfreiheit bei der Gewährung von Sonderzahlungen, DB 2014, 659; *Leder*, Der Freiwilligkeitsvorbehalt sprengt den Kernbereich, DB 2009, 1366; *Leuchten*, Widerrufsvorbehalt und Befristung von Arbeitsbedingungen, insbesondere Provisionsordnungen, NZA 1994, 721; *Lingemann/Gotham*, Freiwilligkeits-, Stichtags- und Rückzahlungsregelungen bei Bonusvereinbarungen – Was geht noch?, NZA 2008, 509; *dies.*, Freiwillige Leistungen des Arbeitgebers – Gibt es sie noch?, DB 2007, 1754; *dies.*, Freiwillige Leistungen des Arbeitgebers – Es gibt sie noch!, DB 2008, 2307; *Lingemann/Simon*, Arbeitsrechtliche Instrumente in der Finanz- und Wirtschaftskrise, BB 2008, 2795; *Lunk*, Widerruf freiwilliger Leistungen, ArbRB 2003, 36; *Matties*, Freiwilligkeits- und Widerrufsvorbehalte in Arbeitsverträgen und bei der betrieblichen Übung, DB 2005, 2689; *ders.*, Freiwilligkeitsvorbehalt beim Entgelt, AP Nr. 7 zu § 308 BGB; *Moll*, AGB-Kontrolle von Änderungs- und Bestimmungsklauseln in Entgeltregelungen, in: Arbeitsgemeinschaft ArbR, FS zum 25-jährigen Bestehen, 2006, S. 91; *Müller-Bonanni/Nimmerjahn*, Fallstricke bei der Formulierung von Freiwilligkeits- und Widerrufsvorbehalten, ArbRB 2008, 114; *Preis/Genenger*, Betriebliche Übung, freiwillige Leistungen und rechtsgeschäftliche Bindung, JbArbR 2010, 93 ff; *Preis/Sagan*, Wider die Wiederbelebung des Freiwilligkeitsvorbehalts, NZA 2012, 1077; *dies.*, Der Freiwilligkeitsvorbehalt im Fadenkreuz der Rechtsgeschäftslehre, NZA 2012, 697; *Reinecke*, Vertragskontrolle im Arbeitsrecht, Sonderbeil. zu NZA 3/2000, 23; *Reinfelder*, Leistungsgerechtes Entgelt – Gestaltung und Umgestaltung, NZA-Beilage 2014, Nr. 1, 10–16; *Rieble*, Flexible Gestaltung von Entgelt und Arbeitszeit im Arbeitsvertrag, Sonderbeil. zu NZA 3/2000, 34; *Schiefer*, Die schwierige Handhabung der Jahressonderzahlungen, NZA-RR 2000, 562; *Schiefer/Conrad*, Beendigung des Arbeitsverhältnisses und Umstrukturierung, Düsseldorfer Schriftenreihe, 3. Aufl. 2008; *Schiefer/Korte*, Das Betriebsverfassungsgesetz, Düsseldorfer Schriftenreihe, 2. Aufl. 2011; *Schimmelpfennig*, Inhaltskontrolle eines formularmäßigen Änderungsvorbehalts, NZA 2005, 603; *Schmitt-Rolfes*, Neues zum Freiwilligkeitsvorbehalt, AuA 2008, 71; *ders.*, Aus für den vertraglichen Freiwilligkeitsvorbehalt?, AuA 2012, 199; *ders.*, Die Rechtsprechung zur Entgeltflexibilisierung, AuA 2014, 263; *Schneider*, Betriebliche Übung: Vertragstheorie oder Fiktion von Willenserklärungen?, DB 2011, 2718; *Schrader/Schubert*, Grundsätze der Inhaltskontrolle arbeitsvertraglicher Vereinbarungen (Teil 1), NZA-RR 2005, 169; *Schramm*, Die Zulässigkeit von Freiwilligkeitsvorbehalten in Arbeitsverträgen, NZA 2007, 1325; *Seel*, Arbeitsvertrag – Wirksamkeit eines Widerrufsvorbehalts, MDR 2005, 724; *Simon/Greßlin*, Der Freiwilligkeitsvorbehalt lebt, und zwar nicht nur beim Weihnachtsgeld, BB 2008, 2467; *Singer*, Freiwilligkeitsvorbehalt beim Entgelt, RdA 2008, 246; *Sprenger*, Inhaltskontrolle zu Freiwilligkeitsvorbehalten bei Leistungszulagen, BB 2007, 1902; *Stück*, Freiwillig, unfreiwillig, Personal 2007, Nr. 11, 15; *Ulrich*, Anmerkung: Jahressonderzahlung – betriebliche

Übung – Freiwilligkeitsvorbehalt – AGB-Kontrolle – unangemessene Benachteiligung, BB 2009, 335; *Wiedemann*, Freiwillige Leistungen – Enttäuschte Erwartungen, RdA 2009, 186; *Willemsen/Jansen*, Die Befristung von Entgeltbestandteilen als Alternative zu Widerrufs- und Freiwilligkeitsvorbehalten, RdA 2010, 1, 2; *Worzalla*, Flexible Gestaltung von Gehaltsbestandteilen, PuR 03/2008, 6; *ders.*, Flexibilisierung von Entgeltbestandteilen – notwendige Hebel in der Krise, PuR 03/2009, 3; *ders.*, Der Freiwilligkeitsvorbehalt bei Sonderzahlungen, SAE 2012, 92; *Ziepke/Schneider*, Anrechnung und Widerruf übertariflicher Entgeltbestandteile, 2. Aufl. 2000; *Zöllner*, Vorsorgende Flexibilisierung durch Vertragsklauseln, NZA 1997, 121.

a) Rechtslage im Umfeld

aa) Arbeitsrechtliche Ausgangslage

4089 Haben die Vertragsparteien im Arbeitsvertrag keine Vorsorge dafür getroffen, eine der nach dem Arbeitsvertrag vorgesehenen oder geschuldeten Leistungen abändern zu können, ist grds. eine einseitige Abänderung nicht möglich, ohne den Bestand des Arbeitsverhältnisses selbst in Frage zu stellen.[1] Die **einseitige** Veränderung einzelner Vertragsbedingungen ist eine **Teilkündigung**, die nach der Rspr des BAG unzulässig ist, weil sie zu einer Veränderung des Verhältnisses von Leistung und Gegenleistung führen würde. Keinem Vertragspartner soll es im Arbeitsverhältnis möglich sein, sich teilweise der Bindung aus dem Arbeitsvertrag zu entziehen, ohne zugleich den anderen Partner aus dem Arbeitsverhältnis zu entlassen.[2] Änderungen von Arbeitsbedingungen sind deshalb grds. nur im Einverständnis mit beiden Parteien über einen **Änderungsvertrag** oder über eine **Änderungskündigung**, in seltenen Ausnahmefällen unter Berufung auf die **Lehre vom Wegfall der Geschäftsgrundlage** (Störung der Geschäftsgrundlage, § 313 BGB)[3] möglich.

4090 Dabei ist zu beachten, dass Änderungskündigungen mit dem **Primärziel einer Lohnsenkung** schwierig durchzusetzen sind. Besteht die angebotene Vertragsänderung allein in einer Absenkung der bisherigen Vergütung (Primärziel), so ist die Kündigung allenfalls berechtigt, wenn bei einer Aufrechterhaltung der bisherigen Personalstruktur weitere, betrieblich nicht mehr auffangbare Verluste entstünden, die absehbar zu einer Reduzierung der Belegschaft oder sogar zu einer Schließung des Betriebs führen, ein Sanierungsplan alle milderen Mittel ausschöpft und die von den Arbeitnehmern zu tragenden Lasten gleichmäßig verteilt werden (hier: Änderungskündigung zur Lohnkostensenkung auf Basis eines Sanierungstarifvertrages).[4]

4091 **Änderungsvorbehalte** sind ein beliebtes Instrument der Flexibilisierung.[5] Zu unterscheiden sind:

- Freiwilligkeitsvorbehalte (s. Rn 4101 ff),
- Widerrufsvorbehalte (s. Rn 4157 ff) und
- Anrechnungsvorbehalte (s. Rn 4196 ff).

bb) Betriebliche Übung und Änderungsbedarf

4092 Änderungsbedarf kann nicht nur in Bezug auf ausdrücklich arbeitsvertraglich vereinbarte Ansprüche bestehen. Änderungsbedarf kann sich insb. auch im Hinblick auf Ansprüche ergeben, die aus einer sog. **betrieblichen Übung** erwachsen. Unter einer solchen betrieblichen Übung versteht man die regelmäßige Wiederholung bestimmter Verhaltensweisen des Arbeitgebers, aus denen die Arbeitnehmer schließen können, ihnen solle eine Leistung oder Vergünstigung auf Dauer gewährt werden. Maßgeblich ist, ob der Arbeitnehmer aus einem bestimmten Verhalten des Arbeitgebers einen Bindungswillen ableiten kann. Dies kann auch in Bezug auf Einmalleistungen der Fall sein. Für Gratifikationen gilt die Regel, dass eine **dreimalige vorbehalt-**

1 BAG 14.6.1995 – 5 AZR 126/94, DB 1995, 2273.
2 BAG 7.10.1982 – 2 AZR 455/80, DB 1983, 1368; BAG 23.8.1989 – 5 AZR 569/88, DB 1990, 740.
3 BAG 25.2.1988 – 2 AZR 346/87, NZA 1988, 769.
4 BAG 26.6.2008 – 2 AZR 139/07, DB 2008, 2141 ff; s. im Einzelnen *Schiefer/Conrad*, Beendigung des Arbeitsverhältnisses und Umstrukturierung, Checkliste 9.
5 *Lingemann/Gotham*, DB 2007, 1754 in Bezug auf Freiwilligkeits- und Anrechnungsvorbehalte.

lose Gewährung zur Verbindlichkeit erstarkt. Bei anderen Sozialleistungen ist auf Art, Dauer und Intensität der Leistungen abzustellen. Eine betriebliche Übung kann allerdings nur entstehen, wenn es an einer kollektiv- oder individualrechtlichen Grundlage für die Leistungsgewährung fehlt.

Zahlt ein Arbeitgeber bspw über zehn Jahre an alle Mitarbeiter **vorbehaltlos** eine Jubiläumszuwendung in derselben Höhe, wird dadurch eine betriebliche Übung begründet, die den einzelnen Arbeitnehmern einen vertraglichen Anspruch auf die Leistung verschafft. Diesen Anspruch kann der Arbeitgeber nur durch abändernde Individualvereinbarungen oder -kündigungen oder zulässige ablösende Betriebsvereinbarungen[6] beseitigen. Durch einfache einseitige Erklärung kann sich der Arbeitgeber hingegen grds. nicht von der betrieblichen Übung lösen. Die Möglichkeit der Ablösung durch eine sog. **gegenläufige betriebliche Übung** hat das BAG unter Aufgabe seiner bisherigen Rspr[7] in Anwendung des § 308 Nr. 5 BGB (Klauselverbot für fingierte Erklärungen) erheblich eingeschränkt[8] (s. auch § 1 Rn 2136). Der Arbeitgeber ist daher gut beraten, wenn er das Entstehen einer betrieblichen Übung und einen hieraus folgenden individualrechtlichen Anspruch durch einen entsprechenden Vorbehalt von vornherein vermeidet. 4093

Eine betriebliche Übung kann auch durch Zahlung von **Weihnachtsgeld an Betriebsrentner** entstehen. Eines Schutzes des Arbeitgebers mit Blick auf eine hieraus ggf entstehende „**Ewigkeitsgarantie**" bedarf es nach Ansicht des BAG nicht. Der Arbeitgeber „hat es selbst in der Hand, das Entstehen einer betrieblichen Übung zu vermeiden, indem er mit der Zahlung von Weihnachtsgeld einen hinreichend deutlichen Vorbehalt verbindet, demzufolge die Leistung keine Rechtsansprüche für die Zukunft begründet" (sog. **Freiwilligkeitsvorbehalt**). Ein sog. **immanenter Freiwilligkeitsvorbehalt** ist nach Ansicht des BAG **nicht** anzuerkennen. Will der Arbeitgeber vermeiden, dass aus der Stetigkeit seines Verhaltens eine in die Zukunft wirkende Bindung entsteht, muss er den einschränkenden Vorbehalt zwar nicht ausdrücklich formulieren, aber **klar und deutlich zum Ausdruck** bringen.[9] 4094

Auch Ansprüche auf **betriebliche Altersversorgung** können im Wege der betrieblichen Übung dadurch entstehen, dass Versorgungsleistungen an bereits im Ruhestand befindliche ehemalige Beschäftigte erbracht werden. Das Entstehen des Anspruchs ist aber ausgeschlossen, wenn der Arbeitgeber die Leistungen aufgrund einer vermeintlichen Verpflichtung, also **rechtsirrtümlich**, erbringt und die Arbeitnehmer diesen **Irrtum** des Arbeitgebers erkennen. Erbringt der Arbeitgeber zunächst aufgrund einer ausdrücklichen Zahlungsverpflichtung dauerhafte Zahlungen in gleichbleibender Höhe, kann ein Anspruch aus betrieblicher Übung auch dadurch entstehen, dass der Arbeitgeber trotz des späteren Wegfalls seiner Zahlungsverpflichtung diese Zahlungen weiter unverändert vornimmt. Das Entstehen einer betrieblichen Übung setzt in diesem Falle aber voraus, dass die Änderung in der Motivation für die Zahlungen für die Leistungsempfänger **erkennbar** wird. Dies erfordert, dass jedenfalls dem überwiegenden Teil der Leistungsempfänger der Wegfall der ursprünglichen Zahlungsverpflichtung trotz der weiteren Erbringung der Zahlungen bekannt wird.[10] 4095

Entscheidend für die **Entstehung** eines Anspruchs aus betrieblicher Übung ist nicht der Verpflichtungswille, sondern wie der **Erklärungsempfänger** die Erklärung oder das Verhalten des Arbeitgebers nach Treu und Glauben unter Berücksichtigung aller Umstände (§§ 133, 157 BGB) verstehen musste und durfte. Im Wege der **Auslegung des Verhaltens des Arbeitgebers** ist zu ermitteln, ob der Arbeitnehmer davon ausgehen musste, die Leistung werde nur unter bestimmten Voraussetzungen oder nur für eine bestimmte Zeit gewährt. Bei einem nicht tarifgebundenen Arbeitgeber kann eine betriebliche Übung der Erhöhung der Löhne und Gehälter 4096

6 *Hromadka*, NZA 2013, 1061 mit dem Hinweis „Die ablösende Betriebsvereinbarung ist wieder da!"
7 BAG 28.5.2008 – 10 AZR 274/07, DB 2008, 1808.
8 BAG 18.3.2009 – 10 AZR 281/08, DB 2009, 1186.
9 BAG 16.2.2010 – 3 AZR 118/08, DB 2010, 1947.
10 BAG 23.8.2011 – 3 AZR 650/09, NZA 2012, 37.

entsprechend der Tarifentwicklung in einem bestimmten Tarifgebiet nur entstehen, wenn es **deutliche Anhaltspunkte** im Verhalten des Arbeitgebers dafür gibt, dass er auf Dauer die von den Tarifvertragsparteien ausgehandelten Tariflohnerhöhungen übernehmen will. Grundsätzlich entsteht mit der **Anlehnung an Tariflohnerhöhungen** in Bezug auf freiwillige Lohnsteigerungen lediglich ein Anspruch der Arbeitnehmer auf Fortzahlung dieses erhöhten Lohns, nicht aber zugleich eine Verpflichtung des Arbeitgebers, auch künftige Tariflohnerhöhungen weiterzugeben.[11]

4097 Der aus einer betrieblichen Übung resultierende individualrechtliche Anspruch ist **kein vertraglicher Anspruch minderer Rechtsbeständigkeit.** Der Arbeitgeber kann ihn daher genauso wenig wie einen durch ausdrückliche arbeitsvertragliche Abrede begründeten Anspruch unter erleichterten Voraussetzungen zu Fall bringen.

4098 Dabei kommt eine betriebliche Übung grds. auch den Mitarbeitern zugute, die während des Bestehens der betrieblichen Übung in ein Arbeitsverhältnis mit dem Arbeitgeber **eintreten** (also nicht nur gegenüber Arbeitnehmern, die bereits in einem Arbeitsverhältnis stehen). Weist der Arbeitgeber jedoch bei einer **Neueinstellung** auf einen **Freiwilligkeitsvorbehalt** hin, so kann der neu eingestellte Mitarbeiter nicht auf die betriebliche Übung vertrauen. Hierzu kann es ggf genügen, dass der Freiwilligkeitsvorbehalt in einer Betriebsmitteilung ausgehändigt wird.[12]

4099 Mit Entscheidung vom 17.4.2013[13] weist das BAG nochmals darauf hin, dass eine betriebliche Übung sich auf eine **Vielzahl** oder zumindest auf eine **abgrenzbare Gruppe** von Arbeitnehmern bezieht, ohne dass **individuelle Besonderheiten** die vertraglichen Beziehungen gestalten. Das Rechtsinstitut der betrieblichen Übung enthält ein **kollektives Element.** Zu beurteilen war folgende Konstellation: In § 1 des Arbeitsvertrages des Klägers hieß es u.a. wie folgt:

> „Bei erfolgreicher Zusammenarbeit im ersten Jahr erfolgt die Zahlung einer Tantieme iHv 10.000 € (brutto)."

Die Beklagte zahlte die Tantieme in den Folgejahren in unterschiedlicher Höhe. Der Kläger war der Auffassung, er habe einen Anspruch auf eine jährliche Tantieme iHv 34.103 € entsprechend der in den Jahren 2004 bis 2006 gezahlten Beträge.

Mangels **kollektiver Handhabung** der Tantiemenzahlung folgte der geltend gemachte Anspruch nicht aus einer betrieblichen Übung. Er kann sich aber – was die Vorinstanz aufzuklären hat – aufgrund **konkludenter Abrede** ergeben. Über die Höhe ist sodann gem. § 315 BGB nach billigem Ermessen zu entscheiden.

4100 *Preis/Sagan*[14] sind der Auffassung, das von Rspr und Lehre entwickelte Rechtsinstitut zur betrieblichen Übung sollte als eigenständiges Institut „verabschiedet" werden. Es habe nur dogmatische Verwirrung gebracht und den intransparenten Freiwilligkeitsvorbehalt zur Blüte kommen lassen.

cc) Freiwilligkeitsvorbehalt

(1) Kein Anspruch (Verhindern der Anspruchsentstehung)

4101 Der Freiwilligkeitsvorbehalt ermöglicht es dem Arbeitgeber, dem Arbeitnehmer eine Leistung zu gewähren, gleichzeitig aber das **Entstehen des Anspruchs** zu **verhindern.** Damit wird eine Bindung des Arbeitgebers nicht nur für die Zukunft, sondern auch für den laufenden Bezugszeitraum ausgeschlossen.[15] Beim Freiwilligkeitsvorbehalt wird also – anders als beim Widerrufsvorbehalt (s. Rn 4157) – kein Anspruch eingeräumt. Vielmehr hindert der Freiwilligkeitsvorbehalt von vornherein die Entstehung eines Anspruchs.

---

11 BAG 19.10.2011 – 5 AZR 359/10, BB 2012, 455.

12 LAG Baden-Württemberg 25.11.2010 – 11 Sa 70/10; *Preis/Sagan*, NZA 2012, 1077.

13 BAG 17.4.2013 – 10 AZR 251/12, BB 2013, 1716.

14 S. auch *Preis/Genenger*, JbArbR 2010, 93 ff; *Schneider*, DB 2011, 2718.

15 *Maaß*, in: Maschmann/Sieg/Göpfert, Vertragsgestaltung im Arbeitsrecht, 360 Rn 3.

Die **Voraussetzungen** des Freiwilligkeitsvorbehalts werden allerdings von der aktuellen Rspr[16] so eng gesteckt, dass zT davon ausgegangen wird, er könne in einem Arbeitsvertrag kaum noch wirksam vereinbart werden. In der Lit. wird bspw unter den Titeln „Rettet den Freiwilligkeitsvorbehalt – oder schafft eine Alternative“[17] oder „Wider die Wiederbelebung des Freiwilligkeitsvorbehalts“[18] (ungewöhnlich heftig)[19] diskutiert, ob der Freiwilligkeitsvorbehalt „tot“ sei, welche Zukunft er habe bzw welche Anforderungen an die wirksame Vereinbarung dieses Rechtsinstituts zu stellen sind. 4102

(2) AGB-Kontrolle von Freiwilligkeitsvorbehalten (mit Klauseln aus der Rechtsprechung)

Für Klauseln, die der AGB-Kontrolle nicht unterfielen, ging die Rspr grds. von der Zulässigkeit sog. Freiwilligkeitsvorbehalte aus.[20] Dies gilt grds. auch bei Anwendung des AGB-Rechts. Das hat zuerst das LAG Hamm[21] in Bezug auf eine **Gratifikationsleistung**, die **nicht** in einem **Gegenseitigkeitsverhältnis** stand, festgestellt. Zu beurteilen war die folgende Formulierung: 4103

> „Der Arbeitnehmer erhält eine Gratifikation in Höhe eines 13. Monatsgehalts. Die Zahlung erfolgt freiwillig. Auch nach wiederholter Zahlung erwächst hierauf kein Anspruch.“

Diese Regelung ist nach Ansicht des LAG Hamm **klar und verständlich**. Da ein Rechtsanspruch gerade nicht besteht, wird erst durch die **konkrete Ankündigung** des Arbeitgebers vor Auszahlung der freiwillig gewährten Leistung oder auch erst durch Auszahlung selbst eine **Rechtsgrundlage** geschaffen. Die Leistung gehört **nicht** zu dem im **Gegenseitigkeitsverhältnis** stehenden Vergütungsanspruch und kann daher ohne Verstoß gegen den Grundsatz der Vertragstreue als „**freiwillige**“ Leistung ausgestaltet werden. Sie belohnt Betriebstreue und ist an keine weiteren Voraussetzungen gebunden und damit nicht Teil der als Gegenleistung für die Arbeit gezahlte Vergütung. Da ein vertraglicher Anspruch von vornherein nicht begründet wird, scheidet auch eine Heranziehung des § 308 Nr. 4 BGB (Änderungsvorbehalt) aus. Eine Angemessenheitskontrolle iSd § 307 Abs. 1 S. 1 BGB hat nicht zu erfolgen. Die Klausel hält einer Transparenzkontrolle stand. 4104

Wichtig ist auch an dieser Stelle der Hinweis, dass Freiwilligkeitsvorbehalte und Widerrufsvorbehalte im Hinblick auf ihre Überprüfung nicht gleich zu behandeln sind.[22] Darüber hinaus ist zu betonen, dass das LAG Hamm die Zulässigkeit der Freiwilligkeitsvorbehalte nur für Leistungen anerkannt hat, die **nicht** zu dem im **Gegenseitigkeitsverhältnis** stehenden Vergütungsanspruch gehören. 4105

Dies verdeutlicht auch die erste Grundsatzentscheidung des BAG zur AGB-Kontrolle von Freiwilligkeitsvorbehalten.[23] Zu beurteilen war die folgende Vertragsklausel: 4106

> „Herr (...) erhält zusätzlich zu seinem monatlichen Bruttoentgelt ab 1.4.2002 eine monatliche Leistungszulage von 200 €. Deren Zahlung wird mit der monatlichen Gehaltszahlung fällig. Die Zahlung erfolgt als freiwillige Leistung ohne Anerkennung einer Rechtspflicht. Aus der Zahlung können für die Zukunft keinerlei Rechte hergeleitet werden.“

Das BAG hat diese zur Mehrfachverwendung (§ 305 Abs. 1 BGB) bestimmte Klausel der AGB-Kontrolle unterworfen und Folgendes festgestellt: Der Ausschluss eines jeden Rechtsanspruchs auf eine zusätzlich zur Grundvergütung zahlbare Leistungszulagen weicht von Rechtsvorschrif- 4107

16 BAG 14.9.2011 – 10 AZR 526/10, DB 2012, 179.
17 *Bauer/von Medem*, NZA 2012, 894.
18 *Preis/Sagan*, NZA 2012, 1077.
19 Zum Meinungsstreit s. *Schiefer*, PuR 2013, 1.
20 S. hierzu die frühere Auflage: *Hümmerich*, Gestaltung von Arbeitsverträgen, 1. Aufl. 2006, § 1 Rn 2785.
21 LAG Hamm 9.6.2005 – 8 Sa 2403/04, NZA-RR 2005, 624.
22 *Hromadka/Schmitt-Rolfes*, NJW 2007, 1780.
23 BAG 25.4.2007 – 5 AZR 627/06, DB 2007, 1757; *Lingemann/Gotham*, DB 2007, 1754.

ten ab und unterliegt deshalb gem. § 307 Abs. 3 S. 1 BGB der **Inhaltskontrolle** nach § 307 Abs. 1 und 2 BGB. Einseitige Leistungsbestimmungsrechte, die dem Verwender das Recht einräumen, die Hauptleistungspflichten einzuschränken, zu verändern, auszugestalten oder zu modifizieren, unterliegen einer gerichtlichen Inhaltskontrolle anhand der §§ 305 ff BGB. Ein vertraglich vereinbarter Ausschluss jeden Rechtsanspruchs bei laufendem Entgelt benachteiligt den Arbeitnehmer entgegen den Geboten von Treu und Glauben **unangemessen** und ist gem. § 307 Abs. 1 S. 1 BGB unwirksam. Gemäß § 307 Abs. 2 Nr. 1 BGB ist eine unangemessene Benachteiligung anzunehmen, wenn eine Bestimmung mit wesentlichen Grundgedanken der gesetzlichen Regelung, von der abgewichen wird, nicht zu vereinbaren ist. Der Ausschluss jeden Rechtsanspruchs **bei laufendem Arbeitsentgelt** widerspricht dem Zweck des Arbeitsvertrages. Die berechtigten Interessen an einer Flexibilisierung kann der Arbeitgeber in hinreichender Weise mit der Vereinbarung von **Widerrufs- oder Anrechnungsvorbehalten** bewirken. Die das Arbeitsentgelt betreffenden „Freiwilligkeitsvorbehalte" sind nicht durch objektiv feststellbare Besonderheiten des Arbeitsrechts gerechtfertigt. Das BAG hatte in der Vergangenheit die Wirksamkeit sog. Freiwilligkeitsvorbehalte nur in Bezug auf Sondervergütungen anerkannt und in Bezug auf **laufendes Arbeitsentgelt als Widerrufsvorbehalt** ausgelegt.

4108 Diese Entscheidung hat die Frage aufgeworfen, ob künftig überhaupt noch wirksam Freiwilligkeitsvorbehalte vereinbart werden können.[24] Für Leistungen, die **nicht im Gegenseitigkeitsverhältnis** stehen, ist dies zu bejahen. „Freiwilligkeitsvorbehalte", die das Arbeitsentgelt betreffen, sind unwirksam. Die notwendige Flexibilisierung kann durch **Widerrufs-** (s. Rn 4157 ff) **oder Anrechnungsvorbehalte** (s. Rn 4196 ff) bewirkt werden. In Anwendung des § 308 Nr. 4 BGB ist es idR auch nicht mehr möglich, den Freiwilligkeitsvorbehalt als nicht näher konkretisierten Widerrufsvorbehalt zu behandeln (umzudeuten). In einem Widerrufsvorbehalt müssten Voraussetzungen und Umfang der vorbehaltenen Änderung vertraglich konkretisiert sein. Dies ist bei der Formulierung von Freiwilligkeitsvorbehalten gerade nicht der Fall.

4109 Die Formulierung „Im Monat seines Dienstjubiläums erhält der Jubilar ein Geldgeschenk. Die freiwillige Sozialleistung beträgt: …"[25] lässt nicht den Schluss zu, die Zusage stehe unter einem „Widerrufsvorbehalt". Diese Bezeichnung bringt für den Arbeitnehmer **nicht unmissverständlich** zum Ausdruck, dass sich der Arbeitgeber eine grds. freie Lösung von der gegebenen Zusage vorbehält, sondern kann auch so verstanden werden, dass sich der Arbeitgeber „freiwillig" zur Erbringung der Leistung verpflichtet, ohne dazu durch Tarifvertrag, Betriebsvereinbarung oder Gesetz gezwungen zu sein. Es kommt darauf an, wie der Empfänger einer Erklärung diese verstehen muss (§§ 133, 157 BGB). Daher muss der Arbeitgeber es in seiner Erklärung gegenüber den Arbeitnehmern unmissverständlich deutlich machen, wenn er sich den Widerruf einer zugesagten Sozialleistung vorbehalten, also eine vertragliche Bindung verhindern will. Er kann zB die Leistung „ohne Anerkennung einer Rechtspflicht" oder „jederzeit widerruflich" in Aussicht stellen.

4110 **Festzuhalten ist:** Der Freiwilligkeitsvorbehalt ist **unwirksam**, wenn er eine monatlich zu leistende, regelmäßige und im Gegenseitigkeitsverhältnis „Lohn gegen Arbeit" stehende Zahlung betrifft. Freiwilligkeitsvorbehalte bzgl anderer Leistungen, die idR nicht monatlich und regelmäßig gezahlt werden, wie etwa Tantiemen, Zielboni und Aktienoptionen, steht die neuere Rspr des BAG grds. nicht entgegen. Die **Zulässigkeit** von Freiwilligkeitsvorbehalten bei Sonderzahlungen, wie zB bei Jubiläumszuwendungen, Urlaubs- und Weihnachtsgeld, hat das BAG nicht in Frage gestellt.

4111 Mit der weiteren Grundsatzentscheidung zum Freiwilligkeitsvorbehalt bei Sonderzahlungen und der **Kombination von Freiwilligkeits- und Widerrufsvorbehalten** vom 30.7.2008[26] hat das

---

24 *Lingemann/Gotham*, DB 2007, 1754.

25 BAG 23.10.2002 – 10 AZR 48/02, DB 2003, 286.

26 BAG 30.7.2008 – 10 AZR 606/07, DB 2008, 2194; *Lingemann/Gotham*, DB 2008, 2307; *Burger*, Der Personalleiter 2008, 264.

BAG die Anforderungen an einen Freiwilligkeitsvorbehalt präzisiert. Zu beurteilen war die folgende Klausel:

> „Die Angestellte erhält eine Weihnachtsgratifikation in Höhe des Bruttogehalts nach den betrieblichen Vereinbarungen. Ein Rechtsanspruch auf eine Weihnachtsgratifikation besteht nicht. Wird eine solche gewährt, so stellt sie eine freiwillige, stets widerrufbare Leistung des Arbeitgebers dar."

Hierzu stellt das BAG fest: Durch einen Freiwilligkeitsvorbehalt, der sich nicht in dem bloßen Hinweis erschöpft, dass sich der Arbeitgeber „freiwillig" zur Erbringung der Leistung verpflichtet, ohne dazu durch Tarifvertrag, Betriebsvereinbarung oder Gesetz gezwungen zu sein, kann wirksam das Entstehen eines Rechtsanspruchs des Zuwendungsempfängers auf künftige Sonderzahlungen gehindert werden. Der Arbeitgeber kann außer bei **laufendem Arbeitsentgelt** grds. einen Rechtsanspruch des Arbeitnehmers auf eine in Aussicht gestellte Sonderzahlung ausschließen und sich die Entscheidung vorbehalten, ob und in welcher Höhe er künftig Sonderzahlungen gewährt.[27] Dies bedeutet: Der Arbeitgeber ist aufgrund eines klaren und verständlichen Freiwilligkeitsvorbehalts in einem Formulararbeitsvertrag, der einen Rechtsanspruch des Arbeitnehmers auf eine Sonderzahlung eindeutig ausschließt, grds. in seiner Entscheidung frei, ob und unter welchen Voraussetzungen er zum laufenden Arbeitsentgelt eine zusätzliche Leistung gewährt.[28] 4112

Eine derartige Freiwilligkeitsklausel verstößt nicht gegen § 308 Nr. 4 BGB (Änderungsvorbehalt). Bei einem **klar und verständlich formulierten** Freiwilligkeitsvorbehalt, der jeden Rechtsanspruch des Arbeitnehmers auf die Sonderzahlung ausschließt, fehlt es jedenfalls an einer versprochenen Leistung iSv § 308 Nr. 4 BGB. Ein solcher Freiwilligkeitsvorbehalt verhindert die Entstehung eines Anspruchs auf eine Leistung für künftige Bezugszeiträume. 4113

Es ist – was das BAG betont – insoweit zwischen Freiwilligkeits- und Widerrufsvorbehalt zu unterscheiden. Nur der **Widerrufsvorbehalt** unterliegt der **Kontrolle nach § 308 Nr. 4 BGB**. Hat der Arbeitgeber dem Arbeitnehmer die Leistung von Sonderzahlungen in einem von ihm vorformulierten Arbeitsvertrag versprochen und sich zugleich vorbehalten, die Zusage der Sonderzahlung zu widerrufen, unterliegen der vereinbarte Widerrufsvorbehalt sowie der Widerrufsvorbehalt bei einer laufenden Leistung[29] einer Inhaltskontrolle nach § 308 Nr. 4 BGB. 4114

Mit Entscheidung vom 30.7.2008[30] hatte das BAG die folgende Klausel zu beurteilen: 4115

> „Darüber hinaus erhalten Sie einen gewinn- und leistungsabhängigen Bonus, der im ersten Jahr Ihrer Betriebszugehörigkeit 7.700 € nicht unterschreiten wird. Die Zahlung erfolgt in jedem Falle freiwillig und begründet keinen Rechtsanspruch für die Zukunft."

Weist der Arbeitgeber in einem vorformulierten Arbeitsvertrag darauf hin, dass die **Gewährung einer Sonderzahlung keinen Rechtsanspruch** des Arbeitnehmers auf die Leistung für künftige Bezugszeiträume begründet, benachteiligt nach Ansicht des BAG ein solcher Freiwilligkeitsvorbehalt den Arbeitnehmer nicht unangemessen. Die Klausel ist auch dann wirksam, wenn die Sonderzahlung ausschließlich im Bezugszeitraum geleistete Arbeit zusätzlich vergütet. Im Arbeitsvertrag enthaltene Hinweise und getroffene Abreden müssen zu ihrer Wirksamkeit nicht ständig wiederholt werden. Bringt der Arbeitgeber im Arbeitsvertrag deutlich zum Ausdruck, dass die Leistung von Sonderzahlungen ohne rechtliche Verpflichtung erfolgt, genügt dies § 307 Abs. 1 S. 2 BGB. Wenn Sonderleistungen des Arbeitgebers in einem Formulararbeitsvertrag in Voraussetzungen und Höhe präzise formuliert werden, ist es allerdings idR wider- 4116

27 BAG 24.10.2007 – 10 AZR 825/06, DB 2008, 126.

28 BAG 24.10.2007 – 10 AZR 825/06, DB 2008, 126; BAG 26.9.2007 – 10 AZR 569/06, DB 2007, 2728; BAG 28.3.2007 – 10 AZR 261/06, DB 2007, 2152.

29 BAG 19.12.2006 – 9 AZR 294/06, DB 2007, 1253.

30 BAG 30.7.2008 – 10 AZR 606/07, DB 2008, 2194.

sprüchlich, diese dennoch an einen Freiwilligkeitsvorbehalt zu binden. Solche widersprüchlichen Klauseln sind **nicht klar und verständlich** iSv § 307 Abs. 1 S. 2 BGB.

4117 Den folgenden „Freiwilligkeitsvorbehalt" hat das BAG als **mehrdeutig** erachtet:[31]

> „Soweit der Arbeitgeber gesetzlich oder durch Tarifvertrag nicht vorgeschriebene Leistungen wie Prämien, Zulagen, Urlaubsgeld, Gratifikationen, Weihnachtsgratifikationen gewährt, erfolgen sie freiwillig und ohne jede rechtliche Verpflichtung. Sie sind dann ohne Wahrung einer besonderen Frist widerrufbar."

4118 Das BAG stellt hierzu Folgendes fest: Ein Freiwilligkeitsvorbehalt kann zwar regelmäßig das Entstehen eines Rechtsanspruchs auf eine künftige Sonderzahlung verhindern. Der Arbeitgeber kann – außer bei laufendem Arbeitsentgelt – einen Anspruch des Arbeitnehmers grds. ausschließen und sich eine Entscheidung vorbehalten, ob und in welcher Höhe er zukünftig Sonderzahlungen gewährt. Er bleibt grds. in seiner Entscheidung frei, ob und unter welchen Voraussetzungen er zum laufenden Arbeitsentgelt eine zusätzliche Leistung erbringen will. Allerdings muss ein solcher Freiwilligkeitsvorbehalt klar und verständlich iSd § 307 Abs. 1 S. 2 BGB formuliert worden sein, um den Rechtsanspruch des Arbeitnehmers auf eine Sonderzahlung eindeutig auszuschließen.

Ein Freiwilligkeitsvorbehalt darf **nicht mehrdeutig** sein. Er darf insb. nicht in Widerspruch zu anderen Vereinbarungen der Arbeitsvertragsparteien stehen. Gibt es einen solchen klar und verständlich formulierten Freiwilligkeitsvorbehalt, der jeden Rechtsanspruch des Arbeitnehmers auf eine Sonderzahlung ausschließt, fehlt es an einer versprochenen Leistung iSv § 308 Nr. 4 BGB.

Die zu beurteilende Klausel enthält aber – so das BAG – lediglich den Hinweis, dass es sich bei den von ihr erfassten „Gratifikationen" um nicht durch Gesetz oder Tarifvertrag vorgeschriebene Leistungen handele, deren Leistung „freiwillig" erfolge. Einen weitergehenden Hinweis, bspw dass auch bei einer wiederholten Zahlung kein Rechtsanspruch für die Zukunft begründet werde, enthält die Klausel nicht. Allein ein solcher Vorbehalt könnte aber einen Rechtsanspruch auf zukünftige Zahlung des begehrten Weihnachtsgelds ausschließen. Soweit eine Klausel einen derartigen Vorbehalt nicht ausdrücklich vorsieht, wird eine Bestimmung, nach der die Sonderzahlung „freiwillig" und „ohne rechtliche Verpflichtung" erfolgt, von einem um Verständnis bemühten Arbeitnehmer im Zweifel nur als Hinweis zu verstehen sein, da sich der Arbeitgeber zur Zahlung einer Gratifikation bereiterklärt, ohne dazu durch andere Regelungen gezwungen zu sein.

Ungeachtet dessen ist die Klausel auch wegen der Kombination von „Freiwilligkeitsvorbehalt" und „Widerrufsvorbehalt" unklar und missverständlich.

4119 Wichtig sind die folgenden Hinweise des BAG, die allerdings mit Entscheidung vom 14.9.2011[32] (s. Rn 4138 ff) relativiert werden:

- Freiwilligkeitsvorbehalte sind anerkannte Mittel zur Vermeidung eines Anspruchs aus betrieblicher Übung.
- Es ist auch ausreichend, wenn der Freiwilligkeitsvorbehalt im Arbeitsvertrag enthalten ist. Er muss nicht vor jeder Sonderzahlung wiederholt werden.
- Freiwilligkeitsvorbehalte sind auch dann zulässig, wenn sie allein der zusätzlichen Vergütung der im Bezugszeitraum geleisteten Arbeit dienen, da anderenfalls bei dreimaliger Leistung ein Anspruch aus betrieblicher Übung entstünde.
- Ein Freiwilligkeitsvorbehalt hinsichtlich einer Sonderzahlung kann auch erst bei der Zahlung erklärt werden.

---

31 BAG 8.12.2010 – 10 AZR 671/09, DB 2011, 1279.

32 BAG 14.9.2011 – 10 AZR 526/10, DB 2012, 179.

Die zu beurteilende Klausel (s. Rn 4138) war dennoch unwirksam. Sie ist – so das BAG – **widersprüchlich** und damit nicht klar und verständlich im Sinne des in § 307 Abs. 1 S. 2 BGB verankerten Transparenzgebots, soweit sie einerseits einen Anspruch der Klägerin auf eine Weihnachtsgratifikation in Höhe ihres Bruttogehalts begründet, andererseits einen solchen Anspruch ausschließt (Kombination von Freiwilligkeits- und Widerrufsvorbehalt; s. Rn 4111, 4125, 4180 ff). Die „Unklarheitenregelung" des § 305 c Abs. 2 BGB greift nicht, denn sie setzt zwei vertretbare Auslegungsergebnisse voraus. Eine Regelung, die einerseits einen Anspruch begründet und ihn andererseits ausschließt, erlaubt aber nicht zwei Auslegungen, sondern ist widersprüchlich und deshalb unwirksam (§ 307 Abs. 1 S. 2 BGB). 4120

Der Freiwilligkeitsvorbehalt ist unwirksam (aufgrund **Intransparenz**), wenn er **anspruchsbegründende** Formulierungen (zB „Der Arbeitnehmer erhält ...", „Er nimmt an dem Bonussystem teil") enthält, **mit einem Widerrufsvorbehalt kombiniert** wird („Es handelt sich um eine freiwillige, jederzeit widerrufliche Leistung") oder wenn **Voraussetzungen und Höhe der Leistung präzise formuliert** sind. Intransparent ist auch ein Freiwilligkeitsvorbehalt, der sich auf eine Zahlung bezieht, die gezielt das Verhalten des Arbeitnehmers steuert und seine Leistung beeinflussen soll. Bei Sondervergütungen/Sonderzahlungen/Sonderleistungen, also Leistungen, die der Arbeitgeber zusätzlich zum laufenden Entgelt gewährt, sind Freiwilligkeitsvorbehalte hingegen grds. zulässig. Die Grenze zwischen Sonderzahlung und laufendem Entgelt ist allerdings nicht abschließend geklärt. 4121

Nach Entscheidung des BAG vom 18.1.2012[33] gilt Folgendes: „Ob der Arbeitgeber erbrachte Arbeitsleistung zusätzlich vergüten oder sonstige Zwecke verfolgen will, ist durch **Auslegung** der vertraglichen Bestimmungen zu ermitteln. Macht die Sonderzuwendung einen wesentlichen Anteil der Gesamtvergütung des Arbeitnehmers aus, handelt es sich regelmäßig um Arbeitsentgelt, das als Gegenleistung zur erbrachten Arbeitsleistung geschuldet wird. Der Vergütungscharakter ist eindeutig, wenn die Sonderzahlung an das Erreichen quantitativer oder qualitativer Ziele geknüpft ist. Fehlt es hieran und sind auch weitere Anspruchsvoraussetzungen nicht vereinbart, spricht dies ebenfalls dafür, dass die Sonderzahlung als Gegenleistung für die Arbeitsleistung geschuldet wird. Will der Arbeitgeber andere Zwecke verfolgen, so muss sich dies **deutlich** aus der zugrunde liegenden Vereinbarung ergeben. Gratifikationscharakter können nur die Sonderzuwendungen haben, die sich im üblichen Rahmen reiner Treue- und Weihnachtsgratifikationen bewegen und keinen wesentlichen Anteil an der Gesamtvergütung des Arbeitnehmers ausmachen." 4122

Hieraus wird abgeleitet,[34] dass iSd Freiwilligkeitsvorbehalts nicht leistungsbezogene Sonderzahlungen, die abweichende Zwecke (keine arbeitsleistungsbezogene Sonderzahlungen zur Vergütung der erbrachten Arbeitsleistung) verfolgen, wie etwa die **Honorierung der Betriebstreue** oder **bloße Halteprämien**, einer eindeutigen vertraglichen Regelung bedürfen. 4123

Für Freiwilligkeitsvorbehalte bei den klassischen Sonderzahlungen wie **Weihnachtsgeld, Urlaubsgeld und Jubiläumsgeld** kann auf der Grundlage der vorgenannten Entscheidung wohl Entwarnung gegeben werden. Sie dürften danach weiterhin zulässig sein. Dies dürfte idR auch für andere Vergütungsbestandteile gelten, die idR nicht monatlich und regelmäßig gezahlt werden, wie etwa Tantiemen, Zielboni und Aktienoptionen. Soweit diese allerdings – wie häufig – gezielt das Verhalten des Arbeitnehmers steuern und seine Leistung beeinflussen sollen, sind Freiwilligkeitsvorbehalte nur für zukünftige Bezugszeiträume zulässig.[35] 4124

Insgesamt gibt das BAG mit den oben genannten Entscheidungen einige wenige Orientierungshilfen. Es bleibt aber weiterhin äußerst schwierig. Bei der Formulierung von Freiwilligkeitsvorbehalten müssen **anspruchsbegründende Formulierungen** und die **Kombination von Freiwilligkeits- und Widerrufsvorbehalte** vermieden werden. Aber auch wenn der Arbeitgeber die Leis- 4125

33 BAG 18.1.2012 – 10 AZR 667/10, DB 2012, 1332.

34 *Preis/Sagan*, NZA 2012, 1079.

35 *Lingemann/Gotham*, DB 2008, 2307, 2310.

tung nur abhängig von bestimmten Voraussetzungen in bestimmter Höhe erbringen will, scheitert ein Freiwilligkeitsvorbehalt. Vorsichtshalber sollte daher zB die verbreitete, auch der Entscheidung vom 30.7.2008 zugrunde liegende Regelung, „Der Arbeitnehmer erhält ein Weihnachtsgeld in Höhe eines Monatsgehalts" nicht mehr verwendet werden. Denn hier ist die Höhe der Zahlung – ein Monatsgehalt – spezifiziert. Man wird sich weiterhin an der folgenden – vom BAG als **zulässig** angesehenen[36] – Formulierung orientieren können, die wie folgt lautet:

> „Werden dem Angestellten Sonderzahlungen wie Urlaubs-, Weihnachtsgeld gewährt, wird hierdurch ein Rechtsanspruch auf Weitergewährung in den folgenden Kalenderjahren nicht begründet. Der Arbeitgeber behält sich vor, jedes (Jahr) neu zu entscheiden, ob und in welcher Höhe eine Sonderzahlung gewährt wird."

4126 Mit Entscheidung vom 10.12.2008[37] hatte das BAG folgende Klausel zu beurteilen:

> „Als freiwillige Leistung – ohne jeden Rechtsanspruch – wird in Abhängigkeit von der Geschäftslage und der persönlichen Leistung im November festgelegt, ob und in welcher Höhe Herrn K ein Weihnachtsgeld gezahlt wird. Auch bei wiederholter Zahlung besteht hierauf kein Rechtsanspruch. Herr K verpflichtet sich, das Weihnachtsgeld unverzüglich zurückzuzahlen, falls sein Anstellungsverhältnis mit S vor dem 1.4. des folgenden Jahres durch eigene Kündigung oder durch Kündigung von Frau F aus Gründen, die in ihrer Person liegen, beendet wird."

4127 Diese Klausel ist **wirksam.** Sie verstößt weder gegen § 305 c Abs. 2 BGB (überraschende Klausel) noch gegen § 307 Abs. 1 S. 1 BGB (Unangemessenheit). Der Wortlaut ist eindeutig. Er **schließt** den **Rechtsanspruch** des Klägers auf ein Weihnachtsgeld **aus,** wenn er vor dem November des Anspruchsjahres nicht mehr dem Betrieb der Beklagten zugehörig ist. Die Regelung ist **weder unklar noch widersprüchlich.** Aus der Bezeichnung „Weihnachtsgeld" folgt unmissverständlich, dass das Arbeitsverhältnis zum Weihnachtsfest bzw mindestens zum Zeitpunkt der Entstehung des Anspruchs im November des jeweiligen Jahres noch bestehen muss. Die Zahlung eines Weihnachtsgeldes soll idR zu den anlässlich des Weihnachtsfestes entstehenden besonderen Aufwendungen des Arbeitnehmers beitragen und seine in der Vergangenheit geleisteten Dienste zusätzlich honorieren. Es sind auch keine Anhaltspunkte ersichtlich, dass das Weihnachtsgeld anteilig pro Monat geleisteter Tätigkeit im Kalenderjahr zu zahlen wäre.

4128 Weitere Orientierungshilfe für die Verwendung von Freiwilligkeitsvorbehalten bei Sonderzahlungen gibt die Entscheidung des BAG vom 21.1.2009.[38] Die Entscheidung belegt zugleich, dass es – zumindest auf der Grundlage dieser Rspr – falsch ist, wenn zum Teil davon ausgegangen wird, Freiwilligkeitsvorbehalte seien nach der Rspr des BAG zur AGB-Kontrolle grds. nicht mehr möglich. Zu beurteilen war die folgende Klausel:

> „§ 3 Vergütung und Urlaub
> Der Arbeitnehmer erhält ein monatliches Gehalt von 3.250 DM brutto. Die Vergütung wird dem Arbeitnehmer jeweils zum 05. des Folgemonats ausbezahlt.
> Die Gewährung sonstiger Leistungen (zB Weihnachts- und Urlaubsgeld, 13. Gehalt etc.) durch den Arbeitgeber erfolgt freiwillig mit der Maßgabe, dass auch mit einer wiederholten Zahlung kein Rechtsanspruch für die Zukunft begründet wird."

4129 In den Jahren 1999 bis 2005 erhielt die Klägerin ein halbes Bruttomonatsgehalt als Urlaubsgeld und mit dem Gehalt für November jeweils ein halbes Bruttomonatsgehalt als Weihnachtsgeld. Im Kalenderjahr 2006 erhielten die Arbeitnehmer – aufgrund der schwierigen wirtschaftlichen Lage des Unternehmens – nur das Urlaubsgeld. Die Klägerin ist der Auffassung, der Anspruch auf ein halbes Bruttomonatsgehalt als Weihnachtsgeld stehe ihr aufgrund einer betrieb-

36 BAG 28.3.2007 – 10 AZR 261/06, DB 2007, 2152.
37 BAG 10.12.2008 – 10 AZR 15/08, DB 2009, 514.
38 BAG 21.1.2009 – 10 AZR 219/08, DB 2009, 907.

lichen Übung zu. Der Anspruch war – so das BAG – aufgrund des wirksamen Freiwilligkeitsvorbehalts nicht gegeben. Da das Weihnachtsgeld nicht vorbehaltlos (Freiwilligkeitsvorbehalt) gewährt worden ist, konnte aus der wiederholten Zahlung **keine betriebliche Übung** und damit kein Rechtsanspruch[39] erwachsen. Der **Freiwilligkeitsvorbehalt** war **wirksam**. Der Arbeitgeber kann – so das BAG – außer bei laufendem Arbeitsentgelt grds. einen Rechtsanspruch des Arbeitnehmers auf eine in Aussicht gestellte Sonderzahlung ausschließen und sich die Entscheidung vorbehalten, ob und in welcher Höhe er künftig Sonderzahlungen gewährt.

Danach gilt: Der Arbeitgeber ist aufgrund eines klaren und verständlichen Freiwilligkeitsvorbe- 4130
halts in einem Formulararbeitsvertrag, der einen Rechtsanspruch des Arbeitnehmers auf eine Sonderzahlung eindeutig ausschließt, grds. in seiner Entscheidung frei, ob und unter welchen Voraussetzungen er **zum laufenden Arbeitsentgelt** eine **zusätzliche Leistung** gewährt.[40] Bei einem klar und verständlich formulierten Freiwilligkeitsvorbehalt, der jeden Rechtsanspruch des Arbeitnehmers auf die Sonderzahlung ausschließt, fehlt es an einer versprochenen Leistung iSv § 308 Nr. 4 BGB. Eine Verpflichtung des Arbeitgebers zur Leistung der Sonderzahlung wird unabhängig von dem mit der Sonderzahlung verfolgten Zweck von vornherein nicht begründet. Es mangelt an einem Angebot des Arbeitgebers iSv § 151 BGB, das der Arbeitnehmer annehmen könnte. Mit Formulierungen, dass aus der Leistung einer Sonderzahlung keinerlei Rechte hergeleitet werden können oder wiederholte Zahlungen keinen Rechtsanspruch für die Zukunft begründen, macht der Arbeitgeber **hinreichend deutlich**, dass er gerade keine Rechtsfolge im Sinne einer Erfüllungspflicht herbeiführen will. Deshalb verstößt ein Freiwilligkeitsvorbehalt, der einen Rechtsanspruch auf die Sonderzahlung ausschließt, auch nicht gegen den allgemeinen Grundsatz „pacta sunt servanda", weil es zu keiner verbindlichen Zusage der Sonderzahlung gekommen ist. Ein Anspruch entsteht nur auf die jeweils zugesagte Sonderzahlung. Mit der Zahlung erlischt dieser Anspruch.

Der Entscheidung des BAG vom 18.3.2009[41] lag die folgende Formulierung zugrunde: 4131

> „Wir freuen uns, Ihnen für das Jahr 2001 eine Sonderzahlung iHv 25.500 € zukommen zu lassen. Die Auszahlung erfolgt mit dem Gehalt für April 2002. Diese Zahlung ist einmalig und schließt zukünftige Ansprüche aus. Wir danken Ihnen für Ihre bisherige Arbeit und wünschen Ihnen weiterhin viel Erfolg in unserem Hause."

Ein solcher Freiwilligkeitsvorbehalt weicht nicht von allgemein anerkannten Rechtsgrundsät- 4132
zen ab. Er hält unabhängig von Höhe und Zweck der Leistung einer **Angemessenheitskontrolle** iSv § 307 Abs. 2 Nr. 1 BGB stand. Er unterscheidet sich also auch insoweit von einem Widerrufsvorbehalt, der nur dann interessengerecht ist, wenn sein Volumen unter einem Viertel des Jahreseinkommens liegt und die tarifliche Vergütung jedenfalls gewährleistet bleibt.[42] An der von *Ulrich*[43] gegebenen Empfehlung – zur Vermeidung etwaiger Unsicherheiten –, Sonderzahlungen unter Freiwilligkeitsvorbehalt seien nur dann zu erbringen, wenn sie nicht mehr als 25 % der Gesamtvergütung eines Arbeitnehmers ausmachen, da anderenfalls auch in Zukunft eine Verpflichtung zur Zahlung bestehe, ist daher nicht festzuhalten.

39 BAG 28.6.2006 – 10 AZR 385/05, DB 2007, 113.

40 BAG 10.12.2008 – 10 AZR 1/08, DB 2009, 684; BAG 30.7.2008 – 10 AZR 606/07, DB 2008, 2194; BAG 24.10.2007 – 10 AZR 825/06, DB 2008, 126; BAG 26.9.2007 – 10 AZR 569/06, DB 2007, 2778; BAG 28.3.2007 – 10 AZR 261/06, NZA 2007, 687 = BB 2007, 1172.

41 BAG 18.3.2009 – 10 AZR 289/08, DB 2009, 1189.

42 S. auch LAG Düsseldorf 11.4.2008 – 9 Sa 1115/08, BB 2009, 335.

43 *Ulrich*, BB 2009, 335, 336.

4133 Mit Entscheidung vom 20.1.2010[44] hatte das BAG folgende Klausel zu beurteilen:

> „Sämtliche Sonderzahlungen sind freiwillige Zuwendungen, für die kein Rechtsanspruch besteht (zB Weihnachtsgratifikation und Urlaubsgeld richten sich nach den Bestimmungen des BAT)."

4134 Das BAG bestätigt zunächst nochmals, dass in Allgemeinen Geschäftsbedingungen Freiwilligkeitsvorbehalte **grds. zulässig** sind, da sie nicht von § 611 Abs. 1 BGB abweichen und – sofern es sich um einen klar und verständlich formulierten Vorbehalt handelt – nicht gegen § 308 Nr. 4 BGB (Änderungsvorbehalt) verstoßen. Im Sinne der Unklarheitenregelung des § 305 c Abs. 2 BGB ist die Klausel allerdings in dem Sinne auszulegen, dass der Freiwilligkeitsvorbehalt nicht die im Klammerzusatz aufgeführte Weihnachtsgratifikation erfasst. Hieraus folgt, dass ein vertraglicher Anspruch auf eine entsprechende Sonderzuwendung gegeben ist. Dies bedeutet: Der Freiwilligkeitsvorbehalt kann nur in Bezug auf Leistungen greifen, die klar und unmissverständlich von diesem Vorbehalt erfasst werden. Dies ist bei der Formulierung zu beachten.

4135 Das LAG Hamm hatte mit Entscheidung vom 1.12.2011[45] über folgende Klausel zu befinden:

> „Die Zahlung des Urlaubs- und Weihnachtsgeldes von zurzeit 55 % der Monatsvergütung erfolgt freiwillig und ohne Begründung eines Rechtsanspruchs für die Zukunft."

4136 Es handelt sich – so das LAG Hamm – um einen vorsorglichen, **„salvatorischen" Freiwilligkeitsvorbehalt**, welcher zum Ausdruck bringen soll, dass auch im Falle wiederholter Zahlung eine entsprechende Rechtspflicht nach den Regeln der Betriebsübung nicht entstehen soll. Gegen die Wirksamkeit bestehen keine Bedenken. Der Arbeitnehmer, der wiederholt eine entsprechende Zahlung erhält, kann auf der Grundlage der Vertragsklausel ohne Weiteres erkennen, dass der Arbeitgeber mit der Zahlung **keinen weitergehenden Verpflichtungswillen** verbindet. Allein eine **verblasste Erinnerung** des Arbeitnehmers an den Inhalt des Arbeitsvertrages lässt weder die Wirksamkeit der Vertragsklausel entfallen, noch kann der Arbeitnehmer damit gehört werden, er habe die wiederholte Zahlung im Sinne eines rechtsgeschäftlichen Verpflichtungswillens auffassen dürfen, weil ihm der Inhalt des schriftlichen Arbeitsvertrages nicht mehr präsent gewesen sei und der Arbeitgeber hiermit habe rechnen müssen.

4137 In inhaltlicher Hinsicht begegnet der Freiwilligkeitsvorbehalt nach Ansicht des LAG Hamm keinen Bedenken. Der Vorbehalt ist auf die Gewährung von Weihnachtsgeld und Urlaubsgeld beschränkt und erfasst damit **nicht laufend gezahlte und als Gegenleistung** für die Arbeit bestimmte Vergütungsbestandteile.

4138 Weitere Hinweise für die Verwendung von Freiwilligkeitsvorbehalten enthält die Entscheidung des BAG vom 14.9.2011.[46] Der Arbeitsvertrag enthielt folgende Regelung:

> „Sonstige, in diesem Vertrag nicht vereinbarte Leistungen des Arbeitgebers an den Arbeitnehmer sind freiwillig und jederzeit widerruflich. Auch wenn der Arbeitgeber sie mehrmals und regelmäßig erbringen sollte, erwirbt der Arbeitnehmer dadurch keinen Rechtsanspruch für die Zukunft."

4139 Das BAG bestätigt zunächst nochmals, dass ein Freiwilligkeitsvorbehalt das **Entstehen eines Rechtsanspruchs** auf eine künftige Sonderzahlung wirksam verhindern kann.[47] Der Arbeitgeber kann – **außer bei laufendem Arbeitsentgelt**[48] – einen Rechtsanspruch des Arbeitnehmers grds. ausschließen und sich eine Entscheidung vorbehalten, ob und in welcher Höhe er zukünf-

44 BAG 20.1.2010 – 10 AZR 914/08, NZA 2010, 445.
45 LAG Hamm 1.12.2011 – 8 Sa 1245/11.
46 BAG 14.9.2011 – 10 AZR 526/10, DB 2012, 179.
47 BAG 10.12.2008 – 10 AZR 15/08, DB 2009, 514.
48 BAG 25.4.2007 – 5 AZR 627/06, DB 2007, 1757.

tig die Sonderzahlung gewährt. Er bleibt grds. in seiner **Entscheidung frei**, ob und unter welchen Voraussetzungen er zum laufenden Arbeitsentgelt eine **zusätzliche Leistung** erbringen will. Gibt es einen klar und verständlich formulierten Freiwilligkeitsvorbehalt, der jeden Rechtsanspruch des Arbeitnehmers auf eine Sonderzahlung ausschließt, fehlt es an einer versprochenen Leistung iSd § 308 Nr. 4 BGB.

Der Freiwilligkeitsvorbehalt muss aber **klar und verständlich** iSd § 307 Abs. 1 S. 2 BGB formuliert sein. Er darf **nicht im Widerspruch zu anderen Vereinbarungen** der Arbeitsvertragsparteien stehen.[49] Erst in der Gefahr, dass der Vertragspartner des Klauselverwenders in unklar abgefassten Allgemeinen Vertragsbedingungen seine Rechte nicht wahrnimmt, liegt eine unangemessene Benachteiligung iSv § 307 Abs. 1 BGB vor.[50] Eine solche Situation ist bei der **Kombination eines Freiwilligkeits- mit einem Widerrufsvorbehalt** regelmäßig gegeben (s. Rn 4111, 4125, 4180 ff). 4140

Darüber hinaus enthält ein Freiwilligkeitsvorbehalt, der **alle zukünftigen Leistungen** unabhängig von ihrer Art und ihrem Entstehen erfasst, eine **unangemessene Benachteiligung** iSv § 307 Abs. 1 S. 1, Abs. 2 Nr. 1 und 2 BGB und ist deshalb unwirksam. Der Freiwilligkeitsvorbehalt darf also **nicht zukünftige Leistungen ohne Unterschied** nach Art und Entstehungsgrund erfassen, denn damit wird ggf auch laufendes Arbeitsentgelt erfasst (auf das sich ein Freiwilligkeitsvorbehalt nicht wirksam erstrecken kann). Eine unangemessene Benachteiligung liegt zudem darin, dass der vertragliche Vorbehalt **spätere Individualabreden** iSv § 305 b BGB erfasst. Nach § 305 b BGB haben individuelle Vertragsabreden Vorrang vor AGB. Individualabreden können grds. alle Abreden zwischen den Vertragsparteien außerhalb der einseitig vom Verwender vorgegebenen Geschäftsbedingungen sein. Sie können sowohl ausdrücklich als auch konkludent getroffen werden. Auch nachträglich getroffene Individualabreden haben Vorrang vor kollidierenden AGB. Es kommt nicht darauf an, ob die Parteien eine Änderung der AGB beabsichtigt haben oder sich der Kollision mit den AGB bewusst geworden sind.[51] Mit diesem Vorrang der Individualabrede ist ein Freiwilligkeitsvorbehalt nicht zu vereinbaren, der so ausgelegt werden kann, dass er Rechtsansprüche aus späteren Individualabreden ausschließt.[52] 4141

Im Übrigen weicht eine solche Regelung von dem allgemeinen Grundsatz „pacta sunt servanda" ab (§ 307 Abs. 2 Nr. 2 BGB). Jeder Vertrag und die sich aus ihm ergebenden Verpflichtungen sind für jede Seite bindend. Dies gilt auch für nach Abschluss des ursprünglichen Vertrages im laufenden Arbeitsverhältnis eingegangene Verpflichtungen. Von diesen kann nicht unter Hinweis auf einen vertraglichen Freiwilligkeitsvorbehalt wieder Abstand genommen werden. 4142

Schließlich äußert der 10. Senat Bedenken, ob ein vertraglicher Freiwilligkeitsvorbehalt **dauerhaft** das Entstehen eines Rechtsanspruchs verhindern kann. Der Senat hat Bedenken, ob ein solcher vertraglicher Vorbehalt dauerhaft den Erklärungswert einer ohne jeden Vorbehalt und ohne den Hinweis auf die vertragliche Regelung erfolgte Zahlung so erschüttern kann, dass der Arbeitnehmer das spätere konkludente Verhalten des Arbeitgebers entgegen seinem gewöhnlichen Erklärungswert nicht als Angebot zur dauerhaften Leistungserbringung verstehen kann. Die zu beurteilende Fallgestaltung mit einer mehr als 20 Jahre lang erfolgten vorbehaltlosen Zahlung einer zusätzlichen Vergütung lasse eine entsprechende Annahme als zweifelhaft erscheinen. 4143

49 BAG 30.7.2008 – 10 AZR 606/07, DB 2008, 2194.
50 BAG 18.5.2011 – 10 AZR 206/10, DB 2011, 10.
51 BGH 21.9.2005 – XII ZR 312/02, BGHZ 164, 133.
52 Zur doppelten Schriftformklausel s. BAG 20.5.2008 – 9 AZR 382/07, DB 2008, 2365.

4144 Mit Entscheidung vom 20.10.2011[53] hatte das LAG Hamm folgende Klausel zu bewerten:

> „Die Zahlung von Prämien und sonstigen Leistungen liegt im freien Ermessen des Arbeitgebers und begründet keinen Rechtsanspruch, auch wenn die Zahlung wiederholt ohne ausdrücklichen Vorbehalt der Freiwilligkeit erfolgte."

4145 Diese Klausel hält nach Ansicht des Gerichts einer AGB-Kontrolle nicht stand, da sich der genannte Freiwilligkeitsvorbehalt nicht auf einmalige Zahlungen beschränkt, sondern auch laufend gezahlte Zusatzleistungen erfasst. Die Klausel lässt nicht erkennen, dass der Freiwilligkeitsvorbehalt **laufend gezahlte Zusatzleistungen** nicht erfassen will. Daher ist sie insgesamt unwirksam. Eine **geltungserhaltende Reduktion** in dem Sinne, dass die Klausel auf ein zulässiges Maß beschränkt wird, ist nach den Regeln über die Kontrolle Allgemeiner Geschäftsbedingungen ausgeschlossen. Auch eine ergänzende Vertragsauslegung mit dem Ziel, die entstandene Vertragslücke zu schließen, kommt nicht in Betracht.

4146 Wer gedacht hatte, damit hätte die Rspr alle denkbaren „Facetten" des Freiwilligkeitsvorbehalts beleuchtet, sieht sich getäuscht. Mit Entscheidung vom 20.2.2013[54] hatte das BAG folgende Klausel zu beurteilen:

> „Freiwillige soziale Leistungen richten sich nach dem betrieblichen Rahmen. Zurzeit werden gewährt: Weihnachtsgeld iHv (zeitanteilig) 40 % eines Monatsgehalts im ersten Kalenderjahr einer Beschäftigung. Es erhöht sich pro weiterem Kalenderjahr um jeweils 10 % bis zu 100 % eines Monatsgehalts. Die Zahlung der betrieblichen Sondervergütungen (Weihnachtsgratifikation, Urlaubsgeld, Vermögenswirksame Leistungen) erfolgt in jedem Einzelfall freiwillig und ohne Begründung eines Rechtsanspruchs für die Zukunft."

Von 2004 bis 2008 zahlte die X-GmbH das Weihnachtsgeld entsprechend aus. Anlässlich der Zahlung erhielt der Mitarbeiter A jeweils ein Schreiben, in dem darauf hingewiesen wurde, dass es sich bei der Gratifikation „um eine freiwillige Leistung, auf die kein Rechtsanspruch besteht und kein Anspruch in den Folgejahren hergeleitet werden kann", handelt. 2009 wurde das Weihnachtsgeld aus wirtschaftlichen Gründen nicht gezahlt.

Nach Ansicht des BAG war der Anspruch des A auf die weitere Zahlung des Weihnachtsgeldes gegeben. Bei der vertraglichen Regelung handelt es sich um eine Allgemeine Geschäftsbedingung iSv § 305 Abs. 1 BGB. Allgemeine Geschäftsbedingungen sind ihrem objektiven Inhalt und typischen Sinn einheitlich so auszulegen, wie sie von verständigen und redlichen Vertragspartnern unter Abwägung der Interessen der normalerweise beteiligten Verkehrskreise verstanden werden. Bleiben nach Ausschöpfung der Auslegungsmethoden Zweifel, geht dies gem. § 305 c Abs. 2 BGB zu Lasten des Arbeitgebers. Danach besteht – so das BAG – ein Anspruch auf Weihnachtsgeld. Nach der Regelung werde den Arbeitnehmern ein Weihnachtsgeld **„gewährt"**. Eine solche Formulierung sei **typisch für die Begründung eines Anspruchs**. Darüber hinaus sei die Höhe der Leistung sowohl für das Eintrittsjahr als auch für die Folgejahre präzise festgelegt. Hieran ändere die Bezeichnung „freiwillig" nichts. Hiermit könne der Arbeitgeber auch zum Ausdruck bringen, dass er zu dieser Leistung nicht durch Tarifvertrag, Betriebsvereinbarung oder gesetzlich verpflichtet sei. Der Hinweis genüge für sich genommen daher nicht, um einen Rechtsanspruch auf die Leistung auszuschließen.

Mit anderen Worten: Auch diese Entscheidung belegt, dass bei der Formulierung von Freiwilligkeitsvorbehalten **anspruchsbegründende Formulierungen** (hier: „gewährt") nicht verwendet werden dürfen. Allein der Zusatz „freiwillig" kann einen so begründeten Rechtsanspruch nicht beseitigen. Es wird zugleich deutlich, welche schwierigen Hürden das BAG für die wirksame Verwendung von Freiwilligkeitsvorbehalten errichtet.

53 LAG Hamm 20.10.2011 – 8 Sa 463/11, LAGE § 307 BGB 2002 (Revision eingelegt unter Az: 10 AZR 892/11.

54 BAG 20.2.2013 – 10 AZR 177/12, NZA 2013, 1015 = PuR 2013, 111.

Endgültig „sybillinisch“ wird es sodann in der folgenden Entscheidung vom 17.4.2013.[55] In § 3 S. 5 des Arbeitsvertrages hieß es wie folgt: 4147

> „Die Zahlung eines 13. Gehalts ist eine freiwillige Leistung der Firma, die anteilig als Urlaubs- und Weihnachtsgeld gewährt werden kann.“

In den Jahren 1999 bis 2003 hat die Klägerin mit der Gehaltsabrechnung für November ein „Weihnachtsgeld“ und in den Jahren 2004 bis 2009 eine „freiwillige Leistung“ in Höhe eines Novembergehalts erhalten. Für das Jahr 2010 hat sie erfolglos einen „vertraglichen Anspruch“ auf ein 13. Gehalt geltend gemacht.

Nach Ansicht des BAG folgt dieser Anspruch im Wege der Auslegung und in Anwendung von § 305 c Abs. 2 BGB aus § 3 S. 5 des Arbeitsvertrages. Die Formulierung lässt – so das BAG – iSd § 305 c Abs. 2 BGB **mehrere Ergebnisse** vertretbar erscheinen. „Denkbar“ ist, dass unmittelbar ein vertraglicher Anspruch auf ein 13. Gehalt begründet worden ist. Die Regelung kann nämlich wie folgt verstanden werden: „Es wird ein 13. Gehalt als freiwillige Leistung der Firma gezahlt, wobei die Leistung anteilig als Urlaubs- und Weihnachtsgeld gewährt werden kann.“ Nach dem Wortlaut wird „die Zahlung eines 13. Gehalts“ bestimmt, ohne dass sich – für den durchschnittlichen Vertragspartner ohne Weiteres erkennbar – der Verwender die jeweilige Entscheidung über die Zahlung vorbehalten hat (etwa: wird ein 13. Gehalt gezahlt). Ein Vorbehalt besteht ausdrücklich nur insoweit, als das 13. Gehalt anteilig als Urlaubs- und Weihnachtsgeld gewährt werden kann. Daraus mag für den durchschnittlichen Vertragspartner folgen, dass der Verwender sich die Entscheidung über die Aufteilung, nicht aber über das „Ob“ einer Zuwendung vorbehalten hat. Auch deren Höhe ist mit der Bezeichnung „13. Gehalt“ eindeutig bestimmbar. Unerheblich ist, dass die Zahlung eines 13. Gehalts als „freiwillige Leistung“ bezeichnet wird. Damit wird – jedenfalls unmissverständlich – nur zum Ausdruck gebracht, dass der Arbeitgeber nicht durch Tarifvertrag, Betriebsvereinbarung oder Gesetz zur Leistung verpflichtet ist. Im Ergebnis bestehen daher „erhebliche Zweifel“ an der richtigen Auslegung. Nach § 305 c Abs. 2 BGB gehen Zweifel zu Lasten des Verwenders. Damit greift für die Klägerin als Vertragspartnerin die günstigere Auslegung.

Das BAG betont mit dieser Entscheidung also nochmals, dass der Hinweis „freiwillige Leistung“ für sich genommen nicht genügt, um einen Anspruch auf die Leistung auszuschließen. Etwas anderes könnte ggf – so das BAG – bei folgenden Formulierungen anzunehmen sein:

> „Wird ein 13. Gehalt gezahlt (...).“
> „Die etwaige Zahlung eines 13. Gehalts ist eine freiwillige Leistung (...).“
> „Es kann ein 13. Gehalt als freiwillige Leistung der Firma gezahlt werden (...).“

Den vorläufigen Abschluss der AGB-Kontrolle von „Freiwilligkeitsvorbehalten“ bildet die Entscheidung des BAG vom 19.3.2014.[56] Tatsächlich muss im Anschluss an diese Entscheidung nochmals die Frage gestellt werden, „was vom Freiwilligkeitsvorbehalt übrig bleibt“.[57] Zu bewerten war folgende Klausel: 4148

> „Außerdem kann der Mitarbeiter als freiwillige Leistung ohne Rechtsanspruch einen Bankbonus erhalten, dessen Höhe alljährlich auf Vorschlag des Vorstands vom Verwaltungsrat beschlossen wird. Ferner kann der Mitarbeiter als freiwillige Leistung ohne Rechtsanspruch einen Leistungsbonus erhalten, der sich im Einzelnen nach seinen Leistungen im jeweils vorangegangenen Geschäftsjahr bestimmt.“

Das BAG stellt hierzu u.a. fest, dass der Freiwilligkeitsvorbehalt den Mitarbeiter unangemessen iSv § 307 Abs. 1 S. 1, Abs. 2 Nr. 1 und Nr. 2 BGB benachteiligt: „Nach § 307 Abs. 1 S. 1 4149

55 BAG 17.4.2013 – 10 AZR 281/12, BB 2013, 1459 = PuR 2013, 163.
56 BAG 19.3.2014 – 10 AZR 622/13, DB 2014, 1203.
57 *Doublet*, PuR 2014, 159.

BGB sind Bestimmungen in Allgemeinen Geschäftsbedingungen unwirksam, wenn sie den Vertragspartner entgegen Treu und Glauben unangemessen benachteiligen. Eine formularmäßige Vertragsbestimmung ist unangemessen, wenn der Verwender durch einseitige Vertragsgestaltung missbräuchlich eigene Interessen auf Kosten seines Vertragspartners durchzusetzen versucht, ohne von vornherein auch dessen Belange hinreichend zu berücksichtigen und ihm einen angemessenen Ausgleich zu gewähren. Die Feststellung einer unangemessenen Benachteiligung setzt eine wechselseitige Berücksichtigung und Bewertung rechtlich anzuerkennender Interessen der Vertragspartner voraus. Bei diesem Vorgang sind grundrechtlich geschützte Rechtspositionen zu beachten. Zur Beurteilung der Unangemessenheit ist ein genereller, typisierender, vom Einzelfall losgelöster Maßstab anzulegen. Im Rahmen der Inhaltskontrolle sind dabei Art und Gegenstand, besonderer Zweck und besondere Eigenart des jeweiligen Geschäfts zu berücksichtigen. Zu prüfen ist, ob der Klauselinhalt bei der in Rede stehenden Art des Rechtsgeschäfts generell unter Berücksichtigung der typischen Interessen der beteiligten Verkehrskreise eine unangemessene Benachteiligung des Vertragspartners ergibt. Die im Arbeitsrecht geltenden Besonderheiten sind gem. § 310 Abs. 4 S. 2 BGB angemessen zu berücksichtigen. Nach § 307 Abs. 2 Nr. 1 BGB ist eine unangemessene Benachteiligung im Zweifel anzunehmen, wenn eine Bestimmung mit wesentlichen Grundgedanken der gesetzlichen Regelung, von der abgewichen wird, nicht zu vereinbaren ist. Der Vorbehalt, es handele sich um eine **„Leistung ohne Rechtsanspruch"**, ist weder zeitlich noch inhaltlich auf bestimmte Konstellationen beschränkt. Vielmehr will sich die Beklagte offenbar das Recht vorbehalten, über den Leistungsbonus unabhängig von späteren Entwicklungen frei zu entscheiden. Damit könnte der Vorbehalt auch spätere Individualabreden iSv § 305 BGB über den Bonusanspruch erfassen; jedenfalls lässt § 305 c Abs. 2 BGB eine solche Auslegung zu. Der Vorbehalt kann schon deshalb keinen Bestand haben. Darüber hinaus benachteiligt ein Freiwilligkeitsvorbehalt den Arbeitnehmer unangemessen, wenn der dem Arbeitgeber das Recht zubilligt, trotz Abschluss einer vergütungsorientierten Zielvereinbarung nach Ablauf der Beurteilungsperiode frei darüber zu entscheiden, ob eine Vergütungszahlung erfolgt oder nicht. Mit Abschluss einer Zielvereinbarung, die Vergütungsbezug hat, setzt der Arbeitgeber Leistungsanreize für den Arbeitnehmer und bestimmt damit, wie aus seiner Sicht die Arbeitsleistung in einer bestimmten Periode durch den Arbeitnehmer optimal erbracht werden soll. Die in Aussicht gestellte erfolgsabhängige Vergütung steht damit im Gegenleistungsverhältnis; sie ist Teil der Gegenleistung für die erbrachte Arbeitsleistung des Arbeitnehmers. Dies wird – unabhängig von der Wirksamkeit der Regelung – auch aus § 4 Abs. 2 S. 5 des Arbeitsvertrages deutlich, wonach mit der Zahlung eines etwaigen Bonus auch Überstunden/Mehrarbeit sowie bestimmte Zuschläge und Zulagen abgegolten sein sollen. Mit diesem Gegenleistungscharakter ist es nicht zu vereinbaren, wenn sich der Arbeitgeber das Recht vorbehält, trotz erbrachter Arbeitsleistung und auch dann, wenn der Arbeitnehmer die vereinbarten Ziele erreicht, den Vergütungsanspruch entfallen zu lassen und nicht, wie hier, nach billigem Ermessen darüber entscheiden zu müssen."[58]

Es scheint, dass das **BAG** mit dieser Entscheidung einen **neuen Weg beschreitet** oder aber zumindest weitere Unsicherheiten „sät".[59] Es ist davon auszugehen, dass ein Ausweg aus den mit einem Freiwilligkeitsvorbehalt einhergehenden Unsicherheiten in der Verankerung eines einseitigen Leistungsbestimmungsrechts des Arbeitgebers in einem Arbeitsvertrag entstehen könnte. Eine Klausel in einem Arbeitsvertrag, mit der sich der Arbeitgeber ein einseitiges Leistungsbestimmungsrecht zur Entscheidung über die Höhe einer jährlichen Sonderzuwendung vorbehält, hält einer AGB-Kontrolle nach §§ 305 ff BGB regelmäßig stand. Voraussetzung ist jedoch, dass es sich um eine Gratifikation handelt, die keinen Entgeltcharakter aufweist.

58 BAG 14.11.2012 – 10 AZR 73/11, DB 2013, 346; BAG 29.8.2012 – 10 AZR 385/11, DB 2012, 2942.
59 *Doublet*, PuR 2014, 159, 161.

Zu beachten ist, dass die vom Arbeitgeber **einseitig** getroffene **Leistungsbestimmung** nur wirksam ist, wenn sie der **Billigkeit** entspricht. Anderenfalls wird eine Leistungsbestimmung durch Urteil gem. § 315 Abs. 1 und 3 BGB getroffen. Der Nachteil eines solchen einseitigen Leistungsbestimmungsrechts besteht darin, dass der Arbeitgeber weitergehend gebunden wird als bei einem Freiwilligkeitsvorbehalt, der eine Leistungsverpflichtung des Arbeitgebers von vornherein ausschließen soll. Bei der Verankerung eines einseitigen Leistungsbestimmungsrechts im Vertrag steht das „Ob" der Leistung fest, hinsichtlich der Festsetzung der Höhe der Leistung – dh dem „Wie" – ist er an die Grundsätze billigen Ermessens gem. § 315 BGB gebunden.[60]

(3) Zusammenfassung

Im Ergebnis lässt sich feststellen: Der Freiwilligkeitsvorbehalt ist „noch nicht ganz tot".[61] Er liegt aber ggf in den letzten Zügen. Einen Ausweg bildet ggf tatsächlich die **Verankerung eines einseitigen Leistungsbestimmungsrechts.**[62] Allenfalls bei richtiger Formulierung – die angesichts der Rspr immer schwerer fällt – ist der Freiwilligkeitsvorbehalt ggf weiterhin geeignet, eine betriebliche Übung auszuschließen. Dies setzt allerdings voraus, dass er **keine laufenden Leistungen** erfasst, sondern **lediglich Sonderzahlungen**, und dass Individualabreden (§ 305 b BGB) vom Freiwilligkeitsvorbehalt unberührt bleiben.[63] Der Freiwilligkeitsvorbehalt darf sich nicht auf „alle zukünftigen Leistungen" erstrecken, da damit – was den Freiwilligkeitsvorbehalt unwirksam macht – ggf auch laufendes Arbeitsentgelt erfasst wird. 4150

Bei der Formulierung dürfen **keine „anspruchsbegründenden" Elemente** verwendet werden (zB: „gewährt"). Allein die Verwendung des Terminus „freiwillig" hilft insoweit nicht weiter. 4151

Soweit ein Bezug zur **individuellen Arbeitsleistung** des Beschäftigten hergestellt werden soll, ist die Ausgestaltung mit einem **Widerrufsvorbehalt** – nicht Freiwilligkeitsvorbehalt – zu empfehlen. Mit anderen Worten: Jeder Bezug zur individuellen Arbeitsleistung gefährdet die rechtliche Zulässigkeit eines Freiwilligkeitsvorbehalts. 4152

Einmalzahlungen mit Freiwilligkeitsvorbehalt sind ohne summenmäßige Begrenzung zulässig und unterliegen als Hauptleistungsabrede nach Maßgabe der §§ 307 Abs. 3 S. 2, 307 Abs. 1 S. 2 BGB der Transparenzkontrolle.[64] 4153

Die Koppelung einer Sonderzahlung, die zumindest auch arbeitsleistungsbezogene Zwecke verfolgt, mit nicht leistungsbezogenen Zwecken ist generell unangemessen benachteiligend, wenn dem Arbeitnehmer hierdurch bereits erdientes Arbeitsentgelt entzogen werden kann.[65] 4154

Im Sinne der Transparenz ist in jedem Falle sicherzustellen, dass der Freiwilligkeitsvorbehalt klar und verständlich ist. Die Leistungen, auf die er sich erstrecken soll, müssen zweifelsfrei ersichtlich werden. Ein „Globalverzicht", der sich auf alle Leistungen unabhängig von ihrer Art und ihrem Entstehungsgrund bezieht, ist unwirksam.[66] An der Transparenz fehlt es nach der Rspr bei einer **Kombination von Freiwilligkeits- und Widerrufsvorbehalt** („freiwillige und jederzeit widerrufliche Leistung").[67] 4155

Im Anschluss an die Entscheidung des BAG vom 14.9.2011[68] kann es sich empfehlen, einen Freiwilligkeitsvorbehalt jeweils in einem entsprechenden **Begleitschreiben** an den Arbeitnehmer zu wiederholen. Ein in einem Arbeitsvertrag enthaltener Freiwilligkeitsvorbehalt kann ggf sei- 4156

---

60 *Doublet*, PuR 2014, 159, 161.

61 *Simon/Greißlin*, BB 2008, 2467; *Bauer/von Medem*, NZA 2012, 894.

62 *Doublet*, PuR 2014, 159, 161.

63 Zum Meinungsstreit s. *Bauer/von Medem*, NZA 2012, 894; *Preis/Sagan*, NZA 2012, 697.

64 *Preis/Sagan*, NZA 2012, 697, 706.

65 BAG 18.1.2012 – 10 AZR 612/10, NZA 2012, 561.

66 *Doublet*, PuR 2014, 159, 160.

67 BAG 30.7.2008 – 10 AZR 606/07, DB 2008, 2194; aA LAG Düsseldorf 29.7.2009 – 2 Sa 470/09, NZI 2010, 57 = BB 2009, 2477; BAG 14.9.2011 – 10 AZR 526/10, DB 2012, 179; LAG Rheinland-Pfalz 27.8.2012 – 5 Sa 54/12.

68 BAG 14.9.2011 – 10 AZR 526/10, DB 2012, 179.

ne Wirkung verlieren, wobei sich allerdings in der Tat die Frage stellt, nach welchem Zeitablauf (10, 15, 20 Jahre) dies der Fall sein soll. Die im Schrifttum vertretene Auffassung,[69] wonach alle Freiwilligkeitsvorbehalte im Arbeitsvertrag kontrollfähige Auslegungsklauseln und in aller Regel als unangemessen benachteiligend zu verwerfen seien, wird zu Recht kritisiert.[70] Das LAG Hamm[71] weist zutreffend auf Folgendes hin: „Entgegen im Schrifttum erhobener Bedenken kann die Entstehung einer betrieblichen Übung durch einen salvatorischen Freiwilligkeitsvorbehalt im Arbeitsvertrag verhindert werden. Einer jeweiligen Erneuerung des Vorbehalts anlässlich der Zahlung bedarf es nicht." Dennoch sollte der Arbeitgeber sicherheitshalber durch entsprechende Begleitschreiben „auf Nummer sicher" gehen.[72]

dd) Widerrufsvorbehalt

(1) Einräumung eines (entziehbaren) Rechtsanspruchs

4157 Der Widerrufsvorbehalt ist dadurch gekennzeichnet, dass der Arbeitgeber einen vertraglichen Anspruch einräumt, der allerdings **durch einseitige Gestaltungserklärung beseitigt** werden kann (bzw beseitigt werden soll).[73] Die Parteien vereinbaren also, dass der Arbeitgeber sich einseitig mit Wirkung für die Zukunft von einer Leistungspflicht lösen darf. Er kann so den Anspruch des Arbeitnehmers auf bestimmte Bestandteile des Entgelts beseitigen. An diese arbeitsvertraglich vereinbarte Entgeltflexibilisierungsmöglichkeit stellt die Rspr allerdings hohe Ansprüche.

4158 Widerrufsvorbehalte wurden **früher** von der Rspr einer **zweistufigen Prüfung** unterzogen. Auf der ersten Stufe wurde ermittelt, ob die jeweilige Vorbehaltsklausel überhaupt rechtswirksam sei. Wirksamkeit wurde abgelehnt, wenn die Klausel gegen die guten Sitten oder gesetzliche Verbote, Tarifverträge oder Betriebsvereinbarungen verstieß.[74] Nichtigkeit nahm die Rspr bei einem Widerrufsvorbehalt an, wenn wesentliche Elemente des Arbeitsvertrages einer einseitigen Änderung unterliegen sollten, durch die das Gleichgewicht zwischen Leistung und Gegenleistung grundlegend gestört wurde.[75] Für nichtig hielt das BAG solche Widerrufsklauseln, über die durch die Herbeiführung eines Ungleichgewichts zwischen Leistung und Gegenleistung in den Kernbereich des Arbeitsverhältnisses einseitig eingegriffen wurde.[76] Für zulässig hielt das BAG die Kürzung einer Leistungszusage iHv 20 % des tariflichen Bruttogehalts[77] oder von 19 % des Tariflohns.[78] Passieren ließ das BAG die Entscheidung des Arbeitgebers, einen Verkaufsbezirk zu verkleinern, auch wenn ein Provisionsverlust des Arbeitnehmers iHv 20 % seines Gesamtverdienstes[79] die Folge war. Wirksam war auch, wenn eine Zulage iHv 15 % des Gesamteinkommens widerrufen wurde.[80] Auch den Entzug einer Zusatzaufgabe und der damit verbundene Wegfall einer Funktionszulage iHv 15 % der Gesamtvergütung beanstandete das BAG nicht.[81] Das Urteil des BAG vom 15.11.1995 erfasste nicht nur die Kürzung einer Zulage, sondern gleichzeitig auch die Veränderung einer Tätigkeit (Versetzung eines Pursers mit Wei-

---

69 *Preis/Sagan*, NZA 2012, 697, 706.

70 Zur berechtigen Kritik s. *Bauer/von Medem*, NZA 2012, 894.

71 LAG Hamm 1.12.2011 – 8 Sa 1245/11.

72 *Doublet*, PuR 2014, 159, 160.

73 BAG 14.6.1995 – 5 AZR 126/94, AP § 611 BGB Personalrabatt Nr. 1.

74 BAG 9.6.1967 – 3 AZR 352/66, DB 1967, 1549.

75 BAG 13.5.1987 – 5 AZR 125/86, NZA 1988, 95; BAG 7.10.1982 – 2 AZR 455/80, DB 1983, 1368; BAG 7.1.1971 – 5 AZR 92/70, DB 1971, 392; BAG 31.1.1985 – 2 AZR 393/83, EzBAT § 8 BAT Direktionsrecht Nr. 3.

76 BAG 15.11.1995 – 2 AZR 521/95, AP § 1 TVG Tarifverträge Lufthansa Nr. 20.

77 BAG 7.1.1971 – 5 AZR 92/70, AP § 315 BGB Nr. 12.

78 BAG 13.5.1987 – 5 AZR 125/85, AP § 305 BGB Billigkeitskontrolle Nr. 4.

79 BAG 7.10.1982 – 2 AZR 455/80, AP § 620 BGB Teilkündigung Nr. 5.

80 BAG 21.4.1994 – 7 AZR 297/92, AP § 2 KSchG 1969 Nr. 34; ArbG Dortmund 15.1.1991 – 5 Ca 3645/90, EzA § 4 TVG Bestimmungsklausel Nr. 1.

81 BAG 15.11.1995 – 2 AZR 521/95, AP § 1 TVG Tarifverträge Lufthansa Nr. 20.

sungsrecht gegenüber Flugbegleitern in der Kabine auf einen Arbeitsplatz eines Check-Pursers, der andere Flugbegleiter beurteilt).

(2) AGB-Kontrolle von Widerrufsvorbehalten (mit Formulierungsbeispielen aus der Rechtsprechung)

Mit Urteil vom 12.1.2005[82] leitete das BAG eine **Rechtsprechungswende** ein. Zu beurteilen war folgende Klausel: 4159

> „Die Firma behält sich vor, alle übertariflichen Bestandteile – gleich, welcher Art – bei einem Aufrücken in eine höhere Altersstufe in der Lohngruppe oder in eine höhere Tarifgruppe teilweise oder ganz anzurechnen. Abgesehen davon hat die Firma das Recht, diese übertariflichen Lohnbestandteile jederzeit unbeschränkt zu widerrufen und mit etwaigen Tariferhöhungen zu verrechnen. Auch jede andere Leistung, die über die in den Tarifverträgen festgelegten Leistungen hinausgeht, ist jederzeit unbeschränkt widerruflich und begründet keinen Rechtsanspruch für die Zukunft."

Diese Regelung wird – so das BAG – den formellen Anforderungen von § 308 Nr. 4, § 307 BGB nicht gerecht. Was die Vertragsregelung enthalten muss, richtet sich nicht allein nach § 307 Abs. 1 S. 2 BGB. Die Bestimmung muss nicht nur klar und verständlich sein. Sie darf auch als solche nicht unangemessen benachteiligen; die Vereinbarung des **konkreten Widerrufsrechts** muss zumutbar sein. Das bedeutet: Die Bestimmung muss die Angemessenheit und die Zumutbarkeit erkennen lassen. Der Maßstab nach § 307 Abs. 1 und 2, § 308 Nr. 4 BGB muss **nach dem Text der Klausel** zum Ausdruck kommen. Es muss sich aus der Regelung selbst ergeben, dass der **Widerruf nicht ohne Grund** erfolgen darf. Voraussetzungen und Umfang der vorbehaltenen Änderungen müssen **möglichst konkretisiert** werden. Die widerrufliche Leistung muss nach Art und Höhe eindeutig sein, damit der Arbeitnehmer erkennen kann, **„was ggf auf ihn zukommt"**. Diese Anforderung lässt sich auch angesichts der Besonderheiten des Arbeitsrechts (§ 310 Abs. 4 S. 2 BGB) im Regelfall erfüllen. Bei den Voraussetzungen der Änderung, also den Widerrufsgründen, lässt sich zumindest **die Richtung** angeben, aus der der Widerruf möglich sein soll (wirtschaftliche Gründe, Leistung oder Verhalten des Arbeitnehmers). Welches die Gründe sind, ist keineswegs selbstverständlich und für den Arbeitnehmer durchaus von Bedeutung. Der Grad der Störung (wirtschaftliche Notlage des Unternehmens, negatives wirtschaftliches Ergebnis der Betriebsabteilung, nicht ausreichender Gewinn, Rückgang bzw Nichterreichen der erwarteten wirtschaftlichen Entwicklung, unterdurchschnittliche Leistungen des Arbeitnehmers, schwerwiegende Pflichtverletzung) muss **konkretisiert** werden.
Die vorliegend zu beurteilende Klausel enthielt **keine Widerrufsgründe** und war daher **unwirksam.**

Stellt eine Widerrufsvorbehaltsklausel eine Allgemeine Geschäftsbedingung dar, sind **zwei Prüfschritte** die Folge, wobei die beiden Subsumtionsschritte nicht hierarchisch aufeinander folgen, sondern gleichwertig nebeneinander angesiedelt sind. 4160

Zum einen ist zu fragen, ob über einen Widerrufsvorbehalt eine **Vergütungsminderung** stattfindet, die mit § 308 Nr. 4 BGB unvereinbar ist. Das BAG hat im Urteil vom 12.1.2005 den Grundsatz aufgestellt, dass der Widerruf von Vergütungsbestandteilen dem Arbeitnehmer nach § 308 Nr. 4 BGB **nicht zuzumuten** ist, wenn er einen Korridor von **25 bis 30 % der Gesamtvergütung** überschreitet. 4161
Die Rspr des BAG darf allerdings nicht dahin gehend interpretiert werden, dass ein Widerruf von Vergütungsbestandteilen im Rahmen von 25 bis 30 % stets zulässig ist. Sie stellt lediglich klar, dass ein Widerrufsvorbehalt die Zumutbarkeit für den Arbeitnehmer in jedem Fall überschreitet, wenn die Grenze von 25 % bis 30 % der Gesamtvergütung erreicht ist.[83]

---

82 BAG 12.1.2005 – 5 AZR 364/04, NZA 2005, 465.
83 *Maaß*, in: Maschmann/Sieg/Göpfert, Vertragsgestaltung im Arbeitsrecht, 600 Rn 6.

Da das BAG bei der **Art der Vergütung**, die unter Widerrufsvorbehalt gestellt ist, keinerlei Unterschiede macht, sind sämtliche Arten von Vergütungen – sei es Fixum, seien es Provisionen, seien es Tantiemen, seien es privatärztliche Liquidationen in Nebentätigkeit bei Chefärzten[84] –, die mit allen anderen Vergütungen des Arbeitnehmers zusammengerechnet werden, Gegenstand der Rspr vom 12.1.2005. Alle diese Vergütungsbestandteile müssen zusammenaddiert werden, um von dem Gesamtbetrag die prozentual zulässige Kürzung um 25 bis 30 % berechnen zu können.

4162 Der **zweite Prüfschritt** orientiert sich an § 307 Abs. 1 S. 2 BGB. Nur dann, wenn die **Widerrufsgründe transparent** und für den Arbeitnehmer **nachvollziehbar** aus dem Arbeitsvertrag hervorgehen, kann ein Widerruf wirksam sein. Das BAG hat – nicht abschließend und lediglich beispielhaft – als Widerrufsgründe aufgeführt: **wirtschaftliche Gründe, Leistung oder Verhalten des Arbeitnehmers, wirtschaftliche Notlage des Unternehmens, negatives wirtschaftliches Ergebnis** der Betriebsabteilung oder des Betriebs, **Gewinnrückgang** bzw ein **Nichterreichen der erwarteten wirtschaftlichen Entwicklung**, eine **unterdurchschnittliche Leistung** des Arbeitnehmers oder **schwerwiegende Pflichtverletzungen** des Arbeitnehmers. Anders als in der Vergangenheit verbindet sich mit einem Widerrufsvorbehalt nicht zugleich der rechtlich nicht überprüfbare Freiraum des Arbeitgebers, jederzeit und ohne Angabe von Gründen eine gewährte Leistung einzustellen.[85]

4163 Mit Entscheidung vom 11.10.2006[86] hatte das BAG über folgende Klausel zu befinden:

> „Darüber hinaus erhält der Arbeitnehmer einen Fahrtkostenersatz iHv 44,23 € arbeitstägig. Die Firma hat das Recht, diese übertariflichen Lohnbestandteile jederzeit und unbeschränkt zu widerrufen und mit etwaigen Tariferhöhungen zu verrechnen. Auch jede andere Leistung, die über die in den Tarifverträgen festgelegten Leistungen hinausgeht, ist jederzeit unbeschränkt widerruflich und begründet keinen Rechtsanspruch für die Zukunft."

Nach Ansicht des BAG wird diese Vertragsregelung den formellen Anforderungen von § 308 Nr. 4, § 307 BGB nicht gerecht. Was die Vertragsregelung enthalten muss, richtet sich nicht allein nach § 307 Abs. 1 S. 2 BGB. Die Bestimmung muss nicht nur **klar und verständlich** sein. Sie darf auch als solche nicht **unangemessen benachteiligen**; die Vereinbarung des **konkreten Widerrufsrechts** muss zumutbar sein. Das bedeutet: Die Bestimmung muss die Angemessenheit und Zumutbarkeit erkennen lassen. Der Maßstab von § 307 Abs. 1 und 2, § 308 Nr. 4 BGB muss nach dem Text der Klausel zum Ausdruck kommen. Es muss sich aus der Regelung selbst ergeben, dass der Widerruf **nicht ohne Grund** erfolgen darf. Voraussetzung und Umfang der vorbehaltenen Änderungen müssen möglichst konkretisiert werden. Die widerrufliche Leistung muss nach Art und Höhe eindeutig sein, damit der Arbeitnehmer erkennen kann, was ggf „auf ihn zukommt". Diese Anforderung lässt sich auch angesichts der Besonderheiten des Arbeitsrechts (§ 310 Abs. 4 S. 2 BGB) im Regelfall erfüllen. Bei den Voraussetzungen der Änderung, also den **Widerrufsgründen**, lässt sich zumindest **die Richtung** angeben, aus der der Widerruf möglich sein soll (wirtschaftliche Gründe, Leistung oder Verhalten des Arbeitnehmers).

4164 Wie allerdings die **Widerrufsgründe im Einzelnen ausformuliert** sein müssen, um der Inhaltskontrolle standzuhalten, hat das BAG nicht konkretisiert. Insoweit verbleibt bei der Vertragsgestaltung eine erhebliche Unsicherheit.[87]

4165 Die Entscheidung des BAG vom 20.4.2011[88] verdeutlicht aber nochmals, dass an die **Formulierung des Widerrufsgrundes** keine allzu hohen Anforderungen zu stellen sein dürften. Es muss – so das BAG – aber zumindest **„die Richtung angegeben"** werden, aus der der Widerruf

84 *Hümmerich*, MedR 2005, 575; *Reinecke*, NJW 2005, 3383.
85 *Hümmerich*, NJW 2005, 1759; *Schimmelpfennig*, NZA 2005, 603; *Seel*, MDR 2005, 724.
86 BAG 11.10.2006 – 5 AZR 721/05, DB 2007, 117.
87 *Burger*, Der Personalleiter 2008, 264, 266.
88 BAG 20.4.2011 – 5 AZR 191/10, NZA 2011, 796.

möglich sein soll (zB wirtschaftliche Gründe, Leistung oder Verhalten des Arbeitnehmers). Dabei ist zu beachten, dass der Verwender vorgibt, was ihn zum Widerruf berechtigen soll. Diesen Anforderungen genügt zB die folgende Klausel nicht:

> „Zum Ausgleich der Arbeitnehmeranteile an den Sozialversicherungsbeiträgen wird eine Zulage in entsprechender Höhe gewährt. Diese Nebenabrede ist widerruflich."

Zu bedenken ist, dass eine **„zu konkrete" Benennung** von Widerrufsgründen für den Arbeitgeber nachteilig sein kann, da ggf Fälle ausgeschlossen werden, an die bei der Formulierung des Widerrufsvorbehalts nicht gedacht oder die für unwahrscheinlich gehalten worden sind.[89] 4166

In Bezug auf den Widerruf der Überlassung eines **Dienstwagens** hat das BAG[90] einen bloßen Hinweis auf „wirtschaftliche Gründe" nicht ausreichen lassen. Es ist daher insb. bei der **Beschreibung des Widerrufsgrundes Sorgfalt** geboten. 4167

Für die nach §§ 307 ff BGB vorzunehmende Inhaltskontrolle ist unerheblich, ob objektiv betrachtet Widerrufsgründe in Betracht kommen, die für den Arbeitnehmer nicht zumutbar sind. Entscheidend ist allein, was der Verwender der Allgemeinen Geschäftsbedingungen im Text der Vorbehaltsbestimmung zum Ausdruck gebracht hat.[91] Bei der Angemessenheitskontrolle ist deshalb nicht auf die Gründe abzustellen, aus denen der Widerruf im konkreten Falle folgt, sondern auf die Möglichkeiten, die das vorformulierte Widerrufsrecht dem Arbeitgeber einräumt.[92] 4168

Für die Wirksamkeit eines Widerrufsvorbehalts bedarf es **keiner Ankündigungs- bzw Auslauffrist.**[93] Dies hat das BAG in Bezug auf folgende Klausel festgestellt: 4169

> „Der Arbeitgeber behält sich vor, die Überlassung des Dienstwagens zu widerrufen, wenn und solange der Pkw für dienstliche Zwecke seitens des Arbeitnehmers nicht benötigt wird. Dies ist insb. dann der Fall, wenn der Arbeitnehmer nach Kündigung des Arbeitsverhältnisses von der Arbeitsleistung freigestellt wird. Im Falle der Ausübung des Widerrufs durch den Arbeitgeber ist der Arbeitnehmer nicht berechtigt, eine Nutzungsentschädigung oder Schadensersatz zu verlangen."[94]

Die Widerrufsklausel ist materiell wirksam, wenn ein Widerruf für den Fall einer (wirksamen) Freistellung des Arbeitnehmers vorgesehen wird. Für die Wirksamkeit bedarf es **keiner Ankündigungs- bzw Auslauffrist.** Für den Entzug ist keine Änderungskündigung erforderlich, wenn durch den Wegfall der privaten Nutzungsmöglichkeit das Verhältnis von Leistung und Gegenleistung im Arbeitsverhältnis **nicht grundlegend** berührt wird (weniger als 25 % des regelmäßigen Verdienstes). Neben der Inhaltskontrolle bedarf es aber einer **Ausübungskontrolle**, denn die Erklärung des Widerrufs stellt eine Bestimmung der Leistung durch den Arbeitgeber nach § 315 Abs. 1 BGB dar. Der Widerruf muss im Einzelfall **billigem Ermessen** entsprechen.[95] Die Gesamtbewertung der beiderseitigen Interessen kann dazu führen, dass der Arbeitgeber einen Dienstwagen nur unter Einräumung einer Auslauffrist zurückfordern darf. Im Einzelfall kann das Interesse des Arbeitnehmers, den von ihm versteuerten Vorteil – § 6 Abs. 1 Nr. 4 EStG – auch real nutzen können, das abstrakte Interesse des Arbeitgebers am sofortigen Entzug des Dienstwagens überwiegen. 4170

89 *Willemsen/Jansen*, RdA 2010, 1, 2.
90 BAG 13.4.2010 – 9 AZR 113/09, DB 2010, 1943 ff.
91 BAG 19.12.2006 – 9 AZR 294/06, DB 2007, 1253.
92 BAG 13.4.2010 – 9 AZR 113/09, DB 2010, 1943.
93 AA LAG Niedersachsen 14.9.2010 – 13 Sa 462/10, ArbR 2010, 661.
94 BAG 21.3.2012 – 5 AZR 651/10, NJW 2012, 1756.
95 BAG 20.4.2011 – 5 AZR 191/10, DB 2011, 1979.

4171 Genügt ein Widerrufsvorbehalt nicht den formalen Anforderungen des § 308 Nr. 4 BGB (hier: keine Angabe eines Widerrufsgrundes) und entsteht eine Lücke, die im Wege der ergänzenden Vertragsauslegung zu schließen ist, steht es nach Ansicht des 5. Senats[96] bei einem **vor dem 1.1.2002 abgeschlossenen Arbeitsvertrag** (**Altfall**) einer ergänzenden Vertragsauslegung **nicht** entgegen, dass der Arbeitgeber während der gem. Art. 229 § 5 EGBGB auch für die vor dem 1.1.2002 begründeten Dauerschuldverhältnisse eingeräumte Übergangsfrist von einem Jahr keine **Vertragsanpassung** vorgenommen und dem Arbeitnehmer kein Vertragsänderungsgebot unterbreitet hat. Dies begründet der Senat wie folgt: Eine Verhandlungsobliegenheit, deren Nichtbeachtung Rechtsfolgen nach sich ziehen soll, lässt sich Art. 229 § 5 EGBGB ebenso wenig entnehmen wie eine Verpflichtung des Arbeitnehmers, ein entsprechendes Vertragsangebot des Arbeitgebers redlicherweise annehmen zu müssen. Eine Möglichkeit der **einseitigen Durchsetzung** gesetzeskonformer Verträge nach Inkrafttreten der §§ 305 ff BGB gab es **nicht.** Änderungskündigungen hätten dem Gebot der Verhältnismäßigkeit nicht standhalten können. Ohne konkreten Anlass unterbreitete Angebote des Arbeitgebers zum Zwecke der Anpassung der Altverträge an die neue Rechtslage hätten zur Verunsicherung ganzer Belegschaften geführt und diese um den ungefährdeten Bestand ihrer Arbeitsverhältnisse fürchten lassen. Zudem wäre die Formulierung gesetzeskonformer Verträge im Jahre 2002 auf erhebliche Schwierigkeiten gestoßen, weil die Entwicklung der Rspr noch nicht absehbar war. Dem steht die Gesetzesbegründung zu Art. 229 § 5 EGBGB nicht entgegen, denn diese erläutert nur die Möglichkeit einer Anpassung der Verträge während der Übergangsfrist, schließt eine ergänzende Vertragsauslegung nach deren Ablauf jedoch nicht aus. Dementsprechend nimmt der BGH bei vor dem 1.1.2002 vereinbarten und nach dem 1.1.2003 gem. § 308 Nr. 4 BGB unwirksamen Widerrufsklauseln eine **ergänzende Vertragsauslegung** vor, ohne die Übergangsfrist auch nur zu erwähnen.[97] Im Übrigen wäre es widersprüchlich, eine ergänzende Vertragsauslegung bei Neuverträgen zuzulassen,[98] sie aber bei Altverträgen als ausgeschlossen anzusehen. Es ist in diesem Falle also zu fragen, **was die Parteien vereinbart hätten**, wenn ihnen die Unwirksamkeit der Widerrufsklausel bekannt gewesen wäre.

4172 Zu berücksichtigen ist allerdings, dass das BAG[99] einen **Vertrauensschutz** verneint, sobald die Parteien nach Inkrafttreten der Schuldrechtsreform (1.1.2002) **Änderungen im Arbeitsvertrag** vorgenommen haben, ohne jedoch die Widerrufsklausel anzupassen.

4173 Die Entscheidungen lassen sich – stichwortartig – wie folgt zusammenfassen: Auch in Anwendung des § 308 Nr. 4 BGB kann ein in einem formularmäßigen Arbeitsvertrag vorgesehener Widerrufsvorbehalt wirksam sein. Zu beachten sind die folgenden **Wirksamkeitsvoraussetzungen:**

- Der Widerrufsvorbehalt muss klar und verständlich sein.
- Er darf keine unangemessene Benachteiligung enthalten und muss zumutbar sein.
- Aus der Regelung muss sich ergeben, dass der Widerruf nicht ohne Grund erfolgen darf.
- Voraussetzungen und Umfang der vorbehaltenen Änderungen müssen möglichst konkretisiert werden.
- Die widerrufliche Leistung muss nach Art und Höhe eindeutig sein.
- Eine im Gegenseitigkeitsverhältnis stehende Leistung kann bis zu 25 % und eine nicht unmittelbare Gegenleistung bis zu 30 % des Gesamtverdienstes gekürzt werden.

---

96 BAG 20.4.2011 – 5 AZR 191/10, DB 2011, 1979.
97 BGH 10.6.2008 – XI ZR 211/07, NJW 2008, 3422; BGH 13.4.2010 – X ZR 197/09, BGHZ 185, 166.
98 BAG 14.1.2009 – 3 AZR 900/07, DB 2009, 1129.
99 BAG 30.7.2008 – 10 AZR 606/07, NZA 2008, 1173.

(3) Widerrufsklauseln in Dienstwagenüberlassungsverträgen

Für Widerrufsklauseln in Dienstwagenüberlassungsverträgen ist auf folgende Entscheidungen hinzuweisen: 4174

Im Urteil des BAG vom 19.12.2006 war folgende Klausel zu bewerten: 4175

> „Für berufliche Fahrten steht der Wagen dem Mitarbeiter uneingeschränkt zur Verfügung. Privatfahrten sind dem Mitarbeiter bis auf Widerruf gestattet.“[100]

Nach Ansicht des BAG gilt: Maßgeblich ist § 308 Nr. 4 BGB (Änderungsvorbehalt lex specialis gegenüber der allgemeinen Inhaltskontrolle nach § 307 BGB). Für die Auslegung des § 308 Nr. 4 BGB sind ergänzend die allgemeinen Wertungen des § 307 BGB heranzuziehen. Die im Arbeitsrecht geltenden Besonderheiten (§ 310 Abs. 4 S. 2 BGB) sind zu berücksichtigen. Eine Vereinbarung, wonach der Arbeitgeber berechtigt ist (**„aus jedem Anlass“**), die Überlassung eines auch zur Privatnutzung zur Verfügung gestellten Firmenwagens zu widerrufen, ist **zu weit gefasst** und hält einer **Inhaltskontrolle** nach § 307 iVm § 308 Nr. 4 BGB nicht stand. Sie benachteiligt den Arbeitnehmer unangemessen, weil hier das Widerrufsrecht an keinen Sachgrund gebunden ist.

Das BAG hatte mit Entscheidung vom 14.12.2010 über folgende Klausel zu befinden: 4176

> „Die Firma stellt Herrn B einen Pkw auch zur privaten Nutzung in angemessenem Umfang zur Verfügung. Herr B wird das Fahrzeug im Falle einer Freistellung an die Firma L zurückgeben.“[101]

B kam nach Erkrankung und Ablauf des sechswöchigen Entgeltfortzahlungszeitraums der Aufforderung der Firma nach, den Pkw herauszugeben und begehrte sodann Schadensersatz wegen entgangener privater Nutzung.

Das BAG hat hierzu – ungeachtet einer AGB-Kontrolle – Folgendes festgestellt: Die Überlassung eines Firmenwagens „auch zur privaten Nutzung“ stellt einen **geldwerten Vorteil** und Sachbezug dar. Die Gebrauchsüberlassung ist regelmäßig zusätzliche Gegenleistung für die geschuldete Arbeitsleistung. Damit ist sie nur solange geschuldet, wie der Arbeitgeber überhaupt **Arbeitsentgelt** leisten muss – und sei es – wie im Fall von Krankheit – ohne Erhalt einer Gegenleistung. Nach Ablauf des **sechswöchigen Entgeltfortzahlungszeitraums** kann der Arbeitgeber daher den Dienstwagen herausverlangen, soweit keine abweichenden Vereinbarungen getroffen sind oder Abweichendes aus einem konkludenten Verhalten oder einer betrieblichen Übung abgeleitet werden könnte. Der Arbeitgeber ist daher auch bei **Nichteinhaltung einer Ankündigungsfrist** nicht nach § 280 Abs. 1 S. 1 BGB verpflichtet, dem Arbeitnehmer eine Nutzungsausfallentschädigung zu zahlen.

Eine weitere Klausel lautete wie folgt: 4177

> „Der Arbeitgeber behält sich vor, die Überlassung des Dienstwagens zu widerrufen, wenn und solange der Pkw für dienstliche Zwecke seitens des Arbeitnehmers nicht benötigt wird. Dies ist insb. dann der Fall, wenn der Arbeitnehmer nach Kündigung des Arbeitsverhältnisses von der Arbeitsleistung freigestellt wird. Im Falle der Ausübung des Widerrufs durch den Arbeitgeber ist der Arbeitnehmer nicht berechtigt, eine Nutzungsentschädigung oder Schadensersatz zu verlangen.“[102]

Der Widerrufsvorbehalt ist nicht aus **formellen Gründen** unwirksam, wenn er zumindest – wie vorliegend – die **„Richtung“** angibt, aus der der Widerruf möglich sein soll. Dies gilt auch dann, wenn eine **Ankündigungs- bzw Auslauffrist** fehlt. Die Widerrufsklausel ist auch **materiell** wirksam, wenn ein Widerruf für den Fall einer (wirksamen) Freistellung des Arbeitnehmers vorgesehen wird.

---

100 BAG 19.12.2006 – 9 AZR 294/06, DB 2007, 1253.
101 BAG 14.12.2010 – 9 AZR 631/09, DB 2011, 939.
102 BAG 21.3.2012 – 5 AZR 651/10, DB 2012, 1274.

Der Arbeitgeber kann sich also grds. zulässigerweise vorbehalten, die Überlassung eines Dienstwagens für dienstliche und private Zwecke zu widerrufen, wenn und solange der Dienstwagen für dienstliche Zwecke seitens des Arbeitnehmers – zB weil der Arbeitnehmer nach der Kündigung des Arbeitsverhältnisses von der Arbeitsleistung freigestellt worden ist – nicht benötigt wird.

Zu beachten ist allerdings: Neben der **Inhaltskontrolle** (Angabe eines Widerrufsgrundes etc.) und des Widerrufsvorbehalts erfolgt eine **Ausübungskontrolle.** Der Widerruf muss daher auch im Einzelfall billigem Ermessen entsprechen. Die Gesamtbewertung der beiderseitigen Interessen im Rahmen der Ausübungskontrolle kann dazu führen, dass der Arbeitgeber einen Dienstwagen nur unter **Einräumung einer Auslauffrist** zurückfordern darf. Insbesondere kann das Interesse des Arbeitnehmers, den von ihm gem. § 6 Abs. 1 Nr. 4 EStG versteuerten Vorteil auch real nutzen zu können, das abstrakte Interesse des Arbeitgebers am sofortigen Entzug des Dienstwagens überwiegen. Kommt der Arbeitgeber seiner Vertragspflicht, dem Arbeitnehmer die Nutzung des Dienstwagens zu Privatzwecken weiter zu ermöglichen, nicht nach, wird die Leistung wegen Zeitablaufs unmöglich, so dass der Arbeitgeber nach § 275 Abs. 1 BGB von der Leistungspflicht befreit wird. Der Arbeitnehmer hat in diesem Fall nach § 280 Abs. 1 S. 1 iVm § 283 S. 1 BGB Anspruch auf Ersatz des hierdurch verursachten Schadens. Zur Berechnung des Schadens ist eine **Nutzungsausfallentschädigung** auf der Grundlage der steuerlichen Bewertung der privaten Nutzungsmöglichkeit mit monatlich 1 % des Leistenpreises des Kraftfahrzeugs im Zeitpunkt der Erstzulassung anerkannt.[103]

4178 Beachtenswert ist auch folgende Klausel:

> „Bei Geschäftsfahrzeugen ist der jeweilige Entscheider verantwortlich für die Überprüfung der Wirtschaftlichkeit. Die Überprüfung ist durch geeignete jährliche Maßnahmen sicherzustellen. Fallen die Voraussetzungen für die Überlassung des Geschäftsfahrzeugs weg, hat der jeweilige Entscheider dafür Sorge zu tragen, dass die Überlassung des Geschäftswagens widerrufen wird. In diesem Fall hat der Angestellte das Geschäftsfahrzeug unverzüglich zurückzugeben."[104]

Die Klausel ist **mangels ausreichender Umschreibung des Widerrufsgrundes** unwirksam. Das Widerrufsrecht muss wegen der unsicheren Entwicklung der Verhältnisse als Instrument der Anpassung notwendig sein.[105] Ohne einen sachlichen Grund für den Widerruf der Überlassung des Dienstwagens auch zur privaten Nutzung überwiegt – wie vorliegend – das Interesse des Arbeitnehmers an der Unveränderlichkeit der vereinbarten Leistung gegenüber dem Interesse des Arbeitgebers an der Änderung der versprochenen Hauptleistungspflicht.

(4) Bezugnahme auf ein arbeitgeberseitig vorgegebenes Regelungswerk

4179 Die in einem Arbeitsvertrag geregelte Bezugnahme auf die **„jeweilige" Fassung** eines einseitig vom Arbeitgeber vorgegebenen Regelungswerks (hier: Arbeits- und Sozialordnung) und die in der Arbeits- und Sozialordnung formulierte Gültigkeitsdauer bis zum Erlass einer neuen Arbeits- und Sozialordnung stellen inhaltlich ein **Vertragsveränderungsrecht** des Arbeitgebers dar (**Abänderungsvorbehalt**). Hiermit wird – so das BAG – das gleiche Ziel wie mit anderen Bestimmungsrechten verfolgt, insb. mit der Befristung einzelner Arbeitsbedingungen und einem Widerrufsvorbehalt. Der Abändungsvorbehalt stellt eine von Rechtsvorschriften abweichende Regelung gem. § 307 Abs. 3 S. 1 BGB dar. Die Wirksamkeit der Klausel orientiert sich an § 308 Nr. 4 BGB. Da diese Norm § 307 BGB konkretisiert, sind auch die Wertungen dieser Norm heranzuziehen. Außerdem sind nach § 310 Abs. 4 S. 2 BGB die im Arbeitsrecht geltenden Besonderheiten zu berücksichtigen. Danach ist die Vereinbarung eines Rechts des Verwen-

---

103 BAG 21.3.2012 – 5 AZR 651/10, DB 2012, 1274.

104 BAG 13.4.2010 – 9 AZR 113/09, DB 2010, 1943.

105 BAG 11.2.2009 – 10 AZR 222/08, NZA 2009, 428.

ders unwirksam, die versprochene Leistung zu ändern oder von ihr abzuweichen, wenn nicht die Vereinbarung der Änderung oder Abweichung unter Berücksichtigung der Interessen des Verwenders für den anderen Vertragsteil **zumutbar** ist. Dies ist nur dann der Fall, wenn für die Änderung – was vorliegend nicht gegeben war – ein triftiger Grund vorliegt und dieser bereits in der Änderungsklausel beschrieben ist. Das Widerrufsrecht muss wegen der unsicheren Entwicklung der Verhältnisse als Instrument der Anpassung notwendig sein.[106]
Der **einseitig vorbehaltene Änderungsvorbehalt** war daher unwirksam, da er nicht „zumindest die Richtung" angab, aus der der Widerruf möglich sein sollte (vgl dazu auch Rn 4159, 4163, 4165).

ee) Kombination von Freiwilligkeits- und Widerrufsvorbehalt

Nicht immer werden freiwillige Leistungen und Leistungszusagen unter Widerrufsvorbehalt in Vertragsklauseln sprachlich auseinander gehalten. Nicht selten wird formuliert: „Sonderzuwendungen werden als freiwillige, unter dem Vorbehalt jederzeitigen Widerrufs stehende Leistungen gewährt."[107] Da freiwillige Leistungen zu keinem Rechtsanspruch führen, bedürfen sie auch keines Widerrufs. Insofern ist die Frage aufgeworfen worden, ob der formularmäßig getroffene Widerrufsvorbehalt bei einer an sich freiwilligen Leistung zu einer solchen Widersprüchlichkeit führt, dass dadurch gegen das Transparenzgebot des § 307 Abs. 1 S. 2 BGB verstoßen oder wegen Mehrdeutigkeit nach § 305 c Abs. 2 BGB von einer unwirksamen Klausel auszugehen ist. 4180

Das LAG Brandenburg[108] hielt eine Klausel in einem Formulararbeitsvertrag, wonach eine Sonderzuwendung als **„freiwillige, unter dem Vorbehalt jederzeitigen Widerrufs stehende Leistung gewährt werde"**, für **mehrdeutig** iSv § 305 c Abs. 2 BGB. Es sei unklar, ob mit dieser Formulierung ein „echter" Freiwilligkeitsvorbehalt oder ein „bloßer" Widerrufsvorbehalt gemeint sei. Die Anwendung der Unklarheitenregelung nach § 305 c Abs. 2 BGB führe, jedenfalls bei nach dem 31.12.2001 geschlossenen Formulararbeitsverträgen, dazu, dass der Vorbehalt insgesamt entfalle. 4181

Das LAG Düsseldorf[109] vertrat dagegen die Auffassung, dass der Vorbehalt, eine Leistung erfolge „**freiwillig und widerruflich**", nicht wegen Widersprüchlichkeit unwirksam sei. In die gleiche Richtung zielte ein Urteil des LAG Berlin:[110] Wenn eine Gratifikation nach einem Formularvertrag „**eine jederzeit widerrufliche freiwillige Leistung, aus der ein Anspruch nicht hergeleitet werden kann,**" sei, so sei nicht von einer Unwirksamkeit der Formulierung auszugehen, sondern von der Zusage einer Gratifikation, die im Falle wirtschaftlicher Schwierigkeiten des Unternehmens zum Widerruf berechtige. 4182

Das LAG Hamm[111] meinte demgegenüber, bei der Kombination eines Widerrufsvorbehalts mit einem Freiwilligkeitsvorbehalt in vorformulierten Arbeitsbedingungen liege ein Verstoß gegen das **Transparenzgebot** des § 307 Abs. 1 S. 2 BGB vor, weshalb beide Vorbehalte unwirksam seien. 4183

Zu Recht hat das LAG Düsseldorf[112] hingegen (nochmals) festgestellt, dass die Kombination eines Freiwilligkeitsvorbehalts mit einem Widerrufsvorbehalt einer AGB-Kontrolle standhalte, da der Widerrufsvorbehalt in diesem Falle nur der **Stützung des Freiwilligkeitsvorbehalts** diene, mit der Folge, dass eine betriebliche Übung nicht entstehen kann. 4184

106 BAG 11.2.2009 – 10 AZR 222/08, NZA 2009, 428.
107 SPA 5/2006, 7.
108 LAG Brandenburg 13.10.2005 – 9 Sa 141/05, DB 2006, 160.
109 LAG Düsseldorf 30.11.2005 – 12 Sa 1210/05, LAGE § 305 c BGB 2002 Nr. 3.
110 LAG Berlin 19.8.2005 – 6 Sa 1106/05, NZA-RR 2006, 68.
111 LAG Hamm 27.7.2005 – 6 Sa 29/05, NZA-RR 2006, 125.
112 LAG Düsseldorf 29.7.2009 – 2 Sa 470/09, NZI 2010, 57 = BB 2009, 2477.

4185 Das LAG Hessen[113] hat hingegen angenommen, dass eine Klausel im Formulararbeitsvertrag, wonach zusätzliche Leistungen **„freiwillig und jederzeit widerruflich"** sind, nicht das Entstehen eines Anspruchs aus betrieblicher Übung hindere, weil sie in sich **widersprüchlich** sei.

4186 Ebenso nahm das ArbG Freiburg[114] an, die Kombination von Freiwilligkeits- und Widerrufsvorbehalten führe dazu, dass beide Vorbehalte **insgesamt wegfallen**. Sie schlössen sich gegenseitig aus.

4187 Insgesamt erscheint diese Rspr recht „spitzfindig". Es wird nicht hinreichend beachtet, dass der Arbeitgeber doch an sich sehr deutlich zum Ausdruck bringt, dass er sich **„in keinem Falle"** binden möchte. Die Formulierung „freiwillig" und „widerruflich" enthält hier vermeintlich eine **doppelte Absicherung**, die an sich für alle Beteiligten deutlich wird. Dennoch dürfte der Meinungsstreit[115] im Anschluss an die Entscheidungen des BAG beendet sein.

4188 Das BAG hat mit Urteil vom 30.7.2008[116] unmissverständlich zum Ausdruck gebracht, dass bei der Formulierung von Freiwilligkeitsvorbehalten **anspruchsbegründende Formulierungen** und die **Kombination von Freiwilligkeits- und Widerrufs**vorbehalten vermieden werden müssen. Die letztgenannte Kombination sei **widersprüchlich** mit der Folge, dass der Arbeitgeber ggf weder auf den Freiwilligkeits- noch den Widerrufsvorbehalt zurückgreifen könne.

4189 Nach der Entscheidung des BAG vom 10.12.2008[117] gilt Folgendes: „Sagt ein Arbeitgeber einem Arbeitnehmer in einem von ihm vorformulierten Anstellungsvertrag ausdrücklich zu, jedes Jahr ein Weihnachtsgeld in bestimmter Höhe zu zahlen, ist es **widersprüchlich**, wenn der Arbeitgeber die Zahlung des Weihnachtsgeldes in derselben oder einer anderen Vertragsklausel an einem Freiwilligkeitsvorbehalt bindet. Ist ein auf eine Sonderzahlung bezogener Freiwilligkeitsvorbehalt unwirksam, weil er der Zusage des Arbeitgebers widerspricht, die Sonderzahlung jedes Jahr in einer bestimmten Höhe zu leisten, ist der unwirksame Freiwilligkeitsvorbehalt auch bei „Altfällen" nicht im Wege einer ergänzenden Vertragsauslegung in einen Widerrufsvorbehalt umzudeuten."

4190 Das BAG hatte sodann mit Entscheidung vom 14.9.2011[118] die folgende Klausel zu bewerten:

> „Sonstige, in diesem Vertrag nicht vereinbarte Leistungen des Arbeitgebers an den Arbeitnehmer sind freiwillig und jederzeit widerruflich. Auch wenn der Arbeitgeber sie mehrmals und regelmäßig erbringen sollte, erwirkt der Arbeitnehmer dadurch keinen Rechtsanspruch für die Zukunft."

4191 Das BAG stellt hierzu fest, dass in der Gefahr, dass der Vertragspartner des Klauselverwenders wegen unklar abgefasster allgemeiner Vertragsbedingungen seine Rechte nicht wahrnimmt, eine unangemessene Benachteiligung iSv § 307 Abs. 1 BGB liegt.[119] Eine solche Situation ist – so das BAG – bei der **Kombination eines Freiwilligkeits- mit einem Widerrufsvorbehalt** regelmäßig gegeben.

4192 Es kann in diesem Falle[120] auch dahingestellt bleiben, ob sich die in sich widersprüchliche Klausel auf einen Widerspruchsvorbehalt reduziert oder insgesamt entfällt, denn zum einen erfüllt die Widerspruchsklausel nicht die Anforderungen, die das BAG für solche Klauseln definiert hat. Danach muss sich aus dem Widerrufsvorbehalt selbst ergeben, dass er **nicht ohne Grund** erfolgen kann. Dem Arbeitnehmer muss durch eine geeignete Formulierung deutlich ge-

113 LAG Hessen 26.7.2010 – 7 Sa 1881/09, NZA-SD 2010 Nr. 22.
114 ArbG Freiburg 9.9.2008 – 10 Ca 3/08.
115 *Schimmelpfennig*, NZA 2005, 609; *Matties*, DB 2689, 2695.
116 BAG 30.7.2008 – 10 AZR 606/07, DB 2008, 2194.
117 BAG 10.12.2008 – 10 AZR 1/08, DB 2009, 684.
118 BAG 14.9.2011 – 10 AZR 526/10, DB 2012, 179.
119 BAG 18.5.2011 – 10 AZR 206/10, NZA 2011, 1289.
120 BAG 14.9.2011 – 10 AZR 526/10, DB 2012, 179; LAG Hessen 26.7.2010 – 7 Sa 1881/09, EzA-SD 2010, Nr. 22, 10.

macht werden, unter welchen Umständen er mit einem Widerruf der bisherigen Leistung rechnen muss, ihm muss klar sein, „was auf ihn zukommt".

Schließlich führt auch der sog. **Blue-pencil-Test** nicht zu einem anderen Ergebnis. Nach der Rspr des BAG kann eine Streichung einzelner Wörter oder Passagen aus einer Klausel nur dann erfolgen, wenn die Klausel auch nach der Streichung verständlich bleibt. Die Teilbarkeit der Klausel ist mittels einer Streichung des unwirksamen Teils mit einem „blauen Stift" zu ermitteln (blue-pencil-Test). Ist die verbleibende Regelung weiterhin verständlich, bleibt sie bestehen. Maßgeblich ist, ob sie mehrere sachliche Regelungen enthält und der unzulässige Teil sprachlich eindeutig abtrennbar ist. Gegenstand der Inhaltskontrolle sind dann für sich jeweils verschiedene, nur formal verbundene AGB-Bestimmungen.[121] 4193

Die in Rede stehende Klausel ist aber **nicht teilbar**. Vielmehr handelt es sich um eine **einheitliche**, aber in sich widersprüchliche Regelung, mit der sich der Arbeitgeber ganz offensichtlich mit allen nach seinem Dafürhalten möglichen Vorbehalten davor absichern wollte, dass irgendwelche Ansprüche entstehen könnten, die nicht ausdrücklich vertraglich zugesagt waren. 4194

Zuletzt hat das LAG Rheinland-Pfalz mit Entscheidung vom 27.8.2012[122] nochmals festgestellt, dass in der Kombination eines Freiwilligkeitsvorbehalts mit einem Widerrufsvorbehalt bei **Sonderzahlungen** regelmäßig ein zur Unwirksamkeit der Klausel führender Verstoß gegen das **Transparenzgebot** gem. § 307 Abs. 1 S. 2 BGB vorliegt. Das LAG Rheinland-Pfalz fasst die maßgebliche Rspr wie folgt zusammen: 4195

„In der Kombination eines Freiwilligkeitsvorbehalts mit einem Widerrufsvorbehalt liegt regelmäßig ein zur Unwirksamkeit der Klausel führender Verstoß gegen das Transparenzgebot (§ 307 Abs. 1 S. 2 BGB). Der Arbeitgeber kann bei laufenden Sonderzahlungen – anders als bei laufendem Arbeitsentgelt – zwar grds. einen Rechtsanspruch des Arbeitnehmers auf die Leistung für künftige Bezugszeiträume ausschließen. Er kann sich auch die Entscheidung vorbehalten, ob und in welcher Höhe er künftige Sonderzahlungen gewährt. Für die Wirksamkeit eines solchen Freiwilligkeitsvorbehalts kommt es nicht auf den vom Arbeitgeber mit der Sonderzahlung verfolgten Zweck an. Der Vorbehalt ist deshalb auch dann wirksam, wenn der Arbeitgeber mit der Sonderzahlung ausschließlich im Bezugszeitraum geleistete Arbeit zusätzlich honoriert. Der Arbeitgeber muss auch nicht jede einzelne Sonderzahlung mit einem Freiwilligkeitsvorbehalt verbinden. Es genügt ein entsprechender Hinweis im Arbeitsvertrag. Ein solcher Hinweis muss in einem Formulararbeitsvertrag allerdings dem Transparenzgebot gerecht werden. Er muss deshalb klar und verständlich sein.[123] Daran fehlt es aber, wenn der Arbeitgeber dem Arbeitnehmer einerseits im Formulararbeitsvertrag eine Sonderzahlung in einer bestimmten Höhe **ausdrücklich zusagt** und eine andere Vertragsklausel in Widerspruch dazu regelt, dass der Arbeitnehmer **keinen Rechtsanspruch** auf die Sonderzahlung hat, sondern diese freiwillig, jederzeit widerrufbar erfolgt. Die Kombination eines Freiwilligkeits- mit einem Widerrufsvorbehalt ist widersprüchlich. Die Regelung ist dann insoweit unwirksam, als ein Rechtsanspruch auf die Sonderzahlung ausgeschlossen ist.

Folgt die Intransparenz einer vertraglichen Regelung und damit ihre Unwirksamkeit nach § 307 Abs. 1 S. 2 iVm S. 1 BGB gerade aus der Kombination zweier Klauselteile, kommen die Annahme einer **Teilbarkeit** der Klausel und ihre teilweise Aufrechterhaltung **nicht** in Betracht. Dies ist unabhängig davon, ob die einzelnen Klauselteile isoliert betrachtet wirksam wären.

Weist der Arbeitgeber in einem vorformulierten Arbeitsvertrag, der keine Zusage einer Sonderzahlung enthält, darauf hin, die Gewährung einer solchen begründe keinen Rechtsanspruch des Arbeitnehmers, benachteiligt ein klar und verständlich formulierter Freiwilligkeitsvorbehalt den Arbeitnehmer auch dann unangemessen, wenn der Arbeitgeber diesen Freiwilligkeitsvorbehalt **mit einem Widerrufsvorbehalt kombiniert**. Denn der Widerrufsvorbehalt dient in

121 BAG 12.3.2008 – 10 AZR 152/07, NZA 2008, 669.

122 LAG Rheinland-Pfalz 27.8.2012 – 5 Sa 54/12.

123 *Jensen*, NZA-RR 2011, 225.

diesem Falle nur der Stützung des Freiwilligkeitsvorbehalts mit der Folge, dass eine betriebliche Übung nicht entstehen kann. Es bleibt danach dahingestellt, ob mit der Kombination von Freiwilligkeits- und Widerrufsvorbehalt im Arbeitsvertrag stets eine mehrdeutige und damit intransparente Klausel iSv § 307 Abs. 1 S. 1 BGB formuliert wird. Jedenfalls führt eine solche Verknüpfung dazu, dass für den Vertragspartner **nicht hinreichend deutlich** wird, bei einer mehrfachen, ohne weitere Vorbehalte erfolgenden Sonderzahlung solle der Rechtsbindungswille des Arbeitgebers für die Zukunft ausgeschlossen bleiben. Erklärt der Arbeitgeber in diesem Falle keinen eindeutigen Freiwilligkeitsvorbehalt bei der jährlichen Sonderzahlung, muss der Arbeitnehmer nicht annehmen, die Leistung erfolge nur für das jeweilige Jahr und der Arbeitgeber wolle sich für die Zukunft nicht binden.
Ein vertraglicher Freiwilligkeitsvorbehalt, der alle zukünftigen Leistungen unabhängig von ihrer Art und ihrem Entstehensgrund erfasst, benachteiligt den Arbeitnehmer zudem regelmäßig unangemessen und ist deshalb unwirksam.[124]"

ff) Anrechnungsvorbehalt

(1) Zulässigkeit der Anrechnung

4196 Im Falle des Anrechnungsvorbehalts begründet der Arbeitgeber zwar zunächst den Willen zur vertraglichen Leistungsgewährung. Dies geschieht jedoch unter den Bedingungen einer möglichen künftigen Anrechnung (insb. Anrechnung übertariflicher Leistungen auf Tariflohnerhöhungen).

4197 Mit dem Anrechnungsvorbehalt eröffnet sich der Arbeitgeber insb. die Möglichkeit, eine spätere Tariflohnerhöhung auf eine übertarifliche Zulage anzurechnen. Dies kann entsprechend für den Fall einer Verkürzung der tariflichen Arbeitszeit vereinbart werden.[125] Unter einer Tariflohnerhöhung wird die Erhöhung des regelmäßigen Entgeltbetrags verstanden, sei es in Form einer prozentualen Erhöhung des Tarifgehalts, sei es mittels einer rückwirkenden Erhöhung um einen Pauschalbetrag.[126]

4198 Im Verhältnis zum Widerrufsvorbehalt gelten für Anrechnungsvorbehalte **erleichterte Anforderungen.**

4199 Zur Anrechnung übertariflicher Zulagen hat der 5. Senat am 1.3.2006 zwei Mal Stellung genommen. In dem einen Fall enthielt der Arbeitsvertrag keinen Anrechnungsvorbehalt, dennoch rechnete der Arbeitgeber eine tarifliche Einmalzahlung auf eine übertarifliche Vergütung an.[127] Im zweiten Fall enthielt der Vertrag einen Vorbehalt, der Kläger machte aber geltend, die übertarifliche Zulage sei tariffest, weil sie nach Leistungs- und Qualifikationsmerkmalen festgelegt worden sei und außerdem Überstunden abgelte.[128]

4200 Im Ergebnis lässt sich feststellen: Das BAG sieht auch unter der Geltung des AGB-Rechts keinen Grund, von seiner bisherigen Linie abzuweichen. Dem Arbeitgeber ist es weiterhin erlaubt, Tariferhöhungen auf übertarifliche Zulagen anzurechnen, ohne dass der Arbeitsvertrag das ausdrücklich vorsehen muss.[129]

4201 Im zweitgenannten Fall war die folgende Formulierung zu beurteilen:

> „Es handelt sich um eine freiwillige, jederzeit widerrufliche und anrechenbare betriebliche Ausgleichszahlung."

4202 Das BAG ging von der **Teilbarkeit** der Klausel in einen Widerrufs- und einen (vorliegend allein zu beurteilenden) Änderungsvorbehalt aus. Diese Klausel sei nicht unwirksam nach § 308

---

124 BAG 14.9.2011 – 10 AZR 526/10, DB 2012, 179.
125 *Henssler/Moll*, AGB-Kontrolle vorformulierter Arbeitsbedingungen, S. 37.
126 Zur Anrechnung einer Tarifgelderhöhung s. zB BAG 19.4.2012 – 6 AZR 691/10, BB 2012, 1536.
127 BAG 1.3.2006 – 5 AZR 540/05, NZA 2006, 688.
128 BAG 1.3.2006 – 5 AZR 363/05, NZA 2006, 746.
129 *Hromadka/Schmitt-Rolfes*, NJW 2007, 1777, 1781.

Nr. 4 BGB. Sie verstoße auch **nicht gegen das Transparenzgebot** des § 307 Abs. 1 S. 2 iVm Abs. 3 S. 2 BGB, weil sich aus der Vereinbarung einer übertariflichen Zulage hinreichend klar der **Vorbehalt der Anrechnung** ergebe. Der Verwender müsse nicht alle gesetzlichen Folgen einer Vereinbarung ausdrücklich regeln. Ein verständiger Arbeitnehmer könne nicht annehmen, der übertarifliche Teil diene einem besonderen Zweck und sei von der jeweiligen Höhe des Tariflohns unabhängig. Das BAG verweist damit auf seine bisherige Rspr, die sich wie folgt zusammenfassen lässt: „Ob eine Tariferhöhung individualrechtlich auf eine übertarifliche Vergütung angerechnet werden kann, hängt von der zugrunde liegenden Vergütungsabrede ab. Haben die Arbeitsvertragsparteien dazu eine ausdrückliche Vereinbarung getroffen, gilt diese. Anderenfalls ist aus den Umständen zu ermitteln, ob eine Befugnis zur Anrechnung besteht. Die Anrechnung ist grds. möglich, sofern dem Arbeitnehmer nicht vertraglich ein selbständiger Entgeltbestandteil neben dem jeweiligen Tarifentgelt zugesagt worden ist."

Aktuell[130] bestätigt das BAG dies wie folgt: Ob auch eine Tarifentgelterhöhung individual- 4203
rechtlich auf eine übertarifliche Vergütung angerechnet werden kann, hängt von der **zugrunde liegenden Vergütungsabrede** ab. Haben die Arbeitsvertragsparteien darüber eine ausdrückliche Vereinbarung getroffen, gilt diese. Sonst ist aus den Umständen zu ermitteln, ob eine Befugnis zur Anrechnung besteht. Die Anrechnung ist grds. möglich, sofern dem Arbeitnehmer nicht vertraglich ein selbstständiger Entgeltbestandteil neben dem jeweiligen Tarifentgelt zugesagt worden ist.[131] Allein in der tatsächlichen Zahlung liegt keine vertragliche Abrede, die Zulage solle auch nach einer Tarifgelderhöhung als selbstständiger Vergütungsbestandteil neben dem jeweiligen Tarifentgelt gezahlt werden.[132] Da sich durch eine Anrechnung von Tarifentgelterhöhungen auf die Zulage – anders als durch einen Widerruf der Zulage – die Gesamtgegenleistung des Arbeitgebers für die vom Arbeitnehmer erbrachte Arbeitsleistung nicht verringert, ist dem Arbeitnehmer die mit einer Anrechnung verbundene Veränderung der Zulagenhöhe regelmäßig zumutbar. Ein darauf gerichteter ausdrücklicher Anrechnungsvorbehalt hielte einer Inhaltskontrolle nach §§ 307 ff BGB stand.[133]

(2) Mitbestimmungsrecht

Ungeachtet der individualrechtlichen Zulässigkeit der Anrechnung ist ggf ein Mitbestimmungs- 4204
recht des Betriebsrats zu beachten. Fragen der betrieblichen Lohngestaltung, insb. die Aufstellung von Entlohnungsgrundsätzen und die Einführung und die Anwendung von neuen Entlohnungsmethoden sowie deren Änderungen unterliegen der Mitbestimmung des Betriebsrats gem. § 87 Abs. 1 Nr. 10 BetrVG.[134] Für die Anrechnung von Tariflohnerhöhungen auf übertarifliche Zulagen gilt danach Folgendes:

Bei der Anrechnung einer Tarifgehaltserhöhung auf übertarifliche Zulagen hat der Betriebsrat 4205
mitzubestimmen, wenn eine **generelle Maßnahme** vorliegt, sich durch die Anrechnung die bisher bestehenden **Verteilungsrelationen ändern** und für die Neuregelung innerhalb des vom Arbeitgeber mitbestimmungsfrei vorgegebenen Dotierungsrahmens ein **Gestaltungsspielraum** besteht. Erfolgen Tarifentgeltserhöhungen zeitlich versetzt in mehreren Schritten oder Stufen, ist für die Beurteilung des Mitbestimmungsrechts eine isolierte Betrachtung des jeweiligen Anrechnungsvorgangs nicht immer ausreichend. Vielmehr kann es darauf ankommen, ob den **Ent-**

130 BAG 19.4.2012 – 10 AZR 691/10, BB 2012, 1536.

131 BAG 18.5.2011 – 10 AZR 206/10, NZA 2011, 1289 zur Fortzahlung der Funktionszulage im Schreibdienst nach Inkrafttreten des TVöD – Anrechnung von Tariflohnerhöhungen.

132 BAG 27.8.2008 – 5 AZR 820/07, DB 2008, 2766 („Die Auslegung einer übertariflichen Zulage als im Falle von Tariflohnerhöhungen ohne Weiteres anrechenbarer Lohnbestandteil unterliegt keinem Zweifel iSv § 305 c Abs. 2 BGB.").

133 BAG 18.5.2011 – 10 AZR 206/10, NZA 2011, 1289; BAG 30.5.2006 – 1 AZR 111/05, DB 2006, 1795; BAG 23.9.2009 – 5 AZR 973/08, NZA 2010 360.

134 S. im Einzelnen *Schiefer/Korte*, Das Betriebsverfassungsgesetz, Checkliste 18, Rn 154.

scheidungen des Arbeitgebers über eine mögliche Anrechnung eine **einheitliche Konzeption** zugrunde liegt.[135]

4206 Bei **völliger „Aufzehrung"** des Zulagenvolumens und vollständiger und gleichmäßiger Anrechnung der Tariflohnerhöhung auf die tariflichen Zulagen besteht kein Mitbestimmungsrecht. Eine Anrechnung von Tariflohnerhöhungen auf übertarifliche Zulagen ist mitbestimmungsfrei, wenn die Tariferhöhung im Rahmen des rechtlich und tatsächlich Möglichen **vollständig** und **gleichmäßig** auf die übertarifliche Vergütung sämtlicher Arbeitnehmer angerechnet wird.[136]

4207 Die **Verletzung** des Mitbestimmungsrechts führt zur **Unwirksamkeit der Anrechnung** (Theorie der Wirksamkeitsvoraussetzung).

Beispiel: Rechnet ein öffentlicher Arbeitgeber (hier: nach Maßgabe der Durchführungshinweise des BME) die zukünftigen Tarifsteigerungen in vollem Umfang auf die Zulage an, unterliegt diese Maßnahme nicht der Mitbestimmung. Eine Gestaltungsmöglichkeit, an deren Vorliegen das Beteiligungsrecht anknüpft, bestand dann nicht.
Beschränkt er die Anrechnung einer später wirksam gewordenen Tarifsteigerung auf ein Drittel des zuvor gezahlten Zulagenbetrags, unterliegt diese Maßnahme der Mitbestimmung nach § 75 Abs. 3 Nr. 4 BPersVG. Anders als bei der vollständigen Anrechnung der Tariflohnerhöhung auf die Zulage besteht bei deren teilweisen Anrechnung ein Verteilungsspielraum des Dienststellenleiters. Dessen Gestaltungsmöglichkeit löst das Mitbestimmungsrecht nach § 75 Abs. 3 Nr. 4 BPersVG aus, wenn sich infolge der Anrechnung die zuvor bestehenden Verteilungsgrundsätze verändern.
Die Verletzung des Mitbestimmungsrechts hat nach der Theorie der Wirksamkeitsvoraussetzung die Unwirksamkeit der Anrechnungsentscheidung zur Folge. Dies führt nicht dazu, dass es bei den zuvor vorgenommenen Vollanrechnungen der Tarifsteigerungen auf die Funktionszulage verbleibt.[137]

4208 Nimmt ein Arbeitgeber bei **zeitlich gestaffelten** oder **aufeinander aufbauenden** Erhöhungen des Tarifgehalts (zB zunächst Einmalbetrag mit der Abrechnung für den Monat Mai und dann ab Juni 2010 Erhöhung des Tarifentgelts um 3 %) anlässlich der ersten Erhöhung keine, anlässlich der zweiten Erhöhung dagegen eine vollständige und gleichmäßige Anrechnung vor, hängt das Bestehen eines Mitbestimmungsrechts davon ab, ob mehrere voneinander unabhängige Entscheidungen (kein Mitbestimmungsrecht) über eine mögliche Anrechnung vorliegen oder ob den Entscheidungen eine einheitliche Konzeption (Mitbestimmungsrecht) zugrunde liegt. Ein **konzeptioneller Zusammenhang** setzt voraus, dass der Arbeitgeber bei der Entscheidung über die Anrechnung oder Nichtanrechnung der ersten Stufe oder des zeitlich ersten Schrittes einer Tariferhöhung bereits sein Verhalten bei der zweiten Stufe oder dem zweiten Schritt plant. Maßgeblich für die Beurteilung, ob eine **einheitliche Gesamtkonzeption** vorliegt, sind die Umstände des Einzelfalls. Dabei ist insb. der zeitliche Abstand zwischen den Anrechnungsmaßnahmen von wesentlicher Bedeutung. Außerdem kann die Frage, ob eine einheitliche Tarifgehaltserhöhung oder mehrere selbständige Tarifgehaltserhöhungen vorliegen, eine erhebliche Rolle spielen.[138]

b) Klauseltypen und Gestaltungshinweise

aa) Vorbehaltsklauseln bei freiwilliger Leistung

(1) Klauseltyp A

4209 ↓ **A 1:** Jubilarehrengabe: Im Monat seines Dienstjubiläums erhält der Jubilar ein Geldgeschenk. Diese freiwillige Sozialleistung des Unternehmens beträgt (...) €.[139]

135 BAG 10.3.2009 – 1 AZR 55/08, DB 2009, 1471.
136 BAG 27.8.2008 – 5 AZR 820/07, DB 2008, 2766.
137 BAG 22.5.2012 – 1 AZR 94/11, NZA 2012, 1234.
138 BAG 10.3.2009 – 1 AZR 55/08, NZA 2009, 684.
139 BAG 23.10.2002 – 10 AZR 48/02, ArbRB 2003, 36.

↓ **A 2:** Der Arbeitnehmer erhält eine Gratifikation in Höhe eines 13. Monatsgehalts. Die Zahlung erfolgt freiwillig. Auch nach wiederholter Zahlung erwächst hierauf kein Anspruch.

↓ **A 3:** Der Arbeitnehmer erhält zusätzlich zu seinem monatlichen Bruttoentgelt ab 1.4.2010 eine monatliche Leistungszulage von 200 €. Deren Zahlung wird mit der monatlichen Gehaltszahlung fällig. Die Zahlung erfolgt als freiwillige Leistung ohne Anerkennung einer Rechtspflicht. Aus der Zahlung können für die Zukunft keinerlei Rechte hergeleitet werden.

↓ **A 4:** Die Angestellte erhält eine Weihnachtsgratifikation in Höhe des Bruttogehalts nach den betrieblichen Vereinbarungen. Ein Rechtsanspruch auf eine Weihnachtsgratifikation besteht nicht. Wird eine solche gewährt, so stellt sie eine freiwillige, stets widerrufbare Leistung des Arbeitgebers dar.

A 5: Werden dem Angestellten Sonderzahlungen wie Urlaubs-, Weihnachtsgeld gewährt, wird hierdurch ein Rechtsanspruch auf Weitergewährung in den folgenden Kalenderjahren nicht begründet. Der Arbeitgeber behält sich vor, jedes (Jahr) neu zu entscheiden, ob und in welcher Höhe eine Sonderzahlung gewährt wird.

A 6: Der Arbeitnehmer erhält ein monatliches Gehalt von (...) brutto. Die Vergütung wird dem Arbeitnehmer jeweils bis zum 05. des Folgemonats ausbezahlt. Die Gewährung sonstiger Leistungen (zB Weihnachts-, Urlaubsgeld, 13. Gehalt etc.) durch den Arbeitgeber erfolgt freiwillig und mit der Maßgabe, dass auch mit einer wiederholten Zahlung kein Rechtsanspruch für die Zukunft begründet wird.

A 7: Als freiwillige Leistung – ohne jeden Rechtsanspruch – wird in Abhängigkeit von der Geschäftslage und der persönlichen Leistung im November festgelegt, ob und in welcher Höhe Herrn (...) ein Weihnachtsgeld gezahlt wird. Auch bei wiederholter Zahlung entsteht hierauf kein Rechtsanspruch.

→ **A 8:** Freiwillig und ohne Anerkennung einer Rechtspflicht für die Zukunft auch bei wiederholter Zahlung gewährt der Arbeitgeber dem Arbeitnehmer am Ende des Jahres eine Sonderzuwendung in Höhe eines Monatsgehalts.

A 9: Als Sonderleistung zahlt das Unternehmen das Urlaubsgeld zum 1.7. und als Weihnachtsgeld zum 1.12. eines jeden Jahres jeweils 50 % des vereinbarten Brutto-Monatsverdienstes, ohne Berücksichtigung eines etwaigen Entgelts für zusätzliche Arbeitsleistungen.

↓ Die Zahlung von Sonderleistungen, Gratifikationen, Prämien und ähnlichen Zuwendungen liegt im freien Ermessen des Unternehmens und begründet keinen Rechtsanspruch, auch wenn die Zahlung wiederholt und ohne ausdrücklichen Vorbehalt der Freiwilligkeit erfolgt.

→ **A 10:** Ohne Anerkennung einer Rechtspflicht für die Zukunft auch bei wiederholter Zahlung gewährt der Arbeitgeber dem Arbeitnehmer am Ende des Jahres eine Sonderzuwendung in Höhe eines Monatsgehalts.

A 11: Soweit der Arbeitgeber über die in Ziffer (...) vorgesehenen Vergütungen hinaus weitere Zahlungen erbringt, handelt es sich um freiwillige Leistungen des Arbeitgebers. Der Arbeitgeber behält sich vor, jedes Jahr neu zu entscheiden, ob und in welcher Höhe er freiwillige Leistungen erbringt. Einen Rechtsanspruch auf die wiederholte oder dauerhafte Gewährung derartiger freiwilliger Leistungen besteht auch nach mehrmaliger vorbehaltloser Zahlung nicht.

A 12: Der Arbeitgeber hat in der Vergangenheit jährliche Sonderzahlungen als freiwillige Leistungen gewährt, ohne dass dadurch Rechtsansprüche gewährt worden sind. Sollte der Arbeitgeber auch in Zukunft jährliche Sonderzahlungen erbringen, so wird durch deren einmalige oder wiederholte Gewährung kein Anspruch für die Zukunft begründet. Der Arbeitgeber behält

sich vor, über die Gewährung der Zahlung, die Höhe, dem Begünstigtenkreis und die Kriterien jedes Jahr neu zu entscheiden.

A 13: Sonstige, in diesem Vertrag nicht vereinbarte Leistungen des Arbeitgebers an den Arbeitnehmer sind freiwillig und jederzeit widerruflich.

A 14: Wird ein 13. Gehalt gezahlt, so erfolgt dies freiwillig und ohne Anerkennung einer Rechtspflicht für die Zukunft.

A 15: Die etwaige Zahlung eines 13. Gehaltes ist eine freiwillige Leistung.

A 16: Es kann ein 13. Gehalt als freiwillige Leistung der Firma gezahlt werden.

A 17: Die Zahlung ist eine freiwillige Leistung der Firma, die anteilig als Urlaubs- und Weihnachtsgeld gewährt werden kann.

A 18: Sofern der Arbeitgeber – zusätzlich zum laufenden Entgelt – nicht zuvor vertraglich vereinbarte Sonderzahlungen erbringt, erfolgt dies (freiwillig und) mit der Maßgabe, dass auch bei wiederholter Zahlung ein Anspruch des Arbeitnehmers nur auf die jeweils erhaltenen, nicht aber auf weitere Leistungen in der Zukunft entsteht. Das gilt nicht für Sonderzahlungen, die auf einer individuellen Vertragsabrede (§ 305 BGB) mit dem Arbeitgeber beruhen.[140]

A 19: Sollte der Arbeitgeber gegenüber den Beschäftigten Sonderzahlungen, wie zB ein über dem Tarif liegendes Urlaubsgeld und/oder Weihnachtsgeld erbringen, so handelt es sich um eine freiwillige Leistung, auf die auch bei wiederholter Gewährung ein Rechtsanspruch auf Weitergewährung in den folgenden Kalenderjahren nicht begründet wird, es sei denn, es liegt eine Individualabrede gem. § 305 b BGB vor. (Die Sonderzahlung dient ausschließlich der Honorierung zurückgelegter oder künftiger Betriebstreue.) Der Arbeitgeber behält sich vor, jedes Jahr neu zu entscheiden, ob und in welcher Höhe eine Sonderzahlung gewährt wird.

(2) Gestaltungshinweise

4210 Nach den Entscheidungen des BAG vom 14.9.2011[141] und zuletzt vom 19.3.2014[142] ist der Streit über die Zukunft bzw die Anforderungen an den Freiwilligkeitsvorbehalt mit großer Heftigkeit erneut entbrannt. Zum Teil wird gemutmaßt, der Freiwilligkeitsvorbehalt solle „ins Grab geschickt“ werden. Zum Teil wird vertreten, dass an diesem Rechtsinstitut – mit Einschränkungen – festzuhalten ist bzw im Sinne der Flexibilität des Arbeitsrechts festgehalten werden muss.

4211 Eine „Allzweckwaffe“ sind derartige Freiwilligkeitsvorbehalte sicher nicht. So können Vergütungsbestandteile, die im **Gegenseitigkeitsverhältnis** mit der Arbeitsleistung stehen, also **regelmäßig** geleistet werden, prinzipiell nicht unter Freiwilligkeitsvorbehalte gestellt werden. Die Freiwilligkeitsvorbehalte können daher nur bei **Sonderzahlungen**, nicht aber bei zusätzlichen laufenden Leistungen verwendet werden. Das BAG stellt darauf ab, dass bei regelmäßigen Zahlungen von Vergütungsbestandteilen eine Flexibilisierung nur durch einen **Widerrufsvorbehalt** möglich ist. Die Formulierung des Freiwilligkeitsvorbehalts muss zudem transparent sein und hinreichend zum Ausdruck bringen, dass **keine Rechtspflicht** begründet werden soll.[143] Letzteres ist bspw bei der Formulierung: „Der Arbeitgeber zahlt folgende freiwillige Leistungen: (…)“ nicht der Fall. Unwirksam ist ein Vorbehalt, der sich ohne entsprechende Differen-

140 *Bauer/v. Medem*, NZA 2012, 894, 895 (Fn 8) weisen allerdings darauf hin, dass das „Glück“ ggf nicht lange währen wird.
141 BAG 14.9.2011 – 10 AZR 526/10, DB 2012, 179.
142 BAG 19.3.2014 – 10 AZR 622/13, DB 2014, 1203.
143 *Worzalla*, PuR 03/2009, 3, 4.

zierung – und für den Adressaten nicht erkennbar – auf Leistungen erstreckt, die nicht oder aber im Gegenseitigkeitsverhältnis stehen.

Die **Klausel A 1** ist dem Urteil des BAG vom 23.10.2002[144] entnommen. Der 10. Senat war der Auffassung, die in der Klausel A 1 gewählte Formulierung mache **nicht hinreichend deutlich**, dass sich der Arbeitgeber eine grds. freie Lösung von der gegebenen Zusage vorbehalten habe. Der Senat empfahl in der Entscheidung, die Leistungsgewährung, wenn man einen wirksamen Freiwilligkeitsvorbehalt erreichen wolle, durch Formulierungen wie „ohne Anerkennung einer Rechtspflicht" oder „jederzeit widerruflich" zum Ausdruck zu bringen. 4212

Die **Klausel A 2** hält nach Ansicht des LAG Hamm[145] einer AGB-Kontrolle stand. Einschränkend ist allerdings darauf hinzuweisen, dass dies nur dann gilt, wenn es sich um eine Gratifikationsleistung handelt, die nicht in einem Gegenseitigkeitsverhältnis steht. Im Anschluss an die aktuelle Rspr[146] ist zudem fraglich, ob sich der Arbeitgeber mit der Formulierung – für den Arbeitnehmer ausreichend erkenntlich – die Entscheidung über die jeweilige Leistung vorbehalten will. Der Terminus „erhält" könnte zudem als anspruchsbegründend qualifiziert werden. 4213

Die **Klausel A 3** ist der Entscheidung des BAG vom 25.4.2007[147] entnommen. Sie ist nach Ansicht des BAG **unwirksam**. Der Ausschluss jeden Rechtsanspruchs bei laufendem Arbeitsentgelt widerspricht dem Zweck des Arbeitsvertrages. Die berechtigten Interessen einer Flexibilisierung kann der Arbeitgeber in hinreichender Weise mit der Vereinbarung von **Widerrufs-** und **Anrechnungsvorbehalten** bewirken. 4214

Die **Klausel A 4** ist der Entscheidung des BAG vom 24.10.2007[148] entnommen. Das BAG bestätigt hier, dass der Arbeitgeber außer bei laufendem Arbeitsentgelt grds. einen **Rechtsanspruch** des Arbeitnehmers auf eine in Aussicht gestellte Sonderzahlung **ausschließen** und sich die Entscheidung vorbehalten kann, ob und in welcher Höhe er künftig Sonderzahlungen gewährt. Die hier vorgenommene Kombination zwischen „Freiwilligkeitsvorbehalt" und „Widerrufsvorbehalt" („eine freiwillige, stets widerrufbare Leistung") sei jedoch widersprüchlich und nicht verständlich. Diese Widersprüchlichkeit führe zu einer Unwirksamkeit sowohl des Freiwilligkeits- als auch des Widerrufsvorbehalts. Eine solche Kombination ist also zu vermeiden (s. ausf. Rn 4180 ff). 4215

Die **Klausel A 5** trägt dem Umstand Rechnung, dass die Formulierung eines Freiwilligkeitsvorbehalts schwierig ist. Anspruchsbegründende Formulierungen und die Kombination von Freiwilligkeits- und Widerrufsvorbehalten sollten vermieden werden (s. ausf. Rn 4180 ff). Die Klausel A 5 ist der Entscheidung des BAG vom 28.3.2007[149] entnommen. Das BAG hat diese Klausel als **zulässig** erachtet, denn sie macht – auch für den Arbeitnehmer – deutlich, dass sich der Arbeitgeber die Entscheidung über die Leistung vorbehalten will. 4216

Die **Klausel A 6** hat das BAG mit Entscheidung vom 21.1.2009[150] als **zulässig** erachtet. Sie bezieht sich nicht auf laufendes Arbeitsentgelt, ist nicht überraschend und genügt dem Transparenzgebot. 4217

Die **Klausel A 7** ist der Entscheidung des BAG vom 10.12.2008[151] entnommen. Sie ist **wirksam** und verstößt nicht gegen § 305 c Abs. 2 BGB oder gegen § 307 Abs. 1 S. 2 BGB. Der Wortlaut ist eindeutig. Er schließt den Rechtsanspruch auf Weihnachtsgeld aus, wenn der Arbeitnehmer vor dem November des Anspruchsjahres nicht mehr dem Betrieb zugehörig ist. Die Regelung ist weder unklar noch widersprüchlich. 4218

144 BAG 23.10.2002 – 10 AZR 48/02, ArbRB 2003, 36.
145 LAG Hamm 9.6.2005 – 8 Sa 2403/04, NZA-RR 2005, 624.
146 BAG 17.4.2013 – 10 AZR 281/12, BB 2013, 1459.
147 BAG 25.4.2007 – 5 AZR 627/06, DB 2007, 1757.
148 BAG 24.7.2007 – 10 AZR 825/06, DB 2008, 126.
149 BAG 28.3.2007 – 10 AZR 61/06, DB 2007, 2152.
150 BAG 21.1.2009 – 10 AZR 219/08, DB 2009, 907.
151 BAG 10.12.2008 – 10 AZR 15/08, DB 2009, 514.

4219 Die **Klausel A 8** schlägt *Worzalla*[152] mit Blick auf die höchstrichterliche Rspr vor. Angesichts der aktuellen Entwicklung[153] besteht allerdings das gewisse Risiko, dass der Terminus „gewährt" als anspruchsbegründend gewertet und die Formulierung „freiwillig" einen somit etwaig entstehenden Anspruch nicht beseitigen kann.

4220 Die **Klausel A 9** ist der Entscheidung des BAG vom 10.12.2008[154] entnommen. Der hier vorgesehene Freiwilligkeitsvorbehalt hält – so das BAG – einer AGB-Kontrolle **nicht** stand. Er sei gem. § 307 Abs. 1 S. 1 BGB unwirksam, da die Klausel gegen das Transparenzgebot des § 307 Abs. 1 S. 2 BGB verstoße. Der Wortlaut des Freiwilligkeitsvorbehalts sei für sich genommen zwar eindeutig. Es sei aber widersprüchlich, wenn der Arbeitgeber einem Arbeitnehmer zusage, jedes Jahr ein Weihnachtsgeld in bestimmter Höhe zu zahlen, und die Zahlung in derselben oder in einer anderen Vertragsklausel an einen Freiwilligkeitsvorbehalt binde. Infolge der Unwirksamkeit falle der Freiwilligkeitsvorbehalt ersatzlos weg. Eine geltungserhaltende Reduktion komme von vornherein nicht in Betracht. Unwirksame Klauseln seien nicht auf einen mit dem Recht der Allgemeinen Geschäftsbedingungen zu vereinbarenden Regelungsgehalt zurückzuführen, da § 306 BGB eine solche Rechtsfolge nicht vorsehe und dies auch nicht mit dem Zweck der §§ 305 ff BGB vereinbar wäre.

4221 Die **Klausel A 10** wird von *Worzalla*[155] vorgeschlagen. Sie dürfte den Anforderungen der Rspr genügen. Auch hier wird allerdings der Terminus „gewährt" verwendet, der nach aktueller Rspr[156] ggf als anspruchsbegründend gewertet werden kann (s. Rn 4146).

4222 Die **Klausel A 11** schlägt *Maaß*[157] vor, wobei er darauf hinweist, dass es sich mit Blick auf die Entscheidung des BAG vom 14.9.2011[158] anbieten kann, der jeweiligen Zahlung auch dann ein entsprechendes Begleitschreiben hinzuzufügen, wenn der Freiwilligkeitsvorbehalt im Arbeitsvertrag bereits ausdrücklich geregelt ist. Die Formulierung vermeidet „anspruchsbegründende" Formulierungen und bringt zum Ausdruck, dass sich der Arbeitgeber jeweils die Entscheidung vorbehalten will. Sie dürfte daher auch nach aktueller Rspr[159] einer AGB-Kontrolle standhalten.

4223 Die **Klausel A 12** wird von *Henssler/Moll*[160] vorgeschlagen. Dabei wird ausdrücklich darauf hingewiesen, dass nicht nur die Gewährung der Zahlung, sondern auch Löhne, Begünstigtenkreis und die Kriterien jedes Jahr einer Neuentscheidung unterfallen. Auch diese Klausel verzichtet richtigerweise auf anspruchsbegründende Elemente und verdeutlicht, dass sich der Arbeitgeber die Leistung jeweils vorbehalten will.

4224 Die **Klausel A 13** ist der Entscheidung des BAG vom 14.9.2011[161] entnommen. Sie ist in mehrfacher Hinsicht unwirksam. Dies gilt zum einen wegen der Kombination von Freiwilligkeits- und Widerrufsvorbehalt (s. dazu Rn 4180 ff). Zum anderen aber auch, da nicht unterschieden wird, ob es sich um laufende Leistungen oder einmalige Sonderzahlungen handeln soll und mithin eine Konkretisierung auf bestimmte Leistungen oder zumindest auf eine bestimmte Art von Leistungen nicht enthalten ist. Ein Freiwilligkeitsvorbehalt kann nicht dahin gehend ausgelegt werden, dass damit allein das Entstehen einer betrieblichen Übung hinsichtlich bestimmter Sonderzahlungen ausgeschlossen werden soll. Aus dem Wortlaut der Regelung ist eine solche Beschränkung nicht zu entnehmen. Dabei ist eine solche Auslegung möglich; ebenso nahe-

152 *Worzalla*, PuR 03/2009, 3, 4.
153 BAG 17.4.2013 – 10 AZR 281/12, BB 2013, 1459.
154 BAG 10.12.2008 – 10 AZR 1/08, DB 2009, 684.
155 *Worzalla*, PuR 2009, 3 ff.
156 BAG 17.4.2013 – 10 AZR 281/12, BB 2013, 1459.
157 *Maaß*, in: Maschmann/Sieg/Göpfert, Vertragsgestaltung im Arbeitsrecht, 360 Rn 4.
158 BAG 14.9.2011 – 10 AZR 526/10, DB 2012, 179.
159 BAG 17.4.2013 – 10 AZR 281/12, BB 2013, 1459.
160 *Henssler/Moll*, AGB-Kontrolle vorformulierter Arbeitsbedingungen, S. 36.
161 BAG 14.9.2011 – 10 AZR 526/10, DB 2012, 179.

liegend erscheint aber eine dem Wortlaut entsprechende weiter gefasste Auslegung. Bleibt nach Ausschöpfung der Auslegungsmethoden ein nicht behebbarer Zweifel, geht dies gem. § 305 c Abs. 2 BGB zu Lasten des Verwenders. Der die AGB verwendende Arbeitgeber muss bei Unklarheiten die ihm ungünstige Auslegungsmöglichkeit gegen sich gelten lassen. Ein derart „pauschaler“ Freiwilligkeitsvorbehalt ist daher zu vermeiden. Es ist vielmehr sicherzustellen, dass sich der Freiwilligkeitsvorbehalt ausdrücklich und erkennbar nur auf Leistungen bezieht, die nicht im Gegenseitigkeitsverhältnis stehen.

Die **Klausel A 14** orientiert sich an einem Hinweis des BAG in der Entscheidung vom 17.4.2013.[162] Das BAG deutet an, dass sich der Arbeitgeber hiermit ausreichend die Entscheidung über die Zahlung vorbehält und dies für den Arbeitnehmer ausreichend ersichtlich ist. Der Vorbehalt muss sich unmissverständlich auf die in Rede stehende Leistung beziehen und darf insoweit keine Zweifel offen lassen. 4225

Auch die **Klausel A 15** orientiert sich an der BAG-Entscheidung vom 17.4.2013.[163] Sie bringt zum Ausdruck, dass ein vertraglicher Anspruch **nicht** unmittelbar begründet werden soll. Sie trägt dem Umstand Rechnung, dass auf „anspruchsbegründende“ Formulierungen in einem Freiwilligkeitsvorbehalt verzichtet werden muss. 4226

Auch die **Klausel A 16** verzichtet iSd Entscheidung des BAG vom 17.4.2013[164] auf **anspruchsbegründende Elemente.** 4227

Durch die **Klausel A 17** lässt sich nach Ansicht des BAG[165] das Entstehen eines Anspruchs nicht verhindern. Es wird „die Zahlung eines 13. Gehalts“ bestimmt, ohne dass sich – für den durchschnittlichen Vertragspartner ohne Weiteres erkennbar – der Verwender die **jeweilige Entscheidung** über die Zahlung vorbehalten hat (etwa: „wird ein 13. Gehalt gezahlt“). Ein Vorbehalt besteht ausdrücklich nur insoweit, als das 13. Gehalt anteilig als Urlaubs- und Weihnachtsgeld gewährt werden kann. Durch den Terminus „freiwillig“ wird ein etwaig begründeter Anspruch nicht aufgehoben. Damit wird jedenfalls unmissverständlich nur – so das BAG – zum Ausdruck gebracht, dass der Arbeitgeber nicht durch Tarifvertrag, Betriebsvereinbarung oder Gesetz zu dieser Leistung verpflichtet ist. Der Hinweis genügt also nicht, um einen Anspruch auf die Leistung auszuschließen. 4228

Die **Klausel A 18** findet sich bei *Preis/Sagan*.[166] Diese empfehlen denjenigen, die an einem „arbeitsvertraglichen Pauschalvorbehalt“ festhalten wollen, sie mögen ihr „Glück“ mit dieser Formulierung „versuchen“. 4229

Die **Klausel A 19** wird von *Doublet*[167] erwogen, der dabei auf Folgendes hinweist: „Die Vereinbarung eines Freiwilligkeitsvorbehalts trägt ein erhebliches Risiko in sich, nämlich dass dieser einer Überprüfung durch die Rspr nicht standhält. Sollte der Arbeitgeber sich dennoch entscheiden, einen Freiwilligkeitsvorbehalt mit dem Arbeitnehmer zu vereinbaren, könnte dieser im oben genannten Sinne formuliert werden.“ 4230

Die im Klammerzusatz gegebene Ergänzung, wonach die Sonderzahlung ausschließlich der Honorierung zurückgelegter oder künftiger Betriebstreue dient, wird zT vorgeschlagen, um jene Rspr zu berücksichtigen, nach der Sonderzahlungen, die Entgelte darstellen, nicht unter Freiwilligkeitsvorbehalt gestellt werden können. Bedenken hiergegen bestehen, da eine eventuelle Sonderzahlung durch die vorweggenommene Zweckbestimmung wiederum hinsichtlich des Grundes konkretisiert wird. In Verbindung mit einer vorbehaltlosen Zahlung könnte eine Präzisierung zu sehen sein, die einen vertraglichen Anspruch des Arbeitnehmers begründet.

162 BAG 17.4.2013 – 10 AZR 281/12, BB 2013, 1459.
163 BAG 17.4.2013 – 10 AZR 281/12, BB 2013, 1459.
164 BAG 17.4.2013 – 10 AZR 281/12, BB 2013, 1459.
165 BAG 17.4.2013 – 10 AZR 281/12, BB 2013, 1459.
166 *Preis/Sagan*, NZA 2012, 697, 704.
167 *Doublet*, PuR 2014, 159, 161.

All dies veranlasst *Doublet*[168] dazu, künftig ggf von der Formulierung von Freiwilligkeitsvorbehalten abzusehen und stattdessen ein einseitiges Leistungsbestimmungsrecht zu formulieren. Damit steht allerdings das „Ob“ der Leistung fest. Lediglich über das „Wie“ ist in Anwendung der Grundsätze billigen Ermessens zu entscheiden.

4231 Bei **allen Klauseln** ist zu beachten, dass sich die Rspr zum Freiwilligkeitsvorbehalt nach wie vor im Fluss befindet. Das letzte Wort dürfte noch nicht gesprochen sein. Auch in der Lit. wird nach wie vor heftig über das „Für und Wider“ bzw die Zukunft des Freiwilligkeitsvorbehalts gestritten. Es bestehen daher nach wie vor erhebliche Unsicherheiten.

bb) Widerrufsvorbehaltsklauseln

(1) Klauseltyp B

4232 ↓ **B 1:** Der Arbeitnehmer übt eine Tätigkeit als (...) aus. Das Bruttoentgelt setzt sich wie folgt zusammen: (...) € Stundenlohn, (...) € Zulage. Die Zulage steht unter dem Vorbehalt eines jederzeitigen, freien Widerrufs.

↓ **B 2:** Alle Mitarbeiter erhalten einen Personalrabatt iHv 10 % auf alle Non-food-Artikel. Die Gewährung des Personalrabattes ist abhängig von der wirtschaftlichen Situation des Betriebs.[169]

B 3: Wir gewähren Ihnen eine monatliche Zulage, die unter dem Vorbehalt des Widerrufs steht, für technisch hochstehende und qualitativ präzise Arbeitsergebnisse, die über dem Durchschnitt sonstiger Arbeitsleistungen der Belegschaft liegen. Stellt der Betriebsleiter fest, dass die Leistungen nicht mehr als überdurchschnittlich zu bewerten sind, kann die Leistungszulage unter Berücksichtigung Ihrer persönlichen Verhältnisse mit einer Ankündigungsfrist von einem Monat widerrufen werden. Der Widerruf darf keine Vergütungsminderung im Umfang von mehr als 25 % Ihrer Gesamtvergütung zur Folge haben.

B 4: Die Firma behält sich vor, Ihre übertariflichen Zahlungen aus wirtschaftlichen Gründen, aus Gründen in Ihrer Leistung oder aus Gründen in Ihrem Verhalten mit einer Frist von einem Monat zum Monatsende zu widerrufen. Als Widerrufsgrund vereinbaren die Parteien eine wirtschaftliche Notlage des Unternehmens, ein negatives wirtschaftliches Ergebnis Ihrer Betriebsabteilung (...), ein Unterschreiten des jährlich angestrebten EBIT (EBITA), einen Rückgang der Umsatzentwicklung von mehr als 4 %, eine unterdurchschnittliche Arbeitsleistung über einen Zeitraum von mehr als drei Monaten sowie eine schwerwiegende Pflichtverletzung, die Gegenstand einer Abmahnung bildete.

↓ **B 5:**

1. Herr M arbeitet während seiner Tätigkeit als Tierpfleger in den Zentralen Tierlaboratorien der Freien Universität Berlin überwiegend an Lehr- und Forschungsaufgaben mit.
2. Hierfür wird ihm gemäß Tarifvertrag über die Gewährung einer Funktionszulage an Arbeiter der Universitäten vom 1.4.1971 nach Vollendung einer sechsmonatigen ununterbrochenen überwiegenden Beschäftigung für Lehr- oder Forschungsaufgaben unter Beachtung der Ausschlussfrist gem. § 63 BMT-G ab 1.8.1989 fortlaufend eine Funktionszulage iHv 8 v.H. des Monatstabellenlohns der Stufe 4 seiner Lohngruppe gewährt. Ansprüche auf Erschwerniszuschläge sind hierdurch abgegolten.
3. Die Funktionszulage nach Nr. 2 wird für jeden Monat gezahlt, an dem für alle Arbeitstage Lohn, Urlaubslohn oder Krankenbezüge zustehen. In Monaten, in denen das nicht zutrifft, ist sie anteilig zu kürzen.

168 *Doublet*, PuR 2014, 159, 161.

169 Preis/*Preis*, Der Arbeitsvertrag, II V 70 Rn 13.

4. Bei Wegfall der Voraussetzungen zur Zahlung der Funktionszulage ist die Personalstelle für Lohnempfänger unverzüglich zu unterrichten. Überzahlte Beträge sind zurückzuzahlen oder mit den Lohnbezügen zu verrechnen.
5. Diese Nebenabrede gilt, bis sie widerrufen wird. Der Widerruf kann, ohne dass der Arbeitsvertrag hierdurch berührt wird, jederzeit ohne Einhaltung einer Frist ausgesprochen werden.

B 6: Für berufliche Fahrten steht der Wagen dem Mitarbeiter uneingeschränkt zur Verfügung. Privatfahrten sind dem Mitarbeiter bis auf Widerruf gestattet.

B 7: Zum Ausgleich der Arbeitnehmeranteile an den Sozialversicherungsbeiträgen wird eine Zulage in entsprechender Höhe gewährt. Diese Nebenabrede ist widerruflich.

B 8: Der/die Arbeitnehmer/in erhält monatlich eine übertarifliche Zulage von (...). Der Arbeitgeber behält sich vor, die Zulage zu widerrufen, wenn das handelsbilanzielle Jahresergebnis (oder: EBIT/EBITA) des Unternehmens um (...) % gegenüber dem vorangegangenen Geschäftsjahr zurückgeht. Der Widerruf muss innerhalb des Geschäftsjahres ausgeübt werden, das auf dasjenige mit dem verschlechterten Jahresergebnis folgt (oder: die Eigenkapitalrendite auf unter ... % absinkt; oder: der Unternehmensgewinn auf einen Anteil unter ... % des Jahresumsatzes absinkt).

B 9: Der Arbeitgeber gewährt eine monatliche Zulage, die unter dem Vorbehalt des Widerrufs steht. Der Widerruf kann bei einer Verschlechterung der wirtschaftlichen Situation des Unternehmens erfolgen. Der Widerruf kann auch wegen der Leistung oder des Verhaltens des Arbeitnehmers erklärt werden.

(2) Gestaltungshinweise

Die **Klausel B 1** besagt nichts über die Widerrufsgründe und schränkt den Widerruf auch in 4233
der Höhe nicht ein, so dass gegen § 308 Nr. 4 BGB und gegen § 307 Abs. 1 BGB verstoßen wird. Gleiches gilt für die **Klausel B 2,** denn eine Formulierung wie „abhängig von der wirtschaftlichen Situation" erfüllt die Bestimmtheitsvoraussetzungen des § 307 Abs. 1 S. 2 BGB nicht.

Die **Klausel B 3** ist wirksam, weil sie sowohl den Widerruf **der Höhe nach** auf 25 % von der 4234
Gesamtvergütung beschränkt als auch die **Widerrufsgründe** präzise benennt: Kommt der Betriebsleiter zu dem Ergebnis, dass die Leistungen nicht mehr über dem Durchschnitt liegen, kann die Leistungszulage widerrufen werden.[170]

Auch bei der **Klausel B 4** sind die Anforderungen des Urteils des BAG vom 12.1.2005[171] erfüllt 4235
(s. dazu Rn 4159).

Die **Klausel B 5** entspricht dem im Urteil des BAG vom 26.1.2005 wiedergegebenen Sachver- 4236
halt.[172] Die Widerrufsklausel in B 5 erfüllt die Anforderungen der Rspr des BAG aus dem Urteil vom 12.1.2005 nicht mehr. Das BAG entschied allerdings nicht über die Wirksamkeit des Widerrufs der Funktionszulage in individualarbeitsrechtlicher Hinsicht, weil im Anwendungsbereich des Personalvertretungsgesetzes Berlin der Widerruf einer vertraglich vereinbarten Funktionszulage der Mitbestimmung des Personalrats bedarf und das Land Berlin die Funktionszulage ohne Durchführung des Mitbestimmungsverfahrens vorgenommen hatte. Will man eine Klausel wie B 5 für die Zukunft als wirksame Allgemeine Geschäftsbedingung ausgestalten, wird man die Gründe der Erteilung einer Funktionszulage (Mitwirkung an Lehr- und Forschungstätigkeit) genauer darstellen müssen und als Widerrufsgründe den Fortfall der Funkti-

170 BAG 1.3.1990 – 6 AZR 44/88, ZTR 1990, 291.
171 BAG 12.1.2005 – 5 AZR 364/04, NZA 2005, 1111.
172 BAG 26.1.2005 – 10 AZR 331/04, NZA-RR 2005, 389.

onsgewährung spezifiziert aufzuführen haben. Klauseln über Widerrufs- und Anrechnungsvorbehalte, die den Widerruf vom „Vorliegen eines sachlichen Grundes"[173] abhängig machen, genügen den heutigen Anforderungen nicht mehr.

4237 Die der Entscheidung des BAG vom 19.12.2006[174] entnommene **Klausel B 6** ist unwirksam. Eine Vereinbarung, wonach der Arbeitgeber berechtigt ist, „aus jedem Anlass" die Überlassung eines auch zur Privatnutzung zur Verfügung gestellten Firmenwagens zu widerrufen, ist zu weit gefasst und hält einer Inhaltskontrolle nach § 307 iVm § 308 Nr. 4 BGB nicht stand. Zu weiteren Formulierungen betreffend den Widerruf eines **Dienstwagens** wird auf die aktuelle Rspr verwiesen.[175]

4238 Die **Klausel B 7** ist mangels Transparenz (keine ausreichende Angabe eines Widerrufsgrundes) unwirksam.[176]

4239 Die **Klausel B 8** wird von *Henssler/Moll*[177] vorgeschlagen. Sie konkretisiert den Widerrufsgrund transparent und ausreichend. Allerdings können damit ggf damit weitere – nicht genannte Widerrufsgründe – ausscheiden.

4240 Die **Klausel B 9** wird ebenfalls von *Henssler/Moll*[178] empfohlen. Dabei kann sich hier mit Blick auf die Entscheidung des BAG vom 13.4.2010[179] die Frage stellen, ob die angesprochene „wirtschaftliche Situation" den Widerrufsgrund ausreichend konkretisiert.[180] Gegebenenfalls bietet sich hier eine weitere Präzisierung an.

cc) Klausel zur kommissarischen Leitung

(1) Klauseltyp C

4241 Wird dem Arbeitnehmer eine Tätigkeit kommissarisch übertragen, steht die Ausübung der Tätigkeit unter einem vertraglichen Widerrufsvorbehalt, dessen Ausübung an den Grundsätzen der Billigkeit zu messen ist.[181]

(2) Gestaltungshinweise

4242 Im Arbeitsrecht wenig wahrgenommen wird der Umstand, dass jede **kommissarische Übertragung** einer Arbeitsaufgabe, außer in den seltenen Fällen der Konkretisierung,[182] die Zuweisung einer Tätigkeit unter Widerrufsvorbehalt bedeutet. Die Ausübung des Widerrufsvorbehalts war an den Grundsätzen der Billigkeit gem. § 315 BGB, so die frühere Rechtslage, zu messen.[183] Seit der Schuldrechtsreform tritt an die Stelle des § 315 BGB die Vorschrift des § 308 Nr. 4 BGB. Die kommissarische Zuweisung führt im Allgemeinen nicht zu finanziellen Einbußen beim Arbeitnehmer, so dass § 308 Nr. 4 BGB und die nach dem Urteil des BAG vom 12.1.2005 zu beachtenden finanziellen Kürzungsgrenzen keine Rolle spielen. Nach altem Recht war die Klausel C wirksam, nach neuem Recht ist sie es nicht mehr, denn das Merkmal der Bestimmtheit ist bei derart globalen Formulierungen („dessen Ausübung an den Grundsätzen der Billigkeit zu messen ist") nicht gewährleistet.

173 SPA 16/2004, 2.
174 BAG 19.12.2006 – 9 AZR 294/06, DB 2007, 1253.
175 BAG 13.4.2010 – 9 AZR 113/09, DB 2010, 1943; BAG 14.9.2010 – 9 AZR 631/09, DB 2011, 939; BAG 21.3.2012 – 5 AZR 651/10, NJW 2012, 1756.
176 BAG 20.4.2011 – 5 AZR 191/10, NZA 2011, 796.
177 *Henssler/Moll*, AGB-Kontrolle vorformulierter Arbeitsbedingungen, S. 26.
178 *Henssler/Moll*, AGB-Kontrolle vorformulierter Arbeitsbedingungen, S. 26.
179 BAG 13.4.2010 – 9 AZR 113/09, DB 2010, 1943.
180 S. hierzu auch *Maaß*, in: Maschmann/Sieg/Göpfert, Vertragsgestaltung im Arbeitsrecht, 600 Rn 8.
181 BAG 24.11.1982 – 5 AZR 516/80.
182 BAG 14.12.1961 – 5 AZR 180/61, AP § 611 BGB Direktionsrecht Nr. 17.
183 BAG 24.11.1982 – 5 AZR 516/80.

dd) Anrechnungsvorbehaltsklauseln

(1) Klauseltyp D

D 1: Der Arbeitgeber behält sich vor, übertarifliche Bestandteile des Gehalts – gleich welcher Art – bei Erreichen einer höheren Altersstufe oder einer höheren Gehaltsgruppe teilweise oder ganz anzurechnen. 4243

D 2: Es handelt sich um eine anrechenbare betriebliche Ausgleichszahlung.

(2) Gestaltungshinweise

Der in der **Klausel D 1** formulierte Anrechnungsvorbehalt erscheint zunächst wertungsmäßig nichts anderes zu sein als ein teilweiser Widerruf der übertariflichen Leistung. In diesem Falle müssten die in Widerrufsvorbehalten aufgestellten Grundsätze (insb. Angabe des Widerrufsgrundes) erfüllt sein. Das BAG geht davon jedoch nur aus, wenn mit der übertariflichen Vergütung ein besonders honorierter Leistungszweck verfolgt wird.[184] Wird dem Arbeitnehmer nicht vertraglich ein selbständiger Entgeltbestandteil zugesagt, kann eine Tariferhöhung grds. stets auf übertarifliche Leistungen angerechnet werden. Es bedarf keiner ausdrücklichen Regelung. Eine Verletzung des § 307 Abs. 1 S. 1 BGB scheidet aus, weil die Bruttolohnabrede der Parteien keine von Rechtsgrundsätzen abweichende oder diese ergänzende Regelung darstellt, sondern unmittelbar das Verhältnis von Leistung und Gegenleistung regelt. Das Transparenzgebot der §§ 305 ff BGB verlangt nicht, dass alle gesetzlichen Folgen einer Vereinbarung ausdrücklich zu regeln sind. Ein verständiger Arbeitnehmer kann nicht annehmen, der übertarifliche Teil diene einem besonderen Zweck und sei von der jeweiligen Höhe des Tariflohns unabhängig. Diese Grundsätze gelten auch für den – zulässigen – Anrechnungsvorbehalt in der **Klausel D 2.** 4244

ee) Kombination von Freiwilligkeits- und Widerrufsvorbehalt

(1) Klauseltyp E

↓ Es handelt sich um eine freiwillige, jederzeit widerrufliche Leistung. 4245

(2) Gestaltungshinweise

Die **Klausel E** soll gegen das Transparenzgebot des § 307 Abs. 1 S. 2 BGB verstoßen und daher unwirksam sein. Zum Teil wird die Unwirksamkeit auch aus § 305 c Abs. 2 BGB (Mehrdeutigkeit) abgeleitet.[185] An der erforderlichen Transparenz fehle es bei einer Kombination von Freiwilligkeits- und Widerrufsvorbehalt („freiwillige und jederzeit widerrufliche Leistung"). Bei einer solchen Kombination könne sich der Arbeitgeber auf keinen der vereinbarten Vorbehalte berufen. 4246

Das BAG hat zuletzt nochmals mit Entscheidung vom 14.9.2011[186] seine Auffassung bestätigt, dass eine derartige Kombination widersprüchlich sei und zum Wegfall beider Vorbehalte führe. Eine derartige Kombination verbietet sich daher. 4247

184 BAG 1.3.2006 – 5 AZR 363/05, NZA 2006, 688; *Worzalla*, PuR 03/2009, 3, 4.

185 LAG Brandenburg 13.10.2005 – 9 Sa 141/05, DB 2006, 160; BAG 30.7.2008 – 10 AZR 606/07, DB 2008, 2194.

186 BAG 14.9.2011 – 10 AZR 526/10, DB 2012, 179.

66. Wettbewerbsverbotsklauseln, nachvertragliche

Literatur

Annuß, Grundstrukturen der AGB-Kontrolle von Arbeitsverträgen, BB 2006, 1333; *Bauer/Diller*, Allgemeine Erledigungsklausel und nachvertragliches Wettbewerbsverbot – eine unendliche Geschichte?, BB 2004, 1274; *dies.*, Nachvertragliche Wettbewerbsverbote: Änderungen durch die Schuldrechtsreform, NJW 2002, 1609; *dies.*, Wettbewerbsverbote, 6. Aufl. 2012 (7. Aufl. 2015 in Vorb.); *Breitfeld/Salger*, Regelungen zum Schutz von betrieblichem Know-how – die Sicherung von Geschäfts- und Betriebsgeheimnissen, BB 2005, 154; *Däubler*, Aktuelle Fragen der AGB-Kontrolle im Arbeitsrecht – Bezugnahme auf Tarifverträge, salvatorische Klausel, Schriftform, Altersgrenze, NZA-Beilage 2006, Heft 3, 133; *Diller*, Nachvertragliche Wettbewerbsverbote und AGB-Recht, NZA 2005, 250; *ders.*, Formmängel und Unmöglichkeit der Zuwiderhandlung beim nachvertraglichen Wettbewerbsverbot, RdA 2006, 45; *ders.*, Nachvertragliches Wettbewerbsverbot: Entschädigungsanspruch ohne Entschädigungszusage?, NZA 2014, 1184; *Diller/Wilske*, Grenzüberschreitende Durchsetzung nachvertraglicher Wettbewerbsverbote, DB 2007, 1866; *Driver-Polke/Melot de Beauregard*, Rechtswahl bei Aktienoptionsplänen und damit in Zusammenhang stehenden nachvertraglichen Wettbewerbsverboten, BB 2004, 2350; *Düwell*, Das nachvertragliche Wettbewerbsverbot in der Gewerbeordnung, DB 2002, 2270; *Gravenhorst*, Die Zusage der Karenzentschädigung nach § 74 II HGB, NJW 2006, 3609; *Hauck*, Die Vertragsstrafe im Arbeitsrecht im Lichte der Schuldrechtsreform, NZA 2006, 816; *Hunold*, Aktuelle Rechtsprechung zum nachvertraglichen Wettbewerbsverbot, NZA-RR 2013, 174; *Koch*, Das nachvertragliche Wettbewerbsverbot im einseitig vorformulierten Arbeitsvertrag, RdA 2006, 28; *Laskawy*, Die Tücken des nachvertraglichen Wettbewerbsverbots im Arbeitsrecht, NZA 2012, 1011; *Prange/Laimer/Eisele*, Wettbewerbsklauseln in Deutschland, in Österreich und der Schweiz, RIW 2008, 227; *Reufels*, Grenzüberschreitende nachvertragliche Wettbewerbsverbote – Vereinbarkeit mit der Arbeitnehmerfreizügigkeit?, ArbRB 2003, 313; *Straube*, AGB-Kontrolle von nachvertraglichen Wettbewerbsverboten, BB 2013, 117; *Thomas/Weidmann*, Wirksamkeit nachvertraglicher Wettbewerbsverbote in Fällen mit Auslandsbezug, DB 2004, 2694; *Thüsing/Leder*, Neues zur Inhaltskontrolle von Formulararbeitsverträgen, BB 2004, 42; *Urban*, Wettbewerbsverbote rechtssicher vereinbaren, ArbRAktuell 2012, 241; *Wensing/Niemann*, Vertragsstrafen in Formulararbeitsverträgen: § 307 BGB neben § 343 BGB?, NJW 2007, 401.

a) Rechtslage im Umfeld

aa) Wettbewerbsverbote bei Arbeitnehmern

4248 Im deutschen Recht gilt der Grundsatz der Wettbewerbsfreiheit.[1] Daher unterliegt der Arbeitnehmer nach Beendigung des Arbeitsverhältnisses grds. keinen Wettbewerbsbeschränkungen.[2] Der Arbeitnehmer kann deshalb in Wettbewerb zu seinem ehemaligen Arbeitgeber bis zur Grenze der Sittenwidrigkeit und zu den in §§ 8, 3 UWG, §§ 823 Abs. 1, 826 BGB aufgestellten Grenzen treten.[3]

4249 Trotz des Grundsatzes der Wettbewerbsfreiheit kann jedoch der Arbeitgeber mit dem Arbeitnehmer ein **nachvertragliches Wettbewerbsverbot vereinbaren** und damit den Arbeitnehmer davon abhalten, dass er nach Beendigung des Arbeitsverhältnisses Wettbewerb gegen ihn betreibt.[4] Zwar gibt es mit §§ 74 ff HGB und § 110 GewO gesetzliche Regelungen zum Wettbewerbsverbot, wobei § 110 GewO eine reine Verweisungsvorschrift ohne eigenen Regelungsgehalt ist.[5] Die §§ 74 ff HGB regeln jedoch lediglich das Mindestmaß und die Grenzen, in denen nachvertragliche Wettbewerbsverbote vereinbart werden können. Sie garantieren damit zugleich ein Mindestmaß an beruflicher Bewegungsfreiheit nach Vertragsende und liefern den Rahmen, innerhalb dessen ein sachgerechter Ausgleich der nun gegenläufigen Interessen der ehemaligen Vertragspartner zu suchen ist.[6]

4250 Galten früher nachvertragliche Wettbewerbsverbote nur für kaufmännische Angestellte (§§ 74 ff HGB) und für Handelsvertreter (§ 90 a HGB), so wurde mit **§ 110 GewO** im Jahre 2003 eine gesetzliche Regelung zum **Wettbewerbsverbot für Arbeitnehmer** eingeführt. Danach können Arbeitgeber und Arbeitnehmer die berufliche Tätigkeit des Arbeitnehmers für die Zeit

1 BAG 19.5.1998 – 9 AZR 394/97, NZA 1999, 200.
2 BAG 15.6.1993 – 9 AZR 558/91, NZA 1994, 502; ErfK/*Schaub*, § 74 HGB Rn 1.
3 BAG 19.5.1998 – 9 AZR 394/97, NZA 1999, 200; Schaub/*Schaub*, Arbeitsrechts-Handbuch, § 58 Rn 1.
4 MünchHandbArbR/*Wank*, § 130 Rn 83.
5 *Düwell*, DB 2002, 2270.
6 Preis/*Stoffels*, Der Arbeitsvertrag, II W 10 Rn 27.

nach Beendigung des Arbeitsverhältnisses durch Vereinbarung beschränken (Wettbewerbsverbot), wobei die §§ 74–75 f HGB entsprechend anzuwenden sind. Das Wettbewerbsverbot nach § 110 GewO findet über § 6 Abs. 2 GewO auf alle Arbeitnehmer Anwendung. Das Wettbewerbsverbot nach Gewerbeordnung erschöpft sich jedoch im Wesentlichen in einer Verweisung auf die Wettbewerbsverbote nach §§ 74 ff HGB.[7]

bb) Rechtsgrundlagen eines nachvertraglichen Wettbewerbsverbots

Da nachvertragliche Wettbewerbsverbote nicht *per se* aufgrund Gesetzes gelten, bedürfen sie der schuldrechtlichen Vereinbarung. Das nachvertragliche Wettbewerbsverbot kann in unterschiedlicher Art und Weise zwischen Arbeitgeber und Arbeitnehmer vereinbart werden. Der häufigste Fall ist die **einzelvertragliche Vereinbarung**, direkt im **Arbeitsvertrag** oder in einem **Annexvertrag.**[8] Theoretisch können nachvertragliche Wettbewerbsverbote auch kollektivrechtlich durch Betriebsvereinbarung oder Tarifvertrag verbindlich werden. Weil sich die Regelungskompetenz der Betriebspartner gem. § 5 Abs. 3 und 4 BetrVG gerade nicht auf leitende Angestellte und damit auf diejenige Personengruppe erstreckt, mit der Wettbewerbsverbote klassischerweise vereinbart werden,[9] werden Wettbewerbsverbote allerdings äußerst selten in **Betriebsvereinbarungen** verankert. In **Tarifverträgen** fehlen Wettbewerbsverbote meist ebenfalls, weil andernfalls der Kreis der Anspruchsberechtigten auf eine Karenzentschädigung viel zu weit gezogen wäre. Nicht jeder Arbeitnehmer ist Know-how-Träger. Nachvertragliche Wettbewerbsverbote finden sich nicht nur im Arbeitsvertrag oder in einem speziellen Ergänzungsvertrag, sondern auch in anderen Vertragswerken. Beispiele hierfür sind etwa Aktienoptionspläne, die mitunter nachvertragliche Wettbewerbsverbote ohne Karenzentschädigung enthalten.[10] Bei Geschäftsführern, Gesellschafter-Geschäftsführern oder Vorstandsmitgliedern erfolgt die Vereinbarung eines nachvertraglichen Wettbewerbsverbots zumeist im **Gesellschaftsvertrag** oder im **Geschäftsführervertrag** (s. dazu § 2 Rn 1091 f). 4251

Nachvertragliche Wettbewerbsverbote müssen nicht zusammen mit dem Arbeitsvertrag geschlossen werden. Zulässig ist auch die Vereinbarung eines nachvertraglichen Wettbewerbsverbots in einem **Vorvertrag** vor Abschluss des Arbeitsvertrages.[11] Ein Vorvertrag, der den Arbeitnehmer aber ohne zeitliche Begrenzung zum Abschluss eines nachvertraglichen Wettbewerbsverbots verpflichtet, ist für den Arbeitnehmer unverbindlich. Aufgrund des unverbindlichen Vorvertrages kann der Arbeitnehmer wie bei einem bedingten Wettbewerbsverbot entweder Wettbewerbsfreiheit ohne Karenzentschädigung oder Wettbewerbsenthaltung zu den Bedingungen des Vorvertrages wählen.[12] Dies gilt insb., wenn die dem Arbeitgeber eingeräumte Option nicht auf den Zeitpunkt bis zum Ausspruch einer Kündigung oder bis zum Abschluss eines Aufhebungsvertrages beschränkt wird. 4252

Auch nach Kündigung und vor Beendigung des Arbeitsverhältnisses ist der Abschluss eines nachvertraglichen Wettbewerbsverbots zulässig.[13] In allen Fällen darf jedoch nicht zum Nachteil des Arbeitnehmers von den §§ 74 ff HGB abgewichen werden.[14] 4253

cc) Formelle Wirksamkeitsvoraussetzungen

Ein nachvertragliches Wettbewerbsverbot ist nur bei genauer Beachtung der in den **§§ 74 ff HGB** enthaltenen formellen Voraussetzungen wirksam. Die Vereinbarung eines nachvertragli- 4254

7 *Düwell*, DB 2002, 2270.
8 Küttner/*Reinecke*, Personalbuch, 460 (Wettbewerbsverbot) Rn 5.
9 *Bauer/Diller*, Wettbewerbsverbote, § 2 Rn 18.
10 *Driver-Polke/Melot de Beauregard*, BB 2004, 2350.
11 BAG 14.7.2010 – 10 AZR 291/09, NZA 2011, 413; BAG 18.4.1969 – 3 AZR 154/68, BB 1969, 1351.
12 BAG 14.7.2010 – 10 AZR 291/09, NZA 2011, 413.
13 ErfK/*Schaub*, § 74 HGB Rn 13.
14 ErfK/*Schaub*, § 74 HGB Rn 13.

chen Wettbewerbsverbots zwischen Arbeitgeber und Arbeitnehmer bedarf gem. § 74 Abs. 1 HGB der Schriftform (§ 126 BGB). Daneben ist gem. § 74 Abs. 1 HGB die Aushändigung einer vom Arbeitgeber unterzeichneten, die vereinbarten Bestimmungen enthaltenden Urkunde an den Arbeitnehmer erforderlich. Der Erstellung einer gesonderten Urkunde bedarf es nicht. Es genügt die Aushändigung des vom Arbeitgeber unterschriebenen Arbeitsvertrages, in dem das nachvertragliche Wettbewerbsverbot enthalten ist. Der Arbeitnehmer ist zur Annahme der Urkunde verpflichtet. Bei Verweigerung muss er sich in entsprechender Anwendung des § 162 BGB (Vereitelung des Bedingungseintritts) so behandeln lassen, als sei ihm die Urkunde ausgehändigt worden.[15] Verzögert der Arbeitgeber die Aushändigung, braucht der Arbeitnehmer die Urkunde nicht mehr entgegenzunehmen. Die Annahme heilt allerdings den Mangel.[16]

4255 Auch die **Aufhebung** des nachvertraglichen Wettbewerbsverbots unterliegt dem Schriftformerfordernis. Eine „doppelte Schriftformklausel“ (s. dazu § 1 Rn 3205 ff) steht einer mündlichen Aufhebung eines Wettbewerbsverbots entgegen (§ 125 S. 2 BGB). Die Berufung auf einen Formmangel kann ausnahmsweise gegen den Grundsatz von Treu und Glauben verstoßen, wenn der Erklärende seinen Willen mit ganz besonderer Verbindlichkeit und Endgültigkeit mehrfach zum Ausdruck bringt und damit einen besonderen Vertrauenstatbestand schafft und zudem das Ergebnis des Formmangels für den Erklärungsempfänger nicht nur hart, sondern schlechthin untragbar ist. Dem Verwender einer unwirksamen Schriftformklausel ist indes verwehrt, sich im Rahmen der AGB-Kontrolle gegenüber dem Vertragspartner nicht auf die Unwirksamkeit der Klausel zu berufen.[17]

4256 Unzureichend ist jedoch die Übersendung bloßer Bestätigungsschreiben oder selbständiger Anlagen zum Arbeitsvertrag.[18] Hingegen genügt bei fester Verbindung zwischen unterschriebenem Arbeitsvertrag und nicht unterschriebener Wettbewerbsabrede, dass im Arbeitsvertrag auf das anliegende Wettbewerbsverbot verwiesen wird; es gilt dann als vom Vertrag umfasst.[19] Wirksam ist auch das vom Arbeitnehmer in der „falschen Zeile“ unterzeichnete Verbot, wenn er mit seiner Unterschrift an an sich falscher Stelle das Angebot des Arbeitgebers auf Abschluss eines nachvertraglichen Wettbewerbsverbots annehmen wollte.[20] Unterbleibt die in § 74 Abs. 1 HGB vorgesehene Übergabe der Originalurkunde über ein vertraglich vereinbartes Wettbewerbsverbot, so ist der Arbeitnehmer ebenfalls nicht daran gehindert, sich auf das Wettbewerbsverbot zu berufen, soweit die in diesem Falle ebenfalls vorgesehene Schriftform eingehalten ist.[21] Denn die Bestimmung enthält keine Formvorschrift iSd § 125 S. 1 BGB, sondern lediglich eine **Dokumentationsregelung**. Auch ihr Zweck gebietet keine andere Auslegung.[22]

4257 Eine Falle für den Arbeitgeber ergibt sich bei **befristeten Verträgen**, in denen das Wettbewerbsverbot enthalten ist: Wird der Vertrag nach seinem Ablauf mündlich verlängert, ohne dass die Schriftform für das Wettbewerbsverbot hierbei erneuert wird, liegt ein schriftlicher Abschluss des Wettbewerbsverbots nicht vor, es ist daher unverbindlich.[23] Die Formvorschriften der § 74 Abs. 1 HGB, § 125 BGB fordern ausdrücklich, dass die Willenserklärungen der Parteien hinsichtlich einer Wettbewerbsabrede schriftlich festgehalten, von beiden unterschrieben und in entsprechender Weise dem Arbeitnehmer ausgehändigt werden. Deswegen ist bereits von vornherein der Abschluss einer neuen Wettbewerbsabrede durch konkludent abgegebene Willenserklärung nicht möglich. Unwirksam ist darüber hinaus auch die konkludente Verlängerung ei-

---

15 Schaub/*Schaub*, Arbeitsrechts-Handbuch, § 58 Rn 29.
16 LAG Nürnberg 21.7.1994 – 5 Sa 391/94, NZA 1995, 532.
17 LAG Köln 21.8.2013 – 11 Sa 171/13, juris.
18 Schaub/*Schaub*, Arbeitsrechts-Handbuch, § 58 Rn 27.
19 BAG 30.10.1984 – 3 AZR 213/82, NZA 1985, 429.
20 BAG 14.7.2010 – 10 AZR 291/09, NZA 2011, 413.
21 BAG 23.11.2004 – 9 AZR 595/03, NZA 2005, 411; aA Schaub/*Schaub*, Arbeitsrechts-Handbuch, § 58 Rn 28.
22 BAG 23.11.2004 – 9 AZR 595/03, NZA 2005, 411.
23 LAG Hamm 14.2.2007 – 14 Sa 141/07, LAGE § 74 HGB Nr. 21.

nes Wettbewerbsverbots, weil unter den Formzwang des § 125 BGB auch jede spätere Änderung und Ergänzung des formbedürftigen Rechtsgeschäfts fällt. Die Verlängerung der Wettbewerbsabrede stellt eine solche Änderung/Ergänzung dar.[24]

Zu **Beweiszwecken** wird empfohlen, neben der Unterschrift unter das Wettbewerbsverbot eine Bestätigung aufnehmen zu lassen, wonach dem Arbeitnehmer eine vom Arbeitgeber unterschriebene, vollständige Abschrift der Urkunde mit dem nachvertraglichen Wettbewerbsverbot ausgehändigt wurde.[25] 4258

Ein unter Einhaltung der Formvorschriften geschlossenes nachvertragliches Wettbewerbsverbot ist zudem nur dann **verbindlich**, wenn sich der Arbeitgeber verpflichtet, für die Dauer des Verbots eine Entschädigung (**Karenzentschädigung**) zu zahlen, die für jedes Jahr des Verbots mindestens die Hälfte der von dem Arbeitnehmer zuletzt bezogenen vertragsmäßigen Leistungen erreicht, § 74 Abs. 2 HGB. 4259

dd) Inhaltliche Anforderungen/AGB-Kontrolle

Wenn nachvertragliche Wettbewerbsverbote in den Arbeitsvertrag aufgenommen werden, sind sie typischerweise formularmäßig vereinbart und unterliegen der AGB-Kontrolle.[26] Die AGB-Kontrolle gilt nicht nur für Arbeitsverträge, die erst nach dem 1.1.2002 geschlossen wurden, sondern auch für Arbeitsverträge vor dem 1.1.2002.[27] Gemäß Art. 229 §§ 5 ff EGBGB gilt das AGB-Recht für Schuldverhältnisse, die nach dem 1.1.2002 entstanden sind. Bei nachvertraglichen Wettbewerbsverboten lässt sich erst dann von einem „Entstehen" des Wettbewerbsverbots sprechen, wenn der Arbeitnehmer tatsächlich aus dem Unternehmen ausscheidet und das Wettbewerbsverbot sodann in Lauf gesetzt wird.[28] 4260

Nachvertragliche Wettbewerbsverbote werden dann nicht wirksam, wenn sie als **überraschende Klauseln** iSd § 305 c Abs. 1 BGB anzusehen sind. Grundsätzlich stellen Wettbewerbsverbote keine überraschenden Klauseln dar. Vor allem bei leitenden Angestellten und Führungskräften ist es üblich, nachvertragliche Wettbewerbsverbote zu vereinbaren. Dennoch sind nachvertragliche Wettbewerbsverbote dann überraschende Klauseln, wenn sie in einem umfangreichen Vertrag unter einer irreführenden Überschrift versteckt werden.[29] Deswegen wird **empfohlen,** nachvertragliche Wettbewerbsverbote unter einer eigenen Überschrift mit drucktechnischer Hervorhebung in den Vertragstext einzufügen. Ein vereinbartes nachvertragliches Wettbewerbsverbot muss zudem dem **Transparenzgebot** aus § 307 Abs. 1 S. 2 BGB und der **Unklarheitenregelung** des § 305 c Abs. 2 BGB genügen.[30] 4261

Wettbewerbsverbote können auch unter einer aufschiebenden Bedingung vereinbart werden, mit der Folge, dass mangels Bedingungseintritts ein nachvertragliches Wettbewerbsverbot nicht entstanden ist und deshalb für den Arbeitnehmer kein Anspruch auf Karenzentschädigung besteht. Eine solche Bedingung ist keine „überraschende Klausel" iSd § 305 c Abs. 1 BGB, weil sie nicht objektiv ungewöhnlich ist. Die Vereinbarung einer aufschiebenden Bedingung bei einem nachvertraglichen Wettbewerbsverbot ist nicht unüblich. Überraschenden Charakter hat eine Regelung nur, wenn sie von den Erwartungen des Vertragspartners deutlich abweicht und der Vertragspartner mit ihr nach den Umständen vernünftigerweise nicht zu rechnen brauchte.[31] 4262

---

24 LAG Hamm 14.2.2007 – 14 Sa 141/07, LAGE § 74 HGB Nr. 21.

25 Küttner/*Reinecke*, Personalbuch, 460 (Wettbewerbsverbot) Rn 8.

26 *Koch*, RdA 2006, 28, 31; Küttner/*Reinecke*, Personalbuch, 460 (Wettbewerbsverbot) Rn 9; aA LAG Hamm 14.4.2003 – 7 Sa 1881/02, NZA-RR 2003, 513; *Diller*, NZA 2005, 250; Preis/*Stoffels*, Der Arbeitsvertrag, II W 10 Rn 29, 32; *Thüsing/Leder*, BB 2004, 42, 47.

27 *Bauer/Diller*, NJW 2002, 1609.

28 *Diller*, NZA 2005, 250.

29 *Diller*, NZA 2005, 250, 251.

30 *Diller*, NZA 2005, 250, 251.

31 BAG 13.7.2005 – 10 AZR 532/04, DB 2005, 2415 = FA 2006, 27.

4263 Soll nach einem vom Arbeitgeber vorformulierten Arbeitsvertrag ein nachvertragliches Wettbewerbsverbot nicht gelten, wenn das Vertragsverhältnis während der ersten zwölf Monate der Beschäftigung beendet wird, findet es keine Anwendung, wenn der Arbeitnehmer in dieser Zeit ausscheidet. Das gilt auch dann, wenn der Beginn der Beschäftigung im Vertrag auf ein bestimmtes Datum festgelegt wird, in einer im Vertragstext in Bezug genommenen Zusatzvereinbarung geregelt wird, dass das Arbeitsverhältnis (aufgrund einer vorherigen Tätigkeit als Geschäftsführer) schon seit einem früheren Zeitpunkt besteht, jedoch die Bestimmungen des Arbeitsvertrages ab dem im Vertragstext festgelegten Zeitpunkt gelten und das nunmehr vereinbarte Wettbewerbsverbot sich inhaltlich bzgl Umfang und Dauer vom vorher vereinbarten Wettbewerbsverbot unterscheidet.[32]

4264 Der Absicherung des nachvertraglichen Wettbewerbsverbots durch Vereinbarung einer **Vertragsstrafenregelung** stehen keine AGB-rechtlichen Wirksamkeitsbedenken entgegen.[33] Schadensersatzansprüche des Arbeitgebers gehen nämlich häufig ins Leere, da der Arbeitgeber, der für Eintritt und Höhe des Schadens in vollem Umfang darlegungs- und beweispflichtig ist, den Beweis eines konkreten Schadens meist nicht erbringen kann.[34] Ohne Vertragsstrafe drohen dem Arbeitnehmer bei einem Verstoß gegen das nachvertragliche Wettbewerbsverbot meist nur der Verlust der Karenzentschädigung sowie eine Unterlassungsverfügung. Das schreckt den Arbeitnehmer mitunter nur wenig, insb. wenn er durch den Wettbewerbsverstoß ein Vielfaches der Karenzentschädigung verdienen kann.[35] § 309 Nr. 6 BGB steht einer Vertragsstrafenabrede nicht entgegen, da Vertragsstrafen für die Nicht- oder Schlechterfüllung von Unterlassungspflichten von dieser Vorschrift nicht erfasst werden.[36] Außerdem werden Vertragsstrafen gem. § 75 c HGB schon von Gesetzes wegen als wirksam angesehen und sind daher gem. § 307 Abs. 3 S. 1 BGB weiterhin statthaft.[37] Eine Angemessenheitskontrolle nach Maßgabe der Generalklausel kommt wegen der eigenständigen gesetzlichen Regelung der §§ 74 ff HGB nicht in Betracht. Es ist davon auszugehen, dass der Gesetzgeber die wechselseitigen Interessen von Arbeitnehmer und Arbeitgeber insoweit angemessen geregelt hat.[38]

4265 Eine **Vertragsstrafe** kann jedoch nach § 307 BGB unwirksam sein, wenn ihre **Höhe** für den Arbeitnehmer eine **unangemessene Benachteiligung** darstellt. *Diller*[39] vertritt die Auffassung, dass eine Angemessenheitskontrolle nach § 307 BGB für Vertragsstrafen in nachvertraglichen Wettbewerbsverboten nicht gelten soll.[40] Unklar ist jedoch, ob sich das BAG dieser Auffassung anschließen wird. Deshalb wird geraten, bei nachvertraglichen Wettbewerbsverboten lediglich Vertragsstrafen zu vereinbaren, die in ihrer Höhe den Vorgaben des BAG zur Angemessenheit entsprechen. Das BAG[41] hält bei Vertragsstrafen für vertragswidrige und schuldhafte Nichtaufnahme oder Beendigung der Arbeitstätigkeit **maximal ein Brutto-Monatsgehalt** für wirksam.[42] Nach jetziger Rechtslage kommt eine Herabsetzung unangemessen hoher Vertragsstrafen nach § 343 BGB nicht mehr in Betracht, weil andernfalls das im AGB-Recht ausgeschlossene Prinzip der geltungserhaltenden Reduktion aufrechterhalten bliebe. Das BAG hat deshalb unterstrichen, dass an der früheren Anpassung der Vertragsstrafenhöhe über § 343 BGB nicht festgehalten werden könne, die Herabsetzung unverhältnismäßig hoher Vertragsstrafen durch Urteil

32 LAG Hamm 23.3.2010 – 14 SaGa 68/09, NZA-RR 2010, 515 (LS).
33 *Bauer/Diller*, NJW 2002, 1609, 1614.
34 *Bauer/Diller*, NJW 2002, 1609, 1614.
35 *Bauer/Diller*, NJW 2002, 1609, 1614.
36 *Diller*, NZA 2005, 250, 253.
37 *Hümmerich*, NZA 2003, 753.
38 Küttner/*Reinecke*, Personalbuch, 460 (Wettbewerbsverbot) Rn 9.
39 *Diller*, NZA 2005, 250, 254.
40 AA LAG Hamm 14.4.2003 – 7 Sa 1881/02, NZA-RR 2003, 513.
41 BAG 4.3.2004 – 8 AZR 328/03, NZA 2004, 727.
42 BAG 4.3.2004 – 8 AZR 328/03, NZA 2004, 727; Ausnahmen bei besonderem Sanktionsinteresse ermöglicht BAG 18.12.2008 – 8 AZR 81/08, NZA-RR 2009, 519.

scheitere nunmehr an §§ 307 Abs. 1 S. 1, 306 Abs. 2 BGB.[43] Eine Überschreitung des Brutto-Monatsgehalts als Höhe der Vertragsstrafe bei nachvertraglichen Wettbewerbsverboten für jeden Fall der Zuwiderhandlung kann daher nicht anempfohlen werden. Das BAG ebenso wie der BGH lehnen speziell bei Vertragsstrafenregelungen eine geltungserhaltende Reduktion in Formulararbeitsverträgen generell ab.[44]

ee) Arten von Wettbewerbsverboten

Man unterscheidet zwischen unternehmensbezogenen und tätigkeitsbezogenen Konkurrenzverboten.[45] **Unternehmensbezogene** Klauseln knüpfen die Wettbewerbssperre an die Unternehmen an, für die der Arbeitnehmer nach seinem Ausscheiden gesperrt sein soll. **Tätigkeitsbezogene** Verbote untersagen die Aufnahme bestimmter Arten von Tätigkeiten. Damit ist ein tätigkeitsbezogenes Verbot grds. präziser hinsichtlich der Darstellung des berechtigten geschäftlichen Interesses des Arbeitgebers. Ein tätigkeitsbezogenes Wettbewerbsverbot hat jedoch für den Arbeitgeber den Nachteil, dass er kaum kontrollieren kann, in welcher Funktion der Arbeitnehmer in einem neuen Unternehmen tätig ist.[46] Soweit bei der Formulierung eines Wettbewerbsverbots nicht scharf getrennt wird, kommt es bei der Auslegung neben dem Wortlaut der Klausel entscheidend auf die tatsächlichen Gegebenheiten an.[47] 4266

Beide Arten von Wettbewerbsverboten bieten Vor- und Nachteile. Je größer ein Unternehmen ist, desto vielfältiger sind die Produkte und der Bedarf an Wettbewerbsschutz. Bei einem unternehmensbezogenen Wettbewerbsverbot reicht es aus, dass die Fertigungsprogramme beider Unternehmen sich „in einem nicht ganz unerheblichen Teil" überschneiden.[48] Schon bei der Überschneidung von 10 % im Bereich der Fertigungsprogramme geht das BAG[49] davon aus, dass ein Konkurrenzunternehmen vorliegt. Eine feste Grenze dafür, wie groß die Überschneidung der Warensortimente mindestens sein muss (zB 10 %), gibt es allerdings nicht.[50] 4267

Der **Vorteil** des **unternehmensbezogenen Wettbewerbsverbots** besteht darin, dass der Mangel der Beweisbarkeit einer Konkurrenztätigkeit beim unternehmensbezogenen Wettbewerbsverbot überwunden werden kann, indem dem Mitarbeiter die Tätigkeit in einem Konkurrenzunternehmen auch dann verboten ist, wenn er dort in einer ganz anderen Position tätig wird als beim alten Arbeitgeber.[51] Zumindest bei Führungskräften fehlt in solchen Fällen auch nicht das berechtigte geschäftliche Interesse des Arbeitgebers nach § 74 a Abs. 1 S. 1 HGB, es sei denn, das unternehmensbezogene Wettbewerbsverbot führt in der Kombination mit einem tätigkeitsbezogenen Wettbewerbsverbot zu einem bundesweiten Berufsverbot.[52] Selbst wenn der in ein anderes Unternehmen wechselnde Arbeitnehmer zunächst nicht auf einem Geschäftsfeld tätig ist, bei dem Konkurrenz zum bisherigen Arbeitgeber besteht, führt das tätigkeitsbezogene Wettbewerbsverbot trotz der Beweiserleichterungen zu keinem wirksamen Schutz des früheren Arbeitgebers, denn aus einer wettbewerbsrechtlich unbedenklichen Position kann der Arbeitnehmer jederzeit in eine Konkurrenztätigkeit versetzt werden, ohne dass es der frühere Arbeitgeber erfahren muss. Daneben besteht durch die Tätigkeit im Konkurrenzunternehmen – wenn 4268

43 BAG 4.3.2004 – 8 AZR 196/03, NZA 2004, 727, 734.
44 BAG 4.3.2004 – 8 AZR 328/03, NZA 2004, 734; BGH 23.1.2003 – VII ZR 210/01, NJW 2003, 1805.
45 Schaub/*Schaub*, Arbeitsrechts-Handbuch, § 58 Rn 26.
46 *Bauer/Diller*, Wettbewerbsverbote, § 7 Rn 119.
47 BAG 30.1.1970 – 3 AZR 348/69, AP § 133 GewO Nr. 24.
48 BAG 16.12.1968 – 3 AZR 434/67, AP § 133 GewO Nr. 21.
49 BAG 16.12.1968 – 3 AZR 434/67, DB 1969, 973.
50 Vgl LAG Baden-Württemberg 30.1.2008 – 10 Sa 60/07, NZA-RR 2008, 508 (Bauhandel); BAG 21.4.2010 – 10 AZR 288/09, NZA 2010, 1175 (Tür- und Fensterproduktion).
51 BAG 16.12.1968 – 3 AZR 434/67, AP §§ 133 f GewO Nr. 24; LAG Hessen 10.2.1997 – 10 SaGa 2269/96, LAGE § 74 a HGB Nr. 1.
52 *Bauer/Diller*, Wettbewerbsverbote, § 7 Rn 119, § 8 Rn 204.

auch in anderer Funktion – immer das Risiko des informellen Know-how-Transfers und damit von wettbewerbsrelevantem Wissen.

4269 Der **Nachteil** des **unternehmensbezogenen Wettbewerbsverbots** besteht darin, dass in der heutigen Zeit immer wieder Unternehmen umstrukturiert, ausgegliedert oder mit neuen Firmenbezeichnungen versehen werden, so dass sich rasch eine Veralterung des unternehmensbezogenen Wettbewerbsverbots ergeben kann, wenn nicht eine ständige Datenpflege betrieben wird. In dem bekannten „Speiseeis-Fall" des BAG[53] war der Arbeitnehmer zunächst im Unternehmen des Arbeitgebers als Leiter des Produktionsbereiches „Speiseeisherstellung" tätig. Die Parteien hatten ein unternehmensbezogenes Wettbewerbsverbot vereinbart. Die Speiseeisherstellung wurde später auf eine rechtlich selbständige Tochtergesellschaft ausgegliedert, ohne das Wettbewerbsverbot in seinem Wortlaut zu verändern. Der Arbeitnehmer wurde als Geschäftsführer dieser Tochtergesellschaft tätig, ohne dass sein ursprüngliches Anstellungsverhältnis beendet wurde. Nach seinem Ausscheiden wechselte der Mitarbeiter zu einem konkurrierenden Speiseeishersteller. Das BAG wies die Klage des Arbeitgebers auf Unterlassung der Wettbewerbstätigkeit mit der formalen Begründung ab, untersagt sei dem Arbeitnehmer nur eine Tätigkeit bei einem Konkurrenten der Muttergesellschaft. Nach der Ausgliederung betreibe die Muttergesellschaft jedoch die Speiseeisherstellung nicht mehr. Im Geschäftsbereich der Tochtergesellschaft sei der Arbeitnehmer zwar tätig, mit dieser Gesellschaft sei jedoch kein Wettbewerbsverbot vereinbart worden.[54]

4270 Neben der fortdauernden Datenpflege besteht das Problem, dass eine Änderung der Wettbewerbsvereinbarung nur mit Zustimmung des Arbeitnehmers möglich ist, also zeitlich nach einem einmal geschlossenen nachvertraglichen Konkurrenzverbot nicht wieder ohne Zustimmung des Arbeitnehmers geändert werden kann. Aus diesem Grunde empfiehlt sich ein gemischt unternehmens- und tätigkeitsbezogenes Wettbewerbsverbot, weil über die tätigkeitsbezogene Komponente Rechtsform-, Namens- oder sonstige Veränderungsentwicklungen bei konkurrierenden Unternehmen aufgefangen werden können.

4271 Will man ein Wettbewerbsverbot **umfänglich formulieren**, ist darauf zu achten, dass dem Ausgeschiedenen möglichst in jeder rechtlichen Organisationsform untersagt ist, Konkurrenz zu betreiben. Dem Arbeitnehmer darf eine selbständige Tätigkeit,[55] aber auch eine abhängige gewerbliche Tätigkeit,[56] schließlich auch beides gleichzeitig untersagt werden. Vergisst man bei der Formulierung der Wettbewerbsklausel, dass sie sich auch auf die freiberufliche Tätigkeit erstrecken soll, schließt sie dieses Verbot nicht ein.[57] Die Rspr legt die Formulierungen in einzelnen Klauseln stark am Wortlaut orientiert aus. Ist dem Mitarbeiter eine selbständige und abhängige gewerbliche Tätigkeit untersagt, so lässt das OLG Frankfurt bei einem früheren GmbH-Geschäftsführer gelegentliche, einzelne Konkurrenzgeschäfte zu.[58]

4272 Ist ein Arbeitnehmer nicht durch ein den §§ 74 ff HGB entsprechendes Wettbewerbsverbot gebunden, darf er nach Beendigung des Arbeitsverhältnisses zu seinem Arbeitgeber in Wettbewerb treten. Eine nachvertragliche Verschwiegenheits- und Treuepflicht begründet für den Arbeitgeber regelmäßig keine Ansprüche auf Unterlassung von Wettbewerbshandlungen gegen den ausgeschiedenen Arbeitnehmer.[59]

---

53 BAG 24.6.1966 – 3 AZR 501/65, AP § 74 a HGB Nr. 2.

54 Krit. *Duden*, Anm. zu BAG AP § 74 a HGB Nr. 2; *Martens*, FS Herschel, S. 245; *Windbichler*, Arbeitsrechtliche Vertragsgestaltung im Konzern, S. 130.

55 BAG 30.10.1970, AP § 133 GewO Nr. 24.

56 LAG Hamburg 20.9.1968, BGB 1969, 362.

57 LAG Hamburg 20.9.1968, BGB 1969, 362; aA LAG Hamm 16.6.1959 – 1 Sa 253/59, BB 1959, 1064.

58 OLG Frankfurt 6.12.1972 – 6 U 152/71, DB 1973, 139; krit. *Bauer/Diller*, Wettbewerbsverbote, § 7 Rn 144.

59 BAG 19.5.1998 – 9 AZR 327/96, ARST 1/99, 14.

ff) Nachvertragliche Wettbewerbsverbote für freie Mitarbeiter, Freiberufler und Geschäftsführer

Nachvertragliche Wettbewerbsverbote können auch mit freien Mitarbeitern, selbständig tätigen Freiberuflern und Geschäftsführern wirksam vereinbart werden.[60] Die §§ 74 ff HGB finden jedoch weder direkt noch analog Anwendung. Vielmehr richtet sich der Rahmen, in dem die nachvertraglichen Wettbewerbsverbote zulässig sind, nach § 138 BGB.[61] Zum nachvertraglichen Wettbewerbsverbot für Geschäftsführer s. ausf. § 2 Rn 1091 ff (18. Wettbewerbsverbotsklauseln). 4273

Die nachvertraglichen Wettbewerbsverbote dürfen nicht dazu führen, dass diesen Berufsgruppen ihr Recht auf freie Berufsausübung gem. Art. 12 GG vollständig entzogen wird. Auch ist es nicht möglich, vollumfängliche Niederlassungsverbote zu vereinbaren. **Niederlassungsverbote** sind nur dann wirksam, wenn sie räumlich, zeitlich und gegenständlich begrenzt sind.[62] Das Niederlassungsverbot darf nur in einem eng umgrenzten Gebiet wirksam sein, nicht länger als für maximal zwei Jahre vereinbart werden und in gegenständlicher Hinsicht nicht dazu führen, dass der Arbeitnehmer über Gebühr in seinem Recht aus Art. 12 GG auf freie Berufswahl und Berufsausübung eingeschränkt wird.[63] Die Berufsfreiheit kann nur insoweit eingeschränkt werden, als das Unternehmen ein anzuerkennendes Interesse daran hat, sich vor der illoyalen Verwertung der Erfolge der Tätigkeit des Organmitglieds und dessen missbräuchlicher Nutzung seiner Berufsfreiheit zu schützen.[64] 4274

Ein **Verstoß** gegen ein nachvertragliches Wettbewerbsverbot liegt nicht vor, wenn Personen, die sich dem Konkurrenzschutz unterworfen haben, eine Beteiligung an einer Gesellschaft halten, die allein der Kapitalanlage dient und aus nur wenigen Aktien einer Aktiengesellschaft besteht.[65] 4275

gg) Konzernbezogene Wettbewerbsverbote

Arbeitgeber, die in einem Konzernzusammenhang stehen, versuchen in aller Regel, den Konkurrenzschutz auch auf Konzernunternehmen auszudehnen.[66] Inwieweit die Vereinbarung von konzernbezogenen nachvertraglichen Wettbewerbsverboten zulässig ist, ist noch nicht abschließend höchstrichterlich entschieden. Die Einbeziehung von Konkurrenzunternehmen in nachvertragliche Wettbewerbsverbote wirft jedoch eine Reihe von Fragen auf, die erst teilweise gelöst sind. Beim konzernbezogenen nachvertraglichen Wettbewerbsverbot ist danach zu differenzieren, ob die Konkurrenzklausel den Konzernbezug ausdrücklich erwähnt oder sich vom Wortlaut her allein auf den Schutz des Arbeitgebers beschränkt.[67] Zulässig ist eine ausdrückliche Regelung, wonach sich das Wettbewerbsverbot nicht auf Konkurrenten des Arbeitgebers, sondern auch auf Konkurrenten anderer mit dem Arbeitgeber verbundener Unternehmen erstrecken soll.[68] Gerade der bereits erwähnte „Speiseeisfall“[69] legt die Notwendigkeit nahe, in den Wortlaut des nachvertraglichen Wettbewerbsverbots den Zusatz aufzunehmen, dass Konkurrenzunternehmen sämtliche Unternehmen sind, die zu den innerhalb des Konzerns bestehenden Unternehmen in Konkurrenz treten. 4276

60 Schaub/*Schaub*, Arbeitsrechts-Handbuch, § 58 Rn 18.
61 BGH 4.3.2002 – II ZR 77/00, NJW 2002, 1875; MünchHandbArbR/*Wank*, § 130 Rn 8.
62 BGH 18.7.2005 – 2 ZR 159/03, DB 2005, 2129; BGH 29.9.2003 – 2 ZR 950/02, DB 2003, 2699; BGH 8.5.2000 – 2 ZR 308/98, DB 2000, 1960.
63 BGH 18.7.2005 – 2 ZR 159/03, DB 2005, 2129.
64 BGH 5.9.1968 – II ZR 158/66, NJW 1968, 1717.
65 *Grüll/Janert*, Die Konkurrenzklausel, S. 41; *Schlegelberger/Schröder*, HGB, Bd. 2, § 74 Rn 46.
66 BAG 16.12.1968 – 3 AZR 434/67, AP §§ 133 f GewO Nr. 21.
67 Preis/*Stoffels*, Der Arbeitsvertrag, II W 10 Rn 40.
68 *Bauer/Diller*, Wettbewerbsverbote, § 7 Rn 130.
69 BAG 24.6.1966 – 3 AZR 501/65, AP § 74 a HGB Nr. 2 (Speiseeisfall).

4277 Nennt die Wettbewerbsabrede als geschütztes Unternehmen allein dasjenige des Arbeitgebers, so steht es dem Arbeitnehmer frei, nach Beendigung des Arbeitsverhältnisses zu sämtlichen anderen Unternehmen in Wettbewerb zu treten, selbst wenn es sich beim Arbeitgeber um ein Konzernunternehmen mit im gleichen Wirtschaftszweig tätigen Beteiligungen handelt.[70] Ausnahmsweise kann ein Wettbewerbsverbot auch ohne ausdrückliche Vereinbarung konzernbezogen sein, wenn der Konzernbezug schon bei Vertragsschluss erkennbar war.[71] Das kann zB dann der Fall sein, wenn bereits der Arbeitsvertrag selbst einen Konzernbezug aufweist. Ein solcher Konzernbezug kann sich zB aus einer konzernweiten Versetzungsklausel ergeben.[72]

4278 In der Lit. wird teilweise unter Bezugnahme auf *Martens*[73] der konzernbezogene Wettbewerbsschutz für zweifelhaft gehalten, es sei denn, der Arbeitnehmer hat bereits in verschiedenen Konzerngesellschaften gearbeitet und besitzt daher Kenntnisse über Interna der einzelnen Konzerngesellschaften. Ungeklärt ist auch die Frage, inwieweit ein Beschäftigungsverhältnis mit einer Holding-Konzernspitze, die keinen eigenen Geschäftsbetrieb hat, die zu den einzelnen Gesellschaften in Konkurrenz tretenden Wettbewerber erfasst. Hier wird häufig, wie auch in allen anderen Zweifelsfällen, mit den Mitteln der ergänzenden Vertragsauslegung gearbeitet. Hilfreich ist es, wenn Unternehmen, die zwar nicht selbst mit dem früheren Arbeitgeber in Wettbewerb stehen, aber immerhin mit Wettbewerbsunternehmen verbunden sind, in das Wettbewerbsverbot namentlich einbezogen werden.

hh) Nichtige und unverbindliche Wettbewerbsverbote

4279 Das Gesetz unterscheidet zwischen dem **unverbindlichen** (§ 74 a Abs. 1 HGB) und dem **nichtigen** Wettbewerbsverbot (§ 74 a Abs. 2 HGB). Aus einem nichtigen Wettbewerbsverbot kann keine Partei Rechte herleiten.[74] Nichtigkeit führt zur Rechtsunwirksamkeit des Wettbewerbsverbots schlechthin.[75] Daher kann sich auch jede Partei darauf berufen, selbst wenn sie selbst für die Nichtigkeit durch mangelhafte Vertragsgestaltung verantwortlich ist.[76] Die **Nichtigkeitsgründe** sind in den §§ 74 ff HGB explizit aufgeführt. Gemäß § 74 a Abs. 2 HGB sind Wettbewerbsverbote nichtig, wenn der Arbeitnehmer zur Zeit des Abschlusses minderjährig ist oder wenn sich der Arbeitgeber die Erfüllung auf Ehrenwort oder unter ähnlichen Versicherungen versprechen lässt. Nichtig sind auch Wettbewerbsverbote, durch die ein Dritter anstelle des Arbeitnehmers die Verpflichtung übernimmt, dass der Arbeitnehmer nach Beendigung des Arbeitsverhältnisses keine Konkurrenztätigkeit ausüben wird. Obwohl § 74 Abs. 2 HGB nur von der Unverbindlichkeit des Wettbewerbsverbots bei fehlender Karenzentschädigungszusage spricht, steht das Fehlen jeglicher Entschädigungszusage der Nichtigkeit gleich.[77]

4280 Ein lediglich **unverbindliches Wettbewerbsverbot** bewirkt, dass der Arbeitgeber gem. § 75 d HGB die Einhaltung der unverbindlichen Pflicht nicht erzwingen kann.[78] Der Arbeitnehmer kann allerdings frei entscheiden, ob er sich gegen Zahlung der Karenzentschädigung an das Wettbewerbsverbot hält oder, ohne eine Entschädigung zu erhalten, Konkurrenz betreibt.[79] Die Umstände, die zur Unverbindlichkeit eines nachvertraglichen Wettbewerbsverbots führen, ergeben sich aus den §§ 74 ff HGB.

70 Preis/*Stoffels*, Der Arbeitsvertrag, II W 10 Rn 41.
71 Preis/*Stoffels*, Der Arbeitsvertrag, II W 10 Rn 42.
72 LAG Hamm 8.2.2001 – 16 Sa 1243/00, LAGE § 74 HGB Nr. 17.
73 In: FS Herschel, S. 237, 244.
74 BAG 13.9.1969 – 3 AZR 501/65; Schaub/*Schaub*, Arbeitsrechts-Handbuch, § 58 Rn 51.
75 Küttner/*Reinecke*, Personalbuch, 460 (Wettbewerbsverbot) Rn 10.
76 *Bauer/Diller*, Wettbewerbsverbote, § 24 Rn 731.
77 BAG 18.1.2000 – 9 AZR 929/98; BAG 3.5.1994 – 9 AZR 606/92, DB 1995, 50.
78 Schaub/*Schaub*, Arbeitsrechts-Handbuch, § 58 Rn 52.
79 Küttner/*Reinecke*, Personalbuch, 460 (Wettbewerbsverbot) Rn 10.

4281 Als Gegenleistung zur Wettbewerbsenthaltung des Arbeitnehmers muss sich der Arbeitgeber verpflichten, an den Arbeitnehmer für die Dauer des Wettbewerbsverbots eine **Entschädigung** zu zahlen. Die Karenzentschädigung muss gem. § 74 Abs. 2 HGB für jedes Jahr des Verbots **mindestens die Hälfte der von dem Arbeitnehmer zuletzt bezogenen vertragsmäßigen Leistungen** erreichen. Bietet der Arbeitgeber eine geringere Karenzentschädigung an, so ist das gesamte Wettbewerbsverbot unverbindlich. Dem Arbeitnehmer steht es frei, sich an das Wettbewerbsverbot zu halten und die geringere Karenzentschädigung anzunehmen oder in Konkurrenz zum Arbeitgeber zu treten.[80] In der Praxis wird am häufigsten gegen den Wortlaut von § 74 Abs. 2 HGB verstoßen, wenn die Parteien die als Berechnungsmaßstab einer Karenzentschädigung heranzuziehenden „vertragsmäßigen Leistungen“ in der Wettbewerbsabrede abweichend oder mangelhaft formulieren. So heißt es in manchen Verträgen, der Arbeitnehmer erhalte für jedes Jahr des Verbots mindestens die Hälfte der von ihm zuletzt bezogenen „Vergütung“.[81] Mit § 74 Abs. 2 HGB unvereinbar ist eine Entschädigungszusage, wonach der Arbeitnehmer die Hälfte seiner Festbezüge „im Durchschnitt der letzten drei Jahre“ erhalten soll.[82] Erhebliche Probleme bereitet die Berechnung der Karenzentschädigung, wenn der Arbeitnehmer variable Gehaltsbestandteile bezieht, also ein Fixum und einen Bonus gemäß Zielvereinbarung. Gemäß § 74 b Abs. 2 HGB kommt es bei „wechselnden Bezügen“ nicht auf den letzten Bezugszeitraum, sondern auf den Durchschnitt der letzten drei Jahre an. Gemeint sind nicht drei Kalenderjahre, sondern die letzten 36 Monate.[83] Auch bei Provisionen gilt, dass der Durchschnitt der letzten 36 Monate für die Berechnung der „vertragsmäßigen Leistungen“ heranzuziehen ist. Gratifikationen, Jahrestantieme, Jahresbonus, Treueprämie, Urlaubsgeld und daneben Jubiläums- und Geburtstagszuwendungen sind Bestandteil der „vertragsmäßigen Leistungen“.[84] Bei einem Dienstwagen, der auch zum privaten Gebrauch überlassen wurde, ist der Betrag des steuerlich bewerteten geldwerten Vorteils hinzuzurechnen.[85] Noch nicht höchstrichterlich entschieden ist die Frage, wie die Karenzentschädigung bei Teilzeitbeschäftigten zu berechnen ist.[86]

4282 Die **Höhe der Karenzentschädigung** richtet sich nach der letzten, vor Beendigung des Arbeitsverhältnisses bezogenen vertragsgemäßen Vergütung auch dann, wenn ein Arbeitnehmer **Elternteilzeit** gem. § 15 Abs. 6 BErzGG (BEEG) in Anspruch genommen hat und sein Arbeitsverhältnis während der Elternzeit endet. Es ist dann weder auf die letzte vertragsgemäße Vergütung vor Beginn der Elternzeit abzustellen noch auf den dreijährigen Bezugszeitraum gem. § 74 b Abs. 2 S. 1 HGB.[87]

4283 Die Zusage einer Karenzentschädigung, bei der nach dem Vertragstext zur Berechnung der Höhe auf den Durchschnitt der Vergütungsleistungen innerhalb eines abweichend von §§ 74 Abs. 2, 74 b Abs. 2 HGB bestimmten Zeitraums abgestellt und lediglich die Hälfte dieses Durchschnitts zugesagt wird, entspricht nicht der im Gesetz vorgeschriebenen Höhe. Das gilt auch dann, wenn im Übrigen die gesetzlichen Bestimmungen der §§ 74 ff HGB gelten sollen. Handelt es sich um eine Klausel in einem vom Arbeitgeber vorformulierten Arbeitsvertrag, ist zumindest unklar iSd § 305 c Abs. 2 BGB, ob eine gesetzeskonforme Karenzentschädigung zugesagt wird. Dies führt zur Unverbindlichkeit des nachvertraglichen Wettbewerbsverbots.[88]

80 Preis/*Stoffels*, Der Arbeitsvertrag, II W 10 Rn 72.
81 LAG Hessen 10.2.1997 – 10 SaGa 2269/96, LAGE § 74 a HGB Nr. 1.
82 BAG 5.8.1966 – 3 AZR 154/66, AP § 74 HGB Nr. 19.
83 *Bauer/Diller*, Wettbewerbsverbote, § 9 Rn 266.
84 LAG Hamm 30.3.2000 – 16 Sa 1684/99, EzA-SD 12/2000, 9.
85 LAG Hamm 30.3.2000 – 16 Sa 1684/99, EzA-SD 12/2000, 9.
86 Wegen Einzelheiten *Bauer/Diller*, Wettbewerbsverbote, § 9 Rn 264.
87 BAG 22.10.2008 – 10 AZR 360/08, NZA 2009, 969.
88 LAG Hamm 23.3.2010 – 14 SaGa 68/09, NZA-RR 2010, 515 (LS).

4284 Wird bei einem nachvertraglichen Wettbewerbsverbot die Höhe der Entschädigung in das Ermessen des Arbeitgebers gestellt, ohne dass eine Mindesthöhe iSd § 74 Abs. 2 HGB vereinbart wird, ist das Wettbewerbsverbot für den Arbeitnehmer unverbindlich. Das Schriftformgebot des § 74 Abs. 1 HGB verlangt allerdings nicht die Angabe einer Karenzentschädigung in bestimmter Höhe. Wettbewerbsverbote, die keine Karenzentschädigung vorsehen, sind hingegen nichtig. Wird die Höhe der Karenzentschädigung in das Ermessen des Arbeitgebers gestellt, ohne dass eine solche vereinbart wird, ist das Wettbewerbsverbot für den Arbeitnehmer ebenso unverbindlich, wie wenn eine zu niedrige Karenzentschädigung vereinbart worden wäre. Der Arbeitnehmer kann wählen, ob er sich gegen Zahlung der vereinbarten Karenzentschädigung an das Wettbewerbsverbot hält oder ob er Wettbewerb ausübt. Entscheidet sich der Arbeitnehmer für die Einhaltung des Wettbewerbsverbots, hat der Arbeitgeber eine Ermessensentscheidung über die Höhe der Karenzentschädigung zu treffen. Diese muss wegen § 74 Abs. 2 HGB mindestens 50 % der zuletzt bezogenen vertragsmäßigen Leistungen betragen. Die Festsetzung einer niedrigeren Entschädigung entspricht nicht der Billigkeit iSd § 315 Abs. 3 S. 1 BGB. In einem solchen Fall ist die Höhe der Karenzentschädigung durch Urteil festzusetzen.[89]

4285 Dem Gestalter von Wettbewerbsverboten wird **empfohlen**, stets den Gesetzeswortlaut aus § 74 Abs. 2 HGB zu wählen. Etwaige Zweifelsfragen können nach Eintritt des Wettbewerbsfalls geklärt werden, der Gestalter der Wettbewerbsvereinbarung befindet sich jedenfalls über die Wiedergabe des Gesetzeswortlauts („vertragsmäßigen Leistungen") auf der sicheren Seite, wie das Urteil des BAG vom 28.6.2006[90] wieder bestätigt hat. Mit der Bezugnahme auf die §§ 74 ff HGB decken die Arbeitsvertragsparteien aufgrund der Regelungsdichte dieser Vorschriften alle wesentlichen Elemente einer Wettbewerbsabrede einschließlich der Zahlung von Karenzentschädigung ab.

4286 Enthält der schriftliche, dem Arbeitnehmer ausgehändigte Arbeitsvertrag neben einem Wettbewerbsverbot ohne Karenzentschädigungszusage eine salvatorische Ersetzungsklausel, kann diese zu einem wirksamen nachvertraglichen Wettbewerbsverbot mit der Zusage einer Karenzentschädigung in gesetzlicher Höhe führen.[91] Nach Auffassung des LAG Hamm bringe zum einen die Konkretisierung des Wettbewerbsverbots in räumlicher und zeitlicher Hinsicht zum Ausdruck, dass dieses wirksam sein sollte. Auch die Aufnahme einer salvatorischen Klausel zeige, dass der Arbeitgeber keine unwirksamen Regelungen gewollt habe. Zur Ermittlung dieses Willens der Parteien komme es auch nicht auf den Zeitpunkt der Vertragsbeendigung an, sondern allein auf den Zeitpunkt des Vertragsschlusses. Daher sei es unerheblich, wenn der Arbeitgeber bei Vertragsbeendigung tatsächlich kein Interesse mehr an der Einhaltung des Wettbewerbsverbots gehabt habe, weil das Arbeitsverhältnis nur kurz bestanden habe und der Arbeitnehmer nach Ansicht des Arbeitgebers nur einen unzureichenden Vertriebserfolg erzielt habe. Ebenfalls nicht zu berücksichtigen sei, dass der Arbeitgeber sich durch die Formulierung möglicherweise ein „Schlupfloch" offenhalten wollte für den Fall, dass er an dem Wettbewerbsverbot später kein Interesse mehr hat. Denn ein solches unseriöses Verhalten gegenüber Arbeitnehmern sei weder schutzwürdig noch schutzbedürftig oder mutmaßlicher übereinstimmender Parteiwille. Die Aufrechterhaltung des Wettbewerbsverbots durch die salvatorische Klausel sei schließlich auch mit der Systematik des Gesetzes zu vereinbaren, denn § 74 Abs. 2 HGB fordere nicht eine ausdrückliche oder besondere Vereinbarung der Karenzentschädigung, sondern es sei ausreichend, wenn sich eine solche Vereinbarung durch Auslegung ermitteln lasse.

4287 Gemäß § 74 a HGB sind Wettbewerbsverbote auch insoweit unverbindlich, als sie nicht zum Schutze eines **berechtigten geschäftlichen Interesses** des Arbeitgebers dienen. Vorausgesetzt wird ein konkreter Bezug zwischen der bisherigen Tätigkeit und dem Gegenstand des Wettbewerbsverbots. Die wirtschaftlichen Interessen des Arbeitgebers müssen gerade durch eine Ver-

89 BAG 15.1.2014 – 10 AZR 243/13, NZA 2014, 536.

90 BAG 28.6.2006 – 10 AZR 407/05, NZA 2006, 1157 = NJW 2006, 3659.

91 LAG Hamm 18.2.2014 – 14 Sa 806/13, juris (Revision eingelegt unter BAG 10 AZR 181/14).

wertung der vom Arbeitnehmer im Unternehmen gesammelten Kenntnisse und Erfahrungen gefährdet sein.[92] Nicht berechtigt ist der Wunsch, sich eine qualifizierte Fachkraft zu erhalten oder den Arbeitnehmer für die Konkurrenz zu blockieren.[93]

Ein **berechtigtes Interesse** nach § 74 a Abs. 1 S. 1 HGB liegt vor, wenn der Arbeitgeber wegen der Tätigkeit des Arbeitnehmers Anlass hat, dessen Konkurrenz zu fürchten, oder wenn das Verbot die Weitergabe geschäftlicher Geheimnisse und den Einbruch in den Kunden- und Lieferantenstamm verhindern soll.[94] Es wird demnach ein konkreter Bezug zwischen der bisherigen Tätigkeit und dem Gegenstand des Wettbewerbsverbots vorausgesetzt. Die wirtschaftlichen Interessen des Arbeitgebers müssen gerade durch eine Verwertung der vom Arbeitnehmer im Unternehmen gesammelten Kenntnisse und Erfahrungen gefährdet sein.[95] Ein berechtigtes Interesse fehlt jedoch, wenn der Arbeitnehmer auf einen Bereich durch das nachvertragliche Wettbewerbsverbot beschränkt wird, auf dem er bei seinem früheren Arbeitgeber nicht gearbeitet hat.[96] Auch liegt kein berechtigtes Interesse vor, wenn das nachvertragliche Wettbewerbsverbot nur dazu dient, den Arbeitnehmer von künftigen Kunden fernzuhalten, seinen Arbeitsplatzwechsel zu erschweren oder jede Stärkung der Konkurrenz zu verhindern.[97] Selbst wenn für das nachvertragliche Wettbewerbsverbot ein berechtigtes Interesse des Arbeitgebers besteht, so ist es gem. § 74 a Abs. 1 S. 2 HGB unverbindlich, wenn es das Fortkommen des Arbeitnehmers unbillig, also in einer über die rechtlich geschützten Interessen hinausgehenden Weise, erschwert.[98] Das Verbot muss deshalb nach Ort, Zeit und Inhalt angemessen sein und den Anforderungen des Verhältnismäßigkeitsgrundsatzes genügen.[99] Dies ist zum Zeitpunkt des Wirksamwerdens des Wettbewerbsverbots, also bei Beendigung des Arbeitsverhältnisses, zu bestimmen. Ein Wettbewerbsverbot, das zu diesem Zeitpunkt dem Schutz der geschäftlichen Interessen des Arbeitgebers dient und räumlich hinreichend beschränkt ist, erschwert das Fortkommen des Arbeitnehmers nicht unbillig.[100] 4288

In **zeitlicher Hinsicht** gibt das Gesetz in § 74 a Abs. 1 S. 3 HGB die Obergrenze von zwei Jahren vor. Allerdings ist nicht immer eine Wettbewerbslage gegeben, die das Ausreizen der Obergrenze rechtfertigt. Stellt sich der zeitliche Umfang innerhalb der Obergrenze als über die berechtigten geschäftlichen Interessen des Arbeitgebers hinausgehend dar, ist das Wettbewerbsverbot für diesen unberechtigt aufgenommenen Zeitraum unverbindlich, so dass der Arbeitnehmer die Wahl hat, ob er das Verbot gegen Entschädigung einhält oder stattdessen Wettbewerb betreibt. Ist ein Wettbewerbsverbot von mehr als zwei Jahren Dauer vereinbart worden, so gilt nichts anderes; im Zweifel ist das Wettbewerbsverbot nur für eine angemessene kürzere Dauer verbindlich, anschließend unverbindlich mit der Folge des Wahlrechts des Arbeitnehmers.[101] Dieses Wahlrecht muss nicht bereits bei Beginn der Wettbewerbssperre ausgeübt werden, es besteht bis zum Ablauf der angemessenen Dauer jedenfalls fort.[102] 4289

In **räumlicher Hinsicht** gilt ein nachvertragliches Wettbewerbsverbot, soweit es nicht eingeschränkt ist, grds. deutschlandweit. Eine unbillige Erschwerung des Fortkommens wird jedoch dann vorliegen, wenn dem Arbeitnehmer dadurch in ganz Deutschland die Ausübung seines 4290

92 Küttner/*Reinecke*, Personalbuch, 460 (Wettbewerbsverbot) Rn 14.
93 BAG 1.8.1995 – 3 AZR 154/66, DB 1996, 481.
94 Schaub/*Schaub*, Arbeitsrechts-Handbuch, § 58 Rn 61.
95 Küttner/*Reinecke*, Personalbuch, 460 (Wettbewerbsverbot) Rn 14.
96 BAG 1.10.1991 – 1 AZR 147/91, AP §§ 133 f GewO Nr. 18.
97 Schaub/*Schaub*, Arbeitsrechts-Handbuch, § 58 Rn 61.
98 Schaub/*Schaub*, Arbeitsrechts-Handbuch, § 58 Rn 62.
99 BGH 18.7.2005 – II ZR 159/03, DB 2005, 2129; MünchHandbArbR/*Wank*, § 130 Rn 22.
100 LAG 8.12.2005 – 7 Sa 1871/05, NZA-RR 2006, 426.
101 *Bauer/Diller*, Wettbewerbsverbote, § 8 Rn 235; Moll/*Rheinfeld*, MAH Arbeitsrecht, § 30 Rn 30; Preis/*Stoffels*, Der Arbeitsvertrag, II W 10 Rn 47.
102 LAG Düsseldorf 4.3.1997 – 3 Sa 1644/96, NZA-RR 1998, 58.

Berufes unmöglich gemacht wird oder bei Spitzenkräften die Auswanderung ins Ausland dadurch erzwungen wird.[103]

4291 In **gegenständlicher Hinsicht** darf das nachvertragliche Wettbewerbsverbot nicht dazu führen, dass jede Beschäftigung in Konkurrenzunternehmen verboten wird, obwohl den Interessen des Arbeitgebers ausreichend Rechnung getragen wäre, wenn nur eine der früheren Tätigkeit entsprechende Beschäftigung untersagt würde.[104] Nach hM bewirkt dieser Grundsatz eine gesetzlich angeordnete geltungserhaltende Reduktion,[105] bei der § 307 Abs. 3 S. 1 BGB *lex specialis* vor § 306 Abs. 2 BGB ist. Bei Wettbewerbsverbotsklauseln, die nur **„insoweit unverbindlich"** sind, führt eine übermäßige Bindung des Arbeitnehmers dazu, dass das Verbot mit dem vom Gesetz vorgesehenen Grenzen abgemildert und mit einem für den Arbeitnehmer tragbaren und zumutbaren Inhalt aufrechterhalten werden kann.[106] Folge ist, dass der Arbeitnehmer sich an das Wettbewerbsverbot gegen Karenzentschädigung zu halten hat, wenn die beabsichtigte Tätigkeit innerhalb der zulässigen Verbotsschwelle liegt. Soweit jedoch die beabsichtigte Tätigkeit außerhalb des vereinbarten Verbotsbereiches liegt, ist der Arbeitnehmer an das Verbot nicht mehr gebunden. Insoweit ist das Wettbewerbsverbot unwirksam.

4292 Nach § 307 BGB sind formularmäßig vereinbarte Vertragsklauseln insgesamt unwirksam, wenn sie den Vertragspartner des Verwenders entgegen den Geboten von Treu und Glauben unangemessen benachteiligen. Es stellt sich mithin die Frage, in welchem **Verhältnis die Inhaltskontrolle nach § 307 BGB zur Inhaltskontrolle nach § 74 a Abs. 1 S. 1 und 2 HGB steht.** Nach Auffassung des LAG Hamm[107] hat eine Inhaltskontrolle nach § 74 a HGB grds. Vorrang, da die in § 74 a HGB angelegte geltungserhaltende Reduktion dem § 307 BGB in sinngemäßer Anwendung von § 307 Abs. 3 BGB vorgehe. Diese Auffassung vertreten auch *Stoffels*[108] und *Thüsing/Leder*.[109] Sie ist vom LAG Baden-Württemberg[110] in jüngerer Zeit bestätigt worden, eine BAG-Entscheidung liegt hierzu noch nicht vor. Das LAG Baden-Württemberg hat nochmals bekräftigt, dass ein nachvertragliches Wettbewerbsverbot hinsichtlich seiner inhaltlichen, örtlichen und zeitlichen Reichweite keiner AGB-rechtlichen Inhaltskontrolle unterliege, da ein nachvertragliches Wettbewerbsverbot jedenfalls bei nachträglicher Vereinbarung einen gegenseitigen Vertrag iSd §§ 320 ff BGB darstellt und die Regelung der vertraglichen Hauptleistungspflichten („Leistungsbeschreibung") ebenso wie das Verhältnis zwischen Leistung und Gegenleistung (Höhe der Karenzentschädigung) gem. § 307 Abs. 3 BGB kontrollfrei bleiben. Eine Inhaltskontrolle findet deshalb nur nach Maßgabe von § 74 a HGB statt, der eine geltungserhaltende Reduktion vorsieht.[111]

4293 *Däubler*[112] hingegen sieht in der in § 74 a Abs. 1 S. 3 HGB vorgesehenen geltungserhaltenden Reduktion keine der AGB-Kontrolle vorrangige Bestimmung, da sie nicht auf Standardverträge zugeschnitten sei; das Urteil des LAG Hamm könne nur als Missverständnis bezeichnet werden. *Diller*[113] hingegen geht noch einen Schritt weiter: Er ist der Auffassung, dass es beim nachvertraglichen Wettbewerbsverbot schon an der von § 307 Abs. 3 BGB vorausgesetzten „Abweichung vom Gesetz" fehlt. Der AGB-rechtlichen Inhalts- bzw Angemessenheitskontrolle unterlägen grds. nur Nebenbedingungen. Der Inhaltskontrolle entzogen sei dagegen die Festle-

103 Schaub/*Schaub*, Arbeitsrechts-Handbuch, § 58 Rn 62.
104 BGH 18.7.2005 – 2 ZR 159/03, DB 2005, 2129.
105 Preis/*Stoffels*, Der Arbeitsvertrag, II W 10 Rn 29.
106 Schaub/*Schaub*, Arbeitsrechts-Handbuch, § 58 Rn 53.
107 LAG Hamm 14.4.2003 – 7 Sa 1881/02, NZA-RR 2003, 513.
108 Preis/*Stoffels*, Der Arbeitsvertrag, II W 10 Rn 29.
109 *Thüsing/Leder*, BB 2004, 42, 46.
110 LAG Baden-Württemberg 30.1.2008 – 10 Sa 60/07, NZA-RR 2008, 508; vgl auch LAG Rheinland-Pfalz 3.8.2012 – 9 SaGa 6/12, NJW 2012, 8 = NZA-RR 2013, 15.
111 LAG Baden-Württemberg 30.1.2008 – 10 Sa 60/07, NZA-RR 2008,508.
112 Däubler/Bonin/Deinert/*Däubler*, Anh zu § 307 BGB Rn 74.
113 *Diller*, NZA 2005, 250, 251; aA *Koch*, RdA 2006, 28.

gung der Hauptleistungspflichten. In einem Wettbewerbsverbot, das anerkanntermaßen ein gegenseitiger Vertrag iSd §§ 320 ff BGB sei, werde die Festlegung des sachlichen, geografischen und zeitlichen Umfangs des Wettbewerbsverbots und damit die Hauptleistungspflicht des Arbeitnehmers aus dem Verbot definiert. Solche Leistungsbeschreibungen der vertraglichen Hauptpflichten seien keine „Abweichungen oder Ergänzungen von Rechtsvorschriften" iSv § 307 Abs. 3 BGB und deshalb der AGB-rechtlichen Inhalts- bzw Angemessenheitskontrolle grds. entzogen.

Für die Aufgabe der Gestaltung verbindlicher nachvertraglicher Wettbewerbsverbote kommt der Entscheidung dieser Rechtsfrage erhebliche Bedeutung zu. Die Festlegung des Verbotsumfangs in zeitlicher, räumlicher und gegenständlicher Hinsicht ist, worauf *Bauer/Diller* mit überzeugenden Argumenten hinweisen,[114] unausweichlich durch die Unvorhersehbarkeit künftiger Entwicklungen erschwert. Ein Unternehmer, der auf wirksamen Wettbewerbsschutz angewiesen ist, müsste sich an der Ausgestaltung mit den geringsten Verboten orientieren, ohne zu Wissen, ob dieser Schutz bei Beendigung des fraglichen Arbeitsverhältnisses seine berechtigten geschäftlichen Interessen noch ausreichend berücksichtigt. Damit wäre die gesetzliche Vorgabe auf den Kopf gestellt. Im Ergebnis ist es daher richtig, die **geltungserhaltende Reduktion** bei der Ausgestaltung der inhaltlichen Grenzen des Wettbewerbsverbots zuzulassen. 4294

ii) Bedingte Wettbewerbsverbote

Bei bedingten Wettbewerbsverboten handelt es sich um **nachvertragliche Wettbewerbsverbote,** die erst mit Eintritt oder Nichteintritt weiterer Umstände Gültigkeit bekommen sollen.[115] Nachvertragliche Wettbewerbsverbote können wirksam unter einer aufschiebenden oder auflösenden Bedingung gem. § 158 Abs. 1 und 2 BGB abgeschlossen werden.[116] Aufschiebend bedingte Wettbewerbsverbote enthalten auch nicht durch die Bedingung eine „überraschende" Klausel gem. § 305 c Abs. 1 BGB.[117] Als **aufschiebende Bedingung** kann vereinbart werden, dass das nachvertragliche Wettbewerbsverbot erst wirksam wird, wenn dem Arbeitnehmer weitergehende, mit tieferen Einblicken in Unternehmensgeheimnisse verbundene Aufgaben übertragen werden.[118] Als **auflösende Bedingung** kann die Gültigkeit eines nachvertraglichen Wettbewerbsverbots unter die Bedingung gestellt werden, dass dem Arbeitnehmer nicht bestimmte Aufgabenbereiche entzogen werden.[119] Auch kann vereinbart werden, dass das nachvertragliche Wettbewerbsverbot erst für Zeiten nach der Probezeit gelten soll.[120] Fehlt es hingegen an einer solchen Bedingung, ist das Wettbewerbsverbot wirksam und der Arbeitgeber zur Karenzzahlung verpflichtet.[121] 4295

Unzulässig iSd § 75 d S. 2 Alt. 2 HGB sind jedoch Bedingungen, die dem Arbeitgeber jederzeit das Recht einräumen, darüber zu entscheiden, ob der Arbeitnehmer Wettbewerb unterlassen muss oder nicht.[122] Durch ein derart bedingtes Wettbewerbsverbot wird der Arbeitnehmer in doppelter Weise belastet: Während des Bestandes des Arbeitsverhältnisses weiß er nicht, ob er sich auf ein Wettbewerbsverbot einrichten muss oder nicht. Der Arbeitgeber hingegen kann abwarten, ob der Arbeitnehmer in eine Wettbewerbsbeschäftigung treten wird oder nicht und davon die Inanspruchnahme des Wettbewerbsverbots abhängig machen. **Unzulässig** ist zB die Klausel, bei Beendigung des Arbeitsverhältnisses werde der Mitarbeiter verpflichtet, auf Ver- 4296

114 *Bauer/Diller*, Wettbewerbsverbote, § 8 Rn 233 b.
115 Schaub/*Schaub*, Arbeitsrechts-Handbuch, § 58 Rn 49.
116 BAG 13.7.2005 – 10 AZR 532/04, DB 2005, 2415; Preis/*Stoffels*, Der Arbeitsvertrag, 2 W 10 Rn 71.
117 BAG 13.7.2005 – 10 AZR 532/04, DB 2005, 2415.
118 Preis/*Stoffels*, Der Arbeitsvertrag, II W 10 Rn 88.
119 Preis/*Stoffels*, Der Arbeitsvertrag, 2 W 10 Rn 88.
120 BAG 27.4.1982 – 3 AZR 814/79, NJW 1983, 135.
121 BAG 28.6.2006 – 10 AZR 407/05, NZA 2006, 1157.
122 MünchHandbArbR/*Wank*, § 130 Rn 28.

langen des Arbeitgebers Karenz zu zahlen. Gleiches gilt für die Formulierung, ohne vorherige Zustimmung dürfe der Mitarbeiter keine konkurrierende Tätigkeit aufnehmen.[123] Unverbindlich ist eine Klausel, die den Arbeitgeber vor Beendigung des Arbeitsverhältnisses berechtigt, den örtlichen oder sachlichen Umfang des Verbots im Einzelnen festzulegen.[124] Unzulässig ist auch die Formulierung, das Unternehmen sei ohne Zustimmung des Mitarbeiters berechtigt, vor oder nach Beendigung des Arbeitsvertrages auf die Wettbewerbsabrede zu verzichten.[125] Auch ein Wettbewerbsverbot, das an den Fall anknüpft, dass der Arbeitnehmer ordentlich kündigt oder eine fristlose Entlassung verschuldet, ist unverbindlich.[126] Auch ein Vorvertrag, in dem sich der Arbeitnehmer verpflichtet, auf Verlangen des Arbeitgebers eine bestimmte Wettbewerbsvereinbarung zu schließen, ist nur dann zulässig, wenn auch der Arbeitnehmer den Abschluss verlangen kann oder der Arbeitgeber zumindest innerhalb einer bestimmten Frist nach Aufnahme des Arbeitsverhältnisses eine verbindliche Erklärung abzugeben hat.[127] Kündigt der Arbeitgeber in der Probezeit und enthält die Wettbewerbsabrede nicht die Bedingung, dass sie erst mit erfolgreichem Ablauf der Probezeit gilt, muss der Arbeitgeber die vereinbarte Karenz zahlen. Ein nachvertragliches Wettbewerbsverbot setzt nicht voraus, dass das Arbeitsverhältnis erst nach Ablauf einer vereinbarten Probezeit endet.[128]

jj) Karenzentschädigung

4297 Gemäß § 74 Abs. 2 HGB ist das Wettbewerbsverbot mit allen Arbeitnehmern nur verbindlich, wenn der Arbeitgeber sich während der Verbotsdauer verpflichtet, für jedes Jahr des Verbots mindestens die Hälfte der von dem Arbeitnehmer zuletzt bezogenen vertraglichen Leistungen zu erbringen.[129] Allerdings soll es nach Ansicht des BAG genügen, wenn in einer Wettbewerbsklausel auf „alle maßgebenden Vorschriften des Handelsgesetzbuchs" verwiesen wird, da darin die Zusage einer Karenzentschädigung in gesetzlicher Mindesthöhe liege.[130] Die **Karenzentschädigung** ist gem. § 74 b Abs. 1 HGB am Schluss eines jeden Kalendermonats auszuzahlen. Durch die Karenzentschädigung soll der Arbeitnehmer einen finanziellen Ausgleich dafür erhalten, dass er sich im Interesse des Arbeitgebers der Wettbewerbshandlung enthält.

4298 Zu den vertragsmäßigen Leistungen zählen nicht nur das Gehalt, sondern alle Leistungen, die der Arbeitgeber dem Arbeitnehmer zuletzt vor dem Ausscheiden gewährt hat. Häufig vergessen wird, dass hierzu auch die Überlassung eines Firmenwagens gehört.[131]

4299 Bei der Berechnung von Provision ist der Durchschnitt der **letzten drei Jahre** in Ansatz zu bringen, § 74 b Abs. 2 HGB. Hat das Arbeitsverhältnis noch nicht so lange bestanden, wird der Durchschnitt aus dem Zeitraum ermittelt, für den die Bestimmung in Kraft war, § 74 b HGB.

4300 **Einkünfte aus selbständiger oder unselbständiger Tätigkeit**, die der Arbeitnehmer durch die Verwertung seiner Arbeitskraft erzielt, sind während der Realisierung des Wettbewerbsverbots auf die Karenzentschädigung anzurechnen, § 74 c Abs. 1 HGB. **Zinsgewinne** aus Kapitaleinlagen oder bereits während des Arbeitsverhältnisses erzielte Nebeneinnahmen zählen nicht hierzu.[132] Grundsätzlich gilt, dass alle diejenigen Einkommensbestandteile, die die Höhe der Karenzentschädigung bestimmen, auch den Umfang der anrechenbaren Leistungen abgrenzen.[133] Soweit allerdings der Arbeitnehmer beim Arbeitgeber nur in Teilzeit gearbeitet hat und wäh-

---

123 BAG 16.12.1986 – 3 AZR 73/86, DB 1987, 2047.
124 BAG 5.9.1995 – 9 AZR 718/93, DB 1996, 784.
125 BAG 19.1.1978 – 3 AZR 573/77, DB 1978, 543.
126 BAG 10.12.1985 – 3 AZR 242/84, DB 1986, 1829; BAG 7.9.2004 – 9 AZR 612/03, NZA 2005, 1376.
127 *Bauer/Diller*, DB 1995, 426; *dies.*, BB 1995, 1134.
128 BAG 28.6.2006 – 10 AZR 407/05, NZA 2006, 1157.
129 BAG 5.9.1995 – 9 AZR 718/93, NZA 1996, 700.
130 BAG 28.6.2006 – 10 AZR 407/05, NZA 2006, 1157.
131 *Bauer/Diller*, Wettbewerbsverbote, § 9 Rn 252 f; ErfK/*Schaub*, § 74 HGB Rn 31.
132 BAG 20.4.1967 – 3 AZR 314/66, DB 1967, 1415.
133 BAG 9.1.1990 – 3 AZR 110/88, DB 1990, 941.

rend des Wettbewerbsverbots eine Vollzeitbeschäftigung ausübt, ist der Erwerb aus der Vollzeitbeschäftigung nur zeitanteilig zu berücksichtigen.[134]

Arbeitslosengeld ist als Lohnersatzleistung wie jeder anderweitige Verdienst nach § 74c Abs. 1 HGB zu berücksichtigen.[135] Eine Kürzung der Karenzentschädigung um das Arbeitslosengeld ist dem Arbeitgeber selbst dann versagt, wenn er eine Erstattung des Arbeitslosengeldes an die Agentur für Arbeit vornehmen muss.[136] Eine Hochrechnung des Arbeitslosengeldes auf ein Bruttoarbeitsentgelt findet nicht statt.[137] **Übergangsgeld** steht dem Arbeitslosengeld nicht gleich.[138] **Renten** aus der gesetzlichen Rentenversicherung unterliegen als im Berufsleben erdiente Versicherungsleistung nicht der Anrechnung.[139] Höchstrichterlich noch nicht entschieden ist, ob sich der Arbeitnehmer Betriebsrenten auf die Karenzentschädigung anrechnen lassen muss.[140] 4301

Böswilliges Unterlassen anderweitigen Erwerbs steht dem tatsächlichen Erwerb gleich und führt zur fiktiven Anrechnung des anderweitigen Verdienstes (§ 74c S. 1 HGB). Böswillig handelt der Arbeitnehmer, der eine ihm mögliche und den gesamten Umständen nach zumutbare Tätigkeit nicht aufnimmt. Das Verhalten des Arbeitnehmers muss nachvollziehbar sein. Es gilt der Redlichkeitsmaßstab des § 242 BGB.[141] Der Arbeitgeber kann sich seiner Verpflichtung zur Zahlung von Karenzentschädigung nicht dadurch entziehen, dass er einem Ruheständler die Weiterbeschäftigung anbietet.[142] 4302

Übersteigt die Gesamtheit der anrechenbaren Leistungen unter Hinzurechnung der Karenzentschädigung den Betrag der zuletzt bezogenen Leistungen um mehr als 10 v.H., wird die Karenzentschädigung entsprechend gekürzt. Die Grenze erhöht sich auf 25 v.H., wenn das Wettbewerbsverbot den Arbeitnehmer zu einer Verlegung seines Wohnsitzes zwingt, § 74 Abs. 1 S. 2 HGB. Unter dem Gesichtspunkt der Ursächlichkeit des Wettbewerbsverbots für den Wohnsitzwechsel wird vorausgesetzt, dass eine Wettbewerbstätigkeit am früheren Wohnsitz des Arbeitnehmers überhaupt objektiv und subjektiv für ihn in Betracht gekommen wäre.[143] Ein Zwang zum Wohnsitzwechsel wird bereits dann anerkannt, wenn der Arbeitnehmer nur außerhalb seines bisherigen Wohnsitzes eine angemessene neue Beschäftigung findet. Es reicht aus, dass sich der neue Arbeitgeber die örtliche Versetzung des Arbeitnehmers vorbehält und diese dann umgesetzt wird. Der später vollzogene Umzug des Arbeitnehmers wirkt auf die Anrechnungsfreigrenze zurück.[144] 4303

Mit der **erhöhten Anrechnungsfreigrenze von 25 %** werden die Mehraufwendungen ausgeglichen, die der Arbeitnehmer durch den Umzug erleidet. Außerdem wird ein Anreiz geschaffen, sich nach einer neuen Arbeit umzusehen.[145] Ein Arbeitnehmer ist durch das Wettbewerbsverbot gezwungen, seinen Wohnsitz zu verlegen, wenn er nur außerhalb seines bisherigen Wohnortes eine Tätigkeit ausüben kann, die nach Art, Vergütung und beruflichen Chancen seiner bisherigen Tätigkeit nahe kommt. Ist am bisherigen Wohnsitz ein Unternehmen ansässig, bei dem die Aufnahme einer Tätigkeit dem Arbeitnehmer verboten ist, so muss der Arbeitnehmer 4304

134 LAG Köln 2.10.1986 – 7 Sa 491/96, LAGE § 74c HGB Nr. 1.

135 Das BAG äußert jedoch nunmehr Bedenken, ob nach der Aufhebung von § 148 SGB III ohne gesetzliche Neuregelung Arbeitslosengeld auf den Anspruch auf Karenzentschädigung aus einer Wettbewerbsvereinbarung anzurechnen ist (BAG 15.1.2014 – 10 AZR 243/13, NZA-RR 2012, 98).

136 BAG 22.5.1990 – 3 AZR 373/88, DB 1991, 451.

137 BAG 15.1.2014 – 10 AZR 243/13, NZA-RR 2012, 98; BAG 27.11.1991 – 4 AZR 211/91, DB 1992, 1294.

138 BAG 7.11.1989 – 3 AZR 796/87, DB 1990, 889.

139 BAG 30.10.1984 – 3 AZR 213/82, DB 1985, 709.

140 Verneinend Küttner/*Reinecke*, Personalbuch, 460 (Wettbewerbsverbot) Rn 35.

141 BAG 13.11.1975 – 3 AZR 38/75, DB 1976, 439.

142 BAG 3.7.1990 – 3 AZR 96/89, DB 1991, 1125.

143 BAG 10.9.1985 – 3 AZR 31/84, NZA 1986, 329.

144 BAG 8.11.1994 – 9 AZR 4/93, DB 1995, 1569.

145 BAG 17.5.1988 – 3 AZR 482/86, NZA 1989, 142.

nicht nachweisen, dass er, das nachvertragliche Wettbewerbsverbot hinweggedacht, bei diesem auch tatsächlich eine Anstellung gefunden hätte.[146]

4305 Das Schema der **Berechnung einer Karenzentschädigung** hat somit folgenden Inhalt:

I. Jahresberechnung
   Letzte Jahreseinnahmen : 2 = Quotient
   Quotient : 12 = Monatlich zahlbare Karenzentschädigung „K", wenn nicht
II. Berücksichtigung anderweitigen Verdienstes
   1. Letztes Jahreseinkommen vor Ausscheiden + 10 % oder
      im Falle des Wohnungswechsels + 25 %
      Gesamtsumme von 110 % oder 125 %
      – Karenzentschädigung = Nicht anrechenbare Vergütung
   2. Neues Jahreseinkommen
      – Nicht anrechenbare Vergütung aus 1. = Anrechenbare Vergütung „A"
   3. Karenzentschädigung „K"
      – Anrechenbare Vergütung „A" = geschuldete Karenzentschädigung

kk) Wegfall des Wettbewerbsverbots

4306 Bis zur rechtlichen Beendigung des Arbeitsverhältnisses kann der Arbeitgeber durch **schriftliche Erklärung** auf das Wettbewerbsverbot verzichten. Damit entfällt das Wettbewerbsverbot mit sofortiger Wirkung, der Arbeitnehmer kann also unmittelbar im Anschluss an das beendete Arbeitsverhältnis konkurrierend tätig werden. Erst mit Ablauf eines Jahres ab Zugang der Erklärung wird der Arbeitgeber allerdings von der Verpflichtung zur Zahlung der Karenzentschädigung befreit.[147] Die Verzichtserklärung des Arbeitgebers kann mit der Kündigung verbunden werden. Eine vertragliche Erweiterung des Verzichtsrechts ist dagegen unwirksam.[148] Insbesondere kommt es nicht darauf an, ob der Arbeitnehmer bei Vertragsbeendigung überhaupt in der Lage ist, Wettbewerbstätigkeiten auszuüben. Die Karenzentschädigung ist daher auch bei Krankheit des ehemaligen Arbeitnehmers zu zahlen.[149]

4307 Die **ordentliche Kündigung** des Arbeitgebers löst für den Arbeitnehmer das Recht zur Lossage aus, wenn für die Beendigung des Arbeitsverhältnisses der Arbeitnehmer keinen erheblichen Anlass gegeben hat, § 75 Abs. 2 HGB. Eine Wettbewerbsklausel, die besagt, dass das Wettbewerbsverbot von vornherein nicht für den Fall der ordentlichen Kündigung des Arbeitgebers gelten soll, ist für den Arbeitnehmer unverbindlich.[150]

4308 Kündigt der Arbeitgeber das Arbeitsverhältnis mit einem kaufmännischen Angestellten wegen dessen vertragswidrigen Verhaltens aus wichtigem Grund, kann er sich in entsprechender Anwendung des § 75 Abs. 1 HGB von einer nachvertraglichen Wettbewerbsvereinbarung binnen eines Monats nach der Kündigung durch schriftliche Erklärung lösen.[151] Der Wortlaut einer allgemeinen Ausgleichsklausel in einem gerichtlichen Vergleich, wonach mit der Erfüllung der Vereinbarung sämtliche Ansprüche „hinüber und herüber" aus dem Arbeitsverhältnis und seiner Beendigung abgegolten und ausgeglichen sind, umfasst auch Ansprüche aus einem vertraglichen Wettbewerbsverbot.[152] Jedoch kann sich aus weiteren Umständen wie dem Zustande-

146 BAG 23.2.1999 – 9 AZR 739/97, NZA 1999, 936.
147 § 75 a HGB; BAG 25.10.2007 – 6 AZR 662/06, NJW 2008, 1466; ArbG Stuttgart 30.11.1995 – 5 Ca 7609/95, NZA-RR 1996, 165.
148 BAG 17.2.1987 – 3 AZR 59/86, DB 1987, 1444.
149 BAG 23.11.2004 –9 AZR 595/03, NZA 2005, 411.
150 BAG 14.7.1981 – 3 AZR 515/78, DB 1982, 906.
151 BAG 19.5.1998 – 9 AZR 327/96, EzA-SD 24/1998, 14.
152 BAG 22.10.2008 – 10 AZR 617/07, NZA 2009, 139; BAG 31.7.2002 – 10 AZR 513/01, DB 2002, 2651; BAG 7.9.2004 – 9 AZR 612/03, NZA 2005, 1376; BAG 24.6.2009 – 10 AZR 707/08, NZA-RR 2010, 536.

kommen der Vereinbarung oder dem nachvertraglichen Verhalten ausnahmsweise durchaus ergeben, dass die Parteien ein Wettbewerbsverbot dennoch aufrechterhalten, nicht auf Ansprüche daraus verzichten wollten.[153]

ll) Rechtsfolgen von Wettbewerbsverstößen

Sollte der Arbeitnehmer nach Beendigung des Arbeitsverhältnisses – trotz Vereinbarung eines wirksamen Wettbewerbsverbots – in Konkurrenz zum Arbeitgeber treten, so kann der Arbeitgeber **Klage auf Unterlassung der Konkurrenztätigkeit** gegen den Arbeitnehmer erheben.[154] Daneben tritt ein unbedingter Anspruch auf Auskunft über das wettbewerbswidrige Verhalten, selbst wenn das Risiko besteht, in einem staatsanwaltlichen Ermittlungsverfahren dadurch selbst belastet zu werden.[155] Aufgrund der Dringlichkeit kann regelmäßig der Unterlassungsanspruch des Arbeitgebers auch im Wege der **einstweiligen Verfügung** durchgesetzt werden.[156] Ein Verfügungsgrund für den Erlass einer Wettbewerbs-Untersagungsverfügung setzt allerdings eine Wiederholungs- oder Erstbegehungsgefahr in Bezug auf eine Konkurrenztätigkeit voraus. Dies ist unproblematisch, wenn der Arbeitnehmer bereits bei der Konkurrenz beschäftigt ist. Die Last der Glaubhaftmachung trifft den Verfügungskläger. Bei weitergehenden Verstößen kann dem Arbeitnehmer auch ein **Ordnungsgeld** auferlegt werden. Nach Ablauf der Karenzzeit kommt jedoch eine Festsetzung von Ordnungsgeld auch dann in Betracht, wenn der Verstoß in der Karenzzeit lag.[157] Für den Zeitraum der verbotenen Konkurrenztätigkeit wird dem Arbeitnehmer die Wettbewerbsunterlassung unmöglich, so dass der Arbeitgeber insoweit gem. § 275 Abs. 1 iVm § 326 Abs. 1 S. 1 BGB **von der Pflicht zur Karenzzahlung befreit** wird. Allerdings hat der Arbeitgeber die Karenzentschädigung zu zahlen, wenn der Arbeitnehmer das nachvertragliche Wettbewerbsverbot wieder einhält.[158] 4309

mm) Kollisionsrechtliche Behandlung nachvertraglicher Wettbewerbsverbote

Aufgrund der zunehmenden Globalisierung werden heutzutage nachvertragliche Wettbewerbsverbote häufig nicht nur deutschlandweit, sondern für bestimmte Länder, europaweit oder gar weltweit vereinbart. Welche international privatrechtliche Anknüpfung beim nachvertraglichen Wettbewerbsverbot vorzunehmen ist, hängt davon ab, ob das nachvertragliche Wettbewerbsverbot arbeits-, dienstvertrags- oder gesellschaftsrechtlich zu betrachten ist. Es hängt also davon ab, ob das nachvertragliche Wettbewerbsverbot im Arbeitsvertrag, im Geschäftsführervertrag, im Gesellschaftsvertrag oder etwa gar in einem Aktienoptionsplan vereinbart wurde. Bei nachvertraglichen Wettbewerbsverboten, die im Arbeitsvertrag vereinbart wurden, ergibt sich zwingend eine Anwendung der arbeitsrechtlichen Kollisionsregeln, auch wenn im Fall einer späteren Durchsetzung des Wettbewerbsverbots kein Arbeitsvertrag zwischen den Parteien mehr besteht. 4310

Zu unterscheiden sind der Fall der Durchsetzung ausländischer Wettbewerbsverbote in Deutschland und die Verfolgung deutscher Verbote im Ausland. Im ersten Fall beruht das nachvertragliche Wettbewerbsverbot auf einem Vertrag, der ausländischem Recht unterliegt und eventuell keine Karenzentschädigung vorsieht. Die arbeitskollisionsrechtliche Anknüpfung an den ehemaligen Arbeitsort kann hier zur Verweisung in das ausländische Recht führen. Ist für die Beurteilung der Wirksamkeit ausländisches Recht maßgeblich, ist dennoch stets zu prüfen, ob das Ergebnis der Anwendung des ausländischen Rechts gegen den deutschen *ordre pu-* 4311

153 BAG 31.7.2002 – 10 AZR 513/01, DB 2002, 2651.
154 Preis/*Stoffels*, Der Arbeitsvertrag, II W 10 Rn 96.
155 LAG Hamm 3.3.2009 – 14 Sa 1689/08, juris.
156 ArbG Mönchengladbach 5.6.2008 – 4 Ga 24/08, AE 2008, 190; LAG Hamm 3.9.1980 – 15 Sa 912/80, DB 1980, 2295; Küttner/*Reinecke*, Personalbuch, 460 (Wettbewerbsverbot) Rn 42.
157 OLG Düsseldorf 16.7.1991 – 6 W 41/91, DB 1992, 1084.
158 Preis/*Stoffels*, Der Arbeitsvertrag, II W 10 Rn 97.

blic verstößt.[159] Dies führt letztlich dazu, dass eine von einem deutschen Gericht vorzunehmende Wirksamkeitskontrolle nach materiellem ausländischem Recht in gleicher Weise zu erfolgen hat, wie dies bei der Anwendung materiellen deutschen Rechts zu geschehen hätte. Erforderlich ist eine Abwägung der gegenläufigen Interessen, wobei insb. das aus Art. 12 Abs. 1 GG folgende Gebot der Berufsfreiheit zu berücksichtigen ist. Dieses Grundrecht ist auch bei der Prüfung materiellen ausländischen Rechts zu beachten, weil gem. Art. 6 EGBGB die Rechtsnorm eines anderen Staates nicht anzuwenden ist, wenn sie mit wesentlichen Grundsätzen des deutschen Rechts, insb. mit den Grundrechten, unvereinbar ist. Überdies ist die Berufsfreiheit auch international-rechtlich anerkannt.[160] Dies bedeutet jedoch nicht, dass die §§ 74 ff HGB als Schattenregime an die Stelle der ausländischen Regelungen treten. Vielmehr muss das fremde Recht, eventuell unter Mithilfe von Gutachtern, zunächst in seiner eigenen Anwendungsart erfasst und dann funktionsbezogen auf die Vereinbarkeit mit den wesentlichen Grundsätzen des deutschen Rechts abgeglichen werden.

4312 Im zweiten Szenario besteht ein nachvertragliches Wettbewerbsverbot auch für andere Länder als Deutschland, wie bspw über ein europaweites oder ein weltweites nachvertragliches Wettbewerbsverbot. Wenn nun ein deutscher Arbeitnehmer, mit dem ein solches nachvertragliches Wettbewerbsverbot vereinbart wurde, dennoch in einem anderen Land in Konkurrenz zum Arbeitgeber tritt, stellt sich die Frage, wie das nachvertragliche Wettbewerbsverbot durchgesetzt werden kann. An erster Stelle stellt sich die Frage, bei welchem Gericht der nun im Ausland tätige Arbeitnehmer zu verklagen ist. Gerichtsstandsvereinbarungen können mit Arbeitnehmern nicht wirksam getroffen werden.[161] Allerdings wird in aller Regel der international weit verbreitete Beklagtengerichtsstand in dem Land eröffnet sein, in dem der Arbeitnehmer seinen gewöhnlichen Aufenthalt hat. Auch der Gerichtsstand des Ortes der unerlaubten Handlung ist weit verbreitet. An zweiter Stelle ist zu prüfen, welches Recht in diesem Land anzuwenden ist. Da das nachvertragliche Wettbewerbsverbot dem deutschen Arbeitsvertrag mit dem ehemaligen Arbeitgeber entstammt, gilt Art. 30 Abs. 2 Nr. 1 EGBGB, somit also deutsches Recht. Allerdings besteht stets die Gefahr, dass das Gericht des anderen Staates, in dem es möglicherweise kürzere Höchstgrenzen oder höhere Begründungsanforderungen bei nachvertraglichen Wettbewerbsverboten gibt oder in dem nachvertragliche Wettbewerbsverbote überhaupt nicht wirksam vereinbart werden können, das nachvertragliche Wettbewerbsverbot als nicht im Einklang mit der nationalen Rechtsordnung bewertet und deshalb für unwirksam hält.

4313 Selbst wenn der sich im Ausland befindliche Arbeitnehmer vor einem deutschen Gericht nach deutschem Recht auf Unterlassung der Wettbewerbstätigkeit verklagt werden kann, bestehen erhebliche Detailprobleme in der rechtlichen Durchsetzung einer Unterlassungspflicht. Trotz europaweiter Anerkennung und Vollstreckung ausländischer gerichtlicher Entscheidungen nimmt die Vollstreckung eines deutschen Urteils im Ausland erfahrungsgemäß weitaus mehr Zeit in Anspruch als in Deutschland selbst. Außerdem ist ungewiss, ob eine deutsche gerichtliche Entscheidung tatsächlich in einem außereuropäischen Land auch anerkannt und vollstreckt wird. Voraussetzung ist, dass zwischen Deutschland und dem jeweiligen Staat ein Anerkennungs- und Vollstreckungsabkommen besteht. Für den Arbeitgeber steht stets zu befürchten, dass die Mühe der Durchsetzung des nachvertraglichen Wettbewerbsverbots im Ausland mehr Aufwand als Nutzen bedeutet, da es bis zu dem Zeitpunkt, in dem der Arbeitnehmer effektiv daran gehindert ist, eine Konkurrenztätigkeit auszuüben, abgelaufen ist, wenn der gerichtliche Titel im Ausland überhaupt vollstreckt werden kann.

4314 Ein **weltweit** vereinbartes nachvertragliches Wettbewerbsverbot ist in der Praxis daher nicht geeignet, einen Arbeitnehmer tatsächlich an der Ausübung von Konkurrenztätigkeit in einem

159 *Thomas/Weidmann*, DB 2004, 2694, 2699.

160 *Fischer*, DB 1999, 1702; vgl OLG Celle 13.9.2000 – 9 U 110/00, NZG 2001, 131.

161 S. § 1 Rn 2450 ff (34. Gerichtsstandsklauseln).

anderen Land zu hindern, da die Durchsetzung des Wettbewerbsverbots de facto nur schwer möglich ist. Hinzu tritt, dass dem Arbeitgeber an einem weltweiten Wettbewerbsverbot meist das berechtigte geschäftliche Interesse nach § 74 a Abs. 1 HGB fehlt.[162] Selbst die Wirksamkeit eines **EU-weiten** Wettbewerbsverbots für einen Chemiker und Betriebsleiter erscheint dem BAG zweifelhaft.[163] Nachvertragliche Wettbewerbsverbote entfalten ihre Geltung deshalb in der Praxis überwiegend nur **national**.

b) Klauseltypen und Gestaltungshinweise

aa) Tätigkeitsbezogenes nachvertragliches Wettbewerbsverbot

(1) Klauselwerk A

In Ergänzung zu dem bestehenden Arbeitsvertrag schließen 4315

der Unternehmer (...)

– nachstehend: Arbeitgeber –

und
Herr (...)

– nachstehend: Arbeitnehmer –

folgende Vereinbarung über ein nachvertragliches Wettbewerbsverbot:

(1) Dem Arbeitnehmer ist es untersagt, während der Dauer von (...) [maximal 24] Monaten nach der Beendigung des Arbeitsverhältnisses eine Wettbewerbstätigkeit im Geschäftsbereich des Arbeitgebers aufzunehmen, sei es selbständig, als freier Mitarbeiter, arbeitnehmerähnlich, durch beratende Tätigkeiten oder auf sonstige Weise. Insbesondere ist es untersagt, für ein Unternehmen tätig zu werden, welches mit dem Arbeitgeber in direktem oder indirektem Wettbewerb steht. Untersagt ist auch die Tätigkeit für ein anderes Unternehmen, das mit einem Wettbewerbsunternehmen im Sinne dieser Vereinbarung im Konzernverbund steht oder auf das ein Wettbewerbsunternehmen aufgrund sonstiger tatsächlicher oder rechtlicher Bindungen Einfluss nehmen kann bzw das seinerseits aufgrund solcher Bindungen Einfluss auf ein Wettbewerbsunternehmen hat. Das vereinbarte Wettbewerbsverbot wirkt auch zugunsten sämtlicher mit dem Arbeitgeber verbundenen Unternehmen.
(2) Wettbewerbstätigkeiten im Sinne dieser Vereinbarung sind: (...)
Der räumliche Geltungsbereich der Wettbewerbsvereinbarung umfasst (...).
Dieses Wettbewerbsverbot erstreckt sich sachlich auf alle Wirtschafts- und Handelsbereiche, in denen der Arbeitgeber tätig ist. Dieses Wettbewerbsverbot erstreckt sich räumlich auf alle Städte und Gemeinden zuzüglich eines Umkreises von jeweils 100 km, in denen der Arbeitgeber eine Niederlassung unterhält oder unternehmerisch tätig ist. Maßgeblich ist sowohl für den sachlichen als auch für den räumlichen Geltungsbereich der Zeitpunkt, in dem das Arbeitsverhältnis endet.
(3) Der Arbeitgeber zahlt dem Arbeitnehmer während der Dauer des Wettbewerbsverbots eine Entschädigung in Höhe der Hälfte der zuletzt von ihm bezogenen vertragsmäßigen Leistungen. Die Entschädigung ist am Ende eines jeden Monats fällig.
Die Anrechnung dessen, was der Arbeitnehmer während der Dauer des Wettbewerbsverbots durch anderweitige Verwertung seiner Arbeitskraft erwirbt oder zu erwerben böswillig unterlässt, richtet sich nach § 74 c HGB.
(4) Der Arbeitnehmer verpflichtet sich, dem Arbeitgeber während der Dauer des Wettbewerbsverbots jederzeit auf Verlangen Auskunft über seine Tätigkeit, Name und Anschrift seines Ar-

162 *Bauer/Diller*, Wettbewerbsverbote, § 7 Rn 135.
163 BAG 30.1.1970 – 3 AZR 348/69, AP §§ 133 f GewO Nr. 24.

beitgebers sowie sämtliche für das Wettbewerbsverbot bedeutsamen Umstände zu geben und diese zu belegen.
(5) Der Arbeitnehmer hat für jeden Fall der schuldhaften Zuwiderhandlung gegen das Wettbewerbsverbot eine Vertragsstrafe in Höhe des letzten Bruttomonatsentgelts zu zahlen.
Besteht die Verletzungshandlung in der kapitalmäßigen Beteiligung an einem Wettbewerbsunternehmen oder der Beteiligung an einem Dauerschuldverhältnis als Vertragspartei (insbesondere an einem Dienst-, Arbeits-, Handelsvertreter- oder Beraterverhältnis), ist die Vertragsstrafe für jeden angefangenen Monat, in dem die Beteiligung besteht, erneut zu zahlen (Dauerverletzung). Mehrere Verletzungshandlungen lösen jeweils gesonderte Vertragsstrafen aus, gegebenenfalls auch mehrmals innerhalb eines Monats. Erfolgen dagegen zusätzliche Verletzungshandlungen im Rahmen einer Dauerverletzung (beispielsweise ein verbotener Kundenkontakt im Rahmen eines verbotenen Arbeitsverhältnisses), sind sie von der für die Dauerverletzung zu zahlenden Vertragsstrafe mit umfasst.
Bei Verwirkung mehrerer Vertragsstrafen ist der Gesamtbetrag der zu zahlenden Vertragsstrafen auf das Sechsfache des letzten Bruttomonatsentgelts beschränkt. Zugleich entfällt für jeden Monat, in welchem eine Zuwiderhandlung erfolgt, die Zahlung der Entschädigung gem. Abs. 2.
Weitergehende Ansprüche des Arbeitgebers aus einem Verstoß gegen das Wettbewerbsverbot, insbesondere Unterlassungs- und Schadensersatzansprüche, bleiben durch diese Regelung unberührt.[164]
(6) Bei einer Kündigung des Arbeitsverhältnisses durch den Arbeitgeber oder den Arbeitnehmer vor Ablauf der Probezeit tritt das nachvertragliche Wettbewerbsverbot nicht in Kraft.
(7) Der Arbeitgeber ist berechtigt, vor der Beendigung des Anstellungsverhältnisses durch schriftliche Erklärung auf das nachvertragliche Wettbewerbsverbot mit der Wirkung verzichten, dass er mit dem Ablauf eines Jahres seit der Erklärung von der Verpflichtung zur Zahlung der Entschädigung nach Abs. 2 frei wird.
(8) Bei Ausscheiden des Arbeitnehmers aus dem aktiven Arbeitsleben entfällt das Wettbewerbsverbot. Gründe für das Ausscheiden aus dem aktiven erwerbsfähigen Arbeitsleben können zB (vorzeitiges) Altersruhegeld, Erwerbsminderungsrente, Vorruhestandsgeld usw sein. In diesen Fällen endet das Wettbewerbsverbot am letzten Tag des Arbeitsverhältnisses, ohne dass dem Arbeitnehmer ein Anspruch auf Karenzentschädigung zusteht.
(9) Im Übrigen gelten die Vorschriften über das Wettbewerbsverbot nach §§ 74 ff HGB.

(...) (Unterschrift Arbeitgeber) (...) (Unterschrift Arbeitnehmer)

Diese Vereinbarung wird in zwei Exemplaren erstellt. Der Arbeitnehmer bestätigt hiermit, eine von dem Arbeitgeber original unterschriebene, vollständige Fassung erhalten zu haben.

(...) (Unterschrift Arbeitnehmer)

(2) Gestaltungshinweise

4316 Bei Klauselwerk A handelt es sich um ein **tätigkeitsbezogenes nachvertragliches** Wettbewerbsverbot, da in Abs. 2 die Tätigkeitsgebiete des Arbeitgebers aufgezählt sind. Es wird als sinnvolle Regelung eines nachvertraglichen Wettbewerbsverbots empfohlen. Das Wettbewerbsverbot umfasst sowohl selbständige als auch unselbständige Tätigkeiten, bei Konkurrenzunternehmen des Arbeitgebers selbst sowie bei Konkurrenzunternehmen des Konzerns. In die Vereinbarung ist eine zulässige aufschiebende und auflösende Bedingung des Inhalts aufgenommen, dass das nachvertragliche Wettbewerbsverbot erst nach Ende der Probezeit beginnt (Abs. 6) und mit dem Eintritt ins Rentenalter endet (Abs. 8). Diese Vorschrift sollte in keiner Wettbewerbsvereinbarung fehlen, denn falls sie vergessen wird, kann ein schon nach dem Ende der Probezeit

164 In weitgehender Anlehnung an *Diller*, NZA 2008, 574, 576.

ausscheidender Arbeitnehmer noch für die Dauer eines Jahres mindestens die Hälfte der bisherigen vertragsmäßigen Leistungen erhalten,[165] was zu einer fehlenden Relation zwischen Beschäftigungszeit und damit verbundenem Know-how und Entschädigung durch den Arbeitgeber führt. Genauso bedeutsam ist die Vorschrift, die mit dem Eintritt ins Rentenalter und dem damit verbundenen Ende des Arbeitsverhältnisses die Karenzentschädigungspflicht enden lässt, weil auf diese Weise einem meist nicht mehr an einer Teilhabe am Erwerbsleben interessierten Arbeitnehmer mit dem Bezug des Altersruhegeldes gleichzeitig noch eine beträchtlich hohe Karenzentschädigung gezahlt wird, ohne dass zu befürchten steht, dass der ältere Arbeitnehmer während des Bezugs von Altersruhegeld eine Konkurrenztätigkeit auszuüben beabsichtigt. Die vorgestellte Vertragsstrafenklausel (Abs. 5) entspricht dem aktuellen Stand der Bemühungen, umfassend und gleichzeitig transparent die Tatbestände aufzuführen, die von der Vertragsstrafe erfasst sein sollen.

bb) Unternehmensbezogenes nachvertragliches Wettbewerbsverbot

(1) Klauselwerk B

In Ergänzung zu dem bestehenden Arbeitsvertrag schließen 4317

der Unternehmer (...)

– nachstehend: Arbeitgeber –

und
Herr (...)

– nachstehend: Arbeitnehmer –

folgende Vereinbarung über ein nachvertragliches Wettbewerbsverbot:

(1) Dem Arbeitgeber ist nicht gestattet, für die Dauer von zwei Jahren nach dem Ende seines Arbeitsverhältnisses in selbständiger, unselbständiger oder anderer Weise für Dritte tätig zu werden, die mit dem Arbeitgeber in direktem oder indirektem Wettbewerb stehen oder mit einem Wettbewerbsunternehmen verbunden sind. Ebenso ist es dem Arbeitnehmer nicht gestattet, während der Laufzeit des Wettbewerbsverbots ein solches Unternehmen zu errichten, zu erwerben oder sich hieran unmittelbar oder mittelbar zu beteiligen. Das Wettbewerbsverbot wirkt auch im Hinblick auf die mit dem Arbeitgeber jetzt und in Zukunft verbundenen Unternehmen.
(2) Als Wettbewerbsunternehmen gelten die nachfolgenden Unternehmen: (...)
(3) Das Wettbewerbsverbot gilt auch für und gegen einen Rechtsnachfolger des Arbeitgebers. Bei einer Veräußerung des Betriebes geht es auf den Erwerber über. Der Arbeitnehmer ist mit dem Übergang der Rechte aus dieser Vereinbarung auf einen etwaigen Rechtsnachfolger einverstanden.
(4) Für die Dauer des Wettbewerbsverbots zahlt der Arbeitgeber eine Karenzentschädigung, die für jedes Jahr des Verbots der Hälfte der von dem Arbeitnehmer zuletzt bezogenen vertragsmäßigen Leistungen des Arbeitgebers entspricht.
(5) Anderweitigen Erwerb muss sich der Arbeitnehmer gem. § 74 c HGB auf die Entschädigung anrechnen lassen. Der Arbeitnehmer hat unaufgefordert mitzuteilen, ob und in welcher Höhe er Vergütungen neben der Karenzentschädigung bezieht. Auf Verlangen sind die Angaben durch Vorlage prüfbarer Unterlagen zu belegen.

↓ (6) Für jeden Fall der Zuwiderhandlung gegen das Verbot hat der Arbeitnehmer eine Vertragsstrafe iHv 10.000 € zu zahlen. Im Fall eines Dauerverstoßes fällt die Vertragsstrafe an jedem angefangenen Monat neu an. Die Geltendmachung eines weitergehenden Schadens bleibt vorbehalten.

165 BAG 28.6.2006 – 10 AZR 407/05, NZA 2006, 1157 = DB 2006, 2181.

(7) Dieses Wettbewerbsverbot wird nicht wirksam, wenn der Arbeitnehmer nach seinem Ausscheiden Altersruhegeld bezieht oder das Arbeitsverhältnis nicht mehr als sechs Monate gedauert hat. Eine Karenzentschädigung ist nicht zu zahlen während der Absolvierung des Wehrdienstes, des Zivildienstes oder der Verbüßung einer Freiheitsstrafe.
(8) Der Arbeitgeber ist berechtigt, vor der Beendigung des Anstellungsverhältnisses durch schriftliche Erklärung auf das nachvertragliche Wettbewerbsverbot mit der Wirkung zu verzichten, dass er mit dem Ablauf eines Jahres seit der Erklärung von der Verpflichtung zur Zahlung der Entschädigung nach Abs. 2 frei wird.
(9) Im Übrigen gelten die §§ 74 ff HGB entsprechend.

(...) (Unterschrift Arbeitgeber) (...) (Unterschrift Arbeitnehmer)

Der Arbeitnehmer bestätigt, eine Zweitschrift dieser Vereinbarung erhalten zu haben, die die Unterschrift eines vertretungsberechtigten verantwortlichen Mitarbeiters des Arbeitgebers trägt.

(...) (Unterschrift Arbeitnehmer)

(2) Gestaltungshinweise

4318 Beim Klauselwerk B handelt es sich um ein **nachvertragliches unternehmensbezogenes** Wettbewerbsverbot. Dem Arbeitnehmer ist nicht gestattet, in selbständiger oder unselbständiger Tätigkeit in direkten oder indirekten Wettbewerb zu dem Arbeitgeber oder mit dem Arbeitgeber verbundenen Unternehmen zu treten. In Abs. 3 wird zusätzlich geregelt, dass das nachvertragliche Wettbewerbsverbot auch für den Fall eines Betriebsübergangs gilt. Abs. 1 S. 3 stellt den Konzernbezug her, der allerdings relativ wirkungslos bleibt, wenn nicht die in Frage kommenden Unternehmen namentlich und mit ihrer aktuellen Rechtsform aufgeführt sind.

4319 Abs. 6 sieht eine Vertragsstrafenregelung vor, deren Wirksamkeit von den monatlichen vertragsmäßigen Leistungen des Arbeitgebers und der Höhe der unter Abs. 6 getroffenen Abrede abhängt. Derzeit ist noch nicht höchstrichterlich entschieden, bis zu welcher Höhe eine Vertragsstrafe bei nachvertraglichen Wettbewerbsverboten vereinbart werden kann. Von einer Vertragsstrafe, die einen einmaligen monatlichen Bruttobezug für jeden Fall der Zuwiderhandlung überschreitet, wird abgeraten.

cc) Unternehmens- und tätigkeitsbezogenes nachvertragliches Wettbewerbsverbot

(1) Klauselwerk C

4320 Zwischen
der Firma (...)

– nachstehend: Arbeitgeberin –

und
Herrn (...)

– nachstehend: Mitarbeiter –

wird in Ergänzung des Arbeitsvertrages vom (...) folgende Wettbewerbsvereinbarung getroffen:

§ 1 Nachvertragliches Wettbewerbsverbot
(1) Der Mitarbeiter verpflichtet sich, zwei Jahre lang nach Beendigung seines Arbeitsverhältnisses seine betriebsspezifischen Kenntnisse ohne vorherige Zustimmung der Arbeitgeberin weder unmittelbar noch mittelbar, weder beruflich noch anderweitig auf den Gebieten Vertrieb und Marketing zu verwerten, noch bei einem branchengleichen oder branchenähnlichen Unternehmen auf den Gebieten Vertrieb und Marketing tätig zu werden, noch bei einem solchen Unternehmen mit Rat und Tat oder in anderer Weise auf den Gebieten Vertrieb und Marketing mitzuwirken, sich zu beteiligen oder ein solches Unternehmen mit Rat und Tat zu unterstützen.

(2) Konkurrenzunternehmen iSv Abs. 1 sind u.a. die folgenden Firmen:
- (auf dem Gebiet der Neumaschinenherstellung): (...)
- (auf dem Gebiet des Gebrauchtmaschinenhandels): (...)

Als Konkurrenzunternehmen gelten auch solche Unternehmen, die unter die Voraussetzungen des Abs. 1 fallen, ohne in Abs. 2 aufgeführt zu sein.
(3) Das Wettbewerbsverbot wirkt auch im Hinblick auf die mit der Arbeitgeberin jetzt und in Zukunft verbundenen Unternehmen. Es gilt auch für und gegen einen Rechtsnachfolger der Arbeitgeberin. Bei einer Veräußerung des Betriebes geht es auf den Erwerber über. Der Mitarbeiter ist mit dem Übergang der Rechte aus dieser Vereinbarung auf einen etwaigen Rechtsnachfolger einverstanden.

§ 2 Karenzentschädigung
(1) Die Arbeitgeberin verpflichtet sich, dem Mitarbeiter während der Dauer des Wettbewerbsverbots monatlich eine Entschädigung zu zahlen, die 100 % der letzten vertragsmäßigen Leistungen des Mitarbeiters entspricht. Bezieht der Mitarbeiter mit der Verpflichtung zur Wettbewerbsenthaltung Altersruhegeld, erhält er 50 % der letzten vertragsgemäßen Leistungen. Bei wechselnden Bezügen errechnet sich gem. § 74 b Abs. 2 HGB die Entschädigung unter Berücksichtigung des Durchschnitts der letzten 36 Monate.
(2) Auf die Entschädigung wird alles angerechnet, was der Mitarbeiter durch anderweitige Verwertung seiner Arbeitskraft erwirbt oder zu erwerben böswillig unterlässt, sofern der Verdienst und die Entschädigung zusammen mehr als 10 v.H., bei durch das Wettbewerbsverbot notwendiger Wohnsitzverlegung 25 v.H. der bisherigen Bezüge übersteigen.

§ 3 Auskünfte
(1) Der Mitarbeiter verpflichtet sich, während der Kündigungsfrist und während der Dauer des Wettbewerbsverbots der Arbeitgeberin unaufgefordert und unverzüglich
a) einen etwaigen künftigen neuen Arbeitgeber, beabsichtigte freiberufliche Tätigkeiten oder den geplanten künftigen beruflichen Verwendungsbereich und den Einsatzort,
b) jeden Wechsel seines Wohnsitzes, der nächsten Arbeitgeber oder sonstiger Vertragspartner, seiner beruflichen Aktivitäten und des Einsatzortes sowie
c) jede Änderung seines Bruttoverdienstes bekannt zu geben und auf Verlangen der Arbeitgeberin glaubhaft zu machen.

(2) Der Arbeitgeberin steht für den Fall, dass der Mitarbeiter seiner Auskunftspflicht nicht oder nicht vollständig nachkommt, bis zur Erfüllung der Auskunft ein Zurückbehaltungsrecht an der Karenzentschädigung zu.

§ 4 Ende des Arbeitsverhältnisses
(1) Wird das Arbeitsverhältnis von einer Vertragspartei aus wichtigem Grund gekündigt, kann sich der Kündigende von der Wettbewerbsabrede dadurch befreien, dass er sich vor Ablauf eines Monats nach Zugang der Kündigung schriftlich vom Wettbewerbsverbot lossagt.
(2) Endet das Arbeitsverhältnis aus anderen Gründen (auch einvernehmlich), bleibt die Wettbewerbsabrede bestehen. Sie entfällt, wenn der Tatbestand des § 75 Abs. 2 HGB erfüllt ist oder die Arbeitgeberin ihre Rechte gem. § 75 a HGB ausübt.

§ 5 Ergänzende Bestimmungen
(1) Es besteht Einigkeit zwischen den Parteien, dass auf das Wettbewerbsverbot die Bestimmungen des HGB über Wettbewerbsverbote für kaufmännische Angestellte einschließlich der ergänzenden Rechtsprechung des Bundesarbeitsgerichts angewendet werden sollen.
(2) Der Mitarbeiter bestätigt, eine von der Arbeitgeberin unterzeichnete, die vorstehenden Vereinbarungen wiedergebende Urkunde ausgehändigt erhalten zu haben.
(3) Abreden außerhalb dieses Vertrages bestehen nicht. Änderungen oder Ergänzungen dieses Vertrages bedürfen der Schriftform.

§ 6 Salvatorische Klausel
Sollten einzelne Bestimmungen dieser Vereinbarung ganz oder teilweise unwirksam sein oder werden, so wird hierdurch die Gültigkeit der übrigen Bestimmungen nicht berührt. Anstelle der unwirksamen Bestimmung gilt diejenige wirksame Bestimmung als vereinbart, die dem Sinn und Zweck der unwirksamen Bestimmung am nächsten kommt. Dies gilt auch dann, wenn die Unwirksamkeit einer Bestimmung auf einem Maß der Leistung oder der Zeit beruht; es gilt dann das rechtlich zulässige Maß.

(...) (Ort, Datum)

(...) (Unterschrift Arbeitgeberin) (...) (Unterschrift Mitarbeiter)

(2) Gestaltungshinweise

4321 Das Klauselwerk C stellt ein nachvertragliches unternehmens- und tätigkeitsbezogenes Wettbewerbsverbot dar. § 1 Abs. 1 ist allerdings unverbindlich, weil die Regelung unter der Bedingung der „vorherigen Zustimmung der Arbeitgeberin" steht und somit unverbindlich nach § 75 d S. 2 Alt. 2 HGB ist. Unverbindlich ist eine Formulierung im Wettbewerbsverbot, wonach der Mitarbeiter „ohne vorherige Zustimmung des Arbeitgebers" keine konkurrierende Tätigkeit aufnehmen darf.[166] Nimmt man die Formulierung „ohne vorherige Zustimmung der Arbeitgeberin" heraus, entfällt die Bedingung und das Wettbewerbsverbot ist generell wirksam.

4322 Das gemischt unternehmens- und tätigkeitsbezogene Wettbewerbsverbot steht allerdings immer in der Gefahr, wegen eines fehlenden berechtigten Interesses des Arbeitgebers nach § 74 a Abs. 1 S. 1 HGB unverbindlich zu sein, jedenfalls dann, wenn aus der Addition des unternehmensbezogenen und tätigkeitsbezogenen Wettbewerbs dem Arbeitnehmer bundesweit die Aufnahme einer seiner Qualifikation entsprechenden Tätigkeit nicht mehr möglich ist.

4323 § 6 des Klauselwerks C ist generell nichtig, da die geltungserhaltende Reduktion als Kernelement der salvatorischen Klausel gegen die Rechtsfolgen des § 306 Abs. 2 BGB verstößt.

dd) Tätigkeits- und gebietsbezogenes nachvertragliches Wettbewerbsverbot

(1) Klauselwerk D

4324 In Ergänzung zu dem bestehenden Arbeitsvertrag schließen

der Unternehmer (...)

– nachstehend: Arbeitgeber –

und
Herr (...)

– nachstehend: Mitarbeiter –

folgende Vereinbarung über ein nachvertragliches Wettbewerbsverbot:

(1) Dem Mitarbeiter ist es untersagt, während der Dauer von sechs Monaten nach der Beendigung des Arbeitsverhältnisses für ein Unternehmen tätig zu werden, welches mit dem Arbeitgeber in direktem oder indirektem Wettbewerb steht, gleichgültig, wie diese Tätigkeit erfolgt. Untersagt ist auch die Tätigkeit für ein anderes Unternehmen, das mit einem Wettbewerbsunternehmen im Sinne dieser Vereinbarung im Konzernverbund steht oder auf das ein Wettbewerbsunternehmen aufgrund sonstiger tatsächlicher oder rechtlicher Bindungen Einfluss nehmen kann bzw das seinerseits aufgrund solcher Bindungen Einfluss auf ein Wettbewerbsunternehmen hat.
Dieses Wettbewerbsverbot erstreckt sich sachlich auf alle Unternehmen, die (...) herstellen oder vertreiben. Dieses Wettbewerbsverbot erstreckt sich räumlich auf alle Länder der Welt, in denen der Arbeitgeber diese Produkte herstellt oder vertreibt.

166 BAG 16.12.1986 – 3 AZR 73/86, DB 1987, 2047.

(2) Der Arbeitgeber zahlt dem Mitarbeiter für die Dauer des Wettbewerbsverbots eine Entschädigung in Höhe der Hälfte der zuletzt von ihm bezogenen vertragsmäßigen Leistungen. Die Entschädigung ist am Ende eines jeden Monats fällig.
Die Anrechnung dessen, was der Mitarbeiter während der Dauer des Wettbewerbsverbots durch anderweitige Verwertung seiner Arbeitskraft erwirbt oder zu erwerben böswillig unterlässt, richtet sich nach § 74 c HGB.
(3) Der Mitarbeiter verpflichtet sich, dem Arbeitgeber während der Dauer des Wettbewerbsverbots jederzeit auf Verlangen Auskunft über seine Tätigkeit, Name und Anschrift seines Arbeitgebers sowie sämtliche für das Wettbewerbsverbot bedeutsamen Umstände zu geben.
(4) Bei Ausscheiden des Mitarbeiters aus dem aktiven Arbeitsleben entfällt das Wettbewerbsverbot. Gründe für das Ausscheiden aus dem aktiven erwerbsfähigen Arbeitsleben können (vorzeitiges) Altersruhegeld, Erwerbsminderungsrente, Vorruhestandsgeld usw sein. In diesen Fällen endet das Wettbewerbsverbot am letzten Tag des Arbeitsverhältnisses, ohne dass dem Mitarbeiter ein Anspruch auf Karenzentschädigung zusteht.
(5) Im Übrigen gelten die Vorschriften über das Wettbewerbsverbot nach §§ 74 ff HGB.

(...) (Ort, Datum)

(...) (Unterschrift Arbeitgeber) (...) (Unterschrift Mitarbeiter)

Diese Vereinbarung wird in zwei Exemplaren erstellt. Der Mitarbeiter bestätigt hiermit, eine von dem Arbeitgeber original unterschriebene, vollständige Fassung erhalten zu haben.

(...) (Unterschrift Mitarbeiter)

(2) Gestaltungshinweise

Bei Klauselwerk D handelt es sich um ein **nachvertragliches tätigkeits- und gebietsbezogenes** Wettbewerbsverbot, das weltweite Geltung beansprucht. 4325

Bei weltweit vereinbarten nachvertraglichen Wettbewerbsverboten besteht die Gefahr, dass ein solches Wettbewerbsverbot nicht wirksam durchgesetzt werden kann, da entweder im Ausland geklagt oder zumindest im Ausland eine Unterlassungspflicht vollstreckt werden muss. Zudem steht ein solches Verbot in der Gefahr, wegen fehlenden berechtigten Interesses des Arbeitgebers nach § 74 a Abs. 1 S. 1 HGB unverbindlich zu sein. 4326

Eine solche Klausel hat eher eine für den Arbeitnehmer abschreckende Wirkung, eine Tätigkeit im Ausland aufzunehmen, als dass sie den Arbeitnehmer rechtlich bindet. 4327

ee) Unternehmensbezogenes nachvertragliches Wettbewerbsverbot

(1) Klauseltyp E

(1) Herr (...) verpflichtet sich, für die Dauer von zwei Jahren nach Beendigung des Arbeitsverhältnisses nicht für ein Unternehmen tätig zu sein, das die folgenden Erzeugnisse herstellt oder vertreibt: (...) 4328
(2) Innerhalb der vorstehenden Grenzen ist es Herrn (...) danach auch verwehrt, ein festes Arbeitsverhältnis oder ein freies Beratungs- oder Vertretungsverhältnis zu einem solchen Unternehmen einzugehen, ein solches Unternehmen selbst zu errichten oder zu erwerben oder sich an einem solchen Unternehmen – ganz gleich, in welcher Rechtsform – finanziell zu beteiligen.
(3) Der örtliche Geltungsbereich des Wettbewerbsverbots erstreckt sich auf (...).
(4) Für die Dauer des Wettbewerbsverbots zahlt der Arbeitgeber an Herrn (...) als Entschädigung die Hälfte der zuletzt bezogenen vertragsmäßigen Leistungen.
(5) Im Übrigen gelten die gesetzlichen Bestimmungen der §§ 74–75 c des Handelsgesetzbuches.

(2) Gestaltungshinweise

4329 Beim Klauseltyp E handelt es sich um ein **unternehmensbezogenes nachvertragliches** Wettbewerbsverbot. Bedenken gegen die Wirksamkeit der Klausel bestehen nicht.

ff) Bedingtes Wettbewerbsverbot

(1) Klauseltyp F

4330 (1) Der Mitarbeiter verpflichtet sich, für die Dauer von einem Jahr nach Beendigung des Anstellungsvertrages weder in selbständiger noch in unselbständiger Stellung, weder gewerbsmäßig noch gelegentlich, weder unter eigenem oder fremden Namen, für eigene oder fremde Rechnung noch in sonstiger Weise für ein Unternehmen tätig zu werden, welches sich mit der Entwicklung, Herstellung oder dem Vertrieb von (...) beschäftigt. In gleicher Weise ist es dem Mitarbeiter untersagt, während dieser Dauer ein solches Konkurrenzunternehmen zu errichten, zu erwerben oder sich hieran unmittelbar oder mittelbar zu beteiligen. Dieses Wettbewerbsverbot gilt für das Gebiet der Bundesrepublik Deutschland.
(2) Für die Dauer des nachvertraglichen Wettbewerbsverbots gem. Absatz 1 verpflichtet sich die Gesellschaft, dem Mitarbeiter eine Entschädigung iHv 50 % seiner zuletzt durchschnittlichen bezogenen monatlichen Vergütung zu zahlen. Die Zahlung der Entschädigung ist jeweils Ende des Monats fällig.

↓ (3) Der Mitarbeiter hat für jeden Fall der Zuwiderhandlung gegen das Wettbewerbsverbot oder gegen das Geheimhaltungsverbot eine Vertragsstrafe in Höhe des Betrages zu zahlen, welcher der in den letzten 12 Monaten vor seinem Ausscheiden durchschnittlich bezogenen Vergütung gem. § (...) dieses Vertrages entspricht. Zugleich entfällt im Falle des Verstoßes gegen das Wettbewerbsverbot für den Monat, in welchem die Zuwiderhandlung erfolgt, die Zahlung der Entschädigung gem. Absatz 2. Im Fall eines Dauerverstoßes ist die Vertragsstrafe für jeden angefangenen Monat neu verwirkt; zugleich entfällt für jeden angefangenen Monat die Zahlung der Entschädigung gem. Absatz 2. Weitergehende aufgrund der Zuwiderhandlung gegen das Wettbewerbsverbot und die Geheimhaltungsverpflichtung bestehende Ansprüche der Gesellschaft bleiben durch die vorstehende Regelung unberührt. Das nachvertragliche Wettbewerbsverbot wird wirksam mit Ablauf des zweiten Vertragsjahres der Laufzeit dieses Vertrages.

(2) Gestaltungshinweise

4331 Der Klauseltyp F entspricht dem Wortlaut eines aufschiebend bedingten Wettbewerbsverbots, das dem BAG im Urteil vom 13.7.2005[167] zur Überprüfung vorgelegen hatte. Im entschiedenen Fall endete das Arbeitsverhältnis bereits nach vier Monaten, so dass die in Abs. 3 S. 5 des Regelwerkes enthaltene aufschiebende Bedingung nicht erfüllt war. Dieses aufschiebend bedingte Wettbewerbsverbot sah das BAG nicht als „überraschende Klausel“ iSd § 305 c Abs. 1 BGB an. Ob die Klausel im Übrigen wirksam ist, hatte das BAG nicht zu beurteilen; Bedenken ergeben sich insb. wegen der Vertragsstrafenklausel, in der keine Begrenzung der absoluten Höhe der Strafzahlung bei mehrfachen Verstößen oder Dauerverstößen vorgesehen ist. Die Klausel ist insoweit auch unklar und droht daher, für unwirksam gehalten zu werden.

167 BAG 13.7.2005 – 10 AZR 532/04, DB 2005, 2415.

67. Zeitarbeitsklauseln

Literatur

Bayreuther, Tarifpolitik im Spiegel der verfassungsgerichtlichen Rechtsprechung, NZA 2005, 341; *ders.*, Tarifzuständigkeit beim Abschluss mehrgliedriger Tarifverträge im Bereich der Arbeitnehmerüberlassung, NZA 2012, 14; *ders.*, Bezugnahmeabreden und mehrgliedrige Tarifverträge in der Arbeitnehmerüberlassung, DB 2014, 717; *Betz*, Verfallsklauseln im Arbeitsrecht und deren Auswirkungen auf Equal-Pay-Klagen nach der Feststellung der Tarifunfähigkeit der CGZP, NZA 2013, 350; *Brandl/Haberkorn/Veit*, Betriebliche Altersversorgung bei Leiharbeitnehmern, NZA 2014, 1167; *Brors*, Zweifelhafte Zulässigkeit der gestaffelten individualvertraglichen Verweisung auf die Zeitarbeitstarifverträge der Christlichen Gewerkschaften und des DGB, BB 2006, 101; *dies.*, Zur Übertragbarkeit der Rechtsprechung zu den CGZP-Tarifverträgen auf die derzeit geltenden Tarifwerke, RdA 2014, 182; *Buchner*, Leiharbeit: Ablösung der Verpflichtung zur Gewährung der im Entleiherbetrieb geltenden Arbeitsbedingungen (§ 10 Abs. 4 AÜG) durch Tarifregelungen, DB 2004, 1042; *Düwell*, Lohnuntergrenzen bei vorübergehender Arbeitnehmerüberlassung, DB 2013, 756; *Ferme*, Die Lehren aus der Tarifunfähigkeit der CGZP, NZA 2011, 619; *Fischer*, Zeitarbeit zwischen allen (Tarif-)Stühlen? – oder: Gewerkschaften in den Untiefen der Tarifzuständigkeit, RdA 2013, 326; *Friemel*, Muss Zeitarbeitsbranche Milliarden nachzahlen?, NZS 2011, 851; *Grimm/Brock*, Das Gleichbehandlungsgebot nach dem Arbeitnehmerüberlassungsgesetz und die Mitbestimmungsrechte des Betriebsrats des Entleiherbetriebs, DB 2003, 1113; *Grobys/Schmidt/Brocker*, Verfassungsmäßigkeit von „Equal Pay"?, NZA 2003, 777; *Hümmerich/Holthausen/Welslau*, Arbeitsrechtliches im Ersten Gesetz für moderne Dienstleistungen am Arbeitsmarkt, NZA 2003, 7; *Hurst*, Subsidiärhaftung in der Zeitarbeit, AuA 2014, 108; *Kossens*, Hartz-Konzept – Das bleibt übrig, AuA 2003, 10; *ders.*, Neuregelung der privaten Arbeitsvermittlung, DB 2002, 843; *Kreutz*, Streitfragen des Ersten Gesetzes für moderne Dienstleistungen am Arbeitsmarkt, AuR 2003, 41; *Krieger/Kruchen*, Die Drehtürklausel im Konzern – raus, rein, Gehalt hoch?, NZA 2014, 393; *Lambrich/Göhler*, Vertrauensschutz bei Rechtsprechungsänderungen im Arbeits- und Sozialrecht – Königsweg zur Abwehr von Equal-Pay-Klagen und Nachzahlungsbescheiden der DRV?, RdA 2014, 299; *Lembke*, Die „Hartz-Reform" des Arbeitnehmerüberlassungsgesetzes, BB 2003, 98; *ders.*, Gesetzesvorhaben der Großen Koalition im Bereich der Arbeitnehmerüberlassung, BB 2014, 1333; *ders.*, Der Einsatz von Fremdpersonal im Rahmen von freier Mitarbeit, Werkverträgen und Leiharbeit, NZA 2013, 1312; *Lembke/Ludwig*, Die Leiharbeit im Wechselspiel europäischer und nationaler Regulierung, NJW 2014, 1329; *Lembke/Mengel/Schüren/Stoffels/Thüsing/Schunder*, Erfurt (ist ge)fordert: Mehr Transparenz bei der Bezugnahme auf Zeitarbeitstarifverträge, NZA 2013, 948; *Leuchten*, Das neue Recht der Leiharbeit, NZA 2011, 608; *Mohr/Pomberg*, Die Änderung der Rechtsprechung zu der vermuteten Arbeitsvermittlung nach dem Arbeitnehmerüberlassungsgesetz, DB 2001, 590; *Neef*, Reichweite des CGZP-Beschlusses, NZA 2011, 615; *ders.*, Reichweite des CGZP-Beschlusses, NZA 2011, 615; *Nießen/Fabritius*, Was ist vorübergehende Arbeitnehmerüberlassung – Das Rätsel weiter ungelöst?, NJW 2014, 263; *Rieble*, Zeitarbeit – invers, NZA 2013, 309; *ders.*, Tariflose Zeitarbeit, BB 2012, 2177; *Rieble/Klebeck*, Lohngleichheit für Leiharbeit, NZA 2003, 23; *Rieble/Vielmeier*, Umsetzungsdefizite der Leiharbeitsrichtlinie, EuZA 2011, 474; *Scheriau*, Leiharbeit und Werkvertrag, 2012; *Schindele/Söhl*, Bezugnahmeklauseln auf die Tarifverträge der DGB-Tarifgemeinschaft Zeitarbeit, NZA 2014, 1049; *dies.*, Update: Die Folgen der CGZP-Entscheidung, ArbRAktuell 2013, 535; *Schüren/Wank*, Die neue Leiharbeitsrichtlinie und ihre Umsetzung ins deutsche Recht, RdA 2011, 1; *Stenslik/Heine*, Aktuelle Tendenzen in der Leiharbeit, DStR 2013, 2179; *Teusch/Verstege*, Vorübergehend unklar – Zustimmungsverweigerung des Betriebsrats bei Einstellung von Leiharbeitnehmern?, NZA 2012, 1326; *Thüsing*, Vorübergehende und nicht-vorübergehende Arbeitnehmerüberlassung: Das Rätselraten geht weiter, NZA 2013, 1248; *ders.*, Dauerhafte Arbeitnehmerüberlassung: Neues vom BAG, vom EuGH und auch vom Gesetzgeber, NZA 2014, 10; *Thüsing/Siebert*, Zum Begriff „vorübergehend" in § 1 Abs. 1 Satz 2 AÜG, DB 2012, 632; *Ulber*, Tariffähigkeit und Tarifzuständigkeit der CGZP als Spitzenorganisation?, NZA 2008, 438; *Utess*, Scheinwerkvertrag und illegale Arbeitnehmerüberlassung – Abgrenzung, AiB 2014, 72; *von Steinau-Steinrück*, Arbeitsrecht im Koalitionsvertrag, ZRP 2014, 50; *Wank*, Der Richtlinienvorschlag der EG-Kommission zur Leiharbeit und das „Erste Gesetz für moderne Dienstleistungen am Arbeitsmarkt", NZA 2003, 14; *Zeppenfeld/Faust*, Zeitarbeit nach dem CGZP-Beschluss des BAG, NJW 2011, 1643.

a) Rechtslage im Umfeld

Beim **Zeitarbeitsvertrag** handelt es sich um einen speziellen Vertragstypus, der durch gesetzliche Vorgaben des AÜG, des SGB IV und des EStG geprägt wird. Parallel zu diesem Arbeitsvertrag zwischen Verleiher und Zeitarbeitnehmer besteht bei der Arbeitnehmerüberlassung der **Arbeitnehmerüberlassungsvertrag** zwischen Verleiher und Entleiher.[1] 4332

1 *Wisswede*, in: Hümmerich/Lücke/Mauer, NomosFormulare ArbR, Muster 1436; Thüsing/*Waas*, AÜG, § 1 Rn 1 ff.

aa) Inhalt der Arbeitnehmerüberlassung

(1) Arbeitnehmerüberlassung

(a1) Aktuelle Entwicklungen in Gesetzgebung und Politik

4333 Das AÜG regelt die **Arbeitnehmerüberlassung im Rahmen wirtschaftlicher Tätigkeit** (vgl § 1 Abs. 1 S. 1 AÜG).

Das AÜG wurde Ende 2002 in wesentlichen Punkten geändert. Einzelne Beschränkungen, wie das Befristungs-, das Wiedereinstellungs- und das Synchronisationsverbot, sowie die Beschränkung der Überlassungsdauer auf zuletzt 24 Monate wurden aufgehoben, stattdessen wurde der Grundsatz des **equal treatment** bzw **equal pay**, also das spezielle Prinzip der „**Entgeltgleichheit**", eingeführt.

Weitere Änderungen erfolgten durch das „Erste Gesetz zur Änderung des Arbeitnehmerüberlassungsgesetzes – Verhinderung von Missbrauch der Arbeitnehmerüberlassung" (**1. AÜGÄndG**), das am 29.4.2011 bzw am 1.12.2011 in Kraft getreten ist.[2] Neben der Verhinderung von Missbrauch der Arbeitnehmerüberlassung diente das Gesetz der Umsetzung der Richtlinie 2008/104/EG des Europäischen Parlaments und des Rates vom 19. November 2008 über Zeitarbeit.[3] Neu geregelt wurde u.a. die Möglichkeit, eine Lohnuntergrenze durch Rechtsverordnung festzusetzen (§ 3 a AÜG).[4]

4334 Praxisrelevante Änderungen wurden auch durch das „Gesetz zur Stärkung der Tarifautonomie (**Tarifautonomiestärkungsgesetz**)" vom 11.4.2013 geschaffen, das am 16.8.2014 in Kraft getreten ist.[5]

4335 Als Art. 1 des Tarifautonomiestärkungsgesetzes wurde das **Mindestlohngesetz (MiLoG)**[6] verkündet, welches einen auch für Zeitarbeitnehmer ab dem 1.1.2015 geltenden flächendeckenden **Mindestlohn** iHv 8,50 € brutto pro Zeitstunde einführte (vgl § 1 Abs. 1, Abs. 2 S. 1 MiLoG).[7] Gemäß der Übergangsregelung des § 24 Abs. 1 S. 1 Hs 1 MiLoG gehen bis zum 31.12.2017 abweichende Regelungen eines Tarifvertrages repräsentativer Tarifvertragsparteien dem Mindestlohn vor, wenn sie für alle unter den Geltungsbereich des Tarifvertrages fallenden Arbeitgeber mit Sitz im In- oder Ausland sowie deren Arbeitnehmer verbindlich gemacht worden sind. § 24 Abs. 1 S. 2 MiLoG normiert dies entsprechend für Rechtsverordnungen, die auf der Grundlage von § 11 AEntG sowie § 3 a AÜG erlassen worden sind.[8] Bis zum 31.12.2017 gehen folglich tariflich vereinbarte Mindestlöhne sowie auf Grundlage des § 3 a AÜG festgesetzte Lohnuntergrenzen dem allgemeinen Mindestlohn auch dann vor, wenn sie unterhalb des Mindestlohns liegen. Nach § 1 Abs. 3 S. 1 MiLoG sind die Regelungen des AEntG, des AÜG und der auf ihrer Grundlage erlassenen Rechtsverordnungen auch nach Ablauf der in § 24 MiLoG geregelten Übergangsfrist vorrangig anzuwenden. Allerdings gilt dies nur insoweit, als diese Rechtsgrundlagen den allgemeinen Mindestlohn nicht unterschreiten. Der **Mindestlohn** bildet somit ab dem **1.1.2018** die unterste Grenze, die auch von Branchenmindestlöhnen bzw Lohnuntergrenzen nicht unterschritten werden darf.[9]

---

2 Gesetz vom 28.4.2011 (BGBl. I S. 642). Insgesamt trat das Gesetz erst am 1.12.2011 in Kraft, einige Regelungen aber bereits am 29.4.2011, vgl Art. 2 des 1. AÜGÄndG; vgl dazu *Rieble/Vielmeier*, EuZA 2011, 474, 475.

3 ABl. L 327 vom 5.12.2008, S. 9.

4 Zu den weiteren Änderungen vgl nur Thüsing/*Thüsing*, AÜG, Einf. Rn 28 a; *Lembke/Ludwig*, NJW 2014, 1329, 1330 f.

5 BGBl. I 2014, S. 1348.

6 Gesetz zur Regelung eines allgemeinen Mindestlohns (Mindestlohngesetz – MiLoG) vom 11.8.2014 (BGBl. I S. 1348).

7 BT-Drucks. 18/1558, S. 2 f.

8 ErfK/*Wank*, § 3 a AÜG Rn 2.

9 ErfK/*Franzen*, § 24 MiLoG Rn 1.

Das MiLoG normiert außerdem weitgehende **Aufzeichnungs-, Aufbewahrungs- und Meldepflichten des Entleihers**. Der Entleiher ist gem. § 16 Abs. 3 S. 1 MiLoG verpflichtet, in den in § 2 a SchwarzArbG genannten Wirtschaftsbereichen oder Wirtschaftszweigen den Zeitarbeitnehmer eines Verleihers mit Sitz im Ausland vor Beginn jeder Werk- oder Dienstleistung bei der zuständigen Behörde der Zollverwaltung schriftlich anzumelden. § 17 Abs. 1 S. 2 iVm S. 1 MiLoG ordnet zudem an, dass der Entleiher eines geringfügig beschäftigten Zeitarbeitnehmers iSd § 8 Abs. 1 SGB IV verpflichtet ist, Beginn, Ende und Dauer der täglichen Arbeitszeit dieser Arbeitnehmerinnen und Arbeitnehmer spätestens bis zum Ablauf des siebten auf den Tag der Arbeitsleistung folgenden Kalendertages aufzuzeichnen und diese Aufzeichnungen mindestens zwei Jahre aufzubewahren. 4336

Durch Art. 7 des Tarifautonomiestärkungsgesetzes erfolgten zudem einige Änderungen des **AÜG**. Insbesondere wird die in § 3 a AÜG geregelte Lohnuntergrenze an die Neufassung des § 5 Abs. 1 S. 1 TVG angepasst. Die Neuregelung des § 5 Abs. 1 S. 1 TVG durch Art. 5 des Tarifautonomiestärkungsgesetzes sieht nunmehr für die Allgemeinverbindlicherklärung von Tarifverträgen statt des bislang notwendigen 50 %-Quorums ein konkretes „öffentliches Interesse" vor. Da § 3 a AÜG weitgehend § 5 TVG nachgebildet ist, erfolgt eine entsprechende Ergänzung des „öffentlichen Interesses" in § 3 a AÜG.[10] 4337

Wesentlich praxisrelevanter ist die durch Art. 7 des Tarifautonomiestärkungsgesetzes eingeführte Konkretisierung der Ermächtigungsgrundlage in § 3 a AÜG zum Erlass von Rechtsverordnungen über die Lohnuntergrenze für Arbeitnehmerüberlassung. Zur Wahrung des in Art. 80 Abs. 1 S. 2 GG normierten Bestimmtheitsgebots wird § 3 a AÜG dahin gehend ergänzt, dass die von den Tarifvertragsparteien vorgeschlagenen Mindeststundenentgelte nun auch Regelungen zur Fälligkeit entsprechender Ansprüche einschließlich hierzu vereinbarter Ausnahmen und deren Voraussetzungen umfassen können.

Darüber hinaus sind im **Koalitionsvertrag** zahlreiche weitere Änderungen angekündigt, mit deren Umsetzung jedoch frühestens im Jahr 2015 zu rechnen ist.[11] So soll zur Erleichterung der Arbeit der Betriebsräte gesetzlich klargestellt werden, dass Zeitarbeitnehmer bei **betriebsverfassungsrechtlichen Schwellenwerten** zu berücksichtigen sind, sofern es der Zielrichtung der Norm nicht widerspricht.[12] Der Begriff „vorübergehend" in § 1 Abs. 1 S. 2 AÜG soll gesetzlich durch eine **Überlassungshöchstdauer von 18 Monaten** konkretisiert werden.[13] Zudem sollen Zeitarbeitnehmer ausnahmslos spätestens nach 9 Monaten hinsichtlich des Arbeitsentgelts mit den Stammarbeitnehmern **gleichgestellt** werden;[14] hinsichtlich sonstiger Arbeitsbedingungen ist jedoch keine Gleichstellung vorgesehen. Es soll weiter verdeckte Arbeitnehmerüberlassung sanktioniert und die wesentlichen von der Rspr entwickelten Abgrenzungskriterien zwischen ordnungsgemäßem und missbräuchlichem Fremdpersonaleinsatz sollen gesetzlich normiert werden.[15] Ebenfalls geplant ist ein Verbot für Entleiher, leistungsbereite Zeitarbeitnehmer in einem bestreikten Unternehmen einzusetzen, um die Wirkungen eines Streiks abzuschwächen („kein Einsatz von Leiharbeitnehmern als Streikbrecher").[16] 4338

10 RegE, Entwurf eines Gesetzes zur Stärkung der Tarifautonomie (Tarifautonomiestärkungsgesetz), BT-Drucks. 18/1558 vom 28.5.2014, S. 66.

11 S. dazu ausf. *Lembke*, BB 2014, 1333 sowie *Lembke/Ludwig*, NJW 2014, 1329, 1333.

12 Koalitionsvertrag vom 27.11.2013, S. 50.

13 Koalitionsvertrag vom 27.11.2013, S. 50.

14 Koalitionsvertrag vom 27.11.2013, S. 50.

15 Koalitionsvertrag vom 27.11.2013, S. 49; vgl dazu *von Steinau-Steinrück*, ZRP 2014, 50.

16 Koalitionsvertrag vom 27.11.2013, S. 50; vgl dazu *Thüsing*, NZA 2014, 10.

(a2) Geltungsbereich der Arbeitnehmerüberlassung

4339 Arbeitnehmerüberlassung liegt vor, wenn ein Arbeitgeber (**Verleiher**) einem Dritten (**Entleiher**) vorübergehend Arbeitskräfte (**Zeitarbeitnehmer**) **überlässt** in der Form, dass der Entleiher das **Weisungsrecht** gegenüber den Arbeitnehmern ausüben kann und diese vollständig in den Betrieb des Entleihers eingegliedert sind.[17]

4340 Bis zur Neufassung des § 1 Abs. 1 AÜG durch das 1. AÜGÄndG im Jahre 2011 war eine **gewerbsmäßige** Überlassung Voraussetzung. Unter Gewerbsmäßigkeit war jede nicht nur gelegentliche, sondern auf eine gewisse **Dauer** angelegte und auf die Erzielung unmittelbarer oder mittelbarer **wirtschaftliche Vorteile** gerichtete selbständige Tätigkeit zu verstehen.[18] Es war nicht erforderlich, dass der Verleiher die Arbeitnehmerüberlassung überwiegend etwa im Vergleich zu den insgesamt in seinem Unternehmen beschäftigten Arbeitnehmern betrieb. Für die Gewinnerzielungsabsicht kam es nicht auf einen tatsächlich erzielten Gewinn an; es reichte aus, dass ein mittelbarer Gewinn oder ein wirtschaftlicher Vorteil angestrebt wurde. Selbständigkeit lag vor, wenn die Tätigkeit im eigenen Namen auf eigene Rechnung unter Übernahme des unternehmerischen Risikos durchgeführt wurde.[19] Sogenannte **Gestellungsverträge** zwischen dem öffentlichen Arbeitgeber und einem privaten Unternehmen, an denen der öffentliche Arbeitgeber beteiligt ist, zum Selbstkostenpreis im Rahmen von Privatisierungsmaßnahmen sind im Regelfall nicht gewerbsmäßig und waren damit nach der alten Gesetzeslage nicht erfasst.[20] Allerdings konnte in diesen Fällen Arbeitsvermittlung (s. § 1 Rn 4348) vorliegen.

4341 Mit Inkrafttreten des 1. AÜGÄndG in 2011 wurde der Begriff „gewerbsmäßig“ durch das Merkmal **„im Rahmen ihrer wirtschaftlichen Tätigkeit“** ersetzt. Hiervon erfasst ist nach der Rspr des EuGH „jede Tätigkeit, die darin besteht, Güter oder Dienstleistungen auf einem bestimmten Markt anzubieten“.[21] Der Anwendungsbereich des AÜG wurde damit auf alle Formen der Überlassung erstreckt, unabhängig davon, ob mit einer Gewinnerzielungsabsicht gehandelt wird oder nicht,[22] also insb. auch auf konzerninterne Personalservicegesellschaften, die Zeitarbeitnehmer zum Selbstkostenpreis anderen Konzernunternehmern überlassen. Dies war die wesentliche Intention des Änderungsgesetzes.

4342 Das 1. AÜGÄndG hat ebenfalls den Begriff **„vorübergehend“** neu in den Gesetzestext aufgenommen (s. den neu eingefügten Satz 2 des § 1 Abs. 1 AÜG). Der Gesetzgeber hat im Rahmen der Neufassung jedoch auf die Angabe einer konkreten zeitlichen Grenze der Überlassung verzichtet. Die Auslegung des unbestimmten Rechtsbegriffs ist in Schrifttum und in der Rspr der Landesarbeitsgerichte umstritten.[23] „Vorübergehend“ iSd § 1 Abs. 1 S. 2 AÜG wird zT arbeitnehmer- bzw personenbezogen und zT arbeitsplatzbezogen verstanden.

4343 Die Vertreter der **arbeitnehmer- bzw personenbezogenen Auslegung** bejahen eine „vorübergehende“ Überlassung bereits dann, wenn die Überlassung für einen befristeten Zeitraum erfolgt. Das Merkmal „vorübergehend“ sei danach gewahrt, wenn der Einsatz des Zeitarbeitnehmers zeitlich begrenzt ist. Hinsichtlich des konkreten Zeitraums des befristeten Einsatzes gibt es wiederum unterschiedliche Ansichten. Das LAG Berlin-Brandenburg hat zB entschieden, dass eine zeitlich begrenzte Beschäftigung eines Zeitarbeitnehmers auf einem Dauerarbeitsplatz nicht grds. verboten sei.[24] Andere wiederum knüpfen bei der Auslegung an das TzBfG an.

---

17 ErfK/*Wank*, § 1 AÜG Rn 12 mit Verweis auf Art. 3 I lit. c) RL 2008/104/EG; Thüsing/*Waas*, AÜG, § 1 Rn 56.

18 Küttner/*Röller*, Personalbuch, 34 (Arbeitnehmerüberlassung/Zeitarbeit) Rn 13; Thüsing/*Waas*, AÜG, § 1 Rn 96.

19 Thüsing/*Waas*, AÜG, § 1 Rn 97; *Ulber*, § 1 AÜG Rn 180 f; *Lorenz*, § 1 AÜG Rn 14.

20 BAG 21.3.1990 – 7 AZR 198/89, AP § 1 AÜG Nr. 15.

21 Vgl EuGH 10.1.2006 – C-222/04, EuZW 2006, 306.

22 ErfK/*Wank*, § 1 AÜG Rn 31; *Ulber*, § 1 AÜG Rn 199; BT-Drucks. 17/4808, S. 8.

23 Vgl zum gegenwärtigen Meinungsstand *Teusch/Verstege*, NZA 2012, 1326 f; *Nießen/Fabritius*, NJW 2014, 463.

24 LAG Berlin-Brandenburg 22.5.2014 – 14 TaBV 184/14, BB 2014, 2419 (anhängig beim BAG – 1 ABR 45/14); so auch LAG Hamburg 4.9.2013 – 5 TaBV 6/13, LAGE § 1 AÜG Nr. 11; *Lorenz*, § 1 AÜG Rn 43.

Demnach sei der Begriff „vorübergehend" entsprechend § 14 Abs. 1 S. 2 TzBfG auszulegen. Das LAG Baden-Württemberg hat zB entsprechend dieser Anknüpfung an das Befristungsrecht entschieden, dass der Begriff „vorübergehend" so auszulegen sei, dass das Ende des Einsatzes von Anfang an absehbar sein müsse, auch wenn das konkrete Enddatum offen bleiben könne.[25] Entscheidend ist nach der arbeitnehmerbezogenen Auslegung, dass der Arbeitnehmer nach seiner Überlassung an den Entleiher wieder zum Verleiher zurückkehrt.[26]

Nach der anderen, **arbeitsplatzbezogenen Auffassung** liegt eine „vorübergehende" Überlassung 4344 dann nicht mehr vor, wenn durch die Arbeitnehmerüberlassung ein reiner Dauerbeschäftigungsbedarf abgedeckt wird. Dies sei dann der Fall, wenn, unabhängig von der Dauer der Überlassung, die verliehenen Arbeitnehmer auf Dauerarbeitsplätzen eingesetzt werden, für die keine Stammarbeitnehmer vorhanden seien.[27] Zur Bestimmung des Dauerbeschäftigungsbedarfs bedient sich die Rspr unterschiedlicher Kriterien. Als Indiz für einen Dauerbeschäftigungsbedarf wird zT die tatsächliche, zT die geplante Überlassungsdauer herangezogen. Ein weiteres Indiz stellt nach Ansicht des LAG Schleswig-Holstein dar, wenn ein Zeitarbeitnehmer ausschließlich anstelle einer Stammkraft eingesetzt wird. Trotz Vorliegens eines Indizes kann ein Dauerbeschäftigungsbedarf jedoch verneint werden, sofern ein Befristungsgrund gem. § 14 TzBfG greift, der Zeitarbeitnehmer also zB als reine Vertretung eingesetzt wird.

Die **personen- und arbeitsplatzbezogene Ansicht** kombiniert beide Aspekte. Danach ist für die 4345 Bejahung einer „vorübergehenden Überlassung" entscheidend, ob der Zeitarbeitnehmer entweder nicht auf Dauerarbeitsplätzen beschäftigt oder der Zeitarbeitnehmer befristet beschäftigt wird.[28]

Bisher hat das **BAG** noch nicht detailliert zu einer Auslegung Stellung nehmen müssen. Zwar 4346 gab es mehrere Entscheidungen des BAG zu dem Begriff „vorübergehend" im Zusammenhang mit Widersprüchen von Betriebsräten gegen Einstellungen von Zeitarbeitnehmern, jedoch war die umfassende Auslegung des unbestimmten Rechtsbegriffs bislang nicht entscheidungserheblich.[29] Das BAG hat in seinem Beschluss vom 10.7.2013 daher lediglich festgestellt, dass der Begriff „vorübergehend" in § 1 Abs. 1 S. 2 AÜG sinnentleert wäre, wenn eine ohne jegliche zeitliche Begrenzung vorgenommene Arbeitnehmerüberlassung, bei der der Zeitarbeitnehmer anstelle eines Stammarbeitnehmers eingesetzt werden soll, noch als vorübergehend anzusehen wäre.[30] Damit hat das BAG auch klargestellt, dass es sich bei § 1 Abs. 1 S. 2 AÜG nicht lediglich um einen unverbindlichen Programmsatz handelt, sondern um ein Verbot der nicht nur vorübergehenden Arbeitnehmerüberlassung; die von Anfang an als dauerhaft geplante Überlassung (im Konzern) verstößt daher gegen die Vorgabe der nur „vorübergehenden" Überlassung.[31] Zu den Rechtsfolgen hat das BAG in seiner Entscheidung vom 3.6.2014 festgestellt, dass ein **Verstoß** gegen das Verbot der nicht vorübergehenden Arbeitnehmerüberlassung nicht zur Fiktion eines Arbeitsvertrages zwischen Entleiher und Zeitarbeitnehmer führt, wenn der Verleiher die nach § 1 Abs. 1 S. 1 AÜG erforderliche Erlaubnis dazu hat.[32]

---

25 LAG Baden-Württemberg 17.4.2013 – 4 TaBV 7/12, ZTR 2013, 618 (anhängig beim BAG – 1 ABR 35/13).

26 LAG Baden-Württemberg 22.11.2012 – 11 Sa 84/12, AE 2013, 102.

27 LAG Schleswig-Holstein 24.10.2013 – 4 TaBV 8/13, LAGE § 99 BetrVG 2011 Nr. 23; LAG Berlin-Brandenburg 16.4.2013 – 3 TaBV 1983/12, NZA-RR 2013, 621; LAG Berlin-Brandenburg 9.1.2013 – 15 Sa 1635/12, NZA-RR 2013, 234.

28 LAG Niedersachsen 19.9.2012 – 17 TaBV 124/11, AiB 2013, 130.

29 BAG 3.6.2014 – 9 AZR 111/13, ArbR 2014, 436 und die dort aufgeführten Parallelentscheidungen; BAG 10.7.2013 – 7 ABR 91/11, NZA 2013, 1296; BAG 10.12.2013 – 9 AZR 51/13, NZA 2014, 196.

30 BAG 10.7.2013 – 7 ABR 91/11, NZA 2013, 1296, 1297 f; vgl dazu *Thüsing*, NZA 2014, 1248 f.

31 Die zT vertretene Ansicht, dass § 1 Abs. 1 S. 2 AÜG gar keinen Regelungsgehalt hat, ist somit nicht mehr vertretbar; vgl dazu *Rieble/Vielmeier*, EuZA 2011, 474.

32 BAG 3.6.2014 – 9 AZR 111/13, ArbR 2014, 436; zum Zustimmungsverweigerungsrecht des Betriebsrats bei der Übernahme vgl BAG 10.7.2013 – 7 ABR 91/11, NZA 2013, 1296.

4347 Aufgrund der aus der unterschiedlichen Auslegung resultierenden Rechtsunsicherheit beabsichtigt die Bundesregierung laut Koalitionsvertrag, in dieser Legislaturperiode die vorübergehende Überlassung durch eine **Überlassungshöchstdauer von 18 Monaten** zu konkretisieren.[33] Durch einen Tarifvertrag der Tarifvertragsparteien der Einsatzbranche oder aufgrund eines solchen Tarifvertrages in einer Betriebs- bzw Dienstvereinbarung sollen unter Berücksichtigung der berechtigten Interessen der Stammbelegschaft jedoch auch abweichende Lösungen vereinbart werden können.

(2) Arbeitsvermittlung

4348 Nach der Legaldefinition in § 35 Abs. 1 S. 2 SGB III umfasst Arbeitsvermittlung alle Tätigkeiten, „die darauf gerichtet sind, Ausbildungssuchende mit Arbeitgebern zur Begründung eines Ausbildungsverhältnisses und Arbeitsuchende mit Arbeitgebern zur Begründung eines Beschäftigtenverhältnisses zusammenzuführen“. Im Jahre 1993 fiel das Arbeitsvermittlungsmonopol der Bundesagentur für Arbeit zu. Auch Private können seitdem sowohl nicht gewerbsmäßig als auch gewerbsmäßig Arbeitsvermittlung betreiben. Nachdem die zunächst in § 291 SGB III verankerte **Erlaubnispflicht entfallen** ist und durch die Streichung des § 13 AÜG in der bis zum 31.12.2002 geltenden Fassung zwischen dem Entleiher und dem Arbeitnehmer aufgrund einer Arbeitsvermittlung nach § 1 Abs. 2 AÜG kein Arbeitsverhältnis mehr zustande kommt,[34] fehlt jegliches Sanktionselement. Insbesondere kommt kein Arbeitsverhältnis zwischen dem Entleiher und dem Arbeitnehmer zustande. Die Zulässigkeit der Arbeitsvermittlung beurteilt sich nunmehr allein nach **§ 35 Abs. 1 S. 2 SGB III.**[35] Lediglich die private **Auslandsvermittlung** von Arbeitnehmern unter Verstoß gegen eine Rechtsverordnung nach § 292 SGB III bildet eine Ordnungswidrigkeit, die mit einem Bußgeld bis zu 30.000 € geahndet werden kann (§ 404 Abs. 2 Nr. 9, Abs. 3 SGB III).

(3) Konzernüberlassung

4349 Das AÜG ist gem. § 1 Abs. 3 Nr. 2 AÜG bei einer Überlassung von Arbeitskräften innerhalb eines Konzerns nach § 18 AktG nicht anzuwenden. Diese Form der Arbeitnehmerüberlassung unterliegt folglich **nicht** der **Erlaubnispflicht.** Ein solcher Konzern kann auch zwischen einem abhängigen Unternehmen zu jeweils einer, aber insgesamt zwei oder mehr Muttergesellschaften bestehen, wenn die Muttergesellschaften eine einheitliche, paritätische Leitung vereinbart haben (**Mehrmüttergesellschaft**).[36] Das früher geltende Erfordernis der vorübergehenden Überlassung hat der Gesetzgeber durch das 1. AÜGÄndG aus dem Jahre 2011 durch die Voraussetzung ersetzt, dass „der Arbeitnehmer nicht zum Zweck der Überlassung eingestellt und beschäftigt wird“, § 1 Abs. 3 Nr. 2 AÜG. Demnach ist das Merkmal „vorübergehend“ nach § 1 Abs. 1 S. 2 AÜG nicht mehr das entscheidende Abgrenzungskriterium, von dem das „Konzernprivileg“ abhängt.[37]

(4) Werkvertrag und andere erlaubnisfreie Überlassungsformen

4350 Keine Arbeitnehmerüberlassung ist das Tätigwerden von Arbeitnehmern in einem anderen Unternehmen aufgrund eines Werkvertrages. Probleme bereitet die **Abgrenzung** zwischen **Werkvertrag** und **Arbeitnehmerüberlassung.** Im Grundsatz liegt der Unterschied darin, dass beim Werkvertrag das **Weisungsrecht** und die Verantwortung für den Arbeitserfolg beim Vertragsar-

---

33 Koalitionsvertrag vom 27.11.2012, S. 49.

34 BAG 28.6.2000 – 7 AZR 100/99, NZA 2000, 1160. AA KassArbR/*Düwell*, 4.5 Rn 314 und *Mohr/Pomberg*, DB 2001, 590.

35 *Kossens*, DB 2002, 843.

36 BAG 18.6.1970 – 1 ABR 3/70, DB 1970, 1595; BAG 30.10.1986 – 6 ABR 19/85, DB 1987, 1691; BAG 16.8.1995 – 7 ABR 57/94, DB 1996, 335.

37 Thüsing/*Waas*, AÜG, § 1 Rn 185.

beitgeber bleiben, während bei der Arbeitnehmerüberlassung der Entleiher den Arbeitnehmer nach seinen Vorstellungen einsetzt und der Verleiher mit der Gestellung des Arbeitnehmers seinen Teil des Vertrages erfüllt hat. Grundsätzlich lassen sich Werkvertrag und Arbeitnehmerüberlassungsvertrag rechtlich dadurch voneinander abgrenzen, dass bei der Arbeitnehmerüberlassung Arbeitnehmer einem Dritten zur Arbeitsleistung zur Verfügung gestellt werden, während bei einem Werkvertrag sich der Unternehmer gegenüber dem Besteller zur Herstellung eines individuellen Werkes verpflichtet. Abgrenzungsschwierigkeiten können sich dadurch ergeben, dass auch ein durch Arbeits- oder Dienstleistung herbeigeführter Erfolg gem. § 631 Abs. 2 BGB Gegenstand eines Werkvertrages sein kann.[38] Eine Arbeitnehmerüberlassung liegt nach der Rspr des BAG dabei dann vor, wenn der dem Entleiher zur Verfügung gestellte Arbeitnehmer in dessen Betrieb eingegliedert ist und nur dessen Weisungen unterliegt.[39] Einen Dienst- oder Werkvertrag sieht das BAG dagegen, wenn ein Unternehmer für einen anderen tätig wird und – auch unter Einsatz von Arbeitskräften nach eigenen betrieblichen Voraussetzungen – für die Handlung oder den Erfolg gegenüber dem Vertragspartner verantwortlich bleibt.[40] Welche Art von Vertrag vorliegt, bestimmt sich nach dem objektiven Geschäftsinhalt des Vertragsverhältnisses. So werden die Busfahrer, wenn ein Unternehmen des öffentlichen Personennahverkehrs eine 100 %ige Tochtergesellschaft als Subunternehmer mit der Durchführung des Transportbetriebs auf Teilen des Omnibusstreckennetzes beauftragt, nicht ohne Weiteres dem Auftragsunternehmen als Zeitarbeitnehmer zur Verfügung gestellt.[41]

Diese durch die Rspr entwickelten Abgrenzungskriterien sollen laut Koalitionsvertrag zudem gesetzlich niedergelegt werden.[42] Mit einer entsprechenden Regelung ist frühestens im Verlauf des Jahres 2015 zu rechnen. 4351

Nicht erlaubnispflichtig sind ferner: 4352

- Abordnungen zu einer zur Herstellung eines Werkes gebildeten Arbeitsgemeinschaft (§ 1 Abs. 1 S. 3 und 4 AÜG);
- Überlassungen in demselben Wirtschaftszweig zur Vermeidung von Kurzarbeit oder Entlassungen aufgrund tarifvertraglicher Vorschriften (§ 1 Abs. 3 Nr. 1 AÜG);
- Überlassungen, die nur gelegentlich erfolgen und bei denen der Arbeitnehmer nicht zum Zweck der Überlassung eingestellt und beschäftigt wird (§ 1 Abs. 3 Nr. 2 a AÜG);
- Verleih in das Ausland in ein auf der Grundlage zwischenstaatlicher Vereinbarungen begründetes deutsch-ausländisches Gemeinschaftsunternehmen (§ 1 Abs. 3 Nr. 3 AÜG);
- Überlassung zur Vermeidung von Kurzarbeit oder Entlassungen von Unternehmen mit weniger als 50 Beschäftigten (in diesem Fall ist die Überlassung **anzeigepflichtig**, § 1 a AÜG).

(5) Einschränkungen im Baugewerbe

Arbeitnehmerüberlassung nach § 1 AÜG in Betriebe des Baugewerbes für Arbeiten, die üblicherweise von Arbeitern verrichtet werden, ist grds. unzulässig (**§ 1 b S. 1 AÜG**). Sie ist nur zwischen Betrieben des Baugewerbes erlaubnisfähig, wenn diese Betriebe von denselben Rahmen- und Sozialkassentarifverträgen oder von deren Allgemeinverbindlichkeit betroffen sind (§ 1 b S. 2 AÜG). Weitergehend ist für Betriebe des Baugewerbes mit Geschäftssitz in einem anderen Mitgliedstaat des Europäischen Wirtschaftsraums gewerbsmäßige Arbeitnehmerüberlassung auch gestattet, wenn die ausländischen Betriebe nicht von deutschen Rahmen- und Sozialkassentarifverträgen oder von für allgemeinverbindlich erklärten Tarifverträgen erfasst werden, sie aber nachweislich seit mindestens drei Jahren überwiegend Tätigkeiten ausüben, die 4353

38 HWK/*Kalb*, § 1 AÜG Rn 16; Thüsing/*Waas*, AÜG, § 1 Rn 69 ff.
39 Vgl BAG 18.1.2012 – 7 AZR 723/10, NZA-RR 2012, 455.
40 BAG 6.8.2003 – 7 AZR 180/03, BB 2004, 669.
41 BAG 6.8.2003 – 7 AZR 180/03, BB 2004, 669.
42 Koalitionsvertrag vom 27.11.2013, S. 49.

unter den Geltungsbereich derselben Rahmen- und Sozialkassentarifverträge fallen, von denen der Betrieb des Entleihers erfasst wird (§ 1 b S. 3 AÜG).[43]

bb) Voraussetzungen legaler Arbeitnehmerüberlassung

(1) Erlaubnis

4354 Die Arbeitnehmerüberlassung iSd § 1 Abs. 1 S. 1 AÜG bedarf der Erlaubnis der **Bundesagentur für Arbeit** (vgl § 17 Abs. 1 S. 1 AÜG), die zunächst **befristet** für ein Jahr, nach dreijähriger Tätigkeit unbefristet erteilt wird. Auf die Erteilung besteht ein Anspruch, wenn nicht ein Versagungsgrund des § 3 AÜG vorliegt. Der Antrag auf **Verlängerung** ist spätestens drei Monate vor Ablauf des Jahres zu stellen (vgl § 2 AÜG). Die Erlaubnis ist an die **Person des Inhabers** gebunden. Der Antragsteller ist zur Zahlung von Gebühren und Auslagen verpflichtet (§ 2 a Abs. 1 AÜG), wobei die Regelungen des Bundesgebührengesetzes (BGebG) gelten. Der maximal zulässige Gebührenrahmen für Verleiherlaubnisse beträgt 2.500 € (§ 2 a Abs. 2 S. 2 AÜG). Den Verleiher treffen umfangreiche **Auskunfts- und statistische Meldepflichten,** §§ 7, 8 AÜG.[44]

(2) Vertrag zwischen Verleiher und Entleiher

4355 Zwischen Verleiher und Entleiher muss gem. § 12 AÜG ein **schriftlicher Vertrag** mit folgenden **Mindestangaben** geschlossen werden:
- Erklärung des Verleihers über Besitz der **Erlaubnis** zur Arbeitnehmerüberlassung;
- Angabe, welche **besonderen Merkmale** die vorgesehene Tätigkeit hat und welche **berufliche Qualifikation** hierfür erforderlich ist;
- Angabe, welche **Arbeitsbedingungen** einschließlich des Arbeitsentgelts im Betrieb des Entleihers für einen **vergleichbaren Stammarbeitnehmer** des Entleihers gelten.

4356 Der Verleiher hat den Entleiher unverzüglich über den Zeitpunkt des **Wegfalls der Erlaubnis** zu unterrichten, § 12 Abs. 2 AÜG.

(3) Vertrag zwischen Verleiher und Arbeitnehmer – insb. „equal pay“

4357 Der Verleiher hat spätestens einen Monat nach dem vereinbarten Beginn des Zeitarbeitsverhältnisses die **wesentlichen Vertragsbedingungen schriftlich** niederzulegen, § 11 Abs. 1 AÜG, § 2 NachwG. **Zusätzlich** zu den in § 2 NachwG geforderten Angaben hat der Verleiher in der Niederschrift mitzuteilen:
- Firma und Anschrift des Verleihers,
- Erlaubnisbehörde,
- Ort und Datum der Erteilung der Erlaubnis,
- Art und Höhe der Leistungen für Zeiten, in denen der Zeitarbeitnehmer nicht verliehen ist.

4358 Zentral ist auch die Entscheidung, ob der Arbeitsvertrag **befristet** sein soll. Nach der Abschaffung der Spezialregeln des AÜG, insb. des Synchronisationsgebots, gelten für die Befristung nun die allgemeinen Regeln nach § 14 TzBfG.[45]

4359 Folgende weitere Regelungsgegenstände sind bei der Vertragsgestaltung zu berücksichtigen:
- Der Verleiher hat dem Arbeitnehmer bei Vertragsschluss ein **Merkblatt der Erlaubnisbehörde** auszuhändigen, Ausländer erhalten Merkblatt und Vertragsniederschrift auf Wunsch in ihrer Muttersprache.
- Bei **Wegfall der Erlaubnis** hat der Verleiher den Arbeitnehmer unverzüglich zu unterrichten.
- Die Vereinbarung kürzerer **Kündigungsfristen** nach § 622 Abs. 5 Nr. 1 BGB bei Aushilfsarbeitsverhältnissen bis zu drei Monaten ist unzulässig.

---
43 Thüsing/*Waas*, AÜG, § 1 b Rn 30 f.
44 Vgl Thüsing/*Waas*, AÜG, § 7 Rn 1 ff.
45 Vgl nur Thüsing/*Mengel*, AÜG, § 10 Rn 37 mwN.

- Der vertragliche Ausschluss des **Verzugslohnanspruchs** nach § 615 S. 1 BGB ist unzulässig.
- Wird der Betrieb des Entleihers **bestreikt**, ist auch der Zeitarbeitnehmer zur Arbeitsleistung nicht verpflichtet; der Verleiher hat den Arbeitnehmer auf das **Recht zur Arbeitsverweigerung** hinzuweisen.[46]
- Hat der Zeitarbeitnehmer während der Dauer der Tätigkeit beim Entleiher eine Erfindung oder einen technischen Verbesserungsvorschlag gemacht, so gilt der Entleiher als Arbeitgeber iSd Gesetzes über **Arbeitnehmererfindungen**.

Mit Wirkung zum 1.1.2004 wurde § 10 Abs. 4 AÜG inhaltlich neu gefasst. § 10 Abs. 4 AÜG sieht einen umfassenden Anspruch des Zeitarbeitnehmers gegenüber dem Entleiher bzgl der wesentlichen Arbeitsbedingungen einschließlich des Arbeitsentgelts (*equal pay*) mit vergleichbaren Festangestellte des Entleiherbetriebes vor.[47] **Arbeitsbedingungen** sind dabei alle allgemein in Arbeitsverträgen vereinbarten Elemente wie Dauer der Arbeitszeit und des Urlaubs oder die Nutzung sozialer Einrichtungen. Unter **Arbeitsentgelt** sind nicht nur das laufende Entgelt, sondern auch Zuschläge, Ansprüche auf Entgeltfortzahlung und Sozialleistungen und andere Lohnbestandteile zu verstehen.[48] Das in **Zeiten des Nichtverleihs** zu zahlende Arbeitsentgelt unterliegt weiterhin der **Vereinbarung** zwischen Verleiher und Zeitarbeitnehmer. 4360

Das BVerfG hat mit Beschluss vom 29.12.2004[49] die durch verschiedene Zeitarbeitsunternehmen und -verbände erhobene Verfassungsbeschwerde gegen den mit dem Ersten Gesetz für moderne Dienstleistungen am Arbeitsmarkt[50] eingeführten Grundsatz der Entgeltgleichheit (§ 3 Abs. 1 Nr. 3, § 9 Nr. 2, § 10 Abs. 4 AÜG – *equal pay*) wegen fehlender Aussicht auf Erfolg nicht zur Entscheidung angenommen. *Bayreuther*[51] kritisiert, dass sich das BVerfG mit den gegen die Verfassungsmäßigkeit der Regelung sprechenden Argumenten nicht auseinandergesetzt habe. Die 2. Kammer des 1. Senats des BVerfG habe sich auf die fast apodiktisch gehaltene Aussage beschränkt, der Gesetzgeber habe im Privatrecht widerstreitende Interessen auszugleichen und dabei insb. für den Schutz des strukturell unterlegenen Arbeitnehmers zu sorgen. Diese Feststellungen der Kammer reichten nicht, um den Eingriff in die Vertragsfreiheit zu rechtfertigen. Unzureichend sei die Argumentation des BVerfG auch im Hinblick auf den durch den *equal-pay*-Grundsatz bewirkten Eingriff in die Koalitionsfreiheit der Verleiher bzw ihrer Verbände. Auch im Schrifttum wurde das *equal-pay*-Prinzip bei der Arbeitnehmerüberlassung kritisiert, das in den Vorschlägen der Hartz-Kommission nicht enthalten war und erst nachträglich in das Gesetzgebungsverfahren eingebracht wurde.[52] 4361

Bis zum Inkrafttreten der durch das 1. AÜGÄndG zum 30.4.2011 geschaffenen Neufassung des § 9 Nr. 2 AÜG konnte von dem Gleichbehandlungsgrundsatz bei einem **vormals arbeitslosen Zeitarbeitnehmer** in den ersten sechs Wochen seiner Beschäftigung **abgewichen** werden, sofern das Nettoarbeitsentgelt den Betrag, den der Zeitarbeitnehmer zuletzt als Arbeitsloser erhalten hat, nicht unterschritt (§ 9 Nr. 2 AÜG aF). Diese Regelung wurde gestrichen. Vom Grundsatz der **Gleichbehandlung** kann seither zu Gunsten oder zu Ungunsten des Zeitarbeitnehmers durch einen für den Verleiher geltenden **Tarifvertrag** abgewichen werden (§ 3 Abs. 1 Nr. 3 S. 2 und S. 3, § 9 Nr. 2 AÜG). Der Bundesverband Zeitarbeit Personal-Dienstleistungen 4362

46 Laut Koalitionsvertrag vom 27.11.2013 (S. 50) soll das AÜG dahin gehend angepasst werden, dass der Einsatz von Zeitarbeitnehmern als Streikbrecher nicht erlaubt ist.
47 Thüsing/*Mengel*, AÜG, § 10 Rn 67.
48 BT-Drucks. 15/25, S. 38.
49 BVerfG 29.12.2004 – 1 BvR 2283/03, NZA 2005, 153.
50 Vom 23.12.2002 (BGBl. I S. 4607).
51 *Bayreuther*, NZA 2005, 341.
52 *Schüren/Hamann*, AÜG, § 9 Rn 103; *Hümmerich/Holthausen/Welslau*, NZA 2003, 7, 9; *Rieble/Klebeck*, NZA 2003, 23.

e.V. (BZA)[53] und der Interessenverband Deutscher Zeitarbeitsunternehmen (IGZ) haben mit den DGB-Gewerkschaften Mantel-, Entgeltrahmen- und Entgelttarifverträge im Juli 2003 abgeschlossen, die weitgehend am 1.1.2004 in Kraft traten.[54] Im Geltungsbereich eines solchen Tarifvertrages kann die Anwendbarkeit auch von nicht tarifgebundenen Arbeitgebern und Arbeitnehmern vereinbart werden. Zu beachten ist hierbei allerdings die mit dem 1. AÜGÄndG zum 30.4.2011 eingeführte Möglichkeit der Schaffung einer **Lohnuntergrenze** durch eine Rechtsverordnung (**§ 3 a AÜG**). Bis Ende 2016 gehen diese nach der Übergangsregelung des § 24 MiLoG dem allgemeinen Mindestlohn vor. Ab dem 1.1.2017 bildet jedoch der allgemeine Mindestlohn auch die unterste Grenze[55] für gem. § 3 a AÜG festgesetzte Branchenmindestlöhne. Praxisrelevant ist zudem die sog. **Drehtürklausel** (§ 3 Abs. 1 Nr. 3 S. 4, § 9 Nr. 2 AÜG). Nach dieser sind abweichende tarifliche Regelungen für die Zeitarbeitnehmer unwirksam, die in den letzten sechs Monaten vor der Überlassung aus einem Arbeitsverhältnis mit dem Entleiher oder einem konzernangehörigen Arbeitgeber ausgeschieden sind.[56]

4363 Auch nicht verbandsangehörige Zeitarbeitsfirmen oder andere Zeitarbeitgeber vermeiden mit der Regelung in § 3 Abs. 1 Nr. 3 AÜG das *„equal pay"*, indem sie die Tarifanwendung einzelvertraglich durch arbeitsvertragliche Bezugnahmeklauseln vereinbaren.

4364 Der 5. Senat des BAG hat jedoch in zwei Urteilen vom 13.3.2013 festgestellt, dass bis dahin typische arbeitsvertragliche **Bezugnahmeklauseln auf CGB-/CGZP-Tarifverträge** unwirksam, weil intransparent, seien (§ 307 Abs. 1 S. 2 BGB).[57] Damit haben sich die Anforderungen an die transparente Gestaltung von arbeitsvertraglichen Bezugnahmeklauseln, die auf **mehrgliedrige Tarifvertragswerke** verweisen, wohl allgemein erheblich verschärft. Notwendig ist nunmehr wohl eine ausdrückliche Kollisionsregel für den Fall, dass sich die Tarifwerke später (theoretisch) „auseinander entwickeln". Dabei muss die Kollisionsregel zur Wahrung der Bestimmtheit eindeutig festlegen, welcher Tarifvertrag des mehrgliedrigen Tarifwerks anzuwenden ist, wenn innerhalb des Tarifwerks einzelne Tarifvertragsregelungen sich widersprechende Regelungen enthalten.[58] Fehlt eine solche Kollisionsregel, soll nach dem 5. Senat ein Verstoß gegen das Transparenzgebot vorliegen, so dass die gesamte Bezugnahmeklausel unwirksam ist. Die Zeitarbeits-Tarifverträge sind ohne wirksame Bezugnahmeklausel nicht wirksam in das Arbeitsverhältnis einbezogen, so dass der Grundsatz des Equal Treatment zur Anwendung kommt. Die Entscheidungen des 5. Senats beziehen sich explizit auf das Tarifwerk der CGZP. In der Praxis muss jedoch bis auf Weiteres zumindest vorsorglich davon ausgegangen werden, dass die Entscheidungen auch auf Klauseln zur Bezugnahme auf die Tarifwerke des DGB und des BAP bzw der iGZ – sowie auch das mehrgliedrige Tarifwerk des TVöD – übertragbar sind, denn auch diese Tarifwerke sind mehrgliedrige Tarifverträge i.e.S.[59]

4365 Die höchstrichterliche Rspr hat somit wohl auch Folgen für Klauseln zu Bezugnahmen auf das **DGB-Tarifwerk**. Zwar gibt es bisher noch kein Urteil des BAG zu einer möglichen Intransparenz solcher Klauseln. Jedoch wird erstens diskutiert, ob es sich bei den DGB-Tarifverträgen um mehrgliedrige Tarifverträge handelt, auf die die Transparenz-Rechtsprechung des BAG

---

53 Der BZA ist im Jahr 2011 mit dem Arbeitgeberverband AMP zu dem Bundesarbeitgeberverband der Personaldienstleister e.V. (BAP) verschmolzen worden; vgl Informationen auf www. personaldienstleister.de.

54 S. www.personaldienstleister.de; www.ig-zeitarbeit.de.

55 Eine Kommission aus Arbeitgeber- und Arbeitnehmervertreter setzt ab 2016 alle zwei Jahre die Lohnuntergrenze fest. Zum 1.1.2017 könnte der gesetzliche Mindestlohn damit über 8,50 € stehen.

56 Thüsing/*Pelzner/Kock*, AÜG, § 3 Rn 116; vgl dazu auch *Krieger/Kruchen*, NZA 2014, 393, 394.

57 BAG 13.3.2013 – 5 AZR 242/12, BB 2013, 755; BAG 13.3.2013 – 5 AZR 954/11, NZA 2013, 680; bestätigt durch BAG 24.9.2014 – 5 AZR 506/14, juris (Rn 21) und BAG 19.2.2014 – 5 AZR 920/12, DB 2014, 1143.

58 Vgl dazu *Lembke/Mengel/Schüren u.a.*, NZA 2013, 948.

59 *Fischer*, RdA 2013, 326, 331; *Lembke/Mengel/Schüren u.a.*, NZA 2013, 948, 951; aA *Bayreuther*, DB 2014, 717, 718.

übertragen werden kann/muss.[60] Zweitens wird debattiert, ob und inwieweit die Gewerkschaften der DGB-Tarifgemeinschaft die erforderliche Tarifzuständigkeit besitzen.[61] Solange es dazu noch keine höchstrichterliche Rspr gibt, sollte bei der Gestaltung von Arbeitsverträgen vorsorglich als sicherster Weg die Rspr zu der Bezugnahme auf das Tarifwerk des CGB/CGZP beachtet werden.

In der Praxis ist die **Vermeidung des equal pay bei Altverträgen** schwierig, weil die Arbeitnehmer der Anwendung der Tarifverträge oft nicht zustimmen. Insoweit hat der 2. Senat des BAG in Übereinstimmung mit seiner bisherigen Rspr auch kein Recht zur Änderungskündigung für die Einführung der Bezugnahmeklauseln angenommen, sondern die Abweichung von der *equal-pay*-Regelung auf Neuverträge begrenzt. Auch wenn nach § 3 Abs. 1 Nr. 3, § 9 Nr. 2 und § 10 Abs. 4 AÜG der Verleiher von der *equal-pay*-Regelung durch Bezugnahme auf einen beim Verleiher anwendbaren Tarifvertrag abweichen kann, so rechtfertige es diese gesetzliche Neuregelung allein noch nicht, im Falle des Verbandsbeitritts des Verleihers durch Änderungskündigung das zuvor mit dem Zeitarbeitnehmer vereinbarte oder ihm gesetzlich zustehende Entgelt auf das tarifliche Entgelt nach dem für den Arbeitgeber geltenden Tarifvertrag für Zeitarbeitsunternehmen abzusenken.[62] 4366

(4) Rechtsverhältnis zwischen Zeitarbeitnehmer und Entleiher

Auch zwischen Zeitarbeitnehmer und Entleiher besteht eine rechtliche Beziehung, wenn auch kein Arbeitsverhältnis. Die **Arbeitgeberfunktionen** werden bei der Arbeitnehmerüberlassung **aufgespalten**, indem der Verleiher dem Entleiher ein Weisungsrecht gegenüber dem Zeitarbeitnehmer als eigenen Leistungsanspruch einräumt.[63] Im Gegenzug hat der Entleiher gegenüber dem Zeitarbeitnehmer alle **Schutzpflichten**, insb. auch die des Arbeitsschutzes, wahrzunehmen, die aus der Eingliederung in den Betrieb resultieren. 4367

Zur Durchsetzung des *equal pay* kann der Zeitarbeitnehmer vom Entleiher **Auskunft** über die im Betrieb des Entleihers für einen vergleichbaren Arbeitnehmer geltenden wesentlichen Arbeitsbedingungen einschließlich des Arbeitsentgelts verlangen, § 13 AÜG. Überwiegend wird vertreten, dass dem Arbeitnehmer dieses Recht nicht zusteht, wenn nach dem Zeitarbeitsvertrag ein das Gebot des *equal pay* abdingender Tarifvertrag iSd §§ 3 Nr. 3, 9 Nr. 2 AÜG vereinbart ist, der Zeitarbeitnehmer also nicht dieselben Arbeitsbedingungen fordern kann wie die Stammarbeitnehmer des Entleihers.[64] 4368

cc) Folgen illegaler Arbeitnehmerüberlassung

(1) Ansprüche des Arbeitnehmers

Fehlt die Erlaubnis zur Arbeitnehmerüberlassung, sind sowohl der **Arbeitnehmerüberlassungsvertrag** als auch der **Arbeitsvertrag unwirksam**, § 9 Nr. 1 AÜG. Es besteht dann ein gesetzliches Arbeitsverhältnis zwischen Entleiher und Arbeitnehmer gem. § 10 Abs. 1 AÜG. Zahlt der Verleiher trotz Unwirksamkeit vollständig oder Teile des Lohns, muss er auch die **Sozialversicherungsbeiträge** und **Steuern** abführen; insoweit ist er Gesamtschuldner neben dem Entleiher, § 10 Abs. 3 AÜG. Eine Vereinbarung, die entgegen dem Gebot des *equal pay* eine **schlechtere Bezahlung** beinhaltet, ist ebenfalls unwirksam; hier hat der Arbeitnehmer gegen den Verleiher einen **Anspruch auf die Differenz**, § 10 Abs. 4 AÜG. 4369

---

60 Vgl dazu LAG Hessen 16.1.2014 – 9 TaBV 127/13, juris; Boemke/Lembke/*Lembke*, AÜG, § 9 Rn 216; *Schindele/Söhl*, NZA 2014, 1049.

61 ArbG Berlin 29.5.2013 – 21 BV 3777/13, juris; LAG Hessen 16.1.2014 – 9 TaBV 127/13, juris.

62 BAG 12.1.2006 – 2 AZR 126/05, NZA 2006, 587.

63 BAG 17.1.1979 – 5 AZR 248/78, AP § 613 BGB Nr. 2.

64 MüKo-BGB/*Krüger*, § 259 Rn 28; Thüsing/*Pelzner*/*Kock*, AÜG, § 13 Rn 8; zu dem Ergebnis kommt auch das BAG 24.4.2014 – 8 AZR 1081/12, NZA 2014, 968, 970.

(2) Ordnungswidrigkeiten und Straftaten

4370 Wer ohne Erlaubnis einen Zeitarbeitnehmer überlässt oder bei sich als Entleiher tätig werden lässt, begeht eine **Ordnungswidrigkeit**, die mit einer Geldbuße bis zu 30.000 € geahndet werden kann, vgl § 16 Abs. 2 AÜG. Die Katalogordnungswidrigkeiten des § 16 Abs. 1 AÜG sind im Übrigen mit unterschiedlich hohen Geldbußen von bis zu 500.000 € belegt. Das Tätigwerden-Lassen eines ausländischen Arbeitnehmers ohne Arbeitserlaubnis nach § 284 SGB III kann mit Geldbuße bis zu 500.000 € geahndet werden; kommt die Beschäftigung zu Bedingungen hinzu, die zu den Arbeitsbedingungen deutscher Zeitarbeitnehmer in auffälligem Missverhältnis stehen, kann dies mit Freiheitsstrafe von bis zu drei Jahren oder mit Geldstrafe, in besonders schweren Fällen mit Freiheitsstrafe von sechs Monaten bis zu fünf Jahren bestraft werden, § 15 a Abs. 1 AÜG. Lässt der Entleiher mindestens fünf Ausländer oder beharrlich und vorsätzlich immer wieder Ausländer ohne Arbeitserlaubnis bei sich tätig werden, beträgt die Freiheitsstrafe bis zu einem Jahr. Auch eine Geldstrafe kann in Betracht kommen, § 15 a Abs. 2 S. 1 AÜG. Handelt der Täter aus grobem Eigennutz, droht eine Freiheitsstrafe bis zu drei Jahren oder Geldstrafe. Der Verleiher wird für die Überlassung eines Ausländers ohne Arbeitserlaubnis und ohne Erlaubnis nach dem AÜG mit Freiheitsstrafe bis zu drei Jahren oder mit Geldstrafe bestraft, in besonders schweren Fällen mit Freiheitsstrafe von sechs Monaten bis zu fünf Jahren, § 15 AÜG.

dd) Haftungsfragen

(1) Haftung im Überlassungsverhältnis

4371 Der Verleiher ist verpflichtet, einen leistungsbereiten und leistungsfähigen Arbeitnehmer bereitzustellen. Für die Erfüllung dieser Schuld bestehen folgende **Haftungsgrundsätze:**

4372 Wenn der Verleiher keinen Arbeitnehmer zur Verfügung stellt, haftet er wegen Nichtleistung ohne Verschulden nach §§ 280 Abs. 1, Abs. 3, 283, 276 Abs. 1 S. 1 BGB auf **Schadensersatz.** Das gilt auch, wenn der Zeitarbeitnehmer berechtigterweise von einem Zurückbehaltungsrecht Gebrauch macht, das ihn gem. § 334 BGB auch zur Arbeitsverweigerung gegenüber dem Entleiher berechtigt, oder bei Krankheit, Beschäftigungsverbot im Mutterschutz, Urlaub, Tod; der Anspruch auf die Überlassungsvergütung entfällt (§ 326 Abs. 1 BGB).[65] In diesem Fall ist der Entleiher berechtigt, den Überlassungsvertrag aus wichtigem Grund nach § 314 BGB unter Nachfristsetzung oder Abmahnung oder sofort bei gewichtiger Pflichtverletzung, die das Vertrauensverhältnis zwischen den Vertragspartnern zerstört, zu kündigen, § 314 Abs. 2 S. 2 iVm § 323 Abs. 2 Nr. 3 BGB. Bei Schlechtleistung des Zeitarbeitnehmers haftet der Verleiher nur für Auswahlverschulden nach §§ 241 Abs. 2, 280 Abs. 1 BGB.

4373 Der Entleiher schuldet die **Überlassungsvergütung**. Er haftet hierfür verschuldensunabhängig aus dem Gesichtspunkt des Zahlungsverzugs. Für die Erfüllung von Nebenpflichten haftet der Entleiher nach folgenden Grundsätzen: Abwerbung ist erlaubt, aber nur unter Einhaltung der Kündigungsfrist des Zeitarbeitnehmers zum Verleiher. Bei **Verleitung zum Vertragsbruch** haftet der Entleiher für den Vermögensschaden, etwa den entgangenen Gewinn. Bei **Arbeitsunfällen** gilt: Die Haftung zwischen Zeitarbeitnehmer und Entleiher sowie zwischen den Arbeitskollegen untereinander ist weitgehend eingeschränkt, §§ 104, 105 SGB VII.[66] Das soll auch eine Haftung des Entleihers gegenüber dem Verleiher ausschließen.

(2) Haftung im Zeitarbeitsverhältnis

4374 Zu Gunsten des Zeitarbeitnehmers greifen die **Grundsätze der Arbeitnehmerhaftung** ein.[67] Der Arbeitnehmer hat für den Fall der Außenhaftung einen **Freistellungsanspruch** gegen den Ar-

---

65 BGH 25.3.1983 – 5 ZR 168/81, BGHZ 87, 156, 158 f.

66 *Schüren/Hamann*, AÜG, Einl. Rn 434.

67 Thüsing/*Thüsing*, AÜG, Einf. Rn 38.

beitgeber, der sich im Rahmen der Arbeitnehmerüberlassung gegen Verleiher und Entleiher als Gesamtschuldner richten kann, wenn beide eigene Pflichten verletzen.

Für **fahrlässig verursachte Arbeitsunfälle** haftet weder der Verleiher noch der Entleiher aufgrund der Sonderregelung in §§ 104, 105 Abs. 1 S. 1 SGB VII zur **Unfallversicherung**. Für **Sachschäden** aufgrund schuldhafter Pflichtverletzung des Entleihers haftet dieser. Setzt der Arbeitnehmer **eigene Sachen für die Arbeitsleistung** ein (zB Benutzung des eigenen Kfz anstatt eines Geschäftswagens), geschieht dies idR zum Vorteil des **Entleihers**, der für entsprechende Schäden haftet.[68] Der **Verleiher** haftet **subsidiär** bei Zahlungsunfähigkeit des Entleihers, er trägt das **Insolvenzrisiko** des Entleihers. 4375

(3) Haftung zwischen Entleiher und Zeitarbeitnehmer

Für **Nichtleistung** haftet der Zeitarbeitnehmer als Gesamtschuldner mit dem Verleiher, wenn er die Arbeitsleistung verschuldet nicht erbringt.[69] Im **Innenverhältnis** haftet der Zeitarbeitnehmer bei Verschulden voll, bis der Verleiher eine Ersatzkraft stellen kann. Für **Schlechtleistung** haftet der Zeitarbeitnehmer unter Berücksichtigung der Grundsätze zur Arbeitnehmerhaftung ab mittlerer Fahrlässigkeit. Für Verletzung von **Nebenpflichten**, wie zB Verletzung der Verschwiegenheitspflicht, haftet der Zeitarbeitnehmer auf den Vermögensschaden; Grundsätze über die Haftungsmilderung gelten insoweit nicht. Der Entleiher haftet für **Nebenpflichtverletzungen** wie die Einhaltung der öffentlich-rechtlichen Vorschriften zum Arbeitsschutz (§ 11 Abs. 6 AÜG), für Köperschäden und Sachschäden. 4376

(4) Haftung gegenüber Dritten bei Schädigungen durch den Zeitarbeitnehmer

Haftung des **Zeitarbeitnehmers:** Bei **Verletzung von Arbeitskollegen** gilt die Haftungsbeschränkung nach §§ 104, 105 SGB VII. Die Haftung für **Sachschäden und gegenüber Dritten** erfolgt nach deliktischen Grundsätzen, die Haftungsbeschränkungen aus dem Arbeitsverhältnis greifen nur im Innenverhältnis. **Regressansprüche** des Zeitarbeitnehmers: Der Zeitarbeitnehmer hat nach den Grundsätzen über die Arbeitnehmerhaftung einen Freistellungsanspruch gegen den Entleiher, gegen den Verleiher nur bei Zahlungsunfähigkeit des Entleihers. 4377

Haftung des **Verleihers:** In Betracht kommt eine Haftung aus § 831 BGB. Der Zeitarbeitnehmer, der nach den Weisungen des Entleihers arbeitet, ist jedoch **nicht Verrichtungsgehilfe des Verleihers.** 4378

Haftung des **Entleihers:** Soweit der Entleiher mit dem Dritten in Vertragsbeziehung steht, haftet er für den Zeitarbeitnehmer als **Erfüllungsgehilfen.** Ohne Vertragsbeziehung haftet der Entleiher nach den deliktischen Grundsätzen des § 831 BGB (Verrichtungsgehilfe) mit der Möglichkeit des Entlastungsbeweises. 4379

b) Klauseltypen und Gestaltungshinweise

aa) Rechtsgrundlagenklauseln

(1) Klauseltyp A

A 1: 4380

(1) Der Verleiher ist im Besitz einer Erlaubnis zur gewerbsmäßigen Arbeitnehmerüberlassung nach § 1 AÜG, ausgestellt durch die Bundesagentur für Arbeit (...) am (...). Der Verleiher wird den Arbeitnehmer für den Fall des Wegfalls, der Nichtverlängerung, der Rücknahme oder des Widerrufs der Erlaubnis unverzüglich unterrichten. Die Unterrichtung wird den Zeitraum der Abwicklung des Arbeitsvertrages umfassen.

68 BAG 14.12.1983 – 7 AZR 371/80, EzAÜG § 611 BGB Haftung Nr. 9; BGH 19.9.1989 – 6 ZR 349/88, BGHZ 108, 305.

69 BGH 9.3.1972 – VII 7 ZR 178/70, BGHZ 58, 216.

(2) Der Verleiher überlässt Arbeitnehmer gegen Entgelt an Entleiher. Gegenstand dieses Arbeitsvertrages ist daher auch die Überlassung des Zeitarbeitnehmers an Kunden des Verleihers zur Arbeitsleistung. Der Zeitarbeitnehmer erklärt sich mit dieser Überlassung einverstanden.
(3) Der Zeitarbeitnehmer erhält als Anlage 1 ein Merkblatt der Bundesagentur für Arbeit und eine Ausfertigung dieses Vertrages. Ist der Zeitarbeitnehmer nicht deutscher Staatsbürger, erhält er auf Anforderung das Merkblatt und diesen Vertrag in seiner Muttersprache.
(4) Ist der Zeitarbeitnehmer Ausländer, ohne dass ihm gem. Art. 45 AEUV als EU-Staatsangehöriger Freizügigkeit zu gewähren ist oder er eine unbefristete Aufenthaltserlaubnis oder eine Aufenthaltsberechtigung besitzt, hat er eine Arbeitserlaubnis oder eine Arbeitsberechtigung nach § 284 SGB III vorzulegen. Die Begründung des Arbeitsverhältnisses steht unter der aufschiebenden Bedingung der Vorlage der Arbeitserlaubnis oder der Arbeitsberechtigung nach Satz 1. Vor diesem Zeitpunkt erfolgt auch kein tatsächlicher Einsatz des Zeitarbeitnehmers.
(5) Anwendbare Tarifverträge[70]
(a) Auf das Arbeitsverhältnis finden die zwischen dem Bundesarbeitgeberverband der Personaldienstleister (BAP) und der DGB-Tarifgemeinschaft Zeitarbeit abgeschlossenen geltenden und nachwirkenden Mantel-, Entgelt- und Entgeltrahmentarifverträge vom 22.7.2003 – im Folgenden MTV BAP, ETV BAP und ERTV BAP genannt – und die diese ergänzenden, ändernden oder ersetzenden Tarifverträge in der jeweils geltenden Fassung Anwendung. Als ergänzend im Sinne von Satz 1 gelten auch Tarifverträge über Branchenzuschläge mit einzelnen der DGB-Tarifgemeinschaft Zeitarbeit angehörenden Gewerkschaften. Die Tarifverträge liegen zur Einsichtnahme in den Geschäftsräumen aus.
(b) Es gilt dabei für die Dauer des Einsatzes derjenige der unter Abs. (a) genannten Tarifverträge mit der jeweiligen DGB-Gewerkschaft, deren satzungsgemäßen Organisationsbereich der Kundenbetrieb unterliegt. Diese einsatzbezogene Regelung gilt auch im Falle des Auseinanderentwickelns des Tarifwerks etwa infolge von Kündigung, Hinzutreten oder Wegfall einer Tarifvertragspartei oder des Abschlusses einzelner Änderungs- und Ergänzungstarifverträge.
Der Arbeitgeber verpflichtet sich, den Mitarbeiter auf dessen Verlangen vor jedem Einsatz bei einem Entleiher in schriftlicher Form darüber zu unterrichten, welcher Tarifvertrag auf der Grundlage der hier vereinbarten Bezugnahmeregelung und unter Beachtung der satzungsgemäßen Zuständigkeiten der beteiligten DGB-Gewerkschaften zur Anwendung gelangt. Für den Fall des Auseinanderentwickelns des Tarifwerks verpflichtet sich der Arbeitgeber, von sich aus den Mitarbeiter schriftlich vor jedem Einsatz über den einschlägigen Tarifvertrag zu unterrichten.
(c) In Nichteinsatzzeiten gelten die zwischen dem BAP und der ver.di abgeschlossenen geltenden und die diese ergänzenden, ändernden oder ersetzenden Tarifverträge in der jeweils geltenden Fassung.
(6) Geltendmachung und Ausschluss von Ansprüchen
Die Parteien vereinbaren hiermit einzelvertraglich unabhängig von der Geltung eines Tarifvertrages und der einzelvertraglichen Bezugnahme eines Tarifvertrages im Rahmen dieses Arbeitsverhältnisses:
Ansprüche aus dem Arbeitsverhältnis verfallen, wenn sie nicht innerhalb einer Ausschlussfrist von drei Monaten nach Fälligkeit gegenüber der anderen Vertragspartei schriftlich geltend gemacht werden.
Lehnt die Gegenpartei die Ansprüche schriftlich ab, sind die Ansprüche innerhalb einer weiteren Ausschlussfrist von drei Monaten ab Zugang der schriftlichen Ablehnung gerichtlich geltend zu machen. Ansprüche, die nicht innerhalb dieser Fristen geltend gemacht werden, sind ausgeschlossen.

70 Auf der Basis von Empfehlungen des BAP, www.personaldienstleister.de.

(7) Der Personalbogen ist Gegenstand des Arbeitsvertrages. Wahrheitswidrige Angaben im Personalbogen berechtigen den Verleiher zur Anfechtung des Arbeitsvertrages. Handelt es sich um ein geringfügiges Beschäftigungsverhältnis nach § 8 SGB IV, wird die Vereinbarung „Geringfügige Beschäftigung" ebenfalls Bestandteil des Arbeitsvertrages.

A 2:
[Abs. 1–4 wie vor]

→ (5) Auf das Arbeitsverhältnis finden keine Tarifverträge Anwendung. Der Verleiher wird für die Zeiträume der Überlassung des Zeitarbeitnehmers an Entleiher die dort geltenden Tarifverträge zur Anwendung bringen. Für Zeiträume, in denen eine Überlassung nicht möglich ist, gelten die Arbeitsbedingungen nach den §§ (...) dieses Vertrages.
[Abs. 6 und 7 wie vor]

(2) Gestaltungshinweise

Zu Klausel A 1 Abs. 1: Nach § 11 Abs. 1 S. 2 Nr. 1 AÜG hat der Verleiher im Zeitarbeitsvertrag die Erlaubnisbehörde sowie Ort und Datum der Erteilung der Erlaubnis anzugeben. Weiterhin ist der Verleiher nach § 11 Abs. 3 AÜG verpflichtet, den Zeitarbeitnehmer unverzüglich über den Zeitpunkt des Wegfalls der Erlaubnis und in den Fällen der Nichtverlängerung, der Rücknahme oder des Widerrufs über das voraussichtliche Ende der Abwicklung zu unterrichten. § 11 Abs. 1 AÜG wirkt insoweit lediglich deklaratorisch.[71] Für die Abwicklung der Arbeitnehmerüberlassungsverträge und damit auch der Zeitarbeitsverträge gilt die Erlaubnis in den genannten Fällen als fortbestehend, höchstens jedoch für 12 Monate, § 2 Abs. 4 S. 4 AÜG. 4381

Zu Abs. 2: Die Überlassung von Arbeitnehmern an Dritte bedarf des Einverständnisses des Arbeitnehmers.[72] 4382

Zu Abs. 3: Nach § 11 Abs. 2 AÜG ist der Verleiher verpflichtet, dem Zeitarbeitnehmer bei Vertragsschluss ein Merkblatt der Erlaubnisbehörde auszuhändigen. Nichtdeutsche Arbeitnehmer können vom Verleiher verlangen, das Merkblatt in ihrer Muttersprache zu erhalten. 4383

Zu Abs. 4: Die Beschäftigung von Ausländern ohne die erforderliche Arbeitsgenehmigung nach § 284 SGB III ist eine Ordnungswidrigkeit, § 404 Abs. 2 Nr. 3 SGB III. Der Arbeitgeber hat also bei der Beschäftigung von ausländischen Arbeitnehmern auf das Vorhandensein der Arbeitserlaubnis zu achten. Das Arbeitsverhältnis soll erst dann zustande kommen, wenn die Arbeitserlaubnis vorliegt. Diese Vorsichtsmaßnahme ist auch zum Schutz des Entleihers erforderlich, der nach § 16 Abs. 1 Nr. 2 AÜG ordnungswidrig handelt, wenn er einen ausländischen Arbeitnehmer ohne Arbeitserlaubnis bei sich tätig werden lässt, auch wenn der Verleiher über die Erlaubnis nach §§ 1, 2 AÜG verfügt. Darüber hinaus stellen §§ 15, 15 a AÜG Straftatbestände dar, die an die Überlassung von Ausländern ohne den erforderlichen Aufenthaltstitel bzw die erforderliche Arbeitsgenehmigung nach § 284 SGB III anknüpfen.[73] 4384

Zu Abs. 5 in Klauselvariante A 1: Das Gebot des *equal treatment* gilt nur in Arbeitsverhältnissen, die keiner Tarifbindung unterliegen. Abweichungen sind auch dann möglich, wenn die Anwendung eines Tarifvertrages, der eine abweichende Regelung des Zeitarbeitsverhältnisses enthält, einzelvertraglich vereinbart wird. Da meist Unklarheit über die Gewerkschaftszugehörigkeit besteht und der Verleiher nicht von der Gewerkschaftszugehörigkeit des Zeitarbeitnehmers abhängig sein will, empfiehlt sich in jedem Fall eine einzelvertragliche Bezugnahme. 4385

Das BAG hat am 13.3.2013 mehrere Entscheidungen getroffen, die Equal-Pay-Ansprüche von Zeitarbeitnehmern zum Gegenstand hatten.[74] Im Rahmen dieser Verfahren hat sich der Senat zur Transparenz einer arbeitsvertraglichen Bezugnahmeklausel auf die mehrgliedrigen Tarif- 4386

71 *Boemke/Lembke*, AÜG, § 11 Rn 90; *Krause*, AR-Blattei SD 220.2.2 Rn 219 f.
72 *Schüren/Hamann*, AÜG, Einl. Rn 178.
73 Thüsing/*Kudlich*, AÜG, Vorb. §§ 15 f Rn 1 f.
74 BAG 13.3.2013 – 5 AZR 242/12, BB 2013, 755; BAG 13.3.2013 – 5 AZR 954/11, NZA 2013, 680.

werke im engeren Sinne der CGB/CGZP und zur Anwendung tarif- und arbeitsvertraglicher Ausschlussfristen von Equal-Pay-Ansprüchen geäußert. Die ursprünglich verwendeten Verweisungsklauseln auf die mehrgliedrigen CGB-/CGZP-Tarifverträge seien intransparent und damit gem. § 307 Abs. 1 S. 2 BGB unwirksam (s. § 1 Rn 4364). Um Equal-Pay-Ansprüche fortan ausschließen zu können, ist entweder eine Bezugnahme auf einen Einheitstarifvertrag im Sinne einer Einheit aus Mantel-, Entgelt- und sonstigen Einzeltarifverträgen oder – sofern es sich um ein mehrgliedriges Tarifwerk handelt – eine Kollisionsregel notwendig, aus der sich erstens entnehmen lässt, welches der in Bezug genommenen tariflichen Regelwerke bei sich widersprechenden Regelungen den Vorrang hat, und zweitens, welcher der in Bezug genommenen Tarifverträge bei einer bestimmten Überlassung gelten soll.[75] Nach dem BAG muss der Arbeitnehmer bereits bei Vertragsschluss wissen, was „auf ihn zukommt". Enthält der Arbeitsvertrag keine Kollisionsregel, bestehe die Gefahr, dass der Arbeitnehmer seine Rechte nicht wahrnehme, da er nicht für jeden Zeitpunkt bestimmen könne, welches der in Bezug genommenen tariflichen Regelwerke gelten solle.

4387 Die Bezugnahmeklausel verdeutlicht unter **Abs. 5 (b)**, dass für die Auswahl des in Bezug genommenen Tarifvertrages auf die jeweilige DGB-Gesellschaft abzustellen ist, deren satzungsgemäßem Organisationsbereich der Kundenbetrieb unterliegt. An diesem einsatzbezogenen Ansatz wird auch im Falle eines Auseinanderentwickelns des Tarifwerkes, infolgedessen es zu widersprechenden Regelungen kommen könnte, festgehalten. Um etwaige Transparenzbedenken nicht aufkommen zu lassen, wird zudem eine Unterrichtungspflicht des Verleihers festgeschrieben, den Zeitarbeitnehmer vor jedem Einsatz bei einem Entleiher in schriftlicher Form auf dessen Verlangen hin den für ihn verbindlichen Tarifvertrag zu bezeichnen. Für den Fall eines Auseinanderentwickelns des Tarifvertrages verpflichtet sich der Arbeitgeber, von sich aus auf den verbindlichen Tarifvertrag hinzuweisen. Zusätzlich wird die Transparenz dadurch erhöht, dass in Nichteinsatzzeiten in **Abs. 5 (c)** eine dynamische Bezugnahme auf die Tarifverträge des BZA (jetzt: BAP) und der ver.di in der jeweils geltenden Fassung vereinbart wird.

4388 **Zu Abs. 6:** Aufgrund der neuen Anforderungen der Rspr ist es derzeit unmöglich, sichere Aussagen zur Gestaltung von arbeitsvertraglichen Bezugnahmen auf mehrgliedrige Tarifverträge zu treffen. Da arbeitsvertragliche Bezugnahmeklauseln derzeit mit hohen Unwirksamkeitsrisiken behaftet sind, sollte zusätzlich einzelvertraglich eine Ausschlussfrist unabhängig von der Bezugnahme eines Tarifvertrages vereinbart werden (s. Abs. 6). Damit kann das Risiko von Nachzahlungen an die Zeitarbeitnehmer für den Fall reduziert werden, dass letztlich doch kein Tarifvertrag zur Abbedingung von Equal Pay gilt.[76] Einzelvertragliche Ausschlussfristen greifen nach der Rspr des BAG, wenn sie ausdrücklich unabhängig von der Geltung eines Tarifvertrages und der einzelvertraglichen Bezugnahme eines Tarifvertrages gelten sollen.[77] Einzelvertragliche Ausschlussfristen erfassen auch Equal-Pay-Ansprüche. Laut BAG muss die Frist zur Geltendmachung des Anspruchs ab seiner Fälligkeit für den Arbeitnehmer mindestens drei Monate betragen.[78] Allerdings schließen Ausschlussfristen nicht die Nachforderungen der Sozialversicherung bei nachträglicher Anwendung von Equal Pay aus.

4389 Umstritten waren die Konsequenzen, die sich aus einer arbeitsvertraglichen Bezugnahme auf unwirksame Tarifverträge ergaben. Zwar greift grds. das Gebot des Equal Pay, so dass die Lohndifferenz vom Verleiher nachzuzahlen ist. Strittig war jedoch, ob die Unwirksamkeit der

75 LAG Berlin-Brandenburg 6.5.2013 – 21 Sa 2286/12, ArbR 2013, 506; ausf. *Brors*, RdA 2014, 182; *Schindele/Söhl*, NZA 2014, 1049.

76 *Stenslik/Heine*, DStR 2013, 2182; die Nachforderungen der entsprechenden Sozialversicherungsbeiträge sind jedoch mit Ausschlussfristen nicht zu verhindern.

77 BAG 13.3.2013 – 5 AZR 954/11, NZA 2013, 680, 684; vgl dazu *Schindele/Söhl*, ArbRAktuell 2013, 535, 536.

78 BAG 28.11.2007 – 5 AZR 992/06, NZA 2008, 293 ff; BAG 24.9.2014 – 5 AZR 506/12, juris; BAG 25.9.2014 – 5 AZR 815/12, juris; ausf. *Betz*, NZA 2013, 350.

Tarifverträge ex nunc oder ex tunc erfolgte.[79] In der Entscheidung vom 13.3.2013 wies das BAG die These der Unwirksamkeit des Tarifvertrages ex nunc als ungeeignet zurück, da es nicht um die Rückabwicklung eines Tarifvertrages gehe, sondern um die Rechtsfolgen einer fehlerhaften Abweichung vom Equal-Pay-Grundsatz.[80] Bei Unwirksamkeit des Tarifvertrages hat der Arbeitnehmer folglich zusätzlich zu der bezogenen Vergütung einen Anspruch auf die Differenzvergütung für die Vergangenheit. Ebenso sei die unwirksame tarifvertragliche Ausschlussfrist nicht zum Bestandteil des Arbeitsvertrages geworden, da davon auszugehen, dass die Vereinbarung eines wirksamen Tarifvertrages gewollt gewesen sei.[81]

Zu Abs. 5 in Klauselvariante A 2: Ist eine Tarifbindung weder originär noch durch Bezugnahmeklausel gewünscht, muss der Verleiher dem Zeitarbeitnehmer seit 1.1.2004 dieselben wesentlichen Arbeitsbedingungen gewähren wie den Stammarbeitnehmern im Betrieb des jeweiligen Entleihers. Die gesetzliche Regelung ist für die Zeitarbeitsfirma nicht nur teuer, sie ist auch extrem unpraktikabel, weil es bei jedem Wechsel des Entleihers gilt, die wesentlichen Arbeitsbedingungen zu ermitteln und in der eigenen Personalabteilung umzusetzen.[82] In der Folge wird es im Betrieb der Zeitarbeitsfirma eine Vielzahl an verschiedensten Arbeitsbedingungen geben, in den Zeiträumen der Nichtüberlassung finden dagegen die eigenen Regelungen des Verleihers Anwendung. Letztere sind im Zeitarbeitsvertrag zu regeln, für die Verleihzeiten muss sich der Verleiher im Arbeitnehmerüberlassungsvertrag vom Verleiher die wesentlichen Arbeitsbedingungen mitteilen lassen, § 12 Abs. 1 S. 3 AÜG. Mit dieser Regelung korrespondiert auf Seiten des Zeitarbeitnehmers ein Anspruch auf Auskunft über die wesentlichen Arbeitsbedingungen gegen den Entleiher, um die ihm tatsächlich vom Verleiher gewährten Arbeitsbedingungen zu überprüfen. 4390

Für die Bestimmung der zu gewährenden Arbeitsbedingungen muss zunächst die Vergleichsgruppe der Arbeitnehmer festgelegt werden. Dabei ist nicht nur die Funktion, es sind auch die personenbezogenen Komponenten zu berücksichtigen. Es ist darauf abzustellen, was ein für die Überlassungsdauer befristet eingestellter Mitarbeiter im Entleiherbetrieb erhielte. Die Vergütungshöhe ergibt sich aus den kollektivrechtlichen Regelungen im Entleiherbetrieb und dem Gleichbehandlungsgrundsatz. Schwierigkeiten bei der Umsetzung des Schlechterstellungsgebotes gibt es, wenn in dem Betrieb für neu eingestellte Stammarbeiter andere Arbeitsbedingungen gelten als für alte.[83] Hier ermittelt man die Vergleichsgruppe sinnvoller Weise anhand eines Vergleichs der Einstellungsdaten; in diesem Sinne ist die Gleichbehandlung vorzunehmen.[84] 4391

Zu den wesentlichen Arbeitsbedingungen zählen: Dauer der Arbeitszeit, Überstunden, Pausen, Ruhezeiten, Nachtarbeiten, bezahlter Urlaub, arbeitsfreie Tage, Teilhabe an Sozialleistungen wie Kantine, Beförderungsmittel, Kinderbetreuungseinrichtungen. Bei Leistungen, die die Betriebszugehörigkeit honorieren, ist ein Vergleich mit einem auf die Überlassungsdauer befristet beschäftigten Arbeitnehmer anzustellen.[85] Unter Arbeitsentgelt sind nicht nur das laufende Entgelt, sondern auch Zuschläge, Ansprüche auf Entgeltfortzahlung und Sozialleistungen und 4392

79 Vgl dazu *Lambrich/Göhler*, RdA 2014, 299; *Friemel*, NZS 2011, 851.

80 BAG 13.3.2013 – 5 AZR 954/11, NZA 2013, 680; *Schindele/Söhl*, ArbRAktuell 2013, 535, 536.

81 *Betz*, NZA 2013, 350.

82 Zur Frage der Verfassungsmäßigkeit BVerfG 29.12.2004 – 1 BvR 2283/03, NZA 2005, 153; *Hümmerich/Holthausen/Welslau*, NZA 2003, 7, 9; *Rieble/Klebeck*, NZA 2003, 23 ff; *Grobys/Schmidt/Brocker*, NZA 2003, 777.

83 *Lembke*, BB 2003, 98, 100; *Schüren/Hamann*, AÜG, § 9 Rn 131 f; *Boemke/Lembke*, AÜG, § 9 Rn 115.

84 *Lembke*, BB 2003, 98, 101; Thüsing/*Mengel*, AÜG, § 9 Rn 25; Tschöpe/*Hiekel*, Anwalts-Handbuch Arbeitsrecht, Teil 6 D Rn 33 a.

85 BAG 8.11.1978 – 5 AZR 358/77, AP § 611 BGB Gratifikation Nr. 100; *Schüren/Hamann*, AÜG, § 9 Rn 131; Thüsing/*Mengel*, AÜG, § 9 Rn 24; LAG Hamm 25.1.2012 – 3 Sa 1544/11, juris; LAG Schleswig-Holstein 21.5.2013 – 2 Sa 398/12, LAGE § 10 AÜG Nr. 10.

andere Lohnbestandteile zu verstehen.[86] Weiterhin sind Prämien, Provisionen, Tantiemen und Gewinnbeteiligungen sowie Sachleistungen erfasst.

4393 Eine Ausnahme vom **equal treatment** galt bis zum 29.4.2011 für die Beschäftigung eines zuvor arbeitslosen Zeitarbeitnehmers für die Dauer der ersten sechs Wochen (s. Wortlaut des § 9 Nr. 2 AÜG aF[87]). Diese gesetzliche Ausnahme wurde durch das 1. AÜGÄndG ersatzlos gestrichen, da die Ausnahme nicht mit der Richtlinie 2008/104/EG (Leiharbeitsrichtlinie) vereinbar war.[88] Unterbrechungen der sechs Wochen und Aufteilung auf Beschäftigungen bei verschiedenen Entleihern waren möglich.[89] Hier war die Untergrenze ein Nettoarbeitsentgelt in Höhe des zuletzt gewährten Arbeitslosengeldes. Die Regelung sollte Verleihern einen Anreiz für die Einstellung vormals Arbeitsloser bieten und den Arbeitslosen den Wiedereinstieg in den Arbeitsmarkt erleichtern.[90] Voraussetzung war, dass mit demselben Zeitarbeitnehmer nicht bereits zuvor ein Arbeitsverhältnis bestanden hatte. Nach dem Gesetzeswortlaut in § 9 Nr. 2 AÜG aF war Voraussetzung nicht nur Arbeitslosigkeit, sondern auch der Bezug von Arbeitslosengeld. War der Anspruch auf Arbeitslosengeld mangels Antragstellung nicht realisiert, war die Voraussetzung gleichwohl erfüllt.

4394 **Zu Abs. 7:** Um den Zeitarbeitsvertrag nicht zu überfrachten, sind Vereinbarungen für geringfügig Beschäftigte und der Personalbogen über eigenständige Anlagen in den Vertrag einbezogen.

bb) Klauseln zu Art und Ort der Tätigkeit[91]

(1) Klauseltyp B

4395 (1) Der Zeitarbeitnehmer wird als (...) eingestellt.

(2) Der Verleiher behält sich vor, dem Zeitarbeitnehmer auch eine andere gleichwertige oder zusätzliche Tätigkeit zu übertragen, die seinen Fähigkeiten und Kenntnissen entspricht. Während dieser Zeit behält er seinen tariflichen Lohnanspruch beruhend auf der Tätigkeit nach Absatz 1.

(3) Der Zeitarbeitnehmer ist verpflichtet, bei Kunden des Verleihers (Entleihern) tätig zu werden. Der Verleiher ist berechtigt, den Zeitarbeitnehmer in den Postleitzahlbezirken (...) (alternativ: im Bereich der Bundesrepublik Deutschland) einzusetzen. Die Erstattung von Auslagen und die Anrechnung von Wegezeiten richten sich nach § 8 Abs. 3–6 MTVZ mit der Maßgabe, dass für Übernachtungskosten die steuerlich zulässigen Sätze vereinbart werden.

(4) Der Verleiher ist berechtigt, den Zeitarbeitnehmer jederzeit von seinem Einsatzort abzuberufen und anderweitig einzusetzen. Für die Einsatzdauer bei einem Entleiher unterliegt der Zeitarbeitnehmer dem Direktionsrecht des Entleihers im Rahmen dieses Vertrages.

(5) Der Zeitarbeitnehmer ist nicht verpflichtet, bei einem Entleiher tätig zu werden, der durch einen Arbeitskampf unmittelbar betroffen ist.[92]

---

86 Thüsing/*Mengel*, AÜG, § 9 Rn 31; *Brandl/Haberkorn/Veit*, NZA 2014, 1167; *Schüren/Hamann*, AÜG, § 9 Rn 129 ff.

87 § 9 Nr. 2 AÜG aF (Fassung bis 29.4.2011): „… es sei denn, der Verleiher gewährt dem zuvor arbeitslosen Leiharbeitnehmer für die Überlassung an einen Entleiher für die Dauer von insgesamt höchstens sechs Wochen mindestens ein Nettoarbeitsentgelt in Höhe des Betrages, den der Leiharbeitnehmer zuletzt als Arbeitslosengeld erhalten hat; Letzteres gilt nicht, wenn mit demselben Verleiher bereits ein Leiharbeitsverhältnis bestanden hat; …“.

88 BT-Drucks. 17/4804, S. 9.

89 BT-Drucks. 15/25, S. 39; Thüsing/*Mengel*, AÜG, § 9 Rn 38; aA *Schüren/Hamann*, AÜG, § 9 Rn 139 f.

90 BT-Drucks. 15/25, S. 38.

91 Vgl BLDH/*Lingemann*, Anwalts-Formularbuch Arbeitsrecht, Kap. 10, M 10.1.1 (§ 2) mit Verweis auf die Möglichkeit einer „Änderungsklausel“/„Versetzungsklausel“ und deren AGB-Kontrolle.

92 Laut Koalitionsvertrag vom 27.11.2013 (S. 50) soll das AÜG dahin gehend angepasst werden, dass der Einsatz von Zeitarbeitnehmern als Streikbrecher nicht erlaubt ist.

(6) In Zeiträumen, in denen der Zeitarbeitnehmer nicht bei einem Entleiher eingesetzt werden kann, hat der Zeitarbeitnehmer seine Arbeitskraft dem Verleiher zur Verfügung zu stellen. Kann auch der Verleiher den Zeitarbeitnehmer nicht beschäftigen, ist der Zeitarbeitnehmer verpflichtet, sich einmal täglich in den Geschäftsräumen des Verleihers persönlich zu melden, um sich nach dem Folgeeinsatz zu erkundigen.

(2) Gestaltungshinweise

Im Zeitarbeitsverhältnis erlangt die Erweiterung des Direktionsrechts betreffend Art und Ort 4396
der Tätigkeit besondere Bedeutung. Die Art der Tätigkeit muss in gewissem Umfang variieren (**Abs. 2**). Der Ort der Tätigkeit[93] (**Abs. 3**) ist zwangsläufig einem ständigen Wechsel bei unterschiedlichen Entleihern unterworfen. Im Manteltarifvertrag Zeitarbeit[94] ist hierzu geregelt, dass der Mitarbeiter bei einer Anfahrtsdauer von mehr als 1,5 Stunden für den einfachen Weg die darüber hinausgehende Zeit als Arbeitszeit vergütet bekommt. Bei Überschreitung von zwei Stunden hat der Mitarbeiter Anspruch auf Übernachtung (§ 8.4 MTVZ).

In **Abs. 4** ist klargestellt, dass der Zeitarbeitnehmer kein Recht hat, bei einem bestimmten Ent- 4397
leiher eingesetzt zu werden oder zu bleiben, selbst wenn bei diesem Entleiher eine Weiterbeschäftigungsmöglichkeit bestehen sollte. Der Verleiher benötigt diese Dispositionsfreiheit, um sein Personal optimal nach den Bedürfnissen der Entleiher einzusetzen, er muss auf ein Abberufungsverlangen des Entleihers reagieren können. Weiterhin ist vereinbart, dass der Zeitarbeitnehmer für die Dauer der Überlassung dem Direktionsrecht des Entleihers unterstellt ist.

Abs. 5 entspricht der gesetzlichen Regelung des § 11 Abs. 5 AÜG.[95] Dabei mag der Hinweis im 4398
Vertrag als Merkposten dienen, der gesetzlichen Regelung ist damit noch nicht genügt. Der Verleiher muss den Arbeitnehmer jeweils vor dem geplanten Arbeitseinsatz über das Leistungsverweigerungsrecht informieren, wenn der Betrieb des vorgesehenen Entleihers bereits von einem Arbeitskampf betroffen ist. Beginnt der Streik erst zu einem späteren Zeitpunkt, muss der Hinweis unverzüglich erfolgen.[96] In § 17.1 (Schlussbestimmungen) des MTVZ zwischen dem BAP und den Mitgliedsgewerkschaften des DGB ist geregelt, dass das Zeitpersonal im Umfang eines Streikaufrufs nicht in Betrieben oder Betriebsteilen eingesetzt wird, die ordnungsgemäß bestreikt werden. Wer sich an diese Standards binden will, sollte eine entsprechende Klausel im Arbeitnehmerüberlassungsvertrag vereinbaren.

In **Abs. 6 S. 1** ist geregelt, dass der Zeitarbeitnehmer zwar verpflichtet ist, bei Entleihern tätig 4399
zu werden, dass er dies aber andererseits nicht verlangen kann. Kann der Verleiher den Arbeitnehmer nicht bei einem Entleiher einsetzen, hat er aber in seinem eigenen Betrieb eine Verwendungsmöglichkeit, ist der Zeitarbeitnehmer zur Arbeitsleistung beim Verleiher verpflichtet. **Abs. 6 S. 2** regelt eine Meldeverpflichtung des Zeitarbeitnehmers bei nicht möglicher Verwendung, um eine Einsatzmöglichkeit ohne Wartezeiten nutzen zu können.

93 Zum Arbeitsort s. § 1 Rn 798 ff (9. Arbeitsortklauseln).

94 Gemeint ist der Manteltarifvertrag zwischen der BAP und der DGB-Tarifgemeinschaft vom September 2013, der ab 1.11.2013 gilt.

95 Jedoch ist mit einer baldigen Änderung zu rechnen. Nach dem Koalitionsvertrag vom 27.11.2013 (S. 50) soll das AÜG um ein Verbot ergänzt werden, da den Einsatz von Zeitarbeitnehmern als Streikbrecher untersagt.

96 *Schüren/Hamann*, AÜG, § 11 Rn 132.

cc) Vergütungsklauseln[97]

(1) Klauseltyp C

4400 **C 1:**

(1) Der Zeitarbeitnehmer erhält eine monatliche Vergütung auf der Basis der in §§ 2 f MTVZ[98] vereinbarten regelmäßigen monatlichen Arbeitszeit, die bis zum 15. Banktag des Folgemonats unbar ausgezahlt wird.[99] Alle Zahlungen erfolgen auf ein von dem Arbeitnehmer zu benennendes Konto bei einer in der Bundesrepublik Deutschland ansässigen Bank.

(2) Der Zeitarbeitnehmer ist entsprechend seiner Tätigkeit nach § (...) in die Entgeltgruppe (...) des EntgeltrahmenTV Zeitarbeit eingruppiert. Sein Stundenlohn nach dem EntgeltTV Zeitarbeit beträgt derzeit (...) € brutto.

Zuschläge werden nach § 7 MTVZ gewährt; sie betragen derzeit:

- Für volle Arbeitsstunden, durch die die monatliche Arbeitszeit nach §§ 2 MTVZ monatlich um mehr als 15 % überschritten wird, 25 % des jeweiligen tariflichen Entgelts;
- für Nachtarbeit, grds. nach den Zuschlagsbedingungen des Entleiherbetriebes, maximal 25 %
- für Sonntagsarbeit, grds. nach den Zuschlagsbedingungen des Entleiherbetriebes, maximal 50 %
- für Feiertagsarbeit sowie für Arbeit an Heiligabend und Silvester nach 14:00 Uhr, grds. nach den Zuschlagsbedingungen des Entleiherbetriebes, maximal 100 %

des jeweiligen tariflichen Entgelts.

Nachtarbeit ist Arbeit zwischen 23.00 Uhr und 6.00 Uhr.

Sonn- und Feiertagsarbeit ist die an Sonntagen und gesetzlichen Feiertagen geleistete Arbeit zwischen 0.00 Uhr und 24.00 Uhr. Feiertage sind die gesetzlichen Feiertage an dem Ort des Einsatzes des Leiharbeitnehmers.

Treffen mehrere Zuschläge zusammen, wird nur der jeweils höchste gezahlt.

(3) Nach der Übergangsregelung in § 24 MiLoG gehen die Regelungen des EntgeltTV Zeitarbeit dem Mindestlohn bis zum 31.12.2017 vor. Ab dem 1.1.2018 beträgt die Vergütung des Zeitarbeitnehmers entsprechend § 1 Abs. 1 MiLoG 8,50 € brutto pro Zeitstunde.

(4) Für Zeiträume, in denen der Zeitarbeitnehmer nicht bei einem Entleiher eingesetzt und auch sonst vom Verleiher nicht beschäftigt werden kann, wird das Entgelt ohne Zuschläge fortbezahlt.[100] Auf die Regelungen zum Arbeitszeitkonto wird verwiesen. § 615 S. 2 BGB ist anwendbar.

(5) Nach dem sechsten Monat des ununterbrochenen Bestehens des Beschäftigungsverhältnisses hat der Mitarbeiter Anspruch auf Jahressonderzahlungen (Urlaubs- und Weihnachtsgeld), § 15 Abs. 1 MTVZ. Es wird insbesondere darauf hingewiesen, dass das Bestehen eines ungekündigten Beschäftigungsverhältnisses zum Auszahlungszeitpunkt Voraussetzung ist,[101] für Zeiten des Ruhens des Arbeitsverhältnisses (zB während der Elternzeit) keine Leistungen erfolgen und

---

97 Vgl Preis/*Preis*, Der Arbeitsvertrag, II A 55 Rn 23.

98 Alle Verweise auf MTVZ beruhen auf dem aktuell gültigen MTVZ zwischen dem BAP und der DGB-Tarifgemeinschaft.

99 Nach § 1 Abs. 2 MiLoG ist der Arbeitgeber verpflichtet, dem Arbeitnehmer den Mindestlohn spätestens am letzten Bankarbeitstag (Frankfurt am Main) des Monats, der auf den Monat folgt, in dem die Arbeitsleistung erbracht wurde, zu zahlen.

100 Zu beachten ist die neue Rspr des BAG 16.4.2014 – 5 AZR 483/12, ArbR 2014, 357, nach der das Arbeitszeitkonto nicht dazu eingesetzt werden darf, § 11 Abs. 4 S. 2 AÜG zu umgehen und das vom Verleiher zu tragende Beschäftigungsrisiko auf den Arbeitnehmer abzuwälzen.

101 Nach der neuen Rspr des BAG 13.11.2013 – 10 AZR 848/12, NZA 2014, 368 sind wohl alle Stichtagsklauseln für Jahressonderzuwendungen mit Mischcharakter unwirksam. Es sollte daher vertraglich deutlich werden, zu welchem Zweck die Sonderleistung gezahlt wird (Gegenleistung vs. Betriebstreue). Eine nicht als Gegenleistung für erbrachte Leistung zugesagte Weihnachtsgratifikation kann deshalb unter den Vorbehalt des Bestehens eines ungekündigten Arbeitsverhältnisses zum Auszahlungszeitpunkt gestellt werden, BAG 18.1.2012 – 10 AZR 667/10, NZA 2012, 620, 623.

der Mitarbeiter das Weihnachtsgeld zurückzuzahlen hat, wenn das Beschäftigungsverhältnis bis zum 31.3. des Folgejahres endet, es sei denn, das Beschäftigungsverhältnis endet aufgrund arbeitgeberseitiger betriebsbedingter Kündigung (§ 15 Abs. 3 MTVZ).
(6) Ein Anspruch auf die Festsetzung einer solchen Jahressonderzuwendung besteht nicht, denn die Gewährung einer Jahressonderzuwendung ist eine freiwillige Leistung des Arbeitgebers, und es wird für die Zukunft auch durch eine wiederholte oder fortgesetzte vorbehaltslose Zahlung kein Anspruch auf die Festsetzung einer Jahressonderzuwendung für das Folgejahr oder die weiteren folgenden Jahre begründet (Freiwilligkeitsvorbehalt). Auf diesen Freiwilligkeitsvorbehalt muss der Arbeitgeber bei der Gewährung oder Auszahlung nicht nochmals gesondert hinweisen. Der Vorrang individueller Vertragsabreden iSv § 305 b BGB bleibt unberührt. Die freiwillige Leistung kann jederzeit mit einer Tariflohnerhöhung verrechnet werden, auch rückwirkend, wenn die Tariflohnerhöhung ihrerseits rückwirkend in Kraft tritt, auch wenn der Verleiher bei vorangegangenen Tariflohnerhöhungen von diesem Recht keinen Gebrauch gemacht hat.

C 2:
(1) Der Zeitarbeitnehmer erhält für die Zeit der Überlassung an einen Entleiher dasjenige Entgelt unter Einschluss von Zuschlägen und Sozialleistungen, das im Betrieb des Entleihers vergleichbaren Stammarbeitnehmern gezahlt wird. Maßgeblich ist, was ein für die Überlassungsdauer befristet eingestellter Mitarbeiter im Entleiherbetrieb erhielte. Gibt es im Entleiherbetrieb keinen vergleichbaren Arbeitnehmer, richtet sich die Vergütung nach dem für den Entleiherbetrieb einschlägigen Flächentarifvertrag in Verbindung mit den betriebsüblichen Zulagen.[102]
(2) Der Verleiher lässt sich vom Entleiher in einer Anlage zum Arbeitnehmerüberlassungsvertrag die Arbeitsbedingungen einschließlich der Entgeltleistungen mitteilen. Der Verleiher händigt dem Zeitarbeitnehmer mit der Einsatzmitteilung eine Kopie der Mitteilung des Entleihers aus.
(3) Für Zeiten der Nichtüberlassung erhält der Zeitarbeitnehmer einen Stundenlohn iHv (...) € brutto.
(4) Die Vergütung nach Abs. 1 und 3 wird einmal monatlich unbar ausgezahlt und ist bis zum 15. Banktag des Folgemonats fällig.[103]

(2) Gestaltungshinweise

Bei der **Klausel C 1** handelt es sich um die Vereinbarung der tariflichen Vergütung nach dem Manteltarifvertrag Zeitarbeit (MTVZ), einem abweichenden Tarifvertrag zum Gebot des *equal pay* nach § 3 Abs. 1 Nr. 3, § 9 Nr. 2 AÜG. 4401

Bis zum 31.12.2017 gehen tariflich vereinbarte Mindestlöhne sowie auf Grundlage des § 3 a AÜG festgesetzte Lohnuntergrenzen gemäß der Übergangsregel in § 24 MiLoG dem allgemeinen Mindestlohn auch dann vor, wenn sie unterhalb des Mindestlohns liegen.[104] Nach Ablauf der Übergangsfrist sind diese gem. § 1 Abs. 3 S. 1 MiLoG gegenüber dem allgemeinen Mindest- 4402

102 Wenn im Entleiherbetrieb keine vergleichbaren Arbeitnehmer beschäftigt werden, soll eine fiktive Einordnung der Zeitarbeitnehmer in die Vergütungsstrukturen des Entleihers erfolgen, vgl Thüsing/*Mengel*, AÜG, § 9 Rn 28.

103 Nach § 2 S. 1 Nr. 2 MiLoG ist der Arbeitgeber verpflichtet, dem Arbeitnehmer den Mindestlohn spätestens am letzten Bankarbeitstag (Frankfurt am Main) des Monats zu zahlen, der auf den Monat folgt, in dem die Arbeitsleistung erbracht wurde.

104 Der zeitarbeitsrelevante Mindestlohn unterscheidet sich je nach Branche. So wird seit 1.1.2015 bspw für die Branchen Bergbauspezialarbeiten, Elektrohandwerk, Gerüstbauerhandwerk, Maler- und Lackierhandwerk, Steinmetz- und Steinbildhauerhandwerk und Aus-/Weiterbildungsdienstleistungen nach dem SGB III das Mindestentgelt über 8,50 € liegen. Für die Branchen Gebäudereinigung und Wäscherei wird zumindest im Osten des Bundesgebiets das Entgelt unter 8,50 € liegen. In der Fleischwirtschaft wird das Mindestentgelt zum 1.1.2015 bundeseinheitlich unter 8,50 € liegen.

lohn ebenfalls vorrangig. Allerdings gilt dies nur insoweit, als die festgesetzten Löhne den allgemeinen Mindestlohn nicht unterschreiten. Ab dem 1.1.2018 bildet jedoch der Mindestlohn die unterste Grenze, die auch von Branchenmindestlöhnen bzw Lohnuntergrenzen nicht unterschritten werden darf.[105]

4403 Die **Klausel C 2** regelt die Vergütung eines Zeitarbeitsverhältnisses, das keinem abweichenden Tarifvertrag unterfällt. Zur Gestaltung im Einzelnen wird auf die Ausführungen zu Absatz 5 der Klauselvarianten A 1 und A 3 verwiesen. In Zeiten der Nichtüberlassung ist im nicht tarifgebundenen Arbeitsverhältnis die Vergütung frei vereinbar, sie ist im Arbeitsvertrag anzugeben, § 11 Abs. 1 Nr. 2 AÜG.

dd) Personaldatenerfassungs- und -übermittlungsklausel

(1) Klauseltyp D

4404 ➔ (1) Die Personaldaten des Zeitarbeitnehmers werden elektronisch verarbeitet, soweit dies erforderlich ist. Der Zeitarbeitnehmer stimmt der Weitergabe der persönlichen Daten an einen Entleiher zu. Änderungen in der Anschrift oder sonstige Änderungen wird der Zeitarbeitnehmer dem Verleiher unverzüglich mitteilen.

➔ (2) Der Zeitarbeitnehmer ist verpflichtet, an der betrieblichen Datenerfassung, einschließlich der Erfassung der Kommt-/Geht-Zeiten, nach Weisung des Verleihers gegebenenfalls auch an Einrichtungen des Entleihers teilzunehmen.

(2) Gestaltungshinweise

4405 Die Erhebung, Verarbeitung und Nutzung von Beschäftigtendaten muss grds. nach § 32 BDSG erforderlich und verhältnismäßig im engeren Sinne sein. Der Umgang mit Daten darf nur dem Zwecke des Beschäftigungsverhältnisses oder der Aufdeckung von Straftaten dienen. Nach Ansicht des BAG[106] ist nicht zu entscheiden, ob Zeitarbeitnehmer im Entleiherbetrieb dem Anwendungsbereich des § 32 BDSG unterliegen oder für sie mangels eines Beschäftigtenverhältnisses zum Entleiher die Vorschriften des BDSG nur bei einer automatisierten Erhebung, Nutzung oder Verarbeitungen ihrer personenbezogenen Daten gem. § 28 BDSG greifen. Denn in der Vertragsbestimmung ist das Einverständnis des Arbeitnehmers zur Weitergabe der Personaldaten an einen Entleiher enthalten. Die Wirksamkeit der Klausel kann, je nach Umständen des Einzelfalles, in Zweifel stehen, wenn die datenschutzrechtlichen Voraussetzungen einer wirksamen Einwilligung nicht erfüllt sind.[107]

ee) Vereinbarungen zwischen Verleiher und Entleiher[108]

(1) Klauseltyp E

4406 (1) Der Verleiher ist im Besitz einer Erlaubnis zur gewerbsmäßigen Arbeitnehmerüberlassung nach § 1 AÜG, ausgestellt durch die Bundesagentur für Arbeit (...), am (...). Der Verleiher wird den Arbeitnehmer für den Fall des Wegfalls, der Nichtverlängerung, der Rücknahme oder des Widerrufs der Erlaubnis unverzüglich unterrichten. Die Unterrichtung wird den Zeitraum der Abwicklung des Arbeitsvertrages umfassen. Eine Kopie der Erlaubnis ist diesem Vertrag als Anlage 1 beigefügt.
(2) Der Verleiher ist Mitglied des Bundesarbeitgeberverbandes der Personaldienstleister e.V. Er hat weiterhin in seinen Arbeitsverträgen mit den Arbeitnehmern die Anwendung der Tarifverträge der Zeitarbeit, abgeschlossen zwischen dem Bundesarbeitgeberverband der Personal-

105 ErfK/*Franzen*, § 24 MiLoG Rn 1; zu etwaigen Ausnahmen vom Mindestlohn vgl ErfK/*Franzen*, § 22 MiLoG Rn 1 ff, § 24 MiLoG Rn 3.
106 BAG 9.7.2013 – 1 ABR 2/13 (A), NZA 2013, 1433.
107 S. § 1 Rn 1883 ff (22. Datenschutzklauseln).
108 Vgl BLDH/*Lingemann*, Anwalts-Formularbuch Arbeitsrecht, Kap. 10, M 10.2.

dienstleister e.V. (BAP) und den DGB-Gewerkschaften in ihrer jeweiligen Fassung, vereinbart. Es handelt sich um Tarifverträge iSv § 3 Abs. 1 Nr. 3, § 9 Nr. 2 AÜG.
(3) Gleichwohl erstattet der Entleiher in der Anlage 2 die nach § 12 Abs. 1 S. 3 AÜG erforderlichen Angaben, welche wesentlichen Arbeitsbedingungen einschließlich des Arbeitsentgelts im Betrieb des Entleihers für einen vergleichbaren Arbeitnehmer des Entleihers einschließlich des Arbeitsentgelts gelten.

(2) Gestaltungshinweise

Zu Abs. 1: Die hier enthaltenen Regelungen ergeben sich aus der gesetzlichen Verpflichtung nach § 12 Abs. 1 S. 2 und Abs. 2 AÜG. 4407

Zu Abs. 2 und 3: Wenn der Verleiher – wie hier in Abs. 2 vorgesehen – der Bindung an einen abweichenden Tarifvertrag iSd § 3 Abs. 1 Nr. 3, § 9 Nr. 2 AÜG unterliegt, ist es eigentlich unsinnig, vom Entleiher gleichwohl die Angaben über die wesentlichen Arbeitsbedingungen eines vergleichbaren Stammarbeitnehmers zu verlangen. Der Wortlaut des § 12 Abs. 1 S. 3 AÜG, der den Entleiher zu diesen Angaben verpflichtet, lässt jedoch keine Ausnahme zu. 4408

ff) Klauseln zu den Pflichten des Verleihers[109]

(1) Klauseltyp F

(1) Der Verleiher haftet dem Entleiher nur, wenn er bei der Auswahl der überlassenen Zeitarbeitnehmer nicht die im Verkehr erforderliche Sorgfalt beachtet hat. Der Verleiher verpflichtet sich zur Vorlage von erforderlichen Qualifikationsnachweisen bezüglich der Zeitarbeitnehmer (zB Gesellenbrief, Facharbeiterbrief, Führerschein, deutsche Sprachkenntnisse). 4409
(2) Ist der Zeitarbeitnehmer Ausländer, ohne dass ihm nach den Rechtsvorschriften der Europäischen Gemeinschaften oder nach dem Abkommen über den Europäischen Wirtschaftsraum Freizügigkeit zu gewähren ist oder er eine unbefristete Aufenthaltserlaubnis oder eine Aufenthaltsberechtigung besitzt, legt der Verleiher dem Entleiher eine Arbeitserlaubnis oder eine Arbeitsberechtigung nach §§ 284 ff SGB III vor.
(3) Der Verleiher verpflichtet sich, auf Verlangen des Entleihers mit Rücksicht auf die nach § 28 e Abs. 2 SGB IV bzw § 42 d EStG bestehende Haftung des Entleihers für die Sozialversicherungsbeiträge und die Lohnsteuer der überlassenen Arbeitnehmer Bürgschaftserklärungen oder Garantieerklärungen (Avalkredite) beizubringen.
(4) Der Entleiher kann vom Verleiher jederzeit die Vorlage von Bescheinigungen über die Abführung der Sozialversicherungsbeiträge und der Lohnsteuer für die überlassenen Arbeitnehmer an die zuständigen Einzugsstellen bzw das Finanzamt verlangen.
(5) Wird der Entleiher gem. § 28 e SGB IV und/oder § 42 d EStG von der zuständigen Einzugsstelle bzw dem Finanzamt in Anspruch genommen, ist er berechtigt, die dem Verleiher geschuldete Vergütung in Höhe der von der jeweiligen Einzugsstelle bzw dem Finanzamt geltend gemachten Forderungen einzubehalten, bis der Verleiher nachweist, dass er die Beiträge bzw die Lohnsteuer ordnungsgemäß abgeführt hat.

(2) Gestaltungshinweise

Allgemein ist die gesetzliche Schriftform gem. § 12 Abs. 1 S. 1 AÜG, § 126 BGB zu beachten. 4410

Zu Abs. 1: Der Verleiher schuldet keinen Erfolg der Arbeitsleistung des Zeitarbeitnehmers, sondern nur die Überlassung von Arbeitskräften. Er haftet daher nur für ein Auswahlverschulden.[110] 4411

109 Vgl BLDH/*Lingemann*, Anwalts-Formularbuch Arbeitsrecht, Kap. 10, M 10.2.
110 ErfK/*Wank*, AÜG, § 12 Rn 5 f.

4412 **Zu Abs. 2:** Den Entleiher trifft eine umfängliche strafrechtliche Verantwortlichkeit für die Beschäftigung von Ausländern ohne Arbeitserlaubnis nach §§ 15 a, 16 Abs. 1 Nr. 2 AÜG. Damit korrespondiert ein berechtigtes Interesse des Entleihers an einem Nachweis über das Vorliegen einer erforderlichen Arbeitserlaubnis.

4413 **Zu Abs. 3–5:** Den Entleiher trifft nach § 28 e Abs. 2 SGB IV eine Mithaftung für die Sozialversicherungsbeiträge wie einen selbstschuldnerischen Bürgen mit der Maßgabe, dass der Entleiher die Zahlung solange verweigern kann, wie die Einzugsstelle den Arbeitgeber nicht gemahnt hat und die Mahnfrist nicht abgelaufen ist. Nach § 42 d Abs. 6–8 EStG haftet der Entleiher im Grundsatz neben dem Verleiher für die Lohnsteuer, es sei denn, dass eine Erlaubnis zur Arbeitnehmerüberlassung vorliegt und er nachweist, dass er seinen Melde- und Mitwirkungspflichten nachgekommen ist. Durch den Einsatz von Zeitarbeitnehmern nimmt also der Entleiher ein nicht unbeträchtliches Risiko auf sich. Der Entleiher kann nach Abs. 3 zur Absicherung Bürgschaftserklärungen oder Garantieerklärungen verlangen. Weiterhin kann der Entleiher nach Abs. 4 verlangen, dass ihm Bestätigungen der Einzugsstelle über die ordnungsgemäße Abführung der Sozialversicherungsbeiträge für die ihm überlassenen Arbeitnehmer vorgelegt werden. Schließlich sichert ihm Abs. 5 ein Zurückbehaltungsrecht, solange er die Überlassungsvergütung noch nicht gezahlt hat. Die Meldepflicht des Entleihers nach § 28 a Abs. 4 SGB IV aF und damit auch die Verpflichtung der Erstattung der erforderlichen Angaben des Verleihers nach § 12 Abs. 3 AÜG aF sind entfallen.

68. Zurückbehaltungsrechte in Arbeitsvertragsklauseln

Literatur

Annuß, AGB-Kontrolle im Arbeitsrecht: Wo geht die Reise hin?, BB 2002, 458; *Gotthardt*, Der Arbeitsvertrag auf dem AGB-rechtlichen Prüfstand, ZIP 2002, 283; *ders.*, Arbeitsrecht nach der Schuldrechtsreform, 2. Aufl. 2003; *Heiderhoff*, Zurückbehaltungsrecht an der Arbeitskraft durch den Arbeitnehmer und fristlose Kündigung, JuS 1998, 1087; *Henkel*, Der Ausschluss des Zurückbehaltungsrechts (§ 273 BGB) nach Beendigung des Arbeitsverhältnisses, ZGS 2004, 170; *Hergenröder*, Das Recht der Arbeitspapiere, AR-Blattei SD 180; *Hümmerich*, Gestaltung von Arbeitsverträgen nach der Schuldrechtsreform, NZA 2003, 753; *Lingemann*, Allgemeine Geschäftsbedingungen und der Arbeitsvertrag, NZA 2002, 181; *Molkentin*, Das Recht auf Arbeitsverweigerung bei Gesundheitsgefährdung des Arbeitnehmers, NZA 1997, 849; *Otto*, Zurückbehaltungsrecht, AR-Blattei SD 1880; *Suckow/Striegel/Niemann*, Der vorformulierte Arbeitsvertrag, 2011, S. 316 ff; *Thüsing*, Was sind die Besonderheiten des Arbeitsrechts?, NZA 2002, 591.

a) Rechtslage im Umfeld

aa) Anwendungsbeispiele

Im Arbeitsverhältnis machen sowohl Arbeitnehmer als auch Arbeitgeber verschiedentlich Zurückbehaltungsrechte geltend, um den Vertragspartner zur Erfüllung von Verpflichtungen anzuhalten und die eigene Rechtsposition zu sichern. Der Arbeitgeber hält Teile des Gehalts zurück, um die Herausgabe von Firmeneigentum durchzusetzen, der Arbeitnehmer behält seine Arbeitsleistung zurück, um rückständige oder bereits fällig gewordene Lohnansprüche zu realisieren oder die **Einhaltung von Arbeitsschutzvorschriften** zu erreichen.[1] Dazu kann der Arbeitnehmer bspw seine Arbeitsleistung zurückbehalten, soweit der Arbeitgeber ihm lediglich einen Arbeitsplatz zur Verfügung stellt, dessen Belastung mit Asbest oder anderen Schadstoffen unter Berücksichtigung der Arbeitsschutzvorschriften über das in der Umgebung übliche Maß hinausgeht,[2] oder die zur Durchführung der Tätigkeit notwendige Schutzkleidung nicht bereitstellt.[3] Auch ohne die Abweichung von bestehenden Rechtsvorschriften kann ein Leistungsverweigerungsrecht des Arbeitnehmers vorliegen, soweit eine Änderung des Arbeitsplatzes, des Arbeitsablaufs oder der Arbeitsumgebung den gesicherten arbeitswissenschaftlichen Erkenntnissen über eine menschengerechte Arbeitsgestaltung offensichtlich widerspricht und somit eine besondere Belastung des Arbeitnehmers zur Folge hat.[4] Die Grenze bildet jedoch das Gebot von Treu und Glauben, weswegen es sich nicht um lediglich geringfügige oder kurzfristige Verstöße gegen Arbeitsschutzregeln handeln darf, die keinen nachhaltigen Schaden verursachen.[5] 4414

Im Rahmen der **Realisierung von fälligen Lohnansprüchen** kann ein Zurückbehaltungsrecht ebenfalls wegen Verstoßes gegen § 242 BGB unwirksam sein. Das BAG[6] führt hierzu in einer Entscheidung aus, dass der Grundsatz von Treu und Glauben dem Arbeitnehmer verbiete, seine Arbeitsleistung wegen eines verhältnismäßig geringfügigen Lohnanspruchs zurückzuhalten. Dies folge aus einer Analogie zu § 320 Abs. 2 BGB. Ein Lohnrückstand von 1,5 Brutto-Monatsverdiensten ist dabei nach Ansicht des BAG nicht mehr als verhältnismäßig geringfügig in diesem Sinne anzusehen. Ferner könne die Ausübung des Zurückbehaltungsrechts rechtsmissbräuchlich sein, wenn nur eine kurzfristige Verzögerung der Lohnzahlung zu erwarten sei. Drei oder vier Tage Verspätung sind nach Auffassung von *Däubler* vom Arbeitnehmer in jedem Fall hinzunehmen.[7] In seiner Entscheidung führt das BAG weiter an, dass der Arbeitnehmer nach 4415

1 *Otto*, Zurückbehaltungsrecht, AR-Blattei SD 1880; ErfK/*Wank*, § 618 BGB Rn 25.
2 Schaub/*Linck*, Arbeitsrechts-Handbuch, § 50 Rn 4.
3 Tschöpe/*Schmalenberg*, Anwalts-Handbuch ArbR, Teil 2 B Rn 677.
4 Staudinger/*Richardi*, § 611 BGB Rn 448.
5 ErfK/*Wank*, § 618 BGB Rn 27.
6 BAG 25.10.1984 – 2 AZR 417/83, NZA 1985, 355.
7 Däubler/Dorndorf u.a./*Däubler*, § 309 Nr. 2 BGB Rn 8.

Treu und Glauben gehalten sei, das Zurückbehaltungsrecht nicht zur Unzeit auszuüben. Dem Arbeitgeber dürfe durch die Ausübung kein unverhältnismäßig hoher Schaden drohen.

4416 Ein Zurückbehaltungsrecht des Arbeitnehmers besteht, wenn der Arbeitgeber den Arbeitnehmer zur Wiederaufnahme der Arbeit auffordert, ohne das rückständige Arbeitsentgelt nachzuzahlen. Das BAG ist der Auffassung, dass in diesem Falle der Arbeitnehmer ein Zurückbehaltungsrecht geltend machen könne.[8] Zudem kann die Geltendmachung des Zurückbehaltungsrechts zum **Annahmeverzug** des Arbeitgebers nach § 615 BGB führen, wie etwa im Falle einer nicht den Anforderungen des § 106 GewO entsprechenden Direktionsrechtsausübung.[9]

4417 Ebenso kann ein Arbeitnehmer seine Arbeitsleistung für den Zeitraum zurückbehalten, in welchem er sich „**Mobbing-Attacken**" am Arbeitsplatz ausgesetzt sieht.[10] In diesem Zusammenhang besteht ein Anspruch auf Schutz vor systematischen Anfeindungen, schikanösem und diskriminierendem Verhalten des Arbeitgebers oder der diesem zurechenbaren Vorgesetzten. Dabei ist die Ausübung eines Zurückhaltungsrechts nur verhältnismäßig, soweit der Arbeitnehmer Opfer einer einseitigen schikanösen Behandlung ist, ohne die Eskalation mitverursacht zu haben.[11]

4418 Insgesamt kommt eine auf § 273 BGB gestützte Möglichkeit der **Leistungsverweigerung des Arbeitnehmers** immer dann in Betracht, wenn der Arbeitgeber seine aus dem Arbeitsverhältnis resultierenden Haupt- und Nebenpflichten schuldhaft verletzt.[12]

bb) Grundlage und Ausübung des Zurückbehaltungsrechts

4419 Zum Teil wird die Auffassung vertreten, Zurückbehaltungsrechte im Arbeitsverhältnis folgten aus § 273 BGB, wonach der Schuldner das Recht habe, seine Leistung zu verweigern, bis der Gläubiger die ihm obliegende und fällige Leistung erbracht habe.[13] *Otto*[14] vertritt die Auffassung, dass bei im Gegenseitigkeitsverhältnis stehenden Leistungen nicht das Zurückbehaltungsrecht nach § 273 BGB, sondern die Einrede des nicht erfüllten Vertrages nach § 320 BGB der richtige dogmatische Anknüpfungspunkt sei.

4420 Die Ausübung eines Zurückbehaltungsrechts im Arbeitsverhältnis setzt voraus, dass die wechselseitigen Ansprüche aus demselben Rechtsverhältnis stammen (**Konnexität**).[15] Der Begriff „desselben Rechtsverhältnisses" ist weit auszulegen; es genügt, dass ein einheitliches Lebensverhältnis zugrunde liegt. Die wechselseitigen Forderungen müssen nicht, wie bei der Aufrechnung, gleichartig sein. Die Ausübung des Zurückbehaltungsrechts führt deshalb nicht zur Erfüllung, sondern nur zum Recht auf Leistungsverweigerung bis zur Erbringung der Leistung des Vertragspartners.

cc) Ausschluss des Zurückbehaltungsrechts kraft Gesetzes bzw kraft Natur des Schuldverhältnisses

4421 In einigen Bereichen des Leistungsverhältnisses zwischen Arbeitgeber und Arbeitnehmer ist das Zurückbehaltungsrecht bereits kraft Gesetzes oder kraft Natur des Schuldverhältnisses ausgeschlossen. So besteht für den Arbeitgeber kein Zurückbehaltungsrecht an den **Arbeitspapieren** des Arbeitnehmers.[16] Unter Arbeitspapieren versteht man sämtliche Unterlagen, welche die Be-

---

8 BAG 21.5.1981 – 2 AZR 95/79, NJW 1982, 121; ebenso LAG Rheinland-Pfalz 19.6.2009 – 9 Sa 143/09, BeckRS 2009, 72202.

9 LAG München 13.8.2009 – 3 Sa 91/09, BeckRS 2009, 73836.

10 BAG 23.1.2007 – 9 AZR 557/06, NZA 2007, 1166, 1167.

11 LAG Niedersachsen 3.5.2000 – 16 a Sa 1391/99, NZA-RR 2000, 517.

12 BAG 13.3.2008 – 2 AZR 88/07, BB 2008, 2132.

13 BAG 25.10.1984 – 2 AZR 417/83, NZA 1985, 355.

14 AR-Blattei SD 1880 „Zurückbehaltungsrecht" Rn 47 ff.

15 Küttner/*Griese*, Personalbuch, 472 (Zurückbehaltungsrecht) Rn 3.

16 BAG 20.12.1958 – 2 AZR 336/56, AP § 611 BGB Urlaubskarte Nr. 2; LAG Düsseldorf 18.4.1966 –10 Sa 83/66, BB 1967, 1207; ArbG Wetzlar 17.1.1989 – 1 Ca 382/88, DB 1989, 1428.

gründung, Art, Durchführung, Dauer sowie Beendigung des Arbeitsverhältnisses belegen und idR Dritten gegenüber als Ausweispapiere verwendet werden können.[17] Zu den Arbeitspapieren gehören u.a. das Zeugnis, die Lohnsteuerkarte, die Sozialversicherungspapiere und die Arbeitsbescheinigung.[18] Für die Lohnsteuerkarte und die Arbeitsbescheinigung ergibt sich der Ausschluss des Zurückbehaltungsrechts aus dem Gesetz (§ 41 b Abs. 1 S. 4 EStG, § 312 Abs. 1 S. 3 SGB III). Im Übrigen steht einer Zurückbehaltung der Arbeitspapiere aufgrund ihrer Bedeutung für die Erlangung einer neuen Arbeitsstelle die Fürsorgepflicht des Arbeitgebers entgegen.[19]

Der Arbeitnehmer kann seinerseits kein Zurückbehaltungsrecht an **Betriebsmitteln** und **Werkzeugen** ausüben, soweit er nur Besitzdiener nach § 855 BGB ist.[20] Denn als **Besitzdiener** ist der Arbeitnehmer verpflichtet, die Sachen auf Anforderung herauszugeben. Verweigert er die Herausgabe, verschafft er sich unrechtmäßigen Fremdbesitz durch verbotene Eigenmacht (s. auch § 1 Rn 2721 f). Verbotene Eigenmacht schließt als rechtswidrige Verhaltensweise ein Zurückbehaltungsrecht aus.[21] Ist der Arbeitnehmer dagegen Besitzer, wie bei einem zur privaten Nutzung überlassenen Geschäftswagen, ist er zur Ausübung eines Zurückbehaltungsrechts dann befugt, wenn die Parteien keinen wirksamen Ausschluss im Arbeitsvertrag vereinbart haben.[22] Denn in diesen Fällen ist der Arbeitnehmer gegenüber dem Arbeitgeber zum Besitz berechtigt, § 868 BGB. Kein Zurückbehaltungsrecht an der Arbeitskraft kann vom Arbeitnehmer aus der fehlenden Zustimmung des Betriebsrats zu seiner Einstellung hergeleitet werden, soweit der Betriebsrat kein Verfahren nach § 101 BetrVG betreibt.[23] 4422

dd) Ausschluss des Zurückbehaltungsrechts durch arbeitsvertragliche Regelung

Ist das Zurückbehaltungsrecht nicht bereits aufgrund Gesetzes, kraft Natur des Schuldverhältnisses oder wegen Verstoßes gegen den Grundsatz von Treu und Glauben ausgeschlossen, wird die Möglichkeit arbeitsvertraglicher Regelungen relevant. Seit der Schuldrechtsreform sind vorformulierte Einschränkungen von Zurückbehaltungsrechten zu Lasten des Arbeitnehmers unwirksam, § 309 Nr. 2 Buchst. b BGB.[24] Nach dieser Vorschrift ist eine Bestimmung nichtig, durch die ein dem Vertragspartner des Verwenders zustehendes Zurückbehaltungsrecht, soweit es auf demselben Vertragsverhältnis beruht, ausgeschlossen oder eingeschränkt, insbesondere von der Anerkennung von Mängeln durch den Verwender abhängig gemacht wird. 4423

Es steht außer Frage, dass das Verbot des Ausschlusses oder der Einschränkung von Leistungsverweigerungsrechten nach den §§ 320, 273 BGB trotz der regelmäßigen Vorleistungspflicht des Arbeitnehmers auch im Arbeitsrecht Anwendung findet.[25] § 309 BGB soll den Standard des dispositiven Rechts sichern.[26] 4424

17 *Hergenröder*, AR-Blattei SD 180 „Das Recht der Arbeitspapiere" Rn 1.
18 Schaub/*Linck*, Arbeitsrechts-Handbuch, § 149 Rn 2.
19 ErfK/*Müller-Glöge*, § 109 GewO Rn 48.
20 OLG Düsseldorf 12.2.1986 – 11 U 76/85, NJW 1986, 2513; LAG Düsseldorf 4.7.1975 – 11 Sa 689/75, DB 1975, 2040.
21 LAG Düsseldorf 4.7.1975 – 11 Sa 689/75, DB 1975, 2040; Däubler/Dorndorf u.a./*Däubler*, § 309 Nr. 2 BGB Rn 7.
22 Preis/*Preis*, Der Arbeitsvertrag, II Z 20 Rn 25; OLG Düsseldorf 12.2.1986 – 11 U 76/85, NJW 1986, 2513; LAG Köln 12.6.2007 – 9 SaGa 6/07; LAG Hamm 16.1.2009 – 10 Sa 1023/08, BeckRS 2009, 57357.
23 BAG 5.4.2001 – 2 AZR 580/99, NZA 2001, 893.
24 *Hümmerich*, NZA 2003, 753, 763; Küttner/*Griese*, Personalbuch, 472 (Zurückbehaltungsrecht) Rn 6.
25 MünchHandbArbR/*Blomeyer*, § 49 Rn 50 ff.
26 LAG Düsseldorf 19.5.1999 – 2 Sa 1149/98; MüKo-BGB/*Basedow*, § 309 Nr. 2 Rn 9; ErfK/*Preis*, §§ 305–310 BGB Rn 102.

4425 Nach überwiegender Meinung im Schrifttum stehen arbeitsrechtliche Besonderheiten einer Anwendung des § 309 Nr. 2 BGB prinzipiell nicht entgegen.[27] Der Arbeitnehmer war schon nach der bisherigen Rspr bei Annahmeverzug befugt, von seinem Zurückbehaltungsrecht an der Arbeitsleistung Gebrauch zu machen, wenn ihn der Arbeitgeber zur Wiederaufnahme der Arbeit aufforderte, ohne dass er das rückständige Arbeitsentgelt nachzahlte.[28] Der formularmäßige Ausschluss des Zurückbehaltungsrechts des Arbeitnehmers wegen rückständigen Arbeitsentgelts ist deshalb unzulässig.[29] Der Feststellung, dass § 309 Nr. 2 Buchst. b BGB den Ausschluss eines Zurückbehaltungsrechts zu Lasten des Arbeitnehmers verbietet, stehen die Besonderheiten des Arbeitsrechts nach § 310 Abs. 4 S. 2 BGB deshalb nicht entgegen, denn das Bestehen von Zurückbehaltungsrechten für den Arbeitnehmer steht im Einklang mit der bisherigen Rspr des BAG und rechtfertigt deshalb keine abweichende Wertung, weil jede Abweichung die in der BAG-Rspr zum Ausdruck kommenden Besonderheiten des Arbeitsrechts gerade nicht respektieren würde. Demnach kann ein Ausschluss oder eine Einschränkung des Zurückbehaltungsrechts des Arbeitnehmers aufgrund der Regelung in § 309 Nr. 2 Buchst. b BGB nicht formularmäßig getroffen werden.

b) Klauseltypen und Gestaltungshinweise

aa) Klauseltyp A

4426 **A 1:** Die Mitarbeiterin hat die ihr überlassenen Arbeitsmittel sorgsam zu behandeln. Bei ihrem Ausscheiden hat die Mitarbeiterin alles geschäftliche Material, das sie während ihrer Tätigkeit bei dem Arbeitgeber gesammelt hat, zurückzugeben. Jedes Zurückbehaltungsrecht ist ausgeschlossen.[30]

A 2: Unter Ausschluss eines Zurückbehaltungsrechts ist der Arbeitnehmer verpflichtet, ab dem Tag der Kündigung des Arbeitsverhältnisses sämtliche betrieblichen Unterlagen, gestellte Arbeitskleidung oder sonstige Arbeitsmaterialien unverzüglich zurückzugeben, die ihm während seiner Tätigkeit ausgehändigt wurden oder auf andere Weise zugänglich geworden sind. Bei Verlust, Beschädigung oder über den gewöhnlichen Gebrauch hinausgehender Abnutzung haftet der Arbeitnehmer.

bb) Gestaltungshinweise

4427 Ein Teil der Lit. hält die Klauseln A 1 und A 2, auch wenn sie gegen das Verbot des vollständigen Ausschlusses von Zurückbehaltungsrechten in § 309 Nr. 2 Buchst. b BGB verstoßen, nach § 310 Abs. 4 S. 2 BGB für wirksam.[31] Aus den erläuterten Gründen kann dieser Auffassung nicht beigepflichtet werden. Das Verbot des vollständigen Ausschlusses von Zurückbehaltungsrechten in § 309 Nr. 2 Buchst. b BGB, das im Einklang mit der Rspr des BAG[32] steht, ist von großer Tragweite für den Arbeitnehmer. Zulässig sind daher nur Regelungen, die das Zurückbehaltungsrecht dort ausschließen, **wo es ohnehin nicht besteht**, es sich also nur um eine **deklaratorische Regelung** handelt, also zB insoweit es sich bei der Klausel, wie in A 1 und A 2, nur um Regelungen handelt, die sich auf die betrieblich zur Verfügung gestellten Arbeitsmittel beziehen.[33]

---

27 ErfK/*Preis*, §§ 305–310 BGB Rn 102; *Henkel*, ZGS 2004, 170; *Hümmerich*, NZA 2003, 753; *Thüsing*, NZA 2002, 591, 593.

28 BAG 21.5.1981 – 2 AZR 95/79, NJW 1982, 121.

29 *Gotthardt*, Arbeitsrecht nach der Schuldrechtsreform, Rn 274.

30 Hümmerich/Lücke/Mauer/*Wisswede*, NomosFormulare ArbR, Muster 1402 (§ 2 Abs. 2).

31 *Annuß*, BB 2002, 463; *Gotthardt*, ZIP 2002, 283; *Lingemann*, NZA 2002, 184.

32 BAG 21.5.1981 – 2 AZR 95/79, NJW 1982, 121.

33 Suckow/Striegel/Niemann/*Suckow*, Der vorformulierte Arbeitsvertrag, S. 320.

B. Musterverträge

I. Grundtypen von Arbeitsvertragstexten

1. Muster: Arbeitsvertrag mit Führungskraft im Konzern (leitender Angestellter iSv § 5 Abs. 3 BetrVG)

4428

1. Beginn des Arbeitsverhältnisses

a) Das Arbeitsverhältnis beginnt am (...). Solange die Führungskraft das Arbeitsverhältnis aufgrund einer gegenwärtig anderweitigen vertraglichen Verpflichtung nicht zum vorgesehenen Termin aufnehmen kann, verschiebt sich der Beginn des Arbeitsverhältnisses bis spätestens zum (...). Eine ordentliche Kündigung vor Dienstantritt ist ausgeschlossen.

b) Die Führungskraft ist verpflichtet, ihren Hauptwohnsitz am eingetragenen Hauptsitz des Arbeitgebers oder in unmittelbarer Umgebung des Arbeitgebers zu nehmen, soweit eine ordnungsgemäße Wahrnehmung seiner Aufgaben dies erfordert und diese Pflicht unter Berücksichtigung der persönlichen Umstände der Führungskraft keine unangemessene Benachteiligung darstellt.

c) Der Arbeitgeber erstattet der Führungskraft die notwendigen Kosten eines Umzugs in die nähere Umgebung des Betriebs. Kündigt die Führungskraft das Arbeitsverhältnis innerhalb von drei Jahren nach Auszahlung der Umzugskostenerstattung, ist der Umzugskostenerstattungsbetrag von ihr an den Arbeitgeber zurückzuzahlen. Der Rückzahlungsbetrag verringert sich jahresweise um ein Drittel.

1. Commencement of the employment relationship

a) The employment relationship commences on (...). As long as the Senior Executive is unable to assume his employment duties at the time contemplated by the contract because of a contractual obligation elsewhere, the commencement of the employment relationship will be postponed no later than (...). A termination with notice prior to the commencement of work is not permitted.

b) The Senior Executive's principle residence must be located at the main location of the Company's registered office or in the immediate vicinity of the Company if this is necessary for a responsible performance of his duties and as long as this obligation does not put the Senior Executive unreasonably at a disadvantage in consideration of his personal circumstances.

c) The Company will reimburse the Senior Executive the necessary costs incurred due to his relocation to the vicinity of the Company. Should the Senior Executive terminate the employment relationship within three years following the reimbursement of the relocation costs, he has to refund the Company these reimbursed relocation costs. The amount repayable is reduced by one third each year.

2. Gegenstand der Tätigkeit

a) Das Arbeitsverhältnis bezieht sich auf eine Tätigkeit in (...) als (...).

b) Die Hinweise in der der Führungskraft bekannt gemachten Stellenbeschreibung vom (...) für den Arbeitsplatz (...) sind bei der Ausführung der vereinbarten Tätigkeit zu beachten.

2. Subject matter of the employment duties

a) The Senior Executive is being employed as (...) in (...).

b) The requirements referred to in the job description dated (...) for the position of (...), which the Senior Executive has been acquainted with, must be complied with in performance of the agreed employment duties.

c) Der Arbeitgeber behält sich vor, der Führungskraft aus betrieblichen Gründen auch gleichwertige Tätigkeiten an einem anderen Arbeitsort im Unternehmen innerhalb der Bundesrepublik Deutschland zu übertragen. Ist der neue Arbeitsort vom bisherigen privaten Lebensmittelpunkt der Führungskraft nicht mehr täglich erreichbar, ist vor der Versetzung eine Ankündigungsfrist entsprechend der jeweils geltenden Kündigungsfrist einzuhalten. Die Führungskraft verpflichtet sich vorübergehend, auch an einem anderen Ort und für einen anderen Arbeitgeber tätig zu werden. Als „vorübergehend" gilt ein Zeitraum von weniger als einem Monat.

c) The Company retains the right to assign to the Senior Executive different or additional adequate employment duties in the business enterprise at one of its other locations in the Federal Republic of Germany due to business reasons. If the other place of work cannot be daily reached from the Senior Executive's present permanent residence, the reassignment has to be announced in advance according to the applicable period of notice. The Senior Executive also undertakes to temporarily perform his employment duties at a different location and for a different employer. "Temporarily" means a period of time of less than one month.

d) Ändern sich, insbesondere aus technisch-organisatorischen und/oder Wettbewerbsgründen, die Anforderungen des Arbeitsplatzes der Führungskraft, ist diese verpflichtet, sich die notwendigen zusätzlichen Kenntnisse und Fertigkeiten anzueignen, wenn und soweit sie hierzu in der Lage ist. Entsprechend ist die Führungskraft auch zur nachholenden Fortbildung zu den veränderten Arbeitsplatzanforderungen verpflichtet, wenn sie nach einer längeren Abwesenheit, zB wegen Arbeitsunfähigkeit oder Elternzeit, an den Arbeitsplatz zurückkehrt. Soweit rechtlich geboten, werden die erforderlichen Schulungsmaßnahmen in der Arbeitszeit und auf Kosten des Arbeitgebers stattfinden.

d) Should the Senior Executive's job requirements change, particularly in regard to technical-organizational and/or competition reasons, the Senior Executive is obliged to acquire the necessary additional knowledge and skills if and in so far as he is capable of doing so. In case of a longer absence from work due to disablement or parental leave the Senior Executive is equally obliged to catch up on advanced vocational training in response to changing job requirements after his return to work. If required by law, the necessary training measures will be performed during working hours and at the Employer's expense.

e) Dienstort ist Deutschland. Der Arbeitgeber behält sich vor, die Führungskraft innerhalb des Konzerns in ein anderes Konzernunternehmen zu versetzen. In Frage kommen die nachfolgend benannten Konzernunternehmen (...). Die der Führungskraft in einem Konzernunternehmen zugewiesene Stelle muss ihren Kenntnissen und Fähigkeiten entsprechen und darf sich in keiner Weise vergütungsmindernd auswirken. Vor der Versetzung ist eine Ankündigungsfrist entsprechend der jeweils geltenden Kündigungsfrist einzuhalten.

e) The place of employment is Germany. The Company retains the right to transfer the Senior Executive to another company within the corporate group. The following companies in the corporate group may be considered for a transfer (...). The position assigned to the Senior Executive in the other company has to comply with his knowledge and skills and may not result in any reduction in remuneration. The reassignment has to be announced in advance according to the applicable period of notice.

f) Obwohl das Aufgabengebiet der Führungskraft ein generell selbständiges und innovatives Arbeiten erfordert, gehört es zu den Obliegenheiten der Führungskraft, die Bestimmung der Dringlichkeit von Arbeiten nicht

f) Even though the scope of the Senior Executive's duties is generally of an independent and innovative nature, the Senior Executive is obliged to refrain from determining the priority of specific tasks without the manage-

ohne Zustimmung der Geschäftsleitung vorzunehmen und die Geschäftsleitung über beabsichtigte Vorhaben und den Stand von Arbeiten in regelmäßigen Abständen unaufgefordert zu unterrichten.

ment's consent; the Senior Executive is also obliged to inform the management, unsolicited and in regular intervals, of any anticipated projects and the status of development of any specific projects.

g) Der Arbeitgeber erwartet von der Führungskraft ein beanstandungsfreies Verhalten in der Öffentlichkeit. Presseerklärungen, Interviews und jegliches über das Privatleben der Führungskraft hinausgehende Auftreten außerhalb des Dienstes sind, sofern es von Aufmerksamkeit für die Medien sein könnte, mit der PR-Agentur des Arbeitgebers abzustimmen. Äußerungen, die sich auf den Vertrieb der Produkte des Arbeitgebers nachteilig auswirken könnten, sind zu unterlassen.

g) The Employer demands a conduct in public of the Senior Executive that does not draw criticism. The Employer's PR agency must be consulted in conjunction with any press releases, interviews, and any public appearances of the Senior Executive beyond his employment duties that do not merely concern his private life, provided that it could be of interest to the media. The Senior Executive has to refrain from making any statements that could have a negative impact on the Company's sales.

3. Arbeitszeit

a) Lage und Dauer der täglichen Arbeitszeit richten sich nach den betrieblichen Erfordernissen. Die Parteien gehen von einer regelmäßigen wöchentlichen Arbeitszeit im Umfang von 40 Stunden (48 Stunden bei einer 6-Tage-Woche) aus.

b) Mit der Zahlung der vereinbarten Vergütung sind mögliche Überstunden bis zu einem Umfang von 10 Stunden pro Woche abgegolten. Darüber hinausgehende Mehrarbeit ist innerhalb vom 6 Monaten durch entsprechende Freizeit auszugleichen.

3. Working hours

a) The situation and duration of the daily working hours are determined by the operational requirements. The parties agree that the regular number of working hours per week is 40 hours (48 hours in case of a 6-day-week).

b) The payment of the agreed remuneration satisfies any additional work of up to 10 overtime hours per week. Additional work exceeding this limit is to be compensated by appropriate time off within 6 months.

4. Dienstreisen

a) Es zählt zu den Hauptleistungspflichten der Führungskraft, Dienstreisen im In- und Ausland zu unternehmen. Dauer und Zielort der Dienstreisen ergeben sich aus den jeweiligen Anforderungen, die von der Geschäftsführung vorgegeben und im Einzelfall präzisiert werden. Reise- und Wegezeiten sind Arbeitszeit, die nicht gesondert vergütet wird.

b) Für Dienstreisen hat die Führungskraft das ihr zur Verfügung gestellte Dienstfahrzeug zu benutzen. Sie hat auch auf Dienstreisen, soweit erforderlich, andere Arbeitnehmer des Arbeitgebers im Dienstfahrzeug mitzunehmen.

4. Business trips

a) The Senior Executive's principle obligations include taking business trips within the country and abroad. The duration and destination of business trips are determined by the respective requirements, which will be defined and specified by the management in each individual case. Travel and transit time in relation to business trips is working time that will not be remunerated additionally.

b) For business trips, the Senior Executive has to use the company car provided. When required, other Company employees have to be taken along in the company car on business trips.

c) Im Zusammenhang mit einer Dienstreise erlangte Vergünstigungen, wie etwa Bonus-Meilen oder Punkte von Kundenbindungsprogrammen (zB Pay-Back), sind nicht Vergütungsbestandteil und an den Arbeitgeber herauszugeben oder wahlweise auf Verlangen des Arbeitgebers im Interesse des Arbeitgebers einzusetzen.

c) Any benefit obtained in connection with business trips, such as bonus air miles or credit points in customer loyalty programs (i.e. Pay-Back), are not part of the Senior Executive's remuneration and have to be refunded to the Employer or optionally upon the Employer's request to be used exclusively in the Employer's interest.

5. Dienstwagen

a) Der Führungskraft wird ab dem (...) ein Dienstwagen zur geschäftlichen und privaten Nutzung zur Verfügung gestellt. Die Auswahl des Dienstwagens obliegt der Führungskraft. Die monatlichen Leasingraten für den Wagen dürfen einen Betrag von (...) € nicht übersteigen.

b) Die Führungskraft verpflichtet sich, den Dienstwagen pfleglich zu behandeln und dafür Sorge zu tragen, dass sich das Fahrzeug stets in einem betriebsbereiten und verkehrssicheren Zustand befindet. Fällige Inspektionen, Prüfungen und Reparaturen sind mit Einwilligung des Arbeitgebers durchzuführen. Dringende Reparaturen, die zur Herstellung der Verkehrssicherheit erforderlich sind, können von der Führungskraft unmittelbar veranlasst werden.

c) Die Führungskraft darf das Fahrzeug nur benutzen, wenn sie im Besitz einer gültigen Fahrerlaubnis ist.

d) Die Führungskraft trägt Sorge für die Einhaltung der Leasingbedingungen aus dem Leasingvertrag mit dem Leasinggeber. Eine Kopie des Leasingvertrages wurde der Führungskraft ausgehändigt.

5. Company Car

a) Beginning from (...), the Senior Executive will be provided with a company car for business and private use. The Senior Executive has to select the company car himself. The lease instalments per month must not exceed an amount of € (...).

b) The Senior Executive undertakes to take proper care of the company car and to ensure that the vehicle is always in an operational and roadworthy condition. Inspections, checks, and repairs becoming due may only be carried out with the consent of the Employer. Urgent repairs required for restoring roadworthiness may be initiated immediately by the Senior Executive.

c) The Senior Executive may only use the vehicle if he is in possession of a valid driving licence.

d) The Senior Executive must ensure compliance with the terms and conditions of the lease agreement with the lessor that the Employer has entered into. A copy of the lease agreement has been handed over to the Senior Executive.

6. Gesamtvergütung

a) Die Führungskraft erhält für ihre vertragliche Tätigkeit ein monatliches Grundgehalt in Höhe von (...) € brutto, welches jeweils zum Dritten des Folgemonats bargeldlos zu zahlen ist.

b) Die Führungskraft erhält eine Zulage in Höhe von monatlich (...) €. Die Zulage kann jederzeit vom Arbeitgeber widerrufen werden, wenn der körperschaftsteuerliche Ge-

6. Total remuneration

a) For performance of his contractual duties, the Senior Executive receives a monthly gross base salary amounting to € (...), which has to be paid non-cash by the 3rd of each succeeding month.

b) The Senior Executive will receive a bonus amounting to € (...) per month. The bonus may be revoked by the Employer at any time if profits, as determined by corporate income

winn um mehr als 10 % im Vergleich zum Vorjahr gesunken ist, wenn es schriftliche Beschwerden über die Führungskraft gegeben hat, wenn die Führungskraft abgemahnt wurde oder wenn ein Auftragsrückgang von mehr als 3 % im Unternehmen gegenüber dem Vorjahr zu verzeichnen ist. Der widerrufliche Teil der Vergütung darf nicht mehr als 25 % der Gesamtvergütung ausmachen.	tax law, have decreased by more than 10 % compared to the preceding year, if written complaints have been made about the Senior Executive, if the Senior Executive has received a formal warning notice, or if there is a drop in orders in the business enterprise of more than 3 % compared to the preceding year. The revocable component must not exceed 25 % of the total remuneration.
c) Die Führungskraft erhält eine jährliche Gratifikation in Höhe von (...) €, die zusammen mit der Grundvergütung für den Monat November fällig ist. Der Anspruch auf Gratifikation setzt voraus, dass das Arbeitsverhältnis am 1.11. des jeweiligen Kalenderjahres fortbesteht. Andernfalls wird die Gratifikation nicht, auch nicht zeitanteilig, gezahlt.	c) The Senior Executive will receive an annual gratuity of € (...) becoming due together with the base salary for the month of November. The entitlement to the gratuity presupposes that the employment relationship continues to exist as of 01 November of the calendar year in question. Otherwise the gratuity will not be paid, not even on a pro rata temporis basis.
d) Die Führungskraft erhält eine jährliche Tantieme, die (...) % vom jährlichen Zuwachs („Economic Value Added" – „EVA") des Konzerns beträgt.	d) The Senior Executive receives an annual profit-sharing bonus equivalent to (...) % of the corporate group's annual growth, or economic value added ("EVA").
aa) Der EVA ist auf der Grundlage der Konzernabschlüsse für jedes Geschäftsjahr nach den folgenden Maßgaben zu berechnen:	aa) The EVA is to be calculated on the basis of the corporate group's consolidated financial statement for each financial year using the following measures:
– Zunächst ist das operative Ergebnis des Konzerns vor Steuern und Zinsbelastungen („EBIT") zu ermitteln.	– First, earnings of the corporate group before interest and taxes (EBIT) are to be calculated.
– Vom EBIT sind die Ertragsteuern abzuziehen, die für die Zwecke dieser Berechnung pauschal mit 38,0 % angesetzt werden. Der sich hieraus ergebende Betrag stellt das Ergebnis aus der operativen Tätigkeit nach Steuern („Net Operating Profit After Taxes" – „NOPAT") dar.	– Taxes on income are deducted from the EBIT at an estimated rate (for the purposes of this calculation) of 38.0 %. The resulting figure represents the net operating profit after tax (NOPAT).
– Von den NOPAT ist eine fiktive durchschnittliche Kapitalverzinsung in Höhe von 12,0 % auf das betriebsnotwendige Vermögen in Abzug zu bringen.	– A notional average rate of return of 12.0 % on substantive business assets is to be deducted from the NOPAT.
– Der verbleibende Betrag stellt den EVA dar.	– The remaining amount represents the EVA.

bb) Die obige Berechnung wird durch die folgende Formel ausgedrückt:

NOPAT ./. (0,12 x betriebsnotwendiges Vermögen) = EVA, wobei

die folgenden weiteren Definitionen gelten:

- NOPAT = EBIT ./. 38,0 % Ertragssteuern (pauschal)
- EBIT = der um Sondereinflüsse (insbesondere solche aus der Veräußerung von Immobilien, eigenen Beteiligungen und sonstigen Gegenständen des Anlagevermögens) bereinigte Konzernjahresüberschuss/ Konzernjahresfehlbetrag iSv § 275 Abs. 2 Nr. 20 HGB

  \+ Steuern vom Einkommen und vom Ertrag iSv § 275 Abs. 2 Nr. 18 HGB

  ./. sonstige Zinsen und ähnliche Erträge iSv § 275 Abs. 2 Nr. 11 HGB

  \+ Zinsen und ähnliche Aufwendungen iSv § 275 Abs. 2 Nr. 13 HGB

  ./. Erträge aus anderen Wertpapieren und Ausleihungen des Finanzanlagevermögens iSv § 275 Abs. 2 Nr. 10 HGB

  ./. außerordentliche Erträge iSv § 275 Abs. 2 Nr. 15 HGB

  \+ außerordentliche Aufwendungen iSv § 275 Abs. 2 Nr. 16 HGB
- betriebsnotwendiges Vermögen

  = Anlagevermögen iSv § 266 Abs. 2 A. HGB (zuzüglich geleaster Vermögensgegenstände) + Netto-Umlaufvermögen
- Netto-Umlaufvermögen

  = Vorräte iSv § 266 Abs. 2 B. I HGB

  \+ Forderungen und sonstige Vermögensgegenstände iSv § 266 Abs. 2 B. II HGB (zuzüglich sol-

bb) The calculation above can be expressed by the following formula:

NOPAT – (0.12 x substantive business assets) = EVA, whereby

the following definitions apply:

- NOPAT = EBIT – 38.0 % taxes on income (all-in)
- EBIT = the corporate group's profit or loss for the year adjusted for special items (in particular the sale of real estate, shareholdings, and other fixed assets) within the meaning of § 275 (2) No. 20 HGB (German Commercial Code)

  \+ income taxes within the meaning of § 275 (2) No. 18 HGB

  – other interest and similar earnings within the meaning of § 275 (2) No. 11 HGB

  \+ interest and similar expenditures within the meaning of § 275 (2) No. 13 HGB

  – earnings from other securities and the lending of financial assets within the meaning of § 275 (2) No. 10 HGB

  – extraordinary earnings within the meaning of § 275 (2) No. 15 HGB

  \+ extraordinary expenditures within the meaning of § 275 (2) No. 16 HGB
- Substantive business assets

  = fixed assets within the meaning of § 266 (2 A) HGB (plus leased assets) + net current assets
- Net current assets

  = inventories within the meaning of § 266 (2 B I) HGB

  \+ receivables and other assets within the meaning of § 266 (2 B II)

cher Forderungen, die Gegenstand eines Factoring sind)

+ aktive Rechnungsabgrenzungsposten iSv § 266 Abs. 2 C. HGB

./. Steuerrückstellungen iSv § 266 Abs. 3 B. Nr. 2 HGB

./. sonstige Rückstellungen iSv § 266 Abs. 3 B. Nr. 3 HGB

./. erhaltene Anzahlungen auf Bestellungen iSv § 266 Abs. 3 C. Nr. 3 HGB

./. Verbindlichkeiten aus Lieferungen und Leistungen iSv § 266 Abs. 3 C. Nr. 4 HGB

./. Verbindlichkeiten gegenüber assoziierten Unternehmen iSv § 266 Abs. 3 C. Nr. 6 und 7 HGB

./. sonstige Verbindlichkeiten iSv § 266 Abs. 3 C. Nr. 8 HGB

./. passive Rechnungsabgrenzungsposten iSv § 266 Abs. 3 D. HGB

cc) EBIT, NOPAT und betriebsnotwendiges Vermögen sowie alle übrigen Festsetzungen und Wertermittlungen sind unter Anwendung des gesetzlichen Bilanzrechts und der allgemein anerkannten Grundsätze ordnungsgemäßer Buchführung und Bilanzierung sowie unter Wahrung der Bilanzkontinuität (Ansatz- und Bewertungskontinuität) zu ermitteln.

dd) Die Festlegung der einzelnen Parameter der obigen Berechnung sowie die Ermittlung des Tantiemeanspruchs für jedes Geschäftsjahr erfolgt auf der Grundlage des jeweils festgestellten Konzernabschlusses und unter Vornahme der in dieser Anlage ggf vorgesehenen Adjustierungen durch den Konzernabschlussprüfer mit verbindlicher Wirkung für alle Beteiligten.

e) Die Führungskraft kann gemäß Hauptversammlungsbeschluss ihre Aktienoptionsrechte frühestens nach Ablauf von vier Jahren nach Abschluss einer gesonderten Aktienoptionsvereinbarung, einer Kurssteigerung von mindestens 10 %, gemessen am Ausgabebe-

HGB (plus receivables subject to factoring)

+ prepaid expenses within the meaning of § 266 (2 C) HGB

– provisions for taxation within the meaning of § 266 (3 B) No. 2 HGB

– other provisions within the meaning of § 266 (3 B) No. 3 HGB

– prepayments received on orders within the meaning of § 266 (3 C) No. 3 HGB

– trade accounts payable within the meaning of § 266 (3 C) No. 4 HGB

– accounts payable to associated companies within the meaning of § 266 (3 C) Nos. 6 and 7 HGB

– other liabilities within the meaning of § 266 (3 C) No. 8 HGB

– deferred income within the meaning of § 266 (3 D) HGB

cc) EBIT, NOPAT, substantive business assets, and all other rates and valuations are to be calculated in application of accounting law and the generally accepted guidelines of adequate and orderly accounting, and with full reserve to balance-sheet continuity (consistency of approach and valuation).

dd) The basis for setting individual parameters in the calculation above and determining the annual profit-sharing bonus is the corporate group's consolidated financial statement adopted for the financial year in question, subject to the adjustments described in this document and other adjustments required by the auditor and shall be binding for all parties involved.

e) In accordance with a resolution passed at the annual general meeting, the Senior Executive may exercise his stock option rights at the earliest four years after the conclusion of a special stock option agreement, given a price advance of at least 10 % (calculated on

trag und dem amtlichen Kassakurs am Börsenplatz Frankfurt/Main zum Zeitpunkt der Ausübung, sowie außerhalb eines Zeitraums von drei Wochen vor Bekanntgabe der Quartalsergebnisse zum Erwerb einer Aktie ausüben. Nähere Einzelheiten ergeben sich aus dem jeweiligen Aktienoptionsprogramm des Arbeitgebers. Es besteht kein Rechtsanspruch darauf, dass der Arbeitgeber ein Aktienoptionsprogramm für Führungskräfte auflegt.

the basis of the issue price and the official spot rate on the Frankfurt/Main stock exchange at the moment of exercise), and at least three weeks prior to the publication of the quarterly financial results. Further details are set out in the respective share option program of the Employer. The Employer is not legally required to create a share option program for senior executives.

f) Das Grundgehalt der Führungskraft wird mindestens einmal jährlich geprüft. Wesentliche Kriterien für eine mögliche Anhebung sind in erster Linie die persönliche Leistung der Führungskraft sowie die allgemeine wirtschaftliche Lage, die Situation des Arbeitgebers und das Einkommensniveau im Wirtschaftszweig des Arbeitgebers.

f) The Senior Executive's base salary shall be reviewed at least once a year. The essential criteria for a potential increase of the salary are primarily the Senior Executive's personal performance as well as the general economic situation, the situation of the Employer, and income levels in the Employer's specific branch of industry.

g) Die Führungskraft verpflichtet sich, jede Vergütungsabrechnung des Arbeitgebers auf ihre Stimmigkeit zu überprüfen und mögliche Unstimmigkeiten in der Gehaltsabrechnung oder bei dem überwiesenen Geldbetrag dem Arbeitgeber unverzüglich anzuzeigen.

g) The Senior Executive undertakes to check the accuracy of each salary statement of the Employer and is obliged to inform the Employer immediately about any discrepancy concerning the salary statement or cash remittance of the salary.

7. Versorgung

a) Die Führungskraft erhält ab dem (...) eine arbeitgeberfinanzierte, beitragsorientierte Pensionskassenzusage. Die betriebliche Altersversorgung wird über die (...)-Pensionskasse VVaG durchgeführt. Der monatlich an die Pensionskasse zu zahlende Beitrag beläuft sich auf (...) €.

b) Die Führungskraft wird bei der (...)-Pensionskasse VVaG angemeldet. Art und Umfang der Versicherungsleistungen sowie Voraussetzungen für die Inanspruchnahme der Versicherungsleistungen ergeben sich aus den jeweiligen Allgemeinen und Besonderen Versicherungsbedingungen der für die Führungskraft abgeschlossenen Versicherung und den nachfolgenden Vereinbarungen.

c) Die Überschussanteile werden zur Erhöhung der Versicherungsleistungen verwendet.

d) Die vorgesehenen Rentenleistungen werden nur gewährt, wenn die Versicherungsbeiträge während der im Versicherungsvertrag vorgesehenen Beitragszahlungsdauer ohne

7. Pension

a) As of (...), the Senior Executive receives an employer-funded, contribution-linked pension fund entitlement. The company pension scheme will be transacted with the (...) Pensionskasse VVaG. The monthly contribution to be paid to the pension fund is amounting to € (...).

b) The Senior Executive will be registered with the (...) Pensionskasse VVaG. The nature and the scope of the insurance benefits and the prerequisites for a claiming of the insurance benefits are governed by the respective General and Special Insurance Terms and Conditions of the insurance policy taken out to the Senior Executive's benefit and in the agreements set out below.

c) The surplus shares will be used for the increase of insurance benefits.

d) The designated pension benefits will only be granted if the insurance contributions (premiums) are paid without interruption for the duration of the contribution payment

Unterbrechung gezahlt werden. Während einer Beitragsfreistellung hat die Führungskraft im Leistungsfall nur Anspruch auf die sich nach versicherungsmathematischen Grundsätzen ggf ergebende beitragsfreie Garantierente (zuzüglich etwaiger Überschussanteile). Nach Wiederaufnahme der Beitragszahlung entsprechend den versicherungsvertraglichen Vereinbarungen besteht wieder ein höherer Versicherungsschutz, der jedoch – abhängig von der Dauer der Beitragsfreistellung – gegenüber der ursprünglich vorgesehenen Versicherungsleistung reduziert ist. Die früheren Beitragsleistungen in einem konzernzugehörigen Unternehmen werden angerechnet.

term contemplated by the insurance contract. During a period of time in which contributions have been suspended (non-contributory period), in the incident of a claim the Senior Executive's benefit claim is limited to the non-contributory guaranteed pension that is calculated according to actuarial principles (plus any surplus shares). Although a more extensive insurance coverage is reinstated after contribution payments are resumed in accordance with the insurance contract, coverage will be reduced in comparison to the originally designated insurance benefit; the degree of reduction depends on the duration of the non-contributory period. Earlier contributions made in another company of the corporate group with be taken into account.

e) Für Monate, in denen die Führungskraft keinen Gehalts- oder Gehaltsersatzanspruch gegen den Arbeitgeber verlangen kann, entfällt auch die Beitragspflicht; kann die Führungskraft für einen Monat nur teilweise Gehalts- oder Gehaltsersatzansprüche verlangen, besteht nur eine anteilige Beitragspflicht. In beitragsfreien Zeiten kann der volle Versicherungsschutz erhalten bleiben, indem die Führungskraft die Beiträge über den Arbeitgeber selbst entrichtet.

e) In those months in which the Senior Executive has no claim to salary or to claims in lieu of salary against the Employer, the obligation to contribute is cancelled; in those months in which the Senior Executive has only a partial claim to salary or a partial claim in lieu of salary, there is only an obligation to contribute proportionately. An entire insurance coverage can be maintained even during non-contributory periods if the Senior Executive pays the contributions himself via the Employer.

f) Der Führungskraft wird ein unwiderrufliches Bezugsrecht auf alle Versicherungsleistungen eingeräumt. Werden Versicherungsleistungen aufgrund des Todes der Führungskraft fällig, sind bezugsberechtigt:

- der zum Todeszeitpunkt mit der Führungskraft in gültiger Ehe lebende Ehegatte;
- falls nicht vorhanden, der Partner einer eingetragenen Lebenspartnerschaft iSd Lebenspartnerschaftsgesetzes (LPartG);
- falls nicht vorhanden, die Kinder der Führungskraft iSd § 32 Abs. 3 und Abs. 4 Satz 1 Nr. 1 bis 3 EStG;
- falls nicht vorhanden, der von der Führungskraft vor Eintritt des Versicherungsfalles der Pensionskasse namentlich

f) The Senior Executive is granted an irrevocable right to all insurance benefits. If insurance benefits become due because of the death of the Senior Executive, the following persons are entitled to the benefits:

- the living spouse validly married to the Senior Executive at the time of death;
- in the absence of such, the partner in a registered homosexual partnership in terms of the Act of Homosexual Partnerships (LPartG);
- in the absence of such, the Senior Executive's children as defined in § 32 (3) and (4), sentence 1, Nos. 1 to 3 EStG (German Income Tax Act);
- in the absence of such, the partner in life appointed by name to the pension fund by the Senior Executive prior to the oc-

benannte Lebensgefährte, der die in den Versicherungsbedingungen genannten Leistungsvoraussetzungen erfüllt;

- falls nicht vorhanden, der von der Führungskraft vor Eintritt des Versicherungsfalles der Pensionskasse namentlich benannte gleichgeschlechtliche Lebenspartner einer nicht eingetragenen Lebenspartnerschaft, der die in den Versicherungsbedingungen genannten Leistungsvoraussetzungen erfüllt;
- falls keine der vorstehend genannten Angehörigen vorhanden sind und eine Leistung als Sterbegeld gezahlt wird, der der Pensionskasse mit Einverständnis der Führungskraft benannte Berechtigte, falls nicht vorhanden, die Erben der Führungskraft.

Sämtliche Bezugsrechte sind nicht übertrag- und nicht beleihbar.

g) Bei vorzeitiger Beendigung des Arbeitsverhältnisses verfällt die Versorgungsanwartschaft, soweit die Unverfallbarkeitsfristen des § 1 b Abs. 3 BetrAVG nicht erfüllt sind. Scheidet die Führungskraft vor Eintritt des Versorgungsfalls aus den Diensten des Arbeitgebers aus, erklärt der Arbeitgeber bereits jetzt, dass die Versorgungsansprüche aus der Zusage auf die Leistungen begrenzt sind, die aufgrund der Beitragszahlung aus dem für die Führungskraft abgeschlossenen Versicherungsvertrag fällig werden (§ 2 Abs. 3 Satz 2 BetrAVG). Etwaige Beitragsrückstände werden innerhalb von drei Monaten seit dem Ausscheiden ausgeglichen. Die Versicherung wird auf die Führungskraft übertragen und kann von ihr als Einzelversicherung nach dem hierfür im Zeitpunkt des Ausscheidens vorhandenen Tarif gegen laufende Beitragszahlung bei der Pensionskasse fortgeführt werden, soweit sie nicht bereits ausfinanziert ist. Die Leistungen aus diesen Beiträgen werden jedoch von dieser Zusage nicht umfasst. Nach dem Ausscheiden sind eine Abtretung, Beleihung und ein Rückkauf der übertragenen Versicherung durch die Führungskraft gemäß § 2 Abs. 3 Satz 3 iVm Abs. 2 Sätze 5 und 6 BetrAVG insoweit unzulässig, als die Versicherung auf von dem Ar-

currence of the insured event, who qualifies for benefits as prescribed by the terms and conditions of insurance;

- in the absence of such, the partner in life in a non-registered homosexual partnership appointed by name to the pension fund by the Senior Executive prior to the occurrence of the insured event, who qualifies for benefits as prescribed by the terms and conditions of insurance;
- in the absence of all the aforementioned dependents and if a benefit is to be paid in the form of a death benefit, the beneficiary named and approved by the Senior Executive to the pension fund, and in the absence of such, the heirs of the Senior Executive.

All rights to the insurance benefits are non-transferable and not eligible as collateral.

g) In case of a premature termination of the employment relationship, the entitlement to the pension is forfeited unless it complies with the legal requirements of the terms of non-forfeiture of § 1 b (3) BetrAVG (German Company Pension Act). If the Senior Executive leaves office prior to the occurrence of the event giving rise to the retirement benefits, the Employer hereby declares that the pension claims pursuant to the pension promise are limited to those benefits that, due to the contributions paid, arise from the insurance contract taken out for the Senior Executive's benefit (§ 2 (3), sentence 2 BetrAVG). Any contribution payment in residues will be satisfied no later than three months following the withdrawal. The insurance policy will be transferred to the Senior Executive and may be continued by him as an individual insurance policy by payment of the continuous contributions to the pension fund pursuant to the applicable rate at the time of withdrawal if the contributions have not already been paid in full. The benefits ensuing from the latter contributions are not comprised by the pension promise. After leaving office, the Senior Executive is not allowed – pursuant to § 2 (3), sentence 3 in conjunction with § 2 (2), sentences 5 and 6

beitgeber in der Eigenschaft als Versicherungsnehmer gezahlten Beiträgen beruht.

of the BetrAVG – to assign, use as collateral or surrender that part of the transferred insurance policy that is based on contributions made by the Employer in the capacity of a policy holder.

h) Nimmt die Führungskraft die vorgezogene Altersrente aus der gesetzlichen Rentenversicherung als Vollrente in Anspruch und verlangt sie vorzeitig eine betriebliche Altersrente gemäß § 6 BetrAVG aus der Pensionskassenversorgung, vermindert sich die Versicherungsleistung nach versicherungsmathematischen Grundsätzen.

h) If the Senior Executive claims early retirement benefits out of the statutory pension insurance scheme as a full pension and prematurely demands company retirement benefits pursuant to § 6 BetrAVG from the pension fund, the insurance benefits will be reduced in accordance with actuarial principles.

8. Krankheit

a) Ist die Führungskraft infolge unverschuldeter Krankheit arbeitsunfähig, erhält sie Entgeltfortzahlung bis zur Dauer von sechs Monaten. Bei Zahlung eines Kranken- oder Krankentagegeldes durch einen gesetzlichen Sozialversicherungsträger oder eine private Krankenversicherung an die Führungskraft vermindert sich die Entgeltfortzahlung netto im entsprechenden Umfang.

b) Die Führungskraft ist verpflichtet, dem Arbeitgeber die Arbeitsunfähigkeit und deren voraussichtliche Dauer unverzüglich anzuzeigen. Dauert die Arbeitsunfähigkeit länger als drei Kalendertage, hat sie eine ärztliche Bescheinigung über das Bestehen der Arbeitsunfähigkeit sowie deren voraussichtliche Dauer spätestens an dem darauffolgenden Arbeitstag vorzulegen. Der Arbeitgeber ist berechtigt, die Vorlage der ärztlichen Bescheinigung früher zu verlangen.

c) Wird die Arbeitsunfähigkeit der Führungskraft durch einen Dritten verursacht und kann die Führungskraft von dem Dritten Schadensersatz fordern, tritt die Führungskraft bereits jetzt vorsorglich ihre Schadensersatzansprüche an den Arbeitgeber im Umfang der von dem Arbeitgeber geleisteten Entgeltfortzahlung ab.

8. Illness

a) If the Senior Executive is disabled resulting from an illness for which he is not responsible, he will receive continued remuneration for a period of up to six months. If the Senior Executive receives sickness benefits during this period from a social security institution or a private medical insurance, the net continued remuneration will be reduced by the appropriate amount.

b) The Senior Executive is obliged to inform the Employer about the disablement and its expected duration immediately. If the disablement lasts longer than three calendar days, he must submit a medical doctor's attestation specifying the disablement and its expected duration no later than the following working day. The Employer is entitled to request the submission of the medical doctor's attestation at an earlier moment.

c) If the Senior Executive's disablement is caused by a third party and the Senior Executive is entitled to claim damages from this third party, the Senior Executive hereby assigns precautionary to the Employer his claims to damages equivalent to the amount of the continued remuneration paid by the Employer.

9. Verschwiegenheitspflicht

a) Die Führungskraft willigt ein, während der Dauer ihres Arbeitsverhältnisses und nach dessen Beendigung über alle ihr anvertrauten oder bekannt gewordenen Geschäfts-

9. Obligation of secrecy

a) For the duration of his employment relationship as well as after its termination, the Senior Executive agrees to keep strictly confidential from third parties all business and

geheimnisse des Arbeitgebers oder eines mit dem Arbeitgeber verbundenen Unternehmens strenges Stillschweigen gegenüber Dritten zu bewahren und solche Betriebs- und Geschäftsgeheimnisse auch nicht selbst auszuwerten. Als „Betriebs- und Geschäftsgeheimnisse“ gelten alle geschäftlichen, betrieblichen, organisatorischen und technischen Kenntnisse, Vorgänge und Informationen, die nur einem beschränkten Personenkreis zugänglich sind und nach dem Willen der Geschäftsleitung nicht der Allgemeinheit bekannt werden sollen.

b) Geschäfts- und Betriebsgeheimnisse sind insbesondere Herstellungs- und Versuchsverfahren, Vertriebswege, Bezugsquellen, Kalkulationen und Geschäftsabschlüsse. Im Zweifel ist die Führungskraft verpflichtet, eine Weisung der Geschäftsleitung einzuholen, ob eine bestimmte Tatsache als vertraulich zu behandeln ist oder nicht.

c) Die Verpflichtung zur Verschwiegenheit gilt auch nach Beendigung des Arbeitsverhältnisses. Sollte die nachvertragliche Verschwiegenheitspflicht die Führungskraft in ihrem beruflichen Fortkommen unangemessen behindern, hat die Führungskraft gegen den Arbeitgeber einen Anspruch auf Freistellung von dieser Pflicht.

trade secrets of the Employer or of business enterprises associated with the Employer that have been confided to him or that he has gained knowledge of, and to refrain from exploiting and analyzing such business and trade secrets himself. “Business and trade secrets” comprise all business, operational, organizational, and technical knowledge, processes, and information that is accessible only to a limited group of persons and, as expressly intended by management, is not to be disclosed to the general public.

b) Business and trade secrets include in particular production and experimental processes, channels of distribution, sources of supply, calculations, and business transactions. In case of doubt, the Senior Executive is obliged to obtain instructions from management as to whether a specific matter is to be treated as confidential or not.

c) The obligation of secrecy remains in force even after termination of the employment relationship. Should the post-contractual obligation of secrecy disproportionately hinder the Senior Executive’s professional development, the Senior Executive is entitled to be released from this duty by the Employer.

10. Urlaub

Die Führungskraft erhält nach einer Beschäftigungsdauer von sechs Monaten einen Erholungsurlaub von 30 Kalendertagen im Kalenderjahr. Der Urlaub ist in Abstimmung mit der Geschäftsleitung zu nehmen. Im Übrigen gelten die gesetzlichen Bestimmungen.

10. Vacation

Subsequent to an employment period of six months, the Senior Executive is entitled to an annual leave of 30 calendar days. The leave must be taken in consultation with the management. In all other respects, the statutory provisions apply.

11. EDV-Nutzung

a) Neben der betrieblichen Nutzung ist der Führungskraft in angemessenem Umfang die private Nutzung des E-Mail-Systems und des Internets gestattet. Das Speichern, Abrufen, Empfangen, Anbieten oder Verbreiten von rechtswidrigen Inhalten, insbesondere rassistischer oder pornographischer Art, im Internet oder per E-Mail ist verboten. Private E-Mails sind als solche ausdrücklich zu kennzeichnen. Die Erlaubnis zur privaten Nut-

11. Computer utilisation

a) In addition to business use, the Senior Executive may also use the e-mail system and the Internet access for private purposes to a reasonable extent. The saving, retrieval, receiving, presentation, or dissemination of illegal content, particularly of a racist or pornographic nature, in the internet as well as via email is prohibited. Private emails have to be explicitly designated as such. The permitted use for private purposes is granted

zung erfolgt unter dem ausdrücklichen Vorbehalt eines jederzeitigen Widerrufs. Der Widerruf kann ausgesprochen werden, wenn eine missbräuchliche Nutzung festgestellt wurde, insbesondere wenn Webseiten oder private Mails mit rassistischem oder pornografischem Inhalt genutzt, Sicherheitsrisiken für den Arbeitgeber eröffnet wurden, eine Beteiligung an unseriösen Geschäften über das Internet festgestellt oder wiederholt virenverseuchte Programme mit Schaden für das Unternehmen heruntergeladen wurden. Das Internet darf nur mit der gültigen persönlichen Zugangsberechtigung genutzt werden. User-ID und Passwort dürfen nicht an Dritte weitergegeben werden; Passwörter sind regelmäßig zu wechseln.

with the express proviso that it may be revoked at any time. The revocation may be declared if a misuse is detected, particularly if websites or private mails containing racist or pornographic content are used, the Employer is exposed to security risks, participation in untrustworthy transactions via Internet is discovered, or if computer programmes infected with viruses that cause damage to the Company are repeatedly downloaded. The Internet may only be accessed via the effective personal access authorisation. User identification and passwords may not be transmitted to a third party; passwords are to be changed periodically.

b) Es dürfen keine fremden Programme/ Dateien auf die Festplatte kopiert, über Diskette, CD-ROM, USB-Stick oder ähnliche Datenträger oder das Internet auf dem Rechner installiert und/oder eingesetzt werden. Auf Virenkontrolle ist zu achten. Virenschutzprogramme sind zu nutzen. Auftretende Störungen, die mit einem Virenbefall in Zusammenhang stehen könnten, sind umgehend der Netzwerk-Administration zu melden.

b) External computer programmes/data files may neither be copied on the hard disk nor installed and/or used on the computer via data disks, CD-ROM, USB sticks or similar data carriers, or via Internet. Virus control has to be practiced. Virus-protection software has to be used. Malfunctions that could be connected with a virus infection have to be reported to the network administrator immediately.

c) Für den Fall der Abwesenheit (vor allem bei längeren Dienstreisen, Urlaub, Krankheit etc.) hat die Führungskraft eigenverantwortlich eine automatisierte Antwort an den Absender eingehender E-Mails entsprechend den jeweils geltenden Standards einzurichten, die den Absender über die Abwesenheit der Führungskraft informiert und einen Hinweis auf den zuständigen Vertreter und dessen Telefonnummer enthält.

c) In cases of absence from work (especially in case of longer business trips, holiday, illness etc.), the Senior Executive is personally responsible for setting up an automatic response to the sender of incoming e-mails in compliance with the valid standards at a time that informs the sender of the Senior Executive's absence and names the responsible representative with his/her telephone number.

d) Verstöße gegen die vorstehenden Regeln, insbesondere durch den Aufruf verbotener Webseiten, können arbeitsrechtliche Konsequenzen einschließlich einer Kündigung zur Folge haben.

d) Contraventions of the foregoing rules, especially by the visit of prohibited websites, could have legal consequences under labour law including termination of employment.

e) Die Führungskraft erklärt sich damit einverstanden, dass ihre personenbezogenen Daten automatisiert gespeichert und verarbeitet werden. Sie erklärt, dass sie die anliegende Erklärung über das Datengeheimnis durchgelesen hat und die ebenfalls beigefügte Ver-

e) The Senior Executive consents to the automatic recording and processing of his personal data. He declares that he has perused the enclosed explanation on data secrecy and that he will sign the attached obligation declaration as recommended by § 5 BDSG.

pflichtungserklärung nach § 5 BDSG unterzeichnen wird.

12. Nebentätigkeit, Geschenke

a) Die Übernahme jeder auf Erwerb gerichteten Nebentätigkeit bedarf der vorherigen schriftlichen Zustimmung des Arbeitgebers. Das Gleiche gilt für die Beteiligung an einem anderen Unternehmen sowie für die Mitwirkung in Aufsichtsorganen einer anderen Gesellschaft. Die Zustimmung wird der Führungskraft erteilt, sofern nicht berechtigte betriebliche Interessen entgegenstehen. Die Verwaltung eigenen Vermögens durch die Führungskraft fällt nicht unter die Genehmigungspflicht von Nebentätigkeiten.

b) Der Führungskraft ist es verboten, von Vertretern, Lieferanten, Auftraggebern oder sonstigen Geschäftspartnern des Arbeitgebers Geschenke oder sonstige Vergünstigungen anzunehmen, die einen Wert von 50,00 € überschreiten.

12. Secondary employments, gifts

a) Prior to the practice of any secondary remunerated employment the written consent of the Employer is required. Such written consent is equally required for any shareholding in another company and the assumption of offices in supervisory organs of another company. Consent will be granted to the Senior Executive unless it is precluded by legitimate business interests. The Senior Executive's obligation to obtain consent to secondary employments does not comprise the management of his own assets.

b) The Senior Executive is prohibited from accepting gifts or other benefits exceeding a value of € 50,00 from representatives, suppliers, clients, or other business partners of the Employer.

13. Beendigung des Arbeitsverhältnisses, Altersgrenze, Freistellung

a) Das Arbeitsverhältnis endet, ohne dass es einer Kündigung bedarf, an dem Tag, an dem die Führungskraft die sozialversicherungsrechtliche Altersgrenze erreicht. Das Arbeitsverhältnis endet ebenfalls ohne Kündigung mit Ablauf des Monats, in welchem dem Arbeitnehmer der wirksame Bescheid eines Rentenversicherungsträgers über eine Rente auf Dauer wegen voller Erwerbsminderung zugeht.

b) Das Arbeitsverhältnis kann von beiden Seiten mit einer Frist von sechs Monaten zum Monatsende gekündigt werden. Im Übrigen verlängern sich die Kündigungsfristen gemäß § 622 BGB.

c) Das Recht zur fristlosen Kündigung bleibt unberührt. Eine fristlose Kündigung gilt im Falle ihrer Unwirksamkeit zugleich als fristgemäße Kündigung zum nächstzulässigen Termin.

d) In den ersten zwei Jahren ab tatsächlichem Beginn des Arbeitsverhältnisses mit dem Ar-

13. Termination of the employment relationship, retirement age, exemption from work

a) The employment relationship ends without notice of termination on the day the Senior Executive attains retirement age pursuant to social security law. The employment relationship ends as well without notice of termination upon expiry of the month the Employee receives the effective notice of a pension insurance institute granting a permanent pension because of a complete inability to work.

b) Either party may terminate the employment relationship with a period of notice of six months to the end of a calendar month. Apart from that, the termination notice periods are extended in accordance with § 622 BGB (German Civil Code).

c) The right to terminate the contract without notice remains unaffected. A termination without notice that proves to be invalid is hereby deemed as a termination with notice as of the next permissible date.

d) In the first two years following the actual commencement of the employment relation-

beitgeber beträgt die Kündigungsfrist einen Monat zum Monatsende.

e) Kündigt der Arbeitgeber das Arbeitsverhältnis mit der Führungskraft, ist dieser bei Bestehen schutzwürdiger Interessen befugt, die Führungskraft unter vollständiger Fortzahlung der Bezüge und unter Anrechnung noch bestehender Urlaubsansprüche freizustellen. Als schützenswerte Interessen gelten zB der begründete Verdacht des Verstoßes gegen die Verschwiegenheitspflicht der Führungskraft, ansteckende Krankheiten oder der begründete Verdacht einer strafbaren Handlung.

ship with the Employer, the period of notice is one month to the end of a month.

e) If the Employer terminates the employment relationship with the Senior Executive, the Employer is entitled, in case of existence of interests warranting protection, to exempt the Senior Executive from his employment duties connected with continued payment of his full wages, by taking into account any existing leave entitlements. Interests warranting protection include e.g. the justified suspicion of a breach of the obligation of secrecy by the Senior Executive, contagious diseases, or a justified suspicion of any criminal conduct.

14. Schriftform, Ausschlussfristen, Schlussbestimmungen

a) Die Parteien sind sich einig, dass keine über den Wortlaut dieses Vertrages hinausgehenden mündlichen Vereinbarungen getroffen wurden.

b) Ansprüche aus dem Arbeitsverhältnis verfallen, wenn sie nicht innerhalb einer Ausschlussfrist von sechs Monaten von der Führungskraft oder von dem Arbeitgeber schriftlich geltend gemacht wurden. Die Versäumung der Ausschlussfrist führt zum Verlust des Anspruchs. Die Ausschlussfrist beginnt, wenn der Anspruch entstanden ist und der Anspruchsteller von den anspruchsbegründenden Umständen Kenntnis erlangte oder ohne grobe Fahrlässigkeit hätte erlangen können. Die Ausschlussfrist gilt nicht bei Haftung wegen Vorsatzes und Körper- und Personenschäden. Die Ausschlussfrist findet weiterhin keine Anwendung auf den Anteil der Vergütungsansprüche des Arbeitnehmers, welcher unter den Schutzbereich des Mindestlohngesetzes (MiLoG) fällt und nach § 3 MiLoG unverzichtbar ist.

c) Änderungen und Ergänzungen dieses Vertrages bedürfen zu ihrer Wirksamkeit der Schriftform.

d) Verbindlich ist nur die deutschsprachige Fassung des Vertrages; die englische Fassung dient ausschließlich Informationszwecken.

14. Written form, preclusive time limit, final provisions

a) The parties agree that no oral agreements going beyond the wording of this contract have been reached.

b) Any claims resulting from the employment relationship shall be forfeited if they have not been asserted in written form by the Senior Executive or the Employer within the preclusive time limit of six months. Failure to act within the preclusive period results in the loss of the claim. The preclusive time limit begins to run when the claim arises and the claimant has obtained or, absent gross negligence, could have obtained knowledge of the circumstances giving rise to the claim. The preclusive time limit does not apply in cases of liability based on acts of intention and in cases of personal injury. The preclusive time limit furthermore does not apply to the share of the Employee's salary claims, that fall within the scope of protection of the Minimum Wage Act (MiLoG) and that are mandatory according to § 3 MiLoG.

c) Alterations and supplements to this contract can only be effective in written form.

d) Only the German version of this contract shall be binding, the English version only serves informational purposes.

15. Gerichtsstand

Dieser Arbeitsvertrag unterliegt deutschem Recht. Hat die Führungskraft keinen Wohnsitz in Deutschland oder verlegt sie ihren Wohnsitz oder gewöhnlichen Aufenthaltsort in ein anderes Land oder ist zum Zeitpunkt einer Klageerhebung ihr gewöhnlicher Aufenthaltsort unbekannt, ist der Gerichtsstand (...) [allgemeiner Gerichtsstand des Arbeitgebers].

15. Legal venue

To this employment contract German law shall be applicable. If the Senior Executive's domicile is not in Germany, if he changes his domicile or habitual residence to another country, or if his habitual residence is unknown at the time an action is filed, legal venue is (...) [general legal venue of the Employer]).

2. Muster: Arbeitsvertrag mit Angestelltem

1. Beginn des Arbeitsverhältnisses

a) Das Arbeitsverhältnis beginnt am (...). Es wird auf unbestimmte Zeit vereinbart.

b) Eine ordentliche Kündigung vor Arbeitsantritt ist ausgeschlossen. Sollte der Arbeitnehmer zum vereinbarten Beginn des Arbeitsverhältnisses nicht zur Arbeit erscheinen oder die Arbeit ohne Beachtung der jeweils geltenden Kündigungsfrist einstellen, verpflichtet er sich, dem Arbeitgeber sämtlichen diesem aus dem Fernbleiben entstehenden Schaden nach den gesetzlichen Bestimmungen zu ersetzen.

c) Der Arbeitnehmer erklärt sich bereit, sich auf Verlangen des Arbeitgebers vor Aufnahme der Tätigkeit durch einen unabhängigen Vertrauensarzt ärztlich untersuchen zu lassen, wenn dafür ein berechtigter Anlass, zB Zweifel an der Arbeitsfähigkeit oder Arbeitsunfähigkeit, vorliegt. Die durch die Untersuchung anfallenden Kosten trägt der Arbeitgeber. Der Arbeitnehmer entbindet den untersuchenden Arzt insoweit von der Schweigepflicht, als das Untersuchungsergebnis Einfluss auf die Erfüllung der arbeitsvertraglich vorausgesetzten Einsatzfähigkeit des Arbeitnehmers hat. Es wird ausdrücklich darauf hingewiesen, dass der Arbeitnehmer im Hinblick auf solche Gesundheitsuntersuchungen hiermit seine Einwilligung zur Erhebung, Verarbeitung und Nutzung seiner personenbezogenen gemäß § 4 a BDSG erteilt.

2. Gegenstand der Tätigkeit

a) Der Arbeitnehmer wird beschäftigt als (...) in (...).

b) Der Arbeitgeber behält sich im Rahmen billigen Ermessens das jederzeitige Recht vor, den Arbeitnehmer auf eine Stelle zu versetzen, die seinen Kenntnissen und Fähigkeiten entspricht.

c) Ändern sich, insbesondere aus technisch-organisatorischen und/oder Wettbewerbsgründen, die Anforderungen des Arbeitsplat-

1. Commencement of the employment relationship 4429

a) The employment relationship commences on (...). It is being agreed for an indefinite period of time.

b) A termination with notice prior to the commencement of work is not permitted. If the Employee fails to appear for work at the agreed commencement of the employment relationship or quits work without observing the legal peroid of notice, the Employee undertakes to compensate the Employer the entire loss ensuing from the absence according to the legal provisions.

c) The Employee agrees to subject himself to a medical examination by an independent medical examiner before the commencement of work upon request by the Employer, provided that there is a justified reason to do so (e.g. doubts about the ability to work or not to work). The Employer bears the costs incurred for the examination. The Employee releases the examining medical doctor from his/her medical confidentiality only in respect of those examination results that have an impact on the Employee's ability to work as stipulated by the employment contract. It is explicitly pointed out that the Employee herby grants his consent pursuant to § 4 a BDSG (German Data Protection Act) to the general ascertainment, processing and usage of the personal data in respect of such medical examinations.

2. Subject matter of the employment duties

a) The Employee is being employed as (...) in (...).

b) The Employer reserves the right in equitable discretion to transfer the Employee to another job that accords with his knowledge and skills.

c) Should the Employee's job requirements change particularly in regard to technical-organisational and/or competition reasons, the

zes des Arbeitnehmers, ist der Arbeitnehmer verpflichtet, sich die notwendigen zusätzlichen Kenntnisse und Fertigkeiten anzueignen, wenn und soweit er hierzu in der Lage ist. Entsprechend ist der Arbeitnehmer auch zur nachholenden Fortbildung zu den veränderten Arbeitsplatzanforderungen verpflichtet, wenn er nach einer längeren Abwesenheit, zB wegen Arbeitsunfähigkeit oder Elternzeit, an den Arbeitsplatz zurückkehrt. Soweit rechtlich geboten, werden die Schulungsmaßnahmen in der Arbeitszeit und auf Kosten des Arbeitgebers durchgeführt.

Employee is obliged to acquire the necessary additional knowledge and skills if and in so far as he is capable of doing so. In case of a longer absence from work due to disablement or parental leave the Employee is equally obliged to catch up on advanced vocational training in response to changing job requirements after his return to work. If required by law, the necessary training measures will be performed during working hours and at the Employer's expense.

3. Arbeitszeit

a) Die regelmäßige Wochenarbeitszeit beträgt 40 Stunden. Beginn und Ende der täglichen Arbeitszeit sowie die Pausen werden vom Arbeitgeber festgelegt.

b) Der Arbeitnehmer verpflichtet sich, im Rahmen des Betriebsplans für Rufbereitschaft an sechs Tagen monatlich auf Abruf für dringende betriebliche Einsätze in seiner Freizeit bereitzuhalten und hierbei jeweils bis zu vier Stunden seine vertragliche Tätigkeit auszuüben. Während der Rufbereitschaft hat er für ständige Erreichbarkeit Sorge zu tragen. Zur pauschalen Abgeltung der Zeit der Rufbereitschaft erhält der Arbeitnehmer monatlich (...) € brutto.

c) Der Arbeitgeber ist berechtigt, durch Direktionsrecht Kurzarbeit anzuordnen, soweit ein auf wirtschaftlichen Gründen oder einem unabwendbaren Ereignis beruhender erheblicher Arbeitsausfall auftritt und die weiteren nach dem SGB III geforderten arbeitslosenversicherungsrechtlichen Voraussetzungen für die Gewährung von Kurzarbeitergeld erfüllt sind. Der Arbeitgeber soll die Einführung von Kurzarbeit mit einer Frist von zwei Wochen ankündigen.

d) Der Arbeitgeber ist befugt, bei Bedarf Überstunden in einem Umfang von monatlich maximal (...) Stunden anzuordnen. Geleistete Überstunden sind auf Weisung des Arbeitgebers durch entsprechenden Freizeitausgleich innerhalb von 6 Monaten oder eine am Maßstab des Bruttoarbeitsentgelts ausge-

3. Working hours

a) The regular working time amounts to 40 hours per week. The times at which the daily work will commence and finish, including breaks, will be determined by the Employer.

b) The Employee agrees to be on-call duty pursuant to the operating plan for on-call service on six days per month for urgent business assignments during his leisure hours, hereby carrying out his contractual duties for up to four hours on each occasion. During his on-call service, he has to ensure that he can be permanently reached. The Employee receives a gross lump-sum remuneration of € (...) per month for the on-call service.

c) The Employer is entitled due to his managerial authority to arrange short-time work as long as a grave lack of work based on economic factors or an inevitable incident is occurring and the further unemployment insurance law requirements in terms of the SGB III (German Social Law Code, Book III) for the payment of short-time allowances are fulfilled. The Employer should announce the commencement of short-time work by giving two weeks' notice thereof.

d) The Employer is entitled to arrange overtime hours (above that agreed by contract) if required to an extend of (...) hours per month at maximum. Overtime hours are to be compensated, at the Employer's option, either by appropriate time off within

richtete, anteilige Überstundenvergütung abzugelten.

6 months or by a proportionate overtime payment based on gross salary.

4. Dienstreisen

a) Auch Dienstreisen zählen zu den Hauptleistungspflichten des Arbeitnehmers. Dauer und Zielort von Dienstreisen ergeben sich aus den jeweiligen Anforderungen, die vom Arbeitgeber vorgegeben und im Einzelfall präzisiert werden. Reise- und Wegezeiten sind Arbeitszeit, die nicht gesondert vergütet wird.

b) Der Arbeitnehmer kann für angeordnete Dienstreisen seinen privaten Pkw nutzen. Er erhält die ihm bei Dienstfahrten entstehenden Aufwendungen wie folgt ersetzt: (...). Wird sein Fahrzeug beschädigt, haftet der Arbeitgeber entsprechend den allgemeinen Haftungsgrundsätzen im Rahmen von Arbeitsverhältnissen. Rückstufungserhöhungen in der Haftpflichtversicherung werden ebenfalls nach den Haftungsgrundsätzen im Arbeitsrecht berücksichtigt.

c) Im Zusammenhang mit einer Dienstreise erlangte Vergünstigungen, wie etwa Bonus-Meilen oder Punkte von Kundenbindungsprogrammen (zB Pay-Back), sind nicht Vergütungsbestandteil und an den Arbeitgeber herauszugeben oder wahlweise auf dessen Verlangen im Interesse des Arbeitgebers einzusetzen.

4. Business trips

a) Undertaking business trips is one of the Employee's principle obligations. The duration and destination of business trips are determined by the respective requirements, which will be defined and specified by the Employer in each individual case. Travel and transit time related to business trips is working time that will not be remunerated additionally.

b) The Employee may use his private car for assigned business trips. For expenses incurred on business trips, he will receive reimbursement as follows: (...). If his vehicle is damaged, the Employer is liable according to the general principles of liability in the context of employment relationships. Increased premiums (as a result of the damage) to vehicle insurance policies will also be accounted for according to general principles of liability in the context of employment relationships.

c) Any benefit obtained in connection with business trips, as bonus air miles or credit points in customer loyalty programs (i.e. Pay-Back), are not part of the remuneration and have to be refunded to the Employer or optinally upon the Employer's request to be used exclusively in the Employer's interest.

5. Vergütung

a) Der Arbeitnehmer erhält für seine vertragliche Tätigkeit jährlich zwölf Mal ein monatliches Grundgehalt von (...) € brutto. Die Vergütung ist jeweils zum 3. des Folgemonats bargeldlos zu zahlen.

b) Der Arbeitnehmer erhält eine Zulage in Höhe von monatlich (...) €. Der Arbeitgeber behält sich vor, die Zulage aus wirtschaftlichen Gründen, aus Gründen der Leistung oder des Verhaltens des Arbeitnehmers mit einer Frist von einem Monat zum Monatsende zu widerrufen. Als Widerrufsgrund vereinbaren die Parteien eine etwaige wirtschaftliche Notlage des Arbeitgebers, ein negatives wirtschaftliches Ergebnis der Betriebsabtei-

5. Remuneration

a) For performance of his contractual duties, the Employee receives a monthly gross base salary amounting to € (...) twelve times per year. The salary has to be paid non-cash by the 3rd of each succeeding month.

b) The Employee will receive a bonus amounting to € (...) per month. The Employer reserves the right to revoke the bonus due to economic reasons or the Employee's performance or conduct by giving one month's notice to the end of a month. The parties agree upon the following reasons as a justification for a revocation: a critical financial situation of the Employer, negative financial results in the Employee's department, a failu-

lung, in der der Arbeitnehmer tätig ist, ein Unterschreiten des jährlich angestrebten EBIT (EBITA), einen Rückgang der Umsatzentwicklung von mehr als 4 %, eine unterdurchschnittliche Arbeitsleistung des Arbeitnehmers über einen Zeitraum von mehr als drei Monaten, wiederholte Beschwerden über den Arbeitnehmer sowie eine schwerwiegende Pflichtverletzung des Arbeitnehmers, die Gegenstand einer Abmahnung bildete. Der widerrufliche Teil darf dabei nicht mehr als 25 % der Gesamtvergütung ausmachen.

re to reach the aimed annual EBIT (EBITA), a decrease in turnover of more than 4 %, a substandard performance of the Employee over a period of more than three months, repeated complaints about the Employee, and a serious breach of duty by the Employee that makes up the subject matter of a formal warning. The revocable component must not exceed 25 % of the total remuneration.

c) Der Arbeitnehmer erhält eine freiwillige jährliche Gratifikation, die zusammen mit dem Gehalt für den Monat November fällig ist. Der Anspruch auf Gratifikation setzt voraus, dass das Arbeitsverhältnis am 1.11. des jeweiligen Kalenderjahres fortbesteht. Andernfalls wird die Gratifikation nicht, auch nicht zeitanteilig, gezahlt. Der Arbeitgeber behält sich vor, jedes Jahr neu zu entscheiden, ob und in welcher Höhe diese Sonderzahlung gewährt wird. Auch bei wiederholter Zahlung der Gratifikation wird kein Rechtsanspruch für die Zukunft begründet.

c) The Employee will receive a voluntary annual gratuity that is due together with the salary for the month of November. The entitlement to the gratuity presupposes that the employment relationship continues to exist as of 01 November of the calendar year in question. Otherwise, the gratuity will not be paid, not even on a pro rata temporis basis. The Employer reserves the right to re-decide every year whether and to what extent the annual gratuity is to be granted. The payment of the gratuity does not establish a future right to it, even if it had been granted several times.

d) Der Arbeitnehmer erhält eine erfolgsabhängige Tantieme, die sich wie folgt errechnet:

d) The Employee receives a profit-related bonus that is calculated as follows:

aa) Bezugsbasis ist das ausschüttungsfähige Ergebnis des Jahresabschlusses der Gesellschaft inkl. der Jahresüberschüsse/-fehlbeträge der Tochtergesellschaften, jeweils nach Rechnungslegungsvorschriften gemäß IAS-International Accounting Standard, bereinigt um zu zahlende Tantiemen an ehemalige und amtierende Vorstandsmitglieder sowie Aufwendungen und/oder Erträge aus dem Kauf von Unternehmen bzw Verkauf von Beteiligungsunternehmen bzw Tochtergesellschaften.

aa) The basis for the calculation is the profit available for distribution as it appears in the company's annual balance sheet, including annual surplus or deficits from subsidiary companies, prepared in accordance with International Accounting Standards (IAS) and adjusted for bonuses to be paid to former and current board members and expenses/earnings arising from the acquisition of companies or the sale of associated or subsidiary companies.

bb) Liegt das bereinigte Ergebnis (Bemessungsgrundlage für die Tantieme) zwischen 0 und 10 Mio. €, beträgt die zu zahlenden Tantieme 1,2 % vom ausschüttungsfähigen Ergebnis gemäß der vorangestellten Definition. Ist die Bezugsbasis zwischen 10 Mio. und 20 Mio. €, beträgt die Tantieme für die-

bb) If the adjusted result (i.e. the calculation basis for the bonus) is between € 0 and 10 million, the bonus to be paid is 1.2 % of the distributable profit as defined above. If the calculation basis is between € 10 and 20 million, the bonus for the part between € 10 and 20 million is 1.0 % of the amount

sen Teil 1,0 % des erreichten Wertes. Ist die Bemessungsgrundlage höher als 20 Mio. €, beträgt die Tantieme für den 20 Mio. € übersteigenden Teil 0,8 % des überschießenden Wertes.

attained. If the calculation basis is higher than € 20 million, the bonus for the part exceeding € 20 million is 0.8 %.

cc) Bei einem bereinigten Ergebnis von 10 Mio. € beträgt die Tantieme beispielsweise 120.000,00 € und bei einem Ergebnis von 20 Mio. € insgesamt 220.000,00 €: für die ersten 10 Mio. € ein Ergebnis 120.000,00 € Tantieme und für die zweiten 10 Mio. € ein Ergebnis 100.000,00 € Tantieme.

cc) For example, if the adjusted result is € 10 million, the bonus paid is € 120,000.00. If the result is € 20 million, the total bonus to be paid is € 220,000.00: € 120,000.00 for the first € 10 million and € 100,000.00 for the second € 10 million.

dd) Für das erste Geschäftsjahr wird eine Mindesttantieme von 125.000,00 € garantiert. Die Tantieme für das Geschäftsjahr und die folgenden Geschäftsjahre ist mit Feststellung des Jahresabschlusses fällig und zahlbar.

dd) In the first financial year, a minimum bonus of € 125,000.00 is guaranteed. The bonus for each financial year becomes due and payable upon approval of the annual balance sheet.

e) Der Arbeitnehmer verpflichtet sich, jede Vergütungsabrechnung des Arbeitgebers auf ihre Stimmigkeit zu überprüfen und Unstimmigkeiten in der Gehaltsabrechnung oder bei dem überwiesenen Geldbetrag dem Arbeitgeber unverzüglich anzuzeigen. Die Parteien vereinbaren, dass von der vertraglichen Ausschlussfrist nach § 14 dieses Vertrages Rückzahlungsansprüche wegen überzahlten Gehalts nicht erfasst werden.

e) The Employee undertakes to check the accuracy of each salary statement of the Employer and is obliged to inform the Employer immediately about any discrepancy concerning the salary statement or cash remittance of the salary. The parties agree that the preclusive time limit according to art. 14 of this contract does not apply to redemption claims of any overpaid salary.

6. Abtretung, Aufrechnung, Pfändung, Verpfändung

6. Assignment, set-off, distraint, pledge

a) Bei Pfändungen und Abtretungen ist der Arbeitgeber berechtigt, für jede zu berechnende Pfändung, Abtretung oder Verpfändung 10,00 € pauschal als Ersatz der entstehenden Kosten vom Gehalt in Abzug zu bringen. Dem Arbeitnehmer wird der Nachweis gestattet, ein Schaden oder ein Aufwand sei nicht oder nicht in Höhe des vorgesehenen Pauschalbetrags entstanden.

a) In case of distraints and assignments, the Employer is entitled to deduct a lump-sum fee of € 10.00 from the Employee's salary for each distraint, assignment, or pledge as compensation for the costs incurred. The Employee is entitled to prove that a loss or expense did not occur at all or not in the amount of the stipulated lump-sum fee.

b) Der Arbeitnehmer hat die Verpfändung seiner Vergütungsansprüche dem Arbeitgeber unverzüglich schriftlich anzuzeigen.

b) The Employee has to inform the Employer immediately and in written from of any pledge of his salary claims.

c) Scheidet der Arbeitnehmer aufgrund Kündigung, Aufhebungs- oder Abwicklungsvertrag aus dem Arbeitsverhältnis aus und hat der Arbeitgeber noch Geldforderungen gegen den Arbeitnehmer, ist er befugt, Gehaltsansprüche des Arbeitnehmers mit von seiner

c) In case of a termination of the employment relationship due to a notice to quit, a termination agreement, or a contract to dissolve the employment relationship, and if the Employer still has debt claims against the Employee, the Employer is entitled to set off

Seite aus noch bestehenden Ansprüchen gegen den Arbeitnehmer zur Aufrechnung zu stellen. Der Arbeitnehmer hat stets das Recht, mit unbestrittenen oder rechtskräftig festgestellten Forderungen gegen Ansprüche des Arbeitgebers die Aufrechnung zu erklären. Die Aufrechnung des Arbeitgebers darf nur bis zur Höhe des pfändbaren Teils der Vergütung erfolgen.

his outstanding debts against the Employee with the salary claims of the Employee. The Employee is always entitled to set off undisputed claims or claims res judicata with the Employer's claims. A set-off by the Employer may only be effected up to the amount of the salary that may legally be distrained.

7. Entgeltumwandlung

a) Die Bruttobezüge des Arbeitnehmers werden für die Dauer des Arbeitsverhältnisses in Höhe eines jährlichen Betrags von (…) €, jedoch mindestens 1/160 der Bezugsgröße nach § 18 Abs. 1 SGB IV und höchstens 4 % der jeweiligen Beitragsbemessungsgrenze in der allgemeinen Rentenversicherung, erstmals zum (…), gemindert und in eine wertgleiche Anwartschaft auf Leistungen der betrieblichen Altersversorgung umgewandelt. Die betriebliche Altersversorgung wird über die (…)-Versicherungs AG (Direktversicherung iSd § 1 b Abs. 2 BetrAVG) durchgeführt.

b) Während eines laufenden Kalenderjahres werden gleichbleibende monatliche Beträge aus dem regelmäßigen Entgelt zur Umwandlung verwendet.

c) Der umzuwandelnde Betrag soll aus dem Bruttoentgelt umgewandelt werden.

d) Eine Umwandlung ist nur für den Zeitraum möglich, solange dem Arbeitnehmer Ansprüche auf Entgelt oder Entgeltersatzleistungen gegenüber dem Arbeitgeber zustehen. In entgeltfreien Zeiten wird dem Arbeitnehmer das Recht eingeräumt, die Versicherung mit eigenen Beiträgen fortzuführen.

e) Für Gehaltserhöhungen sowie für die Bemessung gehaltsabhängiger betrieblicher Leistungen bleiben die Bezüge ohne die Minderung nach Buchst. a) maßgebend.

f) Der Arbeitgeber schließt bei der (…)-Versicherungs AG eine Lebensversicherung auf das Leben des Arbeitnehmers ab, die die Förderungsvoraussetzungen der §§ 10 a, 82

7. Deferred compensation

a) For the duration of the employment relationship, the Employee's gross salary will be reduced by an amount of € (…) per annum, but at least by 1/160th of the reference unit pursuant to § 18 (1) SGB IV and no more than 4 % of the contribution assessment ceiling in the pension insurance scheme, for the first time on (…), and this amount will be converted into an equivalent prospective entitlement to benefits out of the company pension scheme. The company pension scheme will be transacted with the (…) Versicherungs AG (direct insurance (i.e. paid directly by Employer on behalf of employee) in terms of § 1 b (2) BetrAVG – German Company Pension Act).

b) During the course of the calendar year, an equal amount will be deducted from the regularly paid remuneration each month to be used for the conversion.

c) The convertible amount is to be converted out of the gross remuneration.

d) A conversion is only possible for the period of time in which the Employee is entitled to remuneration or to payments in lieu of remuneration against the Employer. During periods without remuneration, the Employee has the right to continue the insurance contributions at his own expense.

e) For salary increases and for calculating salary-based company benefits, earnings before the deductions pursuant to letter a) are the decisive reference unit.

f) The Employer will take out a life insurance policy covering the life of the Employee with the (…) Versicherungs AG that complies with the legal prerequisites for a tax relief of

Abs. 2 EStG erfüllt. Die Höhe der Versicherungsprämien entspricht den umgewandelten Beträgen gemäß Buchst. a). Es gelten die Allgemeinen und Besonderen Versicherungsbedingungen der (...)-Versicherungs AG.

§ 10a and § 82 (2) of the EStG (German Income Tax Act). The amount of the insurance premiums is equivalent to the amounts converted per letter a). The General and Special Insurance Terms and Conditions of the (...) Versicherungs AG apply.

g) Es werden grundsätzlich Leistungen der Alters-, Invaliditäts- und Hinterbliebenenversorgung gewährt. Der Arbeitnehmer beantragt den Ausschluss folgender Leistungen: (...).

g) In general, only benefits out of retirement and disability pension schemes and pension provisions for surviving dependents will be granted. The Employee applies for the exclusion of the following benefits: (...).

h) Die Versorgungsanwartschaft wird mit Beginn der Entgeltumwandlung unverfallbar. Überschussanteile werden ausschließlich zur Erhöhung der Leistung verwendet. Das Recht zur Verpfändung, Abtretung und Beleihung durch den Arbeitgeber wird ausgeschlossen. Dem Arbeitnehmer wird von Beginn der Entgeltumwandlung an auf sämtliche Versicherungsleistungen ein unwiderrufliches Bezugsrecht eingeräumt. Bei vorzeitiger Beendigung des Arbeitsverhältnisses wird dem Arbeitnehmer das Recht zur Fortsetzung der Versicherung mit eigenen Beiträgen eingeräumt. Die Versicherung wird unverzüglich nach dem rechtlichen Ende des Arbeitsverhältnisses auf den Arbeitnehmer übertragen und kann von ihm als Einzelversicherung nach dem hierfür im Zeitpunkt des Ausscheidens vorhandenen Tarif gegen laufende Beitragszahlung bei der (...)-Lebensversicherungs AG fortgeführt werden. Nach dem Ausscheiden sind eine Abtretung, Beleihung und ein Rückkauf der übertragenen Versicherung durch den Arbeitnehmer gemäß § 2 Abs. 2 Sätze 5 und 6 BetrAVG insoweit unzulässig, als die Versicherung auf vom Arbeitgeber in der Eigenschaft als Versicherungsnehmer gezahlten Beiträgen beruht.

h) The prospective entitlement to the pension is non-forfeitable upon commencement of the deferred compensation. Profit shares will be used exclusively for the increase of benefits. The right to pledge, assign, or use as collateral by the Employer is excluded. With the commencement of the deferred compensation, the Employee is granted an irrevocable right to all insurance benefits. In case of a premature termination of the employment relationship, the Employee is granted the right to continue the insurance policy with his own contributions. The insurance policy will be transferred to the Employee immediately after the legal termination of the employment relationship and may be continued by him as an individual insurance policy by payment of the continous contributions to the (...) Lebensversicherungs AG pursuant to the applicable rate at the time of the withdrawal. After leaving office, the Employee is not permitted – pursuant to § 2 (2), sentences 5 and 6 BetrAVG – to assign, use as collateral, or surrender that part of the transferred insurance policy that is based on the Employer's contributions in the capacity of a policy holder.

i) Nimmt der Arbeitnehmer die vorgezogene Altersrente aus der gesetzlichen Rentenversicherung als Vollrente in Anspruch und verlangt er vorzeitig eine betriebliche Altersrente gemäß § 6 BetrAVG, vermindert sich die Versicherungsleistung nach versicherungsmathematischen Grundsätzen.

i) If the Employee claims early retirement benefits out of the statutory pension insurance scheme as a full pension and prematurely demands company retirement benefits pursuant to § 6 BetrAVG, the insurance benefits will be reduced in accordance with actuarial principles.

j) Diese Vereinbarung gilt für das laufende Kalenderjahr. Sie verlängert sich automatisch um weitere zwölf Monate, wenn nicht bis

j) This agreement applies for the current calendar year. It will be extended automatically for a further twelve months if the extension

zum (...) eines jeden Kalenderjahres der Verlängerung schriftlich durch den Arbeitnehmer widersprochen wird.

is not revoked by the Employee in writing no later than the (...) of a calendar month.

8. Krankheit

a) Ist der Arbeitnehmer infolge unverschuldeter Krankheit arbeitsunfähig, erhält er Entgeltfortzahlung bis zur Dauer von sechs Wochen nach den Bestimmungen des Entgeltfortzahlungsgesetzes (EFZG) in seiner jeweils geltenden Fassung. Der Arbeitnehmer ist verpflichtet, dem Arbeitgeber die Arbeitsunfähigkeit und deren voraussichtliche Dauer unverzüglich anzuzeigen.

b) Dauert die Arbeitsunfähigkeit länger als drei Kalendertage, hat der Arbeitnehmer eine ärztliche Bescheinigung über das Bestehen der Arbeitsunfähigkeit sowie deren voraussichtliche Dauer spätestens an dem darauffolgenden Arbeitstag vorzulegen. Der Arbeitgeber ist berechtigt, die Vorlage der ärztlichen Bescheinigung früher zu verlangen.

8. Illness

a) If the Employee is disabled resulting from an illness for which he is not responsible, he will receive continued remuneration for a period of up to six weeks in accordance with the provisions of the German Wage Continuation Act (EFZG) in the legal version. The Employee is obliged to inform the Employer about the disablement and its expected duration immediately.

b) If the disablement lasts longer than three calendar days, the Employee has to submit a medical doctor's attestation specifying the disablement and its expected duration no later than the following working day. The Employer is entitled to request the submission of the medical doctor's attestation at an earlier moment.

9. Verschwiegenheitspflicht

a) Der Arbeitnehmer ist verpflichtet, Geschäfts- und Betriebsgeheimnisse sowie betriebliche Angelegenheiten vertraulicher Natur, die als solche vom Arbeitgeber schriftlich gekennzeichnet oder mündlich bezeichnet oder offensichtlich als solche zu erkennen sind, geheim zu halten und ohne ausdrückliche Genehmigung des Arbeitgebers keinen anderen Personen zugänglich zu machen.

b) Geschäfts- und Betriebsgeheimnisse in diesem Sinne sind insbesondere Herstellungs- und Versuchsverfahren, Vertriebswege, Bezugsquellen, Kalkulationen und Geschäftsabschlüsse. Im Zweifel ist der Arbeitnehmer verpflichtet, eine Weisung der Geschäftsleitung einzuholen, ob eine bestimmte Tatsache als vertraulich zu behandeln ist.

c) Diese Verpflichtung gilt auch nach Beendigung des Arbeitsverhältnisses. Sollte die nachvertragliche Verschwiegenheitspflicht den Arbeitnehmer in seinem beruflichen Fortkommen unangemessen behindern, hat der Arbeitnehmer gegen das Unternehmen einen Anspruch auf Freistellung von dieser Pflicht.

9. Obligation of secrecy

a) The Employee is obliged to keep confidential all business and trade secrets and business matters of a confidential nature that have been designated as such by the Employer in written form, orally, or that can be obviously recognized as confidential, and to prevent other persons from accessing such without the Employer's express permission.

b) In this context, business and trade secrets include in particular production and experimental processes, channels of distribution, sources of supply, calculations, and business transactions. In case of doubt, the Employee is obliged to obtain instructions from the management as to whether a specific matter is to be treated as confidential.

c) The obligation of secrecy even remains in effect subsequent to the termination of the employment relationship. Should the post-contractual obligation of secrecy disproportionately hinder the Employee's professional development, the Employee is entitled to be released from this duty by the Employer.

10. Urlaub

Der Arbeitnehmer erhält nach einer Beschäftigungsdauer von sechs Monaten einen Erholungsurlaub von 27 Kalendertagen im Kalenderjahr. Der Urlaub ist in Abstimmung mit dem Vorgesetzten zu nehmen. Im Übrigen gelten die gesetzlichen Bestimmungen.

10. Vacation

Subsequent to an employment period of six months, the Employee is entitled to an annual leave of 27 calendar days. The leave must be taken in consultation with the superior staff member. In all other respects, the statutory provisions apply.

11. EDV-Nutzung

a) Neben der betrieblichen Nutzung ist dem Arbeitnehmer in angemessenem Umfang von nicht mehr als 15 Minuten pro Arbeitstag die private Nutzung des E-Mail-Systems und des Internets gestattet. Das Speichern, Abrufen, Empfangen, Anbieten oder Verbreiten von rechtswidrigen Inhalten, insbesondere rassistischer oder pornografischer Art, im Internet oder per E-Mail ist verboten. Private E-Mails sind als solche ausdrücklich zu kennzeichnen. Die Erlaubnis zur privaten Nutzung erfolgt unter dem ausdrücklichen Vorbehalt eines jederzeitigen Widerrufs. Der Widerruf kann ausgesprochen werden, wenn eine missbräuchliche Nutzung festgestellt wurde, insbesondere Webseiten oder private E-Mails mit rassistischem oder pornografischem Inhalt, genutzt, Sicherheitsrisiken für den Arbeitgeber eröffnet wurden, eine Beteiligung an unseriösen Geschäften über das Internet festgestellt oder wiederholt virenverseuchte Programme mit Schaden für das Unternehmen heruntergeladen wurden. Das Internet darf nur mit der gültigen persönlichen Zugangsberechtigung genutzt werden. User-ID und Passwort dürfen nicht an Dritte weitergegeben werden; Passwörter sind regelmüßig zu wechseln.

b) Es dürfen keine fremden Programme/Dateien auf die Festplatte kopiert, über Diskette, CD-ROM, USB-Stick oder ähnliche Datenträger oder das Internet auf dem Rechner installiert und/oder eingesetzt werden. Auf Virenkontrolle ist zu achten. Virenschutzprogramme sind zu nutzen. Auftretende Störungen, die mit einem Virenbefall in Zusammenhang stehen könnten, sind umgehend der Netzwerk-Administration zu melden.

11. Computer utilisation

a) In addition to business use, the Employee may also use the e-mail system and the Internet access for private purposes to a reasonable extent not exceeding 15 minutes per working day. The saving, retrieval, receiving, presentation, or dissemination of illegal content, particularly of a racist or pornographic nature, in the internet as well as via email is prohibited. Private emails have to be explicitly designated as such. The permitted use for private purposes is granted with the express proviso that it may be revoked at any time. The revocation may be made if a misuse is detected, particularly if websites or private mails containing racist or pornographic content are used, the Employer is exposed to security risks, participation in untrustworthy transactions via Internet is discovered, or if computer programmes infected with viruses that cause damage to the Employer are repeatedly downloaded. The Internet may only be accessed via the effective personal access authorisation. User identification and passwords may not be transmitted to a third party; passwords are to be changed periodically.

b) External computer programmes/data files may neither be copied on the hard disk nor installed and/or used on the computer via data disks, CD-ROM, USB-sticks or similar data carriers, or via Internet. Virus control has to be practiced. Virus-protection software has to be used. Malfunctions that could be connected with a virus infection have to be reported to the network administrator immediately.

c) Für den Fall der Abwesenheit (insbesondere bei längeren Dienstreisen, Urlaub, Krankheit etc.) hat der Arbeitnehmer eigenverantwortlich eine automatisierte Antwort an den Absender eingehender E-Mails entsprechend den jeweils geltenden Standards einzurichten, die den Absender über die Abwesenheit des Arbeitnehmers informiert und einen Hinweis auf den zuständigen Vertreter und dessen Telefonnummer enthält.

c) In cases of absence from work (especially in case of longer business trips, holiday, illness etc.), the Employee is personally responsible for setting up an automatic response to the sender of incoming e-mails in compliance with the valid standards at a time that informs the sender of the Employee's absence and names the responsible substitute with his/her telephone number.

d) Verstöße gegen die vorstehenden Regeln, insbesondere durch den Aufruf verbotener Webseiten, können arbeitsrechtliche Konsequenzen, insbesondere eine Kündigung zur Folge haben.

d) Contraventions of the foregoing rules, particularly by the visit of prohibited websites, could have legal consequences under labour law for the employment relationship, in particular a termination.

e) Der Arbeitgeber ist berechtigt, jede Nutzung des E-Mail-Systems und des Internets für die Dauer von maximal drei Monaten zu speichern, um die Einhaltung der vereinbarten Regeln anhand der gespeicherten Daten zu überprüfen. Als privat gekennzeichnete E-Mails dürfen von Dritten grundsätzlich nicht geöffnet oder weitergeleitet werden. Als privat gekennzeichnete E-Mails dürfen nur kontrolliert werden, wenn neben der Information des Betriebsrats zusätzlich der betriebliche Datenschutzbeauftragte nach Prüfung der schriftlich zu dokumentierenden tatsächlichen Anhaltspunkte für den Verdacht einer missbräuchlichen Nutzung der Kontrolle zugestimmt hat. Die betriebsinterne Kontrolle richtet sich dabei zunächst auf die Prüfung der Verbindungsdaten. Eine inhaltliche Kontrolle kann nur mit Zustimmung des Arbeitnehmers im Einzelfall oder veranlasst durch Strafverfolgungsbehörden erfolgen. Die Mitglieder der betriebsinternen Ermittlungsteams werden auf die Wahrung des Datengeheimnisses nach § 5 BDSG verpflichtet. Der Arbeitnehmer erteilt insoweit seine Einwilligung gemäß § 4 a BDSG in die hiermit verbundene generelle Erhebung und Verarbeitung seiner personenbezogenen Daten.

e) The Employer is entitled to store each use of the e-mail system and the Internet for a period of three months at the most for the purposes of assessing, on the basis of the stored data, whether the agreed rules are being complied with. Emails explicitly designated as private may generally not be opened or forwarded by any third party. Emails explicitly designated as private may only be controlled in case of the information of the workers' council and the additional approval of the the company's data protection commissioner after an examination of the actual clues indicating any suspicion of misuse, which have to be documented by the Company in written form. The internal control is first of all focussed upon an examination of the communication data. A review of the content may only be affected in case of the Employee's consent in each individual case or upon request of law enforcement authorities. The members of the internal investigative team will be obliged to respect the confidentiality of data in accordance with § 5 BDSG (German Data Prosecution Act). The Employee hereby grants his consent pursuant to § 4 a BDSG (German Data Protection Act) to the general ascertainment and processing of his personal data connected with data storage.

f) Der Arbeitnehmer erklärt sich damit einverstanden, dass seine personenbezogenen Daten automatisiert gespeichert und verarbeitet werden. Er erklärt, dass er die anlie-

f) The Employee hereby consents to the automatic recording and processing of his personal data. He declares that he has perused the enclosed explanation on data secrecy and

gende Erklärung über das Datengeheimnis durchgelesen hat und die ebenfalls beigefügte Verpflichtungserklärung nach § 5 BDSG unterzeichnen wird.

that he will sign the attached obligation declaration as recommended by § 5 BDSG.

12. Nebentätigkeit, Geschenke

a) Jede entgeltlich oder unentgeltlich ausgeübte Nebentätigkeit bedarf der vorherigen Zustimmung des Arbeitgebers. Die Zustimmung ist zu erteilen, wenn die Nebentätigkeit die Wahrnehmung der dienstlichen Aufgaben des Arbeitnehmers zeitlich nicht oder allenfalls unwesentlich behindert und sonstige berechtigte Interessen des Arbeitgebers nicht beeinträchtigt werden. Der Arbeitgeber hat die Entscheidung über den Antrag auf Zustimmung zur Nebentätigkeit innerhalb von vier Wochen nach Eingang des Antrags zu treffen. Wird innerhalb dieser Frist eine Entscheidung nicht herbeigeführt, gilt die Zustimmung des Arbeitgebers als erteilt.

b) Dem Arbeitnehmer ist es verboten, von Vertretern, Lieferanten, Auftraggebern oder sonstigen Geschäftspartnern Geschenke oder sonstige Vergünstigungen anzunehmen, die einen Wert von 50,00 € übersteigen.

12. Secondary employments, gifts

a) The Employer's consent is required prior to the practice of any paid or unpaid secondary employment. The consent has to be granted if the secondary employment does not conflict or at most only insignificantly conflicts in a temporal regard with the Employee's performance of his employment duties and if the legitimate interests of the Employer are not affected in any other way. The Employer has to decide about the requested grant of consent to the secondary employment no later than four weeks after receiving the Employee's request. If the Employer fails to decide within this term its consent is deemed to have been given.

b) The Employee is prohibited from accepting gifts or other benefits exceeding a value of € 50,00 from representatives, suppliers, customers, or other business partners.

13. Beendigung des Arbeitsverhältnisses, Altersgrenze, Freistellung

a) Das Arbeitsverhältnis endet ohne Kündigung mit Ablauf des Monats, in dem der Arbeitnehmer die Altersgrenze für eine Regelaltersrente in der gesetzlichen Rentenversicherung erreicht hat. Das Arbeitsverhältnis endet ebenfalls ohne Kündigung mit Ablauf des Monats, in welchem dem Arbeitnehmer der wirksame Bescheid eines Rentenversicherungsträgers über eine Rente auf Dauer wegen voller Erwerbsminderung zugeht.

b) Das Arbeitsverhältnis kann mit der Frist des § 622 BGB ordentlich gekündigt werden. Unbeschadet hiervon bleibt das Recht zur fristlosen Kündigung aus gesetzlichem Grund. Eine fristlose Kündigung gilt im Falle ihrer Unwirksamkeit zugleich als fristgemäße Kündigung zum nächstzulässigen Termin.

13. Termination of the employment relationship, retirement age, exemption from work

a) The employment relationship ends without notice of termination upon expiry of the month the Employee attains the regular retirement age of the statutory pension insurance scheme. The employment relationship ends as well without notice of termination upon expiry of the month the Employee receives the effective notice of a pension insurance institute granting a permanent pension because of a complete inability to work.

b) The employment relationship may be routinely terminated in accordance with the period of notice set out in § 622 BGB (German Civil Code). Notwithstanding this, the right to terminate without notice on legal grounds remains unaffected. A termination without notice that proves to be invalid is hereby deemed as a termination with notice as of the next permissible date.

c) Die ersten sechs Monate des Arbeitsverhältnisses gelten als Probezeit. In dieser Zeit kann das Arbeitsverhältnis mit einer Frist von zwei Wochen gekündigt werden.

c) The first six months of the employment relationship are deemed a probationary period. The employment relationship may be terminated during this period by giving two weeks' notice.

d) Kündigt der Arbeitgeber das Arbeitsverhältnis mit dem Arbeitnehmer, ist er bei Bestehen schützenswerter Interessen befugt, den Arbeitnehmer unter vollständiger Fortzahlung seiner Bezüge und unter Anrechnung noch bestehender Urlaubsansprüche freizustellen. Als schützenswerte Interessen des Arbeitgebers gelten zB der begründete Verdacht des Verstoßes durch den Arbeitnehmer gegen die Verschwiegenheitspflicht, ansteckende Krankheiten oder der begründete Verdacht einer strafbaren Handlung.

d) If the Employer terminates the employment relationship with the Employee, the Employer is entitled, in case of the existence of interests warranting protection, to exempt the Employee from his employment duties connected with continued payment of his full wages, by taking into account any existing leave entitlements. Interests of the Employer warranting protection include e.g. the justified suspicion of a breach of the obligation of secrecy by the Employee, contagious diseases, or a justified suspicion of any criminal conduct.

14. Schriftform, Ausschlussfristen, Betriebsvereinbarungsöffnungsklausel

14. Written form, preclusive time limit, incorporation of shop agreements

a) Die Parteien sind sich einig, dass keine über den Wortlaut dieses Vertrages hinausgehenden mündlichen Vereinbarungen getroffen wurden.

a) The parties agree that no oral agreements going beyond the wording of this contract have been reached.

b) Ansprüche aus dem Arbeitsverhältnis verfallen, wenn sie nicht innerhalb einer Ausschlussfrist von sechs Monaten von dem Arbeitnehmer oder von dem Arbeitgeber schriftlich geltend gemacht wurden. Die Versäumung der Ausschlussfrist führt zum Verlust des Anspruchs. Die Ausschlussfrist beginnt, wenn der Anspruch entstanden ist und der Anspruchsteller von den anspruchsbegründenden Umständen Kenntnis erlangte oder ohne grobe Fahrlässigkeit hätte erlangen können. Die Ausschlussfrist gilt nicht bei Haftung wegen Vorsatzes. Die Ausschlussfrist findet weiterhin keine Anwendung auf den Anteil der Vergütungsansprüche des Arbeitnehmers, welcher unter den Schutzbereich des Mindestlohngesetzes (MiLoG) fällt und nach § 3 MiLoG unverzichtbar ist.

b) Any claims resulting from the employment relationship shall be forfeited if they have not been asserted in written form by the Employee or the Employer within the preclusive time limit of six months. Failure to act within the preclusive period results in the loss of the claim. The preclusive time limit begins to run when the claim arises and the claimant has obtained or, absent gross negligence, could have obtained knowledge of the circumstances giving rise to the claim. The preclusive time limit does not apply in cases of liability based on acts of intention. The preclusive time limit furthermore does not apply to the share of the Employee's salary claims, that fall within the scope of protection of the Minimum Wage Act (MiLoG) and that are mandatory according to § 3 MiLoG.

c) Änderungen und Ergänzungen dieses Vertrages bedürfen zu ihrer Wirksamkeit der Schriftform.

c) Alterations and supplements to this contract can only be effective in written form.

d) Die Parteien sind sich darüber einig, dass gegenwärtige und spätere Betriebsvereinbarungen den Regelungen in diesem Vertrag

d) The parties agree that actual and future shop agreements have precedence over the provisions of this contract or of other indivi-

oder anderen einzelvertraglichen Absprachen auch dann vorgehen, wenn die vertragliche Regelung für den Arbeitnehmer günstiger ist.

dual contractual arrangements, even if the contractual provision is more favourable to the Employee.

15. Rückgabe von Unterlagen, Zugangsadresse für Schriftverkehr

a) Der Arbeitnehmer hat alle ihm zu Arbeitszwecken überlassenen Geschäftssachen, Notizen, Werkzeuge, Materialien, Aufzeichnungen und technischen Geräte, die im Eigentum des Arbeitgebers stehen, jederzeit nach erfolgter Aufforderung und stets nach Beendigung des Arbeitsverhältnisses zurückzugeben.

b) Zugangsadresse aller vom Arbeitgeber verfassten Schreiben bildet der Arbeitsplatz des Arbeitnehmers und, wenn der Arbeitnehmer infolge Krankheit, Urlaub oder aus anderen Abwesenheitsgründen nicht an seinem Arbeitsplatz anzutreffen ist, die letzte vom Arbeitnehmer schriftlich der Personalabteilung mitgeteilte postalische Anschrift.

15. Return of documents, address for receiving written correspondence

a) Upon request and in any case subsequent to the termination of the employment relationship, the Employee has to return all company objects, notes, tools, materials, recordings, and technical equipment owned by the Employer and entrusted to the Employee for work-related purposes.

b) The address for receiving all correspondence from the Employer is the work place of the Employee, and in cases the Employee cannot be reached there due to illness, holiday, or other reasons for absence, the last postal address communicated by the Employee in written form to the personnel department.

16. Verbindliche Version des Vertrages

Verbindlich ist nur die deutschsprachige Fassung des Vertrages; die englische Fassung dient ausschließlich Informationszwecken.

16. Binding version of contract

Only the German version of this contract shall be binding; the English version only serves informational purposes.

3. Muster: Arbeitsvertrag mit gewerblichem Arbeitnehmer

4430 **1. Beginn des Arbeitsverhältnisses, Vertragsstrafe bei Nichtantritt des Arbeitsverhältnisses**

a) Das Arbeitsverhältnis beginnt am (...). Eine ordentliche Kündigung vor Arbeitsantritt ist ausgeschlossen.

b) Sollte der Arbeitnehmer das Arbeitsverhältnis rechtswidrig und schuldhaft nicht antreten oder vertragswidrig beenden, verpflichtet er sich, dem Arbeitgeber eine Vertragsstrafe zu zahlen. Die Höhe der Vertragsstrafe bemisst sich nach der Höhe des Bruttoentgelts, das bei Einhaltung der ordentlichen Kündigungsfrist gezahlt worden wäre, beträgt jedoch höchstens ein durchschnittliches Brutto-Monatsentgelt. Die Geltendmachung eines weiteren Schadens durch den Arbeitgeber bleibt vorbehalten.

1. Commencement of the employment relationship, contractual penalty for failure to commence employment

a) The employment relationship commences on (...). A termination with notice prior to the commencement of work is not permitted.

b) If the Employee fails to commence employment for unlawful and culpable reasons or terminates the employment relationship in contravention of the contract, the Employee undertakes to pay the Employer a contractual penalty. The amount of the contractual penalty is to be determined pursuant to the amount of the gross wages that would have been paid in observance to the period of notice, with a maximum amount of one average month's gross wage. The Employer reserves the right to claim more extensive damages.

2. Gegenstand der Tätigkeit

a) Der Arbeitnehmer wird beschäftigt als (...) in (...).

b) Der Arbeitgeber ist befugt, den Arbeitnehmer aus betrieblichen Gründen an einen anderen Ort zu versetzen, soweit dem Arbeitnehmer eine gleichwertige Tätigkeit übertragen wird.

2. Subject matter of the employment duties

a) The Employee is being employed as (...) in (...).

b) Due to business reasons the Employer is entitled to transfer the Employee to another location, as long as an adequate employment duty is assigned to the Employee.

3. Arbeitszeit

a) Die regelmäßige Arbeitszeit beträgt 40 Stunden pro Woche. Montag bis einschließlich Samstag zählen zu den regelmäßigen Arbeitstagen.

b) Der Arbeitnehmer verpflichtet sich, auf Anordnung seines Vorgesetzten im gesetzlich zulässigen Rahmen Nacht-, Wechselschicht-, Sonntags-, Feiertags-, Mehr- und Überarbeit zu leisten.

c) Der Arbeitgeber ist berechtigt, an jedem beliebigen Werktag Überstunden anzuordnen. Das Anordnungsrecht ist begrenzt auf maximal (...) Überstunden pro Woche und hat die Vorgaben zum Ausgleich des Arbeitszeitgesetzes (ArbZG) zu beachten. Die An-

3. Working hours

a) The regular working time amounts to 40 hours per week. Monday to Saturday inclusive are considered regular working days.

b) Upon arrangement by his superior and to the extent permitted by law, the Employee undertakes to work at night, alternating shifts, Sundays, public holidays, excess hours (above that permitted by law), and overtime (above that agreed by contract).

c) The Employer is entitled to arrange overtime on any working day. The right to arrange overtime hours is limited to a maximum amount of overtime work of (...) hours per week and has to comply with the mandatory provisions of the Act on Working Time

ordnung von Überstunden hat zum frühestmöglichen Zeitpunkt zu geschehen, mindestens vier Tage, in Notfällen (...) Stunden vor dem als Überstunden abzuleistenden Zeitraum.

(ArbZG). The arrangement of overtime has to be announced as early as possible, but at least four days, in emergency cases (...) hours, prior to the time at which the overtime has to be performed.

d) Jede Überstunde wird mit (...) € brutto am Monatsende vergütet.

d) Each overtime hour will be remunerated with € (...) gross at the month's end.

e) An- und Auskleiden sowie die Körperpflege vor oder nach der Arbeit zählen nicht zur regelmäßigen Arbeitszeit. Auch der Fußweg vom Betriebsparkplatz zum Gebäude, in dem die Arbeit verrichtet wird, oder zu einer Außenstelle außerhalb des Firmengeländes gilt nicht als Arbeitszeit.

e) The time required for dressing and undressing as well as the time taken for personal hygiene before or after work does not count as regular working time. Even time required to walk from the company parking lot to the building in which the work is performed or to a field/branch location outside of the company property is not counted as working time.

f) Der Arbeitgeber darf durch Direktionsrecht Kurzarbeit anordnen, soweit ein auf wirtschaftlichen Gründen oder einem unabwendbaren Ereignis beruhender erheblicher Arbeitsausfall auftritt und die weiteren nach dem SGB III geforderten arbeitslosenversicherungsrechtlichen Voraussetzungen für die Gewährung von Kurzarbeitergeld erfüllt sind. Der Arbeitgeber soll die Einführung von Kurzarbeit mit einer Frist von zwei Wochen ankündigen.

f) The Employer is entitled due to his managerial authority to arrange short-time work as long as a grave lack of work based on economic factors or an inevitable incident is occurring and the further unemployment insurance law requirements in Terms of the SGB III (German Social Law Code, Book III) for the payment of short-time allowances are fulfilled. The Employer shall announce the commencement of short-time work by giving two weeks' notice thereof.

4. Vergütung

4. Remuneration

a) Der Arbeitnehmer erhält einen Stundenlohn von (...) €, der monatlich bargeldlos auf das vom Arbeitnehmer benannte Konto jeweils zum 3. des Folgemonats überwiesen wird.

a) The Employee receives an hourly wage of € (...) that is to be transferred on the 3rd day of each succeeding month by way of noncash bank transfer to the bank account specified by the Employee.

b) Der Arbeitnehmer erhält eine Zulage in Höhe von monatlich (...) €. Die Zulage kann jederzeit vom Arbeitgeber unter den nachfolgend benannten Gründen widerrufen werden: Absinken des körperschaftsteuerlicher Gewinns des Unternehmens um mehr als 10 % gegenüber dem Vorjahr, Auftragsrückgang von mehr als 3 % sowie eine gegenüber dem Arbeitnehmer erklärte Abmahnung. Der widerrufliche Teil darf dabei nicht mehr als 25 % der Gesamtvergütung ausmachen.

b) The Employee will receive a bonus amounting to € (...) per month. The Employer reserves the right to revoke the bonus at any time for the following reasons: if the company's profits, as determined by corporate income tax law, have decreased by more than 10 % compared with the preceding year, if there has been a decline in orders of more than 3 %, or if the Employee has received a formal warning. The revocable component must not exceed 25 % of the total remuneration.

c) Mit dem Dezember-Gehalt wird nach einer Betriebszugehörigkeit von mindestens einem

c) After a period of employment of at least one year and if the employment relationship

Jahr und wenn das Arbeitsverhältnis am Auszahlungstag fortbesteht, eine Anwesenheitsprämie in Höhe von (...) € brutto gezahlt. Die Anwesenheitsprämie ist eine freiwillige Zahlung, auf die auch durch wiederholte Auszahlung kein Anspruch des Arbeitnehmers entsteht. Bei krankheitsbedingten sowie allen rechtmäßigen Fehlzeiten ohne Entgeltfortzahlung innerhalb eines Kalenderjahres wird die Prämie für jeden Fehltag um ein Viertel eines Tagesarbeitsentgelts gekürzt. Das Tagesarbeitsentgelt (= durchschnittliches Arbeitsentgelt je Arbeitstag iSd § 4 a Satz 2 EFZG) errechnet sich aus den letzten zwölf Gehaltsabrechnungen abzüglich der Jahresleistungen des dem Arbeitnehmer gezahlten Aufwendungsersatzes sowie geleisteter Entgeltfortzahlung und des Urlaubsentgelts, geteilt durch die Zahl der tatsächlich geleisteten Arbeitstage in den der Zahlung vorausgegangenen zwölf Monaten. Bei Fehlzeiten, die durch Wehr- oder Ersatzdienst oder Wehrübungen bedingt sind, beschränkt sich die Kürzung auf den der Fehlzeit entsprechenden Teil der Jahresleistung.

continues to exist as of the day of payment, a gross attendance bonus of € (...) will be paid together with the December's salary. The attendance bonus is a voluntary payment, which does not constitute a claim of the Employee even if it is paid on several occasions. For periods of absence due to illness and for all other lawful periods of absence without continued remuneration in a calendar year, the bonus will be reduced by one quarter of a daily wage for each day of absence. The daily wage (= average daily remuneration per working day as defined in § 4 a, sentence 2 EFZG – German Act on Continued Remuneration in Cases of Illness, etc.) is calculated as follows: the last twelve remuneration settlements minus any payments made in that year to the Employee as compensation for expenses, as continued remuneration (due to illness), and as holiday pay divided by the number of working days actually worked in the last twelve month preceding the payment. For periods of absence due to military service, alternative military service, or reserve military training, the reduction is limited to that part of the annual payment corresponding to the period of absence.

d) Der Arbeitnehmer verpflichtet sich, ihm auffallende Mehrzahlungen, die er sich nicht erklären kann, dem Arbeitgeber unverzüglich schriftlich anzuzeigen. Hat es der Arbeitnehmer pflichtwidrig unterlassen, eine Überzahlung dem Arbeitgeber mitzuteilen, findet die vertragliche Ausschlussfrist nach § 15 dieses Vertrages keine Anwendung.

d) The Employee undertakes to inform the Employer immediately in writing of any excess payments that come to his notice and for which he has no explanation. Should the Employee neglect to notify the Employer of an excess payment in contravention of this obligation, the contractual preclusive time limit according to art. 15 of this contract does not apply.

5. Abtretung, Aufrechnung, Pfändung, Verpfändung

a) Bei Pfändungen und Abtretungen ist der Arbeitgeber berechtigt, für jede zu berechnende Pfändung, Abtretung oder Verpfändung 10,00 € pauschal als Ersatz der entstehenden Kosten vom Gehalt in Abzug zu bringen. Dem Arbeitnehmer wird der Nachweis gestattet, ein Schaden oder ein Aufwand sei überhaupt nicht oder nicht in der Höhe des vorgesehenen Pauschalbetrags entstanden.

5. Assignment, set-off, distraint, pledge

a) In case of attachments and assignments, the Employer is entitled to deduct a lump-sum fee of € 10.00 from the Employee's wages for each distraint, assignment, or pledge as compensation for the costs incurred. The Employee is entitled to prove that a loss or expense did not occur at all or not in the amount of the stipulated lump-sum fee.

b) Der Arbeitnehmer hat die Verpfändung seiner Vergütungsansprüche dem Arbeitgeber unverzüglich schriftlich anzuzeigen.

c) Scheidet der Arbeitnehmer aufgrund Kündigung, Aufhebungs- oder Abwicklungsvertrag aus dem Arbeitsverhältnis aus und hat der Arbeitgeber noch Geldforderungen gegen den Arbeitnehmer, ist er befugt, Gehaltsansprüche des Arbeitnehmers mit von seiner Seite aus noch bestehenden Ansprüchen gegen den Arbeitnehmer zur Aufrechnung zu stellen. Der Arbeitnehmer hat stets das Recht, mit unbestrittenen oder rechtskräftig festgestellten Forderungen gegen Ansprüche des Arbeitgebers die Aufrechnung zu erklären. Die Aufrechnung des Arbeitgebers darf nur bis zur Höhe des pfändbaren Teils des Gehalts erfolgen.

b) The Employee has to inform the Employer immediately and in written form of any pledge of his wage claims.

c) In case of a termination of the employment relationship due to a notice to quit, a termination agreement, or a contract to dissolve the employment relationship and if the Employer still has debt claims against the Employee, the Employer is entitled to set off his outstanding debts against the Employee with the wage claims of the Employee. The Employee is always entitled to set off undisputed claims or claims res judicata with the Employer's claims. A set-off by the Employer may only be effected up to the amount of the salary that may legally be distrained.

6. Entgeltumwandlung

a) Die Bruttobezüge des Arbeitnehmers werden für die Dauer des Arbeitsverhältnisses in Höhe eines jährlichen Betrags von (...) €, jedoch mindestens 1/160 der Bezugsgröße nach § 18 Abs. 1 SGB IV und höchstens 4 % der jeweiligen Beitragsbemessungsgrenze in der allgemeinen Rentenversicherung, erstmals zum (...), gemindert und in eine wertgleiche Anwartschaft auf Leistungen der betrieblichen Altersversorgung umgewandelt. Die betriebliche Altersversorgung wird über die (...)-Versicherungs AG (Direktversicherung iSd § 1 b Abs. 2 BetrAVG) durchgeführt.

b) Während eines laufenden Kalenderjahres werden gleichbleibende monatliche Beträge aus dem regelmäßigen Entgelt zur Umwandlung verwendet.

c) Der umzuwandelnde Betrag soll aus dem Bruttoentgelt umgewandelt werden.

d) Eine Umwandlung ist nur für den Zeitraum möglich, solange dem Arbeitnehmer Ansprüche auf Entgelt oder Entgeltersatzleistungen gegenüber dem Arbeitgeber zustehen. In entgeltfreien Zeiten wird dem Arbeitnehmer das Recht eingeräumt, die Versicherung mit eigenen Beiträgen fortzuführen.

6. Deferred compensation

a) For the duration of the employment relationship, the Employee's gross salary will be reduced by an amount of € (...) per annum, but at least by 1/160th of the reference unit pursuant to § 18 (1) SGB IV and no more than 4 % of the contribution assessment ceiling in the statutory pension insurance scheme, for the first time on (...), and this amount will be converted into an equivalent prospective entitlement to benefits out of the company retirement pension scheme. The company pension scheme will be transacted with the (...) Versicherungs AG (direct insurance (i.e. paid directly by Employer on behalf of employee) in terms of § 1 b (2) BetrAVG – German Company Pension Act).

b) During the course of the calendar year, an equal amount will be deducted from the regularly paid remuneration each month to be used for the conversion.

c) The convertible amount is to be converted out of the gross remuneration.

d) A conversion is only possible for the period of time in which the Employee is entitled salary or to payments in lieu of salary against the Employer. During periods without remuneration, the Employee has the right to continue the insurance contributions at his own expense.

e) Für Gehaltserhöhungen sowie für die Bemessung gehaltsabhängiger betrieblicher Leistungen bleiben die Bezüge ohne die Minderung nach Buchst. a) maßgebend.

e) For salary increases and for calculating salary-based company benefits, earnings before the deductions pursuant to letter a) are the decisive reference unit.

f) Der Arbeitgeber schließt bei der (...)-Versicherungs AG eine Lebensversicherung auf das Leben des Arbeitnehmers ab, die die Förderungsvoraussetzungen der §§ 10 a, 82 Abs. 2 EStG erfüllt. Die Höhe der Versicherungsprämien entspricht den umgewandelten Beträgen gemäß Buchst. a). Es gelten die Allgemeinen und Besonderen Versicherungsbedingungen der (...)-Versicherungs AG.

f) The Employer will take out a life insurance policy covering the life of the Employee with the (...) Versicherungs AG that complies with the legal prerequisites for a tax relief of § 10 a and § 82 (2) EStG (German Income Tax Act). The amount of the insurance premiums is equivalent to the amounts converted per letter a). The General and Special Insurance Terms and Conditions of the (...) Versicherungs AG apply.

g) Es werden grundsätzlich Leistungen der Alters-, Invaliditäts- und Hinterbliebenenversorgung gewährt. Der Arbeitnehmer beantragt den Ausschluss folgender Leistungen: (...).

g) In general, only benefits out of retirement and disability pension schemes, and pension provisions for surviving dependents will be granted. The Employee applies for the exclusion of the following benefits: (...).

h) Die Versorgungsanwartschaft wird mit Beginn der Entgeltumwandlung unverfallbar. Überschussanteile werden ausschließlich zur Erhöhung der Leistung verwendet. Das Recht zur Verpfändung, Abtretung und Beleihung durch den Arbeitgeber wird ausgeschlossen. Dem Arbeitnehmer wird von Beginn der Entgeltumwandlung an auf sämtliche Versicherungsleistungen ein unwiderrufliches Bezugsrecht eingeräumt. Bei vorzeitiger Beendigung des Arbeitsverhältnisses wird dem Arbeitnehmer das Recht zur Fortsetzung der Versicherung mit eigenen Beiträgen eingeräumt. Die Versicherung wird unverzüglich nach dem rechtlichen Ende des Arbeitsverhältnisses auf den Arbeitnehmer übertragen und kann von ihm als Einzelversicherung nach dem hierfür im Zeitpunkt des Ausscheidens vorhandenen Tarif gegen laufende Beitragszahlung bei der (...)-Lebensversicherungs AG fortgeführt werden. Nach dem Ausscheiden sind eine Abtretung, Beleihung und ein Rückkauf der übertragenen Versicherung durch den Arbeitnehmer gemäß § 2 Abs. 2 Sätze 5 und 6 BetrAVG insoweit unzulässig, als die Versicherung auf vom Arbeitgeber in der Eigenschaft als Versicherungsnehmer gezahlten Beiträgen beruht.

h) The prospective entitlement to the pension is non-forfeitable upon commencement of the deferred compensation. Profit shares will be used exclusively for the increase of benefits. The right to pledge, assign, or use as collateral by the Employer is excluded. With the commencement of the deferred compensation, the Employee is granted an irrevocable right to all insurance benefits. In case of a premature termination of the employment relationship, the Employee is granted the right to continue the insurance policy with his own contributions. The insurance policy will be transferred to the Employee immediately after the legal termination of the employment relationship and may be continued by him as an individual insurance policy by payment of the ongoing contributions to the (...) Lebensversicherungs AG pursuant to the applicable rate at the time of the withdrawal. After leaving office, the Employee is not permitted – pursuant to § 2 (2), sentences 5 and 6 BetrAVG – to assign, use as collateral, or surrender that part of the transferred insurance policy that is based on the Employer's contributions in the capacity of a policy holder.

i) Nimmt der Arbeitnehmer die vorgezogene Altersrente aus der gesetzlichen Rentenversi-

i) If the Employee claims early retirement benefits out of the statutory pension insurance

cherung als Vollrente in Anspruch und verlangt er vorzeitig eine betriebliche Altersrente gemäß § 6 BetrAVG, vermindert sich die Versicherungsleistung nach versicherungsmathematischen Grundsätzen.

scheme as a full pension and prematurely demands company retirement benefits pursuant to § 6 BetrAVG, the insurance benefits will be reduced in accordance with actuarial principles.

j) Diese Vereinbarung gilt für das laufende Kalenderjahr. Sie verlängert sich automatisch um weitere zwölf Monate, wenn nicht bis zum (...) eines jeden Kalenderjahres der Verlängerung schriftlich durch den Arbeitnehmer widersprochen wird.

j) This agreement applies for the current calendar year. It will be extended automatically for a further twelve months if the extension is not revoked by the Employee in written form no later than the (...) of a calendar month.

7. Krankheit, gesundheitliche Eignung

7. Illness, physical fitness

a) Im Krankheitsfall hat der Arbeitnehmer die Arbeitsverhinderung dem Arbeitgeber unverzüglich, möglichst telefonisch zwei Stunden vor Beginn des Arbeitsausfalls unter Angabe der Gründe mitzuteilen. Ist die Arbeitsverhinderung länger vor Beginn der Arbeitszeit bekannt, ist sie dem Arbeitgeber zum frühestmöglichen Zeitpunkt mitzuteilen.

a) In case of illness, the Employee has to inform the Employer of his temporary disablement under specification of the particular reasons immediately, if possible by telephone two hours prior to the commencement of the absence from work. If the temporary disablement is known well before the commencement of the working time, the Employer has to be informed at the earliest moment possible.

b) Der Arbeitnehmer verpflichtet sich, am ersten Kalendertag nach Eintritt der Erkrankung eine ärztliche Arbeitsunfähigkeitsbescheinigung mit Angaben über die voraussichtliche Dauer der Erkrankung unaufgefordert vorzulegen. Dauert die Arbeitsunfähigkeit länger als in der Bescheinigung angegeben, sind eine oder mehrere Folgebescheinigungen vorzulegen. Die Übersendung der Arbeitsunfähigkeitsbescheinigung ist vorab per Telefax an die Faxnummer (...) oder per E-Mail an die Mail-Adresse (...) zu bewirken.

b) On the first calendar day following the outbreak of the illness, the Employee undertakes to submit, unsolicited, a medical doctor's attestation of the disablement specifying the expected duration of the illness. If the disablement lasts longer than specified in the attestation, one or several follow-up attestations have to be submitted. The attestation of disablement has to be sent by telefax in advance to the fax number (...) or via mail to the mail address (...).

c) Die Einstellung erfolgt unter der Voraussetzung gesundheitlicher Eignung für die vorgesehene Tätigkeit. Der Arbeitnehmer erklärt sich damit einverstanden, sich im Einzelfall einer für ihn unentgeltlichen Untersuchung durch einen vom Arbeitgeber benannten Vertrauensarzt zu unterziehen, soweit der Arbeitgeber daran ein berechtigtes Interesse besitzt, welches durch den Zweck des Arbeitsverhältnisses legitimiert ist. Ein solches berechtigtes Interesse liegt insbesondere vor, wenn Umstände auftreten, die berechtigte Zweifel an der dauerhaften Eignung des Arbeitnehmers hinsichtlich der Erfüllung des

c) The employment is conditioned on the Employee's physical fitness for the employment duties contemplated by the contract. In the individual case and without cost to the Employee, the Employee consents to being examined by an independent medical examiner appointed by the Employer, as far as the Employer has a justified interest in such an examination, legitimized by the purpose of this employment relationship. Such justified interest is particularly assumed if circumstances occur, that give rise to justifiable doubts as to the Employee's enduring fitness to fulfill the contractual duties. The Employee re-

vertraglichen Pflichten aufkommen lassen. Der Arbeitnehmer entbindet den Vertrauensarzt insoweit von der ärztlichen Schweigepflicht, als die Weitergabe von Informationen durch an den Arbeitgeber zur Beurteilung der Arbeitsfähigkeit des Arbeitnehmers notwendig ist. Es wird ausdrücklich darauf hingewiesen, dass der Arbeitnehmer im Hinblick auf solche Gesundheitsuntersuchungen hiermit seine Einwilligung zur Erhebung, Verarbeitung und Nutzung seiner personenbezogenen gemäß § 4 a BDSG erteilt.

leases the independent examining medical doctor from his/her medical confidentiality to the extent to which the disclosure of such information is necessary for assessing the Employee's capability to fulfill the employment duties. It is explicitly pointed out that the Employee herby grants his consent pursuant to § 4 a BDSG (German Data Protection Act) to the general ascertainment, processing and usage of the personal data in respect of such medical examinations.

d) Bestehen berechtigte Zweifel an der Arbeitsunfähigkeit des Arbeitnehmers infolge von Krankheit, hat sich dieser nach Aufforderung durch den Arbeitgeber durch einen Vertrauensarzt oder den Medizinischen Dienst der Krankenkasse (MDK) untersuchen zu lassen.

d) In case of occurrence of justifiable doubts concerning the Employee's disability to work based on illness, the Employee has to subject himself to an examination by an independent medical examiner or the medical service of health insurance (MDK) upon the Employer's request.

8. Verschwiegenheitspflicht, Umgang mit Gegenständen und Materialien des Arbeitgebers

8. Obligation of secrecy, handling of objects and materials of the Employer

a) Der Arbeitnehmer ist verpflichtet, Geschäfts- und Betriebsgeheimnisse sowie betriebliche Angelegenheiten vertraulicher Natur, die als solche vom Arbeitgeber gekennzeichnet oder bezeichnet worden oder offensichtlich als solche zu erkennen sind, geheim zu halten und ohne ausdrückliche Genehmigung des Arbeitgebers keinen anderen Personen zugänglich zu machen. Im Zweifel ist der Arbeitnehmer verpflichtet, eine Weisung der Geschäftsleitung einzuholen, ob eine bestimmte Tatsache als vertraulich zu behandeln ist.

a) The Employee is obliged to keep confidential all business and trade secrets and business matters of a confidential nature that have been indicated or designated as such by the Employer or that can be obviously recognized as confidential, and to refrain from allowing other persons to access these without the express permission of the Employer. In case of doubt, the Employee is obliged to obtain instructions from the management as to whether a specific matter is to be treated as confidential.

b) Alle dem Arbeitnehmer zu Arbeitszwecken überlassenen Unterlagen, Geschäftssachen, Pläne, Notizen, Werkzeuge, Materialien, Aufzeichnungen und technischen Geräte stehen im Eigentum des Arbeitgebers, dürfen an niemanden weitergegeben werden und sind jederzeit nach erfolgter Aufforderung oder nach Beendigung des Arbeitsverhältnisses unverzüglich an den Arbeitgeber zurückzugeben.

b) All documents, company objects, plans, notes, tools, materials, recordings, and technical equipment entrusted to the Employee for work-related purposes are property of the Employer, may not be transmitted to anyone, and must be returned immediately to the Employer at any time upon request or subsequent to the termination of the employment relationship.

9. Urlaub

Der Arbeitnehmer erhält nach einer Beschäftigungsdauer von sechs Monaten einen Erholungsurlaub von 24 Kalendertagen im Kalenderjahr. Der Urlaub ist in Abstimmung mit dem Vorgesetzten zu nehmen. Im Übrigen gelten die gesetzlichen Bestimmungen.

10. Nebentätigkeit und Geschenke

a) Jede entgeltlich oder unentgeltlich ausgeübte Nebentätigkeit bedarf der vorherigen Zustimmung des Arbeitgebers. Die Zustimmung ist zu erteilen, wenn die Nebentätigkeit den Arbeitnehmer in seiner Arbeit zeitlich nicht behindert oder sonstige berechtigte, insbesondere gesundheitliche Interessen entgegenstehen. Der Arbeitgeber hat die Entscheidung über den Antrag auf Zustimmung zur Nebentätigkeit innerhalb von zwei Wochen nach Eingang des Antrags zu treffen. Wird innerhalb dieser Frist eine Entscheidung nicht herbeigeführt, gilt die Zustimmung des Arbeitgebers als erteilt.

b) Geschenke oder sonstige Vergünstigungen von Dritten sind dem Arbeitgeber unverzüglich anzuzeigen und auf Verlangen herauszugeben.

11. Beendigung des Arbeitsverhältnisses, Altersgrenze, Freistellung

a) Das Arbeitsverhältnis endet ohne Kündigung mit Ablauf des Monats, in dem der Arbeitnehmer die Altersgrenze für eine Regelaltersrente in der gesetzlichen Rentenversicherung erreicht hat. Das Arbeitsverhältnis endet ebenfalls ohne Kündigung mit Ablauf des Monats, in welchem dem Arbeitnehmer der Bescheid eines Rentenversicherungsträgers über eine Rente auf Dauer wegen voller Erwerbsminderung zugeht. Die vorstehenden Sätze berühren nicht das Recht zur ordentlichen Kündigung.

b) Das Arbeitsverhältnis kann mit den sich aus § 622 Abs. 1 und 2 BGB ergebenden Fristen gekündigt werden. Die ersten drei Monate des Arbeitsverhältnisses gelten als Probezeit. Während dieser Zeit kann das Arbeitsverhältnis mit einer Frist von zwei Wochen

9. Vacation

Subsequent to an employment period of six months, the Employee is entitled to an annual leave of 24 calendar days. The leave must be taken in consultation with the superior staff member. In all other respects, the statutory provisions apply.

10. Secondary employment and gifts

a) The Employer's consent is required prior to the practice of any paid or unpaid secondary employment. The consent has to be granted if the secondary employment does not conflict with the Employee's working times or if no other legitimate interests, particularly in relation to health, are affected by it. The Employer has to decide about the requested grant of consent to the secondary employment no later than two weeks after receiving the Employee's request. If the Employer fails to decide within this term its consent is deemed to have been given.

b) Any gifts or other benefits awarded to the Employee by a third party have to be immediately reported to the Employer and handed over upon request.

11. Termination of the employment relationship, retirement age, exemption from work

a) The employment relationship ends without notice of termination upon expiry of the month the Employee attains the regular retirement age of the statutory pension insurance scheme. The employment relationship ends as well without notice of termination upon expiry of the month the Employee receives the notice of a pension insurance institute granting a permanent pension because of complete reduction in earning capacity. The right of termination with notice remains unaffected by the foregoing sentences.

b) The employment relationship may be terminated pursuant to the periods of notice set out in § 622 (1) and (2) BGB (German Civil Code). The first three months of the employment relationship are deemed a probationary period. The employment relationship may be

gekündigt werden (§ 622 Abs. 3 BGB). Das Recht zur fristlosen Kündigung bleibt unberührt. Eine fristlose Kündigung gilt im Falle ihrer Unwirksamkeit zugleich als fristgemäße Kündigung zum nächst zulässigen Termin.

terminated during this period by giving two weeks' notice (§ 622 (3) BGB). The right to terminate the contract without notice remains unaffected. A termination without notice that proves to be invalid is hereby deemed as a termination with notice as of the next permissible date.

c) Kündigt der Arbeitgeber das Arbeitsverhältnis mit dem Arbeitnehmer, ist er bei Bestehen schützenswerter Interessen befugt, den Arbeitnehmer unter vollständiger Fortzahlung seiner Bezüge und unter Anrechnung noch bestehender Urlaubsansprüche freizustellen. Als schützenswerte Interessen des Arbeitgebers gelten zB der begründete Verdacht des Verstoßes durch den Arbeitnehmer gegen die Verschwiegenheitspflicht, ansteckende Krankheiten oder der begründete Verdacht einer strafbaren Handlung.

c) If the Employer terminates the employment relationship with the Employee, the Employer is entitled, in case of the existence of interests warranting protection, to exempt the Employee from his employment duties connected with continued payment of his full wages, by taking into account any existing leave entitlements. Interests of the Employer warranting protection include e.g. the justified suspicion of a breach of the obligation of secrecy by the Employee, contagious diseases, or a justified suspicion of any criminal conduct.

12. Zugangsvereinbarungen, Einwilligung in Datenverarbeitung

a) Zugangsadresse aller vom Arbeitgeber verfassten Schreiben bildet der Arbeitsplatz des Arbeitnehmers und, wenn der Arbeitnehmer infolge Krankheit, Urlaub oder vergleichbarer Abwesenheitsgründe nicht an seinem Arbeitsplatz anzutreffen ist, die letzte vom Arbeitnehmer schriftlich der Personalabteilung mitgeteilte postalische Anschrift.

b) Der Arbeitnehmer erklärt sich damit einverstanden, dass seine personenbezogenen Daten automatisiert gespeichert und verarbeitet werden. Er bestätigt, dass er sich die anliegende Erklärung über das Datengeheimnis durchgelesen hat und die ebenfalls anliegende Verpflichtungserklärung nach § 5 BDSG unterzeichnen wird.

12. Access agreement, consent to data processing

a) The address for receiving all correspondence from the Employer is the work place of the Employee, and in cases the Employee cannot be reached there due to illness, holiday, or other comparable reasons for absence, the last postal address communicated by the Employee in written form to the personnel department.

b) The Employee hereby consents to the automatic recording and processing of his personal data. He declares that he has perused the enclosed explanation on data secrecy and that he will sign the attached obligation declaration as recommended by § 5 BDSG (German Data Protection Act).

13. Schriftform, Ausschlussfristen, Betriebsvereinbarungsöffnungsklausel

a) Die Parteien sind sich einig, dass keine über den Wortlaut dieses Vertrages hinausgehenden mündlichen Vereinbarungen getroffen wurden.

b) Ansprüche aus dem Arbeitsverhältnis verfallen, wenn sie nicht innerhalb einer Ausschlussfrist von sechs Monaten von dem Ar-

13. Written form, preclusive time limit, incorporation of shop agreements

a) The parties agree that no oral agreements going beyond the wording of this contract have been reached.

b) Any claims resulting from the employment relationship shall be forfeited if they have not been asserted in written form by the Em-

beitnehmer oder von dem Arbeitgeber schriftlich geltend gemacht wurden. Die Versäumung der Ausschlussfrist führt zum Verlust des Anspruchs. Die Ausschlussfrist beginnt, wenn der Anspruch entstanden ist und der Anspruchsteller von den anspruchsbegründenden Umständen Kenntnis erlangte oder ohne grobe Fahrlässigkeit hätte erlangen können. Die Ausschlussfrist gilt nicht bei Haftung wegen Vorsatzes und im Fall von Körper- und Personenschäden. Die Ausschlussfrist findet weiterhin keine Anwendung auf den Anteil der Vergütungsansprüche des Arbeitnehmers, welcher unter den Schutzbereich des Mindestlohngesetzes (MiLoG) fällt und nach § 3 MiLoG unverzichtbar ist.

c) Nebenabreden wurden nicht getroffen. Änderungen und Ergänzungen dieses Vertrages bedürfen zu ihrer Wirksamkeit der Schriftform.

d) Die Parteien sind sich darüber einig, dass gegenwärtige und spätere Betriebsvereinbarungen Regelungen aus diesem Vertrag oder andere einzelvertragliche Absprachen auch dann abändern oder beenden, wenn die vertragliche Regelung für den Arbeitnehmer günstiger ist.

e) Verbindlich ist nur die deutschsprachige Fassung des Vertrages; die englische Fassung dient ausschließlich Informationszwecken.

ployee or the Employer within the preclusive time limit of six months. Failure to act within the preclusive period results in the loss of the claim. The preclusive time limit begins to run when the claim arises and the claimant has obtained knowledge of the circumstances giving rise to the claim or, absent gross negligence, could have obtained such knowledge. The preclusive time limit does not apply in cases of liability based on acts of intention and in cases of personal injury. The preclusive time limit furthermore does not apply to the share of the Employee's salary claims, that fall within the scope of protection of the Minimum Wage Act (MiLoG) and that are mandatory according to § 3 MiLoG.

c) No subsidiary agreements have been reached. Alterations and supplements to this contract can only be effective in written form.

d) The parties agree that the provisions of actual and future shop agreements will amend or cancel provisions of this contract or of other individual contractual arrangements, even if the contractual provision is more favourable to the Employee.

e) Only the German version of this contract shall be binding; the English version only serves informational purposes.

4. Muster: Auslandsentsendevertrag

4431 **Entsendungsvertrag**

zwischen

(...) („Arbeitgeber“)

und

(...) („Arbeitnehmer“)

Präambel:

Der Arbeitnehmer wird auf der Grundlage des Arbeitsvertrages vom (...) vorübergehend zur Niederlassung des Arbeitgebers im Staat (...) entsandt.

Hierzu schließen die Parteien folgenden Vertrag:

1. Beginn und Dauer des Arbeitsverhältnisses, Position

a) Der Arbeitnehmer wird mit Wirkung vom (...) zu der Niederlassung (...) („Niederlassung“) entsandt. Er wird als (...) beschäftigt. Seine Position ist auf der Führungsebene (...) angesiedelt. Er ist direkt (...) unterstellt.

b) Die Entsendung endet am (...). Eine Verlängerung soll (...) Monate vor dem Ende der Entsendung vereinbart werden.

c) Für die Dauer der Entsendung werden die Pflichten aus dem bisherigen Arbeitsvertrag nach Maßgabe dieses Vertrages geändert und ergänzt. Für den Fall, dass es die Bestimmungen des Gastlandes erfordern, erklärt der Arbeitnehmer sein Einverständnis, im Einvernehmen mit der Niederlassung einen Arbeitsvertrag mit (...) zu schließen. Ein solches Arbeitsverhältnis ist auf den Zeitraum der Entsendung zu befristen.

2. Grundvergütung

a) Unter Berücksichtigung der bisherigen Grundvergütung und der vom Arbeitnehmer künftig wahrzunehmenden Position erhält er ein Jahresgehalt in Höhe von (...) € brutto (Grundgehalt inklusive Auslandszulage).

b) Die Höhe des auszuzahlenden Nettoentgelts wird vom persönlichen Steuersatz und den vom Arbeitnehmer zu entrichtenden Sozialabgaben bestimmt.

Secondment Agreement

between

(...) ("Employer")

and

(...) ("Employee")

Preamble:

The Employee shall be temporarily seconded to the Employer's branch in the country (...). The employment agreement dated (...) shall continue to form the foundation of employment.

Therefore the parties conclude the following agreement:

1. Commencement and term of the employment relationship, position

a) Effective as of (...) the Employee shall be seconded to the branch (...) ("Branch"). He shall be employed as (...). His position shall be at executive level (...). He shall report to (...) directly.

b) The secondment ends on (...). The parties agree that any extension shall be agreed (...) months prior to the contractual end.

c) For the duration of this secondment, the Employee's contractual obligations pursuant to his present employment relationship shall be modified and extended by the terms of this contract. If required by the laws of the host country, the Employee hereby consents in mutual agreement with the Branch to enter into an employment contract with (...). This employment relationship shall be limited for the term of the secondment.

2. Basic remuneration

a) Taking into account the current base remuneration and the Employee's future position, he shall receive an annual salary of € (...) gross (base salary including expatriation allowance).

b) The net income to be paid to the Employee will depend on the personal tax assessment rate and the social security contributions payable by him.

c) Zum Ausgleich steuerbedingter Verluste, die durch die Entsendung bedingt sind, erhält der Arbeitnehmer, bezogen auf Bruttoentgelt und Sonderzahlungen, einen Steuerdifferenzausgleich. Diese Ausgleichszahlung wird nur während der Entsendung gezahlt.

c) As compensation for any loss due to a tax liability increase caused by the secondment, the Employee shall receive a tax-differential compensation calculated on gross income plus any special payments. This compensation shall only be paid during the term of the secondment.

d) Die Kalkulation des Nettoeinkommens für die Zeit der Entsendung wird durch den Steuer- und Sozialversicherungsrechtsstatus des Arbeitnehmers in Deutschland bestimmt und dementsprechend laufend angepasst.

d) The assessment of the Employee's net income for the term of the secondment shall be calculated based on the status pursuant to tax and social security law in Germany and shall be continuously adjusted.

e) Im Vergleich zu Deutschland beträgt der Unterschied im Lebenshaltungskostenindex des Gastlands (...) %. Daher wird die Grundvergütung (ohne Bonus) angepasst. Derzeit beträgt der jährliche Lebenshaltungskostenzuschuss (...) € (netto). Der Lebenshaltungskostenindex wird halbjährig angepasst, wobei die Anpassungen bei der Entgeltabrechnung rückwirkend zum 1. April und 1. Oktober eines jeden Jahres erfolgen.

e) The difference of the cost of living index of the host country is (...) % compared to Germany. The Employee's basic salary (without bonus) shall therefore be adjusted. The annual cost of living allowance amounts currently to € (...) (net). The cost of living index shall be adjusted every six months. Any adjustments shall be effective with retroactive effect to the payroll at 1 April and 1 October of each year.

f) Zusätzlich erhält der Arbeitnehmer einen Auslandszuschlag in Höhe von (...) € brutto, dessen Höhe alle zwei Jahre überprüft wird.

f) In addition, the Employee shall receive an expatriation allowance of € (...) gross, which shall be reviewed every two years.

g) Der Arbeitnehmer nimmt an dem Bonussystem des Arbeitgebers teil, das in dem jeweiligen Gastland für Arbeitnehmer vergleichbarer Hieararchiestufe gilt.

g) The Employee shall take part in the Employer's bonus system as applicable in the respective host country for employees of the same hierachy level.

h) Sowohl das Grundgehalt als auch der Bonusanspruch in Deutschland bleiben für die Dauer der Entsendung unberührt. Beide werden anlässlich einer Vertragsanpassung oder des sich an die Entsendung anschließenden Arbeitseinsatzes überprüft.

h) Both the base salary and the bonus entitlement in Germany shall remain unaffected for the term of the secondment. Both shall be reviewed in the event of a contractual modification or on account of the work being performed subsequent to this secondment.

3. Steuern

3. Taxes

a) Die Einkommensbesteuerung hängt von gegebenenfalls bestehenden Doppelbesteuerungsabkommen sowie dem Einkommensteuerrecht im Einsatzland und in Deutschland ab.

a) The assessment of income tax will depend on double taxation conventions, if any, and the income tax laws in the host country and in Germany.

b) Während der Entsendung gewährleistet der Arbeitgeber, dass die Einkommensteuer und Sozialabgaben nicht höher sind als bei vergleichbarer Situation in Deutschland. Dementsprechend wird der Arbeitgeber den Arbeitnehmer in steuer- und sozialversiche-

b) During the secondment the Employer ensures that the Employee's income tax liability and his social security obligations are not higher than in comparable circumstances in Germany. Accordingly, for the purposes of tax law and social security law, the Employer

rungsrechtlicher Hinsicht so stellen, als ob er in Deutschland beschäftigt wäre, indem er hypothetische Steuer- und Sozialversicherungssätze anwendet und dem Arbeitnehmer einen Nettoausgleich zahlt.

shall treat the Employee as having remained in Germany by applying hypothetical tax and social security laws and by paying him a net compensation.

c) Die Berechnung der hypothetischen Abgaben hängt von den jeweils aktuellen persönlichen Verhältnissen ab. Der Arbeitnehmer hat den Arbeitgeber unverzüglich von Veränderungen dieser persönlichen Verhältnisse in Kenntnis zu setzen; die Auswirkungen dieser Veränderungen fließen in eine Neuberechnung der Vergütung ein. Änderungen der deutschen Steuer- und Sozialversicherungsgesetze werden ebenfalls eine Anpassung der Berechnungen zur Folge haben.

c) The assessment of the hypothetical deductions shall depend on the Employee's actual personal circumstances. The Employee shall be obliged to inform the Employer without undue delay of any changes to his personal circumstances; these changes will result in a new calculation of the remuneration. Any changes to the tax and social security laws in Germany shall give rise to revised calculations as well.

d) Während der Entsendung übernimmt der Arbeitgeber die Zahlungen der auf das Arbeitsentgelt sowie Bonuszahlungen, zusätzliche Vergütungszahlungen und Gefälligkeitsleistungen anfallenden Einkommensteuer im Gastland. Der Arbeitgeber erhält im Gegenzug Rückerstattungen oder Nachlässe auf Steuern im Zusammenhang mit der Steuererklärung im Gastland. Steuern, die aufgrund von Einkünften anfallen, die nicht im Zusammenhang mit der Entsendung stehen, unterliegen weiterhin der alleinigen Verantwortung des Arbeitnehmers.

d) During the secondment the Employer shall bear any income tax due in the host country on the Employee's remuneration and bonus awards, additional remuneration payments and gratuitous payments. The Employer shall be entitled to receive any tax reimbursements or tax abatements in conjunction with the tax return made in the host country. The Employee remains personally responsible for any taxes due on income that does not originate from the secondment.

e) Der Arbeitnehmer übernimmt die Verantwortung für die korrekte Besteuerung seiner Vergütung im Gastland, insbesondere für die rechtzeitige Abgabe von Steuererklärungen. Der Arbeitgeber erstattet die Kosten eines Steuerberaters im Rahmen des bestehenden Rahmenvertrages mit der Steuerberatung (...). Der Arbeitnehmer ist verpflichtet, alle Anforderungen hinsichtlich Steuererklärungen zu erfüllen sowie alle benötigten Steuerinformationen und -dokumente nach den Hinweisen des Steuerberaters bereitzustellen. Falls der Arbeitnehmer mit einer Steuererklärung in Verzug gerät, haftet er für alle daraus entstehenden Folgen, insbesondere für Säumnisgebühren und Strafen.

e) The Employee shall be responsible for properly fulfilling the requirements for the tax assessment of his remuneration in the host country, especially the filing of the tax declaration. The Employer shall refund the expenses for a tax advisor within the scope of the existing framework agreement with the tax firm (...). The Employee shall be obliged to comply with all requirements concerning the filing of the income tax declaration and to provide all necessary tax information and documentation as per the accountant's instructions. He shall be liable for any penalties resulting from a delay in filing tax declarations, especially for late charges and penalties.

4. Sozialversicherung

a) Die Sozialversicherungspflicht im Gastland richtet sich (Nichtzutreffendes streichen):

- nach der europäischen Sozialversicherungsverordnung
- nach dem bilateralen Sozialversicherungsabkommen mit dem Gastland
- nach den deutschen Vorschriften über die Ausstrahlung der Sozialversicherungspflicht, § 4 SGB IV.

Der Arbeitgeber gewährleistet die Mitgliedschaft in der deutschen Sozialversicherung, solange dies möglich und aus wirtschaftlicher Sicht sinnvoll ist.

b) Der Arbeitgeber übernimmt die Kosten einer Auslandskrankenversicherung mit Rückholschutz unter dem bestehenden Gruppentarif. Sollten Familienmitglieder in Deutschland bleiben, übernimmt der Arbeitgeber hierfür keinen Versicherungsbeitrag; der Arbeitnehmer wird insoweit auf eigene Kosten vorsorgen. Falls der Arbeitnehmer im Gastland längere Zeit erkranken sollte, zahlt der Arbeitgeber die regelmäßige Vergütung für eine Dauer von drei Monaten fort.

c) Der Arbeitgeber übernimmt die Kosten einer jährlichen Gesundheitskontrolluntersuchung bis zu einem Betrag von (...) € brutto, sofern kein entsprechender Anspruch gegen die Krankenversicherung besteht. Die Erstattung erfolgt nur gegen Nachweis.

d) Der Arbeitgeber veranlasst die Aufnahme des Arbeitnehmers in die bestehende Gruppen-Risikoversicherung.

Im Todesfall beträgt die Versicherungssumme die doppelte aktuelle jährliche Grundvergütung bis zu einer Grenze von (...) € und im Falle permanenter Invalidität die vierfache aktuelle jährliche Grundvergütung bis zu einer Grenze von (...) €.

Im Falle einer teilweisen Invalidität wird eine Abschlagszahlung gemäß der Leistungsordnung der Versicherung geleistet. Die Deckung der Versicherung erfolgt abhängig von den jeweils geltenden Bestimmungen und Be-

4. Social security

a) The social security obligation in the host country complies with (delete non-applicable):

- the European Regulation on Social Security
- the bilateral treaty on social security existing with the host country
- the German provisions on social security systems, § 4 SGB IV (German Social Security Code, Book IV).

The Employer guarantees to maintain membership in German social security systems, as long as this is feasible and economically viable.

b) The Employer obtains an international medical insurance including repatriation services according to the existing group scheme. The Employer shall not pay any insurance rates if family members remain in Germany, the Employee shall provide for insurance cover on his own costs. Should the Employee become ill in the host country for a longer period of time, the Employer shall continue to pay the regular salary for three months.

c) The Employer shall bear the costs of an annual health examination up to a limit of € (...) gross, if the Employee is not eligible for such an examination under his respective insurance policy. Reimbursement shall be made against receipt only.

d) The Employer arranges for admittance of the Employee in the existing group-risk insurance.

In the event of death, the insured amount shall be equivalent to twice the current annual base remuneration up to a maximum of € (...) and in the case of permanent disability four times the current annual base remuneration up to a maximum of € (...).

In the event of a partial disablement, a partial payment shall be made in accordance with the insurance policy. Insurance coverage shall be provided in compliance with the provisions and the terms and conditions of the rele-

dingungen der aktuellen (...)-Versicherungspolice.

e) Der Arbeitgeber veranlasst ferner die Aufnahme der den Arbeitnehmer begleitenden Familienmitglieder in die Gruppen-Risikoversicherung. Die Höhe der Versicherungssumme beträgt (...) € im Todesfall und (...) € im Invaliditätsfall.

f) Für die Dauer der Entsendung übernimmt der Arbeitgeber ferner die Kosten für ein zusätzliches Versicherungspaket, das die persönliche Haftung und eine Hausratversicherung im Gastland umfasst.

g) Sämtliche Zusagen dieses Abschnitts betreffend Versicherungen stehen unter dem Vorbehalt, dass die Deckungszusage für den Arbeitnehmer nicht wegen in seiner Person liegenden Gründen abgelehnt wird. Sämtliche Rechte auf Versicherungsleistungen richten sich ausschließlich nach den jeweiligen Versicherungsverträgen, die der Arbeitnehmer jederzeit einsehen kann. Kommt es nicht zur Deckungszusage, ist die Haftung des Arbeitgebers auf die eingesparten Beiträge beschränkt; dies gilt nicht im Fall von Vorsatz oder grober Fahrlässigkeit.

5. Urlaub, Arbeitszeiten und gesetzliche Feiertage

a) Während der Entsendung gelten die gesetzlichen Feiertagen und die Arbeitszeiten des Betriebes im Gastland.

b) Der jährliche Urlaub richtet sich nach den Urlaubsregelungen des Gastlandes. Der Arbeitnehmer erhält jedoch mindestens Urlaub im bisherigen Umfang. Die Inanspruchnahme der Urlaubstage hat in Abstimmung mit dem Vorgesetzten des Arbeitnehmers zu erfolgen; insbesondere gilt dies für Urlaubszeit, die über den gewöhnlichen Anspruch hinausgeht. Zusätzlich stehen dem Arbeitnehmer (...) Reisetage zur Verfügung.

c) Mit vorheriger Zustimmung kann ungenutzter Urlaub am Ende der Entsendung im Gastland genommen werden. Eine Auszahlung von Urlaub erfolgt nicht.

vant (...) insurance policy, as amended from time to time.

e) The Employer shall as well provide the Employee with all-in accident insurance coverage for his family members accompanying him. The insured amount shall be € (...) in the event of death and € (...) in the event of disablement.

f) For the duration of the secondment the Employer shall as well provide an additional insurance package, which includes personal liability and household-contents coverage in the host country.

g) All commitments set forth in this section regarding insurance cover are subject to the condition that the confirmation of cover is not rejected because of reasons related to the Employee individually. All titles to insurance benefits are subject to the insurance policies in force, which the Employee may always inspect. If no confirmation of cover is obtained the liability of the Employer shall be limited to the amount of contributions saved; this does not apply in case of intention or gross negligence.

5. Vacation, working hours and public holidays

a) During the secondment public holidays and the working time shall be regulated in accordance with the local laws and customs of the host country.

b) The annual vacation entitlement shall be determined in accordance with the vacation regulations of the host country. The Employee shall be entitled to at least vacation in the previous amount. Vacation shall only be taken in coordination with the Employee's superior; this applies in particular to vacation time in excess of the customary entitlement. In addition the Employee shall be entitled to (...) travelling days.

c) If prior approval is obtained, unused vacation may be taken at the end of the secondment in the host country. Untaken vacation shall not be compensated.

6. Umzug und Eingewöhnung

a) Entsprechend der Reiseordnung des Arbeitgebers werden die Umzugs- und Reisekosten des Arbeitnehmers und seiner Familie bei Beginn und Ende der Entsendung gegen Vorlage von Belegen erstattet. Sollte der Arbeitnehmer bei Ende der Entsendung nicht sofort nach Deutschland zurückkehren, werden die Kosten für den Heimatumzug nur übernommen, wenn dieser innerhalb von sechs Monaten nach dem Ende der Entsendung erfolgt.

b) Zusätzlich hat der Arbeitnehmer Anspruch auf eine pauschale Umzugskostenvergütung in Höhe von (...) € netto (bzw die entsprechende Höhe in der Währung des Aufenthaltslandes); die Pauschale ist im jeweiligen Umzugsmonat fällig.

7. Miete/Hausanschaffungskosten

a) Anfallende Mietkosten/zeitanteilige Anschaffungskosten im Gastland werden dem Arbeitnehmer erstattet. Der Umzugsmanager (...) wird in Abstimmung mit dem Leiter der Niederlassung im Gastland eine angemessene Obergrenze der Mietkosten festsetzen.

b) Da der Arbeitnehmer seinen Wohnsitz in Deutschland behält, braucht er sich nicht an den Wohnkosten im Gastland zu beteiligen. Diese Regelung gilt nur für den Fall, dass der Heimatwohnsitz weder vermietet noch verkauft noch von anderen Personen als dem Arbeitnehmer, seinem Ehepartner oder seinen unterhaltsberechtigten Kindern genutzt wird.

c) Dieser Erlass eines finanziellen Beitrages an den Wohnkosten gilt für eine Höchstdauer von drei Jahren. Danach muss der Arbeitnehmer sich mit (...) % seines jährlichen Bruttogrundgehalts (siehe beiliegende Gehaltsberechnung) an den Mietkosten beteiligen; diese Beteiligung beträgt höchstens (...) € (netto) im Jahr.

8. Schulische Ausbildung der Kinder

a) Anfallende Kosten für eine vergleichbare Schulausbildung der Kinder des Arbeitnehmers im Gastland werden bis maximal zum Erreichen der allgemeinen Hochschulreife

6. Moving and Relocation

a) At the begin and end of the secondment the Employee's relocation costs and costs of transport for his family shall be reimbursed upon presentation of receipts in accordance with the Employer's policies. Should the Employee not return to Germany immediately after the secondment, the costs for the home relocation shall only be reimbursed if effected no later than six months following the end of the secondment.

b) In addition the Employee shall be entitled to a lump sum moving allowance in the net amount of € (...) (or the equivalent amount in the host country's currency), due in the respective months of moving.

7. Rent/house acquisition costs

a) The Employee shall be reimbursed rent expenses/acquisition costs on a pro rata temporis basis incurred in the host country. The relocation manager (...) shall arrange in agreement with the head of the Branch in the host country on an appropriate upper limit for rent expenses.

b) Since the Employee's home country remains his domicile, he is not obliged to contribute to the residency costs in the host country. This rule only applies if his home residence is neither let nor sold nor is it being used by any person other than himself, his spouse or his dependent children.

c) This release from any financial contribution for housing shall be awarded for a maximum period of three years. Thereafter the employee shall contribute to the rent expenses amounting to (...) % of his annual gross base salary (see attached salary calculation), up to a maximum amount € (...) (net) per year.

8. Children's schooling

a) Costs for a comparable schooling of the Employee's children in the host country shall be reimbursed upon presentation of receipts until the attainment of a general qualificati-

oder einer äquivalenten Reifeprüfung gegen Vorlage von Belegen erstattet.

b) Dasselbe gilt für Gebühren von Vorschulen oder Kindergärten, die über den Kosten einer vergleichbaren Institution in Deutschland liegen können.

on for university entrance or an equivalent school-leaving examination.

b) The same applies to fees for preschools or nursery schools/kinder gardens in excess of the costs of a comparable institution in Germany.

9. Unterstützung des Ehepartners

a) Ein den Arbeitnehmer begleitender Ehepartner/Lebensgefährte wird in Abhängigkeit der Möglichkeiten und individuellen Bedürfnisse dabei unterstützt, im Gastland eine berufliche Karriere zu entwickeln oder eine geeignete Arbeitsstelle zu finden.

b) Für den Fall, dass der Ehepartner/Lebensgefährte keine Arbeitsstelle antritt, hat er Anspruch auf ein jährliches Budget von höchstens (...) € netto, das für Beiträge zur Auslandskrankenversicherung und Aufbau einer Altersversorgung genutzt werden soll. Solche Ausgaben werden gegen Vorlage von Belegen bis zur Höchstgrenze des oben genannten Budgets erstattet.

c) Zusätzlich können mit diesem Budget anstehende Kosten der doppelten Haushaltsführung gedeckt werden.

9. Assistance of spouse

a) The Employee's accompanying spouse shall be assisted in starting a professional career or in finding a suitable job in the host country, depending on the possibilities and the individual needs.

b) If the spouse does not commence any gainful employmenet, he/she shall be entitled to an annual net budget of maximum € (...) that should be used to make contributions to a foreign-country health insurance policy and to a pension fund. Such expenditures shall be reimbursed, upon presentation of receipts, up to the maximum amount of the aforementioned budget.

c) This budget may also be used to cover the costs incurred for maintaining two households.

10. Dienstwagen

Die Niederlassung stellt dem Arbeitnehmer einen den örtlichen Gepflogenheiten entsprechenden Dienstwagen zur Verfügung, dessen Gebrauch lokalen Bestimmungen unterliegt. Die Niederlassung trägt die im Gastland anfallenden Steuern.

10. Company car

The Branch shall provide the Employee with a company car in accordance with local customs which use shall be governed by local laws. The Branch shall pay the taxes due in the host country.

11. Geschäftsreisen

Während der Entsendung gilt für Geschäftsreisen die Reiseordnung des Arbeitgebers in der für das Gastland maßgeblichen Form.

11. Business trips

During the secondment, the travel policy of the Employer shall apply as adopted in the host country.

12. Familienheimfahrt

a) Pro Vertragsjahr und pro direktes Familienmitglied hat der Arbeitnehmer Anspruch auf zwei Business Class-Flüge (Festpreis max. (...) € pro Flug) nach Deutschland. Zusätzlich hat er einen Aufwandsentschädigungsanspruch in Höhe von max. (...) € für Kosten, die während der Familienheimfahrt im Zusammenhang mit dem Nutzen von Mietau-

12. Family trips home

a) The Employee shall be entitled to two paid Business Class flights (the price of one flight is fixed at max. € (...)) to Germany per contractual year and per direct family member. He is also entitled to expense reimbursement in the amount of max. € (...) for costs incurred for rental cars, taxis, etc. during family trips home. Expenses will be reimbursed

tos, Taxen etc. auftreten. Aufwendungen werden gegen Vorlage von Belegen bis zur Höhe dieses Nettobetrages erstattet.

up to this net amount upon presentation of receipts.

b) Dieses Budget kann ebenfalls für Flüge zu besonderen Preisangeboten genutzt werden. Es muss in den laufenden Vertragsjahren genutzt werden, kann nicht ganz oder teilweise auf das nächste Vertragsjahr übertragen werden; nicht genutzte Beträge können dem Arbeitnehmer nicht ausgezahlt werden.

b) This budget may also be used for flights at special rates. It has to be used in the ongoing contractual year and may not be carried over neither in whole nor in part to the next contractual year; unused amounts shall not be paid out to the Employee.

13. Notfälle

13. Emergencies

a) Im Notfall, wie zB der ernsthaften Erkrankung des Arbeitnehmers, seines Ehegatten/ Lebensgefährten oder seiner Kinder, übernimmt der Arbeitgeber die Kosten des Transports des jeweiligen Patienten und, wenn nötig, auch einer weiteren Person, nach Deutschland oder an einen anderen Ort, an dem die gleichen medizinischen Standards gewährleistet sind, falls im Gastland keine angemessene medizinische Behandlung möglich ist. Die Übernahme erfolgt nur gegen Abtretung etwaiger Versicherungsansprüche.

a) In case of an emergency, e.g. the serious illness of the Employee or of his spouse or his children, the Employer assumes the transportation costs of the respective patient and, if required, of another person, to Germany or to another place that guarantees the same medical standards, if adequate medical treatment is not possible in the host country. The costs shall only be assumed in return for the cession of potential charges against the insurance.

b) Eine ärztliche Bescheinigung ist erforderlich, um die Notwendigkeit und Transportfähigkeit zu bestätigen. Der Transport muss im Vorhinein mit der Niederlassung im Gastland abgesprochen werden.

b) A confirmation of a medical doctor shall be required in order to proove necessity and transportability. The transportation shall be arranged in advance with the Branch in the host country.

c) Im Falle des Todes oder einer lebensbedrohlichen Erkrankung der Eltern des Arbeitnehmers oder derer seines Ehegatten/ Lebensgefährten kommt der Arbeitgeber für die Flugkosten der im Gastland wohnenden Familie auf. Details müssen im Vorhinein mit der Niederlassung im Gastland geklärt werden.

c) In the event of the death or a life-threatening illness of the Employee's parents or those of his partner, the Employer shall assume the flight costs of the family residing in the host country. Details shall be clarified in advance with the Branch in the host country.

14. Wiedereingliederung

14. Re-Entry

a) Mit Ablauf der Entsendung oder im Falle einer vorzeitigen Beendigung der Entsendung (Ziff. 15) lebt der ursprüngliche Arbeitsvertrag vom (...) in vollem Umfang wieder auf.

a) Following the termination of the secondment or if the Employee is recalled prematurely (Sec. 15), the suspended employment contract dated (...) shall regain full effect.

b) Der Arbeitgeber wird dem Arbeitnehmer eine Stelle anbieten, die seiner während der Entsendung erworbenen zusätzlichen Erfahrung Rechnung trägt. Die Integration im Heimatbetrieb wird, wenn möglich, mit hoher Priorität verfolgt. Falls die angestrebte

b) The Employer shall offer the Employee a position that accords with the additional experience gained through the secondment. His integration in the home country shall be pursued, where possible, with high priority. If the position desired by him is not available

Position nicht sofort verfügbar ist, erhält der Arbeitnehmer alternative Arbeitsangebote innerhalb der (...), die sowohl mit den Karrierezielen des Arbeitnehmers und seiner bisherigen Arbeitsausübung als auch mit den Geschäftsbedürfnissen der (...) abgestimmt sind. Dasselbe gilt, wenn die Entsendung vorzeitig beendet wird (Ziff. 15).

immediately, the Employee shall receive alternative job offers within the (...) that accord not only with his career goals and the work performed by him up to that point but also with the business needs of the (...). The same applies if the secondment is prematurely terminated (Sec. 15).

c) Nach Ende der Entsendung wird die Vergütung des Arbeitnehmers neu festgelegt. Die Vergütung soll im Verhältnis zur neuen Position stehen, sie darf die vorherige Inlandsvergütung nicht unterschreiten. Spätestens ab Fälligkeit der neuen Vergütung werden sämtliche Begünstigungen, die im Zusammenhang mit der Entsendung stehen, eingestellt.

c) After termination of the secondment the Employee's salary shall be agreed anew. The salary shall be commensurate with the new position and shall not be less than the salary previously earned at home. All benefits relating to the secondment shall be suspended from the due date of the new salary, at the latest.

15. Frühzeitige Beendigung

a) Der Arbeitgeber behält sich vor, die Entsendung vorzeitig zu beenden oder den Arbeitnehmer zwischenzeitig aus dem Gastland abzuberufen, soweit der Rückruf aufgrund äußerer Umstände geboten oder aufgrund unternehmensinterner Gründe erforderlich ist. Soweit nicht besondere Dringlichkeit vorliegt, ist eine Ankündigungsfrist von mindestens zwölf Wochen einzuhalten.

Als unternehmensinterne Gründe gelten insbesondere:

- Schließung der Niederlassung im Gastland,
- längerfristige Erkrankung, die die Dauer von zwölf Wochen überschreitet,
- Wegfall von Aufenthalts- oder Arbeitserlaubnis im Gastland,
- begründete Rückrufaufforderung der Geschäftsleitung im Gastland,
- wiederholte abmahnungsfähige Vertragsverletzungen oder erhebliche Kundenbeschwerden im Gastland,
- staatsanwaltliche Ermittlungen oder strafrechtliche Verurteilungen im Gastland.

b) Falls der Arbeitnehmer während der Entsendung ernstlich dauerhaft erkrankt, kann

15. Premature termination

a) The Employer retains the right to abortively terminate the secondment or prematurely recall the Employee from the host country if this is necessary due to outside circumstances or based on internal company reasons. Absent any particular urgency, the Employer shall provide at least twelve weeks' notice thereof.

Internal company reasons are in particular:

- shut down of the branch in the host country,
- long term illness in excess of twelve weeks,
- cancellation of the residence or work permit in the host country,
- justified recall requests made by the management in the host country,
- repeated complaints from customers in the host territory that are of a serious nature or that justify a formal warning notice,
- investigations by the public prosecutor, or criminal law based sentencing in the host country.

b) Should the Employee suffer a serious illness of a permanent nature during his se-

der Arbeitgeber ihn nach Deutschland zurückrufen.

condment, the Employer may recall him to Germany.

c) Dasselbe gilt, falls er sein Amt während der Vertragslaufzeit niederlegt, es sei denn, eine solche unverzügliche Niederlegung ist nach deutschem Recht durch ein vertragswidriges Verhalten seitens des Arbeitgebers gerechtfertigt.

c) The same applies if he revokes his office during the contractual term, unless the revocation made without undue delay is justifiable under German law based on a contractual breach on the part of the Employer.

d) Der Arbeitgeber übernimmt die Kosten des Heimatumzugs auch dann, wenn die Entsendung frühzeitig beendet wird oder der Arbeitnehmer vor Ende der Entsendung in den Ruhestand geht.

d) If the Employer prematurely terminates the foreign posting or the Employee retires prior to the end of the contractual term, the Employer will generally assume the costs of moving back to the home country.

Dies gilt nicht, falls der Arbeitnehmer während der Entsendung selbst aus wichtigem Grund kündigt, sein Amt niederlegt oder aus in seinem Verhalten liegenden Gründen aus wichtigem Grund gekündigt wird. In diesem Fall liegt die Frage einer Unterstützung im Ermessen des Arbeitgebers.

This shall not apply if the Employee during the secondment gives notice of termination for important cause, he renounces his office or has been dismissed for just cause. In such a case, the issue of financial support shall be at the discretion of the Employer.

e) Abfindungszahlungen gemäß den Gesetzen, Regelungen oder Praktiken des Gastlandes werden mit Ansprüchen, die dem Arbeitnehmer aufgrund der Beendigung der Entsendung in Deutschland entstehen, verrechnet.

e) Dismissal/settlement payments made pursuant to the laws or practices in the host country shall be set off against the claims to which the Employee is entitled in Germany arising from the termination of his foreign posting.

16. Gesetzliche Vorschriften

Der Arbeitnehmer verpflichtet sich, die Gesetze und rechtlichen Vorschriften, die an der Arbeitsstelle, in der Niederlassung oder allgemein im Gastland gelten, einzuhalten.

16. Compliance with laws

The Employee shall be obliged to comply with the laws and legal regulations in force at the location of his workplace, at the Branch or at the host country in general.

17. Interessenkonflikt

Der Arbeitgeber wird Situationen vermeiden, die Anlass zu Interessenkonflikten und/oder Insidergeschäften oder Ähnlichem geben. Der Arbeitnehmer wird alle relevanten Anweisungen des Arbeitgebers betreffend Interessenkonflikte und Insidergeschäfte befolgen. Jede Missachtung von Regelungen, ob ausdrücklich oder sinngemäß, kann eine unverzügliche Kündigung zur Folge haben.

17. Conflicts of interest

The Employer endeavours to avoid situations that could give rise to conflicts of interest and/or insider transactions or other similar issues. The Employee shall comply with all relevant instructions on conflicts of interest and insider trading imposed by the Employer. Disregarding any such rules, whether explicitly or analogously, may result in an immediate dismissal.

18. Zusätzliche Tätigkeiten und Zuwendungen

a) Der Arbeitnehmer verpflichtet sich, sein ganzes Wissen und Können in die Dienste

18. Secondary employments and gifts

a) The Employee shall be obliged to devote his full working capacity to the Employer.

des Arbeitgebers zu stellen. Bevor der Arbeitnehmer zusätzliche berufliche Tätigkeiten oder Nebentätigkeiten außerhalb des Arbeitgebers oder der Niederlassung übernimmt, hat er den Arbeitgeber von diesem Wunsch in Kenntnis zu setzen. Der Arbeitgeber hat solchen zusätzlichen Tätigkeiten im Vorhinein zustimmen, er darf diese Zustimmung nicht unbillig verweigern.

The Employee shall inform the Employer in advance of the intention to take on an additional business or any secondary professional activity outside of the Employer or the Branch. The Employer shall give advance approval to such secondary occupation, and he shall not deny the approval unreasonably.

b) Der Arbeitnehmer hat der Niederlassung alle Gegenleistungen, die er für seine Tätigkeiten in anderen Unternehmen oder Vereinen und/oder Institutionen erhält, wie auch Gegenleistungen für zusätzliche Dienste, die er für diese Institutionen und/oder deren Gliederungen leistet, an den Arbeitgeber abzutreten.

b) All payments made to the Employee in exchange for work performed by him in other companies and/or institutions, for any work performed by him for these companies and/or institutions, and for additional services performed for these companies and/or their subsidiaries must be surrendered by him to the Employer.

c) Zuwendungen darf der Arbeitnehmer nur annehmen, wenn gewährleistet ist, dass diese keinen Interessenkonflikt auslösen. Eine jede Zuwendung gebührt dem Arbeitgeber und muss ihm mitgeteilt und physisch übergeben werden. Im Zweifelsfall hat der Arbeitnehmer die Einwilligung seines Vorgesetzten einzuholen.

c) Gifts may only be accepted if it is certain that the acceptance does not cause a conflict of interest. Each and every gift belongs to the Employer shall be reported and physically handed over to him. If the Employee is uncertain he shall arrange for the approval of his superior.

19. Vertraulichkeit

Die Vertragsparteien verpflichten sich, die Inhalte dieses Vertrages Dritten gegenüber vertraulich zu behandeln.

19. Confidentiality

The parties shall be obliged to keep the contents of this contract confidential vis a vis third parties.

20. Einreisebestimmungen

Der Arbeitnehmer wird unverzüglich die behördlichen Genehmigungen zur Einreise und Arbeitsaufnahme im Gastland beantragen. Ferner wird der Arbeitnehmer durch seinen Hausarzt auf die mit einem Auslandseinsatz verbundenen Belastungen untersucht, um die Unbedenklichkeit des Auslandseinsatzes zu bestätigen. Notwendige Zeiten für Behördengänge und Arztbesuche werden als Arbeitszeit bezahlt. Gleiches gilt für die Kosten der ärztlichen Untersuchung, sowie für ggf notwendige Schutzimpfungen.

20. Immigration Rules

The Employee shall immediately request the official immigration and working permit for the host country. The Employee shall further be examined by his general practitioner in regard to the exposures related to the secondment to approve its innocuousness. Time needed for visiting the authorities or the doctors shall be paid as working time. The same applies to the costs of the medical examinations or immunisations, if any.

Sollte der Arbeitnehmer aufgrund fehlender behördlicher Genehmigung an der Arbeitsaufnahme gehindert sein, bezahlt der Arbeitgeber seine Durchschnittsbezüge für die Dauer von zwei Wochen fort, soweit der Arbeit-

Should the Employee be unable to commence working because of missing official permits, the Employer shall continue to pay his average remuneration for a period of two weeks if

nehmer das Fehlen der Genehmigung nicht zu vertreten hat.

the Employee is not responsible for the missing of the permits.

Der Arbeitnehmer ist verpflichtet, den Arbeitgeber über auftretende Schwierigkeiten bei Erhalt der Genehmigung für die Einreise und die Arbeitsaufnahme sofort zu unterrichten. Der Arbeitgeber behält sich gleichzeitig vor, den Arbeitnehmer bei Fehlen von behördlichen Genehmigungen für die Tätigkeit in (...) vorzeitig abzuberufen und dem Arbeitnehmer eine Tätigkeit im Deutschland zuzuweisen.

The Employee shall inform the Employer immediately about occurring difficulties regarding the obtaining of the entry and working permit. The Employer retains the right to prematurely repatriate the Employee, if the official permits for the work in (...) are missing, and to instruct him to take on another activity in Germany.

Des Weiteren verpflichtet sich der Arbeitnehmer, an dem vom Arbeitgeber angebotenen Intensivsprachkurs sowie an der landeskundlichen Information teilzunehmen.

Additionally, the Employee shall be obliged to participate in the intensive language course and the regional studies information, the Employer will offer.

21. Schlussbestimmungen

a) Es wurden keine mündlichen Vereinbarungen getroffen. Zusatzvereinbarungen und Änderungen dieses Vertrages einschließlich insbesondere dieser Schriftformklausel bedürfen zu ihrer Wirksamkeit der Schriftform, die elektronische Form ist ausgeschlossen.

b) Sollten eine oder mehrere Bestimmungen dieses Vertrages ganz oder teilweise gegen zwingendes Recht verstoßen oder aus anderen Gründen nichtig oder unwirksam sein oder werden, oder sollte der Vertrag eine Lücke enthalten, wird die Wirksamkeit der übrigen Bestimmungen des Vertrages hiervon nicht berührt. Anstelle der unwirksamen Bestimmung oder der Regelungslücke gilt diejenige wirksame Bestimmung als vereinbart, die dem rechtlichen und wirtschaftlichen Sinn und Zweck der unwirksamen Bestimmung am nächsten kommt. Dies gilt auch dann, wenn die Unwirksamkeit einer Bestimmung auf einem Maß der Leistung oder der Zeit beruht; es gilt dann das nächstliegende rechtlich zulässige Maß.

c) Dieser Vertrag unterliegt ausschließlich deutschem Recht. Ausschließlicher Gerichtsstand ist (...), Deutschland. Verbindlich ist nur der in deutscher Sprache gefasste Vertrag, die englische Übersetzung dient ausschließlich Informationszwecken.

21. Final provisions

a) No oral agreements have been entered into. In order to be effective, any ancillary provisions to this contract or changes, especially the change of this writing clause, shall be made in writing, the electronic form shall be excluded.

b) In the event that any or several provisions of this contract should infringe against compelling law in part or in total, should be or become invalid or ineffective for other reasons or contain a contractual omission, the validity of the remaining provisions shall not be affected by this. Instead of the invalid provision or omission an effective provision shall be deemed agreed that most closely approximates the legal and economic intention and sense intended by the invalid provision. This shall apply as well if the ineffectiveness of a provision bases on the measure of service or time, in which case the closest legally acceptable measure shall apply.

c) This contract shall be exclusively governed by German law. Sole place of jurisdiction shall be (...), Germany. Only the contract phrased in German language shall be binding, the English translation shall be for information purposes only.

(...) (Ort/Datum)	(...) (Place/Date)
(...) Arbeitgeber, vertreten durch (...)	(...) Employer, represented by (...)
(...) Arbeitnehmer	(...) Employee

II. Grundtypen arbeitsvertraglicher Zusatzvereinbarungen

1. Muster: Fortbildungsvereinbarung mit Rückzahlungsvereinbarung

1. Der Arbeitnehmer nimmt von (...) bis (...) auf eigenen Wunsch an folgender Fortbildungsmaßnahme teil: (...) 4432
2. Die Teilnahme des Arbeitnehmers erfolgt im Interesse seiner beruflichen Fort- und Weiterbildung.
3. Der Arbeitgeber stellt den Arbeitnehmer für die Teilnahme an der Fortbildungsmaßnahme von der Pflicht zur Arbeitsleistung frei. Die Freistellung erfolgt unter Fortzahlung der bisherigen Vergütung. Die Vergütung wird entsprechend dem Durchschnittsverdienst der letzten drei Kalendermonate berechnet.
   Alternativ: Der Arbeitnehmer erklärt sich im Gegenzug mit einer Verrechnung der durch die Fortbildungsmaßnahme ausfallenden Arbeitszeit auf sein Arbeitszeitkonto einverstanden.
4. Der Arbeitgeber trägt die Kosten der Fortbildungsmaßnahme. Diese bestehen aus den Kosten der Schulung, den Kosten für Unterkunft und Verpflegung sowie den An- und Abreisekosten.
   Alternativ: Der Arbeitgeber trägt die Kosten der Fortbildungsmaßnahme anteilig. Die Kostenübernahme ist auf folgende Kosten begrenzt:
   - Schulungskosten iHv (...) €
   - Kosten für die Unterkunft iHv (...) €
   - An- und Abreisekosten iHv (...) €.

   Insgesamt ist die Übernahme der Kosten auf einen maximalen Betrag iHv (...) € begrenzt. Die darüber hinausgehenden Kosten trägt allein der Arbeitnehmer.
5. Soweit die Agentur für Arbeit, ein sonstiger Sozialversicherungsträger oder eine andere Stelle Kosten übernimmt bzw Förderungsmittel gewährt, sind diese in Anspruch zu nehmen und auf die Leistungen des Arbeitgebers anzurechnen mit der Folge, dass insoweit ein Kostenerstattungsanspruch des Arbeitnehmers nicht besteht.
6. Der Arbeitnehmer ist verpflichtet, die entstandenen Kosten der Fortbildungsmaßnahme in voller Höhe (alternativ: bis zu einem Betrag von (...) €) zu erstatten, wenn er das Arbeitsverhältnis vor Ablauf von (...) Monaten/Jahren nach Abschluss der Fortbildung aus einem vom Arbeitgeber nicht zu vertretenden Grund kündigt oder das Arbeitsverhältnis aufgrund pflichtwidrigen Verhaltens des Arbeitnehmers durch Kündigung des Arbeitgebers oder durch Aufhebungsvertrag aus einem Grund endet, der den Arbeitgeber zur außerordentlichen oder ordentlichen verhaltensbedingten Kündigung berechtigt. Für jeden vollen Monat der Beschäftigung nach Beendigung der Fortbildungsmaßnahme werden dem Arbeitnehmer 1/n (abhängig von der Bindungsdauer, zB 1/36 bei 36 Monaten) des gesamten Rückzahlungsbetrags erlassen.
7. Eine Rückzahlungsverpflichtung des Arbeitnehmers besteht nicht im Falle einer betriebsbedingten Kündigung des Arbeitsverhältnisses durch den Arbeitgeber.
8. Die Rückzahlungsverpflichtung besteht auch, wenn der Arbeitnehmer die Fortbildungsmaßnahme auf eigenen Wunsch oder aufgrund eines von ihm zu vertretenden Grundes abbricht oder die Prüfung aus von ihm zu vertretenden Gründen nicht besteht.
9. Die zu erstattenden Kosten der Fortbildungsmaßnahme können erst nach Abschluss der Fortbildung endgültig beziffert werden. Mit folgenden Kosten ist voraussichtlich zu rechnen:
   - Schulungskosten iHv (...) €
   - Kosten für die Unterkunft iHv (...) €
   - An- und Abreisekosten iHv (...) €.

2. Muster: Dienstwagenregelung

4433 1. Der Arbeitgeber stellt dem Arbeitnehmer ab (...) das Firmenfahrzeug (...) mit dem polizeilichen Kennzeichen (...) zur dienstlichen Nutzung zur Verfügung. Eine private Nutzung ist im Rahmen der weiteren Bestimmungen dieser Dienstwagenregelung zulässig. Familienmitglieder dürfen das Firmenfahrzeug nur benutzen, wenn hierdurch die dienstliche Nutzung in keiner Weise beeinträchtigt wird.
2. Der Arbeitnehmer verpflichtet sich, im Rahmen der Erfüllung seiner arbeitsvertraglichen Aufgaben notwendig werdende Fahrten mit dem zur Verfügung gestellten Firmenfahrzeug durchzuführen.
3. Der Arbeitgeber behält sich vor, in Einzelfällen, wenn dies aus dienstlichen Gründen notwendig erscheint, eine Bahn- oder Flugreise anzusetzen. Der Arbeitnehmer ist berechtigt, von sich aus mit der Bahn zu fahren, wenn die Witterung es erfordert. Die Bahnreise ist grundsätzlich über die Reisekostenstelle/das Reisebüro des Arbeitgebers zu buchen.
4. Für die Fahrzeuggestellung einschließlich der Privatnutzung gelten die folgenden Bedingungen:
   a) Die lohnsteuerrechtliche Behandlung der Privatnutzung richtet sich nach den jeweiligen maßgeblichen Vorschriften. Demnach ist zurzeit zu versteuern:
      – monatlich 1 % vom Brutto-Listenpreis = (...) €

      Soweit steuerpflichtige Fahrten zwischen Wohnung und Arbeitsstätte (R 9.10 LStH 2011) anfallen, werden zusätzlich 0,03 % des Listenpreises pro Entfernungskilometer angesetzt.
   b) Der Arbeitgeber übernimmt die Kosten des Fahrzeugbetriebes. Die Betriebskosten für Öl, Benzin usw bei Urlaubsfahrten im Ausland übernimmt jedoch der Arbeitnehmer.
      Vor Auslandsfahrten ist eine ADAC-Auslandsschutzbrief-Versicherung abzuschließen.
      Zum Monatsende ist dem Arbeitgeber der jeweilige Kilometerstand unaufgefordert auf der monatlichen Tankrechnung mitzuteilen.
   c) Der Arbeitnehmer hat dem Arbeitgeber seinen Führerschein vor Übernahme des Wagens und danach jeweils in halbjährlichem Abstand unaufgefordert vorzulegen. Sollte zu einem späteren Zeitpunkt ein Führerscheinentzug erfolgen, ist dies dem Arbeitgeber sofort mitzuteilen. Der Arbeitgeber ist berechtigt, ein automatisiertes System zur Vorlage des Führerscheins verpflichtend einzuführen (LapID o.Ä.).
   d) Der Kraftfahrzeugschein ist neben der Fahrerlaubnis ständig mitzuführen und sorgfältig zu verwahren. Das Gleiche gilt für die von dem Arbeitgeber zur Verfügung gestellte Grüne Versicherungskarte.
   e) Der Wagen ist möglichst in einer Garage einzustellen; die Kosten hierfür trägt der Arbeitnehmer.
   f) Das Fahrzeug ist jederzeit einer ordnungsgemäßen Pflege und Wartung zu unterziehen und in betriebssicherem Zustand zu halten. Die notwendigen Maßnahmen ergeben sich aus dem beigefügten Kundendienstscheckheft des Kfz-Herstellers.
      Sämtliche Kundendienstarbeiten und Reparaturen müssen in autorisierten Werkstätten des Kfz-Herstellers durchgeführt werden. Zuwiderhandlungen gehen zu Lasten des Arbeitnehmers. Notwendig erscheinende Reparaturen sind der Geschäftsleitung unverzüglich anzuzeigen. Reparaturen bedürfen der vorherigen Zustimmung der Geschäftsleitung. Unfälle sind dieser sofort zu melden.
   g) Der Arbeitnehmer haftet für Schäden am Kraftfahrzeug bei dienstlich veranlasster Tätigkeit, wenn der Schaden durch unsachgemäße Behandlung entsteht und als sog. Betriebsschaden von der Kaskoversicherung grundsätzlich ausgenommen ist, zB bei einem Motorschaden wegen ungenügenden Ölstands, für Vorsatz und grobe Fahrlässigkeit in vollem Umfang.

Der Arbeitnehmer hat den Arbeitgeber von allen Haftpflichtansprüchen Dritter freizustellen, die wegen seines Verhaltens durch die Kraftfahrzeug-Haftpflichtversicherung nicht gedeckt sind, wie beispielsweise, wenn er einen Unfall verursacht, der auf abgefahrene Reifen zurückzuführen ist. Gleiches gilt, wenn eine Obliegenheit verletzt wird, die bei Eintritt des Versicherungsfalls vom Lenker des Fahrzeugs zu erfüllen gewesen wäre, wenn Vorsatz oder grobe Fahrlässigkeit vorliegen. Entstehen Schäden während einer Privatfahrt, haftet der Arbeitnehmer uneingeschränkt und unabhängig vom eigenen Verschulden für die Beschädigung des Dienstwagens sowie für dessen Verlust. Seine Haftung wird eingeschränkt, soweit ein Versicherer für den Schaden aufkommt und nicht auf den Arbeitgeber Rückgriff nimmt.

h) Zur Ausstattung gehören 2 Sätze Schlüssel, 1 Warndreieck, 1 vorschriftsmäßiger Verbandskasten, 1 Warnweste. Das Fahrzeug ist jahreszeitlich angepasst mit Sommer- und Winterbereifung zu versehen. Die Rechnung ist dem Arbeitgeber zuzuleiten. Der Arbeitnehmer teilt dem Arbeitgeber jeweils den Kilometerstand und die Ersatzbeschaffung mit.

i) Falls sich im Kraftfahrzeug eine Kontrolleinrichtung befindet, hat der Arbeitnehmer diese zu benutzen und die Kontrollbelege auf Anforderung vorzulegen.

j) Der Arbeitnehmer verpflichtet sich, auf allen Dienstfahrten stets den Sicherheitsgurt anzulegen und darauf hinzuwirken, dass auch mitgenommene Dritte dies tun. Der Arbeitnehmer verpflichtet sich weiter, bei allen Arbeiten am Fahrzeug im Gefahrenbereich des fließenden Verkehrs stets die mitgeführte Warnweste zu tragen (§ 56 Abs. 5 BGV D 29).

k) **Beendigung der Gebrauchsüberlassung/Widerrufsvorbehalt:** Die Gebrauchsüberlassung ist an das bestehende Arbeitsverhältnis gebunden und endet automatisch mit dem Ende des Arbeitsverhältnisses. Der Arbeitgeber behält sich vor, die Gebrauchsüberlassung zu widerrufen, wenn und solange der Pkw für dienstliche Zwecke seitens des Arbeitnehmers nicht benötigt wird. Dies kann insbesondere dann der Fall sein, wenn der Arbeitnehmer nach Kündigung des Arbeitsverhältnisses von der Arbeitsleistung freigestellt wird. Im Falle der Ausübung des Widerrufs durch den Arbeitgeber ist der Arbeitnehmer nicht berechtigt, eine Nutzungsentschädigung oder Schadensersatz zu verlangen.

5. Im Übrigen ist der Arbeitgeber berechtigt, das konkret überlassene Firmenfahrzeug bei Bedarf gegen ein anderes Fahrzeug der gleichen Klasse auszutauschen.

3. Muster: Arbeitgeberdarlehen

1. Arbeitgeberdarlehen 4434

Der Darlehensgeber gewährt dem Darlehensnehmer im Hinblick auf das bestehende Arbeitsverhältnis ein Darlehen iHv (...) €. Das Darlehen ist am (...) zur Auszahlung fällig.

2. Zinsen

Das Darlehen ist mit (...) %, beginnend mit dem (...), jährlich zu verzinsen. Soweit sich hiernach ein lohnsteuerpflichtiger Zinsvorteil ergibt, trägt der Darlehensnehmer die zu zahlende Lohnsteuer.

3. Tilgung und Zinszahlung

a) Das Darlehen ist vom Darlehensnehmer in monatlichen Raten, beginnend mit dem Monat (...), iHv je (...) € zu tilgen. Die Tilgungsraten werden gleichzeitig mit der jeweiligen Monatsvergütung fällig. Der Darlehensnehmer ist berechtigt, das Darlehen ganz oder teilweise zu tilgen.

b) Die Zinsen werden kalendervierteljährlich berechnet und sind zusätzlich zu der letzten Tilgungsrate des Kalendervierteljahres, beginnend mit dem (...), fällig.
c) Das Darlehen kann vom Arbeitnehmer jederzeit ohne Einhaltung einer Kündigungsfrist und ohne zusätzliche Kosten zurückgezahlt werden.

4. Verrechnung

a) Die Tilgungsraten und Zinszahlungen werden im Fälligkeitszeitpunkt mit dem auszuzahlenden pfändbaren Arbeitsentgelt verrechnet.
b) Soweit eine Verrechnung auf diese Weise nicht möglich ist, hat der Darlehensnehmer die nicht verrechneten Beträge an den Darlehensgeber im Fälligkeitszeitpunkt zu zahlen.
c) Der Darlehensnehmer tritt sein Gehalt in Höhe der monatlichen, unter Beachtung der Pfändungsfreigrenze zulässigen Rückzahlungsrate (Zins und Tilgung) zur Sicherung des Darlehens an den Arbeitgeber ab.

5. Beendigung des Arbeitsverhältnisses

a) Im Falle der Beendigung des Arbeitsverhältnisses ist der Darlehensgeber berechtigt, den Darlehensvertrag mit einer Frist von einem Monat zu kündigen. Der Darlehensvertrag kann unter den Bedingungen der Absätze 2 und 3 auf Wunsch des Arbeitnehmers fortgesetzt werden. Dieses Recht besteht nicht bei einer fristlosen Eigenkündigung des Arbeitnehmers aus wichtigem Grund.
b) Ihnen als unserem Arbeitnehmer räumen wir Vergünstigungen in den Bedingungen in der Weise ein, dass wir Ihnen statt eines Satzes von (...) % für die jährlichen Zinsen einen Satz von (...) % berechnen. Die Vergünstigung entfällt, ohne dass es einer besonderen Kündigung dieser Zusatzvereinbarung bedarf, wenn das bestehende Arbeitsverhältnis beendet wird.
c) Die Tilgungsraten und Zinszahlungen sind jeweils am (...) eines Monats fällig.
d) Wird das Arbeitsverhältnis vor der vollständigen Darlehensrückzahlung durch ordentliche Kündigung, Aufhebungs- oder Abwicklungsvertrag beendet, wird das Darlehen zum letzten Tag des Arbeitsverhältnisses vollständig fällig gestellt. Im Falle einer außerordentlichen Kündigung oder einer Anfechtung wird der Betrag drei Monate nach dem letzten Arbeitstag fällig. Das Darlehen wird nicht vorzeitig fällig, wenn der Arbeitgeber die Kündigung durch den Arbeitnehmer schuldhaft veranlasst hat.

4. Muster: Arbeitgeberdarlehen mit Sicherungsübereignung Pkw

4435 **1. Darlehensvaluta**

Der Arbeitnehmer erhält ein Darlehen über (...) € zum (...), das mit (...) % ab dem (...) verzinst wird. Die Zinsen werden kalendervierteljährlich nachschüssig berechnet.

2. Rückzahlung

Ab dem (...) ist das Darlehen in monatlichen Raten von je (...) € zurückzuzahlen. Die monatlichen Tilgungsraten und Zinszahlungen werden im Fälligkeitszeitpunkt mit dem monatlichen pfändbaren Teil des Arbeitsentgelts verrechnet.

3. Fälligkeit bei vorzeitiger Beendigung

Wird das Arbeitsverhältnis vor der vollständigen Darlehensrückzahlung durch ordentliche Kündigung, Aufhebungs- oder Abwicklungsvertrag beendet, wird das Darlehen zum letzten Tag des Arbeitsverhältnisses vollständig fällig gestellt. Im Falle einer außerordentlichen Kündigung oder einer Anfechtung wird der Betrag drei Monate nach dem letzten Arbeitstag fällig. Das Darlehen wird nicht vorzeitig fällig, wenn der Arbeitgeber die Kündigung durch den Arbeitnehmer schuldhaft veranlasst hat.

4. **Stille Zession**

Bereits jetzt tritt der Arbeitnehmer für den Fall einer Beendigung des Arbeitsverhältnisses vor Rückzahlung des Gesamtdarlehensbetrages seinen jeweils pfändbaren Vergütungsanspruch gegen etwaige spätere Arbeitgeber an die Firma ab. Die Firma legt die Abtretung nur offen, wenn der Arbeitnehmer am Ausscheidenstage nicht das Darlehen vollständig zurückführen konnte und die Parteien eine Ratenzahlung vereinbart haben. Von dieser Abtretung wird die Firma nur bis zur Höhe des noch nicht getilgten Darlehens Gebrauch machen.

5. **Anzeigepflichten des Arbeitnehmers**

Der Arbeitnehmer verpflichtet sich, Anschriftenänderungen, Pfändungen, Verpfändungen oder Abtretungen seiner Vergütungsansprüche sowie Namen und Anschriften künftiger Arbeitgeber unverzüglich anzuzeigen.

6. **Sicherungsübereignung**

Der Arbeitnehmer übereignet der Firma zur Sicherung des in diesem Vertrage vereinbarten Darlehens seinen Pkw, Marke (...), Fahrgestellnummer (...), mit dem polizeilichen Kennzeichen (...) und übergibt der Firma zur Sicherung ihrer Forderung den Kfz-Brief.

Nach vollständiger Tilgung des Darlehens zuzüglich der Zinsen gibt die Firma den Kraftfahrzeugbrief an den Arbeitnehmer heraus und der Pkw wird an den Arbeitnehmer zurückübereignet.

Der Arbeitgeber ist schon vor vollständiger Tilgung des Darlehens verpflichtet, auf Verlangen des Arbeitnehmers den ihm übertragenen Pkw an den Arbeitnehmer herauszugeben, sofern der realisierbare Wert des Pkw 110 % des gesicherten Darlehensanspruchs nicht nur vorübergehend überschreitet.

7. **Freihändiger Verkauf**

Kommt der Arbeitnehmer seiner Darlehensverpflichtung mit mehr als zwei Raten nicht nach, ist der Arbeitgeber berechtigt, den Pkw freihändig zu veräußern. Die Verwertung erfolgt nur in dem Umfang, als dies zur Erfüllung der rückständigen Forderung erforderlich ist. Der Kaufpreis darf den von einem vereidigten Sachverständigen zu ermittelnden Schätzwert maximal iHv 20 % unterschreiten. Die Kosten des Sachverständigen sind vom Arbeitnehmer zu tragen. Der Arbeitnehmer ist jederzeit verpflichtet, den Pkw zum Zweck der Schätzung oder unter den vorgenannten Voraussetzungen zur Veräußerung des Fahrzeugs auf Verlangen der Firma herauszugeben.

5. Muster: Unternehmens- und tätigkeitsbezogenes Wettbewerbsverbot

In Ergänzung zu dem bestehenden Arbeitsvertrag schließen der Arbeitgeber (...) und der Arbeitnehmer (...) folgende Vereinbarung über ein nachvertragliches Wettbewerbsverbot: 4436

1. Dem Arbeitnehmer ist es untersagt, während der Dauer von (...) [max. 24] Monaten nach der Beendigung des Arbeitsverhältnisses eine Wettbewerbstätigkeit im Geschäftsbereich des Arbeitgebers aufzunehmen, sei es selbständig, als freier Mitarbeiter, arbeitnehmerähnlich, durch beratende Tätigkeiten oder auf sonstige Weise. Insbesondere ist es untersagt, für ein Unternehmen tätig zu werden, welches mit dem Arbeitgeber in direktem oder indirektem Wettbewerb steht. Das Wettbewerbsverbot gilt auch zugunsten der Unternehmen, die mit dem Arbeitgeber gesellschaftsrechtlich verbunden sind.

   Untersagt ist auch die Tätigkeit für ein anderes Unternehmen, das mit einem Wettbewerbsunternehmen im Sinne dieser Vereinbarung im Konzernverbund steht oder auf das ein Wettbewerbsunternehmen aufgrund sonstiger tatsächlicher oder rechtlicher Bindungen Einfluss nehmen kann bzw das seinerseits aufgrund solcher Bindungen Einfluss auf ein Wettbewerbsunternehmen hat.

Dieses Wettbewerbsverbot erstreckt sich sachlich auf alle Wirtschafts- und Handelsbereiche, in denen der Arbeitgeber tätig ist. Dieses Wettbewerbsverbot erstreckt sich räumlich auf alle Städte und Gemeinden zuzüglich eines Umkreises von jeweils 100 km, in denen der Arbeitgeber eine Niederlassung unterhält oder unternehmerisch tätig ist. Maßgeblich ist sowohl für den sachlichen als auch für den räumlichen Geltungsbereich der Zeitpunkt, in dem das Arbeitsverhältnis endet.

2. Der Arbeitgeber zahlt dem Arbeitnehmer während der Dauer des Wettbewerbsverbots eine Karenzentschädigung in Höhe der Hälfte der zuletzt von ihm bezogenen vertragsmäßigen Leistungen. Die Entschädigung ist am Ende eines jeden Monats fällig.
   Die Anrechnung dessen, was der Arbeitnehmer während der Dauer des Wettbewerbsverbots durch anderweitige Verwertung seiner Arbeitskraft erwirbt oder zu erwerben böswillig unterlässt, richtet sich nach § 74 c HGB.
3. Der Arbeitnehmer verpflichtet sich, dem Arbeitgeber während der Dauer des Wettbewerbsverbots jederzeit auf Verlangen Auskunft über seine Tätigkeit, Name und Anschrift seines Arbeitgebers sowie sämtliche für das Wettbewerbsverbot bedeutsamen Umstände zu geben und diese zu belegen.
4. Der Arbeitnehmer hat für jeden Fall der schuldhaften Zuwiderhandlung gegen das Wettbewerbsverbot eine Vertragsstrafe in Höhe des letzten Bruttomonatsentgelts zu zahlen.
   Besteht die Verletzungshandlung in der kapitalmäßigen Beteiligung an einem Wettbewerbsunternehmen oder der Beteiligung an einem Dauerschuldverhältnis als Vertragspartei (insbesondere an einem Dienst-, Arbeits-, Handelsvertreter- oder Beraterverhältnis), ist die Vertragsstrafe für jeden angefangenen Monat, in dem die Beteiligung besteht, erneut zu zahlen (Dauerverletzung). Mehrere Verletzungshandlungen lösen jeweils gesonderte Vertragsstrafen aus, gegebenenfalls auch mehrmals innerhalb eines Monats. Erfolgen dagegen zusätzliche Verletzungshandlungen im Rahmen einer Dauerverletzung (beispielsweise ein verbotener Kundenkontakt im Rahmen eines verbotenen Arbeitsverhältnisses), sind sie von der für die Dauerverletzung zu zahlenden Vertragsstrafe mit umfasst.
   Bei Verwirkung mehrerer Vertragsstrafen ist der Gesamtbetrag der zu zahlenden Vertragsstrafen auf das Sechsfache des letzten Bruttomonatsentgelts beschränkt. Zugleich entfällt für jeden Monat, in welchem eine Zuwiderhandlung erfolgt, die Zahlung der Entschädigung gemäß Ziff. 2.
   Weitergehende Ansprüche des Arbeitgebers aus einem Verstoß gegen das Wettbewerbsverbot, insbesondere Unterlassungs- und Schadensersatzansprüche, bleiben durch diese Regelung unberührt.[1]
5. Das Wettbewerbsverbot gilt auch gegenüber einem Rechtsnachfolger des Betriebes, in dem der Arbeitnehmer tätig ist. Es geht bei einer Veräußerung des Betriebes oder des Arbeitgebers insgesamt auf den Erwerber über; der Arbeitnehmer ist mit dem Übergang der Rechte auf den Erwerber oder Rechtsnachfolger einverstanden.
6. Bei einer Kündigung des Arbeitsverhältnisses durch den Arbeitgeber oder den Arbeitnehmer vor Ablauf der Probezeit tritt das nachvertragliche Wettbewerbsverbot nicht in Kraft.
7. Der Arbeitgeber ist berechtigt, vor der Beendigung des Anstellungsverhältnisses durch schriftliche Erklärung auf das nachvertragliche Wettbewerbsverbot mit der Wirkung zu verzichten, dass er mit dem Ablauf eines Jahres seit der Erklärung von der Verpflichtung zur Zahlung der Entschädigung nach Ziff. 2 frei wird.
8. Wird das Arbeitsverhältnis aus wichtigem Grund wegen vertragswidrigen Verhaltens des Arbeitnehmers gekündigt, so ist der Arbeitgeber berechtigt, sich binnen eines Monats nach Zugang der Kündigung von dem Wettbewerbsverbot loszusagen. Die Mitteilung, dass der

1 In weitgehender Anlehnung an *Diller*, NZA 2008, 574, 576.

Arbeitgeber sich nicht an die Vereinbarung gebunden hält, hat schriftlich zu erfolgen. Das Wettbewerbsverbot wird mit Zugang der Lossagung unwirksam.

9. Bei Ausscheiden des Arbeitnehmers aus dem aktiven Arbeitsleben entfällt das Wettbewerbsverbot. Gründe für das Ausscheiden aus dem aktiven erwerbsfähigen Arbeitsleben können zB (vorzeitiges) Altersruhegeld, Erwerbsminderungsrente oder Vorruhestandsgeld sein. In diesen Fällen endet das Wettbewerbsverbot am letzten Tag des Arbeitsverhältnisses, ohne dass dem Arbeitnehmer ein Anspruch auf Karenzentschädigung zusteht.
10. Im Übrigen gelten die Vorschriften über das Wettbewerbsverbot nach §§ 74 ff HGB.

(...) (Ort, Datum, Unterschrift Arbeitgeber) (...) (Ort, Datum, Unterschrift Arbeitnehmer)

Diese Vereinbarung wird in zwei Exemplaren erstellt. Der Arbeitnehmer bestätigt hiermit, eine von dem Arbeitgeber original unterschriebene, vollständige Fassung erhalten zu haben.

(...) (Ort, Datum, Unterschrift Arbeitnehmer)

6. Muster: Verpflichtung auf das Datengeheimnis

1. Verpflichtungserklärung 4437

Frau/Herr (...) ist heute darüber belehrt worden, dass alle in der Firma bearbeiteten Entwicklungen, Konstruktionen, Produktionsverfahren und Geschäftsvorgänge sowie der Inhalt des Anstellungsvertrages als Betriebsgeheimnisse gelten.

Der Unterzeichnete verpflichtet sich hiermit ausdrücklich, über die während der Dauer des Arbeitsverhältnisses gewonnenen Kenntnisse und Erfahrungen sowie Tatsachen, Betriebs- und Geschäftsgeheimnisse, die ihm vermöge seiner Stellung im Betrieb bekannt geworden sind, Schweigen zu bewahren, sie in keiner Form Dritten zugänglich zu machen und sie auch nicht für eigene Zwecke auszuwerten. Diese Verpflichtung besteht auch nach Beendigung des Arbeitsverhältnisses.

Dem Arbeitnehmer wurde aus Anlass dieser Verpflichtungserklärung erläutert, dass er im Einzelfall die Pflicht hat, Anweisungen des Arbeitgebers zum Umfang der Verschwiegenheitspflicht einzufordern. Der Arbeitgeber kann in diesem Fall schriftlich anweisen, dass es sich um ein Geschäfts- oder Betriebsgeheimnis handelt.

Alle schriftlichen Unterlagen, wie Zeichnungen, Pausen, Entwicklungsberichte usw., die ihm in dienstlicher Eigenschaft zugänglich sind, müssen entsprechend den dafür erlassenen Bestimmungen behandelt und sicher gegen Kenntnisnahme durch unbefugte Personen aufbewahrt werden.

Der Unterzeichnete verpflichtet sich zum Ersatz des Schadens, der daraus entsteht, dass er ein Betriebs- oder Geschäftsgeheimnis zu Zwecken des Wettbewerbs oder aus Eigennutz oder in der Absicht, der Firma Schaden zuzufügen oder in sonstigen Fällen einer Treuepflichtverletzung unbefugt verwertet oder jemandem in irgendeiner Form zugänglich macht.

Der Unterzeichnete hat vor Abgabe dieser Verpflichtungserklärung eingehend Kenntnis genommen vom Inhalt des Gesetzes gegen den unlauteren Wettbewerb (UWG). Er hat sich ausdrücklich bereiterklärt, sich nach diesen Bestimmungen zu verhalten und unverzüglich die Geschäftsleitung zu unterrichten, falls er Kenntnis erhält von Bestrebungen, Versuchen usw., die darauf gerichtet sind, unrechtmäßig in den Besitz von Betriebsgeheimnissen der Firma zu gelangen.

2. Datengeheimnis

Das am 1.1.1978 in Kraft getretene Bundesdatenschutzgesetz (BDSG) gilt nunmehr in der Fassung der Bekanntmachung vom 14.1.2003 (BGBl. I 2003, S. 66) und wurde zuletzt geändert durch Art. 1 des Gesetzes vom 25.2.2015 (BGBl. I S. 162). In § 5 dieses Gesetzes wird bestimmt, dass allen in der Datenverarbeitung beschäftigten Personen untersagt ist, geschützte personenbezogene Daten zu einem anderen als dem zur jeweiligen rechtmäßigen Aufgabener-

füllung gehörenden Zweck zu erheben, zu verarbeiten, bekannt zu geben, zugänglich zu machen oder sonst zu nutzen. Da zur Datenverarbeitung hierbei das Erfassen, Aufnehmen, Aufbewahren, Übermitteln, Verändern, Löschen, Nutzen, Erheben und Sperren von personenbezogenen Daten zählt und Sie hiermit beruflich zu tun haben, machen wir Sie auf die Bestimmungen über die Einhaltung des Datengeheimnisses aufmerksam.
Sie sind zum verschwiegenen Umgang mit personenbezogenen Daten verpflichtet. Auf diese Verschwiegenheit weisen wir Sie hiermit gemäß § 5 BDSG noch einmal gesondert hin. Ihre Verpflichtung auf das Datengeheimnis besteht auch nach Beendigung des Arbeitsverhältnisses fort.
Das Merkblatt zum Datengeheimnis haben wir Ihnen zur Verfügung gestellt. Mit Ihrer Unterschrift unter das vorliegende Schreiben erklären Sie, dass Sie das Merkblatt über das Datengeheimnis zur Kenntnis genommen haben.
Den Empfang der vorliegenden Mitteilung bestätige ich hiermit.

7. Muster: Merkblatt zum Datenschutz

4438 Neben den besonderen Geheimhaltungsvorschriften in unserem Betrieb und sonstigen Geheimhaltungsvorschriften gilt für Sie aufgrund Ihrer Aufgabenstellung das Datengeheimnis nach § 5 des Bundesdatenschutzgesetzes (BDSG).
Hiernach ist den bei der Datenverarbeitung beschäftigten Mitarbeitern untersagt, geschützte personenbezogene Daten unbefugt zu einem anderen als dem zur jeweiligen rechtmäßigen Aufgabenerfüllung gehörenden Zweck zu erheben, zu verarbeiten, bekannt zu geben, zugänglich zu machen oder sonst zu nutzen. Die „Befugnis" des Mitarbeiters zur Verarbeitung von Daten ergibt sich zunächst aus den Regelungen des Bundesdatenschutzgesetzes bzw speziellen Datenschutzvorschriften sowie aus der Aufgabenstellung im Betrieb und den zur Wahrung des Datenschutzes bestehenden betrieblichen Grundsätzen. Eine missbräuchliche Nutzung der anvertrauten Daten liegt daher auch vor, wenn die im beruflichen Bereich bekannt gewordenen Angaben zu privaten Zwecken verwendet werden.
Gemäß gesetzlichen Bestimmungen muss jeder bei der Verarbeitung personenbezogener Daten beschäftigte Mitarbeiter ausdrücklich formell auf das Datengeheimnis hingewiesen werden. Die Verpflichtung zur Wahrung des Datengeheimnisses besteht auch nach Beendigung der jeweiligen Tätigkeit, dh auch nach Ausscheiden aus unserer Firma, weiter. Verstöße gegen das Datengeheimnis können gemäß Abschnitt 5 des BDSG und anderen einschlägigen Rechtsvorschriften mit Freiheits- oder Geldstrafen geahndet werden. Ferner können Schadensersatzverpflichtungen des Mitarbeiters sowie arbeitsrechtliche Konsequenzen entstehen.
Der Schutz personenbezogener Daten nach dem BDSG erstreckt sich auf in Dateien gespeicherte Daten, ungeachtet der bei der Verarbeitung angewandten Verfahren. Das Gesetz schützt grundsätzlich alle Datensammlungen mit personenbezogenen Daten (zB Karteien, Erfassungsformulare, Lochkarten, Magnetbänder, Mikrofilmaufzeichnungen). Der Schutz erstreckt sich auch auf die Verfahren, mit denen solche Daten verarbeitet werden. Neben den Vorschriften des BDSG sind spezielle datenschutzrechtliche Vorschriften zu beachten.
So sind bei der Verarbeitung von Daten für firmeneigene Zwecke durch die Buchhaltung und das Rechnungswesen die Grundsätze der ordnungsgemäßen Datenverarbeitung im Sinne der ordnungsgemäßen Buchführung einzuhalten. Bei der Verarbeitung von Personaldaten sind neben den Bestimmungen des BDSG die Grundsätze des Personaldatenrechts zu beachten.
Wir sind verpflichtet, die dem Datengeheimnis unterliegenden Mitarbeiter mit diesen Datenschutzvorschriften vertraut zu machen. Auch in Ihrem eigenen Interesse bitten wir Sie, die hierzu zur Verfügung gestellten Unterlagen sowie das vorliegende Merkblatt zu beachten und die angebotenen Informationsmöglichkeiten zu nutzen.

8. Muster: Ausgleichsquittung und Empfangsbestätigung über Arbeitspapiere

Ausgleichsquittung und Empfangsbestätigung für Arbeitspapiere 4439

1. Empfangsbestätigung für Arbeitspapiere

Angaben zur Person: (...)
Beschäftigung als: (...)
Eintrittsdatum: (...)
Austrittsdatum: (...)

Mein Arbeitsverhältnis mit der Firma (...) GmbH ist seit dem (...) beendet.

Ich bestätige den Erhalt folgender Arbeitspapiere:

- Lohnsteuerkarte für (...), abgeschlossen am (...)
- Entgeltbescheinigung für die Rentenversicherung Eintrag vom/bis (...)
- (...)
- Versicherungsnachweisheft der Sozialversicherung
- Urlaubsbescheinigung
- Zeugnis bzw Arbeitsbescheinigung
- Lohn-/Gehaltsabrechnung
- Berechnung der Urlaubsgeltung
- Es standen (...) Urlaubstage zu, genommen wurden (...) Urlaubstage.
- Die zuviel genommenen Urlaubstage werden bzw das zuviel gezahlte Urlaubsgeld wird in Abzug gebracht.

(...) (Ort/Datum) (...) (Unterschrift Arbeitgeber) (...) (Unterschrift Arbeitnehmer)

2. Ausgleichsquittung

Ich erkläre, dass ich

- einen Lohn-/Gehaltsanspruch für die Zeit vom (...) bis (...) habe;
- gegen die Kündigung keine Einwendungen erhebe und mein Recht, das Fortbestehen des Arbeitsverhältnisses geltend zu machen, nicht wahrnehme oder eine mit diesem Ziel bereits erhobene Klage zurücknehme.
- Der Arbeitgeber verpflichtet sich, als Gegenleistung für meinen vorstehenden Verzicht auf Rechte eine Abfindung iHv (...) € zu zahlen.
- keine Forderungen – ganz gleich, aus welchem Rechtsgrunde: auch evtl Lohnfortzahlungsansprüche oder Rechte aus einem vertraglichen Wettbewerbsverbot – habe und alle meine Ansprüche aus dem Arbeitsverhältnis und dessen Beendigung abgegolten sind.

(...) (Ort/Datum) (...) (Unterschrift Arbeitnehmer) (...) (Unterschrift Arbeitgeber)

§ 2 Dienstverträge mit GmbH-Geschäftsführern

A. Kommentierung von Vertragsklauseln

I. Der Geschäftsführerdienstvertrag im System des GmbH-Rechts

Literatur

von Alvensleben/Haug/Schnabel, Der Fremdgeschäftsführer im Spannungsfeld zwischen Arbeitgeberposition und Arbeitnehmereigenschaft, BB 2012, 774; *Arens*, Der GmbH-Geschäftsführer im Arbeits-, Sozialversicherungs- und Steuerrecht – aktuelle Entwicklungen, DStR 2010, 115; *Arens/Beckmann*, Die anwaltliche Beratung des GmbH-Geschäftsführers, 2006; *Baeck/Hopfner*, Schlüssige Aufhebungsverträge mit Organmitgliedern auch nach Inkrafttreten des § 623 BGB, DB 2000, 1914; *Baeck/Winzer*, Anmerkung zu EuGH: Mitglied des Vertretungsorgans als Arbeitnehmer, NZG 2011, 101; *Bauer/Arnold*, AGG und Organmitglieder – Klares und Unklares vom BGH, NZG 2012, 921; *dies.*, AGG-Probleme bei vertretungsberechtigten Organmitgliedern, ZIP 2008, 993; *Bauer/Diller/Krets*, BGH contra BAG – Schadensersatz nach § 628 Abs. 2 BGB wegen Abberufung und/oder Nichtbestellung eines GmbH-Geschäftsführers?, DB 2003, 2687; *Baumbach/Hueck* (Hrsg.), GmbH-Gesetz, Kommentar, 20. Aufl. 2013; *Bohlscheid*, Ausländer als Gesellschafter und Geschäftsführer einer deutschen GmbH, RNotZ 2005, 505; *Bunnemann/Zirngibl* (Hrsg.), Die Gesellschaft mit beschränkter Haftung in der Praxis, 2. Aufl. 2011; *Büteröwe*, Wettbewerbsverbote vor und während der Insolvenz – ein Kurzüberblick, GWR 2009, 288; *Däubler/Bertzbach* (Hrsg.), Allgemeines Gleichbehandlungsgesetz, Handkommentar, 3. Aufl. 2013; *Dauner-Lieb/Dötsch*, Ein Kaufmann als Verbraucher? – Zur Verbrauchereigenschaft des Personengesellschafters, DB 2003, 1666; *Diller*, Gesellschafter und Gesellschaftsorgane, Diss. Köln 1994; *Eßer/Baluch*, Bedeutung des Allgemeinen Gleichbehandlungsgesetzes für Organmitglieder, NZG 2007, 321; *Erdmann*, Ausländische Staatsangehörige in Geschäftsführungen und Vorständen deutscher GmbHs und AGs, NZG 2002, 503; *Fischer*, Die Bestellung von Arbeitnehmern zu Organmitgliedern juristischer Personen und das Schicksal ihres Arbeitsvertrages, NJW 2003, 2417; *ders.*, Die Fremdgeschäftsführerin und andere Organvertreter auf dem Weg zur Arbeitnehmereigenschaft, NJW 2011, 2329; *Fleck*, Das Organmitglied – Unternehmer oder Arbeitnehmer, in: Dieterich (Hrsg.), Festschrift für Marie Luise Hilger und Hermann Stumpf, 1983, S. 197 ff; *Fonk*, Rechtsfragen nach der Abberufung von Vorstandsmitgliedern und Geschäftsführern, NZG 1998, 408; *Formularbuch Recht und Steuern*, 8. Aufl. 2014; *Freckmann*, Der GmbH-Geschäftsführer im Arbeits- und Sozialversicherungsrecht – Ein Überblick unter Berücksichtigung der neuesten Rechtsprechung, DStR 2008, 52; *ders.*, Neues zur Sozialversicherungspflicht von GmbH-Geschäftsführern, BB 2006, 2077; *Gach/Kock*, Rentenversicherungspflicht von Gesellschafter-Geschäftsführern einer GmbH und ähnlichen Selbständigen, NJW 2006, 1089; *Gehlhaar*, Die Rechtsprechung zu (ruhenden) Arbeitsverhältnissen von Organen juristischer Personen, NZA-RR 2009, 569; *Gerth*, Anmerkung zu LAG Rheinland-Pfalz: Beendigung eines vorgeschalteten Arbeitsverhältnisses durch Berufung zum GmbH-Geschäftsführer erfordert schriftliche Unterrichtung, GWR 2012, 119; *Goette*, Die GmbH, 2. Aufl. 2002; *Goll-Müller/Langenhan-Komus*, Der Geschäftsführer mit Arbeitsvertrag und dennoch ohne Kündigungsschutz, NZA 2008, 687; *Gravenhorst*, Wechsel von einem Arbeitsverhältnis in ein Geschäftsführerdienstverhältnis, NJW 2007, 3230; *Grobys/Glanz*, Kopplungsklauseln in Geschäftsführerverträgen, NJW-Spezial 2007, 129; *Grotherr*, Handbuch der internationalen Steuerplanung, 2. Aufl. 2003; *Haase*, Das ruhende Arbeitsverhältnis eines zum Vertretungsorgan einer GmbH bestellten Arbeitnehmers und das Schriftformerfordernis gem. § 623 BGB, GmbHR 2004, 279; *Hahn*, Europarechtswidrigkeit des neuen § 8 a KStG?, GmbHR 2004, 277; *Hachenburg/Ulmer* (Hrsg.), Gesetz betreffend die Gesellschaften mit beschränkter Haftung, Kommentar, 8. Aufl. 2002; *Hansen/Kelber u.a.*, Rechtsstellung der Führungskräfte im Unternehmen, 2006; *Hartz/Meeßen/Wolf*, ABC-Führer Lohnsteuer. Einschließlich Verfahrensrecht mit Erläuterungen und amtlichem Material, Loseblatt; *Heidenhain*, Nachvertragliches Wettbewerbsverbot des GmbH-Geschäftsführers, NZG 2002, 605; *Henssler*, Das Anstellungsverhältnis der Organmitglieder, RdA 1992, 289; *Herlinghaus*, BFH-Rechtsprechung zur verdeckten Gewinnausschüttung im Jahr 2002, GmbHR 2003, 373; *Hidalgo/Schmid*, Alle GmbH-Geschäftsführer in die gesetzliche Rentenversicherung?, BB 2006, 602; *Hinderer*, Management-Beteiligungen bei Kapitalgesellschaften – Der BGH weist den Weg, RNotZ 2005, 416; *Holthausen/Steinkraus*, Die janusköpfige Rechtsstellung des GmbH-Geschäftsführers im Arbeitsrecht, NZA-RR 2002, 281; *Hümmerich*, Der Verbraucher-Geschäftsführer – das unbekannte Wesen, NZA 2006, 709; *ders.*, Aufhebungs- und Abwicklungsvertrag in einem sich wandelnden Arbeitsrecht, NJW 2004, 2921; *Jacobs*, Internationale Unternehmensbesteuerung. Deutsche Investitionen im Ausland. Ausländische Investitionen im Inland, 7. Aufl. 2011; *Jaeger*, Der Anstellungsvertrag des GmbH-Geschäftsführers, 5. Aufl. 2009; *ders.*, Die Zuständigkeit des ArbG und Geltung des Kündigungsschutzes für Geschäftsführer, NZA 1998, 961; *Jooß*, Aufhebung des Arbeitsverhältnisses durch Abschluss eines Geschäftsführerdienstvertrages, RdA 2008, 285; *Junker*, Auswirkungen der neueren EuGH-Rechtsprechung auf das deutsche Arbeitsrecht, NZA 2011, 950; *Kamanabrou*, Das Anstellungsverhältnis des GmbH-Geschäftsführers im Licht neuerer Rechtsprechung, DB 2002, 146; *Knepper/Langner*, Keine Rentenversicherungspflicht des

selbständigen GmbH-Geschäftsführer gem. § 2 S. 1 Nr. 9 SGB VI, DStR 2006, 1283; *Kock*, Rentenversicherungspflicht von selbständigen Gesellschafter-Geschäftsführern einer GmbH, DNotZ 2006, 333; *Krause*, Das Schriftformerfordernis des § 623 BGB beim Aufstieg des Arbeitnehmers zum Organmitglied, ZIP 2000, 2284; *ders.*, Auswirkungen des Allgemeinen Gleichbehandlungsgesetzes auf Organmitglieder, AG 2007, 392; *Langner*, Die aktuelle Rechtsprechung zu § 623 BGB bei der Bestellung von Arbeitnehmern zu Organmitgliedern, DStR 2007, 535; *Leopold*, Mutterschutz für Mitglieder der Unternehmensleitung, ZESAR 2011, 362; *Leuering/Dornhegge*, Geschäftsverteilung zwischen GmbH-Geschäftsführern, NZG 2010, 13; *Leuering/Rubner*, Geschäftsverteilung zwischen GmbH-Geschäftsführern, NJW-Spezial 2009, 239; *Lücke*, Der Status des GmbH-Geschäftsführers: (K)ein Arbeitnehmer!?, NJOZ 2009, 3469; *Lüdicke/Sistermann*, Unternehmensteuerrecht. Gründung, Finanzierung, Umstrukturierung, Übertragung, Liquidation, 2008; *Lunk/Rodenbusch*, Der Weiterbeschäftigungsanspruch des GmbH-Geschäftsführers, NZA 2011, 497; *Lutter*, Anwendbarkeit der Altersbestimmungen des AGG auf Organpersonen, BB 2007, 725; *Lutter/Hommelhoff* (Hrsg.), GmbH-Gesetz, Kommentierung, 18. Aufl. 2012; *Mayer*, Verletzung des Wettbewerbsverbots durch Gesellschafter und Gesellschafter-Geschäftsführer einer GmbH, DNotZ 1992, 641; *v. Medem*, Anmerkung zu EuGH: Mitglied des Leitungsorgans einer Kapitalgesellschaft als Arbeitnehmer, ArbR Aktuell 2010, 654; *Meier*, Der fehlerhafte Anstellungsvertrag von Organmitgliedern und die Rückabwicklung der Vergütung, NZA 2011, 267; *Menke*, Gestaltung nachvertraglicher Wettbewerbsverbote mit GmbH-Geschäftsführern – Verzicht statt Karenzentschädigung, NJW 2009, 636; *Michalski* (Hrsg.), Kommentar zum GmbH-Gesetz, 2 Bände, 2. Aufl. 2010; *Miesen*, Gesellschaftsrechtliche Hinauskündigungsklauseln in der Rechtsprechung des Bundesgerichtshofs, RNotZ 2006, 522; *Mildenberger*, Der Geschäftsführervertrag, Diss. 1999; *Müller*, Die Rentenversicherungspflicht von GmbH-Geschäftsführern im Spiegel der Rechtsprechung, DB 2006, 614; *Müller/Winkeljohann* (Hrsg.), Beck'sches Handbuch der GmbH, 5. Aufl. 2014; *Nägele*, Der Anstellungsvertrag des Geschäftsführers, BB 2001, 305; *ders.*, Die Haftung des Geschäftsführers gegenüber der Gesellschaft, den Gesellschaftern und Dritten, in: Bauer (Hrsg.), Festschrift zum 25-jährigen Bestehen der Arbeitsgemeinschaft Arbeitsrecht, 2006, S. 525 ff; *Nassall*, Fort und Hinaus – Zur Zulässigkeit von Hinauskündigungsklauseln in Gesellschaftsverträgen von Personengesellschaften und Satzungen von GmbH, NZG 2008, 851; *Niebler/Schmiedl*, Die Rechtsprechung des BAG zum Schicksal des Arbeitsverhältnisses bei Geschäftsführerbestellung nach In-Kraft-Treten des § 623 BGB, NZA-RR 2001, 281; *Oberthür*, Unionsrechtliche Impulse für den Kündigungsschutz von Organvertretern und Arbeitnehmerbegriff, NZA 2011, 253; *Oppenländer/Trölitzsch* (Hrsg.), Praxishandbuch der GmbH-Geschäftsführung, 2. Aufl. 2011; *Ostermaier*, Anmerkung zu BAG: Ohne schriftlichen Geschäftsführerdienstvertrag besteht das ursprüngliche Arbeitsverhältnis fort, GWR 2011, 395; *Otte*, Arbeitnehmerrechte für GmbH-Geschäftsführer, GWR 2011, 25; *Reiserer*, Der GmbH-Geschäftsführer – Ein Arbeitnehmer?, BB 2000, 31; *dies.*, GmbH-Geschäftsführer ohne Gesellschaftsanteile in der Sozialversicherung: frei oder pflichtig?, BB 2009, 718; *Reiserer/Heß-Emmerich/Peters*, Der GmbH-Geschäftsführer – Rechte, Pflichten, Haftung, 3. Aufl. 2008; *Reufels*, Ausgewählte Fragen zur Gestaltung von Geschäftsführerdienstverträgen, ArbRB 2002, 59; *Reufels/Molle*, Diskriminierungsschutz von Organmitgliedern, NZA-RR 2011, 281; *Reuter*, Ausgestaltung des Organschaftsverhältnisses durch autonomes Körperschaftsrecht und vertragliche Regelung der Anstellungsbedingungen, in: Lieb (Hrsg.), Festschrift für Wolfgang Zöllner zum 70. Geburtstag, 1998, S. 491 ff; *Rischar*, Geschäftsführerentgelte und verdeckte Gewinnausschüttungen, GmbHR 2003, 15; *Röhricht*, Das Wettbewerbsverbot des Gesellschafters und des Geschäftsführers, WPg 1992, 766; *Roth/Altmeppen*, GmbH-Gesetz, Kommentar, 7. Aufl. 2012; *Rowedder/Schmidt-Leithoff* (Hrsg.), Gesetz betreffend die Gesellschaften mit beschränkter Haftung, Kommentierung, 5. Aufl. 2013; *Schäfer/Kauffmann-Lauven*, Vorstands- und Geschäftsführerverträge bei Restrukturierungsmaßnahmen, in: Bauer (Hrsg.), Festschrift zum 25-jährigen Bestehen der Arbeitsgemeinschaft Arbeitsrecht, 2006, S. 471 ff; *Scholz* (Hrsg.), GmbH-Gesetz, Kommentar, 3 Bände, 11. Aufl. 2012/2015; *Schmitt-Rolfes*, Anwendbarkeit von AGB-Recht auf Verträge mit Organmitgliedern, in: Maschmann (Hrsg.), Festschrift für Wolfgang Hromadka zum 70. Geburtstag, 2008, S. 393 ff; *Schrader/Schubert*, Der Geschäftsführer als Arbeitnehmer, DB 2005, 1457; *dies.*, Der „getarnte" Arbeitnehmer-Geschäftsführer, BB 2007, 1617; *Schrader/Straube*, Rentenversicherungspflicht für alle GmbH-Geschäftsführer, NZA 2006, 358; *Schubert*, Kündigungsschutz für die Geschäftsführerin einer Kapitalgesellschaft während der Schwangerschaft – Gesundheitsschutz und Diskriminierungsschutz, EuZA 2011, 362; *Schulte/Behnes*, ABC der verdeckten Gewinnausschüttung, BB-Special 9/2007, 10; *Sina*, Die Befreiung des GmbH-Geschäftsführers vom Wettbewerbsverbot, DStR 1991, 40; *Sosnitza*, Manager- und Mitarbeitermodelle im Recht der GmbH – Zur aktuellen Rechtsprechung im Zusammenhang mit Hinauskündigungsklauseln, DStR 2006, 99; *Stagat*, Risiken und Nebenwirkungen von Geschäftsführer-Anstellungsverträgen, NZA-RR 2011, 617; *Stenslik/Zahn*, Diskriminierungsschutz für Organe von Kapitalgesellschaften, DStR 2012, 1865; *Stoffels*, AGB-Recht, 2. Aufl. 2009; *Tänzer*, Aktuelle Geschäftsführervergütung in der kleinen GmbH, GmbHR 2000, 596; *Thüsing*, Nachorganschaftliche Wettbewerbsverbote bei Vorständen und Geschäftsführern – Ein Rundgang durch die neuere Rechtsprechung und Literatur, NZG 2004, 9; *Tillmann/Mohr*, GmbH-Geschäftsführer. Rechts- und Steuerberatung, Vertragsgestaltung, 10. Aufl. 2013; *Timm*, Wettbewerbsverbot und „Geschäftschancen" – Lehre im Recht der GmbH, GmbHR 1981, 177; *Verse*, Inhaltskontrolle von „Hinauskündigungsklauseln" – eine korrekturbedürftige Rechtsprechung, DStR 2007, 1822; *Wachter*, Ausländer als GmbH-Gesellschafter und -Geschäftsführer, ZIP 1999, 1577; *Walk*, Anmerkung zu BAG: Anstellungsverträge von Fremdgeschäftsführern unterliegen der AGB-Kontrolle, GWR 2010, 411; *Wank*, Der Fremdgeschäftsführer der GmbH als Arbeitnehmer, in: Wank (Hrsg.), Festschrift für Herbert Wiedemann zum 70. Geburtstag, 2002, S. 587 ff; *ders.*, Anmerkung zur Entscheidung des EuGH vom 11.11.2010 – C-232/09, EWiR 2011, 27; *Weber/Hoß/Burmester*, Handbuch der Managerverträge, 2000; *Weller*, Anmerkung zu BGH: GmbH-Geschäftsführer haben nach ihrer Abberufung in der Regel keinen Beschäftigungsanspruch – „Bonner Kunsthalle", GWR

2011, 47; *Werner*, Zur Hinauskündigung von Gesellschaftergeschäftsführern, WM 2006, 213; *Zimmermann*, Prüfung der Angemessenheit der Vergütung von (Gesellschafter-)Geschäftsführern in kleineren GmbHs, GmbHR 2002, 353; *Zirnbauer*, Das reanimierte Arbeitsverhältnis des Organvertreters, in: Bauer (Hrsg.), Festschrift zum 25-jährigen Bestehen der Arbeitsgemeinschaft Arbeitsrecht, 2006, S. 553 ff.

1. Der Geschäftsführerdienstvertrag als Schnittstelle von Vertrags-, Satzungs- und Gesellschaftsrecht

a) Doppelrechtsbeziehung des Geschäftsführers zur Gesellschaft

aa) Trennungstheorie

Der GmbH-Geschäftsführer steht zur Gesellschaft in einer **Doppelstellung.** Die **satzungsmäßigen** und **gesellschaftsrechtlichen** Rechte und Pflichten erwirbt er durch die Bestellung, für welche im Fall des Fehlens abweichender Satzungsbestimmungen die Gesellschafterversammlung per Beschluss nach § 46 Nr. 5 GmbHG zuständig ist.[1] Neben dieser **körperschaftlichen** Stellung des Geschäftsführers besteht ein **schuldrechtliches Dienstverhältnis** zwischen Gesellschaft und Geschäftsführer (zum Sonderfall des Drittanstellungsverhältnisses s. Rn 49 ff). Sowohl die Rspr als auch die Gesellschaftsrechtslehre weisen dem zwischen der GmbH und dem Geschäftsführer geschlossenen Anstellungsvertrag ein **eigenständiges schuldrechtliches Verhältnis** zu (**Trennungstheorie**).[2] Die Trennung und Unterscheidung zwischen diesen beiden Ebenen ergibt sich bereits aus dem Wortlaut des § 38 Abs. 1 GmbHG, nach welchem die Bestellung des Geschäftsführers zwar jederzeit widerruflich ist, dies allerdings etwaige vertragliche Entschädigungsansprüche unberührt lässt.[3] 1

bb) Organstellung

(1) Funktion des Geschäftsführers

Die GmbH kann als juristische Person gem. § 13 GmbHG am Rechtsverkehr weitgehend wie eine natürliche Person teilhaben, so dass ihr alle Rechte und Rechtsstellungen offenstehen, die nicht die menschliche Natur ihres Trägers voraussetzen.[4] Um handlungsfähig zu sein, benötigen juristische Personen Organe.[5] Zu den zwingend vorgesehenen Organen einer GmbH zählt nach § 6 Abs. 1 GmbHG der Geschäftsführer, der für die Gesellschaft nach außen auftritt.[6] Er ist zu diesem Zweck nach § 35 Abs. 1 GmbHG mit **umfassender Vertretungsmacht** ausgestattet, vertritt die Gesellschaft im gesamten Rechts- und Geschäftsverkehr und hat gegenüber den Mitarbeitern der Gesellschaft die **Stellung des weisungsbefugten Arbeitgebers** für die GmbH.[7] Daneben erfüllt der Geschäftsführer die Pflichten der GmbH gegenüber ihren Vertragspartnern, Gläubigern und Schuldnern sowie gegenüber der öffentlichen Hand, v.a. im Hinblick auf steuerliche Pflichten.[8] Eine Beschränkung der aus der Organstellung resultierenden gesetzlichen Vertretungsmacht ist mit Wirkung gegenüber Dritten ausgeschlossen. Allein im sog. Innenverhältnis zur Gesellschaft ist der Geschäftsführer gem. § 37 Abs. 1 GmbHG verpflichtet, Beschränkungen durch den Gesellschaftsvertrag oder durch die Beschlüsse der Gesellschafter einzuhalten. 2

Entsprechendes gilt für **stellvertretende Geschäftsführer**, auf die nach § 44 GmbHG die für Geschäftsführer bestehenden Vorschriften Anwendung finden und die sich damit nicht in ihrer 3

1 H/B/S-*Reiserer*, Das arbeitsrechtliche Mandat, § 4 Rn 1.
2 Michalski/*Lenz*, GmbHG, § 35 Rn 11; diff. Baumbach/Hueck/*Zöllner/Noack*, GmbHG, § 35 Rn 209 mwN.
3 *Goette*, Die GmbH, § 8 Rn 3.
4 Palandt/*Ellenberger*, Einf. v. § 21 BGB Rn 8.
5 Staudinger/*Weick*, Einl. zu §§ 21 ff BGB Rn 50; Schaub/*Vogelsang*, ArbR-HdB, § 14 Rn 3.
6 Baumbach/Hueck/*Fastrich*, GmbHG, § 13 Rn 4.
7 *Weber/Hoß/Burmester*, Handbuch der Managerverträge, Teil 1 Rn 9.
8 *Weber/Hoß/Burmester*, Handbuch der Managerverträge, Teil 1 Rn 9; *Reiserer/Heß-Emmerich/Peters*, Der GmbH-Geschäftsführer, S. 23.

rechtlichen Stellung, sondern im Wesentlichen in ihrer Bezeichnung vom Geschäftsführer unterscheiden.[9]

4 Die GmbH benötigt bereits vor dem Zeitpunkt ihrer Eintragung einen Geschäftsführer, da nur dieser berechtigt ist, gem. § 78 GmbHG die Gründung der GmbH zum Handelsregister anzumelden.[10]

(2) Begründung der Organstellung

5 Die zur Begründung der Organstellung notwendige **Bestellung** ergeht im Regelfall durch Beschluss der Gesellschafterversammlung mit einfacher Mehrheit nach §§ 46 Nr. 5, 47 Abs. 1 GmbHG, soweit der Gesellschaftsvertrag nichts anderes vorsieht.[11] Der **Gesellschafterbeschluss** bedarf der Schriftform und ist bei der Anmeldung zum Handelsregister sowohl im Original als auch in beglaubigter Abschrift vorzulegen.[12] Bei einer mitbestimmten GmbH dagegen obliegt die Kompetenz zur Bestellung des Geschäftsführers dem Aufsichtsrat. Die Bestellung ist kein vertraglicher, sondern ein körperschaftlicher Akt. Dennoch bedarf die Erlangung der Organstellung einer Annahmeerklärung durch den Geschäftsführer,[13] die formlos möglich ist und auch durch schlüssiges Verhalten erfolgen kann.

6 Die Bestellung kann auch unter **auflösender Bedingung** vorgenommen werden. Der Bestellungsakt kann bspw eine automatische Beendigung des Amtes ab dem Zeitpunkt vorsehen, zu welchem der Geschäftsführer der GmbH nicht seine volle Arbeitskraft zur Verfügung stellt. Der Geschäftsführer verliert dann automatisch sein Amt, wenn er diese Voraussetzung nicht erfüllt, etwa weil er außerdem einer weiteren Tätigkeit nachgeht.[14]

7 In zeitlicher Hinsicht kann die Bestellung sowohl **unbefristet** als auch auf eine Amtsperiode **befristet** vorgenommen werden,[15] wobei im Fall der mitbestimmten GmbH die Bestellung aufgrund der Verweisung der Mitbestimmungsgesetze auf § 84 AktG notwendigerweise auf eine Höchstdauer von fünf Jahren begrenzt ist.[16]

(3) Beendigung der Organstellung

8 Der Geschäftsführer verliert seine Organstellung durch **Abberufung** nach § 38 GmbHG, die wie die Bestellung ein körperschaftlicher Akt ist und durch mehrheitlich gefassten Gesellschafterbeschluss erfolgen kann. Grundsätzlich fällt die Abberufung als „*actus contrarius*" zur Bestellung in den Zuständigkeitsbereich des für die Bestellung zuständigen Organs, so dass dies bei der mitbestimmten GmbH ebenfalls Aufgabe des Aufsichtsrates ist.[17] Anders als bei der Bestellung bedarf es bei der Abberufung keiner wie auch immer gearteten Einverständniserklärung des Geschäftsführers. Es gilt der **Grundsatz der freien Widerruflichkeit**, so dass der Geschäftsführer grds. gem. § 38 Abs. 1 GmbHG jederzeit von seinem Amt abberufen werden kann, ohne dass dies an das Vorliegen bestimmter Voraussetzungen gebunden wäre. Nach § 38 Abs. 2 GmbHG kann abweichend davon die Wirksamkeit des Widerrufs der Bestellung im Gesellschaftsvertrag vom Vorliegen eines **wichtigen Grundes**, etwa einer grobe Pflichtverletzung oder der Unfähigkeit zur ordnungsgemäßen Geschäftsführung, abhängig gemacht werden. Mit der Abberufung werden die durch Bestellung dem Geschäftsführer gesetzlich und satzungsmä-

---

9 Lutter/Hommelhoff/*Kleindiek*, GmbHG, § 44 Rn 2.
10 *Reiserer/Heß-Emmerich/Peters*, Der GmbH-Geschäftsführer, S. 19.
11 Scholz/*Schneider/Schneider*, GmbHG, § 6 Rn 74.
12 *Arens/Beckmann*, Die anwaltliche Beratung des GmbH-Geschäftsführers, § 3 Rn 4.
13 Ulmer/Habersack/Winter/*Paefgen*, GmbHG, § 35 Rn 16.
14 BGH 24.10.2005 – II ZR 55/04, WM 2005, 2394.
15 Baumbach/Hueck/*Fastrich*, GmbHG, § 6 Rn 25.
16 Roth/Altmeppen/*Altmeppen*, GmbHG, § 6 Rn 70.
17 *Arens/Beckmann*, Die anwaltliche Beratung des GmbH-Geschäftsführers, § 4 Rn 13 f.

ßig vorgesehenen Kompetenzen wieder entzogen.[18] Im Falle einer Abberufung aus wichtigem Grund hat ein Geschäftsführer, der gleichzeitig auch Anteile an der Gesellschaft besitzt (Gesellschafter-Geschäftsführer), kein Stimmrecht bei der Fassung des zur Abberufung notwendigen Gesellschafterbeschlusses, da er ansonsten – gerade als Mehrheitsgesellschafter – seine wirksame Abberufung verhindern könnte.[19] Im Normalfall der freien Abberufung nach § 38 Abs. 1 GmbHG gilt dieses Stimmrechtsverbot dagegen nicht.[20]

Die Abberufung eines Gesellschafter-Geschäftsführers kann jedoch trotz der grds. freien Widerrufbarkeit aufgrund eines Verstoßes gegen die **gesellschafterliche Treuepflicht** unwirksam sein, wenn der Mehrheitsgesellschafter vergleichsweise geringfügige Vorfälle zum Anlass nimmt, um einen anderen Gesellschafter durch Entzug der Geschäftsführerstellung um seine berufliche Lebensgrundlage zu bringen.[21] Aus dieser gesellschafterlichen Treuepflicht kann allerdings gerade nicht gefolgert werden, dass es zur Abberufung eines an der Gesellschaft beteiligten Geschäftsführers regelmäßig eines sachlich gerechtfertigten Grundes bedarf.[22] Dennoch gebietet diese Treupflicht ein gewisses Maß an Rücksichtnahme, welches es den Gesellschaftern zumindest nicht gestattet, einen Mitgesellschafter von seinem Amt als Geschäftsführer völlig willkürlich oder aus sachfremden Erwägungen abzuberufen.[23] 9

Die Kompetenzen entfallen ebenso, wenn die Organstellung durch **Amtsniederlegung, Eintritt der auflösenden Bedingung** oder durch **Ablauf der im Bestellungsbeschluss festgelegten Amtszeit** erlischt. Wird die GmbH geschäftsführerlos, beeinträchtigt dies zwar nicht ihren Bestand als juristische Person, macht sie allerdings bis zur Bestellung eines neuen Geschäftsführers im Rechtsverkehr **handlungsunfähig**, so dass sie bspw weder Rechte geltend machen noch von Gläubigern verklagt werden kann.[24] 10

(4) Eintragungspflicht

Die Eintragung der Bestellung als Geschäftsführer ins **Handelsregister** ist nach § 10 Abs. 1 HGB verpflichtend. Sie hat aber lediglich **deklaratorischen Charakter.** Ein Fehlen der Eintragung beeinträchtigt weder die Organstellung noch schränkt es die Vertretungsmacht ein. Mögliche Rechtsfolgen des Fehlens der Eintragung ergeben sich ausschließlich über den Rechtsscheintatbestand des § 15 HGB (§ 39 GmbHG; § 10 GmbHG).[25] So kann sich bspw eine Gesellschaft aufgrund des aus § 15 Abs. 1 HGB folgenden öffentlichen Glaubens des Handelsregisters für den allgemeinen Rechtsverkehr gegenüber Dritten nicht auf die wirksame Abberufung des Geschäftsführers stützen, wenn die Abberufung nicht ins Handelsregister eingetragen wurde.[26] 11

18 *Reufels*, ArbRB 2002, 59.

19 BGH 21.6.2010 – II ZR 230/08, DStR 2010, 1997; OLG Karlsruhe 4.5.1999 – 8 U 153/97, NZG 2000, 264, 265; OLG Düsseldorf 24.2.2000 – 6 U 77/99, BeckRS 2000, 07772; OLG Karlsruhe 25.6.2008 – 7 U 133/07, NZG 2008 785; Lutter/Hommelhoff/*Kleindiek*, GmbHG, § 38 Rn 17.

20 OLG Karlsruhe 4.5.1999 – 8 U 153/97, NZG 2000, 264, 265; OLG Düsseldorf 24.2.2000 – 6 U 77/99, BeckRS 2000, 07772; OLG Karlsruhe 25.6.2008 – 7 U 133/07, NZG 2008, 785; Roth/Altmeppen/*Altmeppen*, GmbHG, § 38 Rn 21; Michalski/*Terlau*, GmbHG, § 38 Rn 21; Baumbach/Hueck/*Zöllner/Noack*, GmbHG, § 38 Rn 33.

21 BGH 29.11.1993 – II ZR 61/93, DStR 1994, 214; ebenso OLG Zweibrücken 5.6.2002 – 4 U 117/02, GmbHR 2003, 1206.

22 OLG Brandenburg 30.1.2008 – 7 U 59/07, FD-HGR 2008, 261457; aA und dies wohl etwas einschränkend OLG Koblenz 21.6.2007 – 6 W 298/07, BeckRS 2007, 10829.

23 OLG Koblenz 21.6.2007 – 6 W 298/07, BeckRS 2007, 10829.

24 *Reiserer/Heß-Emmerich/Peters*, Der GmbH-Geschäftsführer, S. 23.

25 Scholz/*K. Schmidt*, GmbHG, § 46 Rn 82.

26 Baumbach/Hueck/*Zöllner/Noack*, GmbHG, § 39 Rn 24.

cc) Dienstverhältnis

(1) Rechtsnatur

12 Neben der Stellung des Geschäftsführers als obligatorischem Organ der GmbH werden intern regelmäßig die Bedingungen für das Dienstverhältnis zwischen der Gesellschaft und dem Geschäftsführer auf vertraglicher Ebene geregelt. Dieser Vertrag ist nach hM ein **Dienstvertrag mit Geschäftsbesorgungselementen** nach §§ 611, 675 BGB, gerichtet auf einen gegenseitigen Austausch von Leistungen iSd §§ 320 ff BGB.[27] Da kein Formzwang besteht, ist auch ein mündlicher oder sogar konkludenter Vertragsschluss möglich.[28] Nur ausnahmsweise kann es sich bei dem Geschäftsführer-Anstellungsverhältnis um ein **Auftragsverhältnis** nach §§ 662 ff BGB handeln, etwa wenn der Geschäftsführer bspw ausschließlich zu karitativen Zwecken, ohne Vergütung für die Gesellschaft, tätig wird.[29] Dies wird idR nur bei Gesellschafter-Geschäftsführern der Fall sein, die maßgeblich an der Gesellschaft beteiligt sind.[30] Heben die Parteien einen Dienstvertrag eines Geschäftsführers in den Räumen der Firma (hier einer Handwerkskammer) auf, schließen die Parteien nach Ansicht des OLG Karlsruhe[31] kein Haustürgeschäft, da der Arbeitsplatz keinen „spezifisch ungewöhnlichen Ort" für solche Verträge darstelle.

(2) Eigenständigkeit des Dienstverhältnisses

13 Das Dienstverhältnis ist von der Bestellung zum Organ zu trennen. Aus der heute anerkannten **Trennungstheorie** ergibt sich, dass Dienstvertragsbeziehung und Organstellung jeweils einem selbständigen Schicksal folgen.[32] Beide Rechtsverhältnisse sind daher getrennt voneinander zu behandeln, wenngleich Verknüpfungen über Koppelungsklauseln eintreten können.[33]

14 Die Auswirkungen der Trennung werden insb. bei der **Beendigung des Geschäftsführeramtes** offensichtlich. Der Geschäftsführer kann aus seiner Organstellung gem. § 38 GmbHG – vorbehaltlich einer abweichenden Regelung in der Satzung – jederzeit abberufen werden. Die Beendigung seines Dienstverhältnisses hingegen richtet sich nach den vertraglich vereinbarten oder – beim Fehlen vertraglicher Vereinbarungen – nach den für Dienstverträge vorgesehenen gesetzlichen Kündigungsregelungen. Der Dienstvertrag des Geschäftsführers dient häufig dazu, eine rechtliche Verbindung zwischen Organstellung und Dienstverhältnis herzustellen. Der enge Bezug zwischen der Organstellung und dem Dienstvertrag wird dadurch deutlich, dass der Geschäftsführer als Organ Tätigkeiten ausübt, die zugleich die Erfüllung seiner im Dienstvertrag vereinbarten Aufgaben bedeuten. Umgekehrt werden im Dienstvertrag Pflichten aufgestellt, die bereits in den aus der Organstellung resultierenden Pflichtenkreis fallen. Die Gesellschaft hat aufgrund des Gleichlaufs organschaftlicher und dienstvertraglicher Aufgaben bei Schlechterfüllung durch den Geschäftsführer ein Interesse, dass bei Abberufung gleichzeitig das Dienstverhältnis endet. Die rechtliche Trennung beider Rechtsverhältnisse erschwert allerdings die rechtliche Durchsetzbarkeit dieses Gesellschafterinteresses. Nur durch Aufnahme rechtlich umstrittener Vereinbarungen im Dienstvertrag zur Knüpfung des Dienstverhältnisses an den Fortbestand der Geschäftsführerbestellung (sog. **Koppelungsklauseln**) können die aus der Trennungstheorie resultierenden Folgen überwunden werden. Koppelungsklauseln dienen entgegen dem grundsätzlichen Trennungsprinzip dem zeitlichen Gleichlauf zwischen Organstellung und

27 BGH 7.12.1987 – II ZR 206/87, WM 1988, 298.

28 BGH 27.1.1997 – II ZR 213/95, NJW-RR 1997, 669.

29 Beck'sches GmbH-Handbuch/*Axhausen*, § 5 Rn 25; Ulmer/Habersack/Winter/*Paefgen*, GmbHG, § 35 Rn 136.

30 *Arens/Beckmann*, Die anwaltliche Beratung des GmbH-Geschäftsführers, § 1 Rn 5.

31 OLG Karlsruhe 12.12.2003 – 14 U 34/03, NZA-RR 2005, 186.

32 Michalski/*Lenz*, GmbHG, § 35 Rn 160; diff. Baumbach/Hueck/*Zöllner/Noack*, GmbHG, § 35 Rn 209 ff.

33 BGH 10.2.1992 – II ZR 23/91, NJW-RR 1992, 800; *Holthausen/Steinkraus*, NZA-RR 2002, 281; *Nägele*, BB 2001, 305; ebenso OLG Hamm 20.11.2006 – 8 U 217/05, GmbHR 2007, 442.

vertraglicher Anstellung und sind zumindest im Bereich von unbefristeten Geschäftsführerdienstverträgen mittlerweile als zulässig anerkannt.[34] Zu Koppelungsklauseln s. § 2 Rn 727 ff. Soweit es an einer entsprechenden Vereinbarung fehlt, können allerdings – zumindest im Fall der Abberufung aus wichtigem Grund – diese Gründe manchmal auch eine fristlose Kündigung des Anstellungsvertrages rechtfertigen.[35]

b) Arbeitsrechtliche Schnittmengen

aa) Geschäftsführer als Arbeitnehmer?

(1) Regelfall: Freies Dienstverhältnis

Da dem körperschaftlichen Akt der Bestellung zum Geschäftsführer ein als Dienstvertrag einzuordnendes Schuldverhältnis zugrunde liegt, stellt sich die Frage, inwieweit die **Regelungen des Arbeitsrechts auf den GmbH-Geschäftsführer übertragen** werden können. Anders als Vorstände von AG unterliegen GmbH-Geschäftsführer gem. § 37 GmbHG den Weisungen der Gesellschaft, so dass ihnen tatsächlich in vielen Fällen nur ein begrenzter Entscheidungsspielraum verbleibt. Einer Einordnung des Geschäftsführers als Arbeitnehmer steht jedoch in den meisten Fällen – zumindest nach der kategorischen Sichtweise des BGH und der wohl hM[36] – die Stellung als Organ der Gesellschaft entgegen. Allerdings schließen sich Geschäftsführerstatus und Arbeitnehmereigenschaft nicht grds. aus, so dass es in Ausnahmefällen zumindest denkbar erscheint, einzelne Mitglieder der Geschäftsführung als Arbeitnehmer anzusehen, soweit sie einer weitergehenden Weisungsgebundenheit auch bzgl der Umstände ihrer Leistungserbringung unterliegen.[37] Auch das BAG hält dies in Einzelfällen für möglich, in denen der Geschäftsführer aufgrund des Anstellungsvertrages keinerlei Rechte im Innenverhältnis besitze.[38] Demnach dient die Anerkennung der Arbeitnehmereigenschaft vielmehr der Verhinderung der missbräuchlichen Bestellung eines Angestellten zum Geschäftsführer, um diesem seine Arbeitnehmerrechte vorzuenthalten.[39] Allerdings hat das BAG durch den Ausschluss der Rechtswegzuweisung an die Arbeitsgerichte für vertretungsberechtigte Organe juristischer Personen in § 5 Abs. 1 S. 3 ArbGG nur selten die Gelegenheit, diese Möglichkeit in Entscheidungen umzusetzen, so dass die ablehnende Haltung des BGH zu dieser Frage in erster Linie zu beachten ist.[40] 15

Der EuGH hat in seiner **„Danosa"-Entscheidung**[41] einen anderen Weg gewählt und herausgestellt, das bloße Bestehen einer Organstellung nach nationalem Recht oder Verständnis spräche nicht pauschal gegen die Einordnung unter den EU-rechtlichen Arbeitnehmerbegriff (s. ausf. Rn 23 ff). Dies steht im klaren Gegensatz zur vorherrschenden nationalen Sichtweise, welche eine umfassende Anerkennung der Arbeitnehmereigenschaft zumeist schon allein deshalb verneint, weil der Geschäftsführer die jeweilige juristische Person als Arbeitgeber repräsentiere und häufig in einer Interessenkollision zur Arbeitnehmerschaft stehe.[42] 16

(2) Regelfall: Keine Zuständigkeit der Arbeitsgerichte

Im Rahmen von Rechtsstreitigkeiten im Zusammenhang mit dem Anstellungsverhältnis sind die Arbeitsgerichte nicht zuständig, weil Mitglieder des Vertretungsorgans einer juristischen 17

34 *Grobys/Glanz*, NJW-Spezial 2007, 129; BGH 21.6.1999 – 2 ZR 27/98, NJW 1999, 3263.

35 BGH 24.10.1994 – II ZR 91/94, DStR 1994, 1746.

36 Vgl BGH 8.1.2007 – II ZR 267/05, NJW-RR 2007, 1632, 1633; BGH 10.5.2010 – II ZR 70/09, NZG 2010, 827; *Jaeger*, NZA 1998, 961, 963; Michalski/*Lenz*, GmbHG, § 35 Rn 116; *Nägele*, BB 2001, 305, 306 f; *Reiserer*, DStR 2000, 31; Baumbach/Hueck/*Zöllner/Noack*, GmbHG, § 35 Rn 172.

37 *Reufels*, ArbRB 2002, 59.

38 BAG 26.5.1999 – 5 AZR 664/98, NJW 1999, 3731; BAG 23.8.2011 – 10 AZB 51/10, DB 2011, 2386.

39 *Schrader/Schubert*, BB 2007 1617, 1619.

40 *Arens/Beckmann*, Die anwaltliche Beratung des GmbH-Geschäftsführers, § 1 Rn 5.

41 EuGH 11.11.2010 – C-232/09, NJW 2011, 2343 (Danosa).

42 Schaub/*Vogelsang*, ArbR-HdB, § 14 Rn 2 f.

Person gem. § 5 Abs. 1 S. 3 ArbGG nicht als Arbeitnehmer gelten.[43] Diese klare **Rechtswegzuweisung** gilt **unabhängig vom tatsächlich bestehenden Vertragstyp**, so dass eine Klage eines Geschäftsführers vor den Arbeitsgerichten für den gesamten Zeitraum seiner Organmitgliedschaft ausgeschlossen ist, selbst wenn seiner Anstellung materiell-rechtlich ein Arbeitsvertrag zugrunde liegt.[44] Durch die Fiktion des § 5 Abs. 1 S. 3 ArbGG soll sichergestellt werden, dass Mitglieder von Vertretungsorganen mit der sie anstellenden juristischen Person keinen „Rechtsstreit im Arbeitgeberlager" vor den Arbeitsgerichten ausfechten.[45]

18 Eine Zuständigkeit der Arbeitsgerichte kann sich allerdings dann ergeben, wenn die Rechte nicht dem der Bestellung zugrunde liegenden Schuldverhältnis, sondern **einem anderen Rechtsverhältnis entnommen** werden. Diese Fallkonstellation kann eintreten, wenn der Organvertreter Rechte aus einem schon vor Abschluss des Anstellungsvertrages begründeten und angeblich weiter bestehenden Arbeitsverhältnis herleitet oder wenn er Rechte mit der Begründung geltend macht, nach Abberufung habe sich das nicht gekündigte und fortgesetzte Anstellungsverhältnis in ein Arbeitsverhältnis umgewandelt.[46] Allein der Umstand, dass zunächst eine Probezeit vorgeschaltet wird und eine Eintragung des Geschäftsführers in das Handelsregister erst mit einer Verzögerung von über 6 Monaten nach Tätigkeitsaufnahme erfolgt, führt nicht dazu, dass für diese Zeit ein Arbeitsverhältnis an Stelle des Dienstvertrages anzunehmen wäre.[47]

(3) Anwendung arbeitnehmerschützender Normen, insb. des KSchG

19 Auch wenn eine grundsätzliche Einordnung von Geschäftsführern unter den Arbeitnehmerbegriff in der Praxis regelmäßig ausscheiden wird, stellt sich die Frage nach einer entsprechenden Anwendung bestimmter arbeitnehmerschützender Normen. Nach Ansicht des BAG ist im Regelfall daher im Hinblick auf die einzelnen arbeitsrechtlichen Normen zu überprüfen, ob es das Anstellungsverhältnis erfordert und die Organstellung nicht verbietet, Bestimmungen aus dem Recht der abhängigen Arbeitnehmer auch auf den GmbH-Geschäftsführer entsprechend anzuwenden.[48] Die **Anwendung arbeitnehmerschützender Vorschriften** erscheint nur dann **erforderlich**, wenn das Bedürfnis der Sicherung der persönlichen oder wirtschaftlichen Existenz des Geschäftsführers höher anzusiedeln ist als die Stellung als Unternehmensleiter.[49] Die mögliche Einordnung als arbeitnehmergleiche Person hängt maßgeblich von dem Umfang der Beteiligung des Geschäftsführers am Unternehmen, der Ausgestaltung des Gesellschaftsvertrages sowie dem Inhalt des Anstellungsvertrages ab. Als **Unternehmer** ist der Geschäftsführer zumindest dann einzustufen, wenn er zugleich Gesellschafter ist und mehr als 50 % der Geschäftsanteile der GmbH hält. Dagegen kann dem **Geschäftsführer ohne oder nur mit geringer Gesellschaftsbeteiligung** entsprechend den Regelungen für Arbeitnehmer auch ein Zeugnisanspruch[50] oder ein Anspruch auf Urlaubsabgeltung zustehen.[51] Auch insolvenzrechtlich können Geschäftsführer einer GmbH ohne Kapitalbeteiligung als Arbeitnehmer behandelt werden.[52] Allerdings wandelt sich auch die Stellung eines Fremdgeschäftsführers nicht automatisch mit der

---

43 BAG 6.5.1999 – 5 AZB 22/98, NZA 1999, 839; BAG 25.10.2007 – 6 AZR 1045/06, NZA 2008, 168.

44 BAG 25.10.2007 – 6 AZR 1045/06, NZA 2008, 168; BAG 15.3.2011 – 10 AZB 32/10, NZA 2011, 874; BAG 23.8.2011 – 10 AZB 51/10, DB 2011, 2386; LAG Rheinland-Pfalz 28.6.2012 – 3 Ta 72/12, NZA-RR 2012, 549.

45 BAG 20.8.2003 – 5 AZB 79/02, NZA 2003, 1108; BAG 23.8.2011 – 10 AZB 51/10, DB 2011, 2386.

46 BAG 6.5.1999 – 5 AZB 22/98, NZA 1999, 839; BAG 15.3.2011 – 10 AZB 32/10, NZA 2011, 874; BAG 23.8.2011 – 10 AZB 51/10, DB 2011, 2386.

47 LAG Köln 12.1.2012 – 12 Ta 274/11, NZA-RR 2012, 327.

48 BAG 13.2.2003 – 8 AZR 654/01, NZA 2003, 552.

49 BAG 13.2.2003 – 8 AZR 654/01, NZA 2003, 552.

50 BGH 9.11.1967 – II ZR 64/67, NJW 1968, 396.

51 BGH 3.12.1962 – II ZR 201/61, NJW 1963, 535; BFH 28.1.2004 – I R 50/03, DStR 2004, 680; BFH 6.10.2006 – I B 28/06, GmbHR 2007, 104; OLG Düsseldorf 23.12.1999 – 6 U 119/99, NZG 2000, 377.

52 BGH 23.1.2003 – IX ZR 39/02, NZA 2003, 439; OLG Jena 14.3.2001 – 7 U 913/00, NZA-RR 2001, 468; Unanwendbarkeit der insolvenzrechtlichen Arbeitnehmervorschriften auf Gesellschafter-Geschäftsführer da-

Eröffnung des Insolvenzverfahrens in eine Arbeitnehmerstellung um.[53] Der **Fremdgeschäftsführer** kann sich weiterhin auf den arbeitsrechtlichen Gleichbehandlungsgrundsatz berufen, soweit die Gesellschaft bspw Leistungen an Mitgeschäftsführer oder vergleichbare leitende Angestellte gewährt.[54] Umstritten ist, ob die **Kündigungsfristen des § 622 BGB**, die nach dem Wortlaut der Vorschrift nur für Arbeitsverhältnisse gelten, auf Geschäftsführer-Dienstverhältnisse Anwendung finden oder ob insoweit auf die kürzeren Fristen des § 621 BGB zurückzugreifen ist. Richtigerweise sind die Kündigungsfristen des § 622 Abs. 1 BGB nach der Angleichung der Fristen für Arbeiter und Angestellte zum 1.8.1993 nicht mehr entsprechend auf Geschäftsführer anwendbar, da es nach der Gesetzesreform an der notwendigen Regelungslücke mangelt. Vielmehr richten sich die gesetzlichen Kündigungsfristen nach § 621 Nr. 3 BGB (s. § 2 Rn 486).[55] Auch **§ 613 a BGB** ist nicht entsprechend auf Organe juristischer Personen anwendbar.[56] Ebenso scheidet sowohl eine direkte als auch eine entsprechende Anwendung von Vorschriften des **ArbNErfG**[57] und des **BUrlG**[58] aus. Zulässig ist allerdings eine einzelvertragliche Verweisung, über welche dann auch Geschäftsführer in den Schutzbereich arbeitnehmerschützender Normen, wie etwa des BUrlG, gelangen können.[59]

Dagegen kommt die entsprechende Anwendung bestimmter Schutzvorschriften von vornherein nicht in Betracht. Eine **Anwendbarkeit des KSchG** auf Geschäftsführer scheidet aufgrund der negativen Fiktion in § 14 Abs. 1 Nr. 1 KSchG aus (s. § 2 Rn 475). Dies gilt unabhängig von der konkreten Ausgestaltung des Anstellungsvertrages, also selbst wenn dieser im Einzelfall als Arbeitsverhältnis zu qualifizieren wäre.[60] Allerdings ist nach einer Entscheidung des BGH eine **Parteivereinbarung im Anstellungsvertrag** zulässig, nach der die materiellen Vorschriften des KSchG auf einen Geschäftsführer anwendbar sein sollen.[61] Die ausdrückliche Vereinbarung der Anwendbarkeit arbeitnehmerschützender Normen auf Geschäftsführer ist auf Grundlage der **Privatautonomie** grds. den Arbeitsvertragsparteien überlassen und insoweit **nur durch die zwingenden Anforderungen begrenzt**, welche sich aus dem Organverhältnis selbst hinsichtlich des gesellschaftlichen Interesses an der Gewährleistung ihrer Funktionstüchtigkeit ergeben.[62] Aus diesem allgemein aufgestellten Grundsatz kann somit gefolgert werden, dass es den Parteien unbenommen ist, arbeitnehmerschützende Normen im Anstellungsvertrag für anwendbar zu erklären, selbst wenn die betroffenen gesetzlichen Regelungen Organvertreter vom Anwendungsbereich ausdrücklich ausnehmen. Einzige Beschränkung bildet insoweit die Beeinträchtigung der Funktionsfähigkeit des Organamtes. Konkret bezogen auf den Kündigungsschutz ergeben sich keine zusätzlichen Probleme aus dem KSchG selbst, da das Gesetz zwar einseitig 20

---

gegen: BGH 24.7.2003 – IX ZR 143/02, NZA 2004, 157; OLG Hamm 29.3.2000 – 8 U 156/99, NJW-RR 2000, 1651; LAG Rheinland-Pfalz 25.9.2008 – 10 Sa 162/08, NZG 2009, 195.

53 Ablehnung der sog. Mutationstheorie: BGH 10.1.2000 – II ZR 251/98, NZA 2000, 376; BAG 20.8.1998 – 2 AZR 12/98, n.v.; LAG Köln 21.4.2004 – 8 (13) Sa 136/03, LAGReport 2005, 63; LAG Rheinland-Pfalz 25.9.2008 – 10 Sa 162/08, NZG 2009, 195.

54 BGH 14.5.1990 – II ZR 122/89, DB 1990, 1810.

55 Moll/*Moll/Grobys*, MAH Arbeitsrecht, § 80 Rn 48; Michalski/*Tebben*, GmbHG, § 6 Rn 218 ff; aA OLG Düsseldorf 10.10.2003 – 17 U 35/03, NZG 2004, 478; LAG Rheinland-Pfalz 25.9.2008 – 10 Sa 162/08, NZG 2009, 195; zur Rechtslage bis zum 1.8.1993: BGH 29.1.1981 – II ZR 92/80, NJW 1981, 1270.

56 BAG 13.2.2003 – 8 AZR 654/01, NZA 2003, 552; LAG Berlin-Brandenburg 20.4.2010 – 12 Sa 2744/09, BeckRS 2010, 74493.

57 BGH 24.8.1989 – X ZR 58/88, NJW-RR 1990, 349; OLG Düsseldorf 10.6.1999 – 2 U 11/98, GRUR 2000, 49; OLG München 31.1.2008 – 6 U 2464/97, NJOZ 2009, 4044.

58 OLG Düsseldorf 23.12.1999 – 6 U 119/99, NZG 2000, 377; LAG Rheinland-Pfalz 25.9.2008 – 10 Sa 162/08, NZG 2009, 195.

59 Vgl OLG München 19.5.2011 – 23 U 5276/09, BeckRS 2011, 13736.

60 BGH 8.1.2007 – II ZR 267/05, NJW-RR 2007, 1632; BGH 10.5.2010 – II ZR 70/09, NJW 2010, 2343.

61 BGH 10.5.2010 – II ZR 70/09, NJW 2010, 2343.

62 BGH 10.5.2010 – II ZR 70/09, NJW 2010, 2343.

zwingendes Recht hinsichtlich der Abweichung zu Lasten von Arbeitnehmern enthalte, eine Ausweitung des Anwendungsbereichs allerdings zulässig bleibe.[63]

21 Im Zusammenhang mit der vereinbarten Geltung des KSchG hat der BGH eine Beeinträchtigung des Organverhältnisses aufgrund der grundsätzlichen Trennung von Organ- und Anstellungsebene abgelehnt, da die Bestellungs- und Abberufungsfreiheit der Gesellschaft durch Zuerkennung eines Kündigungsschutzes bei der Beendigung des Anstellungsvertrages allenfalls mittelbar berührt werden könne. Mögliche höhere wirtschaftliche Belastungen aufgrund des Kündigungsschutzes, welche zwar grds. geeignet seien, die Abberufungsentscheidung mittelbar zu beeinflussen, würden vom Gesetz ausdrücklich hingenommen, da – wie in § 38 Abs. 1 S. 2 GmbHG deutlich gemacht – die freie Abberufung stets unter dem Vorbehalt vertraglicher Entschädigungsansprüche steht.[64]

22 Ob **Minderheitsgesellschafter** dem Unternehmer oder der arbeitnehmerähnlichen Person näher stehen, hängt maßgeblich vom Grad der tatsächlichen Leitungsmacht ab. Im Bereich des Betriebsrentenrechts werden Minderheitsgesellschafter dann als Unternehmer eingeordnet, wenn sie zusammen mit anderen, ebenfalls mit Leitungsmacht ausgestatteten Gesellschaftern über die Anteilsmehrheit verfügen (s. § 2 Rn 768).[65] In ähnlicher Weise wird der Kreis der sozialversicherungspflichtig Beschäftigten gem. § 7 SGB IV bestimmt (s. Rn 72 ff).

(4) Europarechtliche Impulse für eine mögliche Arbeitnehmereigenschaft von Geschäftsführern

23 In der **„Danosa"-Entscheidung**[66] (s. Rn 16) hat der EuGH mit seinen Ausführungen die Debatte um eine mögliche Arbeitnehmereigenschaft von Organvertretern und die damit verbundene Anwendung arbeitnehmerschützender Normen zumindest im Hinblick auf die europarechtliche Sichtweise erneut in den Mittelpunkt des Interesses gerückt. Zugrunde lag der Entscheidung im Vorabentscheidungsverfahren die Frage, inwieweit auch Organvertreter – im konkreten Fall ein weibliches Mitglied der Leitungsebene einer lettischen Aktiengesellschaft, welche von ihrem Status her am ehesten einer deutschen Fremdgeschäftsführerin entsprach – unter den unionsrechtlichen Arbeitnehmerbegriff der **EG-Mutterschutzrichtlinie**[67] fallen können. Der EuGH stellte insoweit klar heraus, dass das Vorliegen einer Organstellung nicht pauschal gegen eine Einordnung als **unionsrechtlicher Arbeitnehmer** spreche. Unerheblich sei demnach auch, ob das zugrunde liegende Rechtsverhältnis nach nationalem Verständnis gerade kein Arbeitsverhältnis darstellen könne oder der Organvertreter rein formal als Unternehmer einzuordnen sei. Vielmehr sei anhand der konkreten Voraussetzungen im Einzelfall zu prüfen, ob ein Organvertreter als Arbeitnehmer iSd Unionsrechts behandelt werden müsse.[68]

24 Entscheidend komme es darauf an, ob sich das Organmitglied in einer Art **Unterordnungsverhältnis** befinde. Ein solches sei zumindest dem ersten Anschein nach grds. bei einem Organmitglied anzunehmen, das gegen Entgelt Leistungen gegenüber der Gesellschaft erbringt, die es bestellt hat und in die es eingegliedert ist, das seine Tätigkeit nach der Weisung oder unter der Aufsicht eines anderen Organs dieser Gesellschaft ausübt und das jederzeit ohne Einschränkung von seinem Amt abberufen werden kann.[69] Entscheidend ist daher, ob das Organmitglied **weisungsgebunden und rechenschaftspflichtig** ist und inwieweit seine Organstellung im Wege einer **freien Abberufbarkeit** beendet werden kann. Nach diesen Maßstäben dürften zumindest nicht und nur geringfügig am Gesellschaftskapital beteiligte Geschäftsführer regelmäßig unter

63 BGH 10.5.2010 – II ZR 70/09, NJW 2010, 2343.
64 BGH 10.5.2010 – II ZR 70/09, NJW 2010, 2343.
65 BAG 25.1.2000 – 3 AZR 769/98, NZA 2001, 959.
66 EuGH 11.11.2010 – C-232/09, NJW 2011, 2343 (Danosa).
67 Richtlinie 89/391/EWG.
68 EuGH 11.11.2010 – C-232/09, NJW 2011, 2343 (Danosa).
69 EuGH 11.11.2010 – C-232/09, NJW 2011, 2343 (Danosa).

den europarechtlichen Arbeitnehmerbegriff des EuGH fallen. Zum einen unterliegen sie den Weisungen der Gesellschafterversammlung nach § 37 Abs. 1 GmbHG und können im Regelfall mangels anderweitiger Regelung in der Gesellschaftssatzung nach § 38 Abs. 1 GmbHG grds. jederzeit ohne Einschränkung abberufen werden.[70]

Soweit **Fremdgeschäftsführer** unter den unionsrechtlichen Arbeitnehmerbegriff fallen, sind die jeweils betroffenen nationalen Arbeitnehmerschutzvorschriften auch auf sie anzuwenden, soweit sie auf der Umsetzung europarechtlicher Richtlinienvorgaben beruhen. Demnach ist im konkreten Fall des **MuSchG** die Vorschrift des § 1 Nr. 1 MuSchG **richtlinienkonform** dahin gehend **auszulegen**, dass auch von den Grundsätzen des EuGH umfasste Geschäftsführer unter den Anwendungsbereich der „Frauen, die in einem Arbeitsverhältnis stehen", zu fassen sind.[71] Auch wenn die Bestimmung des Arbeitnehmerbegriffs des EuGH sich im konkreten Fall lediglich auf die Mutterschutzrichtlinie bezieht, ist dennoch mit einer **Übertragung dieser Grundsätze auch auf andere Richtlinien** und daraus folgend mit einem zukünftig sehr weiten Verständnis der Arbeitnehmereigenschaft auf unionsrechtlicher Ebene zu rechnen.[72] Zumindest für Fremd- und Minderheitsgesellschafter-Geschäftsführer steht zukünftig somit eine Anwendbarkeit von arbeitnehmerschützenden Vorschriften im Raume, soweit diese auf der Umsetzung von EG-Richtlinien beruhen und diese Richtlinien nicht an den jeweiligen nationalstaatlichen, sondern an den **unionsrechtlichen Arbeitnehmerbegriff** anknüpfen.[73] Gerechnet wird bereits mit einer Einbeziehung bestimmter Geschäftsführer in den Anwendungsbereiche des Bundeselterngeld- und Elternzeitgesetzes (**BEEG**)[74] und des Arbeitszeitgesetzes (**ArbZG**)[75] sowie den Umsetzungsvorschriften zur Urlaubsrichtlinie, den Gleichstellungsrichtlinien und der Zahlungsunfähigkeitsrichtlinie,[76] auch wenn dies zumindest teilweise zu wenig sachgemäßen Ergebnissen gemessen an der wirtschaftlichen Realität führen würde. 25

Möglicherweise könnte dieses Urteil auf lange Sicht weitreichende Konsequenzen für die Behandlung nicht oder nur geringfügig am Gesellschaftskapital beteiligter Geschäftsführer haben. Die genauen Auswirkungen sind allerdings derzeit noch nicht absehbar, so dass die weitere nationale und europäische Bewertung und Entwicklung v.a. in der Rspr abzuwarten bleiben. 26

(5) Umfang der Anwendbarkeit des AGG

Ein weiteres Problem, was unlängst erhöhte Aufmerksamkeit erhalten hat, ist die Frage des **Umfangs der Anwendbarkeit des AGG** auf Organvertreter. Gemäß § 6 Abs. 3 AGG gelten die Vorschriften des Zweiten Abschnitts des Gesetzes für Organvertreter lediglich beschränkt auf die Bereiche des Zugangs zur Erwerbstätigkeit und des beruflichen Aufstiegs. In aktuellen Entscheidungen hatte insoweit zunächst das OLG Köln[77] und in der angestrengten Revision auch der BGH[78] diesen Anwendungsbereich bezogen auf die Frage einer Gleichbehandlung bei der Wiederbestellung genauer erörtert. Demnach ist § 6 Abs. 3 AGG so auszulegen, dass nicht nur die erstmalige Bestellung und Anstellung erfasst ist, sondern auch die **erneute Bestellung**. Laufen demnach die befristete Bestellung und der zugrunde liegende Anstellungsvertrag in zeitlicher Hinsicht ab und bewirbt sich der betroffene Geschäftsführer erneut für das Amt, stellt 27

70 So auch *Baeck/Winzer*, NZG 2011, 101; *Bauer/Arnold*, NZG 2012, 921, 923; *Junker*, NZA 2011, 950 f; *Reufels/Molle*, NZA-RR 2011, 281, 283; *Schubert*, EuZA 2011, 362, 365; *Stagat*, NZA-RR 2011, 617, 622; *von Medem*, ArbR Aktuell 2010, 654.

71 Ebenso *Junker*, NZA 2011, 950, 951; *Leopold*, ZESAR 2011, 362, 366; *Oberthür*, NZA 2011, 253, 256; *Schubert*, EuZA 2011, 362, 369.

72 *Leopold*, ZESAR 2011, 362, 366; *Wank*, EWiR 2011, 27, 28; *Schubert*, EuZA 2011, 362, 369.

73 *Schubert*, EuZA 2011, 362, 369.

74 *Fischer*, NJW 2011, 2329, 2331; *Oberthür*, NZA 2011, 253, 258.

75 *Leopold*, ZESAR 2011, 362, 367.

76 *Fischer*, NJW 2011, 2329, 2332; *Leopold*, ZESAR 2011, 362, 367.

77 OLG Köln 29.7.2010 – 18 U 196/09, NZG 2011, 187.

78 BGH 23.4.2012 – II ZR 163/10, NZA 2012, 797.

dies einen (erneuten) Zugang zur Erwerbstätigkeit dar, so dass er sich hinsichtlich der Auswahl auf die Vorschriften des Zweiten Abschnitts des AGG und die Beweislasterleichterung des § 22 AGG berufen kann.[79] Zwar entstammt die **Beweislastregel des § 22 AGG** nicht dem Zweiten, sondern dem Vierten Abschnitt des Gesetzes, so dass eine Anwendbarkeit nicht unmittelbar vom Wortlaut des § 6 Abs. 3 AGG gedeckt scheint. Allerdings soll mit den Regelungen im Vierten Abschnitt zum Rechtsschutz gerade sichergestellt werden, dass die Schutzregelungen und damit auch die Regelungen des Zweiten Abschnitts im Prozesswege durchgesetzt werden können. Organvertreter sind insoweit in gleichem Maße wie sonstige Beschäftigte auf die Erleichterungen der Darlegungs- und Beweislastvorschriften angewiesen.[80] Die wörtlich scheinende Beschränkung auf den 2. Abschnitt dient nur der Abgrenzung der darin geregelten arbeitsrechtlichen Vorschriften von den zivilrechtlichen Regelungen im 3. Abschnitt. Demnach sind die Vorschriften des 1. sowie des 4.–7. Abschnitts des AGG auf Organvertreter hinsichtlich des Zugangs zur Erwerbstätigkeit und des beruflichen Aufstiegs anwendbar.[81]

28 Weiterhin stellte der BGH heraus, die **Pflicht zur Gleichbehandlung** beziehe sich nicht lediglich auf die schuldrechtliche Ebene des Anstellungsvertrages, sondern schlage auch auf die **gesellschaftsrechtliche Bestellung** durch.[82] Dies liege daran, dass zwar die Rechte und Pflichten des Geschäftsführers – insb. die Vergütungsansprüche – grds. im Anstellungsvertrag geregelt würden, dieser aber ohne die erfolgte Bestellung regelmäßig nicht durchgeführt werden könnte. Der dennoch fortbestehende Anspruch aus § 615 BGB sei gerade nicht geeignet, die erlittene Benachteiligung in vollem Umfang auszugleichen, da durch die Nichtbestellung trotz Anstellungsvertrages dem Betroffenen gerade auch immaterielle Schäden entstehen könnten.[83] Diese Ausdehnung des Benachteiligungsverbots auch auf die Bestellungsebene ist zwar wegen des Bruchs mit der grundsätzlichen **Trennung zwischen Bestellungs- und Anstellungsebene** nicht gänzlich überzeugend und wurde demnach in der Vergangenheit auch zu Recht abgelehnt,[84] wird aber dennoch für die Praxis maßgeblich bleiben. Demnach werden Kapitalgesellschaften auch im Rahmen der Bestellung ihrer Organmitglieder die Vorschriften des Zweiten Abschnitts des AGG zu beachten haben. Wird etwa ein 62-jähriger Geschäftsführer ohne genauere Begründung nicht erneut bestellt und stattdessen ein deutlich jüngerer Kandidat eingestellt und macht die Gesellschaft in öffentlichen Äußerungen deutlich, dass ihr an der Einhaltung bestimmter Altersgrenzen gelegen ist, spricht dies dem ersten Anschein nach für eine verbotene Diskriminierung, so dass dem Betroffenen eine Entschädigung nach dem AGG gewährt werden muss, soweit die Gesellschaft diesen Anschein nicht wiederlegen kann.[85]

29 Über diesen nun höchstrichterlich geklärten Anwendungsbereich des § 6 Abs. 3 AGG hinaus ergibt sich allerdings vor dem Hintergrund der bereits dargestellten „Danosa"-Entscheidung eine weitere Frage. Muss das **AGG**, welches wesentlich auf der Umsetzung von Unionsrecht beruht, **in seiner Gänze** und nicht nur bezogen auf den Zugang zur Erwerbstätigkeit und den beruflichen Aufstieg auf solche Geschäftsführer **angewandt werden**, welche unter den unionsrechtlichen Arbeitnehmerbegriff fallen? Da Fremdgeschäftsführer und nur geringfügig beteiligte Gesellschafter-Geschäftsführer wohl regelmäßig in europarechtlicher Hinsicht als Arbeitnehmer zu behandeln sein werden (s. Rn 25), müsste konsequenterweise das AGG vollständig auf

79 BGH 23.4.2012 – II ZR 163/10, NZA 2012, 797; OLG Köln 29.7.2010 – 18 U 196/09, NZG 2011, 187.

80 BGH 23.4.2012 – II ZR 163/10, NZA 2012, 797; *Bauer/Arnold*, ZIP 2008, 993, 997 f; MüKo-GmbHG/*Jaeger*, § 35 Rn 268; *Reufels/Molle*, NZA-RR 2011, 281, 283 f; eine Anwendbarkeit des § 22 AGG dagegen abl. *Eßer/Baluch*, NZG 2007, 321, 328.

81 *Bauer/Arnold*, ZIP 2008, 993, 997 f; *Reufels/Molle*, NZA-RR 2011, 281, 283 f.

82 BGH 23.4.2012 – II ZR 163/10, NZA 2012, 797; so auch *Eßer/Baluch*, NZG 2007, 321, 328; *Krause*, AG 2007, 393, 394; *Lutter*, BB 2007, 725, 726; ErfK/*Schlachter*, § 6 AGG Rn 6.

83 BGH 23.4.2012 – II ZR 163/10, NZA 2012, 797.

84 *Bauer/Arnold*, ZIP 2008, 993, 997 f; *Reufels/Molle*, NZA-RR 2011, 281, 283 f; *Schrader/Schubert*, in: Däubler/Bertzbach, AGG, 2. Aufl., § 6 Rn 30.

85 BGH 23.4.2012 – II ZR 163/10, NZA 2012, 797; OLG Köln 29.7.2010 – 18 U 196/09, NZG 2011, 187.

sie Anwendung finden. Die beschränkte Anwendbarkeit nach § 6 Abs. 3 AGG wäre dann unionsrechtswidrig. Allerdings könnte die vollständige Anwendbarkeit im Wege einer richtlinienkonformen Auslegung von § 6 Abs. 1 AGG erreicht werden, nach welcher dann eben auch solche Geschäftsführer unter den Begriff „Arbeitnehmerinnen und Arbeitnehmer" zu fassen sind.[86] Demnach werden die Vorschriften des AGG zukünftig auf vom unionsrechtlichen Arbeitnehmerbegriff umfasste Geschäftsführer wohl ganzheitlich anwendbar und somit etwa auch für die Beendigung des Anstellungsvertrages maßgeblich sein, was bislang ausdrücklich nicht der Fall war.[87]

bb) Sonderkonstellationen

(1) Fremdgeschäftsführer mit ruhendem Arbeitsverhältnis

Praxis und Rspr haben sich häufig mit der Problematik auseinanderzusetzen, was mit dem Arbeitsverhältnis eines Arbeitnehmers geschieht, der im Rahmen eines beruflichen Aufstiegs innerhalb seines Betriebs zum Geschäftsführer bestellt wird. Hier sind im Ergebnis stets zwei Varianten denkbar: 30

1. Der Arbeitsvertrag ruht während der Geschäftsführertätigkeit und lebt nach der Abberufung wieder auf.
2. Das ursprüngliche Arbeitsverhältnis wird im Zusammenhang mit der Begründung des Geschäftsführervertrages beendet.[88]

Diese lange Zeit viel diskutierte Thematik hat sich durch die mittlerweile einschränkende Rspr des BAG allerdings etwas beruhigt, da der praktische Anwendungsbereich für neben der Organstellung „ruhende" Arbeitsverhältnisse deutlich eingeengt wurde. Das BAG hatte ursprünglich in zwei Urteilen aus den Jahren 1985[89] und 1987[90] entschieden, dass bei der Bestellung zum Geschäftsführer unter Beibehaltung der bisherigen Vertragsbedingungen das Arbeitsverhältnis grds. fortbestehe. Es begründete seine Auffassung damit, dass bei Fehlen einer Vereinbarung über die Aufhebung des Arbeitsverhältnisses nicht davon ausgegangen werden könne, dass ein Arbeitnehmer den Bestandsschutz nach dem Kündigungsschutzgesetz aufgeben wolle. Daraus folge, dass das ursprünglich bestehende Arbeitsverhältnis für die Dauer der Bestellung des Angestellten zum Geschäftsführer als sog. **ruhendes Arbeitsverhältnis fortbestehe** und dem Geschäftsführer der gesetzliche Kündigungsschutz eines Arbeitnehmers erhalten bleibe.[91] 31

Anderes sollte gelten, wenn zwar aus Anlass der Bestellung zum Geschäftsführer nicht ein neuer Anstellungsvertrag förmlich geschlossen wurde, jedoch eine Verbesserung der materiellen Konditionen gegenüber dem bisherigen Arbeitsverhältnis in einem solchen Maße erfolgt sei, dass hierin ein sog. **Risikoausgleich** für den Verlust des gesetzlichen Kündigungsschutzes zu sehen sei. Das BAG ging für diesen Fall auch schon in der Vergangenheit von einer **konkludenten Aufhebung des vorangegangenen Arbeitsverhältnisses** aus.[92] Nicht ausreichend als Indizien waren für das BAG bloße Vergünstigungen durch die private Nutzung eines Dienstwagens oder die Übernahme von Kosten des privaten Telefonanschlusses.[93] 32

86 *Eßer/Baluch*, NZG 2007, 321, 323; *Krause*, AG 2007, 393, 394; *Reufels/Molle*, NZA-RR 2011, 281, 283; ErfK/*Schlachter*, § 6 AGG Rn 5; *Stagat*, NZA-RR 2011, 617, 622; Stein, in: Wendeling-Schröder/Stein, AGG, 2008, § 6 Rn 26; *Stenslik/Zahn*, DStR 2012, 1865, 1869.
87 Vgl BGH 23.4.2012 – II ZR 163/10, NZA 2012, 797.
88 *Niebler/Schmiedl*, NZA-RR 2001, 281.
89 BAG 9.5.1985 – 2 AZR 330/84, NZA 1986, 792.
90 BAG 12.3.1987 – 2 AZR 336/86, NZA 1987, 845.
91 BAG 12.3.1987 – 2 AZR 336/86, NZA 1987, 845.
92 BAG 12.3.1987 – 2 AZR 336/86, NZA 1987, 845.
93 BAG 12.3.1987 – 2 AZR 336/86, NZA 1987, 845.

33 Seit einem Urteil vom 8.6.2000[94] vertritt das BAG fortgehend eine andere Sichtweise. Der Senat entschied, dass bei Bestellung eines leitenden Angestellten zum Geschäftsführer einer neu gegründeten GmbH, welche wesentliche Teilaufgaben des bisherigen Arbeitgeberbetriebs übernommen hat, im Zweifel mit Abschluss des Geschäftsführerdienstvertrages das bisherige Arbeitsverhältnis aufgehoben sei.[95] Auch bei einer nur geringen Anhebung der Bezüge des Geschäftsführers gegenüber dem früheren Gehalt spreche in solchen Konstellationen mangels weiterer Anhaltspunkte eine Vermutung dafür, dass nach dem Willen der Parteien neben dem Geschäftsführerdienstvertrag mit der neuen GmbH nicht noch ein Arbeitsverhältnis mit dem bisherigen Arbeitgeber ruhend fortbestehen solle.[96] Dem Arbeitnehmer müsse im Regelfall klar sein, dass er mit Abschluss des Geschäftsführerdienstvertrages seinen Status als Arbeitnehmer und auch den damit verbundenen Bestandsschutz einbüße.[97] Eine abweichende Auslegung komme dagegen nur in Ausnahmefällen in Betracht, für die zumindest deutliche Anhaltspunkte vorliegen müssen.[98] Hierzu zählt etwa die nur auf kurze Zeit befristete Übertragung der Geschäftsführerstellung bei ansonsten unveränderten Vertragsbedingungen. Die Verbesserung der Vergütung spricht dagegen idR deutlich für eine konkludente Beendigung des zuvor bestehenden Arbeitsverhältnisses.

34 Die Rspr des BAG zur **generell-konkludenten Aufhebung des Arbeitsverhältnisses durch Abschluss eines Geschäftsführerdienstvertrages** muss aus mehreren Gründen als nicht vollständig zu Ende gedacht angesehen werden. Das BAG übersieht, dass die Gesellschafterversammlung zwar für den Abschluss des Geschäftsführerdienstvertrages zuständig ist, nicht aber für einen Aufhebungsvertrag über das Arbeitsverhältnis mit dem (bisherigen) Arbeitnehmer. Selbst wenn im Dienstvertrag eine Klausel enthalten ist, wonach mit Abschluss des Dienstvertrages das Arbeitsverhältnis einvernehmlich beendet werde, bewirkt diese Aufhebungsabrede nicht zwingend die Auflösung des Arbeitsverhältnisses. Es fehlt an einer **ordnungsgemäßen Vertretung der Gesellschaft**, da die Gesellschafter und auch die Gesellschaftervertreter eine Körperschaft rechtsgeschäftlich nicht als Arbeitgeber vertreten können.[99] Der zwischen einem Arbeitnehmer und einer Gesellschaft geschlossene Arbeitsvertrag kann auf Seiten der Gesellschaft nur von dem für den Abschluss und die Aufhebung von Arbeitsverhältnissen vertretungsbefugten Organ, regelmäßig also den Geschäftsführern iSv § 35 GmbHG, beendet werden.[100] Manche Stimmen in der Lit. wollen zur Lösung dieses Konflikts den Gesellschaftern eine Annexkompetenz zu § 46 Nr. 5 GmbHG über die Aufhebung des Arbeitsverhältnisses des Geschäftsführers zuerkennen.[101] Dieser Ansicht hat sich in jüngerer Vergangenheit mit dem LAG Hessen[102] ein höheres Arbeitsgericht angeschlossen.

35 Das BAG hat sich mit einer möglichen Annexkompetenz bislang noch nicht auseinandergesetzt. Es hatte in den letzten Entscheidungen zu „ruhenden Arbeitsverhältnissen" oftmals keine Gelegenheit, auf das Problem der Vertretungsbefugnis einzugehen, da entweder der Geschäftsführerdienstvertrag mit dem geschäftsführenden Gesellschafter geschlossen wurde und dieser

---

94 BAG 8.6.2000 – 2 AZR 207/99, NZA 2000, 1013.

95 BAG 8.6.2000 – 2 AZR 207/99, NZA 2000, 1013; BAG 15.3.2011 – 10 AZB 32/10, NZA 2011, 874; LAG Rheinland-Pfalz 28.6.2012 – 3 Ta 72/12, NZA-RR 2012, 549.

96 BAG 8.6.2000 – 2 AZR 207/99, NZA 2000, 1013; selbst bei Wechsel in die Geschäftsführerstellung einer dritten Gesellschaft (Komplementär-GmbH einer GmbH & Co. KG) geht das BAG für Wechselsachverhalte vor dem 1.5.2000 davon aus, dass das Arbeitsverhältnis konkludent zum Ruhen gebracht wurde (BAG 24.11.2005 – 2 AZR 614/04, NZA 2006, 366).

97 BAG 14.6.2006 – 5 AZR 592/05, NZA 2006, 1154; BAG 15.3.2011 – 10 AZB 32/10, NZA 2011, 874.

98 BAG 14.6.2006 – 5 AZR 592/05, NZA 2006, 1154; BAG 5.6.2008 – 2 AZR 754/06, NZA 2008, 1002; BAG 3.2.2009 – 5 AZB 100/08, NZA 2009, 669; BAG 15.3.2011 – 10 AZB 32/10, NZA 2011, 874; LAG Rheinland-Pfalz 28.6.2012 – 3 Ta 72/12, NZA-RR 2012, 549.

99 BGH 24.1.1975 – I ZR 85/73, WM 1975, 249; BGH 6.2.1958 – II ZR 210/56, BGHZ 26, 330.

100 Dies auch problematisierend *Gravenhorst*, NJW 2007, 3230, 3231.

101 So Lutter/Hommelhoff/*Kleindiek*, GmbHG, Anh § 6 Rn 4 a; *Moll*, GmbHR 2008, 1024, 1027 f.

102 LAG Hessen 14.3.2011 – 17 Sa 1673/10, juris.

somit die notwendige Zuständigkeit für beide Vertragstypen besaß[103] oder es überhaupt an einer schriftlichen Vereinbarung fehlte.[104] In einer weiteren Entscheidung[105] wurde dagegen trotz grundsätzlicher Möglichkeit nicht auf dieses Problem eingegangen. Allerdings handelte es sich dabei lediglich um einen Beschluss über eine Rechtsbeschwerde, in dem sich das Gericht mit den Besonderheiten des Falles nicht im Einzelnen auseinandergesetzt hat.

Bei der GmbH ist der Vertretungsbefugte gem. § 35 GmbHG der Geschäftsführer oder ein an seine Stelle tretender Prokurist, Handlungsbevollmächtigter[106] oder ein Personalleiter.[107] Rechtsfolge der fehlenden Vertretungsmacht bei einer konkludenten Aufhebung des Arbeitsverhältnisses durch die für die Geschäftsführerbestellung zuständigen Gesellschafter ist damit nicht ein automatisches Ruhen des Arbeitsvertrages des zum Geschäftsführer bestellten bisherigen Arbeitnehmers.[108] Vielmehr ist, wenn man die Annexkompetenz der Gesellschafter verneint, die **Vereinbarung über die Aufhebung des Arbeitsvertrages schwebend unwirksam.** Wenn aber bereits rechtsgeschäftlich durch eine Klausel im Dienstvertrag der ursprüngliche Arbeitsvertrag nicht zwischen den Vertragsschließenden eines Dienstvertrages aufgehoben werden kann, so kann aufgrund eines Verstoßes gegen § 623 BGB erst recht keine konkludente Aufhebung des Arbeitsverhältnisses mit Abschluss eines Dienstvertrages als Geschäftsführer begründet werden.[109] Aus diesem Grund sollte der Geschäftsführerdienstvertrag, der gleichzeitig den Arbeitsvertrag aufheben soll, zur Verhinderung von Zuständigkeitsproblemen vorsorglich nicht nur von den Gesellschaftern, sondern zumindest auch von einem Geschäftsführer unterschrieben werden.[110] 36

Seit der Neufassung des § 623 BGB unterliegt die Beendigung von Arbeitsverhältnissen durch Kündigung oder Auflösungsvertrag sowie die Befristung der **Schriftform.** Ob im Wege einer teleologischen Reduktion,[111] durch Vertragsumwandlung vom bisherigen Arbeitsverhältnis zum neuen Geschäftsführerdienstverhältnis,[112] durch Übertragung der Andeutungstheorie[113] oder über eine Einschränkung der Nichtigkeitsfolgen nach § 242 BGB[114] versucht wird, die Beendigung des Arbeitsverhältnisses mit Abschluss eines Geschäftsführerdienstvertrages zu konstruieren, kann dahinstehen. Am Wortlaut des § 623 BGB führt kein Weg vorbei.[115] Die Beendigung des Arbeitsverhältnisses bedarf einer **Aufhebungsvereinbarung**, die der gesetzlichen Schriftform entspricht.[116] In seiner Entscheidung vom 25.4.2002 ließ der 2. Senat bereits erkennen, dass die bisherige Rspr des BAG zum ruhenden Arbeitsverhältnis im Lichte des § 623 BGB neu zu bewerten sei.[117] Der einfachste Weg, das Arbeitsverhältnis aufzuheben, besteht in einem Aufhebungsvertrag, der von der hierzu befugten Geschäftsführung mit dem künftigen Geschäftsführer geschlossen wird. Der Aufhebungsvertrag kann auch unter die **Bedingung** gestellt werden, dass es **zum Abschluss eines Dienstvertrages als GmbH-Geschäftsführer kommt.** 37

103 BAG 19.7.2007 – 6 AZR 774/06, NJW 2007, 3228.
104 BAG 15.3.2011 – 10 AZB 32/10, NZA 2011, 874; BAG 23.8.2011 – 10 AZB 51/10, DB 2011, 2386.
105 BAG 3.2.2009 – 5 AZB 100/08, NZA 2009, 669.
106 BAG 9.10.1975 – 2 AZR 332/74, EzA § 626 BGB nF Nr. 43.
107 BAG 29.10.1992 – 2 AZR 460/92, DB 1993, 541; BAG 30.5.1972 – 2 AZR 298/71, NJW 1972, 1877.
108 So aber *Fischer*, NJW 2003, 2417; *Hahn*, GmbHR 2004, 279; HWK/*Kliemt*, KSchG Anh § 9 Rn 9.
109 LAG Bremen 2.3.2006 – 3 Ta 9/06, NZA-RR 2006, 321.
110 So auch *Goll-Müller/Langenhan-Komus*, NZA 2008, 687, 689.
111 *Krause*, ZIP 2000, 2284.
112 *Henssler*, RdA 1992, 289, 299.
113 *Baeck/Hopfner*, DB 2000, 1914; *Kamanabrou*, DB 2002, 146, 150.
114 *Niebler/Schmiedl*, NZA-RR 2001, 281, 286.
115 *Haase*, GmbHR 2004, 279.
116 BAG 19.7.2007 – 6 AZR 774/06, NJW 2007, 3228; BAG 3.2.2009 – 5 AZB 100/08, NZA 2009, 669; BAG 15.3.2011 – 10 AZB 32/10, NZA 2011, 874; BAG 23.8.2011 – 10 AZB 51/10, DB 2011, 2386; LAG Rheinland-Pfalz 28.6.2012 – 3 Ta 72/12, NZA-RR 2012, 549.
117 BAG 25.4.2002 – 2 AZR 352/01, NZA 2003, 272.

38 Wählen die Parteien eine integrierte arbeitsrechtliche Aufhebungsklausel im Dienstvertrag des Geschäftsführers, besteht die Folge dieser Vereinbarung darin, dass sie – wie dargestellt (s. Rn 36) – mangels Vertretungsbefugnis der Gesellschafter in arbeitsrechtlichen Angelegenheiten schwebend unwirksam ist. Kündigungsberechtigt sind üblicherweise gesetzliche oder satzungsmäßige Vertreter des Arbeitgebers,[118] Personalleiter[119] und im Einzelfall auch Personalsachbearbeiter.[120] Die Kündigungsberechtigung umfasst insoweit regelmäßig auch die Befugnis, einen Aufhebungsvertrag zu vereinbaren. Werden arbeitsrechtlicher Aufhebungsvertrag und GmbH-Geschäftsführervertrag in eine Urkunde aufgenommen, leisten wegen des Aufhebungsvertrages keine vertretungsberechtigten Parteien ihre Unterschrift unter den Vertrag. Nach § 139 S. 2 BGB führt dieser Umstand nicht zur Gesamtnichtigkeit des Geschäftsführervertrages, sondern nur zur Unwirksamkeit der im Dienstvertrag enthaltenen arbeitsrechtlichen Aufhebungsvereinbarung, mit der Folge, dass insoweit das abgrenzbare Rechtsgeschäft schwebend unwirksam bleibt.

39 Die entscheidende Frage ist, ob und unter welchen Voraussetzungen dieses Rechtsgeschäft noch **genehmigt** werden kann. Nach richtiger Ansicht tritt nach Ablauf eines Jahres Verwirkung ein, so dass bis zum Ablauf eines Jahres der arbeitsrechtliche Aufhebungsvertrag im Geschäftsführerdienstvertrag von einem anderen Geschäftsführer oder dem Personalleiter genehmigt werden kann.

40 Der neue Geschäftsführer, dessen Rechte und Pflichten im Dienstvertrag geregelt sind, kann ebenfalls eine Genehmigung erteilen, sofern er von den Beschränkungen des § 181 BGB durch die Satzung oder den Dienstvertrag befreit ist. Erfahrungsgemäß wird allerdings nicht mit einer Genehmigung durch den Geschäftsführer zu rechnen sein, da sich diese zu seinen Lasten auswirkt.

41 Anders stellt sich die Sachlage allerdings dar, wenn der Geschäftsführerdienstvertrag mit dem **vertretungsberechtigten geschäftsführenden Gesellschafter** geschlossen wird, da es in diesem Fall nicht an der Zuständigkeit für einen Aufhebungsvertrag mangelt. Zu einem solchen Sachverhalt entschied der 6. Senat am 19.7.2007 in zwei ersten Entscheidungen[121] zur neuen Rechtslage, dass dem Schriftformerfordernis des § 623 BGB für die Aufhebungsvereinbarung Genüge getan sei, wenn der Geschäftsführerdienstvertrag selbst schriftlich geschlossen wurde. Es gelte die Vermutung der einvernehmlichen Auflösung des Arbeitsverhältnisses mit Beginn des Geschäftsführerdienstverhältnisses, so dass ein ruhendes Arbeitsverhältnis nur noch vorliege, soweit vertraglich klar und deutlich vereinbart wurde, dass das Arbeitsverhältnis im Anschluss an die Abberufung als Geschäftsführer wieder aufleben soll.[122] Fehlt es also im schriftlich geschlossenen Dienstvertrag an einer ausdrücklichen Übereinkunft zur Auflösung des ursprünglichen Arbeitsverhältnisses, sei im Wege der Auslegung der getroffenen Vereinbarung festzustellen, ob der Wille der Parteien zur einvernehmlichen Beendigung darin Ausdruck gefunden habe, wobei auch außerhalb der Urkunde liegende Umstände zu berücksichtigen seien.

42 Nicht ausreichend zur Wahrung des Schriftformerfordernisses des § 623 BGB und somit zur Beendigung des bisherigen Arbeitsverhältnisses ist allerdings der Abschluss eines **mündlichen** Geschäftsführervertrages, so dass in diesem Fall weiterhin ein ruhendes Arbeitsverhältnis fortbesteht.[123] Auch die **Eintragung** des Geschäftsführers **in das Handelsregister** und seine Mitwirkung daran ändern nichts an dieser Bewertung, da hierdurch weder der Formverstoß geheilt

118 BAG 9.10.1975 – 2 AZR 332/74, DB 1976, 441.

119 BAG 30.5.1972 – 2 AZR 298/71, BAGE 24, 273 = NJW 1972, 1877.

120 BAG 29.6.1989 – 2 AZR 482/88, NZA 1990, 63.

121 BAG 19.7.2007 – 6 AZR 774/06, NJW 2007, 3228; BAG 19.7.2007 – 6 AZR 875/06, NJW Spezial 2007, 484; dies bestätigend BAG 15.3.2011 – 10 AZB 32/10, NZA 2011, 874.

122 So auch BAG 5.6.2008 – 2 AZR 754/06, NZA 2008, 1002.

123 BAG 5.6.2008 – 2 AZR 754/06, NZA 2008, 1002; BAG 3.2.2009 – 5 AZB 100/08, NZA 2009, 669; BAG 15.3.2011 – 10 AZB 32/10, NZA 2011, 874; LAG Bremen 2.3.2006 – 3 Ta 9/06, NZA-RR 2006, 321; LAG Rheinland-Pfalz 28.6.2012 – 3 Ta 72/12, NZA-RR 2012, 549.

noch die Schriftform ersetzt wird.[124] Wurde demnach keine schriftliche Vereinbarung geschlossen, sind somit zur Klärung etwaiger Streitigkeiten nach Beendigung der Organstellung und damit Wegfall der Fiktion des § 5 Abs. 1 S. 3 ArbGG wieder die **Arbeitsgerichte zuständig.**[125] Dies gilt für den abberufenen Geschäftsführer mit „wiederaufgelebtem" Arbeitsvertrag dann konsequenterweise für alle Ansprüche, somit auch für solche, die bereits während seiner Zeit als Organmitglied entstanden sind.[126]

Das LAG Rheinland-Pfalz hat die Konstellation des nach der Abberufung fortbestehenden Arbeitsverhältnisses auf den abweichenden Fall übertragen, in dem zwar nicht ein Arbeitnehmer zum Geschäftsführer befördert wurde, sondern im Anstellungsvertrag bereits ein fester Termin für die Bestellung zum Geschäftsführer vereinbart war, der Geschäftsführer aber auf Grundlage desselben Vertrages zuvor für 6 Monate als leitender Angestellter tätig werden sollte.[127] Es bleibt abzuwarten, ob das BAG in dieser Konstellation, in welcher dem **Geschäftsführerdienstvertrag** quasi ein **befristetes oder auflösend bedingtes Arbeitsverhältnis „vorgeschaltet"** wird, ebenfalls nach Abberufung ein fortbestehendes Arbeitsverhältnis annehmen wird.[128] 43

Vorzugsweise ist daher in jeder Konstellation eine ausdrückliche und eindeutige Regelung im Geschäftsführerdienstvertrag mit einer bereits vorher als Arbeitnehmer beschäftigten Person zu treffen, um ein Fortbestehen als ruhendes Arbeitsverhältnis mit anschließender Wiederauflebungsmöglichkeit zu verhindern.[129] 44

Der 6. Senat des BAG[130] entschied in einem Fall, in welchem der ursprünglich bei der Konzernobergesellschaft beschäftigte **Arbeitnehmer zum Geschäftsführer einer Tochtergesellschaft berufen** wurde, dass zunächst auch der Arbeitsvertrag die Rechtsgrundlage für die Organbestellung bilden könne. Wird anschließend im Rahmen eines Teilbetriebsübergangs vereinbart, dass das Arbeitsverhältnis mit allen Rechten und Pflichten auf die Tochtergesellschaft übergehen solle, entstehe nicht ein zusätzlicher Geschäftsführerdienstvertrag neben dem Arbeitsverhältnis, sondern das bestehende Vertragsverhältnis bleibe die Grundlage für die Geschäftsführertätigkeit. Behauptet der abberufene Geschäftsführer dagegen, ein zusätzlicher Geschäftsführerdienstvertrag sei im Rahmen des Betriebsübergangs geschlossen worden und habe das ursprüngliche Arbeitsverhältnis zum Ruhen gebracht, so müsse er im Einzelnen die Tatsachen beweisen, aus denen sich dies ergeben soll. Allerdings kommt eine solche Konstellation, nach der der Organtätigkeit kein Geschäftsführerdienstvertrag, sondern ein Arbeitsverhältnis zugrunde liegt, lediglich in extremen Ausnahmefällen bei außergewöhnlich hoher Weisungsgebundenheit in Betracht.[131] 45

Soweit ein ruhendes Arbeitsverhältnis vorliegt und nach Beendigung des Anstellungsvertrages als Geschäftsführer wiederauflebt, muss dieses regelmäßig auch **gesondert** – möglicherweise auch unter Einhaltung der Vorschriften des KSchG – **gekündigt** werden. Grundsätzlich indizieren die Pflichtverletzungen im Rahmen des Geschäftsführerdienstvertrages zwar nicht zwingend auch eine Pflichtverletzung hinsichtlich des ruhenden Arbeitsvertrages. In bestimmten schwerwiegenden Fällen kann allerdings die **Pflichtverletzung durchschlagen**, etwa wenn eine vorsätzliche Missachtung der Kompetenzzuweisungen als Geschäftsführer gerade auch Zweifel hinsichtlich der Vertrauenswürdigkeit und Zuverlässigkeit eines Arbeitnehmers begründen.[132] 46

124 BAG 15.3.2011 – 10 AZB 32/10, NZA 2011, 874.
125 BAG 15.3.2011 – 10 AZB 32/10, NZA 2011, 874; BAG 23.8.2011 – 10 AZB 51/10, DB 2011, 2386.
126 BAG 23.8.2011 – 10 AZB 51/10, DB 2011, 2386.
127 LAG Rheinland-Pfalz 28.6.2012 – 3 Ta 72/12, NZA-RR 2012, 549.
128 *Gerth*, GWR 2012, 119.
129 So auch *Goll-Müller/Langenhan-Komus*, NZA 2008, 687, 690; *Langner*, DStR 2007, 535, 539.
130 BAG 25.10.2007 – 6 AZR 1054/06, NZA 2008, 168.
131 *Gehlhaar*, NZA-RR 2009, 569.
132 BAG 27.11.2008 – 2 AZR 193/07, NZA 2009, 671.

47 Bei Fortbestehen eines ruhenden Arbeitsverhältnisses kann eine Berufung des gekündigten Geschäftsführers hierauf nur in ganz besonderen Ausnahmefällen wegen Verstoßes gegen den **Grundsatz von Treu und Glauben nach § 242 BGB** ausgeschlossen sein. Zwar ist grds. denkbar, dass die Möglichkeit der Berufung auf den Formmangel etwa wegen vorherigen **widersprüchlichen Verhaltens** (*venire contra factum proprium*) versperrt ist, allerdings nur, wenn das Ergebnis ansonsten schlechthin untragbar wäre. Die bloße Erfüllung der Verwirkungsvoraussetzungen genügt insoweit gerade nicht. Demnach reicht allein der Umstand, dass der Geschäftsführer nach Abschluss des mündlichen Geschäftsführerdienstvertrages ohne Berufung auf den Formmangel über längere Zeit hinweg für die Gesellschaft tätig geworden ist, für die Annahme eines widersprüchlichen Verhaltens gerade nicht aus.[133]

48 Nach all dem Ausgeführten wird deutlich, dass ein Geschäftsführerdienstvertrag mit **„beförderten Arbeitnehmern"** aus Sicht der Gesellschaft unter keinen Umständen mündlich geschlossen werden sollte. Dagegen ist einem „beförderten Arbeitnehmer", der sich die Vorteile eines Kündigungsschutzes erhalten will, anzuraten, darauf zu drängen, dass im Geschäftsführerdienstvertrag eine **ausdrückliche Regelung** aufgenommen wird, nach welcher das Arbeitsverhältnis während der Ausübung des Geschäftsführeramtes nur ruhen soll.[134]

(2) Drittanstellungsverhältnis

(a1) Fallkonstellation

49 Regelmäßig wird der Anstellungsvertrag des Geschäftsführers mit der Gesellschaft geschlossen, bei der er die Organstellung einnehmen soll. In bestimmten Ausnahmekonstellationen kann das Dienstverhältnis, das der Organstellung zugrunde liegt, auch mit einem dritten Unternehmen begründet werden (**Drittanstellungsverhältnis**). Ein Drittanstellungsverhältnis ist häufig bei Unternehmen anzutreffen, die als **GmbH & Co. KG** geführt werden, bei denen das Dienstverhältnis zwischen Geschäftsführer und KG vereinbart, die Organstellung jedoch bei der Komplementär-GmbH eingenommen wird. Ein weiterer Anwendungsfall kann im Zusammenhang mit Konzernsachverhalten auftreten, bei welchen die Anstellung zwar bei der Muttergesellschaft erfolgt, die Organtätigkeit allerdings bei einer Tochter ausgeübt wird. Die Gesellschafter des Unternehmens, für das der Geschäftsführer als Organ handeln soll, müssen dem Anstellungsverhältnis mit dem Drittunternehmen zustimmen oder dieses zumindest billigen.[135] Aus der Vereinbarung des Dienstverhältnisses mit der Muttergesellschaft wird aus dem Dienstvertrag kein Arbeitsverhältnis.[136] Allerdings kann ein mit der Muttergesellschaft geschlossener Arbeitsvertrag die Rechtsgrundlage für die Ausübung der Organfunktion bei der Tochtergesellschaft darstellen.[137]

(a2) Unbeachtlichkeit des Drittanstellungsverhältnisses

50 In Drittanstellungsverhältnissen stellt sich ebenfalls die Frage, inwieweit die **Schutzvorschriften für Arbeitnehmer auf das Anstellungsverhältnis Anwendung** finden.

51 Soweit der Geschäftsführer einer GmbH & Co. KG seinen Anstellungsvertrag mit der KG und nicht mit der Komplementär-GmbH geschlossen hat, ist die Frage nach einer möglichen Arbeitnehmereigenschaft des Geschäftsführers nicht von vornherein zu verneinen, sondern durch inhaltliche Prüfung anhand der allgemeinen Kriterien, wie zB dem Grad der Weisungsgebundenheit und der sozialen Abhängigkeit, vorzunehmen.[138]

133 BAG 15.3.2011 – 10 AZB 32/10, NZA 2011, 874.
134 *Ostermaier*, GWR 2011, 395.
135 Lutter/Hommelhoff/*Kleindiek*, GmbHG, Anh § 6 Rn 9.
136 BAG 20.8.2003 – 5 AZB 79/02, ZIP 2003, 1722.
137 BAG 25.10.2007 – 6 AZR 1045/06, NZA 2008, 168.
138 *Freckmann*, DStR 2008, 52, 54.

Keine Abweichungen vom Regelfall, bei dem Dienstverhältnis und Organstellung im Verhältnis zum selben Unternehmen bestehen, ergeben sich dann, wenn das Anstellungsverhältnis einzig mit dem Ziel vereinbart wurde, die schuldrechtliche Grundlage für die Organstellung zu bilden. Dies ist regelmäßig der Fall, wenn der Geschäftsführer **keine weiteren Tätigkeiten bei dem Drittunternehmen** ausüben soll und sich seine Tätigkeit auf das Geschäftsführeramt beschränkt. Die unmittelbare gegenseitige Abhängigkeit zwischen Anstellungsverhältnis und Organstellung erlaubt in diesem Fall keine vom Regelfall abweichende Beurteilung der Schutzwürdigkeit des GmbH-Geschäftsführers.[139] 52

Auch das BAG hat in Abkehr von seiner früheren Rspr nunmehr entschieden, dass der Geschäftsführer der Komplementär-GmbH einer KG nach § 5 Abs. 1 S. 3 ArbGG nicht als Arbeitnehmer im Sinne des ArbGG gilt und zwar unabhängig davon, ob das zugrunde liegende Rechtsverhältnis materiell-rechtlich als Arbeits- oder freies Dienstverhältnis einzuordnen wäre.[140] Demnach seien die ordentlichen Gerichte selbst dann zur Entscheidung über Streitigkeiten aus der Rechtsbeziehung zwischen dem vertretungsberechtigten Organ und der juristischen Person berufen, wenn der Geschäftsführer aufgrund der starken internen Weisungsgebundenheit eigentlich als Arbeitnehmer einzuordnen wäre. Bei § 5 Abs. 1 S. 3 ArbGG handele es sich gerade nicht um eine eng auszulegende Ausnahmevorschrift, so dass deren Fiktion nur dann nicht eingreife, wenn es um Streitigkeiten gehe, die nicht der Organstellung zugrunde liegend, sondern einem anderen Rechtsverhältnis entspringen.[141] Das BAG begründet seine Rspr u.a. damit, dass die Trennung von GmbH und KG im Rahmen einer GmbH & Co. KG eine **juristische Konstruktion zur Haftungsbegrenzung** sei. Daraus ergäben sich gerade keine entscheidenden Unterschiede zu einer Streitigkeit zwischen einem Organvertreter und der vertretenen juristischen Person selbst, so dass auch ein Rechtsstreit der KG mit dem Komplementär-Geschäftsführer ein Streit „im Arbeitgeberlager“ darstelle, für den die Arbeitsgerichte ausdrücklich nicht zuständig seien. Im Gesellschaftsrecht seien daher aus der Vertretungsbefugnis des Geschäftsführers der Komplementär-GmbH im Verhältnis zur KG haftungsrechtliche Konsequenzen gezogen worden. Der Geschäftsführer der Komplementär-GmbH hafte gegenüber der KG, wenn er die aus der geschuldeten Geschäftsführung resultierenden Sorgfaltspflichten nicht ordnungsgemäß erfülle und hierdurch der KG ein Schaden entstehe, da er nicht nur die GmbH, sondern auch die KG vertrete und demnach auch deren Geschäfte ordnungsgemäß zu führen habe. Insoweit sei die formale Trennung zwischen der Komplementär-GmbH und der KG unerheblich. 53

Soweit der betroffene Geschäftsführer **zuvor als Arbeitnehmer der KG** tätig war und anschließend auch mit dieser einen schriftlichen Dienstvertrag als Geschäftsführer der Komplementär-GmbH schließt, gilt der Arbeitsvertrag über die bereits dargestellten Grundsätze zum ruhenden Arbeitsverhältnis (s. Rn 30 ff) im Zweifelsfall als konkludent aufgehoben, so dass durch die Schriftform des Dienstvertrages dem Erfordernis des § 623 BGB Genüge getan ist.[142] Selbst wenn der Anstellungsvertrag mit der Komplementär-GmbH geschlossen wird, kann aufgrund der besonderen juristischen Konstruktion bei der GmbH & Co. KG, welche einer Personenidentität nahekommt, die konkludente Beendigung des Arbeitsverhältnisses mit der KG angenommen werden.[143] Da diese vom BAG praktizierte Lösung allerdings keineswegs zwingend und eindeutig ist, ist es in dieser Konstellation dennoch ratsam, den mit der KG bestehenden Arbeitsvertrag ausdrücklich zwischen den Gesellschaftern der KG und dem zukünftigen Geschäftsführer aufzuheben.[144] 54

139 *Nägele*, BB 2001, 305, 309.

140 BAG 20.7.2003 – 5 AZB 79/02, NZA 2003, 1108.

141 BAG 20.7.2003 – 5 AZB 79/02, NZA 2003, 1108; BAG 14.6.2006 – 5 AZR 592/05, NZA 2006, 1154.

142 BAG 19.7.2007 – 6 AZR 875/06, NJW-Spezial 2007, 484.

143 *Jooß*, RdA 2008, 285, 288; dies etwa ohne nähere Auseinandersetzung für selbstverständlich annehmend BAG 24.11.2005 – 2 AZR 614/04, NJW 2006, 1899.

144 *Arens*, DStR 2010, 115, 117.

55 Die fehlende Zuständigkeit der Arbeitsgerichte lässt aber wie im „Normalfall" keinen Rückschluss darauf zu, inwieweit arbeitnehmerschützende Vorschriften auf das Drittanstellungsverhältnis Anwendung finden (s. Rn 19 ff).

(a3) Beachtlichkeit des Drittanstellungsverhältnisses

56 Eine einheitliche Betrachtung von Anstellungsverhältnis und Organstellung kommt nicht in Frage, wenn das Anstellungsverhältnis neben der schuldrechtlichen Grundlage für die Organbestellung zugleich auch als **Rechtsgrundlage für die Ausübung weiterer Tätigkeiten zum Drittunternehmen** dient. Diese Fallkonstellation kann eintreten, wenn eine Konzernmutter einen Arbeitnehmer zum Geschäftsführer einer Tochter-GmbH bestellt.[145] Ein Fortbestand des ursprünglich geschlossenen Arbeitsvertrages kommt dabei auch in Betracht, wenn sich die arbeitsvertraglichen Aufgaben beim Drittunternehmen verringern, da sich durch die aktive Ausübung der Organfunktion der Umfang der Tätigkeit für die bisherige Anstellungskörperschaft idR zwangsläufig reduzieren muss.[146] Auch in diesen Fällen, insb. soweit der Geschäftsführer weiterhin in der Funktion eines Prokuristen bei der Anstellungskörperschaft verbleibt, kann nicht von einer automatischen Umwandlung des Arbeits- in ein Dienstverhältnis ausgegangen werden.[147] Begründet etwa der Geschäftsführerdienstvertrag keinen Anspruch auf die Geschäftsführerposition in einer Gesellschaft, sondern wird der Geschäftsführer ggf auch zu Angestelltentätigkeiten in konzernzugehörigen Unternehmen verpflichtet und in einer solchen Position eingesetzt, kann das hierdurch entstehende (Leih-)Arbeitsverhältnis dem Kündigungsschutzgesetz unterfallen.[148]

57 Wird ein zunächst für die Muttergesellschaft tätiger Arbeitnehmer später zum Geschäftsführer einer Tochter bestellt, ohne dass ein neuer Anstellungsvertrag geschlossen wird, und übt der Geschäftsführer neben seiner Organtätigkeit auch weiterhin seine bisherige Funktion bei der Muttergesellschaft aus, so bildet der **Arbeitsvertrag auch die Rechtsgrundlage für die Geschäftsführerstellung bei der Tochter.**[149]

58 Der Abschluss eines zusätzlichen Geschäftsführerdienstvertrages führt im Fall der Bestellung und Abordnung eines bisherigen Arbeitnehmers der Muttergesellschaft jedenfalls nicht zwingend zur Aufhebung des bisherigen Arbeitsvertrages, so dass **in jedem Fall** ein **Aufhebungsvertrag** geschlossen werden sollte, soweit der Geschäftsführer nach einer eventuellen Beendigung seiner Organstellung nicht auf seinen alten Arbeitsplatz zurückkehren soll.[150]

(a4) Zusätzliche Dienstverhältnisse

59 Nicht um ein Drittanstellungsverhältnis handelt es sich, wenn ein GmbH-Geschäftsführer **zusätzlich** zu dem der Organstellung zugrunde liegenden Anstellungsverhältnis ein Arbeitsverhältnis mit einem Drittunternehmen begründet oder – andersherum – zusätzlich zu dem bestehenden Arbeitsverhältnis einen Geschäftsführerdienstvertrag mit einem Drittunternehmen schließt. Der Abschluss **mehrerer Dienst- und Arbeitsverträge nebeneinander** ist aufgrund der Privatautonomie nicht ausgeschlossen.[151] In diesen Fällen stellt sich jedoch die Frage der **wettbewerbsvertraglichen Zulässigkeit** des Abschlusses weiterer Dienst- oder Arbeitsverträge. Wird also neben dem Arbeitsverhältnis zur Muttergesellschaft mit dem Tochterunternehmen, bei welchem die Organstellung ausgeübt werden soll, ein weiterer Dienstvertrag geschlossen, führt dies – bereits aus Zuständigkeitsgründen – nicht zur Beendigung des Arbeitsvertrages. Die bei-

145 Vgl BAG 25.10.2007 – 6 AZR 1045/06, NZA 2008, 168.
146 Moll/*Moll/Grobys*, MAH Arbeitsrecht, § 80 Rn 25.
147 BAG 20.10.1995 – 5 AZB 5/95, NZA 1996, 200; BAG 13.7.1995 – 5 AZB 37/94, NZA 1995, 1070.
148 OLG Schleswig-Holstein 21.8.2003 – 5 U 44/02, GmbHR 2003, 1130.
149 BAG 25.10.2007 – 6 AZR 1045/06, NZA 2008, 168.
150 *Ostermaier*, GWR 2011, 395; so wohl auch zu verstehen *Jooß*, RdA 2008, 285, 288.
151 BAG 13.2.2003 – 8 AZR 654/01, NZA 2003, 552.

den Rechtsbeziehungen stehen dann unabhängig nebeneinander und haben gerade keine wechselseitigen Auswirkungen.[152]

(3) Fortbestand des Anstellungsverhältnisses bei fehlender Bestellung

(a1) Kein Wandel des Anstellungsverhältnisses in ein Arbeitsverhältnis

Die rechtliche Einordnung des Anstellungsverhältnisses ändert sich nicht dadurch, dass die Bestellung zum Geschäftsführer der GmbH unterbleibt oder der Geschäftsführer aus einer Organstellung abberufen wird. In diesen Fällen wandelt sich das Anstellungsverhältnis des GmbH-Geschäftsführers nicht automatisch in ein Arbeitsverhältnis.[153] Wurde das Anstellungsverhältnis ausschließlich als schuldrechtliche Grundlage für die Organstellung geschlossen, bleibt der Rechtsweg vor die Arbeitsgerichte verschlossen, wenn der GmbH-Geschäftsführer die organschaftliche Stellung nicht (mehr) innehat.[154] Kommt es anschließend zur Kündigung des Anstellungsverhältnisses, so ist weder das Arbeitsgericht zuständig, noch findet der Erste Abschnitt des KSchG Anwendung. Anderes hat nur zu gelten, wenn die Parteien gerade wegen der unterbliebenen Bestellung zum Geschäftsführer eine – ausdrückliche oder konkludente – Änderung des Anstellungsvertrages vereinbart haben.[155] Wird das Anstellungsverhältnis in unmittelbarem Zusammenhang mit der Aufgabe der Organstellung beendet, so wird durch die zwischenzeitliche Fortsetzung des Dienstverhältnisses nicht automatisch ein Arbeitsverhältnis begründet.[156] Es tritt ebenfalls kein Wandel vom Dienst- zum Arbeitsverhältnis ein, wenn zwischen Geschäftsführer und Gesellschaft lediglich eine Vereinbarung zur Abwicklung des Geschäftsführeranstellungsvertrages geschlossen wird und der Geschäftsführer auf Grundlage dieser Vereinbarung kurzzeitig Dienstleistungen erbringt.[157] 60

(a2) Beschäftigungsanspruch nach Fortfall der Organstellung

Wurde der GmbH-Geschäftsführer nicht zum Organ bestellt oder aus seiner Organstellung abberufen, ist zu klären, welche Rechte und Pflichten ihm aus dem Anstellungsverhältnis weiterhin verbleiben. Wird das Dienstverhältnis nicht bzw nicht wirksam beendet, so behält der Geschäftsführer aufgrund des Fortbestands des Anstellungsverhältnisses seine vollen vertraglichen Rechte, soweit sie nicht unlösbar mit der Organstellung verbunden sind. Dem Geschäftsführer steht aber **kein allgemeiner Beschäftigungsanspruch** gegenüber der Gesellschaft aus dem Dienstvertrag zu.[158] Dies gilt zunächst für eine Beschäftigung als Geschäftsführer selbst, da dies mit der rechtlichen Trennung zwischen Organstellung und Anstellungsverhältnis und mit dem Grundsatz der freien Abberufbarkeit nach § 38 Abs. 1 GmbHG unvereinbar wäre.[159] In einer Entscheidung vom 11.10.2010 hat der BGH[160] nun allerdings erstmals deutlich gemacht, dass ebenso **kein Anspruch** aus dem fortbestehenden Anstellungsvertrag **auf Fortbeschäftigung in einer ähnlichen leitenden Funktion** unterhalb der Organebene besteht. Im Anstellungsvertrag werde regelmäßig nur die Tätigkeit als Geschäftsführer geregelt, so dass sich eine Tätigkeit unterhalb der Organebene als *aliud* gerade nicht daraus herleiten lässt.[161] 61

152 *Jooß*, RdA 2008, 285, 288.
153 BAG 5.6.2008 – 2 AZR 754/06, NZA 2008, 1002.
154 BAG 6.5.1999 – 5 AZB 22/98, NZA 1999, 839; BAG 25.6.1997 – 5 AZB 41/96, NZA 1997, 1363; LAG Hamm 18.8.2004 – 2 Ta 172/04, ZIP 2004, 2251.
155 *Jaeger*, Der Anstellungsvertrag des GmbH-Geschäftsführers, S. 55.
156 BGH 9.2.1978 – II ZR 189/76, NJW 1978, 1435.
157 LAG Köln 1.12.2003 – 4 Ta 283/03, FA 2004, 160.
158 BGH 28.10.2002 – II ZR 146/02, NJW 2003, 351; BGH 11.10.2010 – II ZR 266/08, DStR 2011, 229; *Bauer/Diller/Krets*, DB 2003, 2687; *Lunk/Rodenbusch*, NZA 2011, 497.
159 BGH 11.10.2010 – II ZR 266/08, DStR 2011, 229.
160 BGH 11.10.2010 – II ZR 266/08, DStR 2011, 229.
161 BGH 11.10.2010 – II ZR 266/08, DStR 2011, 229; *Lunk/Rodenbusch*, NZA 2011, 497, 498.

62 Dagegen kann der Geschäftsführer insb. Vergütungsansprüche über die Regelung zum Annahmeverzug in § 615 BGB geltend machen, was dem Schutz seiner Rechtsstellung nach Abberufung ausreichend Rechnung trägt. Die GmbH wird hinreichend durch die Anrechnungsvorschrift des § 615 S. 2 BGB geschützt.[162] Ein **Unterlassen des anderweitigen Verdienstes** im Sinne der Vorschrift wird etwa angenommen, wenn der Geschäftsführer böswillig eine im Einzelfall zumutbare, von der Gesellschaft nach der Abberufung angebotene Weiterbeschäftigungsmöglichkeit unterhalb der Leitungsebene ausschlägt, die ebenfalls bestimmte Einflussmöglichkeiten und Vorgesetztenfunktionen beinhaltet.[163] Gibt die Gesellschaft zu erkennen, dass sie den Geschäftsführer nicht weiterbeschäftigen möchte, so ist der Geschäftsführer auch nicht verpflichtet, von sich aus seine Dienste anzubieten, um seine Vergütungsansprüche nicht zu verlieren.[164] Ein zur Begründung des Annahmeverzugslohnes iSd § 615 BGB ansonsten erforderliches wörtliches Angebot der Weiterarbeit kann dabei auch konkludent, also etwa durch Geltendmachung der Entgeltansprüche aus dem Geschäftsführervertrag, abgegeben werden.[165]

63 Aufgrund des Annahmeverzugslohnanspruchs nach § 615 BGB würde die Zuerkennung eines Beschäftigungsanspruchs unterhalb der Leitungsebene nicht der vermuteten Interessenlage der Parteien des Geschäftsführerdienstvertrages entsprechen. Da der Geschäftsführer bis zum Ende der Kündigungsfrist jedenfalls seinen Lohn erhält, kann **regelmäßig nicht** von seinem **zwingenden Interesse an der Fortbeschäftigung** ausgegangen werden.[166] Das primäre Interesse der Gesellschaft in diesem Zusammenhang liegt in der Wahrung ihrer Organisationsfreiheit bei der Besetzung der Leitungspositionen mit Personen ihres Vertrauens, wobei zu einem abberufenen Geschäftsführer regelmäßig kein uneingeschränktes Vertrauensverhältnis mehr anzunehmen sein wird. Selbst wenn man ein Interesse des Geschäftsführers an einer Weiterbeschäftigung aus Gründen eines durch die Nichtbeschäftigung erlittenen Ansehensverlusts oder einer Minderung der Lebensfreude anerkennen möchte, **überwiegt** im Rahmen einer Abwägung das dargestellte **Gesellschaftsinteresse.**[167]

64 Ein **Anspruch auf Fortbeschäftigung** nach der Abberufung kann somit nur angenommen werden, soweit dieser **ausdrücklich im Anstellungsvertrag vereinbart** wurde.[168] Mit der endgültigen gerichtlichen Klärung dieser Frage durch den BGH verbessert sich in erster Linie die Rechtsstellung der Gesellschaften, welche in der Praxis bislang oftmals dazu geneigt waren, überhöhte Abfindungen an abberufene Geschäftsführer zu zahlen, soweit diese mit der **Einklagung eines möglichen Beschäftigungsanspruchs** drohten.[169] Vereinbaren die Parteien im Anschluss an die Kündigung des Anstellungsvertrages die Fortsetzung der Tätigkeit unterhalb der Organebene auf der Grundlage eines neu geschlossenen Arbeitsvertrages, so lässt sich mangels abweichender Vereinbarung im Regelfall auf den übereinstimmenden Parteiwillen schließen, die Beschäftigungszeit als Geschäftsführer auf das folgende Arbeitsverhältnis anzurechnen.[170]

(a3) Außerordentliche Kündigung und Auflösungsschaden

65 Im Fall der Abberufung kann sich der Geschäftsführer grds. auch durch **außerordentliche Kündigung** vom Anstellungsverhältnis gem. § 626 BGB lösen. Offen bleibt allerdings die Frage, ob er gleichzeitig von der Gesellschaft einen Auflösungsschaden gem. § 628 Abs. 2 BGB verlangen kann. Der Geschäftsführer verliert durch die außerordentliche Kündigung allerdings unmittel-

162 BGH 9.2.1978 – II ZR 189/76, NJW 1978, 1435.
163 *Lunk/Rodenbusch*, NZA 2011, 497, 500.
164 BGH 9.10.2000 – II ZR 75/99, NJW 2001, 287; Lutter/Hommelhoff/*Kleindiek*, GmbHG, § 38 Rn 25.
165 BGH 9.10.2000 – II ZR 75/99, NJW 2001, 287.
166 BGH 11.10.2010 – II ZR 266/08, DStR 2011, 229.
167 BGH 11.10.2010 – II ZR 266/08, DStR 2011, 229.
168 *Lunk/Rodenbusch*, NZA 2011, 497, 500; *Otte*, GWR 2011, 25; *Weller*, GWR 2011, 47.
169 *Weller*, GWR 2011, 47.
170 BAG 24.11.2005 – 2 AZR 614/04, NZA 2006, 366.

bar seinen vertraglichen Vergütungsanspruch, so dass er mögliche Ansprüche dann lediglich auf den angesprochenen Schadensersatzanspruch stützen kann.[171] Voraussetzung ist dabei stets ein **Auflösungsverschulden** des Anspruchsgegners, wobei nicht jede geringfügige Vertragsverletzung ausreichend ist, sondern ihr vielmehr das Gewicht eines wichtigen Grundes zukommen muss.[172]

Die Abberufung stellt aufgrund der in § 38 Abs. 1 GmbHG festgelegten freien Abberufbarkeit 66 an sich kein vertragswidriges Verhalten der Gesellschaft dar, die einen Schadensersatzanspruch auslösen könnte.[173] Allerdings steht der Fakt der grds. freien Abberufbarkeit auch nicht per se einem Schadensersatzanspruch nach § 628 Abs. 2 BGB entgegen, da in § 38 Abs. 1 GmbHG deutlich gemacht wird, dass die Geltendmachung von **Entschädigungsansprüchen stets unberührt** bleibt.[174] Als vertragswidrig ist das Verhalten immer dann einzuordnen, wenn sich die Gesellschaft im Anstellungsvertrag schuldrechtlich verpflichtet, den Geschäftsführer nur unter bestimmten Voraussetzungen aus seiner Organstellung zu entlassen und diese Gründe nicht vorliegen oder – soweit eine vertragliche Einschränkung nicht vereinbart wurde – das Motiv der Gesellschaft zur Abberufung verwerflich war.[175] Liegen die Voraussetzungen für einen Schadensersatzanspruch nach § 628 Abs. 2 BGB nicht vor, so erscheint eine außerordentliche Kündigung aus Sicht des Geschäftsführers folgerichtig nur dann zweckmäßig, wenn er eine Anstellung bei einer anderen Gesellschaft anstrebt und sich von dem gesetzlichen Wettbewerbsverbot des § 60 HGB befreien möchte.[176]

Neben der Abberufung können für den Geschäftsführer auch weitere Gründe bestehen, die ihn 67 zur außerordentlichen Kündigung und anschließenden Geltendmachung eines Schadensersatzes nach § 628 Abs. 2 BGB berechtigen. Diese Frage tauchte in jüngerer Vergangenheit auch im Zusammenhang mit der **Einschränkung des Aufgabenbereichs und der organschaftlichen Rechte** des Organvertreters auf. Grundsätzlich kann die einseitige Einschränkung oder Veränderung des Aufgabenbereichs einen Grund darstellen, der den Geschäftsführer zur außerordentlichen Kündigung iSv § 626 BGB berechtigt, da es insoweit nicht zwingend auf ein Verschulden des Kündigungsempfängers ankommt.[177] Die entscheidende Frage für das Bestehen des Schadensersatzanspruchs ist dann allerdings, inwieweit der Geschäftsführer durch ein **vertragswidriges Verhalten** der Gesellschaft zu dieser Kündigung iSv § 628 Abs. 2 BGB veranlasst wurde, also inwieweit die Veränderung des Aufgabenbereichs selbst pflicht- bzw vertragswidrig war.

Eine generelle Bewertung ist insoweit nicht möglich, es kommt entscheidend auf die Umstände 68 des Einzelfalls an, insb. die Regelungen in der Gesellschaftsatzung und dem Anstellungsvertrag.[178] Bei der Beurteilung ist regelmäßig entscheidend auf die Gesellschaftssatzung und die weiteren organisationsrechtlichen Vorschriften abzustellen, da das für § 628 Abs. 2 BGB notwendige **Auflösungsverschulden** – wie bereits im Fall der Abberufung herausgestellt (s. Rn 65 f) – regelmäßig **nicht** durch die **Wahrnehmung organisationsrechtlich zulässiger Maßnahmen** erfüllt werden kann.[179] Sieht etwa der Anstellungsvertrag vor, dass dem Geschäftsführer mit dessen Einverständnis auch nicht wesentlich abweichende Aufgaben in anderen Konzerngesellschaften übertragen werden können, und berechtigt die Gesellschaftsatzung die Gesellschafterversammlung, eine Geschäftsordnung für Geschäftsführer zu verabschieden, stellt der Erlass einer Geschäftsordnung, nach welcher der Aufgabenbereich eines Geschäftsführers einge-

171 BGH 6.3.2012 – II ZR 76/11, NJW 2012, 1656.
172 BAG 8.8.2002 – 8 AZR 574/01, NZA 2002, 1323.
173 BGH 28.10.2002 – II ZR 146/02, NJW 2003, 351; BGH 6.3.2012 – II ZR 76/11, NJW 2012, 1656.
174 BAG 8.8.2002 – 8 AZR 574/01, NZA 2002, 1323.
175 *Bauer/Diller/Krets*, DB 2003, 2687.
176 *Bauer/Diller/Krets*, DB 2003, 2687, 2688.
177 BGH 6.3.2012 – II ZR 76/11, NJW 2012, 1656; OLG Karlsruhe 23.3.2011 – 7 U 81/10, NJW-RR 2011, 411.
178 BGH 6.3.2012 – II ZR 76/11, NJW 2012, 1656.
179 OLG Karlsruhe 23.3.2011 – 7 U 81/10, NJW-RR 2011, 411.

schränkt sowie die Einzelvertretungsbefugnis und die Befreiung vom Selbstkontrahierungsverbot widerrufen wird, keine Vertragsverletzung dar. Dies gilt jedenfalls, wenn im Anstellungsvertrag weder die Einzelvertretungsbefugnis noch die Befreiung von den Vorgaben des § 181 BGB ausdrücklich vorgesehen ist.[180] Da sich die Einverständnispflicht ausdrücklich nur auf den Einsatz in anderen Konzerngesellschaften beziehen, könne bei einer sonstigen Aufgabenveränderung ohne Einverständnis nicht von einem vertragswidrigen Verhalten ausgegangen werden.[181] In diesem Fall berechtigt die Änderung des Aufgabenbereichs dann zwar zur außerordentlichen Kündigung, da sie einen wichtigen Grund iSv § 626 BGB darstellt, begründet mangels Pflichtwidrigkeit und Auflösungsverschulden allerdings keinen Schadensersatzanspruch nach § 628 Abs. 2 BGB. Demnach sollte sich der Geschäftsführer im Fall der Änderung seines Aufgabenbereichs stets gut überlegen, ob er seinen Anstellungsvertrag tatsächlich außerordentlich kündigt. Er besitzt in dieser Situation auch die Möglichkeit, sein Amt lediglich niederzulegen, ohne gleichzeitig die außerordentliche Kündigung des Vertrages erklären zu müssen, und somit zunächst seinen vertraglichen Vergütungsanspruch weiterhin nach § 615 BGB aufrechtzuerhalten.[182]

69 Hat der Geschäftsführer den Verlust der Organstellung selbst herbeigeführt oder verschuldet, ohne dass der Gesellschaft ein Recht zur einseitigen Beendigung des Dienstvertrages zusteht, kann er bei längerer verbleibender Vertragsdauer verpflichtet sein, einer Weiterbeschäftigung bei dem Unternehmen zu zumutbaren anderen Bedingungen zuzustimmen. Schlägt er ein solches Angebot aus oder unterlässt er es, sich um eine andere Anstellung zu bemühen, so kann dem Unternehmen – neben der bereits erwähnten Anrechnungsmöglichkeit iSv § 615 S. 2 BGB (s. Rn 62) – ein Recht zur außerordentlichen Kündigung gem. § 626 BGB zustehen.

c) Sozialversicherungsrechtliche Schnittmengen

aa) Begriff des Beschäftigungsverhältnisses

70 Die Frage, inwieweit ein Geschäftsführer im sozialversicherungsrechtlichen Sinne abhängig beschäftigt ist und somit ein beitragspflichtiges Beschäftigungsverhältnis vorliegt, wird nach der Rspr des BSG im Rahmen einer **Regel-Ausnahme-Rechtsprechung** bestimmt.[183] Während Gesellschafter-Geschäftsführer mit beherrschender Stellung regelmäßig als Selbständige gelten, werden Minderheits- und Fremdgeschäftsführer dagegen idR als abhängig Beschäftigte behandelt.[184] Ausgehend von diesem Grundsatz können jedoch in beiden Fällen besondere Sachverhalte vorliegen, welche eine Ausnahme rechtfertigen, so dass bspw auch ein Fremdgeschäftsführer nicht als abhängig Beschäftigter im sozialversicherungsrechtlichen Sinn anzusehen sein kann. Umgekehrt ist es ebenso denkbar, dass ein Geschäftsführer, der zugleich Alleingesellschafter einer GmbH ist, als abhängig Beschäftigter iSd Sozialversicherungsrechts gilt, wenn er keine weiteren versicherungspflichtigen Arbeitnehmer in der Gesellschaft beschäftigt.[185] Dabei lassen sich gerade **keine abstrakten, für alle Fälle geltenden Maßstäbe** aufstellen, so dass vielmehr eine **Einzelfallbewertung** im Rahmen einer Gesamtbeurteilung aller maßgeblichen Umstände vorzunehmen ist.[186]

71 Die generelle Möglichkeit der Einordnung bestimmter Geschäftsführer unter den Begriff der abhängig Beschäftigten verdeutlicht einmal mehr die etwas paradox anmutende Situation,

---

180 BGH 6.3.2012 – II ZR 76/11, NJW 2012, 1656; OLG Karlsruhe 23.3.2011 – 7 U 81/10, NJW-RR 2011, 411.

181 BGH 6.3.2012 – II ZR 76/11, NJW 2012, 1656.

182 OLG Karlsruhe 23.3.2011 – 7 U 81/10, NJW-RR 2011, 411.

183 *Arens*, DStR 2010, 115, 117.

184 BSG 18.12.2001 – B 12 KR 10/01 R, GmbHR 2002, 324; BFH 2.12.2005 – VI R 16/03, DStR 2006, 365.

185 BSG 24.11.2005 – B 12 RA 1/04 R, NJW 2006, 1162.

186 BFH 2.12.2005 – VI R 16/03, DStR 2006, 365; BFH 20.10.2010 – VIII R 34/08, DStR 2011, 911.

nach der die arbeitsrechtliche und die sozialversicherungsrechtliche Einordnung voneinander abweichen können, auch wenn bei der Abgrenzung grds. die gleichen Parameter wie Tätigkeit nach Weisung und Eingliederung in die Arbeitsorganisation maßgeblich sind.[187]

Ausgangsnorm für die Beurteilung der Sozialversicherungspflicht von GmbH-Geschäftsführern ist § 7 **SGB IV**, der die **Definition** des Begriffs der **Beschäftigung** enthält. Beschäftigung ist danach die nichtselbständige Arbeit, insb. in einem Arbeitsverhältnis. Gemäß S. 2 der Vorschrift sind Anhaltspunkte für eine Beschäftigung eine Tätigkeit nach Weisung und eine Eingliederung in die Arbeitsorganisation des Weisungsgebers. Die Annahme der abhängigen Beschäftigung eines GmbH-Geschäftsführers ist weder aufgrund der Organstellung ausgeschlossen, noch aufgrund des Umstands, dass der Geschäftsführer gegenüber Arbeitnehmern der GmbH Arbeitgeberfunktionen ausübt. Maßgeblich ist vielmehr die Bindung des Geschäftsführers an das willensbildende Organ, idR die Gesamtheit der Gesellschafter.[188] 72

Grundsätzlich ist als Ausgangspunkt in sozialversicherungsrechtlicher Sicht davon auszugehen, dass ein Geschäftsführer als ein nicht selbständig Beschäftigter anzusehen ist und damit der Sozialversicherungspflicht unterliegt.[189] Der sozialversicherungspflichtigen Beschäftigung des Geschäftsführers steht dabei nicht entgegen, dass es sich in seinem Fall fast ausnahmslos nicht um einen Arbeitnehmer iSd Arbeitsrechts handelt, da lediglich entscheidend ist, ob er einer selbständigen oder unselbständigen Tätigkeit nachgeht.[190] Eine selbständige Tätigkeit liegt vielmehr grds. dann vor, wenn diese durch ein eigenes Betriebsrisiko, das Bestehen einer eigenen Betriebsstätte und die weitgehend freie Verfügungsmöglichkeit über die eigene Arbeitskraft sowie die eigenständig gestaltete Tätigkeit und Arbeitszeit geprägt ist.[191] Für die Bewertung ist entscheidend, ob die Merkmale einer abhängigen oder einer selbständigen Tätigkeit überwiegen, wobei das **Gesamtbild der Arbeitsleistung** maßgebend ist.[192] 73

Bestehen Zweifel an der Sozialversicherungspflicht eines Geschäftsführers, sollte zur Vermeidung späterer Rückabwicklungen eine **Statusauskunft** eingeholt werden.[193] Gemäß § 15 SGB I sind die Sozialversicherungsträger hierzu verpflichtet. Da die Krankenkassen als Einzugsstellen nach § 28 h Abs. 2 SGB IV über Versicherungspflicht und Beitragshöhe in allen Bereichen der gesetzlichen Sozialversicherung entscheiden, kann von ihnen die entsprechende Auskunft verlangt werden. Zu beachten ist, dass nach der Rspr des BSG[194] die Arbeitsgerichte an eine Entscheidung der Krankenkasse zur Sozialversicherungspflicht nicht gebunden sind. Über einen Antrag nach § 336 SGB III kann jedoch von der Bundesagentur für Arbeit die Information angefordert werden, ob sie der getroffenen Feststellung zustimmt. 74

bb) Fremdgeschäftsführer

Bei **Fremdgeschäftsführern**, also **nicht am Gesellschaftskapital beteiligten Geschäftsführern**, hat das BSG regelmäßig eine abhängige Beschäftigung angenommen, es sei denn, es liegen beson- 75

187 Moll/*Moll/Grobys*, MAH Arbeitsrecht, § 80 Rn 32.

188 BSG 6.3.2003 – B 11 AL 25/02 R, GmbHR 2004, 494; BSG 18.12.2001 – B 12 KR 10/01 R, GmbHR 2002, 324.

189 Schaub/*Vogelsang*, ArbR-HdB, § 15 Rn 28.

190 *Arens/Beckmann*, Die anwaltliche Beratung des GmbH-Geschäftsführers, § 10 Rn 1.

191 BSG 17.5.2001 – B 12 KR 34/00 R, NJOZ 2001, 1383; BSG 14.4.2010 – XI R 14/09, NZS 2007, 648; BFH 2.12.2005 – VI R 16/03, DStR 2006, 365; BFH 20.10.2010 – VIII R 34/08, DStR 2011, 911; LSG Nordrhein-Westfalen 16.6.2011 – L 1 KR 145/10, BeckRS 2011, 75371; LSG Bayern 23.10.2012 – L 5 R 767/10, BeckRS 2013, 65335.

192 BSG 17.5.2001 – B 12 KR 34/00 R, NJOZ 2001, 1383; BSG 14.4.2010 – XI R 14/09, NZS 2007, 648; BSG 11.3.2009 – B 12 KR 21/07 R, USK 2009, 25; BFH 2.12.2005 – VI R 16/03, DStR 2006, 365; BSG 25.1.2006 – B 12 KR 30/04 R, ZIP 2006, 678; BSG 4.7.2007 – B 11 a AL 5/06 R, ZIP 2007, 2185; LSG Nordrhein-Westfalen 16.6.2011 – L 1 KR 145/10, BeckRS 2011, 75371; LSG Saarland 15.2.2012 – L 2 KR 73/11, DStR 2012, 1038.

193 *Jaeger*, Der Anstellungsvertrag des GmbH-Geschäftsführers, S. 64; *Reiserer*, BB 2009, 718, 719.

194 BSG 6.2.1992 – 7 RAr 134/90, DB 1992, 1835.

dere Umstände vor, die eine Weisungsgebundenheit gegenüber den Gesellschaftern im Einzelfall aufheben.[195] Solche besonderen Umstände wurden zB angenommen, wenn der Geschäftsführer mit den Gesellschaftern familiär verbunden war und die Geschäfte faktisch wie ein Alleininhaber nach eigenem Gutdünken führte. In diesem Fall ist allerdings zu prüfen, ob der Geschäftsführer in tatsächlicher Hinsicht dennoch an Weisungen der Familiengesellschafter gebunden und somit eher als unselbständig beschäftigt einzustufen ist.[196]

76 Nach Ansicht des BSG fehlt es weiterhin an einer abhängigen Beschäftigung, wenn der externe Geschäftsführer in der GmbH schalten und walten könne, wie er wolle, weil er die Gesellschafter persönlich dominiere oder sie wirtschaftlich von ihm abhängig sind.[197] Eine ähnliche Konstellation, welche zur Ablehnung einer sozialversicherungspflichtigen Beschäftigung führt, ist auch gegeben, wenn der Fremdgeschäftsführer aus seinem Privatvermögen Sicherheiten für die GmbH in beträchtlicher Höhe bereitgestellt hat und das Verhältnis zu den Gesellschaftern von einer besonders ausgeprägten Dominanz des Geschäftsführers gezeichnet ist.[198] Dagegen spricht eine fehlende Alleinvertretungsbefugnis des Geschäftsführers, welche eine Gesamtvertretung mit einem anderen Geschäftsführer oder Prokuristen begründet, eindeutig für die Annahme einer sozialversicherungspflichtigen Beschäftigung.[199] Auch wenn ein Fremdgeschäftsführer bei einer klaren Aufgabentrennung Entscheidungen selbständig ohne den anderen Geschäftsführer und Alleingesellschafter treffen kann, spricht dies nicht für eine Dominanz, welche eine sozialversicherungsrechtliche Beschäftigung ausschließen würde.[200]

cc) Gesellschafter-Geschäftsführer

77 Die Frage, ob bei am Stammkapital der Gesellschaft beteiligten Geschäftsführern ein Beschäftigungsverhältnis iSv § 7 SGB IV vorliegt, hängt maßgeblich vom genauen **Umfang der Beteiligung** und dem sich daraus ergebenden Einfluss ab.[201] Bei einem Gesellschafter-Geschäftsführer besteht regelmäßig keine abhängige Beschäftigung, wenn er an der GmbH mit einem **Kapitalanteil** von **mindestens 50 %** oder einer **Sperrminorität** entsprechend besonderer Vereinbarung im Gesellschaftsvertrag ausgestattet ist. Nach ständiger Rspr des BSG ist unter diesen Voraussetzungen anzunehmen, dass der Geschäftsführer einen maßgeblichen Einfluss auf die Geschicke der Gesellschaft hat.[202] Dies wird daraus hergeleitet, dass bei einer Geschäftsführungsbefugnis zusammentreffend mit einem entsprechend entscheidenden Stimmengewicht in der Gesellschafterversammlung generell keine Entscheidungen gegen den Einfluss des Betroffenen möglich sind, so dass eine persönliche Abhängigkeit im Regelfall ausscheidet.[203] Auch für den Mehrheitsgesellschafter kann sich aber etwas anderes ergeben, wenn er als Geschäftsführer die mehrheitlichen Anteile am Stammkapital nur als weisungsgebundener Treuhänder hält.[204] Unerheblich ist hingegen, ob der Gesellschafter-Geschäftsführer von den sich aus der Mehrheitsbeteiligung ergebenden Rechten tatsächlich Gebrauch macht oder in der Praxis die Entscheidungen anderen überlässt, solange die Entscheidungsbefugnis nicht tatsächlich abbedungen

195 BSG 6.3.2003 – B 11 AL 25/02 R, GmbHR 2004, 494; BSG 4.7.2007 – B 11 a AL 5/06, GmbHR 2007, 1324; so auch BFH 2.12.2005 – VI R 16/03, DStR 2006, 365.

196 *Arens/Beckmann*, Die anwaltliche Beratung des GmbH-Geschäftsführers, § 10 Rn 24.

197 BSG 18.12.2001 – B 12 KR 10/01 R, GmbHR 2002, 324; LSG Berlin-Brandenburg 15.11.2007 – L 8 AL 78/04, BeckRS 2009, 63632; LSG Saarland 15.2.2012 – L 2 KR 73/11, DStR 2012, 1038.

198 LSG Niedersachsen-Bremen 24.1.2007 – L 2 R 35/06, BB 2008, 2625.

199 LSG Rheinland-Pfalz 31.3.2010 – LGR 3/09, NZS 2011, 106.

200 LSG Thüringen 24.8.2010 – L 6 R 779/07, BeckRS 2012, 66731.

201 BSG 4.7.2007 – B 11 a AL 5/06 R, ZIP 2007, 2185.

202 BSG 30.4.1976 – 8 RU 78/75, BSGE 42, 1 = DB 1976, 1728; so auch BFH 20.10.2010 – VIII R 34/08, DStR 2011, 911.

203 *Hidalgo/Schmid*, BB 2006, 602, 603; *Reiserer*, BB 2009, 718.

204 BSG 30.1.1997 – 10 RAr 6/95, NZS 1997, 432; BSG 25.1.2006 – B 12 KR 30/04 R, ZIP 2006, 678.

ist.[205] Auch in anderen Einzelfällen kann ein **alleinvertretungsberechtigter** Gesellschafter-Geschäftsführer mit einer Beteiligungsquote von 65 % sozialversicherungsrechtlich als Arbeitnehmer zu werten sein, wenn sich in seinem Anstellungsvertrag typische Merkmale eines Arbeitsvertrages finden, wie etwa die Vereinbarung von Lohnfortzahlung im Krankheitsfall, Urlaubsansprüchen sowie Urlaubs- und Weihnachtsgeld.[206] Wird in einer Familiengesellschaft die Beteiligungsquote eines als Geschäftsführer mit späterer Fortführungsabsicht tätigen Nachkommen des Firmengründers sukzessive von 30 % auf 49 % und schließlich auf 51 % erhöht, liegt eine selbständige Tätigkeit erst mit Erlangen der Anteilsmehrheit vor.[207]

Dagegen wird bei Gesellschafter-Geschäftsführern mit geringerer, unterhalb der Grenze der Sperrminorität liegender Beteiligung regelmäßig in gleichem Maße wie bei Fremdgeschäftsführern von einer sozialversicherungspflichtigen Beschäftigung ausgegangen, soweit nicht besondere Umstände im Einzelfall eine abweichende Behandlung rechtfertigen.[208] Ein solcher besonderer Umstand, der den Geschäftsführer mit geringerer Kapitalbeteiligung als Selbständigen qualifiziert, kann etwa darin liegen, dass er als Einziger über ein bestimmtes notwendiges Fachwissen verfügt.[209] Für den Fall des Erreichens der **Sperrminorität** über eine Gesellschaftsbeteiligung des betroffenen Geschäftsführers gilt allerdings, dass eine Selbständigkeit ausnahmsweise nicht vorliegt, wenn der Gesellschafter-Geschäftsführer an der Ausübung der Sperrminorität aufgrund des wirtschaftlichen Übergewichts eines anderen Gesellschafters faktisch gehindert ist.[210] Insbesondere steht die Tatsache, dass der Geschäftsführer einer GmbH über eine Organstellung verfügt, einer Abhängigkeit gegenüber der Gesellschaft oder den Gesellschaftern nicht entgegen.[211] Für das Kriterium des maßgeblichen Einflusses ist allerdings nicht ausschlaggebend, dass es sich um einen Mehrheitsgesellschafter oder einen Gesellschafter mit Sperrminorität handelt. Der **Minderheitsgesellschafter** und Geschäftsführer, der *de facto* gleichberechtigt mit einem oder zwei Mitgesellschaftern einen kleinen bis mittleren Betrieb führt, ist nach der Rspr eher dem Kreis der Selbständigen zuzurechnen.[212] 78

Die fehlende Versicherungspflicht des Gesellschafter-Geschäftsführers wurde durch das Urteil des BSG vom 24.11.2005[213] nicht aufgehoben, so dass sich die parallel zur Sozialversicherungspflicht verlaufende Grenzlinie zwischen Unternehmer- und Verbraucher-Geschäftsführer durch diese Rspr inhaltlich nicht verschoben hat. Das angesprochene BSG-Urteil betraf einen Gesellschafter-Geschäftsführer einer Ein-Mann-GmbH, die nur einen Auftraggeber besaß und neben dem Geschäftsführer keinen Arbeitnehmer mit einem Gehalt von über 400 € monatlich beschäftigte. Für diesen Sonderfall nahm das BSG unter Hinweis auf § 2 S. 1 Nr. 9 SGB VI ausnahmsweise eine Versicherungspflicht des Gesellschafter-Geschäftsführers über die Rechtsfigur des **arbeitnehmerähnlichen Selbständigen** an, wobei es darauf abstellte, dass der Geschäftsführer selbst keinen weiteren der Versicherungspflicht unterfallenden Arbeitnehmer beschäftigte und im Wesentlichen nur für einen Auftraggeber tätig war.[214] An der bisherigen Unterscheidungslinie zwischen überwiegend selbständigen Gesellschafter-Geschäftsführern und unselb- 79

205 BSG 25.1.2006 – B 12 KR 30/04 R, ZIP 2006, 678; *Reiserer/Heß-Emmerich/Peters*, Der GmbH-Geschäftsführer, S. 126.

206 BFH 23.4.2009 – VI R 81/06, DStR 2009, 1355.

207 LSG Saarland 15.2.2012 – L 2 KR 73/11, DStR 2012, 1038.

208 BSG 4.7.2007 – B 11a AL 5/06, GmbHR 2007, 1324; LSG Saarland 15.2.2012 – L 2 KR 73/11, DStR 2012, 1038.

209 LSG Baden-Württemberg 26.6.2012 – L 11 KR 2769/11, NZG 2012, 1040.

210 BSG 18.4.1991 – 7 RAr 32/90, NZA 1991, 869; BSG 6.2.1992 – 7 RAr 134/90, BSGE 70, 81 = SozR 3-4100, § 104 Nr. 8 S. 630 mwN; KassKomm/*Seewald*, § 7 SGB IV Rn 91 b.

211 BSG 18.4.1991 – 7 RAr 32/90, NZA 1991, 869; BSG 30.6.1999 – B 2 U 35/98 R, NZS 2000, 147; BSG 18.12.2001 – B 12 KR 10/01 R, NZA-RR 2003, 325.

212 BayLSG 16.3.2000 – L 9 AL 297/97, Breithaupt 2001, 383.

213 BSG 24.11.2005 – B 12 RA 1/04 R, NJW 2006, 1162.

214 *Gach/Kock*, NJW 2006, 1089; *Müller*, DB 2006, 614.

ständigen Fremdgeschäftsführern sowie Geschäftsführern mit nur geringer Kapitalbeteiligung unterhalb der Quote einer Sperrminorität ändert sich durch das auf die dargestellte Sonderkonstellation fixierte Urteil des BSG nichts,[215] obwohl einige Autoren eine generelle Sozialversicherungspflicht von Allein-Geschäftsführern prognostiziert hatten.[216] Diese Entscheidung ist vielmehr Ausdruck des bereits dargestellten Regel-Ausnahme-Prinzips (s. Rn 70). Der Gesetzgeber stellte im Anschluss durch die Änderung des § 2 S. 1 Nr. 9 Buchst. b und S. 4 Nr. 3 SGB VI mit Wirkung vom 1.7.2006 klar, dass die oben genannten Voraussetzungen für eine Versicherungspflicht in der Person der GmbH und nicht des Geschäftsführers begründet sein müssen.[217]

80 Werden irrtümlich von der Gesellschaft an den Gesellschafter-Geschäftsführer Krankenversicherungsbeiträge geleistet, obwohl dieser – da selbständig – nicht krankenversicherungspflichtig ist, so können die ausgezahlten Krankenversicherungsbeiträge als **verdeckte Gewinnausschüttung** zu behandeln sein und als solche im Steuerbescheid berücksichtigt werden.[218] Wird der Steuerbescheid angegriffen, ist zu beachten, dass die Steuerbehörden die Frage der Versicherungspflicht im Sinne des Sozialversicherungsrechts eigenständig beurteilen. Die Entscheidung der zuständigen Sozialversicherungsträger oder der Einzugsstellen für Sozialversicherungsbeiträge ist nicht bindend. Vielmehr handelt es sich bei der Krankenversicherungspflicht um eine außersteuerliche Vorfrage, die von der Finanzbehörde und von den Gerichten inzidenter mit zu entscheiden ist.[219]

dd) GmbH & Co. KG

81 In der GmbH & Co. KG sind die dargelegten Grundsätze zur Bestimmung einer sozialversicherungspflichtigen Beschäftigung des Geschäftsführers grds. in gleicher Weise anzuwenden. So ist der Fremdgeschäftsführer ohne Beteiligung an der KG oder der GmbH idR sozialversicherungspflichtig.[220] Die Sozialversicherungspflicht besteht dagegen nicht, wenn der Geschäftsführer 50 % oder mehr des Stammkapitals der Komplementär-GmbH hält.[221] Ist der Geschäftsführer nur als Kommanditist an der KG beteiligt, ist er sozialversicherungspflichtig, es sei denn, es liegen Umstände vor, die eine maßgebliche Einflussnahme bedingen.[222]

ee) Abgrenzungskriterien aus dem Geschäftsführerdienstvertrag

82 Die maßgeblichen Indizien für die Frage der persönlichen Abhängigkeit – und damit einer fehlenden Selbständigkeit – entnimmt das BSG der Ausgestaltung des Geschäftsführervertrages. Für eine **persönlich abhängige Beschäftigung** sprechen nach Auffassung des BSG:

- die Zusage eines festen Jahresgehalts,
- die Zusage einer Weihnachtsgratifikation und eines Urlaubsgeldes,
- die Zahlung eines Zuschusses zur Altersversorgung und privaten Krankenversicherung,
- der Ausschluss einer Nebentätigkeit,
- ein nachvertragliches Wettbewerbsverbot,
- die Vergütungsfortzahlung im Krankheitsfall,
- ein Selbstkontrahierungsverbot,

---

215 Bundesministerium für Arbeit und Soziales, Pressemitteilung vom 4.4.2006, NJW-aktuell 16/2006, S. XIV.

216 *Hidalgo/Schmid*, BB 2006, 602; *Schrader/Straube*, NZA 2006, 358; insoweit Entwarnung gebend *Kock*, DNotZ 2006, 333, 341 f.

217 Schaub/*Vogelsang*, ArbR-HdB, § 15 Rn 29.

218 FG Niedersachsen 21.6.1990 – VI 395/89, GmbHR 1991, 346; FG Baden-Württemberg 1.2.2001 – 3 K 220/96, STuB 2001, 876; FG Köln 20.8.2008 – 12 K 1173/04, EFG 2009, 117.

219 FG Baden-Württemberg 1.2.2001 – 3 K 220/96, StuB 2001, 876; FG Düsseldorf 17.12.1993 – 14 K 5416/91 H (L), GmbHR 1994, 642; FG Köln 26.9.1989 – 2 K 427/86, EFG 1990, 94.

220 *Brandmüller*, Der GmbH-Geschäftsführer, Rn 816.

221 BSG 20.3.1984 – 7 RAr 70/82, HFR 1985, 482.

222 *Brandmüller*, Der GmbH-Geschäftsführer, Rn 816.

- die Bestimmung, dass der Urlaubszeitpunkt den Bedürfnissen der Geschäftsführung Rechnung tragen muss.[223]

Auf der anderen Seite sprechen für eine **Selbständigkeit** folgende Kriterien: 83

- Beteiligung des Geschäftsführers am Geschäftserfolg,
- insb. gewinnabhängige Tantiemen,
- Befreiung vom Selbstkontrahierungsverbot,
- eigenständige Festlegung des Urlaubs.[224]

Diese Grundsätze gelten bereits bei einer **Vor-GmbH.**[225] Es handelt sich bei den Kriterien allerdings ausdrücklich nur um Indizien und nicht um zwingende Faktoren. So stellen die Befreiung vom Selbstkontrahierungsverbot und die Alleinvertretungsbefugnis nicht zwingend ein ausschlaggebendes Argument für eine Selbständigkeit dar, da diese insb. bei kleineren Gesellschaften unabhängig von der persönlichen Stellung nicht untypisch sind.[226] 84

ff) Rechtsfolgen der Sozialversicherungspflicht

Wird die Sozialversicherungspflicht festgestellt, ergeben sich in den einzelnen Zweigen der Sozialversicherung unterschiedliche **Ausnahmetatbestände**, die uU zur **Versicherungsfreiheit** im Einzelfall führen können. 85

(1) Krankenversicherung

Der GmbH-Geschäftsführer gehört als Organ zu den leitenden Angestellten.[227] Leitende Angestellte gehören gem. § 6 Abs. 1 Nr. 1 SGB V zu dem Personenkreis, der nach § 5 Abs. 1 Nr. 1 SGB V der gesetzlichen Krankenversicherungspflicht unterliegt. Der GmbH-Geschäftsführer hat die Hälfte des Krankenversicherungsbeitrags selbst zu tragen.[228] Die andere Hälfte hat die GmbH als Arbeitgeberanteil an die Krankenkasse gem. § 249 Abs. 1 SGB V aufzubringen. In §§ 6 und 7 SGB V sind Ausnahmetatbestände enthalten, nach denen der GmbH-Geschäftsführer von der Versicherungspflicht befreit werden kann. 86

Besteht eine Krankenversicherungsfreiheit wegen Überschreitung der Jahresverdienstgrenze nach § 6 Abs. 1 Nr. 1 SGB V und eine freiwillige Versicherung in der gesetzlichen Krankenversicherung, hat der Geschäftsführer gegen die Gesellschaft einen Anspruch auf Beitragszuschuss in Höhe der Hälfte des Beitrags für einen versicherungspflichtig Beschäftigten bei derselben Krankenkasse, höchstens jedoch die Hälfte des Beitrages, der tatsächlich zu zahlen ist (§ 257 Abs. 2 S. 1 SGB V). 87

(2) Rentenversicherung

Der GmbH-Geschäftsführer unterliegt der Rentenversicherungspflicht nach § 1 SGB VI, wenn ein Beschäftigungsverhältnis iSd § 1 S. 1 Nr. 1 SGB VI vorliegt. Der Begriff des Beschäftigten hat hier den gleichen Inhalt wie in § 7 Abs. 1 SGB IV. Für die Frage der Rentenversicherungspflicht kommt es daher, anders als bei der Krankenversicherung, auf die Höhe des Jahresarbeitsverdienstes nicht an.[229] Eine Befreiung von der Rentenversicherungspflicht kommt nach den Ausnahmetatbeständen des § 5 SGB VI in Betracht. 88

Ein als selbständig und damit als eigentlich nicht sozialversicherungspflichtig eingestufter Geschäftsführer kann gem. § 2 S. 1 Nr. 9 SGB VI der Rentenversicherungspflicht unterfallen, so- 89

223 BSG 30.6.1999 – B 2 U 35/98 R, NZS 2000, 147.
224 *Nägele*, BB 2001, 305, 311.
225 BSG 30.3.1962 – 2 RU 109/60, BSGE 17, 15 = NJW 1962, 1539.
226 BSG 4.7.2007 – B 11 a AL 5/06 R, ZIP 2007, 2185.
227 BSG 13.12.1960 – 3 RK 2/56, NJW 1961, 1134.
228 *Brandmüller*, Der GmbH-Geschäftsführer, Rn 777.
229 *Brandmüller*, Der GmbH-Geschäftsführer, Rn 783.

weit keine weiteren versicherungspflichtigen Arbeitnehmer beschäftigt werden und eine Tätigkeit im Wesentlichen nur für einen Auftraggeber vorgenommen wird. Nicht von der Rentenversicherungspflicht erfasst werden Geschäftsführer demnach, wenn sie zumindest für zwei Auftraggeber tätig sind, wobei die Zweittätigkeit zumindest 1/6 der Gesamteinkünfte des Selbständigen ausmachen muss.[230] Mit Inkrafttreten der bereits angesprochenen gesetzgeberischen Klarstellung vom 1.7.2006 (s. Rn 79) wurde verdeutlicht, dass nicht der Geschäftsführer selbst, sondern die GmbH diese Kriterien erfüllen muss. Es kommt also bei Beurteilung der zweiten Voraussetzung lediglich auf die Außenverhältnisse der Gesellschaft zum externen Auftraggeber und nicht auf das Innenverhältnis zum Geschäftsführer an.[231] Auf diese Weise soll insb. eine rentenversicherungsrechtliche Absicherung von „Schein-Selbständigen" gewährleistet werden, die als ausschließliche Subunternehmer für einen Auftraggeber tätig werden. Diese Klarstellungsregelung beschränkt sich zwar auf Gesellschafter-Geschäftsführer, egal mit welcher Quote sie letztlich an der Gesellschaft beteiligt sind, so dass der Fremdgeschäftsführer die Kriterien dennoch in eigener Person erfüllen müsste, wobei er im Regelfall als sozialversicherungspflichtig abhängig Beschäftigter von vornherein auch der Rentenpflicht unterfällt.[232]

90 Auch wenn der Fremdgeschäftsführer in der gesetzlichen Rentenversicherung versichert ist, finden sich in Geschäftsführerdienstverträgen häufig zusätzliche Pensionsvereinbarungen. Nicht abhängig beschäftigte Geschäftsführer haben grds. die Möglichkeit, sich in der Rentenversicherung **freiwillig** zu versichern.[233]

(3) Arbeitslosenversicherung

91 Die Arbeitslosenversicherungspflicht ergibt sich aus §§ 24 ff SGB III. Danach sind u.a. solche Personen beitragspflichtig, die als Beschäftigte oder aus sonstigen Gründen versicherungspflichtig sind. Gesellschafter-Geschäftsführer und Geschäftsführer mit bestimmendem oder maßgeblichem Einfluss sind Selbständige und daher keine Beschäftigten iSd Arbeitslosenversicherungsrechts. Ein aus sozialversicherungsrechtlicher Sicht abhängig beschäftigter Fremdgeschäftsführer, der während seiner Tätigkeit Beiträge zur Arbeitslosenversicherung erbracht hat, kann dagegen daraus im Falle der Arbeitslosigkeit Ansprüche ableiten. Dabei sind jedoch etwaige empfangene Karenzentschädigungsleistungen, welche er aufgrund eines nachvertraglichen Wettbewerbsverbots erlangt hat, anzurechnen.[234]

92 Problematisch und für die betroffenen Geschäftsführer unbefriedigend ist allerdings, dass sich die Agenturen für Arbeit im Nachhinein auf den Standpunkt stellen können, der Betroffene sei tatsächlich gar nicht abhängig beschäftigt gewesen, so dass die Voraussetzungen für einen tatsächlichen Bezug nicht erfüllt und demnach keine Leistungen zu gewähren seien.[235] Die tatsächliche Abführung von Beiträgen ist nach Ansicht des BSG für die Möglichkeit der Inanspruchnahme gerade nicht bindend.[236]

(4) Unfallversicherung

93 § 2 Abs. 1 Nr. 1 SGB VII legt fest, dass Beschäftigte gegen Arbeitsunfälle versichert sind. Auch hier ist der Begriff des Beschäftigten identisch mit dem in § 7 SGB IV, dh der Fremdgeschäftsführer ist regelmäßig in der gesetzlichen Unfallversicherung versichert, der Gesellschafter-Geschäftsführer nicht. Ein freiwilliger Beitritt in die Unfallversicherung ist auch Gesellschafter-

230 *Kock*, DNotZ 2006, 333, 339.
231 *Knepper/Langner*, DStR 2006, 1283, 1285.
232 *Freckmann*, BB 2006, 2077, 2082.
233 Graf v. Westphalen/Thüsing/*Thüsing*, Vertragsrecht und AGB-Klauselwerke, Geschäftsführerverträge Rn 78.
234 *Reiserer/Heß-Emmerich/Peters*, Der GmbH-Geschäftsführer, S. 160.
235 Moll/*Moll/Grobys*, MAH Arbeitsrecht, § 80 Rn 32.
236 BSG 6.2.1992 – 7 Rar 63/91, BB 1992, 2437.

Geschäftsführern mit beherrschendem Einfluss auf die Gesellschaft gestattet.[237] Der Versicherungsschutz entspricht dann zwar grds. demjenigen der gesetzlichen Unfallversicherung, jedoch unter Berücksichtigung unternehmerischer Besonderheiten.[238] So wird etwa ein Selbständiger durch die freiwillige Unfallversicherung versicherungsrechtlich nicht zum „Arbeitskollegen" der sonstigen Mitarbeiter, so dass entsprechende Haftungsfreistellungen nicht eingreifen.[239]

(5) Pflegeversicherung

Die Pflicht zur Pflegeversicherung bestimmt sich nach dem SGB XI. Fremdgeschäftsführer sind pflegeversichert, unabhängig davon, ob sie in der gesetzlichen oder freiwilligen Krankenkasse bzw privat versichert sind. Die Pflegeversicherung folgt demnach vollständig dem Schicksal der Krankenversicherung.[240] Auch Gesellschafter-Geschäftsführer sind verpflichtet, sich zumindest bei einer privaten Versicherung pflegezuversichern.[241] Die Versicherungspflicht ergibt sich aus § 23 Abs. 1 SGB XI. Der Beitragszuschuss durch die GmbH richtet sich nach § 58 SGB XI, soweit der Geschäftsführer krankenversicherungspflichtig ist, und nach § 61 SGB XI für Geschäftsführer, die von der Krankenversicherungspflicht befreit sind.[242] 94

d) Stellung des Dienstvertrages zu Satzung und Geschäftsordnung

Da sich der GmbH-Geschäftsführer – ähnlich einem Arbeitnehmer – verpflichtet, seine Arbeitskraft für die Gesellschaft einzusetzen, sind die im Anstellungsvertrag zu regelnden Bereiche vergleichbar mit den in Arbeitsverträgen zu behandelnden Themen. Häufig sind die Vertragstexte in Geschäftsführerdienstverträgen an das Arbeitsrecht angelehnt, um einen interessengerechten Ausgleich zwischen den Vertragsparteien herzustellen. Die tatsächliche und in Einzelfällen auch rechtliche Nähe zum Arbeitsvertragsrecht beim Geschäftsführerdienstvertrag darf indessen nicht darüber hinwegtäuschen, dass sich der konkrete Regelungsinhalt des Geschäftsführerdienstvertrages deutlich von dem eines Arbeitsvertrages unterscheidet. 95

aa) Zwingende Vorgaben des GmbH-Gesetzes

Bei der Ausgestaltung des Anstellungsverhältnisses ist zu berücksichtigen, dass der GmbH-Geschäftsführer nach Einrücken in die Organstellung gesellschaftsrechtlichen Verpflichtungen ausgesetzt ist, die sich aus dem GmbH-Gesetz ergeben und **nicht zur Disposition** der Vertragsparteien stehen. So hat der Geschäftsführer schon allein aufgrund seiner Bestellung für die ordnungsgemäße Buchführung der Gesellschaft (§ 41 GmbHG) sowie für die Aufstellung und unverzügliche Vorlage des Jahresabschlusses und des Lageberichts zu sorgen (§ 42 a GmbHG). Darüber hinaus besteht die wesentliche Aufgabe des Geschäftsführers darin, die Gesellschaft nach außen gerichtlich und außergerichtlich zu vertreten (§ 35 GmbHG). Dabei hat der Geschäftsführer nach § 37 Abs. 2 GmbHG eventuelle Beschränkungen im Innenverhältnis zur Gesellschaft einzuhalten. Ein wesentlicher Teil des Tätigkeitsfeldes des Geschäftsführers ist damit schon von Gesetzes wegen festgelegt, so dass eine vertragliche Regelung dieser Bereiche nur klarstellenden, deklaratorischen oder konkretisierenden Charakter besitzen kann. 96

bb) Vorgaben des Gesellschaftsvertrages

Der Gesellschaft ist es über die zwingenden Vorgaben des GmbH-Gesetzes hinaus aber auch möglich, die **Kompetenzen** des Geschäftsführers durch den **Gesellschaftsvertrag** festzulegen. So 97

237 BSG 11.6.1990 – 2 RU 59/89, BB 1990, 2049.
238 Graf v. Westphalen/Thüsing/*Thüsing*, Vertragsrecht und AGB-Klauselwerke, Geschäftsführerverträge Rn 80.
239 BGH 6.5.1980 – VI ZR 58/79, NJW 1983, 73.
240 Graf v. Westphalen/Thüsing/*Thüsing*, Vertragsrecht und AGB-Klauselwerke, Geschäftsführerverträge Rn 81.
241 *Brandmüller*, Der GmbH-Geschäftsführer, Rn 788.
242 *Jaeger*, Der Anstellungsvertrag des GmbH-Geschäftsführers, S. 66.

kann fakultativ in der Satzung die Ausgestaltung der Organstellung, wie etwa durch Modifikation des Prinzips der Gesamtvertretung nach § 35 Abs. 2 S. 2 GmbHG, aufgenommen werden. Auch die Befreiung eines oder mehrerer Geschäftsführer vom Verbot des Selbstkontrahierens kann durch die Satzung geregelt werden. Weiter können Bestimmungen über die Geschäftsverteilung, die Aufzählung derjenigen Geschäfte, die der Zustimmung durch die Gesellschafterversammlung bzw des Aufsichtsrats bedürfen, die Berichterstattung an die Gesellschafterversammlung oder den Aufsichtsrat sowie die Modalitäten der Zusammenarbeit der Geschäftsführer im Gesellschaftsvertrag festgehalten werden.

cc) Vorgaben einer Geschäftsordnung

98 Neben der Satzung können sich, insb. bei der Bestellung mehrerer Geschäftsführer, den Geschäftsführer betreffende Regelungen auch aus einer Geschäftsordnung für die Geschäftsführer ergeben. Die Geschäftsordnung wird entweder von der Gesellschafterversammlung oder, wenn die Satzung dies bestimmt, vom Aufsichtsrat erlassen (**organexterne Geschäftsordnung**). Geben sich die Geschäftsführer selbst eine Geschäftsordnung, so handelt es sich um eine **organinterne Geschäftsordnung.**[243]

dd) Konkurrenzen

99 Da die Geschäftsführertätigkeit durch verschiedene Rechtsgrundlagen ausgestaltet werden kann, stellt sich die Problematik, auf welche Weise **Kollisionen** der Regelung des Anstellungsvertrages mit Satzung oder Geschäftsordnung aufzulösen sind. Dabei ist folgendes **Rangverhältnis** zu beachten:

(1) Kollision zwischen Dienstvertrag und Satzung

100 Der Satzungsinhalt hat zunächst Vorrang vor den Regelungen des Anstellungsvertrages.[244] Dieser Grundsatz lässt sich wie folgt begründen: Das Organisationsrecht der Gesellschaft ergibt sich, außer aus dem Gesetz, auch aus dem Gesellschaftsvertrag, welcher der Publizität des Handelsregisters unterliegt. Neu eintretende Gesellschafter und Dritte können sich durch Einblick in den beim Handelsregister hinterlegten Gesellschaftsvertrag über die Kompetenzverteilung in der Gesellschaft informieren und müssen sich grds. auf die publizierten Informationen verlassen können. Davon abweichende Regelungen im Anstellungsvertrag des Geschäftsführers sind dagegen, insb. für Außenstehende, deutlich weniger einsehbar und nachzuvollziehen. Aus diesem Grund entfaltet der Anstellungsvertrag lediglich schuldrechtliche Wirkung und lässt eine spätere abweichende Regelung durch die Satzung zu. Eine solche organisationsrechtlich wirksame Neuorganisation stellt jedoch im Fall der Kollision mit dem Geschäftsführerdienstvertrag aus schuldrechtlicher Sicht eine Vertragsverletzung der Gesellschaft gegenüber dem Geschäftsführer dar.[245] Auch der BGH hat in jüngerer Vergangenheit in einem anderen Zusammenhang die grundsätzliche Nachrangigkeit des Anstellungsvertrages gegenüber der Organstellung und damit gegenüber den gesellschaftsrechtlichen Grundsätzen aus Gesetz und Gesellschaftssatzung ausdrücklich herausgestellt.[246]

101 Ob eine **Kollision** vorliegt, richtet sich danach, ob es sich bei der schuldrechtlichen Vereinbarung um eine **satzungskonkretisierende** oder **satzungsdurchbrechende Bestimmung** handelt.[247] Eine wirksame satzungskonkretisierende Bestimmung liegt lediglich vor, wenn neben der Zustimmung der Gesellschafter zugleich die Voraussetzungen für eine Satzungsänderung gegeben

243 Scholz/*Schneider*, GmbHG, § 37 Rn 57.

244 *Reuter*, FS Zöllner, S. 492; *Wank*, FS Wiedemann, S. 593 f; aA *Mildenberger*, Der Geschäftsführervertrag, S. 129 ff.

245 *Leuering/Dornhegge*, NZG 2010, 13, 16 f.

246 BGH 10.5.2010 – II ZR 70/09, NJW 2010, 2342.

247 Scholz/*Schneider*, GmbHG, § 37 Rn 56.

sind.[248] Kommt man nach Auslegung des Anstellungsverhältnisses zu dem Ergebnis, dass die Vertragsklausel im Widerspruch zur Satzung steht, so ist sie organisationsrechtlich, nicht aber schuldrechtlich unwirksam. Der Geschäftsführer hat jedoch **keinen Anspruch auf Erfüllung** der Vereinbarung, sondern – je nach Schwere der Vertragsverletzung – ein Recht zur außerordentlichen Kündigung gem. § 626 BGB und einen Anspruch auf Schadenersatz gem. § 628 Abs. 2 BGB, wenn die Gesellschaft durch die anstellungsvertragliche Zusicherung pflichtwidrig von einer Satzungsvereinbarung abweicht.[249] Dabei ist zu beachten, dass allein die Abberufung aus der Organstellung zwar grds. den Geschäftsführer zur außerordentlichen Kündigung berechtigt, aber nicht automatisch ein vertragswidriges Verhalten der Gesellschaft indiziert.[250] Die Gesellschaft macht bei einer Abberufung lediglich von ihrem nach § 38 GmbHG gesetzlich eingeräumten Recht Gebrauch, so dass ein pflichtwidriges Verhalten grds. ausscheidet.[251]

Werden dem Geschäftsführer im Rahmen des Dienstvertrages über die gesetzlichen und satzungsmäßigen Vorgaben hinausgehende Pflichten auferlegt, wie zB Informationspflichten gegenüber der Gesellschafterversammlung, entfalten diese ebenfalls keine unmittelbare organisationsrechtliche Wirkung. Sie können aber bei Verletzung einen wichtigen Grund zur Abberufung des Geschäftsführers darstellen oder auch schuldrechtliche Schadensersatzansprüche begründen.[252] 102

(2) Kollision zwischen Dienstvertrag und Geschäftsordnung

Eine **organexterne Geschäftsordnung** ist innergesellschaftliches Recht, das für die Geschäftsführer verbindlich ist. Dennoch können die Vorgaben einer nachträglich erlassenen Geschäftsordnung eine schuldrechtliche Vertragsverletzung darstellen und dementsprechende **Schadensersatzansprüche** auslösen, soweit sie dem Geschäftsführer zuvor vertraglich zugesicherte Rechte vereiteln. Für die Feststellung einer Vertragsverletzung müssen die verschiedenen Regelungswerke miteinander verglichen werden, um festzustellen, inwieweit sie miteinander vereinbar sind. Soweit die Satzung und der Anstellungsvertrag eines Geschäftsführers mit bisher weitgehenden Kompetenzen die Möglichkeit des Erlasses einer Geschäftsordnung vorsehen, bildet der tatsächliche Erlass einer Geschäftsordnung, nach welcher die Aufgabenbereiche des Geschäftsführers merklich eingeengt sowie seine Alleinvertretungsbefugnis und die Befreiung vom Selbstkontrahierungsverbot entzogen werden, kein vertragswidriges Verhalten seitens der Gesellschaft. Dies gilt zumindest, soweit im Anstellungsvertrag nicht ausdrücklich die Zusicherung einer Alleinvertretungsbefugnis und die Befreiung von den Vorgaben des § 181 BGB festgelegt sind.[253] 103

Geben sich die Geschäftsführer eine **organinterne Geschäftsordnung**, so sind sie dabei auch an den Gesellschaftsvertrag gebunden. Umstritten ist allerdings, inwieweit die Befugnis zur Verabschiedung einer internen Geschäftsordnung ein originäres Recht der Geschäftsführer darstellt und somit aus eigener Initiative erfolgen kann oder es stets eines ermächtigenden Initiativbeschlusses der Gesellschafter bedarf.[254] Die Geschäftsordnung muss nicht nur mit den gesetzlichen Bestimmungen, sondern auch mit der Satzung in Einklang stehen.[255] So kann bspw aufgrund der Geschäftsordnung zwar eine Geschäftsverteilung vereinbart werden, nach der jedem 104

248 *Arens/Beckmann*, Die anwaltliche Beratung des GmbH-Geschäftsführers, § 1 Rn 4.
249 BAG 8.8.2002 – 8 AZR 574/01, NZA 2002, 1323.
250 BGH 28.10.2002 – II ZR 146/02, NJW 2003, 351; weitergehend aber BAG 8.8.2002 – 8 AZR 574/01, NZA 2002, 1323; dazu *Bauer/Diller/Krets*, DB 2003, 2687; BGH 6.3.2012 – II ZR 76/11, NJW 2012, 1656.
251 BGH 6.3.2012 – II ZR 76/11, NJW 2012, 1656.
252 Scholz/*Schneider*, GmbHG, § 37 Rn 56 a.
253 BGH 6.3.2012 – II ZR 76/11, NJW 2012, 1656; OLG Karlsruhe 23.3.2011 – 7 U 81/10, NJW-RR 2011, 411.
254 Zum Streitstand s. *Leuering/Dornhegge*, NZG 2010, 13, 14 f.
255 Scholz/*Schneider*, GmbHG, § 37 Rn 63.

Geschäftsführer ein bestimmter Verantwortungsbereich zugeteilt wird, dagegen allerdings nicht von der gesetzlichen Regel der Gesamtgeschäftsführung abgewichen werden. Demnach bleiben trotz der Geschäftsverteilung alle Geschäftsführer für die gesamte Geschäftsführung und die Überwachung der Mitgeschäftsführer verantwortlich.[256] Zwar haftet jeder Geschäftsführer grds. nur für eigene Pflichtverletzungen, aufgrund der Gesamtgeschäftsführung sind Entscheidungen allerdings trotz Ressortverteilung von allen Geschäftsführern zusammen zu treffen und somit auch zu vertreten.[257] Werden im Geschäftsführerdienstvertrag also von der Geschäftsordnung abweichende Vereinbarungen getroffen, führt die Abweichung zwar nicht zur Unwirksamkeit der entsprechenden Vereinbarung im Dienstvertrag. Aufgrund des Vorrangs scheidet ein entsprechender Erfüllungsanspruch aus der abweichenden Regelung des Anstellungsvertrages jedoch aus.[258]

ee) Gestaltungsprobleme

105 Das Nebeneinander von Gesellschaftsvertrag, Geschäftsordnung und Dienstvertrag hat zur Folge, dass bei der Ausgestaltung des Dienstvertrages auf den Gesellschaftsvertrag und auf eine bereits bestehende **Geschäftsordnung** Rücksicht zu nehmen ist. Insbesondere können der Gesellschaftsvertrag und eine – bestehende oder zukünftige – Geschäftsordnung durch eine Verweisung im Dienstvertrag in Bezug genommen werden. Je genauer die Aufgaben und Kompetenzen des Geschäftsführers dagegen bereits im Dienstvertrag konkretisiert werden, umso eher kann es zu einer Kollision mit den organisationsrechtlichen Gestaltungsmitteln der Gesellschaft kommen.

106 Zwar genießt die Satzung Vorrang vor der dienstvertraglichen Regelung, doch kann die körperschaftliche Bestimmung eine Vertragsverletzung begründen, aufgrund derer dem Geschäftsführer ein Recht zur außerordentlichen Kündigung gem. § 626 BGB und zur Geltendmachung eines Schadensersatzanspruchs gem. § 628 Abs. 2 BGB zusteht. Aus Sicht der Gesellschaft empfiehlt es sich deshalb eher, im Anstellungsvertrag keine oder nur allgemeingehaltene Tätigkeitsregelungen aufzunehmen, die einen weiten Gestaltungsspielraum – ohne **Kollisionsprobleme** – durch Gesellschaftsvertrag oder Geschäftsordnung gestatten. Dies zeigt sich plakativ in einem aktuellen Fall, in dem ein Geschäftsführer aufgrund der weitgehenden Kompetenzbeschneidung mitsamt Entzug des Alleinvertretungsrechts und der Befreiung vom Selbstkontrahierungsverbot zwar zur außerordentlichen Kündigung berechtigt war, mangels Zusicherung entsprechender Rechte im Anstellungsvertrag allerdings kein Schadensersatzanspruch nach § 628 Abs. 2 BGB bestand.[259]

107 Ebenso empfiehlt sich aus Gesellschaftssicht, die **Befugnis zum späteren Erlass von Geschäftsordnungen** nicht nur in der Satzung zu regeln, sondern einen klarstellenden Hinweis auch in den Anstellungsvertrag aufzunehmen.

108 Weiterhin wird angeraten, in den Anstellungsvertrag eine sog. **Öffnungsklausel** aufzunehmen, nach welcher der Organvertreter auch zur Übernahme anderer als den ursprünglich zugesagten Geschäftsbereichen bzw zur Duldung einer Einschränkung der ursprünglich übertragenen Kompetenzen verpflichtet ist.[260] Für den GmbH-Geschäftsführer ist dagegen gewöhnlich eine möglichst genaue Beschreibung der Kompetenzen im Dienstvertrag von Vorteil, da er ansonsten der Gestaltungsmacht der Gesellschaft schutzlos ausgesetzt ist. Hält sich der Geschäftsfüh-

256 So auch *Leuering/Rubner*, NJW-Spezial 2009, 239 f.

257 *Leuering/Dornhegge*, NZG 2010, 13.

258 Lutter/Hommelhoff/*Kleindiek*, GmbHG, Anh § 6 Rn 15; MünchHdb-GesR III/*Marsch-Barner/Diekmann*, § 43 Rn 6.

259 BGH 6.3.2012 – II ZR 76/11, NJW 2012, 1656; OLG Karlsruhe 23.3.2011 – 7 U 81/10, NJW-RR 2011, 411.

260 *Leuering/Dornhegge*, NZG 2010, 13, 17; *Leuering/Rubner*, NJW-Spezial 2009, 239, 240.

rer nicht an die Geschäftsordnung, etwa durch Verletzung der Ressortzuständigkeit eines Mitgeschäftsführers, kann eine fristlose Kündigung gerechtfertigt sein.[261]

e) Anwendung von AGB-Recht auf Geschäftsführer

aa) Anwendbarkeit der AGB-rechtlichen Vorschriften

Neben den Besonderheiten, die sich aus der Verflechtung zwischen dem Geschäftsführerdienstvertrag und der gesellschaftsrechtlichen Bestellung zum Organ ergeben, sind bei der Ausgestaltung des Dienstvertrages für einen Geschäftsführer die allgemein zwingenden Vorschriften des Zivilrechts zu beachten. In erster Linie zählen hierzu die **AGB-Vorschriften der §§ 305 ff BGB**. Dabei sind zwei Gruppen der Eröffnung des Anwendungsbereichs der AGB-Kontrolle denkbar: 109

Zum einen wird der **allgemeine Anwendungsbereich** über **§ 305 Abs. 1 S. 1 BGB** eröffnet, wenn in dem Geschäftsführerdienstvertrag für eine Vielzahl von Verträgen vorformulierte Vertragsbedingungen vereinbart werden, die eine Vertragspartei (Verwender), hier die Gesellschaft, der anderen Vertragspartei, dem Geschäftsführer, bei Abschluss eines Vertrages stellt. 110

Eine **Erweiterung des Anwendungsbereichs** der AGB-Kontrolle ergibt sich über **§ 310 Abs. 3 Nr. 1 und 2 BGB**, wenn der Geschäftsführer als Verbraucher iSv § 13 BGB und die Gesellschaft als Unternehmer iSv § 14 BGB anzusehen ist.[262] Nach § 310 Abs. 3 Nr. 1 BGB gelten bei **Verbrauchergeschäften** Allgemeine Geschäftsbedingungen kraft gesetzlicher Fiktion als vom Unternehmer gestellt, es sei denn, die Geschäftsbedingungen wurden durch den Verbraucher eingeführt. Selbst wenn die vom Unternehmer gestellten vorformulierten Bedingungen nicht für eine Vielzahl von Verträgen, sondern nur zur einmaligen Verwendung bestimmt sind, der Verbraucher aufgrund der Vorformulierung aber auf den Inhalt keinen Einfluss nehmen konnte, unterliegt die Vereinbarung der leicht eingeschränkten Inhaltskontrolle nach § 305 c Abs. 2 BGB und den §§ 307–309 BGB (vgl § 310 Abs. 3 Nr. 2 BGB). Weiterhin sind nach § 310 Abs. 3 Nr. 3 BGB bei Verbraucherverträgen bei der Beurteilung einer unangemessenen Benachteiligung nach § 307 Abs. 1 und 2 BGB auch die den Vertragsschluss begleitenden Umstände zu berücksichtigen. 111

Gemäß der **Bereichsausnahme in § 310 Abs. 4 S. 1 BGB** ist u.a. im Bereich des Gesellschaftsrechts keine AGB-Kontrolle durchzuführen. Mit Verträgen auf dem Gebiet des Gesellschaftsrechts sind allerdings nur solche mit spezifisch organisationsrechtlichem Inhalt gemeint, insb. also Gesellschaftsverträge, Satzungen und sonstige unmittelbar mitgliedschaftlich geprägte Vertragswerke und nicht klassische schuldrechtliche Austauschbeziehungen.[263] Anstellungsverträge mit GmbH-Geschäftsführern stellen demnach keine gesellschaftsrechtlichen Verträge in diesem Sinne dar, so dass die Bereichsausnahme einer Überprüfung am Maßstab der §§ 305 ff BGB nicht entgegensteht.[264] Darin besteht insoweit allerdings keine Neuerung der Schuldrechtsmodernisierung, denn bereits § 23 Abs. 1 AGBG sah eine Unanwendbarkeit der AGB-Kontrolle für Verträge auf dem Gebiet des Arbeits- und Gesellschaftsrechts vor und da Anstellungsverträge mit GmbH-Geschäftsführern weder dem Arbeits- noch dem Gesellschaftsrecht, sondern dem allgemeinen Dienstvertragsrecht zuzuordnen sind, wurden sie gerade nicht erfasst.[265] 112

Die Nähe zum Arbeitsvertragsrecht erfordert allerdings die Auseinandersetzung mit der Frage, ob auf die „**im Arbeitsrecht geltenden Besonderheiten**" gem. **§ 310 Abs. 4 S. 2 BGB** angemessen Rücksicht zu nehmen ist. 113

---

261 LG Berlin 10.11.2003 – 95 O 139/02, GmbHR 2004, 741.

262 *Hümmerich*, NZA 2006, 709, 710.

263 *Stagat*, NZA-RR 2011, 617, 621; *Stoffels*, AGB-Recht, S. 52 f, Rn 158.

264 *Arens/Beckmann*, Die anwaltliche Beratung des GmbH-Geschäftsführers, § 1 Rn 7; *Grobys/Glanz*, NJW-Spezial 2007, 129, 130; *Stagat*, NZA-RR 2011, 617, 621.

265 Däubler/Bonin/Deinert/*Däubler*, Einl. Rn 46; *Schmitt-Rolfes*, FS für Hromadka, S. 393, 395.

bb) Allgemeiner Anwendungsbereich nach § 305 Abs. 1 BGB

114 Für die Eröffnung des Anwendungsbereichs der AGB-Kontrolle verlangt **§ 305 Abs. 1 S. 1 BGB**, dass es sich bei den Vereinbarungen um für eine Vielzahl von Verträgen vorformulierte Vertragsbedingungen handelt, die eine Vertragspartei (Verwender) der anderen Vertragspartei bei Abschluss eines Vertrages stellt. Für die Auslegung der daraus resultierenden einzelnen Voraussetzungen kann auf die bereits in Kapitel § 1 zum Arbeitsvertrag gemachten Ausführungen verwiesen werden (s. § 1 Rn 200 ff).

115 Anders als beim Arbeitsvertrag werden Vertragsbedingungen in Geschäftsführerdienstverträgen seltener die Voraussetzungen des § 305 Abs. 1 BGB erfüllen. So erfordert das Tatbestandsmerkmal **„Vielzahl von Verträgen“** nach der Rspr des BGH und des BAG eine tatsächliche oder geplante zumindest dreimalige Verwendung.[266] Handelt es sich um eine GmbH, die über nur einen Geschäftsführer verfügt, so wird regelmäßig nur ein Vertragsentwurf zur einmaligen Verwendung erarbeitet. Eher kommt eine geplante Mehrfachverwendung innerhalb eines Konzerns in Betracht, der über mehrere Konzerngesellschaften in der Rechtsform der GmbH verfügt und daher gleichartige Geschäftsführerdienstverträge mit den jeweiligen Geschäftsführern als Drittanstellungsverträge abschließt.

116 Ebenso praxisrelevant in größeren Unternehmen kann die Kontrolle von unternehmensweit gültigen Richtlinien sein, die Einzelheiten der variablen Vergütungsgestaltung für Geschäftsführer regeln und auf welche im Anstellungsvertrag Bezug genommen wird. Diese Richtlinien stellen regelmäßig Allgemeine Geschäftsbedingungen iSd § 305 Abs. 1 S. 1 BGB dar.[267] Das Tatbestandsmerkmal des **„Stellens“** vorformulierter Vertragsbedingungen ist erfüllt, wenn der Dienstgeber die Einbeziehung der Bedingungen vom Geschäftsführer verlangt, also dem Geschäftsführer ein konkretes Angebot zur Einbeziehung der Bedingungen macht.[268] Obwohl der Vertragsschluss mit einem Geschäftsführer im Vergleich zur Anstellung von Arbeitnehmern weniger ein einseitiges Vorgeben der Vertragsinhalte durch die Gesellschaft erwarten lässt, ist in der Praxis der Verhandlungsspielraum für den zukünftigen Geschäftsführer häufig gering. Je nach Umständen des Einzelfalls kann das Merkmal des „Stellens“ durchaus erfüllt sein.

117 Wird der Dienstvertrag **„im Einzelnen ausgehandelt“**, so findet entsprechend der Ausnahmevorschrift des § 305 Abs. 1 S. 3 BGB keine AGB-Kontrolle statt. Ausgehandelt ist eine Vertragsbedingung jedoch nur dann, wenn die Klausel ernsthaft zur Disposition gestellt wird und Gestaltungsfreiheit zur Wahrung der Interessen der anderen Vertragspartei eingeräumt wird.[269] Ein allgemeiner Grundsatz oder eine Vermutung, dass Dienstverträge mit GmbH-Geschäftsführern als ausgehandelt gelten, existiert nicht. Im Regelfall wird nicht von einem „Aushandeln“ der einzelnen Vertragsbedingungen auszugehen sein.[270] Vielmehr obliegt es dem Verwender, im Einzelnen zu beweisen, dass die Vertragsbedingung zwischen den Parteien ausgehandelt wurde.[271]

cc) Erweiterter Anwendungsbereich nach § 310 Abs. 3 BGB

118 Kann nicht nachgewiesen werden, welche Partei die Vertragsbedingungen gestellt hat, oder sind die vorformulierten Klauseln lediglich zur einmaligen Verwendung bestimmt, so kann der nach § 305 Abs. 1 BGB verschlossene Anwendungsbereich der AGB-Kontrolle über **§ 310 Abs. 3 BGB** eröffnet werden. Voraussetzung ist, dass es sich bei dem Anstellungsverhältnis zwischen dem Geschäftsführer und der Gesellschaft um ein **Verbrauchergeschäft** handelt, dh

---

266 OLG Düsseldorf 13.2.1997 – 6 U 137/96, NJW-RR 1997, 1147; BGH 27.9.2001 – VII ZR 388/00, NJW 2002, 138; BAG 25.5.2005 – 5 AZR 572/04, NZA 2005, 1111.

267 *Schmitt-Rolfes*, FS für Hromadka, S. 393, 395.

268 BGH 24.5.1995 – XII ZR 171/94, NJW 1995, 2034.

269 BGH 3.11.1999 – VIII ZR 269/98, NJW 2000, 1110.

270 *Grobys/Glanz*, NJW-Spezial 2007, 129, 130.

271 HWK/*Gotthardt*, § 305 BGB Rn 14.

dass der Geschäftsführer als Verbraucher und die Gesellschaft als Unternehmer anzusehen sind.[272] Auf diese Voraussetzungen wird es im Regelfall entscheidend ankommen, da für Anstellungsverträge mit Geschäftsführern überwiegend kein Rückgriff auf Standardverträge erfolgt[273] und somit der allgemeine Anwendungsbereich über § 305 Abs. 1 BGB versperrt sein wird.

(1) Geschäftsführer als Verbraucher iSd § 13 BGB

Nach § 13 BGB sind Verbraucher natürliche Personen, die ein Rechtsgeschäft zu einem Zwecke abschließen, der weder ihrer gewerblichen noch ihrer selbständigen beruflichen Tätigkeit zugerechnet werden kann. 119

(a1) Rechtsprechung zur Verbraucher-Eigenschaft von GmbH-Geschäftsführern bei Verbraucher-Kreditgeschäften

Bereits vor der Erweiterung des Anwendungsbereichs der AGB-Kontrolle auf das Gebiet des Arbeitsrechts wurde Geschäftsführern einer GmbH – selbst wenn es sich um Mehrheitsgesellschafter handelte – im Zusammenhang mit Verbraucherkreditgeschäften die Verbrauchereigenschaft zuerkannt. Begründet wurde die Einordnung als Verbraucher zum einen damit, dass es sich bei dem Halten von Gesellschaftsanteilen nicht um eine gewerbliche Tätigkeit handele, sondern um Vermögensverwaltung. Zum anderen stelle die Geschäftsführung einer GmbH keine selbständige, sondern eine abhängige Tätigkeit dar.[274] 120

(a2) Übertragbarkeit der Rechtsprechung auf das Rechtsverhältnis zwischen Geschäftsführer und Gesellschaft

In Fortführung des **absoluten Verbraucherbegriffs**[275] beschränkt sich die Einstufung des GmbH-Geschäftsführers als Verbraucher grds. nicht allein auf Rechtsgeschäfte mit konsumtivem Zweck, sondern erstreckt sich auf **alle Rechtsgeschäfte**, die weder der gewerblichen noch der selbständigen beruflichen Tätigkeit zugerechnet werden können. Grundsätzlich bilden die Geschäftsführung einer GmbH und damit verbunden auch der Abschluss des Anstellungsvertrages gerade keine selbständige, sondern typischerweise eine angestellte berufliche Tätigkeit.[276] Es ist jedoch zweifelhaft, ob sich die zum Vertragsschluss mit Drittunternehmen entwickelte Rspr zur Verbrauchereigenschaft von GmbH-Geschäftsführern auch auf den Abschluss des Anstellungsvertrages mit der Gesellschaft übertragen lässt, für die er als Organ auftreten soll. Eine Ein- und Abgrenzung innerhalb der Gruppe der Geschäftsführer ist insb. hinsichtlich einer möglichen beherrschenden Stellung des Geschäftsführers einhergehend mit ausgeübter Leitungsmacht über die Gesellschaft zu treffen. Besteht ein solcher beherrschender Einfluss, kann sich der betroffene Geschäftsführer schon deshalb nicht auf AGB-Recht und seine Verbrauchereigenschaft berufen, weil er auf die Ausgestaltung des Vertrages auch auf Seiten der Gesellschaft maßgeblich mitwirken konnte. Ist aber eine Vertragspartei ebenfalls auf Seiten des AGB-Verwenders mit Einfluss beteiligt, wäre ein späteres Berufen auf die Unwirksamkeit der AGB ein widersprüchliches Handeln (*venire contra factum proprium*). 121

---

272 *Hümmerich*, NZA 2006, 709, 710.

273 Däubler/Bonin/Deinert/*Däubler*, Einl. Rn 47.

274 BGH 5.6.1996 – VIII ZR 151/95 (KG), NJW 1996, 2156; BGH 10.7.1996 – VIII ZR 213/95, NJW 1996, 2865; BGH 25.2.1997 – XI ZR 49/96, NJW 1997, 1443; BGH 28.6.2000 – VIII ZR 240/99, NJW 2000, 3133; BGH 8.11.2005 – XI ZR 34/05, NJW 2006, 431; BGH 24.7.2007 – XI ZR 208/06, NJW-RR 2007, 1673.

275 *Hümmerich/Holthausen*, NZA 2002, 173; *Hümmerich*, NJW 2004, 2921, jeweils mwN.

276 BAG 19.5.2010 – 5 AZR 253/09, NZA 2010, 939; *Hümmerich*, NZA 2006, 709, 710.

(a3) Abgrenzung von Verbraucher-Geschäftsführer und Unternehmer-Geschäftsführer

122 Ob der Abschluss von Rechtsgeschäften des Geschäftsführers mit der Gesellschaft dem selbständigen oder unselbständigen beruflichen Bereich zugerechnet werden kann, orientiert sich gemäß hier vertretener Ansicht nach den gleichen Kriterien, nach denen in sozialversicherungsrechtlicher Hinsicht eine selbständige oder unselbständige Tätigkeit umschrieben wird (s. Rn 72 f). Diese Abgrenzung liegt insoweit auch auf einer Linie mit den vom BAG[277] in einer aktuellen Entscheidung angestrengten Überlegungen. Das Merkmal der **Selbständigkeit** beruht nach Auffassung des 5. Senats ganz wesentlich auf der Vorstellung, dass eine Person **weisungsfrei, auf eigenen Namen und auf eigene Rechnung** in ihrem eigenständigen Verantwortungsbereich tätig wird und somit selbst das wirtschaftliche Risiko trägt. Die Geschäftsführung erfolgt dabei grds. als gesetzlicher Vertreter iSv § 35 Abs. 1 GmbHG gerade auf Namen und Rechnung der Gesellschaft. Weiterhin ist der Geschäftsführer gem. § 37 Abs. 1 GmbHG an die Weisungen der Gesellschafter gebunden. Hiernach wird – mit wenigen Ausnahmen – ein **Fremdgeschäftsführer**, für welchen regelmäßig auch das Bestehen eines sozialversicherungspflichtigen Beschäftigungsverhältnisses angenommen wird, der Gesellschaft bei Abschluss des Anstellungsvertrages als Verbraucher gegenübertreten.[278]

123 Setzt man die reinen, vom BAG aufgestellten Kriterien einer Selbständigkeit iSd §§ 13, 14 BGB in Form der Weisungsgebundenheit und der Tätigkeit auf eigenen Namen, eigene Rechnung und eigenen Verantwortungsbereich an, würde man generell auf den ersten Blick alle Geschäftsführer unter den Verbraucherbegriff fassen können, da sie rein formal stets an fremde Weisungen gebunden sind und für fremden Namen und Rechnung handeln. Dieses Ergebnis muss, angepasst an die rein tatsächlichen Verhältnisse, allerdings für Geschäftsführer mit maßgeblichem Einfluss aufgrund ihrer Kapitalbeteiligung modifiziert werden. Demnach kann einem **Gesellschafter-Geschäftsführer** regelmäßig die Verbrauchereigenschaft nicht zuerkannt werden, wenn er mehrheitlich oder mit einer Sperrminorität an der Gesellschaft beteiligt ist. In diesen Fällen unterliegen Geschäftsführer zwar ebenfalls den Weisungen der Gesellschafterversammlung, welche allerdings aufgrund des maßgeblichen Einflusses nicht gegen den eigenen Willen ergehen und somit in tatsächlicher Hinsicht gerade nicht als fremd angesehen werden können. Auch stellt sich die Geschäftsführung bei maßgeblicher Kapitalbeteiligung zwar formal als Tätigkeit für fremde Rechnung dar, läuft faktisch aber gerade – zumindest auch – auf eigene Rechnung. Aus diesen Gründen dürften sich solche Geschäftsführer regelmäßig nicht auf den erweiterten Anwendungsbereich der AGB-Kontrolle für Verbraucher berufen können. Diese grundsätzliche Einordnung sollte auch in Einklang mit der BAG-Entscheidung liegen, da das Gericht diese Geschäftsführer mit zumindest einer Sperrminorität im Rahmen der Subsumtion ausdrücklich aus den Überlegungen ausgeklammert hat.[279] Die Sperrminorität des Geschäftsführers schließt die Zuerkennung der Verbrauchereigenschaft in den Fällen jedoch nicht von Anfang an aus, in denen er aufgrund des wirtschaftlichen Übergewichts eines anderen Gesellschafters an ihrer Ausübung faktisch gehindert ist.[280]

(2) Unternehmereigenschaft der GmbH

124 Nach der Definition des § 14 BGB ist ein Unternehmer eine natürliche oder juristische Person oder eine rechtsfähige Personengesellschaft, die bei Abschluss eines Rechtsgeschäfts in Ausübung ihrer gewerblichen oder selbständigen beruflichen Tätigkeit handelt. Der Abschluss ei-

277 BAG 19.5.2010 – 5 AZR 253/09, NZA 2010, 939.

278 BAG 19.5.2010 – 5 AZR 253/09, NZA 2010, 939; *Lunk/Rodenbusch*, NZA 2011, 497, 498; *Stagat*, NZA-RR 2011, 617, 621.

279 Vgl BAG 19.5.2010 – 5 AZR 253/09, NZA 2010, 939.

280 *Hümmerich*, NZA 2006, 709, 711.

nes Anstellungsvertrages mit dem Geschäftsführer ist dem selbständigen beruflichen Tätigkeitsbereich der GmbH zuzurechnen.[281]

(3) Rechtsfolgen des § 310 Abs. 3 Nr. 1 BGB

Liegt nach den dargestellten Grundsätzen ein Verbrauchervertrag zwischen Geschäftsführer und Gesellschaft vor, folgt hieraus nach § 310 Abs. 3 Nr. 1 BGB, dass kraft **gesetzlicher Fiktion** die Allgemeinen Geschäftsbedingungen als vom Unternehmer gestellt gelten, es sei denn, dass sie durch den Verbraucher (Geschäftsführer) in den Vertrag eingeführt wurden. Demzufolge obliegt es – anders als nach § 305 BGB – dem Unternehmer zu beweisen, dass die für eine Vielzahl von Verwendungen vorformulierten Vertragsbedingungen durch den Verbraucher vorgegeben wurden. Die Vermutungsregel des § 310 Abs. 3 Nr. 1 BGB gilt auch dann, wenn, wie häufig, der Geschäftsführerdienstvertrag auf Vorschlag eines von den Parteien herangezogenen Dritten, zB eines Rechtsanwalts, vorformuliert wurde oder einem Formularbuch entstammt.[282] Die Beweislastumkehr nach § 310 Abs. 3 Nr. 1 BGB befreit den Verbraucher nicht, für eine uneingeschränkte AGB-Kontrolle nachzuweisen, dass die Vertragsbedingungen für eine Vielzahl von Verträgen vorformuliert wurden. Ebenfalls handelt es sich nicht um AGB, wenn die Vertragsbedingungen zwischen den Vertragsparteien im Einzelnen ausgehandelt wurden (§ 305 Abs. 1 S. 2 BGB).[283] 125

(4) Rechtsfolgen des § 310 Abs. 3 Nr. 2 BGB

Scheitert die AGB-Kontrolle vorformulierter und vom Unternehmer gestellter Vertragsbedingungen daran, dass sie nicht zur Verwendung in einer Vielzahl von Fällen, sondern zur einmaligen Verwendung bestimmt sind, unterliegen die Vertragsbedingungen nach § 310 Abs. 3 Nr. 2 BGB einer nur unwesentlich eingeschränkten Inhaltskontrolle, soweit der Verbraucher aufgrund der Vorformulierung auf die Bedingungen keinen **Einfluss nehmen konnte**. So finden insb. die Unklarheitenregelung des § 305 c Abs. 2 BGB, die Rechtsfolgenregelung des § 306 BGB sowie die Inhaltskontrollvorschriften der §§ 307 ff BGB auch bei lediglich einmaliger Verwendungsabsicht der vorformulierten und vom Unternehmer gestellten Vertragsbedingungen Anwendung. Gerade bei Geschäftsführerdienstverträgen außerhalb von Konzernsachverhalten wird häufig der Nachweis nur schwer zu erbringen sein, dass die einzelnen Klauseln in einer Vielzahl von Fällen vorgegeben wurden. Aber auch im Fall des § 310 Abs. 3 Nr. 2 BGB ist eine AGB-rechtliche Inhaltskontrolle ausgeschlossen, wenn der Verbraucher trotz der Vorformulierung auf den Inhalt Einfluss nehmen konnte, der Unternehmer mithin den gesetzesfremden Kerngehalt seiner Klausel ernsthaft zur Disposition gestellt und dem Verbraucher Gestaltungsfreiheit zur Wahrung seiner Interessen eingeräumt hat.[284] 126

Das Merkmal der **Einflussnahme** soll insoweit ein **Äquivalent zum Kriterium des „Aushandelns"** iSv § 305 Abs. 1 S. 3 BGB bilden.[285] Regelmäßig wird zwar anzunehmen sein, dass sich die Möglichkeit der gewährten Einflussnahme des Verbrauchers in einer Änderung des Wortlauts niederschlägt, zwingend notwendig ist dies allerdings nicht. Ein ernsthaftes Zur-Disposition-Stellen einer Klausel ist auch ohne tatsächliche Abänderung denkbar, wenn es nach gründlicher Erörterung der betroffenen Regelung bei deren Fassung bleibt, weil der andere Vertragspartner von Notwendigkeit und Sinn der Klausel überzeugt wurde und sich mit ihr freiwillig 127

281 Zum Vorliegen eines Verbrauchergeschäfts beim Abschluss von Arbeitsverträgen: BAG 25.5.2005 – 5 AZR 572/04, NZA 2005, 1111.

282 Däubler/Bonin/Deinert/*Deinert*, § 310 BGB Rn 5; Palandt/*Grüneberg*, § 310 BGB Rn 12.

283 Palandt/*Grüneberg*, § 310 BGB Rn 13.

284 BAG 25.5.2005 – 5 AZR 572/04, NZA 2005, 1111; BAG 19.5.2010 – 5 AZR 253/09, NZA 2010, 939.

285 BAG 19.5.2010 – 5 AZR 253/09, NZA 2010, 939.

einverstanden erklärt hat. Voraussetzung ist allerdings stets, dass sich der Verbraucher seiner Einflussmöglichkeit bewusst war.[286]

128 In der Praxis kommt es stets auf den Nachweis einer **Bereitschaft zur Disposition**, bezogen auf eine konkrete Vertragsbedingung in Form einer AGB, an. Soweit Einzelvertragsklauseln vorliegen, trägt der Verbraucher (Geschäftsführer) zwar zunächst die Beweislast für die fehlende Möglichkeit der Einflussnahme auf die vorformulierten Vertragsbedingungen.[287] Allerdings ist die **Beweislast** in diesem Zusammenhang **abgestuft**. Hat der Verbraucher nachvollziehbar vorgetragen, dass er keine tatsächliche Einflussmöglichkeit besaß oder sich dieser zumindest nicht bewusst war, ist es Sache des Verwenders, dieses in qualifizierter Form durch eine konkrete Darlegung zu bestreiten und darzulegen, inwieweit er Klauseln zur Disposition gestellt habe und welche Umstände belegen, dass diese Klauseln vom Verwendungsgegner freiwillig akzeptiert wurden.[288] Allein die Argumentation des Verwenders, dem Vertragsschluss seien langwierige Vertragsverhandlungen vorausgegangen, ist insoweit nicht ausreichend, da weder das bloße Führen von Verhandlungen noch deren Dauer definitiv auf eine ernsthafte Einflussmöglichkeit hinsichtlich einer konkreten Regelung schließen lassen.[289] Es wird zukünftig aus Sicht der Gesellschaften als Klauselverwender demnach oftmals schwierig sein, entsprechend nachzuweisen, eine Klausel sei ernsthaft zur Disposition gestellt worden.[290]

129 Aus diesem Grund wird es für eine AGB-Kontrolle regelmäßig nicht mehr darauf ankommen, ob die Regelungen in einem Geschäftsführer-Anstellungsvertrag für eine Vielzahl von Fällen vorformuliert wurden, da der erweiterte Anwendungsbereich für nicht oder nur geringfügig beteiligte Organvertreter regelmäßig eröffnet sein wird.[291] Soweit eine Gesellschaft die Anwendbarkeit einer AGB-Kontrolle nach den §§ 305 ff BGB vermeiden will, wird demnach bereits angeraten, dem Geschäftsführer im Rahmen der Verhandlungen **nicht** mehr ein **geschlossenes Regelwerk** vorzulegen, sondern in einem ersten Schritt lediglich Vorschläge hinsichtlich der zu regelnden Vertragsinhalte zu machen. In einem zweiten Schritt sollten dann die **einzelnen Bereiche** mit dem Geschäftsführer erörtert und deren grober Inhalt **ausgehandelt** werden, bevor der letztliche Vertragstext ausformuliert wird.[292] Fraglich ist allerdings, inwieweit die grundsätzliche Gefahr und Auswirkung einer AGB-Kontrolle dermaßen gravierend eingeschätzt werden muss, um zu rechtfertigen, dass die Gesellschaft bereits im Zeitpunkt der Formulierung und Ausgestaltung des Vertrages ihre federführende Position ein Stück weit aus der Hand gibt. Dieses Vorgehen erscheint wohl insgesamt als wenig ratsam.

dd) Arbeitsrechtliche Besonderheiten nach § 310 Abs. 4 S. 2 BGB

130 Nach § 310 Abs. 4 S. 2 BGB sind bei der Anwendung auf Arbeitsverträge die im Arbeitsrecht geltenden Besonderheiten angemessen zu berücksichtigen. Der klare Wortlaut der Vorschrift schließt aus, die Besonderheiten des Arbeitsrechts auch bei der Inhaltskontrolle von Geschäftsführerdienstverträgen einzubeziehen. An dem Abschluss eines Arbeitsvertrages mangelt es bereits aus dem Grund, dass im Hinblick auf die angestrebte Organstellung eine umfassende Einordnung von GmbH-Geschäftsführern als Arbeitnehmer nicht vorgenommen werden kann. Auch soweit einzelne arbeitnehmerschützende Normen auf das Anstellungsverhältnis des GmbH-Geschäftsführers anwendbar sein können (s. Rn 19 ff), führt der Einfluss des Arbeits-

286 BAG 19.5.2010 – 5 AZR 253/09, NZA 2010, 939.

287 Palandt/*Grüneberg*, § 310 BGB Rn 17.

288 BAG 25.5.2005 – 5 AZR 572/04, NZA 2005, 1111; BAG 19.5.2010 – 5 AZR 253/09, NZA 2010, 939.

289 BAG 19.5.2010 – 5 AZR 253/09, NZA 2010, 939.

290 *Walk*, GWR 2010, 411.

291 *Stagat*, NZA-RR 2011, 617, 621.

292 *Stagat*, NZA-RR 2011, 617, 621; ebenfalls für die Überlassung einer weitgehenderen Einflussmöglichkeit an den Geschäftsführer zur Verhinderung einer AGB-Kontrolle *von Alvensleben/Haug/Schnabel*, BB 2012, 774, 776.

rechts nicht dazu, die Besonderheiten des Arbeitsrechts punktuell entsprechend einzubeziehen. Der Begriff des Arbeitsvertrages bezieht sich auf das ein Arbeitsverhältnis begründende Vertragswerk als solches und nicht auf dessen Teilaspekte. Rechtsfolge bei der AGB-Prüfung eines Geschäftsführerdienstvertrages ist damit, dass im Ergebnis mangels Eingreifen der Modifikationen durch arbeitsrechtliche Besonderheiten ein **strengerer AGB-rechtlicher Maßstab** zur Anwendung kommt als bei Arbeitsverträgen. Dies kann zur Unwirksamkeit bestimmter Allgemeiner Geschäftsbedingungen in Geschäftsführerdienstverträgen führen, welche als gleichlautende arbeitsvertragliche Klauseln einer Kontrolle nach den §§ 305 ff BGB standhalten würden.

Eine Berücksichtigung der **Besonderheiten des Arbeitsrechts** kommt demnach **nicht** in Be- 131
tracht. Fraglich ist allerdings, ob in vergleichbarer Form die **Besonderheiten des Rechts der Geschäftsführerdienstverhältnisse** eingreifen müssen. Man könnte dieses Ergebnis als Reaktion auf die Privilegierung des Geschäftsführer-Anstellungsvertrages gegenüber dem Arbeitsvertrag in Erwägung ziehen. Richtigerweise ist darauf allerdings zu entgegnen, dass eine Privilegierung im Verhältnis zum Arbeitsverhältnis keinen Maßstab für die Beantwortung der Frage darstellen kann, ob die Besonderheiten des Geschäftsführerdienstvertrages angemessen zu berücksichtigen seien.[293] Ein Korrektiv zu der Nichteinbeziehung von arbeits- oder gesellschaftsrechtlichen Besonderheiten wird teilweise nur als Reaktion auf die rechtlich untypische Doppelrolle der Geschäftsführer, resultierend aus der Trennung zwischen Anstellungs- und Organebene (s. Rn 1), vorgeschlagen.[294] Ob dies zu tragbaren Ergebnissen führt, ist nicht selbstverständlich, als dass diese Auslegung eine Überdehnung des eindeutigen Wortlauts des § 310 Abs. 4 S. 2 BGB darstellt.

ee) Problemkreise

Ist der Anwendungsbereich der AGB-Kontrolle nach § 305 Abs. 1 BGB bzw § 310 Abs. 3 Nr. 1 132
und 2 BGB eröffnet, so muss – weitgehend vergleichbar zu Arbeitsverträgen – insb. bei **Koppelungsklauseln, Vertragsstrafenklauseln,**[295] **Ausschlussfristenklauseln,**[296] **Bezugnahmeklauseln, Rückzahlungsklauseln**[297] **und Wettbewerbsverbotsklauseln**[298] in sehr hohem Maße bei der Ausformulierung Sorgfalt angelegt werden, damit die Bedingungen einer Überprüfung gem. §§ 305 ff BGB standhalten.[299]

2. Abschluss und Inhalt des Geschäftsführerdienstvertrages

a) Zuständigkeit für den Abschluss des Geschäftsführerdienstvertrages

aa) Zuständigkeit

Die Zuständigkeit für **Abschluss, Änderung** und **Beendigung** des Anstellungsvertrages ist auf- 133
grund des Sachzusammenhangs an die Zuständigkeit für die Bestellung und Abberufung des Geschäftsführers gekoppelt.[300] Auch wenn eine ausdrückliche Regelung für den Gleichlauf der

293 *Stagat*, NZA-RR 2011, 617, 621 f.

294 *Stagat*, NZA-RR 2011, 617, 622.

295 BAG 4.3.2004 – 8 AZR 196/03, NZA 2004, 727.

296 LAG Niedersachsen 18.3.2005 – 10 Sa 1990/04, NZA-RR 2005, 401.

297 BAG 25.5.2005 – 5 AZR 572/04, NZA 2005, 1111; LAG Baden-Württemberg 26.7.2005 – 22 Sa 91/04, EzB-VjA BGB 2002 § 307 Nr. 3; LAG Schleswig-Holstein 25.5.2005 – 3 Sa 84/05, BB 2006, 560.

298 BAG 13.7.2005 – 10 AZR 532/04, DB 2005, 2415; LAG Nürnberg 16.6.2005 – 8 Sa 986/04, LAGE § 74 HGB Nr. 20.

299 *Hümmerich*, NZA 2006, 709, 712 f.

300 BGH 14.11.1983 – II ZR 33/83, NJW 1984, 733; BGH 19.6.1995 – II ZR 228/94, DStR 1995, 1359; zu dem Sonderfall eines Drittanstellungsverhältnisses, bei dem Organstellung und Anstellungsverhältnis zu verschiedenen Gesellschaften begründet werden, s. § 2 Rn 49 ff; in diesem Fall folgt die Abschlusskompetenz nicht aus der Annexkompetenz zur Bestellung des Geschäftsführers, sondern verbleibt bei dem allgemein zur Vertretung der Gesellschaft nach außen zuständigen Organ.

Zuständigkeiten für Bestellung und Anstellung fehlt und in § 46 Nr. 5 GmbHG im Falle der Gesellschafterversammlung sogar ausdrücklich nur von der Bestellung die Rede ist, wird nach einhelliger Meinung aufgrund der tatsächlichen Verknüpfung von einer stets beide Bereiche umfassenden Zuständigkeit ausgegangen.[301]

bb) Mitbestimmungsfreie GmbH

134 Grundsätzlich liegt die Zuständigkeit für die Begründung eines Dienstverhältnisses mit dem Geschäftsführer in einer mitbestimmungsfreien GmbH bei der **Gesellschafterversammlung** kraft Annexkompetenz aus § 46 Nr. 5 GmbHG.[302] Durch Satzung kann die Abschlussbefugnis aber auch auf andere Organe der Gesellschaft, etwa auf einen Beirat, übertragen werden.[303] Dagegen sind insb. andere Geschäftsführer nicht befugt, Anstellungsverträge abzuschließen, zu ändern oder zu beenden, da ansonsten die Gefahr bestünde, dass sich die Geschäftsführer gegenseitig Vorteile oder Besserstellungen in ihrer Rechtsposition einräumen würden.[304] Die mittlerweile überholte Rspr, nach der die Mitgeschäftsführer zumindest eine Änderung der Anstellungsverträge vornehmen konnten, wurde gerade aus dem Grund einer Missbrauchsgefahr ausdrücklich aufgegeben.[305] Allerdings kann es regelmäßig vorkommen, dass nach Fassung eines generellen internen Beschlusses durch die Gesellschafterversammlung ein einzelner Gesellschafter oder auch ein bereits bestellter Geschäftsführer bevollmächtigt wird, die Unterzeichnung des Anstellungsvertrages – u.U. auch mit gewissem Gestaltungsspielraum – als Vertreter der Gesellschaft vorzunehmen.[306] Die Gesellschafterversammlung ist auch dann zuständig, wenn ein oder alle Gesellschafter zum Geschäftsführer bestellt werden. Der betroffene Gesellschafter ist in der Gesellschafterversammlung stimmberechtigt.[307] Wird mit einem beherrschenden Gesellschafter ein Geschäftsführerdienstvertrag geschlossen, so ist eine Unterzeichnung des Dienstvertrages durch alle Mitgesellschafter nicht erforderlich.[308]

cc) GmbH mit fakultativem Aufsichtsrat

135 Wurde ein fakultativer Aufsichtsrat nach § 52 GmbHG errichtet, so liegt die Anstellungskompetenz weiterhin bei der Gesellschafterversammlung. Dem Aufsichtsrat kann aber ohne Bedenken die Kompetenz zur körperschaftlichen Bestellung und Abberufung des Geschäftsführers übertragen werden, womit im Zweifel auch die Befugnis zum Abschluss und zur Beendigung des Anstellungsvertrages verbunden ist.[309] Bei Funktionsunfähigkeit des Organs hat allerdings die Gesellschafterversammlung die Ersatzzuständigkeit.[310]

dd) Mitbestimmte GmbH

136 Im Geltungsbereich des Mitbestimmungsgesetzes 1976, also im Wesentlichen bei großen Gesellschaften mit mehr als 2.000 Beschäftigten, besteht eine zwingende Aufsichtsratskompetenz für Bestellung und Abberufung des Geschäftsführers und damit auch für den Abschluss, die

301 BGH 21.1.1991 – II ZR 144/90, NJW 1991, 1727; BGH 25.3.1991 – II ZR 169/90, NJW 1991, 1680; BGH 19.6.1995 – II ZR 228/94, DStR 1995, 1359.

302 Baumbach/Hueck/*Zöllner*, GmbHG, § 46 Rn 36 ff; Michalski/*Römermann*, GmbHG, § 46 Rn 246 f; Roth/Altmeppen/*Roth*, GmbHG, § 46 Rn 27; BGH 3.7.2000 – II ZR 282/98, NJW 2000, 2983; LAG Hessen 21.6.2000 – 13 Sa 1300/99, NJW-RR 2001, 112.

303 Baumbach/Hueck/*Zöllner/Noack*, GmbHG, § 35 Rn 167; Lutter/Hommelhoff/*Kleindiek*, GmbHG, Anh § 6 Rn 6; Michalski/*Lenz*, GmbHG, § 35 Rn 119.

304 BGH 3.7.2000 – II ZR 282/98, NJW 2000, 2983 mwN.

305 *Goette*, Die GmbH, S. 261 f, Rn 78 ff.

306 *Reiserer/Heß-Emmerich/Peters*, Der GmbH-Geschäftsführer, S. 29.

307 BGH 29.9.1955 – II ZR 225/54, BGHZ 18, 205; BFH 11.12.1991 – I R 49/90, BB 1992, 1124.

308 BFH 31.5.1995 – I R 64/94, BFHE 178, 321 = NJW 1996, 479.

309 BGH 21.6.1999 – II ZR 27/98, NJW 1999, 3263; *K. Schmidt*, Gesellschaftsrecht, § 36 II 2 c.

310 BGH 24.2.1954 – II ZR 88/53, BGHZ 12, 337 = NJW 1954, 799; Baumbach/Hueck/*Zöllner*, GmbHG, § 46 Rn 34 a.

Änderung oder die Beendigung des Dienstvertrages.[311] Anders ist dies bei der mitbestimmten GmbH im Anwendungsbereich des **Drittelbeteiligungsgesetzes** (Gesellschaften mit mehr als 500 Arbeitnehmern). Da § 1 Abs. 1 Nr. 3 DrittelbG nicht auf § 84 AktG verweist, ist hier weiterhin die Gesellschafterversammlung für den Abschluss und die Aufhebung des Anstellungsvertrages zuständig ebenso wie für die Bestellung und Abberufung.[312] Häufig wird sich hier jedoch eine Zuständigkeit des Aufsichtsrats kraft statutarischer Regelung ergeben.

ee) Sonderfall: Ein-Personen-GmbH

In der Ein-Personen-Gesellschaft ist nach bestrittener Meinung der Abschluss des Dienstvertrages des Gesellschafter-Geschäftsführers durch die Gesellschafterversammlung auch dann wirksam, wenn der Gesellschaftsvertrag eine Befreiung von § 181 BGB nicht vorsieht.[313] Es ist jedoch zum Schutz vor Manipulationen erforderlich, dass entweder der Anstellungsvertrag mit Abschlussdatum oder der Gesellschafterbeschluss **schriftlich dokumentiert** wird.[314] 137

ff) Faktischer Geschäftsführer

Erfolgt eine Anstellung des GmbH-Geschäftsführers durch einen Gesellschafter ohne Ermächtigung durch Gesellschafterbeschluss, so haftet der Gesellschafter als Vertreter ohne Vertretungsmacht.[315] Ob und welche Rechtsfolgen sich aus einem **fehlerhaften Anstellungsverhältnis** im Verhältnis des Geschäftsführers zur Gesellschaft ergeben, hängt dagegen maßgeblich davon ab, ob der Geschäftsführer seine Tätigkeit bereits aufgenommen hat. Wurden noch keine Dienste erbracht, kann sich jede Partei aufgrund fehlender Schutzbedürftigkeit jederzeit auf den Vertragsmangel berufen. Übt der Geschäftsführer seine Dienstgeschäfte auf der Grundlage eines unwirksamen Anstellungsverhältnisses mit Wissen des für den Vertragsabschluss zuständigen Gesellschaftsorgans oder auch nur eines Mitglieds dieses Organs bereits aus, so ist das Dienstverhältnis für die Beschäftigungszeit als wirksam zu behandeln (**faktischer Geschäftsführer**).[316] Mit Aufnahme der Tätigkeit auf Grundlage des fehlerhaften Vertrages wird gerade eine Rechtgrundlage für eine vorläufige Geltung der Vertragsbedingungen geschaffen, welche so lange andauert, bis sich eine der Parteien von ihr lossagt.[317] 138

Die eigentlich dem Arbeitsvertragsrecht entstammende **Lehre vom fehlerhaften oder faktischen Vertragsverhältnis** ist ebenso auf das fehlerhafte Anstellungsverhältnis des Geschäftsführers anzuwenden, da sie nicht in erster Linie Ausdruck der erhöhten Schutzbedürftigkeit abhängig Beschäftigter ist, sondern der erhöhten Bestandsfestigkeit vollzogener Dauerschuldverhältnisse Rechnung trägt.[318] Es handelt sich nicht um eine Übertragung von Arbeitsrecht auf Geschäftsführer, sondern um die Anwendung von **Grundsätzen zu Dauerschuldverhältnissen**, die **vom konkreten Typus des Dienstverhältnisses** und der korrespondierenden Schutzbedürftigkeit des Betroffenen **unabhängig** sind.[319] Die Behandlung als wirksam für die Zeit des Vollzugs in der Vergangenheit fußt insb. darin, dass die im Fall der vollständigen Unwirksamkeit notwendige Rückabwicklung des Dauerschuldverhältnisses über die Regelungen des Bereicherungsrechts nach den §§ 812 ff BGB zu unsachgemäßen Ergebnissen und nicht erwünschten Konflikten 139

---

311 BGH 14.11.1983 – II ZR 33/83, NJW 1984, 733.

312 HWK/*Seibt*, § 1 DrittelbG Rn 40.

313 Baumbach/Hueck/*Zöllner/Noack*, GmbHG, § 35 Rn 167; MünchHdb-GesR III/*Marsch-Barner/Diekmann*, § 43 Rn 13; aA Lutter/Hommelhoff/*Kleindiek*, GmbHG, Anh § 6 Rn 7; Michalski/*Lenz*, GmbHG, § 35 Rn 120.

314 MünchHdb-GesR III/*Marsch-Barner/Diekmann*, § 43 Rn 13; Lutter/Hommelhoff/*Kleindiek*, GmbHG, Anh § 6 Rn 7.

315 BGH 9.10.1989 – II ZR 16/89, NJW 1990, 387.

316 BGH 3.7.2000 – II ZR 282/98, NJW 2000, 2983.

317 *Meier*, NZA 2011, 267.

318 *Reiserer/Heß-Emmerich/Peters*, Der GmbH-Geschäftsführer, S. 33.

319 So auch Baumbach/Hueck/*Zöllner/Noack*, GmbHG, § 35 Rn 170.

führen würde.[320] Aus diesem Grund bezieht sich der Bestandsschutz gerade auch nur auf die Vergangenheit.

140 Das fehlerhafte Anstellungsverhältnis kann **für die Zukunft** jederzeit durch Geltendmachung des Unwirksamkeitsgrundes bei Vertragsschluss auch ohne Vorliegen eines wichtigen Grundes aufgelöst werden.[321] Ausnahmsweise erscheint das Berufen auf die Unwirksamkeit des fehlerhaften Dienstvertrages **treuwidrig**, wenn der Geschäftsführer aufgrund besonderer Umstände auf die Rechtsbeständigkeit des Vertrages vertrauen durfte.[322] Dies kann zB der Fall sein, wenn sowohl Gesellschaft als auch Geschäftsführer den fehlerhaften Anstellungsvertrag jahrelang als Grundlage der Rechtsbeziehung betrachtet und durchgeführt haben und der Geschäftsführer in seinem Vertrauen auf die Wirksamkeit des Vertrages wiederholt bestärkt wurde. Eine derartige Bestärkung kann darin gesehen werden, dass seine Bezüge vereinbarungsgemäß erhöht wurden und das zuständige Organ über die Verlängerung der Anstellung einen Beschluss gefasst hat, ohne zum Ausdruck zu bringen, dass es frühere mündliche Abmachungen, nicht aber den Vertrag als maßgebend ansieht.[323] Wird ein eigentlich fehlerhaftes Anstellungsverhältnis in Kenntnis des Mangels durch das für den Abschluss zuständige Gesellschaftsorgan bestätigt, so gilt der Anstellungsvertrag auch für die Zukunft als wirksam.[324] Im Falle einer nicht mitbestimmten GmbH bedarf diese Bestätigung nicht der Schriftform und kann auch durch eine konkludente Willensäußerung des zuständigen Organs vorgenommen werden, etwa wenn es den Geschäftsführer weiterhin für sich tätig werden lässt.[325]

141 Während des Bestands des faktischen Anstellungsverhältnisses ist der Geschäftsführer so zu behandeln, **als wäre der Dienstvertrag mit allen Rechten und Pflichten wirksam.**[326] Ihm stehen insb. die **vereinbarten Bezüge**, einschließlich eventueller Tantiemeansprüche und Versorgungszusagen, zu.[327] Fehlt es an einer ausdrücklichen Vergütungsvereinbarung und sollte es sich dem Vernehmen nach nicht um eine unentgeltliche Tätigkeit handeln, sind dem Geschäftsführer zumindest angemessene Bezüge nach den Grundsätzen des Bereicherungsrechts zu gewähren.[328] Gleichzeitig treffen auch den faktischen Geschäftsführer die aus seiner Stellung resultierenden vertraglichen und gesetzlichen Pflichten. Er muss demnach in den Angelegenheiten der Gesellschaft die Sorgfalt eines ordentlichen Kaufmannes anwenden und haftet nach § 43 GmbHG für etwaige Verstöße.[329] Insbesondere kann der faktische Geschäftsführer die **haftungsrechtlichen Folgen** der Versäumung einer rechtzeitigen Stellung des Insolvenzantrags nach § 15 a Abs. 1 InsO zu tragen haben.[330] Gerade aus haftungsrechtlichen Gründen entspricht die Behandlung des Anstellungsvertrages als wirksam auch dem Gesellschaftsinteresse, da der faktische Geschäftsführer sich somit im Falle der Verletzung bestehender Pflichten aus dem Anstellungsvertrag nicht auf dessen Unwirksamkeit berufen kann.[331]

---

320 So auch Oppenländer/Trölitzsch/*Baumann*, GmbH-Geschäftsführung, § 13 Rn 40.

321 BGH 3.7.2000 – II ZR 282/98, NJW 2000, 2983; Michalski/*Lenz*, GmbHG, § 35 Rn 126.

322 Oppenländer/Trölitzsch/*Baumann*, GmbH-Geschäftsführung, § 13 Rn 40.

323 BGH 3.7.2000 – II ZR 282/98, NJW 2000, 2983; zum vergleichbaren Fall eines faktischen Anstellungsverhältnisses eines Vorstandsmitgliedes einer AG: BGH 8.3.1973 – II ZR 134/71, WM 1973, 506.

324 *Arens/Beckmann*, Die anwaltliche Beratung des GmbH-Geschäftsführers, § 1 Rn 15; Oppenländer/Trölitzsch/*Baumann*, GmbH-Geschäftsführung, § 13 Rn 40.

325 BGH 27.1.1997 – II ZR 213/95, NJW-RR 1997, 669.

326 BGH 16.1.1995 – II ZR 290/93, NJW 1995, 1158; BGH 3.7.2000 – II ZR 282/98, NJW 2000, 2983; KG Berlin 9.7.1999 – 18 U 2668/97, NZG 2000, 43.

327 Lutter/Hommelhoff/*Kleindiek*, GmbHG, Anh § 6 Rn 73; *Meier*, NZA 2011, 267, 269; Michalski/*Tebben*, GmbHG, § 6 Rn 205.

328 Michalski/*Tebben*, GmbHG, § 6 Rn 205.

329 KG Berlin 9.7.1999 – 18 U 2668/97, NZG 2000, 43.

330 BGH 11.7.2005 – II ZR 235/03, DB 2005, 1897.

331 KG Berlin 9.7.1999 – 18 U 2668/97, NZG 2000, 43.

b) Persönliche Anforderungen

Um das Amt des Geschäftsführers auszuüben, stellt das Gesetz in § 6 Abs. 2 S. 1 GmbHG folgende Anforderungen an die Person: 142

Beim Geschäftsführer muss es sich um eine **natürliche und voll geschäftsfähige Person** handeln. 143
Juristische Personen oder Personengesamtheiten sind vom Amt daher ausgeschlossen. § 6 Abs. 3 S. 1 GmbHG stellt allerdings klar, dass der Geschäftsführer Gesellschafter der GmbH sein kann, das Amt aber auch auf **dritte Personen**, die nicht Gesellschafter sind (**Fremdgeschäftsführer**), übertragbar ist.

Bestimmte Personengruppen sind gem. § 6 Abs. 2 S. 2 GmbHG grds. von der Ausübung des 144
Amtes als Geschäftsführer **ausgeschlossen**. Nach § 6 Abs. 2 S. 2 Nr. 1 GmbHG gilt ein Ausschluss zunächst für alle unter einer **Betreuung mit Einwilligungsvorbehalt iSv § 1903 BGB** stehenden Personen. Ebenso untersagt ist die Bestellung von jemandem, dem gegenüber aufgrund eines gerichtlichen Urteils oder einer vollziehbaren Entscheidung einer Verwaltungsbehörde ein **Berufs- oder Gewerbeverbot** verhängt wurde, soweit dieses zumindest teilweise den Unternehmensgegenstand der Gesellschaft betrifft (§ 6 Abs. 2 S. 2 Nr. 2 GmbHG). Berufsverbote, die nur vorläufig iSd § 132 a StPO verhängt oder gem. § 70 StGB zur Bewährung ausgesetzt wurden, sind in diesem Zusammenhang nicht zu berücksichtigen.[332]

Gemäß § 6 Abs. 2 S. 2 Nr. 3 GmbHG sind weiterhin alle Personen von der Bestellung zum Ge- 145
schäftsführer ausgeschlossen, welche innerhalb der letzten fünf Jahre wegen einer der aufgeführten, **vorsätzlich begangenen Straftaten verurteilt** wurden. Der abschließende Katalog, welcher vormals nur die Insolvenzstraftaten nach den **§§ 283–283 d StGB** (Bankrott, Verletzung der Buchführungspflicht, Gläubigerbegünstigung, Schuldnerbegünstigung) umfasste, ist mittlerweile deutlich erweitert worden. Umfasst sind nun auch Verurteilungen wegen Insolvenzverschleppung, wegen der Betrugs-, Kreditbetrugs- und Untreuedelikten nach den **§§ 263–264 a StGB** bzw **§§ 265 b–266 a StGB**, soweit eine Mindestfreiheitsstrafe von einem Jahr erreicht wurde, sowie bestimmte Straftaten im Zusammenhang mit der Tätigung **falscher Angaben** oder der **unrichtigen Darstellung**, welche nach dem GmbHG, AktG, HGB, UmwG und PublizitätsG unter Strafe gestellt sind. Gemäß § 6 Abs. 2 S. 3 GmbHG umfasst der Ausschlusskatalog auch Verurteilungen durch ein ausländisches Gericht für eine Tat, die mit den in S. 2 genannten Straftatbeständen vergleichbar ist.

Die deutsche Staatsangehörigkeit, Wohnsitz und ständiger Aufenthalt in der Bundesrepublik 146
Deutschland, Kenntnisse der deutschen Sprache sowie eine Arbeits- und Gewerbeerlaubnis sind **keine notwendigen Voraussetzungen** zur Bestellung als Geschäftsführer, selbst wenn ihr Fehlen in gewissen Bereichen für die Tätigkeit hinderlich sein kann.[333] Selbst die Unkenntnis der deutschen Sprache stellt kein zwingendes Hindernis dar, da notfalls stets ein Dolmetscher oder Übersetzer eingeschaltet werden kann, um dies auszugleichen.[334] Umstritten ist allerdings, inwieweit der **ausländische Geschäftsführer** eine dauerhafte Einreisemöglichkeit in das Bundesgebiet vorweisen können muss. Unproblematisch ist dies im Falle von EU-Ausländern, welche in den Schutzbereich der unbeschränkten Freizügigkeit gem. Art. 45 AEUV (ex-Art. 39 EGV) fallen, und Angehörigen von Staaten der sog. Positivliste, welche ohne Aufenthaltsgenehmigung oder Visum jederzeit bis zur Dauer von drei Monaten in des Gebiet der EU-Mitgliedstaaten einreisen dürfen.[335] Bei Angehörigen anderer Staaten verlangt ein Teil der Rspr dagegen die Erbringung des Nachweises einer jederzeitigen Einreisemöglichkeit zur ordnungsgemäßen Er-

332 *Arens/Beckmann*, Die anwaltliche Beratung des GmbH-Geschäftsführers, § 3 Rn 13.
333 Baumbach/Hueck/*Fastrich*, GmbHG, § 6 Rn 9; Michalski/*Tebben*, GmbHG, § 6 Rn 32; Roth/Altmeppen/*Altmeppen*, GmbHG, § 6 Rn 39.
334 Michalski/*Tebben*, GmbHG, § 6 Rn 32.
335 *Bohlscheid*, RNotZ 2005, 505, 522.

füllung der Geschäftsführeraufgaben.[336] Diese Einschränkung ist einerseits in rechtlicher Hinsicht vom Gesetz nicht gedeckt und verkennt weiterhin auf tatsächlicher Ebene die praktischen Erfordernisse und technischen Möglichkeiten, besonders im Zusammenhang mit modernen Kommunikationsmitteln zur Überbrückung möglicher abwesenheitsbedingter Probleme.[337] Die Geschäftsführung kann grds. aus dem Ausland erfolgen, auch wenn der Verwaltungssitz der Gesellschaft dann nicht auf deutschem Boden liegt. Dies ist allerdings gerade kein zwingendes Kriterium.[338]

147 Besteht in der GmbH verpflichtend ein Aufsichtsrat nach dem Mitbestimmungsgesetz oder BetrVG 1952, so sind die **Aufsichtsratsmitglieder** von der Geschäftsführerstellung ausgeschlossen (§ 6 Abs. 2 Mitbestimmungsgesetz iVm § 105 Abs. 1 AktG; § 77 Abs. 1 BetrVG 1952 iVm § 105 Abs. 1 AktG). Dasselbe gilt beim fakultativen Aufsichtsrat. Auch dessen Mitglieder können nach § 52 Abs. 1 GmbHG iVm § 105 Abs. 1 AktG nicht in die Geschäftsführerstellung einrücken.[339]

148 Während früher die **Eignungsvoraussetzungen** nach § 6 GmbHG in der Satzung sowohl in persönlicher als auch in sachlicher Hinsicht beliebig erweitert werden konnten, müssen derartige Anforderungen nunmehr mit den Bestimmungen des **Allgemeinen Gleichbehandlungsgesetzes (AGG)** im Einklang stehen. Gemäß § 6 Abs. 3 AGG finden die Vorschriften des Zweiten Abschnitts des AGG auch auf Selbständige und Organmitglieder, insb. Geschäftsführerinnen oder Geschäftsführer und Vorstände, entsprechend Anwendung, soweit es die Bedingungen für den Zugang zur Erwerbstätigkeit sowie den beruflichen Aufstieg betrifft. Somit gilt auch § 7 AGG, der eine Benachteiligung wegen eines in § 1 AGG genannten Grundes verbietet, so dass Satzungsklauseln, die an die Rasse, ethnische Herkunft, das Geschlecht, die Religion oder Weltanschauung, eine Behinderung, das Alter oder die sexuelle Identität anknüpfen, nur zulässig sind, wenn die Voraussetzungen eines in §§ 8–10 AGG genannten Rechtfertigungsgrundes vorliegen. Praktisch relevant ist v.a. die Festlegung von **Altersgrenzen**, die unter den Voraussetzungen des § 10 AGG erlaubt ist.[340] Ist das AGG anwendbar, erfasst es nicht nur das schuldrechtliche Anstellungsverhältnis, sondern gleichermaßen auch den Bestellungsakt.[341] Nach wie vor zulässig bleibt die Festlegung von das AGG nicht berührenden Eignungsvoraussetzungen, wie zB bestimmte Anforderungen an die fachliche Qualifikation oder branchenspezifische Berufserfahrung sowie die Familienzugehörigkeit bei Familiengesellschaften.[342]

149 **Fehlen** dem Geschäftsführer entsprechende Eignungsvoraussetzungen, so ist die Bestellung nicht unwirksam. Der Bestellungsbeschluss kann jedoch nach §§ 241 ff AktG analog wegen Verstoßes gegen die Satzung angefochten werden.[343] Fehlt dagegen einer der gesetzlich vorgeschriebenen Eignungsvoraussetzungen, so ist die Bestellung von Anfang an rechtsunwirksam.

---

336 OLG Köln 26.10.1998 – 2 Wx 29-98, NJW-RR 1999, 1637; OLG Hamm 9.8.1999 – 15 W 181/99, NJW-RR 2000, 37; OLG Zweibrücken 13.3.2001 – 3 W 15/01, NJW-RR 2001, 1689.

337 OLG Dresden 5.11.2002 – 2 U 1433/02, NZG 2003, 628; Baumbach/Hueck/*Fastrich*, GmbHG, § 6 Rn 9; Roth/Altmeppen/*Altmeppen*, GmbHG, § 6 Rn 41 f; Lutter/Hommelhoff/*Kleindiek*, GmbHG, § 6 Rn 14 f; *Erdmann*, NZG 2002, 503, 506 f; *Wachter*, ZIP 1999, 1577 ff.

338 Bunnemann/Zirngibl/*Bunnemann*, Die GmbH in der Praxis, § 3 Rn 15; Michalski/*Tebben*, GmbHG, § 6 Rn 32; Roth/Altmeppen/*Altmeppen*, GmbHG, § 6 Rn 42.

339 OLG Frankfurt 21.11.1986 – 20 W 247/86, BB 1987, 22; *Jaeger*, Der Anstellungsvertrag des GmbH-Geschäftsführers, S. 36; aA Scholz/*Schneider*, GmbHG, § 52 Rn 161.

340 Zur Problematik der Kollision von Altersgrenzen mit dem AGG s. BGH 23.4.2012 – II ZR 163/10, NZA 2012, 797; OLG Köln 29.7.2010 – 18 U 196/09, NZG 2011, 187.

341 BGH 23.4.2012 – II ZR 163/10, NZA 2012, 797; OLG Köln 29.7.2010 – 18 U 196/09, NZG 2011, 187; Lutter/Hommelhoff/*Kleindiek*, GmbHG, § 6 Rn 34.

342 Lutter/Hommelhoff/*Kleindiek*, GmbHG, § 6 Rn 35; zur Familienzugehörigkeit s. Bunnemann/Zirngibl/*Bunnemann*, Die GmbH in der Praxis, § 3 Rn 33.

343 BGH 9.12.1968 – II ZR 57/67, BGHZ 51, 210; BGH 25.11.2002 – II ZR 69/01, GmbHR 2003, 171; Scholz/*K. Schmidt*, GmbHG, § 45 Rn 36; Scholz/*Schneider/Schneider*, GmbHG, § 6 Rn 73.

Im Verhältnis zum Dienstvertrag ist zu beachten, dass § 6 GmbHG allein die Bestellung des Geschäftsführers betrifft, nicht aber das schuldrechtliche Dienstverhältnis nach § 611 BGB. Liegen die erforderlichen persönlichen Eignungsvoraussetzungen nicht vor, ist dem Geschäftsführer die dienstvertraglich geschuldete Leistung (Tätigkeit als Geschäftsführer) **von Anfang an unmöglich**. Die Rechtsfolgen bestimmen sich dann nach dem Allgemeinen Schuldrecht gem. §§ 280 ff BGB. In Betracht kommt darüber hinaus eine Anfechtung des Anstellungsvertrages wegen Irrtums über eine verkehrswesentliche Eigenschaft nach § 119 Abs. 2 BGB. 150

c) Form

Der Dienstvertrag nach § 611 BGB unterliegt nicht der Schriftform. Dementsprechend kann der Geschäftsführerdienstvertrag auch mündlich und sogar konkludent geschlossen werden. Ein Dienstvertrag mit einem Gesellschafter-Geschäftsführer muss dagegen stets **schriftlich** abgefasst werden, um bei der Vergütung den Nachweis erbringen zu können, dass keine verdeckte Gewinnausschüttung vorliegt. Das NachwG ist auf den Geschäftsführerdienstvertrag nicht anzuwenden, da § 1 NachwG den Anwendungsbereich ausdrücklich auf Arbeitnehmer beschränkt. 151

d) Inhalt

aa) Pflichten des Geschäftsführers

Eine Vielzahl der dem Geschäftsführer obliegenden Aufgaben ist bereits gesetzlich geregelt. So vertritt er die Gesellschaft gerichtlich und außergerichtlich (§ 35 Abs. 1 GmbHG), ist für die Buchführung und Aufstellung des Jahresabschlusses und des Lageberichts verantwortlich (§ 41 GmbHG; §§ 264, 242 HGB), beruft die Gesellschafterversammlung ein (§ 49 GmbHG), ist zur Auskunftserteilung an die Gesellschafter verpflichtet (§ 51 a GmbHG), durch ihn sind die Anmeldungen zum Handelsregister zu bewirken (§ 78 GmbHG), er hat die Gesellschafterliste einzureichen (§ 40 GmbHG) und er hat den Antrag auf Eröffnung eines Insolvenzverfahrens bei Zahlungsunfähigkeit, drohender Zahlungsunfähigkeit oder Überschuldung zu stellen (§ 14 InsO, § 64 GmbHG). 152

(1) Geschäftsführung

Die **Grundaufgabe** des Geschäftsführers ist die Geschäftsführung. Diese Verpflichtung ergibt sich im Umkehrschluss aus § 37 GmbHG, der eine umfassende Geschäftsführungsbefugnis des Geschäftsführers voraussetzt, die durch den Gesellschaftsvertrag oder Weisungen der Gesellschaft beschränkt wird.[344] **Geschäftsführung** ist jedes Handeln des Geschäftsführers im Rahmen der ihm übertragenen Organstellung. Sie umfasst **alle Maßnahmen zur Verwirklichung des Satzungszwecks**, soweit nicht Gesetz oder Satzung die Aufgabe zulässigerweise auf ein anderes Organ der GmbH verlagert.[345] Der Geschäftsführer hat alle Führungsfunktionen wahrzunehmen, insb. obliegt ihm die **Organisation des Unternehmens**, die eine stets ausreichende Übersicht über die wirtschaftliche und finanzielle Situation der Gesellschaft ermöglicht,[346] die **Unternehmensplanung** und die **Besetzung von Führungspositionen**.[347] Weiter trifft den Geschäftsführer die **Pflicht zur Kooperation mit den anderen Geschäftsführern**[348] sowie die Pflicht zu deren **Überwachung**.[349] Der Geschäftsführer leitet das Tagesgeschäft und führt die Entscheidun- 153

344 Baumbach/Hueck/*Zöllner/Noack*, GmbHG, § 35 Rn 28.

345 Rowedder/Schmidt-Leithoff/*Koppensteiner/Gruber*, GmbHG, § 37 Rn 5; Beck'sches GmbH-Handbuch/*Axhausen*, § 5 Rn 132.

346 BGH 20.2.1995 – II ZR 9/94, NJW-RR 1995, 669.

347 MünchHdb-GesR III/*Marsch-Barner/Diekmann*, § 43 Rn 52.

348 BGH 14.7.1966 – II ZR 212/64, WM 1966, 968; Roth/Altmeppen/*Altmeppen*, GmbHG, § 43 Rn 21.

349 Rowedder/Schmidt-Leithoff/*Koppensteiner/Gruber*, GmbHG, § 43 Rn 11 mwN.

gen der Gesellschafter aus.[350] Er hat in den Angelegenheiten der Gesellschaft die Sorgfalt eines ordentlichen Geschäftsmannes anzuwenden (§ 43 Abs. 1 GmbHG). Die Vornahme von Risikogeschäften berechtigt daher die Gesellschaft zur fristlosen Kündigung.[351]

154 Die **Geschäftsführungsbefugnis** ist nicht unbeschränkt. Sie wird durch den in der Satzung festgelegten Unternehmensgegenstand **begrenzt**. Maßnahmen, die den Geschäftsgegenstand verändern, sind von der Geschäftsführungspflicht nicht gedeckt und fallen in den Zuständigkeitsbereich der Gesellschafter.[352] Die Kompetenzen des Geschäftsführers können vielgestaltig begrenzt werden. Einerseits sind generelle Anordnungen möglich, zB durch eine Geschäftsordnung, zum anderen sind Einzelweisungen denkbar. Auf Grundlage eines formell und materiell rechtmäßigen Gesellschafterbeschlusses wird der Geschäftsführer zur Umsetzung der Weisung verpflichtet, ohne dass nach überwiegender Ansicht ein grds. weisungsfreier Kernbereich der Geschäftsführung bestehen würde.[353] Die Gesellschaft ist berechtigt, zumindest durch Satzung die Befugnisse bis zum Verlust eines relevanten Entscheidungsspielraums einzuengen.[354]

155 Die Pflicht zur Geschäftsführung **beginnt** bereits mit Wirksamwerden der Bestellung und **endet** mit wirksamer Beendigung der Geschäftsführerstellung durch Abberufung, Amtsniederlegung oder sonstigen Wegfall der Organstellung.

(2) Wettbewerbsverbot

156 Dem Geschäftsführer sind das Gesellschaftsvermögen und die wirtschaftlichen und ideellen Interessen der Gesellschaft anvertraut. Das Korrelat dazu bildet die **Treuepflicht des Geschäftsführers gegenüber der Gesellschaft**. Aus dieser Treuebindung ergeben sich v.a. Schutz- und Rücksichtspflichten, die ihre wichtigste Ausprägung in dem gesetzlichen Wettbewerbsverbot finden. Die Ableitung des Wettbewerbsverbots aus der Treupflicht erfolgt gerade deswegen, weil die Regelung zum gesetzlichen Wettbewerbsverbot von Handlungsgehilfen aus § 60 HGB auf Geschäftsführer keine Anwendung findet.[355]

(a1) Inhalt des gesetzlichen Wettbewerbsverbots

157 Der Geschäftsführer unterliegt aufgrund seiner organisationsrechtlichen Stellung während seiner Amtszeit einem gesetzlichen Wettbewerbsverbot, ohne dass es in der Satzung oder im Dienstvertrag einer besonderen Vereinbarung bedarf.[356] Daher ist es dem Geschäftsführer untersagt, die Organstellung zu seinen eigenen Gunsten auf Kosten der Gesellschaft auszunutzen.[357] Nach Ausführungen des BGH darf ein Geschäftsführer, soweit Interessen der Gesellschaft berührt sind, **nicht zum eigenen Vorteil handeln**.[358] Grundsätzlich ist das Wettbewerbsverbot eher weit zu verstehen.[359] Es erfasst somit alle denkbaren geschäftlichen Möglichkeiten, die der Geschäftsführer für die Gesellschaft wahrnehmen könnte, und untersagt Geschäfte für sich selbst und für Dritte, soweit daraus ein Konflikt mit den vom Geschäftsführer wahrzunehmenden Gesellschaftsinteressen entstehen könnte.[360] Dabei werden Konkurrenztätigkeiten un-

---

350 MünchHdb-GesR III/*Marsch-Barner/Diekmann*, § 43 Rn 52.

351 OLG Naumburg 16.11.2004 – 9 U 206/01, GmbHR 2005, 757.

352 Scholz/*Schneider*, GmbHG, § 37 Rn 12 f; Rowedder/Schmidt-Leithoff/*Koppensteiner/Gruber*, GmbHG, § 37 Rn 7; Beck'sches GmbH-Handbuch/*Axhausen*, § 1 Rn 135.

353 *Arens/Beckmann*, Die anwaltliche Beratung des GmbH-Geschäftsführers, § 1 Rn 36.

354 Rowedder/Schmidt-Leithoff/*Koppensteiner/Gruber*, GmbHG, § 37 Rn 18 ff; Scholz/*Schneider*, GmbHG, § 37 Rn 36 ff.

355 Oppenländer/Trölitzsch/*Baumann*, GmbH-Geschäftsführung, § 14 Rn 12.

356 BGH 5.12.1983 – II ZR 242/82, BGHZ 89, 162; BGH 24.11.1975 – II ZR 104/73, WM 1976, 77; BFH 11.2.1987 – I R 177/83, BFHE 149, 176 = BB 1987, 1019; BSG 9.8.1990 – 11 RAr 119/88, NZA 1991, 159; OLG Frankfurt a.M. 13.5.1997 – 11 U (Kart) 68/96, GmbHR 1998, 376.

357 Baumbach/Hueck/*Zöllner/Noack*, GmbHG, § 35 Rn 42 mwN.

358 BGH 23.10.1985 – VIII ZR 210/84, NJW 1986, 586.

359 Oppenländer/Trölitzsch/*Baumann*, GmbH-Geschäftsführung, § 14 Rn 12.

360 *Röricht*, WPg 1992, 766; ähnl. OLG Frankfurt 13.5.1997 – 11 U (Kart) 68/96, GmbHR 1998, 376.

abhängig davon erfasst, ob der Geschäftsführer selbst als konkurrierender Unternehmer, Geschäftsführer oder leitender Angestellter in abhängiger Stellung für einen Konkurrenzbetrieb tätig wird.[361] Teilweise wird bereits die reine Kapitalbeteiligung mit beherrschendem Einfluss bei Konkurrenzunternehmen als Verstoß gegen das gesetzliche Wettbewerbsverbot erachtet.[362] Auch der Erwerb eines Grundstücks, an dem die Gesellschaft interessiert sein könnte, oder sogar die Unterlassung des Ergreifens von Maßnahmen zur Stärkung der Wettbewerbsfähigkeit der Gesellschaft, wie zB die Rationalisierung der Produktion oder Erweiterung der Produktpalette, können entsprechende Verstöße begründen.[363]

Der konkrete Umfang des Wettbewerbsverbots richtet sich nach dem in der Satzung festgeleg- 158
ten Unternehmensgegenstand (§ 3 Abs. 1 Nr. 2 GmbHG).[364] Dabei ist es nicht relevant, ob die Gesellschaft den vom Unternehmensgegenstand gesteckten Rahmen tatsächlich voll ausschöpft.[365] Geschäfte, die in Konkurrenz zur Gesellschaft stehen und die der Geschäftsführer daher weder im eigenen noch im fremden Namen tätigen darf, können daher auch aus Geschäftsbereichen stammen, die die GmbH möglicherweise erst in Zukunft betreiben wird, also sog. **Geschäftschancen.**[366] Bei **Geschäftsführern einer Konzernobergesellschaft,** zu deren Aufgabe die Konzernleitung gehört, erstreckt sich das Wettbewerbsverbot auch auf den Tätigkeitsbereich von Konzernunternehmen.[367]

(a2) Befreiung vom gesetzlichen Wettbewerbsverbot

Es ist möglich, dem Geschäftsführer eine Ausnahme vom Wettbewerbsverbot zu erteilen. Hier- 159
zu ist eine entsprechende Regelung in der Satzung oder ein Gesellschafterbeschluss erforderlich.[368] Allerdings wird eine generelle und vollständige Entbindung vom Wettbewerbsverbot auch in der Satzung unzulässig sein, so dass sich diese nur auf einzelne, vorher klar definierte Fälle beziehen sollte.[369] Eine Befreiung allein im Anstellungsvertrag reicht nicht aus, es sei denn, die Gesellschafterversammlung hat der Ausnahmeregelung durch Beschluss zugestimmt.[370]

In steuerrechtlicher Hinsicht kann ein Verstoß gegen das Wettbewerbsverbot eine **verdeckte** 160
Gewinnausschüttung darstellen.[371] Allerdings wurde die zuvor recht weitgehende Möglichkeit des Vorliegens einer verdeckten Gewinnausschüttung von Seiten der Rspr mittlerweile deutlich eingeschränkt.[372] Die Annahme setzt nun stets voraus, dass der Geschäftsführer im Rahmen des Verstoßes Informationen oder Geschäftschancen der Gesellschaft nutzt, für deren Überlassung ein fremder Dritter Entgelt gezahlt hätte.[373] Das Rechtsinstitut der verdeckten Gewinnausschüttung soll auch im Zusammenhang mit dem Wettbewerbsverbot gerade **nicht** dazu füh-

361 *Reiserer/Heß-Emmerich/Peters*, Der GmbH-Geschäftsführer, S. 48 f; *Sina*, DStR 1991, 40, 41.
362 Baumbach/Hueck/*Zöllner/Noack*, GmbHG, § 35 Rn 41 mwN.
363 *Sina*, DStR 1991, 40, 41.
364 MünchHdb-GesR III/*Marsch-Barner/Diekmann*, § 43 Rn 62; Oppenländer/Trölitzsch/*Baumann*, GmbH-Geschäftsführung, § 14 Rn 12.
365 Lutter/Hommelhoff/*Kleindiek*, GmbHG, Anh § 6 Rn 22; Oppenländer/Trölitzsch/*Baumann*, GmbH-Geschäftsführung, § 14 Rn 12; zweifelnd BGH 5.12.1983 – II ZR 242/82, BGHZ 89, 162 = NJW 1984, 1351.
366 *Mayer*, DNotZ 1992, 641, 645 f; *Sina*, DStR 1991, 40, 41; *Timm*, GmbHR 1981, 177, 181; MünchHdb-GesR III/*Marsch-Barner/Diekmann*, § 43 Rn 62.
367 *Röhricht*, WPg 1992, 766, 770; KölnerKommAktG/*Mertens/Cahn*, § 88 AktG Rn 13 für die AG; in diesem Sinne auch BGH 5.12.1983 – II ZR 242/82, BGHZ 89, 162 = NJW 1984, 1351.
368 Baumbach/Hueck/*Zöllner/Noack*, GmbHG, § 35 Rn 43 f; Oppenländer/Trölitzsch/*F. Oppenländer*, GmbH-Geschäftsführung, § 9 Rn 73.
369 *Sina*, DStR 1991, 40, 41.
370 Scholz/*Schneider*, GmbHG, § 43 Rn 191; Beck'sches GmbH-Handbuch/*Axhausen*, § 5 Rn 173; *Sina*, DStR 1991, 40, 41.
371 BFH 7.8.2002 – I R 64/01, DStRE 2003, 104; BFH 9.7.2003 – I B 194/02, GmbHR 2003, 1019; MünchHdb-GesR III/*Marsch-Barner/Diekmann*, § 43 Rn 67.
372 FG München 10.2.1998 – 16 K 3583/95, DStRE 1998, 441.
373 BFH 30.8.1995 – I R 155/94, DStR 1995, 1873.

ren, dass der Gesellschaft **Geschäftschancen „aufgedrängt"** werden. Es ist insoweit jeweils am Maßstab eines ordentlichen und gewissenhaften Geschäftsleiters zu bewerten, ob die Gesellschaft eine bestimmte Chance tatsächlich wahrgenommen hätte.[374] Demnach kann bei Verstoß gegen ein Wettbewerbsverbot eine verdeckte Gewinnausschüttung nur dann angenommen werden, wenn konkrete Anhaltspunkte vorliegen, dass die genutzten **Vorteile der Gesellschaft geschäftschancenmäßig zuzurechnen** waren.[375]

161 Bezogen auf die Problematik einer möglichen verdeckten Gewinnausschüttung bei Wettbewerbsverstößen ist bei der Vereinbarung einer Befreiung vom Wettbewerbsverbot darauf zu achten, dass die Befreiung eine klare und eindeutige Aufgabenabgrenzung zwischen der Gesellschaft und dem Geschäftsführer beinhaltet, so dass eine spätere willkürliche Zuordnung der Geschäfte unmöglich wird.[376] Bei beherrschenden Gesellschafter-Geschäftsführern ist die Aufnahme der Befreiung in den Anstellungsvertrag zwar nicht erforderlich; es reicht die Befreiung vom Wettbewerbsverbot im Rahmen der Satzung oder durch einen einfachen Gesellschafterbeschluss aus.[377] Die Befreiung eines Fremdgeschäftsführers kann nach einhelliger Meinung nicht durch einen Mitgeschäftsführer erfolgen, wobei jedoch umstritten ist, ob bereits eine formlose Zustimmung aller Gesellschafter ausreichend sein soll oder es vielmehr einer Regelung in der Satzung bedarf.[378] Zulässig und praktikabel ist dagegen die Möglichkeit, in der Satzung eine sog. **Öffnungsklausel** zu vereinbaren, welche die Gesellschafter generell dazu ermächtigt, im Einzelfall formlos eine Befreiung vom Wettbewerbsverbot durch Gesellschafterbeschluss mit einfacher Mehrheit auszusprechen.[379]

(a3) Rechtsfolge bei einem Wettbewerbsverstoß

162 Bei einem Verstoß gegen das gesetzliche Wettbewerbsverbot steht der Gesellschaft zunächst ein **Recht auf Unterlassung** zu.[380] Daneben können Ansprüche auf **Schadensersatz** und **Herausgabe** des durch den Verstoß Erlangten geltend gemacht werden. Weiter kann die Gesellschaft entsprechend den Rechtsgedanken aus § 88 Abs. 2 AktG und § 113 Abs. 1 HGB den Eintritt in das abgeschlossene Geschäft verlangen.[381] Wird ein entsprechender Anspruch der Gesellschaft durch rechtskräftiges Urteil festgestellt, so ist dieser Anspruch aktivierungspflichtig. In Fällen ohne Vorliegen eines zivilrechtlichen und aktivierungspflichtigen Anspruchs wird keine verdeckte Gewinnausschüttung bewirkt. Die Einnahmen sind demjenigen zuzurechnen, der sie tatsächlich erzielt und auch dort zu versteuern.[382] Daneben rechtfertigt ein Verstoß gegen ein Wettbewerbsverbot regelmäßig die fristlose Kündigung des Anstellungsvertrages und die Abberufung des Geschäftsführers,[383] allerdings im Fall des Gesellschafter-Geschäftsführers nicht automatisch die gleichzeitige Ausschließung als Gesellschafter, da diese nur als äußerstes Mittel

374 BFH 12.6.1997 – I R 14/96, DStR 1007, 1360; BFH 13.11.1996 – I R 149/94, NJW 1997, 1806; BFH 9.7.2003 – I R 100/02, NJW-RR 2004, 188.

375 BFH 13.11.1996 – I R 149/94, NJW 1997, 1806.

376 BMF-Schreiben vom 4.4.1992, BStBl. I 1992, S. 137; *Mayer*, DNotZ 1992, 641, 648 f.

377 BMF-Schreiben vom 29.6.1993, GmbHR 1993, 524.

378 *Arens/Beckmann*, Die anwaltliche Beratung des GmbH-Geschäftsführers, § 1 Rn 52; *Sina*, DStR 1991, 40, 41.

379 *Mayer*, DNotZ 1992, 641, 646; Römermann/*Michalski*, MAH GmbH-Recht, § 12 Rn 5; *Sina*, DStR 1991, 40, 41.

380 Michalski/*Lenz*, GmbHG, § 35 Rn 133; *Mayer*, DNotZ 1992, 641, 647; Römermann/*Michalski*, MAH GmbH-Recht, § 12 Rn 4; Scholz/*Schneider*, GmbHG, § 43 Rn 166.

381 BGH 19.10.1987 – II ZR 97/87, NJW-RR 1998, 352; OLG Frankfurt a.M. 13.5.1997 – 11 U (Kart) 68/96, GmbHR 1998, 376; MünchHdb-GesR III/*Marsch-Barner/Diekmann*, § 43 Rn 65; *Mayer*, DNotZ 1992, 641, 648; Römermann/*Michalski*, MAH GmbH-Recht, § 12 Rn 4.

382 Beck'sches GmbH-Handbuch/*Axhausen*, § 5 Rn 174.

383 BGH 13.2.1995 – II ZR 225/93, DStR 1995, 695; OLG Düsseldorf 24.2.2000 – 6 U 77/99, NZG 2000, 1135.

in Betracht kommt.[384] Eine **Einbehaltung der Bezüge** des Geschäftsführers wegen des Verstoßes kommt grds. nicht in Betracht und ist somit nur in Ausnahmefällen bei besonders schwerwiegender Schädigung möglich.[385]

(a4) Zeitliche Geltung des gesetzlichen Wettbewerbsverbots

Das gesetzliche Wettbewerbsverbot beginnt mit der tatsächlichen Aufnahme der Dienstgeschäfte und endet mit dem tatsächlichen Ausscheiden des Geschäftsführers aus seiner Organstellung.[386] Bereits innerhalb der Vorgesellschaft und je nach konkreter Schutzbedürftigkeit des Gebildes auch schon bei der Vorgründungsgesellschaft liegt ein gesetzliches Wettbewerbsverbot vor, soweit der Geschäftsführer seine Tätigkeit aufgenommen hat.[387] 163

Umstritten ist, ob der Geschäftsführer weiterhin an das Wettbewerbsverbot gebunden sein soll, wenn zwar die **Organstellung beendet** wird, der **Anstellungsvertrag allerdings noch fortbesteht** und der Organvertreter weiterhin seine Vergütung erhält. Die Treuepflicht, aus welcher sich auch das Wettbewerbsverbot ergibt, ist generell gerade nicht an das Bestehen eines Anstellungsvertrages, sondern an die Organstellung geknüpft, so dass es grds. mit der Abberufung endet.[388] Teilweise wird allerdings eine **nachwirkende Treuepflicht** solange angenommen, wie der Geschäftsführer weiterhin eine Vergütung von der Gesellschaft erhält.[389] Zulässig bleiben in diesem Zeitraum jedoch bloße Vorbereitungshandlungen zu Konkurrenztätigkeiten, welche noch nicht über das „Ideenstadium" hinausgelangt sind.[390] Das gesetzliche Wettbewerbsverbot kann zudem unabhängig von einer fortgewährten Vergütung eingeschränkt nachwirken, etwa indem es dem Geschäftsführer auch nach Beendigung seiner Tätigkeit untersagt ist, Geschäfte an sich zu ziehen, die er während seiner Amtszeit abgeschlossen hat oder hätte abschließen können.[391] 164

Hält der Geschäftsführer eine Kündigung für unwirksam und greift diese gerichtlich an, wirkt das Wettbewerbsverbot entsprechend nach, so dass er jede Form von Wettbewerb bis zur Klärung unterlassen muss. Es wäre unzulässig, sich einerseits auf die zu seinen Gunsten wirkenden vertraglichen Rechte weiterhin berufen zu wollen, ohne andererseits die damit verbundenen Lasten zu tragen.[392] Nach all dem Gesagten sollte sich ein abberufener Geschäftsführer – zur Vermeidung möglicher Ansprüche gegen sich – bis zum Ablauf des Anstellungsvertrages bzw bis zur Feststellung der Wirksamkeit einer angegriffenen Kündigung dem einschlägigen Wettbewerb enthalten. 165

(a5) Nachvertragliches Wettbewerbsverbot

Soll der Geschäftsführer im Übrigen auch nach seinem Ausscheiden an ein nachvertragliches Wettbewerbsverbot gebunden werden, so muss ein entsprechendes Verbot gesondert vereinbart werden. Anders als im Arbeitsverhältnis finden die Vorschriften der §§ 74 ff HGB auf nachvertragliche Wettbewerbsverbotsvereinbarungen mit Geschäftsführern keine Anwendung, weil der 166

384 OLG Karlsruhe 25.6.2008 – 7 U 133/07, NZG 2008, 785; Römermann/*Michalski*, MAH GmbH-Recht, § 12 Rn 4.
385 BGH 19.10.1987 – II ZR 97/87, NJW-RR 1998, 352.
386 Lutter/Hommelhoff/*Kleindiek*, GmbHG, Anh § 6 Rn 21; MünchHdb-GesR III/*Marsch-Barner/Diekmann*, § 43 Rn 61.
387 Lutter/Hommelhoff/*Kleindiek*, GmbHG, Anh § 6 Rn 21.
388 OLG Oldenburg 17.2.2000 – 1 U 155/99, NZG 2000, 1038.
389 OLG Oldenburg 17.2.2000 – 1 U 155/99, NZG 2000, 1038; OLG Celle 9.2.2005 – 9 U 178/04, GmbHR 2005, 541; zum Vorstand ebenso: OLG Frankfurt 5.11.1999 – 10 U 257/98, NZG 2000, 738; Michalski/*Haas/Ziemons*, GmbHG, § 43 Rn 103; Oppenländer/Trölitzsch/*Baumann*, GmbH-Geschäftsführung, § 14 Rn 13.
390 Michalski/*Haas/Ziemons*, GmbHG, § 43 Rn 103.
391 BGH 22.5.1989 – II ZR 206/88, ZIP 1989, 986; BGH 23.9.1985 – II ZR 246/84, ZIP 1985, 1484.
392 BGH 19.10.1987 – II ZR 97/87, NJW-RR 1998, 352.

Geschäftsführer nicht im gleichen Maße schutzbedürftig ist wie ein Arbeitnehmer.[393] Außerdem wird ein Geschäftsführer deutlich mehr mit dem Unternehmen identifiziert als ein Arbeitnehmer, so dass er ungleich größere Möglichkeiten zum anschließenden Wettbewerb hat und die Gefahr der Entfaltung einer schädlichen Konkurrenztätigkeit für die Gesellschaft weitaus stärker ausgeprägt ist.[394] Die Grenzen eines nachvertraglichen Wettbewerbsverbots können in angemessener Weise aus § 138 BGB iVm Art. 2 und 12 GG – und der hierzu ergangenen Rspr – ermittelt werden. Zur Beurteilung der Verbindlichkeit bzw Nichtigkeit nachvertraglicher Wettbewerbsverbote können die in den **§§ 74 ff HGB** zum Ausdruck kommenden **Rechtsgedanken** entsprechend herangezogen werden.[395] Nachvertragliche Wettbewerbsverbote sind danach nur zulässig, wenn sie dem Schutze eines berechtigten Interesses des Gesellschaftsunternehmens dienen und nach Ort, Zeit und Gegenstand die Berufsausübung und wirtschaftliche Betätigung des Geschäftsführers nicht unbillig erschweren.[396] – Zum nachvertraglichen Wettbewerbsverbot s. ausf. § 2 Rn 1091 ff (18. Wettbewerbsverbotsklauseln).

167 Anders als bei Wettbewerbsverboten mit Arbeitnehmern besteht gegenüber Geschäftsführern nicht zwingend in jedem Fall die Pflicht zur Leistung einer korrespondierenden **Karenzentschädigung.**[397] Oftmals wird dennoch zum Ausgleich eines nachvertraglichen Wettbewerbsverbots die Zahlung einer Entschädigung an den Geschäftsführer vereinbart. Gerade bei allumfassenden Verboten, die eine Berufsausübung in einer bestimmten Branche vollständig untersagen, ist die Zulässigkeit ohne entsprechende Entschädigung in Höhe von mindestens 50 % der zuletzt bezogenen vertragsgemäßen Leistungen zumindest zweifelhaft.[398] Handelt es sich dagegen um ein Wettbewerbsverbot ohne Karenzentschädigung, kann – unabhängig von der Frage der Wirksamkeit einer solchen Vereinbarung – daraus jedenfalls kein Anspruch auf Zahlung einer Entschädigung hergeleitet werden.[399] Die Gesellschaft kann im Falle einer vereinbarten Karenzentschädigung mangels entgegenstehender Regelung entsprechend § 75 a HGB allerdings ihren Geschäftsführer **aus dem nachvertraglichen Wettbewerbsverbot entlassen**, um sich so von der versprochenen Entschädigungszahlung zu befreien.[400] Dies gilt allerdings nicht, wenn der Verzicht erst zu einem Zeitpunkt erklärt wird, nachdem der Geschäftsführer ordentlich gekündigt und sich bereits auf eine weitere berufliche Betätigung innerhalb der Grenzen des Wettbewerbsverbots eingerichtet hat.[401]

168 Dies führt im Ergebnis dazu, dass ein **Verzicht** auf das Wettbewerbsverbot wohl **spätestens zusammen mit der Kündigungserklärung** erfolgen muss, damit dem Geschäftsführer die Zeit während des Laufs der Kündigungsfrist verbleibt, um sich entsprechend beruflich neu – frei oder an das Verbot gebunden – zu orientieren.[402] Insolvenzrechtlich handelt es sich bei dem Anspruch des Geschäftsführers auf Karenzentschädigung gegen die Gesellschaft nach Kündigung durch den Insolvenzverwalter nicht um eine Masseschuld.[403]

(3) Sonstige Pflichten

169 Mit dem Dienstvertrag des Geschäftsführers werden häufig noch weitere Pflichten des Geschäftsführers vereinbart. Dabei können die Regelungen entweder zur Konkretisierung oder zur Klarstellung der sich aus der Organstellung von Gesetzes wegen ergebenden Pflichten auf-

393 BGH 28.4.2008 – II ZR 11/07, NJW-RR 2008, 1421; BGH 7.7.2008 – II ZR 81/07, DStR 2008, 1842.
394 *Thüsing*, NZG 2004, 9.
395 So auch *Menke*, NJW 2009, 636, 637.
396 BGH 4.3.2002 – II ZR 77/00, NJW 2002, 1875; BGH 7.7.2008 – II ZR 81/07, DStR 2008, 1842.
397 *Büteröwe*, GWR 2009, 288; *Menke*, NJW 2009, 636, 636 f.
398 *Menke*, NJW 2009, 636, 637.
399 BGH 7.7.2008 – II ZR 81/07, DStR 2008, 1842.
400 BGH 17.2.1992 – II ZR 140/91, NJW 1992, 1892.
401 BGH 4.3.2002 – II ZR 77/00, NJW 2002, 1875.
402 *Heidenhain*, NZG 2002, 605.
403 BGH 8.10.2009 – IX ZR 61/06, NZI 2009, 894.

genommen werden. Hierzu gehört die **ordnungsgemäße Rechnungslegung** nach § 41 GmbHG oder auch die **Auskunftspflicht gegenüber den Gesellschaftern**, die sich aus dem Recht jedes Gesellschafters auf Auskunft und Einsicht in die Bücher der Gesellschaft ergibt.[404] Weiter finden sich regelmäßig Verschwiegenheits-, Nebentätigkeits- und Herausgabeklauseln in den Anstellungsverträgen.[405] In Konzernen werden die Geschäftsführer gewöhnlich verpflichtet, Organmandate in Konzernunternehmen zu übernehmen.

Die **Loyalitätspflichten** des Geschäftsführers – auch in seiner Eigenschaft als Gesellschafter-Geschäftsführer – reichen bis hin zu dem Zeitpunkt, zu dem der Gesellschafter-Geschäftsführer mit einem anderen Gesellschafter einen Aufhebungsvertrag über das Dienstverhältnis und einen Anteilsrückübertragungsvertrag schließt. Die Loyalitätspflichten des Geschäftsführers enden daher weder mit den Aufhebungsvertragsverhandlungen, noch in jeder Hinsicht mit der Beendigung des Dienstverhältnisses. Auch die bereits angesprochene Auskunftspflicht kann in bestimmten Fällen durchaus auch noch nach Beendigung der Organstellung fortbestehen.[406] 170

bb) Rechte des Geschäftsführers

Das GmbH-Gesetz enthält keine Bestimmungen hinsichtlich der Rechte des Geschäftsführers gegenüber der Gesellschaft. Insbesondere fehlen Regelungen über die Vergütung und sonstige soziale Leistungen der Gesellschaft. Der Dienstvertrag dient daher v.a. der Festlegung der schuldrechtlichen Leistungspflichten der Gesellschaft gegenüber dem Geschäftsführer. 171

(1) Beschäftigungsanspruch

Anders als bei Arbeitnehmern kann der Geschäftsführer aus dem Anstellungsverhältnis **keinen allgemeinen Beschäftigungsanspruch** herleiten.[407] Dieser Grundsatz folgt aus dem nach § 38 Abs. 1 GmbHG bestehenden Recht der Gesellschaft, die Bestellung des Geschäftsführers, unbeschadet etwaiger Entschädigungsansprüche aus bestehenden Verträgen, zu jeder Zeit widerrufen zu können.[408] Soweit nach dem Anstellungsverhältnis nur eine Beschäftigung als Geschäftsführer vereinbart ist, kann der Geschäftsführer auch nicht auf der Grundlage des Anstellungsvertrages verlangen, in leitender Position angemessen beschäftigt zu werden, wenn die Organstellung entfällt.[409] Darüber hinaus ist die Gesellschaft nicht einmal verpflichtet, dem abberufenen Geschäftsführer eine Tätigkeit unterhalb der Leitungsebene anzubieten.[410] Gegenstand des Anstellungsvertrages ist im Regelfall nur eine Tätigkeit als Geschäftsführer, so dass sich eine Tätigkeit unterhalb der Organebene als *aliud* nicht daraus herleiten lässt.[411] Dem Geschäftsführer steht jedoch bei Abberufung oder Nichtbestellung das Recht zur außerordentlichen Kündigung gem. § 626 BGB und ggf ein Anspruch auf Ersatz des Auflösungsschadens nach § 628 Abs. 2 BGB zu.[412] Allein in der Abberufung liegt jedoch grds. kein vertragswidriges Verhalten der Gesellschaft, so dass ein Schadensersatzanspruch lediglich aus diesem Grund regelmäßig ausscheidet.[413] Während des Bestehens der Organstellung folgt aus den damit verbundenen gesetzlichen Verpflichtungen, dass der Geschäftsführer sein Amt auch tatsächlich ausführen können muss. Eine Freistellung ohne Beendigung der körperschaftlichen Funktion 172

404 Scholz/*K. Schmidt*, GmbHG, § 51 a Rn 10; Beck'sches GmbH-Handbuch/*Axhausen*, § 5 Rn 185 f.
405 MünchHdb-GesR III/*Marsch-Barner/Diekmann*, § 43 Rn 77.
406 BGH 20.9.1993 – II ZR 244/92, DStR 1993, 1752; Baumbach/Hueck/*Zöllner/Noack*, GmbHG, § 35 Rn 52.
407 BGH 28.10.2002 – II ZR 146/02, NJW 2003, 351; BGH 11.10.2010 – II ZR 266/08, DStR 2011, 229.
408 BGH 28.10.2002 – II ZR 146/02, NJW 2003, 351.
409 BGH 11.10.2010 – II ZR 266/08, DStR 2011, 229; Lutter/Hommelhoff/*Kleindiek*, GmbHG, Anh § 6 Rn 28.
410 BGH 11.10.2010 – II ZR 266/08, DStR 2011, 229; *Fonk*, NZG 1998, 408, 410 f.
411 BGH 11.10.2010 – II ZR 266/08, DStR 2011, 229; *Lunk/Rodenbusch*, NZA 2011, 497, 498.
412 BGH 28.10.2002 – II ZR 146/02, NJW 2003, 351; BGH 6.3.2012 – II ZR 76/11, NJW 2012, 1656.
413 BGH 28.10.2002 – II ZR 146/02, NJW 2003, 351; BGH 6.3.2012 – II ZR 76/11, NJW 2012, 1656.

kann daher nur erfolgen, soweit das Anstellungsverhältnis für diesen Fall eine ausdrückliche Regelung enthält.

(2) Vergütung

173 Zentraler Gegenstand der Dienstvereinbarung ist die Regelung der Vergütung. Auch ohne ausdrückliche Regelung steht dem Geschäftsführer ein **Entgeltanspruch** nach § 612 BGB zu, es sei denn, die Tätigkeit soll ausdrücklich unentgeltlich erfolgen. Es finden sich in der Praxis jedoch selten Fälle, in denen auf diese Regelung zurückgegriffen werden muss. Die Höhe der vereinbarten Geschäftsführervergütung hängt im Einzelfall von verschiedenen Faktoren ab, wie der Unternehmensgröße, der Ertragslage sowie der Branche und der Ausbildung des Geschäftsführers.[414] Spezielle gesellschaftsrechtliche Beschränkungen, wie etwa über § 87 Abs. 1 AktG für die Vorstandsmitglieder einer AG, sind bei der Vereinbarung der Vergütungshöhe des Geschäftsführers nicht zu berücksichtigen.[415] Ein Gesellschafter-Geschäftsführer kann mitunter in einer Krisensituation der Gesellschaft aus seiner Treuepflicht dazu angehalten sein, selbst auf eine Herabsetzung seiner Vergütung hinzuwirken.[416]

174 Neben den allgemeinen zivilrechtlichen Grenzen der §§ 134, 138 BGB[417] sind jedoch insb. die **steuerrechtlichen Vorgaben** bei der Bemessung der Vergütung zu beachten. Vor allem beim Gesellschafter-Geschäftsführer wird die ständige **Rspr zur Angemessenheit von Bezügen** relevant. Sind die Bezüge des Gesellschafter-Geschäftsführers unangemessen hoch, so werden sie steuerrechtlich als **verdeckte Gewinnausschüttung** eingestuft, die entsprechend nachteilig veranlagt wird.[418] Dabei wird sowohl für beherrschende als auch für nicht beherrschende Gesellschafter-Geschäftsführer im Rahmen einer Einzelfallprüfung festgestellt, ob ihre finanzielle Gesamtausstattung noch in einem adäquaten Verhältnis zu den erbrachten Dienstleistungen steht.[419] Wird ein Gesellschafter-Geschäftsführer als Mehrfachgeschäftsführer zusätzlich auch noch für eine andere GmbH tätig, so ist dies regelmäßig als mindernder Faktor im Rahmen der Bestimmung der Angemessenheit der Geschäftsführervergütung zu berücksichtigen.[420] Allerdings kommt im Rahmen der Bestimmung eine vollständige oder zumindest teilweise Nichtberücksichtigung der anderweitigen Tätigkeit und der damit erzielten Bezüge in Betracht, wenn der Gesellschaft selbst durch diese Tätigkeit ein messbarer Mehrwert und Vorteil zukommt, welcher den Verlust an zeitlichem Aufwand ausgleicht.[421] Als **Abgrenzungsmaßstab** kann darauf abgestellt werden, ob ein Missverhältnis zu dem Entgelt besteht, was ein Fremdgeschäftsführer für eine vergleichbare Tätigkeit erhalten würde.[422] Allerdings muss den Gesellschaftern insoweit ein **gewisser Beurteilungsspielraum** zugestanden werden.[423] Sind mehrere Gesellschafter nebeneinander zu Geschäftsführern bestellt und erhalten ein entsprechendes Gehalt, was zusammengenommen zu einer Operation der Gesellschaft in oder nahe der Verlustzone führt, kann es im Rahmen der Feststellung einer möglichen verdeckten Gewinnausschüttung sachgerecht sein,

414 *Tänzer*, GmbHR 2000, 596.

415 Lutter/Hommelhoff/*Kleindiek*, GmbHG, Anh § 6 Rn 31.

416 OLG Düsseldorf 2.12.2011 – I-16 U 19/10, DStR 2012, 309.

417 KG Berlin 12.3.1996 – 14 U 7775/94, GmbHR 1996, 613.

418 *Rischar*, GmbHR 2003, 15; *Herlinghaus*, GmbHR 2003, 373, 381 ff; *Zimmermann*, GmbHR 2002, 353.

419 *Arens/Beckmann*, Die anwaltliche Beratung des GmbH-Geschäftsführers, § 1 Rn 60.

420 FG Berlin-Brandenburg 17.6.2008 – 6 K 1807/04, EFG 2008, 1660; dagegen eingelegte Nichtzulassungsbeschwerde abgewiesen durch: BFH 2.2.2009 – I B 175/08, BeckRS 2009, 25014750.

421 FG Berlin-Brandenburg 17.6.2008 – 6 K 1807/04, EFG 2008, 1660; dagegen eingelegte Nichtzulassungsbeschwerde abgewiesen durch: BFH 2.2.2009 – I B 175/08, BeckRS 2009, 25014750.

422 BGH 14.5.1990 – II ZR 126/89, NJW 1990, 2625; BFH 27.3.2001 – I R 40/00, NJW 2002, 86; BFH 13.12.2006 – VIII R 31/05, DStR 2007, 434; OLG Düsseldorf 2.12.2011 – I-16 U 19/10, DStR 2012, 309.

423 OLG Düsseldorf 2.12.2011 – I-16 U 19/10, DStR 2012, 309.

einen Gesamtwert aller Geschäftsführungsleistungen zu bestimmen und diesen durch die Anzahl der Geschäftsführer zu dividieren.[424]

175 So stellen idR mit dem Gesellschafter-Geschäftsführer vereinbarte **Zuschläge** für Sonntags-, Feiertags- und Nachtarbeit[425] sowie Überstundenzuschläge eine verdeckte Gewinnausschüttung dar, weil ein ordentlicher und gewissenhafter Geschäftsleiter diese mit einem Fremdgeschäftsführer nicht vereinbart hätte.[426]

176 Auch die **private Nutzungsmöglichkeit eines Dienstwagens** durch den Gesellschafter-Geschäftsführer kann je nach den Umständen des Einzelfalls eine verdeckte Gewinnausschüttung darstellen. Ist die private Nutzungsmöglichkeit des Dienstwagens ausdrücklich im Anstellungsvertrag vereinbart, handelt es sich um einen sachwertbasierten Vergütungsteil und nicht um eine unzulässige verdeckte Gewinnausschüttung.[427] Erfolgt die Privatnutzung dagegen ohne oder entgegen einer ausdrücklichen Vereinbarung und unterbindet die Gesellschaft dies nicht, liegt regelmäßig die Vermutung nahe, das Verbot sei nicht ernstlich gemeint, so dass es sich um eine verdeckte Gewinnausschüttung handelt.[428]

177 Neben einer **Festvergütung** werden in den Dienstverträgen regelmäßig auch **variable, erfolgsbezogene Bezüge** (Tantiemen), **Sachleistungen** (zB die Privatnutzung von Dienstwagen) und **freiwillige Gratifikationen** vereinbart. Tantiemeleistungen sind allerdings nicht Teil der angemessenen Vergütung iSv § 612 BGB, so dass ein Anspruch auf sie nur bei einer ausdrücklichen anstellungsvertraglichen Vereinbarung entsteht.[429] Die Kriterien für die Bemessung variabler Vergütungen sollten möglichst klar und eindeutig formuliert werden. Sind die Berechnungsgrundlagen nicht erkennbar, so erfolgt im Streitfall eine Festsetzung der Tantieme durch das Gericht gem. § 315 Abs. 3 BGB.[430] Tantiemeregelungen werden insb. bei Gesellschafter-Geschäftsführern oftmals sehr hoch angesetzt, um den gesellschaftlichen Gewinn zu reduzieren und somit die Steuerlast der Gesellschaft zu senken. Auch in diesem Bereich ist allerdings Vorsicht geboten, da erneut das Problem einer verdeckten Gewinnausschüttung auftreten kann.[431]

178 Häufig richtet sich die Höhe der Tantieme nach dem Ertrag der Gesellschaft, der gewöhnlich anhand des körperschaftsteuerlichen Gewinns ermittelt wird (**Gewinntantieme**). Daneben finden sich allerdings auch am Umsatz der Gesellschaft orientierte Tantiemen (**Umsatztantieme**).[432] Diese sind regelmäßig nicht empfehlenswert, da die Gesellschaft Gefahr läuft, dass der Geschäftsführer allein zur Erzielung von Umsatz Geschäfte tätigt, die nicht dem Wohl der Gesellschaft dienen, oder er sein Augenmerk nicht mehr ausreichend auf die mit dem Umsatz verbundenen Kosten lenkt. Außerdem werden sie von den Gerichten regelmäßig als verdeckte Gewinnausschüttung gewertet,[433] es sei denn, der mit der Tantieme verfolgte Zweck der Vergütungssteigerung lässt sich mit einer Gewinntantieme gerade nicht erreichen. Dies kann bspw in der Aufbauphase einer Gesellschaft der Fall sein, in der aufgrund der zunächst notwendigen Investitionen trotz Wirtschaftlichkeit ihrer Tätigkeit gerade noch keine hohen Gewinne zu erwarten sind. Auch in diesen Fällen ist innerhalb der Vereinbarung die Aufnahme einer zeitlichen Begrenzung und die Festsetzung einer Höchstgrenze der Tantieme zu empfehlen, um der Bewertung als verdeckte Gewinnausschüttung entgegenzuwirken.[434] Das bloße von Umsatz-

424 BFH 9.2.2011 – I B 111/10, GmbHR 2011, 838.
425 BFH 14.7.2004 – I R 24/04, GmbHR 2005, 109.
426 BFH 27.3.2001 – I R 40/00, NJW 2002, 86.
427 BFH 23.4.2009 – VI R 81/06, DStR 2009, 1355.
428 BFH 17.7.2008 – I R 83/07, GmbHR 2009, 327; BFH 23.4.2009 – VI R 81/06, DStR 2009, 1355.
429 Michalski/*Tebben*, GmbHG, § 6 Rn 167.
430 BGH 9.5.1994 – II ZR 128/93, NJW-RR 1994, 1055; OLG Oldenburg 20.4.2000 – 1 U 177/99, NZG 2000, 939.
431 Oppenländer/Trölitzsch/*Weber*, GmbH-Geschäftsführung, § 40 Rn 54.
432 BGH 27.9.1976 – II ZR 162/75, WM 1976, 1223.
433 BFH 28.6.1989 – I R 89/85, BB 1989, 2096.
434 BFH 19.2.1999 – I R 105-107/97, NJW 1999, 1655; BFH 28.6.2006 – I R 108/05, GmbHR 2006, 1339.

tantiemen ausgehende Risiko führt allerdings nicht dazu, dass diese von den Gerichten als unwirksam gewertet werden.[435]

179 Auch bei einer variablen Vergütung wird oftmals eine **Fix- oder Mindesttantieme** garantiert, bei der lediglich der darüber hinausgehende Anteil tatsächlich erfolgsabhängig ist.[436] In jedem Fall empfiehlt sich die **Regelung einer Höchstgrenze**, um den Tantiemeanspruch nicht ausufern zu lassen. Neben Tantiemeregelungen sind andere variable Vergütungsmodelle in der Praxis regelmäßig anzutreffen, insb. Zielvereinbarungen oder Provisionsregelungen.

(3) Urlaub

180 Da weder das Bundesurlaubsgesetz auf den Geschäftsführer anwendbar ist, noch das allgemeine Dienstvertragsrecht Regelungen zum Urlaubsanspruch enthält, sollten **im Anstellungsverhältnis** der Umfang und das Prozedere über die Urlaubsgewährung **vereinbart** werden. Fehlt eine entsprechende Vereinbarung, so resultiert ein Urlaubsanspruch aus der Fürsorgepflicht der Gesellschaft gegenüber dem Geschäftsführer.[437] Der Umfang und die Lage des Urlaubs bestimmen sich nach den Verhältnissen in der GmbH und der Rolle des Geschäftsführers (Fremdgeschäftsführer oder Gesellschafter-Geschäftsführer). In der Regel ist entsprechend des Maßstabes des BUrlG auch für Geschäftsführer von einem Mindestanspruch von 24 Urlaubstagen pro Jahr auszugehen, da eine unterschreitende Regel wohl gegen §§ 138, 242 BGB verstoßen dürfte.[438] Für die Zeit seiner urlaubsbedingten Abwesenheit hat der Geschäftsführer für eine ausreichende Vertretung seiner Funktion zu sorgen.[439] Auch hat er bei der Urlaubsplanung die Belange der Gesellschaft in seine Überlegung mit einzubeziehen.[440] Bei Beendigung des Anstellungsverhältnisses kann der Geschäftsführer ggf die **finanzielle Abgeltung** nicht genommenen Urlaubs verlangen.[441]

181 Konnte der Urlaub aus betrieblichen Gründen nicht genommen werden, etwa weil der Umfang der geleisteten Arbeit und die Verantwortung im Unternehmen dies nicht zuließen, wandelt sich der Urlaubsanspruch in einen Geldleistungsanspruch um.[442] Teilweise wird ein Abgeltungsanspruch auf die Fälle beschränkt, in denen der Urlaubsanspruch im Anstellungsvertrag ausdrücklich geregelt wurde und nicht lediglich aus der Fürsorgepflicht abgeleitet wurde.[443] Auch bei einem Gesellschafter-Geschäftsführer stellen Abgeltungszahlung für aus betrieblichen Gründen nicht in Anspruch genommenen Urlaub keine verdeckte Gewinnausschüttung dar, selbst wenn es an einer entsprechenden Abgeltungsvereinbarung im Anstellungsvertrag fehlt oder nach der konkreten Konstellation für einen Arbeitnehmer an dessen Stelle ein Abgeltungsverbot nach § 7 Abs. 4 BurlG vorgelegen hätte.[444] Es empfiehlt sich allerdings, im Anstellungsvertrag **ausdrückliche Regelungen zur Übertragbarkeit der Urlaubsansprüche** auf das Folgejahr und zur **Möglichkeit der finanziellen Abgeltung** zu treffen.[445]

---

435 BGH 15.6.1992 – II ZR 88/91, BB 1992, 1853.

436 *Brandmüller*, Der GmbH-Geschäftsführer, Rn 543.

437 Lutter/Hommelhoff/*Kleindiek*, GmbHG, Anh § 6 Rn 29; Michalski/*Tebben*, GmbHG, § 6 Rn 198; Roth/Altmeppen/*Altmeppen*, GmbHG, § 6 Rn 112.

438 *Reiserer/Heß-Emmerich/Peters*, Der GmbH-Geschäftsführer, S. 69; Roth/Altmeppen/*Altmeppen*, GmbHG, § 6 Rn 112.

439 Lutter/Hommelhoff/*Kleindiek*, GmbHG, Anh § 6 Rn 29.

440 Michalski/*Tebben*, GmbHG, § 6 Rn 198.

441 BGH 3.12.1962 – II ZR 201/61, NJW 1963, 535.

442 BFH 28.1.2004 – I R 50/03, DStR 2004, 680; BFH 6.10.2006 – I B 28/06, GmbHR 2007, 104; so auch schon BGH 3.12.1962 – II ZR 201/61, NJW 1963, 535.

443 BGH 3.12.1962 – II ZR 201/61, NJW 1963, 535; OLG Düsseldorf 23.12.1999 – 6 U 119/99, NZG 2000, 377.

444 BFH 28.1.2004 – I R 50/03, DStR 2004, 680.

445 So auch Roth/Altmeppen/*Altmeppen*, GmbHG, § 6 Rn 112.

Soll dem Geschäftsführer ein **Urlaubsgeld** gezahlt werden, bedarf dies zumindest beim Gesellschafter-Geschäftsführer zur Vorbeugung der Annahme einer verdeckten Gewinnausschüttung einer klaren und eindeutigen Vereinbarung im Anstellungsvertrag.[446] 182

(4) Versorgungszusagen

Unabhängig davon, ob einem Geschäftsführer Ansprüche aus der gesetzlichen Rentenversicherung zustehen, zählen **betriebliche Versorgungszusagen** häufig zum Inhalt von Anstellungsverhältnissen. Aufgrund der Komplexität der betrieblichen Altersversorgung werden Betriebsrentenversprechen gelegentlich nicht unmittelbar im Anstellungsvertrag, sondern in einem eigenständigen Anhang zum Dienstvertrag geregelt. 183

(a1) Leistungsfälle

Als Versorgungsfälle, die den Leistungsanspruch auslösen, werden neben der Erreichung einer bestimmten Altersgrenze auch der Eintritt der Invalidität und – zur Absicherung der Hinterbliebenen – der Tod des Geschäftsführers vereinbart, dh Risiken, in denen der Geschäftsführer aus persönlichen Gründen nicht mehr in der Lage ist, seinen oder den Lebensunterhalt seiner Angehörigen abzudecken. 184

(a2) Leistungsformen

Die inhaltliche Ausgestaltung von Versorgungszusagen ist variabel. Beispiele sind reine Leistungszusagen (als Festbetrags- oder Gesamtversorgungszusage), beitragsorientierte Leistungszusagen oder auch Beitragszusagen mit Mindestleistung. Bei der **Gesamtversorgungszusage** bestimmt sich die Leistungshöhe nach einem bestimmten Prozentsatz des letzten Brutto- oder Nettogehalts (unter Einbezug der gesetzlichen Rente). Da die Gehaltsentwicklung sowie die steuer- und sozialabgabenrechtlichen Rahmenbedingungen nur schwer vorhersagbar sind, sind Gesamtversorgungszusagen nur sehr schwer zu kalkulieren. Dagegen sind **beitragsorientierte Leistungszusagen** und **Beitragszusagen mit Mindestleistung** besser zu berechnen, da sich die Leistungshöhe im Wesentlichen nach dem zur Verfügung gestellten Deckungskapital richtet. 185

(a3) Anwendbarkeit des BetrAVG

Ob auf die Versorgungszusage des GmbH-Geschäftsführers auch das Betriebsrentengesetz (BetrAVG) anzuwenden ist, richtet sich nach § 17 Abs. 1 BetrAVG. Nicht vom BetrAVG geschützt iSv § 17 Abs. 1 S. 2 BetrAVG sind Gesellschafter-Geschäftsführer, wenn diese als „Unternehmer im eigenen Unternehmen" anzusehen sind.[447] Hierzu zählen Alleingesellschafter und Mehrheitsgesellschafter, die als Geschäftsführer tätig gewesen sind.[448] Unter den Begriff fällt aber auch ein Minderheitsgesellschafter, dessen Beteiligung nicht ganz unbedeutend ist und der zusammen mit einem oder mehreren anderen am Kapital beteiligten Geschäftsführern die Mehrheit der Anteile oder Stimmen besitzt und zusammen mit diesen eine notwendig gleichgerichtet abstimmende Einheit bildet.[449] Die **grundsätzlichen Abgrenzungskriterien** ähneln weitgehend den für die Anwendbarkeit der Sozialversicherungspflicht aufgezeigten Maßstäben. Auch für unternehmerische Geschäftsführer ist aufgrund der Privatautonomie allerdings eine freiwillige Unterwerfung der Gesellschaft unter die Vorschriften des BetrAVG mittels entsprechender Vereinbarung im Anstellungsvertrage denkbar.[450] Der typische Fremdgeschäftsführer unterfällt hingegen dem Anwendungsbereich des BetrAVG (§ 17 Abs. 1 S. 2 BetrAVG). 186

446 FG Hamburg 23.9.1999 – II 212/97, GmbHR 2000, 291.
447 BGH 15.10.2007 – II ZR 236/06, NZA 2008, 648.
448 BGH 28.4.1980 – II ZR 254/78, BGHZ 77, 101.
449 BGH 2.6.1997 – II ZR 181/96, GmbHR 1997, 844; BAG 16.4.1997 – 3 AZR 869/95, GmbHR 1998, 86; OLG Köln 22.9.1988 – 14 U 12/87, GmbHR 1989, 82; dazu *Thüsing*, AG 2003, 484.
450 Diese Möglichkeit aufwerfend BGH 15.10.2007 – II ZR 236/06, NZA 2008, 648.

Die Vorschrift des § 30 a BetrAVG (vorgezogene Altersrente) wird von der Verweisung in § 17 Abs. 1 S. 2 BetrAVG ebenfalls erfasst. Zwar nimmt § 17 Abs. 1 S. 2 BetrAVG nur die §§ 1–16 BetrAVG in Bezug und ordnet nicht ausdrücklich die Anwendbarkeit von § 30 a BetrAVG an. § 30 a BetrAVG wird jedoch von der in § 17 Abs. 1 S. 2 BetrAVG enthaltenen Verweisung auf § 6 BetrAVG erfasst. Eine entsprechende Klarstellung hat der Gesetzgeber nicht für erforderlich erachtet.[451]

(a4) Eingriffsmöglichkeiten

187 Vertraglich im Geschäftsführerdienstvertrag vereinbarte Versorgungsbezüge können grds. nicht nachträglich wieder entzogen werden. Allein schwerste Verfehlungen des Geschäftsführers mit Existenz bedrohenden Auswirkungen auf die Gesellschafter und die GmbH können ausnahmsweise den Verlust von Ruhegehaltsansprüchen rechtfertigen.[452] Eine verschlechternde Anpassung kann darüber hinaus im Einzelfall nach den Grundsätzen über den Wegfall der Geschäftsgrundlage nach § 313 BGB erfolgen. Das BAG entschied am 19.2.2008 für ein Arbeitsverhältnis, dass eine solche Störung der Geschäftsgrundlage im Rahmen einer Gesamtversorgungszusage erst dann anzunehmen sei, soweit der ursprünglich zugrunde gelegte Dotierungsrahmen um mehr als 50 % überschritten werde.[453] Die Erklärung einer Gesamtversorgungszusage des Arbeitgebers komme einem Garantieversprechen für die Gewährung eines bestimmten Versorgungsniveaus gleich, von denen er sich nur unter ganz bestimmten Voraussetzungen lösen könne. Inwieweit dieser Grundsatz auch auf Versorgungszusagen mit Geschäftsführern übertragen werden kann, bleibt letztlich abzuwarten.

cc) Leistungsstörungen im Dienstverhältnis

188 Die Rechtsfolgen bei Leistungsstörungen im Geschäftsführerdienstverhältnis richten sich nach den §§ 611 ff, 320 ff BGB. Kann der Geschäftsführer aus einem **von keiner Seite zu vertretenden Grund** sein Amt nicht ausüben, so behält er den Vergütungsanspruch gem. § 616 Abs. 1 BGB, solange die Ausfallzeit unerheblich ist. Als Spezialvorschrift geht § 616 Abs. 1 BGB dem § 326 Abs. 1 BGB vor.[454] Fällt der Geschäftsführer jedoch längerfristig aus, so entfällt der Vergütungsanspruch. Bei **Krankheit** des Geschäftsführers kommt ein Entgeltfortzahlungsanspruch nach dem EFZG gegen die Gesellschaft grds. nicht in Betracht. Soweit sich anstellungsvertraglich keine abweichenden Regelungen finden, ergeben sich die Rechtsfolgen dann allein aus § 616 BGB.[455] Aus diesem Grund empfiehlt sich in dem Anstellungsvertrag die Aufnahme von Klauseln über die schuldrechtlich zu erbringende Entgeltfortzahlung im Krankheitsfall.

189 Nach §§ 326 Abs. 2 und 615 BGB behält der Geschäftsführer seinen Vergütungsanspruch, wenn die **GmbH den Verhinderungsgrund zu vertreten** hat oder wenn sie sich im Annahmeverzug befindet. Verwirklicht sich ein **Betriebsrisiko**, so ist danach zu unterscheiden, ob der Betriebsausfall, der zur Unmöglichkeit der Amtsführung des Geschäftsführers führt, auf eine Gefahr im Einflussbereich des Geschäftsführers zurückgeführt werden kann. Ist das der Fall, so folgt daraus zumindest eine Kürzung der Bezüge nach § 326 Abs. 1 BGB.[456] Ist der Geschäftsführer auch Gesellschafter, so trägt er das Betriebsrisiko nicht allein aufgrund seiner Gesell-

---

451 BAG 15.4.2014 – 3 AZR 114/12, Rn 28, NZA 2014, 767 ff.

452 BGH 13.12.1999 – II ZR 152/98, ZIP 2000, 380; BGH 3.7.2000 – II ZR 381/98, DStR 2000, 1783; BGH 17.12.2001 – II ZR 222/99, GmbHR 2002, 380; BGH 11.3.2002 – II ZR 5/00, NZG 2002, 635; OLG Düsseldorf 25.11.1999 – 6 U 146/98, NZG 2000, 651.

453 BAG 19.2.2008 – 3 AZR 290/06, NZA-RR 2008, 600; mittlerweile bestätigt durch BAG 17.1.2012 – 3 AZR 555/09, NJOZ 2012, 1172.

454 BGH 11.7.1953 – II ZR 126/52, BGHZ 10, 193.

455 Roth/Altmeppen/*Altmeppen*, GmbHG, § 6 Rn 114.

456 *Fleck*, FS Hilger/Stumpf, S. 218.

schafterstellung, die ihm das Unternehmerrisiko aufbürdet. Hier sind die beiden verkörperten Rollen – Gesellschafter und Geschäftsführer – voneinander zu trennen.[457]

Werden die vom Geschäftsführer zu erledigenden Aufgaben **schlecht erfüllt**, so haftet er gegenüber der Gesellschaft aus § 43 Abs. 2 GmbHG. Nach dieser Vorschrift haben die Geschäftsführer bei Verletzung der Obliegenheit, in den Angelegenheiten der Gesellschaft die Sorgfalt eines ordentlichen Geschäftsmanns anzuwenden, für den entstandenen Schaden einzustehen. 190

e) Bindungs- und Hinauskündigungsklauseln beim Gesellschafter-Geschäftsführer

Teilweise wird Geschäftsführern von Seiten der Gesellschafter zur Schaffung eines besonderen Anreizes bei der Geschäftsführertätigkeit eine Mitbeteiligung an der Gesellschaft eingeräumt. Für den Fall, dass sich die Gesellschaft von dem Geschäftsführer trennt, sollen Klauseln im Gesellschaftsvertrag oder schuldrechtliche Vereinbarungen im Dienstvertrag die Verpflichtung begründen, den **Gesellschaftsanteil zurückzugeben**. 191

In zwei Urteilen vom 19.9.2005 hat sich der BGH mit „**Hinauskündigungsklauseln**“ befasst, in denen entweder im Gesellschaftsvertrag oder im Dienstvertrag die Gesellschafterstellung im Falle einer Kündigung des Geschäftsführervertrages aufgehoben wird. In der bisherigen Rspr des BGH galt der Grundsatz, dass Satzungsklauseln, die einen freien Ausschluss von Gesellschaftern nach Belieben der Gesellschaftermehrheit ermöglichen, weder mit § 138 Abs. 1 BGB noch mit der gesellschaftlichen Treuepflicht vereinbar und daher grds. nichtig sind.[458] Begründet hat der BGH diese Auffassung damit, dass die Möglichkeit, Mitgesellschafter nach freiem Belieben und damit auch aus sachfremden und lediglich emotionalen Motiven aus der Gesellschaft hinauszudrängen, in besonderem Maße missbrauchsanfällig sei. Damit bestehe die Gefahr, dass der von der Möglichkeit der Hinauskündigung Bedrohte von seinen Gesellschafterrechten keinen freien Gebrauch machen und die ihm obliegenden Pflichten nicht mehr ordnungsgemäß erfüllen werde.[459] 192

Dieser Grundsatz gilt allerdings nicht ausnahmslos, so dass eine freie Hinauskündigungsklausel **wegen besonderer Umstände sachlich gerechtfertigt** werden kann.[460] Vom grundsätzlichen Verbot der automatischen Hinauskündigung hat die Rspr daher verschiedene Ausnahmengruppen herausgebildet. Als grds. abstrakte Voraussetzung für die Zulässigkeit wird insoweit der Fall angesehen, in dem eine Beteiligung am Gesellschaftskapital ohne die Möglichkeit der Hinauskündigung von vornherein nicht eingeräumt worden wäre.[461] Eine Verkoppelung der Gesellschafterstellung mit einem neben dem Gesellschaftsverhältnis stehenden rechtlichen oder tatsächlichen Verhältnis in der Form, dass eine Auflösung des einen automatisch auch zur Auflösung des anderen berechtigen soll, hielt der BGH für legitim, wenn sich der alleinige Zweck der Gesellschaft in der Durchführung des neben der Gesellschaft stehenden Rechtsverhältnisses erschöpfte.[462] Einen solchen Fall nahm der BGH etwa im Falle eines Franchisevertrages an, der jeweils die Aufnahme des Franchisenehmers als Gesellschafter in die als Franchisegeberin fungierende GmbH vorsah. Im Falle der Beendigung des Franchisevertrages sollte auch die Mitgliedschaft in der zur Durchführung dieses Vertrages errichteten GmbH beendet werden.[463] Ein solches Geschäftsmodell besteht insb. bei Freiberuflergesellschaften oder syndikalistisch strukturierten Gesellschaften. Wenn sämtliche Dienstnehmer automatisch auch Gesellschafter sein sollen, muss eine Beendigung des Dienstverhältnisses automatisch auch zur Beendigung 193

457 Lutter/Hommelhoff/*Kleindiek*, GmbHG, Anh § 6 Rn 42.
458 BGH 8.3.2004 – II ZR 165/02, DStR 2004, 826; BGH 19.3.2007 – II ZR 300/05, DStR 2007, 914; BGH 7.5.2007 – II ZR 281/05, DStR 2007, 1216.
459 BGH 8.3.2004 – II ZR 165/02, DStR 2004, 826; BGH 7.5.2007 – II ZR 281/05, DStR 2007, 1216.
460 BGH 19.3.2007 – II ZR 300/05, DStR 2007, 914; BGH 7.5.2007 – II ZR 281/05, DStR 2007, 1216.
461 *Miesen*, RNotZ 2006, 522, 526.
462 *Werner*, WM 2006, 213, 215.
463 BGH 14.3.2005 – II ZR 153/03, GmbHR 2005, 620 m. Anm. *Werner*.

der Mitgliedschaft in der das Unternehmen tragenden Gesellschaft führen, damit der Anteil des Ausscheidenden auf dessen Nachfolger übertragen werden kann.[464] Teilweise wird kritisch angemerkt, bei der Vielzahl der anerkannten Situationen, in denen Hinauskündigungsklauseln mittlerweile anerkannt wurden, bestünden in der Praxis mittlerweile mehr Ausnahmen als Regelfälle.[465]

194 Bereits vor einigen Jahren hatte der BGH in Bezug auf die zeitweise Beteiligung von Geschäftsführern und leitenden Angestellten deutliche Maßstäbe für Ausnahmen herausgebildet. Mit einem der beiden Urteile des BGH vom 19.9.2005[466] hat der BGH für das sog. **Managermodell** ein **Hinauskündigungsrecht** im Gesellschaftsvertrag sowie eine im Dienstvertrag enthaltene entsprechende Klausel für ausnahmsweise wirksam gehalten, wenn im Vordergrund steht, den Gesellschafter bei der Wahrnehmung seiner Mitgliedschaftsrechte nicht unangemessen unter Druck zu setzen, sondern von der im Gesetz vorgesehenen Möglichkeit Gebrauch zu machen, den Geschäftsführer ohne Grund aus seiner Organstellung abzuberufen. Die Folge, dass der Geschäftsführer dann auch seine Gesellschafterstellung verliert, fällt nicht entscheidend ins Gewicht, wenn die von vornherein auf Zeit eingeräumte Beteiligung an der Gesellschaft im sog. Managermodell nur einen **Annex** zu der Geschäftsführerstellung bedeutet.[467]

195 Das **Managermodell** oder **Mitarbeitermodell** betrifft zumeist die zeitweise Aufnahme eines Geschäftsführers oder leitenden Angestellten als Minderheitsgesellschafter ohne Verlustbeteiligung.[468] Die Möglichkeit einer Hinauskündigung im Managermodell muss einerseits aufgrund der besonderen Charakteristik der Vereinbarung allen Beteiligten klar sein und ist andererseits auch wirtschaftlich sinnvoll, da die zeitweise Einräumung von Gesellschaftsanteilen lediglich der Gewinnbeteiligung des vor Amtsantritt unbeteiligten Minderheitsgeschäftsführers für den Zeitraum seiner Tätigkeit dient.[469] Neben einer solchen zusätzlichen Schaffung von Anreizen spielen gerade die Bindung des Mitarbeiters an das Unternehmen sowie die Eröffnung einer zusätzlichen Einnahmequelle und nicht die Gewährung gesellschaftlicher Mitwirkungs- und Gestaltungsrechte die vordergründige Rolle.[470] Die Vereinbarung des Rückkaufs und der Rückabtretung bei Wegfall der Geschäftsführerstellung verstößt unter diesen Umständen auch nicht gegen den gesellschaftsrechtlichen Gleichbehandlungsgrundsatz. Es handelt sich insgesamt in gewisser Weise nur um eine Art zulässige treuhänderische Überlassung von Gesellschaftsanteilen auf Zeit.[471]

196 Auch diese Entscheidungen stellen keine Abkehr von der bisherigen Rspr dar. Unter Bestätigung der grundsätzlichen Sittenwidrigkeit und der damit verbundenen Unwirksamkeit von Hinauskündigungsklauseln iSv § 138 BGB wurden vielmehr **weitere Ausnahmetatbestände** von der Nichtigkeit geschaffen, soweit besondere Umstände dies rechtfertigen. In diesen Fällen besteht nicht in dem Maße die Gefahr, dass der Gesellschafter aus Sorge vor einem jederzeitigen Ausschluss in der freien Ausübung seiner Rechte behindert wird.[472] Selbst in Fällen, in denen – bspw aufgrund eines Verstoßes gegen das Wettbewerbsverbot – die Abberufung des Geschäftsführers sowie die außerordentliche Kündigung des Anstellungsverhältnisses wirksam vorgenommen werden konnten, soll dies nicht ohne Weiteres dazu führen, dass gleichzeitig auch eine Entziehung der Gesellschaftsanteile erfolgen kann. Eine Ausschließung eines Gesellschaf-

464 *Werner*, WM 2006, 213, 215.
465 *Sosnitza*, DStR 2006, 99, 100; *Verse*, DStR 2007, 1822, 1825.
466 BGH 19.9.2005 – II ZR 173/04, BGHZ 164, 98 = WM 2005, 2043.
467 BGH 19.9.2005 – II ZR 173/04, BGHZ 164, 98 = WM 2005, 2043.
468 MüKo-GmbHG/*Strohn*, § 34 Rn 141.
469 *Hinderer*, RNotZ 2005, 416, 420.
470 *Nassall*, NZG 2008, 851, 852; *Miesen*, RNotZ 2006, 522, 525.
471 *Miesen*, RNotZ 2006, 522, 525.
472 So zB auch *Sosnitza*, DStR 2006, 99, 100.

ters soll nur als äußerstes Mittel erfolgen, soweit keine weniger einschneidenden Möglichkeiten zur Behebung des Missstandes bestehen.[473]

3. Steuerrechtliche Aspekte der GmbH-Geschäftsführertätigkeit

a) Steuerrechtliche Einordnung der Tätigkeit des Geschäftsführers und Notwendigkeit vertraglicher Gestaltung

Die Besteuerung von Leistungen an den GmbH-Geschäftsführer – gleich ob Gesellschafter-Ge- 197
schäftsführer oder Fremdgeschäftsführer – richtet sich danach, ob es sich um **Einkünfte aus einer selbständigen oder nichtselbständigen Tätigkeit** handelt. Nach der früheren Rspr des BFH folgte bereits aus der Stellung des GmbH-Geschäftsführers als weisungsabhängiges Organ der Gesellschaft (§ 37 Nr. 1 GmbHG), dass es sich um eine nichtselbständige Tätigkeit handelt. Die steuerrechtliche Bewertung der zwischen dem Geschäftsführer und der von ihm vertretenen Gesellschaft ausgetauschten Leistungen verlangt nach der neueren Rspr des BFH seit dem Jahre 2002[474] nach einer genauen Prüfung ihrer jeweiligen Voraussetzungen. Je nachdem, ob Zuwendungen der Gesellschaft danach durch die Gesellschafterstellung oder durch die eher dienstvertragliche Geschäftsführerstellung bedingt sind, werden diese zur Einkommensteuer, ggf auch zur Umsatz- und Gewerbesteuer veranlagt. Zwar hält der BFH grds. an gleichen Beurteilungsgrundsätzen für alle Bereiche fest,[475] eine Bindung etwa an die ertragsteuerliche Behandlung von Leistungen besteht aber für die anderen Steuerarten nicht.[476]

Nach der neuen Rspr des BFH wird die Einordnung eines GmbH-Geschäftsführers als selb- 198
ständig tätiger Nicht-Arbeitnehmer (Unternehmer) explizit für möglich gehalten, soweit eine Würdigung des Gesamtbildes der Verhältnisse für eine solche Einordnung spricht. Die Neuausrichtung erfolgt insb. vor dem Hintergrund des Art. 4 Abs. 1 der Richtlinie 77/388/EWG.[477] Das Steuerrecht entfernt sich damit bei der Einordnung der Geschäftsführertätigkeit von der bislang im Steuerrecht und im Sozialversicherungsrecht einheitlich zwingend angenommenen abhängigen Tätigkeit des Geschäftsführers. Das BMF hat auf die durch diese Entscheidungen entstandene neue Rechtslage mit verschiedenen Schreiben[478] reagiert, die Entwicklung ist derzeit noch nicht abgeschlossen. Von entscheidender Bedeutung für die Beurteilung der Selbständigkeit sind zukünftig jedenfalls die Regelungen des Anstellungsvertrages, wobei auf die **allgemeinen Grundsätze zur Abgrenzung selbständiger von nichtselbständiger Tätigkeit** nach den steuerlichen Kriterien des Arbeitnehmerbegriffs gem. § 1 Abs. 2 LStDV abzustellen ist.[479] Wesentliche Bedeutung kommt folglich, neben der Gewährung von Festgehalt und Arbeitnehmerrechten wie Urlaub, Krankengeld und Weihnachts- oder Urlaubsgeld, dem Umstand zu, inwieweit der GmbH-Geschäftsführer frei über **Zeit, Ort und Umfang seiner Tätigkeit** bestimmen kann. Dies bedeutet, dass mit der weisungsfreien Ausgestaltung der Tätigkeit im Geschäftsführeranstellungsvertrag die Selbständigkeit und damit die Unternehmereigenschaft des Geschäfts-

473 OLG Karlsruhe 25.6.2008 – 7 U 133/07, NZG 2008, 785.

474 BFH 6.6.2002 – V R 43/01, BB 2002, 173; BFH 10.3.2005 – V R 29/03, BB 2005, 1206 m. Anm. *Buttenhauser*; *Titgemeyer*, BB 2006, 408 ff; BFH 8.9.2005 – V B 47/05, juris; dazu *Nöcker*, jurisPR-SteuerR 8/2006, Anm. 4; BFH 23.4.2009 – VI R 81/06, DStR 2009, 1355.

475 BFH 11.10.2007 – V R 77/05, DB 2008, 507, 508; vgl auch BMF-Schreiben vom 31.5.2007 – IV A 5-S 7100/07/0031, BStBl. 2007 I, S. 503.

476 BFH 10.3.2005 – V R 29/03, BB 2005, 1206, 1207.

477 Sechste Richtlinie des Rates vom 17.5.1977 zur Harmonisierung der Rechtsvorschriften der Mitgliedstaaten über die Umsatzsteuern – Gemeinsames Mehrwertsteuersystem: einheitliche steuerpflichtige Bemessungsgrundlage (77/388/EWG).

478 BMF-Schreiben vom 23.12.2003 – IV B 7-S 7100-246/03, BStBl. 2004 I, S. 240; BMF-Schreiben vom 21.9.2005 – IV A 5-S 7104-19/05, BStBl. 2005 I, S. 936; weiterführend *Küffner/Zugmaier*, DStR 2005, 1691 ff.

479 BFH 23.4.2009 – VI R 81/06, DStR 2009, 1355; BFH 10.3.2005 – V R 29/03, DStR 2005, 919 unter Verweis auf BAG 26.5.1999 – 5 AZR 664/98, NJW 1999, 3731.

führers herbeigeführt werden kann, allerdings mit der Folge von Umsatzsteuer- und ggf Gewerbesteuerpflicht.[480] Der BFH hat etwaige Abweichungen von der sozialversicherungsrechtlichen Einordnung damit gerechtfertigt, dass dem Sozialversicherungsrecht der Gedanke der sozialen Schutzbedürftigkeit zugrunde liege, was dem Steuerrecht fremd sei.[481] Vor diesem Hintergrund ist der den Vertrag erstellende Berater aufgerufen, die neuere Entwicklung sorgfältig zu verfolgen.[482]

199 In dem am häufigsten vorkommenden Fall der **Fremdgeschäftsführung** dürfte hingegen alles beim Alten bleiben: Der Geschäftsführer unterhält neben der Organstellung eine dienstvertragliche Leistungsbeziehung mit der Gesellschaft, nach der er gegen Vergütung[483] in vertraglich bestimmtem Umfang auf Weisung der Gesellschafter tätig wird. Im steuerrechtlichen Sinne wird er daher als Arbeitnehmer behandelt.[484] Auch bei der Mehrzahl der an der GmbH beteiligten oder gar als Alleingesellschafter tätigen Geschäftsführer wird trotz der vorstehend beschriebenen Rechtsprechungsänderung weiterhin eine abhängige Tätigkeit festzustellen sein, jedenfalls soweit ein Dienstvertrag mit Leistungsvorgaben besteht.[485] Dass dies auch im auf europäischer Ebene harmonisierten Umsatzsteuerrecht möglich ist, hat auch der EuGH im Jahre 2007 auf Vorlage eines niederländischen Gerichts für die der deutschen GmbH vergleichbare BV bestätigt.[486]

200 Die dem Geschäftsführer als Arbeitnehmer gezahlten Vergütungen, und zwar alle laufenden und einmaligen Geld- und Sachbezüge, unterliegen als Einkünfte aus nichtselbständiger Arbeit iSv § 19 Abs. 1 EStG dem Abzug von Lohnsteuer, Solidaritätszuschlag und Kirchensteuer (§§ 38 ff EStG). Im Rahmen der Ermittlung seiner Einkünfte aus nichtselbständiger Tätigkeit kann der Geschäftsführer nach § 9 EStG die Aufwendungen als Werbungskosten abziehen, die der Erwerbung, Sicherung und Erhaltung seiner Einnahmen dienen. Bei der GmbH mindern die Aufwendungen für den Geschäftsführer als Betriebsausgaben den körperschaftsteuerlichen und gewerbesteuerlichen Gewinn.

201 Als **verdeckte Gewinnausschüttung** iSv § 8 Abs. 3 S. 2 KStG kann sich die einem Geschäftsführer, der gleichzeitig Gesellschafter der GmbH ist, gezahlte Geschäftsführervergütung darstellen, wenn sie über das Maß des Üblichen hinausgeht, selbst wenn diese Vergütung formal aufgrund des Anstellungsvertrages des Geschäftsführers mit der GmbH bezahlt wird. Die Finanzbehörden stützen sich bei der Beurteilung auf eine Vielzahl von Einzelfallentscheidungen. Die Annahme einer verdeckten Gewinnausschüttung führt in aller Regel zu einer steuerlichen Mehrbelastung, die bei richtiger Gestaltung vermieden werden kann (s. dazu § 2 Rn 208 ff).

202 Ein Sonderfall besteht bei Geschäftsführern der GmbH & Co. KG, die gleichzeitig als Kommanditist an der KG beteiligt sind. Deren Vergütungen unterfallen als Einkünfte aus Gewerbebetrieb nicht dem Lohnsteuerabzug, zusätzlich kann auch die Sozialversicherungspflicht entfallen.[487]

---

480 *Küffner/Zugmaier*, Anm. zu EuGH 18.10.2007 – C-355/06, DStR 2007, 1958, 1960; *Heidner*, Anm. zu BFH 10.3.2005 – V R 29/03, jurisPR-SteuerR 35/2005, Anm. 5.

481 BFH 23.4.2009 – VI R 81/06, DStR 2009, 1355, 1357.

482 Vgl hierzu weiterführend *Titgemeyer*, BB 2007, 189.

483 Steuerrechtlich maßgebend ist immer die Gesamtvergütung, vgl *Oppenländer/Trölitzsch*, GmbH-Geschäftsführung, § 39 Rn 20 f.

484 *Oppenländer/Trölitzsch*, GmbH-Geschäftsführung, § 39 Rn 5.

485 Vgl *Hartz/Meeßen/Wolf*, ABC-Führer Lohnsteuer, Gesellschafter-Geschäftsführer von Kapitalgesellschaften, Rn 2.

486 EuGH 18.10.2007 – C-355/06, DStR 2007, 1958.

487 Dazu *Oppenländer/Trölitzsch*, GmbH-Geschäftsführung, § 39 Rn 9, 17; *Titgemeyer*, BB 2007, 189, 190.

b) Besteuerung von Geschäftsführertätigkeiten bei Auslandsbezug

Ein steuerrechtlich relevanter Auslandsbezug der Tätigkeit des Geschäftsführers kann sich insb. dann ergeben, wenn der Geschäftsführer der deutschen GmbH an Niederlassungen dieser Gesellschaft im Ausland oder als Geschäftsführer ausländischer Gesellschaften für diese in den jeweiligen Sitzstaaten tätig wird. Eine Tätigkeit innerhalb Deutschlands für im Ausland tätige Gesellschaften oder Niederlassungen löst hingegen kein Besteuerungsrecht anderer Staaten aus. Ist eine Tätigkeit im Ausland gegeben, ist zunächst zu prüfen, ob zwischen Deutschland und dem Tätigkeitsstaat ein **Doppelbesteuerungsabkommen (DBA)** besteht, das die steuerliche Beurteilung von Vergütung aus unselbständiger Arbeit regelt, was allerdings bei allen derzeit von Deutschland abgeschlossenen DBA der Fall ist.[488] 203

Unterhält Deutschland mit dem Staat der zeitweiligen Tätigkeit des Geschäftsführers **kein DBA**, so bleibt der Geschäftsführer, falls er seinen deutschen Wohnsitz aufrechterhält,[489] mit seinem Welteinkommen in Deutschland unbeschränkt steuerpflichtig. Zusätzlich entsteht in der Regel eine beschränkte Steuerpflicht im Ausland für die der abhängigen Tätigkeit dort zugeordneten Einkünfte, so dass es zur Doppelbesteuerung der Einkünfte kommt. § 34 c Abs. 1–3 EStG sieht vor, dass diese vermieden bzw gemildert werden kann.[490] Zu prüfen ist dann insb. die Anwendbarkeit des **Auslandstätigkeitserlasses (ATE)**,[491] mit dem die deutsche Finanzverwaltung im Sinne der Förderung der Tätigkeit deutscher Unternehmensaktivitäten im Ausland die Freistellung von einer Besteuerung bereits im Ausland besteuerter Einkünfte vornimmt. Für Geschäftsführer wird die Begünstigung nach dem ATE häufig nicht einschlägig sein, da nur bestimmte Tätigkeiten erfasst werden, so insb. die Tätigkeit für deutsche Unternehmen im Zusammenhang mit der Errichtung und dem Betrieb von Fabriken und ähnlichen Anlagen und der Beratung ausländischer Auftraggeber im Hinblick auf solche Anlagen. Die ausländischen Einkünfte unterliegen nach Abs. IV. ATE dem Progressionsvorbehalt. Nicht begünstigt sind nach Abs. I. ATE die Tätigkeit des Bordpersonals auf Seeschiffen und die Tätigkeit von Leiharbeitnehmern, für deren Arbeitgeber die Arbeitnehmerüberlassung Unternehmenszweck ist, sowie die finanzielle Beratung. Nicht begünstigt ist ferner das Einholen von Aufträgen (Akquisition), ausgenommen die Beteiligung an Ausschreibungen. Die Auslandstätigkeit für ein ausländisches Unternehmen liegt ebenfalls nicht im Anwendungsbereich des ATE. 204

Wird die Tätigkeit in einem Staat ausgeübt, mit dem ein **DBA besteht**, so richtet sich die Besteuerung danach, ob der Geschäftsführer für die Zeit der Auslandstätigkeit im Inland seinen Wohnsitz oder gewöhnlichen Aufenthalt beibehält.[492] Ist dies der Fall, steht die Besteuerung grds. dem Tätigkeitsstaat zu (Art. 15 Abs. 1 OECD-MA), falls nicht das Besteuerungsrecht nach einer Ausnahmeregelung, etwa in Form des Art. 15 Abs. 2 OECD-MA, beim Wohnsitzstaat verbleibt. Dies ist der Fall, wenn die Tätigkeit im Ausland nicht mehr als 183 Tage dauert, die Vergütung hierfür von der inländischen Gesellschaft direkt oder indirekt gezahlt und damit wirtschaftlich nicht von der ausländischen Betriebsstätte getragen wird. Alle drei Voraussetzungen müssen vorliegen, andernfalls werden die Einkünfte aus der Tätigkeit im ausländischen Tätigkeitsstaat besteuert und unterliegen in Deutschland dem Progressionsvorbehalt gem. § 32 b Abs. 2, 3 EStG. Da einzelne DBA vom Musterabkommen abweichen, ist für jeden Einzelfall stets die genaue Regelung zu ermitteln. Zu einer beschränkten Steuerpflicht des Geschäftsführers im Inland kommt es, wenn während der Zeit der Auslandstätigkeit der Wohnsitz bzw gewöhnliche Aufenthalt in Deutschland nicht beibehalten wird. 205

488 *Jacobs*, Internationale Unternehmensbesteuerung, 8. B. I. 1. a).

489 Im Einzelfall kann es vorteilhaft sein, den Wohnsitz in Deutschland aufzugeben und im Tätigkeitsstaat ansässig zu werden, vgl hierzu *Roser/Hamminger*, Wohnsitzverlegung ins Ausland als Instrument der Steuerplanung, in: Grotherr, Handbuch der internationalen Steuerplanung, S. 1121, 1136 f.

490 *Jacobs*, Internationale Unternehmensbesteuerung, 8. B. I. 1. b) mwN.

491 BMF-Schreiben vom 31.10.1983, BStBl. 1983 I, S. 470.

492 Art. 4 OECD-Musterabkommen (OECD-MA), BStBl. 2004 I, S. 286.

206 Die fehlende Steuerpflicht in Deutschland entsprechend bestehender Doppelbesteuerungsabkommen bleibt auch bestehen, wenn das nationale Steuerrecht des Beschäftigungsstaates Vergünstigungen vorsieht, die in Deutschland gerade nicht gewährt werden. So unterliegt etwa das Gehalt eines in Deutschland ansässigen Geschäftsführers für die Tätigkeit in einer belgischen BVBA nicht der Besteuerung in der Bundesrepublik und zwar selbst, soweit Belgien teilweise auf sein Besteuerungsrecht zur Förderung des Zuzugs von Führungskräften verzichtet.[493] Das Gleiche gilt nach einem entsprechenden Doppelbesteuerungsabkommen auch für Einkünfte aus einer britischen Betriebsstätte, welche auch dann von der inländischen Bemessungsgrundlage ausgenommen sind, wenn sie in Großbritannien aufgrund dortiger steuerlicher Subventionsmaßnahmen tatsächlich unbesteuert bleiben.[494] Für das Absehen von einer Doppelbesteuerung für die Geschäftsführertätigkeit eines in Deutschland ansässigen leitenden Angestellten für eine schweizerische Kapitalgesellschaft gilt die Tätigkeit auch dann als im Sinne des Abkommens „in der Schweiz ausgeübt", wenn es tatsächlich zu einer Verrichtung außerhalb der Schweiz kommt.[495]

207 Günstig für die Steuerbelastung eines Geschäftsführers, der – wie in internationalen Konzernen üblich – für mehrere Gesellschaften im In- und Ausland tätig ist, sind die sich somit ergebenden Gestaltungsmöglichkeiten vor allem im Verhältnis zu Staaten mit im Vergleich günstigeren Steuersätzen, insb. etwa bei **zeitweiliger Tätigkeit in den USA**. Voraussetzung ist der Abschluss mehrerer Anstellungsverträge (sog. **Payroll-Split-Modelle**). Ein anschauliches Beispiel hierfür bietet das Urteil des FG Düsseldorf vom 15.8.2007,[496] wonach die für die Tätigkeit in den USA an einen in Deutschland ansässigen Geschäftsführer gezahlte Vergütung in Deutschland nicht besteuert wird, obwohl die 183-Tage-Regel nicht erfüllt war. Der Geschäftsführer bezog in Deutschland eine Vergütung für seine Tätigkeit bei der deutschen GmbH, für seine Tätigkeit als „president“ bei mehreren US-amerikanischen Inc. erhielt er zusätzlich aufgrund dort geschlossener Anstellungsverträge eine Vergütung, die er in den USA versteuerte, womit er seine Gesamtvergütung auf ein deutsches und drei amerikanische Arbeitsverhältnisse aufteilte. Das Finanzamt setzte eine Besteuerung der in den USA erzielten Einkünfte im Umfang der Aufenthaltstage fest, was zu einer Doppelbesteuerung führte. Das FG Düsseldorf hat demgegenüber entschieden, Art. 15 Abs. 2 DBA USA, der dem OECD-Musterentwurf entspricht, greife nicht ein. Zwar habe sich der Geschäftsführer weniger als 183 Tage im Jahr in den USA aufgehalten, sein dortiges Gehalt habe er aber von selbständigen amerikanischen Unternehmen bezogen. Die in den USA bezogene Vergütung war daher in Deutschland nicht zu besteuern, sondern lediglich progressionswirksam.[497]

c) Steueroptimale Gestaltung der Vergütung von Gesellschafter-Geschäftsführern

aa) Kriterien verdeckter Gewinnausschüttung

208 Eine Leistung, die formal aufgrund des Geschäftsführervertrages an den Geschäftsführer erfolgt, kann steuerlich gleichwohl als Gewinnausschüttung iSv § 8 Abs. 3 S. 2 KStG zu qualifizieren sein, wenn der Geschäftsführer auch Gesellschafter der GmbH ist.[498] Auch bei einem fremden Geschäftsführer, der aufgrund persönlicher oder sachlicher Gründe (Ehegatte, Kinder, Lebensgefährten) einem Gesellschafter nahesteht, kommt eine verdeckte Gewinnausschüttung in Betracht, wenn die Leistung ohne die persönliche Bindung nicht so erfolgt wäre.[499] Um die

493 BFH 5.3.2008 – I R 54, 55/07, GmbHR 2008, 1115.
494 BFH 24.8.2011 – I R 46/10, IStR 2011, 925.
495 BFH 11.11.2009 – I R 83/08, NJW 2010, 958.
496 FG Düsseldorf 15.8.2007 – 7 K 1540/05 E, EFG 2008, 381.
497 Vgl weiterführend *Jacobs*, Internationale Unternehmensbesteuerung, 8. D. II. 2.
498 BFH 6.4.2005 – I R 86/04, DStR 2005, 1270; BFH 4.6.2003 – I R 24/02, DStR 2003, 1747.
499 BFH 4.6.2003 – I R 24/02, DStR 2003, 1747.

Leistungen der Gesellschaft an den nahestehenden Geschäftsführer oder Gesellschafter-Geschäftsführer in seiner Geschäftsführertätigkeit von Ausschüttungen der Gesellschaft abzugrenzen, ist zunächst ein zivilrechtlich wirksames Anstellungsverhältnis zwischen der GmbH und dem Geschäftsführer erforderlich. Ferner darf die Vergütung des Gesellschafter-Geschäftsführers die Grenze der Angemessenheit nicht übersteigen. Angemessen ist eine Vergütung, wenn die insgesamt gewährten Vorteile, einschließlich der eingerichteten Altersversorgung und sonstiger Vergünstigungen,[500] in dem Rahmen bleiben, den ein ordentlicher und gewissenhafter Geschäftsleiter unter ansonsten vergleichbaren Umständen mit einem gesellschaftsfremden Geschäftsführer vereinbart hätte (sog. **Fremdvergleich**).[501] Bei der Durchführung dieses Fremdvergleichs sind vier Kriterien maßgeblich zu berücksichtigen: der Ertrag der Gesellschaft, die Leistung des Geschäftsführers (Art und Umfang der Tätigkeit), das Verhältnis von Gesellschaftsgewinn und Eigenkapitalrendite zur Geschäftsführervergütung und die von gleichartigen Gesellschaften an ihre Geschäftsführer gezahlten Leistungen.[502] Maßgeblicher **Zeitpunkt** der Vergleichsbetrachtung ist derjenige, zu dem die zu beurteilende Gehaltsvereinbarung abgeschlossen wurde.[503] Weiterführend ist grds. ein sog. **doppelter Fremdvergleich** durchzuführen, wonach nicht nur auf den – die Interessen der Gesellschaft im Auge behaltenden – ordentlichen und gewissenhaften Geschäftsleiter, sondern ebenso auf die Interessenlage des objektiven und gedachten Vertragspartners abzustellen und somit zu hinterfragen ist, ob sich ein Fremdgeschäftsführer auf die entsprechende Abrede eingelassen hätte.[504]

Bei einem Alleingesellschafter oder Mehrheitsgesellschafter sieht die Finanzverwaltung die Gefahr verdeckter Gewinnausschüttungen als besonders hoch an, da diese das Einkommen der Gesellschaft so steuern können, wie es bei einer steuerlichen Gesamtbetrachtung der Gesellschaft und des Gesellschafters am günstigsten ist.[505] Daher liegt nach stRspr des BFH bereits dann eine **verdeckte Gewinnausschüttung** vor, wenn die gewährten Leistungen nicht in einer zivilrechtlich wirksamen und im Voraus geschlossenen Vereinbarung enthalten sind.[506] Das gleiche Risiko besteht, wenn eine wirksam getroffene Absprache nicht durchgeführt wird, da der BFH dann davon ausgeht, dass es an einer ernsthaft vereinbarten Leistungsverpflichtung insgesamt mangelt, so dass die Vereinbarung auch für die anderen unter ihr erbrachten Leistungen keine Wirkung entfalten kann. 209

Bei der Beurteilung der einzelnen Vergütungsbestandteile stützen sich die Finanzbehörden auf eine Vielzahl von Einzelfallentscheidungen. Zu den gebräuchlichen Gestaltungsarten der Vergütung von beherrschenden und nichtbeherrschenden Gesellschafter-Geschäftsführern lassen sich daher auch für die Beratungspraxis relativ weitgehend abgesicherte Hinweise geben. 210

bb) Tätigkeitsvergütungen und andere Leistungs- und Nutzungsentgelte

Ziel der Regelungen zur verdeckten Gewinnausschüttung ist es nicht, den Gesellschafter-Geschäftsführer um den gerechten Lohn für seine im Rahmen des Anstellungsverhältnisses erbrachten Leistungen zu bringen. Die Vergütung des Gesellschafter-Geschäftsführers darf daher durchaus am oberen Rande dessen liegen, was ein fremder Geschäftsführer in gleicher Position verdienen würde; es geht also um eine Bandbreite von angemessenen Leistungen, innerhalb de- 211

500 BFH 16.10.1991 – I B 227 und 228/90, BFH/NV 1992, 341; BFH 4.6.2003 – I R 24/02, DStR 2003, 1747.

501 BFH 6.4.2005 – I R 86/04, DStR 2005, 1270 zur Einordnung von Aufwendungsersatz als verdeckte Gewinnausschüttung; BFH 4.6.2003 – I R 24/02, DStR 2003, 1747 zur Einordnung von Gewinntantiemen als verdeckte Gewinnausschüttung.

502 BFH 27.2.2003 – I R 80, 81/01, GmbHR 2003, 1071.

503 BFH 4.6.2003 – I R 24/02, DStR 2003, 1747 mwN.

504 BFH 11.9.2013 – I R 28/13, DStR 2014, 635.

505 BFH 26.4.1989 – I R 172/87, BB 1989, 1604.

506 BFH 11.12.1991 – I R 152/90, BB 1992, 1985; BFH 5.10.2004 – VIII R 9/03, GmbHR 2005, 176; BFH 18.9.2007 – I R 73/06, DStR 2008, 247.

rer sich das Gehalt des Gesellschafter-Geschäftsführers bewegen muss.[507] Versuche der Gestaltungspraxis, die Bandbreite der festen Grundvergütung einzuhalten, indem weitere finanzielle Nebenleistungen, unabhängig von der zusätzlich gewährten Tantieme (s. hierzu § 2 Rn 216), vereinbart werden, hat die Finanzverwaltung stets zuverlässig erkannt, indem die Angemessenheit der Leistungsbeziehungen insgesamt geprüft wird. So werden insb. Überstundenvergütungen für den Gesellschafter-Geschäftsführer regelmäßig als verdeckte Gewinnausschüttung angesehen.[508] Dabei kommt es nicht darauf an, ob für die übrigen Arbeitnehmer Überstundenvergütung gezahlt wird.[509] Nur mit Vorsicht sollte auch auf die BFH-Rspr vertraut werden, wonach Sonntags-, Feiertags- und Nachtarbeitszuschläge, die an vergleichbare gesellschaftsfremde Personen gezahlt werden, auch dem Gesellschafter-Geschäftsführer als zusätzliche Vergütung zustehen können.[510] Diese Entscheidung ist durch eine Folgeentscheidung als Sonderfall identifiziert worden und wird mit den darin nun aufgestellten Voraussetzungen auf andere Fallgestaltungen kaum übertragbar sein.[511] In einer weiteren Entscheidung aus dem Jahre 2012 hat der BFH dagegen die gesonderte Vergütung für Arbeiten an Sonn- und Feiertagen oder zur Nachtzeit aus steuerrechtlicher Sicht regelmäßig erneut als eine verdeckte Gewinnausschüttung eingeordnet.[512]

212 Die Gewährung von Urlaubsansprüchen am oberen Rand des in Deutschland üblichen Umfangs mit anschließender Abgeltung des nicht genommenen Urlaubs ist allerdings bislang von der Rspr auch dann als ordnungsgemäße Vergütungsleistung anerkannt worden, wenn mit der Abgeltung entgegen der Bestimmungen des BUrlG Urlaubstage aus verschiedenen Kalenderjahren erfasst wurden.[513] Eine andere Entscheidung würde allerdings auch darauf hinauslaufen, dem Gesellschafter-Geschäftsführer den Urlaubsanspruch an sich zu entziehen und diesen bereits von Anfang an als verdeckte Gewinnausschüttung einzuordnen. Auch hat das FG Sachsen-Anhalt Rückstellungen für Urlaubsabgeltungen als verdeckte Gewinnausschüttungen eingeordnet, wenn die Geschäftsführer-Anstellungsverträge für eine Abfindung des Urlaubsanspruchs eine betriebliche Notwendigkeit des Urlaubsverzichts vorsehen und betriebliche Gründe für die Nichtwahrnehmung der Urlaubsansprüche nicht vorgetragen werden bzw nicht feststellbar sind.[514]

213 Für die Praxis der **Bemessung von Geschäftsführervergütungen** hat das BMF mit Schreiben vom 14.10.2002[515] eine nach wie vor geltende Handreichung erstellt, wonach wie folgt vorzugehen ist:

214 In einem ersten Schritt sind alle vereinbarten Vergütungsbestandteile einzeln danach zu beurteilen, ob sie dem Grunde nach als durch das Gesellschaftsverhältnis veranlasst anzusehen sind. Ist dies der Fall, führt die Vermögensminderung, die sich durch die Vereinbarung ergibt, in vollem Umfang zu einer verdeckten Gewinnausschüttung. Sodann sollen im zweiten Schritt die verbleibenden Vergütungsbestandteile danach beurteilt werden, ob sie der Höhe nach als durch das Gesellschaftsverhältnis veranlasst anzusehen sind. Schließlich ist im dritten Schritt bezogen auf die verbliebene, nicht durch das Gesellschaftsverhältnis veranlasste Vergütung zu prüfen, ob sie in der Summe als angemessen angesehen werden kann. Soweit die Vergütung die Grenze der Angemessenheit übersteigt, führt dies zu einer verdeckten Gewinnausschüttung. Bei der Bestellung mehrerer Gesellschafter-Geschäftsführer kann es bei der Schätzung des ange-

507 *Bascopé/Hering*, GmbHR 2005, 741.
508 BFH 27.3.2001 – I R 40/00, BB 2001, 2097; BFH 27.3.2012 – VIII R 27/09, HFR 2012, 743.
509 BFH 14.7.2004 – I R 24/04, BFH/NV 2005, 247.
510 BFH 14.7.2004 – I R 24/04, GmbHR 2005, 109.
511 BFH 13.12.2006 – VIII R 31/05, DStR 2007, 434.
512 BFH 27.3.2012 – VIII R 27/09, HFR 2012, 743.
513 BFH 6.10.2006 – I B 28/06, GmbHR 2007, 104; BFH 28.1.2004 – I R 50/03, BB 2004, 815.
514 FG Sachsen-Anhalt 3.11.2010 – 3 K 1350/03.
515 BMF 14.10.2002 – IV A 2-S 2742-62/02, BStBl. 2002 I, S. 972.

messenen Betrags der Gesamtausstattung sachgerecht sein, einen für die Gesamtgeschäftsführung ermittelten Wert im Ausgangspunkt durch die Zahl der Geschäftsführer zu dividieren, was insb. gilt, wenn die Kapitalgesellschaft unter Berücksichtigung der Geschäftsführervergütungen in oder nahe der Verlustzone operiert.[516]

Zur inhaltlichen Auffüllung dieser Verfahrenshinweise muss auf empirische Untersuchungen zurückgegriffen werden. Die zu einem Fremdvergleich heranzuziehenden Studien lassen sich mit wenig Aufwand recherchieren.[517] Die von der OFD Karlsruhe erstellte Karlsruher Tabelle,[518] auf die vielerorts noch verwiesen wird, beruht auf älteren Untersuchungen und ist in den letzten Jahren nicht fortgeschrieben worden; sie ist daher für eine aktuell richtige Bemessung der Vergütung des Gesellschafter-Geschäftsführers eher ungeeignet.[519] 215

cc) Tantiemen

Die Vereinbarung erfolgsabhängiger Vergütungsbestandteile und deren inhaltliche Ausrichtung sind in neuerer Zeit insb. bei börsennotierten Aktiengesellschaften kontrovers diskutiert worden (vgl dazu § 3 Rn 131 f). Während bei der Aktiengesellschaft der Aufsichtsrat als Kontrollorgan des Vorstands Zielvereinbarungen kontrollieren und die Angemessenheit der Bezüge neu justieren kann, steht für eine solche Konstruktion in der gesetzlich verfassten GmbH unterhalb der Schwellenwerte des Drittelbeteiligungsgesetzes nur die Gesellschafterversammlung zur Verfügung. Mithin fällt die Kontrolle beim Gesellschafter-Geschäftsführer, insb. in der häufigen Variante des Alleingesellschafter-Geschäftsführers, aus. Üblicherweise sieht der Anstellungsvertrag des Gesellschafter-Geschäftsführers daher eine Gewinntantieme vor.[520] Generell gilt für die Versteuerung von Tantiemen bei Geschäftsführern, dass eine Pflicht zur Abführung von Lohnsteuer nur entsteht, soweit die vereinbarte Tantieme auch zugeflossen ist.[521] Eine verdeckte Gewinnausschüttung kann aber auch bei der Gewinntantieme vorliegen, wenn mit der Tantiemezahlung die wirtschaftliche Funktion einer Gewinnausschüttung oder gar eine Gewinnabsaugung erreicht wird. 216

Der BFH hat in stRspr klare **Grundsätze** für die Beurteilung der Angemessenheit von **Gewinntantiemen** aufgestellt,[522] denen die Finanzverwaltung mit zwei BMF-Schreiben beigetreten ist.[523] Demnach spricht der Beweis des ersten Anscheins für die Annahme von verdeckter Gewinnausschüttung, wenn sich die Gewinntantiemen für den oder die Gesellschafter-Geschäftsführer auf insgesamt 50 % des (handelsrechtlichen) Jahresüberschusses vor Abzug der Gewinntantiemen und der ertragsabhängigen Steuern belaufen.[524] Tantiemen sollten bei Abschluss der Tantiemevereinbarung nicht mehr als 25 % der Gesamtbezüge des einzelnen Geschäftsführers ausmachen, es besteht insoweit allerdings kein Automatismus.[525] Die Bezugsgröße der Gewinntantieme muss eindeutig sein; eine Formulierung wie „Gewinn vor Steuern" ist jedenfalls 217

516 BFH 9.2.2011 – I B 111/10, GmbHR 2011, 838.

517 Vgl nur *Tänzer*, BB 2004, 2757 f mit Schaubildern und statistischen Angaben.

518 OFD Karlsruhe 17.4.2001 – S 2742 A-St 331, DStR 2001, 792.

519 *Lüdicke/Sistermann*, Unternehmensteuerrecht, § 6 Rn 68.

520 *Streck/Schwedhelm*, in: Formularbuch Recht und Steuern, A. 6.26 Geschäftsführervertrag Rn 16 f, 37.

521 BFH 3.2.2011 – VI R 66/09, DStR 2011, 805.

522 BFH 27.2.2003 – I R 46/01, BB 2003, 1990; BFH 6.5.2004 – I B 223/03, juris; BFH 4.6.2003 – I R 24/02, BB 2003, 2210.

523 BMF 14.10.2002 – IV A 2-S 2742-62/02, BStBl. 2002 I, S. 972; BMF 1.2.2002 – IV A 2-S 2742-4/02, BStBl. 2002 I, S. 219.

524 BFH 4.6.2003 – I R 24/02, BB 2003, 2210; *Schulte/Behnes*, ABC der verdeckten Gewinnausschüttung, Special 9 zu BB 2007, 10, 13 f.

525 Vgl BFH 26.5.2004 – I R 86/03, GmbHR 2004, 1536, wo die Anerkennung der erhöhten Tantieme mit dem besonderen Arbeitseinsatz des Geschäftsführers und der darauf beruhenden außergewöhnlich guten Ertragslage der Gesellschaft begründet wurde.

nicht ausreichend klar.[526] Für die beratende Praxis kann zusammenfassend nur empfohlen werden, die Gestaltung entsprechend der darin festgelegten Regelungen vorzunehmen.

218 Eine verdeckte Gewinnausschüttung vermutet die Finanzverwaltung grds. bei **umsatzbezogenen Tantiemen**. Die Darlegungs- und Beweislast für die Rechtfertigung und Angemessenheit, insb. also auch für den betrieblichen Grund einer Umsatztantieme, liegt bei der Gesellschaft.[527] Eine anerkannte Rechtfertigung für Umsatztantiemen wäre es allerdings, wenn während der Aufbauphase auf andere Weise keine variable Vergütungsregelung getroffen werden kann, weil die weitere Entwicklung der Gesellschaft unsicher ist. Eine solche Vereinbarung müsste dann allerdings auch vertraglich von vornherein auf die Aufbauphase befristet werden. Erforderlich ist, dass auch unter fremden Dritten eine entsprechende Tantiemevereinbarung getroffen worden wäre.[528] Ohne Erfolg blieb bspw in der instruktiven Entscheidung des BFH vom 17.12.2003 der Vortrag der Gesellschaft, die erhöhte Tantieme sei ein Ausgleich dafür gewesen, dass ihre Geschäftsführer einem unangemessen niedrigen Festgehalt zugestimmt hätten. Der BFH hielt dagegen, dass eine zu Gunsten der Gesellschafter unübliche Tantiemeregelung ihre Veranlassung im Gesellschaftsverhältnis nicht allein dadurch verliert, dass die Vertragsparteien bei anderen Gehaltsbestandteilen zum Vorteil der Gesellschaft vom Üblichen abweichen. Zwar möge es dem Fremdvergleich standhalten, wenn verschiedene Entgeltbestandteile eines Gesellschafter-Geschäftsführers in der Weise gegeneinander ausgeglichen werden, dass zB ein am unteren Rand des Angemessenen liegendes Festgehalt mittels einer an der oberen Grenze des Angemessenen liegende Tantieme ausgeglichen werde. Liege jedoch bei einem Bestandteil eine eindeutige Überschreitung des unter Fremden Üblichen vor, so lasse sich dies auch durch eine saldierende Betrachtung nicht rechtfertigen. Vielmehr weise gerade die Verbindung eines ungewöhnlich niedrigen Festgehalts mit unüblich hohen variablen Bezügen auf einen Gleichlauf der Interessen hin, wie er für das Verhältnis eines Gesellschafter-Geschäftsführers zu „seiner“ Gesellschaft typisch sei, was daher gerade eher für als gegen die Annahme spreche, dass eine entsprechende Vereinbarung durch die Gesellschafterstellung des Geschäftsführers veranlasst oder zumindest maßgeblich mitveranlasst sei.[529]

219 Auch hinsichtlich der konkreten **Berechnung** von Tantiemen hat der BFH in einer Entscheidung aus dem Jahre 2008[530] klare Vorgaben im Hinblick auf die Vermeidung der Einordnung als verdeckte Gewinnausschüttung herausgestellt. Verspricht eine Kapitalgesellschaft ihrem Gesellschafter-Geschäftsführer etwa eine Gewinntantieme, die an den in der Handelsbilanz ausgewiesenen Jahresüberschuss anknüpft, so ist dies im Allgemeinen steuerlich nur anzuerkennen, wenn unter der (Mit-)Verantwortung des Gesellschafter-Geschäftsführers angefallene oder noch anfallende Jahresfehlbeträge laut Handelsbilanz ebenfalls in die Bemessungsgrundlage der Tantieme einbezogen werden. Die Jahresfehlbeträge müssen hierbei regelmäßig vorgetragen und durch zukünftige Jahresüberschüsse ausgeglichen werden, wobei eine vorhergehende Verrechnung mit einem etwa bestehenden Gewinnvortrag laut Handelsbilanz idR nicht vorgenommen werden darf. Von diesen Vorgaben abweichende Tantiemevereinbarungen führen regelmäßig zur Annahme einer verdeckten Gewinnausschüttung, und zwar in Höhe des Differenzbetrags zwischen der tatsächlich zu zahlenden Tantieme und derjenigen, die sich bei Berücksichtigung der noch nicht ausgeglichenen Jahresfehlbeträge aus den Vorjahren ergeben hätte.[531]

526 FG Berlin 20.12.1995 – VIII 261/95, GmbHR 1996, 706; *Streck/Schwedhelm*, in: Formularbuch Recht und Steuern, A. 6.26 Geschäftsführervertrag Rn 37; *Schulte/Behnes*, ABC der verdeckten Gewinnausschüttung, Special 9 zu BB 2007, 10, 14.

527 *Schulte/Behnes*, ABC der verdeckten Gewinnausschüttung, Special 9 zu BB 2007, 10, 15.

528 BFH 17.12.2003 – I R 16/02, GmbHR 2004, 672.

529 Vgl BFH 17.12.2003 – I R 16/02, GmbHR 2004, 672, 673; BFH 27.3.2001 – I R 27/99, BStBl. 2002 II, S. 111, 112.

530 BFH 18.9.2007 – I R 73/06, DStR 2008, 247.

531 BFH 18.9.2007 – I R 73/06, DStR 2008, 247.

dd) Regelungen der Altersversorgung

Die für den Gesellschafter-Geschäftsführer aufgrund seiner Geschäftsführertätigkeit gewährte Altersversorgung ist ein kritischer Bereich für die verdeckte Gewinnausschüttung. Die Finanzverwaltung geht von festen Formeln der Angemessenheit aus. So sollen Pensionen einschließlich anderer Renten **nicht mehr als 75 % der Aktivbezüge** ausmachen.[532] Erteilt eine GmbH ihrem Gesellschafter-Geschäftsführer eine sog. **Nur-Pensionszusage**, ohne dass dem eine ernstlich vereinbarte Umwandlung anderweitig vereinbarten Barlohns zugrunde liegt, zieht die Zusage der Versorgungsanwartschaft regelmäßig eine sog. Überversorgung nach sich, welche als verdeckte Gewinnausschüttung einzuordnen ist.[533] 220

Weiterhin ist vor Gewährung der Pensionszusage eine **Mindestfrist** einzuhalten. Die Erteilung einer Pensionszusage an den Gesellschafter-Geschäftsführer einer Kapitalgesellschaft setzt demnach im Allgemeinen die Einhaltung einer Probezeit voraus, um die Leistungsfähigkeit des neu bestellten Geschäftsführers beurteilen zu können. Handelt es sich um eine neu gegründete Kapitalgesellschaft, ist die Zusage überdies erst dann zu erteilen, wenn die künftige wirtschaftliche Entwicklung der Gesellschaft verlässlich abgeschätzt werden kann.[534] Ebenso darf eine Zusage nicht zu spät gegeben werden. Die Altersversorgung muss durch die Gesellschaft finanzierbar sein. Ergehen demnach bereits 2 Jahre und 1 Monat nach der Gründung einer GmbH gegenüber den Geschäftsführern Pensionszusagen, obwohl zu diesem Zeitpunkt lediglich der erste Jahresabschluss vorliegt und noch keine gesicherten Erkenntnisse über die künftigen Ertragsentwicklungen der GmbH bestehen, sind die Pensionsrückstellungen wegen Nichteinhaltung der sog. unternehmensbezogenen Wartezeit als verdeckte Gewinnausschüttung anzusehen.[535] 221

Eine verdeckte Gewinnausschüttung wird von der Finanzverwaltung angenommen, wenn eine Pensionszusage unmittelbar nach der Anstellung ohne eine Wartezeit, die zumindest zwei bis drei Jahre betragen sollte, erteilt wird, der BFH fordert sogar eine Wartezeit von regelmäßig fünf Jahren.[536] Ist der Gesellschafter-Geschäftsführer allerdings aufgrund seiner bisherigen beruflichen Laufbahn besonders erfahren und geeignet oder kann er sonst entsprechende Vortätigkeiten nachweisen, wird eine Verkürzung der Wartezeit anerkannt.[537] Ausschlaggebend ist die Situation im Zusagezeitpunkt, so dass die Anwartschaft auch nach Ablauf der angemessenen Probe- oder Karenzzeiten nicht in eine fremdvergleichsgerechte Versorgungszusage „hineinwächst“.[538] 222

Für nicht beherrschende Gesellschafter-Geschäftsführer gilt eine Pension dann noch als erdienbar, wenn der Beginn der Betriebszugehörigkeit mindestens zwölf Jahre vor dem Ausscheiden liegt und die Zusage für mindestens drei Jahre bestanden hat. Bei einem beherrschenden Gesellschafter-Geschäftsführer gelten wiederum strengere Regelungen: Der Begünstigte soll bei Abschluss der Zusage ein Alter unter 60 Jahren und eine voraussichtliche weitere Beschäftigung von mindestens zehn Jahren aufweisen.[539] Scheidet somit der beherrschende Gesellschafter-Geschäftsführer einer GmbH, dem im Alter von 58 Jahren auf das vollendete 68. Lebensjahr von der GmbH vertraglich eine monatliche Altersrente zugesagt worden ist, bereits im Alter von 63 Jahren aus dem Unternehmen als Geschäftsführer aus, wird der Versorgungsvertrag 223

532 BFH 17.5.1995 – I R 147/93, BB 1995, 2054 m. Anm. *Cramer*; dazu *Uckermann/Pradl*, BB 2009, 2568.

533 BFH 28.4.2010 – I R 78/08, DStRE 2010, 976.

534 BFH 28.4.2010 – I R 78/08, DStRE 2010, 976.

535 FG Sachsen-Anhalt 3.11.2010 – 3 K 1350/03; so im Ergebnis auch BFH 28.4.2010 – I R 78/08, DStRE 2010, 976.

536 BMF 14.5.1999 – IV C 6-S 2742-9/99, BStBl. 1999 I, S. 512; BFH 16.12.1992 – I R 2/92, BB 1993, 918.

537 Vgl *Schulte/Behnes*, ABC der verdeckten Gewinnausschüttung, Special 9 zu BB 2007, 10, 14.

538 BFH 28.4.2010 – I R 78/08, DStRE 2010, 976.

539 *Schulte/Behnes*, ABC der verdeckten Gewinnausschüttung, Special 9 zu BB 2007, 10, 14; BFH 17.5.1995 – I R 147/93, BB 1995, 2054 m. Anm. *Cramer*; Erle/Sauter/*Schulte*, KStG, § 8 Rn 170; BFH 27.10.1994 – I R 34/94, BB 1995, 918.

tatsächlich nicht durchgeführt und die dennoch gewährten jährlichen Zuführungen zu der für die Versorgungszusage gebildeten Rückstellung stellen deswegen regelmäßig verdeckte Gewinnausschüttungen dar.[540] Auch in Bezug auf das Mindestalter für den Bezug können sich Sondervorgaben für beherrschende Gesellschafter-Geschäftsführer ergeben. Wurde etwa einem ursprünglichen Minderheitsgesellschafter-Geschäftsführer einer GmbH eine Pension auf das 60. Lebensjahr zugesagt und wird der Begünstigte später zum Mehrheitsgesellschafter-Geschäftsführer, ohne dass die Altersgrenze angehoben wird, kommt deshalb insoweit die Annahme einer verdeckten Gewinnausschüttung in Betracht.[541]

224 Es ist dagegen aus steuerrechtlicher Sicht nicht zu beanstanden, wenn die Zusage der Altersversorgung nicht von dem Ausscheiden des Begünstigten aus dem Dienstverhältnis als Geschäftsführer mit Eintritt des Versorgungsfalls abhängig gemacht wird. In diesem Fall würde ein ordentlicher und gewissenhafter Geschäftsleiter zur Vermeidung einer verdeckten Gewinnausschüttung allerdings verlangen, dass das Einkommen aus der fortbestehenden Tätigkeit als Geschäftsführer auf die Versorgungsleistung angerechnet wird, oder aber den vereinbarten Eintritt der Versorgungsfälligkeit aufschieben, bis der Begünstigte endgültig seine Geschäftsführerfunktion beendet hat.[542]

225 Begrenzungen bestehen auch, wenn die Pension **nicht monatlich ausgezahlt**, sondern stattdessen **durch Zahlung einer Abfindung ersetzt** wird. Zu dieser Konstellation hat der BFH in einer aktuellen Entscheidung entsprechende Vorgaben herausgestellt.[543] Zahlt eine GmbH ihrem beherrschenden (und weiterhin als Geschäftsführer tätigen) Gesellschafter-Geschäftsführer aus Anlass der Übertragung von Gesellschaftsanteilen auf seinen Sohn eine Abfindung gegen Verzicht auf die ihm erteilte betriebliche Pensionszusage, obschon als Versorgungsfälle ursprünglich nur die dauernde Arbeitsunfähigkeit und die Beendigung des Geschäftsführervertrages mit oder nach Vollendung des 65. Lebensjahres vereinbart waren, ist regelmäßig eine Veranlassung durch das Gesellschaftsverhältnis und damit eine verdeckte Gewinnausschüttung anzunehmen. Um eine verdeckte Gewinnausschüttung handelt es sich danach regelmäßig auch, wenn eine GmbH ihrem beherrschenden Gesellschafter-Geschäftsführer an Stelle der monatlichen Rente „spontan" die Zahlung einer Kapitalabfindung der Versorgungsanwartschaft zusagt. Die Kapitalabfindung führt bei der GmbH jeweils auch dann zu einer Vermögensminderung als Voraussetzung einer verdeckten Gewinnausschüttung, wenn der Begünstigte zeitgleich auf seine Anwartschaftsrechte auf die Versorgung verzichtet und die bis dahin gebildete Pensionsrückstellung erfolgswirksam aufgelöst wird.[544]

ee) Leistungen an nahestehende Personen

226 Sieht der Anstellungsvertrag des Gesellschafter-Geschäftsführers außergewöhnliche Leistungen an eine diesem nahestehende Person vor, so kann darin eine versteckte Gewinnausschüttung liegen. Der Begriff der **nahestehenden Person** ist nicht auf bestimmte Beziehungen beschränkt und kann sich auf familienrechtliche, gesellschaftsrechtliche, schuldrechtliche oder auch rein tatsächliche Beziehungen gründen.[545] Eine verdeckte Gewinnausschüttung kann auch zwischen Kapitalgesellschaften gegeben sein. Vom Ergebnis her betrachtet liegt eine verdeckte Gewinnausschüttung stets vor, wenn dem Gesellschafter ein besonderer Vorteil daraus entsteht, dass eine ihm nahestehende Person einen Nutzen aus einer Vermögensverminderung der GmbH erwirbt. Bei der Vertragsgestaltung ist daher gerade bei Regelungen, die der Absicherung der Familie des Gesellschafter-Geschäftsführers dienen, besonders sorgfältig darauf zu achten, dass

540 BFH 25.6.2014 – I R 76/13, DB 2014, 2022.
541 BFH 11.9.2013 – I R 72/12, NZG 2014, 479.
542 BFH 23.10.2013 – I R 60/12, DStR 2014, 641.
543 BFH 11.9.2013 – I R 28/13, DStR 2014, 635.
544 BFH 11.9.2013 – I R 28/13, DStR 2014, 635.
545 BFH 18.12.1996 – I R 139/94, BB 1997, 716; Erle/Sauter/*Schulte*, KStG, § 8 Rn 152 ff.

keine übermäßigen Ansprüche gewährt werden. Gleiches gilt bei der Gestaltung von Anstellungsverträgen für Familienmitglieder des Gesellschafter-Geschäftsführers. Gewährt ein mit 20 % des Stammkapitals an einer GmbH beteiligter Gesellschafter-Geschäftsführer seiner Ehefrau überhöhte Preisnachlässe für in deren Gewerbebetrieb gelieferte Waren, liegt eine verdeckte Gewinnausschüttung bereits im Zeitpunkt der Lieferung der Waren vor.[546] Aus diesem Grund von der GmbH gegen ihren Geschäftsführer geltend gemachte Ersatzansprüche haben auf die Beurteilung des Vorgangs als verdeckte Gewinnausschüttung keinen Einfluss mehr und Zahlungen zur Tilgung dieser Ansprüche sind unabhängig davon als verdeckte Einlagen des Gesellschafters zu werten, ob er oder seine Ehefrau die Zahlungen leistet.[547]

ff) Anforderungen an die Vereinbarung, Dokumentation und Verwaltung der Leistungsbeziehung

Verträge, in denen die Vergütung und Zusatzleistungen des Gesellschafter-Geschäftsführers ge- 227
regelt sind, müssen zivilrechtlich wirksam geschlossen werden, insb. darf keine Verletzung des Verbots von In-Sich-Geschäften nach § 181 BGB vorliegen.[548] Bei Geschäftsführern der sog. Ein-Mann-GmbH wird bei üblicher Satzungsgestaltung eine Befreiung vom Selbstkontrahierungsverbot unterstellt,[549] ansonsten ist darauf zu achten, dass die Befreiung durch die Gesellschafterversammlung gewährt wurde. Für die Beurteilung einer verdeckten Gewinnausschüttung kommt es auf den **Zeitpunkt** des jeweiligen Vertragsschlusses an.[550] Zahlungen, die vor dem Abschluss des Vertrages erfolgen, werden grds. nicht als vertragliche Leistung der Gesellschaft angesehen und daher als verdeckte Gewinnausschüttung eingeordnet; dies gilt für die erste Rate der regelmäßigen Vergütung ebenso wie für spontane Leistungen nach einem gelungenen Geschäftsabschluss; eine Rückwirkung von entsprechenden vertraglichen Abmachungen wird grds. nicht anerkannt.[551]

Die Verträge können zwar theoretisch mündlich wirksam abgeschlossen werden, dies verbietet 228
sich jedoch aufgrund der Beweislast der Gesellschaft über die angemessene Vergütung des Gesellschafter-Geschäftsführers. Aus gleichem Grund ist stets die gesamte Absprache richtig und vollständig darzustellen.[552] Besonderes Augenmerk ist dabei auf die Aufnahme von Regelungen über die Fälligkeit und sonstigen Zahlungsmodalitäten zu richten, die auch zwischen fremden Dritten stets festgehalten werden.

Die Dokumentation und Abrechnung des Leistungsaustauschs zwischen Gesellschaft und Ge- 229
schäftsführer ist sorgfältig und gewissenhaft durchzuführen, um die Anerkennung der Leistungsbeziehung nicht zu gefährden. Der BFH sieht bspw eine verdeckte Gewinnausschüttung darin, dass die der Gesellschaft zustehende Versicherungszahlung bewusst auf das Privatkonto des Gesellschafter-Geschäftsführers geleitet wird.[553] Irrtümliche Bilanzierungs- und Buchungsfehler führen hingegen grds. nicht zu einer verdeckten Gewinnausschüttung, da hierbei eine Vermögensminderung der Gesellschaft nicht vorliegt.[554]

546 BFH 25.5.2004 – VIII R 4/01, NZG 2005, 237.
547 BFH 25.5.2004 – VIII R 4/01, NZG 2005, 237.
548 BFH 22.9.1976 – I R 68/74, BStBl. II 1977, S. 15; dazu *Schmitt*, WM 2009, 1784.
549 BGH 8.3.2004 – II ZR 316/01, BB 2004, 1359.
550 BFH 4.6.2003 – I R 38/02, BB 2004, 756.
551 BFH 3.4.2008 – IV B 65/07, BeckRS 2008, 25013566.
552 Vgl BFH 24.7.1996 – I R 115/95, NJW 1997, 1327, wonach eine ursprünglich vereinbarte Schriftform nicht mündlich aufgehoben werden kann; ferner *Streck/Schwedhelm*, in: Formularbuch Recht und Steuern, A. 6.26 Geschäftsführervertrag Rn 18.
553 BFH 22.10.2003 – I R 23/03, GmbHR 2004, 430.
554 Erle/Sauter/*Schulte*, KStG, § 8 Rn 146.

4. Geschäftsführertätigkeit im (internationalen) Konzern

a) Besonderheiten der Tätigkeit des Geschäftsführers im Konzern

aa) Interessenanalyse

230 Wird der Geschäftsführer nicht nur für eine Gesellschaft, sondern für mehrere verbundene Unternehmen tätig, spricht man von einer **Konzerntätigkeit**. Der Einsatz von Geschäftsführern in Konzernzusammenhängen nimmt einen immer größeren Raum ein, da Unternehmen sich aus Gründen der steuerlichen Gestaltung, der Haftungsbegrenzung und der Internationalisierung häufig aus einer Vielzahl von Gesellschaften zusammensetzten. Dabei hat es sich eingebürgert, mit dem Begriff **„Konzerndienst- bzw -arbeitsverhältnis“** die Tätigkeit in sämtlichen gesellschaftsrechtlichen Formen von Unternehmensverbindungen zu bezeichnen.[555]

231 Der eigentliche **Konzern** iSd § 18 Abs. 1 AktG liegt als sog. **Unterordnungskonzern** vor, wenn ein herrschendes und ein abhängiges Unternehmen unter der einheitlichen Leitung des herrschenden Unternehmens zusammengefasst sind. Trotz einheitlicher Leitung benötigen dabei die einzelnen Konzernunternehmen als eigenständige juristische Personen eine ordnungsgemäße Besetzung ihrer jeweiligen Organe. Das bedeutet insb., dass die Geschäftsführung gesetzlich verpflichtet ist, die Interessen der jeweiligen einzelnen Gesellschaft wahrzunehmen und die gesetzlichen Pflichten, insb. die im Interesse des Gläubigerschutzes bestehende Kapitalerhaltungspflicht sowie die Insolvenzantragspflicht, ohne Rücksicht auf Interessen der Muttergesellschaft auszuüben.[556] Vergleichbare Konstellationen ergeben sich bei den **sonstigen verbundenen Unternehmen** iSd § 15 AktG, wozu neben Mehrheitsbeteiligung (§ 16 AktG), Beherrschung (§ 17 AktG), dem Gleichordnungskonzern (§ 18 Abs. 2 AktG) und wechselseitiger Beteiligungen (§ 19 AktG) auch die Verbindung von Gesellschaften durch Unternehmensverträge (§§ 291, 292 AktG), insb. Beherrschungs- und Gewinnabführungsverträge, zählen. Im GmbH-Recht, das keinen eigenständigen Konzernbegriff kennt, wird weitgehend auf die Vorschriften des AktG Bezug genommen.

232 Die sich im Unternehmensverbund zwangsläufig ergebenden Interessenkollisionen der Einzelgesellschaften lassen sich meist durch in die Form eines Gesellschafterbeschlusses gekleidete Weisungen des herrschenden Unternehmens entschärfen, sie dürfen jedoch nicht aus dem Blick geraten. Während in kleineren Konzernen eine weitgehende Personenidentität in der Geschäftsführung der herrschenden und der abhängigen Gesellschaften an der Tagesordnung ist, finden sich in größeren Unternehmensgruppen oft auch auf der zweiten Führungsebene eine Vielzahl von Personen mit Organfunktionen bei unterschiedlichen Gesellschaften. Häufig besteht die Geschäftsführung dann aus einem oder mehreren operativen Geschäftsführern, die nur bei der Tochtergesellschaft tätig sind, und einem beratenden Geschäftsführer, der gleichzeitig Geschäftsführer der Konzernleitung ist und dort operative Verantwortung trägt. International tätige Konzerne sind zudem häufig bemüht, Geschäftsführungsgremien in einer sog. Matrixstruktur sowohl mit lokalen als auch mit ausländischen Geschäftsführern zu besetzen, um einen technischen und kulturellen Know-how-Transfer und internationale Teambildung zu ermöglichen; dies gilt für deutsche Konzerne im Ausland ebenso wie für ausländische Gesellschaften, die in Deutschland durch Tochtergesellschaften aktiv sind.[557]

233 Aus dem Blickwinkel des Dienstvertragsrechts ist allen genannten Konstellationen gemeinsam, dass verbundene Unternehmen als solche nicht rechtsfähig sind und daher der Dienstvertrag der Geschäftsführer stets mit einer einzelnen Gesellschaft geschlossen werden muss.[558] Das bedeutet zwar nicht notwendigerweise, dass durch diesen Vertrag Rechte und Pflichten nur für

555 *Windbichler*, Arbeitsrecht im Konzern, 1989, § 1; Hansen/Kelber u.a./*Zeißig*, Rechtsstellung der Führungskräfte im Unternehmen, A Rn 305 f; MünchHandbArbR/*Richardi*, § 31 Rn 6.

556 Oppenländer/Trölitzsch/*Drygala*, GmbH-Geschäftsführung, § 40 Rn 1 f.

557 Vgl für den Fall des AktG-Konzerns *Fleischer*, Handbuch des Vorstandsrechts, § 18 Rn 52.

558 Hansen/Kelber u.a./*Zeißig*, Rechtsstellung der Führungskräfte im Unternehmen, A Rn 312.

die vertragsschließende Gesellschaft begründet werden, jedoch erfordert der Einbezug Dritter in die vertraglichen Leistungsbeziehungen und Nebenpflichten stets eine ausdrückliche Umsetzung in den Vertragswerken. Aus unternehmerischer Sicht wird hingegen in der Regel vorausgesetzt, dass die Konzernziele bspw durch einen unternehmensübergreifenden Informationsaustausch, die gemeinsame Nutzung von Ressourcen, Know-how und IT-Systemen, eine abgestimmte Risikostrategie und die gegenseitige Unterstützung im Fall einer Krise von den einzelnen Geschäftsführungen der Beteiligungsgesellschaften ohne weiteres akzeptiert und umgesetzt werden. Geschäftsführer und Anstellungsgesellschaft müssen diese Ausgangslage beim Abschluss der Dienstverträge sorgfältig analysieren, der individuelle Anpassungsbedarf derartiger Verträge sollte nicht unterschätzt werden.

bb) Organstellung bei verschiedenen Konzerngesellschaften

Die Organstellung in einem Konzernunternehmen kann sich für den Geschäftsführer auf ganz unterschiedliche Weise darstellen, je nachdem, auf welcher Leitungsstufe des Konzerns der Geschäftsführer angesiedelt ist. Zusammengefasst lassen sich **vier Konstellationen** beschreiben: 234

(1) Hauptgeschäftsführer mit weiteren Geschäftsführungsämtern

Die Geschäftsführung des herrschenden und abhängigen Unternehmens kann einheitlich einem Geschäftsführer in **Personalunion** übertragen sein.[559] Der Dienstvertrag wird dann mit dem herrschenden oder bedeutendsten Unternehmen des Verbunds geschlossen; damit ist die dienstvertragliche Loyalität nur diesem Unternehmen geschuldet. Die Gesellschafter erwarten eine Führung der Geschäfte zum Vorteil ausschließlich dieses Unternehmens. Die Übernahme weiterer Positionen als Geschäftsführer in anderen Konzernunternehmen ist häufig im Dienstvertrag vorgesehen, ein zusätzlicher Dienstvertrag wird nicht geschlossen. Bei der Übernahme von Geschäftsführungsfunktionen in den abhängigen Gesellschaften muss dann allerdings auf die ordnungsgemäße Behandlung von Interessenkollisionen geachtet werden.[560] Dies gilt umso mehr, wenn an den abhängigen Unternehmen abweichend von der Obergesellschaft andere Gesellschafter beteiligt sind, insb. wenn diese als Minderheit keinen eigenen Geschäftsführer durchsetzen können.[561] Gesellschaftsrechtlich ist insofern zu beachten, dass teilweise ein Gesellschafterbeschluss der vertretenen Gesellschaft für erforderlich gehalten wird, wenn der Fall einer sog. Drittanstellung vorliegt.[562] Im Anstellungsvertrag oder in einer Zusatzvereinbarung ist zu klären, ob neben der Vergütung aus dem Dienstvertrag mit der herrschenden Gesellschaft weitere Ansprüche auf Vergütung oder Kostenerstattung gegen die Tochtergesellschaft bestehen sollen. 235

(2) Geschäftsführer eines abhängigen Unternehmens

Ein Geschäftsführer, der ausschließlich bei einer abhängigen Gesellschaft tätig ist und mit dieser seinen Anstellungsvertrag geschlossen hat, unterliegt den Weisungen der Konzernleitung in deren Funktion als Gesellschafter, die mitunter sehr detailliert sein können.[563] In Ausnahmefällen kann die **Weisungsabhängigkeit** ein solches Ausmaß annehmen, dass ein derartiger Geschäftsführer trotz seiner Organstellung in der Tochtergesellschaft als Arbeitnehmer anzusehen ist; der Rechtsweg zu den Arbeitsgerichten bleibt jedoch wegen § 5 Abs. 1 S. 3 ArbGG, der an die Organstellung anknüpft, verschlossen.[564] Für den aktiven Geschäftsführer ist in einer solchen Konstellation bei der Vertragsgestaltung darauf zu achten, dass die der Konzernleitung 236

559 *Schneider*, GmbHR 1993, 10.
560 Oppenländer/Trölitzsch/*Drygala*, GmbH-Geschäftsführung, § 40 Rn 5 f mwN.
561 Hansen/Kelber u.a./*Zeißig*, Rechtsstellung der Führungskräfte im Unternehmen, A Rn 358.
562 Lutter/Hommelhoff/*Kleindiek*, GmbHG, Anh § 6 Rn 9 mwN.
563 Oppenländer/Trölitzsch/*Drygala*, GmbH-Geschäftsführung, § 40 Rn 2.
564 BAG 3.2.2009 – 5 AZB 100/08, NZA 2009, 669; *Tillmann/Mohr*, GmbH-Geschäftsführer, Rn 8.

eingeräumten Weisungsrechte einen Freiraum für eigene Entscheidungen definieren, so dass bei einer gesellschaftsrechtlich wirksamen Einschränkung dieser Rechte eine Vertragsauflösung möglich wird.

(3) Aktive Arbeitnehmer des herrschenden Unternehmens mit weiteren Geschäftsführungsämtern

237 Ein leitender Angestellter des herrschenden Konzernunternehmens, der in Erfüllung seiner Tätigkeit unter anderem als Geschäftsführer einer Tochtergesellschaft eingesetzt ist, bleibt regelmäßig Arbeitnehmer der Muttergesellschaft, da der Arbeitsvertrag durch die Tätigkeit bei der Tochtergesellschaft nicht aufgehoben wird. Es liegt dann ein Fall der gesellschaftsrechtlich ohne weiteres zulässigen **Drittanstellung** vor. Die Loyalitätspflichten aus dem Arbeitsverhältnis werden allerdings durch die gesetzlichen Pflichten des Geschäftsführers der Tochtergesellschaft überlagert. Anders kann sich die vertragliche Situation allerdings dann darstellen, wenn mit der Bestellung zum Geschäftsführer eine weitgehende Entbindung von den bisherigen Pflichten des Arbeitsverhältnisses einhergeht und die Geschäftsführertätigkeit im Wesentlichen frei gestaltet werden kann. Allerdings wahrt ein schriftlicher Geschäftsführer-Dienstvertrag, den eine von der Arbeitgeberin verschiedene Gesellschaft wie die Tochtergesellschaf mit dem Arbeitnehmer schließt, nicht das Formerfordernis des § 623 BGB für eine Vereinbarung über die Auflösung des Arbeitsverhältnisses, so dass es an einem schriftlichen Rechtsgeschäft zwischen der Muttergesellschaft als Arbeitgeber und Arbeitnehmer fehlt.[565]

(4) Entsandte Arbeitnehmer des herrschenden Unternehmens mit Geschäftsführungsamt

238 Wird ein leitender Angestellter der Konzerngesellschaft im Rahmen seiner Position zur Geschäftsführung eines Tochterunternehmens entsandt, bei dem er auch einen zusätzlichen Anstellungsvertrag abschließt, so steht der Dienstvertrag im Vordergrund, der Angestellte ist daher **in erster Linie als Geschäftsführer** und nicht als Arbeitnehmer tätig. Das Arbeitsverhältnis mit der Konzerngesellschaft kann während der Entsendung ruhen.[566] Regelmäßig kommt es auch in dieser Konstellation nicht zu einer automatischen Beendigung des Arbeitsvertrages mit der Muttergesellschaft durch den Abschluss des schriftlichen Geschäftsführer-Dienstvertrages mit der Tochtergesellschaft mangels Wahrung des Formerfordernisses des § 623 BGB.[567] Allerdings kann ein Fehlverhalten im Entsendestatus auf das zugrunde liegende Arbeitsverhältnis oder Geschäftsführerdienstverhältnis durchschlagen und dort eine außerordentliche Kündigung rechtfertigen.[568]

cc) Bestimmung des anwendbaren Rechts

(1) Rechtswahlfreiheit

239 Aufgrund der zunehmenden internationalen Verflechtung von Konzernen sind die Tätigkeiten von GmbH-Geschäftsführern verstärkt mit Auslandsberührungen verbunden. So kann sich die Frage der Anwendbarkeit unterschiedlicher Rechtsordnungen bei einer Entsendung eines bei einem deutschen Mutterunternehmen beschäftigten Mitarbeiters als Geschäftsführer zu einer ausländischen Tochter ergeben. Aber auch bei der Tätigkeit eines GmbH-Geschäftsführers bei einer deutschen Tochtergesellschaft eines ausländischen Mutterkonzerns sind Probleme der anzuwendenden Rechtsordnung zu lösen. Das auf Verträge anzuwendende Kollisionsrecht ergibt sich bei innergemeinschaftlichen Sachverhalten unmittelbar aus der **Rom I-Verordnung**

565 BAG 24.10.2013 – 2 AZR 1078/12, NZA 2014, 540.
566 *Falder*, NZA 2000, 868.
567 BAG 24.10.2013 – 2 AZR 1078/12, NZA 2014, 540.
568 BAG 27.11.2008 – 2 AZR 193/07, BB 2009, 1868 m. Anm. *Neufeld*, BB 2009, 1870.

(Rom I-VO)[569] bzw bei Sachverhalten ohne Gemeinschaftsbezug aus dem mit der Rom I-VO weitgehend inhaltsgleichen deutschen **EGBGB**, dessen Art. 27–37 EGBGB aF allerdings mit Inkrafttreten der Rom I-VO aufgehoben wurden, allerdings im Rahmen der Verordnung weitgehend inhaltsgleich fortbestehen.

Ausschlaggebend für die Organstellung des Geschäftsführers ist das **Gesellschaftsstatut**, das sich nach hM nach den **Regelungen des Sitzstaates** bestimmt.[570] Davon unabhängig ist die Frage des auf den Geschäftsführerdienstvertrag anzuwendenden Rechts zu bestimmen. Bei der Vertragsgestaltung von Geschäftsführerdienstverträgen gilt grds. das **Prinzip der freien Rechtswahl** (Art. 3 Abs. 1 Rom I-VO), dh den Vertragsparteien steht es in der Regel offen, welche Rechtsordnung sie für den Geschäftsführerdienstvertrag vereinbaren wollen (sog. **subjektive Rechtswahlfreiheit**). Die Wahl eines bestimmten Rechts muss entweder **ausdrücklich im Vertrag geregelt** sein, sich mit hinreichender Sicherheit aus den Bestimmungen des Vertrages oder aus den **Umständen des Falles** ergeben. Einschränkungen der Rechtswahlfreiheit bestehen aber bei Arbeitsverträgen (Art. 8 Rom I-VO). Haben die Vertragsparteien keine vertragliche Festlegung über das anzuwendende Recht getroffen, bestimmt sich das anzuwendende Recht nach objektiven Kriterien (sog. **objektive Anknüpfung**).[571] Im Einzelnen: 240

Wurde das anzuwendende Recht nicht vertraglich geregelt, so bestimmt es sich gem. Art. 4 Rom I-VO nach dem Recht des Staates, zu dem die engsten Verbindungen bestehen. Aus Art. 4 Abs. I lit. b) Rom I-VO und der Auslegung zum vormals geltenden Art. 28 Abs. 2 EGBGB aF ergibt sich die Vermutung, dass es bei Dienstleistungsverträgen auf den Sitz des Dienstleistungserbringers ankommt, beim Geschäftsführer also regelmäßig der Ort der Niederlassung maßgeblich ist, in dem der Geschäftsführer seine Leistung erbringt.[572] Aus den Umständen kann sich aber eine engere Verbindung zu einem anderen Staat ergeben, so dass das Recht dieses Staates Anwendung findet. Aufgrund dieser Unsicherheiten **empfiehlt** sich regelmäßig eine **ausdrückliche Rechtswahl**. Dabei erscheint für in Deutschland tätige Geschäftsführer die Wahl deutschen Rechts bereits aufgrund der besseren Rechtskenntnis regelmäßig vorzugswürdig.[573] Bei Auslandsentsendungen muss allerdings vor der unbedachten Vereinbarung deutschen Rechts gewarnt werden: Die möglichen Konsequenzen, die sich aus einer Mischung des deutschen Rechts und den möglicherweise zwingenden Bestimmungen des Rechts des Entsendestaates ergeben, sind im Vorfeld kaum zu überblicken. Zudem ist die rechtliche Auseinandersetzung vor einem Gericht, dem das anzuwendende Recht nicht vertraut ist, mühsam und zeitaufwendig. 241

Fraglich ist, ob auch **Art. 8 Rom I-VO** für das Anstellungsverhältnis eines Geschäftsführers Geltung erlangen kann. Nach dieser Vorschrift darf die Rechtswahl der Parteien nicht dazu führen, dass dem Arbeitnehmer der Schutz entzogen wird, der ihm durch die zwingenden Bestimmungen des Rechts gewährt wird, das nach der objektiven Anknüpfung mangels einer Rechtswahl anzuwenden wäre. Im Sinne der Anwendbarkeit hat das OLG Düsseldorf im Hinblick auf einen Fremdgeschäftsführer entschieden, dem das Gericht die Arbeitnehmereigenschaft zuerkannt hat.[574] Richtigerweise wird man aber Art. 8 Rom I-VO auf Geschäftsführer 242

569 Verordnung (EG) Nr. 593/2008 des Europäischen Parlaments und des Rates vom 17.6.2008 über das auf vertragliche Schuldverhältnisse anzuwendende Recht (ABl. EU Nr. L 177 vom 4.7.2008, S. 6); die Verordnung trat gem. Art. 29 I am zwanzigsten Tag nach ihrer Verkündung, also am 24.7.2008, in Kraft. Art. 29 II Rom I-VO sieht vor, dass die Verordnung „ab 17.12.2009“ gilt; Art. 28 Rom I-VO ordnet an, dass sie auf Verträge angewandt wird, die „nach dem 17.12.2009“ geschlossen werden. Vgl weiterführend *Pfeiffer*, EuZW 2008, 622.

570 *Hellgardt*, NZG 2009, 94; MünchHandbGesellschR III/*Jasper*, § 76 Rn 21.

571 *Erdmann*, NZG 2002, 503.

572 *Erdmann*, NZG 2002, 503.

573 *Erdmann*, NZG 2002, 503.

574 OLG Düsseldorf 3.4.2003 – I-6 U 147/02, RIW 2004, 230 (zur Vorgängernorm in Art. 30 EGBGB aF); vgl auch *Lunk*, NJW 2015, 528.

nicht anwenden können, da einer umfassenden Einordnung als Arbeitnehmer die Organstellung entgegensteht und lediglich in Einzelfällen arbeitnehmerschützende Vorschriften entsprechend herangezogen werden können (s. § 2 Rn 813).

(2) Anwendung zwingender Bestimmungen

243 Wird die Anwendung einer Rechtsordnung ausdrücklich vereinbart, besteht tatsächlich aber im Zeitpunkt der Rechtswahl allein ein Bezug zu einem anderen Staat, so kann von den **zwingenden Bestimmungen** des anderen Staates nicht abgewichen werden (Art. 3 Abs. 3 Rom I-VO). Wird der Vertrag etwa mit einem ausländischen Unternehmen allein in Deutschland durchgeführt, so kann der zwingende Schutz von Versorgungsansprüchen nach dem BetrAVG, das über § 17 Abs. 1 BetrAVG auch auf Fremdgeschäftsführer und ggf auch auf Gesellschafter-Geschäftsführer anwendbar ist, nicht durch die Wahl einer fremden Rechtsordnung unterlaufen werden. Darüber hinaus ist es nach der Rspr des EuGH nicht zulässig, wenn die Anwendung ausländischen Rechts zur Aushöhlung zwingender Vorschriften aus EU-Richtlinien führen würde.[575]

b) Tätigkeit im Ausland

aa) Vertragliche Gestaltung der Auslandsentsendung

244 Bei der Entsendung von Geschäftsführern zu ausländischen Töchtern empfiehlt sich, über die Wahl des anzuwendenden Rechts hinaus auch Regelungen zum **bisherigen Dienstverhältnis** (Ruhen oder Auflösung) sowie zur Vereinbarung einer **Rückkehrmöglichkeit** zu treffen.[576] – Vgl dazu auch § 1 Rn 995 ff (14. Auslandsarbeitsverträge) sowie § 2 Rn 808 ff (11. Rechtswahl-, Erfüllungsort- und Gerichtsstandsklauseln).

Hierzu haben sich in der Rechtspraxis **drei gängige Modelle** herausgebildet:

245 In dem sog. **Einvertragsmodell** wird der Mitarbeiter allein zum Zweck der Auslandsentsendung eingestellt und erhält nur einen einzigen Vertrag. Von einer Entsendung kann hier dann gesprochen werden, wenn der Auslandseinsatz auch bei Fehlen eines inländischen Arbeitsvertrages im Voraus zeitlich begrenzt ist und keine Anhaltspunkte dafür bestehen, dass eine Rückkehr nach Deutschland nicht vorgesehen ist, um eine eigentliche Entsendung im Rechtssinne handelt es sich jedoch nicht.[577]

246 Hingegen sieht das sog. **Zweivertragsmodell** vor, dass der Expatriate bereits bei dem entsendenden Unternehmen im Inland gearbeitet hat und nun ins Ausland geschickt werden soll. Da bereits ein inländischer Arbeitsvertrag besteht und dieser auch nicht anlässlich des Auslandseinsatzes aufgelöst werden soll, muss eine Regelung zu seinem Fortbestand, in der Regel als ruhender Vertrag mit gewissen fortlaufenden Nebenpflichten als sog. Rumpfarbeitsverhältnis, und seinem Wiederaufleben bei Beendigung der Entsendung getroffen werden.[578] Es ist daher ein Entsendevertrag als Zusatzvertrag zum bestehenden Arbeitsvertrag zu vereinbaren.

247 Als dritte Variante, die zunehmend häufiger zu beobachten ist, kommt die Aufhebung oder Kündigung des inländischen Arbeitsvertrages und die Begründung eines Arbeitsvertrages im Gastland mit dem dortigen Arbeitgeber in Betracht, das sog. **Übertrittsmodell**. Als Variante kommt auch ein zusätzlicher Anstellungsvertrag mit der ausländischen Konzerntochter in Betracht, auf den dann auch das im Gastland geltende Recht anzuwenden ist.[579]

---

575 EuGH 19.9.2000 – C-156/98, ZIP 2000, 2108 m. Anm. *Kindler*.
576 *Falder*, NZA 2000, 868.
577 *Reiter*, NZA 2004, 1246.
578 *Mankowski*, RIW 2004, 133.
579 *Thüsing*, NZA 2003, 1306.

bb) Steuer- und sozialversicherungsrechtliche Regelungen bei der Auslandsentsendung

Für die entsandten Geschäftsführer – ob aus Deutschland im Ausland eingesetzt oder aus dem Ausland hierher entsandt – sind die steuer- und sozialversicherungsrechtlichen Rahmenbedingungen von erheblichem Interesse. Trotz vielfach bestehender Doppelbesteuerungsabkommen[580] und Harmonisierungen liegt hier immer noch eine Vielzahl von Fallstricken aus, die sowohl für den entsandten Geschäftsführer als auch für die Gesellschaft empfindliche finanzielle Konsequenzen haben können. Beispielsweise ist von Bedeutung, ob Steuern wie in Deutschland im Lohnsteuer-Abzugsverfahren oder erst im Rahmen einer Veranlagung des Geschäftsführers erhoben werden. Haftungsrisiken ergeben sich für den Arbeitgeber insb. daraus, dass er für zu wenig einbehaltene Lohnsteuer selbst einstehen muss.[581] 248

Die **steuerliche** Behandlung des Geschäftsführers ist davon abhängig, in wessen Interesse die Entsendung erfolgt. Liegt diese im wirtschaftlichen Interesse der entsendenden Konzernmutter, sind die Personalkosten bei dem im Entsendestaat ansässigen Unternehmen steuerlich abzugsfähig. Erfolgt die Entsendung dagegen im wirtschaftlichen Interesse der aufnehmenden Tochtergesellschaft, so sind das Entgelt und sämtliche Zusatzleistungen der im Tätigkeitsstaat operierenden Gesellschaft zuzurechnen.[582] Unabhängig davon, in wessen Interesse die Entsendung erfolgt, muss der Geschäftsführer in aller Regel bei einer den Zeitraum von 183 Tagen übersteigenden Tätigkeit im Gastland die ihm gezahlte Vergütung im Tätigkeitsstaat der Besteuerung unterwerfen, im Anwendungsbereich eines Doppelbesteuerungsabkommens wird er dafür in Deutschland von der Besteuerung freigestellt (s. § 2 Rn 203 ff). 249

Die **sozialversicherungsrechtliche** Behandlung des Geschäftsführers kann je nach Einsatzland erheblich abweichen, zumal nicht in allen Ländern die in Deutschland übliche Einbeziehung von (Fremd-)Geschäftsführern in die Systeme der sozialen Sicherheit vorgesehen ist. Ein Grundprinzip sozialversicherungsrechtlicher Kollisionsregeln ist die Vermeidung häufigen Statutenwechsels. Es macht wenig Sinn, wenn ein beruflich weit herumgekommener Rentner seine Rentenansprüche gegenüber drei oder vier verschiedenen Rentensystemen durchsetzen muss. Ein anderer Aspekt der sozialen Sicherungssysteme ist sicherlich auch die Leistungsfähigkeit; diese ist in vielen Ländern auf ein soziales Minimum begrenzt. 250

Fehlen zwischenstaatliche Regelungen, so kann dies zu einer **Doppelversicherung** des entsandten Geschäftsführers oder zu dessen **vollständiger Befreiung von der Versicherungspflicht** führen. Sind die Voraussetzungen für eine Ausstrahlung nach deutschem Recht erfüllt, kann es zu einer Doppelversicherung kommen, wenn der Staat, in den der deutsche Geschäftsführer entsandt wird, keine der Einstrahlung iSd § 5 SGB IV äquivalente Regelung kennt. Ebenso kann bei Vorliegen der Voraussetzungen für eine Einstrahlung nach § 5 SGB IV der nach Deutschland entsendete Arbeitnehmer vollständig von der Versicherungspflicht befreit sein, wenn sich im Entsendestaat keine zur Ausstrahlung nach § 4 SGB IV analoge Vorschrift findet.[583] 251

580 Eine Liste der bestehenden Doppelbesteuerungsabkommen ist auf den Internetseiten des Bundesfinanzministeriums zu finden; vgl auch *Klümpen-Neusel/Plewka*, NJW 2009, 1392.

581 Küttner/*Huber*, Personalbuch, 288 (Lohnsteuerhaftung) Rn 29 f.

582 *Wellisch/Näth*, IStR 2005, 433.

583 *Wellisch/Näth/Thiele*, IStR 2003, 746.

252 Soll der Geschäftsführer hingegen bei einer Entsendung innerhalb der EU weiterhin im Entsendestaat sozialversicherungspflichtig bleiben, sind die Voraussetzungen für eine Entsendung nach Art. 12 Abs. 1 der Verordnung (EG) Nr. 883/04 oder für die Erlangung einer Ausnahmegenehmigung nach Art. 16 der Verordnung (EG) Nr. 883/04 zu beachten.[584] Anderenfalls unterliegt der Geschäftsführer nach dem Territorialitätsprinzip der Sozialversicherungspflicht im Tätigkeitsstaat, wenn und soweit dort eine Mitgliedschaft in der Sozialversicherung vorgesehen ist.[585]

584 Die Verordnung (EG) Nr. 883/04 hat die ursprüngliche Sozialversicherungsverordnung Nr. 1408/71 mit Wirkung ab 1.5.2010 endgültig abgelöst, nachdem die dazu erforderliche Durchführungsverordnung (EG) Nr. 987/09 am 30.10.2009 in Kraft getreten ist.

585 Vgl instruktiv *Oberwetter*, BB 2007, 2570; *Birresborn*, RdA 2008, 165.

II. Klauselalphabet

1. Abfindungsklauseln

Literatur

Baeck/Götze/Arnold, Festsetzung und Herabsetzung der Geschäftsführervergütung – Welche Änderungen bringt das VorstAG?, NZG 2009, 1121; *Bauer/Arnold*, Mannesmann und die Folgen für Vorstandsverträge, DB 2006, 546; *Bauer/Krets*, Gesellschaftsrechtliche Sonderregeln bei der Beendigung von Vorstands- und Geschäftsführerverträgen, DB 2003, 811; *Bauer/Krieger/Arnold*, Arbeitsrechtliche Aufhebungsverträge, 9. Aufl. 2014; *Bungert*, Zum Verfahren für die Überprüfung der Angemessenheit des Barabfindungsangebots anlässlich einer Umwandlung sowie zum Umfang der Auskunftspflicht des Vorstands der Hauptversammlung, NZG 1999, 605; *Dörrwächter/Trafkowski*, Anmerkungen zum Abfindungs-Cap in Nummer 4.2.3 n.F. des Deutschen Corporate Governance Kodex, NZG 2007, 846; *Flatten*, Dauer von Geschäftsführerverträgen, GmbHR 2000, 922; *Fleischer*, Das Mannesmann-Urteil des Bundesgerichtshofs: Eine aktienrechtliche Nachlese, DB 2006, 542; *Jaeger*, Der Anstellungsvertrag des GmbH-Geschäftsführers, 5. Aufl. 2009; *ders.*, Die Auswirkungen des VorstAG auf die Praxis von Aufhebungsvereinbarungen, NZA 2010, 128; *Jahn*, Lehren aus dem Fall „Mannesmann", ZRP 2004, 179; *Karlsfeld*, Abfindung aus Prozessvergleich – Praxisproblem zum Entstehen und zur Fälligkeit, ArbRB 2004, 159; *Klingenberg*, Auslegung einer Abfindungsklausel, WuB II C § 29 GmbHG 1.94; *Kreßel*, Derzeitige und künftige Bedeutung der Abfindung, NZA 1997, 1138; *Lehr*, Abfindungs-Muster, GmbH-Spr 2003, 263; *Lunk/Stolz*, Die Bezüge des GmbH-Geschäftsführers in der Krise – Auswirkungen des Gesetzes zur Angemessenheit der Vorstandsvergütung (VorstAG) auf die GmbH, NZA 2010, 123; *Offerhaus*, Im Dienstvertrag vereinbarte Abfindung oder Entschädigung nicht steuerbegünstigt?, DB 2000, 396; *Ransiek*, Anerkennungsprämien und Untreue – Das „Mannesmann"-Urteil des BGH, NJW 2006, 814; *Weber/Dahlbender*, Verträge für GmbH-Geschäftsführer und Vorstände, 2. Aufl. 2000.

a) Rechtslage im Umfeld

aa) Der Begriff der Abfindung

Der Begriff der Abfindung (Entschädigung) eines Dienstnehmers oder eines Arbeitnehmers bleibt in allen Vorschriften, die ihn benutzen, undefiniert. Stets wird er als bekannte juristische Größe vorausgesetzt. Der Begriff „Abfindung" findet sich im Arbeitsrecht in den §§ 1 a, 9 und 10 KSchG. 253

bb) Funktion der Abfindung im Arbeitsrecht

Der Zahlung einer Abfindung können in der Praxis verschiedene Funktionen zukommen. Traditionell besitzt die Abfindung in erster Linie eine **Entschädigungsfunktion**, da sie grds. ein **vermögensrechtliches Äquivalent für den Verlust des Arbeitsplatzes** darstellt.[1] Die Entschädigung des Dienstnehmers bezieht sich dabei auf die wirtschaftlichen Nachteile aufgrund des Wegfalls seiner Erwerbsstelle, aber auch auf ideelle Aspekte, wie den Verlust einer vertrauten Umgebung, den Zwangsabschied von Arbeitskollegen und Unbequemlichkeiten bei der Suche nach einer neuen Arbeitsstelle.[2] Die Abfindung ist somit weder als Ersatz für entgangenes Arbeitsentgelt noch als deliktischer oder vertraglicher Schadensersatz zu verstehen.[3] 254

Gerade bei Sozialplanabfindungen zeichnet sich in neuerer Zeit ein Argumentationswechsel des BAG ab, meist in Verbindung mit Gleichbehandlungsüberlegungen. In der neueren Sicht des BAG hat die Abfindung auch eine **Aufstockungsfunktion zum Arbeitslosengeld** und damit eine **Versorgungsfunktion** für den Arbeitnehmer. Mit Blick auf Sozialplanansprüche betonte etwa der 10. Senat des BAG, dass Abfindungen ihrem Zweck nach keine Entschädigung für den Verlust des Arbeitsplatzes seien.[4] Insbesondere bei der Eigenkündigung des Arbeitnehmers wegen einer drohenden Betriebsstilllegung ließ das BAG Differenzierungen in Sozialplänen zu, die darauf abstellten, ob der Arbeitnehmer nach dem Ausscheiden aus dem Arbeitsverhältnis einen 255

1 BAG 25.6.1987 – 2 AZR 504/86, NZA 1988, 466; *Kreßel*, NZA 1997, 1138, 1140.
2 BVerfG 12.5.1976 – 1 BvL 31/73, NJW 1976, 2117.
3 APS/*Biebl*, Kündigungsrecht, § 10 KSchG Rn 38; MüKo-BGB/*Hergenröder*, § 10 KSchG Rn 4.
4 BAG 9.11.1994 – 10 AZR 281/94, NZA 1995, 644.

neuen Arbeitsplatz gefunden hatte oder nicht. Ebenso kann im Falle einer Eigenkündigung die Gewährung einer Abfindung im Sozialplan davon abhängig gemacht werden, dass dem Arbeitnehmer zuvor ein unzumutbares Arbeitsplatzangebot gemacht wurde.[5] Der Sozialplan kann weiterhin die Möglichkeit einer Kürzung der Sozialplanabfindung vorsehen, soweit ein zumutbares Arbeitsplatzangebot auf eine andere Stelle von Seiten des Arbeitnehmers abgelehnt wird.[6] Abfindungen besitzen damit zumindest auch eine **Überbrückungsfunktion**.

256 Die in den §§ 9, 10 KSchG, aber auch in § 1 a Abs. 2 KSchG erwähnte „Abfindung" wird allgemein als Gegenleistung für den Verlust des Arbeitsplatzes verstanden.[7] Zudem soll die Abfindung nach § 10 KSchG eine Sanktionswirkung entfalten, um den Arbeitgeber grds. vom Ausspruch sozial ungerechtfertigter Kündigungen abzuhalten.[8]

257 In den meisten Fällen ist die Abfindung Gegenleistung für die Einwilligung des Arbeitnehmers in die Beendigung des Arbeitsverhältnisses.[9] Im Regelfalle hat die Abfindung also Entschädigungsfunktion, entsprechend der Verankerung in den §§ 1 a, 9 KSchG, darüber hinaus auch Überbrückungsfunktion.

cc) Funktion der Abfindung im Dienstvertragsrecht

258 Diese aus dem Arbeitsrecht stammenden Erkenntnisse lassen sich auf das Dienstverhältnis des Geschäftsführers übertragen. Auch beim Geschäftsführer gibt es keinen ausschließlichen Zweck, zu dem eine Abfindung von den Gesellschaftern geleistet wird. Abfindungen können aus Dank wegen der für die Gesellschaft erbrachten Leistungen angeboten werden, sie können als Entschädigung für künftig nicht mehr zu erwartende Einnahmen oder bei befristeten Dienstverträgen zur Kapitalisierung der Restvertragslaufzeit gewährt werden. Daneben kann der Abfindungszahlung auch eine gewisse **Befriedungsfunktion** zukommen, wenn sie dazu beitragen soll, noch bestehende Streitigkeiten einzudämmen bzw beizulegen und somit auf eine schnelle und gütliche Trennung hinzuwirken, an welcher regelmäßig beiden Seiten gelegen ist.

259 Da die Anlässe, aufgrund derer Abfindungen gezahlt werden, nicht begrenzt und nur durch das Steuerrecht eingegrenzt werden, erfüllen sämtliche Entschädigungsleistungen der Gesellschaft gegenüber dem scheidenden Geschäftsführer die Funktion einer Abfindung, sofern sie nicht bereits verdient waren und damit der Lohnsteuer unterliegen. Zahlungen zur Abgeltung noch bestehender Urlaubsansprüche fallen in den Bereich des bereits verdienten Arbeitsentgeltes aus dem beendeten Dienstverhältnis und sind somit nicht Teil der Abfindungsleistung.[10]

dd) Abfindungen und Sonderprämien nach dem „Mannesmann"-Urteil des BGH

260 Für die Gestaltung von Abfindungsregelungen bei GmbH-Geschäftsführern ist die **Mannesmann-Entscheidung** des BGH[11] in zweierlei Hinsicht nicht unmittelbar von Bedeutung. Zunächst betrifft das Urteil des BGH die Dienstverträge von Vorstandsmitgliedern. Weiterhin handelt es sich um ein strafrechtliches Urteil, welches sich weniger mit Abfindungen selbst, sondern mit den Voraussetzungen befasst, unter denen Sonderzahlungen an Vorstandsmitglieder den Tatbestand der Untreue erfüllen.[12] Das Mannesmann-Urteil des BGH hat daher in erster Linie Auswirkungen auf die aktienrechtliche Pflichtenlage bei Vergütungsentscheidungen.[13]

---

5 BAG 13.2.2007 – 1 AZR 163/06, NZA 2007, 756.
6 BAG 6.11.2007 – 1 AZR 960/06, NZA 2008, 232.
7 HWK/*Thies*, § 10 KSchG Rn 7.
8 HWK/*Thies*, § 10 KSchG Rn 7.
9 *Karlsfeld*, ArbRB 2004, 159.
10 *Benner/Bals*, BB Beilage 2007, 1.
11 BGH 21.12.2005 – 3 StR 470/04, NJW 2006, 522.
12 *Bauer/Arnold*, DB 2006, 546; *Ransiek*, NJW 2006, 814.
13 *Fleischer*, DB 2006, 542.

Variable Vergütungen an Vorstandsmitglieder werden vom BGH anhand der sich aus § 87 Abs. 1 S. 1 AktG ergebenden Ermessensgrenze überprüft. Im GmbH-Recht existiert jedoch keine dem § 87 Abs. 1 S. 1 AktG vergleichbare Vorschrift über die anstellungsvertragliche Vergütung des Geschäftsführers, wonach die Gesamtbezüge in einem angemessenen Verhältnis zu dessen Aufgaben und Leistungen sowie zur Lage der Gesellschaft stehen müssen. Auch die Beschränkungen des Gesetzes zur Angemessenheit der Vorstandsvergütung (VorstAG),[14] welche sich bei Vorständen auch im Rahmen von Aufhebungsvereinbarungen und Abfindungsregelungen auswirken,[15] schränken – mangels Anwendbarkeit des AktG – die Gestaltungsmöglichkeiten gegenüber GmbH-Geschäftsführern demnach nicht ein. Dies gilt selbst für die mitbestimmte GmbH, auf welche Teile der organisationsrechtlichen Regelungen des AktG angewandt werden müssen, da die Ausgestaltung der Vergütungsbareden iSd § 87 AktG nicht zu diesen Regelungen zählt.[16] Demnach sind die Vertragsparteien bei der Vereinbarung der Abfindungszahlungen gegenüber Geschäftsführern weitgehend frei, so dass insb. keine Höchstbegrenzungen einzuhalten sind.[17] 261

Ein entsprechend starres Regelungskonzept für die **Ausgestaltung der Geschäftsführervergütung** ist auch nicht in gleicher Weise erforderlich wie bei einem Mitglied der Vorstandsebene einer AG. Die genauere Überprüfung im Bereich der Vorstandsverträge ist in erster Linie in der größeren Gefahr der negativen Beeinträchtigung der Kapitalinhaber begründet. Im Gegensatz zur GmbH, bei der für den Abschluss des Geschäftsführerdienstvertrages die Gesellschafter und somit die Inhaber des Geschäftskapitals selbst zuständig sind, liegt bei der AG die Zuständigkeit nicht bei den Aktionären, sondern beim Aufsichtsrat. Anders als bei der AG ist somit eine bereichernde Besserstellung des Geschäftsführers durch die Konditionen des Anstellungsvertrages auf Kosten der Kapitalinhaber wegen der direkten Beteiligung der Gesellschafter am Vertragsschluss nicht zu befürchten. Die Gesellschafter entscheiden lediglich über die Verwendung des eigenen Kapitals, so dass eine Angemessenheitskontrolle von außen grds. überflüssig ist.[18] Zwar könnte argumentiert werden, bei der **mitbestimmten GmbH**, bei welcher nach § 31 Abs. 1 und 2 MitbestG der Aufsichtsrat und somit nicht der Kapitalinhaber nach den Maßgaben der §§ 84, 85 AktG für die Bestellung und Abberufung sowie für die Angelegenheiten des Anstellungsvertrages zuständig ist, bestünde eine vergleichbare Ausgangslage in Bezug auf eine bereichernde Besserstellung. Hinsichtlich des Verweises auf das Aktienrecht sind die Regelungen in den §§ 30–33 MitbestG allerdings eindeutig und abschließend, wonach eine Anwendung von § 87 AktG gerade nicht in Frage kommt. 262

Will die Gesellschaft dennoch die nicht anwendbaren Vorgaben des § 87 Abs. 1 AktG auch bei der Vereinbarung von Abfindungen gegenüber Geschäftsführer beachten, sollten folgende Grundsätze befolgt werden: An den Geschäftserfolg gebundene, einmalige oder jährlich wiederkehrende Prämien als variable Bestandteile der Vergütung dürfen mit dem Geschäftsführer vereinbart werden. Fehlt eine Rechtsgrundlage für nachträgliche Sonderzahlungen im Dienstvertrag, differenziert der BGH bei Vorstandsmitgliedern danach, ob und inwieweit dem Unternehmen durch die Bewilligung einer nachträglichen Sonderzahlung gleichzeitig Vorteile zufließen. Diese Vorteile müssen in einem angemessenen Verhältnis zu der damit verbundenen Minderung des Gesellschaftsvermögens stehen. Als Beispielsfall eines solchen Vorteils betrachtet der BGH etwa eine Anreizwirkung gegenüber dem begünstigten Vorstandsmitglied oder gegenüber Dritten, etwa anderen Vorstandsmitgliedern oder Führungskräften.[19] Der BGH geht sogar – mit Blick auf Abfindungen – soweit, dass er bei Anreizwirkung gegenüber Dritten die 263

14 BGBl. I 2009, 2509.

15 Dazu im Einzelnen *Jaeger*, NZA 2010, 128 ff.

16 *Baeck/Götze/Arnold*, NZG 2009, 1121, 1122 f; *Lunk/Stolz*, NZA 2010, 121, 123.

17 Graf v. Westphalen/Thüsing/*Thüsing*, Vertragsrecht und AGB-Klauselwerke, Klauselwerke Rn 298.

18 Graf v. Westphalen/Thüsing/*Thüsing*, Vertragsrecht und AGB-Klauselwerke, Klauselwerke Rn 298.

19 *Bauer/Arnold*, DB 2006, 546.

Sonderzahlung auch einem Vorstandsmitglied zubilligt, das demnächst aus der Gesellschaft ausscheidet. Auch Abfindungsleistungen können daher, ob als Sonderzahlung oder als echte Abfindung, einem demnächst ausscheidenden Geschäftsführer in beträchtlichem Umfang gewährt werden, wenn und soweit der für die Zahlung gegebene Anlass bei der Gesellschaft gleichzeitig zu nachhaltigen Vorteilen geführt hat.

264 Eine treuepflichtwidrige Verschwendung von Gesellschaftsvermögen liegt nach Ansicht des BGH dagegen vor, wenn eine nicht dienstvertraglich vereinbarte nachträgliche Sonderzahlung „ausschließlich belohnenden Charakter" habe und der Gesellschaft keinen zukunftsbezogenen Nutzen bringe.[20]

265 Mit Blick auf das Risiko, den Untreuetatbestand zu verwirklichen, empfiehlt sich daher, sowohl für Sonderzahlungen als auch für Abfindungen (sofern diese nicht nur Restlaufzeiten des Vertrages abgelten) künftig die Rechtsgrundlage in den Dienstvertrag aufzunehmen.

ee) Antizipierte Abfindungsvereinbarung im Dienstvertrag

266 Während Abfindungsvereinbarungen gewöhnlich in Aufhebungs- oder Abwicklungsverträgen geschlossen werden, also meist zu dem Zeitpunkt, zu dem die Parteien auseinander gehen, besteht daneben die Gestaltungschance, bereits **bei Abschluss des Dienstvertrages** eine Klausel aufzunehmen, die Abfindungsansprüche des Geschäftsführers gegen die Gesellschaft unter im Einzelnen geregelten Voraussetzungen bestimmt. Ebenso wenig wie die Gründe der Abfindungszahlungen beschränkt sind, besteht eine Verpflichtung der Gesellschaft, im Falle des Ausscheidens dem Geschäftsführer eine Abfindung zu zahlen oder bereits im Dienstvertrag eine antizipierte Verpflichtung zur Abfindungsleistung aufzunehmen. Feste Standards, zwingende Maßstäbe, Unter- oder Obergrenzen bestehen grds. nicht, sieht man von den Maßstäben ab, die der BGH in strafrechtlicher Hinsicht im „Mannesmann"-Urteil gesetzt hat. Grundsätzliche Bedenken in Bezug auf die Zulässigkeit und Wirksamkeit solcher Abfindungsvereinbarungen im Anstellungsvertrag sind demnach zunächst nicht ersichtlich. Allerdings müssen Abfindungsvereinbarungen aufgrund ihrer Anknüpfung an die Beendigung des Anstellungsvertrages bzw der Organstellung oftmals im Lichte der Grundsätze zu Laufzeit- und Kündigungsvereinbarungen gesehen und bewertet werden.[21]

267 In der Praxis wird die Problematik der Abfindungszahlung oftmals im Anstellungsvertrag nicht behandelt und vielmehr in die Aufhebungsvereinbarung verlagert.[22] Dennoch bietet die Möglichkeit der Vereinbarung von **Abfindungsklauseln** bereits **bei Vertragsschluss** eindeutige **Vorteile**. Zwar könnte argumentiert werden, dass sich die Gesellschaft auf diese Weise bereits fest an die Zahlung einer Abfindung binde. Allerdings ist sich zu vergegenwärtigen, dass im wohl überwiegenden Fall der Beendigung von Geschäftsführerdienstverträgen in der Praxis in jedem Fall eine Abfindung gewährt wird. Der Gesellschaft wird oftmals daran gelegen sein, die Trennung vom betroffenen Geschäftsführer so schnell und glimpflich wie möglich zu vollziehen. Demnach verfolgt aus Gesellschaftssicht die Abfindungszahlung meist in erster Linie auch eine Befriedungsfunktion zur Verhinderung längerer Streitigkeiten über die Grundlagen und genaueren Umstände der Beendigung. Allerdings bieten auch die tatsächliche **Höhe** und die **Berechnungsgrundlagen** einer Abfindung selbst ein nicht unbeträchtliches Konfliktpotenzial. Es kann daher von Vorteil für alle Beteiligten sein, sich über entsprechende Berechnungsparameter nicht erst dann einigen zu müssen, wenn die Fronten evtl. bereits verhärtet sind, sondern schon im Vorfeld eine Lösung im Anstellungsvertrag festzulegen. Bei Streitigkeiten über die Berechnungshöhe kann dann auf die übereinstimmend für anwendbar erklärten Regelungen im Anstellungsvertrag verwiesen und zurückgegriffen werden.

20 BGH 21.12.2005 – 3 StR 470/04, NJW 2006, 522.
21 Moll/*Moll/Grobys*, MAH Arbeitsrecht, § 80 Rn 54.
22 Vgl *Dörrwächter/Trafkowski*, NZG 2007, 846.

Bei der genauen Ausgestaltung der Berechnungsgrundlage besteht jeweils ein Spielraum. Aus Sicht der Gesellschaft sollte darauf geachtet werden, sich nicht zu fest für alle Fälle zu binden, so dass auch auf bestimmte **Verfehlungen des Geschäftsführers** mit Abzügen bei der Abfindung reagiert werden kann. In Bezug auf die Höhe der zu zahlenden Abfindungen besteht ebenfalls ein relativ weiter Spielraum, insb. mangels Anwendbarkeit des Deutschen Corporate Governance Kodex. 268

Flatten[23] geht bei im Rahmen gerichtlicher Streitigkeiten mit Geschäftsführern ausgehandelten Abfindungen von 269

- **1 Monatsgehalt pro Beschäftigungsjahr** beim Ausscheiden im Alter von **über 50 Jahren,**
- einem **dreiviertel Monatsgehalt** beim Ausscheiden eines **über 40-Jährigen** und von
- einem **halben Monatsgehalt** bei einem Geschäftsführer aus, der im Alter von **unter 40 Jahren** aus seinem Amt ausscheidet.

Die von *Flatten* aufgestellte Regel kann nur als eine **grobe Annahme** und als ein Ausgangspunkt der Überlegungen verstanden werden. Die **Höhe** der gezahlten Abfindung ist von **zahlreichen weiteren Faktoren** wie zB einer unwirksamen außerordentlichen Kündigung, etwaigen Verfehlungen des Geschäftsführers, dem für die Gesellschaft im Laufe eines längeren Dienstverhältnisses erwirtschafteten Gewinn, dem Lebensalter, der Beschäftigungsdauer, den potenziellen Chancen des Betroffenen auf dem Arbeitsmarkt und v.a. von der Restlaufzeit des Vertrages abhängig. 270

Auch in diesem Zusammenhang wird die Befriedungsfunktion deutlich. Ist sich die Gesellschaft etwa bewusst, dass eine **ausgesprochene Kündigung unwirksam** ist oder zumindest sein könnte, wird sie von sich aus im Rahmen einer Aufhebungsvereinbarung eine höhere Abfindung anbieten, wenn sich dadurch mögliche rechtliche Auseinandersetzungen verhindern lassen. Aus diesem Grund sollten die Berechnungsparameter in einer Abfindungsklausel im Anstellungsvertrag nicht zu hoch angesetzt werden, damit der Gesellschaft noch ein „übervertraglicher" Spielraum nach oben verbleibt. Wird etwa im Anstellungsvertrag grds. eine Abfindung von einem 3/4-Monatsgehalt pro Beschäftigungsjahr zugesprochen, könnte in einer Aufhebungsvereinbarung die Abfindung auf ein volles Monatsgehalt „aufgestockt" werden, wenn im Gegenzug eine Verzichtserklärung des abberufenen Geschäftsführers abgegeben wird. 271

Wird die Abfindungsklausel bereits in den Dienstvertrag aufgenommen, kann sich die Gesellschaft, je nach Ausgestaltung des Vertragswortlauts, dazu verpflichten, Abfindungsleistungen zu erbringen, die sich an der Dauer des Dienstverhältnisses orientieren. Auch können die jeweiligen Beendigungstatbestände als Maßstab der Höhe der zu zahlenden Abfindung festgelegt werden. Denkbar wäre es auch, bereits im Anstellungsvertrag bestimmte mögliche Verfehlungen des Geschäftsführers im Rahmen der Berechnung der Abfindungshöhe als zum Abzug berechtigende Parameter festzuschreiben. 272

Da durch den Wegfall des § 3 Nr. 9 EStG die Steuerfreibeträge für Abfindungen entfallen sind, ist nur noch die Möglichkeit der **Steuerermäßigung nach den §§ 34, 24 EStG** von Interesse. Um in den Genuss einer Steuerermäßigung zu gelangen, ist es nicht unumstritten, ob **antizipierte Abfindungsvereinbarungen** im Dienstvertrag hierzu die gebotenen Voraussetzungen bieten. Im Grundsatz gilt, dass die Abfindung eine Ausgleichszahlung als Ersatzleistung entgangener oder entgehender Einnahmen ist. Dabei fordert die Rspr im Fall des § 24 Nr. 1 Buchst. a EStG, dass der Empfänger der Abfindung unter einem nicht unerheblichen rechtlichen, wirtschaftlichen oder tatsächlichen Druck gehandelt hat.[24] Dies ist demnach immer dann der Fall, wenn die Entschädigungsleistung auf einer **neuen Rechts- oder Billigkeitsgrundlage** und somit nicht auf dem Anstellungsvertrag beruht und an die Stelle der bisherigen Einnahmen tritt.[25] Dem- 273

23 GmbHR 2000, 922, 925.

24 BFH 13.2.1987 – VI R 230/83, DB 1987, 1070.

25 BFH 25.3.1975 – VIII R 183/73, BFHE 115, 472.

nach fallen die klassischen Aufhebungsvereinbarungen unter die Steuererleichterung des § 24 Nr. 1 Buchst. a EStG. An einer solchen Zwangslage fehle es aber bereits dann, wenn der Geschäftsführer zunächst in einer Sphäre freiwillig eine Ursachenkette in Gang gesetzt hat, die ihm später jeglichen Entscheidungsspielraum nimmt.[26] Dies könnte beim freiwilligen Abschluss einer Abfindungsvereinbarung im Rahmen des Anstellungsvertrages uU angenommen werden.

274 Anders ist die Sachlage allerdings im Fall des § 24 Nr. 1 Buchst. b EStG. Hier kann die Beendigung der Tätigkeit auf dem Willen des Arbeitnehmers beruhen. Dies gilt zB, wenn im Arbeitsvertrag ein **Optionsrecht** enthalten ist, durch das sich der Arbeitnehmer selbst entscheiden kann, ob er eine Entschädigung für die Aufgabe oder Nichtausübung der Tätigkeit iSv § 24 Nr. 1 Buchst. b EStG erhält.[27] Ein solches Optionsrecht kann bspw vorsehen, dass dem Geschäftsführer das Recht eingeräumt wird, im Falle auftretender Differenzen mit dem Aufsichtsrat oder der Gesellschafterversammlung sein Amt niederzulegen und eine einvernehmliche Beendigung des Dienstverhältnisses unter Zahlung einer bestimmten Abfindung zu fordern. Wichtig ist, dass der Abfindungsanspruch durch die Optionsausübung auf eine neue Rechtsgrundlage gestellt wird und es sich um eine Ersatzleistung handelt. Dann greift § 24 Nr. 1 Buchst. a EStG ein.

ff) Abfindungsklausel bei fristloser Kündigung

275 Prophylaktische Abfindungsvereinbarungen im Dienstvertrag eines Geschäftsführers sind nicht uneingeschränkt wirksam. Eine Unwirksamkeit kann sich aus einer Einschränkung der Unabdingbarkeit des § 626 BGB ergeben, nach welchem sich der Dienstgeber bei Unzumutbarkeit der Fortsetzung des Dienstverhältnisses ohne weitere Voraussetzung vom Dienstvertrag lösen kann.[28] Der BGH hat in seiner Entscheidung vom 3.7.2000[29] in diesem Sinne entschieden, dass die Vereinbarung einer Abfindung, die den Fall des Ausscheidens aufgrund einer Kündigung des Geschäftsführeranstellungsvertrages aus wichtigem Grund einschließt, eine unzulässige Verkürzung des außerordentlichen Kündigungsrechts iSd § 626 Abs. 1 BGB darstelle. Eine bei der fristlosen Kündigung durch die Gesellschaft zwangsläufig zur Anwendung kommende Abfindungsklausel hält der BGH wegen eines Verstoßes gegen § 134 BGB für nichtig.

276 Vor diesem Hintergrund empfiehlt sich, die Gesellschaft von der Verpflichtung zur Abfindungszahlung bei fristloser Kündigung zu entbinden.

277 Das BAG[30] hingegen tenorierte, eine Klausel sei nicht sittenwidrig, in der dem Geschäftsführer für den Fall des Ausscheidens aus der Firma unabhängig von der Frage der Verursachung des Ausscheidensgrundes ein Anspruch auf Abfindung zugestanden werde. In dem vom BAG entschiedenen Sachverhalt hatte der Geschäftsführer aus gesundheitsbedingten Gründen ordentlich gekündigt. Das BAG meinte, die Vereinbarung einer Abfindungsklausel sei zwar „wirtschaftlich gesehen für die Arbeitgeberin (Gesellschaft) wenig sinnvoll gewesen“, eine Sittenwidrigkeit könne hieraus jedoch nicht abgeleitet werden.

gg) Abfindungsklauseln bei befristeten Dienstverträgen

278 Wird zwischen dem Geschäftsführer und der Gesellschaft die im Rahmen der Befristung vorgesehene Vertragslaufzeit verkürzt und bilden die Bezüge (oder ein Teil der Bezüge), die der GmbH-Geschäftsführer in der Restvertragslaufzeit verdient hätte, im Aufhebungsvertrag den Gegenstand einer Abfindung, liegt eine neue Rechtsgrundlage vor. Wenn bei einem befristeten

26 BFH 4.9.2002 – XI R 53/01, NJW-RR 2003, 324.
27 BFH 8.8.1986 – VI R 28/84, BStBl. II 1987, S. 106.
28 Palandt/*Weidenkaff*, § 626 BGB Rn 2; MüKo-BGB/*Henssler*, § 626 BGB Rn 55; Moll/*Moll/Grobys*, MAH Arbeitsrecht, § 80 Rn 54; Staudinger/*Preis*, § 626 BGB Rn 5.
29 BGH 3.7.2000 – II ZR 282/98, NJW 2000, 2983.
30 BAG 4.5.1983 – 5 AZR 95/81, BeckRS 1983, 04940.

Vertrag das rechtliche Ende des Anstellungsverhältnisses vorverlegt wird und Restvergütungsansprüche (ganz oder zum Teil) kapitalisiert und als Abfindung gezahlt werden, entfällt der Steuervorteil gem. §§ 34 Abs. 2 Nr. 2, 24 Nr. 1 EStG nicht. Es handelt sich weiterhin auch nicht um einen unzulässigen Umgehungstatbestand gem. § 42 AO.[31] Wichtig ist allein, dass an die Stelle der im Synallagma stehenden Zahlungspflicht eine Ersatzleistung tritt.[32] Dies kann und sollte durch eine entsprechende klarstellende Formulierung in der Beendigungsvereinbarung deutlich gemacht werden.

Im Voraus vereinbarte Abfindungen für das Auslaufen eines von vornherein befristeten Dienst- 279
verhältnisses sind keine Entschädigungen für entgehende Einnahmen iSv §§ 24 Nr. 1, 34 Abs. 2 Nr. 2 EStG.[33] Zu den Voraussetzungen, unter denen die steuerliche Ermäßigung nach §§ 24, 34 EStG gewährt wird, gehört, dass die Abfindungszahlung auf einer neuen Rechts- oder Billigkeitsgrundlage, also einer Vereinbarung außerhalb des ursprünglichen Vertrages, beruht. Deshalb wird empfohlen, unter Anwendung des vom BFH im Stewardess-Fall[34] entwickelten Grundsatzes, von der Möglichkeit Gebrauch zu machen, dass **bei Ausübung eines Optionsrechts eine neue Rechts- oder Billigkeitsgrundlage entstehe**, um dem Geschäftsführer ein Profitieren von der Steuererleichterung zu ermöglichen. Solche als „Trostpflaster“ für die Nichtverlängerung zu verstehenden Vereinbarungen können vor der aktuellen Problematik des durch die Rspr herausgestellten erweiterten Anwendungsbereich des AGG auch auf die Fälle der Wiederbestellung zum Geschäftsführer eine gesteigerte Bedeutung erlangen (s. dazu im Einzelnen Klauseltyp C, Rn 295 ff).

hh) Abfindungsklausel aus steuerrechtlicher Sicht

Auch soweit die Beendigung des Dienstverhältnisses auf der Initiative der Gesellschaft beruht, 280
ist seit dem 1.1.2006 der gesamte Abfindungsbetrag nach §§ 24 Nr. 1 Buchst. a, 24 Nr. 1 Buchst. b, 34 EStG zu versteuern (**Fünftelungs-Regelung**). Im Rahmen dieser Regelung ist die gesamte Steuer für die Abfindung zwar vollständig im Jahr des Zuflusses fällig, die Berechnung der Höhe erfolgt allerdings auf Grundlage der Fiktion, die Abfindung sei dem Begünstigten verteilt auf den Zeitraum von fünf Jahren zugeflossen.[35]

Schuldner der anfallenden Steuer ist insoweit regelmäßig der Geschäftsführer selbst, es sei 281
denn, es ist ausdrücklich die Gewährung einer „Netto“-Abfindung vereinbart, wofür der Geschäftsführer jeweils beweispflichtig ist.[36] Nur in diesem Fall ist dem Geschäftsführer der Abfindungsbetrag vollständig auszuzahlen und von der Gesellschaft „vorzuversteuern“. Wird in der Vereinbarung lediglich der Zusatz „Brutto = Netto“ vereinbart, handelt es sich regelmäßig um eine „Brutto“-Vereinbarung,[37] bei welcher dem Geschäftsführer die Versteuerung obliegt.

Ein weiteres steuerrechtliches Problemfeld, welches auch im Zusammenhang mit Abfindungs- 282
vereinbarungen zu beachten ist, stellt die mögliche **verdeckte Gewinnausschüttung** bei an der Gesellschaft kapitalmäßig beteiligten Geschäftsführern dar. Falls gegenüber Gesellschafter-Geschäftsführern die Zahlung einer Abfindung im Fall der Beendigung des Anstellungsverhältnisses in Betracht gezogen wird, sollte diese daher stets bereits im Anstellungsvertrag auf eine solide rechtliche Grundlage gestellt werden. Wird eine Abfindung ohne zugrunde liegende anstellungsvertragliche Verpflichtung an einen Gesellschafter-Geschäftsführer geleistet, handelt es sich regelmäßig um eine steuerrechtlich relevante verdeckte Gewinnausschüttung.[38] Eine sol-

31 BFH 10.10.1986 – VI R 178/83, BFHE 148, 257.
32 *Bauer*, Arbeitsrechtliche Aufhebungsverträge, VII. Rn 49, 52.
33 FG Hamburg 30.11.2001 – III 59/01, DStRE 2002, 1001.
34 BFH 8.8.1986 – VI R 28/84, BStBl. II 1987, S. 106.
35 *Arens/Beckmann*, Die anwaltliche Beratung des GmbH-Geschäftsführers, § 2 Rn 74.
36 *Arens/Beckmann*, Die anwaltliche Beratung des GmbH-Geschäftsführers, § 2 Rn 75.
37 LAG Köln 18.12.1995 – 4 (11) Sa 962/95, LAGE § 9 KSchG Nr. 27.
38 FG Köln 5.9.2002 – 13 K 521/02, DStRE 2003, 163.

che wird ebenso regelmäßig vorliegen, wenn sich die an einen Gesellschafter-Geschäftsführer geleistete Abfindungszahlung in einem Fremdvergleich zu einem potenziell an dessen Stelle beschäftigten Fremdgeschäftsführer als überhöht darstellt.[39]

ii) Abfindungsklausel in sozialversicherungsrechtlicher Sicht

283 Die Abfindung unterliegt **nicht** der **Sozialversicherung**, da es sich bei der Entschädigung für den Verlust des Arbeitsplatzes um kein beitragspflichtiges Arbeitsentgelt handelt.[40] Wird eine Abfindung über einen längeren Zeitraum hinweg als monatliche Abgabe gezahlt, führt dies dennoch nicht dazu, dass diese wie eine der Rente vergleichbare Einnahmequelle behandelt wird, so dass dennoch für die Abfindung keine Sozialversicherungspflicht besteht.[41] Dagegen handelt es sich um eine beitragspflichtige Zahlung, soweit eine Abfindung bei fortbestehendem Beschäftigungsverhältnis gezahlt wird, um eine Verschlechterung der Arbeitsbedingungen mittels Änderungskündigung auszugleichen.[42]

b) Klauseltypen und Gestaltungshinweise

aa) Abfindung nach zurückgelegter Vertragsdauer

(1) Klauseltyp A

284 **A 1:** Im Falle der Beendigung des Dienstvertrages zahlt die Gesellschaft für jedes volle Beschäftigungsjahr ab Eintritt in das Unternehmen eine Abfindung in Höhe eines Brutto-Monatsgehalts. Ein Abfindungsanspruch besteht dann nicht, wenn das Unternehmen das Anstellungsverhältnis wegen Vorliegens eines wichtigen Grundes iSd § 626 BGB aufgekündigt hat oder das Dienstverhältnis wegen Erreichens der Altersgrenze (65. Lebensjahr) beendet wird.[43]

→ **A 2:** Im Fall einer durch die Gesellschaft erfolgenden Kündigung erhält der Geschäftsführer eine Abfindung in Höhe einer Monatsvergütung pro Dienstjahr. S. 1 gilt nicht, wenn die Kündigung wegen erheblicher Vertragsverletzungen des Geschäftsführers erfolgte. Für die Berechnung der Abfindung werden die bei Ablauf der Vertragsdauer erfüllten vollen Dienstjahre und die während des letzten Dienstjahres im Monatsdurchschnitt bezogene Bruttovergütung iSv § (...) dieses Vertrages zugrunde gelegt. Die Abfindung wird mit Ablauf der Vertragsdauer zur Zahlung fällig und unter Beachtung der hierfür geltenden steuerlichen Bestimmungen gezahlt.[44]

A 3: Sollte Herr (...) von seinem Amt als Geschäftsführer vorzeitig abberufen werden, ohne dass ein wichtiger Grund hierfür gegeben ist, kann Herr (...) das Dienstverhältnis zum Ablauf des laufenden Monats kündigen und eine Abfindung iHv (...) € brutto pro Monat entsprechend der vereinbarten Kündigungsfrist verlangen. Die Abfindung ist vererblich und mit Austritt sofort zur Zahlung fällig.[45]

A 4: Der Geschäftsführer ist berechtigt, das Anstellungsverhältnis nach erfolgter Abberufung mit einer Frist von 7 Tagen auch vor dem Ablauf der Kündigungsfrist vorzeitig zu beenden. Eine derartige Beendigung entspricht ausdrücklich dem Wunsch der Gesellschaft. Macht der Geschäftsführer von dieser vorzeitigen Beendigungsmöglichkeit Gebrauch, erhöht sich sein Abfindungsanspruch für jeden vollen Monat der vorzeitigen Beendigung um (...) €. Die erhöhte

39 FG Berlin-Brandenburg 16.1.2008 – 12 K 8354/03 B, EFG 2008, 719.

40 BSG 21.2.1990 – 12 RK 20/88, DB 1990, 1520.

41 SG Duisburg 24.5.2012 – S 50 KR 122/10, n.v.

42 BSG 28.1.1999 – B 12 KR 6/98 R, BB 1999, 1928.

43 *Flatten*, GmbHR 2000, 922, 925.

44 *Jaeger*, Der Anstellungsvertrag des GmbH-Geschäftsführers, 4. Aufl., § 14 Var. 4 Abs. 3.

45 *Weber/Dahlbender*, Verträge für GmbH-Geschäftsführer und Vorstände, 2. Aufl. 2000, S. 46.

Abfindung ist zahlbar entsprechend der unter Ziffer (...) dieser Vereinbarung geregelten Abfindung.[46]

(2) Gestaltungshinweise

Klausel A 1 sieht eine Abfindung von einem Monatsgehalt pro Beschäftigungsjahr vor und schließt im Sinne der BGH-Rspr[47] eine Nichtigkeit der Regelung nach § 134 BGB im Falle des Ausscheidens aus wichtigem Grund aus. Wie bereits angesprochen (s. Rn 269), ist hier auch eine Staffelung der Abfindungshöhe für verschiedene Altersgruppen eines ausscheidenden Geschäftsführers möglich und sinnvoll. Mit der höheren Abfindungszahlung bei älteren Geschäftsführern wird insoweit auf deren potenziell geringeren „Marktwert" auf dem Arbeitsmarkt für eine Ersatzbeschäftigung reagiert. Es erscheint nicht unbillig, jüngeren Geschäftsführern mit entsprechend besseren Beschäftigungschancen gerade im Hinblick auf die Überbrückungsfunktion eine geringere Abfindung zuzubilligen. 285

Im Unterschied zu Klauseltyp A 1 und A 3 sieht **Klauseltyp A 2** keinen Ausschluss der Abfindung für den Fall des Vorliegens eines wichtigen Grundes iSd § 626 BGB vor, sondern nur für Kündigungen aufgrund erheblicher Vertragsverletzungen durch den Geschäftsführer. Im Hinblick auf die Rspr des BGH zur Unwirksamkeit von Abfindungsvereinbarungen wegen Einschränkung des Rechts zur Kündigung aus wichtigem Grund erscheint das bedenklich. Es sind wichtige Kündigungsgründe vorstellbar, die keine erhebliche Vertragsverletzung darstellen, jedoch trotzdem eine außerordentliche Kündigung rechtfertigen können, bspw eine hochgradig ansteckende und lebensgefährliche Erkrankung des Geschäftsführers. Auch in solchen Fällen soll der Gesellschaft die Möglichkeit der außerordentlichen Kündigung ohne Beeinflussung der Entscheidung durch die im Raum stehende Verpflichtung zur Zahlung einer Abfindung zustehen. Auch wird die Regelung durch eine Anknüpfung an erhebliche Vertragsverletzungen relativ unbestimmter. 286

Die **Klauseltypen A 3** und **A 4** enthalten eine besondere Fallgestaltung und tragen damit einer besonderen Konstellation Rechnung. Der Geschäftsführer wird abberufen, womit ihm das Signal gegeben wird, dass die Gesellschaft kein weiteres Interesse mehr an seiner Mitarbeit hat. In der Fallkonstellation der Klauseln A 3 und A 4 kann das Dienstverhältnis – wenn überhaupt – meist erst mit einer äußerst langen Kündigungsfrist beendet werden. Die Abberufung gewährt dem Geschäftsführer in der Klausel A 3 ein vorzeitiges Kündigungsrecht und parallel hierzu einen Abfindungsanspruch. 287

Die Regelung der **Klausel A 3** kann günstig für den Geschäftsführer sein. Dies gilt jedenfalls immer dann, wenn er bereits eine andere zeitnahe Beschäftigung in Aussicht hat. Ihre Wirksamkeit steht außer Frage. Sie kann sich allenfalls als nachteilig erweisen, wenn der Geschäftsführer nach seiner Kündigung arbeitslos wird, da sich bei einer Eigenkündigung die Sperrzeitanordnung nach § 159 SGB III nicht vermeiden lässt. 288

Dagegen geht die **Klausel A 4** das Problem von einer anderen Seite an. Bei einer solchen, als **„hydraulische Klausel"** bezeichneten Vereinbarung handelt es sich insoweit eher um einen Zusatz zu einer bereits vereinbarten Abfindungsklausel. Die Vereinbarung knüpft an die Konstellation, dass der Geschäftsführer bereits abberufen und auch das Anstellungsverhältnis gekündigt wurde, wobei die Kündigungsfrist allerdings dann im Regelfall noch relativ lange läuft und der Geschäftsführer weiterhin Anspruch auf die vertraglichen Leistungen, insb. die vollständige Vergütung, besitzt. Mit dieser Gestaltungsvariante wird nun dem abberufenen und gekündigten Geschäftsführer ein **kurzes Sonderkündigungsrecht** eingeräumt, welches zum Anreiz mit einer automatischen Steigerung der zu gewährenden Abfindung verknüpft wird. Die Beschleunigung der Beendigung der Anstellung liegt im Interesse der Gesellschaft, da somit der 289

46 Im Wesentlichen nach *Arens/Beckmann*, Die anwaltliche Beratung des GmbH-Geschäftsführers, § 2 Rn 79.

47 BGH 3.7.2000 – II ZR 282/98, NJW 2000, 2983.

abberufene Geschäftsführer zügig aus dem Budget fällt und eine Doppelbelastung neben der Vergütung des neu zu berufenden Geschäftsführers schnellstmöglich entfällt. Auch für den Geschäftsführer kann sich diese Option als Gewinn darstellen, da er für den Fall des Bestehens einer anderweitigen Beschäftigungsmöglichkeit schnellstmöglich für diese frei wird und gleichzeitig seinen Abfindungsanspruch steigern kann. Durch die kurze Zeitspanne kann er jeweils schnell und flexibel auf mögliche Jobangebote reagieren. Im Falle des Ausbleibens besteht keine Verpflichtung, von der Beendigungsoption Gebrauch zu machen, so dass er die Vertragsleistungen bis zum Ende der Kündigungsfrist erhält. Sowohl für die Gesellschaft als auch für den Geschäftsführer ist weiterhin von Vorteil, dass – wie bereits gezeigt (s. Rn 283) – für eine Abfindungszahlung – im Gegensatz zur Fortzahlung der regulären vertraglichen Bezüge – keine Beiträge zur Sozialversicherung anfallen. Die Vereinbarung einer vorzeitigen Beendigungsmöglichkeit in Form eines Sonderkündigungsrechts mit gekoppelter Abfindung liegt somit im beidseitigen Interesse.[48]

290 Die Klauseln A 3 und A 4 sollten eine steuerliche Optimierung möglich machen. Zwar nimmt der Geschäftsführer bei der Klausel A 3 unmittelbar und bei der Klausel A 4 nach zunächst erfolgter gesellschaftsseitiger Kündigung aufgrund der Ausübung des Sonderkündigungsrechts als Reaktion eine Eigenkündigung vor, so dass man in Erwägung ziehen könnte, nicht die Gesellschaft, sondern der Geschäftsführer habe das Dienstverhältnis beendet. Andererseits ist zu beachten, dass gemäß der Fallkonstellation in Klausel A 3 die Gesellschaft den Geschäftsführer abberufen bzw in Klausel A 4 darüber hinaus sogar gekündigt und damit die entscheidende Voraussetzung für die Beendigung des Dienstverhältnisses gesetzt hat. Der Begriff „Veranlassung" geht über die arbeitgeberseitige Kündigung hinaus. Es kommt darauf an, ob der Arbeitgeber die entscheidende Ursache für die Auflösung gesetzt hat.[49] Dass der Geschäftsführer auf die entscheidende Ursache der Abberufung mit dem Rückzug aus dem Dienstverhältnis (Ausübung eines Sonderkündigungsrechts) reagiert, beeinträchtigt die letztlich auf Seiten der Gesellschaft (arbeitgeberseitig) bestehende Veranlassung nicht. In der Klausel A 4 wird diesem Umstand zusätzlich durch die ausdrückliche Klarstellung Rechnung getragen, dass die vorzeitige Beendigung im Interesse der Gesellschaft liegt und deren ausdrücklichem Wunsch entspricht.

291 Auch enthält die **Klausel A 3** eine Regelung zur Fälligkeit und zur Vererbbarkeit der Abfindungsforderung. Grundsätzlich unterliegt der Fälligkeitszeitpunkt der Abfindungszahlung der Vertragsautonomie der Parteien, jedoch wird idR eine sofortige Fälligkeit mit Austritt vereinbart. Unterbleibt die Festlegung eines Zeitpunktes, wird der Anspruch mit dem letzten Tag des Dienstverhältnisses fällig.[50] Verstirbt der Geschäftsführer nach Vereinbarung des Ausscheidens durch Aufhebungsvertrag oder Kündigung, aber vor dem tatsächlichen Ende des Dienstvertrages wäre die Forderung mangels genauer Vereinbarung noch nicht fällig und somit nicht vererblich.[51] Folglich ist aus Sicht des Geschäftsführers eine Vereinbarung der sofortigen Fälligkeit und Vererbbarkeit bereits ab dem Zeitpunkt der Austrittsvereinbarung ratsam.[52]

---

48 *Arens/Beckmann*, Die anwaltliche Beratung des GmbH-Geschäftsführers, § 2 Rn 79.
49 BFH 17.5.1977 – VI R 150/76, BB 1977, 1288.
50 BAG 15.7.2004 – 2 AZR 630/03, NZA 2005, 292.
51 BAG 26.8.1997 – 9 AZR 227/96, NZA 1998, 643.
52 *Arens/Beckmann*, Die anwaltliche Beratung von GmbH-Geschäftsführern, § 2 Rn 79.

bb) Abfindungsoption

(1) Klauseltyp B

Entstehen Differenzen zwischen Geschäftsführer und Gesellschafterversammlung (Aufsichtsrat) über die Geschäftspolitik, so hat der Geschäftsführer das Recht, sein Amt niederzulegen. Er kann in diesem Falle verlangen, dass das Dienstverhältnis einvernehmlich beendet wird. Im Rahmen eines Auflösungsvertrages kann der Dienstberechtigte eine Abfindung nach Maßgabe folgender Regelungen verlangen: (...)[53] 292

(2) Gestaltungshinweise

Die Klausel, die nur aus Geschäftsführersicht empfehlenswert ist, ermöglicht diesem im Falle von Differenzen mit der Gesellschafterversammlung über die Geschäftspolitik, vorzeitig gegen Zahlung einer Abfindung auszuscheiden. Das Kernproblem der steuerlichen Begünstigung von Abfindungszahlungen, die vorab entweder nach einem Berechnungsmodell oder als Bruttosumme im Dienstvertrag geregelt sind, besteht darin, dass nach §§ 24, 34 EStG für die steuerliche Optimierung eine neue Rechts- und Billigkeitsgrundlage außerhalb des Dienstvertrages grds. erforderlich ist.[54] Ist die Abfindungsregelung bereits im Dienstvertrag enthalten, fehlt zunächst eine **„neue Rechts- und Billigkeitsgrundlage"**. Zwar haben einzelne Finanzgerichte entschieden, dass Abfindungszahlungen wegen Kündigung des Arbeitsverhältnisses durch den Arbeitgeber auch dann eine begünstigte Entschädigung iSd §§ 24, 34 EStG seien, wenn die Modalitäten bereits direkt im Anstellungsvertrag geregelt seien.[55] Die finanzgerichtliche Instanzrechtsprechung bezieht sich aber allein auf Fälle der Kündigung, die mit der Klausel B nicht erfasst werden. Der Klausel B liegt das von den Parteien angestrebte Ziel einer einvernehmlichen Vertragsbeendigung zugrunde. 293

Deshalb wird angeregt, wie in der Klausel B geschehen, die Stewardess-Entscheidung[56] des BFH nutzbar zu machen und über das Optionsrecht des Geschäftsführers im Dienstvertrag eine neue spätere Rechts- oder Billigkeitsgrundlage zu schaffen.[57] 294

cc) Kapitalisierung bei befristetem Dienstverhältnis

(1) Klauseltyp C

Wird das Geschäftsführerverhältnis nach Ablauf der Laufzeit nicht verlängert, so erhält der Geschäftsführer eine Abfindung iHv (...) €. 295

(2) Gestaltungshinweise

Die Klausel C wird verschiedentlich verwendet mit Blick auf eine weitere Regelung in Geschäftsführerverträgen, wonach die Gesellschaft innerhalb einer bestimmten Frist – meist einem Jahr – vor Ablauf des befristeten Dienstverhältnisses mitteilen muss, ob der Dienstvertrag verlängert wird oder nicht. Als „Trostpflaster" einer unterbliebenen Verlängerungsmitteilung sehen manche Dienstverträge zum Ablauf des befristeten Dienstvertrages Abfindungen vor. 296

Diese Abfindungen sind keine Abfindungen im eigentlichen Sinne, da sie nicht aufgrund arbeitgeberseitiger Veranlassung gewährt werden, sondern im Zusammenhang mit dem bereits bei Vertragsschluss vereinbarten Dienstvertragsende. Sie stellen auch keine Entschädigung für künftig entgehende Einnahmen dar, so dass die Regelung in Klausel C unter steuerlichen Ge- 297

53 H/S-*Hümmerich*, Das arbeitsrechtliche Mandat, § 11 Rn 379.
54 BFH 6.2.1987 – VI R 229/83, BFH/NV 1987, 572.
55 FG Düsseldorf 25.2.2003 – 3 K 7318/00 E, DStRE 2003, 428; FG Köln 25.4.2002 – 13 K 7470/98, DStRE 2002, 1245.
56 BFH 8.8.1986 – VI R 28/84, BStBl. II, S. 106.
57 Vgl auch *Bauer*, Arbeitsrechtliche Aufhebungsverträge, VII. Rn 52.

sichtspunkten, wenn eine steuerliche Privilegierung gem. §§ 34, 24 EStG in Betracht kommen könnte, nicht zu empfehlen ist. Wirksamkeitsbedenken bestehen gegen entsprechende Vereinbarungen jedoch nicht.[58]

298 Derartige Regelungen könnten im Zusammenhang mit einer anderen Entwicklung jedoch zukünftig noch interessanter werden, auch wenn es sich gerade nicht um eine typische Abfindungslage handelt. In jüngerer Vergangenheit befassten sich das OLG Köln[59] und der BGH[60] mit der Problematik der **Nichtverlängerung des Organamtes** und des Anstellungsvertrages im Zusammenhang mit dem **Allgemeinen Gleichbehandlungsgesetz (AGG)** (vgl § 2 Rn 27 ff). Beide Gerichte kamen insoweit zu dem Ergebnis, dass auch die Wiederbestellung und der erneute Abschluss des Anstellungsvertrages einen (erneuten) „Zugang zur Erwerbstätigkeit" iSd § 6 Abs. 3 AGG darstellen, so dass die Regelungen des AGG – im konkreten Fall das Verbot einer Altersdiskriminierung – also auch im Zusammenhang mit der Nichtverlängerung befristeter Anstellungsverträge und der Wiederbestellung zu beachten sind.[61] Dieses Umstands werden sich zukünftig auch die nicht wiederbestellten Geschäftsführer bewusst sein, so dass zumindest potentiell auch in diesen Fällen ein größeres Risiko von Entschädigungsklagen besteht. Daher ist einerseits von Seiten der Gesellschaft in Bezug auf die Einhaltung des AGG vorsichtig zu verfahren. Andererseits kann eine als „Trostpflaster" gewährte „Abfindung" aufgrund ihrer **Befriedungsfunktion** (s. Rn 258, 267) in solchen Konstellationen durchaus geeignet sein, den Geschäftsführer milde zu stimmen und somit die Gefahr möglicher AGG-basierter Klagen zu reduzieren.

58 Moll/*Moll/Grobys*, MAH Arbeitsrecht, § 80 Rn 54.
59 OLG Köln 29.7.2010 – 18 U 196/09, NZG 2011, 187.
60 BGH 23.4.2012 – II ZR 163/10, NZA 2012, 797.
61 BGH 23.4.2012 – II ZR 163/10, NZA 2012, 797; OLG Köln 29.7.2010 – 18 U 196/09, NZG 2011, 187.

2. Arbeitszeit- und Nebentätigkeitsklauseln

Literatur

Fleischer, Zur Privatsphäre von GmbH-Geschäftsführern und Vorstandsmitgliedern: Organpflichten, organschaftliche Zurechnung und private Umstände, NJW 2006, 3239; *Hümmerich*, Der Verbraucher-Geschäftsführer – das unbekannte Wesen, NZA 2006, 709; *Schuhmann*, Der Mehrfachgeschäftsführer und seine Vergütung, GmbHR 2009, 1271; *Tschöpe/Wortmann*, Der wichtige Grund bei Abberufungen und außerordentlichen Kündigungen von geschäftsführenden Organvertretern, NZG 2009, 161.

a) Rechtslage im Umfeld

aa) Arbeitszeit und Notwendigkeit ihrer Begrenzung

Der Umfang der Arbeitszeit eines Geschäftsführers folgt aus seinen konkret übernommenen Aufgaben, dem Umfang der geschäftlichen Tätigkeit der Gesellschaft und den getroffenen vertraglichen Absprachen.[1] Dem Geschäftsführer obliegen als Organ der GmbH nicht nur die allgemeinen Leitungs-, Organisations- und Kontrollaufgaben, sondern ggf auch die Erledigung laufender Geschäfte.[2] Er hat das wirtschaftliche Ziel der GmbH zu fördern und die Stabilisierung bzw Steigerung des geschäftlichen Erfolgs anzustreben.[3] Welche Maßnahmen er ergreift, ist grds. ohne Bedeutung, solange er diese Pflichten erfüllt; die Entscheidung über seinen persönlichen Einsatz obliegt ihm.[4] Bei einem Gesellschafter-Geschäftsführer ist es zulässig, dass er sich gegenüber der Gesellschaft dazu verpflichtet, seine **gesamte Arbeitskraft ausschließlich in den Dienst der Gesellschaft** zu stellen.[5] Allgemein wird angenommen, dass ein angestellter Fremdgeschäftsführer ebenfalls in dieser Weise verpflichtet werden kann.[6] Das **Arbeitszeitgesetz** gilt auch für Fremdgeschäftsführer nicht, da diese nicht Arbeitnehmer iSd § 2 Abs. 2 ArbZG sind.[7] Die Arbeitszeit von Geschäftsführern übersteigt in der Regel auch die von Arbeitnehmern, da die Aufgaben ein hohes Engagement erfordern und arbeitsrechtliche wie tarifvertragliche Beschränkungen fehlen. 299

Unter der Geltung des AGB-Rechts für Geschäftsführerverträge jedoch bleibt abzuwarten, ob die Leistungsanforderung an den Geschäftsführer mit der Formel vom **vollständigen Einsatz der Arbeitskraft** weiterhin verwendet werden kann, da unklar bleibt, in welchem Umfang der Geschäftsführer danach zur Dienstleistung verpflichtet ist. Der BGH hat zwar in einer älteren Entscheidung die Wirksamkeit einer vertraglichen Verpflichtung, die Arbeitskraft vollständig zur Verfügung zu stellen, nicht in Zweifel gezogen;[8] diese dann jedoch dahingehend ausgelegt, dass der Geschäftsführer an den fünf üblichen Wochenarbeitstagen zur Verfügung stehen und tätig werden sollte, und damit die Arbeitspflicht im Ergebnis eingeschränkt. Man wird in diesem Bereich die weitere Entwicklung der Rspr abzuwarten haben. Keinesfalls erlaubt und von der o.g. Formulierung auch nicht gedeckt wären exzessive Leistungsanforderungen, die nach arbeitsmedizinischen Grundsätzen das Risiko einer Gesundheitsschädigung des Geschäftsführers hervorrufen könnten. 300

1 Oppenländer/Trölitzsch/*Weber*, GmbH-Geschäftsführung, § 39 Rn 28.
2 BFH 29.7.1992 – I R 28/92, DStR 1993, 128.
3 Baumbach/Hueck/*Zöllner/Noack*, GmbHG, § 35 Rn 33.
4 BGH 7.12.1987 – II ZR 206/87, NJW-RR 1988, 420; FG Nürnberg 18.6.1996 – I 227/95, DStR 1996, 1805.
5 Lutter/Hommelhoff/*Kleindiek*, GmbHG, Anh zu § 6 Rn 20; vgl aber BGH 6.5.1965 – II ZR 82/63, NJW 1965, 1958, wonach ein vertraglich zur ausschließlichen Verwendung der Arbeitskraft für die Gesellschaft verpflichteter Geschäftsführer seine Tätigkeit für die Bewerbung um ein Bundestagsmanat einschränken darf, Art. 48 Abs. 2 GG.
6 *Tillmann/Mohr*, GmbH-Geschäftsführer, Rn 167; *Wicke*, GmbH, Anh zu § 6 Rn 9; Oppenländer/Trölitzsch/*Baumann*, GmbH-Geschäftsführung, § 14 Rn 1; aA *Koller*, Anm. zu FG Nürnberg 18.6.1996 – I 227/95, DStR 1996, 1806 („Auch ein fremder Geschäftsführer stellt einer GmbH seine Arbeitskraft nicht zeitlich völlig unbegrenzt zur Verfügung").
7 Scholz/*Schneider/Hohenstatt*, GmbHG, § 35 Rn 280.
8 BGH 7.12.1987 – II ZR 206/87, NJW-RR 1988, 420.

301 Im Anstellungsvertrag können die Parteien zumindest gegenüber einem nicht oder nur geringfügig am Gesellschaftskapital beteiligten Fremdgeschäftsführer aber ebenso gut feste Arbeitszeiten und einen Entgeltzuschlag für etwaige Mehr- und Überstunden vereinbaren.[9] Eine starre Regelung der Lage der Geschäftsführerarbeitszeit ist allerdings unüblich. Zunehmend wird jedoch der Umfang der regelmäßigen Arbeitszeit geregelt. Der Geschäftsführer soll zwar seine Arbeitszeit regelmäßig **an den tatsächlichen Erfordernissen der Unternehmensleitung ausrichten**, und das Verhältnis zwischen den Gesellschaftern und dem Geschäftsführer wird insofern von dem Vertrauen der Gesellschafter getragen, dass der Geschäftsführer seine Arbeit frist- und bedarfsgerecht erledigt. Dies darf jedoch nicht dazu führen, dass dem Geschäftsführer eine völlig unbegrenzte Arbeitspflicht auferlegt wird.

302 Im Bereich der Vergütung ist die Gewährung von Überstundenzuschlägen bei Fremdgeschäftsführern denkbar. Zudem ist es möglich, geringe Anteile der Geschäftsführervergütung als steuerfreie Zuschläge für Sonn- und Feiertagsarbeit und Nachtarbeit zu zahlen. Üblich ist beides, wohl auch wegen des im Vergleich zum Ertrag erheblichen Verwaltungsaufwands, der mit der steuerlich korrekten Erfassung solcher Zahlungen verbunden ist, nicht. Bei einem Gesellschafter-Geschäftsführer werden Überstundenvergütungen zudem regelmäßig als verdeckte Gewinnausschüttung iSd § 8 Abs. 3 S. 2 KStG gewertet werden.[10] In einer weiteren Entscheidung aus dem Jahre 2012 hat der BFH auch die gesonderte Vergütung für Arbeiten an Sonn- und Feiertagen oder zur Nachtzeit aus steuerrechtlicher Sicht regelmäßig erneut als eine verdeckte Gewinnausschüttung eingeordnet.[11]

bb) Nebentätigkeit

303 In Arbeitsverträgen sind absolute Nebentätigkeitsverbote unwirksam, weil sie gegen die Berufsfreiheit des Arbeitnehmers aus Art. 12 GG verstoßen (s. § 1 Rn 3114). Da dieses Grundrecht den Geschäftsführer ebenso schützt, muss gefragt werden, ob absolute Nebentätigkeitsverbote in Geschäftsführeranstellungsverträgen zulässig vereinbart werden können. Richtigerweise steht einem Geschäftsführer selbst bei einem absoluten Nebentätigkeitsverbot ein Anspruch gegen die Gesellschaft zu, ihm eine Nebentätigkeit zu genehmigen, wenn hierdurch seine Tätigkeit als Geschäftsführer und sonstige Interessen der Gesellschaft nicht beeinträchtigt wird. Die Gesellschaft hat in einem solchen Fall kein rechtlich geschütztes Interesse an der Aufrechterhaltung des Nebentätigkeitsverbotes, gerichtlich ist es nicht durchsetzbar.[12] Im Gegensatz zu dieser Ansicht hatte das LG Frankfurt in einer Entscheidung vom 16.6.2009[13] in einem Nebensatz herausgestellt, dass auch ein vollständiges Nebentätigkeitsverbot gegenüber einem Geschäftsführer zulässig sei. Wurde dagegen nur ein Zustimmungsvorbehalt hinsichtlich der Nebentätigkeitsaufnahme vereinbart, berechtigt dieser die Gesellschaft nicht, dem Geschäftsführer die Aufnahme einer Nebentätigkeit willkürlich zu verwehren, sondern muss vielmehr dabei auf ihre berechtigten Interessen verweisen.[14] Allerdings kann eine Nebentätigkeit dem während der Vertragsdauer geltenden **Wettbewerbsverbot** (s. ausf. § 2 Rn 1079 ff) widersprechen; in diesem Falle hat der Geschäftsführer die gesetzliche Pflicht, von der Aufnahme der Nebentätigkeit abzusehen. Die Maßgabe, keine Nebentätigkeiten während der Bestellung zum Geschäftsführer auszuüben, konkretisiert die besondere **Treuepflicht** des Geschäftsführers, die daraus folgt, dass der Geschäftsführer im Verhältnis zur Gesellschaft fremde Vermögensinter-

9 BGH 7.12.1987 – II ZR 206/87, NJW-RR 1988, 420; BFH 19.3.1997 – I R 75/96, NJW 1997, 3463.

10 BFH 27.6.1997 – VI 12/97, GmbHR 1997, 1163; BFH 19.3.1997 – I R 75/96, NJW 1997, 3463; BFH 27.3.2012 – VIII R 27/09, HFR 2012, 743.

11 BFH 27.3.2012 – VIII R 27/09, HFR 2012, 743.

12 *Tschöpe/Wortmann*, NZG 2009, 161, 163; KG 3.5.2007 – 23 U 102/06, juris.

13 LG Frankfurt 16.6.2009 – 3-16 O 9/09.

14 LG Frankfurt 16.6.2009 – 3-16 O 9/09.

essen wahrt.[15] Da im Einzelnen unklar sein kann, welche Nebentätigkeiten der Geschäftsführer im Interesse der Gesellschaft unterlassen muss und welche nicht, **empfiehlt** sich immer eine **vertragliche Regelung des Nebentätigkeitsverbotes.**

Es ist jedoch jedenfalls beim sog. Verbraucher-Geschäftsführer zu empfehlen, grds. eine Verpflichtung der Gesellschaft aufzunehmen, dem Geschäftsführer eine Nebentätigkeit nicht unbillig zu versagen. Art. 12 GG gilt auch für Geschäftsführer und umfasst gerade auch die Freiheit eines Geschäftsführers, eine nebenberufliche Tätigkeit zu ergreifen.[16] Der Maßstab der Billigkeit ist allerdings für den Geschäftsführer als Organ der Gesellschaft nicht mit dem Interesse des Arbeitgebers an der Arbeitsleistung eines Arbeitnehmers gleichzustellen. Der Geschäftsführer ist das notwendige und zugleich einzige Vertretungsorgan der Gesellschaft, nur durch ihn ist die Gesellschaft handlungsfähig und kann im Rechtsverkehr auftreten.[17] Um ihre Handlungsfähigkeit jederzeit gewährleisten zu können, ist die Gesellschaft darauf angewiesen, dass der Geschäftsführer bei Bedarf zur Verfügung steht und nicht durch eine etwaige Nebentätigkeit verhindert ist. Diese Erwägungen sind im Einzelfall geeignet, konkrete Nebentätigkeiten des Geschäftsführers zu verbieten oder eine gegebene Genehmigung rechtswirksam zu widerrufen. 304

b) Klauseltypen und Gestaltungshinweise

aa) Arbeitszeitklauseln

(1) Klauseltyp A

A 1: Der Geschäftsführer hat seine volle Arbeitskraft der Gesellschaft zur Verfügung zu stellen. 305

A 2: Die individuelle Arbeitszeit richtet sich nach den durch Aufgaben und Verantwortungsbereich begründeten Erfordernissen.

A 3: Beginn und Ende der Arbeitszeit des Geschäftsführers richten sich nach dem Umfang der übernommenen Aufgaben. Die zeitliche Lage der Arbeitszeit legt der Geschäftsführer im Einvernehmen mit den weiteren Geschäftsführern selbst fest.

A 4: Der Geschäftsführer hat seine volle Arbeitskraft sowie sein ganzes Wissen und Können in die Dienste der Gesellschaft zu stellen. Er ist in der Bestimmung seiner Arbeitszeit frei, hat jedoch jederzeit, soweit das Wohl der Gesellschaft es erfordert, zu ihrer Verfügung zu stehen und ihre Interessen wahrzunehmen.

A 5: Die Arbeitszeit des Geschäftsführers richtet sich nach der allgemeinen Arbeitszeitregelung für den Kreis der leitenden Angestellten des Unternehmens. Der Geschäftsführer ist verpflichtet, Überstunden im erforderlichen Ausmaß zu leisten, wobei mit seinem Entgelt jede Mehrleistung abgegolten ist.

(2) Gestaltungshinweise

Die Klauseln A 1–A 4 gestalten die Arbeitszeit des Geschäftsführers nach den gesetzlichen Vorgaben. Die **Klausel A 1** hält fest, dass der Geschäftsführer seine gesamte Arbeitskraft in den Dienst der Gesellschaft stellen muss. In **Klausel A 2** bestimmt sich die Arbeitszeit nach dem tatsächlichen Arbeitsanfall. Die **Klausel A 3** sieht vor, dass der Geschäftsführer Einvernehmen mit seinen Mitgeschäftsführern über die Lage seiner Arbeitszeit erzielen muss. Für die Vertragsgestaltung ist die **Klausel A 4** zu **empfehlen.** Diese Klausel regelt alle Aspekte der Geschäftsführerarbeitszeit umfassend, präzise und klar. Vor allem ist ausdrücklich festgehalten, dass der Ge- 306

15 Lutter/Hommelhoff/*Kleindiek*, GmbHG, Anh zu § 6 Rn 18.

16 LG Frankfurt 16.6.2009 – 3-16 O 9/09.

17 Lutter/Hommelhoff/*Kleindiek*, GmbHG, § 35 Rn 1.

schäftsführer der Gesellschaft bei akutem Bedarf zu Diensten stehen muss. Die ständige Verfügbarkeit resultiert aus der generellen Pflicht des Geschäftsführers, die volle Arbeitskraft für die Gesellschaft einsetzen zu müssen. Sie gewinnt insb. in Fällen urlaubsbedingter oder sonstiger Abwesenheit des Geschäftsführers Bedeutung. Dann muss der Geschäftsführer bei außergewöhnlichen Geschäftsereignissen, nicht jedoch bei Tagesgeschäft tätig werden.

307 In **Klausel A 5** werden feste Arbeitszeiten für den Geschäftsführer vereinbart, indem die Arbeitszeit des Geschäftsführers an die für leitende Angestellte des Unternehmens geltenden Regelungen geknüpft wird. Etwaige Mehrarbeit ist bei dieser Gestaltung bereits durch das Grundgehalt abgegolten. Die Klausel A 5 ist in Konzernunternehmen zu empfehlen.

308 Die Vereinbarung fester Arbeitszeiten für den Geschäftsführer ist grds. zulässig.[18] Die **Klausel A 5** begegnet auch beim Verbraucher-Geschäftsführer keinen AGB-rechtlichen Bedenken. Eine Pauschalabgeltungsvereinbarung für Überstunden verstößt zwar bei Arbeitnehmern gegen das Transparenzgebot des § 307 Abs. 1 S. 2 BGB, weil eine derartige pauschalierte Vergütungsregelung in das Äquivalenzgefüge eingreift, so dass Pauschalabgeltung und geleistete Überstunden nicht mehr in einem angemessenen Verhältnis zueinander stehen.[19] Beim Geschäftsführer beeinträchtigt eine solche Pauschalabgeltung jedoch nicht das vertragliche Gleichgewicht. Das BAG hatte vor Inkrafttreten der Schuldrechtsreform mehrfach für leitende Angestellte entschieden, dass von ihnen ein besonderes Maß an Arbeitsleistung verlangt werden darf.[20] Mit Urteil vom 31.8.2005 hat das BAG Pauschalierungsklauseln für Nachtzuschläge anerkannt.[21] Aus den Entscheidungen wird zutreffend gefolgert, dass die Vergütung das Entgelt für etwaige Mehr- und Überarbeit umfassen darf; die Regelung muss allerdings transparent und die Höhe der Vergütung angemessen sein.[22] Für Geschäftsführer kann nichts anderes gelten, da sie im Vergleich mit leitenden Angestellten gesteigerte Verantwortung für das Unternehmen übernehmen und in der Regel ein höheres Entgelt beziehen. Zudem bringt es die Stellung als Geschäftsführer mit sich, dass vor Ort kein Arbeitgeber existiert, der Überstunden anordnen könnte, so dass der Geschäftsführer den Umfang seiner Arbeitszeit letztlich selbst zu verantworten und Überstunden auch selbst anzuordnen hat. Damit unterscheidet sich die Situation des Geschäftsführers entscheidend von der Lage der Arbeitnehmer, auch den leitenden Angestellten, bei denen der Arbeitgeber eine Kontrolle über die Anzahl der angeordneten Überstunden hat. Dieser strukturelle Unterschied führt zur Wirksamkeit der Klausel A 5. Der Entgeltzuschlag für Überstunden ist in der Geschäftsführervergütung auch ohne eine der Höhe nach konkret angegebene Einzelausweisung zulässig enthalten. Weiterhin führt der Ausschluss gesonderter Überstundenzuschläge wie in Klausel A 5 auch bei der Verwendung gegenüber Gesellschafter-Geschäftsführern zur Verhinderung der Einordnung als verdeckte Gewinnausschüttung.

bb) Nebentätigkeitsklauseln

(1) Klauseltyp B

309 **B 1:** Dem Geschäftsführer wird während der Dauer des Vertrages jede entgeltliche oder unentgeltliche Nebentätigkeit für sich oder Dritte untersagt, es sei denn, die Gesellschafterversammlung hat die Nebentätigkeit schriftlich genehmigt. Die Übernahme von Ämtern in Aufsichtsgremien anderer Unternehmen und Ehrenämtern in Organisationen bedürfen gleichfalls der vorherigen schriftlichen Zustimmung durch die Gesellschaft. Die zur Übernahme eines Amtes erteilte Zustimmung ist jederzeit frei widerruflich, wobei im Falle eines Widerrufs etwaige Fristvorschriften für die Beendigung des übernommenen Amtes berücksichtigt werden.

18 BGH 7.12.1987 – II ZR 206/87, NJW-RR 1988, 420.

19 Däubler/Bonin/Deinert/*Bonin*, § 307 BGB Rn 182 c mwN.

20 BAG 17.11.1967 – 2 AZR 133/66, AP § 611 Leitende Angestellte Nr. 1; BAG 13.6.1967 – 2 AZR 133/66, AP § 618 BGB Nr. 15.

21 BAG 31.8.2005 – 5 AZR 545/04, NZA 2006, 324.

22 Preis/*Preis*, Der Arbeitsvertrag, II M 20 Rn 22 f.

B 2:
1. Der Geschäftsführer hat seine volle Arbeitskraft der Gesellschaft zur Verfügung zu stellen.
2. Jede entgeltliche oder unentgeltliche Nebentätigkeit bedarf der vorherigen schriftlichen Zustimmung der Gesellschafterversammlung. Das Gleiche gilt für die Beteiligung an einem Wirtschaftsunternehmen (ausgenommen Kapitalbeteiligungen) sowie für die Mitwirkung in Aufsichtsorganen anderer Gesellschaften.
3. Der Geschäftsführer bedarf der vorherigen Zustimmung der Gesellschafterversammlung zu Vorträgen und Veröffentlichungen, die sich auf Arbeitsgebiete der Gesellschaft oder andere Interessen der Gesellschaft beziehen.
4. Die Gesellschafterversammlung wird ihre Zustimmung nicht ohne wichtigen Grund verweigern.

B 3:
1. Der Geschäftsführer hat der Gesellschaft seine volle Arbeitskraft zur Verfügung zu stellen. Nebentätigkeiten, auch ehrenamtliche, bedürfen der vorherigen schriftlichen Einwilligung der Gesellschaft; diese wird die Gesellschaft nicht unbillig verweigern.
2. Während der Dauer des Vertrages wird sich der Geschäftsführer an Unternehmen, die mit dem Unternehmer der (...) in Wettbewerb stehen oder mit den Unternehmen der (...) Geschäftsverbindungen unterhalten, weder unmittelbar oder mittelbar beteiligen.
3. Die Mitwirkung in Aufsichtsorganen anderer Unternehmen (nicht für Unternehmen der (...)-Gruppe) bedarf der Zustimmung der Gesellschaft; diese wird die Gesellschaft nicht unbillig verweigern.

B 4: Die Gesellschaft ist berechtigt, dem Geschäftsführer weitere Organfunktionen (Geschäftsführer/Vorstand/Beirat/Aufsichtsrat) in anderen Unternehmen der (...)-Gruppe zuzuweisen. Diese Tätigkeiten sind mit seinem Entgelt für die Geschäftsführung nach § (...) dieses Vertrages abgegolten.

B 5: Der Geschäftsführer übt seine Tätigkeit hauptberuflich aus und ist verpflichtet, der Gesellschaft seine ganze Arbeitskraft zur Verfügung zu stellen.
Der Geschäftsführer ist ohne vorherige ausdrückliche schriftliche Genehmigung der Gesellschaft nicht berechtigt, während des Anstellungsverhältnisses
a) irgendeine andere geschäftliche Tätigkeit selbständig oder unselbständig auszuüben, insbesondere für Dritte auch nur nebenberuflich oder beratend tätig zu sein;
b) sich an irgendeinem Unternehmen direkt oder indirekt zu beteiligen (ausgenommen die Beteiligung im Rahmen der Veranlagung persönlichen Vermögens bzw zur Inanspruchnahme von steuerlichen Begünstigungen, wenn damit keine unternehmerische Einflussnahme verbunden ist);
c) Organfunktionen in einer juristischen Person zu übernehmen und auszuüben;
d) Funktionen in wirtschaftlichen Organisationen und Interessenvertretungen, die nicht im Zusammenhang mit den Unternehmenszielen der beschäftigenden Gesellschaft stehen, zu übernehmen und auszuüben.

Der Aufsichtsrat der Gesellschaft wird die Genehmigung zu den Aktivitäten nach a)–d) nicht ohne wichtigen Grund verweigern. Andererseits ist er berechtigt, eine erteilte Genehmigung zu einer solchen Tätigkeit jederzeit zu widerrufen, wenn berechtigte Interessen der Gesellschaft dieses erfordern; der Geschäftsführer hat dann die Tätigkeit innerhalb angemessener Zeit nachweislich aufzugeben.
Festgehalten wird, dass der Geschäftsführer bei Vertragsabschluss folgende Tätigkeiten außerhalb des Konzerns ausübt: (...)

B 6: Der Geschäftsführer ist berechtigt, als Sachverständiger und Gutachter in Fragen der Beschaffenheit, Herkunft und Wert von (...) (Produkt) tätig zu sein. In der Eigenschaft als Sachverständiger und Gutachter ist es ihm auch gestattet, die Lieferanten der Gesellschaft gegen Entgelt zu beraten.

B 7: Nebentätigkeiten bedürfen der Genehmigung der Gesellschafter. Die Genehmigungspflicht gilt nicht für Tätigkeiten in Forschung und Lehre und für ehrenamtliche Tätigkeiten, soweit hierdurch die Tätigkeit für die Gesellschaft nicht beeinträchtigt wird.

(2) Gestaltungshinweise

310 Die **Klauseln B 1–B 3** enthalten Nebentätigkeitsverbote. Grundsätzlich ist nach diesen Vereinbarungen jede Nebentätigkeit – ob entgeltlich oder unentgeltlich – während der Dauer des Geschäftsführeranstellungsvertrages untersagt. Alle Klauseln sehen zudem vor, dass die Gesellschaft Nebentätigkeiten erlauben kann. Die Klauseln B 1–B 3 gestalten diesen Regelungskomplex jedoch unterschiedlich:

311 Nach **Klausel B 1** ist grds. jede Nebentätigkeit ausgeschlossen, es sei denn, sie ist zuvor schriftlich von der Gesellschafterversammlung genehmigt. Die Zustimmung ist jederzeit frei widerruflich. Eine solche Ausgestaltung kann im Einzelfall Wirksamkeitsbedenken begegnen. Zwar hat das LG Frankfurt in einer Entscheidung aus dem Jahr 2009 die Wirksamkeit eines vollständigen Verbots für zulässig erachtet.[23] Allerdings ist sich bewusst zu machen, dass es sich um ein erstinstanzliches Urteil handelt, welches das Problem des vollständigen Verbots nur in einem Nebensatz behandelte, da es darauf im konkreten Fall nicht ankam. Dennoch kann die Klausel beim sog. Verbraucher-Geschäftsführer Bedenken begegnen, da sie sowohl gegen das Benachteiligungsverbot als auch gegen das Transparenzprinzip verstößt (§ 307 Abs. 1 BGB): Nicht jede Nebentätigkeit beeinträchtigt die Interessen der Gesellschaft, diese hat daher keinen rechtlich anerkannten Grund, die Nebentätigkeit von ihrem Gutdünken abhängig zu machen, weder bei der Genehmigung noch beim Widerruf einer Zustimmung.

312 **Klausel B 2** formuliert dagegen positiv, dass jede entgeltliche oder unentgeltliche Nebentätigkeit der Zustimmung bedarf, ohne explizit ein Verbot zu erwähnen. Das Zustimmungserfordernis gilt auch für die Beteiligung an einem Wirtschaftsunternehmen sowie für die Mitwirkung in Aufsichtsorganen. Zudem ist in Klausel B 2 Abs. 3 die in Geschäftsführerdienstverträgen übliche und empfehlenswerte Abrede vorgesehen, dass der Geschäftsführer für Vorträge und Veröffentlichungen, die die Interessen der Gesellschaft berühren können, der vorherigen Zustimmung der Gesellschaft bedarf. Allerdings ist in Abs. 4 der Klausel vorgesehen, dass die Genehmigung in allen Fällen nicht ohne wichtigen Grund verweigert werden darf, damit ist die Wirksamkeit der Klausel sichergestellt.

313 Die **Klausel B 3** entspricht im Wesentlichen der Klausel B 2, ist jedoch speziell auf die Bedürfnisse eines Konzerns zugeschnitten. Denn in Klausel B 3 Abs. 3 ist festgehalten, dass der Geschäftsführer für die Mitwirkung in Aufsichtsorganen von Konzernunternehmen nicht die vorherige Zustimmung der Gesellschaft einholen muss.

314 In **Klausel B 4** ist eine weit verbreitete, aber unwirksame Klausel zur Übernahme von Nebentätigkeiten im Konzern vorgesehen. Nach dieser Abrede ist der Geschäftsführer verpflichtet, weitere Organfunktionen im Konzern ohne zusätzliches Entgelt zu übernehmen. Zumindest beim sog. Verbraucher-Geschäftsführer verstößt eine solche Vereinbarung gegen § 307 Abs. 2 Nr. 1 BGB. Die Verpflichtung, eine unbegrenzte Zahl weiterer Unternehmen leiten zu müssen, ohne für diese Aufgaben Entgelt zu erhalten, weicht unzulässigerweise von § 612 Abs. 1 BGB ab. Organtätigkeiten in Gesellschaften werden typischerweise nur gegen Entgelt erbracht. Die Zahlung einer Vergütung ist bereits wegen der weitgehenden Haftung, die aus der Organstellung folgt (s. § 2 Rn 615), und dem großen Einsatz, der gefordert ist, geboten und üblich. Die

23 LG Frankfurt 16.6.2009 – 3-16 O 9/09.

Klausel B 4 zwingt Geschäftsführer, weitere Organfunktionen unentgeltlich zu übernehmen. Eine solche Verpflichtung verstößt gegen § 612 Abs. 1 BGB, da nicht zu erwarten ist, dass die Tätigkeit als Gesellschaftsorgan unentgeltlich ausgeübt wird. Auch steigt mit der Übernahme mehrerer Organpositionen das Haftungsrisiko des Geschäftsführers. So kann die mangelnde Kontrolle und Organisation aller Gesellschaften, für die der Geschäftsführer im Konzern zuständig ist, einen Grund zur außerordentlichen Kündigung bilden.[24] Die Abrede lässt sich auch nicht mit dem Einwand rechtfertigen, dass der Geschäftsführer der Gesellschaft ohnehin seine gesamte Arbeitsleistung zur Verfügung stellen muss. Denn bei der Übernahme weiterer Organfunktionen muss der Geschäftsführer seine Arbeitsleistung nicht nur der Gesellschaft überlassen, mit der er vertraglich verbunden ist, sondern zudem weiteren Gesellschaften. Es kann zur überobligatorischen Einbindung des Geschäftsführers kommen. Vor diesem Hintergrund ist eine solche Nebentätigkeitsklausel unwirksam.

Die **Klausel B 5** führt im Einzelnen die Tätigkeiten auf, die der Geschäftsführer während des 315
Anstellungsverhältnisses nicht ausüben darf, ohne generell jede Nebentätigkeiten zu untersagen. Jedenfalls beim sog. Verbraucher-Geschäftsführer bestehen Bedenken gegen die Wirksamkeit der Klausel, wenn die Genehmigung- und Widerrufsausübung nicht an den Maßstab der Billigkeit geknüpft wird; dieser ist hier in Form des „wichtigen Grundes" und der „berechtigten Interessen der Gesellschaft" gegeben. Bemerkenswert ist zudem der letzte Satz von Klausel B 5: Sämtliche Tätigkeiten, die der Geschäftsführer bei Vertragsabschluss ausübt, sollen dort aufgeführt werden. Eine solche Formulierung empfiehlt sich, um Differenzen während der Vertragslaufzeit vorzubeugen.

Die **Klauseln B 6 und B 7** regeln Spezialfälle. Die Klausel B 6 gestattet ausdrücklich eine kon- 316
krete Tätigkeit des Geschäftsführers. Da die Klausel nicht eindeutig regelt, ob andere Nebentätigkeiten zulässig oder genehmigungspflichtig sind, ist von der Klausel abzuraten. Es empfiehlt sich vielmehr eine umfassende Normierung der Nebentätigkeiten, wie sie in Klausel B 5 gestaltet ist. Die Klausel B 7 nimmt Tätigkeiten in Forschung und Lehre von der Genehmigungspflicht für Nebentätigkeiten aus. Das kann im Einzelfall sinnvoll sein, solange der Geschäftsführer sein Engagement in Forschung und Lehre nicht überhand gewinnen lässt.

24 Vgl OLG Jena 12.8.2009 – 7 U 244/07, DStR 2010, 126.

3. Aufgabenbereichsklauseln

Literatur

Altmeppen, In-sich-Geschäfte der Geschäftsführer in der GmbH, NZG 2013, 401; *Baluch/Esser*, Bedeutung des Allgemeinen Gleichbehandlungsgesetzes für Organmitglieder, NZG 2007, 321; *Boemke*, Das Dienstverhältnis des GmbH-Geschäftsführers zwischen Gesellschafts- und Arbeitsrecht, ZfA 1998, 209; *Fleck*, Schuldrechtliche Verpflichtungen einer GmbH im Entscheidungsbereich der Gesellschafter, ZGR 1988, 104; *Freckmann*, Der GmbH-Geschäftsführer im Arbeits- und Sozialversicherungsrecht – Ein Überblick unter Berücksichtigung der neuesten Rechtsprechung, DStR 2008, 53; *Geißler*, Begrenzung bei der Weisungsbindung des GmbH-Geschäftsführers, GmbHR 2009, 1071; *Grobys*, AGB-Kontrolle von Arbeits- und Dienstverträgen nach dem Schuldrechtsmodernisierungsgesetz, DStR 2002, 1002; *Konzen*, Geschäftsführung, Weisungsrecht und Verantwortlichkeit in der GmbH und GmbH & Co. KG, NJW 1989, 2977; *Leuering/Dornhegge*, Geschäftsverteilung zwischen GmbH-Geschäftsführern, NZG 2010, 13; *Lutter*, Haftung und Haftungsfreiräume des GmbH-Geschäftsführers, GmbHR 2000, 301; *Mennicke*, Zum Weisungsrecht der Gesellschafter und der Folgepflicht der Geschäftsführer in der mitbestimmungsfreien GmbH, NZG 2000, 622; *Reuter*, Ausgestaltung des Organschaftsverhältnisses durch autonomes Körperschaftsrecht und vertragliche Regelung der Anstellungsbedingungen, FS Zöllner, S. 491; *Schrader/Schubert*, Der „getarnte" Arbeitnehmer-Geschäftsführer, BB 2007, 1617; *Sina*, Geschäftstätigkeit und Unternehmensgegenstand der GmbH, GmbHR 2001, 661; *van Venrooy*, Beeinträchtigung der dienstvertraglichen Freistellung des GmbH-Geschäftsführers von Weisungen durch den GmbH-Gesellschaftsvertrag und durch Gesellschafterbeschlüsse?, GmbHR 1982, 175; *Wank*, Der Fremdgeschäftsführer der GmbH als Arbeitnehmer, FS Wiedemann, S. 587; *Wegmann*, Rechtsfolgen einer Überschreitung der Geschäftsführungs- und Vertretungsbefugnisse eines GmbH-Geschäftsführers, DStR 1992, 866.

a) Rechtslage im Umfeld

aa) Definition des Begriffes „Aufgabenbereich"

317 Die Aufgabenbereichsklausel beschreibt die Hauptleistungspflicht des Geschäftsführers. Üblicherweise umfassen Aufgabenbereichsklauseln Regelungen zum **Umfang der Geschäftsführungs- und Vertretungsbefugnis**, so zur Frage, ob **Einzel- oder Gesamtvertretung** bestehen soll, und zum Katalog derjenigen Geschäfte, die der Zustimmung der Gesellschafterversammlung bedürfen. Häufig wird auch der organschaftliche Pflichtenkatalog des Geschäftsführers aufgelistet. Auch Aspekte der Geschäftsführerhaftung können in der Aufgabenbereichsklausel Erwähnung finden.[1] Zudem können zusätzliche Verpflichtungen des Geschäftsführers geregelt werden, die nicht originär aus seiner Geschäftsführerstellung erwachsen. So kann in der Aufgabenbereichsklausel etwa die Verpflichtung zur Aufnahme weiterer organschaftlicher Ämter im Konzern vorgesehen werden.[2]

318 Das GmbH-Gesetz selbst nennt den Begriff des Aufgabenbereichs nicht. In der Vertragsgestaltung von Geschäftsführerdienstverträgen ist dieser Begriff jedoch weit verbreitet und wird genutzt, um Funktion und Tätigkeitsfeld des Geschäftsführers zusammenhängend darzustellen.

bb) Vertretungsbefugnis

(1) Umfang der Vertretungsbefugnis

319 Der Geschäftsführer ist das notwendige und zugleich einzige Vertretungsorgan der Gesellschaft; nur durch ihn ist die Gesellschaft handlungsfähig und kann im Rechtsverkehr tätig werden. Deshalb hat der Geschäftsführer organschaftliche und nicht bloß rechtsgeschäftliche Vertretungsmacht.[3] Die Vertretungsbefugnis des Geschäftsführers folgt unmittelbar aus § 35 Abs. 1 S. 1 GmbHG. Die **gesetzliche Vertretungsmacht des Geschäftsführers für die Gesellschaft** besteht im Außenverhältnis **unbeschränkt.**[4] § 35 Abs. 1 S. 1 GmbHG regelt, dass der Geschäftsführer die Gesellschaft nach außen gegenüber Dritten mit bindender, verfügender oder gestaltender Wirkung vertritt. § 35 Abs. 2 GmbHG befasst sich im Wesentlichen mit der Ge-

1 Zu Fragen der Geschäftsführerhaftung s. § 2 Rn 615 ff (7. Haftungsklauseln).
2 *Schneider*, GmbHR 1993, 10.
3 Lutter/Hommelhoff/*Kleindiek*, GmbHG, § 35 Rn 1.
4 Lutter/Hommelhoff/*Kleindiek*, GmbHG, § 35 Rn 3.

samtvertretung der Gesellschaft bei mehreren Geschäftsführern, während die vor dem MoMiG[5] noch in § 35 Abs. 3 und Abs. 2 S. 1 GmbHG geregelten Bestimmungen über die Zeichnungsbefugnis des Geschäftsführers aufgehoben wurden. § 35 Abs. 3 GmbHG (nF) betrifft den Sonderfall eines In-Sich-Geschäfts zwischen der Gesellschaft und ihrem Alleingesellschafter, der zugleich Geschäftsführer ist.

Die Vertretungsbefugnis erstreckt sich auf die Abgabe von Willenserklärungen für die Gesell- 320
schaft (**Aktivvertretung**) sowie auf die Entgegennahme von an die Gesellschaft gerichteten Erklärungen (**Passivvertretung**). Zudem beinhaltet sie die Vornahme von prozess- und geschäftsähnlichen Handlungen. Erfasst ist auch die Erteilung von Vollmachten (§ 167 BGB) einschließlich der Bestellung von Prokuristen und Generalhandlungsbevollmächtigten.[6] § 46 Nr. 7 GmbHG weist den Gesellschaftern hier allerdings gesellschaftsinterne Entscheidungszuständigkeit zu; ohne abweichende Ermächtigung darf der Geschäftsführer also nur tätig werden, wenn zuvor ein Gesellschafterbeschluss über den Gegenstand nach § 46 Nr. 7 GmbHG erfolgt ist. Gleichwohl ist die Bestellung eines Prokuristen durch den oder die Geschäftsführer im Außenverhältnis zum Schutz des externen Rechtsverkehrs wirksam.[7]

Innerhalb der Vertretungsmacht liegen auch der Erwerb von Beteiligungen und die Gründung 321
von Tochtergesellschaften.[8] Der Geschäftsführer vertritt die Gesellschaft bei allen Geschäften mit Dritten. Dritte können Gesellschafter, Geschäftsführer und andere Organmitglieder sein, wenn die Gesellschaft mit ihnen ein Geschäft wie mit einem Außenstehenden abschließen soll (**Außengeschäft**). Hierbei ist aber mit Sorgfalt auf das **Verbot des Selbstkontrahierens**[9] und auf die **Grundsätze zum Missbrauch der Vertretungsmacht**[10] zu achten. Ein solcher Missbrauch der Vertretungsmacht ist allerdings schon anzunehmen, wenn der Geschäftsführer seine Geschäftsführungsbefugnis objektiv überschreitet und der Geschäftspartner die Überschreitung der Innenbefugnis durch den Geschäftsführer positiv kennt oder diese für ihn nach den Umständen evident ist.[11] Wenn eine Gesellschaft mehrere Geschäftsführer hat, wird die Gesellschaft bei Rechtsgeschäften mit einem Geschäftsführer durch den anderen Geschäftsführer vertreten. Die Einschränkung der Vertretungsmacht folgt aus § 181 BGB. Ausgenommen von der Vertretungsbefugnis der Geschäftsführer sind der Abschluss, die Änderung, die Kündigung sowie die einvernehmliche Aufhebung des Anstellungsvertrages (Annexkompetenz zu § 46 Nr. 5 GmbHG).[12] Dabei wird die Gesellschaft durch die Gesellschafterversammlung oder das nach Gesetz oder Gesellschaftsvertrag zuständige Organ (zB Beirat oder Aufsichtsrat) vertreten.[13]

Die Vertretungsmacht des Geschäftsführers ist **nicht durch Gesellschaftsvertrag, durch Gesell-** 322
schafterbeschluss und auch nicht durch den Anstellungsvertrag beschränkbar.[14] Im Innenverhältnis zur Gesellschaft ist der Geschäftsführer gem. § 37 Abs. 1 GmbHG zwar verpflichtet, die ihm durch die Satzung der Gesellschaft oder Beschlüsse der Gesellschafter auferlegten Vorgaben zu seinen Geschäftsführeraktivitäten zu beachten. Gemäß § 37 Abs. 2 S. 1 GmbHG haben derartige im Innenverhältnis zwischen Gesellschaft und Geschäftsführer bestehende Beschränkungen zum Umfang der Vertretungsbefugnis jedoch im Außenverhältnis gegenüber

5 Gesetz zur Modernisierung des GmbH-Rechts und zur Bekämpfung von Missbräuchen (MoMiG) vom 23.10.2008 (BGBl. I S. 2026).
6 Lutter/Hommelhoff/*Kleindiek*, GmbHG, § 35 Rn 9 ff.
7 *Wicke*, GmbHG, § 46 Rn 18.
8 BGH 26.10.1978 – II ZR 119/77, DB 1979, 644.
9 Scholz/*Schneider/Schneider*, GmbHG, § 35 Rn 133 ff; *Schmitt*, WM 2009, 1784.
10 Ausf. Lutter/Hommelhoff/*Kleindiek*, GmbHG, § 35 Rn 22 ff.
11 OLG Hamm 22.8.2005 – 5 U 69/05, NZG 2006, 827, OLG Hamm 8.3.2009 – 8 U 237/07, GWR 2009, 345.
12 BGH 25.3.1991 – II ZR 169/90, WM 1991, 852; OLG Nürnberg 26.8.1998 – 12 U 3968/95, NZG 1999, 124.
13 *Gach/Pfüller*, GmbHR 1998, 64.
14 BFH 29.7.1992 – I R 28/92, DB 1993, 460; Lutter/Hommelhoff/*Kleindiek*, GmbHG, § 35 Rn 9.

Dritten keine rechtliche Wirkung.[15] Von der Vertretungsbefugnis gedeckt ist daher auch der Abschluss von Rechtsgeschäften, die mit dem Gesellschaftszweck und mit dem Unternehmensgegenstand nicht zu vereinbaren sind.[16] Die Vertretungsbefugnis ist insb. auch nicht in der Höhe beschränkbar. Das Risiko, dass sich der Geschäftsführer nicht an interne Bindungen hält, trägt grds. die Gesellschaft.

323 In einigen wenigen Sonderkonstellationen eröffnet sich ein Weg, die Vertretungsmacht des Geschäftsführers zu modifizieren. Sinn und Zweck der unbeschränkten Vertretungsbefugnis ist der Schutz des Dritten, der mit der Gesellschaft Rechtsgeschäfte abschließt oder Erklärungen entgegennimmt. Denn der Dritte kann sich nicht in jedem Einzelfall über den Umfang der Vertretungsbefugnis des anderen informieren. Deswegen hat der Gesetzgeber bei den Handelsgesellschaften den Umfang der organschaftlichen Vertretungsbefugnis zwingend festgelegt.[17] Wenn der Schutzzweck nicht erreicht werden muss, weil der Dritte ohnehin Kenntnis von internen Beschränkungen hat, kann die Vertretungsmacht auch nach außen begrenzt werden.[18] Eine solche Einschränkung erfährt die Vertretungsbefugnis namentlich bei Rechtsgeschäften mit Gesellschaftern[19] und Konzerngesellschaften.[20] Sowohl Gesellschaftern der eigenen Gesellschaft als auch Vertretern von Konzerngesellschaftern sind etwaige interne Begrenzungen der Handlungsbefugnis des Geschäftsführers bekannt. Wenn der Vertragspartner Kenntnis von den Beschränkungen hat, bedarf er keines Verkehrsschutzes. Der Geschäftsführer kann den internen Zustimmungsvorbehalt anderer Gesellschaftsorgane auch zur Wirksamkeitsvoraussetzung eines Vertrages mit einem Dritten machen.[21]

(2) Verbot des Selbstkontrahierens (§ 181 BGB)

324 Für den Geschäftsführer als Vertreter der Gesellschaft gilt das allgemeine **Verbot des Selbstkontrahierens** (§ 181 BGB). Nach § 181 BGB kann der Geschäftsführer die GmbH bei einem mit ihm selbst abzuschließenden Geschäft nicht vertreten. Ebenso wenig kann er für die GmbH bei einem Geschäft der GmbH mit einem Dritten handeln, den er ebenfalls vertritt, sei es als gesetzlicher oder rechtsgeschäftlicher Vertreter, sei es als Organ (sog. Mehrfachvertretung). Ziel des § 181 BGB ist es, Interessenkollisionen zu vermeiden, die auftreten können, wenn auf beiden Seiten dieselbe Person als Vertragspartner auftritt. Nach § 181 BGB kann ein Geschäftsführer ein eigenes Geschäft mit der Gesellschaft nur dann vornehmen, wenn auf diese Weise eine bereits bestehende Verbindlichkeit erfüllt werden soll (zB Gehaltsauszahlung des Geschäftsführers an sich selbst) oder wenn das Geschäft für die Gesellschaft rechtlich nur vorteilhaft ist.[22] Derartige Geschäfte sind nur wirksam, wenn sie nach außen erkennbar vorgenommen wurden.[23] Ein unter Verstoß gegen § 181 BGB getätigtes In-Sich-Geschäft oder eine Mehrfachvertretung ist nicht nichtig, sondern schwebend unwirksam. Die Gesellschafter können das Geschäft nachträglich genehmigen.[24]

325 Von Anbeginn wirksam sind In-Sich-Geschäfte oder Mehrfachvertretungen, wenn der Geschäftsführer vom **Verbot des Selbstkontrahierens befreit** ist. Der Geschäftsführer kann durch

15 Baumbach/Hueck/*Hueck*, GmbHG, § 35 Rn 116, § 37 Rn 43 ff.

16 OLG München 12.12.1991 – 1 U 4192/91, GmbHR 1992, 534; Scholz/*Schneider/Schneider*, GmbHG, § 35 Rn 26 mwN.

17 BGH 23.6.1997 – II ZR 353/95, NJW 1997, 2678.

18 BGH 23.6.1997 – II ZR 353/95, NJW 1997, 2678; BAG 28.4.1994 – 2 AZR 730/93, ZIP 1994, 1290; Scholz/*Schneider/Schneider*, GmbHG, § 35 Rn 27; aA Lutter/Hommelhoff/*Kleindiek*, GmbHG, § 35 Rn 24.

19 BGH 23.6.1997 – II ZR 353/95, NJW 1997, 2678; BAG 28.4.1994 – 2 AZR 730/93, ZIP 1994, 1290; Scholz/*Schneider/Schneider*, GmbHG, § 35 Rn 28 ff.

20 Scholz/*Schneider*, GmbHG, § 35 Rn 28 ff.

21 BGH 23.6.1997 – II ZR 353/95, NJW 1997, 2678.

22 BGH 27.9.1972 – IV ZR 225/69, BGHZ 59, 236.

23 BGH 8.3.1991 – V ZR 25/90, NJW 1991, 1730.

24 BGH 29.11.1993 – II ZR 107/92, BB 1994, 164.

eine Regelung im Gesellschaftsvertrag von den Beschränkungen des § 181 BGB entbunden werden.[25] Dabei kann die Befreiung entweder generell für alle Geschäftsführer oder individuell für einen bestimmten Geschäftsführer erfolgen.[26] Eine generelle Befreiung des Geschäftsführers vom Verbot des Selbstkontrahierens kann etwa nur durch eine entsprechende Satzungsregelung erfolgen, so dass im Fall des Fehlens einer solchen Regelung im Gesellschaftsvertrag diese nur durch formgerechte Änderung des Gesellschaftsvertrages geschaffen werden kann.[27] Es bedarf demnach zunächst eines satzungsändernden Beschlusses gem. §§ 3, 43, 54 GmbHG.[28] Die dem Geschäftsführer hierauf erteilte Befreiung ist gem. §§ 10 Abs. 1 S. 2, 39 Abs. 1 GmbHG in das Handelsregister einzutragen. Ohne satzungsmäßige Erlaubnis kann das Gesellschaftsorgan, das für die Bestellung und Abberufung zuständig ist, den Geschäftsführer nur im Einzelfall von der Sperrwirkung des § 181 BGB entbinden:[29] Eine generelle Befreiung ist durch einen bloßen Gesellschafterbeschluss nicht möglich.[30] Bei der Gestaltung des Dienstvertrages ist aus Sicht der Gesellschafter darauf zu achten, dass die Befreiung vom Verbot des Selbstkontrahierens im Anstellungsvertrag unter keinen Umständen konstitutiv, sondern allenfalls deklaratorisch ist. Eine Befreiung vom Selbstkontrahierungsverbot greift in das Organisationsgefüge der Gesellschaft ein. Die Organisation der Gesellschaft bildet jedoch nicht Gegenstand des Anstellungsverhältnisses, sondern wird alleine durch statutarische Bestimmungen normiert. Deswegen können Änderungen der Gesellschaftsorganisation auch nur durch die Satzung erfolgen und nicht im Anstellungsvertrag (s. § 2 Rn 332).

In der **Gründungsphase** kommt eine Befreiung auch nach einem vereinfachten Verfahren in Betracht. Die im **vereinfachten Verfahren nach Musterprotokoll** vorgesehene Befreiung des Geschäftsführers von dem Verbot des Insichgeschäfts iSv § 181 BGB betrifft allerdings dabei allein den Gründungsgeschäftsführer der Gesellschaft, so dass die Befreiung im Fall der Abberufung des Gründungsgeschäftsführers nach Beendigung des Gründungsakts nicht für den Nachfolgegeschäftsführer wirkt.[31] 326

Auch der Geschäftsführer, der zugleich **Alleingesellschafter** der GmbH ist, unterliegt nach § 35 Abs. 3 S. 1 GmbHG dem Verbot des Selbstkontrahierens gem. § 181 BGB. Er kann nach hM ausschließlich durch eine Satzungsänderung und nicht durch einen bloßen Gesellschafterbeschluss von diesem Verbot befreit werden.[32] § 181 BGB gilt nach hM über den Wortlaut des § 35 Abs. 3 S. 1 GmbHG hinaus auch dann, wenn neben dem Gesellschafter-Geschäftsführer noch ein weiterer Fremdgeschäftsführer bestellt wurde.[33] 327

(3) Gesamtvertretung

Häufig haben Gesellschaften nicht nur einen Geschäftsführer. Sind mehrere Geschäftsführer bestellt, müssen alle Geschäftsführer gemeinschaftlich handeln (§ 35 Abs. 2 S. 1 GmbHG), es sei denn, der Gesellschaftsvertrag regelt die Vertretung anders, was meist der Fall ist. 328

---

25 Scholz/*Schneider/Schneider*, GmbHG, § 35 Rn 143 f; *Schmitt*, WM 2009, 1784 f.

26 Scholz/*Schneider/Schneider*, GmbHG, § 35 Rn 143 f.

27 KG Berlin 21.3.2006 – 1 W 252/05, NZG 2006, 718.

28 BGH 28.2.1983 – II ZB 8/82, NJW 1983, 1676.

29 BGH 6.10.1960 – II ZR 215/58, BGHZ 33, 192; BGH 28.2.1983 – II ZB 8/82, BGHZ 87, 59, 60 = WM 1983, 446; KG 23.8.2001 – 8 U 8644/99, GmbHR 2002, 327; Scholz/*Schneider/Schneider*, GmbHG, § 35 Rn 144; Lutter/Hommelhoff/*Lutter/Hommelhoff*, GmbHG, § 35 Rn 52; aA OLG Celle 16.8.2000 – 9 W 82/00, GmbHR 2000, 1098 (nur durch Satzung).

30 BGH 17.5.1971 – III ZR 53/68, WM 1971, 1082, 1084; BGH 24.5.1976 – II ZR 164/74, NJW 1976, 1538, 1539; Scholz/*Schneider/Schneider*, GmbHG, § 35 Rn 145 mwN.

31 OLG Hamm 4.11.2010 – I-15 W 436/10, MittBayNot 2011, 249; für die Liquidationsphase ähnl. LOG Frankfurt aM 13.10.2011 – 20 W 95/11, NZG 2013, 71; zu dieser Problematik ausf. *Altmeppen*, NZG 2013, 401 ff.

32 Scholz/*Schneider/Schneider*, GmbHG, § 35 Rn 145 f mwN zum Streitstand.

33 Lutter/Hommelhoff/*Kleindiek*, GmbHG, § 35 Rn 52 mwN.

329 Das Gesetz sieht für die **Aktivvertretung** als Regelfall die sog. **echte Gesamtvertretung** vor. Die Anzahl der mitwirkungsbedürftigen Geschäftsführer bestimmt sich nach der Zahl der im Zeitpunkt der Vornahme des Rechtsgeschäfts bestellten Geschäftsführer. Scheiden Geschäftsführer aus und verbleibt nur noch ein Geschäftsführer, so wird aus dessen ursprünglich nur gemeinsam mit den Mitgeschäftsführern bestehenden Gesamtvertretungsbefugnis eine Einzelvertretungsbefugnis.[34] Dies gilt allerdings nur, wenn der Wegfall der anderen Geschäftsführer auf einer Entscheidung der Gesellschafter, etwa der Abberufung, beruht und die allgemeine Vertretungsregelung der Gesellschaft die Möglichkeit vorsieht, nur einen Geschäftsführer zu bestellen.[35] Weiterhin muss in einem solchen Fall die Einzelvertretungsbefugnis des letzten verbleibenden Geschäftsführers zur Eintragung in das Handelsregister angemeldet werden.[36] Damit ist allerdings nicht der Fall zu verwechseln, dass Mitgeschäftsführer an der Mitwirkung tatsächlich gehindert sind. Praktische Hinderungsgründe führen nicht zur Alleinvertretungsbefugnis des anderen Mitgeschäftsführers, vielmehr bleibt es bei der Gesamtvertretung.[37] Bei statutarisch angeordneter echter Gesamtvertretung muss, wenn der zweite Geschäftsführer wegfällt, ein neuer, notfalls im Wege der Notbestellung, berufen werden.[38] Zur **Passivvertretung** ist jeder amtierende Geschäftsführer **allein befugt** (§ 35 Abs. 2 S. 2 GmbHG).

330 Die mit Gesamtvertretungsbefugnis ausgestatteten Geschäftsführer können sich untereinander zur Vornahme von Rechtsgeschäften ermächtigen.[39] Eine solche Ermächtigung ist ein organschaftlicher Akt, aufgrund dessen die gesetzliche Vertretungsbefugnis eines der Organmitglieder zur Alleinvertretungsbefugnis erstarkt. Die Ermächtigung ist gegenüber dem betroffenen Geschäftsführer oder gegenüber dem Dritten formfrei zu erklären; es genügt auch eine konkludente Ermächtigung.[40] Diese kann für bestimmte Geschäfte oder bestimmte Arten von Geschäften erteilt werden. Eine Generalermächtigung ist ausgeschlossen, weil die gegenseitige Kontrolle der Geschäftsführer durch eine Generalermächtigung angesichts des von der Gesellschaft bezweckten Ziels der Gesamtvertretung vollständig vereitelt würde.[41]

331 Die gesetzlich vorgesehene Gesamtvertretung bei mehreren Geschäftsführern ist in der Umsetzung unpraktikabel. Deshalb wird die Aktivvertretung der Gesellschaft meist vom gesetzlichen Regelfall abweichend gestaltet. Die Vertretungsverhältnisse können nur durch den Gesellschaftsvertrag bestimmt werden.[42] Die Vertretung kann als **Alleinvertretung**, als **echte Gesamtvertretung** oder als **unechte Gesamtvertretung** vorgesehen werden. Als unechte Gesamtvertretung wird eine Satzungsanordnung bezeichnet, nach der die Gesellschaft durch mehrere Geschäftsführer oder durch einen Geschäftsführer und einen Prokuristen vertreten wird.[43] Die unechte Gesamtvertretung ist nur zulässig, wenn die Gesellschaft mehrere Geschäftsführer hat. Denn sonst könnte ein Alleingeschäftsführer die Gesellschaft nur durch Mitzeichnung eines Prokuristen vertreten.[44] Die Vertretungsverhältnisse der Gesellschaft müssen in das **Handelsregister eingetragen** werden, § 10 Abs. 1 S. 2 GmbHG.

---

34 OLG Köln 30.3.1999 – 22 U 143/98, NZG 1999, 773; OLG Schleswig-Holstein 15.12.2010 – 2 W 150/10, RNotZ 2011, 314.
35 OLG Schleswig-Holstein 15.12.2010 – 2 W 150/10, RNotZ 2011, 314.
36 OLG Schleswig-Holstein 15.12.2010 – 2 W 150/10, RNotZ 2011, 314.
37 *Jaeger*, Der Anstellungsvertrag des GmbH-Geschäftsführers, S. 50.
38 Lutter/Hommelhoff/*Kleindiek*, GmbHG, § 35 Rn 26.
39 BGH 16.11.1987 – II ZR 92/87, WM 1988, 216.
40 BGH 15.2.1982 – II ZR 53/81, WM 1982, 425.
41 Lutter/Hommelhoff/*Kleindiek*, GmbHG, § 35 Rn 33.
42 Lutter/Hommelhoff/*Kleindiek*, GmbHG, § 35 Rn 37.
43 Lutter/Hommelhoff/*Kleindiek*, GmbHG, § 35 Rn 39.
44 Scholz/*Schneider*/*Schneider*, GmbHG, § 35 Rn 113.

(4) Vertretungsbefugnis und Anstellungsvertrag

Für die Gestaltung von Geschäftsführerverträgen gilt: Im Anstellungsvertrag kann die organschaftliche Vertretungsmacht des Geschäftsführers nicht rechtsverbindlich geregelt, geändert oder beschränkt werden. Jedwede Änderung, insb. auch die Befreiung von § 181 BGB, kann nur durch die Gesellschaftssatzung wirksam erfolgen. Häufig werden in den Anstellungsvertrag deklaratorische Bestimmungen zum Umfang der Vertretungsbefugnis aufgenommen. Ein Blick in die Satzung ist daher geboten. Wenn die Regelungen im Dienstvertrag nicht die Satzung widerspiegeln, gehen die statutarischen Bestimmungen vor (s. § 2 Rn 100). Der Geschäftsführer kann nicht die Erfüllung seiner dienstvertraglich vorgesehenen Vertretungsbefugnis verlangen.[45] Die Vertretungsabrede des Anstellungsvertrages ist schuldrechtlich wirksam, aber nicht durchsetzbar; deswegen stehen dem Geschäftsführer Gegenrechte zu, die aus der Nichteinhaltung der in seinem Anstellungsvertrag normierten Rechte und Pflichten folgen.[46] Der Geschäftsführer kann sein Amt niederlegen, den Anstellungsvertrag außerordentlich kündigen und Schadensersatz (§ 628 Abs. 2 BGB) verlangen, sofern die Voraussetzungen im Einzelnen erfüllt sind.[47] Im Interesse der Gesellschaft muss deshalb bei der Gestaltung des Dienstvertrages darauf geachtet werden, dass die Bestimmungen zur Vertretungsbefugnis im Anstellungsvertrag nicht denen der Satzung widersprechen. Umgekehrt gibt eine vertraglich vereinbarte Einzelvertretungsbefugnis ohne Änderungsvorbehalt dem Geschäftsführer einer Gesellschaft mit mehreren Geschäftsführern die Möglichkeit, sich vom Dienstvertrag zu lösen, wenn die Gesellschaft die Satzung ändert und Gesamtvertretung einführt. 332

cc) Geschäftsführungsbefugnis

(1) Umfang der Geschäftsführungsbefugnis

Die Frage nach der Geschäftsführungsbefugnis betrifft das Innenverhältnis zwischen der durch die Gesellschafterversammlung vertretenen Gesellschaft und dem Geschäftsführer. Nach der gesetzlichen Konzeption obliegt die laufende Geschäftsführung dem Geschäftsführer, sie kann von den Gesellschaftsorganen aber weitgehend an die individuelle Situation angepasst und gestaltet werden.[48] Die Befugnis zur Geschäftsführung umfasst die gewöhnlichen Rechtsgeschäfte der laufenden Geschäftsführung des Unternehmens.[49] Damit sind die **zur Verfolgung des Gesellschaftszwecks erforderlichen Maßnahmen und Entscheidungen** gemeint, insb. die Bestimmung über den Einsatz und die Koordinierung der Unternehmensressourcen einschließlich der Setzung von sachlichen und zeitlichen Teilzielen für die Mitarbeiter der Gesellschaft.[50] Zur Geschäftsführung gehören alle Handlungen, die der gewöhnliche Betrieb des Handelsgewerbes der Gesellschaft mit sich bringt, und solche organisatorischen Maßnahmen, die zur gewöhnlichen Verwaltung der Gesellschaft gehören (**Tagesgeschäft**). Zum Zuständigkeitsbereich des Geschäftsführers zählt ebenfalls die Beherrschung der Unternehmensrisiken durch ein, abhängig von der Unternehmensgröße, angemessenes internes Überwachungs- und Frühwarnsystem.[51] Auch die Ausübung von Beteiligungsrechten ist Teil der laufenden Geschäftsführung.[52] Der Rahmen der Geschäftsführungsbefugnis wird durch den **Unternehmensgegenstand**, wie er gem. § 3 Abs. 1 Nr. 2 GmbHG im Gesellschaftsvertrag festgelegt ist, beschrieben.[53] 333

45 Lutter/Hommelhoff/*Kleindiek*, GmbHG, § 35 Rn 39.
46 OLG Frankfurt 17.12.1992 – 26 U 54/92, GmbHR 1993, 288.
47 Lutter/Hommelhoff/*Kleindiek*, GmbHG, Anh zu § 6 Rn 16; aA *Fleck*, ZGR 1988, 126.
48 Scholz/*Schneider/Schneider*, GmbHG, § 37 Rn 11 ff; *Tillmann/Mohr*, GmbH-Geschäftsführer, Rn 84 f.
49 BGH 25.2.1991 – II ZR 76/90, NJW 1991, 1681.
50 *Jaeger*, Der Anstellungsvertrag des GmbH-Geschäftsführers, S. 47 f; Baumbach/Hueck/*Zöllner/Noack*, GmbHG, § 37 Rn 2.
51 Scholz/*Schneider/Schneider*, GmbHG, § 37 Rn 14.
52 Scholz/*Schneider/Schneider*, GmbHG, § 37 Rn 21.
53 Ausf. zum Unternehmensgegenstand *Sina*, GmbHR 2001, 661.

334 Das Gesetz weist dem Geschäftsführer zudem eine Vielzahl von **Einzelaufgaben** zu.[54] Dazu zählen: das Stammkapital vor verbotenen Auszahlungen zu bewahren (§§ 30, 43 Abs. 3 GmbHG); den verbotenen Erwerb eigener Anteile zu verhindern (§§ 33, 43 Abs. 3 GmbHG); für eine ordnungsgemäße Buchführung der Gesellschaft zu sorgen (§ 41 GmbHG); sobald erforderlich, Veränderungen im Bestand der Gesellschafter dem Handelsregister mitzuteilen (§ 40 GmbHG); die Gesellschafterversammlung rechtzeitig einzuberufen (§ 42 a Abs. 2 GmbHG); für die Feststellung des Jahresabschlusses zu sorgen (§ 264 HGB iVm § 42 a Abs. 1 GmbHG); die Beachtung der für die GmbH geltenden steuerrechtlichen Maßgaben (§ 34 AO); und schließlich Haftungsregelungen bei Insolvenz (§ 64 GmbHG). Die Pflicht zur Stellung eines Insolvenzantrags ergibt sich aus § 15 a Abs. 1 S. 1 InsO. Im Hinblick auf die dem Geschäftsführer im öffentlichen Interesse auferlegten Pflichten können die Gesellschafter keine Weisungen erteilen, die den Geschäftsführer zwingen, seine öffentlichen Pflichten zu verletzen.[55] Ferner nimmt der Geschäftsführer für die Gesellschaft die Rechte und Pflichten des Arbeitgebers iSd Arbeits- und Sozialrechts wahr.[56]

335 Das Gesetz **beschränkt** die **Geschäftsführungsbefugnis** des Geschäftsführers in § 46 GmbHG. Die Norm enthält einen umfassenden Katalog von Angelegenheiten, die in die **Zuständigkeit** der Gesellschafterversammlung fallen. Die Gesellschafter können im Gesellschaftsvertrag ein anderes Organ mit den Aufgaben betrauen.[57] Eine Übertragung der Angelegenheiten des § 46 GmbHG auf den Geschäftsführer ist möglich.[58] Die Stellung der **Gesellschafterversammlung als oberstem Organ** der Gesellschaft darf ihr jedoch auch in der Satzung nicht genommen werden.[59] Der Geschäftsführer darf nach hM auch nicht alleine über die Unternehmenspolitik und die strategische Ausrichtung des Unternehmens entscheiden, er muss sie sich zumindest von seinen Gesellschaftern genehmigen lassen.[60] Die zwingende Entscheidungszuständigkeit der Gesellschafterversammlung folgt aus der Gesamtschau einzelner Kompetenznormen (§§ 42 a Abs. 2, 29 Abs. 2, 46 Nr. 5, 7, 49 Abs. 2 GmbHG).

336 Auch der **Gesellschaftszweck** beschränkt die Geschäftsführungsbefugnis. **Ungewöhnliche Maßnahmen** – das sind insb. solche, die nicht mehr vom Gesellschaftszweck gedeckt sind – fallen in den **Zuständigkeitsbereich** der **Gesellschafter.**[61] Der Geschäftsführer hat nach § 49 Abs. 2 GmbHG die Gesellschafterversammlung einzuberufen, wenn ungewöhnliche Maßnahmen anliegen, damit die Versammlung über die anstehenden Schritte entscheiden kann. Zu ungewöhnlichen Maßnahmen gehören unter anderem die Stilllegung und Veräußerung von Betrieben sowie die Aufnahme von Geschäftstätigkeiten in neuen oder gesellschaftsfremden Bereichen.

(2) Modifikation der Geschäftsführungsbefugnis durch Satzung

337 Die Geschäftsführungsbefugnis kann durch die **Satzung beschränkt und erweitert** werden (**Grundsatz der Satzungsfreiheit**).[62] Nach § 37 Abs. 1 GmbHG kann die Satzung die Geschäftsführungsbefugnis **einschränken.** So können in der Satzung Geschäfte genannt werden, die den Geschäftsführern untersagt sind oder für die eine vorherige Zustimmung der Gesellschafter eingeholt werden muss (**Zustimmungsvorbehalt**).[63] Auch der Aufgabenbereich des Geschäfts-

54 Ausf. zu den Pflichten des Geschäftsführers *Lutter*, GmbHR 2000, 301. Siehe ferner die Ausführungen unter haftungsrechtlichem Aspekt in § 2 Rn 615 ff und 655 ff (7. Haftungsklauseln).

55 Lutter/Hommelhoff/*Kleindiek*, GmbHG, § 37 Rn 5.

56 *Jaeger*, Der Anstellungsvertrag des GmbH-Geschäftsführers, S. 80.

57 BGH 25.2.1965 – II ZR 287/63, BGHZ 43, 261.

58 Baumbach/Hueck/*Zöllner*, GmbHG, § 46 Rn 4.

59 Scholz/*K. Schmidt*, GmbHG, § 46 Rn 2.

60 BGH 25.2.1991 – II ZR 76/90, GmbHR 1991, 197; OLG Düsseldorf 15.11.1984 – 8 U 22/84, ZIP 1984, 1476; Lutter/Hommelhoff/*Kleindiek*, GmbHG, § 37 Rn 8 mwN.

61 Scholz/*Schneider*/*Schneider*, GmbHG, § 37 Rn 15.

62 BAG 11.3.1998 – 2 AZR 287/97, NJW 1999, 234; Lutter/Hommelhoff/*Kleindiek*, GmbHG, § 37 Rn 12, 25.

63 Baumbach/Hueck/*Zöllner*/*Noack*, GmbHG, § 37 Rn 7.

führers, der ihm nach dem Normalstatut zur eigenen Wahrnehmung zugewiesen ist, kann ihm weitgehend entzogen werden und auf eine andere gesellschaftsinterne Stelle (zB Beirat) oder auf nachgeordnete Mitarbeiter übertragen werden.[64] So ist selbst das laufende Tagesgeschäft dem Geschäftsführer nicht als unentziehbarer Kernbereich übertragen. Die Zulässigkeit einer derartigen Weisungsdichte ist gerade die Konsequenz der Konzeption der GmbH, die den Gesellschaftern die oberste Organstellung einräumt und sich damit von der Aktiengesellschaft unterscheidet, bei der gem. § 76 Abs. 1 AktG die eigenverantwortliche Leitung des Vorstands nicht ausgeschlossen werden kann.[65] Der nicht dispositive Kernbereich der Geschäftsführungsbefugnis bezieht sich auf bestimmte gesetzliche Aufgaben, für die der Geschäftsführer zwingend zuständig ist (§§ 30, 31, 33, 40, 41, 49 Abs. 3 GmbHG, § 264 Abs. 1 HGB, § 34 AO, § 15 a Abs. 1 S. 1 InsO).[66] Durch entsprechende Regelungen im Gesellschaftsvertrag können Geschäftsführer zum reinen Exekutivorgan herabgestuft werden.[67] Wird die Geschäftsführungsbefugnis bzw sein Aufgabenbereich durch Änderung der Satzung nachträglich eingeschränkt, kann dies den Geschäftsführer zur außerordentlichen Kündigung nach § 626 BGB berechtigen.[68] Ein zusätzlicher Schadensersatzanspruch nach § 628 Abs. 2 BGB scheidet allerdings jedenfalls dann aus, wenn die Einschränkung des Aufgabenbereichs ohne Verletzung seines Anstellungsvertrages erfolgte und er daraufhin die außerordentliche Kündigung des Anstellungsvertrages erklärt.[69]

Möglich ist aber auch, die Geschäftsführungsbefugnis des Geschäftsführers durch die Satzung zu **erweitern**. Nach dem Normalstatut sind Geschäftsführer den Gesellschaftern nachgeordnet und weisungsabhängig. Der Gesellschaftsvertrag kann die Stellung der Geschäftsführer in einzelnen Bereichen oder insgesamt stärken. Wird dem Geschäftsführer eine vorstandsgleiche Stellung eingeräumt, entscheidet er auch über ungewöhnliche Maßnahmen mit Ausnahme der Angelegenheiten, die tief in die Mitgliedschaftsrechte der Gesellschafter eingreifen.[70] 338

(3) Modifikation der Geschäftsführungsbefugnis durch Anstellungsvertrag

Der Umfang der Geschäftsführungsbefugnis wird vielfach im Anstellungsvertrag des Geschäftsführers beschrieben. Die Ausführungen im Anstellungsvertrag zur Geschäftsführungsbefugnis können wesentlich von denen im Gesellschaftsvertrag abweichen. Für den Gestalter von Geschäftsführerdienstverträgen ist entscheidend, welche Norm vorgeht. Grundsätzlich gilt der **Vorrang der Satzung vor den Regelungen des Anstellungsvertrages.**[71] Das Hierarchieverhältnis gebietet die Publizität der Organisationsverfassung, der Schutz künftiger Gesellschafter und das Informationsinteresse sonstiger Publizitätsadressaten. Der Vorrang der Satzung gilt auch, wenn die Geschäftsführungsbeschränkung im Gesellschaftsvertrag erst nach Abschluss des Anstellungsvertrages durch eine Satzungsänderung eingeführt wurde.[72] Zwar sind der Satzung widersprechende Regelungen zur Geschäftsführungsbefugnis im Anstellungsvertrag schuldrechtlich wirksam. Der Geschäftsführer hat aber **keinen Anspruch auf Erfüllung der Vereinbarung.**[73] Andernfalls würde der Vorrang des Organisationsrechts vereitelt. 339

64 Lutter/Hommelhoff/*Kleindiek*, GmbHG, § 37 Rn 12.
65 *Mennicke*, NZG 2000, 622, 623.
66 OLG Nürnberg 9.6.1999 – 12 U 4408/98, NZG 2000, 154; OLG Düsseldorf 15.11.1984 – 8 U 22/84, ZIP 1984, 1476; Scholz/*Crezelius*, GmbHG, § 41 Rn 4 f.
67 *Mennicke*, NZG 2000, 622, 623; Lutter/Hommelhoff/*Kleindiek*, GmbHG, § 37 Rn 12; aA Baumbach/Hueck/*Zöllner/Noack*, GmbHG, § 37 Rn 17.
68 BGH 6.3.2012 – II ZR 76/11, NJW 2012, 1656; OLG Karlsruhe 23.3.2011 – 7 U 81/10, NZG 2011, 987.
69 BGH 6.3.2012 – II ZR 76/11, NJW 2012, 1656.
70 Lutter/Hommelhoff/*Kleindiek*, GmbHG, § 37 Rn 25 f.
71 *Reuter*, FS Zöllner, S. 492; *Wank*, FS Wiedemann, S. 593 f.
72 Lutter/Hommelhoff/*Kleindiek*, GmbHG, Anh zu § 6 Rn 13.
73 Lutter/Hommelhoff/*Kleindiek*, GmbHG, Anh zu § 6 Rn 15.

340 Dem **Geschäftsführer** stehen lediglich **Gegenrechte** zu, die aus der Nichteinhaltung der in seinem Anstellungsvertrag normierten Rechte und Pflichten folgen.[74] Der Geschäftsführer kann sein Amt niederlegen, den Anstellungsvertrag außerordentlich kündigen und Schadensersatz (§ 628 Abs. 2 BGB) verlangen, sofern die Voraussetzungen im Einzelnen erfüllt sind. Wie bereits angesprochen, begründet allein die Einschränkung der Kompetenzen und Aufgabenbereiche des Geschäftsführers durch Änderung der Satzung, wie etwa der Entzug der Gesamtverantwortung und die Installation eines weiteren Geschäftsführers, gegenüber welchem der Betroffene fortan berichtspflichtig ist, keinen entsprechenden Schadensersatzanspruch, so dass zwingend eine Verletzung der im Anstellungsvertrag zugesicherten Kompetenzen hinzutreten muss.[75] Die Gesellschaft kann die Entschädigung nicht mit der Begründung verweigern, die organisationsrechtlichen Maßnahmen seien sachlich vertretbar, also willkürfrei.[76] Denn der privatautonomen Selbstbindung der Gesellschaft im Anstellungsvertrag ist nur soweit eine Rechtswirkung abzusprechen, wie es für den Vorrang des Organisationsrechts zwingend erforderlich ist.

341 Bei den **Reaktionsmöglichkeiten** der **Gesellschaft** ist zu unterscheiden: Falls sich der Geschäftsführer an das vorrangige Organisationsrecht hält und damit gegen seinen Anstellungsvertrag verstößt, kann die Gesellschaft aus dem Vertragsverstoß keine Rechtsfolgen herleiten.[77] Anders ist es, wenn der Geschäftsführer sich an seinen Anstellungsvertrag hält und gegen das vorrangige Organisationsrecht verstößt. Wer sich so verhält, muss nicht nur seine Abberufung (§ 38 GmbHG) hinnehmen, sondern unter Umständen zugleich die außerordentliche Kündigung seines Anstellungsvertrages (§ 626 BGB).[78] Ob die Gesellschaft zur fristlosen Kündigung schon dann berechtigt ist, wenn sich der Geschäftsführer nicht an die durch Anstellungsvertrag oder Geschäftsordnung vorgegebenen **Ressortzuständigkeiten** unter den Geschäftsführern hält, ist jeweils im Einzelfall zu bewerten; die Rspr der vergangenen Jahre bietet Beispiele für beides.[79] Ohne die Reaktionsmöglichkeit der Gesellschaft würde jede organisationsrechtliche Bindung leer laufen. Allerdings steht dem Geschäftsführer für den Verlust seiner Rechtsposition aus dem Anstellungsvertrag ein Schadensersatzanspruch entsprechend § 904 S. 2 BGB zu, obwohl die Voraussetzungen für einen Ersatzanspruch nach § 628 Abs. 2 BGB mangels Rechtswidrigkeit und Verschuldens der Gesellschaft nicht erfüllt sind, wenn eine Divergenz der Zuständigkeiten zwischen Anstellungs- und Gesellschaftsvertrag besteht.[80] Ausnahmsweise soll ein Erfüllungsanspruch aus dem Anstellungsvertrag bestehen, wenn alle Gesellschafter der Abweichung vom gesetzlichen Normalstatut mit satzungsänderndem und beurkundetem Mehrheitsbeschluss zustimmen und der Beschluss in das Handelsregister eingetragen wurde. Entscheidend ist, ob der Fremdgeschäftsführer davon ausgehen durfte, dass sein Dienstvertrag dauerhaft auf der Basis derjenigen Satzungsregelungen abgeschlossen wird, die ihn unmittelbar betrifft.[81] Dann gebietet das Publizitätsinteresse keinen Vorrang des Organisationsrechts.

342 Für Gestalter von Dienstverträgen gilt, dass der Inhalt der Satzung zunächst einzusehen und sodann bei der Erstellung des Dienstvertrages sorgsam zu beachten ist. Für den Geschäftsführer **empfiehlt** sich trotz des Vorrangs der Satzung eine genaue Beschreibung seiner Aufgaben

74 OLG Frankfurt 17.12.1992 – 26 U 54/92, GmbHR 1993, 288.

75 Vgl BGH 6.3.2012 – II ZR 76/11, NJW 2012, 1656.

76 Lutter/Hommelhoff/*Kleindiek*, GmbHG, Anh zu § 6 Rn 16; aA *Fleck*, ZGR 1988, 104, 126.

77 Rowedder/Schmidt-Leithoff/*Koppensteiner*/*Gruber*, GmbHG, § 35 Rn 84.

78 Lutter/Hommelhoff/*Kleindiek*, GmbHG, Anh zu § 6 Rn 17; zur Kündigung wegen Widersetzung gegen Weisungen OLG Düsseldorf 15.11.1984 – 8 U 22/84, ZIP 1984, 1476.

79 Kündigungsrecht bei „mildem Verstoß" ablehnend BGH 10.12.2007 – II ZR 289/06, GmbHR 2008, 487; ebenso OLG Brandenburg 18.3.2008 – 6 U 58/07, GmbHR 2009, 824; Kündigungsrecht bestätigend hingegen LG Berlin 10.11.2003 – 95 O 139/02, GmbHR 2004, 741.

80 Lutter/Hommelhoff/*Kleindiek*, GmbHG, Anh zu § 6 Rn 17; aA Michalski/*Heyder*, GmbHG, § 6 Rn 106.

81 Roth/*Altmeppen*, GmbHG, § 38 Rn 64; Lutter/Hommelhoff/*Kleindiek*, GmbHG, § 37 Rn 26; einschränkend *Fleck*, ZGR 1988, 104, 135 f.

und Kompetenzen im Anstellungsvertrag. Obwohl eine entgegenstehende Regelung der Satzung dem Anstellungsvertrag vorgeht, stehen dem Geschäftsführer Gegenrechte bei Verletzung seiner dienstvertraglich normierten Geschäftsführungsbefugnis zu bis hin zur außerordentlichen Kündigung nach § 626 BGB. Der Gesellschaft ist zu raten, Geschäftsführungsbefugnisse im Dienstvertrag gar nicht oder nur sehr allgemein gehalten aufzunehmen. So kann die Gesellschaft die Geschäftsführungsbefugnis in der Satzung flexibel bestimmen und ändern, ohne Gegenrechte des Geschäftsführers befürchten zu müssen.

(4) Weisungen

Das **Weisungsrecht der Gesellschafter** und die Folgepflicht der Geschäftsführers kennzeichnen das Organisationsstatut der GmbH.[82] Die Geschäftsführungsbefugnis des Geschäftsführers kann dadurch beschränkt werden, dass die Geschäfte nach allgemeinen oder ins Einzelne gehenden Weisungen der Gesellschafter auszuführen sind. Welche Weisungen die Gesellschafter erteilen, liegt grds. in ihrem Belieben.[83] **Weisungsberechtigt** ist stets die Gesellschafterversammlung. Ihr steht, sofern der Gesellschaftsvertrag nichts anderes bestimmt, auch bei Weisungsbefugnis anderer Stellen ein subsidiäres Weisungsrecht zu. Der Gesellschaftsvertrag kann eine andere gesellschaftsinterne Stelle zu Weisungen ermächtigen, nicht aber einen obligatorischen Aufsichtsrat wegen des hier zwingenden § 111 Abs. 4 S. 1 AktG.[84] Klauseln, die das Weisungsrecht der Gesellschafter gänzlich ausschließen und ihnen die Geschäfte der Gesellschaft damit auf Dauer entziehen, verstoßen gegen den Grundsatz der Verbandssouveränität.[85] Unter Umständen kann das Weisungsrecht durch den Gesellschaftsvertrag auch einem Dritten übertragen werden.[86] 343

(5) Geschäftsordnung der Geschäftsführer

Eine eigene **Geschäftsordnung** kann die Geschäftsverteilung, die Berichterstattung an die Gesellschafterversammlung und den Aufsichtsrat, die Willensbildung und Entscheidungsfindung der Geschäftsführer sowie die Modalitäten ihrer Zusammenarbeit bestimmen. Die Geschäftsordnung wird von der Gesellschafterversammlung erlassen oder, wenn die Satzung eine solche Ermächtigung vorsieht, durch den Aufsichtsrat den Geschäftsführern vorgegeben werden (**organexterne Geschäftsordnung**). Mehrere Geschäftsführer können sich aber auch selbst eine Geschäftsordnung geben (**organinterne Geschäftsordnung**).[87] Eine Geschäftsordnung sollte schriftlich abgefasst sein. Denn sie ist eine auf Dauer auch über den Wechsel der Geschäftsführer hinaus angelegte Ordnung. Nur die Schriftform sichert eine gleichmäßige Anwendung.[88] 344

(6) Verhältnis des Anstellungsvertrages zu Weisungen und Geschäftsordnung

Für den Gestalter des Anstellungsvertrages ist das Verhältnis des Dienstvertrages zur Geschäftsordnung und zu konkreten Einzelweisungen der Gesellschafter von besonderer Bedeutung. Geschäftsordnung und konkrete Einzelweisungen haben als Organisationsrecht unterhalb des Gesellschaftsvertrages über das Handelsregister nicht Teil an der Publizität der Organisationsverfassung. Für das niederrangige Organisationsrecht besteht deshalb kein Vorrang vor dem Anstellungsvertrag, falls der Vertrag einen solchen Vorrang nicht selbst vorsieht.[89] Die Gesellschafter sollen sich nicht durch eine einfache Weisung oder durch eine Geschäftsordnung 345

82 *Hoffmann/Liebs*, Der GmbH-Geschäftsführer, Rn 322; *Tillmann/Mohr*, GmbH-Geschäftsführer, Rn 44.
83 MünchHdb-GesR III/*Marsch-Barner/Dieckmann*, § 44 GmbHG Rn 66.
84 Lutter/Hommelhoff/*Kleindiek*, GmbHG, § 37 Rn 19.
85 MünchHdb-GesR III/*Marsch-Barner/Dieckmann*, § 44 GmbHG Rn 67.
86 MünchHdb-GesR III/*Marsch-Barner/Dieckmann*, § 44 GmbHG Rn 69 mwN.
87 Roth/*Altmeppen*, GmbHG, § 37 Rn 34; Scholz/*Schneider/Schneider*, GmbHG, § 37 Rn 75.
88 Scholz/*Schneider/Schneider*, GmbHG, § 37 Rn 75.
89 Lutter/Hommelhoff/*Kleindiek*, GmbHG, Anh zu § 6 Rn 14; aA MünchHdb-GesR/*Marsch-Barner/Dieckmann*, § 43 GmbHG Rn 6.

ohne weiteres von dem lösen können, was sie zuvor als rechtsverbindlich für den Anstellungsvertrag vereinbart haben.[90] Wenn also im Anstellungsvertrag der Aufgabenbereich des Geschäftsführers umschrieben ist, lässt sich der Bereich weder in einer Geschäftsordnung noch durch eine konkrete Einzelweisung erweitern, einschränken oder gar völlig abändern. Ein entsprechender Gesellschafterbeschluss wäre nicht bloß schuldrechtlich wirkungslos, sondern ebenfalls organisationsrechtlich, es sei denn, der betroffene Geschäftsführer erklärt sein Einverständnis mit der Veränderung (**Abänderungsvertrag**). Indes sind die Gesellschafter auf das Einverständnis des Geschäftsführers dann nicht angewiesen, wenn sie die Veränderung auf der Ebene des Gesellschaftsvertrages vollziehen. Wegen der Möglichkeit zur Änderung des Aufgabenbereichs des Geschäftsführers bleibt der Gesellschaft also noch genügend Organisationsflexibilität.[91]

346 Für die **Vertragsgestaltung** folgt daraus, dass auf die Formulierung der Geschäftsführungsbefugnis im Anstellungsvertrag besonders dann zu achten ist, wenn der Gesellschaftsvertrag keine eigenständigen Regeln aufweist. Durch eine sehr genaue Beschreibung der Geschäftsführeraufgaben im Anstellungsvertrag kann der Aufgabenbereich des Geschäftsführers vor Veränderungen gesichert werden. Der Gesellschaft ist zu **raten**, eine konkrete Beschreibung der Geschäftsführungsbefugnis im Anstellungsvertrag möglichst zu unterlassen. So behält sie sich größtmögliche Flexibilität und kann bei Bedarf bereits durch Weisung oder Geschäftsordnung die Aufgaben der Geschäftsführer neu zuschneiden.

dd) Aufgabenbereich aufgrund Geschäftsverteilung

347 Hat eine Gesellschaft mehrere Geschäftsführer, so werden in der Praxis meistens bestimmte Entscheidungsbereiche einzelnen Mitgeschäftsführern zugeordnet (**Geschäftsverteilung**). Der jeweilige Geschäftsführer verantwortet dann ein Ressort. Eine **Ressortaufteilung** bietet sich dann an, wenn die Leitung der einzelnen Bereiche besondere Qualifikation erfordert und der Umfang der anfallenden Tätigkeiten eine Verteilung nötig und möglich macht. Grundsätzlich ist eine Geschäftsverteilung dann rechtlich zulässig, wenn der Entscheidungsbereich der Geschäftsverteilung zugänglich ist und wenn schriftlich klargestellt ist, welcher Geschäftsführer für welchen Bereich zuständig ist. Ferner muss der zuständige Geschäftsführer die erforderliche persönliche und fachliche Qualifikation besitzen, um die zugewiesene Aufgabe ordnungsgemäß zu erfüllen.[92] Der jeweils verantwortliche Geschäftsführer trägt für die ihm zugewiesene Aufgabe die volle Handlungsverantwortung nach § 43 GmbHG. Gleichzeitig haben alle Geschäftsführer eine allgemeine Informations- und Überwachungsverantwortung.

348 Auch bei einer Aufgabenteilung zwischen zwei Geschäftsführern besteht für beide etwa die Pflicht zur **Kontrolle der Buchhaltung** sowie eine **wechselseitige Kontrollpflicht**, wobei dem Geschäftsführer die Pflicht obliegt, ein geeignetes Kontrollsystem in der Buchhaltung zu errichten, das Scheinbuchungen sowohl in der Muttergesellschaft als auch in Tochtergesellschaften eines Konzerns unterbinden kann; eine Verletzung dieser Pflicht kann sogar eine außerordentliche Kündigung rechtfertigen.[93]

349 Hat eine GmbH mehrere Geschäftsführer und besteht zwischen diesen eine Ressortverteilung, so steht grds. jedem der Geschäftsführer das Recht auf **Information** über alle Angelegenheiten der Gesellschaft zu, und zwar auch über diejenigen, die allein das Ressort eines Mitgeschäftsführers betreffen.[94] Es gehört danach zu den selbstverständlichen Kardinalpflichten eines GmbH-Geschäftsführers, sowohl die Gesellschafter als auch die weiteren satzungsmäßig berufenen Organe der Gesellschaft – wie den fakultativen Aufsichtsrat – ungefragt über alle für de-

90 *Venrooy*, GmbHR 1982, 178.
91 Lutter/Hommelhoff/*Kleindiek*, GmbHG, Anh zu § 6 Rn 14.
92 Scholz/*Schneider*, GmbHG, § 43 Rn 337 ff mwN.
93 OLG Jena 12.8.2009 – 7 U 244/07, NZG 2010, 226.
94 OLG Koblenz 22.11.2007 – 6 U 1170/07, NZG 2008, 397.

ren und das Gesellschaftsinteresse wesentlichen Tatsachen offen, transparent, zutreffend und vollständig zu informieren.[95] Dies ist nicht zuletzt in der Pflicht zur Überwachung der anderen Geschäftsführer begründet. Dieses Informationsrecht eines Geschäftsführers wird allerdings in unzulässiger Weise eingeschränkt, wenn die Gesellschaft ihm vorschreibt, Auskünfte und Unterlagen, die zum Ressort eines anderen Geschäftsführers gehören, sich ausschließlich von diesem Mitgeschäftsführer, nicht aber von anderen Mitarbeitern der Gesellschaft geben zu lassen.[96]

Die Aufteilung der Geschäftsbereiche können die Geschäftsführer ohne Zustimmung der Ge- 350
sellschafter untereinander vornehmen, indem sie selbständig Geschäftsführerressorts bilden.[97] Eine eigenständige Aufteilung durch die Geschäftsführer ist nur möglich, sofern kein Organisationsrecht entgegensteht. Grundsätzlich kann die Aufteilung auch durch Gesellschaftsvertrag, Gesellschafterweisung oder Geschäftsordnung vorgenommen werden. Wenn der Dienstvertrag eines Geschäftsführers ein bestimmtes Ressort zwingend vorsieht, so hat der Geschäftsführer Anspruch auf eine entsprechende Beschäftigung, wenn nicht Organisationsrecht entgegensteht (s. § 2 Rn 100 ff). Anders ist es, wenn die dem Anstellungsvertrag widersprechende Ressortaufteilung durch eine Geschäftsordnung oder Einzelanweisung erfolgt. Dann gehen die Regelungen des Anstellungsvertrages vor (s. § 2 Rn 105). Möglich ist aber auch, einen Änderungsvorbehalt im Anstellungsvertrag zu vereinbaren, damit die Gesellschafter dem Geschäftsführer einen neuen Aufgabenbereich auch durch Geschäftsordnung oder Einzelanweisung zuweisen können.

b) Klauseltypen und Gestaltungshinweise

aa) Aufgabenbereichsklauseln bei alleinigem Geschäftsführer der Gesellschaft

(1) Klauseltyp A

A 1: 351

1. Der Geschäftsführer vertritt als Alleingeschäftsführer die Gesellschaft gerichtlich und außergerichtlich.
2. Der Geschäftsführer führt die Geschäfte der Gesellschaft nach Maßgabe der Gesetze, des Gesellschaftsvertrages und dieses Anstellungsvertrages. Er hat den Weisungen der Gesellschafterversammlung Folge zu leisten.

A 2:

1. Herr (...) wird zum Geschäftsführer der Gesellschaft bestellt; derzeit ist er der einzige Geschäftsführer. Er steht in einem Anstellungsverhältnis zur Gesellschaft. Die Gesellschafterversammlung kann weitere Geschäftsführer bestellen.
2. Der Geschäftsführer führt die Geschäfte der Gesellschaft nach Maßgabe der Gesetze, des Gesellschaftsvertrages (Satzung) und dieses Anstellungsvertrages. Sofern sich der Inhalt des Gesellschaftsvertrages und dieses Anstellungsvertrages widersprechen sollte, gelten vorrangig die Bestimmungen des Gesellschaftsvertrages. Der Geschäftsführer hat den Weisungen der Gesellschafterversammlung Folge zu leisten.
3. Der Geschäftsführer ist – vorbehaltlich einer anders lautenden Entscheidung der Gesellschafterversammlung – einzelgeschäftsführungs- und einzelvertretungsberechtigt.
4. Die Gesellschaft kann eine Geschäftsordnung erlassen, die die Befugnisse und Pflichten des Geschäftsführers regelt.

95 KG Berlin 16.6.2011 – 19 U 116/100, GWR 2011, 359.
96 OLG Koblenz 22.11.2007 – 6 U 1170/07, NZG 2008, 397.
97 Lutter/Hommelhoff/*Kleindiek*, GmbHG, § 37 Rn 29.

A 3:

1. Herr (...) wird zum Geschäftsführer der Gesellschaft bestellt. Er steht in einem Anstellungsverhältnis zur Gesellschaft.
2. Der Geschäftsführer führt die Geschäfte der Gesellschaft nach Maßgabe der Gesetze, des Gesellschaftsvertrages (Satzung), der Beschlüsse der Gesellschafterversammlung und dieses Anstellungsvertrages. Sofern sich der Inhalt des Gesellschaftsvertrages und des Anstellungsvertrages widersprechen sollte, gelten vorrangig die Bestimmungen des Gesellschaftsvertrages. Der Geschäftsführer hat den Weisungen des Beirates, sofern ein solcher gebildet und aufgrund der Satzung mit den entsprechenden Befugnissen ausgestattet ist oder wird, Folge zu leisten.
3. Grundsätzlich ist der Geschäftsführer einzelgeschäftsführungs- und -vertretungsberechtigt.
4. Die Gesellschaft kann mehrere Geschäftsführer bestellen. Die Gesellschafterversammlung kann beschließen, dass, wenn mehrere Geschäftsführer bestellt sind, der Geschäftsführer nur gemeinsam mit den weiteren Geschäftsführern zur Geschäftsführung und Vertretung berechtigt ist. Des Weiteren kann die Gesellschaft Geschäftsführer nach Ressorts bestellen.
5. Der Geschäftsführer ist von den Beschränkungen des § 181 BGB befreit.
6. Die Gesellschaft kann eine Geschäftsordnung erlassen, die die weiteren Befugnisse und Pflichten des Geschäftsführers regelt.

(2) Gestaltungshinweise

352 Die Klauseln A 1–A 3 sind **Aufgabenbereichsklauseln** für Alleingeschäftsführer. In den Klauseln A 2 und A 3 ist vorgesehen, dass die Gesellschaft wirksam weitere Geschäftsführer bestellen kann. Hierfür bedarf es zwar organisationsrechtlich keiner Öffnungsklausel im Anstellungsvertrag des bereits bestellten Geschäftsführers. Es empfiehlt sich für die Gesellschaft jedoch, eine Öffnungsklausel in den Anstellungsvertrag aufzunehmen, um schuldrechtliche Gegenrechte des bereits bestellten Geschäftsführers bis hin zur Kündigung zu vermeiden. In der Klausel A 1 ist die Bestellung weiterer Geschäftsführer nicht vorgesehen. Falls zusätzliche Geschäftsführer bestellt werden, ist die Bestellung zwar gesellschaftsrechtlich zulässig, der bisherige Alleingeschäftsführer kann aber Rechte aus seinem Dienstvertrag gegen die Gesellschaft geltend machen. Die Klausel sollte daher aus Sicht der Gesellschaft nicht verwendet werden; aus Sicht des (Gesellschafter-)Geschäftsführers kann sie ein Element sein, um die Bestellung eines weiteren Geschäftsführers gegen dessen Willen durch die potenzielle Geltendmachung von Gegenrechten zu erschweren.

353 Weiterhin enthalten die Klauseln Regelungen zur **Vertretungs- und Geschäftsführungsbefugnis**. Der Geschäftsführer vertritt die Gesellschaft als Organ; die Geschäftsführung richtet sich nach Gesetz, Organisationsrecht und Anstellungsvertrag. Die Klausel A 1 führt entsprechend der gesetzlichen Regelung zur Gesamtvertretungsbefugnis, wenn ein zweiter Geschäftsführer bestellt wird. Durch die Zusage der Stellung als Alleingeschäftsführer könnte er sich allerdings eines vertraglichen Anspruchs berühmen, Einzelvertretungsbefugnis zu erhalten. Dies führt zwar nicht zu einem durchsetzbaren Recht auf Einzelvertretungsbefugnis, begründet aber ggf ein Kündigungsrecht und Schadensersatzansprüche. Eine Klarstellung ist daher empfehlenswert. In den Klauseln A 2 und A 3 ist dem Geschäftsführer Einzelgeschäftsführungs- und Einzelvertretungsbefugnis zugewiesen; die Gesellschaft behält sich aber vor, Gesamtvertretung und Geschäftsführung einzuführen. In Klausel A 3 ist zusätzlich vorgesehen, dass den Geschäftsführern einzelne Ressorts zugewiesen werden können. Bei der Vertragsgestaltung ist zu beachten, dass Regelungen zur Vertretungsbefugnis im Anstellungsvertrag nur schuldrechtliche Wirkung zwischen den Vertragsparteien haben. Ob Einzel- oder Gesamtvertretungsbefugnis besteht, kann nur durch Organisationsrecht wirksam bestimmt werden. Um Unklarheiten zu vermeiden, empfiehlt es sich, im Anstellungsvertrag den Vorrang des Gesellschaftsvertrages vor dem

Anstellungsvertrag klarzustellen, wie in Klausel A 2 Abs. 2 und in Klausel A 3 Abs. 2 geschehen. Die Klausel A 3 enthält zusätzlich eine Verpflichtung, die Befreiung vom Verbot des Selbstkontrahierens zu gewähren; die Möglichkeit der Befreiung vom Selbstkontrahierungsverbot muss allerdings in der Satzung vorgesehen sein und durch Gesellschafterbeschluss ausgesprochen werden.[98]

bb) Aufgabenbereichsklausel bei Vorhandensein mehrerer Geschäftsführer

(1) Klauseltyp B

B 1: 354

1. Der Geschäftsführer vertritt die Gesellschaft gemeinsam mit den weiteren Geschäftsführern gerichtlich und außergerichtlich
2. Der Geschäftsführer führt gemeinsam mit den weiteren Geschäftsführern die Geschäfte der Gesellschaft nach Maßgabe der Gesetze, der Satzung (des Gesellschaftsvertrages) und dieses Anstellungsvertrages. Er hat Weisungen der Gesellschafterversammlung Folge zu leisten.[99]

B 2:

1. Der Geschäftsführer führt die Geschäfte der Gesellschaft selbständig, verantwortlich und mit der Sorgfalt eines ordentlichen Geschäftsmanns im Rahmen des Gesellschaftsvertrages und nach Maßgabe der Beschlüsse der Gesellschafter.
2. Die Gesellschafter sind berechtigt, dem Geschäftsführer weitere oder andere Aufgaben im Unternehmensbereich, aber auch innerhalb der Unternehmensgruppe zuzuweisen und ihn zum Geschäftsführer anderer Gesellschaften des Unternehmensbereiches zu bestellen, wenn der Geschäftsbereich anderer Gesellschaften und die weiteren oder anderen Aufgaben nicht wesentlich vom bisherigen Tätigkeitsbild des Geschäftsführers abweichen und die Übernahme solcher Funktionen unter den Bedingungen des Anstellungsvertrages zumutbar ist. Der Anstellungsvertrag regelt über die Geschäftsführertätigkeit gem. Abs. 1 hinaus grundsätzlich auch alle weiteren oder anderen Tätigkeiten iSv Abs. 2.
3. Inhalt und Umfang der Vertretungsbefugnis und der Zeichnungsberechtigung des Geschäftsführers ergeben sich aus den Gesellschafterbeschlüssen iVm dem Gesellschaftsvertrag der Gesellschaft.

B 3:

1. Der Geschäftsführer ist durch Beschluss der Gesellschafterversammlung vom (...) mit Wirkung zum (...) zum Geschäftsführer der Gesellschaft bestellt worden. Mit der Bestellung tritt der Vertrag in Kraft.
2. Der Geschäftsführer führt die Geschäfte nach Maßgabe der Gesetze, des Gesellschaftsvertrages und dieses Anstellungsvertrages mit der Sorgfalt eines ordentlichen Geschäftsmanns. Er hat hierbei den von der Gesellschafterversammlung erteilten Weisungen zu folgen.
3. Der Geschäftsführer übernimmt in der Geschäftsführung das Ressort Finanzen.
4. Der Geschäftsführer vertritt die Gesellschaft allein.

B 4:

1. Der Geschäftsführer ist berechtigt und verpflichtet, die Gesellschaft gerichtlich und außergerichtlich zusammen mit einem weiteren Geschäftsführungsmitglied oder mit einem anderen Zeichnungsberechtigten der Gesellschaft zu vertreten.

98 BGH 28.2.1983 – II ZB 8/82, GmbHR 1983, 269; OLG Celle 16.8.2000 – 9 W 82/00, GmbHR 2000, 1098; *Tillmann/Mohr*, GmbH-Geschäftsführer, Rn 91.

99 Nach *Jaeger*, Der Anstellungsvertrag des GmbH-Geschäftsführers, S. 45.

2. Der Geschäftsführer führt die Geschäfte nach Maßgabe der Gesetze, des Gesellschaftsvertrages der Gesellschaft und dieses Anstellungsvertrages. Sofern sich der Inhalt des Gesellschaftsvertrages und dieses Anstellungsvertrages widersprechen sollte, gelten vorrangig die Bestimmungen des Gesellschaftsvertrages. Der Geschäftsführer hat den Weisungen der Gesellschafterversammlung und des Beirates Folge zu leisten. Die Gesellschaft kann eine Geschäftsordnung für die Geschäftsführung erlassen.

3. Soweit der Geschäftsführer Alleingeschäftsführer ist, fallen alle Angelegenheiten der Gesellschaft in seinen Aufgabenbereich. Die Gesellschaft kann die Rahmenbedingungen in einer Stellenbeschreibung konkretisieren und anpassen. Soweit mehrere Geschäftsführer bestellt sind, richtet sich die Zuständigkeit des Geschäftsführers nach den von der Gesellschafterversammlung jeweils festgelegten Aufgaben im Rahmen eines Geschäftsverteilungsplans. Änderungen des Geschäftsverteilungsplans und/oder der Stellenbeschreibung werden mit Übergabe der jeweiligen Fassung an den Geschäftsführer verbindlich und als Anlagen wesentlicher Bestandteil des Dienstvertrages.

B 5:

1. Der Geschäftsführer führt die Geschäfte nach Maßgabe der Gesetze, des Gesellschaftsvertrages der Gesellschaft und dieses Anstellungsvertrages. Sofern sich der Inhalt des Gesellschaftsvertrages und dieses Anstellungsvertrages widersprechen sollte, gelten vorrangig die Bestimmungen des Gesellschaftsvertrages. Der Geschäftsführer hat den Weisungen der Gesellschafterversammlung und des Beirats Folge zu leisten. Die Gesellschaft kann eine Geschäftsordnung für die Geschäftsführung erlassen.

2. Der Geschäftsführer übernimmt in der Geschäftsführung das Ressort Finanzen. Die Gesellschaft behält sich vor, dem Geschäftsführer die Leitung eines anderen Ressorts zuzuweisen.

3. Inhalt und Umfang der Vertretungsbefugnis ergeben sich aus der Satzung der Gesellschaft.

B 6:

1. Herr (...) wird mit Wirkung zum (...) zum Geschäftsführer der Gesellschaft bestellt. Der Geschäftsführer leitet die Bereiche (...) der Unternehmen der (...). Im Übrigen ist der Geschäftsführer für das gesamte operative Geschäft der Unternehmen der (...) zuständig, soweit die Zuständigkeit nicht von einem Vorsitzenden der Geschäftsführung wahrgenommen wird. Die Gesamtverantwortung mehrerer Geschäftsführer bleibt unberührt.
2. In Ausübung seiner Tätigkeit steht der Geschäftsführer auch für Organfunktionen (Geschäftsführung/Vorstand/Beirat/Aufsichtsrat) in anderen Unternehmen der (...) zur Verfügung.
3. Ergänzend gelten in der jeweils gültigen Fassung die Gesellschaftsverträge, Geschäftsordnungen und Geschäftsverteilungspläne der Gesellschaft und/oder der Holding-Gesellschaft sowie der Unternehmen der (...), in denen der Geschäftsführer Organfunktionen wahrnimmt.
4. Hat die Gesellschaft mehrere Geschäftsführer, ist der Geschäftsführer zusammen mit einem weiteren Mitglied der Geschäftsführung oder mit einem Prokuristen vertretungsberechtigt. Hat die Gesellschaft nur einen Geschäftsführer, vertritt er die Gesellschaft alleine.

B 7:

1. Herr (...) übernimmt spätestens mit Wirkung zum (...) die Aufgaben eines alleinigen Geschäftsführers der (...) GmbH. Die Berufung eines weiteren Geschäftsführers ist vorgesehen. Vor der Berufung eines weiteren Geschäftsführers wird zur Aufgabenverteilung zwi-

schen Herrn (...) und dem designierten zweiten Geschäftsführer ein einvernehmlicher Geschäftsverteilungsplan aufgestellt und dem Aufsichtsrat zur Zustimmung vorgelegt.

2. Die Bestellung als Geschäftsführer erfolgt zum Tag der Übernahme der Aufgaben. Danach vertritt Herr (...) die Gesellschaft vorerst allein, nach Berufung eines weiteren Geschäftsführers zusammen mit dem Geschäftsführer oder einem Prokuristen gerichtlich und außergerichtlich nach Maßgabe der Gesetze, des Gesellschaftsvertrages, dieses Anstellungsvertrages sowie der jeweils gültigen Geschäftsordnung der Geschäftsführung und der Beschlüsse der Gesellschafterversammlung.

B 8:
Ändern die Gesellschafterversammlung oder die Geschäftsführer mehrheitlich gegen den erklärten Willen des Geschäftsführers die Geschäftsordnung, ist der Geschäftsführer befugt, mit einer Frist von zwei Monaten das Dienstverhältnis zu kündigen. In diesem Falle stehen ihm zum Ausgleich für die Beendigung des Dienstverhältnisses die bis zum Ende der vereinbarten Vertragslaufzeit vereinbarte Festvergütung und die pauschalierte variable Vergütung (bei unbefristetem Dienstverhältnis: die Festvergütung und pauschalierte variable Vergütung für zwei Jahre) zu. Als variabler Vergütungsanteil ist geschuldet, was dem Geschäftsführer in dem seiner Kündigung vorausgehenden Geschäftsjahr gezahlt wurde.

(2) Gestaltungshinweise

Die **Klausel B 1** ist eine kurz gehaltene Aufgabenbereichsklausel für eine Gesellschaft mit mehreren Geschäftsführern. Es gilt der gesetzliche Regelfall der echten Gesamtvertretung. Die Klausel enthält den deklaratorischen Hinweis, dass sich die Geschäftsführung nach Gesetz, Satzung und Anstellungsvertrag richtet. 355

Im Gegensatz zur Klausel B 1 enthält die **Klausel B 2** eine detaillierte Regelung zur Geschäftsführungsbefugnis. Die Geschäftsführung richtet sich nach der Satzung und den Gesellschaftsbeschlüssen. Dadurch wird zwar versteckt, aber gleichwohl zulässig vereinbart, dass Gesellschafterbeschlüsse Regelungen im Anstellungsvertrag zur Geschäftsführungsbefugnis vorgehen. Grundsätzlich sind Vereinbarungen im Anstellungsvertrag zur Geschäftsführung durch bloße Gesellschafterbeschlüsse nicht aufhebbar. Vertraglich kann jedoch, wie hier in Klausel B 2 Abs. 1 geschehen, der Vorrang der Gesellschafterbeschlüsse bestimmt werden. Eine solche Regelung ist dem Geschäftsführer nicht zu empfehlen, da er sich der Gefahr aussetzt, zu einem reinen Exekutivorgan degradiert zu werden, das lediglich Gesellschafterbeschlüsse ausführt. Die Klausel B 2 Abs. 2 sieht zudem einen erweiterten Pflichtenkreis des Geschäftsführers vor. Die Gesellschaft ist berechtigt, ihm weitere, in der Klausel näher spezifizierte, nicht aus dem organschaftlichen Pflichtenkreis herrührende Aufgaben zu übertragen. Eine solche Klausel empfiehlt sich für Konzernunternehmen, um eine möglichst vielseitige Verwendung des Geschäftsführers zu ermöglichen. Für den Geschäftsführer ist bei dieser Klausel zu beachten, dass er nach der Vereinbarung in Klausel B 2 Abs. 2 S. 2 für etwaige weitere Tätigkeiten keine zusätzliche Vergütung verlangen kann. 356

In der **Klausel B 3** wird festgelegt, dass der Geschäftsführer das Ressort Finanzen der Geschäftsführung übernehmen wird. Anders als in der Klausel B 2 ist in der Klausel B 3 kein vom Regelfall abweichender Vorrang der Gesellschafterbeschlüsse vor den Bestimmungen des Anstellungsvertrages geregelt. Dem Geschäftsführer kann das Ressort Finanzen nicht durch eine Geschäftsordnung oder durch einen Gesellschafterbeschluss entzogen werden.[100] Die Aufgabenbereiche können nur über eine Satzungsänderung neu zugeschnitten werden. Im Falle einer Satzungsänderung kann der Geschäftsführer seine Beschäftigung als Finanzgeschäftsführer nicht erzwingen, ihm stünden aber schuldrechtliche Gegenrechte bis hin zur Kündigung zur Seite. Deswegen ist es für Geschäftsführer empfehlenswert, ihren Aufgabenbereich im Anstel- 357

100 Zur Änderung des vertraglich vereinbarten Aufgabenbereichs s. § 2 Rn 339 ff.

lungsvertrag möglichst präzise zu beschreiben. Nach Abs. 4 vertritt der Geschäftsführer die Gesellschaft allein. Zwar ist die Vertretungsbefugnis nur durch die Satzung gestaltbar. Hier gilt jedoch das Gleiche wie bei einer Neuverteilung der Geschäftsbereiche. Wenn durch eine Satzungsänderung Gesamtvertretung eingeführt werden würde, könnte sich der Geschäftsführer wegen Verletzung der vertraglichen Vereinbarung auf Gegenrechte berufen und sich vom Vertrag lösen. Ferner beziehen sich die Klauseln B 2 und B 3 auf den gesetzlichen normierten Sorgfaltsmaßstab für Geschäftsführer (§ 43 Abs. 1 GmbHG). Im Gegensatz zum oben beschriebenen Fall[101] wäre neben der außerordentlichen Kündigung des Anstellungsvertrages wegen nachträglicher Kompetenzbeschneidung zumindest theoretisch je nach Art der Beschränkung auch ein Schadensersatzanspruch nach § 628 Abs. 2 BGB denkbar, da der Entzug der Alleinvertretungsberechtigung hier im Gegensatz zur anstellungsvertraglichen Zusicherung stehen würde.

358 Die **Klausel B 4** empfiehlt sich für Gesellschaften, die sich auf der dienstvertraglichen Ebene größtmögliche Flexibilität sichern wollen. Die Regelung der Klausel B 4 Abs. 3 ermöglicht den Gesellschaftern – anders als die Klausel B 3 –, den Aufgabenbereich des Geschäftsführers nach eigenen Vorstellungen zu ändern. Die Klausel kann beim sog. Verbraucher-Geschäftsführer nach §§ 310 Abs. 3 Nr. 2, 307 Abs. 1 S. 2, Abs. 2 Nr. 2 BGB unwirksam sein, weil nicht unter Zumutbarkeitsgesichtspunkten die Interessen des Geschäftsführers berücksichtigt werden müssen. § 308 Nr. 4 BGB findet hingegen keine Anwendung, weil von dem Änderungsvorbehalt nicht die Leistung des Verwenders, hier der Gesellschaft, sondern die Leistung des Geschäftsführers betroffen ist. Wenn der Geschäftsführer Alleingeschäftsführer sein sollte, kann eine Stellenbeschreibung ergehen; falls mehrere Geschäftsführer bestellt sind, erfolgt der Zuschnitt der Aufgaben durch einen Geschäftsverteilungsplan. In Abs. 2 wird festgehalten, dass die Satzung dem Anstellungsvertrag vorgeht; einen weiteren deklaratorischen Hinweis formuliert Abs. 1, nach dem der Geschäftsführer unechte Gesamtvertretungsbefugnis hat (s. dazu § 2 Rn 331).

359 In **Klausel B 5** ist vorgesehen, dass der Geschäftsführer als Leiter des Ressorts Finanzen für die Gesellschaft tätig wird; ferner enthält die Klausel den Änderungsvorbehalt, dass die Gesellschaft dem Geschäftsführer auch die Leitung anderer Ressort übertragen darf. Die Vereinbarung eines solchen Änderungsvorbehalts empfiehlt sich für die Gesellschaft, um Aufgabenbereiche flexibel gestalten zu können, ohne sich etwaigen Gegenrechten des Geschäftsführers ausgesetzt zu sehen. Die Klausel kann beim sog. Verbraucher-Geschäftsführer unwirksam sein. Einem Finanzgeschäftsführer kann eventuell nicht zuzumuten sein, die Leitung der Produktion oder ein anderes Ressort aus dem Ingenieurbereich zu übernehmen. Rspr zu dieser Frage liegt bislang nicht vor.

360 Die **Klausel B 6** ist eine Aufgabenbereichsklausel, die auf eine Geschäftsführertätigkeit in einem Konzernunternehmen zugeschnitten ist. Sie sieht vor, dass der Geschäftsführer seinen Geschäftsbereich in allen Unternehmen der Gesellschaft leitet. Zudem obliegt ihm die gesamte operative Verantwortung, wenn der Vorsitzende der Geschäftsführung die Aufgabe nicht übernimmt. Auch die Übernahme weiterer Organfunktion ist bereits im Anstellungsvertrag angelegt. Bei der Klausel B 6 kann der Aufgabenbereich des Geschäftsführers nicht durch Geschäftsordnung oder Weisung verändert werden; der gesetzliche Vorrang des Anstellungsvertrages wurde nicht abgedungen. Die Vertretungsbefugnis ist als unechte Gesamtvertretung vorgesehen.

361 Die **Klausel B 7** ist eine besondere Aufgabenbereichsklausel für eine Gesellschaft, die die Bestellung eines weiteren Geschäftsführers plant. Es ist vorgesehen, dass die Aufgabenaufteilung zwischen dem ersten Geschäftsführer und dem weiteren Geschäftsführer einvernehmlich erzielt wird. Solange der Geschäftsführer Alleingeschäftsführer ist, ist er allein zur Vertretung der Ge-

101 Vgl BGH 6.3.2012 – II ZR 76/11, NJW 2012, 1656.

sellschaft berechtigt; nach Bestellung des zweiten Geschäftsführers besteht unechte Gesamtvertretungsbefugnis.

Die **Klausel** B 8 stellt eine Ergänzung zur dienstvertraglich vereinbarten Aufgabenzuweisung wie in den Klauseln B 3 oder B 7 dar. Sie trägt dem Umstand Rechnung, dass vertraglich vereinbarte Aufgabenzuweisungen durch Satzungsänderung verändert werden können. Über das kombinierte Kündigungs- und Entschädigungsrecht verfügt der Geschäftsführer über ein Gegenrecht, das ihm zumindest eine Entschädigung und im Verhandeln über etwaige Aufgabenänderungen gegen seinen Willen eine verstärkte Rechts- und Verhandlungsposition einräumt. Wirksamkeitsbedenken bestehen bei dieser Klausel auch bei einem sog. Verbraucher-Geschäftsführer nicht. 362

cc) Zustimmungspflichtige Geschäfte

(1) Klauseltyp C

C 1: 363

1. Die Befugnis zur Geschäftsführung umfasst die Vornahme aller Maßnahmen im Rahmen des gewöhnlichen Geschäftsbetriebs der Gesellschaft.
2. Zur Vornahme von Rechtsgeschäften, die über den gewöhnlichen Geschäftsbetrieb der Gesellschaft hinausgehen, muss die vorherige Zustimmung der Gesellschafterversammlung eingeholt werden. Das Zustimmungserfordernis gilt insbesondere für folgende Rechtsgeschäfte:
   a) Veräußerung und Stilllegung des Betriebs oder wesentlicher Betriebsteile;
   b) Aufnahme neuer Geschäftsbereiche im Rahmen der Satzung oder Aufgabe bestehender Tätigkeitsbereiche;
   c) Errichtung von Zweigniederlassungen;
   d) Gründung, Erwerb oder Veräußerung von anderen Unternehmen oder Beteiligungen der Gesellschaft an anderen Unternehmen;
   e) Erwerb, Veräußerung und Belastung von Grundstücken und grundstücksgleichen Rechten sowie die Verpflichtung zur Vornahme solcher Rechtsgeschäfte;
   f) Bauliche Maßnahmen und Anschaffung von Sachmitteln aller Art, soweit die hierfür erforderlichen Aufwendungen einen Betrag von (...) € übersteigen;
   g) Abschluss, Änderung oder Aufhebung von Miet-, Pacht- oder Leasing-Verträgen mit einer Vertragsdauer von mehr als (...) Monaten oder einer monatlichen Verpflichtung von mehr als (...) €;
   h) Inanspruchnahme oder Gewährung von Krediten oder Sicherheitsleistungen jeglicher Art, die (...) € übersteigen. Hiervon ausgenommen sind die laufenden Warenkredite im gewöhnlichen Geschäftsverkehr mit Kunden und Lieferanten der Gesellschaft;
   i) Übernahme von Bürgschaften und Garantien jeder Art;
   j) Einstellung und Entlassung von Arbeitnehmern, deren Jahresverdienst (...) € übersteigt. Bewilligung von Gehaltserhöhungen und zusätzlichen Vergütungen, die zu einem Übersteigen der Verdienstgrenze gem. Satz 1 führen. Hiervon ausgenommen sind Anpassungen der Gehälter entsprechend den Tariferhöhungen der (...);
   k) Erteilung von Versorgungszusagen aller Art, durch die zusätzliche Verpflichtungen der Gesellschaft über die Leistungen der gesetzlichen Sozialversicherung begründet werden;
   l) Erteilung und Widerruf von Prokuren und Handlungsvollmachten.
3. Die Gesellschafterversammlung oder, sofern ein solcher vorhanden und mit den entsprechenden Befugnissen ausgestattet ist, der Beirat kann den Kreis der zustimmungsbedürftigen Geschäfte erweitern oder einschränken.

C 2: Zur Vornahme von Rechtsgeschäften, die über den gewöhnlichen Geschäftsbetrieb hinausgehen, ist die Zustimmung der Gesellschafterversammlung oder, sofern er errichtet ist, des Beirats erforderlich. Das Zustimmungserfordernis gilt insbesondere für die unter § (...) des Gesellschaftsvertrages sowie die durch Beschluss der Gesellschafterversammlung über den Katalog zustimmungspflichtiger Geschäfte genannten Maßnahmen.

C 3: Die Geschäftsführungsbefugnis ist grundsätzlich uneingeschränkt, jedoch bedarf es der vorherigen Zustimmung der Gesellschafterversammlung mit einer Beschlussmehrheit von 75 Prozent der abgegebenen Stimmen für Maßnahmen, die die Unternehmenspolitik betreffen oder zu Strukturveränderungen des Unternehmens führen. Hierzu zählen insbesondere:
a) Maßnahmen im Sinne der Umwandlungsgesetzes;
b) Erwerb anderer Unternehmen oder Beteiligungen an solchen;
c) Einstellung oder Erweiterung von Produktionszweigen;
d) Veräußerung oder Verpachtung des Unternehmens im Ganzen oder Teilbetriebe desselben.

C 4: Der Geschäftsführer darf die in den Gesellschaftsverträgen und den Geschäftsordnungen der Gesellschaft und/oder der Holding-Gesellschaft und die in den Gesellschaftsverträgen und der Geschäftsordnung anderer Unternehmen der (...), in denen er Organfunktion wahrnimmt, im Einzelnen genannten Geschäfte nur nach vorheriger Zustimmung der zuständigen Organe vornehmen.

C 5:
1. Der Geschäftsführer bedarf für alle Maßnahmen von besonderer rechtlicher oder wirtschaftlicher Bedeutung der vorherigen Zustimmung der Gesellschafterversammlung. Insbesondere fallen unter diese Bestimmung:
   a) Erwerb, Anmietung, Anpachtung, Veräußerung oder Belastung von Grundstücken, grundstücksgleichen Rechten und Rechten an Grundstücken;
   b) Ergebnis-, Investitions- und Finanzplanung;
   c) Beteiligungen an anderen Unternehmen und Aufgabe solcher Beteiligungen;
   d) Erwerb, Errichtung, Anmietung oder Anpachtung von Gegenständen des Sachanlagevermögens, unabhängig von der Frage der Aktivierungspflicht; Entsprechendes gilt für immaterielle Anlagewerte (zB gewerbliche Schutzrechte), jeweils soweit nicht bereits mit der Investitionsplanung als Einzelmaßnahme oder pauschal für das betreffende Geschäftsjahr genehmigt;
   e) Errichtung oder Aufgabe von Niederlassungen, soweit für das Geschäft von wesentlicher Bedeutung;
   f) Aufnahme und Aufgabe von Geschäftszweigen;
   g) Aufnahme von Anleihen und sonstigen Krediten sowie Abschluss von Leasingverträgen, soweit Letztere außerhalb des üblichen Geschäftsbetriebes liegen;
   h) Übernahme von Bürgschaften, Garantien oder ähnlichen Haftungen für Dritte;
   i) Gewährung von Darlehen und sonstigen Krediten, einschließlich der Gewährung von Zahlungszielen, die außerhalb des üblichen Geschäftsbetriebes liegen;
   j) Verträge, die die Gesellschaft auf längere Zeit als ein Jahr verpflichten und außerhalb des üblichen Geschäftsbetriebes liegen;
   k) besonders risikoreiche, atypische oder außergewöhnliche Geschäfte;
   l) Einleitung von Rechtsstreitigkeiten von besonderer Bedeutung; ferner Abschluss von Vergleichen oder Erlass von Forderungen, sofern der durch Vergleich gewährte Nachlass oder Nennwert erlassener Forderungen 5.000 € übersteigt;
   m) Spenden;
   n) sonstige Maßnahmen von grundsätzlicher Bedeutung.

2. Auch vor wesentlichen Personalmaßnahmen hat der Geschäftsführer die Gesellschafter vorab zu informieren. Hierunter fallen insbesondere:
   a) Personaleinstellungen bei Verträgen mit einem Jahreseinkommen größer als 30.000 €;
   b) Gehaltserhöhungen größer als 10 % des Jahreseinkommens innerhalb des Zeitraums von zwei Jahren;
   c) Übernahme von Pensionsverpflichtungen sowie Zusagen von Abfindungen bei Dienstbeendigungen, sofern diese drei Bruttomonatsgehälter übersteigen; es sei denn, diese sind durch gesetzliche oder tarifliche Regelungen vorgegeben;
   d) Einführung bleibender sozialer Maßnahmen, insbesondere Bildung von Unterstützungsfonds für regelmäßig wiederkehrende Leistungen, auch in Form von Versicherungsabschlüssen, sowie Gratifikationen und andere außerordentliche Zuwendungen an die Belegschaft; gesetzliche oder tarifvertragliche Regelungen bleiben hierdurch unberührt;
   e) Abschluss von Betriebsvereinbarungen und Abschluss oder Bezugnahme auf Tarifverträge.
3. Der Zustimmung der Gesellschafter bedürfen stets Rechtsgeschäfte zwischen der Gesellschaft und einem Gesellschafter oder dem Geschäftsführer oder einer anderen Gesellschaft, die der Geschäftsführer ebenfalls vertritt.
4. Darüber hinaus ist die Zustimmung der Gesellschafter bei allen sonstigen über den gewöhnlichen Geschäftsbetrieb hinausgehenden Entscheidungen einzuholen.

(2) Gestaltungshinweise

Die Geschäftsführungsbefugnis ist durch den Unternehmensgegenstand begrenzt, so dass **grundlegende Änderungen der Geschäftspolitik und ungewöhnliche Maßnahmen** der Befugnis der Geschäftsführer entzogen sind und in die Zuständigkeit der Gesellschafterversammlung fallen. Da häufig aber nur schwer abzugrenzen ist, ab welchem Umfang eine beabsichtigte Geschäftsführungsmaßnahme als grundlegende Änderung der Geschäftspolitik oder außergewöhnliches Geschäft zu qualifizieren ist, **empfiehlt** sich zur Vermeidung von Unklarheiten, die Geschäftsführungsbefugnis ausdrücklich auf die Maßnahmen des gewöhnlichen Geschäftsbetriebs zu begrenzen und zugleich einen Katalog der Maßnahmen festzulegen, zu denen der Geschäftsführer aufgrund ihrer weit reichenden Bedeutung die vorherige Zustimmung der Gesellschafter einzuholen hat.[102] 364

Diese Regelungen müssen nicht unbedingt im Anstellungsvertrag getroffen werden. Es sprechen insb. die hohe Flexibilität und leichte Anpassungsmöglichkeit an gestiegenes oder entschwundenes Vertrauen dafür, eine gestufte Regelungsdichte in der Art einzuführen, dass der Gesellschaftsvertrag grundlegende Einschränkungen auf besonders bedeutsame Rechtsgeschäfte enthält und ein erweiterter Katalog einwilligungsbedürftiger Geschäfte durch einfachen Gesellschafterbeschluss aufgestellt wird. Im Anstellungsvertrag sollte dann lediglich auf die sich aus dem Gesellschaftsvertrag und dem beschlossenen Katalog ergebenden Einschränkungen verwiesen werden.[103] Andererseits führt die Aufnahme eines detaillierten Kataloges zustimmungspflichtiger Maßnahmen zu einer besseren Erkennbarkeit der Geschäftsführungsbefugnis, was je nach Wirtschaftszweig und juristischer Vorbildung der beteiligten Personen von großer Bedeutung sein kann. Diesen Erfordernissen entspricht die **Klausel C 1**. Sie enthält einen umfangreichen und umfassenden Katalog der zustimmungspflichtigen Maßnahmen und beschränkt die Geschäftsführungsbefugnis auf Maßnahmen im gewöhnlichen Geschäftsbetrieb. Hierbei gilt zu beachten, dass die im Katalog benannten Rechtsgeschäfte nur Regelbeispiele 365

102 *Jaeger*, Der Anstellungsvertrag des GmbH-Geschäftsführers, S. 55 f.
103 *Tillmann/Mohr*, GmbH-Geschäftsführer, Rn 85.

sind. Es ist also möglich, dass ein Geschäftsprojekt zustimmungspflichtig ist, obwohl es nicht im Katalog genannt ist, aber trotzdem den gewöhnlichen Geschäftsbetrieb übersteigt.

366 Auch die **Klausel C 2** wird den formulierten Anforderungen gerecht. Allerdings werden die zustimmungspflichtigen Geschäfte nicht durch den Anstellungsvertrag festgelegt, sondern durch die Satzung und einen durch Gesellschafterbeschluss festzulegenden Katalog. Bei einer solchen Vertragsgestaltung ist die Festlegung des Katalogs der zustimmungspflichtigen Geschäfte der Mitbestimmung des Geschäftsführers entzogen. Insofern empfiehlt sich für den Geschäftsführer die Klausel C 1.

367 In der **Klausel C 3** ist deklaratorisch geregelt, dass die Zustimmung der Gesellschafterversammlung zu zustimmungspflichtigen Maßnahmen mit 75 Prozent der abgegebenen Stimmen erfolgen muss. Im Anstellungsvertrag des Geschäftsführers können Beschlussquoren der Gesellschafterversammlung nicht wirksam vereinbart werden. Welches Mehrheitserfordernis in der Gesellschafterversammlung gelten soll, kann aus Gründen der Publizität nur im Gesellschaftsvertrag wirksam bestimmt werden.[104] Die Klausel C 3 schränkt die Geschäftsführungsbefugnis des Geschäftsführers sehr viel weniger ein als die Klausel C 1. Die Klausel C 3 nimmt lediglich Entscheidungen der Unternehmenspolitik und der Strukturveränderung aus der Geschäftsführungsbefugnis heraus. Ob die Klauseln C 1 und C 3 in einem Anstellungsvertrag gewählt werden, hängt davon ab, ob der Geschäftsführer eine starke, unabhängige Stellung gegenüber den Gesellschaftern erhalten soll. Für den Geschäftsführer empfiehlt sich aufgrund folgender Überlegungen die Vereinbarung von Klausel C 3: Sofern die Satzung der Regelung des Dienstvertrages widerspricht und den Kreis zustimmungspflichtiger Maßnahmen enger zieht, stehen dem Geschäftsführer schuldrechtliche Gegenrechte bis hin zur Kündigung zur Seite. Wenn die Satzung die zustimmungspflichtigen Geschäfte nicht bestimmt und der Dienstvertrag eine entsprechende Festlegung enthält, kann dieser Bereich weder durch einen Beschluss noch durch eine konkrete Einzelanweisung erweitert, eingeschränkt oder gar völlig abgeändert werden.

368 Die **Klausel C 4** gestaltet das Zustimmungserfordernis für einen Konzerngeschäftsführer. Es wird auf das Organisationsrecht der Konzerngesellschaften verwiesen, das die zustimmungspflichtigen Geschäfte verbindlich festlegt. Die **Klausel C 5** ist die umfangreichste Beschränkung von an die Zustimmung der Gesellschafter geknüpften Rechtsgeschäften. Sie schöpft die Weisungsbefugnis der Gesellschafter vollständig aus. Angesichts der Regelungsdichte ist auf das Risiko hinzuweisen, dass nach der Rspr des BAG mit derartigen Klauseln die Arbeitnehmereigenschaft eines Geschäftsführers herbeigeführt wird, wenn ihm zusätzlich – wie vielfach in Konzerngesellschaften üblich – im täglichen Umgang eine Abstimmung mit den Gesellschaftern oder deren Vertretern obliegt. Es kann daher nur geraten werden, die Geschäftsführungsbefugnis nicht zu eng auszugestalten.

dd) Pflichten

(1) Klauseltyp D

369 **D 1:** Der Geschäftsführer verpflichtet sich, alle seinen Aufgabenbereich betreffenden gesetzlichen Bestimmungen sowie alle ihm zur Kenntnis gebrachten Geschäfts- und Dienstanweisungen einzuhalten.

D 2:

1. Im Rahmen der übertragenen Aufgaben und der im Einzelfall gegebenen Weisungen wird der Geschäftsführer die Geschäfte der Gesellschaft mit der Sorgfalt eines ordentlichen Kaufmanns eigenverantwortlich führen, wobei die geltenden deutschen Gesetze sowie die Satzung der Gesellschaft zu beachten sind.

104 Lutter/Hommelhoff/*Bayer*, GmbHG, § 47 Rn 7.

2. Der Geschäftsführer nimmt die Rechte und Pflichten des Arbeitgebers im Sinne der arbeits- und sozialrechtlichen Vorschriften wahr. Der Geschäftsführer ist verpflichtet, für die gewissenhafte Durchführung der für den Arbeitsschutz durch die Behörden, die Berufsgenossenschaften und die Gesellschaft erlassenen Vorschriften sowie für die Verhütung von Unfällen nach Kräften zu sorgen.
3. Der Geschäftsführer hat den Jahresabschluss für das abgelaufene Geschäftsjahr nach den gesetzlichen Vorschriften aufzustellen. Er ist berechtigt, zur Erstellung des Jahresabschlusses und des Lageberichts einen zur Berufsverschwiegenheit verpflichteten, besonders qualifizierten Dritten (Steuerberater, Wirtschaftsprüfer) hinzuzuziehen.
4. Der Geschäftsführer hat allen Gesellschaftern sowie den Mitgliedern des Beirats, sofern ein solcher vorgesehen und mit den entsprechenden Befugnissen ausgestattet ist oder wird, innerhalb von drei Monaten nach Abschluss des Geschäftsjahres den Jahresabschlussbericht, den Lagebericht und einen etwaigen Prüfungsbericht des Abschlussprüfers unverzüglich nach Fertigstellung gemeinsam mit seinem Vorschlag zur Gewinnverwendung vorzulegen. Darüber hinaus hat der Geschäftsführer vierteljährlich die Gesellschafter über den Geschäftsverlauf schriftlich oder anlässlich einer Gesellschafterversammlung zu unterrichten.
5. Gleichzeitig mit der Übersendung des Jahresabschlusses und des Geschäftsberichts hat der Geschäftsführer eine Gesellschafterversammlung einzuberufen, in der über die Feststellung des Jahresabschlusses und die Gewinnverwendung Beschluss zu fassen ist. Die Einberufung hat durch eingeschriebenen Brief zu erfolgen, zwischen dessen Aufgabe zur Post und der Gesellschafterversammlung eine Frist von mindestens 14 Tagen liegen muss.

D 3:
1. Der Geschäftsführer nimmt die Pflichten des Arbeitgebers im Sinne der arbeits- und sozialrechtlichen Vorschriften wahr.
2. Der Geschäftsführer hat innerhalb der Frist des § 264 Abs. 1 HGB den Jahresabschluss sowie – falls gesetzlich erforderlich (§ 264 HGB) – einen Lagebericht (§ 289 HGB) für das abgelaufene Geschäftsjahr aufzustellen und den Gesellschaftern unverzüglich nach Aufstellung vorzulegen.
3. Nach Vorlage des Jahresabschlusses beruft der Geschäftsführer unter Beachtung der Beschlussfrist des § 42 a Abs. 2 GmbHG eine Gesellschafterversammlung ein zwecks Beschlussfassung über die Feststellung des Jahresabschlusses und Ergebnisverwendung.

D 4: Der Geschäftsführer hat die notwendigen Anmeldungen zum Handelsregister vorzunehmen. Er hat nach jeder Veränderung in den Personen der Gesellschafter oder des Umfangs ihrer Beteiligungen unverzüglich eine von ihm unterschriebene Liste der Gesellschafter nach Maßgabe des § 40 Abs. 1 GmbHG zum Handelsregister einzureichen.

D 5: In Ausübung seiner Tätigkeit steht der Geschäftsführer auch für Organfunktionen (Geschäftsführer/Vorstand/Beirat/Aufsichtsrat) in anderen Unternehmen der (...) zur Verfügung. Diese Tätigkeiten sind mit dem Geschäftsführergehalt abgegolten.

(2) Gestaltungshinweise

Die dem Geschäftsführer als Organ der Gesellschaft obliegenden Pflichten ergeben sich aus zwingenden gesetzlichen Vorschriften. Auch der Sorgfaltsmaßstab für das Geschäftsführerhandeln folgt einer gesetzlichen Regelung (§ 43 Abs. 1 GmbHG). Die Aufgaben, für die der Geschäftsführer gesetzlich zuständig ist (zB §§ 30, 31, 33, 40, 41, 49 Abs. 3 GmbHG, § 264 Abs. 1 HGB, § 34 AO, § 15 a Abs. 1 S. 1 InsO), können im Anstellungsvertrag und in der Sat- 370

zung nicht wirksam abbedungen werden.[105] Deswegen sind Vertragsklauseln zum Pflichtenkreis des Geschäftsführers nur dazu geeignet, dem Geschäftsführer die bestehenden gesetzlichen Pflichten aufzuzeigen und ggf seinen Pflichtenkreis zu erweitern.

371 Die **Klausel D 1** enthält die deklaratorische Bestimmung, dass der Geschäftsführer die ihn betreffenden gesetzlichen Bestimmungen und alle ihm bekannten Geschäfts- und Dienstanweisungen zu beachten hat. Sofern der Geschäftsführer über die ihm obliegenden Pflichten durch den Anstellungsvertrag informiert werden soll, empfiehlt sich ein ausführlicherer Pflichtenkatalog, als ihn die Klausel D 1 vorsieht.

372 Einen genauen Pflichtenkanon enthält die **Klausel D 2.** Zunächst ist in Abs. 1 der in § 42 Abs. 1 GmbHG normierte Sorgfaltsmaßstab aufgenommen. Ferner wird der Geschäftsführer in Abs. 2 S. 1 darauf hingewiesen, dass er als Organ der Gesellschaft die Aufgaben und Pflichten des Arbeitgebers ausüben muss. In der Funktion als Arbeitgeber trifft ihn insb. auch die in der Klausel beschriebene Pflicht zur Unfallverhütung. Die Klausel D 2 Absätze 3–5 beschreibt präzise die in § 264 Abs. 1 HGB, §§ 42 a, 51 GmbHG normierte Pflicht des Geschäftsführers zur Erstellung des Jahresabschlusses der Gesellschaft. Bei der Vertragsgestaltung ist bei der Darstellung des § 264 Abs. 1 HGB darauf zu achten, dass bei kleineren Kapitalgesellschaften iSd § 267 Abs. 1 HBG ein modifizierter Pflichtenkatalog besteht. Zudem ist in Klausel D 2 Abs. 4 S. 2 bestimmt, dass der Geschäftsführer die Gesellschafter zusätzlich zu seinen gesetzlichen Verpflichtungen vierteljährlich über den Geschäftsverlauf unterrichtet. Der Vorteil einer solchen Regelung liegt darin, dass die Gesellschafter regelmäßig informiert werden und der Geschäftsführer gleichzeitig vor übermäßigem Auskunftsverlangen nach § 51 a GmbHG geschützt wird.

373 Die **Klausel D 3** beinhaltet im Vergleich zur Klausel D 2 in komprimierter Fassung die Pflicht des Geschäftsführers zur Erstellung des Jahresabschlusses. Sofern man die Pflicht des Geschäftsführers in einer ohnehin deklaratorischen Regelung im Anstellungsvertrag aus Informationszwecken aufnehmen möchte, empfiehlt es sich, den gesamten Pflichtenkanon zu beschreiben. Der bloße Verweis auf die gesetzliche Regelung hat für den juristischen Laien einen sehr begrenzten Informationswert.

374 In der **Klausel D 4** ist die Sonderpflicht des Geschäftsführers aus § 40 GmbHG erläutert, nach der er jede Veränderung der Gesellschafter oder des Umfangs der Beteiligungen unverzüglich dem Handelsregister zu melden hat. Es handelt sich ebenfalls um eine bloß hinweisende Bestimmung ohne eigenen Regelungsgehalt.

375 Die **Klausel D 5** erweitert den Aufgabenkreis des Geschäftsführers und ist in Konzernunternehmen gebräuchlich. Sie ist, wie die Klausel B 4 (s. 358), beim Verbraucher-Geschäftsführer gem. §§ 307 Abs. 2 Nr. 1, 612 Abs. 1 BGB unwirksam. Die Übernahme weiterer Organfunktionen wird nach dem Leitbild der §§ 611, 612 Abs. 1 BGB von der Zusage einer zusätzlichen Vergütung abhängig zu machen sein. Zwischen der Gesellschaft, bei der eine weitere Geschäftsführertätigkeit übernommen werden soll, und dem Geschäftsführer muss kein eigenständiger Anstellungsvertrag vereinbart werden; allerdings sollte vorsorglich die Gesellschafterversammlung der Tochtergesellschaft dem Abschluss des Dienstvertrages zustimmen, solange die Einzelheiten der Drittanstellung noch nicht vollständig geklärt sind (s. § 2 Rn 49 ff).

105 OLG Nürnberg 9.6.1999 – 12 U 4408/98, NZG 2000, 154; OLG Düsseldorf 15.11.1984 – 8 U 22/84, ZIP 1984, 1476; Lutter/Hommelhoff/*Kleindiek*, GmbHG, § 37 Rn 12.

ee) Klauseln zu Berichtspflichten und Finanzplanung

(1) Klauseltyp E

1. Der Geschäftsführer unterrichtet die Gesellschafterversammlung zeitnah, umfassend und kontinuierlich oder auf Ersuchen über Geschäftsverlauf, Planung und einzelne Vorgänge von besonderem Interesse. 376
2. Soweit keine besonderen satzungsmäßigen Bestimmungen oder Anweisungen der Gesellschafterversammlung bestehen, gelten die folgenden Regelungen:
   a) Der Geschäftsführer berichtet den Gesellschaftern regelmäßig vierteljährlich über den Gang der Geschäfte und die Lage der Gesellschaft. In Einzelfällen erfolgt die Unterrichtung auf besondere Anforderung der Gesellschafterversammlung. Form und Inhalt der Berichte werden in einer besonderen Vereinbarung festgehalten. Der turnusmäßige Bericht zum 30. Juni eines jeden Jahres kann mit der Vorlage und Erläuterung zum Jahresabschluss des vorangegangenen Jahres verbunden werden, wenn zwischen der Vorlage des Jahresabschlusses und dem 30. Juni weniger als zwei Monate liegen.
   b) Im letzten Viertel eines jeden Jahres legt der Geschäftsführer der Gesellschafterversammlung den Jahresfinanzplan für das folgende Jahr zur Genehmigung vor. Dieser Plan enthält eine detaillierte Kosten- und Erlösvorschau und einen Investitions- und Zahlungsplan. Aus ihm sind alle wesentlichen vorgesehenen oder zu erwartenden Geschäftsvorgänge und Veränderungen unter Einschluss möglicher Alternativen ersichtlich.
   c) Im Falle der Ablehnung des Finanzplans als Ganzes oder in Teilen hat der Geschäftsführer in angemessener Frist einen aufgrund der Vorschläge der Gesellschafterversammlung überarbeiteten Finanzplan vorzulegen. Beginnt das Geschäftsjahr ohne genehmigten Finanzplan, führt der Geschäftsführer die Geschäfte im bisher üblichen Rahmen.

(2) Gestaltungshinweise

Die Klausel E enthält gesetzliche, aber auch aus Sicht der Gesellschafter ihre Informationsan- 377
sprüche sichernde Berichtspflichten des Geschäftsführers. Die Einhaltung dieser Berichtspflichten schützt den Geschäftsführer vor unberechtigten Vorwürfen der Gesellschafter. Andererseits bietet sich den Gesellschaftern aber auch Anlass zu einer Trennung vom Geschäftsführer, wenn dieser seiner Unterrichtungspflicht nicht nachgekommen ist. Da die Klausel E nur gesetzliche Berichts- und Finanzplanungspflichten des Geschäftsführers datumsmäßig präzisiert, bestehen keine Wirksamkeitsbedenken.

4. Aufwandsentschädigungsklauseln

Literatur

Arens, Der GmbH-Geschäftsführer im Arbeits-, Sozialversicherungs- und Steuerrecht – aktuelle Entwicklungen, DStR 2010, 115; *Bürger*, Bestechungsgelder im privaten Wirtschaftsverkehr – doch noch steuerlich abzugsfähig?, DStR 2003, 1421; *Demuth/Peykan*, Zur Reichweite des Abzugsverbotes nach § 4 Abs. 5 S. 1 Nr. 10 EStG bei Zuwendungen an Angestellte und Beauftragte im Ausland nach der Einführung von § 299 Abs. 3 StGB, DStR 2003, 1428; *Diller*, Kündigung des GmbH-Geschäftsführers wegen Spesenbetrugs – Von wichtigen, weniger wichtigen und gesuchten Kündigungsgründen, GmbHR 2006, 333; *Ebner*, Pauschalisierte Bewertung privater Kfz-Nutzung nach der 1 v.H.-Regelung des § 6 Abs. 1 Nr. 4 S. 2 EStG, SVR 2007, 213; *Foerster*, Mindestanforderungen an Bewirtungsbelege und Fahrtenbücher, SteuK 2010, 317; *Grützner/Jakob*, Compliance von A–Z, 2010; *Intemann*, Anforderungen an ein Fahrtenbuch, NZA 2012, 606; *Kindhäuser/Neumann/Paeffgen* (Hrsg.), Strafgesetzbuch, Kommentar, 4. Aufl. 2013; *Lorz/Pfisterer/Gerber* (Hrsg.), Beck'sches Formularbuch GmbH-Recht, 2010 (zit. BeckFormB-GmbHR/*Bearbeiter*); *Lüdicke/Sistermann* (Hrsg.), Unternehmensteuerrecht, 2008; *Macher*, Anmerkung zu BFH 5.4.2006 – IX R 109/00, NZA 2006, 838; *Mauer*, Dienstwagenüberlassung an Arbeitnehmer, 2003; *Oppenländer/Trölitzsch* (Hrsg.), Praxishandbuch der GmbH-Geschäftsführung, 2. Aufl. 2011; *Randt*, Abermals Neues zur Korruptionsbekämpfung: Die Ausdehnung des § 299 StGB auf den Weltmarkt, BB 2002, 2252; *Rieder/Schoenemann*, Korruptionsverdacht, Zivilprozess und Schiedsverfahren, NJW 2011, 1169; *Sedemund*, Der Verfall von Unternehmensvermögen bei Schmiergeldzahlungen durch die Geschäftsleitung von Organgesellschaften, DB 2003, 323; *von Tippelskirch*, Schutz des Wettbewerbs vor Korruption, GA 2012, 574; *Weber/Hoß/Burmester*, Handbuch der Managerverträge, 2000.

a) Rechtslage im Umfeld

aa) Begriff der Aufwandsentschädigung

378 Der Begriff der Aufwandsentschädigung ist nicht fest umrissen. In diesem Zusammenhang soll er zur Umschreibung der „echten" Aufwendungen iSd § 670 BGB dienen, mithin solchen Zahlungen, die der Geschäftsführer im Vor- oder Nachhinein dafür erhält, dass er zu Gunsten der Gesellschaft Auslagen tätigt. Es ist demnach zur Abgrenzung zutreffender in diesem Kontext, auch von **Aufwendungsersatz** zu sprechen. Begrifflich kommt eine Aufwandsentschädigung auch in Betracht, wenn dem Geschäftsführer Arbeitslohn bzw geldwerte Vorteile zufließen, sei es in Gestalt von Geld- oder Sachzuwendungen.

379 Demnach kann eine Aufwandentschädigung gerade auch **Teil der vertraglichen Vergütung** des Geschäftsführers sein.[1] Eine Aufwandsentschädigung als Vergütungsbestandteil umfasst die Abgeltung eines Mehraufwands, der dem Betroffenen etwa aufgrund der Entfernung des Arbeitsortes von der Betriebsstätte in Form einer höheren zeitlichen Belastung oder von Verpflegungskosten entsteht.[2] Diese Unterscheidung wirkt sich im Bereich des Steuer- und Sozialversicherungsrechts aus, kann aber auch im Fall eines Annahmeverzugs entscheidend sein. Die **Abgrenzung** zwischen bloßem Aufwendungsersatz und Aufwandsentschädigung als Vergütungsbestandteil ist insoweit im Wege der Auslegung der Vertragsabrede vorzunehmen. Gelangt man dabei zu dem Ergebnis, es handele sich um einen Teil der Vergütung und nicht um bloßen Aufwendungsersatz iSd § 670 BGB (etwa weil im Vertrag ein Pauschbetrag vereinbart wurde, ohne dass die Vertragsparteien dabei bestimmte Aufwendungen im Blick hatten), ist dieser im Fall des Annahmeverzugs von § 615 BGB umfasst, so dass der Geschäftsführer weiterhin einen (wenn auch uU gekürzten) Anspruch auf die Zahlung hat, wenn er tatsächlich nicht mehr für die GmbH tätig wird.[3]

380 Aufwandsentschädigungsklauseln finden sich in Anstellungsverträgen häufig unter der Überschrift „Nebenleistungen", oft aber auch außerhalb des Vertrages. So sind Regelungen zur dienstlichen und privaten Nutzung von Dienstwagen häufig Gegenstand eines gesonderten Dienstwagenüberlassungsvertrages. Gleiches gilt für die Vergütung von Reisekosten, die in größeren Unternehmen in firmeninternen Reisekostenrichtlinien vorgezeichnet sind und in den

---

1 OLG Stuttgart 1.8.1986 – 2 U 13/86, NJW-RR 1987, 159.

2 Küttner/*Griese*, Personalbuch 2014, 66 (Aufwandsentschädigung) Rn 1.

3 OLG Stuttgart 1.8.1986 – 2 U 13/86, NJW-RR 1987, 159.

Anstellungsvertrag meist über eine Verweisungsklausel einbezogen werden. Gängig ist darüber hinaus die Erstattung von Telekommunikationskosten, Bewirtungs- und Hotelkosten, Mietkosten für eine Wohnung am Sitz der Firma, die Übernahme von Versicherungen[4] und anderen Leistungen. Soweit Sachleistungen wie Laptop, Telefon, Blackberry oder Dienstwagen, insb. durch Überlassung auch zur privaten Nutzung, als Vergütungsbestandteil gewährt werden, findet sich die Darstellung zugehöriger Klauseln und Erläuterungen unter dem Stichwort „14. Vergütungsklauseln" (s. § 2 Rn 889 ff).

bb) Zivilrechtliche Seite

(1) Aufwendungsersatz, § 670 BGB

Für den Geschäftsführer ist anerkannt, dass sich sein Anspruch auf Auslagenersatz nach § 670 BGB richtet.[5] Dies gilt sowohl für die entgeltliche als auch für die unentgeltliche Amtsausführung.[6] Bei der Vor-GmbH, die nicht zur Eintragung gelangt, kommt ein Aufwendungsersatzanspruch gegen die Gesellschafter persönlich aus §§ 675, 670, 421 BGB in Betracht.[7] Daneben steht dem Geschäftsführer auch die Vorschrift des § 669 BGB zur Seite, wonach ihm ein Anspruch auf Vorschüsse gebührt.[8] Zu erstatten sind **alle Ausgaben, die der Geschäftsführer im Rahmen der Unternehmensleitung für notwendig halten durfte.**[9] Die Erforderlichkeit beurteilt sich nach einem teils subjektiven, teils objektiven Maßstab vom Standpunkt eines nach verständigem Ermessen Handelnden. Maßgebend ist demnach, was der Geschäftsführer nach sorgfältiger Prüfung der ihm bekannten Umstände des Falles vernünftigerweise aufzuwenden hatte.[10] 381

Beispielsweise sind die Kosten für die persönliche Verpflegung während einer Dienstreise keine notwendigen Aufwendungen, da sie in angemessener Höhe für den Geschäftsführer auch ohne die Reise angefallen wären.[11] Erfasst werden dagegen die **Übernachtungs- und Fahrtkosten,** welche dem Geschäftsführer für von der Gesellschaft **veranlasste Dienstreisen** anfallen, oder auch Auslagen, die der Geschäftsführer für **Geschäftsessen im Interesse der Gesellschaft** aufgewandt hat.[12] Auch die Unterhaltungs- und Reparaturkosten für einen vom Organvertreter genutzten **Dienstwagen** fallen regelmäßig unter den Begriff der Aufwendungen und zwar unabhängig davon, ob dem Geschäftsführer das Fahrzeug neben der dienstlichen auch zur privaten Nutzung überlassen ist.[13] Eine automatische Ersatzpflicht der Gesellschaft für **Beiträge zu einer D&O-Versicherung** besteht grds. nicht, kann aber einzelvertraglich vereinbart werden.[14] 382

Ein Anspruch auf Erstattung von Aufwendungen für den Einsatz von Zeit und Arbeitskraft scheidet grds. aus, da auch bei Fehlen einer ausdrücklichen Abrede dieser Einsatz mit der Vergütung abgegolten ist.[15] Für die **Verwendung der eigenen Arbeitskraft** kommt ein Aufwendungsersatzanspruch lediglich in Betracht, wenn der Geschäftsführer eine in seine berufliche 383

4 S. § 2 Rn 1016 ff (16. Versicherungsklauseln).
5 Scholz/*Schneider/Sethe*, GmbHG, § 35 Rn 242; *Weber/Hoß/Burmester*, Handbuch der Managerverträge, II Rn 171; Lutter/Hommelhoff/*Kleindiek*, GmbHG, Anh zu § 6 Rn 30.
6 Michalski/*Tebben*, GmbHG, § 6 Rn 194.
7 BGH 13.12.1982 – II ZR 282/81, NJW 1983, 876.
8 Beck'sches GmbH-Handbuch/*Axhausen*, § 5 Rn 87; Henssler/Strohn/*Oetker*, GesellschaftsR, § 35 GmbHG Rn 27.
9 Scholz/*Schneider/Sethe*, GmbHG, § 35 Rn 242.
10 MüKo-BGB/*Seiler*, § 670 Rn 9.
11 OLG Stuttgart 13.3.2003 – 20 U 59/01, AG 2003, 211.
12 Michalski/*Tebben*, GmbHG, § 6 Rn 195.
13 BGH 9.4.1990 – II ZR 1/89, WM 1990, 1025, 1026.
14 Henssler/Strohn/*Oetker*, GesellschaftsR, § 35 GmbHG Rn 26 f.
15 Michalski/*Tebben*, GmbHG, § 6 Rn 195.

Tätigkeit des Geschäftsführers fallende Dienstleistung erbringt, zu welcher er allerdings weder aus seiner Organstellung noch aus dem Anstellungsvertrag verpflichtet ist.[16]

384 Besteht keine vertragliche Regelung im Hinblick auf die Erstattung von Aufwendungen, so trifft nach allgemeinen Grundsätzen den Geschäftsführer die **Beweislast** für das Bestehen des Aufwendungsersatzanspruchs: Zu beweisen hat er sowohl die **Aufwendungen** selbst als auch deren **Erforderlichkeit.**[17] Das OLG Karlsruhe[18] versagte einem GmbH-Geschäftsführer den Ersatz von **Bewirtungsspesen** mit folgender Erwägung: Da der Geschäftsführer die Rechnung nicht vorlegen und nicht darlegen könne, aus welchem Anlass welche Gäste bewirtet worden seien, habe er den Nachweis eines Aufwendungsersatzanspruchs nicht erbringen können. Ähnlich urteilte das OLG Hamburg,[19] das den Fall eines Geschäftsführers zu behandeln hatte, der **Geschäftsfahrten** mit dem eigenen Kraftwagen unternehmen durfte. Mangels vertraglicher Regelung musste der Geschäftsführer belegen, dass die gefahrenen Kilometer im Geschäftsinteresse gelegen hätten. Demnach ist der Geschäftsführer regelmäßig verpflichtet, entsprechende Belege aufzubewahren und der Gesellschaft auf Verlangen vorzulegen, um sich im Hinblick auf die Erstattung abzusichern.[20]

385 Zur Frage, ob **Schmiergeldzahlungen** zu den erstattungsfähigen Aufwendungen zählen, nahm der BGH bislang in zwei Entscheidungen Stellung, die jedoch keine Geschäftsführer betrafen. Im Jahr 1964[21] urteilte der BGH, dass Schmiergelder grds. nicht erstattungsfähig seien, da ein von der Rechtsordnung missbilligter Aufwand keinen rechtlich geschützten Erstattungsanspruch gem. § 670 BGB auslösen könne. Dieser Grundsatz gelte auch, wenn die Zahlung von Schmiergeldern im Einzelfall zu einem „günstigeren" Abschluss geführt haben sollte. In einer jüngeren Entscheidung[22] meinte der BGH, von einem deutschen Unternehmen könne nicht erwartet werden, dass es in Ländern, in denen staatliche Aufträge nur durch Bestechung der zuständigen Staatsorgane zu erlangen seien, auf das Mittel der Schmiergeldzahlung verzichte und damit das Geschäft weniger gewissenhaften Konkurrenten überlasse. Durch die Landesüblichkeit werde das geschäftliche Anstandsempfinden gerade nicht in gleicher Weise verletzt, so dass das Unternehmen uU im Ausnahmefall seinen Angestellten oder Handelsvertretern die von diesen verauslagten Schmiergelder gem. §§ 670, 675 BGB ersetzen müsse.[23] Diese Rspr wird auf Geschäftsführer übertragen.[24] Danach wird zT angenommen, eine Ersatzpflicht bestehe immer dann, wenn durch die Schmiergeldleistung nicht gegen deutsche Gesetze verstoßen werde, die Zahlung im Gesellschaftsinteresse lag und in der konkreten Situation allgemein als angemessen erachtet wurde.[25]

386 Trotzdem ist der Vertrag selbst, der auf die Bestechung eines ausländischen Amtsträgers gerichtet ist, wegen Verstoßes gegen die guten Sitten gem. § 138 BGB nichtig.[26] Innerhalb der EU scheidet die Annahme von Ortsüblichkeit ohnehin aus, so dass die Vermutung, Aufträge seien

16 Baumbach/Hueck/*Zöllner/Noack*, GmbHG, § 35 Rn 65; Henssler/Strohn/*Oetker*, GesellschaftsR, § 35 GmbHG Rn 26; Michalski/*Tebben*, GmbHG, § 6 Rn 195, insb. Fn 8.

17 Staudinger/*Martinek*, § 670 BGB Rn 37.

18 OLG Karlsruhe 3.10.1961 – 6 U 36/59, GmbHR 1962, 135.

19 OLG Hamburg 22.2.1963 – 1 U 120/62, BB 1963, 998.

20 Scholz/*Schneider/Sethe*, GmbHG, § 35 Rn 245.

21 BGH 9.11.1964 – VII ZR 103/63, NJW 1965, 293.

22 BGH 8.5.1985 – IVa ZR 138/83, NJW 1985, 2405.

23 Vgl Scholz/*Schneider/Sethe*, GmbHG, § 35 Rn 245; aA wegen § 299 StGB MünchHdb-GesR III/*Marsch-Barner/Diekmann*, § 43 Rn 53.

24 Scholz/*Schneider/Sethe*, GmbHG, § 35 Rn 245.

25 Graf v. Westphalen/Thüsing/*Thüsing*, Vertragsrecht und AGB-Klauselwerke, Klauselwerke Rn 123; Michalski/*Tebben*, GmbHG, § 6 Rn 195; Scholz/*Schneider/Sethe*, GmbHG, § 35 Rn 245.

26 BGH 16.1.2001 – XI ZR 113/00, NJW 2001, 1065; OLG Hamburg 8.2.1991 – 1 U 134/87, NJW 1992, 635; *Rieder/Schoenemann*, NJW 2011, 1169 f.

nur durch Bestechungsgelder zu erhalten, im Gemeinschaftsgebiet nicht greift.[27] Ohnehin ist zweifelhaft, ob eine Erstattungspflicht angenommen werden kann, da § 299 Abs. 3 StGB auch die Bestechung im Ausland unter Strafe stellt. Die frühere Rspr kann daher als überholt gelten. Generell sollte der Geschäftsführer bei der Auskehrung von Schmiergeldern größte Zurückhaltung an den Tag legen und sich im Zweifel rückversichern. Auch muss er sich der Strafbarkeit nach § 299 StGB bewusst sein. Aus strafrechtlicher Sicht sind seit Inkrafttreten des EU-Bestechungsgesetzes[28] und des Gesetzes zur Bekämpfung der internationalen Bestechung[29] Amtsträger anderer EU-Mitgliedstaaten und Gemeinschaftsbeamte den deutschen Amtsträgern gleichgestellt. Auch Zuwendungen an Amtsträger anderer Staaten und internationaler Organisationen im Zusammenhang mit dem Bestechungstatbestand im internationalen Geschäftsverkehr werden mittlerweile erfasst. Demnach wird teilweise ein Erstattungsanspruch des Geschäftsführers in Bezug auf Schmiergelder generell für alle Fälle abgelehnt, selbst wenn diese aus Sicht des Unternehmens zum Erfolg geführt haben.[30] Unter den Fall des Schmiergeldes fallen nicht nur direkte Barzahlungen, sondern auch die Gewährung von Sachleistungen.

Ein Aufwendungsersatzanspruch für **Geldstrafen** und **Geldbußen**, die gegen den Geschäftsfüh- 387
rer persönlich verhängt werden, besteht zwar ebenso wenig wie für die damit anfallenden Kosten für die Verteidigung und das Verfahren.[31] Unzulässig und demnach als Strafvereitelung wegen Verstoßes gegen § 134 BGB iVm § 258 StGB unwirksam ist auch die vorherige Freistellung des Geschäftsführers von entsprechenden Strafen. Werden persönliche Geldstrafen von der Gesellschaft dagegen im Nachhinein erstattet, bleibt dies zulässig.[32] Allerdings handelt es sich bei dem durch die Übernahme der Geldbuße erlangten Vermögensvorteil um einen Vergütungsbestandteil des Geschäftsführers, welcher von diesem entsprechend zu versteuern und zur Sozialversicherung anzubringen ist.[33] Nur im Falle des **Freispruchs** steht dem Geschäftsführer ein echter Aufwendungsersatzanspruch zu, soweit die Kosten nicht auf anderem Wege erstattungsfähig sind.[34]

Die Auslegung des Anstellungsvertrages kann ergeben, dass Aufwendungen nach § 670 BGB 388
ganz oder teilweise mit der Vergütung abgegolten sind.[35] Zu diesem Ergebnis kann man unter Heranziehung äußerer Umstände gelangen. Je höher die Vergütung ist, desto eher tritt der Wille der Vertragsparteien hervor, Aufwendungen nicht separat zu erstatten. Daneben spielt auch die konkrete Tätigkeit des Geschäftsführers eine Rolle. Wenn der Geschäftsführer sehr häufig Reisen unternehmen muss oder überdurchschnittlich viele Übernachtungen oder Geschäftsessen anfallen, spricht auch eine sehr hohe Vergütung im Zweifel nicht für eine automatische Abgeltung des Aufwendungsersatzanspruchs.

§ 670 BGB hat nach allgemeiner Auffassung **dispositiven** Charakter.[36] Im Hinblick auf die Er- 389
weiterung des Aufwendungsersatzes zu Gunsten des Geschäftsführers belässt die Vertragsfreiheit ausreichend Spielraum. Noch ungeklärt ist die Rechtslage im Einzelfall, wenn der Aufwendungsersatz **ausdrücklich und vollständig abbedungen** wird. Sofern nicht eine Kompensation

27 Erman/*Ehmann*, 12. Aufl. 2008, § 670 BGB Rn 11; dagegen nicht mehr thematisiert in: Erman/*K. P. Berger*, 13. Aufl. 2011, § 670 BGB.

28 BGBl. II 1998, S. 2340.

29 BGBl. II 1998, S. 2327.

30 BeckOK-GmbHG/*Wisskirchen/Kuhn*, § 6 Rn 133; Palandt/*Sprau*, § 670 BGB Rn 5; *Wicke*, GmbHG, 2. Aufl. 2011, Anh § 6 Rn 13.

31 Henssler/Strohn/*Oetker*, GesellschaftsR, § 35 GmbHG Rn 26; Michalski/*Tebben*, GmbHG, § 6 Rn 197.

32 Baumbach/Hueck/*Zöllner/Noack*, GmbHG, § 35 Rn 65; BeckOK-GmbHG/*Wisskirchen/Kuhn*, § 6 Rn 134; Michalski/*Tebben*, GmbHG, § 6 Rn 197; MünchHdb-GesR III/*Marsch-Barner/Diekmann*, § 43 Rn 54.

33 BFH 22.7.2008 – VI R 47/06, DStR 2008, 2310.

34 Michalski/*Tebben*, GmbHG, § 6 Rn 197; MünchHdb-GesR III/*Marsch-Barner/Diekmann*, § 43 Rn 54.

35 Henssler/Strohn/*Oetker*, GesellschaftsR, § 35 GmbHG Rn 26; MüKo-BGB/*Seiler*, § 670 Rn 4; Staudinger/*Martinek*, § 670 BGB Rn 2.

36 Staudinger/*Martinek*, § 670 BGB Rn 5; MüKo-BGB/*Seiler*, § 670 Rn 4; Erman/*K. P. Berger*, § 670 BGB Rn 4.

über die Zusage einer weit überdurchschnittlichen Vergütung erfolgt oder aber die Tätigkeit des Geschäftsführers wenig Reise- oder Repräsentationsaufwendungen mit sich bringt, stellt sich die Frage, ob eine solche Klausel wirksam vereinbart werden kann. Ist der Anstellungsvertrag eines Verbraucher-Geschäftsführers betroffen oder stellt das Vertragswerk echte AGB iSd § 305 Abs. 1 BGB dar, so dass die Inhaltskontrolle Anwendung findet (s. § 2 Rn 114 ff), beantwortet sich die Frage nach der Wirksamkeit aus § 307 Abs. 2 Nr. 1 BGB von selbst. Der Verzicht auf den Aufwendungsersatzanspruch weicht in diesem Fall vom gesetzlichen Leitbild des § 670 BGB so stark ab, dass er mit den Grundgedanken der Vorschrift nicht mehr zu vereinbaren ist.

(2) Vertragliche Zusagen

390 Den Parteien kommt bei der zivilrechtlichen Vereinbarung von Auslagenersatz – sei es in Gestalt von echtem Aufwendungsersatz, sei es in Gestalt von steuerrechtlich als Vergütung zu behandelnden Zahlungen – ein breiter Gestaltungsspielraum zu. Demnach können Vereinbarungen getroffen werden, wonach dem Geschäftsführer verschiedene Arten von Auslagen ersetzt werden, deren Erstattung er nach der gesetzlichen Ausgangslage nicht verlangen könnte. Die Parteien können zivilrechtlich wirksam auch Pauschalierungsabreden treffen.

391 Streitigkeiten über **Spesenabrechnungen** aufgrund **ungenauer Abreden** bilden häufig, insb. wenn die Gesellschaft den Geschäftsführeranstellungsvertrag lösen möchte, den Anlass für eine außerordentliche Kündigung.[37] So werden gelegentlich Kündigungsgründe gesucht und die Revision mit der Prüfung der Abrechnungen beauftragt, um den Vorwurf des **Spesenbetrugs** erheben zu können.[38] Grundsätzlich kann insoweit festgehalten werden, dass ein zur fristlosen Kündigung berechtigender Spesenbetrug nur dann anzunehmen ist, wenn der Geschäftsführer mit **Täuschungs- und Bereicherungsabsicht** handelt, was bei auf Irrtümern oder Verwechslungen beruhenden fehlerhaften Spesenabrechnungen gerade nicht der Fall ist. Ebenso scheidet eine Täuschungsabsicht generell bei offengelegten Spesenabrechnungen aus oder wenn der Geschäftsführer bestimmte Auslagen irrtümlich für erstattungsfähig hielt.[39] Im Rahmen der Beweislast obliegt es zunächst der Gesellschaft, den wichtigen Grund darzutun und zu beweisen, doch dann ist es Sache des Geschäftsführers, die Kündigungsgründe dezidiert zu widerlegen, was im Einzelfall Schwierigkeiten aufwerfen kann.[40]

392 Deutlich spiegelt die Problematik unpräziser Klauseln ein Fall des BGH[41] zu einer fristlosen Kündigung eines Geschäftsführers aufgrund der Einreichung **fehlerhafter Spesenabrechnungen** wider. Unter anderem ging es um die Auslegung der Klausel: „Erstattungsfähig sind angemessene Kosten, die bei der Wahrnehmung der Interessen der Gesellschaft entstanden sind." Der Geschäftsführer hatte ein Geschäftsessen unter Einschluss der Essens- und Getränkekosten seiner Ehefrau abgerechnet. Anders als die Vorinstanz[42] befand der BGH, ein Geschäftsessen in Anwesenheit der Ehefrau könne der Imagepflege des Unternehmens dienen und auch aus atmosphärischen Gründen „angemessen" im Sinne der vertraglichen Vereinbarung sein. Dies ist insb. in solchen Fällen vorstellbar, in denen die Ehefrauen der Geschäftspartner ebenfalls dem Geschäftsessen beiwohnen.

393 Ferner stritten die Parteien um die Auslegung der Klausel, wonach dem Geschäftsführer ein **Pkw zur privaten Nutzung** überlassen wurde. Der Geschäftsführer rechnete auch **Benzinkosten** für Privatfahrten ab. Die Gesellschaft vertrat die Auffassung, einen solchen Anspruch auf Er-

37 Vgl etwa: BGH 28.10.2002 – II ZR 353/00, NJW 2003, 431; KG Berlin 10.11.2000 – 14 U 9587/99, NZG 2001, 325.

38 OLG Sachsen-Anhalt 18.9.2003 – 7 U (Hs) 17/03, juris.

39 *Diller*, GmbHR 2006, 333 ff.

40 LAG Köln 21.4.2004 – 8 (13) Sa 136/03, juris (im Falle eines GmbH-Geschäftsführers).

41 BGH 28.10.2002 – II ZR 353/00, NJW 2003, 431.

42 KG 10.11.2000 – 14 U 9587/99, NZG 2001, 325.

stattung ergebe die Klausel nicht. Dem widersprach der BGH, da eine Trennung zwischen dienstlichem und privatem Gebrauch allenfalls durch Führung eines Fahrtenbuchs möglich gewesen sei. Der Beklagte hätte insoweit eine klare Regelung zu den Benzinkosten in den Vertrag aufnehmen müssen. Zusammenfassend stellte der BGH[43] klar, dass kein wichtiger Grund für eine fristlose Kündigung vorgelegen habe, wenn sich der Geschäftsführer offen ausgewiesene Spesen erstatten lasse, die der Dienstgeber nicht für erstattungsfähig halte. Der Fall zeigt deutlich, dass bei der Abfassung von Aufwandsentschädigungsklauseln aus Gesellschaftersicht größte Sorgfalt an den Tag gelegt werden sollte. Die Vorinstanzen hatten die Klage des Geschäftsführers gegen die fristlose Kündigung noch abgewiesen. Dies verdeutlicht die relativ weiten Beurteilungsspielräume der Gerichte bei der Bewertung, welche allerdings nur entstehen, wenn die Klausel entsprechend große Spielräume durch offengehaltene oder **ungenaue Formulierungen** belässt. Die Verweisung auf „angemessene" Aufwendungen – wie im dargestellten Fall – ist insoweit stets ungenau, da es sich um einen ausfüllungsbedürftigen Begriff handelt. Es bietet sich vielmehr an, die erstattungsfähigen Aufwendungen aufzuzählen oder zumindest beispielhaft zu benennen. Grundsätzlich ist es gerade Sache der Gesellschaft, die Erstattungsvoraussetzungen klar und umfassend zu regeln, so dass sich Unklarheiten und Unvollständigkeiten zu ihren Lasten auswirken.[44]

cc) Steuerrechtliche Seite

(1) Abkehr von der formalen Beurteilung der Organstellung

Steuerrechtlich relevant wird die Unterscheidung zwischen beherrschendem Gesellschafter-Geschäftsführer und abhängigem Fremdgeschäftsführer auch beim Aufwendungsersatz. Der BFH[45] hat entschieden, dass die Frage der **Selbständigkeit natürlicher Personen** grds. für die Umsatzsteuer, die Einkommensteuer und die Gewerbesteuer nach denselben Grundsätzen zu beurteilen sei. In der Entscheidung vom 10.3.2005 führt der BFH aus, im Hinblick auf die Beurteilung der Tätigkeit des GmbH-Geschäftsführers als selbständige oder unselbständige Tätigkeit sei jeweils auf die Umstände des Einzelfalls abzustellen. Allein die Organstellung stehe der Beurteilung der Tätigkeit des Geschäftsführers für die GmbH als selbständige Tätigkeit nicht zwingend entgegen, da zwischen der Organstellung und dem zugrunde liegenden Anstellungsvertrag zu unterscheiden ist.[46] Vielmehr sind die einzelnen Merkmale für und gegen eine Selbständigkeit unter Berücksichtigung des Gesamtbildes der Verhältnisse gegeneinander abzuwägen, wobei entscheidend auf eine mögliche Weisungsgebundenheit abzustellen ist.[47] Steuerrechtlich wirkt sich die Abkehr von der formalen Beurteilung der Organstellung dahingehend aus, dass der abhängig beschäftigte Fremdgeschäftsführer Einkünfte aus nichtselbständiger Arbeit, der beherrschende Gesellschafter-Geschäftsführer hingegen regelmäßig Einkünfte aus selbständiger Arbeit mit der Aufwandsentschädigung erzielt. Zudem wird bei dem beherrschenden Gesellschafter-Geschäftsführer die Frage der verdeckten Gewinnausschüttung durch Aufwandsentschädigungen virulent. Auch wenn beherrschende Gesellschafter-Geschäftsführer regelmäßig Selbständige iSd Steuerrechts sind, muss auf die **konkreten Umstände** abgestellt werden, so dass eine solche Einordnung nicht in jedem Fall zwingend ist. So kann in Einzelfällen auch ein alleinvertretungsberechtigter Gesellschafter-Geschäftsführer mit einer Beteiligungsquote von 65 % als Nichtselbständiger zu werten sein, wenn sich in seinem Anstellungs- 394

43 BGH 28.10.2002 – II ZR 353/00, NJW 2003, 431.

44 *Diller*, GmbHR 2006, 333 ff.

45 BFH 10.3.2005 – V R 29/03, NZG 2005, 607.

46 BFH 23.4.2009 – VI R 81/06, DStR 2009, 1355; BFH 20.10.2010 – VIII R 34/08, DStR 2011, 911; BFH 10.11.2011 – V B 6/11, BFH/NV 2012, 459.

47 BFH 23.4.2009 – VI R 81/06, DStR 2009, 1355; BFH 20.10.2010 – VIII R 34/08, DStR 2011, 911; BFH 10.11.2011 – V B 6/11, BFH/NV 2012, 459.

vertrag typische Merkmale eines Arbeitsvertrages finden, wie etwa die Vereinbarung von Lohnfortzahlung im Krankheitsfall, Urlaubsansprüchen sowie Urlaubs- und Weihnachtsgeld.[48]

(2) Auslagenersatz des Fremdgeschäftsführers

395 Beträge, die der Arbeitnehmer vom Arbeitgeber erhält, um sie für ihn auszugeben (**durchlaufende Gelder**), und Beträge, durch die Auslagen des Arbeitnehmers für den Arbeitgeber ersetzt werden (**Auslagenersatz**), gehören nach § 3 Nr. 50 EStG zu den **steuerfreien Einnahmen.** Der Sache nach handelt es sich bei dieser Fallgruppe nicht um Arbeitslohn.[49] Die Vorschrift betrifft Auslagen für den Arbeitgeber, die nicht unbedingt im Namen des Arbeitgebers, aber in dessen Interesse und für dessen Rechnung getätigt werden.[50] Steuerrechtlich liegt **Auslagenersatz** dann vor, wenn der Arbeitnehmer im ganz überwiegenden Interesse des Arbeitgebers Aufwendungen tätigt, die der Arbeitsausführung dienen und die nicht zu einer Bereicherung des Arbeitnehmers führen.[51] Ein Vorteil wird dann aus ganz überwiegend eigenbetrieblichem Interesse gewährt, wenn im Rahmen einer Gesamtwürdigung aus den Begleitumständen zu schließen ist, dass der jeweils verfolgte betriebliche Zweck im Vordergrund steht.[52] Insoweit werden also die betrieblichen Ziele des Arbeitgebers gegen die individuellen Interessen des Arbeitnehmers abgewogen.[53] Dagegen ist nicht mehr von steuerfreiem Auslagenersatz iSd § 3 Nr. 50 EStG auszugehen, soweit die Auslage zu einer dauerhaften und nicht nur unerheblichen Bereicherung des Geschäftsführers führt. Dies kann etwa im Falle der Sicherheitsmaßnahmen auf Kosten des Unternehmens für seinen leitenden Angestellten an dessen Wohnsitz bei allenfalls abstrakter berufsbedingter Gefährdungslage angenommen werden.[54]

396 Die **Abgrenzung** im Einzelfall ist schwierig. Dies wird deutlich am Beispiel eines Falles des BFH[55] zur Erstattung von Mitgliedsbeiträgen eines Geschäftsführers zu einem Industrieclub. Nach Ansicht des BFH existiert keine Vermutung des Inhalts, dass im Verhältnis Arbeitgeber – Arbeitnehmer im Zweifel alle Zuwendungen unter dem Gesichtspunkt des Austausches von Dienstleistung und Gegenleistung erfolgten, noch dazu, wenn sie vom Steuerpflichtigen zu widerlegen wären. Die Frage, ob die Zuwendung im ganz überwiegenden eigenbetrieblichen Interesse des Arbeitgebers erfolge, sei unter Berücksichtigung des Zweckes der Zuwendung zu beantworten. Eingehend seien in diesem Zusammenhang äußere Umstände wie Anlass, Zuwendungsgegenstand und Begleitumstände zu würdigen. Im entschiedenen Fall hätte die Vorinstanz aufklären müssen, in welchem Umfang die GmbH selbst die Räume hätte nutzen können und in welchem Maße der Kläger an welcher Veranstaltung des Clubs – wirtschaftlich, allgemeinbildend, gesellschaftlich orientiert – teilgenommen hatte. In einem weiteren Fall, der eine Reise betraf, unterstrich der BFH, es komme auf Anlass, Art und Höhe des Vorteils, Auswahl der Begünstigten, freie oder nur gebundene Verfügbarkeit, Freiwilligkeit oder Zwang zur Annahme des Vorteils und seine besondere Geeignetheit für den jeweils verfolgten betrieblichen Zweck an.[56]

397 Insgesamt kann sich bei der unterscheidenden Einordnung in Arbeitslohn oder in im betrieblichen Eigeninteresse bestehende steuerfreie Zuwendungen an der **Kasuistik des BFH orientiert**

48 BFH 23.4.2009 – VI R 81/06, DStR 2009, 1355.

49 APS/*Seidel*, Kündigungsrecht, 3. Teil, C Rn 14; Schmidt/*Heinicke*, EStG, § 3 Stichwort: Durchlaufende Gelder und Auslagenersatz.

50 Schmidt/*Heinicke*, EStG, § 3 Stichwort: Durchlaufende Gelder und Auslagenersatz.

51 BFH 28.3.2006 – VI R 24/03, DStR 2006, 888; BFH 5.4.2006 – IX R 109/00, NZG 2006, 599; BFH 22.7.2008 – VI R 47/06, NZG 2009, 91; BFH 21.1.2010 – VI R 2/08, NZA-RR 2010, 312; BFH 11.3.2010 – VI R 7/08, DStRE 2010, 789.

52 BFH 22.7.2008 – VI R 47/06, NZG 2009, 919.

53 *Macher*, NZA 2006, 838.

54 BFH 5.4.2006 – IX R 109/00, NZG 2006, 599.

55 BFH 20.9.1985 – VI R 120/82, BFHE 144, 435.

56 BFH 19.5.2005 – VI B 189/04, BFH/NV 2005, 1553.

werden, gerade weil die Einordnung im Einzelfall manchmal schwierig erscheint. Grundsätzlich ist es denkbar, dass Auslagenersatz nicht nur einen singulären Zweck verfolgt, sondern eine **gemischte Veranlassung** und eine **geteilte Interessenlage** zugrunde liegt. In diesem Fall kann auch steuerrechtlich eine Aufteilung erfolgen, etwa durch **hälftige Zuordnung** des Auslagenersatzes zum Arbeitslohn.[57] Eine solche Aufteilung ist allerdings nicht zwingend, wenn ein geteiltes Interesse vorliegt. Tritt das Interesse des Arbeitnehmers gegenüber dem des Arbeitgebers in den Hintergrund, kann eine Lohnzuwendung vollständig zu verneinen sein. Ist aber – neben dem eigenbetrieblichen Interesse des Arbeitgebers – ein nicht unerhebliches Interesse des Arbeitnehmers gegeben, so liegt die Vorteilsgewährung nicht im ganz überwiegend eigenbetrieblichen Interesse des Arbeitgebers und führt zur Lohnzuwendung.[58] Etwa im Bereich der Verbesserung des allgemeinen Gesundheitszustands, an welchem sicherlich auch der Arbeitgeber ein grundsätzliches Interesse besitzt, wurde die Übernahme der Kosten einer Regenerierungskur eindeutig als Arbeitslohn zugeordnet, so dass diese auch entsprechend zu versteuern ist.[59] Ebenfalls als Arbeitslohn bewertet wurden in jüngerer Vergangenheit vom BFH die Übernahme von Steuerberatungskosten bei der Einkommensteuererklärung,[60] die Übernahme der Beiträge für Mitgliedschaften in Interessenverbänden, soweit dies nicht ausnahmsweise im überwiegenden betrieblichen Interesse liegt,[61] oder in obligatorischen Berufskammern,[62] die Übernahme von Geldstrafen oder Geldbußen[63] sowie der Beiträge zu verpflichtenden Berufshaftpflichtversicherungen.[64]

Der Einfachheit halber können zwischen Gesellschaft und Fremdgeschäftsführer **Pauschalierungsabreden** getroffen werden, mit denen feste jährliche Ersatzleistungen für Aufwendungen des Geschäftsführers bereits im Anstellungsvertrag festgelegt werden. Die Pauschalierung bietet für die Parteien auf den ersten Blick den Vorteil, dass ein hoher Abrechnungs- und Buchungsaufwand entfällt. Steuerrechtlich kann eine solche Konstruktion für den Fremdgeschäftsführer aber zu Komplikationen führen. Nach den Lohnsteuerrichtlinien R 22 Abs. 2 zu § 3 EStG führt ein pauschaler Auslagenersatz regelmäßig dazu, dass dieser als Arbeitslohn zu werten ist. Nur bei regelmäßig wiederkehrendem Auslagenersatz und bei Nachweis der entstandenen Aufwendungen für einen repräsentativen Zeitraum von drei Monaten im Einzelnen bleibt ein pauschaler Auslagenersatz ausnahmsweise steuerfrei. Aufwendungen für Telekommunikation, für das Nutzungsentgelt einer Telefonanlage und der Grundpreis der Anschlüsse kann entsprechend dem beruflichen Anteil der Verbindungsentgelte steuerfrei ersetzt werden. Nach dem BFH kann Auslagenersatz nur dann steuerfrei pauschaliert gewährt werden, wenn die Pauschale den tatsächlichen Aufwendungen im Großen und Ganzen entspricht.[65] Der Nachweis obliege dem Arbeitnehmer und bleibende Zweifel daran, dass im Großen und Ganzen Aufwendungen in Höhe der Pauschale angefallen sind, gehen nach allgemeinen Grundsätzen zu Lasten des Betroffenen.[66] Misslingt der Nachweis, so ist der gesamte pauschale Abgeltungsbetrag als steuerpflichtiger Arbeitslohn zu behandeln.[67] Unbeschadet der zivilrechtlichen Wirksamkeit führen Pauschalierungsabreden im Einzelfall dazu, dass der Fremdgeschäftsführer den pau- 398

57 BFH 11.3.2010 – VI R 7/08, DStRE 2010, 789.

58 BFH 22.7.2008 – VI R 47/06, NZG 2009, 919; BFH 17.1.2008 – VI R 26/06, NZA-RR 2008, 423; BFH 12.2.2009 – VI R 32/08, NZA-RR 2009, 441; BFH 21.1.2010 – VI R 2/08, NZA-RR 2010, 312.

59 BFH 11.3.2010 – VI R 7/08, DStRE 2010, 789.

60 BFH 21.1.2010 – VI R 2/08, NZA-RR 2010, 312.

61 BFH 12.2.2009 – VI R 32/08, NZA-RR 2009, 441 (Mitgliedschaft im DAV).

62 BFH 17.1.2008 – VI R 26/06, NZA-RR 2008, 423 (Kammerbeiträge für Geschäftsführer von Wirtschaftsprüfungs- und Steuerberatungsgesellschaften).

63 BFH 22.7.2008 – VI R 47/06, NZG 2009, 919.

64 BFH 26.7.2007 – VI R 64/06, NJW 2007, 3088.

65 BFH 21.8.1995 – VI R 30/95, NJW 1996, 1166; BFH 2.10.2003 – IV R 4/02, BFHE 203, 459.

66 BFH 2.10.2003 – IV R 4/02, BFHE 203, 459.

67 BFH 21.8.1995 – VI R 30/95, NJW 1996, 1166.

schalierten Zufluss als Einnahmen aus nichtselbständiger Arbeit zu versteuern hat. Allerdings können dann die tatsächlich getätigten Aufwendungen als Werbungskosten im Rahmen von Steuerfreibeträgen behandelt werden.[68] Wird demnach etwa monatlich ein Pauschbetrag von 400 € gewährt, wobei die nachgewiesenen Aufwendungen allerdings nur zwischen 50 und 60 € liegen, stellt der Auslagenersatz ein zusätzliches Einkommen dar, für welches in vollem Umfang die Einkommensteuer sowie die Sozialversicherungsbeiträge anfallen.[69] Der Vorteil der Pauschalierungsabrede liegt insgesamt daher auf Seiten der GmbH, der ein erhöhter Verwaltungsaufwand erspart bleibt.

(3) Aufwendungsersatz des Mehrheits-Gesellschafter-Geschäftsführers

399 Die Übernahme von Aufwendungen für den Mehrheits-Gesellschafter-Geschäftsführer lässt sich steuerrechtlich im Einzelfall nur schwer abschätzen. Steuerrechtlich kann die Zuwendung im Einzelfall möglicherweise als verdeckte Gewinnausschüttung gewertet werden. Der BFH urteilte schon früh,[70] dass der Aufwendungsersatz eines beherrschenden Gesellschafter-Geschäftsführers einer GmbH durch die Gesellschaft ohne eine im Voraus getroffene klare und eindeutige Vereinbarung auch dann eine verdeckte Gewinnausschüttung sei, wenn der Ersatzanspruch des Gesellschafter-Geschäftsführers zivilrechtlich begründet sei. Der BFH verlangt, dass die schuldrechtlichen und die gesellschaftsrechtlichen Beziehungen der Gesellschaft zu ihrem Gesellschafter klar voneinander abgegrenzt sein müssten. Bei Aufwendungsersatzansprüchen aus §§ 675, 670 BGB fehle diese klare Abgrenzung. Aus diesem Grund und zur Vermeidung von Streitigkeiten ist es dringend zu **empfehlen**, den Umfang und die genauen Voraussetzungen des Auslagenersatzes von am Gesellschaftskapital beteiligten Geschäftsführern ausdrücklich und eindeutig zu regeln.[71] Weiterhin ist aus Sicht der Gesellschaft eine **ausdrückliche Regelung** zwingend erforderlich, weil die Erstattung von Auslagen an Gesellschafter-Geschäftsführer nur dann steuerlich als Betriebsausgabe abzugsfähig ist, soweit für die Erstattung eine im Voraus getroffene eindeutige Rechtsgrundlage besteht und zwar selbst dann, wenn ein entsprechender Erstattungsanspruch des Geschäftsführers bereits kraft Gesetzes vorgelegen hätte.[72]

400 Die Aufwendungen einer GmbH für **Reisen** des Mehrheits-Gesellschafter-Geschäftsführers bewertete der BFH in einer neueren Entscheidung[73] als **verdeckte Gewinnausschüttung**, wenn die Reise durch private Interessen des Gesellschafter-Geschäftsführers veranlasst oder in nicht nur untergeordnetem Maße mitveranlasst sei. Eine schädliche Mitveranlassung liege regelmäßig vor, wenn bei einer entsprechenden Reise eines Einzelunternehmers oder eines Personengesellschafters das Aufteilungs- und Abzugsverbot des § 12 Abs. 1 Nr. 1 EStG eingreife. Die Beurteilung einer Reise erfasse die Umstände des Einzelfalls. In Betracht kämen die Reiseroute, die touristische Attraktivität der einzelnen Orte, die fachliche Organisation und die Ausfüllung der Reise mit fachbezogenen Veranstaltungen. Den Abzug von Aufwendungen für Flugkosten, Verpflegungs- und Übernachtungspauschalen versagte das FG München[74] in einem Fall, in dem die Gesellschafter-Geschäftsführerin ihren Ehemann für die GmbH als „Rechtsberater für den romanischen Rechtskreis“ auf eine Geschäftsreise zur Analyse von Feriendomizilen im Ausland mitgenommen hatte. Die GmbH vermittelte Domizile für Deutsche im Ausland. Die Übernahme der Kosten für den Ehemann habe gesellschaftliche Gründe gehabt. Dem trat das FG

68 OLG Stuttgart 1.8.1986 – 2 U 13/86, NJW-RR 1987, 159.
69 Vgl BayLSG 28.3.2012 – L 19 R 827/09, NZS 2012, 826.
70 BFH 3.11.1976 – I R 98/75, BFHE 120, 388–391.
71 Lüdike/Sistermann/*Fischer*, Unternehmensteuerrecht, § 6 Rn 148; BeckFormB-GmbHR/*Gerber*, E. V.3 Rn 9; Oppenländer/Trölitzsch/*Weber*, GmbH-Geschäftsführung, § 39 Rn 63.
72 Lüdike/Sistermann/*Fischer*, Unternehmensteuerrecht, § 6 Rn 148.
73 BFH 6.4.2005 – I R 86/04, NJW 2005, 2735.
74 FG München 27.4.2001 – 6 K 2312/99, juris.

entgegen und stellte heraus, ein ordentlicher und gewissenhafter Geschäftsleiter hätte einem Nichtgesellschafter nicht Reisekosten für Familienangehörige erstattet. Die bloße Rechtsberatung sei für eine Kostenübernahme nicht hinreichend. Ebenso stellen Reisekostenaufwendungen einer Gesellschaft für die Teilnahme ihres Gesellschafter-Geschäftsführers und dessen Ehefrau an einer Jahrestagung des Weltwirtschaftsforums als Mitglieder der Delegation eines Ministerpräsidenten mangels betriebsfunktionaler Zielsetzung eine verdeckte Gewinnausschüttung dar.[75]

Als verdeckte Gewinnausschüttung wertete das FG Berlin[76] sogar die **Lösegeldzahlung** für die Freilassung eines Gesellschafter-Geschäftsführers nach einer Entführung auf einer Dienstreise. Die Übernahme von Kosten für den **Geburtstag** des beherrschenden Gesellschafter-Geschäftsführers, zu der Mitarbeiter, Geschäftsfreunde und Bekannte des Geschäftsführers eingeladen waren, fasste der BFH als verdeckte Gewinnausschüttung auf,[77] da es an der hinreichenden Abgrenzung zwischen persönlicher Geburtstagsfeier und „Betriebsfeier" gefehlt habe. Unerheblich sei, dass sich die Veranstaltung nach Art und Umfang nicht von Betriebsfeiern der Vorjahre unterschieden habe. Das FG Hamburg wertete die Übernahme von Aufwendungen für die **Golfsportberechtigung** des beherrschenden Gesellschafter-Geschäftsführers jedenfalls dann als verdeckte Gewinnausschüttung, wenn es im Vorfeld an einer klaren zivilrechtlichen Vereinbarung gefehlt habe, unabhängig davon, dass im Golfklub auch die Pflege von Kundenkontakten geschah.[78] Vom Erfordernis einer im Voraus getroffenen klaren Vereinbarung sieht das FG Niedersachsen[79] beim beherrschenden Gesellschafter-Geschäftsführer ab, wenn die Gesellschaft die Reisekosten üblicherweise auch für einen Nichtgesellschafter getragen oder diesem erstattet hätte, so dass in diesem Falle keine verdeckte Gewinnausschüttung vorliege. 401

Eine **Pauschalierung von Aufwendungsersatz** beim beherrschenden Gesellschafter-Geschäftsführer ist zivilrechtlich unbedenklich. Diese Rspr bestätigte der BFH im Jahre 2004,[80] verlangte aber in der Entscheidung eine **im Voraus getroffene klare und eindeutige Vereinbarung**. Dem Gesellschafter-Geschäftsführer wurde rückwirkend durch Beschluss eine „einmalige Abfindung" zur pauschalen Abgeltung seiner Aufwendungen für einen bestimmten Zeitraum gewährt. Erfolge wie in diesem Fall die Zuwendung ohne Auflistung der Einzelnachweise in pauschaler Form, so liege eine verdeckte Gewinnausschüttung vor. Eine Ausnahme soll nach Ansicht des BFH jedoch dann bestehen, wenn es um den Ersatz von überraschenden Aufwendungen oder Bagatellaufwendungen geht. Unter **Bagatellaufwendungen** können dabei zB Trinkgelder, Zeitungsgelder, Telefongebühren oder Postgebühren fallen.[81] Eine verdeckte Gewinnausschüttung wird in der Lit. erst dann angenommen, soweit die Aufwendungen wegen ihrer Höhe oder aus anderen Gründen unglaubwürdig sind. Daraus ergibt sich die Pflicht des Gesellschafter-Geschäftsführers, die Aufwendungen **glaubhaft zu machen**. Zur Vermeidung einer verdeckten Gewinnausschüttung empfiehlt sich daher, dem Geschäftsführer pauschal nur bis maximal zur jeweiligen steuerlichen Höchstgrenze pauschalierten Aufwendungsersatz zukommen zu lassen und zusätzlich eine einzelfallbezogene Ersatzmöglichkeit für übersteigende betrieblich veranlasste Ausgaben bei Vorlage von Belegen vorzusehen. 402

Auch nach Ansicht des BFH[82] führt eine unzureichende Glaubhaftmachung der Angaben zur Einordnung einer **pauschalen Erstattung von Reisekosten** an einen herrschenden Gesellschafter-Geschäftsführer als verdeckte Gewinnausschüttung. Bei der Klauselgestaltung gilt daher in 403

75 FG Baden-Württemberg 20.9.2006 – 12 K 78/06, DStRE 2007, 881.
76 FG Berlin 19.6.2000 – 8 K 8497/98, DStRE 2001, 188.
77 BFH 14.7.2004 – I R 57/03, NJW 2004, 3799.
78 FG Hamburg 6.12.2001 – VI 155/99, EFG 2002, 708.
79 FG Niedersachsen 29.6.1999 – VI 110/97, GmbHR 2000, 442.
80 BFH 5.10.2004 – VIII R 9/03, GmbHR 2005, 176–179.
81 Streck/*Schwedhelm*, KStG, § 8 Anh Rn 120 Bagatellaufwendungen.
82 BFH 19.10.1965 – I R 88/63 U, NJW 1966, 696.

steuerlicher Hinsicht die im Vorfeld getroffene klare Vereinbarung als der sicherste Weg, da oftmals zweifelhaft ist, ob die Finanzverwaltung die jeweilige Glaubhaftmachung akzeptiert.[83] Selbst dann aber wird man je nach Zusammenhang, in dem der Aufwand anfällt, nicht mit Sicherheit für jeden Einzelfall ausschließen können, dass das Finanzamt eine verdeckte Gewinnausschüttung annimmt.

(4) Werbungskostenersatz beim Fremdgeschäftsführer

404 Nach § 3 Nr. 16 EStG sind solche Vergütungen steuerfrei, die Arbeitnehmer außerhalb des öffentlichen Dienstes von ihrem Arbeitgeber zur Erstattung von Reisekosten, Umzugskosten oder Mehraufwendungen bei doppelter Haushaltsführung erhalten, soweit sie die beruflich veranlassten Mehraufwendungen, bei Vergütungsmehraufwendungen die Pauschbeträge nach § 4 Abs. 5 S. 1 Nr. 5 EStG und bei Familienheimfahrten mit dem eigenen oder außerhalb des Dienstverhältnisses zur Nutzung überlassenen Kraftfahrzeug die Pauschbeträge nach § 9 Abs. 1 S. 3 Nr. 4 EStG nicht übersteigen; Vergütungen zur Erstattung von Mehraufwendungen bei doppelter Haushaltsführung sind nur insoweit steuerfrei, wie sie die nach § 9 Abs. 1 S. 3 Nr. 5 und Abs. 5 EStG sowie § 4 Abs. 5 S. 1 Nr. 5 EStG abziehbare Aufwendungen nicht übersteigen.

405 Der **Werbungskostenersatz unterscheidet** sich vom **Auslagenersatz** dadurch, dass im ersten Fall ein Interesse des Arbeitnehmers, im zweiten Fall ein ausschließlich oder weit überwiegendes Interesse des Arbeitgebers an den Aufwendungen besteht. Gleichwohl sind derartige Aufwendungen aus der Sicht des Arbeitnehmers beruflich veranlasst und damit steuerlich abziehbare Werbungskosten, wenn eine Erstattung durch den Arbeitgeber nicht erfolgt.[84] Dies gilt unabhängig davon, ob der Betroffene anstatt der Erstattung ein höheres Gehalt erhält. Der Gesetzgeber hat die Fälle steuerfreien Ersatzes abschließend geregelt, auch wenn sich die Tatbestände nicht abschließend in § 3 EStG befinden, sondern ebenso in § 3 b EStG sowie in § 20 Abs. 1 Nr. 6 S. 2 EStG.[85] Darüber hinausgehende Zahlungen sind besteuerbarer Arbeitslohn und als solcher vom Fremdgeschäftsführer zu versteuern.

406 Nach R 16 der Lohnsteuerrichtlinien zu § 3 EStG dürfen bei der Erstattung von **Reisekosten** die einzelnen Aufwendungsarten zusammengefasst werden; in diesem Fall ist die Erstattung steuerfrei, soweit sie die Summe der jeweils zulässigen Einzelerstattungen nicht übersteigt. Mehrere Reisen können zusammengefasst abgerechnet werden. Diese Grundsätze gelten auch für die Erstattung von **Umzugskosten** und von Mehraufwendungen bei **doppelter Haushaltsführung**. Wegen der Einzelheiten der Reisekosten wird auf die Lohnsteuer-Richtlinie zu § 9 EStG R 37–R 41 sowie R 43 verwiesen. Aufgrund der regen Tätigkeit des Gesetzgebers auf steuerlichem Gebiet ist bei der Klauselgestaltung zum einen **anzuraten**, keine fixen Summen zu nennen, die möglicherweise in einem Jahr nicht mehr den steuerlichen Pauschalen entsprechen.

(5) Dienstwagen[86]

407 Bei Geschäftsführern kommt es im Zusammenhang mit Dienstwagen häufig entscheidend darauf an, ob dieser auch privat genutzt werden darf, was steuerrechtliche Konsequenzen nach sich zieht. Grundsätzlich kann bei Gesellschafter-Geschäftsführern auch die **Privatnutzung eines Dienstwagens** je nach den Umständen des Einzelfalls zu einer **verdeckten Gewinnausschüttung** führen. Die genaue Zuordnung bedarf der wertenden Betrachtung im Einzelfall.[87] Erfolgt die Privatnutzung etwa ohne oder entgegen einer ausdrücklichen Vereinbarung und unterbindet die Gesellschaft dies nicht, liegt regelmäßig die Vermutung nahe, das Verbot sei nicht ernst-

83 Streck/*Schwedhelm*, KStG, § 8 Anh Rn 120 Bagatellaufwendungen.
84 Blümich/*Erhard*, EStG, § 3 Nr. 50 Rn 2 f.
85 Blümich/*Erhard*, EStG, § 3 Rn 11.
86 S. dazu auch § 1 Rn 1999 ff (25. Dienstwagenklauseln) sowie § 2 Rn 889 ff (14. Vergütungsklauseln).
87 BFH 11.2.2010 – VI R 43/09, NJW 2010, 1488.

lich gemeint, so dass es sich um eine verdeckte Gewinnausschüttung handelt.[88] Ist die private Nutzungsmöglichkeit des Dienstwagens allerdings ausdrücklich im Anstellungsvertrag vereinbart, liegt ein sachwertbasierter und somit zu versteuernder Vergütungsteil und keine unzulässige verdeckte Gewinnausschüttung vor.[89] Grundsätzlich ist die Möglichkeit der Privatnutzung als Sachleistung und geldwerter Vorteil steuerpflichtiger Teil der Vergütung.[90]

Zur Frage der **Versteuerung der privaten Nutzung** eines Dienstwagens durch den Geschäftsführer, der zugleich der Ehemann der beherrschenden Gesellschafterin war, nahm der BFH[91] in einer neueren Entscheidung Stellung. Vertraglich geregelt war, dass der Geschäftsführer den Dienstwagen für Dienstfahrten einschließlich Fahrten zwischen Wohnung und Betrieb nutzen durfte. Das Finanzamt ging davon aus, dass der Geschäftsführer den Wagen auch privat nutzen dürfe. Die geführten Fahrtenbücher enthielten nur Zeit- und Ortsangaben, nicht aber Reisezweck und Geschäftspartner. Das Finanzamt unterstellte eine verdeckte Gewinnausschüttung und bewertete sie anhand der 1 %-Regelung nach § 6 Abs. 1 Nr. 4 S. 2 EStG mit 1 vom Hundert des inländischen Listenpreises des Fahrzeugs für jeden Monat. Der BFH wiederholte seine ständige Rspr, wonach eine **verdeckte Gewinnausschüttung** vorliegt, wenn die Gesellschaft ihrem Gesellschafter oder einer diesem nahe stehenden Person einen Vermögensvorteil zuwendet, den sie bei der Sorgfalt eines ordentlichen und gewissenhaften Geschäftsleiters einem Nichtgesellschafter nicht gewährt hätte. Beim beherrschenden Gesellschafter sei eine verdeckte Gewinnausschüttung anzunehmen, wenn eine Leistung an ihn oder eine ihm nahe stehende Person gewährt werde, für die es an einer **klaren, im Voraus getroffenen, zivilrechtlich wirksamen und tatsächlich durchgeführten Vereinbarung** fehle. Der BFH stützte die Annahme des Finanzamtes, dass eine verdeckte Gewinnausschüttung bestehe. Indes komme auf Seiten der Kapitalgesellschaft nicht die 1 %-Regelung aus § 6 Abs. 1 Nr. 4 S. 2 EStG in Betracht, sondern es sei ein Fremdvergleich durchzuführen, wobei die marktmäßigen Mietraten eines professionellen Fahrzeugvermieters einen groben Anhaltspunkt liefern könnten. 408

In weiteren Entscheidungen bestätigte der BFH ausdrücklich, dass auch im Falle einer vertragswidrigen Privatnutzung des Dienstwagens durch den Gesellschafter-Geschäftsführer eine verdeckte Gewinnausschüttung vorliege, deren Vorteil auf Seiten der Kapitalgesellschaft eben nach solchen Fremdvergleichsmaßstäben zu bemessen sei.[92] Problematisch ist weiterhin die Frage, wann überhaupt eine **Privatnutzung** des Pkw angenommen werden darf. Das FG Hessen geht im Wege des **Anscheinsbeweises** und dem damit verbundenen Erfahrungssatz vor, dass soweit eine private Nutzung möglich sei, diese in aller Regel auch erfolge.[93] Dies gelte selbst in Fällen, in denen formal zwischen den Parteien die Privatnutzung vertraglich ausgeschlossen wurde, eine Kontrolle und Überwachung des Nutzungsverbotes – zB durch Auferlegung eines **Fahrtenbuchs** – allerdings unterbleibt und auch aus sonstigen Gründen nicht auszuschließen ist, dass eine Privatnutzung stattgefunden hat. Das FG Köln stellte heraus, dass der Nachweis einer unterbliebenen privaten Nutzung des Dienstfahrzeuges zur Entkräftung des Anscheinsbeweises nur durch Vorlage eines lückenlos geführten Fahrtenbuchs erreicht werden könne.[94] 409

Nach Ansicht des FG München kann jedoch nicht in allen Fällen im Wege des Anscheinsbeweises eine Privatnutzung des Fahrzeuges durch den Gesellschafter-Geschäftsführer angenom- 410

88 BFH 17.7.2008 – I R 83/07, GmbHR 2009, 327; BFH 23.4.2009 – VI R 81/06, DStR 2009, 1355; BFH 11.2.2010 – VI R 43/09, NJW 2010, 1488.

89 BFH 23.4.2009 – VI R 81/06, DStR 2009, 1355; BFH 11.2.2010 – VI R 43/09, NJW 2010, 1488.

90 BAG 24.3.2009 – 9 AZR 733/07, NZA 2009, 861; *Intemann*, NZA 2012, 606.

91 BFH 23.2.2005 – I R 70/04, NJW-RR 2005, 979.

92 BFH 23.1.2008 – I R 8/06, NJW 2008, 2207; BFH 17.7.2008 – I R 83/07, GmbHR 2009, 327; BFH 23.4.2009 – VI R 81/06, DStR 2009, 1355.

93 FG Hessen 16.12.2006 – I V 2181/06, juris; FG Hessen 30.8.2007 – 1 K 1671/06, juris; ebenso: FG Brandenburg 26.10.2005 – 2 K 1763/02, DStR 2006, 273.

94 FG Köln 26.10.2005 – 7 K 2272/02, EFG 2006, 714.

men werden, selbst wenn dieser kein Fahrtenbuch angefertigt hat.[95] Eine solche Unterstellung sei jedenfalls dann verfehlt, wenn der Geschäftsführer über ein gleichwertiges Fahrzeug im Privatvermögen verfügt und eine tatsächliche private Nutzung des dienstlichen Pkw nicht feststeht. Dies soll nach Ansicht des FG Hamburg auch ohne Führung eines Fahrtenbuchs in solchen Fällen gelten, in denen konkrete Umstände der betrieblichen Lage und der privaten Lebenssituation des Gesellschafter-Geschäftsführers gegen eine private Mitbenutzung sprechen.[96]

411 Nach § 6 Abs. 1 Nr. 4 S. 2 EStG ist die pauschale 1 %-Regelung nur in Fällen möglich, in denen der Pkw zumindest zu 50 % dienstlich genutzt wird. Allerdings wird in § 6 Abs. 1 Nr. 4 S. 3 EStG klargestellt, dass bei der Berechnung des anteiligen Nutzens die **Fahrten zwischen Wohnung und Arbeitsplatz** und die **Familienheimfahrten** als dienstliche Nutzung zu berücksichtigen sind. Den Nachweis der zumindest hälftigen dienstlichen Nutzung des Dienstwagens hat, soweit daran Zweifel bestehen, der Geschäftsführer zu erbringen. Soweit der Dienstwagen tatsächlich auch für die Fahrten zwischen Wohnsitz und Arbeitsstätte genutzt werden, erhöht sich die 1 %ige Besteuerungsregel des geldwerten Vorteils um monatlich weitere 0,03 % des Listenpreises.[97] Grundsätzlich besteht zwar eine **Vermutung** hinsichtlich der tatsächlichen Nutzung zu Heimfahrten, welche allerdings, etwa durch Vorlage einer Jahreskarte für die öffentlichen Verkehrsmittel, widerlegt werden kann.[98]

(6) Belege/Eigenbelege

412 Nach § 4 Abs. 5 Nr. 2 EStG dürfen die Aufwendungen für die **Bewirtung** von Personen aus geschäftlichem Anlass, soweit sie 70 v.H. der Aufwendungen übersteigen, die nach der allgemeinen Verkehrsauffassung als angemessen anzusehen und deren Höhe und betriebliche Veranlassung nachgewiesen sind, den Gewinn des Betriebs als Ausgaben nicht mindern. Zum Nachweis der Höhe und der betrieblichen Veranlassung der Aufwendungen sind folgende Angaben schriftlich zu machen: Ort, Tag, Teilnehmer und Anlass der Bewirtung sowie Höhe der Aufwendungen.

413 Ein **geschäftlicher Anlass** ist etwa immer dann gegeben, wenn Personen bewirtet werden, zu denen bereits Geschäftsbeziehungen bestehen oder angebahnt werden sollen.[99] Bei Bewirtung in einer Gaststätte genügen Angaben über den Anlass und die Teilnehmer der Bewirtung, da die Rechnung über die Bewirtung beizufügen ist. **Bewirtungskosten** umfassen neben den üblichen Aufwendungen für Speisen, Getränke und sonstige Genussmittel auch Nebenkosten, wie etwa Trinkgelder oder Garderobengebühren.[100] In diesem Zusammenhang sind verschieden genaue Angaben zu machen, damit eine Identifikation der Veranstaltung und teilnehmenden Personen zweifelsfrei möglich ist, um zu verhindern, dass die Steuerbehörden entsprechende Belege später zurückweisen. Dies betrifft etwa die Nennung der genauen Lokalität samt Adresse und die namentliche Bezeichnung aller Teilnehmer der Bewirtung, um eine zweifelsfreie Zuordnung zum geschäftlichen Anlass zu ermöglichen. Eine namentliche Zuordnung kann ausnahmsweise unterbleiben, soweit sie unmöglich oder unzumutbar ist, wie etwa im Fall der Bewirtung einer größeren Personenzahl im Anschluss an eine Betriebsbesichtigung.[101]

414 Von Seiten der Gesellschaft ist eine ausreichende **Belegführung** des Geschäftsführers unerlässlich. Aus diesem Grund sollte bereits anstellungsvertraglich bzw in der Geschäftsordnung eine entsprechende Verpflichtung mitsamt den genauen Anforderungen an die Belegführung ausdrücklich geregelt werden. Selbst wenn es an einer anstellungsvertraglichen Dokumentations-

95 FG München 28.9.2004 – 6 K 5409/02, GmbHR 2005, 371.
96 FG Hamburg 16.5.2002 – V 146/01, juris.
97 *Arens*, DStR 2010, 115, 119.
98 BFH 4.4.2008 – VI R 68/05, DStR 2008, 1182; *Arens*, DStR 2010, 115, 119.
99 *Foerster*, SteuK 2010, 317.
100 *Foerster*, SteuK 2010, 317.
101 *Foerster*, SteuK 2010, 317, 318.

pflicht fehlt, sollen Auslagen allerdings nur erstattungsfähig sein, soweit diese ausreichend belegt und somit auch für die Gesellschaft steuerlich absetzbar sind.[102]

Im Falle der Dienstwagenversteuerung ist es gem. § 8 Abs. 2 S. 4 EStG iVm § 8 Abs. 2 S. 2, 3, § 6 Abs. 1 Nr. 4 S. 4 EStG möglich, abweichend von der **Nutzungspauschale** in S. 2, nur die Aufwendungen für einzelne Privatfahrten zu versteuern, wenn der Anteil der privaten Fahrten durch entsprechende Belege und ein lückenloses Fahrtenbuch nachgewiesen wird.[103] Ist der Anteil der Privatnutzung relativ hoch und handelt es sich verstärkend um einen Mittelklasse-Pkw mit verhältnismäßig niedrigem Listenpreis, ist es ratsam, die Pauschalversteuerung nach der 1 %-Regelung zu wählen, bei weit überwiegender dienstlicher Nutzung dagegen kann der **Einzelnachweis** der Strecken deutlich günstiger sein.[104] Ein **Wechsel** zwischen beiden **Versteuerungsmethoden** ist allerdings nur jeweils zu Beginn des Kalenderjahres möglich.[105] Jedenfalls empfiehlt sich nach der neuen Rechtslage die vorsorgliche **Führung eines Fahrtenbuchs** nicht nur aufgrund einer eventuell günstigeren Einzelverauslagung, sondern auch im Hinblick auf den notwendigen Nachweis der höchstens hälftigen Privatnutzung iSd § 6 Abs. 1 Nr. 4 S. 2 EStG, welchen der Geschäftsführer im Zweifel zu erbringen hat. 415

Wird ein Fahrtenbuch **nicht** als **ordnungsgemäß** von den Steuerbehörden anerkannt, so erfolgt eine nachträgliche Versteuerung nach der 1 %-Methode, soweit die private Nutzung weniger als 50 % beträgt.[106] 416

Der BFH hat in mehreren Entscheidungen konkretisiert, welche Voraussetzungen ein **ordnungsgemäßes Fahrtenbuch** erfüllen muss. 417

Erste Grundvoraussetzung eines ordnungsgemäßen Fahrtenbuchs besteht darin, dass eine Überprüfung durch das Finanzamt tatsächlich möglich ist. Demnach ist bei einer handschriftlichen Erstellung ein Mindestmaß an **Leserlichkeit** erforderlich, da die Aufzeichnungen ansonsten ihren Zweck nicht erfüllen können.[107] Der Einwand, der Fahrtenbuchführer selbst könne die Angaben entziffern, reicht insoweit gerade nicht aus, da der Sinn des Fahrtenbuchs darin liegt, eine wirksame Kontrolle durch die Steuerbehörden zu ermöglichen und es nicht lediglich dem Betroffenen als „Erinnerungsstütze" dient.[108]

Ein ordnungsgemäßes Fahrtenbuch müsse **zeitnah** und **in geschlossener Form** – also ohne Verweise auf ergänzende außerhalb liegende Belege – geführt werden und die zu erfassenden Fahrten einschließlich des jeweils erreichten Gesamtkilometerstands vollständig und in fortlaufendem Zusammenhang wiedergeben.[109] So könne ein mittels Computerprogramm erstelltes Fahrtenbuch den Anforderungen nur dann genügen, wenn spätere inhaltliche Änderungen technisch ausgeschlossen sind oder vom Programm automatisch dokumentiert werden.[110] Auch lose Quittungen können daher kein ordnungsgemäßes Fahrtenbuch darstellen, da bereits der allgemeine Sprachgebrauch verdeutliche, dass bei einem „Buch" eine in sich abgeschlossene Form gefordert sei, welche nachträglichen Änderungen unzugänglich ist oder diese eindeutig als solche erkennbar werden lasse.[111] Auch eine Schätzung der privaten Nutzung anhand anderer Belege, wie etwa Benzinquittungen, Terminkalender und Mandantenakten, kommt nicht in Betracht.[112] Die von der Vorinstanz als ausreichend befundene nachträgliche jederzeitige Erstel-

102 Graf v. Westphalen/Thüsing/*Thüsing*, Vertragsrecht und AGB-Klauselwerke, Klauselwerke Rn 123.
103 *Intemann*, NZA 2012, 606.
104 *Ebner*, SVR 2007, 213, 213 f.
105 *Foerster*, SteuK 2010, 317, 319.
106 BMF-Schreiben vom 18.11.2009 – IV C 6 – S 2177/07/10004, DStR 2009, 2485, 2488.
107 BFH 14.3.2012 – VIII B 120/11, DB 2012, 1721.
108 BFH 14.3.2012 – VIII B 120/11, DB 2012, 1721; *Intemann*, NZA 2012, 606.
109 BFH 19.11.2005 – VI R 27/05, NJW 2006, 2143; BFH 10.4.2008 – VI R 38/06, NJW 2008, 2671.
110 BFH 16.11.2005 – VI R 64/04, NJW 2006, 2063; FG Hessen 1.12.2008 – 13 K 2874/07, DStRE 2009, 1170.
111 BFH 19.11.2005 – VI R 27/05, NJW 2006, 2143.
112 BFH 16.11.2005 – VI R 64/04, NJW 2006, 2063.

lungsmöglichkeit eines Fahrtenbuchs auf Grundlage einzelner Belege[113] genügt nach ausdrücklicher Ansicht des BFH den Anforderungen an ein ordnungsgemäßes Fahrtenbuch gerade nicht, so dass die pauschale 1 %-Regelung des Bruttolistenpreises anzusetzen war.[114]

418 Zu den **beruflichen Fahrten** müssen jeweils genaue **Angaben** zu Datum, Reiseziel, Gegenstand der dienstlichen Verrichtung und dem erreichten Gesamtkilometerstand gemacht werden, wobei allerdings mehrere Teilabschnitte einer einheitlichen dienstlichen Reise unter Nennung der aufgesuchten Kunden in zeitlicher Abfolge zusammengefasst werden können.[115] Die **Zielangaben** müssen insoweit ohne Zuhilfenahme externer Mandantenlisten verständlich und dürfen insb. auch nicht verschlüsselt sein, wobei sich nicht auf die Verschwiegenheitspflicht gegenüber Mandanten oder Kunden berufen werden kann.[116] Weiterhin sei auch der Übergang von dienstlicher zur Privatfahrt oder auch die Unterbrechung einer Dienstfahrt zu privaten Zwecken im Fahrtenbuch ausreichend deutlich zu machen. Weichen die Dienstfahrten zu ein und demselben Ziel, ohne entsprechende Begründung, wiederholt erheblich (im entschiedenen Fall um bis zu 24 %) voneinander ab, ist das Fahrtenbuch nicht als ordnungsgemäß anzusehen, da davon auszugehen ist, dass nicht gekennzeichnete Privatfahrten unternommen wurden.[117] Dagegen sind unbedeutendere Abweichungen von etwa 5 % insoweit unbeachtlich, da der Steuerpflichtige nicht verpflichtet ist, vor Antritt der Dienstfahrt die jeweils kilometermäßig kürzeste Strecke zu ermitteln und bei späterer abweichender Streckenwahl jede Abweichung aufzuzeichnen. Erhebliche Umwege, selbst wenn diese verkehrsbedingt sind, machen dagegen stets abweichende Aufzeichnungen im Fahrtenbuch erforderlich.[118]

419 Daneben sei ein **Verweis auf ergänzende Unterlagen** nur dann zulässig, soweit der geschlossene Charakter des Fahrtenbuchs nicht beeinträchtigt wird.[119] Kleinere inhaltliche Abweichungen und Mängel führen nicht automatisch zur Verwerfung des Fahrtenbuchs, wobei die Frage, ob es sich noch um einen kleinen Mangel handelt, durch die jeweilige Tatsacheninstanz in einer Einzelfallbewertung zu klären ist.[120] Treten dagegen bei einer Vielzahl von Eintragungen in einer gewissen Ähnlichkeit und Regelmäßigkeit Fehler auf und ergeben sich zusätzlich aus den Tankbelegen offenkundige Widersprüche, so ist das Fahrtenbuch nicht mehr als ordnungsgemäß anzusehen.[121] Vor diesem Hintergrund sollte, trotz des vermehrten Verwaltungsaufwands, im Verhältnis von Geschäftsführer zur GmbH eine detaillierte Nachweispraxis durch umfassende Fahrtenbücher vereinbart werden, um steuerliche Nachteile zu vermeiden.

(7) Schmiergelder/Vertragsanbahnungsprovisionen

420 Die zivilrechtliche Unsicherheit bei der Versprechung oder Gewährung von finanziellen Anreizen an potenziellen Vertragspartner setzt sich im Steuerrecht fort. Solche Zahlungen können steuerrechtlich unter zwei Gesichtspunkten relevant werden. Maßgeblich ist zum einen § 4 Abs. 5 Nr. 1 EStG, wonach Aufwendungen für Geschenke, welche den Betrag von 35 € pro Empfänger und Wirtschaftsjahr übersteigen, an Personen, die nicht Arbeitnehmer des Steuerpflichtigen sind, den Gewinn nicht mindern dürfen. Zum anderen gilt nach § 4 Abs. 5 Nr. 10 EStG, dass die Zuwendung von Vorteilen und damit zusammenhängende Aufwendungen nicht gewinnmindernd sein dürfen, wenn die Zuwendung der Vorteile eine rechtswidrige Handlung darstellt, die den Tatbestand eines Strafgesetzes oder einer Bußgeldvorschrift eines sonstigen

113 FG Sachsen 3.3.2005 – 2 K 1262/00, DStRE 2006, 457.
114 BFH 19.11.2005 – VI R 27/05, NJW 2006, 2143.
115 BFH 16.3.2006 – VI R 87/04, NJW 2006, 2142.
116 FG Hamburg 17.1.2007 – 8 K 74/06, DStRE 2007, 1545.
117 BFH 14.3.2012 – VIII B 120/11, DB 2012, 1721.
118 BFH 14.3.2012 – VIII B 120/11, DB 2012, 1721.
119 BFH 16.3.2006 – VI R 87/04, NJW 2006, 2142.
120 BFH 10.4.2008 – VI R 38/06, NJW 2008, 2671.
121 FG Nürnberg 18.2.2010 – 4 K 843/2009, PFB 2010, 226.

Gesetzes verwirklicht. Der Unterschied liegt darin, dass § 4 Abs. 5 Nr. 1 EStG den Betriebsausgabenabzug nicht strafbarer „nützlicher Zuwendungen" regelt.[122]

§ 4 Abs. 5 Nr. 10 EStG erfasst die **abstrakte Strafbarkeit**, so dass die bloße Erfüllung des Straftatbestands hinreicht; gleichgültig ist, ob ein Ermittlungsverfahren anhängig ist, ob schuldhaftes Handeln oder ein Antragsdelikt vorliegt und wie sich ein anhängiges Ermittlungsverfahren entwickelt.[123] Unerheblich ist ferner der Erfolg der Aufwendungen.[124] Besticht der Geschäftsführer einer GmbH, greift das Abzugsverbot der Nr. 10 auch für die mit der Vorteilszuwendung „zusammenhängenden" und von der GmbH getragenen „Aufwendungen".[125] Die bedeutsamste Norm in diesem Zusammenhang ist § 299 Abs. 2 StGB. Strafbar ist danach, im geschäftlichen Verkehr zu Zwecken des Wettbewerbs einem Angestellten oder Beauftragten eines geschäftlichen Betriebs einen Vorteil für diesen oder einen Dritten als Gegenleistung dafür anzubieten, zu versprechen oder zu gewähren, dass er ihn oder einen anderen bei dem Bezug von Waren oder gewerblichen Leistungen in unlauterer Weise bevorzugt. Zum Zeitpunkt der Tat muss noch ein Wettbewerb bestehen, so dass ein Kreis von Mitbewerbern erforderlich ist.[126] Eine **unlautere Bevorzugung** ist grds. anzunehmen, wenn der Betroffene selbst oder ein von ihm begünstigter Dritter im Wettbewerb bessergestellt wird, ohne darauf einen Anspruch zu haben.[127] Unlauter ist die Bevorzugung, wenn sie geeignet ist, Mitbewerber durch Umgehung und Beeinträchtigung der offengelegten Regeln des Wettbewerbs und durch Ausschaltung der Konkurrenz zu schädigen.[128] Die Unlauterkeit kann sich einerseits daraus ergeben, dass vorteilsveranlasst bestimmte vom Geschäftsherrn aufgestellte Entscheidungskriterien bewusst außer Acht gelassen oder normierte Informations-, Beratungs- oder Neutralitätspflichten gegenüber Kunden missachtet werden.[129] Die Üblichkeit von Schmiergeldzahlungen in bestimmten Branchen steht der Unlauterkeit in keinem Fall entgegen.[130] Es kommt weiter lediglich darauf an, dass die gewährten Vorteile objektiv dazu geeignet sind, geschäftliche Entscheidungen sachwidrig zu beeinflussen.[131] 421

Nach § 299 Abs. 3 StGB gelten „die Absätze 1 und 2 auch für Handlungen im ausländischen Wettbewerb". Die Inlandsstrafbarkeit nach §§ 3, 9 StGB kann sich bei § 299 StGB auch durch den Ort ergeben, an dem die Zahlung geleistet wird, so dass auch eine Zahlung in das Ausland den Inlandsbezug herstellen kann.[132] Bei **Auslandstaten** kann sich der **Inlandsbezug** daraus ergeben, dass die Tat am Tatort mit Strafe bedroht ist und der Täter zur Tatzeit Deutscher war oder es nach der Tat geworden ist, § 7 Abs. 2 Nr. 1 StGB. Schutzzweck des Abs. 3 ist der Weltwettbewerb, so dass es keine Rolle spielt, ob die wettbewerbsverzerrende Handlung den deutschen Wettbewerb beeinflusst hat.[133] Empfohlen wird zu Recht, bestimmte Handelspraktiken zu überprüfen, unternehmensintern klarzustellen, dass Zuwendungen in Deutschland, EU-weit oder auf dem Weltmarkt unzulässig sind und auch Zahlungsflüsse für Betriebsprüfungen durch sorgfältige Zusammenstellung der Unterlagen transparent zu machen, nicht zuletzt um einer zu 422

122 Schmidt/*Heinicke*, EStG, § 4 Rn 608.
123 Blümich/*Wied*, EStG, § 4 Rn 905.
124 *Demuth/Peykan*, DStR 2003, 1426.
125 Blümich/*Wied*, EStG, § 4 Rn 909.
126 *Fischer*, StGB, § 299 Rn 15.
127 *Grützner/Jakob*, Compliance von A–Z, 2010, Unlautere Bevorzugung; Kindhäuser/Neumann/Paeffgen/*Dannecker*, StGB, 4. Aufl. 2013, § 299 Rn 45.
128 *Fischer*, StGB, § 299 Rn 16; Kindhäuser/Neumann/Paeffgen/*Dannecker*, StGB, 4. Aufl. 2013, § 299 Rn 53.
129 *von Tippelskirch*, GA 2012, 574 ff.
130 Lackner/*Kühl*, StGB, § 299 Rn 5; *Fischer*, StGB, § 299 Rn 16 a.
131 Kindhäuser/Neumann/Paeffgen/*Dannecker*, StGB, 4. Aufl. 2013, § 299 Rn 53.
132 *Demuth/Peykan*, DStR 2003, 1426.
133 *Randt*, BB 2002, 2252, 2253.

extensiven Handhabung der Meldepflicht aus § 4 Abs. 5 Nr. 10 S. 3 EStG an die Strafverfolgungsbehörden im Vorfeld zu begegnen.[134]

dd) Sozialversicherungsrechtliche Seite

423 Nach § 14 Abs. 1 S. 1 SGB IV sind **Arbeitsentgelt** alle laufenden oder einmaligen Einnahmen aus einer Beschäftigung. § 14 Abs. 1 S. 3 SGB IV, wonach steuerfreie Aufwandsentschädigungen und die nach § 3 Nr. 26 EStG steuerfreien Einnahmen nicht als Arbeitsentgelt gelten, findet im Zusammenhang mit den hier behandelten Aufwandsentschädigungen keine Anwendung.[135] Vielmehr gilt die **Arbeitsentgeltverordnung** (ArEV). Nach § 1 ArEV **folgt das Sozialversicherungsrecht dem Steuerrecht**, dh alles, was steuerrechtlich als Einkommen zu behandeln ist und der Einkommensteuer unterliegt, unterfällt grds. auch der Sozialversicherungspflicht. Umgekehrt sind echte Aufwendungen iSd § 3 Nr. 50 EStG und dasjenige Entgelt, das steuerrechtlich zwar Lohn darstellt, aber im Rahmen der einkommensteuerrechtlichen Pauschalen steuerfrei bleibt, nicht der Sozialversicherungspflicht unterworfen.[136] Weitere Ausnahmen vom sozialversicherungspflichtigen Einkommen normiert § 2 ArEV.

424 Auch in Bezug auf das Sozialversicherungsrecht zeigt sich der **Nachteil eines pauschalierten Auslagenersatzes.** Soweit die tatsächlich angefallenen und nachgewiesenen Auslagen nicht annähernd den Pauschalbetrag erreichen, handelt es sich in vollem Umfang um Arbeitsentgelt, welches dann ebenso wie der Einkommensversteuerung auch der sozialversicherungsrechtlichen Beitragserhebung unterfällt.[137] Soweit der Sozialversicherungsträger die genaue Höhe der steuerfreien Aufwandsentschädigungen nicht ermitteln kann, weil der Arbeitgeber seiner Aufzeichnungspflicht nicht ausreichend nachgekommen ist, hat er diese gem. § 28 f Abs. 2 SGB IV zu schätzen.[138]

b) Klauseltypen und Gestaltungshinweise

aa) Abbedingen von Aufwendungsersatz

(1) Klauseltyp A

425 ↓ **A 1:** Die Parteien sind sich einig, dass mit der Vergütung sämtliche etwaige Aufwendungsersatzansprüche abgegolten sind. § 670 BGB wird einvernehmlich und vollumfänglich abbedungen. Insbesondere steht dem Geschäftsführer gegen die Gesellschaft nicht zu:

- Anspruch auf Ersatz der Kosten für Geschäftsreisen, insbesondere Fahrtkosten, Bewirtungskosten, Übernachtungskosten;
- Anspruch auf Erstattung der Fahrtkosten für die dienstliche Nutzung des Dienstwagens;
- Anspruch auf Erstattung von Reparatur- und Instandhaltungskosten für den Dienstwagen;
- Anspruch auf Erstattung von Kosten für die Mitgliedschaft in Vereinen, Clubs und sonstigen Vereinigungen, selbst wenn diese Mitgliedschaft überwiegend im Interesse der Gesellschaft begründet worden ist;
- Anspruch auf Erstattung sämtlicher anderer Kosten im Zusammenhang mit seiner Tätigkeit, seien es Parkgebühren, Telefonkosten, Trinkgelder;
- Anspruch auf Erstattung von Vertragsanbahnungsprovisionen, Schmiergeldern und sonstigen auf den Abschluss von auch für die Gesellschaft günstigen Verträgen bezogenen Kosten.

---

134 *Randt*, BB 2002, 2252, 2256.

135 BSG 26.1.2005 – B 12 KR 3/04 R, SozR 4-2400 § 14 Nr. 7.

136 BSG 26.5.2004 – B 12 KR 2/03, R SozR 4-2400 § 14 Nr. 2 mit einer Auflistung von Fällen, in denen die Sozialversicherungspflicht bejaht wurde.

137 LSG Bayern 28.3.2012 – L 19 R 827/09, NZS 2012, 826.

138 LSG Bayern 24.5.2005 – L 5 KR 129/04, juris.

→ **A 2:** Die Parteien sind sich einig, dass die Vergütung sämtliche Aufwendungsersatzansprüche abdeckt. § 670 BGB wird einvernehmlich und vollumfänglich abbedungen. Hiervon sind ausgenommen Kosten für Dienstreisen, insbesondere Übernachtungskosten, Kosten für die Bewirtung von Geschäftspartnern ohne den Ehepartner oder sonstige dem Geschäftsführer nahe stehende Personen sowie Reisekosten für Flüge oder Bahnfahrten. Hierbei hat der Geschäftsführer stets die preisgünstigste Variante zu wählen. Im Einzelfall können Abweichungen von S. 1 und 2 vereinbart werden. Hierzu hat der Geschäftsführer die Zustimmung des/der (...) vorab einzuholen. Dem Geschäftsführer steht ein Anspruch auf Aufwendungsersatz nur dann zu, wenn er im Einzelfall durch Vorlage von Rechnungen, die den jeweils gültigen steuerrechtlichen Vorgaben genügen, die Entstehung der Kosten nachweist und schriftlich jeweils den betrieblichen Anlass darlegt.

(2) Gestaltungshinweise

Die **Klausel A 1** hält nach § 307 Abs. 2 Nr. 1 BGB einer Inhaltskontrolle nicht stand. Sie ist deshalb gegenüber einem Fremdgeschäftsführer unwirksam. Sie wird sich weiterhin auch als für die Praxis ungeeignet herausstellen, da kaum ein Geschäftsführer bereit sein wird, zu solchen Konditionen den Anstellungsvertrag zu unterzeichnen, und eine vollständige Abbedingung des Aufwendungsersatzes nicht den in der Praxis vorherrschenden Wirklichkeiten entspricht. Für eine derart vollumfängliche, für jeden einzelnen Fall gültige und keine Ausnahmen vorsehende Regelung wie in Klausel A 1 gilt dies allerdings im Besonderen. 426

Die **Klausel A 2** ist, sofern dem Geschäftsführer noch eine angemessene Vergütung verbleibt, wirksam. Dies ist allerdings selbst in Fällen eines überdurchschnittlich hohen Gehalts im Zweifel nicht mehr anzunehmen, wenn der Geschäftsführer durch häufige Geschäftsreisen, Geschäftsessen oder Ähnliches überdurchschnittlich hohe Aufwendungen tätigen muss. Demnach könnte eine derartige Klausel wirksam und praktikabel sein in Fällen, in denen ein Geschäftsführer eine entsprechend hohe Vergütung erhält und nur in Ausnahmenfälle selbst Auslagen oder Aufwendungen für die Gesellschaft tätigen wird. Die Rechnungslegungspflicht trifft Vorsorge für den Fall der Betriebsprüfung. Der Verweis auf die steuerrechtlichen Vorschriften in der jeweils gültigen Fassung trägt möglichen Änderungen an die Anforderungen der Nachweispflicht Rechnung. 427

bb) Pauschalierungsabreden

(1) Klauseltyp B

→ **B 1:** Der Geschäftsführer erhält zur Abgeltung von Aufwendungen, die er im Interesse der Gesellschaft tätigt und die erforderlich sind, pro Wirtschaftsjahr pauschal einen Betrag von (...) €. Damit sind sämtliche Aufwendungsersatzansprüche gegen die Gesellschaft abgegolten. Eine eventuell anfallende Versteuerung der Pauschale trägt der Geschäftsführer. 428

B 2: Der Geschäftsführer erhält zur Abgeltung von Aufwendungen, die er im Zusammenhang mit seiner Tätigkeit für die Gesellschaft in ihrem Interesse hat, pro Wirtschaftsjahr pauschal einen Betrag von (...) €. Die Pauschale erfasst insbesondere Geschäftsreisekosten, Übernachtungskosten, Bewirtungskosten, Mitgliedsbeiträge und sämtliche sonstigen Aufwendungen. Darüber hinaus steht dem Geschäftsführer Aufwendungsersatz nur dann zu, wenn die Auslagen im Vorfeld mit der Gesellschaft abgestimmt sind und die Zustimmung der (...) vorliegt. Die etwaig erforderlich werdende Versteuerung der Pauschale trägt der Geschäftsführer.

B 3: Der Geschäftsführer erhält zur Abgeltung von Aufwendungen jeweils pro Wirtschaftsjahr Pauschalbeträge. Im Einzelnen gilt:[139]
- für Übernachtungen bei Geschäftsreisen ein Betrag von (...) €;
- für Reisekosten für betrieblich veranlasste Geschäftsreisen ein Betrag von (...) €;
- für Reparatur- und Instandsetzungskosten am Dienstwagen ein Betrag von (...) €;
- für Geschäftsessen ein Betrag von (...) €;
- für die Mitgliedschaft in Vereinigungen, die im überwiegenden Interesse der Gesellschaft liegt, ein Betrag von (...) €.

Eine etwaig erforderliche Versteuerung der jeweiligen Pauschale trägt der Geschäftsführer.

(2) Gestaltungshinweise

429 Die **Klausel B 1** stellt für den Fremdgeschäftsführer klar, dass ein Ersatzanspruch über den Pauschalbetrag hinaus nicht besteht. Sie lehnt sich an den Wortlaut des § 670 BGB an und wälzt das Risiko der Versteuerungspflicht auf den Fremdgeschäftsführer ab. Anzuraten ist, vorab auszurechnen, mit welchen Aufwendungen pro Wirtschaftsjahr ungefähr zu rechnen ist, um dem Geschäftsführer das Risiko abzunehmen, dass er die gesamte Summe als Arbeitslohn versteuern muss. Wird etwa monatlich ein Pauschbetrag gewährt, welcher deutlich über den durchschnittlich nachgewiesenen Aufwendungen liegt, stellt der Auslagenersatz ein zusätzliches Einkommen dar, für welches in vollem Umfang die Einkommensteuer sowie bei versicherungspflichtigen Geschäftsführern die Sozialversicherungsbeiträge anfallen.[140] Handelt es sich bei dem Geschäftsführer um einen Arbeitnehmer iSd Sozialversicherungsrechts, bildet eine Qualifizierung des Pauschbetrags als Arbeitsentgelt auch für die Gesellschaft den Nachteil, dass die Arbeitgeberbeiträge zur Sozialversicherung als zusätzliche finanzielle Belastung anfallen können.

430 Um eine solche Mehrbelastung durch anfallende Steuern und Versicherungsbeiträge zu verhindern, ist zu beachten, dass der Geschäftsführer gleichwohl im Einzelnen nachweisen muss, dass die Aufwendungspauschale „im Großen und Ganzen" den tatsächlich entstandenen Aufwendungen entspricht, so dass er die einzelnen Geschäftsvorfälle dokumentieren sollte. Für den beherrschenden Gesellschafter-Geschäftsführer taugt die Klausel nicht, weil sie nicht aufschlüsselt, welche Aufwendungen jeweils pauschaliert abgegolten werden sollen. Ob sie im Streitfall dem vom BFH verlangten Erfordernis einer klaren Vereinbarung im Vorhinein zur Verhinderung der Annahme einer verdeckten Gewinnausschüttung entspricht, ist deshalb zweifelhaft.

431 Die **Klausel B 2** präzisiert die Reichweite, ohne die Summe der Aufwendungen jeweils auf einzelne Felder aufzuschlüsseln. Das Zustimmungserfordernis kann dazu dienen, möglichen Streit zu vermeiden. Insoweit kann der Fremdgeschäftsführer sicher sein, dass im Falle der Kündigung keine Kündigungsgründe über Spesenbetrug konstruiert werden. Andererseits kann die Dokumentation einen erheblichen bürokratischen Aufwand verursachen. Die Nachweispflicht gegenüber der Finanzverwaltung bleibt, da diesem steuerrechtlichen Risiko nicht durch eine Vertragsgestaltung vorgebeugt werden kann. Die Klausel ist für einen beherrschenden Gesellschafter-Geschäftsführer nicht zu empfehlen, da sie zwar den Anwendungsbereich darstellt, aber noch keine ausreichend klare Vereinbarung im Sinne der BFH-Rspr ist.

432 Die **Klausel B 3** dagegen ordnet die Pauschale jeweils bestimmten denkbaren Gebieten zu, wobei die Aufzählung keineswegs abschließend ist. Diese Klausel wird der BFH-Rspr gerecht, schließt aber nicht aus, dass im Einzelfall eine Reise eben doch nicht überwiegend aus betrieblichen Gründen erfolgt. Vor diesen selbst veranlassten Folgen kann den Geschäftsführer keine Vertragsgestaltung bewahren.

139 Vgl ähnl. Preis/*Stoffels*, Der Arbeitsvertrag, II A 115 Rn 12.
140 Vgl BayLSG 28.3.2012 – L 19 R 827/09, NZS 2012, 826.

cc) Schmiergeldzahlungen

(1) Klauseltyp C

➔ Der Geschäftsführer kann Ersatz derjenigen Auslagen verlangen, die er im Hinblick auf die Vertragsanbahnung für die Gesellschaft an Dritte auskehrt. 433

(2) Gestaltungshinweise

Die Klausel C kann in solchen Fällen wirksam sein, in denen Auslagen erstattet werden, die in Ländern außerhalb der EU als ortsübliche Leistung zur Erlangung von Aufträgen erforderlich sind. Die Erstattung von „Schmiergeldzahlungen“ führt in diesen Fällen nach Auffassung des BGH weder zu einem wettbewerbswidrigen noch zu einem rechtswidrigen Verhalten durch den Geschäftsführer.[141] Soweit die Klausel in von der Rechtsordnung gebilligten Fällen unterstützender Zahlungen zur Erlangung eines Geschäftsabschlusses Anwendung findet, bestehen gegen ihre Wirksamkeit keine Bedenken. Andererseits verstößt die Klausel in Sachverhalten im Inland bzw in der EU mangels Ortsüblichkeit von unterstützenden Zahlungen gegen § 134 BGB.[142] 434

dd) Dienstwagen

(1) Klauseltyp D

D 1: Dem Geschäftsführer wird ein Dienstwagen des Typs (...) zur privaten Nutzung überlassen. 435

D 2: Private Nutzung des Dienstwagens
Die Benzinkosten, auch der privaten Nutzung, trägt die Gesellschaft. Dem Geschäftsführer obliegt es, den Nachweis der privat gefahrenen Kilometer zu erbringen, indem er ein den jeweiligen steuerrechtlichen Vorschriften genügendes Fahrtenbuch führt und Tankbelege einreicht. Die Gesellschaft trägt ferner sämtliche Kosten der Unterhaltung und der Erhaltung des Dienstwagens. Diese umfassen im Einzelnen insbesondere:
- die auf dem Dienstwagen ruhenden Steuern und Versicherungen und
- die Reparatur-, Instandsetzungs- und Inspektionskosten einschließlich der Kosten für TÜV und ASU.

D 3: Die Gesellschaft wird dem Geschäftsführer einen Dienstwagen der gehobenen Mittelklasse zur geschäftlichen und privaten Nutzung zur Verfügung stellen. Den vollständigen Unterhalt, einschließlich Benzinkosten, trägt die Gesellschaft. Der Wert der privaten Nutzung stellt eine zusätzliche Vergütung dar, die der Geschäftsführer zu versteuern hat.[143]

(2) Gestaltungshinweise

Die **Klausel D 1** entspricht derjenigen, um deren Auslegung die Parteien in einem Fall des BGH[144] (s. auch § 2 Rn 393) stritten, und begründet eine Erstattungspflicht des Arbeitgebers. Der BGH schloss nicht aus, dass die Klausel auch den Ersatz der Benzinkosten der privaten Nutzung erfasse. Diese Klausel ist zwar wirksam, im Hinblick auf eine isolierte Verwendung allerdings wenig geeignet, da sie viele Fragen, etwa die Verteilung der Kosten für Versicherung, Kfz-Steuer, Reparaturen, Benzinkosten und Inspektionen, offenlässt. 436

Die **Klausel D 2** konkretisiert die Kostentragungspflichten und regelt den Nachweis gegenüber der Gesellschaft wesentlich genauer als Klausel D 1 und vermeidet im Hinblick darauf spätere Streitigkeiten. 437

---

141 BGH 8.5.1985 – IVa ZR 138/83, NJW 1985, 2405.

142 Erman/*Ehmann*, 12. Aufl. 2008, § 670 BGB Rn 11; dagegen nicht mehr thematisiert in Erman/*K. P. Berger*, 13. Aufl. 2011, § 670 BGB.

143 Vgl BeckFormB-GmbHR/*Gerber*, E. V.3, § 3 I.

144 BGH 28.10.2002 – II ZR 353/00, NJW 2003, 431.

438 **Klausel D 3** stellt eine eher typische Gestaltung gegenüber einem Gesellschafter-Geschäftsführer dar, in welcher vereinbart ist, dass die Gesellschaft jegliche Unterhaltungskosten sowohl in Bezug auf die geschäftliche als auch die private Nutzung zu tragen hat. Sinnvoll ist in Bezug auf die Vermeidung einer versteckten Gewinnausschüttung auch der ausdrückliche Zusatz, dass die Vorteile durch die private Nutzung einen zusätzlichen Vergütungsbestandteil darstellen, welcher vom Geschäftsführer entsprechend zu versteuern ist.

ee) Geschäftsessen

(1) Klauseltyp E

439 **E 1:** Erstattungsfähig sind angemessene Kosten, die bei der Wahrnehmung der Interessen der Gesellschaft entstanden sind.

E 2: Der Geschäftsführer hat Anspruch auf Erstattung derjenigen Kosten, die durch Geschäftsessen erforderlich werden und die er verauslagt hat. Der Geschäftsführer ist nur berechtigt, seinen Ehegatten auf Kosten der Gesellschaft zu Geschäftsessen einzuladen, wenn auch der Geschäftspartner mit Ehegatten erscheint oder wenn die Gesellschaft vorher zustimmt. Die Erstattung erfolgt gegen Vorlage der Rechnung der Bewirtung, der Benennung der Teilnehmer und des Anlasses der Bewirtung. Die Belegung und Dokumentation der Teilnehmer und des Anlasses hat derart zu erfolgen, dass eine eindeutige Zuordnung zu einem geschäftlichen Anlass zweifelsfrei möglich ist.

(2) Gestaltungshinweise

440 **Klausel E 1** entstammt einer Entscheidung des BGH,[145] in welcher dieser befand, dass auch die Mitnahme der Ehefrau zu einem Geschäftsessen in bestimmten Konstellationen angemessen sein könne. Die Klausel ist ohne weiteres wirksam, birgt allerdings durch die zu ungenaue Formulierung Konfliktstoff und sollte daher in dieser allgemeinen Form keine Verwendung finden, es sei denn als Auffangtatbestand, soweit keine speziellere Regelung im Vertrag greift. Auch sollte das Wort „angemessen" durch „erforderlich" ersetzt werden.

441 **Klausel E 2** zieht die Konsequenzen aus der BGH-Entscheidung. Sie wirkt auf den ersten Blick recht bürokratisch, schafft aber Klarheit im Hinblick auf die Mitbewirtung von Ehegatten und die Abrechnungspraxis. Was im Einzelfall erforderlich war oder nicht, kann natürlich stets Streit provozieren. Nicht sämtliche Eventualfälle sind durch eine noch so umsichtige Vertragsgestaltung erfassbar. Außerdem von großer Bedeutung aus Sicht der Gesellschaft ist die ausdrückliche Verpflichtung des Geschäftsführers zu einer umfassenden Dokumentation und Belegung der Bewirtung, welche eine zweifelsfreie Zuordnung zu geschäftlichen Anlässen ermöglicht. Dies ist insb. für eine steuerliche Abzugsfähigkeit aus Sicht der Gesellschaft von entscheidender Bedeutung.

ff) Reisekosten

(1) Klauseltyp F

442 → **F 1:** Die Gesellschaft trägt die Reisekosten des Geschäftsführers für Geschäftsreisen, soweit sie angemessen und erforderlich sind.

F 2: Die Gesellschaft trägt die Reisekosten des Geschäftsführers für Geschäftsreisen. Der Geschäftsführer ist berechtigt, bei Bahnfahrten die (erste) Klasse zu nutzen. Bei Flugreisen ist er berechtigt, die (Business) Class zu nutzen. Die nachgewiesenen Taxikosten erstattet die Gesellschaft.

---

145 BGH 28.10.2002 – II ZR 353/00, NJW 2003, 431.

(2) Gestaltungshinweise

Die **Klausel F 1** lässt viele Punkte offen, etwa die Frage, welche Verkehrsmittel der Geschäftsführer auf Geschäftsreisen nutzen darf. Beim Verbraucher-Geschäftsführer ist sie nach § 307 Abs. 1 S. 2 BGB unwirksam. 443

Die **Klausel F 2** stellt klar, welche Verkehrsmittel der Geschäftsführer nutzen darf. Generell ist eine umfassende Regelung zu den genaueren Umständen der Reisekostenabrechnung – wie etwa die nutzbaren Klassen der Beförderungsmittel oder auch die Kategorien der Unterkünfte – im Anstellungsvertrag besonders immer dann sinnvoll, soweit die Gesellschaft keine eigene Reisekostenrichtlinie erlassen hat, auf welche im Anstellungsvertrag Bezug genommen wird.[146] 444

gg) Hotelkosten

(1) Klauseltyp G

G 1: Dem Geschäftsführer werden die Hotelkosten erstattet, die im Rahmen von Geschäftsreisen anfallen. 445

G 2: Die Gesellschaft übernimmt die Hotelkosten, die im Rahmen von Dienstreisen des Geschäftsführers anfallen. Der Geschäftsführer ist verpflichtet, soweit möglich, Hotels folgender Hotelketten zu nutzen: (...)

(2) Gestaltungshinweise

Der Vertrag kann klarstellen, welche Kategorien von Hotels der Geschäftsführer nutzen darf, um Streit zu vermeiden, falls der Geschäftsführer im Einzelfall aus Sicht der Gesellschafter zu hohe Unterbringungskosten verursacht hat. Die Klausel G 1 enthält eine allgemeine Regelung. Vorzugswürdig ist aufgrund der genaueren Formulierung zur Vermeidung von Streitigkeiten allerdings die Klausel G 2. 446

hh) Werbungskosten-/Spesenersatz

(1) Klauseltyp H

H 1: Die Gesellschaft erstattet dem Geschäftsführer die Kosten für den Umzug von seinem Wohnsitz an den Sitz der Gesellschaft/Betriebssitz. Der Geschäftsführer hat die entstandenen Kosten der Gesellschaft gegenüber zu belegen. Die Gesellschaft übernimmt (für die Zeit von (...)) die Kosten für eine Wohnung am Sitz der Gesellschaft gegen Vorlage des Mietvertrages oder sonstiger geeigneter Unterlagen, die die Höhe der Miete belegen. 447

H 2: Die Gesellschaft erstattet dem Geschäftsführer die in § 3 Nr. 16 EStG genannten überwiegend im Interesse des Geschäftsführers liegenden Reise-, Umzugskosten und Mehraufwendungen für doppelte Haushaltsführung jeweils im Rahmen der steuerlich zulässigen Pauschalen. Entfällt die steuerlich begünstigte Erstattung, so entfällt auch der Anspruch des Geschäftsführers auf die in S. 1 genannten Pauschalen.

(2) Gestaltungshinweise

Klausel H 1 ist unbedenklich und findet sich in zahlreichen Anstellungsverträgen. Allerdings wird der zugesicherte Auslagenersatz nach dieser Vereinbarung im Zweifel Arbeitslohn darstellen, so dass die Beträge vom Geschäftsführer entsprechend zu versteuern sind. 448

Die **Klausel H 2** regelt die steuerfreie Erstattung von sonst beim Geschäftsführer als Werbungskosten abzugsfähigen Aufwendungen, gestützt auf § 3 Nr. 16 EStG. Die Vertragsfreiheit erlaubt natürlich weitergehende Vereinbarungen, führt dann aber zu steuerpflichtigem Arbeitslohn beim Fremdgeschäftsführer und ggf zu Komplikationen im Hinblick auf § 4 Abs. 5 EStG. Die Klausel H 2 kann mit einem beherrschenden Gesellschafter-Geschäftsführer vereinbart 449

146 BeckFormB Zivil-, Wirtschafts- und UnternehmensR/*Zander*, E. 3. Rn 10.

werden, da der Verweis auf die jeweils gültige steuerrechtliche Lage hinreichend klar ist. Üblicherweise werden die steuerrechtlich zulässigen Pauschalen auch dem Fremdgeschäftsführer gewährt, so dass die Gefahr einer verdeckten Gewinnausschüttung gering ist. Vorteilhaft ist auch die dynamische Ausgestaltung der Klausel, indem auf die jeweils gültigen steuerlichen Pauschalen verwiesen wird, da sich so keine Abweichungen zwischen Vertrag und Rechtslage ergeben können und eine spätere angleichende Korrektur des Vertrages entbehrlich wird.

ii) Telekommunikationsmittel

(1) Klauseltyp I

450 Der Geschäftsführer darf sämtliche Telekommunikationseinrichtungen der Gesellschaft (Telefon, Mobilfunk und Internet) auch für private Zwecke frei von Kostenerstattung nutzen.[147]

(2) Gestaltungshinweise

451 Weiterhin empfiehlt sich im Anstellungsvertrag eine ausdrückliche Regelung zur privaten Nutzung der dem Geschäftsführer überlassenen Telekommunikationseinrichtungen. Eine der Klausel I vergleichbare Regelung ist dabei **wirksam** und sinnvoll. Zwar handelt es sich bei der privaten Nutzbarkeit der Telekommunikationseinrichtungen grds. um steuerpflichtiges Einkommen in Form von geldwerten Vorteilen. Diese sind jedoch gem. § 3 Nr. 45 EStG grds. steuerfrei, so dass eine zusätzliche steuerliche Belastung des Geschäftsführers nicht anfällt. Es ist sinnvoll und der heutigen geschäftlichen Praxis entsprechend, dass auch die Kosten für die private Nutzung von Telekommunikationsmitteln, wie zB Mobiltelefone, Smartphones, Blackberrys, Notebooks oder Tablet-Computer, vollumfänglich von der Gesellschaft getragen werden. Eine andere Lösung wäre aus Sicht der gegenwärtigen Wirklichkeit der Kosten und Abrechnungsformen der Telekommunikationsbranche wenig sachgerecht. Heutzutage werden sowohl in Bezug auf Festnetz- und Mobiltelefonie als auch hinsichtlich der stationären und mobilen Nutzung des Internets (durch Notebooks, Smartphones oder Tablet-PCs) fast ausnahmslos Flatrate-Tarife mit Festpreisen angeboten und genutzt, welche eine separate Abrechnung dienstlicher und privater Nutzungskosten unmöglich, zumindest aber überflüssig machen. Dennoch sollte die private Nutzbarkeit von Telekommunikationsmitteln ausdrücklich im Vertrag geregelt werden. Dies gilt im Hinblick auf die Verhinderung einer möglichen verdeckten Gewinnausschüttung ganz besonders für Verträge mit Gesellschafter-Geschäftsführern.

147 BeckFormB-GmbHR/*Gerber*, E. V.3, § 3 IV.

5. Ausschlussklauseln

Literatur

Bayreuther, Vertragskontrolle im Arbeitsrecht nach der Entscheidung des BAG zur Zulässigkeit zweistufiger Ausschlussfristen, NZA 2005, 1337; *Henssler*, Arbeitsrecht und Schuldrechtsreform, RdA 2002, 129; *Jula*, Geschäftsführerhaftung gemäß § 43 GmbHG: Minimierung der Risiken durch Regelungen im Anstellungsvertrag?, GmbHR 2001, 806; *Sturm*, Geschäftsführer-Innenhaftung: Dispositivität der fünfjährigen Verjährungsfrist des § 43 Abs. 4 GmbHG, GmbHR 2003, 573; *Weber/Dahlbender*, Verträge für GmbH-Geschäftsführer und Vorstände, 2000.

a) Rechtslage im Umfeld

aa) Grundsätze

Die Reichweite von Ausschlussklauseln in Geschäftsführerdienstverträgen richtet sich nach ihrem Wortlaut und dem gesetzlich zulässigen Umfang. Es können sowohl schuldrechtliche als auch organschaftliche Ansprüche Vertragsgegenstand sein. 452

Regelt der Klauselwortlaut nicht ausdrücklich das Schicksal der organschaftlichen Ansprüche, kann sich deren Ausschluss dennoch aus dem Vertragskontext ergeben. Denn sind, wie in einem Anstellungsvertrag für Geschäftsführer üblich, auch organschaftliche Rechte und Pflichten aufgeführt, wie zB der Haftungsumfang nach § 43 Abs. 1 GmbHG, so umfasst eine Ausschlussklausel auch die aus § 43 Abs. 2 GmbHG erwachsende organschaftliche Haftung.[1] 453

Fraglich ist allerdings, welche Grenzen der Vertragsfreiheit bei der Vertragsgestaltung zu beachten sind. Grundsätzlich können die Vertragsparteien zwischen einseitigen und zweiseitigen sowie einstufigen und zweistufigen Ausschlussklauseln wählen. Es sind – anders als in Arbeitsverträgen – auch einseitige Verfallfristen, die nur den Geschäftsführer oder die Gesellschaft binden, grds. zulässig. Für die Wirksamkeit der einzelnen Klausel ist zwischen organschaftlichen und (sonstigen) schuldrechtlichen Ansprüchen zu unterscheiden, wobei beide Anspruchsarten einer Inhaltskontrolle unterliegen. 454

bb) Ausschluss organschaftlicher Ansprüche

Während die vertraglichen Ansprüche nahezu schrankenlos zur Disposition der Vertragsparteien stehen und ausgeschlossen werden können, sind bei der gesetzlich ausgeformten Geschäftsführerhaftung gegenüber der Gesellschaft engere Grenzen zu ziehen. Dabei ist zwischen den Sondertatbeständen des § 43 Abs. 3 GmbHG und den außerhalb dieser Vorschrift erfassten allgemeinen Haftungstatbeständen zu unterscheiden. 455

Sowohl der BGH[2] als auch die herrschende Meinung[3] halten im Grundsatz, soweit nicht die Sondersituation des § 43 Abs. 3 GmbHG vorliegt, eine **Abkürzung der fünfjährigen Verjährungsfrist des § 43 Abs. 4 GmbHG** für **zulässig**. Denn solange nicht der Anwendungsbereich des § 43 Abs. 3 GmbHG betroffen ist, ist es Sache der Gesellschafter, nach § 46 Nr. 8 GmbHG darüber zu entscheiden, ob und gegebenenfalls in welchem Umfang sie Ansprüche der Gesellschaft gegen einen pflichtwidrig handelnden Geschäftsführer verfolgen wollen. Vor diesem Hintergrund sind verjährungserleichternde Verfallklauseln gem. § 43 Abs. 3 S. 3 GmbHG (iVm § 9 b Abs. 1 GmbHG) unwirksam, soweit der Pflichtenverstoß des Geschäftsführers darin besteht, dass er eine Verletzung der Kapitalschutzvorschriften (§§ 30, 33 GmbHG) nicht unterbunden hat und seine Ersatzleistung benötigt wird, um Gesellschaftsgläubiger befriedigen zu können. 456

---

1 BGH 16.9.2002 – II ZR 107/01, NJW 2002, 3777, 3778.

2 BGH 16.9.2002 – II ZR 107/01, NJW 2002, 3777.

3 Vgl Baumbach/Hueck/*Zöllner/Noack*, GmbHG, § 43 Rn 60; Scholz/*Schneider*, GmbHG, § 43 Rn 284; Hachenburg/*Mertens*, GmbHG, § 43 Rn 95; Rowedder/Schmidt-Leithoff/*Koppensteiner*, GmbHG, § 43 Rn 61; krit. Lutter/Hommelhoff/*Kleindiek*, GmbHG, § 43 Rn 69 ff mwN.

457 Im Hinblick auf die nicht unter § 43 Abs. 3 GmbHG fallenden Schadensersatzansprüche hat der BGH in seiner Entscheidung vom 16.9.2002[4] neue Spielräume für die Reduzierung der Geschäftsführerhaftung geschaffen und damit seine bis dahin bestehende Rspr[5] aufgegeben. In einer Entscheidung aus 1999 hatte der BGH nachträgliche Beschränkungen der Geschäftsführerhaftung auch jenseits der von § 43 Abs. 3 GmbHG erfassten Konstellationen ausschließen wollen, soweit der Schadensersatzbetrag zur Befriedigung der Gesellschaftergläubiger benötigt wird.[6] Kurze Zeit später relativierte der BGH diese Position mit der Feststellung, dass § 43 Abs. 3 S. 3 GmbHG eine unverzichtbare Erstattungspflicht des Geschäftsführers, soweit zur Befriedigung der Gesellschaftergläubiger erforderlich, nur bei verbotener Auszahlung vorsehe.[7] In seiner Entscheidung vom 16.9.2002 hat der BGH – unter Aufgabe der in 1999 verfochtenen Auffassung – den begrenzten Geltungsbereich des § 43 Abs. 3 S. 2, 3 GmbHG ausdrücklich bekräftigt. Die Vorschrift erfasse nur solche Fälle, in denen der Pflichtenverstoß des Geschäftsführers darin bestehe, dass er eine Verletzung der Kapitalschutzvorschriften (§§ 30, 33 GmbHG) nicht unterbunden habe. Außerhalb des Anwendungsbereichs des § 43 Abs. 3 GmbHG sei es Sache der Gesellschafter, ob und gegebenenfalls in welchem Umfang sie Ansprüche der Gesellschaft gegen einen pflichtwidrig handelnden Geschäftsführer verfolgen wollten.

458 Im Hinblick auf die aktuelle Rspr haben die vertragsgestaltenden Parteien die Möglichkeit, eine Verkürzung der Frist zur Geltendmachung der nicht unter den Sondertatbestand des § 43 Abs. 3 GmbHG fallenden Schadensersatzansprüche zu vereinbaren. Allerdings ist die aktuelle Position des BGH in der Lit.[8] nicht unangefochten, so dass die Debatte um die Einschränkbarkeit der Geschäftsführerhaftung und auch möglicherweise die Rechtsprechungsentwicklung noch nicht als abgeschlossen gelten können. Es bleibt zu hoffen, dass die Rspr ihre restriktive Haltung zur Geschäftsführerhaftung fortführt, da eine Ausweitung der zwingenden Geschäftsführerhaftung über den Anwendungsbereich des § 43 Abs. 3 GmbHG hinaus weder im Wortlaut noch in der Systematik des Gesetzes eine hinreichende Grundlage findet. Schließlich ist auch zu bezweifeln, ob eine ausufernde Geschäftsführerhaftung rechtspolitisch wünschenswert ist.

cc) Ausschluss sonstiger schuldrechtlicher Ansprüche

459 Die Parteien des Geschäftsführerdienstvertrages haben die Möglichkeit, die schuldrechtlichen Ansprüche aus dem Anstellungsvertrag einer Verfallfrist zu unterwerfen, wie zB die Abfindung oder die Rückgewähr des Dienstwagens. Bei extrem kurzen Ausschlussfristen besteht die Gefahr, dass die Rspr solche Klauseln als sittenwidrig bewertet und diese damit nichtig sind. Insoweit und mit Blick auf die allgemeinen Regeln der AGB-Kontrolle des BGH und des BAG (vgl § 2 Rn 461 ff) ist eine Verfallfrist von unter drei Monaten risikobehaftet.

460 Soweit sich eine Ausschlussfrist auf alle „Ansprüche aus dem Geschäftsführerdienstvertrag und solche, die mit dem Arbeitsverhältnis in Verbindung stehen", erstreckt, erfasst sie auch alle auf vorsätzliche Schädigung gestützten Schadensersatzansprüche. Insoweit verstößt eine Ausschlussklausel gegen § 202 Abs. 1 BGB, da diese § 276 Abs. 3 BGB ergänzende Vorschrift bestimmt, dass „die Verjährung bei Haftung wegen Vorsatzes nicht im Voraus durch Rechtsgeschäft erleichtert werden kann".[9] Da Ausschlussklauseln Verjährungserleichterungen und Ver-

4 BGH 16.9.2002 – II ZR 107/01, NJW 2002, 3777.

5 BGH 15.11.1999 – II ZR 122/98, NJW 2000, 576; BGH 31.1.2000 – II ZR 189/99, NJW 2000, 1571.

6 BGH 15.11.1999 – II ZR 122/98, NJW 2000, 576.

7 BGH 31.1.2000 – II ZR 189/99, NJW 2000, 1571.

8 Vgl nur Lutter/Hommelhoff/*Kleindiek*, GmbHG, § 43 Rn 69 ff mwN.

9 Vgl BAG 18.8.2011 – 8 AZR 187/10, ZTR 2012, 31 (zur Haftung des Arbeitnehmers); BAG 20.6.2013 – 8 AZR 280/12, NZA 2013, 1265 (zur Haftung des Arbeitgebers); bei tariflichen Auschlussfristen besteht eine abweichende Rechtslage (s. dazu § 1 Rn 1085 ff).

jährungserleichterungen wiederum Haftungsbegrenzungen iSd § 202 Abs. 1 BGB sind,[10] ergibt sich ihre Nichtigkeit aus § 134 iVm § 202 Abs. 1 BGB.

dd) AGB-Kontrolle

Bei der Vereinbarung von Verfallfristen in Geschäftsführerdienstverträgen ist zu berücksichtigen, dass diese unter Umständen über § 305 Abs. 1 S. 1 BGB oder § 310 Abs. 3 Nr. 1 und 2 BGB der AGB-Kontrolle unterfallen. Fremdgeschäftsführer haben Verbraucherstatus gegenüber dem Dienstherrn (s. § 2 Rn 118 ff). Die Ausschlussklausel ist in diesen Fällen so zu gestalten, dass weder ein Verstoß gegen die Vorschriften der Inhaltskontrolle nach §§ 307–309 BGB noch gegen die Vorschriften über überraschende und mehrdeutige Klauseln (§ 305 c BGB) vorliegt. 461

Beim Verbraucher-Geschäftsführer kann es zu einer mit der für Arbeitnehmer geltenden Rechtslage übereinstimmenden Rspr kommen. Die **Mindestfrist** bei einstufigen Ausschlussklauseln beträgt nach der Rspr des BAG **drei Monate.**[11] Dabei ist noch nicht geklärt, an welchen Umstand die Frist anzuknüpfen hat. Nach dem Urteil des BAG vom 28.9.2005 darf und muss die Ausschlussfrist an die Fälligkeit anknüpfen. Eine Ausschlussfrist von drei Monaten erscheint bei Ansprüchen gegen den GmbH-Geschäftsführer zu knapp bemessen. Das Leitbild aller Ausschlussfristen ist die Verjährungsregelung in § 195 BGB, also ein Anspruchszeitraum von drei Jahren. Dies ist relevant für Schadensersatzansprüche gegen den Geschäftsführer, die zB auch noch ein Dreivierteljahr nach seinem Ausscheiden in Betracht kommen, wenn der folgende Jahresabschluss aufgestellt wird. Zwar findet über die Inhaltskontrolle kein Schutz des Verwenders statt. Das Beispiel zeigt aber, dass die Zeiträume zwischen Ansprüchen und ihrer Realisierbarkeit im Verhältnis zwischen dem Geschäftsführer und der Gesellschaft kaum mit einer kurzen Ausschlussfrist von drei Monaten auskommen können. Als kürzeste Frist für die Verjährung von Ansprüchen nach § 43 Abs. 2 GmbHG hält der BGH sechs Monate für gestaltbar.[12] 462

Das BAG hat auch zweistufige Ausschlussfristen mit dem Urteil vom 25.5.2005[13] für wirksam erklärt. Zweistufige Ausschlussfristen stellten keinen Verstoß gegen § 309 Nr. 13 BGB dar, sie seien eine Besonderheit des Arbeitsrechts, wie auch in § 61 b ArbGG mit der dortigen Dreimonatsfrist zum Ausdruck komme. In einer neueren Entscheidung hat das BAG eine jeweils drei Monate vorsehende zweistufige Ausschlussfrist für einen Verbraucher-Geschäftsführer als wirksam akzeptiert.[14] Diese Rspr übersieht, dass es sich bei § 309 BGB um eine Klausel ohne Wertungsmöglichkeit handelt. Die Rspr des BAG zum Arbeitsvertrag lässt sich auf den Geschäftsführerdienstvertrag nicht übertragen. Für Dienstverträge mit Geschäftsführern gilt die Regelung des § 310 Abs. 4 S. 2 BGB nicht. „Die im Arbeitsrecht geltenden Besonderheiten" sind nur bei der Anwendung auf „Arbeitsverträge" angemessen zu berücksichtigen, von Dienstverträgen ist in § 310 Abs. 4 S. 2 BGB nicht die Rede. Zweistufige Ausschlussfristen mit GmbH-Geschäftsführern sind daher wohl unwirksam, jedenfalls aber riskant.[15] Die Rspr zu zweistufigen Ausschlussfristen belegt, dass die Inhaltskontrolle des BGH bei Ausschlussfristen in GmbH-Geschäftsführerverträgen nicht die gleichen Maßstäbe zulassen wird wie im Arbeitsrecht. Kürzere Ausschlussfristen als sechs Monate erscheinen ebenfalls risikoreich. 463

10 LAG Niedersachsen 18.3.2005 – 10 Sa 1990/04, LAGE § 307 BGB Nr. 6 (Leitsatz 1–7 und Gründe).
11 Vgl nur BAG 28.9.2005 – 5 AZR 52/05, BB 2006, 327.
12 BGH 16.9.2002 – II ZR 107/01, ZIP 2002, 2128.
13 BAG 25.5.2005 – 5 AZR 572/04, NZA 2005, 1111.
14 BAG 19.5.2010 – 5 AZR 253/09, NJW 2010, 2827.
15 AA ErfK/*Preis*, § 218 BGB Rn 45.

b) Klauseltypen und Gestaltungshinweise

aa) Einstufige Ausschlussklauseln

(1) Klauseltyp A

464 ➔ **A 1:** Ansprüche aus dem Geschäftsführervertrag und dem organschaftlichen Geschäftsführerverhältnis – gleich aus welchem Rechtsgrund – können nur binnen einer Frist von drei Monaten ab Kündigung des Geschäftsführervertrages geltend gemacht werden. Die Geltendmachung bedarf der Schriftform.[16]

➔ **A 2:** Ansprüche aus dem Geschäftsführervertrag und dem organschaftlichen Geschäftsführerverhältnis – gleich aus welchem Rechtsgrund und mit Ausnahme von Schadensersatzansprüchen, die auf vorsätzlicher Handlung beruhen – können nur binnen einer Frist von drei Monaten ab Kündigung des Geschäftsführervertrages geltend gemacht werden. Die Geltendmachung bedarf der Schriftform.

➔ **A 3:** Ansprüche gegen den Geschäftsführer können ab Kündigung des Geschäftsführervertrages nur innerhalb einer Ausschlussfrist von zwei Monaten geltend gemacht werden.

(2) Gestaltungshinweise

465 Bei den **Klauseln A 1 und A 2** handelt es sich um zweiseitige Klauseln, die sowohl die Ansprüche der Gesellschaft als auch die Ansprüche der Gesellschafter umfassen. Klarstellend und daher empfehlenswert ist auch die dort vorgenommene ausdrückliche Erfassung organschaftlicher Ansprüche, wobei sich deren Ausschluss nach der Rspr auch aus dem Vertragskontext ergeben kann.

466 Im Unterschied zu Klauseln A 1 und A 2 enthält die **Klausel A 3** keinen klarstellenden Hinweis auf die Bezugnahme der Ansprüche aus § 43 Abs. 2 GmbHG und ist daher risikobehaftet. Im Hinblick auf §§ 134, 202 Abs. 2 BGB ist es empfehlenswert, entsprechend der Klausel A 2 solche Schadensersatzansprüche ausdrücklich von dem Anwendungsbereich der Klausel auszunehmen, die auf vorsätzlicher Handlung beruhen. Die im Übrigen verwendeten Klauselemente (Dreimonatsfrist, Schriftlichkeit, Geltendmachung ab Kündigung) lehnen sich an die Praxis zu arbeitsvertraglichen Ausschlussklauseln an, sind teilweise aber risikohaft.

467 Ausschlussklauseln in formularmäßigen Geschäftsführerdienstverträgen gehören zu den AGB-rechtlichen Mehrfachtatbeständen. Sie können als überraschende Klauseln nach § 305 c Abs. 1 BGB unwirksam sein, sie können aber auch gegen die Unklarheitenregel des § 305 c Abs. 2 BGB und das Transparenzgebot nach § 307 Abs. 1 BGB verstoßen. Daher ist bei der Vertragsgestaltung zu berücksichtigen, dass Ausschlussfristen als überraschende Klauseln unwirksam sein können, wenn die Ausschlussfristen bspw in einem umfangreichen Formularanstellungsvertrag inmitten der Schlussbestimmungen nach einer Salvatorischen Klausel und einer Schriftformklausel geregelt sind. In diesem Fall wählt der Verwender eine nach dem äußeren Erscheinungsbild des Vertrages so ungewöhnliche Gestaltung, dass der Vertragspartner des Verwenders mit ihr nicht zu rechnen braucht. Entsprechendes gilt, wenn die Ausschlussfrist in eine Erklärung mit falscher oder missverständlicher Überschrift ohne besonderen Hinweis oder ohne drucktechnische Hervorhebung eingefügt wird.

468 Die Klauseln A 1 und A 3 verstoßen gegen die unerlaubte Haftungsfreizeichnung einer Partei bei Verletzung von Leben, Körper oder Gesundheit gem. § 309 Nr. 7 BGB. Außerdem sind die Klauseln A 1 bis A 3 unwirksam, weil sie den Beginn der Ausschlussfrist nicht von positiver Kenntnis von dem Anspruchsgrund abhängig machen.[17] Risikohaft ist, dass die Klauseln A 1 und A 2 die Ausschlussfrist auf drei Monate beschränken (vgl § 2 Rn 462). Unwirksam ist

16 *Jula*, GmbHR 2001, 806, 809.

17 Vgl *Henssler*, RdA 2002, 129, 138; ErfK/*Preis*, § 218 BGB Rn 52.

möglicherweise die Frist von zwei Monaten in Klausel A 3 gegenüber einem Verbraucher-Geschäftsführer; jedenfalls ist nach der BAG-Rspr gegenüber einem Arbeitnehmer eine kürzere Ausschlussfrist als drei Monate unwirksam.[18]

Wählen die Vertragsparteien eine Klausel, die entsprechend der Klausel A 3 einseitig zu Gunsten des Geschäftsführers und damit zu Lasten des Verwenders formuliert ist, findet keine AGB-Kontrolle statt. 469

bb) Zweistufige Ausschlussklauseln

(1) Klauseltyp B

→ **B 1:** Nach Beendigung des Vertrages verfallen alle wechselseitigen Ansprüche der Vertragsparteien, sofern sie nicht innerhalb einer Frist von drei Monaten gegenüber der anderen Vertragspartei schriftlich geltend gemacht werden. Lehnt die andere Vertragspartei den Anspruch ab oder erklärt sie sich nicht innerhalb von drei Wochen hiermit einverstanden, so verfällt der Anspruch ebenfalls, wenn er nicht innerhalb von zwei Monaten nach Erklärung der Ablehnung oder dem Fristablauf (gerechnet drei Wochen ab Erklärung der Geltendmachung) eingeklagt wird.[19] 470

→ **B 2:** Alle wechselseitigen Ansprüche der Vertragsparteien verfallen, sofern sie nicht innerhalb einer Frist von drei Monaten gegenüber der anderen Vertragspartei schriftlich geltend gemacht werden. Lehnt die andere Vertragspartei den Anspruch ab oder erklärt sie sich nicht innerhalb von drei Wochen hiermit einverstanden, so verfällt der Anspruch ebenfalls, wenn er nicht innerhalb von zwei Monaten nach Erklärung der Ablehnung oder dem Fristablauf (gerechnet drei Wochen ab Erklärung der Geltendmachung) eingeklagt wird.

(2) Gestaltungshinweise

Während Klauseltyp B 2 alle Ansprüche im laufenden Dienstverhältnis umfasst, hat Klauseltyp B 1 die Ansprüche nach Beendigung des Dienstverhältnisses zum Gegenstand. Bei der Vertragsgestaltung zweistufiger Ausschlussklauseln sind die gleichen Gestaltungsgrenzen zu berücksichtigen wie bei einstufigen Ausschlussklauseln. 471

Im Hinblick auf die AGB-Kontrolle kann eine zweistufige Ausschlussklausel wegen eines Verstoßes gegen § 309 Nr. 13 BGB unwirksam sein (vgl § 1 Rn 1078 ff). Für die Unwirksamkeit zweistufiger Ausschlussfristen nach § 309 Nr. 13 BGB spricht nicht nur der Wortlaut des Gesetzes, sondern auch der Umstand, dass zweistufige Ausschlussfristen, die den Geschäftsführer lange vor der Verjährungsfrist verpflichten, seine Ansprüche gerichtlich geltend zu machen, zu einer erheblichen Erschwerung der Rechtsdurchsetzung beitragen. Die Klauseln sind daher bei Unternehmergeschäftsführern wirksam, bei Verbraucher-Geschäftsführern halten sie einer Inhaltskontrolle nicht stand. 472

18 BAG 28.9.2005 – 5 AZR 52/05, BB 2006, 327.
19 *Weber/Dahlbender*, Verträge für GmbH-Geschäftsführer und Vorstände, § 16.

6. Beendigungsklauseln

Literatur

von Alvensleben/Haug/Schnabel, Der Fremdgeschäftsführer im Spannungsfeld zwischen Arbeitgeberposition und Arbeitnehmereigenschaft, BB 2012, 774; *Arens/Beckmann*, Die anwaltliche Beratung des GmbH-Geschäftsführers, 2006; *Baeck/Götze/Arnold*, Festsetzung und Herabsetzung der Geschäftsführervergütung – Welche Änderungen bringt das VorstAG?, NZG 2009, 1121; *Baeck/Winzer*, Mitglied des Vertretungsorgans einer Gesellschaft als Arbeitnehmer, NZG 2011, 101; *Bauer/Arnold*, AGG und Organmitglieder – Klares und Unklares vom BGH, NZG 2012, 921; *dies.*, Kann die Geltung des KSchG für Geschäftsführer vereinbart werden?, ZIP 2010, 709; *Bauer/Diller/Krets*, BGH contra BAG – Schadensersatz nach § 628 Abs. 2 BGB wegen Abberufung und/oder Nichtbestellung eines GmbH-Geschäftsführers?, DB 2003, 2687; *Bauer/Krets*, Gesellschaftsrechtliche Sonderregelungen bei der Beendigung von Vorstands- und Geschäftsführerverträgen, DB 2003, 811; *Bauer/Krieger*, Formale Fehler bei Abberufung und Kündigung vertretungsberechtigter Organmitglieder, ZIP 2004, 1247; *Beckmann*, Rechtsschutz bei Freistellung des Arbeitnehmers/Geschäftsführers, NZA 2004, 1131; *Bittmann/Schwarz*, Offenlegung von „Change of Control-Klauseln", BB 2009, 1014; *Braun/Wybitul*, Übermittlung von Arbeitnehmerdaten bei Due Diligence – Rechtliche Anforderungen und Gestaltungsmöglichkeiten, BB 2008, 782; *Buchner/Schlobach*, Die Auswirkung der Umwandlung von Gesellschaften auf die Rechtsstellung ihrer Organpersonen, GmbHR 2004, 1; *Diller*, Kündigung, Kündigungsschutz und Weiterbeschäftigungsanspruch des GmbH-Geschäftsführers, NZG 2011, 254; *ders.*, Kündigung des GmbH-Geschäftsführers wegen Spesenbetrugs – Von wichtigen, weniger wichtigen und gesuchten Kündigungsgründen, GmbHR 2006, 333; *Dreher*, Change of Control-Klauseln bei Aktiengesellschaften, AG 2002, 214; *Eßer/Baluch*, Bedeutung des Allgemeinen Gleichbehandlungsgesetzes für Organmitglieder, NZG 2007, 321; *Fischer*, Die Fremdgeschäftsführerin und andere Organvertreter auf dem Weg zur Arbeitnehmereigenschaft, NJW 2011, 2329; *Flatten*, Dauer von Geschäftsführerverträgen – Ein Leitfaden für Vertragsverhandlungen, GmbHR 2000, 922; *Freckmann*, Der GmbH-Geschäftsführer im Arbeits- und Sozialversicherungsrecht, DStR 2008, 52; *Gimmy/Hügel*, Schicksal von Vorstands- und Geschäftsführerverträgen bei Fusionen öffentlich-rechtlicher Landesbanken, BB 2008, 2178; *Goette*, Zur Umdeutung der fristlosen in eine ordentliche Kündigung des Geschäftsführer-Anstellungsvertrages, DStR 2000, 525; *Goll-Müller/Langenhan-Komus*, Der Geschäftsführer mit Arbeitsvertrag und dennoch ohne Kündigungsschutz, NZA 2008, 687; *Gran*, Abläufe bei Mergers & Acquisitions, NJW 2008, 1409; *Grumann/Gillmann*, Abberufung und Kündigung von Vorstandsmitgliedern einer Aktiengesellschaft, DB 2003, 770; *v. Hase*, Fristlose Kündigung und Abmahnung nach neuem Recht, NJW 2002, 2278; *Hillmann-Stadtfeld*, Beendigung von Geschäftsführer-Dienstverträgen – Hier: Koppelungsklauseln bei befristeten Verträgen, GmbHR 2004, 1457; *Holthausen/Steinkraus*, Die janusköpfige Rechtsstellung des GmbH-Geschäftsführers im Arbeitsrecht, NZA-RR 2002, 281; *Hümmerich*, Grenzfall des Arbeitsrechts: Kündigung des GmbH-Geschäftsführers, NJW 1995, 1177; *Jaeger*, Der Anstellungsvertrag des GmbH-Geschäftsführers, 5. Aufl. 2009; *ders.*, Rechtsfolgen einer vertraglich vereinbarten Anwendung des gesetzlichen Kündigungsschutzes für Geschäftsführer, DStR 2010, 2312; *Junker*, Auswirkungen der neueren EuGH-Rechtsprechung auf das deutsche Arbeitsrecht, NZA 2011, 950; *Kauffmann-Lauven*, Vorstands- und Geschäftsführerverträge bei Restrukturierungsmaßnahmen, in: Bauer (Hrsg.), Festschrift zum 25-jährigen Bestehen der Arbeitsgemeinschaft Arbeitsrecht, 2006, S. 471 ff; *Korts*, Die Vereinbarung von Kontrollwechselklauseln in Vorstandsverträgen, BB 2009, 1876; *Krause*, Auswirkungen des Allgemeinen Gleichbehandlungsgesetzes auf die Organbesetzung, AG 2007, 393; *Küttner*, Change of Control-Klauseln in Vorstandsverträgen, in: Bauer (Hrsg.), Festschrift zum 25-jährigen Bestehen der Arbeitsgemeinschaft Arbeitsrecht, 2006, S. 493 ff; *Leopold*, Mutterschutz für Mitglieder der Unternehmensleitung, ZESAR 2011, 362; *Lohr*, Die Amtsniederlegung des GmbH-Geschäftsführers – Voraussetzungen der Niederlegung und Folgen für das Anstellungsverhältnis, DStR 2002, 2173; *Lunk/Rodenbusch*, Der Weiterbeschäftigungsanspruch des GmbH-Geschäftsführers, NZA 2011, 497; *Lunk/Stolz*, Die Bezüge des GmbH-Geschäftsführers in der Krise, NZA 2010, 121; *v. Medem*, Anmerkung zu EuGH: Mitglied des Leitungsorgans einer Kapitalgesellschaft als Arbeitnehmer, ArbR Aktuell 2010, 654; *Meyer*, Ethikrichtlinien internationaler Unternehmen und deutsches Arbeitsrecht, NJW 2006, 3605; *Mielke/Nguyen-Viet*, Änderung der Kontrollverhältnisse bei dem Vertragspartner: Zulässigkeit von Change of Control-Klauseln im deutschen Recht, DB 2004, 2515; *Moll*, Zur arbeitsgerichtlichen Zuständigkeit für den Geschäftsführer in der GmbH & Co. KG, RdA 2002, 226; *Oberthür*, Unionsrechtliche Impulse für den Kündigungsschutz von Organvertretern und Arbeitnehmerbegriff, NZA 2011, 253; *Otte*, Arbeitnehmerrechte für GmbH-Geschäftsführer?, GWR 2011, 25; *Pröpper*, Durchsetzung des Vergütungsanspruchs von Geschäftsführern und Vorständen im Urkundsprozess, DB 2003, 202; *Reiserer*, Die außerordentliche Kündigung des Dienstvertrages des GmbH-Geschäftsführers, BB 2002, 1199; *Reufels/Molle*, Diskriminierungsschutz von Organmitgliedern, NZA-RR 2011, 281; *Röder/Lingemann*, Schicksal von Vorstand und Geschäftsführer bei Unternehmensumwandlungen und Unternehmensveräußerungen, DB 1993, 1341; *Schrader/Schubert*, Der Geschäftsführer als Arbeitnehmer, DB 2005, 1457; *Schröder/Schreier*, Arbeitsrechtliche Sanktionierung innerbetrieblicher Verhaltensverstöße, BB 2010, 2565; *Schubert*, Kündigungsschutz für die Geschäftsführerin einer Kapitalgesellschaft während der Schwangerschaft – Gesundheitsschutz und Diskriminierungsschutz, EuZA 2011, 362; *Schumacher-Mohr*, Das Abmahnungserfordernis im Falle der außerordentlichen Kündigung von Organmitgliedern, DB 2002, 1606; *Schuster/Darsow*, Einführung von Ethikrichtlinien durch Direktionsrecht, NZA 2005, 273; *Stagat*, Risiken und Nebenwirkungen von Geschäftsführer-Anstellungsverträgen, NZA-RR 2011, 617; *Stein*, Die neue Dogmatik der Wissensverantwortung bei der außerordentlichen Kündigung von Organmitgliedern der Kapitalgesellschaften, ZGR 1999, 264; *Stenslik/Zahn*, Diskriminierungsschutz für Organe von Kapitalgesellschaften, DStR 2012, 1865; *Trappehl/Scheuer*, Abmahnung jetzt auch bei Vor-

ständen und Geschäftsführern Kündigungsvoraussetzung?, DB 2005, 1276; *Tschöpe/Wortmann*, Abberufung und außerordentliche Kündigung von geschäftsführenden Organvertretern – Grundlagen und Verfahrensfragen, NZG 2009, 85; *dies.*, Der wichtige Grund bei Abberufungen und außerordentlichen Kündigungen von geschäftsführenden Organvertretern, NZG 2009, 161; *Wank*, Anmerkung zur Entscheidung des EuGH vom 11.11.2010, C-232/09 – Zur Arbeitnehmereigenschaft des GmbH-Fremdgeschäftsführers, EWiR 2011, 27; *Willemsen/Hohenstatt/Schweibert/Seibt*, Umstrukturierung und Übertragung von Unternehmen, 3. Aufl. 2008; *Wilsing/Meyer*, Diskriminierungsschutz für Geschäftsführer, NJW 2012, 3211; *Wilsing/Ogorek*, Kündigung des Geschäftsführer-Anstellungsvertrages wegen unterlassener Konzernkontrolle, NZG 2010, 216; *Winzer*, Die Abmahnung des GmbH-Geschäftsführers, GmbHR 2007, 1190; *Zimmer*, Kündigungen im Management: § 623 BGB gilt nicht für GmbH-Geschäftsführer und AG-Vorstände, BB 2003, 1175.

a) Rechtslage im Umfeld

aa) Beendigungsgründe

Aufgrund der Doppelstellung des Geschäftsführers iSd Trennungstheorie sind die **Beendigung des Dienstverhältnisses** und der **Organstellung** voneinander zu **trennen.**[1] Die Beendigung des Dienstverhältnisses richtet sich grds. nach den allgemeinen dienstrechtlichen Vorschriften der §§ 620 ff BGB und erfolgt regelmäßig durch Kündigung, durch vertragliche Aufhebung, durch Eintritt einer vertraglich vereinbarten auflösenden Bedingung, wie etwa das Erreichen einer bestimmten Altersgrenze,[2] durch den Tod des Geschäftsführers oder durch Zeitablauf, wenn der Vertrag für eine befristete Zeit geschlossen wurde.[3] 473

Der Dienstvertrag kann grds. nicht aus den die Organstellung als Geschäftsführer betreffenden Gründen beendet werden, sog. **Trennungstheorie** (s. § 2 Rn 1, 13 f).[4] Deswegen beendet weder die Abberufung als Geschäftsführer[5] noch die Amtsniederlegung[6] den Dienstvertrag automatisch. Vielmehr ist jeweils gesondert zu prüfen, ob etwaige Kündigungsvoraussetzungen vorliegen und eine Kündigung erklärt wurde. Die erfolgte Abberufung kann für den Geschäftsführer einen wichtigen Grund zur sofortigen Kündigung darstellen.[7] Auch die Auflösung der Gesellschaft oder die Eröffnung des Insolvenzverfahrens führen nicht automatisch zu einer Beendigung des Dienstverhältnisses, denn im Falle der Auflösung führen die Geschäftsführer ihre Tätigkeit als Liquidatoren nach § 66 GmbHG fort.[8] Ebenso beendet eine gesellschaftsrechtliche Verschmelzung unter Wegfall der Organstellung den Dienstvertrag nicht.[9] 474

bb) Kündigungsschutz

(1) Unanwendbarkeit des arbeitsrechtlichen Kündigungsschutzes

Der **arbeitsrechtliche Kündigungsschutz** findet bei der Kündigung von Geschäftsführerdienstverhältnissen **keine Anwendung.**[10] Die §§ 1 ff KSchG finden gem. § 14 Abs. 1 Nr. 1 KSchG ausdrücklich keine Anwendung auf Mitglieder der Vertretungsorgane juristischer Personen. Dies gilt aufgrund der eindeutigen Negativfiktion in § 14 Abs. 1 Nr. 1 KSchG selbst in den Fällen, in denen das Anstellungsverhältnis rein materiellrechtlich ausnahmsweise als Arbeitsvertrag zu 475

1 *Hümmerich*, NJW 1995, 1177; *Freckmann*, DStR 2008, 52.
2 *Arens/Beckmann*, Die anwaltliche Beratung des GmbH-Geschäftsführers, § 2 Rn 1.
3 Scholz/*Schneider/Sethe*, GmbHG, § 35 Rn 305.
4 S. ferner § 2 Rn 727 ff (9. Koppelungsklauseln).
5 BGH 14.7.1966 – II ZR 212/64, WM 1966, 968; OLG Köln 6.12.1999 – 16 U 94/98, NZG 2000, 551.
6 BGH 14.7.1980 – II ZR 161/79, WM 1980, 1117; BGH 9.2.1978 – II ZR 189/76, GmbHR 1978, 85; OLG Celle 4.2.2004 – 9 U 203/03, NZG 2004, 475.
7 Scholz/*Schneider/Sethe*, GmbHG, § 35 Rn 305.
8 Michalski/*Lenz*, GmbHG, § 35 Rn 172; Scholz/*Schneider/Sethe*, GmbHG, § 35 Rn 305.
9 *Buchner/Schlobach*, GmbHR 2004, 1.
10 BAG 25.10.2007 – 6 AZR 1045/06, NZA 2008, 168; *Goll-Müller/Langenhan-Komus*, NZA 2008, 687, 690.

qualifizieren ist.[11] Allerdings ist nach dem BGH[12] eine **Parteivereinbarung im Anstellungsvertrag** zulässig, nach der die materiellen Vorschriften des KSchG auf einen Geschäftsführer anwendbar sein sollen. Die Privatautonomie soll insoweit nur durch die zwingenden Anforderungen begrenzt sein, welche sich aus dem Organverhältnis im Hinblick auf das gesellschaftliche Interesse an ihrer Funktionsfähigkeit ergeben. Demnach bildet die **Funktionsfähigkeit des Organamtes und der Gesellschaft** selbst die einzige Beschränkung für die einzelvertragliche Einbeziehung von arbeitnehmerschützenden Normen. Nach Ansicht des BGH sind die Anwendbarkeit des KSchG und die damit verbundenen möglichen höheren wirtschaftlichen Belastungen bei der Vertragsauflösung zwar geeignet, die Abberufungsentscheidung mittelbar zu beeinflussen, eine unmittelbare Beeinträchtigung des Organverhältnissen und der Funktionsfähigkeit ergebe sich daraus allerdings aufgrund der grundsätzlichen Trennung zwischen Organ- und Anstellungsverhältnis gerade nicht.[13] Es besteht gerade kein Grundsatz, nach welchem Vereinbarungen unzulässig sind, die eine Beendigung des Geschäftsführerdienstvertrages erschweren, verteuern oder praktisch sogar unmöglich machen.[14]

(2) Sonderfall des ruhenden Arbeitsverhältnisses

476 Die Kündigungsschutzproblematik nach dem KSchG erlangt besondere Bedeutung in einem Spezialfall im Zusammenhang mit dem „Aufrücken" leitender Angestellter in die Geschäftsführerstellung. Grundsätzlich ist bei der Beendigung von Geschäftsführerdienstverträgen darauf zu achten, ob zusätzlich zum Dienstverhältnis ein **ruhendes Arbeitsverhältnis** (s. § 2 Rn 31 ff) besteht, für das der arbeitsrechtliche Kündigungsschutz fortgilt. Dies kann zB der Fall sein, wenn das Arbeitsverhältnis mit einer Konzernobergesellschaft abgeschlossen und der Arbeitnehmer anschließend zum Geschäftsführer einer konzernabhängigen Untergesellschaft bestellt wurde.[15] Allerdings ist der Anwendungsbereich für ein Fortbestehen eines ruhenden Arbeitsverhältnisses nach der Bestellung eines Arbeitnehmers zum Geschäftsführer aufgrund der mittlerweile sehr restriktiven Rspr der Arbeitsgerichte deutlich geringer geworden.[16] In einer weiteren Entscheidung[17] stellte der BGH heraus, dass auch durch eine formwechselnde Umwandlung einer GmbH in eine GmbH & Co. KG, welche zur Beendigung der Organstellung des Geschäftsführers führt, der zugrunde liegende Anstellungsvertrag unberührt bleibe und in der neuen Rechtsform fortgesetzt werde, ohne dass sich die Rechtsnatur des Vertrages ändere. Demnach erlangt der nun nicht mehr in die Organstellung berufene Geschäftsführer auch durch die Umwandlung keinen Kündigungsschutz nach dem KSchG, sondern bleibt weiterhin auf der Grundlage dieses Dienstvertrages angestellt.

(3) Anwendbarkeit des Sonderkündigungsschutzes

477 Auch der **Sonderkündigungsschutz (MuSchG, SGB IX)** war zumindest nach dem bislang gültigen nationalen Rechtsverständnis nicht auf das Dienstverhältnis von Geschäftsführern anzuwenden.[18] Allerdings sind in diesem Bereich – zumindest in Bezug auf die Anwendbarkeit des Mutterschutzrechts auf Organvertreter – erhöhte Unsicherheiten aufgetreten und Neuerungen

---

11 BGH 10.1.2000 – II ZR 251/98, NZA 2000, 376; BGH 8.1.2007 – II ZR 267/05, NJW-RR 2007, 1632; BGH 10.5.2010 – II ZR 70/09, NJW 2010, 2343.

12 BGH 10.5.2010 – II ZR 70/09, NJW 2010, 2343.

13 BGH 10.5.2010 – II ZR 70/09, NJW 2010, 2343.

14 *Diller*, NZG 2011, 254, 256.

15 BAG 25.10.2007 – 6 AZR 1045/06, NZA 2008, 168; BAG 19.7.2007 – 6 AZR 774/06, NJW 2007, 3228.

16 Vgl etwa BAG 14.6.2006 – 5 AZR 592/05, NZA 2006, 1154; BAG 5.6.2008 – 2 AZR 754/06, NZA 2008, 1002; BAG 3.2.2009 – 5 AZB 100/08, NZA 2009, 669; BAG 15.3.2011 – 10 AZB 32/10, NZA 2011, 874; LAG Rheinland-Pfalz 28 6.2012 – 3 Ta 72/12, NZA-RR 2012, 549.

17 BGH 8.1.2007 – II ZR 267/05, DStR 2007, 1090.

18 BGH 9.2.1978 – II ZR 189/76, NJW 1978, 1435; *Hümmerich*, NJW 1995, 1177, 1181.

zu erwarten, welche sich in erster Linie aus einem Urteil des EuGH[19] ergeben. Danach können bestimmte Organvertreter als Arbeitnehmer iSd EU-Rechts gelten und somit auch in den Schutzbereich arbeitnehmerschützenden EU-Richtlinienrechts fallen. In der sog. **Danosa-Rspr**[20] stellte der **EuGH** am Fall einer lettischen Organvertreterin, welche statusrechtlich weitgehend einer deutschen Fremdgeschäftsführerin entsprach, heraus, dass das Bestehen einer Organstellung und die nationalrechtliche Qualifizierung des Anstellungsverhältnisses für die europarechtliche Bewertung des zugrunde liegenden Rechtsverhältnisses unbeachtlich seien. Vielmehr könne stets ein Arbeitsverhältnis vorliegen, wenn sich das Organmitglied in einer Art **Unterordnungsverhältnis** befinde. Ein solches sei zumindest dem ersten Anschein nach grds. bei Organmitgliedern anzunehmen, die gegen Entgelt Leistungen gegenüber der Gesellschaft erbringen, die sie bestellt hat und in die sie eingegliedert sind, die ihre Tätigkeit nach der Weisung oder unter der Aufsicht eines anderen Organs dieser Gesellschaft ausüben und jederzeit ohne Einschränkung von ihrem Amt abberufen werden können. Diese Kriterien werden sowohl auf den Fremdgeschäftsführer als auch regelmäßig auf den geringwertig am Gesellschaftskapital beteiligten Geschäftsführer ohne Sperrminorität zutreffen, soweit deren Abberufung nicht an das Vorliegen wichtiger Gründe iSv § 38 Abs. 2 GmbHG geknüpft ist.[21] Zu den Einzelheiten der Danosa-Rspr und deren mögliche Konsequenzen s. § 2 Rn 16, 23 ff.

Soweit Geschäftsführer vom **unionsrechtlichen Arbeitnehmerbegriff** umfasst werden, stellt die 478
Nichtanwendung der Grundsätze der EU-Mutterschutzrichtlinie und deren Umsetzungsrecht im MuSchG einen europarechtswidrigen Zustand dar. Dieser ist nach überwiegender Ansicht durch eine **richtlinienkonforme Auslegung des § 1 Nr. 1 MuSchG** in der Form zu korrigieren, dass zukünftig von den Grundsätzen des EuGH umfasste Geschäftsführer ebenfalls unter den Anwendungsbereich der „Frauen, die in einem Arbeitsverhältnis stehen", zu fassen sind.[22]

Trotz der lediglich auf den Anwendungsbereich der Mutterschutzrichtlinie begrenzten Bestim- 478a
mung des europarechtlichen Arbeitnehmerbegriffs ist von einer **Übertragung dieser Grundsätze auf andere Richtlinien** und damit von einem zukünftig sehr weiten Verständnis der Arbeitnehmereigenschaft auf unionsrechtlicher Ebene auszugehen.[23] Daraus folgt, dass Fremd- und Minderheitsgesellschafter-Geschäftsführer sich zukünftig u.U. auf eine Anwendbarkeit von arbeitnehmerschützenden Vorschriften berufen können, soweit diese auf der Umsetzungen von EG-Richtlinien beruhen, welche für die Anwendbarkeit nicht an den jeweiligen nationalstaatlichen, sondern an den unionsrechtlichen Arbeitnehmerbegriff anknüpfen.[24] Insoweit wird bspw mit einer Einbeziehung bestimmter Geschäftsführer in den Anwendungsbereich des Bundeselterngeld- und Elternzeitgesetzes (BEEG) gerechnet,[25] was dann auch eine Anwendbarkeit des Sonderkündigungsschutzes zur Folge hätte. Zu den möglichen Konsequenzen s. im Einzelnen § 2 Rn 25.

cc) Rechtsweg

Will eine der beiden Parteien des Geschäftsführeranstellungsvertrages gegen eine ausgesproche- 479
ne Kündigung vorgehen, so ist in jedem Fall der **Rechtsweg der ordentlichen Gerichtsbarkeit** einzuschlagen. Der Rechtsweg zu den Arbeitsgerichten ist gem. §§ 2 und 5 Abs. 1 S. 3 ArbGG nicht eröffnet. Dies gilt selbst, wenn der Anstellung des Geschäftsführers materiellrechtlich ein

19 EuGH 11.11.2010 – C-232/09, NJW 2011, 2343 (Danosa).
20 EuGH 11.11.2010 – C-232/09, NJW 2011, 2343 (Danosa).
21 So auch: *Baeck/Winzer*, NZG 2011, 101; *Bauer/Arnold*, NZG 2012, 921, 923; *Junker*, NZA 2011, 950 f; *Reufels/Molle*, NZA-RR 2011, 281, 283; *Schubert*, EuZA 2011, 362, 365; *Stagat*, NZA-RR 2011, 617, 622; *von Medem*, ArbR Aktuell 2010, 654.
22 Ebenso: *Junker*, NZA 2011, 950, 951; *Leopold*, ZESAR 2011, 362, 366; *Oberthür*, NZA 2011, 253, 256; *Schubert*, EuZA 2011, 362, 369.
23 *Leopold*, ZESAR 2011, 362, 366; *Schubert*, EuZA 2011, 362, 369; *Wank*, EWiR 2011, 27, 28.
24 *Schubert*, EuZA 2011, 362, 369.
25 *Fischer*, NJW 2011, 2329, 2331; *Oberthür*, NZA 2011, 253, 258.

Arbeitsvertrag zugrunde liegt.[26] Durch die Fiktion des § 5 Abs. 1 S. 3 ArbGG soll sichergestellt werden, dass Mitglieder von Vertretungsorganen mit der sie anstellenden juristischen Person keinen „Rechtsstreit im Arbeitgeberlager" vor den Arbeitsgerichten ausfechten.[27] Allerdings besteht einzelvertraglich nach § 2 Abs. 4 ArbGG die Möglichkeit, sich **freiwillig** der Gerichtsbarkeit der **Arbeitsgerichte** zu unterwerfen.

dd) Ordentliche Kündigung

(1) Gesetzliche Kündigungsmöglichkeit

480 Der **unbefristete Geschäftsführerdienstvertrag** ist gem. § 620 Abs. 2 BGB **ordentlich kündbar.** Mangels grundsätzlicher Anwendbarkeit des KSchG bedarf es bei einer wirksamen ordentlichen Kündigung keines Kündigungsgrunds (zur möglichen einzelvertraglichen Einbeziehung des KSchG s. § 2 Rn 20 ff). Der BGH hat ausgeführt, die ordentliche Kündigung eines GmbH-Geschäftsführers trüge ihre Rechtfertigung in sich und sei vom Geschäftsführer auch dann hinzunehmen, wenn die Gesellschafter Ziele verfolgen, die bei Kündigung eines Arbeitnehmers nicht hingenommen würden, da dem Geschäftsführer aufgrund seiner organschaftlichen Leitungsfunktion keine vergleichbare Schutzbedürftigkeit zugebilligt werden könne.[28] Allerdings kann eine Kündigung wegen Sittenverstoßes gem. § 138 BGB unwirksam sein, wenn sie auf besonders verwerflichen Motiven wie Rachsucht, Vergeltung oder ähnlichen dem Anstandsgefühl widersprechenden Beweggründen beruht.[29] Beispielhaft ist an eine Kündigung eines Geschäftsführers wegen dessen ethnischer Herkunft und Nationalität zu denken.[30] Bei einer mitbestimmten GmbH nach dem MitbestG setzt die Abberufung von Geschäftsführern dagegen stets einen wichtigen Grund voraus,[31] da die Organstellung von vorneherein durch den Verweis der Mitbestimmungsgesetze auf § 84 AktG auf höchstens fünf Jahre befristet und somit die ordentliche Kündigung gem. § 620 Abs. 2 BGB grds. ausgeschlossen ist.

(2) Zuständigkeit und formelle Wirksamkeitsvoraussetzungen

481 Über den Ausspruch einer ordentlichen Kündigung befindet das für die **Bestellung und den Abschluss des Anstellungsvertrages zuständige Organ der GmbH.**[32] Voraussetzung einer jeden Kündigung ist ein **Gesellschafterbeschluss**, der sich neben der Abberufung auch ausdrücklich auf die Kündigung des Dienstverhältnisses beziehen muss.[33] Der Beschluss über die Kündigung eines Geschäftsführers bedarf gem. § 48 Abs. 3 GmbHG zu seiner Wirksamkeit der Protokollierung.[34] Handelt es sich um die Kündigung eines Gesellschafter-Geschäftsführers, ist dieser zwar zur Teilnahme an der Gesellschafterversammlung berechtigt, darf aber bei der Beschlussfassung nicht mitstimmen, soweit es um eine Kündigung aus wichtigem Grund geht.[35] Der Stimmrechtsausschluss betrifft somit nicht den Fall der ordentlichen Kündigung. Die Gesell-

26 BAG 25.10.2007 – 6 AZR 1045/06, NZA 2008, 168; BAG 15.3.2011 – 10 AZB 32/10, NZA 2011, 874; BAG 23.8.2011 – 10 AZB 51/10, DB 2011, 2386; LAG Köln 12.1.2012 – 12 Ta 274/11, NZA-RR 2012, 327; LAG Rheinland-Pfalz 28.6.2012 – 3 Ta 72/12, NZA-RR 2012, 549.

27 BAG 20.8.2003 – 5 AZB 79/02, NZA 2003, 1108; BAG 23.8.2011 – 10 AZB 51/10, DB 2011, 2386.

28 BGH 3.11.2003 – II ZR 158/01, GmbHR 2004, 57.

29 Baumbach/Hueck/*Zöllner/Noack*, GmbHG, § 35 Rn 242; so auch OLG Karlsruhe 19.4.2001 – 12 U 201/00, NJOZ 2002, 626.

30 LG Frankfurt 7.3.2001 – 3-13 O 78/00, NJW-RR 2001, 1113.

31 Rowedder/Schmidt-Leithoff/*Koppensteiner/Gruber*, GmbHG, § 38 Rn 15.

32 BGH 3.7.2000 – II ZR 282/98, NJW 2000, 2983; OLG Düsseldorf 10.10.2003 – I-17 U 35/03, NZG 2004, 478; OLG Köln 6.12.1999 – 16 U 94/98, NZG 2000, 551.

33 OLG Köln 3.6.1993 – 1 U 71/92, BB 1993, 1388; *Schrader/Schubert*, DB 2005, 1457, 1459.

34 OLG Köln 28.6.1995 – 2 U 97/94, GmbHR 1996, 290; nur ganz ausnahmsweise ist die Protokollierung der Beschlussfassung bei einer schriftlichen Kündigung entbehrlich: BGH 27.3.1995 – II ZR 140/93, DB 1995, 1169.

35 BGH 26.3.1984 – II ZR 120/83, NJW 1984, 2528; OLG Stuttgart 13.4.1994 – 2 U 303/93, GmbHR 1995, 228.

schafterversammlung kann die Kompetenz zur Kündigung durch einfachen Gesellschafterbeschluss (§ 47 Abs. 1 GmbHG) auf eine andere Stelle der Gesellschaft, etwa einen Beirat, übertragen.[36] Der Gesellschafterbeschluss ist Wirksamkeitsvoraussetzung, so dass bei Fehlen oder Nichtigkeit die unwirksame Kündigung nicht durch rückwirkende Genehmigung der Gesellschafterversammlung nachträglich geheilt werden kann.[37]

Die Kompetenz zum **Ausspruch der Kündigung** liegt ebenfalls bei der **Gesellschafterversammlung**. Sie kann einen **Gesellschafter**, einen **Geschäftsführer**[38] oder auch eine sonstige Person zur Abgabe der Erklärung **ermächtigen**.[39] Die Ermächtigung ersetzt allerdings nicht den Beschluss über die Kündigung durch das zuständige Organ. Bei der Kündigung ist auf Folgendes zu achten: Häufig unterzeichnen nicht alle Gesellschafter persönlich bzw vertreten durch ihre jeweils gesetzlich vertretungsberechtigten Organe die Kündigung, was jedoch zwingende Voraussetzung ist, falls keine Bevollmächtigung vorliegt. Es ist zwar zulässig, sich bei Ausspruch der Kündigung eines Bevollmächtigten zu bedienen. Erforderlich ist aber die Ausstellung einer Vollmachtsurkunde für den Bevollmächtigten, welche der Kündigungserklärung durch den Bevollmächtigten beizufügen ist.[40] Unterbleibt die **Vorlage einer Vollmacht**, kann die Kündigung gem. **§ 174 BGB** unverzüglich mit der Folge zurückgewiesen werden, dass die Kündigung unwirksam ist.[41] Dies gilt gem. § 174 S. 2 BGB allerdings nicht, wenn die Bevollmächtigung dem Kündigungsempfänger zuvor mitgeteilt wurde. Ausreichend ist für diese Annahme bereits, wenn der Erklärende eine Stellung, wie etwa eine Generalhandlungsvollmacht, innehat, welche die Vornahme der Kündigungserklärung üblicherweise umfasst.[42] Wenn sich die Gesellschafterversammlung beim Ausspruch der Kündigung durch einen Bevollmächtigten vertreten lässt, muss sie hierüber einen Gesellschafterbeschluss fassen. Es **empfiehlt** sich, auch den ermächtigenden Beschluss dem Kündigungsschreiben beizufügen.[43] In diesem Fall bedürfe es keiner Vorlage einer Urkunde iSv § 174 BGB. Die Kündigung eines GmbH-Geschäftsführers durch einen Alleingesellschafter ist auch ohne Niederschrift eines Gesellschafterbeschlusses wirksam.[44] In diesem Fall ist offenkundig, dass ein entsprechender Wille der Gesellschaft zur Kündigung vorliegt. 482

Kündigt der **Geschäftsführer**, so genügt eine Erklärung gegenüber einem anderen Geschäftsführer, auch wenn Kollektivvertretung besteht (§ 35 Abs. 2 S. 2 GmbHG).[45] Ob der Geschäftsführer die Kündigung auch gegenüber den Gesellschaftern erklären kann, ist bislang in der Rspr nicht geklärt. Sachgerecht und aus Sicht des Geschäftsführers empfehlenswert ist es jedoch, die Kündigung an jeden Gesellschafter zu richten, wenn nicht vertraglich etwas anderes vereinbart ist. Denn die Gesellschafter bilden das Organ, das bei Abschluss des Dienstvertrages die Gesellschaft vertritt. Es kann nicht die Aufgabe einzelner Gesellschafter sein, die übrigen Mitgesellschafter von der Kündigung zu benachrichtigen.[46] Der BGH ließ es dagegen für eine **Amtsniederlegungserklärung** des Geschäftsführers genügen, wenn die Erklärung nur einem Ge- 483

36 BGH 26.3.1984 – II ZR 120/83, BGHZ 91, 217; für die AG: BGH 23.10.1975 – II ZR 90/73, BGHZ 65, 190.

37 BGH 1.2.1968 – II ZR 212/65, WM 1968, 570; OLG Köln 21.2.1990 – 13 U 195/89, GmbHR 1991, 156; OLG Köln 3.6.1993 – 1 U 71/92, BB 1993, 1388.

38 BGH 1.2.1968 – II ZR 212/65, WM 1968, 570.

39 OLG Celle 31.8.1994 – 9 U 118/93, GmbHR 1995, 729; BGH 20.10.2008 – II ZR 107/07, DStR 2008, 2430.

40 LG Kleve 14.3.2003 – 1 O 314/02.

41 *Schrader/Schubert*, DB 2005, 1457, 1459.

42 BGH 18.10.2000 – 2 AZR 627/99, NJW 2001, 1229; BGH 20.10.2008 – II ZR 107/07, NJW 2009, 293.

43 LG Kleve 14.3.2003 – 1 O 314/02; *Bauer/Krets*, DB 2003, 811, 817.

44 BGH 27.3.1995 – II ZR 140/93, NJW 1995, 1750.

45 BGH 19.1.1961 – II ZR 217/58, GmbHR 1961, 48; OLG Hamm 30.12.1959 – 15 W 519/59, NJW 1960, 872; Scholz/*Schneider/Sethe*, GmbHG, § 35 Rn 310.

46 Lutter/Hommelhoff/*Kleindiek*, GmbHG, Anh zu § 6 Rn 52; Scholz/*Schneider/Sethe*, GmbHG, § 35 Rn 197.

sellschafter gegenüber abgegeben wird, selbst wenn dieser Gesellschafter die Mitgesellschafter nicht benachrichtigt.[47] Bei der mitbestimmten GmbH ist die Kündigungserklärung des Geschäftsführers gegenüber dem Aufsichtsratsvorsitzenden abzugeben.[48]

484 Eine **Begründung** der Kündigung ist **nicht erforderlich.** Die Kündigung ist **nicht** an das **Schriftformerfordernis** des § 623 BGB gebunden, da § 623 BGB nicht bei Dienstverhältnissen, sondern nur für Arbeitsverhältnisse gilt.[49] Auch wenn das Bedürfnis nach Rechtssicherheit bei Anstellungsverträgen ähnlich hoch ist, kommt eine analoge Anwendung der Vorschrift nicht in Betracht, da § 623 BGB vom Gesetzgeber bewusst eng gefasst wurde.[50] Allerdings können die Parteien die Notwendigkeit einer schriftlichen Kündigung in Form einer **Schriftformklausel** vereinbaren, welche sich aus Gründen der Rechtssicherheit **empfiehlt.** Vor dem Hintergrund des § 309 Nr. 13 BGB begegnet eine Schriftformklausel auch keinen AGB-rechtlichen Bedenken.

(3) Anwendbare Kündigungsfristen

485 Welche **Frist** zur **ordentlichen Kündigung** des Dienstverhältnisses beachtet werden muss, ist in Rspr und Lit. umstritten. Nach der überwiegend vertretenen Auffassung[51] richtet sich die **Kündigungsfrist** nach den Bestimmungen des § 622 BGB. Zwar gelte § 622 BGB nicht unmittelbar, da es sich bei dem Geschäftsführervertrag um einen Dienst- und keinen Arbeitsvertrag handele.[52] Jedoch sei § 622 Abs. 2 BGB analog auf Geschäftsführerdienstverhältnisse anzuwenden, wenn ein Geschäftsführer seine ganze Arbeitskraft in den Dienst der Gesellschaft stelle und nicht durch Eigenbeteiligung herrschenden Einfluss auf die Gesellschaft ausübe.[53] Auch der BGH hatte in einem Urteil vom 29.1.1981 die Auffassung vertreten, auf das Dienstverhältnis von GmbH-Geschäftsführern sei § 622 Abs. 1 BGB idF vom 14.8.1969 anwendbar, zumindest wenn der Geschäftsführer nicht am Kapital der Gesellschaft beteiligt sei.[54] Dabei führte er aus, § 622 BGB erfasse alle Dienstverhältnisse, die durch eine vollständige oder hauptsächliche Inanspruchnahme von Erwerbstätigkeit mit festen Bezügen gekennzeichnet seien; hiervon sei die Geschäftsführertätigkeit erfasst, die Nichterfassung von selbständigen Dienstverhältnissen sei ein Redaktionsversehen.[55] Das BAG wandte die verlängerten Kündigungsschutzfristen des AngKSchG auf Geschäftsführer an, wenn der Geschäftsführer einer nach § 1 AVG versicherungspflichtigen Beschäftigung nachging. Ausgenommen waren nur weisungsfreie Gesellschafter-Geschäftsführer.[56]

486 Die entgegenstehende Ansicht hält § 622 BGB für unanwendbar, so dass sich die Frist nach § 621 Nr. 3 BGB richte. Nach dieser Gegenposition[57] kann die erstgenannte Auffassung seit der Neufassung des § 622 Abs. 2 BGB durch das Kündigungsfristengesetz vom 15.10.1993 kei-

---

47 BGH 17.9.2001 – II ZR 378/88, BGHZ 149, 28 (für die Amtsniederlegung).

48 Moll/*Moll/Grobys*, MAH Arbeitsrecht, § 80 Rn 73.

49 *Holthausen/Steinkraus*, NZA-RR 2002, 281, 287; *Zimmer*, BB 2003, 1175; *Tschöpe/Wortmann*, NZG 2009, 85, 89.

50 Scholz/*Schneider/Sethe*, GmbHG, § 35 Rn 316.

51 OLG Düsseldorf 10.10.2003 – I-17 U 35/03, NZG 2004, 478; LAG Köln 18.11.1998 – 2 Sa 1063/98, NZA-RR 1999, 300; Scholz/*Schneider/Sethe*, GmbHG, § 35 Rn 312 f; Lutter/Hommelhoff/*Kleindiek*, GmbHG, Anh zu § 6 Rn 53; Küttner/*Kania*, Personalbuch, 203 (Geschäftsführer) Rn 29.

52 LAG Köln 18.11.1998 – 2 Sa 1063/98, NZA-RR 1999, 300; Scholz/*Schneider/Sethe*, GmbHG, § 35 Rn 313; Lutter/Hommelhoff/*Kleindiek*, GmbHG, Anh zu § 6 Rn 53.

53 LAG Köln 18.11.1998 – 2 Sa 1063/98, NZA-RR 1999, 300; Scholz/*Schneider/Sethe*, GmbHG, § 35 Rn 313 (auch unabhängig von einer Beteiligung an der GmbH); Lutter/Hommelhoff/*Kleindiek*, GmbHG, Anh zu § 6 Rn 54.

54 BGH 11.5.1981 – II ZR 126/80, NJW 1981, 2748.

55 BGH 29.1.1981 – II ZR 92/80, BGHZ 79, 291 = NJW 1981, 1270.

56 BAG 27.6.1985 – 2 AZR 425/84, GmbHR 1987, 265.

57 *Hümmerich*, NJW 1995, 1177.

nen Bestand mehr haben, da sie die Gesetzesänderung[58] übersehe oder nicht die folgerichtigen Schlüsse daraus ziehe.[59] Das AngKSchG sei bekanntlich durch das KündFG außer Kraft getreten, so dass die sich nach zunehmenden Beschäftigungsjahren erhöhenden Kündigungsfristen in einer neuen Staffelung Eingang in § 622 Abs. 2 BGB nF gefunden haben. Der Gesetzgeber habe es versäumt, mit dem KündFG die Kündigungsfristen für Organmitglieder ausdrücklich in gleicher Weise wie bei Arbeitnehmern zu regeln. Die Unvollständigkeit des § 622 Abs. 2 BGB sei allerdings nicht planwidrig, da dem Gesetzgeber die höchstrichterliche Rspr zum Redaktionsversehen in § 622 BGB aF im Jahre 1993 bekannt war.[60] § 622 BGB nF enthalte damit keine Gesetzeslücke, die heute erneut von der Rspr im Wege der Analogie geschlossen werden dürfe. Daher sei die derzeitig gültige Kündigungsfrist für GmbH-Geschäftsführer § 621 Nr. 3 BGB zu entnehmen.[61] Angesichts der solchermaßen umstrittenen Rechtslage und Fehlen jüngerer höchstrichterlicher Rspr **empfiehlt** es sich allerdings zur Vermeidung von Unsicherheiten, vertragliche Kündigungsfristen zu vereinbaren.

Weiterhin problematisch und in der Praxis umstritten ist die Frage, inwieweit eine Kündigung **487** des Geschäftsführeranstellungsvertrages auch schon **vor Tätigkeitsaufnahme** möglich sein soll. Eine höchstrichterliche Rspr zu dieser Frage fehlt bislang, im Gegensatz zur gleichen Problematik im Rahmen des Arbeitsvertrages, wo nach Ansicht des BAG eine Kündigung des Arbeitsverhältnisses auch vor Dienstantritt möglich sein soll, soweit die Parteien dies nicht ausdrücklich ausgeschlossen haben.[62] Nach einer Ansicht bedürfe es zumindest bei einem Geschäftsführeranstellungsvertrag mit vereinbarter Probezeit zur Ermöglichung einer Kündigung bereits vor Dienstantritt grds. einer besonderen diesbezüglichen Vereinbarung, da die beiden Parteien es in diesem Fall aufgrund einer gegenseitigen besonderen Rücksichtnahmepflicht „zumindest miteinander versuchen" müssten.[63] Dem ist das KG Berlin in einer aktuellen Entscheidung[64] zu Recht entgegengetreten und hat herausgestellt, dass ein Geschäftsführeranstellungsvertrag – auch bei vereinbarter Probezeit – grds. schon vor Dienstantritt wirksam gekündigt werden könne. Die Kündigungsfrist beginne jedenfalls mit dem Zugang der Kündigung zu laufen, unabhängig davon, ob dieser vor oder nach Tätigkeitsaufnahme erfolge. Eine vorzeitige Kündigung sei – wie im Fall des Arbeitsvertrages – vielmehr lediglich dann ausgeschlossen, soweit die Parteien eine entsprechende besondere Vereinbarung getroffen haben. Das Gericht stellt weiter richtigerweise heraus, dass bei der Vereinbarung einer Probezeit gerade eine erleichterte Möglichkeit der Beendigung des Dienstverhältnisses gewünscht sei und der Geschäftsführer demnach eine schwächere Position innehabe als bei Fehlen einer Probezeitvereinbarung. Demnach könne aus einer getroffenen Probezeitvereinbarung keine besondere Pflicht zur Rücksichtnahme erwachsen.[65]

Die zweite Ansicht ist vorzugswürdig, da ein Geschäftsführer in diesem Zusammenhang nicht **488** schutzbedürftiger als ein Arbeitnehmer ist und keine einleuchtenden Gründe ersichtlich sind, warum eine ordentliche Kündigung vor Dienstantritt ausscheiden sollte. Auch wenn gegenüber einem Geschäftsführer mangels Anwendbarkeit des KSchG eine ordentliche Kündigung auch ohne Vorliegen von Gründen möglich ist, ergibt sich daraus keine erhöhte Schutzbedürftigkeit und Pflicht zur Rücksichtnahme, da dies regelmäßig durch seine vergleichsweise stärkere

58 Küttner/*Kania*, Personalbuch, 203 (Geschäftsführer) Rn 29. Sofern er seine Auffassung auf BGH-Entscheidungen aus dem Jahre 1984 stützt, übersieht er, dass diese Entscheidungen vor dem Inkrafttreten des Kündigungsfristengesetzes vom 15.10.1993 ergingen.

59 LAG Köln 18.11.1998 – 2 Sa 1063/98, NZA-RR 1999, 300.

60 *Hümmerich*, NJW 1995, 1177.

61 *Hümmerich*, NJW 1995, 1177, 1180; Baumbach/Hueck/*Zöllner/Noack*, GmbHG, § 35 Rn 243.

62 BAG 25.3.2004 – 2 AZR 324/03, NJW 2004, 3444.

63 OLG Hamm 8.10.1984 – 8 U 265//83, GmbHG 1985, 155; ohne Begründung zustimmend: Baumbach/Hueck/*Zöllner/Noack*, GmbHG, § 35 Rn 248; Lutter/Hommelhoff/*Kleindiek*, GmbHG, Anh zu § 6 Rn 55.

64 KG Berlin 13.7.2009 – 23 U 50/09, GmbHR 2010, 37.

65 KG Berlin 13.7.2009 – 23 U 50/09, GmbHR 2010, 37.

Marktposition, die Nähe zum Arbeitgeber und die höheren Vergütungsmöglichkeiten ausgeglichen wird. Eine Probezeitvereinbarung steht gerade nicht in Zusammenhang mit den Zeitpunkten vor Vertragsbeginn, da eine Erprobung bereits denklogisch eine beidseitige Bewertungsmöglichkeit des ausgeübten Vertragsverhältnisses und damit zwangsläufig die Tätigkeitsaufnahme voraussetzt. Mangels höchstrichterlicher Entscheidung dieses Streits ist allerdings **anzuraten**, in den Anstellungsvertrag eine **ausdrückliche Regelung** aufzunehmen, inwieweit eine ordentliche Kündigung vor Dienstantritt möglich sein soll.

ee) Einschränkung der ordentlichen Kündigungsmöglichkeit bei Anwendbarkeit des KSchG durch entsprechende Klausel

(1) Einzelvertragliche Vereinbarung der Anwendbarkeit des KSchG

489 Es ist möglich, durch vertragliche **Vereinbarung** das Dienstverhältnis des Geschäftsführers unter den **Schutz des Kündigungsschutzrechts** zu stellen (s. § 2 Rn 20 ff).[66] Wurde nun durch eine entsprechende Klauselgestaltung das KSchG für einen Geschäftsführer für anwendbar erklärt, stellt sich die Frage nach den Konsequenzen für eine Kündigung. Eine entsprechende Vereinbarung ist von der Privatautonomie umfasst und somit grds. in vollem Umfang wirksam.[67] Da dieser Fall in der Praxis allerdings eher selten auftreten wird, beschränkt sich die Darstellung hier auf einen kurzen Exkurs.[68]

490 Bei einer allgemeinen Verweisung auf die Vorschriften zum Kündigungsschutz für Angestellte wie im vom BGH entschiedenen Fall findet das KSchG in seiner Gänze auf den Geschäftsführer Anwendung. Soweit der persönliche Anwendungsbereich durch Erfüllung der sechsmonatigen Wartezeit iSv § 1 Abs. 1 KSchG und der betriebliche Anwendungsbereich nach § 23 KSchG eröffnet sind, bestehen gegenüber dem Geschäftsführer gewisse Einschränkungen insb. bei der **ordentlichen Kündigung**. Demnach ist die Kündigung nach § 1 Abs. 1 KSchG unwirksam, soweit diese nicht **sozial gerechtfertigt** ist. Eine soziale Rechtfertigung ist nach § 1 Abs. 2 KSchG immer dann anzunehmen, wenn die Kündigung wie bei einem Arbeitnehmer durch **personen-, verhaltens- oder betriebsbedingte Gründe** bedingt ist. Gesetzliche Definitionen bestehen für diese drei Kategorien nicht, allerdings wurden für Arbeitnehmer von der arbeitsgerichtlichen Rspr mittlerweile in einer Vielzahl von Entscheidungen Fallgruppen herausgebildet, welche eine entsprechende Einordnung ermöglichen.[69] Soweit das KSchG kraft einzelvertraglicher Vereinbarung anwendbar ist, können diese für Arbeitnehmer entwickelten Rechtsprechungsgrundsätze zumindest weitgehend auch auf Geschäftsführer übertragen werden. Allerdings ist sich zu verdeutlichen, dass die Klage des Geschäftsführers gegen eine für sozialwidrig erachtete Kündigung trotz Anwendbarkeit des KSchG aufgrund der eindeutigen Rechtswegzuweisung in §§ 2, 5 Abs. 1 S. 3 ArbGG nicht vor den Arbeitsgerichten, sondern den ordentlichen Gerichten zu erheben ist. Etwas anderes gilt nur, wenn eine Zuständigkeit der Arbeitsgerichte iSv § 2 Abs. 4 ArbGG ausdrücklich vereinbart wurde. Die demnach generell zuständigen ordentlichen Gerichte sind an die bestehenden Grundsätze und Auslegungsansätze der Arbeitsgerichtsbarkeit zu den einzelnen Kündigungsgründen nicht in gleicher Weise gebunden. Dennoch ist wohl eher mit einer **Orientierung an der für Arbeitnehmer entwickelten Kasuistik** in den seltenen Fällen einer Anwendbarkeit des KSchG kraft einzelvertraglicher Vereinbarung zu rechnen. Um entsprechende Unsicherheiten zu verhindern, ist dennoch die ausdrückliche Vereinbarung einer Zuständigkeit der Arbeitsgerichte zu empfehlen, soweit eine Anwendung des KSchG auf Geschäftsführer bezweckt ist (s. dazu Klauseltypen I in § 2 Rn 608 ff).

---

66 Zum Hintergrund und vertragsgestalterischen Nutzen entsprechender Vereinbarungen sowie zu alternativer Vertragsgestaltung s. Klauseltyp I, § 2 Rn 608 ff.

67 BGH 10.5.2010 – II ZR 70/09, NJW 2010, 2343.

68 Zur Problematik der Besonderheiten beim Geschäftsführer ausf. *Jaeger*, DStR 2010, 2312 ff.

69 Dazu umfassend etwa MüKo-BGB/*Hergenröder*, § 1 KSchG Rn 123–415.

(2) Rechtfertigung einer Kündigung nach dem KSchG

491 Ein **personenbedingter Grund** ist grds. anzunehmen, soweit dieser auf einer „Störquelle“ beruht, welche in den persönlichen Eigenschaften oder Fähigkeiten des Betroffenen liegt.[70] Hier ist insb. an krankheitsbedingte Ausfälle und sonstige vom Betroffenen nicht steuerbare, die Vertragserfüllung negativ berührende Gründe zu denken. Allein der Fakt, dass ein Geschäftsführer aus seiner Organstellung abberufen wurde und somit sein Geschäftsführeramt tatsächlich nicht mehr ausüben kann, bildet für sich genommen allerdings noch keinen personenbedingten Kündigungsgrund,[71] da ansonsten der Kündigungsschutz durch die regelmäßig jederzeit und ohne besonderen Grund nach § 38 Abs. 1 GmbHG mögliche **Abberufung** ausgehebelt werden könnte.[72] Ein anderes Verständnis wäre mit dem Sinn und Zweck einer vertraglichen Regelung über die entsprechende Geltung der materiellen Kündigungsschutzregelungen nicht zu vereinbaren, da nach allgemeiner Lebenserfahrung davon auszugehen ist, dass die Parteien ihr einen rechtserheblichen Inhalt geben wollten, dieser aber bei genereller Annahme eines personenbedingten Kündigungsgrundes konterkariert würde.[73] Die Verweisung auf das KSchG wäre ansonsten inhaltlich wertlos. Dennoch kann der (rechtlich eigentlich nicht notwendige) tatsächliche Grund für die Abberufung, wie etwa eine dauerhafte Anfälligkeit für Krankheiten und entsprechende Ausfallzeiten, zugleich auf der schuldrechtlichen Ebene einen personenbedingten Grund für die Kündigung darstellen.

492 In Abgrenzung zur personenbedingten Kündigung setzt eine **verhaltensbedingte Kündigung** stets ein vorwerfbares, also steuer- und zurechenbares, vertragswidriges Verhalten des Betroffenen voraus.[74] Problematisch ist insoweit die Frage, inwieweit die Gesellschaft im Fall der verhaltensbedingten Kündigung verpflichtet ist, den Geschäftsführer zuvor **abzumahnen**. Während das BAG im Fall der verhaltensbedingten Kündigung eines Geschäftsführers grds. fast ausnahmslos eine vorherige Abmahnung verlangt, damit eine Kündigung als sozial gerechtfertigt anzusehen ist,[75] lehnt der BGH selbst im Fall der außerordentlichen Kündigung eines Geschäftsführers ein Abmahnungserfordernis ab.[76] Einerseits könnte argumentiert werden, wenn sich die Gesellschaft freiwillig durch eine vertragliche Vereinbarung den Regelungen des KSchG unterwerfe, müsste dies auch für die zugrunde liegende Rspr des BAG gelten, so dass ein Abmahnungserfordernis anzunehmen sei.[77] Dafür würde auch sprechen, dass die ausnahmsweise Anwendbarkeit des KSchG auch eine Beschränkung der Gesellschaft bei der Kündigung im Hinblick auf ein vorheriges Abmahnungserfordernis rechtfertigen könnte. Aus der generellen Klarstellung des BGH, der Geschäftsführer einer GmbH bedürfe grds. gerade keiner Hinweise, dass er die Gesetze und die Satzung der Gesellschaft zu achten und seine organschaftlichen Pflichten ordnungsgemäß zu erfüllen hat,[78] kann allerdings auch geschlossen werden, dass gegenüber Geschäftsführern aufgrund ihrer im Vergleich zu Arbeitnehmern besonderen Stellung generell keine Abmahnung erforderlich ist. Wenn dies bereits für die weitreichendere außerordentliche Kündigung gilt, könnte der BGH diese Argumentation trotz Anwendbarkeit des KSchG auch auf die ordentliche Kündigung übertragen. Insoweit bleibt abzuwar-

---

70 BAG 24.2.2005 – 2 AZR 211/04, NZA 2005, 759; BAG 5.6.2008 – 2 AZR 984/06, DB 2009, 123; BAG 24.3.2011 – 2 AZR 790/09, NJW 2011, 2825.

71 So aber noch OLG Hamm 20.11.2006 – 8 U 217/05, GmbHR 2007, 442.

72 So iE auch: BGH 10.5.2010 – II ZR 70/09, NJW 2010, 2343; *Jaeger*, DStR 2010, 2312, 2315; *Stagat*, NZA 2010, 975, 976.

73 BGH 10.5.2010 – II ZR 70/09, NJW 2010, 2343; MüKo-GmbHG/*Jaeger*, § 35 Rn 406.

74 APS/*Dörner*/*Vossen*, Kündigungsrecht, § 1 KSchG Rn 265.

75 BAG 17.1.1991 – 2 AZR 375/90, NZA 1991, 557; BAG 21.5.1992 – 2 AZR 551/91, NJW 1993, 154; BAG 12.1.2006 – 2 AZR 21/05, NZA 2006, 917; BAG 10.6.2010 – 2 AZR 541/09, NZA 2010, 1227.

76 So etwa: BGH 14.2.2000 – II ZR 218/98, NJW 2000, 1638; BGH 10.9.2001 – II ZR 14/00, NJW-RR 2002, 173; BGH 2.7.2007 – II ZR 71/06, NJW-RR 2007, 1520.

77 In diese Richtung gehend *Jaeger*, DStR 2010, 2312, 2316.

78 BGH 10.9.2001 – II ZR 14/00, NJW-RR 2002, 173.

ten, wie der BGH dazu entscheiden wird. Auch hier wird mit einer Zuständigkeitsregelung zugunsten der Arbeitsgerichte iSv § 2 Abs. 4 ArbGG entsprechenden Unsicherheiten vorgebeugt. Sicherheitshalber sollte allerdings eine Abmahnung auch gegenüber einem Geschäftsführer ausgesprochen werden, soweit dieser unter dem Schutz des KSchG steht.

493 Für die Rechtfertigung einer **Kündigung aus betriebsbedingten Gründen** ist stets erforderlich, dass eine unternehmerische Entscheidung vorliegt, welche zum Wegfall von mindestens einem Arbeitsplatz führt, der Wegfall des Beschäftigungsbedarfs auf dringenden Gründen beruht und keine anderweitige Beschäftigungsmöglichkeit besteht.[79] Soweit diese Kriterien erfüllt sind, ist stets zu prüfen, ob im Rahmen einer umfassenden Sozialauswahl tatsächlich der Arbeitnehmer aus einer Gruppe vergleichbarer Betroffener gekündigt wurde, der die geringste Schutzbedürftigkeit aufweist.[80] Die Kündigung eines Geschäftsführers aus betriebsbedingten Gründen wird demnach ersichtlich der Ausnahmefall sein und lediglich in Betracht kommen, wenn die Gesellschaft mehr Geschäftsführer beschäftigt, als durch die Satzung vorgegeben. Eine Kündigung, welche weder aus personen-, noch aus verhaltensbedingten Gründen, sondern als Rationalisierungsmaßnahme erfolgt, darf gerade nicht dazu führen, dass die Gesellschaft geschäftsführerlos wird oder die laut Satzung notwendigen Posten nicht mehr besetzt sind und demnach zwingend ein neuer Geschäftsführer eingestellt werden muss. Ein praktischer Anwendungsfall ist etwa gegeben, wenn zwischen mehreren Geschäftsführern eine Ressortverteilung besteht und verschiedene Ressorts zusammengelegt werden sollen und somit ein oder mehrere Posten in der Geschäftsführung entfallen.[81]

ff) Außerordentliche Kündigung

(1) Wichtiger Grund iSd § 626 BGB

494 Die **außerordentliche Kündigung aus wichtigem Grund** nach **§ 626 BGB** ist zulässig, wenn dem Kündigenden unter Berücksichtigung aller Umstände und unter Abwägung der Interessen beider Vertragsteile die Fortsetzung des Dienstverhältnisses bis zu einem ordentlichen Ablauf der Kündigungsfrist oder der Befristung nicht zugemutet werden kann.[82] Dies setzt grds. voraus, dass neben der außerordentlichen Kündigung auf kein anderes gleich geeignetes Mittel zur störungsfreien Fortsetzung des Anstellungsvertrages zurückgegriffen werden kann.[83] Ein solches milderes, gleich geeignetes Mittel kann etwa vorliegen, wenn der Kündigungsgrund auch durch eine Änderung der Aufgaben oder Umverteilung der Kompetenzen behoben werden kann.[84]

495 Die Angabe des Kündigungsgrundes ist zur Wirksamkeit der Kündigung nicht erforderlich.[85] Aus der Kündigungserklärung muss jedoch hervorgehen, dass das Dienstverhältnis aus wichtigem Grund ohne Bindung an die vertraglich vereinbarte oder gesetzliche Kündigungsfrist beendet werden soll.[86] Weder im Gesellschaftsvertrag noch im Geschäftsführerdienstvertrag kann das Recht zur außerordentlichen Kündigung erschwert werden.[87] Es ist nicht zulässig, bestimmte Tatsachen als wichtigen Grund auszuschließen oder im Dienstvertrag Quoren für den in der Gesellschafterversammlung vor Ausspruch der außerordentlichen Kündigung zu treffenden Beschluss vorzusehen. Auch die Vereinbarung einer Abfindung für den Fall der Kündigung

79 Moll/*Ulrich*, MAH Arbeitsrecht, § 43 Rn 114 f.

80 Zu den einzelnen Kriterien und Umständen einer Sozialauswahl s. Moll/*Ulrich*, MAH Arbeitsrecht, § 43 Rn 166 ff.

81 *Jaeger*, DStR 2010, 2312, 2316.

82 BGH 19.6.1975 – II ZR 170/73, WM 1975, 790; BGH 9.2.1978 – II ZR 189/76, GmbHR 1978, 85; BGH 8.12.1977 – II ZR 219/75, WM 1978, 110; BGH 23.4.2007 – II ZR 149/06, DStR 2007, 1358; *Tschöpe/Wortmann*, NZG 2009, 161.

83 Henssler/Strohn/*Oetker*, GesellschaftsR, § 35 GmbHG Rn 118.

84 BGH 24.11.1975 – II ZR 104/73, NJW 1976, 797.

85 BGH 16.1.1995 – II ZR 26/94, DB 1995, 621.

86 OLG Frankfurt 19.1.1988 – 5 U 3/86, GmbHR 1989, 254.

87 BGH 3.7.2000 – II ZR 282/98, ZIP 2000, 1442; Lutter/Hommelhoff/*Kleindiek*, GmbHG, Anh zu § 6 Rn 57.

des Dienstvertrages aus wichtigem Grund ist als unzulässige Einschränkung des außerordentlichen Kündigungsrechts nichtig (s. näher § 2 Rn 275 ff).[88] Teilweise wird vertreten, dass eine kassatorische Kündigung des gesamten Anstellungsverhältnisses übermäßig sei. Dann müsse sich der Kündigende mit einer Änderungskündigung begnügen, die den Kündigungsgrund für die Zukunft beseitige (bei der Unfähigkeit zur alleinigen Amtsführung: Umwandlung der Einzel- in Gesamtgeschäftsführungsbefugnis).[89] Dies überzeugt nicht, da hier in die Gestaltungs- und Organisationsfreiheit der Gesellschafter eingegriffen würde.

Die Parteien können aber im Anstellungsvertrag die Umstände, die einen wichtigen Grund darstellen, verbindlich festlegen. Die **Vereinbarung von Kündigungsgründen** ist, anders als bei Arbeitsverhältnissen,[90] grds. **zulässig**. Das hat Bedeutung, weil der wichtige Grund für eine Abberufung als Geschäftsführer in anderer Weise auszulegen ist als der wichtige Grund iSd § 626 BGB. Im Falle einer **Kündigungsvereinbarung** hängt die Wirksamkeit der außerordentlichen Kündigung nicht von der Abwägung ab, ob der kündigenden Gesellschaft ein Festhalten am Vertrag zuzumuten ist.[91] Um indes durch die Vereinbarung außerordentlicher Kündigungsgründe nicht die gesetzlichen Mindestkündigungsfristen zu umgehen, führt die Kündigung zwar zu einer Beendigung des Dienstverhältnisses, aber nur unter Einhaltung der zwingenden Fristen.[92] Liegt somit ein vertraglich vereinbarter Kündigungsgrund vor, der jedoch keinen wichtigen Grund iSd § 626 BGB darstellt, so wird das Anstellungsverhältnis nur unter Wahrung der gesetzlichen Fristen aufgelöst.[93] Beim Geschäftsführer konnte in der Vergangenheit das Erlöschen der körperschaftlichen Organstellung an die Beendigung des Dienstverhältnisses vertraglich gekoppelt werden.[94] Ob die Rspr zur Koppelungsklausel auf Dauer Bestand hat, hängt u.a. davon ab, ob für GmbH-Geschäftsführer künftig das Verbraucherprivileg des § 13 BGB gilt. Jedenfalls der Fremdgeschäftsführer erfüllt zumeist die definitorischen Voraussetzungen des § 13 BGB.[95] Dies hat auch das BAG bestätigt und herausgestellt, der Abschluss des Anstellungsvertrages und die Geschäftsführung selbst stellen für den Fremdgeschäftsführer keine selbständige, sondern eine angestellte berufliche Tätigkeit dar, da sie nicht auf eigenen Namen und eigene Rechnung, sondern gerade im Namen und auf Rechnung der Gesellschaft erfolgen.[96] Ist der Fremdgeschäftsführer Verbraucher, unterliegt der zwischen ihm und der Gesellschaft bestehende Dienstvertrag zumindest gem. § 310 Abs. 3 BGB der leicht eingeschränkten Inhaltskontrolle (s. § 2 Rn 111, 118). Er ist insb. vor dem Hintergrund des Verbots überraschender Klauseln nach § 305 c Abs. 1 BGB und dem Verbot der geltungserhaltenden Reduktion nach § 306 Abs. 2 BGB auszuformulieren (s. § 2 Rn 753). 496

Das Vorliegen eines wichtigen Grundes gem. § 626 Abs. 1 BGB ist in zwei systematisch zu trennenden Abschnitten zu prüfen. Zum einen muss ein **Grund** vorliegen, der unabhängig von den Besonderheiten des Einzelfalls **„an sich“** geeignet ist, eine außerordentliche Kündigung zu rechtfertigen. Insoweit hat die Rspr einen Negativfilter entwickelt. Bestimmte Kündigungsgründe können danach eine außerordentliche Kündigung von vornherein nicht rechtfertigen. Der „an sich“ geeignete Grund muss auf der zweiten Stufe im Rahmen einer **Interessenabwägung unter besonderer Berücksichtigung aller Umstände des Einzelfalls**, insb. auch des Verhältnismäßigkeitsprinzips, die sofortige Unzumutbarkeit der Fortsetzung des Arbeitsverhältnisses 497

88 BGH 3.7.2000 – II ZR 282/98, ZIP 2000, 1442;.
89 Lutter/Hommelhoff/*Kleindiek*, GmbHG, Anh zu § 6 Rn 57.
90 S. § 1 Rn 2881 ff (43. Kündigungsvereinbarungen).
91 BGH 21.6.1999 – II ZR 27/98, NJW 1999, 3263.
92 BGH 29.5.1989 – II ZR 220/88, BB 1989, 1577; Scholz/*Schneider*/*Sethe*, GmbHG, § 35 Rn 233; *Reiserer*, BB 2002, 1199, 1200.
93 *Reiserer*, BB 2002, 1199, 1200.
94 BGH 29.5.1989 – II ZR 220/88, WM 1989, 1246; BGH 9.7.1990 – II ZR 194/89, BGHZ 112, 103 = WM 1990, 1457.
95 *Hümmerich*, AnwBl. 2002, 671, 675; AnwK-ArbR/*Hümmerich*, §§ 13, 14 BGB Rn 18.
96 BAG 19.5.2010 – 5 AZR 253/09, NJW 2010, 2827.

ergeben.[97] Anders als bei der BAG-Rspr zur Kündigung eines Arbeitnehmers, nach der eine fristlose Kündigung nur im Ausnahmefall ohne dessen Verschulden für den Kündigungsgrund wirksam sein soll, ist die außerordentliche Kündigung eines Geschäftsführers generell **verschuldensunabhängig** möglich. Grundsätzlich ist vielmehr die objektive Mitverantwortlichkeit des Geschäftsführers für die festgestellte Pflichtverletzung ausreichend, so dass ein Fehlen des Verschuldens lediglich im Rahmen der Interessenabwägung zu berücksichtigen ist.[98] Im Rahmen dieser Interessenabwägung sind insb. das Gewicht und die Auswirkungen einer Vertragsverletzung, eine mögliche Wiederholungsgefahr, der Verschuldensgrad des Geschäftsführers sowie die Dauer des Anstellungsverhältnisses und dessen bisheriger störungsfreier Verlauf zu berücksichtigen.[99]

498 Für den **Geschäftsführer** hat die Rspr als **wichtigen Grund** anerkannt:

- Widerruf der Bestellung;[100]
- ungerechtfertigte, insb. diskriminierende Einschränkungen von Geschäftsführerbefugnissen (insb. im Bereich der gesetzlichen Pflichtaufgaben, wie zB Buchführung und Bilanzierung);[101]
- Zumutung gesetzeswidriger Maßnahmen;[102]
- vorherige unwirksame Kündigung seitens der Gesellschaft;[103]
- systematische Vorenthaltung von für die Geschäftsführertätigkeit notwendigen Informationen;[104]
- Änderungen und Beschränkungen der Aufgabenverteilungen zwischen den Geschäftsführern, selbst wenn diese sich nicht als vertragswidrig darstellen und somit keine Schadensersatzpflicht iSv § 628 Abs. 2 BGB auslösen;[105]
- Beschränkungen der Kompetenzen oder Sonderrechte des Geschäftsführers, wie etwa Rücknahme der Einzelvertretungsbefugnis und der Befreiung vom Selbstkontrahierungsverbot;[106]
- haltlose Vorwürfe in überdies beleidigender Form von Gesellschaftern oder Mitgeschäftsführern.[107]

499 Der Geschäftsführer ist allerdings grds. dazu angehalten, nicht zur Unzeit zu kündigen und somit dafür Sorge zu tragen, dass der Gesellschaft genügend Möglichkeiten verbleiben, Vorkehrungen für eine vorläufige Leitung zu treffen. Ein Zuwiderhandeln hat keine Auswirkung auf die Wirksamkeit der Kündigung, sondern kann lediglich eine Schadensersatzhaftung begründen.[108]

500 **Gründe** zur **Kündigung durch** die **Gesellschaft** können in **deren Verhältnissen** oder aber in der **Person** des **Geschäftsführers** bzw in seinem **Verhalten** begründet liegen und lassen sich somit

97 BGH 10.12.2007 – II ZR 289/06, DStR 2008, 1601; Lutter/Hommelhoff/*Kleindiek*, GmbHG, Anh zu § 6 Rn 57; *Tschöpe/Wortmann*, NZG 2009, 161.
98 *Tschöpe/Wortmann*, NZG 2009, 161, 163.
99 BGH 10.11.2005 – 2 AZR 623/04, NZA 2006, 491.
100 So wohl auch BGH 28.10.2002 – II ZR 146/02, NJW 2003, 351; *Bauer/Diller/Krets*, DB 2003, 2687, 2688.
101 BGH 26.6.1995 – II ZR 109/94, GmbHR 1995, 653.
102 BGH 28.4.1954 – II ZR 211/53, BGHZ 13, 194.
103 BGH 1.12.1993 – VIII ZR 129/92, NJW 1994, 443.
104 BGH 26.6.1995 – II ZR 109/94, NJW 1995, 2850.
105 BGH 6.3.2012 – II ZR 76/11, NJW 2012, 1656; OLG Karlsruhe 23.3.2011 – 7 U 81/10, NJW-RR 2011, 411.
106 BGH 6.3.2012 – II ZR 76/11, NJW 2012, 1656; OLG Karlsruhe 23.3.2011 – 7 U 81/10, NJW-RR 2011, 411.
107 BGH 9.3.1992 – II ZR 102/91, GmbHR 1992, 301.
108 *Arens/Beckmann*, Die anwaltliche Beratung des GmbH Geschäftsführers, § 2 Rn 32.

grob in **verhaltens-, personen- und betriebsbedingte Gründe** unterteilen.[109] Grundsätzlich rechtfertigen betriebliche Gründe nur dann eine außerordentliche Kündigung, wenn es wegen des wirtschaftlichen Niedergangs des Unternehmens für die Geschäftsführertätigkeit in der vereinbarten Form keinen Bedarf mehr gibt.[110] Eine bloße wirtschaftliche Krise, die drohende Insolvenz oder auch die Eröffnung des Insolvenzverfahrens stellen für sich allein noch keine betriebsbedingten Gründe dar, die zur fristlosen Kündigung berechtigen.[111] Eine (selbst schwere und langwierige) Krankheit wird jedenfalls bei der Möglichkeit einer ordentlichen Kündigung mit für die Gesellschaft zumutbarer Frist meist nicht zur Rechtfertigung einer außerordentlichen Kündigung ausreichen.[112] Regelmäßig wird eine außerordentliche Kündigung auf ein vorwerfbares Fehlverhalten des Geschäftsführers gestützt werden müssen.

Die Rspr erkannte bisher Folgendes als **wichtigen Grund „an sich"** an: 501

- eigenmächtige Entnahme vom Konto der Gesellschaft zur Sicherung etwaiger künftiger Ansprüche gegen die Gesellschaft;[113]
- Verletzung der Auskunftspflicht gegenüber Gesellschaftern;[114]
- Verschweigen gegenüber dem Aufsichtsrat, dass der Geschäftsführer an Geschäftspartnern der GmbH, direkt oder über Treuhänder, maßgeblich beteiligt ist;[115]
- Verletzung der Pflicht zur Überwachung der wirtschaftlichen Entwicklung der Gesellschaft;[116]
- unberechtigte Vorwürfe gegenüber Mitgeschäftsführern;[117]
- beharrliche Nichtbefolgung von Weisungen des Gesellschafters[118] oder dessen Bevollmächtigten;[119]
- tiefgreifendes, die weitere Zusammenarbeit unmöglich machendes, auch nach außen zum Ausdruck kommendes Zerwürfnis unter den Geschäftsführern, zu dem der Betroffene durch sein Verhalten mit beigetragen haben muss;[120]
- stetige Widersetzung gegen die Interessen der Gesellschaft;[121]
- illoyales Verhalten gegenüber dem Alleingesellschafter;[122]
- begründeter Verdacht, auf betrügerische Weise Subventionen erschlichen zu haben;[123]
- begründeter Verdacht einer (auch außerdienstlichen) strafbaren Handlung;[124]
- inkorrekte Spesenabrechnung oder Behandlung von Spesenvorschüssen;[125]

---

109 Scholz/*Schneider/Sethe*, GmbHG, § 35 Rn 326 ff.
110 BGH 21.4.1975 – II ZR 2/73, WM 1975, 761.
111 Scholz/*Schneider/Sethe*, GmbHG, § 35 Rn 332.
112 Baumbach/Hueck/*Zöllner/Noack*, GmbHG, § 35 Rn 220.
113 BGH 26.6.1995 – II ZR 109/94, BB 1995, 1844.
114 BGH 20.2.1995 – II ZR 9/94, BB 1995, 975; OLG Hamm 6.3.1996 – 8 U 154/93, GmbHR 1996, 939; OLG München 23.2.1994 – 7 U 5904/93, BB 1994, 735; OLG Frankfurt 24.11.1992 – 5 U 67/90, DB 1993, 2324.
115 OLG Brandenburg 2.7.2003 – 6 U 177/01, OLG-NL 2005, 174.
116 BGH 20.2.1995 – II ZR 9/94, BB 1995, 975; OLG Bremen 20.3.1997 – 2 U 110/96, GmbHR 1998, 536.
117 BGH 9.3.1992 – II ZR 102/91, NJW-RR 1992, 992.
118 OLG Frankfurt 7.2.1997 – 24 U 88/95, GmbHR 1997, 346; OLG Köln 14.1.1992 – 25 U 9/91, OLGR 1992, 135.
119 OLG Düsseldorf 15.11.1984 – 8 U 22/84, ZIP 1984, 1476.
120 BGH 17.10.1983 – II ZR 31/83, WM 1984, 29; LG Karlsruhe 29.4.1998 – O 120/96 KfH I, DB 1998, 1225.
121 BGH 8.5.1967 – II ZR 126/65, BB 1967, 731.
122 BGH 14.2.2000 – II ZR 218/98, BB 2000, 844.
123 BGH 2.7.1984 – II ZR 16/84, WM 1984, 1187.
124 BGH 9.1.1967 – II ZR 226/64, WM 1967, 251; LAG Berlin 30.6.1997 – 9 Sa 43/97, GmbHR 1997, 839.
125 BGH 28.10.2002 – II ZR 353/00, NJW 2003, 431; zum Substantiierungsumfang: LAG Köln 21.4.2004 – 8 (13) Sa 136/03, LAGReport 2005, 63; LAG Köln 26.11.1993 – 19 U 93/93, NJW-RR 1995, 123.

- eigenmächtige Erhöhung der Geschäftsführervergütung durch einen Gesellschafter-Geschäftsführer, ohne dass dieser seiner Informationspflicht gegenüber den anderen Gesellschaftern nachkommt;[126]
- wiederholte Kompetenzüberschreitung;[127]
- nicht unerhebliche Verstöße gegen die satzungsgemäße Kompetenzordnung, etwa durch Veräußerung von Beteiligungen ohne die eingeholte Zustimmung der Gesellschafter;[128]
- unberechtigte Amtsniederlegung;[129]
- Verfolgung eigennütziger Interessen zum Nachteil der Gesellschaft;[130]
- Wettbewerb zur Gesellschaft, Verschweigen von Eigengeschäften;[131]
- Veranlassung vorzeitiger Tantiemeauszahlung;[132]
- Fehlverhalten bei der Erstellung des Jahresabschlusses;[133]
- schuldhafte Insolvenzverschleppung;[134]
- Fälschung von Buchungsunterlagen;[135]
- über einen längeren Zeitraum unterlassene Buchführung;[136]
- Verwendung von Geldern aus „schwarzen Kassen";[137]
- Verletzung der Insolvenzantragspflicht;[138]
- Drohung, der Geschäftsführer werde zukünftig bestimmte Angelegenheiten boykottieren, auch wenn die Boykottdrohung nicht sofort umsetzbar ist;[139]
- Verleitung eines Dritten, welcher als Strohmann für den Geschäftsführer selbst der Gesellschaft ein Darlehen gegeben hatte, zum Abzug dieses Darlehens bei drohender Insolvenz der Gesellschaft;[140]
- der durch die Abgabe der eidesstattlichen Versicherung dokumentierte private Vermögensverfall und die Unfähigkeit zur Regelung privater Verbindlichkeiten, durch welche dessen Akzeptanz in der Organstellung erheblich beschädigt wird;[141]
- Verletzung der Pflicht zur Überwachung der Tochtergesellschaften, insb. durch Unterlassung des Aufbaus eines konzerninternen Kontrollsystems zur Unterbindung von Scheinrechnungen;[142]
- die Nichteinleitung der Genehmigung einer Nebentätigkeit, soweit diese nicht im Widerspruch zur Organtätigkeit steht;[143]
- schwere Loyalitätsverletzung;[144]

126 OLG München 29.3.2012 – 23 U 4344/11, juris.
127 BGH 10.9.2001 – II ZR 14/00, NZG 2002, 46.
128 BGH 10.12.2007 – II ZR 289/06, DStR 2008, 1601.
129 OLG Celle 4.2.2004 – 9 U 203/03, GmbHR 2004, 425; OLG Celle 31.8.1994 – 9 U 118/93, GmbHR 1995, 728.
130 OLG Köln 28.6.1995 – 2 U 97/94, GmbHR 1996, 290.
131 OLG Karlsruhe 8.7.1988 – 10 U 157/87, GmbHR 1988, 484; OLG Celle 9.2.2005 – 9 U 178/04, GmbHR 2005, 541.
132 OLG Hamm 24.6.1994 – 25 U 149/90, GmbHR 1995, 732.
133 OLG Bremen 20.3.1997 – 2 U 110/96, GmbHR 1998, 536.
134 BGH 20.6.2005 – II ZR 18/03, DB 2005, 1849.
135 OLG Hamm 7.5.1984 – 8 U 22/84, GmbHR 1985, 119.
136 OLG Rostock 14.10.1998 – 6 U 234/97, NZG 1999, 216.
137 BGH 23.4.2007 – II ZR 149/06, DStR 2007, 1358.
138 BGH 15.10.2007 – II ZR 236/06, DStR 2008, 310.
139 BGH 24.9.2007 – II ZR 134/06, DStR 2007, 1923.
140 OLG Frankfurt a.M. 3.7.2008 – 15 U 3/07, OLGR Frankfurt 2009, 322.
141 OLG Köln 20.9.2007 – 18 U 248/05, juris.
142 OLG Jena 12.8.2009 – 7 U 244/07, NZG 2010, 226.
143 KG Berlin 3.5.2007 – 23 U 102/06, AG 2007, 745.
144 BGH 14.2.2000 – II ZR 218/98, NJW 2000, 1638; KG Berlin 6.1.1999 – 23 U 8694/96, NZG 1999, 764.

- Nichteinschreiten gegen pflichtwidriges Verhalten des Geschäftsführers einer Tochter-GmbH;[145]
- missbräuchliche Ausnutzung von Geschäftschancen der Gesellschaft;[146]
- Verschwiegenheitsverstoß nach Widerruf seiner Bestellung;[147]
- Eingriff in die Ressortzuständigkeit eines Mit-Geschäftsführers;[148]
- die Gesellschaft schädigende Geschäfte mit einem Drittunternehmen, an der der Geschäftsführer oder sein Ehepartner beteiligt ist;[149]
- Gewalttätigkeiten oder Beleidigungen gegenüber Gesellschaftern oder anderen Organvertretern;[150]
- unerlaubte Verwendung von Materialien und Arbeitskräften zu Privatzwecken;[151]
- Erwerb einer Luxuskarosse zu privaten Zwecken, ohne dass dieser Erwerb vom satzungsgemäß bestimmten Unternehmensgegenstand umfasst ist;[152]
- unterlassenes Einschreiten gegen die sexuelle Belästigung von Mitarbeitern;[153]
- Aufbau eines Konkurrenzunternehmens.[154]

Den Vertragsparteien ist es auch möglich, bereits **im Anstellungsvertrag** bestimmte Sachverhalte festzulegen, die wichtige, zur **außerordentlichen Kündigung berechtigende Gründe** darstellen sollen. Diese sind tatsächlich im Rahmen der Rechtfertigung einer außerordentlichen Kündigung iSv § 626 Abs. 1 BGB nur dann von Belang, wenn sie auch tatsächlich das Gewicht eines Umstands erreichen, der eine Fortsetzung des Anstellungsverhältnisses unzumutbar macht.[155] 502

Selbst wenn ein an sich geeigneter wichtiger Grund aus dieser Aufzählung vorliegt, führt dies nicht automatisch zu einer Rechtfertigung der außerordentlichen Kündigung im konkreten Fall. So kann sich aus den konkreten **Umständen des Einzelfalls** ergeben, dass der Grund im konkreten Fall dennoch nicht schwer genug wiegt, um eine sofortige Beendigung des Anstellungsverhältnisses zu rechtfertigen (zur Interessenabwägung s. § 2 Rn 520 f). Der BGH hat für den Fall „an sich" geeigneter innerbetrieblicher Kompetenzverstöße durch die Geschäftsführer, welche ohne die satzungsgemäß erforderliche Zustimmung der Gesellschafter ein Grundstück veräußert hatten, als nicht schwerwiegend genug für eine außerordentliche Kündigung erachtet, weil die Geschäftsführer aufgrund vergangener Äußerungen der Gesellschafter über die „Nutzlosigkeit" des Grundstücks von deren mutmaßlichem Einverständnis ausgehen durften.[156] Darüber hinaus existieren weitere Gründe, die im Zusammenhang mit der außerordentlichen Kündigung von der Rspr grds. nicht anerkannt wurden. 503

145 LG Nürnberg-Fürth 6.6.2003 – 2HK O 1970/02, DB 2003, 2642.
146 BGH 13.2.1995 – II ZR 225/93, GmbHR 1995, 296.
147 OLG Hamm 7.11.1984 – 8 U 8/84, GmbHR 1985, 157.
148 LG Berlin 10.11.2003 – 95 O 139/02, GmbHR 2004, 741.
149 OLG Brandenburg 13.7.1999 – 6 U 286/96, NZG 2000, 143.
150 BGH 24.10.1994 – II ZR 91/94, DStR 1994, 1746; BGH 14.2.2000 – II ZR 218/98, NZA 2000, 543; LG Düsseldorf 24.10.2006 – 32 O 39/06.
151 BGH 2.6.1997 – II ZR 101/96, DStR 1997, 1338; OLG Hamm 9.1.2007 – 27 U 50/06.
152 OLG München 29.3.2012 – 23 U 4344/11, juris.
153 OLG Hamm – 1.3.2007 – 27 U 137/06, GmbHR 2007, 823; OLG Frankfurt a.M. 27.5.2008 – 5 U 233/04, GmbHR 2009, 488.
154 BGH 19.6.1995 – II ZR 228/94, DStR 1995, 1359.
155 Moll/*Moll/Grobys*, MAH Arbeitsrecht, § 80 Rn 71.
156 BGH 10.12.2007 – II ZR 289/06, DStR 2008, 1601.

504 **Generell nicht** als **„wichtigen Grund"** wertete die Rspr:

- Vertrauensentzug durch die Gesellschafterversammlung, wenn dem Geschäftsführer nur Geringfügigkeiten und weder schuldhaftes Verhalten[157] noch missbräuchliche Ausnutzung der Erwerbschancen der Gesellschaft[158] vorgeworfen werden können;
- die Entscheidung der Muttergesellschaft, den Betrieb der Tochtergesellschaft einzustellen und durch eine interne Abteilung in der Muttergesellschaft zu ersetzen;[159]
- eine laufende gerichtliche Auseinandersetzung mit dem Bundeskartellamt wegen angeblicher Beteiligung an verbotenen Preisabsprachen, wenn das Anstellungsverhältnis wegen einer Befristung ohnehin bald ausläuft und die Gesellschaft keinen besonderen wirtschaftlichen Nachteil darlegen kann;[160]
- die ethnische Herkunft und Nationalität des Geschäftsführers;[161]
- der nicht verheimlichte Bezug eines zusätzlichen Bonus, der bisher zwar nicht durch Gesellschafterbeschluss bewilligt worden ist, dem Geschäftsführer aber auch im Vorjahr eingeräumt worden war;[162]
- die Weiterbenutzung des Dienstwagens nach Kündigung, soweit diese Nutzung nicht an die Organstellung geknüpft, sondern Teil der Vergütung ist;[163]
- das Aufstellen einer fehlerhaften Bilanz;[164]
- offengelegte Spesenabrechnungen, welche die Gesellschaft nicht für erstattungsfähig erachtet[165] oder welche irrtümlich fehlerhaft sind;[166]
- die fehlende Auskunftsbereitschaft des Geschäftsführers zu einer bereits zuvor von der Gesellschaft ausgesprochenen Kündigung, zu welcher der Geschäftsführer im Rahmen staatsanwaltlicher Ermittlungen bereits ausgesagt hat, die Gesellschaft die entsprechenden Protokolle kennt und nicht darlegt, dass darüber hinaus noch weitere Fragen bestehen;[167]
- die pauschale Behauptung der fehlenden dienstlichen Veranlassung von Fahrt- und Telefonkosten, weil kein Geschäftsführer im Rahmen der vertrauensvollen Zusammenarbeit Beweisunterlagen anfertigt, die im Falle späterer Auseinandersetzungen den Nachweis dienstlicher Veranlassung von Reisen und Telefonaten ermöglichen;[168]
- das Einlösen einer fälligen Aktienoption, auf welche der Geschäftsführer nur während des Bestehens des Anstellungsverhältnisses Anspruch hat, nach Ausspruch einer unwirksamen außerordentlichen Kündigung, soweit der Geschäftsführer diese erkennbar für unwirksam halten und daher von einem Fortbestehen seines Anstellungsverhältnisses ausgehen durfte.[169]

505 Vorgänge, die der Gesellschafterversammlung bereits bei Bestellung oder bei Abschluss des Dienstvertrages bekannt waren, rechtfertigen grds. keine außerordentliche Kündigung.[170]

157 BGH 29.5.1989 – II ZR 220/88, WM 1989, 1246 (für den Vorstand einer AG); BGH 13.2.1995 – II ZR 225/93, BB 1995, 688.
158 BGH 13.2.1995 – II ZR 225/93, BB 1995, 688.
159 BGH 28.10.2002 – II ZR 353/00, NJW 2003, 431.
160 BGH 27.10.1986 – II ZR 74/85, NJW 1987, 1889.
161 LG Frankfurt 7.3.2001 – 3-13 O 78/00, NJW-RR 2001, 1113.
162 BGH 9.11.1992 – II ZR 234/91, WM 1992, 2142.
163 BGH 18.12.2000 – II ZR 171/99, DStR 2001, 1312.
164 OLG Dresden 2.8.2001 – 7 U 655/01, NJOZ 2002, 1857.
165 BGH 28.10.2002 – II ZR 353/00, NJW 2003, 431.
166 *Diller*, GmbHR 2006, 333 ff.
167 OLG München 25.3.2009 – 7 U 4774/08NZG 2009, 916.
168 OLG Celle 5.3.2003 – 9 U 172/02, GmbHR 2003, 775.
169 OLG München 25.3.2009 – 7 U 4774/08NZG 2009, 916.
170 BGH 12.7.1993 – II ZR 65/92, BB 1993, 1681.

(2) Formelle Kündigungsvoraussetzungen

Die **Gesellschaft** muss den **Ausspruch** der **Kündigung beschließen** (s. § 2 Rn 481). Die Wirksamkeit des Beschlusses ist Wirksamkeitsvoraussetzung der Kündigung.[171] Der Beschluss ist demnach zwingend **vor** Kündigungsausspruch zu fassen, so dass eine nachträgliche Genehmigung der Kündigung durch die Gesellschafter ausscheidet.[172] Die Beschlussfassung der Gesellschafterversammlung erfolgt nach den Regeln der Satzung und des Gesetzes. Danach kann mit Einverständnis aller Gesellschafter auch ein Beschluss im Umlaufverfahren herbeigeführt werden (§ 48 Abs. 2 GmbHG). Ein mit der erforderlichen Mehrheit gefasster Beschluss bedarf zu seiner Wirksamkeit nicht der Protokollierung.[173] Sogar wenn der Protokollzwang des § 48 Abs. 3 GmbHG durch eine Ein-Mann-GmbH nicht beachtet wird, ist die Kündigung wirksam, sofern der Beschluss auf andere Weise bewiesen werden kann.[174] Im Beschluss der Gesellschafterversammlung müssen die **Kündigungsgründe nicht benannt** sein, nach ständiger Rspr muss lediglich die fristlose Kündigung „an sich" beschlossen werden.[175] 506

Aus rechtsstaatlicher Sicht und vor dem Grundsatz des fairen Verfahrens ist die Nichtnennung der Kündigungsgründe im Kündigungsbeschluss unbedenklich. Dem Geschäftsführer steht aber ein **Auskunftsanspruch** nach § 626 Abs. 2 S. 3 BGB zu, wonach die Gründe mitgeteilt werden müssen, wenn auch erst nach Aufforderung. 507

Die **Beweislast** für Tatsachen, aus denen sich ein wichtiger Grund ergeben soll, trägt der Kündigende. Der Kündigungsberechtigte hat insoweit auch darzulegen, welche Tatsachenbehauptungen unklar und daher ermittlungsbedürftig waren, welche weiteren Ermittlungen er zur Klärung der Zweifel angestellt hat und zu welchen Ergebnissen diese geführt haben.[176] Beruft sich der Geschäftsführer auf Umstände, die sein Verhalten rechtfertigen, hat die Gesellschaft sie zu widerlegen und hierfür den Beweis zu führen.[177] Bei einem **ruhenden Arbeitsverhältnis** ist zudem zu prüfen, ob sich die Kündigungsgründe auch auf das Arbeitsverhältnis erstrecken. Grundsätzlich indizieren die Pflichtverletzungen im Rahmen des Geschäftsführerdienstvertrages zwar nicht zwingend auch eine Pflichtverletzung des ruhenden Arbeitsvertrages. In schwerwiegenden Fällen kann allerdings die **Pflichtverletzung durchschlagen**, etwa wenn eine vorsätzliche Missachtung der Kompetenzzuweisungen als Geschäftsführer, gerade auch Zweifel hinsichtlich der Vertrauenswürdigkeit und Zuverlässigkeit des Arbeitnehmers begründen.[178] Ein mögliches ruhendes Arbeitsverhältnis müsste dann durch gesonderte Erklärung gekündigt werden. 508

(3) Abmahnung

Eine **Abmahnung** ist vor Ausspruch der außerordentlichen Kündigung des Geschäftsführers **nicht erforderlich.**[179] Dem Geschäftsführer ist es – gerade auch aufgrund seiner im Vergleich zu Arbeitnehmern herausgehobenen Verantwortungsstellung – zumutbar, sich bewusst zu machen, dass er die Gesetze und die Satzung der Gesellschaft zu achten und seine organschaftlichen Pflichten ordnungsgemäß zu erfüllen hat, auch ohne dass er erneut darauf hingewiesen 509

171 OLG Köln 3.6.1993 – 1 U 71/92, GmbHR 1993, 734.
172 Moll/*Moll/Grobys*, MAH Arbeitsrecht, § 80 Rn 64.
173 BGH 27.3.1995 – II ZR 140/93, NJW 1995, 1750; OLG Stuttgart 8.7.1998 – 20 U 112/97, GmbHR 1998, 1034.
174 BGH 27.3.1995 – II ZR 140/93, NJW 1995, 1750.
175 BGH 1.12.2003 – II ZR 161/02, NJW 2004, 1528; OLG Zweibrücken 8.6.1999 – 8 U 138/98, NZG 1999, 1011; *Bauer/Krieger*, ZIP 2004, 1248, 1250.
176 OLG München 25.3.2009 – 7 U 4835/08, NZG 2009, 665.
177 BGH 14.11.1994 – II ZR 160/93, WM 1995, 706; *Tschöpe/Wortmann*, NZG 2009, 161, 163.
178 BAG 27.11.2008 – 2 AZR 193/07, NZA 2009, 671.
179 BGH 10.1.2000 – II ZR 251/98, DB 2000, 813; BGH 14.2.2000 – II ZR 218/98, NZA 2000, 543; BGH 10.9.2001 – II ZR 14/00, DB 2001, 2438; BGH 2.7.2007 – II ZR 71/06, NJW-RR 2007, 1520; OLG Jena 12.8.2009 – 7 U 244/07, NZG 2010, 226; OLG Hamm 25.11.2009 – 8 U 61/09, GmbHR 2010, 477.

wird.[180] Im Schrifttum wird teilweise vertreten, das in § 314 Abs. 2 BGB für Dauerschuldverhältnisse enthaltene Erfordernis einer vorherigen Abmahnung gelte auch für Geschäftsführerdienstverträge.[181] Zwar enthalte § 626 BGB keine Regelung zur Notwendigkeit einer erfolglosen Abmahnung vor Ausspruch der außerordentlichen Kündigung, aus Gründen der Verhältnismäßigkeit sei jedoch auf die nach § 314 Abs. 2 BGB erforderliche Abmahnung zurückzugreifen.[182]

510 Nach zutreffender Ansicht ist trotz der Regelung des § 314 Abs. 2 BGB an dem von der Rspr entwickelten Grundsatz des fehlenden Abmahnungserfordernisses festzuhalten. Eine Abmahnung vor Ausspruch einer außerordentlichen Kündigung gegenüber einem Geschäftsführer ist damit entbehrlich.[183] § 314 Abs. 2 S. 2 BGB regelt durch Verweisung nach § 323 Abs. 2 Nr. 3 BGB, dass eine Abmahnung nicht nötig ist, wenn besondere Umstände vorliegen, die unter Abwägung der beiderseitigen Interessen die sofortige außerordentliche Kündigung des Vertrages rechtfertigen. Solche besonderen Umstände liegen bei der außerordentlichen Kündigung eines Geschäftsführers stets aufgrund seiner besonderen Stellung als Organ der Gesellschaft und dem damit einhergehenden besonderen Vertrauen der Gesellschafter vor.[184]

511 Dieser Ansicht hat sich der BGH in einer Entscheidung vom 2.7.2007[185] angeschlossen. Die Entbehrlichkeit einer Abmahnung ergebe sich gerade daraus, dass der Geschäftsführer als organschaftlicher Vertreter Arbeitgeberfunktionen wahrnehme und diese spezielle Funktion einen besonderen Umstand iSd § 323 Abs. 2 Nr. 3 BGB darstelle. Auch ist das Institut der Abmahnung gerade zum Schutz abhängig Beschäftigter entwickelt worden, so dass sich diese Schutzgesichtspunkte auf den Geschäftsführer nicht übertragen lassen.[186] Von diesem Grundsatz soll es einzig in dem Fall eine Ausnahme geben, wenn der Geschäftsführer von der *ex ante* begründeten Annahme ausgehen konnte, sein im Nachhinein beanstandetes Verhalten würde den Erwartungen der Gesellschafter entsprechen.[187] Die Entbehrlichkeit der Abmahnung wurde auch von verschiedenen Oberlandesgerichten bestätigt.[188]

(4) Frist

512 Die Kündigung aus wichtigem Grund kann gem. § 626 Abs. 2 BGB nur innerhalb von **zwei Wochen** ausgesprochen werden. Die Norm ist zwar nicht auf die besonderen Verhältnisse von Gesellschaften zugeschnitten,[189] wird aber dennoch strikt angewandt.[190] Sobald der Kündigungsberechtigte sicher und umfassend von Tatsachen erfahren hat, die eine außerordentliche Kündigung rechtfertigen, muss er sich innerhalb von 14 Tagen entscheiden und die Kündigung der anderen Seite erklären. Es kommt demnach auf eine zuverlässige und möglichst vollständige positive Kenntnis des Kündigungsberechtigten von allen relevanten Tatsachen an, die zur Bewertung der Entscheidung erforderlich sind, inwieweit eine Fortsetzung des Dienstverhält-

---

180 BGH 10.9.2001 – II ZR 14/00, DB 2001, 2438.

181 *Schumacher-Mohr*, DB 2002, 1606; *v. Hase*, NJW 2002, 2278, 2280; *Grumann/Gillmann*, DB 2003, 770, 774.

182 *Schumacher-Mohr*, DB 2002, 1606; *v. Hase*, NJW 2002, 2278, 2280.

183 Moll/*Moll/Grobys*, MAH Arbeitsrecht, § 80 Rn 72;*Trappehl/Scheuer*, DB 2005, 1276, 1278; *Tschöpe/Wortmann*, NZG 2009, 161, 163; Lutter/Hommelhoff/*Kleindiek*, GmbH, Anh zu § 6 Rn 61 a; Baumbach/Hueck/*Zöllner/Noack*, GmbHG, § 35 Rn 221; aA *Winzer*, GmbHR 2007, 1190.

184 Moll/*Moll/Grobys*, MAH Arbeitsrecht, § 80 Rn 72;*Trappehl/Scheuer*, DB 2005, 1276, 1278.

185 BGH 2.7.2007 – II ZR 71/06, NJW-RR 2007, 1520; so auch OLG Jena 12.8.2009 – 7 U 244/07, NZG 2010, 226.

186 OLG Düsseldorf 2.7.2007 – 9 U 3/07, AG 2008, 166; *Wilsing/Ogorek*, NZG 2010, 216.

187 Scholz/*Schneider/Sethe*, GmbHG, § 35 Rn 324.

188 So etwa: OLG Jena 12.8.2009 – 7 U 244/07, NZG 2010, 226; OLG Hamm 25.11.2009 – 8 U 61/09, GmbHR 2010, 477.

189 Lutter/Hommelhoff/*Kleindiek*, GmbHG, Anh zu § 6 Rn 62.

190 BGH 17.3.1980 – II ZR 178/79, NJW 1980, 2411.

nisses zumutbar ist.[191] Der BGH hält an seiner Auffassung fest, es fehle noch an einer **sicheren und umfassenden positiven Kenntnis** der maßgeblichen Gründe, wenn tatsächliche Grundlagen des wichtigen Grundes noch aufklärungsbedürftig seien.[192] Bei einem pflichtwidrigen Dauerverhalten beginne die Pflicht nicht vor Beendigung des Dauerverhaltens.[193] Liegen dagegen mehrere unterscheidbare Pflichtverstöße vor, so läuft die Frist für jede Tatsache einzeln, so dass nur unverfristete Gründe noch zur Begründung der Kündigung angeführt werden können.[194]

Umstritten ist weiterhin, ob es entscheidend auf die Kenntnis der einzelnen Gesellschafter, 513 einer Gesellschafterminderheit, die die Gesellschafterversammlung einberufen könnte, aller Gesellschafter oder die der zur Beschlussfassung zusammengetretenen Gesellschafterversammlung ankommt.[195] Es ist nicht sachgerecht, auf die Kenntnis einzelner Gesellschafter oder auf die Kenntnis einer zur Einberufung der Gesellschafterversammlung berechtigten Minderheit von Gesellschaftern abzustellen. Der einzelne Gesellschafter ist nicht verpflichtet, seine Kenntnis dazu zu verwenden, die Gesellschafterversammlung einzuberufen.[196] Auch müssen sich die Gesellschafter die Kenntnis eines Mitgeschäftsführers über den Kündigungssachverhalt nicht zurechnen lassen.[197] Dies ist schon aus dem Grund sachgemäß, dass es nach § 626 Abs. 2 BGB auf die Kenntnis der Person ankommt, welcher im konkreten Fall das Recht zur Kündigung zusteht, was bei der Kündigung des Geschäftsführers regelmäßig die Gesellschafterversammlung und kein einzelner Gesellschafter sein wird.[198]

Sachgerecht und für die Praxis maßgeblich ist die Auffassung des BGH. Danach beginnt der 514 Fristlauf erst mit der **Kenntnis aller Gesellschafter in einer Gesellschafterversammlung** von den Kündigungstatsachen.[199] Die Kenntnis aller Gesellschafter, die außerhalb der Gesellschafterversammlung erlangt wurde, reicht entgegen der früher in der Rspr[200] vertretenen Ansicht nicht aus. Nach der jetzt maßgeblichen Auffassung des BGH kommt es auf die Kenntnis der Gesellschafter „in ihrer Eigenschaft als Mitwirkende an der kollektiven Willensbildung“ an, die grds. nur innerhalb der Gesellschafterversammlung erlangt werden kann.[201] Demnach läuft die **Frist** grds. ab dem Zeitpunkt des **Zusammentretens der Gesellschafterversammlung**, welche sich mit den kündigungsrelevanten Umständen befassen will. Wird allerdings die Einberufung der Gesellschafterversammlung von ihren einberufungsberechtigten Mitgliedern nach Kenntniserlangung unangemessen verzögert, so muss sich die Gesellschaft so behandeln lassen, als wäre die Gesellschafterversammlung mit der zumutbaren Beschleunigung einberufen worden.[202] Grundsätzlich steht dem kündigungsberechtigten Organ allerdings eine gewisse Überlegungsfrist zu.[203] Die Rspr legt beim Zeitfenster, in dem eine Gesellschafterversammlung beschleunigt ein-

191 BAG 17.3.2005 – 2 AZR 245/04, NZA 2006, 101; BAG 2.3.2006 – 2 AZR 46/05, NZA 2006, 1211; BAG 1.2.2007 – 2 AZR 333/06, NZA 2007, 744; BGH 26.2.1996 – II ZR 114/95, NJW 1996, 1403; OLG Hamm 25.11.2009 – 8 U 61/09, GmbHR 2010, 477; OLG München 25.3.2009 – 7 U 4835/08, NZG 2009, 665.

192 BGH 15.6.1998 – II ZR 318/96, BB 1998, 1808; BAG 11.3.1998 – 2 AZR 287/97, GmbHR 1998, 931.

193 BGH 20.6.2005 – II ZR 18/03, DB 2005, 1849.

194 BGH 29.1.2001 – II ZR 360/99, DStR 2001, 861.

195 Küttner/*Kania*, Personalbuch, 203 (Geschäftsführer) Rn 15; Rowedder/Schmidt-Leithoff/*Koppensteiner*/*Gruber*, GmbHG, § 38 Rn 48.

196 Küttner/*Kania*, Personalbuch, 203 (Geschäftsführer) Rn 15.

197 BGH 15.6.1998 – II ZR 318/96, BB 1998, 1808.

198 *Reiserer*, BB 2002, 1199, 1200; *Tschöpe*/*Wortmann*, NZG 2009, 85, 90; *Wilsing*/*Ogorek*, NZG 2010, 216.

199 BGH 9.11.1992 – II ZR 234/91, WM 1992, 2142; BGH 15.6.1998 – II ZR 318/96, GmbHR 1998, 827.

200 BGH 17.3.1980 – II ZR 178/79, BB 1980, 1177.

201 BGH 15.6.1998 – II ZR 318/96, GmbHR 1998, 827.

202 BGH 15.6.1998 – II ZR 318/96, GmbHR 1998, 827; BGH 12.2.2007 – II ZR 308/05, NZG 2007, 396; OLG München 25.3.2009 – 7 U 4835/08, NZG 2009, 665; Küttner/*Kania*, Personalbuch, 203 (Geschäftsführer) Rn 15.

203 BGH 12.2.2007 – II ZR 308/05, NZG 2007, 396.

berufen werden kann, zT rigide Maßstäbe an.[204] Eine nur geringfügige Verzögerung ist allerdings etwa unschädlich, wenn der Betroffene nach dem maßgeblichen Vorfall bereits aus seiner Organstellung abberufen wurde und somit mit einer außerordentlichen Kündigung des Anstellungsvertrags grds. rechnen musste.[205] Zur Beurteilung einer **unangemessenen Verzögerung** bei der Ladung sind alle Umstände des Einzelfalls zur Bewertung heranzuziehen.[206] Wird die Gremiensitzung etwa erst acht Tage nach Kenntniserlangung einberufen, reicht dies noch nicht für die Annahme einer unangemessenen Verzögerung aus.[207] Handelt es sich dagegen um eine Verzögerung von mehr als zwei Wochen, spricht dies als deutliches Indiz für eine Unangemessenheit.[208]

515 Die Kenntnis einberufungsberechtigter Gesellschafter begründe die Pflicht zur Einberufung einer Gesellschafterversammlung. Mit dem Zusammentreten der Gesellschafterversammlung dürfe nicht beliebig oder bis zur nächsten ordentlichen Gesellschafterversammlung zugewartet werden. Ist der zu kündigende Geschäftsführer der einzige Geschäftsführer der Gesellschaft und verweigert er auf ein Einberufungsverlangen des einberufungsberechtigten Gesellschafters hin die Einberufung der Gesellschafterversammlung, so darf der hierzu berechtigte Gesellschafter unabhängig von der Kündigungserklärungsfrist nach § 626 Abs. 2 BGB abwarten, bis er selbst unter den Voraussetzungen des § 50 Abs. 3 GmbHG eine Gesellschafterversammlung einberufen darf.[209] Wenn die Satzung für außerordentliche Gesellschafterversammlungen eine längere Einberufungsfrist vorsieht, die Gesellschafterversammlung also nicht innerhalb der Frist des § 626 Abs. 2 BGB zusammentreten kann, verlängert sich die Kündigungserklärungsfrist um den Lauf der Ladungsfrist.[210] Im Geschäftsführer-Dienstvertrag kann nicht vereinbart werden, die Kenntnis eines anderen als die der Gesellschafterversammlung reiche für den Beginn der Zwei-Wochen-Frist aus. Erforderlich ist stets die Kenntnis der Gesellschafterversammlung als Kollegialorgan. Dies würde eine unangemessene Einschränkung des außerordentlichen Kündigungsrechts darstellen.

516 Liegt die Kündigungskompetenz bei einem **Aufsichtsrat** oder einem **Beirat**, gelten die gleichen Grundsätze. Die Zwei-Wochen-Ausschlussfrist beginnt mit dem Zusammentritt des Gesamtorgans; sämtliche Organmitglieder sind verpflichtet, mit zumutbarer Beschleunigung die Einberufung des Organs zu betreiben oder ihr Einberufungsrecht auszuüben, sobald sie von den Kündigungsgründen erfahren haben.[211] Auf eine etwaige vorherige Kenntnis des Aufsichtsratsvorsitzenden kommt es demnach gerade nicht an.[212] Das zuständige Organ braucht sich die Kenntnis eines Mitgeschäftsführers vom Kündigungssachverhalt nicht zurechnen zu lassen.[213]

517 Die Gesellschaft muss nicht auf **Verdacht** kündigen, sondern kann zunächst Dritte, zB Wirtschaftsprüfer, mit der **Sachverhaltsaufklärung** beauftragen. Demnach bedeutet die Einleitung einer Sonderprüfung zur Aufklärung im Raum stehender Vorwürfe gegen den Geschäftsführer auch noch keine die Frist nach § 626 Abs. 2 BGB auslösende Kenntnis.[214] Zwar kann auch schon der Verdacht bestimmter Verfehlungen einen außerordentlichen Kündigungsgrund darstellen, allerdings nur, wenn die Gesellschaft auch tatsächlich alles unternommen hat, um diesen mit nachweisbaren Tatsachen zu untermauern.[215] Die Aufklärung muss beschleunigt vor-

204 LG Bonn 22.4.2003 – 11 O 182/01.
205 BGH 12.2.2007 – II ZR 308/05, NZG 2007, 396.
206 OLG München 25.3.2009 – 7 U 4835/08, NZG 2009, 665.
207 KG Berlin 16.6.2011 – 19 U 116/10, GmbH-StB 2011, 234.
208 OLG München 25.3.2009 – 7 U 4835/08, NZG 2009, 665.
209 Scholz/*Schneider/Sethe*, GmbHG, § 35 Rn 340.
210 BGH 17.3.1980 – II ZR 178/79, DB 1980, 1686.
211 *Stein*, ZGR 1999, 264, 283.
212 BGH 10.9.2001 – II ZR 14/00, DB 2001, 2438.
213 BGH 9.11.1992 – II ZR 234/91, NJW 1993, 218.
214 OLG Jena 12.8.2009 – 7 U 244/07, NZG 2010, 226.
215 *Wilsing/Ogorek*, NZG 2010, 216.

angetrieben werden.[216] Gerade bei schweren persönlichen Verfehlungen sind sorgfältige Nachforschungen geboten; denn das Bekanntwerden der Vorwürfe schadet dem Ansehen des betroffenen Geschäftsführers. Daher können Verzögerungen, etwa wenn der Sachverhalt bei Konzernunternehmen, im Ausland oder bei Dritten erforscht werden muss, den Fristbeginn hinausschieben, weil noch keine sichere und umfassende Kenntnis besteht.[217] Aus einer deutlichen **Verzögerung der Aufklärung** wird in Bezug auf die Beurteilung des wichtigen Grundes von den Gerichten teilweise geschlossen, die Gesellschaft habe dem Umstand wohl kein hinreichendes Gewicht beigemessen.[218] Die Gesellschaft trägt insoweit die Darlegungs- und Beweislast für die genaue Abfolge der zur Aufklärung unternommenen Maßnahmen, aus denen sich ein zügiges Aufklärungsbemühen ergibt.[219]

Mit Ausnahme von der Verdachtskündigung ist grds. eine **Anhörung** des Geschäftsführers durch die Gesellschafter vor Ausspruch der Kündigung zwar zulässig, aber **nicht erforderlich.**[220] Die Frist wird gehemmt, wenn die Gesellschafter vor ihrer Entscheidung den Geschäftsführer anhören.[221] Die vertragliche Vereinbarung einer Pflicht zur Anhörung ist unwirksam, weil sie das Recht zur außerordentlichen Kündigung erschweren würde. 518

(5) Zuständigkeit

Für die Kündigung aus wichtigem Grund bestehen die gleichen Zuständigkeitsregelungen wie bei der ordentlichen Kündigung. Auf die Ausführungen in Rn 506 wird daher verwiesen. 519

(6) Interessenabwägung

Bei der außerordentlichen Kündigung durch die Gesellschaft ist zwischen einem generellen **Interesse des Geschäftsführers auf Weiterbeschäftigung** und dem **Interesse der Gesellschaft auf sofortige Beendigung** des Dienstverhältnisses abzuwägen. Stützt sich die Kündigung auf eine Pflichtverletzung des Geschäftsführers und hat sich der Geschäftsführer bereits seit Jahren um die Gesellschaft verdient gemacht, so sind die Maßstäbe an den Grad der Pflichtverletzung sowie des Verschuldens besonders hoch anzusetzen. Das Gleiche gilt, wenn die fristlose Kündigung den Geschäftsführer wegen seines hohen Alters oder aus sonstigen sozialen Gründen besonders hart treffen würde.[222] Ebenfalls strenge Maßstäbe sind anzulegen, wenn das Anstellungsverhältnis ohnehin bald ausläuft oder auch relativ zeitnah durch eine ordentliche Kündigung gelöst werden könnte und deshalb der Gesellschaft ein Verzicht auf die sofortige Beendigung des Dienstverhältnisses eher zuzumuten ist.[223] Anders liegt der Fall dagegen regelmäßig, soweit ein befristeter Geschäftsführeranstellungsvertrag geschlossen wurde. Bei befristeten Verträgen scheidet gem. § 620 Abs. 2 BGB eine ordentliche Kündigung grds. aus, soweit nicht eine abweichende vertragliche Vereinbarung getroffen wurde. Demnach besteht aus Sicht der Gesellschaft insb. bei noch relativ langer, möglicherweise sogar mehrjähriger Laufzeit der Befristung, ein besonders hohes Interesse an einer vorzeitigen Beendigung im Wege der außerordentlichen Kündigung. Wiegen allerdings die Gründe für die Kündigung besonders schwer, kann sich daraus im Rahmen der Interessenabwägung trotz eigentlich entgegenstehender Umstände wie Alter des Geschäftsführers und Restlaufzeit seines Vertrages dennoch eine Rechtfertigung 520

---

216 OLG Celle 5.3.2003 – 9 U 111/02, NZG 2003, 820.
217 Scholz/*Schneider/Sethe*, GmbHG, § 35 Rn 342.
218 OLG Celle 5.3.2003 – 9 U 111/02, NZG 2003, 820.
219 OLG Celle 5.3.2003 – 9 U 111/02, NZG 2003, 820.
220 BGH 16.1.1995 – II ZR 26/94, DStR 1995, 731; BGH 19.6.1995 – II ZR 228/94, DStR 1995, 1359; Scholz/*Schneider/Sethe*, GmbHG, § 35 Rn 343.
221 BGH 24.11.1975 – II ZR 104/73, WM 1976, 77; BGH 17.5.1984 – VII ZR 169/82, WM 1984, 1187.
222 BGH 1.12.2003 – II ZR 161/02, BB 2004, 64 mwN.
223 BGH 29.1.2001 – II ZR 360/99, NJOZ 2001, 402.

der Kündigung ergeben, da eine Hinnahme des Zustands der Gesellschaft dennoch unzumutbar ist.[224]

521 Vorvertragliche Gründe sind grds. bei der Interessenabwägung nicht heranzuziehen. Sie sind nicht einmal zu berücksichtigen, wenn ein möglicherweise wegen Mehrheitsmissbrauchs rechtswidriger, aber nicht erfolgreich angefochtener Gesellschaftsbeschluss über den Abschluss des Dienstvertrages vorliegt.[225] Hat der Geschäftsführer einen Tatbestand erfüllt, der im Anstellungsvertrag ausdrücklich als außerordentlicher Kündigungsgrund festgelegt wurde und auch tatsächlich die Qualität eines wichtigen Grundes iSv § 626 Abs. 1 BGB besitzt, findet aufgrund des dokumentierten übereinstimmenden Willens keine Interessenabwägung statt und der Geschäftsführer kann unabhängig von den konkreten Umständen in jedem Fall gekündigt werden.[226]

(7) Nachschieben von Gründen

522 Nach ständiger Rspr können **Kündigungsgründe** grds. ohne materiellrechtliche Einschränkungen **nachgeschoben** werden, wenn sie **bei Ausspruch der Kündigung objektiv** vorlagen.[227] Der BGH hat entschieden, dass es für die sachliche Rechtfertigung der außerordentlichen Kündigung allein auf den bei Ausspruch der Kündigung tatsächlich vorliegenden Sachverhalt ankommt. Werden überhaupt Gründe angegeben, können grds. weitere Gründe nachgeschoben werden, soweit sie bei Ausspruch der Kündigung objektiv vorlagen und dem kündigenden Gesellschaftsorgan nicht länger als zwei Wochen zuvor bekannt waren. Ohne Bedeutung ist dabei, ob die Kündigungsgründe erst nach Ausspruch der Kündigung dem Kündigungsberechtigten zur Kenntnis gelangt sind. Soweit eine fristlose Kündigung ausgesprochen ist, muss der Gekündigte damit rechnen, dass bei Ausspruch der Kündigung bereits bekannte, im Zeitpunkt der Kündigung aber noch nicht verfristete oder auch bis dahin noch nicht entdeckte Kündigungsgründe nachgeschoben werden. Das ändert sich auch nicht, wenn der Kündigungsberechtigte eine zweite Kündigung auf die später bekannten Vorwürfe stützt.[228]

523 Grundsätzlich bedarf es jedoch eines **zusätzlichen Beschlusses** des zuständigen Gesellschaftsorgans über die nachgeschobenen Kündigungsgründe.[229] Ein Beschluss ist bei der Zwei-Personen-GmbH entbehrlich, wenn es um die Abberufung des anderen Gesellschafter-Geschäftsführers geht und der Gesellschafter, der den Abberufungsbeschluss alleine gefasst hat, zugleich derjenige ist, der die Gesellschaft in dem über die Wirksamkeit der Abberufung geführten Rechtsstreit vertritt.[230] Auch ein Insolvenzverwalter über das Vermögen einer GmbH ist befugt, einen wichtigen Grund für eine von der GmbH vor Insolvenzeröffnung erklärte außerordentliche Kündigung des GmbH-Geschäftsführers nachzuschieben.[231]

524 Umstände, die bei der Kündigungserklärung bereits **länger als zwei Wochen** bekannt waren, können nicht mehr für eine fristlose Kündigung herangezogen werden. Sie können aber im Rahmen der erforderlichen Gesamtabwägung berücksichtigt werden. Zur abschließenden Interessenabwägung eignen sich solche Vorgänge, wenn sie in einem inneren sachlichen Zusam-

224 OLG Jena 12.8.2009 – 7 U 244/07, NZG 2010, 226.

225 BGH 12.7.1993 – II ZR 65/92, BB 1993, 1681.

226 So auch Moll/*Moll/Grobys*, MAH Arbeitsrecht, § 80 Rn 71.

227 BGH 1.12.2003 – II ZR 161/02, NJW 2004, 1528; BGH 20.6.2005 – II ZR 18/03, NZA 2005, 1415; BAG 4.6.1997 – 2 AZR 362/96, NJW 1998, 101; OLG Naumburg 18.9.2003 – 7 U (Hs) 17/03, OLGR Naumburg 2004, 208; OLG Frankfurt a.M. 3.7.2008 – 15 U 3/07, OLGR Frankfurt 2009, 322.

228 BGH 1.12.2003 – II ZR 161/02, NJW 2004, 1528.

229 BGH 14.10.1991 – II ZR 239/90, GmbHR 1992, 38; BGH 24.10.1994 – II ZR 91/94, DStR 1994, 1746; OLG Naumburg 18.9.2003 – 7 U (Hs) 17/03, OLGR Naumburg 2004, 208; OLG Naumburg 16.11.2004 – 9 U 206/01, GmbHR 2005, 757; OLG Köln 6.12.1999 – 16 U 94/98, NZG 2000, 551; OLG Frankfurt a.M. 3.7.2008 – 15 U 3/07, OLGR Frankfurt 2009, 322; OLG Stuttgart 22.12.2010 – 9 U 102/10, juris.

230 BGH 14.10.1991 – II ZR 239/90, GmbHR 1992, 38.

231 BGH 20.6.2005 – II ZR 18/03, DB 2005, 1849.

menhang zu den maßgeblichen Kündigungsgründen stehen.[232] Im Zeitpunkt der Kündigung bekannte Gründe, auf die sich allerdings nicht berufen wurde, sind grds. wegen Zeitablaufs verwirkt und können nur dann unterstützend in die Gesamtabwägung miteinbezogen werden, wenn wenigstens ein unverfristeter Beendigungsgrund verbleibt, der mit den verwirkten Gründen in einem besonderen inneren Zusammenhang steht.[233] Dies soll der Fall sein, soweit sich der verwirkte Grund als weiteres und letztes Glied in einer Kette von Verhaltensweise darstellt, die sich zu einem Gesamtverhalten zusammenfassen lassen.

Umstände, die erst nach der Kündigungserklärung eingetreten sind, berechtigten die Gesell- 525
schaft nur zur erneuten außerordentlichen Kündigung.[234] Diese bedarf wiederum eines Beschlusses des zuständigen Gesellschaftsorgans. Die erneute Kündigung wirkt erst vom Zeitpunkt der Erklärung an, da eine Rückwirkung gerade nicht erfolgt.[235]

(8) Verhältnis zur Abberufung aus wichtigem Grund

Aus dem **Trennungsprinzip** zwischen Organstellung und Dienstvertrag folgt, dass eine **Abberu-** 526
fung aus wichtigem Grund nach § 38 Abs. 2 GmbHG nicht zwangsläufig gleichzeitig auch einen **wichtigen Grund iSd § 626 BGB** darstellt.[236] Die Definition des wichtigen Grundes zur Abberufung nach § 38 Abs. 2 GmbHG ähnelt zwar derjenigen im Rahmen der außerordentlichen Kündigung, ist allerdings keineswegs identisch. Demnach muss in der Praxis stets überprüft werden, ob ein zur Abberufung tauglicher Grund gleichzeitig geeignet ist, auch die fristlose Beendigung des Anstellungsverhältnisses zu rechtfertigen. Ein wichtiger Grund zur Abberufung liegt vor, wenn aufgrund einer Einzelfallbeurteilung die Fortsetzung des Organverhältnisses bis zum Ende der Amtszeit für die Gesellschaft unzumutbar ist.[237] Eine weitergehende Abwägung der widerstreitenden Interessen findet insoweit nicht statt. Da bei Feststellung eines wichtigen Grundes iSd § 626 BGB allerdings die konkreten Umstände des Einzelfalls, insb. auch die speziellen Umstände und Interessen des Geschäftsführers, gegeneinander abzuwägen sind, kann nicht jeder wichtige Abberufungsgrund zugleich einen wichtigen Grund für die außerordentliche Kündigung des Dienstverhältnisses darstellen.[238] Ob die manchmal anzutreffende **vertragliche Koppelung der Beendigung des Dienstvertrages mit der Beendigung der Organstellung** durch Anknüpfung an die Abberufung vor dem Hintergrund des AGB-Rechts in den bisherigen Vertragsfassungen weiterhin Bestand haben kann, ist mehr als fraglich (s. dazu § 2 Rn 473 f; s. ferner § 2 Rn 727 ff). Der gem. § 84 Abs. 3 S. 2 AktG bei der mitbestimmten GmbH anerkannte wichtige Grund für den Widerruf der Bestellung in Form des Vertrauensentzugs durch die Anteilseignerversammlung stellt nur dann einen wichtigen Kündigungsgrund dar, wenn dem betroffenen Geschäftsführer ein nicht bloß geringfügiges Verschulden zur Last gelegt wird.[239] Eine gerichtliche Entscheidung über die Wirksamkeit der sofortigen Abberufung aus wichtigem Grund hat keine **Rechtskraftwirkung** für die außerordentliche Kündigung des Dienstverhältnisses, selbst wenn die Beendigung beider Rechtsverhältnisse gemeinsam ausgesprochen und auf denselben Grund gestützt wird.[240]

232 Scholz/*Schneider/Sethe*, GmbHG, § 35 Rn 345.
233 BGH 29.1.2001 – II ZR 360/99, DStR 2001, 861.
234 BGH 1.12.2003 – II ZR 161/02, NZA 2004, 173.
235 BGH 14.7.1966 – II ZR 212/64, BB 1966, 1306; Scholz/*Schneider/Sethe*, GmbHG, § 35 Rn 346.
236 BGH 9.2.1978 – II ZR 189/76, WM 1978, 319; OLG Karlsruhe 25.8.1995 – 15 U 286/94, GmbHR 1996, 208.
237 BGH 23.10.2006 – II ZR 289/05, NZG 2007, 189.
238 BGH 23.2.1961 – II ZR 147/58, WM 1961, 569.
239 BGH 8.12.1977 – II ZR 219/75, DB 1978, 481.
240 BGH 28.5.1990 – II ZR 245/89, GmbHR 1990, 345.

527 Der GmbH-Geschäftsführer kann aus einem von der GmbH zu vertretenden Grund sein **Amt niederlegen**, ohne zugleich das Anstellungsverhältnis fristlos kündigen zu müssen.[241] Im Falle der Niederlegungserklärung kann im Zweifel nicht automatisch darauf geschlossen werden, dass sie zugleich eine Kündigungserklärung enthalten soll. Dem Interesse des Geschäftsführers entspricht es vielmehr regelmäßig, sich bis zum nahtlosen Übergang in eine andere Tätigkeit die Vergütungsansprüche an dem Anstellungsvertrag zu erhalten.[242] In der Frage, ob und unter welchen Voraussetzungen ein Geschäftsführer seine Bestellung zum Gesellschaftsorgan von sich aus beenden kann, besteht Einigkeit im Wesentlichen darüber, dass die einseitige Amtsniederlegung jedenfalls wirksam ist, wenn ein wichtiger Grund dafür vorliegt. Ein Geschäftsführer kann keinesfalls gezwungen sein, die Verantwortung und das erhebliche Haftungsrisiko seines Amtes unter für ihn unzumutbaren Bedingungen weiterzutragen.[243]

528 Als Folgehandlung zur Amtsniederlegung stehen dem Geschäftsführer grds. zwei Möglichkeiten offen. Aus **finanzieller Sicht** sollte ein **Geschäftsführer** stets beide **Reaktionsmöglichkeiten** gut gegeneinander **abwägen**. Einerseits hat er die Möglichkeit, im Fall der berechtigten Amtsniederlegung den Anstellungsvertrag außerordentlich zu kündigen und einen Schadensersatzanspruch nach § 628 Abs. 2 BGB geltend zu machen. Ein solcher besteht allerdings nur, wenn der Gesellschaft ein vertragswidriges Verhalten und somit ein Auflösungsverschulden nachgewiesen werden kann (s. dazu § 2 Rn 68 f). Aus diesem Grund kann es sich auch anbieten, auf die Kündigung zu verzichten, um sich gem. § 615 BGB für die restliche Vertragsdauer seinen Vergütungsanspruch zu erhalten.[244]

529 Im Fall des wirksamen Widerrufs der Bestellung des Geschäftsführers durch die GmbH und Neubestellung eines anderen Geschäftsführers an dessen Stelle lässt die Gesellschaft idR erkennen, unter keinen Umständen zur weiteren Beschäftigung des abberufenen Geschäftsführers bereit zu sein.[245] Der GmbH-Geschäftsführer kann unter den gegebenen Umständen die **Weiterzahlung seines Gehalts nach § 615 BGB** fordern, ohne seine Dienste der Gesellschaft zumindest wörtlich angeboten zu haben. Dagegen besitzt er keinen Fortbeschäftigungsanspruch und zwar weder in seiner alten Position als Geschäftsführer noch auf einer vergleichbaren leitenden Position unterhalb der Geschäftsführungsebene.[246]

(9) Prozessuales Vorgehen gegen eine fristlose Kündigung

530 Wendet sich der Geschäftsführer gegen eine außerordentliche Kündigung, so muss er vor dem **Landgericht** klagen (§§ 23, 71 GVG). Will er einen jahrelangen Prozess vor der Kammer für Handelssachen vermeiden und nach einer außerordentlichen Kündigung durch die Gesellschaft wieder zügig sein monatliches Gehalt beziehen, kann eine **Urkundenklage** sinnvoll erscheinen.[247] Am erfolgreichsten ist man damit bei Klagen eines GmbH-Geschäftsführers gegen die Wirksamkeit einer außerordentlichen Kündigung, wenn Mängel der Kündigung im Formalen aufgedeckt werden können. Wenn das ruhende Arbeitsverhältnis in Streit steht, sind die **Arbeitsgerichte** zuständig.

(10) Umdeutung einer unwirksamen fristlosen Kündigung in eine fristgerechte Kündigung

531 Die Umdeutung einer unwirksamen fristlosen Kündigung in eine wirksame fristgerechte Kündigung ist grds. zulässig (s. ausf. § 1 Rn 2890 ff). Danach ist entscheidend, ob der Kündigende

---

241 BGH 9.2.1978 – II ZR 189/76, WM 1978, 319; OLG Karlsruhe 23.3.2011 – 7 U 81/10, NJW-RR 2011, 411.

242 *Lohr*, DStR 2002, 2173, 2179.

243 BGH 8.12.1977 – II ZR 219/75, DB 1978, 481.

244 Vgl OLG Karlsruhe 23.3.2011 – 7 U 81/10, NJW-RR 2011, 411; sowie die Bestätigung des BGH: BGH 6.3.2012 – II ZR 76/11, NJW 2012, 1656.

245 BGH 9.10.2000 – II ZR 75/99, NZA 2001, 36.

246 BGH 11.10.2010 – II ZR 266/08, DStR 2011, 229.

247 *Pöpper*, BB 2003, 202.

den tatsächlichen oder mutmaßlichen Willen erkennen lässt, das Anstellungsverhältnis im Falle der Unwirksamkeit der fristlosen Kündigung wenigstens zum nächstgültigen Termin beenden zu wollen.[248] Eine ordentliche Kündigung ist im befristeten Dienstverhältnis ohne besondere vertragliche Vereinbarung jedoch grds. ausgeschlossen, so dass in diesem Falle auch kein Raum für eine Umdeutung verbleibt, soweit nicht einzelvertraglich ein entsprechendes ordentliches Kündigungsrecht vereinbart wurde. Sofern die ordentliche Kündigungserklärung an qualifizierte Voraussetzungen geknüpft ist (zB Beschlussmehrheit in der Gesellschafterversammlung unter Berücksichtigung der Stimmabgabe durch den gekündigten Gesellschafter-Geschäftsführer), müssen diese auch erfüllt sein.[249] Gegenüber einem Gesellschafter-Geschäftsführer scheitert aus diesem Grund eine Umdeutung regelmäßig, da dieser in der Gesellschafterversammlung zwar hinsichtlich einer außerordentlichen, nicht jedoch hinsichtlich der ordentlichen Kündigung von einer Beteiligung und Stimmrechtsausübung ausgeschlossen ist.[250]

gg) Befristungsabrede

Der **Geschäftsführerdienstvertrag** kann gem. **§ 620 Abs. 1 BGB befristet** geschlossen werden. Die Einschränkungen des TzBfG sind nicht anzuwenden, da der Geschäftsführer kein Arbeitnehmer im Sinne arbeitsrechtlicher Schutzvorschriften ist. Demnach sind etwa auch mehrere Befristungen nacheinander möglich sind, ohne dass ein Sachgrund dafür besteht.[251] Befristete Dienstverträge mit Geschäftsführern enden automatisch mit dem Ablauf der Vertragsdauer. Ein befristeter Geschäftsführerdienstvertrag ist, soweit von der abweichenden vertraglichen Vereinbarungsmöglichkeit kein Gebrauch gemacht wurde, nicht ordentlich kündbar.[252] Die außerordentliche Kündigung bleibt dagegen möglich und ist auch vertraglich unverzichtbar. Ebenso kann der befristete Vertrag jederzeit zwischen den Vertragsparteien einvernehmlich aufgehoben werden. Vertragsgestalterisch möglich ist auch ein Ausschluss der ordentlichen Kündigung im Dienstvertrag nur zu Lasten der Gesellschaft, während der Geschäftsführer unter Einhaltung einer Kündigungsfrist zur ordentlichen Kündigung berechtigt bleibt; *de facto* wird damit ein Kündigungsschutz zu Gunsten des Geschäftsführers für die Dauer des Vertrages geschaffen.[253] 532

Zur Festlegung der **Vertragsdauer** eines Dienstvertrages mit einem GmbH-Geschäftsführer bestehen grds. **keine gesetzlichen Höchstgrenzen**. Deswegen kann der Geschäftsführerdienstvertrag grds. auch auf **Lebenszeit** des Geschäftsführers geschlossen werden. Derartige ungewöhnliche Vereinbarungen trifft man in der Praxis jedoch allenfalls bei Anstellungsverträgen von Gesellschafter-Geschäftsführern in Familiengesellschaften an.[254] Bei einer Vertragsdauer von mehr als fünf Jahren gilt für den Geschäftsführer die Kündigungsfrist des § 624 BGB. Danach kann der Geschäftsführer nach Ablauf von fünf Jahren mit einer Kündigungsfrist von sechs Monaten kündigen. 533

Die Vertragsdauer **befristeter** Geschäftsführerdienstverträge ist Verhandlungssache. Üblich ist eine Zeitspanne von zwei bis maximal fünf Jahren. Die Vertragsdauer wird idR vom Grad des gegenseitigen Kennens und Vertrauens und von der Interessenlage der Vertragsparteien abhängen. 534

Bei der Gestaltung des Geschäftsführerdienstvertrages einer **mitbestimmten GmbH** nach dem MitbestG sind **Höchstlaufzeiten** zu beachten. Aufgrund der nach dem MitbestG vorgegebenen 535

248 MüKo-BGB/*Hesse*, Vor §§ 620–630 BGB Rn 114.

249 BGH 14.2.2000 – II ZR 285/97, ZIP 2000, 539, 540; *Goette*, DStR 2000, 525 f.

250 *Goette*, DStR 2000, 525, 526; Henssler/Strohn/*Oetker*, GesellschaftsR, § 35 GmbHG Rn 126.

251 *Arens/Beckmann*, Die anwaltliche Beratung des GmbH-Geschäftsführers, § 1 Rn 107; Henssler/Strohn/*Oetker*, GesellschaftsR, § 35 GmbHG Rn 104.

252 BGH 21.6.1999 – II ZR 27/98, NJW 1999, 3263.

253 *Jaeger*, Der Anstellungsvertrag des GmbH-Geschäftsführers, S. 193.

254 *Jaeger*, Der Anstellungsvertrag des GmbH-Geschäftsführers, S. 193 f.

nur befristeten Bestellungsmöglichkeit des Geschäftsführers (§ 25 Abs. 1 S. 1 Nr. 2 MitbestG iVm § 84 Abs. 1 AktG) kann auch der Geschäftsführerdienstvertrag nur für maximal fünf Jahre geschlossen werden. Zulässig ist aber eine Vereinbarung im Dienstvertrag, nach welcher der Vertrag für den Fall einer Wiederbestellung als Geschäftsführer nach Ablauf der Vertragsdauer für die aufgrund der Neubestellung folgende Amtszeit fortgesetzt werden soll. Eine solche Vereinbarung ist nach der Rspr des BGH zulässig.[255] Enthält der Vertrag keine Verlängerungsklausel, so endet er mit Ablauf der vertraglich vereinbarten Laufzeit.

hh) Nichtverlängerung nach Fristablauf und AGG

536 Nach Ablauf der Befristung der Organstellung und des Anstellungsvertrages enden diese bei Nichtverlängerung automatisch mit Zeitablauf (s. § 2 Rn 10). Allerdings ist die **Nichtverlängerung** aufgrund einer aktuellen Entwicklung in der Rspr als nicht mehr ganz unproblematisch anzusehen, insb. wenn der Vertrag eine Vereinbarung enthält, nach welcher sich die Parteien grds. vor Ablauf der Befristung zu **Verhandlungen über eine eventuelle Verlängerung verpflichten**. Kommt es dann nicht zu einer erneuten Bestellung und zum erneuten Abschluss eines Anstellungsvertrages, kann dies möglicherweise einen Verstoß gegen die Grundsätze des Allgemeinen Gleichstellungsgesetzes (**AGG**) darstellen, soweit die Nichtverlängerung etwa mutmaßlich auch auf das **Alter** des Geschäftsführers gestützt wird.

537 Grundsätzlich gelten die Regelungen des AGG für Geschäftsführer zwar gem. § 6 Abs. 3 AGG nur insoweit, als sie den **Zugang zur Erwerbstätigkeit** und den **beruflichen Aufstieg** betreffen. Demnach scheidet eine Anwendung der Grundsätze auf die Beendigung des Anstellungsvertrages und der Organstellung grds. aus.[256] Allerdings haben sowohl das OLG Köln[257] als auch der BGH[258] jüngst herausgestellt, § 6 Abs. 3 AGG sei so auszulegen, dass nicht nur die erstmalige Bestellung und Anstellung erfasst sind, sondern auch die **erneute Bestellung** bzw der **wiederholte Abschluss des Anstellungsvertrages**. Laufen demnach die befristete Bestellung und der zugrunde liegende Anstellungsvertrag in zeitlicher Hinsicht ab und bewirbt sich der betroffene Geschäftsführer erneut für das Amt, stellt dies einen (erneuten) Zugang zur Erwerbstätigkeit dar, so dass er sich hinsichtlich der Auswahl auf die Vorschriften des Zweiten Abschnitts des AGG und die Beweislasterleichterung des § 22 AGG berufen kann. Der ausscheidende Geschäftsführer muss demnach bei einer Neubesetzung der Stelle ebenso behandelt und bewertet werden wie jeder andere Bewerber.[259] Eine entsprechende **Ablehnung** darf demnach **nicht unter Verstoß gegen das AGG** ausgesprochen werden, so dass die Gesellschaft stets vorsichtig mit ihren Äußerungen etwa in Bezug auf das **Alter des Geschäftsführers** sein sollte. Eine überzeugende Behauptung, die Nichtverlängerung erfolge unabhängig vom Alter, wird allerdings immer schwieriger, umso näher das Ende der Befristung der von der Gesellschaft anvisierten Altersgrenze rückt.[260] Zwar besteht auch bei Verstößen gegen das AGG kein Einstellungsanspruch, uU kommt aber die Pflicht zur Zahlung einer Entschädigung in Betracht.

538 Wird etwa ein 62-jähriger Geschäftsführer ohne genauere Begründung nicht erneut bestellt und stattdessen ein deutlich jüngerer Kandidat eingestellt und macht die Gesellschaft in öffentlichen Äußerungen deutlich, dass ihr an der **Einhaltung bestimmter Altersgrenzen** gelegen ist, spricht dies dem ersten Anschein nach für eine verbotene Diskriminierung. Dem Betroffenen muss demnach eine Entschädigung nach dem AGG gewährt werden, soweit die Gesellschaft diesen Anschein nicht wiederlegen kann.[261] Soweit sich die Gesellschaft – wie relativ üblich –

255 BGH 29.5.1989 – II ZR 220/88, NJW 1989, 2683.
256 Henssler/Strohn/*Oetker*, GesellschaftsR, § 35 GmbHG Rn 106.
257 OLG Köln 29.7.2010 – 18 U 196/09, NZG 2011, 187.
258 BGH 23.4.2012 – II ZR 163/10, NZA 2012, 797.
259 *Baeck/Winzer*, NZG 2012, 1053, 1055.
260 *Baeck/Winzer*, NZG 2012, 1053, 1055.
261 BGH 23.4.2012 – II ZR 163/10, NZA 2012, 797; OLG Köln 29.7.2010 – 18 U 196/09, NZG 2011, 187.

bei befristeten Verträgen zur Verhandlung über eine Wiederbestellung zu einem bestimmten Zeitraum vor dem Ablauf verpflichtet, sollte demnach darüber nachgedacht werden, dem Geschäftsführer für den Fall der Nichtverlängerung quasi als „Trostpflaster" eine bestimmte **Abfindung** zuzusichern.[262] Auf diese Weise können die Gemüter eventuell beruhigt und mögliche Entschädigungsklagen nach dem AGG vermieden werden.

Möchte die Gesellschaft sicherstellen, dass bestimmte Altersgrenzen in der Geschäftsführung eingehalten werden, ist es demnach sinnvoller, nicht auf befristete Verträge mit Verlängerungsverhandlung zurückzugreifen, sondern einen **unbefristeten Vertrag mit einer auflösenden Bedingung** in Form des Erreichens einer bestimmten **Altersgrenze** zu schließen. Eine solche Vereinbarung ist grds. zulässig und berührt – da sie die Beendigung des Anstellungsvertrages und somit nicht den Zugang zur Erwerbstätigkeit iSd § 6 Abs. 3 AGG erfasst – auch nicht die Diskriminierungsvorschriften des AGG im Sinne der gezeigten BGH-Rspr. Allerdings steht vor dem Hintergrund der Danosa-Rspr des EuGH,[263] nach welcher Fremd- und an der Gesellschaft nur geringfügig beteiligte Geschäftsführer regelmäßig unter den europarechtlichen Arbeitnehmerbegriff fallen (s. ausf. § 2 Rn 23 ff), zumindest eine vollständige Anwendbarkeit des AGG ohne die Beschränkung des § 6 Abs. 3 AGG im Raum,[264] so dass auch solche die Beendigung betreffenden Altersdiskriminierungen eine Entschädigungspflicht auslösen könnten[265] (zu den Konsequenzen der Danosa-Rspr für das AGG s. näher § 2 Rn 29). Insoweit bleibt also die weitergehende Entwicklung abzuwarten. Die Urteile werden jedenfalls zu einer erhöhten Sensibilität der Gestaltungspraxis für Geschäftsführer-Anstellungsverträge im Hinblick auf die Vorgaben des AGG beigetragen haben.[266] 539

ii) Freistellungsklauseln

Die **Freistellung von GmbH-Geschäftsführern** ist in der Praxis zwar relativ verbreitet, aber dennoch problematisch. Eine vorläufige Amtsenthebung von GmbH-Geschäftsführern mit der Folge der Suspendierung von Geschäftsführungs- und Vertretungsbefugnissen hält die herrschende Meinung[267] für unzulässig. Unter AGB-rechtlichen Gesichtspunkten ist zudem eine anlassfreie Freistellungsklausel im Anstellungsvertrag eines Verbraucher-Geschäftsführers nichtig. Fehlt in einer Freistellungsklausel jeglicher Anknüpfungsgrund, wird dem Geschäftsführer das Recht auf Erbringung der Hauptleistungspflicht in nicht begründeter Weise genommen. Die Erreichung des Vertragszwecks würde dann vereitelt.[268] Für zulässig wird dagegen eine Vereinbarung mit dem Geschäftsführer gehalten, wonach er nach Ausspruch einer ordentlichen Kündigung des Anstellungsvertrages von seiner Tätigkeit als Geschäftsführer freigestellt werden kann. Zulässig ist auch eine Regelung, die eine Freistellung des Geschäftsführers nach Abberufung vorsieht. Der nach der Rspr allgemein anerkannte Beschäftigungsanspruch des Geschäftsführers ist **dispositiv**, so dass bereits ein anstellungsvertraglicher Verzicht problemlos möglich ist.[269] Auch unabhängig von einer solchen Vereinbarung können die Gesellschafter dem Geschäftsführer die Weisung erteilen, er habe sich bis auf weiteres jeder Tätigkeit für die Gesellschaft zu enthalten. Die Möglichkeit einer solchen Freistellung folgt aus dem allgemeinen Wei- 540

262 S. § 2 Rn 253 ff (1. Abfindungsklauseln).

263 EuGH 11.11.2010 – C-232/09, NJW 2011, 2343 (Danosa).

264 *v. Alvensleben/Haug/Schnabel*, BB 2012, 774, 776; *Eßer/Baluch*, NZG 2007, 321, 323; *Krause*, AG 2007, 393, 394; *Reufels/Molle*, NZA-RR 2011, 281, 283; ErfK/*Schlachter*, § 6 AGG Rn 5; *Stagat*, NZA-RR 2011, 617, 622; *Stenslik/Zahn*, DStR 2012, 1865, 1869.

265 Zu den Konsequenzen der Danosa-Rspr für das AGG s. ausf. *Reufels/Molle*, NZA-RR 2011, 281.

266 *Wilsing/Meyer*, NJW 2012, 3211, 3213.

267 Rowedder/Schmidt-Leithoff/*Koppensteiner/Gruber*, GmbHG, § 38 Rn 32; Scholz/*Schneider*, GmbHG, § 38 Rn 95 mwN; *Beckmann*, NZA 2004, 1131.

268 *Beckmann*, NZA 2004, 1131; Preis/*Preis*, Der Arbeitsvertrag, II F 10 Rn 9.

269 *Beckmann*, NZA 2004, 1131.

sungsrecht der Gesellschafter.[270] Vertragliche Vereinbarungen über die Enthaltung der Geschäftsführung nach Kündigung und Weisungen zur Geschäftsführungsenthaltung entbinden den Geschäftsführer nur von seiner Geschäftsführungsbefugnis, wogegen ihm weiterhin alle gesetzlichen Pflichten und die organschaftliche Vertretungsbefugnis obliegen (s. § 2 Rn 332).

541 Die fehlende **Notwendigkeit der Aufnahme von Freistellungsklauseln** für den Fall der erfolgten Abberufung wird allerdings nach einem Urteil des BGH aus dem Jahr 2010 besonders deutlich. Danach besitzen **GmbH-Geschäftsführer**, anders als Arbeitnehmer, ohne entsprechende Vereinbarung **keinen Anspruch auf Fortbeschäftigung** und zwar weder in ihrer bisherigen noch in einer anderen, vergleichbaren leitenden Position.[271] Selbst wenn man dem Geschäftsführer ein berechtigtes Interesse an einer Weiterbeschäftigung aus Gründen eines durch die Nichtbeschäftigung erlittenen Ansehensverlusts oder einer Minderung der Lebensfreude anerkennen möchte, wäre dies im Rahmen einer Abwägung stets dem Interesse der Gesellschaft an der Wahrung ihrer Organisationsfreiheit bei der Besetzung der Leitungspositionen mit Personen ihres Vertrauens unterzuordnen.[272] Wenn schon kein genereller Beschäftigungsanspruch besteht, ist die gesonderte Vereinbarung eines Freistellungsrechts, das in den Einzelheiten der Formulierung, wie gezeigt, auch Tücken aufweisen kann, gerade nicht erforderlich, um ein weiteres Tätigwerden des Organvertreters nach Abberufung zu verhindern.[273] Teilweise wird allerdings die auch zukünftige Verwendung von Freistellungsklauseln angeraten, wenn aufgrund einer Vereinbarung iSv § 2 Abs. 4 ArbGG nicht die ordentlichen, sondern die Arbeitsgerichte zuständig sind.[274] Ebenso wird die Aufnahme einer klarstellenden Regelung in Bezug auf den nicht gegebenen Fortbeschäftigungsanspruch unterhalb der Organebene und die bestehende Freistellungsmöglichkeit seitens der Gesellschaft angeraten, wenn ein bislang leitender Arbeitnehmer der Gesellschaft zum Geschäftsführer „befördert" wird.[275]

542 Weiterhin wird angeregt, darüber nachzudenken, die Umstände einer **möglichen Weiterbeschäftigung unterhalb der Organebene** nach erfolgter Abberufung **im Anstellungsvertrag selbst zu regeln** und dem Geschäftsführer so einzelvertraglich einen Fortbeschäftigungsanspruch zu gewähren.[276] Eine solch verbindliche Verpflichtung wird allerdings nur in den wenigsten Fällen dem tatsächlichen Interesse der Gesellschaft entsprechen, da die Abberufung eines Geschäftsführers meistens nicht ohne Grund erfolgt und oftmals auch mit dem Verlust des Vertrauens in die Person oder Fähigkeiten verbunden ist. Liegt ein solcher Vertrauensverlust nicht vor, besteht auch ohne zuvor festgelegte vertragliche Verpflichtung die Möglichkeit, dem Geschäftsführer aus eigener Initiative ein entsprechendes Angebot zu machen. Aus Gesellschaftssicht interessanter kann es dagegen sein, bestimmte Voraussetzungen festzulegen, unter welchen der Geschäftsführer zur **Übernahme einer Tätigkeit unterhalb der Leitungsebene** nach der Abberufung **verpflichtet** ist, um quasi ihr Direktionsrecht zu erweitern und eine Freistellung zu vermeiden.[277] Allerdings ist auch in dieser Konstellation das Vorliegen eines wirklichen Nutzens für die Gesellschaft fraglich, gerade wenn auf Seiten des abberufenen Geschäftsführers möglicherweise Enttäuschung und Verbitterung über die zumindest so empfundene „Degradierung" im Spiel sind. Der BGH hat in bestimmten Fällen auch ohne entsprechende Vereinbarung eine **Pflicht eines Organvertreters zur Übernahme einer Stellung unterhalb der Geschäftsführungsebene** angenommen.[278] Soweit etwa der Organvertreter die tatsächliche Grundlage für seine

270 *Lutter/Hommelhoff*, GmbHG, § 37 Rn 17 ff.
271 BGH 11.10.2010 – II ZR 266/08, DStR 2011, 229.
272 BGH 11.10.2010 – II ZR 266/08, DStR 2011, 229.
273 So auch: Oppenländer/Trölitzsch/*Baumann*, GmbH-Geschäftsführung, § 13 Rn 77; *Diller*, NZG 2011, 254, 256; *Stagat*, NZA-RR 2011, 617, 622.
274 *Lunk/Rodenbusch*, NZA 2011, 497, 500.
275 *Otte*, GWR 2011, 25.
276 Diese Möglichkeit aufwerfend BGH 11.10.2010 – II ZR 266/08, DStR 2011, 229.
277 Dazu im Einzelnen *Lunk/Rodenbusch*, NZA 2011, 497, 500.
278 BGH 9.2.1978 – II ZR 189/76, NJW 1978, 1435.

Weiterbeschäftigung in gewisser Weise schuldhaft zerstört hat, könne er nicht von der Gesellschaft verlangen, weiterhin die Gehaltszahlungen einseitig zu erhalten und auf einen Fortbestand des Dienstvertrages zu bestehen, ohne selbst eine Beschäftigung unterhalb der Organebene anzunehmen, welche seinen Kenntnissen und Fähigkeiten angemessen ist und seiner ehemaligen Stellung in Bezug auf Unabhängigkeit und Ansehen zwar nicht entspricht, aber so nahe wie möglich kommt.[279]

jj) Auswirkungen gesellschaftsrechtlicher Veränderungen auf den Geschäftsführerdienstvertrag

Schwierig ist es, GmbH-Geschäftsführer vor der **Änderung** ihrer **Rechtsstellung** auf der Organ- und Vertragsebene abzusichern, die sich aus einer **Fusion**, einer **Verschmelzung**, einer **Spaltung** oder einem **Firmenkauf** ergeben kann. Werden Gesellschaften verschmolzen, muss regelmäßig ein Geschäftsführer der beiden zusammengeführten Unternehmen weichen. Hat ein Organmitglied einen langfristigen Dienstvertrag und kann man sich über eine vorzeitige Beendigung nicht einigen, besteht der Dienstvertrag ungeachtet des Verlustes der Organstellung fort. Damit stellt sich aber die Frage, zur Ausführung welcher Tätigkeit das ehemalige Organmitglied verpflichtet werden kann und welchen rechtlichen Status es nach der Fusion genießt. 543

Für den GmbH-Geschäftsführer liegt eine Klarstellung durch das BAG vor.[280] Generell wandelt sich das freie Dienstverhältnis eines Organs (hier Vorstandsmitglied einer Sparkasse) nicht mit dem Verlust der Organstellung infolge einer Fusion in ein Arbeitsverhältnis.[281] Es behält seinen Charakter als freier Dienstvertrag. 544

Da eine **Verschmelzung** eine **gesellschaftsrechtliche Gesamtrechtsnachfolge** bewirkt, findet ein **Vertragsübergang** statt.[282] Sie löst zwar das Erlöschen der Organstellung aus, was sich aber weder auf den Inhalt des Anstellungsvertrages noch auf seinen Rechtscharakter als freies Dienstverhältnis auswirkt.[283] Ein Anspruch auf Bestellung in eine entsprechende Organposition beim übernehmenden Rechtsträger besteht grds. nicht, da aufgrund des Trennungsprinzips der neue Dienstgeber nicht zur Schaffung einer nicht vorhandenen Organposition gezwungen werden kann.[284] Bei der Verschmelzung wird der Geschäftsführer der aufgenommenen GmbH nicht zum Arbeitnehmer der aufnehmenden GmbH, wenn er seine frühere Tätigkeit mehr oder weniger unverändert fortsetzt. Es kann jedoch dem rechtsgeschäftlichen Willen der Parteien entsprechen, dass die Fortsetzung der Tätigkeit auf der Grundlage eines Arbeitsverhältnisses erfolgen soll, auch wenn die finanziellen Vertragsbedingungen im Wesentlichen unverändert bleiben.[285] Wenn nach einer Verschmelzung die im Anstellungsvertrag vereinbarten Tätigkeiten ohne die organrechtliche Vertretungsbefugnis nicht mehr ausgeübt werden können, entfällt die Leistungspflicht des früheren Organmitglieds. Die künftige Vergütung richtet sich nach § 615 BGB. Bietet die Rechtsnachfolgegesellschaft dem ehemaligen Organmitglied eine zumutbar leitende Tätigkeit an, muss das ehemalige Organmitglied zur Vermeidung des Vergütungsverlustes das entsprechende Angebot annehmen. Allerdings wandelt sich ein Dienstnehmer nicht allein durch das Unterbleiben der Bestellung zum Geschäftsführer zum Arbeitnehmer.[286] 545

Wird der ehemalige Geschäftsführer nach dem Ende seiner Organstellung tatsächlich für die GmbH in nachgeordneter, weisungsabhängiger Tätigkeit dauerhaft weiter tätig, haben sich die 546

279 BGH 14.7.1966 – II ZR 212/64, DB 1966, 1306.

280 BAG 13.2.2003 – 8 AZR 654/01, NJW 2003, 2473.

281 BGH 10.1.2000 – II ZR 251/98, DStR 2000, 564; ebenso für Umwandlung von GmbH in GmbH & Co. KG: BGH 8.1.2007 – II ZR 267/05, NZA 2007, 1174.

282 BAG 21.2.1994 – 2 AZB 28/93, NJW 1995, 675.

283 BGH 19.12.1988 – II ZR 74/88, NJW 1989, 1928; BAG 13.2.2003 – 8 AZR 654/01, NJW 2003, 2473.

284 Oppenländer/Trölitzsch/*Baumann*, GmbH-Geschäftsführung, § 13 Rn 77; *Gimmy/Hügel*, BB 2008, 2178, 2180; *Röder/Lingemann*, DB 1993, 1341, 1347.

285 LAG Köln 15.8.2001 – 7 Sa 1403/00, BB 2002, 788.

286 BAG 25.6.1997 – 5 AZB 41/96, DB 1997, 2029.

Parteien ggf schlüssig auf eine Änderung des bisherigen Vertrages geeinigt und für die Zukunft eine weitere Tätigkeit im Rahmen eines Arbeitsverhältnisses vorgesehen.[287] Für den Fall einer solchen **Tätigkeitsveränderung** ist eine Vereinbarung über das Fortbestehen oder den Wechsel der Rechtsnatur des Vertragsverhältnisses sinnvoll. In Klausel G 1 ist für den Fall der Tätigkeitsveränderung vorgesehen, dass sich die Vertragsrechtsbeziehung nicht ändert, sondern der selbständige Dienstvertrag aufrechterhalten bleibt. Werden nach einer Verschmelzung Betriebsteile auf eine andere Gesellschaft übertragen, ohne dass das Umwandlungsgesetz zur Anwendung kommt, und übernimmt das ehemalige Organmitglied bei der dritten Gesellschaft eine Tätigkeit, lässt sich die Fiktion, es liege weiterhin kein Arbeitsverhältnis vor, nicht mehr aufrechterhalten. Die Parteien sind in einem solchen Fall nicht durch unmittelbare Rechtsfolge, sondern durch freie Willensbildung zusammengekommen.

547 In einem solchen Fall greift das Schutzsystem des Arbeitsrechts. Der Rechtscharakter der Vertragsbeziehung ist nicht frei bestimmbar, sondern richtet sich nach dem bekannten Kriterium zum Status, also ob jemand Arbeitnehmer oder Dienstnehmer ist. Das BAG hat entschieden, dass die Organtätigkeit für den Rechtscharakter eines Dienstvertrages nur dann bestimmend sei, wenn sie für den Vertragspartner ausgeübt werde.[288] Eine Organfunktion bei einer dritten Gesellschaft im Rahmen einer Vertragstätigkeit hindert die Annahme der Eigenschaft als Arbeitnehmer oder als arbeitnehmerähnliche Person nicht.[289] Scheidet dagegen das Organmitglied aus der bisherigen Gesellschaft aus und wird in einer dritten, konzernangehörigen Gesellschaft außerhalb des Vertretungsorgans unter Wahrnehmung typischer Arbeitnehmeraufgaben tätig, liegt ein Arbeitsverhältnis vor. War der Dienstvertrag befristet, ist das Arbeitsverhältnis unbefristet, soweit keine abweichende Regelung besteht, die den Anforderungen des TzBfG genügt.

548 Nicht zu vernachlässigen ist der Gesichtspunkt, dass **Organvertreter die Umstrukturierung zum Anlass nehmen** können, ihren **Vertrag vorzeitig zu beenden**. Ein vorzeitiges Ausscheiden kommt namentlich im Falle einer Verschmelzung (§§ 2 ff UmwG) in Betracht, da die Organstellung bei der verschmolzenen Gesellschaft durch die Aufnahme automatisch endet, der Anstellungsvertrag aber fortbesteht. Der Dienstvertrag geht auf den übernehmenden Rechtsträger über (§ 20 Abs. 1 Nr. 1 UmwG) und die Organstellung zur Gesellschaft erlischt (§ 20 Abs. 1 Nr. 2 UmwG). Die Organvertreter des übernehmenden Rechtsträgers sind rechtlich nicht tangiert.[290] Zu den übergehenden Verbindlichkeiten zählen auch die Verpflichtungen aus dem Anstellungsvertrag mit Geschäftsführern. Gleiches gilt auch bei der formwechselnden Umwandlung (§§ 190 ff UmwG), bei der zwar der bisherige Unternehmensträger erhalten bleibt, durch dessen neue Rechtsform sich jedoch die Stellung der Organvertreter derart grundlegend ändert oder entfällt, dass seine organschaftliche Stellung mit Wirksamkeit des Formwechsels endet. Ist der Anstellungsvertrag befristet, kann das Dienstverhältnis nur nach § 626 BGB beendet werden. Ein **wichtiger Grund iSd § 626 BGB** für den Geschäftsführer ist anzunehmen, wenn seitens der Gesellschaft dem Organvertreter das **vertraglich vorgesehene Amt ersatzlos entzogen** wird oder **kraft Gesetzes entfällt**. Dementsprechend hat der Geschäftsführer kein Kündigungsrecht, wenn die aufnehmende Gesellschaft eine Organtätigkeit nunmehr bei ihr selbst anbieten kann.

549 Schwieriger gestalten sich dagegen die Fälle, in denen eine fortgesetzte Organtätigkeit nicht gewährleistet werden kann, sondern dem bisherigen Geschäftsführer bei der aufnehmenden Gesellschaft **lediglich eine Position als leitender Angestellter** zur Verfügung gestellt wird. Sieht der Vertrag ausdrücklich allein eine Tätigkeit auf der organschaftlichen Ebene vor, kann ein derartiges Angebot die rechtmäßige Kündigung durch den Organvertreter nicht hindern. Gewährt

287 Küttner/*Kania*, Personalbuch, 203 (Geschäftsführer) Rn 33.
288 BAG 29.12.1997 – 5 AZB 38/97, NZA 1998, 668.
289 BAG 8.9.1997 – 5 AZB 3/97, NZA 1997, 1302.
290 *Kauffmann-Lauven*, in: Arbeitsgemeinschaft ArbR, FS zum 25-jährigen Bestehen, S. 471, 474.

der Vertrag dagegen keinen exklusiven Einsatz als Geschäftsführer, sondern ermöglicht ausdrücklich eine Zuweisung einer Tätigkeit in nachgeordneter Position, fehlt es idR bei einem Einsatz auf einem Arbeitsplatz in leitender Funktion unterhalb der Organebene an einem wichtigen Grund zur Kündigung.[291]

Umgekehrt stellt der **Wegfall der Organstellung** infolge einer Verschmelzung oder sonstigen Umwandlung **aus Sicht der Gesellschaft keinen Grund** zur Beendigung des Dienstvertrages dar.[292] 550

kk) Besonderheiten bei der GmbH & Co. KG

Bei einer GmbH & Co. KG, bei der die persönlich haftende Komplementärin der KG eine GmbH ist, kann der **Anstellungsvertrag** sowohl mit der **Komplementär-GmbH** als auch – was allerdings in der Praxis unüblich ist – mit der **GmbH & Co. KG** geschlossen werden. Für die Beendigung des Anstellungsverhältnisses ist in beiden Fällen die Gesellschafterversammlung der GmbH aufgrund der Annexkompetenz zu § 46 Nr. 5 GmbHG zuständig. Denn selbst wenn der Anstellungsvertrag mit der GmbH & Co. KG geschlossen wird, erfolgt die Bestellung zum Geschäftsführer bei der GmbH, so dass § 46 Nr. 5 GmbHG zur Anwendung kommt. Ein Mitgeschäftsführer kann die Kündigung nur aufgrund besonderer Bevollmächtigung durch die Gesellschafterversammlung aussprechen.[293] Nach neuer Rspr des BAG gilt der Geschäftsführer der Komplementär-GmbH einer KG nach § 5 Abs. 1 S. 3 ArbGG nicht als Arbeitnehmer iSd ArbGG, weil er kraft Gesetzes zur Vertretung der Personengesamtheit berufen ist (s. § 2 Rn 51, 53).[294] 551

ll) Change of Control-Klausel

Für einen Geschäftsführer **empfiehlt** es sich, in seinem Dienstvertrag eine **Change of Control-Klausel** (**Kontrollwechsel-Klausel**) zu vereinbaren. Als Change of Control-Klauseln werden Vertragsbestimmungen verstanden, die dem Geschäftsführer für den Fall, dass sich die Kontroll- oder Mehrheitsverhältnisse bei der Gesellschaft ändern, bestimmte Rechte einräumen.[295] Sie sollen das Organ motivieren, das Interesse des Shareholders zu wahren, indem sie etwaige Übernahmeangebote losgelöst von der Sorge um persönliche wirtschaftliche Nachteile und lediglich ausgerichtet auf das Unternehmensinteresse bewerten, aber ihm auch einen Ausgleich für die Unwägbarkeiten des Eigentümerwechsels bieten.[296] 552

Change of Control-Klauseln in Anstellungsverträgen von Organen können für den Fall des Kontrollwechsels Unterschiedliches vorsehen: Kündigungsrecht des Geschäftsführers bei einem befristeten Anstellungsvertrag, Anspruch auf Abfindung und/oder Einräumung von Aktienoptionen, Umwandlung des unbefristeten Anstellungsverhältnisses in ein befristetes Dienstverhältnis bei gleichzeitiger Freistellung, Erhöhung des Entgelts bei Verbleib im Unternehmen. 553

Die Leistungen knüpfen entweder lediglich an die **Tatsache des Kontrollwechsels** an oder setzen das **Ausscheiden des Organmitglieds** aus der Organstellung voraus.[297] Übernahmegefährdete Gesellschaften vereinbaren Change of Control-Klauseln in den Anstellungsverträgen mit ihren Organen, um fähige Geschäftsführer gewinnen oder halten zu können, was angesichts der Unwägbarkeiten, die mit einer Übernahme für die Organmitglieder verbunden sind, an- 554

---

291 Willemsen/Hohenstatt/Schweibert/Seibt/*Willemsen*, Umstrukturierung und Übertragung von Unternehmen, H Rn 159 a.

292 Willemsen/Hohenstatt/Schweibert/Seibt/*Willemsen*, Umstrukturierung und Übertragung von Unternehmen, H Rn 160 a; aA *Buchner/Schlobach*, GmbHR 2004, 1, 7, 12.

293 Vgl BGH 20.10.2008 – II ZR 107/07, NJW 2009, 293.

294 BAG 20.8.2003 – 5 AZB 79/02, BAGE 107, 165; *Moll*, RdA 2002, 226 ff.

295 *Mielke/Nguyen-Viet*, DB 2004, 2515.

296 *Bittmann/Schwarz*, BB 2009, 1014; *Dreher*, AG 2002, 214; *Bauer/Krets*, DB 2003, 811.

297 *Dreher*, AG 2002, 214, 215; *Bauer/Krets*, DB 2003, 811, 816; MüKo-AktG/*Spindler*, § 87 Rn 82.

sonsten schwierig oder kaum möglich wäre.[298] Teilweise werden solche Klauseln allerdings auch zu Abwehr feindlicher Übernahmen „missbraucht“.[299]

555 Aus Sicht der Gesellschaft(er) **empfehlen** sich Change of Control-Regelungen nicht. Sie erschweren eine Veräußerung der Gesellschaft. Die Attraktivität zur Übernahme einer Gesellschaft, deren Organe womöglich mit „kostspieligen“ Kontrollwechsel-Klauseln ausgestattet sind, sinkt natürlich mit dem dadurch entstehenden erheblichen Refinanzierungsbedarf.[300] Aus diesem Grund haben die übernehmenden Unternehmen ein hohes Interesse daran, bereits im Vorfeld zu erfahren, ob in den Anstellungsverträgen mit den Organen entsprechende Vereinbarungen enthalten sind.[301] Bei der AG sind solche Klauseln daher im Anhang des Jahresabschlusses anzugeben.[302]

556 Eine Change of Control-Klausel ermöglicht dem Geschäftsführer, seine **Dienstbezüge zu kapitalisieren**, wenn er mit den neuen Gesellschaftern nicht zusammenarbeiten möchte. Sind die Voraussetzungen eines Kontrollwechsels erfüllt, sind die Abgeltung der kapitalisierten Gesamtbezüge bis zum Ende der Vertragslaufzeit (mit oder ohne Abzinsung), Zahlung der künftigen Tantieme auf der Basis eines bestimmten Prozentsatzes (zB 100 %) und/oder eine zusätzliche Ausgleichszahlung als Gestaltungsalternativen denkbar. Bei GmbH-Geschäftsführern hängt die Höhe einer Zusatzabfindung ausschließlich von der jeweiligen vertraglichen Vereinbarung ab. Eine sinnvolle Change of Control-Klausel sollte dabei gleichermaßen die Interessen der Gesellschaft an einer loyalen Zusammenarbeit und das Interesse der Führungskräfte an einer persönlichen Absicherung ausgewogen berücksichtigen.[303]

557 Als nicht unproblematisch sind Kontrollwechsel-Klauseln immer dann anzusehen, wenn sie nicht in erster Linie dem Schutz der Organvertreter dienen, sondern eher wie ein Mittel zur **Verhinderung feindlicher Übernahmen** wirken, insb. wenn die Klauseln in oder kurz vor der Übernahmesituation im Wege der Vertragsänderung nachträglich noch in die Anstellungsverträge aufgenommen werden.[304]

558 Bei AG-Vorstandsmitgliedern stehen Abfindungszusagen in unangemessener Höhe im Widerspruch zu § 84 Abs. 1 AktG, weil die Entschließungsfreiheit des Aufsichtsrats bei Entscheidungen zur Besetzung des Vorstands eingeschränkt wird.[305] Im Übrigen ist § 87 Abs. 1 AktG zu beachten, wonach die „Abfindung“ angemessen sein muss.[306] Zwar spricht § 87 Abs. 1 AktG nur von der **„Angemessenheit der Vergütung“**, doch auch die Vereinbarung einer Kontrollwechselklausel stellt nichts anderes als eine schuldrechtliche Abfindungsregelung für bestimmte Fälle der Beendigung des Anstellungsverhältnisses und somit einen Vergütungsbestandteil dar. Demnach finden die Maßstäbe des § 87 AktG auch auf die Kontrolle solcher Vereinbarungen Anwendung.[307] Soweit sich die Höhe der Change of Control-Klauseln an den Regelungen des Deutschen Corporate Governance Kodex orientieren, sind sie allerdings weder im Hinblick auf § 87 AktG noch auf die Verwirklichung des Untreuetatbestands iSv § 266 StGB als bedenklich anzusehen.[308] Die Angemessenheit ist dagegen meist zumindest zweifelhaft, wenn die

298 *Dreher*, AG 2002, 214; *Mielke/Nguyen-Viet*, DB 2004, 2515, 2516.
299 MüKo-AktG/*Schlitt/Ries*, § 33 WpÜG Rn 114; Hölters/*Weber*, AktG, § 87 Rn 45.
300 MüKo-AktG/*Schlitt/Ries*, § 33 WpÜG Rn 114.
301 *Braun/Wybitul*, BB 2008, 782, 785.
302 *Bittmann/Schwarz*, BB 2009, 1014.
303 Schaub/*Schrader/Klagges*, Arbeitsrechtliches Formular- und VerfahrensHdB, Teil A. Rn 255.
304 MüKo-AktG/*Schlitt/Ries*, § 33 WpÜG Rn 114; MüKo-AktG/*Spindler*, § 87 Rn 84; Hölters/*Weber*, AktG, § 87 Rn 45.
305 MüKo-AktG/*Spindler*, § 87 Rn 82.
306 *Bauer/Krets*, DB 2003, 811, 816; *Küttner*, in: Arbeitsgemeinschaft ArbR, FS zum 25-jährigen Bestehen, S. 493, 494; Hölters/*Weber*, AktG, § 87 Rn 44.
307 *Korts*, BB 2009, 1876, 1876 f.
308 *Bittmann/Schwarz*, BB 2009, 1014.

Abfindungsleistung als sog. **golden parachute** über das Maß der ansonsten für die Restlaufzeit des Vertrages zu zahlenden Bezüge hinausgeht.[309]

Generelle **Einschränkungen** in Bezug auf die Abfindungshöhe gelten mangels direkter oder analoger Anwendbarkeit von § 87 Abs. 1 AktG beim **GmbH-Geschäftsführer nicht.**[310] Dies gilt selbst für die mitbestimmte GmbH, auf welche zwar bestimmte organisationsrechtliche Regelungen des AktG (insb. § 84 AktG) angewandt werden müssen, da die Ausgestaltung der Vergütungsbareden iSd § 87 AktG gerade nicht zu diesen Regelungen zählt.[311] Auch steuerrechtliche Bedenken stehen nicht entgegen. Die Gefahr einer verdeckten Gewinnausschüttung[312] besteht ebenfalls nicht, da Change of Control-Klauseln typischerweise nicht gegenüber Gesellschafter-Geschäftsführern vereinbart werden. 559

Change of Control-Klauseln müssen zwingend eine **Definition des Kontrollwechsels** enthalten. 560
Es empfiehlt sich eine genaue Formulierung, da ansonsten erheblicher Auslegungsbedarf entsteht und damit verbunden Unsicherheiten und Streitigkeiten auftreten können.[313] Möglich ist zunächst das alleinige Abstellen auf eine Änderung der gegenwärtigen Inhaber- und/oder Kontrollverhältnisse. Präziser lässt sich formulieren, wenn man an die Stellung des Erwerbers in der Gesellschafterversammlung anknüpft. So kann ein Kontrollwechsel angenommen werden, wenn ein bislang Nicht-Gesellschafter aufgrund des Erwerbs von Gesellschaftsanteilen Beschlüsse in der Gesellschafterversammlung erwirken oder zumindest verhindern kann (**Sperrminorität**).[314] Da die zur Beschlussfassung nötigen Quoren durch Gesellschaftsvertrag änderbar sind, ist davon abzuraten, den Kontrollwechsel an festen Prozentsätzen festzumachen. Es erweist sich regelmäßig als vorteilhafter und variabler, generell-abstrakte Formulierungen zu verwenden. Andernfalls entsteht die Gefahr, dass die im Anstellungsverhältnis vereinbarten Prozentangaben nicht den tatsächlichen jeweils aktuellen Mehrheitserfordernissen in der Gesellschaft entsprechen.

b) Klauseltypen und Gestaltungshinweise

aa) Unbefristeter Geschäftsführerdienstvertrag

(1) Klauseltyp A

A 1: Der Vertrag beginnt am (...) und ist auf unbestimmte Dauer abgeschlossen. 561

A 2: Der Vertrag beginnt am (...) und ist auf unbestimmte Dauer abgeschlossen. Der Vertrag kann von jeder Partei mit einer Frist von sechs/zwölf Monaten zum Ende eines Kalenderjahres/Kalenderhalbjahres/Kalendervierteljahres/Monats gekündigt werden.

A 3: Das Recht auf ordentliche Kündigung ist seitens der Gesellschaft für den Zeitraum ausgeschlossen, in dem der Geschäftsführer Inhaber von Geschäftsanteilen der Gesellschaft ist, auch wenn die Beteiligung den bisherigen Umfang unterschreitet (Gesellschafter-Geschäftsführer).

(2) Gestaltungshinweise

Die Klauseln A 1 und A 2 gestalten einen unbefristeten Geschäftsführerdienstvertrag, der unter Einhaltung von Kündigungsfristen ordentlich gekündigt werden kann. Bei der Klausel A 1 gelten mangels vertraglicher Regelung die gesetzlichen Kündigungsfristen, wobei umstritten ist, ob sie § 621 BGB oder nach wohl hM in Lit. und Rspr wohl zumindest für den Fremd- und Minderheitsgeschäftsführer nach § 622 BGB zu entnehmen sind. Eine Kündigungsregelung, die 562

309 MüKo-AktG/*Spindler*, § 87 Rn 82.
310 Scholz/*Schneider/Sethe*, GmbHG, § 35 Rn 218; *Lunk/Stolz*, NZA 2010, 121 ff.
311 *Baeck/Götze/Arnold*, NZG 2009, 1121, 1122 f; *Lunk/Stolz*, NZA 2010, 121, 123.
312 Zum Begriff s. Roth/Altmeppen/*Altmeppen*, GmbHG, § 29 Rn 60.
313 *Gran*, NJW 2008, 1409, 1413; Schaub/*Schrader*, Arbeitsrechts-Handbuch, § 3 I. Rn 8 a.
314 AA *Korts*, BB 2009, 1876, 1877.

die maßgeblichen Fristen nicht nennt, ist schon allein aufgrund dieser Unsicherheit nicht zu empfehlen, so dass für den Geschäftsführerdienstvertrag vorzugsweise eine eigenständige vertragliche Fristenregelung zu wählen ist, wie sie Klausel A 2 vorsieht. Die langen Kündigungsfristen in Klausel A 2 sichern beide Vertragsparteien vor einem kurzfristigen Wechsel des Vertragspartners ab, ohne ihn jedoch auszuschließen. Nicht unproblematisch sind Fristen wie „zwölf Monate zum Jahresende", was u.U. eine Frist von bis zu 23 Monaten bedeuten kann. Die langen Fristen kommen zwar selten zur tatsächlichen Anwendung, da es meist zu einer einvernehmlichen Vertragsaufhebung gegen Abfindungszahlung kommen wird. Auf diese Weise kann sich der Geschäftsführer die Restvertragslaufzeit kapitalisieren lassen, um weiterhin eine neue Stelle antreten und zusätzlichen Verdienst erzielen zu können. Sie bieten dem Geschäftsführer jedoch die Sicherheit, nicht Gefahr zu laufen, kurzfristig seine Einkommensgrundlage zu verlieren. Der Gesellschaft erlauben lange Kündigungsfristen, den Geschäftsführer längere Zeit vom Markt fernzuhalten, was gerade bei hoch qualifiziertem Personal einen entscheidenden Faktor für die langfristige Planung darstellt.

563 Die Klausel A 3 schließt das ordentliche Kündigungsrecht der Gesellschaft bei einem Gesellschafter-Geschäftsführer aus, um die Position des Geschäftsführers gegenüber der Gesellschaft zu stärken. Sie verstößt nicht gegen das Stimmverbot in eigenen Angelegenheiten der Gesellschafter aus § 47 Abs. 4 GmbHG. Zum einen gilt das Stimmverbot nur in eigenen Angelegenheiten als Gesellschafter und nicht als Geschäftsführer und zum anderen ist § 47 Abs. 4 GmbHG dispositiv. Durch eine der Klausel A 3 entsprechende Vereinbarung erhält der Geschäftsführer einen „Kündigungsschutz" eigener Art.

bb) Befristeter Geschäftsführerdienstvertrag

(1) Klauseltyp B

564 **B 1:** Der Vertrag beginnt am (...) und wird für die Dauer von (...) Jahren geschlossen. Mit Ablauf der Vertragsdauer endet der Vertrag, ohne dass es einer Kündigung bedarf.
Außer durch Ablauf des Vertragszeitraums endet das Anstellungsverhältnis:

a) frühestens mit Ablauf des Monats, in dem der Geschäftsführer das Lebensjahr vollendet, das Voraussetzung für den Bezug der vorgezogenen Altersrente ist; das ist derzeit des 63. Lebensjahr;
b) spätestens mit Erreichen der Altersgrenze; das ist derzeit der Ablauf des Monats, in dem das 65. Lebensjahr vollendet wird;
c) wenn der Geschäftsführer zur Ausübung seiner Tätigkeit dauerhaft unfähig ist (Erwerbsunfähigkeit iSd § 43 Abs. 2 SGB VI) mit Ablauf des Monats, in dem die Erwerbsunfähigkeit durch Gutachten festgestellt wird. Die Gesellschaft kann auf eigene Kosten den Grad der Arbeitsunfähigkeit durch Einholung eines vertrauensärztlichen Gutachtens ermitteln lassen, das für beide Vertragspartner verbindlich ist.

→ **B 2:** Die Vertragslaufzeit beträgt (...) Jahre. Das Vertragsverhältnis verlängert sich um jeweils (...) Jahr(e), wenn es nicht mit einer Frist von (...) Monat(en) zum Ende der jeweils geltenden Vertragslaufzeit von einer der Parteien gekündigt wird.

→ **B 3:** Der Vertrag beginnt am (...) und hat eine Laufzeit von (...) Jahren. Er verlängert sich um weitere (...) Jahre, wenn nicht mit einer Frist von (...) Monaten zum Ende der Vertragslaufzeit von einer der Parteien mitgeteilt wird, dass sie den Vertrag nicht verlängert.

B 4: Der Vertrag beginnt am (...) und hat eine Laufzeit von zunächst (...) Jahren. Über eine Vertragsverlängerung werden die Parteien (...) Monate vor Ablauf des Vertrages verhandeln.

B 5: Der Vertrag tritt am (...) in Kraft und läuft bis zum (...).
Die Gesellschafterversammlung, im Falle seines Bestehens der Aufsichtsrat, wird jeweils im ersten Quartal des letzten Jahres der Bestellung zum Geschäftsführer über eine Verlängerung

beschließen. Die Gesellschaft wird den Geschäftsführer umgehend, spätestens jedoch bis zum (...) des letzten Jahres der Bestellung, über die Entscheidung informieren, ob und für welchen Zeitraum eine Verlängerung der Bestellung beabsichtigt ist. Der Vertragspartner wird im Falle der Verlängerung der Bestellung innerhalb von zwei Wochen mitteilen, ob er der Verlängerung der Bestellung zustimmt. Im Falle der Verlängerung der Bestellung zum Geschäftsführer verlängert sich der Dienstvertrag automatisch um die Dauer der Verlängerung des Geschäftsführermandats. Eine Veränderung des Anstellungsvertrages zum Nachteil des Geschäftsführers scheidet im Falle einer Vertragsverlängerung aus.

→ **B 6:** Der Dienstvertrag kann durch Beschluss der Gesellschafterversammlung um Perioden von jeweils (...) Jahren verlängert werden.

B 7: Der Vertrag beginnt am (...) und läuft bis zum (...). Der Geschäftsführer kann den Vertrag während der Vertragslaufzeit ordentlich mit einer Frist von (...) Monaten zum Ende eines (...) kündigen.

B 8: Der Vertrag beginnt am (...) und läuft bis zum (...). Beide Vertragsparteien können den Vertrag während der Vertragslaufzeit ordentlich mit einer Frist von (...) Monat(en) zum Ende eines (...) kündigen.

B 9: Der Vertrag beginnt am (...) und hat eine Laufzeit von (...) Jahren. Die Gesellschaft verpflichtet sich, dem Geschäftsführer spätestens ein Jahr vor Vertragsende mitzuteilen, ob sie das Anstellungsverhältnis verlängert oder nicht. Wenn die Gesellschaft der Verpflichtung zur fristgerechten Mitteilung nicht nachkommt, hat die Gesellschaft dem Geschäftsführer mit Beendigung des Anstellungsverhältnisses eine Vertragsstrafe in Höhe von einem Bruttojahresgehalt zu zahlen.

(2) Gestaltungshinweise

Die **Klauseln B 1, B 4 und B 5** vereinbaren in wirksamer Form einen befristeten Geschäftsführerdienstvertrag. Klausel B 1 regelt ein befristetes Dienstverhältnis ohne Verlängerungsoption. S. 2 führt deklaratorisch das Wesen der Befristung aus. In Abs. 2 sind weitere Beendigungstatbestände aufgenommen, wie der vorzeitige Altersrentenbezug, das Erreichen der Altersgrenze sowie die dauernde Erwerbsunfähigkeit nach gutachterlicher Feststellung. Die Klausel stellt sicher, dass das Dienstverhältnis mit den von den Versorgungseinrichtungen festgesetzten Altersgrenzen endet. Die Vereinbarung von Altersgrenzen könnte dann zu einer Diskriminierung im Sinne des AGG führen, wenn – wie von einigen Seiten angenommen – das AGG im Lichte der Danosa-Rspr des EuGH zukünftig gegenüber Geschäftsführern auch in Bezug auf die Beendigung des Anstellungsverhältnisses zu beachten ist (s. § 2 Rn 23 ff, 29). 565

Vom Gebrauch der **Klausel B 2** ist abzuraten, da sie missverständlich als unbefristeter Dienstvertrag mit Kündigungsmöglichkeit zum „Vertragsende" verstanden werden könnte. Eine entsprechende Wertung solcher Klauseln wird im Zusammenhang mit Arbeitsverträgen vorgenommen. Dann endet das Arbeitsverhältnis zu keinem Zeitpunkt automatisch aufgrund einer Befristung, so dass es vielmehr einer gesonderten Kündigungserklärung bedarf.[315] 566

Bei einem Geschäftsführerdienstvertrag sollte die Auslegung ein anderes Ergebnis zur Folge haben und die Klausel als Befristungsabrede verstanden werden. Für den Geschäftsführer ist grds. – anders als für den Arbeitnehmer – ein befristeter Dienstvertrag günstiger. Dem Wortlaut nach handelt es sich bei der Klausel B 2 um einen befristeten Dienstvertrag. Auch vor Geltung des AGB-rechtlichen Transparenzgebots und des Verbots der überraschenden Klauseln (§§ 305 c Abs. 2, 307 Abs. 1 BGB) war die Klausel B 2 beim Geschäftsführer als Befristungsabrede zu werten. Der BGH hat zu befristeten Dienstverträgen entschieden, dass ein vertraglich 567

315 BAG 12.10.1979 – 7 AZR 960/77, BB 1980, 265; MüKo-BGB/*Hesse*, § 3 TzBfG Rn 10.

benanntes Kündigungsrecht, sofern es nicht ausdrücklich als ordentliches bezeichnet wird, als außerordentlich zu verstehen ist. Nur die ausdrückliche Vereinbarung eines ordentlichen Kündigungsrechts gewährt den Parteien das Recht zur ordentlichen Kündigung.[316] Nach der geltenden BGH-Rspr kann mit dem in Klausel B 2 S. 2 formulierten Kündigungsrecht demnach nur eine außerordentliche Kündigung gemeint sein, so dass der Vertrag bei Verwendung der Klausel B 2 nur aufgrund außerordentlicher Kündigung, eines Aufhebungsvertrages oder wegen Erreichens der Altersgrenze enden könnte. Im Vertrag ist vereinbart, dass dieser sich verlängert, soweit er nicht außerordentlich gekündigt wird. Trotz wirksam vereinbarter Befristungsabrede endet er nicht aufgrund der Befristung selbst. Wegen der dargelegten Unwägbarkeiten und Unklarheiten ist von der Verwendung der Klausel B 2 abzuraten, denn zumindest beim Verbraucher-Geschäftsführer kann ein Verstoß gegen das Transparenzgebot anzunehmen sein.

568 Auch der Gebrauch der **Klausel B 3** ist aufgrund ihrer fehlenden Eindeutigkeit nicht zu empfehlen. Zwar stellt sich hier nicht das Problem der Qualifikation des Kündigungsrechts, da bewusst nicht von „Kündigung“, sondern „Nichtverlängerung“ gesprochen wird. Jedoch ist auch in diesem Zusammenhang eine Wertung durch die Gerichte denkbar, nach der die Klausel entsprechend der Wertung im Arbeitsrecht als unbefristeter Dienstvertrag angesehen wird, obwohl die Vereinbarung eines befristeten Dienstverhältnisses beabsichtigt war. Eine automatische Verlängerung ohne Notwendigkeit einer entsprechenden Erklärung ist ebenfalls bedenklich, da eine Fristversäumung u.U. eine nicht beabsichtigte Bindung an den Geschäftsführer für einen erheblichen Zeitraum und ohne Kündigungsmöglichkeit bewirkt.

569 Empfehlenswert sind dagegen die Vereinbarungen in den Klauseln B 4 und B 5. **Klausel B 4** regelt eine Befristung und die Verpflichtung zu Vertragsverlängerungsverhandlungen. Die Klausel sieht eine Vertragsverlängerung dann vor, wenn beide Parteien sich erneut über einen Vertragsabschluss einigen. S. 2 verpflichtet die Parteien zu Vertragsverhandlungen, ohne jedoch einen Verlängerungsautomatismus vorzusehen. Die Klauseln bergen nicht die Gefahr der Annahme eines unbefristeten Dienstverhältnisses und auch nicht das Risiko der Vermutung, der Vertrag könne nur durch eine außerordentliche Kündigung beendet werden.

570 Die **Klausel B 5** formuliert ein sehr detailliertes Verfahren hinsichtlich einer möglichen Verlängerung des befristeten Dienstvertrages. Die Verlängerung des Dienstverhältnisses wird an die fortgeführte Bestellung als Geschäftsführer geknüpft. Die Klausel sieht Fristen vor, innerhalb derer sich beide Parteien zu entscheiden haben und bietet v.a. dem Geschäftsführer ein hohes Maß an Rechtssicherheit, ohne jedoch von vornherein eine feste Verlängerung des Dienstverhältnisses vorzusehen. Satz 2 der Klausel verpflichtet die Gesellschaft, den Geschäftsführer über eine weitere Bestellung zu informieren. Kommt sie der Verpflichtung nicht nach und wurde dadurch besonderes Vertrauen bei dem Geschäftsführer in eine erneute Bestellung hervorgerufen, so ist ein Schadensersatzanspruch des Geschäftsführers gegen die Gesellschaft nach § 280 BGB denkbar.[317] Satz 4 der Klausel sieht zudem ein Verböserungsverbot vor, welches sich besonders aus Sicht des Organmitglieds empfiehlt. Ungeklärt ist nämlich, ob die Gesellschaft eine Verlängerung der Vertragslaufzeit anbieten, dabei aber eine Verschlechterung von Rechtspositionen (geringeres Gehalt) vorsehen kann. Grundsätzlich müsste dies nach einer Klauselgestaltung wie in B 4 möglich sein, da sich die Parteien lediglich zu Vertragsverhandlungen über die Verlängerung verpflichten und die konkreten Umstände und Modalitäten der Verlängerung somit allein Verhandlungssache sind. Einer solchen Fallkonstellation kann man im Interesse des Geschäftsführers durch eine der Klausel B 5 entsprechende Vereinbarung vorbeugen. Durch die im Text gewählte Koppelung gerät bei Bleibeverhandlungen der Geschäftsführer nicht in Zugzwang, wenn die Gesellschaft eine Verschlechterung der Vertragskonditio-

316 BGH 21.6.1999 – II ZR 27/98, NJW 1999, 3263.
317 *Flatten*, GmbHR 2000, 922, 924.

nen im nächsten Vertrag in Erwägung zieht. Aus der Perspektive der Gesellschafter ist natürlich ein Verböserungsverbot als zu weit gehende Bindung nicht zu empfehlen, da es besonders in wirtschaftlichen Krisenzeiten geboten sein kann, auch das Gehalt des Führungspersonals an eine schlechtere Umsatzlage anzupassen.

Beide **Klauseln B 4 und B 5** und ebenfalls die Regelung in **Klausel B 9** bergen durch Zusicherung der Verlängerungsverhandlungen für den Fall der Nichtverlängerung insb. bei älteren Geschäftsführern die Gefahr, dass diese sich auf eine Diskriminierung nach dem AGG berufen (s. § 2 Rn 27 ff, 536 ff). Allerdings bewirkt ein solcher Verstoß keinen Einstellungsanspruch des ehemaligen Geschäftsführers, sondern lediglich einen möglichen Entschädigungsanspruch. Die Gesellschaft sollte also bei Vereinbarung einer Verlängerungsoption stets sensibel mit dem Thema AGG umgehen und Aussagen vermeiden, die einen Rückschluss auf entsprechende Diskriminierungen zulassen könnten (zB „Interesse an der Durchsetzung bestimmter Altersgrenzen/-strukturen“). 571

Die **Klausel B 6** enthält eine Verlängerungsklausel, nach welcher die Verlängerung an den Beschluss der Gesellschafterversammlung geknüpft ist. Die Klausel ist nicht sonderlich geeignet, da sie unpräzise formuliert und sprachlich ungelenk ist, soweit eine Verlängerung durch Beschluss der Gesellschafterversammlung erfolgen soll. Auch bietet sie keinen vertragsrechtlichen Mehrwert, da die Gesellschafterversammlung regelmäßig bereits kraft Gesetzes dazu ermächtigt ist, einen Gesellschafterbeschluss in Bezug auf die Verlängerung des Anstellungsvertrages auf Seiten der Gesellschaft abzugeben. Rechtstechnisch kann eine Verlängerung nur durch Vereinbarung zwischen den Parteien erreicht werden. Die Klausel regelt nicht, ob sich der Geschäftsführer von vornherein mit der Vereinbarung einverstanden erklären soll (antizipierte Vereinbarung) oder ob er berechtigt ist, die Verlängerung abzulehnen. Gegenüber einem Verbraucher-Geschäftsführer ist die fehlende Bestimmtheit gem. § 307 Abs. 1 S. 2 BGB zu kritisieren. Insgesamt ist die Klausel B 5 aufgrund der größeren Klarheit daher der Klausel B 6 vorzuziehen. 572

Die **Klausel B 7** gewährt dem Geschäftsführer de facto einen Kündigungsschutz außerhalb des Kündigungsschutzgesetzes. Während der im Anstellungsvertrag festgelegten Dauer bleibt für die Gesellschaft die ordentliche Kündigung ausgeschlossen, wohingegen der Geschäftsführer unter Einhaltung der vereinbarten Kündigungsfrist zur ordentlichen Kündigung berechtigt bleibt. In der anwaltlichen Beratung von Geschäftsführern wird diese Klausel als sehr empfehlenswert angesehen, da sie dem Geschäftsführer größtmögliche Flexibilität bei parallel größtmöglicher Sicherheit vermittelt. Auch vor dem Hintergrund der nun als vom BGH zulässig erachteten vertraglichen Erstreckung des Anwendungsbereichs des KSchG auf Geschäftsführer (s. dazu Klauseltypen I, § 2 Rn 608 ff) bietet eine solche Regelung dem Geschäftsführer vergleichbaren Schutz und ist aufgrund ihrer größeren Sachnähe und des geringeren Konfliktpotenzials einer Einbeziehung des KSchG vorzuziehen. 573

Die **Klausel B 8** ermöglicht beiden Vertragsparteien, das Dienstverhältnis während der Vertragslaufzeit ordentlich zu kündigen. Nach § 620 Abs. 2 BGB ist das Recht zur ordentlichen Kündigung bei einem befristeten Anstellungsverhältnis ausgeschlossen. Vertraglich kann aber die Möglichkeit zur ordentlichen Kündigung wirksam für beide Seiten vereinbart werden.[318] Allerdings werden Geschäftsführer in einer normalen oder starken Verhandlungsposition einer solchen Vereinbarung in der Praxis wohl regelmäßig nicht zustimmen. Wenn sie regelmäßig schon keinen Kündigungsschutz besitzen, wird dies zumindest durch die Planungssicherheit eines befristeten und somit ordentlich unkündbaren Vertrages ausgeglichen. Stimmt der Geschäftsführer einem ordentlichen Kündigungsrecht der Gesellschaft zu, würde er diese Planungssicherheit gerade aufgeben. 574

318 Palandt/*Weidenkaff*, § 620 BGB Rn 10.

575 Eine in der Praxis gelegentlich gebrauchte Regelung enthält die **Klausel B 9**. Die Gesellschaft muss dem Geschäftsführer bis zu einem bestimmten Termin, meistens ein Jahr vor Vertragsende, mitteilen, ob sie das Anstellungsverhältnis verlängert oder nicht. Bei einer solchen Abrede stellt sich regelmäßig die Frage, wie ein Verstoß gegen die vertraglich normierte Mitteilungspflicht sanktioniert werden kann. Zwar ist ein Schadensersatzanspruch nach § 280 BGB grds. möglich, der Nachweis eines kausalen Schadens stellt den Geschäftsführer jedoch vor große, teilweise gar unüberwindbare Schwierigkeiten. Ein möglicher Lösungsansatz bestünde darin, dem Geschäftsführer den Schadensnachweis durch eine Umkehr der Beweislast zu erleichtern. Da unklar ist, ob die Gerichte einem solchen Lösungsansatz folgen würden, empfiehlt es sich, die Sanktion bereits im Anstellungsvertrag durch eine entsprechende Vertragsstrafe zu regeln. Dem Geschäftsführer wird mit der Vertragsstrafe ein wirksames Druckmittel an die Hand gegeben, um eine fristgerechte Information über eine mögliche Verlängerung zu erhalten. Die Vertragsstrafe kommt zum Tragen, wenn die Gesellschaft ihrer Mitteilungspflicht nicht rechtzeitig nachkommt. Sie wird mit Beendigung des Anstellungsvertrages fällig, da der Schaden, den der Geschäftsführer durch nicht rechtzeitige Mitteilung erlitten hätte, sich erst im Zeitpunkt der Vertragsbeendigung realisieren würde. Die Vertragsstrafe soll den Geschäftsführer davor schützen, dass er sich infolge der unterbliebenen Mitteilung nicht um eine andere Beschäftigung bemühen und somit nicht direkt im Anschluss an die Beendigung des Anstellungsverhältnisses eine neue Tätigkeit aufnehmen konnte. Eine Vertragsstrafe in Höhe eines Bruttojahresgehalts rechtfertigt sich durch den Umstand, dass die Gesellschaft dem Geschäftsführer ein Jahr vor Vertragsende hätte informieren müssen. Für die Gesellschaft ist das Risiko, die Vertragsstrafe zahlen zu müssen, kalkulierbar, da sie es in der Hand hat, den Geschäftsführer zeitig über eine eventuelle Verlängerung zu informieren. Kommt die Gesellschaft ihrer Mitteilungspflicht nicht nach, wird die Vertragsstrafe dennoch nicht fällig, soweit das Anstellungsverhältnis verlängert wird, da es in diesem Fall an der Schutzbedürftigkeit des Geschäftsführers mangels potenziellen Schadenseintritts fehlt. Auch Klausel B 9 leidet insofern an einer kleinen sprachlichen Ungenauigkeit in Form der fehlenden Klarstellung, dass der Geschäftsführer der Vertragsverlängerung durch die Gesellschaft noch zustimmen muss, was inhaltlich sachgerecht ist.

cc) Kündigungsvereinbarung

(1) Klauseltyp C

576 **C 1:** Der Vertrag ist für beide Seiten jederzeit aus wichtigem Grund fristlos kündbar. Ein wichtiger Grund liegt für die Gesellschaft insbesondere vor, wenn:

a) der Geschäftsführer gegen das Wettbewerbsverbot nach § (...) des Vertrages verstößt;
b) der Geschäftsführer gegen die ihm im Innenverhältnis auferlegten Beschränkungen der Geschäftsführung verstößt und der Gesellschaft dadurch ein Schaden entsteht oder der Geschäftsführer trotz Abmahnung wiederholt solche Verstöße begeht;
c) der Geschäftsführer schwere Verstöße gegen besondere Anweisungen der Gesellschafterversammlung begeht, es sei denn, dass die Gesellschafterversammlung ein gesetzeswidriges Handeln fordert;
d) der Geschäftsführer Geschäfte ohne die vorgesehene Zustimmung vornimmt;
e) der Geschäftsführer eine eidesstattliche Versicherung abgeben muss;
f) die Eröffnung des Insolvenzverfahrens über das Vermögen der Gesellschaft eingetreten oder die Ablehnung der Eröffnung mangels Masse oder die Auflösung der Gesellschaft erfolgt ist.

↓ **C 2:** Das Recht zur fristlosen Kündigung aus wichtigem Grund bleibt für beide Vertragsparteien unberührt. Die Gesellschaft ist berechtigt, den Anstellungsvertrag mit den gesetzlichen Fristen des § 622 BGB zu kündigen, wenn eine der von dem Geschäftsführer geleiteten Divisionen das

im jährlichen Budget festgelegte Ergebnis (vor Ertragssteuern) nicht unwesentlich unterschreitet.

→ **C 3:** Das Recht zur fristlosen Kündigung aus wichtigem Grund bleibt für beide Vertragsparteien unberührt. Ein wichtiger Grund für die Gesellschaft liegt insbesondere vor, wenn das Jahresergebnis der Gesellschaft das von dem Geschäftsführer mit der Gesellschafterversammlung vereinbarte Jahreszielergebnis um 50 Prozent unterschreitet. Das Recht zur Kündigung besteht nicht, wenn die Unterschreitung des Jahreszielergebnisses auf höherer Gewalt beruht.

↓ **C 4:** Der Vertrag ist für beide Seiten jederzeit aus wichtigem Grund fristlos kündbar. Ein wichtiger Grund liegt für die Gesellschaft insbesondere vor, wenn der Geschäftsführer wegen Vorliegens eines wichtigen Grundes abberufen wird.

→ **C 5:** Ein wichtiger Grund zur außerordentlichen Kündigung durch die Gesellschaft ist insbesondere gegeben, wenn der Geschäftsführer sich nicht an die von der Gesellschafterversammlung erlassenen Ethikrichtlinien hält.

C 6: Der Anstellungsvertrag gilt unbefristet. Eine ordentliche Kündigung ist für die Gesellschaft nur zulässig, wenn:

a) der Geschäftsführer gegen das Wettbewerbsverbot nach § (...) des Vertrages verstößt;
b) der Geschäftsführer gegen die ihm im Innenverhältnis auferlegten Beschränkungen der Geschäftsführung verstößt und der Gesellschaft dadurch ein Schaden entsteht oder der Geschäftsführer trotz Abmahnung wiederholt solche Verstöße begeht;
c) der Geschäftsführer schwere Verstöße gegen besondere Anweisungen der Gesellschafterversammlung begeht, es sei denn, dass die Gesellschafterversammlung ein gesetzeswidriges Handeln fordert;
d) der Geschäftsführer Geschäfte ohne die vorgesehene Zustimmung vornimmt;
e) der Geschäftsführer eine eidesstattliche Versicherung abgeben muss;
f) die Eröffnung des Insolvenzverfahrens über das Vermögen der Gesellschaft eingetreten oder die Ablehnung der Eröffnung mangels Masse oder die Auflösung der Gesellschaft erfolgt ist.

(2) Gestaltungshinweise

Die **Klausel C 1** sieht eine wirksame Kündigungsvereinbarung vor, die zunächst einen klarstel- 577
lenden Hinweis enthält, wonach beide Seiten das Dienstverhältnis außerordentlich kündigen können. In S. 2 führt sie Tatsachen an, die als wichtiger Grund zur Kündigung für die Gesellschaft gelten sollen. Die Vereinbarung von Kündigungsgründen ist in Geschäftsführerdienstverträgen grds. zulässig.[319] Die in Klausel C 1 S. 2 genannten Sachverhaltskonstellationen sind geeignet, einen vertraglich vereinbarten wichtigen Grund darzustellen. Den Sachverhaltskonstellationen ist mit Ausnahme von Ziffer f) gemein, dass aufgrund entsprechenden Verhaltens das zwingend erforderliche Vertrauen der Gesellschafter in den Geschäftsführer gestört ist. Gerechtfertigt ist eine außerordentliche, auf einen der vorliegenden Sachverhalte gestützte Kündigung dennoch nur, wenn der Tatbestand tatsächlich die Qualität eines wichtigen Grundes iSv § 626 Abs. 1 BGB objektiv erfüllt. Eine wirksame Kündigungsvereinbarung lässt insoweit lediglich eine Interessenabwägung im Einzelfall entbehrlich werden, da bei Vorliegen eines der Gründe nach der übereinstimmenden Erklärung der Parteien im Anstellungsvertrag eine Kündigung dem gemeinsamen Willen entspricht.[320] In der Klausel C 1 fehlt jeglicher Hinweis auf eine ordentliche Kündigung und die in diesem Falle maßgebliche Frist.

319 Lutter/Hommelhoff/*Kleindiek*, GmbHG, Anh zu § 6 Rn 57.
320 So auch Moll/*Moll/Grobys*, MAH Arbeitsrecht, § 80 Rn 71.

578 Ein solcher klarstellender Hinweis ist in der **Klausel C 2** enthalten. Diese weist die Besonderheit auf, dass eine Kündigung möglich sein soll, soweit der Geschäftsführer ein bestimmtes Unternehmensergebnis, für das er verantwortlich ist, nicht erzielt. Wenn man derartige Klauseln überhaupt trotz § 242 BGB als wirksam erachtet – sie gewähren ein einschneidendes Recht aufgrund von Umständen, die der Geschäftsführer nur bedingt beeinflussen kann –, so gilt zumindest, dass der Grad der Zielverfehlung bereits in der Kündigungsvereinbarung festgelegt sein muss. Eine Formulierung „nicht unwesentlich" wie in Klausel C 2 ist dabei als zu unbestimmt keinesfalls ausreichend. Als Richtschnur dürfte eine Unterschreitung von 50 % in Betracht kommen. Gleichzeitig muss allerdings gewährleistet sein, dass das festgelegte Ergebnis für den Geschäftsführer erreichbar ist und ihm nicht außerhalb seiner Verantwortung liegende Umstände angelastet werden können. Zudem muss eine Öffnungsklausel vorsehen, dass ein Unterschreiten von 50 % aufgrund nicht vom Geschäftsführer zu vertretender Ursachen nicht zur Kündigung berechtigt.

579 **Klausel C 3** wird im Gegensatz zur Klausel C 2 diesen Anforderungen gerecht. Beide Klauseln, C 2 und C 3, begegnen allerdings bei Verbraucher-Geschäftsführern AGB-rechtlichen Bedenken, da ein Verstoß gegen § 307 Abs. 2 Nr. 1 und 2 BGB naheliegend ist. Entscheidender Charakter des Dienstvertrages ist, im Gegensatz zum Werkvertrag, dass ein Dienst und nicht ein Erfolg geschuldet wird. Wenn eine Kündigungsmöglichkeit für den Fall eingeräumt wird, dass ein bestimmter Erfolg nicht erreicht wird, erfährt das Vertragsverhältnis einen werkvertraglichen Charakter und weicht somit von dem wesentlichen Grundgedanken des Dienstvertragsrechts ab.

580 Die **Klausel C 4** enthält eine klassische Koppelungsklausel ohne Kündigungsfrist und durchbricht vollständig das Trennungsprinzip. Ob die gebräuchliche Koppelung der Beendigung des Dienstvertrages an die Beendigung der Organstellung, insb. an die Abberufung, in der vorliegenden Form erfolgen darf, ist fraglich (s. § 2 Rn 474, 727 ff). Dies gilt insb. deshalb, weil die Gründe für eine Abberufung aus wichtigem Grund und der wichtige Grund im Zusammenhang mit der außerordentlichen Kündigung nicht deckungsgleich sind.

581 Die **Klausel C 5** sieht vor, dass eine außerordentliche Kündigung möglich ist, sofern der Geschäftsführer gegen eine Ethikrichtlinie (*code of conduct*) verstößt. Eine solche vertragliche Einbeziehung von Verhaltensrichtlinien ist notwendig, da ansonsten keine gesetzliche Vorgaben zur Sanktionierung entsprechender Verstöße bestehen.[321] Verschiedentlich weisen Unternehmen, insb. solche, die dem US-amerikanischen Raum entstammen, ihre Mitarbeiter zu bestimmten Verhaltensweisen in und außerhalb des Geschäftsbetriebs an.[322] Auch spezielle Unternehmensethiken und Werte gewinnen fortwährend an Bedeutung. Für Unternehmen ist es am Markt und aus Gründen der internen Autorität ihrer Geschäftsführer entscheidend, dass sich der Repräsentant des Unternehmens an die Unternehmensethik hält. Ein Unternehmen, dessen Geschäftsführer nicht nach den vorgegebenen Richtlinien handelt, ist schlicht unglaubwürdig. Einem Geschäftsführer eines Mobilfunkunternehmens, der sich weigert, ein Handy zu benutzen, oder einem Vegetarier als Geschäftsführer einer Wurstfabrik fehlt die Identifikation mit den Unternehmenszielen. Deshalb ist eine Kündigungsvereinbarung für den Fall, dass ein Geschäftsführer gegen eine Ethikrichtlinie verstößt, grds. nicht zu beanstanden. Die Wirksamkeit der Klausel hängt allerdings von den Inhalten der Ethikrichtlinie ab. Ein Verstoß gegen eine Ethikrichtlinie, die Mitarbeiter verpflichtet, eine bestimmte Partei zu wählen, kann wegen Verstoßes gegen Art. 38 GG keine außerordentliche Kündigung begründen. Oftmals ist auch eine Kollision solcher Ethikrichtlinien mit dem allgemeinen Persönlichkeitsrecht aus Art. 2 Abs. 1 iVm Art. 1 Abs. 1 GG denkbar. Gerade im Fall der Regelung der privaten Verhältnisse von Arbeitnehmern, insb. durch Verbote privater Liebesbeziehungen innerhalb des Betriebs,

321 *Schröder/Schreier*, BB 2010, 2565.
322 *Meyer*, NJW 2006, 3605; *Schuster/Darsow*, NZA 2005, 273.

haben die Gerichte verschiedentlich die Unwirksamkeit von Ethikrichtlinien angenommen.[323] Wichtig ist weiterhin eine Bekanntmachung der Ethikrichtlinie selbst, da die Ahndung eines Verstoßes nur möglich ist, wenn der Betroffene die Regeln überhaupt kennt. Insoweit empfiehlt sich eine Beifügung der Richtlinie im Anhang des Vertrages.[324] Diese Grundsätze lassen sich wohl zumindest teilweise auch auf entsprechende Verbote für den Geschäftsführer übertragen. Insgesamt bleibt festzuhalten, dass ein Verstoß gegen eine Ethikrichtlinie als vereinbarter Kündigungsgrund von vornherein ausscheidet, soweit die Richtlinie selbst – zB wegen einer Unvereinbarkeit mit dem allgemeinen Persönlichkeitsrecht, welches auch im Zivilrecht zu den geschützten subjektiven Rechten zählt – unwirksam ist. Aus der Nichtbeachtung unwirksamer Vorgaben dürfen insoweit gerade keine negativen Konsequenzen folgen.[325]

Die Klauseln C 1–C 5 beinhalten Kündigungsvereinbarungen für außerordentliche Kündigun- 582
gen aus wichtigem Grund. Gewählt werden kann eine entsprechende Kündigungsvereinbarung aber auch für eine ordentliche Kündigung. In diesem Fall beschränkt die Kündigungsvereinbarung ausnahmsweise das Kündigungsrecht, da grds. eine ordentliche Kündigung grundlos ausgesprochen werden kann. Eine Vereinbarung, wie sie die Klausel C 6 vorsieht, ist zulässig, da sie den Rechtsschutz für den Geschäftsführer erweitert, indem sie ihm einen spezifischen Kündigungsschutz gewährt.

dd) Freistellungsklausel

(1) Klauseltyp D

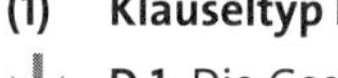

D 1: Die Gesellschafterversammlung, im Falle seines Bestehens der Aufsichtsrat, kann den Ge- 583
schäftsführer jederzeit von seiner Verpflichtung zur Erbringung seiner Dienste unter Fortzahlung der vertraglichen Vergütung freistellen; bei der Tantieme wird während der Freistellung insgesamt ein Zielerreichungsgrad von 80 % unterstellt. Auf die Freistellung werden etwaige Urlaubsansprüche angerechnet. Im Falle einer Freistellung wird die Gesellschaft auf Wunsch des Geschäftsführers unverzüglich seine Bestellung als Geschäftsführer widerrufen.

D 2: Die Gesellschaft ist jederzeit berechtigt, den Geschäftsführer von seiner Verpflichtung zur Arbeitsleistung für die Gesellschaft freizustellen. Für die restliche Vertragsdauer erhält der Geschäftsführer im Falle der Freistellung ausschließlich den Fixbestandteil seiner Vergütung nach Maßgabe von § (...) dieses Vertrages. Mit der Freistellung endet gleichzeitig das private Nutzungsrecht des Firmenwagens.

D 3: Die Gesellschaft ist berechtigt, den Geschäftsführer nach Kündigung des Dienstvertrages bis zum Vertragsende ganz oder teilweise von der Pflicht zur Arbeitsleistung bei Fortzahlung der Bezüge unter Anrechnung des zustehenden Jahresurlaubs freizustellen. In Bezug auf die Tantieme wird für die Zeit der Freistellung ein Zielerreichungsgrad von 80 % unterstellt. § 615 S. 2 BGB findet keine Anwendung.

(2) Gestaltungshinweise

Die Vereinbarung von Freistellungsklauseln im Geschäftsführerdienstvertrag wird teilweise kri- 584
tisch gesehen. Eine vorläufige Amtsenthebung von GmbH-Geschäftsführern mit der Folge der Suspendierung von Geschäftsführungs- und Vertretungsbefugnissen hält die herrschende Meinung für unzulässig.[326] Eine solche Klausel begegnet darüber hinaus auch AGB-rechtlichen Be-

323 LAG Düsseldorf 14.11.2005 – 10 TaBV 46/05, NZA-RR 2006, 81; BAG 22.7.2008 – 1 ABR 40/07, NJW 2008, 3731.

324 *Schröder/Schreier*, BB 2010, 2565, 2566.

325 Zur Überprüfung der Wirksamkeit und der AGB-Kontrolle von Verhaltensrichtlinien im Einzelnen *Schröder/Schreier*, BB 2010, 2565.

326 Rowedder/Schmidt-Leithoff/*Koppensteiner/Gruber*, GmbHG, § 38 Rn 32; Scholz/*Schneider*, GmbHG, § 38 Rn 95.

denken, da dem Geschäftsführer das Recht auf Erbringung der Hauptleistungspflicht einseitig genommen wird.[327] Aus diesen Gründen halten die Klauseln D 1 und D 2 bei Verbraucher-Geschäftsführern regelmäßig einer AGB-Kontrolle nicht stand. Auch im Fall der Unanwendbarkeit einer Inhaltskontrolle nach den §§ 307 ff BGB, etwa bei Unternehmergeschäftsführern, sind sie im Regelfall wegen einer schweren Störung des Synallagma gem. § 242 BGB unwirksam. Man kann nicht den Vertragspartner der vollständigen Haftung unterwerfen und ihm gleichzeitig die Einflussnahmen auf die zur Haftung führenden Sachverhalte durch Freistellung/Suspendierung der Dienstleistungspflicht entziehen.

585 Falls im Geschäftsführerdienstvertrag eine Freistellungsklausel vereinbart werden soll, empfiehlt sich die **Klausel D 3**. Als vertretbar stellen sich solche Vereinbarungen dar, wonach der Geschäftsführer bei einer ordentlichen Kündigung des Anstellungsvertrages von seiner Tätigkeit als Geschäftsführer freigestellt wird. Zu beachten ist, dass eine solche Klausel nur in einem Dienstvertrag mit einer ordentlichen Kündigungsmöglichkeit einen Sinn hat, da bei der außerordentlichen Kündigung das Dienstverhältnis ohnehin im Zeitpunkt der Kündigung endet. Eine Abbedingung von § 615 S. 2 BGB, wie sie die Klausel D 3 vorsieht, ermöglicht dem Geschäftsführer, anderweitigen Erwerb im Zeitraum seiner Freistellung zu erzielen. Die Festlegung des Zielerreichungsgrads im Rahmen einer Tantieme empfiehlt sich, da ansonsten über den Grad der Zielerreichung bei Nichtarbeit gestritten werden muss. Durch die vom BGH geschaffene Klarheit im Hinblick auf nicht bestehende Fortbeschäftigungsansprüche von Geschäftsführern nach einer Abberufung[328] hat sich allerdings deutlich die fehlende Notwendigkeit für die vertragliche Vereinbarung von Freistellungsklauseln gezeigt. Eine der Klausel D 3 vergleichbare Regelung besitzt demnach weitgehend nur noch deklaratorische Wirkung und dient allenfalls der Klarstellung.

ee) Schriftformklausel

(1) Klauseltyp E

586 **E 1:** Jede Kündigung bedarf der Schriftform. Empfangszuständig für eine Kündigung durch den Geschäftsführer ist jeder weitere Geschäftsführer der Gesellschaft oder für den Fall, dass ein solcher nicht im Amt ist, derjenige Gesellschafter, der über die höchste Kapitalbeteiligung der Gesellschaft verfügt.

E 2: Jede Kündigung bedarf der Schriftform. Empfangszuständig für eine Kündigung des Geschäftsführers ist der jeweilige Vorsitzende der Gesellschafterversammlung.

(2) Gestaltungshinweise

587 Die Vereinbarung eines Schriftformerfordernisses wie in den Klauseln E 1 und E 2 dient der Rechtssicherheit und empfiehlt sich, da § 623 BGB nicht für Geschäftsführerdienstverträge gilt. Sie unterliegt auch keinen AGB-rechtlichen Bedenken. Aus § 309 Nr. 13 BGB kann der Rückschluss gezogen werden, dass die Schriftform in jedem Fall zulässig ist. Eine Regelung zur Empfangszuständigkeit für die Kündigung des Geschäftsführers bietet sich aufgrund der unklaren Rechtslage (s. § 2 Rn 483) an.

ff) Umdeutungsklausel

(1) Klauseltyp F

588 Das Recht zur fristlosen Kündigung bleibt unberührt. Eine fristlose Kündigung gilt im Fall ihrer Unwirksamkeit zugleich als fristgemäße Kündigung zum nächstzulässigen Termin.

327 *Beckmann*, NZA 2004, 1131; Preis/*Preis*, Der Arbeitsvertrag, II F 10 Rn 9.
328 BGH 11.10.2010 – II ZR 266/08, DStR 2011, 229.

(2) Gestaltungshinweise

Die vertragliche Umdeutungsklausel empfiehlt sich, weil sie jeglichen Zweifel beseitigt, ob für den Geschäftsführer der Wille der Gesellschafter erkennbar war, dass die fristlose Kündigung auch als ordentliche Kündigung zum nächstmöglichen Zeitpunkt gewollt war. Die Klausel ist selbstverständlich nur sinnvoll, wenn der Geschäftsführervertrag unbefristet geschlossen wurde oder ein ordentliches Kündigungsrecht vorsieht. 589

gg) Absicherungsklauseln gegen gesellschaftsrechtliche Veränderungen

(1) Klauseltyp G

G 1: Im Falle der Umwandlung der Gesellschaft in eine OHG oder andere Gesellschaftsform erhält der Geschäftsführer bei im Übrigen unveränderter Fortgeltung dieses Vertrages die Rechtsstellung eines Prokuristen. 590

G 2: Für den Geschäftsführer gilt § 613 a BGB.

G 3: Eine Kündigung des Vertragsverhältnisses durch die Gesellschaft aus Anlass eines Betriebsübergangs ist ausgeschlossen.

G 4: Im Falle der Umwandlung der Gesellschaft steht dem Geschäftsführer ein Sonderkündigungsrecht zu, falls ihm im neuen bzw aufnehmenden Rechtsträger die Stellung als Geschäftsführungsorgan nicht eingeräumt wird oder die neue Rechtsform über kein Geschäftsführungsorgan verfügt. Außerdem ist der Geschäftsführer befugt, mit einer Ankündigungsfrist von zwei Monaten aus der Gesellschaft auszuscheiden. Angesichts des in diesem Fall gesellschafterseitig veranlassten Ausscheidens erhält der Geschäftsführer eine Abfindung, die sich aus einer Kapitalisierung der voraussichtlichen Gesamtbezüge für die Restvertragslaufzeit (alternativ: nach einem weiteren Betrag) errechnet, der nach folgender Formel ermittelt wird: (...)

G 5: Im Falle eines Betriebsübergangs steht dem Geschäftsführer ein Sonderkündigungsrecht zu. Über das Sonderkündigungsrecht ist der Geschäftsführer befugt, mit einer Ankündigungsfrist von zwei Monaten aus der Gesellschaft auszuscheiden. Angesichts des in diesem Fall gesellschafterseitig veranlassten Ausscheidens erhält der Geschäftsführer eine Abfindung, die sich aus einer Kapitalisierung der voraussichtlichen Gesamtbezüge für die Restvertragslaufzeit (alternativ: nach einem weiteren Betrag) errechnet, der nach folgender Formel ermittelt wird: (...)

G 6: Erlischt das Amt des Geschäftsführers aufgrund eines Zusammenschlusses der Gesellschaft mit anderen Unternehmen, so wird der Geschäftsführer eine ihm von der Rechtsnachfolgerin der Gesellschaft zu übertragende, angemessene Leitungsposition wahrnehmen, auch wenn die Position nicht mit der Berufung in das Vertretungsorgan der Rechtsnachfolgerin verbunden sein sollte. Die dem Geschäftsführer gemäß diesem Vertrag zustehenden Vergütungsleistungen werden aus Anlass der Übertragung einer veränderten Position nicht reduziert.[329]

G 7: Die Geschäftsführerin wird bei Spaltung oder Teilübertragung der Gesellschaft einer Arbeitnehmerin gem. § 323 Abs. 1 UmwG gleichgestellt.

G 8: Bei einem Formwechsel der Gesellschaft von einer GmbH in eine AG ist der Geschäftsführer verpflichtet, bei der formgewechselten Gesellschaft die Aufgaben eines Vorsitzenden oder eines Mitglieds des Vorstands zu übernehmen, wenn ihn der Aufsichtsrat des neuen Rechtsträgers bestellt. Nimmt der Geschäftsführer die Bestellung nicht an, so gilt dies als wichtiger Grund zur Kündigung des Dienstverhältnisses.[330]

---

329 *Jaeger*, Der Anstellungsvertrag des GmbH-Geschäftsführers, 4. Aufl., S. 150.

330 *Kauffmann-Lauven*, in: Arbeitsgemeinschaft ArbR, FS zum 25-jährigen Bestehen, S. 471, 479.

(2) Gestaltungshinweise

591 Die dargestellten Klauseln sichern den GmbH-Geschäftsführer vor Veränderungen seiner Rechtsstellung, die sich aus Fusion, Verschmelzung, Spaltung oder Firmenkauf ergeben können. Die **Klausel G 1** regelt die Rechtsstellung des Geschäftsführers, sofern das Geschäftsführermandat infolge einer gesellschaftsrechtlichen Änderung wegfällt. Dem Geschäftsführer wird die Rechtsstellung eines Prokuristen rechtsverbindlich zugesagt. Ferner sieht die Klausel vor, dass sich an den Vertragsrechtsbeziehungen der Parteien nichts ändert, sondern der Dienstvertrag aufrechterhalten bleibt.

592 **Klausel G 2** bezweckt die vertragliche Anwendung des § 613 a BGB zu Gunsten des Geschäftsführers. Die Klausel ist unwirksam, da sie einen Vertrag zu Lasten Dritter beinhaltet. Gesellschafter und Geschäftsführer vereinbaren über die Klausel G 2 die Verpflichtung eines möglichen Betriebserwerbers, den Dienstvertrag des Geschäftsführers unverändert übernehmen zu müssen. Eine solche Absprache kann nur unter Beteiligung des Betriebserwerbers wirksam getroffen werden. Auch inhaltlich ist eine solche Regelung als verfehlt anzusehen, da § 613 a BGB auf Arbeitnehmer zugeschnitten ist und eine Besitzstandswahrung nicht mit dem Interesse des Betriebserwerbers vereinbar ist, die Leitungsebene im Betrieb mit Personen seines Vertrauens zu besetzen.

593 Die **Klausel G 3** regelt einen Kündigungsschutz des Geschäftsführers für den Fall des Betriebsübergangs. Um zu vermeiden, dass die bisherige Gesellschaft dem Geschäftsführer anlässlich des Betriebsübergangs kündigt, kann die Klausel G 3 vereinbart werden. Die Frage, welche Aufgaben der Geschäftsführer übernehmen soll, nachdem der übertragende Rechtsträger den Betrieb verkauft hat und damit möglicherweise die Beschäftigungsmöglichkeit entfallen ist, löst die Klausel nicht. Demnach wäre auch hier eine umfassendere Lösung vorteilhaft, da eine Fortbeschäftigung als Organvertreter aus den angesprochenen Gründen nicht in jedem Fall in Betracht kommt.

594 In **Klausel G 4** wird ein Sonderkündigungsrecht zu Gunsten des Geschäftsführers für den Wegfall seiner Geschäftsführerstellung im Zusammenhang mit einer Umwandlung der Gesellschaft vereinbart. Ein derartiges Sonderkündigungsrecht stellt sich für den Geschäftsführer als vorteilhaft dar und kann auch mit einer Change of Control-Regelung kombiniert werden. Meist wird dem Geschäftsführer bei Wegfall seiner Organstellung zwar ein Recht zur außerordentlichen Kündigung zustehen, aber dennoch ist eine entsprechende Klausel nicht unzweckmäßig.

595 Die **Klausel G 5** enthält eine wortgleiche Regelung für den Fall eines Betriebsübergangs. Problematisch ist allein, dass die Feststellung eines Betriebsübergangs zwischen den Parteien, anders als eine Umwandlung, streitig sein kann.

596 Die **Klausel G 6** empfiehlt sich für Unternehmen, die gewährleisten wollen, dass ein Geschäftsführer auch nach einem Gesellschaftszusammenschluss in ihrem Unternehmen verbleibt. Sie regelt eindeutig, dass der Geschäftsführer nach dem Zusammenschluss auch Aufgaben übernehmen wird, die nicht mit der Berufung in ein Vertretungsorgan verbunden sind.

597 Ein Geschäftsführer, der die **Klausel G 7** wählt, sorgt für Spaltung und Teilübertragung nach dem gleichen Ansatz vor wie in der Klausel G 3 beim Betriebsübergang. Die Klausel G 7 begegnet keinen rechtlichen Bedenken.

598 Auch die **Klausel G 8** bietet dem Geschäftsführer die Chance der Fortsetzung seines Dienstverhältnisses im Zusammenhang mit einer formwechselnden Umwandlung der GmbH zu einer AG. Er wird allerdings vertraglich dazu verpflichtet, die Aufgaben eines Vorstandsmitglieds zu übernehmen, falls ihn der Aufsichtsrat der umgewandelten Gesellschaft bestellt. Solange sich der Aufsichtsrat der künftigen AG noch nicht konstituiert, kann nicht über den Kopf des maßgeblichen und noch nicht bestehenden Organs hinweg eine verbindliche Zusage zur Fortsetzung einer Tätigkeit des GmbH-Geschäftsführers in einer Organstellung als Vorstand erteilt werden. Die Verknüpfung mit dem Recht zur außerordentlichen Kündigung bei Ablehnung der Fortsetzung der Unternehmensleitungstätigkeit in der AG erweist sich allerdings für den

GmbH-Geschäftsführer als nachteilig, wenn er einerseits Gründe für die Nichtfortsetzung seiner Tätigkeit sieht, andererseits auf die Bezüge als Geschäftsführer bzw künftiger Vorstand angewiesen ist.

hh) Change of Control-Klauseln

(1) Klauseltyp H

H 1: 599

1. Für den Fall, dass während der Laufzeit des Geschäftsführerdienstvertrages ein Kontrollwechsel bei der (...) stattfindet, ist der Geschäftsführer berechtigt, innerhalb von sechs Monaten nach Rechtswirksamkeit des Kontrollwechsels das Geschäftsführermandat unter Einhaltung einer sechsmonatigen Frist zum Monatsletzten niederzulegen. Der Geschäftsführer ist auch befugt, zum Tag der Wirksamkeit der Amtsniederlegung aus dem Anstellungsverhältnis auszuscheiden. Zum Ausscheidenszeitpunkt werden dem Geschäftsführer die Bezüge erstattet, die er erhalten haben würde, wenn er seinen Dienstvertrag bis zum vereinbarten Ende erfüllt hätte. Der Anstellungsvertrag wird in diesem Falle auf den Zeitpunkt der Beendigung des Geschäftsführeramtes einvernehmlich beendet.
2. Die Definition der Mehrheitsübernahme ergibt sich aus dem Aktien- und Übernahmerecht.
3. Ein Kontrollwechsel im Sinne dieser Vereinbarung liegt auch vor, wenn die (...) ihre Anteile am Grundkapital der Gesellschaft ganz oder teilweise abgibt und ein strategischer Investor, der nicht der (...)-Gruppe zuzurechnen ist, alleine oder zusammen mit ihm zuzurechnenden anderen Investoren das größte Anteilspaket an der (...) hält und in der Lage ist, wesentliche Änderungen in der strategischen Ausrichtung des (...)-Konzerns durchzusetzen.

H 2:

1. Falls bei der Gesellschaft ein Kontrollwechsel stattfindet, wandelt sich das unbefristete Anstellungsverhältnis in ein befristetes Anstellungsverhältnis mit einer Laufzeit von (...) um, beginnend mit Rechtswirksamkeit des Kontrollwechsels.
2. Der Geschäftsführer wird im Falle des Kontrollwechsels auf seinen Wunsch von seiner Dienstverpflichtung freigestellt. § 615 S. 2 BGB gilt nicht. Der Geschäftsführer ist befugt, ab dem Kontrollwechsel jederzeit sein Mandat niederzulegen.
3. Ein Kontrollwechsel liegt vor, wenn ein Dritter, der nicht zum (...)-Konzern gehört und im Zeitpunkt des Abschlusses des Geschäftsführerdienstvertrages nicht Gesellschafter der GmbH ist, Geschäftsanteile in einem Umfang erwirbt und/oder hält, über die er Beschlüsse in der Gesellschafterversammlung verhindern kann.

H 3:

1. Im Falle eines Kontrollwechsels iSv Abs. 2 hat Herr/Frau (...) ein einmaliges Sonderkündigungsrecht, den Dienstvertrag mit einer Kündigungsfrist von (...) Monaten zum Monatsende zu kündigen und sein/ihr Amt zum Kündigungstermin niederzulegen. Er/Sie hat bei Ausübung des Sonderkündigungsrechts Anspruch auf Zahlung einer Abfindung nach näherer Maßgabe des Abs. 3. Das Sonderkündigungsrecht besteht nur innerhalb von drei Monaten, nachdem Herrn/Frau (...) der Kontrollwechsel bekannt geworden ist.
2. Ein Kontrollwechsel liegt vor, wenn ein Dritter oder mehrere gemeinsam handelnde Dritte mehr als 50 % der Geschäftsanteile an der Gesellschaft erwerben und die Stellung von Herrn/Frau (...) als Geschäftsführer infolge der Änderung der Mehrheitsverhältnisse mehr als nur unwesentlich berührt wird. Die Stellung als Geschäftsführer ist insbesondere bei folgenden Veränderungen mehr als nur unwesentlich berührt:
   - Wesentliche Veränderung in der Strategie des Unternehmens (zB ...);
   - wesentliche Veränderung im Tätigkeitsbereich des Betroffenen (zB wesentliche Verringerung der Kompetenzen, wesentliche Veränderung der Ressortzuständigkeit ...);

- wesentliche Veränderung des Dienstsitzes (zB in das Ausland oder einen weit vom gegenwärtigen Dienstsitz entfernten Ort).

3. Die Abfindung, die insgesamt auf maximal (...) € begrenzt ist, setzt sich zusammen aus 50 % der Summe des aufgrund der vorfristigen Beendigung des Dienstverhältnisses nicht mehr zur Entstehung und Auszahlung gelangenden Entgelts (Festgehalt und variable Erfolgsvergütung auf der Basis einer unterstellten 100%igen Zielerreichung) und der zusätzlichen Zahlung iHv einem Jahresbruttogrundgehalt. Eine Anrechnung anderweitiger Einkünfte gem. §§ 326 Abs. 2, 615 S. 2 BGB findet nicht statt. Der Abfindungsanspruch entsteht frühestens im Zeitpunkt der dinglichen Übertragung der Geschäftsanteile, wenn sämtliche Genehmigungen vorliegen und sämtliche aufschiebenden Bedingungen eingetreten sind. Er wird mit Beendigung des Anstellungsverhältnisses zur Auszahlung fällig.
4. Ein Anspruch auf Gewährung einer Abfindung nach vorstehendem Absatz besteht nicht, wenn das Vertragsverhältnis auch unabhängig vom Eintritt des Kontrollwechsels innerhalb der nächsten sechs Monate automatisch geendet hätte, etwa durch Ablauf der Befristung oder durch Erreichen der Altersgrenze.
5. Jeglicher Abfindungsanspruch entfällt, wenn die Gesellschaft das Dienstverhältnis wirksam außerordentlich aus wichtigem Grund iSd § 626 BGB kündigt.[331]

H 4: Für den Fall, dass während der Laufzeit des Geschäftsführerdienstvertrages ein Kontrollwechsel bei der (...) stattfindet, ist der Geschäftsführer berechtigt, innerhalb von sechs Monaten nach Rechtswirksamkeit des Kontrollwechsels das Geschäftsführermandat unter Einhaltung einer sechsmonatigen Frist zum Monatsletzten niederzulegen. Der Geschäftsführer ist auch befugt, zum Tag der Wirksamkeit der Niederlegung aus dem Anstellungsverhältnis auszuscheiden. Zum Ausscheidenszeitpunkt werden dem Geschäftsführer die Bezüge erstattet, die er erhalten haben würde, wenn er seinen Dienstvertrag bis zum vereinbarten Ende erfüllt hätte. Sein Zielerreichungsgrad wird auf 100 % festgesetzt. Zudem erhält der Geschäftsführer zum Ausscheidenszeitpunkt eine Abfindungszahlung in Höhe von (...) Brutto-Jahresgehältern.

H 5: Im Falle eines Kontrollwechsels erhält der Geschäftsführer, wenn er nicht von seinem ordentlichen Kündigungsrecht Gebrauch macht, eine zusätzliche Zahlung in Höhe von (...) Jahresgehältern.

 **H 6:**

1. Im Falle eines Kontrollwechsels erhöht sich mit Rechtswirksamkeit des Kontrollwechsels das Jahresgehalt des Geschäftsführers um das (...)-Fache.
2. Ein Kontrollwechsel ist gegeben, wenn ein Dritter, der nicht zum (...)-Konzern gehört und im Zeitpunkt des Abschlusses des Geschäftsführerdienstvertrages nicht Gesellschafter der GmbH ist, Geschäftsanteile in einem Umfang erwirbt, der ihm die Beschlussmehrheit in der Gesellschafterversammlung verschafft.

H 7: Ein Kontrollwechsel ist gegeben, wenn ein Dritter 50 % der Geschäftsanteile der Gesellschaft erwirbt.

(2) Gestaltungshinweise

600 Die Klauseln H 1–H 6 knüpfen unterschiedliche Rechtsfolgen für Geschäftsführer an den Kontrollwechsel bei einer Gesellschaft. Die **Klausel H 1** gibt dem Geschäftsführer im Falle eines Kontrollwechsels das Recht zur Kündigung des Dienstverhältnisses. Da im unbefristeten Dienstverhältnis grds. für beide Seiten eine ordentliche Kündigung möglich ist, ist es nur sinnvoll, die Klausel im befristeten Dienstverhältnis vorzusehen. Wenn der Geschäftsführer im Fal-

331 Schaub/*Schrader/Klagges*, Arbeitsrechtliches Formular- und VerfahrensHdB, Teil A. Rn 257; Schaub/*Schrader*, Arbeitsrechts-Handbuch, § 3 I. Rn 8 a.

le eines Kontrollwechsels seine Tätigkeit beendet, hat er aufgrund der Vereinbarung in der Klausel H 1 die Möglichkeit, die Restlaufzeit seines Dienstvertrages trotz Nichterfüllung mittels der zugesicherten Abfindung kapitalisieren zu lassen.

Die **Klausel H 2** regelt den Kontrollwechsel bei einem befristeten Dienstverhältnis. Sie gibt dem Geschäftsführer im Falle eines Kontrollwechsels die Möglichkeit, von seiner Dienstverpflichtung frei zu werden und gleichzeitig weiterhin die Bezüge aus dem Dienstverhältnis zu erhalten. Da § 615 S. 2 BGB nicht gelten soll, ist es dem Geschäftsführer auch möglich, einer anderweitigen Beschäftigung nachzugehen und trotzdem weiterhin die Bezüge aus dem alten Dienstverhältnis zu verlangen. 601

Klausel H 3 stellt eine sehr umfangreiche Klauselvariante dar, welche im Vergleich zu den anderen umfangreicheren Regelungen in H 1 und H 2 einige Besonderheiten und Vorteile aufweist. So wird zunächst etwa in Abs. 2 der Kontrollwechsel definiert. Daneben wird für das Entstehen des Kündigungsrechts weiterhin vorausgesetzt, dass die Stellung des Geschäftsführers durch den Kontrollwechsel auch tatsächlich nicht unerheblich beeinflusst wird. Es ist sinnvoll und zweckmäßig in diesem Zusammenhang, wie in Abs. 2 geschehen, Beispiele für maßgebliche Beeinträchtigungen zu nennen, um deutlichere Anhaltspunkte für das Vorliegen dieses unbestimmten Kriteriums festzulegen. Im Gegensatz zur Klausel H 1 knüpft die Klausel H 3 nicht vollständig an die Kapitalisierung der Restbezüge der eigentlichen Vertragslaufzeit, sondern gewährt dem Geschäftsführer eine Abfindung, welche sich aus 50 % der besagten Restbezüge und zusätzlich einer Zahlung in Höhe eines Jahresbruttogrundgehalts zusammensetzt. Diese Alternative wirkt sich finanziell für die Gesellschafter positiver aus, soweit der Vertrag noch eine längere Restlaufzeit (mehr als 2 Jahre) besitzt. Auch die Aufnahme von Regelungen zu Entstehen und Fälligkeit des Anspruchs sind insoweit zweckmäßig, um spätere Streitigkeiten zu vermeiden. Die Vereinbarung des Ausschlusses der Abfindungsgewährung nach Abs. 4 für den Fall, dass das Anstellungsverhältnis in den nächsten 6 Monaten aus anderem Grund endet, und nach Abs. 5, falls die Möglichkeit zur außerordentlichen Kündigung besteht, ist wohl wirksam und ebenfalls sinnvoll. Der Geschäftsführer soll gerade abgesichert, aber nicht bereichert werden. Allerdings zeigt die Klausel H 3 auch einige Schwachpunkte, welche insb. durch präzisere Formulierungen noch verbessert werden könnten. Insbesondere recht unklar gehalten sind die Aussagen zu den wesentlichen Beeinträchtigungen der Stellung des Geschäftsführers. Insoweit wäre es etwa vorteilhafter, nicht von einem „weit vom gegenwärtigen Dienstsitz entfernten Ort" zu sprechen, sondern eine konkrete Kilometerspanne zu benennen. 602

Die **Klausel H 4** formuliert – wie die Klausel H 1 – die Möglichkeit zur vorzeitigen Kündigung eines befristeten Dienstverhältnisses unter gleichzeitiger Kapitalisierung der noch ausstehenden Bezüge. Zusätzlich regelt die Klausel H 4 präzise, dass für den variablen Entgeltanteil des Geschäftsführers der Zielerreichungsgrad auf 100 % festgesetzt wird. Aufgrund der üblichen Vereinbarung variabler Gehaltsanteile empfiehlt sich eine solche Regelung zur Vermeidung von Streitigkeiten über die Höhe der Zielerreichung bei vorzeitiger Beendigung des Vertrages. Die Klausel H 4 sieht außerdem eine zusätzliche Abfindungszahlung vor. 603

Die **Klausel H 5** ist eine Change of Control-Klausel, die an den Verbleib im Unternehmen geknüpft ist, für den ein finanzieller Anreiz auf Seiten des Geschäftsführers geschaffen werden soll. Hiernach erhält der Geschäftsführer – im Gegensatz zur Klausel H 4 – nur dann eine Abfindungszahlung, wenn er sich nicht anlässlich des Kontrollwechsels von der Gesellschaft trennt. Sie ist allerdings für die Gesellschaft nachteilig, da unklar bleibt, wie lange er von seinem ordentlichen Kündigungsrecht keinen Gebrauch machen darf. 604

Die **Klausel H 6** enthält eine klassische Golden-Parachute-Regelung. Die Klausel gestattet keine Möglichkeit der vorzeitigen Beendigung des Dienstverhältnisses anlässlich des Kontrollwechsels. Vielmehr erhöht sich das Gehalt des Geschäftsführers im Falle eines Kontrollwechsels um ein variables Vielfaches. Solche Regelungen werden typischerweise zur Abwehr feindlicher Übernahmen vereinbart und waren früher in den USA als sog. *poison pills* gebräuchlich. 605

In Deutschland sind sie in Vorstandsverträgen wegen § 87 AktG, wonach die Bezüge angemessen sein müssen, grds. unwirksam. Bei Geschäftsführern einer GmbH sind insoweit jedoch nur die Grenzen des § 138 BGB zu beachten.

606 Die Klauseln sehen unterschiedliche Definitionen des Kontrollwechsels vor: In Klausel H 1 ist der Kontrollwechsel an das Aktien- und Übernahmerecht geknüpft. Die Regelung empfiehlt sich nicht bei der Vereinbarung einer Change of Control-Klausel für einen GmbH-Geschäftsführer. Die Regelungen aus dem Aktiengesetz können aufgrund der unterschiedlichen Ausgestaltungen der Gesellschaften nicht zur Festlegung eines Kontrollwechsels bei einer GmbH herangezogen werden. Die Klausel H 1 Abs. 3 regelt den Fall, dass ein strategischer Investor Anteile, die ihm eine Mehrheit in der Gesellschafterversammlung verschaffen, an der Gesellschaft erwirbt.

607 In Abs. 3 der Klausel H 2 ist ein Kontrollwechsel für den Fall definiert, dass ein Dritter, der im Zeitpunkt des Abschlusses des Geschäftsführervertrages nicht Gesellschafter der GmbH ist, aufgrund des Erwerbs von Anteilen in der Lage ist, Beschlüsse in der Gesellschafterversammlung zu verhindern (**Sperrminorität**). Die abstrakte Formulierung der Klausel ermöglicht, auch dann einen Kontrollwechsel zu erfassen, wenn die Gesellschafter das Beschlussquorum für Mehrheitsbeschlüsse ändern. Die Gesellschafter können im Gesellschaftervertrag eigene Mehrheitserfordernisse bestimmen. Deswegen empfiehlt sich eine abstrakte Formulierung des Kontrollwechsels und nicht das Anknüpfen an starre Prozentsätze, da sich die in der Gesellschafterversammlung nötigen Mehrheitsvorgaben ändern können. Aus diesem Grund ist von der Klausel H 7 und entsprechend auch von der Definition des Kontrollwechsels in Klausel H 3 Abs. 2 abzuraten, welche den Kontrollwechsel ausschließlich an einen festen Prozentsatz knüpft. Grundsätzlich gilt bei der Vereinbarung von Change of Control-Klauseln, dass die im Gesellschaftsvertrag bestehenden Mehrheitserfordernisse zu beachten sind, die sich nicht immer an starren Prozentsätzen orientieren.

ii) Vereinbarungen zur Anwendbarkeit von Kündigungsschutzvorschriften

(1) Klauseltyp I

608 **I 1:** Für die Kündigung gelten im Übrigen zu Gunsten des Geschäftsführers die Bestimmungen des deutschen Kündigungsschutzrechts für Angestellte. Das Recht zur fristlosen Kündigung des Vertrags aufgrund zwingender gesetzlicher Vorschriften bleibt unberührt.[332]

I 2:

1. Für die Kündigung gelten zu Gunsten des Geschäftsführers die Regelungen des Kündigungsschutzgesetzes (KSchG) mit Ausnahme der Regelung in § 14 Abs. 2 S. 2 KSchG.
2. Für etwaige Klagen des Geschäftsführers gegen eine Kündigung unter Berufung auf die Vorschriften des KSchG sind die Gerichte für Arbeitssachen gem. § 2 Abs. 4 ArbGG zuständig.

I 3: Kündigt die Gesellschaft das Dienstverhältnis aus krankheitsbedingten Gründen, so gelten insoweit die Bestimmungen des Kündigungsschutzgesetzes (KSchG).[333]

(2) Gestaltungshinweise

609 Der BGH[334] hat herausgestellt, dass eine Erweiterung des Anwendungsbereichs des KSchG auf Geschäftsführer von der Privatautonomie gedeckt und somit grds. zulässig ist. Die Frage ist allerdings, inwieweit eine entsprechende Vereinbarung der generellen Interessenlage der Vertragsparteien entspricht und es somit wahrscheinlich ist, dass diese Möglichkeit in der Praxis

332 Vgl zugrundeliegende Klausel in BGH 10.5.2010 – II ZR 70/09, NJW 2010, 2343.
333 *Stagat*, NZA 2010, 975, 979.
334 BGH 10.5.2010 – II ZR 70/09, NJW 2010, 2343.

auch genutzt wird. Grundsätzlich sind **Geschäftsführer** sowohl auf der organschaftlichen Ebene wegen der freien Abberufbarkeit nach § 38 GmbHG als auch schuldrechtlich wegen der generellen Unanwendbarkeit des KSchG **in sozialer Hinsicht** ohne zusätzliche Vertragsvereinbarungen oftmals **nicht besonders gut abgesichert.** Demnach liegt es durchaus im Interesse des Geschäftsführers, im Wege der einzelvertraglichen Vereinbarung ein höheres Maß an Absicherung in Bezug auf die Beendigung des Anstellungsvertrages zu erreichen. Dies kann gerade auch durch eine Einbeziehung in den Schutzbereich des KSchG erfolgen, welche insb. dazu geeignet sein wird, im Rahmen der Kündigungsstreitigkeiten den Druck zu erhöhen, um eine entsprechend höhere Abfindung zu erzielen. Dagegen widerspricht eine solche Vereinbarung wohl grds. eher dem Gesellschaftsinteresse, die sich durch eine entsprechende Vereinbarung freiwillig in eine schlechtere Position im Zusammenhang mit der Beendigung des Anstellungsvertrages begibt. Einziger Anreiz aus Sicht der Gesellschaft könnte insoweit sein, dass eine entsprechende Verbesserung der Position des Geschäftsführers dazu geeignet sein kann, fähige Geschäftsführer im Wettbewerb zu gewinnen und den Vertragsschluss mit der Gesellschaft attraktiver zu machen.[335] In der Praxis wird eine Einbeziehung des KSchG demnach wohl nur dann in Betracht kommen, wenn der Geschäftsführer sich in einer entsprechend starken Verhandlungsposition befindet.[336]

Allerdings bieten sich grds. auch **weitere Möglichkeiten**, die Stellung des Geschäftsführers im Hinblick auf die **soziale Absicherung** zu verbessern und durch erhöhte Attraktivität der Vereinbarung auf einen Vertragsschluss hinzuwirken. Insoweit ist etwa an die Vereinbarung langer Kündigungsfristen (wie in den Klauseln A 2 und A 3) oder den Abschluss längerer befristeter Verträge (auch kombinierbar mit einem einseitigen ordentlichen Kündigungsrecht des Geschäftsführers wie etwa in Klausel B 7) sowie die Zusicherung von Garantieabfindungen zu denken. Es ist sich dabei gerade zu verdeutlichen, dass es im Fall der Beendigung des Anstellungsvertrages des Geschäftsführers – im Gegensatz zur entsprechenden Situation bei Arbeitnehmern – wohl stets um die Verhandlung der Höhe der Abfindung und nicht um eine mögliche Rückkehr des Geschäftsführers in den Betrieb gehen wird. Geschäftsführer besitzen keinen Weiterbeschäftigungsanspruch in ihrem Amt oder einer vergleichbaren leitenden Position,[337] so dass sie – selbst bei Fortbestehen des Anstellungsvertrages nach der Abberufung – regelmäßig freigestellt werden. Eine Berufung auf die Sozialwidrigkeit einer ausgesprochenen Kündigung dient demnach wohl in erster Linie als zusätzlicher Trumpf im Abfindungspoker. Dieses Ziel kann allerdings durch die anderen angesprochenen Gestaltungsmöglichkeiten ebenso erreicht werden. Zur Erreichung dieses Zwecks sind diese wohl auch sachnäher und praxistauglicher als die Einbeziehung des KSchG, welche doch deutliche Unwägbarkeiten mit sich bringen kann, da die Regelungen teilweise auf Geschäftsführer nicht so recht passen.[338] 610

Aus diesem Grund wird auch generell von der **Verwendung** entsprechender Klauseln **in der Praxis abgeraten.**[339] Bislang bildet die Vereinbarung der Anwendbarkeit arbeitnehmerschützender Kündigungsvorschriften jedenfalls den Ausnahmefall.[340] Ein praktisch denkbarer Fall für die Vereinbarung eines Kündigungsschutzes für GmbH-Geschäftsführer liegt allerdings in der Konstellation des **„Aufrückens" eines bisherigen Arbeitnehmers** der Gesellschaft in die Position des Organvertreters. Gerade vor dem Hintergrund, dass die Annahme eines ruhenden Arbeitsverhältnisses nach der aktuellen Rspr wohl eher den Ausnahmefall bilden wird und die Betroffenen demnach normalerweise mit Abschluss des Geschäftsführerdienstvertrages den 611

335 *Diller*, NZG 2011, 254.
336 *Stagat*, NZA 2010, 975, 980.
337 BGH 11.10.2010 – II ZR 266/08, DStR 2011, 229.
338 So auch *Diller*, NZG 2011, 254, 256; *v. Alvensleben/Haug/Schnabel*, BB 2012, 774, 775 f.
339 *Diller*, NZG 2011, 254, 256; *v. Alvensleben/Haug/Schnabel*, BB 2012, 774, 775 f.
340 *Stagat*, NZA 2010, 975, 976.

Kündigungsschutz einbüßen (s. § 2 Rn 45, 476), könnte eine entsprechende Zubilligung die betroffenen Arbeitnehmer entscheidend überzeugen.[341]

612 **Klausel I 1** wurde in der angesprochenen Entscheidung vom BGH bereits überprüft und ist somit als vollumfänglich wirksam anzusehen.[342] Allerdings ist von der Verwendung einer solchen Klausel **abzuraten**, da ihr durch die relativ unsaubere Formulierung die notwendige Genauigkeit und Klarheit fehlen und somit viele Auslegungsfragen offen bleiben. Eine allgemeine Verweisung auf das „Kündigungsschutzrecht für Angestellte" macht insoweit nicht deutlich, ob lediglich das KSchG einbezogen werden soll oder daneben etwa auch noch ein etwaiger Sonderkündigungsschutz, welcher sich aus anderen Gesetzen ergibt. Offen bleibt auch, ob eine Anwendbarkeit des KSchG nur dann erfolgen soll, wenn auch der persönliche und betriebliche Anwendungsbereich eröffnet ist.

613 Im Gegensatz dazu stellt die **Klausel I 2** deutlich heraus, dass sich ein Kündigungsschutz lediglich auf das KSchG bezieht. Ebenso sinnvoll ist eine Herausnahme von § 14 Abs. 2 S. 2 KSchG aus dem Anwendungsbereich auf den Geschäftsführer, nach welchem bei leitenden Angestellten ein Auflösungsantrag vor Gericht gegen Abfindung iSv § 9 KSchG auch ohne Begründung gestellt werden kann. Durch diese Herausnahme wird klargestellt, dass eine einseitige Beendigung des Anstellungsvertrages ohne Begründung nicht zugelassen werden soll. Dies entspricht der Interessenlage wohl am ehesten und verhindert von vornherein überflüssige Auslegungsspielräume des Gerichts bei der Beurteilung der Klausel.[343] Ebenso sinnvoll ist eine Vereinbarung der Zuständigkeit der Arbeitsgerichte für auf dem KSchG beruhende Kündigungsschutzklagen, wie dies in Abs. 2 der Klausel erfolgt. Grundsätzlich wären trotz Anwendbarkeit des KSchG aufgrund der eindeutigen Vorschriften in §§ 2, 5 Abs. 1 S. 3 ArbGG nicht die Arbeitsgerichte, sondern weiterhin die ordentlichen Gerichte zuständig. Allerdings ist es sachnäher, dass, wenn schon das KSchG auf den Geschäftsführer anzuwenden ist, auch die Gerichte über entsprechende Streitigkeiten entscheiden sollten, welche normalerweise (fast) ausschließlich mit der Bewertung und Anwendung der Vorschriften beschäftigt sind.[344]

614 Aus der angesprochenen Entscheidung des BGH[345] wird deutlich, dass nicht nur die vollumfängliche einzelvertragliche Anwendung des KSchG auf Geschäftsführer möglich ist, sondern das Gesetz auch nur teilweise oder in modifizierter Form zur Anwendung gebracht werden kann. Demnach kann es sich wie in **Klausel I 3** anbieten, anstelle einer globalen Einbeziehung des KSchG dessen Anwendung nur für bestimmte Fälle, wie etwa für die krankheitsbedingte Abberufung, zu vereinbaren. Eine solche Regelung, welche sich hier nur beispielhaft auf krankheitsbedingte Ausfälle bezieht, aber ebenso etwa für die Einbeziehung einer Sozialauswahl im Bereich betriebsbedingter Kündigungen denkbar ist, begegnet aufgrund des relativ weiten, von der Privatautonomie gedeckten Spielraums insoweit keinen Bedenken.[346]

---

341 So auch *Stagat*, NZA 2010, 975, 980.

342 Vgl BGH 10.5.2010 – II ZR 70/09, NJW 2010, 2343; dagegen hielt die Vorinstanz, deren Urteil vom BGH in der Revision aufgehoben wurde, diese Klausel noch für unwirksam: OLG Frankfurt 24.2.2009 – 5 U 193/07, juris.

343 *Stagat*, NZA 2010, 975, 979.

344 *Bauer/Arnold*, ZIP 2010, 709, 711; *Stagat*, NZA 2010, 975, 979.

345 BGH 10.5.2010 – II ZR 70/09, NJW 2010, 2343.

346 *Stagat*, NZA 2010, 975, 979; *v. Alvensleben/Haug/Schnabel*, BB 2012, 774, 775.

7. Haftungsklauseln

Literatur

Ahrendt/Plischkaner, Der modifizierte zweistufige Überschuldungsbegriff – Rückkehr mit Verfallsdatum, NJW 2009, 964; *Altmeppen*, Zur Disponibilität der Geschäftsführerhaftung in der GmbH, DB 2000, 657; *Arends/Möller*, Aktuelle Rechtsprechung zur Geschäftsführer-Haftung in Krise und Insolvenz, GmbHR 2008, 169; *Barwaldt/Jedlitschka*, Ansprüche einer GmbH & Co. KG gegen ihre Geschäftsführer und deren Verjährung, GmbHR 2005, 509; *Dollmann*, Verjährung von Schadensersatzansprüchen gegen Geschäftsführer und Vorstände beim Abschluss nachteiliger Verträge, GmbHR 2005, 529; *ders.*, Haftung gemäß § 43 GmbHG – Verjährung von Regressansprüchen im Innenverhältnis, GmbHR 2004, 1330; *Graef*, Haftung der Geschäftsführung bei fehlerhafter Kreditvergabe, GmbHR 2004, 327; *Greulich/Bunnemann*, Geschäftsführerhaftung für zur Zahlungsunfähigkeit führende Zahlungen an die Gesellschafter nach § 64 II 3 GmbHG-RefE – Solvenztest im deutschen Recht?, NZG 2006, 681; *Greulich/Rau*, Zur partiellen Insolvenzverursachungshaftung des GmbH-Geschäftsführers nach § 64 S. 3 GmbHG-RegE, NGZ 2008, 284; *Joussen*, Der Sorgfaltsmaßstab des § 43 Abs. 1 GmbHG, GmbHR 2005, 441; *Leuering/Dornhegge*, Geschäftsverteilung zwischen GmbH-Geschäftsführern, NZG 2010, 13; *Lohr*, Die Beschränkung der Innenhaftung des GmbH-Geschäftsführers, NZG 2000, 1204; *Lutter*, Haftung und Haftungsfreiräume des GmbH-Geschäftsführers – 10 Gebote an den Geschäftsführer, GmbHR 2000, 301; *Meyer*, Die Verantwortlichkeit des Geschäftsführers für Gläubigerinteressen – Veränderungen durch das MoMiG, BB 2008, 1742; *Nägele*, Die Haftung des Geschäftsführers gegenüber der Gesellschaft, den Gesellschaftern und Dritten, in: Arbeitsgemeinschaft ArbR, FS zum 25-jährigen Bestehen, 2006, S. 525 ff; *Paefgen*, Existenzvernichtungshaftung nach Gesellschaftsdeliktsrecht, DB 2007, 1907; *Reufels/Schmülling*, Neues zur Geschäftsführerhaftung nach § 64 Abs. 2 GmbHG, ArbRB 2005, 340; *Streit/Bürk*, Keine Entwarnung bei der Geschäftsführerhaftung im Insolvenzfall, DB 2008, 742; *Sturm*, Geschäftsführer-Innenhaftung: Disposivität der fünfjährigen Verjährungsfrist des § 43 Abs. 4 GmbHG, GmbHR 2003, 573; *van Venrooy*, Anspruch der GmbH auf sachkundige Geschäftsführung, GmbHR 2004, 237; *Wessing/Krawczyk*, Untreue zum Nachteil einer konzernabhängigen GmbH, NZG 2009, 1176.

a) Rechtslage im Umfeld

Aus den mit der Organstellung verbundenen zahlreichen Aufgaben und Pflichten erwachsen für den Geschäftsführer auch hohe Haftungsrisiken, die sich zum einen im Verhältnis zur Gesellschaft (**Innenhaftung**) und zum anderen gegenüber Dritten (**Außenhaftung**) verwirklichen können. Die sich aus § 43 GmbHG ergebende Haftung des Geschäftsführers gegenüber der Gesellschaft ist im Anstellungsvertrag dem Grunde nach nur eingeschränkt regelbar, insb. sind Haftungserleichterungen insoweit unwirksam, als hierdurch der Geschäftsführer von der Einstandspflicht für die Verletzung der gesellschaftsgläubigerschützenden Kapitalerhaltungsvorschriften der §§ 30, 33 GmbHG befreit würde (§ 43 Abs. 3 GmbHG). Die Haftung des Geschäftsführers im Außenverhältnis kann vertraglich mit der Gesellschaft ohnehin nicht begrenzt werden, da eine solche Vereinbarung einen Vertrag zu Lasten Dritter bedeuten würde. Dem Schadensersatzrisiko des Geschäftsführers kann im Anstellungsvertrag aber durch eine Freistellungsvereinbarung oder die Zusage des Abschlusses einer Geschäftsführer-Haftpflichtversicherung (**D&O-Versicherung**) begegnet werden,[1] was im Hinblick auf den weiten Pflichtenumfang von Geschäftsführern zu empfehlen ist. 615

aa) Haftung gegenüber der Gesellschaft

(1) Haftung des Geschäftsführers nach § 43 GmbHG

Die Haftung des Geschäftsführers gegenüber der Gesellschaft ergibt sich vorrangig aus **§ 43 GmbHG**. Nach § 43 Abs. 1 GmbHG haben die Geschäftsführer in den Angelegenheiten der Gesellschaft die **Sorgfalt eines ordentlichen Geschäftsmanns** anzuwenden. Verletzen die Geschäftsführer ihre Obliegenheiten, so haften sie nach § 43 Abs. 2 GmbHG der Gesellschaft solidarisch für den entstandenen Schaden. 616

1 S. § 2 Rn 1016 ff (16. Versicherungsklauseln).

(a1) Verpflichteter

617 Die Haftung nach § 43 GmbHG resultiert aus der Organstellung des Geschäftsführers. Daraus folgt, dass § 43 GmbHG grds. die wirksame Bestellung zum Geschäftsführer sowie die Annahme des Amtes voraussetzt. Aufgrund des deklaratorischen Charakters ist die Eintragung ins Handelsregister dagegen unerheblich.[2] Ebenfalls bedarf es nicht eines wirksamen Anstellungsvertrages, um nach § 43 GmbHG einstehen zu müssen. Als faktischer Geschäftsführer haftet darüber hinaus derjenige, der trotz fehlerhafter Bestellung als Geschäftsführer tätig geworden ist, dh die Geschicke der Gesellschaft maßgeblich in die Hand genommen hat.[3] Dafür reicht es aber nicht aus, dass die betreffende Person auf die satzungsmäßigen Geschäftsführer gesellschaftsintern einwirkt. Erforderlich ist vielmehr ein nach außen hervortretendes, üblicherweise der Geschäftsführung zuzurechnendes Handeln.[4] Für die Haftung – im konkreten Fall die deliktische Haftung – des faktischen Geschäftsführers einer GmbH ist es demnach ausreichend, dass der Betreffende nach dem Gesamterscheinungsbild seines Auftretens die Geschicke der Gesellschaft – über die interne Einwirkung auf die satzungsmäßige Geschäftsführung hinaus – durch eigenes Handeln im Außenverhältnis, das die Tätigkeit des rechtlichen Geschäftsführungsorgans nachhaltig prägt, maßgeblich in die Hand genommen hat.[5]

618 Auch der Geschäftsführer einer **Vor-GmbH** haftet nach § 43 GmbHG.[6]

619 Die Haftung **endet** mit Abschluss der Geschäftsführertätigkeiten, dh dass der Geschäftsführer nicht für Verbindlichkeiten der Gesellschaft verantwortlich gemacht werden kann, die erst nach Beendigung der Geschäftsführung durch vertragswidriges Verhalten der Gesellschaft entstanden sind.[7]

(a2) Pflichtverletzung

620 Den Geschäftsführer trifft im Verhältnis zur Gesellschaft die Pflicht zur **ordnungsgemäßen Unternehmensleitung.** Hat die Gesellschaft mehrere Geschäftsführer, so haftet jeder einzelne nur für **eigene Pflichtverstöße.**[8] Es gilt jedoch der **Grundsatz der Gesamtverantwortung**, dh dass jeder Geschäftsführer für die Gesetzmäßigkeit der Unternehmensleitung, für die Einhaltung der Satzungsbestimmungen und der Grundregeln ordnungsgemäßer Unternehmensführung einzustehen hat.[9] Bei Beschlüssen aller Mitgeschäftsführer hat jeder Einzelne in eigener Verantwortung den Sachverhalt zu prüfen.[10] Stellvertretende Geschäftsführer sind in der Haftung grds. gleichgestellt.[11] Eine Begrenzung des Pflichtenkreises kann dadurch erfolgen, dass den einzelnen Geschäftsführern durch **Geschäftsverteilung** bestimmte Ressorts zugewiesen werden, innerhalb derer ihnen die Führungsverantwortung obliegt. Die **Ressortsaufteilung** kann durch Satzung oder Geschäftsordnung vorgegeben werden. Mit der Übertragung eines Ressorts auf einen Geschäftsführer obliegen den Mitgeschäftsführern in diesem Bereich nur noch Informations- und Überwachungspflichten. Sie haben regelmäßig zu überprüfen, ob der zuständige Geschäftsführer den ihm obliegenden Aufgaben tatsächlich nachkommt.[12] In welcher Intensität die Mitgeschäftsführer ihre Überwachungspflicht zu erfüllen haben, hängt maßgeblich von der Bedeutung des Ressorts, den bestehenden Kompetenzen der Mitgeschäftsführer und dem per-

2 BGH 20.3.1986 – II ZR 114/85, NJW-RR 1986, 1293.
3 BGH 11.7.2005 – II ZR 235/03, NZG 2005, 816; BGH 25.2.2002 – II ZR 196/00, NJW 2002, 1803.
4 BGH 25.2.2002 – II ZR 196/00, NJW 2002, 1803.
5 OLG Hamm 28.2.2014 – I-9 U 152/13, NZG 2014, 459.
6 BGH 20.3.1986 – II ZR 114/85, NJW-RR 1986, 1293.
7 BAG 20.1.1998 – 9 AZR 593/96, NZA 1998, 539; Lutter/Hommelhoff/*Kleindiek*, GmbHG, § 43 Rn 2.
8 *Nägele*, in: Arbeitsgemeinschaft ArbR, FS zum 25-jährigen Bestehen, S. 525, 529.
9 Scholz/*Schneider*, GmbHG, § 43 Rn 35; Lutter/Hommelhoff/*Kleindiek*, GmbHG, § 43 Rn 17.
10 BGH 1.3.1993 – II ZR 61/92, NJW 1994, 2149.
11 *Roth/Altmeppen*, GmbHG, § 43 Rn 115.
12 BGH 15.10.1996 – VI ZR 319/95, NJW 1997, 130; Scholz/*Schneider*, GmbHG, § 43 Rn 39.

sönlichen Leistungsvermögen ab.[13] Auch innerhalb des jeweiligen Aufgabenbereichs können einzelne Sachentscheidungskompetenzen auf Mitarbeiter **delegiert** werden. Allerdings hat der Geschäftsführer die betroffenen Arbeitnehmer ordnungsgemäß auszuwählen, einzuweisen und zu überwachen.[14]

Der **Umfang** der sich ergebenden einzelnen Pflichten des Geschäftsführers ist nur noch schwer überschaubar. Im Anschluss an den Systematisierungsversuch von *Lutter*[15] sollen die einzelnen **Pflichtenkreise** kurz dargestellt werden. 621

(a2.1) Einhaltung gesetzlicher Pflichten

Zunächst hat der Geschäftsführer die ihm gesetzlich zugewiesenen Aufgaben zu beachten. Wie sich aus § 43 Abs. 3 S. 1 GmbHG ergibt, hat der Geschäftsführer vor allem auf die Einhaltung der Kapitalerhaltungsvorschriften zu achten (§§ 30, 33 GmbHG, §§ 39 Abs. 1 Nr. 5, Abs. 4 und 5, 44 a, 135 InsO). Weiter muss er die ihm zugewiesene Pflicht zur ordnungsgemäßen Buchführung gem. §§ 238 ff HGB erfüllen. Im Zusammenhang mit der Pflicht zur Einberufung der Gesellschafterversammlung hat der Geschäftsführer auch durch entsprechende Beratung dafür zu sorgen, dass die Gesellschaftsorgane ihren gesellschaftsinternen Pflichten und Zuständigkeiten nachkommen können.[16] Daneben ist der Geschäftsführer für die Beachtung der an die Gesellschaft gerichteten gesetzlichen Vorgaben verantwortlich. Der Geschäftsführer hat etwa dafür Sorge zu tragen, dass die steuerrechtlichen und sozialversicherungsrechtlichen Vorschriften eingehalten werden, aber auch, dass nicht gegen die wettbewerbsrechtlichen Regelungen des GWB und des UWG verstoßen wird. So ist auch die Bestechung durch Schmiergeldzahlungen im geschäftlichen Verkehr im Hinblick auf § 299 StGB grds. als Pflichtverletzung anzusehen.[17] 622

(a2.2) Einhaltung der körperschaftlichen Vorgaben

Wie sich aus § 37 GmbHG ergibt, ist der Geschäftsführer zur Beachtung des Gesellschaftsvertrages sowie der Beschlüsse der Gesellschaft verpflichtet. Dementsprechend hat er die in der Satzung und der Geschäftsordnung aufgestellten Vorgaben einzuhalten. Der Entscheidungsspielraum des Geschäftsführers wird in jedem Fall durch den Unternehmensgegenstand (§ 3 Abs. 1 Nr. 2 GmbHG) und die unternehmenspolitischen Grundsätze begrenzt, die nicht durch Entscheidungen des Geschäftsführers überschritten werden dürfen. Aber auch die durch Satzung, Geschäftsordnung oder Weisung näher konkretisierten Vorgaben der Gesellschaft hat der Geschäftsführer zu befolgen. Insbesondere ist er an etwaige Zustimmungsvorbehalte gebunden. 623

Handelt der Geschäftsführer entsprechend der ihm durch die Gesellschaft gegebenen **Weisungen**, so **entfällt grds.** eine **Haftung** des Geschäftsführers gegenüber der Gesellschaft. Die haftungsausschließende Wirkung tritt jedoch entsprechend § 43 Abs. 3 GmbHG dann nicht ein, wenn der Geschäftsführer bei Befolgung der Weisung die gläubigerschützenden Kapitalerhaltungsvorschriften der §§ 30, 33 GmbHG oder sonstige im öffentlichen Interesse zu beachtenden Vorschriften verletzt.[18] Bei einer **Ein-Mann-GmbH** bedarf es grds. keiner ausdrücklichen Weisung, damit der Gesellschafter-Geschäftsführer nicht nach § 43 GmbHG haftet.[19] Lediglich in dem Fall, in dem der Geschäftsführer gegen die in § 43 Abs. 3 GmbHG aufgeführten Pflich- 624

13 Scholz/*Schneider*, GmbHG, § 43 Rn 39 ff; *Leuering/Dornhegge*, NZG 2010, 13, 15.
14 BGH 21.1.1997 – VI ZR 338/95, NJW 1997, 1237.
15 *Lutter*, GmbHR 2000, 303.
16 Scholz/*Schneider*, GmbHG, § 43 Rn 142.
17 Scholz/*Schneider*, GmbHG, § 43 Rn 76.
18 BGH 9.12.1991 – II ZR 43/92, NJW 1992, 1166; Scholz/*Schneider*, GmbHG, § 43 Rn 124.
19 Lutter/Hommelhoff/*Kleindiek*, GmbHG, § 43 Rn 40.

ten verstößt, kommt eine Einstandspflicht aus der Geschäftsführerstellung gegenüber der Gesellschaft in Betracht.[20]

625 Hat die Gesellschaft mehrere Geschäftsführer, so besteht für jeden Geschäftsführer die **Pflicht zur kollegialen Zusammenarbeit.**[21] Daraus resultiert die Pflicht zur Information der Mitgeschäftsführer über die wesentlichen Vorkommnisse im eigenen Zuständigkeitsbereich oder andere zur Kenntnis gelangte Vorgänge, die für die Gesellschaft von Bedeutung sind. Hat eine GmbH mehrere Geschäftsführer mit aufgeteilten Ressorts, steht grds. jedem der Geschäftsführer das Recht auf Information über alle Angelegenheiten der Gesellschaft zu, und zwar auch über diejenigen, die allein das Ressort eines Mitgeschäftsführers betreffen.[22] Es gehört danach zu den selbstverständlichen Kardinalpflichten eines GmbH-Geschäftsführers, sowohl die Gesellschafter als auch die weiteren satzungsmäßig berufenen Organe der Gesellschaft – wie auch den fakultativen Aufsichtsrat – ungefragt über alle für deren und das Gesellschaftsinteresse wesentlichen Tatsachen offen, transparent, zutreffend und vollständig zu informieren.[23] Dies ist nicht zuletzt in der Pflicht zur Überwachung der anderen Geschäftsführer begründet. Dieses Informationsrecht eines Geschäftsführers wird allerdings in unzulässiger Weise eingeschränkt, wenn die Gesellschaft ihm vorschreibt, Auskünfte und Unterlagen, die zum Ressort eines anderen Geschäftsführers gehören, sich ausschließlich von diesem Mitgeschäftsführer, nicht aber von anderen Mitarbeitern der Gesellschaft geben zu lassen.[24]

626 Gegenüber Dritten hat der Geschäftsführer **Stillschweigen über Betriebs- und Geschäftsgeheimnisse** zu wahren.[25] Nicht als Dritte sind die Gesellschafter sowie die Mitglieder eines Aufsichtsrats oder Beirats einzustufen, wenn sie auf dem gesetzlichen oder satzungsmäßigen Weg informiert werden.[26] Auch der Betriebsrat oder der nach § 106 BetrVG zu unterrichtende Wirtschaftsausschuss zählen nicht zu den Außenstehenden.[27] Will ein Gesellschafter seine Anteile veräußern, so kann einem Erwerbsinteressenten nur auf der Grundlage eines Gesellschafterbeschlusses Einblick in die Gesellschaftsinterna gestattet werden.[28]

(a2.3) Einhaltung des Anstellungsvertrages

627 Der Geschäftsführer hat die aus dem Anstellungsvertrag resultierenden Pflichten einzuhalten. Die schuldhafte Verletzung der dem Geschäftsführer schuldrechtlich übertragenen Verantwortlichkeiten und Schranken seiner Tätigkeit führt zu einer Schadensersatzpflicht. Anspruchsgrundlage der Gesellschaft bleibt aber auch in diesem Fall § 43 GmbHG, da die Vorschrift die Sanktionierung von Pflichtverletzungen aus dem Anstellungsverhältnis mitumfasst.[29]

628 Bei einer **GmbH & Co. KG**, bei der der wesentliche Zweck der Komplementär-GmbH in der Führung der Geschäfte der KG liegt, haftet der GmbH-Geschäftsführer aus dem Anstellungsverhältnis auch für Schäden gegenüber der KG. Der mit der GmbH geschlossene Anstellungsvertrag entfaltet insoweit auch Schutzwirkung für Dritte gem. § 328 BGB.[30] Jedenfalls dann, wenn die alleinige oder wesentliche Aufgabe einer Komplementär-GmbH in der Führung der Geschäfte einer Kommanditgesellschaft besteht, erstreckt sich der Schutzbereich der durch die Bestellung begründeten organschaftlichen Sonderrechtsbeziehung zwischen der Komplementär-

20 BGH 31.1.2000 – II ZR 189/99, NJW 2000, 1571.
21 Scholz/*Schneider*, GmbHG, § 43 Rn 140.
22 OLG Koblenz 22.11.2007 – 6 U 1170/07, NZG 2008, 397.
23 KG Berlin 16.6.2011 – 19 U 116/100, GWR 2011, 359.
24 OLG Koblenz 22.11.2007 – 6 U 1170/07, NZG 2008, 397.
25 BGH 5.6.1975 – II ZR 156/73, NJW 1975, 1412.
26 Lutter/Hommelhoff/*Kleindiek*, GmbHG, § 43 Rn 20.
27 Lutter/Hommelhoff/*Kleindiek*, GmbHG, § 43 Rn 20.
28 Lutter/Hommelhoff/*Kleindiek*, GmbHG, § 43 Rn 21; Scholz/*Schneider*, GmbHG, § 43 Rn 148; dort auch zur umstrittenen Frage, ob ein Mehrheitsbeschluss ausreicht.
29 BGH 12.6.1989 – II ZR 334/87, NJW-RR 1989, 1255.
30 BGH 12.11.1979 – II ZR 174/77, NJW 1980, 589.

GmbH und ihrem Geschäftsführer im Hinblick auf seine Haftung aus § 43 Abs. 2 GmbHG im Falle einer sorgfaltswidrigen Geschäftsführung auf die Kommanditgesellschaft.[31] Eine pflichtwidrige haftungsbegründende Handlung kann im Hinblick auf das für die Haftungserstreckung notwendige Schutzbedürfnis der Kommanditgesellschaft regelmäßig allerdings dann nicht angenommen werden, wenn sämtliche Gesellschafter der Kommanditgesellschaft mit dem Handeln des Geschäftsführers der Komplementär-GmbH einverstanden waren.[32]

(a2.4) Organisationspflichten

Die ordnungsgemäße Unternehmensleitung erfordert nicht nur die Beachtung gesetzlicher, kör- 629
perschaftlicher und schuldrechtlicher Befugnisse und Beschränkungen, sondern umfasst auch die **Pflicht zur Organisation des Unternehmens**. Grundsätzlich führt auch die allgemeine Verletzung von Organisationspflichten des Geschäftsführers einer GmbH allerdings gegenüber Dritten nur zur Haftung der Gesellschaft. Eine Eigenhaftung des Geschäftsführers käme ausnahmsweise allenfalls in Betracht, wenn der Geschäftsführer den Betrieb in einer Weise organsiert hätte, bei der Eigentumsverletzungen zu Lasten Dritter unweigerlich auftreten müssten.[33]

Für Aktiengesellschaften findet sich in § 91 Abs. 2 AktG die allgemeine Verpflichtung, dass der 630
Vorstand geeignete Maßnahmen zu treffen hat, insb. ein **Überwachungssystem** einzurichten hat, damit den Fortbestand der Gesellschaft gefährdende Entwicklungen früh erkannt werden. Dieser Rechtsgedanke ist auch auf den Geschäftsführer einer GmbH anzuwenden. Hiernach sind zum einen die **Unternehmensabläufe** nach einem plausiblen Konzept zu organisieren. Insbesondere hat der Geschäftsführer zu beachten, ob und welche Risiken dort auftreten und wie sie vermieden werden können. So muss etwa der Posteingang so organisiert werden, dass Schreiben unverzüglich an die zuständige Stelle geleitet werden.[34] Dem Geschäftsführer obliegt in diesem Zusammenhang etwa die Pflicht, ein geeignetes **Kontrollsystem in der Buchhaltung** zu errichten, das **Scheinbuchungen** sowohl in der Muttergesellschaft als auch in Tochtergesellschaften eines Konzerns unterbinden kann.[35] Wird Treugut von einem Dritten eingebracht, muss es gesondert verwaltet werden, um eine Beeinträchtigung der Rechte des Treugebers zu vermeiden.[36] Der Geschäftsführer hat weiter die **Finanzlage** und die **Liquidität** des Unternehmens fortlaufend zu kontrollieren. Im Hinblick auf die Pflicht zur ordnungsgemäßen Buchführung nach § 41 GmbHG sowie die Pflicht aus § 15 a InsO zur rechtzeitigen Stellung des Antrags auf Eröffnung des Insolvenzverfahrens muss sich der Geschäftsführer über die Buchführung informieren, auch wenn die Buchführung bei einer mehrköpfigen Geschäftsführung im Wege der Geschäftsverteilung auf einen anderen Geschäftsführer delegiert wurde.[37] Der Geschäftsführer einer GmbH muss demnach für eine Organisation der Gesellschaft sorgen, die ihm die zur Wahrnehmung seiner Pflichten erforderliche Übersicht über die wirtschaftliche und finanzielle Situation der Gesellschaft jederzeit ermöglicht.[38] Zum Schutz der Finanzlage des Unternehmens hat der Geschäftsführer weiter Sorge zu tragen, dass Stammeinlagen rechtzeitig eingefordert werden, Haftungsansprüche gegen Gesellschafter geltend gemacht werden[39] und Forderungen der Gesellschaft nicht verjähren.[40] Auch kann bspw ein Geschäftsführer einer GmbH & Co. KG nach § 43 Abs. 2 GmbHG in Haftung genommen werden, wenn er ohne Zustimmung der KG-Gesellschafter einen Antrag auf Eröffnung des Insolvenzverfahrens über

31 BGH 18.6.2013 – II ZR 86/11, DNotZ 2014, 138.
32 BGH 18.6.2013 – II ZR 86/11, DNotZ 2014, 138.
33 OLG Schleswig-Holstein 29.6.2011 – 3 U 89/10, NJW-RR 2012, 368.
34 Scholz/*Schneider*, GmbHG, § 43 Rn 98.
35 OLG Jena 12.8.2009 – 7 U 244/07, NZG 2010, 226.
36 BGH 5.12.1989 – VI ZR 335/88, NJW 1990, 976.
37 BGH 26.6.1995 – II ZR 109/94, NJW 1995, 2850; BGH 19.6.2012 – II ZR 243/11, NJW-RR 2012, 1122.
38 BGH 19.6.2012 – II ZR 243/11, NJW-RR 2012, 1122.
39 BGH 9.12.1991 – II ZR 43/91, NJW 1992, 1166.
40 *K. Schmidt*, Gesellschaftsrecht, § 36 II 4 a.

das Vermögen der KG wegen drohender Zahlungsunfähigkeit nach § 18 InsO stellt.[41] Zur Haftung wegen Verletzung der **Verkehrssicherungspflicht** s. § 2 Rn 689.

(a2.5) Sorgfalt bei Unternehmensentscheidungen

631 Im Rahmen seiner Geschäftsführung muss der Geschäftsführer die von ihm zu treffenden **Unternehmensentscheidungen sorgfältig vorbereiten**. Stellt sich eine Entscheidung des Geschäftsführers als nachteilig heraus, begründet dies nicht unmittelbar eine Pflichtverletzung des Geschäftsführers. So hat der BGH in seiner Entscheidung vom 21.4.1997[42] zur Haftung eines Vorstandsmitglieds einer AG Folgendes ausgeführt:

„Bei seiner Beurteilung, ob der festgestellte Sachverhalt den Vorwurf eines schuldhaften pflichtwidrigen Vorstandsverhaltens rechtfertigt, hat der Aufsichtsrat zu berücksichtigen, dass dem Vorstand bei der Leitung der Geschäfte des Gesellschaftsunternehmens ein weiter Handlungsspielraum zugebilligt werden muss, ohne den eine unternehmerische Tätigkeit schlechterdings nicht denkbar ist. Dazu gehört neben dem bewussten Eingehen geschäftlicher Risiken grundsätzlich die Gefahr von Fehlbeurteilungen und Fehleinschätzungen, der jeder Unternehmensleiter, mag er auch noch so verantwortungsbewusst handeln, ausgesetzt ist. (…) Eine Schadensersatzpflicht kann erst dann in Betracht kommen, wenn die Grenzen, in denen sich ein von Verantwortungsbewusstsein getragenes, ausschließlich am Unternehmenswohl orientiertes, auf sorgfältiger Ermittlung der Entscheidungsgrundlagen beruhendes unternehmerisches Handeln bewegen muss, deutlich überschritten sind, die Bereitschaft, unternehmerische Risiken einzugehen, in unverantwortlicher Weise überspannt worden ist oder das Verhalten des Vorstands aus anderen Gründen als pflichtwidrig gelten muss.“

632 Die Ausführungen des BGH orientieren sich erkennbar an der im US-amerikanischen Recht geltenden *business judgement rule* und sind auch für die Bewertung sorgfaltsgemäßer Entscheidungen eines GmbH-Geschäftsführers heranzuziehen.[43] Ein **Sorgfaltspflichtenverstoß** kann zum einen dann angenommen werden, wenn der Geschäftsführer sich nicht hinreichend über die mit der Entscheidung verbundenen Chancen und Risiken informiert hat. Hierzu hat er ggf sachverständige Dritte zu Rate zu ziehen. Je höher die Risiken sind, umso größere Sorgfalt muss der Geschäftsführer bei der Bildung seiner Entscheidungsgrundlage anlegen.[44] Er darf kein Risiko eingehen, das im Fall der Verwirklichung die Existenz des Unternehmens in Frage stellt. Im Rahmen der Unternehmensleitung darf der Geschäftsführer nicht leichtfertig Kredite[45] oder Waren auf Kredit vergeben.[46] Gleichfalls stellt es eine Pflichtverletzung dar, wenn der Geschäftsführer Beraterverträge ohne nachvollziehbaren Nutzen für die Gesellschaft abschließt.[47] Auch die durch den Geschäftsführer einer GmbH veranlasste Erbringung von Anzahlungen an eine im Gründungsstadium befindliche GmbH auf einen Kfz-Verkauf ohne entsprechende Absicherung durch Aval- oder Vertragserfüllungsbürgschaften entspricht insoweit nicht den Sorgfaltspflichten eines ordentlichen Geschäftsmanns.[48]

---

41 OLG München 21.3.2013 – 23 U 3344/12, NZG 2013, 742.
42 BGH 21.4.1997 – II ZR 175/95, NJW 1997, 1926.
43 Lutter/Hommelhoff/*Kleindiek*, GmbHG, § 43 Rn 23.
44 Lutter/Hommelhoff/*Kleindiek*, GmbHG, § 43 Rn 24 ff.
45 LG Köln 20.3.1998 – 87 O 148/97, NJW-RR 2000, 1056.
46 BGH 16.2.1981 – II ZR 49/80, WM 1981, 440 = GmbHR 1981, 191.
47 BGH 9.12.1996 – II ZR 240/95, NJW 1997, 741.
48 OLG Koblenz 23.12.2014 – 3 U 1544/13, BeckRS 2015, 00712.

(a2.6) Vorrang des Unternehmensinteresses

Schließlich ist es dem Geschäftsführer untersagt, seine Geschäftsführungsbefugnis zu missbrauchen, um Geschäfte im Eigeninteresse zu tätigen oder Geschäftschancen der Gesellschaft im Eigeninteresse nicht auszunutzen.[49] Zum gesetzlichen Wettbewerbsverbot s. § 2 Rn 1079 ff. 633

(a3) Verschulden

Der Geschäftsführer muss die Pflichtverletzung **schuldhaft** begehen, dh dass auch eine fahrlässige Pflichtverletzung ausreicht, um eine Schadensersatzpflicht zu begründen. Der Geschäftsführer hat die Sorgfalt einzuhalten, die ein ordentlicher Geschäftsmann angewendet hätte. Auszugehen ist von einem objektiven Sorgfaltsbegriff, der unabhängig von den persönlichen Eigenschaften, von der Ausbildung, von den körperlichen Voraussetzungen und den persönlichen Erfahrungen bestimmt wird.[50] Besondere individuelle Fähigkeiten können sich jedoch haftungsverschärfend auswirken.[51] 634

Bei unternehmerischen Entscheidungen steht den Geschäftsführern im Rahmen des Unternehmensgegenstands grds. ein haftungsfreier Handlungsspielraum, ein **unternehmerisches Ermessen**, zu. Das bewusste Eingehen geschäftlicher Risiken, das eine unternehmerische Tätigkeit wesentlich prägt, umfasst grds. auch **Fehleinschätzungen.**[52] Schlägt ein Geschäft fehl und wird hierdurch die Gesellschaft geschädigt, ist eine Haftung aus § 43 GmbHG, der gerade keine Haftung für wirtschaftlichen Misserfolg begründet, ausgeschlossen, soweit die Geschäftsführer ihr Ermessen fehlerfrei ausgeübt haben.[53] Andererseits ist eine fehlerhafte Ausübung unternehmerischen Ermessens dann anzunehmen, wenn aus der ex-ante-Perspektive das Handeln des Geschäftsführers hinsichtlich der eingeholten Informationen als Entscheidungsgrundlage unvertretbar erscheint. Eine **gerichtliche Überprüfung** unternehmerischen Handelns findet daher nur dahin statt, ob dem Geschäftsführer in der jeweiligen Situation ein Ermessensspielraum zugestanden hat und dieses Ermessen ordnungsgemäß ausgeübt worden ist. Damit muss das Gericht unabhängig von später gewonnenen Erkenntnissen urteilen und darf nicht als „nachträglicher Besserwisser" erscheinen.[54] 635

Der Haftungsmaßstab wird nicht dadurch beeinflusst, dass der Geschäftsführer aus betrieblichem Anlass handelt, insb. gelten die **arbeitsrechtlichen Haftungsprivilegierungen** grds. nicht entsprechend für den GmbH-Geschäftsführer.[55] Der Geschäftsführer kann sich nicht auf das **Mitverschulden** eines anderen Geschäftsführers oder eines nachgeordneten Mitarbeiters berufen. Er kann auch nicht geltend machen, dass er nicht hinreichend durch die Gesellschafter überwacht wurde.[56] 636

Dennoch wird von Seiten der Rspr in bestimmten Konstellationen eine Privilegierung in Bezug auf die Haftung auch gegenüber Organvertretern anerkannt. Eine **Haftungsprivilegierung** eines Geschäftsführers einer GmbH im Rahmen des ihm zustehenden unternehmerischen Ermessens setzt allerdings stets voraus, dass das unternehmerische Handeln auf einer sorgfältigen Ermittlung der Entscheidungsgrundlagen beruht; dies erfordert seinerseits, dass er in der konkreten Entscheidungssituation alle verfügbaren Informationsquellen tatsächlicher und rechtlicher Art 637

---

49 BGH 12.6.1989 – II ZR 334/87, DB 1989, 1762 = GmbHR 1989, 365; BGH 21.2.1983 – II ZR 183/82, ZIP 1983, 689.

50 Scholz/*Schneider*, GmbHG, § 43 Rn 232.

51 Scholz/*Schneider*, GmbHG, § 43 Rn 232.

52 OLG Koblenz 23.12.2014 – 3 U 1544/13, BeckRS 2015, 00712.

53 OLG Koblenz 23.12.2014 – 3 U 1544/13, BeckRS 2015, 00712.

54 OLG Koblenz 23.12.2014 – 3 U 1544/13, BeckRS 2015, 00712.

55 HM, Lutter/Hommelhoff/*Kleindiek*, GmbHG, § 43 Rn 39; Baumbach/Hueck/*Zöllner/Noack*, GmbHG, § 43 Rn 6; für eine ausnahmsweise Anwendung der Haftungsprivilegierung bei Pflichtverletzungen, die nicht im unmittelbaren Zusammenhang mit der Unternehmensleitung stehen (Unfall mit Pkw auf Dienstfahrt), siehe Scholz/*Schneider*, GmbHG, § 43 Rn 256 f.

56 BGH 14.3.1983 – II ZR 103/82, NJW 1983, 1856.

ausschöpft und auf dieser Grundlage die Vor- und Nachteile der bestehenden Handlungsoptionen sorgfältig abschätzt und den erkennbaren Risiken Rechnung trägt.[57]

(a4) Schaden

638 Die schuldhafte Pflichtverletzung muss **kausal** zu einem Vermögensschaden der Gesellschaft geführt haben. Es muss eine Minderung des **geldwerten Gesellschaftsvermögens** eingetreten sein. Zum **Schaden** zählen auch **entgangene Vorteile**, die bei pflichtgemäßem Handeln der Gesellschaft zugeflossen wären.[58] Ob auch ideelle Nachteile, etwa eine Rufschädigung, die keine geschäftlichen Nachteile nach sich ziehen, nach § 43 GmbHG kompensationsfähig sein sollen,[59] erscheint dagegen sehr zweifelhaft.

(a5) Darlegungs- und Beweislast

639 Die Darlegungs- und Beweislast für den Schadensersatzanspruch nach § 43 GmbHG wird in entsprechender Anwendung von § 93 Abs. 2 AktG, § 34 Abs. 2 GenG für die GmbH erleichtert. Hiernach trifft die Gesellschaft die Darlegungs- und Beweislast dafür, dass und inwieweit ihr durch ein Verhalten des Geschäftsführers in dessen Pflichtenkreis ein Schaden erwachsen ist, wobei ihr auch die Erleichterungen des § 287 ZPO zugute kommen können. Dagegen hat der Geschäftsführer darzulegen und erforderlichenfalls zu beweisen, dass er seinen Sorgfaltspflichten nachgekommen ist oder ihn kein Verschulden trifft, oder dass der Schaden auch bei pflichtgemäßem Alternativverhalten eingetreten wäre.[60]

(a6) Verjährung

640 Der Schadensersatzanspruch nach § 43 GmbHG verjährt nach § 43 Abs. 4 GmbHG in **fünf Jahren**. Die Frist beginnt mit der Entstehung des Anspruchs. Dafür ist erforderlich, dass ein **Schaden zumindest dem Grunde nach entstanden** ist, während die Höhe noch nicht festzustehen braucht.[61] Die Frist wird dann auch für solche Schäden in Gang gesetzt, mit deren Eintritt bei verständiger Würdigung gerechnet werden muss, die aber bisher noch nicht erkennbar und zu berücksichtigen waren. Zur Unterbrechung der bereits laufenden Verjährung ist in diesem Fall die Erhebung einer Feststellungsklage erforderlich. Ist dagegen ein Schaden auch noch nicht dem Grunde nach eingetreten, sondern besteht nur die Möglichkeit, dass ein pflichtwidriges Verhalten zu einem Schaden führt, so ist der Anspruch noch nicht entstanden, selbst wenn bereits das rechtliche Interesse vorliegt, durch Feststellungsklage gem. § 256 ZPO die Schadensersatzpflicht für künftige Schäden feststellen zu lassen.[62] Unerheblich ist es dagegen, wann der Anspruchsberechtigte, dh die Gesellschaft, Kenntnis von den anspruchsbegründenden Umständen erlangt hat.[63]

641 Schadensersatzansprüche gegen einen GmbH-Geschäftsführer wegen gem. § 30 Abs. 1 GmbHG verbotener Auszahlungen nach § 43 Abs. 3 GmbHG verjähren ebenfalls nach Abs. 4 in fünf Jahren ab der jeweiligen Zahlung. Unterlässt der Geschäftsführer die Geltendmachung von Rückforderungsansprüchen der Gesellschaft gegen den Zahlungsempfänger bis zum Eintritt der Verjährung dieser Ansprüche, wird dadurch nicht eine weitere Schadensersatzverpflichtung gem. § 43 Abs. 2 GmbHG mit einer erst von da an laufenden Verjährungsfrist ausgelöst.[64]

---

57 BGH 14.7.2008 – II ZR 202/07, NZG 2008, 751.
58 *Roth/Altmeppen*, GmbHG, § 43 Rn 108; Baumbach/Hueck/*Zöllner/Noack*, GmbHG, § 43 Rn 15.
59 So Baumbach/Hueck/*Zöllner/Noack*, GmbHG, § 43 Rn 15.
60 BGH 4.11.2002 – II ZR 224/00, NJW 2003, 258.
61 BGH 23.3.1987 – II ZR 190/86, NJW 1987, 1887.
62 BGH 23.3.1987 – II ZR 190/86, NJW 1987, 1887.
63 BGH 29.9.2008 – II ZR 234/07, NJW 2009, 68; Lutter/Hommelhoff/*Kleindiek*, GmbHG, § 43 Rn 67.
64 BGH 29.9.2008 – II ZR 234/07, NJW 2009, 68.

Bei **Anspruchskonkurrenz** mit anderen Ansprüchen der Gesellschaft, etwa Herausgabe- und Bereicherungsansprüchen, gilt die Verjährungsregelung des § 43 Abs. 4 GmbHG grds. nicht. Die Verjährung richtet sich nach den jeweils geltenden Verjährungsvorschriften. Lediglich in dem Fall, in dem ein deliktischer Schadensersatzanspruch der Gesellschaft wegen Verletzung einer rein GmbH-rechtlichen Schutznorm, wie etwa § 64 GmbHG, nach § 823 Abs. 2 BGB vom Geschäftsführer verlangt wird, findet § 43 Abs. 4 GmbHG Anwendung. § 43 GmbHG selbst ist weder Schutzgesetz iSd § 823 Abs. 2 BGB zu Gunsten der Gesellschaft noch zu Gunsten der Gesellschaftsgläubiger.[65] Verstößt der Geschäftsführer dagegen gegen andere Schutzgesetze, wie etwa § 263 StGB oder § 266 StGB, so bleibt es bei der allgemeinen Verjährungsregelung für den Anspruch aus unerlaubter Handlung.[66] Die Auswirkungen zeigen sich insb. beim Verjährungsbeginn, der anders als bei § 43 Abs. 4 GmbHG nach §§ 195, 199 BGB von der Kenntnis des Anspruchsinhabers über die anspruchsbegründenden Umstände abhängt. 642

Eine **Verlängerung der Verjährung** bis zu einer Frist von 30 Jahren ist grds. gem. § 202 Abs. 2 BGB möglich. Eine solche Erschwerung bedarf aber der Zustimmung des Geschäftsführers und kann damit nicht durch Satzung oder von der Gesellschaft beschlossene Geschäftsordnung festgesetzt werden.[67] Vielmehr hat die Vereinbarung der Fristverlängerung im schuldrechtlichen Anstellungsverhältnis zu erfolgen. Die Klausel ist zumindest bei einem Verbraucher-Geschäftsführer der AGB-Kontrolle nach § 310 Abs. 3 BGB zu unterziehen (s. § 2 Rn 111, 118 ff). Eine Verlängerung der Verjährungsfrist auf 10 Jahre dürfte regelmäßig der Kontrolle nach § 307 BGB standhalten. Eine Erschwerung kann auch in dem Sinne vereinbart werden, dass der Verjährungsbeginn erst mit Kenntnis der anspruchsbegründenden Umstände erfolgt. Durch Satzung, Geschäftsordnung oder auch im Anstellungsvertrag ist auch die **Verkürzung der Verjährungsfrist** entsprechend § 202 Abs. 1 BGB regelbar, soweit hierdurch nicht Schadensersatzansprüche beeinträchtigt werden, die auf Verstößen gegen die in § 43 Abs. 3 GmbHG aufgeführten gläubigerschützenden Normen beruhen.[68] 643

(a7) Gesamtschuldnerische Haftung

Haben mehrere Geschäftsführer durch ein pflichtwidriges Verhalten den Schaden verursacht, so haften sie solidarisch als **Gesamtschuldner** nach den §§ 421 ff BGB. Notwendig ist dabei jeweils ein eigenständiges pflichtwidriges Verhalten, das auch in der Verletzung der Pflicht zur Überwachung liegen kann. Rechtsfolge ist, dass jeder schuldhaft pflichtwidrig handelnde Geschäftsführer für den gesamten Schaden verantwortlich ist.[69] Intern richtet sich der Ausgleich zwischen den Geschäftsführern nach § 426 BGB. Eine Haftung zu gleichen Anteilen erfolgt jedoch nur, soweit gleichrangige Verantwortlichkeiten verletzt wurden. So hat der unmittelbar handelnde Geschäftsführer im Verhältnis zu den Geschäftsführern, denen ein Verstoß gegen ihre Überwachungspflicht vorgeworfen wird, die volle Haftung zu tragen.[70] 644

(a8) Geltendmachung

Materielle Voraussetzung für die Berechtigung des Schadensersatzanspruchs ist das Vorliegen eines **Gesellschafterbeschlusses gem. § 46 Nr. 8 GmbHG** über die Geltendmachung des Anspruchs. Der einzelne Gesellschafter kann dagegen nicht im Wege der *actio pro socio* für die Gesellschaft Schadensersatzansprüche geltend machen. Er muss sich vielmehr darum bemühen, einen Beschluss herbeizuführen. Wird der Beschluss zur Verfolgung der Schadensersatzansprüche abgelehnt, muss der überstimmte Gesellschafter im Wege der Anfechtungsklage vorge- 645

65 Zur vergleichbaren Norm des § 93 AktG BGH 9.7.1979 – II ZR 211/76, NJW 1979, 1829.
66 BGH 17.3.1987 – VI ZR 282/85, NJW 1987, 2008.
67 *Sturm*, GmbHR 2003, 573.
68 BGH 16.9.2002 – II ZR 107/01, NJW 2002, 3777.
69 BGH 26.11.2007 – II ZR 161/06, NZG 2008, 104, 105.
70 Baumbach/Hueck/*Zöllner*/*Noack*, GmbHG, § 43 Rn 26 ff.

hen.[71] Die Gesellschafterversammlung kann nach hier vertretener Ansicht im Unternehmensinteresse die Geltendmachung von Schadensersatzansprüchen nur ablehnen, wenn sachliche Gründe für diese Entscheidung vorliegen. Zunächst müssen der Bestand eines Schadensersatzanspruchs und seine Durchsetzbarkeit geprüft werden. Ergibt sich nach der Prozessanalyse, dass der Gesellschaft voraussichtlich Schadensersatzansprüche gegen den Geschäftsführer zustehen, so kann die Geltendmachung nur dann ausnahmsweise unterbleiben, wenn gewichtige Interessen und Belange der Gesellschaft dafür sprechen, den ihr entstandenen Schaden ersatzlos hinzunehmen.[72]

646 Der erforderliche Beschluss der Gesellschafterversammlung muss nicht bereits zum Zeitpunkt der Klageerhebung gefasst worden sein, insb. wird die Verjährung auch in diesem Fall mit der Klageerhebung unterbrochen. Es reicht aus, wenn der Gesellschafterbeschluss im Laufe des Rechtsstreits gefasst und dem Gericht vorgelegt wird.[73] In der **Insolvenz** oder **Liquidation** der Gesellschaft kann der Schadensersatzanspruch im Interesse der Gesellschaftsgläubiger durch den Insolvenzverwalter oder die Liquidatoren gefordert werden, ohne dass es eines Beschlusses der Gesellschafterversammlung bedarf.[74]

(a9) Entlastung und Generalbereinigung

647 Der Geschäftsführer kann von seiner Haftung durch **Entlastungsbeschluss** gem. § 46 Nr. 5 GmbHG befreit werden, durch den das Handeln des Geschäftsführers von der Gesellschaft gebilligt wird und damit aus den einbezogenen Vorfällen aufgrund des Verbotes widersprüchlichen Verhaltens keine Sanktionen mehr resultieren. Erfasst werden jedoch nur die Ansprüche, die für die Gesellschafter unter Berücksichtigung der zugänglich gemachten Unterlagen erkennbar waren oder von denen alle Gesellschafter privat Kenntnis hatten.[75] Nicht umfasst sind dagegen die Ansprüche, die auf einer strafbaren Handlung des Geschäftsführers beruhen oder die zum Zeitpunkt des Haftungserlasses zum Schutz der Gesellschaftsgläubiger gem. §§ 43 Abs. 3, 9 b Abs. 1, 57 Abs. 4, 64 GmbHG nicht zur Disposition der Gesellschaft stehen.[76] Bei der Beschlussfassung ist der zu entlastende Gesellschafter-Geschäftsführer nicht stimmberechtigt.[77]

648 Entlastungsbeschlüsse sind allerdings unter bestimmten Voraussetzungen **anfechtbar.** Dies gilt etwa, wenn der Entlastungsbeschluss wegen der Schwere der Pflichtverletzung unvertretbar ist und zB statt der Entlastung vielmehr im Interesse der Gesellschaft Schadensersatzansprüche gegen den Geschäftsführer geltend zu machen wären.[78]

649 Entsprechendes gilt auch bzgl der Anfechtbarkeit einer **Generalbereinigung**, bei der durch Verzicht oder Vergleich alle erkennbaren oder – im Unterschied zur Entlastung – auch nicht erkennbaren Ansprüche zwischen Geschäftsführer und Gesellschaft außer Streit gestellt werden. Eine Generalbereinigung bedarf wie die Entlastung eines Beschlusses der Gesellschafter gem. § 46 Nr. 8 GmbHG. In der **Insolvenz** können Verzichtsvereinbarungen und Vergleiche nur durch den Insolvenzverwalter geschlossen werden.[79]

650 Der Entlastungsbeschluss wird in seiner haftungsrechtlichen Tragweite vielfach von Geschäftsführern überschätzt. Die Entlastung enthält keinen Verzicht auf Ersatzansprüche.[80] Beim Geschäftsführer hat der Entlastungsbeschluss eine **Präklusionswirkung.**[81] Präklusion bedeutet,

---

71 *Roth/Altmeppen*, GmbHG, § 43 Rn 98 mwN; Lutter/Hommelhoff/*Kleindiek*, GmbHG, § 43 Rn 29.
72 Zur Pflicht des Aufsichtsrats einer AG BGH 21.4.1997 – II ZR 175/95, NJW 1997, 1926.
73 BGH 3.5.1999 – II ZR 119/98, NJW 1999, 2115.
74 BGH 14.7.2004 – VIII ZR 224/02, DB 2004, 2417 = GmbHR 2004, 1279.
75 BGH 20.5.1985 – II ZR 165/84, NJW 1986, 129.
76 BGH 7.4.2003 – II ZR 193/02, DB 2003, 1107 = GmbHR 2003, 712.
77 BGH 12.6.1989 – II ZR 246/88, NJW 1989, 2694.
78 KG Berlin 26.8.2014 – 14 U 124/12, GWR 2014, 481.
79 Scholz/*Schneider*, GmbHG, § 43 Rn 267.
80 *Nägele*, in: Arbeitsgemeinschaft ArbR, FS zum 25-jährigen Bestehen, S. 525, 532.
81 *Nägele/Nestel*, BB 2000, 1253.

dass die Gesellschaft dem entlasteten Geschäftsführer gegenüber mit der Geltendmachung von Tatsachen ausgeschlossen ist, die innerhalb der Reichweite des Entlastungsbeschlusses liegen. Daraus ergibt sich, dass zum Zeitpunkt der Entlastung erkennbare Schadensersatzansprüche nach Entlastung nicht mehr geltend gemacht werden können. Die Gesellschaft wird nicht mehr mit bekannten Tatsachen gehört, die schon bei Erteilung der Entlastung einen Anspruch gegen den Geschäftsführer gerechtfertigt hätten.[82] Umgekehrt hat die Präklusion weiterhin die Wirkung, dass nicht bekannte Tatsachen, die den Entlastungsbeschluss ermöglicht haben, auch trotz einer Entlastung unter den sonstigen Voraussetzungen die Geltendmachung eines Schadensersatzanspruches weiterhin ermöglichen.

(a10) Vertragliche Haftungserleichterungen

Der Gesellschaft steht die Entscheidungsbefugnis darüber zu, ob und in welchem Umfang sie Ansprüche gegen einen pflichtwidrig handelnden Geschäftsführer verfolgen will, solange nicht der Anwendungsbereich des § 43 Abs. 3 GmbHG betroffen ist. In seinem Urteil vom 16.9.2002,[83] das die Zulässigkeit einer vertraglichen Verkürzung der Verjährungsfrist des § 43 Abs. 4 GmbHG betraf, hat der BGH entschieden, dass die Gesellschaft nicht allein über die Durchsetzung bereits entstandener Ansprüche verfügen kann, sondern auch Haftungserleichterungen vorab vereinbart werden können. Dazu führt es aus: 651

„Nicht nur der Senat, sondern auch die ganz hM im Schrifttum halten im Grundsatz – nämlich soweit nicht die Sondersituation des § 43 Abs. 3 GmbHG vorhanden ist – eine Abkürzung der Verjährungsfrist für zulässig. Dies wird – ähnlich wie bei dem grundsätzlich für zulässig erachteten Verzicht auf oder bei dem Vergleich über einen gegen den Geschäftsführer gerichteten Schadensersatzanspruch – von der Erwägung getragen, dass es, solange nicht der Anwendungsbereich des § 43 Abs. 3 GmbHG betroffen ist, Sache der Gesellschafter ist, nach § 46 Nr. 8 GmbHG darüber zu befinden, ob und gegebenenfalls in welchem Umfang sie Ansprüche der Gesellschaft gegen einen pflichtwidrig handelnden Geschäftsführer verfolgen wollen. Wie auf die Durchsetzung eines entstandenen Anspruchs – sei es förmlich durch Vertrag, durch Entlastungs- oder Generalbereinigungsbeschluss – verzichtet werden kann, so kann schon im Vorfeld das Entstehen eines Ersatzanspruchs gegen den Organvertreter näher geregelt, insbesondere begrenzt oder ausgeschlossen werden, indem zB ein anderer Verschuldensmaßstab vereinbart oder dem Geschäftsführer eine verbindliche Gesellschafterweisung erteilt wird, die eine Haftungsfreistellung nach sich zieht. Die Abkürzung der Frist, binnen deren ein Ersatzanspruch geltend gemacht werden muss, wenn nicht gar Verjährung oder gar – wie hier – das Erlöschen des Anspruchs eintreten soll, ist nur eine andere Form dieser Beschränkungs- und Verzichtsmöglichkeit.“

Aus der Rspr lässt sich zunächst entnehmen, dass auch vorab eine Erleichterung der Geschäftsführerhaftung nach § 43 GmbHG im Anstellungsvertrag vereinbart werden kann, soweit ein Verstoß gegen die in § 43 Abs. 3 GmbHG aufgeführten gläubigerschützenden Normen nicht in die Haftungsverkürzung einbezogen wird. Mit der Feststellung der grundsätzlichen Einschränkbarkeit außerhalb des Anwendungsbereichs des § 43 Abs. 3 GmbHG sind jedoch die Grenzen der Dispositionsbefugnis über die Geschäftsführerhaftung nicht endgültig festgelegt. So wird angenommen, dass sich der Kreis der zwingenden Normen über § 43 Abs. 3 GmbHG hinaus auf die gesetzlichen Pflichten zur Buchführung nach § 41 GmbHG, die Einberufungs- 652

82 *Nägele*, in: Arbeitsgemeinschaft ArbR, FS zum 25-jährigen Bestehen, S. 525, 532.

83 BGH 16.9.2002 – II ZR 107/01, NJW 2002, 3777; zuvor bereits BGH 15.11.1999 – II ZR 122/98, NJW 2000, 576.

pflicht nach § 49 GmbHG sowie das Verbot der Kreditgewährung aus dem gebundenen Vermögen der Gesellschaft an den Geschäftsführer nach § 43 a GmbHG erstreckt.[84]

653 Zudem müssen die **unterschiedlichen Interessenlagen** berücksichtigt werden, die zwischen der vorherigen Vereinbarung einer Haftungserleichterung und dem nachträglichen Verzicht auf die Durchsetzung eines entstandenen Anspruchs bestehen. So können bei dem **nachträglichen Beschluss** über die Durchsetzung eines Schadensersatzanspruchs die Besonderheiten des Einzelfalles berücksichtigt werden. Die Entscheidung der Gesellschaft wird insb. von der Schwere der Pflichtverletzung, dem Umfang des Schadens sowie der Bedeutung der Pflichtverletzung im Verhältnis zur bisherigen Leistung des Geschäftsführers beeinflusst.[85] Demgegenüber wird durch eine **vorab vereinbarte Haftungserleichterung** für eine Vielzahl möglicher Haftungsfälle ohne Berücksichtigung der konkreten Umstände der Geschäftsführer begünstigt. Die Folgen für die Gesellschaft werden damit wesentlich weitreichender geregelt als bei einer nachträglichen Entscheidung der Gesellschaft über die Durchsetzung. Insbesondere könnte ein Mehrheitsgesellschafter-Geschäftsführer die Haftung gegenüber der Gesellschaft von vornherein weitgehend aushebeln, zumal er bei diesem Gesellschafterbeschluss – anders als bei der Entscheidung über die nachträgliche Geltendmachung – nicht einem Stimmverbot unterliegt. Aus diesem Grund muss der Minderheitenschutz der Gesellschafter in besonderem Maße beachtet werden. So können nach hier vertretener Auffassung Haftungserleichterungen nur durch **einstimmigen Gesellschafterbeschluss** vorab mit dem Geschäftsführer vertraglich geregelt werden, um einen effektiven Minderheitenschutz zu gewährleisten.[86]

654 Schließlich ergeben sich Grenzen der Vertragsgestaltung daraus, dass nach § 202 Abs. 1 BGB nicht im Voraus auf die Einrede der Verjährung für Ansprüche verzichtet werden kann, die auf einem vorsätzlichen Verhalten beruhen. Ebenso kann nach § 276 Abs. 2 BGB nicht die **Haftung für Vorsatz** vorab ausgeschlossen werden. Auch auf eine Haftung für Schäden, die **grob fahrlässig** verursacht wurden, soll grds. nicht vorgängig verzichtet werden können.[87] Als zulässig zu erachten ist hiernach etwa die Vereinbarung der Anwendung der für Arbeitnehmer geltenden Haftungserleichterungen, soweit nicht der Schutzbereich des § 43 Abs. 3 GmbHG verletzt wird, oder die Abkürzung der Verjährung und die Anwendung kurzer Ausschlussfristen.[88]

(2) Haftung des Geschäftsführers nach § 64 GmbHG

(a1) Haftungsgrundlage

655 Ein Ersatzanspruch der Gesellschaft gegenüber dem Geschäftsführer kann sich weiter aus § 64 S. 1 GmbHG ergeben. Der Geschäftsführer ist der Gesellschaft zum Ersatz von Zahlungen verpflichtet, die nach Eintritt der Zahlungsunfähigkeit oder nach der Feststellung der Überschuldung der Gesellschaft geleistet werden. Die Haftung tritt gem. § 64 S. 2 GmbHG aber dann nicht ein, wenn die geleisteten Zahlungen mit der Sorgfalt eines ordentlichen Geschäftsmanns vereinbar sind. Die Gesetzesregelung ist nach ihrem Sinn und Zweck als insolvenzrechtliche Norm anzusehen.[89] Durch das MoMiG[90] wurde die Haftung des Geschäftsführers im Rahmen

---

84 Lutter/Hommelhoff/*Kleindiek*, GmbHG, § 43 Rn 64; mit Einschränkung auch *Roth/Altmeppen*, GmbHG, § 43 Rn 117.

85 *Sturm*, GmbHR 2003, 573.

86 *Sturm*, GmbHR 2003, 573, der allerdings nur in der Satzung aufgenommene Haftungserleichterungen als zulässig erachtet. Lutter/Hommelhoff/*Kleindiek*, GmbHG, § 43 Rn 60 wollen zwar einen Mehrheitsbeschluss nicht *per se* ausschließen, nehmen jedoch an, dass dieser zumindest treuwidrig und damit anfechtbar sein wird. Ähnl. Baumbach/Hueck/*Zöllner/Noack*, GmbHG, § 43 Rn 5; *Roth/Altmeppen*, GmbHG, § 43 Rn 117.

87 Baumbach/Hueck/*Zöllner/Noack*, GmbHG, § 43 Rn 5.

88 BGH 16.9.2002 – II ZR 107/01, NJW 2002, 3777; zuvor bereits BGH 15.11.1999 – II ZR 122/98, NJW 2000, 576.

89 OLG Jena 17.7.2013 – 2 U 815/12, NZI 2013, 807.

90 Gesetz zur Modernisierung des GmbH-Rechts und zur Bekämpfung von Missbräuchen (MoMiG) vom 23.10.2008 (BGBl. I S. 2026).

von § 64 GmbHG[91] erweitert, da der Geschäftsführer gegenüber der Gesellschaft nach Satz 3 seither auch für Zahlungen an die Gesellschafter, die zur Zahlungsunfähigkeit führen mussten, haftet,[92] es sei denn, dies war auch bei Beachtung der Sorgfalt entsprechend § 64 S. 2 GmbHG nicht erkennbar. Dadurch wird ein Teilbereich der sog. Haftung wegen existenzvernichtenden Eingriffs gesetzlich erfasst, der sich dabei aber nicht gegen die Gesellschafter, sondern gegen den Geschäftsführer richtet.[93]

Auch § 64 GmbHG hat gläubigerschützenden Charakter, so dass Haftungserleichterungen **nicht zur Disposition** der Gesellschaft stehen und damit auch nicht im Anstellungsverhältnis vereinbart werden können. Die Haftung aus § 64 GmbHG trifft auch den **faktischen Geschäftsführer**, dh denjenigen, der die Geschicke der Gesellschaft – über die interne Einwirkung auf die satzungsmäßige Geschäftsführung hinaus – durch eigenes Handeln im Außenverhältnis, das die Tätigkeit des rechtlichen Geschäftsführungsorgans nachhaltig prägt, maßgeblich in die Hand genommen hat.[94] 656

Neben der Haftung gegenüber der Gesellschaft nach § 64 GmbHG kommt zusätzlich uU eine **Strafbarkeit** des GmbH-Geschäftsführers wegen **Bankrotts** oder **Untreue** in Betracht.[95] Schafft der Geschäftsführer einer GmbH bei drohender Zahlungsunfähigkeit der Gesellschaft Bestandteile des Gesellschaftsvermögens beiseite, so ist er auch dann wegen Bankrotts strafbar, wenn er hierbei nicht im Interesse der Gesellschaft handelt.[96] 657

(a2) Zahlungen

Voraussetzung für den Bestand des Ersatzanspruchs nach § 64 S. 1 GmbHG ist, dass der Geschäftsführer **Zahlungen** geleistet hat. Der Begriff erfasst nicht allein Geldzahlungen, die der Geschäftsführer nach Eintritt der Insolvenzreife selbst vornimmt oder vornehmen lässt, sondern alle Maßnahmen des Geschäftsführers nach Insolvenzreife, die unter Bevorzugung einzelner Gläubiger zu einer Schmälerung des Gesellschaftsvermögens und damit der Insolvenzmasse führen.[97] Hierunter fällt etwa auch der Einzug eines Kundenschecks über ein debitorisch geführtes Konto der Gesellschaft, da dieser Betrag aufgrund der Saldierung der kontoführenden Bank zugute kommt und der Insolvenzmasse entzogen wird.[98] Sogar ein bloßes Nichtstun kann die Haftung auslösen, nämlich wenn im Stadium der Insolvenzreife der Geschäftsführer Zahlungen auf ein debitorisches Konto zulässt, obwohl er eigentlich aufgrund seiner Masseerhaltungspflicht dafür sorgen müsste, dass Zahlungen nicht lediglich einen Gläubiger (die Bank) befriedigen, sondern der Masse und damit allen Gläubigern zugute kommen.[99] Pflichtgemäß hätte der Geschäftsführer in diesem Fall ein neues kreditorisches Konto bei einer anderen Bank eröffnen müssen.[100] 658

(a3) Eintritt der Zahlungsunfähigkeit

Im Falle einer Haftung nach § 64 S. 1 GmbHG müssen die Zahlungen nach Eintritt der Zahlungsunfähigkeit oder nach der Feststellung der Überschuldung geleistet worden sein. **Zah-** 659

91 Die früher nach § 64 Abs. 1 GmbHG aF bestehende Pflicht zur Beantragung der Insolvenzeröffnung wurde im Rahmen des MoMiG nun einheitlich in § 15 a InsO geregelt und systemgerecht auf die übrigen Vertretungsorgane weiterer juristischer Personen ausgedehnt.

92 Zur Kausalität vgl u.a. *Greulich/Rau*, NZG 2008, 284, 288.

93 *Arends/Möller*, GmbHR 2008, 169, 172; *Meyer*, BB 2008, 1742, 1743.

94 BGH 11.7.2005 – II ZR 235/03, DB 2005, 1897 = GmbHR 2005, 1187.

95 BGH 15.5.2012 – 3 StR 118/11, NJW 2102, 2366.

96 BGH 15.9.2011 – 3 StR 118/11, NZG 2011, 1311; BGH 15.5.2012 – 3 StR 118/11, NJW 2102, 2366.

97 Vgl hierzu *Greulich/Bunnemann*, NZG 2006, 681, 684.

98 BGH 29.11.1999 – II ZR 273/98, NJW 2000, 210; BGH 11.9.2000 – II ZR 370/99, NJW 2001, 304; OLG Oldenburg 10.3.2004 – 1 W 2/04, GmbHR 2004, 1340.

99 BGH 26.3.2007 – II ZR 310/05, BB 2007, 1241; *Meyer*, BB 2008, 1742, 1745.

100 *Arends/Möller*, GmbHR 2008, 169, 170.

lungsunfähigkeit liegt in entsprechender Anwendung des § 17 Abs. 2 S. 1 InsO vor, wenn der Schuldner nicht in der Lage ist, die Zahlungsverpflichtungen zu erfüllen. Dabei ist die Zahlungsunfähigkeit von der **Zahlungsstockung** zu unterscheiden, bei der nur ein vorübergehender Zahlungsengpass besteht. Hierzu hat der BGH in seinem Urteil vom 24.5.2005[101] ausgeführt, dass eine bloße Zahlungsstockung dann anzunehmen ist, wenn der Zeitraum nicht überschritten wird, den eine kreditwürdige Person benötigt, um sich die benötigten Mittel zu leihen. Dafür erscheinen drei Wochen erforderlich, aber auch ausreichend. Ferner besteht mit der Drei-Wochen-Frist Gleichlauf zur Beantragungspflicht der Insolvenzeröffnung nach § 15 a InsO.[102] Beträgt eine innerhalb von drei Wochen nicht zu beseitigende Liquiditätslücke des Schuldners weniger als 10 % seiner fälligen Gesamtverbindlichkeiten, ist regelmäßig von Zahlungsfähigkeit auszugehen, es sei denn, es ist bereits absehbar, dass die Lücke demnächst mehr als 10 % erreichen wird. Beträgt die Liquiditätslücke des Schuldners 10 % oder mehr, ist regelmäßig von Zahlungsunfähigkeit auszugehen, sofern nicht ausnahmsweise mit an Sicherheit grenzender Wahrscheinlichkeit zu erwarten ist, dass die Liquiditätslücke demnächst vollständig oder fast vollständig beseitigt werden wird und den Gläubigern ein Zuwarten nach den besonderen Umständen des Einzelfalles zuzumuten ist. Fälligkeit iSv § 17 InsO liegt bereits dann vor, wenn eine Gläubigerhandlung gegeben ist, aus welcher sich der Wille, vom Schuldner Erfüllung zu verlangen, im Allgemeinen ergibt.[103]

(a4) Feststellung der Überschuldung

660 Eine **Überschuldung** ist entsprechend § 19 Abs. 2 S. 1 InsO dann gegeben, wenn das Vermögen des Schuldners die bestehenden Verbindlichkeiten nicht mehr deckt und eine Fortführung des Unternehmens nicht mehr wahrscheinlich ist. Die Darlegungs- und **Beweislast** für das Vorliegen der Überschuldung trägt die Gesellschaft oder der für sie tätig werdende Insolvenzverwalter.[104]

661 Nach stRspr des BGH kann die Überschuldung nur anhand einer **Überschuldungsbilanz** festgestellt werden, in der die Vermögenswerte der Gesellschaft mit ihren aktuellen Verkehrs- oder Liquidationswerten auszuweisen sind.[105] Die Überschuldungsbilanz unterliegt anderen Gesetzmäßigkeiten als die vom Steuerberater zu fertigende Bilanz, weshalb die insolvenzrechtliche Überschuldung aus der Handelsbilanz auch nicht ohne Weiteres zu entnehmen.[106] Aufwendungen für die Ingangsetzung des Geschäftsbetriebs können nur bei der Aufstellung einer Überschuldungsbilanz nach Fortführungswerten aktiviert werden.[107]

662 Nicht ausreichend ist die Beurteilung der Überschuldung anhand einer fortgeschriebenen Jahresbilanz, deren negativem Ergebnis lediglich indizielle Bedeutung zukommt. Doch selbst wenn objektiv eine Überschuldungslage vorliegt, kann eine positive Fortführungsprognose das Unternehmen vor dem Insolvenzverfahren bewahren. Diese Erweiterung des Überschuldungsbegriffs um die zusätzliche Prognose wurde durch Art. 5 des FMStG[108] eingefügt. Bezüglich der Bewertungsgrundsätze hat der Gesetzgeber im Zuge der Finanzmarktkrise gleich mehrfache Kehrtwendungen vollzogen. Mit dem FMSt war das Gesetz zum „zweistufigen" Überschuldungsbegriff zurückgekehrt, der bereits unter Geltung der alten Konkursordnung nach der Rspr maßgeblich war. Seit 1.1.2014 gilt allerdings wieder der einstufige Überschuldungsbegriff, bei dem

101 BGH 24.5.2005 – IX ZR 123/04, NJW 2005, 3062.

102 MüKo-InsO/*Eilenberger*, § 17 Rn 18.

103 BGH 19.7.2007 – IX ZB 36/07, ZInsO 2007, 939; *Streit/Bürk*, DB 2008, 742.

104 *Reufels/Schmülling*, ArbRB 2005, 340 unter Berufung auf BGH 7.3.2005 – II ZR 138/03, DB 2005, 996 = GmbHR 2005, 617; aA *Ahrendt/Plischkaner*, NJW 2009, 964, 966.

105 BGH 8.1.2001 – II ZR 88/99, NJW 2001, 1280.

106 BGH 7.3.2013 – IX ZR 64/12, NZI 2013, 438.

107 OLG Hamburg 8.11.2013 – 11 U 192/11, ZInsO 2013, 2447.

108 Gesetz zur Umsetzung eines Maßnahmenpakets zur Stabilisierung des Finanzmarktes (Finanzmarktstabilisierungsgesetz – FMStG) vom 17.10.2008 (BGBl. I S. 1982).

zwar im Rahmen der Überschuldungsprüfung ebenfalls eine Fortführungsprognose vorzunehmen ist; diese entscheidet aber allein über den Bewertungsmaßstab, der bei der Erstellung der Überschuldungsbilanz zugrunde zu legen ist. Ist die Prognose positiv, sind Fortführungswerte anzusetzen, anderenfalls Liquidationswerte.[109] Bei der Aufstellung der Überschuldungsbilanz der Gesellschaft sind Forderungen eines Gesellschafters aus der Gewährung eigenkapitalersetzender Leistungen zu passivieren, soweit für sie keine Rangrücktrittserklärung abgegeben worden ist.[110]

(a5) Sorgfalt eines ordentlichen Kaufmanns

Die Zahlungen sind dann mit der **Sorgfalt eines ordentlichen Kaufmanns** vereinbar, wenn sie in der Insolvenzsituation nicht zu einer Masseverkürzung führen, weil ein unmittelbarer Gegenwert dauerhaft in der Insolvenzmasse verbleibt, oder soweit durch sie im Einzelfall größere Nachteile für die Masse abgewendet werden, etwa um den sofortigen Zusammenbruch der Gesellschaft zu verhindern.[111] Bei fehlender eigener Sachkunde hat der Geschäftsführer sich extern beraten zu lassen.[112] 663

(a6) Verschulden

Der Geschäftsführer muss **schuldhaft**, dh zumindest fahrlässig, bei den anspruchsbegründenden Tatsachen gehandelt haben.[113] Der Sorgfalt eines ordentlichen Geschäftsmanns entspricht es, sich laufend ein Bild über die Vermögenslage der Gesellschaft zu verschaffen, um Feststellungen über eine mögliche Zahlungsunfähigkeit oder Überschuldung treffen zu können.[114] Bei Anzeichen einer Krise hat der Geschäftsführer nach der Rspr des BGH ein Vermögensstatut aufzustellen.[115] Ergibt sich hiernach eine rechnerische Überschuldung, muss er prüfen, ob sich für das Unternehmen eine positive Fortbestehensprognose stellt. Gibt es begründete Anhaltspunkte, die eine solche Prognose rechtfertigen, so kann das Unternehmen weiterbetrieben werden. Hierbei ist dem Geschäftsführer ein gewisser Beurteilungsspielraum zuzubilligen; vor allem kommt es nicht auf nachträgliche Erkenntnisse, sondern auf die damalige Sicht eines ordentlichen Geschäftsleiters an. Notfalls muss sich der Geschäftsführer fachkundig beraten lassen.[116] Das Verschulden wird **vermutet**, wenn der Geschäftsführer in Kenntnis der Insolvenzreife Zahlungen aus dem Gesellschaftsvermögen leistet, so dass ihm die Darlegungs- und Beweislast für das fehlende Verschulden obliegt.[117] 664

Im Rahmen des Verschuldens kann sich der GmbH-Geschäftsführer nicht auf **fachliche Unkenntnis** berufen, sondern muss sich bei Übernahme des Geschäftsführeramts in eigener Person die notwendigen steuerlichen und handelsrechtlichen Kenntnisse verschaffen. Dies gilt auch, soweit der Geschäftsführer fremde Hilfe durch Angehörige eines rechts- oder steuerberatenden Berufs in Anspruch nimmt, um deren sorgfältige Auswahl und Überwachung sowie eine gewisse Plausibilitätskontrolle vornehmen zu können.[118] 665

Kein Verschulden liegt hingegen vor, wenn der Geschäftsführer den Rat eines unabhängigen, fachlich qualifizierten Berufsträgers eingeholt, diesen über sämtliche für die Beurteilung erheblichen Umstände ordnungsgemäß informiert hat und nach eigener Plausibilitätskontrolle ent- 666

109 *Roth/Altmeppen*, GmbHG, 7. Aufl. 2012 Vorbem. zu § 64 Rn 20, 33 mwN.
110 BGH 8.1.2001 – II ZR 88/99, NJW 2001, 1280.
111 BGH 8.1.2001 – II ZR 88/99, NJW 2001, 1280; OLG Köln 12.5.2011 – 18 U 99/10, juris.
112 BGH 14.5.2007 – II ZR 48/06, NJW 2007, 2118.
113 *Reufels/Schmülling*, ArbRB 2005, 340.
114 BGH 6.6.1994 – II ZR 292/91, NJW 1994, 2220.
115 BGH 6.6.1994 – II ZR 292/91, NJW 1994, 2220.
116 BGH 6.6.1994 – II ZR 292/91, NJW 1994, 2220.
117 BGH 18.3.1974 – II ZR 2/72, NJW 1974, 1088.
118 OLG Schleswig 4.2.2010 – 5 U 60/09, DStR 2010, 564.

sprechend dem Inhalt der ihm erteilten Antwort von der Stellung eines Insolvenzantrages absieht.[119]

667 Hat der Insolvenzverwalter durch Vorlage einer Handelsbilanz und den Vortrag, dass keine stillen Reserven sowie aus der Bilanz nicht ersichtlichen Vermögenswerte vorhanden sind, die Überschuldung einer GmbH dargelegt, genügt der wegen Zahlungen nach Insolvenzreife in Anspruch genommene Geschäftsführer seiner sekundären Darlegungslast nicht, wenn er lediglich von der Handelsbilanz abweichende Werte behauptet. Der in Anspruch genommene Geschäftsführer hat vielmehr substanziiert zu etwaigen stillen Reserven oder in der Bilanz nicht abgebildeten Werten vorzutragen.[120]

(a7) Haftungsumfang

668 Hat der Geschäftsführer Zahlungen entgegen § 64 S. 1 GmbHG geleistet, so hat er diese **ungeschmälert** zu **erstatten**. Der Geschäftsführer ist nicht berechtigt, auf andere Möglichkeiten der Rückführung der ausgezahlten Beträge zu verweisen oder den Erstattungsanspruch im Voraus um den zu diesem Zeitpunkt regelmäßig nicht feststellbaren Betrag zu kürzen, den der durch die verbotene Zahlung begünstigte Gläubiger erhalten hätte. Damit es aber nicht zu einer Bereicherung der Masse kommt, ist dem Geschäftsführer vorzubehalten, nach Erstattung an die Masse seine Rechte gegen den Insolvenzverwalter zu verfolgen; dabei deckt sich der dem Geschäftsführer zustehende Anspruch nach Rang und Höhe mit dem Betrag, den der begünstigte Gesellschaftsgläubiger im Insolvenzverfahren erhalten hätte.[121] Ferner kann der Geschäftsführer sich gegenüber einer Haftung nach § 64 S. 1 GmbHG nicht dadurch verteidigen, dass die geleisteten Zahlungen insolvenzrechtlich anfechtbar sind oder gewesen wären.[122]

(a8) Verjährung

669 Der Anspruch aus § 64 S. 1 GmbHG verjährt entsprechend des Verweises in § 64 S. 4 GmbHG auf § 43 Abs. 4 GmbHG in fünf Jahren nach der Anspruchsentstehung, dh der verbotswidrigen Zahlung.

(3) Haftung des Geschäftsführers wegen existenzvernichtenden Eingriffs

670 Mit der Trihotel-Entscheidung[123] hat der BGH sein Konzept des existenzvernichtenden Eingriffs geändert. Der BGH sieht die Haftung wegen existenzvernichtenden Eingriffs nun als Unterfall von § 826 BGB und gestaltet diesen im Gegensatz zu früher als reine **Innenhaftung**. In Anbetracht des durch den Erhalt der Mindestkapitalisierung in erster Linie beabsichtigten Dritt- bzw Gläubigerschutzes mag die Ausgestaltung als reine Innenhaftung verwundern, jedoch wird durch die zentrale Geltendmachung durch den Insolvenzverwalter (§ 92 InsO) ein Wettlauf der Gläubiger vermieden.[124] Zwar behandelt das Trihotel-Urteil die Haftung eines Gesellschafters, jedoch dürften auch der Geschäftsführer, der an einem existenzvernichtenden Eingriff mitwirkt, wie auch der begünstigte Gesellschafter der Haftung aus § 826 BGB unterliegen.[125] Für den Vorsatz im Rahmen des § 826 BGB genügt die Kenntnis der Tatsachen, insb. dass die Insolvenz absehbare Folge der Eingriffshandlung ist; jedoch reicht zumindest nicht jede wie auch immer geartete Vorhersehbarkeit aus.[126] Eine Haftung dürfte aber auch dann ent-

---

119 BGH 14.5.2007 – II ZR 48/06, NJW 2007, 2118, 2120.

120 BGH 19.11.2013 – II ZR 229/11, NZI 2014, 232.

121 BGH 8.1.2001 – II ZR 88/99, NJW 2001, 1280; OLG München 14.2.2008 – 23 U 4954/07, BeckRS 2008, 4920.

122 BGH 18.12.1995 – II ZR 277/94, NJW 1996, 850 mwN; *Arends/Möller*, GmbHR 2008, 169, 172; *Wicke*, GmbHG, § 64 Rn 23.

123 BGH 16.7.2007 – II ZR 3/04, NJW 2007, 2689.

124 Baumbach/*Hopt*, HGB, § 172 a Rn 41 b; *Streit/Bürk*, DB 2008, 742, 749.

125 *Arends/Möller*, GmbHR 2008, 169, 173; *Paefgen*, DB 2007, 1907, 1911.

126 *Streit/Bürk*, DB 2008, 742, 748.

stehen, wenn der Geschäftsführer die Handlungen des vorsätzlich eingreifenden Gesellschafters aus Fahrlässigkeit nicht als solche erkennt und deshalb nichts dagegen unternimmt; dies wird eine Organpflichtverletzung darstellen, denn der Geschäftsführer hat die Einhaltung aller zwingenden Gläubigerschutzpflichten zumindest durch adäquate Überwachungsmaßnahmen sicherzustellen.[127]

Häufig wird die Haftung aus § 826 BGB **neben** der **Haftung nach § 64 S. 3 GmbHG** stehen.[128] Dies ist insoweit von besonderer Bedeutung, als dass deliktische Ansprüche bei einer Insolvenz über das (Privat-)Vermögen des Geschäftsführers im Gegensatz zu gesellschaftsrechtlichen Ansprüchen nicht von einer Restschuldbefreiung nach § 302 Nr. 1 InsO erfasst werden.[129] Der Anspruch aus § 826 BGB steht parallel zu anderen Haftungsvorschriften und unterliegt keiner Subsidiarität, folglich auch nicht zu § 64 GmbHG.[130] 671

Mittlerweile haben sich die genaueren Grundsätze des existenzvernichtenden Eingriffs in einer Vielzahl von Folgeentscheidungen der aktuellen Rspr weiter geklärt. So setzt ein existenzvernichtender Eingriff stets voraus, dass der Gesellschaft **in sittenwidriger Weise** das zur Tilgung ihrer Schulden erforderliche Vermögen entzogen und damit eine Insolvenz verursacht wird.[131] Veräußern demnach etwa die Gesellschafter-Geschäftsführer einer GmbH das Gesellschaftsvermögen an eine Gesellschaft, die von ihnen abhängig ist, kann darin nur dann ein existenzvernichtender Eingriff liegen, wenn die Vermögensgegenstände unter Wert übertragen werden.[132] 672

Grundsätzlich kommt eine Existenzvernichtungshaftung aus § 826 BGB für missbräuchliche, zur Insolvenz der GmbH führende oder diese vertiefende kompensationslose Eingriffe in das der Zweckbindung zur vorrangigen Befriedigung der Gesellschaftsgläubiger dienende Gesellschaftsvermögen auch im Stadium der **Liquidation** der Gesellschaft in Betracht.[133] Der für die Existenzvernichtungshaftung nach § 826 BGB bei der werbenden Gesellschaft anerkannte Grundsatz eines verselbstständigten Vermögensinteresses gilt erst recht für eine Gesellschaft in Liquidation.[134] 673

Werden der Gesellschaft unter dem Gesichtspunkt des existenzvernichtenden Eingriffs Geldbeträge entzogen, so hat der rechtswidrig handelnde Gesellschafter, oder eben auch der Geschäftsführer, **Verzugszinsen** ab der Entziehung zu entrichten.[135] 674

Die regelmäßige **Verjährung** für den Anspruch aus Existenzvernichtungshaftung gegen den Gesellschafter-Geschäftsführer einer GmbH beginnt erst zu laufen, wenn dem Gläubiger sowohl die anspruchsbegründenden Umstände als auch die Umstände, aus denen sich ergibt, dass der mittelbare Gesellschafter als Schuldner in Betracht kommt, bekannt oder infolge grober Fahrlässigkeit unbekannt sind.[136] 675

bb) Haftung gegenüber Dritten

(1) Anspruchsgrundlagen

Grundsätzlich richten sich Ansprüche von Dritten, die in geschäftlichen Kontakt mit der Gesellschaft getreten sind, **gegen die Gesellschaft selbst** und nicht gegen den als Vertreter der Gesellschaft auftretenden Geschäftsführer. Ihre Haftung für Verbindlichkeiten der Gesellschaft ist 676

127 *Paefgen*, DB 2007, 1907, 1911.
128 Ähnlich *Arends/Möller*, GmbHR 2008, 169, 173.
129 *Arends/Möller*, GmbHR 2008, 169, 173; *Streit/Bürk*, DB 2008, 742.
130 Baumbach/*Hopt*, HGB, § 172 a Rn 41 b; *Streit/Bürk*, DB 2008, 742, 749; *Arends/Möller*, GmbHR 2008, 169, 173.
131 BGH 16.7.2007 – II ZR 3/04, NJW 2007, 2689; BGH 23.4.2012 – II ZR 252/10, NZG 2012, 667.
132 BGH 23.4.2012 – II ZR 252/10, NZG 2012, 667.
133 BGH 9.2.2009 – II ZR 292/07, NJW 2009, 2127.
134 BGH 9.2.2009 – II ZR 292/07, NJW 2009, 2127.
135 BGH 13.12.2007 – IX ZR 116/06, NJW-RR 2008, 918.
136 BGH 24.7.2012 – II ZR 177/11, NJW-RR 2012, 1240.

nach § 13 Abs. 2 GmbHG auf das **Gesellschaftsvermögen** beschränkt, so dass den GmbH-Geschäftsführer nur **ausnahmsweise** eine **Eigenhaftung** trifft, wenn ein besonderer Haftungsgrund existiert.[137]

677 Der Vertreter einer juristischen Person haftet für die Erfüllung rechtsgeschäftlich begründeter Ansprüche lediglich ausnahmsweise persönlich, wenn er dem Vertragsgegenstand besonders nahesteht und bei wirtschaftlicher Betrachtung gewissermaßen in eigener Sache handelt oder er gegenüber dem Verhandlungspartner in besonderem Maß persönliches Vertrauen in Anspruch genommen und damit die Vertragsverhandlungen beeinflusst hat.[138]

678 Ebenso kommt eine direkte Haftung des Geschäftsführers grds. ausnahmsweise in Betracht, wenn der Geschäftsführer den Betrieb in einer Weise organsiert hätte, bei der Eigentumsverletzungen zu Lasten Dritter unweigerlich auftreten müssten.[139] Hieran fehlt es in aller Regel, wenn sich das Verhalten des Geschäftsführers einer GmbH im Wesentlichen darin erschöpft, eine Aufklärung über die finanziellen Verhältnisse der Gesellschaft zu unterlassen.[140]

679 Der gesetzliche Vertreter einer GmbH haftet nicht nach § 661 a BGB persönlich für die Erfüllung einer von der Gesellschaft versandten Gewinnzusage oder vergleichbaren Mitteilung.[141]

680 Eine Eigenhaftung des Geschäftsführers kann sich aus Rechtsscheingrundsätzen, aus culpa in contrahendo (§§ 311 Abs. 2, 280 Abs. 1 BGB) und aus Delikt ergeben. Siehe dazu im Einzelnen § 2 Rn 685, 686 und 687 ff.

681 Dagegen scheidet auch im Fall der **Pflichtverletzung durch Mitarbeiter** der GmbH gegenüber einem Kunden eine Eigenhaftung des Geschäftsführers unter Heranziehung von § 831 BGB oder § 166 BGB aus, da die Mitarbeiter der GmbH nicht Verrichtungsgehilfen ihres Geschäftsführers sind und ihr Wissen nur der GmbH zuzurechnen ist, weil sie für diese handeln und nicht für deren Vertretungsorgan.[142]

682 Darüber hinaus kann eine persönliche Haftung des Geschäftsführers für Steuerschulden, für nicht abgeführte Sozialversicherungsbeiträge oder für die Beachtung anderweitiger öffentlichrechtlicher Pflichten bestehen.

683 Zwischen dem Geschäftsführer und der Gesellschaft vereinbarte Haftungsbeschränkungen können sich als Vertrag zu Lasten Dritter nicht im Außenverhältnis auswirken. Die Gesellschaft kann sich aber vertraglich verpflichten, den Geschäftsführer von Ersatzansprüchen Dritter freizustellen, die aus der Ausübung des Geschäftsführeramtes resultieren.[143] Zudem sollte regelmäßig eine Geschäftsführerhaftpflichtversicherung abgeschlossen werden, die das Haftungsrisiko des Geschäftsführers sowohl gegenüber der Gesellschaft als auch gegenüber Dritten möglichst weitgehend abdeckt.[144]

684 In Betracht kommt grds. auch eine Eigenhaftung des Geschäftsführers wegen **Wettbewerbsverletzungen**. Der Geschäftsführer haftet allerdings für unlautere Wettbewerbshandlungen der von ihm vertretenen Gesellschaft nur dann persönlich, wenn er daran entweder durch positives Tun beteiligt war oder wenn er die Wettbewerbsverstöße aufgrund einer nach allgemeinen Grundsätzen des Deliktsrechts begründeten Garantenstellung hätte verhindern müssen.[145] Allein die Organstellung und die allgemeine Verantwortlichkeit für den Geschäftsbetrieb begründen keine Verpflichtung des Geschäftsführers gegenüber außenstehenden Dritten, Wettbe-

137 BAG 23.2.2010 – 9 AZR 44/09, NZA 2010, 1418; BAG 12.4.2011 – 9 AZR 229/10, NZA 2011, 1350; OLG Schleswig 29.6.2011 – 3 U 89/10, NJW-RR 2012, 368.

138 BAG 12.4.2011 – 9 AZR 229/10, NZA 2011, 1350.

139 OLG Schleswig 29.6.2011 – 3 U 89/10, NJW-RR 2012, 368.

140 BAG 12.4.2011 – 9 AZR 229/10, NZA 2011, 1350.

141 BGH 15.7.2004 – III ZR 315/03, WM 2005, 989 = BB 2004, 2259.

142 OLG Schleswig 29.6.2011 – 3 U 89/10, NJW-RR 2012, 368.

143 Scholz/*Schneider*, GmbHG, § 43 Rn 356.

144 S. § 2 Rn 1016 ff (16. Versicherungsklauseln).

145 BGH 18.6.2014 – I ZR 242/12, NZG 2014, 991.

werbsverstöße der Gesellschaft zu verhindern.[146] Der Geschäftsführer haftet allerdings persönlich aufgrund einer eigenen wettbewerbsrechtlichen Verkehrspflicht, wenn er ein auf Rechtsverletzungen angelegtes Geschäftsmodell selbst ins Werk gesetzt hat.[147] Nach Ansicht des KG Berlin kommt dagegen eine persönliche Haftung des Geschäftsführers wegen Wettbewerbsverstößen nur in Betracht, wenn er die Rechtsverletzung selbst begangen hat oder wenn er jedenfalls von ihr Kenntnis hatte und die Möglichkeit, sie zu verhindern.[148]

(2) Rechtsscheinhaftung des Geschäftsführers

Eine Vertrauenshaftung des Geschäftsführers kann entstehen, wenn er nach außen ohne den nach § 4 GmbHG vorgeschriebenen GmbH-Zusatz handelt und den Anschein erweckt, als Einzelkaufmann oder für einen Einzelkaufmann oder eine Personengesellschaft zu agieren, so dass der Dritte nicht mit dem Fehlen einer unbeschränkt haftenden Person zu rechnen braucht.[149] 685

(3) Culpa in contrahendo

Der Geschäftsführer kann gegenüber Dritten auch aufgrund seines vorvertraglichen Verhaltens zum Schadensersatz nach den Grundsätzen der *culpa in contrahendo* (§§ 311 Abs. 2, 280 Abs. 1 BGB) verpflichtet sein. Eine Eigenhaftung kommt dann in Betracht, wenn der Geschäftsführer **besonderes persönliches Vertrauen** in Anspruch nimmt und er den Eindruck erweckt, er werde über das normale Verhandlungsvertrauen hinaus gleich einem Garanten für die Richtigkeit und Vollständigkeit seiner Erklärung oder für die ordnungsgemäße Geschäftsdurchführung neben der Gesellschaft persönlich einstehen.[150] In seltenen Ausnahmefällen kann auch ein **wirtschaftliches Eigeninteresse** des Geschäftsführers am Geschäftsabschluss eine Haftung aus c.i.c begründen. Eine Haftungserstreckung wegen besonderen wirtschaftlichen Eigeninteresses setzt voraus, dass der Vertreter eine so enge Beziehung zum Vertragsgegenstand hat, dass er wirtschaftlich gleichsam in eigener Sache handelnd erscheint.[151] Dabei reicht aber nicht aus, dass der Geschäftsführer maßgeblich an der Gesellschaft beteiligt ist oder von dem Geschäftsführer Sicherheiten etwa in Form einer Bürgschaft oder durch Abtretung persönlicher Forderungen gestellt werden.[152] 686

(4) Deliktische Außenhaftung des Geschäftsführers

Häufigster Fall einer Eigenhaftung des Geschäftsführers gegenüber Dritten ist die Inanspruchnahme für unerlaubte Handlungen, für die der Geschäftsführer nach den §§ 823 ff BGB Schadensersatz zu leisten hat. 687

(a1) Verletzung absoluter Schutzgüter (§ 823 Abs. 1 BGB)

Verletzt der Geschäftsführer durch eine Handlung schuldhaft das Eigentum, den Körper, die Gesundheit, das Leben, die Freiheit oder sonstige absolute Rechte Dritter, etwa indem er unberechtigt über deren Eigentum verfügt, so hat er den eintretenden Schaden nach § 823 Abs. 1 BGB auszugleichen.[153] Für unerlaubte Handlungen der Mitarbeiter hat der Geschäftsführer nicht einzustehen, da diese keine Verrichtungsgehilfen iSd § 831 BGB des Geschäftsführers sind.[154] 688

146 BGH 18.6.2014 – I ZR 242/12, NZG 2014, 991.
147 BGH 18.6.2014 – I ZR 242/12, NZG 2014, 991.
148 KG Berlin 13.11.2012 – 5 U 30/12, NZG 2013, 586.
149 BGH 3.2.1975 – II ZR 128/73, NJW 1975, 1166; BGH 8.7.1996 – II ZR 258/95, NJW 1996, 2645.
150 BGH 13.6.2002 – VII ZR 30/01, DStR 2002, 1276 = WM 2003, 34.
151 BGH 13.6.2002 – VII ZR 30/01, DStR 2002, 1275 = WM 2003, 34.
152 BGH 6.6.1994 – II ZR 292/91, NJW 1994, 2220.
153 BGH 12.3.1996 – VI ZR 90/95, NJW 1996, 1535; Lutter/Hommelhoff/*Kleindiek*, GmbHG, § 43 Rn 79.
154 BGH 5.12.1989 – VI ZR 335/88, NJW 1990, 976.

689 Umstritten ist die Frage, inwieweit der Geschäftsführer aber auch für die Nichtbeachtung von **Verkehrssicherungspflichten** persönlich verantwortlich gemacht werden kann, wenn hieraus ein Schaden entsteht. Der BGH lässt Geschäftsführer bereits dann persönlich haften, wenn sie innerhalb der Gesellschaft für die Organisation und Leitung des Geschäftsbetriebs zuständig sind und die Betriebsabläufe nicht so aufeinander abgestimmt sind, dass erkennbare Risiken für die Rechtsgüter Dritter vermieden werden. Nach Auffassung des BGH bestehe die Organisationspflicht nicht nur im Innenverhältnis, sondern sei im Außenverhältnis als Verkehrspflicht gegenüber Außenstehenden aufzufassen, in deren Interesse der Geschäftsführer verpflichtet sei, die drohenden Gefahren zu steuern und abzuwehren.[155] Komme es aufgrund der fehlerhaften Organisation zu einem Schaden, hafte der Geschäftsführer, wenn er seiner Pflicht zur ordnungsgemäßen Organisation und zur Überwachung der Betriebsabläufe schuldhaft nicht nachgekommen sei. Nach anderer Auffassung wirkt die Organisations- und Überwachungspflicht des Geschäftsführers lediglich intern, da der Geschäftsführer ansonsten mit nicht mehr kalkulierbaren Risiken belastet würde, die ihn entgegen § 13 Abs. 2 GmbHG zum wirtschaftlichen Ausfallbürgen der Gesellschaft machen. Eine eigenständige Schadensersatzpflicht soll nur dann ausnahmsweise anerkannt werden, wenn der Geschäftsführer durch eigenes Tun eine Gefahrenquelle geschaffen hat oder als Bewahrer- oder Beschützergarant auftritt.[156] Dagegen soll die Verletzung von Rechtsgütern Dritter durch Mitarbeiter grds. keine deliktische Haftung des Geschäftsführers begründen, es sei denn, er hatte positive Kenntnis von den Handlungen der Unternehmensangehörigen und hätte dagegen einschreiten können.[157]

690 Hintergrund des Streits ist die Frage, ob die Einstandspflicht der Gesellschaft nach § 31 BGB voraussetzt, dass der Geschäftsführer persönlich einen Haftungstatbestand verwirklicht hat, an den die Haftungszurechnung der Gesellschaft anknüpft.[158] Nach hier vertretener Ansicht obliegen dem Geschäftsführer persönlich nur in Ausnahmefällen eigene Verkehrssicherungspflichten zum Schutz von Dritten, deren Verletzung zur deliktischen Haftung führt, da sich die Verkehrssicherungspflichten aus der Tätigkeit der juristischen Person herleiten, nicht jedoch aus der des gesetzlichen Vertreters.

(a2) Verletzung von Schutzgesetzen (§ 823 Abs. 2 BGB)

691 Die Schadensersatzpflicht des Geschäftsführers gegenüber Dritten kann sich aus der schuldhaften Verletzung eines Schutzgesetzes nach § 823 Abs. 2 BGB ergeben. § 823 Abs. 2 BGB wendet sich im Unterschied zu § 823 Abs. 1 BGB nicht an jedermann, sondern nur an denjenigen, der ein Schutzgesetz verletzt. Eine Eigenhaftung des organschaftlichen Vertreters einer juristischen Person aufgrund einer Schutzgesetzverletzung erfordert deshalb, dass er in seiner Person alle Tatbestandsmerkmale erfüllt, wenn keine darüber hinausgehende Zurechnungsnorm eingreift.[159]

692 Als **Schutzgesetze** kommen vor allem strafrechtliche Vorschriften, wie die §§ 263, 265 b, 266, 266 a,[160] 266 c und 283 ff StGB, in Betracht. Relevantes Schutzgesetz ist darüber hinaus auch § 82 Abs. 2 Nr. 2 GmbHG. Zwar kann sich auch aus dem Altersteilzeitgesetz eine Verletzung eines Schutzgesetzes iSv § 823 Abs. 2 BGB ergeben, welches den Arbeitgeber unmittelbar verpflichtet, (Zeit-)Wertguthaben, die aufgrund einer Altersteilzeitvereinbarung erarbeitet werden, in geeigneter Weise gegen das Risiko seiner Zahlungsunfähigkeit abzusichern. Allerdings ist die

155 BGH 5.12.1989 – VI ZR 335/88, NJW 1990, 976.
156 Lutter/Hommelhoff/*Kleindiek*, GmbHG, § 43 Rn 82.
157 Lutter/Hommelhoff/*Kleindiek*, GmbHG, § 43 Rn 82.
158 Zum Streitstand siehe Lutter/Hommelhoff/*Kleindiek*, GmbHG, § 43 Rn 83 ff mwN; MüKo-BGB/*Reuter*, § 31 Rn 20 ff.
159 BAG 23.2.2010 – 9 AZR 44/09, NZA 2010, 1418; BAG 12.4.2011 – 9 AZR 229/10, NZA 2011, 1350.
160 BAG 23.2.2010 – 9 AZR 44/09, NZA 2010, 1418 (zu § 266 StGB); BAG 12.4.2011 – 9 AZR 229/10, NZA 2011, 1350 (zu § 263 StGB); ausf. zur Haftung für nicht abgeführte Sozialabgaben Scholz/*Schneider*, GmbHG, § 43 Rn 387 ff.

Vorschrift nur im Verhältnis zum Arbeitgeber Schutzgesetz und begründet somit keine persönliche Haftung der gesetzlichen Vertreter juristischer Personen, welche keine Normadressaten sind.[161] Nicht zu den Schutzgesetzen iSd § 823 Abs. 2 BGB zählen dagegen § 41 GmbHG (Buchführungspflicht),[162] § 7 d SGB IV[163] und § 43 GmbHG (Sorgfaltspflicht gegenüber der Gesellschaft)[164] sowie § 130 OWiG.[165] Weitere Schutzgesetze, für deren Einhaltung der Geschäftsführer persönlich zur Verantwortung gezogen werden kann, ergeben sich aus dem Wettbewerbs- und Markenrecht, dem Umweltrecht sowie dem Lebensmittel- und Arzneimittelrecht.[166]

Auch der **faktische Geschäftsführer** kann nach § 823 Abs. 2 BGB haften. So entschied der BGH mit Urteil vom 25.2.2002,[167] dass es für die Haftung einer Person, die sich wie ein faktischer Geschäftsführer verhalte, nicht allein genüge, dass sie auf die satzungsgemäßen Geschäftsführer gesellschaftsintern einwirke, sondern dass auch ein nach außen hervortretendes, üblicherweise der Geschäftsführung zuzurechnendes Handeln erforderlich sei. Mit Urteil vom 27.6.2005 führte der BGH diese Rspr fort. Für die deliktische Haftung (hier: § 823 Abs. 2 BGB iVm § 266 StGB) einer Person als faktischer Geschäftsführer einer GmbH sei es erforderlich, dass der Betreffende nach dem Gesamterscheinungsbild seines Auftretens die Geschicke der Gesellschaft – über die interne Einwirkung auf die satzungsmäßige Geschäftsführung hinaus – durch eigenes Handeln im Außenverhältnis, das die Tätigkeit des rechtlichen Geschäftsführungsorgans nachhaltig präge, maßgeblich in die Hand genommen habe.[168] 693

Von besonderer Bedeutung ist die Haftung des Geschäftsführers bei Verstoß gegen die Pflicht zur **rechtzeitigen Stellung des Antrags auf Eröffnung des Insolvenzverfahrens** nach **§ 15 a Abs. 1 S. 1 InsO.**[169] § 15 a Abs. 1 S. 1 InsO stellt ein Schutzgesetz iSd § 823 Abs. 2 BGB dar, da es Zweck der Norm ist, ein Unternehmen mit beschränkter Haftungsmasse vom Geschäftsverkehr auszuschließen und dadurch präventiv zu verhindern, dass Dritte in ihren Vermögensinteressen gefährdet werden oder Schaden erleiden, indem sie mit einer insolvenzreifen GmbH noch in Vertragsbeziehungen treten.[170] Fahrlässigkeitsmaßstab ist die Sorgfalt, die ein ordentlicher Geschäftsmann bei der Entscheidung eingehalten hätte. Der Geschäftsführer hat die Pflicht, die wirtschaftliche Lage laufend zu beobachten und bei Anzeichen einer Krise sich durch Aufstellung eines **Vermögensstatuts** Überblick über den Stand der Gesellschaft zu verschaffen, um auf einer ausreichenden Grundlage die Entscheidung fällen zu können, ob die GmbH fortgeführt werden kann oder ob die Eröffnung des Insolvenzverfahrens beantragt werden muss.[171] 694

Bei der Höhe des Schadensersatzanspruchs ist zwischen den **Altgläubigern** zu differenzieren, deren Ansprüche bereits vor dem Zeitpunkt gegenüber der Gesellschaft entstanden sind, zu dem der Antrag auf Eröffnung des Insolvenzverfahrens hätte gestellt werden müssen, und den **Neugläubigern**, mit denen Geschäfte erst nach diesem Zeitpunkt geschlossen wurden. Altgläubiger können von dem Geschäftsführer lediglich den sog. **Quotenschaden** ersetzt verlangen, dh den Betrag, um den sich die Insolvenzquote des Gläubigers durch die Insolvenzverschleppung 695

161 BAG 23.2.2010 – 9 AZR 44/09, NZA 2010, 1418.
162 BGH 13.4.1994 – II ZR 16/93, NJW 1994, 1801.
163 BAG 12.4.2011 – 9 AZR 229/10, NZA 2011, 1350.
164 Lutter/Hommelhoff/*Kleindiek*, GmbHG, § 43 Rn 27.
165 BGH 13.4.1994 – II ZR 16/93, NJW 1994, 1801.
166 MünchHdb-GesR III/*Marsch-Barner/Diekmann*, § 46 Rn 69.
167 BGH 25.2.2002 – II ZR 196/00, NJW 2002, 1803.
168 BGH 27.6.2005 – II ZR 113/03, WM 2005, 1606 = BB 2005, 1867; so auch OLG Hamm 28.2.2014 – I-9 U 152/13, NZG 2014, 459.
169 Bis zum 1.11.2008 geregelt in § 64 Abs. 1 GmbHG.
170 BGH 7.11.1994 – II ZR 108/93, NJW 1995, 398.
171 BGH 6.6.1994 – II ZR 292/91, NJW 1994, 2220.

verringert hat. Neugläubiger können dagegen ohne Begrenzung auf den Quotenschaden den gesamten **Vertrauensschaden** ersetzt verlangen.[172]

696 Eine über den Ersatz des sog. Quotenschadens hinausgehende **Insolvenzverschleppungshaftung** des Geschäftsführers einer GmbH aus § 823 Abs. 2 BGB iVm § 15 a Abs. 1 S. 1 InsO erstreckt sich nur auf den Vertrauensschaden, der einem Neugläubiger dadurch entsteht, dass er der aktuell insolvenzreifen GmbH Kredit gewährt oder eine sonstige Vorleistung an sie erbringt.[173] Eine etwaige Haftung des Gesellschafters einer GmbH wegen existenzvernichtenden Eingriffs in das Gesellschaftsvermögen kann während eines laufenden Insolvenzverfahrens nur vom Insolvenzverwalter, nicht aber von einzelnen Gläubigern der GmbH geltend gemacht werden. Das gilt auch für Altfälle vor Inkrafttreten des § 93 InsO.[174]

697 Der Beweis für das Vorliegen der anspruchsbegründenden Tatsachen obliegt dem Gläubiger.[175] Der Anspruch des Gesellschaftsgläubigers nach § 823 Abs. 2 BGB iVm § 15 a Abs. 1 S. 1 InsO kann neben den Anspruch der Gesellschaft aus § 64 S. 1 GmbHG treten.

(a3) Sittenwidrige Schädigung (§ 826 BGB)

698 Eine sittenwidrige Schädigung, die die Schadensersatzpflicht nach § 826 BGB auslöst, kann – außer bei existenzvernichtendem Eingriff (s. § 2 Rn 670 ff) – auch vorliegen, wenn der Geschäftsführer die Leistungsfähigkeit der Gesellschaft wider besseres Wissens vortäuscht und der Vertragspartner hierdurch geschädigt wird.[176] Auch die fehlende Aufklärung wirtschaftlich unerfahrener Kunden bei risikoreichen Geschäften kann zur Ersatzpflicht des Geschäftsführers für den hieraus eintretenden Schaden führen.[177] Ebenfalls kann das Vorenthalten von Informationen, die für die Entscheidung des Vertragspartners von wesentlicher Bedeutung sind, gegen Treu und Glauben verstoßen und als sittenwidrige Schädigung gewertet werden.

(5) Haftung aufgrund eigenständiger Sonderregelungen

699 Schließlich kommt eine Haftung des Geschäftsführers auf der Grundlage eigenständiger gesetzlicher Regelungen in Betracht. So begründet § 69 AO die Einstandspflicht des Geschäftsführers als verantwortliches Organ der GmbH (§ 34 AO), soweit Ansprüche aus dem Steuerschuldverhältnis infolge vorsätzlicher oder grob fahrlässiger Verletzung der ihm auferlegten Pflichten nicht rechtzeitig festgesetzt oder erfüllt oder Steuererstattungen ohne rechtlichen Grund gezahlt werden. Die Haftung umfasst auch die infolge der Pflichtverletzung zu zahlenden Säumniszuschläge.[178]

b) Klauseltypen und Gestaltungshinweise

700 Vertragliche Beschränkungen des Haftungsrisikos des Geschäftsführers im Anstellungsverhältnis können sich ausschließlich im Verhältnis der Gesellschaft zum Geschäftsführer auswirken, jedoch nicht zu Lasten geschädigter Dritter gehen. Aber auch die Gesellschaft kann nicht uneingeschränkt über ihre Ansprüche gegen den Geschäftsführer disponieren. So sind Einschränkungen unzulässig, mit denen Haftungsansprüche aus der Verletzung der in § 43 Abs. 3 GmbHG aufgeführten gesellschaftsgläubigerschützenden Normen verkürzt werden. Die vertraglichen Haftungserleichterungen können folglich nur insoweit gelten, als diese Ansprüche nicht berührt werden (s. § 2 Rn 651 ff).

---

172 BGH 6.6.1994 – II ZR 292/91, NJW 1994, 2220.

173 BGH 25.7.2005 – II ZR 390/03, BB 2005, 2144.

174 BGH 25.7.2005 – II ZR 390/03, BB 2005, 2144.

175 BGH 6.6.1994 – II ZR 292/91, NJW 1994, 2220.

176 BGH 1.7.1991 – II ZR 180/90, DB 1991, 1765.

177 LG Düsseldorf 31.3.2009 – 7 O 236/06 (mit ausf. Darstellung der Rspr), juris; BGH 2.2.1999 – XI ZR 381/97, DB 1999, 740 = DStR 1999, 1117; BGH 16.11.1993 – XI ZR 214/92, NJW 1994, 512.

178 Ausf. Scholz/*Crezelius*, GmbHG, § 43 Rn 362 f; *Brandmüller*, Der GmbH-Geschäftsführer, S. 167 ff.

aa) Haftungsprivilegierungsklausel[179]

(1) Klauseltyp A

Der Geschäftsführer haftet der GmbH für Schäden nur bei grober Fahrlässigkeit und bei Vorsatz. Diese Haftungseinschränkung gilt nicht, soweit der Geschäftsführer eine der in § 43 Abs. 3 GmbHG genannten Pflichten verletzt hat. 701

(2) Gestaltungshinweise

Bei der Formulierung der Haftungserleichterung ist darauf zu achten, dass eine Haftung für Vorsatz nach § 276 Abs. 2 BGB nicht vorab ausgeschlossen und nach verbreiteter Auffassung der Geschäftsführer nicht von der Haftung für grob fahrlässig verursachte Schäden befreit werden kann (s. § 2 Rn 654). Der Hinweis auf die Bereichsausnahme des § 43 Abs. 3 GmbHG hat lediglich klarstellende Funktion. Da es sich um eine den Geschäftsführer begünstigende Klausel handelt, hält sie einer Inhaltskontrolle gem. der §§ 307 ff BGB stand. Im Hinblick auf die gefestigte Rspr des BAG über die Haftungsmaßstäbe im Bereich der Arbeitnehmerhaftung handelt es sich auch nicht um eine unklare Regelung iSd § 305 c Abs. 2 BGB. 702

bb) Beweislastklausel

(1) Klauseltyp B

Macht die GmbH Ersatzansprüche gegen den Geschäftsführer geltend, so trägt sie die volle Beweislast für das Vorliegen der anspruchsbegründenden Tatsachen. Gesetzliche oder richterrechtlich entwickelte Beweiserleichterungen zu Gunsten der GmbH werden abbedungen. Satz 1 und Satz 2 sind nicht anwendbar, soweit die GmbH gegen den Geschäftsführer Ansprüche aus der Verletzung einer der in § 43 Abs. 3 GmbHG genannten Pflichten erhebt. 703

(2) Gestaltungshinweise

Ebenso wie die Haftungserleichterung kann auch die Beweislast nur in den Grenzen verändert werden, die nicht zu einer Haftungsverkürzung des Geschäftsführers im Hinblick auf die in § 43 Abs. 3 GmbHG genannten Pflichten führen. Im Übrigen wird durch die Beweislastregelung zu Lasten der Gesellschaft der volle Beweis für das Vorliegen einer Pflichtverletzung, des Verschuldens und des Eintritts eines auf der Pflichtverletzung beruhenden Schadens verlagert (s. § 2 Rn 639). Es fragt sich jedoch, ob eine solche Klausel tatsächlich interessengerecht ist, da die Gesellschaft regelmäßig auf die Informationen durch den Geschäftsführer angewiesen ist und eine derartige Beweislastregelung den Geschäftsführer dazu verleiten könnte, seinen Informationspflichten nicht in ausreichendem Maße nachzukommen. Eine Beweislastklausel im Anstellungsvertrag eines Geschäftsführers ist daher selbst bei einem Gesellschafter-Geschäftsführer nicht empfehlenswert, wenngleich rechtmäßig. 704

cc) Haftungsfreistellungsklausel

(1) Klauseltyp C

Die GmbH stellt den Geschäftsführer von Haftungsansprüchen gegenüber Dritten frei, die in Ausübung des Geschäftsführeramtes verursacht wurden, soweit der Geschäftsführer nicht vorsätzlich oder grob fahrlässig gehandelt hat. Eine Freistellung erfolgt nicht, soweit der Dritte seine Ansprüche auf Verstöße gegen das GmbHG stützt. 705

179 *Jula*, GmbHR 2001, 806.

(2) Gestaltungshinweise

706 Soweit der Geschäftsführer durch seine Tätigkeit Ersatzansprüchen gegenüber Dritten ausgesetzt ist, erscheint es im Hinblick auf den Pflichtenkreis, für den der Geschäftsführer nach außen einzustehen hat, sachgerecht, ihn von der Haftung im Innenverhältnis freizustellen. Eine Freistellung ist insb. dann geboten, wenn der Geschäftsführer fahrlässig absolute Rechtsgüter Dritter verletzt. Entsprechend dem Rechtsgedanken des § 276 Abs. 3 BGB kann eine Freistellung nicht für Schäden erfolgen, die vorsätzlich verursacht wurden. Auch für grob fahrlässig verschuldete Schäden sollte – entsprechend der Haftungsprivilegierung von Arbeitnehmern – die Haftung nicht auf die Gesellschaft verlagert werden. Weiter kommt eine Freistellung nicht für solche Schäden in Betracht, die aus der Verletzung von Vorschriften des GmbHG resultieren, auf die sich Dritte berufen können. Insbesondere kann die Haftung aus § 823 Abs. 2 BGB iVm § 15 a Abs. 1 S. 1 InsO im wirtschaftlichen Ergebnis auch nicht teilweise zu Lasten der Gesellschaftsgläubiger auf die Gesellschaft abgewälzt werden.

dd) Verfallklausel

(1) Klauseltyp D

707 Die Parteien vereinbaren, dass die Frist für die Verjährung des Anspruchs nach § 43 Abs. 2 GmbHG auf einen Zeitraum von sechs Monaten ab Fälligkeit verkürzt wird. Diese Frist gilt nicht, wenn die Pflichtverletzung des Geschäftsführers darin besteht, dass er entgegen § 43 Abs. 3 GmbHG an der Auszahlung gebundenen Kapitals der GmbH an Gesellschafter mitgewirkt hat.

(2) Gestaltungshinweise

708 Die Verfallklausel macht sich den Gedanken zunutze, dass die Frist des § 43 Abs. 4 GmbHG verkürzt werden kann.[180] Nach der Entscheidung des BGH vom 16.9.2002[181] kann eine Verfallfrist von sechs Monaten als unterste Grenze vereinbart werden. Eine solche Verfallklausel schließt allerdings nicht Pflichtverletzungen des Geschäftsführers ein, die in der Mitwirkung unzulässigerweise ausgezahlten, gebundenen Kapitals an Gesellschafter besteht.[182] Mit dem Urteil vom 16.9.2002 gab der Senat seine frühere Rspr[183] auf.

180 *Nägele*, in: Arbeitsgemeinschaft ArbR, FS zum 25-jährigen Bestehen, S. 525, 532.
181 BGH 16.9.2002 – II ZR 107/01, ZIP 2002, 2128 = DB 2002, 2480.
182 BGH 16.9.2002 – II ZR 107/01, ZIP 2002, 2128 = DB 2002, 2480.
183 BGH 15.11.1999 – II ZR 122/98, ZIP 2000, 135 = BB 2000, 59.

8. Herausgabeklauseln zu Firmenunterlagen und Firmengegenständen

Literatur

Arens/Beckmann, Die anwaltliche Beratung des GmbH-Geschäftsführers, 2006; *Deilmann/Otte*, Verteidigung ausgeschiedener Organmitglieder gegen Schadenersatzklagen – Zugang zu Unterlagen der Gesellschaft, BB 2011, 1291; *Jaeger*, Der Anstellungsvertrag des GmbH-Geschäftsführers, 5. Aufl. 2009; *Loritz/Wagner*, Haftung von Vorständen und Aufsichtsräten, DStR 2012, 2189; *Weber/Hoß/Burmester*, Handbuch der Managerverträge, 2000; *Ziemons*, Anmerkung zu BGH 7.7.2008 – II ZR 71/07, FD-HGR 2008, 267873.

a) Rechtslage im Umfeld

aa) Praktische Ausgangslage

Im Zusammenhang mit der organschaftlichen Abberufung des Geschäftsführers und der damit regelmäßig verbundenen Beendigung des Geschäftsführerdienstvertrages hat die Gesellschaft ein Interesse an der Herausgabe von dem Geschäftsführer überlassenen und von diesem selbst angefertigten Firmen- und Geschäftsunterlagen. Trotz der grds. bestehenden **gesetzlichen Herausgabeansprüche** der Gesellschaft gegen den Geschäftsführer **vereinbaren** die Vertragsparteien oftmals im Geschäftsführerdienstvertrag zusätzlich eine Herausgabepflicht bei Beendigung des Arbeitsverhältnisses bezüglich aller Unterlagen. Eine solche Regelung ist sinnvoll, um der Gesellschaft eine klare vertragliche Grundlage für die Herausgabe zu verschaffen. 709

Zuständig für die Geltendmachung etwaiger Herausgabeansprüche der Gesellschaft gegen den Geschäftsführer, gleich ob diese gesetzlicher oder vertraglicher Natur sind, ist gem. § 46 Nr. 8 Hs 1 GmbHG die Gesellschafterversammlung.[1] 710

Soweit die Herausgabe der Unterlagen für die Gesellschaft dringend zur Abwendung weiterer Nachteile notwendig ist, etwa weil bis zur Aushändigung keine Überweisungen, Käufe oder Verkäufe vorgenommen werden können, kann ein Anspruch der Gesellschaft auf Erlass einer **einstweiligen Verfügung iSv § 940 ZPO** bestehen.[2] Allerdings ist für den Erlass einer einstweiligen Verfügung erforderlich, dass die wichtigen, herauszugebenden Unterlagen konkret benannt werden und nicht lediglich allgemein als „sämtliche Geschäftsunterlagen" bezeichnet werden.[3] 711

bb) Herausgabegegenstände und gesetzliche Herausgabeansprüche

Im Hinblick auf den Gegenstand der Herausgabe ist zwischen zur Verfügung gestellten Firmenunterlagen und vom Geschäftsführer selbst angefertigten Geschäftsunterlagen sowie Kopien, Durchschriften und Abschriften von Geschäftsunterlagen zu unterscheiden. Die Art der Geschäftsunterlagen kann dabei vielfältiger Natur sein und ist insoweit nur zweitrangig von Wichtigkeit. Wichtige herauszugebende Unterlagen können etwa in Form von Verträgen, Jahresvereinbarungen, Auswertungen oder Statistiken[4] oder weiterer elektronisch gespeicherter Daten[5] vorliegen. Die vollständige Herausgabe elektronischer Daten umfasst auch die Löschung aller Dateien aus Computersystemen des Geschäftsführers, da für die Zukunft kein Recht, gleich welcher Form, an den Unterlagen besteht.[6] Entscheidend ist stets das Bestehen eines **Herausgabeinteresses der Gesellschaft.** Ein solches kann etwa abzulehnen sein, wenn es sich lediglich um Kopien solcher Unterlagen handelt, die den Geschäftsführer ausschließlich persönlich betreffen.[7] 712

1 BGH 21.4.1986 – II ZR 165/85, NJW 1986, 2250; *Arens/Beckmann*, Die anwaltliche Beratung des GmbH-Geschäftsführers, § 7 Rn 2.
2 Vgl LG Frankfurt 6.7.2009 – 3-9 O 76/09, NZG 2009, 986.
3 Vgl OLG Koblenz 9.6.2011 – 5 W 269/11, WM 2012, 1541.
4 Vgl KG Berlin 13.7.2010 – 14 U 8/09, BeckRS 2010, 21131.
5 LG Frankfurt 6.7.2009 – 3-9 O 76/09, NZG 2009, 986.
6 LG Frankfurt 6.7.2009 – 3-9 O 76/09, NZG 2009, 986.
7 OLG Brandenburg 28.2.2012 – 6 U 79/09, GmbHR 2013, 312.

713 Bei **Firmenunterlagen, die von der Gesellschaft zur Verfügung gestellt wurden**, übt die Gesellschaft eigenen unmittelbaren Besitz (sog. **Organbesitz**) durch ihren Geschäftsführer aus,[8] da die vom Organ ausgeübte Sachherrschaft ihr als eigene zugerechnet wird.[9] Die Gesellschaft ist daher Besitzer iSd §§ 861, 985, 1006 BGB. Dabei kommt es nicht darauf an, ob die Sache sich im räumlichen Organisationsbereich der juristischen Person[10] oder in der Privatsphäre des Geschäftsführers[11] befindet. Entscheidend ist, dass der Geschäftsführer die Gewalt innerhalb seines Aufgabenbereichs ausübt. Mit Ende der Organstellung wird der Geschäftsführer Besitzmittler, wobei das Abwicklungsverhältnis das Besitzmittlungsverhältnis ist.[12] Der Geschäftsführer hat trotz tatsächlicher Sachherrschaft keinen Besitz im Rechtssinne; er ist weder allein noch neben der Gesellschaft als Besitzherr Besitzer. Es gilt dasselbe wie beim Arbeitnehmer als Besitzdiener (s. § 1 Rn 2721 f). Verweigert der Geschäftsführer die Herausgabe einer von ihm in Besitzdienerschaft verwalteten Sache, so liegt hierin ein **Besitzentzug durch verbotene Eigenmacht** gem. § 858 BGB. In diesem Fall besteht ein Herausgabeanspruch der Gesellschaft gegen den Geschäftsführer aus possessorischen und petitorischen Besitzansprüchen, §§ 861, 862 BGB, ggf aus § 985 BGB.[13] Dies gilt nicht für die Fälle, in denen der Geschäftsführer ein eigenes, die Herausgabeansprüche der Gesellschaft ausschließendes Recht zum Besitz an den Geschäftsunterlagen hat. Nach Beendigung des Anstellungsverhältnisses besteht regelmäßig weiterhin ein gesetzlicher Herausgabeanspruch nach § 675 BGB iVm §§ 666, 667 BGB.[14] Dieser umfasst die Herausgabe aller zur Ausführung der Geschäftsbesorgung erlangten Gegenstände, somit auch jeglichen Zubehörs, Akten und Unterlagen sowie der elektronischen Dateien, welche der Beauftragte im Rahmen der Geschäftsbesorgung angelegt hat.[15]

714 **Geschäftsunterlagen, die vom Geschäftsführer selbst gefertigt wurden**, wird man dagegen nicht auf den ersten Blick dem Eigentum der Gesellschaft zurechnen und hier einen Organbesitz annehmen können. Insbesondere bei geschäftlichen Entwürfen des Geschäftsführers denkt man an einen gesetzlichen Eigentumserwerb durch Verarbeitung. Gemäß § 950 BGB erwirbt derjenige Eigentum, der durch Verarbeitung oder Umbildung eines oder mehrerer Stoffe eine neue bewegliche Sache herstellt, es sei denn, der Wert der Arbeiten oder Umbildung ist erheblich geringer als der Wert des Stoffes. Aus dem Gesetzeswortlaut folgt aber auch, dass Hersteller und Verarbeiter auseinanderfallen können, so dass der Herstellerbegriff unabhängig davon zu beurteilen ist, wer die Sache verarbeitet hat. Die Rspr[16] bestimmt den Hersteller zutreffend nach der Verkehrsanschauung: Hersteller ist derjenige, in dessen Namen und wirtschaftlichen Interessen hergestellt wird, wobei dafür die Verkehrsauffassung eines mit den Verhältnissen vertrauten objektiven Betrachters entscheidend ist. Vor diesem Hintergrund sind die Arbeitsergebnisse des Geschäftsführers der Gesellschaft zuzurechnen, da aus Sicht eines objektiven Beobachters auch hier der Grundsatz gilt, dass das Ergebnis der Arbeit dem Empfänger dieser Dienstleistung zusteht. Dies wird man selbst für Urkunden, Karteikarten, Akten, Computerdaten oder sonstige Dokumente annehmen müssen. Es gelten letztlich die gleichen Grundsätze wie bei der Herausgabe von zur Verfügung gestellten Firmenunterlagen.

---

8 BGH 27.10.1971 – VIII ZR 48/70, NJW 1972, 43; MüKo-BGB/*Joost*, § 854 BGB Rn 17; Palandt/*Bassenge*, § 854 BGB Rn 10.

9 BGH 31.3.1971 – VIII ZR 256/69, NJW 1971, 1358.

10 MüKo-BGB/*Joost*, § 854 BGB Rn 17; aA *Flume*, Allgemeiner Teil des Bürgerlichen Rechts, S. 76, 80 f.

11 Palandt/*Bassenge*, § 854 BGB Rn 10.

12 Palandt/*Bassenge*, § 854 BGB Rn 10.

13 LAG Berlin 26.5.1986 – 9 Sa 24/86, DB 1987, 542; ArbG Marburg 5.2.1969 – Ca 600/68, DB 1969, 2041.

14 *Deilmann/Otte*, BB 2011, 1291, 1292; Oppenländer/Trölitzsch/*Leinekugel*, GmbH-Geschäftsführung, § 18 Rn 74; *Loritz/Wagner*, DStR 2012, 2189, 2194 f (zu AG-Vorständen); BeckFormB-GmbHR/*Gerber*, E. V.1 Rn 19; vgl auch OLG Frankfurt 9.3.2010 – 14 U 52/09; LG Frankfurt 6.7.2009 – 3-9 O 76/09, NZG 2009, 986.

15 LG Frankfurt 6.7.2009 – 3-9 O 76/09, NZG 2009, 986.

16 BGH 27.9.1990 – I ZR 244/88, NJW 1991, 1480, 1481.

Es ist überdeutlich, dass der sachenrechtliche Herstellerbegriff von der schuldrechtlichen Haftungs- und Pflichtenverteilung des Dienstvertrages geprägt wird,[17] dh die Gesellschaft ist demnach Hersteller iSd § 950 BGB, wenn der Geschäftsführer die Geschäftsunterlagen im Rahmen seiner vertraglich geschuldeten Dienstleistung erstellt und die Gesellschaft hierfür das wirtschaftliche Risiko getragen hat. In diesen Fällen hat die Gesellschaft auch **Organbesitz** an den vom Geschäftsführer erstellten Geschäftsunterlagen, da die tatsächliche Sachherrschaft des Geschäftsführers der Gesellschaft zuzurechnen ist. Jedoch kann der tatsächliche Hersteller auch ausnahmsweise Hersteller iSd § 950 BGB sein, wenn er nicht im Rahmen seines Aufgabenbereichs für die Gesellschaft, sondern für sich selbst die neue Sache herstellen will. Der bloße innere Wille genügt jedoch nicht, vielmehr müssen objektive Anhaltspunkte für die Annahme eines derartigen Willen vorliegen, so dass dieser idR deutlich nach außen hervortritt. 715

Bei **Kopien, Durchschriften und Abschriften**, die der Geschäftsführer erstellt hat, wird es meist an solchen objektiven Anhaltspunkten fehlen, so dass die Gesellschaft oftmals einen gesetzlichen Herausgabeanspruch geltend machen kann. Regelmäßig vereinbaren die Parteien auch vertraglich die Herausgabe dieser Unterlagen. In einer Entscheidung vom 7.7.2008 stellte der BGH klar heraus, die Gesellschaft habe ein berechtigtes Interesse daran, dass ihre Originaldokumente und auch die Mehrfertigungen nicht bei ausgeschiedenen Organmitgliedern verbleiben, um der Gefahr zu begegnen, dass diese in unbefugte Hände geraten könnten.[18] Etwas anderes kann allerdings für eindeutig als einfache Gedankenstütze oder Arbeitshilfe zur eigenen Information abgefertigte Aufzeichnungen gelten, soweit nicht in der Satzung oder im Anstellungsvertrag auch die Herausgabe solcher Dokumente eindeutig vereinbart wurde.[19] 716

Im Hinblick auf die vom Geschäftsführer gefertigten Kopien, Durchschriften und Abschriften, die dieser zum **Nachweis seiner ordnungsgemäßen Geschäftsführung** vorsorglich gefertigt hat und die im Falle einer gerichtlichen Auseinandersetzung der Vertragsparteien dem Geschäftsführer als Beweismittel dienen sollen, ergibt sich allerdings eine **Beschränkung der Herausgabepflicht aus § 242 BGB**. Es verstößt gegen Treu und Glauben, wenn eine Gesellschaft von einem ausgeschiedenen oder freigestellten Geschäftsführer die Herausgabe von Kopien geschäftlicher Unterlagen verlangt, auf die der ausgeschiedene oder mit der Gesellschaft im Streit liegende Geschäftsführer zur Beweisführung in einem anhängigen oder drohenden Prozess über Ansprüche aus dem Dienstverhältnis angewiesen ist. Jede Rechtsausübung bewegt sich in den Grenzen von Treu und Glauben. Die Forderung einer Leistung ist demnach gem. § 242 BGB unzulässig, wenn sie aus einem anderen Rechtsgrund an den Schuldner zurückerstattet werden muss.[20] Mit dem Herausgabebegehren würde die Gesellschaft dem Gesellschafter Zugriff auf präsentes Wissen und Beweismaterial entziehen, das zu seiner Verfügung zu bleiben hat, damit er seine ordnungsgemäße Geschäftsführung nachweisen kann. Wie eine Vielzahl bisheriger Prozessverläufe gezeigt hat, spricht alles dafür, dass ein ausgeschiedener oder freigestellter Geschäftsführer darauf angewiesen ist, sich im Prozess auf Einzelheiten aus den von ihm kopierten Geschäftsunterlagen zu berufen. Dem steht auch nicht entgegen, dass der Geschäftsführer auf Herausgabe und Vorlage der Unterlagen klagen oder der Gesellschaft gem. § 421 ZPO aufgegeben werden kann, die entsprechenden Urkunden im Prozess vorzulegen. Dem Geschäftsführer oder dem ihn vertretenden Anwalt wird ein substantiierter Sachvortrag und ein ausreichend bestimmter Antrag zur Vorlage der Originalunterlagen nach § 421 ZPO nur gelingen, wenn er sich anhand der gefertigten Kopien bereits einen Überblick über die existierenden Originalunterlagen und den damit verbundenen Geschäftsabläufen verschafft hat. Dem Geheimhaltungsinteresse der Gesellschaft kann dadurch genügt werden, dass der Geschäftsführer versichert, 717

17 MüKo-BGB/*Füller*, § 950 BGB Rn 20.

18 BGH 7.7.2008 – II ZR 71/07, NZG 2008, 834; so auch *Deilmann/Otte*, BB 2011, 1291, 1292.

19 *Deilmann/Otte*, BB 2011, 1291, 1293; *Ziemons*, FD-HGR 2008, 267873.

20 So auch BGH 21.12.1989 – X ZR 30/89, WM 1990, 810; *Deilmann/Otte*, BB 2011, 1291, 1292 f; *Ziemons*, FD-HGR 2008, 267873.

die in Rede stehenden Unterlagen dritten Personen, mit Ausnahme der am Rechtsstreit Beteiligten, nicht zur Kenntnis zu geben. Der Herausgabeanspruch wird nicht nur während eines laufenden Prozesses, sondern auch bis zur Entlastung des Geschäftsführers ausgeschlossen sein.

718 Wurde der Geschäftsführer zwar aus seinem Amt abberufen, ohne dass gleichzeitig auch das Anstellungsverhältnis von Seiten der Gesellschaft beendet wurde, kann eine nachdrückliche unberechtigte **Weigerung** des Geschäftsführers zur Herausgabe wichtiger Unterlagen, wie zB Jahresvereinbarungen, Verträge, Statistiken und Auswertungen, einen **wichtigen Grund iSv § 626 Abs. 1 BGB** darstellen, der die Gesellschaft zur außerordentlichen Kündigung des Anstellungsvertrages berechtigt.[21]

719 Wurde das Anstellungsverhältnis dagegen im Wege der einvernehmlichen Aufhebungsvereinbarung beendet und fand sich in dieser eine sog. **Ausgleichsklausel**, mit welcher alle bisherigen Ansprüche beider Parteien gegeneinander als erfüllt betrachtet werden sollen, bezieht sich dies auch auf etwaige Herausgabeansprüche, so dass ein Herausgabeverlangen der Gesellschaft für vor dem Abschluss der Aufhebungsvertrages erlangte Dokumente regelmäßig ausscheidet.[22] Dies ist sich gerade von Seiten der Gesellschaft beim Abschluss von Ausgleichsklauseln bewusst zu machen.

cc) Zurückbehaltungsrecht

720 Bei Beendigung des Dienstvertrages können sowohl Geschäftsführer als auch Gesellschaft ihre Position sichern, indem sie von ihrem gesetzlichen Zurückbehaltungsrecht (§ 273 BGB) oder von der Einrede des nicht erfüllten Vertrages nach § 320 BGB Gebrauch machen. Während die Einrede des § 320 BGB beim Herausgabeanspruch der Gesellschaft daran scheitert, dass dem Geschäftsführer keine im Gegenseitigkeitsverhältnis stehende Gegenforderung zusteht, hat er grds. ein **Zurückbehaltungsrecht an den ihm überlassenen und von ihm gefertigten Firmenunterlagen** aus § 273 BGB.[23] Insoweit weicht die Rechtslage von der im Arbeitsrecht ab. Das Zurückbehaltungsrecht ist allerdings kein Befriedigungs-, sondern Sicherungsrecht, so dass die Gesellschaft es durch eine Sicherheitsleistung abwenden kann.[24]

721 Nach der **Generalklausel des § 242 BGB (Treu und Glauben)** kann das Zurückbehaltungsrecht des Geschäftsführers ausgeschlossen sein, wenn der Geschäftsführer bereits ausreichend abgesichert ist. Keine äquivalente und damit ausreichende Sicherung bieten allerdings Kopien oder Abschriften der Firmenunterlagen, da dem Geschäftsführer dann die Möglichkeit genommen würde, sich im Urkundsprozess (§§ 592 ff ZPO) auf die Beweiskraft von Originalurkunden zu berufen. Problematisch ist, welche eigenen Forderungen der Geschäftsführer zum Anlass nehmen kann, um die überlassenen oder selbst gefertigten Firmenunterlagen zurückzuhalten. Das Zurückbehaltungsrecht ist jedenfalls dann gem. § 242 BGB ausgeschlossen, wenn der Geschäftsführer wegen einer unverhältnismäßig geringen Forderung die Geschäftsunterlagen zurückbehalten will.[25] In diesen Fällen überwiegen die unternehmerische Freiheit und das daraus folgende Geheimhaltungsinteresse der Gesellschaft derart deutlich gegenüber den Interessen des Geschäftsführers, dass eine Beschränkung der Geltendmachung des Zurückbehaltungsrechts des Geschäftsführers gem. § 242 BGB gerechtfertigt erscheint. Dagegen wird man nicht so weit gehen können, das Zurückbehaltungsrecht des Geschäftsführers entsprechend der Regelung des § 88 a Abs. 2 HGB auf „existenzwichtige Ansprüche“[26] zu beschränken, da es im Hinblick auf die umfassende Normierung des GmbH-Rechts bereits an einer Regelungslücke

21 Vgl KG Berlin 13.7.2010 – 14 U 8/09, BeckRS 2010, 21131.

22 OLG Brandenburg 28.2.2012 – 6 U 79/09, GmbHR 2013, 312.

23 §§ 369, 88 a Abs. 2 HGB, die das kaufmännische Zurückbehaltungsrecht im Allgemeinen und das Zurückbehaltungsrecht an überlassenen Unterlagen für Handelsvertreter im Speziellen ausdrücklich regeln.

24 Palandt/*Grüneberg*, § 273 BGB Rn 25.

25 Palandt/*Grüneberg*, § 273 BGB Rn 17.

26 Zu den existenzwichtigen Ansprüchen des Handelsvertreters s. Baumbach/*Hopt*, HGB, § 88 a Rn 5.

fehlt. Teilweise wird ein Zurückbehaltungsrecht des Geschäftsführers auch vollständig abgelehnt, zumindest soweit es sich um Unterlagen handelt, welche die Gesellschaft regelmäßig für die weitere Geschäftsführung sofort benötigt.[27]

Vor diesem Hintergrund wird deutlich, dass im Gegensatz zur arbeitsvertraglichen Rechtslage für die Vertragsparteien die Notwendigkeit besteht, sich darüber zu einigen, ob das Zurückbehaltungsrecht vertraglich ausgeschlossen werden soll oder nicht. Eine solche Vertragsvereinbarung wäre allerdings bei einer Anwendbarkeit des AGB-Rechts, insb. gegenüber einem Verbraucher-Geschäftsführer, gem. § 309 Nr. 2 Buchst. b BGB unwirksam. Darüber hinaus kann eine entsprechende Ausschlussklausel („Zurückbehaltungsrechte des Geschäftsführers sind ausgeschlossen") auch gegen Treu und Glauben (§ 242 BGB) verstoßen, wenn sie dem Geschäftsführer das zu entziehen sucht, was sie ihm im Prozess zur Verfügung zu stellen hätte. Insoweit gelten die gleichen Erwägungen wie bei der Beschränkung der Herausgabepflicht bei Kopien, Abschriften und Durchschriften (s. § 2 Rn 716). 722

b) Klauseltypen und Gestaltungshinweise

aa) Klauseltyp A

→ **A 1:** Bei Beendigung des Anstellungsvertrages oder im Fall einer durch die Gesellschaft erfolgenden Freistellung von der Dienstleistung hat der Geschäftsführer unverzüglich sämtliche die Angelegenheiten der Gesellschaft betreffenden Unterlagen einschließlich etwaiger Abschriften oder Kopien, die sich in seinem Besitz befinden, vollständig an die Gesellschaft herauszugeben. Dem Geschäftsführer steht aus keinem Rechtsgrund ein Zurückbehaltungsrecht gegenüber der Gesellschaft an diesen Gegenständen und Unterlagen zu.[28] 723

A 2: Nach Beendigung des Dienstverhältnisses sind alle dem Geschäftsführer überlassenen Firmenunterlagen an die Gesellschaft (...) zurückzugeben.

→ **A 3:** Mit Ausscheiden aus den Diensten der Gesellschaft gibt der Geschäftsführer alle noch in seinem Besitz befindlichen Unterlagen über die Angelegenheiten der Gesellschaft zurück. Die Verpflichtung bezieht sich auch auf Schriftstücke, die an ihn persönlich, jedoch als Angehörigen der Geschäftsführung, gerichtet worden sind, sowie auf Kopien von Schriftstücken, die er persönlich, jedoch in der Eigenschaft als Geschäftsführer, Dritten hat zugehen lassen. Ein Zurückbehaltungsrecht ist in jedem Fall ausgeschlossen.[29]

→ **A 4:** Bei Beendigung des Anstellungsverhältnisses oder im Fall einer durch die Gesellschaft erfolgten Freistellung hat der Geschäftsführer von sich aus alle in seinem Besitz befindlichen, die Angelegenheiten der Gesellschaft betreffenden Gegenstände und Geschäftsunterlagen einschließlich elektronischer Datenaufzeichnungen sowie Abschriften und Kopien davon herauszugeben; dem Geschäftsführer steht kein Zurückbehaltungsrecht zu.[30]

27 OLG Düsseldorf 27.1.1977 – 13 U (E) 146/76, NJW 1977, 1201; BeckFormB-GmbHR/*Gerber*, E. V.1 Rn 19.

28 Vgl *Jaeger*, Der Anstellungsvertrag des GmbH-Geschäftsführers, 4. Aufl., S. 171.

29 *Weber/Hoß/Burmester*, Handbuch der Managerverträge, Anhang: Musterverträge, § 12 (3).

30 BeckFormB-GmbHR/*Gerber*, E. V.1, § 12 Abs. 3.

bb) Gestaltungshinweise

724 In der Regel haben Herausgabeklauseln nur klarstellende Funktion. Im Hinblick auf den **Gegenstand der Herausgabe** sind die Klauseln A 1, A 3 und A 4 vorzugswürdig, da sie sich nicht wie die Klausel A 2 auf überlassene Firmenunterlagen beschränken. Darüber hinaus versucht Klausel A 1 ebenso wie A 4, das Schicksal von Kopien und Abschriften der herauszugebenden Firmenunterlagen zugunsten der Gesellschaft zu bestimmen, wobei in Klausel A 4 der gegenwärtigen technischen Wirklichkeit mit einer ausdrücklichen Einbeziehung elektronischer Datenaufzeichnungen Rechnung getragen wird. Insoweit wäre noch ein klarstellender Zusatz denkbar und vorteilhaft, der herausstellt, dass die Herausgabe elektronischer Daten die vollständige Löschung aller Dateien aus dem Computersystem des Geschäftsführers beinhaltet. Diese Problematik bezüglich Kopien und Vervielfältigungen ist jedoch bislang kaum erörtert und birgt daher erhebliche Unklarheiten in sich. Vielfach werden sich in diesem Zusammenhang Rechtsgrundlagen im UrhG sowie im DesignG finden. Unter Umständen kann hier die Ausübung des gesetzlichen oder vertraglichen Herausgabeanspruchs durch § 242 BGB beschränkt sein, wenn der Geschäftsführer in einem anhängigen oder drohenden Prozess auf die Unterlagen angewiesen sein könnte. Aus diesem Grund könnte die Wirksamkeit einer ausnahmslosen Herausgabepflicht auch für Kopien eventuell Bedenken ausgesetzt sein.

725 Die Klauseln A 1, A 3 und A 4 sehen den unbedingten **Ausschluss des Zurückbehaltungsrechts des Geschäftsführers** vor. Ein solches Zurückbehaltungsrecht kann wegen § 309 Nr. 2 Buchst. b BGB nur bei **Unternehmergeschäftsführern**, deren Anstellungsvertrag keiner AGB-Kontrolle iSd §§ 305 ff BGB zugänglich ist, wirksam vereinbart werden. Hier ist eine solche Klausel allerdings empfehlenswert, da nicht selten bei Beendigung des Anstellungsvertrages zwischen den Parteien gegenseitig noch streitige Ansprüche aus dem Anstellungsverhältnis oder aus Anlass von dessen Beendigung erhoben werden. In diesem Zusammenhang soll der Ausschluss des Zurückbehaltungsrechts klarstellen, dass an Firmenunterlagen, die häufig sowohl für die Fortführung der Geschäfte als auch die Wahrung der Geschäftsgeheimnisse von gesteigerter Bedeutung sind, kein Zurückbehaltungsrecht ausgeübt werden kann. Ist der Geschäftsführer im Ausnahmefall Besitzer der Firmenunterlagen, so ist der Ausschluss des Zurückbehaltungsrechts für die Gesellschaft sogar notwendig, um eine jederzeitige Herausgabepflicht des Geschäftsführers zu begründen. Der Ausschluss des Zurückbehaltungsrechts kann jedoch ausnahmsweise gegen Treu und Glauben (§ 242 BGB) verstoßen, wenn die Gesellschaft dadurch dem Geschäftsführer Zugriff auf präsentes Wissen und Beweismaterial zu entziehen sucht, das sie ihm gem. § 421 ZPO im Prozess zur Verfügung zu stellen hat. Gegenüber **Fremdgeschäftsführern** und nur geringwertig beteiligten Gesellschafter-Geschäftsführern, welche wohl stets als Verbraucher iSd §§ 305 ff BGB anzusehen sein werden,[31] verstößt ein bedingungsloser Ausschluss des Zurückbehaltungsrechts dagegen regelmäßig gegen § 309 Nr. 2 Buchst. b BGB, soweit es sich bei dem Anstellungsvertrag um echte AGB handelt und somit auch die erweiterte Inhaltskontrolle nach den §§ 308, 309 BGB zur Anwendung kommt.

726 Die **Freistellung** unter Gehaltsfortzahlung bewirkt eine einseitige Suspendierung der dienstvertraglichen Hauptleistungspflicht, so dass der freigestellte Geschäftsführer die Sachherrschaft an den ihm überlassenen Firmenunterlagen und selbst angefertigten Geschäftsunterlagen nicht mehr innerhalb seines Aufgabenbereichs ausüben und damit verwenden kann. Da jedoch die beiderseitigen vertraglichen Nebenpflichten fortbestehen, obliegt ihm die sorgfältige Verwahrung dieser Unterlagen. Obwohl die Gesellschaft – anders als zB beim Dienstwagen[32] – jederzeit ihre Geschäftsunterlagen auf Grundlage ihrer Besitz- und Eigentumsansprüche herausverlangen kann, ist es sinnvoll, eine Herausgabepflicht für den Fall der Freistellung zu vereinbaren, um den zügigen Geschäftsfortgang zu gewährleisten. Vor diesem Hintergrund legen die

31 Vgl BAG 19.5.2010 – 5 AZR 253/09, NJW 2010, 2827.

32 S. § 1 Rn 2037 ff (zum Dienstwagen); § 1 Rn 2733 ff (zu Arbeitsmittel).

Vertragsparteien mit der Klausel A 1 bzw A 4 bereits bei Vertragsschluss fest, dass der Geschäftsführer ohne gesonderte Aufforderung die Geschäftsunterlagen im Falle einer Freistellung herauszugeben hat. Soweit bei den Klauseln A 2 und A 3 die Herausgabe der Firmenunterlagen an die Beendigung des Dienstverhältnisses oder an das Ausscheiden aus den Diensten knüpft, liegt hierin kein konkludenter Verzicht auf die Notwendigkeit eines vorhergehenden Herausgabeverlangens der Gesellschaft. Demnach muss die Gesellschaft, regelmäßig vertreten durch einen Mitgeschäftsführer oder den Nachfolger des ausgeschiedenen Geschäftsführers, ausdrücklich den Herausgabeanspruch bezüglich der Unterlagen geltend machen.

9. Koppelungsklauseln

Literatur

Arens/Beckmann, Die anwaltliche Beratung des GmbH-Geschäftsführers, 2006; *Bauer/Arnold*, Sind Abfindungs-Caps in Vorstandsverträgen wirklich zu empfehlen? – Zur Überarbeitung des Deutschen Corporate Governance Kodex, BB 2008, 1692; *Bauer/Diller*, Koppelung von Abberufung und Kündigung bei Organmitgliedern, GmbHR 1998, 809; *Eckardt*, Koppelung der Beendigung des Anstellungsvertrages eines AG-Vorstandsmitglieds an den Bestellungswiderruf?, AG 1989, 431; *Flatten*, Dauer von Geschäftsführerverträgen, GmbHR 2000, 922; *Fonk*, Rechtsfragen nach der Abberufung von Vorstandsmitgliedern und Geschäftsführern, NZG 1998, 408; *Gehrlein*, Rechtsprechungsübersicht zum GmbH-Recht in den Jahren 2001–2004: Eigenkapitalersatz, Veräußerung des Geschäftsanteils, Gesellschafterbeschluss sowie Rechtsstellung und Haftung des Geschäftsführers, BB 2004, 2585; *Gimmy/Hügel*, Schicksal von Vorstands- und Geschäftsführeranstellungsverträgen bei Fusionen öffentlich-rechtlicher Landesbanken, BB 2008, 2178; *Grobys/Glanz*, Kopplungsklauseln in Geschäftsführerverträgen, NJW-Spezial 2007, 129; *Grumann/Gillmann*, Abberufung und Kündigung von Vorstandsmitgliedern einer Aktiengesellschaft, DB 2003, 770; *Hillemann-Stadtfeld*, Beendigung von Geschäftsführer-Dienstverträgen – hier: Koppelungsklauseln bei befristeten Verträgen, GmbHR 2004, 1457; *Hoffmann-Becking*, Rechtliche Anmerkungen zur Vorstands- und Aufsichtsratsvergütung, ZHR 169, 155; *Jaeger*, Die Zuständigkeit des ArbG und Geltung des Kündigungsschutzes für Geschäftsführer, NZA 1998, 961; *ders.*, Rechtsfolgen einer vertraglich vereinbarten Anwendung des gesetzlichen Kündigungsschutzes für Geschäftsführer, DStR 2010, 2312; *Lohr*, Die fristlose Kündigung eines GmbH-Geschäftsführers, NZG 2001, 826; *Lunk*, Rechtliche und taktische Erwägungen bei Kündigung und Abberufung des GmbH-Geschäftsführers, ZIP 1999, 1777; *Lunk/Rodenbusch*, Der Weiterbeschäftigungsanspruch des GmbH-Geschäftsführers, NZA 2011, 497; *Schäfer/Kauffmann-Lauven*, Vorstands- und Geschäftsführerverträge, in: Bauer (Hrsg.), Festschrift zum 25-jährigen Bestehen der Arbeitsgemeinschaft Arbeitsrecht, 2006, S. 471 ff; *Seibt*, Geschäftsführerbestellung und Anstellungsvertrag, NJW-Spezial 2004, 123; *Stagat*, Risiken und Nebenwirkungen von Geschäftsführer-Anstellungsverträgen, NZA-RR 2011, 617; *Stück*, Der GmbH-Geschäftsführer zwischen Gesellschafts- und Arbeitsrecht im Spiegel aktueller Rechtsprechung, GmbHR 2006, 1009; *Tschöpe/Wortmann*, Abberufung und außerordentliche Kündigung von geschäftsführenden Organvertretern – Grundlagen und Verfahrensfragen, NZG 2009, 85.

a) Rechtslage im Umfeld

aa) Überwindung des Trennungsprinzips durch Koppelungsklauseln

727 Die Trennung zwischen der Organstellung des Geschäftsführers und dem Anstellungsverhältnis führt dazu, dass die Abberufung als Organ nicht automatisch die Beendigung des Anstellungsverhältnisses bedeutet. Zwar ist die Kündigung des Anstellungsverhältnisses durch die Gesellschafterversammlung regelmäßig gleichzeitig auch als Abberufung zu verstehen, andersherum bewirkt die Abberufung iSd § 38 GmbHG jedoch nicht automatisch die Beendigung des Anstellungsvertrages.[1] Soll das Anstellungsverhältnis im Hinblick auf die Beendigung der körperschaftlichen Geschäftsführerfunktion vorzeitig aufgelöst werden, bedarf es an sich eines eigenständigen Rechtsgeschäfts, etwa einer Kündigung oder eines Auflösungsvertrages. Das **Trennungsprinzip** erhält dem Geschäftsführer das notwendige Mindestmaß an Schutz, da ihm auch nach der jederzeit grundlos möglichen Abberufung seine Vergütungsansprüche durch das noch bestehende Anstellungsverhältnis in Verbindung mit den Regeln zum Annahmeverzug iSd § 615 BGB erhalten bleiben.[2] Die Grundlage des fortbestehenden Vergütungsanspruchs ist zwar umstritten; dass ein solcher Anspruch besteht, ist dagegen übereinstimmend anerkannt. Teilweise wird der Anspruch wegen Annahmeverzugs nach § 615 BGB abgelehnt, da die Erbringung der Leistung als Geschäftsführer aus dem Anstellungsvertrag nach der Abberufung regelmäßig unmöglich sei, so dass sich der Vergütungsanspruch des Organvertreters nach § 326 Abs. 2 BGB richte.[3] Abweichend von dieser rechtlichen Folge ist es jedoch grds. zulässig,

1 *Jaeger*, DStR 2010, 2312 f; Henssler/Strohn/*Oetker*, GesellschaftsR, § 35 GmbHG Rn 101; *Stück*, GmbHR 2006, 1009, 1011.

2 Ganz hM, so etwa BGH 9.10.2000 – II ZR 75/99, NZA 2001, 36; BGH 11.10.2010 – II ZR 266/08, NZG 2011, 112; *Gehrlein*, BB 2004, 2585, 2591; *Gimmy/Hügel*, BB 2008, 2178, 21280; *Jaeger*, NZA 1998, 961, 966; *Lohr*, NZG 2001, 826, 831;*Stück*, GmbHR 2006, 1009, 1011.

3 So etwa *Fonk*, NZG 1998, 408 f; *Lunk/Rodenbusch*, NZA 2011, 497, 499 (auch mit weiteren Nachw. und genauerer Darstellung des Streitstands).

durch eine entsprechende Vertragsgestaltung den **Bestand des Dienstvertrages von dem der Organstellung abhängig** zu machen.[4]

Derartige **Koppelungsklauseln** sind vor dem Hintergrund zu sehen, dass das Anstellungsverhältnis grds. die schuldrechtliche Grundlage für die Organstellung bildet und der Vertrag mit dem Verlust der Organstellung eine seiner wesentlichen Aufgaben und Zweckbestimmungen verliert. Koppelungsvereinbarungen tragen demnach v.a. dem Umstand Rechnung, dass die Gesellschaft nach der Abberufung regelmäßig an einer möglichst schnellen Lösung vom Dienstvertrag interessiert ist,[5] um nicht weiterhin für längere Zeit die Geschäftsführervergütung ohne Gegenleistung fortzahlen zu müssen.[6] Dabei wird zB der **Anstellungsvertrag** unter die **auflösende Bedingung des Verlusts der organschaftlichen Stellung als Geschäftsführer** gestellt[7] oder vereinbart, dass mit der Abberufung des Geschäftsführers das Anstellungsverhältnis als ordentlich oder außerordentlich gekündigt gelten soll.[8] 728

Der BGH hat solche Vereinbarungen, zunächst für den Fall des AG-Vorstands und später übertragen auf GmbH-Geschäftsführer, grds. als **zulässig** erachtet. Den Schutz des Organvertreters reduzieren der BGH und die obere Zivilgerichtsbarkeit der Länder mit ihrer Rspr zu Koppelungsklauseln auf die Pflicht zur Beachtung der gesetzlichen **Mindestkündigungsfristen** analog § 622 Abs. 1 BGB.[9] Mit der Abberufung, die mit sofortiger Wirkung eintritt, darf nicht gleichzeitig auch bereits das Dienstverhältnis beendet werden. Die Mindestkündigungsfrist in diesem Falle beträgt vier Wochen. 729

Diese Rspr ist von Anfang an kritisiert worden. *Bauer/Diller*[10] fordern strenge Anforderungen an die Klarheit und Eindeutigkeit der Koppelungsabrede, da selbst von erfahrenen Geschäftsführern oder Vorstandsmitgliedern, wie die Beratungspraxis zeige, die Koppelungsabrede häufig übersehen oder in ihrer Konsequenz und Reichweite verkannt werde. Die Autoren werfen deshalb die Frage auf, ob die Koppelungsklausel insb. bei befristeten oder langjährigen Anstellungsverträgen eine zulässige Gestaltung oder eine sittenwidrige, auf Irreführung hinauslaufende Falle sei. *Eckardt*[11] hält Koppelungsabreden wegen Verstoßes gegen das für Organamt und Dienstvertrag geltende Trennungsprinzip nach § 134 BGB für nichtig. *Hoffmann-Becking*[12] meint zu Recht, dass ein gut beratenes Vorstandsmitglied eine Koppelungsabrede nur in Verbindung mit einer vertraglichen Abfindungsregelung akzeptieren werde. Weiterhin wird eingeworfen, dass bei Geschäftsführern, welche im Gegensatz zu AG-Vorständen grds. frei und ohne das zwingende Vorliegen eines wichtigen Grundes abberufen werden können, eine Anknüpfung an die Abberufung als Grund für eine Kündigung zumindest bei befristeten Verträgen sich als problematische einseitige Rechtsverkürzung darstelle.[13] 730

Nach der Rspr des BGH[14] sind Koppelungsklauseln somit wirksam, führen aber nicht zur sofortigen Beendigung des Dienstverhältnisses mit der Abberufung, sondern zur Beendigung unter Wahrung der Frist des § 622 BGB. Seit der ersten Entscheidung im Jahre 1989 ist die Zeit allerdings vorangeschritten, und es bleibt neben einer Neugewichtung von Koppelungsabreden 731

4 BGH 29.5.1989 – II ZR 220/88, NJW 1989, 2683; BGH 9.7.1990 – II ZR 194/89, NJW 1990, 2622; BGH 21.6.1999 – II ZR 27/98, NJW 1999, 3263; OLG Hamm 7.1.2005 – 8 U 203/04, juris; OLG Hamm 20.11.2006 – 8 U 217/05, GmbHR 2007, 442.

5 *Arens/Beckmann*, Die anwaltliche Beratung von GmbH-Geschäftsführern, § 1 Rn 116.

6 *Seibt*, NJW-Spezial 2004, 123, 124.

7 BGH 29.5.1989 – II ZR 220/88, NJW 1989, 2683.

8 MüKo-GmbHG/*Jaeger*, § 35 Rn 393; Henssler/Strohn/*Oetker*, GesellschaftsR, § 35 GmbHG Rn 100; Oppenländer/Trölitzsch/*Trölitzsch*, GmbH-Geschäftsführung, § 11 Rn 2.

9 BGH 29.5.1989 – II ZR 220/88, NJW 1989, 2683; BGH 21.6.1999 – II ZR 27/98, NJW 1999, 3263; OLG Hamm 7.1.2005 – 8 U 203/04, juris; OLG Hamm 20.11.2006 – 8 U 217/05, GmbHR 2007, 442.

10 GmbHR 1998, 809.

11 AG 1989, 431.

12 ZHR 169, 155.

13 *Grobys/Glanz*, NJW-Spezial 2007, 129 f.

14 BGH 29.5.1989 – II ZR 220/88, NJW 1989, 2683; BGH 21.6.1999 – II ZR 27/98, NJW 1999, 3263.

unter dem Aspekt der Inhaltskontrolle (s. § 2 Rn 753) auch die von *Eckardt* aufgeworfene Frage, ob das Trennungsprinzip nicht durch Koppelungsabreden in unzulässiger Weise ausgehöhlt wird.

bb) Gesellschaftsrechtliche Grenzen

732 Grundvoraussetzung für den Bedingungseintritt der Koppelungsklausel ist zunächst die Rechtmäßigkeit des Verlusts der Geschäftsführerstellung, die insb. aufgrund Abberufung, Amtsniederlegung, Zeitablauf oder Bedingungseintritt entfallen kann.

(1) Rechtmäßigkeit der Abberufung

(a1) Zuständigkeit für den Widerruf der Bestellung

733 Regelmäßig scheidet der Geschäftsführer durch **Widerruf der Bestellung** aus seiner körperschaftlichen Funktion aus (§ 38 GmbHG). Zuständig für den Widerruf ist das Gesellschaftsorgan, das auch die Kompetenz für die Berufung eines Geschäftsführers besitzt. Ist etwa in der Satzung nur die Bestellungskompetenz ausdrücklich geregelt, soll diese im Zweifelsfall in gleicher Weise auch für die Abberufung gelten.[15] Hiernach liegt die Abberufung gem. § 46 Nr. 5 GmbHG in der Verantwortung der **Gesellschafterversammlung** oder bei einer mitbestimmten GmbH in der des Aufsichtsrats. Durch Satzung kann die Zuständigkeit auch auf ein anderes Gesellschaftsorgan übertragen werden, etwa einen fakultativen Aufsichtsrat, einen Beirat, einen Gesellschafterausschuss, einzelne Gesellschafter[16] oder nach einer teilweisen Mindermeinung sogar auf außerhalb der Gesellschaft stehende Dritte.[17] Zum zuständigen Organ für die Bestellung s. § 2 Rn 5, 133 ff. Ist das durch Satzung als zuständig erklärte Organ funktionsunfähig, fällt das Abberufungsrecht auf die Gesellschafter zurück.[18]

734 Die Abberufung erfolgt durch **formfreien Beschluss mit einfacher Mehrheit der abgegeben Stimmen**, soweit die Satzung nicht abweichend ein anderes Mehrheitserfordernis vorsieht.[19] Bei der Beschlussfassung ist der Gesellschafter-Geschäftsführer stimmberechtigt, soweit nicht die Abberufung aus wichtigem Grund erfolgen soll.[20] Der Abberufungsbeschluss muss dem Geschäftsführer mitgeteilt werden und wird erst mit Zugang wirksam, da es sich insoweit um eine empfangsbedürftige Willenserklärung handelt.[21] Für die Erklärung ist keine Einhaltung eines bestimmten Formerfordernisses notwendig, so dass eine mündliche Information des Geschäftsführers ausreichend ist.[22] Ist der Geschäftsführer nicht selbst in der Gesellschafterversammlung zugegen, kann ein Bevollmächtigter oder Bote den Abberufungsbeschluss übermit-

15 Roth/Altmeppen/*Altmeppen*, GmbHG, § 38 Rn 12; MüKo-GmbHG/*Stephan/Tieves*, § 38 Rn 27; Michalski/*Terlau*, GmbHG, § 38 Rn 15; Baumbach/Hueck/*Zöllner/Noack*, GmbHG, § 38 Rn 24.

16 Roth/Altmeppen/*Altmeppen*, GmbHG, § 38 Rn 12; Lutter/Hommelhoff/*Kleindiek*, GmbHG, § 38 Rn 3; MüKo-GmbHG/*Stephan/Tieves*, § 38 Rn 26 ff.

17 Roth/Altmeppen/*Altmeppen*, GmbHG, § 38 Rn 12; aA: Michalski/*Terlau*, GmbHG, § 38 Rn 17; Baumbach/Hueck/*Zöllner/Noack*, GmbHG, § 38 Rn 24; unterscheidend: MüKo-GmbHG/*Stephan/Tieves*, § 38 Rn 28, nach welchen eine Übertragung auf Dritte nur zulässig ist, wenn diesem durch die Satzung die Stellung eines Organs eingeräumt wird.

18 BGH 24.2.1954 – II ZR 88/53, NJW 1954, 799.

19 Roth/Altmeppen/*Altmeppen*, GmbHG, § 38 Rn 18; Scholz/*Schneider*, GmbHG, § 38 Rn 15 a; MüKo-GmbHG/*Stephan/Tieves*, § 38 Rn 24 f; Michalski/*Terlau*, GmbHG, § 38 Rn 9; Baumbach/Hueck/*Zöllner/Noack*, GmbHG, § 38 Rn 29.

20 OLG Karlsruhe 4.5.1999 – 8 U 153/97, NZG 2000, 264; OLG Karlsruhe 25.6.2008 – 7 U 133/07, NZG 2008, 785; Roth/Altmeppen/*Altmeppen*, GmbHG, § 38 Rn 19; MüKo-GmbHG/*Stephan/Tieves*, § 38 Rn 24; Michalski/*Terlau*, GmbHG, § 38 Rn 21; Baumbach/Hueck/*Zöllner/Noack*, GmbHG, § 38 Rn 33 ff.

21 Scholz/*Schneider*, GmbHG, § 38 Rn 29; MüKo-GmbHG/*Stephan/Tieves*, § 38 Rn 41; Michalski/*Terlau*, GmbHG, § 38 Rn 23; Baumbach/Hueck/*Zöllner/Noack*, GmbHG, § 38 Rn 43.

22 Roth/Altmeppen/*Altmeppen*, GmbHG, § 38 Rn 22.

teln.[23] Der Abberufungsbeschluss setzt keine vorherige Anhörung des Geschäftsführers voraus und dem Geschäftsführer steht auch kein Anspruch auf rechtliches Gehör gegenüber der Gesellschafterversammlung zu.[24]

(a2) Freie Abberufbarkeit (§ 38 Abs. 1 GmbHG)

Der Widerruf der Bestellung kann gem. § 38 Abs. 1 GmbHG grds. **jederzeit** erfolgen und ist somit nicht an das Vorliegen sachlicher Gründe zur Rechtfertigung der Abberufung gebunden. Diese sog. **freie Abberufbarkeit** soll der Gesellschaft einen Ausgleich dafür bieten, dass die Bestellung grds. unbefristet erfolgt und der Geschäftsführer weitreichende und im Außenverhältnis unbeschränkbare Befugnisse im Rahmen der Vertretung der Gesellschaft besitzt.[25] **Begrenzt** wird das Recht zur freien Abberufung demnach grds. nur durch die allgemeinen Rechtsgrundsätze, wie etwa das Verbot sittenwidriger Rechtsgeschäfte iSv § 138 BGB, das Schikaneverbot iSv § 226 BGB und das Verbot einer vorsätzlichen sittenwidrigen Schädigung nach § 826 BGB, wobei diese Grenzen nicht bereits erreicht werden, bloß weil die Abberufung unsachlich erscheint.[26] In seltenen Ausnahmefällen kann bei einem Gesellschafter-Geschäftsführer das Recht zur freien Abberufbarkeit durch die **gesellschaftsrechtliche Treuepflicht** der Gesellschafter beschränkt sein.[27] Eine Abberufung verstößt demnach bspw gegen die Treuepflicht, wenn in einer Zwei-Personen-GmbH der zu 51 % beteiligte Gesellschafter geringfügige Vorfälle zum Anlass nimmt, die Abberufung des mit 49 % beteiligten Mitgesellschafter-Geschäftsführers durch einen der Sache nach von dem Mehrheitsgesellschafter allein gefassten Beschluss durchzusetzen, um dem Gesellschafter-Geschäftsführer die berufliche Existenz zu entziehen.[28] 735

(a3) Einschränkung der freien Abberufbarkeit

(a3.1) Abberufung nur bei Vorliegen eines wichtigen Grunds

Bei der **mitbestimmten GmbH** darf nach § 31 MitbestG iVm § 84 Abs. 3 AktG die Abberufung nur aus wichtigem Grund erfolgen. Unterliegt die GmbH nicht dem MontanMitbestG oder dem MitbestG, so kann gem. § 38 Abs. 2 GmbHG das Recht zur freien Abberufung des Geschäftsführers **im Gesellschaftsvertrag** eingeschränkt werden. Als Regelfall sieht die Vorschrift dann zB eine satzungsmäßige Beschränkung dahin gehend vor, dass **wichtige Gründe** den Widerruf notwendig machen. Dabei bildet das Vorliegen eines wichtigen Grundes gleichsam die zwingende Grenze der Einschränkbarkeit der Widerrufsgründe.[29] Durch die Satzung kann dagegen nicht bestimmt werden, dass eine Abberufung des Geschäftsführers auch bei Vorliegen wichtiger Gründe nicht erfolgen darf.[30] Weiter kann in der Satzung keine abschließende Aufzählung der zum Widerruf berechtigenden wichtigen Gründe vorgenommen werden.[31] Ebenso wenig darf die Abberufung aus wichtigem Grund vom Erreichen einer Beschlussmehrheit abhängig gemacht werden, die schwerer zu erreichen ist als die in § 47 Abs. 1 GmbHG bestimmte einfache Mehrheit.[32] 736

23 Scholz/*Schneider*, GmbHG, § 38 Rn 30; Lutter/Hommelhoff/*Kleindiek*, GmbHG, § 38 Rn 6; Michalski/*Terlau*, GmbHG, § 38 Rn 24.
24 Scholz/*Schneider*, GmbHG, § 38 Rn 15 a; Lutter/Hommelhoff/*Kleindiek*, GmbHG, § 38 Rn 2; Baumbach/Hueck/*Zöllner*/*Noack*, GmbHG, § 38 Rn 3.
25 Roth/Altmeppen/*Altmeppen*, GmbHG, § 38 Rn 2; Michalski/*Terlau*, GmbHG, § 38 Rn 3.
26 MüKo-GmbHG/*Stephan*/*Tieves*, § 38 Rn 7; Michalski/*Terlau*, GmbHG, § 38 Rn 4.
27 BGH 29.11.1993 – II ZR 61/93, DStR 1994, 214; OLG Zweibrücken 5.6.2003 – 4 U 117/02, NZG 2003, 931.
28 BGH 29.11.1993 – II ZR 61/93, DStR 1994, 214.
29 BGH 20.12.1982 – II ZR 110/82, NJW 1983, 938; Scholz/*Schneider*, GmbHG, § 38 Rn 39.
30 BGH 20.12.1982 – II ZR 110/82, NJW 1983, 938; Lutter/Hommelhoff/*Kleindiek*, GmbHG, § 38 Rn 7; Michalski/*Terlau*, GmbHG, § 38 Rn 30.
31 Lutter/Hommelhoff/*Kleindiek*, GmbHG, § 38 Rn 7; Michalski/*Terlau*, GmbHG, § 38 Rn 30.
32 BGH 20.12.1982 – II ZR 110/82, NJW 1983, 938.

737 Die qualifizierten Gründe, unter denen eine Abberufung nach der Satzung zulässig ist, müssen andererseits nicht tatsächlich nach objektiver Betrachtung den Grad eines wichtigen Grundes erreichen.[33] Vielmehr ist den Gesellschaftern – bis zur Grenze des wichtigen Grundes – jede Beschränkung der freien Abberufbarkeit gestattet.[34] Auch kann die Abberufung ohne wichtigen Grund nur unter Einhaltung einer Frist als zulässig erklärt werden.[35] § 38 GmbHG ist nur insoweit in eine Richtung indisponibel, als dass im Fall des Vorliegens eines wichtigen Grundes, der tatsächlich die Qualität des § 38 Abs. 2 GmbHG erfüllt, in jedem Fall ein unbeschränktes Abberufungsrecht der Gesellschaft vorliegen muss. Ob und welche Beschränkungen im Gesellschaftsvertrag vereinbart worden sind, ist ggf durch Auslegung zu ermitteln. So muss in der Satzung nicht ausdrücklich die Begrenzung des Rechts zur Abberufung allein aus wichtigem Grund erklärt werden. Eine solche Beschränkung kann sich etwa daraus ergeben, dass der Geschäftsführer auf Lebenszeit, bis zu einem bestimmten Lebensalter, bis zur Beendigung seiner Gesellschafterstellung oder für die Dauer der Gesellschaft nach dem Gesellschaftsvertrag bestellt wird.[36]

738 Wird durch Satzung das Recht zur Abberufung nur aus wichtigem Grund zugelassen, kann der Widerruf der Bestellung nur wirksam erfolgen, wenn aufgrund der Umstände das Verbleiben des Geschäftsführers für die Gesellschaft unzumutbar ist. Der Begriff des **wichtigen Grundes iSd § 38 Abs. 2 GmbHG** ist dabei nicht identisch mit dem des wichtigen Grundes iSd § 626 BGB. Abstrakt gesprochen liegt ein wichtiger Grund auf Seiten der Gesellschaft immer dann vor, wenn ein Verbleiben des Geschäftsführers in der Organstellung unzumutbar ist.[37] Es muss jeweils eigenständig geprüft werden, ob der angeführte Grund geeignet ist, die Abberufung und eine außerordentliche Kündigung des Anstellungsverhältnisses zu rechtfertigen. Nach § 38 Abs. 2 S. 2 GmbHG zählen insb. **grobe Pflichtverletzungen** und die **Unfähigkeit zur ordnungsgemäßen Geschäftsführung** zu den wichtigen Gründen. Die Aufzählung ist nur beispielhaft und nicht abschließend, so dass auch andere Gründe, welche ähnlich schwer wiegen und der Gesellschaft eine Belassung des Geschäftsführers in der Organstellung unzumutbar machen, eine Abberufung aus wichtigem Grund iSv § 38 Abs. 2 GmbHG rechtfertigen können. Ein **vorwerfbares oder schuldhaftes Verhalten** des Geschäftsführers ist insoweit nicht erforderlich, so dass auch ein gestörtes Verhältnis zu den anderen Geschäftsführern oder eine Krankheit einen wichtigen Grund iSv § 38 Abs. 2 GmbHG darstellen kann.[38] Bei der Abberufung aus wichtigem Grund ist den Interessen der Gesellschaft gegenüber den Interessen des Geschäftsführers ein besonderes Gewicht beizumessen.[39] Maßgeblich bleiben immer die Umstände des Einzelfalls.

(a3.2) Grobe Pflichtverletzung

739 Als grobe Pflichtverletzungen, die einen wichtigen Grund zur Abberufung des Geschäftsführers darstellen, können **bspw** die schwerwiegende Missachtung der Kompetenzordnung der Gesellschaft, die Nichtbeachtung von Weisungen, die Abgabe von bewusst falschen Auskünften gegenüber den Gesellschaftern oder dem Aufsichtsrat, die unzulässige Entnahme aus dem Gesellschaftsvermögen, die Annahme von Bestechungsgeld, die Fälschung von Buchungsunterlagen,[40] die bewusste oder wiederholt fahrlässige falsche Aufstellung von Bilanzen,[41] Beleidigun-

33 Scholz/*Schneider*, GmbHG, § 38 Rn 39; MüKo-GmbHG/*Stephan/Tieves*, § 38 Rn 76; Michalski/*Terlau*, GmbHG, § 38 Rn 30; Baumbach/Hueck/*Zöllner/Noack*, GmbHG, § 38 Rn 12.

34 Lutter/Hommelhoff/*Kleindiek*, GmbHG, § 38 Rn 7.

35 Roth/Altmeppen/*Altmeppen*, GmbHG, § 38 Rn 29.

36 Lutter/Hommelhoff/*Kleindiek*, GmbHG, § 38 Rn 9; Scholz/*Schneider*, GmbHG, § 38 Rn 39.

37 BGH 12.7.1993 – II ZR 65/92, NJW-RR 1993, 1253; OLG Zweibrücken 30.10.1997 – 4 U 11/97, NZG 1998, 385; OLG Karlsruhe 25.6.2008 – 7 U 133/07, NZG 2008, 785.

38 Scholz/*Schneider*, GmbHG, § 38 Rn 44.

39 Scholz/*Schneider*, GmbHG, § 38 Rn 43.

40 OLG Hamm 7.5.1984 – 8 U 22/84, GmbHR 1985, 119.

41 OLG Düsseldorf 15.2.1991 – 16 U 130/90, WM 1992, 14.

gen oder Tätlichkeiten gegenüber Mitgesellschaftern und Mitgeschäftsführern,[42] unerlaubte Konkurrenztätigkeiten oder ein strafbares Verhalten eingestuft werden, das sich entweder gegen die Gesellschaft richtet oder das aufgrund der kriminellen Energie das Vertrauen in die Zuverlässigkeit des Geschäftsführers erschüttert.[43]

(a3.3) Unfähigkeit zur ordnungsgemäßen Geschäftsführung

Die Eignung zur ordnungsgemäßen Geschäftsführung kann aufgrund lang andauernder Krankheit, Geistesschwäche, Drogenabhängigkeit oder durch Wegfall einer nach der Satzung erforderlichen Eigenschaft entfallen.[44] 740

(a3.4) Sonstige Umstände

Schließlich können auch sonstige Umstände, die nicht auf einem pflichtwidrigen oder schuldhaften Verhalten des Geschäftsführers beruhen, zur Abberufung aus wichtigem Grund berechtigen, etwa wenn Dritte, insb. Kunden und Kreditgeber, das Vertrauen in den Geschäftsführer – gleich aus welchen Gründen – verloren haben.[45] Die Umstände müssen demnach nicht einmal in der Person des Geschäftsführers selbst begründet liegen.[46] Anders als nach § 84 Abs. 3 S. 2 AktG reicht der Vertrauensverlust der Gesellschaft dagegen nicht zur Abberufung aus wichtigem Grund aus, wenn keine Umstände vorliegen, die auch für einen objektiven Dritten den weiteren Verbleib des Geschäftsführers unzumutbar erscheinen lassen.[47] Die Abberufung kann allerdings in keinem Fall auf solche Gründe gestützt werden, die der Gesellschaft schon zum Zeitpunkt der Bestellung bekannt waren.[48] 741

(a4) Rechtsfolge

Mit Wirksamwerden des Widerrufsbeschlusses durch Zugang erlöschen die Organstellung des Geschäftsführers sowie die mit ihr verbundenen Rechte, wie die Geschäftsführungsbefugnis und Vertretungsmacht, automatisch.[49] Ist der Abberufungsbeschluss nicht rechtmäßig zustande gekommen oder mangelt es an einem die Abberufung rechtfertigenden Grund, so tritt die Bedingung, unter der das Anstellungsverhältnis aufgrund der Koppelungsklausel beendet werden soll, dagegen nicht ein.[50] Diese Folge gilt selbst dann, wenn der Geschäftsführer – anders als das Vorstandsmitglied einer AG – nicht die Möglichkeit hat, die Rechtswidrigkeit der Abberufung eigenständig überprüfen zu lassen. Genauso wenig, wie der Bedingungseintritt nach § 162 Abs. 1 BGB treuwidrig durch eine Partei vereitelt werden darf, verstößt es nach § 162 Abs. 2 BGB gegen das Verbot widersprüchlichen Verhaltens, den Bedingungseintritt durch ein treuwidriges Verhalten herbeizuführen, selbst wenn der körperschaftlich beabsichtigte Erfolg eintritt. So kann sich nach der hM der Fremdgeschäftsführer nur dann eigenständig auf die Unwirksamkeit eines Abberufungsbeschlusses berufen, wenn dieser entweder nichtig ist oder nach einer Anfechtungsklage für nichtig erklärt wurde.[51] Liegt nur ein anfechtbarer Beschluss vor, der nicht angegriffen wird, kann der Geschäftsführer sich auf die Rechtsverletzungen nicht be- 742

42 BGH 24.10.1994 – II ZR 91/94, DStR 1994, 1746.
43 Scholz/*Schneider*, GmbHG, § 38 Rn 49.
44 Scholz/*Schneider*, GmbHG, § 38 Rn 48.
45 BGH 25.1.1960 – II ZR 207/57, NJW 1960, 628.
46 Vgl BGH 24.2.1992 – II ZR 79/91, NJW-RR 1992, 993; Roth/Altmeppen/*Altmeppen*, GmbHG, § 38 Rn 34.
47 Lutter/Hommelhoff/*Kleindiek*, GmbHG, § 38 Rn 22; für das Vorliegen eines wichtigen Grundes, soweit der Vertrauensverlust auf sachlichen Gründen beruht, s. Scholz/*Schneider*, GmbHG, § 38 Rn 52.
48 BGH 12.7.1993 – II ZR 65/92, NJW-RR 1993, 1253; Baumbach/Hueck/*Zöllner/Noack*, GmbHG, § 38 Rn 14.
49 Roth/Altmeppen/*Altmeppen*, GmbHG, § 38 Rn 24; MüKo-GmbHG/*Stephan/Tieves*, § 38 Rn 50; Michalski/*Terlau*, GmbHG, § 38 Rn 25; Baumbach/Hueck/*Zöllner/Noack*, GmbHG, § 38 Rn 101.
50 BGH 29.5.1989 – II ZR 220/88, NJW 1989, 2683.
51 Lutter/Hommelhoff/*Kleindiek*, GmbHG, § 38 Rn 27.

rufen. Die Vorschriften zur ordnungsgemäßen Beschlussfassung dienen insoweit nicht dem Schutze des Geschäftsführers, so dass ihm die Anfechtungsbefugnis fehlt.[52] Dies wird zwar grds. durch den Schutz ausgeglichen, welcher dem Geschäftsführer auf der anstellungsvertraglichen Ebene zur Verfügung steht und welcher grds. gem. § 38 Abs. 1 Hs 2 GmbHG von der Abberufung unberührt bleibt. Wurde der Anstellungsvertrag durch eine Koppelungsklausel jedoch an den Bestand der Organstellung geknüpft, fehlt es an einem solchen uneingeschränkten Schutz. Aus diesem Grund ist es trotz fehlender Anfechtungsbefugnis des Fremdgeschäftsführers im Fall des anfechtbaren Abberufungsbeschlusses gerechtfertigt, keine Beendigung des Anstellungsvertrages über die Koppelungsklausel anzunehmen. Im Rahmen des Anstellungsverhältnisses darf es gerade nicht davon abhängen, ob ein zur Anfechtung berechtigter Gesellschafter dem Geschäftsführer gegen den Abberufungsbeschluss vorgeht, damit die auflösende Bedingung nicht eintritt. Soweit dem abzuberufenden Gesellschafter-Geschäftsführer allerdings ein Anfechtungsrecht aus seiner Gesellschafterstellung zusteht, hat er dieses wahrzunehmen, um die Unwirksamkeit der Abberufung feststellen zu lassen. Andernfalls würde er sich dem Vorwurf widersprüchlichen Verhaltens aussetzen, wenn er die Rechtswidrigkeit allein im Hinblick auf den Bestand des Anstellungsverhältnisses geltend macht, den Abberufungsbeschluss allerdings nicht mit Hilfe der Anfechtungsklage prüfen lässt.

(2) Amtsniederlegung

743 Der Geschäftsführer kann seine Organstellung durch Amtsniederlegung **jederzeit** ohne die Einhaltung einer Frist beenden. Für die Wirksamkeit ist nicht erforderlich, dass sich der Geschäftsführer auf einen wichtigen Grund stützen kann oder er einen solchen Grund in seiner Erklärung angibt.[53] Vielmehr geht die Organstellung auch bei Fehlen eines rechtfertigenden Umstands verloren.[54] Die Amtsniederlegung erfolgt durch formfreie empfangsbedürftige Erklärung, die gegenüber dem für die Bestellung zuständigen Organ abzugeben ist.[55]

744 Allerdings können in der **Satzung**, ähnlich wie im Fall der Abberufung, besondere, die Amtsniederlegung erschwerende Erfordernisse geregelt werden, wie etwa das Vorliegen bestimmter Gründe, die Einhaltung einer bestimmten Form oder einer Niederlegungsfrist, welche der Gesellschaft einen Spielraum verschafft, um die Nachfolge zu regeln.[56] Nach richtiger Ansicht ist auch eine Amtsniederlegung zur Unzeit, durch welche etwa die Gesellschaft geschäftsführerlos und somit handlungsunfähig wird, wirksam; der Geschäftsführer kann dann jedoch Schadensersatzansprüchen ausgesetzt sein.[57]

745 Die **automatische Kündigung des Anstellungsverhältnisses** kann mittels **Koppelungsklausel** auch für den Fall der Amtsniederlegung durch den Geschäftsführer vereinbart werden. Allerdings kann es insb. in Fällen, in denen sich der Geschäftsführer durch ein Verhalten der GmbH zur Amtsniederlegung veranlasst sah, seinen Interessen entsprechen, auf eine gleichzeitige Kündigung des Anstellungsvertrages zu verzichten, um sich den Vergütungsanspruch zu erhalten. Eine solche Trennung gilt grds. ebenso wie im Fall der Abberufung.[58] Im Fall des Vorliegens einer wirksamen Koppelungsklausel, welche auch den Fall der Beendigung des Organverhältnisses von Seiten des Geschäftsführers umfasst, würde es allerdings ebenfalls zu einer automatischen Beendigung des Anstellungsvertrages kommen. Soweit die Verfehlungen der Gesell-

52 Lutter/Hommelhoff/*Kleindiek*, GmbHG, § 38 Rn 27.

53 BGH 8.2.1993 – II ZR 58/92, NJW 1993, 1198; BGH 26.6.1995 – II ZR 109/94, NJW 1995, 2850; Michalski/*Terlau*, GmbHG, § 38 Rn 82.

54 BGH 8.2.1993 – II ZR 58/92, NJW 1993, 1198.

55 OLG München 30.3.2009 – 31 Wx 21/09, NJW-RR 2009, 1122; Roth/Altmeppen/*Altmeppen*, GmbHG, § 38 Rn 75; Scholz/*Schneider*, GmbHG, § 38 Rn 91; Baumbach/Hueck/*Zöllner*/*Noack*, GmbHG, § 38 Rn 86.

56 Michalski/*Terlau*, GmbHG, § 38 Rn 83; Baumbach/Hueck/*Zöllner*/*Noack*, GmbHG, § 38 Rn 86 f.

57 Michalski/*Terlau*, GmbHG, § 38 Rn 84; Baumbach/Hueck/*Zöllner*/*Noack*, GmbHG, § 38 Rn 89; aA Scholz/*Schneider*, GmbHG, § 38 Rn 90; diff. MüKo-GmbHG/*Stephan*/*Tieves*, § 38 Rn 61.

58 MüKo-GmbHG/*Stephan*/*Tieves*, § 38 Rn 55.

schaft den Geschäftsführer zu einer außerordentlichen Kündigung iSv § 626 BGB berechtigen, kann der Geschäftsführer möglicherweise allerdings einen Schadensersatzanspruch nach § 628 Abs. 2 BGB geltend machen, soweit ein vorwerfbares Auflösungsverschulden der Gesellschaft vorliegt, welches den Geschäftsführer zur außerordentlichen Kündigung veranlasst hat.

(3) Befristung und auflösende Bedingung

Die Organstellung des Geschäftsführers kann schließlich von Beginn an entweder zeitlich befristet sein oder unter eine auflösende Bedingung gestellt werden. So verliert der Geschäftsführer etwa sein Amt ohne die Notwendigkeit jedweder Erklärung, wenn nach dem Bestellungsakt das Amt etwa enden soll, sobald der Geschäftsführer ab einem bestimmten Zeitpunkt der GmbH nicht seine volle Arbeitskraft zur Verfügung stellt und er diese Voraussetzung nicht mehr erfüllt, weil er einer weiteren Tätigkeit nachgeht.[59] 746

cc) Kündigungsfristen

Da es die Gesellschaft über die Koppelungsklausel in der Hand hat, durch die Abberufung des Geschäftsführers auch das Anstellungsverhältnis einseitig zu beenden, muss die Koppelungsklausel so gefasst werden, dass die gesetzlichen Kündigungsfristen des § 622 BGB analog gewahrt werden. Dabei ist zu unterscheiden, ob das Anstellungsverhältnis ordentlich kündbar ist oder nur außerordentlich gekündigt werden kann. 747

(1) Ordentlich kündbares Anstellungsverhältnis

Handelt es sich um ein unbefristetes Anstellungsverhältnis oder um ein nach § 620 Abs. 1 BGB befristetes Anstellungsverhältnis, bei dem das Recht zur ordentlichen Kündigung ausdrücklich vertraglich vereinbart wurde, so ist bei der Ausgestaltung der Koppelungsklausel zu beachten, dass die **gesetzlichen Kündigungsfristen** nicht unterlaufen werden.[60] Auch im Fall der jederzeitigen Abberufbarkeit kann das Anstellungsverhältnis deshalb nicht gleichzeitig mit dem Verlust des Geschäftsführeramtes, sondern nur unter Einhaltung der vertretbaren einschlägigen Kündigungsfristen des § 621 Nr. 3 BGB bzw § 622 Abs. 1, 2 BGB enden.[61] Auch soweit im Anstellungsvertrag eigenständige – insb. längere – Kündigungsfristen vereinbart wurden, dürfen diese nicht durch die Koppelungsklausel ausgehöhlt werden.[62] Ansonsten würde der Gesellschaft entgegen § 622 Abs. 6 BGB analog im Ergebnis eine kürzere Kündigungsfrist eingeräumt als dem Geschäftsführer. Als Rechtsfolge eines solchen Verstoßes gilt dann nicht insgesamt die kürzere gesetzliche, sondern für beide Parteien einheitlich die längere, vertraglich vereinbarte Frist.[63] Ein Verstoß gegen den Grundsatz der gleichen Kündigungsfristen iSv § 622 Abs. 6 BGB ist allein in den Fällen nicht zu befürchten, in denen eine Kündigung des Anstellungsvertrages mit entsprechender Frist quasi spiegelbildlich auch an die Amtsniederlegung durch den Geschäftsführer gekoppelt ist.[64] 748

In einer neueren Entscheidung hat das OLG Hamm[65] im Fall des ordentlich kündbaren Anstellungsvertrages einer Koppelungsklausel unter Wahrung der maßgeblichen Kündigungsfristen selbst als zulässig erachtet, wenn für das Anstellungsverhältnis das KSchG in seiner Gänze für anwendbar erklärt wurde. In diesem Fall stelle die erfolgte Abberufung einen personenbedingten, zur Kündigung berechtigenden Grund iSv § 1 Abs. 2 KSchG dar. Diese Ansicht geht allerdings zu weit. Auch der BGH ist dem entgegengetreten und hat herausgestellt, dass allein die 749

59 BGH 24.10.2005 – II ZR 55/04, MDR 2006, 405.
60 *Flatten*, GmbHR 2000, 922, 925.
61 BGH 29.5.1989 – II ZR 220/88, NJW 1989, 2683.
62 BGH 1.12.1997 – II ZR 232/96, NJW 1998, 1480.
63 *Arens/Beckmann*, Die anwaltliche Beratung des GmbH-Geschäftsführers, § 1 Rn 117.
64 *Bauer/Diller*, GmbHR 1998, 809, 812.
65 OLG Hamm 20.11.2006 – 8 U 217/05, GmbHR 2007, 442.

erfolgte Abberufung nicht geeignet sei, die Kündigung aus personenbedingten Gründen iSv § 1 Abs. 2 KSchG zu rechtfertigen, da ansonsten der Sinn des KSchG ausgehöhlt würde und sich aus der vereinbarten Anwendung für den Geschäftsführer keinerlei Mehrwert ergäbe.[66]

(2) Ordentlich nicht kündbares Anstellungsverhältnis

750 In der Praxis ist dagegen der Abschluss befristeter Anstellungsverträge häufig. Ein Bestandsschutz wird für den Geschäftsführer durch die Regelung fester Laufzeiten von häufig zwei bis fünf Jahren erreicht.[67] Somit entfällt beim Anstellungsverhältnis des Geschäftsführers regelmäßig die Möglichkeit einer ordentlichen Kündigung, um dem Geschäftsführer zumindest einen gewissen relevanten Schutz vor der Beendigung seiner Geschäftsführertätigkeit durch die Gesellschaft zu erhalten und eine bessere Planbarkeit zu ermöglichen. Dieser Schutz würde durch die Vereinbarung einer Koppelungsklausel verloren gehen, mit welcher im Falle einer Abberufung automatisch das eigentlich ordentlich unkündbare Anstellungsverhältnis beendet würde. Die Auslegung einer solchen auf den ersten Blick widersprüchlichen Regelung ergibt dementsprechend, dass auch die Abberufung nur dann über eine Koppelungsklausel zur Beendigung des Anstellungsverhältnisses führen kann, wenn sie aus einem wichtigen Grund erfolgt und gleichzeitig die Voraussetzungen zur **außerordentlichen Kündigung gem. § 626 BGB** erfüllt werden.[68]

751 Wird dennoch eine Koppelungsklausel vereinbart, welche die Abberufung zur auflösenden Bedingung für den Bestand des Anstellungsverhältnisses macht, liegt darin eine gesetzeswidrige Umgehung der zwingenden Vorschrift des § 626 BGB.[69] Liegt ein solcher wichtiger Grund iSd § 626 BGB gerade nicht vor, läuft eben auch die Koppelungsklausel ins Leere, so dass der Anstellungsvertrag trotz Abberufung grds. erst mit Zeitablauf endet.[70] Um dieses Problem zu vermeiden, ist es aus Sicht der Gesellschaft ratsam, auch im Rahmen von befristeten Dienstverhältnissen ein ordentliches Kündigungsrecht zu vereinbaren.[71] So haben in einem aktuelleren Fall die Gerichte in einem befristeten Geschäftsführeranstellungsvertrag eine Koppelungsklausel für zulässig erachtet, mit welcher ein ordentliches Kündigungsrecht für den Fall der Abberufung unter Wahrung der gesetzlichen Kündigungsfristen und unter Zubilligung einer Abfindung an den Geschäftsführer vereinbart wurde.[72] Fehlt es an der ausdrücklichen Vereinbarung eines ordentlichen Kündigungsrechts, scheidet eine Beendigung mittels der Koppelungsklausel aus, so dass eine Kündigung nur in Betracht kommt, wenn ein wichtiger Grund iSv § 626 BGB vorliegt.[73] Allerdings ist es mehr als fraglich, ob sich ein Geschäftsführer auf eine solche Vereinbarung einlassen wird, da er damit seinen einzigen Bestandsschutz und seine persönliche und wirtschaftliche Planungssicherheit für den festgelegten Anstellungszeitraum aufgeben würde. Möglich erscheint insoweit auch die Vereinbarung einer Abfindung für den Fall des Rückgriffs auf das ordentliche Kündigungsrecht bei Koppelung an die Abberufung.

752 Im Fall eines AG-Vorstands wurde eine wirksame Koppelungsklausel insoweit auch dann angenommen, wenn der Vertrag eigentlich ordentlich nicht kündbar war, soweit dann im Rahmen der außerordentlichen Kündigung die Kündigungsfristen nach § 622 BGB eingehalten wurden.[74] Im Unterschied zum AG-Vorstand muss allerdings beim Geschäftsführer kein wichtiger

66 BGH 10.5.2010 – II ZR 70/09, NJW 2010, 2343; so auch *Jaeger*, DStR 2010, 2312, 2315; *Stagat*, NZA 2010, 975, 976.
67 *Bauer/Diller*, GmbHR 1998, 809.
68 BGH 21.6.1999 – II ZR 27/98, NJW 1999, 3263.
69 MüKo-GmbHG/*Jaeger*, § 35 Rn 394.
70 *Flatten*, GmbHR 2000, 922, 925.
71 So auch *Seibt*, NJW-Spezial 2004, 123, 124.
72 OLG München 17.3.2011 – 23 U 3673/10; so bereits die Vorinstanz LG Deggendorf 30.6.2010 – 22 O 291/09.
73 Henssler/Strohn/*Oetker*, GesellschaftsR, § 35 GmbHG Rn 100.
74 BGH 29.5.1989 – II ZR 220/88, NJW 1989, 2683.

Grund für die Abberufung vorliegen, so dass dieser neben der jederzeit möglichen Abberufung, auch die (zwar fristgerechte) Beendigung des Anstellungsvertrages ohne jeglichen Grund fürchten müsste, obwohl dieser eigentlich unkündbar wäre.[75] Insoweit erscheint es demnach nur zulässig eine Koppelung bei befristeten Geschäftsführerverträgen ohne ordentliches Kündigungsrecht zuzulassen, wenn die Abberufung ebenfalls nach § 38 Abs. 2 GmbHG nur aus wichtigem Grund erfolgen kann oder dem Geschäftsführer umgekehrt eine ebenso starkes Recht zur ordentlichen Beendigung des Anstellungsvertrages mit Amtsniederlegung gewährt wird, da in diesem Fall ein ausreichender Schutz des Organvertreters gewährleistet wäre.[76]

dd) AGB-Kontrolle

Vorformulierte Koppelungsklauseln, die nach §§ 305 ff BGB der AGB-Kontrolle unterliegen, 753 sind insb. vor dem Hintergrund des **Verbots überraschender Klauseln** nach § 305 c Abs. 1 BGB und des **Verbots einer geltungserhaltenden Reduktion** nach § 306 Abs. 2 BGB gegenüber Verbraucher-Geschäftsführern meist unwirksam (zur AGB-Kontrolle von Anstellungsverträgen s. § 2 Rn 109 ff). Der BGH hat in seiner Entscheidung vom 29.5.1989 eine die Kündigungsfristen unterlaufende Koppelungsklausel in einem Vertrag eines AG-Vorstands, die nicht der AGB-Kontrolle unterworfen wurde, noch durch einschränkende Auslegung, die tatsächlich als geltungserhaltende Reduktion verstanden werden musste, in eine mit den gesetzlichen Kündigungsfristen in Einklang zu bringende Klausel umgestaltet.[77] Dieser Weg ist jedoch nunmehr aufgrund der Ausweitung der AGB-Kontrolle auf Verbrauchergeschäfte, unter die auch Anstellungsverträge mit Geschäftsführern größtenteils fallen (s. § 2 Rn 118), nach § 306 BGB ausgeschlossen. Koppelungsklauseln sind auch als überraschend zu werten, wenn der Geschäftsführer nicht erkennt, dass die jederzeitige Abberufbarkeit eine die kündigungsschützenden Vorschriften unterlaufende Beendigung des Anstellungsverhältnisses herbeiführen könnte, § 305 c BGB. Vor allem wenn durch den Gesamtcharakter des Vertrages, insb. bei befristeten Verträgen mit längerer Laufzeit, dem Geschäftsführer suggeriert wird, dass er für die Dauer des Vertrages beruflich und finanziell abgesichert ist, führt die Koppelungsklausel zu einer vollständigen Entwertung dieser vermeintlichen Sicherheit und kann somit als überraschend anzusehen sein.[78] Auch würde das **gesetzliche Leitbild** des § 626 BGB, welcher bei befristeten Verträgen grds. die einzige Kündigungsmöglichkeit darstellt, durch eine Koppelungsklausel vollständig unterlaufen. Dies könnte auch für eine überraschende Klausel sprechen, da es den Vertragsparteien ja grds. unbenommen war, anstelle des befristeten Vertrages einen unbefristeten zu schließen oder trotz Befristung ein ordentliches Kündigungsrecht zu vereinbaren.[79] Ebenso für einen möglichen Verstoß gegen § 305 c BGB lässt sich anführen, dass eine Koppelungsklausel, welche die Abberufung zur auflösenden Bedingung für den Bestand des Anstellungsverhältnisses macht, auf ein einseitiges Lösungsrecht zugunsten der Gesellschaft hinauslaufen würde.[80] Dies wäre allerdings unbillig, da der Geschäftsführer bei Verträgen ohne ordentliches Kündigungsrecht das Risiko trägt, den Vertrag selbst nicht vorzeitig beenden zu können. Er besitzt demnach keine Möglichkeit, auf mögliche lukrative Angebote anderer Gesellschaften zu reagieren.[81]

Daneben kommt auch ein Verstoß gegen das **Transparenzgebot** iSv § 307 Abs. 1 S. 2 BGB in 754 Betracht, wenn der Gesamtvertrag aufgrund der Befristung eine sichere Vertragslaufzeit sugge-

75 So auch *Grobys/Glanz*, NJW-Spezial 2007, 129.

76 So auch *Grobys/Glanz*, NJW-Spezial 2007, 129, 130; *Tschöpe/Wortmann*, NZG 2009, 85, 87 f.

77 BGH 29.5.1989 – II ZR 220/88, NJW 1989, 2683.

78 *Bauer/Diller*, GmbHR 1998, 809, 811; *Tschöpe/Wortmann*, NZG 2009, 85, 87.

79 So auch *Grobys/Glanz*, NJW-Spezial 2007, 129, 130; MüKo-GmbHG/*Jaeger*, § 35 Rn 394; Henssler/Strohn/*Oetker*, GesellschaftsR, § 35 GmbHG Rn 100.

80 MüKo-GmbHG/*Jaeger*, § 35 Rn 394.

81 *Grobys/Glanz*, NJW-Spezial 2007, 129.

riert, es aber dennoch im Fall der Abberufung zu einer abrupten Beendigungsmöglichkeit kommen kann.[82] Aus diesem Grund sind bereits in der Koppelungsklausel die Rechtsfolgen möglichst genau zu umschreiben und auch dem Geschäftsführer ist die Funktion ausdrücklich zu erläutern, damit es den Geschäftsführer vorhersehbar ist, welche Konsequenzen sich für ihn aus dem Verlust der Organstellung im Hinblick auf das Anstellungsverhältnis ergeben.[83] Ein Überraschungseffekt kann auch dann uU abzulehnen sein, wenn der begünstigte Vertragsteil, also die Gesellschaft, durch besonders hervorhebende drucktechnische Gestaltung oder ausdrücklichen Hinweis die Klausel in besonderer Weise offengelegt hat.[84] Auch zweiseitig wirkende Koppelungsklauseln können in der Praxis eher dazu geeignet sein, einer AGB-Kontrolle standzuhalten.

b) Klauseltypen und Gestaltungshinweise

aa) Kündigungsersetzungsklausel

(1) Klauseltyp A

755 → **A 1:** Der Widerruf der Bestellung des Geschäftsführers gilt als Kündigung des Anstellungsverhältnisses zum nächstmöglichen Zeitpunkt.[85]

→ **A 2:** Mit Widerruf der Bestellung endet dieser Dienstvertrag.[86]

→ **A 3:** Mit Widerruf der Bestellung endet das Anstellungsverhältnis unter Einhaltung der gesetzlichen Kündigungsfrist bzw der in Punkt (...) dieses Vertrages vereinbarten Kündigungsfrist.

(2) Gestaltungshinweise

756 Die **Klausel A 1** ist grds. nach gegenwärtiger Rspr beim Unternehmergeschäftsführer, der in einem unbefristeten Dienstverhältnis steht, als wirksam zu erachten. Sie macht Sinn, soweit der Anstellungsvertrag an sich ordentlich kündbar ist. Kann der Dienstvertrag dagegen nur außerordentlich gekündigt werden, so ist nach der Rspr die Klausel so auszulegen, dass eine Kündigung aus wichtigem Grund gemeint ist, die den Anforderungen des § 626 BGB genügen muss.[87] Die Abberufung muss in diesem Fall aus wichtigem Grund iSd § 626 Abs. 1 BGB unter Einhaltung der Zwei-Wochen-Frist des § 626 Abs. 2 BGB erfolgen. Die Klausel dürfte insoweit einer AGB-Kontrolle standhalten, da in jedem Fall die gesetzlichen oder vertraglichen Kündigungsfristen eingehalten werden und damit etwa das Recht zur jederzeitigen Abberufung nicht zur sofortigen Beendigung des Anstellungsverhältnisses führt. Ist das Anstellungsverhältnis nur außerordentlich kündbar, so führt die Unklarheitenregelung nach § 305 c Abs. 2 BGB, aber auch das Transparenzgebot nach § 307 Abs. 1 S. 2 BGB zur Unwirksamkeit. Der tatsächliche Mehrwert einer solchen Klausel ist allerdings im Vergleich zu den möglichen auftretenden Unsicherheiten und AGB-Problemen eher gering, da sie lediglich eine zusätzlich Kündigungserklärung ersetzt, nicht aber von den einzuhaltenden Voraussetzungen befreit.[88]

757 Von der Anwendung der **Klausel A 2** muss abgeraten werden, da die vom BGH vorgenommene einschränkende Auslegung einer solchen Koppelungsklausel, der Widerruf der Bestellung solle zur Beendigung des Anstellungsverhältnisses unter Beachtung der gesetzlichen Kündigungsfristen führen, nur noch dann Geltung erlangt, wenn die Klausel keiner AGB-Kontrolle

82 MüKo-GmbHG/*Jaeger*, § 35 Rn 394.
83 So auch *Tschöpe/Wortmann*, NZG 2009, 85, 87.
84 *Arens/Beckmann*, Die anwaltliche Beratung des GmbH-Geschäftsführers, § 1 Rn 117.
85 BGH 21.6.1999 – II ZR 27/98, NJW 1999, 3263.
86 BGH 29.5.1989 – II ZR 220/88, NJW 1989, 2683.
87 BGH 21.6.1999 – II ZR 27/98, NJW 1999, 3263.
88 So auch MüKo-GmbHG/*Jaeger*, § 35 Rn 393.

unterliegt.[89] Finden die §§ 305 ff BGB dagegen Anwendung, dann ist eine geltungserhaltende Reduktion, wie sie vom BGH vorgenommen wurde, im Hinblick auf § 306 Abs. 2 BGB nicht mehr möglich und die Klausel ist vollständig unwirksam.

Die **Klausel A 3** ist ähnlich der Klausel A 1 auf den Fall eines ordentlich kündbaren Anstellungsverhältnisses zugeschnitten und gegenüber einem Unternehmergeschäftsführer als wirksam, gegenüber einem Verbraucher-Geschäftsführer wohl als unwirksam zu erachten. Sollte lediglich eine außerordentliche Kündigung möglich sein, so ist auch diese Klausel so auszulegen, dass die Abberufung dann zur Beendigung des Anstellungsverhältnisses führt, wenn die Voraussetzungen des § 626 BGB erfüllt werden. 758

bb) Kündigungsgrundersetzungsklausel/auflösende Bedingung

(1) Klauseltyp B

↓ **B 1:** Die Abberufung des Geschäftsführers gilt als wichtiger Grund zur außerordentlichen Kündigung des Anstellungsverhältnisses. 759

↓ **B 2:** Der Anstellungsvertrag steht unter der auflösenden Bedingung einer erfolgten Abberufung des Geschäftsführers durch die Gesellschaft.

(2) Gestaltungshinweise

Bei der **Klausel B 1** handelt es sich nicht um eine Koppelungsklausel im eigentlichen Sinne, da sie keine Bedingung aufstellt, unter der das Anstellungsverhältnis beendet wird, sondern lediglich definiert, dass die Abberufung als wichtiger Grund iSd § 626 BGB zu werten ist. Die Klausel muss als unwirksam bzw nicht als tauglich zur eigenständigen Beendigung des Anstellungsverhältnisses eingestuft werden. Es liefe auf eine durch die Vertragsfreiheit nicht gedeckte und daher unzulässige einseitige Verschaffung zusätzlicher Rechte für die Gesellschaft hinaus, wenn aufgrund der grds. nicht beschränkten Abberufbarkeit die gesetzlichen und vertraglichen Kündigungsfristen nicht mehr beachtet werden müssten.[90] Unterliegt die Klausel der AGB-Kontrolle, so ist sie auch als überraschend anzusehen, da dem Geschäftsführer regelmäßig nicht bewusst sein dürfte, dass sich die Gesellschaft über die Bestimmung ein weitergehend unbeschränktes Recht verschafft, ohne Einhaltung der kündigungsschützenden Regelungen die Beendigung des Anstellungsverhältnisses herbeizuführen.[91] Hinzu kommt, dass die Definition des wichtigen Grundes iSv § 626 BGB der vertraglichen Disposition der Parteien entzogen ist und eine außerordentliche Kündigung nur gerechtfertigt ist, wenn tatsächlich ein Umstand vorliegt, der die Fortführung des Anstellungsvertrages unzumutbar macht. Eine solche Vereinbarung kann dann nur bei tatsächlichem Vorliegen eines wichtigen Grundes auf Ebene der Interessenabwägung berücksichtigt werden. Zwar können vertraglich bestimmte Gründe zur außerordentlichen Kündigung vereinbart werden, eine zwingende Wirkung in Bezug auf die Maßstäbe des § 626 BGB entfalten diese jedoch nicht. Vielmehr muss im praktischen Anwendungsfall zwingend ein materiellrechtlich tauglicher wichtiger Grund iSv § 626 Abs. 1 BGB vorliegen. Die vertragliche Vereinbarung wirkt sich nur im Bereich der Interessenabwägung aus. 760

Dagegen stellt die **Klausel B 2** den Bestand des Anstellungsverhältnisses ausdrücklich unter die auflösende Bedingung der Abberufung durch die Gesellschaft. Eine solche Vereinbarung wird in jedem Fall unabhängig von der Anwendbarkeit einer AGB-Kontrolle unzulässig sein. Handelt es sich um einen befristeten Vertrag ohne ordentliche Kündigungsmöglichkeit, liegt in jedem Fall eine unzulässige Umgehung des nicht abdingbaren § 626 BGB vor. Ist dagegen eine ordentliche Kündigung in unbefristeten Verträgen oder aufgrund einer entsprechenden einzelvertraglichen Vereinbarung möglich, fehlt es durch die Vereinbarung eines automatischen Weg- 761

89 BGH 29.5.1989 – II ZR 220/88, NJW 1989, 2683.
90 BGH 1.12.1997 – II ZR 232/96, NJW 1998, 1480.
91 So auch *Bauer/Diller*, GmbHR 1998, 809, 811.

falls des Anstellungsvertrages an der Einhaltung der maßgeblichen Kündigungsfristen nach § 622 BGB oder dem Anstellungsvertrag. Anders sehen dies wohl lediglich *Zöllner/Noack*,[92] welche § 622 BGB für disponibel halten und demnach eine Kollision mit einer solchen Koppelungsklausel ablehnen. Diese Ansicht ist allerdings als unvereinbar mit der Rspr zu sehen, welche bei Koppelungsklauseln stets die Einhaltung der Mindestkündigungsfristen des § 622 BGB als existenzielle Wirksamkeitsvoraussetzung erachtet.[93] Ist darüber hinaus eine AGB-Kontrolle anwendbar, verstößt eine entsprechende Klausel insb. in befristeten Verträgen oder in solchen mit langen beidseitigen Kündigungsfristen gegen das Transparenzgebot nach § 307 Abs. 1 BGB und das Verbot überraschender Klauseln iSv § 305 c BGB.[94]

cc) Koppelungsklausel mit Abfindungsregelung

(1) Klauseltyp C

762 Mit dem Widerruf der Bestellung endet das Dienstverhältnis innerhalb von vier Wochen zum Monatsende. Die Frist berechnet sich ab dem Datum des Zugangs des Widerrufs. Das Dienstverhältnis endet ebenfalls mit einer Frist von vier Wochen zum Monatsende, wenn die Organstellung im Zuge einer Verschmelzung, Aufspaltung oder eines Formwechsels erlischt. Im Falle der Beendigung des Dienstvertrages aus den vorgenannten Gründen hat der Geschäftsführer – ausgenommen bei Vorliegen eines wichtigen Kündigungsgrundes – gegen die Gesellschaft einen Anspruch auf Abfindung in Höhe eines Jahresbezugs, bestehend aus der Festvergütung und der für das vorangegangene Geschäftsjahr geschuldeten variablen Vergütung. Die Abfindung wird mit dem Ende der Auslauffrist fällig.[95]

(2) Gestaltungshinweise

763 Die dargestellte Koppelungsklausel unter Zusicherung einer Abfindung verstößt nicht gegen ein gesetzliches Verbot und ist daher wirksam. Denn mit der Vereinbarung einer entsprechenden Koppelungsabrede wird zugleich der sich aus dem Dienstvertrag ergebende Vergütungsanspruch ganz oder teilweise befriedigt, so dass die Überwindung des Trennungsprinzips beim Geschäftsführer nicht zu einem ökonomischen Missverhältnis führt. Dabei kann eine abweichende Betrachtung im Einzelfall geboten sein, je nachdem, in welcher Höhe die Parteien eine Abfindung in der Abrede vereinbaren. Auch gegenüber Verbraucher-Geschäftsführern ist die Koppelungsklausel mit Abfindungsregelung wirksam, da es sich hierbei nicht um eine überraschende Klausel handelt. Durch die Herausarbeitung des Abfindungsanspruchs wird jedem Geschäftsführer bei der Lektüre des Dienstvertrages deutlich, dass die Koppelungsklausel die Beendigung des Dienstverhältnisses unabhängig von den sonstigen Regeln zum Ende des Dienstverhältnisses beinhaltet. Abfindungen werden eben nur gezahlt, wenn zugleich das Dienstverhältnis beendet ist, da sie eine Entschädigungsleistung für den Verlust des Arbeitsplatzes darstellen (s. § 2 Rn 254). Bei einer derart klaren Gestaltung hält eine solche „modifizierte" Koppelungsklausel einer AGB-Kontrolle – insb. dem Transparenzgebot iSd § 307 Abs. 1 S. 1 BGB und dem Verbot überraschender Klauseln iSd § 305 c BGB – stand und stellt sich aufgrund der finanziellen Absicherung durch die Abfindungsvereinbarung auch für das Organmitglied als durchaus akzeptable Lösung dar.[96] Die Koppelungsklausel mit antizipierter Abfindungsregelung bietet ferner den Vorteil, dass die häufig vergessenen Tatbestände der Verschmelzung, Aufspaltung oder des Formwechsels in eine kompensatorische Regelung einbezogen werden.

---

92 Baumbach/Hueck/*Zöllner/Noack*, GmbHG, § 35 Rn 244.

93 Vgl BGH 29.5.1989 – II ZR 220/88, NJW 1989, 2683; BGH 9.7.1990 – II ZR 194/89, NJW 1990, 2622; BGH 21.6.1999 – II ZR 27/98, NJW 1999, 3263; OLG Hamm 7.1.2005 – 8 U 203/04, juris; OLG Hamm 20.11.2006 – 8 U 217/05, GmbHR 2007, 442.

94 So auch MüKo-GmbHG/*Jaeger*, § 35 Rn 394.

95 Für einen AG-Vorstand abgewandelte Formulierung nach *Hoffmann-Becking*, ZHR 169, 155.

96 *Bauer/Arnold*, BB 2008, 1692, 1695.

10. Pensionsklauseln

Literatur

Boemke, Widerruf von Versorgungszusagen wegen wirtschaftlicher Notlage, RdA 2010, 10; *Böhm*, Pensionsansprüche bei der Trennung von Managern, NZA 2009, 767; *Briese*, vGA-Probleme bei Pensionszusagen im Falle vorzeitigen Ausscheidens des beherrschenden Gesellschafter-Geschäftsführers, DStR 2004, 1233 und 1276; *Finsterwalder*, Angemessenheitsprüfung und Überversorgung bei Pensionszusagen an Gesellschafter-Geschäftsführer im Licht unangemessener Rechtsfolgen, DB 2005, 1189; *Hidalgo/Schmid*, Alle GmbH-Geschäftsführer in die gesetzliche Rentenversicherung?, BB 2006, 602; *Höfer/Kaiser*, Zur Angemessenheit von Versorgungszusagen an beherrschende Gesellschafter-Geschäftsführer, DStR 2004, 2136; *Hoffmann*, Verdeckte Gewinnausschüttung im Zusammenhang mit einer Pensionszusage an einen Gesellschafter-Geschäftsführer sowie mit der vertraglich nicht geregelten privaten Pkw-Nutzung, GmbHR 2005, 777; *Hommel*, Nichtfinanzierbarkeit einer Pensionszusage an GmbH-Gesellschaftergeschäftsführer bei Überschuldung, BB 2003, 469; *Mahlow*, Die (steuerlich) wirksame Pensionszusage an Gesellschafter-Geschäftsführer einer Kapitalgesellschaft, DB 2005, 2651; *Maute*, Auswirkungen des Alterseinkünftegesetz auf GmbH-Gesellschafter-Geschäftsführer, GmbHR 2004, 1198; *Pradl/Uckermann*, „Baustelle" Gesellschafter-Geschäftsführer-Versorgung – Pensionsleistungen bei Bezug von Gehaltszahlungen sowie ersetzende und ergänzende Versorgungszusagen, BB 2009, 1331; *dies.*, „Baustelle" Gesellschafter-Geschäftsführer-Versorgung (I) – Aktuelle Problemfelder in der Praxis: Herabsetzung der Versorgungsleistungen nach den Grundsätzen der „Past Service-Methode", BB 2009, 2568; *Prost*, Auswirkungen aktueller BFH-Rechtsprechung auf Versorgungszusagen an beherrschende Gesellschafter-Geschäftsführer, DB 2004, 2064; *Schröder*, Finanzierbarkeit von Pensionszusagen, GmbHR 2004, 807; *Veit/Doetsch*, BB-Rechtsprechungs- und Verwaltungsreport zur Bilanzierung der betrieblichen Altersversorgung 2008/2009, BB 2009, 542.

a) Rechtslage im Umfeld

Pensionsklauseln zählen regelmäßig zum Inhalt von Anstellungsverhältnissen, da die gesetzliche Sozialrente nicht ausreicht, um den Lebensstandard einer in aller Regel deutlich oberhalb der Beitragsbemessungsgrenze verdienenden Führungskraft aufrechtzuerhalten. Hinzu kommt, dass die Tätigkeit des Geschäftsführers nur dann einer Versicherungspflicht unterliegt, wenn der Geschäftsführer nicht unternehmerisch tätig ist (s. § 2 Rn 70 ff). Die Versorgungsbedingungen beim Geschäftsführervertrag werden dabei häufig in einer eigenständigen Pensionsvereinbarung niedergelegt, die als Anhang zum Anstellungsvertrag genommen oder auch erst zu einem späteren Zeitpunkt abgeschlossen werden kann. 764

aa) Anwendbarkeit des Betriebsrentengesetzes

Die Ausgestaltung von Pensionsklauseln hängt maßgeblich davon ab, ob der **persönliche Anwendungsbereich des Betriebsrentengesetzes** (BetrAVG) für den Geschäftsführer eröffnet ist und damit die Schranken des BetrAVG bei der Versorgungszusage zu beachten sind. 765

(1) Abgrenzung von Nicht-Arbeitnehmer und Unternehmer

(a1) Zusage aufgrund Tätigkeit für ein Unternehmen

Nach § 17 Abs. 1 S. 2 BetrAVG gelten die §§ 1–16 BetrAVG entsprechend für Personen, die nicht Arbeitnehmer sind, wenn ihnen Leistungen der Alters-, Invaliditäts- oder Hinterbliebenenversorgung aus Anlass ihrer Tätigkeit für ein Unternehmen zugesagt worden sind. Der persönliche Anwendungsbereich des BetrAVG ist damit nicht allein auf Arbeitnehmer beschränkt, vielmehr erstreckt sich der Schutzbereich auch auf die sog. **Nicht-Arbeitnehmer**. Die Vorschrift trägt dem Umstand Rechnung, dass vielfach auch Mitglieder von Gesellschaftsorganen und Selbständige aus Anlass ihrer Tätigkeit für ein Unternehmen betriebliche Versorgungszusagen erhalten.[1] § 17 Abs. 1 S. 2 BetrAVG erweitert den Anwendungsbereich des BetrAVG danach auf Personen, die zwar nicht als Arbeitnehmer, aber für ein „fremdes Unternehmen" tätig sind, so dass die Tätigkeit für ein fremdes Unternehmen von der Tätigkeit für ein eigenes Unterneh- 766

1 BAG 15.4.2014 – 3 AZR 114/12, DStR 2014, 1780.

men abzugrenzen ist.[2] Nach der Gesetzesbegründung[3] sind hierunter Personen zu verstehen, die aus Anlass ihrer Tätigkeit eine Versorgungszusage erhalten haben, auf deren Ausgestaltung sie wie Arbeitnehmer wegen der regelmäßig stärkeren Position ihres Vertragspartners keinen oder nur geringeren Einfluss nehmen können.[4] Ausgeklammert werden dagegen Personen, die des Schutzes des BetrAVG nicht bedürfen, da sie gleich einem Einzelkaufmann als Unternehmer einzuordnen sind und damit nicht „für" ein Unternehmen tätig werden (sog. **Unternehmerrente**).[5] Maßgebliches **Abgrenzungskriterium** ist der **Grad der Einflussnahme einer Person auf das zusagende Unternehmen**,[6] der anhand des Umfangs der Beteiligung und der Leitungsmacht ermittelt wird.[7]

(a2) Allein- und Mehrheitsgesellschafter mit Leitungsmacht

767 Ihrem Wortlaut nach wären eigentlich auch Gesellschafter-Geschäftsführer von § 17 Abs. 1 S. 2 BetrAVG erfasst, allerdings ist die Vorschrift nach dem Grundcharakter des BetrAVG als eines hauptsächlich dem Schutz von Arbeitnehmern dienenden Gesetzes einschränkend auszulegen.[8] Alleingesellschafter- und Mehrheitsgesellschafter-Geschäftsführer sind als Unternehmer anzusehen, da sie nicht wie ein Einzelkaufmann für ein fremdes Unternehmen tätig werden, sondern das eigene führen.[9] Auf diese Personen findet das BetrAVG folglich keine Anwendung. **Mehrheitsgesellschafter** ist derjenige, der **mindestens 50 % der Gesellschaftsanteile** hält.[10] Sind einem Geschäftsführer lediglich treuhänderisch Gesellschaftsanteile übertragen worden, sind diese Anteile nicht mitzuzählen, soweit keine Anhaltspunkte vorliegen, dass sie ihm auch wirtschaftlich zuzurechnen sind. Dies gilt selbst dann, wenn der Treugeber die Ehefrau des Geschäftsführers ist.[11] Ebenso wenig können die Gesellschaftsanteile von Familienangehörigen einem geschäftsführenden Gesellschafter allein aufgrund des verwandtschaftlichen Verhältnisses zugeschlagen werden. Es gibt keinen Erfahrungssatz, dass Familienangehörige stets gleichgerichtete Interessen verfolgen.[12] Zusammengefasst werden somit Alleingesellschafter einer Kapitalgesellschaft sowie die persönlich haftenden Gesellschafter einer Personengesellschaft, die mit der Gesellschaft vermögensmäßig intensiv verbunden sind, am Gesellschaftsgewinn teilnehmen und persönlich auf die Gesellschaftsschulden haften, grds. vom Geltungsbereich des BetrAVG ausgenommen.[13]

(a3) Minderheitsgesellschafter mit Leitungsmacht

768 **Minderheitsgesellschafter-Geschäftsführer** sind dagegen grds. als Nicht-Arbeitnehmer iSd § 17 Abs. 1 S. 2 BetrAVG zu betrachten, so dass die ihnen zugesagten Versorgungsleistungen dem

2 BAG 31.7.2007 – 3 AZR 446/05, AP Nr. 30 zu § 1 BetrAVG Lebensversicherung; BAG 15.4.2014 – 3 AZR 114/12, DStR 2014, 1780.
3 BT-Drucks. 7/1281, S. 30.
4 BAG 16.4.1997 – 3 AZR 869/95, NZA 1998, 101; BGH 13.7.2006 – IX ZR 90/05, NJW 2006, 3638.
5 BGH 28.4.1980 – II ZR 254/79, BGHZ 77, 94 = NJW 1980, 2254; BGH 2.6.1996 – II ZR 181/96, NZA 1997, 1055; BAG 16.4.1997 – 3 AZR 869/95, NZA 1998, 101; BAG 25.1.2000 – 3 AZR 769/98, NZA 2001, 959.
6 BGH 28.4.1980 – II ZR 254/79, BGHZ 77, 94 = NJW 1980, 2254; BAG 16.4.1997 – 3 AZR 869/95, NZA 1998, 101; BAG 25.1.2000 – 3 AZR 769/98, NZA 2001, 959.
7 BAG 16.4.1997 – 3 AZR 869/95, NZA 1998, 101; BAG 25.1.2000 – 3 AZR 769/98, NZA 2001, 2102; BGH 13.7.2006 – IX ZR 90/05, NJW 2006, 3638.
8 BFH 28.4.2010 – I R 78/08, DStRE 2010, 976.
9 BGH 28.4.1980 – II ZR 254/79, BGHZ 77, 94 = NJW 1980, 2254; BFH 28.4.2010 – I R 78/08, DStRE 2010, 976.
10 BGH 28.4.1980 – II ZR 254/79, BGHZ 77, 94 = NJW 1980, 2254.
11 BGH 28.1.1991 – II ZR 29/90, DB 1991, 1231 = NJW-RR 1991, 746.
12 BGH 28.4.1980 – II ZR 254/79, BGHZ 77, 94 = NJW 1980, 2254.
13 LG Köln 8.3.2012 – 24 O 338/11, juris.

Schutzbereich des BetrAVG unterfallen.[14] Das Gesetz bietet grds. keine ausreichende Handhabe, auch einem Minderheitsgesellschafter, der sich durch seine Tätigkeit für das Gesellschaftsunternehmen eine Pensionsberechtigung verdient hat, allein wegen seiner Beteiligung die Vorteile des BetrAVG zu versagen.[15] Hiervon ist aber eine Ausnahme zu machen, wenn ein Minderheitsgesellschafter-Geschäftsführer zur Führung der Geschäfte der Gesellschaft berufen ist, **zusammen mit anderen, ebenfalls mit Leitungsmacht ausgestatteten Gesellschaftern** über die **Anteilsmehrheit** verfügt. Die Leitungsmacht des Gesellschafters wird regelmäßig durch die Bestellung zum Geschäftsführer begründet (Gesellschafter-Geschäftsführer).[16] Die Unternehmerstellung wird in diesen Fällen aus dem Gedanken hergeleitet, dass die Minderheitsgesellschafter nur zusammen in der Lage sind, die Entscheidung des Unternehmens unter Ausschluss anderer Gesellschafter zu treffen.[17] Eine Zusammenrechnung findet jedoch nicht statt, wenn unter den Gesellschafter-Geschäftsführern ein Mehrheitsgesellschafter ist oder ein Minderheitsgesellschafter aufgrund einer Stimmrechtsverteilungsregelung im Gesellschaftsvertrag die Mehrheit der Stimmen auf sich vereint, so dass dann nur dieser Gesellschafter als Unternehmer eingestuft werden kann.[18]

Die Feststellung, dass die Gesellschafter-Geschäftsführer tatsächlich gleichgelagerte Interessen verfolgen, ist nicht erforderlich. Insoweit unterscheiden sich die Voraussetzungen, unter denen das BetrAVG eine Gesellschafter-Geschäftsführergruppe als beherrschend beurteilt, von den Anforderungen, die der Senat bei der Prüfung, ob eine verdeckte Gewinnausschüttung vorliegt, an eine beherrschende Gesellschaftergruppe stellt.[19] 769

Weitere Voraussetzung ist, dass der versorgungsberechtigte Minderheitsgesellschafter-Geschäftsführer **nicht unwesentlich an der Gesellschaft beteiligt** ist. Eine nicht unwesentliche Beteiligung ist anzunehmen, wenn der Geschäftsführer mindestens 10 % der Gesellschaftsanteile hält.[20] Ob an dieser Rspr festgehalten wird, haben sowohl das BAG als auch der BGH offen gelassen.[21] Teilweise kann ein Minderheitsgesellschafter-Geschäftsführer mit einer Beteiligung von 49 %, welcher lediglich einem weiteren Mehrheitsgesellschafter gegenübersteht, in den Anwendungsbereich des BetrAVG fallen.[22] 770

(a4) Fremdgeschäftsführer

Bei fehlender gesellschaftlicher Beteiligung nimmt die Rspr im Bereich der betrieblichen Altersversorgung an, dass der Fremdgeschäftsführer grds. keinen maßgeblichen Einfluss auf das zusagende Unternehmen ausüben kann. Dementsprechend ist der persönliche Anwendungsbereich des BetrAVG für Fremdgeschäftsführer eröffnet.[23] Fremdgeschäftsführer können regelmäßig auf die unternehmerische Willensbildung keinen Einfluss nehmen und sind daher nicht als „Unternehmer" vom Schutz des BetrAVG ausgeschlossen, sondern vielmehr einem Arbeitnehmer vergleichbar vom Schutzbereich des Gesetzes erfasst.[24] Obwohl bisher noch nicht höchst- 771

14 BGH 28.4.1980 – II ZR 254/79, BGHZ 77, 94 = NJW 1980, 2254; BFH 28.4.2010 – I R 78/08, DStRE 2010, 976.

15 OLG Stuttgart 17.12.2008 – 14 U 34/08, juris.

16 BFH 28.4.2010 – I R 78/08, DStRE 2010, 976.

17 BGH 9.6.1980 – II ZR 255/78, BGHZ 77, 233 = NJW 1980, 2257.

18 BAG 16.4.1997 – 3 AZR 869/95, NZA 1998, 101.

19 BFH 28.4.2010 – I R 78/08, DStRE 2010, 976.

20 BGH 2.6.1997 – II ZR 181/96, NZA 1997, 1055; BFH 28.4.2010 – I R 78/08, DStRE 2010, 976; in diesem Sinne auch BAG 19.1.2010 – 3 AZR 409/09, AP Nr. 62 zu § 1 BetrAVG für eine Beteiligung von 9,7 % bei insgesamt 13 beteiligten Gesellschaftern.

21 BAG 16.4.1997 – 3 AZR 869/95, NZA 1998, 101; BGH 2.6.1997 – II ZR 181/96, NZA 1997, 1055; BAG 25.1.2000 – 3 AZR 769/98, NZA 2001, 959.

22 Vgl OLG Stuttgart 17.12.2008 – 14 U 34/08, juris.

23 BGH 28.4.1980 – II ZR 254/79, BGHZ 77, 94 = NJW 1980, 2254; BAG 15.4.2014 – 3 AZR 114/12, DStR 2014, 1780; BeckOK ArbR/*Molkenbur*, Ed 34, BetrAVG § 30 a Rn 2.

24 BAG 15.4.2014 – 3 AZR 114/12, DStR 2014, 1780.

richterlich für das BetrAVG entschieden, ist entsprechend der Rspr des BSG zur Befreiung von der gesetzlichen Rentenversicherungspflicht ausnahmsweise dann ein beherrschender Einfluss anzunehmen, wenn der Geschäftsführer in der Ausübung seiner Tätigkeit völlig frei ist, es an jeglicher Ausübung der Entscheidungsbefugnisse durch die Gesellschafter fehlt und im Übrigen etwaige Weisungen an den Geschäftsführer aus Gründen familiärer Rücksichtnahme praktisch ausgeschossen sind.[25] Ein beherrschender Einfluss kann im Einzelfall auch bei einem im Unternehmen angestellten Gesellschafter angenommen werden, dem eine Einzel-Prokura eingeräumt wurde.[26]

(a5) Sonderfall: GmbH & Co. KG

772 Werden einem Gesellschafter-Geschäftsführer einer GmbH & Co. KG Leistungen der betrieblichen Altersversorgung zugesagt, so sind der Umfang der Gesellschaftsbeteiligung und damit die Einordnung als Unternehmer oftmals nur schwierig zu bestimmen. Führt die Komplementär-GmbH über die Geschäftsführung der KG hinaus einen eigenen Geschäftsbetrieb, so ist allein die Beteiligung des begünstigten Gesellschafter-Geschäftsführers an der GmbH maßgeblich. Besteht zwischen der GmbH und der KG ein einheitlicher Geschäftsbetrieb, sind die Gesellschaften als Unternehmensträger wie eine wirtschaftliche Einheit zu betrachten. In diesem Fall müssen die Anteile, die der Geschäftsführer an der KG unmittelbar und mittelbar – etwa über eine Beteiligung an der Komplementär-GmbH – hält, zusammengerechnet werden.[27]

(a6) Wechsel Unternehmer – Nicht-Arbeitnehmer/Arbeitnehmer

773 Ist eine Person zeitweise als Arbeitnehmer bzw Nicht-Arbeitnehmer für ein Unternehmen tätig, zeitweise aber auch als Unternehmer einzuordnen, bestimmt sich die Anwendbarkeit des BetrAVG nicht danach, ob zum Zeitpunkt der Erteilung der Versorgungszusage die Person dem Schutzbereich des BetrAVG unterfiel.[28] Vielmehr findet eine **zeitliche Aufteilung** statt. Durch das BetrAVG geschützt sind allein die Ansprüche und Anwartschaften, die auf Zeiträume entfallen, in denen der Versorgungsberechtigte als Arbeitnehmer bzw Nicht-Arbeitnehmer iSd § 17 Abs. 1 S. 2 BetrAVG für das Unternehmen gearbeitet hat.[29] Ob die Versorgungsanwartschaft gem. § 1 b BetrAVG unverfallbar geworden ist, berechnet sich nach der Gesamtdauer der Zeiten, in denen der Geschäftsführer als Nicht-Arbeitnehmer bzw als Unternehmer mit Leitungsmacht für das zusagende Unternehmen tätig war. Eine zwischenzeitliche Einordnung als Unternehmer unterbricht nicht die Unverfallbarkeitsfrist, sondern hemmt sie lediglich.[30]

(2) Rechtsfolge

774 Bei Anwendbarkeit des BetrAVG auf Geschäftsführer sind im Wesentlichen die gleichen Beschränkungen zu beachten wie bei Betriebsrentenzusagen, die Arbeitnehmern erteilt werden.[31] So gelten für diese Personen die Regelungen zur **Unverfallbarkeit** (§§ 1 b, 2 BetrAVG; s. § 1 Rn 1418 ff), zur **Abfindbarkeit** (§ 3 BetrAVG; s. § 1 Rn 1431 ff) und zur **Übertragbarkeit** von Versorgungsanwartschaften (§ 4 BetrAVG; s. § 1 Rn 1439 ff). Ebenfalls sind das **Auszehrungs- und Anrechnungsverbot** (§ 5 BetrAVG), der Anspruch auf **vorzeitige Altersleistung** (§ 6 BetrAVG; s. § 1 Rn 1449 ff) und die **Anpassungsprüfungspflicht** (§ 16 BetrAVG; s. § 1 Rn 1461 f) zu berücksichtigen.

25 BSG 14.12.1999 – B 2 U 48/98 R, GmbHR 2000, 618; BSG 4.7.2007 – B 11 a AL 5/06 R, GmbHR 2007, 1324.

26 Für den vergleichbaren Fall des angestellten Kommanditisten mit Prokura: BGH 1.2.1999 – II ZR 276/97, NJW 1999, 1263; krit. *Höfer*, BetrAVG, § 17 Rn 5605.

27 BGH 28.4.1980 – II ZR 254/79, BGHZ 77, 94 = NJW 1980, 2254.

28 BGH 9.6.1980 – II ZR 255/78, BGHZ 77, 233 = NJW 1980, 2257.

29 BGH 9.6.1980 – II ZR 255/78, BGHZ 77, 233 = NJW 1980, 2257.

30 BGH 4.5.1981 – II ZR 100/80, NJW 1981, 2409; BGH 25.9.1989 – II ZR 259/88, NJW 1990, 49.

31 S. § 1 Rn 1362 ff (17. Betriebsrentenvereinbarung).

Demnach kann etwa ein Fremdgeschäftsführer einer GmbH nach § 30 a BetrAVG bereits ab dem 60. Lebensjahr eine vorgezogene Betriebsrente verlangen, wenn er die in der Vorschrift genannten Voraussetzungen erfüllt, wozu nicht erforderlich ist, dass ab dem 60. Lebensjahr ein Anspruch auf eine Rente aus der gesetzlichen Rentenversicherung besteht.[32] 775

Insbesondere werden die dem GmbH-Geschäftsführer erteilten Versorgungszusagen gem. § 7 BetrAVG **insolvenzgesichert** (s. § 1 Rn 1452 ff). Allerdings beträgt die Höchstgrenze der Insolvenzsicherung bei laufenden Leistungen im Monat das Dreifache der im Zeitpunkt der ersten Fälligkeit maßgebenden monatlichen Bezugsgröße gem. § 18 SGB IV (Stand 2015 – West/Ost: 8.505 €/7.245 €). Bei Kapitalleistungen findet eine Umrechnung auf der Basis der monatlichen Höchstleistung statt, nach der der Höchstbetrag einer insolvenzgesicherten Kapitalleistung das 120-Fache der maximalen monatlichen Leistung beträgt (Stand 2015 – West/Ost: 1.020.600 €/ 869.400 €) (s. § 1 Rn 1458). Die übersteigenden Anwartschaften bleiben im Fall der Insolvenz der Gesellschaft als Insolvenzforderungen bestehen. 776

Besonderheiten ergeben sich, da eine kollektivrechtliche Regelungskompetenz der Betriebs- bzw Tarifparteien für Geschäftsführer nicht besteht. Die einmal dem Geschäftsführer gegebene Versorgungszusage kann folglich auch nicht durch eine ablösende Betriebsvereinbarung eingeschränkt werden. 777

Bei der Ausgestaltung der Pensionsklausel muss in besonderem Maße beachtet werden, dass nachträgliche Veränderungen der Pensionsvereinbarung zu Lasten des Geschäftsführers ohne dessen Zustimmung nur noch nach den Grundsätzen des **Wegfalls der Geschäftsgrundlage** (s. § 1 Rn 1481) möglich sind oder wenn die Geltendmachung des Versorgungsanspruchs rechtsmissbräuchlich ist, weil der Geschäftsführer durch eine **grobe Pflichtverletzung dem Unternehmen einen Existenz gefährdenden Schaden** zugefügt hat, der die geleistete Betriebstreue rückwirkend wertlos erscheinen lässt.[33] 778

bb) Unternehmer-Pensionszusagen

Handelt es sich um eine Unternehmer-Versorgungszusage, die nicht durch das BetrAVG geschützt wird, so besteht für die Vertragsparteien ein weitgehender Gestaltungsspielraum, der allein in den §§ **134, 138 BGB** seine Grenzen findet. Die Pensionsklausel unterliegt regelmäßig auch **keiner AGB-Kontrolle**. Gewöhnlich wird eine Einzel-Versorgungszusage vorliegen, die nicht für eine Vielzahl von Verträgen vorformuliert wurde, so dass der Anwendungsbereich der AGB-Kontrolle über § 305 Abs. 1 BGB nicht eröffnet ist. Auch über § 310 Abs. 3 BGB kann eine eingeschränkte Inhaltskontrolle nicht vorgenommen werden, da bei **Unternehmer-Renten** aufgrund der Leitungsmacht des Geschäftsführers über die Gesellschaft nicht von einem Verbrauchergeschäft ausgegangen werden kann (s. § 2 Rn 118, 122 ff). Aus steuerlichen Gründen werden Geschäftsführer-Pensionszusagen regelmäßig als Direktzusagen erteilt. Der fehlende gesetzliche Insolvenzschutz einer Unternehmer-Rente kann durch den **Abschluss einer Rückdeckungsversicherung** ausgeglichen werden, bei der der Versicherungsanspruch an den Geschäftsführer verpfändet wird. Fällt die Gesellschaft während der Anwartschaftsphase in Insolvenz, so kann der Insolvenzverwalter den Versicherungsvertrag zwar widerrufen und den Rückkaufswert der verpfändeten Rückdeckungsversicherung einziehen, er muss allerdings den Erlös in Höhe der zu sichernden Forderung zurückbehalten und vorrangig hinterlegen, bis die zu sichernde Forderung aus der Versorgungsanwartschaft fällig wird oder die Bedingung ausfällt.[34] 779

---

32 BAG 15.4.2014 – 3 AZR 114/12, DStR 2014, 1780.

33 BGH 19.12.1999 – II ZR 152/98, NJW 2000, 1197 = ZIP 2000, 380; BGH 17.12.2001 – II ZR 222/99, NZA 2002, 511 = GmbHR 2002, 380; BGH 11.3.2002 – II ZR 5/00, DB 2002, 1207.

34 BGH 7.4.2005 – IX ZR 138/04, NJW 2005, 2231 = DB 2005, 1453.

cc) Steuerrechtliche Erwägungen

780 Für Pensionszusagen an GmbH-Geschäftsführer sind in noch stärkerem Maße als bei Arbeitnehmer-Betriebsrentenversprechen die steuerrechtlichen Rahmenbedingungen von ausschlaggebender Bedeutung (s. § 2 Rn 220 ff).

(1) Wahl des Durchführungsweges

781 Das Steuerrecht beeinflusst zunächst die Wahl des Durchführungsweges der betrieblichen Altersversorgung. Während bei Betriebsrentenzusagen an Arbeitnehmer keine dominante Stellung eines bestimmten Versorgungsträgers besteht, werden Geschäftsführer-Versorgungszusagen aus steuerlichen Gründen **regelmäßig als Direktzusagen** ausgestaltet. Für den Geschäftsführer liegen bei Wahl dieses Durchführungsweges die Vorteile darin, dass während der Anwartschaftsphase keine Einkommensteuer auf den Finanzierungsaufwand erhoben wird, während bei Direktversicherungs-, Pensionskassen- oder Pensionsfondszusagen die Beiträge an den Versorgungsträger nur bis zu einer Höhe von 4 % der Beitragsbemessungsgrenze gem. § 3 Nr. 63 EStG steuerfrei sind. Dieser Betrag reicht jedoch gewöhnlich nicht aus, um die zugesagte Versorgungsleistung, die beim Geschäftsführer deutlich höher ausfällt als bei Arbeitnehmern, auszufinanzieren. Direktzusagen sind auch für die Gesellschaft steuerlich günstig, da nach § 6 a EStG gewinnmindernde **Rückstellungen** gebildet werden können und es zu **keinem Liquiditätsabfluss** kommt. Zur Bildung von Rückstellungen gem. § 6 a EStG ist die Versorgungszusage schriftlich zu erteilen. Die Annahme der Versorgungszusage durch den begünstigten Geschäftsführer kann, was aus Gründen der Beweissicherung nicht zu empfehlen ist, auch mündlich erfolgen.[35] Bei kleineren und mittleren Unternehmen werden häufig **Direktversicherungen** geschlossen, wobei die Versicherungsbeiträge, wenn sie die hier unzureichende Steuerfreigrenze überschreiten, von dem Geschäftsführer versteuert werden müssen. Sollen die Beiträge samt Steuern durch Erhöhung der Festvergütung wirtschaftlich von der Gesellschaft getragen werden, so ist die Höchstgrenze der Angemessenheit der Gesamtvergütung zu beachten, um nicht in den Bereich der verdeckten Gewinnausschüttung zu geraten.

(2) Verdeckte Gewinnausschüttung

(a1) Vergleichbare Umstände als Anlass für das Versorgungsversprechen

782 Bei Pensionszusagen an Gesellschafter-Geschäftsführer sind die Versorgungsbedingungen so auszuformulieren, dass sie nicht als verdeckte Gewinnausschüttung iSd § 8 Abs. 3 S. 3 KStG gewertet werden und entsprechend zu versteuern sind. Bei einer verdeckten Gewinnausschüttung handelt es sich um eine Vermögensminderung, die durch das Gesellschaftsverhältnis veranlasst ist, sich auf die Höhe des Unterschiedsbetrags gem. § 4 Abs. 1 S. 1 EStG iVm § 8 Abs. 1 KStG auswirkt und in keinem Zusammenhang zu einer offenen Ausschüttung steht.[36] Voraussetzung für das Vorliegen einer verdeckten Gewinnausschüttung ist, dass die Pensionsverpflichtung nicht ausschließlich durch das Dienstverhältnis zwischen der Gesellschaft und dem Begünstigten, sondern durch die Gesellschafterstellung veranlasst ist. Das ist anzunehmen, wenn die Gesellschaft einem geschäftsfremden Geschäftsführer unter ansonsten vergleichbaren Umständen keine entsprechende Zusage erteilt hätte (**Fremdvergleich**).[37] Maßstab für den hiernach anzustellenden Fremdvergleich ist das **Handeln eines gewissenhaften Geschäftsleiters**, der gem. § 43 Abs. 1 GmbHG die Sorgfalt eines ordentlichen Geschäftsmanns anwendet.[38]

---

35 BFH 27.4.2005 – I R 75/04, BFHE 210, 108 = GmbHR 2005, 1311.

36 BFH 4.9.2002 – I R 48/01, HFR 2003, 391; BFH 11.9.2013 – I R 28/13, NZG 2014, 477; BFH 23.10.2013 – I R 60/12, NZG 2014, 473.

37 BFH 28.6.2005 – I R 25/04, GmbHR 2005, 1510.

38 BFH 28.6.2005 – I R 25/04, GmbHR 2005, 1510.

Der BFH hat verschiedene **Kriterien** entwickelt, anhand derer überprüft wird, ob die Pensionszusage dem **Fremdvergleich** standhält **oder** als **verdeckte Gewinnausschüttung** zu behandeln ist. Die Kriterien haben jedoch lediglich **Indizwirkung**; entscheidend bleiben die Umstände des Einzelfalles. Ausschlaggebend ist die Situation im Zusagezeitpunkt, so dass die Anwartschaft auch nach Ablauf der angemessenen Probe- oder Karenzzeiten nicht in eine fremdvergleichsgerechte Versorgungszusage „hineinwächst".[39] 783

(a2) Erdienbarkeit

Ein Merkmal für die rechtliche Einordnung einer Pensionszusage stellt die Erdienbarkeit des Versorgungsanspruchs in der verbleibenden Dienstzeit des Geschäftsführers dar. So ist grds. anzunehmen, dass einem betriebsfremden Geschäftsführer eine Versorgungszusage nicht erteilt worden wäre, wenn er im Zusagezeitpunkt das **60. Lebensjahr vollendet** hatte[40] oder wenn zwischen dem Zusagezeitpunkt und dem vorgesehenen Eintritt in den Ruhestand nur noch eine kurze Zeitspanne liegt, in der der Versorgungsanspruch vom Begünstigten nicht mehr erdient werden kann.[41] Bei der Bestimmung des erforderlichen Erdienenszeitraums orientiert sich der BFH an den Unverfallbarkeitsfristen des § 1 BetrAVG aF. Ein Versorgungsanspruch ist danach von einem beherrschenden Gesellschafter-Geschäftsführer grds. nur dann **erdienbar**, wenn zwischen der Erteilung der Pensionszusage und dem vorgesehenen Eintritt in den Ruhestand ein **Zeitraum von mindestens 10 Jahren** liegt, von einem nicht beherrschenden Gesellschafter-Geschäftsführer überdies dann, wenn dieser Zeitraum zwar mindestens drei Jahre beträgt, der Gesellschafter-Geschäftsführer dem Betrieb aber mindestens zwölf Jahre angehört.[42] Ob die Rspr den Erdienenszeitraum im Hinblick auf die Verkürzung der Unverfallbarkeitsfrist gem. § 1 b BetrAVG auf eine Zusagedauer von fünf Jahre ebenfalls reduziert, erscheint fraglich. So hat der BFH in seiner Entscheidung vom 14.7.2004 erwähnt, dass die Anlehnung an die arbeitsrechtliche Unverfallbarkeitsfrist ausschließlich dem Ziel diene, eine Leitlinie für die rein steuerrechtliche Frage der Erdienbarkeit zu geben, die unabhängig von der Anwendbarkeit des BetrAVG zu beantworten sei.[43] Bei der Ausgestaltung der Versorgungszusage sollte die Altersgrenze deshalb weiterhin so festgelegt werden, dass ein Erdienenszeitraum von 10 Jahren erreicht werden kann oder aber eine mindestens dreijährige Dienstzeit bei einer mindestens zwölfjährigen Betriebszugehörigkeit möglich ist. 784

Zum Kriterium der Erdienbarkeit gehört auch eine **tatsächliche Durchführung** der getroffenen Vereinbarung. Scheidet somit der beherrschende Gesellschafter-Geschäftsführer einer GmbH, dem im Alter von 58 Jahren auf das vollendete 68. Lebensjahr, also somit eigentlich den 10-Jahres-Zeitraum wahrend, von der GmbH vertraglich eine monatliche Altersrente zugesagt worden ist, bereits im Alter von 63 Jahren aus dem Unternehmen als Geschäftsführer aus, wird der Versorgungsvertrag tatsächlich nicht durchgeführt und die dennoch gewährten jährlichen Zuführungen zu der für die Versorgungszusage gebildeten Rückstellung stellen deswegen regelmäßig verdeckte Gewinnausschüttungen dar.[44] Auch in Bezug auf das Mindestalter für den Bezug können sich Sondervorgaben für beherrschende Gesellschafter-Geschäftsführer ergeben. Wurde etwa einem ursprünglichen Minderheitsgesellschafter-Geschäftsführer einer GmbH eine Pension auf das 60. Lebensjahr zugesagt und wird der Begünstigte später zum Mehrheitsgesellschafter-Geschäftsführer, ohne dass die Altersgrenze angehoben wird, kommt deshalb insoweit die Annahme einer verdeckten Gewinnausschüttung in Betracht.[45] 785

39 BFH 28.4.2010 – I R 78/08, DStRE 2010, 976.
40 BFH 23.7.2003 – I R 80/02, BFHE 203, 114 = NJW 2004, 391.
41 BFH 30.1.2002 – I R 56/01, GmbHR 2002, 795; BFH 15.3.2000 – I R 40/99, GmbHR 2000, 826.
42 BFH 14.7.2004 – I R 14/04, GmbHR 2005, 112.
43 BFH 14.7.2004 – I R 14/04, GmbHR 2005, 112.
44 BFH 25.6.2014 – I R 76/13, DB 2014, 2022.
45 BFH 11.9.2013 – I R 72/12, NZG 2014, 479.

(a3) Überversorgung

786 Eine verdeckte Gewinnausschüttung liegt nach der Rspr auch dann vor, wenn die Höhe der Versorgungszusage zu einer Überversorgung des begünstigten Gesellschafter-Geschäftsführers führt. Der BFH sieht typisierend eine Überversorgung dann als gegeben an, wenn die **Versorgungsanwartschaft zusammen mit der Rentenanwartschaft aus der gesetzlichen Rentenversicherung 75 % der am Bilanzstichtag bezogenen Aktivbezüge** übersteigt. Erteilt eine GmbH ihrem Gesellschafter-Geschäftsführer eine sog. Nur-Pensionszusage, ohne dass dem eine ernstlich vereinbarte Umwandlung anderweitig vereinbarten Barlohns zugrunde liegt, zieht die Zusage der Versorgungsanwartschaft regelmäßig eine Überversorgung nach sich, welche als verdeckte Gewinnausschüttung einzuordnen ist.[46]

787 Im Hinblick auf die Schwierigkeit, die letzten Aktivbezüge und die zu erwartenden Sozialversicherungsrenten zu schätzen, stellt die Rspr zur Prüfung einer möglichen Überversorgung auf die vom Arbeitgeber während der aktiven Tätigkeit des Begünstigten tatsächlich erbrachten Leistungen ab.[47] Fest zugesagte Erhöhungen während der Rentenlaufzeit nehmen dagegen keinen Einfluss auf das Vorliegen einer Überversorgung. Sie sind in die Teilwertberechnung der Anwartschaft auch dann einzubeziehen, wenn die Überversorgungsgrenzen überschritten sind. Dies gilt jedoch nur insoweit, als die Rentendynamik eine jährliche Steigerung von 3 % nicht überschreitet.[48]

(a4) Finanzierbarkeit der Pensionszusage

788 Die einem Gesellschafter-Geschäftsführer gegebene Pensionszusage hält einem Fremdvergleich nicht stand, wenn sie von der verpflichteten Gesellschaft wirtschaftlich nicht getragen werden kann. So bestehen Zweifel an der Finanzierbarkeit des Versorgungsversprechens, wenn sich eine **neu gegründete Gesellschaft** zu Gunsten ihres Gesellschafter-Geschäftsführers mit einer hohen Pensionsverpflichtung belastet, bevor ihre Ertragsaussichten zuverlässig eingeschätzt werden können.[49]

789 Bei der Beurteilung der Frage, ob eine Versorgungszusage **finanzierbar** ist, muss ein ordentlicher Kaufmann aber nicht immer von der ungünstigsten aller denkbaren Entwicklungen ausgehen. Es reicht vielmehr aus, wenn bei der Abgabe der Versorgungszusage diejenigen Risiken berücksichtigt werden, die nach den Regeln der Versicherungsmathematik in den Barwert der konkret entstehenden Pensionsverpflichtung eingehen. Dieser sog. **Anwartschaftsbarwert** iSd § 6 a Abs. 3 S. 2 Nr. 2 EStG enthält einerseits die Summe aller möglichen Versorgungsleistungen, wobei diese andererseits abgezinst und die statistisch ermittelte Wahrscheinlichkeit der Inanspruchnahme angesetzt wird. Damit spiegelt sich in dem Barwert die tatsächliche wirtschaftliche Belastung des Unternehmens durch die Pensionszusage wider. Mit einem größeren Risiko als dem hiernach bestehenden muss ein ordentlicher Kaufmann nicht rechnen.[50] Das Finanzierungsrisiko muss anschließend mit den Ertragsaussichten der Gesellschaft verglichen werden.

(a5) Ablauf einer Probezeit

790 Aus einer Pensionszusage resultieren für die Gesellschaft langfristige finanzielle Belastungen, die ein ordentlicher und gewissenhafter Geschäftsleiter nach der Rspr des BFH grds. nur dann eingeht, wenn eine **Probezeit** abgelaufen ist, nach der die **Leistungsfähigkeit des neu bestellten**

---

46 BFH 28.4.2010 – I R 78/08, DStRE 2010, 976.

47 BFH 31.3.2004 – I R 79/03, BFHE 206, 52 = GmbHR 2004, 1227; BFH 15.9.2004 – I R 62/03, BFHE 207, 443 = GmbHR 2005, 180.

48 BFH 31.3.2004 – I R 79/03, BFHE 206, 52 = GmbHR 2004, 1227.

49 BFH 20.12.2000 – I R 15/00, BFHE 194, 191 = GmbHR 2001, 524; BFH 23.2.2005 – I R 70/04, BFHE 209, 252 = GmbHR 2005, 775.

50 BFH 20.12.2000 – I R 15/00, BFHE 194, 191 = GmbHR 2001, 524.

Geschäftsführers zuverlässig beurteilt werden kann.[51] Das Abwarten einer Probezeit ist ausnahmsweise verzichtbar, wenn das Unternehmen bereits über gesicherte Erkenntnisse zur Befähigung des Geschäftsleiters verfügt und diese hinreichend deutlich abschätzen kann. Eine ausreichende Beurteilungsgrundlage ist bspw anzunehmen, wenn das Unternehmen seit Jahren tätig ist und lediglich die Rechtsform in eine GmbH ändert, etwa bei Begründung einer Betriebsaufspaltung oder einer Umwandlung oder einem sog. Management-buy-out.[52]

Handelt es sich um eine neu gegründete Kapitalgesellschaft, ist die Zusage überdies erst dann 791
zu erteilen, wenn die künftige wirtschaftliche Entwicklung der Gesellschaft verlässlich abgeschätzt werden kann.[53] Ergehen demnach bereits 2 Jahre und 1 Monat nach der Gründung einer GmbH gegenüber den Geschäftsführern Pensionszusagen, obwohl zu diesem Zeitpunkt lediglich der erste Jahresabschluss vorliegt und noch keine gesicherten Erkenntnisse über die künftigen Ertragsentwicklungen der GmbH bestehen, sind die Pensionsrückstellungen wegen Nichteinhaltung der sog. unternehmensbezogenen Wartezeit als verdeckte Gewinnausschüttung anzusehen.[54]

Soweit ein ordentlicher Geschäftsmann auf eine Probezeit nicht verzichten würde, hat es die 792
Rspr vermieden, eine Mindestdauer festzulegen, nach der frühestens eine Altersversorgung einem Gesellschafter-Geschäftsführer versprochen werden darf, ohne eine verdeckte Gewinnausschüttung zu indizieren. Als ausreichend wurde vom BFH aber ein Zeitraum von zwei Jahren und drei Monaten gewertet, der gemeinhin geeignet sei, ein abschließendes Bild über die Leistungsfähigkeit eines neu eingestellten Geschäftsführers – wie jedes anderen Arbeitnehmers auch – zu ermöglichen.[55] Nach hier vertretener Auffassung sollte die Probezeit bis zur Erteilung der Pensionszusage in Anlehnung an § 14 Abs. 2 TzBfG grds. zwei Jahre betragen, soweit keine besonderen Gründe, wie einschlägige Branchenerfahrung,[56] vorliegen, die eine Verkürzung rechtfertigen.

Es ist dagegen aus steuerrechtlicher Sicht nicht zu beanstanden, wenn die Zusage der Altersver- 793
sorgung nicht von dem Ausscheiden des Begünstigten aus dem Dienstverhältnis als Geschäftsführer mit Eintritt des Versorgungsfalls abhängig gemacht wird. In diesem Fall würde ein ordentlicher und gewissenhafter Geschäftsleiter zur Vermeidung einer verdeckten Gewinnausschüttung allerdings verlangen, dass das Einkommen aus der fortbestehenden Tätigkeit als Geschäftsführer auf die Versorgungsleistung angerechnet wird, oder aber den vereinbarten Eintritt der Versorgungsfälligkeit aufschieben, bis der Begünstigte endgültig seine Geschäftsführerfunktion beendet hat.[57]

Begrenzungen bestehen auch, wenn die Pension nicht monatlich ausgezahlt, sondern stattdes- 794
sen durch Zahlung einer Abfindung ersetzt wird. Zu dieser Konstellation hat der BFH in einer aktuellen Entscheidung entsprechende Vorgaben herausgestellt.[58] Zahlt eine GmbH ihrem beherrschenden (und weiterhin als Geschäftsführer tätigen) Gesellschafter-Geschäftsführer aus Anlass der Übertragung von Gesellschaftsanteilen auf seinen Sohn eine **Abfindung** gegen Verzicht auf die ihm erteilte betriebliche Pensionszusage, obschon als Versorgungsfälle ursprünglich nur die dauernde Arbeitsunfähigkeit und die Beendigung des Geschäftsführervertrages mit oder nach Vollendung des 65. Lebensjahres vereinbart waren, ist regelmäßig eine Veranlassung durch das Gesellschaftsverhältnis und damit eine verdeckte Gewinnausschüttung anzunehmen.

51 BFH 20.8.2003 – I R 99/02, GmbHR 2004, 261.
52 BFH 20.8.2003 – I R 99/02, GmbHR 2004, 261.
53 BFH 28.4.2010 – I R 78/08, DStRE 2010, 976.
54 FG Sachsen-Anhalt 3.11.2010 – 3 K 1350/03; so im Ergebnis auch BFH 28.4.2010 – I R 78/08, DStRE 2010, 976.
55 BFH 20.8.2003 – I R 99/02, GmbHR 2004, 261.
56 BFH 4.5.1998 – I B 131/97, GmbHR 1998, 1049.
57 BFH 23.10.2013 – I R 60/12, DStR 2014, 641; so auch FG München 19.7.2010 – 7 K 2384/07, DStRE 2011, 891.
58 BFH 11.9.2013 – I R 28/13, DStR 2014, 635.

Um eine verdeckte Gewinnausschüttung handelt es sich danach regelmäßig auch, wenn eine GmbH ihrem beherrschenden Gesellschafter-Geschäftsführer an Stelle der monatlichen Rente „spontan" die Zahlung einer Kapitalabfindung der Versorgungsanwartschaft zusagt. Die Kapitalabfindung führt bei der GmbH jeweils auch dann zu einer Vermögensminderung als Voraussetzung einer verdeckten Gewinnausschüttung, wenn der Begünstigte zeitgleich auf seine Anwartschaftsrechte auf die Versorgung verzichtet und die bis dahin gebildete Pensionsrückstellung erfolgswirksam aufgelöst wird.[59]

(a6) Unverfallbarkeit

795 Keine Indizwirkung für das Vorliegen einer verdeckten Gewinnausschüttung entfaltet der Umstand, dass sofort unverfallbare, aber zeitanteilig bemessene Rentenansprüche zugesagt werden.[60] Bei beherrschenden Gesellschafter-Geschäftsführern dürfen im Rahmen der Berechnung der zeitanteiligen unverfallbaren Versorgungsanwartschaft aufgrund des Nachzahlungsverbotes nur die **Zeiträume** berücksichtigt werden, **die von der Pensionszusage begleitet waren**. Für Anwartschaftswerte, die auf früheren Dienstzeiten beruhen, können gem. § 6 a EStG keine Rückstellungen gebildet werden; die Anwartschaftswerte sind vielmehr als verdeckte Gewinnausschüttung zu behandeln.[61] Bei nicht beherrschenden Gesellschafter-Geschäftsführern, die dem persönlichen Anwendungsbereich des BetrAVG unterfallen, ergibt sich dagegen aus § 2 Abs. 1 BetrAVG, dass sich die gesamte Dienstzeit anwartschaftssteigernd auswirkt und aus diesem Grund auch Rückstellungen in diesem Umfang nach § 6 a EStG vorgenommen werden können.[62]

b) Klauselwerke und Gestaltungshinweise

796 Eine betriebliche Altersversorgung kann mit dem angestellten wie auch dem Gesellschafter-Geschäftsführer in verschiedenen Formen vereinbart werden. Empfehlenswert ist eine gesondert und detailliert auszuhandelnde Vereinbarung. Der Dienstvertrag eignet sich erfahrungsgemäß nicht unbedingt für die Aufnahme der Versorgungsregelung, jedenfalls wenn dabei mit externen Beratern und Versorgungsträgern zusammengearbeitet werden soll. Es ist daher zu empfehlen, einen **gesonderten Vertrag über die Absicherung der Altersversorgung** abzuschließen. Dieser kann durchaus zusammen mit dem Geschäftsführervertrag unterzeichnet werden, häufig wird aber für den Bereich der Altersversorgung noch Verhandlungs- und Regelungsbedarf bestehen, wenn alle anderen Punkte schon vereinbart sind. Oftmals kann die Pensionsvereinbarung gerade mit Gesellschafter-Geschäftsführern auch noch gar nicht zum Zeitpunkt des Vertragsschlusses, zumindest bei Erstanstellung, geschlossen werden, da – wie gezeigt (s. Rn 790 ff) – grds. notwendigerweise eine Wartezeit eingehalten werden muss.

aa) Endgehaltsbezogene Direktzusage

(1) Klauselwerk A

797 **Pensionszusage**

1.1 Wenn der Geschäftsführer während seiner Tätigkeit für die Gesellschaft voll erwerbsgemindert ist oder das Vertragsverhältnis wegen Erreichung der Altersgrenze (Vollendung des 65. Lebensjahres) endet, erhält er auf Lebenszeit eine monatliche nachträglich zahlbare Pension von 35 % des an ihn zuletzt gezahlten pensionsfähigen Monatsentgelts gemäß der Definition in Ziffer (...) des Anstellungsvertrages vom (...).

59 BFH 11.9.2013 – I R 28/13, DStR 2014, 635.
60 BFH 20.8.2003 – I R 99/02, GmbHR 2004, 261.
61 BFH 20.8.2003 – I R 99/02, GmbHR 2004, 261.
62 *Briese*, DStR 2004, 1233.

1.2 Diese Pension erhöht sich in den ersten 15 Dienstjahren um jährlich 1 % und vom 16. bis zum 20. Dienstjahr um jährlich 2 %, bis nach vollendetem 20. Dienstjahr eine Pension von 60 % (sechzig vom Hundert) des zuletzt gezahlten Monatsentgelts erreicht wird. Eine Steigerung der Pension über die im Zeitpunkt der Erreichung der Altersgrenze erdiente Höhe ist ausgeschlossen, sofern nichts anderes vereinbart wird.
2. Beim Ableben des Geschäftsführers erhält sein Ehepartner eine lebenslängliche Pension iHv 60 % der Pension, die der Geschäftsführer erhalten hat oder er als aktiver Mitarbeiter erhalten hätte, wenn er zum Zeitpunkt seines Ablebens voll erwerbsgemindert gewesen wäre. Die Pension des Ehepartners endet mit Ablauf des Monats, in dem sich der Ehepartner wieder verheiratet. Ist der Ehepartner mehr als 15 Jahre jünger als der Geschäftsführer, so wird die Pension des Ehepartners für jedes volle Jahr, das diese Altersdifferenz übersteigt, um 5 % ihres Betrags gekürzt. Diese Kürzung entfällt, wenn die Ehe beim Eintritt des Versorgungsfalles mindestens 15 Jahre bestanden hat. Einem Ehepartner stehen Lebenspartner iSd Lebenspartnerschaftsgesetzes (LPartG) sowie Lebensgefährten gleich, letztere jedoch nur, wenn der Geschäftsführer den Namen des Lebensgefährten bei der Gesellschaft als von der Versorgung umfasst anzeigt.
3.1 Die leiblichen Kinder und die vor Eintritt des Versorgungsfalles adoptierten Kinder des Geschäftsführers erhalten beim Ableben des Geschäftsführers eine Waisenrente von 10 % der Pension nach dieser Pensionszusage, die der Vertragspartner erhalten hat oder erhalten hätte, wenn er zum Zeitpunkt seines Ablebens voll erwerbsgemindert gewesen wäre. Werden die hinterlassenen Kinder vor Vollendung ihres 18. Lebensjahres Vollwaisen, so erhält ein anspruchsberechtigtes Kind ein Viertel, zwei anspruchsberechtigte Kinder insgesamt drei Achtel und drei oder mehr anspruchsberechtigte Kinder insgesamt die Hälfte der dem Vertragspartner zustehenden Pension.
3.2 Waisenrenten werden über das 18. Lebensjahr hinaus bis zur Beendigung der Berufsausbildung der betreffenden Waise, jedoch höchstens bis zur Vollendung des 27. Lebensjahres weiter gezahlt, sofern die Berufsausbildung nachgewiesen wird.
3.3 Die Waisenrenten werden bis zur Erreichung der Volljährigkeit an den Erziehungsberechtigten gezahlt.
4. Die Versorgungsbezüge der Hinterbliebenen dürfen zusammen den vollen Betrag der Pension des Geschäftsführers nicht übersteigen. Von der Kürzung um den überschießenden Betrag werden die einzelnen Bezüge prozentual im gleichen Ausmaß betroffen.
5. Hat der Geschäftsführer bereits vor Abschluss dieser Vereinbarung Versorgungsansprüche erworben, werden diese auf die Pension angerechnet, soweit sie auf Leistungen eines Arbeitgebers beruhen. Die Anrechnung erfolgt nicht auf eine Rente aus der deutschen gesetzlichen Rentenversicherung und auf Leistungen aus einer befreienden Lebensversicherung.
6. Tritt der Geschäftsführer vor Eintritt des Versorgungsfalles aus den Diensten der Gesellschaft aus, bleiben ihm bzw seinen Hinterbliebenen Anwartschaft und Anspruch auf betriebliche Versorgungsleistungen nach Maßgabe des Betriebsrentengesetzes erhalten.
7. Macht der Geschäftsführer seinen Anspruch auf vorzeitige Altersleistungen gem. § 6 BetrAVG geltend, wird für jeden vollen Monat, um den der gewählte Rentenbeginn vor Vollendung des 65. Lebensjahres liegt, um 0,5 % gekürzt.
8. Die Pension des Geschäftsführers wird entsprechend der Veränderung des Verbraucherpreisindexes für Deutschland jährlich angepasst. Die Überprüfung erfolgt jeweils zum Jahreswechsel, erstmals in dem auf die Pensionierung folgenden Jahr. Für die Versorgungsbezüge von Hinterbliebenen gilt diese Regelung entsprechend.
9. Die Gesellschaft verpflichtet sich, die laufenden Leistungen und die unverfallbar gewordenen Versorgungsanwartschaften bei dem Pensions-Sicherungs-Verein gegen den Fall der Insolvenz des Unternehmens abzusichern.

10.1 Die Pensionsempfänger haben für die Dauer der Pensionszahlungen der Gesellschaft die Lohnsteuerkarte vorzulegen und jede Änderung des Personen- oder Familienstandes oder der Feststellung der Invalidität durch den Sozialversicherungsträger der Gesellschaft unverzüglich anzuzeigen.
10.2 Weiterhin haben die Pensionsempfänger der Gesellschaft unaufgefordert Auskunft über die Höhe anrechenbarer Einkünfte zu geben.
10.3 Bei Eintritt des Versorgungsfalles hat der Pensionsberechtigte der Gesellschaft den Rentenbescheid des zuständigen Rentenversicherungsträgers vorzulegen.

(2) Gestaltungshinweise

798 Das Klauselwerk A wurde für einen Fremdgeschäftsführer konzipiert, der dem Anwendungsbereich des BetrAVG unterfällt. Im Grundsatz weicht das Versorgungsversprechen nicht von Zusagen ab, die Arbeitnehmern gewährt werden. Dem Geschäftsführer wird maximal eine Versorgungsleistung von 60 % seines letzten Monatsgehalts zugesagt. Wird die Versorgungszusage einem Gesellschafter-Geschäftsführer erteilt, so muss beachtet werden, dass es nicht zu einer Überversorgung kommt (Anwartschaft + Sozialrente nicht mehr als 75 % der Aktivbezüge; s. § 2 Rn 786), zumal die gesetzliche Sozialrente nicht auf den Pensionsanspruch nach Punkt 5 angerechnet wird.

799 Da das Klauselwerk in **Punkt 1.1** nicht selbst definiert, welche Gehaltsteile als Bemessungsgrundlage dienen, sondern auf eine bestimmte Regelung verweist, muss in der Verweisungsnorm präzise die als Maßstab heranzuziehende Vergütung geregelt werden. Es empfiehlt sich sehr, die Pensionsleistung aus Gründen der Klarheit und der Rechtssicherheit von dem Festgehalt abhängig zu machen. Sollen auch variable Vergütungsbestandteile die Höhe der Pensionsleistung mitbestimmen, so sollte eindeutig definiert werden, welche Provisionen, Tantiemen oder sonstigen Bonusleistungen einbezogen werden. In diesem Fall erscheint es weiter sachgerecht, nicht allein die zuletzt erhaltene variable Vergütung als Maßstab heranzuziehen, da deren Höhe zu sehr vom Zufall beeinflusst sein könnte, sondern den Durchschnittswert mehrerer Jahre.

800 Neben dem altersbedingten Ausscheiden aus dem Erwerbsleben wird auch das Invaliditätsrisiko abgesichert und eine Hinterbliebenenversorgung zugesagt. Der Versorgungsfall Invalidität soll bei voller Erwerbsminderung eintreten. Der Begriff ist erkennbar der Regelung des § 43 SGB VI entnommen, so dass auch der Bedeutungsgehalt entsprechend der Bestimmung zur Erwerbsminderungsrente in der gesetzlichen Rentenversicherung in Bezug genommen wird. Im Rahmen der Hinterbliebenenversorgung werden der Ehepartner sowie zur Vermeidung AGG-widriger Diskriminierung auch gleichgeschlechtliche Lebenspartner gemäß LPartG[63] und auch nichteheliche Lebensgefährten nach Angabe des Geschäftsführers berücksichtigt; letzteres ist nicht zwingend, aber unproblematisch zulässig. Ferner werden die leiblichen und adoptierten Kinder einbezogen. **Punkt 2 S. 3** enthält eine modifizierte Altersdifferenzklausel, die bei einem Altersunterschied von mehr als 15 Jahren zu einer Minderung des Versorgungsanspruchs führt. Vor dem Hintergrund einer möglichen Altersdiskriminierung stehen derartige Regelungen unter kritischer Beobachtung,[64] zur Begrenzung von Gestaltungsmissbrauch sollten sie allerdings auch unter Geltung des AGG Bestand haben.[65]

63 Gesetz über die Eingetragene Lebenspartnerschaft (Lebenspartnerschaftsgesetz – LPartG) vom 16.2.2001 (BGBl. I S. 266); zum Einbezug des Lebenspartners in Betriebsrentenzusagen vgl nur ErfK/*Steinmeyer*, BetrAVG, Vorbem Rn 43.

64 Vgl EuGH 23.9.2008 – Rs. C-427/06 (Bartsch), BB 2008, 2353; siehe auch den sorgfältig verfassten Vorlagebeschluss des BAG 27.6.2006 – 3 AZR 352/06, DB 2006, 2542 ff; vgl dazu: *Cisch/Böhm*, BB 2007, 602, 608.

65 ErfK/*Steinmeyer*, BetrAVG, Vorbem Rn 43.

In **Punkt** 5 wird die Anrechenbarkeit von anderen arbeitgeberfinanzierten Versorgungsleistungen geregelt, während die gesetzliche Sozialrente ausdrücklich nicht auf die Pensionsleistungen angerechnet werden soll. Die Klausel ist mit § 5 Abs. 2 BetrAVG vereinbar, der die Anrechnung anderer Versorgungsbezüge verbietet, soweit sie auf eigenen Beiträgen des Versorgungsempfängers beruhen, aber die Berücksichtigung zulässt, soweit die Versorgungsbezüge mindestens zur Hälfte auf Beiträgen oder Zuschüssen des Arbeitgebers beruhen. Anrechenbar sind hiernach insb. Betriebsrenten anderer Arbeitgeber.[66] 801

Wirksamkeitsbedenken bestehen bei **Punkt 6**, der bei vorzeitiger Beendigung des Anstellungsverhältnisses auf die Regelungen des BetrAVG verweist. Gesetzliche Unverfallbarkeit tritt gem. § 1 b Abs. 1 BetrAVG nach einer Zusagedauer von fünf Jahren ein. Die Höhe der unverfallbaren Anwartschaft berechnet sich gem. § 2 Abs. 1 BetrAVG aus dem Verhältnis zwischen tatsächlicher und möglicher Dienstzeit des Geschäftsführers. Bei einer angenommenen möglichen Dienstzeit von 20 Jahren könnte der Geschäftsführer eine Versorgungsleistung iHv 60 % seines letzten Monatsgehalts verlangen. Scheidet der Geschäftsführer nach 10 Jahren vorzeitig aus, so würde er, da er die Hälfte der möglichen Dienstzeit erreicht hat, nur eine Versorgungsleistung von 30 % des letzten Monatsgehalts (bei Ausscheiden aus dem Dienstverhältnis, § 2 Abs. 5 BetrAVG) erworben haben. Demgegenüber wird nach Punkt 1 der Pensionszusage dem Geschäftsführer – neben einer Grundversorgung iHv 35 % – für jedes Dienstjahr eine Steigerung von 1 % bzw 2 % zugesagt. Aus der vertraglichen Bestimmung könnte der Geschäftsführer schließen, dass er sich nach einer zehnjährigen Dienstzeit eine Versorgungsanwartschaft iHv 45 % bereits erdient hat, die auch bei vorzeitiger Beendigung des Anstellungsverhältnisses erhalten bleibt. Die Rspr nimmt jedoch an, dass eine solche vertragliche Klausel über das Ansteigen von Rentenanwartschaften im bestehenden Anstellungsverhältnis regelmäßig keine Regelung zur Berechnung der unverfallbaren Anwartschaft bei vorzeitiger Beendigung beinhaltet und damit die gesetzliche Berechnungsmethode des § 2 BetrAVG Anwendung findet.[67] Nach hier vertretener Auffassung handelt es sich jedoch zumindest um eine unklare Regelung, die bei Anwendung der AGB-Kontrolle (§ 305 c Abs. 2 BGB) dazu führt, dass die dem Geschäftsführer günstige Auslegung der Pensionsklausel vorgenommen werden muss und damit die vertragliche Regelung über das Anwachsen der Anwartschaftshöhe auch bei vorzeitiger Beendigung des Anstellungsverhältnisses einschlägig ist. 802

Unter **Punkt** 7 findet sich die Regelung zur Minderung der Versorgungsleistung bei Inanspruchnahme der vorgezogenen Altersrente gem. § 6 BetrAVG (s. § 1 Rn 1164). Der angesetzte versicherungsmathematische Abschlag von 0,5 % für jeden Monat der vorgezogenen Altersversorgung ist unbedenklich (s. § 1 Rn 1450). 803

In **Punkt** 8 wird dem Geschäftsführer die Steigerung seiner Versorgungsleistung nach Eintritt des Versorgungsfalles entsprechend der Inflationsrate zugesagt. Mit dieser Regelung geht die Gesellschaft über die gem. § 16 Abs. 1 BetrAVG bestehende Verpflichtung hinaus, da nach der gesetzlichen Bestimmung eine Anpassung alle drei Jahre nur zu erfolgen hat, soweit der Gesellschaft nach ihrer wirtschaftlichen Lage die Anpassung möglich ist (s. § 1 Rn 1461, 1473). 804

bb) Beitragsorientierte Direktversicherungszusage

(1) Klauselwerk B

Pensionszusage 805

(1) Beitragshöhe und Durchführungsweg

Der Geschäftsführer erhält ab dem (...) eine beitragsorientierte Direktversicherungszusage. Die Pensionszusage wird über die (...)-Lebensversicherungs AG durchgeführt. Der monatlich an die (...)-Lebensversicherungs AG zu zahlende Beitrag beläuft sich auf (...) €. Der anfänglich verein-

66 *Höfer*, BetrAVG, § 5 Rn 3964 mwN.
67 BAG 7.9.2004 – 3 AZR 524/03, NZA 2005, 895.

barte Betrag wird jährlich mit 1 % Dynamik ausgestattet. Der Geschäftsführer erklärt sich mit dem Abschluss der Versicherung auf sein Leben gem. § 150 VVG einverstanden.

(2) Geltung der Allgemeinen und Besonderen Versicherungsbedingungen
Dem Geschäftsführer werden Leistungen der Alters-, Invaliditäts- und Hinterbliebenenversorgung zugesagt. Art und Umfang der Versicherungsleistungen sowie Voraussetzungen für die Inanspruchnahme der Versicherungsleistungen ergeben sich aus den jeweiligen Allgemeinen und Besonderen Versicherungsbedingungen der für den Geschäftsführer abgeschlossenen Versicherung und den nachfolgenden Vereinbarungen.

(3) Verwendung der Überschussanteile
Die Überschussanteile werden zur Erhöhung der Versicherungsleistungen verwendet.

(4) Unwiderruflichkeit des Bezugsrechts; Hinterbliebene
Dem Geschäftsführer wird ein unwiderrufliches Bezugsrecht auf alle Versicherungsleistungen eingeräumt. Werden Versicherungsleistungen aufgrund des Todes des Geschäftsführers fällig, so sind bezugsberechtigt:
- der zum Todeszeitpunkt mit dem Geschäftsführer in gültiger Ehe lebende Ehegatte;
- falls nicht vorhanden, der Partner einer eingetragenen Lebenspartnerschaft;
- falls nicht vorhanden, die Kinder des Geschäftsführers iSd § 32 Abs. 3 und Abs. 4 S. 1 Nr. 1–3 EStG;
- falls nicht vorhanden, der vom Geschäftsführer vor Eintritt des Versicherungsfalles der Lebensversicherung namentlich benannte Lebensgefährte, der die in den Versicherungsbedingungen genannten Leistungsvoraussetzungen erfüllt;
- falls nicht vorhanden, der vom Geschäftsführer vor Eintritt des Versicherungsfalles der Lebensversicherung namentlich benannte gleichgeschlechtliche Lebenspartner einer nicht eingetragenen Lebenspartnerschaft, der die in den Versicherungsbedingungen genannten Leistungsvoraussetzungen erfüllt.

Sämtliche Bezugsrechte sind nicht übertragbar und nicht beleihbar.

(5) Vorzeitige Beendigung des Dienstverhältnisses
Bei vorzeitiger Beendigung des Dienstverhältnisses verfällt die Versorgungsanwartschaft, soweit die Unverfallbarkeitsfrist des § 1 b Abs. 3 BetrAVG nicht erfüllt ist. Scheidet der Geschäftsführer vor Eintritt des Versorgungsfalles aus den Diensten der Gesellschaft aus, erklärt die Gesellschaft bereits jetzt, dass die Versorgungsansprüche aus der Zusage auf die Leistungen begrenzt sind, die aufgrund der Beitragszahlung aus dem für den Geschäftsführer abgeschlossenen Versicherungsvertrag fällig werden (§ 2 Abs. 3 S. 2 BetrAVG). Etwaige Beitragsrückstände werden innerhalb von 3 Monaten seit dem Ausscheiden ausgeglichen. Die Versicherung wird unverzüglich nach dem rechtlichen Ende des Dienstverhältnisses auf den Geschäftsführer übertragen und kann vom ihm als Einzelversicherung nach dem hierfür im Zeitpunkt des Ausscheidens vorhandenen Tarif gegen laufende Beitragszahlung bei der Lebensversicherung fortgeführt werden, soweit sie nicht bereits ausfinanziert ist. Die Leistungen aus diesen Beiträgen werden jedoch von dieser Zusage nicht umfasst. Nach dem Ausscheiden sind eine Abtretung, Beleihung und ein Rückkauf der übertragenen Versicherung durch den Geschäftsführer gem. § 2 Abs. 3 S. 3 iVm Abs. 2 Sätze 5 und 6 BetrAVG insoweit unzulässig, als die Versicherung auf von der Gesellschaft als Versicherungsnehmer gezahlten Beiträgen beruht.

(6) Vorzeitige Altersrente
Nimmt der Geschäftsführer die vorgezogene Altersrente aus der gesetzlichen Rentenversicherung als Vollrente in Anspruch und verlangt er vorzeitig eine betriebliche Altersrente gem. § 6 BetrAVG, vermindert sich die Versicherungsleistung nach versicherungsmathematischen Grundsätzen.

(2) Gestaltungshinweise

Direktversicherungszusagen wie im Klauselwerk B werden häufiger Geschäftsführern kleinerer und mittlerer Unternehmen erteilt. Aufgrund der Begrenzung der steuerfreien Beiträge gem. § 3 Nr. 63 EStG auf 4 % der Beitragsbemessungsgrenze sind Direktversicherungen jedoch nur geeignet, eine Basisversorgung für den Geschäftsführer zu gewährleisten; die steuerliche Belastung macht eine Direktversicherung mit höheren Beiträgen, deren Belastung wirtschaftlich von der Gesellschaft getragen werde soll, unattraktiv. Für die Gesellschaft ist es von Vorteil, dass die Beiträge zur Direktversicherung gem. § 4 b EStG als Betriebsausgaben abgezogen werden können und mit der Direktversicherung nur ein geringer Verwaltungsaufwand verbunden ist. Nachteilig gegenüber einer Direktzusage ist der mit der Beitragszahlung verbundene Liquiditätsabfluss. 806

Der Inhalt der Versorgungszusage wird maßgeblich durch die in Bezug genommenen Allgemeinen und Besonderen Versicherungsbedingungen geregelt. Die Pensionszusage selbst enthält dagegen nur wenige ausdrückliche Bestimmungen, die jedoch zentrale Problembereiche der Altersversorgung betreffen. Von besonderer Bedeutung ist bspw die Pflicht zur Einräumung eines unwiderruflichen Bezugsrechts, da dem Geschäftsführer erst mit der Unwiderruflicherklärung der Bezugsberechtigung eine gesicherte Rechtsposition gegenüber der Versicherung eingeräumt wird. Des Weiteren stehen dem Geschäftsführer sämtliche Überschussanteile zu, die ausschließlich zur Verbesserung der Versicherungsleistung verwendet werden. Durch die Überlassung der Überschussanteile befreit sich die Gesellschaft gem. § 16 Abs. 3 Nr. 2 BetrAVG gleichzeitig von der Anpassungsprüfungspflicht. Schließlich wird auch der Fall des § 6 BetrAVG (vorgezogene Altersleistung) bedacht, der mangels eigener gesetzlicher Bestimmung über die Höhe der vorzeitigen Altersversorgung generell einer vertraglichen Regelung bedarf. Unter Punkt 6 wird diese Problematik in der Form gelöst, dass dem Geschäftsführer eine Rente gewährleistet wird, die sich aus der versicherungsmathematischen Umrechnung des zum Zeitpunkt der vorzeitigen Altersleistung vorhandenen Deckungskapitals ergibt. 807

11. Rechtswahl-, Erfüllungsort- und Gerichtsstandsklauseln

Literatur

Dietze/Schnichels, Die aktuelle Rechtsprechung des EuGH zum EuGVÜ und zur EuGVVO – Übersicht über das Jahr 2007, EuZW 2009, 33; *Erdmann*, Ausländische Staatsangehörige in Geschäftsführungen und Vorständen deutscher GmbHs und AGs, NZG 2002, 503; *Jayme/Kohler*, Europäisches Kollisionsrecht 2001 – Anerkennungsprinzip statt IPR?, IPRax 2001, 501; *Junker*, Internationale Zuständigkeit und anwendbares Recht in Arbeitssachen – Eine Einführung für die Praxis, NZA 2005, 199; *Kropholler*, Internationales Privatrecht, 6. Aufl. 2006; *Mankowski*, Der gewöhnliche Arbeitsort im internationalen Privat- und Prozessrecht, IPRax 1999, 332; *Mauer*, Gesetzlicher Gerichtsstand und Gerichtsstandsvereinbarungen nach der neuen EuGVVO, FA 2002, 130; *Pfeiffer*, Neues Internationales Vertragsrecht – Zur Rom I-Verordnung, EuZW 2008, 622; *Schlachter*, Grenzüberschreitende Arbeitsverhältnisse, NZA 2000, 58; *Stichler*, Rechtswegzuständigkeit bei Führungskräften, BB 1998, 1531; *Wagner*, Die Vereinheitlichung des Internationalen Privat- und Zivilverfahrensrechts zehn Jahre nach Inkrafttreten des Amsterdamer Vertrags, NJW 2009, 1911.

a) Rechtslage im Umfeld

808 Insbesondere bei Geschäftsführerdienstverträgen mit Auslandsberührung sollten sich die Vertragsparteien darüber einig werden, welches Recht für die Lösung von Streitigkeiten zuständig ist (**Rechtswahlklausel**), an welchem Ort der Geschäftsführer die Leistungshandlung vorzunehmen hat (**Erfüllungsortklausel**) und welches Gericht bei Streitigkeiten entscheidet (**Gerichtsstandklausel**). Die drei Themenkomplexe sind eng miteinander verwoben und beeinflussen sich gegenseitig, so dass bei der Vertragsgestaltung hier auf eine widerspruchsfreie Gesamtlösung zu achten ist. Aufgrund der bestehenden Verflechtungen ist es sinnvoll, die Gerichtsstandsklausel nach Klärung der beiden anderen Punkte zu bearbeiten, da der Gerichtsstand davon abhängig ist, ob der Geschäftsführer nach dem anwendbaren materiellen Recht als Arbeitnehmer zu qualifizieren und welcher Erfüllungsort anzunehmen ist.

aa) Anzuwendendes Recht des Dienstvertrages

(1) Grundlagen des Kollisionsrechts

809 Das auf Verträge anzuwendende Kollisionsrecht ergibt sich bei innergemeinschaftlichen Sachverhalten unmittelbar aus der Rom I-Verordnung (**Rom I-VO**)[1] bzw bei Sachverhalten ohne Gemeinschaftsbezug aus dem mit der Rom I-VO weitgehend inhaltsgleichen deutschen EGBGB. Im Anschluss an die Einführung der Rom I-VO, welche zur Vereinheitlichung des internationalen Privat- und Kollisionsrechts im EU-Raum geschaffen wurde, sind allerdings die in diesem Bereich maßgeblichen Art. 27–37 EGBGB vollständig aufgehoben worden.[2] Da es sich bei EU-Verordnungen um unmittelbar anwendbares Recht handelt, kommen die Regelungen der Rom I-VO fortan auch bei internationalen Sachverhalten ohne Gemeinschaftsbezug zur Anwendung.

810 Bei der Vertragsgestaltung von Geschäftsführerdienstverträgen gilt grds. das **Prinzip der freien Rechtswahl** (Art. 3 Abs. 1 Rom I-VO), dh den Vertragsparteien steht es idR offen, welche Rechtsordnung sie für den Geschäftsführerdienstvertrag vereinbaren wollen (sog. **subjektive Rechtswahlfreiheit**). Einschränkungen der Rechtswahlfreiheit bestehen aber bei zwingenden Vorschriften des deutschen und teilweise auch ausländischen Rechts (Art. 3 Abs. 3, Art. 9 Abs. 1 Rom I-VO), bei Verbraucherverträgen (Art. 6 Rom I-VO) und schließlich bei Arbeitsverträgen (Art. 8 Rom I-VO). Haben die Vertragsparteien keine vertragliche Festlegung über das

1 Verordnung (EG) Nr. 593/2008 des Europäischen Parlaments und des Rates vom 17.6.2008 über das auf vertragliche Schuldverhältnisse anzuwendende Recht (ABl. EU Nr. L 177 vom 4.7.2008, S. 6); die Verordnung trat gem. Art. 29 Abs. 1 am 20. Tag nach ihrer Verkündung, also am 24.7.2008, in Kraft. Art. 29 Abs. 2 Rom I-VO sieht vor, dass die Verordnung „ab 17.12.2009" gilt; Art. 28 Rom I-VO ordnet an, dass sie auf Verträge angewandt wird, die „nach dem 17.12.2009" geschlossen werden. Vgl MüKo-BGB/*Martiny*, 6. Aufl. 2015, Vorbem. zu Art. 1 Rom I-VO Rn 16, 20.

2 Gesetz zur Anpassung der Vorschriften des Internationalen Privatrechts an die Verordnung (EG) Nr. 593/2008 vom 25.6.2009 (BGBl. I S. 1574); dazu BT-Drucks. 16/12104.

anzuwendende Recht getroffen, bestimmt sich das anzuwendende Recht nach objektiven Kriterien (sog. **objektive Anknüpfung**). Im Einzelnen:

(2) Subjektive Anknüpfung: Rechtswahl

Bei Geschäftsführerdienstverträgen kann das anzuwendende Recht frei vereinbart werden, eine Verbindung zu einem anderen Staat ist hierfür nicht erforderlich.[3] Als anzuwendendes Recht kann das Recht des Inlandes, das Recht des Auslandes, in das der Geschäftsführer entsandt wurde, oder sogar das Recht eines anderen Landes vereinbart werden. Es ist auch möglich, wenngleich nicht empfehlenswert, nur für Teile des Dienstvertrages auf eine andere Rechtsordnung Bezug zu nehmen, mit der Folge, dass uU auf ein einziges Dienstverhältnis mehrere Rechtsordnungen gleichzeitig Anwendung finden. Erfahrungsgemäß bewahrt es beide Parteien vor Enttäuschungen, wenn ihnen die gewählte Rechtsordnung vertraut und bekannt ist.[4] Meist wird sich die stärkere Partei durchsetzen, wenn den Vertragspartnern nur ihr jeweiliges Heimatrecht bekannt ist. In praktischer Hinsicht ist aber stets zu berücksichtigen, dass die mit etwaigen Streitfällen befassten Gerichte nur ihre jeweilige „Heimat"-Rechtsordnung kennen und bei Anwendung fremden Rechts auf externen Sachverstand angewiesen sind. Die Prozessführung wird damit für beide Seiten erheblich verteuert und verlängert, der Prozessausgang insgesamt unvorhersehbar. Ist bei Vertragserstellung schon absehbar, dass gerichtliche Zuständigkeit und anwendbares Recht auseinanderfallen, sollte die möglichen Vorteile einer solchen Rechtswahl sorgfältig abgewogen werden. 811

(3) Grenzen der Rechtswahl

Die Vertragsparteien können jedoch nicht uneingeschränkt ausländisches Recht wählen. Im Hinblick auf die mögliche Arbeitnehmereigenschaft des Geschäftsführers ist zwischen der Schranke des Art. 8 Rom I-VO und der Schranke des Art. 9 Abs. 1 Rom I-VO für zwingende Eingriffsnormen des jeweiligen Staates zu unterscheiden. Zusätzlich existieren in Art. 6 Rom I-VO Einschränkungen für Verbraucherverträge, zu denen die Anstellungsverträge mit Fremdgeschäftsführern oder Geschäftsführern mit nur unwesentlicher Kapitalbeteiligung wohl im Regelfall zukünftig zu zählen sein werden.[5] 812

Nach der Schranke des Art. 8 Rom I-VO darf die Rechtswahl der Parteien nicht dazu führen, dass dem Arbeitnehmer der Schutz entzogen wird, der ihm durch die zwingenden Bestimmungen des Rechts gewährt wird, das nach Art. 8 Abs. 2 Rom I-VO mangels einer Rechtswahl anzuwenden wäre. Diese findet für das Anstellungsverhältnis eines Geschäftsführers keine Anwendung.[6] Zwar hat das OLG Düsseldorf bei einem Fremdgeschäftsführer die analoge Anwendung von Art. 30 EGBGB vertreten,[7] jedoch wird man richtigerweise Art. 8 Rom I-VO auf abhängig beschäftigte Geschäftsführer nicht anwenden können. Der damit verbundenen umfassenden Einordnung als Arbeitnehmer steht bereits nach materiellem deutschen Recht die Organstellung entgegen, so dass lediglich in Einzelfällen arbeitnehmerschützende Vorschriften entsprechend herangezogen werden können (s. näher § 2 Rn 15, 19 ff).[8] Gleiches gilt für die Beschränkungen des Art. 9 Abs. 1 Rom I-VO, in dessen Anwendungsbereich vor allem das im öffentlichen Interesse aus Gemeinwohlgesichtspunkten getroffene personenbezogene Arbeits- 813

3 Art. 3 Abs. 1 Rom I-VO; beachte aber die Einschränkungen betreffend zwingender Bestimmungen nach Art. 3 Abs. 3 Rom I-VO bei Sachverhalten ohne Auslandsbezug.

4 Vgl *Schlachter*, NZA 2000, 58.

5 Vgl BAG 19.5.2010 – 5 AZR 253/09, NJW 2010, 2827.

6 BeckOK-*Spickhoff*, VO (EG) 593/2008 Art. 8 Rn 7 (Ed. 34) mit Hinweis auf die erforderliche einheitliche Auslegung.

7 OLG Düsseldorf 3.4.2003 – I-6 U 147/02, NZG 2004, 869 f.

8 AA MüKo-BGB/*Martiny*, 6. Aufl. 2015, Art. 8 Rom I-VO Rn 21 mwN.

schutzrecht fällt.[9] Dabei handelt es sich um solche Normen, die eine Bedeutung für das Gemeinwohl haben und über die Individualinteressen der einzelnen Vertragsbeteiligten hinausgehen, zB das Mutterschutzrecht und Schwerbehindertenrecht.[10]

814 Nachdem das BAG herausgestellt hat, dass der nicht wesentlich am Gesellschaftskapital beteiligte Geschäftsführer im Regelfall bei Abschluss des Anstellungsvertrages als Verbraucher iSv § 13 BGB handelt[11] (vgl auch § 2 Rn 122 ff), wird zukünftig weiterhin zu klären sein, inwieweit sich Beschränkungen aus Art. 6 Rom I-VO ergeben können. Danach unterliegt ein Vertrag, den eine natürliche Person zu einem Zweck, der nicht ihrer beruflichen oder gewerblichen Tätigkeit zugerechnet werden kann („Verbraucher"), mit einer anderen Person geschlossen hat, die in Ausübung ihrer beruflichen oder gewerblichen Tätigkeit handelt („Unternehmer"), dem Recht des Staates, in dem der Verbraucher seinen gewöhnlichen Aufenthalt hat, sofern der Unternehmer seine berufliche oder gewerbliche Tätigkeit in dem Staat ausübt, in dem der Verbraucher seinen gewöhnlichen Aufenthalt hat. Im Fall einer Entsendung eines deutschen Geschäftsführers, der bei einer Gesellschaft angestellt werden soll, die ihre gewerbliche Tätigkeit (auch) in der Bundesrepublik Deutschland ausübt, müsste demnach zwingend deutsches Recht gelten, soweit der Anstellungsvertrag ein Verbrauchervertag ist.

(4) Objektive Anknüpfung

815 Wurde das anzuwendende Recht nicht vertraglich gewählt, so bestimmt sich das anzuwendende Recht gem. Art. 4 Rom I-VO nach dem Recht des Staates, zu dem die engsten Verbindungen bestehen. Aus Art. 4 Abs. I lit. b) Rom I-VO ergibt sich die (widerlegbare) Vermutung, dass es bei Dienstleistungsverträgen auf den Sitz des Dienstleistungserbringers ankommt, beim Geschäftsführer also der Ort der Niederlassung regelmäßig maßgeblich ist, in dem der Geschäftsführer seine Leistung erbringt.[12] Aus den Umständen kann sich aber eine engere Verbindung zu einem anderen Staat ergeben, so dass das Recht dieses Staates Anwendung findet. Aufgrund dieser Unsicherheiten empfiehlt sich regelmäßig eine ausdrückliche Rechtswahl. Dabei erscheint die Wahl deutschen Rechts bei Tätigkeit in Deutschland bereits aufgrund der besseren Rechtskenntnis regelmäßig vorzugswürdig.[13]

bb) Erfüllungsort

816 Die Vertragsparteien des Geschäftsführerdienstvertrages können durch eine **Erfüllungsortvereinbarung** die Unsicherheiten über den maßgeblichen Erfüllungsort vermeiden. Da eine Erfüllungsortvereinbarung wie eine Gerichtsstandsvereinbarung wirkt, wird sie nach § 29 Abs. 2 ZPO (wie eine Gerichtsstandsvereinbarung gem. § 38 Abs. 1 ZPO) nur Kaufleuten gestattet. Das europäische Zuständigkeitsrecht enthält für Erfüllungsortvereinbarungen keine ausdrückliche Schranke.[14] Im europäischen Zivilprozessrecht genügt es für eine zuständigkeitsbegründende Erfüllungsortvereinbarung grds., dass sie nach dem auf den Vertrag anwendbaren innerstaatlichen Recht wirksam ist.[15] Ausnahmsweise müssen solche Erfüllungsortvereinbarungen, die nicht den tatsächlichen Leistungsort, sondern nur den Gerichtsstand festlegen wollen, ihrer Funktion entsprechend an der europäischen Norm über Zuständigkeitsvereinbarungen (Art. 25 Brüssel Ia-VO; früher: Art. 23 EuGVVO aF) gemessen werden, die sonst leicht umgangen wer-

9 Kittner/Zwanziger/*Mayer*, Arbeitsrecht Handbuch, § 158 Rn 19.
10 Vgl *Pfeiffer*, EuZW 2008, 622, 627 f; *Reible/Lehmann*, RIW 2008, 528, 543.
11 Vgl BAG 19.5.2010 – 5 AZR 253/09, NJW 2010, 2827.
12 *Erdmann*, NZG 2002, 503.
13 *Erdmann*, NZG 2002, 503.
14 *Kropholler*, Internationales Privatrecht, § 58 III 2 d.
15 EuGH 17.1.1980 – 56/79 (Zelger/Salinitri), Slg 1980, 89; *Kropholler*, Internationales Privatrecht, § 58 III 2 d.

den könnte.[16] Im Falle einer solchen Vereinbarung fehlt es an der unmittelbaren Verbindung zwischen dem Rechtsstreit und dem zur Entscheidung berufenen Gericht, die Art. 5 Nr. 1 EuGVÜ durch das Abstellen auf den Erfüllungsort voraussetzt, während Art. 25 Brüssel Ia-VO auf jeden objektiven Zusammenhang zwischen dem streitigen Rechtsverhältnis und dem vereinbarten Gericht verzichtet und deshalb die Einhaltung strenger Formvorschriften verlangen.

Haben die Vertragsparteien **keine ausdrückliche Regelung** zum Erfüllungsort getroffen, sind zwei verschiedene Ausgangspunkte für dessen Bestimmung denkbar. Entweder wird der Erfüllungsort durch das materielle Recht oder, wenn die Regelungen der Brüssel Ia-VO (zuvor: EuGVVO aF bzw auch „Brüssel I-VO" genannt) anwendbar sind, durch das europarechtliche Prozessrecht festgelegt. Die angesprochene EuGVVO bzw Brüssel I-VO wurde jüngst mit Wirkung zum 10.1.2015 neu gefasst[17] und wird nachfolgend unter der Bezeichnung **„Brüssel Ia-VO"** geführt. 817

Grundsätzlich ist auch hinsichtlich der internationalrechtlichen Rechtsquellen bzgl der Vorgaben für die Bestimmung und Festlegung der Gerichtsstände zu differenzieren. Neben dem allgemeinen europäischen Zivilprozessrecht aus der Brüssel Ia-VO, welches sich in seiner Anwendbarkeit auf die Mitgliedstaaten der Europäischen Union beschränkt, finden sich auch Gerichtsstände aus seinem Vorgänger, dem völkerrechtlichen Übereinkommen über die gerichtliche Zuständigkeit in Handels- und Zivilsachen (EuGVÜ), welches weiterhin in der Beziehung der EU-Staaten zu den weiteren Vertragsstaaten, wie etwa der Schweiz und Norwegen, weiterhin anwendbar bleibt. Eine Bestimmung des Erfüllungsortes durch das materielle Recht erfolgte vor Inkrafttreten der EuGVVO für Art. 5 Nr. 1 EuGVÜ[18] und den gleichlautenden § 29 ZPO, der außerhalb des Anwendungsbereichs des Art. 5 Nr. 1 EuGVÜ anzuwenden war.[19] Nach beiden Vorschriften ist der Erfüllungsort nach demjenigen Recht zu bestimmen, das nach dem Kollisionsrecht des erkennenden Gerichts auf den Vertrag anwendbar ist (sog. *lex causae*).[20] Dagegen sieht das europäische Zivilprozessrecht in Art. 7 Nr. 1 lit. b) Brüssel Ia-VO für die Vertragstypen Warenkauf und Dienstleistung eine prozessrechtlich autonome Festlegung des Erfüllungsortes vor, die vom anwendbaren materiellen Recht gelöst ist und die mit der Koppelung verbundene Nachteile vermeidet. Die Vorschrift bestimmt den Erfüllungsort autonom als Ort, an dem die charakteristischen Leistungen erbracht worden sind oder hätten erbracht werden müssen. Ansonsten stimmen der völkerrechtliche Art. 5 Nr. 1 lit. b) EuGVÜ und der für das Gebiet der EU-Mitgliedstaaten vorrangige Art. 7 Nr. 1 lit. b) Brüssel Ia-VO weitgehend überein. 818

Bei einem Geschäftsführerdienstvertrag kommt es gem. Art. 7 Nr. 1 lit. b) Brüssel Ia-VO darauf an, wo die Dienstleistungen des Geschäftsführers erbracht worden sind oder hätten erbracht werden müssen, sofern nichts anderes vereinbart ist. Soweit der Anwendungsbereich des Art. 7 Nr. 1 lit. b) Brüssel Ia-VO in Verbraucher- und Arbeitssachen durch die Sonderregelungen der Art. 17–23 Brüssel Ia-VO verdrängt werden kann, ist er bei Fremdgeschäftsführern, die Arbeitnehmer und/oder Verbraucher sind, nicht eröffnet. In diesem Fall kommt es für Fragen des Gerichtsstands nicht auf den Erfüllungsort an. 819

16 EuGH 20.2.1997 – 106/97 (MSG/Les Gravieres Rhenanes), Slg 1997, I-911; *Kropholler*, Internationales Privatrecht, § 58 III 2 d.

17 Verordnung (EU) Nr. 1215/2012 des Europäischen Parlaments und des Rates vom 12. Dezember 2012 über die gerichtliche Zuständigkeit und die Anerkennung und Vollstreckung von Entscheidungen in Zivil- und Handelssachen (Neufassung) (ABl. L 351 vom 20.12.2012, S. 1), geändert durch Verordnung (EU) Nr. 542/2014 des Europäischen Parlaments und des Rates vom 15. Mai 2014 (ABl. L 163 S. 1); dazu *Hau*, MDR 2014, 625.

18 EuGH 6.10.1976 – 12/76 (Tessili/Dunlop), Slg 1976, 1473.

19 *Kropholler*, Internationales Privatrecht, § 58 III 2.

20 BAG 20.8.2003 – 5 AZR 45/03, NZA 2004, 58.

cc) Internationale Zuständigkeit und Zuständigkeitsvereinbarung

(1) Generelle Bedeutung von Gerichtsstandsvereinbarungen bei grenzüberschreitenden Sachverhalten

820 Die Bedeutung von Gerichtsstandsvereinbarungen bei Geschäftsführerdienstverträgen mit grenzüberschreitendem Charakter ist erheblich. Es dient der Rechtsklarheit, wenn durch Festlegung eines ausschließlichen Gerichtsstands die konkurrierende Zuständigkeit der Gerichte mehrerer Staaten beseitigt wird.[21] Eine Gerichtsstandsvereinbarung ist jedoch nur zulässig, wenn keine ausschließliche internationale Zuständigkeit besteht, sondern eine konkurrierende internationale Zuständigkeit vorliegt. So sind etwa die deutschen Gerichte für eine auf § 64 GmbHG gestützte Haftungsklage für Zahlungen nach Zahlungsunfähigkeit oder Überschuldung international zuständig, wenn sich der Sitz der Gesellschaft in Deutschland befindet.[22] Dabei kommt es insoweit nicht darauf an, ob diese Forderungen als Ansprüche aus unerlaubter Handlung zu qualifizieren sind, ob auf § 64 GmbHG gestützte Klagen wegen der bestehenden Parallelen zu Insolvenzanfechtungsklagen insolvenzrechtlich eingeordnet werden könnten oder ob es sich um vertragliche Ansprüche handelt.[23]

(2) Gerichtsstände bei Sachverhalten mit Berührungspunkten über die EU hinaus

821 Während die Vertragsparteien die Frage des anwendbaren Rechts grds. frei vertraglich vereinbaren werden können, ist die Frage des Gerichtsstands durch die **Brüssel Ia-VO**[24] und das **Lugano-Übereinkommen** über die Vollstreckung gerichtlicher Entscheidungen im Zivil- und Handelssachen sowie das **deutsche Zivilprozessrecht** geregelt (s. näher § 1 Rn 2451 ff). Diese zT nationalstaatlichen, zT internationalen Regelungen entscheiden über die Frage, **welches Gericht zuständig** und damit **welches Verfahrensrecht anwendbar** ist.[25] Das Europarecht gewinnt zunehmend an Bedeutung, daneben finden für Nicht-EU-Staaten völkerrechtliche Verträge Anwendung. Die internationalen Regelungen gehen dem nationalen Recht vor,[26] selbst wenn sie älter sind. Sie sind „von Amts wegen" von deutschen Gerichten in allen Instanzen zu prüfen und zu beachten, § 293 ZPO. Die Bedeutung der internationalen Zuständigkeit ist hoch, da sie oft auch über das materiell anwendbare Recht entscheidet.[27] Wenn der klagenden Partei verschiedene Gerichtsstände zur Wahl stehen, kann diese über die Entscheidung für ein in- oder ausländisches Gericht versuchen, ein bestimmtes Recht zur Anwendung zu bringen. Man spricht bei Fällen der berechnenden eigennützigen Auswahl von Gerichtsständen – in Anlehnung an entsprechende Vorgänge insb. in den USA – vom **„forum shopping"**.[28] Grundsätzlich sind zur Bestimmung der internationalen Zuständigkeit der deutschen Gerichte die Regelungen der Brüssel Ia-VO oder des Luganer Übereinkommens vorrangig anzuwenden.[29]

---

21 *Kropholler*, Internationales Privatrecht, § 58 IV 2.

22 OLG Köln 9.6.2011 – 18 W 34/11, NZI 2012, 52.

23 OLG Köln 9.6.2011 – 18 W 34/11, NZI 2012, 52.

24 Die Brüssel Ia-VO hat in allen EU-Staaten einschließlich Dänemark, das über eine Abkommensregelung einbezogen ist, das EuGVÜ verdrängt.

25 Das internationale Verfahrensrecht wird demnach von der *lex fori* bestimmt.

26 Zum Vorrang des Europäischen Gemeinschaftsrechts: *Kropholler*, Internationales Privatrecht, § 10 (Vor 1.); zum Vorrang der zwischenstaatlichen Abkommen: *Kropholler*, Internationales Privatrecht, § 56 III.

27 *Kropholler*, Internationales Privatrecht, § 58 II.

28 MüKo-ZPO/*Patzina*, § 12 Rn 103; *Kropholler*, Internationales Privatrecht, § 58 VI, dort auch zur Abwehrstrategie des *forum non conveniens* durch die Gerichte in einigen Rechtsordnungen außerhalb Deutschlands, § 58 VII.

29 BGH 8.12.2010 – 10 AZR 562/08, NZA-RR 2012, 320.

(3) Internationale Zuständigkeit unter der Brüssel Ia-VO

Mit Wirkung zum 1.3.2002 trat die Europäische Gerichtsstands- und Vollstreckungsverordnung (**EuGVVO**)[30] in Kraft und ersetzte für den Bereich der EU-Staaten das noch als völkerrechtlicher Vertrag verfasste Europäische Gerichtsstands- und Vollstreckungsübereinkommen (**Brüsseler Abkommen, EuGVÜ**)[31] für 14 von damals 15 EU-Staaten im Verhältnis zueinander. Nicht angeschlossen hatte sich zunächst Dänemark. Seit 1.7.2007 ist durch das Abkommen zwischen der EU und Dänemark über die gerichtliche Zuständigkeit und die Anerkennung und Vollstreckung von Entscheidungen in Zivil- und Handelssachen vom 19.10.2005[32] die EuGVVO auch auf die Beziehungen zwischen Dänemark und den übrigen Mitgliedstaaten anwendbar.[33] Die EuGVVO (auch „Brüssel I-VO" genannt) wurde mit Wirkung zum 10.1.2015 neu gefasst und wird nachfolgend als **„Brüssel Ia-VO"** bezeichnet (s. auch § 2 Rn 817). 822

Inhaltlich betraf die Änderung bzw Neufassung in erster Linie die „gemeinsamen Gerichte" mehrerer Mitgliedstaaten nach den Art. 71 a–71 d Brüssel Ia-VO und die Einfügung unterschiedlicher Begriffsbestimmungen in Art. 2 und 3 Brüssel Ia-VO, so dass sich zwar die fortlaufende Nummerierung geändert hat, sich hinsichtlich der hier zu thematisierenden gesetzlichen Gerichtsstände und den Möglichkeiten von Gerichtsstandsvereinbarungen aber keine Neuerungen ergeben. Die Auslegungskompetenz für die Brüssel Ia-VO liegt auch wie bei der Brüssel I-VO weiterhin beim EuGH,[34] so dass eine einheitliche Anwendung und Weiterentwicklung gesichert ist. 823

Die Brüssel Ia-VO gilt als Bestandteil der europäischen Rechtsordnung (sog. *acquis communautaire*) auch für alle neuen EU-Mitgliedstaaten, also auch für die zuletzt aufgenommenen Staaten Bulgarien, Rumänien und Kroatien. Als europarechtliche Verordnung ist die Brüssel Ia-VO in allen EU-Mitgliedstaaten unmittelbar geltendes Recht, lediglich in Dänemark gilt sie über die dargestellte Verweisung des genannten Abkommens. Einer Umsetzung in nationales Recht durch entsprechende Gesetze der Mitgliedstaaten bedarf eine EU-Verordnung – im Gegensatz zur Richtlinie – nicht. Die Regelungen des im Laufe der Jahre immer wieder modifizierten EuGVÜ sind im Wesentlichen unverändert in die neue Brüssel Ia-VO (damals noch: EuGVVO bzw Brüssel I-VO) übernommen worden, so dass nachfolgend eine kurze Darstellung der Brüssel Ia-VO mit einigen Hinweisen auf die Vorläuferregelungen im EuGVÜ erfolgt. Aufgrund der Anmerkungen der EU-Kommission in ihrem turnusmäßigen Bericht zur EuGVVO (jetzt: Brüssel Ia-VO) vom 21.4.2009[35] und dem gleichzeitig vorgelegten Grünbuch[36] ist mit weiteren Änderungen der Verordnung zu rechnen; es handelt sich ersichtlich um ein noch im Aufbau befindliches Normensystem.[37] Dies ist auch erkennbar an den weiteren Aktivitäten der EU im Bereich der Erleichterung und Vereinheitlichung der Zivilverfahren, wie zB der Verordnung zur Zustellung von Schriftstücken in Gerichtsverfahren innerhalb der EU,[38] 824

30 Verordnung (EG) Nr. 44/2001 des Rates vom 22.12.2000 über die gerichtliche Zuständigkeit und die Anerkennung und Vollstreckung von Entscheidungen in Zivil- und Handelssachen (ABl. EG Nr. L 12 vom 16.1.2001, S. 1; ber. ABl. EG Nr. L 307 vom 24.11.2001, S. 28).

31 Zuletzt gültig für alle damaligen 15 EU-Mitgliedstaaten, für Belgien allerdings noch in der „alten Fassung" des dritten Beitrittsübereinkommens vom 26.5.1989; hierzu *Jayme/Kohler*, IPRax 2001, 501, 506.

32 ABl. (EG) L 299 vom 16.11.2005, S. 62, 64.

33 Mitteilung in ABl. (EG) L 94 vom 4.4.2007, S. 70.

34 Vgl Musielak/*Stadler*, ZPO, Europäisches Zivilprozessrecht, Vorbem. Rn 4.

35 EU-Kommission Dok. KOM (2009) 176 endg.

36 EU-Kommission Dok. KOM (2009) 175 endg.

37 *Wagner*, NJW 2009, 1911, 1913.

38 Verordnung (EG) Nr. 1348/2000 des Rates vom 29.5.2000 über die Zustellung gerichtlicher und außergerichtlicher Schriftstücke in Zivil- oder Handelssachen in den Mitgliedstaaten (ABl. EG Nr. L 160 vom 30.6.2000, S. 37); für Deutschland konkretisiert durch das Gesetz zur Durchführung gemeinschaftsrechtlicher Vorschriften über die Zustellung gerichtlicher und außergerichtlicher Schriftstücke in Zivil- oder Handelssachen in den Mitgliedstaaten (EG-Zustellungsdurchführungsgesetz – ZustDG) vom 9.7.2001 (BGBl. I S. 1536).

die die umständliche Zustellung über die diplomatischen Vertretungen abkürzt. Eine weitere Verordnung erleichtert grenzüberschreitende Beweisaufnahmeverfahren der Gerichte in Zivil- und Handelssachen.[39]

825 **Sachlich** gilt die Brüssel Ia-VO für Zivil- oder Handelssachen, ohne dass es auf die Art der Gerichtsbarkeit ankommt; hierunter fallen also auch Arbeits- und Dienstverhältnisse (Art. 1 Abs. 1 S. 1 Brüssel Ia-VO).

826 Die Brüssel Ia-VO gilt grds. **persönlich** bereits, wenn der Beklagte einen Wohnsitz in einem Mitgliedstaat hat (Art. 4 Abs. 1 Brüssel Ia-VO). Für Unternehmen steht deren Sitz dem Wohnsitz natürlicher Personen gleich (Art. 4 Abs. 1, 63 Brüssel Ia-VO). Bis auf wenige, ausdrücklich in Kapitel II in den Abschnitten 2–7 der Brüssel Ia-VO geregelten Ausnahmen, sind diese Regelungen nicht durch Parteivereinbarung abdingbar (Art. 5 Abs. 1 Brüssel Ia-VO). Richtet sich die Klage gegen mehrere Beklagte, reicht es idR aus, wenn ein Beklagter seinen Wohnsitz oder Sitz im Geltungsbereich der Brüssel Ia-VO hat (Art. 8 Nr. 1 Brüssel Ia-VO).

827 Der **zeitliche Anwendungsbereich** der Regelungen der Brüssel Ia-VO ist eröffnet, wenn die Voraussetzungen dafür zum Zeitpunkt der Klageerhebung vorliegen; eine spätere Änderung ist unbeachtlich.[40] Die gleichen Regeln gelten übrigens auch nach der ZPO. In fast allen Rechtsordnungen besteht der Grundsatz, dass die einmal begründete Zuständigkeit des Gerichts durch einen Wegfall der örtlichen Zuständigkeit nicht mehr berührt wird, sondern fortbesteht (*perpetuatio fori*).[41]

828 Neben dem **allgemeinen Gerichtsstand** des (Wohn-)Sitzes gem. Art. 4 Abs. 1, Art. 5 Abs. 1, Art. 62, 63 Brüssel Ia-VO bestehen weitere, **besondere Gerichtsstände**. Freilich ist stets die Vorfrage zu beantworten, ob das Organmitglied als Arbeitnehmer zu qualifizieren ist oder nicht. Die Qualifikation erfolgt autonom unter Beachtung der Bestimmungen der Rom I-VO.[42]

829 Ist der **Geschäftsführer nicht Arbeitnehmer**, kann neben dem allgemeinen Gerichtsstand von Sitz/Wohnsitz an dem Ort geklagt werden, an dem die streitige Dienstverpflichtung vertragsgemäß erbracht worden ist oder hätte erbracht werden müssen, Art. 7 Nr. 1 lit. b) 2. Var. Brüssel Ia-VO (vormals und weiterhin für Sachverhalte mit Auslandsberührung mit Vertragsstaaten außerhalb der EU: allgemeiner Erfüllungsort, Art. 5 Nr. 1 EuGVÜ). Weiterhin ist für Klagen aus unerlaubter Handlung der Gerichtsstand überall dort gegeben, wo das schädigende Ereignis eingetreten ist oder einzutreten droht (Art. 7 Nr. 2 Brüssel Ia-VO). Nur für Klagen des Organmitglieds gegen das Unternehmen[43] gibt es schließlich den besonderen Gerichtsstand der Niederlassung, Art. 7 Nr. 5 Brüssel Ia-VO. Diese Bestimmung gilt jedoch nur, wenn der Sitz des Unternehmens ebenfalls im geografischen Geltungsbereich der Brüssel Ia-VO liegt. Ansonsten gilt – für Niederlassungen in Deutschland – Art. 6, 63 Brüssel Ia-VO, § 21 ZPO.

830 Ist der **Geschäftsführer als Arbeitnehmer zu qualifizieren**, gelten die besonderen Gerichtsstände in Arbeitssachen. Diese verdrängen die allgemeinen Gerichtsstände.[44] Sie werden nach der Brüssel Ia-VO unterschiedlich gebildet, je nachdem, ob der Arbeitgeber oder der Arbeitnehmer verklagt wird. Richtet sich die Klage **gegen den Arbeitnehmer**, zB weil er gegen ein nachver-

---

39 Verordnung (EG) Nr. 1206/2001 des Rates vom 28.5.2001 über die Zusammenarbeit zwischen den Gerichten der Mitgliedstaaten auf dem Gebiet der Beweisaufnahme in Zivil- oder Handelssachen (ABl. EG Nr. L 174, S. 1) mit Wirkung zum 1.7.2001; s. ferner Verordnung (EG) Nr. 44/2001 des Rates vom 22.12.2000 über die gerichtliche Zuständigkeit und die Anerkennung und Vollstreckung von Entscheidungen in Zivil- und Handelssachen (ABl. EG Nr. L 12 vom 16.1.2001).

40 Zum maßgeblichen Zeitpunkt allgemein: EuGH, Urt. v. 13.11.1979, NJW 1980, 1218; zur Maßgeblichkeit nach dem EuGVÜ: Zöller/*Vollkommer*, § 38 ZPO Rn 5; vgl auch Art. 66 f Brüssel Ia-VO zum intertemporären Kollisionsrecht.

41 *Kropholler*, Internationales Privatrecht, § 58 VIII 4; *Mauer*, FA 2002, 130.

42 *Däubler*, NZA 2003, 1297, 1299; MüKo-ZPO/*Gottwald*, 4. Aufl. 2013, Art. 18 EuGVO Rn 2 mwN.

43 *Kropholler*, Internationales Privatrecht, § 58 III 4; zum EuGVÜ übereinstimmend: Zöller/*Geimer*, Art. 5 EuGVÜ Rn 22 f; *Mauer*, FA 2002, 130, 131.

44 *Däubler*, NZA 2003, 1297, 1299; MüKo-ZPO/*Gottwald*, 4. Aufl. 2013, Art. 18 EuGVO Rn 2 iVm Art. 21 EuGVO Rn 1.

tragliches Wettbewerbsverbot verstößt, so kann er nur vor den Gerichten desjenigen Mitgliedstaates verklagt werden, in dem er aktuell seinen Wohnsitz hat (Art. 22 Abs. 1 Brüssel Ia-VO). **Gegen den Arbeitgeber** kann hingegen nach Wahl des Arbeitnehmers dort geklagt werden, wo er seinen Sitz hat, aber auch am Ort einer Niederlassung (Art. 21 Brüssel Ia-VO).[45] Für Arbeitssachen stellt Art. 20 Abs. 2 Brüssel Ia-VO klar, dass eine Zweigniederlassung, Agentur oder sonstige Niederlassung dem Sitz des Unternehmens gleichgestellt ist. Der Arbeitgeber kann ferner auch in dem Mitgliedstaat verklagt werden, in dem der Arbeitnehmer gewöhnlich seine Arbeit verrichtet[46] oder zuletzt gewöhnlich verrichtet hat, Art. 21 Abs. 1 lit. a) i) Brüssel Ia-VO. Außerdem kann der Arbeitnehmer, wenn er gewöhnlich in mehreren Staaten seine Arbeit verrichtet oder verrichtet hat, vor dem Gericht des Ortes seine Klage einreichen, an dem sich die Niederlassung befindet, die ihn eingestellt hat, Art. 21 Abs. 1 lit. b) ii) Brüssel Ia-VO.

(4) Lugano-Übereinkommen und andere Staatsverträge

831 Soweit die Brüssel Ia-VO nicht anwendbar ist, kommen vorrangig vor dem nationalen Recht der einzelnen Staaten bi- oder multilaterale Staatsverträge zur Anwendung, um das zuständige Gericht zu bestimmen. Im europäischen Raum wichtig ist das **Lugano-Abkommen**, das im Verhältnis der EU-Staaten zu den EFTA-Staaten Island, der Schweiz und Norwegen gilt.[47] Es entspricht inhaltlich im Wesentlichen dem EuGVÜ und wurde im Rahmen einer erneuten Revision[48] noch genauer an die Brüssel Ia-VO (zu diesem Zeitpunkt noch Brüssel I-VO) angepasst.[49] Der Erfüllungsort iSd Art. 5 Nr. 1 Alt. 1 LugÜ ist nicht vertragsautonom, sondern nach dem Recht zu bestimmen, das nach den Kollisionsnormen des mit dem Rechtsstreit befassten Gerichts für streitige Verpflichtungen maßgeblich ist.[50] Liegt der Erfüllungsort in Deutschland, hat der Geschäftsführer die Pflichten aus dem Dienstvertrag regelmäßig am Sitz der Gesellschaft zu erfüllen.[51] Ein GmbH-Geschäftsführer hat seine Pflichten auch dann am Sitz der Gesellschaft zu erfüllen, wenn er im Ausland ansässig ist und auch überwiegend dort arbeitet, es sei denn, es ist etwas anderes eindeutig vereinbart.[52] Das Luganer Übereinkommen kann selbst dann Anwendung finden, wenn beide Parteien ihren Wohnsitz im Inland haben, aber weitere maßgebliche Bezugspunkte auf einen sog. Luganer Staat (zB die Schweiz) verweisen.[53] Solche hinreichende Bezugspunkte zu einem anderen Vertragsstaat des Luganer Übereinkommens können darin liegen, dass schweizerisches Arbeitsrecht zur Anwendung kommen und die Arbeitsleistung in der Schweiz erbracht werden soll.[54]

832 Andere Staatsverträge betreffen meist spezielle Materien außerhalb der Gerichtsstandsfrage.[55] Die sog. **Haager Konferenz für Internationales Privatrecht** bemüht sich zudem um ein internationales Abkommen über den Europäischen Raum hinaus.[56]

45 MüKo-ZPO/*Gottwald*, 4. Aufl. 2013, Art. 20 EuGVO Rn 1; LAG Nürnberg 24.11.1998 – 6 Sa 474/97, BeckRS 1998, 30465405.

46 Zum Begriff des gewöhnlichen Arbeitsortes: EuGH 1.12.1995 – Rs. C-383/95 (Rutten), AP § 38 ZPO Internationale Zuständigkeit Nr. 14; EuGH 9.1.1997 – Rs. C 383/95 (Rutten), NJW 1997, 2668; BAG 12.6.1986 – 2 AZR 398/85, NJW-RR 1988, 482; *Junker*, ZZPInt 1998, 179 ff; *Mankowski*, IPRax 1999, 332 ff; vgl auch *Däubler*, NZA 2003, 1297.

47 *Jayme/Kohler*, IPRax 2000, 454, 462.

48 Zu den Zeitpunkten des Inkrafttretens in den einzelnen Ländern vgl *Wagner*, NJW 2009, 1911, 1913.

49 *Dietze/Schnichels*, EuZW 2009, 33.

50 BAG 20.8.2003 – 5 AZR 45/03, NZA 2004, 58.

51 BFH 15.11.1971 – GrS 1/71, BStBl. II 1972, S. 68; OLG Celle 12.1.2000 – U 126/99, RIW 2000, 710 mwN.

52 OLG Celle 12.1.2000 – U 126/99, RIW 2000, 710.

53 BGH 8.12.2010 – 10 AZR 562/08, NZA-RR 2012, 320.

54 BGH 8.12.2010 – 10 AZR 562/08, NZA-RR 2012, 320.

55 *Kropholler*, Internationales Privatrecht, § 56 III 3.

56 *Wagner*, IPRax 2001, 533 ff.

(5) Zuständigkeit nach deutschem Prozessrecht

833 Die allgemeinen Regelungen der einzelnen Staaten gelten subsidiär dann, wenn kein höherrangiges internationales Abkommen oder unmittelbar geltendes EU-Recht greift.[57] Ebenso bei reinen Inlandsfällen wie bei solchen Fällen, die zwar Auslandsberührung haben, aber keinen Anknüpfungspunkt, der zur Anwendung überstaatlichen Rechts führt, verbleibt es für Deutschland bei den Regelungen der ZPO. Die ZPO regelt allgemeine internationale Kollisionsfälle, um das international zuständige Gericht zu bestimmen, soweit nicht die höherrangigen Regelungen der Brüssel Ia-VO, des EuGVÜ oder des Lugano-Übereinkommens eingreifen. Es gilt der Grundsatz, dass die internationale Zuständigkeit der örtlichen Zuständigkeit eines deutschen Gerichts folgt.[58] Die örtliche Zuständigkeit richtet sich wiederum nach den §§ 12 ff, 38 ff ZPO. Die Regeln zur internationalen Zuständigkeit der ZPO greifen zudem mit oder ohne Gerichtsstandsvereinbarung der Parteien.

(6) Gerichtsstandsvereinbarung

834 Obgleich die Zulässigkeit von Gerichtsstandsvereinbarungen zwischen den Arbeitsvertragsparteien in und außerhalb Deutschlands eingeschränkt ist, enthalten viele Geschäftsführerdienstverträge mit internationalem Bezug Gerichtsstandsvereinbarungen.[59] Rechtstechnisch kann man zwischen Prorogation, Derogation und rügeloser Einlassung unterscheiden.

835 Als **Prorogation** bezeichnet man die positive Vereinbarung eines bestimmten Gerichts oder eines Gerichtsbezirks.[60] Sie ist auch als negative Abbedingung eines Gerichts oder aller inländischen Gerichte eines Staates zulässig. In diesem Fall spricht man von **Derogation**. Soweit Gerichtsstandsklauseln anerkannt werden, sind beide Formen sowohl nach der Brüssel Ia-VO als auch nach der ZPO zulässig, Art. 25 Brüssel Ia-VO, §§ 38, 40 ZPO. Im Rahmen der Gerichtsstandsklausel können die Parteien sowohl den Rechtsweg als auch die örtliche und damit internationale Zuständigkeit festlegen.

836 Eine **Vereinbarung über den Rechtsweg** zu den Gerichten für Arbeitssachen lässt § 2 Abs. 4 ArbGG in engen Grenzen zu. Danach können Personen, die kraft Gesetzes als Vertretungsorgan berufen und daher keine Arbeitnehmer sind, mit der juristischen Person die Rechtswegzuständigkeit der Gerichte für Arbeitssachen in bürgerlichen Rechtsstreitigkeiten vereinbaren.

837 Bei **Rechtsstreitigkeiten ohne Auslandsberührung** oder mit Berührung ausländischer Staaten, die nicht dem Anwendungsbereich der Brüssel Ia-VO unterfallen, sind Gerichtsstandsvereinbarungen nur unter den engen Voraussetzungen des § 38 ZPO zulässig, etwa wenn beide Vertragsparteien Kaufleute sind oder die Vereinbarung nach dem Entstehen der Streitigkeit geschlossen wird. Eine Gerichtsstandsvereinbarung kann auch von Nichtkaufläuten wirksam **vor Entstehung eines Streitfalles** getroffen werden, wenn mindestens eine der Parteien keinen allgemeinen Wohnsitz im Inland hat, § 38 Abs. 2 ZPO. Wenn eine der Parteien einen Wohnsitz in Deutschland hat, so kann allerdings in Deutschland nur die Zuständigkeit desjenigen Gerichts vereinbart werden, bei dem diese Partei den allgemeinen Gerichtsstand hat. Für die Prorogation eines ausländischen Gerichts gilt diese Einschränkung nicht. Häufiger Anwendungsfall des § 38 Abs. 2 ZPO ist die Rückkehr eines ausländischen Arbeitnehmers in sein Heimatland.[61] § 38 Abs. 2 ZPO greift freilich nur dann, wenn nicht die höherrangige Brüssel Ia-VO oder das Luganer Übereinkommen anwendbar ist.

838 Weiterhin besteht – ohne supranationale Berührungspunkte – immer die Möglichkeit, dass sich die Parteien **nach Entstehen der Streitigkeit** auf ein Gericht verständigen, das eigentlich nicht

57 *Mauer*, FA 2002, 130.

58 St Rspr seit BGH 14.6.1965 – GSZ 1/65, BGHZ 44, 46, 47.

59 Allgemein zu Gerichtsstandsvereinbarungen: *Kropholler*, Internationales Privatrecht, § 58 IV; zum Verhältnis der ZPO zu Art. 17 EuGVÜ: *Franzen*, RIW 2000, 81 ff.

60 Zöller/*Vollkommer*, § 38 ZPO Rn 1 b.

61 *Schrader*, Rechtsfallen in Arbeitsverträgen, Rn 583.

zuständig wäre. Ergeben sich demnach in einem Individualarbeitsverhältnis oder einem Anstellungsvertrag Streitigkeiten, ist für diese eine Gerichtsstandsvereinbarung nur zulässig, wenn sie nach Entstehung der Streitigkeit getroffen wird.[62] Dies kann ausdrücklich in einer Vereinbarung oder auch stillschweigend durch Beteiligung an einem Verfahren geschehen. In diesem Fall spricht man von **rügeloser Einlassung**, weil die beklagte Partei die Unzuständigkeit rügen könnte, diesen Einwand jedoch unterlässt. Ohne Rüge muss das Gericht über den Fall entscheiden, wenn das nationale Recht am Ort des Gerichts, die sog. *lex fori*, dies nicht verbietet. Sowohl die ZPO als auch die Brüssel Ia-VO sehen die Möglichkeit der Zuständigkeit aufgrund rügeloser Einlassung vor, Art. 26 Brüssel Ia-VO bzw § 39 ZPO.

Bei dienstvertraglichen **Rechtsstreitigkeiten mit Auslandsberührung** ist zwischen dienstvertraglichen Rechtsstreitigkeiten innerhalb und außerhalb des Anwendungsbereichs der Brüssel Ia-VO zu unterscheiden, so dass über Zulässigkeit und Wirkung einer Gerichtsstandsvereinbarung in Deutschland Art. 25 Brüssel Ia-VO einerseits und §§ 38, 40 ZPO andererseits entscheiden. Das Recht der Gerichtsstandsvereinbarung ist daher Teil der internationalen Zuständigkeitsordnung, die jeder Staat für seine Gerichte aufstellt.[63] 839

Für Gerichtsstandsvereinbarungen mit einem Geschäftsführer, die in den **Anwendungsbereich der Brüssel Ia-VO** fallen, kommt es entscheidend darauf an, ob der Geschäftsführer nach dem anwendbaren materiellen Recht als Arbeitnehmer einzuordnen ist. Diese Vorfrage muss entschieden werden, allerdings wird sie von Rechtsordnung zu Rechtsordnung unterschiedlich beantwortet. Zuletzt hat sich in einer Entscheidung des EuGH am Maßstab der Einordnung des EU-Rechts zum Mutterschutz gezeigt, dass Organvertreter dem europarechtlichen Arbeitnehmerbegriff durchaus unterfallen können, selbst wenn das zugrunde liegende Schuldverhältnis nach nationalem Recht ausdrücklich nicht als Arbeitsvertrag qualifiziert wird.[64] Bevor man in grenzüberschreitenden Verträgen mit Organmitgliedern Gerichtsstandsklauseln vorsieht, sollte man daher prüfen, ob die Organmitglieder nach dem maßgeblichen Recht des jeweiligen Staates nicht als Arbeitnehmer eingestuft werden. Entscheidend ist das kollisionsrechtliche Vertragsstatut. In Deutschland gelten Organmitglieder nach überwiegender Meinung nicht als Arbeitnehmer,[65] so dass der Rechtsweg zu den Arbeitsgerichten grds. verschlossen bleibt.[66] Anders ist die Rechtslage im Vereinigten Königreich. Der *Managing Director* (Geschäftsführer) einer *Private Limited Company* hat zwar ebenfalls eine Doppelrolle als Organ und Dienstnehmer, letztere Rolle ist jedoch die eines Arbeitnehmers.[67] Soweit **Geschäftsführer** in anderen Rechtsordnungen **als Arbeitnehmer** einzuordnen sind, gilt im Anwendungsbereich der Brüssel Ia-VO in Bezug auf die Zulässigkeit von Gerichtsstandsvereinbarungen also die Schutzvorschrift des Art. 23 Brüssel Ia-VO. Außerhalb davon sind die jeweiligen nationalstaatlichen Zuständigkeitsregeln maßgeblich. Nach Art. 23 Brüssel Ia-VO darf die Vereinbarung nur zu einem abweichenden Gerichtsstand führen, wenn sie nach Entstehung der Streitigkeit getroffen wurde oder wenn dem Arbeitnehmer dadurch die Befugnis eingeräumt wird, andere Gerichte anzurufen. Nach der ZPO gelten im Prinzip die gleichen Beschränkungen: Entweder wird die Vereinbarung erst nach Entstehung der Streitigkeit getroffen (§ 38 Abs. 3 ZPO) oder sie muss zwischen Kaufleuten iSd Handelsgesetzbuches geschlossen worden sein (§ 38 Abs. 1 ZPO). Letztere Alternative scheidet für den Geschäftsführer in aller Regel mangels Kaufmannseigenschaft aus. 840

62 BGH 8.12.2010 – 10 AZR 562/08, NZA-RR 2012, 320; LAG Nürnberg 22.4.2008 – 7 Sa 918/06, IPRspr. 2008, Nr. 130, 437.

63 *Kropholler*, Internationales Privatrecht, § 58 IV 2.

64 Vgl EuGH 11.11.2010 – C-232/09, NJW 2011, 2343.

65 BAG 28.11.1990 – 4 AZR 198/90, EzA § 611 BGB Arbeitnehmerbegriff Nr. 37; *Henssler*, RdA 1992, 289 ff; zur Gegenmeinung: *Diller*, Gesellschafter und Gesellschaftsorgane als Arbeitnehmer, S. 129 ff.

66 BAG 13.5.1996 – 5 AZB 27/95, EzA § 5 ArbGG 1979 Nr. 14.

67 *Deakin/Morris*, Labour Law, Chapter 3.8.3 mit Darstellung der Ausnahmen zu diesem Grundsatz.

841 Sind **Geschäftsführer nicht als Arbeitnehmer** zu qualifizieren, greift im Bereich der Brüssel Ia-VO nicht Art. 23 Brüssel Ia-VO, sondern es gelten die bereits dargestellten beidseitigen Wahlgerichtsstände sowie hinsichtlich der Gerichtsstandsvereinbarung Art. 25 Brüssel Ia-VO. Danach können die Parteien, wenn mindestens eine von ihnen ihren (Wohn-)Sitz im Hoheitsgebiet eines Mitgliedstaates hat, die Zuständigkeit eines Gerichts im Geltungsbereich der Brüssel Ia-VO vereinbaren. Soweit nichts Abweichendes vereinbart wird, ist dieses Gericht ausschließlich zuständig, so dass die daneben bestehenden Wahlgerichtsstände ausscheiden, Art. 25 Abs. 1 S. 2 Brüssel Ia-VO. Die Vereinbarung muss zudem nicht zwingend schriftlich geschlossen werden. Art. 25 Abs. 1 S. 3 Brüssel Ia-VO eröffnet verschiedene Möglichkeiten „unterhalb" der Schriftform.

b) Klauseltypen und Gestaltungshinweise

842 Bevor man in grenzüberschreitenden Verträgen mit Geschäftsführern Rechtswahl-, Erfüllungsort- oder Gerichtsstandsklauseln vorsieht, sollte man prüfen, ob Geschäftsführer nach dem maßgeblichen Recht des jeweiligen Staates nicht als Arbeitnehmer eingestuft werden und die vorstehenden internationalen Rechtsquellen anwendbar sind.

aa) Rechtswahlklauseln

(1) Klauseltyp A

843 **A 1:** Dieser Vertrag unterliegt dem Recht der Bundesrepublik Deutschland.

A 2: Es findet deutsches materielles und prozessuales Recht Anwendung.

A 3: Der vorliegende Vertrag wird in einer deutschen und englischen Fassung ausgefertigt. Die Parteien sind sich darüber einig, dass das Anstellungsverhältnis allein deutschem Recht unterliegt. Im Falle einer streitigen Vertragsauslegung ist die deutsche Fassung maßgeblich.[68]

(2) Gestaltungshinweise

844 Die Parteien eines Geschäftsführerdienstvertrages können jederzeit entsprechend den **Klauseln A 1 und A 2** das Recht frei wählen, dem der Dienstvertrag unterliegen soll (sog. **Rechtswahlklausel**). Allerdings empfiehlt sich nur die Wahl einer Rechtsordnung, die den Parteien vertraut und bekannt ist. Die Vertragsparteien können jederzeit vereinbaren, dass der Vertrag einem anderen Recht unterliegen soll als dem, das zuvor aufgrund einer freien Rechtswahl oder aufgrund anderer Vorschriften für ihn maßgebend war (Art. 3 Abs. 1 Rom I-VO). Soweit Klausel A 2 über die Festlegung des anzuwendenden materiellen Rechts hinaus auch bewirken will, dass unabhängig vom Gerichtsort für Rechtsstreitigkeiten ein bestimmtes Prozessrecht Anwendung findet, ist sie irreführend und unwirksam:[69] Nach dem von der hL vertretenen *lex-fori*-Prinzip wendet jedes Gericht im Rahmen seiner Zuständigkeit das Verfahrensrecht seines Staates an, da es sich um die Anwendung öffentlichen Rechts durch eine Staatsgewalt handelt. Die Parteien können hierüber nicht isoliert bestimmen. Ergibt die Auslegung, dass mit der Klausel eigentlich bestimmt werden sollte, in welchem Staat ein etwaiger Prozess geführt wird,[70] so bestehen in einem Formularvertrag Bedenken wegen der Transparenz, § 307 BGB. Im Übrigen kann die Festlegung der internationalen Zuständigkeit nur unter den Voraussetzungen des § 38 ZPO oder Art. 23 Brüssel Ia-VO wirksam vereinbart werden.

845 In den Fällen, in denen der Vertrag sowohl in deutscher als auch in englischer Fassung ausgefertigt wird, sollten die Vertragsparteien entsprechend der Formulierung der **Klausel A 3** klar-

68 *Weber/Dahlbender*, Verträge für Geschäftsführer und Vorstände, § 17.

69 Preis/*Rolfs*, Der Arbeitsvertrag, II G 20 Rn 35 f.

70 Preis/*Rolfs*, Der Arbeitsvertrag, II G 20 Rn 37.

stellen, welche Textfassung des anzuwendenden Rechts bei der Vertragsauslegung ausschlaggebend sein soll.

bb) Erfüllungsortklauseln

(1) Klauseltyp B

Erfüllungsort für die Dienstleistung ist der Sitz des Unternehmens in (...). 846

(2) Gestaltungshinweise

Die Klausel B sieht eine Vereinbarung des Erfüllungsortes vor (sog. **Erfüllungsortklausel**). Eine 847 solche Vereinbarung hat nur deklaratorische Bedeutung, wenn sie die Rechtslage wiedergibt, die sich aus dem materiellen Recht (Art. 4 Abs. I lit. b) Rom I-VO, § 29 ZPO) oder dem völkerrechtlichen Zivilprozessrecht gegenüber Vertragsstaaten, die nicht EU-Mitgliedstaaten sind, wie etwa Norwegen oder der Schweiz (Art. 5 Nr. 1 lit. b) EuGVÜ), bzw dem EU-Prozessrecht nach Art. 7 Nr. 1 lit. b) Brüssel Ia-VO ergibt. Sie ist daher grds. verzichtbar und hat nur in Ausnahmefällen gem. § 29 ZPO eine prozessuale Bedeutung. Da der Geschäftsführer nicht als Kaufmann (vgl § 39 Abs. 2 ZPO) zu qualifizieren ist, scheidet eine Vereinbarung des Gerichtsstands im Wege einer Erfüllungsortvereinbarung außerhalb des Anwendungsbereichs der Brüssel Ia-VO aus. Soweit die Regelungen der ZPO durch die Brüssel Ia-VO verdrängt werden, müssen die Parteien entsprechend der wahren Klauselfunktion die gesteigerten Formvorschriften von Gerichtsstandsklauseln beachten, vgl Art. 25 Brüssel Ia-VO.

cc) Gerichtsstandsklauseln

(1) Klauseltyp C

C 1: Ausschließlicher Gerichtsstand für alle Streitigkeiten zwischen der Gesellschaft und dem 848 Geschäftsführer ist (...).

C 2: Für den Fall, dass der Geschäftsführer keinen Wohnsitz in der Bundesrepublik Deutschland hat, vereinbaren die Parteien (...) (Sitz der Gesellschaft) als ausschließlichen Gerichtsstand. Gleiches gilt, wenn der Geschäftsführer seinen Wohnsitz oder gewöhnlichen Aufenthaltsort ins Ausland verlegt oder sein Wohnsitz oder gewöhnlicher Aufenthalt zum Zeitpunkt der Klage unbekannt ist.

C 3: Die Parteien vereinbaren die arbeitsgerichtliche Zuständigkeit für alle Streitigkeiten aus dem Geschäftsführerdienstvertrag.

(2) Gestaltungshinweise

Eine vorprozessuale Vereinbarung des Gerichtsstands entsprechend der **Klausel C 1** ist idR 849 gem. § 38 ZPO unwirksam, da der Geschäftsführer nicht als Kaufmann iSd § 38 ZPO zu qualifizieren ist und auch regelmäßig die sonstigen Voraussetzungen des § 38 ZPO nicht vorliegen. Die Klarstellung, ob der gewählte Gerichtsstand ausschließlich gelten soll oder lediglich neben die gesetzlichen Gerichtsstände tritt, ist stets zu empfehlen.[71]

Auch in den Fällen, in denen das europäische Zuständigkeitsrecht der Brüssel Ia-VO anwend- 850 bar ist, ist die Klausel C 1 nicht wirksam, wenn der Geschäftsführer im fremden Staat Arbeitnehmer ist. Ansonsten ist wegen der geringen Anforderungen die Aufnahme der Klausel C 1 rechtlich unbedenklich: Gelten Geschäftsführer in einem fremden Staat nach dortigem Recht **nicht als Arbeitnehmer**, greift im Bereich der Brüssel Ia-VO nicht Art. 23, sondern es gelten die bereits dargestellten beidseitigen Wahlgerichtsstände sowie hinsichtlich der Gerichtsstandsvereinbarung Art. 25 Brüssel Ia-VO. Danach können die Parteien, wenn mindestens eine von ih-

71 Instruktiv dazu die Auslegung einer Gerichtsstandsklausel als nicht ausschließlich in BGH 23.7.1998 – II ZR 286/97, BB 1998, 2283.

nen ihren Sitz im Hoheitsgebiet eines Mitgliedstaates hat, die Zuständigkeit eines Gerichts im Geltungsbereich der Brüssel Ia-VO vereinbaren. Soweit nichts Abweichendes vereinbart wird, ist dieses Gericht dann ausschließlich zuständig, so dass die möglichen daneben bestehenden Wahlgerichtsstände ausscheiden, Art. 25 Abs. 1 S. 2 Brüssel Ia-VO.

851 Die **Klausel C 2** ist zulässig und wirksam, wenn der Geschäftsführer die Voraussetzungen des § 38 Abs. 2 ZPO und/oder des § 38 Abs. 3 Nr. 2 ZPO erfüllt, wenn also beim Geschäftsführer eine erschwerte Rechtsverfolgung besteht. Eine solche Klausel lässt sich auch rein vorsorglich bei Geschäftsführern, deren Tätigkeit einen Auslandsbezug aufweist, etablieren. Für Geschäftsführer mit reinem Inlandsbezug ist sie überflüssig, aber auch unschädlich, da die Klausel unter einer Bedingung steht.

852 Die Klausel C 2 muss nicht zwingend schriftlich geschlossen werden. Art. 25 Abs. 1 S. 3 Brüssel Ia-VO eröffnet verschiedene Möglichkeiten „unterhalb" der Schriftform.[72] Eine schriftliche Bestätigung einer mündlichen Abrede reicht aus. Auch die elektronische Übermittlung der Abrede gilt als ausreichend, soweit sie eine dauerhafte Aufzeichnung ermöglicht. Eine bloß mündlich getroffene Vereinbarung kann genügen, wenn es den Gepflogenheiten entspricht, die zwischen den Parteien entstanden sind, oder die Parteien im internationalen Handel tätig werden und die mündliche Form einem Handelsbrauch gerecht wird, den die Parteien kannten oder kennen mussten, sowie bei Verträgen in Geschäftszweigen, die die mündliche Form allgemein kennen und regelmäßig beachten.

853 Gelten **Geschäftsführer** in einem fremden Staat **als Arbeitnehmer**, kommt Art. 23 Brüssel Ia-VO zur Anwendung. Die Klausel C 1 eröffnet dem Arbeitnehmer allerdings lediglich das Recht, außer an den nach der Verordnung eröffneten Gerichtsständen auch an den vereinbarten Gerichtsständen Klage zu erheben.[73] Der Klausel C 1 kommt daher nur ergänzender, nicht aber verdrängender Charakter zu. Außerhalb des Anwendungsbereichs der Brüssel Ia-VO werden die Grenzen der Derogation nach dem autonomen deutschen internationalen Prozessrecht bestimmt. Haben die Parteien eines Anstellungsvertrages mit Auslandsberührung die Geltung ausländischen Rechts und die ausschließliche Zuständigkeit ausländischer Gerichte vereinbart, dann gilt Folgendes: Die Frage, ob eine Zuständigkeitsvereinbarung zustande gekommen ist, richtet sich nach dem vereinbarten ausländischen Recht. Dagegen ist die Wirkung einer solchen Gerichtsstandsvereinbarung von dem angerufenen deutschen Gericht nach deutschem Recht (*lex fori*) zu beurteilen.[74]

854 Eine Vereinbarung über den Rechtsweg (**Klausel C 3**) zu den Gerichten für Arbeitssachen lässt § 2 Abs. 4 ArbGG in engen Grenzen zu. Danach können Personen, die kraft Gesetzes als Vertretungsorgan berufen und daher keine Arbeitnehmer sind, mit der juristischen Person die Rechtswegzuständigkeit der Gerichte für Arbeitssachen in bürgerlichen Rechtsstreitigkeiten vereinbaren.[75]

---

72 So bislang bereits Art. 17 Abs. 1 EuGVÜ.

73 Preis/*Rolfs*, Der Arbeitsvertrag, II G 20 Rn 39.

74 BAG 29.6.1978 – 2 AZR 973/77, AP § 38 ZPO Internationale Zuständigkeit Nr. 8 mwN; jüngere Rspr existiert, soweit ersichtlich, nicht, dazu *Stichler*, BB 1998, 1531, 1533.

75 *Germelmann/Matthes/Prütting/Müller-Glöge*, ArbGG, § 2 Rn 132 ff.

12. Salvatorische Klauseln

Literatur

Baur, Salvatorische Klauseln, FS Vieregge, 1995, S. 31 ff; *Heidenhain/Meister* (Hrsg.), Münchener Vertragshandbuch: Gesellschaftsrecht, Band 1, 7. Aufl. 2011; *Kamanbrou*, Teilverbindlichkeit überschießender nachvertraglicher Wettbewerbsverbote für GmbH-Geschäftsführer, ZGR 2002, 898; *Michalski/Römermann*, Die Wirksamkeit der salvatorischen Klausel, NJW 1994, 886; *Priester*, Die Gestaltung von GmbH-Verträgen, 6. Aufl. 2005; *Sommer/Weitbrecht*, Salvatorische Klauseln in GmbH-Verträgen, GmbHR 1991, 449; *Willemsen/Grau*, Geltungserhaltende Reduktion und „Besonderheiten des Arbeitsrechts", RdA 2003, 321.

a) Rechtslage im Umfeld

Auch die Vertragsparteien des Geschäftsführerdienstvertrages sehen sich oftmals dem Problem **855** ausgesetzt, dass gem. § 139 BGB die Unwirksamkeit einzelner Klauseln die rechtliche Bestandskraft des gesamten Vertrages gefährdet. Der hiermit verbundenen Rechtsunsicherheit suchen die Parteien mit der Aufnahme sog. **salvatorischer Klauseln** zu begegnen. Solche Klauseln, nach denen an die Stelle der unwirksamen Bestimmungen andere Regelungen treten sollen (**Ersetzungsklauseln**) oder zumindest der übrige Regelungsinhalt weiterhin gelten soll (**Reduktionsklauseln**), finden sich in Geschäftsführerdienstverträgen entweder am Schluss in einer gesonderten Klausel oder als Ergänzung einzelner Klauseln. Das Fehlen einer salvatorischen Klausel kann dazu führen, dass Gesamtnichtigkeit statt Restgültigkeit eintritt.[1]

Die Vereinbarung einer salvatorischen Klausel kann die sich aus dem Gesetz (zB § 138 BGB) **856** ergebenden Rechtsfolgen nicht ändern und führt nicht zu einer weitergehenden, eigenständigen geltungserhaltenden Reduktion, sondern ändert lediglich in Bezug auf die gesetzliche Vermutung des § 139 BGB die Beweislast im Hinblick darauf, ob die Parteien das teilnichtige Geschäft als Ganzes verworfen hätten oder aber den Rest hätten gelten lassen.[2]

Salvatorische Klauseln sind zwar aufgrund des dispositiven Charakters von § 139 BGB grds. **857** zulässig,[3] sie können jedoch im Einzelfall selbst unwirksam sein. Fehlende Wirksamkeit wird bei solchen Klauseln angenommen, die auf eine Umgehung von Verbotsgesetzen und anderen Nichtigkeitsfolgen zielen.[4] Beim **Verbraucher-Geschäftsführer**[5] scheitert die Wirksamkeit der salvatorischen Klausel am Verbot der geltungserhaltenden Reduktion nach § 306 BGB; insoweit kann auf die Ausführungen zum Arbeitsvertragsrecht verwiesen werden (s. § 1 Rn 3182 f). Besonders hinzuweisen ist jedoch darauf, dass einzelne Vertragsklauseln, die individuell ausgehandelt worden sind, nach § 305 b BGB Vorrang haben und keiner Klauselkontrolle unterliegen. Diese Wertung darf nicht durch eine undifferenzierte Anwendung der §§ 305 ff BGB umgangen werden.[6] Zu beachten ist allerdings, dass die einseitig vorgegebene salvatorische Klausel selbst aufgrund von AGB-Mängeln unwirksam sein kann und dann für die Korrektur einzelner unwirksamer Individualklauseln nicht mehr zur Verfügung steht. Da eine AGB-feste Ersetzungs- bzw Reduktionsklausel in einem Vertrag, der sowohl aus einseitig gestellten Klauseln als auch aus Individualklauseln besteht, wegen des klaren Widerspruchs zu § 306 Abs. 2 BGB nicht möglich ist,[7] müsste die salvatorische Klausel daher auch selbst als Individualabrede von der Klauselkontrolle ausgenommen werden. Möglich erscheint auch, die salvatorische Klausel in die Individualvereinbarungen, auf deren Wirksamkeit es den Vertragsparteien ankommt, zu integrieren.

1 BGH 15.3.1989 – VIII ZR 62/88, NJW-RR 1989, 800, 801; *Kamanbrou*, ZGR 2002, 898, 890.
2 OLG Nürnberg 25.11.2009 – 12 U 681/09, GmbHR 2010, 141.
3 BGH 25.6.1973 – II ZR 133/70, WM 1973, 900, 902.
4 MüKo-BGB/*Mayer-Maly/Busche*, § 139 Rn 8.
5 Zum Begriff *Hümmerich*, NZA 2006, 709.
6 BAG 25.5.2005 – 5 AZR 572/04, NZA 2005, 1111, 1115.
7 BAG 25.5.2005 – 5 AZR 572/04, NZA 2005, 1111, 1115 (IV.8.c) der Gründe).

858 Dagegen ist beim **Unternehmergeschäftsführer** sowohl die Ersetzungs- als auch die Reduktionsklausel wirksam und regelmäßig auch zu empfehlen. Die weit verbreitete, in der Regel standardmäßig benutzte salvatorische Klausel, nach der ein nichtiges Rechtsgeschäft auch ohne die nichtige Klausel wirksam sein soll, führt allerdings nicht dazu, dass die von dem Nichtigkeitsgrund nicht unmittelbar erfassten Teile des Vertrages unter allen Umständen als wirksam behandelt werden. In den Fällen, in denen allgemein aufgrund der Unzumutbarkeit des Festhaltens am Vertrag[8] Teilnichtigkeit entgegen § 139 Hs 2 BGB zur Gesamtnichtigkeit des Dienstvertrages führt, wird diese Rechtsfolge durch die salvatorische Teilnichtigkeitsklausel nicht verhindert werden können.[9] Die Prüfung, ob die Parteien das teilnichtige Geschäft als Ganzes verworfen hätten oder aber den Rest hätten gelten lassen, ist somit stets vorzunehmen.[10] Soweit sich jedoch nur eine Partei entgegen einer Teilnichtigkeitsklausel auf die Unwirksamkeit des Vertrages beruft, obliegt ihr aufgrund dieser vertraglichen Klausel dann auch die Darlegungs- und Beweislast.[11] Die von § 139 BGB abweichende Zuweisung der Darlegungs- und Beweislast trifft damit denjenigen, der entgegen der Erhaltensklausel den Vertrag als Ganzen für unwirksam erachtet.[12]

859 Die Aufrechterhaltung des Restgeschäfts ist etwa trotz der Vereinbarung einer salvatorischen Klausel von dem Parteiwillen nicht mehr getragen, wenn nicht nur eine Nebenabrede, sondern eine wesentliche Vertragsbestimmung unwirksam ist und durch eine Teilnichtigkeit der Gesamtcharakter des Vertrages verändert würde.[13] Eine solche Unwirksamkeit kraft Parteiwillens trotz salvatorischer Klausel ist etwa anzunehmen, wenn eine Abrede zur Leistung von Bonuszahlungen im Anstellungsvertrag eines Geschäftsführers einer GmbH unwirksam ist, in der Vergangenheit die Bonuszahlungen etwa 30 % des Umfangs seines Gehalts ausgemacht hatte, so dass der Organvertreter den Wegfall der Bonuszahlungen als deutliche Vergütungskürzung empfunden und ohne das Versprechen der Bonuszahlungen das Anstellungsverhältnis mit der Gesellschaft nicht fortgesetzt hätte.[14] Eine salvatorische Klausel, mit welcher die dispositive Regelung des § 139 BGB wirksam abbedungen worden ist, schließt demnach eine Gesamtnichtigkeit zwar nicht aus, führt aber zu einer Umkehrung der Vermutung des § 139 BGB in ihr Gegenteil.[15]

b) Klauseltypen und Gestaltungshinweise

aa) Teilnichtigkeitsklauseln

(1) Klauseltyp A

860 Sollten eine oder mehrere Bestimmungen dieses Vertrages ganz oder teilweise gegen zwingendes Recht verstoßen oder aus anderen Gründen nichtig oder unwirksam sein oder werden, oder sollte der Vertrag eine Lücke enthalten, wird die Wirksamkeit der übrigen Bestimmungen des Vertrages hiervon nicht berührt.

(2) Gestaltungshinweise

861 Die Teilnichtigkeits- oder auch Erhaltungsklausel bestimmt, dass die (anfängliche oder nachträgliche) Nichtigkeit oder Unwirksamkeit einzelner Vertragsbestandteile die Gültigkeit des Vertrages im Übrigen nicht berührt. Ein Beispiel hierfür bildet die Klausel A. Mit der Vereinba-

8 *Stoffels*, AGB-Recht, § 19 Rn 584, § 21 Rn 632.
9 *Stoffels*, AGB-Recht, § 19 Rn 584, § 20 Rn 627, § 21 Rn 634.
10 BGH 24.9.2002 – KZR 10/01, NJW 2003, 347.
11 BGH 24.9.2002 – KZR 10/01, NJW 2003, 347.
12 BGH 24.9.2002 – KZR 10/01, NJW 2003, 347.
13 BGH 15.3.2010 – II ZR 84/09, NJW 2010, 1660; OLG Frankfurt aM 12.4.2011 – 5 U 93/10, juris.
14 OLG Frankfurt aM 12.4.2011 – 5 U 93/10, juris.
15 BGH 15.3.2010 – II ZR 84/09, NJW 2010, 1660.

rung einer Teilnichtigkeitsklausel wird bezweckt, die Vermutung des § 139 BGB, wonach bei Nichtigkeit eines Teils eines Rechtsgeschäfts im Zweifel das ganze Rechtsgeschäft nichtig ist, für das konkrete Vertragswerk auszuschalten. Beim Verbraucher-Geschäftsführer ist die Teilnichtigkeitsklausel unschädlich, weil sie mit geltendem AGB-Recht nicht kollidiert (s. § 1 Rn 3187). Der BGH hat eine solche Klausel in einem anderen Zusammenhang für zulässig und wirksam erklärt.[16]

bb) Reduktionsklauseln

(1) Klauseltyp B

➔ **B 1:** Anstelle der unwirksamen Bestimmung oder der Regelungslücke gilt diejenige wirksame Bestimmung als vereinbart, die dem rechtlichen und wirtschaftlichen Sinn und Zweck der unwirksamen Bestimmung am nächsten kommt. Dies gilt auch dann, wenn die Unwirksamkeit einer Bestimmung auf einem Maß der Leistung oder der Zeit beruht; es gilt dann das nächstliegende rechtlich zulässige Maß. 862

➔ **B 2:** Anstelle der unwirksamen oder fehlenden Bestimmungen soll eine Regelung gelten, die dem Willen der Parteien wirtschaftlich am besten entspricht.

(2) Gestaltungshinweise

Bei einer Reduktionsklausel (B 1 und B 2) wird die geltungserhaltende Reduktion zur Regel. 863 Beim Unternehmer-Geschäftsführer und im Individualvertrag ist die Klausel wirksam und empfehlenswert. Die Klauseln B 1 und B 2 sind beim sog. Verbraucher-Geschäftsführer wie auch beim Arbeitnehmer im Formularvertrag unwirksam (s. § 1 Rn 3182 f, 3193). Der Anwendungsbereich solcher Klauseln wird demnach bei GmbH-Geschäftsführern im Regelfall eher gering sein, da nach einer Entscheidung des BAG aus dem Jahre 2010[17] der Geschäftsführer, welcher nicht oder nur geringfügig am Gesellschaftskapital beteiligt ist, im Regelfall bei Abschluss des Anstellungsvertrages mit der Gesellschaft als Verbrauch iSv § 13 BGB handelt.

Auch bei Zusatz- oder Ergänzungsvereinbarungen im laufenden Dienstverhältnis, die häufiger 864 die Kriterien der individuellen Absprache erfüllen werden, ist die Aufnahme einer Klausel vom Typ B 1 zu empfehlen, diese sollte dann allerdings – was für beide Seiten vorteilhaft ist – von der Individualverhandlung erfasst sein. Wird etwa eine Frist als unangemessen lang angesehen, tritt an ihre Stelle eine angemessene Frist, so ausdrücklich geregelt in Klausel B 1. Klausel B 2 ist bei der Bestimmung der Anpassung weniger detailliert und daher eher nicht zu empfehlen, da die Gerichte bei Wirksamkeit der salvatorischen Klausel eng am vertraglichen Wortlaut entscheiden.

Da eine vertragliche Anpassungsentscheidung der Parteien bei den Klauseln B 1 und B 2 nicht 865 vorgesehen ist, können Ansprüche direkt aus dem Vertrag geltend gemacht werden. Problematisch ist, dass dem Gericht durch derartige Klauseln die Rolle der Entscheidung darüber zufällt, was dem rechtlichen und wirtschaftlichen Zweck der Vereinbarung bzw dem eigentlichen Willen der Parteien in zulässiger Weise entspricht.[18] Es sind verschiedene Konstellationen denkbar, in denen ein Gericht diese Aufgabe nicht leisten kann. In diesen Fällen läuft die Reduktionsklausel leer, eine Ersetzungsklausel in der Art des Klauseltyps D (s. § 2 Rn 869 ff) wäre in diesen Fällen trotz der dort beschriebenen Bedenken besser geeignet.

16 BGH 6.4.2005 – XII ZR 132/03, NJW 2005, 2225, 2227.
17 BAG 19.5.2010 – 5 AZR 253/09, NJW 2010, 2827.
18 Vgl weiterführend *Michalski*, NZG 1998, 7, 9.

cc) Ersetzungsklauseln, die gültige Klauseln fingieren

(1) Klauseltyp C

866 → Im Falle von Lücken gilt diejenige Bestimmung als vereinbart, die dem entspricht, was nach dem rechtlichen und wirtschaftlichen Sinn und Zweck des Vertrages vernünftigerweise vereinbart worden wäre, hätte man die Angelegenheit von vornherein bedacht.[19]

(2) Gestaltungshinweise

867 Ersetzungsklauseln können verschiedenartig ausgestaltet sein. Grundlegender Inhalt einer Ersetzungsklausel ist die Bestimmung, dass ein nichtiger Vertragsbestandteil durch eine andere wirksame Regelung ersetzt werden soll.

868 Der Wortlaut einer Ersetzungsklausel kann dahin gehen, dass anstelle der unwirksamen vertraglichen Regelung diejenige Regelung gelten soll, die die Parteien bestimmt hätten, wenn sie die Teilunwirksamkeit erkannt hätten. Derartige Klauseln fingieren gültige Klauseln, ohne dass es eines weiteren Zutuns der Gesellschafter bedarf. Die Klausel C bildet hierfür ein Beispiel. Wie bei den meisten Ersetzungsklauseln wird in Klausel C zweierlei geregelt: Zum einen wird bestimmt, durch wen oder auf welche Weise die Ersetzung zu erfolgen hat, hier durch Fiktion. Zum anderen wird auch der Maßstab der Lückenfüllung angegeben, hier der mutmaßliche Parteiwille bei Vertragsschluss. Die Klausel C ist im weit überwiegenden Fall beim sog. Verbraucher-Geschäftsführer unwirksam, es sei denn, der Vertrag ist individuell ausgehandelt. Die Hinweise für Klausel B zur Gestaltung von einzelnen Individualabsprachen gelten entsprechend (s. § 2 Rn 864).

dd) Ersetzungsklauseln zur Begründung einer Mitwirkungspflicht

(1) Klauseltyp D

869 → **D 1:** An die Stelle der nichtigen oder unwirksamen Bestimmung soll eine Regelung treten, die deren Sinn und Zweck in rechtlicher und wirtschaftlicher Hinsicht so weit wie möglich entspricht. Andere Vertragslücken sind nach billigem Ermessen auszufüllen. Hierzu werden die Parteien unverzüglich Gespräche aufnehmen, wenn die Unwirksamkeit einer Vertragsbestimmung oder eine Regelungslücke von einer Partei gegenüber der anderen schriftlich geltend gemacht wird oder dies durch Gericht in erster Instanz festgestellt wird. Kommt innerhalb einer Frist von einem Monat eine Einigung der Parteien über die Ersetzung nicht zustande, entscheidet ein fachkundiger Schiedsgutachter, der, soweit sich die Parteien nicht innerhalb einer Frist von einem Monat über die Person des Schiedsgutachters einigen, auf Antrag der einen oder anderen Partei von der zuständigen Industrie- und Handelskammer zu benennen ist.[20]

→ **D 2:** Die Parteien verpflichten sich, die unwirksame Bestimmung durch eine dieser in wirtschaftlicher Interessenlage und rechtlicher Bedeutung möglichst nahe kommende, wirksame Vereinbarung zu ersetzen.[21]

↓ **D 3:** Die ungültige Vorschrift des Vertrages ist durch die Gesellschaft so zu ersetzen oder zu ergänzen, dass (...).

19 *Heidenhain/Meister*, Münchener Vertragshandbuch, Band 1, S. 337.
20 Vgl zu dieser Klausel *Michalski*, NZG 1998, 7, 15.
21 *Priester*, Die Gestaltung von GmbH-Verträgen, S. 82.

(2) Gestaltungshinweise

Ersetzungsklauseln sind beim sog. Verbraucher-Geschäftsführer nach § 306 BGB unwirksam, es sei denn, der Vertrag ist insgesamt individuell ausgehandelt. Einzelne ausgehandelte Klauseln sollten mit einer eigenen salvatorischen Klausel verbunden werden. 870

Bei Ersetzungsklauseln unterscheidet man danach, welchen Maßstab sie zur Lückenfüllung vorgeben. Eine Differenzierung bietet sich sowohl bei denjenigen Klauseln an, die eine Ersetzung durch Fiktion statuieren (so bei Klauseltyp C), als auch bei solchen, in denen die Lückenfüllung durch Parteivereinbarung erfolgt. Im Vergleich mit den ebenfalls nur im individuell ausgehandelten Vertrag wirksamen Reduktionsklauseln, wie in Klauseltyp B dargestellt, sind Ersetzungsklauseln nach Art von Klausel D 2 jedoch nicht zu empfehlen, da ihre Rechtsfolge in einer Verpflichtung zum Abschluss einer interessengerechten Vereinbarung besteht. Für die gerichtliche Durchsetzung der Klausel muss die andere Partei ggf auf Abgabe einer Willenserklärung in Anspruch genommen werden.[22] Ob stattdessen sogleich auf Schadensersatz geklagt werden kann,[23] erscheint zweifelhaft, da der Inhalt der Zustimmungspflicht zunächst nicht feststeht. Diese Bedenken bestehen bei der Klausel D 1 nicht, da hier eine Lösung des Konflikts durch einen Schiedsgutachter vorgesehen ist. 871

Eine Klausel kann auch besagen, dass die Lückenfüllung durch Leistungsbestimmung nur einer Partei zu erfolgen hat, etwa wie in Klausel D 3. Der Maßstab kann an den mutmaßlichen Parteiwillen der Vertragsschließenden anknüpfen oder, was durchaus etwas anderes sein kann, an dasjenige, was objektiv bei voller Kenntnis der Sachlage sinnvoll wäre. Die Wirksamkeit einer solchen einseitigen Leistungsbestimmung ist auch außerhalb des Anwendungsbereichs der §§ 305 ff BGB fraglich. In aller Regel wird sich jedoch die Gegenpartei ohnehin nicht damit einverstanden erklären, die Vertragskorrektur in die Hand der Gegenseite zu legen, selbst wenn deren Regelungsspielraum in den hier noch ausfüllungsbedürftigen Leitlinien beschränkt wird. 872

22 Vgl weiterführend *Michalski*, NZG 1998, 7, 10.

23 So etwa Preis/*Preis*, Der Arbeitsvertrag, II S 10 Rn 14.

13. Urlaubsklauseln

Literatur

Arens/Beckmann, Die anwaltliche Beratung des GmbH-Geschäftsführers, 2006; *Brandmüller*, Der GmbH-Geschäftsführer im Gesellschaft-, Steuer- und Sozialversicherungsrecht, 18. Aufl. 2006; *Breithaupt/Ottersbach*, Kompendium Gesellschaftsrecht, 2010; *Haase*, Der Erholungsurlaub des Geschäftsführers einer GmbH aus rechtlicher Sicht, GmbHR 2005, 265 (Teil I), 338 (Teil II); *Jaeger*, Der Anstellungsvertrag des GmbH-Geschäftsführers, 5. Aufl. 2009; *Reiserer/Heß-Emmerich/Peters*, Der GmbH-Geschäftsführer, 3. Aufl. 2008; *Semler/v. Schenk*, Arbeitshandbuch für Aufsichtsratsmitglieder, 4. Aufl. 2013; *Spiegelberger*, Der GmbH-Gesellschafter-Geschäftsführervertrag, MittBayNot 1989, 237; *Sudhoff*, Rechte und Pflichten des Geschäftsführers einer GmbH und einer GmbH und Co. KG, 14. Aufl. 1994; *ders.*, GmbH & Co. KG, 6. Aufl. 2005; *Wimmer*, Der Anstellungsvertrag des GmbH-Geschäftsführers, DStR 1997, 247.

a) Rechtslage im Umfeld

aa) Anspruchsgrundlagen

873 Einen sondergesetzlichen Anspruch des Geschäftsführers auf Urlaub gibt es nicht. Das **BUrlG** ist auf Geschäftsführer, egal ob Fremdgeschäftsführer oder Gesellschafter-Geschäftsführer, weder direkt noch analog anzuwenden, da sie keine Arbeitnehmer sind.[1] Die Grundlage für Urlaubsansprüche von Geschäftsführern findet sich daher in erster Linie im **Anstellungsvertrag.**[2] Fehlt darin eine ausdrückliche Urlaubsregelung, so kann der Urlaub auch in der **Satzung** der Gesellschaft geregelt sein. Ist auch das nicht der Fall, so ergibt sich nach ganz hM ein Urlaubsanspruch aus der **Treue- und Fürsorgepflicht** der Gesellschaft gegenüber dem Geschäftsführer.[3] Bei Fehlen einer vertraglichen Regelung wird in der Lit. hinsichtlich der näheren Ausgestaltung auf den Mindestanspruch nach § 3 BUrlG verwiesen.[4] Ein geringerer Urlaubsanspruch als die in § 3 BUrlG festgesetzte Mindestdauer entspreche nicht mehr dem Erfordernis der Angemessenheit.[5]

874 Insgesamt wird angeregt, sich bei den einzelnen Modalitäten der Urlaubsgewährung im Falle des **Fehlens einzelvertraglicher Regelungen** an den Grundzügen des BUrlG zu orientieren.[6] Sicher ist dies jedoch nicht, so dass das Fehlen einer ausdrücklichen Vereinbarung in jedem Fall vermeidbare Unsicherheiten birgt. Zulässig ist auch die Vereinbarung einer einzelvertraglichen Verweisung, über welche ein Geschäftsführer in den Schutzbereich des BUrlG gelangt.[7] Auch dies ist allerdings nicht in jedem Fall zweckmäßig, da das BUrlG auf Arbeitnehmer zugeschnitten ist und eine inhaltlich sachgerechtere Lösung für einen GmbH-Geschäftsführer regelmäßig durch eine individuelle Vereinbarung zu finden sein wird.

875 Der Mangel an tatsächlich verbindlichen gesetzlichen Grundlagen für den Urlaubsanspruch des Geschäftsführers weist ebenfalls darauf hin, dass eine **detaillierte vertragliche Urlaubsrege-**

---

1 BGH 8.10.1979 – II ZR 177/78, WM 1980, 192; OLG Düsseldorf 23.12.1999 – 6 U 119/99, NZG 2000, 377; LAG Rheinland-Pfalz 25.9.2008 – 10 Sa 162/08, NZG 2009, 195; Roth/Altmeppen/*Altmeppen*, GmbHG, § 6 Rn 112; *Haase*, GmbHR 2005, 338, 343; Lutter/Hommelhoff/*Kleindiek*, GmbHG, Anh zu § 6 Rn 29; Scholz/*Schneider/Sethe*, GmbHG, § 35 Rn 247; Michalski/*Tebben*, GmbHG, § 35 Rn 198; Römermann/*Terlau*, MAH GmbH-Recht, § 9 Rn 19.

2 Roth/Altmeppen/*Altmeppen*, GmbHG, § 6 Rn 112; *Jaeger*, Der Anstellungsvertrag des GmbH-Geschäftsführers, S. 153 ff.

3 BGH 20.2.1975 – III ZR 14/73, WM 1975, 763; Roth/Altmeppen/*Altmeppen*, GmbHG, § 6 Rn 112; Baumbach/Hueck/*Zöllner/Noack*, GmbHG, § 35 Rn 50; Scholz/*Schneider/Sethe*, GmbHG, § 35 Rn 247; Michalski/*Tebben*, GmbHG, § 35 Rn 198; Römermann/*Terlau*, MAH GmbH-Recht, § 9 Rn 19; *Wimmer*, DStR 1997, 247, 250.

4 Roth/Altmeppen/*Altmeppen*, GmbHG, § 6 Rn 112; *Jaeger*, Der Anstellungsvertrag des GmbH-Geschäftsführers, S. 153; aA *Haase*, GmbHR 2005, 338, 343.

5 *Reiserer/Heß-Emmerich/Peters*, Der GmbH-Geschäftsführer, S. 69.

6 Michalski/*Tebben*, GmbHG, § 35 Rn 198.

7 Vgl OLG München 19.5.2011 – 23 U 5276/09, BeckRS 2011, 13736.

lung getroffen werden sollte, um Streitigkeiten hinsichtlich des Umfangs, der Höhe und der Modalitäten des Urlaubs zu vermeiden.[8]

Andererseits sollte bei der Frage der Urlaubsregelung bedacht werden, dass es insb. für Senior- oder Mehrheitsgesellschafter-Geschäftsführer **unangemessen** sein kann, eine Urlaubsregelung in den Anstellungsvertrag aufzunehmen.[9] Die Urlaubsregelung muss hier in Relation zur Höhe und Verteilung der Arbeitszeit gesehen werden, da häufig dem Geschäftsführer ein Rund-um-die-Uhr-Einsatz für das Unternehmen abverlangt wird. Es überschneiden sich teilweise Arbeits- und Urlaubszeit, wenn zB zur Aufrechterhaltung der guten Kundenbeziehungen gemeinsame Freizeitaktivitäten unternommen werden. In solchen Fällen muss es dem Geschäftsführer im Rahmen ordnungsgemäßer Geschäftsführung freigestellt sein, wann und wie viel Urlaub er für sich in Anspruch nimmt. Für Geschäftsführerverträge, deren Arbeitszeitregelung breit ausgestaltet ist, wird es daher sinnvoller sein, einen Urlaubsanspruch dem Grunde nach zu gewähren, die konkrete Ausgestaltung dem Geschäftsführer jedoch freizustellen.[10] Gerade bei Mehrheits-Gesellschafter-Geschäftsführern werden sich insoweit gerade das Gesellschafts- und das Geschäftsführerinteresse an einer für die Gesellschaftszwecke sachgemäßen Urlaubsgestaltung weitgehend decken. Die Verortung des Urlaubsanspruchs in der Treue- und Fürsorgepflicht kann umgekehrt auch bewirken, dass der Geschäftsführer uU seinen Urlaub **kurzfristig verschieben** oder sogar **abbrechen** muss, wenn das Wohl der Gesellschaft dies unausweichlich erfordert.[11] Bei der mitbestimmten GmbH sollte bei Urlaubsabwesenheit über drei Tage eine Informationspflicht des Geschäftsführers gegenüber dem Aufsichtsrat aufgenommen werden.[12] 876

bb) Mindestanforderungen

Schutzgesetze, die im Hinblick auf die Ausgestaltung des Urlaubsanspruchs Grenzen setzen, existieren nicht. Allerdings wird in der Lit. darauf hingewiesen, dass eine Regelung, die den **Mindeststandard des § 3 BUrlG** unterschreitet, den Anforderungen an Treu und Glauben nicht mehr gerecht werde und daher nach §§ 138, 242 BGB nichtig sei.[13] Die Problematik wurde bisher nicht höchstrichterlich entschieden. In der Praxis wird das Problem auch selten relevant werden, da mit Geschäftsführern **üblicherweise 4–8 Wochen Urlaub** vereinbart werden.[14] Auch wenn die Häufigkeit einer derart hohen Urlaubsvereinbarung in Anstellungsverträgen fraglich erscheint, wird dem Geschäftsführer jedenfalls regelmäßig vertraglich mehr als der gesetzlich festgelegte Mindestanspruch von 24 Urlaubstagen gewährt, so dass es auf eine Übertragung der Regelungen des BUrlG meist nicht entscheidend ankommen wird.[15] Um dem Risiko einer Unwirksamkeit der Urlaubsregelung aus dem Weg zu gehen, falls ein Gericht eine analoge Übertragung der Mindestanforderungen des BUrlG auch für Geschäftsführer für notwendig hält, sollte hinsichtlich des Umfangs zumindest ein dem § 3 BUrlG entsprechender Mindeststandard vereinbart werden. 877

---

8 So auch *Wimmer*, DStR 1997, 247, 250.

9 *Sudhoff/Sudhoff*, Rechte und Pflichten des Geschäftsführers einer GmbH und GmbH & Co. KG, S. 29.

10 *Sudhoff/Sudhoff*, Rechte und Pflichten des Geschäftsführers einer GmbH und GmbH & Co. KG, S. 29; ebenso *Haase*, GmbHR 2005, 338, 339.

11 Oppenländer/Trölitzsch/*Baumann*, GmbH-Geschäftsführung, § 14 Rn 49.

12 *Fonk*, in: Semler/v. Schenck, Arbeitshandbuch für Aufsichtsratsmitglieder, 3. Aufl. 2009, Anlage § 9–2, S. 944.

13 *Reiserer/Heß-Emmerich/Peters*, Der GmbH-Geschäftsführer, S. 69.

14 *Jaeger*, Der Anstellungsvertrag des GmbH-Geschäftsführers, S. 153; vgl etwa auch den Formularvertrag bei Sudhoff/*Breitfelt*, GmbH & Co. KG, § 77 Geschäftsführer-Anstellungsvertrag, § 6 Urlaub; *Spiegelberger*, MittBayNot 1989, 237, 261.

15 *Arens/Beckmann*, Die anwaltliche Beratung des GmbH-Geschäftsführers, § 1 Rn 89.

cc) Übertrag des Urlaubs ins Folgejahr

878 Eine Übertragungsmöglichkeit von Urlaub ins Folgejahr sollte in den Geschäftsführervertrag regelmäßig aufgenommen werden.[16] Insoweit ist auch die Vereinbarung der partiellen Anwendung der Regelung in § 7 BUrlG zulässig.[17] Gerade die Geschäftsführertätigkeit wird häufig mit sich bringen, dass aufgrund geschäftsinterner Umstände der Urlaub von den Geschäftsführern nicht im Jahr seines Anfalls genommen werden kann.[18] Aus diesem Grund sollten kurze Verfallsfristen, wie zB bis zum 31.3. des Folgejahres, vermieden werden, da eine so kurzfristige nachträgliche Inanspruchnahme regelmäßig aufgrund übermäßigen Arbeitsanfalls unmöglich oder nur unter Schädigung der Gesellschaft realisierbar sein kann. Eine relativ großzügige Handhabung mit einer Übertragungsmöglichkeit ist daher eher üblich, wenn auch keineswegs zwingend.

dd) Abgeltung

879 In der Rspr ist anerkannt, dass dem Geschäftsführer auch ohne ausdrückliche Regelung im Anstellungsvertrag der Urlaub, der entweder wegen betrieblicher Gründe im Jahr seines Anfalls oder wegen Beendigung des Anstellungsverhältnisses nicht geltend gemacht werden kann, vom Dienstgeber abzugelten ist.[19] In der Lit. wird teilweise angenommen, beim Fremdgeschäftsführer sei eine einzelfallabhängige Entscheidung, ob Urlaub abgegolten wird, möglich.[20] Der BFH stellte in seiner Entscheidung vom 26.10.2006[21] heraus, bei einem Geschäftsführer wandle sich grds. ohne weiteres Zutun der Parteien der vertragliche Anspruch auf Erholungsurlaub, der im abgelaufenen Kalenderjahr betriebsbedingt nicht angetreten werden konnte, automatisch in einen Abgeltungsanspruch um. Die ordentlichen Gerichte wollen einen entsprechenden Abgeltungsanspruch dagegen auf solche Fälle beschränken, in denen sich der Urlaubsanspruch aus einer tatsächlichen Regelung im Anstellungsvertrag gründet und nicht lediglich aus der Treue- und Fürsorgepflicht herrührt.[22] Dies wird in erster Linie damit begründet, dass sich aus der Treue- und Fürsorgepflicht lediglich ein Anspruch auf tatsächliche Erholung von der Belastung der Arbeitsleistung ergibt, was sich durch eine finanzielle Abgeltung gerade nicht erreichen lasse.[23] Andere Stimmen wollen eine Abgeltung ohne entsprechende vertragliche Vereinbarung nur zulassen, wenn die Inanspruchnahme des Urlaubs aufgrund der Beendigung des Anstellungsvertrages oder des hohen Umfangs an Arbeitsleistungen und der Übernahme von Verantwortung für die Gesellschaft aufgrund betrieblicher Erfordernisse unmöglich war.[24]

880 Für den Gesellschafter-Geschäftsführer hat der BFH entschieden, dass Abgeltungszahlungen für nicht in Anspruch genommenen Urlaub auch ohne anstellungsvertragliche Abgeltungsregelung dann **keine verdeckte Gewinnausschüttung** darstellen, sofern betriebliche Gründe der Urlaubsinanspruchnahme entgegenstanden.[25] Um Streitigkeiten um Grund und Höhe der Abgeltung zu vermeiden, ist eine ausdrückliche Regelung der Abgeltung im Anstellungsvertrag zu

---

16 So auch Roth/Altmeppen/*Altmeppen*, GmbHG, § 6 Rn 112.

17 Vgl OLG München 19.5.2011 – 23 U 5276/09, BeckRS 2011, 13736.

18 *Haase*, GmbHR 2005, 338, 343; so auch *Wimmer*, DStR 1997, 247, 250.

19 OLG Düsseldorf 23.12.1999 – 6 U 119/99, NZG 2000, 377.

20 *Brandmüller*, Der GmbH-Geschäftsführer im Gesellschafts-, Steuer- und Sozialversicherungsrecht, Rn 573.

21 BFH 26.10.2006 – I B 28/06, GmbHR 2007, 104; so auch bereits BFH 28.1.2004 – I R 50/03, DStR 2004, 680; BGH 3.12.1962 – II ZR 201/61, NJW 1963, 535.

22 BGH 3.12.1962 – II ZR 201/61, NJW 1963, 535; OLG Düsseldorf 23.12.1999 – 6 U 119/99, NZG 2000, 377; dem zust. Michalski/*Tebben*, GmbHG, § 35 Rn 198.

23 Michalski/*Tebben*, GmbHG, § 35 Rn 198.

24 OLG Celle 8.7.1998 – 9 U 145/97, NZG 1999, 78; OLG Düsseldorf 23.12.1999 – 6 U 119/99, NJW-RR 2000, 768; Roth/Altmeppen/*Altmeppen*, GmbHG, § 6 Rn 113.

25 BFH 8.1.1969 – I R 21/68, BStBl. II, S. 327; BFH 28.1.2004 – I R 50/03, GmbHR 2004, 671; vorgehend FG Köln 25.9.2002 – 13 K 4947/01, GmbHR 2003, 1373; BFH 26.10.2006 – I B 28/06, GmbHR 2007, 104.

empfehlen. Eine sachgerechte Lösung kann insoweit auch zulässigerweise unter Verweis auf die Abgeltungsregelung des § 7 Abs. 4 BurlG erreicht werden.[26]

ee) Urlaubsvertretung

Auch die Frage der Vertretung des Geschäftsführers während der Urlaubszeit kann und sollte im Anstellungsvertrag geregelt werden.[27] Die Regelung ist von besonderem Interesse, weil der Geschäftsführer ohne die Klärung einer geeigneten **Urlaubsvertretung** nicht in den Urlaub fahren darf.[28] Aus Klarstellungsgründen ist daher manchmal empfehlenswert, vertraglich zu vereinbaren, welche geeigneten Personen zur Vertretung berechtigt sind. Beschäftigt eine Gesellschaft mehrere Geschäftsführer, so sollte – wie in Klausel A 1 vorgesehen – in den Anstellungsverträgen vereinbart werden, dass sich die Mitgeschäftsführer hinsichtlich der Urlaubsplanung abzustimmen und während der jeweiligen Urlaubszeit gegenseitig zu vertreten haben. 881

ff) Weitere Regelungen

Im Rahmen ausführlicher Urlaubsregelungen können weiterhin Vereinbarungen über eine **Wartezeit** oder die Gewährung von **Urlaubsgeld** aufgenommen werden. Hier ist im Fall des Gesellschafter-Geschäftsführers zu beachten, dass die Gewährung in jedem Fall schriftlich, klar, eindeutig und unbedingt festgehalten wird. Ein Freiwilligkeitsvorbehalt darf nicht vereinbart werden, da es sich andernfalls um eine **verdeckte Gewinnausschüttung** handeln kann.[29] Wird dem Gesellschafter-Geschäftsführer ein Urlaubsgeld lediglich aufgrund einer mündlichen Vereinbarung geleistet, obwohl alle Änderungen und Ergänzungen des Anstellungsvertrages der Schriftform unterliegen, handelt es sich regelmäßig um eine verdeckte Gewinnausschüttung.[30] 882

b) Klauseltypen und Gestaltungshinweise

aa) Vertragliche Vereinbarung des Urlaubs

(1) Klauseltyp A

A 1: 883

1. Der Mitarbeiter erhält einen Erholungsurlaub von 36 Werktagen.
2. Die Festlegung der Urlaubszeit ist, soweit vorhanden, mit dem zweiten Geschäftsführer abzustimmen und unter Berücksichtigung der wirtschaftlichen Belange der Gesellschaft vorzunehmen.
3. Die Stellvertretung des Geschäftsführers im Urlaubsfall übernimmt der zweite Geschäftsführer.
4. Urlaubsansprüche sind spätestens bis zum 30. April des dem Urlaubsjahr folgenden Jahres in Anspruch zu nehmen.

A 2: Der Geschäftsführer erhält einen Jahresurlaub von (...) Arbeitstagen, den er im Interesse der Erhaltung seiner Arbeitskraft verwenden wird. Der Geschäftsführer ist daher verpflichtet, mindestens die Hälfte des Jahresurlaubs zusammenhängend zu nehmen. Jahresurlaub von 15 Tagen oder mehr ist im Einvernehmen mit den Gesellschaftern unter Berücksichtigung der betrieblichen Belange festzulegen. Kürzere Urlaubszeiten wird der Geschäftsführer den Gesellschaftern anzeigen.

---

26 Vgl OLG München 19.5.2011 – 23 U 5276/09, BeckRS 2011, 13736.

27 *Sudhoff/Sudhoff*, Rechte und Pflichten des Geschäftsführers einer GmbH und GmbH & Co. KG, S. 29; ebenso *Haase*, GmbHR 2005, 338, 340.

28 *Sudhoff/Sudhoff*, Rechte und Pflichten des Geschäftsführers einer GmbH und GmbH & Co. KG, S. 29; ebenso *Haase*, GmbHR 2005, 338, 340; Michalski/*Tebben*, GmbHG, § 35 Rn 198.

29 FG Saarland 5.4.1994 – 1 K 102/93, GmbHR 1994, 334; FG Hamburg 23.9.1999 – II 212/97, GmbHR 2000, 291 f; Roth/Altmeppen/*Altmeppen*, GmbHG, § 6 Rn 112.

30 FG Berlin 6.10.2003 – 8 K 8150/01.

(2) Gestaltungshinweise

884 Beide Klauseltypen enthalten eine Urlaubsregelung, die den Urlaubsanspruch dem Grunde und der Höhe nach festlegt sowie eine Abstimmungspflicht mit den Geschäftsführerkollegen bestimmt. Darüber hinaus sind in Klauseltyp A 1 eine Stellvertretungsregelung aufgenommen sowie eine Übertragungsmöglichkeit bis zum 30. April des Folgejahres. Aus Klarstellungsgründen kann es hilfreich sein festzulegen, ob bei der Berechnung der Urlaubstage eine 5- oder 6-Tages-Woche zugrunde gelegt ist.[31]

bb) Übertrag mit Abgeltungsregelung

(1) Klauseltyp B

885 **B 1:** Eine Abgeltung des Urlaubsanspruchs in Geld ist ausgeschlossen.

B 2: Kann der Geschäftsführer aus zwingenden geschäftlichen oder in seiner Person liegenden Gründen den Urlaub nicht oder nicht vollständig bis zum Jahresende nehmen, kann er die Urlaubstage bis zum 30.6. des Folgejahres übertragen. Kann aus zwingenden geschäftlichen Gründen auch bis zu diesem Zeitpunkt der Urlaub nicht oder nicht vollständig genommen werden, ist er dem Geschäftsführer unter Zugrundelegung der Höhe des Grundgehalts (§ ...) abzugelten.[32]

B 3: Kann der Urlaub wegen Beendigung des Anstellungsverhältnisses nicht oder nicht vollständig genommen werden, ist er dem Geschäftsführer abzugelten.

B 4: Im Falle der Entlassung des Geschäftsführers werden die Vorschriften des Bundesurlaubsgesetzes in seiner jeweils gültigen Fassung angewendet.

(2) Gestaltungshinweise

886 Die **Klausel B 1** schließt Abgeltungsansprüche grds. aus, was aufgrund der Unanwendbarkeit des BUrlG auf Geschäftsführer zulässig ist.

887 Die **Klausel B 2** bietet eine sachgerechte und der Situation angemessene Lösung, da durch die finanzielle Abgeltung des Urlaubs, falls dieser bis zum 30.6. des Folgejahres betriebsbedingt nicht angetreten werden kann, ein ersatzloser Verfall ausgeschlossen ist. Dies kann einerseits den Geschäftsführer davon abhalten, seinen vom Verfall bedrohten Resturlaub zur wirtschaftlichen Unzeit zu nehmen, und führt zum anderen zu einer angemessenen Abgeltung seines umfassenden Engagements für die Gesellschaft. Möglich ist aber entsprechend **Klauseltyp B 3** auch eine Abgeltung lediglich für den Fall der Beendigung des Anstellungsverhältnisses vorzusehen, so dass diese für den Fall des Ablaufs des Übertragungszeitraumes (bei Fortführung des Anstellungsverhältnisses) ausgeschlossen sein soll.[33] Ein Aufrechterhalten der Abgeltung ausschließlich für den Fall des Übertrags des Urlaubs (Klauseltyp B 2), nicht aber für den Fall der Beendigung des Anstellungsverhältnisses, dürfte allerdings zu Rechtfertigungsschwierigkeiten führen, wenn der Geschäftsführer endgültig ausscheidet und unter dem Gesichtspunkt eines Erst-Recht-Schlusses eine Urlaubsabgeltung verlangt, die ihm beim Verbleiben im Anstellungsverhältnis schon bei Übertragung ins nächste Jahr gewährt worden wäre. Von der ausschließlichen Aufnahme des Klauseltyps B 2 wird daher abgeraten. Er kann mit der Klausel B 3 kombiniert werden.

---

31 Dies berücksichtigen etwa Klauseltypen bei: Sudhoff/*Breitfelt*, GmbH & Co. KG, § 77 Geschäftsführer-Anstellungsvertrag, § 6 Urlaub; *Breithaupt/Ottersbach*, Kompendium Gesellschaftsrecht, K. § 2 Rn 6.

32 Nach *Jaeger*, Der Anstellungsvertrag des GmbH-Geschäftsführers, 4. Aufl., S. 76.

33 OLG Frankfurt aM 21.10.1993 – 16 U 87/92, NJW-RR 1995, 36, 41.

Die **Klausel B 4** regelt die Rechtsfolgen der Beendigung des Anstellungsverhältnisses entsprechend dem BUrlG, so dass der noch nicht genommene Resturlaub gem. § 7 Abs. 4 BUrlG finanziell abzugelten ist. Ein solcher Teilverweis für Einzelfragen ist unproblematisch möglich,[34] von einer Gesamtverweisung in das BUrlG ist allerdings abzuraten, da die Regelungen speziell auf den Arbeitnehmer und nicht auf Organvertreter zugeschnitten sind. 888

34 Vgl OLG München 19.5.2011 – 23 U 5276/09, BeckRS 2011, 13736.

14. Vergütungsklauseln

Literatur

Annuß, Arbeitsrechtliche Aspekte von Zielvereinbarungen in der Praxis, NZA 2007, 290; *Arens/Beckmann*, Die anwaltliche Beratung des GmbH-Geschäftsführers, 2006; *Baeck/Goetze/Arnold*, Festsetzung und Herabsetzung der Geschäftsführervergütung – Welche Änderungen bringt das VorstAG?, NZG 2009, 1121; *Bascope/Hering*, Verdeckte Gewinnausschüttung im Zusammenhang mit der Vergütung von Gesellschafter-Geschäftsführern, GmbHR 2005, 741; *Bauder*, Die Bezüge des GmbH-Geschäftsführers in Krise und Konkurs der GmbH, BB 1993, 369; *Birle* (Hrsg.), Beck'sches Steuer- und Bilanzrechtslexikon, Ed. 01/2014; *Briese*, Die Veranlassungsfrage bei der Nur-Pension, BB 2005, 2492; *Buciek*, Überstundenzuschläge für Gesellschafter-Geschäftsführer nicht immer verdeckte Gewinnausschüttung, DStZ 2004, 732; *Ebner*, Pauschalisierte Bewertung privater Kfz-Nutzung nach der 1 v.H.-Regelung des § 6 Abs. 1 Nr. 4 S. 2 EStG, SVR 2007, 213; *Freckmann*, Der GmbH-Geschäftsführer im Arbeits- und Sozialversicherungsrecht – Ein Überblick unter Berücksichtigung der neuesten Rechtsprechung, DStR 2008, 52; *Friemel/Kamlah*, Der Geschäftsführer als Erfinder, BB 2008, 613; *Goette*, Die GmbH, 2. Aufl. 2002; *Greven*, Die Bedeutung des VorstAG für die GmbH, BB 2009, 2154; *Haase*, Der Anspruch des GmbH-Geschäftsführers auf Fortzahlung seiner Vergütung im Krankheitsfall, GmbHR 2005, 1260; *Hoffmann*, Feste und weniger feste Regeln für Geschäftsführerbezüge, GmbH-StB 2004, 154; *Krupske*, Zur unendlichen Streitfrage – Angemessenheit der Gehälter von Gesellschafter-Geschäftsführern, GmbHR 2003, 208; *Lunk/Stolz*, Die Bezüge des GmbH-Geschäftsführers in der Krise, NZA 2010, 121; *Mohr*, Die Angemessenheit der Gesamtvergütung des GmbH-Geschäftsführers im Gesellschaftsrecht, GmbHR 2011, 402; *Müller/Winkeljohann* (Hrsg.), Beck'sches Handbuch der GmbH, 4. Aufl. 2009; *Oppenländer/Trölitzsch* (Hrsg.), Praxishandbuch der GmbH-Geschäftsführung, 2. Aufl. 2011; *Peetz*, Die Angemessenheit der Vergütung von (Gesellschafter-)Geschäftsführern in der Aufbauphase einer GmbH, GmbHR 2001, 699; *Prühs*, Vergütungs-Check 2004/2005, GmbH-Stpr 2004, 365; *Riesenhuber/v. Steinau-Steinrück*, Zielvereinbarungen, NZA 2005, 785; *Rischar*, Geschäftsführerentgelte und verdeckte Gewinnausschüttungen, GmbHR 2003, 15; *Schröder*, Vereinbarung einer Nur-Tantieme für Gesellschafter-Geschäftsführer als vGA, GmbHR 2001, 582; *Schwedhelm*, Aktuelle Probleme der verdeckten Gewinnausschüttung, BB 2000, 693; *Tänzer*, Die angemessene Geschäftsführervergütung, GmbHR 2003, 754; *ders.*, Die angemessene Höhe der Geschäftsführervergütung: Marktübliche Bezüge und Nebenleistungen, BB 2004, 2757; *Wimmer*, Der Anstellungsvertrag des GmbH-Geschäftsführers, DStR 1997, 247; *Zimmermann*, Prüfung der Angemessenheit der Vergütung von (Gesellschafter-)Geschäftsführern in kleineren GmbHs, GmbHR 2002, 353.

a) Rechtslage im Umfeld

aa) Zivilrechtliche Rahmenbedingungen

(1) Fehlen einer ausdrücklichen Vereinbarung

889 Als Gegenleistung für die Erbringung der Dienste durch den Geschäftsführer ist die Gesellschaft zur Zahlung der vereinbarten bzw angemessenen Vergütung verpflichtet. Nur ausnahmsweise wird eine unentgeltliche Tätigkeit zwischen den Parteien vereinbart, etwa wenn für die Ausübung des Geschäftsführeramtes nur ein geringer Aufwand erforderlich ist.[1] Wurde keinerlei Vereinbarung über die Vergütung getroffen, ist daher idR die übliche Vergütung gem. § 612 Abs. 2 BGB geschuldet. Ein Anspruch auf eine Tantieme kann aus dem Anspruch auf die übliche Vergütung iSv § 612 BGB allerdings nicht hergeleitet werden.[2]

(2) Angemessene Höhe der Geschäftsführervergütung

890 Zunächst gilt für die Vereinbarung der Geschäftsführervergütung der Grundsatz der Vertragsfreiheit. Die **Höhe** des Geschäftsführergehalts unterliegt zivilrechtlich lediglich den Beschränkungen der **§§ 134, 138 BGB**, so dass den Gesellschaftern ein relativ weiter Ermessensspielraum zustehen soll. Dies ist grds. auch folgerichtig, da sie regelmäßig am besten beurteilen können, was ihnen die Dienste des jeweiligen Geschäftsführers wert sind.[3] Ist eine Vergütungsregelung allerdings wegen eines besonders krassen Missverhältnisses zwischen Vergütung und Tätigkeit nach § 138 Abs. 1 BGB nichtig, wird die entstehende Lücke durch Rückgriff auf die **übliche Vergütung iSv § 612 BGB** geschlossen.[4] Eine dem § 87 AktG vergleichbare Vorschrift,

---

1 MünchHdb-GesR III/*Marsch-Barner/Diekmann*, § 43 Rn 22; Michalski/*Tebben*, GmbHG, § 6 Rn 156.
2 Michalski/*Tebben*, GmbHG, § 6 Rn 158.
3 *Goette*, Die GmbH, § 8 Rn 100.
4 MüKo-GmbHG/*Jaeger*, § 35 Rn 302.

wonach der Aufsichtsrat einer AG bei der Festsetzung der Gesamtbezüge des einzelnen Vorstandsmitglieds dafür zu sorgen hat, dass diese in einem angemessenen Verhältnis zu den Aufgaben und Leistungen des Vorstandsmitglieds und zur Lage der Gesellschaft stehen, existiert im GmbH-Recht nicht. Die Regelung des § 87 AktG ist auch nicht analog auf die GmbH anwendbar, da kein vergleichbares öffentliches Interesse an der Kontrolle der Geschäftsführervergütung besteht und die Gewährung allein den Anteilseignern in der Gesellschafterversammlung überlassen sein soll.[5] Anders als bei der AG mit den Aktionären sind bei der GmbH durch die etwaige Gewährung überzogener Vergütungsleistungen keine Personen betroffen, die auf die Vereinbarung der Vergütungshöhe keinen Einfluss nehmen können und geschützt werden müssten. Jedoch ergibt sich aus der **gesellschaftsrechtlichen Treuepflicht**, dass die Vereinbarung einer völlig unangemessen überhöhten Vergütung mit existenzgefährdender Wirkung für die Gesellschaft dennoch nichtig ist.[6]

Das Gehalt von Gesellschafter-Geschäftsführern wird weiterhin einer **Angemessenheitskontrolle** unterzogen, um zu überprüfen, ob steuerrechtlich eine **verdeckte Gewinnausschüttung** und gesellschaftsrechtlich ein **Verstoß gegen den Grundsatz der Gleichbehandlung** der Gesellschafter vorliegt (s. dazu § 2 Rn 201, 208 ff, 951 f).[7] In diesem Rahmen ist in einem **Fremdvergleich** festzustellen, ob die einem Gesellschafter-Geschäftsführer gewährte Vergütung in keinem Missverhältnis zu der vergüteten Leistung und dem Entgelt steht, das einem Fremdgeschäftsführer für die gleiche Tätigkeit gezahlt worden wäre.[8] Diese Entscheidung ist allerdings nur in begrenztem Umfang gerichtlich überprüfbar, da die Gesellschaft am besten selbst beurteilen kann, was es ihr wert ist, einen bestimmten Geschäftsführer zu gewinnen oder zu halten und ihr somit ein gewisser **Ermessenspielraum** verbleibt.[9] 891

Ein von der Gesellschafterversammlung unter Verstoß gegen die Treuepflicht gefasster Beschluss über überhöhte Gehaltszusicherungen ist grds. anfechtbar.[10] Wurde auf Grundlage eines Mehrheitsbeschlusses einem Gesellschafter-Geschäftsführer eine bestimmte Vergütung zugesichert, welche der Betroffene sich unter Verstoß gegen die innergesellschaftliche Kompetenzordnung bereits selbst ausgezahlt hat, muss die Gesellschaft im Anfechtungsprozess die Angemessenheit der Vergütung in vollem Umfang beweisen.[11] 892

Der **arbeitsrechtliche Gleichbehandlungsgrundsatz** kann im Direktvergleich der Vergütung einzelner Geschäftsführer untereinander nur in begrenztem Umfang zur Anwendung gebracht werden. Zunächst kommt eine Berufung auf diesen Grundsatz nur für Geschäftsführer in Betracht, die nicht oder nur in geringem Umfang an der Gesellschaft beteiligt sind.[12] Auch für diese besteht untereinander allerdings kein Recht auf absolute Gleichstellung in der Vergütung. Eine **unterschiedliche Vergütungshöhe** für verschiedene Geschäftsführer einer GmbHG kann stets **durch sachliche Gründe gerechtfertigt** sein.[13] Dies wird insb. im Bereich der variablen Vergütung, etwa bei Zielvereinbarungen, einschlägig sein, da jedem Geschäftsführer nach seinem Zuständigkeitsbereich individuelle Ziele vorgegeben werden, deren Erreichen, je nach Wichtig- 893

5 MüKo-GmbHG/*Jaeger*, § 35 Rn 304; *Lunk/Stolz*, NZA 2010, 121, 122; Henssler/Strohn/*Oetker*, § 35 GmbHG Rn 87; Scholz/*Schneider/Sethe*, GmbHG, § 35 Rn 218; *Lunk/Stolz*, NZA 2010, 121 ff.

6 Baumbach/Hueck/*Zöllner/Noack*, GmbHG, § 35 Rn 183.

7 Scholz/*Verse*, GmbHG, § 29 Rn 115 ff; Scholz/*Schneider/Sethe*, GmbHG, § 35 Rn 219 ff; Lutter/Hommelhoff/*Kleindiek*, GmbHG, Anh zu § 6 Rn 31 a; zu den Auswirkungen des VorstAG vgl *Greven*, BB 2009, 2154; *Baeck/Götze/Arnold*, NZG 2009, 1121.

8 BGH 14.5.1990 – II ZR 126/89, NJW 1990, 2625; BGH 21.7.2008 – II ZR 39/07, NZG 2008, 783, 784; OLG Düsseldorf 2.12.2011 – I-16 U 19/10, DStR 2012, 309.

9 OLG Düsseldorf 2.12.2011 – I-16 U 19/10, DStR 2012, 309.

10 BGH 21.7.2008 – II ZR 39/07, NZG 2008, 783; MüKo-GmbHG/*Jaeger*, § 35 Rn 306.

11 BGH 21.7.2008 – II ZR 39/07, NZG 2008, 783.

12 BGH 14.5.1990 – II ZR 122/89, NJW-RR 1990, 1313 f; *Freckmann*, DStR 2008, 52, 56; Henssler/Strohn/*Oetker*, GesellschaftsR, § 35 GmbHG Rn 88.

13 Henssler/Strohn/*Oetker*, GesellschaftsR, § 35 GmbHG Rn 88; MüKo-GmbHG/*Jaeger*, § 35 Rn 306; BeckOK-GmbHG/*Wisskirchen/Kuhn*, § 6 Rn 109.

keit und wirtschaftlichem Nutzen für die Gesellschaft, unterschiedlich vergütet werden.[14] Auch eine abweichende Qualifikation einzelner Geschäftsführer oder der Umfang der jeweiligen Aufgabenbewältigung kann einen sachlichen Grund darstellen. Ein Vergleich am Maßstab des arbeitsrechtlichen Gleichbehandlungsgrundsatzes muss stets für die Gesamtvergütung und nicht für einzelne Bestandteile getrennt erfolgen.[15] Allerdings kommt in Fällen einer stark unterschiedlichen Vergütung selbst bei Nichteinschlägigkeit des Gleichheitsgrundsatzes ein Verstoß gegen die guten Sitten in Betracht, so dass die Vereinbarung gem. § 138 Abs. 1 BGB unwirksam ist.[16]

894 Ausgelöst durch das sog. **Mannesmann-Urteil** des BGH[17] stellt sich die Frage, unter welchen Voraussetzungen sich Mitglieder der Gesellschafterversammlung oder des zuständigen Beirats bzw Aufsichtsrats sowie die Geschäftsführer selbst durch die Gewährung und Annahme **nachträglicher Vergütungen wegen Untreue zu Lasten der Gesellschaft** gem. § 266 StGB strafbar machen können. Die mit viel Aufmerksamkeit in der Öffentlichkeit verfolgte Entscheidung betraf den Fall einer AG, bei der an die Mitglieder des zuständigen Aufsichtsratsausschusses und an Vorstandsmitglieder als Anerkennungsprämien für vergangene Leistungen freiwillige Sonderzahlungen in Millionenhöhe zusätzlich zu den Dienstbezügen ausgeschüttet wurden. Der BGH sah eine Verletzung der Vermögensbetreuungspflicht als gegeben, da die Zahlungen der Gesellschaft keinen Vorteil mehr brachten und die honorierten Leistungen bereits durch die dienstvertraglichen Vergütungen abgegolten waren. Auch bei einer GmbH sind die vom BGH herausgestellten Kriterien zur bereits angemessenen Vergütung einer geleisteten Tätigkeit sowie zum zukunftsbezogenen Nutzen einer Entlohnung für die Beurteilung maßgeblich, ob der Untreuetatbestand verwirklicht wurde. In jedem Falle belegt das Urteil des BGH, dass Bonusleistungen einer zweifelsfreien Rechtsgrundlage im Dienstvertrag bedürfen.

(3) Vergütungsbestandteile

895 Im Regelfall enthält der Anstellungsvertrag Bestimmungen über die Vergütung, die gewöhnlich aus festen und variablen Gehaltsteilen besteht, er kann darüber hinaus aber auch besondere Gratifikationen, Sachleistungen, Nutzungsrechte sowie Nebenleistungen jeder Art einschließen.

(a1) Festvergütung

896 Der wesentliche Teil des Geschäftsführergehalts wird typischerweise in Form einer **Festvergütung** vereinbart. Dieses Grundgehalt umfasst entweder die Vereinbarung einer Monatsvergütung oder – wie in der Praxis vorherrschend – einer festen Jahresvergütung, welche anteilmäßig in monatlichen Abschlagszahlungen geleistet wird, wobei Regelungen zwischen 12 und 14 Monatsgehältern üblich sind.[18] Lediglich in Ausnahmefällen wird auf das Festgehalt verzichtet und stattdessen die Tätigkeit ausschließlich durch eine Tantieme oder Pensionszusage entgolten (**„Nur-Tantieme“**, **„Nur-Pension“**).[19] Eine solche „Nur-Tantieme“ wird von den Finanzbehörden im Regelfall als unzulässig bewertet.[20]

897 Die **Höhe** der Festvergütung ist Verhandlungssache und hängt von zahlreichen Umständen des Einzelfalls ab. Dabei spielen regelmäßig die Größe und Ertragskraft des Unternehmens eine Rolle sowie das branchenübliche Gehaltsniveau, natürlich aber auch Ausbildung, Berufserfah-

---

14 MüKo-GmbHG/*Jaeger*, § 35 Rn 306.

15 MüKo-GmbHG/*Jaeger*, § 35 Rn 306.

16 Henssler/Strohn/*Oetker*, GesellschaftsR, § 35 GmbHG Rn 88.

17 BGH 21.12.2005 – 3 StR 470/04, DB 2006, 323.

18 *Arens/Beckmann*, Die anwaltliche Beratung des GmbH-Geschäftsführers, § 1 Rn 59; *Wimmer*, DStR 1997, 247, 248.

19 Zur Indizwirkung einer verdeckten Gewinnausschüttung: BFH 18.3.2002 – I B 156/01, GmbHR 2002, 793 (Nur-Gewinntantieme); BFH 17.5.1996 – I R 147/93, NJW 1996, 477 (Nur-Pension).

20 Oppenländer/Trölitzsch/*Weber*, GmbH-Geschäftsführung, § 40 Rn 64.

rung und Fähigkeiten des Geschäftsführers. Zur Festvergütung zählen auch Sonderleistungen wie Urlaubs- oder Weihnachtsgeld, die – wie bei Arbeitnehmern – unter einen Freiwilligkeits- oder Widerrufsvorbehalt gestellt werden können. Enthält der Anstellungsvertrag keine Bestimmungen über eine Sondervergütung, wird aber eine Gratifikation in regelmäßiger Wiederholung gewährt, kann aus einem gleichförmigen, vorbehaltlosen Verhalten der Gesellschaft eine Zahlungsverpflichtung für die Zukunft über das Institut der betrieblichen Übung resultieren.[21]

(a2) Variable Vergütung

(a2.1) Vertragliche Grundlage und Verteilung

Die Anstellungsverträge von Geschäftsführern beinhalten fast immer auch Regelungen über variable Gehaltsteile, die gewöhnlich als **Tantiemen** vereinbart werden.[22] Dem Geschäftsführer steht eine variable Vergütung nur zu, wenn sie vertraglich festgelegt wurde. Über § 612 Abs. 2 BGB kann bei fehlender Vergütungsvereinbarung – wie bereits angesprochen (s. Rn 889) – ein Anspruch nicht hergeleitet werden.[23] Nach der bisherigen Rspr müssen im Regelfall die Jahresbezüge eines Gesellschafter-Geschäftsführers zu 75 % aus festen Bestandteilen bestehen, so dass variable Vergütungsleistungen – abgesehen von wenigen Ausnahmenfällen – **höchstens 25 % der Gesamtsumme** ausmachen dürfen.[24] Dieser Grundsatz wurde zwar durch jüngere Entscheidungen des BFH ein wenig aufgeweicht,[25] allerdings sollte sich als grundsätzliche Orientierungshilfe weiterhin daran ausgerichtet werden. 898

(a2.2) Gewinntantieme

Mit Gewinntantiemen werden die Geschäftsführer mittelbar am Unternehmenserfolg beteiligt, indem der Vergütungsanspruch vom Unternehmensgewinn abhängig gemacht wird. Durch die Tantieme sollen die besonderen Leistungen des Begünstigten für das Geschäftsergebnis honoriert werden und es soll ein Anreiz geschaffen werden, dass der Geschäftsführer mit seiner gesamten Arbeitskraft die Steigerung des Unternehmensgewinns vorantreibt. Dem Geschäftsführer steht ein seiner tatsächlichen Tätigkeit entsprechender Anteil am Jahresgewinn zu, wenn er vor Ablauf des Geschäftsjahres ausscheidet oder die Pflicht zur Tantiemegewährung erst im Laufe des Jahres entsteht (**pro-rata-Regelung**).[26] 899

Besonderer Wert ist auf die **klare Regelung der Bemessungsgrundlage** der Tantieme zu legen. Grundsätzlich gilt für die Vereinbarung der Bemessungsgrundlage ebenso wie für die Höhe der Tantieme die Vertragsfreiheit.[27] Wird lediglich auf den Unternehmensgewinn abgestellt, so bildet der handelsbilanzielle Jahresüberschuss die maßgebliche Bezugsgröße.[28] Der in der Steuerbilanz ausgewiesene Unternehmensgewinn ist nur bei ausdrücklicher Inbezugnahme heranzuziehen. Um Streitpunkte zu vermeiden, sollte dennoch genau festgelegt werden, ob der **Bilanzgewinn** oder der **Jahresüberschuss** gemeint ist, ob bei der Ermittlung des maßgeblichen Unternehmensgewinns die Körperschaft- und Gewerbesteuer, die Tantieme selbst, gebildete Rücklagen und eventuelle Gewinn- oder Verlustvorträge als Abzüge berücksichtigt werden sollen.[29] 900

---

21 Baumbach/Hueck/*Zöllner/Noack*, GmbHG, § 35 Rn 189; Scholz/*Schneider/Sethe*, GmbHG, § 35 Rn 233.
22 So auch: Michalski/*Tebben*, GmbHG, § 6 Rn 167; Oppenländer/Trölitzsch/*Weber*, GmbH-Geschäftsführung, § 40 Rn 54.
23 Lutter/Hommelhoff/*Kleindiek*, GmbHG, Anh zu § 6 Rn 32.
24 BFH 5.10.1994 – I R 50/94, GmbHR 1995, 385; *Wimmer*, DStR 1997, 247, 248.
25 BFH 27.2.2003 – I R 46/01, DStR 2003, 1567; BFH 4.6.2003 – I R 24/02, DStR 2003, 1747.
26 Scholz/*Schneider/Sethe*, GmbHG, § 35 Rn 228.
27 Henssler/Strohn/*Oetker*, GesellschaftsR, § 35 GmbHG Rn 86.
28 So auch MüKo-GmbHG/*Jaeger*, § 35 Rn 314; *Mohr*, GmbHR 2011, 402, 405; Michalski/*Tebben*, GmbHG, § 6 Rn 168.
29 MüKo-GmbHG/*Jaeger*, § 35 Rn 314; Scholz/*Schneider/Sethe*, GmbHG, § 35 Rn 228; Oppenländer/Trölitzsch/*Weber*, GmbH-Geschäftsführung, § 40 Rn 55 ff; *Wimmer*, DStR 1997, 247, 248.

901 Die Vereinbarung sollte – insb. bei Gesellschafter-Geschäftsführern vor dem Hintergrund einer möglichen verdeckten Gewinnausschüttung – so ausgestaltet sein, dass sie auch für einen **außenstehenden Dritten nachvollziehbar und durchschaubar** ist.[30] Im Zweifelsfall ist ohne ausdrücklich konkretisierende Regelung davon auszugehen, dass vom Jahresüberschuss nach Steuern als Berechnungsgrundlage eventuelle Verlustvorträge und gesetzlich bzw satzungsrechtlich festgelegte Gewinnrückstellungen abzuziehen sind, dagegen die Höhe der Tantieme selbst sowie freiwillige Rückstellungen nicht herausgerechnet werden.[31]

902 Ebenso ratsam ist es, in der Tantiemenvereinbarung ausdrücklich festzulegen, inwieweit auch Gewinne aus bestimmten **Sondergeschäften** in die Berechnungsgrundlage einfließen.[32] Hier ist etwa an die Veräußerung kompletter Geschäftsbereiche oder den Verkauf von im Gesellschaftseigentum stehender Immobilien zu denken, da die daraus erzielten Gewinne oftmals nicht aus der persönlichen Leistung des Geschäftsführers resultieren, sondern an von diesem nicht beeinflussbare wirtschaftliche Parameter knüpfen. Weiterhin begründen solche Veräußerungen zwar auch einen Gewinn, führen aber spiegelbildlich auch zu einem Wertverlust der Gesellschaft. Wenigstens bei nicht beherrschenden GmbH-Geschäftsführern, deren Anstellungsverhältnisse zumindest über § 310 Abs. 3 BGB einer AGB-Kontrolle unterzogen werden (s. § 2 Rn 118 ff), gehen die Unklarheiten im Rahmen der Vereinbarung zu Lasten der Gesellschaft. Ist die Höhe der Gewinntantieme von der an die Gesellschafter auszuschüttenden Dividende abhängig, muss eine durch eine Kapitalerhöhung eintretende Dividendenverringerung gem. § 57 m Abs. 3 GmbHG unberücksichtigt bleiben.[33]

903 Enthält der Anstellungsvertrag lediglich die Obliegenheit, die Bemessungsgrundlage für die Höhe des Tantiemeanspruchs noch zu erarbeiten, ohne dass es zu einer nachfolgenden Regelung kommt, ist die Tantieme nach **billigem Ermessen gem. § 315 BGB** zu bestimmen.[34] Scheidet der Geschäftsführer während des Geschäftsjahres aus, so bleibt der Jahresabschluss des gesamten Geschäftsjahres als Bemessungsgrundlage des anteiligen Tantiemeanspruchs weiterhin maßgebend und wird nicht durch den bis zum Ausscheiden erzielten Jahresgewinn ersetzt.[35] Der Tantiemeanspruch wird grds. erst mit der Feststellung des Jahresabschlusses gem. § 46 Nr. 1 GmbHG fällig. Auf die fehlende Fälligkeit kann sich die Gesellschaft allerdings nicht berufen, wenn sie die Genehmigung des Jahresabschlusses treuwidrig hinausschiebt.[36]

(a2.3) Umsatztantieme

904 Gelegentlich wird nicht der Unternehmenserfolg in Form des Gewinns, sondern der **Unternehmensumsatz** als Bezugsgröße des Tantiemeanspruchs vereinbart. Derartige Umsatztantiemen sind grds. rechtlich zulässig[37] und zwar selbst, wenn die Gesellschaft eine Unterbilanz aufweist.[38] Bei Gesellschafter-Geschäftsführern begründet die Vereinbarung einer Umsatztantieme allerdings regelmäßig den Verdacht einer verdeckten Gewinnausschüttung (s. § 2 Rn 959).[39] Der Umsatz stellt an sich keinen geeigneten Maßstab dar, um den Erfolg eines Unternehmens einzuordnen. Auch besteht die Gefahr, dass der Geschäftsführer durch eine falsche Anreizset-

---

30 Oppenländer/Trölitzsch/*Weber*, GmbH-Geschäftsführung, § 40 Rn 57.

31 BGH 3.12.1962 – II ZR 57/62, NJW 1963, 54; Baumbach/Hueck/*Fastrich*, GmbHG, § 29 Rn 82; Michalski/*Tebben*, GmbHG, § 6 Rn 170; Oppenländer/Trölitzsch/*Weber*, GmbH-Geschäftsführung, § 40 Rn 67; *Wimmer*, DStR 1997, 247, 248; tlw. aA MüKo-GmbHG/*Jaeger*, § 35 Rn 314.

32 MüKo-GmbHG/*Jaeger*, § 35 Rn 314.

33 Lutter/Hommelhoff/*Lutter*, GmbHG, § 57 m Rn 14.

34 BGH 9.5.1994 – II ZR 128/93, GmbHR 1994, 546.

35 Lutter/Hommelhoff/*Kleindiek*, GmbHG, Anh zu § 6 Rn 32.

36 OLG Köln 27.11.1992 – 19 U 89/91, DStR 1993, 70; Lutter/Hommelhoff/*Kleindiek*, GmbHG, Anh zu § 6 Rn 32; Michalski/*Tebben*, GmbHG, § 6 Rn 169.

37 BGH 4.10.1976 – II ZR 204/74, DB 1977, 85; MüKo-GmbHG/*Jaeger*, § 35 Rn 316.

38 BGH 15.6.1992 – II ZR 88/91, BB 1992, 1583; Michalski/*Tebben*, GmbHG, § 6 Rn 171.

39 BFH 6.4.2005 – I R 10/04, GmbHR 2005, 1442.

zung verleitet wird, allein den Unternehmensumsatz auf Kosten der Rentabilität zu steigern und den Unternehmensgewinn zu vernachlässigen.[40] Deshalb kann nur in Ausnahmefällen zur Vereinbarung einer Umsatzprovision geraten werden, etwa wenn sich die **Gesellschaft noch im Aufbau befindet** und noch keinen nennenswerten Gewinn erwirtschaften kann.[41] In diesem Fall ist eine Vereinbarung sogar sinnvoll, da dem Geschäftsführer trotz ausbleibender Gewinne ein persönlicher geldwerter Anreiz geboten werden kann, die Umsätze anzukurbeln und somit auch durch Kundenakquise die Grundlage für zukünftige Gewinne zu legen.[42] Auch würde eine Gewinntantieme in einer solchen Phase die Anreizwirkung vollständig verfehlen, da durch anfängliche Investitionskosten ohne Einflussmöglichkeit des Geschäftsführers oftmals keine Gewinne erzielt werden können. Auch in diesen Fällen ist es jedoch empfehlenswert, die Umsatztantieme auf die Dauer der Anlaufphase bis zu maximal drei Jahren zu beschränken und zur Sicherstellung der Kalkulierbarkeit eine Höchstgrenze für die Tantieme festzulegen.[43] Als Maßstab der Umsatztantieme sind grds. alle Lieferungen und sonstigen Leistungen heranzuziehen, die die Gesellschaft im Rahmen des laufenden Betriebs ausgeführt hat und für welche die Gegenleistung bewirkt ist.[44]

Neben der rein an den Umsatz anknüpfenden Tantieme sind auch noch **weitere, vom Gewinn** 905
gelöste Tantiemevereinbarungen denkbar, welche eine Auszahlung auch dann vorsehen, wenn die Gesellschaft selbst Verluste gemacht hat. So ist im Zeitalter der neuen Medien, etwa in der Aufbauphase einer Internetplattform oder eines sozialen Netzwerks, an eine Vereinbarung zu denken, die den Bonus des Geschäftsführers unabhängig vom Gewinn an die Anzahl von Neuregistrierungen auf der Plattform knüpft.[45]

(a2.4) Rohgewinntantieme

Ein **Mittelding zwischen der Gewinn- und der Umsatztantieme** stellen sog. Rohgewinntantie- 906
men dar. Unter dem Rohgewinn versteht man den **Umsatz** eines Unternehmens lediglich **abzüglich der Kosten für den Wareneinsatz**. Dem Grunde nach werden solche Tantiemen zunächst als zulässig und somit als unbedenklicher als Umsatztantiemen erachtet.[46] Allerdings besteht in bestimmten Branchen mit nur geringem Wareneinsatz die Gefahr, dass eine Rohgewinntantieme den gleichen Effekt besitzt wie eine Umsatztantieme. Dies gilt insb. für den Dienstleistungssektor, in welchem die Bilanzen für Umsatz und Rohgewinn oftmals nur in geringem Umfang voneinander abweichen.[47] In diesen Bereichen sind für Rohgewinntantiemen die gleichen Beschränkungen wie bei Umsatztantiemen in Bezug auf Zulässigkeit, unternehmerische Risiken und verdeckte Gewinnausschüttung zu beachten.[48]

(a2.5) Mindesttantieme (Fixtantieme)

Auch im Rahmen der Tantieme ist die Vereinbarung einer sog. **Fix- oder Mindesttantieme** 907
möglich, welche dem Geschäftsführer zusätzlich zum Grundgehalt eine Mindesterfolgsvergütung garantieren soll. Diese wird erfolgsunabhängig gewährt und stellt somit genau genommen

40 MüKo-GmbHG/*Jaeger*, § 35 Rn 316.
41 Scholz/*Schneider/Sethe*, GmbHG, § 35 Rn 229; Oppenländer/Trölitzsch/*Weber*, GmbH-Geschäftsführung, § 40 Rn 65.
42 Michalski/*Tebben*, GmbHG, § 6 Rn 171.
43 *Arens/Beckmann*, Die anwaltliche Beratung des GmbH-Geschäftsführers, § 1 Rn 62; Oppenländer/Trölitzsch/*Weber*, GmbH-Geschäftsführung, § 40 Rn 65.
44 Scholz/*Schneider/Sethe*, GmbHG, § 35 Rn 229.
45 Michalski/*Tebben*, GmbHG, § 6 Rn 171.
46 Vgl BFH 25.10.1995 – I R 9/95, NJW 1996, 2055; Oppenländer/Trölitzsch/*Weber*, GmbH-Geschäftsführung, § 40 Rn 66.
47 Oppenländer/Trölitzsch/*Weber*, GmbH-Geschäftsführung, § 40 Rn 66.
48 BFH 25.10.1995 – I R 9/95, NJW 1996, 2055; BFH 10.11.1998 – I R 33/98, DStRE 1999, 142; FG Saarland 29.8.2001 – 1 K 266/98, GmbH-Stpr 2002, 102; Oppenländer/Trölitzsch/*Weber*, GmbH-Geschäftsführung, § 40 Rn 66.

keine variable Vergütung dar.[49] Sagt die Gesellschaft dem Geschäftsführer eine Mindest- oder Fixtantieme zu, so zählt dieser Vergütungsbestandteil zum Festgehalt, das unabhängig von einer Zielerreichung zu zahlen ist.

908 Die Fixtantieme wird gewöhnlich auf eine Gewinntantieme **angerechnet**, so dass allein der über die Garantietantieme hinausgehende Teil variabel ist. Eine Anrechnungsregelung sollte zur Klarstellung zwar ausdrücklich in den Anstellungsvertrag aufgenommen werden,[50] obwohl eine entsprechende Vermutung eines übereinstimmenden Willens zur Anrechnung auch ohne Vereinbarung regelmäßig angenommen werden kann.[51]

909 Mit der Fixtantieme kann auch der Zweck verfolgt werden, eine Aufspaltung der Bemessungsgrundlage anderer Leistungen zu ermöglichen, etwa um bei Pensionszusagen die Fixtantieme vom ruhegehaltsfähigen Einkommen abzugrenzen.[52] Sinnvoll kann die Vereinbarung auch in einer Aufbau- oder Sanierungsphase der Gesellschaft sein, in welcher gerade keine oder nur geringe Gewinne der Gesellschaft zu erwarten sind und somit die Anreizwirkung durch eine reine Gewinntantieme verfehlt würde.[53]

(a2.6) Zielvereinbarungen

910 Dem Geschäftsführer wird häufig eine **variable Vergütung** zugesagt, die sich entsprechend Zielerreichungsgraden nach einer eigenständig noch abzuschließenden Zielvereinbarung richtet. Es handelt sich insoweit um eine **Vergütungszusage unter der aufschiebende Bedingung einer Zielerreichung.**[54] In der Praxis haben Zielvereinbarungen mittlerweile eine besonders große Bedeutung im Rahmen der variablen Vergütung erlangt.[55] Im Unterschied zu „gewöhnlichen" Tantiemeregelungen wird die Anspruchshöhe von verschiedenen Kriterien beeinflusst, die auch weiche Ziele beinhalten können, deren Erfüllung nicht exakt nachprüfbar ist (s. § 1 Rn 1799 f). Auch besteht ein Vorteil darin, dass die Ziele für jedes Geschäftsjahr neu vereinbart werden und die finanziellen Anreize an die jeweils aktuellen Bedürfnisse der Gesellschaft angepasst werden können, um ihre Situation in entsprechenden Bereichen gezielt zu verbessern.[56]

911 Wie bei Zielvereinbarungsklauseln in Arbeitsverträgen treten Schwierigkeiten insb. dann auf, wenn eine konkrete Zielvereinbarung für einen Zeitraum gänzlich unterbleibt (s. § 1 Rn 1811 ff), eine Einigung über die anzustrebenden Ziele trotz Verhandlungen nicht erzielt werden kann oder der Umfang der Zielerreichung zwischen den Parteien strittig ist (s. § 1 Rn 1795 ff). Die Streitfragen sind entsprechend den im Arbeitsrecht entwickelten Grundsätzen zu lösen (s. § 1 Rn 1776 ff). Unterbleibt demnach bspw die konkrete Vereinbarung einer Zielvereinbarung aus von der Gesellschaft zu vertretenden Gründen, so wird dem Geschäftsführer entsprechend der BAG-Rspr[57] ebenso wie dem Arbeitnehmer ein Schadensersatzanspruch zustehen, dessen Höhe auf der Grundlage des für den Fall der Zielerreichung zugesagten Bonus zu bestimmen ist. Es ist daher auch bei alljährlicher Neubestimmung der konkreten Ziele unbedingt zu empfehlen, in den Anstellungsvertrag eine **Rahmenvereinbarung** für die Modaltäten der Zielbestimmung, etwa die Festlegung von Stichtagen für den jeweiligen Abschluss, die abgestuften Erreichungsgrade und die Umstände der Auszahlung aufzunehmen.[58] Auf diese Weise

49 OLG Celle 29.8.2007 – 3 U 3 7/07, DStR 2007, 2271; MüKo-GmbHG/*Jaeger*, § 35 Rn 318.
50 So auch: MüKo-GmbHG/*Jaeger*, § 35 Rn 318; Michalski/*Tebben*, GmbHG, § 6 Rn 167.
51 Michalski/*Tebben*, GmbHG, § 6 Rn 167.
52 OLG München 15.7.1998 – 7 U 6334/97, DB 1999, 327.
53 MüKo-GmbHG/*Jaeger*, § 35 Rn 318.
54 Graf v. Westphalen/Thüsing/*Thüsing*, Vertragsrecht und AGB-Klauselwerke, Klauselwerke Rn 109 e.
55 *Annuß*, NZA 2007, 290; MüKo-GmbHG/*Jaeger*, § 35 Rn 319; *Riesenhuber/v. Steinau-Steinrück*, NZA 2005, 785; Graf v. Westphalen/Thüsing/*Thüsing*, Vertragsrecht und AGB-Klauselwerke, Klauselwerke Rn 109 e.
56 MüKo-GmbHG/*Jaeger*, § 35 Rn 319.
57 BAG 12.12.2007 – 10 AZR 97/07, NJW 2008, 872.
58 So auch MüKo-GmbHG/*Jaeger*, § 35 Rn 319.

kann der Nichtabschluss konkreter Zielvereinbarungen trotz festgelegter Stichtage einen Schadensersatzanspruch des Geschäftsführers begründen.[59]

(a3) Nebenleistungen

Auch sonstige Nebenleistungen, die für den Geschäftsführer einen Vermögensvorteil darstellen, 912 dienen der Vergütung, wenn sie dem Geschäftsführer aus Anlass seiner Tätigkeit zugewendet werden. Das Spektrum der Vergütungsbestandteile unterscheidet sich nicht von den Leistungen, die dem Arbeitsentgelt von Arbeitnehmern zugeordnet werden. Die Gewährung von Nebenleistungen, wie dem Ersatz von Umzugs- oder Telefonkosten oder der Einräumung von Personalrabatten und Darlehen, wird v.a. durch steuerliche und sozialabgabenrechtliche Begünstigungen gefördert (s. § 1 Rn 2365 ff; § 2 Rn 947 ff). In Anstellungsverträgen von Geschäftsführern finden sich regelmäßig Klauseln zur privaten Nutzung von Dienstwagen (s. § 2 Rn 943 ff) und zum Abschluss oder zur Übernahme der Kosten einer privaten Unfall- und Krankenversicherung (s. § 2 Rn 1017, 1020 f). Daneben sind als Nebenleistungen auch die Überlassung einer Dienstwohnung oder der Abschluss von Lebensversicherungen für den Geschäftsführer als Vergütungsbestandteil denkbar.[60] Auch bei der Zusicherung von Nebenleistungen sollte zur Vermeidung möglicher Streitpunkte Wert darauf gelegt werden, die Zuwendungen möglichst präzise festzulegen.

(a4) Erfindungen des Geschäftsführers

Auf GmbH-Geschäftsführer findet das Arbeitnehmererfindungsgesetz (ArbNErfG), insb. die 913 dort geregelten Vergütungsrichtlinien, weder unmittelbar noch analog Anwendung.[61] Eine vertragliche Vereinbarung der Anwendbarkeit des ArbNErfG und der dazu ergangenen Richtlinien ist jedoch zulässig und in der Praxis zur Vereinfachung recht gebräuchlich.[62] Die Regelungen des ArbNErfG sind allerdings nicht auf Organe zugeschnitten, so dass bei hoher Wahrscheinlichkeit der Tätigung von Diensterfindungen durch den Geschäftsführer von einer pauschalen Verweisung auf das ArbNErfG abzuraten und vorzugsweise eine individuelle und ausführliche Regelung in den Anstellungsvertrag aufzunehmen ist. Die Vereinbarung sollte der Gesellschaft die Rechte an der Erfindung sichern und klarstellen, inwieweit dem Geschäftsführer eine gesonderte Vergütung zusteht.[63]

Erfindungen des Geschäftsführers stehen diesem grds. selbst zu, auch wenn sie in den Ge- 914 schäftsbereich der Gesellschaft fallen. Aus dem Anstellungsverhältnis folgt aber regelmäßig die Pflicht, diese Erfindungen der Gesellschaft anzubieten.[64] Übernimmt die GmbH die Erfindungen, kann im Falle des Fehlens einer gesonderten vertraglichen Vereinbarung der Geschäftsführer eine Vergütung gem. § 612 Abs. 2 BGB verlangen.[65] Eine gesonderte Vereinbarung hat insoweit allerdings stets Priorität, auch wenn diese keine gesonderte Vergütung vorsieht, weil die Tätigung von Erfindungen bereits mit der regulären Vergütung abgegolten sein soll.[66] Ob eine gesonderte Vergütung für die Übertragung von Erfindungen geleistet werden soll, ist stets Sa-

---

59 LAG Köln 14.10.2009 – 3 Sa 901/09, BeckRS 2010, 67153.

60 Michalski/*Tebben*, GmbHG, § 6 Rn 156.

61 BGH 24.10.1989 – X ZR 58/88, NJW-RR 1990, 349; OLG Düsseldorf 10.6.1999 – 2 U 11/98, GmbHR 1999, 1093.

62 *Arens/Beckmann*, Die anwaltliche Beratung des GmbH-Geschäftsführers, § 1 Rn 94.

63 *Friemel/Kamlah*, BB 2008, 613, 615.

64 Oppenländer/Trölitzsch/*Baumann*, GmbH-Geschäftsführung, § 14 Rn 31; Scholz/*Schneider/Sethe*, GmbHG, § 35 Rn 246; Michalski/*Tebben*, GmbHG, § 6 Rn 199; aA wohl *Friemel/Kamlah*, BB 2008, 613.

65 BGH 24.10.1989 – X ZR 58/88, NJW-RR 1990, 349; BGH 26.9.2006 – X ZR 181/03, NJW-RR 2007, 103; OLG München 15.3.2007 – 6 U 5581/05, OLGR München 2007, 584; Baumbach/Hueck/*Zöllner/Noack*, GmbHG, § 35 Rn 64; Michalski/*Tebben*, GmbHG, § 6 Rn 199.

66 BGH 26.9.2006 – X ZR 181/03, NJW-RR 2007, 103.

che einer Einzelfallbewertung, wobei weder eine generelle Vermutung für oder gegen eine Vergütungspflicht besteht.[67]

915 Maßgeblich für die Bestimmung der **Höhe des Entgeltanspruchs** für gemachte Erfindungen sind die Umstände des Einzelfalls, wobei allerdings nicht nur Gesichtspunkte in die Abwägung einfließen können, die für die Bemessung einer angemessenen Lizenzgebühr eines freien Erfinders von Bedeutung sind.[68] Zu berücksichtigen ist gleichermaßen, ob die Erfindung im Rahmen des Betriebs mit Hilfe betrieblicher Mittel oder etwa in der Freizeit des Geschäftsführers entstanden ist.[69] Die Maßstäbe des ArbNErfG können ohne ausdrückliche Inbezugnahme insoweit nicht einmal im Rahmen der Bestimmung der möglichen Vergütungshöhe herangezogen werden.[70] Die Auslegung der Umstände des Einzelfalls kann jedoch ergeben, dass kein über das Grundgehalt hinausgehender Vergütungsanspruch besteht, soweit der Geschäftsführer gerade mit dem Ziel angestellt wird, persönlich auf Neuerungen hinzuwirken, die zur Entstehung von Schutzrechten führen können.[71] Bestand allerdings keine allgemeine Verpflichtung des Geschäftsführers zur Übertragung der Rechte an seinen Erfindungen, soll eine dennoch vereinbarte Übertragung regelmäßig nur gegen gesonderte Vergütung erfolgen.[72]

(4) Anpassungsklauseln

(a1) Anhebung der Bezüge

916 Entsprechend dem Nominalismusprinzip unterliegt die Vergütung ohne vertragliche Abrede keiner eigenständigen Dynamik. Gerade bei längerfristigen Geschäftsführerverträgen sollten **Anpassungsklauseln** vereinbart werden, um eine angemessene Gehaltsentwicklung zu gewährleisten.

917 Die Dynamisierung kann an festen Größen ausgerichtet werden, etwa bei Vereinbarung prozentualer oder an absoluten Beträgen ausgerichteter Steigerungsraten (jährliche Erhöhung um ... %; jährliche Erhöhung um ... €). Eine Koppelung der Gehaltserhöhung an die Wertsteigerung anderer Leistungen ist ebenfalls möglich. Wird die Entwicklung anderer Güter als Steigerungsfaktor in Bezug genommen, sind jedoch die Begrenzungen des Preisangaben- und Preisklauselgesetzes bei der Ausgestaltung der Klausel zu beachten (s. § 1 Rn 2300 ff).

918 Manche Geschäftsführerdienstverträge sehen sog. **Spannungsklauseln** vor, durch welche trotz Unanwendbarkeit von Tarifverträgen auf Geschäftsführer deren Grundvergütung entsprechend den tariflichen Lohnerhöhungen in der einschlägigen Branche und dem gleichen Tarifbezirk ansteigen soll.[73] Allerdings sind automatische Anpassungen der Vergütung durch Anknüpfungen an Tarifverträge oder auch an den Lebenshaltungsindex selten. Teilweise wird diese Möglichkeit auch erschwert, weil in der maßgeblichen Branche und im entsprechenden Gebiet keine Tarifverträge existieren. Soll in diesem Fall dennoch eine Spannungsklausel aufgenommen werden, muss in der Vereinbarung zweifelsfrei und eindeutig auf eine bestimmte Branche und deren anwendbare Tarifverträge oder auf eine bestimmte Eingruppierung von Beamten verwiesen werden, um Unklarheiten zu vermeiden.[74] Empfehlenswert ist eine solche Verweisung indes nicht. Die Notwendig der obligatorischen Aufnahme einer Spannungsklausel sollte generell insoweit nicht überschätzt werden. Ein besonderes Bedürfnis der Anpassung besteht idR gerade

---

67 BGH 26.9.2006 – X ZR 181/03, NJW-RR 2007, 103.

68 Einen Rückgriff auf Maßstäbe bei freien Erfindern vollständig abl. Oppenländer/Trölitzsch/*Baumann*, GmbH-Geschäftsführung, § 14 Rn 31.

69 BGH 24.10.1989 – X ZR 58/88, NJW-RR 1990, 349; BGH 26.9.2006 – X ZR 181/03, NZG 2007, 189, 190; Michalski/*Tebben*, GmbHG, § 6 Rn 199.

70 BGH 24.10.1989 – X ZR 58/88, NJW-RR 1990, 349; Michalski/*Tebben*, GmbHG, § 6 Rn 199.

71 BGH 26.9.2006 – X ZR 181/03, NJW-RR 2007, 103; OLG Düsseldorf 10.6.1999 – 2 U 11/98, GmbHR 1999, 1093.

72 BGH 11.4.2006 – X ZR 139/03, GRUR 2006, 747.

73 *Wimmer*, DStR 1997, 247, 249.

74 So auch *Wimmer*, DStR 1997, 247, 249.

schon deshalb nicht, da Geschäftsführerdienstverträge häufig auf feste Laufzeiten, oftmals auch mit nicht übermäßig langen Zeiträumen, befristet sind und somit eine Gehaltsanpassung nach Ablauf des Vertrages im Rahmen der Verhandlungen über eine Verlängerung und daneben durch Gewinnbeteiligungen über Tantieme erfolgen kann.[75]

Auch denkbar sind sog. **Prüfungsklauseln**, durch welche sich die Gesellschaft verpflichtet, das Gehalt des Geschäftsführers in genau bestimmten, regelmäßigen Abständen zu prüfen und über eine etwaige Anhebung zu entscheiden. Aus diesen Vereinbarungen ergibt sich für den Geschäftsführer allerdings noch kein direkter Anspruch auf eine tatsächliche Anpassung der Vergütung.[76] 919

Bei **Fehlen einer Anpassungsklausel** kann der Geschäftsführer eine Anhebung der Vergütung nur ausnahmsweise nach langjähriger Tätigkeit unter dem Gesichtspunkt des Wegfalls der Geschäftsgrundlage oder aus der gesellschaftlichen Treupflicht verlangen, wenn die Bezüge evident unangemessen geworden sind.[77] Bei nicht oder nicht nennenswert an der Gesellschaft beteiligten Geschäftsführern kann sich ein Anspruch auf Anpassung auch aus der Anwendung des **arbeitsrechtlichen Gleichbehandlungsgrundsatzes** ergeben, wenn vergleichbaren Mitgeschäftsführern nach einem einheitlichen Konzept Gehaltserhöhungen gewährt wurden.[78] So kann sich eine Pflicht zur Erhöhung der Vergütung bspw ergeben, wenn die Vergütung des Geschäftsführers in einer Aufbauphase der Gesellschaft oder in einem Zeitraum der Konsolidierung vereinbart wurde und die wirtschaftlich schwierige Phase mittlerweile überwunden ist.[79] Auch wenn eine zunächst nur nebenberuflich ausgeübte Tätigkeit aufgrund begründeter Erfordernisse in zeitlicher Hinsicht in deutlichem Rahmen ausgeweitet wurde, kann ein Anspruch auf Anpassung bestehen.[80] Bei Gesellschafter-Geschäftsführern kann sich eine Verpflichtung zur Anhebung der Vergütung aufgrund der **Treuepflicht der Gesellschafter** ergeben, wenn diese aufgrund der veränderten wirtschaftlichen Verhältnisse für eine verständige Weiterführung des Gesellschaftszwecks geboten erscheint.[81] 920

(a2) Reduzierung der Bezüge

Ein gegensätzliches Anpassungserfordernis in Form einer **Gehaltsverringerung** kann gerade vor dem Hintergrund vergangener Weltwirtschaftskrisen, durch welche auch viele deutsche Betriebe in zunächst nicht vorhergesehene **wirtschaftliche Schwierigkeiten** gerieten, notwendig werden. Gerade bei der GmbH stellt sich dies aufgrund der Unanwendbarkeit des § 87 Abs. 2 AktG[82] als schwierig dar. Zwar kommt theoretisch der Abschluss einer **einvernehmlichen Änderungsvereinbarung** zum Anstellungsvertrag mit dem Ziel der Herabsetzung der Bezüge in Betracht. Mangels Zustimmung des Geschäftsführers wird diese Möglichkeit praktisch allerdings nur in begrenztem Rahmen umsetzbar sein, so dass meist allenfalls eine **Stundung** der Zahlung zur Überbrückung der Zahlungsschwierigkeiten in Betracht kommt.[83] Wird anstelle einer Stundung zunächst eine **Verzichtsvereinbarung** auf Teile des Entgelts unter der Prämisse erwirkt, dass bei einer nachträglichen Entspannung der Finanzlage eine Nachzahlung des Verzichtsbetrags in Betracht kommt, droht durch eine tatsächliche Auszahlung gegenüber einem Gesell- 921

---

75 Oppenländer/Trölitzsch/*Baumann*, GmbH-Geschäftsführung, § 14 Rn 44.

76 MüKo-GmbHG/*Jaeger*, § 35 Rn 322.

77 Scholz/*Schneider/Sethe*, GmbHG, § 35 Rn 240; Lutter/Hommelhoff/*Kleindiek*, GmbHG, Anh zu § 6 Rn 34; Michalski/*Tebben*, GmbHG, § 6 Rn 164; Baumbach/Hueck/*Zöllner/Noack*, GmbHG, § 35 Rn 187.

78 BGH 14.5.1990 – II ZR 122/89, DB 1990, 1810.

79 Henssler/Strohn/*Oetker*, GesellschaftsR, § 35 GmbHG Rn 95.

80 Michalski/*Tebben*, GmbHG, § 6 Rn 164.

81 BGH 8.12.1997 – II ZR 236/96, NJW 1998, 1315.

82 Ganz hM, so zB: MüKo-GmbHG/*Jaeger*, § 35 Rn 324; Henssler/Strohn/*Oetker*, GesellschaftsR, § 35 GmbHG Rn 94; für eine analoge Anwendbarkeit wohl nur: OLG Köln 6.11.2007 – 18 U 131/07, NZG 2008, 637; Oppenländer/Trölitzsch/*Leinekugel*, GmbH-Geschäftsführung, § 18 Rn 57.

83 *Lunk/Stolz*, NZA 2010, 121, 122.

schafter-Geschäftsführer die Gefahr einer verdeckten Gewinnausschüttung. Aus diesem Grund ist entweder eine Stundung vorzuziehen[84] oder zumindest eine möglichst genaue Regelung zur etwaigen Möglichkeit der Nachzahlung unter Nennung der genauen Beträge und der notwendgien Umstände für eine Auszahlung zu treffen.

922 Teilweise wird zur Lösung der Situation der Ausspruch einer **Änderungskündigung zur Gehaltsreduzierung** in Betracht gezogen.[85] Ein taugliches Mittel ist diese jedoch regelmäßig nicht. Trotz Unanwendbarkeit des KSchG aufgrund der eindeutigen Regelung in § 14 Abs. 1 Nr. 1 KSchG wird eine Kündigung zur Entgeltreduzierung regelmäßig am Fehlen eines gesetzlichen Kündigungsrechts scheitern. Aufgrund der regelmäßigen Befristung des Anstellungsvertrages scheidet eine ordentliche Kündigung meist aus und für eine außerordentliche Kündigung wird regelmäßig der wichtige Grund fehlen, da wirtschaftliche Schwierigkeiten und Finanzprobleme allein in den Risikobereich der Gesellschaft fallen und selbst die drohende Insolvenz der Gesellschaft nicht zur außerordentlichen Kündigung berechtigen wird (s. § 2 Rn 500).[86] Weiterhin birgt die Vornahme einer Änderungskündigung die Gefahr, dass bei Ablehnung des Änderungsangebots durch den Geschäftsführer der Anstellungsvertrag endet und die Gesellschaft eine möglicherweise nur schwer ersetzbare Führungsperson verliert.

923 Allerdings kann in einer solchen Situation der wirtschaftlichen Krise auch der Geschäftsführer verpflichtet sein, der Herabsetzung seiner Vergütung **zuzustimmen**. Dies gilt zumindest, wenn die Gesellschaft sich in einer **existenzgefährdenden Notlage** befindet und die Weitergewährung der Bezüge in der vereinbarten Höhe unbillig wäre, weil hierdurch der Gesellschaft für ihren Erhalt benötigte Mittel entzogen würden.[87] In ganz eng begrenzten Ausnahmefällen kann ein Gesellschafter-Geschäftsführer aus der Treuepflicht sogar gehalten sein, **selbst** auf eine Herabsetzung seiner Vergütung **hinzuwirken**, wenn die wirtschaftliche Krise dies erfordert.[88] Voraussetzung ist neben der erheblichen Verschlechterung der wirtschaftlichen Lage allerdings, dass diese nicht bereits bei der letzten Gehaltsfestsetzung des Geschäftsführers negativ berücksichtigt wurde.[89] Dem Gesellschafter-Geschäftsführer dürfen im Zusammenhang mit der Vergütungsherabsetzung wegen des stärkeren eigenen finanziellen Interesses an einer Gesundung aufgrund seiner Kapitalbeteiligung dabei stärkere Opfer zugemutet werden als einem Fremdgeschäftsführer.[90] Allerdings führt selbst eine schwere finanzielle Krise der Gesellschaft auch bei einem Gesellschafter-Geschäftsführer nicht zu einem automatischen Wegfall der bislang gültigen Vergütungsvereinbarung.[91] Aus der Treuepflicht ergibt sich insoweit jedoch in bestimmten schwerwiegenden Fällen eine Pflicht des Gesellschafter-Geschäftsführers zur Zustimmung einer Gehaltsanpassung, da nach Ansicht des BGH trotz Unanwendbarkeit des § 87 Abs. 2 AktG dessen inhaltliche Wertung zumindest dem Grunde nach auch für Geschäftsführer gelte und demnach zur Konkretisierung herangezogen werden kann.[92]

924 Auch für den **Umfang** einer möglichen Herabsetzung wird ein Rückgriff auf den Sinngehalt des § 87 Abs. 2 AktG vorgeschlagen.[93] Dem Geschäftsführer müssen jedenfalls **angemessene**

---

84 So etwa *Lunk/Stolz*, NZA 2010, 121, 122.

85 Diese Möglichkeit diskutierend *Lunk/Stolz*, NZA 2010, 121, 122 f.

86 So auch OLG Naumburg 16.4.2003 – 5 U 12/03, GmbHR 2004, 423.

87 BGH 14.5.1990 – II ZR 122/89, DB 1990, 1810; BGH 15.6.1992 – II ZR 88/91, DStR 1992, 1443; OLG Naumburg 16.4.2003 – 5 U 12/03, GmbHR 2004, 423; OLG Köln 6.11.2007 – 18 U 131/07, NZG 2008, 637; Scholz/*Schneider/Sethe*, GmbHG, § 35 Rn 241; Baumbach/Hueck/*Zöllner/Noack*, GmbHG, § 35 Rn 187; zu den Auswirkungen des VorstAG vgl *Baeck/Goetze/Arnold*, NZG 2009, 1121.

88 OLG Düsseldorf 2.12.2011 – I-16 U 19/10, DStR 2012, 309.

89 OLG Naumburg 16.4.2003 – 5 U 12/03, GmbHR 2004, 423.

90 *Wimmer*, DStR 1997, 247, 249.

91 BGH 15.6.1992 – II ZR 88/91, DStR 1992, 1443, 1444.

92 BGH 15.6.1992 – II ZR 88/91, DStR 1992, 1443, 1444 f; so auch *Lunk/Stolz*, NZA 2010, 121, 123; Henssler/Strohn/*Oetker*, GesellschaftsR, § 35 GmbHG Rn 94.

93 *Bauder*, BB 1993, 369, 371.

Bezüge zur Bestreitung und Absicherung seiner beruflichen und wirtschaftlichen Existenz **verbleiben**, wobei gerade auch zu berücksichtigen ist, dass eine versprochene variable Vergütung in Form einer Gewinntantieme aufgrund der wirtschaftlichen Schieflage meist vollständig entfällt.[94] In einem Fall erachtete etwa das OLG Köln bei einem Geschäftsführer, der zugleich seit langer Zeit Hauptgesellschafter war, eine vorübergehende Halbierung des Gehalts für zulässig.[95] Eine Herabsetzung ist allerdings nur zulässig, wenn sie sich vor dem Hintergrund einer angemessenen Zukunftsprognose auf den **Zeitraum beschränkt**, in welchem noch nicht mit einer Entspannung zu rechnen ist.

Für das Vorliegen der **Zustimmungspflicht** des Geschäftsführers zur Verminderung seiner Bezüge ist die Gesellschaft darlegungs- und **beweispflichtig.**[96] Lehnt der Geschäftsführer ein berechtigtes Herabsetzungsverlangen der Gesellschaft ab, kann er sich schadensersatzpflichtig machen.[97] Will sich die Gesellschaft absichern, ist auch eine wortgleiche oder der Vorschrift ähnliche Vereinbarung angelehnt an § 87 Abs. 2 AktG im Anstellungsvertrag möglich.[98] Wegen der dem Grunde nach möglichen Übertragung der Grundsätze für AG-Vorstände dürfte eine entsprechende Vereinbarung gegenüber Geschäftsführern auch einer möglichen AGB-Kontrolle standhalten. Allerdings könnten entsprechende Ausgestaltungen gegenüber Geschäftsführern abschreckend wirken, da sie die Gefahr einer möglichen Vermögenseinbuße übertrieben deutlich vor Augen führen. Auch könnte eine solche Regelung Zweifel an der wirtschaftlichen Stabilität der Gesellschaft aufkommen lassen. 925

(5) Leistungsstörungen

Übt der Geschäftsführer seine Tätigkeit nicht aus, so verliert er grds. nach § 326 Abs. 1 BGB seinen Vergütungsanspruch. Der Anspruch auf die Bezüge bleibt aber nach § 616 BGB erhalten, wenn der Geschäftsführer nur für eine verhältnismäßig kurze Zeit durch einen in seiner Person liegenden Grund ohne sein Verschulden – bspw durch eine kurzzeitige Erkrankung – an der Dienstleistung verhindert ist. Allerdings ist die Regelung in § 616 BGB als dispositives Recht abdingbar, so dass sie im Anstellungsvertrag beschränkt, erweitert oder aufgehoben werden kann.[99] Für den Fall der Lohnfortzahlung im Krankheitsfall empfiehlt sich daher eine genauere Regelung im Anstellungsvertrag, da der Begriff der verhältnismäßig kurzen Zeit zu unbestimmt ist und jedenfalls deutlich kürzer verstanden werden kann als die gesetzliche Sechs-Wochen-Frist bei Arbeitnehmern.[100] Dies gilt umso mehr, als dass das EFZG auf Geschäftsführer keine Anwendung findet. Vereinbarungen, nach denen der Lohn im Falle von Krankheit oder sonstiger unverschuldeter Verhinderung bis zu sechs Monaten fortgezahlt wird, sind in der Praxis gebräuchlich und verbreitet.[101] 926

Weiter kann der Geschäftsführer die Vergütung nach §§ 615, 326 Abs. 2 BGB verlangen, wenn sich die Gesellschaft in Annahmeverzug befindet oder die Nichtleistung selbst zu vertreten hat. Dabei hat die Gesellschaft auch das Betriebs- und damit das Entlohnungsrisiko zu tragen, soweit der Betriebsausfall nicht auf eine Gefahr zurückzuführen ist, die im Verantwortungsbereich des Geschäftsführers liegt.[102] 927

94 MüKo-GmbHG/*Jaeger*, § 35 Rn 325.
95 OLG Köln 6.11.2007 – 18 U 131/07, NZG 2008, 637.
96 OLG Naumburg 16.4.2003 – 5 U 12/03, GmbHR 2004, 423.
97 OLG Köln 6.11.2007 – 18 U 131/07, NZG 2008, 637.
98 *Wimmer*, DStR 1997, 247, 249.
99 *Haase*, GmbHR 2005, 1260, 1264.
100 *Tänzer*, BB 2004, 2757, 2760.
101 *Schwedhelm*, BB 2000, 693, 699.
102 Lutter/Hommelhoff/*Kleindiek*, GmbHG, Anh zu § 6 Rn 42.

(6) Pfändung, Abtretung, Verjährung

928 Auf den Vergütungsanspruch eines Geschäftsführers, der nicht oder nicht wesentlich an der Gesellschaft beteiligt ist, finden nach der Rspr des BGH die **Pfändungsschutzbestimmungen der §§ 850 ff ZPO** Anwendung.[103] Ausdrücklich offen gelassen wurde, ob sich beherrschende GmbH-Geschäftsführer ebenso auf diese Vorschriften berufen können. Nach richtiger Meinung ist bei beherrschenden Gesellschaftern der aus der Geschäftsführertätigkeit resultierende Vergütungsanspruch ebenfalls nur im Rahmen der §§ 850 ff ZPO der Pfändung unterworfen.[104] Das Geschäftsführergehalt dient beim beherrschenden wie beim nicht beherrschenden Gesellschafter-Geschäftsführer grds. zur Bestreitung seines Lebensunterhalts, so dass eine vergleichbare Schutzwürdigkeit in pfändungsrechtlicher Hinsicht besteht.

929 Der Vergütungsanspruch ist abtretungsfähig. Dem mit der **Abtretung** verbundenen Auskunftsanspruch gem. § 402 BGB des Zessionars steht grds. nicht die Pflicht des GmbH-Geschäftsführers als Zedenten zur Geheimhaltung von Betriebsgeheimnissen gem. § 85 GmbHG entgegen. Dies gilt zumindest, soweit sich die abgetretene Forderung auf das Festgehalt oder die anhand des publizitätspflichtigen Jahresabschlusses bemessene Gewinntantieme bezieht.[105] Die Gesellschaft ist insoweit durch die Möglichkeit der vertraglichen Vereinbarung eines Abtretungsverbots nach § 399 Alt. 2 BGB ausreichend geschützt.[106]

930 Schließlich unterliegen die Bezüge des Geschäftsführers der allgemeinen **Verjährung** nach § 195 BGB, soweit keine abweichende Vereinbarung getroffen wurde. Abweichende Vereinbarungen finden sich in der Praxis vor allem in Bezug auf die Beendigung des Anstellungsvertrages in Form von Ausschlussklauseln.

bb) Steuerrechtliche Aspekte

931 Während kaum zivilrechtliche Beschränkungen bei der Vereinbarung der Geschäftsführervergütung zu beachten sind, spielen steuerrechtliche Erwägungen bei der Vertragsgestaltung eine herausragende Rolle. Insbesondere besteht bei Gesellschafter-Geschäftsführern die erhöhte Gefahr, durch eine sorglose Regelung der Bezüge **steuerrechtlich unzulässige verdeckte Gewinnausschüttungen** zu vereinbaren. Daneben ergeben sich vielfältige weitere Problemkreise, die nachfolgend nur in ihren Grundzügen erörtert werden können.

(1) Einkünfte aus nichtselbständiger Arbeit

932 Die steuerrechtliche Behandlung der Geschäftsführervergütung richtet sich entscheidend danach, ob es sich um Einkünfte aus selbständiger oder nichtselbständiger Arbeit handelt. Der BFH vertritt insoweit mittlerweile eine differenzierende Lösung.[107] In Bezug auf die **umsatzsteuerrechtliche** Behandlung des vertraglichen Vergütungsanspruchs eines Geschäftsführers führt der BFH aus, eine selbständige Tätigkeit liege nur dann vor, wenn sie auf eigene Rechnung und eigene Verantwortung ausgeübt werde. Maßgebend sei dabei das Gesamtbild der Verhältnisse.[108] Gewicht hat u.a. das Merkmal des **Unternehmensrisikos in Form des Vergütungsrisikos.** Wird eine Vergütung für Ausfallzeiten nicht gezahlt, spricht diese Vertragsregelung für eine Selbständigkeit. Nichtselbständig ist dagegen der Steuerpflichtige tätig, wenn er von einem Vermögensrisiko der Erwerbstätigkeit grds. freigestellt ist und damit das Unterneh-

103 BGH 8.12.1977 – II ZR 219/75, NJW 1978, 756.

104 Scholz/*Schneider*/*Sethe*, GmbHG, § 35 Rn 250; Lutter/Hommelhoff/*Kleindiek*, GmbHG, Anh zu § 6 Rn 35.

105 BGH 8.11.1999 – II ZR 7/98, NJW 2000, 1329; aA noch OLG Frankfurt 22.6.1995 – 3 U 181/94, NJW-RR 1995, 1504.

106 MüKo-GmbHG/*Jaeger*, § 35 Rn 331.

107 Vgl erstmals BFH 8.9.2005 – V B 47/05, BFH/NV 2006, 622.

108 Bestätigt durch: BFH 23.4.2009 – VI R 81/06, DStR 2009, 1355; BFH 20.10.2010 – VIII R 34/08, DStR 2011, 911; so in der Folge dann auch die Finanzgerichte, etwa: FG Berlin 6.3.2006 – 9 K 2574/03, DStRE 2006, 1055; FG Hamburg 10.11.2006 – 1 K 15/06, DStRE 2007, 879.

mensrisiko nicht selbst zu tragen hat. Die für und gegen die Selbständigkeit sprechenden Merkmale, welche im Einzelfall unterschiedlich gewichtet werden können, sind gegeneinander abzuwägen.

Die Beurteilung einer steuerrechtlichen Selbständigkeit erfolgt für die **Einkommen-, Gewerbe- und Umsatzsteuer** einheitlich,[109] so dass die vom BFH zum Umsatzsteuerrecht dargestellten Abgrenzungskriterien gerade auch auf Fragen der Einkommensteuer übertragbar sind. 933

Ein Indiz, das aber nicht in erster Linie ausschlaggebend ist, kann die **sozial- und arbeitsrechtliche Einordnung der Tätigkeit** als selbständig oder unselbständig sein. Die genaue Beteiligungsquote am Kapital der Gesellschaft ist demnach grds. für die Beurteilung unerheblich, so dass auch ein Mehrheitsgesellschafter-Geschäftsführer, welcher in sozialversicherungsrechtlicher Hinsicht meist als Selbständiger einzuordnen ist, Einkünfte aus nichtselbständiger Arbeit erzielen kann.[110] 934

Ob der Geschäftsführer – einem Arbeitnehmer vergleichbar – eine nichtselbständige Tätigkeit ausübt, hängt nicht von der körperschaftlichen Organstellung ab, sondern von der **Ausgestaltung des Anstellungsvertrages.** Insoweit ist stets zu prüfen, ob dort getroffene Vereinbarungen dem typischen Bild eines Arbeits- oder Anstellungsvertrages entsprechen. So spricht selbst bei einem maßgeblich an der Gesellschaft beteiligten Geschäftsführer die Einräumung eines Urlaubsanspruchs, die Zusage einer Weihnachtsgratifikation und eines Urlaubsgeldes, der Anspruch auf sonstige Sozialleistungen oder die Fortzahlung der Bezüge im Krankheitsfall für eine nichtselbständige Tätigkeit.[111] Als Hinweis auf eine Stellung als Selbständiger kann dagegen gewertet werden, wenn der Geschäftsführer nach dem Anstellungsvertrag an keine Vorschriften der Gesellschaft gebunden sein soll.[112] Dies gilt ebenfalls für anstellungsvertragliche Regelungen, die eine automatische Anpassung der Vergütung für den Fall der Änderung des Arbeitsaufwands vorsehen.[113] Dagegen sprechen eine fehlende Regelung im Anstellungsvertrag zu fester Arbeitszeit und Arbeitsort sowie die Gewährung einer erfolgsabhängigen Gratifikation nicht zwingend für die Einordnung als Selbständiger, da entsprechende Regelungen auch bei leitenden Angestellten nicht unüblich sind.[114] 935

Für die Vertragsgestaltung folgt aus der Rechtsprechungsänderung, dass insb. aus den Vergütungsregelungen abgeleitet werden kann, ob der Geschäftsführer einer selbständigen oder einer nichtselbständigen Tätigkeit nachgeht. Auch unter Heranziehung der vom BFH genannten Kriterien wird im Regelfall das Gehalt des Geschäftsführers als **Einnahme aus einer unselbständigen Tätigkeit** einzuordnen sein, während nur in seltenen Ausnahmefällen eine selbständige Tätigkeit anzunehmen ist. 936

(2) Steuerliche Bewertung von Einnahmen, die nicht in Geld bestehen

(a1) Steuerlich maßgebliche Sach- und Nebenleistungen

Soweit dem Geschäftsführer Sach- und Nutzungsleistungen aus nichtselbständiger Arbeit zufließen, ergibt sich aus § 8 EStG, mit welchem Wert diese Vermögensvorteile steuerlich erfasst werden können. Nach § 8 Abs. 2 S. 1 EStG sind Einnahmen, die nicht in Geld bestehen (Wohnung, Kost, Waren, Dienstleistungen und sonstige Sachbezüge), mit den um verbreitete Preisnachlässe geminderten üblichen Endpreisen am Abgabeort anzusetzen. § 8 Abs. 2 S. 2–5 EStG enthält eine wichtige Sonderregelung zur Bewertung von **Dienstwagen**, die **zur privaten Nutzung** von der Gesellschaft überlassen werden (s. ausf. § 2 Rn 943 ff). 937

109 BFH 20.10.2010 – VIII R 34/08, DStR 2011, 911.
110 BFH 23.4.2009 – VI R 81/06, DStR 2009, 1355.
111 BFH 23.4.2009 – VI R 81/06, DStR 2009, 1355; BFH 20.10.2010 – VIII R 34/08, DStR 2011, 911.
112 BFH 9.10.1996 – XI R 47/96, GmbHR 1997, 374.
113 BFH 20.10.2010 – VIII R 34/08, DStR 2011, 911.
114 BFH 23.4.2009 – VI R 81/06, DStR 2009, 1355.

938 Bei **Sachzuwendungen** stellt sich zunächst die Frage, inwieweit diese überhaupt einen **Teil der Arbeitsvergütung oder eine Leistung im betrieblichen Eigeninteresse** darstellen, welche dann von Seiten des Geschäftsführers nicht zu versteuern ist. Nicht um steuerpflichtigen Arbeitslohn handelt es sich nach einer Einzelfallabwägung immer dann, wenn sich der Sachvorteil bei objektiver Würdigung der Umstände nicht als Entlohnung, sondern als notwendige Begleiterscheinung betriebsfunktionaler Zielsetzung darstellt und somit ganz überwiegend im Eigeninteresse des Betriebs liegt.[115] Je höher allerdings die anzunehmende persönliche Bereicherung des Beschäftigten ist, desto geringer ist das anzunehmende betriebliche Eigeninteresse.[116] Ergibt die Abwägung, dass ausschließlich oder ganz überwiegend ein Entlohnungscharakter vorliegt, handelt es sich in voller Höhe um Arbeitsentgelt. Denkbar ist allerdings in bestimmten Fällen auch eine **gemischte Veranlassung** der Sachzuwendung, soweit diese Bestandteile enthält, die überwiegend der Entlohnung dienen, aber auch solche, die überwiegend betrieblich veranlasst sind.[117] Soweit die betroffene Zuwendung sich als unteilbar darstellt und nur einheitlich bewerten lässt, scheidet eine Aufteilung aus, so dass der Wert der Zuwendung ganzheitlich dem überwiegend einschlägigen Teil zuzuordnen ist.[118] So kann etwa eine (Regenerierungs-)Kur, deren Kosten von der Gesellschaft übernommen werden, anders als verbilligte Urlaubsreisen nur einheitlich bewertet werden und zählt regelmäßig zum steuerpflichtigen Arbeitslohn, da die Verbesserung des Gesundheitszustands gerade überwiegend im Eigeninteresse des Geschäftsführers liegt.[119]

(a2) Grundsatz der Einzelbewertung

939 Grundsätzlich findet nach § 8 Abs. 2 S. 1 EStG eine Einzelbewertung statt, um den Vermögensvorteil zu bemessen, den die Sach- oder Nutzungsleistung hat, die dem Geschäftsführer zugewendet wird. Maßgeblich ist dabei der **Endpreis, der am Abgabeort zu zahlen** ist, worunter der Marktpreis der konkret überlassenen Ware oder Dienstleistung zu verstehen ist,[120] der üblicherweise im allgemeinen Geschäftsverkehr vom Letztverbraucher gefordert würde.[121] Als Maßstab ist dabei grds. der günstigste am Markt unter normalen Umständen erzielbare Preis zu wählen.[122] Allerdings wird rein von der Begrifflichkeit des *üblichen* Endpreises her vorausgesetzt, dass dieser vergleichsweise häufig vorkommt, also der Preis, zu dem die häufigsten Umsätze am Markt getätigt werden.[123] Keinen Vergleichsmaßstab bildet dagegen der Preis funktionsgleicher und qualitativ gleichwertiger Waren oder Dienstleistungen anderer Hersteller oder Dienstleister, da ansonsten die Vorschrift des § 8 Abs. 2 S. 1 EStG nicht mehr handhabbar wäre.[124] Ebenfalls nicht anzusetzen sind echte Großhandelspreise, Sonderkonditionen für Einzelkunden, überhöhte Preisangebote, Listen- und Richtpreise sowie unverbindliche Preisempfehlungen, wenn die allgemeinen Abgabenpreise an andere Letztverbraucher tatsächlich günstiger sind.[125] Bei der Ermittlung des Endpreises ist ein üblicher Preisnachlass vorzunehmen, der von der Finanzverwaltung mit 4 % veranschlagt wird, soweit nicht nachgewiesen wird, dass ein höherer Preisabschlag üblich ist.[126]

115 BFH 30.4.2009 – VI R 55/07, DStR 2009, 1358; BFH 11.3.2010 – VI R 7/08, DStRE 2010, 789.
116 BFH 11.3.2010 – VI R 7/08, DStRE 2010, 789.
117 BFH 30.4.2009 – VI R 55/07, DStR 2009, 1358; BFH 11.3.2010 – VI R 7/08, DStRE 2010, 789.
118 BFH 11.3.2010 – VI R 7/08, DStRE 2010, 789.
119 BFH 11.3.2010 – VI R 7/08, DStRE 2010, 789.
120 BFH 30.5.2001 – VI R 123/00, DB 2001, 2177.
121 Schmidt/*Krüger*, EStG, § 8 Rn 36 f.
122 BFH 12.4.2007 – VI R 36/04, DStRE 2007, 1295, 1296.
123 Blümich/*Glenk*, EStG, § 8 Rn 93.
124 BFH 30.5.2001 – VI R 123/00, DB 2001, 2177.
125 Schmidt/*Krüger*, EStG, § 8 Rn 36.
126 Schmidt/*Krüger*, EStG, § 8 Rn 35.

Bewertungszeitpunkt für die Ermittlung des üblichen Endpreises ist der Zeitpunkt des Zuflusses, so dass bei dauerhaften Leistungen wie der Überlassung von Wohnraum die Verhältnisse variieren können.[127] 940

Für besonders häufige Sachzuwendungen (Kost, Wohnung, Heizung, Beleuchtung) enthält die auf § 17 Abs. 3 SGB IV beruhende Sachbezugsverordnung Sonderregelungen, die über § 8 Abs. 2 S. 6 und 7 EStG auch im Rahmen der steuerlichen Bewertung heranzuziehen sind. 941

Nach § 8 Abs. 2 S. 11 EStG bleiben Sachbezüge steuerfrei, soweit sie monatlich 44 € nicht überschreiten. Wird diese Freigrenze nicht eingehalten, so unterliegen die Sachbezüge nicht nur hinsichtlich des überschießenden Teils der Besteuerung, sondern insgesamt.[128] 942

(a3) Sonderfall: Dienstwagen[129]

Wird dem Geschäftsführer ein Dienstwagen zur privaten Nutzung überlassen, so ist nach § 8 Abs. 2 S. 2 EStG iVm § 6 Abs. 1 Nr. 4 S. 2 EStG der zu versteuernde Vermögensvorteil für jeden Kalendermonat pauschal mit **1 % des inländischen Listenpreises** im Zeitpunkt der Erstzulassung zuzüglich der Kosten für Sonderausstattungen einschließlich der Umsatzsteuer anzusetzen. Kann das Fahrzeug auch für Fahrten zwischen Wohnung und Arbeitsstätte genutzt werden, erhöht sich die Pauschale für jeden Kalendermonat um 0,03 % des Listenpreises für jeden Kilometer der Entfernung zwischen Wohnung und Arbeitsstätte. Die Nutzung des Fahrzeugs zu einer Familienheimfahrt im Rahmen einer doppelten Haushaltsführung ist gem. § 8 Abs. 2 S. 5 EStG mit 0,002 % des Listenpreises für jeden Kilometer der Entfernung zwischen Wohnung und Arbeitsstätte einzubeziehen. Bei der pauschalen Bewertung des geldwerten Vorteils bleibt der Listenpreis des Herstellers maßgeblich, selbst wenn es sich um gebraucht erworbene Fahrzeuge, Leasingfahrzeuge oder reimportierte Fahrzeuge handelt. Unerheblich ist es auch, ob der Gesellschaft vom Händler ein besonderer Rabatt eingeräumt wurde. Es geht insoweit allein um den üblichen wirtschaftlichen Gegenwert der Leistung. 943

Eine zu hohe pauschale Besteuerung kann nach § 8 Abs. 2 S. 4 EStG vermieden werden, wenn der Steuerpflichtige für die gesamte Nutzungszeit ein **Fahrtenbuch** führt und alle Kfz-Kostenbelege für alle betrieblichen und privaten Fahrten sammelt, damit dann lediglich die Aufwendungen für die tatsächliche private Nutzung einzeln verauslagt werden.[130] Ist der Anteil der Privatnutzung relativ hoch und handelt es sich verstärkend um einen Mittelklasse-Pkw mit verhältnismäßig niedrigem Listenpreis, ist es ratsam, die Pauschalversteuerung nach der 1 %-Regelung zu wählen. Dagegen kann bei weit überwiegender dienstlicher Nutzung der **Einzelnachweis** der Strecken für den Geschäftsführer steuerlich deutlich günstiger ausfallen.[131] Erstattet die Gesellschaft dem Geschäftsführer für dessen eigenen Pkw sämtliche Kosten, so wendet sie Barlohn und nicht einen Nutzungsvorteil iSd § 8 Abs. 2 S. 2 EStG zu.[132] 944

Eine Anwendbarkeit der pauschalen 1 %-Regelung ist nach § 6 Abs. 2 Nr. 4 S. 2 EStG grds. nur in Fällen möglich, in denen der Pkw zumindest zu 50% dienstlich genutzt wird. Wird dieser Richtwert nicht erreicht, ist die private Nutzung iSd § 6 Abs. 1 Nr. 4 S. 4 EStG mit den tatsächlichen auf die Privatnutzung anfallenden Aufwendungen anzusetzen, soweit dies durch lückenlose Belege nachweisbar ist. Den Nachweis der zumindest hälftigen dienstlichen Nutzung des Dienstwagens zum Erhalt der pauschalen 1 %-Regelung hat, soweit daran Zweifel bestehen, der Geschäftsführer selbst zu erbringen. Da die allgemeinen Regeln der Beweiswürdigung 945

127 Blümich/*Glenk*, EStG, § 8 Rn 99.

128 Schmidt/*Drenseck*, EStG, 29. Aufl. 2010, § 8 Rn 23; dies nicht mehr thematisierend: Schmidt/*Krüger*, 31. Aufl. 2012, § 8 EStG.

129 Zur steuerlichen Behandlung der privaten Nutzung von Dienstwagen s. auch § 1 Rn 2016 ff.

130 Schmidt/*Krüger*, EStG, § 8 Rn 47.

131 *Ebner*, SVR 2007, 213, 213 f.

132 BFH 6.11.2001 – VI R 54/00, GmbHR 2002, 283.

heranzuziehen sind, ist das Führen eines ordnungsgemäßen **Fahrtenbuchs** zwar nicht zwingend notwendig,[133] aber dennoch zur Beweiserleichterung hilfreich und empfehlenswert.

946 Wurde **kein Fahrtenbuch** geführt, so besteht zunächst nach der allgemeinen Lebenserfahrung eine **generelle Anscheinsvermutung** für eine erfolgte Privatnutzung des Fahrzeugs und eine entsprechende Versteuerung nach der **1 %-Regel**. Allerdings ist dieser Anscheinsbeweis bereits erschüttert bzw widerlegt, wenn ernstlich und substantiiert ein Sachverhalt vorgetragen wird, der gegen eine Privatnutzung spricht, nicht allerdings durch die bloße Behauptung, eine private Nutzung sei unterblieben.[134] Voraussetzung für eine Versteuerung nach der 1 %-Regel ist allerdings stets, dass der Dienstwagen auch tatsächlich **zur privaten Nutzung offiziell überlassen** wurde, da es sich nur in diesem Fall um eine entgeltgleiche Leistung handelt. **Unbefugte Privatnutzungen** besitzen gerade keinen Lohncharakter, sondern stellen vielmehr eine Vertragsverletzung dar.[135] Der Anscheinsbeweis beschränkt sich insoweit lediglich auf die Vermutung, ein zur Privatnutzung überlassener Pkw werde auch tatsächlich privat genutzt, umfasst allerdings nicht die Vermutung, dass einer Person überhaupt ein Dienstwagen aus dem Fuhrpark des Arbeitgebers zur Privatnutzung überlassen wurde.[136] Auch ein genereller Erfahrungssatz für eine unbefugte Privatnutzung entgegen einem Verbot des Arbeitgebers existiert nicht.[137] Erfolgt die Privatnutzung dagegen tatsächlich ohne oder entgegen einer ausdrücklichen Vereinbarung und unterbindet die Gesellschaft dies nicht, liegt regelmäßig die Vermutung nahe, das Verbot sei nicht ernstlich gemeint, so dass es sich im Fall eines Gesellschafter-Geschäftsführers oftmals um eine verdeckte Gewinnausschüttung handelt.[138] Die Zuordnung einer nachhaltigen „vertragswidrigen" Privatnutzung des Dienstwagens ist allerdings nicht in allen Fällen zwingend.[139] Beruhen etwa die vertragswidrige Nutzung und das Nichteinschreiten der Gesellschaft auf einer abweichenden mündlich oder konkludent geschlossenen Überlassungsvereinbarung, besitzt die vermeintlich „vertragswidrige" Privatnutzung tatsächlich doch eine Grundlage im Anstellungsverhältnis, so dass ein Entgeltcharakter der nicht unterbundenen Nutzung anzunehmen ist und es sich somit um steuerpflichtigen Arbeitslohn handeln kann.[140]

(3) Steuerfreie Einkommen

947 Von besonderer Bedeutung für die Gewährung insb. von Nebenleistungen ist die Frage, inwieweit die Zuwendungen der Steuerpflicht unterliegen. Ob es sich um steuerfreie Einnahmen handelt, ergibt sich aus den Regelungen der §§ 3, 19 EStG.

948 Nach § 3 Nr. 50 EStG sind **durchlaufende Gelder** und **Auslagenersatz**, die ein Arbeitnehmer – als der ein nichtselbständiger Geschäftsführer steuerrechtlich eingeordnet wird – vom Arbeitgeber erhält, steuerfrei (s. dazu § 2 Rn 395 ff).

949 Der Lohnsteuerpflicht unterliegen prinzipiell **Sachleistungen, die zur privaten Nutzung überlassen** werden. Eine Ausnahme von diesem Grundsatz ergibt sich jedoch aus § 3 Nr. 45 EStG, nach dem die Vorteile aus der privaten Nutzung betrieblicher **Personalcomputer** – hierzu zählen Standgeräte und Laptops einschließlich aller anschließbaren Hardware-Standardkomponenten, Zubehörgeräte und Software – und **Telekommunikationsgeräte**, dh Telefon- und Faxgeräte sowie Handys, steuerfrei bleiben. Erfasst werden auch die laufenden Telefongebühren der Privatnutzung, soweit die Gesellschaft für diese Kosten aufkommt.[141] Dies dürfte ebenfalls

133 Schmidt/*Kulosa*, EStG, § 6 Rn 516.
134 BFH 21.4.2010 – VI R 46/08, NJW 2010, 2751.
135 BFH 21.4.2010 – VI R 46/08, NJW 2010, 2751; BFH 6.10.2011 – VI R 56/10, NZA-RR 2012, 199.
136 BFH 21.4.2010 – VI R 46/08, NJW 2010, 2751; BFH 6.10.2011 – VI R 56/10, NZA-RR 2012, 199.
137 BFH 6.10.2011 – VI R 56/10, NZA-RR 2012, 199.
138 BFH 17.7.2008 – I R 83/07, GmbHR 2009, 327; BFH 23.4.2009 – VI R 81/06, DStR 2009, 1355; BFH 11.2.2010 – VI R 43/09, NJW 2010, 1488.
139 BFH 11.2.2010 – VI R 43/09, NJW 2010, 1488.
140 BFH 11.2.2010 – VI R 43/09, NJW 2010, 1488.
141 Schmidt/*Heinicke*, EStG, § 3 Arbeitsmittelgestellung.

für die Kosten der Nutzung des mobilen Internets gelten. Auf ein Überwiegen der dienstlichen gegenüber der privaten Nutzung kommt es dabei nicht an; vielmehr ist entscheidend, dass die Telekommunikationsgeräte im Eigentum des Arbeitgebers stehen.[142] Die einheitliche Behandlung insb. auch der bei Providern anfallenden Betriebskosten für Internet, Telefon und mobile Kommunikation und vollumfängliche Behandlung als steuerfrei entspricht insoweit allein der heutigen Realität am Telekommunikationsmarkt, bei welchen im geschäftlichen Bereich fast ausschließlich alle Kosten pauschal abdeckende „Flatrate"-Tarife genutzt werden und somit eine Aufteilung praktisch unmöglich wäre. § 3 Nr. 45 EStG ist dagegen nicht einschlägig, wenn die Gesellschaft Zuschüsse zur privaten Nutzung von Geräten leistet, die dem Geschäftsführer selbst gehören.[143]

Personalrabatte bleiben gem. § 8 Abs. 3 S. 2 EStG steuerfrei, soweit sie insgesamt 1.080 € im Jahr nicht übersteigen. **Reisekosten, Umzugskosten** oder **Mehraufwendungen bei doppelter Hauhaltsführung**, die dem Geschäftsführer von der Gesellschaft erstattet werden, sind im Rahmen von bestimmten Pauschbeträgen steuerfrei gestellt. Zur steuerrechtlichen Behandlung der Übernahme von **Versicherungskosten** s. § 2 Rn 1018 f, 1042 ff. 950

(4) Verdeckte Gewinnausschüttung

(a1) Begriff der verdeckten Gewinnausschüttung und Angemessenheitsprüfung

Mit kaum einem Thema beschäftigen sich Finanzgerichte so häufig wie mit der Frage, ob ein Vermögensvorteil, der einem Gesellschafter-Geschäftsführer zugewendet wird, eine verdeckte Gewinnausschüttung darstellt, die gem. § 8 Abs. 3 S. 2 KStG das Einkommen der GmbH nicht mindert. Der BFH subsumiert in ständiger Rspr unter den **Begriff** der verdeckten Gewinnausschüttung jede Vermögensminderung oder verhinderte Vermögensmehrung, die durch das Gesellschaftsverhältnis veranlasst ist, den Steuerbilanzgewinn verringert und in keinem Zusammenhang zu einer offenen Gewinnausschüttung steht.[144] Eine **verdeckte Gewinnausschüttung** liegt danach vor, wenn aus einem sog. **Fremdvergleich** hervorgeht, dass ein ordentlicher und gewissenhafter Geschäftsleiter einem gesellschaftsfremden Geschäftsführer unter ansonsten vergleichbaren Verhältnissen die Vergütung nicht gewährt hätte.[145] Innerhalb dieses Fremdvergleichs sind insb. die Branche, die Größe des Unternehmens, die konkrete Wirtschafts- und Ertragslage sowie die Qualifikation des betroffenen Geschäftsführers zu berücksichtigen.[146] Soweit es sich bei dem begünstigten Geschäftsführer um einen Gesellschafter mit beherrschender Stellung handelt, kann es für die Annahme einer verdeckten Gewinnausschüttung bereits genügen, dass es für die Vorteilsleistung an einer klaren, im Voraus getroffenen, zivilrechtlich wirksamen und tatsächlich durchgeführten Vereinbarung fehlt.[147] 951

Gemäß BMF-Schreiben vom 14.10.2002[148] führen die Finanzbehörden die **Angemessenheitsprüfung in drei Schritten** durch, um zu ermitteln, ob die Vergütungsvereinbarung ganz oder teilweise durch das Gesellschafts- und nicht durch das Geschäftsführerverhältnis veranlasst wurde. In einem ersten Schritt sind alle vereinbarten Vergütungsbestandteile einzeln danach zu 952

---

142 Beck'sches Steuerlexikon/*Wirfler*, Personalcomputer, Rn 4.

143 Schmidt/*Heinicke*, EStG, § 3 Arbeitsmittelgestellung.

144 BFH 22.2.1989 – I R 9/85, BFHE 156, 428; BFH 22.2.1989 – I R 44/85, BFHE 156, 177; BFH 30.7.1997 – I R 65/96, NJW 1998, 702; BFH 7.8.2002 – I R 2/02, NJW-RR 2003, 254; BFH 5.3.2008 – I R 12/07, DStR 2008, 1037; BFH 30.1.2013 – II R 6/12, NZG 2013, 518.

145 BFH 4.6.2003 – I R 38/02, DB 2003, 2260; BFH 9.11.2005 – I R 89/04, NZG 2006, 235; BFH 5.3.2008 – I R 12/07, DStR 2008, 1037; BFH 9.3.2010 – VIII R 32/07, NJW 2010, 2687; BFH 11.10.2012 – I R 75/11, DStR 2013, 25; BFH 30.1.2013 – II R 6/12, NZG 2013, 518.

146 FG Berlin-Brandenburg 16.1.2008 – 12 K 8312/04 B, DStRE 2008, 688; Henssler/Strohn/*Oetker*, GesellschaftsR, § 35 GmbHG Rn 89.

147 BFH 9.11.2005 – I R 89/04, NZG 2006, 235; BFH 5.3.2008 – I R 12/07, DStR 2008, 1037; BFH 9.3.2010 – VIII R 32/07, NJW 2010, 2687; BFH 11.10.2012 – I R 75/11, DStR 2013, 25.

148 BMF-Schreiben vom 14.10.2002 – IVA 2-S 2742-62/02, BB 2003, 33.

beurteilen, ob sie **dem Grunde nach** als **durch das Gesellschaftsverhältnis veranlasst** anzusehen sind. In einem zweiten Schritt werden die verbleibenden Vergütungsbestandteile daraufhin überprüft, ob sie **der Höhe nach** auf dem Gesellschaftsverhältnis beruhen. Im dritten Schritt ist zu bewerten, ob die bezogen auf die verbliebene, nicht durch das Gesellschaftsverhältnis veranlasste Vergütung **in der Summe** als angemessen angesehen werden kann. Zur genaueren Ermittlung des oben angesprochenen **Fremdvergleichs** sind vorrangig die Vergütungskonditionen der – soweit vorhandenen – betriebsfremden Geschäftsführer im Rahmen eines innerbetrieblichen Vergleichs als Maßstab heranzuziehen. Ist dies nicht möglich, erfolgt die Bewertung innerhalb eines externen Betriebsvergleichs unter Verwendung neutraler Gehaltsstrukturuntersuchungen und Berücksichtigung der branchentypischen Besonderheiten. Allerdings muss den Gesellschaftern auch im Rahmen des Fremdvergleichs ein **gewisser Beurteilungsspielraum** zugestanden werden, da sie am besten selbst beurteilen können, was ihnen die Dienste eines bestimmten Geschäftsführers wert sind.[149] Wird schließlich eine verdeckte Gewinnausschüttung festgestellt, so ist der entsprechende Betrag nicht als Betriebsausgabe abzugsfähig und kann somit auch nicht den Gewinn der Gesellschaft mindern. Durch entsprechende Hinzurechnung des Betrags der verdeckten Gewinnausschüttung steigern sich der Jahresgewinn und somit auch die körperschaftsteuerliche Belastung.

(a2) Unangemessenheit eines Vergütungsteils dem Grunde nach

953 Bei bestimmten Vergütungsbestandteilen nimmt die Rspr grds. an, solche Zuwendungen seien einem Fremdgeschäftsführer nicht versprochen worden, so dass sie, unabhängig von der Höhe, bereits auf der **ersten Stufe** als verdeckte Gewinnausschüttung einzustufen sind.

(a2.1) Überstundenvergütung und arbeitszeitbedingte Sonderzuschläge

954 Der BFH vermutet regelmäßig das Vorliegen einer verdeckten Gewinnausschüttung aufgrund der Unvereinbarkeit mit dem Aufgabenbild eines GmbH-Geschäftsführers bei Gewährung von **Überstundenvergütungen** bzw **Sonn-, Feiertags- oder Nachtzuschlägen** an Gesellschafter-Geschäftsführer. Dieser Grundsatz wird mittlerweile als dermaßen feststehend betrachtet, dass gegen entsprechende Entscheidungen der Finanzgerichte eingelegte Nichtzulassungsbeschwerden regelmäßig ohne nähere Prüfung zurückgewiesen werden.[150] Diese Vermutung soll erst recht gelten, wenn von vornherein allein Zuschläge für Tätigkeiten an Sonn- und Feiertagen und zur Nachtzeit gezahlt werden sollen und/oder wenn außerdem eine Gewinntantieme vertraglich zugesagt wurde.[151] Die Rspr begründet diese Auffassung im Wesentlichen damit, dass sich der Geschäftsführer in einem erhöhten Maße für die Gesellschaft persönlich einzusetzen hat und seine Arbeitszeit durch die Gesellschaft nicht zu kontrollieren ist. Ein ordentlicher und gewissenhafter Geschäftsleiter würde demnach die Arbeitsstundenzahlen oder die Tageszeiten nicht zur Bemessungsgrundlage gesonderter Vergütungen machen, da nicht die Arbeitszeit des Geschäftsführers, sondern das Ergebnis seiner Arbeitsleistung der wesentliche Maßstab für deren Wert ist.[152] Die regelmäßige Wertung von Überstundenzuschlägen als verdeckte Gewinnausschüttung beruht insoweit auf der Vorstellung, dass sich ein Geschäftsführer als Gesellschaftsorgan grds. 24 Stunden an 7 Tagen die Woche „im Dienst" befindet und sich demnach eine Überstundenvergütung mit seiner Stellung nicht verträgt.[153] Allerdings könne ausnahmsweise die Annahme einer verdeckten Gewinnausschüttung bei Gewährung von Sonn- und Feiertagszuschlägen entfallen, soweit der Geschäftsführer für seinen besonderen klar belegbaren Arbeitseinsatz nicht etwa eine anderweitige erfolgsabhängige Vergütung – etwa eine Gewinntan-

149 OLG Düsseldorf 2.12.2011 – I-16 U 19/10, DStR 2012, 309.

150 Vgl etwa BFH 7.2.2007 – I B 69/06, BeckRS 2007, 25011317; BFH 6.10.2009 – I B 55/09, DB 2010, 1484.

151 BFH 19.3.1997 – I R 75/96, NJW 1997, 3463.

152 BFH 19.3.1997 – I R 75/96, NJW 1997, 3463; BFH 27.3.2001 – I R 40/00, NJW 2002, 86.

153 FG Baden-Württemberg 30.3.2009 – 6 K 432/06.

tieme – erhält und die Zuschläge für Tätigkeiten gezahlt wurden, die typischerweise nicht in den Aufgabenbereich eines Geschäftsführers, sondern anderer Arbeitnehmer fallen, welche ebenfalls diese Zuschläge erhalten hätten.[154]

Darüber hinaus zeigt sich bei einer Beschränkung der Zuschlagspflicht auf Überstunden an Sonn- und Feiertagen sowie während der Nacht, dass dem Geschäftsführer nur deshalb ein besonderer Vorteil zugeführt werden soll, damit er die Steuerfreiheit für diese Zuschläge gem. § 3 b EStG in Anspruch nehmen kann. Einem Nichtgesellschafter würde ein solcher Vorteil dagegen nicht zugewendet werden, nur damit er die Steuerbegünstigung des § 3 b EStG erhält.[155] Diese Grundsätze gelten auch, wenn die Überstundenvergütungen an mehrere Gesellschafter-Geschäftsführer gezahlt werden und die Geschäftsführer keine Ansprüche auf eine Gewinntantieme haben.[156] Die unterschiedliche Bewertung, wonach Zuschlagsvereinbarung mit betriebsfremden Geschäftsführern nie, dagegen mit Gesellschafter-Geschäftsführern regelmäßig als verdeckte Gewinnausschüttung qualifiziert werden, stellt dabei keine Verletzung des verfassungsrechtlichen Gleichheitsgrundsatzes aus Art. 3 GG dar, da bei Fremdgeschäftsführern, welche nicht in einem Näheverhältnis zu einem Gesellschafter stehen, eine Veranlassung aus dem Gesellschaftsverhältnis ausgeschlossen ist.[157] 955

In der Praxis dürfte es weiterhin schwer sein, die indizierte Vermutung der verdeckten Gewinnausschüttung bei der Gewährung von Zuschlägen zu widerlegen, da sie einem Fremdvergleich nur standhalten werden, wenn im konkreten Betrieb gesellschaftsfremde Arbeitnehmer beschäftigt werden, die sowohl von der finanziellen Ausstattung als auch von ihrer betrieblichen Funktion her mit Gesellschafter-Geschäftsführern vergleichbar sind und ihrerseits Überstundenzuschläge erhalten.[158] Hält die Regelung im Einzelfall einem Fremdvergleich stand, kann die Annahme einer verdeckten Gewinnausschüttung – selbst bei Unüblichkeit einer entsprechenden Vereinbarung im sonstigen wirtschaftlichen Verkehr und der damit regelmäßig verbundenen Schlussfolgerung einer gesellschaftsrechtlichen Veranlassung – zu verneinen sein.[159] 956

Die Frage, ob solche Zuschläge letztlich rein betrieblich oder dagegen auch durch das Gesellschaftsverhältnis veranlasst und somit als verdeckte Gewinnausschüttung zu werten sind, hängt also umfänglich von den Besonderheiten des Einzelfalls ab.[160] 957

Insgesamt gelten diese Grundsätze nicht nur für den beherrschenden, sondern für jeden Gesellschafter-Geschäftsführer unabhängig von seiner konkreten Beteiligungsquote.[161] 958

(a2.2) Umsatztantieme

Umsatztantiemen werden von der Rspr grds. als verdeckte Gewinnausschüttung eingeordnet. Ein ordentlicher und gewissenhafter Geschäftsleiter gewährt im Regelfall eine Erfolgsvergütung in Form einer Gewinn- und nicht in Form einer Umsatztantieme, da eine Umsatzbeteiligung unter Vernachlässigung des eigenen Gewinnstrebens der Kapitalgesellschaft die Gefahr einer Gewinnabsaugung in sich birgt.[162] Ausnahmen von diesem Grundsatz sind lediglich in Fällen denkbar, in denen die mit der variablen Vergütung angestrebte Leistungssteigerung durch eine Gewinntantieme nicht realisierbar wäre.[163] Eine gesellschaftliche Veranlassung und damit das Vorliegen einer verdeckten Gewinnausschüttung entfallen bspw dann, wenn über- 959

154 BFH 3.8.2005 – I R 7/05, GmbHR 2005, 1632.
155 BFH 19.3.1997 – I R 75/96, NJW 1997, 3463; BFH 13.12.2006 – VIII R 31/05, DStR 2007, 434.
156 BFH 27.3.2001 – I R 40/00, NJW 2002, 86.
157 BFH 7.10.2008 – I B 23/08, I B 24/08.
158 *Buciek*, DStZ 2004, 732.
159 Beck'sches Steuerlexikon/*Melchior*, Lohnzuschläge, Rn 5.
160 BFH 13.12.2006 – VIII R 31/05, NJW-RR 2007, 915.
161 BFH 13.12.2006 – VIII R 31/05, NJW-RR 2007, 915.
162 BFH 19.2.1999 – I R 105–107/97, NJW 1999, 1655; BFH 11.8.2004 – I R 40/03, GmbHR 2005, 111; BFH 6.4.2005 – I R 10/04, GmbHR 2005, 1442; BFH 28.6.2006 – I R 108/05, GmbHR 2006, 1339.
163 BFH 28.6.2006 – I R 108/05, GmbHR 2006, 1339; BFH 2.4.2008 – I B 208/07, ZSteu 2008, R601.

zeugende betriebliche oder unternehmerische Gründe für die Gewährung einer Umsatztantieme bestehen, etwa während der Aufbau- oder Umbauphase eines Unternehmens, in der gerade noch keine Gewinne zu erwarten sind. In diesem Fall bedarf es allerdings einer vertraglichen zeitlichen und der Höhe nach vorgenommenen Begrenzung der Umsatztantieme, um eine künftige Gewinnabsaugung und eine die Rendite vernachlässigende Umsatzsteigerung zu vermeiden.[164] Dabei ist eine Beschränkung auf die Anlauf- oder Übergangsphase mit einer Höchstdauer von maximal drei Jahren zu empfehlen.[165] Des Weiteren kann eine Umsatztantieme im Einzelfall nicht als verdeckte Gewinnausschüttung eingeordnet werden, wenn sie einem Gesellschafter-Geschäftsführer gewährt wird, der ausschließlich für den Vertrieb zuständig ist.[166]

(a2.3) Nur-Gewinntantieme, Nur-Pension

960 Erfolgt die Vergütung der Tätigkeit des Gesellschafter-Geschäftsführers ausschließlich durch eine Gewinntantieme (Nur-Gewinntantieme) oder Pensionszusage (Nur-Pensionszusage), ist in dieser Regelung ein Indiz für die Mitveranlassung der Tantiemevereinbarung durch das Gesellschaftsverhältnis und damit für eine verdeckte Gewinnausschüttung zu sehen. Der Fremdgeschäftsführer wird, anders als ein Gesellschafter-Geschäftsführer, grds. nicht bewusst das Risiko einer Fallgestaltung eingehen, für seine Arbeitsleistung im Ergebnis keine Entlohnung zu erhalten, was ein ordentlicher und gewissenhafter Geschäftsleiter auch berücksichtigen würde.[167] Eine verdeckte Gewinnausschüttung ist nach der Fremdvergleichsprüfung nämlich auch für Vereinbarungen anzunehmen, die für die Gesellschaft an und für sich günstig sind, welchen aber ein hypothetischer Fremdgeschäftsführer nicht zugestimmt hätte.[168] Bei einer entsprechenden Regelung entsteht gerade nicht der Eindruck einer Vereinbarung zur Entlohnung für bereits geleistete Dienste, sondern vielmehr einer vorweggenommenen Gewinnausschüttung an einen Gesellschafter.[169] Die Indizwirkung des Fremdvergleichs entfällt, wenn der Steuerpflichtige nachprüfbar darlegt, dass die zu beurteilende Vereinbarung für die Gesellschaft wirtschaftlich sachgerecht ist und sich auch ein Fremdgeschäftsführer auf sie eingelassen hätte.[170]

961 Eine **Nur-Gewinntantieme** kann als sachgerechte Regelung gewertet werden, wenn sie zur Verminderung der Fixkosten eines sich im Aufbau befindlichen Unternehmens dient und dem Geschäftsführer ein Anreiz geboten wird, bereits in der Anlaufphase Gewinne zu erwirtschaften. Notwendig ist eine zeitliche Befristung der Nur-Gewinntantieme, um eine künftige Gewinnabsaugung zu verhindern. Ob auch eine Begrenzung der Tantieme der Höhe nach notwendig ist, um der Indizkraft entgegenzuwirken, hängt unter anderem von der Branche ab, in der die Gesellschaft tätig ist.[171] Die Beschränkungen im Hinblick auf eine verdeckte Gewinnausschüttung zur Nur-Gewinntantieme finden auch auf die Nur-Rohgewinntantieme Anwendung.[172]

962 Bei einer **Nur-Pension** muss dagegen der Anschein einer verdeckten Gewinnausschüttung aufgrund einer Überversorgung entkräftet werden, die vorliegt, wenn die Versorgungsanwartschaft zusammen mit der Rentenanwartschaft aus der gesetzlichen Rentenversicherung 75 % der am Bilanzstichtag bezogenen Aktivbezüge überschreitet (s. auch § 2 Rn 786 f).[173] Wird dem Geschäftsführer von vornherein nur eine Pensionszusage erteilt, ohne ihm laufende Bezüge zu gewähren, so nimmt die Rspr mangels zu vergleichenden Aktivlohns in jedem Fall eine

164 BFH 19.2.1999 – I R 105–107/97, NJW 1999, 1655; BFH 28.6.2006 – I R 108/05, GmbHR 2006, 1339.
165 *Arens/Beckmann*, Die anwaltliche Beratung des GmbH-Geschäftsführers, § 1 Rn 62.
166 BFH 19.5.1993 – I R 83/92, BFH/NV 1994, 124; BFH 28.6.2006 – I R 108/05, GmbHR 2006, 1339.
167 Zur Nur-Gewinntantieme: BFH 18.3.2002 – I B 156/01, GmbHR 2002, 793; BFH 27.3.2001 – I R 27/99, GmbHR 2001, 580; zur Nur-Pension: BFH 17.5.1995 – I R 147/93, BFHE 178, 203.
168 BFH 27.3.2001 – I R 27/99, NJW-RR 2001, 1685.
169 MüKo-GmbHG/*Jaeger*, § 35 Rn 310.
170 BFH 18.3.2002 – I B 156/01, GmbHR 2002, 793.
171 BFH 18.3.2002 – I B 156/01, GmbHR 2002, 793; BFH 27.3.2001 – I R 27/99, NJW-RR 2001, 1685.
172 BFH 26.1.1999 – I B 119–98, DStR 1999, 414.
173 BFH 31.3.2004 – I R 79/03, GmbHR 2004, 1227; BFH 15.9.2004 – I R 62/03, GmbHR 2005, 180.

Überversorgung an. Einer Nur-Pension fehlt gerade die Einkommensersatzfunktion einer betrieblichen Altersvorsorge, so dass die Ernsthaftigkeit des betrieblichen Leistungsaustausches in Frage steht und grds. anzunehmen ist, dass der Geschäftsführer aufgrund des Verzichts auf Aktivlohn unentgeltlich tätig werden soll.[174] Etwas anderes kann gelten, wenn dem Geschäftsführer zunächst ein Barlohnanspruch eingeräumt wurde, der dann in eine Pensionsanwartschaft umgewandelt wurde. In diesem Fall sollte der umgewandelte Aktivlohn als Maßstab für das Vorliegen einer Überversorgung einbezogen werden.[175]

(a3) Unangemessenheit eines Vergütungsteils der Höhe nach

Ein grds. als steuerrechtlich zulässig einzuordnender Vergütungsteil kann auf der **zweiten Stufe** zu einer verdeckten Gewinnausschüttung führen, wenn er einem Fremdgeschäftsführer in dieser Höhe nicht gewährt worden wäre. Als verdeckte Gewinnausschüttung wird nur der die Angemessenheitsgrenze übersteigende Betrag gewertet.[176] 963

(a3.1) Gewinntantieme von mehr als 50 % des Jahresüberschusses

Der Anschein einer verdeckten Gewinnausschüttung besteht, soweit sich die an einen Gesellschafter-Geschäftsführer gezahlte Tantieme auf mehr als 50 % des Jahresüberschusses der Gesellschaft beläuft.[177] Diese Grenze ist nicht nur als Richtwert zu verstehen, sondern gilt zwingend.[178] Die **Bemessungsgrundlage** bildet dabei der **handelsrechtliche Jahresüberschuss** vor Abzug der Tantieme und der ertragsabhängigen Steuern.[179] In einer Entscheidung vom 18.9.2007 entschied der BFH,[180] dass bei Zugrundelegung der Berechnungsgrundlage vom Jahresüberschuss auch die **Verlustvorträge vorangegangener Geschäftsjahre abzuziehen** seien, soweit der tantiemeberechtigte Gesellschafter-Geschäftsführer für diese Verluste zumindest mitverantwortlich war. Im Rahmen eines Anstellungsvertrages mit einem Fremdgeschäftsführer würde ein gewissenhafter Geschäftsleiter einer Gewinntantieme unter Anknüpfung an den handelsbilanziellen Jahresüberschuss nur dann zustimmen, soweit die Vereinbarung einen Abzug von unter (Mit-)Verantwortung des Geschäftsführers angefallenen Jahresfehlbeträgen vorsieht. Insoweit kommt es nicht auf eine Verantwortlichkeit für den Verlust in Form des individuellen Verschuldens des Gesellschafter-Geschäftsführers an. Es ist vielmehr ausreichend, dass ein Verlust „unter Leitung des Geschäftsführers erwirtschaftet" wurde.[181] Demnach stelle die Differenz zwischen der laut Vereinbarung tatsächlich zu zahlenden Gewinntantieme und der hypothetischen Tantieme nach Bereinigung durch Abzug der Verlustvorträge regelmäßig eine verdeckte Gewinnausschüttung dar. 964

Die **50 %-Grenze** gilt unabhängig davon, ob es sich bei den Begünstigten um Minderheits- oder Mehrheitsgesellschafter handelt.[182] Sind mehrere Gesellschafter-Geschäftsführer tantiemeberechtigt, so kommt es auf die Gesamtsumme der ihnen versprochenen Tantieme an.[183] Die Rspr gründet auf der Überlegung, dass Tantiemen, die die 50 %-Marke überschreiten, tendenziell auf eine Gewinnabsaugung zielen und im Wirtschaftsleben unter fremden Dritten unüb- 965

174 *Briese*, BB 2005, 2492, 2493.

175 Offen gelassen in: BFH 15.9.2004 – I R 62/03, GmbHR 2005, 180; ebenso lässt dies im Umkehrschluss zu: BFH 9.11.2005 – I R 89/04, DStR 2006, 83.

176 BFH 12.10.1995 – I R 4/95, BFH/NV 1996, 437; BFH 17.12.2003 – I R 16/02, GmbHR 2004, 672.

177 BFH 5.10.1994 – I R 50/94, GmbHR 1995, 385; BFH 15.3.2000 – I R 74/99, DB 2000, 2045; BFH 6.5.2004 – I B 223/03.

178 Oppenländer/Trölitzsch/*Weber*, GmbH-Geschäftsführung, § 40 Rn 59.

179 BMF-Schreiben vom 5.1.1998 – IV B 7-S 2742-1/98, BB 1998, 464.

180 BFH 18.9.2007 – I R 73/06, DStR 2008, 247; bestätigt durch BFH 4.5.2011 – I B 93/10, BFH/NV 2011, 1920.

181 BFH 4.5.2011 – I B 93/10, BFH/NV 2011, 1920.

182 BFH 15.3.2000 – I R 74/99, DB 2000, 2045.

183 BFH 17.12.2003 – I R 16/02, GmbHR 2004, 672.

lich sind. Dies gilt unabhängig davon, ob die Gesamtsumme des Geschäftsführergehaltes selbst zu beanstanden wäre oder nicht.[184] Die Vermutung kann im Einzelfall widerlegt werden. Hierzu muss die Gesellschaft jedoch Umstände vortragen, aus denen klar und eindeutig folgt, dass die Vereinbarung eines Tantiemesatzes von 50 % wirtschaftlich geboten war und deshalb auch in einer Vereinbarung mit einem Fremdgeschäftsführer getroffen worden wäre.[185] So kann eine Tantieme, die die 50 %-Grenze überschreitet, steuerrechtlich ausnahmsweise anzuerkennen sein, wenn sie auf die Anlaufphase eines Unternehmens, in der die Gewinne regelmäßig noch gering ausfallen, beschränkt ist und im konkreten Fall angenommen werden kann, dass auch ein fremder Dritter eine solche erhöhte Tantieme erhalten hätte.[186] Da allerdings auch unterhalb der 50 %-Grenze im Einzelfall aufgrund des Fremdvergleichs eine verdeckte Gewinnausschüttung angenommen werden kann, ist es ratsam, innerhalb der Gewinntantieme eine Höchstgrenze für die Tantieme selbst und/oder die Gesamtsumme der Bezüge des Geschäftsführers festzulegen.[187] Dies gilt insb., wenn bereits zum Zeitpunkt des Vertragsschlusses ein sprunghafter Gewinnanstieg der Gesellschaft ernsthaft im Raum steht.[188]

(a3.2) Gewinntantieme von mehr als 25 % der Gesamtvergütung

966 Unter dem Gesichtspunkt der Gewinnabsaugung kann eine verdeckte Gewinnausschüttung nach einer grundlegenden Entscheidung des BFH[189] auch dann vorliegen, wenn der **Anteil einer variablen Gewinntantieme** an der Gesamtvergütung in einem unangemessenen Verhältnis zum Anteil der Festvergütung steht. Wird einem Geschäftsführer eine Gewinntantieme zugesagt, soll er sowohl an einem unerwartet guten als auch an einem unerwartet schlechten künftigen Geschäftsergebnis beteiligt werden. Ein ordentlicher und gewissenhafter Geschäftsleiter wird bei der Aufteilung der Jahresbezüge in Festgehalt und variable Vergütung sowohl sein Interesse an der Vermeidung existenzieller Risiken berücksichtigen als auch das Gesellschaftsinteresse, dem Geschäftsführer keinen Anreiz zur Erzielung „schneller Gewinne“ zu Lasten der langfristigen Ertragsaussichten zu geben. Im Allgemeinen werden deshalb die Jahresgesamtbezüge wenigstens zu etwa 75 % aus einem festen und höchstens zu 25 % aus einem erfolgsabhängigen Bestandteil bestehen. Wollen die Vertragsparteien von diesen Sätzen abweichen, kann von ihnen eine Erläuterung verlangt werden, aus der sich die Veranlassung außerhalb des Gesellschaftsverhältnisses ableiten lässt. Der sich aus der Aufteilung ergebende absolute Betrag der variablen Komponente ist in eine Beziehung zu dem durchschnittlich zu erwartenden Jahresgewinn zu setzen. Nach diesem Vergleich lässt sich letztlich der angemessene Tantiemeprozentsatz festlegen.[190]

967 Maßgeblich ist insoweit nicht, ob die tatsächlich ausgezahlte Tantieme mehr als 25 % der Gesamtvergütung ausmacht. **Entscheidend** kommt es vielmehr darauf an, ob zum **Zeitpunkt der Vereinbarung** die Gewinntantieme unter Zugrundelegung des durchschnittlich erwarteten Gesamtgewinns und der angemessenen Gesamtvergütung einen Anteil von 25 % übersteigt. Der BFH illustrierte seine Vorgaben seinerzeit anhand folgenden Beispiels:

Beispiel: Eine GmbH geht im Zeitpunkt des Abschlusses eines Geschäftsführervertrages von einem durchschnittlich erzielbaren Gewinn vor Abzug von Körperschaftsteuer, Gewerbeertragsteuer und Geschäftsführervergütungen iHv 800.000 DM jährlich aus. Das angemessene Geschäftsführergehalt beträgt 200.000 DM (= 25 v.H. von 800.000 DM). Es soll iHv 150.000 DM als Festgehalt und in Höhe einer Gewinntantieme gezahlt werden, die 6,25 v.H. von dem Gewinn vor Abzug von Körper-

184 BFH 27.3.2001 – I R 27/99, NJW-RR 2001, 1685.

185 BFH 17.12.2003 – I R 16/02, GmbHR 2004, 672.

186 BFH 15.3.2000 – I R 74/99, DB 2000, 2045; BFH 17.12.2003 – I R 16/02, GmbHR 2004, 672.

187 Vgl BFH 27.4.2006 – 10 K 153/03, DStRE 2006, 1279.

188 *Arens/Beckmann*, Die anwaltliche Beratung des GmbH-Geschäftsführers, § 11 Rn 314.

189 BFH 5.10.1994 – I R 50/94, DB 1995, 385.

190 BFH 5.10.1994 – I R 50/94, DB 1995, 385.

schaftsteuer, Gewerbeertragsteuer und Geschäftsführervergütungen beträgt (kalkulatorische Bemessungsgrundlage 6,25 v.H. von 800.000 DM = 50.000 DM).
Zwei Jahre später erzielt die GmbH einen Gewinn vor Abzug von Körperschaftsteuer, Gewerbeertragsteuer und Geschäftsführervergütungen iHv 2 Mio. DM. Der Geschäftsführer erhält ein Festgehalt von 150.000 DM und eine Gewinntantieme von 6,25 v.H. von 2 Mio. DM = 125.000 DM, insgesamt also 275.000 DM. Der Betrag macht nur 13,75 v.H. von 2 Mio. DM aus. Die Tantieme beträgt jedoch 45,45 v.H. der gesamten Geschäftsführervergütung. Sie ist dennoch angemessen.
Ein weiteres Jahr später erzielt die GmbH einen Gewinn vor Abzug von Körperschaftsteuer, Gewerbeertragsteuer und Geschäftsführervergütungen iHv nur 400.000 DM. Der Geschäftsführer erhält ein Festgehalt von 150.000 DM und eine Gewinntantieme von 6,25 v.H. von 400.000 DM = 25.000 DM, insgesamt also 175.000 DM. Dieser Betrag macht 43,75 v.H. von 400.000 DM. Die Tantieme beträgt dagegen nur 14,28 v.H. der gesamten Geschäftsführervergütung. Sie ist angemessen.

968 War zum Zeitpunkt des Vertragsschlusses die Vergütungsregelung so konzipiert, dass die Tantieme weniger als 25 % der Gesamtvergütung ausmachen sollte, dann liegt eine verdeckte Gewinnausschüttung nicht vor. Dies gilt auch, wenn sich die Gewinnsituation später besser als vorhergesehen entwickelt, sich daraus ein unerwartet hoher Tantiemeanspruch und damit zugleich ein hoher tatsächlicher Anteil der Tantieme an der Gesamtvergütung ergeben hat. Auch gegenüber einem fremden Dritten wäre die Gesellschaft an die einmal wirksam getroffene Vereinbarung gebunden und könnte nicht allein deshalb davon abrücken, weil sich die wirtschaftlichen Verhältnisse anders als erwartet entwickelt haben.[191] Notwendig ist aber die Rekonstruktion, ob und welche Gewinnprognose die Parteien zum Zusagezeitpunkt angestellt haben. Selbst wenn nach den Vorstellungen der Parteien bei Vertragsschluss die variable Vergütung dem Regelmaßstab von 75 % zu 25 % nicht entsprochen haben sollte, folgt hieraus nicht zwangsläufig eine Einordnung des überschießenden Teils als verdeckte Gewinnausschüttung. Vielmehr muss stets im Einzelfall geprüft werden, weshalb eine andere Gestaltung gewählt wurde und ob für die Abweichung betriebliche Gründe vorliegen.[192] Soweit solche Gründe nicht ersichtlich sind, umfasst die verdeckte Gewinnausschüttung allerdings nicht die gesamte Tantieme, sondern nur den die 25 %-Grenze überschreitenden Teil.[193]

969 Eine betriebliche Veranlassung kann etwa dann angenommen werden, wenn bereits zum Zeitpunkt des Vertrages mit **starken Ertragsschwankungen** gerechnet wurde und die Vereinbarung eines verhältnismäßig hohen Vergütungsanteils auch aus Sicht eines ordentlichen und gewissenhaften Geschäftsleiters sachgerecht erscheint.[194] Mittlerweile hat der BFH in leichter Aufweichung der dargestellten Grenzen[195] die Argumentation akzeptiert, ein höherer Gewinntantiemenanteil sei steuerrechtlich zulässig, wenn damit der **besondere Einsatz des Geschäftsführers** und die darauf beruhende **außergewöhnlich gute Ertragslage** der Gesellschaft honoriert werden sollen und es denkbar erscheint, dass die Gesellschaft auch einem vergleichbaren Fremdgeschäftsführer mit entsprechenden Verdiensten einen höheren variablen Vergütungsbestandteil zugesagt hätte. Weiter würden gewinnabhängige Vergütungsbestandteile immer mehr an Bedeutung gewinnen, so dass ein Überschreiten des Anteils von 25 % nicht mehr generell auf die Veranlassung einer Tantiemevereinbarung durch das Gesellschaftsverhältnis schließen lasse, sondern nur noch eine gewisse Indizwirkung besitze.[196]

970 Obwohl die Rspr die Tendenz aufweist, in Zukunft die sachliche Berechtigung von Tantiemeregelungen, die zu einem höheren Anteil als 25 % der Gesamtvergütung führen, eher anzunehmen, liegt eine gefestigte Rspr zu den Voraussetzungen noch nicht vor. Allerdings hat der BFH

---

191 BFH 26.5.2004 – I R 86/03, GmbHR 2004, 1536.
192 BFH 19.11.2003 – I R 42/03, GmbHR 2004, 512.
193 Oppenländer/Trölitzsch/*Weber*, GmbH-Geschäftsführung, § 40 Rn 60.
194 BFH 27.2.2003 – I R 46/01, GmbHR 2003, 1214; BFH 19.11.2003 – I R 42/03, GmbHR 2004, 512.
195 BFH 26.5.2004 – I R 86/03, GmbHR 2004, 1536.
196 BFH 26.5.2004 – I R 86/03, GmbHR 2004, 1536.

in mehreren Urteilen herausgestellt, eine Überschreitung der 25 %-Grenze führe nicht automatisch zur Annahme einer verdeckten Gewinnausschüttung, wenn gleichzeitig die Gesamtvergütung des Gesellschafter-Geschäftsführers sich als angemessen erweise.[197] Danach soll die Einhaltung der **75/25-Regel lediglich** ein bloßes **Angemessenheitsindiz** darstellen, es aber **weiterhin** bei einer **Einzelfallprüfung** verbleiben.[198]

971 Für die **Vertragsgestaltung** ist dennoch ratsam, auch **künftig** die **25 %-Marke** zumindest in den Grundzügen zu **beachten**. Zur Absicherung sollte möglichst dokumentiert werden, dass zum Zeitpunkt des Vertragsschlusses der Tantiemeregelung ein bestimmter durchschnittlicher Jahresgewinn zugrunde gelegt wurde, woraufhin angenommen wurde, dass die variable Vergütung die 25 %-Grenze nicht überschreiten werde. Auch die Festschreibung von Höchstgrenzen für die Tantieme selbst oder bezüglich der Gesamtvergütung ist im Rahmen der Vergütungsregelungen zu empfehlen.

(a4) Unangemessenheit der Gesamtvergütung

972 Schließlich darf die Gesamtvergütung auf der dritten Prüfungsstufe auch nach Abzug der dem Grunde und/oder der Höhe nach steuerrechtlich unzulässigen Gehaltsteile nicht unangemessen sein. Bei der Berechnung der gewährten Gesamtausstattung des Gesellschafter-Geschäftsführers sind alle Vorteile einzubeziehen, die er in dem jeweiligen Veranlagungszeitraum von der Kapitalgesellschaft oder von Dritten für deren Rechnung bezogen hat. Dies umfasst auch Nebenleistungen, wie zB Firmenwagen, zinslich vergünstigte Darlehen sowie den Abschluss oder die Kostenübernahme von Versicherungen für den Gesellschafter-Geschäftsführer oder einer ihm nahestehenden Person.[199] Erhält der Geschäftsführer eine Pensionszusage, so ist der gewährte Vorteil mit der fiktiven Jahresnettoprämie für eine entsprechende Versicherung anzusetzen.[200] Für die Bestimmung der Angemessenheit der Vergütung existieren keine festen Regeln. Vielmehr ist der angemessene Betrag im Einzelfall durch Schätzung zu ermitteln, bei der zu berücksichtigen ist, dass häufig nicht nur ein bestimmtes Gehalt als „angemessen" angesehen werden kann, sondern sich der Bereich des Angemessenen auf eine gewisse **Bandbreite** erstrecken kann. Als unangemessen sind hiernach nur die Bezüge zu werten, die den oberen Bereich der Bandbreite übersteigen.[201] Aufgrund der Notwendigkeit eines verbleibenden Spielraums und der verbleibenden Unsicherheiten im Rahmen eines Fremdvergleichs ist allerdings auch bei **geringfügigen Überschreitungen** von unter 20 % noch nicht zwingend von einer verdeckten Gewinnausschüttung auszugehen, sondern eine entsprechende Toleranz einzuräumen.[202]

973 Ob die Gesamtentlohnung steuerrechtlich zulässig ist, richtet sich maßgeblich nach Art und Umfang der Geschäftsführertätigkeit, den künftigen Ertragsaussichten der Gesellschaft, dem Verhältnis des Geschäftsführergehalts zum Gesamtgewinn und zur verbleibenden Eigenkapitalverzinsung sowie nach Art und Höhe der Vergütungen, die im selben Betrieb oder in gleichartigen Betrieben an Geschäftsführer für entsprechende Leistungen gewährt werden.[203] Besonderes Augenmerk ist dabei den Ertrags- und Erfolgsaussichten der Gesellschaft zu widmen, da es grds. nur billig erscheint, einen Geschäftsführer bei einer starken, auf seiner erfolgreichen Tätigkeit beruhenden Ertragslage am finanziellen Erfolg der Gesellschaft entsprechend zu beteiligen.[204]

---

197 BFH 27.2.2003 – I R 46/01, DStR 2003, 1567; BFH 4.6.2003 – I R 24/02, DStR 2003, 1747.
198 BFH 27.2.2003 – I R 46/01, DStR 2003, 1567; BFH 4.6.2003 – I R 24/02, DStR 2003, 1747.
199 Beck'sches GmbH-Handbuch/*Axhausen*, § 5 Rn 41.
200 BFH 27.2.2003 – I R 46/01, GmbHR 2003, 1214.
201 BFH 27.2.2003 – I R 46/01, GmbHR 2003, 1214; BFH 4.6.2003 – I R 38/02, GmbHR 2003, 1369; BFH 11.8.2004 – I R 40/03, GmbHR 2005, 111; FG Berlin-Brandenburg 17.6.2008 – 6 K 1807/04, EFG 2008, 1660; BMF-Schreiben vom 14.10.2002 – IV A 2-S 2742-62/02, BB 2003, 33.
202 MüKo-GmbHG/*Jaeger*, § 35 Rn 313.
203 BFH 27.2.2003 – I R 46/01, GmbHR 2003, 1214; BMF-Schreiben vom 14.10.2002 – IV A 2-S 2742-62/02.
204 Beck'sches GmbH-Handbuch/*Axhausen*, § 5 Rn 47.

Für die Beurteilung der Angemessenheit sind grds. die Umstände zum **Zeitpunkt** des Abschlusses der Gehaltsvereinbarung maßgeblich.[205] Primär ist dabei – soweit vorhanden – auf das Gehalt von in der Gesellschaft selbst beschäftigten Fremdgeschäftsführern abzustellen.[206] Als Orientierungshilfe können ansonsten die einschlägigen **Gehaltsstrukturuntersuchungen** ergänzend herangezogen werden.[207] 974

Grundsätzlich erfolgt die Beurteilung einer verdeckten Gewinnausschüttung für jeden Geschäftsführer **einzeln**. Sind allerdings **mehrere Gesellschafter nebeneinander** zu Geschäftsführern bestellt und erhalten ein entsprechendes Gehalt, was zusammengenommen zu einer Operation der Gesellschaft in oder nahe der Verlustzone führt, kann es im Rahmen der Feststellung einer möglichen verdeckten Gewinnausschüttung sachgerecht sein, einen Gesamtwert aller Geschäftsführungsleistungen zu bestimmen und diesen durch die Anzahl der Geschäftsführer zu dividieren.[208] 975

Mindernd wirkt es sich für die Beurteilung der Angemessenheit aus, wenn der Geschäftsführer außerhalb seiner Geschäftsführerfunktion auch **anderweitig unternehmerisch** tätig wird und deshalb der Gesellschaft nicht seine gesamte Arbeitskraft zur Verfügung stellt. Dies gilt nicht, wenn sich gerade die anderweitige Tätigkeit des Geschäftsführers vorteilhaft für die Gesellschaft auswirkt.[209] Im Einzelfall kann bei kleineren Unternehmen auch die **Aufteilung der Aufgaben auf mehrere Geschäftsführer** zu einer Kürzung der angemessenen Vergütung berechtigen, wenn die Aufgaben bei einer vergleichbaren Gesellschaft durch einen Alleingeschäftsführer erledigt werden könnten. Diese Konstellation lässt regelmäßig den Schluss zu, dass mehrere Geschäftsführer entweder einen geringeren Arbeitseinsatz erbringen müssen oder von ihnen Aufgaben erledigt werden, die nicht zur Geschäftsführung zählen und bei vergleichbaren Gesellschaften von Nichtgeschäftsführern übernommen werden.[210] Würde man keine Abzüge in so einem Fall vornehmen, bestünde gerade bei kleineren Gesellschaften durch eine Vervielfältigung der Geschäftsführerposition die Gefahr einer Gewinnabsaugung.[211] Allerdings muss zur genauen Beurteilung in einem Fremdvergleich für jeden Geschäftsführer einzeln bewertet werden, welchen Aufgabenbereich und Arbeitsaufwand dieser zu bewältigen hat. Trotz der möglichen Vermutung einer Gewinnabsaugung können auch Fälle vorliegen, in denen ein oder mehrere Geschäftsführer in gleichem Umfang tätig werden wie Fremdgeschäftsführer, so dass ein Abzug in diesen Fällen ausscheidet. 976

(a5) Zusätzliche Anforderungen bei beherrschendem Gesellschafter-Geschäftsführer

Bei beherrschenden Gesellschafter-Geschäftsführern bedarf es über die dargestellten Grundsätze hinaus einer dem Grunde und der Höhe nach **klaren und von vornherein abgeschlossenen zivilrechtlichen Vereinbarung** über die Vergütung, welche dann auch tatsächlich durchgeführt wird, um die Vermutung zu widerlegen, die Gesellschafterstellung sei Anlass für die gewährte 977

205 BFH 27.2.2003 – I R 46/01, GmbHR 2003, 1214; BFH 4.6.2003 – I R 38/02, GmbHR 2003, 1369.
206 MüKo-GmbHG/*Jaeger*, § 35 Rn 312.
207 BFH 26.5.2004 – I R 86/03, GmbHR 2004, 1536.
208 BFH 9.2.2011 – I B 111/10, GmbHR 2011, 838.
209 BFH 27.2.2003 – I R 46/01, GmbHR 2003, 1214; BFH 26.5.2004 – I R 92/03, DStR 2004, 1919; BFH 26.5.2004 – I R 101/03, GmbHR 2004, 1400; BFH 15.12.2004 – I R 61/03, GmbHR 2005, 697; BFH 15.12.2004 – I R 79/04, GmbHR 2005, 635; so auch FG Berlin-Brandenburg 17.6.2008 – 6 K 1807/04, EFG 2008, 1660; dagegen eingelegte Nichtzulassungsbeschwerde abgewiesen durch BFH 2.2.2009 – I B 175/08, BeckRS 2009, 25014750.
210 BFH 4.6.2003 – I R 38/02, GmbHR 2003, 1369; FG Berlin-Brandenburg 17.6.2008 – 6 K 1807/04, EFG 2008, 1660; FG München 14.7.2008 – 6 V 152/08, DStRE 2009, 1194.
211 FG Berlin-Brandenburg 17.6.2008 – 6 K 1807/04, EFG 2008, 1660; FG München 14.7.2008 – 6 V 152/08, DStRE 2009, 1194.

Leistung.[212] Als beherrschender Gesellschafter-Geschäftsführer ist in diesem Zusammenhang regelmäßig nur anzusehen, wer bereits zum Zeitpunkt des Vertragsschlusses die Mehrheit der Gesellschaftsanteile und somit die Stimmmehrheit besaß.[213] Ob eine ausreichende vertragliche Vergütungsregelung vorliegt, ist durch Auslegung zu ermitteln. Erst wenn sich der Inhalt eines Vertrages nicht zweifelsfrei feststellen lässt, verbleibt es bei der Annahme einer verdeckten Gewinnausschüttung.[214] Andererseits ist eine verdeckte Gewinnausschüttung auch dann gegeben, wenn zwar eine klare und von vornherein abgeschlossene Vergütungsvereinbarung besteht, diese aber **tatsächlich nicht durchgeführt** wird und darauf geschlossen werden kann, dass die vertraglich zugesicherte Entlohnung lediglich die Unentgeltlichkeit der Leistung des Gesellschafters verdecken sollte.[215]

b) Klauseltypen und Gestaltungshinweise

aa) Vergütungsklausel mit festen Gehaltsteilen

(1) Klauseltyp A

978 **1. Vergütung**

1.1 Der Geschäftsführer erhält für seine Tätigkeit ein festes, in gleichen monatlichen Raten jeweils zum Ende eines jeden Monats zahlbares Jahresgehalt. Für das Jahr (...) beträgt das Jahresgehalt brutto (...) €.

1.2 Das Gehalt wird in angemessenen Zeitabständen durch die Gesellschafterversammlung dahingehend überprüft, ob eine Neufestsetzung aufgrund des Aufgabengebietes, der Entwicklung der Lebenshaltungskosten oder aus sonstigen Gründen erfolgen soll.

1.3 Die Gesellschaft gewährt dem Geschäftsführer außerdem folgende Leistungen:

- 50 % der Beiträge zur Sozialversicherung – bei der Krankenversicherung jedoch nicht mehr als die Hälfte des jeweiligen Betrages, der von der zuständigen Krankenversicherung erhoben wird.
- Außerdem schließt die Gesellschaft zu Gunsten des Geschäftsführers eine Zusatzversicherung zur Abdeckung höherer Kosten bei stationärer Krankenhausbehandlung in der zweiten Pflegeklasse ab oder erstattet bei Bestehen einer privaten Krankenversicherung den entsprechenden Prämienanteil.

1.4 Der Geschäftsführer erhält ferner eine feste Tantieme iHv 7,5 % seines jeweiligen Jahresgehalts, zahlbar je zur Hälfte im Juni und im November eines Jahres. Scheidet der Geschäftsführer nicht zum 31. Dezember, sondern zu einem anderen Datum aus der Gesellschaft aus, wird die Tantieme pro rata gezahlt.

2. Fortzahlung im Krankheitsfall

Erkrankt der Geschäftsführer, kann die Gesellschaft die Zahlung der vorgenannten Bezüge nach Ablauf einer ununterbrochenen Krankheitsdauer von zwölf Monaten, spätestens mit Beendigung des Vertrages einstellen.

3. Dienstwagen

Die Gesellschaft stellt dem Geschäftsführer für die Dauer des Vertrages einen Dienstwagen zur Verfügung, der auch privat genutzt werden kann. Für die Versteuerung der privaten Nutzung gelten die gesetzlichen Vorschriften und die jeweiligen Richtlinien der Finanzverwaltung.

212 StRspr, BFH 9.7.2003 – I R 36/02, GmbHR 2004, 136; BFH 9.11.2005 – I R 89/04, NZG 2006, 235; BFH 5.3.2008 – I R 12/07, DStR 2008, 1037; BFH 9.3.2010 – VIII R 32/07, NJW 2010, 2687; BFH 11.10.2012 – I R 75/11, DStR 2013, 25.

213 BGH 5.10.2004 – VIII R 9/03, GmbHR 2005, 176.

214 BFH 9.7.2003 – I R 36/02, GmbHR 2004, 136; BFH 11.8.2004 – I R 40/03, GmbHR 2005, 111.

215 BFH 9.7.2003 – I R 36/02, GmbHR 2004, 136.

(2) Gestaltungshinweise

Die Vergütungsklausel des Typs A umfasst neben dem in Nr. 1.1 festgelegten Jahresgehalt auch eine unter Nr. 1.4 geregelte Fixtantieme, die von dem Jahresgehalt gesondert vereinbart wird. Eine solche Konstruktion wird in erster Linie verwendet, um diesen Vergütungsteil bei einer nachfolgenden Pensionsregelung von dem ruhegehaltsfähigen Einkommen auszunehmen. Nr. 1.2 enthält eine Anpassungsklausel, die die Erhöhung des Jahresgehalts und – mittelbar – der Fixtantieme in das Ermessen der Gesellschafterversammlung stellt, die hierüber per Beschluss nach Billigkeitserwägungen zu entscheiden hat. Dies bietet einer Gesellschaft den Vorteil, dass der Geschäftsführer aus dieser Klausel keinen Anspruch auf eine bestimmte Anpassung herleiten, sondern lediglich die Entscheidung über eine Anpassung nach billigem Ermessen fordern kann. Auf diese Weise wird der Gesellschaft ein Spielraum bewahrt und eine obligatorische Vergütungssteigerung für die weitere Vertragslaufzeit verhindert, welche die Gesellschaft in einer hypothetisch schlechten wirtschaftlichen Lage in finanzielle Bedrängnis bringen könnte. Dennoch ist eine solche Gestaltung dazu geeignet, Vertrauen beim Geschäftsführer im Hinblick auf eine auch zukünftig angemessene Ausgestaltung der Vergütung zu erzeugen. 979

In der Reglung unter **Nr. 2** wird die Fortzahlung der Vergütung im Krankheitsfall vertraglich bestimmt. Entsprechende Klauseln sind notwendig, da der Geschäftsführer nicht dem Entgeltfortzahlungsgesetz unterfällt und die Leistungen der Krankenversicherung nicht ausreichen, um die Beibehaltung des gewohnten Lebensstandards zu sichern. Die zwar grds. einschlägige Vorschrift des § 616 BGB, welche dem Geschäftsführer im Krankheitsfall für eine verhältnismäßig nicht erhebliche Zeit die Vergütungsansprüche erhält, ist hinsichtlich des Zeitraumes zu unbestimmt, so dass eine genaue vertragliche Regelung vorzugswürdig und empfehlenswert ist. Dabei sind Begrenzungen des Fortzahlungsanspruchs auf sechs Monate gebräuchlich, so dass eine zwölfmonatige Fortzahlung bereits eine großzügige Regelung darstellt. 980

Schließlich enthält die Vergütungsordnung unter **Nr. 3** eine Dienstwagenklausel, die jedoch keine Aussage über die Typenklasse des Dienstwagens enthält, der dem Geschäftsführer überlassen werden soll. Obwohl diese Klausel nicht unwirksam ist, sollte bereits im Anstellungsvertrag eine nähere Festlegung erfolgen, um Unstimmigkeiten zu vermeiden, die das Anstellungsverhältnis belasten können. 981

bb) Vergütungsklausel mit festen und variablen Gehaltsteilen (Fremdgeschäftsführer)

(1) Klauseltyp B

B 1: 982

1. Bezüge

1.1 Als Vergütung für seine Tätigkeit erhält der Geschäftsführer ein festes Jahresgrundgehalt iHv 200.000 € brutto. Das Gehalt wird nach Abzug der gesetzlichen Abgaben in zwölf gleichen Monatsraten jeweils am Ende eines Kalendermonats ausgezahlt.

1.2 Der Geschäftsführer erhält einen Garantiebonus von 70.000 € p.a., der in monatlichen Anteilen iHv 5.833,33 € zum Grundgehalt nach Nr. 1.1 ausgezahlt wird. Dieser Garantiebonus wird nur in den ersten fünf Jahren der Vertragslaufzeit gezahlt und ist in diesem Zeitraum auf eine mögliche erfolgsabhängige Vergütung anzurechnen.

1.3 Der Geschäftsführer erhält eine erfolgsabhängige Vergütung iHv (...) % des Jahresgewinns der Gesellschaft, welche nach Feststellung des Jahresabschlusses gezahlt wird und höchstens (...) € p.a. beträgt. Bemessungsgrundlage ist der steuerbilanzielle Jahresgewinn nach Verrechnung mit Verlustvorträgen und vor Abzug der Tantieme sowie der Körperschafts- und Gewerbesteuer.

[ggf ergänzender Zusatz]: Bei Bestimmung der Berechnungsgrundlage sind solche Gewinnvorträge aus dem Jahresgewinn herauszurechnen, welche unmittelbar durch den Verlust wirt-

schaftlicher Gegenwerte, wie den Verkauf von Anteilen an der Gesellschaft oder die Veräußerung von Grundstücken, erzielt wurden.
1.4 Der Anspruch auf die erfolgsabhängige Vergütung wird mit der Feststellung des Jahresabschlusses zur Zahlung fällig.
1.5 Scheidet der Geschäftsführer während der Dauer des Geschäftsjahres aus den Diensten der Gesellschaft aus, so gilt Nr. 1.3 mit der Maßgabe, dass die Berechnung der erfolgsabhängigen Vergütung zum Zeitpunkt seines Ausscheidens vorgenommen wird.

2. Nebenleistungen
2.1 Kosten anlässlich von Dienstreisen werden nach Rechnungslegung erstattet. Übersteigen die aufgewendeten Spesen die nach den steuerlichen Vorschriften zulässigen Pauschbeträge, so sind sie im Einzelnen zu belegen.
2.2 Die Gesellschaft stellt dem Geschäftsführer für die Dauer des Dienstvertrages einen angemessenen Dienstwagen zu einem Brutto-Listenpreis bis 60.000 € zur Verfügung, der auch zu Privatfahrten genutzt werden kann. Die Gesellschaft wird das Fahrzeug leasen. Betriebs- und Unterhaltungskosten einschließlich der Benzinkosten trägt die Gesellschaft. Die auf den geldwerten Vorteil für die private Nutzung anfallenden Steuern trägt der Geschäftsführer.

→ Für den Fall der Freistellung des Geschäftsführers von seinen Dienstpflichten ist der Dienstwagen an die Gesellschaft herauszugeben.

In gleicher Weise ist der Geschäftsführer bei Beendigung des Anstellungsvertrages zur Herausgabe des Dienstwagens verpflichtet.
2.3 Die Gesellschaft schließt zu Gunsten des Geschäftsführers für die Dauer des Dienstvertrages eine Unfallversicherung mit folgenden Deckungssummen ab:
- für den Todesfall: (...) €
- für den Invaliditätsfall: (...) €

Bezugsberechtigt aus der Versicherung sind im Invaliditätsfall der Geschäftsführer, im Todesfall die von ihm benannten Personen, bei Fehlen einer solchen Bestimmung seine Erben. Soweit die Prämien der Unfallversicherung der Lohnsteuer unterliegen, trägt diese der Geschäftsführer. Die Gesellschaft ist berechtigt, die Unfallversicherung im Rahmen einer Gruppenunfallversicherung abzuschließen.
2.4 Die Gesellschaft gewährt dem Geschäftsführer für die Dauer dieses Anstellungsvertrages einen Zuschuss zur Krankenversicherung in Höhe des Arbeitgeberanteils, wie er bei Krankenversicherungspflicht des Geschäftsführers bestünde, höchstens jedoch in Höhe der Hälfte des Betrages, welchen der Geschäftsführer für seine Krankenversicherung aufzuwenden hat.
2.5 Der Geschäftsführer erhält auf Kosten der Gesellschaft ein Mobiltelefon (Handy), das der Geschäftsführer in angemessenem Rahmen für private Zwecke nutzen darf. Die anfallenden Kosten des Netzanbieters trägt die Gesellschaft.

3. Diensterfindungen
Diensterfindungen des Geschäftsführers werden nach den Bestimmungen des Gesetzes über Arbeitnehmererfindungen vom 25.7.1957 sowie den hierzu ergangenen „Richtlinien für die Vergütung von Arbeitnehmererfindungen im privaten Dienst" vom 20.7.1959 behandelt.

B 2:

3. Diensterfindungen
Die Rechte an etwaigen patentfähigen Erfindungen, sonstigen technischen Entwicklungen und rechtlich schutzfähigen Arbeitsergebnissen des Geschäftsführers gehen mit ihrer Entstehung auf die Gesellschaft über, ohne dass es einer gesonderten Erklärung des Geschäftsführers oder der Gesellschaft bedarf.

In diesem Rahmen ist der Geschäftsführer verpflichtet, die Gesellschaft unverzüglich und schriftlich über alle schutzfähigen Arbeitsergebnisse im Sinne dieser Bestimmung zu informieren, um ihr die Wahrung ihrer Rechte zu ermöglichen.[216]
Hinsichtlich der Vergütung gelten die Bestimmungen des Gesetzes über Arbeitnehmererfindungen vom 25.7.1957 in der jeweils gültigen Fassung.

B 3:

3. Diensterfindungen

→ (...) Die Einräumung der Rechte an den Arbeitsergebnissen im Sinne dieser Vereinbarung ist mit dem vereinbarten Gesamtgehalt des Geschäftsführers im Sinne von § (...) dieses Vertrages bereits vollständig abgegolten und von der Gesellschaft nicht gesondert zu vergüten.

(2) Gestaltungshinweise

Die **Vergütungsklausel B 1** enthält neben einem Festgehalt auch eine Gewinntantieme, auf die eine temporäre Garantietantieme angerechnet wird. Eine automatische Anrechnung kann zwar in den meisten Fällen angenommen werden, doch schafft eine ausdrückliche Regelung in dieser Hinsicht Klarheit und hilft, mögliche Unstimmigkeiten auszuschließen. Die Bemessungsgrundlage der variablen Vergütung bildet der steuerbilanzielle Jahresgewinn. Die oftmals strittigen Fragen, inwieweit Verlustvorträge verrechnet werden und ob der Gewinn vor Abzug der Tantieme und/oder der Gewerbe- und Körperschaftsteuer ermittelt wird, sind ausdrücklich geregelt, so dass Streitigkeiten vermieden werden. Zudem ist ein Höchstbetrag vorgesehen. 983

Zusätzlich kann eine Regelung aufgenommen werden, nach welcher bestimmte Geschäfte, welche nicht direkt an die Leistung des Geschäftsführers knüpfen und mit dem Verlust eines Gegenwerts bei der Gesellschaft verbunden sind und demnach keinen wirklichen Jahresgewinn darstellen, aus der Rechnung ausgenommen werden. Insoweit ist an Gewinne durch den Verkauf von Anteilen an der Gesellschaft, die Abgabe gesamter Geschäftsbereiche oder die Veräußerung von Grundstücken zu denken. Eine derartige Vereinbarung könnte durch die Anfügung eines entsprechenden **Zusatzes an Klausel Nr. 1.3** erreicht werden. 984

Unter **Nr. 1.5** wird für den Fall der vorzeitigen Beendigung des Anstellungsverhältnisses festgelegt, dass sich die Höhe der Tantieme nach dem Gewinn richtet, der zum Zeitpunkt der Beendigung angelaufen ist. Durch diese Regelung weichen die Parteien vom Grundsatz ab, dass auch bei vorzeitiger Beendigung der Geschäftsführertätigkeit der festgestellte Jahresabschluss weiterhin die Bemessungsgrundlage für die anteilige variable Vergütung bildet und eine Auszahlung pro rata temporis entsprechend der geleisteten Jahresdienstzeit erfolgt. Eine solche vertragliche Bestimmung ist im Rahmen der Vertragsfreiheit zulässig und auch unter AGB-Gesichtspunkten nicht zu beanstanden, da hierin keine unangemessene Benachteiligung des Geschäftsführers zu sehen ist. Durch eine solche Regelung wird bezweckt, dass dem Geschäftsführer eine erfolgsabhängige Vergütung nur für Gewinne innerhalb des Zeitraumes verbleibt, zu denen er mit seinem Arbeitseinsatz für die Gesellschaft zumindest theoretisch persönlich beigetragen haben kann. 985

Die **Dienstwagenklausel** in **Nr. 2.2** enthält keine Bestimmung über den Fahrzeugtyp und die Automarke, sondern lediglich Angaben über den Fahrzeugpreis, aus dem aber auf die Kategorie geschlossen werden kann, aus welcher der Dienstwagen stammen muss. Diese Angabe reicht zur konkreten Ermittlung der jeweiligen Dienstwagenklasse aus und belässt den Vertragsparteien gleichzeitig genügend Spielraum bei der Auswahl von Marke und Fahrzeugtyp entsprechend der persönlichen Vorlieben und dem jeweiligen Grad der repräsentativen Aufgaben. Ebenfalls geregelt wird die umfassende Kostenübernahme durch die Gesellschaft, damit auch in diesem Bereich Streitfragen, soweit wie möglich, vermieden werden. 986

---

216 Vgl *Friemel/Kamlah*, BB 2008, 613, 616.

987 Problematisch erscheint die Regelung, dass das Geschäftsfahrzeug **bei Freistellung** an die Gesellschaft **herauszugeben** ist, da der Geschäftsführer grds. nach § 38 GmbHG ohne Gründe aus der Organstellung abberufen und von seinen Dienstpflichten freigestellt werden kann. Bis zur Beendigung des Anstellungsverhältnisses bleibt die Gesellschaft aber auch bei Freistellung zur Zahlung der Vergütung, zu der auch ein privat nutzbarer Dienstwagen zählt, verpflichtet. Enthält die Gesellschaft dem Geschäftsführer den Dienstwagen vor, so könnte der Geschäftsführer ohne eine solche Rückgabeklausel Schadensersatz für die entgangene private Nutzungsmöglichkeit verlangen. Nach einer Entscheidung des LAG Hessen sind vertragliche Klauseln, die zur Rückgabe des auch privat genutzten Firmen-Pkw bei erfolgter Kündigung und Freistellung verpflichten, auch bei Anwendung der AGB-Kontrolle, insb. der Vorschrift des § 308 Nr. 4 BGB, aber jedenfalls dann wirksam, wenn der Wert der Nutzung im Verhältnis zur restlichen Vergütung nur unbedeutend ist.[217] Auch das BAG hat in einer Entscheidung herausgestellt, dass eine Vertragsklausel, welche einen Widerruf der Dienstwagenüberlassung für den Fall der berechtigten Freistellung vorsieht, gegenüber einem Arbeitnehmer grds. einer AGB-Kontrolle standhält.[218] Ob diese Auffassung auch auf GmbH-Geschäftsführer übertragen werden kann, erscheint zweifelhaft, da die Rückgabepflicht auch bei einer grundlosen Freistellung des Geschäftsführers eintreten kann und es die Gesellschaft somit in der Hand hätte, frei über die Vergütungshöhe zu entscheiden. Von einer Rückgabeklausel ist deshalb dann abzuraten, soweit dem Geschäftsführer nicht eine Nutzungsentschädigung bis zur Beendigung des Anstellungsverhältnisses zuerkannt wird.

988 Unter **Nr. 2.5** wird die Überlassung eines Mobiltelefons durch die Gesellschaft geregelt, das in angemessenem Umfang privat genutzt werden darf. Obwohl auch die Privatnutzung eines Handys der Vergütung der Geschäftsführertätigkeit dient, entfallen weder auf die Überlassung noch auf die von der Gesellschaft zu tragenden Kosten nach § 3 Nr. 45 EStG Einkommensteuern. Zur Klarstellung ist es sinnvoll mitzuregeln, dass auch die anfallenden Kosten für Gespräche und die Nutzung sonstiger Dienste wie des mobilen Internets von der Gesellschaft getragen werden.

989 Schließlich wird unter **Nr. 3** die schuldrechtliche Anwendung des **Arbeitnehmererfindungsgesetzes** vereinbart, das ohne die Bezugnahme für den Geschäftsführer nicht gelten würde. Dieser Verweis ist zwar in der Praxis gebräuchlich, jedoch nicht unbedingt in allen Fällen passend, da die Regelungen des Arbeitnehmererfindungsgesetzes nicht auf Organmitglieder zugeschnitten sind. Daher empfiehlt sich für Fälle, in denen die Entwicklung von Erfindungen des Geschäftsführers wahrscheinlich ist, eine genauere Formulierung wie bspw in **Klausel B 2**.

990 Hinsichtlich der Vergütung wird ersatzweise auch eine Vereinbarung wie in **Klausel B 3** als zulässig erachtet. Eine Vereinbarung der unentgeltlichen Rechteübertragung beschränkt sich regelmäßig auf die Verträge mit Geschäftsführern, deren Aufgabe sich überwiegend in der Entwicklungsarbeit erschöpft, so dass die vereinbarte Vergütung gerade dieser Tätigkeit bereits ausreichend Rechnung trägt. Dagegen sollte bei kaufmännischen Geschäftsführern eine gesonderte Vergütung – bspw durch Verweis in das Arbeitnehmererfindungsgesetz wie in Nr. 3 der Klausel B 1 – vereinbart werden, da die Entwicklung von Erfindungen normalerweise gerade nicht in deren Tätigkeitsbereich fällt und somit bei Vereinbarung der Höhe der Vergütung regelmäßig nicht berücksichtigt wurde.[219]

217 LAG Hessen 20.7.2004 – 13 Sa 1992/03, MDR 2005, 459.
218 BAG 19.12.2006 – 9 AZR 294/06, NZA 2007, 809.
219 *Friemel/Kamlah*, BB 2008, 613, 616.

cc) Vergütungsklausel mit festen und variablen Gehaltsteilen (beherrschender Gesellschafter-Geschäftsführer)

(1) Klauseltyp C

1. Vergütung 991

1.1 Der Geschäftsführer erhält ein monatliches Gehalt iHv (...) €, zahlbar jeweils am Monatsende.

1.2 Soweit der Geschäftsführer freiwillig in der Kranken-, Renten-, Pflege- und Unfallversicherung versichert ist, übernimmt die Gesellschaft den Arbeitgeberanteil.

1.3 Das Gehalt des Geschäftsführers nach Nr. 1.1 erhöht sich um den Prozentsatz, um den die Bezüge eines technischen Angestellten in der obersten Stufe des (...)-Tarifvertrages ansteigen.

1.4 Der Geschäftsführer erhält neben seinen Festbezügen eine Tantieme iHv (...) % des laut Steuerbilanz nach Verrechnung mit Verlustvorträgen und vor Abzug der Körperschaft- und Gewerbesteuer verbleibenden Gewinns. Dieser Berechnung ist ein durchschnittlich zu erwartender Jahresgewinn iHv (...) € zugrunde gelegt. Der Höchstbetrag der Tantieme beträgt (...) €. Die Tantieme ist mit der Feststellung des Jahresabschlusses durch die Gesellschafterversammlung fällig. Wird das Anstellungsverhältnis während des Geschäftsjahres beendet, steht dem Geschäftsführer ein Anspruch auf eine anteilige Tantieme zu.

1.5 Bei Arbeitsunfähigkeit (Krankheit) erhält der Geschäftsführer für die Dauer von 12 Monaten die Bezüge nebst Nebenleistungen weiter vergütet. Unfallbedingte Ausfallzeiten gelten nicht als Krankheit für einen Anspruch auf eine Gehaltsfortzahlung.

2. Nebenleistungen

2.1 Für die Dauer des Anstellungsverhältnisses erhält der Geschäftsführer einen Dienstwagen der Marke (...), Typ (...), zur Verfügung gestellt, der auch für Privatfahrten genutzt werden darf. Betriebs- und Unterhaltungskosten trägt die Gesellschaft. Den geldwerten Vorteil für die Benutzung zu Privatfahrten hat der Geschäftsführer zu versteuern.

2.2 Die Gesellschaft stellt dem Geschäftsführer für die Dauer seines Dienstvertrages, beginnend mit dem (...), folgendes Objekt (...) als Dienstwohnung unentgeltlich zur Verfügung. Über die Nutzung der Dienstwohnung wird ein besonderer Vertrag geschlossen. Die Versteuerung des geldwerten Vorteiles obliegt dem Geschäftsführer.

(2) Gestaltungshinweise

Bei beherrschenden Gesellschafter-Geschäftsführern ist in besonderem Maße darauf zu achten, dass die Vergütung von vornherein eindeutig geregelt ist, damit die Zuwendungen nicht schon allein aus diesem Grund als verdeckte Gewinnausschüttung eingeordnet werden können. Nr. 1.3 enthält eine Spannungsklausel, durch die die festen Geschäftsführerbezüge automatisch entsprechend der tariflichen Lohnerhöhung einer bestimmten Gehaltsgruppe angehoben werden. Zur Vermeidung der Annahme einer verdeckten Gewinnausschüttung wurde in Nr. 1.4 aus Nachweisgründen Bezug auf den durchschnittlich zu erwartenden Jahresgewinn genommen, um der wohl zumindest als Richtwert noch zu beachtenden BFH-Rspr Rechnung zu tragen, dass der variable Teil regelmäßig nicht mehr als 25 % der Gesamtvergütung ausmachen darf. Aus dem gleichen Grund empfiehlt es sich, eine Höchstgrenze für die Tantieme festzugelegen, da dies zur Verhinderung einer Gewinnabsaugung ein gewissenhafter Geschäftsleiter auch mit einem Fremdgeschäftsführer vereinbaren würde. Die Regelung unter Nr. 1.5 S. 2 ist erforderlich, um einem freiwillig in der gesetzlichen Unfallversicherung versicherten Geschäftsführer den Anspruch auf Verletztengeld gegenüber der Berufsgenossenschaft als Versicherungsträger zu belassen. 992

993 Neben dem üblichen Dienstwagen sagt die Gesellschaft dem Geschäftsführer als Nebenleistung die unentgeltliche Überlassung einer Dienstwohnung zu. Die näheren Einzelheiten (zB Ende des Mietverhältnisses, Instandhaltung, Schönheitsreparaturen) werden zweckmäßigerweise in einer eigenständigen Vereinbarung geregelt. Als steuerlicher Vorteil ist der Mietpreis anzusetzen, der bei Vermietung der Wohnung an Betriebsfremde erzielt würde. Ratsam ist es, sowohl für die Privatnutzung des Dienstwagens als auch für die Dienstwohnung zur Klarstellung hinzuzufügen, dass der jeweilige geldwerte Vorteil, als Teil der Vergütung in Form von Sachbezügen, vom Geschäftsführer zu versteuern ist.

15. Verschwiegenheitsklauseln

Literatur

Armbrüster, Verschwiegenheitspflicht des GmbH-Geschäftsführers und Abtretung von Vergütungsansprüchen, GmbHR 1997, 56; *Bihr*, Due Diligence – Geschäftsführungsorgane im Spannungsfeld zwischen Gesellschafts- und Gesellschafterinteressen, BB 1998, 1198; *Ebenroth/Lange*, Sorgfaltspflichten und Haftung des Geschäftsführers einer GmbH nach § 43 GmbHG, GmbHR 1992, 69, 75; *Engelhardt*, Gesellschafterbeschluss zur Durchführung einer Due Diligence, GmbHR 2009, 237; *Körber*, Geschäftsleitung der Zielgesellschaft und due diligence bei Paketerwerb und Unternehmenskauf, NZG 2002, 263; *Lutter*, Due Diligence des Erwerbers beim Kauf einer Beteiligung, ZIP 1997, 613; *Patzina/Bank/Schimmer/Simon-Widmann*, Haftung von Unternehmensorganen, 2010; *Schroeder*, Darf der Vorstand der Aktiengesellschaft dem Aktienkäufer eine Due Diligence gestatten?, DB 1997, 2161; *Simitis*, Bundesdatenschutzgesetz, Kommentar, 8. Aufl. 2014.

a) Rechtslage im Umfeld

aa) Verschwiegenheitspflicht

Das Geheimnisrecht ist von punktuellen Rechtssätzen geprägt (s. § 1 Rn 3820 ff). Das Recht der GmbH kennt keine gesetzlich normierte Verschwiegenheitspflicht, wie sie für AG-Vorstandsmitglieder in § 93 Abs. 1 S. 2 AktG und für Genossenschaften in § 34 Abs. 1 S. 1 GenG vorgesehen ist. Gleichwohl ist in § 85 GmbHG die Verletzung der Geheimhaltungspflicht durch den Geschäftsführer strafbewehrt, woraus in Lit. und Rspr einhellig gefolgert wird, dass der Geschäftsführer über vertrauliche Angaben und Geheimnisse der Gesellschaft gegenüber Dritten Stillschweigen bewahren muss.[1] Während im Einzelnen umstritten ist, ob die Verschwiegenheitspflicht des Geschäftsführers aus der Pflicht zur sorgfältigen Geschäftsführung, aus seiner Treuepflicht oder aber aus beiden Pflichten folgt, ist ihre generelle Existenz unstreitig.[2] 994

Die Verschwiegenheitspflicht des Geschäftsführers besteht **während** und **auch über die Amtszeit** hinaus.[3] Der für Arbeitnehmer geltende Grundsatz, dass nach Ende des Arbeitsverhältnisses die im Betrieb des Arbeitgebers erworbenen Kenntnisse zum Zweck des eigenen Fortkommens verwertet werden dürfen (s. § 1 Rn 3851 ff, 3861), findet auf den Geschäftsführer aufgrund seiner besonderen Treuepflicht keine Anwendung.[4] Das Gebot zur Verschwiegenheit kann sowohl für die Dauer als auch über das Dienstverhältnis hinaus durch Vereinbarung im Anstellungsvertrag nachhaltiger ausgeprägt werden.[5] Bei der Verschärfung über die Vertragsdauer hinaus ist zu prüfen, ob die Verschwiegenheitsklausel nicht zugleich ein nachvertragliches Wettbewerbsverbot darstellt, das im Regelfall nur in Verbindung mit der Zahlung einer ausreichenden Karenzentschädigung wirksam ist.[6] 995

Grundsätzlich besteht die Verschwiegenheitspflicht nicht nur gegenüber außerhalb der Gesellschaft stehenden **Dritten**, sondern auch gegenüber den **Arbeitnehmern**, soweit sich eine Offenbarungspflicht nicht aus deren Position und Funktion in der Gesellschaft oder aus einer gesonderten Vereinbarung heraus ergibt.[7] Das tatsächliche Vorliegen einer Verpflichtung zur Verschwiegenheit kann ebenso entscheidend für das Bestehen eines berufsbedingten, im Verhältnis 996

1 BGH 26.3.1984 – II ZR 229/83, NJW 1984, 2366, 2367; BGH 20.5.1996 – II ZR 190/95, NJW 1996, 2576; Lutter/Hommelhoff/*Kleindiek*, GmbHG, § 43 Rn 20; Roth/Altmeppen/*Altmeppen*, GmbHG, § 43 Rn 25; *Armbrüster*, GmbHR 1997, 56, 57; Patzina/Bank/Schimmer/Simon-Widmann/*Bank*, Haftung von Unternehmensorganen, Kap. 8 Rn 73; *Bihr*, BB 1998, 1198; *Ebenroth/Lange*, GmbHR 1992, 69, 75; BeckOK-GmbHG/*Haas/Ziemons*, § 43 Rn 187; Römermann/*Terlau*, MAH GmbH-Recht, § 10 Rn 44; Graf v. Westphalen/Thüsing/*Thüsing*, Vertragsrecht und AGB-Klauselwerke, Klauselwerke Rn 202.

2 Michalski/*Haas/Ziemons*, GmbHG, § 43 Rn 127 mwN zum Streitstand.

3 BGH 26.3.1984 – II ZR 229/83, NJW 1984, 2366, 2367; OLG Koblenz 5.3.1987 – 6 W 38/87, AG 1987, 184; OLG Hamm 7.11.1984 – 8 U 8/84, GmbHR 1985, 157.

4 Rowedder/Schmidt-Leithoff/*Schaal*, GmbHG, § 85 Rn 8; Michalski/*Haas/Ziemons*, GmbHG, § 43 Rn 136.

5 Michalski/*Haas/Ziemons*, GmbHG, § 43 Rn 136.

6 Michalski/*Haas/Ziemons*, GmbHG, § 43 Rn 136.

7 Römermann/*Terlau*, MAH GmbH-Recht, § 10 Rn 44.

zur Gesellschaft wirkenden **Zeugnisverweigerungsrechts** im Prozess nach § 383 Abs. 1 Nr. 6 ZPO sein.[8]

997 Weiterhin **empfiehlt** sich die Aufnahme einer **Datenschutzklausel** in den Geschäftsführerdienstvertrag; hierzu wird auf die Darstellung im arbeitsvertraglichen Teil verwiesen..[9] Zu beachten ist, dass auch für Geschäftsführer das Datengeheimnis gilt, da § 5 S. 2 BDSG vorsieht, dass **alle Personen** bei Aufnahme ihrer Tätigkeit auf das Datengeheimnis zu verpflichten sind (s. § 1 Rn 1906). Zum Teil wird vertreten, dass Organe von Kapitalgesellschaften nicht von § 5 BDSG erfasst seien, da sie nicht in einem Beschäftigungsverhältnis zu der Gesellschaft stünden.[10] Diese Auffassung verkennt, dass auch Geschäftsführer und Vorstände über ein Dienst- und damit über ein Beschäftigungsverhältnis mit der Gesellschaft verbunden sind, auf dessen genaue rechtliche Qualifikation es in diesem Zusammenhang gerade nicht ankommt. Die Anwendung ist zudem aufgrund des Schutzzweckes des § 5 BDSG geboten, da auch Geschäftsführer, wenn zumeist auch nur überwachend, mit der Verarbeitung personenbezogener Daten betraut sind. Insofern ist es auch aus datenschutzrechtlichen Gründen angebracht und empfehlenswert, sie auf das Datengeheimnis nach § 5 BDSG zu verpflichten und diese Verpflichtung im Anbahnungsverhältnis mit einer Belehrung über die Pflichten aus dem BDSG zu verbinden (s. § 1 Rn 1906).

bb) Betriebs- und Geschäftsgeheimnisse

998 Über Verschwiegenheitsklauseln sollen Betriebs- oder Geschäftsgeheimnisse geschützt werden. Der Definitionsbereich von **Betriebs- oder Geschäftsgeheimnissen** ist nach allgemeinen Grundsätzen an die Regelungen in § 17 UWG und § 79 BetrVG angelehnt und umfasst:[11]

- Tatsachen im Zusammenhang mit einem Geschäftsbetrieb,
- die nur einem eng begrenzten Personenkreis bekannt sind,
- nicht offenkundig sind,
- nach dem (ausdrücklich oder konkludent) bekundeten Willen der Gesellschaft geheim gehalten werden sollen und
- an deren Geheimhaltung die Gesellschaft ein berechtigtes rechtliches oder wirtschaftliches Interesse hat.[12]

999 Betriebs- und Geschäftsgeheimnisse werden ausführlich im Rahmen der arbeitsvertraglichen Verschwiegenheitsklausel erläutert (s. daher § 1 Rn 3823 ff). **Definition** und **Reichweite** von Betriebs- und Geschäftsgeheimnissen unterscheiden sich im Recht der Arbeits- und der Geschäftsführerverträge nicht. Allerdings ergeben sich für die Verschwiegenheitspflicht des Geschäftsführers an manchen Stellen Abweichungen, welche nicht durch einen Verweis auf das Arbeitsrecht lösbar sind.

1000 Im Recht der Geschäftsführeranstellungsverträge ist etwa umstritten, ob ein **erkennbarer Geheimhaltungswille** als Element des Betriebs- und Geschäftsgeheimnisses erforderlich ist. Nach verbreiteter Auffassung ist der ausdrücklich oder konkludent geäußerte Wille nötig, dass Tatsachen geheim gehalten werden sollen, um sie als Geheimnisse zu qualifizieren.[13] Der Geschäftsführer soll nicht verpflichtet sein, Angelegenheiten, an deren Geheimhaltung die Gesellschaft erkennbar kein Interesse hat, vertraulich behandeln zu müssen. Zuständig für die Be-

8 OLG Karlsruhe 7.11.2005 – 7 W 62/05, NJOZ 2006, 2190, 2191.

9 S. § 1 Rn 1883 ff (22. Datenschutzklauseln).

10 Simitis/*Walz*, BDSG, § 5 Rn 17.

11 BeckOK-GmbHG/*Haas/Ziemons*, § 43 Rn 189.

12 Vgl BGH 20.5.1996 – II ZR 190/95, NJW 1996, 2576.

13 Scholz/*Tiedemann*, GmbHG, § 85 Rn 7; Rowedder/Schmidt-Leithoff/*Schaal*, GmbHG, § 85 Rn 9; Hachenburg/*Kohlmann*, GmbHG, § 85 Rn 19; offen gelassen: BGH 20.5.1996 – II ZR 190/95, NJW 1996, 2576 f; aA Lutter/Hommelhoff/*Kleindiek*, GmbHG, § 85 Rn 4; Baumbach/Hueck/*Zöllner/Noack*, GmbHG, § 35 Rn 40; Ulmer/Habersack/Winter/*Paefgen*, GmbHG, § 43 Rn 77.

kundung dieses Willens sei der GmbH-Geschäftsführer, da die Einstufung einer Tatsache als Geheimnis eine Maßnahme der Geschäftsführung nach § 37 GmbHG ist.[14] Diese Annahme überzeugt letztlich nicht vollständig, da es dadurch der Geschäftsführer selbst in der Hand hätte, über den Umfang der von ihm einzuhaltenden Geheimhaltungspflicht zu entscheiden. Unerheblich ist dagegen, ob das betroffene Geheimnis für die Gesellschaft tatsächlich einen objektiv messbaren materiellen oder immateriellen Wert besitzt.[15] Ebenfalls ist kein besonderer Vertrauensakt, mit welchem ein bestimmtes Geheimnis dem Geschäftsführer anvertraut wird, notwendig, so dass vielmehr eine Kenntniserlangung aufgrund seiner allgemeinen Vertrauensstellung ausreichend ist.[16]

Die Frage nach dem Bestehen eines **Geheimhaltungsinteresses** der Gesellschaft ist grds. in erster Linie nach objektiven Maßstäben zu prüfen. Somit unterfällt der Verschwiegenheitspflicht grds., was ein objektiver und unbefangener Beobachter nach dem Gesamterscheinungsbild der Gesellschaft und ihrer Verhältnisse unter die Geheimhaltung fassen würde, ohne dass es auf die subjektive Sichtweise der Gesellschaft ankäme.[17] Teilweise wird dagegen auch schon das Vorliegen eines subjektiven Geheimhaltungswillens der Gesellschaft als ausreichend erachtet.[18] Richtigerweise sollte hier unterschieden werden: Es muss die Möglichkeit bestehen, bereits im Anstellungsvertrag bestimmte Materien als der Geheimhaltung unterliegend konkret und somit eigentlich aus subjektiver Sicht zu kennzeichnen. Allerdings sollte auch in diesen Fällen ein objektives Interesse der Gesellschaft an einer Geheimhaltung zumindest nicht abwegig sein, da ansonsten eine derartige Beschränkung des Geschäftsführers unbillig erscheint.[19] Darüber hinaus darf gerade nicht eine willkürliche, rein subjektive Entscheidung der Gesellschaft ohne entsprechendes Interesse über eine Geheimhaltungspflicht entscheiden, aus deren Verletzung für den Geschäftsführer sogar strafrechtliche Konsequenzen nach § 85 GmbHG resultieren können.[20] 1001

cc) Ausnahmen von der Verschwiegenheitspflicht

Die **Pflicht zur Verschwiegenheit entfällt** grds., soweit eine **Pflicht zur Offenbarung** besteht. 1002
Eine solche gesetzliche Verpflichtung kann nicht durch eine einzelvertragliche Vereinbarung umgangen werden, welche einen Geschäftsführer auch gegenüber solchen Geheimnisberechtigten zur Verschwiegenheit verpflichtet.[21]

Da die einzelnen Mitglieder der Geschäftsführung untereinander zur Information verpflichtet 1003
sind, besteht keine Verschwiegenheitspflicht innerhalb des Leitungsorgans.[22] Ebenso hat der Geschäftsführer im Verhältnis zu den Gesellschaftern keine Verschwiegenheit zu wahren, da den Gesellschaftern nach § 51 a GmbHG ein jederzeitiges Auskunfts- und Einsichtsrecht zusteht und ihnen gem. § 46 Nr. 6 GmbHG die Prüfung und Überwachung der Geschäftsführung obliegt. Auch gegenüber einem etwaig bestehenden Aufsichtsrat bzw Beirat ist der Geschäftsführer nicht zur Geheimhaltung verpflichtet, soweit diesen Gremien nach dem Gesetz oder

14 Rowedder/Schmidt-Leithoff/*Schaal*, GmbHG, § 85 Rn 10.
15 BGH 20.5.1996 – II ZR 190/95, NJW 1996, 2576.
16 OLG Karlsruhe 7.11.2005 – 7 W 62/05, NJOZ 2006, 2190, 2191.
17 BeckOK-GmbHG/*Haas/Ziemons*, § 43 Rn 190; Scholz/*Schneider*, GmbHG, § 43 Rn 146.
18 Roth/Altmeppen/*Altmeppen*, GmbHG, § 43 Rn 25; Baumbach/Hueck/*Zöllner/Noack*, GmbHG, § 35 Rn 40; dies ausdrücklich abl. Michalski/*Haas/Ziemons*, GmbHG, § 43 Rn 130 a; ebenso wohl auch OLG Karlsruhe 7.11.2005 – 7 W 62/05, NJOZ 2006, 2190.
19 So auch Graf v. Westphalen/Thüsing/*Thüsing*, Vertragsrecht und AGB-Klauselwerke, Klauselwerke Rn 202 f; wohl auch im Einklang mit OLG Karlsruhe 7.11.2005 – 7 W 62/05, NJOZ 2006, 2190.
20 OLG Karlsruhe 7.11.2005 – 7 W 62/05, NJOZ 2006, 2190; in diesem Sinne auch OLG München 18.6.1997 – 29 W 1352–97, NJW-RR 1998, 1495, 1496.
21 Graf v. Westphalen/Thüsing/*Thüsing*, Vertragsrecht und AGB-Klauselwerke, Klauselwerke Rn 202.
22 Michalski/*Haas/Ziemons*, GmbHG, § 43 Rn 131; Graf v. Westphalen/Thüsing/*Thüsing*, Vertragsrecht und AGB-Klauselwerke, Klauselwerke Rn 202.

dem Gesellschaftsvertrag ein Informationsanspruch gegenüber der Geschäftsleitung zusteht.[23] Gleiches gilt in bestimmten Situationen gegenüber dem Abschlussprüfer (§ 320 Abs. 2 HGB), dem Betriebsrat (§§ 90, 92, 99, 111 BetrVG), dem Wirtschaftsausschuss (§ 106 Abs. 2, § 108 Abs. 3 und 5 BetrVG) und den Arbeitnehmern (§ 110 BetrVG) sowie gegenüber der Öffentlichkeit (§§ 325 ff HGB). Soweit Auskunftspflichten gegenüber staatlichen Behörden – insb. den Steuerbehörden – bestehen, haben die Geschäftsführer auch diesen nachzukommen und zwar selbst dann, wenn der Gesellschaft durch die Auskünfte wirtschaftliche Nachteile drohen.[24]

1004 Im Einzelfall kann eine Weitergabe von Informationen auch durch das Gesellschaftsinteresse gedeckt sein.[25] In Betracht kommt etwa die Weitergabe von Informationen im Rahmen von Sanierungsverhandlungen mit Banken und Kreditgebern oder wenn der Geschäftsführer der Hilfe oder der Unterstützung durch externe Berater oder Experten bedarf. Dies gilt insb., wenn auch diese Externen ihrerseits zur Geheimhaltung verpflichtet sind bzw von Seiten des Geschäftsführers mit dem Dritten eine Vertraulichkeitsvereinbarung getroffen wird.[26]

1005 Ein **Geheimnis** wird dadurch **beseitigt**, dass das **zuständige Organ den Willen zur Offenbarung äußert** und damit das Geheimhaltungsinteresse aufgibt. Als Gegenstück zur Entstehung eines Betriebs- und Geschäftsgeheimnisses hängt auch die Aufhebung vom Willen des Geheimnisinhabers ab. Der Verzicht kann formlos und auch konkludent erklärt werden.[27] Zuständig ist grds. der Geschäftsführer im Rahmen seiner Geschäftsführungsbefugnis.[28] Problematisch ist, dass der Geschäftsführer gleichzeitig derjenige ist, vor dessen Geheimnisbruch die Gesellschaft geschützt werden soll.[29] Deshalb ist zu differenzieren: Als Abgrenzungskriterium für die Zuständigkeit des Geschäftsführers und der Gesellschafterversammlung ist der Umfang der Geschäftsführungsbefugnis des Geschäftsführers heranzuziehen (s. § 2 Rn 153 f, 333 ff). In Fragen, die in die Geschäftsführungsbefugnis fallen, ist der Geschäftsführer befugt, Tatsachen von der Geheimhaltungspflicht zu entwidmen. Bei Angelegenheiten, die ausschließlich der Gesellschafterversammlung obliegen, muss auch diese über die Geheimniseigenschaft entscheiden.[30] So hat die Gesellschafterversammlung etwa über Einblicke in die Gesellschaftsinterna im Rahmen einer **Due Diligence** zu befinden.[31] Für einen solchen Beschluss wird zwar vereinzelt die einfache Mehrheit als ausreichend angesehen.[32] Allerdings ist es aus Schutzgesichtspunkten für die Minderheitsgesellschafter sachgerechter, einen einstimmigen Beschluss zu verlangen, gerade wenn diese nicht an einer Anteilsveräußerung interessiert sind.[33] Da eine Weitergabe solcher Informationen durch den Gesellschafter mit Veräußerungswillen selbst an den Kaufinteressenten nur im Rahmen der Treuepflicht möglich und somit entgegen den Willen der anderen Ge-

23 BeckOK-GmbHG/*Haas/Ziemons*, § 43 Rn 194; Lutter/Hommelhoff/*Kleindiek*, GmbHG, § 43 Rn 20; Graf v. Westphalen/Thüsing/*Thüsing*, Vertragsrecht und AGB-Klauselwerke, Klauselwerke Rn 202.

24 Michalski/*Haas/Ziemons*, GmbHG, § 43 Rn 131 b; Ulmer/Habersack/Winter/*Paefgen*, GmbHG, § 43 Rn 79.

25 BGH 5.6.1975 – II ZR 156/73, NJW 1975, 1412, 1413; *Lutter*, ZIP 1997, 613, 617; *Schroeder*, DB 1997, 2161, 2162.

26 Michalski/*Haas/Ziemons*, GmbHG, § 43 Rn 132; Graf v. Westphalen/Thüsing/*Thüsing*, Vertragsrecht und AGB-Klauselwerke, Klauselwerke Rn 202.

27 Michalski/*Dannecker*, GmbHG, § 85 Rn 35.

28 Rowedder/Schmidt-Leithoff/*Schaal*, GmbHG, § 85 Rn 10.

29 Lutter/Hommelhoff/*Kleindiek*, GmbHG, § 85 Rn 4.

30 Rowedder/Schmidt-Leithoff/*Schaal*, GmbHG, § 85 Rn 10; Lutter/Hommelhoff/*Kleindiek*, GmbHG, § 85 Rn 4.

31 Michalski/*Haas/Ziemons*, GmbHG, § 43 Rn 132 a ff; Lutter/Hommelhoff/*Kleindiek*, GmbHG, § 43 Rn 21; Römermann/*Terlau*, MAH GmbH-Recht, § 10 Rn 44; Graf v. Westphalen/Thüsing/*Thüsing*, Vertragsrecht und AGB-Klauselwerke, Klauselwerke Rn 202.

32 *Engelhardt*, GmbHR 2009, 237, 240 ff; *Körber*, NZG 2002, 263, 268; Römermann/*Terlau*, MAH GmbH-Recht, § 10 Rn 45.

33 OLG Köln 26.3.2008 – 90 O 11/08, GmbHR 2009, 261; Roth/Altmeppen/*Altmeppen*, GmbHG, § 43 Rn 25; Michalski/*Haas/Ziemons*, GmbHG, § 43 Rn 132 b; Oppenländer/Trölitzsch/*Leinekugel*, GmbH-Geschäftsführung, § 18 Rn 73.

sellschafter ausgeschlossen wäre, muss dies auch gelten, wenn die Informationsweitergabe im Rahmen einer Due Diligence über einen Geschäftsführer als „Mittelsmann" erfolgt.[34]

Durch eine **pflichtwidrige Offenbarung** von Geheimnissen seitens des Geschäftsführers werden das **Geheimhaltungsinteresse** und der **Geheimhaltungswille der Gesellschaft nicht obsolet.**[35] Vor pflichtwidrigem Geheimnisbruch durch den Geschäftsführer wird die GmbH dadurch geschützt, dass in diesem Fall die Geheimniseigenschaft nicht beseitigt wird. Entscheidungen, bei denen auf den Geheimnisschutz im eigenen Interesse und zu Lasten der Gesellschaft verzichtet wird, sind von der Geschäftsführungsbefugnis nicht mehr gedeckt und somit zivilrechtlich unwirksam. Eine gegen § 43 Abs. 1 GmbHG verstoßende Zustimmung oder Einwilligung in eine Geheimnisverletzung durch den Geschäftsführer, der das Geheimnis in seinem künftigen Unternehmen nutzen will, ist unwirksam. In solchen Fällen ist auf die Zustimmung der Gesellschafterversammlung als oberstem Organ der GmbH abzustellen, das die Träger des Unternehmens repräsentiert.[36] 1006

Eine **Verletzung der Verschwiegenheitspflicht** kann für den Geschäftsführer neben einer möglichen Strafbarkeit nach § 85 GmbHG auch weitere Konsequenzen zur Folge haben, insb. wenn die Gesellschaft entsprechende Regelungen in den Anstellungsvertrag aufnimmt. So ist etwa die Vereinbarung einer Vertragsstrafe für den Fall des Geheimnisverrats ebenso zulässig wie die Festlegung einer vorsätzlichen und schuldhaften Verletzung der Verschwiegenheitspflicht als wichtiger Grund iSv § 38 Abs. 2 GmbHG, soweit ein solcher für eine Abberufung notwendig ist.[37] 1007

b) Klauseltypen und Gestaltungshinweise

aa) Verschwiegenheitsklauseln

(1) Klauseltyp A

A 1: Der Geschäftsführer ist verpflichtet, alle Geschäfts- und Betriebsgeheimnisse der Gesellschaft und ihrer Konzernunternehmen geheim zu halten und weder unmittelbar noch mittelbar für sich oder Dritte von ihnen Gebrauch zu machen. Dasselbe gilt für Geschäfts- und Betriebsgeheimnisse, die der Gesellschaft oder ihren Konzernunternehmen anvertraut worden sind. Diese Verpflichtung bleibt auch nach dem Ausscheiden des Geschäftsführers aus den Diensten der Gesellschaft in Kraft. 1008

A 2: Der Geschäftsführer ist verpflichtet, Geschäfts- und Betriebsgeheimnisse sowie wirtschaftliche Angelegenheiten vertraulicher Natur geheim zu halten und ausschließlich für betriebliche Zwecke zu verwerten. Diese Verpflichtung gilt auch gegenüber Firmenangehörigen. Sie erstreckt sich ferner auf alle Geschäfts- und Betriebsgeheimnisse von Unternehmen, mit denen die Firma wirtschaftlich oder organisatorisch verbunden ist, sowie auf alle Geschäfts- und Betriebsgeheimnisse von Kunden, Interessenten und Lieferanten. Geheimzuhalten ist auch die Höhe der dem Geschäftsführer gezahlten Bezüge. Diese Verpflichtung gilt auch nach Beendigung des Dienstverhältnisses. Sollte die nachvertragliche Verschwiegenheitspflicht den Geschäftsführer in seinem beruflichen Fortkommen unangemessen behindern, hat der Geschäftsführer gegen die Firma einen Anspruch auf Freistellung von dieser Pflicht.

→ **A 3:** Der Geschäftsführer verpflichtet sich, über alle ihm im Rahmen seiner Tätigkeit zur Kenntnis gelangten Angelegenheiten, insbesondere Geschäfts- und Betriebsgeheimnisse, Stillschweigen zu bewahren. Diese Pflicht gilt gegenüber Dritten und Mitarbeitern, soweit zu einer Bekanntgabe keine dienstliche Veranlassung vorliegt. Diese Verpflichtung gilt auch nach Been-

34 OLG Köln 26.3.2008 – 90 O 11/08, GmbHR 2009, 261.
35 Michalski/*Dannecker*, GmbHG, § 85 Rn 37.
36 Michalski/*Dannecker*, GmbHG, § 85 Rn 37; Lutter/Hommelhoff/*Kleindiek*, GmbHG, § 85 Rn 4.
37 Graf v. Westphalen/Thüsing/*Thüsing*, Vertragsrecht und AGB-Klauselwerke, Klauselwerke Rn 203.

digung des Dienstverhältnisses. Sollte die nachvertragliche Verschwiegenheitspflicht den Geschäftsführer in seinem beruflichen Fortkommen unangemessen behindern, hat der Geschäftsführer gegen die Gesellschaft einen Anspruch auf Freistellung von dieser Pflicht.

(2) Gestaltungshinweise

1009 Die **Klausel A 1** ist rein deklaratorischer Natur. Sie dient dazu, die ohnehin bestehende Geheimhaltungsverpflichtung des Geschäftsführers im Anstellungsvertrag darzustellen und weist keinen selbständigen Regelungsgehalt auf. Sie bezweckt lediglich die Information des Geschäftsführers über seine ohnehin bestehenden Geheimhaltungsverpflichtungen.

1010 Die **Klausel A 2** hat gegenüber der Klausel A 1 den Vorteil, dass sie die Verschwiegenheitspflicht in der Weise erweitert, dass vertrauliche Angaben und auch die Höhe der Bezüge vom Geschäftsführer geheim zu halten sind. Die Höhe der Vergütung des Geschäftsführers ist nur ausnahmsweise dann ein ohne gesonderte Vereinbarung geschütztes Geschäftsgeheimnis, wenn daraus Rückschlüsse auf den Gesellschaftsumsatz oder -ertrag gezogen werden können.[38] Ein weiterer Vorteil dieser Klausel ist darin zu sehen, dass sie die Grenze zum karenzpflichtigen nachvertraglichen Wettbewerbsverbot meidet, indem sie dem Geschäftsführer das Recht zuspricht, von der Verschwiegenheitspflicht befreit zu werden, sofern er durch diese Pflicht in seinem beruflichen Fortkommen unangemessen behindert wird.

1011 Die **Klausel A 3** gestaltet den höchsten Geheimhaltungsgrad. Sie verpflichtet den Geschäftsführer, über sämtliche Geschäftsvorfälle, die ihm in seiner Tätigkeit als Geschäftsführer bekannt werden, Stillschweigen zu bewahren. Eine derartige Klausel wird als **All-Klausel** bezeichnet. Gegenüber einem Arbeitnehmer führt eine solche Klausel nach Ansicht des BAG zu einer unangemessenen Benachteiligung.[39] In Arbeitsverträgen sind diese Klauseln nach § 307 Abs. 2 S. 1 BGB unwirksam, weil sie in unangemessener Art und Weise von der gesetzlichen Regelung abweichen (s. § 1 Rn 3859, 3868). Als gesetzliche Regelung sind auch die von der Rspr entwickelten Rechtsgrundsätze anzusehen. Dem Verbraucher-Geschäftsführer gegenüber ist die Klausel A 3 unwirksam, so dass in diesem Fall von ihrer Verwendung zu Gunsten der Klausel A 2 abgeraten wird. Sofern alle Geschäftsvorfälle von der Verschwiegenheitspflicht umfasst sein sollen, ist der Gesellschaft zu empfehlen, die in S. 4 vorgesehene Freistellungsverpflichtung aufzunehmen, um dem Risiko einer Qualifikation als karenzpflichtiges nachvertragliches Wettbewerbsverbot zu entgehen.[40]

bb) Klauselzusätze

(1) Klauseltyp B

1012 **B 1:** Verstößt der Geschäftsführer schuldhaft gegen die Verschwiegenheitsverpflichtung und entsteht der Gesellschaft daraus ein wirtschaftlich messbarer Nachteil, hat er der Gesellschaft eine Vertragsstrafe iHv (...) € zu leisten.

B 2: Ein schuldhafter Verstoß gegen die Verschwiegenheitspflicht stellt für die Gesellschaft einen wichtigen Grund zur Abberufung des Geschäftsführers iSd § 38 Abs. 2 GmbHG und zur außerordentlichen Kündigung des Anstellungsvertrages dar.

---

38 BGH 20.5.1996 – II ZR 190/95, NJW 1996, 2576, 2577.

39 BAG 19.5.1998 – 9 AZR 394/97, NZA 1999, 200.

40 Vgl für Arbeitsverträge Preis/*Rolfs*, Der Arbeitsvertrag, II V 20 Rn 82.

(2) Gestaltungshinweise

Die dargestellten Klauselzusätze ersetzen keine Verschwiegenheitsvereinbarung, sondern können diese lediglich ergänzen. Beide Varianten dienen in erster Linie dazu, Verstöße des Geschäftsführers einzelvertraglich zusätzlich zu sanktionieren. 1013

Klauselzusatz B 1 zielt dabei auf die Vereinbarung einer Vertragsstrafe ab, was eine grds. zulässige Regelung beinhaltet. Es erscheint insoweit angemessen, die Vertragsstrafe auf solche Fälle zu beschränken, in denen der Geschäftsführer schuldhaft oder gar vorsätzlich handelt und der Gesellschaft durch die Verletzung der Geheimhaltungspflicht ein wirtschaftlich messbarer Schaden entstanden ist. 1014

Klauselzusatz B 2 regelt dagegen die Konsequenzen in Bezug auf eine Beendigung der Organstellung und Anstellung. Sie ist allerdings nur dann sinnvoll, wenn der Widerruf der Bestellung aufgrund einer entsprechenden Satzungsregelung nur bei Vorliegen eines wichtigen Grundes nach § 38 Abs. 2 GmbHG möglich ist. Sachgerecht und sinnvoll in Bezug auf etwaige Zulässigkeitsbedenken ist die Beschränkung des Abberufungsrechts auf schuldhafte Verstöße. In Bezug auf die außerordentliche Kündigung ist die Vereinbarung zwar nicht in der Form bindend, dass die Verschwiegenheitspflichtverletzung in jedem Fall zur Kündigung berechtigt, auch wenn sie tatsächlich nicht die Qualität eines wichtigen Grundes iSv § 626 Abs. 1 BGB besitzt. Allerdings entfällt bei tatsächlicher Annahme eines wichtigen Grundes die auf der zweiten Stufe grds. notwendige Interessenabwägung (s. dazu § 2 Rn 497, 520 f). 1015

16. Versicherungsklauseln

Literatur

Albers, Der Pflicht-Selbstbehalt im Rahmen der D&O-Versicherung – Überlegungen zur Umsetzung in der Praxis, CCZ 2009, 222; *Beckmann/Matusche-Beckmann*, Versicherungsrechts-Handbuch, 3. Aufl. 2015; *Benner/Niermann*, Lohnsteuer und Sozialversicherung – Arbeitslohn und Arbeitsentgelt, BB Beilage 2008, 1; *Böttcher*, Direktanspruch gegen den D&O-Versicherer – Neue Spielregeln im Managerhaftungsprozess?, NZG 2008, 645; *Deilmann*, Fehlen einer Director's & Officer's (D&O) Versicherung als Rücktrittsgrund für die Organmitglieder einer Aktiengesellschaft, NZG 2005, 54; *Dreher*, Die Rechtsnatur der D&O-Versicherung, DB 2005, 1669; *ders.*, Der Abschluss von D&O-Versicherungen und die aktienrechtliche Zuständigkeitsordnung, ZHR 165 (2001), 293; *Dreher/Thomas*, Die D&O-Versicherung nach der VVG-Novelle 2008, ZGR 2009, 31; *Ehlers*, Ausreichender Versicherungsschutz ein Risikofeld der Managerhaftung, VersR 2008, 1173; *Fleischer*, Haftungsfreistellung, Prozesskostenersatz und Versicherung für Vorstandsmitglieder, WM 2005, 909; *Jula*, Geschäftsführerhaftung gemäß § 43 GmbHG – Minimierung der Risiken durch Regelung im Anstellungsvertrag?, GmbHR 2001, 806; *Kiethe*, Persönliche Haftung von Organen der AG und der GmbH – Risikovermeidung durch D&O-Versicherung?, BB 2003, 537; *Koch*, Die Rechtsstellung der Gesellschaft und des Organmitglieds in der D&O-Versicherung (II), GmbHR 2004, 160; *Kort*, Voraussetzung der Zulässigkeit einer D&O-Versicherung von Organmitgliedern, DStR 2006, 799; *Lange*, Die Eigenschadenklausel in der D&O-Versicherung, ZIP 2003, 466; *ders.*, Die D&O-Versicherungsverschaffungsklausel im Manageranstellungsvertrag, ZIP 2004, 2221; *ders.*, Der Versicherungsfall der D&O-Versicherung, r+s 2006, 177; *Melot de Beauregard/Gleich*, Aktuelle Problemfelder bei der D&O-Versicherung, NJW 2013, 824; *Nikolay*, Die neuen Vorschriften zur Vorstandsvergütung – Detaillierte Regelungen und offene Fragen, NJW 2009, 2640; *Nothoff*, Rechtliche Fragen im Zusammenhang mit dem Abschluss einer Director's & Officer's-Versicherung – Effektiver Schutz von Vorständen und Aufsichtsräten gegen Haftungsrisiken, NJW 2003, 1350; *Olbrich/Kassing*, Der Selbstbehalt in der D&O-Versicherung: Gesetzliche Neuregelung lässt viele Fragen offen, BB 2009, 1659; *Peltzer*, Konstruktions- und Handhabungsschwierigkeiten bei der D&O-Versicherung, NZG 2009, 970; *Thüsing/Traut*, Angemessener Selbstbehalt bei D&O-Versicherungen, NZA 2010, 140; *van Kann*, Zwingender Selbstbehalt bei der D&O-Versicherung – Gut gemeint, aber auch gut gemacht?, NZG 2009, 1010; *von Westphalen*, D&O-Versicherung und Direktanspruch der Gesellschaft gegenüber der Versicherung?, DB 2005, 431; *ders.*, Ausgewählte neuere Entwicklungen in der D&O-Versicherung, VersR 2006, 17.

a) Rechtslage im Umfeld

1016 Im Anstellungsvertrag wird dem Geschäftsführer über das Gehalt hinaus häufig die Verschaffung eines zusätzlichen Versicherungsschutzes oder die Kostenübernahme bereits bestehender Versicherungsverträge zugesagt. Gewöhnlich beziehen sich solche Versicherungsklauseln auf den Abschluss einer privaten Unfallversicherung oder auf die Leistung von Zuschüssen zur privaten Krankenversicherung. Eine immer größere Bedeutung kommt aber sog. **D&O-Versicherungen (Directors and Officers Liability Insurance)** zu, die das Haftungsrisiko von Geschäftsführern vor Vermögensschäden abdecken, die in Ausübung des Amtes pflichtwidrig verursacht werden.

aa) Private Unfallversicherung

(1) Zivilrechtliche Grenzen

1017 Die weit überwiegende Mehrzahl der Anstellungsverträge enthält Regelungen über den Abschluss privater Unfallversicherungen zu Gunsten des GmbH-Geschäftsführers.[1] Die Notwendigkeit einer privaten Unfallversicherung besteht nicht nur bei beherrschenden Gesellschafter-Geschäftsführern, die nicht in der gesetzlichen Unfallversicherung pflichtversichert sind, sondern auch bei Fremdgeschäftsführern oder nur unwesentlich beteiligten Gesellschafter-Geschäftsführern. Auch in diesen Fällen ist der durch die gesetzliche Unfallversicherung gewährleistete Schutz ergänzungsbedürftig, um mögliche unfallbedingte Schäden angemessen zu kompensieren. Zivilrechtliche Beschränkungen für die Vereinbarungen ergeben sich allein aus den §§ 134, 138 BGB. Die detaillierten Versicherungsbedingungen der zu verschaffenden Unfallversicherung sind grds. nicht im Anstellungsvertrag aufzuführen. Aus Gründen der Rechtssicherheit sind aber mindestens die **abgesicherten Leistungsfälle**, die jeweiligen **Deckungssummen** und die **Bezugsberechtigten** ausdrücklich in den Vertragstext aufzunehmen. Klärungsbedürftig

1 So auch Graf v. Westphalen/Thüsing/*Thüsing*, Vertragsrecht und AGB-Klauselwerke, Klauselwerke Rn 143.

ist auch, ob der Versicherungsschutz **private Unfälle** mit umfasst. Soweit bereits bekannt, sollte der Versicherungsträger angegeben und auf dessen Versicherungsbedingungen Bezug genommen werden. Diese Angaben sind aus Sicht des Organvertreters notwendig, da die Versicherung im Regelfall erst im zeitlichen Nachgang zur Unterzeichnung des Anstellungsvertrages abgeschlossen wird. Unterbleibt der Abschluss oder besteht im Nachhinein nur eine Versicherung mit negativ abweichenden Bedingungen, kann dem Organvertreter ein Schadensersatzanspruch wegen Vertragsverletzung aus § 280 Abs. 1 BGB zustehen, wenn ihm im Schadensfall keine oder nur geringere Versicherungsleistungen zustehen.

(2) Steuerrechtliche Behandlung

Wird die Unfallversicherung durch die Gesellschaft abgeschlossen oder übernimmt sie die Versicherungsprämien – was in der Praxis wohl den Regelfall darstellt –, so zählen die Beiträge zum Einkommen aus nichtselbständiger Tätigkeit.[2] Es besteht die Möglichkeit der **Lohnsteuerpauschalierung** gem. § 40 b Abs. 3 EStG. Gegebenenfalls hat eine Aufteilung der Versicherungsbeiträge zu erfolgen, wenn die Versicherung Unfallschäden auf privaten Reisen und Dienstreisen abdeckt, da allein die Gewährung der entsprechenden Beiträge zu ersterem Zweck ein geldwerter Vorteil ist, welcher der Einkommensteuerpflicht unterfällt.[3] 1018

Die Beitragsleistungen können nur dann zum steuerpflichtigen Einkommen gerechnet werden, wenn dem Geschäftsführer im Schadensfall ein eigener unmittelbarer Anspruch gegen das Versicherungsunternehmen eingeräumt wird. Dies gilt unabhängig davon, ob es sich um eine Einzel- oder Gruppenunfallversicherung handelt. Im Rahmen der Berechnung des zu versteuernden Wertes sind die Beiträge zu Gruppenunfallversicherungen nach der Zahl der versicherten Beschäftigten auf diese aufzuteilen.[4] Steht die Ausübung der Rechte aus dem Unfallversicherungsvertrag dagegen ausschließlich der Gesellschaft zu, so fehlt es im Zeitpunkt der Beitragsleistung am Einkommenszufluss; die Beitragsleistungen des Arbeitgebers stellen dann keinen steuerpflichtigen Arbeitslohn dar.[5] Wird im Schadensfall die Versicherungsleistung von der Gesellschaft an den Geschäftsführer anschließend ausgekehrt, ist sie im Regelfall als Einnahme aus nichtselbständiger Tätigkeit zu versteuern. Dies gilt nur dann nicht, wenn die Gesellschaft mit der Weitergabe der Versicherungsleistung lediglich Schadensersatzansprüche erfüllt, die dem Geschäftsführer gegenüber der Gesellschaft zivilrechtlich aus dem Unfall zustehen.[6] 1019

bb) Zuschüsse zur Krankenversicherung

Gesellschaften verpflichten sich weiterhin oftmals ausdrücklich im Anstellungsvertrag, Zuschüsse zur Krankenversicherung des Geschäftsführers zu leisten. Konstitutive Bedeutung haben solche Klauseln, wenn die Gesellschaft die Leistung von Beiträgen zusagt, welche über bestehende gesetzliche Verpflichtungen hinausgehen. Die Gesellschaft hat nach § 249 Abs. 1 SGB V die Hälfte des sich nach dem Arbeitsentgelt bemessenden Beitrags zur gesetzlichen Krankenversicherung zu zahlen (Arbeitgeberanteil), wenn der Geschäftsführer der Sozialversicherungspflicht unterliegt und sein Einkommen nicht die Beitragsbemessungsgrenze des § 6 Nr. 1 SGB V übersteigt. Entfällt die Versicherungspflicht dagegen allein, weil das Einkommen die Beitragsbemessungsgrenze überschreitet, kann der Geschäftsführer nach § 257 SGB V einen Beitragszuschuss zu einer tatsächlich abgeschlossenen freiwilligen gesetzlichen bzw privaten Krankenversicherung verlangen. In der Praxis finden sich auch in Anstellungsverträgen von 1020

2 Graf v. Westphalen/Thüsing/*Thüsing*, Vertragsrecht und AGB-Klauselwerke, Klauselwerke Rn 143.

3 Zur Aufteilung: BMF-Schreiben vom 17.7.2000 – IV C 5-S 2332-67/00; BMF-Schreiben vom 18.2.1997 – IV B 6-S 2332-17/97.

4 *Benner/Niermann*, BB Beilage 2008, 1, 30.

5 BFH 16.4.1999 – VI R 66/97, DStR 1999, 1146.

6 BFH 20.9.1996 – VI R 57/95, DStR 1997, 18; BMF-Schreiben vom 17.7.2000 – IV C 5-S 2332-67/00.

nicht der Sozialversicherungspflicht unterfallenden Geschäftsführern häufig Klauseln, nach denen ihnen Zuschüsse zur gesetzlichen Sozialversicherung gewährt werden.[7]

1021 Die auf gesetzlicher Grundlage zu zahlenden Krankenkassenbeiträge bzw -zuschüsse der Gesellschaft sind steuerfrei (§ 3 Nr. 62 EStG), wogegen darüber hinausgehende Zuwendungen der Einkommensteuer unterliegen. Bei einem beherrschenden Gesellschafter-Geschäftsführer, der nicht Angestellter iSd Sozialversicherungsrechts und somit nicht sozialversicherungspflichtig ist, besteht für die Gesellschaft keinerlei gesetzliche Verpflichtung zur Beitragszahlung, so dass es sich hinsichtlich der freiwillig gewährten Zuschüsse stets in vollem Umfang um zu versteuerndes Einkommen handelt. Weiterhin bedarf es für einen Gesellschafter-Geschäftsführer einer ausdrücklichen und klaren Vereinbarung im Anstellungsvertrag, um die Annahme einer verdeckten Gewinnausschüttung auszuschließen (vgl auch § 2 Rn 151).[8]

cc) D&O-Versicherung

(1) Gründe für eine D&O-Versicherung

1022 Der Geschäftsführer ist im Rahmen seiner Amtsführung zahlreichen Haftungsrisiken ausgesetzt, an deren Absicherung er ein großes Interesse hat. Da einem Geschäftsführer im Gegensatz zum Arbeitnehmer nicht die arbeitsrechtliche Haftungserleichterung zugute kommt und sein Tätigkeitsbereich oftmals Geschäfte von wesentlicher wirtschaftlicher Relevanz umfasst, besteht die Gefahr, dass er bereits bei leicht fahrlässigem Verhalten für Schäden in Höhe sechs- oder siebenstelliger Summen in Anspruch genommen werden kann.[9] Auch die Gesellschaft wird regelmäßig bestrebt sein, das Unternehmen vor Schäden zu bewahren, die durch ein **pflichtwidriges Handeln** des Geschäftsführers verursacht werden. Aus diesem Grund enthalten Geschäftsführer-Anstellungsverträge häufig Klauseln über sog. D&O-Versicherungen (Directors & Officers Liability Insurance), aufgrund derer sich die Gesellschaft entweder verpflichtet, dem Geschäftsführer einen entsprechenden **Haftpflichtversicherungsschutz** zu verschaffen oder die **Beitragszahlung** einer vom Geschäftsführer abgeschlossenen D&O-Versicherung zu übernehmen.

1023 In Deutschland werden solche Vermögensschaden-Haftpflichtversicherungen, die ursprünglich dem US-amerikanischen Rechts- und Wirtschaftsleben entstammen, wo sie sich bereits in den 1960er Jahren durchsetzen, erst seit 1995 von deutschen Versicherern angeboten.[10] Eine weitergehende Verbreitung solcher Versicherungen ist allerdings erst seit den späten 1990er Jahre zu verzeichnen.[11] Zum wachsenden Bedürfnis, auch hierzulande eine D&O-Versicherung abzuschließen, trugen besonders die Anhebung der Verhaltensanforderungen an Organpersonen durch eine Reihe von Reformgesetzen bei sowie die Verschärfung der Geschäftsleiterhaftung durch mehrere Leitentscheidungen des BGH, insb. in den Bereichen des Organisationsverschuldens und der Insolvenzverschleppungshaftung.[12] Mittlerweile ist die Absicherung des Geschäftsführers und der Gesellschaft über D&O-Versicherungen nicht mehr nur bei börsennotierten Großunternehmen, sondern auch in kleinen und mittelständischen Gesellschaften üblich und kann nur dringend empfohlen werden. In den letzten Jahren konnte ein deutlicher Anstieg hoher Schadensersatzklagen verzeichnet werden, die entweder von Dritten oder dem beschäftigenden Unternehmen gegen die zumeist bereits aus dem Betrieb ausgeschiedenen Geschäftsführer bzw Vorstände geführt wurden. So entschied das OLG Koblenz in einem Urteil vom 24.9.2007 zur Innenhaftung des Organs gegenüber der Gesellschaft, dass der ehemalige Geschäftsführer einer Bank dieser wegen der pflichtwidrigen Nichtbeteiligung innerer Kon-

7 Graf v. Westphalen/Thüsing/*Thüsing*, Vertragsrecht und AGB-Klauselwerke, Klauselwerke Rn 143.

8 *Arens/Beckmann*, Die anwaltliche Beratung des GmbH-Geschäftsführers, § 1 Rn 70 ff.

9 *Ehlers*, VersR 2008, 1173, 1174.

10 Fleischer/*Fleischer*, Handbuch des Vorstandsrechts, § 12 Rn 4 f; Michalski/*Haas*, GmbHG, § 43 Rn 259.

11 *van Kann*, NZG 2009, 1010.

12 Fleischer/*Fleischer*, Handbuch des Vorstandsrechts, § 12 Rn 5; *Kiethe*, BB 2003, 537, 538.

trollgremien bei der Vergabe später notleidender Kredite einen Schadensersatz in Höhe von über 5 Mio. € zu leisten habe.[13]

Die Bedeutung der Vermögensschaden-Haftpflichtversicherung im Bereich der **Außenhaftung** dagegen zeigt sich besonders deutlich am Fall des Medienunternehmers Leo Kirch, dem nach dem Urteil des BGH vom 24.1.2006 zumindest dem Grunde nach Schadensersatzansprüche gegen die Deutsche Bank AG und den ehemaligen Vorstandssprecher Dr. Breuer wegen schädigender Äußerungen des Vorstandssprechers in einem Interview zunächst zugesprochen wurden.[14] Im Verfahren über die tatsächliche Geltendmachung des Schadensersatzes durch die Kirch-Gruppe hatte das LG München I[15] noch einen in Frage stehenden Schadensersatzanspruch in Höhe von 880 Mio. € auf der haftungsausfüllenden Tatbestandsseite mangels ersatzfähigen Schadens mit Urteil vom 22.2.2011 abgelehnt, da die Deutsche Bank Gruppe die in Frage stehenden Kreditsicherheiten auch ohne die Interviewäußerungen aus einem vertraglichen Kündigungsrecht heraus hätte verwerten dürfen und sich somit auf ein rechtmäßiges Alternativverhalten berufen könne. Im Rahmen der Berufung hatte das OLG München mit Urteil vom 14.12.2012[16] allerdings einen Schadensersatzanspruch dem Grunde nach bejaht und die Einholung eines Gutachtens zur Ermittlung der Schadenshöhe veranlasst. Mittlerweile haben sich die Deutsche Bank AG und die Erben des Medienunternehmers Kirch nach Medienberichten auf eine Vergleichssumme von rund 900 Mio. € geeinigt.[17] Dieser Fall ist aufgrund der nun letztlichen Schadensersatzsumme besonders zur Veranschaulichung der etwaigen Auswirkungen eines möglichen Schadensersatzanspruchs im Bereich wirtschaftlicher Spitzenunternehmen geeignet. Zwischenzeitlich standen den letztlichen Schadensersatz übersteigende Summen in Höhe von bis zu 1,2 Mrd. € als Schadensersatzforderungen gegen die Deutsche Bank AG und Herrn Dr. Breuer persönlich im Raum. Diese Größenordnungen verdeutlichen die möglichen Haftungsrisiken. Nach Medienangaben soll die Deutsche Bank AG für ihre Vorstandsmitglieder eine D&O-Versicherung abgeschlossen haben, die solche Ersatzansprüche möglicherweise abdecken könnte. Weiterhin wurde von Seiten des Kreditinstituts laut übereinstimmender Medienberichte nach Abschluss des Vergleichs deutlich gemacht, dass ein Regress zumindest von Teilen der Schadenssumme in Höhe von rund 925 Mio. € einschließlich Zinsen und Verfahrenskosten beim Ex-Vorstand-Vorsitzenden Herrn Dr. Breuer und dessen Versicherung beabsichtigt sei. Der in Medienkreisen kolportierte Versicherungsschutz aus der D&O-Versicherung soll immerhin bei 500 Mio. € liegen und könnte somit über die Hälfte des Schadens abdecken.[18] Insgesamt haben nicht nur die Abschlüsse, sondern auch die Inanspruchnahmen der D&O-Versicherungen in der Praxis stark zugenommen. So sollen die Versicherer bereits für die Jahre 2003 und 2004 ca. 2 Mrd. € für mögliche Versicherungsfälle zurückgestellt haben.[19] 1024

Dem Risiko einer persönlichen Haftung des Geschäftsführers, dem die Bestreitung derart enormer Summen aus seinem Privatvermögen regelmäßig unmöglich sein wird, kann durch den Ab- 1025

13 OLG Koblenz 24.9.2007 – 12 U 1437/04, DStR 2008, 687.

14 BGH 24.1.2006 – XI ZR 384/03, NJW 2006, 830.

15 LG München I 22.2.2011 – 33 O 9550/07, NJW-Spezial 2011, 239 = ZIP 2011, 511.

16 OLG München 14.12.2012 – 5 U 2472/09, WM 2013, 795.

17 Vgl Artikel in: FAZ vom 20.2.2014 (abrufbar unter: http://www.faz.net/aktuell/wirtschaft/einigung-kirch-vergleich-kostet-deutsche-bank-925-millionen-euro-12811381.html); Handelsblatt vom 6.3.2014 (abrufbar unter: http://www.handelsblatt.com/unternehmen/banken/einigung-ueber-kirch-vergleich-breuer-und-deutsche-bank-verstaendigen-sich/9579346.html).

18 Vgl Artikel vom 2.8.2014 in: „Die Welt" (abrufbar unter: http://www.welt.de/wirtschaft/article130797230/Fall-Kirch-Deutsche-Bank-nimmt-Breuer-in-Regress.html); „Spiegel Online" (abrufbar unter: http://www.spiegel.de/wirtschaft/unternehmen/deutsche-bank-breuer-wird-fuer-kirch-prozess-in-regress-genommen-a-984206.html); FAZ (abrufbar unter: http://www.faz.net/aktuell/wirtschaft/unternehmen/kirch-vergleich-deutsche-bank-will-geld-von-ex-chef-breuer-zurueckholen-13077957.html); Handelsblatt vom 28.7.2014 (abrufbar unter: http://www.handelsblatt.com/unternehmen/banken/deutsche-bank-versicherer-sollen-kirch-vergleich-zahlen/10261422.html).

19 *Kort*, DStR 2006, 799, 801.

schluss einer solchen D&O-Versicherung mit einer entsprechend hohen Haftungsgrenze wirksam begegnet werden. Allerdings stellt sich der Schutz des Privatvermögens des Geschäftsführers lediglich als Reflex zur eigentlichen Motivation der Gesellschaft dar, die mit dem Abschluss der Versicherung gewichtige Eigeninteressen verfolgt. Diese bestehen darin, geeignete Führungskräfte zu gewinnen, ein übervorsichtiges Organverhalten aus Sorge vor persönlicher Inanspruchnahme zu verhindern und ihre eigenen Vollstreckungsaussichten bezüglich einer etwaigen Innenhaftung abzusichern.[20] In vielen Branchen wird es ab einer bestimmten Unternehmensgröße regelmäßig sogar unmöglich sein, geeignete Organvertreter ohne die Zusicherung des Abschlusses einer D&O-Versicherung anzuwerben, da diese nicht bereit sein werden, das doch beträchtliche Haftungsrisiko selbst zu übernehmen.[21] Der teilweise gesehenen Gefahr, eine D&O-Versicherung könne zu unvorsichtigem Verhalten der Organvertreter führen, kann insoweit entgegnet werden, dass die Organmitglieder die Gefahr der persönlichen Haftung oberhalb der Deckungssumme und im Bereich einer Vielzahl möglicher Ausschlusstatbestände weiterhin tragen, was regelmäßig Anreiz genug für eine ordnungsgemäße Geschäftsführung sein wird.[22] Gerade ein Übersteigen der Deckungssummen bei weitgehenden Inanspruchnahmen kann zuerst für den Geschäftsführer ruinöse Folgen haben, aber auch die Gesellschaft wirtschaftlich belasten, wenn diese für Teile des Schadens aufkommen muss.[23]

(2) Anspruch auf Abschluss einer D&O-Versicherung

1026 Ein Anspruch des Geschäftsführers gegen die Gesellschaft auf Abschluss einer D&O-Versicherung besteht nicht und ergibt sich auch nicht aus der allgemeinen Fürsorgepflicht der Gesellschaft.[24] Daher ist eine **ausdrückliche Vereinbarung im Anstellungsvertrag** notwendig. Der Organvertreter sollte auf eine entsprechende Vereinbarung zumindest bei Vorliegen potenzieller Haftungsrisiken, welche sich etwa aus dem konkreten Aufgabenfeld oder der Betriebsgröße ergeben, auch ausdrücklich bestehen.[25] Teilweise wird empfohlen, nicht nur die generelle Pflicht zum Abschluss der D&O-Versicherung in die anstellungsvertragliche Regelung aufzunehmen, sondern auch bestimmte Modalitäten der Versicherung, wie zB Deckungssumme, Nachmeldefrist und ggf auch eine mögliche Rückwärtsdeckung bei Versicherungswechsel, bereits ausdrücklich festzulegen.[26] In der Praxis ist die Vereinbarung von D&O-Versicherungen zumindest bei börsennotierten Unternehmen nahezu flächendeckend, so dass es auf die Frage eines durchsetzbaren Anspruchs des Geschäftsführers auf Abschluss regelmäßig nicht ankommen wird.[27]

1027 Der für Vorstände nach § 93 Abs. 2 S. 3 AktG geltende obligatorische **Selbstbehalt** von mindestens 10 % des Schadens bis mindestens zur Höhe des 1,5-Fachen der jährlichen Festvergütung findet auf Geschäftsführer einer GmbH mangels planwidriger Regelungslücke keine entspre-

20 *Dreher*, ZHR 165 (2001), 293, 310; *Melot de Beauregard/Gleich*, NJW 2013, 824; Prölss/Martin/*Voit*, Versicherungsvertragsgesetz, Teil III, F, IX. 1 Rn 6.

21 Graf v. Westphalen/Thüsing/*Thüsing*, Vertragsrecht und AGB-Klauselwerke, Klauselwerke Rn 177.

22 *Albers*, CCZ 2009, 222; Spindler/Stilz/*Fleischer*, AktG, § 93 Rn 228; *Nikolay* NJW 2009, 2640, 2644; MüKo-AktG/*Spindler*, § 93 Rn 176.

23 *Melot de Beauregard/Gleich*, NJW 2013, 824 f.

24 OLG Koblenz 24.9.2007 – 12 U 1437/04, DStR 2008, 687; so auch *Koch*, GmbHR 2004, 160, 167 f; Michalski/*Haas/Ziemons*, GmbHG, § 43 Rn 260 b; Moll/*Moll/Eckhoff*, MAH Arbeitsrecht, § 81 Rn 55; *Nikolay*, NJW 2009, 2640, 2644; *Fleischer*, WM 2005, 909, 919; MüKo-AktG/*Spindler*, § 93 Rn 176; Prölss/Martin/*Voit*, VVG, Teil III, F, IX. 1 Rn 3 f.

25 So auch Spindler/Stilz/*Fleischer*, AktG, § 93 Rn 237.

26 Michalski/*Haas/Ziemons*, GmbHG, § 43 Rn 260 b.

27 Beckmann/Matusche-Beckmann/*Beckmann*, VersR-HdB, § 28 Rn 5; Spindler/Stilz/*Fleischer*, AktG, § 93 Rn 225; *Kort*, DStR 2006, 799, 800; *Thüsing/Traut*, NZA 2010, 140.

chende Anwendung.[28] Dennoch wird auch gegenüber Geschäftsführern in der Praxis oftmals eine obligatorische Beteiligung in Form eines Selbstbehalts vereinbart.[29]

(3) Versicherungsrechtlicher Rahmen

(a1) Inhalt des Versicherungsvertrages

Der Gesamtverband der Deutschen Versicherungswirtschaft e.V. (GDV) hat **Musterbedingungen** für die Vermögensschaden-Haftpflichtversicherung von Aufsichtsräten, Vorständen und Geschäftsführern (**AVB-AVG**) entwickelt. Hiernach wird ein Versicherungsschutz für den Fall gewährt, dass ein gegenwärtiges oder ehemaliges Mitglied des Aufsichtsrats, des Vorstands oder der Geschäftsführung der Gesellschaft (versicherte Person) wegen einer **bei Ausübung dieser Tätigkeit begangenen Pflichtverletzung** aufgrund gesetzlicher Haftpflichtbestimmungen privatrechtlichen Inhalts für einen Vermögensschaden Dritter oder der Gesellschaft als Versicherungsnehmerin auf Schadensersatz in Anspruch genommen wird. 1028

Voraussetzung ist demnach stets, dass der Organvertreter in seiner Funktion für die Gesellschaft als Versicherungsnehmer tätig geworden ist, so dass bei anderen Konzernunternehmen ausgeübte Tätigkeiten selbst dann nicht mitversichert sind, wenn dies auf Veranlassung der beschäftigenden Gesellschaft geschieht.[30] Teilweise werden allerdings von Versicherungsunternehmen auch zusätzlich solche, außerhalb der anstellenden Gesellschaft anfallende Tätigkeiten des Organvertreters (sog. **outside directors**) mitversichert. Dies wird aufgrund des stark erweiterten Haftungsrisikos allerdings wohl eher den Ausnahmefall bilden.[31] Weiterhin sind bei Gesellschafter-Geschäftsführern ebenfalls nicht die Haftungsrisiken mitversichert, welche sich aus ihrer Gesellschafter- und nicht aus der Geschäftsführerstellung ergeben.[32] 1029

Die Musterbedingungen des GDV werden insb. bei mittelständischen und kleinen Gesellschaften noch häufig verwendet. Abweichungen sind allerdings möglich, so dass die genauen Versicherungsbedingungen mittlerweile häufig anders ausgestaltet werden und zwischen den einzelnen Versicherern deutlich variieren können.[33] Eine tatsächliche Vereinheitlichung der Versicherungsbedingungen hat bislang eher nicht stattgefunden, so dass man die angesprochenen Musterbedingungen keineswegs als „Marktstandard" bezeichnen kann.[34] 1030

Wie aus den Musterbedingungen hervorgeht, wird im Regelfall der Versicherungsvertrag von der Gesellschaft als Versicherungsnehmerin mit dem Versicherer zu Gunsten des Geschäftsführers als Versichertem geschlossen. In diesem Fall handelt es sich um eine sog. **Versicherung für fremde Rechnung** iSd §§ 43 ff VVG, welche regelmäßig als Gruppenversicherung für alle Organmitglieder abgeschlossen wird, um im Vergleich zu Einzelpolicen mögliche Versicherungslücken zu verhindern. Aus diesem Grund wird teilweise auch von einer **„gesellschaftsfinanzierten Haftpflichtversicherung"** gesprochen.[35] 1031

Nicht selten tritt der **Geschäftsführer** aber auch selbst **als Vertragspartner** der Versicherung auf, während die Gesellschaft lediglich die Versicherungsprämien erstattet. Umstritten ist insoweit, ob die Vertretung der Gesellschaft bei Abschluss einer D&O-Versicherung für seine Organe in den Zuständigkeitsbereich der Gesellschafterversammlung oder des Geschäftsführers fällt.[36] Regelmäßig wird man wohl intern zunächst einen aus § 46 Nr. 5 bzw 8 GmbHG abge- 1032

---

28 *Olbrich/Kassing*, BB 2009, 1659; *Thüsing/Traut*, NZA 2010, 140, 144.

29 Michalski/*Haas/Ziemons*, GmbHG, § 43 Rn 259 f.

30 Beckmann/Matusche-Beckmann/*Beckmann*, VersR-HdB, § 28 Rn 83; Prölss/Martin/*Voit*, VVG, Teil III, F, IX. 1 Rn 18.

31 Graf v. Westphalen/Thüsing/*Thüsing*, Vertragsrecht und AGB-Klauselwerke, Klauselwerke Rn 158.

32 Beckmann/Matusche-Beckmann/*Beckmann*, VersR-HdB, § 28 Rn 77.

33 Ulmer/Habersack/Winter/*Paefgen*, GmbHG, § 43 Rn 259.

34 Michalski/*Haas/Ziemons*, GmbHG, § 43 Rn 259 a.

35 Spindler/Stilz/*Fleischer*, AktG, § 93 Rn 225.

36 Übersicht zum Meinungsstand bei: Beckmann/Matusche-Beckmann/*Beckmann*, VersR-HdB, § 28 Rn 28; Graf v. Westphalen/Thüsing/*Thüsing*, Vertragsrecht und AGB-Klauselwerke, Klauselwerke Rn 150 f.

leiteten Beschluss der Gesellschafterversammlung über den Abschluss einer entsprechenden Versicherung verlangen müssen, bevor dann der Geschäftsführer als Vertreter der Gesellschaft im Außenverhältnis nach § 35 Abs. 1 GmbHG den Vertrag mit der Versicherung tatsächlich abschließt.[37] Demnach bedarf es sowohl für den Abschluss des Versicherungsvertrages durch die Gesellschaft als auch für die Zusage der Prämienübernahme eines Beschlusses der Gesellschafterversammlung, der jedoch im Verhältnis zur Versicherung keine Wirksamkeitsvoraussetzung darstellt.[38]

1033 Die D&O-Versicherung erfasst allein **Vermögensschäden**. Personen- und Sachschäden sowie aus solchen resultierende andere Schäden werden nicht abgedeckt.[39] Der **Ausschluss von Personen- und Sachschäden** sowie der sich daraus herleitenden Vermögensfolgeschäden beruht letztlich darauf, dass diese regelmäßig bereits von Betriebs-, Produkt- und Umwelthaftpflichtversicherungen der Gesellschaft erfasst werden, so dass diese Versicherungen praktisch in gegenseitiger Ergänzung nebeneinander stehen.[40] Ebenfalls nicht in den Versicherungsschutz einbezogen sind Ansprüche auf Erfüllung oder Erfüllungssurrogate.[41] Vom Versicherungsschutz umfasst werden hingegen nicht nur die Vermögensschäden, die Dritten durch das pflichtwidrige Handeln des Geschäftsführers entstehen (**Außenhaftung**), sondern auch Vermögensschäden der Gesellschaft selbst (**Innenhaftung**).[42]

1034 Aufgrund der teilweise erheblichen Abweichung von den Musterbedingungen der AVB-AVG durch die Versicherungsunternehmen ist es in jedem Fall vor Vertragsschluss notwendig, die individuellen Versicherungsklauseln genau zu studieren. Insbesondere ist darauf zu achten, welche **Ausschlusstatbestände** im Versicherungsvertrag vereinbart werden. Wahlweise findet sich etwa ein Leistungsausschluss bei vorsätzlicher Schadensverursachung, bei wissentlicher Pflichtverletzung oder bereits bei grob fahrlässiger Pflichtverletzung. Eine wissentliche Pflichtverletzung kann uU bereits vorliegen, wenn der Geschäftsführer nach zivilrechtlichen Maßstäben nur fahrlässig handelte; unerheblich ist dabei, ob der Geschäftsführer den Eintritt des Schadens für möglich hielt oder fest darauf vertraut hat, die Gesellschaft nicht zu schädigen.[43] Regelmäßig von der Leistungspflicht ausgenommen werden auch Vertragsstrafen, Bußgelder und Geldstrafen ebenso wie Schäden, die auf einer dem Versicherten bereits vor Beginn des Vertrages bekannten Pflichtverletzung beruhen. Entgegen den Musterbedingungen des Gesamtverbandes der Deutschen Versicherungswirtschaft gewähren die heutzutage gängigen D&O-Policen meist auch einen Versicherungsschutz für den Fall der Inanspruchnahme des Geschäftsführers auf Grundlage öffentlich-rechtlicher Haftungsvorschriften, womit insb. die steuerrechtliche Haftung gem. §§ 69, 34 AO einbezogen wird.[44]

1035 Von wesentlicher Bedeutung für den Geschäftsführer sind des Weiteren die **Versicherungssumme**, die **Höhe eines eventuellen Selbstbehalts** sowie die Einbeziehung nicht bekannter Pflichtverletzungen, die bereits vor Vertragsschluss begangen wurden oder erst nach Beendigung des

---

37 So auch u.a. Graf v. Westphalen/Thüsing/*Thüsing*, Vertragsrecht und AGB-Klauselwerke, Klauselwerke Rn 150 f.

38 Scholz/*Schneider*, GmbHG, § 43 Rn 438; Baumbach/Hueck/*Zöllner/Noack*, GmbHG, § 43 Rn 112; Ulmer/Habersack/Winter/*Paefgen*, GmbHG, § 43 Rn 258.

39 Beckmann/Matusche-Beckmann/*Beckmann*, VersR-HdB, § 28 Rn 67 f; Michalski/*Haas/Ziemons*, GmbHG, § 43 Rn 259 c; Graf v. Westphalen/Thüsing/*Thüsing*, Vertragsrecht und AGB-Klauselwerke, Klauselwerke Rn 147.

40 Fleischer/*Fleischer*, Handbuch des Vorstandsrechts, § 12 Rn 31; Graf v. Westphalen/Thüsing/*Thüsing*, Vertragsrecht und AGB-Klauselwerke, Klauselwerke Rn 147; Oppenländer/Trölitzsch/*Ziemons*, GmbH-Geschäftsführung, § 30 Rn 6; *van Kann*, NZG 2009, 1010.

41 Graf v. Westphalen/Thüsing/*Thüsing*, Vertragsrecht und AGB-Klauselwerke, Klauselwerke Rn 157.

42 Beckmann/Matusche-Beckmann/*Beckmann*, VersR-HdB, § 28 Rn 1; Michalski/*Haas/Ziemons*, GmbHG, § 43 Rn 259 d; *Kort*, DStR 2006, 799; *Melot de Beauregard/Gleich*, NJW 2013, 824.

43 Scholz/*Schneider*, GmbHG, § 43 Rn 446.

44 Beckmann/Matusche-Beckmann/*Beckmann*, VersR-HdB, § 28 Rn 42; *Notthoff*, NJW 2003, 1350, 1352; aA wohl Prölss/Martin/*Voit*, VVG, Teil III, F, IX. 1 Rn 17.

Versicherungsvertrages geltend gemacht werden, obwohl die haftungsbegründende Handlung noch während der Vertragslaufzeit erfolgte. Die D&O-Versicherung ist dabei zumeist als Summenversicherung ausgestaltet, bei der sich der Höchstbetrag der Versicherungsleistung nicht auf den einzelnen Schadensfall bezieht, sondern auf die Gesamtheit der während eines Versicherungsjahres eingetretenen Versicherungsfälle aller versicherten Organvertreter.[45] Häufig wird in D&O-Policen für die Definition des Versicherungsfalles zur Vereinfachung nicht an den Zeitpunkt der Anspruchsentstehung angeknüpft, sondern an den der **Anspruchserhebung**; danach soll ein Versicherungsschutz für alle Ansprüche bestehen, die während der Versicherungsdauer geltend gemacht werden (**claims-made-Prinzip**).[46]

Die D&O-Versicherung stellt keine reine Vermögenshaftpflichtversicherung dar, da sie regelmäßig neben der Befriedigung begründeter Ansprüche auch den Rechtsschutz des Versicherten für die gerichtliche und außergerichtliche Abwehr unbegründeter Ansprüche umfasst.[47] Oftmals werden die Verteidigungskosten für eine Abwehr straf- oder ordnungswidrigkeitsrechtlicher Verfahren gegen das Organmitglied von einer D&O-Versicherung abgedeckt und zwar sowohl in Bezug auf die gebührenordnungsrechtlich als auch diese aufgrund besonderer Vereinbarung übersteigenden Kosten.[48] Diese Konstellation kann im Fall der Innenhaftung zu schwierigen und etwas abstrus wirkenden Konstellationen führen, da die Versicherung im Haftungsprozess aus eigenem Interesse oftmals dem Geschäftsführer als versicherter Person gegen die Gesellschaft mit Unterstützung durch Prozessfinanzierung, Auswahl spezialisierter Anwälte und Ähnlichem zur Seite stehen wird und sich damit gegen ihren Versicherungsnehmer und Vertragspartner stellt.[49] 1036

(a2) Kein Direktanspruch der Gesellschaft

Die D&O-Versicherung weist die Besonderheit auf, dass sie zum einen – wie bei einer gewöhnlichen Haftpflichtversicherung – die Schäden von Dritten abdeckt (**Außenhaftung**), zum anderen aber auch die Ansprüche der Gesellschaft gegen den Geschäftsführer umfasst (**Innenhaftung**). Da im Regelfall nicht der versicherte Geschäftsführer, sondern die Gesellschaft den Versicherungsvertrag mit dem Versicherer eingeht, handelt es sich um eine **Versicherung für fremde Rechnung**, auf die die Vorschriften der §§ 43 ff VVG Anwendung finden. Aufgrund dieser Konstruktion wurde diskutiert, ob die Gesellschaft im Schadensfall einen unmittelbaren Anspruch gegen die Versicherung geltend machen kann.[50] Das OLG München hat die Einräumung eines Direktanspruchs unter Hinweis auf den Charakter der D&O-Versicherung als **Haftpflichtversicherung** abgelehnt.[51] Wie bei allen freiwilligen Haftpflichtversicherungen seien die Haftungsgläubiger nicht in den Schutzbereich der Versicherungen einbezogen. Dieser Grundsatz gelte auch für die Fälle der Innenhaftung, in denen der die Versicherungsprämie zahlende Versicherungsnehmer Schadensersatz beansprucht. Vielmehr müsse dem Versicherer entsprechend § 100 VVG das Wahlrecht erhalten bleiben, dem Versicherten Rechtsschutz zur Abwehr als unbegründet angesehener Ansprüche zu gewähren, bevor Ersatz geleistet wird.[52] 1037

45 Fleischer/*Fleischer*, Handbuch des Vorstandsrechts, § 12 Rn 44.

46 LG München 25.9.2008 – 12 O 20461/07, VersR 2009, 210; Beckmann/Matusche-Beckmann/*Beckmann*, VersR-HdB, § 28 Rn 99; *Melot de Beauregard/Gleich*, NJW 2013, 824, 825; Oppenländer/Trölitzsch/*Ziemons*, GmbH-Geschäftsführung, § 30 Rn 8; Scholz/*Schneider*, GmbHG, § 43 Rn 443; Ulmer/Habersack/Winter/*Paefgen*, GmbHG, § 43 Rn 259; ausf. zum Problem des Versicherungsfalles *Lange*, r+s 2006, 177.

47 *Melot de Beauregard/Gleich*, NJW 2013, 824; *Notthoff*, NJW 2003, 1350, 1352; Michalski/*Haas/Ziemons*, GmbHG, § 43 Rn 259 e; Graf v. Westphalen/Thüsing/*Thüsing*, Vertragsrecht und AGB-Klauselwerke, Klauselwerke Rn 159.

48 Michalski/*Haas/Ziemons*, GmbHG, § 43 Rn 259 e; Graf v. Westphalen/Thüsing/*Thüsing*, Vertragsrecht und AGB-Klauselwerke, Klauselwerke Rn 159.

49 Zu diesem Problemfeld mit Lösungsvorschlägen ausf. *Peltzer*, NZG 2009, 970 ff.

50 *von Westphalen*, DB 2005, 431.

51 OLG München 15.3.2005 – 25 U 3940/04, DB 2005, 1675.

52 OLG München 15.3.2005 – 25 U 3940/04, DB 2005, 1675; *von Westphalen*, DB 2005, 431.

Nach dem im Bereich der Haftpflichtversicherung geltenden Trennungsprinzip sind Haftpflicht- und Deckungsfrage unabhängig voneinander und in getrennten Prozessen zu beurteilen.[53]

1038 Auch nach § 44 VVG stehen im Rahmen einer Versicherung für fremde Rechnung die daraus resultierenden Rechte der versicherten Person und nicht dem Versicherungsnehmer zu. Dabei wird diese Regelung in der Praxis häufig dahingehend modifiziert, dass die Gesellschaft über die Ansprüche des Geschäftsführers gegen den Versicherer im eigenen Namen verfügen kann.[54] Wenn aus dem Vertrag hervorgeht, dass die Rechte aus der Versicherung den versicherten Personen zustehen, bezieht sich dies nur auf die materielle Rechtsinhaberschaft, so dass die Gesellschaft als Versicherungsnehmer hinsichtlich der Geltendmachung dieser Rechte regelmäßig als prozessführungsbefugt anzusehen ist.[55] Teilweise wird versucht, der Gesellschaft einen Quasi-Direktanspruch zu verschaffen, indem der Geschäftsführer der Gesellschaft als Geschädigter den Freistellungsanspruch abtritt, so dass Haftungs- und Freistellungsanspruch sich in einer Hand vereinigen. Dies scheiterte jedoch früher regelmäßig daran, dass die Versicherer die Abtretung des Freistellungsanspruchs in ihren Allgemeinen Versicherungsbedingungen ausgeschlossen hatten.[56] Seit Inkrafttreten des reformierten VVG ist es den Versicherern nun durch § 108 Abs. 2 VVG untersagt, formularmäßig die Abtretung des Freistellungsanspruchs durch ihre Versicherungsbedingungen zu unterbinden. Dies wurde teilweise so interpretiert, dass nun praktisch eine Möglichkeit zur Direktinanspruchnahme bzw zum Direktprozess bestünde.[57] Diese Deutung der Gesetzesnovelle geht allerdings doch etwas zu weit. Ausgenommen von dem Abtretungsverbot bleiben nach § 210 Abs. 1 VVG Großrisiken, die in Abs. 2 näher definiert werden. Weiterhin zulässig bleibt zudem die individualvertragliche Vereinbarung eines Abtretungsausschlusses.[58] Praktisch wurde demnach eine Inanspruchnahme der Versicherung durch die Gesellschaft zwar erleichtert; ein Direkt- oder Quasi-Direktanspruch besteht allerdings weiterhin nicht.

1039 Im Zusammenhang mit der Innenhaftung stellt sich immer öfter das Problem der sog. **„freundlichen Inanspruchnahme“**, bei welcher sich der Versicherer der Gefahr des kollusiven Zusammenwirkens zwischen Gesellschaft (Versicherungsnehmerin) und Geschäftsführer (versicherter Person) zu seinem Nachteil ausgesetzt sieht.[59] In solchen Konstellationen werden – durch Missmanagement – tatsächlich entstandene Verluste unter nachträglicher Konstruktion einer Pflichtverletzung des Geschäftsführers in einen Schaden „umgewandelt“, was über § 43 Abs. 2 GmbHG zu einer Innenhaftung gegenüber der Gesellschaft und damit zur Einstandspflicht des Versicherers führen soll.[60] Ein tatsächlicher Versicherungsschutz der D&O-Versicherung setzt allerdings stets voraus, dass eine unternehmerische Fehlentscheidung wegen Pflichtwidrigkeit haftungsbegründend ist.[61] Eine andere Variante der „freundlichen Inanspruchnahme“ besteht darin, dass die Gesellschaft einen tatsächlich bestehenden Haftungsanspruch gegen den Geschäftsführer nur bis zur Deckungssumme gegenüber dem Versicherer verfolgt und den Restanspruch gegen den Organvertreter fallen lässt.[62] Auffälliges Zeichen für eine „freundliche Inanspruchnahme“ ist insoweit meist, dass der Geschäftsführer trotz angeblicher Pflichtverletzung

53 OLG Köln 2.9.2008 – 9 U 151/07, r+s 2008, 468; Spindler/Stilz/*Fleischer*, AktG, § 93 Rn 231; *Peltzer*, NZG 2009, 970, 971 f; Prölss/Martin/*Voit*, VVG, Teil III, F, IX. 1 Rn 9.

54 Scholz/*Schneider*, GmbHG, § 43 Rn 436.

55 OLG Düsseldorf 21.12.2006 – 4 U 6/06, NJOZ 2007, 1242.

56 *Böttcher*, NZG 2008, 645, 646.

57 Michalski/*Haas/Ziemons*, GmbHG, § 43 Rn 260 a; Spindler/Stilz/*Fleischer*, AktG, § 93 Rn 2231.

58 BT-Drucks. 16/3945, S. 87.

59 *Kiethe*, BB 2003, 537, 540.

60 Ulmer/Habersack/Winter/*Paefgen*, GmbHG, § 43 Rn 261; *von Westphalen*, VersR 2006, 17 f.

61 *Albers*, CCZ 2009, 222, 223; *Kort*, DStR 2006, 799 f.

62 *von Westphalen*, VersR 2006, 17 f.

mit größerer finanzieller Schadensauswirkung in seiner Organstellung verbleibt und nicht abberufen wird.[63]

Zur Verringerung von Missbrauchsgefahren sehen viele D&O-Versicherungen **Prämienanpassungsklauseln** oder einen **Selbstbehalt** vor, der dazu führt, dass sich der Versicherte mit der entsprechenden vereinbarten Summe je Versicherungsfall zu beteiligen hat.[64] Regelungen zu Selbstbehalten für jeden Schadensfall finden sich daher in fast ausnahmslos allen Versicherungsverträgen, teilweise gar flankiert durch das Verbot, den Selbstbehalt mit einer weiteren Versicherung abzudecken.[65] Ohne ein solches ausdrückliches **Verbot der Zusatzversicherung des Selbstbehalts** in den Versicherungsbedingungen bleibt eine entsprechende Absicherung zulässig, auch wenn dadurch praktisch der Sinn des Selbstbehalts konterkariert wird.[66] 1040

Aus dem gleichen Grund werden sog. **Gerichts- oder Kündigungsklauseln** verwendet, nach denen die Versicherung bspw nur für Schäden eintritt, soweit die Schadensersatzpflicht der versicherten Person von einem deutschen Gericht durch rechtskräftiges Urteil festgestellt wurde bzw das Organmitglied wegen der begangenen Pflichtverletzung gleichzeitig abberufen, freigestellt und innerhalb eines bestimmten Zeitraums nicht weiterbeschäftigt wird.[67] Auch werden oftmals sog. **Subsidiaritätsklauseln** in den Versicherungsbedingungen vereinbart, nach welchen eine Leistung nur in Betracht kommt, soweit keine anderweitiger, vorrangiger Versicherungsschutz für die betroffenen Schäden besteht.[68] 1041

(4) Steuerrechtlicher Rahmen

Umstritten war, ob die Beiträge zu einer D&O-Versicherung, die die Gesellschaft als Versicherungsnehmerin zu Gunsten eines nichtselbständig tätigen Geschäftsführers zahlt, als Arbeitslohn zu werten sind. Sowohl innerhalb der Lit. als auch in der Praxis der Finanzverwaltungen des Bundes und der einzelnen Länder fehlte es insoweit lange Zeit an einer einheitlichen Bewertung.[69] Mit Erlass des Niedersächsischen Finanzministeriums vom 25.1.2002,[70] der im Einvernehmen mit dem Bundesfinanzministerium und den obersten Finanzbehörden der übrigen Bundesländer ergangen ist, wurden folgende **Grundsätze** aufgestellt: 1042

„Bei Versicherten, die Arbeitnehmer sind, ist von einem überwiegend eigenbetrieblichen Interesse des Arbeitgebers auszugehen, so dass die Beiträge nicht zum Arbeitslohn der versicherten Arbeitnehmer gehören, wenn

- *es sich bei der D&O-Versicherung um eine Vermögensschaden-Haftpflichtversicherung handelt, die in erster Linie der Absicherung des Unternehmens oder des Unternehmenswertes gegen Schadensersatzforderungen Dritten gegenüber dem Unternehmen dient, die ihren Grund in dem Tätigwerden oder Untätigbleiben der für das Unternehmen verantwortlich handelnden und entscheidenden Organe und Leitungsverantwortlichen haben;*
- *die D&O-Verträge besondere Klauseln zur Firmenhaftung oder sog. Company Reimbursement enthalten, die im Ergebnis dazu führen, dass der Versicherungsanspruch aus der Versicherungsleistung dem Unternehmen als Versicherungsnehmer zusteht;*

63 *Melot de Beauregard/Gleich*, NJW 2013, 824, 829.

64 MüKo-AktG/*Spindler*, § 93 Rn 174.

65 *Melot de Beauregard/Gleich*, NJW 2013, 824, 829; Graf v. Westphalen/Thüsing/*Thüsing*, Vertragsrecht und AGB-Klauselwerke, Klauselwerke Rn 161.

66 *Melot de Beauregard/Gleich*, NJW 2013, 824, 829; *Thüsing/Traut*, NZA 2010, 140.

67 Zur Wirksamkeit und Rechtmäßigkeit der einzelnen Möglichkeiten der Missbrauchsverhinderung ausf. *von Westphalen*, VersR 2006, 17, 18 ff.

68 Graf v. Westphalen/Thüsing/*Thüsing*, Vertragsrecht und AGB-Klauselwerke, Klauselwerke Rn 159.

69 Michalski/*Haas/Ziemons*, GmbHG, § 43 Rn 260 c.

70 FinMin. Niedersachsen, Erlass vom 25.1.2002 – S 2332-161-35/S 2245-21-31 2, DB 2002, 399.

- *des Weiteren die D&O-Versicherung dadurch gekennzeichnet ist, dass*
  - *regelmäßig das Management als Ganzes versichert ist und Versicherungsschutz für einzelne Personen nicht in Betracht kommt,*
  - *Basis der Prämienkalkulation nicht individuelle Merkmale der versicherten Organmitglieder sind, sondern Betriebsdaten des Unternehmens und dabei die Versicherungssummen deutlich höher sind als typischerweise Privatvermögen.*

Ein überwiegend eigenbetriebliches Interesse des Arbeitgebers ist dagegen zu verneinen, wenn Risiken versichert werden, die üblicherweise durch eine individuelle Berufshaftpflichtversicherung abgedeckt werden. In diesem Fall sind die Beiträge als Arbeitslohn zu versteuern. In gleicher Höhe liegen beim Arbeitnehmer jedoch Werbungskosten vor, auf die der Arbeitnehmer-Pauschbetrag anzurechnen ist.
Bei Versicherten, die nicht Arbeitnehmer sind (Aufsichtsratsmitglieder), ist entsprechend zu verfahren. Daher führt die Zahlung für Versicherungsprämien für D&O-Versicherungen durch die Gesellschaft weder zu Betriebseinnahmen noch zu Betriebsausgaben, wenn die oben genannten Voraussetzungen vorliegen."

1043 Nach Ansicht der Finanzbehörden steht der Schutz des Unternehmens und nicht der des Organs bei einer D&O-Versicherung im Vordergrund, wenn die genannten Voraussetzungen erfüllt werden. Dieses besondere Interesse zeigt sich deutlich daran, dass drittschädigende Handlungen der Organe regelmäßig entsprechend § 31 BGB zur Haftung der Gesellschaft gegenüber dem Geschädigten führen und die damit entstehenden Regressansprüche sich oftmals ohne entsprechende D&O-Versicherung aus dem Privatvermögen des Geschäftsführers nicht realisieren lassen. Darüber hinaus geht es den Unternehmen neben der attraktiven Ausgestaltung der Anstellungsverhältnisse zur Bindung und Gewinnung geeigneter Organvertreter in erster Linie darum, eine gewisse wirtschaftliche Risikobereitschaft der Geschäftsführer zu fördern und ein defensives Handeln vor dem Hintergrund möglicher Haftungsrisiken zu verhindern.[71] Die aufgeführte **„Company Reimbursement"-Klausel**, die als Kennzeichen eines überwiegenden Unternehmensinteresses gilt, kommt zum Tragen, wenn das im Außenverhältnis haftungsbegründende Verhalten des Geschäftsführers im Innenverhältnis keine Pflichtverletzung darstellt, etwa weil der Geschäftsführer einer Weisung gemäß gehandelt hat.[72] Aufgrund der Reimbursement-Klausel wird der bestehende Freistellungsanspruch des Geschäftsführers gegen die Gesellschaft durch die Versicherungsleistung befriedigt, die im wirtschaftlichen Ergebnis damit dem Unternehmen zugute kommt.

1044 Nicht um Betriebsausgaben und somit um steuerpflichtige Vergütung soll es sich allerdings abweichend in dem Fall handeln, in welchem der Geschäftsführer den Versicherungsvertrag selbst abschließt und die Prämien auch zunächst selbst entrichtet und diese ihm dann im Nachhinein von der Gesellschaft erstattet werden.[73]

dd) Sonstige Versicherungen

1045 Es bestehen zahlreiche weitere Möglichkeiten, dem Geschäftsführer Versicherungsschutz für den Eintritt bestimmter Risiken zuzusagen. Als Beispiele seien lediglich Rechtsschutzversicherungen, Auslands-Krankenversicherungen oder Reisegepäckversicherungen genannt, die die Gesellschaft zu Gunsten des Geschäftsführers abzuschließen versprechen kann. Umstritten ist regelmäßig die Frage, ob die Beitragszahlungen der Gesellschaft zum steuerpflichtigen Arbeitseinkommen zählen. Es gilt der Grundsatz, dass die **Prämien dem Arbeitslohn zugerechnet** werden, wenn die **Versicherung nicht im überwiegenden Unternehmensinteresse** abgeschlossen wird und **im Schadensfall dem Geschäftsführer** ein **eigenständiger Anspruch gegenüber der Ver-**

---

71 *Dreher*, ZHR 2001, 293, 309 f; *Dreher/Thomas*, ZGR 2009, 31, 52.
72 *von Westphalen*, DB 2005, 431.
73 Michalski/*Haas/Ziemons*, GmbHG, § 43 Rn 260 c.

sicherung zusteht.[74] Gegebenenfalls kann sich aus einer Sonderbestimmung des § 3 EStG die Steuerfreiheit des Versicherungsbeitrags ergeben. So greift § 3 Nr. 16 EStG im Beispielsfall der Reisegepäckversicherung ein, wenn ausschließlich Versicherungsschutz für Dienstreisen gewährleistet wird. Deckt die Versicherung sowohl Privat- als auch Dienstreisen ab, so kann eine Aufteilung der Prämie in einen beruflichen und einen privaten Anteil erfolgen, wenn der Versicherer eine Auskunft über die Kalkulation seiner Prämien erteilt, die eine Aufteilung ohne weiteres ermöglicht.[75]

Insbesondere im Bereich der Rechtsschutzversicherungen empfiehlt sich für den Geschäftsführer häufig der Abschluss einer **Manager-Rechtsschutzversicherung**, damit der Geschäftsführer wirtschaftlich in der Lage ist, einen Rechtsstreit in einer dienstrechtlichen Angelegenheit (Beispiel: außerordentliche Kündigung) zu führen. Die üblichen Rechtsschutzversicherungen mit Arbeitsrechtsschutz greifen insoweit nicht. Bei Einschluss eines Industrie-Strafrechtsschutzes wird das Kostenrisiko des Geschäftsführers in Verfahren wegen des Vorwurfs des Verstoßes gegen das Straf- oder Ordnungswidrigkeitenrecht abgedeckt. 1046

b) Klauseltypen und Gestaltungshinweise

aa) Unfallversicherungsklausel

(1) Klauseltyp A

A 1: 1047

(1) Die Gesellschaft schließt zu Gunsten des Geschäftsführers für die Dauer des Dienstvertrages eine Unfallversicherung mit folgender Deckungssumme ab:
- für den Todesfall: (...) €
- für den Invaliditätsfall: (...) €

(2) Bezugsberechtigt aus der Versicherung sind im Invaliditätsfall der Geschäftsführer, im Todesfall die von ihm benannten Personen, bei Fehlen einer solchen Bestimmung seine Erben. Soweit Prämien der Unfallversicherung der Lohnsteuer unterliegen, trägt diese der Geschäftsführer. Die Gesellschaft ist berechtigt, die Unfallversicherung im Rahmen einer Gruppenunfallversicherung abzuschließen.

A 2:

(1) Zu Gunsten des Geschäftsführers bzw eines von ihm zu bestimmenden Begünstigten schließt die Firma eine Unfallversicherung ab, die weltweit auch Unfälle des privaten Bereiches abdeckt.

(2) Die Versicherungssummen betragen:
- bei Vollinvalidität: (...) €
- im Todesfall: (...) €

(3) Unterliegen Prämien der Unfallversicherung der Lohnsteuer, trägt diese der Geschäftsführer. Die Versicherung erlischt bei Beendigung des Dienstverhältnisses.

A 3: Der Geschäftsführer erhält neben den monatlichen Bezügen folgende zusätzliche Leistung:

Aufnahme in eine Gruppenunfallversicherung. Die Versicherungssummen betragen zurzeit:
- Todesfall: (...) €
- Invaliditätsfall: (...) €

74 BFH 16.4.1999 – VI R 66/97, DStR 1999, 1146.
75 BFH 19.2.1993 – VI R 42/92, DStR 1993, 1098.

A 4 [Zusatzklausel]: Im Falle eines Ausscheidens des Geschäftsführers aus der Gesellschaft verpflichtet sich die Gesellschaft, die Unfallversicherung unentgeltlich auf den Geschäftsführer zu übertragen, so dass dieser die Versicherung mit eigenen Mitteln fortführen kann.[76]

(2) Gestaltungshinweise

1048 Wie sich bereits auf den ersten Blick ergibt, unterscheiden sich die Unfallversicherungsklauseln nur in Einzelheiten, während der wesentliche Inhalt weitestgehend gleich gestaltet ist. Den Klauseln sind die Regelungen zur Unfallversicherungsverschaffungspflicht der Gesellschaft und den im Invaliditäts- bzw Todesfall zu zahlenden Versicherungssummen gemeinsam. Die Höhe der jeweiligen Versicherungsleistung sollte sich – soweit möglich – an den individuellen Bedürfnissen des GmbH-Geschäftsführers orientieren. Im Invaliditätsfall erscheint eine Versicherungsleistung als angebracht, die ein Mehrfaches des Jahresverdienstes beträgt.

1049 Die Bezugsberechtigung im Todesfall wird lediglich in **Klausel A 1** eindeutig, in **Klausel A 2** zumindest noch hinreichend und in **Klausel A 3** gar nicht geregelt. Es sollte allein aus Gründen der Rechtssicherheit im Anstellungsvertrag dem versicherten Geschäftsführer das Recht eingeräumt werden, den Begünstigten zu bestimmen, der im Todesfall die Versicherungsleistung beanspruchen kann. Wie in Klausel A 1 sollte für den Fall der fehlenden Benennung die Bezugsberechtigung den Erben zugestanden werden.

1050 Für den Geschäftsführer ist von besonderem Interesse, ob sich der Unfallversicherungsschutz auf den dienstlichen Bereich beschränkt oder auch im Privatbereich erlittene Unfälle abdeckt. Der Anstellungsvertrag sollte, wie bei **Klausel A 2**, eine ausdrückliche Regelung zu dieser Frage enthalten, um Streitigkeiten über den Umfang des Versicherungsschutzes zu vermeiden.

1051 Die Hinweise zur Lohnsteuerpflicht der Versicherungsprämien und zum Wegfall des zusätzlichen Unfallversicherungsschutzes bei Beendigung des Dienstverhältnisses haben deklaratorische Wirkung, ihre Aufnahme in den Vertragstext dient allein der Klarstellung und der Vermeidung möglicher Missverständnisse.

1052 Ein weiterer Zusatz, welcher aufgrund seines weitergehenden Klärungspotenzials empfehlenswert ist, stellt eine Regelung der Verhältnisse hinsichtlich der Versicherung bei Beendigung des Anstellungsvertrages dar. Eine praxistaugliche, zugunsten des Geschäftsführers wirkende Gestaltungsvariante, welche an jede der dargestellten Klauselvarianten A 1–A 3 als zusätzlicher Absatz angehängt werden könnte, enthält (**Zusatz-)Klausel A 4**. Dieser Zusatz ist empfehlenswert, da zum einen deutlich wird, dass dem Geschäftsführer die bislang auf seinen Namen geleistete Prämien nicht verloren gehen, zum anderen aber klar herausgestellt wird, dass nach Ausscheiden und Übertragung der Versicherung kein weiterer Anspruch auf Prämienleistung seitens der Gesellschaft besteht.

bb) Krankenkassenbeitragszuschussklausel

(1) Klauseltyp B

1053 **B 1:** Die Gesellschaft gewährt dem Geschäftsführer für die Dauer des Anstellungsvertrages einen Zuschuss zur Krankenversicherung in Höhe des Arbeitgeberanteils, wie er bei Krankenversicherungspflicht des Geschäftsführers bestünde, höchstens jedoch in Höhe des hälftigen Beitrags, den der Geschäftsführer für seine Krankenversicherung aufzuwenden hat.[77]

B 2: Die Gesellschaft übernimmt für die Dauer des Anstellungsvertrages die Kosten der Krankenversicherung des Geschäftsführers. Unterliegen die Beitragszahlungen der Einkommensteuer, so hat diese der Geschäftsführer zu tragen.

76 Klauselvorschlag angelehnt an *Brandmüller*, Der GmbH-Geschäftsführer, Rn 879.

77 Vgl *Jaeger*, Der Anstellungsvertrag des GmbH-Geschäftsführers, 4. Aufl., S. 9.

(2) Gestaltungshinweise

Die **Klausel B 1** wiederholt im Wesentlichen den Regelungsinhalt des § 257 SGB V, wonach die Gesellschaft Zuschüsse zu einer privaten oder freiwilligen Krankenversicherung zu leisten hat, wenn ein nichtselbständiger Geschäftsführer aufgrund des Überschreitens der Beitragsbemessungsgrenze von der Pflichtversicherung in der gesetzlichen Krankenversicherung befreit ist. Bei Fremdgeschäftsführern und Gesellschafter-Geschäftsführern ohne ausreichende Leitungsmacht hat die Klausel aufgrund der gesetzlich bereits vorgeschriebenen Zuschusspflicht daher nur deklaratorische Bedeutung. Ein eigenständiger Gehalt kommt der Bestimmung zu, wenn sie im Anstellungsvertrag eines beherrschenden Gesellschafter-Geschäftsführers vereinbart wird, der als Selbständiger nicht der Sozialversicherungspflicht unterliegt und folglich nicht von Gesetzes wegen die Leistung von Zuschüssen zu seiner Krankenversicherung verlangen kann. In diesem Fall stellen die Beiträge Arbeitsentgelt dar, welches der Einkommensteuer unterliegt, so dass sich bei Verwendung der Klausel im Anstellungsvertrag eines beherrschenden Gesellschafter-Geschäftsführers der klarstellende Zusatz – wie in Klausel B 2 – empfiehlt, dass dieser die anteilige Einkommensteuer selbst zu entrichten hat. 1054

Sagt die Gesellschaft, wie in **Klausel B 2**, die Übernahme der gesamten Krankenkassenbeiträge zu, so führt die Prämienzahlung bei nichtselbständig tätigen Geschäftsführern wegen des übernommenen Arbeitnehmeranteils und bei selbständigen Gesellschafter-Geschäftsführern in voller Höhe zu einem zu versteuernden Entgeltzufluss. 1055

Durch einen entsprechenden **Zusatz** könnte daneben bei beiden Klauseln noch geregelt werden, dass neben der Bezuschussung der Krankenversicherung in gleichem Maße auch Zuschüsse zur gesetzlichen Pflegeversicherung geleistet werden sollen. 1056

cc) D&O-Versicherung

(1) Klauseltyp C

C 1: Die Gesellschaft schließt für den Geschäftsführer eine Vermögensschaden-Haftpflichtversicherung von Aufsichtsräten, Vorständen und Geschäftsführern ab. 1057

C 2: Die Gesellschaft schließt für die Dauer des Anstellungsverhältnisses eine Vermögensschaden-Haftpflichtversicherung zu Gunsten des Geschäftsführers entsprechend den anliegenden Versicherungsbedingungen ab. Die Gesellschaft leistet die Prämienzahlung an den Versicherer. Dem Geschäftsführer obliegt die Versteuerung, soweit die Prämienzahlung als geldwerter Vorteil durch das Finanzamt bewertet wird.

C 3: Schließt der Geschäftsführer eine Vermögensschaden-Haftpflichtversicherung ab, so übernimmt die Gesellschaft die Beitragszahlung bis zu einer Höhe von monatlich (...) €. Die auf die Beiträge anfallende Lohnsteuer hat der Geschäftsführer zu tragen.

C 4: Die Gesellschaft schließt für den Geschäftsführer eine Vermögensschaden-Haftpflichtversicherung von Aufsichtsräten, Vorständen und Geschäftsführern mit einer Deckungssumme von (...) € und einem Selbstbehalt von max. (...) € pro Versicherungsfall/ohne Selbstbehalt ab und übernimmt laufend die Prämienzahlung. Die Gesellschaft verpflichtet sich, durch entsprechende Vertragsgestaltung sicherzustellen, dass die Vorgaben des Erlasses der obersten Finanzverwaltungen der Länder und des Bundesministeriums für Finanzen vom 25.1.2002 eingehalten werden und die Prämienzahlung somit nicht als lohnsteuerpflichtiges Entgelt einzustufen ist.

C 5: Der Geschäftsführer hat Anspruch auf den Abschluss einer D&O-Versicherung mit einer Selbstbeteiligung von max. (...) € pro Versicherungsfall. Besteht der Versicherungsschutz nicht, so kann der Geschäftsführer im Innenverhältnis beanspruchen, haftungsrechtlich so gestellt zu werden, als bestünde ein Versicherungsvertrag auf der Grundlage der Versicherungsbedingungen, die als Anlage diesem Vertrag beigefügt sind.[78]

(2) Gestaltungshinweise

1058 Die **Klausel C 1** enthält lediglich die Blankett-Zusage, für den Geschäftsführer eine D&O-Versicherung abzuschließen, ohne dass für den Geschäftsführer erkennbar ist, welche Risiken in welchem Umfang durch die Versicherung konkret abgedeckt werden. Aus ihr ergibt sich weder die Deckungssumme noch die mögliche Höhe einer Selbstbeteiligung des Organvertreters. Vielmehr steht der Gesellschaft das Recht zu, nach billigem Ermessen darüber zu befinden, bei welcher Versicherung zu welchen Konditionen der Versicherungsschutz verschafft wird. Derartige **Blankett-Klauseln** sollten vermieden werden, da Streitigkeiten vorbestimmt sind, wenn bspw die von der Gesellschaft eingeschaltete Versicherung aufgrund der spezifischen Versicherungsbedingungen bei einem Schadensfall den Deckungsschutz verweigert und der Geschäftsführer mit seinem Vermögen haften muss.

1059 Da der Anstellungsvertrag nicht geeignet ist, den zu verschaffenden Versicherungsschutz detailliert festzulegen, empfiehlt sich, wie in **Klausel C 2**, auf die anliegenden Versicherungsbedingungen des Versicherers zu verweisen. Dem Geschäftsführer wird durch die beigefügten Bestimmungen die Möglichkeit eröffnet, sich vor dem Vertragsschluss über den Umfang der Risikoabdeckung zu informieren und ggf Änderungen herbeizuführen. Indem sich die Gesellschaft für die Dauer des Anstellungsverhältnisses verpflichtet, einen den anliegenden Versicherungsbedingungen entsprechenden Versicherungsschutz zu gewährleisten, wird der Geschäftsführer auch vor dem Risiko bewahrt, Verschlechterungen hinnehmen zu müssen, wenn der oftmals befristete Versicherungsvertrag vor Ablauf des Anstellungsvertrages endet.[79] Der Zusatz, nach welchem der Geschäftsführer eine eventuelle steuerliche Last trägt, entfaltet keine Wirkung, soweit die D&O-Versicherung nach den Vorgaben des Erlasses des Niedersächsischen Finanzministeriums vom 25.1.2002[80] im überwiegenden Gesellschaftsinteresse geschlossen wurde und damit keinen steuerpflichtigen Arbeitslohn für den Geschäftsführer darstellt.

1060 **Klausel C 3** erfasst den Fall des eigenständigen Abschlusses der D&O-Versicherung durch den Geschäftsführer selbst als Versicherungsnehmer bei Übernahme der Prämienzahlung durch die Gesellschaft. Aus Sicht des Geschäftsführers birgt diese Variante den Vorteil, selbst den Umfang des Versicherungsschutzes festlegen zu können. Die Gesellschaft hat dagegen nur die tatsächlich anfallenden Versicherungsprämien, begrenzt auf eine bestimmte Höhe, zu ersetzen. Der zur Verfügung gestellte Zuschuss der Gesellschaft ist so zu bemessen, dass ein ausreichender Versicherungsschutz gewährleistet wird. Da der Geschäftsführer selbst die Stellung als Versicherungsnehmer innehat, kann allerdings nicht davon ausgegangen werden, dass die Versicherung überwiegend im Unternehmensinteresse geschlossen wurde, so dass die Beitragsleistungen aller Voraussicht nach der Einkommensteuer unterworfen werden. Das Risiko einer Einordnung der Prämienerstattung durch die Gesellschaft als lohnsteuerpflichtiges Entgelt ist demnach wesentlich höher als bei Abschluss der Versicherung durch die Gesellschaft.

1061 Die steuerrechtliche Seite berücksichtigt in für den Geschäftsführer vorteilhafter Form die **Klausel C 4**, in welcher sich die Gesellschaft mit einem Zusatz verpflichtet, die Vorgaben des Erlasses der obersten Finanzbehörden durch entsprechende Vertragsgestaltung zu achten und somit sicherzustellen, dass für den Geschäftsführer keine zusätzliche Lohnsteuerlast entsteht. Ein weiterer Vorteil dieser Regelung für den Geschäftsführer besteht darin, dass sowohl die

78 *Jula*, GmbHR 2001, 806, 810.

79 *Lange*, ZIP 2004, 2221.

80 FinMin. Niedersachsen, Erlass vom 25.1.2002 – S 2332-161-35/S 2245-21-31 2, DB 2002, 399.

Deckungssumme als auch die mögliche Selbstbeteiligung pro Versicherungsfall bereits verbindlich vereinbart werden. Somit besteht für den Geschäftsführer bereits vor dem tatsächlichen Abschluss der Versicherung Klarheit hinsichtlich eventueller Risiken persönlicher Inanspruchnahmen durch mögliche Selbstbehalte oder die maximale Deckungssumme übersteigende Forderungen. Allerdings ist auf Seiten der Gesellschaft darauf zu achten, dass nicht im Anstellungsvertrag ein geringer Selbstbehalt versprochen wird, der dann gegenüber der Versicherung nicht zu vernünftigen Konditionen durchgesetzt werden kann.[81] Um eine daraus resultierende Vertragsbrüchigkeit gegenüber dem Geschäftsführer zu vermeiden, sollten zuvor bereits entsprechende Angebote von Versicherungen eingeholt werden.

Auch **Klausel C 5** trägt dem Ausgleich möglicher Risiken für den Organvertreter bei noch **1062** nicht erfolgtem Abschluss der D&O-Versicherung Rechnung. Da im Vertrag zunächst lediglich ein Anspruch des Geschäftsführers bzw eine Verpflichtung der Gesellschaft zum Abschluss einer Versicherung begründet wird, besteht das Risiko, dass der letztendliche Abschluss dennoch unterbleibt. Für diesen Fall kann der Geschäftsführer insoweit abgesichert werden, dass im Falle des Unterbleibens ein entsprechender Ausgleich in Form des Freistellungsanspruchs durch die Gesellschaft vereinbart wird, der den Organvertreter im Fall der Inanspruchnahme so stellt, als wäre die Versicherung tatsächlich abgeschlossen worden. Zwar steht dem Organvertreter im Fall des Unterbleibens des Abschlusses der D&O-Versicherung entgegen der anstellungsvertraglichen Zusage ohnehin ein vertraglicher Schadensersatzanspruch nach § 280 Abs. 1 BGB zu, so dass eine solche Vereinbarung zunächst lediglich deklaratorischer Natur anmutet.[82] Dennoch ist sie nicht überflüssig. Eine entsprechende Gestaltung bietet dem Geschäftsführer größtmögliche Absicherung, besitzt aber gerade aufgrund der ausdrücklichen Klarstellung auch für die Gesellschaft den Vorteil, dass bereits bei Vertragsschluss ein großes Vertrauen erzeugt wird, so dass eine entsprechende Gestaltung eben auch zur Gewinnung geeigneter Führungskräfte entscheidend beitragen kann. Soweit die Gesellschaft zuverlässig und ordnungsgemäß arbeitet und somit umgehend den Abschluss einer D&O-Versicherung vorantreibt, ist auch das Risiko dementsprechend gering.

81 Graf v. Westphalen/Thüsing/*Thüsing*, Vertragsrecht und AGB-Klauselwerke, Klauselwerke Rn 175.
82 Graf v. Westphalen/Thüsing/*Thüsing*, Vertragsrecht und AGB-Klauselwerke, Klauselwerke Rn 175.

17. Vertragsstrafenklauseln

Literatur

Hoß, Zulässigkeit von Vertragsstrafen im Arbeitsrecht, ArbRB 2002, 138; *Jäger*, Das nachvertragliche Wettbewerbsverbot und die Karenzentschädigung für Organmitglieder juristischer Personen, DStR 1995, 724; *Schiefer/Worzalla*, Der Anstellungsvertrag des GmbH-Geschäftsführers, ZfA 2013, 41. Siehe ferner die Literaturangaben in § 1 (Arbeitsverträge) zum Stichwort „64. Vertragsstrafenkauseln".

a) Rechtslage im Umfeld

1063 In einigen Geschäftsführerdienstverträgen finden sich sog. Vertragsstrafenklauseln, die unter vereinbarten Voraussetzungen zur Zahlung einer idR in Geld bestehenden Leistung (§ 339 BGB) verpflichten. Der **Zweck** solcher Vertragsstrafenklauseln besteht darin, den Geschäftsführer zur ordnungsgemäßen Vertragserfüllung anzuhalten (**Erfüllungsfunktion**) und der Gesellschaft die Durchsetzung ihrer Schadensersatzforderung zu erleichtern (**Schadensersatzfunktion**). Funktionsgleich kommen auch Ausschlussklauseln zum Einsatz, die unter näher bezeichneten Voraussetzungen die Verwirkung oder gleichbedeutend den Verfall bestimmter Ansprüche des Geschäftsführers vorsehen.[1]

1064 Vertragsstrafenklauseln zu Lasten des Geschäftsführers werden insb. für die Fälle des Vertragsbruchs und des Wettbewerbsverbots getroffen. Hat der Geschäftsführer bspw schuldhaft gegen ein wirksam vereinbartes **nachvertragliches Wettbewerbsverbot** verstoßen, so steht zwar der Gesellschaft Schadensersatz wegen Nichterfüllung zu. Die Durchsetzung von Schadensersatzansprüchen stößt hier jedoch, nicht anders als in sonstigen Fällen auch, auf Beweisschwierigkeiten, die in erster Linie in der Darlegung des der Gesellschaft durch das wettbewerbswidrige Handeln entstandenen Schadens bestehen. Die Probleme liegen im Kausalitätsnachweis und in der Bezifferung des Schadens.

1065 In der Praxis erweist sich künftig eine vereinbarte **Vertragsstrafe als die einzig durchsetzbare finanzielle Sanktion** im Fall von Wettbewerbsverstößen. Bei Vorliegen einer Vertragsstrafeabrede knüpft die Zahlungsverpflichtung allein an die objektive Zuwiderhandlung gegen das Wettbewerbsverbot an, ohne dass darüber hinaus Eintritt und Umfang eines Schadens nachgewiesen werden müssen. Ergänzend **empfiehlt** sich die Aufnahme einer klarstellenden Formulierung, wonach durch die Vereinbarung der Vertragsstrafe die übrigen Ansprüche der Gesellschaft im Fall der Zuwiderhandlung des Organmitglieds gegen das Wettbewerbsverbot nicht ausgeschlossen werden.[2] Für Dauerverstöße kann vorgesehen werden, dass für jeden angefangenen Monat der wettbewerbswidrigen Tätigkeit die Vertragsstrafe neu verwirkt wird.[3] Zum Wettbewerbsverbot s. § 2 Rn 1078 ff (18. Wettbewerbsverbotsklauseln).

1066 Eine Vertragsstrafe kann grds. zur **Sicherung aller schuldrechtlichen Verpflichtungen** vereinbart werden, so dass auch jede Pflicht aus dem Geschäftsführerdienstvertrag gesichert und damit zum Gegenstand der Vertragsstrafenvereinbarung gemacht werden kann. Zu den Einzelheiten ist auf die zu den §§ 339 ff BGB entwickelten Grundsätze zurückzugreifen. Eine unangemessen hohe Vertragsstrafe kann grds. vor der Zahlung auf Antrag des Schuldners vom Gericht auf einen angemessenen Betrag herabgesetzt werden (§ 343 BGB). Darüber hinaus kann eine Vertragsstrafenvereinbarung wie jedes Rechtsgeschäft unwirksam sein.

1067 Strafklauseln sind häufig vorformuliert und unterfallen deshalb beim **Verbraucher-Geschäftsführer** der AGB-Kontrolle. Wie bei formularmäßigen Arbeitsverträgen sind auch bei formularmäßigen Vereinbarungen von Vertragsstrafen in Dienstverträgen von Verbraucher-Geschäftsführern die §§ 305–309 BGB anwendbar. Dabei ist der Klauselkatalog des § 309 BGB als gegenüber § 307 BGB speziellere und gegenüber § 308 BGB striktere Norm vorrangig zu prüfen.

1 S. dazu § 2 Rn 452 ff (5. Ausschlussklauseln).
2 *Jäger*, DStR 1995, 724, 730.
3 *Jäger*, DStR 1995, 724, 730.

Gemäß § 309 Nr. 6 BGB unterfällt die Vertragsstrafe dem **Klauselverbot ohne Wertungsmöglichkeit**, wobei entsprechend der arbeitsvertraglichen Auslegung des Wortlauts nur solche Vertragsstrafenregelungen erfasst sind, die den Nichtantritt der Geschäftsführertätigkeit, Wettbewerbsverstöße oder eine Verletzung der Verschwiegenheitspflicht betreffen. Abweichend von der arbeitsvertraglichen Rechtslage sind beim Verbraucher-Geschäftsführer aber nicht „die im Arbeitsrecht geltenden Besonderheiten“ angemessen zu berücksichtigen (§ 310 Abs. 4 S. 2 BGB; s. ausf. § 2 Rn 130 ff und § 1 Rn 4024 ff), so dass § 309 Nr. 6 BGB beim Verbraucher-Geschäftsführer uneingeschränkt anwendbar ist und demnach in den vorgenannten Fallkonstellationen zur Unwirksamkeit des Vertragsstrafeversprechens führt. Soweit Vertragsstrafenabreden nicht von § 309 Nr. 6 BGB erfasst sind, zB Vertragsstrafenklauseln wegen des Verstoßes gegen eine Anzeigepflicht oder Aufnahme einer nicht genehmigten Nebentätigkeit, hat die Inhaltskontrolle dem Grunde und der Höhe nach anhand der übrigen Normen des Rechts der Allgemeinen Geschäftsbedingungen zu erfolgen. 1068

Dabei kann die Strafbedingung durchaus **generalklauselartig** weit gefasst sein und **„jeden Verstoß gegen den Vertrag“** sanktionieren.[4] Abweichend von der bisherigen arbeitsrechtlichen Rspr[5] gibt es beim GmbH-Geschäftsführer kein sanktionsrechtlich verschärftes Bestimmtheitserfordernis für Vertragsstrafen. In diesem Zusammenhang ist bemerkenswert, dass für das BAG in seinem fünften Vertragsstrafenurteil[6] die allgemeine Formulierung „gravierender Vertragsverstoß“ nicht zur Unbestimmtheit der Klausel iSv § 307 Abs. 1 S. 2 BGB führte, weil der erkennende Senat den Verstoß durch den Klammerzusatz „etwa gegen das Wettbewerbsverbot, die Geheimhaltungspflicht oder bei einem Überschreiten der Befugnisse aus seinen Vollmachten“ für hinreichend präzisiert hielt. 1069

Eine Vertragsstrafenvereinbarung ist grds. auch dann wirksam, wenn es dem Gläubiger obliegt, eine Vertragsstrafenhöhe für den Zuwiderhandlungsfall bis zu einem festgelegten Höchstbetrag nach §§ 315, 317 BGB zu bestimmen.[7] Die mangelnde Festlegung der Strafhöhe entspricht der arbeitsvertraglichen Rechtslage und wird durch die fünfte Vertragsstrafen-Entscheidung[8] bekräftigt, in der das BAG zwar eine unangemessene Benachteiligung annahm, aber grds. das **Leistungsbestimmungsrecht** des Arbeitgebers billigte. Eine unangemessene Benachteiligung ergab sich aus dem Umstand, dass die Vertragsstrafenregelung für jeden Einzelfall eines Wettbewerbsverstoßes eine Strafzahlung in Höhe des ein- bis dreifachen Monatsgehalts vorsah, wobei die genaue Höhe vom Arbeitgeber nach der Schwere des Verstoßes sollte festgelegt werden können. Es fehle bereits an einem angemessenen Rahmen, weil die Vertragsstrafe für jeden Einzelfall eines Wettbewerbsverstoßes in Höhe von ein bis drei Monatsgehältern nicht mehr als angemessen angesehen werden könne, sondern eine „unangemessene Übersicherung“ darstelle. 1070

Vor diesem Hintergrund wird deutlich, dass das Unwirksamkeitsrisiko eines **Vertragsstrafeversprechens seiner Höhe nach** mit der Schuldrechtsmodernisierung zugenommen hat. Konnte in der Vergangenheit eine zu hohe Vertragsstrafe durch das Gericht auf das angemessene Maß nach § 343 BGB herabgesetzt werden, scheidet eine Herabsetzung bei unverhältnismäßig hoher Vertragsstrafe nunmehr für den Verbraucher-Geschäftsführer gem. § 306 Abs. 2 BGB wegen des Verbots der geltungserhaltenden Reduktion aus. Diese Folge entspricht der arbeitsvertraglichen Rechtslage.[9] 1071

4 BGH 13.3.1975 – VII ZR 205/73, WM 1975, 470.
5 BAG 4.3.2004 – 8 AZR 196/03, NZA 2004, 727; BAG 4.3.2004 – 8 AZR 328/03, n.v.; BAG 4.3.2004 – 8 AZR 344/03, n.v.; BAG 21.4.2005 – 8 AZR 425/04, NZA 2005, 1053.
6 BAG 18.8.2005 – 8 AZR 65/05, NZA 2006, 34.
7 BGH 12.7.1984 – I ZR 123/82, NJW 1985, 191.
8 BAG 18.8.2005 – 8 AZR 65/05, NZA 2006, 34.
9 BAG 4.3.2004 – 8 AZR 196/03, NZA 2004, 727.

b) Klauseltypen und Gestaltungshinweise

aa) Vertragsstrafenklauseln

(1) Klauseltyp A

1072 → **A 1:** Die Kündigung des Geschäftsführerdienstverhältnisses vor Dienstantritt ist ausgeschlossen. Tritt der Geschäftsführer das Anstellungsverhältnis trotzdem nicht an, so ist eine Vertragsstrafe in Höhe einer Bruttomonatsvergütung verwirkt. Beendet der Geschäftsführer das Anstellungsverhältnis unter Verletzung der vertraglichen Kündigungsfrist, ist ebenfalls eine Vertragsstrafe in Höhe einer Bruttomonatsvergütung für jeden angefangenen Monat der unterbliebenen Dienstleistung, begrenzt auf den Zeitraum, der der ordentlichen Kündigungsfrist entspricht, verwirkt.[10]

→ **A 2:** Bei Vertragsbruch des Geschäftsführers wird eine Vertragsstrafe in Höhe der gesamten Nettobezüge fällig, auf die der Geschäftsführer bei ordnungsgemäßer Fortsetzung des Dienstverhältnisses bis zum nächst zulässigen Kündigungstermin Anspruch gehabt hätte. Die Geltendmachung eines weiteren Schadens bleibt vorbehalten.[11]

A 3:
(1) Verstößt der Geschäftsführer gegen die Verschwiegenheitspflicht, beträgt die Vertragsstrafe für jeden Fall der Zuwiderhandlung ein Bruttomonatsgehalt.
(2) Die Geltendmachung weitergehender Schadensersatzansprüche durch die Gesellschaft ist nicht ausgeschlossen.

A 4:
(1) In seiner Eigenschaft als (...) verpflichtet sich der Geschäftsführer zu absoluter Verschwiegenheit gegenüber jedermann in Bezug auf alle geheimhaltungsbedürftigen Vorgänge.
(2) Die Geheimhaltungspflicht erstreckt sich auf alle Angelegenheiten und Vorgänge, die ihm im Rahmen der Tätigkeit in der Abteilung bekannt geworden sind und bekannt werden, aber auch auf sonstige sachliche und persönliche Umstände in der Abteilung und im Betrieb, die nicht zu den formellen Geschäfts- und Betriebsgeheimnissen zählen. Die Geheimhaltungspflicht besteht nicht nur gegenüber Dritten, sondern auch gegenüber anderen Geschäftsführern der Gesellschaft, sofern nicht die Wahrnehmung der betrieblichen Aufgaben und die reibungslose Zusammenarbeit eine Mitteilung erforderlich machen.
(3) Für jeden Einzelfall des Verstoßes gegen die Pflichten aus dieser Geheimhaltungsvereinbarung ist der Geschäftsführer zur Zahlung einer Vertragsstrafe in Höhe einer halben durchschnittlichen Monatsvergütung der letzten 12 abgerechneten Monate an die Gesellschaft verpflichtet. Diese Vertragsstrafe wird mit der Geltendmachung fällig. Dadurch wird die Geltendmachung weitergehender Schadensersatzansprüche nicht ausgeschlossen. Unter Beachtung der Pfändungsfreigrenzen ist die Firma befugt, Vertragsstrafen vom Gehalt einzubehalten.

A 5:
(1) Der Geschäftsführer verpflichtet sich, in folgenden Fällen folgende Vertragsstrafen an die Gesellschaft zu zahlen:
- bei schuldhaftem Nichtantritt des Dienstverhältnisses: (...) €
- bei Ausscheiden, ohne die vertraglich vereinbarte Kündigungsfrist einzuhalten: (...) €.

(2) Der Ausspruch einer Kündigung sowie die Geltendmachung eines höheren Schadens durch die Gesellschaft bleiben vorbehalten. Die Vertragsstrafe bei Nichteinhaltung der vertraglich vereinbarten Kündigungsfrist entsteht nur, wenn der Geschäftsführer kein Recht zur außerordentlichen Kündigung hatte.

---

10 *Hoß*, ArbRB 2002, 138.
11 BAG 18.9.1991 – 5 AZR 650/90, EzA § 339 BGB Nr. 7.

A 6: Für jeden Fall des Verstoßes gegen das Wettbewerbsverbot zahlt der Geschäftsführer der Gesellschaft eine Vertragsstrafe von monatlich 2.500 €. Bei fortgesetzter Tätigkeit ist für jeden angefangenen Monat eine Verstoßhandlung anzunehmen und eine entsprechende Vertragsstrafe fällig; weitergehende Ansprüche der Gesellschaft bleiben hiervon unberührt.

A 7:
(1) Dem Geschäftsführer ist nicht gestattet, für die Dauer von zwei Jahren nach dem Ende seines Dienstverhältnisses in selbständiger, unselbständiger oder anderer Weise für Dritte tätig zu werden, die mit der Gesellschaft in direktem oder indirektem Wettbewerb stehen oder mit einem Wettbewerbsunternehmen verbunden sind. Ebenso ist es dem Geschäftsführer nicht gestattet, während der Laufzeit des Wettbewerbsverbots ein solches Unternehmen zu errichten, zu erwerben oder sich hieran unmittelbar oder mittelbar zu beteiligen. Das Wettbewerbsverbot wirkt auch im Hinblick auf die mit der Gesellschaft jetzt und in Zukunft verbundenen Unternehmen.
(2) Für jeden Fall der Zuwiderhandlung gegen das Verbot hat der Geschäftsführer eine Vertragsstrafe iHv 10.000 € zu zahlen. Im Falle eines Dauerverstoßes fällt die Vertragsstrafe an jedem angefangenen Monat neu an. Die Geltendmachung eines weitergehenden Schadens bleibt vorbehalten.[12]

(2) Gestaltungshinweise

Die **Klausel A 1** regelt die Kündigung vor Dienstantritt und die Verletzung von Kündigungsfristen. Sie ist beim Verbraucher-Geschäftsführer unwirksam, weil eine Vertragsstrafe in Höhe einer Bruttomonatsvergütung bei Nichtantritt der Arbeit gefordert wird. Entsprechend der arbeitsrechtlichen Rspr[13] ist eine Vertragsstrafe in Höhe eines Monatsgehalts idR unangemessen hoch, wenn die Kündigungsfrist in der Probezeit zwei Wochen beträgt und der Geschäftsführer während der Probezeit vertragswidrig der Arbeit fernbleibt. Überträgt man diese Rspr auf die Klausel A 1, so hat der Geschäftsführer, der die Arbeit nicht antritt, keine höhere Vertragsstrafe zu erwarten, als sich im Falle des Antritts der Arbeit aufgrund der zur Verfügung stehenden Kündigungsfrist ergeben würde. 1073

Wird entsprechend der **Klausel A 2** eine Vertragsstrafe bis zur Höhe der gesamten Nettobezüge fällig, die für die Zeit bis zur ordentlichen Beendigung des Dienstverhältnisses vom Arbeitgeber zu zahlen wären, ist davon auszugehen, dass bei einer mehrmonatigen Kündigungsfrist der Regelmaßstab des Monatsgehalts verlassen wird. Höhere Vertragsstrafen als ein Monatsgehalt stellen nach § 307 Abs. 1 S. 1 BGB für den Verbraucher-Geschäftsführer im Regelfall eine unangemessene Benachteiligung dar. Die vorliegende Vertragsstrafenabrede ist aber nicht allgemein wegen mangelnder Bestimmtheit unwirksam. Dass in einem solchen Fall jede Minimalverletzung von Vertragspflichten mit einer erheblichen Strafe bedroht ist, kann gegen § 138 BGB oder §§ 307 ff BGB verstoßen. Keineswegs macht diese Unbestimmtheit die Strafabrede schlechthin undurchführbar; sie ist vielmehr durch Auslegung näher zu konkretisieren.[14] 1074

Auch die **Klausel A 5** ist wirksam vereinbart. Die eine Vertragsstrafe auslösenden Sachverhalte sind präzise aus dem Vertragsstrafeversprechen zu entnehmen. Bei dem ersten Spiegelstrich ist darauf zu achten, dass die Höhe der Vertragsstrafe nicht den Verdienst überschreitet, den der Geschäftsführer bei sofortiger fristgerechter Kündigung zum Dienstantritt erzielen würde. Auch beim zweiten Spiegelstrich ergibt sich eine Begrenzung der Vertragsstrafe durch die Dauer der ordentlichen Kündigungsfrist. Über den Nachsatz in Abs. 2 ist sichergestellt, dass der Geschäftsführer nicht eine Vertragsstrafe zahlen muss, falls er bei materiell-rechtlicher Betrachtung befugt war, mit der Wirkung eines Tages aus dem Dienstverhältnis auszuscheiden. 1075

---

12 *Hümmerich/Lücke/Mauer*, FB ArbR, Muster 2005.
13 BAG 4.3.2004 – 8 AZR 196/03, NZA 2004, 727, 733.
14 Staudinger/*Rieble*, § 339 BGB Rn 14; aA OLG Düsseldorf 18.10.1991 – 16 U 173/90, DB 1992, 86.

1076 Die **Klauseln A 3 und A 4** betreffen die Verletzung der Verschwiegenheitspflicht durch den Geschäftsführer und sind wirksam vereinbart. Entsprechend Abs. 2 der Klausel A 3 sollten die Parteien die Geltendmachung weiterer Schadensersatzansprüche vorbehalten. Die Klausel überschreitet nicht die Größenordnungen, die bei der Bestimmung der Höhe einer Vertragsstrafe zu beachten sind. Auch die Klausel A 4 achtet in Abs. 3 den zutreffenden Maßstab der Vertragsstrafenhöhe. Die Klausel A 4 enthält auch im Übrigen keine Tatbestände, die zu einer unangemessenen Benachteiligung des Geschäftsführers führen.

1077 Die **Klauseln A 6 und A 7** betreffen die Fälle des Wettbewerbsverstoßes. Für Dauerverstöße kann entsprechend den Klauseln A 6 und A 7 vorgesehen werden, dass für jeden angefangenen Monat der wettbewerbswidrigen Tätigkeit die Vertragsstrafe neu verwirkt wird.[15] Da die Durchsetzung von Schadensersatzansprüchen bei Wettbewerbsverboten häufig auf Beweisschwierigkeiten stößt, die in erster Linie den der Gesellschaft durch das wettbewerbswidrige Handeln entstandenen konkreten Schaden betreffen, erweist sich in der Praxis eine vereinbarte Vertragsstrafe als die einzig durchsetzbare finanzielle Sanktion im Fall von Wettbewerbsverstößen. Bei Vorliegen einer solchen Vertragsstrafenklausel knüpft die Zahlungsverpflichtung allein an die objektive Zuwiderhandlung gegen das Wettbewerbsverbot an, ohne dass darüber hinaus Eintritt und Umfang eines Schadens nachgewiesen werden müssen. Ergänzend empfiehlt sich – wie in den Klauseln A 6 und A 7 geschehen –, die Aufnahme einer klarstellenden Formulierung, wonach durch die Vereinbarung der Vertragsstrafe die übrigen Ansprüche der Gesellschaft im Fall der Zuwiderhandlung des Organmitglieds gegen das Wettbewerbsverbot nicht ausgeschlossen werden.

15 *Jäger*, DStR 1995, 724, 730.

18. Wettbewerbsverbotsklauseln

Literatur

Annuß, Grundstrukturen der AGB-Kontrolle von Arbeitsverträgen, BB 2006, 1333; *Bauer*, Nachvertragliche Wettbewerbsverbote mit Organmitgliedern, FS Schwerdtner, 2003, S. 441 ff; *Bauer/Diller*, Allgemeine Erledigungsklauseln und nachvertragliches Wettbewerbsverbot – Eine unendliche Geschichte?, BB 2004, 1274; *dies.*, Karenzentschädigung und bedingte Wettbewerbsverbote bei Organmitgliedern, BB 1995, 1134; *dies.*, Nachvertragliche Wettbewerbsverbote: Änderungen durch die Schuldrechtsreform, NJW 2002, 1609; *dies.*, Nachvertragliche Wettbewerbsverbote mit GmbH-Geschäftsführern, GmbHR 1999, 895; *Bergwitz*, Möglichkeiten des abberufenen GmbH-Geschäftsführers zur Befreiung vom Wettbewerbsverbot, GmbHR 2006, 1129; *ders.*, Befreiung der GmbH von der Karenzentschädigungspflicht beim nachvertraglichen Wettbewerbsverbot des abberufenen Geschäftsführers, GmbHR 2007, 523; *Breitfeld/Salger*, Regelungen zum Schutz von betrieblichem Know-how – die Sicherung von Geschäfts- und Betriebsgeheimnissen, BB 2005, 154; *Däubler*, Aktuelle Fragen der AGB-Kontrolle im Arbeitsrecht – Bezugnahme auf Tarifverträge, salvatorische Klausel, Schriftform, Altersgrenze, NZA-Beilage 2006, Heft 3, 133; *Diller*, Nachvertragliche Wettbewerbsverbote und AGB-Recht, NZA 2005, 250; *ders.*, Formmängel und Unmöglichkeit der Zuwiderhandlung beim nachvertraglichen Wettbewerbsverbot, RdA 2006, 45; *ders.*, Konkurrenztätigkeit des GmbH-Geschäftsführers während des Kündigungsschutzprozesses, ZIP 2007, 201; *Diller/Wilske*, Grenzüberschreitende Durchsetzung nachvertraglicher Wettbewerbsverbote, DB 2007, 1866; *Gravenhorst*, Die Zusage der Karenzentschädigung nach § 74 II HGB, NJW 2006, 3609; *Hauck*, Die Vertragsstrafe im Arbeitsrecht im Lichte der Schuldrechtsreform, NZA 2006, 816; *Hedenhain*, Nachvertragliches Wettbewerbsverbot des GmbH-Geschäftsführers, NZG 2002, 605; *Hoffmann-Becking*, Nachvertragliche Wettbewerbsverbote für Vorstandsmitglieder und Geschäftsführer, FS Quack, 1991, S. 273 ff; *Hunold*, Rechtsprechung zum nachvertraglichen Wettbewerbsverbot, NZA-RR 2007, 617; *Hümmerich*, Gestaltung von Arbeitsverträgen nach der Schuldrechtsreform, NZA 2003, 753; *Kamanabrou*, Teilverbindlichkeit überschießender nachvertraglicher Wettbewerbsverbote für GmbH-Geschäftsführer, ZGR 2002, 898; *Koch*, Das nachvertragliche Wettbewerbsverbot im einseitig vorformulierten Arbeitsvertrag, RdA 2006, 28; *Menke*, Gestaltung nachvertraglicher Wettbewerbsverbote mit GmbH-Geschäftsführern – Verzicht statt Karenzentschädigung, NJW 2009, 636; *Reufels*, Grenzüberschreitende nachvertragliche Wettbewerbsverbote – Vereinbarkeit mit der Arbeitnehmerfreizügigkeit?, ArbRB 2003, 313; *Reufels/Schewiola*, Nachvertragliche Wettbewerbsverbote von Organmitgliedern, ArbRB 2008, 297; *Schlosser*, Effektiver Schutz der Belegschaft durch vertragliche Abwerbeverbote?, BB 2003, 1382; *Thomas/Weidmann*, Wirksamkeit nachvertraglicher Wettbewerbsverbote in Fällen mit Auslandsbezug, DB 2004, 2694; *Thüsing*, Nachorganschaftliche Wettbewerbsverbote bei Vorständen und Geschäftsführern, NZG 2004, 9; *Thüsing/Leder*, Neues zur Inhaltskontrolle von Formulararbeitsverträgen, BB 2004, 42; *Wensing/Niemann*, Vertragsstrafen in Formulararbeitsverträgen: § 307 BGB neben § 343 BGB?, NJW 2007, 401; *Wiesbrock/Wübbelsmann*, Wettbewerbsverbote in Unternehmenskaufverträgen, GmbHR 2005, 519.

a) Rechtslage im Umfeld

Der Geschäftsführer erlangt in seiner Position höchst sensible Informationen über das Unternehmen, insb. im Hinblick auf Produktionsabläufe, Unternehmensstrategien sowie Kunden- und Lieferantenbeziehungen, deren Weitergabe an Wettbewerber einen erheblichen Nachteil für die Gesellschaft bedeuten würde. Aus diesem Grund hat jede Gesellschaft ein großes Interesse, den Geschäftsführer möglichst weitgehend davon abzuhalten, selbst oder zu Gunsten eines Konkurrenten am Markt aufzutreten. Die rechtlichen Grenzen von Wettbewerbsverbotsklauseln unterscheiden sich danach, ob dem Geschäftsführer während des bestehenden Anstellungsverhältnisses oder nach dessen Beendigung eine Konkurrenztätigkeit untersagt werden soll. 1078

aa) Wettbewerbsverbot während des Dienstverhältnisses

(1) Umfassendes Wettbewerbsverbot

(a1) Rechtsgrundlage

Im bestehenden Dienstverhältnis unterliegt der Geschäftsführer aufgrund der sich aus dem Anstellungsvertrag und aus der organisationsrechtlichen Stellung nach Treu und Glauben geschuldeten **Loyalität** gegenüber der Gesellschaft einem umfassenden Wettbewerbsverbot, ohne dass es einer ausdrücklichen vertraglichen oder satzungsrechtlichen Regelung bedarf.[1] Das Wettbewerbsverbot setzt mit Aufnahme der Amtstätigkeit ein und endet mit der Beendigung des 1079

1 *Diller*, ZIP 2007, 201, 207; Roth/*Altmeppen*, GmbHG, § 43 Rn 29 mwN.

Dienstverhältnisses. Auch die Gesellschafter einer GmbH sind aufgrund ihrer gesellschaftsrechtlichen Treuepflicht an ein Wettbewerbsverbot gebunden, dessen Einzelheiten umstritten sind.[2] Bei Gesellschafter-Geschäftsführern kann sich die Pflicht, Konkurrenztätigkeit zu unterlassen, sowohl aus der Organstellung als auch aus der Gesellschafterstellung ergeben.[3]

1080 Ein Wettbewerbsverbot in einem Gesellschaftsvertrag verstößt nicht gegen kartellrechtliche Vorgaben, insb. gegen § 1 GWB, wenn es notwendig ist, um das im Übrigen kartellrechtsneutrale Gesellschaftsunternehmen in seinem Bestand und seiner Funktionsfähigkeit zu erhalten und davor zu schützen, dass ein Gesellschafter es von innen her aushöhlt oder gar zerstört.[4]

(a2) Inhalt des Wettbewerbsverbots

1081 Zur Bestimmung der **Reichweite** des für Geschäftsführer geltenden Wettbewerbsverbots wird die für Aktiengesellschaften geltende Vorschrift des § 88 Abs. 1 S. 1 und 2 AktG entsprechend herangezogen.[5] Hiernach dürfen die Geschäftsführer ohne Einwilligung der Gesellschaft weder ein Handelsgewerbe betreiben noch im Geschäftszweig der Gesellschaft für eigene oder fremde Rechnung Geschäfte machen. Der Geschäftsführer darf weiter nicht ohne Einwilligung Mitglied des Vorstands oder Geschäftsführer oder persönlich haftender Gesellschafter einer anderen Handelsgesellschaft sein. Der Geschäftszweig des Unternehmens richtet sich nach dem in der Satzung niedergelegten **Unternehmensgegenstand** und kann solche Geschäftsfelder umfassen, in denen die Gesellschaft nicht aktuell tätig ist.[6] Auch in den Bereichen, die nicht zum satzungsmäßigen Unternehmensgegenstand gehören, in denen die Gesellschaft aber tatsächlich auftritt, darf der Geschäftsführer keine Konkurrenz betreiben.[7] Über das generelle Verbot einer Konkurrenztätigkeit hinaus ist es dem Geschäftsführer aufgrund seiner Treuepflicht insb. verwehrt, Geschäfte und Geschäftschancen der Gesellschaft auszulassen, um sie an sich zu ziehen.[8] Ist der Geschäftsführer bei einer **Konzernobergesellschaft** beschäftigt, so erstreckt sich das Wettbewerbsverbot auf Konkurrenztätigkeiten zu beherrschten Konzernunternehmen. Bestehen Zweifel, ob der Abschluss eines Geschäfts des Geschäftsführers eine verbotene Konkurrenztätigkeit darstellt, so hat er die Gesellschafter zu befragen.

(a3) Befreiung vom Wettbewerbsverbot

1082 Der Geschäftsführer kann von dem Wettbewerbsverbot durch **Dispens** der Gesellschaft entbunden werden. Eine generelle Befreiung ist nach hM nur möglich, wenn sie in der Satzung selbst erteilt wurde (**Befreiungsklausel**) oder das Dispens-Verfahren in der Satzung geregelt ist (**Öffnungsklausel**).[9] Enthält die Satzung keine Bestimmungen, so ist die Entbindung des Geschäftsführers von der Einhaltung des Wettbewerbsverbots bei einzelnen Geschäften durch formlose Zustimmung der Gesellschafter möglich, Einstimmigkeit ist nicht erforderlich.[10]

1083 Handelt es sich um die Befreiung eines Gesellschafter-Geschäftsführers von einem Wettbewerbsverbot, ist dieser im Rahmen der Abstimmung gem. § 47 Abs. 4 S. 1 GmbHG nicht stimmberechtigt. Dieser Grundsatz kann nicht dadurch umgangen werden, dass ein Gesellschafter einen Antrag auf Aufhebung des gesamten satzungsmäßigen Wettbewerbsverbots stellt und ein entsprechender Mehrheitsbeschluss in der Gesellschafterversammlung unter Beteili-

2 Roth/*Altmeppen*, GmbHG, § 13 Rn 30 ff.
3 Nachfolgend wird allein das aus der Organstellung herzuleitende Wettbewerbsverbot erörtert.
4 BGH 23.6.2009 – KZR 58/07, GRUR 2010, 84.
5 Baumbach/Hueck/*Zöllner/Noack*, GmbHG, § 35 Rn 41 ff.
6 Scholz/*Schneider*, GmbHG, § 43 Rn 127.
7 Scholz/*Schneider*, GmbHG, § 43 Rn 127.
8 Roth/*Altmeppen*, GmbHG, § 43 Rn 30.
9 Lutter/Hommelhoff/*Kleindiek*, GmbHG, Anh zu § 6 Rn 23.
10 Roth/*Altmeppen*, GmbHG, § 43 Rn 31; Lutter/Hommelhoff/*Kleindiek*, GmbHG, Anh zu § 6 Rn 23.

gung dieses Gesellschafters zustande kommt.[11] Da das Wettbewerbsverbot im laufenden Dienstverhältnis seine Grundlage vorrangig in der organschaftlichen Stellung des Geschäftsführers findet, reicht allein eine schuldrechtliche Klausel im Anstellungsvertrag über die Zulässigkeit einer Konkurrenztätigkeit nicht aus.

Keines ausdrücklichen Dispenses im Gesellschaftsvertrag oder durch Gesellschaftsbeschluss bedarf es bei Gesellschafter-Geschäftsführern einer **Ein-Personen-Gesellschaft**. In diesem Fall unterliegt der Alleingesellschafter-Geschäftsführer solange keinem Wettbewerbsverbot, als er der GmbH Vermögen entzieht, das zur Deckung des Stammkapitals nicht benötigt wird.[12] Eine eigenständige Befreiung vom Wettbewerbsverbot ist weiter nicht erforderlich, wenn der Gesellschaft bei der Bestellung des Geschäftsführers dessen Konkurrenztätigkeit und der Wille zur Fortsetzung des Wettbewerbs bekannt waren.[13] 1084

(a4) Rechtsfolgen eines Verstoßes

Verstößt der Geschäftsführer gegen das Wettbewerbsverbot, so kann die Gesellschaft verlangen, das wettbewerbswidrige Verhalten zu **unterlassen**. Dem Geschäftsführer steht jedoch weiterhin sein Vergütungsanspruch zu, dessen Geltendmachung nur in Fällen, in denen sich der Geschäftsführer grob unanständig verhalten hat, rechtsmissbräuchlich ist.[14] Daneben kann der Gesellschaft bei schuldhaftem Handeln des Geschäftsführers ein **Schadensersatzanspruch** zustehen, der seine Rechtsgrundlage zum einen nach § 43 GmbHG in der pflichtwidrigen Verletzung des Wettbewerbsverbots findet. Zum anderen kann das Verhalten des Geschäftsführers als Untreue gem. § 266 StGB eingeordnet werden, die in Verbindung mit § 823 Abs. 2 BGB einen Schadensersatzanspruch auslöst oder eine sittenwidrige Schädigung gem. § 826 BGB darstellt. Die Höhe des Schadens ist von der Gesellschaft nachzuweisen. An Stelle eines Schadensersatzanspruchs steht dem Unternehmen nach § 88 Abs. 2 AktG iVm § 113 HGB das Recht zu, von dem Geschäftsführer das aus dem verbotswidrigen Geschäft Erlangte herauszuverlangen oder – soweit das Geschäft noch nicht vollzogen ist – die Durchführung und anschließend die Herausgabe des Erlangten einzufordern (**internes Eintrittsrecht**). Die Gesellschaft hat im Gegenzug die Aufwendungen des Geschäftsführers zu erstatten. Ein unmittelbares Eintrittsrecht mit Wirkung gegenüber dem Dritten kann die GmbH nicht geltend machen.[15] 1085

Für den Schadensersatzanspruch gilt die fünfjährige **Verjährungsfrist** des § 43 Abs. 4 GmbHG. Das Eintrittsrecht und der Herausgabeanspruch verjähren entsprechend § 113 Abs. 3 HGB bereits nach drei Monaten von dem Zeitpunkt an, in welchem alle Gesellschafter von dem wettbewerbswidrigen Verhalten des Geschäftsführers Kenntnis erlangen oder ohne grobe Fahrlässigkeit erlangen müssten. Ohne Rücksicht auf diese Kenntnis oder grob fahrlässige Unkenntnis verjährt der Herausgabeanspruch in fünf Jahren von der Entstehung an.[16] Das OLG Köln hat dagegen gernerell herausgestellt, dass Ansprüche gegen den Geschäftsführer einer Komplementär-GmbH wegen des Verstoßes gegen ein Wettbewerbsverbot der kurzen Verjährungsfrist des § 113 Abs. 3 HGB unterliegen, und ausdrücklich die von einigen Stimmen vertretene Anwendbarkeit der Fristen des § 43 Abs. 4 GmbHG auf Schadensersatzansprüche zurückgewiesen.[17] 1086

Der Verstoß gegen ein Wettbewerbsverbot kann je nach Intensität auch einen wichtigen Grund darstellen, den Geschäftsführer gem. § 37 Abs. 2 GmbHG aus seiner Organstellung abzuberufen und das Dienstverhältnis gem. § 626 BGB außerordentlich zu kündigen. 1087

11 OLG Bamberg 11.12.2009 – 6 U 12/09, NZG 2010, 385.
12 BGH 10.5.1993 – II ZR 74/92, BGHZ 122, 333 = GmbHR 1993, 427.
13 Roth/*Altmeppen*, GmbHG, § 43 Rn 31.
14 BGH 19.10.1987 – II ZR 97/87, DB 1988, 225 = ZIP 1988, 47; so in der Folge auch für den Arbeitnehmer BAG 17.10.2012 – 10 AZR 809/11, NZA 2013, 207.
15 Lutter/Hommelhoff/*Kleindiek*, GmbHG, Anh zu § 6 Rn 24.
16 Roth/*Altmeppen*, GmbHG, § 43 Rn 143.
17 OLG Köln 10.1.2008 – 18 U 1/07, NZG 2009, 306.

(2) Steuerrechtliche Behandlung

1088 Treten Gesellschafter-Geschäftsführer in Wettbewerb zu der Gesellschaft, können die durch die Konkurrenzgeschäfte erzielten Vermögensvorteile als verdeckte Gewinnausschüttung eingestuft werden. Allein die Tatsache, dass ein Gesellschafter-Geschäftsführer im Geschäftsbereich des Unternehmens tätig wird, reicht jedoch für die Annahme einer verdeckten Gewinnausschüttung nicht aus.[18] Voraussetzung ist vielmehr, dass der Gesellschafter-Geschäftsführer **Informationen oder Geschäftschancen** der Kapitalgesellschaft wahrnimmt, für deren Überlassung ein fremder Dritter ein Entgelt gezahlt hätte.[19] Aus steuerrechtlicher Sicht ist es dabei unerheblich, ob der Geschäftsführer von der Einhaltung eines Wettbewerbsverbots durch die Gesellschaft befreit war.[20]

1089 Übernimmt der Geschäftsführer auf eigene Rechnung Aufträge der Gesellschaft als Subunternehmer, so kann eine verdeckte Gewinnausschüttung vorliegen, wenn die Tätigkeiten zum Aufgabengebiet des Geschäftsführers gehören und mit dem Geschäftsführergehalt bereits abgegolten sind. Ob die Verlagerung von Tätigkeiten auf das Subunternehmen angemessen ist, richtet sich regelmäßig danach, ob es für die Kapitalgesellschaft günstiger ist, die Geschäftschancen durch den Einsatz eigener oder fremder personeller und sachlicher Mittel zu nutzen. Dies ist vor allem anhand des Aufwandes und der übrigen Risiken zu entscheiden, die der Kapitalgesellschaft in der einen und in der anderen Alternative mutmaßlich entstehen.[21]

1090 Der BFH hat die Grundsätze zur Annahme einer verdeckten Gewinnausschüttung bei Ausübung einer Konkurrenztätigkeit bisher lediglich auf Alleingesellschafter-Geschäftsführer angewendet. Es sind jedoch keine Gründe erkennbar, den Beurteilungsmaßstab im Fall einer mehrgliedrigen Gesellschaft zu ändern. Maßgeblich muss auch in diesen Fällen sein, ob der Gesellschafter-Geschäftsführer Informationen und Geschäftschancen der Gesellschaft nutzt, die einem fremden Dritten nur gegen ein angemessenes Entgelt überlassen worden wären.

bb) Nachvertragliches Wettbewerbsverbot

(1) Vertragliche Grundlage

1091 Will die Gesellschaft den Geschäftsführer über das Ende des Dienstverhältnisses hinaus mit einem Wettbewerbsverbot belegen, so bedarf es einer vertraglichen Regelung, gleich aus welchem Grund das Anstellungsverhältnis beendet wurde.[22] Die aus der Organstellung resultierende Loyalitätspflicht wirkt nur insoweit noch nach, als es auch nach Beendigung des Anstellungsvertrages untersagt ist, Geschäftschancen, die der Geschäftsführer pflichtwidrig für die Gesellschaft nicht genutzt hat, im eigenen Interesse nunmehr wahrzunehmen.[23] Ein an einen Gesellschafter, also auch den Gesellschafter-Geschäftsführer, gerichtetes umfassendes Wettbewerbsverbot in dem Gesellschaftsvertrag einer GmbH ist im Lichte von Art. 12 Abs. 1 GG einschränkend in dem Sinne auszulegen, dass es nur bis zum – wirksamen – Austritt aus der Gesellschaft bzw bis zur Erklärung der Gesellschaft, sich gegen den ohne Vorhandensein eines wichtigen Grundes erklärten Austritt des Gesellschafters nicht wenden zu wollen, Gültigkeit beansprucht.[24]

1092 Das nachvertragliche Wettbewerbsverbot greift erst nach Beendigung des Anstellungsvertrages ein und nicht bereits mit der Freistellung des Geschäftsführers im bestehenden Dienstverhältnis.[25] Allerdings soll es möglich sein, dass mit dem Verzicht der GmbH auf das Wettbewerbs-

18 BFH 30.8.1995 – I R 155/94, BFHE 178, 371 = NJW 1996, 950.
19 BFH 30.8.1995 – I R 155/94, BFHE 178, 371 = NJW 1996, 950.
20 BFH 11.6.1996 – I R 97/95, BFHE 181, 122 = GmbHR 1996, 942.
21 BFH 12.10.1995 – I R 127/94, BFHE 179, 258 = NJW 1996, 1559.
22 Scholz/*Schneider*, GmbHG, § 43 Rn 137; *Bauer/Diller*, Wettbewerbsverbote, § 24 Rn 1031 f.
23 BGH 23.9.1985 – II ZR 246/84, NJW 1986, 585 = GmbHR 1986, 42.
24 BGH 30.11.2009 – II ZR 208/08, DStR 2010, 388.
25 BGH 4.3.2002 – II ZR 77/00, NJW 2002, 1875 = GmbHR 2002, 431.

verbot die Pflicht zur Karenzentschädigung entfällt, wenn der Verzicht zu einem Zeitpunkt erklärt wird, in dem sich der Geschäftsführer auf die mit dem Wettbewerbsverbot verbundenen Einschränkungen noch nicht eingestellt hat.[26]

Die Wirksamkeit des Wettbewerbsverbots richtet sich nach den Umständen zum **Zeitpunkt** der Beendigung des Anstellungsverhältnisses.[27] 1093

(2) Kontrollmaßstab

(a1) Rechtliche Grenzen

Die Ausgestaltung nachvertraglicher Wettbewerbsverbotsklauseln wird dadurch erschwert, dass die rechtlichen Grenzen bislang nicht klar konturiert sind. Die bestehenden Unsicherheiten beruhen im Wesentlichen darauf, dass die für Arbeitnehmer geltenden Vorschriften der §§ 74 ff HGB nach stRspr des BGH nicht auf GmbH-Geschäftsführer angewendet werden.[28] Der BGH begründet diese Auffassung damit, dass Organmitglieder in weit stärkerem Maße als selbst leitende Angestellte mit dem von ihnen geleiteten Unternehmen gleichgesetzt würden und die Tätigkeiten und Leistungen des Unternehmens im Wesentlichen ihnen zuzuschreiben seien. Gegen eine entsprechende Anwendung des § 74 c HGB auf den Geschäftsführer spreche ferner, dass es sich bei ihm um eine speziell auf den zwingenden Charakter der Karenzentschädigung für den Handlungsgehilfen zugeschnittene Norm handelt. Der Geschäftsführer stehe zwar im Verhältnis zur Gesellschaft in einem Anstellungsverhältnis, das ihn wie den Arbeitnehmer verpflichte, seine Arbeitskraft hauptberuflich zur Verfügung zu stellen. Er repräsentiere aber weit mehr als der Angestellte das Gesellschaftsunternehmen, und die geschäftlichen Beziehungen würden sich auf seine Person konzentrieren. Eine Konkurrenztätigkeit, die er nach seinem Ausscheiden aufnehme, begründe dementsprechend auch in viel stärkerem Maße als bei einem Arbeitnehmer die Gefahr, dass das Unternehmen Schaden erleide. Er sei im Allgemeinen leichter in der Lage, sowohl in den Kundenkreis des Unternehmens einzubrechen und dessen Geschäftspartner an sich zu binden, als auch Bezugsquellen des Unternehmens auszunutzen. Demgemäß würden auch seine nachwirkenden Treuepflichten weiter reichen als bei Arbeitnehmern. Aufgrund der Stellung als Organ und der Wirkungsmöglichkeiten in der Gesellschaft sei auch die Auffassung abzulehnen, bei wirtschaftlicher Abhängigkeit seien die Grundsätze der §§ 74 ff HGB auch auf Organmitglieder anzuwenden.[29] 1094

Die Schranken nachvertraglicher Wettbewerbsverbote ergeben sich nach der Rspr sowohl für den Fremd- als auch den Gesellschafter-Geschäftsführer aus **§ 138 BGB iVm Art. 2 und 12 GG.** Bei der Interpretation der Vorschrift werden die in den §§ 74 ff HGB zum Ausdruck kommenden Rechtsgrundsätze jedoch herangezogen. Hiernach ist ein nachvertragliches Wettbewerbsverbot nur dann zulässig, wenn es dem **Schutz eines berechtigten Interesses** der Gesellschaft dient und nach **Ort, Zeit und Gegenstand** die Berufsausübung und wirtschaftliche Betätigung des Geschäftsführers nicht unbillig erschwert.[30] Die Rspr wendet damit ein **zweistufiges Schema** an.[31] Im ersten Schritt wird kontrolliert, ob ein berechtigtes Unternehmensinteresse an 1095

26 BGH 4.3.2002 – II ZR 77/00, BB 2002, 800 = WM 2002, 815; krit. *Heidenhain*, NZG 2002, 605; *Bauer/Diller*, Wettbewerbsverbote, § 24 Rn 1090 ff.

27 OLG Celle 13.9.2000 – 9 U 110/00, NZG 2001, 131; *Bauer/Diller*, Wettbewerbsverbote, § 24 Rn 1061.

28 BGH 26.3.1984 – II ZR 229/83, BGHZ 91, 1 = NJW 1984, 2366; BGH 4.3.2002 – II ZR 77/00, NJW 2002, 1875 = GmbHR 2002, 431; BGH 28.4.2008 – II ZR 11/07, NJW-RR 2008, 1421; BGH 7.7.2008 – II ZR 81/07, NZG 2008, 753; BGH 28.4.2008 – II ZR 11/07, NJW-RR 2008, 1421; BGH 7.7.2008 – II ZR 81/07, DStR 2008, 1842; Roth/*Altmeppen*, GmbHG, § 6 Rn 87; für eine entsprechende Anwendung der §§ 74 ff HGB auf sozial schutzbedürftige Geschäftsführer Scholz/*Schneider*, GmbHG, § 43 Rn 182; *Kamanabrou*, ZGR 2002, 898 f; *Bauer/Diller*, Wettbewerbsverbote, § 24 Rn 1035 mwN.

29 BGH 26.3.1984 – II ZR 229/83, BGHZ 91, 1 = NJW 1984, 2366.

30 BGH 26.3.1984 – II ZR 229/83, BGHZ 91, 1 = NJW 1984, 2366; OLG München 19.11.2008 – 7 U 1882/08, juris.

31 *Bauer/Diller*, Wettbewerbsverbote, § 24 Rn 1046 ff.

dem nachvertraglichen Wettbewerbsverbot besteht. Lässt sich ein solches Interesse feststellen, wird als nächstes überprüft, ob die Reichweite des Wettbewerbsverbots als unbillig anzusehen ist.

(a2) Schutz berechtigter Unternehmensinteressen

1096 Zu den berechtigten Unternehmensinteressen, die ein nachvertragliches Wettbewerbsverbot rechtfertigen, zählen der Schutz von Betriebs- und Geschäftsgeheimnissen sowie der Schutz des vorhandenen Kunden- und Lieferantenkreises. Die Gesellschaft darf sich durch den Abschluss eines Wettbewerbsverbots davor schützen, dass der Geschäftsführer die in dem Unternehmen erlangten Kenntnisse und Verbindungen zu ihrem Schaden ausnutzt.[32] Dagegen stellt allein die Absicht der Gesellschaft, den Geschäftsführer von einer Konkurrenztätigkeit abzuhalten, kein Ziel dar, das ein nachvertragliches Wettbewerbsverbot legitimiert.[33]

(a3) Reichweite des Wettbewerbsverbots

(a3.1) Vertragliche Grundlagen

1097 Soweit die Gesellschaft mit dem Abschluss eines Wettbewerbsverbots einem anerkennenswerten geschäftlichen Interesse nachkommt, ist auf der nächsten Stufe zu prüfen, ob die Ausgestaltung des Wettbewerbsverbots den Geschäftsführer **in seinem beruflichen Fortkommen unbillig beeinträchtigt.** Bei der Vertragsgestaltung ist zu beachten, dass die von der Rspr ausdrücklich genannten Kriterien der örtlichen, zeitlichen und gegenständlichen Begrenzung keine isolierten Maßstäbe bilden, sondern in einer Wechselbeziehung zueinander stehen. Es muss folglich aus einer **Gesamtschau** beurteilt werden, ob das Wettbewerbsverbot in seiner konkreten Form zulässig ist.[34] Soll etwa das Wettbewerbsverbot über einen langen Zeitraum gelten, so ist dies umso eher gerechtfertigt, als die räumlichen und inhaltlichen Beschränkungen der Berufsausübung nur gering sind.

(a3.2) Inhaltliche Reichweite

1098 Die Beschreibung der verbotenen Konkurrenztätigkeit hängt vor allem von dem Ziel ab, das mit dem Wettbewerbsverbot verfolgt wird. Soll allein das Eindringen in den Kundenkreis der Gesellschaft verhindert werden, so bieten bereits Kunden- und Mandantenschutzklauseln einen ausreichenden Schutz. Dient das Wettbewerbsverbot dagegen auch dem Schutz von Betriebs- und Geschäftsgeheimnissen, so sind auch umfassende Tätigkeitsverbote zulässig. Wird eine **Kunden- und Mandantenschutzklausel** vereinbart, nach der es dem Geschäftsführer untersagt ist, in Geschäftsbeziehungen zu Kunden und Mandanten der Gesellschaft für einen bestimmten Zeitraum zu treten, so ist darauf zu achten, dass der Kontakt nicht zu allen Kunden gesperrt wird, die jemals mit der Gesellschaft geschäftlich verbunden waren. Es bedarf einer Begrenzung der verbotenen Kontaktaufnahme auf die Mandate oder Kunden, die maximal in den letzten drei Jahren in Geschäftsbeziehungen mit der Gesellschaft gestanden haben.[35] Wurde die Verbindung zwischen der Gesellschaft und dem Mandanten bereits vor diesem Zeitpunkt gelöst, so können die Mandanten nicht mehr zum Kundenstamm gezählt werden, dessen Beeinträchtigung die Gesellschaft berechtigterweise verhindern darf.[36]

1099 Um die Betriebs- und Geschäftsgeheimnisse wirksam zu schützen oder die Weitergabe betriebsspezifischen Know-how zu verhindern, ist das Unternehmen grds. berechtigt, umfassende Konkurrenzverbote zu vereinbaren. Das **Wettbewerbsverbot** kann dabei sowohl **tätigkeitsbezogen als auch unternehmensbezogen** ausgestaltet werden (s. dazu § 1 Rn 4266 ff). Ist der Geschäfts-

32 BGH 4.3.2002 – II ZR 77/00, NJW 2002, 1875 = GmbHR 2002, 431.
33 OLG Düsseldorf 3.12.1998 – 6 U 151/98, BB 2001, 956 = GmbHR 1999, 120.
34 Baumbach/Hueck/*Zöllner/Noack*, GmbHG, § 35 Rn 198; *Thüsing*, NZG 2004, 9.
35 *Bauer/Diller*, Wettbewerbsverbote, § 24 Rn 1050 ff.
36 BGH 29.10.1990 – II ZR 241/89, NJW 1991, 699 = GmbHR 1991, 16.

führer bei einer **Konzerngesellschaft** beschäftigt, stellt sich die Frage, inwieweit ein berechtigtes Interesse besteht, das Wettbewerbsverbot auf Geschäftsfelder anderer Konzerngesellschaften auszuweiten. Ein berechtigtes Interesse ist dann gegeben, wenn der Geschäftsführer seine Tätigkeit bei der Konzernobergesellschaft ausübt und aufgrund seiner Leitungsmacht Einblicke in die Verhältnisse der Tochterunternehmen hat.[37] Eine Kundenschutzklausel ist gegenständlich zu weit gefasst und damit unzulässig, wenn sie sich auch auf Kunden weiterer – auch konzernmäßig verbundener – Unternehmen bezieht, zu denen der ausscheidende Geschäftsführer keinen Kontakt hatte.[38] War der Geschäftsführer bei einer beherrschten Gesellschaft beschäftigt, wird eine Ausdehnung des Wettbewerbsverbots für Konkurrenten anderer Konzerngesellschaften regelmäßig nicht durch ein anerkennenswertes Schutzbedürfnis gedeckt sein.[39] Bei beherrschten Konzernunternehmen kann demnach das nachvertragliche Wettbewerbsverbot nicht auf die Tätigkeit aller Konzernunternehmen ausgedehnt werden, wenn diese in unterschiedlichen gegenständlichen oder örtlichen Bereichen tätig sind.[40]

(a3.3) Zeitliche Reichweite

Durch ein nachvertragliches Wettbewerbsverbot darf der Geschäftsführer nicht dauerhaft von 1100
einer Konkurrenztätigkeit abgehalten werden.[41] Der zulässige Zeitraum, für den der Geschäftsführer wirksam verpflichtet werden kann, Wettbewerbshandlungen zu unterlassen, richtet sich maßgeblich nach dem Gegenstand und der örtlichen Reichweite des Wettbewerbsverbots. Ein umfassendes Wettbewerbsverbot darf entsprechend § 74 a Abs. 1 S. 3 HGB einen Zeitraum von mehr als zwei Jahren in aller Regel nicht überschreiten. Diese grundsätzliche zeitliche Begrenzung liegt darin bergündet, dass im Regelfall davon auszugehen ist, dass der Geschäftsführer nach Ablauf dieser Zeit nicht mehr über besondere Kenntnisse verfügt, die er zum Nachteil der Gesellschaft nutzen könnte.[42] Ist dem Geschäftsführer dagegen nur eingeschränkt eine Konkurrenztätigkeit untersagt, etwa durch eine Mandantenschutzklausel, kann das Wettbewerbsverbot über die **Zwei-Jahres-Regelgrenze** hinausreichen. Aber auch in diesen Fällen wird eine Geltungsdauer von fünf Jahren nicht mehr als zulässig eingestuft werden können.[43] Kürzere Bindungsfristen in Kundenschutzklauseln etwa von einem Jahr sind somit jedenfalls unbedenklich.[44]

Die **Bindungsfrist** des nachvertraglichen Wettbewerbsverbots beginnt mit Beendigung des An- 1101
stellungsverhältnisses.[45] Es ist zulässig, vertraglich zu vereinbaren, dass Freistellungszeiten auf die Laufzeit angerechnet werden, zwingend ist dies jedoch nicht. Entsprechende Regelungen müssen ausdrücklich in den Vertragstext aufgenommen werden, da es dem Geschäftsführer im Hinblick auf die Planung seiner beruflichen Zukunft erkennbar sein muss, für welchen Zeitraum er einem Wettbewerbsverbot unterliegt.[46] Bei sehr langen Freistellungszeiträumen ist es allerdings denkbar, dass ein sich anschließendes Wettbewerbsverbot nicht mehr gerechtfertigt ist, da ansonsten das Grundrecht des Geschäftsführers aus Art. 12 GG unangemessen einge-

37 Baumbach/Hueck/*Zöllner/Noack*, GmbHG, § 35 Rn 199; warnend *Bauer/Diller*, Wettbewerbsverbote, § 24 Rn 1056.
38 OLG Nürnberg 25.11.2009 – 12 U 681/09, GmbHR 2010, 141.
39 Roth/*Altmeppen*, GmbHG, § 6 Rn 87.
40 OLG Nürnberg 25.11.2009 – 12 U 681/09, GmbHR 2010, 141.
41 BGH 29.10.1990 – II ZR 241/89, GmbHR 1991, 16 = NJW 1991, 699; BGH 8.5.2000 – II ZR 308/98, NJW 2000, 2584 = ZIP 2000 1337.
42 OLG Nürnberg 25.11.2009 – 12 U 681/09, GmbHR 2010, 141.
43 OLG Hamm 8.11.1988 – 8 U 295/87, GmbHR 1989, 260; BGH 18.7.2005 – II ZR 159/03, DB 2005, 2129 = NJW 2005, 3061.
44 Vgl BGH 10.12.2008 – KZR 54/08, NJW 2009, 1751.
45 BGH 4.3.2002 – II ZR 77/00, NJW 2002, 1875 = GmbHR 2002, 431.
46 OLG Celle 13.9.2000 – 9 U 110/00, NZG 2001, 131; OLG Köln 4.2.2000 – 4 U 37/99, NZG 2000, 740.

schränkt würde; die Geltendmachung des nachvertraglichen Wettbewerbsverbots scheitert dann an § 138 BGB.[47]

(a3.4) Örtliche Reichweite

1102 Neben der Bestimmung der unerlaubten Konkurrenztätigkeit und der zeitlichen Geltung des Verbots muss in der Klausel zudem festgelegt werden, für welchen **räumlichen** Bereich das nachvertragliche Wettbewerbsverbot Geltung erlangt. Ein berechtigtes Interesse ist dabei für die Wirtschaftsräume anzuerkennen, in denen die Gesellschaft tätig ist. International agierende Unternehmen können folglich ein schützenswertes Anliegen haben, Konkurrenztätigkeiten des Geschäftsführers in einer Vielzahl von Ländern zu unterbinden. Bei der notwendigen Abwägung, ob der Geschäftsführer hierdurch unbillig in seiner Berufsfreiheit beeinträchtigt wird, fließen die Dauer des Wettbewerbsverbots und die Zahlung einer Karenzentschädigung ein.[48]

1103 War der Geschäftsführer beim herrschenden Unternehmen tätig, so hat er umfassend Kenntnis von den Vorgängen auch bei den Tochtergesellschaften, was auch die entsprechende gegenständliche und örtliche Ausdehnung eines nachvertraglichen Wettbewerbsverbots rechtfertigen kann.[49] Unterbleibt eine örtliche Eingrenzung, so handelt es sich grds. um ein **weltweit geltendes Wettbewerbsverbot**, durch das der Geschäftsführer unbillig in seiner Berufsausübung beeinträchtigt wird.[50] Gegebenenfalls kann sich nach Auslegung der Wettbewerbsverbotsklausel ergeben, für welchen räumlichen Geltungsbereich das Wettbewerbsverbot gelten soll. Aus Gründen der Rechtssicherheit ist es dringend zu empfehlen, die Gebiete möglichst genau zu beschreiben, in denen der Geschäftsführer nicht in Konkurrenz zu der Gesellschaft treten darf.

(a3.5) Zahlung einer Karenzentschädigung

1104 Nach der Rspr stellt die Zahlung einer Karenzentschädigung **keine zwingende Voraussetzung** für die Wirksamkeit eines nachvertraglichen Wettbewerbsverbots dar. Da § 74 Abs. 2 HGB nicht für Geschäftsführer gilt, lässt der BGH vielmehr auch ein entschädigungsloses Wettbewerbsverbot zu, soweit es zum Schutz eines berechtigten Interesses der Gesellschaft erforderlich ist und die Berufsausübung oder sonstige wirtschaftliche Betätigung des Geschäftsführers zeitlich, örtlich und gegenständlich nicht unbillig erschwert.[51] Diese Aussage darf aber nicht zu dem Fehlschluss verleiten, die Zulässigkeit von Wettbewerbsverboten sei unabhängig von der Zahlung einer Karenzentschädigung zu beurteilen. Vielmehr ist die Rspr so zu verstehen, dass allein aus dem Fehlen eines Entschädigungsanspruchs gem. § 74 Abs. 2 HGB nicht auf die Unwirksamkeit des Wettbewerbverbots geschlossen werden kann. Bei der Abwägung der widerstreitenden Interessen der Gesellschaft und des Geschäftsführers kommt der Zahlung einer Karenzentschädigung tatsächlich eine ausschlaggebende Bedeutung zu. Ob der Geschäftsführer durch eine Wettbewerbsklausel ohne Karenzentschädigung unbillig in seiner Berufsausübung beeinträchtigt wird, richtet sich nach der Intensität des Eingriffs. So behindern umfassende Tätigkeitsverbote den Geschäftsführer stärker in seiner Berufsausübung und erschweren die Sicherung des Lebensunterhalts in höherem Maße als Mandanten- und Kundenschutzklauseln. Ein auf Mandanten- und Kundenschutz beschränktes Wettbewerbsverbot, das in dem entschiedenen Fall für zwei Jahre gelten sollte, kann den Geschäftsführer auch ohne Entschädigungsleistung wirksam binden, da dem Geschäftsführer noch genügend berufliche Bewegungsfreiheit verbleibt.[52] Demgegenüber werden **unternehmensbezogene und tätigkeitsbezogene Wettbe-**

---

47 *Bauer/Diller*, Wettbewerbsverbote, § 24 Rn 1059 f.

48 OLG Celle 13.9.2000 – 9 U 110/00, NZG 2001, 131.

49 OLG Nürnberg 25.11.2009 – 12 U 681/09, GmbHR 2010, 141.

50 *Bauer/Diller*, Wettbewerbsverbote, § 24 Rn 1060.

51 BGH 7.7.2008 – II ZR 81/07, NZG 2008, 753; BGH 4.3.2002 – II ZR 77/00, NJW 2002, 1875 = GmbHR 2002, 431; BGH 26.3.1984 – II ZR 229/83, BGHZ 91, 1 = NJW 1984, 2366.

52 BGH 26.3.1984 – II ZR 229/83, BGHZ 91, 1 = NJW 1984, 2366.

werbsverbote nur dann als zulässig erachtet, wenn dem Geschäftsführer eine Karenzentschädigung gezahlt wird,[53] es sei denn, das Wettbewerbsverbot soll nur für eine sehr kurze Zeit, im hier entschiedenen Fall wenige Monate, eingreifen.[54] Jedenfalls kann aus der in einem Geschäftsführeranstellungsvertrag getroffenen Vereinbarung eines (nachvertraglichen) Wettbewerbsverbots ohne Karenzentschädigung – unabhängig von der Wirksamkeit oder Unwirksamkeit der Vereinbarung – jedenfalls ein Anspruch auf Karenzentschädigung nicht abgeleitet werden.[55]

Ebenfalls umstritten ist die Frage der **Höhe der Karenzentschädigung**, wenn hiervon die Wirksamkeit des Wettbewerbsverbots abhängig ist. Einigkeit besteht insoweit, als die Entschädigungsleistung vertraglich **bestimmt oder bestimmbar** sein muss. Sagt die Gesellschaft lediglich eine „angemessene" Entschädigung zu, so fehlt es an einer hinreichend bestimmten Leistung, anhand derer die Zulässigkeit der Wettbewerbsverbotsabrede beurteilt werden kann.[56] 1105

Es existiert **keine allgemeine Mindesthöhe**, die die Karenzentschädigung erreichen muss. Da die §§ 74 ff HGB auf GmbH-Geschäftsführer keine Anwendung finden, kann auch die nach § 74 Abs. 2 HGB zu zahlende Entschädigung in Höhe der Hälfte der zuletzt bezogenen vertragsmäßigen Leistung nur als Richtwert herangezogen werden, um die Wirksamkeit des Wettbewerbverbots zu beurteilen.[57] Dieser Wert darf folglich unterschritten werden, etwa indem anstelle der gesamten vertragsmäßigen Leistung nur die Festvergütung die Berechnungsgrundlage der Karenzentschädigung bildet, ohne dass hieraus automatisch die Unverbindlichkeit des Wettbewerbsverbots folgt. Die Rspr hat sich mit dieser Problematik jedoch noch nicht befasst, so dass über die Angemessenheit einer Karenzentschädigung weiterhin erhebliche Rechtsunsicherheit besteht. Im Regelfall ist zu empfehlen, die Berechnungsmethode des § 74 Abs. 2 HGB einzuhalten. 1106

Ein finanzieller Ausgleich für die mit dem Wettbewerbsverbot verbundenen Beeinträchtigungen muss nicht notwendigerweise durch eine als Karenzentschädigung bezeichnete Leistung erfolgen. Die Nachteile bei der Berufsausübung können auch durch andere Zuwendungen der Gesellschaft an den Geschäftsführer kompensiert werden, etwa durch **Abfindungen oder Übergangsgelder**, mit denen ein vergleichbarer Zweck verfolgt wird wie mit einer Karenzentschädigung.[58] 1107

Kündigt der Insolvenzverwalter den Anstellungsvertrag eines Geschäftsführers der GmbH, ohne dass beiderseits weitere Erklärungen abgegeben wurden, so ist der Anspruch des gekündigten Geschäftsführers auf Karenzentschädigung aus einem vertraglichen Wettbewerbsverbot keine Masseschuld.[59] 1108

(a4) Rechtsfolge einer unbilligen Beschränkung

(a4.1) Nichtigkeit der Vereinbarung

Beschränkt ein Wettbewerbsverbot den Geschäftsführer in seiner beruflichen Betätigung in unbilliger Weise, so liegt ein Verstoß gegen § 138 BGB vor, der die **Nichtigkeit der Vereinbarung** zur Folge hat. Die Nichtigkeit kann von jedermann geltend gemacht werden, dh auch von der Partei, die selbst sittenwidrig gehandelt hat.[60] Das Berufen auf die Nichtigkeit der Regelung durch die Gesellschaft erfolgt aber rechtsmissbräuchlich, wenn sie bereits Vorteile aus dem Wettbewerbsverbot gezogen hat. Ein solcher Fall liegt etwa vor, wenn ein Geschäftsführer in 1109

53 BGH 14.7.1986 – II ZR 296/85, WM 1986, 1282.
54 OLG Hamm 11.1.1988 – 8 U 142/ 87, GmbHR 1988, 344.
55 BGH 7.7.2008 – II ZR 81/07, DStR 2008, 1842.
56 Ausf. *Bauer/Diller*, Wettbewerbsverbote, § 24 Rn 1075 ff.
57 AA OLG Düsseldorf 18.5.1989 – 8 U 143/88, DB 1990, 1960.
58 *Bauer/Diller*, Wettbewerbsverbote, § 24 Rn 1078.
59 BGH 8.10.2009 – IX ZR 61/06, DStR 2009, 2692.
60 *Bauer/Diller*, Wettbewerbsverbote, § 24 Rn 1062.

der Annahme, das tatsächlich zu weit gefasste Wettbewerbsverbot sei wirksam, ein Dienstverhältnis bei einem konkurrenzfreien Unternehmen begründet hat und nunmehr die Gesellschaft unter Hinweis auf die Nichtigkeit der Abrede die Zahlung einer vereinbarten Karenzentschädigung ablehnt.[61]

(a4.2) Einfluss der AGB-Kontrolle

1110 Ein vorformulierter, von der Gesellschaft gestellter Dienstvertrag für einen Geschäftsführer, der iSd § 310 Abs. 3 BGB Verbraucher ist, unterliegt der AGB-Kontrolle gem. §§ 305 c Abs. 2, 306 und 307–309 BGB.[62] Bei einer Wettbewerbsklausel handelt es sich allerdings nicht um eine kontrollfähige AGB, soweit der Geschäftsführer auf den Inhalt der Abrede Einfluss nehmen konnte und es aufgrund der Einflussnahme zu einer wesentlichen Änderung gekommen ist. Die Einflussnahme auf die Laufzeit des Wettbewerbsverbots ist für dessen wirtschaftliche Bedeutung prägend, da für den Geschäftsführer von entscheidender Bedeutung ist, wie schnell er wieder auf dem ihr vorübergehend verbotenen Markt tätig werden kann.[63]

1111 Bei Wettbewerbsverboten in Arbeitsverträgen tritt seit der Erstreckung der AGB-Kontrolle auf den Bereich des Arbeitsrechts die Problematik offen zu Tage, in welchem Verhältnis das AGB-Recht zu den Vorschriften der §§ 74 ff HGB steht.[64] Die Diskussion kann noch nicht als abgeschlossen bezeichnet werden; richtig scheint aber, die §§ 74 ff HGB einschließlich der darin enthaltenen Reduktionsklausel über § 307 Abs. 3 BGB als eine eigenständige Wirksamkeitskontrolle aufzufassen, die gegenüber den allgemeinen Vorschriften der AGB-Kontrolle vorrangig ist. Bei Wettbewerbsverboten mit GmbH-Geschäftsführern ergibt sich jedoch die Besonderheit, dass die §§ 74 ff HGB nach der Rspr des BGH nicht auf diese Personen anwendbar sind.[65] Hieraus folgt, dass vorformulierte und von der Gesellschaft gestellte Wettbewerbsverbotsklauseln, die den Geschäftsführer unbillig in seiner Berufsausübung beeinträchtigen und nicht im Wege einer geltungserhaltenden Reduktion als wirksam behandelt werden können, im Zweifel gem. § 306 BGB nichtig bleiben. Insbesondere ist zu beachten, dass sich gem. § 307 Abs. 3 S. 2 iVm Abs. 1 S. 2 BGB auch aus der Unklarheit der Klausel ein Verstoß ergeben kann, der zur Unwirksamkeit der Klausel führt und nicht durch geltungserhaltende Reduktion zu heilen ist. Weder die Verwendung des Begriffs „indirekter Wettbewerb“ noch des Begriffs „verbundene Unternehmen“ führen zu einer Intransparenz eines als AGB vereinbarten nachvertraglichen Wettbewerbsverbots iSv § 307 Abs. 1 S. 2 BGB.[66]

(a4.3) Geltungserhaltende Reduktion

1112 Umstritten und höchstrichterlich nicht eindeutig geklärt ist, ob eine Wettbewerbsverbotsklausel im Wege der **geltungserhaltenden Reduktion** aufrechterhalten werden kann. Die Frage der Reduktionsmöglichkeit ist zunächst unabhängig vom Eingreifen der AGB-Vorgaben zu beantworten. Der BGH hat für den Fall einer **überlangen Bindungsdauer** eine Reduktion auf das zeitlich tolerable Maß zugelassen, wenn die Beschränkung der Berufsausübungsfreiheit allein wegen Verstoßes gegen die zeitlichen Grenzen sittenwidrig ist.[67] Bei einem **inhaltlich zu weit** gefassten Wettbewerbsverbot wurde eine geltungserhaltende Reduktion jedoch abgelehnt.[68]

61 *Bauer/Diller*, Wettbewerbsverbote, § 24 Rn 1062.

62 *Hümmerich*, NZA 2006, 709; Palandt/*Grüneberg*, § 310 BGB Rn 11, 50; Däubler/Bonin/Deinert/*Däubler*, Einl. Rn 47; Tschöpe/*Wisskirchen/Bissels*, Anwalts-Handbuch ArbR, 1. Teil D Rn 38; *Bauer/Diller*, Wettbewerbsverbote, § 24 Rn 1044.

63 OLG Hamburg 27.1.2011 – 3 U 260/08, IHR 2012, 247.

64 *Diller*, NZA 2005, 250; *Thüsing/Leder*, BB 2004, 42.

65 LAG Hamm 14.4.2003 – 7 Sa 1881/02, NZA-RR 2003, 513 f; *Diller*, NZA 2005, 250.

66 LAG Hamm 11.2.2009 – 14 SaGa 59/09, GWR 2010, 194.

67 BGH 10.12.2008 – KZR 54/08, GRUR 2009, 698; BGH 8.5.2000 – II ZR 308/98, NJW 2000, 2584 = DB 2000, 1960; BGH 29.10.1990 – II ZR 241/89, NJW 1991, 699 = GmbHR 1991, 16.

68 BGH 28.4.1986 – II ZR 254/85, NJW 1986, 2944; BGH 15.3.1989 – VIII ZR 62/88, DB 1989, 1621.

Demnach ist nach Ansicht der Rspr nur dann, wenn das Wettbewerbsverbot das zeitlich zulässige Maß überschreitet, eine geltungserhaltende Reduktion auf das noch zu billigende Maß möglich.[69] Diese ablehnende Entscheidung des BGH zur Geltungserhaltung in inhaltlichem Hinblick ist in der Lit. zu Recht auf Kritik gestoßen. *Bauer/Diller* kommen mit überzeugender dogmatischer Argumentation zu dem Ergebnis, dass die geltungserhaltende Reduktion von Wettbewerbsverboten möglich sein muss.[70] Die Rspr der Oberlandesgerichte ist uneinheitlich.[71] Für die Gestaltung von Wettbewerbsverboten bedeutet dies, dass jedenfalls der inhaltliche Umfang des Verbots möglichst **präzise beschrieben** werden muss. Da sich das Wettbewerbsverbot aber auf eine Situation richtet, die erst in der Zukunft eintritt, trägt jeder Versuch, einen angemessenen Umfang des Verbots festzulegen, das Risiko in sich, dass sich die Verhältnisse bei Beginn der Verbotsperiode maßgeblich geändert haben. Es kann daher nur empfohlen werden, zumindest die ergänzende Bezugnahme auf die Vorschriften der §§ 74 ff HGB in den Text des nachvertraglichen Wettbewerbsverbots aufzunehmen, da nach § 74 a Abs. 1 HGB ein Wettbewerbsverbot nur *insoweit* unverbindlich ist, als es nicht zum Schutz eines berechtigten geschäftlichen Interesses des Prinzipals dient.[72]

Soweit auf die Wettbewerbsvereinbarung auch die §§ 305 ff BGB anzuwenden sind und die 1113
Klausel aufgrund einer unangemessenen inhaltlichen Reichweite des Wettbewerbsverbots unwirksam ist, stellt sich die Frage nach dem Vorrang zwischen § 306 Abs. 2 BGB, der eine geltungserhaltende Reduktion ausschließt, und der vertraglich in Bezug genommenen gesetzlichen Reduktionsklausel des § 74 a Abs. 1 HGB. Entscheidungen dazu, ob eine vertraglich vorgesehene geltungserhaltende Reduktion bei Anwendbarkeit der AGB-Kontrolle als unwirksam oder aufgrund des § 307 Abs. 3 BGB iVm den Besonderheiten des Rechts des nachvertraglichen Wettbewerbsverbots vorrangig anzusehen ist, liegen nicht vor. Es wäre aber widersinnig, dem eigentlich von arbeitsrechtlichen Schutznormen ausgeschlossenen Geschäftsführer eine vollständige Befreiung vom nachvertraglichen Wettbewerb zu gewähren, während ein Arbeitnehmer in gleicher Situation aufgrund der geltungserhaltenden Reduktion gebunden bliebe.[73]

(a4.4) Salvatorische Klausel[74]

Auch eine **salvatorische Klausel** kann an sich ausreichen, um durch geltungserhaltende Reduk- 1114
tion die Wirksamkeit des Wettbewerbsverbots zu bewirken. Aufgrund der Rspr verschiedener Oberlandesgerichte, die diese Möglichkeit akzeptiert haben,[75] muss auch dazu geraten werden, entsprechende salvatorische Klauseln zu vereinbaren.[76] Eine klärende Entscheidung des BGH steht aus.

Bei Geschäftsführerverträgen, die als Formularverträge oder Verträge gegenüber einem sog. 1115
Verbraucher-Geschäftsführer dem Geltungsbereichs der §§ 305 ff BGB unterfallen, bestehen jedoch erhebliche Bedenken gegen die Wirksamkeit von salvatorischen Klauseln: Eine salvatorische Klausel, die die Anpassung sämtlicher im Vertrag enthaltenen Regelungen auf das gerade

69 BGH 10.12.2008 – KZR 54/08, GRUR 2009, 698; OLG München 11.11.2010 – U (K) 2143/10, NZG 2011, 65.

70 *Bauer/Diller*, Wettbewerbsverbote, § 24 Rn 1067.

71 Für eine Beschränkung der geltungserhaltenden Reduktion auf Fälle der zeitlichen Überschreitung: OLG Nürnberg 25.11.2009 – 12 U 681/09, GmbHR 2010, 141; OLG München 11.11.2010 – U (K) 2143/10, NZG 2011, 65; eine geltungserhaltende Reduktion auch außerhalb des zeitlichen Bereichs lässt dagegen zu: OLG Hamburg 27.1.2011 – 3 U 260/08, IHR 2012, 247; offen gelassen: OLG Nürnberg 30.9.2009 – 12 U 2459/08, BeckRS 2009, 29285.

72 *Reufels/Schewiola*, ArbRB 2008, 59; *Bauer/Diller*, Wettbewerbsverbote, § 24 Rn 1068.

73 So auch *Bauer/Diller*, Wettbewerbsverbote, § 8 Rn 233 a, § 24 Rn 1067.

74 S. § 2 Rn 855 ff (12. Salvatorische Klauseln).

75 OLG Zweibrücken 21.9.1989 – 7 U 230/89, NJW-RR 1990, 482; OLG Köln 5.10.2000 – 12 U 62/00, NZG 2001, 165.

76 *Bauer/Diller*, Wettbewerbsverbote, § 24 Rn 1085, die eine fehlende salvatorische Klausel richtigerweise als Kunstfehler bezeichnen.

noch Zulässige bewirkt, mag in Bezug auf die Reichweite des nachvertraglichen Wettbewerbsverbots aufgrund der Besonderheiten der §§ 74 ff HGB wirksam sein, in Bezug auf unangemessene Vertragsstraften oder unwirksame Widerrufsvorbehalte wird sie nach §§ 307 ff BGB unwirksam sein. Das in § 306 Abs. 2 BGB enthaltene Verbot der geltungserhaltenden Reduktion kann seinen Schutzzweck und seine Ziele, also eine gerechte Risikoverteilung und den Erhalt präziser Vertragsbedingungen,[77] nur erreichen, wenn es zwingenden Charakter hat.[78] Bereits deshalb ist die salvatorische Klausel als AGB selbst unwirksam. Ferner stellt sie einen Verstoß gegen das Transparenzgebot in § 307 Abs. 1 S. 2 BGB[79] und gegen § 307 Abs. 1 S. 1, Abs. 2 Nr. 1 BGB wegen Unvereinbarkeit mit wesentlichen gesetzlichen Wertungen dar.[80] Eine aufgrund dieser Erwägungen unwirksame salvatorische Klausel kann dann nicht mehr als Grundlage für die geltungserhaltende Reduktion herangezogen werden. Es ist daher bei Verwendung einer salvatorischen Klausel im Zusammenhang mit nachvertraglichen Wettbewerbsverboten zu empfehlen, die salvatorische Klausel in die Wettbewerbsvereinbarung zu integrieren und nicht auf die Wirkung einer allgemeinen Klausel in den Schlussbestimmungen des Vertrages zu vertrauen.

1116 Soweit die Unwirksamkeit der Wettbewerbsverbotsabrede allerdings darauf beruht, dass die Karenzentschädigung nicht in angemessener Höhe vereinbart wird, kann die Nichtigkeitsfolge aber auch durch eine salvatorische Klausel bzw durch Verweis auf § 74 a HGB nicht vermieden werden. Es darf regelmäßig nicht angenommen werden, dass sich die Gesellschaft zur Aufbringung finanzieller Mittel verpflichten will, die über der vertraglich zugesagten Karenzentschädigung liegen.[81]

(3) Sonderprobleme

1117 Über die Voraussetzungen hinaus, unter denen ein Wettbewerbsverbot mit dem GmbH-Geschäftsführer dem Grunde nach vereinbart werden kann, stellen sich zahlreiche Fragen, ob und inwieweit von den §§ 74 ff HGB bei der Ausgestaltung der Verbotsklauseln abgewichen werden darf.

(a1) Schriftform

1118 Die Vereinbarung eines nachvertraglichen Wettbewerbsverbots mit einem GmbH-Geschäftsführer bedarf – anders als nach § 74 Abs. 1 HGB – weder der Schriftform noch der Aushändigung einer von der Gesellschaft unterschriebenen Urkunde.[82] Allein aus Beweisgründen ist zu einer schriftlichen Niederlegung der Wettbewerbsverbotsabrede aber dringend zu raten.

(a2) Anrechenbarkeit anderweitigen Erwerbs

1119 Erzielt der Geschäftsführer während des Wettbewerbsverbots einen anderweitigen Erwerb, so ist umstritten, ob er sich diese Einkünfte entsprechend § 74 c HGB anrechnen lassen muss, soweit die Wettbewerbsverbotsabrede keine Anrechnungsregelung enthält. Der BGH verneint eine Übertragbarkeit dieser Vorschrift auf die Karenzentschädigung eines ausgeschiedenen Geschäftsführers.[83] Die Anrechnung des anderweitigen Verdienstes auf die Karenzentschädigung entspreche nicht einem allgemeinen Rechtsgedanken, der auf den Geschäftsführer einer GmbH ebenso wie auf einen Handlungsgehilfen zutrifft. Es gibt keinen allgemeinen Grundsatz, dass ein anderweitiger Erwerb auf eine vertraglich geschuldete Entschädigung anzurechnen ist, da

77 Vgl auch BAG 25.5.2005 – 5 AZR 572/04, NZA 2005, 1111, 1114.
78 So auch *Däubler*, NZA Beilage 2006, Heft 3, 133, 136.
79 BAG 25.5.2005 – 5 AZR 572/04, NZA 2005, 1111, 1115.
80 BAG 25.5.2005 – 5 AZR 572/04, NZA 2005, 1111, 1115.
81 *Bauer/Diller*, Wettbewerbsverbote, § 24 Rn 1084.
82 Baumbach/Hueck/*Zöllner/Noack*, GmbHG, § 35 Rn 204.
83 BGH 15.4.1991 – II ZR 214/89, NZA 1991, 615 = GmbHR 1991, 310.

Leistungen Dritter die vertraglichen Verpflichtungen grds. unberührt lassen.[84] Eine Anrechnung anderweitigen Erwerbs könne nur erfolgen, wenn dies ausdrücklich vereinbart oder anderweitig gesetzlich geregelt ist. Eine solche anderweitige gesetzliche Regelung hatte das Gericht in § 148 SGB III angenommen, aufgrund dessen sich der Geschäftsführer auch ohne ausdrückliche Vereinbarung den Bezug von Arbeitslosengeld auf die Karenzentschädigung anrechnen lassen muss.[85] Mit Urteil vom 28.4.2008[86] hat der BGH ausgesprochen, dass § 74 c HGB für die Karenzentschädigung bei einem nachvertraglichen Wettbewerbsverbot nicht entsprechechend anwendbar ist, ohne das Argument des § 148 SGB III nochmals aufzunehmen. Damit verbleibt es für die Praxis bei dem Risiko, ohne ausdrückliche Vereinbarung anderweitiges Einkommen nicht anrechnen zu können, auch wenn die Entscheidung in Widerspruch zu der Rspr steht, dass die gesetzlichen Bestimmungen der §§ 74 ff HGB gerade zum Ziel haben, die besonderen Interessen des Unternehmens zu wahren.[87]

Soll eine Anrechnungsklausel vereinbart werden, so stellt sich die weitere Frage, inwieweit eine über § 74 c HGB hinausgehende Anrechnung ermöglicht werden kann. Grundsätzlich darf zu Gunsten der Gesellschaft von den Anrechnungsbestimmungen des § 74 c HGB abgewichen werden. Die Grenzen der Gestaltungsmöglichkeiten sind höchstrichterlich nicht konkretisiert. In der Lit. werden Regelungen als zulässig erachtet, nach denen eine Anrechnung erfolgen kann, wenn die Karenzentschädigung und die anderweitigen Bezüge in der Summe 100 % des letzten Festgehalts überschreiten. Auch die Anrechenbarkeit von pauschal 50 % der anderweitigen Einkünfte soll wirksam vereinbart werden können.[88] 1120

(a3) Verzicht auf die Einhaltung eines Wettbewerbsverbots

Ohne dass es einer ausdrücklichen Vereinbarung bedarf, ist die Gesellschaft berechtigt, den Geschäftsführer von der Einhaltung des Wettbewerbsverbots zu befreien. Unklar ist derzeit, ob dieses Recht zum einseitigen Verzicht in analoger Anwendung des § 75 a HGB besteht[89] oder aus der den Geschäftsführer lediglich belastenden Natur der Wettbewerbssperre hergeleitet wird.[90] § 75 a HGB sieht vor, dass die Gesellschaft vor der Beendigung des Dienstverhältnisses durch schriftliche Erklärung auf das Wettbewerbsverbot mit der Wirkung verzichten kann, dass sie mit Ablauf eines Jahres seit der Erklärung von der Verpflichtung zur Zahlung der Entschädigung frei wird. Um im Streitfall eine Auseinandersetzung über die unklaren dogmatischen Grundlagen zu vermeiden, ist es dringend zu empfehlen, eine Verzichtsklausel in das Wettbewerbsverbot aufzunehmen. 1121

Wird eine Verzichtsklausel vertraglich geregelt, so ist umstritten, inwieweit Abweichungen von der Regelung des § 75 a HGB zum Vorteil der Gesellschaft zulässig sind.[91] So wird nach hM eine Vereinbarung als wirksam angesehen, durch die die Gesellschaft ermächtigt wird, die Verzichtserklärung auch **nach Beendigung des Anstellungsverhältnisses** abzugeben.[92] Außerhalb der Bindung von § 75 a HGB gibt es keinen Grund, der Gesellschaft ein Lösungsrecht bis zur Beendigung des Dienstverhältnisses zuzugestehen, eine einen Tag spätere Verzichtserklärung aber für allgemein unwirksam zu halten. Richtigerweise ist die Wirksamkeit des späten Ver- 1122

84 BGH 28.4.2008 – II ZR 11/07, DStR 2008, 1394.

85 BGH 15.4.1991 – II ZR 214/89, NZA 1991, 615 = GmbHR 1991, 310.

86 BGH 28.4.2008 – II ZR 11/07, NJW-RR 2008, 1421.

87 BGH 17.2.1992 – II ZR 140/91, NJW 1992, 1892 = GmbHR 1992, 263; *Bauer/Diller*, Wettbewerbsverbote, § 24 Rn 1086 ff.

88 *Bauer/Diller*, Wettbewerbsverbote, § 24 Rn 1087; *Hoffmann-Becking*, FS Quack, S. 273.

89 So BGH 17.2.1992 – II ZR 140/91, NJW 1992, 1892 = GmbHR 1992, 263.

90 So nun BGH 4.3.2002 – II ZR 77/00, NJW 2002, 1875 = GmbHR 2002, 431; BGH 28.4.2008 – II ZR 11/07, NZG 2008, 664 = DB 2008, 930; vgl *Bauer/Diller*, Wettbewerbsverbote, § 24 Rn 1090.

91 Vgl hierzu ausf. *Menke*, NJW 2009, 636.

92 OLG Düsseldorf 22.8.1996 – 6 U 150/95, DB 1996, 2273 = GmbHR 1996, 931; OLG Koblenz 16.12.1999 – 6 U 982/97, NZG 2000, 653; *Bauer/Diller*, Wettbewerbsverbote, § 24 Rn 1091.

zichts anhand der getroffenen Regelungen zur Karenzentschädigung zu beurteilen. Die Möglichkeit, bis zur Beendigung des Anstellungsverhältnisses eine vorzeitige Lösung von der Entschädigungspflicht entsprechend § 75 a HGB herbeizuführen, stellt keinen leichteren Eingriff in das schützenswerte Vertrauen des Geschäftsführers auf die Bestandskraft der Wettbewerbsabrede dar als eine derartige Erklärung, die zeitlich nach dem Ausscheiden aus den Diensten der Gesellschaft erfolgt. Solange das Wettbewerbsverbot besteht, wird der Geschäftsführer seine künftigen Dispositionen im Hinblick auf die untersagte Konkurrenztätigkeit und die ggf beanspruchbare Karenzentschädigung treffen. Entfällt das Verbot, kann er sich sogleich neu orientieren. Ist eine Karenzentschädigung vereinbart, so muss diese allerdings für einen **angemessenen Zeitraum** fortgezahlt werden.[93] Als angemessen sieht das OLG Düsseldorf eine Entbindung von der Zahlungspflicht bereits nach Ablauf von drei Monaten seit der Verzichtserklärung an.[94] Nach anderer Meinung soll dagegen ein Zeitraum von sechs Monaten einzuhalten sein.[95] Nach hier vertretener Auffassung sollte, wenn schon aus Gründen der Geltungssicherung eine Karenzentschädigung vereinbart ist, auch die Jahresfrist allenfalls geringfügig modifiziert werden.[96] Ausgangspunkt ist wiederum die Überlegung, dass eine Abänderung der Bestimmung des § 75 a HGB zu Gunsten der Gesellschaft dann als unbillig einzustufen ist, wenn dem Geschäftsführer kein hinreichender Zeitraum verbleibt, seine Dispositionen im Hinblick auf das Entfallen des Wettbewerbverbots umzustellen.

1123 Ein Verzicht ist auch innerhalb einer Aufhebungsvereinbarung möglich. Die Klausel in einem Aufhebungsvertrag „Damit sind alle gegenseitigen Ansprüche aus dem Arbeitsverhältnis und seiner Beendigung, gleichgültig welchen Rechtsgrundes, seien sie bekannt oder unbekannt, erledigt" erfasst auch ein nachvertragliches Wettbewerbsverbot, wenn die Parteien des Aufhebungsvertrages eine Vielzahl von vertraglichen Ansprüchen von der Ausgleichsklausel ausnehmen und für das nachvertragliche Wettbewerbsverbot und den Anspruch auf Karenzentschädigung von einer solchen Ausnahme absehen.[97]

(a4) Bedingte Wettbewerbsverbote

1124 Bei der Ausgestaltung von Wettbewerbsverboten mit Arbeitnehmern wird häufig der Versuch unternommen, das Ziel zu erreichen, eine Konkurrenztätigkeit zu verhindern, ohne eine Karenzentschädigung zahlen zu müssen. Dies geschieht in der Form, dass sich der Arbeitgeber vorbehält, ein vereinbartes Wettbewerbsverbot wieder aufzuheben (**auflösend bedingtes Wettbewerbsverbot**) oder erst zu einem beliebigen Zeitpunkt in Kraft zu setzen (**aufschiebend bedingtes Wettbewerbsverbot**). Solche bedingten Wettbewerbsverbote sind nach stRspr des BAG unverbindlich (s. § 1 Rn 4295 f), dh dass der Arbeitnehmer ein Wahlrecht hat, ob er das Wettbewerbsverbot unter Fortzahlung der vereinbarten Karenzentschädigung einhält oder sich von dem Wettbewerbsverbot löst. Umstritten ist, ob die Grundsätze zum bedingten Wettbewerbsverbot auf GmbH-Geschäftsführer übertragbar sind. Eine Übertragbarkeit gilt mit Einschränkungen. So liegt keine Umgehung der Pflicht zur Zahlung einer Karenzentschädigung vor, wenn das Wettbewerbsverbot entschädigungslos wirksam vereinbart wurde (s. § 2 Rn 1104). In diesem Fall verstößt ein bedingtes Wettbewerbsverbot nicht gegen die guten Sitten. Hängt die Wirksamkeit des Wettbewerbsverbots dagegen von der Zahlung einer Karenzentschädigung ab, wie etwa bei umfassenden Tätigkeitsverboten (s. § 2 Rn 1105), so kann sich die Gesellschaft nicht durch ein bedingtes Wettbewerbsverbot ihrer Zahlungspflicht entziehen, wenn der Geschäftsführer seine Dispositionen im Hinblick auf den Bestand des Wettbewerbverbots eingerichtet hat. Sind bedingte Wettbewerbsverbote hiernach als unbillig einzuordnen, so sind

93 *Bauer/Diller*, Wettbewerbsverbote, § 24 Rn 1092 mwN.
94 OLG Düsseldorf 22.8.1996 – 6 U 150/95, DB 1996, 2273 = GmbHR 1996, 931.
95 *Jaeger*, Der Anstellungsvertrag des GmbH-Geschäftsführers, S. 102.
96 AA *Menke*, NJW 2009, 636, 639.
97 Zum Arbeitsvertrag so BAG 24.6.2009 – 10 AZR 707/08, NJW 2009, 3529.

sie nach § 138 BGB nichtig. Dem Geschäftsführer kann daher kein Wahlrecht zustehen, über die Einhaltung des Wettbewerbsverbots zu entscheiden.[98]

Nicht unverbindlich ist beim Arbeitnehmer die Vereinbarung eines aufschiebend bedingten Wettbewerbsverbots, wenn das Inkrafttreten des Wettbewerbverbots auf einen mit Vertragsschluss festgelegten, vereinbarten Zeitpunkt erfolgt, es also zB zwei Jahre nach Abschluss des Arbeitsvertrages gelten soll.[99] Gleiches wird beim Geschäftsführer gelten, wenn nicht der Zeitpunkt des Inkrafttretens des Wettbewerbsverbots in das Belieben der Gesellschaft gestellt wird. 1125

(4) Rechtsfolgen bei Verstoß gegen das Wettbewerbsverbot

Verstößt der Geschäftsführer gegen ein wirksam vereinbartes nachvertragliches Wettbewerbsverbot, so kann die Gesellschaft zum einen **Unterlassung** der wettbewerbswidrigen Handlung verlangen. Der Unterlassungsanspruch ist im Wege des **einstweiligen Rechtsschutzes** durchsetzbar.[100] Daneben kann die Gesellschaft auch **Schadensersatzansprüche** gegenüber dem Geschäftsführer geltend machen, wobei der Nachweis eines konkreten Schadens häufig Schwierigkeiten bereitet. Schließlich entfällt für den Zeitraum der wettbewerbswidrigen Tätigkeit der Anspruch auf eine **Karenzentschädigung**.[101] 1126

Im Hinblick auf die Schwierigkeiten, den Eintritt eines Schadens darzulegen, enthalten Wettbewerbsverbotsklausel regelmäßig **Vertragsstrafenversprechen**. Die Vereinbarung einer ihrer Höhe nach unbegrenzten Vertragsstrafe, deren Höhe sich durch Anknüpfung an betriebswirtschaftliche Parameter eines Unternehmens errechnet, führt wegen der Möglichkeit einer existenzgefährdenden Überforderung des Vertragspartners zur **Sittenwidrigkeit** der Vertragsstrafevereinbarung.[102] Die Vereinbarung einer Vertragsstrafe mit erheblicher Mindesthöhe (im zugrunde liegenden Fall: 100.000 €) kann wegen der Möglichkeit einer unverhältnismäßigen Benachteiligung des Vertragspartners in gleicher Weise zur Sittenwidrigkeit führen.[103] 1127

Soweit die Vertragsstrafe aufgrund der **AGB-Vorschriften unwirksam** ist, scheidet eine Herabsetzung wegen des Verbots einer geltungserhaltenden Reduktion gem. § 306 Abs. 2 BGB aus.[104] Die Klauselkontrolle nach §§ 307 f BGB geht der Regelung nach § 75 c HGB iVm § 343 BGB vor, eine angemessene Reduzierung kann nur bei einem an sich wirksamen Vertragsstrafenversprechen eingreifen. Umstritten ist, ob nach der AGB-Kontrolle überhaupt noch eine **Herabsetzung** einer **unverhältnismäßig hohen** Vertragsstrafe möglich ist.[105] Die einzelne Vertragsstrafe sollte daher zumindest bei der AGB-Kontrolle unterliegenden sog. Verbraucher-Geschäftsführern regelmäßig die Höhe eines Monatsgehalts nicht überschreiten, um Zweifel an ihrer Angemessenheit von vornherein auszuschließen. 1128

Bei einer unverhältnismäßig hohen und deshalb sittenwidrigen Vertragsstrafe ist die Abgrenzung eines noch wirksamen Teils der Vertragsstrafenklausel nicht mehr möglich, da es hier an einer Teilbarkeit und demzufolge am Vorliegen eines nur teilweise nichtigen Rechtsgeschäfts fehlt, so dass § 139 BGB nicht anwendbar ist.[106] 1129

---

98 BGH 7.7.2008 – II ZR 81/07, NZG 2008, 753; *Bauer/Diller*, Wettbewerbsverbote, § 24 Rn 1106; aA OLG Stuttgart 18.5.1979 – 6 U 158/78, BB 1980, 527; LG Frankfurt 20.4.1994 – 3/8 O 150/93, GmbHR 1994, 803.

99 BAG 13.7.2005 – 10 AZR 532/04, DB 2005, 2415.

100 *Thüsing*, NZG 2004, 9.

101 *Bauer/Diller*, GmbHR 1999, 885.

102 OLG Nürnberg 25.11.2009 – 12 U 681/09, GmbHR 2010, 141.

103 OLG Nürnberg 25.11.2009 – 12 U 681/09, GmbHR 2010, 141.

104 *Bauer/Diller*, Wettbewerbsverbote, § 21 Rn 938 ff.

105 Hierzu *Diller*, NZA 2005, 250.

106 OLG Nürnberg 25.11.2009 – 12 U 681/09, GmbHR 2010, 141.

b) Klauseltypen und Gestaltungshinweise

aa) Unternehmensbezogenes nachvertragliches Wettbewerbsverbot

(1) Klauseltyp A

1130 **A 1:**

§ (...) Wettbewerbsverbot

(1) Der Geschäftsführer verpflichtet sich, für die Dauer eines Jahres (Sperrfrist) nach der tatsächlichen Beendigung dieses Vertrages nicht in selbständiger, unselbständiger oder sonstiger Weise für ein Unternehmen tätig zu werden, welches mit der Gesellschaft im direkten oder indirekten Wettbewerb steht. In gleicher Weise verpflichtet sich der Geschäftsführer, während der Sperrfrist kein solches Unternehmen zu errichten, zu erwerben oder sich hieran mittelbar oder unmittelbar zu beteiligen. Das Wettbewerbsverbot gilt auch für Unternehmen, mit denen die Gesellschaft zum Zeitpunkt des Beginns der Sperrfrist gesellschaftsrechtlich verbunden ist.
(2) Sofern seitens der Gesellschaft die Einhaltung der Wettbewerbsabrede verlangt wird, zahlt die Gesellschaft dem Geschäftsführer eine Karenzentschädigung, die die Hälfte der von dem Geschäftsführer zuletzt bezogenen vertragsmäßigen Leistungen beträgt.

A 2:

§ (...) Wettbewerbsverbot

(1) Der Geschäftsführer verpflichtet sich, für die Dauer von zwei Jahren nach Beendigung des Anstellungsvertrages weder in selbständiger noch in unselbständiger Stellung oder in sonstiger Weise für ein Unternehmen tätig zu werden, welches mit der Gesellschaft in direktem oder indirektem Wettbewerb steht oder mit einem Wettbewerbsunternehmen verbunden ist. In gleicher Weise ist es dem Geschäftsführer untersagt, während dieser Dauer ein solches Unternehmen zu errichten, zu erwerben oder sich hieran mittelbar oder unmittelbar zu beteiligen. Dieses Wettbewerbsverbot gilt räumlich für jeweils alle Städte und Gemeinden zuzüglich eines Umkreises von 100 km, in denen die Gesellschaft bei der Beendigung des Anstellungsvertrages eine Niederlassung unterhält oder geschäftlich tätig ist.
(2) Für die Dauer des nachvertraglichen Wettbewerbsverbots verpflichtet sich die Gesellschaft, dem Geschäftsführer eine Karenzentschädigung zu zahlen, die für jedes Jahr des Verbots die Hälfte der von dem Geschäftsführer zuletzt bezogenen vertragsmäßigen Leistungen beträgt. Die Zahlung der Entschädigung wird in 12 gleichen Monatsraten am Ende eines Monats fällig. Auf die Karenzenschädigung sind sonstige Zahlungen der Gesellschaft an den Geschäftsführer wie Übergangsgelder und Abfindungen anzurechnen.
(3) Auf die Entschädigung gem. Abs. 2 werden die Einkünfte angerechnet, welche der Geschäftsführer während der Dauer des nachvertraglichen Wettbewerbsverbots aus selbständiger, unselbständiger oder sonstiger Erwerbstätigkeit erzielt oder zu erzielen unterlässt, soweit die Entschädigung unter Hinzurechnung der Einkünfte den Betrag der zuletzt bezogenen vertragsmäßigen Leistungen übersteigt. Zu den Einkünften zählt auch etwaiges vom Geschäftsführer bezogenes Arbeitslosengeld. Der Geschäftsführer ist verpflichtet, der Gesellschaft auf Verlangen über die Höhe seiner Einkünfte Auskunft zu erteilen und Nachweise hierüber beizubringen.
(4) Endet das Anstellungsverhältnis aufgrund des Eintritts des Geschäftsführers in den vorzeitigen oder endgültigen Ruhestand, so tritt das nachvertragliche Wettbewerbsverbot nicht in Kraft.
(5) Die Gesellschaft kann sowohl vor der Beendiung des Dienstverhältnisses als auch danach durch schriftliche Erklärung gegenüber dem Geschäftsführer auf das Wettbewerbsverbot mit der Wirkung verzichten, dass sie mit dem Ablauf eines Jahres seit der Erklärung, jedoch nicht über das Ende des vereinbarten Verbotszeitraumes hinaus, von der Verpflichtung zur Zahlung

der Entschädigung frei wird. Der Geschäftsführer wird in diesem Fall mit der Erklärung sofort von der Pflicht zur Einhaltung des Verbots frei.

(6) Der Geschäftsführer hat für jeden Fall der schuldhaften Zuwiderhandlung gegen das Wettbewerbsverbot eine Vertragsstrafe in Höhe des Betrags zu zahlen, der der in den letzten 12 Monaten vor seinem Ausscheiden durchschnittlich bezogenen monatlichen Vergütung entspricht. Besteht die Verletzungshandlung in der kapitalmäßigen Beteiligung an einem Wettbewerbsunternehmen oder der Beteiligung an einem Dauerschuldverhältnis als Vertragspartei (insbesondere an einem Dienst-, Arbeits-, Handelsvertreter- oder Beraterverhältnis), ist die Vertragsstrafe für jeden angefangenen Monat, in dem die Beteiligung besteht, erneut zu zahlen (Dauerverletzung). Mehrere Verletzungshandlungen lösen jeweils gesonderte Vertragsstrafen aus, gegebenenfalls auch mehrmals innerhalb eines Monats. Erfolgen dagegen zusätzliche Verletzungshandlungen im Rahmen einer Dauerverletzung (zB ein verbotener Kundenkontakt im Rahmen eines verbotenen Arbeitsverhältnisses), sind sie von der für die Dauerverletzung zu zahlenden Vertragsstrafe mit umfasst. Bei Verwirkung mehrerer Vertragsstrafen innerhalb eines Zeitraumes von sechs Monaten ist der Gesamtbetrag der in diesem Zeitraum zu zahlenden Vertragsstrafen auf das Sechsfache der in den letzten 12 Monaten vor seinem Ausscheiden durchschnittlich bezogenen monatlichen Vergütung beschränkt. Zugleich entfällt für jeden Monat, in welchem eine Zuwiderhandlung erfolgt, die Zahlung der Entschädigung gem. Abs. 2. Weitergehende Ansprüche der Gesellschaft aus einem Verstoß gegen das Wettbewerbsverbot, insbesondere Unterlassungs- und Schadensersatzansprüche, bleiben durch diese Regelung unberührt.[107]

(7) Die §§ 74 ff HGB finden auf dieses nachvertragliche Wettbewerbsverbot ergänzende Anwendung.

(8) Sollten eine oder mehrere Bestimmungen dieses nachvertraglichen Wettbewerbsverbots ganz oder teilweise gegen zwingendes Recht verstoßen oder aus anderen Gründen nichtig oder unwirksam sein oder werden oder sollte die Vereinbarung eine Lücke enthalten, wird die Wirksamkeit ihrer übrigen Bestimmungen hiervon nicht berührt.

(9) Anstelle einer unwirksamen Bestimmung oder einer Regelungslücke gilt diejenige wirksame Bestimmung als vereinbart, die dem rechtlichen und wirtschaftlichen Sinn und Zweck der unwirksamen Bestimmung am nächsten kommt. Dies gilt auch dann, wenn die Unwirksamkeit einer Bestimmung auf einem Maß der Leistung oder der Zeit beruht; es gilt dann das nächstliegende rechtlich zulässige Maß.

(2) Gestaltungshinweise

Die **Klausel A 1** weist mehrere Regelungsinhalte auf, die zur Unwirksamkeit des Wettbewerbs- 1131
verbots führen. Unklar ist bereits, zu welchem Zeitpunkt das Wettbewerbsverbot beginnen soll. Einerseits wird hinreichend deutlich die Vertragsbeendigung als maßgeblicher Zeitpunkt für den Beginn der Sperrfrist benannt. Andererseits könnte durch das Abstellen auf die tatsächliche Beendigung der Zweck verfolgt werden, die tatsächliche Beendigung des Vertrages von der rechtlichen Beendigung abzugrenzen. Zwar wird man bei Auslegung der Klausel zu dem Ergebnis kommen, dass dem Begriff der tatsächlichen Beendigung kein abweichender Regelungsgehalt beizumessen ist, doch sollte bei der Vertragsgestaltung auf irreführende Begriffe verzichtet werden. Ein schwerwiegenderer Mangel der Abrede liegt darin, dass es an einer räumlichen Begrenzung des Wettbewerbsverbots fehlt, die zur Nichtigkeit der Klausel führt. Zudem sind verbundene Unternehmen ohne jede Einschränkung einbezogen, wobei für den Geschäftsführer nicht ersichtlich ist, welche Unternehmen im Zeitpunkt der Beendigung des Anstellungsvertrages mit der Anstellungsgesellschaft verbunden sein werden. In Abs. 2 wird weiter ein aufschiebend bedingtes Wettbewerbsverbot vereinbart, das isoliert betrachtet zur

107 In weitgehender Anlehnung an *Diller*, NZA 2008, 574, 576.

Nichtigkeit des Wettbewerbsverbots führen würde. Die Höhe der zugesagten Karenzentschädigung entspricht den Vorgaben des § 74 Abs. 2 HGB.

1132 Im Gegensatz zur Klausel A 1 wird in der **Klausel A 2** das Wettbewerbsverbot im Hinblick auf die gegenständliche, zeitliche und räumliche Reichweite hinreichend konkretisiert. Die Höhe der zu zahlenden Karenzentschädigung entspricht wiederum der Regelung des § 74 Abs. 2 HGB, eine Reduzierung auf eine geringe Entschädigungssumme, etwa nur auf Basis der Festvergütung, wird allerdings vielfach für zulässig gehalten. Unter Berücksichtigung der Rspr des BGH zur Anrechenbarkeit anderweitiger Einkommen enthält die Klausel A 2 in Abs. 3 eine eigene Anrechnungsregelung. Abweichend von § 74 c HGB werden die anderweitigen Einkommen bereits dann auf die Karenzentschädigung angerechnet, wenn sie zusammen 100 % der zuletzt bezogenen vertragsmäßigen Leistungen übersteigen. Abs. 4 enthält eine zulässige Bedingung für den Fortfall des Wettbewerbsverbots, wenn der Geschäftsführer altersbedingt aus dem Anstellungsverhältnis in den Ruhestand tritt. Ohne eine solche Regelung könnte der Geschäftsführer eine Karenzentschädigung auch nach dem Ausscheiden aus dem Erwerbsleben verlangen, wenn er sich an das Wettbewerbsverbot hält. Will die Gesellschaft den Geschäftsführer von dem nachvertraglichen Wettbewerbsverbot und sich vollständig von der Karenzzahlungspflicht befreien, so muss sie in diesem Fall analog § 75 a HGB rechtzeitig, dh möglichst ein Jahr vor Beendigung des Anstellungsverhältnisses, auf die Einhaltung des Wettbewerbsverbots verzichten. Die Einhaltung dieser Frist wird jedoch häufig versäumt, es verbleiben dann ggf etliche Monate ohne Wettbewerbsschutz, aber mit Entschädigungspflicht. Schließlich enthält die Klausel A 2 auch ein ausführliches und nach derzeitigem Erkenntnisstand wirksames Vertragsstrafeversprechen, um ein effektives Druckmittel zur Einhaltung des Wettbewerbsverbots gegen den Geschäftsführer einsetzen zu können. Unterliegt die Klausel jedoch der AGB-Kontrolle, so ist die Gefahr nicht auszuschließen, dass das Vertragsstrafeversprechen als unwirksam eingestuft wird, insb. wenn sich bei einem Dauerverstoß die Höhe der verwirkten Vertragsstrafe erheblich aufbaut. Es ist daher auch eine zeitabhängige Obergrenze der Höhe der Vertragsstrafe vorgesehen. Schließlich wird die Möglichkeit einer geltungserhaltenden Reduktion hinsichtlich der Reichweite des Wettbewerbsverbots durch Verweis auf §§ 74 ff HGB eröffnet und zur Absicherung der Klausel im Übrigen eine in die Wettbewerbsabrede eingefügte salvatorische Klausel aufgenommen.

bb) Mandanten- und Kundenschutzklausel

(1) Klauseltyp B

1133 **§ (...) Abwerbeverbot**

Nach Beendigung dieses Anstellungsverhältnisses ist es dem Geschäftsführer für einen Zeitraum von zwei Jahren verboten, Kunden direkt oder indirekt zu betreuen, die während der letzten neun Monate vor der Beendigung dieses Anstellungsvertrages von der Gesellschaft betreut worden sind.

(2) Gestaltungshinweise

1134 Anders als bei Arbeitnehmern ist bei Geschäftsführern eine Wettbewerbsverbotsklausel ohne Vereinbarung einer Karenzentschädigung in Ausnahmefällen zulässig, soweit der Geschäftsführer in seinem beruflichen Fortkommen nicht unbillig beeinträchtigt wird. So besteht keine Entschädigungspflicht bei reinen Mandantenschutzklauseln, die einen Zeitraum von zwei Jahren nicht überschreiten (s. § 2 Rn 1100). Wichtig ist die Begrenzung des betroffenen Personenkreises auf die Kunden, die während der letzten neun Monate vor der Beendigung des Anstellungsverhältnisses von der Gesellschaft betreut worden sind. Ohne eine zeitliche Einschränkung würde eine unbillige Beeinträchtigung vorliegen. Es besteht kein berechtigtes Interesse der Gesellschaft, dem Geschäftsführer den Kontakt zu allen Kunden zu untersagen, die jemals in einer geschäftlichen Beziehung zur Gesellschaft gestanden haben (s. § 2 Rn 1098).

B. Musterverträge

I. Muster: Befristeter Dienstvertrag mit einem Fremdgeschäftsführer

1. Beginn und Dauer des Vertragsverhältnisses

a) Das Vertragsverhältnis beginnt am (...) und wird für die Dauer von (...) Jahren geschlossen. Mit Ablauf der Vertragsdauer endet der Vertrag, ohne dass es einer Kündigung bedarf.

b) Außer durch Ablauf des Vertragszeitraums endet das Anstellungsverhältnis:

aa) mit Erreichen der Altersgrenze; das ist derzeit der Ablauf des Monats, in dem das (...) Lebensjahr vollendet wird, sowie

bb) mit Ablauf des Monats, in dem eine potenzielle volle Erwerbsminderung des Geschäftsführers iSd § 43 Abs. 2 SGB VI durch Gutachten festgestellt wird. Die Gesellschaft kann auf eigene Kosten den Grad der Arbeitsunfähigkeit durch Einholung eines vertrauensärztlichen Gutachtens ermitteln lassen, das für beide Vertragspartner verbindlich ist.

1. Commencement and term of the contractual relationship 1135

a) The contractual relationship commences on (...) and is entered into for a period of (...) years. The contract ends upon expiry of the contractual term without the need for a notice of termination.

b) Apart from ending upon expiry of the contractual term, the service contract shall cease:

aa) upon attainment of the retirement age, which is currently upon expiry of the month in which the Managing Director attains the age of (...); and

bb) upon expiry of the month in which a potential permanent disability to perform the duties of the Managing Director as defined in § 43 (2) SGB VI (German Social Law Code, Book VI) has been determined by an expert opinion. By request of the Company and at its own expense, the degree of disability shall be determined by an expert opinion of an independent medical examiner, which will be binding for both parties of this agreement.

2. Aufgabenbereich

a) Der Geschäftsführer führt die Geschäfte der Gesellschaft selbständig, verantwortlich und mit der Sorgfalt eines ordentlichen Geschäftsmanns im Rahmen des Gesellschaftsvertrages und nach Maßgabe der Beschlüsse der Gesellschafter.

b) Sofern sich der Inhalt des Gesellschaftsvertrages und des Anstellungsvertrages widersprechen sollten, gelten vorrangig die Bestimmungen des Gesellschaftsvertrages. Der Geschäftsführer hat den Weisungen der Gesellschafterversammlung und des Beirats Folge zu leisten. Die Gesellschaft kann eine Geschäftsordnung für die Geschäftsführung erlassen.

2. Scope of functions

a) The Managing Director shall conduct the business of the Company in an independent and responsible manner, with due care and diligence of a prudent business person, and in compliance with the Company's articles of association and any shareholders' resolutions.

b) In the case of any contradictions between the terms of the Company's articles of association and the service contract, the provisions of the articles of association shall prevail. The Managing Director has to comply with any instructions issued by the shareholders' meeting and the advisory board. The Company is entitled to enact internal rules of procedure for the management.

c) Die Befugnis zur Geschäftsführung umfasst die Vornahme aller Maßnahmen im Rahmen des gewöhnlichen Geschäftsbetriebs der Gesellschaft.

c) The Managing Director is authorized to execute all acts falling within the scope of the Company's ordinary business.

d) Zur Vornahme von Rechtsgeschäften, die über den gewöhnlichen Geschäftsbetrieb der Gesellschaft hinausgehen, muss die vorherige Zustimmung der Gesellschafterversammlung eingeholt werden. Das Zustimmungserfordernis gilt insbesondere für folgende Rechtsgeschäfte:

d) The consent of the shareholders' meeting must be obtained prior to the execution of any legal transactions beyond the scope of the Company's ordinary business. In particular, the requirement of consent applies to the following legal transactions:

aa) Veräußerung und Stilllegung des Betriebs oder wesentlicher Betriebsteile.

aa) the sale and closure of the business, or of substantial parts of it.

bb) Aufnahme neuer Geschäftsbereiche im Rahmen der Satzung oder Aufgabe bestehender Tätigkeitsbereiche.

bb) the commencement of new business units within the scope of the articles of association, or the termination of existing fields of activity.

cc) Errichtung von Zweigniederlassungen.

cc) the establishment of branch offices.

dd) Gründung, Erwerb oder Veräußerung von anderen Unternehmen oder Beteiligungen der Gesellschaft an anderen Unternehmen.

dd) the establishment, acquisition, or sale of other business enterprises or the Company's shares in other business enterprises.

ee) Erwerb, Veräußerung und Belastung von Grundstücken und grundstücksgleichen Rechten sowie die Verpflichtung zur Vornahme solcher Rechtsgeschäfte.

ee) the acquisition or sale of, and mortgage on the real estate or rights equivalent to real estate, as well as the commitment to execute such legal transactions.

ff) Bauliche Maßnahmen und Anschaffung von Sachmitteln aller Art, soweit die hierfür erforderlichen Aufwendungen einen Betrag von (...) € übersteigen.

ff) structural measures and acquisition of material resources of any kind as far as the necessary expenditures exceed the amount of € (...).

gg) Abschluss, Änderung oder Aufhebung von Miet-, Pacht- oder Leasingverträgen mit einer Vertragsdauer von mehr als (...) Monaten oder einer monatlichen Verpflichtung von mehr als (...) €.

gg) the conclusion, modification, or termination of tenancy, lease or leasing agreements with a contract period of more than (...) months or with a monthly obligation exceeding the amount of € (...).

hh) Inanspruchnahme oder Gewährung von Krediten oder Sicherheitsleistungen jeglicher Art, die (...) € übersteigen. Hiervon ausgenommen sind die laufenden Warenkredite im gewöhnlichen Geschäftsverkehr mit Kunden und Lieferanten der Gesellschaft.

hh) drawdown or grant of credits or collateral security of any kind in excess of € (...). This does not include current commercial credits within the ordinary business with customers and suppliers of the Company.

ii) Übernahme von Bürgschaften und Garantien jeder Art.

ii) assumption of bonds and guarantees of any kind.

jj) Einstellung und Entlassung von Arbeitnehmern, deren Jahresverdienst (...) € übersteigt. Bewilligung von Gehaltserhöhungen

jj) hiring and dismissal of employees whose annual earnings exceed € (...). Grant of salary increases and supplementary remunerati-

und zusätzlichen Vergütungen, die zu einem Übersteigen der Verdienstgrenze gemäß Satz 1 führen. Hiervon ausgenommen sind Anpassungen der Gehälter entsprechend den Tariferhöhungen der (...).

on that lead to earnings in excess of the limit on earnings set out in sentence 1, except salary adjustments in accordance with tariff increases pursuant to (...).

kk) Erteilung von Versorgungszusagen aller Art, durch die zusätzliche Verpflichtungen der Gesellschaft über die Leistungen der gesetzlichen Sozialversicherung hinaus begründet werden.

kk) grant of pension promises of any kind that impose additional obligations on the Company beyond the provision of benefits pursuant to the statutory social insurance coverage.

ll) Erteilung und Widerruf von Prokuren und Handlungsvollmachten.

ll) delegation and revocation of Prokura (i.e. full commercial, statutory authority) and limited authorities.

e) Die Gesellschafterversammlung oder, sofern ein solcher vorhanden und mit den entsprechenden Befugnissen ausgestattet ist, der Beirat kann den Kreis der zustimmungsbedürftigen Geschäfte erweitern oder einschränken.

e) The shareholders' meeting or the advisory board, if one exists and is empowered with the necessary authority, are entitled to extend or reduce the scope of transactions requiring approval.

f) Der Geschäftsführer hat die notwendigen Anmeldungen zum Handelsregister vorzunehmen. Er hat nach jeder Veränderung in den Personen der Gesellschafter oder des Umfangs ihrer Beteiligungen unverzüglich eine von ihm unterschriebene Liste der Gesellschafter nach Maßgabe des § 40 Abs. 1 GmbHG zum Handelsregister einzureichen.

f) The Managing Director is obliged to carry out the necessary notifications to the German Handelsregister (commercial registry). Subsequent to each change of a shareholder or to each change to the amount of a shareholder's equity interest, the Managing Director shall immediately submit a list of shareholders, which has been signed by him and which complies with the requirements of § 40 (1) GmbHG (German Limited Liability Companies Act), to the Handelsregister.

3. Berichtspflichten, Finanzplanung

3. Duty to report, financial planning

a) Der Geschäftsführer unterrichtet die Gesellschafterversammlung zeitnah, umfassend und kontinuierlich oder auf Ersuchen über Geschäftsverlauf, Planung und einzelne Vorgänge von besonderem Interesse.

a) On a regular basis or upon request, the Managing Director shall report to the shareholders' meeting about business performance, planning activities, and any individual events of particular interest in a timely and thorough manner.

b) Soweit keine besonderen satzungsmäßigen Bestimmungen oder Anweisungen der Gesellschafterversammlung bestehen, gelten die folgenden Regelungen:

b) In the absence of any special provisions in the articles of association or any instrucions by the shareholders' meeting, the following provisions apply:

aa) Der Geschäftsführer berichtet den Gesellschaftern regelmäßig vierteljährlich über den Gang der Geschäfte und die Lage der Gesellschaft. In Einzelfällen erfolgt die Unterrichtung auf besondere Anforderung der Gesellschafterversammlung. Form und Inhalt der

aa) The Managing Director shall report to the shareholders on a regular, quarterly basis about business developments and the Company's business situation. In particular cases, a report shall be made upon a special request by the shareholders' meeting. The require-

Berichte werden in einer besonderen Vereinbarung festgehalten. Der turnusmäßige Bericht zum 30. Juni eines jeden Jahres kann mit der Vorlage und Erläuterung zum Jahresabschluss des vorangegangenen Jahres verbunden werden, wenn zwischen der Vorlage des Jahresabschlusses und dem 30. Juni weniger als zwei Monate liegen.

ments as to form and content of the reports will be stipulated in a special agreement. The regular report due on 30 June of any year may be included in the annual financial statement of the preceding year and the explanatory notes to it, provided that the period of time between the submission of the annual financial statement and 30 June does not exceed two months.

bb) Im letzten Viertel eines jeden Jahres legt der Geschäftsführer der Gesellschafterversammlung den Jahresfinanzplan für das folgende Jahr zur Genehmigung vor. Dieser Plan enthält eine detaillierte Kosten- und Erlösvorschau und einen Investitions- und Zahlungsplan. Aus ihm sind alle wesentlichen vorgesehenen oder zu erwartenden Geschäftsvorgänge und Veränderungen unter Einschluss möglicher Alternativen ersichtlich.

bb) In the final quarter of each year, the Managing Director shall present the shareholders' meeting with the next year's financial plan for their approval. This plan shall include a detailed forecast of costs and earnings and an investment and payment plan. It shall also include all planned or anticipated business transactions and changes of a significant nature, including any possible alternative course of action.

cc) Im Falle der Ablehnung des Finanzplans als Ganzes oder in Teilen hat der Geschäftsführer in angemessener Frist einen aufgrund der Vorschläge der Gesellschafterversammlung überarbeiteten Finanzplan vorzulegen. Beginnt das Geschäftsjahr ohne genehmigten Finanzplan, führt der Geschäftsführer die Geschäfte im bisher üblichen Rahmen.

cc) If the financial plan is rejected in whole or in part, the Managing Director shall submit a revised financial plan within a reasonable period of time taking into consideration the suggestions made by the shareholders' meeting. Should the financial year commence without an approved financial plan, the Managing Director shall continue to conduct business as has been usual.

4. Nebentätigkeiten

a) Der Geschäftsführer hat seine volle Arbeitskraft der Gesellschaft zur Verfügung zu stellen.

b) Jede entgeltliche oder unentgeltliche Nebentätigkeit bedarf der vorherigen schriftlichen Zustimmung der Gesellschafterversammlung. Das Gleiche gilt für die Beteiligung an einem Wirtschaftsunternehmen (ausgenommen bloße Kapitalbeteiligungen) sowie für die Mitwirkung in Aufsichtsorganen anderer Gesellschaften. Die zur Übernahme eines Amtes erteilte Zustimmung ist jederzeit frei widerruflich, wobei im Falle eines Widerrufs etwaige Fristvorschriften für die Beendigung des übernommenen Amtes berücksichtigt werden.

c) Der Geschäftsführer bedarf der vorherigen Zustimmung der Gesellschafterversammlung zu Vorträgen und Veröffentlichungen, die

4. Secondary employments

a) The Managing Director has to provide the Company with his entire working capacity.

b) The shareholders' meeting's written consent is required prior to the practice of any paid or unpaid secondary employment. Such written consent is equally required prior to any shareholding in a company (except mere equity interests) or an assumption of offices in supervisory boards of other businesses. The granted consent (to assume an office) is unrestrictedly revocable at any time; in the case of a revocation, any prescribed termination notice periods applicable to terminatinon of the office will be observed.

c) The Managing Director has to obtain a written consent of the shareholders' meeting prior to any lecture and publication, refer-

sich auf Arbeitsgebiete der Gesellschaft oder andere Interessen der Gesellschaft beziehen.

ring to the Company's fields of activity or concerning other interests of the Company.

d) Die Gesellschafterversammlung wird ihre Zustimmung nicht ohne wichtigen Grund verweigern.

d) The shareholders' meeting will not refuse its consent without an important reason.

5. Vergütung

5. Remuneration

a) Als Vergütung für seine Tätigkeit erhält der Geschäftsführer ein festes Jahresgrundgehalt in Höhe von 200.000,00 € brutto. Das Gehalt wird nach Abzug der gesetzlichen Abgaben in zwölf gleichen Monatsraten jeweils am Ende eines Kalendermonats ausgezahlt.

a) As remuneration for his services, the Managing Director receives a fixed annual gross base salary amounting to € 200,000.00. The salary, after statutory deductions, will be paid in twelve equal monthly instalments at the end of each calendar month.

b) Das Gehalt wird in angemessenen Zeitabständen durch die Gesellschafterversammlung dahingehend überprüft, ob eine Neufestsetzung aufgrund des Aufgabengebietes, der Entwicklung der Lebenshaltungskosten oder aus sonstigen Gründen erfolgen soll.

b) The salary shall be reviewed in adequate intervals by the shareholders' meeting to determine whether it should be revised considering the area of responsibility, the development of living costs, or other reasons.

c) Der Geschäftsführer erhält einen Garantiebonus von 70.000,00 € p.a., der in monatlichen Anteilen in Höhe von 5.833,33 € zum Grundgehalt nach Abs. a) ausgezahlt wird. Dieser Garantiebonus wird nur in den ersten beiden Jahren der Vertragslaufzeit gezahlt.

c) In addition to the base salary pursuant to subsection a), the Managing Director will receive an annual guaranteed bonus amounting to € 70,000.00 to be paid in monthly instalments of € 5,833.33. This guaranteed bonus will only be granted in the first two years of the contractual term.

d) Nach Ablauf der ersten beiden Vertragsjahre erhält der Geschäftsführer eine erfolgsabhängige Tantieme in Höhe von (...) % des Jahresgewinns der Gesellschaft, die nach Feststellung des Jahresabschlusses gezahlt wird. Bemessungsgrundlage ist der steuerbilanzielle Jahresgewinn nach Verrechnung mit Verlustvorträgen und vor Abzug der Tantieme sowie der Körperschafts- und Gewerbesteuer. Die erfolgsabhängige Tantieme ist auf einen maximalen Betrag von (...) € pro Geschäftsjahr begrenzt.

d) Upon expiry of the first two contractual years, the Managing Director will receive a profit-sharing bonus in the amount of (...) % of the annual profits of the Company, which will be paid after the approval of the annual financial statement. The basis for calculation is the annual profit according to the tax base after adjustments for loss carry-forwards and before deduction of the profit-based bonus, corporate income tax, and trade tax. The profit-sharing bonus is limited to a maximum amount of € (...) per financial year.

e) Der Anspruch auf die erfolgsabhängige Vergütung wird mit der Feststellung des Jahresabschlusses zur Zahlung fällig.

e) Profit-related remuneration becomes due for payment upon approval of the annual financial statement.

f) Scheidet der Geschäftsführer während der Dauer des Geschäftsjahres aus den Diensten der Gesellschaft aus, so gilt Abs. d) mit der Maßgabe, dass die Berechnung der erfolgsabhängigen Vergütung zum Zeitpunkt seines Ausscheidens vorgenommen wird.

f) In case that the Managing Director leaves office during the course of the financial year, subsection d) applies with the proviso that the profit-related remuneration will be calculated at the time of his leave.

6. Nebenleistungen

a) Die Parteien sind sich einig, dass die Vergütung sämtliche Aufwendungsersatzansprüche abdeckt. § 670 BGB wird einvernehmlich und vollumfänglich abbedungen. Hiervon ausgenommen sind Kosten für Dienstreisen, insbesondere Übernachtungskosten, Kosten für die Bewirtung von Geschäftspartnern sowie Reisekosten für Flüge oder Bahnfahrten. Der Geschäftsführer ist berechtigt, bei Bahnfahrten die (erste) Klasse zu nutzen. Bei Flugreisen ist er berechtigt, die (Business) Class zu wählen. Die nachgewiesenen Taxikosten erstattet die Gesellschaft. Dem Geschäftsführer steht ein Anspruch auf Aufwendungsersatz nur dann zu, wenn er im Einzelfall durch Vorlage von Rechnungen, die den jeweils gültigen steuerrechtlichen Vorgaben genügen, die Entstehung der Kosten nachweist und schriftlich jeweils den betrieblichen Anlass darlegt.

b) Der Geschäftsführer hat Anspruch auf Erstattung derjenigen Kosten, die durch Geschäftsessen erforderlich werden und die er verauslagt hat. Der Geschäftsführer ist nur berechtigt, seinen Ehegatten auf Kosten der Gesellschaft zu Geschäftsessen einzuladen, wenn auch der Geschäftspartner mit Ehegatten erscheint oder wenn die Gesellschaft vorher zustimmt. Die Erstattung erfolgt gegen Vorlage der Rechnung der Bewirtung, der Benennung der Teilnehmer und des Anlasses der Bewirtung.

c) Die Gesellschaft stellt dem Geschäftsführer für die Dauer des Dienstvertrages einen angemessenen Dienstwagen zu einem Brutto-Listenpreis bis 60.000,00 € zur Verfügung, der auch zu Privatfahrten genutzt werden kann. Die Gesellschaft wird das Fahrzeug leasen. Betriebs- und Unterhaltungskosten einschließlich der Benzinkosten trägt die Gesellschaft. Die auf den geldwerten Vorteil für die private Nutzung anfallenden Steuern trägt der Geschäftsführer. Bei Beendigung des Anstellungsvertrages ist der Geschäftsführer zur Herausgabe des Dienstwagens verpflichtet.

d) Der Geschäftsführer erhält auf Kosten der Gesellschaft ein Mobiltelefon, das der Ge-

6. Supplementary payments

a) The parties agree that the remuneration fully covers all claims to reimbursement of expenses. The parties mutually agree to waive § 670 BGB (German Civil Code) in its entirety. Excepted are costs incurred for business trips (particularly overnight accommodation expenses), for entertaining business partners, and for travelling by air or train. The Managing Director is entitled to travel (First) Class on train trips. When travelling by air, he is entitled to fly (Business) Class. The Company will reimburse any taxi fares demonstrated by invoice. The Managing Director is only entitled to reimbursement of expenses if, by presenting invoices that comply with the legal tax law regulations applicate at that time, he proves that the expenses were incurred and provides a written statement specifying the business occasion.

b) The Managing Director is entitled to reimbursement of the costs incurred for business lunches or dinners that have been advanced by him. The Managing Director may only invite his own spouse to business dinners paid by the Company if the business partner is also accompanied by his spouse or if the Company previously approves it. Reimbursement will be made upon presentation of the invoice of the dinner, names of the participants, and specification of the reason for the dinner.

c) For the duration of the service contract, the Company will provide the Managing Director with an adequate company vehicle with a gross list price up to € 60,000.00, which may also be used for private purposes. The Company will lease the vehicle. The Company bears the operating and maintenance costs, including petrol costs. The Managing Director is liable for any tax owing on the monetary benefit arising from the private usage. He is obliged to surrender the company vehicle upon termination of the service contract.

d) The Managing Director will receive a mobile phone at the Company's expense, which

schäftsführer in angemessenen Rahmen für private Zwecke nutzen darf.

7. Versicherungsschutz

a) Die Gesellschaft schließt zugunsten des Geschäftsführers für die Dauer des Dienstvertrages eine Unfallversicherung, die ebenfalls Unfälle des privaten Bereiches abdeckt, mit folgender Deckungssumme ab:

- für den Todesfall: (...) €
- für den Invaliditätsfall: (...) €.

Bezugsberechtigt aus der Versicherung sind im Invaliditätsfall der Geschäftsführer, im Todesfall die von ihm benannten Personen, bei Fehlen einer solchen Bestimmung seine Erben. Soweit Prämien der Unfallversicherung der Lohnsteuer unterliegen, trägt diese der Geschäftsführer. Die Gesellschaft ist berechtigt, die Unfallversicherung im Rahmen einer Gruppenunfallversicherung abzuschließen.

b) Die Gesellschaft gewährt dem Geschäftsführer für die Dauer des Anstellungsvertrages einen Zuschuss zur Krankenversicherung in Höhe des Arbeitgeberanteils, wie er bei Krankenversicherungspflicht des Geschäftsführers bestünde, begrenzt auf die Höhe des hälftigen Beitrags, den der Geschäftsführer für seine Krankenversicherung tatsächlich aufzuwenden hat.

c) Die Gesellschaft schließt für den Geschäftsführer eine Vermögensschaden-Haftpflichtversicherung (D&O-Versicherung) einschließlich Manager-Rechtsschutzversicherung entsprechend den anliegenden Versicherungsbedingungen ab.

8. Diensterfindungen

a) Die Rechte an etwaigen patentfähigen Diensterfindungen, sonstigen technischen Entwicklungen und rechtlich schutzfähigen Arbeitsergebnissen des Geschäftsführers gehen mit ihrer Entstehung auf die Gesellschaft über, ohne dass es einer gesonderten Erklärung des Geschäftsführers oder der Gesellschaft bedarf.

the Managing Director may also use for private purposes to a reasonable extent.

7. Insurance coverage

a) For the duration of the service contract, the Company will take out an accident insurance policy for the benefit of the Managing Director, also covering accidents in private domain, with the following insured sums of:

- € (...) in case of death
- € (...) in case of disability.

In the case of disability, the Managing Director is entitled to the benefits ensuing from the insurance coverage, in the case of death, the persons appointed by him, and in the absence of such an appointment, his heirs. The Managing Director is liable for any wage tax accruing from the premiums paid to the accident insurance policy. The Company is entitled to conclude the accident insurance policy within a collective accident insurance policy.

b) For the duration of the service contract, the Company pays the Managing Director a health insurance allowance equivalent to the amount which an employer would be obliged to contribute to the Managing Director's (as an employee) statutory health insurance to a maximum limit of half of the contribution that the Managing Director actually has to pay for his health insurance.

c) The Company will take out a third party liability insurance policy covering pecuniary loss (D&O insurance), including a manager's legal expenses insurance policy, on behalf of the Managing Director in accordance with the enclosed insurance terms and conditions.

8. Job-related/service invetion

a) With their arising all rights on inventions, other technical developments or patentable key deliverables made by the Managing Director during his service are conveyed to the Company without the necessity for an additional pronouncement by the Managing Director or the Company.

b) Der Geschäftsführer ist verpflichtet die Gesellschaft unverzüglich und schriftlich über alle schutzfähigen Arbeitsergebnisse im Sinne dieser Bestimmung zu informieren, um ihr die Wahrung ihrer Rechte zu ermöglichen.

b) The Managing Director is obliged to inform the Company immediately and in written form about any patentable deliverable in terms of this agreement to allow the preservation of the Company's claims.

c) Die Vergütung wird nach den Bestimmungen des Gesetzes über Arbeitnehmererfindungen (ArbNErfG) in der jeweils gültigen Fassung sowie den hierzu ergangenen „Richtlinien für die Vergütung von Arbeitnehmererfindungen im privaten Dienst" behandelt.

c) The compensation will be dealt with in accordance with the provisions of the German Employee Invention Act (Arbeitnehmererfindungsgesetz – ArbNErfG) in the legal version together with the "Directives on remunerating employee inventions in the private sector" enacted pursuant thereto.

9. Urlaub

a) Der Geschäftsführer erhält einen Jahresurlaub von 29 Arbeitstagen, den er im Interesse der Erhaltung seiner Arbeitskraft verwenden wird. Er ist daher verpflichtet, mindestens die Hälfte des Jahresurlaubs zusammenhängend zu nehmen. Jahresurlaub von 15 Tagen oder mehr ist im Einvernehmen mit den Gesellschaftern unter Berücksichtigung der betrieblichen Belange festzulegen. Kürzere Urlaubszeiten wird der Geschäftsführer den Gesellschaftern anzeigen.

b) Kann der Geschäftsführer aus zwingenden geschäftlichen oder in seiner Person liegenden Gründen den Urlaub nicht oder nicht vollständig bis zum Jahresende nehmen, bleibt ihm der Anspruch auf Urlaub bis zum 30.6. des Folgejahres erhalten. Kann aus zwingenden geschäftlichen Gründen auch bis zu diesem Zeitpunkt der Urlaub nicht oder nicht vollständig genommen werden, ist er dem Geschäftsführer unter Zugrundelegung der Höhe des Grundgehalts abzugelten.

c) Kann der Urlaub wegen der Beendigung des Anstellungsverhältnisses nicht oder nicht vollständig genommen werden, ist er dem Geschäftsführer ebenfalls unter Zugrundelegung der Höhe des Grundgehalts abzugelten.

9. Leave

a) The Managing Director is entitled to an annual leave of 29 working days, which he will use for the preservation of his working capacity. He is therefore obliged to take at least half of his annual leave at one time. Any leave of 15 days or more must be coordinated in consent with the shareholders taking into account the Company's needs. The Managing Director will inform the shareholders of any leave of a shorter duration.

b) Should the Managing Director be unable to take his annual leave, in whole or in part, by the end of a year due to compelling business reasons or for personal reasons, he retains his leave entitlement up to 30 June of the following year. If he is still unable to take his annual leave, in whole or in part, up to that point in time due to compelling business reasons, the respective amount will bei paid to the Managing Director, based on the amount of his base salary.

c) Should the Managing Director be unable to take his annual leave, in whole or in part, due to the termination of the service contract, the respective amount will bei paid to the Managing Director, based on the amount of his base salary.

10. Pensionszusage

a) Wenn der Geschäftsführer während seiner Tätigkeit für die Gesellschaft voll erwerbsgemindert ist oder das Vertragsverhältnis wegen Erreichung der Altersgrenze (Vollendung

10. Pension promise

a) In case the Managing Director becomes incapacitated for work during his service for the Company, or if the contractual relationship ends due to the attainment of retirement

des 67. Lebensjahres) endet, erhält er auf Lebenszeit eine monatliche, nachträglich zahlbare Pension von 35 % des an ihn zuletzt gezahlten pensionsfähigen Monatsentgelts gemäß der Definition in Ziffer (...) des Anstellungsvertrages vom (...).

age (attainment of 67 years of age), the Managing Director will receive a monthly lifetime retirement pension amounting to 35 % of the last monthly remuneration paid to him pursuant to item (...) of the contract of (...), which will be payable retroactively,

b) Die Pension erhöht sich in den ersten 15 Dienstjahren um jährlich einen Prozentpunkt und vom 16. bis zum 20. Dienstjahr um jährlich zwei Prozentpunkte, bis nach vollendetem 20. Dienstjahr eine Pension von 60 % (sechzig vom Hundert) des zuletzt gezahlten Monatsentgelts erreicht wird. Eine Steigerung der Pension über die im Zeitpunkt der Erreichung der Altersgrenze erdiente Höhe ist ausgeschlossen, sofern nichts anderes vereinbart wird.

b) In the first 15 years of service, the pension increases annually by one percentage point, in the 16th to 20th year of service, by two percentage points annually, until, upon expiry of 20 years of service, a pension of 60 % (sixty percent) of the last monthly remuneration paid to him is reached. Absent an agreement to the contrary, the pension may not exceed the amount entitled to at the time of attaining retirement age.

c) Bei Ableben des Geschäftsführers erhält sein Ehepartner eine lebenslängliche Pension in Höhe von 60 % der Pension, die der Geschäftsführer erhalten hat oder er als aktiver Mitarbeiter erhalten hätte, wenn er zum Zeitpunkt seines Ablebens voll erwerbsgemindert gewesen wäre. Die Pension des Ehepartners endet mit Ablauf des Monats, in dem sich der Ehepartner wieder verheiratet. Ist der Ehepartner mehr als 15 Jahre jünger als der Geschäftsführer, so wird die Pension des Ehepartners für jedes volle Jahr, das diese Altersdifferenz übersteigt, um 5 % ihres Betrags gekürzt. Diese Kürzung entfällt, wenn die Ehe beim Eintritt des Versorgungsfalles mindestens 15 Jahre bestanden hat. Einem Ehepartner stehen Lebenspartner iSd Lebenspartnerschaftsgesetzes (LPartG) sowie Lebensgefährten gleich, letztere jedoch nur, wenn der Geschäftsführer den Namen des Lebensgefährten bei der Gesellschaft als von der Versorgung umfasst angezeigt hat.

c) In case of the death of the Managing Director, his spouse will receive a lifetime pension in the amount of 60 % of the pension that the Managing Director had been receiving, or that he would have received in the case of a complete incapacity to work at the time of his death. The spouse's pension is terminated upon expiry of the month in which the spouse remarries. If the spouse is more than 15 years younger than the Managing Director, the spouse's pension will be reduced by 5 % of this pension amount for each full year exceeding this age difference. This reduction does not apply if, at the time at which the event giving rise to the retirement benefits occurred, the marriage had legally existed for at least 15 years. A partner in a registered homosexual partnership in terms of the Act of Homosexual Partnerships (LPartG) or a partner in life, the latter only if the Managing Director advised the Company of including him in the pension provision, are to be treated on equal terms as a spouse.

d) Die leiblichen Kinder und die vor Eintritt des Versorgungsfalles adoptierten Kinder des Geschäftsführers erhalten bei Ableben des Geschäftsführers eine Waisenrente von 10 % der Pension nach dieser Pensionszusage, die der Geschäftsführer erhalten hat oder erhalten hätte, wenn er zum Zeitpunkt seines Ablebens voll erwerbsgemindert gewesen wäre. Werden die hinterlassenen Kinder vor Voll-

d) In the event of the death of the Managing Director, his biological children and the children adopted by him prior to the occurrence of the event giving rise to pension entitlement will receive an orphans' pension of 10 % of the pension benefits pursuant to this pension promise that the Managing Director had been receiving, or that he would have received in case of a complete incapacity to

endung ihres 18. Lebensjahres Vollwaisen, so erhält ein anspruchsberechtigtes Kind ein Viertel, zwei anspruchsberechtigte Kinder insgesamt drei Achtel und drei oder mehr anspruchsberechtigte Kinder insgesamt die Hälfte der dem Geschäftsführer zustehenden Pension.

e) Waisenrenten werden über das 18. Lebensjahr hinaus bis zur Beendigung einer nachgewiesenen Berufsausbildung der betreffenden Waise, jedoch höchstens bis zur Vollendung des 27. Lebensjahres fortgewährt.

f) Die Waisenrenten werden bis zur Erreichung der Volljährigkeit an den Erziehungsberechtigten gezahlt.

g) Die Versorgungsbezüge der Hinterbliebenen dürfen zusammen den vollen Betrag der Pension des Geschäftsführers nicht übersteigen. Von der Kürzung um den überschießenden Betrag werden die einzelnen Bezüge prozentual im gleichen Ausmaß betroffen.

h) Hat der Geschäftsführer bereits vor Abschluss dieser Vereinbarung Versorgungsansprüche erworben, werden diese auf die Pension angerechnet, soweit sie auf Leistungen eines Arbeitgebers beruhen. Die Anrechnung erfolgt nicht auf eine Rente aus der deutschen gesetzlichen Rentenversicherung und auf Leistungen aus einer befreienden Lebensversicherung.

i) Tritt der Geschäftsführer vor Eintritt des Versorgungsfalls aus den Diensten der Gesellschaft aus, sind für ihn oder seine Hinterbliebenen bei der Höhe der Pensionsleistung weiterhin die vertraglichen Regelungen über das Anwachsen der Anwartschaftshöhe einschlägig.

j) Macht der Geschäftsführer seinen Anspruch auf vorzeitige Altersleistungen gemäß § 6 BetrAVG geltend, wird für jeden vollen Monat, um den der gewählte Rentenbeginn vor dem regulären Renteneintrittsalter liegt, um 0,5 % gekürzt.

work at the time of his death. If the surviving children are orphans prior to the attainment of 18 years of age, then one child entitled to benefit will receive one quarter, two children entitled to benefit will receive a total of three eighths, and three or more children entitled to benefit will receive a total of one half of the pension to which the Managing Director is entitled.

e) Provided that the professional training is proven, orphans' pensions will continue to be paid beyond 18 years of age until the completion of the concemed orphan's professional training, nevertheless no later than the attainment of the age of 27.

f) Until attainment of the age of majority, the orphans' pensions will be paid to the legal guardian of such child.

g) The pension and related benefits of the surviving dependents added together may not exceed the full amount of the Managing Director's pension. The exceeding amount will be deducted from the individual benefits on an equal percentage basis.

h) If the Managing Director has already acquired pension entitlements prior to entering into this agreement, then these will be deducted from the pension to the extent to which they are based on contributions made by an employer. Pension benefits from the German pension insurance scheme and from an "exempting" life insurance policy (i.e. exempts the policy holder from the obligation to contribute to the German statutory social security scheme) will not be deducted.

i) Should the service contract cease without occurrence of an event giving rise to retirement benefits, then the contractual provisions on the increase of the amount of the prospective (entitlement) will continue to apply to him or to his surviving dependents in respect of the amount of the pension benefit.

j) Should the Managing Director claim early retirement benefits pursuant to § 6 BetrAVG (German Company Pension Act), a reduction of 0.5 % will be made for each full month lying between the elected retirement begin and the regular retirement age.

k) Die Pension des Geschäftsführers wird entsprechend der Veränderung des Verbraucherpreisindexes für die Bundesrepublik Deutschland jährlich angepasst. Die Überprüfung erfolgt jeweils zum Jahreswechsel, erstmals in dem auf die Pensionierung folgenden Jahr. Für die Versorgungsbezüge von Hinterbliebenen gilt diese Regelung entsprechend.

k) The Managing Director's pension will be adjusted annually according to changes to the consumer price index for the Federal Republic of Germany. A revision will be made at the beginning of each new year, for the first time in the year following retirement. This rule applies mutatis mutandis to pension and related benefits of surviving dependents.

l) Die Pensionsempfänger haben für die Dauer der Pensionszahlungen der Gesellschaft die Lohnsteuerkarte vorzulegen und jede Änderung des Personen- oder Familienstandes oder der Feststellung der Invalidität durch den Sozialversicherungsträger der Gesellschaft unverzüglich anzuzeigen.

l) During periods of pension payments, the pension recipients must present their income tax cards to the Company and must inform the Company immediately of each and every change to their personal or marital status or of any diagnosis of disability made by the social insurance institution responsible for the Company.

m) Weiterhin haben die Pensionsempfänger der Gesellschaft unaufgefordert Auskunft über die Höhe anrechenbarer Einkünfte im Sinne dieser Pensionszusage zu geben.

m) Furthermore, pension recipients have to provide the Company, unsolicited, with information concerning the amount of deductible income as defined by this pension promise.

n) Bei Eintritt des Versorgungsfalles hat der Pensionsberechtigte der Gesellschaft den Rentenbescheid des zuständigen Rentenversicherungsträgers vorzulegen.

n) Should the event giving rise to the retirement benefits occur, the party entitled to the pension have to present the Company with the notice of pension granted that has been issued by the responsible pension insurance institution.

11. Verschwiegenheitspflicht, Herausgabe von Unterlagen

a) Der Geschäftsführer ist verpflichtet, Geschäfts- und Betriebsgeheimnisse sowie wirtschaftliche Angelegenheiten vertraulicher Natur geheim zu halten und ausschließlich für betriebliche Zwecke zu verwerten. Diese Verpflichtung gilt gegenüber Dritten und Firmenangehörigen, soweit zu einer Bekanntgabe keine dienstliche Veranlassung besteht. Sie erstreckt sich ferner auf alle Geschäfts- und Betriebsgeheimnisse von Unternehmen, mit denen die Gesellschaft wirtschaftlich oder organisatorisch verbunden ist, sowie auf alle Geschäfts- und Betriebsgeheimnisse von Kunden, Interessenten und Lieferanten. Geheim zu halten ist auch die Höhe der dem Geschäftsführer gezahlten Bezüge.

Diese Verpflichtung gilt auch nach Beendigung des Dienstverhältnisses. Sollte die nach-

11. Obligations of secrecy and to return documents

a) The Managing Director is obliged to keep confidential any business and trade secrets as well as business matters of a confidential nature, and to use suchlike exclusively for Company purposes. This obligation applies towards third parties and employees, unless there is a business reason for disclosure. It also extends to all trade and business secrets of enterprises with which the Company is economically or organisationally associated, and to all trade and business secrets of customers, prospective customers, and suppliers. The amount of the Managing Directors' income must also be kept confidential.

This duty also remains in effect subsequent to a termination of the employment relation-

vertragliche Verschwiegenheitspflicht den Geschäftsführer in seinem beruflichen Fortkommen unangemessen behindern, hat der Geschäftsführer gegen die Gesellschaft einen Anspruch auf Freistellung von dieser Pflicht.

b) Nach Beendigung des Dienstverhältnisses sind alle dem Geschäftsführer überlassenen Firmenunterlagen an die Gesellschaft zurückzugeben.

12. Haftung

Der Geschäftsführer haftet der Gesellschaft für Schäden nur bei grober Fahrlässigkeit und bei Vorsatz. Diese Haftungseinschränkung gilt nicht, soweit der Geschäftsführer eine der in § 43 Abs. 3 GmbHG genannten Pflichten verletzt hat.

13. Kündigung

a) Jede Kündigung bedarf der Schriftform. Empfangszuständig für eine Kündigung durch den Geschäftsführer ist jeder weitere Geschäftsführer der Gesellschaft oder für den Fall, dass ein solcher nicht im Amt ist, derjenige Gesellschafter, der über die höchste Kapitalbeteiligung der Gesellschaft verfügt.

b) Der Vertrag ist für beide Seiten jederzeit aus wichtigem Grund fristlos kündbar. Ein wichtiger Grund liegt für die Gesellschaft insbesondere vor, wenn

aa) der Geschäftsführer gegen das Wettbewerbsverbot verstößt;

bb) der Geschäftsführer gegen die ihm im Innenverhältnis auferlegten Beschränkungen der Geschäftsführung verstößt und der Gesellschaft dadurch ein Schaden entsteht oder der Geschäftsführer trotz Abmahnung wiederholt solche Verstöße begeht;

cc) der Geschäftsführer schwere Verstöße gegen besondere Anweisungen der Gesellschafterversammlung begeht, es sei denn, dass die Gesellschafterversammlung ein gesetzeswidriges Handeln fordert;

dd) der Geschäftsführer Geschäfte ohne die vorgesehene Zustimmung vornimmt.

ship. Should the post-contractual obligation of secrecy unproportionately hinder the Managing Director in his professional development, the Managing Director is entitled to be released from this duty by the Company.

b) All company documents entrusted to the Managing Director must be returned to the Company upon termination of the employment relationship.

12. Liability

The Managing Director is only liable to the Company for loss or damage suffered as a result of gross negligence and intentional acts. This limitation of liability does not apply if the Managing Director has infringed one of the duties set out in § 43 (3) GmbHG.

13. Termination

a) Any notice of termination shall be in written form. Any other managing director of the Company is authorized to receive a notice of termination by the Managing Director, and in the absence of a person holding such office, the shareholder with the highest equity interest in the Company is authorized.

b) The contract may be terminated without notice at any time by either party for severe cause. For the Company, the requirements of a severe cause are fulfilled if:

aa) the Managing Director infringes the restraint on competition;

bb) the Managing Director infringes the internal restrictions regarding the management imposed on him by the Company and the Company suffers damage as a result of it, or if the Managing Director repeats such infringements despite a formal warning notice;

cc) the Managing Director seriously infringes special instructions issued by the shareholders' meeting, unless the shareholders' meeting demands an illegal act;

dd) the Managing Director executes transactions without having obtained the prescribed consent.

14. Gesellschaftsrechtliche Veränderungen

Erlischt das Amt des Geschäftsführers aufgrund eines umwandlungsrechtlichen Vorgangs, etwa afgrund eines Zusammenschlusses der Gesellschaft mit anderen Unternehmen, wird der Geschäftsführer eine ihm von der Rechtsnachfolgerin der Gesellschaft zu übertragende, angemessene Leitungsposition wahrnehmen, auch wenn die Position nicht mit der Berufung in das Vertretungsorgan der Rechtsnachfolgerin verbunden sein sollte. Die dem Geschäftsführer gemäß diesem Vertrag zustehenden Vergütungsleistungen werden aus Anlass der Übertragung einer veränderten Position nicht reduziert.

14. Company-law related changes

In case that the Managing Director's office expires due to reorganizational process, e.g. due to a merger of the Company with other businesses, the Managing Director will accept an appropriate managerial position to be assigned to him by the Company's legal successor even if the position does not involve an appointment to the executive body of the legal successor. The remuneration to which the Managing Director is entitled pursuant to this contract will not be reduced because of a transfer to a different position.

15. Nachvertragliches Wettbewerbsverbot

a) Der Geschäftsführer verpflichtet sich, für die Dauer von zwei Jahren nach Beendigung des Anstellungsvertrages weder in selbständiger noch in unselbständiger Stellung oder in sonstiger Weise für ein Unternehmen tätig zu werden, welches mit der Gesellschaft in direktem oder indirektem Wettbewerb steht oder mit einem Wettbewerbsunternehmen verbunden ist. In gleicher Weise ist es dem Geschäftsführer untersagt, während dieser Dauer ein solches Unternehmen zu errichten, zu erwerben oder sich hieran mittelbar oder unmittelbar zu beteiligen. Dieses Wettbewerbsverbot gilt räumlich für jeweils alle Städte und Gemeinden zuzüglich eines Umkreises von 100 km, in denen die Gesellschaft bei der Beendigung des Anstellungsvertrages eine Niederlassung unterhält oder geschäftlich tätig ist.

b) Für die Dauer des nachvertraglichen Wettbewerbsverbotes verpflichtet sich die Gesellschaft, dem Geschäftsführer eine Karenzentschädigung zu zahlen, die für jedes Jahr des Verbotes die Hälfte der von dem Geschäftsführer zuletzt bezogenen vertragsmäßigen Leistungen beträgt. Die Zahlung der Entschädigung wird in 12 gleichen Monatsraten am Ende eines Monats fällig.

c) Auf die Entschädigung gemäß Abs. b) werden die Einkünfte angerechnet, die der Geschäftsführer während der Dauer des nachvertraglichen Wettbewerbsverbotes aus selbständiger, unselbständiger oder sonstiger Er-

15. Post-contractual restraint on competition

a) For a period of two years following the termination of this service contract, the Managing Director undertakes to refrain from working – either independently, dependently, or in any other capacity – for a business that directly or indirectly competes with the Company or that is associated with a competitive business. The Managing Director is equally prohibited during this period of time from establishing, taking over, or taking a share – neither indirectly nor directly – in such a business. This restraint on competition applies within a radius of 100 km of every city and commune where the Company has a branch office or is transacting business at the time of the termination of the service contract.

b) For the duration of the post-contractual restraint on competition, the Company undertakes to pay the Managing Director, for each year of non-competition, a compensation in the amount of one half of the contractual payments/benefits last paid to the Managing Director. Payment of the compensation is due in 12 monthly instalments at the end of the month.

c) During the period of the post-contractual restraint on competition, any income which the Managing Director draws from independent work or employment services or which he refrains from gaining with malicious in-

werbstätigkeit erzielt oder zu erzielen unterlässt, soweit die Entschädigung unter Hinzurechnung der Einkünfte den Betrag der zuletzt bezogenen vertragsmäßigen Leistungen übersteigt. Zu den Einkünften zählt auch etwaiges vom Geschäftsführer bezogenes Arbeitslosengeld. Der Geschäftsführer ist verpflichtet, der Gesellschaft auf Verlangen über die Höhe seiner Einkünfte Auskunft zu erteilen und entsprechende Nachweise zu erbringen.

d) Endet das Anstellungsverhältnis aufgrund des Eintritts des Geschäftsführers in den vorzeitigen oder regulären Ruhestand, so tritt das nachvertragliche Wettbewerbsverbot nicht in Kraft.

e) Die Gesellschaft kann sowohl vor der Beendigung des Dienstverhältnisses als auch danach durch schriftliche Erklärung gegenüber dem Geschäftsführer auf das Wettbewerbsverbot mit der Wirkung verzichten, dass sie mit dem Ablauf eines Jahres seit der Erklärung, jedoch nicht über das Ende des vereinbarten Verbotszeitraums hinaus, von der Verpflichtung zur Zahlung der Entschädigung frei wird. Der Geschäftsführer wird in diesem Fall mit der Erklärung sofort von der Pflicht zur Einhaltung des Verbots frei.

16. Ausschlussklausel

Ansprüche aus dem Dienstvertrag und dem organschaftlichen Geschäftsführerverhältnis – gleich aus welchem Rechtsgrund und mit Ausnahme von Schadensersatzansprüchen, die auf vorsätzlicher Handlung beruhen – können nur binnen einer Frist von drei Monaten ab Kündigung des Geschäftsführervertrages geltend gemacht werden. Die Geltendmachung bedarf der Schriftform.

17. Rechtswahl

Der vorliegende Vertrag wird in einer deutschen und englischen Fassung ausgefertigt. Die Parteien sind sich darüber einig, dass das Anstellungsverhältnis allein deutschem Recht unterliegt. Im Falle einer streitigen Vertragsauslegung ist die deutsche Fassung maßgeblich.

tent will be deducted from the compensation pursuant to subsection b), in so far as the compensation, taken together with the income drawn, exceeds the amount of contractual payments/benefits last received. Income also includes any unemployment benefits received by the Managing Director. The Managing Director is obliged to provide the Company, upon request, with information and corresponding evidence concerning the amount of his income.

d) In case that the employment relationship ends because the Managing Director retires, either early or regularly, the post-contractual restraint on competition does not come into effect.

e) The Company has the right to renounce the post-contractual restraint on competition by written declaration to the Managing Director, either before or after the termination of the service contract, with the effect that the obligation to pay the compensation ends upon expiry of a year after this declaration, however at the latest upon expiry of the stipulated period of non-competition. In case of such declaration the Managing Director is immediately released from the post-contractual restraint on competition.

16. Exclusion clause

Any claims arising from the Managing Director's service contract and any claims ensuing from the powers granted to him to legally represent the Company – regardless of the legal grounds thereof and with the exception of damage claims due to intentional acts – may be asserted no later than three months subsequent to the termination of the Managing Director's service contract. The assertion of the claim must be in written form.

17. Choice of law

This contract has been issued in German and in English. The parties agree that to the employment relationship exclusively German law is applicable. In the case of a dispute regarding the interpretation of the contract, the German version is binding.

II. Muster: Unbefristeter Dienstvertrag mit einem Fremdgeschäftsführer[1]

1136

Vorbemerkung

Durch Beschluss vom (...) bestellte die Gesellschafterversammlung Herrn/Frau (...) mit Wirkung zum (...) zum Geschäftsführer der Gesellschaft.

Preliminary Remark

By resolution of (...) the shareholders' meeting appointed Mr./Mrs. (...) as Managing Director of the Company with effect as of (...).

1. Position, Aufgaben und Pflichten

a) Die Gesellschaft ist berechtigt, weitere Geschäftsführer zu bestellen. Sind mehrere Geschäftsführer bestellt, kann die Gesellschaft die Vertretungsbefugnis frei bestimmen und jederzeit ändern.

b) Inhalt und Umfang der Vertretungsbefugnis und Zeichnungsberechtigung des Geschäftsführers richten sich nach Maßgabe der Vorschriften des Gesellschaftsvertrages.

Der Geschäftsführer ist von den Beschränkungen des § 181 BGB befreit.

c) Der Geschäftsführer führt die Geschäfte der Gesellschaft nach Maßgabe des Gesellschaftsvertrages, der durch die Gesellschafter ergehenden Richtlinien und Weisungen sowie den gesetzlichen Bestimmungen und der von den Gesellschaftern erlassenen Geschäftsordnung.

d) Der Geschäftsführer wird der Gesellschaft seine volle Arbeitskraft zur Verfügung stellen und die Interessen der Gesellschaft nach besten Kräften fördern. Dem Geschäftsführer ist bewusst, dass seine Aufgaben auch eine Tätigkeit an Samstagen, Sonntagen und Feiertagen erfordern können. Er ist überdies bereit, entsprechend den geschäftlichen Erfordernissen Dienstreisen innerhalb und außerhalb Deutschlands vorzunehmen. Dem Geschäftsführer ist bewusst, dass die Gesellschaft ihm weitere und andere Aufgaben zuweisen kann.

1. Position, Functions and Duties

a) The Company is entitled to appoint additional managing directors. If several managing directors are appointed, the Company may determine the power of representation in its own discretion and amend the same at any time.

b) The contents and scope of the Managing Director's power of representation and authority to sign are determined by the provisions of the shareholders' agreement.

The Managing Director is released from the restrictions of § 181 BGB.

c) The Managing Director shall conduct the business of the Company in accordance with the Company's articles of association, the guidelines and instructions given by the shareholders as well as the statutory provisions and the internal rules of procedure adopted by the shareholders.

d) The Managing Director shall provide the Company with his entire working capacity and shall use his best efforts to promote the Company's interests. The Managing Director is aware that his duties may require additional work and work on Saturdays, Sundays and Public Holidays. Furthermore, he is prepared to travel inside and outside Germany as business requires. The Managing Director is aware that the Company may assign him further and different tasks.

1 Dieser Vertrag wurde unter Berücksichtigung einer vorteilhaften Gestaltung für den Geschäftsführer konzipiert. Zu den für einen Geschäftsführer vorteilhaften Regelungen zählen: die Befreiung von den Beschränkungen des § 181 BGB (Ziff. 1 b), eine D&O-Versicherung mit Manager-Rechtsschutz (Ziff. 1 e), Abfindung (Ziff. 2 d), Zielvereinbarung (Ziff. 3 c), Aktienoptionen (Ziff. 3 f), sechsmonatige Gehaltsfortzahlung im Krankheitsfall (Ziff. 5 a) und eine Umzugskostenerstattung (Ziff. 10).

e) Die Gesellschaft schließt entsprechend den anliegenden Versicherungsbedingungen eine Vermögensschaden-Haftpflicht-Versicherung („D&O") einschließlich einer Manager-Rechtsschutzversicherung mit einer Deckungssumme von 2.500.000,00 € je Schadensfall für den Fall ab, dass der Geschäftsführer wegen einer bei Ausübung seiner Tätigkeit begangenen Pflichtverletzung von einem Dritten oder der Gesellschaft aufgrund gesetzlicher Haftpflichtbestimmungen privatrechtlichen Inhalts für einen Vermögensschaden in Anspruch genommen wird.

e) In accordance with the enclosed insurance terms and conditions, the Company will take out a third party liability insurance policy covering pecuniary loss (D&O insurance), including a manager's legal expenses insurance policy, with the insured sum of € 2,500,000.00 for each liability case, in case a third party or the Company itself asserts a claim against the Managing Director according to statutory provisions regarding liability under private law on account of a breach of duty in exercising his functions.

2. Vertragsdauer

a) Der Dienstvertrag beginnt am (...) und wird auf unbestimmte Zeit geschlossen. Die Kündigungsfrist beträgt sechs Monate zum Monatsende.

b) Der Vertrag ist jederzeit aus wichtigem Grund fristlos kündbar.

c) Die Kündigung bedarf der Schriftform.

d) Im Fall der ordentlichen Kündigung durch die Gesellschaft erhält der Mitarbeiter eine Brutto-Abfindung in Höhe von zwei Brutto-Monatsgehältern pro Dienstjahr. Als Dienstbeginn zählt insoweit der (...).

2. Term of contract

a) The Service Contract is concluded for an indefinite period and shall commence on (...). The period of notice shall be six months to the end of a month.

b) The Service Contract may be terminated without notice for just cause at any time.

c) Notice of termination shall be in written form.

d) In case of a termination with notice by the Company, the Managing Director shall receive a gross compensation amounting to two gross monthly salaries for every year of service. Commencement of service under this clause is (...).

3. Vergütung

a) Der Geschäftsführer erhält als Vergütung für seine Tätigkeit ein festes Jahresgehalt in Höhe von (...) € brutto.

Das Jahresgehalt wird in 12 gleichen Raten von (...) € unter Einbehaltung der gesetzlichen Abzüge zum Ende eines jeden Kalendermonats gezahlt. Soweit sich die Tätigkeit nicht auf das gesamte Jahr erstreckt, ermäßigt sich die Vergütung entsprechend pro rata temporis.

b) Eine Überprüfung des Jahresgehaltes erfolgt erstmalig zum (...) und in den darauf folgenden Jahren jeweils zum 1. Januar.

c) Zusätzlich erhält der Geschäftsführer eine jährliche leistungsbezogene Bonuszahlung in Höhe von maximal 30 % des festen Jahres-

3. Remuneration

a) As remuneration for his services the Managing Director receives a fixed annual gross salary amounting to € (...).

The annual salary shall be paid in twelve equal monthly instalments of € (...) at the end of each calendar month after deduction of public charges. If the activity does not extend over the entire year, the remuneration shall be reduced on a pro rata temporis basis.

b) The annual salary will be subject to a revision for the first time on (...) and subsequently on the first day of January of each respective year.

c) In addition, the Managing Director shall be entitled to receive an annual performance-related bonus with a maximum amount of

gehaltes. Die Zahlung erfolgt abhängig von der Erreichung der in einer jährlich mit dem Geschäftsführer zu vereinbarenden Bonusregelung festgelegten Ziele.

30 % of the fixed annual salary. Payment shall be conditional upon the achievement of the objectives established by a bonus scheme to be agreed upon annually with the Managing Director.

d) Bei Ausscheiden innerhalb des Geschäftsjahres besteht Anspruch auf eine anteilige Bonuszahlung, die auf die im Geschäftsjahr absolvierte Dienstzeit entfällt. Dabei wird eine vollständige Zielerreichung unterstellt, es sei denn, eine der Parteien kann Gründe darlegen, die eine abweichende Festsetzung rechtfertigen.

d) In case that the Managing Director leaves the Company before the end of the business year, he shall be entitled to a bonus payment on a pro rata temporis basis. In this case, a full achievement of the agreed objectives shall be assumed, except one of the parties can state good reasons for a divergent fixing.

e) Ein Anspruch auf Vergütung von Überstunden, Sonntags-, Feiertags- oder sonstiger Mehrarbeit besteht nicht.

e) The Managing Director shall not be entitled to claim compensation for overtime or work performed on Sundays or holidays, or for any other additional work performed.

f) Der Geschäftsführer nimmt an einem Aktienoptionsplan teil, über den eine gesonderte Vereinbarung getroffen wird.

f) The Managing Director will participate in a stock option plan, for which a separate agreement will be concluded.

4. Urlaub

Der Geschäftsführer hat Anspruch auf bezahlten Jahresurlaub von 30 Tagen. Kann der Geschäftsführer aus geschäftlichen oder persönlichen Gründen seinen Jahresurlaub im laufenden Jahr nicht nehmen, bleibt dieser Urlaubsanspruch bis zum 31. März des Folgejahres erhalten.

4. Leave

The Managing Director shall be entitled to paid annual leave of 30 working days. In case that the leave cannot be taken during the current year due to business requirements or personal reasons, the Managing Director retains his leave entitlement up to 31 March of the following year.

5. Bezüge bei Krankheit oder Tod/Unfallversicherung

a) Bei einer vorübergehenden Arbeitsunfähigkeit des Geschäftsführers, die durch Krankheit oder aus einem anderen, von dem Geschäftsführer nicht zu vertretenden Grunde eintritt, werden die Bezüge gemäß Ziffer 3 Buchst. a) für sechs Monate fortgewährt, und zwar ab der siebten Woche unter Abzug des Betrags, der dem von der Krankenkasse gezahlten Krankengeld entspricht. Die Fortzahlung der Bezüge erfolgt jedoch längstens bis zur Beendigung dieses Vertrages.

5. Remuneration in case of Illness or Death/ Accident Insurance

a) In case of a temporary disability to perform his contractual duties and responsibilities owing to sickness or other circumstances for which he is not responsible, the remuneration according to § 3.1 hereof shall be continued to be paid for a period of six months. From the 7th week the amount corresponding to the sickness benefit paid by the health insurance scheme shall be deducted. However, the continued payment of salary shall end upon termination of the Service Contract at the latest.

b) Stirbt der Geschäftsführer während der Dauer dieses Vertrages, hat erstrangig seine Witwe, sonst seine Kinder Anspruch auf Fortzahlung des Gehaltes und der anteiligen Bonuszahlung gemäß Ziffer 3 Buchst. c) für

b) In the event of death of the Managing Director within the duration of contract, primarily his widow, otherwise his children are entitled to continuation of salary and pro rata bonus payment according to § 3.3 of this

den Sterbemonat und die folgenden drei Monate.
c) Zusätzlich schließt die Gesellschaft zugunsten des Geschäftsführers eine Unfallfallversicherung, welche den Invaliditäts- und Todesfall abdeckt. Unterbleibt der Abschluss einer entsprechenden Versicherung, ist der Geschäftsführer von der Gesellschaft im Innenverhältnis so zu stellen, als ob eine Versicherung bestünde.

contract for the month of decease and the following three months.
c) In addition, the Company shall take out an accident insurance policy for the benefit of the Managing Director covering accident and death. If such insurance is inexistent, the Managing Director shall be internally treated as if such policy existed.

Die Deckungssumme beträgt derzeit:
- 250.000,00 € im Fall teilweiser Invalidität,
- 500.000,00 € im Fall völliger Invalidität und
- 500.000,00 € im Todesfall.

The insured sum currently amounts to:
- € 250,000.00 in the event of partial disability,
- € 500,000.00 in the event of total disability, and
- € 500,000.00 in the event of death.

6. Dienstwagen

Die Gesellschaft stellt dem Geschäftsführer einen Dienstwagen der oberen Mittelklasse (zB BMW 5er oder Audi A 6) bis zu einer monatlichen Leasingrate von (...) netto zur Verfügung.

Der Dienstwagen darf auch privat genutzt werden einschließlich der Nutzung durch Familienmitglieder (Lebenspartner und Kinder). Die gesamten Kosten werden von der Gesellschaft übernommen. Der Geschäftsführer trägt die darauf entfallende Lohnsteuer und Sozialversicherungsbeiträge.

6. Company Car

The Company provides the Managing Director with a Company car of the upper middle class (BMW type 5, Audi A 6) with a maximum leasing instalment of (...) per month.

The Company car may also be used for private purposes including the use by family members (spouse and children). The Company shall bear the entire costs. The Managing Director bears any accruing wage tax and social security contributions.

7. Dienstreisen

Reisekosten werden aufgrund von Belegen entsprechend den geltenden steuerrechtlichen Richtlinien und den Festlegungen durch die Gesellschaft vergütet.

Der Geschäftsführer ist berechtigt, bei Flugreisen business-class und auf Bahnfahrten 1. Klasse zu reisen.

7. Business Travel

The company shall reimburse travel expenses on the basis of receipts in accordance with the applicable tax directives and the Company guidelines.

The Managing Director is entitled to fly business-class on air travel and to travel first class on train journeys.

8. Geheimhaltung

Der Geschäftsführer ist verpflichtet, gegenüber Dritten über alle vertraulichen Angelegenheiten der Gesellschaft strengstes Stillschweigen zu bewahren. Diese Verpflichtung besteht auch nach seinem Ausscheiden aus den Diensten der Gesellschaft.

8. Secrecy

The Managing Director undertakes to strictly observe secrecy towards third parties with regard to all confidential Company affairs. This obligation remains in effect even subsequent to withdrawal from the Company.

9. Rückgabe von Unterlagen

Bei seinem Ausscheiden aus den Diensten der Gesellschaft oder nach seiner Entbindung von der Verpflichtung zur Arbeitsleistung ist der Geschäftsführer verpflichtet, sämtliche Schriftstücke, Korrespondenzen, Aufzeichnungen, Entwürfe und dergleichen, die Angelegenheiten der Gesellschaft betreffen und sich noch in seinem Besitz befinden, einschließlich Kopien, auch auf elektronischen Datenträgern, unverzüglich zurückzugeben. Ist der Geschäftsführer für die Beweisführung im Rahmen eines anhängigen oder drohenden Prozesses über Ansprüche aus dem Dienstverhältnis auf Kopien oder Abschriften angewiesen, hat er gegenüber der Gesellschaft einen Anspruch auf Freistellung von der Herausgabepflicht bezüglich der betroffenen Kopien.

9. Return of Documents

Upon his withdrawal from the Company or following the release from his duties, the Managing Director undertakes to return immediately any documents, correspondence, recordings, drafts and suchlike, which concern affairs of the Company and are still in his possession – including copies, also on electronic data carriers. If the Managing Director is reliant on copies or duplicates in a pending or imminent lawsuit concerning claims arising from the employment relationship, the Managing Director is entitled to be released from the duty to return the relevant copies by the Company.

10. Umzugskosten

Dem Geschäftsführer werden folgende im Zusammenhang mit seinem Umzug entstehenden Kosten erstattet:

a) Verpackung und Transport seines Hausstandes von (...) nach Deutschland, Versicherung eingeschlossen;

b) Reisekosten für den Geschäftsführer und seine Familienangehörigen (Ehegatte und im Haushalt lebende unterhaltsberechtigte Kinder) gegen Nachweis;

c) einmalig Umzugskostenpauschale in Höhe von 500,00 € für mit dem Umzug in Verbindung stehende, nicht einzeln aufzulistende Kosten.

d) Kosten für eine angemessene Hotelunterkunft in (...) bis zum Abschluss des Umzugs, jedoch höchstens für drei Monate. Die Erstattung von Hotelkosten, die aus geschäftlichen Gründen erforderlich werden, bleibt davon unberührt.

e) Kosten der Haus- bzw Wohnungssuche in (...), einschließlich Maklerkosten.

10. Relocation Expenses

The Managing Director shall be reimbursed for the following costs incurred related to his relocation:

a) Packing and shipping of his household items from (...) to Germany including insurance coverage;

b) Travel expenses for the Managing Director and his family members (spouse or dependent children residing in the Managing Director's household) upon presentation of receipts;

c) One-time relocation allowance in the amount of € 500.00 for expenses related to the relocation but not itemised individually.

d) Costs for an appropriate hotel accommodation in (...) until the relocation is finished, but not more than 3 months. The reimbursement of hotel cost resulting from business requirements remains unaffected.

e) Costs for seeking accommodation including commission for real estate agents.

11. Ausschlussfrist

Alle Ansprüche, die mit dem Anstellungsverhältnis in Zusammenhang stehen, verfallen,

11. Preclusive time limit

All claims arising from and related to the employment relationship shall be forfeited if

wenn sie gegenüber dem jeweils anderen Teil nicht innerhalb von sechs Monaten ab Fälligkeit schriftlich geltend gemacht werden. Schadensersatzansprüche wegen vorsätzlicher Handlungen werden nicht von der Ausschlussfrist erfasst.

not asserted in written form within six months after their due date. The preclusive time limit does not apply to claims for damages caused by acts of intention.

12. Schlussbestimmungen

a) Sollten einzelne Bestimmungen dieses Vertrages unwirksam sein, wird die Wirksamkeit der übrigen Bestimmungen hiervon nicht berührt. Die Parteien sind verpflichtet, die unwirksame Bestimmung durch eine wirksame Regelung derart zu ersetzen, dass der mit der unwirksamen Bestimmung angestrebte wirtschaftliche Erfolg so weit wie möglich erreicht wird. Entsprechendes gilt bei Lücken im Vertrag.

b) Änderungen oder Ergänzungen dieses Vertrages bedürfen zu ihrer Wirksamkeit der Schriftform und des Beschlusses der Gesellschafter. Dies gilt auch für eine Aufhebung der Schriftform selbst.

c) Im Fall von Widersprüchen zwischen den beiden Fassungen hat die deutschsprachige Fassung Vorrang. Im Streitfall ist allein die deutsche Fassung verbindlich.

d) Für diesen Vertrag gilt deutsches Recht.

12. Final Provisions

a) Should individual provisions of this Service Contract be invalid, the validity of the remaining provisions shall not be affected. The parties shall be obliged to replace the invalid provision by a valid provision which is according as far as possible with the economic aim and purpose of the invalid provision. The same shall apply to incomplete provisions.

b) Alterations and supplements to this Service Contract including this clause shall be in written form in order to be effective, and shall require a shareholders' resolution. This also apllies to a repeal of the written form requirement itself.

c) In case of discrepancies between both versions of this contract, the German version shall prevail. In case of dispute, exclusively the German version of this employment contract shall be binding.

d) German Law shall apply to this Service Contract.

III. Muster: Dienstvertrag mit beherrschendem Gesellschafter-Geschäftsführer

1137

1. Beginn und Ende des Vertragsverhältnisses

a) Der Vertrag beginnt am (...) und wird auf unbestimmte Dauer geschlossen. Er kann von jeder Partei mit einer Frist von sechs Monaten zum Ende eines Kalenderjahres gekündigt werden.

b) Das Recht auf ordentliche Kündigung ist seitens der Gesellschaft für den Zeitraum ausgeschlossen, in dem der Geschäftsführer Inhaber von Geschäftsanteilen der Gesellschaft ist, auch wenn die Beteiligung den bisherigen Umfang unterschreitet (Gesellschafter-Geschäftsführer).

c) Das Vertragsverhältnis endet außerdem:

aa) spätestens mit Erreichen der Altersgrenze; das ist derzeit der Ablauf des Monats, in dem das (...) Lebensjahr vollendet wird, sowie

bb) mit Ablauf des Monats, in dem eine potenzielle volle Erwerbsminderung des Geschäftsführers iSd § 43 Abs. 2 SGB VI durch Gutachten festgestellt wird. Die Gesellschaft kann auf eigene Kosten den Grad der Arbeitsunfähigkeit durch Einholung eines vertrauensärztlichen Gutachtens ermitteln lassen, das für beide Vertragspartner verbindlich ist.

1. Commencement and termination of the contractual relationship

a) The contract is entered into for an indefinite period with effect as of (...). Either party may terminate the contract to the end of the calendar year by observing six months' notice thereof.

b) The Company is precluded from terminating the contract with notice during the period of time in which the Managing Director has an equity interest in the business, even if such interest (shareholding) falls below the current dimensions (shareholder-managing director).

c) Furthermore the contractual relationship shall cease:

aa) at the latest upon attainment of retirement age, which is currently upon expiry of the month in which of the age of (...) years is attained; and

bb) upon expiry of the month, in which a potential permanent disability to perform the duties of the Managing Director as defined in § 43 (2) SGB VI (German Social Law Code, Book VI) has been determined by an expert opinion. By request of the Company and at its own expense, the degree of disability shall be determined by an expert opinion of an independent medical examiner, which will be binding for both contractual partners.

2. Aufgabenbereich

a) Der Geschäftsführer führt die Geschäfte der Gesellschaft selbständig, verantwortlich und mit der Sorgfalt eines ordentlichen Geschäftsmanns im Rahmen des Gesellschaftsvertrages und nach Maßgabe der Beschlüsse der Gesellschafter.

b) Sofern sich der Inhalt des Gesellschaftsvertrages und des Anstellungsvertrages widersprechen sollten, gelten vorrangig die Bestimmungen des Gesellschaftsvertrages. Der Geschäftsführer hat den Weisungen der Gesell-

2. Scope of functions

a) The Managing Director shall conduct the business of the Company in an independent and responsible manner, with the due care and diligence of a prudent businessman, and in compliance with the Company's articles of association and any shareholders' resolutions.

b) In case of any contradictions between the terms of the Company's articles of association and the service contract, the provisions of the articles of association shall prevail. The Managing Director has to comply with any

schafterversammlung und des Beirats Folge zu leisten. Die Gesellschaft kann eine Geschäftsordnung für die Geschäftsführung erlassen, die die weiteren Befugnisse und Pflichten des Geschäftsführers regelt.

instructions issued by the shareholders' meeting and the advisory board. The Company is entitled to enact internal rules of procedure applicable to management, additionally stipulating the Managing Directors' further competences and duties.

c) Die Befugnis zur Geschäftsführung umfasst die Vornahme aller Maßnahmen im Rahmen des gewöhnlichen Geschäftsbetriebs der Gesellschaft.

c) The Managing Director is authorized to execute all acts falling within the scope of the Company's ordinary course of business.

d) Zur Vornahme von Rechtsgeschäften, die über den gewöhnlichen Geschäftsbetrieb der Gesellschaft hinausgehen, muss die vorherige Zustimmung der Gesellschafterversammlung eingeholt werden, insbesondere für die durch Beschluss der Gesellschafterversammlung über den Katalog zustimmungsbedürftiger Geschäfte genannten Maßnahmen.

d) The consent of the shareholders' meeting must be obtained prior to the execution of any legal transactions beyond the scope of the Company's ordinary course of business, in particular for all actions listed in the resolution adopted by the shareholders' meeting about the catalogue of business requiring approval.

e) Der Geschäftsführer unterrichtet die Gesellschafterversammlung zeitnah, umfassend und kontinuierlich oder auf Ersuchen über Geschäftsverlauf, Planung und einzelne Vorgänge von besonderem Interesse.

e) On a regular basis or upon request, the Managing Director shall report to the shareholders' meeting about business performance, planning activities, and any individual events of particular interest in a timely and thorough manner.

f) Soweit keine besonderen satzungsmäßigen Bestimmungen oder Anweisungen der Gesellschafter bestehen, gelten die folgenden Regelungen:

f) In the absence of any special provisions in the articles of association or any shareholders' instructions, the following provisions apply:

aa) Der Geschäftsführer berichtet den Gesellschaftern regelmäßig vierteljährlich über den Gang der Geschäfte und die Lage der Gesellschaft. In Einzelfällen erfolgt die Unterrichtung auf besondere Anforderung der Gesellschafterversammlung. Form und Inhalt der Berichte werden in einer besonderen Vereinbarung festgehalten. Der turnunsmäßige Bericht zum 30. Juni eines jeden Jahres kann mit der Vorlage und Erläuterung zum Jahresabschluss des vorangegangenen Jahres verbunden werden, wenn zwischen der Vorlage des Jahresabschlusses und dem 30. Juni weniger als zwei Monate liegen.

aa) The Managing Director shall report to the shareholders on a regular, quarterly basis about business developments and the Company's business situation. In particular cases, a report shall be made upon a special request by the shareholders' meeting. The requirements as to form and content of the reports will be stipulated in a special agreement. The regular report due on 30 June of any year may be included in the annual financial statement of the preceding year and the explanatory notes to it, provided that the period of time between the submission of the annual financial statement and 30 June does not exceed two months.

bb) Im letzten Viertel eines jeden Jahres legt der Geschäftsführer der Gesellschafterversammlung den Jahresfinanzplan für das folgende Jahr zur Genehmigung vor. Dieser Plan enthält eine detaillierte Kosten- und Er-

bb) In the final quarter of each year, the Managing Director shall present the shareholders' meeting with the next year's financial plan for their approval. This plan shall include a detailed forecast of costs and earnings

lösvorschau und einen Investitions- und Zahlungsplan. Aus ihm sind alle wesentlichen vorgesehenen oder zu erwartenden Geschäftsvorgänge und Veränderungen unter Einschluss möglicher Alternativen ersichtlich.

cc) Im Falle der Ablehnung des Finanzplans als Ganzes oder in Teilen hat der Geschäftsführer in angemessener Frist einen aufgrund der Vorschläge der Gesellschafterversammlung überarbeiteten Finanzplan vorzulegen. Beginnt das Geschäftsjahr ohne genehmigten Finanzplan, führt der Geschäftsführer die Geschäfte im bisher üblichen Rahmen.

and an investment and payment plan. It shall also include all planned or anticipated business transactions and changes of a significant nature, including any possible alternative course of action.

cc) If the financial plan is rejected in whole or in part, the Managing Director shall submit a revised financial plan within a reasonable period of time taking into consideration the suggestions made by the shareholders' meeting. Should the financial year commence without an approved financial plan, the Managing Director shall continue to conduct business as has been usual up to then.

3. Vergütung

a) Der Geschäftsführer erhält ein monatliches Grundgehalt in Höhe von (...) €, zahlbar jeweils am Monatsende.

b) Der Geschäftsführer erhält neben seinem Grundgehalt eine Tantieme in Höhe von (...) % des laut Steuerbilanz nach Verrechnung mit Verlustvorträgen und vor Abzug der Körperschafts- und Gewerbesteuer sowie der Tantieme selbst verbleibenden Gewinns. Im Rahmen der Verrechnung sind auch Verlustvorträge vorangegangener Jahre einzubeziehen, soweit der Geschäftsführer für diese zumindest mitverantwortlich ist. Der Berechnung der Tantieme ist ein durchschnittlich zu erwartender Jahresgewinn in Höhe von (...) € zu Grunde gelegt. Der Höchstbetrag der Tantieme beträgt (...) €. Die Tantieme ist mit der Feststellung des Jahresabschlusses durch die Gesellschafterversammlung fällig. Wird das Anstellungsverhältnis während des Geschäftsjahres beendet, steht dem Geschäftsführer ein Anspruch auf eine anteilige Tantieme zu.

c) Bei Arbeitsunfähigkeit (Krankheit) erhält der Geschäftsführer für die Dauer von 12 Monaten die Bezüge nebst Nebenleistungen weiter vergütet. Unfallbedingte Ausfallzeiten gelten nicht als Krankheit für einen Anspruch auf eine Gehaltsfortzahlung.

3. Remuneration

a) The Managing Director will receive a monthly base salary of € (...) payable at the end of each month.

b) In addition to his base salary, the Managing Director will receive a profit-sharing bonus of (...) % of profits according to the balance sheet for tax purposes after adjustments for loss carry-forwards and before deducting corporate income tax and trade tax as well as the profit-sharing bonus itself. Also loss carry-forwards of preceding years have to be taken into account as adjustments, as far as the Managing Director is at least jointly responsible for them. The evaluation of this bonus is based on an estimated average annual profit of (...) €. The profit-sharing bonus may not exceed a total of € (...) and becomes due with the assessment of the annual financial statement by the shareholders' meeting. If the employment relationship is terminated during the course of the financial year, the Managing Director is entitled to the profit-sharing bonus on a pro rata temporis basis.

c) In the case of a temporary disability (illness), the Managing Director will continue to receive his income including any supplementary payments for a period of 12 months. Periods of absence from work on account of an accident do not constitute periods of "illness" and therefore do not give rise to a claim to continued salary payments.

4. Dienstwagen

Für die Dauer des Anstellungsverhältnisses wird dem Geschäftsführer ein Dienstwagen der Marke (...), Typ (...), zur Verfügung gestellt, der auch für Privatfahrten genutzt werden darf. Die Gesellschaft wird das Fahrzeug leasen. Betriebs- und Unterhaltungskosten einschließlich der Benzinkosten trägt die Gesellschaft. Den geldwerten Vorteil für die Benutzung zu Privatfahrten hat der Geschäftsführer zu versteuern. Bei Beendigung des Anstellungsvertrages ist der Geschäftsführer zur Herausgabe des Dienstwagens verpflichtet.

4. Company car

For the duration of the service contract, the Managing Director will be provided with a company car – make (...) and model (...) – which may also be used for private purposes. The Company will lease the vehicle. The Company bears the operating and maintenance costs, including petrol costs. The Managing Director is liable for any tax owing on the pecuniary advantage arising from the private usage. The Managing Director is obliged to surrender the company car upon termination of the service contract.

5. Pensionszusage

a) Beitragshöhe und Durchführungsweg

Der Geschäftsführer erhält ab dem (...) eine beitragsorientierte Direktversicherungszusage. Die Pensionszusage wird über die (...)-Lebensversicherungs AG durchgeführt. Der monatlich an die (...)-Lebensversicherungs AG zu zahlende Beitrag beläuft sich auf (...) €. Der anfänglich vereinbarte Betrag wird jährlich mit 1 % Dynamik ausgestattet. Der Geschäftsführer erklärt sich mit dem Abschluss der Versicherung auf sein Leben gemäß § 150 VVG einverstanden.

5. Pension promise

a) Amount of contributions and method of implementation

As of (...), the Managing Director will receive a contribution-oriented promise of a direct insurance (i.e. contributions are paid directly by employers on behalf of employees). The pension promise will be transacted by the (...) Lebensversicherung AG. The monthly contribution to be paid to the (...) Lebensversicherung AG is € (...). The initially agreed contribution amount is subject to a 1 % increase (dynamic) per annum. Pursuant to § 150 VVG (German Insurance Contracts Act), the Managing Director hereby agrees upon the conclusion of the insurance policy covering his life.

b) Geltung der Allgemeinen und Besonderen Versicherungsbedingungen

Dem Geschäftsführer werden Leistungen der Alters-, Invaliditäts- und Hinterbliebenenversorgung zugesagt. Art und Umfang der Versicherungsleistungen sowie Voraussetzungen für die Inanspruchnahme der Versicherungsleistungen ergeben sich aus den jeweiligen Allgemeinen und Besonderen Versicherungsbedingungen der für den Geschäftsführer abgeschlossenen Versicherung und den nachfolgenden Vereinbarungen.

b) Applicability of the General and Special Insurance Terms and Conditions

The Managing Director is granted entitlement to benefits out of retirement and disability pension schemes, and pension provisions for surviving dependents. The nature and scope of the insurance benefits and the prerequisites to claiming such benefits are found in the respective General and Special Insurance Terms and Conditions of the insurance policy taken out for the Managing Director's benefit and in the agreements set out below.

c) Verwendung der Überschussanteile

Die Überschussanteile werden zur Erhöhung der Versicherungsleistungen verwendet.

d) Unwiderruflichkeit des Bezugsrechts; Hinterbliebene

Dem Geschäftsführer wird ein unwiderrufliches Bezugsrecht auf alle Versicherungsleistungen eingeräumt. Werden Versicherungsleistungen aufgrund des Todes des Geschäftsführers fällig, sind folgende Personen bezugsberechtigt:

- der zum Todeszeitpunkt mit dem Geschäftsführer in gültiger Ehe lebende Ehegatte;
- falls nicht vorhanden, der Partner einer eingetragenen Lebenspartnerschaft iSd Lebenspartnerschaftsgesetzes (LPartG);
- falls nicht vorhanden, die Kinder des Geschäftsführers im Sinne des § 32 Abs. 3 und Abs. 4 Satz 1 Nr. 1 bis 3 EStG;
- falls nicht vorhanden, der vom Geschäftsführer vor Eintritt des Versicherungsfalles der Lebensversicherung namentlich benannte Lebensgefährte, der die in den Versicherungsbedingungen genannten Leistungsvoraussetzungen erfüllt;
- falls nicht vorhanden, der vom Geschäftsführer vor Eintritt des Versicherungsfalles der Lebensversicherung namentlich benannte gleichgeschlechtliche Lebenspartner einer nicht eingetragenen Lebenspartnerschaft, der die in den Versicherungsbedingungen genannten Leistungsvoraussetzungen erfüllt.

Sämtliche Bezugsrechte sind nicht übertragbar und nicht beleihbar.

e) Vorzeitige Beendigung des Dienstverhältnisses

Bei vorzeitiger Beendigung des Dienstverhältnisses verfällt die Versorgungsanwartschaft, soweit die Unverfallbarkeitsfrist des § 1 b Abs. 3 BetrAVG nicht erfüllt ist. Scheidet der Geschäftsführer vor Eintritt des Versorgungs-

c) Use of profit shares

The surplus shares will be used for the increase of insurance benefits.

d) Irrevocability of the right to benefits; surviving dependents

The Managing Director is granted an irrevocable right to all insurance benefits. If insurance benefits become due because of the death of the Managing Director, the following persons are entitled to the benefits:

- the living spouse validly married to the Managing Director at the time of death;
- in the absence of such, the partner in a registered homosexual partnership in terms of the Act of Homosexual Partnerships (LPartG);
- in the absence of such, the Managing Director's children as defined in § 32 (3) and (4), sentence 1, Nos. 1 to 3 EStG (German Income Tax Act);
- in the absence of such, the partner in life appointed by name to the life insurance by the Managing Director prior to the occurrence of the insured event, who qualifies for benefits as prescribed by the terms and conditions of insurance;
- in the absence of such, the partner in life in a non-registered homosexual partnership appointed by name to the life insurance by the Managing Director prior to the occurrence of the insured event, who qualifies for benefits as prescribed by the terms and conditions of insurance.

All rights to the insurance benefits are non-transferable and not eligible as collateral.

e) Premature termination of the service contract

In case of a premature termination of the service contract, entitlement to the pension is forfeited unless it complies with the legal requirements of the terms of non-forfeiture of § 1 b (3) BetrAVG (German Company Pensi-

falls aus den Diensten der Gesellschaft aus, erklärt die Gesellschaft bereits jetzt, dass die Versorgungsansprüche aus der Zusage auf die Leistungen begrenzt sind, die aufgrund der Beitragszahlung aus dem für den Geschäftsführer abgeschlossenen Versicherungsvertrag fällig werden (§ 2 Abs. 3 Satz 2 BetrAVG). Etwaige Beitragsrückstände werden innerhalb von drei Monaten seit dem Ausscheiden ausgeglichen. Die Versicherung wird unverzüglich nach dem rechtlichen Ende des Dienstverhältnisses auf den Geschäftsführer übertragen und kann von ihm als Einzelversicherung nach dem hierfür im Zeitpunkt des Ausscheidens vorhandenen Tarif gegen laufende Beitragszahlung bei der Lebensversicherung fortgeführt werden, soweit sie nicht bereits ausfinanziert ist. Die Leistungen aus diesen Beiträgen werden jedoch von dieser Zusage nicht umfasst. Nach dem Ausscheiden sind eine Abtretung, Beleihung und ein Rückkauf der übertragenen Versicherung durch den Geschäftsführer gemäß § 2 Abs. 3 Satz 3 iVm Abs. 2 Sätze 5 und 6 BetrAVG insoweit unzulässig, als die Versicherung auf von der Gesellschaft in der Eigenschaft als Versicherungsnehmer gezahlten Beiträgen beruht.

on Act). If the Managing Director leaves office prior to the occurrence of the event giving rise to the retirement benefits, the Company hereby declares that the pension claims pursuant to the pension promise are limited to those benefits that, due to the contributions paid, arise from the insurance contract taken out for the Managing Director's benefit (§ 2 (3), sentence 2 BetrAVG). Any contribution payments in residues will be satisfied no later than three months following the withdrawal. The insurance policy will be immediately transferred to the Managing Director after the legal termination of the service contract and may be continued by him as an individual insurance policy by payment of the continous contributions to the life insurance policy pursuant to the applicable rate to it at the time of withdrawal, if the contributions have not already been paid in full. The benefits ensuing from the latter contributions are not comprised by the pension promise. After leaving office, the Managing Director is not allowed – pursuant to § 2 (3), sentence 3 in conjunction with § 2 (2), sentences 5 and 6 of the BetrAVG – to assign, use as collateral, or surrender that part of the transferred insurance policy that is based on contributions made by the Company in the capacity of a policy holder.

f) Vorzeitige Altersrente

Nimmt der Geschäftsführer die vorgezogene Altersrente aus der gesetzlichen Rentenversicherung als Vollrente in Anspruch und verlangt er vorzeitig eine betriebliche Altersrente gemäß § 6 BetrAVG, vermindert sich die Versicherungsleistung nach versicherungsmathematischen Grundsätzen.

f) Early retirement benefits

If the Managing Director claims early retirement benefits out of the statutory pension insurance scheme as a full pension and prematurely demands early company retirement benefits pursuant to § 6 BetrAVG, insurance benefits will be reduced in accordance with actuarial principles.

6. Nebenleistungen

a) Die Parteien sind sich einig, dass die Vergütung sämtliche Aufwendungsersatzansprüche abdeckt. § 670 BGB wird einvernehmlich und vollumfänglich abbedungen. Hiervon sind ausgenommen Kosten für Dienstreisen, insbesondere Übernachtungskosten, Kosten für die Bewirtung von Geschäftspartnern sowie Reisekosten für Flüge oder Bahnfahrten. Der Geschäftsführer ist berechtigt, bei Bahn-

6. Supplementary payments

a) The parties agree that the remuneration fully covers all claims to reimbursement for expenses. The parties mutually agree to waive § 670 BGB (German Civil Code) in its entirety. Excepted are costs incurred for business trips (particularly overnight accommodation expenses), for entertaining business partners, and for travelling by air or train. The Managing Director is entitled to travel

fahrten die (erste) Klasse zu nutzen. Bei Flugreisen ist er berechtigt, die (Business) Class zu wählen. Die nachgewiesenen Taxikosten erstattet die Gesellschaft. Dem Geschäftsführer steht ein Anspruch auf Aufwendungsersatz nur zu, wenn er im Einzelfall durch Vorlage von Rechnungen, die den jeweils gültigen steuerrechtlichen Vorgaben genügen, die Entstehung der Kosten nachweist und schriftlich jeweils den betrieblichen Anlass darlegt.

(First) Class on train trips. When travelling by air, he is entitled to fly (Business) Class. The Company will reimburse any taxi fares demonstrated by invoice. The Managing Director is only entitled to reimbursement of expenses if, by presenting invoices that comply with tax law regulations at a time, he proves that the expenses were incurred and provides a written statement specifying the business occasion.

b) Der Geschäftsführer hat Anspruch auf Erstattung derjenigen Kosten, die durch Geschäftsessen erforderlich werden und die er verauslagt hat. Der Geschäftsführer ist nur berechtigt, seinen Ehegatten auf Kosten der Gesellschaft zu Geschäftsessen einzuladen, wenn auch der Geschäftspartner mit Ehegatten erscheint oder wenn die Gesellschaft vorher zustimmt. Die Erstattung erfolgt gegen Vorlage der Rechnung der Bewirtung, der Benennung der Teilnehmer und des Anlasses der Bewirtung.

b) The Managing Director is entitled to reimbursement of advanced costs incurred for business dinners. The Managing Director may only invite his own spouse to business lunches or dinners paid by the Company if the business partner is also accompanied by his spouse or if the Company previously approves it. Reimbursement will be made upon presentation of the invoice of the dinner, naming of the participants, and specification of the reason for the dinner.

c) Der Geschäftsführer erhält auf Kosten der Gesellschaft ein Mobiltelefon, das der Geschäftsführer in angemessenem Rahmen für private Zwecke nutzen darf.

c) The Managing Director will receive a mobile phone at the Company's expense, which the Managing Director may also use for private purposes to a reasonable extent.

7. Versicherungsschutz

a) Die Gesellschaft schließt zugunsten des Geschäftsführers für die Dauer des Dienstvertrages eine Unfallversicherung, die ebenfalls Unfälle des privaten Bereichs abdeckt, mit folgender Deckungssumme ab:

- für den Todesfall: (...) €
- für den Invaliditätsfall: (...) €.

Bezugsberechtigt aus der Versicherung sind im Invaliditätsfall der Geschäftsführer, im Todesfall die von ihm benannten Personen, bei Fehlen einer solchen Bestimmung seine Erben. Soweit Prämien der Unfallversicherung der Lohnsteuer unterliegen, trägt diese der Geschäftsführer. Die Gesellschaft ist berechtigt, die Unfallversicherung im Rahmen einer Gruppenunfallversicherung abzuschließen.

7. Insurance coverage

a) For the duration of the service contract, the Company will take out an accident insurance policy on behalf of the Managing Director, also covering accidents in private domain, with the following insured sums of:

- € (...) in case of death
- € (...) in case of disability.

In the case of disability, the Managing Director is entitled to the benefits ensuing from the insurance coverage; in the case of death, the persons appointed by him are entitled; in the absence of such an appointment, his heirs. The Managing Director is liable for any wage tax accruing from the premiums paid to the accident insurance policy. The Company is entitled to conclude the accident insurance policy within a collective accident insurance policy.

b) Die Gesellschaft übernimmt für die Dauer des Anstellungsvertrages die Kosten der Krankenversicherung des Geschäftsführers. Unterliegen die Beitragszahlungen der Einkommenssteuer, trägt diese der Geschäftsführer.

c) Die Gesellschaft schließt für die Dauer des Anstellungsverhältnisses eine D&O-Versicherung einschließlich Manager-Rechtsschutzversicherung zugunsten des Geschäftsführers entsprechend den anliegenden Versicherungsbedingungen ab.

8. Urlaub

Der Geschäftsführer erhält einen Jahresurlaub von 30 Arbeitstagen, den er im Interesse der Erhaltung seiner Arbeitskraft verwenden wird. Der Geschäftsführer ist daher verpflichtet, mindestens die Hälfte des Jahresurlaubs zusammenhängend zu nehmen. Jahresurlaub von 15 Tagen oder mehr ist im Einvernehmen mit den Gesellschaftern unter Berücksichtigung der betrieblichen Belange festzulegen. Kürzere Urlaubszeiten wird der Geschäftsführer den Gesellschaftern anzeigen. Eine Abgeltung des Urlaubsanspruches in Geld ist ausgeschlossen.

9. Diensterfindungen

a) Die Rechte an etwaigen patentfähigen Diensterfindungen, sonstigen technischen Entwicklungen und rechtlich schutzfähigen Arbeitsergebnissen des Geschäftsführers gehen mit ihrer Entstehung auf die Gesellschaft über, ohne dass es einer gesonderten Erklärung des Geschäftsführers oder der Gesellschaft bedarf.

b) Der Geschäftsführer ist verpflichtet, die Gesellschaft unverzüglich und schriftlich über alle schutzfähigen Arbeitsergebnisse im Sinne dieser Bestimmung zu informieren, um ihr die Wahrung ihrer Rechte zu ermöglichen.

c) Die Vergütung wird nach den Bestimmungen des Gesetzes über Arbeitnehmererfindungen (ArbNErfG) in der jeweils gültigen Fassung sowie den hierzu ergangenen „Richtlinien für die Vergütung von Arbeitnehmererfindungen im privaten Dienst“ behandelt.

b) For the duration of the service contract, the Company pays the costs of the Managing Director's health insurance. The Managing Director is liable for any income tax arising from the contributions.

c) For the duration of the service contract, the Company will take out a D&O liability insurance policy, including a manager's legal expenses insurance policy, on behalf of the Managing Director in accordance with the enclosed insurance terms and conditions.

8. Leave

The Managing Director is entitled to an annual leave of 30 working days, which he will use for the preservation of his working capacity. The Managing Director is therefore obliged to take at least half of his annual leave at one time. Any leave of 15 days or more must be coordinated in consent with the shareholders taking into account the Company's needs. The Managing Director will inform the shareholders of any leave of a shorter duration. A payment in lieu of leave claim is excluded.

9. Job-related/Service Investions

a) With their arising, all rights on inventions, other technical developments or patentable key deliverables made by the Managing Director during his service are conveyed to the Company without the necessity of an additional pronouncement by the Managing Director or the Company.

b) The Managing Director is obliged to inform the Company immediately and in written form about any patentable deliverable in terms of this agreement to allow the preservation of the Company's claims.

c) The compensation will be dealt with in accordance with the provisions of the German Employee Invention Act (Arbeitnehmererfindungsgesetz – ArbNErfG) in the legal version together with the "Directives on remunerating employee inventions in the private sector" enacted pursuant thereto.

10. Verschwiegenheitspflicht, Herausgabe von Unterlagen

a) Der Geschäftsführer ist verpflichtet, Geschäfts- und Betriebsgeheimnisse sowie wirtschaftliche Angelegenheiten vertraulicher Natur geheim zu halten und ausschließlich für betriebliche Zwecke zu verwerten. Diese Verpflichtung gilt auch gegenüber Firmenangehörigen. Sie erstreckt sich ferner auf alle Geschäfts- und Betriebsgeheimnisse von Unternehmen, mit denen die Firma wirtschaftlich oder organisatorisch verbunden ist, sowie auf alle Geschäfts- und Betriebsgeheimnisse von Kunden, Interessenten und Lieferanten. Geheimzuhalten ist auch die Höhe der dem Geschäftsführer gezahlten Bezüge. Die Verschwiegenheitspflicht gilt auch nach Beendigung des Dienstverhältnisses. Sollte die nachvertragliche Verschwiegenheitspflicht den Geschäftsführer in seinem beruflichen Fortkommen unangemessen behindern, hat der Geschäftsführer gegen die Firma einen Anspruch auf Freistellung von dieser Pflicht.

b) Nach Beendigung des Dienstverhältnisses sind alle dem Geschäftsführer überlassenen Firmenunterlagen an die Gesellschaft zurückzugeben.

10. Obligations of secrecy and to return documents

a) The Managing Director is obliged to keep confidential any business and trade secrets and business matters of a confidential nature, and to use them exclusively for Company purposes. This obligation also applies towards other Company members. It also extends to all business and trade secrets of enterprises with which the Company is economically or organisationally associated, and to all business and trade secrets of customers, prospective customers, and suppliers. The amount of the Managing Director's income must also be kept confidential. The obligation of secrecy also remains in effect subsequent to a termination of the employment relationship. Should the post-contractual duty of confidentiality unproportionately hinder the Managing Director in his professional development, the Managing Director is entitled to be released from this duty by the Company.

b) All company documents entrusted to the Managing Director must be returned to the Company upon termination of the employment relationship.

11. Salvatorische Klausel

An die Stelle der nichtigen oder unwirksamen Bestimmung soll eine Regelung treten, die deren Sinn und Zweck in rechtlicher und wirtschaftlicher Hinsicht so weit wie möglich entspricht. Dies gilt für Vertragslücken entsprechend.

11. Severability clause

Any void or legally invalid provision of this contract shall be replaced by a valid provision that is jurally and economically according with its nature and purpose as far as possible. This also applies for contractual gaps.

12. Ausschlussklausel

Ansprüche aus dem Dienstvertrag und dem organschaftlichen Geschäftsführerverhältnis – gleich aus welchem Rechtsgrund und mit Ausnahme von Schadensersatzansprüchen, die auf vorsätzlicher Handlung beruhen – können nur binnen einer Frist von drei Monaten ab Kündigung des Geschäftsführervertrages geltend gemacht werden. Die Geltendmachung bedarf der Schriftform.

12. Exclusion clause

Any claims arising from the Managing Director's service contract and any claims ensuing from the powers granted to him to legally represent the Company – regardless of the legal grounds thereof and with the exception of damage claims due to intentional acts – may be asserted no later than three months subsequent to the termination of the Managing Director's service contract. The assertion of the claim must be in written form.

13. Rechtswahl, Gerichtsstand

a) Dieser Vertrag unterliegt dem Recht der Bundesrepublik Deutschland.

b) Für den Fall, dass der Geschäftsführer keinen Wohnsitz in der Bundesrepublik Deutschland hat, vereinbaren die Parteien (...) [Sitz der Gesellschaft] als ausschließlichen Gerichtsstand. Gleiches gilt, wenn der Geschäftsführer seinen Wohnsitz oder gewöhnlichen Aufenthaltsort ins Ausland verlegt oder sein Wohnsitz oder gewöhnlicher Aufenthalt zum Zeitpunkt der Klage unbekannt ist.

c) Der vorliegende Vertrag wird in einer deutschen und in einer englischen Fassung ausgefertigt. Im Falle einer streitigen Vertragsauslegung ist die deutsche Fassung maßgeblich.

13. Choice of law, legal venue

a) The laws of the Federal Republic of Germany are applicable to this contract.

b) If the Managing Director's domicile is not in the Federal Republic of Germany, the parties agree that exclusive legal venue is in (...) [place of the registered office of the Company]. The same applies if the Managing Director changes his domicile or moves his habitual residence to a place outside of Germany, or if his domicile or habitual residence is unknown at the time the action is filed.

c) This contract has been issued in German and in English. In the case of a dispute regarding the interpretation of this contract, the German version is binding.

§ 3 Anstellungsverträge mit Vorstandsmitgliedern einer Aktiengesellschaft

A. Kommentierung von Vertragsklauseln

I. Der Vorstandsvertrag im System des AG-Rechts

Literatur

Aufsätze allgemein:

Annuß/Theusinger, Das VorstAG – Praktische Hinweise zum Umgang mit dem neuen Recht, BB 2009, 2434; *Aschenbeck*, Personenidentität bei Vorständen in Konzerngesellschaften (Doppelmandat im Vorstand), NZG 2000, 1015; *Bachmann*, Der Verwaltungsrat der monistischen SE, ZGR 2008, 779; *Bauer/Arnold*, AGB-Kontrolle von Vorstandsverträgen, ZIP 2006, 2337; *dies.*, Kein Kündigungsschutz für „Arbeitnehmer-Geschäftsführer" – oder doch?, DB 2008, 350; *dies.*, AGG und Organmitglieder – Klares und Unklares vom BGH, NZG 2012, 921; *Bauer/Baeck/Lösler*, Schriftform- und Zuständigkeitsprobleme beim Aufstieg eines Angestellten zum Geschäftsführer einer GmbH, ZIP 2003, 1821; *Bauer/Baeck/von Medem*, Altersversorgung und Übergangsgeld in Vorstandsanstellungsverträgen, NZG 2010, 721; *Bauer/Diller*, Koppelung von Abberufung und Kündigung bei Organmitgliedern, GmbHR 1998, 809; *Bauer/Krets*, Gesellschaftsrechtliche Sonderregelungen bei der Beendigung von Vorstands- und Geschäftsführerverträgen, DB 2003, 811; *Bauer/von Medem*, Rechtliche und taktische Hinweise zu Wettbewerbsverboten mit Vorständen und Geschäftsführern, GWR 2011, 435; *Bayer/Lieder*, Die Lehre vom fehlerhaften Bestellungsverhältnis, NZG 2012, 1; *Bayreuther*, Altersgrenzen, Kündigungsschutz nach Erreichen der Altersgrenze und die Befristung von „Altersrentnern", NJW 2012, 2758; *Bittmann/Schwarz*, Offenlegung von „Change of Control-Klauseln" – Wie intransparente Gesetze für mehr Transparenz sorgen sollen, BB 2009, 1014; *Blasche*, Die Anwendung der Business Judgment Rule bei Kollegialentscheidungen und Vorliegen eines Interessenkonflikts bei einem der Vorstandsmitglieder, AG 2010, 692; *Bohlscheid*, Ausländer als Gesellschafter und Geschäftsführer einer deutschen GmbH, RNotZ 2005, 505; *Bosse*, Das Gesetz zur Angemessenheit der Vorstandsvergütung (VorstAG) – Überblick und Handlungsbedarf, BB 2009, 1650; *Brauer*, Die aktienrechtliche Beurteilung von „appreciation awards" zu Gunsten des Vorstands, NZG 2004, 502; *Brauer/Dreier*, Der Fall Mannesmann in der nächsten Runde – Zur Geltendmachung von Ersatzansprüchen gegen die ehemaligen Organmitglieder, NZG 2005, 57; *Brödermann*, Risikomanagement in der internationalen Vertragsgestaltung, NJW 2012, 971; *Bunz*, Die Business Judgment Rule bei Interessenkonflikten im Kollegialorgan, NZG 2011, 1294; *Bürgers/Theusinger*, Die Zulässigkeit einvernehmlicher Aufhebung der Bestellung eines Vorstandsmitglieds bei gleichzeitiger Neubestellung, NZG 2012, 1218; *Clausnitzer/Woopen*, Internationale Vertragsgestaltung – Die neue EG-Verordnung für grenzüberschreitende Verträge (Rom I-VO), BB 2008, 1798; *Cramer*, Die Bestellung von Vorstandsmitgliedern zu Geschäftsführern einer Tochter-GmbH, NZG 2012, 765; *Dauner-Lieb/Friedrich*, Zur Reichweite des § 87 II AktG – Rückgängigmachung der Kürzung nach Erholung der Lage der Gesellschaft?, NZG 2010, 688; *Deilmann*, Fehlen einer Directors & Officers (D&O) Versicherung als Rücktrittsgrund für die Organmitglieder einer Aktiengesellschaft, NZG 2005, 54; *Deilmann/Otte*, D&O-Versicherung – Wer entscheidet über die Höhe des Selbstbehalts?, AG 2010, 323; *dies.*, Verteidigung ausgeschiedener Organmitglieder gegen Schadensersatzklagen – Zugang zu Unterlagen der Gesellschaft, BB 2011, 1291; *Deinert*, Neues Internationales Arbeitsvertragsrecht, RdA 2009, 144; *Döll*, Das Votum zum Vergütungssystem nach § 120 Abs. 4 AktG, WM 2010, 103; *Eichner/Höller*, Anforderungen an das Tätigwerden des Aufsichtsrats bei Verdacht einer Sorgfaltspflichtverletzung des Vorstands, AG 2011, 885; *Erdmann*, Ausländische Staatsangehörige in Geschäftsführungen und Vorständen deutscher GmbHs und AGs, NZG 2002, 503; *Erhart/Lücke*, Vorstandsbezüge als verdeckte Gewinnausschüttung? Der Aufsichtsrat als Filter der Angemessenheitsprüfung, BB 2007, 183; *Eßer/Baluch*, Bedeutung des Allgemeinen Gleichbehandlungsgesetzes für Organmitglieder, NZG 2007, 321; *Fiedler*, Der Pflichtselbstbehalt nach § 93 Abs. 2 S. 3 AktG und seine Auswirkung auf Vorstandshaftung und D&O-Versicherung, MDR 2010, 1077; *Fischer, R.*, Entsprechenserklärung und Entsprechensentscheidung 2005/2006 – Vorschläge zur Haftungsminimierung der erklärungspflichtigen Unternehmen, BB 2006, 337; *Fischer, U.*, Die Bestellung von Arbeitnehmern zu Organmitgliedern juristischer Personen und das Schicksal ihres Arbeitsvertrages, NJW 2003, 2417; *Fischer/Harth/Meyding*, Vorstandsverträge im Konzern: Rechtliche Gestaltungsmöglichkeiten bei der Organleihe, BB 2000, 1097; *Flatten*, Dauer von Geschäftsführerverträgen, GmbHR 2000, 922; *Fleischer*, Das Gesetz zur Angemessenheit der Vorstandsvergütung (VorstAG), NZG 2009, 801; *ders.*, Die „Business Judgment Rule": Vom Richterrecht zur Kodifizierung, ZIP 2004, 685; *ders.*, Zur organschaftlichen Treuepflicht der Geschäftsleiter im Aktien- und GmbH-Recht, WM 2003, 1045; *ders.*, Wettbewerbs- und Betätigungsverbote für Vorstandsmitglieder im Aktienrecht, AG 2005, 336; *ders.*, Aufsichtsratsverantwortlichkeit für die Vorstandsvergütung und Unabhängigkeit der Vergütungsberater, BB 2010, 67; *Fonk*, Rechtsfragen nach der Abberufung von Vorstandsmitgliedern

und Geschäftsführern, NZG 1998, 408; *ders.*, Die Zulässigkeit von Vorstandsbezügen dem Grunde nach: Aktienrechtliche Anmerkungen zum Urteil des LG Düsseldorf, NZG 2004, 1057 – Mannesmann, NZG 2005, 248; *ders.*, Zur Vertragsgestaltung bei Vorstandsdoppelmandaten, NZG 2010, 368; *ders.*, Vergütungsrelevante Zielvereinbarungen und -vorgaben versus Leitungsbefugnis des Vorstands, NZG 2011, 321; *Forst*, Zu den Auswirkungen des Gesetzes zur Angemessenheit der Vorstandsvergütung auf die SE, ZIP 2010, 1786; *ders.*, Unterliegen die Organwalter einer Societas Europaea mit Sitz in Deutschland der Sozialversicherungspflicht?, NZS 2012, 801; *Franz*, Der gesetzliche Selbstbehalt in der D&O-Versicherung nach dem VorstAG, DB 2009, 2764; *Gaul/Janz*, Wahlkampfgetöse im Aktienrecht: Gesetzliche Begrenzung der Vorstandsvergütung und Änderungen der Aufsichtsratstätigkeit, NZA 2009, 809; *Graumann/Beier*, Haftungsabwehr durch „angemessene Information“, ZUb 2008, 198; *Graumann/Grundei/Linderhaus*, Ausübung des Geschäftsleiterermessens bei riskanten Entscheidungen, ZCG 2009, 20; *Grimm*, Sozialversicherungspflicht des GmbH-Geschäftsführers und AG-Vorstands, DB 2012, 175; *Grobys*, Das Anstellungsverhältnis von Vorständen und Geschäftsführern, NJW-Spezial 2005, 513; *Grobys/Littger*, Amtsniederlegung durch das Vorstandsmitglied einer AG, BB 2002, 2292; *Grumann/Gillmann*, Abberufung und Kündigung von Vorstandsmitgliedern einer Aktiengesellschaft, DB 2003, 770; *Haase*, GmbHR-Kommentar zu BGH 21.6.1999 – II ZR 27/98, GmbHR 1999, 1142; *Habersack*, Das Konzernrecht der „deutschen“ SE, ZGR 2003, 724; *Henze/Rosch*, Der fehlerhafte Vorstandsvertrag, ArbRAktuell 2010, 310; *Hoffmann*, Existenzvernichtende Haftung von Vorständen und Aufsichtsräten?, NJW 2012, 1393; *Hoffmann-Becking*, Organe: Strukturen und Verantwortlichkeiten, insbesondere im monistischen System, ZGR 2004, 355; *ders.*, Rechtliche Anmerkungen zur Vorstands- und Aufsichtsratsvergütung, ZHR 169 (2005), 155; *ders.*, Vorstandsvergütung nach Mannesmann, NZG 2006, 127; *Hohaus/Weber*, Die Angemessenheit der Vorstandsvergütung gem. § 87 AktG nach dem VorstAG, DB 2009, 1515; *Hohenstatt/Kuhnke*, Vergütungsstruktur und variable Vergütungsmodelle für Vorstandsmitglieder nach dem VorstAG, ZIP 2009, 1981; *Hohenstatt/Naber*, Diskriminierungsschutz für Organmitglieder: Konsequenzen für die Vertragsgestaltung, ZIP 2012, 1989; *Holle*, Rechtsbindung und Business Judgment Rule, AG 2011, 778; *Hommelhoff*, Zum Konzernrecht in der Europäischen Aktiengesellschaft, AG 2003, 179; *Horstmeier*, Geschäftsführer und Vorstände als „Beschäftigte“, Diskriminierungsschutz für Organe nach dem Allgemeinen Gleichbehandlungsgesetz, GmbHR 2007, 125; *Ihrig*, Die geschäftsführenden Direktoren in der monistischen SE: Stellung, Aufgaben und Haftung, ZGR 2008, 809; *Ihrig/Wagner*, Die Reform geht weiter: Das Transparenz- und Publizitätsgesetz kommt, BB 2002, 789; *Jaecks/Schönborn*, Die Europäische Aktiengesellschaft, das Internationale und das deutsche Konzernrecht, RIW 2003, 254; *Jaeger*, Die Auswirkungen des VorstAG auf die Praxis von Aufhebungsvereinbarungen, NZA 2010, 128; *Jaeger/Balke*, Zu den Auswirkungen des VorstAG auf bestehende Vorstandsdienstverträge, ZIP 2010, 1471; *Jaspers*, Mehr Demokratie wagen – Die Rolle der Hauptversammlung bei der Festsetzung der Vergütung des Vorstands, ZRP 2010, 8; *Junker*, Auswirkungen der neueren EuGH-Rechtsprechung auf das deutsche Arbeitsrecht, NZA 2011, 950; *Kallmeyer*, Das monistische System in der SE mit Sitz in Deutschland, ZIP 2003, 1531; *van Kann*, Zwingender Selbstbehalt bei der D&O-Versicherung – Gut gemeint, aber auch gut gedacht?, NZG 2009, 1010; *van Kann/Keiluweit*, Nachvertragliches Wettbewerbsverbot und Karenzentschädigung bei Organmitgliedern einer Gesellschaft – Ein Überblick, BB 2010, 2050; *Kauffmann-Lauven*, Das ruhende Arbeitsverhältnis im Aktienrecht, NZA 2000, 799; *Kiethe*, Falsche Erklärung nach § 161 AktG – Haftungsverschärfung für Vorstand und Aufsichtsrat?, NZG 2003, 559; *Kliemt/von Tiling*, Das Schicksal des Vorstandsvertrages beim Formwechsel der AG in eine GmbH, ArbRB 2006, 25; *Klühs/Habermehl*, Grenzen der Rechtsprechung über fehlerhafte Anstellungsverträge, BB 2007, 2342; *Knapp*, Dürfen Unternehmen ihren (geschäftsleitenden) Mitarbeitern Geldstrafen bzw -bußen erstatten?, NJW 1992, 2796; *Koch, J.*, Beschränkung der Regressfolgen im Kapitalgesellschaftsrecht, AG 2012, 429; *Koch, R.*, Einführung eines obligatorischen Selbstbehalts in der D&O-Versicherung durch das VorstAG, AG 2009, 637; *Kock/Dinkel*, Die zivilrechtliche Haftung von Vorständen für unternehmerische Entscheidungen – Die geplante Kodifizierung der Business Judgment Rule im Gesetz zur Unternehmensintegrität und Modernisierung des Anfechtungsrechts, NZG 2004, 441; *Köhler*, Fehlerhafte Vorstandsverträge, NZG 2008, 161; *Kort*, Mannesmann: Das „Aus“ für nachträglich vorgesehene Vorstandsvergütungen ohne Anreizwirkung, NZG 2006, 131; *ders.*, Gemeinwohlbelange beim Vorstandshandeln, NZG 2012, 926; *ders.*, Vorstandshandeln im Spannungsverhältnis zwischen Unternehmensinteresse und Aktionärsinteressen, AG 2012, 605; *Korts*, Die Vereinbarung von Kontrollwechselklauseln in Vorstandsverträgen, BB 2009, 1876; *Krause*, Auswirkungen des AGG auf die Organbesetzung, AG 2007, 392; *Lackhoff/Habbe*, Voraussetzungen und Grenzen der Erstattung von Rechtsverteidigerkosten durch die Gesellschaft bei strafrechtlichen Ermittlungen gegen ein Vorstandsmitglied, NZG 2012, 616; *Lange*, Die D&O-Selbstbehalt-Versicherung, r+s 2010, 92; *Langer/Peters*, Rechtliche Möglichkeiten einer unterschiedlichen Kompetenzzuweisung an einzelne Vorstandsmitglieder, BB 2012, 2575; *Liebers/Hoefs*, Anerkennungs- und Abfindungszahlungen an ausscheidende Vorstandsmitglieder, ZIP 2004, 97; *Lingemann*, Angemessenheit der Vorstandsvergütung – Das VorstAG ist in Kraft, BB 2009, 1918; *Loritz/Wagner*, Haftung von Vorständen und Aufsichtsräten: D&O-Versicherungen und steuerliche Fragen, DStR 2012, 2205; *Lutter*, Anwendbarkeit der Altersbestimmungen des AGG auf Organpersonen, BB 2007, 725; *Mankowski*, Organpersonen und Internationales Arbeitsrecht, RIW 2004, 167; *ders.*, Entwicklungen im IPR und IZPR 2003/2004, RIW 2004, 481; *Martens*, Die Vorstandsvergütung auf dem Prüfstand, ZHR 169 (2005), 124; *Maser/Göttle*, Rechtlicher Rahmen für die Vergütung des Aufsichtsrats, NZG 2013, 201; *Meier*, Der fehlerhafte Anstellungsvertrag von Organmitgliedern und die Rückabwicklung der Vergütung, NZA 2011, 267; *Mertens*, Vorstandsvergütung in börsennotierten Aktiengesellschaften, AG 2011, 57; *Neumann*, Die Vorstandsversorgung in der Insolvenz, DB 2007, 744; *Oberthür*, Unionsrechtliche Impulse für den Kündigungsschutz von Organmitgliedern und Arbeitnehmerbegriff, NZA 2011, 253; *Oetker*, Nachträgliche Eingriffe in die Vergütungen von Geschäftsführungsorganen im Lichte des VorstAG, ZHR 175

(2011), 527; *Otte*, Arbeitnehmerrechte für GmbH-Geschäftsführer?, GWR 2011, 25; *Paefgen*, Dogmatische Grundlagen, Anwendungsbereich und Formulierung einer Business Judgment Rule im künftigen UMAG, AG 2004, 245; *ders.*, Die Inanspruchnahme pflichtvergessener Vorstandsmitglieder als unternehmerische Ermessensentscheidung des Aufsichtsrats, AG 2008, 761; *Passarge*, Vorstands-Doppelmandate – ein nach wie vor aktuelles Thema!, NZG 2007, 441; *Petersen/Schulze De la Cruz*, Das Stimmverbot nach § 136 I AktG bei der Entlastung von Vorstandsdoppelmandatsträgern, NZG 2012, 453; *Poguntke*, Anerkennungsprämien, Antrittsprämien und Untreuestrafbarkeit im Recht der Vorstandsvergütung, ZIP 2011, 893; *Portner*, Neue Vergütungsregeln für Manager – Welche Folgen ergeben sich daraus für die Besteuerung?, DStR 2010, 577; *Priester*, Neufestsetzung der Amtszeit von Vorstandsmitgliedern, ZIP 2012, 1781; *Rehbinder*, Rechtliche Schranken der Erstattung von Bußgeldern an Organmitglieder und Angestellte, ZHR 148 (1984), 555; *Reufels/Molle*, Diskriminierungsschutz von Organmitgliedern, NZA-RR 2011, 281; *Reuter*, Die aktienrechtliche Zulässigkeit von Konzernanstellungsverträgen, AG 2011, 274; *Rohde/Geschwandtner*, Zur Beschränkbarkeit der Geschäftsführungsbefugnis des Vorstands einer Aktiengesellschaft, NZG 2005, 996; *Säcker/Boesche*, Vom Gutsherren zum Gutsverwalter: Wandlungen im Aufsichtsratsrecht unter besonderer Berücksichtigung des Mannesmann-Urteils, BB 2006, 897; *Sasse/Schnitger*, Das ruhende Arbeitsverhältnis des GmbH-Geschäftsführers, BB 2007, 154; *Schäfer*, Die Binnenhaftung von Vorstand und Aufsichtsrat nach der Renovierung durch das UMAG, ZIP 2005, 1253; *Schneider*, Pflichtenkollisionen und Gewissenskonflikte im Vorstand, NZG 2009, 1413; *ders.*, „Unternehmerische Entscheidungen" als Anwendungsvoraussetzung für die Business Judgment Rule, DB 2005, 707; *Schöne/Petersen*, Regressansprüche gegen (ehemalige) Vorstandsmitglieder – quo vadis?, AG 2012, 700; *Schüppen*, To comply or not to comply – that's the question!, ZIP 2002, 1269; *Seebach*, Kontrollpflicht und Flexibilität – Zu den Möglichkeiten des Aufsichtsrats bei der Ausgestaltung und Handhabung von Zustimmungsvorbehalten, AG 2012, 70; *Siems*, Befangenheit bei Verwaltungsratsmitgliedern einer Europäischen Aktiengesellschaft, NZG 2007, 129; *Simons/Hanloser*, Vorstandsvorsitzender und Vorstandssprecher, AG 2010, 641; *Spindler*, Vergütung und Abfindung von Vorstandsmitgliedern, DStR 2004, 37; *ders.*, Rechtsfolgen einer unangemessenen Vorstandsvergütung, AG 2011, 725; *Spohrs*, Vorstandsmitglieder im Sozialversicherungsrecht und Aktiengesellschaften im Internationalen Privatrecht, BB 2005, 2745; *Staudinger*, Die ungeschriebenen kollisionsrechtlichen Regelungsgebote der Handelsvertreter-, Haustürwiderrufs- und Produkthaftungsrichtlinie, NJW 2001, 1974; *Stenslik/Zahn*, Diskriminierungsschutz für Organe von Kapitalgesellschaften, DStR 2012, 1865; *Thamm*, Die Organisationsautonomie der monistischen Societas Europaea bezüglich ihrer geschäftsführenden Direktoren, NZG 2008, 132; *Theisen/Probst*, Vergütungsfragen im und für den Aufsichtsrat, DB 2012, 1553; *Thomas/Weidmann*, Die sozialversicherungsrechtliche Privilegierung von Vorstandsmitgliedern ausländischer Aktiengesellschaften mit Verwaltungssitz in Deutschland, BB 2005, 1162; *Thüsing*, Das Gesetz zur Angemessenheit der Vorstandsvergütung, AG 2009, 517; *Thüsing/Stiebert*, Altersgrenzen bei Organmitgliedern, NZG 2011, 641; *Thüsing/Traut*, Angemessener Selbstbehalt bei D&O-Versicherungen – Ein Blick auf die Neuerungen nach dem VorstAG, NZA 2010, 140; *Veil*, Das Konzernrecht der Europäischen Aktiengesellschaft, WM 2003, 2169; *Wagner/Wittgens*, Corporate Governance als dauernde Reformanstrengung: Der Entwurf des Gesetzes zur Angemessenheit der Vorstandsvergütung, BB 2009, 906; *Waldenberger/Kaufmann*, Nachträgliche Herabsetzung der Vorstandsvergütung: Vermeidung von Haftungsrisiken für den Aufsichtsrat, BB 2010, 2257; *Weber-Rey/Buckel*, Die Pflichten des Aufsichtsrats bei der Mandatierung des Vergütungsberaters, NZG 2010, 761; *Weisner/Kölling*, Herausforderung für den Aufsichtsrat: Herabsetzung von Vorstandsbezügen in Zeiten der Krise, NZG 2003, 465; *Weiss/Buchner*, Wird das UMAG die Haftung und Inanspruchnahme der Unternehmensleiter verändern?, WM 2005, 162; *Weppner*, Vergütungsherabsetzung gem. § 87 II AktG – Leitlinien für die Praxis, NZG 2010, 1056; *Werner*, Die Enthaftung des Vorstands: Die strafrechtliche Dimension, CCZ 2011, 201; *ders.*, Die zivilrechtliche Haftung des Vorstands einer AG für gegen die Gesellschaft verhängte Geldbußen gegenüber der Gesellschaft, CCZ 2010, 143; *Wollburg*, Unternehmensinteresse bei Vergütungsentscheidungen, ZIP 2004, 646.

Deutscher Corporate Governance Kodex und Corporate Compliance:

Berg/Stöcker, Anwendungs- und Haftungsfragen zum Deutschen Corporate Governance Kodex, WM 2002, 1569; *Bicker*, Compliance – organisatorische Umsetzung im Konzern, AG 2012, 542; *Bunting*, Konzernweite Compliance – Pflicht oder Kür?, ZIP 2012, 1542; *Bürkle*, Corporate Compliance – Pflicht oder Kür für den Vorstand der AG?, BB 2005, 565; *ders.*, Corporate Compliance als Standard guter Unternehmensführung des Deutschen Corporate Governance Kodex, BB 2007, 1797; *Ettinger/Grützendiek*, Haftungsrisiken im Zusammenhang mit der Abgabe der Corporate Governance Entsprechenserklärung gemäß § 161 AktG, AG 2003, 353; *Fleischer/Schmolke*, Whistleblowing und Corporate Governance, WM 2012, 1013; *Franz*, Aktuelle Compliance-Fragen zur D&O-Versicherung (Teil 2), DB 2011, 2019; *Gelhausen/Hönsch*, Folgen der Änderung des Deutschen Corporate Governance Kodex für die Entsprechenserklärung, AG 2003, 367; *Hauschka*, Compliance am Beispiel der Korruptionsbekämpfung, ZIP 2004, 877; *Ihrig/Wagner*, Reaktion börsennotierter Unternehmen auf die Änderung des ‚Deutschen Corporate Governance Kodex', BB 2003, 1625; *van Kann/Eigler*, Aktuelle Neuerungen des Corporate Governance Kodex, DStR 2007, 1730; *Kirschbaum*, Deutscher Corporate Governance Kodex überarbeitet, DB 2005, 1473; *Kort*, Verhaltensstandardisierung durch Corporate Compliance, NZG 2008, 81; *Lutter*, Das Abfindungs-Cap in Ziff. 4.2.3 Abs. 3 und 4 des Deutschen Corporate Governance-Kodex, BB 2009, 1874; *ders.*, Die Erklärung zum Corporate Governance Kodex gemäß § 161 AktG, ZHR 166 (2002), 523; *Meier-Greve*, Vorstandshaftung wegen mangelhafter Corporate Compliance, BB 2009, 2555; *Moosmayer*, Modethema oder Pflichtprogramm guter Unternehmensführung? – Zehn Thesen zu Compliance, NJW 2012, 3013; *Schneider*, Compliance als Aufgabe der Unternehmensleitung, ZIP 2003, 645; *Seibert*, Im Blickpunkt: Der Deutsche Corpo-

rate Governance Kodex ist da, BB 2002, 581; *Seibt*, Deutscher Corporate Governance Kodex und Entsprechenserklärung (§ 161 AktG-E), AG 2002, 249; *Semler/Wagner*, Deutscher Corporate Governance Kodex – Die Entsprechenserklärung und Fragen der gesellschaftsinternen Umsetzung, NZG 2003, 553; *Ulmer*, Der Deutsche Corporate Governance Kodex – ein neues Regulierungsinstrument für börsennotierte Aktiengesellschaften, ZHR 166 (2002), 150; *Vetter*, Deutscher Corporate Governance Kodex, DNotZ 2003, 748; *ders.*, Update des Deutschen Corporate Governance Kodex, BB 2005, 1689.

Handbücher, Kommentare:

Bauer/Göpfert/Krieger (Hrsg.), Allgemeines Gleichbehandlungsgesetz, Kommentar, 4. Aufl. 2015; *Baums*, Der Geschäftsleitervertrag, 1987; *Däubler/Bertzbach* (Hrsg.), Allgemeines Gleichbehandlungsgesetz, Handkommentar, 3. Aufl. 2013 (zit. HK-AGG/*Bearbeiter*); *Däubler/Hjort/Schubert/Wolmerath* (Hrsg.), Arbeitsrecht, Handkommentar, 3. Aufl. 2013 (zit. HK-ArbR/*Bearbeiter*); *Emmerich/Habersack*, Konzernrecht, 10. Aufl. 2013; *Fleck*, Das Organmitglied – Unternehmer oder Arbeitnehmer?, in: FS Hilger und Stumpf, 1983, S. 197 ff; *Fleischer* (Hrsg.), Handbuch des Vorstandsrechts, 2006; *Geßler/Hefermehl/Eckardt/Kropff* (Hrsg.), Aktiengesetz, Kommentar, 1973; *Goette*, Leitung, Aufsicht, Haftung – zur Rolle der Rechtsprechung bei der Sicherung einer modernen Unternehmensführung, in: FS 50 Jahre BGH, 2000, S. 123 ff; *Hauschka* (Hrsg.), Corporate Compliance, Handbuch der Haftungsvermeidung im Unternehmen, 2. Aufl. 2010; *Heidel* (Hrsg.), Aktienrecht und Kapitalmarktrecht, Kommentar, 4. Aufl. 2014; *Heidelberger Kommentar zum Aktiengesetz*, hrsg. von *Bürgers/Körber*, 3. Aufl. 2014 (zit. HeiKo-AktG/*Bearbeiter*); *Henn/Frodermann/Jannott* (Hrsg.), Handbuch des Aktienrechts, 8. Aufl. 2009; *Henssler/Strohn* (Hrsg.), Gesellschaftsrecht, 2. Aufl. 2014 (zit. Henssler/Strohn/*Bearbeiter*); *Hoche*, Change of control-Klauseln in Vorstandsverträgen vor dem Hintergrund ihrer Vereinbarkeit mit § 87 AktG sowie dem Deutschen Corporate Governance Kodex, in: Forum Unternehmenskauf, 2008, S. 91 ff; *Hoffmann-Becking*, Nachvertragliche Wettbewerbsverbote für Vorstandsmitglieder, in: FS Quack, 1991, S. 273 ff; *Hölters* (Hrsg.), Aktiengesetz, Kommentar, 2. Aufl. 2014 (zit. Hölters/*Bearbeiter*); *Hommelhoff*, Die Konzernleitungspflicht, 1982; *Kölner Kommentar zum Aktiengesetz*, hrsg. von *Zöllner/Noack*, 3. Aufl. 2010 (zit. KommAktG/*Bearbeiter*); *Lücke/Schaub* (Hrsg.), Beck´sches Mandatshandbuch Vorstand der AG, 2. Aufl. 2010; *Lutter/Hommelhoff* (Hrsg.), SE-Kommentar, 2008 (zit. Lutter/Hommelhoff/*Bearbeiter*); *Lutter/Krieger/Verse*, Rechte und Pflichten des Aufsichtsrats, 6. Aufl. 2014; *Manz/Mayer/Schröder* (Hrsg.), Europäische Aktiengesellschaft (SE), Kommentar, 2. Aufl. 2010 (zit. Manz/Mayer/Schröder/*Bearbeiter*); *Martens*, Die Organisation des Konzernvorstands, in: FS Heinsius, 1991, S. 523 ff; *Martens*, Vertretungsorgan und Arbeitnehmerstatus in konzernabhängigen Gesellschaften, in: FS Hilger und Stumpf, 1983, S. 437 ff; *Mülbert*, Aktiengesellschaft, Unternehmensgruppe und Kapitalmarkt, 2. Aufl. 1996; *Münchener Anwaltshandbuch Aktienrecht*, hrsg. von *Schüppen/Schaub*, 2. Aufl. 2010 (zit. MAH-AktR/*Bearbeiter*); *Münchener Anwaltshandbuch Arbeitsrecht*, hrsg. von *Moll*, 3. Aufl. 2012 (zit. MAH-ArbR/*Bearbeiter*); *Münchener Handbuch des Gesellschaftsrechts*, Band 4: Aktiengesellschaft, hrsg. von *Hoffmann-Becking*, 3. Aufl. 2007 (zit. MünchHdb-GesR AG/*Bearbeiter*); *Münchener Handbuch zum Arbeitsrecht*, Band 1: Individualarbeitsrecht, hrsg. von *Richardi/Wlotzke/Wißmann/Oetker*, 3. Aufl. 2009 (zit. MünchHandb-ArbR/*Bearbeiter*); *Münchener Vertragshandbuch*, Band 1: Gesellschaftsrecht, hrsg. von *Heidenhain/Meister*, 7. Aufl. 2011 (zit. Münch-VertragshdB-GesR/*Bearbeiter*); *Pammler*, Die gesellschaftsfinanzierte D&O-Versicherung im Spannungsfeld des Aktienrechts, 2006; *Ringleb/Kremer/Lutter/v. Werder*, Kommentar zum Deutschen Corporate Governance Kodex, 5. Aufl. 2014; *Schmidt/Lutter* (Hrsg.), Aktiengesetz, Kommentar, 2. Aufl. 2010; *Schwarz*, Verordnung (EG) Nr. 2157/2001 des Rates über das Statut der Europäischen Gesellschaft (SE) – (SE-VO), Kommentar, 2006 (zit. *Schwarz*); *Semler/Peltzer*, Arbeitshandbuch für Vorstandsmitglieder, 2005 (zit. Semler/Peltzer/*Bearbeiter*, Vorstand Hdb); *Semler/v. Schenck*, Arbeitshandbuch für Aufsichtsratsmitglieder, 4. Aufl. 2013; *Spindler/Stilz* (Hrsg.), Kommentar zum Aktiengesetz, 2. Aufl. 2010 (zit. Spindler/Stilz/*Bearbeiter*).

1. Der Vorstandsvertrag im Schnittfeld von Vertrags-, Satzungs- und Gesellschaftsrecht

a) Doppelrechtsbeziehung des Vorstands zur Gesellschaft

aa) Trennungstheorie

1 Vorstandsmitglieder stehen zur Gesellschaft, ähnlich wie der Geschäftsführer einer GmbH, in einer Doppelstellung. Aufgrund der Bestellung durch den Aufsichtsrat kommt ihre körperschaftliche Stellung als Organ zustande, aus der sich bereits die wesentlichen Rechte und Pflichten ergeben, daneben stehen sie in einer durch den Anstellungsvertrag begründeten schuldrechtlichen Beziehung zur AG.[1] Beide Beziehungen sind entgegen Stimmen in der Lit. nicht auf ein einheitliches Organschaftsverhältnis (Einheitstheorie)[2] zurückzuführen, sondern mit der ganz hM aufgrund der gesetzlich in § 84 AktG und § 87 AktG vorgegebenen Trennung

1 MünchHdb-GesR AG/*Wiesner*, § 20 Rn 12; Fleischer/*Thüsing*, Hdb VorstandsR, § 4 Rn 1.

2 Vgl zur Einheitstheorie *Baums*, Der Geschäftsleitervertrag, insb. S. 449–452.

als rechtlich unabhängig voneinander zu betrachten (**Trennungstheorie**).[3] Trotz dieser rechtlichen Unabhängigkeit stehen Bestellung und Anstellung in einem engen tatsächlichen Zusammenhang,[4] der insb. bei Bestellung und Anstellung bzw bei Abberufung und Kündigung deutlich wird.

bb) Organstellung des Vorstands

(1) Funktion des Vorstands

Die wesentlichen Aufgaben des Vorstands liegen in der Leitung der Gesellschaft unter eigener Verantwortung iSv § 76 Abs. 1 AktG und der Geschäftsführung iSv § 77 AktG. Die **Leitung** umfasst in erster Linie die Unternehmensführung;[5] die Klarstellung „unter eigener Verantwortung" garantiert dem Vorstand in diesem Zusammenhang eine Weisungsfreiheit von Aufsichtsrat, Hauptversammlung oder einzelnen Aktionären[6] sowie ein Leitungsermessen.[7] Zu den Verpflichtungen des Vorstands gehört im Grundsatz auch die Vertretung der AG iSv § 78 AktG. Neben dem Vorstand als Gesamtorgan besitzen auch die einzelnen Vorstandsmitglieder nach hM selbst Organqualität.[8] Der Vorstand ist wegen § 76 AktG Hauptadressat der Corporate Governance, also den Führungsgrundsätzen, die sich an Gesellschaftsorgane wenden.[9] 2

(2) Begründung der Organstellung

Seine Organstellung erlangt das Vorstandsmitglied aufgrund seiner **Bestellung** durch den Aufsichtsrat, welcher das Bestellungsmonopol für den Vorstand innehat.[10] Die Bestellung ist, wie allgemein die Einräumung von Vertretungsmacht, ein **einseitiger Akt** und kein Vertrag.[11] Dennoch bedarf sie der ausdrücklichen oder konkludenten Annahme seitens des Bestellten,[12] da sich bereits aus der wirksamen Bestellung bestimmte Pflichten für das Vorstandsmitglied ergeben[13] und niemand gegen seinen Willen bestellt werden kann.[14] Die Bestellung kann zu einem bestimmten zukünftigen Termin[15] oder auch aufschiebend bedingt[16] erfolgen. 3

3 BGH 28.10.2002 – II ZR 146/02, NJW 2003, 351; *Hüffer*, AktG, § 84 Rn 2; MünchHdb-GesR AG/*Wiesner*, § 20 Rn 12; Fleischer/*Thüsing*, Hdb VorstandsR, § 4 Rn 2; Schmidt/Lutter/*Seibt*, AktG, § 84 Rn 5; Henn/Frodermann/Jannott/*Frodermann/Schäfer*, Hdb AktR, Kap. 7 Rn 8; *Bauer*, DB 1992, 1413; KommAktG/*Mertens/Cahn*, § 84 Rn 4; Schaub/*Vogelsang*, ArbR-HdB, 15. Aufl. 2013, § 14 Rn 1.

4 Fleischer/*Thüsing*, Hdb VorstandsR, § 4 Rn 4; MünchHdb-GesR AG/*Wiesner*, § 20 Rn 15; Henn/Frodermann/Jannott/*Frodermann/Schäfer*, Hdb AktR, Kap. 7 Rn 10; *Bauer*, DB 1992, 1413.

5 *Hüffer*, AktG, § 76 Rn 9.

6 *Hüffer*, AktG, § 76 Rn 10; *Rohde/Geschwandtner*, NZG 2005, 996; vgl auch Schmidt/Lutter/*Seibt*, AktG, § 76 Rn 2, 10; Henn/Frodermann/Jannott/*Frodermann/Schäfer*, Hdb AktR, Kap. 7 Rn 2.

7 *Hüffer*, AktG, § 76 Rn 12; Schmidt/Lutter/*Seibt*, AktG, § 76 Rn 10; Henn/Frodermann/Jannott/*Frodermann/Schäfer*, Hdb AktR, Kap. 7 Rn 2.

8 KommAktG/*Mertens/Cahn*, § 76 Rn 80; *Hüffer*, AktG, § 76 Rn 6, der sich allerdings krit. gegenüber der Terminologie zeigt. MüKo-AktG/*Spindler*, § 76 Rn 11 bezeichnet die einzelnen Vorstandsmitglieder als Organpersonen; ebenso Henssler/Strohn/*Dauner-Lieb*, GesellschaftsR, § 76 AktG Rn 4, welche allerdings deshalb die Organqualität verneint; die Organqualität verneint auch Hölters/*Weber*, AktG, § 76 Rn 5.

9 *Hüffer*, AktG, § 76 Rn 15 a.

10 Semler/Peltzer/*Peltzer*, Vorstand Hdb, § 2 Rn 1; ebenso MünchHdb-GesR AG/*Wiesner*, § 20 Rn 18; vgl auch Schmidt/Lutter/*Seibt*, AktG, § 84 Rn 8; *Hüffer*, AktG, § 84 Rn 5.

11 Fleischer/*Thüsing*, Hdb VorstandsR, § 4 Rn 7; krit. *Baums*, Der Geschäftsleitervertrag, S. 40.

12 MünchHdb-GesR AG/*Wiesner*, § 20 Rn 13; Fleischer/*Thüsing*, Hdb VorstandsR, § 4 Rn 7, 39; *Hüffer*, AktG, § 84 Rn 3; Schmidt/Lutter/*Seibt*, AktG, § 84 Rn 6.

13 Fleischer/*Thüsing*, Hdb VorstandsR, § 4 Rn 7.

14 Semler/Peltzer/*Peltzer*, Vorstand Hdb, § 2 Rn 80.

15 Der nach MünchHdb-GesR AG/*Wiesner*, § 20 Rn 17 aber in analoger Anwendung des § 84 Abs. 1 S. 3 AktG maximal ein Jahr nach Bestellung liegen darf; vgl auch Fleischer/*Thüsing*, Hdb VorstandsR, § 4 Rn 7.

16 Fleischer/*Thüsing*, Hdb VorstandsR, § 4 Rn 7; MünchHdb-GesR AG/*Wiesner*, § 20 Rn 17.

4 Zu unterscheiden ist die Bestellung von der **Zuweisung** eines bestimmten Geschäftsbereichs, welche dem Vorstand selbst obliegt.[17] Anderes gilt nur für den Arbeitsdirektor, der gerade für diese Aufgabe mit dem entsprechenden Zuständigkeitsbereich bestellt werden muss.[18]

5 Die Bestellung erfolgt im Regelfall **durch Beschluss des Aufsichtsrats** mit einfacher Mehrheit nach den §§ 84 Abs. 1, 108 AktG und bedarf keiner besonderen Form, soweit durch Satzung nichts anderes vorgeschrieben wird.[19] Eine Übertragung der Bestellungskompetenz vom Gesamtaufsichtsrat auf Ausschüsse oder andere Organe der Gesellschaft ist unzulässig, § 107 Abs. 3 S. 3 AktG.[20]

6 Gemäß § 84 Abs. 1 S. 1 AktG werden Vorstandsmitglieder auf **höchstens fünf Jahre** bestellt; diese Frist kann auch durch Satzung nicht verlängert werden.[21] Erfolgt die Bestellung für einen längeren Zeitraum, so wird die Bestellung mit Ablauf von fünf Jahren unwirksam.[22] Eine wiederholte Bestellung ist gem. § 84 Abs. 1 S. 2 AktG zulässig, darf allerdings frühestens ein Jahr vor Ablauf der bisherigen Amtszeit erfolgen und bedarf nach § 84 Abs. 1 S. 3 AktG eines erneuten Aufsichtsratsbeschlusses. Eine frühzeitigere Wiederbestellung eines Vorstandsmitglieds bleibt allerdings möglich, wenn die ursprüngliche Bestellung zuvor einvernehmlich aufgehoben wurde.[23] Besondere Gründe für diese Vorgehensweise sind nicht notwendig. Dies stellt weder einen unmittelbaren Verstoß gegen § 84 Abs. 1 S. 3 AktG noch eine Umgehung dieser Vorschrift dar. Zu beachten ist allerdings bei einem solchen Vorgehen die Empfehlung in Ziff. 5.1.2 Abs. 2 des Deutschen Corporate Governance Kodex (DCGK), wonach eine Abweichung zu erläutern und zu begründen ist (s. auch § 3 Rn 73, 311, 336).

7 Aus einer **Fehlerhaftigkeit** des Bestellungsaktes folgt grds. keine Nichtigkeit der Bestellung; vielmehr wird diese zunächst als wirksam betrachtet, kann aber jederzeit durch einen Aufsichtsratsbeschluss oder die Niederlegung des Amtes durch das Vorstandsmitglied vorzeitig beendet werden.[24]

8 Werden mehrere Personen zu Vorstandsmitgliedern bestellt, so kann der Aufsichtsrat ein Mitglied zum **Vorsitzenden des Vorstands** ernennen, § 84 Abs. 2 AktG. Zu unterscheiden ist dieser vom **Vorstandssprecher**, den der Vorstand im Rahmen seiner vom Aufsichtsrat zugestandenen

---

17 Fleischer/*Thüsing*, Hdb VorstandsR, § 4 Rn 8; *Hüffer*, AktG, § 84 Rn 3; entsprechend MünchHdb-GesR AG/*Wiesner*, § 20 Rn 13; Schmidt/Lutter/*Seibt*, AktG, § 84 Rn 7.

18 Fleischer/*Thüsing*, Hdb VorstandsR, § 4 Rn 8; entsprechend MünchHdb-GesR AG/*Wiesner*, § 20 Rn 13; *Hüffer*, AktG, § 84 Rn 3; ebenso Ulmer/Habersack/Henssler/*Henssler*, MitbestG, § 33 Rn 9; Wlotzke/Wißmann/Koberski/Kleinsorge/*Koberski*, MitbestG, § 33 Rn 16; vgl auch Schmidt/Lutter/*Seibt*, AktG, § 76 Rn 22, § 84 Rn 7.

19 Fleischer/*Thüsing*, Hdb VorstandsR, § 4 Rn 22; MünchHdb-GesR AG/*Wiesner*, § 20 Rn 23.

20 Fleischer/*Thüsing*, Hdb VorstandsR, § 4 Rn 20; *Lutter/Krieger/Verse*, Rechte und Pflichten des Aufsichtsrats, Rn 332; Schmidt/Lutter/*Seibt*, AktG, § 84 Rn 8; Henn/Frodermann/Jannott/*Frodermann/Schäfer*, Hdb AktR, Kap. 7 Rn 15.

21 Fleischer/*Thüsing*, Hdb VorstandsR, § 4 Rn 42; Henn/Frodermann/Jannott/*Frodermann/Schäfer*, Hdb AktR, Kap. 7 Rn 54.

22 Hölters/*Weber*, AktG, § 84 Rn 19.

23 BGH 17.7.2012 – II ZR 55/11, NZG 2012, 1027. Zust. *Schult*, GWR 2012, 411; *Bürgers/Theusinger*, NZG 2012, 1218, 1220 f; Hölters/*Weber*, AktG, § 84 Rn 26, der aber darauf hinweist, dass eine vorzeitige Wiederbestellung ohne einen besonderen Grund eine Pflichtwidrigkeit des Aufsichtsrats darstellen kann; nur für den Fall des Rechtsmissbrauchs die Zulässigkeit verneinend Spindler/Stilz/*Fleischer*, § 84 AktG Rn 19; aA Fleischer/*Thüsing*, Hdb VorstandsR, § 4 Rn 43; MüKo-AktG/*Spindler*, § 84 Rn 44; KommAktG/*Mertens/Cahn*, § 84 Rn 23; krit. auch Henssler/Strohn/*Dauner-Lieb*, GesellschaftsR, § 84 AktG Rn 12; *Priester*, ZIP 2012, 1781, 1785 hält einen besonderen Grund für notwendig.

24 *Hüffer*, AktG, § 84 Rn 10; Fleischer/*Thüsing*, Hdb VorstandsR, § 4 Rn 46 ff; MünchHdb-GesR AG/*Wiesner*, § 20 Rn 34 ff; Schmidt/Lutter/*Seibt*, AktG, § 84 Rn 22; zum fehlerhaften Bestellungsverhältnis vgl auch ausf. *Bayer/Lieder*, NZG 2012, 1.

Geschäftsordnungskompetenz in der einstimmig zu beschließenden Geschäftsordnung selbst ernennt.[25]

(3) Beendigung der Organstellung

Die Organstellung des Vorstandsmitglieds wird mit **Widerruf der Bestellung** durch den Aufsichtsrat nach § 84 Abs. 3 AktG beendet.[26] Mit ihrem Verlust enden auch Vertretungsmacht sowie Geschäftsführungsrecht und -pflicht.[27] Der Widerruf der Bestellung führt jedoch nicht zur Beendigung des Anstellungsvertrages; eine Kündigung desselben kann aber mit dem Widerruf – auch konkludent – verbunden werden.[28] Einer Annahme des Bestellungswiderrufs durch das Vorstandsmitglied bedarf es nicht.[29] Ansonsten folgt der Abberufungsbeschluss den gleichen formalen Regeln wie der Bestellungsbeschluss.[30] 9

Anders als beim GmbH-Geschäftsführer kann die Vorstandsbestellung gem. § 84 Abs. 3 S. 1 AktG nur bei Vorliegen eines **wichtigen Grundes** widerrufen werden,[31] um die eigenverantwortliche Leitungsmacht des Vorstands abzusichern.[32] Das Gesetz definiert den wichtigen Grund nicht, nennt aber in § 84 Abs. 3 S. 2 AktG die Beispiele „grobe Pflichtverletzung", „Unfähigkeit zur ordnungsgemäßen Geschäftsführung" und „Vertrauensentzug durch die Hauptversammlung, es sei denn, dass das Vertrauen aus offenbar unsachlichen Gründen entzogen worden ist". Allgemein liegt ein wichtiger Grund vor, wenn es der AG unzumutbar ist, das Organverhältnis bis zum Ende der Amtszeit fortzusetzen.[33] Nach hM ist hierbei in einer Abwägung mit den Interessen der Gesellschaft auch auf die Eigeninteressen des Vorstands am Fortbestand seines Mandats Rücksicht zu nehmen.[34] 10

Konkrete **Beispiele** für einen wichtigen Grund sind:[35] Missbrauch von Gesellschaftsvermögen für eigene Zwecke; Fälschung von Belegen; Annahme von Schmiergeldern; Manipulation in der Bilanz und im Warenlager; Veranlassung vorzeitiger Tantiemenauszahlung; Ausnutzung des Vorstandsamtes für private Geschäfte; Ausnutzung von *corporate opportunities* ebenso wie generell unzulässiger Wettbewerb gegenüber der Gesellschaft; dauernder Unfriede zwischen den Vorstandsmitgliedern, der ein gedeihliches Zusammenarbeiten gefährdet, wobei jedoch nicht unbedingt der Schuldige abberufen werden muss; wiederholte Übergriffe in die Kompetenzbereiche anderer Vorstandsmitglieder; vorsätzliche Täuschung der Vorstandskollegen über erhebliche Tatsachen; unberechtigte Amtsniederlegung; Nichtbeachtung fundamentaler Pflichten; Verweigerung der Berichterstattung nach § 90 AktG oder falsche oder eindeutig unvollständige Berichterstattung; Verstöße gegen Zustimmungsvorbehalte des Aufsichtsrats; Kreditvergabe durch Bankvorstand unter Verstoß gegen interne Vergaberichtlinien; alleinige Aufstellung des Jahresabschlusses und Einreichung des Jahresabschlusses zum Handelsregister ohne Feststellung durch den Aufsichtsrat; illoyales Verhalten gegenüber dem alleinigen Gesell- 11

25 Fleischer/*Thüsing*, Hdb VorstandsR, § 4 Rn 52; Semler/Peltzer/*Peltzer*, Vorstand Hdb, § 2 Rn 41; *Hüffer*, AktG, § 84 Rn 22; MünchHdb-GesR AG/*Wiesner*, § 24 Rn 4; zu den Unterschieden zwischen Vorstandsvorsitzendem und Vorstandssprecher vgl auch *Simons/Hanloser*, AG 2010, 641.

26 MünchHdb-GesR AG/*Wiesner*, § 20 Rn 42; Fleischer/*Thüsing*, Hdb VorstandsR, § 5 Rn 1, 2; Schmidt/Lutter/*Seibt*, AktG, § 84 Rn 45.

27 *Lutter/Krieger/Verse*, Rechte und Pflichten des Aufsichtsrats, Rn 362.

28 Fleischer/*Thüsing*, Hdb VorstandsR, § 5 Rn 1; vgl auch MünchHdb-GesR AG/*Wiesner*, § 21 Rn 73; Schmidt/Lutter/*Seibt*, AktG, § 84 Rn 45; Henn/Frodermann/Jannott/*Frodermann/Schäfer*, Hdb AktR, Kap. 7 Rn 61.

29 Fleischer/*Thüsing*, Hdb VorstandsR, § 5 Rn 3.

30 Semler/Peltzer/*Peltzer*, Vorstand Hdb, § 2 Rn 97.

31 Zum wichtigen Grund vgl MünchHdb-GesR AG/*Wiesner*, § 20 Rn 43 ff.

32 MünchHdb-GesR AG/*Wiesner*, § 19 Rn 15; Schmidt/Lutter/*Seibt*, AktG, § 84 Rn 4; ähnl. auch *Hüffer*, AktG, § 84 Rn 26.

33 BGH 23.10.2006 – II ZR 298/05, NJW-RR 2007, 389; *Hüffer*, AktG, § 84 Rn 26.

34 Fleischer/*Thüsing*, Hdb VorstandsR, § 5 Rn 8 mwN.

35 Vgl hierzu MünchHdb-GesR AG/*Wiesner*, § 20 Rn 46 mwN; Fleischer/*Thüsing*, Hdb VorstandsR, § 5 Rn 19 ff mwN; *Grumann/Gillmann*, DB 2003, 770, 771 mwN.

schaftseigner; Schädigung des guten Rufs der Gesellschaft durch Vornahme von Spekulationsgeschäften; Fehlen notwendiger Kenntnisse; Fehlen der Fähigkeit, die Gesellschaft zu führen; Eröffnung des Insolvenzverfahrens über das Vermögen des Vorstandsmitglieds.

12 Es ist zu beachten, dass keine Kongruenz zum wichtigen Grund iSd § 626 BGB besteht.[36] Der Widerruf bleibt auch bei Fehlen eines wichtigen Grundes bis zur rechtskräftigen Feststellung seiner Unwirksamkeit wirksam, § 84 Abs. 3 S. 4 AktG. Zudem ist der Widerruf der Bestellung an **keine Frist** gebunden, eine Verwirkung ist aber denkbar.[37] Gleiches gilt für den Widerruf der Ernennung zum Vorstandsvorsitzenden.

13 Neben der Abberufung ist eine Beendigung des Mandats auch durch **Amtsniederlegung** seitens des Vorstandsmitglieds,[38] durch einvernehmliche Aufhebung,[39] bei gesellschaftsrechtlichen Umwandlungen,[40] durch Zeitablauf[41] sowie Tod oder Verlust der unbeschränkten Geschäftsfähigkeit und anderer gesetzlicher Eignungsvoraussetzungen des Vorstandsmitglieds[42] möglich.

(4) Eintragungspflicht

14 Die Eintragung der Bestellung bzw ihres Widerrufs in das Handelsregister[43] ergibt sich aus § 81 AktG. Dieser gilt auch für durch ein Gericht bestellte Vorstandsmitglieder.

(5) Besonderheiten bei mitbestimmten Gesellschaften

15 In mitbestimmten Gesellschaften muss nach § 33 Abs. 1 S. 1 MitbestG zwingend ein **Arbeitsdirektor** als gleichberechtigtes Mitglied bestellt werden, weshalb der Vorstand aus mindestens zwei Mitgliedern bestehen muss.[44]

16 Sowohl bei der Bestellung als auch bei der Abberufung ist im Fall der mitbestimmten Gesellschaft ein besonderes Verfahren nach § 31 Abs. 2–4 MitbestG einzuhalten, um die Bildung einer möglichst breiten Aufsichtsratsmehrheit für die Bestellung und Abberufung der Vorstandsmitglieder sicherzustellen.[45] So ist in einem dreistufigen Verfahren zunächst eine Zweidrittelmehrheit notwendig. Bei Nichterreichen derselben obliegt es einem Ausschuss, innerhalb eines Monats einen Vorschlag für die Bestellung zu erarbeiten, für die dann die einfache Mehrheit ausreicht. Sollte auch diese wegen eines Patts nicht erreicht werden, kann in einer dritten

36 Semler/Peltzer/*Peltzer*, Vorstand Hdb, § 2 Rn 136; ebenso MünchHdb-GesR AG/*Wiesner*, § 20 Rn 44; MünchVertragshdB-GesR/*Hölters/Favoccia*, V. 51 Anm. Nr. 2.

37 Henn/Frodermann/Jannott/*Frodermann/Schäfer*, Hdb AktR, Kap. 7 Rn 90; Fleischer/*Thüsing*, Hdb VorstandsR, § 5 Rn 15; MünchHdb-GesR AG/*Wiesner*, § 20 Rn 39.

38 AllgM; nach (früher) hM jedoch nur bei Vorliegen eines wichtigen Grundes berechtigt, vgl *Deilmann*, NZG 2005, 54; MünchHdb-GesR AG/*Wiesner*, § 20 Rn 56; Henn/Frodermann/Jannott/*Frodermann/Schäfer*, Hdb AktR, Kap. 7 Rn 101; ebenso wohl MüKo-AktG/*Spindler*, § 84 Rn 193; keine Notwendigkeit eines wichtigen Grundes sieht *Hüffer*, AktG, § 84 Rn 36; ebenso Schmidt/Lutter/*Seibt*, AktG, § 84 Rn 56; das Urteil des BGH 8.2.1993 – II ZR 58/92, NJW 1993, 1198 zum GmbH-Geschäftsführer auch auf das Aktienrecht übertragend *Grobys/Littger*, BB 2002, 2292 f.

39 Fleischer/*Thüsing*, Hdb VorstandsR, § 5 Rn 39; MünchHdb-GesR AG/*Wiesner*, § 20 Rn 57; *Lutter/Krieger/Verse*, Rechte und Pflichten des Aufsichtsrats, Rn 376 f; Schmidt/Lutter/*Seibt*, AktG, § 84 Rn 57; Henn/Frodermann/Jannott/*Frodermann/Schäfer*, Hdb AktR, Kap. 7 Rn 102.

40 Fleischer/*Thüsing*, Hdb VorstandsR, § 5 Rn 40; Lutter/Winter/*Decher*, UmwG, § 202 Rn 39; MünchHdb-GesR AG/*Wiesner*, § 20 Rn 58; Schmidt/Lutter/*Seibt*, AktG, § 84 Rn 58; Henn/Frodermann/Jannott/*Frodermann/Schäfer*, Hdb AktR, Kap. 7 Rn 108–111; *Kliemt/von Tiling*, ArbRB 2006, 25.

41 Fleischer/*Thüsing*, Hdb VorstandsR, § 5 Rn 41; MünchHdb-GesR AG/*Wiesner*, § 20 Rn 58; Schmidt/Lutter/*Seibt*, AktG, § 84 Rn 58; Henn/Frodermann/Jannott/*Frodermann/Schäfer*, Hdb AktR, Kap. 7 Rn 104.

42 Fleischer/*Thüsing*, Hdb VorstandsR, § 5 Rn 41; vgl auch MünchHdb-GesR AG/*Wiesner*, § 20 Rn 58; Schmidt/Lutter/*Seibt*, AktG, § 84 Rn 58; Henn/Frodermann/Jannott/*Frodermann/Schäfer*, Hdb AktR, Kap. 7 Rn 106.

43 Zu den Anmeldepflichten vgl auch MünchHdb-GesR AG/*Wiesner*, § 20 Rn 65 ff; Schmidt/Lutter/*Seibt*, AktG, § 81 Rn 3 ff.

44 *Hüffer*, AktG, § 76 Rn 24; MünchHdb-GesR AG/*Wiesner*, § 19 Rn 36, § 24 Rn 7.

45 Fleischer/*Thüsing*, Hdb VorstandsR, § 4 Rn 24; Ulmer/Habersack/Henssler/*Ulmer/Habersack*, MitbestG, § 31 Rn 1.

Abstimmung der Aufsichtsratsvorsitzende eine Zweitstimme einsetzen. Auch bei Gesellschaften, die dem MontanMitbestG unterfallen, sind bei Bestellung und Abberufung des Arbeitsdirektors Besonderheiten zu beachten.[46] So kann dieser gem. § 13 Abs. 1 MontanMitbestG nicht gegen den Willen der Mehrheit der Arbeitnehmervertreter bestellt oder abberufen werden.

cc) Dienstverhältnis

(1) Rechtsnatur

Das Dienstverhältnis, also der **Vorstands- oder Anstellungsvertrag**, regelt die schuldrechtliche Beziehung des Vorstandsmitglieds zur AG. Der Vertrag bestimmt die dem Vorstandsmitglied als Dienstverpflichteter – nicht als Organ – der AG obliegenden Rechte und Pflichten,[47] insb. enthält er Regelungen zum Wettbewerbsverbot, zu Vergütung, Urlaub, Versorgungsansprüchen etc.[48] 17

Bei dem Anstellungsvertrag handelt es sich idR um einen **Dienstvertrag** in der Gestalt eines **Geschäftsbesorgungsvertrages** gem. §§ 611 ff, 675 BGB.[49] Im Falle einer unentgeltlichen Tätigkeit des Vorstandsmitglieds für die AG ist hingegen von einem Auftragsverhältnis iSd §§ 662 ff BGB auszugehen.[50] 18

(2) Eigenständigkeit des Dienstverhältnisses

(a1) Auswirkungen der Trennungstheorie

Trotz der engen Verknüpfung von Bestellung und Anstellung – erst der Anstellungsvertrag regelt die sich aus der Organstellung ergebenden Rechte und Pflichten abschließend – sind Organstellung und Dienstverhältnis getrennt voneinander zu betrachten (**Trennungstheorie**).[51] Die Auswirkungen dieser gesetzlich gewollten Trennung bei gleichzeitiger enger tatsächlicher Verknüpfung zeigen sich insb. im Zusammenhang mit Bestellung und Anstellung bzw bei Abberufung und Kündigung. 19

So ist das Vorstandsmitglied allein aufgrund seiner Bestellung zur Erfüllung der Buchführungs-, Bilanzierungs- und Anmeldepflichten eines Vorstandsmitglieds[52] verpflichtet und kann bereits wegen schuldhafter Pflichtverletzungen in Anspruch genommen werden.[53] Nimmt das Vorstandsmitglied seine Tätigkeit schon vor Abschluss eines Anstellungsvertrages auf, muss es die Geschäftsführung auch ordentlich und gewissenhaft erfüllen.[54] Die Gesellschaft ist wegen der Bestellung verpflichtet, auf einen angemessenen Anstellungsvertrag hinzuwirken; kommt dieser nicht zustande, kann das Vorstandsmitglied uU sein bereits angetretenes Amt niederlegen.[55] 20

---

46 Fleischer/*Thüsing*, Hdb VorstandsR, § 5 Rn 26.

47 Fleischer/*Thüsing*, Hdb VorstandsR, § 4 Rn 53; s. auch MünchHdb-GesR AG/*Wiesner*, § 20 Rn 12; Schmidt/Lutter/*Seibt*, AktG, § 84 Rn 23.

48 *Lutter/Krieger/Verse*, Rechte und Pflichten des Aufsichtsrats, Rn 384.

49 Fleischer/*Thüsing*, Hdb VorstandsR, § 4 Rn 53; *Hüffer*, AktG, § 84 Rn 11; MünchHdb-GesR AG/*Wiesner*, § 21 Rn 1; *Lutter/Krieger/Verse*, Rechte und Pflichten des Aufsichtsrats, Rn 384; Schmidt/Lutter/*Seibt*, AktG, § 84 Rn 23; Henn/Frodermann/Jannott/*Frodermann/Schäfer*, Hdb AktR, Kap. 7 Rn 121; *Bauer/Arnold*, ZIP 2006, 2337.

50 Fleischer/*Thüsing*, Hdb VorstandsR, § 4 Rn 53; MünchHdb-GesR AG/*Wiesner*, § 21 Rn 1.

51 BGH 28.10.2002 – II ZR 146/02, NJW 2003, 351; *Hüffer*, AktG, § 84 Rn 2; MünchHdb-GesR AG/*Wiesner*, § 20 Rn 12; Fleischer/*Thüsing*, Hdb VorstandsR, § 4 Rn 2; Schmidt/Lutter/*Seibt*, AktG, § 84 Rn 5; Henn/Frodermann/Jannott/*Frodermann/Schäfer*, Hdb AktR, Kap. 7 Rn 8; *Mertens*, § 84 Rn 2; Schaub/*Vogelsang*, ArbR-HdB, § 14 Rn 1.

52 Fleischer/*Thüsing*, Hdb VorstandsR, § 4 Rn 74.

53 Fleischer/*Thüsing*, Hdb VorstandsR, § 4 Rn 74.

54 Fleischer/*Thüsing*, Hdb VorstandsR, § 4 Rn 2.

55 Fleischer/*Thüsing*, Hdb VorstandsR, § 4 Rn 6; MünchHdb-GesR AG/*Wiesner*, § 20 Rn 16; ähnl. Henn/Frodermann/Jannott/*Frodermann/Schäfer*, Hdb AktR, Kap. 7 Rn 10.

21 Mit der **Abberufung** eines Vorstandsmitglieds ist meist auch eine **Kündigung** des Anstellungsvertrages gewünscht, so dass in der Abberufung regelmäßig ebenfalls eine Entscheidung über die Kündigung des Anstellungsvertrages gesehen werden kann.[56] Gleichwohl ist im Sinne der Rechtssicherheit und der Eindeutigkeit zu empfehlen, die Abberufung aus der Organstellung und die Kündigung des Anstellungsvertrages immer durch zwei voneinander getrennte Akte vorzunehmen.

22 Schwierigkeiten ergeben sich, wenn zwar ein **wichtiger Grund** iSd § 84 Abs. 3 S. 1 AktG vorliegt, welcher aufgrund der unterschiedlichen Qualitätsanforderungen allerdings nicht die Maßgabe des § 626 Abs. 1 BGB erfüllt. Dieser Fall kann jedoch durch vertragliche Regelungen abgemildert werden (vgl auch § 2 Rn 14). Zunächst kommt eine Vereinbarung in Betracht, nach welcher die Abberufung aus der Organstellung stets als wichtiger Grund für die Kündigung des Anstellungsvertrages gelten soll.[57] Zudem ist auch eine Koppelung des Anstellungsvertrages an den Bestand der Organstellung durch Vereinbarung einer auflösenden Bedingung für den Fall der Abberufung möglich.[58] In beiden Fällen ist jedoch nach der Rspr des BGH den schutzwürdigen Interessen des Vorstandsmitglieds durch die entsprechende Anwendung der Fristen des § 622 BGB Rechnung zu tragen.[59] Zudem ist den Grundsätzen der AGB-Kontrolle Rechnung zu tragen (vgl § 2 Rn 753).

23 Ein weiteres Problem stellt sich in **mitbestimmten Gesellschaften**, wenn für die Abberufung eines Vorstandsmitglieds nicht sofort eine Zweidrittelmehrheit zustande kommt und der Ausschuss einen Vorschlag erarbeiten muss. Nutzt er die gesetzlich vorgesehene Monatsfrist vollständig aus, ist die Zwei-Wochen-Frist des § 626 Abs. 2 S. 1 BGB meist schon verstrichen,[60] so dass eine außerordentliche Kündigung ausscheiden müsste.

(a2) Insbesondere: Umwandlung

24 Praktisch besonders deutlich wird das Auseinanderfallen von Organstellung und Anstellungsverhältnis etwa in dem Fall, in dem die Organstellung aufgrund einer **gesellschaftsrechtlichen Umwandlung** endet, der Anstellungsvertrag und somit auch der Vergütungsanspruch trotz Ent-

---

56 Fleischer/*Thüsing*, Hdb VorstandsR, § 5 Rn 1.

57 BGH 29.5.1989 – II ZR 220/88, NJW 1989, 2683, 2684; Semler/Peltzer/*Peltzer*, Vorstand Hdb, § 2 Rn 137; Henn/Frodermann/Jannott/*Frodermann/Schäfer*, Hdb AktR, Kap. 7 Rn 140; MüKo-AktG/*Spindler*, § 84 Rn 168; Fleischer/*Thüsing*, Hdb VorstandsR, § 5 Rn 58; Henssler/Strohn/*Dauner-Lieb*, GesellschaftsR, § 84 AktG Rn 40; *Bauer/Diller*, GmbHR 1998, 809, 810, welche zwar eine grundsätzliche Zulässigkeit bejahen, jedoch bei langfristigen Anstellungsverträgen wegen Verstoßes gegen den damaligen § 3 AGBG und § 622 BGB von der Unwirksamkeit von Koppelungsklauseln ausgehen; dies bei der AG wiederum verneinend und eine grundsätzliche Zulässigkeit von Gleichlauf- oder Koppelungsklauseln bei AG-Vorständen bejahend *Grumann/Gillmann*, DB 2003, 770, 772 f.

58 BGH 29.5.1989 – II ZR 220/88, NJW 1989, 2683, 2684; MünchHdb-GesR AG/*Wiesner*, § 21 Rn 23; Henn/Frodermann/Jannott/*Frodermann/Schäfer*, Hdb AktR, Kap. 7 Rn 140; *Hüffer*, AktG, § 84 Rn 40; Fleischer/*Thüsing*, Hdb VorstandsR, § 5 Rn 69; *Lutter*, BB 2009, 1874, 1875; Henssler/Strohn/*Dauner-Lieb*, GesellschaftsR, § 84 AktG Rn 40; für eine grundsätzliche Zulässigkeit auch *Bauer/Diller*, GmbHR 1998, 809, 810; für den GmbH-Geschäftsführer BGH 21.6.1999 – II ZR 27/98, NJW 1999, 3263; *Haase*, GmbHR 1999, 1142, 1143; eine grundsätzliche Zulässigkeit von Gleichlauf- oder Koppelungsklauseln bei AG-Vorständen bejahend *Grumann/Gillmann*, DB 2003, 770, 772 f; bei der GmbH die Wirksamkeit von Koppelungsklauseln bei befristeten Verträgen abl. *Flatten*, GmbHR 2000, 922, 925.

59 BGH 29.5.1989 – II ZR 220/88, NJW 1989, 2683, 2684; MünchHdb-GesR AG/*Wiesner*, § 21 Rn 23; Henn/Frodermann/Jannott/*Frodermann/Schäfer*, Hdb AktR, Kap. 7 Rn 140; *Hüffer*, AktG, § 84 Rn 40; Fleischer/*Thüsing*, Hdb VorstandsR, § 5 Rn 58, 69; MüKo-AktG/*Spindler*, § 84 Rn 168; für den GmbH-Geschäftsführer BGH 21.6.1999 – II ZR 27/98, NJW 1999, 3263; Hümmerich/Lücke/Mauer/*Lücke*, NomosFormulare ArbR, § 1 Rn 383 f rät im Hinblick auf die Regelungen zu Allgemeinen Geschäftsbedingungen von der Verwendung solcher Klauseln ab.

60 Für eine Hemmung der Zwei-Wochen-Frist durch das Verfahren plädiert MünchHdb-GesR AG/*Wiesner*, § 21 Rn 83; ebenso Henn/Frodermann/Jannott/*Frodermann/Schäfer*, Hdb AktR, Kap. 7 Rn 84; Fleischer/*Thüsing*, Hdb VorstandsR, § 5 Rn 4; *Hüffer*, AktG, § 84 Rn 25; eine teleologische Anpassung bei der Bestimmung des Fristbeginns dahingehend, dass die Zwei-Wochen-Frist keine strenge Ausschlussfrist ist, sondern eine für eine Einzelfallbetrachtung wertungsoffene Verwirkungsfrist, vertritt Schmidt/Lutter/*Seibt*, AktG, § 84 Rn 64.

fallens der Tätigkeitsverpflichtung des Vorstands aber bestehen bleibt.[61] Hier stellt sich zunächst die Frage, ob die Beendigung der Organstellung einen wichtigen Grund iSd § 626 BGB für die **Kündigung** des Anstellungsvertrages darstellt. Dies wird weitgehend abgelehnt.[62] Stattdessen soll sich der Anstellungsvertrag automatisch den gesellschaftsrechtlichen Erfordernissen anpassen.[63] Eine solche Anpassung erscheint aber zweifelhaft, wenn das Vorstandsmitglied bspw nicht zum Geschäftsführer der neu entstandenen GmbH bestellt wird. Teilweise wird ein Kündigungsrecht der Gesellschaft bejaht, wenn das bisherige Organmitglied eine zumutbare Tätigkeit unterhalb der Organebene ablehnt[64] oder sich einer sehr groben Treuepflichtverletzung schuldig macht.[65] Im Falle eines ehemaligen Vorstandsmitglieds ist aber – bei Fehlen entsprechend verpflichtender Regelungen im Anstellungsvertrag – eine Tätigkeit unterhalb der Organebene und uU auch als weisungsgebundener Geschäftsführer wohl eher nicht zumutbar.[66] Eine Sanktionierung kommt allenfalls über § 615 S. 2 BGB in Frage.[67]

Auch eine Lösung der praktischen Folgen des Aueinanderfallens der Beendigung von Organ- 25
stellung und Anstellung über das Institut des **Wegfalls der Geschäftsgrundlage** gem. § 313 BGB wird wohl nicht zu einem Kündigungsrecht der Gesellschaft führen, da die maßgeblichen Umstände der Veränderung klar im Risikobereich der Gesellschaft liegen, welche für die Umwandlung verantwortlich ist. Man könnte allerdings in Betracht ziehen, ob es in einem solchen Falle zu einer **Unmöglichkeit** kommt, da das ehemalige Vorstandsmitglied seinen Anstellungsvertrag mangels Vorstandsmandats nicht mehr erfüllen kann. Allerdings besteht der Anspruch auf die Gegenleistung nach § 326 Abs. 2 S. 1, 1. Alt. BGB grds. fort, da die Gesellschaft für die Umstände allein verantwortlich ist, die zum Wegfall der Leistungspflicht geführt haben. Auch ein Rücktritt vom Vertrag kommt in dieser Konstellation regelmäßig nicht in Betracht, da nach § 323 Abs. 5 BGB eine Beendigung des Vertrages durch den Vertragspartner, der den Rücktrittsgrund, hier die Unmöglichkeit, zu vertreten hat, ausgeschlossen ist. Grundsätzlich scheint allerdings die Regelung des § 615 BGB der Situation deutlich mehr zu entsprechen, so dass hier von einem **Annahmeverzug** durch die Gesellschaft zu sprechen ist. Eine Kündigung scheidet dann aber aus, so dass die Gesellschaft stattdessen zur Weitergewährung der Bezüge verpflichtet ist.[68]

Das ehemalige Vorstandsmitglied hingegen kann aus wichtigem Grund den Anstellungsvertrag 26
kündigen, wenn es nicht vertraglich zur Übernahme auch anderer Tätigkeiten verpflichtet ist.[69] Hierbei ist die Zwei-Wochen-Frist des § 626 Abs. 2 BGB im Anschluss an den Wegfall der Organstellung einzuhalten.[70] Im Fall der Kündigung kommt dann ein Schadensersatzanspruch des ehemaligen Vorstandsmitglieds gem. § 628 Abs. 2 BGB in Betracht.[71]

Da die Vereinbarung der die Organschaft beendenden Umwandlung als wichtiger Grund für 27
die Kündigung jedenfalls möglich erscheint,[72] empfiehlt sich für die Vertragsgestaltung, an einen solchen Fall schon bei Abschluss des Vorstandsvertrages zu denken und eine entsprechende Klausel, ggf in Verbindung mit einer Abfindungsklausel, in den Vertrag mit aufzuneh-

61 Vgl hierzu *Kliemt/von Tiling*, ArbRB 2006, 25, 26.
62 Vgl MünchHdb-GesR AG/*Wiesner*, § 21 Rn 90; KommAktG/*Zöllner*, 1985, § 365 Rn 6, § 372 Rn 6; *Kliemt/von Tiling*, ArbRB 2006, 25, 27.
63 Vgl MünchHdb-GesR AG/*Wiesner*, § 21 Rn 90.
64 So Lutter/*Decher*, UmwG, 4. Aufl. 2009, § 202 Rn 39.
65 Vgl *Kliemt/von Tiling*, ArbRB 2006, 25, 27.
66 Vgl auch *Kliemt/von Tiling*, ArbRB 2006, 25, 27.
67 *Kliemt/von Tiling*, ArbRB 2006, 25, 27.
68 Vgl auch KommAktG/*Zöllner*, 1985, § 365 Rn 6, § 372 Rn 6; unter Hinweis auf den Grundsatz „*pacta sunt servanda*" auch *Kliemt/von Tiling*, ArbRB 2006, 25, 26.
69 Vgl *Kliemt/von Tiling*, ArbRB 2006, 25, 27 f.
70 Vgl *Kliemt/von Tiling*, ArbRB 2006, 25, 28.
71 Vgl *Kliemt/von Tiling*, ArbRB 2006, 25, 28 f.
72 Vgl Fleischer/*Thüsing*, Hdb VorstandsR, § 5 Rn 81; *Kliemt/von Tiling*, ArbRB 2006, 25, 27.

men. Eine sog. **Gleichlaufklausel**, mit der die Laufzeit des Vertrages an die Zeit der Bestellung gebunden wird, erfasst einen solchen Fall grds. nicht.[73]

b) Arbeitsrechtliche Schnittmengen

aa) Vorstandsmitglied kein Arbeitnehmer

(1) Allgemeines

28 Anders als Geschäftsführer einer GmbH, die gem. § 37 GmbHG den Weisungen der Gesellschaft unterliegen, leitet der Vorstand einer AG diese gem. § 76 Abs. 1 AktG in eigener Verantwortung, dh weisungsfrei.[74] Aufgrund des Fehlens der Weisungsgebundenheit als konstituierendem Merkmal des Arbeitnehmerbegriffs **scheidet** eine Einordnung des Vorstandsmitglieds als **Arbeitnehmer** von vorneherein **aus.**[75] Dies gilt grds. – auch unter Berücksichtigung der Entscheidung des EuGH in der Rs. Danosa[76] – auch für das Europarecht.[77] Es ist jedoch nicht ausgeschlossen, einzelne arbeitsrechtliche Vorschriften auch auf das Anstellungsverhältnis des Vorstandsmitglieds anzuwenden.[78] Dies kommt generell in Betracht, wenn diese nicht spezifisch auf die persönliche Abhängigkeit abstellen, sondern vielmehr Ausdruck einer Minimalsicherung der wirtschaftlichen Existenz im Rahmen eines langfristigen entgeltlichen Beschäftigungsverhältnisses sind.[79]

(2) Organstellung als Ausschlussgrund

29 Aufgrund seiner Organstellung unterfällt das Vorstandsmitglied weder dem BetrVG noch dem KSchG. Auch der besondere Kündigungsschutz nach SGB IX ist nicht auf Organmitglieder anwendbar.[80] Dasselbe gilt für die Regelungen zum Wettbewerbsverbot in den §§ 74 ff HGB[81] und die Haftungsbeschränkungen des innerbetrieblichen Schadensausgleichs.[82] Eine analoge Anwendung des § 625 BGB scheidet ebenso aus[83] wie – mit Ausnahme der Universalsukzession nach dem UmwG, bei der das Anstellungsverhältnis unabhängig vom Schicksal der Organstellung mit übergeht[84] (vgl auch § 3 Rn 24 ff) – die des § 613 a BGB.[85] Eine direkte Anwen-

73 So *Kliemt/von Tiling*, ArbRB 2006, 25, 26.

74 *Hüffer*, AktG, § 76 Rn 10.

75 Vgl BGH 16.12.1953 – II ZR 41/53, NJW 1954, 505, 507; BGH 7.12.1961 – II ZR 117/60, NJW 1962, 340, 343; sowie *Hüffer*, AktG, § 84 Rn 11; Fleischer/*Thüsing*, Hdb VorstandsR, § 4 Rn 54; MünchHdb-GesR AG/*Wiesner*, § 21 Rn 5; Schmidt/Lutter/*Seibt*, AktG, § 84 Rn 23; Henn/Frodermann/Jannott/*Frodermann/Schäfer*, Hdb AktR, Kap. 7 Rn 122; MüKo-AktG/*Spindler*, § 84 Rn 51; vgl auch *Bauer/Arnold*, ZIP 2006, 2337 f; ebenso KassArbR/*Worzalla*, 1.1 Rn 329; MünchHandb-ArbR/*Richardi*, § 17 Rn 53 ff; Schaub/*Vogelsang*, ArbR-HdB, § 14 Rn 2; Hümmerich/Lücke/Mauer/*Lücke*, NomosFormulare ArbR, § 1 Rn 362 f.

76 EuGH 11.11.2010 – C-232/09 (Danosa), NZA 2011, 143.

77 Vgl hierzu *Reufels/Molle*, NZA-RR 2011, 281, 282 f.

78 Fleischer/*Thüsing*, Hdb VorstandsR, § 4 Rn 55.

79 Vgl MünchHdb-GesR AG/*Wiesner*, § 21 Rn 6; Fleischer/*Thüsing*, Hdb VorstandsR, § 4 Rn 56; ähnl. MüKo-AktG/*Spindler*, § 84 Rn 56; dies bejahend für Vorstandsmitglieder *Fleck*, in: FS Hilger und Stumpf, S. 197, 205;.

80 BGH 9.2.1978 – II ZR 189/76, NJW 1978, 1435, 1437; so auch Fleischer/*Thüsing*, Hdb VorstandsR, § 4 Rn 55; MünchHdb-GesR AG/*Wiesner*, § 21 Rn 9.

81 BGH 26.3.1984 – II ZR 229/83, NJW 1984, 2366; vgl auch Fleischer/*Thüsing*, Hdb VorstandsR, § 4 Rn 55; *Hüffer*, AktG, § 88 Rn 10; MünchHdb-GesR AG/*Wiesner*, § 21 Rn 9.

82 Fleischer/*Thüsing*, Hdb VorstandsR, § 4 Rn 55; MünchHdb-GesR AG/*Wiesner*, § 21 Rn 9; *Fleck*, WM 1985, 677, 679; MüKo-AktG/*Spindler*, § 84 Rn 56.

83 Fleischer/*Thüsing*, Hdb VorstandsR, § 4 Rn 55.

84 Fleischer/*Thüsing*, Hdb VorstandsR, § 4 Rn 55; Lutter/*Decher*, UmwG, 4. Aufl. 2009, § 202 Rn 39.

85 BAG 13.2.2003 – 8 AZR 654/01, NJW 2003, 2473, 2474; so auch Fleischer/*Thüsing*, Hdb VorstandsR, § 4 Rn 55; MünchHdb-GesR AG/*Wiesner*, § 21 Rn 9; MüKo-AktG/*Spindler*, § 84 Rn 56.

dung des Arbeitnehmererfindungsgesetzes ist ebenfalls ausgeschlossen.[86] Auch das Nachweisgesetz, das Entgeltfortzahlungsgesetz, das Gesetz über Teilzeitarbeit und befristete Arbeitsverträge, das Mutterschutzgesetz und das Bundeselterngeld- und Elternzeitgesetz finden mangels Arbeitnehmereigenschaft des Vorstandsmitglieds keine Anwendung.[87] In Rechtsstreitigkeiten im Zusammenhang mit dem Anstellungsvertrag sind aufgrund der Organstellung nicht die Arbeitsgerichte, sondern die ordentlichen Gerichte zuständig, da Mitglieder des Vertretungsorgans einer juristischen Person nach der Fiktion des § 5 Abs. 1 S. 3 ArbGG generell nicht als Arbeitnehmer gelten.[88] Die einzelvertragliche Vereinbarung des Arbeitsrechtswegs ist aber gem. § 2 Abs. 4 ArbGG möglich.[89]

(3) Anwendung arbeitnehmerschützender Normen

Eine allgemeine Auffassung zur Anwendung arbeitnehmerschützender Normen auf Vorstände besteht nicht.[90] Meist wird das Vorstandsmitglied gleich dem Geschäftsführer einer GmbH behandelt.[91] 30

Entsprechend anwendbar auf Vorstandsmitglieder soll zunächst der Pfändungsschutz der §§ 850 ff ZPO sein,[92] aber auch der Anspruch auf Erteilung eines qualifizierten Zeugnisses nach § 630 BGB analog[93] und in europarechtskonformer Auslegung der Schutz des Diskriminierungsverbots des § 611 a BGB.[94] Des Weiteren sollen über § 17 Abs. 1 S. 2 BetrAVG die Regelungen des BetrAVG grds. auch für Vorstandsmitglieder gelten (s. auch § 3 Rn 149).[95] 31

Die unmittelbare Berufung eines Vorstands auf eine **betriebliche Übung** ist zwar grds. ausgeschlossen, allerdings kann diese bei der Auslegung des Anstellungsvertrages zu berücksichtigen sein.[96] Ebenso ist der **arbeitsrechtliche Gleichbehandlungsgrundsatz** nicht direkt anwendbar, entfaltet jedoch eine gewisse Wirkung als allgemeine Ausprägung des Grundsatzes von Treu und Glauben.[97] 32

In Bezug auf die dienstvertraglichen Kündigungsfristen hat die Rspr bislang nur beim GmbH-Geschäftsführer eine analoge Anwendung des § 622 Abs. 1 BGB statt der allgemeinen Regelung des § 621 Nr. 3 BGB angenommen,[98] zT wird dies aber auch für Vorstandsverträge befür- 33

86 Fleischer/*Thüsing*, Hdb VorstandsR, § 4 Rn 56; für eine entsprechende Anwendung im Wege der ergänzenden Vertragsauslegung plädiert MünchHdb-GesR AG/*Wiesner*, § 21 Rn 10; ebenso *Fleck*, in: FS Hilger und Stumpf, S. 217.

87 MAH-ArbR/*Moll/Eckhoff*, § 81 Rn 5.

88 BAG 6.5.1999 – 5 AZB 22/98, NZA 1999, 839.

89 Lücke/Schaub/*Lücke*, Vorstand der AG, § 2 Rn 319; Schaub/*Vogelsang*, ArbR-HdB, § 14 Rn 5.

90 Fleischer/*Thüsing*, Hdb VorstandsR, § 4 Rn 55.

91 Fleischer/*Thüsing*, Hdb VorstandsR, § 4 Rn 55.

92 BGH 8.12.1977 – II ZR 219/75, NJW 1978, 756; BGH 24.11.1980 – II ZR 183/80, NJW 1981, 2465, 2466; so auch Fleischer/*Thüsing*, Hdb VorstandsR, § 4 Rn 55; *Hüffer*, AktG, § 84 Rn 18; MünchHdb-GesR AG/*Wiesner*, § 21 Rn 7; *Fleck*, in: FS Hilger und Stumpf, S. 209.

93 Mit auch auf Vorstandsmitglieder übertragbarer Argumentation zu GmbH-Geschäftsführer BGH 9.11.1967 – II ZR 64/67, NJW 1968, 396; ebenso Fleischer/*Thüsing*, Hdb VorstandsR, § 4 Rn 55; *Hüffer*, AktG, § 84 Rn 17; MünchHdb-GesR AG/*Wiesner*, § 21 Rn 65; MüKo-AktG/*Spindler*, § 84 Rn 91.

94 Fleischer/*Thüsing*, Hdb VorstandsR, § 4 Rn 55.

95 Fleischer/*Thüsing*, Hdb VorstandsR, § 4 Rn 55; MünchHdb-GesR AG/*Wiesner*, § 21 Rn 7; *Hüffer*, AktG, § 84 Rn 18; HWK/*Schipp*, § 17 BetrAVG Rn 9.

96 Vgl BGH 19.12.1994 – II ZR 244/93, NJW-RR 1995, 796, 797; so auch Fleischer/*Thüsing*, Hdb VorstandsR, § 4 Rn 56; *Hüffer*, AktG, § 84 Rn 17; MüKo-AktG/*Spindler*, § 84 Rn 57.

97 Fleischer/*Thüsing*, Hdb VorstandsR, § 4 Rn 56; MünchHdb-GesR AG/*Wiesner*, § 21 Rn 10; ähnl. MüKo-AktG/*Spindler*, § 84 Rn 57.

98 Fleischer/*Thüsing*, Hdb VorstandsR, § 4 Rn 56; vgl BGH 26.3.1984 – II ZR 120/83, NJW 1984, 2528, 2529; BGH 29.1.1981 – II ZR 92/80, NJW 1981, 1270, 1271; BGH 11.5.1981 – II ZR 126/80, NJW 1981, 2748, 2749; BGH 9.3.1987 – II ZR 132/86, NJW 1987, 2073, 2074; krit. im Hinblick auf den Gesetzeswortlaut Schaub/*Vogelsang*, ArbR-HdB, § 14 Rn 25.

wortet.[99] Praktisch spielt dies aufgrund der obligatorischen Befristung der Anstellungsverträge verbunden mit dem regelmäßigen Fehlen eines ordentlichen Kündigungsrechts nur eine untergeordnete Bedeutung. Inwieweit – wie beim GmbH-Geschäftsführer[100] – die Anwendbarkeit des KSchG im Anstellungsvertrag vereinbart werden kann, ist offen; Rspr hierzu fehlt bislang. Im Ergebnis ist dies aber wohl abzulehnen;[101] eine solche Vereinbarung kommt ohnehin nur in Betracht, wenn trotz Befristung des Vertrages ein ordentliches Kündigungsrecht vereinbart wurde.

bb) Sonderkonstellationen

(1) Vorstandsmitglied mit ruhendem Arbeitsverhältnis

34 Bei der Bestellung leitender Arbeitnehmer zum Vorstandsmitglied stellt sich die Frage nach dem Schicksal eines ggf früher bestehenden Arbeitsverhältnisses. Denkbar ist zum einen ein Ruhen des bisherigen Arbeitsverhältnisses für die Dauer der Bestellung, verbunden mit einem möglichen Wiederaufleben nach Abberufung, und zum anderen, dass das Arbeitsverhältnis mit Abschluss des Anstellungsvertrages endet. Die für den GmbH-Geschäftsführer in diesen Fällen entwickelte Rspr (s. § 2 Rn 30 ff) wird auf Vorstandsmitglieder übertragen werden können.[102] Allerdings ergibt sich auch hier das Problem, dass für den Abschluss des Anstellungsvertrages gem. § 84 Abs. 1 AktG der Aufsichtsrat zuständig ist, für die Beendigung des bisherigen Arbeitsverhältnisses jedoch gem. § 78 Abs. 1 AktG der Vorstand. Vertretbar erscheint in diesem Zusammenhang die Zuerkennung einer Annexkompetenz für den Aufsichtsrat.[103] Eine ausdrückliche Regelung im Anstellungsvertrag zur Frage der Beendigung oder des Fortbestehens des bisherigen Arbeitsverhältnisses erscheint sinnvoll;[104] zudem ist zu empfehlen, dass vorsorglich sowohl Aufsichtsrat als auch Vorstand den entsprechenden Vertrag unterschreiben.[105]

(2) Drittanstellungs-/Konzernanstellungsverhältnis

35 Denkbar ist auch, dass der Vorstandsanstellungsvertrag nicht mit dem Unternehmen abgeschlossen wird, für welches das Vorstandsmitglied tätig werden soll, sondern mit einem **Dritten**. Während diese – auch **Drittanstellung** oder **Konzernanstellung** genannte – Konstellation bei der GmbH grds. für zulässig befunden wird (s. auch § 2 Rn 49 ff), ist sie bei der AG um-

---

99 Für die Anwendung des § 622 Abs. 1 BGB Fleischer/*Thüsing*, Hdb VorstandsR, § 4 Rn 56; *Hüffer*, AktG, § 84 Rn 17; *Fleck*, in: FS Hilger und Stumpf, S. 209, 221; *Fleck*, WM 1985, 677; MüKo-AktG/*Spindler*, § 84 Rn 159; Semler/v. Schenck/*Fonk*, Aufsichtsratsmitglieder Hdb, § 9 Rn 208; für eine Anwendung auch der verlängerten Kündigungsfristen des § 622 Abs. 2 BGB bei Vorstandsmitgliedern ohne wesentliche Kapitalbeteiligung plädiert ErfK/*Müller-Glöge*, § 622 BGB Rn 7; MünchHdb-GesR AG/*Wiesner*, § 21 Rn 11; Henssler/Strohn/*Dauner-Lieb*, GesellschaftsR, § 84 AktG Rn 21; aA *Hümmerich*, NJW 1995, 1177, 1180; zweifelnd auch Schaub/*Vogelsang*, ArbR-HdB, § 14 Rn 25.

100 BGH 10.5.2010 – II ZR 70/09, NZA 2010, 889; vgl hierzu *Stagat*, NZA 2010, 975.

101 So *Hüffer*, AktG, § 84 Rn 17; *Otte*, GWR 2011, 25.

102 Fleischer/*Thüsing*, Hdb VorstandsR, § 4 Rn 60; *Kauffmann-Lauven*, NZA 2000, 799; zur Problematik des § 623 BGB in diesem Zusammenhang vgl *Fischer*, NJW 2003, 2417; MüKo-AktG/*Spindler*, § 84 Rn 52 vertritt die Ansicht, dass das Schriftformerfordernis des § 623 BGB durch den Abschluss des Anstellungsvertrages gewahrt werde.

103 Fleischer/*Thüsing*, Hdb VorstandsR, § 4 Rn 60; MüKo-AktG/*Spindler*, § 84 Rn 52; eine solche Annexkompetenz für die Gesellschafterversammlung im Falle eines GmbH-Geschäftsführers bejahen auch *Bauer/Arnold*, DB 2008, 350, 354; *Sasse/Schnitger*, BB 2007, 154, 155, welche aus der fehlenden Problematisierung durch das BAG schließen, dass auch das BAG von einer Kompetenz der Organe, welche den Anstellungsvertrag abschließen, ausgeht; ebenso für den Fall des GmbH-Geschäftsführers hinsichtlich des Bestehens einer solchen Annexkompetenz sowie der Interpretation der BAG-Rspr *Bauer/Baeck/Lösler*, ZIP 2003, 1821, 1825 f; ähnl. *Kauffmann-Lauven*, NZA 2000, 801 für den Fall der Klage des ehemaligen Vorstandsmitglieds gegen die Kündigung des ruhenden Arbeitsverhältnisses und die Vertretung der Aktiengesellschaft; vgl dazu auch BAG 4.7.2001 – 2 AZR 142/00, NZA 2002, 401 ff.

104 Fleischer/*Thüsing*, Hdb VorstandsR, § 4 Rn 60; MAH-AktR/*Nehls*, § 22 Rn 182.

105 *Sasse/Schnitger*, BB 2007, 154, 155; MAH-AktR/*Nehls*, § 22 Rn 182; ebenso für den Fall des GmbH-Geschäftsführers *Bauer/Baeck/Lösler*, ZIP 2003, 1821, 1826.

stritten (s. ausf. § 3 Rn 174 ff). Geht man jedoch mit einem Teil der Lit. von der Zulässigkeit aus, so ist fraglich, ob es sich bei dem Vorstandsmitglied – ebenso wie bei einem GmbH-Geschäftsführer – in dieser Situation um einen **Arbeitnehmer** handelt.

Teilweise wird dies kategorisch bejaht[106] oder abgelehnt.[107] Richtigerweise ist die Arbeitnehmereigenschaft jedoch für den jeweiligen **Einzelfall** zu klären, wobei es vorrangig darauf ankommt, ob sich aus dem Anstellungsvertrag eine Weisungsbefugnis gegenüber dem Vorstandsmitglied ergibt.[108] Hierbei muss sich der Anstellungsvertrag gleichwohl im durch das Gesellschaftsrecht vorgegebenen Rahmen bewegen;[109] in Konfliktfällen ist deshalb dem Organverhältnis Vorrang vor dem Dienstverhältnis einzuräumen.[110] 36

Teilweise wird eine Weisungsbefugnis und damit auch der Arbeitnehmerstatus unabhängig von einer möglichen aus der Organstellung herrührenden Weisungsfreiheit bejaht, wenn das Organmitglied aufgrund des Anstellungsvertrages jederzeit durch Weisungen zur Aufgabe der Organstellung und Übernahme einer anderen Aufgabe veranlasst werden kann.[111] Eine mögliche Konstellation ist bspw der Fall, dass die Vorstandstätigkeit in einer oder mehreren Konzerngesellschaften neben einer Tätigkeit als Betriebsleiter in der Konzernobergesellschaft lediglich einen Teil der gesamten Tätigkeit für die Konzernobergesellschaft ausmacht.[112] Können die verschiedenen Tätigkeitsbereiche jedoch funktional und sachlich voneinander getrennt werden, liegt idR kein einheitlicher gemischter Vertrag vor, so dass die Bereiche ggf getrennt voneinander zu beurteilen sind.[113] 37

Insbesondere im Falle eines **Beherrschungsvertrages** oder einer **eingegliederten Gesellschaft** scheint danach eine Arbeitnehmerstellung des Vorstandsmitglieds in Betracht zu kommen. In diesen Fällen ist die zentrale Norm zur Weisungsfreiheit des Vorstandsmitglieds, § 76 Abs. 1 AktG, durch die §§ 308, 323 AktG mit der Folge aufgehoben, dass sich aus der Organstellung keine Weisungsfreiheit, sondern eine Weisungsgebundenheit gegenüber der Konzernobergesellschaft ergibt (s. § 3 Rn 170 ff). Dem wird allerdings zu Recht entgegengehalten, dass dieses Weisungsrecht aufgrund gesellschaftsrechtlicher Normen besteht und nicht aus dem Anstellungsvertrag folgt, so dass es sich allein um unternehmesbezogene Weisungen ohne Einfluss auf die Qualifizierung als Arbeitsvertrag handele.[114] Demzufolge sei das Vorstandsmitglied auch nicht als Arbeitnehmer einzuordnen. 38

Dagegen wird wiederum eingewandt, durch einen Anstellungsvertrag mit der Konzernobergesellschaft werde nicht das organschaftliche, sondern das persönliche Abhängigkeitsverhältnis explizit dokumentiert. Je nach Ausgestaltung des Anstellungsverhältnisses ermöglicht dieses der Konzernobergesellschaft, über die Arbeitskraft ihres Angestellten derart zu verfügen, dass eine jederzeitige Versetzungsmöglichkeit auf eine andere Position im Konzern besteht. In dem Falle lasse die gleichzeitige Mitgliedschaft im Vertretungsorgan der beherrschten Gesellschaft eine Arbeitnehmereigenschaft gegenüber der Konzernspitze unberührt.[115] Zum Teil wird eine Abberufungsbefugnis der Konzernobergesellschaft auch nur als Vorwirkung betrachtet, die keine persönliche Abhängigkeit während bzw bei Ausübung der Vorstandstätigkeit schaffe.[116] 39

106 MünchHdb-GesR AG/*Wiesner*, § 21 Rn 3; *Kauffmann-Lauven*, NZA 2000, 799 f.
107 Fleischer/*Thüsing*, Hdb VorstandsR, § 4 Rn 70; MüKo-AktG/*Spindler*, § 84 Rn 66.
108 Vgl auch KassArbR/*Worzalla*, 1.1 Rn 331; ähnl. auch Schaub/*Vogelsang*, ArbR-HdB, § 14 Rn 3.
109 Für die GmbH vgl auch *Bauer/Arnold*, DB 2008, 350, 351.
110 Vgl MünchHdb-GesR AG/*Wiesner*, § 21 Rn 3.
111 *Martens*, in: FS Hilger und Stumpf, S. 437, 446 ff.
112 Zur Frage einer ähnlichen Konstellation beim GmbH-Geschäftsführer vgl *Martens*, in: FS Hilger und Stumpf, S. 437, 448.
113 BAG 24.8.1972 – 2 AZR 437/71, AP § 611 BGB Gemischter Vertrag Nr. 2 m. Anm. *Heckelmann*; Schaub/*Vogelsang*, ArbR-HdB, § 9 Rn 49.
114 Fleischer/*Thüsing*, Hdb VorstandsR, § 4 Rn 70; so auch KommAktG/*Mertens/Cahn*, § 84 Rn 35.
115 *Henssler*, RdA 1992, 289, 301.
116 Fleischer/*Thüsing*, Hdb VorstandsR, § 4 Rn 70.

Dies überzeugt, so dass auch bei entsprechender Ausgestaltung des Anstellungsverhältnisses und gesellschaftsrechtlicher Weisungsgebundenheit eine Arbeitnehmerstellung wohl nicht in Frage kommt. Offen ist allerdings, ob im Hinblick auf die Entscheidung des EuGH in der Rechtssache Danosa ein Vorstandsmitglied in einem solchen Fall nicht doch als Arbeitnehmer im unionsrechtlichen Sinne zu betrachten ist.[117] Der EuGH ließ in diesem Falle die Weisungsgebundenheit aufgrund gesellschaftsrechtlicher Normen ausreichen.[118]

40 In jedem Falle scheidet eine Einordnung als Arbeitnehmer aus, wenn der Anstellungsvertrag nur den Rahmen für die Organstellung darstellt,[119] wovon bei Vorstandsmitgliedern **konzernfreier AG** auszugehen ist.[120]

(3) Fortbestand des Anstellungsverhältnisses bei fehlender Bestellung

41 Bei Beendigung der Organstellung durch Abberufung bei gleichzeitigem Fortbestand des Anstellungsvertrages wandelt sich dieser nicht in ein Arbeitsverhältnis um, da der Vertrag selbst grds. keine persönliche Weisungsgebundenheit zu begründen vermag.[121] Besteht allerdings eine entsprechende Einigung über die Fortführung des Vertrages unter geänderten Bedingungen, zB eine zukünftige Tätigkeit als leitender Angestellter, so findet eine Umwandlung statt.[122] Dementsprechend greift dann auch das KSchG ein, selbst wenn die Kündigung auf Vorfälle während der Tätigkeit als Vorstandsmitglied gestützt wird.[123] Stellt die Vereinbarung eines sich an die Bestellung anschließenden Arbeitsvertrages aber objektiv eine Umgehung des § 84 Abs. 1 AktG dar, so ist diese gem. § 134 BGB nichtig. Dies ist der Fall, wenn der Vertrag für den Fall der Beendigung der Organstellung die unveränderte Weiterführung des Anstellungsverhältnisses als Arbeitsverhältnis über die Fristen des § 84 Abs. 1 AktG hinaus vorsieht.[124]

(4) Doppelmandate

42 Wird das Vorstandsmitglied auch zum Vorstandsmitglied einer anderen Gesellschaft, insb. der Konzernmutter berufen (sog. **Doppelmandat**), was aktienrechtlich grds. zulässig ist,[125] so ist auch hier ein eigenständiger Anstellungsvertrag abzuschließen.[126] Problematisch bei Doppelmandaten sind mögliche Interessenkollisionen (s. § 3 Rn 181 ff).

c) Sozialversicherungsrechtliche Schnittmengen

43 Von der Versicherungspflicht in der Renten- und Arbeitslosenversicherung sind Vorstandsmitglieder einer AG gem. § 1 S. 4 SGB VI bzw § 27 Abs. 1 Nr. 5 SGB III ausdrücklich ausgenommen. Für die Versicherungspflicht in der gesetzlichen Kranken-, Pflege- und Unfallversicherung hingegen ist maßgeblich, ob es sich bei dem Anstellungsverhältnis des Vorstandsmitglieds um ein Beschäftigungsverhältnis nach § 7 Abs. 1 SGB IV handelt. Die Rspr zu dieser Frage ist nicht

---

117 *Junker*, NZA 2011, 950, 951; in diese Richtung tendiert wohl *Oberthür*, NZA 2011, 253, 254.

118 EuGH 11.11.2010 – C-232/09 (Danosa), NZA 2011, 143.

119 *Martens*, in: FS Hilger und Stumpf, S. 437, 446 ff.

120 Vgl MünchHdb-GesR AG/*Wiesner*, § 21 Rn 5.

121 Vgl dazu BAG 25.6.1997 – 5 AZB 41/96, NJW 1998, 260, 261; BGH 10.1.2000 – II ZR 251/98, NJW 2000, 1864, 1865; so auch Fleischer/*Thüsing*, Hdb VorstandsR, § 4 Rn 61; *Fleck*, in: FS Hilger und Stumpf, S. 210; ebenso MünchHdb-GesR AG/*Wiesner*, § 21 Rn 24.

122 Fleischer/*Thüsing*, Hdb VorstandsR, § 4 Rn 61; MünchHdb-GesR AG/*Wiesner*, § 21 Rn 24.

123 BAG 22.2.1974 – 2 AZR 289/73, DB 1974, 1243; Fleischer/*Thüsing*, Hdb VorstandsR, § 4 Rn 61; MüKo-AktG/*Spindler*, § 84 Rn 53.

124 BAG 26.8.2009 – 5 AZR 522/08, NZA 2009, 1205.

125 Ergibt sich schon aus § 88 Abs. 1 S. 2 AktG und ist allgM, vgl OLG Köln 24.11.1992 – 22 U 72/92, NJW-RR 1993, 804, 807; BGH 21.12.1979 – II ZR 244/78, NJW 1980, 1629; ebenso MünchHdb-GesR AG/*Wiesner*, § 20 Rn 10; Fleischer/*Thüsing*, Hdb VorstandsR, § 4 Rn 71; Henn/Frodermann/Jannott/*Frodermann/Schäfer*, Hdb AktR, Kap. 7 Rn 142; MüKo-AktG/*Spindler*, § 76 Rn 56; *Hüffer*, AktG, § 76 Rn 21.

126 Fleischer/*Thüsing*, Hdb VorstandsR, § 4 Rn 71; aA wohl *Baums*, Der Geschäftsleitervertrag, S. 63; ebenso wohl *Fischer/Harth/Meyding*, BB 2000, 1097.

einheitlich. Während ein Teil der Senate des BSG davon ausgeht, dass Vorstandsmitglieder einer AG generell in einem Beschäftigungsverhältnis iSd § 7 Abs. 1 SGB IV stehen,[127] geht der für die Unfallversicherung zuständige Senat des BSG wegen der fehlenden persönlichen Abhängigkeit generell von der Versicherungsfreiheit in der Unfallversicherung mangels eines Beschäftigungsverhältnisses aus.[128] Auf eine Mehrheitsbeteiligung des Vorstandsmitglieds kommt es hierfür jedenfalls nicht an;[129] eine Übertragung der maßgeblichen Gesichtspunkte für die Abgrenzung der Arbeitnehmereigenschaft von GmbH-Gesellschaftern und Geschäftsführern (vgl hierzu § 2 Rn 70 ff) auf Vorstandsmitglieder einer AG ist nicht möglich.[130] In der Regel dürften aber die Bezüge ohnehin über der Jahresentgeltgrenze des § 6 SGB V liegen, so dass schon aus diesem Grunde eine Versicherungspflicht jedenfalls in der Kranken- und Pflegeversicherung ausscheidet.[131]

d) Stellung des Dienstvertrages zu Satzung und Geschäftsordnung

Wie auch schon der Geschäftsführer einer GmbH (s. § 2 Rn 95 ff) verpflichtet sich das Vorstandsmitglied ähnlich wie ein Arbeitnehmer, seine Arbeitskraft für die Gesellschaft einzusetzen. Dementsprechend gleichen die im Anstellungsvertrag zu regelnden Themen grds. denen eines Arbeitsvertrages. Ein Rückgriff auf das Arbeitsrecht bei der Vertragsformulierung ist also naheliegend. Allerdings darf diese tatsächliche und teilweise auch rechtliche Nähe zum Arbeitsvertragsrecht nicht darüber hinwegtäuschen, dass sich der konkrete Anstellungsvertrag eines Vorstandsmitglieds deutlich von dem Arbeitsvertrag eines Arbeitnehmers unterscheidet. 44

aa) Zwingende Vorgaben des AktG

Bei der Ausgestaltung des Anstellungsverhältnisses ist zu berücksichtigen, dass dem Vorstandsmitglied allein mit der Bestellung und dem Einrücken in die Organstellung schon bestimmte Pflichten auferlegt werden, die sich aus dem nicht dispositiven Recht des AktG ergeben. Der Vorstand hat etwa gem. § 76 Abs. 1 AktG unter eigener Verantwortung die Gesellschaft zu leiten, die Geschäfte zu führen, § 77 Abs. 1 AktG, und die Gesellschaft gerichtlich und außergerichtlich zu vertreten, § 78 Abs. 1 AktG. Dabei hat das Vorstandsmitglied gem. § 82 Abs. 2 AktG eventuelle Beschränkungen im Innenverhältnis zur Gesellschaft einzuhalten.[132] Ein wesentlicher Teil des Tätigkeitsfeldes des Vorstandsmitglieds ist damit schon von Gesetzes wegen festgelegt. 45

bb) Vorgaben des Gesellschaftsvertrages

Der Gesellschaft ist es über die zwingenden Vorgaben des AktG hinaus möglich, die Kompetenzen des Vorstandsmitglieds durch die Satzung festzulegen. Insbesondere können Ausnahmen von der gemeinschaftlichen Geschäftsführung nach § 77 Abs. 1 S. 2 AktG und vom Prin- 46

127 BSG 31.5.1989 – 4 RA 22/88, NZA 1990, 668; BSG 27.2.2008 – B 12 KR 23/06 R, BSGE 100, 62 = ZIP 2008, 2231; BSG 6.10.2010 – B 12 KR 20/09 R, BeckRS 2011, 65179 = NZS 2011, 548 (Ls).

128 BSG 14.12.1999 – B 2 U 38/98 R, NZA-RR 2000, 434; zust. MünchHdb-GesR AG/*Wiesner*, § 21 Rn 14; Fleischer/*Thüsing*, Hdb VorstandsR, § 4 Rn 59 mwN zur Rspr des BSG; Henn/Frodermann/Jannott/*Frodermann/Schäfer*, Hdb AktR, Kap. 7 Rn 123; MüKo-AktG/*Spindler*, § 84 Rn 54; Schaub/*Vogelsang*, ArbR-HdB, § 14 Rn 26; ebenso wohl *Fischer/Harth/Meyding*, BB 2000, 1097, 1098; *Grimm*, DB 2012, 175, 178; Spindler/Stilz/*Fleischer*, § 84 AktG Rn 30; zur Versicherungspflicht von Organmitgliedern ausländischer Gesellschaften mit Sitz in Deutschland vgl *Thomas/Weidmann*, BB 2005, 1162 und die Erwiderung *Spohrs*, BB 2005, 2745.

129 Fleischer/*Thüsing*, Hdb VorstandsR, § 4 Rn 59.

130 Fleischer/*Thüsing*, Hdb VorstandsR, § 4 Rn 59.

131 Lücke/Schaub/*Lücke*, Vorstand der AG, § 2 Rn 231; KommAktG/*Mertens/Cahn*, § 84 Rn 40.

132 Solche Beschränkungen der Geschäftsführungsbefugnis können auch Gegenstand des Anstellungsvertrages sein; empfehlenswerter scheint aber eine Festlegung solcher Beschränkungen im Rahmen der Geschäftsordnung und ein entsprechender Verweis auf diese im Anstellungsvertrag, MAH-AktR/*Nehls*, § 22 Rn 89 f.

zip der Gesamtvertretung iSv § 78 Abs. 2 S. 1 AktG aufgenommen werden. Allerdings sind Regelungen der Satzung, welche die gesetzliche Entscheidungskompetenz des Aufsichtsrats beschneiden, wie zB Vorgaben zur Gehaltsbemessung, nach hM unzulässig und damit nicht bindend.[133]

cc) Vorgaben der Geschäftsordnung

47 Neben der Satzung können, namentlich wenn mehrere Vorstandsmitglieder bestellt sind, die Vorstandsmitglieder betreffende Regelungen auch in einer Geschäftsordnung des Vorstands enthalten sein.[134] Der Anwendungsbereich für abweichende Vorgaben in einer Geschäftsordnung beschränkt sich auf dispositive Regelungen zur Binnenorganisation und Geschäftsverteilung zum Zwecke der internen Effizienzsteigerung.[135] So kann insb. in der Geschäftsordnung eine Ausnahme von der gemeinschaftlichen Geschäftsführung geregelt werden, § 77 Abs. 1 S. 2 AktG. Das Recht des Vorstands, sich eine organinterne Geschäftsordnung zu geben, besteht gem. § 77 Abs. 2 AktG nur, soweit nicht die Satzung dem Aufsichtsrat den Erlass der Geschäftsordnung übertragen hat oder dieser eine organexterne Geschäftsordnung für den Vorstand erlässt.

dd) Konkurrenzen

48 Da der Inhalt des Anstellungsvertrages des Vorstandsmitglieds durch verschiedene Regelungen ausgestaltet werden kann, stellt sich die Frage nach der möglichen Auflösung von Kollisionen anstellungsvertraglicher Regelungen mit der Satzung oder der Geschäftsordnung. Im Falle der Kollision von Regelungen des Anstellungsvertrages mit zwingendem Aktienrecht sind diese zwingend unwirksam, Abweichungen von dispositivem Recht sind dagegen zulässig.

(1) Kollision zwischen Anstellungsvertrag und Satzung

49 Die bei den GmbH-Geschäftsführern vorgenommenen Wertungen zur Lösung von Kollisionen zwischen Anstellungsvertrag und Satzung (s. § 2 Rn 100 ff) lassen sich auf den Anstellungsvertrag eines Vorstandsmitglieds übertragen. Auch bei der AG ergibt sich das Organisationsrecht der Gesellschaft neben dem Gesetz aus dem Gesellschaftsvertrag, welcher der Publizität des Handelsregisters unterliegt. Zukünftige Anteilseigner und Dritte können sich durch Einblick in den beim Handelsregister hinterlegten Gesellschaftsvertrag über die Kompetenzverteilung in der Gesellschaft informieren und müssen sich grds. hierauf verlassen können. Dementsprechend hat bei einer Kollision des Anstellungsvertrages mit Regelungen der Satzung Letztere Vorrang. Somit sind die Regelung des Anstellungsvertrages zwar organisationsrechtlich nichtig, bleiben schuldrechtlich jedoch wirksam. Ein schuldrechtlicher Anspruch auf Erfüllung besteht allerdings nicht, in Betracht kommt lediglich ein Recht zur außerordentlichen Kündigung oder ein Anspruch auf Schadensersatz.

(2) Kollision zwischen Anstellungsvertrag und Geschäftsordnung

50 In Bezug auf Kollisionen von Anstellungsvertrag und Geschäftsordnung wurde bislang hauptsächlich die Frage diskutiert, inwieweit Änderungen der Geschäftsverteilung möglich sind.[136] Einer Ansicht zufolge ist eine verbindliche Änderung der Ressortverteilung durch die Ge-

---

133 Fleischer/*Thüsing*, Hdb VorstandsR, § 4 Rn 63; MünchHdb-GesR AG/*Wiesner*, § 21 Rn 15; MAH-AktR/*Nehls*, § 22 Rn 70; aA Ulmer/Habersack/Henssler/*Ulmer/Habersack*, MitbestG, § 31 Rn 40.

134 Ausf. zu den Gestaltungsmöglichkeiten durch eine Geschäftsordnung für den Vorstand *Langer/Peters*, BB 2012, 2575. Ein Beispiel für eine solche Geschäftsordnung findet sich bei MAH-AktR/*Heinz*, § 22 Rn 64; MünchVertragshdB-GesR/*Hölters/Favoccia*, V. 52.

135 Schmidt/Lutter/*Seibt*, AktG, § 77 Rn 24.

136 MünchHdb-GesR AG/*Wiesner*, § 22 Rn 18; *Lutter/Krieger/Verse*, Rechte und Pflichten des Aufsichtsrats, Rn 457; Geßler/Hefermehl/Eckardt/Kropff/*Hefermehl*, AktG, § 77 Rn 17 ff; Fleischer/*Thüsing*, Hdb VorstandsR, § 4 Rn 132 ff.

schäftsordnung auch in Abweichung vom Anstellungsvertrag möglich.[137] Schuldrechtlich könne sich aber aus der Verletzung des Anstellungsvertrages ein Anspruch des Vorstandsmitglieds auf Schadensersatz und das Recht zur Amtsniederlegung ergeben,[138] soweit es sich nicht um eine organinterne Geschäftsordnung handelt, der das Vorstandsmitglied selbst zugestimmt hat.[139] Anderer Ansicht nach ist eine solche Änderung der Geschäftsverteilung in Abweichung vom Anstellungsvertrag nur durch eine Änderungskündigung möglich, die das Vorliegen eines wichtigen Grundes iSd § 626 BGB voraussetzt[140] und nur durch den Aufsichtsrat erfolgen könnte. Der Vorstand kann aufgrund der ausschließlichen Zuständigkeit des Aufsichtsrats für anstellungsvertragliche Belange eine Änderung der Geschäftsverteilung nur dann vornehmen, wenn die Änderungen im Einklang mit den Anstellungsverträgen stehen.[141]

In anderen Kollisionsfällen mit der Geschäftsordnung, welche nicht die Geschäftsverteilung be- 51
treffen, erscheint eine Übertragung der entsprechenden Wertungen zum GmbH-Geschäftsführer (s. § 2 Rn 103 f) möglich.

ee) Gestaltungsprobleme

Das Nebeneinander von Satzung, Geschäftsordnung und Anstellungsvertrag bedeutet ähnlich 52
wie beim GmbH-Geschäftsführer (s. § 2 Rn 105 ff), dass bei der Ausgestaltung des Anstellungsvertrages auf die Satzung und eine bereits bestehende Geschäftsordnung Rücksicht zu nehmen ist. So kann insb. auf Satzung und Geschäftsordnung durch eine Verweisung im Anstellungsvertrag Bezug genommen werden. Je genauer die Aufgaben und Kompetenzen des Vorstandsmitglieds dagegen bereits im Anstellungsvertrag konkretisiert werden, umso eher kann es zu einer Kollision mit den organisationsrechtlichen Gestaltungsmitteln der Gesellschaft kommen.

e) Anwendung von AGB-Recht auf Vorstandsverträge

Ebenso wie beim GmbH-Geschäftsführer sind bei der Ausgestaltung des Anstellungsvertrages 53
des Vorstandsmitglieds neben den organisationsrechtlichen Vorgaben wie Satzung oder Geschäftsordnung auch die zwingenden Normen des Zivilrechts zu beachten. Hierzu gehört u.a. das AGB-Recht, da es sich bei Vorstandsverträgen nicht um Verträge „auf dem Gebiet des Gesellschaftsrechts" handelt, so dass die Bereichsausnahme des § 310 Abs. 4 S. 1 BGB nicht einschlägig ist.[142]

aa) Allgemeiner Anwendungsbereich nach § 305 Abs. 1 BGB

Gemäß § 305 Abs. 1 BGB ist es für die Eröffnung des Anwendungsbereichs der AGB-Kontrolle 54
notwendig, dass es sich bei den Vereinbarungen um für eine Vielzahl von Verträgen vorformulierte Vertragsbedingungen handelt, die eine Vertragspartei (Verwender) der anderen Vertragspartei bei Abschluss eines Vertrages stellt. Zu den einzelnen Voraussetzungen vgl § 2 Rn 114 ff. Auch wenn es auf den ersten Blick eher unwahrscheinlich erscheinen mag, dass Vertragsbedingungen in einem Anstellungsvertrag eines Vorstandsmitglieds für eine „Vielzahl von Verträ-

137 Fleischer/*Kort*, Hdb VorstandsR, § 3 Rn 6; Fleischer/*Thüsing*, Hdb VorstandsR, § 4 Rn 133; MünchHdb-GesR AG/*Wiesner*, § 22 Rn 18, der sogar eine Selbstbindung des Aufsichtsrats durch Regelungen zur Geschäftsverteilung im Anstellungsvertrag als unzulässig betrachtet.

138 Fleischer/*Kort*, Hdb VorstandsR, § 3 Rn 68; Fleischer/*Thüsing*, Hdb VorstandsR, § 4 Rn 134; MünchHdb-GesR AG/*Wiesner*, § 22 Rn 18; KommAktG/*Mertens/Cahn*, § 77 Rn 64.

139 Fleischer/*Thüsing*, Hdb VorstandsR, § 4 Rn 135.

140 Geßler/Hefermehl/Eckardt/Kropff/*Hefermehl*, AktG, § 77 Rn 18; *Lutter/Krieger*, Rechte und Pflichten des Aufsichtsrats, 4. Aufl. 2002, Rn 431, die sich allerdings mittlerweile ersterer Auffassung anzuschließen scheinen, vgl *Lutter/Krieger/Verse*, Rechte und Pflichten des Aufsichtsrats, Rn 457.

141 *Lutter/Krieger*, Rechte und Pflichten des Aufsichtsrats, 4. Aufl. 2002, Rn 432; KommAktG/*Mertens/Cahn*, § 77 Rn 64.

142 *Bauer/Arnold*, ZIP 2006, 2337, 2338.

gen" vorformuliert und von der Gesellschaft „gestellt" werden, ist dies insb. innerhalb eines Konzerns mit mehreren Konzerngesellschaften nicht unüblich.[143] Handelt es sich bei dem Anstellungsvertrag um einen Formularvertrag, ist dieser einer Inhaltskontrolle nach §§ 307 ff BGB zu unterziehen.[144]

bb) Erweiterter Anwendungsbereich nach § 310 Abs. 3 BGB

55 Selbst wenn nicht nachgewiesen werden kann, welche Partei die Vertragsbedingungen gestellt hat, oder wenn die Vertragsbedingungen nur für den einmaligen Gebrauch bestimmt sind, so kommt eine AGB-Kontrolle über den erweiterten Anwendungsbereich nach § 310 Abs. 3 BGB in Betracht. Voraussetzung dafür ist, dass es sich bei dem Anstellungsvertrag um einen Verbrauchervertrag handelt; die Gesellschaft müsste also Unternehmer sein und das Vorstandsmitglied Verbraucher.

56 Gemäß § 14 BGB ist ein **Unternehmer** eine natürliche oder juristische Person oder eine rechtsfähige Personengesellschaft, die bei Abschluss eines Rechtsgeschäfts in Ausübung ihrer gewerblichen oder selbstständigen beruflichen Tätigkeit handelt. Der Abschluss eines Anstellungsvertrages mit dem Vorstandsmitglied ist dem selbstständigen beruflichen Tätigkeitsbereich der AG zuzurechnen.

57 Nach § 13 BGB ist ein **Verbraucher** jede natürliche Person, die ein Rechtsgeschäft zu einem Zwecke abschließt, der weder ihrer gewerblichen noch ihrer selbstständigen beruflichen Tätigkeit zugerechnet werden kann. Dies erscheint bei einem Vorstandsmitglied im Zusammenhang mit dem Abschluss eines Anstellungsvertrages eher zweifelhaft und wird in der Lit. weitgehend abgelehnt, da es sich bei dem Anstellungsvertrag des Vorstandsmitglieds um den „Dienstvertrag des selbstständig Tätigen" handelt.[145] Allerdings ist nach BGH-Rspr ein Vorstandsmitglied wohl als Verbraucher anzusehen.[146] Dies wurde zwar bislang nur für den GmbH-Geschäftsführer vertreten (s. § 2 Rn 119 ff),[147] die Argumentation dürfte aber auch auf das Vorstandsmitglied zutreffen.[148] Zu den genauen Rechtsfolgen des § 310 Abs. 3 BGB s. § 2 Rn 126 ff.

cc) Arbeitsrechtliche Besonderheiten nach § 310 Abs. 4 S. 2 BGB

58 Nach § 310 Abs. 4 S. 2 BGB sind bei der Anwendung der AGB-Kontrolle auf Arbeitsverträge die im Arbeitsrecht geltenden Besonderheiten angemessen zu berücksichtigen. Eine Berücksichtigung der „**Besonderheiten des Arbeitsrechts**" auch bei der Kontrolle von Anstellungsverträgen von Vorstandsmitgliedern ist allerdings bereits durch den Wortlaut ausgeschlossen, da Dienstverträge nicht erfasst sind.[149] Auch die punktuelle Anwendung arbeitnehmerschützender Vorschriften auf Vorstandsmitglieder reicht nicht aus, um eine entsprechende Berücksichtigung arbeitsrechtlicher Besonderheiten zu begründen (zur ähnlichen Problematik bei GmbH-Geschäftsführern s. § 2 Rn 130 f).[150] Der Begriff des Arbeitsvertrages bezieht sich hier auf den Vertrag als solchen und nicht auf einzelne Teilaspekte.

143 Vgl hierzu *Bauer/Arnold*, ZIP 2006, 2337, 2338 f.

144 Fleischer/*Thüsing*, Hdb VorstandsR, § 4 Rn 101.

145 Fleischer/*Thüsing*, Hdb VorstandsR, § 4 Rn 101; MünchHdb-GesR AG/*Wiesner*, § 21 Rn 6; *Bauer/Arnold*, ZIP 2006, 2337, 2339.

146 *Bauer/Arnold*, ZIP 2006, 2337, 2339.

147 BGH 5.6.1996 – VIII ZR 151/95, NJW 1996, 2156; BGH 28.6.2000 – VIII ZR 240/99, NJW 2000, 3133; BAG 19.5.2010 – 5 AZR 253/09, NZA 2010, 939.

148 Fleischer/*Thüsing*, Hdb VorstandsR, § 4 Rn 101.

149 *Bauer/Arnold*, ZIP 2006, 2337, 2338.

150 Vgl aber auch *Bauer/Arnold*, ZIP 2006, 2337, 2338, die aus anderen Gründen eine Analogie befürworten.

dd) Problemkreise

Soweit der Anwendungsbereich der AGB-Kontrolle eröffnet ist, so muss – weitgehend vergleichbar zu Arbeits- oder Geschäftsführerdienstverträgen – insb. bei Koppelungsklauseln, Vertragsstrafenklauseln, Ausschlussfristenklauseln, Bezugnahmeklauseln, Rückzahlungsklauseln und Wettbewerbsverbotsklauseln bei der Ausformulierung sehr sorgfältig verfahren werden. Unterliegt der Anstellungsvertrag einer AGB-Kontrolle, so ist auch das Verbot des Ausschlusses von Zurückbehaltungsrechten nach § 309 Nr. 2 BGB zu beachten (s. dazu § 1 Rn 4423 ff). 59

2. Abschluss und Inhalt des Vorstandsvertrages

a) Zuständigkeit für den Abschluss des Vorstandsvertrages

aa) Zuständigkeit des Gesamtaufsichtsrats

Die Zuständigkeit für den Abschluss und die Änderung des Anstellungsvertrages als Minus zur Abschlusskompetenz liegt gem. § 84 Abs. 1 S. 5 iVm § 84 Abs. 1 S. 1 AktG ebenso wie die Kündigung des Anstellungsvertrages beim Aufsichtsrat.[151] Auch eine etwaige Unwirksamkeit des Anstellungsvertrages kann nur der Aufsichtsrat geltend machen.[152] Vertragliche Vereinbarungen im Widerspruch zu dieser Kompetenzzuweisung sind entweder nichtig gem. § 134 BGB[153] oder schwebend unwirksam nach § 177 BGB.[154] 60

bb) Abschluss durch einen Ausschuss

Da § 107 Abs. 3 S. 2 AktG jedoch nur auf § 84 Abs. 1 S. 1 und 3 AktG verweist, kann der Aufsichtsrat den Abschluss des Anstellungsvertrages – anders als die Bestellung, welche der Aufsichtsrat als Plenum beschließen muss – auch einem mit wenigstens drei Mitgliedern besetzten Ausschuss übertragen, jedoch nicht einem einzelnen Aufsichtsratsmitglied.[155] Da für die Bestellung aber der gesamte Aufsichtsrat als Plenum zuständig ist, dürfen die Verhandlung und der Abschluss des Anstellungsvertrages durch einen Ausschuss die Bestellung nicht präjudizieren.[156] Zu beachten ist allerdings, dass mit Inkrafttreten des VorstAG gem. § 107 Abs. 3 S. 3 AktG für die Festsetzung der Vergütung nach § 87 Abs. 1 AktG und auch für die Herabsetzung der Bezüge nach § 87 Abs. 2 AktG nunmehr der Gesamtaufsichtsrat zuständig ist, diese Aufgaben also nicht mehr an einen Ausschuss delegiert werden können.[157] 61

---

151 Fleischer/*Thüsing*, Hdb VorstandsR, § 4 Rn 63, § 5 Rn 52; Semler/Peltzer/*Peltzer*, Vorstand Hdb, § 2 Rn 130; MünchHdb-GesR AG/*Wiesner*, § 21 Rn 15; *Lutter/Krieger/Verse*, Rechte und Pflichten des Aufsichtsrats, Rn 386; Schmidt/Lutter/*Seibt*, AktG, § 84 Rn 24, 61; *Hüffer*, AktG, § 84 Rn 12.

152 Fleischer/*Thüsing*, Hdb VorstandsR, § 4 Rn 137; BGH 21.1.1991 – II ZR 144/90, NJW 1991, 1727.

153 So Fleischer/*Thüsing*, Hdb VorstandsR, § 4 Rn 63; Spindler/Stilz/*Fleischer*, § 84 AktG Rn 33; Heidel/*Oltmanns*, AktR, § 84 AktG Rn 12.

154 So *Hüffer*, AktG, § 84 Rn 12, § 112 Rn 7; MAH-AktR/*Nehls*, § 22 Rn 190 ff; *Henze/Rosch*, ArbRAktuell 2010, 310; MünchHdb-GesR AG/*Wiesner*, § 23 Rn 8.

155 BGH 23.10.1975 – II ZR 90/73, NJW 1976, 145; vgl auch Fleischer/*Thüsing*, Hdb VorstandsR, § 4 Rn 64; Semler/Peltzer/*Peltzer*, Vorstand Hdb, § 2 Rn 130; MünchHdb-GesR AG/*Wiesner*, § 21 Rn 16, 18; *Hüffer*, AktG, § 84 Rn 13; Schmidt/Lutter/*Seibt*, AktG, § 84 Rn 25; Henn/Frodermann/Jannott/*Frodermann/Schäfer*, Hdb AktR, Kap. 7 Rn 126; *Fischer/Harth/Meyding*, BB 2000, 1097, 1098; MüKo-AktG/*Spindler*, § 84 Rn 60; *Henssler*, RdA 1992, 289, 298.

156 *Hüffer*, AktG, § 84 Rn 12; Fleischer/*Thüsing*, Hdb VorstandsR, § 4 Rn 65; ebenso MünchHdb-GesR AG/*Wiesner*, § 20 Rn 16.

157 Dem ist durch eine Änderung der jeweiligen Geschäftsordnung des Aufsichtsrats hinsichtlich der Zuständigkeit des Personal-/Ernennungsausschusses Rechnung zu tragen, vgl *Wagner/Wittgens*, BB 2009, 906, 909; weitergehend Henssler/Strohn/*Dauner-Lieb*, GesellschaftsR, § 84 AktG Rn 18, derzufolge nunmehr der gesamte Anstellungsvertrag im Aufsichtsratsplenum zu beraten und zu beschließen sei.

62 Entsprechendes gilt für die Kündigung.[158] Zulässig ist es jedoch, den Anstellungsvertrag unter der aufschiebenden Bedingung der nachfolgenden Bestellung zu schließen.[159] Im Hinblick auf die Zuständigkeit des Gesamtaufsichtsrats für die Festsetzung der Vergütung muss die aufschiebende Bedingung auch die Zustimmung des Gesamtaufsichtsrats zur Vergütungsregelung enthalten.[160] Ebenso darf der durch einen Ausschuss geschlossene Anstellungsvertrag wegen § 107 Abs. 3 AktG iVm § 77 Abs. 2 AktG keine Regelungen zur Ressortverteilung enthalten, da auch diese dem Aufsichtsrat als Plenum zugewiesen ist.[161]

cc) Faktisches Anstellungsverhältnis

63 Ist der Anstellungsvertrag entgegen dieser Kompetenzzuweisung geschlossen worden und dementsprechend (schwebend) unwirksam, richten sich die **Folgen des fehlerhaften Vertrages** danach, ob das Vorstandsmitglied seine Arbeit schon aufgenommen hat oder nicht. Wurde noch keinerlei Vorstandstätigkeit ausgeübt, können sich beide Seiten jederzeit auf die Unwirksamkeit des Vertrages berufen. Hat das fehlerhaft angestellte Vorstandsmitglied seine Tätigkeit schon begonnen, richten sich die Rechtsfolgen nach den Grundsätzen zum fehlerhaften Dienst- und Arbeitsverhältnis.[162] Dementsprechend ist der unwirksame Vertrag bei Anfechtung nur *ex nunc* und nicht *ex tunc* nichtig; für die Dauer der tatsächlichen Vorstandstätigkeit ist der Anstellungsvertrag zu behandeln, als wäre er wirksam zustande gekommen.[163] Dies gilt auch für unwirksam vereinbarte Änderungen eines ursprünglich wirksamen Anstellungsvertrages.[164]

64 Dem Vorstandsmitglied stehen für diese Zeit die vertraglich vereinbarten Vergütungen zu,[165] sofern sich die Unwirksamkeit des Vertrages nicht gerade aus der unzulässigen Vergütungsvereinbarung selbst ergibt.[166] Dies umfasst auch noch nicht ausgezahlte, aber verdiente Ruhegelder.[167] Ein anderes Ergebnis dürfte sich wohl auch nicht für den Fall ergeben, dass die vereinbarte Vergütung nach § 87 Abs. 1 AktG unangemessen ist, da die Wirksamkeit der Vergütung von einem Verstoß gegen § 87 Abs. 1 AktG grds. unberührt bleibt und sich lediglich Schadens-

158 Vgl MünchHdb-GesR AG/*Wiesner*, § 21 Rn 75.

159 Fleischer/*Thüsing*, Hdb VorstandsR, § 4 Rn 65; MüKo-AktG/*Spindler*, § 84 Rn 60; nach MünchHdb-GesR AG/*Wiesner*, § 20 Rn 16 besteht sogar eine Pflicht zum Abschluss unter der aufschiebenden Bedingung der Bestellung, wenn die Kompetenz einem Ausschuss übertragen wurde.

160 MAH-AktR/*Nehls*, § 22 Rn 76; MünchVertragshdB-GesR/*Hölters/Favoccia*, V. 51 Anm. Nr. 1.

161 AllgM, vgl Fleischer/*Thüsing*, Hdb VorstandsR, § 4 Rn 66; *Hüffer*, AktG, § 84 Rn 12; MünchHdb-GesR AG/*Wiesner* § 21 Rn 16; etwas großzügiger, wenn sich schon aus dem Bestellungsbeschluss der Tätigkeitsbereich ergibt, *Lutter/Krieger/Verse*, Rechte und Pflichten des Aufsichtsrats, Rn 390 f.

162 Vgl dazu BGH 6.4.1964 – II ZR 75/62, NJW 1964, 1367; BAG 15.1.1986 – 5 AZR 237/84, NJW 1986, 2133; s. auch Fleischer/*Thüsing*, Hdb VorstandsR, § 4 Rn 137; MünchHdb-GesR AG/*Wiesner*, § 21 Rn 26; Schmidt/Lutter/*Seibt*, AktG, § 84 Rn 38; Henn/Frodermann/Jannott/*Frodermann/Schäfer*, Hdb AktR, Kap. 7 Rn 130; *Hüffer*, AktG, § 84 Rn 19; *Köhler*, NZG 2008, 161, 164.

163 Vgl BGH 3.7.2000 – II ZR 282/98, NJW 2000, 2983 (für den GmbH-Geschäftsführer); s. auch Fleischer/*Thüsing*, Hdb VorstandsR, § 4 Rn 137; MünchHdb-GesR AG/*Wiesner*, § 21 Rn 27; MüKo-AktG/*Spindler*, § 84 Rn 234; *Klühs/Habermehl*, BB 2007, 2342, 2344; *Köhler*, NZG 2008, 161, 164.

164 LG Zweibrücken 18.5.2007 – 6 HK.O 86/02, BB 2007, 2350, 2351; zust. *Klühs/Habermehl*, BB 2007, 2342, 2344.

165 BGH 6.4.1964 – II ZR 75/62, NJW 1964, 1367, 1368 stellt hierbei ausdrücklich nicht auf die angemessene, sondern auf die vereinbarte Vergütung ab; ebenso Fleischer/*Thüsing*, Hdb VorstandsR, § 4 Rn 137; MüKo-AktG/*Spindler*, § 84 Rn 234; *Baums*, Der Geschäftsleitervertrag, S. 198.

166 Fleischer/*Thüsing*, Hdb VorstandsR, § 4 Rn 137 mwN.

167 BGH 23.10.1975 – II ZR 90/73, NJW 1976, 145, 147 bejaht den Anspruch auf Übergangsgeld, betrachtet allerdings in diesem Falle den Vertrag – obwohl durch einen Zwei-Mann-Ausschuss abgeschlossen – aus Vertrauensschutzgründen als voll wirksam, ohne auf die Grundsätze des fehlerhaften Anstellungsverhältnisses abzustellen; LG Zweibrücken 18.5.2007 – 6 HK.O 86/02, BB 2007, 2350, 2352 bejaht den Anspruch auf Ruhegeld trotz unwirksam vereinbarter Nachtragsvereinbarung aufgrund der Grundsätze des fehlerhaften Anstellungsverhältnisses; dem zust. *Klühs/Habermehl*, BB 2007, 2342, 2345; ebenso Fleischer/*Thüsing*, Hdb VorstandsR, § 4 Rn 137; MünchHdb-GesR AG/*Wiesner*, § 21 Rn 27; *Baums*, Der Geschäftsleitervertrag, S. 198; MüKo-AktG/*Spindler*, § 84 Rn 234.

ersatzpflichten des Aufsichtsrats ergeben können (vgl § 3 Rn 132).[168] Auch eine Herabsetzung der Bezüge gem. § 87 Abs. 2 AktG dürfte im Fall des faktischen Anstellungsverhältnisses nur für die Zukunft möglich sein (s. § 3 Rn 136).

Grundsätzlich kann sich die Gesellschaft jederzeit auf die Unwirksamkeit des fehlerhaften Vertrages berufen und eine Beendigung des Vertragsverhältnisses für die Zukunft herbeiführen;[169] lediglich in Ausnahmefällen kann dies nach Treu und Glauben verwehrt sein.[170] 65

b) Persönliche Anforderungen

aa) Gesetzliche Anforderungen

Eignungsvoraussetzungen für das Mandat des Vorstandsmitglieds nennt das Gesetz in § 76 Abs. 3 AktG und § 105 AktG. Bestellt werden kann nur eine natürliche und unbeschränkt geschäftsfähige Person, § 76 Abs. 3 S. 1 AktG; demnach sind juristische Personen oder Personengesamtheiten von der Übernahme ausgeschlossen. Die Staatsangehörigkeit des Vorstandsmitglieds spielt hingegen keine Rolle.[171] Ebenso wenig notwendig ist ein inländischer Wohnsitz[172] oder die Möglichkeit zur jederzeitigen Einreise ins Inland.[173] Ohne Bedeutung ist auch das Geschlecht; eine Frauenquote existiert bislang nicht. Zwar hat die große Koalition Ende 2014 über einen entsprechenden Gesetzesvorschlag eine verbindliche Frauenquote für börsennotierte Großuntermehmen in Deutschland auf den Weg gebracht. Diese soll allerdings nur für die Aufsichtsratsgremien gelten, welche nach dem grundsätzlichen Konzept zukünftig zu mindestens 30 % aus Frauen bestehen müssen. Auswirkungen auf die Zusammensetzung des Vorstands ergeben sich demnach auch zukünftig zunächst nicht. 66

Des Weiteren vom Amt ausgeschlossen sind Personen, die gem. § 76 Abs. 3 S. 2 Nr. 1 AktG als Betreute bei der Besorgung ihrer Vermögensangelegenheiten ganz oder teilweise einem Einwilligungsvorbehalt (§ 1903 BGB) unterliegen, die gem. § 76 Abs. 3 S. 2 Nr. 2 AktG aufgrund eines gerichtlichen Urteils oder einer vollziehbaren Entscheidung einer Verwaltungsbehörde einen Beruf, einen Berufszweig, ein Gewerbe oder einen Gewerbezweig nicht ausüben dürfen, sofern der Unternehmensgegenstand ganz oder teilweise mit dem Gegenstand des Verbots übereinstimmt, und schließlich Personen, die wegen den in § 76 Abs. 3 S. 2 Nr. 3 AktG genannten Straftaten[174] verurteilt wurden, wobei der Ausschluss für die Dauer von fünf Jahren gilt. 67

Außerdem kann nach § 105 Abs. 1 AktG ein Aufsichtsratsmitglied nicht gleichzeitig Vorstandsmitglied sein. Weitere Ausschlüsse sind öffentlich-rechtlicher Natur und finden sich im Grundgesetz und den einzelnen Landesverfassungen.[175] 68

168 AA *Meier*, NZA 2011, 267, 268 f.

169 Fleischer/*Thüsing*, Hdb VorstandsR, § 4 Rn 137; Schmidt/Lutter/*Seibt*, AktG, § 84 Rn 38; MüKo-AktG/*Spindler*, § 84 Rn 235; *Klühs/Habermehl*, BB 2007, 2342, 2344; *Köhler*, NZG 2008, 161, 164.

170 Vgl BGH 23.10.1975 – II ZR 90/73, NJW 1976, 145, 146; OLG Schleswig 16.11.2000 – 5 U 66/99, NZG 2001, 275, 276, welches das Vorliegen im konkreten Fall verneint; vgl auch Schmidt/Lutter/*Seibt*, AktG, § 84 Rn 38; MüKo-AktG/*Spindler*, § 84 Rn 235; *Köhler*, NZG 2008, 161, 165.

171 *Erdmann*, NZG 2002, 503; *Hüffer*, AktG, § 76 Rn 25; Spindler/Stilz/*Fleischer*, § 76 AktG Rn 122.

172 KommAktG/*Mertens/Cahn*, § 76 Rn 115; Hölters/*Weber*, AktG, § 76 Rn 76; Spindler/Stilz/*Fleischer*, § 76 AktG Rn 122.

173 KommAktG/*Mertens/Cahn*, § 76 Rn 115; Hölters/*Weber*, AktG, § 76 Rn 76; *Hüffer*, AktG, § 76 Rn 25; Spindler/Stilz/*Fleischer*, § 76 AktG Rn 122; aA Lücke/Schaub/*Lücke*, Vorstand der AG, § 2 Rn 3.

174 Unterlassen der Stellung des Antrags auf Eröffnung des Insolvenzverfahrens (Insolvenzverschleppung), §§ 283–283 d StGB (Insolvenzstraftaten), falsche Angaben nach § 399 AktG oder § 82 GmbHG, unrichtige Darstellung nach § 400 AktG, § 331 HGB, § 313 UmwG oder § 17 PublG, §§ 263–264 a StGB oder den §§ 265 b–266 a StGB.

175 Mitglieder der Bundesregierung (Art. 66 GG) oder einer Landesregierung (zB Art. 64 Abs. 3 LV NRW) können nicht Mitglied des Vorstands einer erwerbswirtschaftlich tätigen Gesellschaft sein.

bb) Statutarische Anforderungen

69 Bleibt das Auswahlermessen des Aufsichtsrats in ausreichendem Umfang erhalten, können nach hM in der Satzung zusätzliche Voraussetzungen persönlicher oder sachlicher Art vorgeschrieben werden.[176] Bei mitbestimmten Gesellschaften wird dies jedoch teilweise sehr zurückhaltend beurteilt oder gar gänzlich abgelehnt.[177] Rspr hierzu fehlt bislang.[178]

cc) Anwendung des AGG

(1) Anwendungsbereich

70 Im Hinblick auf das AGG ist bei statutarischen Regelungen, welche die persönliche Eignung von einem der im AGG genannten Gründe[179] abhängig machen, besondere Vorsicht geboten. Denn auch Vorstände fallen – sofern sie nicht ausnahmsweise Arbeitnehmer sind[180] (s. § 3 Rn 35 ff) und damit das AGG ohnehin in seiner Gänze anwendbar ist[181] – gem. § 6 Abs. 3 AGG in den persönlichen Anwendungsbereich des AGG, soweit es die Bedingungen für den Zugang zur Erwerbstätigkeit sowie den beruflichen Aufstieg betrifft. Ein Anwendungsausschluss über § 19 Abs. 5 AGG scheidet wegen des eindeutigen Gesetzeswortlauts aus.[182] Soweit das AGG zur Anwendung kommt, bietet es Organmitgliedern denselben Schutz wie Arbeitnehmern.[183] Das Organmitgliedern zustehende Schutzniveau ist somit nicht geringer als in anderen Fällen.[184]

71 Um den **„beruflichen Aufstieg“** geht es immer dann, wenn nicht die Organmitgliedschaft an sich in Frage steht, sondern bereits eine Organmitgliedschaft gegeben ist und eine bestimmte, gegenüber der bisherigen Stellung höherrangige Position innerhalb desselben Organs oder in

176 Fleischer/*Thüsing*, Hdb VorstandsR, § 4 Rn 14; *Hüffer*, AktG, § 76 Rn 26; MünchHdb-GesR AG/*Wiesner*, § 20 Rn 5; Schmidt/Lutter/*Seibt*, AktG, § 76 Rn 25; Henn/Frodermann/Jannott/*Frodermann/Schäfer*, Hdb AktR, Kap. 7 Rn 29; nach *Lutter/Krieger/Verse*, Rechte und Pflichten des Aufsichtsrats, Rn 340 sind derartige Anforderungen zwar vom Aufsichtsrat bei seiner Entscheidungsfindung zu berücksichtigen, sie sind jedoch nicht in jedem Fall verbindlich, da sich dieser nach pflichtgemäßem Ermessen darüber hinweg setzen kann.

177 Semler/Peltzer/*Peltzer*, Vorstand Hdb, § 2 Rn 25; nach aA ist auch hier kein Unterschied zu machen, vgl MünchHdb-GesR AG/*Wiesner*, § 20 Rn 6; *Hüffer*, AktG, § 76 Rn 26; ebenso Schmidt/Lutter/*Seibt*, AktG, § 76 Rn 26; Henssler/Strohn/*Dauner-Lieb*, GesellschaftsR, § 76 AktG Rn 17; Hölters/*Weber*, AktG, § 76 Rn 84.

178 Henn/Frodermann/Jannott/*Frodermann/Schäfer*, Hdb AktR, Kap. 7 Rn 29.

179 „§ 1 AGG: Ziel des Gesetzes ist, Benachteiligungen aus Gründen der Rasse oder wegen der ethnischen Herkunft, des Geschlechts, der Religion oder Weltanschauung, einer Behinderung, des Alters oder der sexuellen Identität zu verhindern oder zu beseitigen.“

180 Zur Frage der Arbeitnehmereigenschaft von Organen im Hinblick auf das Europarecht vgl auch *Reufels/Molle*, NZA-RR 2011, 281, 282 f.

181 Zur Frage, ob § 6 Abs. 3 AGG für Organmitglieder mit Arbeitnehmereigenschaft den weiteren Anwendungsbereich des AGG sperrt, äußern sich richtigerweise ablehnend in richtlinienkonformer Auslegung *Eßer/Baluch*, NZG 2007, 321, 323 f; zu demselben Ergebnis kommt *Krause*, AG 2007, 392, 394; Wendeling-Schröder/Stein/*Stein*, AGG, § 6 Rn 26; HK-AGG/*Schrader/Schubert*, § 6 Rn 31 a; so wohl auch BGH 23.4.2012 – II ZR 163/10, NZA 2012, 797, 798, der lediglich die Frage offen lässt, ob der Geschäftsführer als Beschäftigter iSd § 6 Abs. 1 AGG anzusehen ist; aA *Prütting/Wegen/Weinreich*, § 6 AGG Rn 7 bei weisungsabhängigen Fremdgeschäftsführern, die als Arbeitnehmer iSd Richtlinien einzustufen sind, wegen „entsprechender Anwendung“; ebenso HWK/*Rupp*, § 6 AGG Rn 3, da § 6 Abs. 1 S. 1 Nr. 2 und 3 sowie Abs. 3 AGG zeigen, dass der Gesetzgeber von einem nationalen Verständnis des Arbeitnehmerbegriffs ausgegangen sei und in § 6 Abs. 3 AGG bindend festgelegt habe, dass für Organmitglieder das AGG nur eingeschränkt Anwendung finde; ebenso *Bauer/Göpfert/Krieger*, AGG, § 6 Rn 35 a.

182 *Lutter*, BB 2007, 725, 726.

183 Vgl auch HWK/*Rupp*, § 6 AGG Rn 7; ErfK/*Schlachter*, § 6 AGG Rn 6; OLG Köln 29.7.2010 – 18 U 196/09, NZA 2011, 211, 214. Auch BGH 23.4.2012 – II ZR 163/10, NZA 2012, 797 geht anscheinend nicht von einem geringeren Schutzniveau aus.

184 So aber unter Hinweis auf den Wortlaut des § 6 Abs. 3 AGG, der lediglich eine „entsprechende Geltung“ anordnet, und den gesetzlich vorgesehenen Entscheidungsspielraum der Gesellschaftsorgane *Bauer/Arnold*, ZIP 2008, 993, 996; *Adomeit/Mohr*, § 6 AGG Rn 42 ff.

einem anderen Organ derselben Gesellschaft angestrebt wird.[185] Dies umfasst bei Vorstandsmitgliedern **bspw** den Aufstieg vom stellvertretenden Vorstandsmitglied zum ordentlichen Vorstandsmitglied.[186] Bei stellvertretenden Vorstandsmitgliedern handelt es sich, wie sich aus § 94 AktG ergibt, zwar grds. um echte Vorstandsmitglieder,[187] sie stehen jedoch nach Maßgabe der Geschäftsordnung des Vorstands hinter den ordentlichen Vorstandsmitgliedern zurück.[188] Diese Differenzierung kann auf den verschiedensten Umständen beruhen, wie dem Alter, dem Ansehen, der Amtsdauer, den Aufgaben, der Ausübung der Vertretungsbefugnis oder dem Gehalt.[189] Der Aufstieg zum ordentlichen Vorstandsmitglied stellt insofern für das stellvertretende Vorstandsmitglied einen beruflichen Aufstieg dar, was sich dann meist auch in der Ausgestaltung des Anstellungsvertrages widerspiegeln wird. Ebenso unter den Begriff des beruflichen Aufstiegs zu fassen ist die Berufung vom ordentlichen oder stellvertretenden Vorstandsmitglied zum (stellvertretenden) Vorstandsvorsitzenden.[190]

Um die Frage des „**Zugangs zur Erwerbstätigkeit**“ handelt es sich dagegen immer dann, wenn 72 es um die Wahl oder die Bestellung zum Organmitglied bzw um die Entsendung in ein Organ der Gesellschaft zwecks Organmitgliedschaft geht, der Bewerber bzw Kandidat bei Ablehnung kein Organmitglied dieser Gesellschaft wird und die angestrebte Tätigkeit als Organmitglied sich aufgrund von mit ihr verbundenen Einkünften, die dem Lebensunterhalt dienen, als Erwerbstätigkeit darstellt.[191] Hierunter fällt nicht nur der Abschluss des Anstellungsvertrages, sondern nach aktueller, auf Vorstandsmitglieder übertragbarer Rspr des BGH zum GmbH-Geschäftsführer wegen deren Notwendigkeit für die Vorstandstätigkeit auch die Bestellung zum Vorstandsmitglied.[192] Der Begriff des Zugangs zur Erwerbstätigkeit erfasst weiterhin den Fall der (unterbliebenen) **Wiederbestellung.**[193] Endet also die Bestellung des Vorstandsmitglieds aufgrund Zeitablaufs oder aus anderen Gründen und bewirbt sich das ausgeschiedene Vorstandsmitglied erneut, so strebt es einen (erneuten) Zugang zu dieser Tätigkeit an. Die jedenfalls von den Einschränkungen des AGG freie Entscheidung über die Abberufung des Vorstandsmitglieds oder über die Vereinbarung einer Befristung oder Altersgrenze ist grds. von der Entscheidung, das Vorstandsmitglied nicht erneut zu bestellen, zu unterscheiden.

(2) Altersgrenzen für Vorstandsmitglieder

Besonders relevant erscheinen im Zusammenhang mit dem AGG Altersgrenzen für Vorstands- 73 mitglieder – sowohl Mindestalter für die Bestellung als auch Höchstgrenzen –, da Ziff. 5.1.2 DCGK diese empfiehlt. **Höchstgrenzen** kommen im Rahmen der Satzung oder festgelegt durch den Aufsichtsrat zum einen als Höchstgrenze für die (erstmalige) Bestellung und zum anderen für die automatische Beendigung der Bestellung in Betracht. Aber auch im Anstellungsvertrag

185 *Eßer/Baluch*, NZG 2007, 321, 328.

186 Vgl *Eßer/Baluch*, NZG 2007, 321, 328.

187 Vgl auch MüKo-AktG/*Spindler*, § 94 Rn 1.

188 Vgl MüKo-AktG/*Spindler*, § 94 Rn 1.

189 MüKo-AktG/*Spindler*, § 94 Rn 1.

190 *Eßer/Baluch*, NZG 2007, 321, 328; vgl auch *Bauer/Göpfert/Krieger*, AGG, § 6 Rn 32; *Horstmeier*, GmbHR 2007, 125, 126.

191 *Eßer/Baluch*, NZG 2007, 321, 329.

192 Vgl BGH 23.4.2012 – II ZR 163/10, NZA 2012, 797, 798; ebenso *Eßer/Baluch*, NZG 2007, 321, 328; *Krause*, AG 2007, 392, 394; ErfK/*Schlachter*, § 6 AGG Rn 6; für den GmbH-Geschäftsführer vgl *Lutter*, BB 2007, 725, 726; ebenso Wendeling-Schröder/Stein/*Stein*, AGG, § 6 Rn 28; aA *Bauer/Göpfert/Krieger*, AGG, § 6 Rn 27; scheinbar auch HK-AGG/*Schrader/Schubert*, § 6 Rn 30.

193 Vgl BGH 23.4.2012 – II ZR 163/10, NZA 2012, 797, 799; zust. *Stenslik/Zahn*, DStR 2012, 1865, 1866. Ebenso HK-AGG/*Schrader/Schubert*, § 6 Rn 32 f; so wohl auch *Horstmeier*, GmbHR 2007, 125, 126. AA, da eine Einbeziehung den mit der Begrenzung des Anwendungsbereichs deutlich zum Ausdruck kommenden gesetzgeberischen Willen, Organmitgliedern mit dem AGG keinen Schutz vor Entlassungen zu gewähren, umgehen würde: *Eßer/Baluch*, NZG 2007, 321, 329; *Krause*, AG 2007, 392, 394; *Lutter*, BB 2007, 725, 728; *Bauer/Arnold*, ZIP 2008, 993, 999; *Bauer/Göpfert/Krieger*, AGG, § 6 Rn 31.

kann das Erreichen einer Altersgrenze als Beendigungstatbestand vereinbart werden. Eine solche Klausel im Anstellungsvertrag ist im Regelfall unproblematisch möglich, da bei Vorstandsmitgliedern nur Zugang und Aufstieg, nicht aber die Beendigung vom Anwendungsbereich des AGG erfasst sind.[194] Deshalb ist es auch zulässig, im Hinblick auf eine durch Satzung oder Aufsichtsratsbeschluss festgelegte Altersgrenze für Vorstandsmitglieder das Vorstandsmitglied nur für einen vergleichsweise kurzen Zeitraum zu bestellen bzw den Anstellungsvertrag entsprechend kürzer zu befristen. Denn nach der Rspr des BAG handelt es sich hierbei um eine Entlassungsbedingung.[195] Führt eine solche Altersgrenze für Vorstandsmitglieder aber zur Nichtbestellung bzw Nichtanstellung, stellt dies an sich einen Verstoß gegen das Benachteiligungsverbot des § 7 AGG dar.[196] Ein solcher Verstoß wird allerdings häufig als gerechtfertigt angesehen. Hierbei stellen allerdings die Besonderheiten der Organstellung und die gesetzlich geschützte Autonomie der Bestellungsorgane keinen eigenen Rechtfertigungsgrund dar, vielmehr kommen nur die in §§ 8 und 10 AGG genannten Gründe in Betracht.[197]

74 Ein **Mindesteintrittsalter** wird als durch § 10 S. 3 Nr. 2 AGG gerechtfertigt angesehen.[198] Soweit die vorgesehene Altershöchstgrenze mit dem Renteneintrittsalter – auf die Rentenversicherungspflichtigkeit kommt es dabei nicht an[199] – übereinstimmt, kommt eine Rechtfertigung insb. über § 10 S. 3 Nr. 5 AGG in Betracht. Wenn schon die Entlassung aufgrund des Alters möglich und durch das AGG vorgesehen ist, dann muss erst recht die Nichtbestellung aufgrund dieses Alters zulässig sein.[200] Teilweise wird aber auch die verbreitete Altersgrenze von 60 Jahren als idR zulässig angesehen, was sich aus einer analogen Anwendung des § 10 S. 3 Nr. 5 AGG in den Fällen, in denen eine für das Vorstandsmitglied maßgebende Versorgungszusage der AG greift oder überbrückungsweise ein Übergangsgeld gewährt wird.[201] Eine Altersgrenze unterhalb des Renteneintrittsalters kann ansonsten möglicherweise über § 10 S. 1 AGG gerechtfertigt werden, wenn die Altersgrenze objektiv und angemessen ist und ein legitimes Ziel verfolgt.[202] Als legitime Ziele gelten gem. Art. 6 der RL 2000/78/EG zunächst „rechtmäßi-

---

194 Vgl *Lutter*, BB 2007, 725, 728; *Eßer/Baluch*, NZG 2007, 321, 329; *Bauer/Göpfert/Krieger*, AGG, § 6 Rn 31, 36; Rust/Falke/*Falke*, AGG, § 6 Rn 26; ErfK/*Schlachter*, § 2 AGG Rn 9; HK-AGG/*Schrader/Schubert*, § 6 Rn 33 hingegen sehen vom Willen des Gesetzgebers auch die Kündigung des Anstellungsvertrages erfasst; *Hohenstatt/Naber*, ZIP 2012, 1989, 1992 halten die automatische Beendigung aufgrund einer Altersgrenze von § 6 Abs. 3 AGG erfasst, da es keiner weiteren „Entlassungs- oder Widerrufsentscheidung" bedürfe, übersehen dabei aber, dass hiermit dennoch nicht der – letztlich diskriminierungsfrei gewährte – Zugang zur Tätigkeit betroffen ist.

195 BAG 6.4.2011 – 7 AZR 524/09, NZA 2011, 970, 971; ebenso ErfK/*Schlachter*, § 2 AGG Rn 9; aA *Hohenstatt/Naber*, ZIP 2012, 1989, 1992, die hierin eine Einstellungsbedingung erkennen wollen, weil es keiner weiteren Handlung nach Beginn des Anstellungsverhältnisses bedürfe, um die Beendigung herbeizuführen.

196 *Lutter*, BB 2007, 725, 727.

197 *Lutter*, BB 2007, 725, 727; vgl auch Wendeling-Schröder/Stein/*Stein*, AGG, § 6 Rn 32; ebenso HWK/*Rupp*, § 6 AGG Rn 7; HK-ArbR/*Berg*, § 6 AGG Rn 8; aA *Bauer/Göpfert/Krieger*, AGG, § 6 Rn 36; ebenso wohl auch *Thüsing/Stiebert*, NZG 2011, 641, 644.

198 *Lutter*, BB 2007, 725, 729.

199 *Lutter*, BB 2007, 725, 727.

200 *Lutter*, BB 2007, 725, 727, 729; *Eßer/Baluch*, NZG 2007, 321, 329. Etwas unklar ist nach BGH 23.4.2012 – II ZR 163/10, NZA 2012, 797, 801, ob eine Rechtfertigung tatsächlich nur für eine entsprechende Vereinbarung in Frage kommt oder (ggf analog) auch für eine durch Satzung oder Aufsichtsrat festgelegte Altersgrenze.

201 *Hüffer*, AktG, § 76 Rn 25; so auch *Hohenstatt/Naber*, ZIP 2012, 1989, 1996.

202 *Lutter*, BB 2007, 725, 728 bejaht in den meisten Fällen die Rechtfertigung einer Altersgrenze von 58 Jahren; auch *Thüsing/Stiebert*, NZG 2011, 641, 644 halten eine Altersgrenze unterhalb des Renteneintrittsalters unter Hinweis auf Ziff. 5.1.2 DCGK grds. für zulässig; *Bauer/Arnold*, NZG 2012, 921, 925 gehen sogar noch weiter und halten eine Altersgrenze von 50 Jahren bei der Erstbestellung für gerechtfertigt, da nur dann eine zweimalige Wiederbestellung möglich sei. Ob die Festlegung einer allgemeinen Altersgrenze entsprechend der Empfehlung der DCGK allgemein zulässig ist, hat der BGH 23.4.2012 – II ZR 163/10, NZA 2012, 797, 801 ausdrücklich offen gelassen. Krit. zu Altersgrenzen unterhalb des Renteneintrittsalters unter Hinweis auf EuGH 13.9.2011 – C-447/09 (Prigge, Fromm, Lambach/Deutsche Lufthansa AG), NJW 2011, 3209 *Bayreuther*, NJW 2012, 2758, 2761 f.

ge Ziele aus den Bereichen Beschäftigungspolitik, Arbeitsmarkt und berufliche Bildung", darunter können bspw die Nachwuchsförderung oder auch die Sicherstellung der Leistungsfähigkeit gefasst werden.[203] Auch betriebs- und unternehmensbezogene Interessen können ein legitimes Ziel in diesem Sinne bilden.[204] Ob die Altersgrenze erforderlich und angemessen ist, bestimmt sich nach objektiven Kriterien, u.a. der Größe der Gesellschaft.[205] Im Hinblick auf die fehlende höchstrichterliche Rspr ist allerdings die Festlegung einer Altersgrenze unterhalb des Renteneintrittsalters weder in der Satzung noch durch den Aufsichtsrat zu empfehlen.[206]

Lässt sich die **Altershöchstgrenze** allerdings nicht rechtfertigen, stellt sich nach einer Ansicht ein weiteres Problem: Die Abberufung bzw Entlassung eines Vorstandsmitglieds aus Altersgründen ist an sich ohne Berücksichtigung der Diskriminierungsverbote des AGG möglich, da gem. § 6 Abs. 3 AGG bei Organmitgliedern nur Zugang und Aufstieg erfasst sind.[207] Dies könne dazu führen, dass ein Vorstandsmitglied zwar ohne einen Verstoß gegen das AGG aus Altersgründen abberufen werden könnte, unmittelbar danach jedoch im Fall der erneuten Bewerbung wiederbestellt werden müsste, um einen Verstoß gegen das AGG zu vermeiden.[208] Zu lösen sei dieser Widerspruch, indem zwischen dem Einstellungsgedanken und der Abberufungsfreiheit abzuwägen sei. So müsse man bis zu einem bestimmten Alter den Einstellungsgedanken überwiegen lassen, so dass auch eine Abberufung aus Altersgründen einen Verstoß gegen das AGG darstellt, und ab diesem Alter der Abberufungsfreiheit den Vorrang geben, so dass auch eine Nichteinstellung aus Altersgründen keine Verletzung des AGG darstellt.[209] Fraglich ist allerdings, ob eine solche Lösung mit Sinn und Zweck des § 10 S. 1 und 2 AGG vereinbar ist. Es erscheint zumindest fragwürdig, ob eine Altersgrenze, die sich nicht mehr nach dieser Vorschrift rechtfertigen lässt, dennoch dazu führen kann, dass ab dieser Grenze der Abberufungsfreiheit der Vorrang zu geben ist. Dies würde letztlich zu einem weiteren ungeschriebenen Rechtfertigungsgrund führen. Zudem übersieht diese Ansicht, dass eine Wiederbestellung nicht zwingend ist, sondern vielmehr auch andere Kandidaten zum Vorstandsmitglied bestellt werden können. Bei der Auswahl ist dann lediglich darauf zu achten, die Entscheidung nicht vom Alter der Kandidaten abhängig zu machen. Auch ergibt sich nicht ohne Weiteres ein „Hin und Her",[210] da eine sofortige Abberufung, um den aufgrund des Diskriminierungsverbots zunächst nicht berücksichtigten Kandidaten bestellen zu können, nach der Rspr des BGH eine missbräuchliche Rechtsausübung darstellen würde, die jedenfalls gegen § 138 Abs. 1 BGB verstoßen würde.[211] Zudem ist für die Abberufung ein wichtiger Grund iSd § 84 Abs. 3 S. 1 AktG notwendig, der in einem solchen Falle wohl meist nicht vorliegen dürfte. Höchstrichterliche Rspr zu dieser Problematik fehlt bislang.[212] 75

203 *Lutter*, BB 2007, 725, 728.

204 BGH 23.4.2012 – II ZR 163/10, NZA 2012, 797, 801; ErfK/*Schlachter*, § 10 AGG Rn 2 zufolge reichen aber unternehmensbezogene Gründe allein nicht aus.

205 *Lutter*, BB 2007, 725, 728.

206 *Bauer/Arnold*, NZG 2012, 921, 925.

207 Vgl *Lutter*, BB 2007, 725, 728; *Eßer/Baluch*, NZG 2007, 321, 329; *Bauer/Göpfert/Krieger*, AGG, § 6 Rn 31; Rust/Falke/*Falke*, AGG, § 6 Rn 26; HK-AGG/*Schrader/Schubert*, § 6 Rn 33 hingegen sehen vom Willen des Gesetzgebers auch die Kündigung des Anstellungsvertrages erfasst.

208 So *Lutter*, BB 2007, 725, 728, 730.

209 Vgl hierzu *Lutter*, BB 2007, 725, 730, der eine Altersgrenze von 58 Jahren befürwortet; auch *Bauer/Göpfert/Krieger*, AGG, § 6 Rn 36 sehen eine solche als grds. gerechtfertigt an.

210 So aber *Lutter*, BB 2007, 725, 728, 730.

211 BGH 23.4.2012 – II ZR 163/10, NZA 2012, 797, 799; zust. *Stenslik/Zahn*, DStR 2012, 1865, 1866.

212 Die Entscheidung des BGH 23.4.2012 – II ZR 163/10, NZA 2012, 797 betraf diese Konstellation gerade nicht, da Bestellung und Geschäftsführervertrag aufgrund einer Befristung endeten und nicht aufgrund einer Altersgrenze. Zudem war auch die Möglichkeit einer Abberufung aus Altersgründen nicht durch Satzung oder Dienstvertrag vorgesehen. Allerdings lassen sich die Äußerungen des BGH derart deuten, dass ein solcher Widerspruch tatsächlich überhaupt nicht bestehe. In diese Richtung tendierte auch schon OLG Köln 29.7.2010 – 18 U 196/09, NZA 2011, 211, 214.

(3) Rechtsfolgen eines Verstoßes

76 Im Fall eines Verstoßes besteht zwar kein Einstellungsanspruch, allerdings stehen dem Organmitglied oder dem Bewerber um die Organposition ein verschuldensabhängiger Schadensersatz nach § 15 Abs. 1 AGG sowie eine angemessene Entschädigung für immaterielle Schäden nach § 15 Abs. 2 AGG zu. Bei der Feststellung des Verstoßes ist auch bei Organmitgliedern die Beweislastumkehr des § 22 AGG anwendbar.[213] Im Hinblick auf die Kausalität bei der Frage, ob eine Bestellung bei regelgerechtem Vorgehen erfolgt wäre, was Voraussetzung für den Schadensersatz nach § 15 Abs. 1 AGG ist, kommt dem Anspruchsteller die Beweiserleichterung nur zugute, wenn nach der Lebenserfahrung eine tatsächliche Vermutung oder Wahrscheinlichkeit für eine Einstellung bei regelgerechtem Vorgehen der Anstellungskörperschaft besteht.[214] Auf gesellschaftsrechtlicher Ebene hingegen haben Verstöße gegen das AGG keine Auswirkungen, insb. sind Beschlüsse des Aufsichtsrats zur Bestellung eines Vorstandsmitglieds weder anfechtbar noch nichtig.[215]

dd) Folgen bei Fehlen der Eignungsvoraussetzungen

77 Fehlen gesetzliche Eignungsvoraussetzungen oder fallen diese später weg, ist die Bestellung gem. § 134 BGB nichtig.[216] Hingegen begründet das Fehlen statutarischer Voraussetzungen lediglich ein Recht des Aufsichtsrats zum Widerruf der Bestellung.[217]

78 Im Verhältnis zum Anstellungsvertrag ist zu beachten, dass § 76 Abs. 3 AktG und § 105 AktG allein die Bestellung zum Vorstandsmitglied betreffen, nicht jedoch das schuldrechtliche Dienstverhältnis nach § 611 BGB. Liegen die erforderlichen persönlichen Voraussetzungen nicht vor, ist dem Vorstandsmitglied die geschuldete Leistung (Tätigkeit als Vorstandsmitglied der AG) von Anfang an unmöglich. Die Rechtsfolgen bestimmen sich dann nach dem Allgemeinen Schuldrecht gem. §§ 275, 280 ff, 311 a und 326 BGB. In Betracht kommt darüber hinaus eine Anfechtung des Dienstverhältnisses wegen Irrtums über eine verkehrswesentliche Eigenschaft nach § 119 Abs. 2 BGB (s. § 2 Rn 150).

c) Form

79 Da das Gesetz für den Anstellungsvertrag des Vorstandsmitglieds keine Form bestimmt,[218] ist auch der Abschluss eines mündlichen Vertrages möglich. Mangels Arbeitnehmereigenschaft (s. § 3 Rn 28) ist das NachwG nicht anwendbar, § 1 NachwG. Die Satzung kann die Schriftform vorschreiben.[219] Ein schriftlicher Anstellungsvertrag ist in jedem Fall zu empfehlen.[220]

---

213 BGH 23.4.2012 – II ZR 163/10, NZA 2012, 797, 799; so auch *Bauer/Göpfert/Krieger*, AGG, § 6 Rn 37; *Prütting/Wegen/Weinreich*, § 6 AGG Rn 8; aA *Eßer/Baluch*, NZG 2007, 321, 325 f.

214 BGH 23.4.2012 – II ZR 163/10, NZA 2012, 797, 802.

215 Vgl hierzu *Reufels/Molle*, NZA-RR 2011, 281, 285; aA *Krause*, AG 2007, 392, 395; *Adomeit/Mohr*, § 6 AGG Rn 46 gehen von der Unwirksamkeit diskriminierender Satzungsbestimmungen nach § 7 Abs. 2 AGG aus.

216 Fleischer/*Thüsing*, Hdb VorstandsR, § 4 Rn 17; MünchHdb-GesR AG/*Wiesner*, § 20 Rn 8; Henn/Frodermann/Jannott/*Frodermann/Schäfer*, Hdb AktR, Kap. 7 Rn 30.

217 Fleischer/*Thüsing*, Hdb VorstandsR, § 4 Rn 18; MünchHdb-GesR AG/*Wiesner*, § 20 Rn 9; Geßler/Hefermehl/Eckardt/Kropff/*Hefermehl*, AktG, § 84 Rn 19; Henn/Frodermann/Jannott/*Frodermann/Schäfer*, Hdb AktR, Kap. 7 Rn 31; *Lutter/Krieger/Verse*, Rechte und Pflichten des Aufsichtsrats, Rn 359 bejahen ein Widerrufsrecht nur für den Fall, dass das Fehlen der satzungsmäßigen Eignungsvoraussetzung ein solches Gewicht hat, dass darin ein wichtiger Grund liegt.

218 Fleischer/*Thüsing*, Hdb VorstandsR, § 4 Rn 72; MünchHdb-GesR AG/*Wiesner*, § 21 Rn 19; Henn/Frodermann/Jannott/*Frodermann/Schäfer*, Hdb AktR, Kap. 7 Rn 129.

219 Fleischer/*Thüsing*, Hdb VorstandsR, § 4 Rn 72.

220 S. auch MünchHdb-GesR AG/*Wiesner*, § 21 Rn 19; Henn/Frodermann/Jannott/*Frodermann/Schäfer*, Hdb AktR, Kap. 7 Rn 129; MAH-AktR/*Nehls*, § 22 Rn 79.

d) Inhalt

aa) Pflichten des Vorstandsmitglieds

(1) Allgemeines

Viele der Aufgaben des Vorstands bzw eines Vorstandsmitglieds sind, wie bereits angesprochen, gesetzlich geregelt.[221] So ist es Aufgabe des Vorstands, die Gesellschaft unter eigener Verantwortung zu leiten, § 76 Abs. 1 AktG, die Geschäfte zu führen, § 77 AktG, und die Gesellschaft zu vertreten, § 78 AktG. Weitere Pflichten des Vorstands sind die Anmeldepflichten gem. § 81 AktG, die Vorbereitung und Ausführung von Hauptversammlungsbeschlüssen[222] gem. § 83 AktG, die Berichterstattung an den Aufsichtsrat,[223] § 90 AktG, die Buchführungs-[224] und Überwachungspflichten gem. § 91 AktG, Pflichten bei Verlust, Überschuldung und Zahlungsunfähigkeit nach § 92 AktG[225] sowie die Aufstellung des Jahresabschlusses und des Lageberichts, § 264 Abs. 1 HGB. Dem Jahresabschluss ist ein Anhang beizufügen, in dem gem. § 285 S. 1 Nr. 9 HGB die Gesamtbezüge der Organmitglieder individualisiert offenzulegen sind (zur Offenlegung der Vorstandsbezüge vgl auch § 3 Rn 116 f). 80

Pflichten des einzelnen Vorstandsmitglieds sind zunächst das Wettbewerbsverbot gem. § 88 AktG, die Sorgfaltspflichten[226] gem. § 93 AktG und die sich aus der Gesamtverantwortung ableitende allgemeine Aufsichtspflicht.[227] Außerdem hat es den Antrag auf Eröffnung eines Insolvenzverfahrens bei Zahlungsunfähigkeit oder Überschuldung zu stellen, § 15 a Abs. 1 InsO iVm § 77 Abs. 1 AktG. 81

(2) Unternehmensleitung

Grundaufgabe des Vorstands und damit gemeinsame Aufgabe der Vorstandsmitglieder ist die Unternehmensleitung in eigener Verantwortung gem. § 76 Abs. 1 AktG.[228] Zur **Leitung** gehören die Führung des Unternehmens[229] und damit insb. die Festlegung der Unternehmenspolitik, die Entscheidung über die zu übernehmenden geschäftlichen und finanziellen Risiken und die Maßnahmen, die der organisatorischen Durchsetzung der Unternehmenspolitik dienen.[230] Weiterhin fallen darunter die Besetzung der oberen Führungspositionen und die Vorgabe der Ziele für die einzelnen Unternehmensbereiche.[231] Des Weiteren kann man wohl auch die Schaffung einer Compliance-Organisation zur Verhinderung von Rechtsverstößen in der Gesellschaft durch Mitarbeiter zur Geschäftsleitung zählen.[232] Anders als Aufgaben im Bereich der Geschäftsführung ist die Unternehmensleitung als solche zwingend dem Vorstand als Gesamtorgan zugewiesen und kann nicht auf einzelne Vorstandsmitglieder oder leitende Angestellte delegiert werden.[233] 82

---

221 Vgl hierzu MAH-AktR/*Heinz*, § 22 Rn 43 ff.

222 Vgl hierzu MünchHdb-GesR AG/*Wiesner*, § 25 Rn 76 ff.

223 Zur Berichterstattungspflicht vgl MünchHdb-GesR AG/*Wiesner*, § 25 Rn 13 ff.

224 Zur Buchführungspflicht vgl MünchHdb-GesR AG/*Wiesner*, § 25 Rn 72 ff.

225 Zu diesen Pflichten vgl MünchHdb-GesR AG/*Wiesner*, § 25 Rn 50 ff.

226 Zur Sorgfaltspflicht vgl MünchHdb-GesR AG/*Wiesner*, § 25 Rn 2 ff.

227 *Hüffer*, AktG, § 77 Rn 15.

228 Zur Unternehmensleitung insgesamt vgl auch MünchHdb-GesR AG/*Wiesner*, § 19 Rn 12 ff; ebenso Schmidt/Lutter/*Seibt*, AktG, § 76 Rn 8; *Rohde/Geschwandtner*, NZG 2005, 996; eine ähnliche Formulierung wie in § 76 Abs. 1 AktG findet sich – allerdings ohne eigenständige rechtliche Bedeutung – in Ziff. 4.1.1 S. 1 DCGK.

229 Vgl *Hüffer*, AktG, § 76 Rn 7 ff.

230 MüKo-AktG/*Spindler*, § 76 Rn 17.

231 MüKo-AktG/*Spindler*, § 76 Rn 17.

232 MüKo-AktG/*Spindler*, § 76 Rn 17; *Hüffer*, AktG, § 76 Rn 9 a; *Bicker*, AG 2012, 542 543; *Fleischer/Schmolke*, WM 2012, 1013, 1016; Henssler/Strohn/*Dauner-Lieb*, GesellschaftsR, § 76 AktG Rn 7.

233 Henssler/Strohn/*Dauner-Lieb*, GesellschaftsR, § 76 AktG Rn 5.

83 Die Geschäftsführung gem. § 77 AktG als tatsächliche oder rechtsgeschäftliche Tätigkeit für die AG ist von der Unternehmensleitung als Führungsfunktion des Vorstands im Sinne eines herausgehobenen Teilbereichs der Geschäftsführung abzugrenzen.[234] Nicht Teil der Geschäftsführung sind sog. Grundlagengeschäfte, die grds. den Gesellschaftern vorbehalten sind.[235]

(3) Wettbewerbsverbot

84 Dem Vorstandsmitglied sind das Gesellschaftsvermögen und sämtliche wirtschaftlichen und ideellen Interessen der Gesellschaft anvertraut. Demgegenüber steht als Korrelat die **Treuepflicht** des Vorstands gegenüber der Gesellschaft.[236] Aus dieser Treuebindung ergeben sich v.a. **Schutz- und Rücksichtnahmepflichten**, die ihre wichtigste Ausprägung im gesetzlichen Wettbewerbsverbot finden.

(a1) Inhalt des gesetzlichen Wettbewerbsverbots

85 Das umfassende gesetzliche Wettbewerbsverbot nach § 88 AktG verbietet es dem Vorstandsmitglied, ohne Einwilligung des Aufsichtsrats ein Handelsgewerbe zu betreiben oder im Geschäftszweig der Gesellschaft für eigene oder fremde Rechnung Geschäfte zu machen, § 88 Abs. 1 S. 1 AktG. Das Vorstandsmitglied darf auch nicht ohne Einwilligung Mitglied des Vorstands oder Geschäftsführer oder persönlich haftender Gesellschafter einer anderen Handelsgesellschaft sein, § 88 Abs. 1 S. 2 AktG.[237] Die Gesellschaft soll demnach vor Wettbewerbshandlungen und anderweitigem Einsatz der Arbeitskraft ihrer Vorstandsmitglieder geschützt werden.[238] Das Vorstandsmitglied hat aufgrund der Treuepflicht in allen die Gesellschaft berührenden Belangen deren Wohl und nicht den eigenen Nutzen im Auge zu behalten.[239] Dies gilt für alle amtierenden und stellvertretenden Vorstandsmitglieder; ausgenommen sind allerdings nach § 105 Abs. 2 S. 4 AktG Mitglieder des Aufsichtsrats, die zu Stellvertretern fehlender oder verhinderter Vorstandsmitglieder bestellt worden sind, und Abwickler gem. § 268 Abs. 3 AktG.

86 Das **Verbot des Betriebs eines Handelsgewerbes** nach §§ 1 ff HGB untersagt dem Vorstandsmitglied das Betreiben jedes Gewerbes, welches nach Art und Umfang einen in kaufmännischer Weise eingerichteten Geschäftsbetrieb erfordert. Unerheblich ist hierbei, ob der Gesellschaft ein Schaden oder eine Konkurrenz entsteht oder ob sie ein Interesse zur eigenen Wahrnehmung des entsprechenden Handelsgewerbes hat.[240]

87 Das **Verbot, Geschäfte im Geschäftszweig der Gesellschaft zu machen**, umfasst jede, wenn auch nur spekulative, auf Gewinnerzielungsabsicht gerichtete Teilnahme am geschäftlichen Verkehr, die nicht nur der Befriedigung privater Bedürfnisse dient und damit lediglich persönlichen Charakter hat.[241] Abzustellen ist in diesem Zusammenhang auf den tatsächlichen und nicht auf den statutarisch bestimmten Geschäftsbereich, unabhängig davon, ob dieser enger oder

234 MüKo-AktG/*Spindler*, § 76 Rn 18; vgl auch Schmidt/Lutter/*Seibt*, AktG, § 77 Rn 4; ähnl. auch Henn/Frodermann/Jannott/*Frodermann/Schäfer*, Hdb AktR, Kap. 7 Rn 155.

235 Henssler/Strohn/*Dauner-Lieb*, GesellschaftsR, § 77 AktG Rn 2.

236 *Fleischer*, WM 2003, 1045, 1046.

237 Davon sind nicht nur Konkurrenz-, sondern auch konzernverbundene Unternehmen erfasst, MünchHdb-GesR AG/*Wiesner*, § 21 Rn 67.

238 BGH 2.4.2001 – II ZR 217/99, NJW 2001, 2476; Fleischer/*Thüsing*, Hdb VorstandsR, § 4 Rn 83; MünchHdb-GesR AG/*Wiesner*, § 21 Rn 67; Schmidt/Lutter/*Seibt*, AktG, § 88 Rn 1; *Fleischer*, AG 2005, 336, 337; *Hüffer*, AktG, § 88 Rn 1.

239 Fleischer/*Thüsing*, Hdb VorstandsR, § 4 Rn 93.

240 Fleischer/*Thüsing*, Hdb VorstandsR, § 4 Rn 88; entsprechend MünchHdb-GesR AG/*Wiesner*, § 21 Rn 67; Schmidt/Lutter/*Seibt*, AktG, § 88 Rn 6.

241 BGH 17.2.1997 – II ZR 278/95, NJW 1997, 2055, 2056; BAG 15.2.1962 – 5 AZR 79/61, NJW 1962, 1365, 1366; vgl auch Fleischer/*Thüsing*, Hdb VorstandsR, § 4 Rn 89; *Hüffer*, AktG, § 88 Rn 3; MünchHdb-GesR AG/*Wiesner*, § 21 Rn 67; Schmidt/Lutter/*Seibt*, AktG, § 88 Rn 7.

weiter gezogen ist.[242] Unklar ist, inwieweit auch solche Geschäfte umfasst sind, die bloße Geschäftschancen der Gesellschaft beeinträchtigen.[243] Eine analoge Anwendung der Rechtsfolgen des § 88 AktG, gerechtfertigt durch die organschaftliche Treuepflicht, liegt nahe.[244] Darüber hinaus ist umstritten, ob auch Geschäftschancen, die nicht der AG selbst nützen, sondern einem anderen dem Konzern angehörigen Unternehmen, erfasst sind.[245]

Tätigkeiten zur Vorbereitung eines eigenen künftigen Handelsgewerbes sind dem Vorstandsmitglied jedoch erlaubt,[246] wobei die Abgrenzung zulässiger Vorbereitungshandlungen von unerlaubtem Wettbewerb allerdings Schwierigkeiten bereiten kann.[247] 88

(a2) Befreiung vom gesetzlichen Wettbewerbsverbot

Das Vorstandsmitglied kann aufgrund des Fehlens zwingenden Charakters des Wettbewerbsverbots[248] und einer abschließenden Regelung[249] durch Satzung[250] oder Vertrag[251] weitgehend **vom Wettbewerbsverbot befreit** werden. Zudem kann der Aufsichtsrat zu den genannten Tätigkeiten seine Einwilligung erteilen. Erforderlich ist hierfür die vorherige **Zustimmung** gem. § 183 BGB.[252] Eine nachträgliche Genehmigung kann die Rechtswidrigkeit des Verstoßes gegen das Wettbewerbsverbot nicht beseitigen.[253] Eine Blanketteinwilligung ist gem. § 88 Abs. 1 S. 3 AktG unwirksam. Dieses Verbot gilt auch für eine Befreiung vom Wettbewerbsverbot im Anstellungsvertrag,[254] so dass eine Einwilligung oder eine Befreiung immer nur für bestimmte Handelsgewerbe oder Handelsgesellschaften oder für bestimmte Arten von Geschäften erfolgen kann. Die Einwilligung muss auf einem Beschluss des Aufsichtsrats oder eines Ausschusses beruhen.[255] Soll die Einwilligung nicht unwiderruflich erteilt werden, so ist bereits im Anstellungsvertrag ein Widerrufsvorbehalt aufzunehmen.[256] 89

---

242 Im Grundsatz allgM, vgl Fleischer/*Thüsing*, Hdb VorstandsR, § 4 Rn 89; Schmidt/Lutter/*Seibt*, AktG, § 88 Rn 7; *Hüffer*, AktG, § 88 Rn 3; *Fleischer*, AG 2005, 336, 343 mwN, der allerdings in dem Falle, dass die Gesellschaft ihren statutarischen Unternehmensgegenstand nicht vollständig ausfüllt, auf den abstrakten statutarischen Geschäftsbereich abstellen möchte.

243 Fleischer/*Thüsing*, Hdb VorstandsR, § 4 Rn 90; grds. zur Problematik der Geschäftschancen *Fleischer*, WM 2003, 1045, 1055 ff; *ders.*, AG 2005, 336, 337.

244 Fleischer/*Thüsing*, Hdb VorstandsR, § 4 Rn 90; Schmidt/Lutter/*Seibt*, AktG, § 88 Rn 7; Hölters/*Hölters*, AktG, § 93 Rn 126 ff; vgl auch *Fleischer*, AG 2005, 336, 338.

245 Für eine solche Erstreckung *Weisser*, Corporate Opportunities, 1991, S. 150; für den GmbH-Geschäftsführer Scholz/*Schneider*, GmbHG, § 43 Rn 163; aA MüKo-AktG/*Spindler*, § 88 Rn 58.

246 OLG Frankfurt 5.11.1999 – 10 U 257/98, NZG 2000, 738; vgl auch Fleischer/*Thüsing*, Hdb VorstandsR, § 4 Rn 93; *Fleischer*, AG 2005, 336, 341.

247 Fleischer/*Thüsing*, Hdb VorstandsR, § 4 Rn 93.

248 Fleischer/*Thüsing*, Hdb VorstandsR, § 4 Rn 104; MünchHdb-GesR AG/*Wiesner*, § 21 Rn 67; *Fleischer*, AG 2005, 336, 345; MüKo-AktG/*Spindler*, § 88 Rn 26; Schmidt/Lutter/*Seibt*, AktG, § 88 Rn 9.

249 MüKo-AktG/*Spindler*, § 88 Rn 26.

250 MüKo-AktG/*Spindler*, § 88 Rn 26; MünchHdb-GesR AG/*Wiesner*, § 21 Rn 67; *Fleischer*, AG 2005, 336, 345.

251 MünchHdb-GesR AG/*Wiesner*, § 21 Rn 67; Fleischer/*Thüsing*, Hdb VorstandsR, § 4 Rn 104; *Fleischer*, AG 2005, 336, 345.

252 Fleischer/*Thüsing*, Hdb VorstandsR, § 4 Rn 92; *Fleischer*, AG 2005, 336, 344; MüKo-AktG/*Spindler*, § 88 Rn 23; *Hüffer*, AktG, § 88 Rn 5.

253 Fleischer/*Thüsing*, Hdb VorstandsR, § 4 Rn 92; MünchHdb-GesR AG/*Wiesner*, § 21 Rn 67; Schmidt/Lutter/*Seibt*, AktG, § 88 Rn 9; *Fleischer*, AG 2005, 336, 344; *Hüffer*, AktG, § 88 Rn 5; MüKo-AktG/*Spindler*, § 88 Rn 25.

254 Fleischer/*Thüsing*, Hdb VorstandsR, § 4 Rn 104; *Fleischer*, AG 2005, 336, 345.

255 Fleischer/*Thüsing*, Hdb VorstandsR, § 4 Rn 92; *Hüffer*, AktG, § 88 Rn 5; *Fleischer*, AG 2005, 336, 345.

256 MAH-AktR/*Nehls*, § 22 Rn 135.

(a3) Rechtsfolgen bei einem Wettbewerbsverstoß

90 Zunächst besitzt die Gesellschaft bei Verstößen gegen das Wettbewerbsverbot einen **Unterlassungsanspruch**.[257] Sie kann zudem **Schadensersatz** nach § 88 Abs. 2 S. 1 AktG fordern, sofern der Verstoß schuldhaft begangen wurde.[258] Statt des Schadensersatzes kann die Gesellschaft jedoch auch von dem Vorstandsmitglied verlangen, dass es die für eigene Rechnung gemachten Geschäfte **als für Rechnung der Gesellschaft eingegangen** gelten lässt und die aus Geschäften für fremde Rechnung bezogene Vergütung herausgibt oder seinen Anspruch auf die Vergütung abtritt, § 88 Abs. 2 S. 2 AktG. Hierfür ist zwar nicht erforderlich, dass ein Schaden entstanden ist, jedoch ist nach der hM ebenfalls eine schuldhafte Verletzung des Wettbewerbsverbots zu fordern, da das Eintrittsrecht dem Wortlaut entsprechend nur „statt" des Schadensersatzanspruchs geltend gemacht werden kann.[259] Grundsätzlich kann die Gesellschaft auch nur einzelne Geschäfte an sich ziehen, soweit nicht mehrere Geschäfte eine sachliche Einheit darstellen und deshalb nur gemeinsam übernommen werden können.[260] Das Eintrittsrecht hat jedoch keine Außenwirkung.[261] Eine Geltendmachung des Schadensersatzes bleibt auch nach Ausübung des Eintrittsrechts grds. möglich, kann aber ggf aus Vertrauensgesichtspunkten ausgeschlossen sein;[262] dasselbe gilt für den Wechsel vom Schadensersatzanspruch zum Eintrittsrecht.[263]

91 Schadensersatzanspruch und Eintrittsrecht **verjähren** gem. § 88 Abs. 3 S. 1 AktG in drei Monaten, nachdem die übrigen Vorstandsmitglieder und die Aufsichtsratsmitglieder von der zum Schadensersatz verpflichtenden Handlung Kenntnis erlangt haben oder ohne grobe Fahrlässigkeit erlangt haben müssten. Es kommt hier auf die Kenntnis aller Organmitglieder an;[264] verschweigt jedoch ein Mitglied die Informationen, um den Lauf der Frist zu verzögern, so beginnt der Fristlauf dennoch durch Unterstellung der Kenntnis.[265] Ohne Rücksicht auf die Kenntnis verjähren die Ansprüche innerhalb von fünf Jahren nach ihrer Entstehung, § 88 Abs. 3 S. 2 AktG. Inwieweit konkurrierende Ansprüche von § 88 Abs. 3 AktG erfasst werden, ist unklar.[266]

257 MüKo-AktG/*Spindler*, § 88 Rn 27; Schmidt/Lutter/*Seibt*, AktG, § 88 Rn 11; *Fleischer*, AG 2005, 336, 346.

258 AllgM, vgl Fleischer/*Thüsing*, Hdb VorstandsR, § 4 Rn 94; *Hüffer*, AktG, § 88 Rn 6; MünchHdb-GesR AG/*Wiesner*, § 21 Rn 69; Geßler/Hefermehl/Eckardt/Kropff/*Hefermehl*, AktG, § 88 Rn 22; Schmidt/Lutter/*Seibt*, AktG, § 88 Rn 12; *Fleischer*, AG 2005, 336, 346; MüKo-AktG/*Spindler*, § 88 Rn 28; zu § 113 HGB vgl Baumbach/Hopt/*Hopt*, HGB, § 113 Rn 1.

259 Fleischer/*Thüsing*, Hdb VorstandsR, § 4 Rn 95; MüKo-AktG/*Spindler*, § 88 Rn 31; MünchHdb-GesR AG/*Wiesner*, § 21 Rn 69; Geßler/Hefermehl/Eckardt/Kropff/*Hefermehl*, AktG, § 88 Rn 24; Henssler/Strohn/*Dauner-Lieb*, GesellschaftsR, § 88 AktG Rn 9; Heidel/*Oltmanns*, AktR, § 88 AktG Rn 8; Schmidt/Lutter/*Seibt*, AktG, § 88 Rn 13. Nach aA handelt es sich vielmehr um eine bereicherungsähnliche Abschöpfung des Gewinns und nicht um ein Äquivalent zum Schadensersatz, weshalb kein Verschulden notwendig sei: *Hüffer*, AktG, § 88 Rn 7; *Fleischer*, AG 2005, 336, 347; Hölters/*Weber*, AktG, § 88 Rn 16; KommAktG/*Mertens/Cahn*, § 88 Rn 23.

260 Fleischer/*Thüsing*, Hdb VorstandsR, § 4 Rn 97; *Fleischer*, AG 2005, 336, 347.

261 Schmidt/Lutter/*Seibt*, AktG, § 88 Rn 13; Fleischer/*Thüsing*, Hdb VorstandsR, § 4 Rn 96; *Fleischer*, AG 2005, 336, 347; MüKo-AktG/*Spindler*, § 88 Rn 32.

262 MüKo-AktG/*Spindler*, § 88 Rn 29; Schmidt/Lutter/*Seibt*, AktG, § 88 Rn 12; Spindler/Stilz/*Fleischer*, § 88 AktG Rn 39; *Fleischer*, AG 2005, 336, 348; *Hüffer*, AktG, § 88 Rn 6; KommAktG/*Mertens/Cahn*, § 88 Rn 20; Fleischer/*Thüsing*, Hdb VorstandsR, § 4 Rn 99.

263 *Hüffer*, AktG, § 88 Rn 7; Geßler/Hefermehl/Eckardt/Kropff/*Hefermehl*, AktG, § 88 Rn 23; Schmidt/Lutter/*Seibt*, AktG, § 88 Rn 12; MüKo-AktG/*Spindler*, § 88 Rn 29; Fleischer/*Thüsing*, Hdb VorstandsR, § 4 Rn 99; *Fleischer*, AG 2005, 336, 348; KommAktG/*Mertens/Cahn*, § 88 Rn 20; ähnl. für § 113 HGB Baumbach/Hopt/*Hopt*, HGB, § 113 Rn 8.

264 AllgM, vgl *Hüffer*, AktG, § 88 Rn 9; MünchHdb-GesR AG/*Wiesner*, § 21 Rn 69; Fleischer/*Thüsing*, Hdb VorstandsR, § 4 Rn 100; *Fleischer*, AG 2005, 336, 348.

265 Fleischer/*Thüsing*, Hdb VorstandsR, § 4 Rn 100; *Fleischer*, AG 2005, 336, 348.

266 Fleischer/*Thüsing*, Hdb VorstandsR, § 4 Rn 100; für eine sinngemäße Anwendung auch auf andere aus dem Verbotsverstoß ableitbare Ansprüche wie den Unterlassungsanspruch oder den Anspruch auf Zahlung einer Vertragsstrafe plädiert *Fleischer*, AG 2005, 336, 348; ebenso Hölters/*Weber*, AktG, § 88 Rn 22.

(a4) Zeitliche Geltung des gesetzlichen Wettbewerbsverbots

Nach allgemeiner Meinung gilt das Wettbewerbsverbot **von der Bestellung bis zur Abberufung.**[267] Im Hinblick auf ein mögliches Fortbestehen des Wettbewerbsverbots **nach Abberufung**, solange die Gesellschaft weiterhin die Bezüge zahlt und das Anstellungsverhältnis noch nicht gekündigt ist, besteht mangels Entscheidung des BGH nach wie vor Ungewissheit.[268] Dagegen spricht, dass das gesetzliche Wettbewerbsverbot an die organschaftliche Stellung als Vorstandsmitglied geknüpft ist und nicht an das Anstellungsverhältnis als zugrunde liegendem schuldrechtlichen Vertrag.[269] Die wohl hM vertritt jedoch unter Berufung auf instanzgerichtliche Urteile,[270] dass das abberufene Vorstandsmitglied das Wettbewerbsverbot in diesem Falle weiter zu beachten habe.[271] Zudem folgt wohl auch aus den allgemeinen Rücksichtnahmepflichten des Anstellungsvertrages gem. § 241 Abs. 2 BGB ein Wettbewerbsverbot bis zur Beendigung des Vertrages, soweit ansonsten die konkreten Interessen der AG beeinträchtigt werden.[272] Ist die Bestellung widerrufen und das Anstellungsverhältnis beendet worden, so ist das ehemalige Vorstandsmitglied auch bei Nichtanerkennung des Widerrufs oder Bestreiten der Wirksamkeit der Kündigung nicht mehr an das Wettbewerbsverbot gebunden.[273] 92

Ebenso unentschieden ist die Frage, inwieweit das Vorstandsmitglied im Zeitraum **zwischen Ausspruch und Wirksamwerden der Kündigung** an das Wettbewerbsverbot gebunden ist. Stellt man auch hier auf die Trennung zwischen der organschaftlichen Stellung des Vorstandsmitglieds als Anknüpfungspunkt für das Wettbewerbsverbot des § 88 AktG und dem Anstellungsvertrag ab, wird man unabhängig von Ausspruch und Wirksamwerden der Kündigung ab dem Zeitpunkt der Abberufung keine Bindung des dann ehemaligen Vorstandsmitglieds mehr annehmen können. Bejaht man jedoch mit der hM eine Bindung, solange die Gesellschaft weiterhin die Bezüge zahlt und das Anstellungsverhältnis noch nicht gekündigt ist, kann es nur auf den tatsächlichen Bestand des Anstellungsverhältnisses und somit auf das Wirksamwerden der Kündigung ankommen. Dieser Meinung wird zu folgen sein. 93

Legt im umgekehrten Fall jedoch das Vorstandsmitglied sein Amt nieder, kommt es nach hM darauf an, ob die **Amtsniederlegung** berechtigt war oder nicht.[274] 94

(a5) Nachvertragliches Wettbewerbsverbot

Soll das Vorstandsmitglied auch nach seinem Ausscheiden aus der Organstellung an ein Wettbewerbsverbot gebunden werden, bedarf es einer entsprechenden vertraglichen Vereinbarung, da ein nachvertragliches Wettbewerbsverbot kraft Gesetzes nicht besteht.[275] Soweit nicht eine 95

---

267 Fleischer/*Thüsing*, Hdb VorstandsR, § 4 Rn 85; MünchHdb-GesR AG/*Wiesner*, § 21 Rn 68; *Fischer/Harth/Meyding*, BB 2000, 1097, 1099; *Fleischer*, AG 2005, 336, 340; MüKo-AktG/*Spindler*, § 88 Rn 8 f.

268 Fleischer/*Thüsing*, Hdb VorstandsR, § 4 Rn 85.

269 Fleischer/*Thüsing*, Hdb VorstandsR, § 4 Rn 85; ebenso Schmidt/Lutter/*Seibt*, AktG, § 88 Rn 5; Hölters/*Weber*, AktG, § 88 Rn 5; ebenfalls eher abl. *Hüffer*, AktG, § 88 Rn 2; vgl auch *Fleischer*, AG 2005, 336, 340.

270 OLG Frankfurt 5.11.1999 – 10 U 257/98, NZG 2000, 738; offen gelassen durch OLG Oldenburg 17.2.2000 – 1 U 155/99, NZG 2000, 1038.

271 MüKo-AktG/*Spindler*, § 88 Rn 9; MünchHdb-GesR AG/*Wiesner*, § 21 Rn 68; Geßler/Hefermehl/Eckardt/Kropff/*Hefermehl*, AktG, § 88 Rn 6; KommAktG/*Mertens/Cahn*, § 88 Rn 7.

272 *Bauer/von Medem*, GWR 2011, 435; ähnl. auch Schmidt/Lutter/*Seibt*, AktG, § 88 Rn 5.

273 So – allerdings auf die (fristlose) Kündigung und nicht explizit auf die Beendigung abstellend – OLG Frankfurt 5.11.1999 – 10 U 257/98, NZG 2000, 738, 740; ebenso Fleischer/*Thüsing*, Hdb VorstandsR, § 4 Rn 86; MünchHdb-GesR AG/*Wiesner*, § 21 Rn 68; MüKo-AktG/*Spindler*, § 88 Rn 9; *Fleischer*, AG 2005, 336, 341.

274 Fleischer/*Thüsing*, Hdb VorstandsR, § 4 Rn 86; MüKo-AktG/*Spindler*, § 88 Rn 9; *Hüffer*, AktG, § 88 Rn 2; Geßler/Hefermehl/Eckardt/Kropff/*Hefermehl*, AktG, § 88 Rn 6; *Fleischer*, AG 2005, 336, 341; einschränkend MünchHdb-GesR AG/*Wiesner*, § 21 Rn 68; abl. Schmidt/Lutter/*Seibt*, AktG, § 88 Rn 5; KommAktG/*Mertens/Cahn*, § 88 Rn 7.

275 Fleischer/*Thüsing*, Hdb VorstandsR, § 4 Rn 108.

Bezugnahme vereinbart wurde – was unproblematisch zulässig wäre[276] –, gelten die §§ 74 ff HGB nicht unmittelbar (s. § 3 Rn 29). Der BGH hat eine analoge Anwendung für den GmbH-Geschäftsführer abgelehnt, was wohl entsprechend für das Vorstandsmitglied gilt.[277] Begrenzt wird die Zulässigkeit eines nachvertraglichen Wettbewerbsverbots durch § 138 BGB iVm Art. 12 GG.[278] Es muss „dem Schutz eines berechtigten Interesses des Gesellschaftsunternehmens dienen und nach Ort, Zeit und Gegenstand die Berufsausübung und wirtschaftliche Betätigung des Geschäftsführers [bzw des Vorstandsmitglieds] nicht unbillig erschweren".[279] Erforderlich ist eine **Gesamtbeurteilung aller Kriterien**, um die **Unbilligkeit der Erschwerung** festzustellen.[280] Eine Karenzentschädigung ist zwingend vorzusehen, soweit das Wettbewerbsverbot über den bloßen Kunden- und Mandantenschutz hinausgeht.[281] Fehlt eine solche Vereinbarung, ist das Verbot in Gänze unwirksam;[282] besitzt die Gesellschaft kein ausreichendes berechtigtes Interesse an dem Verbot in seiner konkreten Ausgestaltung, bleibt eine geltungserhaltende Reduktion des Verbots auf ein vom Interesse der Gesellschaft gedecktes Maß in Grenzen zulässig.[283] Diesbezüglich empfiehlt sich die Aufnahme einer entsprechenden salvatorischen Klausel in den Vertrag. Kündigt das Vorstandsmitglied berechtigterweise fristlos wegen vertragswidrigen Verhaltens der Gesellschaft, kann es sich vom nachvertraglichen Wettbewerbsverbot lösen, da der Gesellschaft in diesem Fall nach Treu und Glauben eine Berufung auf das Verbot verwehrt ist.[284] Bei Verstoß gegen das Verbot durch das Vorstandsmitglied kommen Unterlassungs- und Schadensersatzansprüche der Gesellschaft in Betracht.[285] Auch kann eine Vertragsstrafe vereinbart werden;[286] zu Vertragsstrafenregelungen kann auf die Ausführungen zum GmbH-Geschäftsführer verwiesen werden (s. § 2 Rn 1063 ff).

(4) Sonstige Pflichten

96 Im Dienstvertrag des Vorstandsmitglieds werden häufig noch weitere Pflichten vereinbart. Diese dienen meist der Konkretisierung oder Klarstellung gesetzlicher Verpflichtungen. Hierzu gehören häufig die Auskunfts- oder Herausgabepflichten bei Beendigung der Vorstandstätigkeit, die sich über die Verweisung des § 675 BGB auf die §§ 666, 667 BGB auch schon aus dem Gesetz ergeben.

---

276 Fleischer/*Thüsing*, Hdb VorstandsR, § 4 Rn 109.

277 Grundsätzlich für Organmitglieder BGH 26.3.1984 – II ZR 229/83, NJW 1984, 2366; für den GmbH-Geschäftsführer bestätigend BGH 4.3.2002 – II ZR 77/00, NJW 2002, 1875; *Hüffer*, AktG, § 88 Rn 10; MünchHdb-GesR AG/*Wiesner* § 21 Rn 70; Fleischer/*Thüsing*, Hdb VorstandsR, § 4 Rn 109.

278 Fleischer/*Thüsing*, Hdb VorstandsR, § 4 Rn 110; entsprechend MünchHdb-GesR AG/*Wiesner*, § 21 Rn 70; Schmidt/Lutter/*Seibt*, AktG, § 88 Rn 16.

279 BGH 26.3.1984 – II ZR 229/83, NJW 1984, 2366, 2367; Fleischer/*Thüsing*, Hdb VorstandsR, § 4 Rn 110; ausf. zur Zulässigkeit auch *van Kann/Keiluweit*, BB 2010, 2050, 2051 ff.

280 Fleischer/*Thüsing*, Hdb VorstandsR, § 4 Rn 111; ähnl. *Hoffmann-Becking*, in: FS Quack, 1991, S. 273, 277.

281 Fleischer/*Thüsing*, Hdb VorstandsR, § 4 Rn 117; MünchHdb-GesR AG/*Wiesner*, § 21 Rn 71; *Hoffmann-Becking*, in: FS Quack, 1991, S. 273, 278 empfiehlt der Praxis, zur Sicherheit eine Karenzentschädigung vorzusehen.

282 Fleischer/*Thüsing*, Hdb VorstandsR, § 4 Rn 125; für Arbeitnehmer vgl BAG 13.9.1969 – 3 AZR 138/68, NJW 1970, 626, 627 und Preis/*Stoffels*, Der Arbeitsvertrag, II W 10 Rn 31; für den Handlungsgehilfen vgl Baumbach/Hopt/*Hopt*, HGB, § 74 Rn 22.

283 Fleischer/*Thüsing*, Hdb VorstandsR, § 4 Rn 122; *van Kann/Keiluweit*, BB 2010, 2050, 2053; nur in Bezug auf die zeitlich übermäßige Beschränkung auch Schmidt/Lutter/*Seibt*, AktG, § 88 Rn 16.

284 BAG 18.2.1967 – 3 AZR 290/66, NJW 1967, 1821, welches aus § 75 Abs. 1 HGB einen allgemeinen Rechtsgedanken ableitet, der auf andere arbeitsrechtliche Wettbewerbsverbote übertragbar ist; OLG Schleswig 17.3.2000 – 1 U 8/00, NZG 2000, 894 überträgt diesen Gedanken auf den Aufhebungsvertrag eines GmbH-Geschäftsführers, wobei allerdings die Anwendung der §§ 74 ff HGB vertraglich vereinbart war; ebenso Fleischer/*Thüsing*, Hdb VorstandsR, § 4 Rn 120.

285 Fleischer/*Thüsing*, Hdb VorstandsR, § 4 Rn 127.

286 Fleischer/*Thüsing*, Hdb VorstandsR, § 4 Rn 127.

Außerdem treffen das Vorstandsmitglied Loyalitätspflichten, die Ausfluss seiner organschaftlichen Treuebindung sind.[287] Sie wirken auch ohne ein nachvertragliches Wettbewerbsverbot über das Ende der Mitgliedschaft im Vorstand hinaus.[288] Dies geht zwar nicht so weit, dass entgegen der Wertung des § 88 AktG ein Wettbewerbsverbot auch über das Ende der Organstellung hinaus besteht,[289] jedoch gilt bspw die gesetzliche Verschwiegenheitspflicht gem. § 93 Abs. 1 S. 3 AktG fort.[290] 97

(5) Pflichten nach dem Deutschen Corporate Governance Kodex (DCGK)

(a1) Allgemeines

Der Deutsche Corporate Governance Kodex (DCGK) soll laut seiner Präambel das deutsche Corporate Governance System – also die in Deutschland geltenden Regeln für Unternehmensleitung und -überwachung – transparenter und nachvollziehbarer gestalten, um das Vertrauen der internationalen und nationalen Anleger, der Kunden, der Mitarbeiter und der Öffentlichkeit in die Leitung und Überwachung deutscher börsennotierter Gesellschaften zu fördern. Der DCGK stellt wesentliche gesetzliche Vorschriften zur Leitung und Überwachung deutscher börsennotierter Gesellschaften dar und enthält international und national anerkannte Standards guter und verantwortungsvoller Unternehmensführung. Neben der Beschreibung der Gesetzeslage enthält der DCGK auch darüber hinausgehende Empfehlungen und Anregungen zur Unternehmensführung.[291] Diese stellen zwar keine rechtlich verbindlichen Konkretisierungen der vom Vorstand geschuldeten Pflichten dar.[292] Dennoch sind die Empfehlungen von besonderer Bedeutung, da § 161 AktG sowohl Vorstand als auch Aufsichtsrat dazu verpflichtet, jährlich zu erklären, ob den Empfehlungen des DCGK entsprochen wurde und wird oder welche Empfehlungen nicht angewendet wurden und werden (sog. **Entsprechenserklärung**).[293] Vorstand und Aufsichtsrat haben jeweils eigenständige Erklärungen abzugeben, und zwar sowohl für die Vergangenheit (**Wissenserklärung**) als auch für die Zukunft (**Absichtserklärung**).[294] Bei Änderungen des Kodex sollte in der Wissenserklärung explizit Bezug auf die zugrunde gelegte Kodexfassung genommen werden, um Unklarheiten zu vermeiden.[295] Weichen Vorstand oder Aufsichtsrat von den Empfehlungen des DCGK ab – was durchaus im Interesse einer guten Unternehmensführung liegen kann (Präambel Abs. 8 DCGK) –, müssen sie dies gem. § 161 Abs. 1 S. 1 AktG erläutern und die Abweichungen begründen.[296] 98

(a2) Unternehmensleitung

Ziff. 4.1.1 DCGK beschreibt die Funktion des Vorstands und gibt dabei die gesetzliche Regelung der §§ 76, 93 AktG wieder.[297] Danach ist Aufgabe des Vorstands die Unternehmensleitung in eigener Verantwortung, wobei er an das Unternehmensinteresse gebunden und der Steigerung des nachhaltigen Unternehmenswertes bzw dem Ziel nachhaltiger Wertschöpfung ver- 99

287 Vgl zum GmbH-Geschäftsführer BGH 11.10.1976 – II ZR 104/75, NJW 1977, 247; zust. Fleischer/*Thüsing*, Hdb VorstandsR, § 4 Rn 129; ebenso MünchHdb-GesR AG/*Wiesner*, § 21 Rn 12, § 25 Rn 11; Schmidt/Lutter/*Seibt*, AktG, § 76 Rn 7; vgl hierzu insb. auch *Fleischer*, WM 2003, 1045.

288 Fleischer/*Thüsing*, Hdb VorstandsR, § 4 Rn 129; *Fleischer*, WM 2003, 1045, 1058.

289 Fleischer/*Thüsing*, Hdb VorstandsR, § 4 Rn 129.

290 Zur Verschwiegenheitspflicht vgl MünchHdb-GesR AG/*Wiesner*, § 25 Rn 40 ff; Fleischer/*Thüsing*, Hdb VorstandsR, § 4 Rn 129.

291 Vgl *Vetter*, DNotZ 2003, 748, 752 f; *van Kann/Eigler*, DStR 2007, 1730; Ringleb/Kremer/Lutter/v. Werder/*Ringleb*, DCGK, Rn 41 ff; MüKo-AktG/*Semler*, § 161 Rn 26.

292 MüKo-AktG/*Spindler*, § 76 Rn 94; MüKo-AktG/*Semler*, § 161 Rn 28 ff.

293 Ein Beispiel für eine solche Erklärung findet sich bei MünchVertragshdB-GesR/*Hölters/Favoccia*, V. 68.

294 Vgl *Vetter*, DNotZ 2003, 748, 755; *van Kann/Eigler*, DStR 2007, 1730, 1734; MüKo-AktG/*Semler*, § 161 Rn 50 f; *Hüffer*, AktG, § 161 Rn 14, 20; *Semler/Wagner*, NZG 2003, 553, 554.

295 *van Kann/Eigler*, DStR 2007, 1730, 1734; MüKo-AktG/*Semler*, § 161 Rn 131.

296 Vgl zum Umfang der Begründungspflicht *Hüffer*, AktG, § 161 Rn 17 a.

297 MüKo-AktG/*Semler*, § 161 Rn 357.

pflichtet ist. Im Hinblick auf die Leitungsfunktion enthält sich der Kodex weiterer Konkretisierungen oder besonderer Empfehlungen und überlässt diese aus Gründen der Flexibilität den Gesellschaften selbst.[298]

100 Die **Verpflichtung auf das Unternehmensinteresse** bedeutet, dass der Vorstand neben den Aktionärsinteressen auch die Interessen der Mitarbeiter, der Kunden, der Gläubiger und ganz allgemein der Öffentlichkeit berücksichtigen muss.[299] Dies wird durch die Neufassung des DCGK noch verdeutlicht, welche das Unternehmensinteresse mit Hinweisen auf die Belange der Aktionäre, der Arbeitnehmer und der sonstigen dem Unternehmen verbundenen Gruppen (Stakeholder) konkretisiert.[300] In Ziff. 4.3.3 DCGK präzisiert der Kodex die Verpflichtung auf das Unternehmensinteresse dahin gehend, dass das Vorstandsmitglied bei seinen Entscheidungen keine persönlichen Interessen verfolgen und keine Geschäftschancen, die dem Unternehmen zustehen, für sich nutzen darf.

101 Von Bedeutung sind außerdem der Hinweis und Fokus auf die **Nachhaltigkeit** des angestrebten Unternehmenswertes, womit eine Orientierung an kurzfristigen Erfolgszielen ausgeschlossen werden soll.[301]

(a3) Entwicklung der strategischen Ausrichtung

102 Gemäß Ziff. 4.1.2 DCGK entwickelt der Vorstand die strategische Ausrichtung des Unternehmens, stimmt sie mit dem Aufsichtsrat ab und sorgt für ihre Umsetzung.[302] Dies bedeutet v.a., dass der Vorstand zunächst die Unternehmensziele im Rahmen einschlägiger Satzungsbestimmungen zu präzisieren hat.[303] Des Weiteren muss der Vorstand aber auch die Geschäftsfeldstrategie und die Geostrategie des Unternehmens entwickeln;[304] die Wettbewerbsstrategien und die Funktionalstrategien können ggf delegiert werden.[305]

(a4) Einhaltung gesetzlicher Bestimmungen – „Compliance“

103 Gemäß Ziff. 4.1.3 DCGK hat der Vorstand für die Einhaltung der gesetzlichen Bestimmungen und der unternehmensinternen Richtlinien zu sorgen sowie auf deren Beachtung durch die Konzernunternehmen hinzuwirken. Diese Verpflichtung beschreibt im Grunde genommen lediglich die Gesetzeslage und sollte eigentlich eine Selbstverständlichkeit darstellen.[306] Dabei trägt die Formulierung, dass der Vorstand auf die Einhaltung der Bestimmungen durch die Konzernunternehmen „hinwirkt“, den rechtlichen Schranken der Konzernleitungsmacht der Obergesellschaft im faktischen Konzern Rechnung.[307] Der Vorstand darf sich allerdings nicht darauf beschränken, die Beachtung der gesetzlichen Bestimmungen anzuregen oder einzufordern. Vielmehr muss er seine Konzernleitungsbefugnisse in vollem Umfang nutzen, soweit sie ihm im konkreten Fall zustehen.[308] Darüber hinaus besteht für das einzelne Vorstandsmitglied uU eine **Pflicht zum Whistleblowing** gegenüber dem Aufsichtsrat als ultima ratio, um ggf auf

---

298 Ringleb/Kremer/Lutter/v. Werder/*Ringleb*, DCGK, Rn 601.

299 Ringleb/Kremer/Lutter/v. Werder/*Ringleb*, DCGK, Rn 605; MüKo-AktG/*Spindler*, § 76 Rn 72. Zur Frage der Berücksichtigung von Gemeinwohlbelangen als Teil des Unternehmensinteresses vgl *Kort*, NZG 2012, 926. Zur Rangfolge der einzelnen Interessen vgl *Kort*, AG 2012, 605, 608 ff.

300 *Weber-Rey*, WM 2009, 2255, 2257.

301 Vgl hierzu Ringleb/Kremer/Lutter/v. Werder/*Ringleb*, DCGK, Rn 608 ff.

302 Nach MüKo-AktG/*Semler*, § 161 Rn 359 handelt es sich hier um die Wiedergabe der Rechtsauffassung der Kodex-Kommission.

303 Ringleb/Kremer/Lutter/v. Werder/*Ringleb*, DCGK, Rn 612.

304 Ringleb/Kremer/Lutter/v. Werder/*Ringleb*, DCGK, Rn 612 ff.

305 Ringleb/Kremer/Lutter/v. Werder/*Ringleb*, DCGK, Rn 612 ff.

306 Ringleb/Kremer/Lutter/v. Werder/*Ringleb*, DCGK, Rn 615; nach MüKo-AktG/*Semler*, § 161 Rn 361 handelt es sich hier um die Wiedergabe der Rechtsauffassung der Kodex-Kommission.

307 Ringleb/Kremer/Lutter/v. Werder/*Ringleb*, DCGK, Rn 616.

308 Ringleb/Kremer/Lutter/v. Werder/*Ringleb*, DCGK, Rn 616.

diesem Wege eine Einhaltung der gesetzlichen Bestimmungen durch die anderen Vorstandsmitglieder zu erreichen.[309]

Nach §§ 9, 30, 130 OWiG handelt der Vorstand ordnungswidrig, wenn er schuldhaft Aufsichtsmaßnahmen unterlässt, die erforderlich sind, um bestimmte Straftaten von Arbeitnehmern im Zusammenhang mit der betrieblichen Tätigkeit zu verhindern. 104

Ob der Vorstand darüber hinaus eine Pflicht zur Einführung eines generellen **Compliance-Systems**[310] hat, ist umstritten.[311] Ein solches Compliance-System, welches sich auf die wesentlichen, rechtlich und wirtschaftlich kritischen Bereiche des Unternehmens konzentriert,[312] ist insb. in Unternehmen mit US-Bezug in jedem Fall zu empfehlen.[313] Aber auch Unternehmen, welche Geschäftsbeziehungen zum Vereinigten Königreich unterhalten, ist angesichts der im *UK Bribery Act 2010* vorgesehenen, der Höhe nach unbegrenzten Strafzahlungen für das Unternehmen sowie der Freiheitsstrafen für Organmitglieder ein Compliance-System jedenfalls zur Korruptionsvermeidung anzuraten.[314] Ein entsprechendes System kann ggf auch dazu genutzt werden, die Tätigkeit der verschiedenen Beauftragten in den Bereichen Arbeitsschutz, Umweltschutz etc. effektiv zu organisieren und eventuelle Synergieeffekte zu nutzen. Ein derartiges Compliance-System erfordert als organisatorische Mindestvoraussetzung von Seiten des Vorstands die Festlegung einer Ressortzuständigkeit für die Compliance und die Berufung eines Compliance-Officers, der dem zuständigen Organvertreter regelmäßig berichtet und dessen Tätigkeit er mit Hilfe der internen Revision überwacht.[315] Im Hinblick auf die immer strenger werdende Rspr zur Vorstandshaftung (Organisationsverschulden) ist die Einrichtung eines formalisierten Compliance-Systems anzuraten. 105

(a5) Risikomanagement und Risikocontrolling

Bei der Regelung in Ziff. 4.1.4 DCGK, wonach Vorstände für ein angemessenes Risikomanagement und -controlling im Unternehmen zu sorgen haben, handelt es sich ebenfalls um eine deklaratorische Wiedergabe der geltenden Gesetzeslage.[316] Auch hier verzichtet der Kodex auf konkrete, die Unternehmen einengende Empfehlungen.[317] 106

Unter dem Begriff des **Risikocontrolling** ist in diesem Zusammenhang die Einführung eines geeigneten Überwachungssystems zur Früherkennung von den Fortbestand der Gesellschaft gefährdenden Entwicklungen durch den Vorstand zu verstehen.[318] Bei Unternehmen, die an der US-amerikanischen Wertpapierbörse notiert sind, sind in diesem Zusammenhang auch die sehr 107

---

309 *Fleischer/Schmolke*, WM 2012, 1013, 1014; Hölters/*Hölters*, AktG, § 93 Rn 241.

310 Zur Compliance vgl vertiefend *Hauschka* (Hrsg.), Corporate Compliance, 2. Aufl. 2010; Hölters/*Hölters*, AktG, § 93 Rn 91 ff; *Kort*, NZG 2008, 81 ff; *Bürkle*, BB 2005, 565, 570; *Moosmayer*, NJW 2012, 3013.

311 *Bürkle*, BB 2005, 565, 570 begründet dies mit der Leitungspflicht und der Organisationsverantwortung des Vorstands; ähnl. auch *Hüffer*, AktG, § 76 Rn 9 a f; *Meier-Greve*, BB 2009, 2555 stützt sich auf das Legalitätsprinzip; so wohl auch *Schöne/Petersen*, AG 2012, 700, 701; den Streit durch Ziff. 4.1.3 DCGK als erledigt sieht *Bürkle*, BB 2007, 1797, 1798; *Schneider*, ZIP 2003, 645, 648; aA Ringleb/Kremer/Lutter/v. Werder/*Ringleb*, DCGK, Rn 602; Hauschka/*Hauschka*, Corporate Compliance, § 1 Rn 23; *Bicker*, AG 2012, 542, 544; Hölters/*Weber*, AktG, § 76 Rn 29; vertieft dazu auch *Hauschka*, ZIP 2004, 877 ff.

312 *Bürkle*, BB 2007, 1797, 1798.

313 Vgl Ringleb/Kremer/Lutter/v. Werder/*Ringleb*, DCGK, Rn 603, 618 ff.

314 *Hoffmann*, NJW 2012, 1393, 1396.

315 *Kort*, NZG 2008, 81, 83; ähnl. Hauschka/*Hauschka*, Corporate Compliance, § 1 Rn 30; vgl auch Hauschka/*Bürkle*, Corporate Compliance, § 8 Rn 10 ff; *Bürkle*, BB 2007, 1797, 1799; weitergehende Mindestanforderungen formuliert *Schneider*, ZIP 2002, 645, 649 f. Zu den Mindestanforderungen sowie verschiedenen Compliance-Organisationsmodellen insb. im Konzern vgl *Bicker*, AG 2012, 542, 546 ff.

316 Ringleb/Kremer/Lutter/v. Werder/*Ringleb*, DCGK, Rn 637; nach MüKo-AktG/*Semler*, § 161 Rn 363 handelt es sich hier um die Wiedergabe der Rechtsauffassung der Kodex-Kommission.

317 Ringleb/Kremer/Lutter/v. Werder/*Ringleb*, DCGK, Rn 639.

318 Vgl auch Ringleb/Kremer/Lutter/v. Werder/*Ringleb*, DCGK, Rn 645.

weit gehenden Verpflichtungen des *Sarbanes Oxley Acts* zu beachten, die aber auf europäischer Ebene kein Äquivalent finden werden.[319]

108 **Risikomanagement** bedeutet, dass einmal erkannte Risiken vom Vorstand eingeschätzt und bewertet werden müssen und dieser daraufhin Maßnahmen ergreifen muss, die unter angemessener Würdigung der mit dem Risiko verbundenen Chancen im Interesse des Unternehmens geboten sind.[320] Risikomanagement ist kein punktueller, sondern ein permanenter, in das Controllingsystem und das Wertmanagement des Unternehmens und die Vorstandsberichterstattung eingebundener, laufender Prozess.[321] Ein ordnungsgemäßes Risikomanagement könnte sich dabei in folgender Sequenz vollziehen: (1) Identifikation der Risiken, (2) Risikoanalyse, (3) Risikosteuerung, (4) Risikoüberwachung und (5) Risikokommunikation.[322]

(a6) Wettbewerbsverbot

109 In Ziff. 4.3.1 DCGK wird ein umfassendes Wettbewerbsverbot für Vorstandsmitglieder während ihrer Tätigkeit für das Unternehmen formuliert, welches der gesetzlichen Regelung des § 88 AktG entspricht.[323] Der Kodex enthält außerdem in Ziff. 4.3.5 DCGK die Empfehlung, dass Vorstandsmitglieder Nebentätigkeiten, insb. Aufsichtsratsmandate außerhalb des Unternehmens, nur mit Zustimmung des Aufsichtsrats übernehmen sollen. Eine Empfehlung zur Vereinbarung eines nachvertraglichen Wettbewerbsverbots findet sich dagegen nicht im Kodex.[324]

(a7) Vermeidung von Korruption

110 Das bestehende Verbot aktiver und passiver Bestechung, welches sich zum einen aus der organschaftlichen Treuebindung jedes Vorstandsmitglieds zur Gesellschaft[325] und zum anderen aus den strafrechtlichen Regelungen (§§ 299, 331 ff StGB) ergibt, greift der DCGK in Ziff. 4.3.2 auf. Danach dürfen weder Vorstandsmitglieder noch andere Mitarbeiter der Gesellschaft im Zusammenhang mit ihrer Tätigkeit für sich oder andere Personen von Dritten Zuwendungen oder sonstige Vorteile fordern, annehmen oder Dritten gewähren. Der Kodex unterlässt es hier, den Unternehmen Vorgaben zur Vermeidung von Korruption zu machen; es ist jedoch zweckmäßig und geboten, entsprechende Korruptionsrichtlinien zu erlassen.[326]

111 Unterschieden werden kann zwischen aktiver Bestechung/Vorteilsgewährung und passiver Bestechlichkeit/Vorteilsannahme. Aktive Bestechung oder **Vorteilsgewährung** ist nicht nur gegenüber deutschen Amtsträgern (§§ 333, 334 StGB) oder Mitarbeitern bzw Beauftragten von privaten Unternehmen (§ 299 Abs. 2 StGB) strafbar, sondern auch gegenüber ausländischen Amtsträgern und Mitarbeitern bzw Beauftragten von privaten Unternehmen im Ausland (§ 299 Abs. 3 StGB).[327] Daneben kommt auch eine Strafbarkeit wegen eines allgemeinen Vermögensdelikts wie Betrug, Untreue oder Unterschlagung in Betracht.[328]

112 Die passive Bestechlichkeit oder **Vorteilsannahme** ist gem. § 299 Abs. 1 StGB strafbar; dies gilt nach Abs. 3 auch im ausländischen Wettbewerb. Schwierig sind hier die Grenzen der strafbaren Vorteilsannahme zu bestimmen. Dies liegt daran, dass grds. bereits jeder geringwertige

319 Vgl hierzu Ringleb/Kremer/Lutter/v. Werder/*Ringleb*, DCGK, Rn 647 ff.

320 Ringleb/Kremer/Lutter/v. Werder/*Ringleb*, DCGK, Rn 652. Zum Risikomanagement in der internationalen Vertragsgestaltung vgl auch *Brödermann*, NJW 2012, 971.

321 Ringleb/Kremer/Lutter/v. Werder/*Ringleb*, DCGK, Rn 656.

322 Ringleb/Kremer/Lutter/v. Werder/*Ringleb*, DCGK, Rn 657.

323 Ringleb/Kremer/Lutter/v. Werder/*Ringleb*, DCGK, Rn 797; MüKo-AktG/*Semler*, § 161 Rn 383.

324 Ringleb/Kremer/Lutter/v. Werder/*Ringleb*, DCGK, Rn 800.

325 MüKo-AktG/*Semler*, § 161 Rn 385.

326 Vgl auch Ringleb/Kremer/Lutter/v. Werder/*Ringleb*, DCGK, Rn 807.

327 Vgl Ringleb/Kremer/Lutter/v. Werder/*Ringleb*, DCGK, Rn 813 ff; MüKo-StGB/*Diemer/Krick*, § 299 Rn 28; MüKo-StGB/*Korte*, § 333 Rn 8, § 334 Rn 4 ff.

328 Ringleb/Kremer/Lutter/v. Werder/*Ringleb*, DCGK, Rn 818.

Vorteil für den Tatbestand des § 299 Abs. 1 StGB ausreicht, der Tatbestand jedoch unter dem Gesichtspunkt der Sozialadäquanz ausgeschlossen sein kann.[329] Während bei der Vorteilsannahme lokale Gepflogenheiten in gewissem Rahmen berücksichtigt werden können,[330] wird beim Einfordern eines Vorteils grds. die Tatbestandsmäßigkeit anzunehmen sein.[331]

(a8) Interessenkonflikte

113 Ziff. 4.3.4 DCGK setzt sich mit möglichen Interessenkonflikten der Vorstandsmitglieder auseinander. S. 1 enthält die Empfehlung, dass jedes Vorstandsmitglied Interessenkonflikte dem Aufsichtsrat gegenüber unverzüglich offenlegen und die anderen Vorstandsmitglieder hierüber informieren soll. Mit der Abgabe der Entsprechenserklärung zum DCGK nach § 161 AktG erklärt jedes Vorstandsmitglied, soweit es diesbezüglich keinen Vorbehalt formuliert, dass es in Zukunft alle Interessenkonflikte offenlegen wird.[332]

114 S. 2 wiederum gibt die gesetzliche Regelung wieder, dass alle Geschäfte zwischen dem Unternehmen einerseits und den Vorstandsmitgliedern sowie ihnen nahe stehenden Personen oder Unternehmungen andererseits branchenüblichen Standards zu entsprechen haben.[333] Da der Kodex lediglich branchenübliche Standards, nicht jedoch Standards wie unter unbeteiligten Dritten verlangt, sind etablierte Vorzugsbedingungen, die das Unternehmen seinen Mitarbeitern einräumt, möglich.[334] Nahe stehende Personen oder Unternehmungen sind solche, bei denen der Eindruck entsteht, dass das betroffene Vorstandsmitglied auf diese unmittelbar Einfluss nehmen kann.[335]

115 S. 3 enthält sodann die Empfehlung, die wesentlichen Geschäfte unter den Zustimmungsvorbehalt des Aufsichtsrats zu stellen. Da der Kodex keine Definition eines wesentlichen Geschäfts enthält, ist es Aufgabe der Unternehmen, eine ihrem Unternehmen entsprechende Definition zu finden, wobei sie den Eindruck, den das Geschäft in der Öffentlichkeit hinterlässt, berücksichtigen sollten.[336]

(a9) Offenlegung der Vergütung

116 In Ziff. 4.2.4 DCGK gibt der Kodex die Gesetzeslage zur Offenlegung von Vorstandsgehältern nach dem VorstOG bzw dem VorstAG wieder.[337] Aufgeteilt nach fixen und variablen Vergütungsteilen ist die **Gesamtvergütung** jedes Vorstandsmitglieds unter **Namensnennung** offenzulegen, soweit nicht die Hauptversammlung mit Dreiviertelmehrheit etwas anderes beschlossen hat. Unter den maßgeblichen Vergütungsbegriff fallen auch Zusagen auf Leistungen, die einem Vorstandsmitglied für den Fall der vorzeitigen oder regulären Beendigung der Vorstandstätigkeit gewährt oder während des Geschäftsjahres geändert worden sind. Zu beachten ist in diesem Zusammenhang, dass das VorstOG zwingendes Recht enthält, von dem durch Parteivereinbarung nicht abgewichen werden kann. Deshalb sind die Vorstandsbezüge auch ohne Zustimmung des betroffenen Vorstandsmitglieds selbst dann offenzulegen, wenn im Anstellungsvertrag ausdrücklich oder konkludent vereinbart wurde, über die Bezüge Stillschweigen zu bewahren.[338] Vorstandsverträge sollten deshalb entsprechend angepasst werden.[339] Zwar wurden

329 Vgl MüKo-StGB/*Diemer/Krick*, § 299 Rn 9.
330 Näher dazu Ringleb/Kremer/Lutter/v. Werder/*Ringleb*, DCGK, Rn 810 f.
331 Ringleb/Kremer/Lutter/v. Werder/*Ringleb*, DCGK, Rn 809, der hier allerdings von der Rechtswidrigkeit spricht.
332 Vgl Ringleb/Kremer/Lutter/v. Werder/*Ringleb*, DCGK, Rn 823.
333 MüKo-AktG/*Spindler*, § 76 Rn 14.
334 Vgl Ringleb/Kremer/Lutter/v. Werder/*Ringleb*, DCGK, Rn 829.
335 Ringleb/Kremer/Lutter/v. Werder/*Ringleb*, DCGK, Rn 833.
336 Ringleb/Kremer/Lutter/v. Werder/*Ringleb*, DCGK, Rn 836.
337 Zu dieser vgl *Bittmann/Schwarz*, BB 2009, 1014 ff.
338 Vgl Ringleb/Kremer/Lutter/v. Werder/*Ringleb*, DCGK, Rn 779.
339 Ringleb/Kremer/Lutter/v. Werder/*Ringleb*, DCGK, Rn 780.

diesbezüglich verfassungsrechtliche Bedenken aufgrund des Persönlichkeitsrechts der Vorstandsmitglieder formuliert,[340] welche im Ergebnis allerdings nicht überzeugend erschienen.

117 Über die Wiedergabe der Gesetzeslage hinaus formuliert der DCGK in Ziff. 4.2.5 Empfehlungen hinsichtlich der **Art und Weise der Veröffentlichung** der Vorstandsbezüge. Abweichend von der gesetzlichen Verpflichtung nach § 285 S. 1 Nr. 9 HGB zur Offenlegung im Anhang zum Jahresabschluss bzw nach § 289 Abs. 2 Nr. 5 S. 2 HGB im Lagebericht empfiehlt der Kodex zusätzlich eine Veröffentlichung in einem Vergütungsbericht, der als Teil des Corporate Governance Berichts auch das Vergütungssystem für die Vorstandsmitglieder in allgemein verständlicher Form erläutert, Ziff. 4.2.5 Abs. 1 DCGK. Diese Abweichung scheint durch die Praxis bisher überwiegend hingenommen worden zu sein.[341] Abschließend erfolgt die Empfehlung, dem Vergütungsbericht auch Angaben zur Art der von der Gesellschaft erbrachten Nebenleistungen beizufügen.

(a10) Haftung

118 Im Hinblick auf die Empfehlungen des DCGK und die teilweise durch diesen formulierten oder konkretisierten Pflichten des Vorstands bzw einzelner Vorstandsmitglieder stellt sich die Frage, inwieweit sich Haftungsfolgen für das Vorstandsmitglied gegenüber der Gesellschaft bzw Außenstehenden aus dem DCGK ergeben können.

119 Eine Haftung kommt in drei verschiedenen Varianten in Betracht: (1) Verletzung der Pflichten aus dem DCGK, (2) Verletzung der Pflicht zur Abgabe einer Entsprechenserklärung gem. § 161 AktG und (3) Abweichen von der Entsprechenserklärung.

120 Eine Haftung wegen **Verletzung der Pflichten aus dem DCGK** würde voraussetzen, dass diese Pflichten für das Vorstandsmitglied rechtlich bindend sind oder eine Pflicht zu erklärungskonformem Handeln während der Geltungsdauer der Entsprechenserklärung besteht. Dies ist aber auch dann nicht der Fall, wenn die AG die Empfehlungen durch ihre Entsprechenserklärung ausdrücklich als eigene Verhaltensmaxime übernommen hat.[342] Wenn allerdings die Empfehlungen des Kodex in die Satzung, die Geschäftsordnung oder den Anstellungsvertrag aufgenommen wurden, handelt es sich bei ihnen um rechtlich verbindliche Pflichten des Vorstands, die auch eine Haftung etwa wegen Verletzung des Anstellungsvertrages auslösen können.[343] Teilweise wird aber die Ansicht vertreten, dass der Kodex auch ohne derartige Umsetzung in gesellschaftsinternes Recht mittelbare Auswirkungen entfalten kann, sofern die darin enthaltenen Regelungen geeignet sind, die allgemeine Sorgfaltspflicht nach § 93 AktG zu konkretisieren.[344] Anerkannt ist ebenfalls eine aus der allgemeinen Sorgfaltspflicht abgeleitete Haftung wegen Nichtumsetzung der anerkannten Empfehlungen in gesellschaftsinternes Recht und eines daraus entstandenen Schadens.[345]

121 Kommt der Vorstand seiner Pflicht aus § 161 AktG zur Abgabe einer ordnungsgemäßen Entsprechenserklärung nicht nach, so handelt es sich um eine Pflichtwidrigkeit iSd § 93 AktG, die

340 Vgl Fleischer/*Thüsing*, Hdb VorstandsR, § 6 Rn 122 ff mwN.

341 Ringleb/Kremer/Lutter/v. Werder/*Ringleb*, DCGK, Rn 784.

342 MüKo-AktG/*Spindler*, § 93 Rn 31; MüKo-AktG/*Semler*, § 161 Rn 194; *Hüffer*, AktG, § 161 Rn 20; *Lutter*, ZHR 166 (2002), 523, 533; iE auch *Ihrig/Wagner*, BB 2002, 789, 792; ebenso wohl *Semler/Wagner*, NZG 2003, 553, 556.

343 Vgl hierzu MüKo-AktG/*Spindler*, § 93 Rn 31; MüKo-AktG/*Semler*, § 161 Rn 195; Schmidt/Lutter/*Spindler*, AktG, § 161 Rn 68; *Lutter*, ZHR 166 (2002), 523, 536 ff; Ringleb/Kremer/Lutter/v. Werder/*Lutter*, DCGK, Rn 1622; *Berg/Stöcker*, WM 2002, 1569, 1575; *Semler/Wagner*, NZG 2003, 553, 557 f; *Ettinger/Grützendiek*, AG 2003, 353, 356; Lücke/Schaub/*Schnabel/Lücke*, Vorstand der AG, § 6 Rn 51.

344 Ringleb/Kremer/Lutter/v. Werder/*Lutter*, DCGK, Rn 1623; auch nach *Ulmer*, ZHR 166 (2002), 150, 166 f kommt es in Betracht, eine Nichtbeachtung der Kodex-Empfehlungen als Verletzung der organschaftlichen Sorgfaltspflicht zu bewerten, und zwar selbst bei Offenlegung der Nichtbefolgung.

345 *Semler/Wagner*, NZG 2003, 553, 557; *Kiethe*, NZG 2003, 559, 564; *Lutter*, ZHR 166 (2002), 523, 540 f.

ggf eine Schadensersatzpflicht nach sich zieht.[346] Die ordnungsgemäße Abgabe setzt voraus, dass die Erklärung vollständig und mangelfrei abzugeben ist,[347] in Bezug auf die Vergangenheit wahrheitsgemäß sein muss[348] und ggf bei Änderungen des Kodex oder der Unternehmenspraxis zu aktualisieren ist.[349]

Weicht der Vorstand hingegen von der Entsprechenserklärung ab, löst dies grds. keine Haftung aus, da die Erklärung den Aktionären gegenüber abzugeben ist, bei § 93 AktG jedoch eine Schädigung der Gesellschaft notwendig ist.[350] Eine Pflichtverletzung iSd § 93 AktG liegt erst vor, wenn der Vorstand seiner Aktualisierungspflicht nicht nachkommt.[351] Eine Außenhaftung der Vorstandsmitglieder scheidet jedoch idR aus.[352] 122

bb) Rechte des Vorstandsmitglieds

Das AktG enthält wenige Bestimmungen hinsichtlich der Rechte des Vorstandsmitglieds gegenüber der AG. Es fehlen insb. Regelungen zu sozialen Leistungen wie Urlaub, Entgeltfortzahlung, Versicherungsschutz oder Ruhegehalt.[353] Der Anstellungsvertrag dient also v.a. auch der Festlegung dieser schuldrechtlichen Leistungspflichten der Gesellschaft gegenüber dem Vorstandsmitglied. 123

(1) Beschäftigungsanspruch – Folgen bei Abberufung

Vorstandsmitglieder einer AG haben ebenso wenig wie Geschäftsführer einer GmbH (s. § 2 Rn 172) einen allgemeinen Beschäftigungsanspruch gegenüber der Gesellschaft.[354] Soweit der Anstellungsvertrag nur eine Vereinbarung über eine Tätigkeit als Vorstandsmitglied enthält, ist 124

346 Vgl MüKo-AktG/*Spindler*, § 93 Rn 32; *Hüffer*, AktG, § 161 Rn 25; Schmidt/Lutter/*Spindler*, AktG, § 161 Rn 66; *Lutter*, ZHR 166 (2002), 523, 527; Ringleb/Kremer/Lutter/v. Werder/*Lutter*, DCGK, Rn 1620 f, 1626; *Kiethe*, NZG 2003, 559, 562 f; *Ettinger/Grützendiek*, AG 2003, 353 f; Lücke/Schaub/*Schnabel/Lücke*, Vorstand der AG, § 6 Rn 52.

347 Vgl MüKo-AktG/*Spindler*, § 93 Rn 32; Schmidt/Lutter/*Spindler*, AktG, § 161 Rn 66.

348 Vgl MüKo-AktG/*Spindler*, § 93 Rn 32; MüKo-AktG/*Semler*, § 161 Rn 199; Semler/Peltzer/*Semler*, Vorstand Hdb, § 1 Rn 27; *van Kann/Eigler*, DStR 2007, 1730, 1735; Ringleb/Kremer/Lutter/v. Werder/*Lutter*, DCGK, Rn 1626; *Kiethe*, NZG 2003, 559, 563; Schmidt/Lutter/*Spindler*, AktG, § 161 Rn 66; *Kirschbaum*, DB 2005, 1473, 1474; *Ettinger/Grützendiek*, AG 2003, 353, 354; auch in Bezug auf die Absichtserklärung *Lutter*, ZHR 166 (2002), 523, 531 f.

349 Vgl MüKo-AktG/*Spindler*, § 93 Rn 32; *van Kann/Eigler*, DStR 2007, 1730, 1734; *Ihrig/Wagner*, BB 2002, 789, 791; *Seibert*, BB 2002, 581, 583; *Lutter*, ZHR 166 (2002), 523, 534 f; Ringleb/Kremer/Lutter/v. Werder/*Lutter*, DCGK, Rn 1629; Semler/Peltzer/*Semler*, Vorstand Hdb, § 1 Rn 27; *Semler/Wagner*, NZG 2003, 553, 556; *Kiethe*, NZG 2003, 559, 564; Schmidt/Lutter/*Spindler*, AktG, § 161 Rn 43 f, 66; *Gelhausen/Hönsch*, AG 2003, 367, 368; *Kirschbaum*, DB 2005, 1473, 1475; *Ettinger/Grützendiek*, AG 2003, 353, 354; aA bei Änderung des Kodex *Fischer*, BB 2006, 337, 338 f; *Vetter*, BB 2005, 1689, 1694; *Ihrig/Wagner*, BB 2003, 1625, 1629; *Schüppen*, ZIP 2002, 1269, 1273 lehnt eine Aktualisierungspflicht aus § 161 AktG grds. ab, erkennt jedoch an, dass sich im Einzelfalle eine solche aus § 15 WpHG ergeben kann.

350 Vgl MüKo-AktG/*Spindler*, § 93 Rn 33; iE ebenso *Hüffer*, AktG, § 161 Rn 27; Schmidt/Lutter/*Spindler*, AktG, § 161 Rn 67.

351 Vgl MüKo-AktG/*Spindler*, § 93 Rn 33; MüKo-AktG/*Semler*, § 161 Rn 198, 200; Ringleb/Kremer/Lutter/v. Werder/*Lutter*, DCGK, Rn 1630; Schmidt/Lutter/*Spindler*, AktG, § 161 Rn 67.

352 MüKo-AktG/*Semler*, § 161 Rn 231 ff; *Hüffer*, AktG, § 161 Rn 30; Schmidt/Lutter/*Spindler*, AktG, § 161 Rn 69 ff; mehr oder weniger große Haftungsrisiken sehen Ringleb/Kremer/Lutter/v. Werder/*Lutter*, DCGK, Rn 1634 ff; *Lutter*, ZHR 166 (2002), 523, 527; *Kiethe*, NZG 2003, 559, 565 ff; *Seibt*, AG 2002, 249, 255 ff; *Ettinger/Grützendiek*, AG 2003, 353, 357 ff; *Ulmer*, ZHR 166 (2002), 150, 168 f.

353 Vgl auch MünchHdb-GesR AG/*Wiesner*, § 20 Rn 14.

354 *Fonk*, NZG 1998, 408, 411; aA Fleischer/*Pentz*, Hdb VorstandsR, § 16 Rn 23, der grds. ebenfalls von einem aus dem Persönlichkeitsrecht ableitbaren Beschäftigungsanspruch ausgeht, dabei jedoch im Rahmen der für die konkrete Ausgestaltung des Anspruchs notwendigen Interessenabwägung die besondere Stellung eines Vorstands berücksichtigen möchte, was iE zu einer stärkeren Berücksichtigungsfähigkeit der Interessen der Gesellschaft führe. Der Beschäftigungsanspruch sei in seiner konkreten Ausgestaltung jedoch nach wie vor einzelfallbezogen zu entscheiden.

die Gesellschaft im Fall der Abberufung nicht verpflichtet, dem abberufenen Vorstandsmitglied eine Stellung unterhalb der Leitungsebene anzubieten.[355]

(2) Vergütung

125 Wie der Geschäftsführer einer GmbH hat auch das Vorstandsmitglied ohne ausdrückliche Regelung einen Entgeltanspruch gem. § 612 BGB (zum GmbH-Geschäftsführer s. § 2 Rn 173 ff). Die Regelung der Vergütung bildet dennoch meist einen zentralen Gegenstand des Anstellungsvertrages. Trotz der grundsätzlichen Kompetenz des Aufsichtsrats in Bezug auf Vergütungsfragen kann die Hauptversammlung gem. § 120 Abs. 4 AktG einen Beschluss über die Billigung des Systems der Vorstandsvergütung treffen; dieser begründet allerdings weder Rechte noch Pflichten.[356]

(a1) Vergütungsbestandteile

126 Bei der Vergütung handelt es sich idR um Barbezüge, Sachbezüge sowie Versorgungszusagen[357] (zu Versorgungszusagen s. ausf. § 3 Rn 146 ff und 358 ff). Die Gesamtbezüge des Vorstandsmitglieds nach § 87 Abs. 1 S. 1 AktG können sich aus Gehalt, Gewinnbeteiligungen, Aufwandsentschädigungen, Versicherungsentgelten, Provisionen und Nebenleistungen jeder Art zusammensetzen. Erfasst sind von dem weiten Vergütungsbegriff auch Abfindungen und Anerkennungsprämien.[358]

127 Formen der variablen Bezüge, die besonderer Aufmerksamkeit bedürfen, sind die Tantiemen und Aktienoptionen. **Tantiemen** als Beteiligung des Vorstandsmitglieds am Gewinn der Gesellschaft gibt es in den verschiedensten Ausgestaltungen. Neben den Gewinntantiemen gibt es noch umsatzabhängige Tantiemen, dividendenabhängige Tantiemen, vom Bilanzgewinn abhängige Tantiemen, börsenwertorientierte Tantiemen oder auch Ermessenstantiemen.[359] Bei der garantierten Mindesttantieme handelt es sich nicht um eine Gewinnbeteiligung, sondern vielmehr um einen Teil des Festgehalts, der jedoch nicht zur Berechnung des Ruhegeldes herangezogen wird.[360] Zweck einer Tantieme im Allgemeinen ist die Steuerungswirkung auf das Vorstandsmitglied zur Erreichung eines Unternehmensziels;[361] um der Angemessenheitsprüfung des § 87 Abs. 1 AktG standzuhalten, müssen sie deshalb zur Steuerung des Vorstandsmitglieds effektiv geeignet sein.[362] Gleichzeitig besteht aber die Notwendigkeit, die entsprechenden Zielvorgaben oder -vereinbarungen derart festzulegen, dass nicht unzulässig in die Geschäftsführungsbefugnis des Vorstands eingegriffen wird.[363] Konzerntantiemen sind wohl nur bei Vorstandsmitgliedern der Konzernobergesellschaft zulässig, da ansonsten ein Anreiz für Vorstandsmitglieder der Tochtergesellschaften gesetzt wird, die Belange der anderen Konzernge-

---

355 *Fonk*, NZG 1998, 408, 411.

356 Vgl zu dieser Beschlussmöglichkeit ausf. *Döll*, WM 2010, 103 ff; *Jaspers*, ZRP 2010, 8 ff; *Fleischer*, NZG 2009, 801, 804 f; *Thüsing*, AG 2009, 517, 524 f; krit. *Gaul/Janz*, NZA 2009, 809, 813.

357 MünchHdb-GesR AG/*Wiesner*, § 21 Rn 29; Fleischer/*Thüsing*, Hdb VorstandsR, § 6 Rn 2.

358 MüKo-AktG/*Spindler*, § 87 Rn 9; HeiKo-AktG/*Bürgers/Israel*, § 87 Rn 3.

359 Vgl Fleischer/*Thüsing*, Hdb VorstandsR, § 6 Rn 48 ff; zu Tantiemen vgl auch Semler/Peltzer/*Peltzer*, Vorstand Hdb, § 2 Rn 175 ff; MüKo-AktG/*Spindler*, § 87 Rn 40 ff.

360 Semler/Peltzer/*Peltzer*, Vorstand Hdb, § 2 Rn 174; vgl auch Fleischer/*Thüsing*, Hdb VorstandsR, § 6 Rn 49; MüKo-AktG/*Spindler*, § 87 Rn 40.

361 Fleischer/*Thüsing*, Hdb VorstandsR, § 6 Rn 50.

362 Fleischer/*Thüsing*, Hdb VorstandsR, § 6 Rn 52.

363 Vgl *Fonk*, NZG 2011, 321, 323, 325 f, der deshalb insb. quantitative Vorgaben wie anzustrebende Mitarbeiterzahlen, Veränderung der Kosten oder Erlöse, Vorgaben für das durchschnittliche Lohnniveau, Diversifikation regional oder bezogen auf die Aktivitäten der Gesellschaft, Stilllegung oder Verkauf von Betriebsteilen, Verbesserung der Werte bei Kunden- oder Mitarbeiterzufriedenheit für unzulässig hält. Dasselbe gelte für qualitative Vorgaben wie die Verbesserung der Personalführungskompetenz, Erhöhung der Teamfähigkeit, Führungskultur und Innovationskompetenz. Diese Problematik erkennt auch *Mertens*, AG 2011, 57, 59.

sellschaften unzulässigerweise bei ihren Entscheidungen einzubeziehen[364] (zum Konzern s. auch § 3 Rn 169 ff). Auch hinsichtlich der nach § 87 AktG notwendigen Ausrichtung der Vergütung auf eine nachhaltige Unternehmensentwicklung ist eine an die Entwicklung anderer Konzerngesellschaften orientierte Vergütung kritisch zu sehen.[365]

Aktienoptionen (einseitiges Ankaufsrecht ohne Kaufverpflichtung)[366] werden grds. mit ihrer Anreizwirkung legitimiert, da die dann auch im Eigentinteresse des Vorstands bestehende Steigerung des Unternehmenswertes durch diese zum zentralen Ziel der Vorstandstätigkeit werde.[367] Allerdings sieht sich die Vereinbarung von Aktienoptionen teilweise deutlicher Krtitik ausgesetzt. Zum einen wird die tatsächliche Anreizwirkung in Frage gestellt[368] und darüber hinaus werden auch die durch Aktienoptionen erreichten Höhen von Vorstandsgehältern kritisiert.[369] Insbesondere die bei fehlender Indexierung entstehenden sog. *windfall profits*, die den Vorstandsmitgliedern ohne eigene Verdienste zugutekommen und somit auch keinerlei Anreizwirkung besitzen können, stehen in der Kritik.[370] Varianten der Aktienoptionen sind auf der einen Seite der Aktienoptionsplan mit dem Nachteil der Kapitalverwässerung und auf der anderen Seite die *Stock Appreciation Rights*, die diesen verwandten *phantom-stock-* oder *phantom-stock-options*-Pläne, sowie der *performance-share-* und der *performance-contingent-stock-option*-Plan, welche zwar keine Kapitalverwässerung, aber dafür einen möglicherweise erheblichen Abgang an liquiden Mitteln zur Folge haben.[371] 128

Als dritte Variante variabler Bezüge kommt zudem die Gewährung von „**Aktien der Gesellschaft mit mehrjähriger Veräußerungssperre**“ in Betracht, welche als Vergütungsbestandteil für das Vorstandsmitglied günstiger erhältlich sein müssen als an der Börse.[372] Diese verschiedenen Formen von Aktienoptionen unterfallen ebenfalls Ziff. 4.2.3 DCGK,[373] wonach die monetären Vergütungsteile sowohl fixe als auch variable Bestandteile umfassen sollen. Letztere sollen grds. eine mehrjährige Bemessungsgrundlage haben, wobei im Rahmen der Ausgestaltung sowohl positiven als auch negativen Entwicklungen Rechnung getragen werden soll. Nach dem DCGK bezieht sich die Vorgabe der Angemessenheit sowohl auf sämtliche Einzelbestandteile der Vergütung als auch auf die Gesamtvergütung. 129

(a2) Angemessenheit der Vergütung

Zum Schutze der Gesellschaft, der Aktionäre und ihrer Gläubiger[374] hat der Aufsichtsrat nach § 87 Abs. 1 S. 1 AktG dafür zu sorgen, dass die Gesamtbezüge in einem angemessenen Verhältnis zu den Aufgaben und Leistungen des Vorstandsmitglieds sowie zur Lage der Gesellschaft 130

364 Fleischer/*Thüsing*, Hdb VorstandsR, § 6 Rn 51; MünchHdb-GesR AG/*Wiesner*, § 21 Rn 42; ebenso wohl MüKo-AktG/*Spindler*, § 87 Rn 43, 51; insgesamt der konzernbezogenen Ausgestaltung der Vergütung im faktischen Konzern krit. gegenüber *Spindler*, Gutachten zur Frage der Zulässigkeit von Drittanstellungsverträgen und drittbezogener Vergütungen, insbesondere im Konzern, 2010, S. 20 ff.

365 Vgl *Spindler*, Gutachten zur Frage der Zulässigkeit von Drittanstellungsverträgen und drittbezogener Vergütungen, insbesondere im Konzern, 2010, S. 27 f.

366 Semler/Peltzer/*Peltzer*, Vorstand Hdb, § 2 Rn 186; vgl hierzu auch MüKo-AktG/*Spindler*, § 87 Rn 44 ff.

367 Fleischer/*Thüsing*, Hdb VorstandsR, § 6 Rn 58.

368 Fleischer/*Thüsing*, Hdb VorstandsR, § 6 Rn 58; vgl dazu auch Semler/Peltzer/*Peltzer*, Vorstand Hdb, § 2 Rn 187 ff; MüKo-AktG/*Spindler*, § 87 Rn 41.

369 Fleischer/*Thüsing*, Hdb VorstandsR, § 6 Rn 57; vgl auch Semler/Peltzer/*Peltzer*, Vorstand Hdb, § 2 Rn 187 ff, 219 ff; vgl auch Ringleb/Kremer/Lutter/v. Werder/*Ringleb*, DCGK, Rn 695 ff.

370 Fleischer/*Thüsing*, Hdb VorstandsR, § 6 Rn 58; ebenso MüKo-AktG/*Spindler*, § 87 Rn 47.

371 Fleischer/*Thüsing*, Hdb VorstandsR, § 6 Rn 59 f; vgl hierzu auch MüKo-AktG/*Spindler*, § 87 Rn 59.

372 Zu „Aktien der Gesellschaft mit mehrjähriger Veräußerungssperre“ vgl Semler/Peltzer/*Peltzer*, Vorstand Hdb, § 2 Rn 178 ff.

373 Vgl hierzu Ringleb/Kremer/Lutter/v. Werder/*Ringleb*, DCGK, Rn 720 ff.

374 Fleischer/*Thüsing*, Hdb VorstandsR, § 4 Rn 75; vgl auch *Spindler*, DStR 2004, 37; *Hüffer*, AktG, § 87 Rn 1; MüKo-AktG/*Spindler*, § 87 Rn 2; Schmidt/Lutter/*Seibt*, AktG, § 87 Rn 1.

stehen.[375] Eine Definition der Angemessenheit und eine entsprechende Rspr fehlen.[376] Allein auf die Üblichkeit der Vergütung kann jedenfalls nicht abgestellt werden,[377] denn diese indiziert nicht die Angemessenheit derselben.[378] Der DCGK nennt hier in Ziff. 4.2.2 folgende **Kriterien** für die **Angemessenheit:** die Aufgaben des jeweiligen Vorstandsmitglieds, seine persönliche Leistung, die wirtschaftliche Lage, der Erfolg und die Zukunftsaussichten des Unternehmens sowie die Üblichkeit der Vergütung unter Berücksichtigung seines Vergleichsumfeldes und der Vergütungsstruktur, die ansonsten in der Gesellschaft gilt.[379]

131 Außerdem darf die Vergütung das (branchen- und landes-[380]) übliche Maß[381] nicht ohne besondere Gründe überschreiten, § 87 Abs. 1 S. 1 AktG. Ferner ist der Aufsichtsrat börsennotierter Gesellschaften gem. § 87 Abs. 1 S. 2 AktG ausdrücklich dazu verpflichtet, die Vergütungsstruktur auf eine nachhaltige Unternehmensentwicklung auszurichten.[382] Demnach ist auf ein langfristig definiertes Gesellschaftsinteresse abzustellen.[383] Dafür sollen variable Vergütungsbestandteile gem. § 87 Abs. 1 S. 3 AktG eine mehrjährige Bemessungsgrundlage haben und für außerordentliche Entwicklungen soll der Aufsichtsrat eine Begrenzungsmöglichkeit[384] vereinbaren (vgl insb. § 3 Rn 474). In diese Richtung zielt auch die Änderung des § 193 Abs. 2 AktG, die festlegt, dass künftig Aktienoptionen frühestens vier Jahre nach Einräumung ausgeübt werden können.[385]

132 § 87 Abs. 1 AktG statuiert dabei keinen Anspruch des Vorstandsmitglieds auf angemessene Vergütung, sondern zieht lediglich eine Obergrenze.[386] Allerdings bleibt auch die Vereinbarung unangemessener Bezüge grds. bis zur Grenze des § 138 BGB wirksam, lediglich die Aufsichtsratsmitglieder machen sich gem. § 116 S. 3 AktG schadensersatzpflichtig und bei Vorsatz strafbar.[387] Bei der Festsetzung der Bezüge als unternehmerische Entscheidung hat der Aufsichtsrat jedoch einen **weiten Ermessens- und Beurteilungsspielraum.**[388] Er handelt also pflichtgemäß, solange die Grenzen, in denen sich ein von Verantwortungsbewusstsein getragenes, ausschließlich am Unternehmenswohl orientiertes, auf sorgfältiger Ermittlung der Entscheidungsgrundla-

375 Um diese Aufgabe wahrzunehmen, kann der Aufsichtsrat auch auf die Dienste externer Vergütungsberater zurückgreifen, vgl hierzu *Theisen/Probst*, DB 2012, 1553, 1555. Zur Mandatierung eines Vergütungsberaters vgl auch *Weber-Rey/Buckel*, NZG 2010, 761; *Fleischer*, BB 2010, 67.

376 Fleischer/*Thüsing*, Hdb VorstandsR, § 6 Rn 5; *Fonk*, NZG 2005, 248.

377 Fleischer/*Thüsing*, Hdb VorstandsR, § 6 Rn 5 ff mit Darstellung möglicher Kriterien; eine Darstellung von Kriterien findet sich auch bei Schmidt/Lutter/*Seibt*, AktG, § 87 Rn 8 ff.

378 *Hüffer*, AktG, § 87 Rn 2.

379 Vgl hierzu Ringleb/Kremer/Lutter/v. Werder/*Ringleb*, DCGK, Rn 695 ff; zu weiteren Möglichkeiten der Bestimmung der Angemessenheit vgl *Hoche*, Forum Unternehmenskauf, 2008, S. 91, 104 ff.

380 Vgl Beschlussempfehlung und Bericht des Rechtsausschusses, BT-Drucks. 16/13433, S. 15.

381 Vgl zur üblichen Vergütung *Fleischer*, NZG 2009, 801, 802; *Hohaus/Weber*, DB 2009, 1515, 1516; krit. zum Kriterium der Üblichkeit *Wagner/Wittgens*, BB 2009, 906, 907.

382 Zur Nachhaltigkeit als Ziel der Vergütungsstruktur vgl *Fleischer*, NZG 2009, 801, 802 f; *Hohaus/Weber*, DB 2009, 1515, 1516 ff; *Hohenstatt/Kuhnke*, ZIP 2009, 1981 ff; *Thüsing*, AG 2009, 517, 519 f; krit. zum Kriterium der Nachhaltigkeit *Wagner/Wittgens*, BB 2009, 906, 907 f.

383 Hölters/*Weber*, AktG, § 87 Rn 30.

384 Vgl hierzu *Thüsing*, AG 2009, 517, 521 f.

385 Vgl Entwurf eines VorstAG, BT-Drucks. 16/12278, S. 6.

386 MünchHdb-GesR AG/*Wiesner*, § 21 Rn 29; MüKo-AktG/*Spindler*, § 87 Rn 3; ebenso *Hoffmann-Becking*, ZHR 169 (2005), 155, 157.

387 MünchHdb-GesR AG/*Wiesner*, § 21 Rn 29; *Korts*, BB 2009, 1876, 1880; ebenso Fleischer/*Thüsing*, Hdb VorstandsR, § 6 Rn 26; *Spindler*, DStR 2004, 42; MüKo-AktG/*Spindler*, § 87 Rn 79 f; ähnl. *Hüffer*, AktG, § 87 Rn 8; HeiKo-AktG/*Bürgers/Israel*, § 87 Rn 7; Schmidt/Lutter/*Seibt*, AktG, § 87 Rn 17; KommAktG/*Mertens/Cahn*, § 87 Rn 5; eine Rückforderbarkeit des überhöhten Teils nach § 134 BGB iVm § 87 Abs. 1 AktG erwägt Heidel/*Oltmanns*, AktR, § 87 Rn 6. Teilweise wird auch eine (Teil-)Nichtigkeit als Folge eines Missbrauchs der Vertretungsmacht vertreten, vgl *Spindler*, AG 2011, 725, 729 ff.

388 BGH 21.12.2005 – 3 StR 470/04, NJW 2006, 522, 523; MünchHdb-GesR AG/*Wiesner*, § 21 Rn 30; *Hoffmann-Becking*, ZHR 169 (2005), 155, 157 f.

gen beruhendes unternehmerisches Handeln bewegen muss, nicht überschritten sind.[389] Im Einzelfall – wenn eine Vergütungsabrede unzulässig in die Kompetenzordnung der AG eingreift – kommt auch eine (Teil-)Nichtigkeit der Zielvorgabe oder -vereinbarung und damit der Vergütungsregelung nach § 134 BGB in Betracht.[390]

Im Zusammenhang mit Aktienoptionen ist eine **Indexierung** zwar nicht obligatorisch, allerdings wird die Angemessenheit des betroffenen Vergütungsbestandteils ohne eine solche meist zweifelhaft sein.[391] Auch eine Kappung von Optionen ist wohl nicht obligatorisch,[392] ein sog. *repricing* von Aktienoptionen mit Hinweis auf unerwartete negative Kursentwicklungen ist in den meisten Fällen jedoch unzulässig.[393] Ob ein generelles *hedging*-Verbot besteht, ist fraglich[394] und wohl iE abzulehnen. 133

Inwieweit auch eine **nachträgliche Honorierung schon erbrachter Leistung ohne Anreizwirkung für die Zukunft** (sog. *appreciation awards*) im Hinblick auf das Angemessenheitserfordernis zulässig sein kann, ist umstritten. Im sog. Mannesmann-Urteil hat sich der BGH im Zusammenhang mit einer strafrechtlichen Bewertung dagegen ausgesprochen,[395] ein Teil der Lit. kommt zu demselben Ergebnis.[396] Teilweise wird eine solche Leistungshonorierung auch als grds. zulässig angesehen;[397] dem Urteil des BGH sollte jedoch jedenfalls insoweit Rechnung getragen werden, als dass *appreciation awards* nach Ermessen des Aufsichtsrats ausdrücklich als mögliche Leistung im Vertrag verankert werden sollten.[398] Ob dies jedoch zu einer Zulässigkeit und insb. zur Vermeidung des Vorwurfs der treupflichtwidrigen Schädigung des Gesellschaftsvermögens durch den Aufsichtsrat führt, ist offen.[399] Rspr hierzu fehlt bislang. Eine solche Prämie muss sich jedenfalls genau wie andere Vergütungsbestandteile an § 87 Abs. 1 AktG messen lassen.[400] 134

389 BGH 21.12.2005 – 3 StR 470/04, NJW 2006, 522, 523; MünchHdb-GesR AG/*Wiesner*, § 21 Rn 30.

390 Vgl *Fonk*, NZG 2011, 321, 326.

391 So wohl Fleischer/*Thüsing*, Hdb VorstandsR, § 6 Rn 68; ähnl. auch HeiKo-AktG/*Bürgers/Israel*, § 87 Rn 12; *Martens*, ZHR 169 (2005), 124, 144 ff.

392 Fleischer/*Thüsing*, Hdb VorstandsR, § 6 Rn 69; aA wohl MüKo-AktG/*Spindler*, § 87 Rn 49.

393 Fleischer/*Thüsing*, Hdb VorstandsR, § 6 Rn 70 ff; MüKo-AktG/*Spindler*, § 87 Rn 55 zeigt sich skeptisch gegenüber einem generellen Verbot; aA auch *Annuß/Theusinger*, BB 2009, 2434, 2436.

394 Ein solches Verbot aus der Loyalitätspflicht des Vorstandsmitglieds herleitend MüKo-AktG/*Spindler*, § 87 Rn 57; abl. Fleischer/*Thüsing*, Hdb VorstandsR, § 6 Rn 73 f.

395 BGH 21.12.2005 – 3 StR 470/04, NJW 2006, 522.

396 *Brauer*, NZG 2004, 502, 507; *Brauer/Dreier*, NZG 2005, 57, 59; im Grundsatz auch *Säcker/Boesche*, BB 2006, 897, 901 f; *Martens*, ZHR 169 (2005), 124, 131 ff, der auf S. 136 ein generelles Verbot, die vereinbarte Vergütungsregelung nachträglich ohne rechtliche Verpflichtung zugunsten des Vorstandsmitglieds zu korrigieren, formuliert, welches sich auch auf Abfindungen anlässlich einer vorzeitigen Vertragsbeendigung bezieht; auch MüKo-AktG/*Spindler*, § 87 Rn 69 bezweifelt eine Rechtfertigungsmöglichkeit, soweit eine Anreizwirkung vollständig fehlt; krit. gerade im Hinblick auf das Angemessenheitserfordernis des § 87 Abs. 1 AktG auch *Poguntke*, ZIP 2011, 893, 895 ff.

397 *Hüffer*, AktG, § 87 Rn 4 mwN; *Fonk*, NZG 2005, 248, 249 f; *Hoffmann-Becking*, ZHR 169 (2005), 155, 161 ff; *Hoffmann-Becking*, NZG 2006, 127, 129; *Kort*, NZG 2006, 131, 132; MünchHdb-GesR AG/*Wiesner*, § 21 Rn 32; *Liebers/Hoefs*, ZIP 2004, 97, 99, die uU sogar einen entsprechenden Anspruch der Vorstandsmitglieder bejahen; *Wollburg*, ZIP 2004, 646, 652 ff.

398 *Hüffer*, AktG, § 87 Rn 4.

399 Krit. auch MAH-AktR/*Nehls*, § 22 Rn 106; ebenso *Poguntke*, ZIP 2011, 893, 895 ff.

400 *Poguntke*, ZIP 2011, 893, 896 ordnet eine solche Anerkennungsprämie als variable Vergütung ein und weist darauf hin, dass dementsprechend grds. eine mehrjährige Bemessungsgrundlage zu fordern ist.

(a3) Herabsetzung der Bezüge

135 Verschlechtert sich die Lage der Gesellschaft in solcher Weise,[401] dass die Weitergewährung der Vorstandsbezüge unbillig für die Gesellschaft wäre,[402] soll der Aufsichtsrat die Vorstandsbezüge nach § 87 Abs. 2 AktG auf die angemessene Höhe herabsetzen. Dementsprechend besteht in einem solchen Fall grds. eine Pflicht des Aufsichtsrats zur Herabsetzung der Bezüge, sofern nicht ausnahmsweise besondere Umstände vorliegen.[403] Deshalb kommt bei pflichtwidrig unterlassener oder auch unberechtigter Herabsetzung der Vorstandsbezüge auch eine Haftung des Aufsichtsrats in Betracht.[404]

136 Eine Herabsetzung soll grds. für die **Zukunft** wirken. Neben der Herabsetzung der Gesamtbezüge nach § 87 Abs. 1 S. 1 AktG ist aber auch eine Herabsetzung von Ruhegehalt, Hinterbliebenenbezügen und Leistungen verwandter Art nach § 87 Abs. 1 S. 4 AktG in den ersten drei Jahren nach Ausscheiden aus der Gesellschaft möglich, § 87 Abs. 2 S. 2 AktG.[405] Hierbei sind allerdings die Regelungen des BetrAVG zu beachten (s. § 3 Rn 149).[406] Künftige Versorgungsleistungen können zudem nach wie vor mittelbar betroffen sein, wenn sich das Ruhegeld nach der Höhe der zuletzt bezogenen festen Bezüge richtet.[407] Auch Abfindungszahlungen sowie Übergangsgelder dürften wohl von der Herabsetzungsmöglichkeit des § 87 Abs. 2 AktG erfasst werden.[408]

137 Fraglich ist allerdings, ob die erleichterte Kürzungsmöglichkeit auch für **Altverträge** gilt oder nur für nach Inkrafttreten des Gesetzes geschlossene Verträge. Letzteres muss jedenfalls zwingend bei der Angemessenheitsprüfung der Vergütung gelten, da diese bereits bei oder vor Vertragsabschluss stattfindet.[409] Verlängert sich der Anstellungsvertrag bei Wiederbestellung aber automatisch, gilt auch in diesem Falle § 87 Abs. 1 AktG.[410] Die Herabsetzungsmöglichkeit nach § 87 Abs. 2 AktG hingegen findet auch bei Altverträgen Anwendung.[411] In der Anwendung der Kürzungsmöglichkeit auch für Altverträge liegt gerade keine verfassungsrechtlich unzulässige Rückwirkung,[412] da lediglich Sachverhalte, etwa die Verschlechterung der wirtschaftlichen Lage, nach Inkrafttreten des Gesetzes betroffen sind.

138 Bei der Beurteilung, ob durch die Weitergewährung eine Unbilligkeit für die Gesellschaft vorliegt, sind auch die persönlichen Interessen und Verhältnisse der Vorstandsmitglieder zu be-

---

401 § 87 Abs. 2 AktG enthält diesbezüglich keine Kriterien; mangels der Notwendigkeit einer wesentlichen Verschlechterung ist wohl eine existenzbedrohende Lage nicht notwendig. Es bedarf aber der Darlegung der konkreten wirtschaftlichen Verhältnisse durch den Aufsichtsrat, OLG Frankfurt 25.5.2011 – 7 U 268/08, NJW-Spezial 2011, 753. Vgl zur Verschlechterung: *Waldenberger/Kaufmann*, BB 2010, 2257, 2258 f; *Weppner*, NZG 2010, 1056.

402 Vgl zur Unbilligkeit: *Waldenberger/Kaufmann*, BB 2010, 2257, 2260 f; *Weppner*, NZG 2010, 1056, 1057.

403 Vgl Beschlussempfehlung und Bericht des Rechtsausschusses, BT-Drucks. 16/13433, S. 10; *Waldenberger/Kaufmann*, BB 2010, 2257, 2261.

404 Vgl hierzu *Waldenberger/Kaufmann*, BB 2010, 2257, 2262 ff.

405 Dies wird allerdings wegen des Eingriffs in bestehende Rechtspositionen kritisch gesehen, vgl *Gaul/Janz*, NZA 2009, 809, 812; anders aber *Thüsing*, AG 2009, 517, 523.

406 Ebenso *Jaeger/Balke*, ZIP 2010, 1471, 1477; aA *Waldenberger/Kaufmann*, BB 2010, 2257, 2260, der § 87 Abs. 2 AktG als *lex specialis* gegenüber dem BetrAVG ansieht.

407 MünchHdb-GesR AG/*Wiesner*, § 21 Rn 33; Fleischer/*Thüsing*, Hdb VorstandsR, § 6 Rn 29; MüKo-AktG/*Spindler*, § 87 Rn 94; Heidel/*Oltmanns*, AktR, § 87 Rn 12.

408 So auch *Waldenberger/Kaufmann*, BB 2010, 2257, 2259; ebenso *Hüffer*, AktG, § 87 Rn 9 c, der allerdings bei Abfindungen differenziert, ob diese erst im Aufhebungsvertrag begründet wurden, da bei diesen eine Kürzung wohl aufgrund des vergleichsartigen Charakters ausscheide; anders noch zur Rechtslage vor Inkrafttreten des VorstAG Fleischer/*Thüsing*, Hdb VorstandsR, § 6 Rn 30; *Hüffer*, AktG, 8. Aufl. 2008, § 87 Rn 7, 9.

409 Vgl auch Beschlussempfehlung und Bericht des Rechtsausschusses, BT-Drucks. 16/13433, S. 10.

410 *Annuß/Theusinger*, BB 2009, 2434, 2438.

411 Vgl *Bosse*, BB 2009, 1650, 1651; *Annuß/Theusinger*, BB 2009, 2434, 2437; *Hüffer*, AktG, § 87 Rn 9; *Waldenberger/Kaufmann*, BB 2010, 2257, 2260.

412 *Annuß/Theusinger*, BB 2009, 2434, 2437; aA *Lingemann*, BB 2009, 1918, 1921.

rücksichtigen.[413] Eine grob unbillige und unberechtigte Herabsetzung der Bezüge stellt weiterhin einen wichtigen Grund zur fristlosen Kündigung des Anstellungsvertrages und zur Mandatsniederlegung dar.[414] Gemäß § 87 Abs. 2 S. 4 AktG hat das Vorstandsmitglied aber auch bei einer angemessenen Herabsetzung der Bezüge ein Recht zur Kündigung des Anstellungsvertrages mit einer Frist von sechs Wochen zum Schluss des nächsten Kalendervierteljahres. Bei Besserung der wirtschaftlichen Lage hat das Vorstandsmitglied einen Anspruch auf Wiederherstellung der vertraglich vereinbarten Bezüge.[415]

Neben einer Herabsetzung der Bezüge nach § 87 Abs. 2 AktG kommt auch eine Herabsetzung aufgrund vertraglicher Vereinbarungen in Frage. Zulässig sind in Grenzen Freiwilligkeits-, Widerrufs- und Umgestaltungsvorbehalte sowie Teilbefristungen einzelner Vergütungsleistungen, Wertsicherungsklauseln, Spannungsklauseln und Wirtschaftsklauseln.[416] 139

(3) Urlaub

Auf den Anstellungsvertrag findet das Bundesurlaubsgesetz mangels Arbeitnehmereigenschaft des Vorstandsmitglieds keine Anwendung.[417] Entsprechend sollte der Anstellungsvertrag Regelungen zu Umfang und zu Bedingungen des Urlaubsantritts sowie zur möglichen Abgeltung des Urlaubsanspruchs enthalten. Fehlt eine solche Regelung, lässt sich jedoch aus der dem Anstellungsvertrag immanenten Fürsorgepflicht des Dienstgebers ein Anspruch auf bezahlte Freistellung zu Erholungszwecken herleiten.[418] Umfang und Lage des Urlaubs bestimmen sich nach den Verhältnissen in der AG und der Rolle des Vorstandsmitglieds. In der Regel ist allerdings entsprechend dem Maßstab des BUrlG auch für Vorstandsmitglieder von einem Mindestanspruch von 24 Urlaubstagen pro Jahr auszugehen, da eine unterschreitende Regel wohl gegen §§ 138, 242 BGB verstoßen dürfte (vgl auch § 2 Rn 180). 140

(4) Aufwendungsersatz

Selbst ohne vertragliche Regelung ergibt sich ein Anspruch auf Aufwendungsersatz aus §§ 675, 670 BGB. Hiervon sind auch Schäden des Vorstandsmitglieds umfasst, die diesem ohne Verschulden aus seiner Tätigkeit für die Gesellschaft entstanden sind.[419] Die hierzu durch die Arbeitsgerichtsbarkeit herausgearbeiteten Regeln knüpfen nicht an die Weisungsgebundenheit an,[420] weshalb sie auch auf Vorstandsmitglieder anwendbar sind.[421] 141

(5) Haftungsfreistellung und Versicherung

Besteht keine vertragliche Vereinbarung, kann sich ein Anspruch auf Haftungsfreistellung bei einer Schadensersatzverpflichtung aufgrund des Handelns für die Gesellschaft aus §§ 675, 669 ff BGB nur ergeben, soweit das Handeln nicht auch gleichzeitig eine Pflichtverletzung gegenüber der Gesellschaft darstellt.[422] 142

---

413 Wohl allgM, vgl Fleischer/*Thüsing*, Hdb VorstandsR, § 6 Rn 32; MünchHdb-GesR AG/*Wiesner*, § 21 Rn 33; HeiKo-AktG/*Bürgers/Israel*, § 87 Rn 14; Schmidt/Lutter/*Seibt*, AktG, § 87 Rn 18.

414 MünchHdb-GesR AG/*Wiesner*, § 21 Rn 34; MAH-AktR/*Nehls*, § 22 Rn 131.

415 *Dauner-Lieb/Friedrich*, NZG 2010, 688; zu § 87 AktG aF: OLG Frankfurt 25.5.2011 – 7 U 268/08, NJW-Spezial 2011, 753; MünchHdb-GesR AG/*Wiesner*, § 21 Rn 34; vgl auch *Weisner/Kölling*, NZG 2003, 465, 467; Heidel/*Oltmanns*, AktR, § 87 Rn 13 leitet diesen Anspruch aus § 242 BGB her.

416 Vgl dazu Fleischer/*Thüsing*, Hdb VorstandsR, § 6 Rn 38 ff; *Oetker*, ZHR 175 (2011), 527, 551 ff.

417 Fleischer/*Thüsing*, Hdb VorstandsR, § 4 Rn 76; MünchHdb-GesR AG/*Wiesner*, § 21 Rn 64; MüKo-AktG/*Spindler*, § 84 Rn 85; Schaub/*Vogelsang*, ArbR-HdB, § 14 Rn 7.

418 Fleischer/*Thüsing*, Hdb VorstandsR, § 4 Rn 77; Schmidt/Lutter/*Seibt*, AktG, § 84 Rn 33; MünchHdb-GesR AG/*Wiesner*, § 21 Rn 64; MüKo-AktG/*Spindler*, § 84 Rn 85.

419 Fleischer/*Thüsing*, Hdb VorstandsR, § 4 Rn 79; MünchHdb-GesR AG/*Wiesner*, § 21 Rn 62.

420 Vgl BAG 10.11.1961 – GS 1/60, NJW 1962, 411, 415; BAG 17.7.1997 – 8 AZR 480-95, NJW 1998, 1170, 1171.

421 Fleischer/*Thüsing*, Hdb VorstandsR, § 4 Rn 79 mwN.

422 Fleischer/*Thüsing*, Hdb VorstandsR, § 4 Rn 80; MünchHdb-GesR AG/*Wiesner*, § 21 Rn 62.

143 Inwieweit darüber hinaus eine Haftungsfreistellung durch Versicherung oder zugesagte Kostenübernahme in Betracht kommt, ist umstritten.[423] Einigkeit besteht weitgehend darüber, dass eine Erstattung von Geldstrafen bzw Geldbußen wegen Umgehung des § 93 Abs. 4 S. 3 AktG nicht möglich ist.[424] Bei der Übernahme zivilrechtlicher Haftung wird teilweise vertreten, dass diese nur im Rahmen des § 93 Abs. 4 S. 3 AktG möglich sei.[425] Umstritten ist auch die Pflicht zur Erstattung von Rechtsschutzkosten des Vorstandsmitglieds vor Abschluss des Verfahrens, wenn also noch nicht feststeht, ob das Handeln des Vorstandsmitglieds gleichzeitig eine Pflichtverletzung gegenüber der Gesellschaft darstellt oder nicht.[426]

144 Der Abschluss einer Versicherung für solche Schäden (**D&O-Versicherung**[427]) durch die Gesellschaft ist zulässig,[428] allerdings besteht gem. § 93 Abs. 2 S. 3 AktG eine Pflicht zur Vereinbarung eines **Selbstbehalts** in Höhe von mindestens 10 % des Schadens bis mindestens zur Höhe des Eineinhalbfachen der festen jährlichen Vergütung des Vorstandsmitglieds.[429] Letzteres beinhaltet nicht eine weitere Mindestschwelle des Selbstbehalts dergestalt, dass der jeweils höhere der beiden Werte maßgeblich wäre, sondern legt vielmehr fest, dass der Selbstbehalt bei einer Summe von mindestens der Höhe des Eineinhalbfachen der festen jährlichen Vergütung pro Jahr gedeckelt werden darf.[430] Die Folgen einer Nichtbeachtung der gesetzlichen Vorgaben zum Selbstbehalt sind umstritten. Teilweise wird vertreten, dass es sich bei der Regelung des § 93 Abs. 2 S. 3 AktG um ein Verbotsgesetz iSd § 134 BGB handele, mit der Folge, dass bei Verstoß der gesamte Versicherungsvertrag nichtig sei.[431] Näherliegend ist allerdings im Hinblick auf den mit der Versicherung ebenfalls bezweckten Schutz der Gesellschaft[432] allenfalls die Annahme einer Teilnichtigkeit im Sinne einer geltungserhaltenden Reduktion.[433] Darüber hinaus wird auch vertreten, dass mangels (Teil-)Nichtigkeit vielmehr der Versicherer die Zahlung an die Gesellschaft um den (fiktiven) Pflichtselbstbehalt kürzen muss.[434] Soweit ein Selbstbehalt vereinbart wurde, für dessen höhenmäßige Bestimmung der Aufsichtsrat zustän-

423 Zur Gefahr, dass sich der Aufsichtsrat durch Verzicht auf die Geltendmachung von Schadensersatzansprüchen gegen das Vorstandsmitglied oder die Zusage der Übernahme von Geldsanktionen oder Schadensersatzforderungen Dritter gegen das Vorstandsmitglied gegenüber dem Vorstandsmitglied wegen Untreue nach § 266 StGB strafbar macht, vgl *Werner*, CCZ 2011, 201.

424 MünchHdb-GesR AG/*Wiesner*, § 21 Rn 63; *Rehbinder*, ZHR 148 (1984), 555, 572; iE auch Hölters/*Hölters*, AktG, § 93 Rn 392; KommAktG/*Mertens/Cahn*, § 84 Rn 92; aA Fleischer/*Thüsing*, Hdb VorstandsR, § 4 Rn 81; *Knapp*, NJW 1992, 2796.

425 Vgl *Bauer/Krets*, DB 2003, 811, 813; KommAktG/*Mertens/Cahn*, § 84 Rn 94; wohl auch *Hüffer*, AktG, § 84 Rn 16 a; aA Fleischer/*Thüsing*, Hdb VorstandsR, § 4 Rn 81.

426 Vgl hierzu und insb. auch zur Frage der Rückforderung *Lackhoff/Habbe*, NZG 2012, 616. Eine entsprechende Pflicht bejaht Hölters/*Hölters*, AktG, § 93 Rn 388.

427 Vgl hierzu ausf. Lücke/Schaub/*Kolde*, Vorstand der AG, § 8 Rn 1 ff.

428 *Bauer/Krets*, DB 2003, 811, 814; *Hüffer*, AktG, § 84 Rn 16; Schmidt/Lutter/*Krieger/Sailer-Coceani*, AktG, § 93 Rn 38; Henn/Frodermann/Jannott/*Frodermann/Schäfer*, Hdb AktR, Kap. 7 Rn 323; Hölters/*Hölters*, AktG, § 93 Rn 398.Im Hinblick auf die Regelung des § 93 Abs. 2 S. 3 AktG kann an der Zulässigkeit letztlich kein Zweifel bestehen.

429 Vgl hierzu *Lingemann*, BB 2009, 1918, 1922; *Thüsing*, AG 2009, 517, 526 f; vgl ausf. insb. auch zu den Umsetzungsmöglichkeiten *Franz*, DB 2009, 2764 ff; äußerst krit. gegenüber der Pflicht zur Vereinbarung eines Selbstbehalts *Gaul/Janz*, NZA 2009, 809, 813; *Annuß/Theusinger*, BB 2009, 2434 halten den Selbstbehalt für ungeeignet, da auch dieser selbst versichert werden könne. Zum Selbstbehalt bei mehreren Gesamtschuldnern vgl *Fiedler*, MDR 2009, 1077, 1078 f.

430 Henssler/Strohn/*Dauner-Lieb*, GesellschaftsR, § 93 AktG Rn 59 ff; *Thüsing/Traut*, NZA 2010, 140, 142.

431 *Pammler*, Die gesellschaftsfinanzierte D&O-Versicherung im Spannungsfeld des Aktienrechts, S. 94 ff; aA *Thüsing/Traut*, NZA 2010, 140; *Fiedler*, MDR 2009, 1077, 1080 f; Spindler/Stilz/*Fleischer*, § 93 AktG Rn 252; Schmidt/Lutter/*Krieger/Sailer-Coceani*, AktG, § 93 Rn 42.

432 Vgl Hölters/*Weber*, AktG, § 87 Rn 7; Hölters/*Hölters*, AktG, § 93 Rn 401; Spindler/Stilz/*Fleischer*, § 93 AktG Rn 252; Schmidt/Lutter/*Krieger/Sailer-Coceani*, AktG, § 93 Rn 42.

433 Henssler/Strohn/*Dauner-Lieb*, GesellschaftsR, § 93 AktG Rn 63; iE so auch *Koch*, AG 2009, 637, 639, der trotz des Charakters als Verbotsgesetz nur von einer Teilnichtigkeit ausgeht. KommAktG/*Mertens/Cahn*, § 93 Rn 249 lehnen auch eine Teilnichtigkeit ab.

434 So *Kerst*, WM 2010, 594, 601.

dig ist,[435] kann das Vorstandsmitglied auch den Selbstbehalt selbst versichern, um ein Einstehen mit seinem Vermögen zu verhindern.[436] Vereinbart die Konzernmutter für die Vorstandsmitglieder der Tochtergesellschaften eine solche Versicherung, muss auch hier die Vorgabe zum Selbstbehalt eingehalten werden.[437] Hat ein Vorstandsmitglied mehrere Mandate im Konzernverbund und erhält er von den einzelnen Konzerngesellschaften getrennte Vergütungen, so sind grds. einzelne Selbstbehalte für die jeweiligen Mandate entsprechend der jeweiligen Vergütung festzulegen.[438]

(6) Übergangsgeld

Eine weitere Form der Vergütung ist das Übergangsgeld, welches keine Leistung für Alters-, Invaliditäts- oder Hinterbliebenensicherung ist, sondern vielmehr die Zeitspanne zwischen Ausscheiden des Vorstandsmitglieds und Beginn der Ruhegeldzahlung überbrücken soll; dementsprechend ist das BetrAVG auf solche Leistungen nicht anwendbar.[439] Das Gebot der Angemessenheit gilt nach § 87 Abs. 1 S. 4 AktG für Übergangsgelder sinngemäß.[440] 145

(7) Versorgungszusagen

Betriebliche Versorgungszusagen zählen zu den wesentlichen Bestandteilen von Anstellungsverträgen. Einen Anspruch auf eine Ruhegeldzusage hat das Vorstandsmitglied grds. nicht.[441] Zuständig für eine Versorgungszusage ist der Gesamtaufsichtsrat; eine Übertragung auf einen Ausschuss ist nicht möglich, da es sich um einen Vergütungsbestandteil handelt.[442] 146

(a1) Leistungsfälle

Als Versorgungsfälle, die den Leistungsanspruch auslösen, werden neben der Erreichung einer bestimmten Altersgrenze auch der Eintritt der Invalidität und – zur Absicherung der Hinterbliebenen – der Tod des Vorstandsmitglieds vereinbart.[443] 147

(a2) Leistungsformen

Die inhaltliche Ausgestaltung von Versorgungszusagen in Form der Direktzusage ist variabel. Neben reinen Leistungszusagen kommen auch die beitragsorientierte Leistungszusage und die Beitragszusage mit Mindestleistung in Betracht.[444] Die Versorgungszusagen können durch die Gesellschaft statisch oder dynamisch ausgestaltet werden.[445] 148

(a3) Anwendbarkeit des BetrAVG

Ob auf die Versorgungszusage des Vorstandsmitglieds das Betriebsrentengesetz (BetrAVG) anwendbar ist, richtet sich mangels Arbeitnehmereigenschaft des Vorstandsmitglieds nach § 17 Abs. 1 S. 2 BetrAVG. Danach ist das BetrAVG entsprechend anzuwenden bei Personen, die nicht Arbeitnehmer sind, wenn ihnen Leistungen der Alters-, Invaliditäts- oder Hinterbliebe- 149

---

435 *Deilmann*/Otte, AG 2010, 323, 325; *Kerst*, WM 2010, 594, 603; Hölters/*Weber*, AktG, § 87 Rn 8.

436 Vgl hierzu ausf. *Lange*, r+s 2010, 92, 95 ff; ebenso *Thüsing/Traut*, NZA 2010, 140, 142; *Koch*, AG 2009, 637, 645; Schmidt/Lutter/*Krieger/Sailer-Coceani*, AktG, § 93 Rn 39. Es besteht aber auch die Möglichkeit für die Gesellschaft, das Vorstandsmitglied im Anstellungsvertrag zu verpflichten, keine Selbstbehaltsversicherung abzuschließen, *Franz*, DB 2011, 2019, 2023.

437 *Thüsing/Traut*, NZA 2010, 140, 143; *van Kann*, NZG 2009, 1010, 1011.

438 *Thüsing/Traut*, NZA 2010, 140, 143.

439 Fleischer/*Thüsing*, Hdb VorstandsR, § 6 Rn 82; *Bauer/Baeck/von Medem*, NZG 2010, 721, 722.

440 *Hüffer*, AktG, § 87 Rn 7.

441 Fleischer/*Thüsing*, Hdb VorstandsR, § 6 Rn 83; Henn/Frodermann/Jannott/*Frodermann/Schäfer*, Hdb AktR, Kap. 7 Rn 185.

442 MAH-AktR/*Nehls*, § 22 Rn 114.

443 MünchHdb-GesR AG/*Wiesner*, § 21 Rn 45; Fleischer/*Thüsing*, Hdb VorstandsR, § 6 Rn 85.

444 Fleischer/*Thüsing*, Hdb VorstandsR, § 6 Rn 85.

445 Fleischer/*Thüsing*, Hdb VorstandsR, § 6 Rn 86.

nenversorgung aus Anlass ihrer Tätigkeit für ein Unternehmen zugesagt worden sind. Diese Norm wird von der Rspr teleologisch dahin gehend reduziert, dass nur Personen erfasst werden, die im Rahmen von Ruhegeldzusagen arbeitnehmerähnlichen Schutz genießen sollen.[446] Entscheidend für diese Einordnung ist die Frage, ob die Person als Unternehmer zu gelten hat, also das Unternehmen als sein eigenes betrachtet,[447] was der BGH anhand der Kriterien „Kapitalbeteiligung des Organmitglieds" und „Einflussmöglichkeiten auf die Willensbildung des Unternehmens" konkretisiert hat.[448] Soweit das Vorstandsmitglied also nicht an der AG beteiligt ist, steht eine Anwendbarkeit des BetrAVG fest;[449] aber auch Vorstandsmitglieder mit einer Minderheitsbeteiligung von bis zu 10 % dürften noch den Schutz des BetrAVG genießen.[450] Einschlägige Entscheidungen für Vorstandsmitglieder einer AG fehlen jedoch bislang.[451]

(a4) Änderungen und Widerruf der Versorgungszusagen

150 Nachträgliche Änderungen oder gar der Widerruf der vertraglich vereinbarten Versorgungszusagen sind grds. nur in engen Grenzen möglich.[452] Allerdings sieht § 87 Abs. 2 S. 2 AktG, wie aufgezeigt (s. Rn 135), eine (auch dauerhafte) Herabsetzungsmöglichkeit bei Verschlechterungen der Lage der Gesellschaft vor. Einverständliche Änderungen auch zuungunsten des Vorstandsmitglieds sind möglich[453] und unterfallen keinerlei Verbot durch das BetrAVG.

151 Ein Widerruf der Versorgungszusagen aufgrund eines ausdrücklichen Widerrufsvorbehalts oder nach den Regelungen zum Wegfall der Geschäftsgrundlage im Falle, dass der Firma die Aufrechterhaltung der Zusagenleistung auch unter objektiver Betrachtung der Belange des Pensionsberechtigten nicht mehr zugemutet werden kann, war in Lit. und Rspr anerkannt.[454] Ob diese Möglichkeit nach der Änderung des BetrAVG im Jahre 1999 fortbesteht, ist umstritten;[455] Rspr hierzu fehlt bislang.[456] Eine Herabsetzung des Ruhegeldes nach § 87 Abs. 2 S. 1 und 2 AktG ist allerdings ausdrücklich in den ersten drei Jahren nach Ausscheiden aus der Gesellschaft möglich. Wann diese **Dreijahresfrist** beginnt, ist umstritten. Teilweise wird auf das Ende der Organstellung abgestellt.[457] Vorzugswürdiger erscheint es allerdings, sich auf das Ende des Anstellungsvertrages zu beziehen, da sich die Versorgungszusagen allein aus dem Dienst- und gerade nicht aus dem Organverhältnis ergeben.[458]

---

446 Vgl BGH 28.4.1980 – II ZR 254/78, NJW 1980, 2254, 2255; Fleischer/*Thüsing*, Hdb VorstandsR, § 6 Rn 79.

447 BGH 28.4.1980 – II ZR 254/78, NJW 1980, 2254, 2255 f; *Bauer*, DB 1992, 1413, 1418.

448 BGH 28.4.1980 – II ZR 254/78, NJW 1980, 2254, 2255 f, vgl auch Fleischer/*Thüsing*, Hdb VorstandsR, § 6 Rn 79; MünchHdb-GesR AG/*Wiesner*, § 21 Rn 47; auf die beherrschende Stellung abstellend *Neumann*, DB 2007, 744, 745.

449 HWK/*Schipp*, § 17 BetrAVG Rn 9; *Blomeyer/Rolfs/Otto*, BetrAVG, § 17 Rn 90; Kemper/Kisters-Kölkes/Berenz/Huber/*Huber*, BetrAVG, § 17 Rn 3.

450 HWK/*Schipp*, § 17 BetrAVG Rn 11; Fleischer/*Thüsing*, Hdb VorstandsR, § 6 Rn 79; MünchHdb-GesR AG/*Wiesner*, § 21 Rn 47 zieht die Grenze in Anlehnung an die Rspr zur unternehmerischen Beteiligung bei eigenkapitalersetzenden Gesellschafterdarlehen sogar erst bei 25%; *Hüffer*, AktG, § 84 Rn 18 geht scheinbar noch weiter und bejaht eine Anwendung auf Vorstandsmitglieder, die weder allein noch mit anderen Geschäftsleitern eine Mehrheitsposition innehaben.

451 Fleischer/*Thüsing*, Hdb VorstandsR, § 6 Rn 79; MünchHdb-GesR AG/*Wiesner*, § 21 Rn 47.

452 Fleischer/*Thüsing*, Hdb VorstandsR, § 6 Rn 91.

453 Fleischer/*Thüsing*, Hdb VorstandsR, § 6 Rn 91.

454 Fleischer/*Thüsing*, Hdb VorstandsR, § 6 Rn 91 mwN.

455 So wohl MüKo-AktG/*Spindler*, § 87 Rn 110 ff über die Grundsätze von Treu und Glauben nach § 242 BGB; ebenso Schmidt/Lutter/*Seibt*, AktG, § 87 Rn 22; KommAktG/*Mertens/Cahn*, § 84 Rn 82 ff; LG Essen 10.2.2006 – 45 O 88/05, NZG 2006, 356; bei ausdrücklicher Regelung im Anstellungsvertrag wohl auch HeiKo-AktG/*Bürgers/Israel*, § 87 Rn 9; ErfK/*Steinmeyer*, BetrAVG Vorbem. Rn 32 nach den Regeln des Wegfalls der Geschäftsgrundlage; aA Fleischer/*Thüsing*, Hdb VorstandsR, § 6 Rn 91.

456 Fleischer/*Thüsing*, Hdb VorstandsR, § 6 Rn 91.

457 *Jaeger*, NZA 2010, 128, 133.

458 *Bauer/Baeck/von Medem*, NZG 2010, 721, 727.

Zudem hat die Gesellschaft bei schwersten Verfehlungen des Ruhegeldberechtigten, die über den wichtigen Grund einer außerordentlichen Kündigung hinausgehen, das Recht, die Gewährung des Ruhegeldes zu verweigern oder die Ruhegeldzusage zu widerrufen.[459] Ein solcher Fall liegt vor, wenn der aus der Versorgungszusage Berechtigte das Unternehmen, aus dessen Erträgen seine Pension bezahlt werden soll, fortgesetzt schädigt und dadurch dessen wirtschaftliche Grundlage gefährdet.[460] 152

cc) Leistungsstörungen im Dienstverhältnis

Die Rechtsfolgen bei Leistungsstörungen im Anstellungsverhältnis des Vorstandsmitglieds richten sich nach den allgemeinen schuldrechtlichen Regelungen.[461] 153

(1) Nichterfüllung

Da das Vorstandsmitglied mangels Arbeitnehmereigenschaft keinen gesetzlichen Anspruch auf Entgeltfortzahlung nach dem EFZG hat, besteht nach § 616 BGB lediglich für eine „verhältnismäßig nicht erhebliche Zeit" ein Anspruch auf Fortzahlung der Vergütung, soweit es aus einem von keiner Seite zu vertretenden Grund sein Amt nicht ausüben kann. Dabei dürfte es sich regelmäßig nur um wenige Tage bis Wochen handeln.[462] Dementsprechend sollte die Lohnfortzahlung im Krankheitsfall im Anstellungsvertrag unbedingt geregelt werden.[463] 154

Hat die AG den Verhinderungsgrund zu vertreten, kommt sie in Annahmeverzug oder verwirklicht sich ein Betriebsrisiko, dann behält das Vorstandsmitglied seinen Vergütungsanspruch gem. § 326 Abs. 2 BGB bzw § 615 BGB.[464] Hierbei muss sich das Vorstandsmitglied jedoch dasjenige anrechnen lassen, was er infolge des Unterbleibens seiner Dienstleistung erspart oder durch anderweitige Verwendung seiner Dienste erwirbt oder zu erwerben böswillig unterlässt, § 326 Abs. 2 S. 2 BGB bzw § 615 S. 2 BGB. Deshalb kann es bei einer Freistellung für einen längeren Zeitraum für die Gesellschaft sinnvoll sein, auf das Wettbewerbsverbot zu verzichten, damit das Vorstandsmitglied anderweitiges anrechenbares Einkommen erzielen kann;[465] zur zeitlichen Geltung des Wettbewerbsverbots s. § 3 Rn 92 ff. Liegt der Gesellschaft hingegen etwas an dem Wettbewerbsverbot, so sollte sie die Freistellungserklärung sorgfältig formulieren, da im Hinweis auf die Verpflichtung zur Erzielung anderweitigen Einkommens ggf konkludent ein Verzicht auf das Wettbewerbsverbot liegen könnte.[466] 155

459 Zum GmbH-Geschäftsführer vgl BGH 19.12.1983 – II ZR 71/83, NJW 1984, 1529, 1530; OLG München 19.7.2002 – 21 U 4450/01, NZG 2002, 978; zum Vorstandsmitglied BGH 25.11.1996 – II ZR 118/95, NJW-RR 1997, 348; ebenso *Hüffer*, AktG, § 84 Rn 17; Fleischer/*Thüsing*, Hdb VorstandsR, § 6 Rn 92.

460 BGH 25.11.1996 – II ZR 118/95, NJW-RR 1997, 348.

461 Fleischer/*Thüsing*, Hdb VorstandsR, § 6 Rn 125; MünchHdb-GesR AG/*Wiesner*, § 21 Rn 37.

462 Nur wenige Tage: Fleischer/*Thüsing*, Hdb VorstandsR, § 4 Rn 78; ebenso Staudinger/*Oetker*, § 616 BGB Rn 97; Palandt/*Weidenkaff*, § 616 BGB Rn 9. Bis max. 2 Wochen: Erman/*Belling*, § 616 BGB Rn 47 f mit der Faustregel, dass bei Beschäftigungsdauer von bis zu drei, drei bis sechs, sechs bis zwölf und mehr als zwölf Monaten eine Zeitspanne von einem Tag, drei Tagen, einer Woche und zwei Wochen nicht erheblich sei. Zwei bis drei Wochen: MünchVertragshdb-GesR/*Hölters/Favoccia*, V. 51 Anm. Nr. 7. Bis zu 6 Wochen: Schaub/*Linck*, ArbR-HdB, § 97 Rn 23 ff, der gegen eine Berücksichtigung der Beschäftigungsdauer plädiert; ebenso ErfK/*Dörner*, § 616 BGB Rn 10 a. Bei langjährigen Vorstandsmitgliedern auch mehr als 6 Wochen: KommAktG/*Mertens/Cahn*, § 84 Rn 62.

463 Fleischer/*Thüsing*, Hdb VorstandsR, § 4 Rn 78; MünchHdb-GesR AG/*Wiesner*, § 21 Rn 37; *Fischer/Harth/Meyding*, BB 2000, 1097, 1099.

464 Fleischer/*Thüsing*, Hdb VorstandsR, § 6 Rn 125.

465 MAH-AktR/*Nehls*, § 22 Rn 148.

466 MAH-AktR/*Nehls*, § 22 Rn 148.

(2) Schlechterfüllung

(a1) Haftung nach dem AktG

156 Werden die vom Vorstandsmitglied zu erledigenden Aufgaben schlecht erfüllt, so haftet es gegenüber der Gesellschaft ggf aus § 93 Abs. 2 AktG.[467] Dabei handelt es sich nach allgemeiner Auffassung nicht um eine Erfolgshaftung, sondern um eine **Haftung für sorgfaltswidriges Verhalten.**[468] Nach dieser Vorschrift haben diejenigen Vorstandsmitglieder, die ihre Pflicht, bei Geschäftsführung die Sorgfalt eines ordentlichen und gewissenhaften Geschäftsleiters anzuwenden, schuldhaft verletzen, für den dadurch entstandenen Schaden einzustehen. Im Rahmen des Verschuldensmaßstabs soll bereits eine einfache Fahrlässigkeit ausreichen.[469]

(a2) Business judgment rule

157 Nach der sog. **business judgment rule** liegt eine Pflichtverletzung aber nicht vor, wenn das Vorstandsmitglied bei einer unternehmerischen Entscheidung vernünftigerweise annehmen durfte, auf der Grundlage angemessener Informationen zum Wohle der Gesellschaft zu handeln, § 93 Abs. 1 S. 2 AktG. Dieser weite Beurteilungsspielraum bei unternehmerischen Entscheidungen wird über verschiedene Gesichtspunkte gerechtfertigt: So wird zunächst einer übertriebenen Risikoscheu der Vorstandsmitglieder entgegengewirkt, welche den Interessen der Aktionäre zuwiderliefe und auch volkswirtschaftlich schädlich wäre.[470] Zudem werden unternehmerische Entscheidungen auch immer unter Unsicherheit und häufig auch unter Zeitdruck gefällt; dieser Tatsache wird Rechnung getragen.[471] Außerdem wird hierdurch die Gefahr gemindert, dass Gerichte in Kenntnis später eingetretener Tatsachen überzogene Anforderungen an die unternehmerische Sorgfalt stellen (sog. *hindsight bias*).[472]

158 Voraussetzungen für die Anwendung der *business judgment rule* sind: (1) die unternehmerische Entscheidung, (2) ein Handeln zum Wohle der Gesellschaft, (3) ein Handeln ohne Sonderinteressen und sachfremde Einflüsse, (4) ein Handeln auf der Grundlage angemessener Informationen und (5) ein Handeln in gutem Glauben.[473]

159 **Unternehmerische Entscheidungen** sind solche Entscheidungen, die nach unternehmerischen Zweckmäßigkeitsgesichtspunkten zu treffen sind und bei denen der Vorstand frei ist, sich so oder anders zu entscheiden.[474] Demnach fallen insb. rechtlich gebundene Entscheidungen aus dem Anwendungsbereich heraus.[475] Das Charakteristikum einer solchen Entscheidung ist wohl in ihrem prognostischen Einschlag, der ein Handeln in Unsicherheit zur Folge hat, zu sehen.[476]

---

467 Ausf. zur Haftung Lücke/Schaub/*Schnabel/Lücke*, Vorstand der AG, § 3 Rn 1 ff; zu den Pflichten des Aufsichtsrats in einem solchen Fall vgl *Eichner/Höller*, AG 2011, 885.

468 Fleischer/*Fleischer*, Hdb VorstandsR, § 7 Rn 46; MüKo-AktG/*Spindler*, § 93 Rn 5.

469 *Graumann/Grundei/Linderhaus*, ZCG 2009, 20.

470 Fleischer/*Fleischer*, Hdb VorstandsR, § 7 Rn 46; *Fleischer*, ZIP 2004, 685 f; MüKo-AktG/*Spindler*, § 93 Rn 35; *Kock/Dinkel*, NZG 2004, 441, 442; ähnl. *Paefgen*, AG 2004, 245, 247.

471 Fleischer/*Fleischer*, Hdb VorstandsR, § 7 Rn 46.

472 Fleischer/*Fleischer*, Hdb VorstandsR, § 7 Rn 46; *Fleischer*, ZIP 2004, 685, 686; MüKo-AktG/*Spindler*, § 76 Rn 29; *Schäfer*, ZIP 2005, 1253 f, 1256; *Schneider*, DB 2005, 707, 708 f.

473 Fleischer/*Fleischer*, Hdb VorstandsR, § 7 Rn 52; *Hüffer*, AktG, § 93 Rn 4 e; MünchHdb-GesR AG/*Wiesner*, § 25 Rn 9.

474 Schmidt/Lutter/*Krieger/Sailer-Coceani*, AktG, § 93 Rn 12.

475 *Graumann/Grundei/Linderhaus*, ZCG 2009, 20, 22; ebenso *Bicker*, AG 2012, 542, 543, der allerdings zu Recht darauf hinweist, dass die Entscheidung über Struktur und Ausgestaltung der Compliance-Organisation selbst eine unternehmerische Entscheidung darstelle; ebenso *Schöne/Peters*, AG 2012, 700, 703; aA allerdings *Holle*, AG 2011, 778, 780 ff, der eine Anwendung der *business judgment rule* auf Pflichtaufgaben des Vorstands verneint, auch wenn hierbei ein Ermessensspielraum eingeräumt wird. Zur Problematik der fehlenden unternehmerischen Entscheidung bei Verstößen gegen Zustimmungsvorbehalte und die haftungsrechtlichen Konsequenzen vgl *Seebach*, AG 2012, 70, 72 ff.

476 Fleischer/*Fleischer*, Hdb VorstandsR, § 7 Rn 54; ähnl. *Hüffer*, AktG, § 93 Rn 4 f; MüKo-AktG/*Spindler*, § 93 Rn 35, 40; der Versuch einer Definition der unternehmerischen Entscheidung findet sich bei *Schneider*, DB 2005, 707, 711; ähnl. *Graumann/Grundei/Linderhaus*, ZCG 2009, 20, 22.

Die Entscheidung kann auch ein Unterlassen zur Folge haben,[477] allerdings nur, wenn diese auf einer bewussten Entscheidung beruht, da das bloße Untätigbleiben nicht geschützt wird.[478]

160 Bei der Frage des **Handelns zum Wohle der Gesellschaft** kommt es nicht auf das *ex post* erkannte, sondern das *ex ante* angestrebte Gesellschaftswohl an.[479] Das Handeln umfasst sowohl die Entscheidung selbst als auch die Umsetzung der Entscheidung.[480] Das angestrebte Interesse muss nicht auf die Aktionärsinteressen (*shareholder*) beschränkt sein, sondern kann auch die Interessen von Arbeitnehmern, Kunden, Lieferanten usw (*stakeholder*) mit einbeziehen[481] (vgl auch Ziff. 4.1.1 und 4.3.3 DCGK und dazu § 3 Rn 99 ff). Das Vorstandsmitglied darf mit seiner Entscheidung allerdings kein zu großes Risiko eingehen.[482] Dies wäre bspw dann der Fall, wenn der mögliche Fehlschlag eines erwogenen Geschäfts das Unternehmen in den Ruin treiben würde.[483]

161 Ein Handeln ohne Sonderinteressen und sachfremde Einflüsse bedeutet, dass das Vorstandsmitglied unbeeinflusst von Interessenkonflikten sowie Fremdeinflüssen und ohne unmittelbaren Eigennutz handeln muss.[484] Bei Kollegialentscheidungen ist nach richtiger Ansicht aufgrund des eindeutigen Wortlauts des § 93 Abs. 1 S. 2 AktG jeweils nur auf das einzelne Vorstandsmitglied abzustellen.[485] Es kommt somit weder darauf an, ob die Mehrheit keinem Interessenkonflikt unterliegt,[486] noch die anderen Vorstandsmitglieder mit dem Interessenkonflikt „infiziert" werden.[487] Inwieweit der Interessenkonflikt offengelegt wurde und/oder die anderen Vorstandsmitglieder Kenntnis von diesem hatten, ist lediglich bei der Frage zu berücksichtigen, ob das einzelne Vorstandsmitglied tatsächlich zum Wohle der Gesellschaft gehandelt hat.[488] Das durch den Interessenkonflikt betroffene Vorstandsmitglied ist sowohl von der Entscheidung selbst als auch von den vorangehenden Beratungen auszuschließen.[489]

162 Für ein **Handeln auf Grundlage angemessener Informationen** ist zudem eine sorgfältige Ermittlung der Entscheidungsgrundlagen erforderlich, die sich v.a. in der Art und Weise der Informationsbeschaffung zeigt.[490] Eine generelle Pflicht zur Beschaffung aller nur denkbaren Informationen besteht aber wohl nicht.[491] Geschäftsleiter dürfen die erwartete Erkenntnis aus zusätzlichen Informationen gegen den damit verbundenen Aufwand an Ressourcen und Zeit abwägen.[492] Hier erscheint ein Rückgriff auf in der Betriebswirtschaftslehre entwickelte Ansätze,

477 MüKo-AktG/*Spindler*, § 93 Rn 42; *Graumann/Grundei/Linderhaus*, ZCG 2009, 20, 22; *Graumann/Beier*, ZUb 2008, 198.

478 *Graumann/Grundei/Linderhaus*, ZCG 2009, 20, 22; KommAktG/*Mertens/Cahn*, § 93 Rn 22.

479 Fleischer/*Fleischer*, Hdb VorstandsR, § 7 Rn 56; *Weiss/Buchner*, WM 2005, 162, 164; in dem Sinne auch *Goette*, in: FS 50 Jahre BGH, S. 123, 137 f.

480 Fleischer/*Fleischer*, Hdb VorstandsR, § 7 Rn 56; KommAktG/*Mertens/Cahn*, § 93 Rn 23.

481 *Graumann/Grundei/Linderhaus*, ZCG 2009, 20, 23; ebenso OLG Frankfurt 17.8.2011 – 13 U 100/10, BB 2011, 2771.

482 *Graumann/Grundei/Linderhaus*, ZCG 2009, 20, 22.

483 *Graumann/Grundei/Linderhaus*, ZCG 2009, 20, 23; KommAktG/*Mertens/Cahn*, § 93 Rn 24.

484 MüKo-AktG/*Spindler*, § 93 Rn 54; KommAktG/*Mertens/Cahn*, § 93 Rn 26.

485 *Bunz*, NZG 2011, 1294, 1295.

486 So aber *Paefgen*, AG 2008, 761, 768; *ders.*, AG 2004, 245, 253.

487 So aber wohl *Blasche*, AG 2010, 692, 695 für den Fall eines nicht offengelegten Interessenkonflikts; ebenso wohl KommAktG/*Mertens/Cahn*, § 93 Rn 29.

488 *Bunz*, NZG 2011, 1294, 1296; aA *Blasche*, AG 2010, 692, 695, der bei fehlender Offenlegung des Interessenkonflikts die Anwendung der *business judgment rule* auf alle Vorstandsmitglieder verneint; ebenso *Paefgen*, AG 2008, 761, 768.

489 *Bunz*, NZG 2011, 1294, 1296; MüKo-AktG/*Spindler*, § 93 Rn 55; aA *Blasche*, AG 2010, 692, 697.

490 Fleischer/*Fleischer*, Hdb VorstandsR, § 7 Rn 58; ähnl. Schmidt/Lutter/*Krieger/Sailer-Coceani*, AktG, § 93 Rn 13; wohl ebenso MüKo-AktG/*Spindler*, § 93 Rn 47 ff.

491 Fleischer/*Fleischer*, Hdb VorstandsR, § 7 Rn 58; Schmidt/Lutter/*Krieger/Sailer-Coceani*, AktG, § 93 Rn 13; wohl ebenso MüKo-AktG/*Spindler*, § 93 Rn 47 ff und *Graumann/Grundei/Linderhaus*, ZCG 2009, 20, 23.

492 *Graumann/Beier*, ZUb 2008, 198, 199.

insb. auf die Erkenntnisse der Entscheidungslehre,[493] sinnvoll. Auch eine Erleichterung der Methodenanwendung durch geeignete IT-Systeme kann hilfreich sein.[494] Holt der Vorstand bei fehlender Sachkunde den Rat Dritter ein, muss er die erhaltenen Informationen zumindest einer Plausibilitätskontrolle unterziehen.[495]

163 Zwar ist nach dem Wortlaut des § 93 Abs. 1 S. 2 AktG eine Beurteilung aus der Perspektive des Handelnden entscheidend, jedoch liegt die Darlegungs- und **Beweislast** für das Vorliegen der Voraussetzungen des § 93 Abs. 1 S. 2 AktG bei dem betreffenden Vorstandsmitglied.[496] Deshalb ist hier eine vollständige und nachvollziehbare Dokumentation unternehmerischer Entscheidungen zu empfehlen.[497] Ausgeschiedene Vorstandsmitglieder haben im Falle einer Inanspruchnahme durch die Gesellschaft einen Anspruch darauf, dass ihnen die Gesellschaft die zur Verteidigung notwendigen Unterlagen zugänglich macht.[498]

(a3) Haftungserleichterungen

164 Nach hM sind Vereinbarungen, gleich welcher Art, welche die Haftung des Vorstandsmitglieds gegenüber der Gesellschaft beschränken, unzulässig.[499] Dies umfasst etwa den Ausschluss der Haftung für leichte Fahrlässigkeit oder auch die Vereinbarung von Haftungshöchstgrenzen.Teilweise wird aber auch die grundsätzliche Zulässigkeit solcher Vereinbarungen bejaht, da § 93 Abs. 4 AktG gerade nicht berührt sei.[500] So sei die restriktive Vereinbarung von Voraussetzungen, unter denen Ansprüche überhaupt entstehen sollen, von ganz anderer Qualität als der Verzicht auf bestehende Ansprüche.[501] Richtig ist allerdings vielmehr, dass im Fall der Begrenzung von Verzicht und Vergleich erst recht Haftungsmilderungen, die im Voraus vereinbart werden, ausgeschlossen sein müssen.[502] Zudem folgt die Unzulässigkeit auch aus § 23 Abs. 5 AktG.[503]

165 Daneben wird aber auch vertreten, dass unter bestimmten Umständen eine angemessene Begrenzung der Ersatzpflicht geboten sei.[504] Begründet wird dies bei hohen Schadenssummen mit Billigkeitsgesichtspunkten[505] bzw dem Gerechtigkeitsempfinden[506] sowie wenig überzeugenden rechtsökonomischen Überlegungen.[507] Zudem biete auch die *business judgment rule* (s. § 3 Rn 157 ff) – gerade bei gesetzwidrigen Geschäftsführungsmaßnahmen – keinen ausreichenden Schutz vor unverhältnismäßiger Inanspruchnahme.[508] Dies überzeugt allerdings nicht. Insbesondere gebietet die gesellschaftliche Fürsorgepflicht keine Minderung der Haftungshöhe im

493 Vgl hierzu *Graumann/Grundei/Linderhaus*, ZCG 2009, 20, 23 ff; *Graumann/Beier*, ZUb 2008, 198, 199 ff.
494 Vgl hierzu *Graumann/Beier*, ZUb 2008, 198, 202 ff.
495 BGH 20.9.2011 – II ZR 234/09, NZG 2011, 1271.
496 Fleischer/*Fleischer*, Hdb VorstandsR, § 7 Rn 61; *Kock/Dinkel*, NZG 2004, 441, 447; *Paefgen*, AG 2004, 245, 258 f; *Weiss/Buchner*, WM 2005, 162, 165.
497 So auch Fleischer/*Fleischer*, Hdb VorstandsR, § 7 Rn 61; *Kock/Dinkel*, NZG 2004, 441, 448.
498 BGH 4.11.2002 – II ZR 224/00, NZG 2003, 81, 82; *Hüffer*, AktG, § 93 Rn 17 a; ausf. hierzu *Deilmann/Otte*, BB 2011, 1291 ff.
499 KommAktG/*Mertens/Cahn*, § 93 Rn 8 zum Haftungsmaßstab; *Bauer/Krets*, DB 2003, 811, 813; Hessler/Strohn/*Dauner-Lieb*, GesellschaftsR, § 93 AktG Rn 3, 32; Hölters/*Hölters*, AktG, § 93 Rn 251; Spindler/Stilz/*Fleischer*, § 93 AktG Rn 3.
500 Lücke/Schaub/*Schnabel/Lücke*, Vorstand der AG, § 6 Rn 216; *Hoffmann*, NJW 2012, 1393, 1395.
501 Lücke/Schaub/*Schnabel/Lücke*, Vorstand der AG, § 6 Rn 216.
502 *Bauer/Krets*, DB 2003, 811, 813.
503 *Bauer/Krets*, DB 2003, 811, 813.
504 So KommAktG/*Mertens/Cahn*, § 93 Rn 38; ähnl. auch *Koch*, AG 2012, 429, 433 ff. Im Bereich von Sanktionszahlungen auch *Hüffer*, AktG, § 93 Rn 15.
505 KommAktG/*Mertens/Cahn*, § 93 Rn 38.
506 *Koch*, AG 2012, 429, 430; äußerst krit. hierzu *Schöne/Petersen*, AG 2012, 700, 701.
507 KommAktG/*Mertens/Cahn*, § 93 Rn 38; *Koch*, AG 2012, 429, 433 ff; äußerst krit. hierzu *Schöne/Petersen*, AG 2012, 700, 702.
508 KommAktG/*Mertens/Cahn*, § 93 Rn 38; so auch *Koch*, AG 2012, 429, 430; äußerst krit. hierzu *Schöne/Petersen*, AG 2012, 700, 702.

Wege eines Wertungstransfers aus den Grundsätzen betrieblich veranlasster Tätigkeit.[509] Gerade im Bereich von Bußgeldern, deren Funktion die Abschöpfung von Vorteilen hat, ist der Problematik hinreichend mit dem Instrument der Vorteilsanrechnung zu begegnen.[510]

3. Steuerrechtliche Aspekte der Vorstandstätigkeit in einer AG

Die Besteuerung von Leistungen an das Vorstandsmitglied einer AG richtet sich ebenso wie beim GmbH-Geschäftsführer danach, ob es sich um Einkünfte aus einer selbstständigen oder nichtselbstständigen Tätigkeit handelt. Dabei ist die Frage der Selbstständigkeit natürlicher Personen für die Umsatz-, Einkommen- und Gewerbesteuer grds. nach denselben Grundsätzen zu beurteilen.[511] Entsprechend der Rspr zum GmbH-Geschäftsführer (s. § 2 Rn 197 ff) richtet sich eine Einordnung als selbstständige oder nichtselbstständige Tätigkeit maßgeblich nach dem schuldrechtlich wirkenden Anstellungsvertrag unter Rückgriff auf die allgemeinen Abgrenzungskriterien. Wesentliche Bedeutung kommt hierbei dem Umstand zu, ob das Vorstandsmitglied seine Tätigkeit auf eigene Rechnung und eigene Verantwortung ausübt (**selbstständige Tätigkeit**) oder ob das Vorstandsmitglied von einem Vermögensrisiko der Erwerbstätigkeit grds. freigestellt ist (**unselbstständige Tätigkeit**).[512] Indiz, aber nicht ausschlaggebend, ist die arbeits- und sozialrechtliche Einordnung der Tätigkeit als selbstständig oder unselbstständig.[513] 166

In der Regel sind Vorstandsmitglieder und andere gesetzliche Vertreter einer Kapitalgesellschaft als Arbeitnehmer im Sinne des Steuerrechts zu qualifizieren.[514] Damit sind auch die Bezüge eines Vorstandsmitglieds als **Einkünfte aus nichtselbstständiger Arbeit** nach § 19 Abs. 1 Nr. 1 EStG steuerpflichtig.[515] Des Weiteren unterliegen die Bezüge von an der Gesellschaft beteiligten Organmitgliedern einer steuerlichen Angemessenheitskontrolle.[516] 167

Ein weiterer steuerrechtlich relevanter Aspekt im Zusammenhang mit der Vorstandstätigkeit in einer AG, insb. bei Organleihe innerhalb eines Konzerns, ist die Problematik der **verdeckten Gewinnausschüttung.**[517] Bezüglich variabler Vergütungsbestandteile stellt sich zudem die Frage, zu welchem Zeitpunkt etwa ein Bonus zu besteuern ist, wenn dieser nicht unmittelbar ausgezahlt wird und ggf im Rahmen eines Bonus-Malus-Systems abgeschmolzen wird.[518] Auch die steuerliche Behandlung von Zahlungen von Versicherungsprämien durch die Gesellschaft für eine D&O-Versicherung, Schadensersatzzahlungen durch Vorstandsmitglieder und Ersatzzahlungen durch die D&O-Versicherung ist bislang weitgehend ungeklärt.[519] 168

509 So aber *Koch*, AG 2012, 429, 433 ff.

510 *Schöne/Petersen*, AG 2012, 700, 703; *Werner*, CCZ 2010, 143, 145; vgl zur Vorteilsanrechnung auch Hölters/*Hölters*, AktG, § 93 Rn 256 ff; KommAktG/*Mertens/Cahn*, § 93 Rn 56, die allerdings in Bezug auf Bußgelder noch weitere Einschränkungen vornehmen; krit. zur Vorteilsanrechnung *Koch*, AG 2012, 429, 431 f.

511 BFH 10.3.2005 – V R 29/03, DStR 2005, 919, 920.

512 BFH 10.3.2005 – V R 29/03, DStR 2005, 919, 920.

513 BFH 10.3.2005 – V R 29/03, DStR 2005, 919, 920.

514 *Grobys*, NJW-Spezial 2005, 513; Lücke/Schaub/*Lücke*, Vorstand der AG, § 2 Rn 213; MünchVertragshdB-GesR/*Hölters/Favoccia*, V. 51 Anm. Nr. 22; Blümich/*Thürmer*, EStG/KStG/GewStG, § 19 EStG Rn 120.

515 MünchHdb-GesR AG/*Wiesner*, § 21 Rn 97.

516 MünchHdb-GesR AG/*Wiesner*, § 21 Rn 97.

517 Vgl hierzu *Erhart/Lücke*, BB 2007, 183; *Fischer/Harth/Meyding*, BB 2000, 1097, 1100 f.

518 Vgl hierzu *Portner*, DStR 2010, 577; zur Problematik der Besteuerung von Aktienoptionen vgl Lücke/Schaub/*Lücke*, Vorstand der AG, § 2 Rn 218 ff.

519 Vgl hierzu *Loritz/Wagner*, DStR 2012, 2205. D&O-Prämien stellen allerdings grds. keinen geldwerten Vorteil für das Vorstandsmitglied dar, da u.a. durch die D&O-Versicherung in erster Linie die Absicherung des Unternehmens verfolgt wird, Lücke/Schaub/*Kolde*, Vorstand der AG, § 8 Rn 92.

4. Vorstandstätigkeit im (internationalen) Konzern

169 Ist die AG Teil eines Konzerns, ergeben sich verschiedene Fragen im Zusammenhang mit der Vorstandstätigkeit. Zu prüfen ist etwa das Bestehen von Weisungsrechten bzw einer Weisungsgebundenheit des Vorstands der herrschenden bzw beherrschten AG oder nach dem Bestehen einer Konzernleitungspflicht des Vorstands der herrschenden AG auch für die beherrschten Gesellschaften. Im Hinblick auf den Dienstvertrag können auch bei Drittanstellungs- oder Konzernanstellungsverträgen sowie bei Doppelmandaten in der Praxis Schwierigkeiten auftreten. Zuletzt ist auf die Besonderheiten der Vorstandstätigkeit im internationalen Konzern einzugehen.

a) Weisungsrechte und Leitungspflichten im Konzern

aa) Weisungsrecht bzw Weisungsgebundenheit des Vorstands der herrschenden bzw beherrschten AG

170 Gemäß § 323 Abs. 1 S. 1 AktG ist die Hauptgesellschaft berechtigt, dem Vorstand der eingegliederten Gesellschaft Weisungen hinsichtlich der Leitung der Gesellschaft zu erteilen. Vertreten wird die Gesellschaft dabei durch ihren Vorstand.[520] Eine inhaltliche Beschränkung des Umfangs der Weisungsbefugnis besteht nicht.[521] Mit der Weisungsbefugnis auf Seiten des Vorstands der herrschenden Gesellschaft korrespondiert die umfassende Folgepflicht des Vorstands der eingegliederten Gesellschaft, § 323 Abs. 1 S. 2 iVm § 308 Abs. 2 S. 1 AktG,[522] lediglich gesetzeswidrige Weisungen müssen und dürfen nicht ausgeführt werden.[523]

171 Ähnliches gilt gem. § 308 Abs. 1 S. 1 AktG im Falle des Bestehens eines Beherrschungsvertrages iSd § 291 Abs. 1 S. 1 1. Alt. AktG mit dem Unterschied, dass die Weisung eine Basis im Beherrschungsvertrag haben muss. Weiterhin sind nachteilige Weisungen gem. § 308 Abs. 1 S. 2 AktG nur zulässig, wenn sie den Belangen des herrschenden Unternehmens oder der Unternehmen dienen, die mit ihm und der Untergesellschaft konzernverbunden sind.

172 Im Falle eines lediglich faktischen Konzerns hat der Vorstand der Tochter-AG weiterhin gem. § 76 Abs. 1 AktG das Unternehmen eigenverantwortlich zu leiten.[524] Er muss keine Weisungen des herrschenden Unternehmens befolgen, bei nachteiligen Weisungen darf er dies sogar nur, wenn ein Einzelausgleich gem. § 311 AktG zu erwarten ist.[525]

bb) Konzernleitungspflicht des Vorstands der herrschenden AG

173 Teilweise wird über die Weisungsbefugnis hinaus eine Pflicht des Vorstands der herrschenden AG angenommen, nicht nur die eigene AG und ihr Unternehmen, sondern auch die beherrschten Gesellschaften gem. § 76 Abs. 1 AktG umfassend zu leiten.[526] Die hM lehnt dagegen eine derartige **umfassende Konzernleitungspflicht** ab, weil die §§ 311 ff AktG der Einflussnahme im (einfachen) faktischen Konzern deutliche Grenzen ziehen und insb. die Eigenverantwortung des Vorstands der beherrschten Gesellschaft grds. erhalten bleibe.[527] Nichtsdestotrotz ist der Vorstand der herrschenden AG verpflichtet, die sich aus den Beteiligungen der AG ergebenden

---

520 *Hüffer*, AktG, § 323 Rn 2; Lücke/Schaub/*Feldhaus/Graßl*, Vorstand der AG, § 14 Rn 52.
521 *Hüffer*, AktG, § 323 Rn 3; vgl auch Lücke/Schaub/*Feldhaus/Graßl*, Vorstand der AG, § 14 Rn 51.
522 *Hüffer*, AktG, § 323 Rn 4; Lücke/Schaub/*Feldhaus/Graßl*, Vorstand der AG, § 14 Rn 60.
523 Vgl *Hüffer*, AktG, § 323 Rn 4; *Emmerich/Habersack*, Konzernrecht, § 10 Rn 52; Lücke/Schaub/*Feldhaus/Graßl*, Vorstand der AG, § 14 Rn 60 f.
524 *Hüffer*, AktG, § 76 Rn 19; vgl auch *Aschenbeck*, NZG 2000, 1015, 1017.
525 *Hüffer*, AktG, § 76 Rn 19; vgl auch *Aschenbeck*, NZG 2000, 1015, 1017 f.
526 So *Hommelhoff*, Die Konzernleitungspflicht, 1982, S. 417 ff, 43 ff, 165 ff; dem zust. *Kropff*, ZGR 1984, 112, 116.
527 *Hüffer*, AktG, § 76 Rn 17 mwN; Schmidt/Lutter/*Seibt*, AktG, § 76 Rn 16; *Emmerich/Habersack*, § 10 Rn 53; *Martens*, in: FS Heinsius, S. 523, 531; *Mülbert*, Aktiengesellschaft, Unternehmensgruppe und Kapitalmarkt, S. 29 ff; KommAktG/*Mertens/Cahn*, § 76 Rn 65.

Einflussrechte entsprechend den an die Geschäftsführung und Leitung anzulegenden Pflichten eines ordentlichen und gewissenhaften Geschäftsleiters wahrzunehmen, um die Interessen jener Gesellschaft, hauptsächlich ihre dauerhafte Rentabilität, zu wahren.[528] Dabei steht dem Konzernvorstand jedoch ein weiter Ermessensspielraum zur Verfügung, in dem er grds. frei entscheiden kann, ob er den Konzern zentralistisch oder dezentralistisch organisieren möchte.[529]

b) Drittanstellungs-/Konzernanstellungsvertrag

Bei Vorstandsmitgliedern insb. von beherrschten Unternehmen kommt es in Betracht, den Anstellungsvertrag nicht mit dem Unternehmen, für das er als Vorstandsmitglied tätig werden soll, abzuschließen, sondern mit dem herrschenden Unternehmen.[530] Diese auch Drittanstellungs- oder Konzernanstellungsvertrag genannte Konstellation ähnelt weitgehend der Lage bei GmbH-Geschäftsführern (s. § 2 Rn 49 ff). **Vertragspartner** des Anstellungsvertrages ist wegen § 84 Abs. 1 S. 5 AktG üblicherweise die Gesellschaft, für welche das Vorstandsmitglied tätig werden soll. Inwieweit Vertragspartner auch ein Dritter sein kann, ist in der Lit. umstritten.[531] Während die Rspr die Drittanstellung bei der GmbH grds. für zulässig befindet,[532] hat sie diesbezüglich im Hinblick auf die AG noch keine Stellung bezogen.[533] 174

Dem Normtext des § 84 AktG ist keine eindeutige Vorgabe zur **Zulässigkeit** oder **Unzulässigkeit** solcher Dritt- oder Konzernanstellungsverträge zu entnehmen. Gegen die Zulässigkeit wird teilweise vorgebracht, eine solche Vertragskonstellation könne eine Verletzung der aktienrechtlichen Zuständigkeitsordnung und eine Gefährdung der Unabhängigkeit des Vorstands bedeuten.[534] So vertrage sich eine vertragliche Bindung gegenüber der herrschenden Gesellschaft oder einem Hauptaktionär nicht mit der in § 76 Abs. 1 AktG verankerten Weisungsfreiheit des Vorstands.[535] Wenn aber der Vorstand schon vor Weisungen des eigenen Aufsichtsrats geschützt sei, müsse dies umso mehr gegenüber einem fremden Aufsichtsrat oder Vorstand gelten. Allerdings ist § 76 Abs. 1 AktG nur auf den Aufsichtsrat der eigenen Gesellschaft beschränkt und eine Umgehung sei deshalb leicht möglich. Eine Drittanstellung widerspreche zudem der Verpflichtung des Vorstandsmitglieds, einzig und allein die Interessen der Gesellschaft, für die es als Organmitglied tätig ist, wahrzunehmen. Auch könnte die Möglichkeit der Kündigung des Anstellungsvertrages durch die Konzernobergesellschaft ein Mittel der Einflussnahme darstellen, welches unvereinbar mit dem ausschließlichen Abberufungsrecht des Aufsichtsrats 175

528 Eine solche (allgemeine) Konzernleitungspflicht wird einhellig anerkannt; *Martens*, in: FS Heinsius, S. 523, 531; Schmidt/Lutter/*Seibt*, AktG, § 76 Rn 16; ebenso *Hüffer*, AktG, § 76 Rn 17 a; zur Frage, inwieweit auch konzernweite Compliance-Pflichten bestehen, vgl *Bunting*, ZIP 2012, 1542.

529 *Martens*, in: FS Heinsius, S. 523, 531.

530 Vgl zu den Gründen etwa *Martens*, in: FS Hilger und Stumpf, S. 437 ff.

531 Für die Zulässigkeit wohl *Lutter/Krieger/Verse*, Rechte und Pflichten des Aufsichtsrats, Rn 437 ff; *Martens*, in: FS Hilger und Stumpf, S. 437, 442; Schmidt/Lutter/*Seibt*, AktG, § 84 Rn 26; wohl auch MünchHdbGesR AG/*Wiesner*, § 21 Rn 2 ff; zust. *Hüffer*, AktG, § 84 Rn 14 bei Beherrschungsvertrag und Eingliederung; zust. auch *Henssler*, RdA 1992, 289, 301 bei konzernabhängigen Gesellschaften; aA Fleischer/*Thüsing*, Hdb VorstandsR, § 4 Rn 67 f; MAH-AktR/*Nehls*, § 22 Rn 83; Hölters/*Weber*, AktG, § 84 Rn 41; krit. auch *Baums*, Der Geschäftsleitervertrag, S. 73 f; MüKo-AktG/*Spindler*, § 84 Rn 66; auch Semler/v. Schenck/*Fonk*, Aufsichtsratsmitglieder Hdb, § 9 Rn 219 zweifelt die Zulässigkeit an.

532 Vgl etwa BAG 25.6.1997 – 5AZB 41/96, NJW 1998, 260, 261; BAG 10.7.1980 – 3 AZR 68/79, NJW 1981, 302, 303; Fleischer/*Thüsing*, Hdb VorstandsR, § 4 Rn 67; MüKo-AktG/*Spindler*, § 84 Rn 66.

533 MAH-ArbR/*Moll/Eckhoff*, § 81 Rn 22; KG 28.6.2011 – 19 U 11/11, NZG 2011, 865 betrifft den Fall des Abschlusses eines Geschäftsbesorgungsvertrages durch den Aufsichtsrat zwecks Überlassung einer Person zur Ausübung der Vorstandstätigkeit und gerade nicht – wie das KG ausdrücklich feststellt – den Fall der Drittanstellung.

534 KommAktG/*Mertens/Cahn*, § 84 Rn 56; *Fonk*, NZG 2010, 368, 370 sieht eine solche Kompetenzänderung als vom Aktienrecht verboten an; *Reuter*, AG 274, 279 hingegen sieht die Kompetenzordnung der AG durch einen Drittanstellungsvertrag nicht berührt, übersieht allerdings, dass dem Aufsichtsrat so die Möglichkeit der Steuerung des Vorstandshandelns durch Festlegung der Vergütungsstruktur verloren geht.

535 Fleischer/*Thüsing*, Hdb VorstandsR, § 4 Rn 68; MüKo-AktG/*Spindler*, § 84 Rn 66.

wäre. Aufgrund dessen seien lediglich einseitig die Konzernmutter verpflichtende Verträge ohne die Möglichkeit einer Einflussnahme auf das Vorstandsmitglied zulässig.[536]

176 Bei der **mitbestimmten Gesellschaft** wird die Zulässigkeit eines Drittanstellungsvertrages teilweise mit der Begründung angezweifelt, § 31 MitbestG begründe nach seinem Sinn und Zweck zwingend die einheitliche Zuständigkeit des Aufsichtsrats für Bestellung und Anstellung, was insb. auf den engen Sachzusammenhang zwischen beiden Akten und die Gefahr eines Unterlaufens der Bestellungs- und Abberufungskompetenz des Aufsichtsrats zurückgeführt wird.[537] Die Richtigkeit dieses Ansatzes, dh der Unterscheidung zwischen mitbestimmten und mitbestimmungsfreien Gesellschaften, erscheint im Hinblick auf die schon in § 84 AktG festgelegte unteilbare Personalkompetenz des Aufsichtsrats zumindest zweifelhaft.[538]

177 Von der wohl überwiegenden Meinung werden Drittanstellungsverträge trotz dieser Bedenken für zulässig gehalten. In Konfliktfällen wird allerdings dem Organverhältnis ein Vorrang vor dem Dienstvertrag eingeräumt.[539] Zudem müssten die Drittanstellungsverträge unter dem Vorbehalt der Eigenverantwortlichkeit des Vorstands iSd § 76 Abs. 1 AktG und der ausschließlichen Bestellungskompetenz des Aufsichtsrats gem. § 84 Abs. 1 AktG stehen.[540] Dementsprechend darf der Vertragspartner nicht aufgrund des Anstellungsvertrages befugt sein, Weisungen hinsichtlich der Amtsführung des Vorstands auszusprechen oder den Anstellungsvertrag ohne Zustimmung durch die Gesellschaft zu beenden oder zu ändern.[541] Die Leitungsautonomie des Vorstands lasse sich am besten durch einen zusätzlichen inhaltsgleichen Anstellungsvertrag mit der Tochtergesellschaft sicherstellen.[542] Dem Vorstandsmitglied müsse jedenfalls dann ein Anspruch auf Abschluss eines Anstellungsvertrages mit der Tochter für die Dauer seiner Bestellung eingeräumt werden, sobald der Mutterkonzern das Anstellungsverhältnis kündigt.[543]

178 Die Zulässigkeit einer Drittanstellung liege zudem speziell im Falle eines Beherrschungsvertrages oder der Eingliederung der Tochtergesellschaft in den Konzernverbund nahe, wird doch der § 76 Abs. 1 AktG von §§ 308 Abs. 2, 323 Abs. 1 AktG überlagert.[544] Zu berücksichtigen ist in einem solchen Falle aber, dass auch in diesem Fall der Vorstand rechtswidrige oder existenzbedrohende Weisungen abzuwehren hat und damit in Konflikt mit seinen Pflichten aus dem Anstellungsvertrag geraten könnte.[545] Dementsprechend müsse der Anstellungsvertrag die Grenzen des § 308 Abs. 2 AktG einhalten.[546] Zudem ändere der Abschluss eines Beherrschungsvertrages oder die Eingliederung einer AG nichts an der Zulässigkeit, da das Aktien-

---

536 Zu den genannten Argumenten s. Fleischer/*Thüsing*, Hdb VorstandsR, § 4 Rn 68.

537 Zum GmbH-Geschäftsführer BGH 14.11.1983 – II ZR 33/83, NJW 1984, 733, 735; KommAktG/*Mertens*/*Cahn*, § 84 Rn 56.

538 Vgl auch MünchHdb-GesR AG/*Wiesner*, § 21 Rn 3 Fn 7; iE ebenso *Reuter*, AG 2011, 274, 279.

539 Lücke/Schaub/*Lücke*, Vorstand der AG, § 2 Rn 102; MünchHdb-GesR AG/*Wiesner*, § 21 Rn 3; *Martens*, in: FS Hilger und Stumpf, S. 437, 442; *Reuter*, AG 2011, 274, 277 f, der darauf hinweist, dass die abstrakte Gefahr einer Interessenkollision genauso wenig wie bei Mehrfachmandaten ein Verbot rechtfertige.

540 *Lutter*/*Krieger*/*Verse*, Rechte und Pflichten des Aufsichtsrats, Rn 437 ff; ebenso Schmidt/Lutter/*Seibt*, AktG, § 84 Rn 26; iE ebenso MünchHdb-GesR AG/*Wiesner*, § 21 Rn 3.

541 *Lutter*/*Krieger*/*Verse*, Rechte und Pflichten des Aufsichtsrats, Rn 437 ff; iE ebenso MünchHdb-GesR AG/*Wiesner*, § 21 Rn 3.

542 MünchHdb-GesR AG/*Wiesner*, § 21 Rn 3.

543 Fleischer/*Thüsing*, Hdb VorstandsR, § 4 Rn 69.

544 *Hüffer*, AktG, § 84 Rn 14; Schmidt/Lutter/*Seibt*, AktG, § 84 Rn 26; ähnl. MünchHdb-GesR AG/*Wiesner*, § 21 Rn 3.

545 MüKo-AktG/*Spindler*, § 84 Rn 66; KommAktG/*Mertens*/*Cahn*, § 84 Rn 56.

546 *Spindler*, Gutachten zur Frage der Zulässigkeit von Drittanstellungsverträgen und drittbezogener Vergütungen, insbesondere im Konzern, 2010, S. 11.

recht in diesen Fällen zwar Eingriffe in die operative Leitung, aber gerade nicht in die Personalkompetenz des Aufsichtsrats zulasse.[547]

179 Aufgrund der rechtlichen Unsicherheit bzgl der Zulässigkeit von Dritt- oder Konzernanstellungsverträgen und vor dem Hintergurnd praktischer Schwierigkeiten, die insb. bei Meinungsverschiedenheit zwischen Mutter- und Tochtergesellschaft oder bei späterer Herauslösung der Tochter aus dem Konzernverbund auftreten können, ist der Praxis von solchen Vertragsgestaltungen eher abzuraten.[548] Der Anstellungsvertrag sollte mit der „eigenen" Gesellschaft abgeschlossen werden, kann aber unproblematisch von weiteren Vereinbarungen, wie etwa Garantie der Bezüge, Wiedereinstellungszusage o.Ä., mit Dritten ergänzt werden.[549] Wird dennoch ein Drittanstellungsvertrag geschlossen, so sollte der Aufsichtsrat der „eigenen" Gesellschaft diesem zustimmen, sofern nicht schon in der Bestellung eine konkludente Zustimmung zu sehen ist.[550]

180 Kein Fall der Drittanstellung, aber ähnlich problematisch ist die sog. **Drittvergütung.** Eine solche liegt vor, wenn bspw ein Aktionär dem Vorstand finanzielle Zuwendungen im Zusammenhang mit dessen Vorstandstätigkeit verspricht und gewährt.[551] Eine solche Vereinbarung oder Gewährung bedarf wegen der ausschließlichen Kompetenz des Aufsichtsrats hinsichtlich der Vorstandsvergütung der Zustimmung des Aufsichtsrats.[552]

c) Doppelmandate

181 Zur Verwirklichung einer einheitlichen Unternehmensführung besteht in Konzernen häufig eine Personalunion zwischen Vorstandsmitgliedern der herrschenden Gesellschaft und Organmitgliedern der beherrschten Gesellschaft. Dazu kommt es v.a. dann, wenn an der Konzernspitze eine reine Holdinggesellschaft steht, oder in Spartenkonzernen.[553] Ein solches Doppelmandat ist aktienrechtlich grds. zulässig,[554] aber in tatsächlicher und auch rechtlicher Hinsicht nicht unproblematisch. Als schwierig erweist sich, gerade in lediglich faktischen Konzernen, der Umgang mit möglichen **Interessenkollisionen.**[555]

182 Wie derartige Konfliktfälle zu lösen sind, ist nach wie vor ungeklärt.[556] Maßgeblich ist hier die Rspr des BGH zu Aufsichtsratsdoppelmandaten, die nach wohl hM auch auf Vorstandsdoppel-

547 *Fonk*, NZG 2010, 368, 371; ebenso *Reuter*, AG 2011, 274, 279; *Spindler*, Gutachten zur Frage der Zulässigkeit von Drittanstellungsverträgen und drittbezogener Vergütungen, insbesondere im Konzern, 2010, S. 10, 12.

548 *Hüffer*, AktG, § 84 Rn 14; Lücke/Schaub/*Lücke*, Vorstand der AG, § 2 Rn 103.

549 *Lutter/Krieger/Verse*, Rechte und Pflichten des Aufsichtsrats, Rn 437 ff; auch MünchHdb-GesR AG/*Wiesner*, § 21 Rn 3 hat keine Bedenken gegenüber solchen Vereinbarungen; ebenso *Fonk*, NZG 2010, 368, 371; krit. *Spindler*, Gutachten zur Frage der Zulässigkeit von Drittanstellungsverträgen und drittbezogener Vergütungen, insbesondere im Konzern, 2010, S. 15 ff.

550 Vgl zum Erfordernis einer Zustimmung des Aufsichtsrats *Reuter*, AG 2011, 274, 280 f; iE ebenso *Spindler*, Gutachten zur Frage der Zulässigkeit von Drittanstellungsverträgen und drittbezogener Vergütungen, insbesondere im Konzern, 2010, S. 5 ff.

551 Hölters/*Weber*, AktG, § 87 Rn 12.

552 Hölters/*Weber*, AktG, § 87 Rn 13; generell die Zulässigkeit einer Drittvergütung abl. *Fonk*, NZG 2010, 368, 370.

553 Vgl *Hüffer*, AktG, § 76 Rn 20; Schmidt/Lutter/*Seibt*, AktG, § 76 Rn 18. Zur Frage der ordnungsgemäßen Vertretung der Konzernspitze bei der Bestellung vgl *Cramer*, NZG 2012, 765.

554 Ergibt sich schon aus § 88 Abs. 2 S. 2 AktG und ist allgM, vgl BGH 9.3.2009 – II ZR 170/07, NZG 2009, 744; OLG Köln 24.11.1992 – 22 U 72/92, NJW-RR 1993, 804, 807; BGH 21.12.1979 – II ZR 244/78, NJW 1980, 1629; ebenso MünchHdb-GesR AG/*Wiesner*, § 20 Rn 10; Fleischer/*Thüsing*, Hdb VorstandsR, § 4 Rn 71; Henn/Frodermann/Jannott/*Frodermann/Schäfer*, Hdb AktR, Kap. 7 Rn 142; MüKo-AktG/*Spindler*, § 76 Rn 56; *Hüffer*, AktG, § 76 Rn 21; *Aschenbeck*, NZG 2000, 1015; *Passarge*, NZG 2007, 441; *Schneider*, NZG 2009, 1413.

555 Vgl ausf. zu den Interessenkonflikten *Aschenbeck*, NZG 2000, 1015, 1018 ff; *Passarge*, NZG 2007, 441 f; *Schneider*, NZG 2009, 1413 ff.

556 *Hüffer*, AktG, § 76 Rn 21.

mandate übertragbar ist.[557] Danach ist von dem Grundsatz auszugehen, dass die Pflichterfüllung gegenüber der einen Gesellschaft niemals die Pflichtverletzung gegenüber der anderen Gesellschaft rechtfertigen kann.[558] Weiterhin ist grundlegend, dass eine Pflichtverletzung gegenüber der einen Gesellschaft zugunsten der anderen Gesellschaft keine Haftung der Letzteren gem. § 31 BGB, sondern ausschließlich eine persönliche Haftung des Vorstandsmitglieds aus § 93 Abs. 2 AktG begründet.[559] Dementsprechend hat sich das Vorstandsmitglied bei seiner Entscheidung ausschließlich von den Interessen desjenigen Pflichtenkreises leiten zu lassen, in dem es gerade tätig wird.[560] Die Interessen des anderen Pflichtenkreises dürfen nur insoweit berücksichtigt werden, wie sie nicht dem Ersteren widersprechen.[561]

183 Ist auf diesem Wege eine Auflösung des Interessenkonflikts nicht möglich, wird teilweise das Eingreifen eines gesetzlichen Stimmverbots für das betroffene Vorstandsmitglied gem. § 34 BGB analog befürwortet.[562] Führt dies, insb. in dauerhaften Konflikten, zu keiner Lösung, ist das Vorstandsmitglied abzuberufen bzw hat sein Mandat niederzulegen.[563] Für den Fall eines Interessenkonflikts bei der Entlastungsentscheidung des Vorstands der Untergesellschaft kommt wohl § 136 Abs. 1 AktG zum Tragen.[564]

184 Bei Doppelmandaten ist im Rahmen der **Vertragsgestaltung** zu beachten, dass wegen der aufgezeigten rechtlichen Unsicherheiten bei Drittanstellungsverträgen die betroffenen Anstellungsverträge mit beiden Gesellschaften und nicht lediglich mit der Muttergesellschaft geschlossen werden sollten.[565] Hierbei kommen verschiedene Varianten in Betracht. So kann im Anstellungsvertrag mit der Muttergesellschaft vereinbart werden, dass die Bezüge der Tochtergesellschaft angerechnet werden. Dies birgt denVorteil, dass der Aufsichtsrat der Obergesellschaft die Gesamtkonditionen des Doppelvorstandsmitglieds bestimmen und für die Angemessenheit der (Gesamt-)Vergütung sorgen kann.[566] Der Aufsichtsrat der Tochtergesellschaft muss hingegen bei der Entscheidung über die Vergütung lediglich die Arbeit des Vorstandsmitglieds für die Tochtergesellschaft berücksichtigen. Daneben kommt auch die Vereinbarung von zwei Verträgen ohne Anrechnung in Betracht. In diesem Fall müssen die Aufsichtsräte der beiden Gesellschaften die Vergütung jeweils im Hinblick auf die für die eigene Gesellschaft geleistete Arbeit bestimmen. Gleichzeitig hat aber der Aufsichtsrat der Obergesellschaft unter Berücksichtigung aller Leistungen des Vorstands für beide Gesellschaften Sorge für die Angemessenheit der Gesamtbezüge zu tragen.[567]

557 Vgl jeweils mwN *Aschenbeck*, NZG 2000, 1015, 1021; *Passarge*, NZG 2007, 441 f; MüKo-AktG/*Spindler*, § 76 Rn 57.

558 BGH 21.12.1979 – II ZR 244/78, NJW 1980, 1629; vgl auch *Schneider*, NZG 2009, 1413.

559 BGH 26.3.1984 – II ZR 171/83, NJW 1984, 1893.

560 MüKo-AktG/*Spindler*, § 76 Rn 57; Hölters/*Weber*, AktG, § 76 Rn 64.

561 *Passarge*, NZG 2007, 442; MüKo-AktG/*Spindler*, § 76 Rn 57.

562 Schmidt/Lutter/*Seibt*, AktG, § 76 Rn 18; ausf. zu Lösungsmöglichkeiten *Aschenbeck*, NZG 2000, 1015, 1021 ff; nicht überzeugt, insb. nicht von der analogen Anwendung des § 34 BGB, zeigt sich *Hüffer*, AktG, § 76 Rn 21, § 77 Rn 8; auch MüKo-AktG/*Spindler*, § 76 Rn 58 ist skeptisch; gegen eine generelle Anwendung von § 34 BGB analog und mit weiteren Lösungsmöglichkeiten auch *Passarge*, NZG 2007, 442 mwN; abl. gegenüber einem generellen Stimmverbot auch Hölters/*Weber*, AktG, § 76 Rn 65, der allerdings eine Pflicht zur Stimmenthaltung in Ausnahmefällen bejaht; ebenso Lücke/Schaub/*Lücke*, Vorstand der AG, § 2 Rn 4; grds. ein Stimmverbot abl. KommAktG/*Mertens/Cahn*, § 77 Rn 39.

563 Schmidt/Lutter/*Seibt*, AktG, § 76 Rn 18; MüKo-AktG/*Spindler*, § 76 Rn 58; Hölters/*Weber*, AktG, § 76 Rn 66.

564 Hölters/*Weber*, AktG, § 76 Rn 65; vgl zu dieser Problematik ausf. *Petersen/Schulze De la Cruz*, NZG 2012, 453.

565 Zu den verschiedenen Gestaltungsmöglichkeiten und deren Vor- und Nachteilen vgl ausf. *Fonk*, NZG 2010, 368, 372 ff.

566 *Fonk*, NZG 2010, 368, 372.

567 *Fonk*, NZG 2010, 368, 372.

d) Besonderheiten im internationalen Konzern

Aufgrund der zunehmenden internationalen Verflechtung von Konzernen sind die Tätigkeiten von Vorstandsmitgliedern verstärkt mit Auslandsberührungen verbunden. So kann sich die Frage der Anwendbarkeit unterschiedlicher Rechtsordnungen bei der Entsendung eines bei einem deutschen Mutterunternehmen beschäftigten Mitarbeiters als Vorstandsmitglied zu einer ausländischen Tochter ergeben. Die gleiche Problematik kann bei der Tätigkeit eines Vorstandsmitglieds bei einer deutschen Tochter eines ausländischen Mutterkonzerns auftreten.[568] 185

aa) Organstellung

Für die Frage, welche Rechtsordnung die organschaftliche Stellung des Vorstandsmitglieds und die gesellschaftsrechtlichen Beziehungen einer Gesellschaft regelt, ist das internationale Gesellschaftsrecht maßgeblich. Ausschlaggebend für die Organstellung des Vorstandsmitglieds ist hierbei das **Gesellschaftsstatut.** Da durch das Gesetz keine Festlegung des Anknüpfungsmerkmals zur Bestimmung des Gesellschaftsstatuts erfolgte, ist dieses auch heute noch umstritten. Zentrale Bedeutung hat hierbei der Gesellschaftssitz, wobei als Anknüpfungspunkte der tatsächliche Verwaltungssitz (Sitztheorie) oder aber auch der Gründungsort, der häufig dem Satzungssitz entspricht (Gründungstheorie), in Frage kommen.[569] Während in den meisten kontinentaleuropäischen Ländern die Sitztheorie vorherrschend ist, wird im angloamerikanischen Rechtskreis sowie in Skandinavien und den Niederlanden die Gründungstheorie angewandt.[570] 186

In Deutschland wurde in der Vergangenheit sowohl in Rspr als auch in der Lehre der **Sitztheorie** gefolgt.[571] Infolge der Rspr des EuGH zur Niederlassungsfreiheit von Gesellschaften[572] kommt nun auch in Deutschland in Bezug auf Gesellschaften aus dem EU-Ausland weitgehend die **Gründungstheorie** und das nach Europarecht maßgebliche **Herkunftslandprinzip** zur Anwendung.[573] Fraglich bleibt jedoch der Umfang zulässiger Sonderanknüpfungen.[574] Dasselbe gilt auch bei entsprechenden Staatsverträgen, die eine Anwendung der Gründungstheorie vorsehen.[575] Umstritten ist, ob und in welchem Umfang auch bei Gesellschaften aus Drittstaaten anstelle der bisher vorherrschenden Sitztheorie auf die Gründungstheorie zurückzugreifen ist.[576] Ein genereller Übergang zur Gründungstheorie wird von der wohl hM abgelehnt.[577] 187

bb) Anstellungsvertrag

(1) Allgemeines

Unabhängig vom anwendbaren Gesellschaftsstatut richtet sich die Frage nach dem für das Anstellungsverhältnis geltenden nationalen Recht nach den Vorgaben der **Rom I-VO,**[578] mit der 188

568 Zur Tätigkeit ausländischer Staatsangehöriger in Vorständen deutscher AGs vgl *Erdmann*, NZG 2002, 503.

569 Schmidt/Lutter/*Zimmer*, AktG, int. GesR, Rn 2; *Hüffer*, AktG, § 1 Rn 30; MüKo-AktG/*Habersack*, Einl. Rn 93 f.

570 Schmidt/Lutter/*Zimmer*, AktG, int. GesR, Rn 2.

571 Schmidt/Lutter/*Zimmer*, AktG, int. GesR, Rn 12 mwN; vgl auch *Bohlscheid*, RNotZ 2005, 505, 527; MüKo-BGB/*Kindler*, int. HGR Rn 5; MüKo-AktG/*Habersack*, Einl. Rn 95.

572 EuGH 9.3.1999 – C-212/97 (Centros), NJW 1999, 2027; EuGH Plenum 5.11.2002 – C-208/00 (Überseering), NJW 2002, 3614; EuGH Plenum 30.9.2003 – C-167/01 (Inspire Art), NJW 2003, 3331; EuGH Große Kammer 13.12.2005 – C-411/03 (SEVIC), NJW 2006, 425; vgl dazu auch Schmidt/Lutter/*Zimmer*, AktG, int. GesR, Rn 22 ff.

573 Vgl Schmidt/Lutter/*Zimmer*, AktG, int. GesR, Rn 41 ff; MüKo-BGB/*Kindler*, int. HGR Rn 5, 146 f; *Hüffer*, AktG, § 1 Rn 31.

574 *Mankowski*, RIW 2004, 481, 483.

575 MüKo-AktG/*Habersack*, Einl. Rn 98; MüKo-BGB/*Kindler*, int. HGR Rn 329.

576 Schmidt/Lutter/*Zimmer*, AktG, int. GesR, Rn 54 ff, der einen solchen Übergang befürwortet, um eine Spaltung der kollisionsrechtlichen Anknüpfung zu vermeiden.

577 Vgl MüKo-BGB/*Kindler*, int. HGR Rn 5; *Hüffer*, AktG, § 1 Rn 32; *Mankowski*, RIW 2004, 481, 484 f.

578 Verordnung (EG) Nr. 593/2008 des Europäischen Parlaments und des Rates vom 17. Juni 2008 über das auf vertragliche Schuldverhältnisse anzuwendende Recht (Rom I-VO), ABl. EU L 177/6 vom 4.7.2008.

das europäische Kollisionsrecht weiter vereinheitlicht werden soll. Ziel der Verordnung ist insb. eine derartige Angleichung der in den Mitgliedstaaten geltenden Kollisionsnormen, dass diese im Interesse eines reibungslos funktionierenden Binnenmarkts unabhängig von dem Staat, in dem sich das Gericht befindet, bei dem ein Anspruch geltend gemacht wird, zur Anwendbarkeit desselben Rechts gelangen.[579] Bei einem bis zum 17.12.2009 geschlossenen Dienstvertrag mit Auslandsberührung hingegen sind gem. Art. 28 Rom I-VO weiterhin die Art. 27 ff EGBGB anwendbar.

(2) Rechtswahlfreiheit

189 Wie auch beim GmbH-Geschäftsführer (s. § 2 Rn 239 ff) ist fraglich, inwieweit Art. 8 Rom I-VO bzw Art. 30 EGBGB aF auf das Anstellungsverhältnis eines Vorstandsmitglieds anwendbar ist. Gemäß Art. 8 Abs. 1 Rom I-VO darf nämlich eine getroffene Rechtswahl der Parteien nicht dazu führen, dass dem Arbeitnehmer der Schutz entzogen wird, der ihm durch die zwingenden Bestimmungen des Rechts gewährt wird, welches nach Art. 8 Abs. 2, 3 und 4 EGBGB mangels einer Rechtswahl anzuwenden wäre. Eine entsprechende Regelung enthält auch Art. 30 Abs. 1 EGBGB aF. Gegen eine Anwendbarkeit des Art. 30 Abs. 1 EGBGB aF spricht, dass es sich bei Vorstandsmitgliedern nicht um Arbeitnehmer handelt und lediglich in Einzelfällen arbeitnehmerschützende Vorschriften entsprechend herangezogen werden können (s. § 3 Rn 28 ff).[580] Der Begriff des Arbeitnehmers des Art. 8 Rom I-VO ist zwar autonom auszulegen, jedoch beruhte auch schon der Art. 30 EGBGB aF auf Art. 6 EVÜ und war entsprechend einheitlich auszulegen,[581] so dass Vorstandsmitglieder auch nach Art. 8 Rom I-VO nicht erfasst sind.[582]

190 Dementsprechend unterliegt der Vertrag gem. Art. 3 Abs. 1 S. 1 Rom I-VO dem von den Parteien vereinbarten Recht.[583] Die Rechtswahl muss entweder ausdrücklich im Vertrag geregelt sein, sich eindeutig aus den Bestimmungen des Vertrages oder aus den Umständen des Falles ergeben, Art. 3 Abs. 1 S. 2 Rom I-VO. Fehlt es an einer Rechtswahl durch die Parteien, so ist gem. Art. 4 Abs. 2 Rom I-VO das Recht des Staates anzuwenden, in dem das Vorstandsmitglied seinen gewöhnlichen Aufenthaltsort hat. Ergibt sich aber aus der Gesamtheit der Umstände, dass engere Verbindungen zu einem anderen Staat bestehen, so ist das Recht dieses Staates anzuwenden, Art. 4 Abs. 3 Rom I-VO. Aufgrund dieser Unsicherheiten empfiehlt sich regelmäßig eine **ausdrückliche Rechtswahl**. Dabei erscheint für deutsche Gesellschaften die Wahl deutschen Rechts bereits aufgrund der besseren Rechtskenntnis regelmäßig vorzugswürdig.

191 Dasselbe gilt im Kern auch für Altverträge, auf welche Art. 27 ff EGBGB anzuwenden sind.[584] Dementsprechend unterliegen auch Dienstverhältnisse, die vor dem 17.12.2009 geschlossen wurden, dem von den Parteien gewählten Recht, Art. 27 Abs. 1 S. 1 EGBGB aF. Wurde das anzuwendende Recht nicht vertraglich geregelt, bestimmt es sich gem. Art. 28 Abs. 1 S. 1 EGBGB aF nach dem Recht des Staates, zu dem die engsten Verbindungen bestehen. Aus Art. 28 Abs. 2 EGBGB aF ergibt sich die Vermutung, dass regelmäßig der Ort der Niederlassung maßgeblich ist, in welcher das Vorstandsmitglied seine Leistung erbringt. Aus den Umständen kann sich aber eine engere Verbindung zu einem anderen Staat ergeben, so dass das Recht dieses Staates Anwendung findet.

---

579 Vgl Erwägungsgrund 6 der Rom I-VO.

580 So wohl MüKo-BGB/*Martiny*, 4. Aufl. 2006, Art. 30 EGBGB Rn 20; *Mankowski*, RIW 2004, 167, 169; *ders.*, RIW 2004, 481, 490; ebenso für den GmbH-Geschäftsführer BeckOK EGBGB, Edition 13, Stand 1.1.2008, *Spickhoff*, Art. 30 Rn 7.

581 Vgl MüKo-BGB/*Martiny*, 4. Aufl. 2006, Art. 30 EGBGB Rn 17.

582 MüKo-BGB/*Martiny*, Art. 8 Rom I-VO Rn 20.

583 Zur Rechtswahlfreiheit und deren Grenzen vgl MüKo-BGB/*Martiny*, Art. 3 Rom I-VO Rn 8 ff.

584 Vgl auch *Clausnitzer/Woopen*, BB 2008, 1798, 1804; *Deinert*, RdA 2009, 144, 145.

(3) Anwendung zwingender Vorschriften

Wird die Anwendung einer Rechtsordnung ausdrücklich vereinbart, besteht tatsächlich aber allein ein Bezug zu einem anderen Staat im Zeitpunkt der Rechtswahl, so kann gem. Art. 3 Abs. 3 Rom I-VO von den zwingenden Bestimmungen des anderen Staates nicht abgewichen werden.[585] Wird der Vertrag etwa mit einem ausländischen Unternehmen allein in Deutschland durchgeführt, so kann der zwingende Schutz von Versorgungsansprüchen nach dem BetrAVG, das über § 17 Abs. 1 S. 2 BetrAVG auch auf Vorstandsmitglieder anwendbar ist (s. § 3 Rn 149), nicht durch die Wahl einer fremden Rechtsordnung unterlaufen werden.[586] Eine solche Regelung findet sich auch in Art. 27 Abs. 3 EGBGB. 192

Des Weiteren setzen sich alle Bestimmungen des deutschen Rechts mit der Qualität von Eingriffsnormen iSd Art. 9 Abs. 1 Rom I-VO gegenüber dem gem. Art. 3 Rom I-VO grds. anwendbaren Recht durch. Eingriffsnormen sind die zwingenden Vorschriften, deren Einhaltung von einem Staat als so entscheidend für die Wahrung seines öffentlichen Interesses, insb. seiner politischen, sozialen oder wirtschaftlichen Organisation, angesehen wird, dass sie ungeachtet des auf den Vertrag anzuwendenden Rechts auf alle Sachverhalte anzuwenden ist, die in ihren Anwendungsbereich fallen, Art. 9 Abs. 1 Rom I-VO.[587] Darüber hinaus ist auch der *ordre public*-Vorbehalt nach Art. 21 Rom I-VO zu beachten. Auch für Altverträge gilt grds. nichts anderes. So enthalten auch Art. 6 und 34 EGBGB Regelungen zu Bestimmungen, die international zwingenden Charakter haben, sowie zum *ordre public*. Hiervon werden wohl grds. dieselben Vorschriften erfasst wie durch Art. 9 und 21 Rom I-VO.[588] 193

Schließlich legt Art. 3 Abs. 4 Rom I-VO zudem fest, dass die Wahl des Rechts eines Drittstaates durch die Parteien nicht die Anwendung zwingenden Gemeinschaftsrechts berührt, wenn abgesehen von der Rechtswahl alle anderen Elemente des Sachverhalts in einem oder mehreren Mitgliedstaaten belegen sind.[589] Inwieweit die Rspr des EuGH, nach der es nicht zulässig ist, wenn die Anwendung ausländischen Rechts zur Aushöhlung zwingender Vorschriften aus EU-Richtlinien führen würde,[590] weiterhin Bestand hat, ist ungewiss.[591] 194

5. Besonderheiten bei der Societas Europaea (SE)

a) Rechtsgrundlagen

Nach Art. 1 Abs. 1 SE-VO können Handelsgesellschaften im Gebiet der Europäischen Gemeinschaft in der Form europäischer Aktiengesellschaften (**Societas Europaea – SE**) gegründet werden. Rechtsgrundlage für diese europäischen Gesellschaften ist die Verordnung (EG) Nr. 2157/2001 des Rates vom 8. Oktober 2001 über das Statut der Europäischen Gesellschaft (SE) – **SE-VO**.[592] Da die SE-VO aber auf das bestehende oder zu schaffende nationale Recht verweist, unterscheiden sich die SE in den einzelnen Mitgliedstaaten voneinander. Es gibt also nicht die eine allein auf europäischem Recht beruhende SE, sondern je nach nationalem Recht verschiedene SE. In diesem Rahmen ist nur die **„deutsche SE"** zu behandeln. 195

585 Vgl hierzu MüKo-BGB/*Martiny*, Art. 3 Rom I-VO Rn 87 ff.

586 Noch zu Art. 27 EGBGB vgl auch *Erdmann*, NZG 2002, 503, 512; zum zwingenden Charakter des § 17 BetrAVG vgl auch Scholz/*Schneider/Sethe*, GmbHG, § 35 Rn 265.

587 Vgl näher hierzu MüKo-BGB/*Martiny*, Art. 9 Rom I-VO Rn 7 ff.

588 Vgl zu den zwingenden Vorschriften des Arbeitsrechts *Clausnitzer/Woopen*, BB 2008, 1798, 1804, der die genannten Schutzvorschriften allerdings schon dem in den Art. 30 Abs. 1 EGBGB bzw Art. 8 Abs. 1 S. 2 Rom I-VO verankerten Günstigkeitsprinzip zuordnet.

589 Vgl hierzu MüKo-BGB/*Martiny*, Art. 3 Rom I-VO Rn 98 ff.

590 EuGH 9.11.2000 – C-381/98, EuZW 2001, 50, 51 m. Anm. *Reich*; zust. *Staudinger*, NJW 2001, 1974, 1975; vgl auch *Erdmann*, NZG 2002, 503, 512; aA wohl MüKo-BGB/*Martiny*, 4. Aufl. 2006, Art. 27 EGBGB Rn 92 f.

591 Vgl hierzu MüKo-BGB/*Martiny*, Art. 3 Rom I-VO Rn 98.

592 ABl. Nr. L 294 S. 1 vom 10.11.2001.

196 In Art. 38 SE-VO ist festgelegt, dass die SE entweder nach dem dualistischen oder dem monistischen System verwaltet werden kann. Um dies auch nach deutschem Recht zu ermöglichen, hat der Gesetzgeber das „Gesetz zur Ausführung der Verordnung (EG) Nr. 2157/2001 des Rates vom 8. Oktober 2001 über das Statut der Europäischen Gesellschaft (SE) (SE-Ausführungsgesetz – **SEAG**)“[593] geschaffen, welches Regeln für das zuvor in Deutschland nicht vorhandene monistische System trifft. Zwischen beiden Systemen bestehen teilweise gravierende Unterschiede im Hinblick auf die Organe, so dass in der folgenden Darstellung zwischen dem dualistischen und dem monistischen System zu unterscheiden ist.

b) Dualistisches System

aa) Doppelrechtsbeziehung des Vorstands zur Gesellschaft

(1) Trennungstheorie

197 Nach Art. 9 Abs. 1 lit. c ii) SE-VO finden die Regelungen des AktG grds. Anwendung auf eine dualistisch verwaltete SE. Diese hat deshalb auch grds. einen Vorstand und einen Aufsichtsrat. Die Vorstandsmitglieder einer SE stehen wie auch die Vorstandsmitglieder einer AG aufgrund der Bestellung und des Anstellungsvertrages zur Gesellschaft in einer Doppelstellung (vgl § 3 Rn 1). Diese beiden Beziehungen sind in Begründung, Bestand und Beendigung als rechtlich unabhängig voneinander zu betrachten; die **Trennungstheorie** gilt auch hier.[594]

(2) Organstellung des Vorstands

(a1) Funktion des Vorstands

198 Hauptaufgabe des Vorstands ist die Geschäftsführung der SE. Die Geschäftsführung iSd Art. 39 Abs. 1 S. 1 SE-VO umfasst alle rechtsgeschäftlichen und tatsächlichen Tätigkeiten für die SE einschließlich des Einsatzes der Ressourcen der Gesellschaft und der Ausübung des Direktionsrechts gegenüber ihren Arbeitnehmern.[595] Zudem umfasst die Geschäftsführung im gemeinschaftsrechtlichen Sinne auch die darüber hinausreichende Leitung der Gesellschaft iSd Unternehmensführung.[596] Die Rolle des Leitungsorgans einer dualistisch strukturierten SE mit Sitz in Deutschland deckt sich somit weitgehend mit der Leitungsfunktion des Vorstands einer deutschen AG nach § 76 Abs. 1 AktG.[597]

(a2) Begründung der Organstellung

199 Seine Organstellung erlangt das Vorstandsmitglied aufgrund der **Bestellung** durch den Aufsichtsrat, welcher das Bestellungsmonopol für den Vorstand innehat, Art. 39 Abs. 2 S. 1 SE-VO.[598] Die Regeln zur Bestellung von Vorstandsmitgliedern nach dem deutschen Aktienrecht sind entsprechend anwendbar über Art. 9 Abs. 1 lit. c ii) SE-VO.[599] Nach § 107 Abs. 3 AktG muss deshalb zwingend das Aufsichtsratsplenum über die Bestellung entscheiden.[600] Die Bestellung bedarf der ausdrücklichen oder konkludenten Annahme durch den Bestellten.[601]

593 Gesetz vom 22.12.2004 (BGBl. I S. 3675) mit späteren Änderungen.

594 KommAktG/*Paefgen*, Art. 39 SE-VO Rn 85; MüKo-AktG/*Reichert/Brandes*, Art. 39 SE-VO Rn 14; Manz/Mayer/Schröder/*Manz*, Art. 39 SE-VO Rn 41; Lutter/Hommelhoff/*Seibt*, Art. 39 SE-VO Rn 27.

595 KommAktG/*Paefgen*, Art. 39 SE-VO Rn 17; vgl auch *Schwarz*, Art. 39 SE-VO Rn 12 ff; Manz/Mayer/Schröder/*Manz*, Art. 39 SE-VO Rn 4; Lutter/Hommelhoff/*Seibt*, Art. 39 SE-VO Rn 3.

596 KommAktG/*Paefgen*, Art. 39 SE-VO Rn 17.

597 KommAktG/*Paefgen*, Art. 39 SE-VO Rn 17; Spindler/Stilz/*Eberspächer*, Art. 39 SE-VO Rn 4; Manz/Mayer/Schröder/*Manz*, Art. 39 SE-VO Rn 58.

598 KommAktG/*Paefgen*, Art. 39 SE-VO Rn 17; *Schwarz*, Art. 39 SE-VO Rn 55; Spindler/Stilz/*Eberspächer*, Art. 39 SE-VO Rn 6; Manz/Mayer/Schröder/*Manz*, Art. 39 SE-VO Rn 19.

599 KommAktG/*Paefgen*, Art. 39 SE-VO Rn 41.

600 KommAktG/*Paefgen*, Art. 39 SE-VO Rn 39; Lutter/Hommelhoff/*Seibt*, Art. 39 SE-VO Rn 13.

601 KommAktG/*Paefgen*, Art. 39 SE-VO Rn 41; KommAktG/*Siems*, Art. 46 SE-VO Rn 10.

Gemäß Art. 46 Abs. 1 SE-VO werden die Organmitglieder des Leitungsorgans – also bei der deutschen SE die Vorstandsmitglieder – für einen in der Satzung bestimmten Zeitraum von **höchstens sechs Jahren** bestellt; hiervon können die Mitgliedstaaten nicht abweichen. Nach hM muss die Satzung allerdings nicht zwingend einen bestimmten Zeitraum festlegen,[602] sondern kann auch ohne Bestimmung einer exakten Amtszeit dem Aufsichtsorgan eine Spanne möglicher Amtsperioden vorschreiben.[603] Die Satzung kann bei der Festlegung der Bestelldauer grds. aus sachlichen Gründen differenzieren (zB zwischen abhängigen und unabhängigen Organmitgliedern oder zwischen Erst- und Wiederbestellung).[604] Eine Wiederbestellung ist grds. möglich, Art. 46 Abs. 2 SE-VO,[605] eine automatische Verlängerung der Bestelldauer hingegen nicht.[606] Bezüglich des Zeitpunkts der Wiederbestellung ist deutsches Aktienrecht anwendbar,[607] so dass sich grds. keine Unterschiede zum AG-Vorstand ergeben. 200

Bei der deutschen SE kommen die Grundsätze des deutschen Aktienrechts zur **fehlerhaften Bestellung** von Vorstandsmitgliedern (vgl § 3 Rn 7) sinngemäß zur Anwendung.[608] Ebenso kann der Aufsichtsrat ein Mitglied zum **Vorsitzenden des Vorstands** ernennen, § 84 Abs. 2 AktG iVm Art. 9 Abs. 1 lit. c ii) SE-VO (vgl auch § 3 Rn 8).[609] 201

(a3) Beendigung der Organstellung

Seine Organstellung verliert das Vorstandsmitglied durch den **Widerruf der Bestellung** durch den nach Art. 39 Abs. 2 SE-VO zuständigen Aufsichtsrat. Nach hM ist für die Abberufung schon nach Gemeinschaftsrecht ein wichtiger Grund notwendig.[610] Für die Abberufung und deren Folgen gilt ansonsten deutsches Recht,[611] so dass sich keine Unterschiede zur Abberufung eines Vorstandsmitglieds einer AG ergeben (s. hierzu § 3 Rn 9 ff). 202

Im Hinblick auf andere Beendigungstatbestände gilt ebenfalls deutsches Recht,[612] so dass das Mandat wie bei der AG auch durch **Amtsniederlegung** durch das Vorstandsmitglied, durch einvernehmliche Aufhebung, bei gesellschaftsrechtlichen Umwandlungen, durch Zeitablauf sowie Tod oder Verlust der unbeschränkten Geschäftsfähigkeit und anderer gesetzlicher Eignungsvoraussetzungen des Vorstandsmitglieds erlöschen kann (vgl § 3 Rn 13). 203

---

602 *Schwarz*, Art. 46 SE-VO Rn 13; so aber KommAktG/*Paefgen*, Art. 39 SE-VO Rn 51, da anderes den Wortlaut des Art. 46 Abs. 1 SE-VO strapaziere und die Regelungssystematik entgegenstehe. Ebenso KommAktG/*Siems*, Art. 46 SE-VO Rn 12; Lutter/Hommelhoff/*Teichmann*, Art. 46 SE-VO Rn 4.

603 MüKo-AktG/*Reichert/Brandes*, Art. 46 SE-VO Rn 3 mwN; *Schwarz*, Art. 46 SE-VO Rn 13; Spindler/Stilz/*Eberspächer*, Art. 46 SE-VO Rn 5.

604 KommAktG/*Siems*, Art. 46 SE-VO Rn 13, 17; *Schwarz*, Art. 46 SE-VO Rn 11; Spindler/Stilz/*Eberspächer*, Art. 46 SE-VO Rn 5; Manz/Mayer/Schröder/*Manz*, Art. 46 SE-VO Rn 1; Lutter/Hommelhoff/*Teichmann*, Art. 46 SE-VO Rn 4.

605 KommAktG/*Siems*, Art. 46 SE-VO Rn 17; MüKo-AktG/*Reichert/Brandes*, Art. 46 SE-VO Rn 7; *Schwarz*, Art. 46 SE-VO Rn 18; Manz/Mayer/Schröder/*Manz*, Art. 46 SE-VO Rn 4.

606 MüKo-AktG/*Reichert/Brandes*, Art. 46 SE-VO Rn 6; Spindler/Stilz/*Eberspächer*, Art. 46 SE-VO Rn 6; Lutter/Hommelhoff/*Teichmann*, Art. 46 SE-VO Rn 10.

607 KommAktG/*Siems*, Art. 46 SE-VO Rn 18; MüKo-AktG/*Reichert/Brandes*, Art. 46 SE-VO Rn 7; Manz/Mayer/Schröder/*Manz*, Art. 39 SE-VO Rn 71; Manz/Mayer/Schröder/*Manz*, Art. 46 SE-VO Rn 5.

608 KommAktG/*Paefgen*, Art. 39 SE-VO Rn 74; MüKo-AktG/*Reichert/Brandes*, Art. 39 SE-VO Rn 25; Manz/Mayer/Schröder/*Manz*, Art. 39 SE-VO Rn 72; Lutter/Hommelhoff/*Seibt*, Art. 39 SE-VO Rn 14.

609 KommAktG/*Paefgen*, Art. 39 SE-VO Rn 17; Manz/Mayer/Schröder/*Manz*, Art. 39 SE-VO Rn 107; MüKo-AktG/*Reichert/Brandes*, Art. 39 SE-VO Rn 29.

610 KommAktG/*Paefgen*, Art. 39 SE-VO Rn 69; aA *Schwarz*, Art. 39 SE-VO Rn 63; Manz/Mayer/Schröder/*Manz*, Art. 39 SE-VO Rn 29 ff.

611 KommAktG/*Paefgen*, Art. 39 SE-VO Rn 68; dementsprechend bei deutscher SE jedenfalls ein wichtiger Grund für Abberufung notwendig *Schwarz*, Art. 39 SE-VO Rn 63; Manz/Mayer/Schröder/*Manz*, Art. 39 SE-VO Rn 33, 74.

612 KommAktG/*Paefgen*, Art. 39 SE-VO Rn 71 f; MüKo-AktG/*Reichert/Brandes*, Art. 39 SE-VO Rn 36 f; Manz/Mayer/Schröder/*Manz*, Art. 39 SE-VO Rn 34; Lutter/Hommelhoff/*Seibt*, Art. 39 SE-VO Rn 25.

(3) Dienstverhältnis

(a1) Rechtsnatur

204 Die SE-VO trifft keine Regelung zu den Anstellungsverträgen der Mitglieder des Leitungsorgans.[613] Nach Art. 9 Abs. 1 lit. c ii) SE-VO kommen deshalb die Regelungen des deutschen Aktienrechts zur Anwendung (vgl hierzu § 3 Rn 17 ff), wobei der besonderen Ausgestaltung des Leitungsorgans durch die SE-VO Rechnung zu tragen ist.[614] Es dürfte sich deshalb bei dem Anstellungsvertrag des SE-Vorstandsmitglieds idR um einen **Dienstvertrag** in der Gestalt eines **Geschäftsbesorgungsvertrages** gem. §§ 611 ff, 675 BGB handeln.[615]

(a2) Eigenständigkeit des Dienstverhältnisses

205 Trotz der grundsätzlichen Trennung von Bestellung und Anstellung sind diese in bestimmten Punkten doch eng miteinander verknüpft. Die Auswirkungen der Trennung bei gleichzeitiger enger tatsächlicher Verknüpfung zeigen sich insb. bei Bestellung und Anstellung bzw bei Abberufung und Kündigung. So entspricht die Höchstlaufzeit des Anstellungsvertrages der in der Satzung festgelegten Bestelldauer,[616] die absolute Höchstdauer liegt aufgrund der Regelung des Art. 46 Abs. 1 SE-VO bei sechs Jahren.[617] Schwierigkeiten, welche sich aus der Trennung der beiden Verhältnisse gerade aufgrund der Divergenz der Anforderungen an einen wichtigen Grund im Rahmen von Abberufung und Kündigung nach § 626 Abs. 1 BGB ergeben, können auch bei der SE durch die Vereinbarung von **Gleichlauf- und Koppelungsklauseln** gemildert werden.[618] Denn auch im Hinblick auf die Kündigung des Anstellungsvertrages gelten für SE-Vorstandsmitglieder dieselben Regelungen wie für Vorstandsmitglieder einer deutschen AG.[619]

bb) Arbeits- und sozialversicherungsrechtliche Schnittmengen

206 Wie der Vorstand einer deutschen AG ist auch der Vorstand einer SE sowohl gegenüber dem Aufsichtsrat[620] als auch gegenüber der Hauptversammlung[621] weisungsungebunden. Es bestehen demnach hinsichtlich der unterbleibenden Einordnung als Arbeitnehmer und deren Folgen keine Unterschiede zum Vorstandsmitglied einer deutschen AG (vgl dazu § 3 Rn 28 ff). Auch die sozialversicherungsrechtliche Bewertung dürfte grds. gleich ausfallen[622] (s. daher § 3 Rn 43).

cc) Abschluss und Inhalt des Vorstandsvertrages

(1) Zuständigkeit für den Abschluss des Vorstandsvertrages

207 Die Zuständigkeit für Abschluss, Änderung, Kündigung und Aufhebung des Anstellungsvertrages liegt gem. § 84 Abs. 1 S. 5 iVm § 84 Abs. 1 S. 1 AktG beim Aufsichtsorgan, also wie bei der

613 Manz/Mayer/Schröder/*Manz*, Art. 39 SE-VO Rn 42.

614 KommAktG/*Paefgen*, Art. 39 SE-VO Rn 84.

615 Vgl Manz/Mayer/Schröder/*Manz*, Art. 39 SE-VO Rn 77; Lutter/Hommelhoff/*Seibt*, Art. 39 SE-VO Rn 28.

616 KommAktG/*Paefgen*, Art. 39 SE-VO Rn 86; MüKo-AktG/*Reichert/Brandes*, Art. 39 SE-VO Rn 40; Lutter/Hommelhoff/*Seibt*, Art. 39 SE-VO Rn 29.

617 MüKo-AktG/*Reichert/Brandes*, Art. 39 SE-VO Rn 40; Manz/Mayer/Schröder/*Manz*, Art. 39 SE-VO Rn 79; Lutter/Hommelhoff/*Seibt*, Art. 39 SE-VO Rn 29.

618 KommAktG/*Paefgen*, Art. 39 SE-VO Rn 85; so wohl auch Lutter/Hommelhoff/*Seibt*, Art. 39 SE-VO Rn 29.

619 MüKo-AktG/*Reichert/Brandes*, Art. 39 SE-VO Rn 41; Manz/Mayer/Schröder/*Manz*, Art. 39 SE-VO Rn 80.

620 Wohl allgM, umstritten ist lediglich der Anknüpfungspunkt in der SE-VO: KommAktG/*Paefgen*, Art. 39 SE-VO Rn 17; MüKo-AktG/*Reichert/Brandes*, Art. 39 SE-VO Rn 9; *Schwarz*, Art. 39 SE-VO Rn 27; Manz/Mayer/Schröder/*Manz*, Art. 39 SE-VO Rn 5 f; Lutter/Hommelhoff/*Seibt*, Art. 39 SE-VO Rn 5.

621 Dies ergibt sich zwar nicht unmittelbar aus der SE-VO, aber bei der deutschen dualistischen SE aus § 76 Abs. 1 AktG, vgl KommAktG/*Paefgen*, Art. 39 SE-VO Rn 17; *Schwarz*, Art. 39 SE-VO Rn 28; Manz/Mayer/Schröder/*Manz*, Art. 39 SE-VO Rn 6; Lutter/Hommelhoff/*Seibt*, Art. 39 SE-VO Rn 5.

622 So wohl auch *Forst*, NZS 2012, 801, 806.

deutschen AG beim Aufsichtsrat.[623] Eine Delegation auf einen Ausschuss ist grds. möglich,[624] wegen § 107 Abs. 3 S. 3 AktG allerdings nicht hinsichtlich der Vergütung[625] (vgl § 3 Rn 61 f). Die Vertretung der SE gegenüber dem Vorstand obliegt dem Aufsichtsrat, § 112 AktG iVm Art. 9 Abs. 1 lit. c ii) SE-VO.[626]

(2) Persönliche Anforderungen

Nach Art. 39 Abs. 3 SE-VO besteht grds. ein Verbot der gleichzeitigen Mitgliedschaft im Leitungsorgan und im Aufsichtsorgan.[627] Des Weiteren enthält Art. 47 Abs. 2 SE-VO eine Regelung zu Bestellungshindernissen. So ist eine Mitgliedschaft im Vorstand einer deutschen SE nach Art. 47 Abs. 2 SE-VO ausgeschlossen, wenn nach deutschem Recht ein Ausschlussgrund für die Übernahme einer Organmitgliedschaft in einem Organ einer deutschen AG vorliegt (zu den gesetzlichen Anforderungen bei einer deutschen AG s. § 3 Rn 67 f). Für den in Deutschland einschlägigen Fall, dass das nationale Recht unterschiedlich strenge Voraussetzungen für die Mitgliedschaft im Vorstand und Aufsichtsrat vorsieht, ist eine teleologische Reduktion der Rechtsfolge des Art. 47 Abs. 2 SE-VO dergestalt vorzunehmen, dass nur die jeweiligen auf den Vorstand anzuwendenden Vorschriften des AktG eine Mitgliedschaft im Vorstand einer deutschen SE ausschließen.[628] 208

Bleibt das Auswahlermessen des Aufsichtsrats in ausreichendem Umfang erhalten, können wie auch bei der deutschen AG in der Satzung zusätzliche persönliche oder sachliche Voraussetzungen vorgeschrieben werden.[629] 209

Bei Fehlen oder Wegfall der Bestellungsvoraussetzungen gilt grds. deutsches Recht,[630] so dass die Bestellung gem. § 134 BGB nichtig ist bzw die Bestellung erlischt, soweit gesetzliche Eignungsvoraussetzungen betroffen sind.[631] Hingegen begründet das Fehlen statutarischer Voraussetzungen lediglich ein Recht des Aufsichtsrats zum Widerruf der Bestellung.[632] 210

623 MüKo-AktG/*Reichert/Brandes*, Art. 39 SE-VO Rn 15, 18; Spindler/Stilz/*Eberspächer*, Art. 39 SE-VO Rn 6; Manz/Mayer/Schröder/*Manz*, Art. 39 SE-VO Rn 78; Lutter/Hommelhoff/*Seibt*, Art. 39 SE-VO Rn 28.

624 KommAktG/*Paefgen*, Art. 39 SE-VO Rn 84; Lutter/Hommelhoff/*Seibt*, Art. 39 SE-VO Rn 28.

625 MüKo-AktG/*Reichert/Brandes*, Art. 39 SE-VO Rn 16; Manz/Mayer/Schröder/*Manz*, Art. 39 SE-VO Rn 82.

626 KommAktG/*Paefgen*, Art. 40 SE-VO Rn 33; MüKo-AktG/*Reichert/Brandes*, Art. 39 SE-VO Rn 40; Manz/Mayer/Schröder/*Manz*, Art. 39 SE-VO Rn 78; Lutter/Hommelhoff/*Seibt*, Art. 39 SE-VO Rn 28.

627 Zur vorübergehenden Abstellung eines Aufsichtsratsmitglieds nach Art. 39 Abs. 3 S. 2 SE-VO und der zeitlichen Beschränkung nach § 15 SEAG vgl MüKo-AktG/*Reichert/Brandes*, Art. 39 SE-VO Rn 44; *Schwarz*, Art. 39 SE-VO Rn 66 ff; Manz/Mayer/Schröder/*Manz*, Art. 39 SE-VO Rn 46 ff; Lutter/Hommelhoff/*Seibt*, Art. 39 SE-VO Rn 34 ff.

628 KommAktG/*Siems*, Art. 47 SE-VO Rn 18; iE so wohl auch MüKo-AktG/*Reichert/Brandes*, Art. 47 SE-VO Rn 5, 11, 20; *Schwarz*, Art. 47 SE-VO Rn 23; Spindler/Stilz/*Eberspächer*, Art. 47 SE-VO Rn 3; Manz/Mayer/Schröder/*Manz*, Art. 47 SE-VO Rn 12; Lutter/Hommelhoff/*Teichmann*, Art. 47 SE-VO Rn 8 ff.

629 KommAktG/*Siems*, Art. 47 SE-VO Rn 32; *Schwarz*, Art. 47 SE-VO Rn 46; Spindler/Stilz/*Eberspächer*, Art. 47 SE-VO Rn 8; Manz/Mayer/Schröder/*Manz*, Art. 47 SE-VO Rn 19; Lutter/Hommelhoff/*Teichmann*, Art. 47 SE-VO Rn 19.

630 KommAktG/*Siems*, Art. 47 SE-VO Rn 36; MüKo-AktG/*Reichert/Brandes*, Art. 47 SE-VO Rn 39; Lutter/Hommelhoff/*Teichmann*, Art. 47 SE-VO Rn 17; nach aA ergibt sich die Nichtigkeitsfolge unmittelbar aus Art. 47 Abs. 2 SE-VO, *Schwarz*, Art. 47 SE-VO Rn 36 f.

631 Fleischer/*Thüsing*, Hdb VorstandsR, § 4 Rn 17; MünchHdb-GesR AG/*Wiesner*, § 20 Rn 8; Henn/Frodermann/Jannott/*Frodermann/Schäfer*, Hdb AktR, Kap. 7 Rn 30; iE ebenso *Schwarz*, Art. 47 SE-VO Rn 36 f.

632 Fleischer/*Thüsing*, Hdb VorstandsR, § 4 Rn 18; MünchHdb-GesR AG/*Wiesner*, § 20 Rn 9; Geßler/Hefermehl/Eckardt/Kropff/*Hefermehl*, AktG, § 84 Rn 19; Henn/Frodermann/Jannott/*Frodermann/Schäfer*, Hdb AktR, Kap. 7 Rn 31; *Lutter/Krieger/Verse*, Rechte und Pflichten des Aufsichtsrats, Rn 359 bejahen ein Widerrufsrecht nur für den Fall, dass das Fehlen der satzungsmäßigen Eignungsvoraussetzung ein solches Gewicht hat, dass darin ein wichtiger Grund liegt.

(3) Form

211 Da weder die SE-VO noch das deutsche Recht für den Anstellungsvertrag des Vorstandsmitglieds eine Form bestimmen, ist auch der Abschluss eines mündlichen Vertrages möglich. Ein schriftlicher Anstellungsvertrag ist jedoch in jedem Fall zu empfehlen.

(4) Inhalt

212 Viele der Aufgaben des Vorstands bzw eines Vorstandsmitglieds sind gesetzlich geregelt. Hauptaufgabe des Vorstands ist die Geschäftsführung der SE, Art. 39 Abs. 1 S. 1 SE-VO. Grundsätzlich deckt sich die Rolle des Leitungsorgans einer dualistisch strukturierten SE mit Sitz in Deutschland mit der Leitungsfunktion des Vorstands einer deutschen AG nach § 76 Abs. 1 AktG.[633] Im Unterschied zum deutschen Recht wird allerdings die Beschlussfassung im Vorstand durch Art. 50 Abs. 1 SE-VO (Mehrheitsentscheidung) und das Doppelstimmrecht des Vorsitzenden nach Art. 50 Abs. 2 SE-VO modifiziert.[634] Diese Regelungen sind allerdings satzungsdispositiv.[635]

213 Der weitere Aufgabenbereich und Pflichtenkanon für Mitglieder des Leitungsorgans (vgl zu diesem § 3 Rn 80 ff) ergibt sich aus den §§ 76 ff AktG iVm Art. 9 Abs. 1 lit. c ii) SE-VO.[636] Zwar enthält auch Art. 41 SE-VO Berichtspflichten.[637] Diese sind allerdings nicht abschließend geregelt, weshalb ein Rückgriff auf das deutsche Aktienrecht erfolgt.[638] Es werden lediglich gemeinschaftsrechtliche Mindestanforderungen an das Berichtssystem festgelegt.[639] Zu den Pflichten des Vorstands einer SE gehören auch die Berücksichtigung des DCGK und die Pflicht zur Entsprechenserklärung nach § 161 AktG iVm Art. 9 Abs. 1 lit. c ii) SE-VO.[640]

214 Pflichten des einzelnen Vorstandsmitglieds sind u.a. das Wettbewerbsverbot gem. § 88 AktG iVm Art. 9 Abs. 1 lit. c ii) SE-VO, die Sorgfaltspflichten gem. Art. 51 SE-VO iVm § 93 AktG und die **Verschwiegenheitspflicht** nach Art. 49 SE-VO. Die Regelung des Art. 49 SE-VO ist abschließend, die Rechtsfolgen richten sich jedoch nach nationalem Recht.[641] Der persönliche Anwendungsbereich der Verschwiegenheitspflicht umfasst alle gegenwärtigen und ehemaligen Mitglieder sowie Ersatzmitglieder und nominierte, aber noch nicht bestellte Mitglieder.[642] In sachlicher Weise bezieht sich die Verpflichtung auf alle Informationen, unabhängig davon, ob es sich um vertrauliche Angaben oder Geheimnisse handelt.[643] Ebenso unerheblich ist, wie das Organmitglied an die Information gelangt ist.[644] Allerdings muss eine potenzielle Verbreitung der Informationen dazu geeignet sein, der Gesellschaft zu schaden.[645] Verboten ist grds. jede

633 KommAktG/*Paefgen*, Art. 39 SE-VO Rn 17; Manz/Mayer/Schröder/*Manz*, Art. 39 SE-VO Rn 58.
634 MüKo-AktG/*Reichert/Brandes*, Art. 38 SE-VO Rn 11.
635 MüKo-AktG/*Reichert/Brandes*, Art. 39 SE-VO Rn 4; Manz/Mayer/Schröder/*Manz*, Art. 39 SE-VO Rn 7.
636 Vgl KommAktG/*Paefgen*, Art. 39 SE-VO Rn 18 ff.
637 Vgl hierzu KommAktG/*Paefgen*, Art. 41 SE-VO Rn 5 ff; MüKo-AktG/*Reichert/Brandes*, Art. 41 SE-VO Rn 1 ff; *Schwarz*, Art. 41 SE-VO Rn 1 ff; Manz/Mayer/Schröder/*Manz*, Art. 41 SE-VO Rn 1 ff; Lutter/Hommelhoff/*Krieger/Sailer*, Art. 41 SE-VO Rn 1 ff.
638 KommAktG/*Paefgen*, Art. 41 SE-VO Rn 6; MüKo-AktG/*Reichert/Brandes*, Art. 41 SE-VO Rn 3; Spindler/Stilz/*Eberspächer*, Art. 41 SE-VO Rn 2; Manz/Mayer/Schröder/*Manz*, Art. 41 SE-VO Rn 2; Lutter/Hommelhoff/*Krieger/Sailer*, Art. 41 SE-VO Rn 3; aA wohl *Schwarz*, Art. 41 SE-VO Rn 33.
639 KommAktG/*Paefgen*, Art. 41 SE-VO Rn 7; Spindler/Stilz/*Eberspächer*, Art. 41 SE-VO Rn 2.
640 MüKo-AktG/*Reichert/Brandes*, Art. 39 SE-VO Rn 7.
641 KommAktG/*Siems*, Art. 49 SE-VO Rn 2; aA wohl Manz/Mayer/Schröder/*Manz*, Art. 49 SE-VO Rn 17, demzufolge die deutschen Vorschriften zur Schweigepflicht anwendbar sind.
642 KommAktG/*Siems*, Art. 49 SE-VO Rn 3 f; vgl auch Manz/Mayer/Schröder/*Manz*, Art. 49 SE-VO Rn 3.
643 KommAktG/*Siems*, Art. 49 SE-VO Rn 5.
644 KommAktG/*Siems*, Art. 49 SE-VO Rn 5; MüKo-AktG/*Reichert/Brandes*, Art. 49 SE-VO Rn 6; *Schwarz*, Art. 49 SE-VO Rn 10; Manz/Mayer/Schröder/*Manz*, Art. 49 SE-VO Rn 8.
645 Näher hierzu KommAktG/*Siems*, Art. 49 SE-VO Rn 6 ff; *Schwarz*, Art. 49 SE-VO Rn 7 ff; Manz/Mayer/Schröder/*Manz*, Art. 49 SE-VO Rn 4 ff.

Form der Weitergabe.[646] Die Verschwiegenheitspflicht gilt nicht, wenn die Weitergabe nach dem Recht der Mitgliedstaaten erlaubt ist oder im öffentlichen Interesse liegt.[647] Die Verschwiegenheitspflicht ist strafbewehrt nach § 53 SEAG.

dd) Sonstiges

Für die Vorstandstätigkeit im Konzern ergeben sich keine Besonderheiten für den Vorstand einer SE, da sich diese nach den deutschen Regelungen zur AG richtet; die SE-VO enthält keinerlei eigene Vorgaben.[648] Dementsprechend ist auch der Konzern- bzw Drittanstellungsvertrag bei der SE wie bei der AG zu beurteilen.[649] Das anwendbare Recht richtet sich wie beim AG-Vorstand nach der Rom I-VO.[650] 215

c) Monistisches System

aa) Rechtlicher Grundrahmen

Im Unterschied zur dualistisch verwalteten SE hat die monistisch verwaltete SE neben der Hauptversammlung nicht zwei Organe, deren eines Organ die Gesellschaft leitet und von dem anderen Organ beaufsichtigt wird, sondern lediglich **ein Verwaltungsorgan** (**Verwaltungsrat**, § 22 Abs. 1 SEAG). 216

Auf das monistische System finden die Art. 43–51 SE-VO sowie §§ 20–49 SEAG Anwendung. Die §§ 76–116 AktG werden gem. § 20 SEAG verdrängt. Vorbehaltlich der Bestimmungen des Ausführungsgesetzes gelten für den Verwaltungsrat im Übrigen nach § 22 Abs. 6 SEAG sämtliche Rechtsvorschriften entsprechend, die dem Vorstand oder dem Aufsichtsrat einer AG Rechte und Pflichten zuweisen.

Bei der deutschen SE ist nach § 40 Abs. 1 SEAG zudem zwingend die Bestellung von **geschäftsführenden Direktoren** vorgesehen.

bb) Organschaftliche Beziehung des Verwaltungsrats zur Gesellschaft

(1) Trennungstheorie

Anders als der Vorstand einer dualistisch verwalteten SE stehen die nicht geschäftsführenden Mitglieder des Verwaltungsrats in einem rein organschaftlichen Verhältnis zur SE. Demnach existiert kein Anstellungsvertrag, welcher ohnehin wohl gem. § 38 Abs. 2 SEAG iVm § 114 AktG unwirksam wäre.[651] Deshalb stehen Verwaltungsratsmitglieder grds. nicht in einer Doppelrechtsbeziehung zur Gesellschaft. Ihr Verhältnis zur SE bestimmt sich zunächst rein organschaftlich. Anders ist dies lediglich zu beurteilen, wenn die Verwaltungsratsmitglieder gleichzeitig auch zu geschäftsführenden Direktoren bestellt werden und diesbezüglich ein Anstellungsvertrag geschlossen wird. In einem solchen Fall sind sogar drei voneinander unabhängige Rechtsbeziehungen zu unterscheiden. 217

---

646 Näher hierzu KommAktG/*Siems*, Art. 49 SE-VO Rn 9 ff; *Schwarz*, Art. 49 SE-VO Rn 12; Manz/Mayer/Schröder/*Manz*, Art. 49 SE-VO Rn 9 f.

647 Näher hierzu KommAktG/*Siems*, Art. 49 SE-VO Rn 13 ff; MüKo-AktG/*Reichert/Brandes*, Art. 49 SE-VO Rn 9 ff; *Schwarz*, Art. 49 SE-VO Rn 14 ff; Manz/Mayer/Schröder/*Manz*, Art. 49 SE-VO Rn 12 ff.

648 MüKo-AktG/*Reichert/Brandes*, Art. 39 SE-VO Rn 11; *Hommelhoff*, AG 2003, 179, 180; *Veil*, WM 2003, 2169, 2172; *Brandi*, NZG 2003, 889, 890; *Habersack*, ZGR 2003, 724, 742; vgl zum anwendbaren Konzernrecht *Jaecks/Schönborn*, RIW 2003, 254.

649 MüKo-AktG/*Reichert/Brandes*, Art. 39 SE-VO Rn 40.

650 KommAktG/*Paefgen*, Art. 39 SE-VO Rn 87; Manz/Mayer/Schröder/*Manz*, Art. 39 SE-VO Rn 42.

651 KommAktG/*Siems*, Anh Art. 51 SE-VO § 38 SEAG Rn 11; Lutter/Hommelhoff/*Teichmann*, Anh Art. 43 SE-VO (§ 28 SEAG) Rn 5; aA *Schwarz*, Art. 43 SE-VO Rn 117 f, Anh Rn 249; Manz/Mayer/Schröder/*Manz*, Art. 43 SE-VO Rn 33.

(2) Organstellung des Verwaltungsrats

(a1) Funktion des Verwaltungsrats

218 Die Hauptaufgaben des Verwaltungsrats als Kollegialorgan liegen nach § 22 Abs. 1 S. 1 SEAG in der Gesellschaftsleitung, der Bestimmung der Grundlinien der Tätigkeit der Gesellschaft und der Überwachung einer entsprechenden Umsetzung.[652] Der Verwaltungsrat trägt die Letztverantwortung für die Unternehmenspolitik und die strategischen Entscheidungen.[653] Soweit es um Fragen des Tagesgeschäfts geht, überwacht er die geschäftsführenden Direktoren und zieht deren Geschäftsführungsbefugnis durch Ausübung des Weisungsrechts an sich, wenn er das für angemessen hält.[654] Rechtlich ist das Verwaltungsorgan das einzige geschäftsführende Organ der SE.[655]

(a2) Begründung der Organstellung

219 Seine Organstellung erlangt das Verwaltungsratsmitglied grds. aufgrund seiner **Bestellung** durch die Hauptversammlung, Art. 43 Abs. 3 S. 1 SE-VO. Allerdings können Verwaltungsratsmitglieder auch gem. § 28 Abs. 2 SEAG iVm § 101 Abs. 2 AktG durch **Entsendung** bestellt werden.[656] Soweit Arbeitnehmervertreter im Verwaltungsrat der mitbestimmten SE betroffen sind, richtet sich die Bestellung grds. nach der Mitbestimmungsvereinbarung nach § 21 SEBG, welche die Zuständigkeit für die Bestellung der Arbeitnehmervertreter im Verwaltungsrat abweichend von Art. 43 Abs. 3 S. 1 SE-VO regeln kann.[657] Sollte die in den §§ 35 ff SEBG geregelte Mitbestimmung kraft Gesetzes zur Anwendung kommen, erfolgt die Bestellung der Arbeitnehmervertreter gem. § 36 Abs. 4 SEBG durch die Hauptversammlung; diese ist dabei an die von der Arbeitnehmerseite unterbreiteten Wahlvorschläge gebunden.[658] Die Bestellung bedarf der ausdrücklichen oder konkludenten Annahme durch den Bestellten.[659]

220 Gemäß Art. 46 Abs. 1 SE-VO werden die Mitglieder des Verwaltungsrats für einen in der Satzung bestimmten Zeitraum von **höchstens sechs Jahren** bestellt. Nach hM muss die Satzung allerdings nicht zwingend einen bestimmten Zeitraum festlegen,[660] sondern kann ohne Bestimmung einer exakten Amtszeit der Hauptversammlung eine Spanne möglicher Amtsperioden vorschreiben.[661] Eine Differenzierung bei Festlegung der Bestelldauer in der Satzung ist grds. aus sachlichen Gründen zulässig.[662] Bei einem entsandten Verwaltungsratsmitglied hingegen kann der entsendungsberechtigte Aktionär die Amtszeit bei der Entsendung im Rahmen der

---

652 Vgl MüKo-AktG/*Reichert/Brandes*, Art. 43 SE-VO Rn 5; *Schwarz*, Art. 43 SE-VO Rn 9 ff; Lutter/Hommelhoff/*Teichmann*, Art. 43 SE-VO Rn 63.

653 MüKo-AktG/*Reichert/Brandes*, Art. 38 SE-VO Rn 6; vgl auch *Schwarz*, Art. 43 SE-VO Anh Rn 47; Spindler/Stilz/*Eberspächer*, Art. 43 SE-VO Rn 5.

654 MüKo-AktG/*Reichert/Brandes*, Art. 38 SE-VO Rn 6; ähnl. auch Spindler/Stilz/*Eberspächer*, Art. 43 SE-VO Rn 6; Manz/Mayer/Schröder/*Manz*, Art. 43 SE-VO Rn 18; Lutter/Hommelhoff/*Teichmann*, Anh Art. 43 SE-VO (§ 22 SEAG) Rn 14.

655 KommAktG/*Siems*, Art. 43 SE-VO Rn 24.

656 MüKo-AktG/*Reichert/Brandes*, Art. 43 SE-VO Rn 38; *Schwarz*, Art. 43 SE-VO Anh Rn 139; Manz/Mayer/Schröder/*Manz*, Art. 43 SE-VO Rn 88; Lutter/Hommelhoff/*Teichmann*, Art. 43 SE-VO Rn 45.

657 MüKo-AktG/*Reichert/Brandes*, Art. 43 SE-VO Rn 26; vgl auch *Schwarz*, Art. 43 SE-VO Rn 110.

658 MüKo-AktG/*Reichert/Brandes*, Art. 43 SE-VO Rn 27; *Schwarz*, Art. 43 SE-VO Rn 108; Manz/Mayer/Schröder/*Manz*, Art. 43 SE-VO Rn 45.

659 KommAktG/*Siems*, Art. 46 SE-VO Rn 10; Lutter/Hommelhoff/*Teichmann*, Anh Art. 43 SE-VO (§ 28 SEAG) Rn 3.

660 *Schwarz*, Art. 46 SE-VO Rn 13; so aber KommAktG/*Paefgen*, Art. 39 SE-VO Rn 51, da anderes den Wortlaut des Art. 46 Abs. 1 SE-VO strapaziere und die Regelungssystematik entgegenstehe. Ebenso KommAktG/*Siems*, Art. 46 SE-VO Rn 12; Lutter/Hommelhoff/*Teichmann*, Art. 46 SE-VO Rn 4.

661 MüKo-AktG/*Reichert/Brandes*, Art. 46 SE-VO Rn 3 mwN, 10; *Schwarz*, Art. 46 SE-VO Rn 13; Spindler/Stilz/*Eberspächer*, Art. 46 SE-VO Rn 5; *Hoffmann-Becking*, ZGR 2004, 355, 364.

662 KommAktG/*Siems*, Art. 46 SE-VO Rn 13, 17; *Schwarz*, Art. 46 SE-VO Rn 11; Spindler/Stilz/*Eberspächer*, Art. 46 SE-VO Rn 5: Manz/Mayer/Schröder/*Manz*, Art. 46 SE-VO Rn 1; Lutter/Hommelhoff/*Teichmann*, Art. 46 SE-VO Rn 4.

Höchstdauer des Art. 46 SE-VO frei bestimmen.[663] Aufgrund der Möglichkeit der jederzeitigen Abberufung durch den Entsendungsberechtigten nach § 29 Abs. 2 SEAG gilt dies auch, wenn die Satzung eine bestimmte Amtszeit für die Verwaltungsratsmitglieder festlegt.[664]

Eine Wiederbestellung ist grds. möglich, Art. 46 Abs. 2 SE-VO,[665] eine automatische Verlänge- 221
rung der Bestelldauer hingegen nicht.[666] Bezüglich des Zeitpunkts der Wiederbestellung ist deutsches Recht anwendbar,[667] dieses enthält allerdings nur eine Regelung zu Vorstandsmitgliedern. Ob bei Verwaltungsratsmitgliedern eine europarechtliche Missbrauchsschranke von bis zu zwölf Monaten bis Ende der Amtszeit zum Tragen kommt oder eine analoge Anwendung des § 84 Abs. 1 S. 3 AktG, ist umstritten.[668] Nach hM im Aktienrecht muss bei Aufsichtsräten der Rest der Laufzeit in die Amtszeit der neuen Bestellung miteingerechnet werden.[669]

Nach Art. 45 S. 1 SE-VO wählt der Verwaltungsrat aus seiner Mitte einen **Vorsitzenden.** Wenn 222
die Hälfte der Mitglieder des Verwaltungsrats von den Arbeitnehmern bestellt wurde, so muss der Vorsitzende ein von der Hauptversammlung der Aktionäre bestelltes Mitglied sein, Art. 45 S. 2 SE-VO.

(a3) Persönliche Anforderungen

Aufgrund der Regelung des Art. 47 Abs. 2 SE-VO gelten für den Verwaltungsrat § 76 Abs. 3 223
S. 1 und 2 bzw S. 3 und 4 AktG, § 100 Abs. 1, 2, § 105 Abs. 1 Fälle 2 und 3 AktG.[670] Zudem enthält auch § 27 Abs. 1 SEAG dem § 100 Abs. 2 AktG entsprechende persönliche Voraussetzungen und § 27 Abs. 3 SEAG das Verbot einer Mitgliedschaft im Verwaltungsrat für juristische Personen.

Bleibt das Auswahlermessen der Hauptversammlung in ausreichendem Umfang erhalten, kön- 224
nen – wie auch beim Vorstand der dualistischen AG – in der Satzung zusätzliche Voraussetzungen persönlicher oder sachlicher Art vorgeschrieben werden.[671]

Bei Fehlen oder Wegfall der Bestellungsvoraussetzungen gilt grds. deutsches Recht,[672] so dass 225
die Bestellung gem. § 134 BGB nichtig ist, soweit gesetzliche Eignungsvoraussetzungen betrof-

---

663 MüKo-AktG/*Reichert/Brandes*, Art. 43 SE-VO Rn 39.

664 MüKo-AktG/*Reichert/Brandes*, Art. 43 SE-VO Rn 39.

665 KommAktG/*Siems*, Art. 46 SE-VO Rn 17; MüKo-AktG/*Reichert/Brandes*, Art. 46 SE-VO Rn 7; *Schwarz*, Art. 46 SE-VO Rn 18; Manz/Mayer/Schröder/*Manz*, Art. 46 SE-VO Rn 4.

666 MüKo-AktG/*Reichert/Brandes*, Art. 46 SE-VO Rn 6; Spindler/Stilz/*Eberspächer*, Art. 46 SE-VO Rn 6; Lutter/Hommelhoff/*Teichmann*, Art. 46 SE-VO Rn 10.

667 KommAktG/*Siems*, Art. 46 SE-VO Rn 18; MüKo-AktG/*Reichert/Brandes*, Art. 46 SE-VO Rn 7; Manz/Mayer/Schröder/*Manz*, Art. 46 SE-VO Rn 5.

668 Vgl KommAktG/*Siems*, Art. 46 SE-VO Rn 19 ff.

669 MüKo-AktG/*Reichert/Brandes*, Art. 46 SE-VO Rn 12; Manz/Mayer/Schröder/*Manz*, Art. 46 SE-VO Rn 8.

670 KommAktG/*Siems*, Art. 47 SE-VO Rn 23; MüKo-AktG/*Reichert/Brandes*, Art. 47 SE-VO Rn 27 f; Manz/Mayer/Schröder/*Manz*, Art. 47 SE-VO Rn 15; aA *Schwarz*, Art. 43 SE-VO Anh Rn 117, demzufolge nur auf das jeweilige Organ verwiesen werde und mangels dem Verwaltungsrat entsprechenden Organs in Deutschland auf keine deutsche Norm verwiesen werde. Deshalb plädiert er dafür, im Rahmen des § 27 SEAG die Vorschrift des § 76 Abs. 3 AktG analog anzuwenden, *ders.*, Art. 43 SE-VO Rn 115 f; so auch Spindler/Stilz/*Eberspächer*, Art. 47 SE-VO Rn 6; Lutter/Hommelhoff/*Teichmann*, Anh Art. 43 SE-VO (§ 27 SEAG) Rn 3 f, Art. 47 SE-VO Rn 12 ff.

671 KommAktG/*Siems*, Art. 47 SE-VO Rn 32; *Schwarz*, Art. 47 SE-VO Rn 42 f; Spindler/Stilz/*Eberspächer*, Art. 47 SE-VO Rn 8; Manz/Mayer/Schröder/*Manz*, Art. 47 SE-VO Rn 19; Lutter/Hommelhoff/*Teichmann*, Art. 47 SE-VO Rn 21.

672 KommAktG/*Siems*, Art. 47 SE-VO Rn 36; MüKo-AktG/*Reichert/Brandes*, Art. 47 SE-VO Rn 39; Lutter/Hommelhoff/*Teichmann*, Art. 47 SE-VO Rn 17; nach aA ergibt sich die Nichtigkeitsfolge unmittelbar aus Art. 47 Abs. 2 SE-VO, *Schwarz*, Art. 47 SE-VO Rn 36 f.

fen sind.[673] Hingegen begründet das Fehlen statutarischer Voraussetzungen lediglich einen wichtigen Grund zur Abberufung des Verwaltungsratsmitglieds.[674]

(a4) Beendigung der Organstellung

226 Die Organstellung verliert ein Verwaltungsratsmitglied durch **Abberufung**. Diese ist in der SE-VO nicht geregelt[675] und richtet sich deshalb nach nationalem Recht. Die Regelung des § 29 SEAG entspricht den Regelungen für Aufsichtsratsmitglieder nach § 103 AktG.[676] Verwaltungsratsmitglieder können also jederzeit ohne wichtigen Grund durch die Hauptversammlung mit (qualifizierter) Mehrheit (§ 29 Abs. 1, Abs. 2 S. 2 SEAG) oder durch den Entsendungsberechtigten (§ 29 Abs. 2 S. 1 SEAG) oder bei Vorliegen eines wichtigen Grundes durch das Gericht (§ 29 Abs. 3 SEAG) abberufen werden. Umstritten ist, ob die Satzung das Abberufungsrecht der Hauptversammlung an das Vorliegen eines wichtigen Grundes knüpfen darf.[677] Der wichtige Grund nach § 29 Abs. 3 SEAG ist aufgrund der unterschiedlichen Stellung von Aufsichtsrat und Verwaltungsrat nicht ohne Weiteres identisch mit dem des § 103 Abs. 3 AktG.[678] Hier ist vielmehr auch der Begriff des wichtigen Grundes zur Abberufung von Vorstandsmitgliedern nach § 84 Abs. 3 AktG heranzuziehen.[679] Weiterhin muss berücksichtigt werden, dass § 29 SEAG für die Arbeitnehmervertreter im Verwaltungsrat durch § 37 Abs. 1 S. 4 SEBG verdrängt wird.[680]

227 Weitere Beendigungstatbestände ergeben sich aus deutschem Recht,[681] so dass – wie auch beim SE-Vorstand – das Mandat auch durch **Amtsniederlegung**, einvernehmliche Aufhebung, bei gesellschaftsrechtlichen Umwandlungen, durch Zeitablauf sowie durch Tod oder Verlust der unbeschränkten Geschäftsfähigkeit und anderer gesetzlicher Eignungsvoraussetzungen des Vorstandsmitglieds erlöschen kann.[682]

(3) Inhalt des Organverhältnisses

(a1) Pflichten

228 Viele der Aufgaben des Verwaltungsrats bzw eines Verwaltungsratsmitglieds sind gesetzlich geregelt. So führt das Verwaltungsorgan gem. Art. 43 Abs. 1 S. 1 SE-VO die Geschäfte der SE. Der Begriff der **Geschäftsführung** ist nicht gemeinschaftsrechtlich vorgegeben.[683] Der Verwaltungsrat leitet nach § 22 Abs. 1 S. 1 SEAG die Gesellschaft, bestimmt die Grundlinien ihrer Tätigkeit und überwacht deren Umsetzung als Kollegialorgan.[684] Er trägt die Letztverantwortung

---

673 MüKo-AktG/*Reichert/Brandes*, Art. 43 SE-VO Rn 51, Art. 47 SE-VO Rn 39; vgl auch Fleischer/*Thüsing*, Hdb VorstandsR, § 4 Rn 17; MünchHdb-GesR AG/*Wiesner*, § 20 Rn 8; Henn/Frodermann/Jannott/*Frodermann/Schäfer*, Hdb AktR, Kap. 7 Rn 30; iE ebenso *Schwarz*, Art. 47 SE-VO Rn 36 f.

674 MüKo-AktG/*Reichert/Brandes*, Art. 43 SE-VO Rn 52, Art. 47 SE-VO Rn 39; *Schwarz*, Art. 47 SE-VO Rn 45.

675 KommAktG/*Siems*, Art. 43 SE-VO Rn 62; MüKo-AktG/*Reichert/Brandes*, Art. 43 SE-VO Rn 47; *Schwarz*, Art. 43 SE-VO Rn 120; Manz/Mayer/Schröder/*Manz*, Art. 43 SE-VO Rn 32, 49; Lutter/Hommelhoff/*Teichmann*, Art. 43 SE-VO Rn 49.

676 MüKo-AktG/*Reichert/Brandes*, Art. 43 SE-VO Rn 49; KommAktG/*Siems*, Anh Art. 51 SE-VO § 29 SEAG Rn 4; *Schwarz*, Art. 43 SE-VO Anh Rn 145; Manz/Mayer/Schröder/*Manz*, Art. 43 SE-VO Rn 92.

677 So Lutter/Hommelhoff/*Teichmann*, Anh Art. 43 SE-VO (§ 29 SEAG) Rn 10; aA KommAktG/*Siems*, Anh Art. 51 SE-VO § 29 SEAG Rn 6, der dies damit begründet, dass § 29 Abs. 1 S. 3 SEAG nur Verfahrensregelungen betreffe.

678 KommAktG/*Siems*, Anh Art. 51 SE-VO § 29 SEAG Rn 8.

679 KommAktG/*Siems*, Anh Art. 51 SE-VO § 29 SEAG Rn 8.

680 MüKo-AktG/*Reichert/Brandes*, Art. 43 SE-VO Rn 50; *Schwarz*, Art. 43 SE-VO Anh Rn 152.

681 KommAktG/*Siems*, Art. 43 SE-VO Rn 62, Art. 46 SE-VO Rn 3.

682 Vgl MüKo-AktG/*Reichert/Brandes*, Art. 43 SE-VO Rn 46; KommAktG/*Siems*, Art. 46 SE-VO Rn 3.

683 KommAktG/*Siems*, Art. 43 SE-VO Rn 10.

684 MüKo-AktG/*Reichert/Brandes*, Art. 43 SE-VO Rn 5; Manz/Mayer/Schröder/*Manz*, Art. 43 SE-VO Rn 61.

für die Unternehmenspolitik und die strategischen Entscheidungen.[685] Die Leitung umfasst (1) das Festlegen der Unternehmensstrategie,[686] (2) die Finanzverantwortung,[687] (3) die Organisationsverantwortung[688] und (4) die Kontrollfunktion.[689]

Art. 43 Abs. 4 SE-VO macht eine Delegation der Geschäftsführung nach deutschem Recht möglich.[690] Dementsprechend wird dem Verwaltungsrat gem. § 40 Abs. 1 S. 1 SEAG zwingend die Bestellung von **geschäftsführenden Direktoren** aufgegeben. Soweit es um Fragen des Tagesgeschäfts geht, überwacht der Verwaltungsrat die geschäftsführenden Direktoren und zieht deren Geschäftsführungsbefugnis durch Ausübung des Weisungsrechts an sich, wenn er das für angemessen hält.[691] Gleichzeitig darf sich der Verwaltungsrat nicht so sehr im Tagesgeschäft engagieren, dass den geschäftsführenden Direktoren die Geschäftsführung iSd § 40 Abs. 2 S. 2 SEAG entzogen würde.[692] Gleichzeitig folgt aus § 40 Abs. 2 S. 3 SEAG ein Delegationsverbot für Aufgaben, die gesetzlich dem Verwaltungsrat zugewiesen sind.[693] Davon abgesehen bestehen keine Grenzen für eine Delegation, welche aber immer unter dem Vorbehalt der Überwachungspflicht des Verwaltungsrats steht.[694] 229

Weitere Pflichten des Verwaltungsrats sind die Einberufung der Hauptversammlung (§ 22 Abs. 2 S. 1 SEAG),[695] die Vorbereitung und Ausführung von Hauptversammlungsbeschlüssen gem. § 22 Abs. 2 S. 3 SEAG iVm § 83 AktG,[696] die Berichtspflichten gegenüber der Hauptversammlung (§ 22 Abs. 3 und 5 S. 2 SEAG, § 171 Abs. 2 AktG),[697] die Buchführungs- und Überwachungspflichten gem. § 22 Abs. 3 SEAG,[698] Pflichten bei Verlust, Überschuldung und Zahlungsunfähigkeit nach § 22 Abs. 5 SEAG[699] sowie die Feststellung des Jahresabschlusses (§ 47 Abs. 5 und 6 SEAG). Zu den Pflichten des Verwaltungsrats einer SE gehört auch die Berücksichtigung des DCGK und die Pflicht zur Entsprechenserklärung nach § 161 AktG iVm Art. 9 Abs. 1 lit. c ii) SE-VO bzw § 22 Abs. 6 SEAG.[700] 230

685 MüKo-AktG/*Reichert/Brandes*, Art. 38 SE-VO Rn 6; KommAktG/*Siems*, Anh Art. 51 SE-VO § 22 SEAG Rn 14; vgl auch Manz/Mayer/Schröder/*Manz*, Art. 43 SE-VO Rn 61.

686 KommAktG/*Siems*, Anh Art. 51 SE-VO § 22 SEAG Rn 11, MüKo-AktG/*Reichert/Brandes*, Art. 43 SE-VO Rn 76; Manz/Mayer/Schröder/*Manz*, Art. 43 SE-VO Rn 61; *Thamm*, NZG 2008, 132.

687 KommAktG/*Siems*, Anh Art. 51 SE-VO § 22 SEAG Rn 12; MüKo-AktG/*Reichert/Brandes*, Art. 43 SE-VO Rn 80 ff.

688 KommAktG/*Siems*, Anh Art. 51 SE-VO § 22 SEAG Rn 13; MüKo-AktG/*Reichert/Brandes*, Art. 43 SE-VO Rn 77 f; Manz/Mayer/Schröder/*Manz*, Art. 43 SE-VO Rn 61; *Thamm*, NZG 2008, 132.

689 KommAktG/*Siems*, Anh Art. 51 SE-VO § 22 SEAG Rn 14; MüKo-AktG/*Reichert/Brandes*, Art. 43 SE-VO Rn 91 ff; Lutter/Hommelhoff/*Teichmann*, Anh Art. 43 SE-VO (§ 22 SEAG) Rn 15; *Thamm*, NZG 2008, 132.

690 KommAktG/*Siems*, Art. 43 SE-VO Rn 12.

691 MüKo-AktG/*Reichert/Brandes*, Art. 38 SE-VO Rn 6.

692 KommAktG/*Siems*, Anh Art. 51 SE-VO § 22 SEAG Rn 6.

693 KommAktG/*Siems*, Anh Art. 51 SE-VO § 22 SEAG Rn 6; *Schwarz*, Art. 43 SE-VO Anh Rn 279; Manz/Mayer/Schröder/*Manz*, Art. 43 SE-VO Rn 143.

694 KommAktG/*Siems*, Anh Art. 51 SE-VO § 40 SEAG Rn 54.

695 Vgl hierzu MüKo-AktG/*Reichert/Brandes*, Art. 43 SE-VO Rn 97 f; *Schwarz*, Art. 43 SE-VO Anh Rn 51 ff; Manz/Mayer/Schröder/*Manz*, Art. 43 SE-VO Rn 62; Lutter/Hommelhoff/*Teichmann*, Anh Art. 43 SE-VO (§ 22 SEAG) Rn 17 f.

696 Vgl hierzu MüKo-AktG/*Reichert/Brandes*, Art. 43 SE-VO Rn 99 ff; *Schwarz*, Art. 43 SE-VO Anh Rn 55 ff; Manz/Mayer/Schröder/*Manz*, Art. 43 SE-VO Rn 63; Lutter/Hommelhoff/*Teichmann*, Anh Art. 43 SE-VO (§ 22 SEAG) Rn 23 f.

697 Vgl hierzu MüKo-AktG/*Reichert/Brandes*, Art. 43 SE-VO Rn 102.

698 Vgl hierzu *Schwarz*, Art. 43 SE-VO Anh Rn 59 ff; Manz/Mayer/Schröder/*Manz*, Art. 43 SE-VO Rn 64; Lutter/Hommelhoff/*Teichmann*, Anh Art. 43 SE-VO (§ 22 SEAG) Rn 25 ff.

699 Vgl hierzu *Schwarz*, Art. 43 SE-VO Anh Rn 67 ff; Manz/Mayer/Schröder/*Manz*, Art. 43 SE-VO Rn 65; Lutter/Hommelhoff/*Teichmann*, Anh Art. 43 SE-VO (§ 22 SEAG) Rn 21 f, 35 ff.

700 KommAktG/*Siems*, Anh Art. 51 SE-VO § 22 SEAG Rn 34; MüKo-AktG/*Reichert/Brandes*, Art. 39 SE-VO Rn 7.

231 Pflichten des einzelnen Verwaltungsratsmitglieds sind u.a. das Wettbewerbsverbot gem. § 88 AktG iVm § 22 Abs. 6 SEAG, die Sorgfaltspflichten gem. Art. 51 SE-VO iVm § 93 AktG und die Verschwiegenheitspflicht nach Art. 49 SE-VO (s. hierzu § 3 Rn 213 f).

232 Die **Haftung der Verwaltungsratsmitglieder** richtet sich gem. Art. 51 SE-VO nach nationalem Recht, also insb. nach § 39 SEAG iVm § 93 AktG. Die Kompetenzen des Verwaltungsrats sind aber nicht identisch mit denen des Vorstands oder des Aufsichtsrats und stellen auch keine Kombination aus beiden dar; es bestehen vielmehr Besonderheiten für den Verwaltungsrat gegenüber Vorstand und Aufsichtsrat.[701] Deshalb ist hinsichtlich der Sorgfaltspflichten eine Differenzierung nach Verantwortungsbereichen geboten.[702] So sind uU an geschäftsführende Verwaltungsratsmitglieder strengere Anforderungen zu stellen als an nicht geschäftsführende Verwaltungsratsmitglieder.[703] Die Außenhaftung der Verwaltungsratsmitglieder richtet sich gem. Art. 9 Abs. 1 lit. c) ii SE-VO nach deutschem Recht und entspricht der von Vorstands- und Aufsichtsratsmitgliedern.[704] Im Hinblick auf den Selbstbehalt bei der D&O-Versicherung gebührt Verwaltungsratsmitgliedern keine Privilegierung wie beim Aufsichtsrat, sie sind in diesem Punkt vielmehr wie Vorstandsmitglieder zu behandeln.[705]

(a2) Rechte

233 Die **Vergütung** von Verwaltungsratsmitgliedern wird nicht durch die SE-VO geregelt,[706] so dass deutsches Recht anwendbar ist, § 113 AktG iVm § 38 Abs. 1 SEAG. Die Vergütung wird also in der Satzung oder durch Hauptversammlungsbeschluss festgelegt, § 113 Abs. 1 S. 2 AktG. Sie soll in einem angemessenen Verhältnis zu den Aufgaben der Verwaltungsratsmitglieder und der Lage der Gesellschaft stehen, § 113 Abs. 1 S. 3 AktG.[707] Für die Ausgestaltung der leistungsbezogenen Vergütung kann eine Beteiligung am Jahresgewinn nach § 38 Abs. 1 SEAG iVm § 113 Abs. 3 AktG vorgesehen werden. Auch eine Gewährung von Aktienoptionen ist möglich.[708] In diesem Zusammenhang kommt es nicht zu einer Übertragung der BGH-Rspr zum Verbot von Aktienoptionen bei Aufsichtsräten auf den Verwaltungsrat.[709] Auch eine analoge Anwendung von § 87 AktG ist weder notwendig noch zulässig.[710] Wie gegenüber dem Aufsichtsrat hat die Hauptversammlung auch gegenüber dem Verwaltungsrat **kein Weisungsrecht.**[711]

---

701 KommAktG/*Siems*, Anh Art. 51 SE-VO § 39 SEAG Rn 10 ff; Manz/Mayer/Schröder/*Manz*, Art. 43 SE-VO Rn 124; aA wohl MüKo-AktG/*Reichert/Brandes*, Art. 51 SE-VO Rn 13.

702 MüKo-AktG/*Reichert/Brandes*, Art. 51 SE-VO Rn 14 ff.

703 KommAktG/*Siems*, Anh Art. 51 SE-VO § 39 SEAG Rn 16 ff; Manz/Mayer/Schröder/*Manz*, Art. 43 SE-VO Rn 124; ähnl. auch MüKo-AktG/*Reichert/Brandes*, Art. 51 SE-VO Rn 15 ff. *Forst*, ZIP 2010, 1786, 1788 plädiert sogar für eine analoge Anwendung des § 116 S. 1 und 3 AktG auf die nicht geschäftsführenden Mitglieder des Verwaltungsrats.

704 KommAktG/*Siems*, Anh Art. 51 SE-VO § 39 SEAG Rn 5.

705 MüKo-AktG/*Reichert/Brandes*, Art. 51 SE-VO Rn 7; aA *Forst*, ZIP 2010, 1786, 1788.

706 KommAktG/*Siems*, Art. 43 SE-VO Rn 70.

707 Zur Aufsichtsratsvergütung vgl *Maser/Göttle*, NZG 2013, 201.

708 KommAktG/*Siems*, Anh Art. 51 SE-VO § 38 SEAG Rn 8; *Schwarz*, Art. 43 SE-VO Anh Rn 250; Manz/Mayer/Schröder/*Manz*, Art. 43 SE-VO Rn 121; Lutter/Hommelhoff/*Teichmann*, Anh Art. 43 SE-VO (§ 38 SEAG) Rn 8; *Bachmann*, ZGR 2008, 779, 795 ff.

709 KommAktG/*Siems*, Anh Art. 51 SE-VO § 38 SEAG Rn 8; *Bachmann*, ZGR 2008, 779, 796 f.

710 KommAktG/*Siems*, Anh Art. 51 SE-VO § 38 SEAG Rn 9; aA *Schwarz*, Art. 43 SE-VO Anh Rn 250.

711 MüKo-AktG/*Reichert/Brandes*, Art. 38 SE-VO Rn 15, Art. 43 SE-VO Rn 9; KommAktG/*Siems*, Anh Art. 51 SE-VO § 22 SEAG Rn 17.

cc) Doppelrechtsbeziehung der geschäftsführenden Direktoren zur Gesellschaft

(1) Trennungstheorie

Bei geschäftsführenden Direktoren ist wie bei Vorstandsmitgliedern zwischen Organstellung und Anstellungsvertrag zu unterscheiden.[712] Sie stehen deshalb zur Gesellschaft in einer Doppelstellung. Diese beiden Beziehungen sind als rechtlich unabhängig voneinander zu betrachten; die **Trennungstheorie** gilt auch hier. 234

(2) Organstellung der geschäftsführenden Direktoren

(a1) Funktion des geschäftsführenden Direktors

Hauptaufgabe der geschäftsführenden Direktoren ist die Geschäftsführung der SE, § 40 Abs. 2 S. 1 SEAG, sowie die Vertretung der SE, § 41 Abs. 1 SEAG. Ihnen werden durch den Gesetzgeber die Vorstandsaufgaben zugewiesen, die der laufenden Geschäftsführung zuzuordnen sind, wogegen die strategischen Weichenstellungen im Unternehmen beim Verwaltungsrat verbleiben.[713] Dieser stellt in rechtlicher Sicht das einzige geschäftsführende Organ der monistischen SE dar.[714] Eine **Kompetenzabgrenzung** zwischen geschäftsführenden Direktoren (Geschäftsführung) und Verwaltungsrat als solchem (Leitung der Gesellschaft) ist praktisch allerdings schwierig, insb. da Art. 43 Abs. 1 S. 1 SE-VO die Geschäftsführung zwingend dem Verwaltungsorgan zuspricht.[715] Die geschäftsführenden Direktoren sind dem Verwaltungsrat hierarchisch untergeordnet,[716] dieser kann den geschäftsführenden Direktoren jederzeit Weisungen erteilen, § 44 Abs. 2 SEAG,[717] sowie diese grds. jederzeit auch ohne wichtigen Grund abberufen, § 40 Abs. 5 S. 1 SEAG.[718] Die Rechtsstellung des geschäftsführenden Direktors ist damit derjenigen des GmbH-Geschäftsführers angenähert.[719] 235

Bezüglich des personellen Verhältnisses von Verwaltungsrat und geschäftsführenden Direktoren kommen **fünf Ausgestaltungsmöglichkeiten** einer Überschneidung oder Trennung von Verwaltungsorgantätigkeit und Geschäftsführung in Betracht:[720] (1) Klassisches Modell des einheitlichen Verwaltungsorgans (*unitary board*), (2) Verwaltungsorgan als Überwachungsorgan (*monitoring board*), (3) Modell der beschränkten Personalunion, (4) Modell des ungleichen Verwaltungsorgans („Spiegeleimodell I") und (5) Modell der ungleichen Geschäftsführer („Spiegeleimodell II"). 236

In Deutschland sind nur die Modelle 2, 3 und 4 zulässig, da die Mehrheit im Verwaltungsrat aus nicht geschäftsführenden Verwaltungsratsmitgliedern bestehen muss.[721] Im Falle von Modell 2 ergibt sich auch bei der monistischen SE eine gewisse Dualität der Organe, die durchaus an das Verhältnis von Aufsichtsrat und Vorstand erinnert. Auch die Kombination der Funktionen des **chairman of the board** und des **chief executive officers** ist nach den Regelungen zur

---

712 KommAktG/*Siems*, Anh Art. 51 SE-VO § 40 SEAG Rn 10.

713 MüKo-AktG/*Reichert/Brandes*, Art. 43 SE-VO Rn 7; Manz/Mayer/Schröder/*Manz*, Art. 43 SE-VO Rn 140; vgl auch *Kallmeyer*, ZIP 2003, 1531, 1532.

714 KommAktG/*Siems*, Art. 43 SE-VO Rn 24.

715 Zur Abgrenzung vgl *Ihrig*, ZGR 2008, 809, 813 ff.

716 MüKo-AktG/*Reichert/Brandes*, Art. 43 SE-VO Rn 13; Lutter/Hommelhoff/*Teichmann*, Anh Art. 43 SE-VO (§ 22 SEAG) Rn 12; *Thamm*, NZG 2008, 132; zur entsprechenden Weisungsabhängigkeit vgl *Ihrig*, ZGR 2008, 809, 818 ff.

717 Zu den Grenzen des Weisungsrechts vgl *Ihrig*, ZGR 2008, 809, 823 ff.

718 Zu den Grenzen der sofortigen Abberufbarkeit vgl *Ihrig*, ZGR 2008, 809, 822 f.

719 MüKo-AktG/*Reichert/Brandes*, Art. 43 SE-VO Rn 132; Lutter/Hommelhoff/*Teichmann*, Anh Art. 43 SE-VO (§ 40 SEAG) Rn 5.

720 KommAktG/*Siems*, Art. 43 SE-VO Rn 25 ff; vgl auch *Ihrig*, ZGR 2008, 809, 811.

721 KommAktG/*Siems*, Art. 43 SE-VO Rn 25 ff; vgl auch *Ihrig*, ZGR 2008, 809, 811.

deutschen SE zulässig.[722] Verwaltungsratsvorsitzender und geschäftsführender Direktor – sogar als Vorsitzender der Geschäftsleitung – können personenidentisch sein.[723]

(a2) Begründung der Organstellung

237 Seine Stellung erlangt der geschäftsführende Direktor aufgrund der **Bestellung** durch den Verwaltungsrat, welcher das Bestellungsmonopol für geschäftsführende Direktoren innehat, § 40 Abs. 1 S. 1 SEAG. Gemäß § 34 Abs. 4 S. 2 SEAG kann diese Aufgabe nicht einem Ausschuss übertragen werden, es muss also zwingend das Verwaltungsratsplenum über die Bestellung entscheiden. Die Bestellung bedarf der ausdrücklichen oder konkludenten Annahme durch den Bestellten.[724] Werden Mitglieder des Verwaltungsrats zu geschäftsführenden Direktoren bestellt, sind sie bei der Beschlussfassung über die Bestellung stimmberechtigt, da das Stimmverbot des § 34 BGB nicht greift.[725]

238 Mangels Anwendbarkeit des Art. 46 Abs. 1 SE-VO auf geschäftsführende Direktoren aufgrund fehlender Organqualität iSd SE-VO hängt die Bestellungsdauer von der Bestellungsentscheidung des Verwaltungsrats ab.[726] Erfolgt eine Bestellung ohne Festlegung der Bestelldauer, ist der geschäftsführende Direktor auf unbestimmte Zeit bestellt.[727] Gemäß § 40 Abs. 1 S. 5 SEAG kann jedoch die Satzung in den gesetzlichen Grenzen Regelungen zur Bestelldauer treffen.[728] Eine Wiederbestellung ist grds. möglich und der Regelung durch die Satzung zugänglich.[729] Der Verwaltungsrat kann jederzeit über die Wiederbestellung eines geschäftsführenden Direktors beschließen;[730] § 84 Abs. 1 S. 3 AktG ist aufgrund seines Sinns und Zwecks nicht anwendbar, da keine maximale Amtszeit umgangen werden kann.[731]

239 Auch bei geschäftsführenden Direktoren kommen die Grundsätze des deutschen Aktienrechts bzw GmbH-Rechts zur **fehlerhaften Bestellung** von Vorstandsmitgliedern sinngemäß zur Anwendung.[732]

(a3) Beendigung der Organstellung

240 Seine Stellung verliert der geschäftsführende Direktor durch den **Widerruf der Bestellung** durch den nach § 40 Abs. 5 S. 1 SEAG zuständigen Verwaltungsrat. Für den Widerruf ist grds. kein wichtiger Grund notwendig.[733] Die Satzung kann allerdings inhaltliche Voraussetzungen für eine Abberufung vorsehen sowie das Verfahren regeln.[734] Eine Abberufung bei Vorliegen eines

---

722 *Thamm*, NZG 2008, 132, 134.

723 KommAktG/*Siems*, Anh Art. 51 SE-VO § 40 SEAG Rn 20; *Schwarz*, Art. 43 SE-VO Anh Rn 297; Manz/Mayer/Schröder/*Manz*, Art. 43 SE-VO Rn 132; *Thamm*, NZG 2008, 132, 133.

724 KommAktG/*Siems*, Anh Art. 51 SE-VO § 40 SEAG Rn 47; *Schwarz*, Art. 43 SE-VO Anh Rn 273; Spindler/Stilz/*Eberspächer*, Art. 43 SE-VO Rn 36; Lutter/Hommelhoff/*Teichmann*, Anh Art. 43 SE-VO (§ 40 SEAG) Rn 14.

725 MüKo-AktG/*Reichert/Brandes*, Art. 43 SE-VO Rn 122; Manz/Mayer/Schröder/*Manz*, Art. 43 SE-VO Rn 128; Lutter/Hommelhoff/*Teichmann*, Anh Art. 43 SE-VO (§ 40 SEAG) Rn 27; zur Regelung des § 35 Abs. 3 SEAG vgl *Siems*, NZG 2007, 129.

726 KommAktG/*Siems*, Anh Art. 51 SE-VO § 40 SEAG Rn 41; MüKo-AktG/*Reichert/Brandes*, Art. 43 SE-VO Rn 114; nach aA beträgt die Höchstdauer nach Art. 46 Abs. 1 SE-VO sechs Jahre, Manz/Mayer/Schröder/*Manz*, Art. 43 SE-VO Rn 134.

727 KommAktG/*Siems*, Anh Art. 51 SE-VO § 40 SEAG Rn 41.

728 MüKo-AktG/*Reichert/Brandes*, Art. 43 SE-VO Rn 114.

729 MüKo-AktG/*Reichert/Brandes*, Art. 43 SE-VO Rn 114.

730 KommAktG/*Siems*, Anh Art. 51 SE-VO § 40 SEAG Rn 41.

731 KommAktG/*Siems*, Anh Art. 51 SE-VO § 40 SEAG Rn 41.

732 KommAktG/*Siems*, Anh Art. 51 SE-VO § 40 SEAG Rn 50; MüKo-AktG/*Reichert/Brandes*, Art. 43 SE-VO Rn 123.

733 Zu den Grenzen der sofortigen Abberufbarkeit vgl *Ihrig*, ZGR 2008, 809, 822 f.

734 KommAktG/*Siems*, Anh Art. 51 SE-VO § 40 SEAG Rn 79; MüKo-AktG/*Reichert/Brandes*, Art. 43 SE-VO Rn 133; *Schwarz*, Art. 43 SE-VO Anh Rn 286; Spindler/Stilz/*Eberspächer*, Art. 43 SE-VO Rn 38; Manz/

wichtigen Grundes kann jedoch nicht ausgeschlossen werden.[735] Ein **wichtiger Grund** für die Abberufung eines geschäftsführenden Direktors ist nicht identisch mit dem bei Vorstandsmitgliedern oder GmbH-Geschäftsführern, da deren Stellung nicht identisch ist.[736] Der geschäftsführende Direktor ist im Hinblick auf seine Stellung vielmehr zwischen beiden Typen zu verorten.[737] Wird die Abberufung durch Satzung vollständig ausgeschlossen, folgt daraus keine Nichtigkeit der Regelung, sondern die Pflicht einer gesetzeskonformen Auslegung als Beschränkung der Abberufbarkeit auf wichtige Gründe.[738] Die Abberufung kann auch einem Ausschuss übertragen werden, da § 34 Abs. 4 S. 2 SEAG lediglich ein Delegationsverbot für die Bestellungsentscheidung, nicht aber für die Abberufung enthält.[739]

Für geschäftsführende Direktoren, die zugleich auch Mitglieder des Verwaltungsrats sind, ergeben sich bzgl der Abberufung grds. keine Besonderheiten.[740] Ist ein abzuberufender geschäftsführender Direktor gleichzeitig auch Verwaltungsratsmitglied, darf er grds. bei der Abberufungsentscheidung mitstimmen, sofern es nicht um eine Abberufung aus wichtigem Grund geht.[741] Die Abberufung als geschäftsführender Direktor bzw als Verwaltungsratsmitglied hat nicht automatisch die Beendigung des jeweiligen anderen Amtes zur Folge.[742] Dies ergibt sich schon aufgrund der unterschiedlichen Kompetenzverteilung für die Abberufung, die für geschäftsführende Direktoren beim Verwaltungsrat bzw für Verwaltungsratsmitglieder bei der Hauptversammlung liegt.[743] 241

Weitere Beendigungsgründe sind die Befristung der Bestellung, der Tod, der Verlust der unbeschränkten Geschäftsfähigkeit und das Erlöschen bzw die Umwandlung der Gesellschaft sowie die Amtsniederlegung.[744] 242

(3) Dienstverhältnis

(a1) Rechtsnatur

Bei dem Anstellungsvertrag eines geschäftsführenden Direktors dürfte es sich idR – wie bei GmbH-Geschäftsführern (vgl § 2 Rn 12) und AG-Vorständen (s. § 3 Rn 18) – um einen **Dienstvertrag** in der Gestalt eines **Geschäftsbesorgungsvertrages** gem. §§ 611 ff, 675 BGB handeln.[745] Dieser regelt die dem geschäftsführenden Direktor als Dienstverpflichteten – nicht als Organ – der AG obliegenden Rechte und Pflichten, insb. enthält er Regelungen zum Wettbewerbsverbot, zu Vergütung, Urlaub und Versorgungsansprüchen etc. (vgl hierzu § 3 Rn 254 ff, 257). 243

(a2) Eigenständigkeit des Dienstverhältnisses

Trotz der grundsätzlichen Trennung von Bestellung und Anstellung sind diese in bestimmten Punkten doch eng miteinander verknüpft. Die Auswirkungen der Trennung bei gleichzeitiger 244

Mayer/Schröder/*Manz*, Art. 43 SE-VO Rn 147; Lutter/Hommelhoff/*Teichmann*, Anh Art. 43 SE-VO (§ 40 SEAG) Rn 48.

735 KommAktG/*Siems*, Anh Art. 51 SE-VO § 40 SEAG Rn 79; MüKo-AktG/*Reichert/Brandes*, Art. 43 SE-VO Rn 134; Manz/Mayer/Schröder/*Manz*, Art. 43 SE-VO Rn 147.

736 KommAktG/*Siems*, Anh Art. 51 SE-VO § 40 SEAG Rn 80; aA MüKo-AktG/*Reichert/Brandes*, Art. 43 SE-VO Rn 136, die grds. keine Unterschiede zum AG-Vorstand ausmachen.

737 KommAktG/*Siems*, Anh Art. 51 SE-VO § 40 SEAG Rn 80.

738 MüKo-AktG/*Reichert/Brandes*, Art. 43 SE-VO Rn 134.

739 MüKo-AktG/*Reichert/Brandes*, Art. 43 SE-VO Rn 108; KommAktG/*Siems*, Anh Art. 51 SE-VO § 40 SEAG Rn 74; aA Lutter/Hommelhoff/*Teichmann*, Anh Art. 43 SE-VO (§ 40 SEAG) Rn 49.

740 KommAktG/*Siems*, Anh Art. 51 SE-VO § 40 SEAG Rn 75.

741 MüKo-AktG/*Reichert/Brandes*, Art. 43 SE-VO Rn 139; Lutter/Hommelhoff/*Teichmann*, Anh Art. 43 SE-VO (§ 40 SEAG) Rn 50.

742 KommAktG/*Siems*, Anh Art. 51 SE-VO § 40 SEAG Rn 76; *Schwarz*, Art. 43 SE-VO Anh Rn 287; Lutter/Hommelhoff/*Teichmann*, Anh Art. 43 SE-VO (§ 40 SEAG) Rn 50.

743 KommAktG/*Siems*, Anh Art. 51 SE-VO § 29 SEAG Rn 10.

744 MüKo-AktG/*Reichert/Brandes*, Art. 43 SE-VO Rn 141 f.

745 Vgl auch Lutter/Hommelhoff/*Teichmann*, Anh Art. 43 SE-VO (§ 40 SEAG) Rn 16.

enger tatsächlicher Verknüpfung zeigen sich insb. bei **Abberufung** und **Kündigung**. So führt die Abberufung nicht automatisch zur Beendigung des Anstellungsvertrages, obwohl in den meisten Fällen auch eine Kündigung des Anstellungsvertrages gewünscht sein wird.[746] Schwierigkeiten ergeben sich insb. dann, wenn eine Abberufung zulässigerweise ohne wichtigen Grund erfolgt und kein ordentliches Kündigungsrecht besteht. Diese können nach eA aber wohl wie bei Vorstandsmitgliedern durch die Vereinbarung von **Gleichlauf- und Koppelungsklauseln** abgemildert werden.[747] Ob dies im Hinblick auf die Vergleichbarkeit mit GmbH-Geschäftsführern bei der Frage der Abberufungsmöglichkeiten tatsächlich zutrifft, ist allerdings fraglich. Jedenfalls ist bei der Verwendung solcher Klauseln Vorsicht geboten.

245 Erfasst der Anstellungsvertrag sowohl die Tätigkeit als geschäftsführender Direktor wie auch die als Verwaltungsratsmitglied, ist im Fall der Beendigung bloß einer der beiden Amtsstellungen eine **Änderungskündigung** des Anstellungsvertrages notwendig.[748] Erfolgt die Kündigung aus wichtigem Grund, ist das Verwaltungsratsmitglied bzgl der Änderungskündigung nicht stimmberechtigt.[749] Eine Vertragsanpassung ist insb. hinsichtlich der sozialversicherungsrechtlichen Fragen dann notwendig, wenn ein geschäftsführender Direktor aus dem Verwaltungsrat ausscheidet, aber geschäftsführender Direktor bleibt.[750]

dd) Arbeits- und sozialversicherungsrechtliche Schnittmengen

246 Wie der Vorstand einer dualistischen SE sind auch die Mitglieder des Verwaltungsrats einer monistischen SE **nicht weisungsungebunden**.[751] Hinzu kommt, dass diese idR allein aufgrund des Organverhältnisses tätig werden und ein Anstellungsvertrag nicht geschlossen wird. Eine Einordnung als Arbeitnehmer kommt deshalb grds. nicht in Frage. Inwieweit Verwaltungsratsmitglieder sozialversicherungspflichtig sind, ist umstritten.[752] Teilweise wird aufgrund der Unterschiede zum AG-Vorstand eine Versicherungspflicht angenommen.[753] Dies überzeugt allerdings nicht. Vielmehr ist entscheidend, dass das Organverhältnis eines Verwaltungsratsmitglieds grds. kein Beschäftigungsverhältnis iSd § 7 Abs. 1 SGB IV darstellt.[754] In der Regel dürften aber die Bezüge ohnehin über der Jahresentgeltgrenze des § 6 SGB V liegen, so dass schon aus diesem Grunde eine Versicherungspflicht jedenfalls in der Kranken- und Pflegeversicherung ausscheidet (vgl schon zum AG-Vorstand § 3 Rn 43).

247 Auch bei den geschäftsführenden Direktoren handelt es sich idR nicht um Arbeitnehmer.[755] Es besteht trotz Weisungsgebundenheit hinsichtlich Ort, Zeit und Art der Tätigkeit keine Unselbstständigkeit,[756] da es sich lediglich um eine gesellschaftsrechtliche Weisungsgebundenheit nach § 44 Abs. 2 SEAG wie bei GmbH-Geschäftsführern handelt[757] (zur Einordnung des Dienstvertrages von GmbH-Geschäftsführern vgl auch § 2 Rn 12 ff, 15 ff). Im Einzelfall kann eine Einordnung des Anstellungsvertrages als Arbeitsvertrag in Betracht kommen,[758] insb. wenn durch Satzung oder Geschäftsordnung die Machtstellung des geschäftsführenden Direk-

746 MüKo-AktG/*Reichert/Brandes*, Art. 43 SE-VO Rn 162; *Schwarz*, Art. 43 SE-VO Anh Rn 288.
747 MüKo-AktG/*Reichert/Brandes*, Art. 43 SE-VO Rn 163; so wohl auch *Schwarz*, Art. 43 SE-VO Anh Rn 288.
748 MüKo-AktG/*Reichert/Brandes*, Art. 43 SE-VO Rn 164.
749 MüKo-AktG/*Reichert/Brandes*, Art. 43 SE-VO Rn 164.
750 MüKo-AktG/*Reichert/Brandes*, Art. 43 SE-VO Rn 165.
751 *Forst*, NZS 2012, 801, 807; *Schwarz*, Art. 43 SE-VO Rn 15.
752 Vgl *Forst*, NZS 2012, 801, 804 ff mwN.
753 Vgl hierzu abl. *Forst*, NZS 2012, 801, 804 ff mwN.
754 *Forst*, NZS 2012, 801, 807.
755 KommAktG/*Siems*, Anh Art. 51 SE-VO § 40 SEAG Rn 12; MüKo-AktG/*Reichert/Brandes*, Art. 43 SE-VO Rn 147; Lutter/Hommelhoff/*Teichmann*, Anh Art. 43 SE-VO (§ 40 SEAG) Rn 16.
756 KommAktG/*Siems*, Anh Art. 51 SE-VO § 40 SEAG Rn 12.
757 KommAktG/*Siems*, Anh Art. 51 SE-VO § 40 SEAG Rn 12.
758 KommAktG/*Siems*, Anh Art. 51 SE-VO § 40 SEAG Rn 13; MüKo-AktG/*Reichert/Brandes*, Art. 43 SE-VO Rn 147.

tors derart beschnitten wird, dass eine „Unterordnung“ unter die anderen Direktoren vorliegt.[759] Aufgrund der Organstellung ist zudem wie beim Vorstand der Anwendungsbereich verschiedener Gesetze nicht eröffnet.[760] Einzelne Vorschriften des Arbeitsrechts können aber analog angewendet werden.[761] Externe geschäftsführende Direktoren unterliegen grds. der Sozialversicherungspflicht.[762] Umstritten ist dies bei denjenigen geschäftsführenden Direktoren, die zugleich Mitglieder des Verwaltungsrats sind.[763]

ee) Abschluss und Inhalt des Anstellungsvertrages

(1) Zuständigkeit für den Abschluss des Anstellungsvertrages

Die Zuständigkeit für Abschluss, Änderung, Kündigung und Aufhebung des Anstellungsvertrages der geschäftsführenden Direktoren liegt beim Verwaltungsrat.[764] Eine Delegation auf einen Ausschuss ist grds. möglich.[765] Die Vertretung der SE gegenüber den geschäftsführenden Direktoren obliegt dem Verwaltungsrat, § 41 Abs. 5 SEAG. An dieser Kompetenzverteilung ändert sich auch nichts, wenn Mitglieder des Verwaltungsrats zu geschäftsführenden Direktoren bestellt werden.[766] Anders als bei der Beschlussfassung über die Bestellung sind diese bei Abschluss des Anstellungsvertrages nicht stimmberechtigt.[767] Dasselbe gilt für die Kündigung.[768] 248

(2) Persönliche Anforderungen

Grundsätzlich können die geschäftsführenden Direktoren Dritte sein oder dem Verwaltungsrat angehören, sofern die Mehrheit der Mitglieder des Verwaltungsrats nicht geschäftsführend ist, § 40 Abs. 1 SEAG. Gemäß § 40 Abs. 1 S. 4 SEAG gelten für die geschäftsführenden Direktoren, die nicht zugleich Mitglieder des Verwaltungsrats sind, dieselben persönlichen Voraussetzungen wie für Vorstandsmitglieder (§ 76 Abs. 3 AktG) (s. dazu § 3 Rn 66 f). 249

Bleibt das Auswahlermessen des Verwaltungsrats in ausreichendem Umfang erhalten, können in der Satzung zusätzliche Voraussetzungen persönlicher oder sachlicher Art vorgeschrieben werden.[769] 250

Bei Fehlen oder Wegfall der Bestellungsvoraussetzungen ist die Bestellung gem. § 134 BGB nichtig bzw die Bestellung erlischt.[770] Hingegen begründet das Fehlen statutarischer Voraussetzungen lediglich ein Recht des Verwaltungsrats zum Widerruf der Bestellung.[771] 251

---

759 KommAktG/*Siems*, Anh Art. 51 SE-VO § 40 SEAG Rn 13.

760 MüKo-AktG/*Reichert/Brandes*, Art. 43 SE-VO Rn 149.

761 MüKo-AktG/*Reichert/Brandes*, Art. 43 SE-VO Rn 150.

762 KommAktG/*Siems*, Anh Art. 51 SE-VO § 40 SEAG Rn 14; MüKo-AktG/*Reichert/Brandes*, Art. 43 SE-VO Rn 161; *Forst*, NZS 2012, 801, 804 ff mwN; Lutter/Hommelhoff/*Teichmann*, Anh Art. 43 SE-VO (§ 40 SEAG) Rn 16.

763 Eine Versicherungspflicht annehmend KommAktG/*Siems*, Anh Art. 51 SE-VO § 40 SEAG Rn 14; aA MüKo-AktG/*Reichert/Brandes*, Art. 43 SE-VO Rn 161; *Forst*, NZS 2012, 801, 807; wohl auch Lutter/Hommelhoff/*Teichmann*, Anh Art. 43 SE-VO (§ 40 SEAG) Rn 16.

764 MüKo-AktG/*Reichert/Brandes*, Art. 43 SE-VO Rn 105; MüKo-AktG/*Reichert/Brandes*, Art. 43 SE-VO Rn 77; Manz/Mayer/Schröder/*Manz*, Art. 43 SE-VO Rn 148.

765 KommAktG/*Siems*, Anh Art. 51 SE-VO § 40 SEAG Rn 11; teilweise wird dies aber für den Abschluss des Anstellungsvertrages verneint: MüKo-AktG/*Reichert/Brandes*, Art. 43 SE-VO Rn 106; so in analoger Anwendung des § 107 Abs. 3 S. 3 AktG auch *Forst*, ZIP 2010, 1786, 1788.

766 MüKo-AktG/*Reichert/Brandes*, Art. 43 SE-VO Rn 77; *Schwarz*, Art. 43 SE-VO Anh Rn 312; Manz/Mayer/Schröder/*Manz*, Art. 43 SE-VO Rn 159.

767 MüKo-AktG/*Reichert/Brandes*, Art. 43 SE-VO Rn 122; *Schwarz*, Art. 43 SE-VO Anh Rn 312; Lutter/Hommelhoff/*Teichmann*, Anh Art. 43 SE-VO (§ 40 SEAG) Rn 27; vgl auch *Bachmann*, ZGR 2008, 779, 793.

768 Lutter/Hommelhoff/*Teichmann*, Anh Art. 43 SE-VO (§ 40 SEAG) Rn 50.

769 MüKo-AktG/*Reichert/Brandes*, Art. 43 SE-VO Rn 110; KommAktG/*Siems*, Anh Art. 51 SE-VO § 40 SEAG Rn 45; Lutter/Hommelhoff/*Teichmann*, Art. 47 SE-VO Rn 22.

770 MüKo-AktG/*Reichert/Brandes*, Art. 43 SE-VO Rn 111.

771 MüKo-AktG/*Reichert/Brandes*, Art. 43 SE-VO Rn 112.

(3) Form

252 Da weder die SE-VO noch das deutsche Recht für den Anstellungsvertrag des geschäftsführenden Direktors eine Form bestimmen, ist auch der Abschluss eines mündlichen Vertrages möglich. Ein schriftlicher Anstellungsvertrag ist jedoch in jedem Falle zu empfehlen.

(4) Inhalt

(a1) Allgemeines

253 Ob sich der Anstellungsvertrag allein auf die Tätigkeit als geschäftsführender Direktor[772] bezieht oder auch auf die als Verwaltungsratsmitglied,[773] ist umstritten. Eine Billigung des Vertrages durch die Hauptversammlung ist jedenfalls nicht notwendig.[774] Für den Fall, dass sich der Anstellungsvertrag zugleich auf die Tätigkeit als Mitglied des Verwaltungsrats bezieht, ist wohl § 84 Abs. 1 S. 5 AktG analog anwendbar, so dass Art. 46 SE-VO auch für die Höchstdauer des Anstellungsvertrages gilt.[775] Die Weitergeltung für Fall der Wiederbestellung kann aber vereinbart werden.[776] Bei geschäftsführenden Direktoren, die nicht zugleich Mitglieder des Verwaltungsrats sind, existiert keine gesetzlich festgelegte Höchstdauer des Anstellungsvertrages.[777]

(a2) Pflichten

254 Der Großteil der Aufgaben geschäftsführender Direktoren sind gesetzlich geregelt. Ihre Hauptaufgabe liegt in der **Geschäftsführung der SE**, § 40 Abs. 2 S. 1 SEAG,[778] welche durch die Leitungskompetenz des Verwaltungsrats begrenzt wird.[779] Die geschäftsführenden Direktoren vertreten die SE gerichtlich und außergerichtlich, § 41 Abs. 1 SEAG; diese Regelung entspricht weitgehend der des § 78 AktG.[780] Die **Vertretungsbefugnis** kann nach § 44 Abs. 1 SEAG nicht beschränkt werden, da es sich um eine organschaftliche Vertretung handelt.[781] Die Bestellung zielt letztlich auf die Schaffung eines Handlungsorgans, durch welches die SE als juristische Person handlungsfähig wird.[782]

255 Weitere Pflichten der geschäftsführenden Direktoren sind die Berichtspflichten nach § 40 Abs. 3 und 6 SEAG,[783] nach § 47 Abs. 1 SEAG die Aufstellung des Jahresabschlusses und des Lageberichts,[784] § 264 Abs. 1 HGB, sowie die Anmeldepflichten gem. §§ 40 Abs. 2, 46 SE-AG.[785] Sie tragen auch die Verantwortung dafür, dass sich die SE im Außenverhältnis rechtmäßig verhält.[786]

772 So KommAktG/*Siems*, Anh Art. 51 SE-VO § 40 SEAG Rn 10.
773 MüKo-AktG/*Reichert/Brandes*, Art. 43 SE-VO Rn 155.
774 MüKo-AktG/*Reichert/Brandes*, Art. 44 SE-VO Rn 82.
775 MüKo-AktG/*Reichert/Brandes*, Art. 43 SE-VO Rn 154.
776 MüKo-AktG/*Reichert/Brandes*, Art. 43 SE-VO Rn 154.
777 MüKo-AktG/*Reichert/Brandes*, Art. 43 SE-VO Rn 154.
778 MüKo-AktG/*Reichert/Brandes*, Art. 43 SE-VO Rn 171 ff.
779 MüKo-AktG/*Reichert/Brandes*, Art. 43 SE-VO Rn 173.
780 KommAktG/*Siems*, Anh Art. 51 SE-VO § 41 SEAG Rn 5; MüKo-AktG/*Reichert/Brandes*, Art. 43 SE-VO Rn 184; *Schwarz*, Art. 43 SE-VO Anh Rn 302; Manz/Mayer/Schröder/*Manz*, Art. 43 SE-VO Rn 158.
781 MüKo-AktG/*Reichert/Brandes*, Art. 43 SE-VO Rn 183.
782 MüKo-AktG/*Reichert/Brandes*, Art. 43 SE-VO Rn 183; *Schwarz*, Art. 43 SE-VO Anh Rn 303; Lutter/Hommelhoff/*Teichmann*, Anh Art. 43 SE-VO (§ 41 SEAG) Rn 6.
783 Vgl hierzu MüKo-AktG/*Reichert/Brandes*, Art. 43 SE-VO Rn 179 f; *Schwarz*, Art. 43 SE-VO Anh Rn 281 f; Manz/Mayer/Schröder/*Manz*, Art. 43 SE-VO Rn 145, 149; Lutter/Hommelhoff/*Teichmann*, Anh Art. 43 SE-VO (§ 40 SEAG) Rn 39 ff.
784 Vgl hierzu *Schwarz*, Art. 43 SE-VO Anh Rn 363 ff; Manz/Mayer/Schröder/*Manz*, Art. 43 SE-VO Rn 172 ff.
785 Vgl hierzu MüKo-AktG/*Reichert/Brandes*, Art. 43 SE-VO Rn 182; *Schwarz*, Art. 43 SE-VO Anh Rn 280; Manz/Mayer/Schröder/*Manz*, Art. 43 SE-VO Rn 144.
786 MüKo-AktG/*Reichert/Brandes*, Art. 43 SE-VO Rn 174; *Ihrig*, ZGR 2008, 809, 815 f.

Pflichten des einzelnen Direktors sind u.a. das Wettbewerbsverbot gem. § 88 AktG iVm § 40 Abs. 7 SEAG, die Sorgfaltspflichten gem. § 93 AktG iVm § 40 Abs. 8 SEAG[787] und die **Verschwiegenheitspflicht** gem. § 93 Abs. 1 S. 3 AktG iVm § 40 Abs. 8 SEAG.[788] Die Regelung des Art. 49 SE-VO ist nicht auf geschäftsführende Direktoren als solche anwendbar, da es sich bei diesen nicht um Organe der SE iSd SE-VO handelt.[789] Der geschäftsführende Direktor unterliegt als Verwalter fremder Vermögensinteressen einer besonderen Treuepflicht gegenüber der SE.[790] Auch bei diesen findet die **business judgment rule** (s. § 3 Rn 157 ff) Anwendung.[791] Umstritten ist jedoch, ob Weisungen durch den Verwaltungsrat bei der Bewertung von Pflichtverstößen ggf haftungsbefreiend oder haftungsbegründend – bei Nichtbefolgung – zu berücksichtigen sind.[792] 256

(a3) Rechte

Für die **Vergütung** der geschäftsführenden Direktoren gilt § 87 AktG entsprechend, § 40 Abs. 7 SEAG. Somit sind grds. ähnliche Maßstäbe anzusetzen wie bei AG-Vorstandsmitgliedern.[793] Auch die Gewährung von Aktienoptionen ist möglich, da es sich bei den geschäftsführenden Direktoren um Mitglieder der Geschäftsführung handelt.[794] Umstritten ist allerdings, ob neben der Vergütung nach § 40 Abs. 7 SEAG auch noch die zusätzliche Vereinbarung einer Vergütung als Verwaltungsratsmitglied nach § 38 Abs. 1 SEAG möglich ist. Nach wohl überwiegender Ansicht kommt hier eine Normkumulation zum Tragen, um der Doppelstellung derjenigen Verwaltungsratsmitglieder, die auch geschäftsführende Direktoren sind, gerecht zu werden.[795] Bezüglich Urlaub und Leistungsstörungen wie insb. Krankheit gilt grds. dasselbe wie bei Vorstandsmitgliedern (vgl hierzu § 3 Rn 140, 153 ff).[796] 257

ff) Sonstiges

Konzernrechtlich ergeben sich keine Besonderheiten bei der monistischen SE gegenüber der dualistischen SE,[797] mit der Ausnahme, dass die geschäftsführenden Direktoren nach § 49 SEAG die Rolle des Vorstands übernehmen.[798] Dementsprechend ist auch der Konzern- bzw Drittanstellungsvertrag der geschäftsführenden Direktoren bei der SE wie bei der AG zu beurteilen.[799] Das anwendbare Recht richtet sich wie beim AG-Vorstand nach der Rom I-VO. 258

---

787 KommAktG/*Siems*, Anh Art. 51 SE-VO § 39 SEAG Rn 6; vgl hierzu auch MüKo-AktG/*Reichert/Brandes*, Art. 43 SE-VO Rn 166 ff; Manz/Mayer/Schröder/*Manz*, Art. 43 SE-VO Rn 152 ff.

788 Vgl hierzu MüKo-AktG/*Reichert/Brandes*, Art. 43 SE-VO Rn 181.

789 MüKo-AktG/*Reichert/Brandes*, Art. 49 SE-VO Rn 1; Lutter/Hommelhoff/*Teichmann*, Art. 49 SE-VO Rn 3; aA Manz/Mayer/Schröder/*Manz*, Art. 49 SE-VO Rn 18.

790 MüKo-AktG/*Reichert/Brandes*, Art. 43 SE-VO Rn 156.

791 MüKo-AktG/*Reichert/Brandes*, Art. 43 SE-VO Rn 175.

792 Vgl hierzu KommAktG/*Siems*, Anh Art. 51 SE-VO § 40 SEAG Rn 94 ff; für eine Berücksichtigung *Schwarz*, Art. 43 SE-VO Rn 58, Anh Rn 294; Spindler/Stilz/*Eberspächer*, Art. 46 SE-VO Rn 9 ff; Manz/Mayer/Schröder/*Manz*, Art. 43 SE-VO Rn 154; Lutter/Hommelhoff/*Teichmann*, Anh Art. 43 SE-VO (§ 40 SEAG) Rn 66; abl. MüKo-AktG/*Reichert/Brandes*, Art. 43 SE-VO Rn 168 ff; *Ihrig*, ZGR 2008, 809, 830.

793 MüKo-AktG/*Reichert/Brandes*, Art. 43 SE-VO Rn 158; ähnl. auch Manz/Mayer/Schröder/*Manz*, Art. 43 SE-VO Rn 151; Lutter/Hommelhoff/*Teichmann*, Anh Art. 43 SE-VO (§ 40 SEAG) Rn 53.

794 KommAktG/*Siems*, Anh Art. 51 SE-VO § 40 SEAG Rn 85.

795 KommAktG/*Siems*, Anh Art. 51 SE-VO § 38 SEAG Rn 4; MüKo-AktG/*Reichert/Brandes*, Art. 43 SE-VO Rn 160 a; *Schwarz*, Art. 43 SE-VO Anh Rn 251, 290; Lutter/Hommelhoff/*Teichmann*, Anh Art. 43 SE-VO (§ 40 SEAG) Rn 57; aA Manz/Mayer/Schröder/*Manz*, Art. 43 SE-VO Rn 121, demzufolge §§ 41 Abs. 5, 40 Abs. 7 SEAG iVm § 87 AktG als speziellere Vorschriften Vorrang haben.

796 MüKo-AktG/*Reichert/Brandes*, Art. 43 SE-VO Rn 160.

797 Vgl hierzu auch MüKo-AktG/*Reichert/Brandes*, Art. 43 SE-VO Rn 12; *Brandi*, NZG 2003, 889, 894 ff.

798 MüKo-AktG/*Reichert/Brandes*, Art. 39 SE-VO Rn 11; *Schwarz*, Art. 43 SE-VO Anh Rn 387; Manz/Mayer/Schröder/*Manz*, Art. 43 SE-VO Rn 180; *Brandi*, NZG 2003, 889, 894 ff; zum Umfang des Weisungsrechts im Vertragskonzern mit abhängiger SE vgl *Ihrig*, ZGR 2008, 809, 827 ff.

799 KommAktG/*Siems*, Anh Art. 51 SE-VO § 40 SEAG Rn 11; MüKo-AktG/*Reichert/Brandes*, Art. 43 SE-VO Rn 152 f. Der Vertrag bedarf dann allerdings wohl der Zustimmung des Verwaltungsrats.

II. Klauselalphabet

1. Abfindungsklauseln

Literatur

Bauer/Arnold, Abfindungs-Caps in Vorstandsverträgen – gute Corporate Governance?, BB 2007, 1793; *Bernhardt*, Sechs Jahre Deutscher Corporate Governance Kodex – Eine Erfolgsgeschichte?, BB 2008, 1686; *Dörrwächter/Trafkowski*, Anmerkungen zum Abfindungs-Cap in Nummer 4.2.3 n.F. des Deutschen Corporate Governance Kodex, NZG 2007, 846; *Gaul/Janz*, Wahlkampfgetöse im Aktienrecht: Gesetzliche Begrenzung der Vorstandsvergütung und Änderungen der Aufsichtsratstätigkeit, NZA 2009, 809; *Hoffmann-Becking*, Abfindungsleistungen an ausscheidende Vorstandsmitglieder, ZIP 2007, 2101; *Hohenstatt/Naber*, Die „Abfindung der Restlaufzeit" bei der vorzeitigen Auflösung von Vorstandsverträgen, in: FS Bauer, 2010, S. 447 ff; *Hohenstatt/Willemsen*, Abfindungsgrenzen in Vorstandsverträgen, NJW 2008, 3462; *Jaeger*, Die Auswirkungen des VorstAG auf die Praxis von Aufhebungsvereinbarungen, NZA 2010, 128; *Lutter*, Das Abfindungs-Cap in Ziff. 4.2.3 Abs. 3 und 4 des Deutschen Corporate Governance-Kodex, BB 2009, 1874; *Offerhaus*, Im Dienstvertrag vereinbarte Abfindung oder Entschädigung nicht steuerbegünstigt?, DB 2000, 396; *Spindler*, Vergütung und Abfindung von Vorstandsmitgliedern, DStR 2004, 37; *van Kann/Eigler*, Aktuelle Neuerungen des Corporate Governance Kodex, DStR 2007, 1730.

a) Rechtslage im Umfeld

aa) Allgemeines

259 Der Begriff der Abfindung (Entschädigung) eines Dienstnehmers oder eines Arbeitnehmers bleibt in allen Vorschriften, die ihn benutzen, undefiniert.[1] Gegenüber Vorstandsmitgliedern werden Abfindungen meist in Form von Zahlungen in Aufhebungsvereinbarungen gewährt, mit welchen die noch restlichen Gehaltszahlungen bis zum Ende der Laufzeit des Anstellungsvertrages oder das Risiko eines Rechtsstreits über die Wirksamkeit einer fristlosen Kündigung abgegolten werden sollen.[2] Die Grundlage für die Zahlung einer Abfindung kann sich dagegen für bestimmte Fälle auch bereits im Anstellungsvertrag finden. Praktische Bedeutung erlangen solche Abfindungsvereinbarungen insb. aufgrund der Trennung des organschaftlichen und des schuldrechtlichen Verhältnisses zwischen Vorstandsmitglied und Gesellschaft.[3] Wird die Bestellung widerrufen, der Anstellungsvertrag aber – bspw mangels eines wichtigen Grundes iSd § 626 BGB – nicht gekündigt, kann das Vorstandsmitglied grds. die Erfüllung des Vertrages und damit auch die Weiterzahlung aller Bezüge bis zum regulären Ende der Vertragslaufzeit verlangen.

bb) Inhalt von Abfindungsvereinbarungen

(1) Abfindung

260 Anders als bei Abfindungen in den Dienstverträgen von Geschäftsführern unterliegen die Vereinbarung und Gewährung von Abfindungen an Vorstandsmitglieder gewissen Grenzen. Abfindungen sind als Vergütungsbestandteile[4] etwa an der Angemessenheitsgrenze des § 87 Abs. 1 AktG zu messen.[5] Die Vereinbarung einer unangemessen hohen Abfindung dürfte aber auch unabhängig von der Geltung des § 87 Abs. 1 AktG eine Pflichtverletzung durch den Aufsichtsrat darstellen.[6] Zudem enthält auch der DCGK in Ziff. 4.2.3 Abs. 4 die Empfehlung eines Abfindungs-Caps in Höhe von höchstens zwei Jahresvergütungen.

---

1 Zu Begriff und Funktion der Abfindung im Dienstvertragsrecht (GmbH-Geschäftsführer) s. § 2 Rn 253 ff (1. Abfindungsklauseln).

2 Vgl *Spindler*, DStR 2004, 36, 44; *Dörrwächter/Trafkowski*, NZG 2007, 846; *Hoffmann-Becking*, ZIP 2007, 2101.

3 Vgl *Dörrwächter/Trafkowski*, NZG 2007, 846, 847.

4 MüKo-AktG/*Spindler*, § 87 Rn 9; HeiKo-AktR/*Bürgers/Israel*, § 87 Rn 3.

5 Vgl Fleischer/*Thüsing*, Hdb VorstandsR, § 5 Rn 71, § 6 Rn 97.

6 Fleischer/*Thüsing*, Hdb VorstandsR, § 5 Rn 71; ebenso *Hoffmann-Becking*, ZIP 2007, 2101, 2104.

Die Höhe einer solchen Abfindung kann sich neben dem Kriterium der Angemessenheit (vgl § 3 Rn 130 ff) auch an den verbleibenden künftigen Erwerbschancen als Vorstandsmitglied, der Höhe der bisherigen Bezüge, dem verbleibenden Zeitraum bis zum Ablauf des befristeten Anstellungsvertrages oder auch an der (kurzen) Frist der Einigung, die besonders prämiert werden kann, orientieren.[7] Höchstgrenze dürften die eigentlich bestehenden Entgeltansprüche aus dem Anstellungsvertrag bis zum Ablauf der Vertragsdauer sein.[8] In Anbetracht der Praxis einer Regelabfindung von einem halben Monatsgehalt pro Beschäftigungsjahr bei Arbeitnehmern und Geschäftsführern (vgl § 2 Rn 269 ff) erscheint eine Abfindung von mehreren Jahresgehältern nicht als zulässig, wenn es allein darum geht, den Besitzstand des Vorstandsmitglieds abzugelten und ihn sozial „abzufedern".[9] 261

(2) Sonstige Vereinbarungen

Neben der Abgeltung der verbleibenden Vergütungsansprüche kann bei Vereinbarung einer Abfindung auch die Anrechnung möglichen Alternativverdienstes vereinbart werden.[10] Dies gilt sowohl für den tatsächlich erzielten Verdienst als auch für Einnahmen, deren Verdienst von Seiten des Vorstandsmitglieds unterlassen wurde. Des Weiteren kann der Verzicht auf sonstige Ansprüche aus dem Anstellungsverhältnis und dessen Beendigung vereinbart werden.[11] Bei Verzicht auf Schadensersatzansprüche durch die Gesellschaft müssen allerdings die Grenzen des § 93 Abs. 4 S. 3 AktG eingehalten werden. 262

cc) Abfindungsklausel im Anstellungsvertrag

(1) Gestaltungspraxis

Während Abfindungsvereinbarungen gewöhnlich in Aufhebungs- oder Abwicklungsverträgen geschlossen werden, also meist zu dem Zeitpunkt, zu dem die Parteien auseinandergehen, kann alternativ auch bereits bei Abschluss des Anstellungsvertrages eine Klausel aufgenommen werden, die Abfindungsansprüche des Vorstandsmitglieds gegen die AG unter im Einzelnen geregelten Voraussetzungen bestimmt. Ebenso wenig wie die Gründe der Abfindungszahlungen beschränkt sind, besteht eine Verpflichtung der Gesellschaft, im Falle des Ausscheidens dem Vorstandsmitglied eine Abfindung zu zahlen oder bereits im Dienstvertrag eine antizipierte Verpflichtung zur Abfindungsleistung aufzunehmen. 263

Inwieweit es dem Vorstandsmitglied gelingt, eine vorbereitende Abfindungsklausel in den Anstellungsvertrag einarbeiten zu lassen, hängt von seinem Verhandlungsgeschick und von seiner Verhandlungsmacht ab, welche nicht zuletzt auch auf seiner Stellung auf dem Markt beruht. 264

(2) Einschränkung der Entscheidungsfreiheit des Aufsichtsrats durch Abfindungsvereinbarung

Bei einer schon im Anstellungsvertrag vereinbarten Abfindung stellt sich ähnlich wie beim Übergangsgeld die Frage, ob und unter welchen Bedingungen die Entscheidungsfreiheit des Aufsichtsrats über den Widerruf der Bestellung oder die Neubestellung eines anderen Vorstandsmitglieds unzulässig durch die Abfindungsvereinbarung beeinträchtigt wird.[12] Wenn der Aufsichtsrat vor der Wahl steht, dieselben Zahlungen entweder als aktive Bezüge oder als Ab- 265

---

7 Fleischer/*Thüsing*, Hdb VorstandsR, § 6 Rn 98.

8 Vgl Fleischer/*Thüsing*, Hdb VorstandsR, § 6 Rn 98 mit der Ausnahme, wenn Unsicherheiten über die Rechtmäßigkeit der Abberufung bestehen und eine gerichtliche Klärung noch vor Ablauf der Bestelldauer zu erwarten ist.

9 Fleischer/*Thüsing*, Hdb VorstandsR, § 6 Rn 101.

10 Fleischer/*Thüsing*, Hdb VorstandsR, § 5 Rn 72.

11 Fleischer/*Thüsing*, Hdb VorstandsR, § 5 Rn 72.

12 Vgl hierzu *Bauer/Arnold*, BB 2007, 1793, 1796; *Bauer/Krets*, DB 2003, 811, 816; *Ziemons*, in: FS Huber, 2006, S. 1035, 1042; aA wohl *Dreher*, AG 2002, 214, 217, der eine Einschränkung der Entschließungsfreiheit durch eine angemessene Vergütung für ausgeschlossen hält.

findung zu zahlen und bei Abberufung ein neues Vorstandsmitglied ebenfalls Bezüge erhält, bleibt uU von der durch § 84 Abs. 1 AktG geschützten Entscheidungsfreiheit nicht mehr viel übrig.[13] Eine höchstrichterliche Entscheidung zu der Frage, ab wann von solch einer unzulässigen Beschränkung auszugehen ist, fehlt bislang.[14]

(3) Abfindungsklausel bei fristloser Kündigung

266 Abfindungsvereinbarungen im Anstellungsvertrag eines Vorstandsmitglieds begegnen Wirksamkeitsbedenken, wenn sie eine Abfindung des Vorstandsmitglieds auch für den Fall einer fristlosen Kündigung gem. § 626 BGB durch die Gesellschaft vorsehen. Sie stellen eine unzulässige Einschränkung des außerordentlichen Kündigungsrechts des Aufsichtsrats dar,[15] da § 626 BGB stets voraussetzt, dass sich der Dienstgeber bei Unzumutbarkeit der Fortsetzung des Dienstverhältnisses ohne weitere Voraussetzung vom Dienstvertrag lösen kann.[16] Eine solche bei der fristlosen Kündigung durch die Gesellschaft zwangsläufig zur Anwendung kommende Abfindungsklausel ist somit nach der Rspr des BGH wegen Verstoßes gegen § 134 BGB nichtig.[17]

(4) Abfindungs-Cap nach Ziff. 4.2.3 Abs. 4 DCGK

267 Ziff. 4.2.3 Abs. 4 DCGK enthält die Empfehlung, beim Abschluss von Vorstandsverträgen darauf zu achten, dass Zahlungen an ein Vorstandsmitglied bei vorzeitiger Beendigung der Vorstandstätigkeit, also Abfindungen anlässlich der Vertragsbeendigung, eine Höhe von zwei Jahresvergütungen nicht überschreiten.[18] Bei einer Beendigung aus wichtigem Grund iSd § 626 BGB ist überhaupt keine Abfindung zu gewähren.[19] Aufgrund der Zukunftsbezogenheit dieser Empfehlung müssen zwar bestehende Verträge nicht geändert werden, sie ist aber bei Wiederbestellung und Vertragsverlängerung zu beachten, und zwar auch im Fall der automatischen Verlängerung des Vertrages bei Wiederbestellung.[20]

268 Die genaue vertragliche Ausgestaltung eines solchen Abfindungs-Caps bleibt damit allerdings unbeantwortet. Denkbar wäre die Vereinbarung folgender Klausel schon im Anstellungsvertrag:[21]

> „Im Falle der vorzeitigen Beendigung der Vorstandsbestellung sowie dieses Dienstvertrages ist eine ggf (bei Nichtvorliegen eines wichtigen Grundes iSv § 626 BGB) zu zahlende Abfindung auf zwei Jahresvergütungen einschließlich Nebenleistungen oder auf die Abgeltung der Restlaufzeit begrenzt, je nachdem, welcher Betrag geringer ist. Die Berechnung der maximalen Abfindung erfolgt gemäß den Bestimmungen von Ziff. 4.2.3 des Deutschen Corporate Governance Kodex."

---

13 *Bauer/Arnold*, BB 2007, 1793, 1796.

14 *Bauer/Arnold*, BB 2007, 1793, 1796.

15 *Spindler*, DStR 2004, 36, 45.

16 Palandt/*Weidenkaff*, § 626 BGB Rn 2; MüKo-BGB/*Henssler*, § 626 BGB Rn 1; Staudinger/*Preis*, § 626 BGB Rn 5.

17 BGH 3.7.2000 – II ZR 282/98, NJW 2000, 2983, 2984.

18 Zu der Empfehlung vgl auch krit. *Hohenstatt/Willemsen*, NJW 2008, 3462, 3463, die den Sinn der Empfehlung deshalb anzweifeln, weil nur die Abfindungen und nicht alle Zahlungen an das Vorstandsmitglied erfasst werden, also der Abfindungs-Cap durch Vereinbarung entsprechend langer Restlaufzeiten bei Weiterzahlung der Vergütung leicht umgangen werden könne.

19 Vgl hierzu auch *Dörrwächter/Trafkowski*, NZG 2007, 846, 848; *Hohenstatt/Willemsen*, NJW 2008, 3462, 3463; *Hoffmann-Becking*, ZIP 2007, 2101, 2105; *van Kann/Eigler*, DStR 2007, 1730, 1731; aA *Bauer/Arnold*, BB 2007, 1793, 1794 f, die hier offenbar von einem wichtigen Grund iSd § 84 Abs. 3 AktG ausgehen.

20 Vgl *Hoffmann-Becking*, ZIP 2007, 2101, 2105; *Hohenstatt/Willemsen*, NJW 2008, 3462 f, die allerdings Zweifel an der Geltung der Empfehlung auch für die automatische Vertragsverlängerung äußern.

21 *Dörrwächter/Trafkowski*, NZG 2007, 846, 848.

Eine solche Klausel begegnet in der Lit. jedoch erheblichen Bedenken hinsichtlich der Akzeptanz durch Vorstandsmitglieder sowie der rechtlichen Durchsetzbarkeit und damit auch der grundsätzlichen Sinnhaftigkeit.[22] So bestünden jedenfalls Zweifel an der Zulässigkeit bei einer AGB-rechtlichen Kontrolle wegen § 308 Nr. 4 BGB.[23] Ein Wegfall der variablen Vergütungsbestandteile sei zwar zumutbar, damit allein lasse sich aber nicht unbedingt eine Reduzierung auf zwei Jahresgehälter erreichen, und ob dies auch für das Festgehalt gelte, sei fraglich.[24] Eine gewisse Rechtsunsicherheit bei Verwendung einer solchen Klausel wird also verbleiben.[25] 269

Zudem stellt sich das Problem, dass die meisten Vorstandsverträge befristet ausgestaltet sind, eine ordentliche Kündigung also meist ausscheidet (vgl § 3 Rn 327). Fehlt es an der (wirksamen) Vereinbarung einer Koppelungsklausel oder eines ordentlichen Kündigungsrechts für die Gesellschaft im Anstellungsvertrag, bleibt für eine vorzeitige Beendigung des Vorstandsvertrages nur der Abschluss einer Aufhebungsvereinbarung mit dem Vorstandsmitglied (vgl § 3 Rn 331 ff). Ein solcher Aufhebungsvertrag setzt zwingend die Zustimmung des Vorstandsmitglieds im Rahmen einer zweiseitigen Übereinkunft voraus, zu welcher das Vorstandsmitglied jedoch nicht verpflichtet ist.[26] Der (meist bereits abberufene) Organvertreter kann auch – statt eine auf zwei Jahresgehälter begrenzte Abfindung zu akzeptieren – weiterhin seine Arbeitskraft anbieten und von der Gesellschaft die Erfüllung des Vertrages und damit die Zahlung der gesamten Gehälter bis zum Ende der Vertragslaufzeit über § 615 BGB verlangen.[27] Dies kann uU zumindest bei längerer Restvertragslaufzeit aus Sicht des Vorstands ein lohnenswertes Alternativverhalten darstellen. 270

Eine Durchsetzung eines auf zwei Jahresgehälter begrenzten Abfindungs-Caps erscheint deshalb anstellungsvertraglich nur durch Vereinbarung eines ordentlichen (an den Widerruf der Bestellung geknüpften) Kündigungsrechts mit einer Kündigungsfrist von maximal zwei Jahren oder einer Koppelungsklausel möglich zu sein.[28] Zudem bleibt die Möglichkeit einer Beschränkung der Bestelldauer auf zwei Jahre.[29] Zum ordentlichen Kündigungsrecht und zu Koppelungsklauseln vgl auch § 3 Rn 334 f. 271

Die Gesellschaft ist gem. § 161 AktG verpflichtet, jegliche Abweichung von der Empfehlung des Kodex offenzulegen. Diese Offenlegungspflicht soll nach teilweiser Ansicht auch eintreten, wenn es nicht zur Vereinbarung eines Abfindungs-Caps nach der Kodex-Empfehlung kommt, weil Abberufung und Anstellungsvertrag nicht einseitig beendet, sondern einvernehmlich aufgehoben werden.[30] 272

22 Vgl hierzu *Dörrwächter/Trafkowski*, NZG 2007, 846, 848 f; *Gaul/Janz*, NZA 2009, 809, 811; *Hoffmann-Becking*, ZIP 2007, 2101, 2105; aA unter Verwendung einer Klausel, die dem Wortlaut von Ziff. 4.2.3 Abs. 4 DCGK weitgehend entspricht, *Hohenstatt/Willemsen*, NJW 2008, 3462, 3465 ff.

23 Vgl dazu *Dörrwächter/Trafkowski*, NZG 2007, 846, 848.

24 *Dörrwächter/Trafkowski*, NZG 2007, 846, 848.

25 *Dörrwächter/Trafkowski*, NZG 2007, 846, 848.

26 *Dörrwächter/Trafkowski*, NZG 2007, 846, 849; *Hoffmann-Becking*, ZIP 2007, 2101, 2106.

27 Vgl *Dörrwächter/Trafkowski*, NZG 2007, 846, 849; *Hoffmann-Becking*, ZIP 2007, 2101, 2106; *Lutter*, BB 2009, 1874 f.

28 Vgl hierzu *Lutter*, BB 2009, 1874, 1875, der sich sehr positiv gegenüber einer Koppelungsklausel in Verbindung mit der Vereinbarung eines Abfindungs-Caps äußert; *Dörrwächter/Trafkowski*, NZG 2007, 846, 849, die mit diesen Lösungen den Abfindungs-Cap aber als rechtlich nicht durchsetzbar erachten, da diese nur die Fälle erfassen, in denen ein wichtiger Grund iSd § 84 AktG vorliegt; ähnl. unter Hinweis auf die praktischen Probleme bei Koppelungsklauseln und den nicht erfassten, aber sehr häufigen Fall einer einvernehmlichen Abberufung *Hohenstatt/Willemsen*, NJW 2008, 3462, 3463 ff; *Bauer/Arnold*, BB 2007, 1793, 1794 halten einen solchen Abfindungs-Cap wegen Verstoßes gegen § 84 Abs. 3 AktG für aktienrechtlich unwirksam bzw nicht einseitig durchsetzbar; *Hoffmann-Becking*, ZIP 2007, 2101, 2106, der die Möglichkeit der Koppelungsklausel bejaht, die Möglichkeit des ordentlichen Kündigungsrechts aber wegen Umgehung des § 84 Abs. 3 AktG ablehnt; krit. gegenüber einem Abfindungs-Cap auch *van Kann/Eigler*, DStR 2007, 1730, 1731; krit. nicht nur dem Abfindungs-Cap, sondern insgesamt der Praxis von Abfindungen gegenüber äußert sich *Bernhardt*, BB 2008, 1686.

29 *Dörrwächter/Trafkowski*, NZG 2007, 846, 849.

30 *Hohenstatt/Willemsen*, NJW 2008, 3462, 3464.

dd) Abfindungsklausel im Aufhebungsvertrag

273 Wird das Vorstandsverhältnis einvernehmlich beendet oder das Vorstandsmitglied abberufen, ohne dass ein wichtiger Grund iSd § 626 BGB vorliegt, kann der Anstellungsvertrag regelmäßig bei Fehlen anderweitiger Beedigungsvereinbarungen nur durch Abschluss einer Aufhebungsvereinbarung beendet werden (vgl § 3 Rn 331 f). Aufgrund des aufgezeigten möglichen Alternativverhaltens eines „Aussitzens" des Restvertrages durch das Vorstandsmitglied (s. § 3 Rn 270) setzt der Abschluss eines Aufhebungsvertrages meist eine Abfindung des Vorstandsmitglieds bzw eine vollständige Kapitalisierung der noch ausstehenden Vergütungsansprüche voraus. Eine solche Abfindungsvereinbarung ist als Festsetzung von Bezügen angesichts der Regelung des § 107 Abs. 3 S. 3 AktG durch den Gesamtaufsichtsrat zu schließen und kann nicht an einen Ausschuss delegiert werden.[31]

274 Anders als bei einer Vereinbarung der Abfindungsklausel schon im Anstellungsvertrag scheidet eine unzulässige Beeinträchtigung der Entscheidungsfreiheit des Aufsichtsrats über den Widerruf der Bestellung oder die Neubestellung eines anderen Vorstandsmitglieds durch Zusicherung im Aufhebungsvertrag von vorneherein aus.[32] Offen ist allerdings, ob der Aufsichtsrat eine Abfindung, die sich aus der **„Restlaufzeit"** des Dienstvertrages speist, nach § 87 Abs. 2 S. 1 AktG bei **Verschlechterung der wirtschaftlichen Lage** der Gesellschaft **herabsetzen** kann.[33] Daher ist vorsorglich aus Sicht des Vorstandsmitglieds bis zu einer höchstrichterlichen Klärung in den Aufhebungsvertrag aufzunehmen, dass eine Herabsetzung der Abfindung nach § 87 Abs. 2 AktG nicht stattfindet.[34] Dies wird freilich der Aufsichtsrat nur nach sorgfältiger Abwägung der Interessen der Gesellschaft akzeptieren können.[35] Die Angemessenheit der Vergütung gem. § 87 Abs. 1 S. 1 AktG bezieht sich auf die Gesamtbezüge. Ob auch Abfindungen (Restlaufzeit) hierunter fallen, ist nicht ganz klar, wird aber wohl zu bejahen sein, da § 87 Abs. 1 S. 1 AktG jegliche Zahlungen an das Vorstandsmitglied erfassen soll, die nicht nur im Interesse der Gesellschaft liegen.[36] Vor diesem Hintergrund ist eine Angemessenheitsprüfung durch den Aufsichtsrat auch vor Auszahlung der Restbezüge in Form der Abfindung vorzunehmen.[37] Erstens setzt die Auszahlung der Restlaufzeit als Abfindung voraus, dass das vorzeitige Ausscheiden des Vorstandsmitglieds (zumindest auch) im Interesse der Gesellschaft liegt. Zweitens müssen vorhandene erleichterte Trennungs- und Einsparmöglichkeiten vorrangig geprüft und genutzt werden (Kündigung, Koppelungsklausel etc.). Drittens ist eine Abzinsung anlässlich der bereits vorzeitigen vollständigen Auszahlung vorzunehmen, und variable Vergütungselemente dürfen nicht ohne Weiteres prognostisch auf eine 100%ige Zielerreichung festgeschrieben werden. Ebenso sind Möglichkeiten der Anrechnung anderweitigen bzw böswillig unterlassenen anderweitigen Erwerbs in Betracht zu ziehen.

ee) Abfindungen aus steuer- und sozialversicherungsrechtlicher Sicht

275 Eine Abfindung ist grds. wie jedes andere Arbeitsentgelt **steuerpflichtig.**[38] Allerdings könnte in dem Falle, dass das Einkommen des Vorstandsmitglieds ohne die Abfindung nicht dem Spitzensteuersatz unterliegt, die „Fünftelungs-Regelung" der §§ 24, 34 EStG von Vorteil für das

31 Hölters/*Weber*, AktG, § 84 Rn 93.

32 Fleischer/*Thüsing*, Hdb VorstandsR, § 5 Rn 74.

33 Die Möglichkeit der Herabsetzung von Abfindungen bejahen *Waldenberger/Kaufmann*, BB 2010, 2257, 2259; ebenso *Hüffer*, AktG, § 87 Rn 9 c, der allerdings bei Abfindungen differenziert, ob diese erst im Aufhebungsvertrag begründet wurden, da bei diesen eine Kürzung wohl aufgrund des vergleichsartigen Charakters ausscheide; anders noch zur Rechtslage vor Inkrafttreten des VorstAG Fleischer/*Thüsing*, Hdb VorstandsR, § 6 Rn 30; *Hüffer*, AktG, 8. Aufl. 2008, § 87 Rn 7, 9.

34 *Jaeger*, NZA 2010, 128, 135.

35 *Jaeger*, NZA 2010, 128, 135.

36 *Hohenstatt/Naber*, in: FS Bauer, 2010, S. 446, 451.

37 *Hohenstatt/Naber*, in: FS Bauer, 2010, S. 447 ff.

38 Fleischer/*Thüsing*, Hdb VorstandsR, § 5 Rn 73.

Vorstandsmitglied sein, wenn das Dienstverhältnis auf Veranlassung der Gesellschaft beendet wurde.[39] Es stellt sich die Frage, ob dies auch für Abfindungen gilt, die bereits im Anstellungsvertrag vereinbart wurden. Das FG Münster hat für einen GmbH-Geschäftsführer entschieden, dass eine bereits im Dienstvertrag enthaltene Abfindung steuerlich privilegiert sei.[40] Auf der Ebene der Finanzgerichte wird die Rspr des FG Münster bestätigt.[41] Diese Rspr ist wohl auch auf Abfindungen von Vorstandsmitgliedern übertragbar. Zur steuerlichen Behandlung s. darüber hinaus § 2 Rn 280 ff.

Für Vorstandsmitglieder besteht keine Versicherungspflicht in der Renten- und Arbeitslosen- 276
versicherung, § 1 S. 4 SGB VI und § 27 Abs. 1 Nr. 5 SGB III, und wegen § 7 Abs. 1 SGB IV ebenso nicht in der Kranken-, Unfall- und Pflegeversicherung (s. § 3 Rn 43). Dementsprechend sind schon aus diesem Grunde auch die Einkünfte aus einer Abfindung **nicht sozialversicherungspflichtig.**

b) Klauseltypen und Gestaltungshinweise

aa) Abfindungsklausel bei ordentlichem Kündigungsrecht oder Koppelungsklausel

(1) Klauselwerk A

1. Abfindung 277

1.1

A 1: Widerruft die Gesellschaft aus wichtigem Grund iSd § 84 Abs. 3 S. 1 AktG die Bestellung und kündigt die Gesellschaft den Anstellungsvertrag ordentlich gem. (...) (Verweis auf Klausel zum ordentlichen Kündigungsrecht), werden dem Vorstandsmitglied 50 % seiner Festbezüge als Abfindung gezahlt, die es erhalten haben würde, wenn es seinen Anstellungsvertrag bis zum vereinbarten Ende erfüllt hätte.

A 2: Widerruft die Gesellschaft aus wichtigem Grund iSd § 84 Abs. 3 S. 1 AktG die Bestellung und kündigt die Gesellschaft den Anstellungsvertrag ordentlich gem. (...) (Verweis auf Klausel zum ordentlichen Kündigungsrecht), werden dem Vorstandsmitglied (...) % der Bezüge als Abfindung gezahlt, die es erhalten haben würde, wenn es seinen Dienstvertrag bis zum vereinbarten Ende erfüllt hätte. Sein Zielerreichungsgrad wird auf 100 % festgesetzt. Zudem erhält das Vorstandsmitglied zum Ausscheidenszeitpunkt eine Abfindungszahlung iHv (...) €. Eine Kürzung nach § 87 Abs. 2 AktG ist ausgeschlossen.

A 2 a: Widerruft die Gesellschaft aus wichtigem Grund iSd § 84 Abs. 3 S. 1 AktG die Bestellung und kündigt die Gesellschaft den Anstellungsvertrag ordentlich gem. (...) (Verweis auf Klausel zum ordentlichen Kündigungsrecht), werden dem Vorstandsmitglied (...) % der Bezüge als Abfindung gezahlt, die es erhalten haben würde, wenn es seinen Dienstvertrag bis zum vereinbarten Ende erfüllt hätte. Der maßgebliche Zielerreichungsgrad entspricht dem durchschnittlichen Zielerreichungsgrad (der bisherigen Bestelldauer/der letzten drei abgelaufenen Geschäftsjahre). Zudem erhält das Vorstandsmitglied zum Ausscheidenszeitpunkt eine Abfindungszahlung iHv (...) €. Eine Kürzung nach § 87 Abs. 2 AktG ist ausgeschlossen.

A 3: Widerruft die Gesellschaft aus wichtigem Grund iSd § 84 Abs. 3 S. 1 AktG die Bestellung und kündigt die Gesellschaft den Anstellungsvertrag ordentlich gem. (...) (Verweis auf Klausel zum ordentlichen Kündigungsrecht), hat das Vorstandsmitglied Anspruch auf Zahlung einer Abfindung. Die Abfindung, die insgesamt auf (...) € begrenzt ist, setzt sich zusammen aus

39 Fleischer/*Thüsing*, Hdb VorstandsR, § 5 Rn 73.

40 FG Münster 13.8.1997 – 1 K 3455/97 E, GmbHR 1997, 1113; *Offerhaus*, DB 2000, 396 f.

41 FG Köln 25.4.2002 – 13 K 7470/98, DStRE 2002, 1245; FG Düsseldorf 25.2.2003 – 3 K 7318/00, DStRE 2003, 794; FG Baden-Württemberg 8.7.2003 – 1 K 24/01, EFG 2003, 1791.

(...) % der Summe der aufgrund der vorzeitigen Beendigung des Anstellungsvertrages nicht mehr zur Entstehung und Auszahlung gelangenden Gehälter (Festgehalt und variable Erfolgsvergütungen auf Basis [einer unterstellten 100 %igen Zielerreichung/des durchschnittlichen Zielerreichungsgrads der letzten drei abgelaufenen Geschäftsjahre]) und der zusätzlichen Zahlung iHv (...) €. Der Abfindungsanspruch wird mit Beendigung des Anstellungsvertrages fällig.

A 4: Widerruft die Gesellschaft aus wichtigem Grund iSd § 84 Abs. 3 S. 1 AktG die Bestellung und kündigt die Gesellschaft den Anstellungsvertrag ordentlich gem. (...) (Verweis auf Klausel zum ordentlichen Kündigungsrecht), hat das Vorstandsmitglied Anspruch auf Zahlung einer Abfindung. Die Abfindung, die insgesamt auf die Abgeltung der Restvertragslaufzeit bis zur Höchstgrenze von maximal zwei Jahresgehältern begrenzt ist, setzt sich zusammen aus (...) % der Summe der aufgrund der vorzeitigen Beendigung des Anstellungsvertrages nicht mehr zur Entstehung und Auszahlung gelangenden Gehälter (Festgehalt und variable Erfolgsvergütungen auf Basis [einer unterstellten 100 %igen Zielerreichung/des durchschnittlichen Zielerreichungsgrads der letzten drei abgelaufenen Geschäftsjahre]) und der zusätzlichen Zahlung iHv (...) €. Der Abfindungsanspruch wird mit Ablauf des auf die Beendigung des Anstellungsvertrages folgenden Monats fällig.

A 4 a: Widerruft die Gesellschaft aus wichtigem Grund iSd § 84 Abs. 3 S. 1 AktG die Bestellung und kündigt die Gesellschaft den Anstellungsvertrag ordentlich gem. (...) (Verweis auf Klausel zum ordentlichen Kündigungsrecht), hat das Vorstandsmitglied Anspruch auf Zahlung einer Abfindung. Die Abfindung, die insgesamt auf die Abgeltung der Restvertragslaufzeit bis zur Höchstgrenze von maximal zwei Jahresgehältern begrenzt ist, setzt sich zusammen aus (...) % der Summe der aufgrund der vorzeitigen Beendigung des Anstellungsvertrages nicht mehr zur Entstehung und Auszahlung gelangenden Gehälter (Festgehalt und Gewinntantieme) und der zusätzlichen Zahlung iHv (...) €. Für die Ermittlung der Höhe der Gewinntantieme ist der Durchschnitt des in der Bilanz ausgewiesenen Ergebnisses der gewöhnlichen Geschäftstätigkeit der Gesellschaft iSd § 275 HGB der letzten drei Jahre der Vorstandstätigkeit maßgeblich, soweit dieser nicht wesentlich positiv (dh mehr als [...] %) vom voraussichtlichen Ergebnis für das laufende Geschäftsjahr abweicht; im letzteren Fall ist das voraussichtliche Ergebnis des laufenden Geschäftsjahres anstelle desjenigen des drittletzten Jahres der Vorstandstätigkeit zu berücksichtigen. Der Abfindungsanspruch wird mit Ablauf des auf die Beendigung des Anstellungsvertrages folgenden Monats fällig.

A 5: Widerruft die Gesellschaft aus wichtigem Grund iSd § 84 Abs. 3 S. 1 AktG die Bestellung und endet damit der Anstellungsvertrag gem. (...) (Verweis auf Gleichlaufklausel), hat das Vorstandsmitglied Anspruch auf Zahlung einer Abfindung. Die Abfindung, die insgesamt auf die Abgeltung der Restvertragslaufzeit bis zur Höchstgrenze von maximal zwei Jahresgehältern begrenzt ist, setzt sich zusammen aus (...) % der Summe der aufgrund der vorzeitigen Beendigung des Anstellungsvertrages nicht mehr zur Entstehung und Auszahlung gelangenden Gehälter (Festgehalt und variable Erfolgsvergütungen auf Basis [einer unterstellten 100 %igen Zielerreichung/des durchschnittlichen Zielerreichungsgrads der letzten drei abgelaufenen Geschäftsjahre]) und der zusätzlichen Zahlung iHv (...) €. Der Abfindungsanspruch wird mit Beendigung des Anstellungsvertrages fällig.

A 6: Widerruft die Gesellschaft aus wichtigem Grund iSd § 84 Abs. 3 S. 1 AktG die Bestellung und kündigt die Gesellschaft den Anstellungsvertrag gem. (...) (Verweis auf Koppelungsklausel), hat das Vorstandsmitglied Anspruch auf Zahlung einer Abfindung. Die Abfindung, die insgesamt auf die Abgeltung der Restvertragslaufzeit bis zur Höchstgrenze von maximal zwei Jahresgehältern begrenzt ist, setzt sich zusammen aus (...) % der Summe der aufgrund der vorzeitigen Beendigung des Anstellungsvertrages nicht mehr zur Entstehung und Auszahlung gelangenden Gehälter (Festgehalt und variable Erfolgsvergütungen auf Basis [einer unterstellten

100 %igen Zielerreichung/des durchschnittlichen Zielerreichungsgrads der letzten drei abgelaufenen Geschäftsjahre]) und der zusätzlichen Zahlung iHv (...) €. Der Abfindungsanspruch wird mit Ablauf des auf die Beendigung des Anstellungsvertrages folgenden Monats fällig.

1.2

A 7: Der Anspruch besteht nicht, wenn die Gesellschaft dem Vorstandsmitglied aus wichtigem Grund iSd § 626 BGB wirksam außerordentlich kündigt.

A 7 a: Der Anspruch besteht nicht, wenn der Widerruf der Bestellung und die Beendigung des Anstellungsvertrages durch einen wichtigen Grund iSd § 626 BGB veranlasst waren.

1.3

A 8: Das Vorstandsmitglied muss sich auf die Abfindung anderweitige Einkünfte aus selbständiger und unselbständiger Arbeit innerhalb der ursprünglichen Restlaufzeit des Anstellungsvertrages anrechnen lassen, soweit die Einkünfte und die Abfindung die Gesamtbezüge der ursprünglichen Restlaufzeit um (...) % übersteigen.

A 9: Das Vorstandsmitglied muss sich anderweitige Einkünfte aus selbständiger und unselbständiger Arbeit innerhalb der Restlaufzeit nach Annahmeverzugsgrundsätzen anrechnen lassen, soweit sie den Betrag von insgesamt (...) € im Kalenderjahr überschreiten.

(2) Gestaltungshinweise

Eine Abfindungsvereinbarung im Anstellungsvertrag ist ebenso möglich wie eine Vereinbarung 278
erst in einem Aufhebungsvertrag. Gerade im Zusammenhang mit der Vereinbarung eines ordentlichen Kündigungsrechts oder einer Koppelungsklausel wird eine Abfindungsklausel in vielen Fällen nicht zu vermeiden sein, da sich wohl die wenigsten potentiellen Vorstandsmitglieder ohne eine Abfindungsklausel auf solche Vereinbarungen einlassen werden. Ohne ein ordentliches Kündigungsrecht oder eine Koppelungsklausel ist eine Abfindungsvereinbarung dagegen nicht notwendig und auch nicht zu empfehlen. Allein um den durch Ziff. 4.2.3 DCGK vorgegebenen Abfindungs-Cap zu vereinbaren, kann eine entsprechende Klausel notwendig sein (s. § 3 Rn 267 ff).

Die Klauseln A 1–A 4 setzen voraus, dass ein ordentliches Kündigungsrecht für die Gesell- 279
schaft vereinbart wurde. Kündigt die Gesellschaft nach Widerruf der Bestellung den Anstellungsvertrag ordentlich, hat das Vorstandsmitglied aufgrund der Vereinbarung in **Klausel A 1** die Möglichkeit, die Restlaufzeit seines Anstellungsvertrages trotz Nichterfüllung zu 50 % kapitalisieren zu lassen. Eine darüber hinausgehende Abfindung erhält es allerdings nicht.

Die **Klausel A 2** hingegen regelt präzise, dass für den variablen Entgeltanteil des Vorstandsmit- 280
glieds der Zielerreichungsgrad auf 100 % festgesetzt wird. Bei einem variablen Gehaltsanteil – wie in den meisten Vorstandsverträgen üblich – empfiehlt sich eine solche Regelung, um Streitigkeiten über die Höhe der Zielerreichung bei vorzeitiger Beendigung des Vertrages zu vermeiden. Freilich kann sich bei zu hoher Auszahlung der Restlaufzeit einschließlich unterstellter voll erreichter Ziele die Frage der Angemessenheit nach § 87 Abs. 1 AktG stellen. Deshalb empfiehlt es sich, ggf anstelle einer Festsetzung des Zielerreichungsgrads von 100 % auf den durchschnittlichen Zielerreichungsgrad der bisherigen Bestelldauer oder bei langjährigen Vorstandsmitgliedern auf die letzten zwei oder drei Jahre abzustellen (**Klausel A 2 a**). Die Klausel A 2 sieht außerdem eine zusätzliche Abfindungszahlung und das Verbot der Herabsetzung der Abfindung nach § 87 Abs. 2 AktG vor; dies wird der Aufsichtsrat nur nach sorgfältiger Abwägung akzeptieren können.

Ähnlich wie die Klausel A 2 sehen auch die **Klauseln A 3 und A 4** eine zusätzliche Abfindung – 281
hier von einem Jahresfestgehalt – vor, begrenzen aber die Summe der gesamten Abfindung auf einen festen Euro-Betrag (Klausel A 3) bzw die Vergütung für die Restlaufzeit, gedeckelt vom

Festbetrag von zwei Jahresvergütungen (Klausel A 4). Klausel A 4 versucht damit der Empfehlung des DCGK zum Abfindungs-Cap nachzukommen. Allerdings kann trotzdem nicht von einem vollständigen Entsprechen iSd § 161 AktG für die Abgabe der notwendigen Erklärung von Vorstand und Aufsichtsrat ausgegangen werden, da der Fall der einvernehmlichen Trennung davon nicht erfasst ist. Eine Ergänzung durch Klausel B (s. § 3 Rn 284) ist deshalb zu empfehlen. Außerdem ist in den Klauseln A 3 und A 4 wie auch in den **Klauseln A 5 und A 6** eine Regelung zur Fälligkeit getroffen. Die Anrechnung anderer Einkünfte kann zusätzlich vereinbart werden (**Klauseln A 8 und A 9**), was sich insb. bei hohen Abfindungszahlungen empfiehlt. Problematisch ist dies allerdings, wenn der Abfindungsbetrag schon ausgezahlt wurde und anschließend eine Rückzahlung erfolgen muss. Dies ist umständlich und gibt Anlass zu Streit. Vorzuziehen ist eine Regelung, in der die Anrechnung anderweitigen Erwerbs nach Annahmeverzugsgrundsätzen gem. § 615 BGB während der Restlaufzeit (nur bei Freistellung) erfolgt. Dies regelt Klausel A 9. Für den Fall, dass die variable Vergütung nicht auf einer Zielvereinbarung beruht, sondern vielmehr eine Gewinntantieme vereinbart wurde, empfiehlt sich eine Orientierung an **Klausel A 4 a**.

282 Die **Klauseln A 5 und A 6** sind weitgehend parallel zu Klausel A 4 gestaltet, beziehen sich aber nicht auf den Fall der Vereinbarung eines ordentlichen Kündigungsrechts, sondern bei Vereinbarung einer Koppelungsklausel. Sie unterscheiden sich in der Formulierung je nachdem, ob die Koppelungsklausel als auflösende Bedingung ausgestaltet wurde (Klausel A 5) oder ob die Geltung des Widerrufs als wichtiger Grund iSd § 626 BGB vereinbart wurde (Klausel A 6). Die Wirksamkeit derartiger Koppelungsklauseln kann allerdings nach bisheriger Rspr noch nicht als gesichert gelten (s. § 3 Rn 334).

283 Die **Klausel A 7** stellt klar, dass bei Kündigung aus wichtigem Grund iSd § 626 BGB keine Abfindung zu zahlen ist. Eine andere Vereinbarung wäre unwirksam, da sie dann eine unzulässige Einschränkung des außerordentlichen Kündigungsrechts des Aufsichtsrats darstellen würde. Wird die Klausel im Zusammenhang mit Koppelungsklauseln verwandt, ist sie dahingehend zu ändern, dass der Abfindungsanspruch nicht besteht, wenn ein wichtiger Grund iSd § 626 BGB vorgelegen hat (**Klausel A 7 a**).

bb) „Abfindungsklausel" für den Fall der einvernehmlichen Trennung

(1) Klauseltyp B

284 Bei vorzeitiger Beendigung des Vorstandsmandates und des Anstellungsvertrages ohne wichtigen Grund iSd § 626 BGB ist eine ggf zu zahlende Abfindung auf die Abgeltung der Restvertragslaufzeit bis zur Höchstgrenze von maximal zwei Jahresvergütungen einschließlich Nebenleistungen begrenzt. Die Berechnung der Abfindung richtet sich nach den Bestimmungen des Deutschen Corporate Governance Kodex (Ziff. 4.2.3).

(2) Gestaltungshinweise

285 Klausel B ist ein Versuch, den Abfindungs-Cap des DCGK vollumfänglich im Anstellungsvertrag zu verankern, um eine entsprechende Entsprechenserklärung abgeben zu können.[42] Allerdings wird durch diese Klausel keine Abfindungsvereinbarung getroffen, sondern lediglich festgelegt, dass eine eventuelle Abfindung die vorgegebene Grenze nicht überschreiten darf.

286 Bei Vereinbarung eines ordentlichen Kündigungsrechts oder einer Koppelungsklausel ist jedenfalls zu empfehlen, diese Klausel durch eine Abfindungsvereinbarung in Form des Klauselwerkes A zu ergänzen. Die Klausel B ist allein für sich rechtlich nicht durchsetzbar, da sie die Zustimmung des Vorstandsmitglieds zur Beendigung des Anstellungsvertrages voraussetzt. Sie

42 Vgl *Hohenstatt/Willemsen*, NJW 2008, 3462, 3465.

kann sich aber gleichwohl sachlich bzw taktisch auswirken, da sie zu einer Selbstbindung des Aufsichtsrats führen kann, keine höhere Abfindung zu vereinbaren.[43]

cc) „Vertragsabfindung"

(1) Klauseltyp C

C 1: Scheidet das Vorstandsmitglied vor Erreichen der Altersgrenze aus den Diensten der Gesellschaft aus, weil der Anstellungsvertrag nach Ablauf der Befristung nicht verlängert wurde, erhält das Vorstandsmitglied eine Abfindung iHv (...) € („Vertragsabfindung"), es sei denn, die Nichtverlängerung erfolgt aus einem vom Vorstandsmitglied zu vertretenden wichtigen Grund. 287

C 2: Scheidet das Vorstandsmitglied nach der ersten Wiederbestellung vor Erreichen der Altersgrenze aus den Diensten der Gesellschaft aus, weil der Anstellungsvertrag nicht erneut verlängert wird, erhält das Vorstandsmitglied eine Abfindung iHv (...) € („Vertragsabfindung"), es sei denn, das Vorstandsmitglied hat eine ihm angebotene Verlängerung der Bestellung und des Dienstvertrages zu gleichen oder für ihn günstigeren Bedingungen abgelehnt oder die vorzeitige Beendigung oder Nichtverlängerung beruht auf einem vom Vorstandsmitglied zu vertretenden wichtigen Grund.

C 3: Scheidet das Vorstandsmitglied aus den Diensten der Gesellschaft aus, weil ihm die Gesellschaft weder die Verlängerung des bisherigen Anstellungsvertrages noch den Abschluss eines neuen Anstellungsvertrages zu mindest gleich günstigen Bedingungen angeboten hat, ohne dass ein vom Vorstandsmitglied zu vertretender wichtiger Grund dafür vorliegt, erhält das Vorstandsmitglied eine Abfindung iHv (...) € („Vertragsabfindung"), wenn er zu diesem Zeitpunkt seit mindestens fünf Jahren in den Diensten der Gesellschaft steht.

(2) Gestaltungshinweise

Die Klauseltypen unter C enthalten als Alternative zur Vereinbarung eines Übergangsgeldes (vgl hierzu § 3 Rn 395 ff) eine **Vertragsabfindung.**[44] Wie das Übergangsgeld dient diese dem Zweck, das **erhöhte Arbeitsplatzrisiko** eines Vorstandsmitglieds auszugleichen oder abzumildern. Anknüpfungspunkt für die Abfindung ist hier nicht das vorzeitige Ausscheiden, sondern das **Ausscheiden des Vorstandsmitglieds vor Erreichen der Altersgrenze**, weil der **Anstellungsvertrag nicht verlängert** wurde. 288

In den **Klauseln C 1, C 2 und C 3** finden sich jeweils weitere Voraussetzungen für die Abfindungszahlung. So darf die Nichtverlängerung des Anstellungsvertrages nicht auf einem wichtigen vom Vorstand zu vertretenden Grund beruhen. Freilich ist nicht zu verkennen, dass es bei dieser Regelung häufig Streit darüber geben dürfte, ob ein wichtiger, vom Vorstand zu vertretender Grund vorliegt. Aus Sicht des Vorstandsmitglieds sollte vorsorglich klargestellt werden, dass nur ein wichtiger Grund iSd § 626 BGB hierfür in Betracht kommt. **Klausel C 2** bestimmt zudem, dass das Vorstandsmitglied nicht eine ihm angebotene Vertragsverlängerung zu günstigeren oder gleich günstigen Bedingungen abgelehnt haben darf. Außerdem hat das Vorstandsmitglied erst nach einer ersten Wiederbestellung Anspruch auf eine Vertragsabfindung. **Klausel C 3** knüpft diesen Anspruch nicht an eine Wiederbestellung, sondern an die Bedingung, dass das Vorstandsmitglied schon eine bestimmte Zeit (hier beispielhaft fünf Jahre) in den Diensten der Gesellschaft gestanden hat. Es ist sinnvoll, die Vertragsabfindung an bestimmte Voraussetzungen wie Dienstzeit (**Klausel C 3**) oder eine Wiederbestellung (**Klausel C 2**) zu knüpfen, die sicherstellen, dass nicht jedes einmal bestellte Vorstandsmitglied eine Vertragsabfindung erhält. 289

43 *Hohenstatt/Willemsen*, NJW 2008, 3462, 3467.

44 Vgl hierzu BLDH/*Lingemann*, Anwalts-Formularbuch Arbeitsrecht, M 5.1 Fn 15.

2. Change of Control-Klauseln

Literatur

Bittmann/Schwarz, Offenlegung von „Change of Control“-Klauseln, BB 2009, 1014; *Dörrwächter/Trafkowski*, Anmerkungen zum Abfindungs-Cap in Nummer 4.2.3 nF des Deutschen Corporate Governance Kodex, NZG 2007, 846; *Dreher*, Change of Control-Klauseln bei Aktiengesellschaften, AG 2002, 214; *Hoche*, Change of Control-Klauseln in Vorstandsverträgen vor dem Hintergrund ihrer Vereinbarkeit mit § 87 AktG sowie dem Deutschen Corporate Governance Kodex, in: Forum Unternehmenskauf, 2008, S. 91 ff; *Korts*, Die Vereinbarung von Kontrollwechselklauseln in Vorstandsverträgen, BB 2009, 1876; *van Kann/Eigler*, Aktuelle Neuerungen des Corporate Governance Kodex, DStR 2007, 1730; *Ziemons*, Angemessene Vorstandsvergütung und Change of Control-Klauseln, in: FS Huber, 2006, S. 1035 ff.

a) Rechtslage im Umfeld

290 Change of Control-Klauseln[1] sehen meist einen in der Höhe festgelegten Abfindungsanspruch für den Fall des Eintritts eines in der Klausel spezifizierten Ereignisses (Kontrollerwerb oder -wechsel) und der daraus resultierenden Beendigung der Vorstandstätigkeit (sog. **double trigger**) vor.[2] Teilweise sehen sie auch ein Sonderkündigungsrecht des Vorstandsmitglieds bei Kontrollwechsel vor (sog. **single trigger**).[3] „Double trigger“-Klauseln sind bei deutschen Unternehmen recht weit verbreitet, „single trigger“-Klauseln findet man hingegen – anders als in den USA – eher selten.[4] Siehe grundlegend auch § 2 Rn 552 ff.

291 Change of Control-Klauseln sind aktienrechtlich grds. **zulässig.**[5] Eine solche Klausel sollte mehreren Zwecken dienen, nämlich die Vorstandsmitglieder motivieren, bei Übernahmen das Interesse der Aktionäre zu wahren und das Unternehmensinteresse selbst im Auge zu behalten.[6] Diese Absicherung soll Organvertreter in die Lage versetzen, sich nicht von der Sorge vor persönlichen wirtschaftlichen Nachteilen aus dem Zusammenschluss leiten lassen.[7]

292 Dafür muss zunächst die „Change of Control“ vertraglich möglichst **genau bestimmt** werden. Hier kommen umwandlungsrechtliche Vorgänge (Eingliederung des Unternehmens, Verschmelzung auf einen anderen Rechtsträger) und Unternehmensverträge mit anderen Unternehmen (Beherrschungs- und Gewinnabführungsverträge) als Anknüpfungspunkte in Betracht.[8] Es könnte aber auch an die gesetzlichen Meldepflichten bei Erreichung einer Beteiligungsschwelle angeknüpft werden;[9] allerdings kann die tatsächliche Kontrolle über eine Gesellschaft auch schon unterhalb einer Schwelle von 30 % der Stimmrechte, bei denen ein Übernahmeangebot gemacht werden muss, erlangt werden.[10]

293 Darüber hinaus ist es notwendig festzulegen, zu welchem **Zeitpunkt** die Klausel greifen soll. Hier empfiehlt es sich zu vereinbaren, dass ggf noch ausstehende kartellrechtliche oder andere Hindernisse beseitigt, der dingliche Rechtswechsel an den Aktien vollzogen und sämtliche aufschiebenden Bedingungen eingetreten oder auflösende Bedingungen weggefallen sein müssen.[11]

1 Vgl hierzu allg. *Dreher*, AG 2002, 214; *Korts*, BB 2009, 1876; *Ziemons*, in: FS Huber, 2006, S. 1035.
2 *Dörrwächter/Trafkowski*, NZG 2007, 846, 847; vgl auch MüKo-AktG/*Spindler*, § 87 Rn 82; *Korts*, BB 2009, 1876.
3 *Dörrwächter/Trafkowski*, NZG 2007, 846, 847; vgl auch MüKo-AktG/*Spindler*, § 87 Rn 82.
4 *Dörrwächter/Trafkowski*, NZG 2007, 846, 847; vgl auch *Hoche*, in: Forum Unternehmenskauf, 2008, S. 91, 97.
5 MüKo-AktG/*Spindler*, § 87 Rn 82; *Bittmann/Schwarz*, BB 2009, 1014; *Korts*, BB 2009, 1876, 1877.
6 Semler/Peltzer/*Peltzer*, Vorstand Hdb, § 2 Rn 236; *Bittmann/Schwarz*, BB 2009, 1014; *Dörrwächter/Trafkowski*, NZG 2007, 846, 847.
7 *Bittmann/Schwarz*, BB 2009, 1014; *Dörrwächter/Trafkowski*, NZG 2007, 846, 847.
8 *Dörrwächter/Trafkowski*, NZG 2007, 846, 847; *Korts*, BB 2009, 1876, 1877, 1882.
9 MüKo-AktG/*Spindler*, § 87 Rn 82; *Dreher*, AG 2002, 214, 218; vgl auch *Dörrwächter/Trafkowski*, NZG 2007, 846, 847; *Korts*, BB 2009, 1876, 1877, 1881.
10 Vgl Semler/Peltzer/*Peltzer*, Vorstand Hdb, § 2 Rn 238; *Dreher*, AG 2002, 214, 218.
11 Semler/Peltzer/*Peltzer*, Vorstand Hdb, § 2 Rn 239; vgl auch *Dreher*, AG 2002, 214, 219.

Entscheidend ist die sorgfältige **Abwägung der Interessen** der Gesellschaft und ihrer Aktionäre einerseits mit den Interessen des Vorstandsmitglieds andererseits.[12] Da es sich um die Gewährung einer Abfindung und somit um eine Vergütung iSv § 87 AktG handelt, ist auch im Rahmen von Change of Control-Klauseln unbedingt die **Angemessenheitsgrenze** einzuhalten.[13] Zudem darf der Entschließungsfreiraum des Aufsichtsrats nicht zu sehr eingeschränkt werden.[14] Der DCGK enthält in Ziff. 4.2.3 Abs. 5 die Empfehlung, dass die Abfindung aus Anlass eines Kontrollwechsels drei Jahresgehälter nicht überschreiten solle.[15] Zum Abfindungs-Cap nach Ziff. 4.2.3 DCGK s. ausf. § 3 Rn 267 ff. 294

Die vertragliche Zusage von Change of Control-Klauseln ist wie andere Vergütungsbestandteile[16] im Anhang des Jahresabschlusses zu **veröffentlichen**, § 285 S. 1 Nr. 9 Buchst. a S. 6 HGB.[17] Allerdings kann die Hauptversammlung gem. § 286 Abs. 5 HGB mit einer Dreiviertelmehrheit für maximal fünf Jahre auf ihr Recht zur Offenlegung verzichten.[18] 295

Nach § 87 Abs. 2 AktG ist auch eine **Herabsetzung von Leistungen** aus einer Change-of-Control-Klausel möglich, allerdings nur innerhalb der ersten drei Jahre nach dem Ausscheiden des Vorstands aus der Gesellschaft. 296

b) Klauseltypen und Gestaltungshinweise

aa) Change of Control-Klausel mit Sonderkündigungsrecht und Abfindung

(1) Klauselwerk A

1. Sonderkündigungsrecht (single trigger) 297

1.1

A 1: Im Falle eines Kontrollwechsels hat das Vorstandsmitglied ein einmaliges Sonderkündigungsrecht, den Anstellungsvertrag mit einer Kündigungsfrist von (...) Monaten zum Monatsende zu kündigen und sein Amt zum Kündigungstermin niederzulegen. Das Sonderkündigungsrecht besteht nur innerhalb von (...) Monaten nach Kenntniserlangung vom Kontrollwechsel durch das Vorstandsmitglied.

A 2: Für den Fall, dass während der Laufzeit des Anstellungsvertrages ein Kontrollwechsel bei der Gesellschaft stattfindet, ist das Vorstandsmitglied berechtigt, innerhalb von (...) Monaten nach Rechtswirksamkeit des Kontrollwechsels das Vorstandsmandat unter Einhaltung einer (...)monatigen Frist zum Monatsletzten niederzulegen. Das Vorstandsmitglied ist auch befugt, zum Tag der Wirksamkeit der Amtsniederlegung aus dem Anstellungsverhältnis auszuscheiden. Der Anstellungsvertrag wird in diesem Falle auf den Zeitpunkt der Beendigung des Vorstandsmandats einvernehmlich beendet.

---

12 Semler/Peltzer/*Peltzer*, Vorstand Hdb, § 2 Rn 240; vgl *Korts*, BB 2009, 1876, 1878 f.

13 Vgl auch *Korts*, BB 2009, 1876, 1879; *Hüffer*, AktG, § 87 Rn 4 b; zur Angemessenheit von Change of Control-Klauseln vgl vertiefend *Hoche*, in: Forum Unternehmenskauf, 2008, S. 98 ff.

14 Vgl Semler/Peltzer/*Peltzer*, Vorstand Hdb, § 2 Rn 244; MüKo-AktG/*Spindler*, § 87 Rn 82; aA wohl *Dreher*, AG 2002, 214, 217, der eine Einschränkung der Entschließungsfreiheit durch eine angemessene Vergütung für ausgeschlossen hält.

15 Wegen fehlenden Sachgrunds den erhöhten Abfindungs-Cap im Falle eines Kontrollwechsels ablehnend *van Kann/Eigler*, DStR 2007, 1730, 1731.

16 Zum Vergütungscharakter der Abfindungen aus Change of Control-Klauseln vgl *Dreher*, AG 2002, 214, 215 f.

17 *Bittmann/Schwarz*, BB 2009, 1014.

18 *Bittmann/Schwarz*, BB 2009, 1014.

2. Abfindung (double trigger)

2.1

A 3: Zum Ausscheidenszeitpunkt wird dem Vorstandsmitglied die Summe der Bezüge zu (...) % als Abfindung gezahlt, die es erhalten haben würde, wenn es seinen Anstellungsvertrag bis zum vereinbarten Ende erfüllt hätte.

A 4: Zum Ausscheidenszeitpunkt werden dem Vorstandsmitglied (...) % der Summe der Bezüge als Abfindung gezahlt, die es erhalten haben würde, wenn es seinen Dienstvertrag bis zum vereinbarten Ende erfüllt hätte. Sein Zielerreichungsgrad wird auf 100 % festgesetzt. Zudem erhält das Vorstandsmitglied zum Ausscheidenszeitpunkt eine Abfindungszahlung iHv (...) €.

A 4 a: Zum Ausscheidenszeitpunkt werden dem Vorstandsmitglied (...) % der Summe der Bezüge als Abfindung gezahlt, die es erhalten haben würde, wenn es seinen Dienstvertrag bis zum vereinbarten Ende erfüllt hätte. Der maßgebliche Zielerreichungsgrad entspricht dem durchschnittlichen Zielerreichungsgrad [der bisherigen Bestelldauer/der letzten drei abgelaufenen Geschäftsjahre]. Zudem erhält das Vorstandsmitglied zum Ausscheidenszeitpunkt eine Abfindungszahlung iHv (...) €.

A 5: Das Vorstandsmitglied hat bei Ausübung des Sonderkündigungsrechts Anspruch auf Zahlung einer Abfindung. Die Abfindung, die insgesamt auf (...) € begrenzt ist, setzt sich zusammen aus 50 % der Summe der aufgrund der vorzeitigen Beendigung des Anstellungsvertrages nicht mehr zur Entstehung und Auszahlung gelangenden Gehälter (Festgehalt und variable Erfolgsvergütungen auf Basis [einer unterstellten 100 %igen Zielerreichung/des durchschnittlichen Zielerreichungsgrads der letzten drei abgelaufenen Geschäftsjahre]) und der zusätzlichen Zahlung iHv (...) €. Der Abfindungsanspruch entsteht frühestens im Zeitpunkt der dinglichen Übertragung der Geschäftsanteile, wenn sämtliche Genehmigungen vorliegen und sämtliche aufschiebenden Bedingungen eingetreten sind. Er wird mit Beendigung des Anstellungsvertrages fällig.

A 6: Das Vorstandsmitglied hat bei Ausübung des Sonderkündigungsrechts Anspruch auf Zahlung einer Abfindung. Die Abfindung, die insgesamt auf (...) Jahresgehälter begrenzt ist, setzt sich zusammen aus 50 % der Summe der aufgrund der vorzeitigen Beendigung des Anstellungsvertrages nicht mehr zur Entstehung und Auszahlung gelangenden Gehälter (Festgehalt und variable Erfolgsvergütungen auf Basis [einer unterstellten 100 %igen Zielerreichung/des durchschnittlichen Zielerreichungsgrads der letzten drei abgelaufenen Geschäftsjahre]) und der zusätzlichen Zahlung iHv (...) €. Der Abfindungsanspruch entsteht frühestens im Zeitpunkt der dinglichen Übertragung der Geschäftsanteile, wenn sämtliche Genehmigungen vorliegen und sämtliche aufschiebenden Bedingungen eingetreten sind. Er wird mit Beendigung des Anstellungsvertrages fällig.

A 6 a: Das Vorstandsmitglied hat bei Ausübung des Sonderkündigungsrechts Anspruch auf Zahlung einer Abfindung. Die Abfindung, die insgesamt auf (...) Jahresgehälter begrenzt ist, setzt sich zusammen aus 50 % der Summe der aufgrund der vorzeitigen Beendigung des Anstellungsvertrages nicht mehr zur Entstehung und Auszahlung gelangenden Gehälter (Festgehalt und Gewinntantieme) und der zusätzlichen Zahlung iHv (...) €. Für die Ermittlung der Höhe der Gewinntantieme ist der Durchschnitt des in der Bilanz ausgewiesenen Ergebnisses der gewöhnlichen Geschäftstätigkeit der Gesellschaft iSd § 275 HGB der letzten drei Jahre der Vorstandstätigkeit maßgeblich, soweit dieser nicht wesentlich positiv (dh mehr als [...] %) vom voraussichtlichen Ergebnis für das laufende Geschäftsjahr abweicht; im letzteren Fall ist das voraussichtliche Ergebnis des laufenden Geschäftsjahres anstelle desjenigen des drittletzten Jahres der Vorstandstätigkeit zu berücksichtigen. Der Abfindungsanspruch entsteht frühestens im

Zeitpunkt der dinglichen Übertragung der Geschäftsanteile, wenn sämtliche Genehmigungen vorliegen und sämtliche aufschiebenden Bedingungen eingetreten sind. Er wird mit Beendigung des Anstellungsvertrages fällig.

2.2

A 7: Ein Anspruch auf Abfindung besteht nicht, wenn das Anstellungsverhältnis auch unabhängig vom Kontrollwechsel innerhalb der nächsten (...) Monate automatisch geendet hätte, etwa durch Ablauf der Befristung oder Erreichen der Altersgrenze. Der Anspruch entfällt ebenfalls, wenn die Gesellschaft dem Vorstandsmitglied aus wichtigem Grund iSd § 626 BGB wirksam außerordentlich kündigt oder hierzu berechtigt war.

2. Definition des Kontrollwechsels

2.1

A 8: Ein Kontrollwechsel liegt vor, wenn ein Dritter oder mehrere gemeinsam handelnde Dritte mehr als (...) % der Geschäftsanteile an der Gesellschaft erwerben und die Stellung als Vorstandsmitglied infolge der Änderung mehr als nur unwesentlich berührt wird. Die Stellung als Vorstandsmitglied ist insbesondere bei folgenden Veränderungen mehr als nur unwesentlich berührt:

a) Wesentliche Veränderung in der Strategie des Unternehmens (zB ...);
b) wesentliche Veränderung im Tätigkeitsbereich des Vorstandsmitglieds (zB wesentliche Verringerung der Kompetenzen, wesentliche Veränderung der Ressortzuständigkeit, ...);
c) wesentliche Veränderung des Dienstortes (zB in das Ausland oder in einen weit vom gegenwärtigen Dienstort entfernten Ort).

A 9: Die Definition der Mehrheitsübernahme ergibt sich aus dem Aktien- und Übernahmerecht.

A 10: Ein Kontrollwechsel ist gegeben, wenn ein Dritter, der nicht zum (...)-Konzern gehört und im Zeitpunkt des Abschlusses des Anstellungsvertrages nicht Aktionär der Aktiengesellschaft ist, Geschäftsanteile in einem Umfang erwirbt, der ihm die Beschlussmehrheit in der Hauptversammlung verschafft.

(2) Gestaltungshinweise

Die **Klausel A 1** räumt dem Vorstandsmitglied im Falle eines Kontrollwechsels ein Sonderkündigungsrecht sowie das Recht ein, das Vorstandsmandat zum Kündigungstermin niederzulegen. Hier ist auf eine ausreichende Kündigungsfrist zu achten, damit genügend Zeit verbleibt, um sich auf das Ausscheiden des Vorstandsmitglieds vorzubereiten. Gleichzeitig aber wird dieses Sonderkündigungsrecht auch zeitlich beschränkt, so dass zu einem möglichst frühen Zeitpunkt Klarheit über die Fortsetzung oder Nichtfortsetzung des Anstellungsverhältnisses besteht. Zudem ist zu bedenken, dass ein solches Kündigungsrecht möglicherweise den Wert des Unternehmens senkt. 298

Die **Klausel A 2** hingegen gibt dem Vorstandsmitglied im Falle eines Kontrollwechsels das Recht zur Niederlegung des Vorstandsmandats. Das Anstellungsverhältnis wird zum Zeitpunkt des Ausscheidens aus dem Vorstand einvernehmlich beendet. 299

Legt das Vorstandsmitglied im Falle eines Kontrollwechsels sein Mandat nieder und wird der Anstellungsvertrag vorzeitig beendet, hat es aufgrund der Vereinbarung in der **Klausel A 3** die Möglichkeit, die Restlaufzeit seines Anstellungsvertrages trotz Nichterfüllung (teilweise) kapitalisieren zu lassen. Eine darüber hinausgehende Abfindung erhält es allerdings nicht. 300

Anders als Klausel A 3 regelt die **Klausel A 4** präzise, dass für den variablen Entgeltanteil des Vorstandsmitglieds der Zielerreichungsgrad auf 100 % festgesetzt wird. Bei einem variablen 301

Gehaltsanteil, wie in den meisten Vorstandsverträgen üblich, empfiehlt sich eine solche Regelung, um Streitigkeiten über die Höhe der Zielerreichung bei vorzeitiger Beendigung des Vertrages zu vermeiden. Freilich kann sich bei zu hoher Auszahlung der Restlaufzeit einschließlich unterstellter voll erreichter Ziele die Frage der Angemessenheit nach § 87 Abs. 1 AktG stellen. Deshalb empfiehlt sich, ggf nicht einen Zielerreichungsgrad von 100 % anzusetzen, sondern auf den durchschnittlichen Zielerreichungsgrad der bisherigen Bestelldauer oder bei langjährigen Vorstandsmitgliedern auf die letzten zwei oder drei Jahre abzustellen (**Klausel A 4 a**). Die Klausel A 4 sieht außerdem eine zusätzliche Abfindungszahlung vor.

302 Ähnlich wie Klausel A 4 gewährt auch **Klausel A 5** eine zusätzliche Abfindung, begrenzt aber die Summe der gesamten Abfindung auf einen festen Euro-Betrag und beschränkt auch die Zahlung der Restgehälter auf 50 %. Zudem werden Regelungen zur Fälligkeit getroffen. Von Bedeutung ist in diesem Zusammenhang insb. die Bestimmung, dass der Abfindungsanspruch erst mit dinglicher Übertragung der Geschäftsanteile entsteht, wenn sämtliche Genehmigungen vorliegen und sämtliche aufschiebenden Bedingungen eingetreten sind. Auf diese Weise können Streitigkeiten über die Auszahlung in Fällen vermieden werden, in denen noch Genehmigungen etc. ausstehen.

303 Anstelle der Begrenzung der Abfindungshöhe auf einen festen Euro-Betrag kommt auch eine Orientierung an dem Jahreseinkommen in Betracht. Der DCGK empfiehlt in Ziff. 4.2.3 Abs. 5, dass die Abfindung drei Jahresgehälter nicht überschreiten sollte. Möchte man diesen Empfehlungen nachkommen, ist eine entsprechende Klausel einzufügen (**Klausel A 6**). Wurde im Rahmen der variablen Vergütung nicht eine Zielvereinbarung, sondern eine Gewinntantieme vereinbart, empfiehlt sich eine Orientierung an **Klausel A 6 a**.

304 In **Klausel A 7** finden sich Bestimmungen zum Ausschluss des Abfindungsanspruchs des Vorstandsmitglieds. Die Regelung, dass eine Abfindung dann nicht gezahlt wird, wenn das Anstellungsverhältnis ohnehin in den nächsten Monaten automatisch geendet hätte, sorgt dafür, dass eine Abfindungszahlung nur dann erfolgt, wenn dies dem Sinn und Zweck der Change of Control-Klausel entspricht. Endet das Anstellungsverhältnis ohnehin in den nächsten Monaten, besteht kein Grund, dem Vorstand ein Sonderkündigungsrecht und einen Abfindungsanspruch einzuräumen, nur weil ein Kontrollwechsel stattgefunden hat. Wird das Vorstandsmitglied wirksam außerordentlich aus einem wichtigen Grund iSd § 626 BGB gekündigt, besteht ebenfalls kein Grund für die Gewährung einer Abfindung, da es in diesem Falle bereits an einer Restlaufzeit des Vertrages fehlt, die zu kapitalisieren wäre.

305 Besondere Bedeutung für die Wirkung einer Change of Control-Klausel hat die **Definition des Kontrollwechsels**. Diese ist möglichst genau zu formulieren, damit Rechtssicherheit und Klarheit auf allen Seiten besteht. **Klausel A 8** knüpft an den Erwerb eines bestimmten Anteils der Geschäftsanteile durch einen oder mehrere gemeinsam handelnde Dritte an. Sinnvoll ist allerdings aus Sicht der Gesellschaft zusätzlich, dass das Vorstandsmitglied in seiner Stellung als Vorstand durch die Änderung mehr als nur unwesentlich berührt wird. Ansonsten gibt es keinen Grund, diesem ein Sonderkündigungsrecht und einen Abfindungsanspruch zuzugestehen. Um für Klarheit zu sorgen, nennt die Klausel Beispiele für eine wesentliche Veränderung.

306 In **Klausel A 9** ist der Kontrollwechsel an das Aktien- und Übernahmerecht geknüpft. Diese Formulierung ist allerdings nicht sehr eindeutig und kann später zu Streitigkeiten führen.

307 Die **Klausel A 10** ist in der Form eher bei der GmbH üblich und für eine AG wohl nicht geeignet, da eine Beschlussmehrheit in der Hauptversammlung bspw weit über den 30 % liegt, bei denen ein Übernahmeangebot gemacht werden müsste. Stattdessen könnte auch an umwandlungsrechtliche Vorgänge und Unternehmensverträge mit anderen Unternehmen angeknüpft werden. Hier kommt es darauf an, die Lage der Gesellschaft dahin gehend zu bewerten, inwieweit ein Vorstandsmitglied durch einen wie auch immer definierten Kontrollwechsel betroffen ist, so dass die Einräumung eines Sonderkündigungsrechts und einer entsprechenden Abfindung angemessen erscheint und auch den Interessen der Gesellschaft entspricht.

bb) Golden Parachute-Klausel

(1) Klauselwerk B

1. Steigerung des Jahresgehalts 308

1.1

Im Falle eines Kontrollwechsels erhöht sich mit Rechtswirksamkeit des Kontrollwechsels das Jahresgehalt des Vorstandsmitglieds um das (...)-Fache.

2. Definition des Kontrollwechsels

(...)

(2) Gestaltungshinweise

Klauselwerk B enthält eine klassische Golden Parachute-Regelung. Die Klausel gestattet keine 309
Möglichkeit der vorzeitigen Beendigung des Anstellungsverhältnisses anlässlich des Kontrollwechsels. Vielmehr erhöht sich das Gehalt des Vorstandsmitglieds im Falle eines Kontrollwechsels um ein Vielfaches. Solche Regelungen werden zur Abwehr feindlicher Übernahmen vereinbart und sind in den USA gebräuchlich. In Deutschland sind sie in Vorstandsverträgen wegen § 87 Abs. 1 AktG, wonach die Bezüge angemessen sein müssen, im Ergebnis unwirksam.

3. Laufzeitklauseln

Literatur

Bauer/Arnold, AGB-Kontrolle von Vorstandsverträgen, ZIP 2006, 2337; *dies.*, Kein Kündigungsschutz für „Arbeitnehmer-Geschäftsführer“ – oder doch?, DB 2008, 350; *Bauer/Baeck/Lösler*, Schriftform- und Zuständigkeitsprobleme beim Aufstieg eines Angestellten zum Geschäftsführer einer GmbH, ZIP 2003, 1821; *Bauer/Diller*, Koppelung von Abberufung und Kündigung bei Organmitgliedern, GmbHR 1998, 809; *Deilmann*, Fehlen einer Directors & Officers (D&O) Versicherung als Rücktrittsgrund für die Organmitglieder einer Aktiengesellschaft, NZG 2005, 54; *Esser/Baluch*, Bedeutung des Allgemeinen Gleichbehandlungsgesetzes für Organmitglieder, NZG 2007, 321; *Fischer*, Die Bestellung von Arbeitnehmern zu Organmitgliedern juristischer Personen und das Schicksal ihres Arbeitsvertrages, NJW 2003, 2417; *Fischer/Harth/Meyding*, Vorstandsverträge im Konzern: Rechtliche Gestaltungsmöglichkeiten bei der Organleihe, BB 2000, 1097; *Flatten*, Dauer von Geschäftsführerverträgen, GmbHR 2000, 922; *Fonk*, Rechtsfragen nach der Abberufung von Vorstandsmitgliedern und Geschäftsführern, NZG 1998, 408; *Frels*, Handelsregisterliche Fragen bei der Vorstandsbestellung, AG 1967, 227; *Grobys/Littger*, Amtsniederlegung durch das Vorstandsmitglied einer AG, BB 2002, 2292; *Grumann/Gillmann*, Abberufung und Kündigung von Vorstandsmitgliedern einer Aktiengesellschaft, DB 2003, 770; *Hoffmann-Becking*, Abfindungsleistungen an ausscheidende Vorstandsmitglieder, ZIP 2007, 2101; *Hohenstatt/Willemsen*, Abfindungsgrenzen in Vorstandsverträgen, NJW 2008, 3462; *Jaeger*, Zur Problematik von Altersgrenzen für Vorstandsmitglieder im Hinblick auf das AGG, in: FS Bauer, 2010, S. 495 ff; *Kauffmann-Lauven*, Das ruhende Arbeitsverhältnis im Aktienrecht, NZA 2000, 799; *Krause*, Auswirkungen des AGG auf die Organbesetzung, AG 2007, 393; *Lutter*, Das Abfindungs-Cap in Ziff. 4.2.3 Abs. 3 und 4 des Deutschen Corporate Governance-Kodex, BB 2009, 1874; *Lutter/Krieger/Verse*, Rechte und Pflichten des Aufsichtsrats, 6. Aufl. 2014; *Sasse/Schnitger*, Das ruhende Arbeitsverhältnis des GmbH-Geschäftsführers, BB 2007, 154; *Steinbeck/Menke*, Kündigungsklauseln in Vorstandsanstellungsverträgen, DStR 2003, 940.

a) Rechtslage im Umfeld

aa) Ausgangslage

310 Vorstandsmitglieder stehen zur Gesellschaft in einer **Doppelstellung**, denn zum einen haben sie aufgrund der Bestellung durch den Aufsichtsrat eine körperschaftliche Stellung als Organ der AG inne und zum anderen stehen sie in einer durch den Anstellungsvertrag begründeten schuldrechtlichen Beziehung zur AG (s. § 3 Rn 1). Trotz der rechtlichen Unabhängigkeit[1] stehen Bestellung und Anstellung in einem engen tatsächlichen Zusammenhang,[2] so dass insb. bei der Vertragsgestaltung bzgl der Laufzeit des Anstellungsvertrages und damit zusammenhängender Fragen die organschaftliche Stellung berücksichtigt werden muss.

bb) Bestellung

311 Gemäß § 84 Abs. 1 S. 1 AktG werden Vorstandsmitglieder durch den Aufsichtsrat auf **höchstens fünf Jahre** bestellt. Diese Frist kann auch durch Satzung nicht verlängert werden.[3] Der DCGK empfiehlt in Ziff. 5.1.2 für den Fall der Erstbestellung, dass die maximal mögliche Bestelldauer von fünf Jahren nicht die Regel sein sollte. Eine **Mindestbestelldauer** legt das Gesetz nicht fest, allerdings ist davon auszugehen, dass eine Bestellung für weniger als ein Jahr unzulässig ist.[4] Eine **wiederholte Bestellung** kann zwar nach § 84 Abs. 1 S. 2 AktG grds. erfolgen, ist jedoch frühestens ein Jahr vor Ablauf der bisherigen Amtszeit und nur durch erneuten Aufsichtsratsbeschluss möglich, § 84 Abs. 1 S. 3 AktG. Ein Bestellungsbeschluss, nach dem sich die zunächst auf drei Jahre ausgesprochene Bestellung auf fünf Jahre verlängert, wenn sie nicht vor Ablauf der ersten Frist widerrufen wird, ist allerdings zulässig, da innerhalb der Fünf-Jah-

1 BGH 28.10.2002 – II ZR 146/02, NJW 2003, 351; *Hüffer*, AktG, § 84 Rn 2; MünchHdb-GesR AG/*Wiesner*, § 20 Rn 12; Fleischer/*Thüsing*, Hdb VorstandsR, § 4 Rn 2; Schmidt/Lutter/*Seibt*, AktG, § 84 Rn 5; Henn/Frodermann/Jannott/*Frodermann/Schäfer*, Hdb AktR, Kap. 7 Rn 8; *Bauer*, DB 1992, 1413; KölnKomm-AktG/*Mertens*, § 84 Rn 2; Schaub/*Vogelsang*, ArbR-HdB, § 14 Rn 1.

2 Fleischer/*Thüsing*, Hdb VorstandsR, § 4 Rn 4; MünchHdb-GesR AG/*Wiesner*, § 20 Rn 15; Henn/Frodermann/Jannott/*Frodermann/Schäfer*, Hdb AktR, Kap. 7 Rn 10; *Bauer*, DB 1992, 1413.

3 Fleischer/*Thüsing*, Hdb VorstandsR, § 4 Rn 42; Henn/Frodermann/Jannott/*Frodermann/Schäfer*, Hdb AktR, Kap. 7 Rn 54.

4 Vgl auch Fleischer/*Thüsing*, Hdb VorstandsR, § 4 Rn 45.

res-Grenze eine Verlängerung der Bestellung auch ohne erneuten Aufsichtsratsbeschluss möglich ist, solange eine Gesamtdauer von fünf Jahren nicht überschritten wird.[5] Eine frühzeitigere Wiederbestellung eines Vorstandsmitglieds als ein Jahr vor Ablauf der ursprünglichen Amtszeit ist ausnahmsweise zulässig, wenn die ursprüngliche Bestellung zuvor einvernehmlich aufgehoben wurde.[6]

Der Aufsichtsrat kann die Organstellung vorzeitig durch **Widerruf** der Bestellung nach § 84 Abs. 3 S. 1 AktG beenden, soweit ein **wichtiger Grund** vorliegt.[7] Der Widerruf der Bestellung besitzt keinen Einfluss auf den Bestand des Anstellungsvertrages, soweit mit dem Widerruf nicht eine Kündigung desselben – auch konkludent – verbunden wurde.[8] Hierbei ist allerdings zu beachten, dass zwischen dem wichtigen Grund iSv § 84 Abs. 3 AktG und iSv § 626 BGB keine Kongruenz besteht.[9] Zur Beendigung der Organstellung s. grundlegend § 3 Rn 9 ff. 312

cc) Vertragsschluss

(1) Zuständigkeit für den Abschluss des Vorstandsvertrages

Die Zuständigkeit für den Abschluss und die Änderung des Anstellungsvertrages als Annex zur Abschlusskompetenz liegt gem. § 84 Abs. 1 S. 5 iVm § 84 Abs. 1 S. 1 AktG ebenso wie die Kündigung des Anstellungsvertrages beim Aufsichtsrat.[10] Da § 107 Abs. 3 S. 2 AktG jedoch nur auf § 84 Abs. 1 S. 1 und 3 AktG verweist, kann der Aufsichtsrat den Abschluss des Anstellungsvertrages – anders als die Bestellung, welche der Aufsichtsrat als Plenum beschließen muss – auch einem mit wenigstens drei Mitgliedern besetzten Ausschuss übertragen, jedoch nicht einem einzelnen Aufsichtsratsmitglied.[11] In dem Falle ist darauf zu achten, dass die Verhandlung und der Abschluss des Anstellungsvertrages die Bestellung nicht präjudizieren dürfen, da für die Bestellung der gesamte Aufsichtsrat als Plenum zuständig ist.[12] Zudem darf die Vergütungshöhe nach §§ 87 Abs. 1, 107 Abs. 3 S. 3 AktG nur durch den Aufsichtsrat als Gremium festgelegt werden. Faktisch bedeutet dies, dass auch die sonstigen Bedingungen des Anstellungsvertrages vom Plenum im Aufsichtsrat entschieden werden.[13] 313

---

5 Fleischer/*Thüsing*, Hdb VorstandsR, § 4 Rn 42.

6 BGH 17.7.2012 – II ZR 55/11, NZG 2012, 1027. Zustimmend: *Schult*, GWR 2012, 411; *Bürgers/Theusinger*, NZG 2012, 1218, 1220 f; Hölters/*Weber*, AktG, § 84 Rn 26, der aber darauf hinweist, dass eine vorzeitige Wiederbestellung ohne einen besonderen Grund eine Pflichtwidrigkeit des Aufsichtsrats darstellen kann. Nur für den Fall des Rechtsmissbrauchs die Zulässigkeit verneinend: Spindler/Stilz/*Fleischer*, § 84 Rn 19; aA Fleischer/*Thüsing*, Hdb VorstandsR, § 4 Rn 43; MüKo-AktG/*Spindler*, § 84 Rn 44; KommAktG/*Mertens/Cahn*, § 84 Rn 23; krit. auch Henssler/Strohn/*Dauner-Lieb*, GesellschaftsR, § 84 AktG Rn 12; *Priester*, ZIP 2012, 1781, 1785 hält einen besonderen Grund für notwendig.

7 MünchHdb-GesR AG/*Wiesner*, § 20 Rn 42; Fleischer/*Thüsing*, Hdb VorstandsR, § 5 Rn 1, 2; *Lutter/Krieger/Verse*, Rechte und Pflichten des Aufsichtsrats, Rn 362; Schmidt/Lutter/*Seibt*, AktG, § 84 Rn 45.

8 Fleischer/*Thüsing*, Hdb VorstandsR, § 5 Rn 1; vgl auch MünchHdb-GesR AG/*Wiesner*, § 21 Rn 73; Schmidt/Lutter/*Seibt*, AktG, § 84 Rn 45; Henn/Frodermann/Jannott/*Frodermann/Schäfer*, Hdb AktR, Kap. 7 Rn 61.

9 Semler/Peltzer/*Peltzer*, Vorstand Hdb, § 2 Rn 136; ebenso MünchHdb-GesR AG/*Wiesner*, § 20 Rn 44; ebenso MünchVertragshdB-GesR/*Hölters/Favoccia*, V. 51 Anm. Nr. 2.

10 Fleischer/*Thüsing*, Hdb VorstandsR, § 4 Rn 63, § 5 Rn 52; Semler/Peltzer/*Peltzer*, Vorstand Hdb, § 2 Rn 130; MünchHdb-GesR AG/*Wiesner*, § 21 Rn 15; *Lutter/Krieger/Verse*, Rechte und Pflichten des Aufsichtsrats, Rn 386; Schmidt/Lutter/*Seibt*, AktG, § 84 Rn 24, 61; *Hüffer*, AktG, § 84 Rn 12.

11 BGH 23.10.1975 – II ZR 90/73, NJW 1976, 145; vgl auch Fleischer/*Thüsing*, Hdb VorstandsR, § 4 Rn 64; Semler/Peltzer/*Peltzer*, Vorstand Hdb, § 2 Rn 130; MünchHdb-GesR AG/*Wiesner*, § 21 Rn 16, 18; *Hüffer*, AktG, § 84 Rn 13; Schmidt/Lutter/*Seibt*, AktG, § 84 Rn 25; Henn/Frodermann/Jannott/*Frodermann/Schäfer*, Hdb AktR, Kap. 7 Rn 126; *Fischer/Harth/Meyding*, BB 2000, 1097, 1098; MüKo-AktG/*Spindler*, § 84 Rn 60; *Henssler*, RdA 1992, 289, 298; Geßler/Hefermehl/Eckardt/Kropff/*Hefermehl*, AktG, § 107 Rn 67 ff lässt einen mit nur zwei Mitgliedern besetzten Aufsichtsrat ausreichen.

12 *Hüffer*, AktG, § 84 Rn 12; Fleischer/*Thüsing*, Hdb VorstandsR, § 4 Rn 65; ebenso MünchHdb-GesR AG/*Wiesner*, § 20 Rn 16.

13 Lücke/Schaub/*Lücke*, Vorstand der AG, § 2 Rn 95.

(2) Form

314 Das Gesetz bestimmt für den Anstellungsvertrag des Vorstandsmitglieds keine besondere Form.[14] Dementsprechend ist auch der Abschluss eines mündlichen Vertrages möglich. Aus Gründen der Praktikabilität und Rechtssicherheit ist allerdings ein schriftlicher Anstellungsvertrag sehr zu empfehlen.[15] Auch kann die Satzung Schriftform vorschreiben.[16]

dd) Vertragstyp

315 Anders als der Geschäftsführer einer GmbH, der gem. § 37 GmbHG den Weisungen der Gesellschaft unterliegt, leitet der Vorstand einer AG diese gem. § 76 Abs. 1 AktG in eigener Verantwortung, dh **weisungsfrei.**[17] Vertragstypisch handelt es sich idR um einen Dienstvertrag in der Gestalt eines Geschäftsbesorgungsvertrages gem. §§ 611 ff, 675 BGB.[18] Im Falle einer unentgeltlichen Tätigkeit des Vorstandsmitglieds für die AG ist der Anstellungsvertrag als Auftrag gem. §§ 662 ff BGB zu werten.[19] Zur Streitfrage, ob nicht im Falle eines Dritt-/Konzernanstellungsvertrages ausnahmsweise ein Arbeitsverhältnis besteht, s. § 3 Rn 35 ff.

ee) Befristung

316 Im Gegensatz zum Geschäftsführerdienstvertrag (s. § 2 Rn 532 ff) besteht nach § 84 Abs. 1 S. 1 und 5 AktG bei Vorstandsverträgen für die Befristung eine gesetzliche **Höchstgrenze von fünf Jahren.** Der Anstellungsvertrag kann trotz der gesetzlichen Vorgabe bis zur Höchstgrenze von fünf Jahren dennoch auf unbestimmte Zeit geschlossen werden.[20] Die Vertragsdauer ist Verhandlungssache, üblicherweise orientiert sie sich jedoch am Zeitraum der Bestellung.[21]

317 Ist der Zeitraum nicht eindeutig festgelegt, ist die Vertragsdauer durch Auslegung zu ermitteln, wobei idR von einem Vertragsschluss bis zum Ablauf der Bestellung unter Beachtung der Fünf-Jahres-Frist auszugehen ist.[22] Ein entsprechendes Indiz bildet auch die Vereinbarung eines Ruhegehalts.[23] Eine Mindestvertragslaufzeit wird nicht durch Gesetz festgelegt, allerdings ist hier wie bei der Bestellung (s. § 3 Rn 311) von der Unzulässigkeit einer Vertragsdauer von unter einem Jahr auszugehen.[24] Das TzBfG gilt mangels Arbeitnehmereigenschaft des Vorstandsmitglieds nicht.

---

14 Fleischer/*Thüsing*, Hdb VorstandsR, § 4 Rn 72; MünchHdb-GesR AG/*Wiesner*, § 21 Rn 19; Henn/Frodermann/Jannott/*Frodermann/Schäfer*, Hdb AktR, Kap. 7 Rn 129.

15 Siehe auch MünchHdb-GesR AG/*Wiesner*, § 21 Rn 19; Henn/Frodermann/Jannott/*Frodermann/Schäfer*, Hdb AktR, Kap. 7 Rn 129; MAH-AktR/*Nehls*, § 22 Rn 79; Schmidt/Lutter/*Seibt*, AktG, § 84 Rn 27.

16 Fleischer/*Thüsing*, Hdb VorstandsR, § 4 Rn 72.

17 *Hüffer*, AktG, § 76 Rn 10.

18 Fleischer/*Thüsing*, Hdb VorstandsR, § 4 Rn 53; *Hüffer*, AktG, § 84 Rn 11; MünchHdb-GesR AG/*Wiesner*, § 21 Rn 1; *Lutter/Krieger/Verse*, Rechte und Pflichten des Aufsichtsrats, Rn 384; Schmidt/Lutter/*Seibt*, AktG, § 84 Rn 23; Henn/Frodermann/Jannott/*Frodermann/Schäfer*, Hdb AktR, Kap. 7 Rn 121; *Bauer*, DB 1992, 1413; *Bauer/Arnold*, ZIP 2006, 2337.

19 Fleischer/*Thüsing*, Hdb VorstandsR, § 4 Rn 53; MünchHdb-GesR AG/*Wiesner*, § 21 Rn 1.

20 BAG 26.8.2009 – 5 AZR 522/08, NZA 2009, 1205; MüKo-AktG/*Spindler*, § 84 Rn 158; vgl auch *Lutter/Krieger/Verse*, Rechte und Pflichten des Aufsichtsrats, Rn 392; MünchHdb-GesR AG/*Wiesner*, § 21 Rn 20; aA MAH-AktR/*Nehls*, § 22 Rn 155, der davon ausgeht, dass der Vorstandsvertrag zwingend befristet abzuschließen ist.

21 Vgl auch Fleischer/*Thüsing*, Hdb VorstandsR, § 4 Rn 73.

22 MüKo-AktG/*Spindler*, § 84 Rn 69.

23 MüKo-AktG/*Spindler*, § 84 Rn 69.

24 Vgl auch Fleischer/*Thüsing*, Hdb VorstandsR, § 4 Rn 73; vgl auch MünchHdb-GesR AG/*Wiesner*, § 21 Rn 21.

ff) Verlängerung des Anstellungsvertrages

318 Eine stillschweigende Verlängerung des Anstellungsvertrages nach § 625 BGB über die Fünf-Jahres-Frist hinaus scheidet aus.[25] Der Vertrag kann jedoch im Einvernehmen der Vertragsparteien verlängert werden. Allerdings darf auch dieser Beschluss – wie der Wiederbestellungsbeschluss – frühestens ein Jahr vor Ablauf der Vertragszeit gefällt werden, § 84 Abs. 1 S. 3 und 5 AktG.[26]

319 Meist enthalten Vorstandsverträge Klauseln, nach denen sich der Anstellungsvertrag im Falle der Wiederbestellung verlängert. Solche Klauseln sind ebenso wie die sog. **Gleichlaufklauseln** zulässig.[27] Nichtig sind dagegen sog. **Fortsetzungsklauseln**, nach denen sich der Anstellungsvertrag automatisch verlängert.[28] Ebenso wie bei der Bestellung ist es auch zulässig, den Anstellungsvertrag zunächst für eine kürzere Zeit als fünf Jahre zu schließen mit einer Klausel, nach der sich der Vertrag dann automatisch auf fünf Jahre verlängert.[29]

gg) Widerruf der Bestellung und Kündigung des Anstellungsvertrages

(1) Allgemeines

320 Die Beendigung des Anstellungsvertrages ist aufgrund der Doppelstellung des Vorstandsmitglieds von der Beendigung der Organstellung zu trennen (s. § 3 Rn 1, 19 ff). Sie richtet sich nach den allgemeinen dienstrechtlichen Vorschriften der §§ 620 ff BGB. Das Dienstverhältnis endet weiterhin durch Zeitablauf, vertragliche Aufhebung, Kündigung, Eintritt einer vertraglich vereinbarten auflösenden Bedingung oder durch den Tod des Vorstandsmitglieds.

321 Ohne besondere Vereinbarungen im Anstellungsvertrag heben weder die Abberufung aus dem Vorstand noch die Amtsniederlegung noch die Auflösung oder Verschmelzung der Gesellschaft den Vorstandsvertrag auf.[30]

(2) Folgen der Abberufung

(a1) Beschäftigungsanspruch

322 Im Falle der Abberufung vom Vorstandsmandat ist die Gesellschaft nicht verpflichtet, dem abberufenen Vorstandsmitglied eine Stellung unterhalb der Leitungsebene anzubieten.[31] Vorstandsmitglieder einer AG haben ebenso wenig einen Beschäftigungsanspruch gegenüber der Gesellschaft wie der GmbH-Geschäftsführer.[32] Anders stellt sich die Situation nur dar, wenn im Anstellungsvertrag nicht allein eine Tätigkeit als Vorstandsmitglied vereinbart wurde.

(a2) Fortbestand als Arbeitsverhältnis

323 Das Anstellungsverhältnis wandelt sich bei Abberufung ohne gleichzeitige Beendigung des Anstellungsvertrages nicht in ein Arbeitsverhältnis um, da der Anstellungsvertrag grds. keine per-

---

25 *Hüffer*, AktG, § 84 Rn 17; MüKo-AktG/*Spindler*, § 84 Rn 69; *Bauer*, DB 1992, 1413, 1414; MünchHdb-GesR AG/*Wiesner*, § 21 Rn 20.

26 Vgl auch MüKo-AktG/*Spindler*, § 84 Rn 70.

27 Vgl auch Fleischer/*Thüsing*, Hdb VorstandsR, § 4 Rn 73; *Hüffer*, AktG, § 84 Rn 15; Semler/Peltzer/*Peltzer*, Vorstand Hdb, § 2 Rn 170; MüKo-AktG/*Spindler*, § 84 Rn 68; MünchHdb-GesR AG/*Wiesner*, § 21 Rn 23; *Lutter/Krieger/Verse*, Rechte und Pflichten des Aufsichtsrats, Rn 392; MAH-AktR/*Nehls*, § 22 Rn 94; Schmidt/Lutter/*Seibt*, AktG, § 84 Rn 28, 70.

28 MüKo-AktG/*Spindler*, § 84 Rn 68; BGH 8.12.1977 – II ZR 219/75, WM 1978, 109, 111.

29 Vgl *Bauer*, DB 1992, 1413.

30 Vgl auch Fleischer/*Thüsing*, Hdb VorstandsR, § 5 Rn 79 ff.

31 *Fonk*, NZG 1998, 408, 411.

32 *Fonk*, NZG 1998, 408, 411; aA Fleischer/*Pentz*, § 16 Rn 23, der grds. ebenfalls von einem aus dem Persönlichkeitsrecht ableitbaren Beschäftigungsanspruch ausgeht, dabei jedoch im Rahmen der für die konkrete Ausgestaltung des Anspruchs notwendigen Interessenabwägung die besondere Stellung eines Vorstands berücksichtigen möchte, was iE zu einer stärkeren Berücksichtigungsfähigkeit der Interessen der Gesellschaft führe. Der Beschäftigungsanspruch sei in seiner konkreten Ausgestaltung jedoch nach wie vor einzelfallbezogen zu entscheiden.

sönliche Weisungsgebundenheit zu begründen vermag.[33] Besteht allerdings eine entsprechende Einigung über die Fortführung des Vertrags unter geänderten Bedingungen – etwa einer zukünftigen Tätigkeit als leitender Angestellter –, so findet eine Umwandlung des Vertrages statt.[34] In diesem Fall ist in der Folge das KSchG anwendbar und zwar selbst, wenn die Kündigung auf Vorfälle während der Tätigkeit als Vorstandsmitglied gestützt wird.[35]

(3) Beendigungsmöglichkeiten

(a1) Kündigung des Anstellungsvertrages

(a1.1) Allgemeines

324 Im Falle einer Abberufung eines Vorstandsmitglieds ist von Seiten der Gesellschaft meist auch eine Kündigung des Anstellungsvertrages gewünscht, so dass in der Abberufung regelmäßig zugleich eine Entscheidung über die Kündigung des Anstellungsvertrages gesehen werden kann.[36] Dies ist allerdings im Einzelfall stets Auslegungsfrage. Im Sinne der Rechtssicherheit und der Eindeutigkeit ist zu empfehlen, die Abberufung aus der Organstellung und die Kündigung des Anstellungsvertrages immer durch **zwei voneinander getrennte Akte** vorzunehmen.

(a1.2) Zuständigkeit

325 Für die Kündigung ist der die Gesellschaft nach § 112 AktG vertretende **Aufsichtsrat** zuständig.[37] Dies gilt ebenso für die Kündigung eines nach der Abberufung einvernehmlich in ein Arbeitsverhältnis umgewandelten Anstellungsvertrages und die Kündigung eines bis dahin ruhenden Arbeitsvertrages.[38] Der Gesamtaufsichtsrat kann die Kündigung des Anstellungsvertrages genau wie dessen Abschluss auf einen Ausschuss übertragen (s. § 3 Rn 61 f).[39] Allerdings gilt auch hier, dass der Beschluss des Ausschusses nicht dem Abberufungsbeschluss des Gesamtaufsichtsrats vorgreifen darf.[40] Insbesondere ist zu bedenken, dass die Kündigung als einseitige Gestaltungserklärung nicht bedingt auf den Abberufungsbeschluss des Gesamtaufsichtsrats ausgesprochen werden kann.[41] Die Kündigung kann aber unter der Maßgabe beschlossen werden, dass sie nur bei Widerruf der Bestellung erklärt werden soll.[42]

326 Für die Kündigung des Anstellungsvertrages durch das Vorstandsmitglied ist der Aufsichtrat nach § 112 AktG empfangszuständig.

---

33 Vgl dazu BAG 25.6.1997 – 5 AZB 41/96, NJW 1998, 260, 261; BGH 10.1.2000 – II ZR 251/98, NJW 2000, 1864, 1865; so auch Fleischer/*Thüsing*, Hdb VorstandsR, § 4 Rn 61; *Fleck*, in: FS Hilger und Stumpf, S. 210; ebenso MünchHdb-GesR AG/*Wiesner*, § 21 Rn 24.

34 Fleischer/*Thüsing*, Hdb VorstandsR, § 4 Rn 61; MünchHdb-GesR AG/*Wiesner*, § 21 Rn 24; MüKo-AktG/*Spindler*, § 84 Rn 179.

35 BAG 22.2.1974 – 2 AZR 289/73, DB 1974, 1243; Fleischer/*Thüsing*, Hdb VorstandsR, § 4 Rn 61; *Bauer*, DB 1992, 1413, 1415; MüKo-AktG/*Spindler*, § 84 Rn 53.

36 Fleischer/*Thüsing*, Hdb VorstandsR, § 5 Rn 1; vgl auch MüKo-AktG/*Spindler*, § 84 Rn 148.

37 MüKo-AktG/*Spindler*, § 84 Rn 151.

38 Fleischer/*Thüsing*, Hdb VorstandsR, § 5 Rn 52; zur Kündigung vgl auch *Kauffmann-Lauven*, NZA 2000, 799, 801, welcher für die anwaltliche Praxis allerdings rät, der AG zu empfehlen, die Kündigung sowohl durch den Aufsichtsrat als auch durch den Vorstand aussprechen zu lassen bzw aufseiten des Vorstandsmitglieds die Kündigung gem. § 174 BGB zurückzuweisen, falls die AG nicht so verfährt; **aA** MAH-AktR/*Nehls*, § 22 Rn 150, der von einer ausschließlichen Zuständigkeit des Vorstands ausgeht, wenn das Anstellungsverhältnis in ein Arbeitsverhältnis umgewandelt wurde; MünchHdb-GesR AG/*Wiesner*, § 21 Rn 25. Nur die Frage der Vertretung der AG in späteren Rechtsstreitigkeiten betrifft BAG 4.7.2001 – 2 AZR 142/00, NZA 2002, 401. Vgl auch zum GmbH-Geschäftsführer BGH 27.3.1995 – II ZR 140/93, NJW 1995, 1750, 1751.

39 Fleischer/*Thüsing*, Hdb VorstandsR, § 5 Rn 53; MüKo-AktG/*Spindler*, § 84 Rn 151; *Hüffer*, AktG, § 84 Rn 38.

40 Fleischer/*Thüsing*, Hdb VorstandsR, § 5 Rn 53; MüKo-AktG/*Spindler*, § 84 Rn 152; *Hüffer*, AktG, § 84 Rn 38; Schmidt/Lutter/*Seibt*, AktG, § 84 Rn 61.

41 Vgl auch Fleischer/*Thüsing*, Hdb VorstandsR, § 5 Rn 54; aA offenbar MüKo-AktG/*Spindler*, § 84 Rn 152.

42 *Hüffer*, AktG, § 84 Rn 38; Schmidt/Lutter/*Seibt*, AktG, § 84 Rn 61.

(a1.3) Ordentliche Kündigung

Eine ordentliche Kündigung kommt nur in Betracht, wenn ein ordentliches Kündigungsrecht **vertraglich vereinbart** oder der Vertrag **auf unbestimmte Zeit geschlossen** wurde.[43] Erforderlich ist aber die vorherige Abberufung des Vorstandsmitglieds.[44] Nach herrschender Auffassung in Lit. und Rspr ist die Vereinbarung eines ordentlichen Kündigungsrechts zugunsten der Gesellschaft nur zulässig, wenn die Wirksamkeit der Kündigung von einem vorherigen oder gleichzeitigen Widerruf der Bestellung abhängig gemacht wird.[45] Die Vereinbarung eines ordentlichen Kündigungsrechts zugunsten des Vorstandsmitglieds im Anstellungsvertrag hingegen ist aktienrechtlich unbedenklich.[46] 327

Grundsätzlich ist bei der Beendigung von Vorstandsverträgen auf das mögliche Bestehen eines **ruhenden Arbeitsverhältnisses** (s. § 3 Rn 34) neben dem Dienstvertrag zu achten,[47] da für dieses der arbeitsrechtliche Kündigungsschutz eingreifen kann. 328

Eine **Begründung** der ordentlichen Kündigung ist nicht notwendig. Zudem kann sie auch mündlich erfolgen, da das Schriftformerfordernis des § 623 BGB nur auf Arbeitsverträge anwendbar ist. Im Sinne der Rechtssicherheit ist eine **schriftliche** Kündigung allerdings zu empfehlen. Für die Kündigung gelten nach hM die **Fristen** des § 622 BGB (vgl § 3 Rn 33), soweit keine längeren Kündigungsfristen vereinbart wurden.[48] 329

(a1.4) Außerordentliche Kündigung

Die außerordentliche Kündigung kann nur aus wichtigem Grund iSv § 626 BGB erfolgen. Dies gilt selbst, wenn die Vorstandstätigkeit unentgeltlich ausgeübt wurde.[49] Der Widerruf der Bestellung allein stellt keinen solchen wichtigen Grund dar. Voraussetzung des wichtigen Grundes iSd § 626 BGB ist das Vorliegen von Tatsachen, aufgrund derer der Gesellschaft bzw dem Vorstandsmitglied unter Berücksichtigung der Umstände des Einzelfalls und unter Abwägung der Interessen beider Vertragsteile die Fortsetzung des Dienstverhältnisses bis zum Ende der Vertragslaufzeit – oder bei Vereinbarung eines ordentlichen Kündigungsrechtes bis zum Ablauf der Kündigungsfrist – nicht zuzumuten ist.[50] 330

(a2) Aufhebungsvertrag

Auch durch einen Aufhebungsvertrag kann der Anstellungsvertrag des Vorstandsmitglieds beendet werden.[51] Ein wichtiger Grund ist hierfür nicht nötig, und auch eine bestimmte Form ist nicht einzuhalten.[52] Schriftform ist allerdings auch in diesem Zusammenhang anzuraten.[53] Zuständig für den Abschluss des Aufhebungsvertrages ist der Aufsichtsrat; die Übertragung dieser Aufgabe auf einen Ausschuss ist jedoch möglich.[54] Anders als die Kündigungserklärung kann der Aufhebungsvertrag mit der Bedingung der Abberufung durch den Gesamtaufsichtsrat ab- 331

43 Vgl Fleischer/*Thüsing*, Hdb VorstandsR, § 5 Rn 55; MüKo-AktG/*Spindler*, § 84 Rn 158; *Lutter/Krieger/Verse*, Rechte und Pflichten des Aufsichtsrats, Rn 420.

44 Fleischer/*Thüsing*, Hdb VorstandsR, § 5 Rn 55; MüKo-AktG/*Spindler*, § 84 Rn 158; *Bauer*, DB 1992, 1413, 1414; ähnl. auch *Lutter/Krieger/Verse*, Rechte und Pflichten des Aufsichtsrats, Rn 420, demzufolge jedenfalls die Voraussetzungen für einen Widerruf der Bestellung erfüllt sein müssen.

45 Vgl *Steinbeck/Menke*, DStR 2003, 940, 941 mwN; MAH-AktR/*Nehls*, § 22 Rn 155.

46 *Steinbeck/Menke*, DStR 2003, 940, 941; MAH-AktR/*Nehls*, § 22 Rn 155; vgl auch *Lutter/Krieger/Verse*, Rechte und Pflichten des Aufsichtsrats, Rn 422.

47 Vgl auch MAH-AktR/*Nehls*, § 22 Rn 180 ff.

48 Fleischer/*Thüsing*, Hdb VorstandsR, § 5 Rn 55.

49 Vgl Fleischer/*Thüsing*, Hdb VorstandsR, § 5 Rn 56; MüKo-AktG/*Spindler*, § 84 Rn 155.

50 Vgl hierzu *Lutter/Krieger/Verse*, Rechte und Pflichten des Aufsichtsrats, Rn 414 ff.

51 Vgl hierzu *Bauer*, DB 1992, 1413, 1415 ff.

52 Fleischer/*Thüsing*, Hdb VorstandsR, § 5 Rn 70.

53 Fleischer/*Thüsing*, Hdb VorstandsR, § 5 Rn 70.

54 Fleischer/*Thüsing*, Hdb VorstandsR, § 5 Rn 70.

geschlossen werden.[55] Auch in diesem Zusammenhang bleibt jedoch das Plenum (Gesamtaufsichtsrat) für die Festlegung der Vergütung im Aufhebungsvertrag (Abfindung) zuständig (§§ 87 Abs. 1, 107 Abs. 3 S. 3 AktG).

332 Häufig wird in Aufhebungsverträgen eine **Abfindung** vereinbart. Hierbei ist ebenfalls die Angemessenheitsgrenze des § 87 Abs. 1 AktG einzuhalten.[56] Allerdings kann die Vereinbarung von Abfindungen im Aufhebungsvertrag – anders als im Anstellungsvertrag – nicht deshalb unzulässig sein, weil sie die Entscheidungsfreiheit des Aufsichtsrats über den Widerruf der Bestellung oder die Neubestellung eines anderen Vorstandsmitglieds beeinträchtige.[57] Allerdings wird der Aufsichtsrat beim Abschluss von Aufhebungsverträgen mit Abfindungen eine genaue Abwägung vorzunehmen haben, ob die Vergütung angemessen ist und ob er sich ggf durch Festlegung von Abfindungen seines ggf bestehenden Herabsetzungsrechts nach § 87 Abs. 2 AktG begeben kann.[58]

333 Wird im Aufhebungsvertrag ein **Wettbewerbsverbot** vereinbart, finden dieselben Regeln wie für ein im Anstellungsvertrag vereinbartes nachvertragliches Wettbewerbsverbot Anwendung.[59] Im Hinblick auf die – jedenfalls im Arbeitsrecht – üblichen Abgeltungsklauseln, mit denen die Vertragsparteien idR auf alle wechselseitigen Ansprüche aus dem Anstellungsvertrag verzichten, ist die Regelung des § 93 Abs. 4 S. 3 AktG zu berücksichtigen, die einen Verzicht auf Schadensersatzforderungen durch die Gesellschaft nur in Ausnahmefällen zulässt.[60]

(a3) Gleichlauf- und Koppelungsklauseln

334 Schwierigkeiten bereitet die strikte Trennung des organschaftlichen und des schuldrechtlichen Verhältnisses zur Gesellschaft, wenn zwar ein **wichtiger Grund** iSd § 84 Abs. 3 S. 1 AktG, mangels Kongruenz der Begriffe aber nicht iSd § 626 BGB vorliegt. Dieses Auseinanderfallen der Beendigungsmöglichkeiten kann durch vertragliche Regelungen abgemildert werden.[61] Es kommen Vereinbarungen in Betracht, die entweder vorsehen, dass die Abberufung aus der Organstellung stets als wichtiger Grund für die Kündigung des Anstellungsvertrages gelten soll (**Koppelungsklausel**),[62] oder dass die Abberufung eine auflösende Bedingung des Anstellungsvertrages darstellt (**Gleichlaufklausel**).[63] In beiden Fällen ist jedoch den schutzwürdigen Inter-

55 Fleischer/*Thüsing*, Hdb VorstandsR, § 5 Rn 54; *Lutter/Krieger/Verse*, Rechte und Pflichten des Aufsichtsrats, Rn 412.

56 Fleischer/*Thüsing*, Hdb VorstandsR, § 5 Rn 71.

57 Fleischer/*Thüsing*, Hdb VorstandsR, § 5 Rn 74.

58 *Jaeger*, NZA 2010, 128.

59 Fleischer/*Thüsing*, Hdb VorstandsR, § 5 Rn 75.

60 Vgl Lücke/Schaub/*Lücke*, Vorstand der AG, § 2 Rn 280 ff.

61 Zu den praktischen Aspekten einer Koppelungsklausel vgl krit. auch *Hohenstatt/Willemsen*, NJW 2008, 3462, 3465.

62 BGH 29.5.1989 – II ZR 220/88, NJW 1989, 2683, 2684; Semler/Peltzer/*Peltzer*, Vorstand Hdb, § 2 Rn 137, 170; Henn/Frodermann/Jannott/*Frodermann/Schäfer*, Hdb AktR, Kap. 7 Rn 140; MüKo-AktG/*Spindler*, § 84 Rn 168; Fleischer/*Thüsing*, Hdb VorstandsR, § 5 Rn 58; aA wegen Verstoßes gegen das in § 84 AktG niedergelegte Trennungsprinzip *Eckhardt*, AG 1989, 431, 433; *Bauer/Diller*, GmbHR 1998, 809, 810, welche zwar eine grundsätzliche Zulässigkeit bejahen, jedoch bei langfristigen Anstellungsverträgen wegen Verstoßes gegen den damaligen § 3 AGBG und § 622 BGB von der Unwirksamkeit von Koppelungsklauseln ausgehen; dies bei der AG wiederum verneinend und eine grundsätzliche Zulässigkeit von Gleichlauf- oder Koppelungsklauseln bei AG-Vorständen bejahend *Grumann/Gillmann*, DB 2003, 770, 772 f.

63 BGH 29.5.1989 – II ZR 220/88, NJW 1989, 2683, 2684; *Henssler*, RdA 1992, 289, 297; MüKo-AktG/*Spindler*, § 84 Rn 69, 182 ff; MünchHdb-GesR AG/*Wiesner*, § 21 Rn 23; Henn/Frodermann/Jannott/*Frodermann/Schäfer*, Hdb AktR, Kap. 7 Rn 140; *Hüffer*, AktG, § 84 Rn 40; Fleischer/*Thüsing*, Hdb VorstandsR, § 5 Rn 69; *Lutter*, BB 2009, 1874, 1875; für eine grundsätzliche Zulässigkeit auch *Bauer/Diller*, GmbHR 1998, 809, 810; für den GmbH-Geschäftsführer BGH 21.6.1999 – II ZR 27/98, NJW 1999, 3263; *Haase*, GmbHR-Kommentar zu BGH 21.6.1999 – II ZR 27/98, GmbHR 1999, 1142, 1143; aA *Bauer/Diller*, GmbHR 1998, 809, 810, welche zwar eine grundsätzliche Zulässigkeit bejahen, jedoch bei langfristigen Anstellungsverträgen wegen Verstoßes gegen den damaligen § 3 AGBG und § 622 BGB von der Unwirksamkeit von Koppelungsklauseln ausgehen; bei der GmbH die Wirksamkeit von Koppelungsklauseln bei befristeten

essen des Vorstandsmitglieds durch die entsprechende Anwendung der Fristen des § 622 BGB Rechnung zu tragen.[64] – Zu Koppelungsklauseln s. grundlegend § 2 Rn 727 ff (GmbH-Geschäftsführerdienstvertrag).

335 Im Hinblick auf eine AGB-Kontrolle und § 305 c Abs. 1 BGB ist bei **Formularverträgen** darauf zu achten, dass die Klauseln eindeutig formuliert sind.[65] Gerade von einer einfachen Gleichlaufklausel mit dem Wortlaut „für die Dauer der Bestellung" ist abzuraten und eine Klarstellung der Rechtsfolgen noch in der Klausel zu empfehlen.[66] Zudem ist für die Vertragsgestaltung anzumerken, dass eine Koppelungsklausel allein, ohne eine entsprechende Abfindungsklausel, wohl selten durch Vorstandsmitglieder akzeptiert werden wird.[67] – Zu Abfindungsklauseln s. grundlegend § 3 Rn 259 ff.

hh) Altersgrenze

336 Eine Variante der auflösenden Bedingung zur Beendigung des Anstellungsvertrages des Vorstandsmitglieds ist die Vereinbarung einer Altersgrenze. Eine solche empfiehlt der DCGK in Ziff. 5.1.2. Eine solche Klausel im Anstellungsvertrag ist im Regelfall unproblematisch möglich, da bei Vorstandsmitgliedern nur Zugang und Aufstieg, nicht aber die Beendigung vom Anwendungsbereich des AGG erfasst sind.[68] Führt eine durch Satzung oder Aufsichtsratsbeschluss festgelegte Altersgrenze für Vorstandsmitglieder aber zur Nichtbestellung bzw Nichtanstellung im Fall der erneuten Bewerbung, kann dies an sich einen Verstoß gegen das Benachteiligungsverbot des § 7 AGG darstellen.[69] Ein solcher Verstoß wird allerdings häufig als gerechtfertigt angesehen (s. ausf. § 3 Rn 75 f).[70]

b) Klauseltypen und Gestaltungshinweise

aa) Laufzeit des Vertrages

(1) Klauseltyp A

337 **1. Vertragsdauer**

A 1: Der Vertrag beginnt am (...) und endet mit Ablauf der Dauer der Bestellung des Vorstands, dh am (...).

A 2: Der Dienstvertrag wird geschlossen für (...) Jahre, beginnend am (...).

A 3: Der Anstellungsvertrag wird für die Zeit vom (...) bis zum (...) abgeschlossen.

Verträgen ablehnend *Flatten*, GmbHR 2000, 922, 925; dies bei der AG wiederum verneinend und eine grundsätzliche Zulässigkeit von Gleichlauf- oder Koppelungsklauseln bei AG-Vorständen bejahend *Grumann/Gillmann*, DB 2003, 770, 772 f.

64 BGH 29.5.1989 – II ZR 220/88, NJW 1989, 2683, 2684; *Henssler*, RdA 1992, 289, 297; MünchHdb-GesR AG/*Wiesner*, § 21 Rn 23; Henn/Frodermann/Jannott/*Frodermann/Schäfer*, Hdb AktR, Kap. 7 Rn 140; *Hüffer*, AktG, § 84 Rn 40; Fleischer/*Thüsing*, Hdb VorstandsR, § 5 Rn 58, 69; MüKo-AktG/*Spindler*, § 84 Rn 183; für den GmbH-Geschäftsführer BGH 21.6.1999 – II ZR 27/98, NJW 1999, 3263; Hümmerich/Lücke/Mauer/*Lücke*, NomosFormulare ArbR, § 1 Rn 383 f rät im Hinblick auf die Regelungen zu Allgemeinen Geschäftsbedingungen von der Verwendung solcher Klauseln ab.

65 Vgl auch MüKo-AktG/*Spindler*, § 84 Rn 183.

66 Vgl hierzu BLDH/*Lingemann*, Anwalts-Formularbuch Arbeitsrecht, M 5.1 Fn 10.

67 *Hoffmann-Becking*, ZIP 2007, 2101, 2103; *Lutter*, BB 2009, 1874, 1875.

68 Vgl *Lutter*, BB 2007, 725, 728; *Eßer/Baluch*, NZG 2007, 321, 329; *Bauer/Göpfert/Krieger*, AGG, § 6 Rn 31, 36; Rust/Falke/*Falke*, AGG, § 6 Rn 26; HK-AGG/*Schrader/Schubert*, § 6 Rn 33 hingegen sehen vom Willen des Gesetzgebers auch die Kündigung des Anstellungsvertrages erfasst.

69 *Lutter*, BB 2007, 725, 727.

70 Vgl *Jaeger*, in: FS Bauer, 2010, S. 495 ff.

A 4: Der Anstellungsvertrag wird zunächst für (...) Jahre geschlossen, beginnend am (...). Wird die Bestellung zum Vorstandsmitglied nicht innerhalb dieser (...) Jahre widerrufen, so verlängert sich der Anstellungsvertrag um (...) auf insgesamt (.../maximal fünf) Jahre.

2. Verlängerung bei Wiederbestellung

2.1

A 5: Für den Fall der Wiederbestellung und einer Verlängerung der Amtszeit gilt der Vertrag bis zum Ablauf der neuen Amtszeit fort.

A 6: Der Vertrag verlängert sich jeweils für die Zeit, für die Herr/Frau (...) wieder zum Vorstandsmitglied bestellt wird.

A 7: Der Dienstvertrag verlängert sich jeweils für den Zeitraum, für den der Aufsichtsrat mit Zustimmung von Herrn/Frau (...) seine/ihre Wiederbestellung zum Vorstandsmitglied der Gesellschaft beschließt.

2.2

A 8: Über die Wiederbestellung soll spätestens (...) Monate vor Ablauf der Amtszeit entschieden werden.

A 9: Über die Verlängerung des Anstellungsvertrages und die Wiederbestellung zum Vorstand soll spätestens (...) Monate vor Ablauf der Amtszeit entschieden werden.

A 10: Das Vorstandsmitglied hat Anspruch darauf, dass ihm spätestens (...) Monate vor Ablauf des Vertrages verbindlich erklärt wird, ob und unter welchen Bedingungen eine Vertragsverlängerung angeboten wird.

A 11: Der Vorsitzende des Aufsichtsrats wird dem Vorstandsmitglied spätestens (...) Monate vor Ablauf des Anstellungsvertrages mitteilen, ob der Anstellungsvertrag verlängert werden soll.

2.3

A 12: Das Vorstandsmitglied ist verpflichtet, innerhalb von (...) Wochen nach dem Angebot über eine Vertragsverlängerung zu erklären, ob es dieses annimmt.

A 13: Für jeden Monat, den die Unterrichtung verspätet erfolgt, erhält das Vorstandsmitglied, falls der Vertrag nicht verlängert wird, eine Entschädigung in Höhe des zuletzt bezogenen monatlichen Teilbetrages. Die Zahlung erfolgt nach Vertragsablauf monatsweise, ggf unter Anrechnung etwaiger Versorgungsbezüge der Gesellschaft. Weitergehende Ansprüche wegen der verspäteten Mitteilung bestehen nicht.

A 14: Bei Nichteinhaltung der Frist von (...) Monaten stehen dem Vorstandsmitglied die bisherigen Bezüge bis zur Beendigung des Anstellungsvertrages zuzüglich der Zeit der Verzögerung zu. Weitergehende Ansprüche wegen der verspäteten Mitteilung bestehen nicht.

(2) Gestaltungshinweise

338 Der Klauseltyp A enthält unter Nr. 1 (Klauseln A 1–A 4) Regelungen zur Vertragslaufzeit und unter Nr. 2 (Klauseln A 5–A 14) Regelungen zur Verlängerung des befristeten Anstellungsvertrages.

339 Die **Klauseln A 1–A 3** unterscheiden sich lediglich in ihrer Formulierung. Sie bestimmen Beginn und Ende der Vertragslaufzeit des befristeten Vorstandsvertrages. Bei diesen Varianten ist es sinnvoll, sich an der Bestelldauer zu orientieren, also dessen Beginn und Ende entsprechend auch für den Anstellungsvertrag zu wählen.

Soll der Anstellungsvertrag zunächst für eine kürzere Dauer als die Bestelldauer geschlossen werden, so empfiehlt sich eine Klausel wie in der **Variante A 4**. Hierbei ist darauf zu achten, dass die anfängliche Vertragsdauer ein Jahr nicht unterschreitet und die Höchstdauer des Vertrages fünf Jahre nicht überschreitet. Diese Variante empfiehlt sich besonders in Erprobungsphasen für den Fall, dass das Vorstandsmitglied zunächst für weniger als fünf Jahre bestellt wurde, die Bestellung sich aber automatisch auf fünf Jahre verlängern soll, soweit das Vorstandsmitglied nicht vor Ablauf der ersten Bestelldauer abberufen wird. 340

Unter Nr. 2.1 (**Klauseln A 5–A 7**) finden sich Regelungen über die automatische Verlängerung des Anstellungsvertrages bei Wiederbestellung des Vorstandsmitglieds. Eine solche kann insb. dann vorzugswürdig sein, wenn die Gesellschaft günstige Vertragsbedingungen ausgehandelt hat und diese bei Wiederbestellung beibehalten möchte. Allerdings kann das Vorstandsmitglied die Wiederbestellung auch nur unter der Bedingung des Abschlusses eines neuen Anstellungsvertrages annehmen. 341

Die **Klauseln A 8–A 11** unter Nr. 2.2 formulieren die Verpflichtung des Aufsichtsrats, über eine Wiederbestellung des Vorstandsmitglieds und die damit verbundene Vertragsverlängerung bis zu einem bestimmten Zeitpunkt vor Ende der Vertragslaufzeit bzw Amtszeit zu entscheiden und das Vorstandsmitglied von dieser Entscheidung zu unterrichten. Eine solche Klausel ist nicht uneingeschränkt zu empfehlen, da sie dem Aufsichtsrat eine konkrete Handlungspflicht auferlegt. Ohne eine solche Klausel wird der Aufsichtsrat hingegen nur tätig, wenn er eine Wiederbestellung wünscht, anderenfalls kann er Mandat und Vertrag zum festgelegten Termin einfach auslaufen lassen. Angesichts der Tatsache, dass solche Fristen leicht übersehen werden können, insb. wenn der Aufsichtsrat keine Wiederbestellung wünscht, ist der Nutzen für die Gesellschaft im Gegensatz zu den möglichen Folgen eher gering. Zudem bewirkt eine entsprechende Verpflichtung eine recht frühe Bindung an eine Entscheidung, die ansonsten auch zu einem späteren Zeitpunkt erfolgen könnte. 342

Unter Nr. 2.3 sind die Folgen einer solchen Mitteilung (Klausel A 12) bzw einer verspäteten Mitteilung (Klauseln A 13 und A 14) geregelt. **Klausel A 12** verpflichtet das Vorstandsmitglied, sich innerhalb einer bestimmten Frist über die Annahme oder Nichtannahme der Wiederbestellung und Vertragsverlängerung zu erklären. Soweit eine Verpflichtung des Aufsichtsrats nach den Klauseln A 8–A 11 besteht, sollte auch eine entsprechende Verpflichtung des Vorstandsmitglieds verankert werden, da sich die Gesellschaft sonst ohne eigenen Nutzen in Form einer beidseitigen Klärung der zukünftigen Situation sehr frühzeitig festlegt. Die Klauseln **A 13 und A 14** formulieren einen Entschädigungsanspruch des Vorstandsmitglieds bei verspäteter Mitteilung, falls keine Wiederbestellung erfolgt. Dies stellt sich aus Sicht der Gesellschaft als noch nachteilhaftere und somit weniger empfehlenswerte Vertragsregelung dar. 343

bb) Ordentliches Kündigungsrecht

(1) Klauseltyp B

1.1 344

B 1: Im Falle der Beendigung des Vorstandsamts, insbesondere durch Widerruf der Bestellung, Amtsniederlegung oder Umwandlung der Gesellschaft, kann die Gesellschaft den Vertrag unter Einhaltung der gesetzlichen Kündigungsfristen des § 622 BGB ordentlich kündigen.

1.2

B 2: Das Recht jeder Vertragspartei zur außerordentlichen Kündigung dieses Vertrages bleibt unberührt.

B 3: Der Vertrag ist jederzeit aus wichtigem Grunde fristlos kündbar.

1.3

B 4: Jede Kündigung bedarf der Schriftform.

(2) Gestaltungshinweise

345 Da es sich bei Vorstandsverträgen idR um befristete Verträge handelt, scheidet eine ordentliche Kündigung von Gesetzes wegen nach § 620 BGB aus. Es kann jedoch, wie in **Klausel B 1** erfolgt, vertraglich ein ordentliches Kündigungsrecht vereinbart werden, was angesichts der Problematik des Auseinanderfallens der wichtigen Gründe iSd § 84 Abs. 3 AktG und iSd § 626 BGB sinnvoll erscheint. Wichtig ist hier, dass das ordentliche Kündigungsrecht an die vorherige Beendigung der Bestellung geknüpft ist, da es ansonsten wegen Umgehung des § 84 Abs. 3 AktG unwirksam wäre. Als Kündigungsfrist sind hier die Fristen des § 622 BGB einzuhalten.

346 Die **Klauseln B 2 und B 3** stellen lediglich klar, dass das Recht zur außerordentlichen fristlosen Kündigung durch die Vereinbarung des ordentlichen Kündigungsrechts nicht berührt wird.

347 Die **Klausel B 4** legt fest, dass eine Kündigung schriftlich zu erfolgen hat, denn mangels Anwendbarkeit des § 623 BGB wäre ansonsten auch eine mündliche Kündigung denkbar. Im Sinne der Rechtssicherheit ist Schriftform zu empfehlen.

cc) Gleichlauf-und Koppelungsklauseln

(1) Klauseltyp C

348 **1.1**

C 1: Im Falle der Beendigung des Vorstandsamtes, insbesondere durch Widerruf der Bestellung, Amtsniederlegung oder Umwandlung der Gesellschaft, endet auch dieser Vertrag mit Wirkung zum Ablauf des dritten Kalendermonats automatisch, ohne dass es einer Kündigung bedarf (auflösende Bedingung).

C 2: Sollte die Bestellung als Vorstandsmitglied widerrufen werden, so endet auch der Dienstvertrag. Beruht der Widerruf jedoch auf einem wichtigen Grund, der nicht zugleich ein wichtiger Grund gem. § 626 BGB für die fristlose Kündigung des Dienstvertrages ist, so endet der Dienstvertrag erst mit Ablauf der gesetzlichen Kündigungsfrist des § 622 BGB ab Ende der Organstellung.

C 3: Wird das Vorstandsmitglied vor Ablauf des Anstellungsvertrages als Vorstand abberufen, kann mit der Abberufung gleichzeitig unter Einhaltung der gesetzlichen Kündigungsfristen des § 622 BGB das Anstellungsverhältnis gekündigt werden. Die Abberufung gilt insoweit als wichtiger Grund iSd § 626 BGB.

(2) Gestaltungshinweise

349 Klauseltyp C ist ein Beispiel für sog. Gleichlauf- und Koppelungsklauseln. Diese sollen die Schwierigkeiten, die sich aus der strikten Trennung von organschaftlichem und dienstvertraglichem Verhältnis ergeben, abmildern. Sie können entweder als Gleichlaufklauseln in der Form vereinbart werden, dass der Widerruf der Bestellung eine auflösende Bedingung für den Anstellungsvertrag darstellt (**Klausel C 1 und C 2**[71]),[72] oder als Koppelungsklauseln in der Form, dass der Widerruf der Bestellung als wichtiger Grund iSd § 626 BGB gilt, der eine außerordentliche Kündigung des Anstellungsvertrages ermöglicht (**Klausel C 3**).

---

71 Nach BLDH/*Lingemann*, Anwalts-Formularbuch Arbeitsrecht, M 5.1.

72 Lücke/Schaub/*Lücke*, Vorstand der AG, § 2 Rn 273 hält eine solche Gleichlaufklausel, die pauschal auf den Widerruf der Bestellung verweist, ohne einen Widerruf aufgrund Beschlusses der Hauptversammlung auszuschließen, wegen Verstoßes gegen § 307 Abs. 1 BGB ohne weitere Begründung für unwirksam.

Wichtig ist hier, dass eine Beendigung des Vertrages in dem Fall, dass der Grund für die Abberufung zwar einen wichtigen Grund iSd § 84 Abs. 3 AktG darstellt, nicht aber einen iSd § 626 BGB, nur unter Einhaltung der gesetzlichen Kündigungsfrist des § 622 BGB möglich ist. Deshalb verweisen auch die Klauseln C 2 und C 3 auf diese Frist; Klausel C 1 enthält eine längere Frist, die ebenfalls ohne Weiteres zulässig ist. 350

dd) Altersgrenze

(1) Klauseltyp D

D 1: Der Vertrag endet spätestens am Ende des Monats, in dem das Vorstandsmitglied die Regelaltersgrenze in der gesetzlichen Rentenversicherung erreicht. 351

→ **D 2:** Der Vertrag endet spätestens am Ende des Monats, in dem das Vorstandsmitglied das (...) Lebensjahr vollendet.

(2) Gestaltungshinweise

Anstellungsvertraglich kann auch vereinbart werden, dass der Vertrag bei Erreichen einer bestimmten Altersgrenze endet. Es handelt sich insoweit um die Vereinbarung einer auflösenden Bedingung. Die Festlegung der Regelaltersgrenze in der gesetzlichen Rentenversicherung (Klausel D 1) ist wegen § 10 S. 3 Nr. 5 AGG jedenfalls zulässig. Daneben müsste wohl auch die Festlegung eines niedrigeren Alters (Klausel D 2) möglich sein, da der Anwendungsbereich des AGG bei Organmitgliedern, die nicht Arbeitnehmer iSd Unionsrechts sind, auf Zugang und Aufstieg im Berufsleben beschränkt ist (vgl hierzu § 3 Rn 75). 352

ee) Dauernde Dienstunfähigkeit

(1) Klauseltyp E

1.1 353

E 1: Wird das Vorstandsmitglied während der Laufzeit dieses Vertrages auf Dauer dienstunfähig, endet dieser Vertrag mit Ende des Quartals, in dem die Dienstunfähigkeit festgestellt worden ist, vorbehaltlich einer früheren Beendigung gem. (...) (Regelung zur Vertragslaufzeit/Altersgrenze).

E 2: Wird das Vorstandsmitglied während der Laufzeit dieses Vertrages auf Dauer dienstunfähig, endet dieser Vertrag mit Ende des (...) Monats, nachdem die Dienstunfähigkeit festgestellt worden ist, vorbehaltlich einer früheren Beendigung gem. (...) (Regelung zur Vertragslaufzeit/Altersgrenze).

E 3: Wird das Vorstandsmitglied während der Laufzeit dieses Vertrages auf Dauer dienstunfähig, endet dieser Vertrag.

1.2

E 4: Dauernde Dienstunfähigkeit ist gegeben, wenn das Vorstandsmitglied länger als (...) Monate nicht in der Lage ist, seine Aufgaben wahrzunehmen.

E 5: Dauernde Dienstunfähigkeit ist gegeben, wenn das Vorstandsmitglied länger als (...) Monate nicht in der Lage ist, seine Aufgaben wahrzunehmen und die Wiederherstellung seiner Einsatzfähigkeit auch während weiterer (...) Monate nicht zu erwarten ist.

E 6: Dauernde Dienstunfähigkeit ist gegeben, wenn das Vorstandsmitglied länger als (...) Monate nicht in der Lage ist, seine Aufgaben wahrzunehmen und die Wiederherstellung seiner Einsatzfähigkeit auch während weiterer (...) Monate nicht zu erwarten ist. Auf Verlangen des Aufsichtsrats wird das Vorliegen dieser Voraussetzungen durch einen von diesem bestimmten Arzt auf Kosten der Gesellschaft nachgeprüft.

E 7: Unter dauernder Dienstunfähigkeit im Sinne dieses Vertrages ist die dauernde Verhinderung zu (...) % oder mehr an der ordnungsgemäßen Erfüllung der Verpflichtungen des Vorstandsmitglieds aus diesem Vertrag zu verstehen. Die Dienstunfähigkeit wird im Zweifel durch ein ärztliches Gutachten festgestellt. In dem Fall, dass die Parteien sich über den Arzt nicht einigen, wird dieser auf Anforderung durch die Gesellschaft durch die Ärztekammer bestimmt.

(2) Gestaltungshinweise

354 Anstellungsvertraglich sollte auch der Fall der möglichen dauernden Dienstunfähigkeit des Vorstandsmitglieds geregelt werden, welche dazu führt, dass dieses seine Aufgaben nicht mehr erfüllen kann. Die **Klauseln E 1–E 3** unter Nr. 1.1 regeln die Beendigung des Vertrages aufgrund Dienstunfähigkeit.

355 Die unter Nr. 1.2 gefassten Regelungen (Klauseln E 4–E 7) definieren die Dienstunfähigkeit im Sinne dieses Vertrages. Die **Klauseln E 4–E 6** machen die Dauerhaftigkeit der Dienstunfähigkeit an dem Zeitraum fest, in dem die Dienstunfähigkeit besteht, während die **Klausel E 7** sich allein an der Fähigkeit zur Erfüllung der Aufgaben orientiert.

356 Sinnvoll ist auch eine Regelung für den Fall, dass Zweifel über das Vorliegen der Voraussetzungen der Dienstunfähigkeit bestehen, wie sie in den **Klauseln E 6 und E 7** enthalten ist. Diese unterscheiden sich in der Handhabung der Auswahl des Arztes.

4. Pensions- und Übergangsgeldklauseln

Literatur

Bauer/Arnold, Abfindungs-Caps in Vorstandsverträgen – gute Corporate Governance?, BB 2007, 1793; *Bauer/Baeck/von Medem*, Altersversorgung und Übergangsgeld in Vorstandsanstellungsverträgen, NZG 2010, 721; *Braunert*, Zum Verzicht auf unverfallbare Ruhegeldanwartschaften von Nicht-Arbeitnehmern, NZA 1988, 832; *Diller/Arnold*, Anspruch auf Übergangsgeld bei „Unmöglichkeit" der Vorstands-Wiederbestellung zu gleich günstigen Konditionen?, AG 2010, 721; *Fleck*, Das Dienstverhältnis der Vorstandsmitglieder und Geschäftsführer in der Rechtsprechung des BGH, WM 1985, 677; *Fleischer* (Hrsg.), Handbuch des Vorstandsrechts, 2006; *Fonk*, Urteilsanmerkung zum Widerruf von Versorgungszusagen gegenüber dem Vorstand einer AG (BGH 25.11.1996 – II ZR 118/95), AG 1997, 267; *Neumann*, Die Vorstandsversorgung in der Insolvenz, DB 2007, 744; *Thüsing*, Geltung und Abdingbarkeit des BetrAVG für Vorstandsmitglieder einer AG, AG 2003, 484; *Thüsing/Granetzky*, Zur Abdingbarkeit des BetrAVG bei Organmitgliedern, NZG 2010, 449.

a) Rechtslage im Umfeld

aa) Allgemeines

Betriebliche Versorgungszusagen zählen zu den wesentlichen Bestandteilen von Anstellungsverträgen. Die Versorgungsbedingungen werden dabei entweder als **Pensionsklauseln** in den Vertrag aufgenommen oder aber in einer **eigenständigen Pensionsvereinbarung** als Anhang zum Anstellungsvertrag niedergelegt.[1] Einen Anspruch auf eine Ruhegeldzusage hat das Vorstandsmitglied grds. nicht – auch nicht aufgrund betrieblicher Übung.[2] Daneben wird teilweise zusätzlich ein **Übergangsgeld** zur Überbrückung der Zeitspanne zwischen Ausscheiden des Vorstandsmitglieds und Beginn der Ruhegeldzahlung zugesagt. Zuständig für eine Versorgungszusage ist der Gesamtaufsichtsrat. Eine Übertragung auf einen Ausschuss ist nicht möglich, da es sich um einen Vergütungsbestandteil handelt.[3] 357

bb) Versorgungszusagen

(1) Pensionsklauseln im Anwendungsbereich des BetrAVG

(a1) Anwendbarkeit des BetrAVG

Die Ausgestaltung von Pensionsklauseln hängt maßgeblich davon ab, ob der persönliche Anwendungsbereich des BetrAVG für das Vorstandsmitglied eröffnet ist und damit die Schranken des BetrAVG bei der Versorgungszusage zu beachten sind. Gemäß § 17 Abs. 1 S. 2 BetrAVG ist das BetrAVG trotz fehlender Arbeitnehmereigenschaft entsprechend auf solche Personen anzuwenden, denen Leistungen der Alters-, Invaliditäts- oder Hinterbliebenenversorgung aus Anlass ihrer Tätigkeit für ein Unternehmen zugesagt worden sind. Nach der Rspr sind hiervon nur Personen erfasst, die im Rahmen von Ruhegeldzusagen arbeitnehmerähnlichen Schutz genießen sollen.[4] Entscheidend für diese Einordnung ist, inwieweit die Person als Unternehmer zu gelten hat, also das Unternehmen als sein eigenes betrachtet.[5] Der BGH konkretisiert diese Abgrenzung anhand der Kriterien „**Kapitalbeteiligung des Organmitglieds**" und „**Einflussmöglichkeiten auf die Willensbildung des Unternehmens**".[6] Die Anwendbarkeit des BetrAVG steht außer Frage, wenn das Vorstandsmitglied nicht an der AG beteiligt ist.[7] Aber auch bei einer 358

1 MünchHdb-GesR AG/*Wiesner*, § 21 Rn 46.

2 Fleischer/*Thüsing*, Hdb VorstandsR, § 6 Rn 83; Henn/Frodermann/Jannott/*Frodermann/Schäfer*, Hdb AktR, Kap. 7 Rn 185.

3 MAH-AktR/*Nehls*, § 22 Rn 114.

4 Vgl BGH 28.4.1980 – II ZR 254/78, NJW 1980, 2254, 2255; Fleischer/*Thüsing*, Hdb VorstandsR, § 6 Rn 79.

5 BGH 28.4.1980 – II ZR 254/78, NJW 1980, 2254, 2255 f; *Bauer*, DB 1992, 1413, 1418.

6 BGH 28.4.1980 – II ZR 254/78, NJW 1980, 2254, 2255 f; vgl auch Fleischer/*Thüsing*, Hdb VorstandsR, § 6 Rn 79; MünchHdb-GesR AG/*Wiesner*, § 21 Rn 47; auf die beherrschende Stellung abstellend *Neumann*, DB 2007, 744, 745.

7 HWK/*Schipp*, § 17 BetrAVG Rn 9; *Blomeyer/Rolfs/Otto*, BetrAVG, § 17 Rn 90; Kemper/Kisters-Kölkes/Berenz/Huber/*Huber*, BetrAVG, § 17 Rn 3.

Minderheitsbeteiligung von bis zu 10 % dürfte es noch den Schutz des BetrAVG genießen.[8] Einschlägige Entscheidungen für Vorstandsmitglieder einer AG fehlen allerdings bislang.[9]

(a2) Auswirkungen des BetrAVG

359 Bei Anwendbarkeit des BetrAVG auf Vorstandsmitglieder sind im Wesentlichen die gleichen Beschränkungen zu beachten wie bei Betriebsrentenzusagen an Arbeitnehmer.[10] So gelten die Regelungen zur Unverfallbarkeit (§§ 1 b, 2 BetrAVG; s. § 1 Rn 1418 ff), zur Abfindbarkeit (§ 3 BetrAVG; s. § 1 Rn 1431 ff) und zur Übertragbarkeit (§ 4 BetrAVG; s. § 1 Rn 1439 ff) von Versorgungsanwartschaften. Des Weiteren sind das Auszehrungs- und Anrechnungsverbot (§ 5 BetrAVG), der Anspruch auf vorzeitige Altersleistung (§ 6 BetrAVG; s. § 1 Rn 1449 ff) und die Anpassungsprüfungspflicht (§ 16 BetrAVG; s. § 1 Rn 1461 f) zu berücksichtigen. Insbesondere werden die dem Vorstandsmitglied erteilten Versorgungszusagen gem. § 7 BetrAVG insolvenzgesichert (s. § 1 Rn 1452 ff). Besonderheiten ergeben sich, da eine kollektivrechtliche Regelungskompetenz der Betriebs- bzw Tarifparteien für Vorstandsmitglieder nicht besteht.[11] Soweit Regelungen des BetrAVG tarifdispositiv sind, können auch im Rahmen des Anstellungsvertrages anderweitige Regelungen getroffen werden.[12] Hierbei sind allerdings insb. die Beschränkungen des AGB-Rechts zu beachten.[13]

(a3) Nachträgliche Eingriffsmöglichkeiten

360 Bei der Ausgestaltung der Pensionsklausel muss aus Sicht des Vorstandsmitglieds in besonderem Maße beachtet werden, dass eine **nachträgliche Herabsetzung** der vertraglich vereinbarten Versorgungszusagen ohne Zustimmung des Vorstandsmitglieds gem. § 87 Abs. 2 S. 2 AktG in den ersten drei Jahren nach dem Ausscheiden (auch für einen Zeitraum darüber hinaus) möglich ist. Nach zutreffender Ansicht kann die Herabsetzungsmöglichkeit im Aufhebungsvertrag ausgeschlossen werden.[14]

(2) Unternehmer-Pensionszusagen

361 Handelt es sich um eine **Unternehmer-Versorgungszusage**, die nicht durch das BetrAVG geschützt wird, besteht für die Vertragsparteien ein weitgehender Gestaltungsspielraum, der allein in den §§ 134, 138 BGB seine Grenzen findet (vgl § 2 Rn 779). Die Pensionsklausel unterliegt meist auch keiner AGB-Kontrolle, da es sich gewöhnlich um eine Einzel-Versorgungszusage handeln wird, die nicht für eine Vielzahl von Verträgen vorformuliert wurde, so dass der Anwendungsbereich der AGB-Kontrolle über § 305 Abs. 1 BGB nicht eröffnet ist. Auch über § 310 Abs. 3 BGB kann eine eingeschränkte Inhaltskontrolle nicht vorgenommen werden, da bei Unternehmer-Renten aufgrund der Leitungsmacht des Vorstandsmitglieds über die Gesellschaft nicht von einem Verbrauchergeschäft ausgegangen werden kann (vgl § 3 Rn 28).

---

8 HWK/*Schipp*, § 17 BetrAVG 11; Fleischer/*Thüsing*, Hdb VorstandsR, § 6 Rn 79; MünchHdb-GesR AG/*Wiesner*, § 21 Rn 47 zieht die Grenze in Anlehnung an die Rspr zur unternehmerischen Beteiligung bei eigenkapitalersetzenden Gesellschafterdarlehen sogar erst bei 25 %; *Hüffer*, AktG, § 84 Rn 18 geht scheinbar noch weiter und bejaht eine Anwendung auf Vorstandsmitglieder, die weder allein noch mit anderen Geschäftsleitern eine Mehrheitsposition innehaben.

9 Fleischer/*Thüsing*, Hdb VorstandsR, § 6 Rn 79; MünchHdb-GesR AG/*Wiesner*, § 21 Rn 47.

10 S. § 1 Rn 1362 ff (17. Betriebsrentenvereinbarung).

11 Vgl hierzu auch *Thüsing*, AG 2003, 484.

12 BAG 21.4.2009 – 3 AZR 285/07, NJOZ 2010, 290, 291; *Bauer/Baeck/von Medem*, NZG 2010, 721, 724; *Thüsing/Granetzky*, NZG 2010, 449, 450 ff; KommAktG/*Mertens/Cahn*, § 84 Rn 71 zufolge kann grds. im Anstellungsvertrag eines Vorstandsmitglieds auch zuungunsten des Vorstandsmitglieds von den §§ 1–16 BetrAVG abgewichen werden.

13 *Thüsing/Granetzky*, NZG 2010, 449, 453 f.

14 *Jaeger*, NZA 2010, 128, 133.

Aus steuerlichen Gründen werden Vorstandsmitgliedern die Pensionszusagen regelmäßig als **Direktzusagen** erteilt.[15] Der fehlende gesetzliche Insolvenzschutz einer Unternehmer-Rente kann dann durch den Abschluss einer **Rückdeckungsversicherung** ausgeglichen werden, bei der der Versicherungsanspruch an das Vorstandsmitglied verpfändet wird (s. § 2 Rn 779). 362

(3) Ausgestaltung der Versorgungszusagen

(a1) Leistungsfälle

Als Versorgungsfälle, die den Leistungsanspruch auslösen, werden neben der Erreichung einer bestimmten Altersgrenze auch der Eintritt der Invalidität und – zur Absicherung der Hinterbliebenen – der Tod des Vorstandsmitglieds vereinbart,[16] dh Risiken, in denen das Vorstandsmitglied aus biologischen Gründen nicht mehr in der Lage ist, seinen Lebensunterhalt oder den seiner Angehörigen abzusichern. 363

(a2) Leistungsformen

Für Pensionszusagen an Vorstandsmitglieder sind die steuerrechtlichen Rahmenbedingungen von ausschlaggebender Bedeutung. Das Steuerrecht beeinflusst auf diese Weise maßgeblich die Wahl der Form der betrieblichen Altersversorgung. Aus steuerlichen und bilanztechnischen Gründen werden Versorgungszusagen an Vorstandsmitglieder regelmäßig als **Direktzusagen** ausgestaltet,[17] das Unternehmen verpflichtet sich also, dem Vorstandsmitglied die nach dem Eintritt des vorgesehenen Versorgungsfalles zugesagten Leistungen zu erbringen.[18] Aufgrund des Verwaltungsaufwands werden in kleineren Unternehmen oder Tochterunternehmen ausländischer Konzernmütter die Versorgungszusagen teilweise auch in der Form der **Direktversicherung** gemacht.[19] Zu den steuerrechtlichen Erwägungen s. § 2 Rn 780 ff. 364

Die inhaltliche Ausgestaltung von Versorgungszusagen in Form der Direktzusage ist variabel. Neben reinen Leistungszusagen kommen die beitragsorientierte Leistungszusage und die Beitragszusage mit Mindestleistung in Betracht.[20] 365

Die Versorgungszusagen können durch die Gesellschaft statisch oder dynamisch ausgestaltet werden.[21] Die **statische** Ausgestaltung – also die Zusage eines bestimmten jährlichen Geldbetrages – ist eher selten.[22] Zu beachten ist hier, dass eine automatische Anpassung an die Gehaltsentwicklung oder die Inflation nicht erfolgt.[23] Ein solcher Anspruch auf Anpassung kann aber im Anstellungsvertrag bzw in der Pensionsvereinbarung vereinbart werden.[24] Häufiger findet sich eine **dynamische** Ausgestaltung der Versorgungszusage, bei der sich das Ruhegehalt an der (zuletzt bezogenen) Vergütung des Vorstandsmitglieds orientiert.[25] Regelmäßig wird ein fester Prozentsatz des letzten Bruttoeinkommens zugesagt.[26] Hierbei ist zu empfehlen, die Berechnungsgrundlage in der Pensionsklausel möglichst genau zu definieren.[27] 366

---

15 Vgl auch Fleischer/*Thüsing*, Hdb VorstandsR, § 6 Rn 81.
16 MünchHdb-GesR AG/*Wiesner*, § 21 Rn 45; Fleischer/*Thüsing*, Hdb VorstandsR, § 6 Rn 85.
17 Vgl auch Fleischer/*Thüsing*, Hdb VorstandsR, § 6 Rn 81.
18 Vgl auch Fleischer/*Thüsing*, Hdb VorstandsR, § 6 Rn 81.
19 Vgl auch Fleischer/*Thüsing*, Hdb VorstandsR, § 6 Rn 81.
20 Fleischer/*Thüsing*, Hdb VorstandsR, § 6 Rn 85.
21 Fleischer/*Thüsing*, Hdb VorstandsR, § 6 Rn 86; Lücke/Schaub/*Lücke*, Vorstand der AG, § 2 Rn 159.
22 Fleischer/*Thüsing*, Hdb VorstandsR, § 6 Rn 86.
23 Vgl auch Fleischer/*Thüsing*, Hdb VorstandsR, § 6 Rn 86.
24 Fleischer/*Thüsing*, Hdb VorstandsR, § 6 Rn 86.
25 Vgl Fleischer/*Thüsing*, Hdb VorstandsR, § 6 Rn 86; Lücke/Schaub/*Lücke*, Vorstand der AG, § 2 Rn 159.
26 Fleischer/*Thüsing*, Hdb VorstandsR, § 6 Rn 86.
27 Vgl auch Fleischer/*Thüsing*, Hdb VorstandsR, § 6 Rn 86; MünchHdb-GesR AG/*Wiesner*, § 21 Rn 50.

367 Eine **Anrechnung** anderer Einnahmen und Versorgungsansprüche kommt nur bei ausdrücklicher vertraglicher Vereinbarung in Frage.[28] Bei der Anrechnung von Ruhegeldansprüchen sind allerdings die Beschränkungen des BetrAVG zu beachten.

368 Die **Unverfallbarkeitsfristen** des § 1 b Abs. 1 S. 1 BetrAVG können zugunsten des Vorstandsmitglieds in der Pensionszusage verkürzt werden, § 17 Abs. 3 S. 3 BetrAVG. Dem Vorstandsmitglied können also Ruhegehaltsansprüche vom ersten Tag seiner Amtsübernahme verbindlich zugesagt werden.[29]

369 Inwieweit unverfallbare Anwartschaften auf die Versorgungsleistungen bei Beendigung des Anstellungsvertrages **abgefunden** werden können, ist sowohl in der Lit. als auch in der Instanzrechtsprechung umstritten. Höchstrichterliche Urteile fehlen.[30] Teilweise soll dies nur in den Grenzen des § 3 BetrAVG möglich sein.[31] Es wird aber auch vertreten, dass bei Vorstandsmitgliedern eine Abfindung ohne die Voraussetzungen des § 3 BetrAVG möglich sei.[32]

370 Gemäß § 16 Abs. 1 BetrAVG ist der Arbeitgeber verpflichtet, alle drei Jahre eine **Anpassung** der laufenden Leistungen der betrieblichen Altersversorgung zu überprüfen und nach billigem Ermessen unter Berücksichtigung der Belange des Versorgungsempfängers und der wirtschaftlichen Lage des Arbeitgebers zu entscheiden.

cc) Übergangsgeld

371 Eine weitere Form der Vergütung ist das Übergangsgeld, welches keine Leistung für Alters-, Invaliditäts- oder Hinterbliebenensicherung ist, sondern die Zeitspanne zwischen Ausscheiden des Vorstandsmitglieds und Beginn der Ruhegeldzahlung überbrücken soll.[33] Damit soll das bei Vorstandsmitgliedern höhere Beschäftigungsrisiko kompensiert werden.[34]

372 Bei der Ausgestaltung des Übergangsgeldes sind die Parteien weitgehend frei. So können sie etwa die Bedingung vereinbaren, dass das Vorstandsmitglied bis zum Eintritt des Versorgungsfalles von jeder nicht genehmigten Tätigkeit absieht, die geeignet ist, dem Zahlungspflichtigen Konkurrenz zu machen.[35] Eine Insolvenzsicherung ist mangels Anwendbarkeit des BetrAVG nicht nötig.[36] Das Gebot der Angemessenheit gilt sinngemäß nach § 87 Abs. 1 S. 4 AktG.[37] Eine Herabsetzung des Übergangsgeldes nach § 87 Abs. 2 S. 1 AktG war früher wohl wegen der Nähe zum Ruhegehalt ausgeschlossen,[38] wird aber mittlerweile möglich sein, da § 87 Abs. 2 AktG auch die Herabsetzung von Ruhegehältern vorsieht. Zudem darf die Höhe des vereinbarten Übergangsgeldes den Aufsichtsrat nicht in seiner Entscheidung über eine eventuelle Wiederbestellung oder Neubestellung eines anderen Vorstandsmitglieds beeinträchtigen.[39]

373 Da die Parteien in der Vereinbarung des **Ruhestandsalters** grds. frei sind, sollte im Hinblick auf eine **Abgrenzung** von Ruhegehalt und Übergangsgeld auf eine eindeutige Regelung geachtet werden.[40]

28 Fleischer/*Thüsing*, Hdb VorstandsR, § 6 Rn 88.
29 Vgl auch Fleischer/*Thüsing*, Hdb VorstandsR, § 6 Rn 90.
30 *Thüsing*, AG 2003, 484, 485.
31 Vgl hierzu *Braunert*, NZA 1988, 832; OLG Oldenburg 18.3.1988 – 6 U 118/87, EzA § 17 BetrAVG Nr. 4.
32 *Thüsing*, AG 2003, 484; LG Köln 27.2.1985 – 24 O 271/84, BB 1985, 1267.
33 Fleischer/*Thüsing*, Hdb VorstandsR, § 6 Rn 82; vgl auch MünchHdb-GesR AG/*Wiesner*, § 21 Rn 45.
34 BLDH/*Lingemann*, Anwalts-Formularbuch Arbeitsrecht, 3. Aufl. 2008, M 5.1 Fn 33.
35 BGH 3.7.2000 – II ZR 381/98, NJW-RR 2000, 1277.
36 Fleischer/*Thüsing*, Hdb VorstandsR, § 6 Rn 82.
37 *Hüffer*, AktG, § 87 Rn 7.
38 Fleischer/*Thüsing*, Hdb VorstandsR, § 6 Rn 30; ebenso *Hüffer*, AktG, § 87 Rn 7, 9.
39 Vgl hierzu *Bauer/Arnold*, BB 2007, 1793, 1796.
40 Vgl auch Fleischer/*Thüsing*, Hdb VorstandsR, § 6 Rn 82.

b) Klauseltypen und Gestaltungshinweise

aa) Gehaltsbezogene Direktzusage

(1) Klauselwerk A

1. Versorgungsfall 374

1.1

A 1: Der Vorstand hat bei Eintritt eines Versorgungsfalles Anspruch auf Zahlung eines Ruhegehalts durch die Gesellschaft. Das Ruhegeld wird in zwölf gleichen Teilbeträgen jeweils am Monatsende gezahlt, erstmalig für den Monat, für den keine Vergütung mehr gezahlt wird.

A 2: Der Vorstand hat bei Eintritt eines Versorgungsfalles Anspruch auf Zahlung eines monatlichen Ruhegehalts durch die Gesellschaft. Das Ruhegeld wird monatlich im Nachhinein gezahlt, erstmalig mit dem Monat, der auf das Ausscheiden erfolgt, soweit nicht andere Bestimmungen dieses Vertrages entgegenstehen.

1.2

A 3: Ein Versorgungsfall ist gegeben, wenn
a) der Vorstand nach Erreichen der Altersgrenze von (...) Jahren aus den Diensten der Gesellschaft ausscheidet,
b) der Vorstand vor Erreichen der Altersgrenze wegen dauernder Arbeitsunfähigkeit aus den Diensten der Gesellschaft ausscheidet.

A 4: Ein Versorgungsfall ist gegeben, wenn
a) der Vorstand nach Erreichen der Altersgrenze von (...) Jahren aus den Diensten der Gesellschaft ausscheidet,
b) der Vorstand vor Erreichen der Altersgrenze von (...) Jahren wegen voller Erwerbsminderung iSd SGB VI aus den Diensten der Gesellschaft ausscheidet.

1.3

A 5: Scheidet der Vorstand vor Erreichen der festen Altersgrenze aus dem Dienstverhältnis aus und weist er durch Vorlage des Rentenbescheides eines Trägers der deutschen gesetzlichen Rentenversicherung nach, dass er die Altersrente aus der gesetzlichen Rentenversicherung vor Vollendung des 65. Lebensjahres als Vollrente in Anspruch nimmt, kann er eine vorzeitige Altersrente beanspruchen. In einem solchen Fall wird die Rente für jeden Monat der vorzeitigen Inanspruchnahme um 0,3 % ihres Wertes gekürzt und zwar für die gesamte Dauer des Rentenbezugs.

2. Versorgungsleistungen

2.1

A 6: Die Höhe der jährlichen Versorgungsleistungen basiert auf dem festen Jahresgehalt gemäß dieses Vertrages im letzten vollen Jahr der Tätigkeit und beträgt (...) % des festen Jahresgehalts zuzüglich (...) % für jedes ab dem dritten als Vorstandsmitglied geleistetes volles Dienstjahr bis zu einem Höchstbetrag von (...) % des festen Jahresgehalts.

A 7: Das Ruhegehalt beträgt (...) % des in den letzten drei Jahren gezahlten festen durchschnittlichen Monatsgehalts und erhöht sich für jedes vollendete Dienstjahr als Vorstandsmitglied um (...) % dieses Monatsgehalts bis zu maximal (...) % dieses Monatsgehalts.

A 8: Das Ruhegeld beträgt (...) % des monatlichen Fixgehalts und erhöht sich pro Jahr (12 Monate) der Laufzeit der Vorstandsbestellung um (...) Prozentpunkte bis zu maximal (...) % dieses

Monatsgehalts. Endet das Anstellungsverhältnis aufgrund dauernder Arbeitsunfähigkeit, so ist das Ruhegeld in der Höhe zu gewähren, die es bei Ausscheiden mit Vollendung des (...) Lebensjahres hätte.

A 9: Das Ruhegeld beträgt für jedes volle Dienstjahr (...) % des zuletzt bezogenen Jahresgehalts, höchstens jedoch (...) %. Im Falle dauernder Arbeitsunfähigkeit wird das Ruhegeld so berechnet, als ob das Vorstandsmitglied eine Dienstzeit bis zur Vollendung des (...) Lebensjahres zurückgelegt hätte.

A 10: Das Ruhegehalt beträgt (.../60) % des Jahresfestgehalts, das dem Durchschnitt der letzten fünf vollen Jahre der Beschäftigung entspricht, wenn das Vorstandsmitglied seit mindestens fünf Jahren in den Diensten der Gesellschaft steht. Scheidet das Vorstandsmitglied wegen dauernder Arbeitsunfähigkeit aus dem Vorstand der Gesellschaft aus, wenn es mindestens ein Jahr in den Diensten der Gesellschaft steht, so erhält es (.../10) %, nach Ablauf von zwei Jahren (.../15) %, nach drei Jahren (.../25) % und nach vier Jahren (.../40) % des Jahresfestgehalts, das dem Durchschnitt der festen Jahresgehälter in den vollen Jahren der Beschäftigung entspricht.

2.2

A 11: Das Ruhegeld wird gem. § 16 BetrAVG jeweils angepasst.

A 12: Erhöht oder ermäßigt sich der vom Statistischen Bundesamt festgestellte Verbraucherindex für Deutschland (Basis 2005 = 100), so wird das Ruhegeld beginnend mit dem Versorgungsfall um denselben Prozentsatz erhöht oder gekürzt. Die Zahlungen werden jeweils zum 1.1. eines jeden Jahres angepasst. Werden durch die Anpassung Nach- oder Rückzahlungen erforderlich, werden sie zinsfrei unverzüglich nach der Bekanntmachung des für die Anpassung maßgeblichen Preisindex geleistet.

A 13: Erhöht oder ermäßigt sich der Verbraucherindex für Deutschland (Basis 2005 = 100) nach der erstmaligen Fälligkeit des Ruhegeldes um mehr als (...) %, so wird das Ruhegeld um denselben Prozentsatz erhöht oder gekürzt. Die Anpassung gilt erstmals für den Monat, für den der um mehr als (...) % veränderte Preisindex festgestellt wurde. Eine erneute Anpassung erfolgt jeweils, wenn sich der Preisindex gegenüber dem für die letzte Anpassung maßgeblichen Preisindex wiederum um mehr als (...) % erhöht oder ermäßigt hat. Werden durch die Anpassung Nach- oder Rückzahlungen erforderlich, werden sie zinsfrei unverzüglich nach der Bekanntmachung des für die Anpassung maßgeblichen Preisindex geleistet.

2.3

A 14: Die Invaliditätsrente wird nur für die Dauer der Invalidität gewährt. Entfällt diese vor Erreichen der Altersgrenze, erlischt der Anspruch auf Invaliditätsrente mit Ablauf des Monats des Wegfalls. Dauert die Invalidität bis zum Erreichen der festen Altersgrenze, wird ab diesem Zeitpunkt eine Altersrente in Höhe der zuletzt bezogenen Invaliditätsrente gewährt. Der Vorstand ist verpflichtet, den eventuellen Wegfall der Invalidität der Gesellschaft unverzüglich mitzuteilen. In Zweifelsfällen kann die Gesellschaft jederzeit die Untersuchung des Vorstands durch einen Arzt verlangen, der dann über das Vorliegen bzw das Nichtvorliegen der Invalidität Auskunft geben muss. Die Kosten der Untersuchung trägt die Gesellschaft.

3. Anrechnung anderer Bezüge

3.1

A 15: Früher erworbene Ruhegeldansprüche sind auf die Ruhegeldzahlungen anzurechnen, später erworbene Ansprüche nur auf den Teil des Ruhegeldes, der nicht gesetzlich unverfallbar geworden ist. Die Anrechnung erfolgt nur insoweit, als die Ruhegeldansprüche zusammen mit

dem nach diesem Vertrag zu zahlenden Ruhegeld das maximale Ruhegeld nach Nr. 2.1 angepasst nach Nr. 2.2 übersteigen.

3.2

A 16: Im Falle der dauernden Arbeitsunfähigkeit muss sich das Vorstandsmitglied bis zum Erreichen der Altersgrenze auf das Ruhegeld (...) % anderweitige Einkünfte aus selbständiger und unselbständiger Arbeit anrechnen lassen, soweit sie den Betrag von insgesamt (...) € im Kalenderjahr überschreiten. Anrechnungspflichtige Einkünfte sind der Gesellschaft am Ende des Kalenderjahres unaufgefordert mitzuteilen. Laufendes anrechnungspflichtiges Einkommen ist der Gesellschaft unverzüglich mitzuteilen, die eine vorläufige Kürzung des Ruhegeldes vorsehen kann.

4. Unverfallbarkeit

4.1

A 17: Scheidet der Vorstand vor Eintritt des Versorgungsfalles aus den Diensten der Gesellschaft aus, so behält das Vorstandsmitglied eine Versorgungsanwartschaft, sofern die Voraussetzungen der Unverfallbarkeit nach §§ 17, 1 b BetrAVG eingetreten sind.

A 18: Endet der Anstellungsvertrag vor Erreichen der Altersgrenze, ohne dass ein Versorgungsfall im Sinne dieses Vertrages eintritt, behält das Vorstandsmitglied seine Anwartschaft auf Versorgungsleistungen in dem gesetzlich vorgeschriebenen Umfang, falls die gesetzlichen Voraussetzungen für die Unverfallbarkeit erfüllt sind.

5. Widerrufsvorbehalt, Herabsetzung

5.1

A 19: Die Gesellschaft behält sich vor, die zugesagte Leistung zu kürzen oder einzustellen, wenn

a) die wirtschaftliche Lage der Gesellschaft sich nachhaltig so wesentlich verschlechtert hat, dass ihr eine Aufrechterhaltung der zugesagten Leistung nicht mehr zugemutet werden kann, oder
b) der Personenkreis, die Beiträge, die Leistungen oder das Pensionierungsalter bei der gesetzlichen Sozialversicherung oder anderen Versorgungseinrichtungen mit Rechtsanspruch sich wesentlich ändern oder
c) der Pensionsberechtigte Handlungen begeht, die gegen das Interesse der Gesellschaft oder gegen Treu und Glauben verstoßen und zu einer fristlosen Entlassung berechtigen würden, oder
d) so wesentliche Änderungen in den rechtlichen, insbesondere der steuerrechtlichen Behandlung der Aufwendungen, die zur planmäßigen Finanzierung der Leistungen von der Gesellschaft gemacht werden oder gemacht worden sind, eintreten, dass der Gesellschaft eine Aufrechterhaltung der Leistungen nicht mehr zugemutet werden kann.

A 20: Für die Kürzung oder Einstellung der Ruhegeldbezüge gilt § 87 Abs. 2 AktG.

A 21: Für die Kürzung oder Einstellung der Ruhegeldzahlungen durch die Gesellschaft gelten die allgemeinen Vorschriften.

6. Ruhen der Ruhegeldansprüche

6.1

A 22: Der Anspruch auf Ruhegeld ruht, solange das Vorstandsmitglied ohne vorherige schriftliche Zustimmung des Aufsichtsratsvorsitzenden Wettbewerb iSd (...) (Regelung zum Wettbewerbsverbot) betreibt.

7. Rückdeckung

7.1

A 23: Die Gesellschaft ist berechtigt, die ihr durch diese Zusage erwachsenden Verpflichtungen ganz oder teilweise durch den Abschluss von Versicherungen auf das Leben des Vorstands rückzudecken. Sämtliche Rechte aus solchen Rückdeckungsversicherungen stehen ausschließlich der Gesellschaft zu. Der Vorstand hat der Gesellschaft und/oder dem Versicherer sämtliche für den Versicherungsabschluss erforderlichen Unterlagen und Angaben zu überlassen. Die Ansprüche der Gesellschaft gegen den Rückdeckungsversicherer werden dem Vorstand für den Fall der Insolvenz zur Sicherung seiner Ansprüche gegen die Gesellschaft verpfändet.

8. Abtretung und Pfändung

8.1

A 24: Eine Abtretung oder Verpfändung der Ruhegeldansprüche durch das Vorstandsmitglied ist ausgeschlossen.

(2) Gestaltungshinweise

375 Das Klauselwerk A ist eine Pensionszusage in Form einer **gehaltsbezogenen Direktzusage.** Das Vorstandsmitglied erhält demnach einen Anspruch auf Zahlung eines Ruhegeldes gegen die Gesellschaft selbst.

376 Die unterschiedlichen Regelungen unter Nr. 1 definieren den Anspruch und den **Versorgungsfall**, dh die Situationen, in denen die Gesellschaft zur Zahlung des Ruhegeldes an den Vorstand verpflichtet ist. Unter Nr. 1.1 (Klauseln A 1 und A 2) wird zunächst festgelegt, dass dem Vorstandsmitglied bei Eintritt des Versorgungsfalles ein Anspruch auf Ruhegeldzahlungen eingeräumt wird. Hierbei unterscheiden sich die **Klauseln A 1 und A 2** darin, dass einmal ein jährliches Ruhegeld und einmal ein monatliches Ruhegeld versprochen wird. Die **Klauseln A 3 und A 4**, welche den Versorgungsfall (hier das Erreichen einer Altersgrenze sowie dauernde Arbeitsunfähigkeit) unter Nr. 1.2 definieren, unterscheiden sich in der Definition der Arbeitsunfähigkeit. Die Klausel A 4 nimmt Bezug auf den Begriff der „vollen Erwerbsminderung" iSd SGB VI. Nr. 1.3 mit der **Klausel A 5** regelt den Fall, dass das Vorstandsmitglied gem. § 6 BetrAVG vorzeitige Altersleistungen in Anspruch nehmen kann.

377 Nr. 2 regelt die **Versorgungsleistungen**, also die **Höhe der Ruhegeldansprüche**. Nr. 2.1 (**Klauseln A 6–A 10**) legt die Höhe fest und bezieht sich dabei auf das Fixgehalt des Vorstandsmitglieds. Hierbei sind verschiedene Varianten der Berechnung des Ruhegeldes denkbar; gemeinsam ist diesen jedoch, dass sich das Ruhegeld prozentual auf der Grundlage des Vorstandsgehalts berechnet. Die Klauseln A 6 und A 9 beziehen sich ausdrücklich auf das Endgehalt des Vorstandsmitglieds, die Klausel A 8 ist ebenfalls so auszulegen. Die Klauseln A 7 und A 10 knüpfen hingegen an dem Durchschnittsgehalt der letzten Jahre an.

378 Meist wird eine **bestimmte Ausgangshöhe** (… % des Fixgehalts) festgelegt, die sich für jedes volle Dienstjahr um (…) Prozentpunkte erhöht (Klauseln A 6, A 7 und A 8). Sinnvoll ist es auch, ein **Maximum** wie in den Klauseln A 6, A 7, A 8 und A 9 vorzusehen. Es hängt von der gewünschten Ausgestaltung ab, ob jedes Dienstjahr angerechnet werden (Klauseln A 7, A 8 und A 9) oder erst nach Ablauf einer gewissen Zeit mit der Erhöhung begonnen werden soll (Klausel A 6). Auch die Klausel A 10 legt eine bestimmte Höhe fest, die sich aber nicht erhöht. Zudem ist der Anspruch daran geknüpft, dass das Vorstandsmitglied mindestens fünf Jahre in den Diensten der Gesellschaft stand. Eine Ausnahme besteht lediglich für ein Ausscheiden aufgrund dauernder Arbeitsunfähigkeit. In diesem Fall besteht ein Anspruch gestaffelt nach Dienstjahren. Eine solche Verknüpfung des Ruhegeldanspruchs mit einer bestimmten Dienstzeit ist v.a. sinnvoll, wenn zusätzlich ein Übergangsgeld zugesagt wird, das jedoch nicht schon

bei Ausscheiden innerhalb der ersten Amtszeit oder nach einer kurzen ersten Amtszeit gezahlt werden soll. Dies kann aber ebenso durch eine entsprechende Definition des Versorgungsfalles geschehen (Klausel C 3 oder C 4). Erreicht das Vorstandsmitglied schon vor Ablauf von fünf Jahren die Altersgrenze, sollte eine andere Formulierung gewählt werden.

Darüber hinaus kann die Höhe des Ruhegeldes noch deutlicher an die Dienstzeit geknüpft werden. Klausel A 9 verzichtet auf eine feste Ausgangshöhe, sondern erhöht das Ruhegeld für jedes volle Dienstjahr. Hierbei sollte allerdings keine zu geringe Prozentzahl gewählt werden, um das Erreichen eines angemessenen Ruhegeldes innerhalb einer angemessenen Zeit zu ermöglichen. Auch bei Rückgriff auf diese Gestaltungsvariante ist eine Höchstgrenze festzulegen. 379

Im Falle des Ausscheidens wegen **dauernder Arbeitsunfähigkeit** stellt sich die Frage, ob dem Vorstandsmitglied lediglich die Höhe des bis dahin erdienten Ruhegeldes zustehen soll (Klauseln A 6 und A 7) oder ob diesem eine hypothetische weitere Dienstzeit zugutegehalten werden soll (Klauseln A 8 und A 9). Hier ist zwischen dem Interesse des Vorstandsmitglieds an einer angemessenen Versorgung im Falle seiner Invalidität und dem Interesse der Gesellschaft an einer entsprechenden Gegenleistung abzuwägen. Zu berücksichtigen ist insoweit, dass das Ruhegeld einen Teil der Vergütung bildet, für den im Falle der Invalidität keine Gegenleistung mehr erbracht wird. Die Entscheidung einer etwaigen Anrechnung hängt davon ab, wie hoch die Ausgangshöhe des Ruhegeldes ist, wie alt das Vorstandsmitglied bei Vertragsschluss ist etc. 380

Nr. 2.2 (**Klauseln A 11–A 13**) regelt die **Anpassung** des Ruhegeldes. Dies kann bspw aufgrund der Inflation geboten sein. Ist das BetrAVG auf das Vorstandsmitglied anwendbar, gelten die Bestimmungen des § 16 BetrAVG. **Klausel A 11** verweist – für den Fall der Anwendbarkeit des BetrAVG lediglich deklaratorisch – auf den § 16 BetrAVG und bezieht diesen in den Vertrag mit ein. Ebenfalls möglich ist im Falle der Anwendbarkeit des BetrAVG eine anderweitige Regelung (**Klauseln A 12 und A 13**) oder ein völliger Ausschluss der Anpassung des Ruhegeldes,[41] wobei Letzteres nicht empfehlenswert erscheint. 381

Die **Klauseln A 12 und A 13** sind sog. **Wertsicherungsklauseln**. Beide Vereinbarungen unterscheiden sich dahin gehend, dass nach Klausel A 12 eine Anpassung des Ruhegeldes an die Entwicklung des Verbraucherindex jährlich unabhängig von der Höhe der Änderungen erfolgt, während nach Klausel A 13 eine Anpassung nur vorgenommen wird, wenn die Änderung mehr als (…) % beträgt. 382

Bei Vereinbarung der Wertsicherungsklauseln ist zudem zu bedenken, dass für den Fall einer Anwendbarkeit von § 16 BetrAVG, bei der die Anpassung nicht den Anforderungen des § 16 BetrAVG entspricht, sich die Steigerung um die Differenz zu der durch § 16 BetrAVG geforderten Steigerung erhöht. 383

Nach Nr. 2.3 (**Klausel A 14**) entfällt der Anspruch auf die Invaliditätsrente automatisch bei **Wegfall der Invalidität vor Erreichen der Altersgrenze**. Um dies abzusichern, wird zudem eine Pflicht des Vorstands vereinbart, den Wegfall der Invalidität unverzüglich der Gesellschaft mitzuteilen, und ein Recht der Gesellschaft, das Vorstandsmitglied in Zweifelsfällen untersuchen zu lassen. 384

Unter Nr. 3 finden sich Bestimmungen zur **Anrechnung anderer Bezüge**. Dass anderweitige Einkünfte aus selbständiger oder unselbständiger Arbeit auf die Invaliditätsrente angerechnet werden (**Klausel A 16**), erscheint angesichts des Zwecks der Invaliditätsrente offensichtlich. Diese wird geleistet, weil dem Vorstandsmitglied der Erwerb von Einkünften durch Vorstandstätigkeit nicht mehr möglich ist. Kann er aber durch andere Tätigkeiten Einkünfte erzielen, ist eine zumindest teilweise Anrechnung nur konsequent. Deshalb wird das Vorstandsmitglied verpflichtet, solche Einkünfte der Gesellschaft mitzuteilen. 385

41 Vgl zur Möglichkeit der Abweichung von tarifdispositiven Regelungen des BetrAVG im Anstellungsvertrag von Organmitgliedern BAG 21.4.2009 – 3 AZR 285/07, NJOZ 2010, 290, 291; *Bauer/Baeck/von Medem*, NZG 2010, 721, 724.

386 Aber auch die Anrechnung früher erworbener Ruhegeldansprüche (**Klausel A 15**) kann damit begründet werden, dass Zweck des Ruhegeldes die Absicherung des Vorstandsmitglieds im Alter ist. Erfolgt aber eine Absichernung schon teilweise durch andere Ansprüche, so ist es auch angemessen, diese insoweit anzurechnen, wie die verschiedenen Ansprüche zusammen das maximale Ruhegeld übersteigen.

387 Die **Klauseln A 17 und A 18** unter Nr. 4 regeln die **Unverfallbarkeit** der Versorgungsansprüche nach BetrAVG. Beide Klauseln unterscheiden sich lediglich in der Formulierung. Findet das BetrAVG auf den Vorstand Anwendung, sind diese Klauseln lediglich deklaratorischer Natur. Handelt es sich aber um einen Unternehmer-Vorstand, wird hierdurch die Unverfallbarkeit der Ansprüche bei Vorliegen der gesetzlichen Voraussetzungen erst begründet. Gemäß § 2 Abs. 1 BetrAVG hat das Vorstandsmitglied in einem solchen Fall keinen Anspruch auf die volle Pension, sondern lediglich auf einen Anteil, der sich aus dem Verhältnis der tatsächlichen Betriebszugehörigkeit zur maximal bis zur Altersgrenze erreichbaren Betriebszugehörigkeit ergibt.[42] Ein Ausschluss dieser ratierlichen Kürzung ist allerdings zulässig. Im Falle der **Klausel A 9** ist jedoch von einem konkludenten Ausschluss der ratierlichen Kürzung auszugehen.[43]

388 Die **Klausel A 19** enthält einen **Widerrufsvorbehalt** der Gesellschaft für die Ruhegeldansprüche des Vorstandsmitglieds. Mit der Vereinbarung der Klausel A 19 ist nach Inkrafttreten des VorstAG allerdings Vorsicht geboten, da sie ggf so ausgelegt werden könnte, als wäre damit eine Herabsetzung nach § 87 Abs. 2 S. 2 AktG bei Unbilligkeit ausgeschlossen. Die **Klauseln A 20 bzw A 21** bzw die allgemeinen Regeln verweisen auf § 87 Abs. 2 AktG. Damit sind sie lediglich deklaratorischer Natur.

389 Der in Klausel A 19 formulierte Widerrufsvorbehalt ist nur wirksam, soweit das BetrAVG auf das Vorstandsmitglied nicht anwendbar ist.

390 **Klausel A 22** unter Nr. 6 bestimmt, dass die **Ruhegeldansprüche ruhen** sollen für den Fall, dass das Vorstandsmitglied ohne Zustimmung des Aufsichtsratsvorsitzenden Wettbewerb betreibt. Dies stellt ein nachvertragliches Wettbewerbsverbot dar und ist damit nicht wirksam.

391 Die Regelung unter Nr. 7 zur **Rückdeckung** der Versorgungsansprüche durch den Abschluss von Lebensversicherungen (**Klausel A 23**) ist zur Insolvenzsicherung der Versorgungsansprüche notwendig, wenn das BetrAVG nicht anwendbar ist.

392 Unter Nr. 8 findet sich abschließend eine Regelung zur **Abtretung** und **Verpfändung** der Ruhegeldansprüche durch das Vorstandsmitglied. Diese werden durch die **Klausel A 24** ausgeschlossen.

bb) Dienstzeitbezogene Direktzusage

(1) Klauselwerk B

393 **1. Versorgungsfall**

(...)

2. Versorgungsleistungen

2.1

B 1: Das jährliche Ruhegeld bestimmt sich nach der Dauer der Dienstzeit, die das Vorstandsmitglied bis zum Ende des Anstellungsvertrages in den Diensten der Gesellschaft verbracht hat. Es beträgt (...) € für die Dienstzeit bis zum Beginn dieses Anstellungsvertrages zuzüglich (...) € für jedes volle Dienstjahr, das das Vorstandsmitglied seit Beginn dieses Anstellungsvertrages in den Diensten der Gesellschaft verbringt.

42 *Bauer/Baeck/von Medem*, NZG 2010, 721, 723.

43 Vgl hierzu *Bauer/Baeck/von Medem*, NZG 2010, 721, 723.

B 2: Das Ruhegeld beträgt für jedes volle Dienstjahr (...) % des zuletzt bezogenen Jahresgehalts, höchstens jedoch (...) %. Im Falle dauernder Arbeitsunfähigkeit wird das Ruhegeld so berechnet, als ob das Vorstandsmitglied eine Dienstzeit bis zur Vollendung des (...) Lebensjahres zurückgelegt hätte.

2.2
(...)

(2) Gestaltungshinweise

Klauselwerk B ist ein Beispiel für eine **dienstzeitbezogene Direktzusage.** Anders als bei einer gehaltsbezogenen Direktzusage ist hier für die Höhe des Ruhegeldes die Dauer der Dienstzeit relevant. Dies kann wie bei **Klausel B 1** so gestaltet werden, dass allein auf die Dienstzeit abgestellt wird, also für jedes Dienstjahr ein bestimmter Betrag in Euro als Ruhegeld gezahlt wird, oder wie bei **Klausel B 2,** dass für jedes Dienstjahr ein bestimmter Prozentsatz des End- oder Durchschnittsgehalts gezahlt wird. Eine dienstzeitbezogene Direktzusage in der Form der Klausel B 1 eignet sich nur für Vorstandsmitglieder, die schon zuvor – bspw als leitende Angestellte – für die Gesellschaft tätig waren. Ansonsten unterscheiden sich gehaltsbezogene oder dienstzeitbezogene Direktzusagen nicht voneinander. 394

cc) Direktzusage mit Übergangsgeld

(1) Klauselwerk C

1. Versorgungsfall 395

1.1

C 1: Der Vorstand hat bei Eintritt eines Versorgungsfalles Anspruch auf Zahlung eines Ruhegehalts durch die Gesellschaft. Das Ruhegeld wird monatlich im Nachhinein gezahlt, erstmalig mit dem Monat, der auf das Ausscheiden erfolgt, soweit nicht andere Bestimmungen dieses Vertrages entgegenstehen.

1.2

C 2: Ein solcher ist gegeben, wenn
a) der Vorstand nach Erreichen der Altersgrenze von (...) Jahren aus den Diensten der Gesellschaft ausscheidet,
b) der Vorstand vor Erreichen der Altersgrenze wegen dauernder Arbeitsunfähigkeit aus den Diensten der Gesellschaft ausscheidet,
c) der Vorstand vor Erreichen der Altersgrenze aus den Diensten der Gesellschaft ausscheidet, weil der Anstellungsvertrag nach Ablauf der Befristung nicht verlängert wurde, es sei denn, die Nichtverlängerung erfolgt aus einem vom Vorstand zu vertretenden wichtigen Grund.

C 3: Ein solcher ist gegeben, wenn
a) der Vorstand nach Erreichen der Altersgrenze von (...) Jahren aus den Diensten der Gesellschaft ausscheidet,
b) der Vorstand vor Erreichen der Altersgrenze wegen dauernder Arbeitsunfähigkeit aus den Diensten der Gesellschaft ausscheidet,
c) der Vorstand nach der ersten Wiederbestellung vor Erreichen der Altersgrenze aus den Diensten der Gesellschaft ausscheidet, weil der Anstellungsvertrag nicht erneut verlängert wird, es sei denn, das Vorstandsmitglied hat eine ihm angebotene Verlängerung der Bestellung und des Dienstvertrages zu gleichen oder für ihn günstigeren Bedingungen abge-

lehnt oder die vorzeitige Beendigung oder Nichtverlängerung beruht auf einem vom Vorstandsmitglied zu vertretenden wichtigen Grund.

C 4: Ein solcher ist gegeben, wenn

a) der Vorstand nach Erreichen der Altersgrenze von (...) Jahren aus den Diensten der Gesellschaft ausscheidet,
b) der Vorstand vor Erreichen der Altersgrenze wegen dauernder Arbeitsunfähigkeit aus den Diensten der Gesellschaft ausscheidet,
c) der Vorstand aus den Diensten der Gesellschaft ausscheidet, weil ihm die Gesellschaft weder die Verlängerung des bisherigen Anstellungsvertrages noch den Abschluss eines neuen Anstellungsvertrages zu mindest gleich günstigen Bedingungen angeboten hat, ohne dass ein vom Vorstandsmitglied zu vertretender wichtiger Grund dafür vorliegt, wenn er zu diesem Zeitpunkt seit mindestens fünf Jahren in den Diensten der Gesellschaft steht.

2. Versorgungsleistungen

(...)

2.4

C 4 a: Endet das Dienstverhältnis wegen Nichtverlängerung des Anstellungsvertrages, so erlischt der Ruhegeldanspruch nach Nr. 1.2 c) mit Ablauf des (...) Jahres nach Ende des Dienstverhältnisses.

3. Anrechnung anderer Bezüge

3.1

C 5: Früher erworbene Ruhegeldansprüche sind auf die Ruhegeldzahlungen anzurechnen, später erworbene Ansprüche nur auf den Teil des Ruhegeldes, der nicht gesetzlich unverfallbar geworden ist. Die Anrechnung erfolgt nur insoweit, als die Ruhegeldansprüche zusammen mit dem nach diesem Vertrag zu zahlenden Ruhegeld das maximale Ruhegeld nach (...) angepasst nach (...) übersteigen.

C 6: Endet das Dienstverhältnis wegen Nichtverlängerung des Anstellungsvertrages, so ruht der Ruhegeldanspruch, soweit das Ruhegeld zusammen mit den anderen Einkünften die zuletzt erzielten Vorstandsbezüge übersteigt.

3.2

C 7: Im Falle der dauernden Arbeitsunfähigkeit oder der Nichtverlängerung des Anstellungsvertrages muss sich das Vorstandsmitglied bis zum Erreichen der Altersgrenze auf das Ruhegeld (...) % anderweitiger Einkünfte aus selbständiger und unselbständiger Arbeit anrechnen lassen, soweit sie den Betrag von insgesamt (...) € im Kalenderjahr überschreiten. Anrechnungspflichtige Einkünfte sind der Gesellschaft am Ende des Kalenderjahres unaufgefordert mitzuteilen. Laufendes anrechnungspflichtiges Einkommen ist der Gesellschaft unverzüglich mitzuteilen, die eine vorläufige Kürzung des Ruhegeldes vorsehen kann.

C 8: Wird Ruhegeld wegen Nichtverlängerung des Anstellungsvertrages gezahlt, hat sich der Vorstand bis zur Vollendung seines (...) Lebensjahres bis zur Hälfte seines Ruhegeldes anrechnen zu lassen, was er durch Verwertung seiner Arbeitskraft anderweitig erwirbt oder böswillig anderweitig zu erwerben unterlässt. Das Vorstandsmitglied ist verpflichtet, der Gesellschaft auf Erfordern über die Höhe des Erwerbs Auskunft zu erteilen.

4. Unverfallbarkeit

(...)

(2) Gestaltungshinweise

Das Klauselwerk C stellt eine **Direktzusage mit Übergangsgeld** dar. Alternativ ist auch eine eigene, vom Ruhegeld losgelöste Vereinbarung zum Übergangsgeld möglich. Ein solches dient dem Zweck, das **erhöhte Arbeitsplatzrisiko** eines Vorstandsmitglieds auszugleichen oder abzumildern. Dies geschieht meist – wie auch hier – durch Festlegung eines dritten Versorgungsfalles neben Erreichen einer Altersgrenze und Invalidität. Dieser dritte Versorgungsfall ist das **Ausscheiden des Vorstandsmitglieds vor Erreichen der Altersgrenze**, weil der **Anstellungsvertrag nicht verlängert** wurde. In den **Klauseln C 2, C 3 und C 4** finden sich zusätzliche Voraussetzungen für das Bestehen des Anspruchs. So darf die Nichtverlängerung des Anstellungsvertrages nicht auf einem wichtigen vom Vorstand zu vertretenden Grund beruhen. Freilich ist nicht zu verkennen, dass es bei dieser Regelung häufig Streit darüber geben dürfte, ob ein wichtiger, vom Vorstand zu vertretender Grund vorliegt. Aus Sicht des Vorstandsmitglieds sollte vorsorglich klargestellt werden, dass nur ein wichtiger Grund iSd § 626 BGB hierfür in Betracht kommt. Klausel C 3[44] bestimmt zudem, dass das Vorstandsmitglied nicht eine ihm angebotene Vertragsverlängerung zu günstigeren oder gleich günstigen Bedingungen abgelehnt haben darf.[45] Außerdem hat das Vorstandsmitglied erst nach einer ersten Wiederbestellung Anspruch auf ein Übergangsgeld. Klausel C 4 knüpft diesen Anspruch nicht an eine Wiederbestellung, sondern an die Bedingung, dass das Vorstandsmitglied schon eine bestimmte Zeit (hier beispielhaft fünf Jahre) in den Diensten der Gesellschaft gestanden hat. 396

Angesichts der Tatsache, dass das Übergangsgeld möglicherweise für mehrere Jahre – meist bis zum Erreichen der Altergrenze – geleistet wird, ist zu empfehlen, die Bedingungen hierfür nicht zu niedrig anzusetzen. Zum einen ist es notwendig, dass durch das Übergangsgeld nicht jede Beendigung des Anstellungsvertrages erfasst wird, sondern nur solche Situationen, in denen sich das Arbeitsplatzrisiko des Vorstandsmitglieds tatsächlich realisiert. Nur in diesen Fällen erscheint die Zahlung eines Übergangsgelds angemessen iSd § 87 Abs. 1 AktG. Als Alternative zur Vereinbarung eines Übergangsgeldes bietet sich auch die Vereinbarung einer Vertragsabfindung an (s. § 3 Rn 259 ff). 397

Es ist sinnvoll, das Ruhegeld an bestimmte Voraussetzungen wie Dienstzeit (Klausel C 4) oder eine Wiederbestellung (Klausel C 3) zu knüpfen, um sicherzustellen, dass nicht jedes Vorstandsmitglied, welches einmal bestellt wurde, ein solches Übergangsgeld erhält. 398

Soll das Übergangsgeld nicht die gesamte Zeitspanne bis zum Erreichen der Altersgrenze und damit bis zum Beginn der Ruhegeldzahlungen überbrücken, sondern vielmehr nur dem zunächst einkommenslosen Vorstandsmitglied noch für eine gewisse Zeit den Lebensstandard sichern, empfiehlt sich die Begrenzung der Zahlungen des Übergangsgeldes auf einen Zeitraum von einem Jahr oder wenigen Jahren (**Klausel C 4 a**). 399

Ein weiterer Weg, die Angemessenheit des Übergangsgeldes und die Verwirklichung des Zwecks sicherzustellen, ist die Vereinbarung der **Anrechenbarkeit anderweitiger Bezüge**. Aus diesem Grund finden sich unter Nr. 3 (**Klauseln C 5–C 8**) entsprechende Bestimmungen. Die Anrechnung anderweitiger Einkünfte aus selbständiger oder unselbständiger Arbeit wie bei der Invaliditätsrente (Klauseln C 7 und C 8) erscheint angesichts des Zwecks des Übergangsgeldes offensichtlich, da es als Ausgleich des Arbeitsplatzrisikos dient. Erzielt das Vorstandsmitglied aber Einkünfte aus selbständiger oder unselbständiger Tätigkeit, hat sich das Arbeitsplatzrisiko jedenfalls nicht umfassend realisiert. Eine wenigstens teilweise Anrechnung dieser Einkünfte erscheint somit legitim. Gleiches gilt für die Anrechnung von Einkünften, die das Vorstandsmitglied böswillig anderweitig zu erwerben unterlässt (Klausel C 8). Auch in diesem Falle hat sich das Arbeitsplatzrisiko nicht voll realisiert und eine vollständige Zahlung des Übergansgel- 400

---

44 Nach BLDH/*Lingemann*, Anwalts-Formularbuch Arbeitsrecht, 3. Aufl. 2008, M 5.1.

45 Zur Frage, ob Anspruch auf Übergangsgeld auch dann entsteht, wenn der Aufsichtsrat aufgrund von Gesetzesänderungen daran gehindert ist, einen Vertrag zu mindest gleich günstigen Konditionen anzubieten, äußern sich ablehnend *Diller/Arnold*, AG 2010, 721.

des würde nur „bezahlten Urlaub“ darstellen. Um die Möglichkeit einer Anrechnung abzusichern, wird das Vorstandsmitglied verpflichtet, anderweitige Einkünfte der Gesellschaft mitzuteilen.

401 Darüber hinaus unterscheiden sich Direktzusagen mit und ohne Übergangsgeld nicht voneinander. Möglich ist allerdings, die Höhe des Übergangsgeldes anders zu gestalten als die des Ruhegeldes für die anderen Versorgungsfälle.

dd) Direktzusage mit Hinterbliebenenversorgung

(1) Klauselwerk D

402 **1. Witwenrente**

1.1

D 1: Stirbt das Vorstandsmitglied während der Laufzeit des Dienstvertrages oder nach Eintritt des Versorgungsfalles, steht seiner Witwe/ihrem Witwer ein Anspruch auf eine Witwenrente zu, sofern die Ehe im Zeitpunkt des Todes noch bestanden hat. Diese wird wie die Altersrente gezahlt. Als Witwe/Witwer im Sinne dieser Regelungen gilt auch ein eingetragener Lebenspartner iSd LPartG (Lebenspartnerschaftsgesetz).

1.2

D 2: Die Witwenrente beträgt (...) % der Rente, die der Vorstand bei seinem Tod erhielt oder erhalten hätte, wenn er zum Zeitpunkt des Todes eine Invaliditätsrente erhalten würde.

1.3

D 3: Die Witwenrente ermäßigt sich
a) um (...) Prozentpunkte, falls das Vorstandsmitglied mehr als 15 Jahre, und
b) um (...) Prozentpunkte, falls das Vorstandsmitglied mehr als 20 Jahre, und
c) um (...) Prozentpunkte, falls das Vorstandsmitglied mehr als 25 Jahre
älter als seine Ehefrau/sein Ehemann war.
Ein Anspruch auf Witwenrente entfällt, wenn die Ehe erst nach dem vollendeten (...) Lebensjahr oder dem Eintritt des Versorgungsfalles geschlossen wurde oder wenn die Ehe nur geschlossen wurde, um den Hinterbliebenen die Leistungen zuzuwenden.

1.4

D 4: Der Anspruch auf Witwenrente erlischt mit dem Ablauf des Monats, in dem die Witwe/der Witwer sich neu verheiratet.

D 5: Der Anspruch auf Witwenrente erlischt nach Ablauf von drei Monaten, nachdem die Witwe/der Witwer sich neu verheiratet hat.

D 6: Der Anspruch auf Witwenrente erlischt mit dem Ablauf des Monats, in dem die Witwe/der Witwer sich neu verheiratet. Der Anspruch auf Witwenrente lebt wieder auf, wenn die neue Ehe durch Tod des Ehegatten oder Scheidung aufgelöst wird.

1.5

D 7: Die Witwe/der Witwer muss sich auf die Witwenrente anderweitige Einkünfte aus selbständiger und unselbständiger Arbeit sowie aufgrund unselbständiger Arbeit erworbene Versorgungsansprüche anrechnen lassen, soweit die Einkünfte und Versorgungsbezüge die Witwenrente übersteigen.

2. Waisenrente

2.1

D 8: Stirbt das Vorstandsmitglied während der Laufzeit des Dienstvertrages oder nach Eintritt des Versorgungsfalles, steht seinen/ihren unterhaltsberechtigten Kindern ein Anspruch auf eine Waisenrente zu. Diese wird wie die Altersrente gezahlt.

D 9: Stirbt das Vorstandsmitglied während der Laufzeit des Dienstvertrages oder nach Eintritt des Versorgungsfalles, steht seinen/ihren unterhaltsberechtigten Kindern ein Anspruch auf eine Waisenrente zu, sofern die Ehefrau/der Ehemann keine Witwenrente erhält oder ebenfalls gestorben ist.

2.2

D 10: Die Waisenrente beträgt für jedes Kind (...) % der Rente, die der Vorstand zuletzt erhielt oder erhalten hätte, wenn er zum Zeitpunkt des Todes eine Invaliditätsrente erhalten hätte.

D 11: Die Waisenrente beträgt für jedes Kind (...) % der Rente, die der Vorstand zuletzt erhielt oder erhalten hätte, wenn er zum Zeitpunkt des Todes eine Invaliditätsrente erhalten hätte. Solange kein Anspruch auf Witwenrente besteht, beträgt die Waisenrente (...) %.

2.3

D 12: Kinder aus einer Ehe, die nach Eintritt des Versorgungsfalles geschlossen wurde, haben keinen Anspruch auf Waisengeld.

2.4

D 13: Witwen- und Waisenrente dürfen zusammen nicht mehr als 100 % der Alters- bzw Invaliditätsrente ausmachen; ggf werden sie anteilig gekürzt.

D 14: Witwen- und Waisenrente dürfen zusammen den Betrag des Ruhegeldes nicht übersteigen. Ein übersteigender Betrag wird an den Waisenrenten zu je gleichen Teilen gekürzt.

D 15: Die Waisenrente für mehrere Kinder darf zusammen nicht mehr als 100 % der Alters- bzw Invaliditätsrente ausmachen; ggf wird sie anteilig gekürzt.

2.5

D 16: Die Waisenrente endet mit Ablauf des Monats, in dem die Voraussetzungen nach Nr. 1.1 entfallen.

D 17: Das Waisengeld wird bis zum vollendeten (...) Lebensjahr bezahlt, darüber hinaus nur für Zeiten der Schul- oder Berufsausbildung einschließlich des Wehr- oder Zivildienstes, längstens bis zum vollendeten (...) Lebensjahr.

3. Anpassung und Widerruf

3.1

D 18: Erhöht oder ermäßigt sich der vom Statistischen Bundesamt festgestellte Verbraucherindex für Deutschland (Basis 2005 = 100), so wird die Witwen- und Waisenrente beginnend mit dem Versorgungsfall um denselben Prozentsatz erhöht oder gekürzt. Die Zahlungen werden jeweils zum 1.1. eines jeden Jahres angepasst. Werden durch die Anpassung Nach- oder Rückzahlungen erforderlich, werden sie zinsfrei unverzüglich nach der Bekanntmachung des für die Anpassung maßgeblichen Preisindex geleistet.

3.2

D 19: Die Gesellschaft behält sich über die allgemein bestehenden Möglichkeiten zur Herabsetzung der Leistungen hinaus vor, die zugesagte Leistung zu kürzen oder einzustellen, wenn

a) die wirtschaftliche Lage der Gesellschaft sich nachhaltig so wesentlich verschlechtert hat, dass ihr eine Aufrechterhaltung der zugesagten Leistung nicht mehr zugemutet werden kann, oder
b) der Personenkreis, die Beiträge, die Leistungen oder das Pensionierungsalter bei der gesetzlichen Sozialversicherung oder anderen Versorgungseinrichtungen mit Rechtsanspruch sich wesentlich ändern oder
c) der Pensionsberechtigte Handlungen begeht, die gegen das Interesse der Gesellschaft oder gegen Treu und Glauben verstoßen und zu einer fristlosen Entlassung berechtigen würden oder
d) so wesentliche Änderungen in den rechtlichen, insbesondere der steuerrechtlichen Behandlung der Aufwendungen, die zur planmäßigen Finanzierung der Leistungen von der Gesellschaft gemacht werden oder gemacht worden sind, eintreten, dass der Gesellschaft eine Aufrechterhaltung der Leistungen nicht mehr zugemutet werden kann.

D 20: Für die Kürzung oder Einstellung der Witwen- und Waisenrente durch die Gesellschaft gelten die allgemeinen Vorschriften.

(2) Gestaltungshinweise

403 Das Klauselwerk D stellt beispielhaft die **Hinterbliebenenversorgung** dar. Nr. 1 (Klauseln D 1–D 7) widmet sich zunächst der **Versorgung der Witwe bzw des Witwers** des Vorstandsmitglieds. **Klausel D 1** formuliert den Anspruch auf Zahlung einer Witwenrente bei Tod des Vorstandsmitglieds für den Fall, dass die Ehe im Zeitpunkt des Todes noch bestand. Bei der Witwenrente wird an die Ehe bzw an eine eingetragene Lebenspartnerschaft nach dem LPartG angeknüpft. Die Nichtberücksichtigung einer eingetragenen Lebenspartnerschaft wäre im Hinblick auf das AGG nach Rspr des BAG unzulässig.[46]

404 Die **Klausel D 2** legt die Höhe der Witwenrente fest. Sinnvoll erscheint hier eine Orientierung an der Altersrente, die der Vorstand bei seinem Tode erhalten hat oder erhalten hätte. Hat die Altersrente den Sinn, das Vorstandsmitglied und seine Familie im Alter abzusichern, ist Sinn der Witwenrente zunächst nur eine Absicherung der Witwe bzw des Witwers. Dementsprechend niedriger als die Altersrente kann die Witwenrente angelegt werden. Wenn dagegen unterhaltsberechtigte Kinder des Vorstandsmitglieds nur Waisenrente in dem Falle erhalten, dass die Witwe keine Rente erhält oder verstorben ist (**Klausel D 9**), muss die Witwenrente auch die Versorgung der Kinder absichern und dementsprechend höher angesetzt werden.

405 Unter Nr. 1.3 findet sich mit der **Klausel D 3**[47] eine sog. **Altersabstandsklausel**, ergänzt um eine sog. **Späteheklausel**. Zweck der Altersabstandsklausel ist es, zu vermeiden, dass die Gesellschaft im Falle eines sehr viel jüngeren Ehepartners des Vorstandsmitglieds für einen unverhältnismäßig langen Zeitraum Witwenrente zahlen muss. Hier stellt sich allerdings die Frage der Zulässigkeit im Hinblick auf das Verbot der Alters- und Geschlechterdiskriminierung. Das BAG hat eine solche Klausel als für mit dem deutschen Recht vereinbar gehalten, die Frage nach der Vereinbarkeit mit dem im EG-Primärrecht verankerten Grundsatz des Verbots der Altersdiskriminierung jedoch dem EuGH vorgelegt.[48] Dieser hat die Zulässigkeit mittlerweile je-

---

46 BAG 15.9.2009 – 3 AZR 294/09, NZA 2010, 216; BAG 14.1.2009 – 3 AZR 20/07, NZA 2009, 489. Ablehnend zur Zusatzversorgung der VBL auch BVerfG 7.7.2009 – 1 BvR 1164/07, NJW 2010, 1439: Ungleichbehandlung von Ehe und eingetragener Lebenspartnerschaft verstoße gegen Art. 3 Abs. 1 GG. Vgl auch EuGH 1.4.2008 – C-267/06 (Maruko), NZA 2008, 459.

47 Nach BLDH/*Lingemann*, Anwalts-Formularbuch Arbeitsrecht, M 5.1.

48 BAG 27.6.2006 – 3 AZR 352/05, NZA 2006, 1276.

denfalls für Sachverhalte vor Inkrafttreten des AGG mangels Bezugs der Benachteiligung zum Unionsrecht bejaht.[49] Die Späteheklausel zielt darauf ab, die Leistungspflichten der Gesellschaft auf Risiken zu begrenzen, die bereits während des Anstellungsverhältnisses angelegt waren. Eine solche Klausel, welche den Versorgungsanspruch für Hinterbliebene davon abhängig macht, dass die Ehe noch vor Eintritt des Versorgungsfalls geschlossen wurde, ist jedenfalls nach der Rspr des BAG zulässig.[50]

Ebenfalls in der Klausel D 3 findet sich die Regelung, dass kein Anspruch auf Witwenrente besteht, wenn die Ehe erst nach Eintritt des Versorgungsfalles oder nur zu dem Zweck geschlossen wurde, dem Ehepartner die Rente zukommen zu lassen. 406

Unter Nr. 1.4 finden sich Regelungen für den Fall der **Wiederverheiratung** des Ehepartners des verstorbenen Vorstandsmitglieds. In diesem Falle soll der Anspruch auf Witwenrente erlöschen. Die **Klauseln D 4 und D 5** unterscheiden sich lediglich im Zeitpunkt des Erlöschens, **Klausel D 6** ist noch um die Regelung ergänzt, dass der Anspruch bei Auflösung der Ehe wieder auflebt. 407

Die **Klausel D 7** unter Nr. 1.5 enthält Regelungen zur Anrechnung anderweitiger Einkünfte. Zweck der Witwenrente ist die Absicherung des überlebenden Ehepartners, so dass die Notwendigkeit entfällt, soweit dieser anderweitige Einkünfte hat. 408

Nr. 2 enthält Regelungen zur **Waisenrente**. Unter Nr. 2.1 wird der Versorgungsfall geregelt. Die **Klausel D 8** sichert den unterhaltsberechtigten Kindern bei Tod des Vorstandsmitglieds eine Waisenrente zu. **Klausel D 9** unterscheidet sich insoweit, als dass ein Anspruch nur besteht, wenn die Witwe oder der Witwer keinen Anspruch auf Witwenrente hat. Kinder des Vorstandsmitglieds aus früheren Ehen oder uneheliche Kinder werden durch diese Klausel von einer Waisenrente ausgeschlossen, auch wenn der überlebende Ehepartner diesen gegenüber nicht unterhaltspflichtig ist. 409

Die **Höhe der Waisenrente** wird in Nr. 2.2 festgelegt und orientiert sich an der Höhe des Ruhegeldes des Vorstandsmitglieds. Bei der Festlegung der Höhe kommt es auch darauf an, ob der Anspruch auf Waisenrente davon abhängig gemacht wird, dass der überlebende Elternteil keine Witwenrente erhält und wenn nein, ob diese hoch genug ist, auch die Kinder mitzuversorgen. Hängt der Anspruch vom Anspruch des überlebenden Elternteils ab oder ist der Anspruch des überlebenden Elternteils nicht hoch genug, so muss in der Variante der **Klausel D 10** ein ausreichend hoher Prozentsatz festgelegt werden. Ansonsten empfiehlt sich eher die Verwendung der **Klausel D 11**, da diese variabler ist. Werden die Kinder durch die Witwenrente mit abgesichert, kann ein niedriger Prozentsatz festgelegt werden und für den Fall, dass ein Anspruch des überlebenden Elternteils nicht mehr besteht, kann zusätzlich ein höherer Prozentsatz vereinbart werden. 410

Nr. 2.4 regelt die Fälle, in denen Witwen- und Waisenrente oder die Waisenrente für mehrere Kinder die Alters- oder Invaliditätsrente des Vorstandsmitglieds übersteigen. Gemeinsam ist den **Klauseln D 13–D 15**, dass Witwen- und Waisenrente nicht mehr als 100 % der Alters- oder Invaliditätsrente ausmachen dürfen und in diesem Fall eine Kürzung stattfindet. Nach Klausel D 13 werden Witwen- und Waisenrente anteilig gekürzt, während Klausel D 14 nur die Kürzung der Waisenrente vorsieht. Klausel D 15 betrifft die Konstellation, in der eine Waisenrente nur geleistet wird, soweit kein Anspruch auf Zahlung einer Witwenrente besteht. In Betracht kommt auch eine Deckelung der Witwen- und Waisenrente bei weniger als 100 %, etwa bei 80 %. 411

49 EuGH 23.9.2008 – C-427/06 (Bartsch), BB 2008, 2353. Das LAG Niedersachsen 23.6.2011 – 4 Sa 381/11 B, NZA-RR 2011, 600 hält auch nach Inkrafttreten des AGG eine Altersabstandsklausel für zulässig.

50 BAG 20.4.2010 – 3 AZR 509/08, NZA 2011, 1092.

412 Das Ende des Anspruchs auf Waisenrente wird in Nr. 2.5 geregelt. In der **Klausel D 16** erlischt der Anspruch bei Entfallen der Voraussetzungen, also bei Ende der Unterhaltsberechtigung. In der **Klausel D 17** wird ein bestimmtes Alter festgelegt, mit Verlängerung für Zeiten der Schul- oder Berufsausbildung einschließlich des Wehr- oder Zivildienstes. Durch ein absolutes Höchstalter kann die Verpflichtung zur Zahlung weiter beschränkt werden.

413 Unter Nr. 3 (**Klauseln D 18–D 20**) finden sich wie auch bei den Versorgungszusagen für das Vorstandsmitglied Regelungen über **Anpassung und Widerruf** der Witwen- und Waisenrente.

ee) Beitragsorientierte Direktversicherungszusage

414 Zur beitragsorientierten Direktversicherungszusage, die häufig bei inländischen Tochterunternehmen ausländischer Konzerne oder kleineren AG genutzt wird, s. § 2 Rn 805 ff.

5. Vergütungsklauseln

Literatur

Annuß/Theusinger, Das VorstAG – Praktische Hinweise zum Umgang mit dem neuen Recht, BB 2009, 2434; *Bosse*, Das Gesetz zur Angemessenheit der Vorstandsvergütung (VorstAG) – Überblick und Handlungsbedarf, BB 2009, 1650; *Brauer*, Die aktienrechtliche Beurteilung von „appreciation awards" zu Gunsten des Vorstands, NZG 2004, 502; *Brauer/Dreier*, Der Fall Mannesmann in der nächsten Runde – Zur Geltendmachung von Ersatzansprüchen gegen die ehemaligen Organmitglieder, NZG 2005, 57; *Eichner/Delahaye*, Sorgfaltspflichten und Gestaltungsmöglichkeiten des Aufsichtsrats bei Vorstandsverträgen nach dem VorstAG, ZIP 2010, 2082; *Fleischer*, Das Gesetz zur Angemessenheit der Vorstandsvergütung (VorstAG), NZG 2009, 801; *Fonk*, Die Zulässigkeit von Vorstandsbezügen dem Grunde nach: Aktienrechtliche Anmerkungen zum Urteil des LG Düsseldorf, NZG 2004, 1057 – Mannesmann, NZG 2005, 248; *ders.*, Vergütungsrelevante Zielvereinbarungen und –vorgaben versus Leitungsbefugnis des Vorstands, NZG 2011, 321; *Gaul*, Die Erfindervergütung bei Vorstandsmitgliedern und ihre Behandlung im Geschäftsbericht, GRUR 1963, 341; *Gaul/Janz*, Wahlkampfgetöse im Aktienrecht: Gesetzliche Begrenzung der Vorstandsvergütung und Änderungen der Aufsichtsratstätigkeit, NZA 2009, 809; *Hoffmann-Becking*, Rechtliche Anmerkungen zur Vorstands- und Aufsichtsratsvergütung, ZHR 169 (2005), 155; *ders.*, Vorstandsvergütung nach Mannesmann, NZG 2006, 127; *ders.*, Gestaltungsmöglichkeiten bei Anreizsystemen, NZG 1999, 797; *Hohaus/Weber*, Die Angemessenheit der Vorstandsvergütung gem. § 87 AktG nach dem VorstAG, DB 2009, 1515; *Hohenstatt/Kuhnke*, Vergütungsstruktur und variable Vergütungsmodelle für Vorstandsmitglieder nach dem VorstAG, ZIP 2009, 1981; *Hüffer*, Aktienbezugsrechte als Bestandteil der Vergütung von Vorstandsmitgliedern und Mitarbeitern – gesellschaftsrechtliche Analyse, ZHR 161 (1997), 214; *Jaeger/Balke*, Zu den Auswirkungen des VorstAG auf bestehende Vorstandsdienstverträge, ZIP 2010, 1471; *Kort*, Mannesmann: Das „Aus" für nachträglich vorgesehene Vorstandsvergütungen ohne Anreizwirkung, NZG 2006, 131; *Liebers/Hoefs*, Anerkennungs- und Abfindungszahlungen an ausscheidende Vorstandsmitglieder, ZIP 2004, 97; *Lingemann*, Angemessenheit der Vorstandsvergütung – Das VorstAG ist in Kraft, BB 2009, 1918; *Martens*, Die Vorstandsvergütung auf dem Prüfstand, ZHR 169 (2005), 124; *Mertens*, Vorstandsvergütung in börsennotierten Aktiengesellschaften, AG 2011, 57; *Poguntke*, Anerkennungsprämien, Antrittsprämien und Untreuestrafbarkeit im Recht der Vorstandsvergütung, ZIP 2011, 893; *Rottnauer*, Einbeziehung aufgelöster Gewinnrücklagen bei Ermittlung einer dividendenabhängigen Vorstandstantieme, NZG 2001, 1009; *Säcker/Boesche*, Vom Gutsherren zum Gutsverwalter: Wandlungen im Aufsichtsratsrecht unter besonderer Berücksichtigung des Mannesmann-Urteils, BB 2006, 897; *Schüller*, Vorstandsvergütung – Gesellschaftsrechtliche Fragen der Vergütung des Vorstands in der börsennotierten Aktiengesellschaft, 2002; *Semler/Peltzer*, Arbeitshandbuch für Vorstandsmitglieder, 2005 (2. Aufl. 2015 in Vorb.); *Schuster*, Clawback-Klauseln – probates Mittel zukunftsgerechter Gestaltung von Bonus-Vereinbarungen?, in: FS Bauer, 2010, S. 973 ff; *Spindler*, Vergütung und Abfindung von Vorstandsmitgliedern, DStR 2004, 37; *Thüsing*, Das Gesetz zur Angemessenheit der Vorstandsvergütung, AG 2009, 517; *Wagner/Wittgens*, Corporate Governance als dauernde Reformanstrengung: Der Entwurf des Gesetzes zur Angemessenheit der Vorstandsvergütung, BB 2009, 906; *Weisner/Kölling*, Herausforderung für den Aufsichtsrat: Herabsetzung von Vorstandsbezügen in Zeiten der Krise, NZG 2003, 465; *Wollburg*, Unternehmensinteresse bei Vergütungsentscheidungen, ZIP 2004, 646.

a) Rechtslage im Umfeld

aa) Angemessenheit der Vergütung

Die Regelung der Vergütung ist meist ein zentraler Gegenstand des Anstellungsvertrages. Fehlt 415 es an einer ausdrücklichen Einigung, folgt der Entgeltanspruch des Vorstandsmitglieds aus § 612 BGB.

Anders als die Vergütung eines GmbH-Geschäftsführers, deren Höhe zivilrechtlich lediglich 416 den Beschränkungen der §§ 134, 138 BGB unterliegt (s. § 2 Rn 890), ist bei den Bezügen eines Vorstandsmitglieds einer AG **§ 87 Abs. 1 AktG** zu beachten, demzufolge die Gesamtbezüge in einem **angemessenen Verhältnis** zu den Aufgaben und Leistungen des Vorstandsmitglieds und zur Lage der Gesellschaft stehen müssen (s. § 3 Rn 130 ff).

Ausgelöst durch das sog. **Mannesmann-Urteil** des BGH[1] ist die Frage in den Mittelpunkt der 417 Aufmerksamkeit getreten, unter welchen Voraussetzungen sich Mitglieder des Aufsichtsrats und Vorstandsmitglieder durch die Gewährung und Annahme **nachträglicher Vergütungen** wegen Untreue zu Lasten der Gesellschaft gem. § 266 StGB strafbar machen können. Die mit viel Aufmerksamkeit in der Öffentlichkeit verfolgte Entscheidung betraf den Fall einer AG, bei der an die Mitglieder des zuständigen Aufsichtsratsausschusses und an Vorstandsmitglieder als An-

1 BGH 21.12.2005 – 3 StR 470/04, NJW 2006, 522.

erkennungsprämien für vergangene Leistungen freiwillige Sonderzahlungen in Millionenhöhe zusätzlich zu den Dienstbezügen ausgeschüttet wurden. Der BGH sah eine Verletzung der Vermögensbetreuungspflicht als gegeben an, da die Zahlungen der Gesellschaft keinen Vorteil mehr brachten und die honorierten Leistungen bereits durch die dienstvertraglichen Vergütungen abgegolten waren.

418 Die diesem Urteil zugrunde liegende aktienrechtliche Kernfrage, inwieweit auch eine nachträgliche Honorierung schon erbrachter Leistung ohne Anreizwirkung für die Zukunft (sog. **appreciation awards**) im Hinblick auf das Angemessenheitserfordernis zulässig sein kann, ist umstritten. Der BGH hat sich im Mannesmann-Urteil dagegen ausgesprochen und ein Teil der Lit. kommt zu demselben Ergebnis.[2] Teilweise wird eine solche Leistungshonorierung dagegen als grds. zulässig angesehen,[3] wobei dem Urteil des BGH jedenfalls insoweit Rechnung getragen werden sollte, als dass *appreciation awards* nach Ermessen des Aufsichtsrats ausdrücklich als mögliche Leistung im Vertrag verankert werden sollten.[4] Ob dies jedoch zu einer Zulässigkeit und insb. zur Vermeidung des Vorwurfs der treupflichtwidrigen Schädigung des Gesellschaftsvermögens durch den Aufsichtsrat führt, ist offen.[5] Rspr zu dieser Fragestellung fehlt bislang. Eine solche Prämie muss sich jedenfalls genau wie andere Vergütungsbestandteile an § 87 Abs. 1 AktG messen lassen.[6]

bb) Vergütungsbestandteile

419 Der Vergütungsbegriff umfasst idR Barbezüge, Sachbezüge sowie Versorgungszusagen (zu Letzteren s. § 3 Rn 358 ff).[7] Die Gesamtbezüge des Vorstandsmitglieds nach § 87 Abs. 1 S. 1 AktG können sich aus Gehalt, Gewinnbeteiligungen, Aufwandsentschädigungen, Versicherungsentgelten, Provisionen und Nebenleistungen jeder Art zusammensetzen. Erfasst sind von dem weiten Vergütungsbegriff auch Abfindungen und Anerkennungsprämien.[8] Diese verschiedenen Formen des Entgelts finden sich auch in Ziff. 4.2.3 DCGK[9] wieder.

(1) Festvergütung

420 Ein großer Teil der Bezüge des Vorstandsmitglieds wird typischerweise in Form einer Festvergütung vereinbart. Allerdings sind in den letzten Jahren vermehrt variable Bestandteile, Stock Options und ähnliche Gestaltungen in den Vordergrund getreten, so dass das Fixum häufig nicht mehr den größten Teil der Bezüge darstellt.[10] Ein gänzlicher Verzicht auf das Festgehalt, um stattdessen die Tätigkeit ausschließlich durch eine erfolgsbezogene Vergütung zu entgelten, ist allerdings selten. Die Höhe der Festvergütung ist Verhandlungssache und hängt von zahlreichen Umständen des Einzelfalls ab, etwa der Größe und der Ertragskraft des Unternehmens

2 *Brauer*, NZG 2004, 502, 507; *Brauer/Dreier*, NZG 2005, 57, 59; im Grundsatz auch *Säcker/Boesche*, BB 2006, 897, 901 f; *Martens*, ZHR 169 (2005), 124, 131 ff, der auf S. 136 ein generelles Verbot einer nachträglichen Korrektur der vereinbarten Vergütungsregelung zugunsten des Vorstandsmitglieds ohne entsprechende rechtliche Verpflichtung formuliert, welches sich auch auf Abfindungen anlässlich einer vorzeitigen Vertragsbeendigung bezieht; auch MüKo-AktG/*Spindler*, § 87 Rn 69 bezweifelt eine Rechtfertigungsmöglichkeit, soweit eine Anreizwirkung vollständig fehlt; krit. gerade im Hinblick auf das Angemessenheitserfordernis des § 87 Abs. 1 AktG auch *Poguntke*, ZIP 2011, 893, 895 ff.

3 *Hüffer*, AktG, § 87 Rn 4 mwN; *Fonk*, NZG 2005, 248, 249 f; *Hoffmann-Becking*, ZHR 169 (2005), 155, 161 ff; *Hoffmann-Becking*, NZG 2006, 127, 129; *Kort*, NZG 2006, 131, 132; MünchHdb-GesR AG/*Wiesner*, § 21 Rn 32; *Liebers/Hoefs*, ZIP 2004, 97, 99, die uU sogar einen entsprechenden Anspruch der Vorstandsmitglieder bejahen; *Wollburg*, ZIP 2004, 646, 652 ff.

4 *Hüffer*, AktG, § 87 Rn 4; Ringleb/Kremer/Lutter/v. Werder/*Ringleb*, DCGK, Rn 728.

5 Krit. auch MAH-AktR/*Nehls*, § 22 Rn 106; ebenso *Poguntke*, ZIP 2011, 893, 895 ff.

6 *Poguntke*, ZIP 2011, 893, 896 ordnet eine solche Anerkennungsprämie als variable Vergütung ein und weist darauf hin, dass dementsprechend grds. eine mehrjährige Bemessungsgrundlage zu fordern ist.

7 MünchHdb-GesR AG/*Wiesner*, § 21 Rn 29; Fleischer/*Thüsing*, Hdb VorstandsR, § 6 Rn 2.

8 MüKo-AktG/*Spindler*, § 87 Rn 9; HeiKo-AktG/*Bürgers/Israel*, § 87 Rn 3.

9 Vgl hierzu Ringleb/Kremer/Lutter/v. Werder/*Ringleb*, DCGK, Rn 720 ff.

10 Semler/Peltzer/*Peltzer*, Vorstand Hdb, § 2 Rn 173.

sowie dem branchenüblichen Gehaltsniveau.[11] Zur Festvergütung zählen auch Sonderleistungen wie Urlaubs- oder Weihnachtsgeld sowie fest vereinbarte Mindesttantiemen.

Enthält der Anstellungsvertrag keine Bestimmungen über solche Sondervergütungen, bleibt eine Berufung auf betriebliche Übung auch bei regelmäßiger Gewährung einer Gratifikation ausgeschlossen; lediglich bei Auslegung des Anstellungsvertrages ist die Übung zu berücksichtigen.[12] 421

Üblicherweise wird das Fixgehalt periodisch durch den Aufsichtsrat überprüft,[13] um ggf notwendige Erhöhungen vorzunehmen. Eine automatische Anpassung, wie eine Indexierung durch den Lebenshaltungskostenindex oder durch eine bestimmte Tarifgruppe, ist unüblich und nicht zu empfehlen.[14] 422

(2) Variable Vergütung

(a1) Grundsätzliche Vorgaben

Variable Gehaltsteile sind Bestandteil fast jeden Anstellungsvertrages von Vorstandsmitgliedern.[15] Hierbei sind insb. die Tantiemen und Aktienoptionen zu erwähnen. In der Summe können die variablen Vergütungsbestandteile das Festgehalt deutlich übersteigen.[16] Die teilweise über variable Vergütungsbestandteile erreichten Vergütungshöhen wurden in Öffentlichkeit vielfach kritisiert, gerade auch weil die Begründung für diese Vergütungsbestandteile nicht greife.[17] 423

§ 87 Abs. 1 S. 3 AktG legt fest, dass bei börsennotierten AG variable Vergütungsbestandteile eine mehrjährige Bemessungsgrundlage haben sollen, um eine nachhaltige Unternehmensentwicklung zu fördern. Nachhaltige Unternehmensentwicklung bedeutet eine Ausrichtung anhand eines langfristig definierten Gesellschaftsinteresses.[18] Das Erfordernis einer **mehrjährigen Bemessungsgrundlage** verlangt in diesem Zuammenhang wohl den Rückgriff auf einen mehrjährigen Bemessungszeitraum.[19] Dies begründet jedoch nicht automatisch eine Unwirksamkeit aller variablen Vergütungsbestandteile, deren Bemessungszeitraum weniger als zwei Jahre beträgt. Aus § 87 Abs. 1 S. 3 AktG folgt nicht zwangsläufig, dass alle Vergütungsbestandteile auf Nachhaltigkeit ausgerichtet sein müssen.[20] Sofern es im Unternehmensinteresse liegt und die variable Vergütung insgesamt auf das Ziel der nachhaltigen Unternehmensentwicklung ausge- 424

---

11 Vgl instruktiv hierzu Lücke/Schaub/*Lücke*, Vorstand der AG, § 2 Rn 127.

12 Vgl BGH 19.12.1994 – II ZR 244/93, NJW-RR 1995, 796, 797; so auch Fleischer/*Thüsing*, Hdb VorstandsR, § 4 Rn 56; *Hüffer*, AktG, § 84 Rn 17; MüKo-AktG/*Spindler*, § 84 Rn 57.

13 Semler/Peltzer/*Peltzer*, Vorstand Hdb, § 2 Rn 174; vgl auch MünchHdb-GesR AG/*Wiesner*, § 21 Rn 35.

14 Semler/Peltzer/*Peltzer*, Vorstand Hdb, § 2 Rn 174 begründet dies damit, dass eine derartige Regelung wegen des Automatismus und der *compound*-Wirkung leicht aus dem Ruder laufe und besonders gefährlich sei, wenn auch die Pension ein bestimmter Prozentsatz des Fixgehalts ist und somit die Anwartschaft gewissermaßen dynamisiert ist; MünchHdb-GesR AG/*Wiesner*, § 21 Rn 35 hält Wertsicherungsklauseln für nicht mit dem Charakter eines Vorstandsvertrages vereinbar.

15 Zur Gefahr, dass Zielvorgaben unzulässig in die Leitungsbefugnis des Vorstands eingreifen, vgl *Fonk*, NZG 2011, 321.

16 Semler/Peltzer/*Peltzer*, Vorstand Hdb, § 2 Rn 180.

17 Vgl hierzu Fleischer/*Thüsing*, Hdb VorstandsR, § 6 Rn 57 f; Semler/Peltzer/*Peltzer*, Vorstand Hdb, § 2 Rn 187 ff, 219 ff; MüKo-AktG/*Spindler*, § 87 Rn 41; Ringleb/Kremer/Lutter/v. Werder/*Ringleb*, DCGK, Rn 695 ff.

18 Hölters/*Weber*, AktG, § 87 Rn 30.

19 So mit Verweis darauf, dass mit „Bemessungsgrundlage" meist andere Parameter zur Berechnung der Vergütung gemeint seien, *Hohenstatt/Kuhnke*, ZIP 2009, 1981, 1984.

20 Vgl *Hohenstatt/Kuhnke*, ZIP 2009, 1981, 1982, 1986; *Fleischer*, NZG 2009, 801, 803; *Gaul/Janz*, NZA 2009, 809, 810 f; *Hohaus/Weber*, DB 2009, 1515, 1517; *Bosse*, BB 2009, 1650, 1651; *Annuß/Theusinger*, BB 2009, 2434, 2436.

richtet ist, können auch auf konkrete und kurzfristige Ziele ausgerichtete Boni oder Prämien zulässig sein.[21]

425 Die konkrete Ausgestaltung und Verwirklichung einer solchen mehrjährigen Bemessungsgrundlage bleibt allerdings unklar, da es in § 87 Abs. 1 S. 3 AktG an entsprechenden Vorgaben fehlt. Zulässig sind wohl folgende Varianten: (1) Bonus mit dem jeweils laufenden Geschäftsjahr als Berechnungsgrundlage, wobei die Auszahlung davon abhängt, ob in den folgenden beiden Geschäftsjahren jeweils ein Gewinn erwirtschaftet wird;[22] (2) Bonuszahlungen, deren Berechnungsgrundlage der Durchschnitt der letzten Geschäftsjahre ist;[23] (3) die Vereinbarung einer Rückzahlungsverpflichtung, wenn in den auf die jährliche Auszahlung folgenden Jahren ein bestimmtes Mindestergebnis unterschritten wird (sog. *clawback*);[24] (4) eine Bonus-Bank, bei der nur ein Anteil der Boni ausgezahlt wird, während der restliche später auszuzahlende Anteil sich bei entsprechender negativer Entwicklung reduziert;[25] und (5) eine der Gewinnbeteiligung entsprechende Verlustbeteiligung des Vorstandsmitglieds.

426 Scheidet das Vorstandsmitglied aus, so stellt sich die Frage, wie sich dieses **Ausscheiden** innerhalb des mehrjährigen Bemessungszeitraumes auswirken soll,[26] da die Höhe der variablen Vergütung an sich noch nicht feststeht. In Frage kommen der (rechtlich nicht unproblematische) ersatzlose Verfall aller nicht ausbezahlten variablen Vergütungsbestandteile, die unbedingte Auszahlung der variablen Vergütung pro rata temporis, die Auszahlung der Vergütung zu den vertraglich vereinbarten Bedingungen zum vertraglich vereinbarten Zeitpunkt oder auch eine (vorzeitige) Auszahlung (pro rata temporis) entweder auf der Grundlage des zum Zeitpunkt des Ausscheidens erreichten Grades der Zielerreichung oder auf Grundlage einer Prognose nach billigem Ermessen des Aufsichtsrats.

(a2) Tantiemen

427 Tantiemen als Beteiligung des Vorstandsmitglieds am Gewinn der Gesellschaft existieren in den verschiedensten Ausgestaltungen. Neben den Gewinntantiemen werden in der Praxis umsatzabhängige Tantiemen, dividendenabhängige Tantiemen, vom Bilanzgewinn abhängige Tantiemen, börsenwertorientierte Tantiemen oder auch Ermessenstantiemen verwendet.[27] Grundsätzlicher Zweck einer Tantieme ist die Steuerungswirkung auf das Vorstandsmitglied zur Erreichung bestimmter Unternehmensziele.[28] Die nach § 87 Abs. 1 AktG vorzunehmende Angemessenheitsprüfung setzt somit voraus, dass die Tantieme zur Steuerung des Vorstandsmitglieds effektiv geeignet sein muss.[29] Gleichzeitig besteht die Notwendigkeit, die entsprechenden Zielvorgaben oder -vereinbarungen derart festzulegen, dass nicht unzulässig in die Geschäftsführungsbefugnis des Vorstands eingegriffen wird.[30]

---

21 Vgl *Hohenstatt/Kuhnke*, ZIP 2009, 1981, 1982 f, 1986 f; *Baeck/Götze/Arnold*, NZG 2009, 1121, 1122; *Lingemann*, BB 2009, 1918, 1919; *Fleischer*, NZG 2009, 801, 803; *Thüsing*, AG 2009, 517, 520; *Annuß/Theusinger*, BB 2009, 2434, 2436. *Mertens*, AG 2011, 57, 61 f geht sogar noch weiter und verneint eine Pflicht des Aufsichtsrats aufgrund der Sollvorschrift des § 87 Abs. 1 S. 3 AktG.

22 Vgl hierzu *Hohenstatt/Kuhnke*, ZIP 2009, 1981, 1984 f.

23 Vgl hierzu *Hohenstatt/Kuhnke*, ZIP 2009, 1981, 1985, die allerdings fordern, dass die Auszahlung vom Erreichen eines Mindestergebnisses auch in dem Geschäftsjahr, in dem der Bemessungszeitraum endet, abhängig gemacht wird; *Eichner/Delahaye*, ZIP 2010, 2082, 2086.

24 Vgl hierzu *Hohenstatt/Kuhnke*, ZIP 2009, 1981, 1985 f; *Lingemann*, BB 2009, 1918, 1919; *Schuster*, in: FS Bauer, 2010, S. 973 ff; *Eichner/Delahaye*, ZIP 2010, 2082, 2086 f.

25 Vgl hierzu *Lingemann*, BB 2009, 1918, 1919; *Eichner/Delahaye*, ZIP 2010, 2082, 2086.

26 Vgl zu dieser Problematik *Hohenstatt/Kuhnke*, ZIP 2009, 1981, 1987 f.

27 Vgl Fleischer/*Thüsing*, Hdb VorstandsR, § 6 Rn 48 ff; zu Tantiemen vgl auch Semler/Peltzer/*Peltzer*, Vorstand Hdb, § 2 Rn 175 ff; MüKo-AktG/*Spindler*, § 87 Rn 40 ff.

28 Fleischer/*Thüsing*, Hdb VorstandsR, § 6 Rn 50.

29 Fleischer/*Thüsing*, Hdb VorstandsR, § 6 Rn 52.

30 Vgl *Fonk*, NZG 2011, 321, 323, 325 f, der deshalb insb. quantitative Vorgaben wie anzustrebende Mitarbeiterzahlen, Veränderung der Kosten oder Erlöse, Vorgaben für das durchschnittliche Lohnniveau, Diversifikation regional oder bezogen auf die Aktivitäten der Gesellschaft, Stilllegung oder Verkauf von Betriebsteilen,

(a2.1) Gewinntantieme

Über Gewinntantiemen werden die Vorstandsmitglieder mittelbar am **Unternehmenserfolg** beteiligt, indem der Vergütungsanspruch von dem **Unternehmensgewinn** abhängig gemacht wird. 428

Besonderer Wert ist auf eine **klare Regelung der Bemessungsgrundlage** der Tantieme zu legen. 429
Der geeignetste Anknüpfungspunkt für die Bemessung der Tantieme ist das operative Ergebnis.[31] Grundlage ist idR die Handelsbilanz, so dass von einer Bezugnahme auf die Steuerbilanz nur bei ausdrücklicher Vereinbarung im Anstellungsvertrag auszugehen ist.[32] Um Streitpunkte zu vermeiden, sollte genau festgelegt werden, ob bei der Ermittlung des maßgeblichen Unternehmensgewinns die Körperschaft- und Gewerbesteuer, die Tantieme, gebildete Rücklagen und eventuelle Gewinn- oder Verlustvorträge berücksichtigt, also vom Bilanzgewinn abgezogen, werden. Auch die Einbeziehung von Gewinnbestandteilen aus der Aufdeckung stiller Reserven ist problematisch, da hier fraglich ist, inwieweit die Wertsteigerung durch unternehmerische Leistung und nicht lediglich durch Zeitablauf verursacht wurde.[33] Hier sollte versucht werden, den Gewinnbestandteil, der auf unternehmerischer Leistung beruht, angemessen zu berücksichtigen.[34] Unsicherheiten können sich auch im Zusammenhang mit der Berücksichtigung von „Gewinnen“ ergeben, den ein materieller Verlust aus dem Gesellschaftsvermögen gegenübersteht, wie etwa die Erlöse aus der Veräußerung von Grundstücken oder Anteilen der Gesellschaft, und welche im engeren Sinne nicht durch Leistung des Vorstands erwirtschaftet wurden. Auch hier empfiehlt sich eine ausdrückliche Regelung.

Unsicherheiten entstehen, wenn betriebswirtschaftliche Größen, wie etwa der **Cashflow**, als 430
Maßstab der Tantieme herangezogen werden, die in ihrem Bedeutungsgehalt nicht eindeutig geklärt sind.[35] Da die Anstellungsverträge von Vorstandsmitgliedern zumindest über § 310 Abs. 3 BGB einer AGB-Kontrolle unterzogen werden (s. § 3 Rn 55 ff), gehen die Unklarheiten zu Lasten der Gesellschaft.

Bei der dividendenabhängigen Tantieme ist Bemessungsgrundlage nicht unmittelbar der Unter- 431
nehmensgewinn, sondern vielmehr die ausgezahlten Dividenden. Umstritten ist hierbei allerdings, ob Dividenden, die aus aufgelösten Gewinnrücklagen oder aus Gewinnvorträgen stammen, berücksichtigt werden dürfen.[36] Wurde dagegen zunächst mit einer parallelen Wertung des § 86 Abs. 2 AktG aF argumentiert, so wird dieses Ergebnis weiterhin mit § 87 Abs. 1 AktG und dem Angemessenheitserfordernis begründet.[37] Im Falle einer Kapitalerhöhung wird die eintretende Dividendenverringerung gem. § 216 Abs. 3 AktG ausgeglichen.[38]

Enthält der Anstellungsvertrag lediglich die Abrede, die Bemessungsgrundlage für die Höhe 432
des Tantiemeanspruchs noch zu erarbeiten, ohne dass es zu einer nachfolgenden Regelung kommt, so ist die Tantieme nach billigem Ermessen gem. § 315 BGB zu bestimmen.[39]

Verbesserung der Werte bei Kunden- oder Mitarbeiterzufriedenheit für unzulässig hält. Dasselbe gelte für qualitative Vorgaben wie die Verbesserung der Personalführungskompetenz, Erhöhung der Teamfähigkeit, Führungskultur und Innovationskompetenz. Diese Problematik erkennt auch *Mertens*, AG 2011, 57, 59.

31 Semler/Peltzer/*Peltzer*, Vorstand Hdb, § 2 Rn 176.

32 Zur GmbH vgl Scholz/*Schneider/Sethe*, GmbHG, § 35 Rn 227.

33 Semler/Peltzer/*Peltzer*, Vorstand Hdb, § 2 Rn 177.

34 Semler/Peltzer/*Peltzer*, Vorstand Hdb, § 2 Rn 177.

35 Vgl MüKo-AktG/*Spindler*, § 87 Rn 40; vgl auch BGH 10.3.2003 – II ZR 163/02, NZG 2003, 535.

36 Für die Zulässigkeit schon zu § 86 AktG aF *Rottnauer*, NZG 2001, 1009, da die Gewinne dann weder bei Erwirtschaftung noch bei Auflösung der Gewinnrücklagen berücksichtigt werden, was nicht dem Schutzzweck des § 86 AktG aF entspreche; ebenso BGH 3.7.2000 – II ZR 12/99, NJW 2000, 2998, 2999; aA Fleischer/*Thüsing*, Hdb VorstandsR, § 6 Rn 54; *Hoffmann-Becking*, NZG 1999, 797, 800 f.

37 Fleischer/*Thüsing*, Hdb VorstandsR, § 6 Rn 54 begründet die Unangemessenheit damit, dass solche Dividenden nicht durch die Leistung des Vorstandsmitglieds beeinflusst sind und daher auch nicht als Anreiz des Vorstandsmitglieds begründet werden.

38 *Hüffer*, AktG, § 216 Rn 13; MüKo-AktG/*Arnold*, § 216 Rn 52.

39 Die Argumentation zum GmbH-Geschäftsführer ist wohl auch auf Vorstandsmitglieder einer AG übertragbar, vgl dazu BGH 9.5.1994 – II ZR 128/93, BB 1994, 2096.

433 Erkrankt das Vorstandsmitglied ohne Entgeltfortzahlung, wird es freigestellt oder die Bestellung des Vorstandsmitglieds widerrufen, ohne dass der Anstellungsvertrag gekündigt wird, bleibt dies ohne Einfluss auf den Tantiemenanspruch, soweit nichts anderes vertraglich vereinbart ist.[40] Scheidet das Vorstandsmitglied während des Geschäftsjahres aus dem Anstellungsverhältnis aus, bleibt dennoch der Jahresabschluss des gesamten Geschäftsjahres als Bemessungsgrundlage des **anteiligen** Tantiemeanspruchs maßgebend und wird nicht durch den bis zum Ausscheiden erzielten Jahresgewinn ersetzt.[41] Klauseln, die einen Verfall der in dem jeweiligen Geschäftsjahr erworbenen Tantiemeansprüche für den Fall einer vorzeitigen Beendigung des Anstellungsvertrages vorsehen, begegnen Bedenken.[42]

434 Der Tantiemeanspruch wird erst mit der Feststellung des Jahresabschlusses durch den Aufsichtsrat iSv § 172 AktG oder die Hauptversammlung iSv § 173 AktG **fällig**.[43] Auf die fehlende Fälligkeit kann sich die Gesellschaft nicht berufen, wenn sie die Genehmigung des Jahresabschlusses treuwidrig hinausschiebt.[44]

(a2.2) Umsatztantieme

435 Gelegentlich wird nicht der Unternehmenserfolg, sondern der **Unternehmensumsatz** als Bezugsgröße des Tantiemenanspruchs vereinbart. Hat die Rspr die Zulässigkeit einer Umsatztantieme zunächst aufgrund der Vorschrift des § 86 AktG aF offen gelassen,[45] so ist nach Wegfall der Vorschrift fortan von deren grundsätzlicher Zulässigkeit auszugehen.[46] Allerdings stellt der Umsatz an sich idR keinen geeigneten Maßstab zur Messung des Unternehmenserfolgs dar. Zudem besteht die Gefahr, dass das Vorstandsmitglied durch eine falsche Anreizsetzung verleitet wird, allein den Unternehmensumsatz zu steigern und den Unternehmensgewinn zu vernachlässigen.[47] Einer solchen missbräuchlichen Erhöhung des Umsatzes zu Lasten des Unternehmensgewinns ist durch eine geeignete Vertragsgestaltung entgegenzuwirken.[48] Auch ist eine enge Koppelung an das zu fördernde Unternehmensziel anzustreben.[49] Deshalb kann nur in Ausnahmefällen zur Vereinbarung einer Umsatzprovision geraten werden, etwa wenn sich die Gesellschaft noch im Aufbau befindet und aufgrund anfänglicher Investitionen noch keinen nennenswerten Gewinn erwirtschaften kann.[50] Außerdem kann es vorzugswürdig sein, anstelle einer prozentualen Tantieme einen Festbetrag für den Fall des Überschreitens bestimmter Umsatzzahlen zu vereinbaren.[51]

(a2.3) Ermessenstantieme

436 Die Ermessenstantieme ist wohl immer noch eine recht häufige Form der Tantiemenbemessung, denn kein anderes System erlaubt eine so flexible, nuancierte Leistungsbeurteilung.[52] Sie ermöglicht dem Aufsichtsrat nach Ablauf eines Geschäftsjahres alle tatsächlichen Erfolge und

40 Fleischer/*Thüsing*, Hdb VorstandsR, § 6 Rn 55.
41 Vgl Fleischer/*Thüsing*, Hdb VorstandsR, § 6 Rn 55.
42 MAH-AktR/*Nehls*, § 22 Rn 110.
43 Vgl zum GmbH-Gesellschafter Lutter/Hommelhoff/*Kleindiek*, GmbHG, Anh § 6 Rn 32.
44 Zur GmbH vgl OLG Köln 27.11.1992 – 19 U 89/91, DStR 1993, 70; Lutter/Hommelhoff/*Kleindiek*, GmbHG, Anh § 6 Rn 32.
45 BGH 4.10.1976 – II ZR 2004/74, DB 1977, 85.
46 Fleischer/*Thüsing*, Hdb VorstandsR, § 6 Rn 51; *Hohenstatt/Kuhnke*, ZIP 2009, 1981, 1982 auch noch nach Inkrafttreten des VorstAG; *Hüffer*, AktG, § 86 Rn 2 hingegen hält die Umsatztantieme für fragwürdig und eher unangemessen iSd § 87 Abs. 1 AktG; *Fonk*, NZG 2011, 321, 324 hält die Umsatztantieme wegen Eingriffs in die Geschäftsführungskompetenz des Vorstands für unzulässig.
47 Vgl MüKo-AktG/*Spindler*, § 87 Rn 40.
48 Vgl Fleischer/*Thüsing*, Hdb VorstandsR, § 6 Rn 51.
49 Fleischer/*Thüsing*, Hdb VorstandsR, § 6 Rn 51.
50 Zur Umsatztantieme bei der GmbH vgl Scholz/*Schneider*/*Sethe*, GmbHG, § 35 Rn 229.
51 Fleischer/*Thüsing*, Hdb VorstandsR, § 6 Rn 51.
52 *Hoffmann-Becking*, NZG 1999, 797, 799; ebenso MünchHdb-GesR AG/*Wiesner*, § 21 Rn 41.

Misserfolge und auch den Leistungsbeitrag des jeweiligen Vorstandsmitglieds in die Beurteilung mit einzubeziehen.[53] Allerdings ist die Anreizwirkung nicht sehr konkret, da genaue Zielvorgaben bei der Ermessenstantieme fehlen. Demnach besitzt eine Ermessenstantieme auch eine geringere Steuerungswirkung.

Der Aufsichtsrat hat die Tantieme grds. pflichtgemäß nach **billigem Ermessen** iSd § 315 BGB festzusetzen, was auch gerichtlich überprüfbar ist.[54] Anderes gilt nur, wenn im Anstellungsvertrag ausdrücklich die Festsetzung nach freiem Ermessen vereinbart wurde.[55] Möglich ist auch eine Selbstbindung des Aufsichtsrats durch Mitteilung von Richtzahlen und Richtlinien, an denen er seine Ermessensausübung ausrichten will.[56] 437

(a2.4) Konzerntantieme

Konzerntantiemen sind wohl nur bei Vorstandsmitgliedern der Konzerobergesellschaft zulässig, da ansonsten ein Anreiz für Vorstandsmitglieder der Tochtergesellschaften gesetzt würde, die Belange der anderen Konzerngesellschaften unzulässigerweise in ihre Entscheidungen einzubeziehen[57] (vgl auch § 3 Rn 169 ff). Auch im Hinblick auf § 87 AktG notwendige Ausrichtung der Vergütung auf die nachhaltige Unternehmensentwicklung ist eine an die Entwicklung anderer Konzerngesellschaften orientierte Vergütung kritisch zu sehen.[58] 438

(a2.5) Mindesttantieme

Bei der garantierten Mindesttantieme handelt es sich nicht um eine Gewinnbeteiligung, sondern um einen Teil des Festgehalts, der jedoch häufig nicht zur Berechnung des Ruhegeldes herangezogen wird.[59] Die Fixtantieme wird gewöhnlich auf eine Gewinntantieme angerechnet, so dass allein der über die Garantietantieme hinausgehende Teil variabel ist.[60] 439

(a3) Zielvereinbarungen

Dem Vorstandsmitglied wird häufig eine variable Vergütung zugesagt, die sich entsprechend Zielerreichungsgraden nach einer eigenständig noch abzuschließenden Zielvereinbarung richtet. Im Unterschied zu „gewöhnlichen" Tantiemeregelungen wird die Anspruchshöhe von verschiedenen Kriterien beeinflusst, die auch weiche Ziele, wie zB Kundenzufriedenheit, beinhalten können und deren Erfüllung nicht exakt nachprüfbar ist.[61] Unzulässig ist die Vorgabe von Zielen, die unabhängig vom wirtschaftlichen Erfolg der AG sind.[62] Ferner dürfen Zielvereinbarungen nicht derart konkret auf einzelne Detailziele gefasst sein, dass sie unzulässigen Weisungen an den Vorstand gleichkämen.[63] Insgesamt ist darauf zu achten, dass auch die Zielverein- 440

53 *Hoffmann-Becking*, NZG 1999, 797, 799; MünchHdb-GesR AG/*Wiesner*, § 21 Rn 41.

54 Vgl MünchHdb-GesR AG/*Wiesner*, § 21 Rn 41.

55 MüKo-BGB/*Würdinger*, § 315 Rn 32; *Hoffmann-Becking*, NZG 1999, 797, 799; MünchHdb-GesR AG/*Wiesner*, § 21 Rn 41 zweifelt wohl an der Zulässigkeit von Ermessenstantiemen, wenn die Festsetzung nach freiem Ermessen vereinbart ist.

56 *Hoffmann-Becking*, NZG 1999, 797, 799.

57 Fleischer/*Thüsing*, Hdb VorstandsR, § 6 Rn 51; MünchHdb-GesR AG/*Wiesner*, § 21 Rn 42; ebenso wohl MüKo-AktG/*Spindler*, § 87 Rn 43, 51; insgesamt der konzernbezogenen Ausgestaltung der Vergütung im faktischen Konzern krit. gegenüber *Spindler*, Gutachten zur Frage der Zulässigkeit von Drittanstellungsverträgen und drittbezogener Vergütungen, insbesondere im Konzern, 2010, S. 20 ff.

58 Vgl *Spindler*, Gutachten zur Frage der Zulässigkeit von Drittanstellungsverträgen und drittbezogener Vergütungen, insbesondere im Konzern, 2010, S. 27 f.

59 Semler/Peltzer/*Peltzer*, Vorstand Hdb, § 2 Rn 174; vgl auch Fleischer/*Thüsing*, Hdb VorstandsR, § 6 Rn 49; MüKo-AktG/*Spindler*, § 87 Rn 40.

60 Lutter/Hommelhoff/*Kleindiek*, GmbHG, Anh § 6 Rn 32.

61 Vgl auch MüKo-AktG/*Spindler*, § 87 Rn 40.

62 MüKo-AktG/*Spindler*, § 87 Rn 42.

63 MüKo-AktG/*Spindler*, § 87 Rn 42.

barungen den Anforderungen des § 87 Abs. 1 AktG genügen, so dass sie insb. zur Steuerung des Vorstandsmitglieds effektiv geeignet sein müssen.[64]

(a4) Aktienoptionen

(a4.1) Allgemeines

441 Varianten der Aktienoptionen (**einseitiges Ankaufsrecht ohne Kaufverpflichtung**)[65] sind zum einen der Aktienoptionsplan mit dem Nachteil der Kapitalverwässerung und zum anderen die *Stock Appreciation Rights*, die diesen verwandten *phantom-stock-* oder *phantom-stock-options*-Pläne sowie der *performance-share-* und der *performance-contingent-stock-option*-Plan, welche zwar keine Kapitalverwässerung, aber dafür einen möglicherweise erheblichen Abgang an liquiden Mitteln zur Folge haben.[66] Als dritte Variante kommen zudem „Aktien der Gesellschaft mit mehrjähriger Veräußerungssperre" in Betracht, welche als Vergütungsbestandteil für das Vorstandsmitglied günstiger erhältlich sein müssen als an der Börse.[67]

442 Die Legitimation von Aktienoptionen liegt in ihrer Anreizwirkung zur Wertsteigerung des Unternehmens.[68] Die durch Aktienoptionen erreichten Höhen von Vorstandsgehältern sehen sich jedoch vielfacher Kritik ausgesetzt. Dies betrifft insb. die bei fehlender Indexierung entstehenden sog. *windfall profits*, die den Vorstandsmitgliedern ohne eigene Verdienste zugute kommen und somit auch keine Anreizwirkung besitzen können.[69] Deshalb ist die Angemessenheit von Aktienoptionen ohne eine Indexierung, welche eigentlich nicht zwingend ist, meist zweifelhaft.[70] Auch eine Kappung von Optionen ist wohl nicht obligatorisch,[71] ein sog. *repricing* von Aktienoptionen mit Hinweis auf unerwartete negative Kursentwicklungen ist in den meisten Fällen jedoch unzulässig.[72] Ob ein generelles *hedging*-Verbot besteht, ist fraglich[73] und im Ergebnis abzulehnen.

(a4.2) Aktienoptionspläne

443 Aufgrund eines Aktienoptionsplans[74] ist das Vorstandsmitglied berechtigt, gegen Zahlung eines vorab festgelegten Optionspreises innerhalb einer bestimmten Frist und unter bestimmten – ebenfalls vorab festgelegten Bedingungen – Aktien der Gesellschaft zu erwerben.[75] Die Mindestwartezeit bis zur erstmaligen Ausübung der Optionen beträgt gem. § 193 Abs. 2 Nr. 4 AktG vier Jahre. Der Ankaufspreis sollte dabei so bemessen sein, dass das Vorstandsmitglied dazu motiviert wird, auf eine Kurssteigerung der Aktien hinzuwirken.[76]

---

64 Vgl MüKo-AktG/*Spindler*, § 87 Rn 42.

65 Semler/Peltzer/*Peltzer*, Vorstand Hdb, § 2 Rn 186; vgl hierzu auch MüKo-AktG/*Spindler*, § 87 Rn 44 ff.

66 Fleischer/*Thüsing*, Hdb VorstandsR, § 6 Rn 59 f; vgl hierzu auch MüKo-AktG/*Spindler*, § 87 Rn 59.

67 Zu „Aktien der Gesellschaft mit mehrjähriger Veräußerungssperre" vgl Semler/Peltzer/*Peltzer*, Vorstand Hdb, § 2 Rn 178 ff.

68 Fleischer/*Thüsing*, Hdb VorstandsR, § 6 Rn 58.

69 Fleischer/*Thüsing*, Hdb VorstandsR, § 6 Rn 58; ebenso MüKo-AktG/*Spindler*, § 87 Rn 47.

70 So wohl Fleischer/*Thüsing*, Hdb VorstandsR, § 6 Rn 68; ähnl. auch HeiKo-AktG/*Bürgers/Israel*, § 87 Rn 12; *Martens*, ZHR 169 (2005), 124, 144 ff.

71 Fleischer/*Thüsing*, Hdb VorstandsR, § 6 Rn 69; aA wohl MüKo-AktG/*Spindler*, § 87 Rn 49.

72 Fleischer/*Thüsing*, Hdb VorstandsR, § 6 Rn 70 ff; KommAktG/*Mertens/Cahn*, § 87 Rn 70; MüKo-AktG/*Spindler*, § 87 Rn 55 zeigt sich skeptisch gegenüber einem generellen Verbot; aA auch *Annuß/Theusinger*, BB 2009, 2434, 2436 zu § 87 Abs. 1 AktG nF.

73 Ein solches Verbot aus der Loyalitätspflicht des Vorstandsmitglieds herleitend MüKo-AktG/*Spindler*, § 87 Rn 57; KommAktG/*Mertens/Cahn*, § 87 Rn 68; abl. Fleischer/*Thüsing*, Hdb VorstandsR, § 6 Rn 73 f.

74 Zur buchhalterischen und steuerlichen Behandlung von Aktienoptionsplänen vgl Semler/Peltzer/*Peltzer*, Vorstand Hdb, § 2 Rn 200 ff.

75 Fleischer/*Thüsing*, Hdb VorstandsR, § 6 Rn 59; vgl auch Semler/Peltzer/*Peltzer*, Vorstand Hdb, § 2 Rn 186.

76 Semler/Peltzer/*Peltzer*, Vorstand Hdb, § 2 Rn 186.

Die Auflage eines Aktienoptionsplanes ist keine Grundlagenentscheidung iSd § 119 Abs. 1 AktG,[77] sondern eine **Leitungsentscheidung**, die der Vorstand zu treffen hat.[78] Die Hauptversammlung ist allerdings bei der Bereitstellung von Aktien zur Bedienung der Optionen beteiligt. Eine solche Bedienung erfolgt entweder durch eine bedingte Kapitalerhöhung nach § 192 Abs. 2 Nr. 3 AktG oder durch den Rückkauf eigener Aktien gem. § 71 Abs. 1 Nr. 8 AktG. Das beschlossene Kapital iSv § 192 Abs. 3 S. 1 AktG bzw der Anteil am Grundkapital iSv § 71 Abs. 1 Nr. 8 S. 1 AktG darf 10 % des Grundkapitals zum Zeitpunkt der Beschlussfassung nicht übersteigen. Auch eine Kombination aus beiden Möglichkeiten erscheint zulässig.[79] Die Ermächtigung der Hauptversammlung zum Rückkauf eigener Aktien ist nach § 71 Abs. 1 Nr. 8 S. 1 AktG allerdings nur 18 Monate gültig, so dass aufgrund der Mindestausübungssperre von vier Jahren eine gleichzeitige Ermächtigung zum Rückkauf von Aktien und der Beschluss über die Auflage eines Aktienoptionsplanes unpraktikabel ist.[80] Die Beschlüsse der Hauptversammlung müssen gem. § 193 Abs. 2 Nr. 1–4 AktG und § 71 Abs. 1 Nr. 8 S. 5 AktG auch den Zweck der Kapitalerhöhung, den Kreis der Bezugsberechtigten, den Ausgabebetrag, die Aufteilung der Bezugsrechte auf Mitglieder der Geschäftsführungen und Arbeitnehmer, die Erfolgsziele, die Erwerbs- und Ausübungszeiträume und die Wartezeit für die erstmalige Ausübung enthalten. 444

Nachteil der Aktienoptionspläne ist zwar der mit der Ausgabe neuer Aktien verbundene Kapitalverwässerungseffekt,[81] andererseits ist damit kein Abgang liquider Mittel verbunden. Beim Rückkauf eigener Aktien ist es genau umgekehrt.[82] 445

(a4.3) Stock Appreciation Rights und Phantom Stocks

Bei den sog. *Stock Appreciation Rights* (SAR) handelt es sich um virtuelle Aktienoptionen.[83] Das Vorstandsmitglied wird schuldrechtlich so gestellt, als ob ein Aktienoptionsplan aufgestellt worden wäre,[84] so dass eine Kurssteigerung zur Messlatte für eine Sonderzahlung wird.[85] Das Vorstandsmitglied wird fiktiv so behandelt, als hätte es einer Aktienoption entsprechende Erwerbsrechte, wobei im „Ausübungszeitpunkt" eine Sonderzahlung so berechnet wird, als hätte das Geschäft tatsächlich stattgefunden, so dass dem Vorstandsmitglied die Differenz der Steigerung ausgezahlt wird.[86] Es ist zweifelhaft, inwieweit dieses Modell als Anreiz wirksamer ist als echte Aktienoptionen. Der mögliche Vorteil für die Gesellschaft liegt darin, dass die ausgezahlte Differenz – anders als bei Aktienoptionen – bei der Gesellschaft eine steuermindernde Betriebsausgabe ist[87] und kein Kapitalverwässerungseffekt eintritt.[88] 446

Unter *Phantom Stocks* hingegen sind virtuelle Aktien zu verstehen, für die idR eine unter dem Börsenkurs liegende Zahlung geleistet werden muss und am Ende deren Laufzeit der aktuelle Aktienkurs ausbezahlt wird.[89] Bei dieser Variante wird das Vorstandsmitglied nicht nur an der 447

77 Fleischer/*Thüsing*, Hdb VorstandsR, § 6 Rn 61; *Schüller*, Vorstandsvergütung, 2002, S. 177; RegE KonTraG, BT-Drucks. 13/9712, S. 24.
78 Fleischer/*Thüsing*, Hdb VorstandsR, § 6 Rn 61; *Schüller*, Vorstandsvergütung, 2002, S. 177; *Hüffer*, ZHR 161 (1997), 214, 224.
79 Fleischer/*Thüsing*, Hdb VorstandsR, § 6 Rn 64.
80 Vgl Fleischer/*Thüsing*, Hdb VorstandsR, § 6 Rn 64.
81 Fleischer/*Thüsing*, Hdb VorstandsR, § 6 Rn 60.
82 Vgl auch Ringleb/Kremer/Lutter/v. Werder/*Ringleb*, DCGK, Rn 733.
83 MüKo-AktG/*Spindler*, § 87 Rn 59.
84 MüKo-AktG/*Spindler*, § 87 Rn 59.
85 Vgl Semler/Peltzer/*Peltzer*, Vorstand Hdb, § 2 Rn 217.
86 Semler/Peltzer/*Peltzer*, Vorstand Hdb, § 2 Rn 217.
87 Vgl Semler/Peltzer/*Peltzer*, Vorstand Hdb, § 2 Rn 217.
88 Ringleb/Kremer/Lutter/v. Werder/*Ringleb*, DCGK, Rn 733.
89 MüKo-AktG/*Spindler*, § 87 Rn 59.

positiven, sondern auch an der negativen Entwicklung des Aktienkurses beteiligt und es kommt zu einer Vergütung von Dividenden.[90]

448 Zwar bezieht sich die in § 193 Abs. 2 Nr. 4 AktG gesetzlich festgelegte Mindestwartezeit von vier Jahren nur auf Aktienoptionsprogramme, allerdings wird wohl richtigerweise die Laufzeit eines variablen Vergütungssystems umso mehr an diese Regelung angenähert werden müssen, je mehr das Vergütungssystem inhaltlich einem Aktienoptionsprogramm ähnelt.[91] Bei einem *Phantom Stock Programm*, welches lediglich ein klassisches Aktienoptionsprogramm abbildet, dürfte also auch eine Mindestwartezeit von vier Jahren notwendig sein.[92]

(a4.4) „Aktien der Gesellschaft mit mehrjähriger Veräußerungssperre"

449 Die gewünschte Motivation lässt sich wohl mit „Aktien der Gesellschaft mit mehrjähriger Veräußerungssperre" am zielgenauesten erreichen, da sich Aktionäre und Unternehmensführung in derselben Situation befinden.[93] Die Bereitstellung der Aktien kann dabei auf dieselbe Art erfolgen wie bei den Aktienoptionsplänen (s. § 3 Rn 443 ff). Als Vergütungsbestandteil müssen sie aber für das Vorstandsmitglied günstiger zu erhalten sein als an der Börse.[94] Wie viel günstiger das Bezugsrecht sein soll, bestimmt sich danach, wie hoch die damit gewährte Vergütung bemessen werden soll. Um dem Angemessenheitskriterium und dem angestrebten Risikocharakter dieser Vergütungsvariante gerecht zu werden, ist eine tasächliche Eigeninvestition des Vorstandsmitglieds notwendig.[95] Unzulässig ist somit eine unentgeltliche Überlassung bzw die Gewährung eines derart hohen Rabatts, dass die finanzielle Eigenleistung und damit der Risikocharakter für das Vorstandsmitglied überhaupt nicht ins Gewicht fallen.[96]

450 Von großer Bedeutung ist außerdem die Frage der **Dauer der Veräußerungssperre.** Einerseits muss sie ausreichend lang sein, um entsprechende langfristige Anreize zu bieten,[97] andererseits müssen in Situationen, die einen hohen Liquiditätsbedarf verursachen, Ausnahmen möglich sein.[98]

(3) Nebenleistungen

451 Auch sonstige Nebenleistungen, die für das Vorstandsmitglied einen Vermögensvorteil darstellen, dienen der Vergütung, wenn sie dem Vorstandsmitglied aus Anlass seiner Tätigkeit zugewendet werden. Das Spektrum der Vergütungsbestandteile unterscheidet sich nicht von den Leistungen, die dem Arbeitsentgelt von Geschäftsführern zugeordnet werden[99] (s. § 2 Rn 912). Darunter fallen der Ersatz von Umzugs- oder Telefonkosten und die Einräumung von Personalrabatten und Darlehen. Es finden sich auch regelmäßig Klauseln zur privaten Nutzung von Geschäftswagen und zum Abschluss oder zur Übernahme der Kosten einer privaten Kranken- und Unfallversicherung. Die Prämien für eine von der Gesellschaft abgeschlossene D&O-Versicherung besitzen hingegen keinen Entgeltcharakter und sind nicht Bestandteil der Vergü-

---

90 MüKo-AktG/*Spindler*, § 87 Rn 59.

91 So *Hohenstatt/Kuhnke*, ZIP 2009, 1981, 1985; *Fleischer*, NZG 2009, 801, 803; ähnl. auch *Lingemann*, BB 2009, 1918, 1920; krit. *Wagner/Wittgens*, BB 2009, 906, 908; *Hohaus/Weber*, DB 2009, 1515, 1517; aA *Annuß/Theusinger*, BB 2009, 2434, 2436.

92 Vgl *Hohenstatt/Kuhnke*, ZIP 2009, 1981, 1985; *Fleischer*, NZG 2009, 801, 803; *Gaul/Janz*, NZA 2009, 809, 810; *Hohaus/Weber*, DB 2009, 1515, 1517; *Thüsing*, AG 2009, 517, 521; *Bosse*, BB 2009, 1650, 1651; aA *Jaeger/Balke*, ZIP 2010, 1471, 1478.

93 Semler/Peltzer/*Peltzer*, Vorstand Hdb, § 2 Rn 178.

94 Semler/Peltzer/*Peltzer*, Vorstand Hdb, § 2 Rn 179.

95 Vgl Semler/Peltzer/*Peltzer*, Vorstand Hdb, § 2 Rn 181.

96 Semler/Peltzer/*Peltzer*, Vorstand Hdb, § 2 Rn 181.

97 Semler/Peltzer/*Peltzer*, Vorstand Hdb, § 2 Rn 181 schlägt hier eine Dauer von 7–10 Jahren vor.

98 Vgl Semler/Peltzer/*Peltzer*, Vorstand Hdb, § 2 Rn 184.

99 Vgl hierzu *Schüller*, Vorstandsvergütung, 2002, S. 37 ff.

tung.[100] Auch bei den Nebenleistungen sollte Wert auf eine möglichst präzise Festlegung der Zuwendung gelegt werden.

(4) Erfindungen des Vorstandsmitglieds

Eine direkte Anwendung des Arbeitnehmererfindungsgesetzes auf Vorstandsmitglieder scheidet aus.[101] Erfindungen des Vorstandsmitglieds stehen diesem grds. selbst zu, auch wenn sie in den Geschäftsbereich der Gesellschaft fallen. Aus dem Anstellungsverhältnis folgt aber die Pflicht, diese Erfindungen der Gesellschaft anzubieten.[102] Übernimmt diese die Erfindungen, hat das Vorstandsmitglied Anspruch auf eine Vergütung, welche den wirtschaftlichen Wert der für die Firma geschaffenen Monopolstellung berücksichtigt.[103] Maßgeblich für die Bestimmung der Höhe des Entgeltanspruchs sind die Umstände des Einzelfalls. Dabei können in die Billigkeitserwägungen nicht nur Gesichtspunkte einfließen, die für die Bemessung einer angemessenen Lizenzgebühr eines freien Erfinders von Bedeutung sind, sondern in gleicher Weise solche, auf die der Gesetzgeber im Rahmen des ArbNErfG beim billigen Ausgleich zwischen den Interessen des Arbeitgebers und des Arbeitnehmererfinders abgestellt hat, weil die Erfindung im Rahmen des Betriebs mit Hilfe von betrieblichen Mitteln entstanden ist.[104] 452

Um klare rechtliche Verhältnisse für die Behandlung von Erfindungen durch Vorstandsmitglieder zu schaffen, kann die Geltung des ArbNErfG einzelvertraglich vereinbart werden.[105] In dem Falle gelten insb. die Meldepflicht gem. § 5 ArbNErfG bei dienstbezogenen Erfindungen und die Mitteilungspflicht gem. § 18 ArbNErfG bei freien Erfindungen. Außerdem erhält die Firma die Möglichkeit einer Inanspruchnahme gem. § 6 ArbNErfG bei dienstbezogenen Erfindungen. Bei freien Erfindungen obliegt dem Vorstandsmitglied die Pflicht, der Gesellschaft die jeweilige Erfindung gem. § 19 ArbNErfG anzubieten. Das Vorstandsmitglied hingegen hat dann einen Anspruch auf Ermittlung der entsprechenden Vergütung unter Berücksichtigung der §§ 9 ff ArbNErfG in Verbindung mit den Richtlinien des Bundesarbeitsministers. 453

cc) Anpassungsklauseln

Die Vergütung des Vorstandsmitglieds unterliegt ohne eine entsprechende vertragliche Abrede entsprechend dem Nominalismusprinzip für Geldschulden keiner eigenständigen Dynamik. Während bei längerfristigen Geschäftsführerverträgen die Vereinbarung von Anpassungsklauseln zu empfehlen ist, um eine **angemessene Gehaltsentwicklung** zu gewährleisten (s. § 2 Rn 916 ff), gilt dies für Vergütungsabreden mit Vorstandsmitgliedern nicht ohne Weiteres.[106] Zum einen wird das Fixgehalt idR ohnehin periodisch durch den Aufsichtsrat überprüft[107] und zum anderen ist die Laufzeit der Anstellungsverträge stets auf maximal fünf Jahre beschränkt. Wird allerdings durch eine automatische Verlängerung des Anstellungsvertrages bei Wiederbestellung eine lange Laufzeit erreicht (vgl § 3 Rn 311, 338 ff), kann die Anpassung der Vergütung geboten sein und sich somit auch die Vereinbarung einer Anpassungsklausel zur Gewährleistung einer angemessenen Gehaltsentwicklung durchaus empfehlen. 454

100 MünchHdb-GesR AG/*Wiesner*, § 26 Rn 46; Hölters/*Weber*, AktG, § 87 Rn 7.

101 Fleischer/*Thüsing*, Hdb VorstandsR, § 4 Rn 56; für eine entsprechende Anwendung im Wege der ergänzenden Vertragsauslegung plädiert MünchHdb-GesR AG/*Wiesner*, § 21 Rn 10.

102 Zur GmbH vgl BGH 29.10.1990 – X ZR 58/88, NJW-RR 1990, 349, 350.

103 *Gaul*, GRUR 1963, 341, 343 f; vgl zum Geschäftsführer einer GmbH auch BGH 29.10.1990 – X ZR 58/88, NJW-RR 1990, 349.

104 Zur GmbH vgl BGH 29.10.1990 – X ZR 58/88, NJW-RR 1990, 349.

105 *Gaul*, GRUR 1963, 341, 342 f.

106 Semler/Peltzer/*Peltzer*, Vorstand Hdb, § 2 Rn 174 begründet dies damit, dass eine derartige Regelung wegen des Automatismus und der *compound*-Wirkung leicht aus dem Ruder laufe und besonders gefährlich sei, wenn auch die Pension ein bestimmter Prozentsatz des Fixgehalts ist und somit die Anwartschaft gewissermaßen dynamisiert ist.

107 Semler/Peltzer/*Peltzer*, Vorstand Hdb, § 2 Rn 174.

455 Eine solche **Dynamisierung** kann zunächst an festen Größen ausgerichtet werden, wie bspw die Vereinbarung prozentualer oder an absoluten Beträgen orientierten Steigerungsraten (jährliche Erhöhung um … %; jährliche Erhöhung um … €).

456 Eine Koppelung der Gehaltserhöhung an die Wertentwicklung anderer Leistungen ist ebenfalls möglich. So zielen **Wertsicherungsklauseln** bspw auf eine Anpassung der Vorstandsvergütung an die inflationsbedingte Geldentwertung.[108] In solchen Fällen sind jedoch die Begrenzungen des Preisklauselgesetzes bei der Ausgestaltung der Klausel zu beachten. Nach § 1 Abs. 1 PreisklG darf der Betrag von Geldschulden nicht unmittelbar und selbsttätig durch den Preis oder Wert anderer Güter oder Leistungen bestimmt werden, die mit den vereinbarten Gütern oder Leistungen nicht vergleichbar sind. Zwar kommt bei längerfristigen Verträgen eine Ausnahme vom Verbot gem. § 2 Abs. 1 S. 1 iVm § 3 PreisklG in Betracht, allerdings werden die meisten Vorstandsanstellungsverträge angesichts der Höchstdauer für die Bestellung von fünf Jahren nicht darunter fallen.[109]

457 Praktikabler erscheint deshalb die Aufnahme sog. **Spannungsklauseln**,[110] bei denen die in ein Verhältnis zueinander gesetzten Güter oder Leistungen im Wesentlichen gleichartig oder zumindest vergleichbar sind, da diese gem. § 1 Abs. 2 Nr. 2 PreisklG vom Verbot des § 1 Abs. 1 PreisklG ausgenommen sind. Eine solche Spannungsklausel liegt etwa vor, wenn sich die Festvergütung entsprechend der Lohnentwicklung einer bestimmten Gehaltsstufe oder – insb. bei Verbindungen zum öffentlichen Sektor – entsprechend einer bestimmten Beamtenbesoldung entwickeln soll.[111]

458 Bei **Fehlen** einer Anpassungsklausel kann das Vorstandsmitglied eine Anhebung der Vergütung wohl auch in extremen Ausnahmefällen nicht verlangen. Eine Übertragung der Argumentation zum GmbH-Geschäftsführer, die eine Anpassung idR auch nur bei unbefristeten Verträgen zulässt (s. § 2 Rn 920),[112] ist angesichts der vergleichsweise deutlich kürzeren Vertragslaufzeiten und der üblichen periodischen Überprüfung des Gehalts durch den Aufsichtsrat nicht möglich.

dd) Herabsetzung der Bezüge

459 Gemäß § 87 Abs. 2 S. 1 AktG soll der Aufsichtsrat die Vorstandsbezüge auf die angemessene Höhe herabsetzen (s. § 3 Rn 135 ff). Daneben kommt auch eine Herabsetzung aufgrund vertraglicher Vereinbarungen in Frage. Zulässig sind in Grenzen Freiwilligkeits-, Widerrufs- und Umgestaltungsvorbehalte sowie Teilbefristungen einzelner Vergütungsleistungen, Wertsicherungsklauseln, Spannungsklauseln und Wirtschaftsklauseln.[113]

ee) Leistungsstörungen

460 Da das Vorstandsmitglied mangels Arbeitnehmereigenschaft keinen gesetzlichen Anspruch auf Entgeltfortzahlung nach dem EFZG besitzt, besteht gemäß der Regelung des § 616 BGB lediglich für eine „verhältnismäßig nicht erhebliche Zeit“ ein Anspruch auf Fortzahlung der Vergütung. Dies umfasst regelmäßig nur wenige Tage bis Wochen.[114] Dementsprechend ist die geson-

---

108 Fleischer/*Thüsing*, Hdb VorstandsR, § 6 Rn 44.

109 MünchHdb-GesR AG/*Wiesner*, § 21 Rn 35 hält Wertsicherungsklauseln für nicht mit dem Charakter von Vorstandsverträgen vereinbar.

110 Fleischer/*Thüsing*, Hdb VorstandsR, § 6 Rn 45.

111 Vgl auch Fleischer/*Thüsing*, Hdb VorstandsR, § 6 Rn 45.

112 Scholz/*Schneider/Sethe*, GmbHG, § 35 Rn 240; Lutter/Hommelhoff/*Kleindiek*, GmbHG, Anh § 6 Rn 34.

113 Vgl dazu Fleischer/*Thüsing*, Hdb VorstandsR, § 6 Rn 38 ff.

114 Nur wenige Tage: Fleischer/*Thüsing*, Hdb VorstandsR, § 4 Rn 78; ebenso Staudinger/*Oetker*, § 616 BGB Rn 97; Palandt/*Weidenkaff*, § 616 BGB Rn 9; bis maximal zwei Wochen: Erman/*Belling*, § 616 BGB Rn 47 f mit der Faustregel, dass bei Beschäftigungsdauer von bis zu drei, drei bis sechs, sechs bis zwölf und mehr als zwölf Monaten eine Zeitspanne von einem Tag, drei Tagen, einer Woche und zwei Wochen nicht erheblich sei; zwei bis drei Wochen: MünchVertragshdB-GesR/*Hölters/Favoccia*, V. 51 Anm. Nr. 7; bis zu sechs Wo-

derte Aufnahme von Regelungen für den **Krankheitsfall** in den Anstellungsvertrag erforderlich.[115]

ff) Pfändung, Abtretung, Verjährung

Auf den Vergütungsanspruch eines Vorstandsmitglieds finden die **Pfändungsschutzbestimmungen** der §§ 850 ff ZPO entsprechende Anwendung.[116] 461

Der Vergütungsanspruch ist grds. **abtretbar.** Eine generelle Nichtigkeit der Abtretung ergibt sich in Übertragung der Rspr zum GmbH-Gesellschafter und § 85 GmbHG[117] jedenfalls nicht aus § 134 BGB iVm § 93 Abs. 1 S. 3 AktG. Folglich steht dem mit der Abtretung verbundenen Auskunftsanspruch des Zessionars gem. § 402 BGB die Pflicht des Vorstandsmitglieds als Zedenten zur Geheimhaltung von Betriebsgeheimnissen gem. § 93 Abs. 1 S. 3 AktG grds. nicht entgegen.[118] Dies gilt zumindest, soweit sich die abgetretene Forderung auf das Festgehalt oder die anhand des publizitätspflichtigen Jahresabschlusses bemessene Gewinntantieme bezieht.[119] 462

Schließlich unterliegen die Bezüge des Vorstandsmitglieds der allgemeinen **Verjährung** nach §§ 195, 199 BGB, dh drei Jahre ab Kenntnis bzw Kennenmüssen der anspruchsbegründenden Tatsachen, soweit keine abweichende Vereinbarung getroffen wurde.[120] 463

b) Klauseltypen und Gestaltungshinweise

aa) Klausel mit festen Gehaltsteilen

(1) Klauseltyp A

1. Festgehalt 464

1.1

A 1: Der Vorstand erhält für seine Tätigkeit nach diesem Vertrag ein festes Jahresgehalt iHv (...) € brutto. Der Betrag ist zahlbar in zwölf gleichen Monatsraten, jeweils zum Ende eines Kalendermonats.

1.2

A 2: Das Gehalt erhöht sich jährlich um (...) €.

A 3: Das Gehalt wird in angemessenen Zeitabständen durch den Aufsichtsrat dahingehend überprüft, ob eine Erhöhung aufgrund des Aufgabengebietes, der Entwicklung der Lebenshaltungskosten oder aus sonstigen Gründen erfolgen soll.

---

chen: Schaub/*Linck*, ArbR-HdB, § 97 Rn 23 ff, der gegen eine Berücksichtigung der Beschäftigungsdauer plädiert; ebenso ErfK/*Dörner*, § 616 BGB Rn 10 a.

115 Fleischer/*Thüsing*, Hdb VorstandsR, § 4 Rn 78; MünchHdb-GesR AG/*Wiesner*, § 21 Rn 37; *Fischer/Harth/Meyding*, BB 2000, 1097, 1099.

116 BGH 8.12.1977 – II ZR 219/75, NJW 1978, 756; BGH 24.11.1980 – II ZR 183/80, NJW 1981, 2465, 2466; so auch Fleischer/*Thüsing*, Hdb VorstandsR, § 4 Rn 55; *Hüffer*, AktG, § 84 Rn 18; MünchHdb-GesR AG/*Wiesner*, § 21 Rn 7.

117 Für die GmbH und § 85 GmbHG vgl BGH 20.5.1996 – II ZR 190/95, NJW 1996, 2576; BGH 8.11.1999 – II ZR 7/98, NJW 2000, 1329.

118 Für die GmbH und § 85 GmbHG vgl BGH 20.5.1996 – II ZR 190/95, NJW 1996, 2576; BGH 8.11.1999 – II ZR 7/98, NJW 2000, 1329.

119 Für die GmbH und § 85 GmbHG vgl BGH 8.11.1999 – II ZR 7/98, NJW 2000, 1329, 1330.

120 Vgl MüKo-AktG/*Spindler*, § 84 Rn 83.

2. Mindesttantieme

2.1

A 4: Ferner erhält der Vorstand eine garantierte Mindesttantieme iHv (...) €. Diese ist am Ende des Kalendermonats fällig, in dem die ordentliche Hauptversammlung stattfindet.

A 5: Ferner erhält der Vorstand eine garantierte Mindesttantieme iHv (...) €. Die Mindesttantieme wird gleichzeitig mit der Gewinntantieme/Ermessenstantieme fällig und wird auf diese angerechnet.

2.2

A 6: Beginnt oder endet das Dienstverhältnis im laufenden Jahr, so erhält der Vorstand die Tantieme pro rata temporis.

3. Arbeitsunfähigkeit

3.1

A 7: Bei einer vorübergehenden Arbeitsunfähigkeit, die durch Krankheit, Unfall oder aus einem anderen vom Vorstand nicht verschuldeten Grund eintritt, werden die Bezüge für die Dauer von sechs Monaten, längstens bis zum Ende des Anstellungsvertrages, in unveränderter Höhe weitergewährt, wobei als erster Monat der auf den Beginn der Arbeitsunfähigkeit folgende Monat gilt.

A 8: Bei einer vorübergehenden Arbeitsunfähigkeit, die durch Krankheit, Unfall oder aus einem anderen vom Vorstand nicht verschuldeten Grund eintritt, werden die Bezüge für die Dauer von sechs Monaten, längstens bis zum Ende des Anstellungsvertrages, in unveränderter Höhe weitergewährt, wobei als erster Monat der auf den Beginn der Arbeitsunfähigkeit folgende Monat gilt. Für weitere sechs Monate einer vorübergehenden Arbeitsunfähigkeit, längstens bis zum Ende des Anstellungsvertrages, erhält der Vorstand (...) % des Festgehalts und der Mindesttantieme.

3.2

A 9: Der Vorstand muss sich auf diese Zahlungen anrechnen lassen, was er von Kassen oder Versicherungen an Krankengeld, Krankentagegeld oder Rente erhält.

A 10: Der Vorstand tritt bereits jetzt etwaige Ansprüche an die Aktiengesellschaft ab, die ihm gegenüber Dritten wegen der Arbeitsunfähigkeit zustehen. Die Abtretung ist begrenzt auf die Höhe der nach Abs. 1 geleisteten oder zu leistenden Zahlungen.

3.3

A 11: Stirbt das Vorstandsmitglied während der Dauer der Bestellung, werden seiner/ihrem Witwe/r oder nach deren/dessen Tod seinen unterhaltsberechtigten Kindern die vollen Bezüge für (...) Monate, längstens bis zum vertraglich bestimmten Endtermin des Anstellungsvertrages, fortgewährt. Danach greift (...) (vertragliche Regelung zum Ruhegeld).

4. Anrechnung anderer Bezüge

A 12: Mit den Bezügen nach diesem Vertrag ist die gesamte Tätigkeit des Vorstands bei der Gesellschaft und ggf bei Konzerngesellschaften mit allen Nebentätigkeiten abgegolten. Sofern der Vorstand aus Tätigkeiten für Konzerngesellschaften Vergütungsleistungen, Aufwandsentschädigungen oder ähnliche Zahlungen erhält, sind diese auf die Vergütung nach diesem Vertrag anzurechnen.

5. Abtretung und Verpfändung

A 13: Eine Abtretung oder Verpfändung der Bezüge ohne Genehmigung der Gesellschaft ist unzulässig.

(2) Gestaltungshinweise

Die Vergütungsklausel des Typs A enthält neben dem in Nr. 1.1 (**Klausel A 1**) festgelegten festen Jahresgehalt und Regelungen zur Fälligkeit auch unter Nr. 1.2 (**Klauseln A 2 und A 3**) eine Regelung zur Anpassung des Fixgehalts. Angesichts der eher kurzen Laufzeiten von Vorstandsverträgen ist eine solche Anpassungsklausel zwar nicht notwendig, kann sich aber im Zusammenhang mit Verlängerungsklauseln empfehlen. Es kann entweder eine automatische Anpassung vereinbart werden (Klausel A 2) oder eine Verpflichtung des Aufsichtsrats zur Beschlussfassung über eine eventuelle Anpassung (Klausel A 3). Aus letzterer Variante lässt sich kein Anspruch des Vorstandsmitglieds auf eine bestimmte Anpassung herleiten, sondern lediglich ein Anspruch auf Entscheidung über eine Anpassung durch den Aufsichtsrat. 465

Die Vergütungsklausel umfasst auch eine unter Nr. 2 (**Klauseln A 4 und A 5**) geregelte garantierte Mindesttantieme, die faktisch zwar zum Festgehalt zählt, aber dennoch vom Jahresgehalt getrennt vereinbart wird, um diesen Vergütungsteil zB bei einer nachfolgenden Pensionsregelung von dem ruhegehaltsfähigen Einkommen auszunehmen. 466

Unter Nr. 3.1 (**Klauseln A 7 und A 8**) finden sich Regelungen zur vorübergehenden Arbeitsunfähigkeit des Vorstandsmitglieds. Nr. 3.2 enthält eine Regelung zur Anrechnung von Leistungen, die das Vorstandsmitglied anderweitig aufgrund seiner Arbeitsunfähigkeit erhält (**Klausel A 9**), bzw alternativ deren antizipierte Abtretung (**Klausel A 10**). Nr. 3.3 soll die Hinterbliebenen des Vorstandsmitglieds absichern (**Klausel A 11**). 467

Nr. 4 (**Klausel A 12**) enthält Regelungen zur Anrechnung von Leistungen, die das Vorstandsmitglied aufgrund von Tätigkeiten für Konzerngesellschaften erhält. Diese sollen meist zu den vertraglich vereinbarten Pflichten des Vorstandsmitglieds zählen und demzufolge bereits durch die Vergütung nach dem Vorstandsvertrag abgegolten sein. Da die Bezüge des Vorstandsmitglieds grds. abtretbar oder auch verpfändbar sind, empfiehlt es sich – soweit gewünscht –, ein Abtretungs- und Verpfändungsverbot in den Vertrag aufzunehmen, wie in Nr. 5 erfolgt (**Klausel A 13**). 468

bb) Klausel mit variablen Gehaltsteilen

(1) Klauseltyp B: Gewinntantieme (Bilanzgewinn)

1.1 469

➔ **B 1:** Der Vorstand erhält eine Tantieme iHv (...) % des in der Bilanz ausgewiesenen Ergebnisses der gewöhnlichen Geschäftstätigkeit der Gesellschaft iSd § 275 HGB.

➔ **B 2:** Der Vorstand erhält eine Tantieme iHv (...) % des in der Bilanz ausgewiesenen Ergebnisses der gewöhnlichen Geschäftstätigkeit der Gesellschaft iSd § 275 HGB. Die Tantieme ist der Höhe nach begrenzt auf (...) % des festen Jahresgehalts.

➔ **B 3:** Der Vorstand erhält eine Tantieme iHv (...) % des in der Bilanz ausgewiesenen Ergebnisses der gewöhnlichen Geschäftstätigkeit der Gesellschaft iSd § 275 HGB. Die Tantieme ist der Höhe nach begrenzt auf (...) €.

B 4: Der Vorstand erhält eine Tantieme iHv (...) % des in der Bilanz ausgewiesenen Ergebnisses der gewöhnlichen Geschäftstätigkeit der Gesellschaft iSd § 275 HGB. Die Tantieme ist der Höhe nach begrenzt auf (...) % des festen Jahresgehalts. Ebenso ist der Vorstand am Verlust der Gesellschaft zu beteiligen. Vom Festgehalt abzuziehen sind (...) % des in der Bilanz ausgewiese-

nen Verlustes der gewöhnlichen Geschäftstätigkeit der Gesellschaft iSd § 275 HGB. Der Abzug ist der Höhe nach begrenzt auf (...) % des festen Jahresgehalts.

B 5: Der Vorstand erhält eine Tantieme iHv (...) % des in der Bilanz ausgewiesenen Ergebnisses der gewöhnlichen Geschäftstätigkeit der Gesellschaft iSd § 275 HGB. Die Tantieme ist der Höhe nach begrenzt auf (...) €. Ebenso ist der Vorstand am Verlust der Gesellschaft zu beteiligen. Vom Festgehalt abzuziehen sind (...) % des in der Bilanz ausgewiesenen Verlustes der gewöhnlichen Geschäftstätigkeit der Gesellschaft iSd § 275 HGB. Der Abzug ist der Höhe nach begrenzt auf (...) €.

B 6: Der Vorstand erhält eine Tantieme iHv (...) % des Durchschnitts des in der Bilanz ausgewiesenen Ergebnisses der gewöhnlichen Geschäftstätigkeit der Gesellschaft iSd § 275 HGB der bisherigen Gesamtlaufzeit des Vorstandsvertrages. Die Tantieme ist der Höhe nach begrenzt auf (...) €.

B 7: Der Vorstand erhält am Ende der Vertragslaufzeit eine Tantieme iHv (...) % des Durchschnitts des in der Bilanz ausgewiesenen Ergebnisses der gewöhnlichen Geschäftstätigkeit der Gesellschaft iSd § 275 HGB der Gesamtlaufzeit des Vorstandsvertrages. Die Tantieme ist der Höhe nach begrenzt auf (...) % des festen Jahresgehalts.

B 8: Der Vorstand erhält alle drei Jahre eine Tantieme iHv (...) % des Durchschnitts des in der Bilanz ausgewiesenen Ergebnisses der gewöhnlichen Geschäftstätigkeit der Gesellschaft iSd § 275 HGB der letzten drei Jahre. Die Tantieme ist der Höhe nach begrenzt auf (...) €.

B 9: Der Vorstand erhält eine Tantieme iHv (...) % des Durchschnitts des in der Bilanz ausgewiesenen Ergebnisses der gewöhnlichen Geschäftstätigkeit der Gesellschaft iSd § 275 HGB der letzten drei Jahre der Vorstandstätigkeit. Die Tantieme ist der Höhe nach begrenzt auf (...) €.

1.2

B 10: Die Tantieme ist am Ende des Kalendermonats fällig, in dem der Jahresabschluss festgestellt wird.

B 11: Die Tantieme ist am Ende des Kalendermonats fällig, der auf den Monat folgt, in dem der Jahresabschluss festgestellt wird.

1.3

B 12: Beginnt oder endet das Dienstverhältnis im laufenden Jahr, erhält der Vorstand die Tantieme pro rata temporis.

B 13: Beginnt oder endet das Dienstverhältnis im laufenden Jahr, erhält der Vorstand die Tantieme pro rata temporis. Im Falle der außerordentlichen Kündigung des Dienstvertrages entfällt die Tantieme für das laufende Jahr vollständig.

1.4

B 14: Weicht das in der Bilanz ausgewiesene Ergebnis der gewöhnlichen Geschäftstätigkeit der Gesellschaft iSd § 275 HGB innerhalb der der Auszahlung des Bonus folgenden zwei Geschäftsjahre signifikant negativ (mindestens [...] %) vom Ergebnis des dem bereits ausgezahlten Bonus zugrunde liegenden Geschäftsjahres ab, ist der Aufsichtsrat berechtigt, vom Vorstandsmitglied bis zu (...) % des bereits ausgezahlten Bonus zurückzufordern. Dies gilt auch, wenn das Vorstandsmitglied zum Zeitpunkt der Rückforderung bereits ausgeschieden ist. Die Rückforderung ist auf maximal (...) % der Gesamtvergütung im Geschäftsjahr (...) beschränkt.

(2) Klauseltyp C: Gewinntantieme (Dividende)

1.1 470

➔ **C 1:** Der Vorstand erhält eine Tantieme von (...) € pro Prozent ausgeschütteter Dividende. Boni, Sonderausschüttungen usw an die Aktionäre gelten nicht als Dividende im Sinne der Vorschrift.

➔ **C 2:** Der Vorstand erhält eine Tantieme von (...) € pro Prozent ausgeschütteter Dividende bis zu einer Dividende von (...) %. Boni, Sonderausschüttungen usw an die Aktionäre gelten nicht als Dividende im Sinne der Vorschrift.

➔ **C 3:** Der Vorstand erhält eine Tantieme von (...) € pro Prozent ausgeschütteter Dividende bis zu einer Höhe von (...) €. Boni, Sonderausschüttungen usw an die Aktionäre gelten nicht als Dividende im Sinne der Vorschrift.

C 4: Der Vorstand erhält eine Tantieme von (...) € pro Prozent durchschnittlich ausgeschütteter Dividende der letzten drei Jahre der Vorstandstätigkeit bis zu einer Höhe von (...) €. Boni, Sonderausschüttungen usw an die Aktionäre gelten nicht als Dividende im Sinne der Vorschrift.

1.2

C 5: Die Tantieme für das Geschäftsjahr ist am Ende des Kalendermonats fällig, der auf den Monat folgt, in dem der Gewinnverwendungsbeschluss der Hauptversammlung beschlossen wird.

1.3

C 6: Beginnt oder endet das Dienstverhältnis im laufenden Jahr, erhält der Vorstand die Tantieme pro rata temporis.

C 7: Beginnt oder endet das Dienstverhältnis im laufenden Jahr, erhält der Vorstand die Tantieme pro rata temporis. Im Falle der außerordentlichen Kündigung des Dienstvertrages entfällt die Tantieme für das laufende Jahr vollständig.

(3) Klauseltyp D: Ermessenstantieme

1.1 471

D 1: Der Vorstand erhält für seine Tätigkeit eine Tantieme, die der Aufsichtsrat für das abgelaufene Geschäftsjahr unter Berücksichtigung des Ergebnisses und der wirtschaftlichen Lage der Gesellschaft und der Leistungen des Vorstands nach pflichtgemäßem Ermessen festsetzt.

D 2: Der Vorstand erhält für seine Tätigkeit eine Tantieme, die der Aufsichtsrat für das abgelaufene Geschäftsjahr unter Berücksichtigung des Ergebnisses und der wirtschaftlichen Lage der Gesellschaft und der Leistungen des Vorstands nach freiem Ermessen festsetzt.

1.2

D 3: Die Tantieme ist am Ende des Kalendermonats fällig, in dem die ordentliche Hauptversammlung stattfindet.

D 4: Die Tantieme ist am Ende des Kalendermonats fällig, der auf den Monat folgt, in dem die ordentliche Hauptversammlung stattfindet.

1.3

D 5: Beginnt oder endet das Dienstverhältnis im laufenden Jahr, erhält der Vorstand die Tantieme pro rata temporis.

D 6: Beginnt oder endet das Dienstverhältnis im laufenden Jahr, erhält der Vorstand die Tantieme pro rata temporis. Im Falle der außerordentlichen Kündigung des Dienstvertrages entfällt die Tantieme für das laufende Jahr vollständig.

(4) Klauseltyp E: Aktienoptionen

472 Der Vorstand erhält Aktienoptionen nach Maßgabe des Aktienoptionsprogrammes für Vorstandsmitglieder der Gesellschaft vom (...).

(5) Klauseltyp F: appreciation award

473 Für außerordentliche Leistungen des Vorstands für die Gesellschaft und bei entsprechend besonderem wirtschaftlichem Erfolg der Gesellschaft kann der Aufsichtsrat durch Beschluss eine zusätzliche freiwillige Tantieme beschließen. Diese wird bei Fassung eines entsprechenden Beschlusses durch den Aufsichtsrat zusätzlich zu den zugesagten Tantiemen gewährt. Ein Rechtsanspruch besteht hierauf nur, wenn jeweils ein entsprechender Beschluss des Aufsichtsrats dem Grunde und der Höhe nach getroffen worden ist.

(6) Gestaltungshinweise

474 Sollen die Bezüge des Vorstandsmitglieds neben festen auch variable Gehaltsteile umfassen, so ist die in Klauseltyp A enthaltene Mindesttantieme durch eine Klausel des Typs B, C, D, E oder F zu ersetzen oder zu erweitern. Die Klauseltypen B bis F sind Beispiele für verschiedene Varianten der variablen Vergütung.

475 Die Klauseltypen B und C stellen jeweils Formen der **Gewinntantieme** dar, wobei die Bemessungsgrundlage der Tantieme einmal der Bilanzgewinn (**Klauseltyp B**) und einmal die ausgeschüttete Dividende (**Klauseltyp C**) ist. Unter Nr. 1.1 (**Klauseln B 1–B 9 bzw Klauseln C 1–C 4**) enthalten sie Regelungen zur Bemessungsgrundlage, die zur Vermeidung von Streitigkeiten möglichst eindeutig beschrieben werden sollte, und unter Nr. 1.2 (**Klauseln B 10 und B 11** bzw **Klausel C 5**) zur Fälligkeit. Darüber hinaus können bei Bedarf Regelungen zur Begrenzung der Tantiemenhöhe (**Klauseln B 2 und B 3** bzw **Klauseln C 2 und C 3**) eingefügt werden. Unter Nr. 1.3 (**Klauseln B 12 und B 13** bzw **Klauseln C 6 und C 7**) finden sich Regelungen für den Fall der vorzeitigen Vertragsbeendigung bzw Beendigung des Vorstandsmandats.

476 Nach § 87 Abs. 1 S. 3 AktG sollen Vorstandsverträge bei **börsennotierten AG** Begrenzungen für außerordentliche Entwicklungen enthalten. Vorstände sollen nicht ohne Beschränkung von Unternehmensübernahmen, Veräußerungen von Unternehmensteilen oder stillen Reserven etc. profitieren. Deshalb empfiehlt sich eine **Beschränkung** der **Höhe der Tantiemen**. Dies kann – wie in den **Klauseln B 3 und C 3** – durch eine Begrenzung auf einen festen Betrag erfolgen oder aber auch – wie in den **Klauseln B 2 und C 2** – durch eine Begrenzung im Hinblick auf den Anteil am Jahresgehalt oder der Dividende. Eine (vorsorglich) vertraglich vereinbarte einseitige Begrenzungsmöglichkeit für den Aufsichtsrat im Hinblick auf die Höhe der Tantiemen bei einer solchen außerordentlichen Entwicklung würde allerdings auch ausreichen, um den Anforderungen des Gesetzes nachzukommen. Allein schon aus Gründen der Rechtssicherheit und der Vermeidung von späteren Streitigkeiten empfiehlt es sich jedoch, eine solche Begrenzung in den Vertrag aufzunehmen.[121]

477 Ebenso gibt das VorstAG vor, dass bei börsennotierten AG für die variablen Vergütungsbestandteile eine **mehrjährige Bemessungsgrundlage** vorgesehen werden soll, damit das Vorstandsmitglied auch an negativen Entwicklungen beteiligt wird. Zur genauen Ausgestaltung einer solchen Regelung finden sich im VorstAG allerdings keine Vorgaben. Beispiele für mögliche Vereinbarungen bieten die **Klauseln B 4 und B 5**, welche das Vorstandsmitglied nicht nur am Gewinn, sondern entsprechend auch an den Verlusten der Gesellschaft beteiligen. Hier soll-

121 So auch Hölters/*Weber*, AktG, § 87 Rn 39.

te auf eine angemessene Begrenzung der Höhe der Verlustbeteiligung geachtet werden. Die **Klauseln B 6–B 9** stellen statt auf den Gewinn des einzelnen Geschäftsjahres auf den durchschnittlichen Gewinn der letzten Jahre ab. Bei **Klausel B 7** wird die Tantieme für die gesamte Vertragslaufzeit am Ende derselben ausgezahlt, bei **Klausel B 8** wird alle drei Jahre eine entsprechende Tantieme gewährt. Nach der **Klausel B 6** kommt es jedes Jahr zur Auszahlung einer Tantieme, die aber auf dem Durchschnitt der bisherigen Gesamtlaufzeit des Vorstandsvertrages beruht. Um zu vermeiden, dass ein gutes Jahr am Anfang der Vertragslaufzeit, welches zu einer durch schlechtere Ergebnisse in späteren Jahren ungeschmälerten Tantieme im ersten Jahr führt, über Jahre hinweg die Tantieme erhöht, kann auch auf den Durchschnitt der letzten drei Jahre abgestellt werden (**Klausel B 9**). **Klausel C 4** enthält eine entsprechende Klausel für Dividenden als Bemessungsgrundlage. Die Klauseln **B 1–B 3** bzw die **Klauseln C 1–C 3** sind in der Form nur bei nicht börsennotierten Gesellschaften zu verwenden, da bei diesen die Vorgabe des § 87 Abs. 1 S. 3 AktG nicht greift. In Verbindung mit einer sog. Claw back-Klausel (**Klausel B 14**) dürften aber auch die **Klauseln B 2** und **B 3** bzw die **Klauseln C 2** und **C 3** den Anforderungen des § 87 Abs. 1 AktG genügen. Nach dieser **Claw back-Klausel**[122] kann bei negativer Entwicklung ein Teil des bereits ausgezahlten Bonus vom Vorstandsmitglied zurückgefordert werden. Auch auf diese Weise lässt sich sicherstellen, dass das Vorstandsmitglied an negativen Entwicklungen teilhat und nicht von einem einzigen erfolgreichen Geschäftsjahr profitiert, obwohl es an einer Nachhaltigkeit der positiven Ergebnisse fehlt. Im Hinblick auf mögliche Schwierigkeiten bei der späteren Durchsetzbarkeit eines Rückforderungsanspruchs ist diese Gestaltung der mehrjährigen Bemessungsgrenze allerdings nicht ohne Weiteres empfehlenswert.[123]

Klauseltyp D ist ein Beispiel für eine **Ermessenstantieme.** Die Ausübung des pflichtgemäßen bzw billigen Ermessens durch den Aufsichtsrat ist gerichtlich voll überprüfbar (**Klausel D 1**). Stattdessen kann auch eine Festlegung nach freiem Ermessen vereinbart werden (**Klausel D 2**). Nr. 1.3 (**Klauseln D 5– D 6**) ist eine Regelung für den Fall der vorzeitigen Vertragsbeendigung bzw Beendigung des Vorstandsmandats. 478

Ein Beispiel für eine mögliche Formulierung zur Nutzung von **Aktienoptionen** als variablem Vergütungsbestandteil stellt **Klauseltyp E** dar. Die wesentlichen und letztlich für die Anreizwirkung solcher Vergütungsbestandteile relevanten Regelungen enthält das entsprechende Aktienoptionsprogramm. 479

Eine Klausel, die es der Gesellschaft im Hinblick auf die Rechtslage nach dem Mannesmann-Urteil des BGH weiterhin ermöglicht, das Vorstandsmitglied bzw dessen außerordentlichen Leistungen ggf durch sog. **appreciation awards** zu honorieren, stellt **Klauseltyp F** dar. Für die Ausschüttung ist nach dieser Klausel allerdings nicht allein eine außergewöhnliche Leistung des Vorstandsmitglieds erforderlich, sondern auch ein entsprechender wirtschaftlicher Erfolg der Gesellschaft. Ein Anspruch auf einen solchen *appreciation award* hat das Vorstandsmitglied nur, wenn der Aufsichtsrat beschlossen hat, diesen zu gewähren, und dessen Höhe festgesetzt hat. 480

122 Vgl hierzu *Hohenstatt/Kuhnke*, ZIP 2009, 1981, 1985 f; *Lingemann*, BB 2009, 1918, 1919; *Schuster*, in: FS Bauer, 2010, S. 973 ff; *Eichner/Delahaye*, ZIP 2010, 2082, 2086 f.

123 Hölters/*Weber*, AktG, § 87 Rn 36.

6. Verschwiegenheits- und Geheimhaltungsklauseln

Literatur

Fleischer, Zur organschaftlichen Treuepflicht der Geschäftsleiter im Aktien- und GmbH-Recht, WM 2003, 1045; *Hemeling*, Gesellschaftsrechtliche Fragen der Due Diligence beim Unternehmenskauf, ZHR 169 (2005), 274; *Körber*, Geschäftsleitung der Zielgesellschaft und Due Diligence bei Paketerwerb und Unternehmenskauf, NZG 2002, 263; *Linker/Zinger*, Rechte und Pflichten der Organe einer Aktiengesellschaft bei der Weitergabe vertraulicher Unternehmensinformationen, NZG 2002, 497; *Lutter*, Due Diligence des Erwerbers beim Kauf einer Beteiligung, ZIP 1997, 613; *Mertens*, Die Information des Erwerbers einer wesentlichen Unternehmensbeteiligung an einer Aktiengesellschaft durch deren Vorstand, AG 1997, 541; *Müller*, Gestattung der Due Diligence durch den Vorstand der Aktiengesellschaft, NJW 2000, 3452; *Oetker*, Verschwiegenheitspflichten des Unternehmers als Schranke für die Unterrichtungspflichten gegenüber Wirtschaftsausschuss und Betriebsrat in wirtschaftlichen Angelegenheiten, in: FS Wissmann, 2005, S. 396 ff; *Roschmann/Frey*, Geheimhaltungspflichten der Vorstandsmitglieder von Aktiengesellschaften bei Unternehmenskäufen, AG 1996, 449; *Schroeder*, Darf der Vorstand der Aktiengesellschaft dem Aktienkäufer eine Due Diligence gestatten?, DB 1997, 2161; *Treek*, Die Offenbarung von Unternehmensgeheimnissen durch den Vorstand einer Aktiengesellschaft im Rahmen einer Due Diligence, in: FS Fikentscher, 1998, S. 434 ff; *Ziegler*, „Due Diligence" im Spannungsfeld zur Geheimhaltungspflicht von Geschäftsführern und Gesellschaftern, DStR 2000, 249; *Ziemons*, Die Weitergabe von Unternehmensinterna an Dritte durch den Vorstand einer Aktiengesellschaft, AG 1999, 492.

a) Rechtslage im Umfeld

aa) Rechtsgrundlagen der Verschwiegenheitspflicht

481 Die aktienrechtliche Verschwiegenheitspflicht der Vorstandsmitglieder folgt aus der jedem Organmitglied obliegenden Treue- und Sorgfaltspflicht[1] und findet ihre gesetzliche Normierung in § 93 Abs. 1 S. 3 AktG. Vorstandsmitglieder sind danach verpflichtet, über vertrauliche Angaben und Geheimnisse der Gesellschaft, die ihnen durch ihre Tätigkeit im Vorstand bekannt geworden sind, Stillschweigen zu bewahren. Eine Verletzung dieser Verschwiegenheitspflicht kann haftungsrechtliche[2] und strafrechtliche[3] Folgen haben (s. § 3 Rn 503 f).

482 Für die Vertragsgestaltung besondere Bedeutung hat der zwingende Charakter des § 93 Abs. 1 S. 3 AktG. Dieser trifft eine im Grundsatz abschließende Regelung, die nach § 23 Abs. 5 AktG durch Satzung, Anstellungsvertrag oder Geschäftsordnung weder gemildert noch verschärft werden kann.[4] Die entsprechende Rspr zum Aufsichtsrat ist wohl auf Vorstandsmitglieder übertragbar. In Frage kommt allerdings eine anstellungsvertragliche Konkretisierung der Begriffe „Geheimnis" und „vertrauliche Angabe".[5]

483 Schweigepflichten ergeben sich darüber hinaus aus wettbewerbsrechtlichen,[6] kapitalmarktrechtlichen[7] und datenschutzrechtlichen[8] Regelungen.[9] Ebenso zu beachten ist ggf auch das durch § 823 Abs. 1 BGB geschützte Persönlichkeitsrecht der Mitarbeiter.[10]

---

1 MünchHdb-GesR AG/*Wiesner*, § 25 Rn 40; Fleischer/*Körber*, Hdb VorstandsR, § 10 Rn 1; *Schroeder*, DB 1997, 2161, 2162; im Einzelnen ist umstritten, ob sich die Verschwiegenheitspflicht aus der Treuepflicht, so *Hüffer*, AktG, § 93 Rn 6 und MüKo-AktG/*Spindler*, § 93 Rn 96, oder aus der Sorgfaltspflicht, so *Spieker*, NJW 1965, 1937, für die Aufsichtsratsmitglieder einer AG ergibt.

2 Vgl § 93 Abs. 2 AktG.

3 Vgl § 404 AktG.

4 Fleischer/*Körber*, Hdb VorstandsR, § 10 Rn 14; zum Aufsichtsrat BGH 5.6.1975 – II ZR 156/73, NJW 1975, 1412; OLG Düsseldorf 15.10.1973 – 6 U 131/72, BB 1973, 1505; ähnl. *Schroeder*, DB 1997, 2161; Großkomm AktG/*Hopt*, § 93 Rn 199; MüKo-AktG/*Spindler*, § 93 Rn 97, 125; MünchHdb-GesR AG/*Wiesner*, § 25 Rn 45.

5 OLG Düsseldorf 15.10.1973 – 6 U 131/72, BB 1973, 1505.

6 Vgl § 17 UWG.

7 Vgl § 14 Abs. 1 Nr. 2 WpHG.

8 Vgl §§ 27 ff BDSG.

9 Fleischer/*Körber*, Hdb VorstandsR, § 10 Rn 2.

10 Fleischer/*Körber*, Hdb VorstandsR, § 10 Rn 2.

bb) Inhalt der Verschwiegenheitspflicht

(1) Persönliche und zeitliche Reichweite

Der Verschwiegenheitspflicht unterliegen gem. § 93 Abs. 1 S. 3 AktG alle aktiven und faktischen Vorstandsmitglieder.[11] Da die Loyalitätspflichten des Vorstandsmitglieds gegenüber der Gesellschaft auch ohne eine vertragliche Vereinbarung über das Ende der Mitgliedschaft im Vorstand hinaus wirken,[12] gilt die Verschwiegenheitspflicht ebenfalls für ehemalige Vorstandsmitglieder und für die ihnen im Zusammenhang mit ihrer Vorstandstätigkeit bekannt gewordenen Tatsachen.[13] 484

Grundsätzlich besteht die Verschwiegenheitspflicht gegenüber jedem unternehmensfremden Dritten, aber auch gegenüber den eigenen Aktionären.[14] Innerhalb des Vorstands und gegenüber dem Aufsichtsrat hingegen besteht grds. keine Verschwiegenheitspflicht.[15] Vielmehr ist das Vorstandsmitglied gegenüber dem Aufsichtsrat zu unbedingter Offenheit verpflichtet.[16] Der freie Informationsfluss zum Aufsichtsrat findet allerdings im allgemeinen Missbrauchsverbot seine Grenze.[17] Dies gilt bspw dann, wenn das Informationsbegehren eines Aufsichtsratsmitglieds offensichtlich nicht der Erfüllung der diesem obliegenden Aufgaben, sondern einem gesellschaftsfremden Zweck dient, wie zB der Informationsweitergabe an einen im Aufsichtsrat repräsentierten Wettbewerber.[18] 485

(2) Sachliche Reichweite

(a1) Verletzung der Verschwiegenheitspflicht

Erfasst werden von der Verschwiegenheitspflicht Geheimnisse der Gesellschaft und vertrauliche Angaben, die dem Vorstandsmitglied durch die Tätigkeit im Vorstand bekannt geworden sind. Die Preisgabe von Informationen, die das Vorstandsmitglied privat erlangt hat, stellt somit zunächst keine Verletzung der in § 93 Abs. 1 S. 3 AktG normierten Verschwiegenheitspflicht dar.[19] Allerdings kann eine solche Preisgabe dennoch einen Verstoß gegen die allgemeine Treuepflicht gegenüber der Gesellschaft bedeuten.[20] 486

Eine Verletzung der Verschwiegenheitspflicht kommt nicht erst in Betracht, wenn das Vorstandsmitglied Geheimnisse oder vertrauliche Angaben offenbart, sondern auch schon, wenn es lediglich den Bekanntheitsgrad dieser Informationen intensiviert.[21] Ein solcher Fall ist etwa anzunehmen, wenn das Vorstandsmitglied Dritten gegenüber Tatsachen bestätigt, die diesen zuvor nur als Gerücht oder Vermutung bekannt waren.[22] Auch kommt eine Pflichtverletzung dadurch in Betracht, wenn das Vorstandsmitglied nicht hinreichend für eine Geheimhaltung der ihm zugänglichen bzw in seinem Besitz befindlichen Informationen sorgt.[23] 487

11 Fleischer/*Körber*, Hdb VorstandsR, § 10 Rn 27.
12 Vgl Fleischer/*Thüsing*, Hdb VorstandsR, § 4 Rn 129; *Fleischer*, WM 2003, 1045, 1058.
13 Fleischer/*Thüsing*, Hdb VorstandsR, § 4 Rn 129; Fleischer/*Körber*, Hdb VorstandsR, § 10 Rn 28; *Hüffer*, AktG, § 93 Rn 7; MüKo-AktG/*Spindler*, § 93 Rn 115; MünchHdb-GesR AG/*Wiesner*, § 25 Rn 40.
14 Fleischer/*Körber*, Hdb VorstandsR, § 10 Rn 30; MüKo-AktG/*Spindler*, § 93 Rn 108; MünchHdb-GesR AG/*Wiesner*, § 25 Rn 46.
15 Fleischer/*Körber*, Hdb VorstandsR, § 10 Rn 31; MüKo-AktG/*Spindler*, § 93 Rn 111; MünchHdb-GesR AG/*Wiesner*, § 25 Rn 41; *Hüffer*, AktG, § 93 Rn 8.
16 Fleischer/*Körber*, Hdb VorstandsR, § 10 Rn 31; MüKo-AktG/*Spindler*, § 93 Rn 111; BGH 26.3.1956 – II ZR 57/55, WM 1956, 239.
17 Fleischer/*Körber*, Hdb VorstandsR, § 10 Rn 32.
18 Fleischer/*Körber*, Hdb VorstandsR, § 10 Rn 32; MünchHdb-GesR AG/*Wiesner*, § 25 Rn 46; Großkomm AktG/*Hopt*, § 93 Rn 204 f.
19 Fleischer/*Körber*, Hdb VorstandsR, § 10 Rn 12; MüKo-AktG/*Spindler*, § 93 Rn 105.
20 Fleischer/*Körber*, Hdb VorstandsR, § 10 Rn 12; MüKo-AktG/*Spindler*, § 93 Rn 105.
21 Fleischer/*Körber*, Hdb VorstandsR, § 10 Rn 13.
22 Fleischer/*Körber*, Hdb VorstandsR, § 10 Rn 13.
23 Fleischer/*Körber*, Hdb VorstandsR, § 10 Rn 13.

(a2) Geheimnisse der Gesellschaft

488 Geheimnisse der Gesellschaft sind Tatsachen mit Bezug zur Gesellschaft, die nur einem begrenzten Personenkreis bekannt, also nicht offenkundig, sind, die nach dem bekundeten oder mutmaßlichen Willen der Gesellschaft geheim gehalten werden sollen und an deren Geheimhaltung die Gesellschaft ein berechtigtes wirtschaftliches Interesse besitzt.[24] Ob die Informationen als geheimhaltungsbedürftig bezeichnet worden sind, ist unerheblich.[25]

489 Ausdrücklich genannt werden in § 93 Abs. 1 S. 3 AktG die Betriebs- und Geschäftsgeheimnisse. Den **Betriebsgeheimnissen** sind hauptsächlich Daten aus dem technischen Bereich zuzuordnen, während **Geschäftsgeheimnisse** eher Informationen aus dem kaufmännischen Bereich umfassen.[26] Eine Einordnung in eine der Kategorien ist nicht von Bedeutung, da § 93 Abs. 1 S. 3 AktG auch darüber hinausgehende Geheimnisse der Gesellschaft erfasst.[27] Entscheidend ist vielmehr, ob das Bekanntwerden der Information geeignet ist, der Gesellschaft einen materiellen oder ideellen Schaden zuzufügen.[28] Deshalb können auch Informationen über Gegenstand, Verlauf und Ergebnis von Vorstands- und Aufsichtsratssitzungen ein Geheimnis iSd § 93 Abs. 1 S. 3 AktG sein.[29]

(a3) Vertrauliche Angaben

490 Vertrauliche Angaben sind Tatsachen, deren Bekanntwerden der Gesellschaft materielle oder ideelle Nachteile zufügen kann, auch wenn es sich dabei um keine Geheimnisse handelt.[30] Geheimnisse der Gesellschaft und vertrauliche Angaben sind entsprechend schwer voneinander abzugrenzen. Im Hinblick auf § 93 Abs. 1 S. 3 AktG ist eine Differenzierung nicht nötig, allerdings wird nur der Geheimnisverrat mit strafrechtlichen Konsequenzen bedroht, § 404 AktG. Von einem Verstoß gegen das Vertraulichkeitsgebot ist zB auszugehen, wenn ein Vorstandsmitglied für die Gesellschaft nachteilige Tatsachen öffentlich verhandelt oder bestätigt.[31]

(a4) Geheimnisse Dritter

491 Geheimnisse Dritter werden grds. nicht erfasst. Eine Ausnahme besteht allerdings, wenn die Gesellschaft ein zumindest mittelbares Eigeninteresse an deren Geheimhaltung hat und die Informationen dadurch auch zu ihren Geheimnissen werden.[32]

cc) Grenzen der Verschwiegenheitspflicht

(1) Gesetzliche Auskunftspflichten

492 Gesetzliche Grenzen der Verschwiegenheitspflicht sind zunächst die gesetzlich normierten Auskunftspflichten. Soweit diese reichen, kann sich das Vorstandsmitglied einem berechtigten Informationsbegehren gegenüber nicht auf die Verschwiegenheitspflicht berufen.[33] Entspricht das

---

24 BGH 5.6.1975 – II ZR 156/73, NJW 1979, 1412, 1413; BGH 6.3.1997 – II ZB 4/96, NJW 1997, 1985, 1987; *Oetker*, in: FS Wissmann, 2005, S. 396, 397 f; MünchHdb-GesR AG/*Wiesner*, § 25 Rn 42; *Hüffer*, AktG, § 93 Rn 7; MüKo-AktG/*Spindler*, § 93 Rn 100; Fleischer/*Körber*, Hdb VorstandsR, § 10 Rn 4; *Müller*, NJW 2000, 3452, 3453.

25 MüKo-AktG/*Spindler*, § 93 Rn 100.

26 Fleischer/*Körber*, Hdb VorstandsR, § 10 Rn 5; MünchHdb-GesR AG/*Wiesner*, § 25 Rn 43.

27 Vgl auch *Hüffer*, AktG, § 93 Rn 7.

28 Fleischer/*Körber*, Hdb VorstandsR, § 10 Rn 5; MüKo-AktG/*Spindler*, § 93 Rn 100.

29 Fleischer/*Körber*, Hdb VorstandsR, § 10 Rn 5; MüKo-AktG/*Spindler*, § 93 Rn 100; MünchHdb-GesR AG/*Wiesner*, § 25 Rn 44 fasst solche Informationen unter „Vertrauliche Angaben".

30 Fleischer/*Körber*, Hdb VorstandsR, § 10 Rn 8; *Hüffer*, AktG, § 93 Rn 7; vgl auch MüKo-AktG/*Spindler*, § 93 Rn 103.

31 Fleischer/*Körber*, Hdb VorstandsR, § 10 Rn 9.

32 Vgl Fleischer/*Körber*, Hdb VorstandsR, § 10 Rn 10; MüKo-AktG/*Spindler*, § 93 Rn 103; MünchHdb-GesR AG/*Wiesner*, § 25 Rn 45; weitergehend noch *Spieker*, NJW 1965, 1937, 1940; *Oetker*, in: FS Wissmann, S. 396.

33 Fleischer/*Körber*, Hdb VorstandsR, § 10 Rn 16; vgl auch MüKo-AktG/*Spindler*, § 93 Rn 107.

Vorstandsmitglied lediglich einem solchen Informationsbegehren, begeht es auch keine Pflichtverletzung. Zu beachten ist allerdings, dass die Grenzen solcher Auskunftspflichten oft sehr eng gezogen sind.[34]

Gesetzliche Auskunfts- und Informationspflichten finden sich im AktG gegenüber dem Aufsichtsrat in § 90 AktG und gegenüber den Aktionären in den §§ 131, 176 Abs. 1 AktG, in § 320 Abs. 2 HGB gegenüber dem Abschlussprüfer, im BetrVG gegenüber dem Betriebsrat in den §§ 90, 92, 99, 111 BetrVG, dem Wirtschaftsausschuss in den §§ 106 Abs. 2, 108 Abs. 5 BetrVG, der Betriebsversammlung in § 43 Abs. 2 S. 3 BetrVG, der Betriebsräteversammlung in § 53 Abs. 2 Nr. 2 BetrVG und gegenüber dem Arbeitnehmer in § 110 BetrVG.[35] Weitere Auskunftspflichten können sich im Bereich des Kapitalmarktrechts aus § 15 WpHG ergeben. Zudem kommen behördliche Auskunftsrechte in Betracht.[36] 493

Im Vertragskonzern ist es dem herrschenden Unternehmen des Weiteren möglich, dem beherrschten Unternehmen gem. § 308 AktG eine Weisung zur Informationserteilung zu erteilen, soweit diese zur Konzernleitung erforderlich ist.[37] Auch im faktischen Konzern ist eine Informationsweitergabe zu diesem Zwecke gegen einen Ausgleich eventueller Nachteile möglich.[38] 494

(2) Unzumutbarkeit für das Vorstandsmitglied

Eine weitere Grenze findet die Verschwiegenheitspflicht in der Unzumutbarkeit der Geheimhaltung von Informationen für das Vorstandsmitglied.[39] Dies kann etwa der Fall sein, wenn das Vorstandsmitglied zur Verhinderung seiner Abberufung oder zur Abwehr von Schadensersatzansprüchen der Gesellschaft gezwungen ist, Informationen preiszugeben,[40] oder wenn dies zur Durchsetzung eigener Ansprüche gegen die Gesellschaft nötig ist.[41] Zu beachten ist jedoch, dass grds. von einem Vorrang der Geheimhaltungsinteressen der Gesellschaft gegenüber den Interessen des Vorstandsmitglieds auszugehen ist.[42] Nur in besonderen Fällen und nach intensiver Abwägung der gegenläufigen Interessen ist aufgrund von Unzumutbarkeit der Geheimhaltung für das Vorstandsmitglied eine Preisgabe ohne Pflichtverletzung möglich.[43] 495

(3) Gesellschaftsinteresse

Eine weitere entscheidende Grenze für die Verschwiegenheitspflicht der Vorstandsmitglieder bildet das Gesellschaftsinteresse selbst. Dieses hindert die Vorstandsmitglieder an der Offenbarung von Tatsachen, die zu materiellen oder immateriellen Schäden für die Gesellschaft führen 496

34 Fleischer/*Körber*, Hdb VorstandsR, § 10 Rn 16.

35 Vgl auch Fleischer/*Körber*, Hdb VorstandsR, § 10 Rn 15; MünchHdb-GesR AG/*Wiesner*, § 25 Rn 48 f; *Oetker*, in: FS Wissmann, S. 396 ff.

36 Fleischer/*Körber*, Hdb VorstandsR, § 10 Rn 15; MüKo-AktG/*Spindler*, § 93 Rn 112.

37 Fleischer/*Körber*, Hdb VorstandsR, § 10 Rn 15; vgl MüKo-AktG/*Spindler*, § 93 Rn 108; *Lutter*, ZIP 1997, 613, 616 mit dem Hinweis, dass eine Due Diligence des herrschenden Unternehmens bei dem beherrschten Unternehmens gerade nicht der Leitung des Unternehmens dient; *Körber*, NZG 2002, 263, 265 fasst auch die Durchführung einer Due Diligence außer in Ausnahmefällen unter die Unternehmensleitung; ebenso wohl *Treek*, in: FS Fikentscher, 1998, S. 434, 448 f.

38 Fleischer/*Körber*, Hdb VorstandsR, § 10 Rn 15; MünchHdb-GesR AG/*Wiesner*, § 25 Rn 41; *Mertens*, AG 1997, 541, 543, der allerdings auch darauf hinweist, dass eine Due Diligence des herrschenden Unternehmens bei dem beherrschten Unternehmen gerade nicht der Leitung des Unternehmens dient; *Lutter*, ZIP 1997, 613, 617; unter Hinweis auf die Probleme bei Doppelmandaten im Konzern MüKo-AktG/*Spindler*, § 93 Rn 108; vgl auch *Treek*, in: FS Fikentscher, S. 434, 449 f.

39 Vgl MüKo-AktG/*Spindler*, § 93 Rn 116; MünchHdb-GesR AG/*Wiesner*, § 25 Rn 41.

40 Vgl Fleischer/*Körber*, Hdb VorstandsR, § 10 Rn 17; MüKo-AktG/*Spindler*, § 93 Rn 116; MünchHdb-GesR AG/*Wiesner*, § 25 Rn 41; Großkomm AktG/*Hopt*, § 93 Rn 215.

41 Vgl Fleischer/*Körber*, Hdb VorstandsR, § 10 Rn 17; *Hüffer*, AktG, § 93 Rn 8; MüKo-AktG/*Spindler*, § 93 Rn 116; insoweit aA Großkomm AktG/*Hopt*, § 93 Rn 215.

42 Fleischer/*Körber*, Hdb VorstandsR, § 10 Rn 17; MüKo-AktG/*Spindler*, § 93 Rn 116.

43 Fleischer/*Körber*, Hdb VorstandsR, § 10 Rn 17.

können. Diese Pflicht gilt jedoch nicht absolut.[44] Liegt gerade die Offenbarung der Informationen im Gesellschaftsinteresse, zB im Rahmen einer Due Diligence oder bei Einschaltung externer Berater, besteht keine Verschwiegenheitspflicht.[45] Der Vorstand hat in diesem Falle nach pflichtgemäßem Ermessen über die Preisgabe der Informationen zu entscheiden.[46] In Betracht kommt eine Offenbarung von Tatsachen durch Vorstandsmitglieder an die Tochter- oder Muttergesellschaft uU auch, wenn sie im Konzerninteresse liegt.[47]

497 Da es sich bei der Entscheidung über die Preisgabe von Informationen um eine Entscheidung im Rahmen der laufenden Geschäftsführung handelt, ist allein der Vorstand **zuständig.**[48] Ausnahmsweise ist der Aufsichtsrat zu konsultieren, wenn es sich um Informationen aus dessen Sphäre handelt.[49] Bei Einzelgeschäftsführung entscheidet im Rahmen seines Ressorts jedes Vorstandsmitglied selbst über die Preisgabe der ressortinternen Informationen.[50] Bei ressortüberschreitenden Entscheidungen, wie der Zulassung einer Due Dilligence, hat der Gesamtvorstand diese Entscheidung zu treffen.[51] Im Zweifel ist zu empfehlen, den Gesamtvorstand über die Preisgabe beschließen zu lassen.[52]

498 Maßstab für die Entscheidung des Vorstandsmitglieds bzw des Gesamtvorstands zur Preisgabe von Informationen ist die **business judgment rule**[53] (s. § 3 Rn 157 ff). Zur Vermeidung von Haftungsfolgen im Zusammenhang mit der Offenbarung von Geheimnissen der Gesellschaft oder vertraulichen Angaben sind ggf verfahrensmäßige Schutzvorkehrungen zu treffen.[54] Hier ist insb. an den Abschluss von Verschwiegenheitsvereinbarungen mit Personen zu denken, die zwar nicht schon von Berufs wegen zur Geheimhaltung verpflichtet sind, denen aber bestimmte Informationen mitgeteilt werden müssen.[55] Auch bei Arbeitnehmern ist an die Vereinbarung

44 MünchHdb-GesR AG/*Wiesner*, § 25 Rn 41; *Müller*, NJW 2000, 3452, 3453.

45 Vgl *Hüffer*, AktG, § 93 Rn 8; MüKo-AktG/*Spindler*, § 93 Rn 116, 120 ff mit Hinweisen zur Verschwiegenheitspflicht bei einer Due Diligence; MünchHdb-GesR AG/*Wiesner*, § 25 Rn 41; *Schroeder*, DB 1997, 2161, 2162; zu den Grenzen der Verschwiegenheitspflicht bei einer Due Diligence vgl auch *Hemeling*, ZHR 169 (2005), 274, 278 ff; vgl auch *Ziemons*, AG 1999, 492, 494 ff; grds. das Gesellschaftsinteresse als Grenze für die Verschwiegenheitspflicht anerkennend *Lutter*, ZIP 1997, 613, 617, der allerdings den Fall des Erwerbs der Gesellschaft und der Due Diligence nur in „gewisslich sehr, sehr selten[en]" Fällen als im Interesse der Gesellschaft und nicht lediglich im Interesse eines Aktionärs sieht; auch *Linker/Zinger*, NZG 2002, 497, 498 ff weisen darauf hin, dass die Durchführung einer Due Diligence und dafür auch ein Wechsel der Beteiligungsverhältnisse im Unternehmensinteresse liegen muss; etwas weniger krit. *Müller*, NJW 2000, 3452, 3453; ebenso *Ziegler*, DStR 2000, 249, 252.

46 Fleischer/*Körber*, Hdb VorstandsR, § 10 Rn 18; *Hemeling*, ZHR 169 (2005), 274, 278.

47 Vgl hierzu Hölters/*Hölters*, AktG, § 93 Rn 146 ff.

48 Vgl Fleischer/*Körber*, Hdb VorstandsR, § 10 Rn 19; *Körber*, NZG 2002, 263, 268; MüKo-AktG/*Spindler*, § 93 Rn 124; MünchHdb-GesR AG/*Wiesner*, § 25 Rn 42; *Linker/Zinger*, NZG 2002, 497; *Müller*, NJW 2000, 3452, 3453.

49 Fleischer/*Körber*, Hdb VorstandsR, § 10 Rn 19.

50 Fleischer/*Körber*, Hdb VorstandsR, § 10 Rn 20; *Linker/Zinger*, NZG 2002, 497, 498; MüKo-AktG/*Spindler*, § 93 Rn 124.

51 Fleischer/*Körber*, Hdb VorstandsR, § 10 Rn 20; *Körber*, NZG 2002, 263, 268; *Hemeling*, ZHR 169 (2005), 274, 282; *Linker/Zinger*, NZG 2002, 497, 498; *Müller*, NJW 2000, 3452, 3455; *Roschmann/Frey*, AG 1996, 449, 452; *Schroeder*, DB 1997, 2161, 2163; MüKo-AktG/*Spindler*, § 93 Rn 124.

52 Vgl auch Fleischer/*Körber*, Hdb VorstandsR, § 10 Rn 20; *Hüffer*, AktG, § 93 Rn 7; *Schroeder*, DB 1997, 2161, 2162.

53 Fleischer/*Körber*, Hdb VorstandsR, § 10 Rn 21; *Körber*, NZG 2002, 263, 269; *Hemeling*, ZHR 169 (2005), 274, 279 f.

54 Fleischer/*Körber*, Hdb VorstandsR, § 10 Rn 26; *Körber*, NZG 2002, 263, 270 f; *Hemeling*, ZHR 169 (2005), 274, 281 f; *Schroeder*, DB 1997, 2161, 2163; *Müller*, NJW 2000, 3452, 3455.

55 Fleischer/*Körber*, Hdb VorstandsR, § 10 Rn 25; MünchHdb-GesR AG/*Wiesner*, § 25 Rn 42 setzt bei der Due Diligence idR eine solche Vereinbarung voraus; ähnl. *Hemeling*, ZHR 169 (2005), 274, 281 f, auch *Linker/Zinger*, NZG 2002, 497, 501 verlangen vor Durchführung einer Due Diligence den Abschluss von Vertraulichkeitsvereinbarungen; ebenso *Müller*, NJW 2000, 3452, 3455; *Treek*, in: FS Fikentscher, S. 434, 444 f.

nachvertraglicher Geheimhaltungs- und Verwertungsverbote gegen angemessene Entschädigung zu denken.[56]

(4) Gleichbehandlungsgebot

499 Im Hinblick auf das in § 53 a AktG formulierte Gleichbehandlungsgebot der Aktionäre bzw das in § 131 Abs. 4 AktG formulierte Informationsrecht stellt sich die Frage, ob der Vorstand Informationen, die er einem Aktionär mitgeteilt hat, nun auch allen anderen Aktionären mitteilen muss. Allerdings besteht ein Gleichbehandlungsanspruch nach § 53 a AktG nur unter gleichen Voraussetzungen, dh andere Aktionäre haben lediglich einen Anspruch auf eine Entscheidung des Vorstands nach gleichen Maßstäben, wenn sie in vergleichbarer Lage vergleichbare Informationen benötigen.[57]

500 Auch aus dem Informationsrecht des § 131 Abs. 4 AktG ergibt sich nichts anderes. Gibt der Vorstand einem einzelnen Aktionär berechtigt Informationen preis, so kann dies ohnehin nur bei Vorliegen eines überwiegenden Gesellschaftsinteresses geschehen. Fehlt dieses Interesse, kann es nicht durch das in § 131 Abs. 4 AktG geschützte Aktionärsinteresse ersetzt werden.[58] Geschieht die Preisgabe zu Zwecken der Konzernleitung oder im Rahmen eines Unternehmenskaufs, so erfolgt sie nicht „wegen seiner Eigenschaft als Aktionär" und wird dementsprechend erst gar nicht vom Wortlaut des § 131 Abs. 4 AktG erfasst.[59]

(5) Zeugnisverweigerungsrechte

501 Amtierende Vorstandsmitglieder können im Zivilprozess ohnehin nur als Partei vernommen werden,[60] so dass sie zur Wahrung ihrer Verschwiegenheitspflicht keines Zeugnisverweigerungsrechts bedürfen. Ausgeschiedenen Vorstandsmitgliedern, die nicht als Partei, sondern als Zeugen vernommen werden können, steht wegen ihrer fortdauernden Verschwiegenheitspflicht ein Zeugnisverweigerungsrecht gem. § 383 Abs. 1 Nr. 6 ZPO zu.[61]

502 Im Strafprozess hingegen haben Vorstandsmitglieder kein Zeugnisverweigerungsrecht aufgrund ihrer Verschwiegenheitspflicht.[62]

dd) Rechtsfolgen eines Verstoßes

503 Der schuldhafte Verstoß gegen die Verschwiegenheitspflicht kann für das Vorstandsmitglied zunächst die Abberufung aus dem Vorstandsamt und die Kündigung des Anstellungsvertrages zur Folge haben.[63] Außerdem kommen Schadensersatzansprüche der Gesellschaft gem. § 93

---

56 Fleischer/*Körber*, Hdb VorstandsR, § 10 Rn 25; MüKo-AktG/*Spindler*, § 93 Rn 117; Großkomm AktG/*Hopt*, § 93 Rn 210.

57 Vgl Fleischer/*Körber*, Hdb VorstandsR, § 10 Rn 33; *Mertens*, AG 1997, 541, 547; *Linker/Zinger*, NZG 2002, 497, 502; *Körber*, NZG 2002, 263, 265; *Ziegler*, DStR 2000, 249, 254; aA *Lutter*, ZIP 1997, 613, 618.

58 Fleischer/*Körber*, Hdb VorstandsR, § 10 Rn 34; vgl auch *Schroeder*, DB 1997, 2161, 2166; *Linker/Zinger*, NZG 2002, 497, 502.

59 Fleischer/*Körber*, Hdb VorstandsR, § 10 Rn 34; *Körber*, NZG 2002, 263, 265; *Treek*, in: FS Fikentscher, S. 434, 448; *Roschmann/Frey*, AG 1996, 449, 454; *Hüffer*, AktG, § 131 Rn 37 f; *Linker/Zinger*, NZG 2002, 497, 502.

60 *Hüffer*, AktG, § 93 Rn 9; MüKo-AktG/*Spindler*, § 93 Rn 114; MünchHdb-GesR AG/*Wiesner*, § 25 Rn 47. Dasselbe gilt für geschäftsführende Direktoren einer monistisch verfassten SE, nicht aber für die Mitglieder des Verwaltungsrats, die nicht zugleich geschäftsführende Direktoren sind, MüKo-AktG/*Reichert/Brandes*, Art. 43 SE-VO Rn 188.

61 Fleischer/*Körber*, Hdb VorstandsR, § 10 Rn 40; MünchHdb-GesR AG/*Wiesner*, § 25 Rn 47; OLG Koblenz 5.3.1987 – 6 W 38/87, NJW-RR 1987, 809; *Hüffer*, AktG, § 93 Rn 9; MüKo-AktG/*Spindler*, § 93 Rn 114.

62 Wohl allgM, vgl Fleischer/*Körber*, Hdb VorstandsR, § 10 Rn 41; *Hüffer*, AktG, § 93 Rn 9; MünchHdb-GesR AG/*Wiesner*, § 25 Rn 47; Großkomm AktG/*Hopt*, § 93 Rn 217; MüKo-AktG/*Spindler*, § 93 Rn 114.

63 Fleischer/*Körber*, Hdb VorstandsR, § 10 Rn 35; MüKo-AktG/*Spindler*, § 93 Rn 96, 109; MünchHdb-GesR AG/*Wiesner*, § 25 Rn 40; Großkomm AktG/*Hopt*, § 93 Rn 231; vgl auch LG München I 17.5.2001 – 5 HKO 1227/01, AG 2002, 104, demzufolge zutreffende negative Information über wirtschaftliche Lage der

Abs. 2 AktG gegen das Vorstandsmitglied in Betracht. Freistellungsvereinbarungen, in denen sich das Vorstandsmitglied gegen Freistellung von entsprechenden Ansprüchen der Gesellschaft verpflichtet, pauschal Informationen preiszugeben, sind gem. § 138 BGB bzw § 134 BGB iVm § 404 AktG nichtig.[64]

504 Neben diesen zivilrechtlichen Folgen kommt bei vorsätzlicher unbefugter Offenbarung von Gesellschaftsgeheimnissen zudem noch eine Strafbarkeit nach § 404 AktG in Betracht.

b) Klauseltyp und Gestaltungshinweise

aa) Verschwiegenheitsklausel

(1) Klauselwerk

505 **1. Gesetzliche Verschwiegenheitspflicht**

1.1
Das Vorstandsmitglied ist verpflichtet, über alle vertraulichen Angaben und Geheimnisse der Gesellschaft und der mit ihr verbundenen Unternehmen (insbesondere Geschäfts- und Betriebsgeheimnisse), die ihm durch seine Tätigkeit als Vorstandsmitglied bekannt geworden sind, Stillschweigen zu bewahren.

1.2
Diese Verschwiegenheitspflicht gilt auch nach Beendigung des Anstellungsvertrages fort.

2. Konkretisierung
➔ Die Verschwiegenheitspflicht erfasst insbesondere den Kundenkreis der Gesellschaft, die mit ihnen gemachten Geschäfte und Umsätze, die strategischen Planungen der Gesellschaft sowie die Umsatz- und Ergebnisziele.

(2) Gestaltungshinweise

506 Die gesetzliche Verschwiegenheitspflicht nach § 93 Abs. 1 S. 3 AktG kann weder durch Satzung, Anstellungsvertrag noch durch Geschäftsordnung abgemildert oder verschärft werden. Nr. 1 des Klauselwerkes besitzt demnach nur klarstellende Wirkung, um das Vorstandsmitglied über seine gesetzliche Verschwiegenheitspflicht zu informieren.

507 Es ist allerdings möglich, die Begriffe „vertrauliche Angaben" und „Geheimnis" anstellungsvertraglich zu konkretisieren, um das Vorstandsmitglied noch besser über den Umfang seiner Verschwiegenheitspflicht zu informieren. Ein Beispiel hierfür findet sich unter Nr. 2 des Klauselwerkes. Hierbei ist jedoch darauf zu achten, dass die Ausgestaltung an die Bedürfnisse der Gesellschaft angepasst wird und lediglich vertrauliche Angaben und Geheimnisse der Gesellschaft konkretisiert. Eine Erweiterung auf alle geschäftlichen Angelegenheiten bspw wäre unwirksam.

Gesellschaft keinen wichtigen Grund für die Abberufung des Vorstands darstellt, da die Information der Öffentlichkeit über Lage der Gesellschaft zu den Pflichten des Vorstands gehört.

64 Fleischer/*Körber*, Hdb VorstandsR, § 10 Rn 36; *Linker/Zinger*, NZG 2002, 497, 500.

7. Wettbewerbsverbotsklauseln

Literatur

Fischer/Harth/Meyding, Vorstandsverträge im Konzern: Rechtliche Gestaltungsmöglichkeiten bei der Organleihe, BB 2000, 1097; *Fleischer*, Wettbewerbs- und Betätigungsverbote für Vorstandsmitglieder im Aktienrecht, AG 2005, 336; *Fleischer*, Zur organschaftlichen Treuepflicht der Geschäftsleiter im Aktien- und GmbH-Recht, WM 2003, 1045; *Merkt*, Unternehmensleitung und Interessenkollision, ZHR 159 (1995), 423.

a) Rechtslage im Umfeld

Dem Vorstandsmitglied sind das Gesellschaftsvermögen und sämtliche wirtschaftlichen und ideellen Interessen der Gesellschaft anvertraut. Aus diesem Grund besteht eine umfangreiche **Treuepflicht** des Vorstandsmitglieds gegenüber der Gesellschaft.[1] Aus dieser Treuebindung ergeben sich v.a. **Schutz- und Rücksichtnahmepflichten**, die ihre wichtigste Ausprägung in dem gesetzlichen Wettbewerbsverbot finden. Die rechtlichen Grenzen von Wettbewerbsverbotsklauseln unterscheiden sich danach, ob dem Vorstandsmitglied während des bestehenden Anstellungsverhältnisses oder nach dessen Beendigung eine Konkurrenztätigkeit untersagt werden soll. 508

aa) Wettbewerbsverbot während des Dienstverhältnisses

(1) Gesetzliches Wettbewerbsverbot nach § 88 Abs. 1 AktG

Im bestehenden Dienstverhältnis unterliegt das Vorstandsmitglied aufgrund der sich aus dem Anstellungsvertrag und aus der organisationsrechtlichen Stellung nach Treu und Glauben geschuldeten Loyalität gegenüber der Gesellschaft einem umfassenden Wettbewerbsverbot nach § 88 Abs. 1 AktG. Zum Inhalt, zu Befreiungsmöglichkeiten, Rechtsfolgen bei einem Verstoß sowie zur zeitlichen Geltung des gesetzlichen Wettbewerbverbots s. § 3 Rn 84 ff. Bei einem **Verstoß** kommt – neben anderen Rechtsfolgen (zu diesen s. § 3 Rn 90 f) – je nach Intensität die Abberufung des Vorstandsmitglieds aus seiner Organstellung aufgrund § 84 Abs. 3 S. 1 AktG in Betracht sowie eine außerordentliche Kündigung des Dienstverhältnisses gem. § 626 BGB (vgl auch § 3 Rn 10 ff). 509

(2) Vertragliche Ergänzungen des gesetzlichen Wettbewerbsverbots

Das Wettbewerbsverbot für Vorstandsmitglieder nach § 88 Abs. 1 AktG erfasst jedoch nicht alle Aktivitäten des Vorstandsmitglieds, die aus Sicht der Gesellschaft unterlassen werden sollten. Der DCGK übernimmt in Ziff. 4.3.1 zwar sehr knapp das gesetzliche Wettbewerbsverbot, ergänzt dieses jedoch in Ziff. 4.3.5 DCGK um die Empfehlung, dass Vorstandsmitglieder Nebentätigkeiten, insb. Aufsichtsratsmandate außerhalb des Unternehmens, nur mit Zustimmung des Aufsichtsrats übernehmen sollen. Diese Einschränkung dient der Erhaltung der vollen Arbeitskraft des Vorstandsmitglieds für das Unternehmen und findet sich bereits in den meisten Vorstandsverträgen börsennotierter deutscher AG.[2] 510

Das gesetzliche Wettbewerbsverbot erfasst – anders als die Mitgliedschaft in Vorstand oder Geschäftsführung einer anderen Handelsgesellschaft bzw die Beteiligung als persönlich haftender Gesellschafter an dieser – nicht die reine Kapitalbeteiligung des Vorstandsmitglieds an einer anderen Gesellschaft, sofern dies keinen Einfluss auf die Geschäftsführung hat.[3] Das Vorstandsmitglied kann sich ohne Weiteres als stiller Gesellschafter, Kommanditist, Aktionär, Kommanditaktionär oder Gesellschafter einer GmbH an einer anderen Gesellschaft beteili- 511

1 *Fleischer*, WM 2003, 1045, 1046.

2 Ringleb/Kremer/Lutter/v. Werder/*Ringleb*, DCGK, Rn 838.

3 MüKo-AktG/*Spindler*, § 88 Rn 19; *Hüffer*, AktG, § 88 Rn 4; Schmidt/Lutter/*Seibt*, AktG, § 88 Rn 8; BLDH/*Lingemann*, Anwalts-Formularbuch Arbeitsrecht, M 5.1 Fn 52, 54; MünchVertragshdB-GesR/*Hölters/Favoccia*, V. 51 Anm. Nr. 13.

gen.[4] Soll eine derartige Beteiligung an einem Konkurrenzunternehmen bzw einem Unternehmen, welches in Geschäftsbeziehungen mit dem eigenen Unternehmen steht, vermieden werden, empfiehlt sich die Aufnahme einer entsprechenden Klausel in den Anstellungsvertrag.

512 Nach wie vor ist unklar, inwieweit auch bloße **Geschäftschancen** vom Wettbewerbsverbot des § 88 Abs. 1 AktG erfasst werden (s. § 3 Rn 87). Ist deren Einbeziehung in das Wettbewerbsverbot gewünscht, sollte dies ausdrücklich im Anstellungsvertrag vereinbart werden. Dasselbe gilt im Hinblick auf die Frage, inwieweit Geschäftschancen von Konzernunternehmen von § 88 Abs. 1 AktG erfasst sind. Auch hier erscheint für Vorstandsmitglieder eine Regelung zur Klarstellung sinnvoll.

bb) Nachvertragliches Wettbewerbsverbot

513 Schließlich besteht die Möglichkeit, die **zeitliche Geltung** des gesetzlichen Wettbewerbsverbots, welches nur für die Dauer der Tätigkeit als Vorstandsmitglied gilt, durch eine entsprechende vertragliche Einigung auf Zeit nach Beendigung der Vorstandstätigkeit zu erweitern. Bei einem **Verstoß** gegen ein solches nachvertragliches Wettbewerbsverbot kann die Gesellschaft Unterlassungs- und Schadensersatzansprüche geltend machen.[5] Außerdem kann eine Vertragsstrafe vereinbart werden.[6] – Zum nachvertraglichen Wettbewerbsverbot s. ausf. § 2 Rn 166 ff und 1091 ff sowie § 3 Rn 95.

b) Klauseltypen und Gestaltungshinweise

aa) Wettbewerbsverbot während des Dienstverhältnisses

(1) Klauseltyp A

514 **1. Wettbewerbsverbot nach § 88 AktG**

1.1

A 1: Das Vorstandsmitglied wird während der Dauer dieses Vertrages ohne vorherige schriftliche Zustimmung des Aufsichtsrats der Gesellschaft kein Unternehmen betreiben oder im Geschäftsbereich der Gesellschaft für eigene oder fremde Rechnung Geschäfte machen. Auch die Übernahme eines Vorstands- oder Geschäftsführermandates und die Beteiligung an einem Unternehmen als persönlich haftender Gesellschafter erfolgen nicht ohne vorherige schriftliche Zustimmung des Aufsichtsrats der Gesellschaft.

2. Verbot jeglicher Nebentätigkeit

2.1

A 2: Das Vorstandsmitglied stellt seine gesamte Arbeitskraft, fachlichen Kenntnisse und Erfahrungen ausschließlich der Gesellschaft zur Verfügung.

2.2

A 3: Eine entgeltliche oder unentgeltliche Nebentätigkeit, insbesondere die Übernahme eines Amtes als Aufsichtsrat, Beirat oder Ähnliches, bedarf der vorherigen schriftlichen Zustimmung des (...) (Aufsichtsrats/Personalausschusses/Aufsichtsratsvorsitzenden), der diese jederzeit widerrufen kann. Jede Gutachter- und Schiedsrichtertätigkeit bedarf der vorherigen Zustimmung des (...) (Aufsichtsrats/Personalausschusses/Aufsichtsratsvorsitzenden). Über Veröffentlichungen und Vorträge mit Öffentlichkeitswirkung ist vorher im Vorstand zu berichten.

4 MüKo-AktG/*Spindler*, § 88 Rn 19; Schmidt/Lutter/*Seibt*, AktG, § 88 Rn 8.
5 Fleischer/*Thüsing*, Hdb VorstandsR, § 4 Rn 127.
6 Fleischer/*Thüsing*, Hdb VorstandsR, § 4 Rn 127.

A 4: Eine entgeltliche oder unentgeltliche Nebentätigkeit, insbesondere die Übernahme eines Amtes als Aufsichtsrat, Beirat oder Ähnliches, bedarf der vorherigen schriftlichen Zustimmung des (...) (Aufsichtsrats/Personalausschusses/Aufsichtsratsvorsitzenden), der diese jederzeit widerrufen kann. Jede Gutachter- und Schiedsrichtertätigkeit sowie Veröffentlichungen und Vorträge mit Öffentlichkeitswirkung bedürfen der vorherigen Zustimmung des (...) (Aufsichtsrats/ Personalausschusses/Aufsichtsratsvorsitzenden).

3. Beteiligung an anderen Unternehmen

A 5: Das Vorstandsmitglied wird ebenfalls nicht während der Dauer dieses Vertrages ein Unternehmen, welches mit der Gesellschaft oder einem mit der Gesellschaft konzernverbundenen Unternehmen in direktem oder indirektem Wettbewerb steht oder in wesentlichem Umfang Geschäftsbeziehungen zu der Gesellschaft oder einem mit ihr verbundenen Unternehmen unterhält, errichten, erwerben oder sich hieran unmittelbar oder mittelbar beteiligen. Das Vorstandsmitglied wird den Aufsichtsratsvorsitzenden unterrichten, falls ein Mitglied seiner Familie (Angehörige iSd § 15 AO) eine Beteiligung an einem solchen Unternehmen hält. Anteilsbesitz im Rahmen der privaten Vermögensverwaltung, der keinen Einfluss auf die Organe des betreffenden Unternehmens ermöglicht, gilt nicht als Beteiligung im Sinne dieser Bestimmung.

4. Geschäftschancen

4.1

A 6: Das Verbot, im Geschäftsbereich der Gesellschaft für eigene oder fremde Rechnung Geschäfte zu machen, erfasst auch Geschäfte, die lediglich Geschäftschancen der Gesellschaft beeinträchtigen.

A 7: Das Verbot, im Geschäftsbereich der Gesellschaft für eigene oder fremde Rechnung Geschäfte zu machen, erfasst auch Geschäfte, die lediglich Geschäftschancen der Gesellschaft und mit dieser konzernverbundener Unternehmen beeinträchtigen.

(2) Gestaltungshinweise

Unter Nr. 1 (**Klausel A 1**) wird das gesetzliche Wettbewerbsverbot nach § 88 AktG wiedergegeben. Zudem wird festgelegt, dass die Zustimmung des Aufsichtsrats im Sinne der Rechtssicherheit schriftlich zu erfolgen hat. 515

Das Verbot jeglicher Nebentätigkeit in Nr. 2 (**Klauseln A 2–A 4**) ergänzt das gesetzliche Wettbewerbsverbot, da die Übernahme von Aufsichtsratsmandaten etc. ohne Zustimmung des Aufsichtsrats nicht schon kraft Gesetzes verboten ist. Ein solches Nebentätigkeitsverbot dient der Sicherung der gesamten Arbeitskraft des Vorstandsmitglieds für die Gesellschaft. Hier liegt es an der Gesellschaft zu bestimmen, wer die Zustimmung erteilen soll: der Aufsichtsrat, der Personalausschuss oder der Aufsichtsratsvorsitzende. Die Klauseln A 3 und A 4 unterscheiden sich darin, ob Veröffentlichungen und Vorträge der Zustimmung eines Aufsichtsratsgremiums bedürfen oder lediglich im Vorstand selbst zu erörtern sind. 516

Das gesetzliche Wettbewerbsverbot enthält kein über das Verbot der Übernahme einer Stellung als persönlich haftender Gesellschafter einer anderen Gesellschaft hinausgehendes Beteiligungsverbot. Deshalb ist unter Nr. 3 mit der **Klausel A 5** ein Verbot der Beteiligung an Unternehmen formuliert,[7] die im Wettbewerb mit der Gesellschaft stehen oder in wesentlichem Umfang Geschäftsbeziehungen zu dieser unterhalten. Das Verbot erstreckt sich auch auf konzernverbundene Unternehmen. Um Interessenkonflikte offenzulegen, wird das Vorstandsmitglied dazu verpflichtet, derartige Beteiligungen durch Angehörige dem Unternehmen mitzuteilen. Soweit 517

7 Nach BLDH/*Lingemann*, Anwalts-Formularbuch Arbeitsrecht, M 5.1.

die Beteiligung keinen Einfluss auf die Organe des betreffenden Unternehmens zulässt, wird diese nicht erfasst.

518 Wegen der Ungewissheit, ob Geschäftschancen vom Wettbewerbsverbot des § 88 AktG erfasst werden, enthält Nr. 4 zur Klarstellung eine entsprechende Klausel (**Klausel A 6**).

519 Bei einem Unternehmen im Konzernverbund erscheint darüber hinaus eine Erstreckung auf die Geschäftschancen anderer Konzernunternehmen empfehlenswert (**Klausel A 7**).

bb) Nachvertragliches Wettbewerbsverbot

520 Zum nachvertraglichen Wettbewerbsverbot s. ausf. § 2 Rn 166 ff und 1091 ff sowie § 3 Rn 95.

B. Musterverträge

I. Muster: Einfacher Vorstandsvertrag

521

Vorbemerkung

Herr/Frau (...) wurde durch Beschluss des Aufsichtsrats vom (...) zunächst für die Zeit vom (...) bis zum (...) zum ordentlichen Mitglied des Vorstands der Gesellschaft bestellt. Wird die Bestellung zum Vorstandsmitglied nicht innerhalb dieser Zeit widerrufen, verlängert sich die Bestellung auf insgesamt (.../ maximal fünf) Jahre, ohne dass es eines erneuten Aufsichtsratsbeschlusses bedarf. Im Hinblick auf diese Bestellung wird folgender Anstellungsvertrag zwischen Vorstand und Gesellschaft vereinbart.

Preliminary Remark

By Resolution of (...), the Supervisory Board appointed Mr./Mrs. (...) as Member of the Managing Board of the Company for an initial period of (...) years effective as of (...). The appointment as Member of the Managing Board will be extended to an overall period of (.../at maximum five years) without a further resolution of the Supervisory Board, if the appointment has not been revoked during the initial period. With regard to this appointment, the Company and the Member of the Managing Board conclude the following service contract.

1. Aufgaben und Pflichten

a) Das Vorstandsmitglied führt gemeinsam mit den anderen Vorstandsmitgliedern die Geschäfte der Gesellschaft nach Maßgabe der Gesetze, der Satzung und der Geschäftsordnung für den Vorstand.

b) Der Vorstand nimmt die Rechte und Pflichten des Arbeitgebers im Sinne der arbeits- und sozialrechtlichen Vorschriften war.

c) Der Vorstand hat alle ihm durch das AktG, das HGB und andere gesetzliche Vorschriften auferlegten Pflichten gewissenhaft und innerhalb der vorgeschriebenen gesetzlichen Fristen zu erfüllen. Darüber hinaus hat er den Aufsichtsrat monatlich über den Geschäftsverlauf, insbesondere den Umsatz, die Kosten, den Personalstand, den Auftragsstand und etwaige außergewöhnliche Geschäftsvorfälle schriftlich zu informieren.

d) Auf Wunsch des Aufsichtsrats oder des Vorstands wird Herr/Frau (...) Aufsichtsratsmandate und ähnliche Ämter in Gesellschaften, an denen die Gesellschaft unmittelbar oder mittelbar beteiligt ist, übernehmen. Dies gilt auch für Tätigkeiten in Verbänden und

1. Functions and Duties

a) The Member of the Managing Board shall conduct the business of the Company together with the other Members of the Managing Board in compliance with the law, the articles of association, and the internal rules of procedure for the Managing Board.

b) The Member of Managing Board performs the rights and duties of the employer according to the labour and social legislation.

c) The Member of Managing Board has to comply diligently and in due time with all the duties imposed by the AktG (German Stock Code), the HGB (German Commercial Code), and other statutory provisions. Furthermore, it has to inform the Supervisory Board in writing on a monthly basis about the course of business, in particular the turnover, the costs, the number of employees, the number of orders, and any extraordinary transactions.

d) By request of the Supervisory Board or the Managing Board, Mr./Mrs. (...) will assume office in Supervisory Boards or similar posts in companies, in which the Company directly or indirectly holds a share. This applies also for functions in associations and similar uni-

ähnlichen Zusammenschlüssen, denen die Gesellschaft angehört, oder Ehrenämter in Verwaltung und Rechtsprechung. Bei Beendigung der Vorstandstätigkeit oder auf Wunsch des Aufsichtsrates oder des Vorstands hat Herr/Frau (...) diese Ämter niederzulegen.

ons, of which the company is a member, or honorary offices in the administration or jurisdiction. In the case of termination of the function as Member of the Managing Board or upon request of the Supervisory Board or the Managing Board, Mr./Mrs. (...) has to resign from these offices.

2. Vertragsdauer

a) Der Anstellungsvertrag wird zunächst für (...) Jahre geschlossen, beginnend am (...). Wird die Bestellung zum Vorstandsmitglied nicht innerhalb dieser (...) Jahre widerrufen, verlängert sich der Anstellungsvertrag um (...) auf insgesamt (.../maximal fünf) Jahre.

b) Der Vertrag endet spätestens am Ende des Monats, in dem das Vorstandsmitglied das (...) Lebensjahr vollendet.

c) Wird das Vorstandsmitglied während der Laufzeit dieses Vertrages auf Dauer dienstunfähig, endet dieser Vertrag mit Ende des (...) Monats, in dem die Dienstunfähigkeit festgestellt worden ist, vorbehaltlich einer früheren Beendigung gemäß Nr. 2 a oder 2 b. Dauernde Dienstunfähigkeit ist gegeben, wenn das Vorstandsmitglied länger als (...) Monate nicht in der Lage ist, seine Aufgaben wahrzunehmen und die Wiederherstellung seiner Einsatzfähigkeit auch während weiterer (...) Monate nicht zu erwarten ist. Auf Verlangen des Aufsichtsrats wird das Vorliegen dieser Voraussetzungen durch einen von diesem bestimmten Arzt auf Kosten der Gesellschaft nachgeprüft.

2. Term of Contract

a) The service contract is entered into for an initial period of (...) years with effect as of (...). The service contract will be extended for (...) years to an overall period of (.../at maximum five years), if the appointment as Member of the Managing Board has not been revoked during the initial period.

b) At the latest, the contract shall cease upon expiry of the month in which the Member of the Managing Board attains the age of (...).

c) In cases where the Member of the Managing Board is permanently disabled to perform its contractual duties and responsibilities, the service contract will upon expiry of the (...) month, in which the disability has been determined if it does not end earlier according to No. 2 a or 2 b. Permanent disability means that the Member of the Managing Board is not able to perform its duties for more than (...) months and a rehabilitation can not be expected in the next (...) months. By request of the Supervisory Board, a doctor – appointed by the Supervisory Board – will verify the presence of this condition at the expense of the Company.

3. Nebentätigkeiten und Wettbewerbsverbot

a) Das Vorstandsmitglied wird während der Dauer dieses Vertrages ohne vorherige schriftliche Zustimmung des Aufsichtsrates der Gesellschaft kein Unternehmen betreiben oder im Geschäftsbereich der Gesellschaft für eigene oder fremde Rechnung Geschäfte tätigen. Auch die Übernahme eines Vorstands- oder Geschäftsführermandates und die Beteiligung an einem Unternehmen als persönlich haftender Gesellschafter erfolgt nicht ohne

3. Secondary Employment and Restraint on Competition

a) During the term of this contract, the Member of the Managing Board will not conduct any business or deal in the Company's business units neither for his own account, nor for the account of another, without prior and written consent by the Supervisory Board. Furthermore, the Member of the Managing Board will neither assume offices as Member of the Managing Board or as Managing Director nor participate as general

vorherige schriftliche Zustimmung des Aufsichtsrates der Gesellschaft.

partner in a business without prior and written consent of the Supervisory Board.

b) Das Vorstandsmitglied stellt seine gesamte Arbeitskraft, fachlichen Kenntnisse und Erfahrungen ausschließlich der Gesellschaft zur Verfügung. Eine entgeltliche oder unentgeltliche Nebentätigkeit, insbesondere die Übernahme eines Amtes als Aufsichtsrat, Beirat oder Ähnliches bedarf der vorherigen schriftlichen Zustimmung des Aufsichtsrates, der diese jederzeit widerrufen kann. Jede Gutachter- und Schiedsrichtertätigkeit sowie Veröffentlichungen und Vorträge mit Öffentlichkeitswirkung bedürfen der vorherigen Zustimmung des Personalausschusses.

b) The Member of the Managing Board shall exclusively dedicate its entire working capacity, its expertise and experience to the Company. Prior to the practice of any secondary employment – paid or unpaid –, in particular the assumption of offices as Member of a Supervisory Board, as a Member of an Advisory Board, or of similar offices, the Member of the Managing Board has to obtain the written consent of the Supervisory Board which is unrestrictedly revocable. Prior to the assumption of any function as expert or arbitrator, the Member of the Managing Board has to obtain the consent of the Staff Committee of the Supervisory Board. That also applies to publications and speeches with a public effect.

c) Das Vorstandsmitglied wird ebenfalls nicht während der Dauer dieses Vertrages ein Unternehmen, welches mit der Gesellschaft oder einem mit der Gesellschaft konzernverbundenen Unternehmen in direktem oder indirektem Wettbewerb steht oder in wesentlichem Umfang Geschäftsbeziehungen zu der Gesellschaft oder einem mit ihr verbundenen Unternehmen unterhält, errichten, erwerben oder sich hieran unmittelbar oder mittelbar beteiligen. Das Vorstandsmitglied wird den Aufsichtsratsvorsitzenden unterrichten, falls ein Mitglied seiner Familie (Angehörige iSd § 15 AO) eine Beteiligung an einem solchen Unternehmen hält. Anteilsbesitz im Rahmen der privaten Vermögensverwaltung, der keinen Einfluss auf die Organe des betreffenden Unternehmens ermöglicht, gilt nicht als Beteiligung im Sinne dieser Bestimmung.

c) The Member of the Managing Board will not establish, take over, or acquire a share – neither directly nor indirectly – in a company which is competing directly or indirectly with the Company or an affiliated company or has material business relations with the Company or an affiliated company. In the case that a family member of the Member of the Managing Board (relative according to § 15 AO) holds a share in such a company, the Member of the Managing Board shall notify the Chairman of the Supervisory Board thereof. Any shareholding within the scope of private asset management without enabling the exercise of any influence in the relevant company shall not be considered as shareholding in terms of this provision.

d) Das Verbot, im Geschäftsbereich der Gesellschaft für eigene oder fremde Rechnung Geschäfte zu tätigen, erfasst auch Geschäfte, die lediglich Geschäftschancen der Gesellschaft und mit dieser verbundener Unternehmen beeinträchtigen.

d) The prohibition to deal within the Company's field of activity neither to one's own nor to a third party's account comprises also deals merely affecting business opportunities of the Company and affiliated companies.

4. Vergütung

4. Remuneration

a) Der Vorstand erhält für seine Tätigkeit nach diesem Vertrag ein festes Jahresgehalt in Höhe von (...) € brutto. Der Betrag ist in

a) The Member of the Managing Board receives for his services according to this contract a fixed annual gross salary amounting

zwölf gleichen Monatsraten zu zahlen, jeweils zum Ende eines Kalendermonats. Die Teilbeträge werden letztmalig für den vollen Monat, in dem der Anstellungsvertrag endet, gezahlt.

to (...) €. The amount shall be paid in twelve equal monthly instalments at the end of each calendar month. The rates shall be paid ultimately for the full month, in which the contract ends.

b) Der Vorstand erhält für seine Tätigkeit eine Tantieme, die der Aufsichtsrat für das abgelaufene Geschäftsjahr unter Berücksichtigung des Ergebnisses und der langfristigen wirtschaftlichen Lage der Gesellschaft und der Leistungen des Vorstands nach pflichtgemäßem Ermessen festsetzt. Die Tantieme ist am Ende des Kalendermonats fällig, in dem die ordentliche Hauptversammlung stattfindet. Beginnt oder endet das Dienstverhältnis im laufenden Jahr, erhält der Vorstand die Tantieme pro rata temporis.

b) The Member of the Managing Board receives for his services an annual profit-sharing bonus which will be determined for the last fiscal year by the Supervisory Board according to its equitable discretion. The Supervisory Board shall take long-term into account the operating results and the business situation of the Company as well as the performance of the Member of the Managing Board. The bonus becomes due at the end of the calendar month in which the annual general meeting took place. In the case that the service contract commences or ends during the year, the bonus will be granted on a pro rata temporis basis.

c) Ferner erhält der Vorstand eine garantierte Mindesttantieme in Höhe von (...) €. Die Mindesttantieme wird gleichzeitig mit der Ermessenstantieme fällig und wird auf diese angerechnet. Beginnt oder endet das Dienstverhältnis im laufenden Jahr, erhält der Vorstand die Tantieme pro rata temporis.

c) Furthermore, the Member of the Managing Board receives an annual guaranteed bonus amounting to (...) €. The guaranteed bonus becomes due at the same time as the bonus according to No. 4 b and will be deducted from the latter one. In the case that the service contract commences or ends during the year, the bonus will be granted on an pro rata temporis basis.

d) Bei einer vorübergehenden Arbeitsunfähigkeit, die durch Krankheit, Unfall oder aus einem anderen vom Vorstand nicht verschuldeten Grund eintritt, werden die Bezüge für die Dauer von sechs Monaten, längstens bis zum Ende des Anstellungsvertrages, in unveränderter Höhe weitergewährt, wobei als erster Monat der auf den Beginn der Arbeitsunfähigkeit folgende Monat gilt. Der Vorstand muss sich auf diese Zahlungen anrechnen lassen, was er von Kassen oder Versicherungen an Krankengeld, Krankentagegeld oder Rente erhält.

d) In the case of a temporary disability of the Member of the Managing Board to perform its contractual duties and responsibilities caused by sickness, accident or other circumstances for which it is not responsible, the full remuneration will be paid for six months, the first of the six months being the one following the beginning of the temporary disability to perform the contractual duties and responsibilities, however, no longer than until the termination of this service contract. Any payments the Member of the Managing Board receives from insurances as sickness benefit, sickness daily allowance or pension will be deducted from the continued payment of remuneration.

e) Mit den Bezügen nach diesem Vertrag ist die gesamte Tätigkeit des Vorstands bei der Gesellschaft und gegebenenfalls bei Konzerngesellschaften einschließlich aller Nebentätig-

e) All functions of the Member of the Managing Board for this company and for affiliated companies if applicable including performance of any additional offices shall be com-

keiten abgegolten. Sofern der Vorstand aus Tätigkeiten für Konzerngesellschaften Vergütungsleistungen, Aufwandsentschädigungen oder ähnliche Zahlungen erhält, sind diese auf die Vergütung nach diesem Vertrag anzurechnen.

pensated by the remuneration according to this contract. In the case that the Member of the Managing Board receives any remuneration, expenses or similar payments for functions for affiliated companies, these will be deducted from the remuneration according to this contract.

f) Eine Abtretung oder Verpfändung der Bezüge ohne Genehmigung der Gesellschaft ist unzulässig.

f) The assignment or pledging of the remuneration without prior consent by the company is prohibited.

5. Nebenleistungen, Versicherungsschutz und Aufwendungsersatz

5. Supplementary Payments, Insurance Coverage, and Reimbursement

a) Die Gesellschaft zahlt dem Vorstandsmitglied die Hälfte der Beiträge zu dessen Kranken- und Pflegeversicherung, höchstens jedoch bis zu einem monatlichen Betrag von (...) €.

a) The Company pays half of the expenses of the Member of the Managing Board's health and nursing insurances, but at maximum the monthly amount of (...) €.

b) Die Gesellschaft schließt zugunsten des Vorstandsmitglieds folgende Versicherungen für die Dauer des Dienstverhältnisses ab:

b) For the duration of this contract, the Company shall take out the following insurance policies for the benefit of the Member of the Managing Board:

aa) eine Betriebs- und Privatunfallversicherung mit einer Versicherungssumme von (...) € für den Todesfall und (...) € für den Invaliditätsfall,

aa) an accident insurance policy with the insured sum of (...) € in the case of death and (...) € in the case of disability,

bb) eine Rechtsschutzversicherung mit einer Deckungssumme von (...) € je Schadensfall zur Abwehr von Ansprüchen, insbesondere Haftpflichtansprüchen gegen das Vorstandsmitglied und von strafrechtlichen Risiken sowie zur Wahrnehmung rechtlicher Interessen aus diesem Anstellungsvertrag.

bb) a legal expenses insurance with the insured sum of (...) € for each liability case for the defence against claims, in particular against liability claims against the Member of the Managing Board and against penal risks, as well as for the pursuit of legal interest arising from this service contract.

c) Die Gesellschaft stellt dem Vorstandsmitglied für die Dauer des Dienstverhältnisses einen seiner Stellung angemessenen Dienstwagen zur Verfügung. Typ und Ausstattung werden zwischen Aufsichtsratsvorsitzendem und Vorstandsmitglied schriftlich abgestimmt. Das Vorstandsmitglied kann den Dienstwagen dienstlich und privat nutzen. Betriebs- und Haltungskosten trägt die Gesellschaft, das Vorstandsmitglied hat den Wert der privaten Nutzung als Sachbezug zu versteuern.

c) For the duration of this contract, the Company will provide the Member of the Managing Board with a company car appropriate to his position. The Chairman of the Supervisory Board and the Member of the Managing Board shall agree in writing on the type and equipment of the company car. The Member of the Managing Board may use the company car for official and private purposes. The Company bears the operating and maintenance costs, the Member of the Managing Board is liable for any tax owing on the monetary benefit arising from the private usage.

d) Die Gesellschaft erstattet dem Vorstandsmitglied Reisekosten und sonstige Aufwendungen, die in Ausübung seiner Aufgaben im Rahmen dieses Vertrages entstehen. Die Erstattung erfolgt entweder gegen Einzelnachweis oder pauschal gemäß den jeweils steuerlich zulässigen Höchstsätzen.

d) The Company will reimburse the Member of the Managing Board for any travel expenses and other expenditures incurred in relation to the exercise of this service contract. The reimbursement is to be made upon presentation of invoices or according to the fixed maximum lump-sum rates specified by tax law.

6. Diensterfindungen

a) Erfindungen, die das Vorstandsmitglied während der Dauer des Dienstverhältnisses macht, werden entsprechend dem Arbeitnehmererfindungsgesetz in seiner jeweiligen Fassung behandelt.

b) Die Verwertung von technischen oder organisatorischen Verbesserungsvorschlägen des Vorstandsmitgliedes, die sich unmittelbar oder mittelbar aus den Aufgaben des Vorstandsmitgliedes in der Gesellschaft ergeben oder mit dieser Tätigkeit zusammenhängen, stehen ohne besondere Vergütung ausschließlich der Gesellschaft zu.

6. Job-related/Service Inventions

a) Inventions made by the Member of the Managing Board during the duration of this contract will be dealt with according to the German Employee Inventions Act (Arbeitnehmererfindungsgesetz) in its current version.

b) The utilization of proposals for technical or organizational improvements made by the Member of the Managing Board resulting directly or indirectly from the Member of the Managing Board's duties or being associated with its functions, is entitled exclusively to the Company without the payment of any additional compensation.

7. Urlaub

Das Vorstandsmitglied hat Anspruch auf einen Jahresurlaub von (…) Arbeitstagen, der in Teilabschnitten genommen werden soll. Lage und Dauer des Urlaubs sind mit (einem anderen Vorstandsmitglied/dem Vorstandsvorsitzenden/dem Aufsichtsratsvorsitzenden) abzustimmen. Dabei sind die geschäftlichen Belange der Gesellschaft zu berücksichtigen. Der Urlaub verfällt, wenn er nicht bis zum 30.6. des Folgejahres genommen wird.

7. Vacation

The Member of the Managing Board is entitled to an annual leave of (…) working days, which shall be taken in sections. The Member of the Managing Board and (another Member of the Managing Board/the Chairman of the Managing Board/the Chairman of the Supervisory Board) shall agree on time and duration of the vacation taking into account the Company's business interests. The entitlement to vacation is forfeited expires if not taken until the 30 June of the following year.

8. Geheimhaltungs- und Herausgabepflichten

a) Das Vorstandsmitglied ist verpflichtet, über alle vertraulichen Angaben und Geheimnisse der Gesellschaft und der mit ihr verbundenen Unternehmen (insbesondere Geschäfts- und Betriebsgeheimnisse), die ihm/ihr durch seine Tätigkeit als Vorstandsmitglied bekannt geworden sind, Stillschweigen zu bewahren. Diese Verschwiegenheits-

8. Obligations of secrecy and to surrender possession

a) The Member of the Managing Board has the obligation to observe secrecy about confidential information and secrets of the Company and affiliated companies (in particular business and trade secrets) which he got acquainted with in the course of its services. This obligation to observe secrecy remains in effect subsequent to the termination of this service contract.

pflicht gilt auch nach Beendigung des Anstellungsvertrages fort.

b) Die Verschwiegenheitspflicht erfasst insbesondere den Kundenkreis der Gesellschaft, die mit ihnen gemachten Geschäfte und Umsätze, die strategischen Planungen der Gesellschaft, sowie die Umsatz- und Ergebnisziele.

b) In particular, the obligation to observe secrecy comprises the clientele of the Company, the transactions and turnover made with this clientele, the business strategy of the Company, and the Company's targets regarding turnover and operating result.

c) Das Vorstandsmitglied ist verpflichtet, ohne Aufforderung bei Beendigung des Dienstverhältnisses – auf Verlangen jederzeit – alle in seinem Besitz befindlichen geschäftlichen Unterlagen und Schriftstücke der Gesellschaft einschließlich Urkunden, Aufzeichnungen, Notizen, Entwürfen oder hiervon gefertigten Durchschriften oder Kopien – gleichgültig auf welchem Datenträger – an die Gesellschaft zurückzugeben. Ein Zurückbehaltungsrecht an diesen Unterlagen und Schriftstücken ist ausgeschlossen.

c) On request at any time and upon termination of this contract without further request, the Member of the Managing Board shall return any document of the Company in its possession, including certificates, recordings, notes, drafts or copies or carbon copies made thereof – no matter on which data carrier – to the Company. There is no right of retention regarding these documents.

d) Dieselbe Verpflichtung gilt für sämtliche weitere Sachen und Gegenstände der Gesellschaft wie Firmenfahrzeug, Berechtigungskarten, Schlüssel, Mobiltelefon, Laptop und Ähnliches.

d) The same obligation applies to all items belonging to the Company, like company car, access cards, keys, mobile phones, laptops, and the like.

9. Nachvertragliches Wettbewerbsverbot

a) Das Vorstandsmitglied verpflichtet sich, für die Dauer von zwei Jahren nach Beendigung des Anstellungsvertrages weder in selbständiger noch in unselbständiger Stellung oder in sonstiger Weise für ein Unternehmen tätig zu werden, welches mit der Gesellschaft in direktem oder indirektem Wettbewerb steht oder mit einem Wettbewerbsunternehmen verbunden ist. In gleicher Weise ist es dem Vorstandsmitglied untersagt, während dieser Dauer ein solches Unternehmen zu errichten, zu erwerben oder sich hieran mittelbar oder unmittelbar zu beteiligen. Dieses Wettbewerbsverbot gilt räumlich für jeweils alle Städte und Gemeinden zuzüglich eines Umkreises von 100 km, in denen die Gesellschaft bei der Beendigung des Anstellungsvertrages eine Niederlassung unterhält oder geschäftlich tätig ist.

b) Für die Dauer des nachvertraglichen Wettbewerbsverbots verpflichtet sich die Gesellschaft, dem Vorstandsmitglied eine Karenz-

9. Post-contractual restraint on competition

a) For a period of two years following the termination of this service contract, the Member of the Managing Board undertakes to refrain from working – either independently, dependently, or in any other capacity – for a business that directly or indirectly competes with the Company or that is associated with a competitive business. The Member of the Managing Board is likewise prohibited during this period of time from establishing, taking over, or taking a share – neither indirectly nor directly – in such a business. This restraint of competition applies within a radius of 100 km of every city and commune where the Company has a branch office or is transacting business.

b) For the duration of the post-contractual restraint on competition, the Company undertakes to pay the Member of the Mana-

entschädigung zu zahlen, die für jedes Jahr des Verbots die Hälfte der von dem Vorstandsmitglied zuletzt bezogenen vertragsmäßigen Leistungen beträgt. Die Zahlung der Entschädigung wird in 12 gleichen Monatsraten am Ende eines Monats fällig. Auf die Karenzentschädigung sind sonstige Zahlungen der Gesellschaft an das Vorstandsmitglied, wie Übergangsgelder und Abfindungen, anzurechnen.

ging Board, for each year of non-competition, compensation in the amount of one half of the contractual payments/benefits last paid to the Member of the Managing Board. Payment of the compensation is due in 12 monthly instalments at the end of the month. Any other payment to the Member of the Managing Board granted by the Company such as temporary benefits or severances will be deducted from this compensation of non-competition.

c) Auf die Entschädigung gemäß Abs. b) werden die Einkünfte angerechnet, die das Vorstandsmitglied während der Dauer des nachvertraglichen Wettbewerbsverbots aus selbständiger, unselbständiger oder sonstiger Erwerbstätigkeit erzielt oder zu erzielen unterlässt, soweit die Entschädigung unter Hinzurechnung der Einkünfte den Betrag der zuletzt bezogenen vertragsmäßigen Leistungen übersteigt. Zu den Einkünften zählt auch etwaiges vom Vorstandsmitglied bezogenes Arbeitslosengeld. Das Vorstandsmitglied ist verpflichtet, der Gesellschaft auf Verlangen über die Höhe seiner Einkünfte Auskunft zu erteilen und entsprechende Nachweise zu erbringen.

c) During the post-contractual restraint on competition, any income which the Member of the Managing Board gains from independent or dependent personal services or which he refrains from gaining with malicious intent will be deducted from the compensation pursuant to subsection b), in so far as the compensation, taken together with the income gained, exceeds the amount of contractual payments/benefits last received. Income also includes any unemployment benefits received by the Member of the Managing Board. The Member of the Managing Board is obliged to provide the Company, upon its request, with information and corresponding evidence concerning the extent of his income.

d) Endet das Anstellungsverhältnis aufgrund des Eintritts des Vorstandsmitglieds in den vorzeitigen oder endgültigen Ruhestand, tritt das nachvertragliche Wettbewerbsverbot nicht in Kraft.

d) In the event that the employment relationship ends because the Member of the Managing Board retires, either early or definitively, the post-contractual restraint on competition does not come into effect.

e) Die Gesellschaft kann sowohl vor der Beendigung des Dienstverhältnisses als auch danach durch schriftliche Erklärung gegenüber dem Vorstandsmitglied auf das Wettbewerbsverbot mit der Wirkung verzichten, dass sie mit dem Ablauf eines Jahres seit der Erklärung, jedoch nicht über das Ende des vereinbarten Verbotszeitraumes hinaus, von der Verpflichtung zur Zahlung der Entschädigung frei wird. Das Vorstandsmitglied wird in diesem Fall mit der Erklärung unverzüglich von der Pflicht zur Einhaltung des Verbots frei.

e) The Company has the right to renounce the post-contractual restraint on competition by a written declaration to the Member of the Managing Board, either before or after the termination of the service contract, with the effect that the obligation to pay the compensation ends upon expiry of a year after this declaration. In case of such declaration the Member of the Managing Board is immediately released from the post-contractual restraint on competition.

10. Schriftformklausel

Änderungen, Ergänzungen und die Aufhebung dieses Vertrages bedürfen zu ihrer

10. Written form requirement

Alterations and supplements to, as well as the cancellation of this service contract inclu-

Wirksamkeit der Schriftform. Dies gilt auch für die Änderung dieser Klausel selbst. Mündliche Nebenabreden bestehen nicht.

ding this clause shall be in writing in order to be effective. There are no oral additional agreements to this contract.

11. Salvatorische Klausel

Sollten einzelne Bestimmungen dieses Vertrages ganz oder teilweise unwirksam sein oder werden, berührt dies nicht die Wirksamkeit des Vertrages im Ganzen. Die Vertragsparteien sind verpflichtet, anstelle der unwirksamen Vorschrift eine Regelung zu vereinbaren, die der wirtschaftlichen Zwecksetzung der Parteien am ehesten entspricht. Im Falle von Lücken gilt diejenige Bestimmung als vereinbart, die dem entspricht, was nach Sinn und Zweck des Vertrages vernünftigerweise vereinbart worden wäre, hätte man die Angelegenheit von vorneherein bedacht.

11. Severability clause

Should individual provisions of this contract be or become invalid in total or in part hereof, the validity of the remaining provisions shall not be affected. The parties shall be obliged to replace the invalid provision by a valid provision which comes as close as possible to the economic aim and purpose of the invalid provision. In the case of incomplete provisions/contractual gaps, a provision shall be deemed as stipulated which would have been agreed upon reasonably if the parties had considered this issue from the outset.

II. Muster: Ausführlicher Vorstandsvertrag (mit Pensionsklausel und Gleichlaufklausel)

522 **Vorbemerkung**

Herr/Frau (...) wurde durch Beschluss des Aufsichtsrats vom (...) zunächst für die Zeit vom (...) bis zum (...) zum ordentlichen Mitglied des Vorstands der Gesellschaft bestellt. Wird die Bestellung zum Vorstandsmitglied nicht innerhalb dieser Zeit widerrufen, so verlängert sich die Bestellung auf insgesamt (.../maximal fünf) Jahre, ohne dass es eines erneuten Aufsichtsratsbeschlusses bedarf. Im Hinblick auf diese Bestellung wird folgender Anstellungsvertrag zwischen Vorstand und Gesellschaft vereinbart.

Preliminary Remark

By Resolution of (...), the Supervisory Board appointed Mr./Mrs. (...) as Member of the Managing Board of the Company for an initial period of (...) years effective as of (...). The appointment as Member of the Managing Board will be extended to an overall period of (.../at maximum five years) without a further resolution of the Supervisory Board, if the appointment has not been revoked during the initial period. With regard to this appointment, the Company and the Member of the Managing Board conclude the following service contract.

1. Aufgaben und Pflichten

a) Das Vorstandsmitglied führt gemeinsam mit den anderen Vorstandsmitgliedern die Geschäfte der Gesellschaft nach Maßgabe der Gesetze, der Satzung und der Geschäftsordnung für den Vorstand.

b) Auf Wunsch des Aufsichtsrats oder des Vorstands wird Herr/Frau (...) Aufsichtsratsmandate und ähnliche Ämter in Gesellschaften, an denen die Gesellschaft unmittelbar oder mittelbar beteiligt ist, übernehmen. Dies gilt auch für Tätigkeiten in Verbänden und ähnlichen Zusammenschlüssen, denen die Gesellschaft angehört, oder Ehrenämter in Verwaltung und Rechtsprechung. Bei Beendigung der Vorstandstätigkeit oder auf Wunsch des Aufsichtsrates oder des Vorstands hat Herr/Frau (...) diese Ämter niederzulegen.

c) Das Vorstandsmitglied ist gemäß dem Bestellungsbeschluss für den Bereich (...) zuständig. Eine Änderung, Erweiterung oder Verminderung der Zuständigkeitsbereiche behält sich die Gesellschaft vor.

1. Functions and Duties

a) The Member of the Managing Board shall conduct the business of the Company together with the other Members of the Managing Board in compliance with the law, the articles of association, and the internal rules of procedure for the Managing Board.

b) By request of the Supervisory Board or the Managing Board, Mr./Mrs. (...) will assume office in the Supervisory Board or similar posts in companies, in which the Company directly or indirectly holds a share. This applies also for functions in associations and similar unions, of which the company is a member, or honorary offices in the administration or jurisdiction. In the case of termination of the function as Member of the Managing Board or upon request of the Supervisory Board or the Managing Board, Mr./Mrs. (...) has to resign from these offices.

c) According to the Supervisory Board's resolution, the Member of the Managing Board is responsible for (...). The Company reserves the right to change, to expand, or to reduce the areas of responsibility.

2. Vertragsdauer

a) Der Anstellungsvertrag wird zunächst für (...) Jahre geschlossen, beginnend am (...). Wird die Bestellung zum Vorstandsmitglied

2. Term of Contract

a) The service contract is entered into for an initial period of (...) years with effect as of (...). The service contract will be extended

nicht innerhalb dieser (...) Jahre widerrufen, so verlängert sich der Anstellungsvertrag um (...) auf insgesamt (.../maximal fünf) Jahre.

for (...) years to an overall period of (.../at maximum five years), if the appointment as Member of the Managing Board has not been revoked during the initial period.

b) Im Falle der Beendigung des Vorstandsamts, insbesondere durch Widerruf der Bestellung, Amtsniederlegung oder Umwandlung der Gesellschaft endet auch dieser Vertrag mit Wirkung zum Ablauf des dritten Kalendermonats automatisch, ohne dass es einer Kündigung bedarf (auflösende Bedingung).

b) In the case of termination of the membership in the Managing Board, in particular by revocation of the appointment as Member of the Managing Board, by resignation by the Member of the Managing Board, or because of the transformation of the Company's legal form, this service contracts shall cease with effect as of the expiry of three calendar months without requiring a notice of termination (resolutory condition).

c) Der Vertrag endet spätestens am Ende des Monats, in dem das Vorstandsmitglied das (...) Lebensjahr vollendet.

c) At the latest, the contract shall cease upon expiry of the month in which the Member of the Managing Board attains the age of (...).

d) Wird das Vorstandsmitglied während der Laufzeit dieses Vertrages auf Dauer dienstunfähig, endet dieser Vertrag mit Ende des (...) Monats, nachdem die Dienstunfähigkeit festgestellt worden ist, vorbehaltlich einer früheren Beendigung gemäß Nr. 2 a, 2 b oder 2 c. Dauernde Dienstunfähigkeit ist gegeben, wenn das Vorstandsmitglied länger als (...) Monate nicht in der Lage ist, seine Aufgaben wahrzunehmen und die Wiederherstellung seiner Einsatzfähigkeit auch während weiterer (...) Monate nicht zu erwarten ist. Auf Verlangen des Aufsichtsrats wird das Vorliegen dieser Voraussetzungen durch einen von diesem bestimmten Arzt auf Kosten der Gesellschaft nachgeprüft.

d) In cases where the Member of the Managing Board is permanently disabled to perform its contractual duties and responsibilities, the service contract will cease upon expiry of the (...) month, in which the disability has been determined if it does not end earlier according to No. 2 a, 2 b, or 2 c. Permanent disability means that the Member of the Managing Board is not able to perform its duties for more than (...) months and a rehabilitation can not be expected in the next (...) months. By request of the Supervisory Board, a doctor – appointed by the Supervisory Board – will verify the presence of this condition at the expense of the Company.

3. Abfindungen

a) Widerruft die Gesellschaft aus wichtigem Grund iSd § 84 Abs. 3 S. 1 AktG die Bestellung und endet damit der Anstellungsvertrag gemäß Nr. 2 b, hat das Vorstandsmitglied Anspruch auf Zahlung einer Abfindung. Die Abfindung, die insgesamt auf die Abgeltung der Restvertragslaufzeit bis zur Höchstgrenze von maximal zwei Jahresgehältern begrenzt ist, setzt sich zusammen aus (...) % der Summe der aufgrund der vorzeitigen Beendigung des Anstellungsvertrages nicht mehr zur Entstehung und Auszahlung gelangenden Gehälter (Festgehalt und Gewinntantieme) und der zusätzlichen Zahlung in Höhe eines Jahres-

3. Severances

a) If the Company revokes the appointment as Member of the Managing Board for an important reason according to § 84 (3) 1 AktG and hence, the service contract ceases according to No. 2 b, the Member of the Managing Board is entitled to a severance. The severance, which is limited to the amount of the payment in lieu of the remaining contract period up to a maximum of two fixed annual salaries consists of (...) % of the amount of the salary (fixed annual salary and annual profit-sharing bonus) not acquired and paid due to the premature termination of the service contract and the ad-

festgehaltes. Für die Ermittlung der Höhe der Gewinntantieme ist der Durchschnitt des in der Bilanz ausgewiesenen Ergebnisses der gewöhnlichen Geschäftstätigkeit der Gesellschaft iSd § 275 HGB der letzten drei Jahre der Vorstandstätigkeit maßgeblich, soweit dieser nicht wesentlich positiv (dh mehr als 25 %) vom voraussichtlichen Ergebnis für das laufende Geschäftsjahr abweicht; im letzteren Fall ist das voraussichtliche Ergebnis des laufenden Geschäftsjahres anstelle desjenigen des drittletzten Jahres der Vorstandstätigkeit zu berücksichtigen. Der Abfindungsanspruch wird mit Beendigung des Anstellungsvertrages fällig.

b) Der Anspruch besteht nicht, wenn die Gesellschaft dem Vorstandsmitglied aus wichtigem Grund iSd § 626 BGB wirksam außerordentlich kündigt oder hierzu berechtigt ist.

4. Nebentätigkeiten und Wettbewerbsverbot

a) Das Vorstandsmitglied wird während der Dauer dieses Vertrages ohne vorherige schriftliche Zustimmung des Aufsichtsrates der Gesellschaft kein Unternehmen betreiben oder im Geschäftsbereich der Gesellschaft für eigene oder fremde Rechnung Geschäfte tätigen. Auch die Übernahme eines Vorstands- oder Geschäftsführermandates und die Beteiligung an einem Unternehmen als persönlich haftender Gesellschafter erfolgt nicht ohne vorherige schriftliche Zustimmung des Aufsichtsrates der Gesellschaft.

b) Das Vorstandsmitglied stellt seine gesamte Arbeitskraft, fachlichen Kenntnisse und Erfahrungen ausschließlich der Gesellschaft zur Verfügung. Eine entgeltliche oder unentgeltliche Nebentätigkeit, insbesondere die Übernahme eines Amtes als Aufsichtsrat, Beirat oder Ähnliches bedarf der vorherigen schriftlichen Zustimmung des Aufsichtsrates, der diese jederzeit widerrufen kann. Jede Gutachter- und Schiedsrichtertätigkeit sowie Veröffentlichungen und Vorträge mit Öffentlichkeitswirkung bedürfen der vorherigen Zustimmung des Personalausschusses.

ditional payment in the amount equal to one fixed annual salary. The amount will be determined based one the average operating results of the Company's ordinary business activity declared in the balance sheet according to § 275 HGB of the last three years of its Membership in the Managing Board, if it is not substantially higher (i.e. more than 25 %) than the expected operating results of the current fiscal year; in the latter case the expected resuts of the current fiscal year will be taken into account instead the one of the antepenultimate year of its Membership in the Managing Board. The severance becomes due with the termination of the service contract.

b) The Member of the Managing Board is not entitled to severance if the Company effectively terminates the service contract for an important reason without notice according to § 626 BGB or is entitled hereto.

4. Secondary Employment and Restraint on Competition

a) During the term of contract, the Member of the Managing Board will not conduct any business or deal in the Company's field of activity neither for one's own nor for a third party's account without prior and written consent by the Supervisory Board. Furthermore, the Member of the Managing Board will neither assume offices as Member of the Managing Board or as Managing Director nor participate as general partner in a business without prior and written consent of the Supervisory Board.

b) The Member of the Managing Board shall exclusively dedicate its entire working capacity, its expertise and experience to the Company. Prior to the practice of any secondary employment – paid or unpaid -, in particular the assumption of offices as Member of a Supervisory Board, as a Member of an Advisory Board, or of similar offices, the Member of the Managing Board has to obtain the written consent of the Supervisory Board which is unrestrictedly revocable. Prior to the assumption of any function as expert or arbitrator, the Member of the Managing

Board has to obtain the consent of the Staff Committee of the Supervisory Board. That also applies to publications and speeches with a public effect.

c) Das Vorstandsmitglied wird ebenfalls nicht während der Dauer dieses Vertrages ein Unternehmen, welches mit der Gesellschaft oder einem mit der Gesellschaft konzernverbundenen Unternehmen in direktem oder indirektem Wettbewerb steht oder in wesentlichem Umfang Geschäftsbeziehungen zu der Gesellschaft oder einem mit ihr verbundenen Unternehmen unterhält, errichten, erwerben oder sich hieran unmittelbar oder mittelbar beteiligen. Das Vorstandsmitglied wird den Aufsichtsratsvorsitzenden unterrichten, falls ein Mitglied seiner Familie (Angehörige iSd § 15 AO) eine Beteiligung an einem solchen Unternehmen hält. Anteilsbesitz im Rahmen der privaten Vermögensverwaltung, der keinen Einfluss auf die Organe des betreffenden Unternehmens ermöglicht, gilt nicht als Beteiligung im Sinne dieser Bestimmung.

c) The Member of the Managing Board will not establish, take over, or take a share – neither directly nor indirectly – in a company which is competing directly or indirectly with the Company or an affiliated company or has material business relations with the Company or an affiliated company. In the case that a family member of the Member of the Managing Board (relative according to § 15 AO) holds a share in such a company, the Member of the Managing Board shall notify the Chairman of the Supervisory Board thereof. Any shareholding within the scope of private asset management without enabling the exercise of any influence in the relevant company shall not be considered as shareholding in terms of this provision.

d) Das Verbot, im Geschäftsbereich der Gesellschaft für eigene oder fremde Rechnung Geschäfte zu tätigen, erfasst auch Geschäfte, die lediglich Geschäftschancen der Gesellschaft und mit dieser verbundener Unternehmen beeinträchtigen.

d) The prohibition to deal within the Company's field of activity neither to one's own nor to a third party's account comprises also deals merely affecting business opportunities of the Company and affiliated companies.

5. Vergütung

a) Der Vorstand erhält für seine Tätigkeit nach diesem Vertrag ein festes Jahresgehalt in Höhe von (...) € brutto. Der Betrag ist in zwölf gleichen Monatsraten zu zahlen, jeweils zum Ende eines Kalendermonats. Die Teilbeträge werden letztmalig für den vollen Monat, in dem der Anstellungsvertrag endet, gezahlt.

b) Der Vorstand erhält eine Tantieme in Höhe von (...) % des Durchschnitts des in der Bilanz ausgewiesenen Ergebnisses der gewöhnlichen Geschäftstätigkeit der Gesellschaft iSd § 275 HGB der letzten drei Jahre der Vorstandstätigkeit. Die Tantieme ist der Höhe nach begrenzt auf (...) €. Die Tantieme ist am Ende des Kalendermonats fällig, der auf den Monat folgt, in dem der Jahresabschluss festgestellt wird. Beginnt oder endet

5. Remuneration

a) The Member of the Managing Board receives for his services according to this contract a fixed annual gross salary amounting to (...) €. The amount shall be paid in twelve equal monthly instalments at the end of each calendar month. The rates shall be paid ultimately for the full month, in which the contract ends.

b) The Member of the Managing Board receives for his services an annual profit-sharing bonus amounting to (...) % of the average operating results of the Company's ordinary business activity declared in the balance sheet according to § 275 HGB of the last three years of its Membership in the Managing Board. The bonus is limited to the amount of (...) €. The bonus is due with expiry of the calendar months following the

das Dienstverhältnis im laufenden Jahr, so erhält der Vorstand die Tantieme pro rata temporis.

month in which the annual financial statement has been approved. In the case that the service contract commences or ends during the year, the bonus will be granted on a pro rata temporis basis.

c) Bei einer vorübergehenden Arbeitsunfähigkeit, die durch Krankheit, Unfall oder aus einem anderen vom Vorstand nicht verschuldeten Grund eintritt, werden die Bezüge für die Dauer von sechs Monaten, längstens bis zum Ende des Anstellungsvertrages, in unveränderter Höhe weitergewährt, wobei als erster Monat der auf den Beginn der Arbeitsunfähigkeit folgende Monat gilt. Der Vorstand muss sich auf diese Zahlungen anrechnen lassen, was er von Kassen oder Versicherungen an Krankengeld, Krankentagegeld oder Rente erhält.

c) In the case of a temporary disability of the Member of the Managing Board to perform its contractual duties and responsibilities caused by sickness, accident or other circumstances for which it is not responsible, the full remuneration will be paid for six months, the first of the six months being the one following the beginning of the temporary disability to perform the contractual duties and responsibilities. However, the payment shall end upon termination of this service contract at the latest. Any payments the Member of the Managing Board receives from insurances as sickness benefit, sickness daily allowance or pension will be deducted from the continued payment of remuneration.

d) Mit den Bezügen nach diesem Vertrag ist die gesamte Tätigkeit des Vorstands bei der Gesellschaft und gegebenenfalls bei Konzerngesellschaften mit allen Nebentätigkeiten abgegolten. Sofern der Vorstand aus Tätigkeiten für Konzerngesellschaften Vergütungsleistungen, Aufwandsentschädigungen oder ähnliche Zahlungen erhält, sind diese auf die Vergütung nach diesem Vertrag anzurechnen.

d) All functions of the Member of the Managing Board for this company and for affiliated companies if applicable including performance of any additional offices shall be compensated by the remuneration according to this contract. In the case that the Member of the Managing Board receives any remuneration, expenses or similar payments for functions for affiliated companies, these will be deducted from the remuneration according to this contract.

e) Eine Abtretung oder Verpfändung der Bezüge ohne Genehmigung der Gesellschaft ist unzulässig.

e) The assignment or pledging of the remuneration without prior consent by the company is prohibited.

6. Nebenleistungen, Versicherungsschutz und Aufwendungsersatz

6. Supplementary Payments, Insurance Coverage, and Reimbursement

a) Die Gesellschaft schließt zugunsten des Vorstandsmitglieds folgende Versicherungen für die Dauer des Dienstverhältnisses ab:

a) For the duration of this contract, the Company shall take out the following insurance policies for the benefit of the Member of the Managing Board:

aa) eine Betriebs- und Privatunfallversicherung mit einer Versicherungssumme von (…) € für den Todesfall und (…) € für den Invaliditätsfall,

aa) an accident insurance policy with the insured sum of (…) € in the case of death and (…) € in the case of disability,

bb) eine Rechtsschutzversicherung mit einer Deckungssumme von (...) € je Schadensfall zur Abwehr von Ansprüchen, insbesondere Haftpflichtansprüchen gegen das Vorstandsmitglied und von strafrechtlichen Risiken sowie zur Wahrnehmung rechtlicher Interessen aus diesem Anstellungsvertrag.

bb) a legal expenses insurance with the insured sum of (...) € for each liability case for the defence against claims, in particular against liability claims against the Member of the Managing Board and against penal risks, as well as for the pursuit of legal interest arising from this service contract.

b) Die Gesellschaft stellt dem Vorstandsmitglied für die Dauer des Dienstverhältnisses einen seiner Stellung angemessenen Dienstwagen (mit Fahrer) zur Verfügung. Typ und Ausstattung werden zwischen Aufsichtsratsvorsitzendem und Vorstandsmitglied schriftlich abgestimmt. Das Vorstandsmitglied kann den Dienstwagen dienstlich und privat nutzen. Betriebs- und Haltungskosten trägt die Gesellschaft, das Vorstandsmitglied hat den Wert der privaten Nutzung als Sachbezug zu versteuern.

b) For the duration of this contract, the Company will provide the Member of the Managing Board with a company car appropriate to his position (and a chauffeur). The Chairman of the Supervisory Board and the Member of the Managing Board shall agree in writing on the type and equipment of the company car. The Member of the Managing Board may use the company car for official and private purposes. The Company bears the operating and maintenance costs, the Member of the Managing Board is liable for any tax owing on the pecuniary advantage accruing from the private usage.

c) Die Gesellschaft erstattet dem Vorstandsmitglied Reisekosten und sonstige Aufwendungen, die in Ausübung seiner Aufgaben im Rahmen dieses Vertrages entstehen. Die Erstattung erfolgt entweder gegen Einzelnachweis oder pauschal gemäß den jeweils steuerlich zulässigen Höchstsätzen.

c) The Company will reimburse the Member of the Managing Board for any travel expenses and other expenditures incurred in relation to the exercise of this service contract. The reimbursement is to be made upon presentation of invoices or according to the fixed maximum lump-sum rates specified by the tax law.

7. Diensterfindungen

Erfindungen, die das Vorstandsmitglied während der Dauer des Dienstverhältnisses macht, und die Verwertung technischer oder organisatorischer Verbesserungsvorschläge stehen ohne besondere Vergütung ausschließlich der Gesellschaft zu. Sie sind gegenüber dem Vorstandsmitglied mit den Bezügen abgegolten.

7. Job-related/Service Inventions

All rights pertaining to inventions made by the Member of the Managing Board during the duration of this contract and to proposals for technical or organizational improvements shall be the exclusive property of and vested in the Company without the Company paying extra compensation therefore. They are already compensated by the remuneration provided according to No. 5 of this contract.

8. Versorgungszusage

a) Der Vorstand hat bei Eintritt eines Versorgungsfalls Anspruch auf Zahlung eines Ruhegehalts durch die Gesellschaft. Das Ruhegeld wird in zwölf gleichen Teilbeträgen jeweils am Monatsende gezahlt, erstmalig für den Monat, für den keine Vergütung mehr

8. Confirmation of Pension Entitlement

a) In the case of the occurence of an insured event, the Member of the Managing Board is entitled to the payment of a pension by the Company. The pension shall be paid in twelve equal monthly instalments at the end of each calendar month, for the first time for

gezahlt wird. Ein solcher Fall ist gegeben, wenn

the month in which no remuneration according to No. 5 will be paid. Such an aforementioned event is given when:

aa) der Vorstand nach Erreichen der Altersgrenze von (...) Jahren aus den Diensten der Gesellschaft ausscheidet,

aa) the Member of the Managing Board retires from the Company due to the attainment of the retirement age of (...),

bb) der Vorstand vor Erreichen der Altersgrenze wegen dauernder Arbeitsunfähigkeit aus den Diensten der Gesellschaft ausscheidet.

bb) the Member of the Managing Board leaves office due to permanent disability to perform its contractual duties and responsibilities prior to the attainment of retirement age.

b) Das Ruhegeld beträgt für jedes volle Dienstjahr (...) % des zuletzt bezogenen Jahresgehaltes, höchstens jedoch (...) %. Im Falle dauernder Arbeitsunfähigkeit wird das Ruhegeld so berechnet, als ob das Vorstandsmitglied eine Dienstzeit bis zur Vollendung des (...) Lebensjahres zurückgelegt hätte. Das Ruhegeld wird gemäß § 16 BetrAVG jeweils angepasst.

b) The pension amounts to (...) % of the last salary received lastly by the Member of the Managing Board for every full year of service, but limited to (...) %. In the case of permanent disability to perform its contractual duties and responsibilities, the pension will be calculated as if the Member of the Managing Board had performed its contractual duties and responsibilities until attaining the age of (...). The pension shall be adjusted according to § 16 BetrAVG.

c) Früher erworbene Ruhegeldansprüche sind auf die Ruhegeldzahlungen anzurechnen, später erworbene Ansprüche nur auf den Teil des Ruhegeldes, der nicht gesetzlich unverfallbar geworden ist. Die Anrechnung erfolgt nur insoweit, als die Ruhegeldansprüche zusammen mit dem nach diesem Vertrag zu zahlenden Ruhegeld das maximale Ruhegeld nach Nr. 8 b übersteigen.

c) If the Managing Director has already acquired pension entitlements prior to entering into this agreement, then these will be deducted from the pension. Pension entitlements acquired afterwards will only be deducted from the part of the pension which is still forfeitable. The deduction will be carried out only in so far as these pension entitlements together with the pension according to this contract exceed the maximal pension according to No. 8 b.

d) Im Falle der dauernden Arbeitsunfähigkeit muss sich das Vorstandsmitglied bis zum Erreichen der Altersgrenze auf das Ruhegeld (...) % anderweitiger Einkünfte aus selbständiger und unselbständiger Arbeit anrechnen lassen, soweit diese den Betrag von insgesamt (...) € im Kalenderjahr überschreiten. Anrechnungspflichtige Einkünfte im Sinne dieser Vereinbarung sind der Gesellschaft am Ende des Kalenderjahres unaufgefordert mitzuteilen. Laufendes anrechnungspflichtiges Einkommen im Sinne dieser Vereinbarung ist der Gesellschaft unverzüglich mitzuteilen, die eine vorläufige Kürzung des Ruhegeldes vorsehen kann.

d) In the case of permanent disability to perform its contractual duties and responsibilities, (...) % of any income of the Member of the Managing Board for independent service or employment prior to the attainment of retirement age will be deducted from the pension, in so far as they exceed the amount of (...) € per year. The Member of the Managing Board has to provide the Company, unsolicited, with information concerning the amount of deductible income within the meaning of this contract at the end of the year. The Company which can effect a provisional deduction shall be provided immediately with information concerning the amount

of continuous deductible income within the meaning of this contract.

e) Endet der Anstellungsvertrag vor Erreichen der Altersgrenze, ohne dass ein Versorgungsfall im Sinne dieses Vertrages eintritt, behält das Vorstandsmitglied seine Anwartschaft auf Versorgungsleistungen in dem gesetzlich vorgeschriebenen Umfang, falls die gesetzlichen Voraussetzungen für die Unverfallbarkeit erfüllt sind.

e) Should the service contract cease without occurrence of an event according to No. 8 a, the Member of the Managing Board shall retain its prospective entitlement to pension to the extent prescribed by the statutory provisions if the legal requirements for the nonforfeiture are met.

f) Für die Kürzung oder Einstellung der Ruhegeldzahlungen durch die Gesellschaft gelten die allgemeinen Vorschriften. Insbesondere behält sich die Gesellschaft vor, die zugesagte Leistung gemäß § 87 Abs. 2 AktG auf eine angemessene Höhe herabzusetzen, wenn sich die Lage der Gesellschaft derart verschlechtert, dass die unveränderte Weitergewährung des Ruhegeldes unbillig für die Gesellschaft wäre. Eine solche Herabsetzung ist nur in den ersten drei Jahren nach Ausscheiden aus der Gesellschaft möglich.

f) The general provisions apply to the reduction or suspension of the payment of the pension by the Company. In particular, the Company reserves its right to decrease the promised payments according to § 87 (2) AktG to an appropriate amount if the Company's business situation deteriorates to such an extent that a further unmodified granting of the pension would be unreasonable. Such a decrease is only possible during the first three years following the retirement from service for the Company.

g) Die Gesellschaft ist berechtigt, die ihr durch diese Zusage erwachsenden Verpflichtungen ganz oder teilweise durch den Abschluss von Versicherungen auf das Leben des Vorstands rückzudecken. Sämtliche Rechte aus solchen Rückdeckungsversicherungen stehen ausschließlich der Gesellschaft zu. Der Vorstand hat der Gesellschaft und/oder dem Versicherer sämtliche für den Versicherungsabschluss erforderlichen Unterlagen und Angaben zu überlassen. Die Ansprüche der Gesellschaft gegen den Rückdeckungsversicherer werden dem Vorstand für den Fall der Insolvenz zur Sicherung seiner Ansprüche gegen die Gesellschaft verpfändet.

g) The Company is authorized to reinsure its obligations arising from this pension promise – in part or completely – by taking out a life policy on the Member of the Managing Board's life. The Company is exclusively entitled to all rights arising from such a reinsurance. The Member of the Managing Board undertakes to provide the Company and/or the insurer with all necessary documents and information for the conclusion of the insurance. In the case of insolvency, the Company pledges its claims against the insurer to the Member of the Managing Board to secure its claims against the Company.

h) Eine Abtretung oder Verpfändung der Ruhegeldansprüche durch das Vorstandsmitglied ist ausgeschlossen.

h) The assignment or pledging of the entitlement to pension is prohibited.

9. Hinterbliebenenversorgung

a) Stirbt das Vorstandsmitglied während der Laufzeit des Dienstvertrages oder nach Eintritt des Versorgungsfalles, steht seinem Ehepartner ein Anspruch auf eine Witwenrente zu, sofern die Ehe im Zeitpunkt des Todes noch bestanden hat. Diese wird wie die Altersrente gezahlt. Die Witwenrente beträgt

9. Surviving dependants' pension

a) In the event of the death of the Member of the Managing Board during the contract period or after the occurrence of an insured event according to No. 8 a, his spouse is entitled to a widow's pension if the marriage is still in existence in the time of death. The pension shall be paid like the retirement pen-

(...) % der Rente, die der Vorstand bei seinem Tod erhielt oder erhalten hätte, wenn er zum Zeitpunkt des Todes eine Invaliditätsrente erhalten würde. Die Witwenrente ermäßigt sich

sion. The widow's pension amounts to (...) % of the pension that the Member of the Managing Board had been receiving, or that it would have received in case of permanent disability to perform its contractual duties and responsibilities at the time of his death. The widow's pension will be reduced

aa) um (...)%, falls das Vorstandsmitglied mehr als 15 Jahre, und

aa) by (...) %, if the spouse is more than 15 years younger than the Member of the Managing Board,

bb) um (...)%, falls das Vorstandsmitglied mehr als 20 Jahre, und

bb) by (...) %, if the spouse is more than 20 years younger than the Member of the Managing Board,

cc) um (...)%, falls das Vorstandsmitglied mehr als 25 Jahre älter als sein Ehepartner war.

cc) by (...) %, if the spouse is more than 25 years younger than the Member of the Managing Board.

b) Ein Anspruch auf Witwenrente entfällt, wenn die Ehe erst nach dem vollendeten (...) Lebensjahr oder dem Eintritt des Versorgungsfalles geschlossen wurde oder, wenn die Ehe nur geschlossen wurde, um den Hinterbliebenen die Leistungen zuzuwenden. Der Anspruch auf Witwenrente erlischt mit dem Ablauf des Monats, in dem die Witwe/der Witwer sich neu verheiratet.

b) There shall be no entitlement to a widow's pension if the marriage has been entered into after the Member of the Managing Board attained the age of (...), or after the occurence of an insured event according to Nr. 8 a, or if the Member of the Managing Board only married in order to grant the pension to its survivors. The widow's pension is terminated upon expiry of the month in which the spouse remarries.

c) Die Witwe/der Witwer muss sich auf die Witwenrente anderweitige Einkünfte aus selbständiger und unselbständiger Arbeit sowie auf Grund unselbständiger Arbeit erworbene Versorgungsansprüche anrechnen lassen, soweit die Einkünfte und Versorgungsbezüge die Witwenrente übersteigen.

c) Any income of the spouse for independent service or employment as well as an entitlement to pension arising from any employments will be deducted from the widow's pension, in so far as they exceed the widow's pension.

d) Stirbt das Vorstandsmitglied während der Laufzeit des Dienstvertrages oder nach Eintritt des Versorgungsfalles, steht seinen unterhaltsberechtigten Kindern ein Anspruch auf eine Waisenrente zu. Diese wird wie die Altersrente gezahlt. Die Waisenrente beträgt für jedes Kind (...) % der Rente, die der Vorstand zuletzt erhielt oder erhalten hätte, wenn er zum Zeitpunkt des Todes eine Invaliditätsrente erhalten hätte. Witwen- und Waisenrente dürfen zusammen nicht mehr als 100 % der Alters- bzw Invaliditätsrente ausmachen; gegebenenfalls werden sie anteilig gekürzt.

d) In the event of the death of the Member of the Managing Board during the contract period or after the occurrence of an insured event according to No. 8 a, his dependant children are entitled to an orphan's pension. The orphan's pension shall be paid like the retirement pension. The orphan's pension for each child amounts to (...) % of the pension that the Member of the Managing Board had been receiving, or that it would have received in case of permanent disability to perform its contractual duties and responsibilities at the time of his death. Widow's and orphan's pension added together may not exceed 100 % of the Member of the Managing Board's pen-

sion; if necessary they will be reduced proportionally.

e) Das Waisengeld wird bis zum vollendeten (...) Lebensjahr bezahlt, darüber hinaus nur für Zeiten der Schul- oder Berufsausbildung einschließlich des Wehr- oder Zivildienstes, längstens bis zum vollendeten (...) Lebensjahr.

e) The orphan's pension shall be paid until the child attains the age of (...), beyond that only for the periods of school or professional training including military or alternative civilian service, however not later than until the attainment of the age of (...).

f) Für die Kürzung oder Einstellung der Witwen- und Waisenrente durch die Gesellschaft gelten die allgemeinen Vorschriften. Insbesondere behält sich die Gesellschaft vor, die zugesagte Leistung gemäß § 87 Abs. 2 AktG auf eine angemessene Höhe herabzusetzen, wenn sich die Lage der Gesellschaft derart verschlechtert, dass die unveränderte Weitergewährung des Ruhegeldes unbillig für die Gesellschaft wäre. Eine solche Herabsetzung ist nur in den ersten drei Jahren nach Ausscheiden aus der Gesellschaft möglich.

f) The general provisions apply to the reduction or suspension of the payment of the widow's or orphan's pension by the Company. In particular, the Company reserves its right to decrease the promised payments according to § 87 (2) AktG to an appropriate amount if the Company's business situation declines to such an extent that a further unmodified granting of the pension would be unreasonable. Such a decrease is only possible during the first three years following the retirement from service for the Company.

10. Urlaub

a) Das Vorstandsmitglied hat Anspruch auf einen Jahresurlaub von (...) Arbeitstagen, der in Teilabschnitten genommen werden soll. Lage und Dauer des Urlaubs sind mit (einem anderen Vorstandsmitglied/dem Vorstandsvorsitzenden/dem Aufsichtsratsvorsitzenden) abzustimmen. Dabei sind die geschäftlichen Belange der Gesellschaft zu berücksichtigen.

b) Der Urlaub verfällt, wenn er nicht bis zum 30.6. des Folgejahres genommen wird. Kann das Vorstandsmitglied seinen Jahresurlaub nicht nehmen, weil Interessen der Gesellschaft entgegenstehen, so hat es Anspruch auf eine Abgeltung des Urlaubs unter Zugrundelegung des Festgehalts.

10. Vacation

a) The Member of the Managing Board is entitled to an annual leave of (...) working days, which shall be taken in sections. The Member of the Managing Board and (another Member of the Managing Board/the Chairman of the Managing Board/the Chairman of the Supervisory Board) shall agree on time and duration of the vacation taking into account the Company's business interests.

b) The entitlement to vacation is forfeited if not taken until 30 June of the following year. Should the Member of the Managing Board be unable to take his annual leave, in whole or in part, by this point of time due to compelling business reasons, it will be compensated based on the amount of his fixed annual salary.

11. Geheimhaltungs- und Herausgabepflichten

a) Das Vorstandsmitglied ist verpflichtet, über alle vertraulichen Angaben und Geheimnisse der Gesellschaft und der mit ihr verbundenen Unternehmen (insbesondere Geschäfts- und Betriebsgeheimnisse), die ihm durch seine Tätigkeit als Vorstandsmitglied bekannt geworden sind, Stillschweigen zu be-

11. Obligations of secrecy and to surrender possession

a) The Member of the Managing Board has the obligation to observe secrecy about confidential information and secrets of the Company and affiliated companies (in particular business and trade secrets) which he got acquainted with in the course of its services. This obligation to observe secrecy remains in

wahren. Diese Verschwiegenheitspflicht gilt auch nach Beendigung des Anstellungsvertrages fort.

b) Die Verschwiegenheitspflicht erfasst insbesondere den Kundenkreis der Gesellschaft, die mit ihnen gemachten Geschäfte und Umsätze, die strategischen Planungen der Gesellschaft, sowie die Umsatz- und Ergebnisziele.

c) Das Vorstandsmitglied ist verpflichtet, ohne Aufforderung bei Beendigung des Dienstverhältnisses – auf Verlangen jederzeit – alle in seinem Besitz befindlichen geschäftlichen Unterlagen und Schriftstücke der Gesellschaft einschließlich Urkunden, Aufzeichnungen, Notizen, Entwürfen oder hiervon gefertigten Durchschriften oder Kopien – gleichgültig auf welchem Datenträger – an die Gesellschaft zurückzugeben. Ein Zurückbehaltungsrecht an diesen Unterlagen und Schriftstücken ist ausgeschlossen.

d) Dieselbe Verpflichtung gilt für sämtliche weitere Sachen und Gegenstände der Gesellschaft wie Firmenfahrzeug, Berechtigungskarten, Schlüssel, Mobiltelefon, Laptop und Ähnliches.

12. Nachvertragliches Wettbewerbsverbot

a) Das Vorstandsmitglied verpflichtet sich, für die Dauer von zwei Jahren nach Beendigung des Anstellungsvertrages weder in selbständiger noch in unselbständiger Stellung oder in sonstiger Weise für ein Unternehmen tätig zu werden, welches mit der Gesellschaft in direktem oder indirektem Wettbewerb steht oder mit einem Wettbewerbsunternehmen verbunden ist. In gleicher Weise ist es dem Vorstandsmitglied untersagt, während dieser Dauer ein solches Unternehmen zu errichten, zu erwerben oder sich hieran mittelbar oder unmittelbar zu beteiligen. Dieses Wettbewerbsverbot gilt räumlich für jeweils alle Städte und Gemeinden zuzüglich eines Umkreises von 100 km, in denen die Gesellschaft bei der Beendigung des Anstellungsvertrages eine Niederlassung unterhält oder geschäftlich tätig ist.

effect subsequent to the termination of this service contract.

b) In particular, the obligation to observe secrecy comprises the clientele of the Company, the deals and turnover made with this clientele, the business strategy of the Company, and the Company's targets regarding turnover and operating result.

c) On request at any time and upon termination of this contract without further request, the Member of the Managing Board is obligated to return any document of the Company in its possession, including certificates, recordings, notes, drafts or copies or carbon copies made thereof – no matter on which data carrier – to the Company. There is no right of retention regarding these documents.

d) The same obligation applies to all items belonging to the Company, like company car, access cards, keys, mobile phones, laptops, and the like.

12. Post-contractual restraint on competition

a) For a period of two years following the termination of this service contract, the Member of the Managing Board undertakes to refrain from working – either independently, dependently, or in any other capacity – for a business that directly or indirectly competes with the Company or that is associated with a competitive business. The Member of the Managing Board is likewise prohibited during this period of time from establishing, taking over, or taking a share – neither indirectly nor directly – in such a business. This restraint of competition applies within a radius of 100 km of every city and commune where the Company has a branch office or is transacting business.

b) Für die Dauer des nachvertraglichen Wettbewerbsverbots verpflichtet sich die Gesellschaft, dem Vorstandsmitglied eine Karenzentschädigung zu zahlen, die für jedes Jahr des Verbots die Hälfte der von dem Vorstandsmitglied zuletzt bezogenen vertragsmäßigen Leistungen beträgt. Die Zahlung der Entschädigung wird in 12 gleichen Monatsraten am Ende eines Monats fällig. Auf die Karenzentschädigung sind sonstige Zahlungen der Gesellschaft an das Vorstandsmitglied, wie Übergangsgelder und Abfindungen, anzurechnen.

b) For the duration of the post-contractual restraint on competition, the Company undertakes to pay the Member of the Managing Board, for each year of non-competition, compensation in the amount of one half of the contractual payments/benefits last paid to the Member of the Managing Board. Payment of the compensation is due in 12 monthly instalments at the end of the month. Any other payment to the Member of the Managing Board granted by the Company such as temporary benefits or severances will be deducted from this compensation of non-competition.

c) Auf die Entschädigung gemäß Abs. b) werden die Einkünfte angerechnet, die das Vorstandsmitglied während der Dauer des nachvertraglichen Wettbewerbsverbots aus selbständiger, unselbständiger oder sonstiger Erwerbstätigkeit erzielt oder zu erzielen unterlässt, soweit die Entschädigung unter Hinzurechnung der Einkünfte den Betrag der zuletzt bezogenen vertragsmäßigen Leistungen übersteigt. Zu den Einkünften zählt auch etwaiges vom Vorstandsmitglied bezogenes Arbeitslosengeld. Das Vorstandsmitglied ist verpflichtet, der Gesellschaft auf Verlangen über die Höhe seiner Einkünfte Auskunft zu erteilen und entsprechende Nachweise zu erbringen.

c) During the post-contractual restraint on competition, any income which the Member of the Managing Board gains from independent or dependent personal services or which he refrains from gaining with malicious intent will be deducted from the compensation pursuant to subsection b), in so far as the compensation, taken together with the income gained, exceeds the amount of contractual payments/benefits last received. Income also includes any unemployment benefits received by the Member of the Managing Board. The Member of the Managing Board is obliged to provide the Company, upon its request, with information and corresponding evidence concerning the extent of his income.

d) Endet das Anstellungsverhältnis aufgrund des Eintritts des Vorstandsmitglieds in den vorzeitigen oder endgültigen Ruhestand, so tritt das nachvertragliche Wettbewerbsverbot nicht in Kraft.

d) In the event that the employment relationship ends because the Member of the Managing Board retires, either early or definitively, the post-contractual restraint on competition does not come into effect.

e) Die Gesellschaft kann sowohl vor der Beendigung des Dienstverhältnisses als auch danach durch schriftliche Erklärung gegenüber dem Vorstandsmitglied auf das Wettbewerbsverbot mit der Wirkung verzichten, dass sie mit dem Ablauf eines Jahres seit der Erklärung, jedoch nicht über das Ende des vereinbarten Verbotszeitraumes hinaus, von der Verpflichtung zur Zahlung der Entschädigung frei wird. Das Vorstandsmitglied wird in diesem Fall mit der Erklärung unverzüglich von der Pflicht zur Einhaltung des Verbots frei.

e) The Company has the right to renounce the post-contractual restraint on competition by a written declaration to the Member of the Managing Board, either before or after the termination of the service contract, with the effect that the obligation to pay the compensation ends upon expiry of a year after this declaration. In case of such declaration the Member of the Managing Board is immediately released from the post-contractual restraint on competition.

13. Schriftformklausel

Änderungen, Ergänzungen und die Aufhebung dieses Vertrages bedürfen zu ihrer Wirksamkeit der Schriftform. Dies gilt auch für die Änderung dieser Klausel selbst. Mündliche Nebenabreden bestehen nicht.

14. Salvatorische Klausel

Sollten einzelne Bestimmungen dieses Vertrages ganz oder teilweise unwirksam sein oder werden, berührt dies nicht die Wirksamkeit des Vertrages im Ganzen. Die Vertragsparteien sind verpflichtet, anstelle der unwirksamen Vorschrift eine Regelung zu vereinbaren, die der wirtschaftlichen Zwecksetzung der Parteien am ehesten entspricht. Im Falle von Lücken gilt diejenige Bestimmung als vereinbart, die dem entspricht, was nach Sinn und Zweck des Vertrages vernünftigerweise vereinbart worden wäre, hätte man die Angelegenheit von vorneherein bedacht.

13. Written form requirement

Alterations and supplements to, as well as the cancellation of this service contract including this clause shall be in writing in order to be effective. There are no oral additional agreements to this contract.

14. Severability clause

Should individual provisions of this contract be or become invalid in whole or in part, the validity of the remaining provisions shall not be affected. The parties shall be obliged to replace the invalid provision by a valid provision which comes as close as possible to the economic aim and purpose of the invalid provision. In the case of incomplete provisions/contractual gaps, a provision shall be deemed as stipulated which would have been agreed upon reasonably if the parties had considered this issue from the outset.

III. Muster: Ausführlicher Vorstandsvertrag (mit Pensionsklausel, Übergangsgeld, D&O-Versicherung, Change of Control-Klausel und ordentlichem Kündigungsrecht)

523

Vorbemerkung

Herr/Frau (...) wurde durch Beschluss des Aufsichtsrats vom (...) für die Zeit vom (...) bis zum (...) zum ordentlichen Mitglied des Vorstands der Gesellschaft bestellt. Im Hinblick auf diese Bestellung wird folgender Anstellungsvertrag zwischen Vorstand und Gesellschaft vereinbart.

Preliminary Remark

By Resolution of (...), the Supervisory Board appointed Mr./Mrs. (...) as Member of the Managing Board of the Company from (...) to (...). With regard to this appointment, the Company and the Member of the Managing Board conclude the following service contract.

1. Aufgaben und Pflichten

a) Das Vorstandsmitglied führt gemeinsam mit den anderen Vorstandsmitgliedern die Geschäfte der Gesellschaft nach Maßgabe der Gesetze, der Satzung und der Geschäftsordnung für den Vorstand.

b) Auf Wunsch des Aufsichtsrats oder des Vorstands wird Herr/Frau (...) Aufsichtsratsmandate und ähnliche Ämter in Gesellschaften, an denen die Gesellschaft unmittelbar oder mittelbar beteiligt ist, übernehmen. Dies gilt auch für Tätigkeiten in Verbänden und ähnlichen Zusammenschlüssen, denen die Gesellschaft angehört, oder Ehrenämter in Verwaltung und Rechtsprechung. Bei Beendigung der Vorstandstätigkeit oder auf Wunsch des Aufsichtsrates oder des Vorstands hat Herr/Frau (...) diese Ämter niederzulegen.

1. Functions and Duties

a) The Member of the Managing Board shall conduct the business of the Company together with the other Members of the Managing Board in compliance with the law, the articles of association, and the internal rules of procedure for the Managing Board.

b) By request of the Supervisory Board or the Managing Board, Mr./Mrs. (...) will assume office in the Supervisory Board or similar posts in companies, in which the Company holds directly or indirectly a share. This applies also for functions in associations and similar unions, of which the company is a member, or honorary offices in the administration or jurisdiction. In the case of termination of the function as Member of the Managing Board or upon request of the Supervisory Board or the Managing Board, Mr./Mrs. (...) has to resign from these offices.

2. Vertragsdauer

a) Der Anstellungsvertrag wird für die Zeit vom (...) bis zum (...) abgeschlossen.

b) Der Dienstvertrag verlängert sich jeweils für den Zeitraum, für den der Aufsichtsrat mit Zustimmung von Herrn/Frau (...) seine/ihre Wiederbestellung zum Vorstandsmitglied der Gesellschaft beschließt. Über die Verlängerung des Anstellungsvertrages und die Wiederbestellung zum Vorstand soll spätestens (...) Monate vor Ablauf der Amtszeit entschieden werden.

2. Term of Contract

a) The service contract is entered into for the period from (...) to (...).

b) This service contract will be extended for the respective period for which the Supervisory Board decides on the re-appointment as Member of the Managing Board of the Company upon approval by the Mr./Mrs. (...). About the extension of the service contract and the re-appointment as Member of the Managing Board, the Supervisory Board shall decide (...) months before the expiry of the term of office at the latest.

c) Im Falle der Beendigung des Vorstandsamts, insbesondere durch Widerruf der Bestellung, Amtsniederlegung oder Umwandlung der Gesellschaft, kann die Gesellschaft den Vertrag unter Einhaltung der gesetzlichen Kündigungsfristen des § 622 BGB ordentlich kündigen. Das Recht jeder Vertragspartei zur außerordentlichen Kündigung dieses Vertrages bleibt unberührt. Jede Kündigung bedarf der Schriftform.

c) In the case of termination of the membership in the Managing Board, in particular by revocation of the appointment as Member of the Managing Board, by resignation by the Member of the Managing Board, or because of the transformation of the Company's legal form, the Company is entitled to terminate the contract subject to the statutory term of notice according to § 622 BGB. The right to terminate the agreement for an important reason without notice according to § 626 BGB of the parties to this contract shall remain unaffected. Any notice of termination shall be in writing.

d) Der Vertrag endet spätestens am Ende des Monats, in dem das Vorstandsmitglied das (...) Lebensjahr vollendet.

d) At the latest, the contract shall cease upon expiry of the month in which the Member of the Managing Board attains the age of (...).

e) Wird das Vorstandsmitglied während der Laufzeit dieses Vertrages auf Dauer dienstunfähig, endet dieser Vertrag mit Ende des (...) Monats, nachdem die Dienstunfähigkeit festgestellt worden ist, vorbehaltlich einer früheren Beendigung gemäß Nr. 2 a, 2 c oder 2 d. Dauernde Dienstunfähigkeit ist gegeben, wenn das Vorstandsmitglied länger als (...) Monate nicht in der Lage ist, seine Aufgaben wahrzunehmen und die Wiederherstellung seiner Einsatzfähigkeit auch während weiterer (...) Monate nicht zu erwarten ist. Auf Verlangen des Aufsichtsrats wird das Vorliegen dieser Voraussetzungen durch einen von diesem bestimmten Arzt auf Kosten der Gesellschaft nachgeprüft.

e) In cases where the Member of the Managing Board is permanently disabled to perform its contractual duties and responsibilities, the service contract will cease upon expiry of the (...) month, in which the disability has been determined if it does not end earlier according to No. 2 a, 2 c, or 2 d. Permanent disability means that the Member of the Managing Board is not able to perform its duties for more than (...) months and a rehabilitation can not be expected in the next (...) months. By request of the Supervisory Board, a doctor – appointed by the Supervisory Board – will verify the presence of this condition at the expense of the Company.

3. Abfindungen

a) Widerruft die Gesellschaft aus wichtigem Grund iSd § 84 Abs. 3 S. 1 AktG die Bestellung und kündigt die Gesellschaft den Anstellungsvertrag ordentlich gemäß Nr. 2 c, hat das Vorstandsmitglied Anspruch auf Zahlung einer Abfindung. Die Abfindung, die insgesamt auf die Abgeltung der Restvertragslaufzeit bis zur Höchstgrenze von maximal zwei Jahresgehältern begrenzt ist, setzt sich zusammen aus (...) % der Summe der aufgrund der vorzeitigen Beendigung des Anstellungsvertrages nicht mehr zur Entstehung und Auszahlung gelangenden Gehälter (Festgehalt und Mindest- sowie Gewinntantieme).

3. Severances

a) If the Company revokes the appointment as Member of the Managing Board for an important reason according to § 84 (3) 1 AktG and terminates the service contract according to No. 2 c, the Member of the Managing Board is entitled to a severance payment. The severance, which is limited to the payment in lieu of the remaining contract period up to maximum of the amount of two fixed annual salaries consists of (...) % of the amount of the salary (fixed annual salary and annual guaranteed as well as profit-sharing bonus) not acquired and paid due to the premature termination of the service con-

Für die Ermittlung der Höhe der Gewinntantieme ist der Durchschnitt des in der Bilanz ausgewiesenen Ergebnisses der gewöhnlichen Geschäftstätigkeit der Gesellschaft iSd § 275 HGB der letzten drei Jahre der Vorstandstätigkeit maßgeblich, soweit dieser nicht wesentlich positiv (dh mehr als 25 %) vom voraussichtlichen Ergebnis für das laufende Geschäftsjahr abweicht; im letzteren Fall ist das voraussichtliche Ergebnis des laufenden Geschäftsjahres anstelle desjenigen des drittletzten Jahres der Vorstandstätigkeit zu berücksichtigen. Der Abfindungsanspruch wird mit Beendigung des Anstellungsvertrages fällig.

tract. The amount will be determined based one the average operating results of the Company's ordinary business activity declared in the balance sheet according to § 275 HGB of the last three years of its Membership in the Managing Board, if it is not substantially higher (i.e. more than 25 %) than the expected operating results of the current fiscal year; in the latter case the expected resuts of the current fiscal year will be taken into account instead the one of the antepenultimate year of its Membership in the Managing Board. The severance becomes due with the termination of the service contract.

b) Der Anspruch besteht nicht, wenn die Gesellschaft dem Vorstandsmitglied aus wichtigem Grund iSd § 626 BGB wirksam außerordentlich kündigt oder hierzu berechtigt ist.

b) The Member of the Managing Board is not entitled to severance if the Company effectively terminates the service contract for an important reason without notice according to § 626 BGB or if the Company is entitled hereto.

c) Das Vorstandsmitglied muss sich auf die Abfindung anderweitige Einkünfte aus selbständiger und unselbständiger Arbeit innerhalb der ursprünglichen Restlaufzeit des Anstellungsvertrages anrechnen lassen, soweit die Einkünfte und die Abfindung die Gesamtbezüge der ursprünglichen Restlaufzeit um (...) % übersteigen.

c) Any income of the Member of the Managing Board for independent services or employment within the original contract period will be deducted from the severance as far as the income and the severance exceed the total salary of the original contract period by (...) %.

4. Nebentätigkeiten und Wettbewerbsverbot

4. Secondary Employment and Restraint on Competition

a) Das Vorstandsmitglied wird während der Dauer dieses Vertrages ohne vorherige schriftliche Zustimmung des Aufsichtsrates der Gesellschaft kein Unternehmen betreiben oder im Geschäftsbereich der Gesellschaft für eigene oder fremde Rechnung Geschäfte tätigen. Auch die Übernahme eines Vorstands- oder Geschäftsführermandates und die Beteiligung an einem Unternehmen als persönlich haftender Gesellschafter erfolgt nicht ohne vorherige schriftliche Zustimmung des Aufsichtsrates der Gesellschaft.

a) During the duration of contract, the Member of the Managing Board will not conduct any business or deal in the Company's field of activity neither for one's own nor for a third party's account without prior and written consent by the Supervisory Board. Furthermore, the Member of the Managing Board will neither assume offices as Member of the Managing Board or as Managing Director nor participate as general partner in a business without prior and written consent of the Supervisory Board.

b) Das Vorstandsmitglied stellt seine gesamte Arbeitskraft, fachlichen Kenntnisse und Erfahrungen ausschließlich der Gesellschaft zur Verfügung. Eine entgeltliche oder unentgeltliche Nebentätigkeit, insbesondere die Über-

b) The Member of the Managing Board shall exclusively dedicate its entire working capacity, its expertise and experience. Prior to the practice of any secondary employment – paid or unpaid –, in particular the assumption of

nahme eines Amtes als Aufsichtsrat, Beirat oder Ähnliches bedarf der vorherigen schriftlichen Zustimmung des Personalausschusses, der diese jederzeit widerrufen kann. Jede Gutachter- und Schiedsrichtertätigkeit sowie Veröffentlichungen und Vorträge mit Öffentlichkeitswirkung bedürfen der vorherigen Zustimmung des Aufsichtsratsvorsitzenden.

offices as Member of a Supervisory Board, as a Member of an Advisory Board, or of similar offices, the Member of the Managing Board has to obtain the written consent by the Staff Committee of the Supervisory Board which is unrestrictedly revocable. Prior to the assumption of any function as expert or arbitrator, the Member of the Managing Board has to obtain the consent of the Chairman of the Supervisory Board. That also applies to publications and speeches with a public effect.

c) Das Vorstandsmitglied wird ebenfalls nicht während der Dauer dieses Vertrages ein Unternehmen, welches mit der Gesellschaft oder einem mit der Gesellschaft konzernverbundenen Unternehmen in direktem oder indirektem Wettbewerb steht oder in wesentlichem Umfang Geschäftsbeziehungen zu der Gesellschaft oder einem mit ihr verbundenen Unternehmen unterhält, errichten, erwerben oder sich hieran unmittelbar oder mittelbar beteiligen. Das Vorstandsmitglied wird den Aufsichtsratsvorsitzenden unterrichten, falls ein Mitglied seiner Familie (Angehörige iSd § 15 AO) eine Beteiligung an einem solchen Unternehmen hält. Anteilsbesitz im Rahmen der privaten Vermögensverwaltung, der keinen Einfluss auf die Organe des betreffenden Unternehmens ermöglicht, gilt nicht als Beteiligung im Sinne dieser Bestimmung.

c) The Member of the Managing Board will not establish, take over, or take a share – neither directly nor indirectly – in a company which is competing directly or indirectly with the Company or an affiliated company or has material business relations with the Company or an affiliated company. In the case that a family member of the Member of the Managing Board (relative according to § 15 AO) holds a share in such a company, the Member of the Managing Board shall notify the Chairman of the Supervisory Board thereof. Any shareholding within the scope of private asset management without enabling the exercise of any influence in the relevant company shall not be considered as shareholding in terms of this provision.

d) Das Verbot, im Geschäftsbereich der Gesellschaft für eigene oder fremde Rechnung Geschäfte zu tätigen, erfasst auch Geschäfte, die lediglich Geschäftschancen der Gesellschaft und mit dieser verbundener Unternehmen beeinträchtigen.

d) The prohibition to deal within the Company's field of activity neither to one's own nor to a third party's account comprises also deals merely affecting business opportunities of the Company and affiliated companies.

5. Vergütung

a) Der Vorstand erhält für seine Tätigkeit nach diesem Vertrag ein festes Jahresgehalt in Höhe von (...) € brutto. Der Betrag ist in zwölf gleichen Monatsraten zu zahlen, jeweils zum Ende eines Kalendermonats. Die Teilbeträge werden letztmalig für den vollen Monat, in dem der Anstellungsvertrag endet, gezahlt. Das Gehalt wird in angemessenen Zeitabständen durch den Aufsichtsrat dahingehend überprüft, ob eine Erhöhung auf-

5. Remuneration

a) The Member of the Managing Board receives for his services according to this contract a fixed annual gross salary amounting to (...) €. The amount shall be paid in twelve equal monthly instalments at the end of each calendar month. The rates shall be paid ultimately for the full month, in which the contract ends. This fixed annual salary shall be reviewed in adequate intervals by the Supervisory Board if an increase should be effected

grund des Aufgabengebietes, der Entwicklung der Lebenshaltungskosten oder aus sonstigen Gründen erfolgen soll.

because of the area of responsibility, or the development of living costs, or other reasons.

b) Der Vorstand erhält eine Tantieme in Höhe von (...) % des Durchschnitts des in der Bilanz ausgewiesenen Ergebnisses der gewöhnlichen Geschäftstätigkeit der Gesellschaft iSd § 275 HGB der letzten drei Jahre der Vorstandstätigkeit. Die Tantieme ist der Höhe nach begrenzt auf (...) % des festen Jahresgehaltes. Die Tantieme ist am Ende des Kalendermonats fällig, der auf den Monat folgt, in dem der Jahresabschluss festgestellt wird. Beginnt oder endet das Dienstverhältnis im laufenden Jahr, so erhält der Vorstand die Tantieme pro rata temporis.

b) The Member of the Managing Board receives for his services an annual profit-sharing bonus amounting to (...) % of the average operating result of the Company's ordinary business activity declared in the balance sheet according to § 275 HGB of the last three years of its Membership in the Managing Board. The bonus is limited to (...) % of the fixed annual salary. The bonus is due with expiry of the calendar months following the month in which the annual financial statement has been approved. In the case that the service contract commences or ends during the year, the bonus will be granted on a pro rata temporis basis.

c) Ferner erhält der Vorstand eine garantierte Mindesttantieme in Höhe von (...) €. Die Mindesttantieme wird gleichzeitig mit der Gewinntantieme und auf diese angerechnet. Beginnt oder endet das Dienstverhältnis im laufenden Jahr, so erhält der Vorstand die Tantieme pro rata temporis.

c) Furthermore, the Member of the Managing Board receives an annual guaranteed bonus amounting to (...) €. The guaranteed bonus becomes due at the same time as the profit-sharing bonus according to No. 5 b and will be deducted from the latter one. In the case that the service contract commences or ends during the year, the bonus will be granted on a pro rata temporis basis.

d) Bei einer vorübergehenden Arbeitsunfähigkeit, die durch Krankheit, Unfall oder aus einem anderen vom Vorstand nicht verschuldeten Grund eintritt, werden die Bezüge für die Dauer von sechs Monaten, längstens bis zum Ende des Anstellungsvertrages, in unveränderter Höhe weitergewährt, wobei als erster Monat der auf den Beginn der Arbeitsunfähigkeit folgende Monat gilt. Für weitere sechs Monate einer vorübergehenden Arbeitsunfähigkeit, längstens bis zum Ende des Anstellungsvertrages, erhält der Vorstand (...) % des Festgehaltes und der Mindesttantieme. Der Vorstand muss sich auf diese Zahlungen anrechnen lassen, was er von Kassen oder Versicherungen an Krankengeld, Krankentagegeld oder Rente erhält.

d) In the case of a temporary disability of the Member of the Managing Board to perform its contractual duties and responsibilities caused by sickness, accident or other circumstances for which it is not responsible, the full remuneration will be paid for six months, the first of the six months being the one following the beginning of the temporary disability to perform the contractual duties and responsibilities. For further six months, the Member of the Managing Board will receive (...) % of the fixed annual salary and the guaranteed bonus, however, the payment shall end upon termination of this service contract at the latest. Any payments the Member of the Managing Board receives from insurances as sickness benefit, sickness daily allowance or pension will be deducted from the continued payment of remuneration.

e) Stirbt das Vorstandsmitglied während der Dauer der Bestellung, werden seiner/ihrem

e) In the event of the death of the Member of the Managing Board, its spouse or after

Witwe/r oder nach deren/dessen Tod seinen unterhaltsberechtigten Kindern die vollen Bezüge für (...) Monate, längstens bis zum vertraglich bestimmte Endtermin des Anstellungsvertrages, fortgewährt. Danach greift die Regelung unter Nr. 9 dieses Vertrags. Hinterlässt das Vorstandsmitglied keine Angehörigen iSv S. 1, so besteht kein Anspruch.

his/her death its dependent children will receive the full remuneration for (...) months, but until the expiry of this service contract according to No. 2 a at the latest. Subsequently, the provision under No. 9 applies. If the Member of the Managing Board dies without dependants in terms of sentence 1 there shall be no such title.

f) Mit den Bezügen nach diesem Vertrag ist die gesamte Tätigkeit des Vorstands bei der Gesellschaft und gegebenenfalls bei Konzerngesellschaften mit allen Nebentätigkeiten abgegolten. Sofern der Vorstand aus Tätigkeiten für Konzerngesellschaften Vergütungsleistungen, Aufwandsentschädigungen oder ähnliche Zahlungen erhält, sind diese auf die Vergütung nach diesem Vertrag anzurechnen.

f) All functions of the Member of the Managing Board for this company and for affiliated companies if applicable including performance of any additional offices shall be compensated by the remuneration according to this contract. In the case that the Member of the Managing Board receives any remuneration, expenses or similar payments for functions for affiliated companies, these will be deducted from the remuneration according to this contract.

g) Eine Abtretung oder Verpfändung der Bezüge ohne Genehmigung der Gesellschaft ist unzulässig.

g) The assignment or pledging of the remuneration without prior consent by the company is prohibited.

6. Nebenleistungen, Versicherungsschutz und Aufwendungsersatz

6. Supplementary Payments, Insurance Coverage, and Reimbursement

a) Die Gesellschaft schließt zugunsten des Vorstandsmitglieds folgende Versicherungen für die Dauer des Dienstverhältnisses ab:

a) For the duration of this contract, the Company shall take out the following insurance policies for the benefit of the Member of the Managing Board:

aa) eine Betriebs- und Privatunfallversicherung mit einer Versicherungssumme von (...) € für den Todesfall und (...) € für den Invaliditätsfall,

aa) an accident insurance policy with the insured sum of (...) € in the case of death and (...) € in the case of disability,

bb) eine Rechtsschutzversicherung mit einer Deckungssumme von (...) € je Schadensfall zur Abwehr von Ansprüchen, insbesondere Haftpflichtansprüchen gegen das Vorstandsmitglied und von strafrechtlichen Risiken sowie zur Wahrnehmung rechtlicher Interessen aus diesem Anstellungsvertrag,

bb) a legal expenses insurance with the insured sum of (...) € for each liability case for the defence against claims, in particular against liability claims against the Member of the Managing Board and against penal risks, as well as for the pursuit of legal interest arising from this service contract,

cc) eine Vermögensschaden-Haftpflichtversicherung (D&O-Versicherung) mit einer Deckungssumme von (...) € und einer Selbstbeteiligung von (.../mindestens 10) % je Schadensfall, maximal aber (.../mindestens 150 % der festen jährlichen Vergütung) € pro Kalenderjahr/Geschäftsjahr für den Fall, dass das Vorstandsmitglied wegen einer in Aus-

cc) a third party liability insurance policy covering pecuniary loss (D&O insurance) with the insured sum of (...) € with a deductible of (.../at least 10) % for each liability case, but maximal (.../at least 150 % of the fixed annual salary) € per calendar/fiscal year in case a third party or the Company itself claims against the Member of the Managing

übung seiner/ihrer Tätigkeit begangenen Pflichtverletzung von einem Dritten oder der Gesellschaft aufgrund gesetzlicher Haftpflichtbestimmungen privatrechtlichen Inhalts für einen Vermögensschaden in Anspruch genommen wird.

Board according to statutory provisions regarding liability under private law on account of a breach of duty by the Member of the Managing Board in exercise of its functions.

b) Die Gesellschaft stellt dem Vorstandsmitglied für die Dauer des Dienstverhältnisses einen seiner Stellung angemessenen Dienstwagen (mit Fahrer) zur Verfügung. Typ und Ausstattung werden zwischen Aufsichtsratsvorsitzendem und Vorstandsmitglied schriftlich abgestimmt. Das Vorstandsmitglied kann den Dienstwagen dienstlich und privat nutzen. Betriebs- und Unterhaltskosten trägt die Gesellschaft, das Vorstandsmitglied hat den Wert der privaten Nutzung als Sachbezug zu versteuern.

b) For the duration of this contract, the Company will provide the Member of the Managing Board with a company car appropriate to his position (and a chauffeur). The Chairman of the Supervisory Board and the Member of the Managing Board shall agree in writing on the type and equipment of the company car. The Member of the Managing Board may use the company car for official and private purposes. The Company bears the operating and maintenance costs, the Member of the Managing Board is liable for any tax owing on the monetary benefit arising from the private usage.

c) Die Gesellschaft erstattet dem Vorstandsmitglied Reisekosten und sonstige Aufwendungen, die in Ausübung seiner/ihrer Aufgaben im Rahmen dieses Vertrages entstehen. Die Erstattung erfolgt entweder gegen Einzelnachweis oder pauschal gemäß den jeweils steuerlich zulässigen Höchstsätzen.

c) The Company will reimburse the Member of the Managing Board for any travel expenses and other expenditures incurred in relation to the exercise of this service contract. The reimbursement is to be made upon presentation of invoices or according to the fixed maximum lump-sum rates specified by tax law.

7. Diensterfindungen

a) Erfindungen, die das Vorstandsmitglied während der Dauer des Dienstverhältnisses macht, werden entsprechend dem Arbeitnehmererfindergesetz in seiner jeweiligen Fassung behandelt.

b) Die Verwertung von technischen oder organisatorischen Verbesserungsvorschlägen des Vorstandsmitgliedes, die sich unmittelbar oder mittelbar aus den Aufgaben des Vorstandsmitgliedes in der Gesellschaft ergeben oder mit dieser Tätigkeit zusammenhängen, stehen ohne besondere Vergütung ausschließlich der Gesellschaft zu.

7. Job-related/Service Inventions

a) Inventions made by the Member of the Managing Board during the duration of this contract will be dealt with according to the German Employee Inventions Act (Arbeitnehmererfindungsgesetz) in its legal version.

b) The utilization of proposals for technical or organizational improvements made by the Member of the Managing Board resulting directly or indirectly from the Member of the Managing Board's duties or being associated with its functions, is entitled exclusively to the Company without payment of any additional compensation.

8. Versorgungszusage

a) Der Vorstand hat bei Eintritt eines Versorgungsfalls Anspruch auf Zahlung eines Ruhegehalts durch die Gesellschaft. Das Ruhegeld wird monatlich im Nachhinein gezahlt,

8. Confirmation of Pension Entitlement

a) In the case of the occurence of an insured event the Member of the Managing Board is entitled to the payment of a pension by the Company. The pension shall be paid at the

erstmalig mit dem Monat, der auf das Ausscheiden erfolgt, soweit nicht andere Bestimmungen dieses Vertrages entgegenstehen. Ein Versorgungsfall ist gegeben, wenn

aa) der Vorstand nach Erreichen der Altersgrenze von (...) Jahren aus den Diensten der Gesellschaft ausscheidet,

bb) der Vorstand vor Erreichen der Altersgrenze wegen dauernder Arbeitsunfähigkeit aus den Diensten der Gesellschaft ausscheidet,

cc) der Vorstand aus den Diensten der Gesellschaft ausscheidet, weil ihm die Gesellschaft weder die Verlängerung des bisherigen Anstellungsvertrages noch den Abschluss eines neuen Anstellungsvertrages zu mindest gleich günstigen Bedingungen angeboten hat, ohne dass ein vom Vorstandsmitglied zu vertretender wichtiger Grund dafür vorliegt, wenn er zu diesem Zeitpunkt seit mindestens fünf Jahren in den Diensten der Gesellschaft steht.

b) Die Höhe der jährlichen Versorgungsleistungen basiert auf dem festen Jahresgehalt gemäß dieses Vertrages im letzten vollen Jahr der Tätigkeit und beträgt (...) % des festen Jahresgehaltes zuzüglich (...) % für jedes ab dem dritten als Vorstandsmitglied geleisteten vollen Dienstjahr bis zu einem Höchstbetrag von (...) % des festen Jahresgehaltes. Das Ruhegeld wird gemäß § 16 BetrAVG jeweils angepasst.

c) Erhöht oder ermäßigt sich der Verbraucherindex für Deutschland (Basis 2005 = 100) nach der erstmaligen Fälligkeit des Ruhegeldes um mehr als (...) %, wird das Ruhegeld um denselben Prozentsatz erhöht oder gekürzt. Die Anpassung gilt erstmals für den Monat, für den der um mehr als (...) % veränderte Preisindex festgestellt wurde. Eine erneute Anpassung erfolgt jeweils, wenn sich der Preisindex gegenüber dem für die letzte Anpassung maßgeblichen Preisindex wiederum um mehr als (...) % erhöht oder ermäßigt hat. Werden durch die Anpassung Nach- oder Rückzahlungen erforderlich, werden sie zinsfrei unverzüglich nach der Bekanntma-

end of each calendar month, for the first time for the month following the termination of the contract as far as not other provision of this contract conflicts. An insured event is given when:

aa) the Member of the Managing Board retires from the Company due to the attainment of retirement age of (...),

bb) the Member of the Managing Board leaves office due to permanent disability to perform its contractual duties and responsibilities prior to the attainment of retirement age.

cc) the Member of the Managing Board leaves office due to the fact that the Company did not offer him neither the extension of the contract nor the conclusion of a new contract on equal or better terms – except the case that this is based on an important reason for which the Member of the Managing Board is responsible – if the Member of the Managing Board is employed by the Company since five years at least as long as the Company did not offer.

b) The pension is based on the fixed annual salary in the last full year of service and amounts to (...) % of the fixed annual salary plus (...) % for every full year of service as of the third year of service, but limited to (...) % of the fixed annual salary. The pension shall be adjusted according to § 16 BetrAVG.

c) In case of an increase or a decrease of the consumer price index for Germany (basis 2005 = 100) of more than (...) % subsequent to the first maturity of the pension, the pension will be increased or decreased respectively by the same percentage rate. For the first time, the adjustment applies for the month for which the change of the consumer price index by (...) % has been determined. A readjustment will be carried out in case the consumer price index compared to the consumer price index relevant for the last adjustment increased or decreased by (...) %. Potential additional payments or paybacks shall be paid free of interest and immediately

chung des für die Anpassung maßgeblichen Preisindex geleistet.

following the announcement of the relevant consumer price index.

d) Früher erworbene Ruhegeldansprüche sind auf die Ruhegeldzahlungen anzurechnen, später erworbene Ansprüche nur auf den Teil des Ruhegeldes, der nicht gesetzlich unverfallbar geworden ist. Die Anrechnung erfolgt nur insoweit, als die Ruhegeldansprüche zusammen mit dem nach diesem Vertrag zu zahlenden Ruhegeld das maximale Ruhegeld nach Nr. 8 b, angepasst nach Nr. 8 c, übersteigen.

d) If the Managing Director has already acquired pension entitlements prior to entering into this agreement, then these will be deducted from the pension. Pension entitlements acquired afterwards will be deducted from the part of the pension which is still forfeitable. The deduction will be carried out only in so far as these pension entitlements together with the pension according to this contract exceed the maximal pension according to No. 8 b which has been adjusted according to No. 8 c.

e) Im Falle der dauernden Arbeitsunfähigkeit oder der Nichtverlängerung des Anstellungsvertrages muss sich das Vorstandsmitglied bis zum Erreichen der Altersgrenze auf das Ruhegeld (...) % anderweitiger Einkünfte aus selbständiger und unselbständiger Arbeit anrechnen lassen, soweit sie den Betrag von insgesamt (...) € im Kalenderjahr überschreiten. Anrechnungspflichtige Einkünfte sind der Gesellschaft am Ende des Kalenderjahres unaufgefordert mitzuteilen. Laufendes anrechnungspflichtiges Einkommen ist der Gesellschaft unverzüglich mitzuteilen, die eine vorläufige Kürzung des Ruhegeldes vorsehen kann.

e) In the case of permanent disability to perform its contractual duties and responsibilities, (...) % of any income of the Member of the Managing Board for independent service or employment prior to the attainment of retirement age will be deducted from the pension, in so far as they exceed the amount of (...) € per year. The Member of the Managing Board has to provide the Company, unsolicited, with information concerning the amount of deductible income within the meaning of this contract at the end of the year. The Company which can effect a provisional deduction shall be provided immediately with information concerning the amount of continuous deductible income within the meaning of this contract.

f) Wird Ruhegeld wegen Nichtverlängerung des Anstellungsvertrages gezahlt, hat sich der Vorstand bis zur Vollendung seines (...) Lebensjahres bis zur Hälfte seines Ruhegeldes anrechnen zu lassen, was er durch Verwertung seiner Arbeitskraft anderweitig erwirbt oder böswillig anderweitig zu erwerben unterlässt. Das Vorstandsmitglied ist verpflichtet, der Gesellschaft auf Aufforderung über die Höhe des Erwerbs Auskunft zu erteilen.

f) In case of a pension according to No. 8 a cc), any income which the Member of the Managing Board gains from the effort of its working capacity or which it refrains to gain with malicious intent before attaining the age of (...) will be deducted up to the half of the pension. On request, the Member of the Managing Board is obliged to provide the Company with information concerning the amount of its income.

g) Endet der Anstellungsvertrag vor Erreichen der Altersgrenze, ohne dass ein Versorgungsfall im Sinne dieses Vertrages eintritt, behält das Vorstandsmitglied seine Anwartschaft auf Versorgungsleistungen in dem gesetzlich vorgeschriebenen Umfang, falls die gesetzlichen Voraussetzungen für die Unverfallbarkeit erfüllt sind.

g) Should the service contract cease without occurrence of an event according to No. 8 a, the Member of the Managing Board shall retain its prospective entitlement to pension to the extent prescribed by the statutory provisions if the legal requirements for the nonforfeiture are met.

h) Für die Kürzung oder Einstellung der Ruhegeldzahlungen durch die Gesellschaft gelten die allgemeinen Vorschriften. Insbesondere behält sich die Gesellschaft vor, die zugesagte Leistung gemäß § 87 Abs. 2 AktG auf eine angemessene Höhe herabzusetzen, wenn sich die Lage der Gesellschaft derart verschlechtert, dass die unveränderte Weitergewährung des Ruhegeldes unbillig für die Gesellschaft wäre. Eine solche Herabsetzung ist nur in den ersten drei Jahren nach Ausscheiden aus der Gesellschaft möglich.

h) The general provisions apply to the reduction or suspension of the payment of the pension by the Company. In particular, the Company reserves its right to decrease the promised payments according to § 87 (2) AktG to an appropriate amount if the Company's business situation deteriorates to such an extent that a further unmodified granting of the pension would be unreasonable. Such a decrease is only possible during the first three years following the retirement from service for the Company.

i) Die Gesellschaft ist berechtigt, die ihr durch diese Zusage erwachsenden Verpflichtungen ganz oder teilweise durch den Abschluss von Versicherungen auf das Leben des Vorstands rückzudecken. Sämtliche Rechte aus solchen Rückdeckungsversicherungen stehen ausschließlich der Gesellschaft zu. Der Vorstand hat der Gesellschaft und/oder dem Versicherer sämtliche für den Versicherungsabschluss erforderlichen Unterlagen und Angaben zu überlassen. Die Ansprüche der Gesellschaft gegen den Rückdeckungsversicherer werden dem Vorstand für den Fall der Insolvenz zur Sicherung seiner Ansprüche gegen die Gesellschaft verpfändet.

i) The Company is authorized to reinsure its obligations arising from this pension promise – in part or completely – by taking out a life policy on the Member of the Managing Board's life. The Company is exclusively entitled to all rights arising from such a reinsurance. The Member of the Managing Board undertakes to provide the Company and/or the insurer with all necessary documents and information for the conclusion of the insurance. In the case of insolvency, the Company pledges its claims against the insurer to the Member of the Managing Board to secure its claims against the Company.

j) Eine Abtretung oder Verpfändung der Ruhegeldansprüche durch das Vorstandsmitglied ist ausgeschlossen.

j) The assignment or pledging of the entitlement to pension is prohibited.

9. Hinterbliebenenversorgung

a) Stirbt das Vorstandsmitglied während der Laufzeit des Dienstvertrages oder nach Eintritt des Versorgungsfalles, steht seinem Ehepartner ein Anspruch auf eine Witwenrente zu, sofern die Ehe im Zeitpunkt des Todes noch bestanden hat. Diese wird wie die Altersrente gezahlt. Die Witwenrente beträgt (...) % der Rente, die der Vorstand bei seinem Tod erhielt oder erhalten hätte, wenn er zum Zeitpunkt des Todes eine Invaliditätsrente erhalten würde.

b) Ein Anspruch auf Witwenrente entfällt, wenn die Ehe erst nach dem vollendeten (...) Lebensjahr oder dem Eintritt des Versor-

9. Surviving dependants' pension

a) In the event of the death of the Member of the Managing Board during the contract period or after the occurrence of an insured event according to No. 8 a, his spouse is entitled to a widow's pension if the marriage is still in existence in the time of death. The pension shall be paid like the retirement pension. The widow's pension amounts to (...) % of the pension that the Member of the Managing Board had been receiving, or that it would have received in case of permanent disability to perform its contractual duties and responsibilities at the time of his death.

b) There shall be no entitlement to a widow's pension if the marriage has been entered into after the Member of the Managing Board at-

gungsfalles geschlossen wurde oder wenn die Ehe nur geschlossen wurde, um den Hinterbliebenen die Leistungen zuzuwenden. Der Anspruch auf Witwenrente erlischt mit dem Ablauf des Monats, in dem die Witwe/der Witwer sich neu verheiratet. Der Anspruch auf Witwenrente lebt wieder auf, wenn die neue Ehe durch Tod des Ehegatten oder Scheidung aufgelöst wird.

tained the age of (…), or after the occurence of an insured event according to No. 8 a, or if the Member of the Managing Boars only married in order to grant the pension to the survivors. The widow's pension ends upon expiry of the month in which the spouse remarries. The entitlement to widow's pension shall be reinstated in case of a dissolution of the new marriage due to the death of the new spouse or a divorce.

c) Die Witwe/der Witwer muss sich auf die Witwenrente anderweitige Einkünfte aus selbständiger und unselbständiger Arbeit sowie auf Grund unselbständiger Arbeit erworbene Versorgungsansprüche anrechnen lassen, soweit die Einkünfte und Versorgungsbezüge die Witwenrente übersteigen.

c) Any income of the spouse for independent service or employment as well as an entitlement to pension arising from any employments will be deducted from the widow's pension, in so far as they exceed the widow's pension.

d) Stirbt das Vorstandsmitglied während der Laufzeit des Dienstvertrages oder nach Eintritt des Versorgungsfalles, steht seinen unterhaltsberechtigten Kindern ein Anspruch auf eine Waisenrente zu. Diese wird wie die Altersrente gezahlt. Die Waisenrente beträgt für jedes Kind (…) % der Rente, die der Vorstand zuletzt erhielt oder erhalten hätte, wenn er zum Zeitpunkt des Todes eine Invaliditätsrente erhalten hätte. Witwen- und Waisenrente dürfen zusammen nicht mehr als 100 % der Alters- bzw Invaliditätsrente ausmachen; gegebenenfalls werden sie anteilig gekürzt.

d) In the event of the death of the Member of the Managing Board during the contract period or after the occurrence of an insured event according to No. 8 a, his dependant children are entitled to an orphan's pension. The orphan's pension shall be paid like the retirement pension. The orphan's pension for each child amounts to (…) % of the pension that the Member of the Managing Board had been receiving, or that it would have received in case of permanent disability to perform its contractual duties and responsibilities at the time of his death. Widow's and orphan's pension added together may not exceed 100 % of the Member of the Managing Board's pension; if necessary they will be reduced proportionally.

e) Das Waisengeld wird bis zum vollendeten (…) Lebensjahr bezahlt, darüber hinaus nur für Zeiten der Schul- oder Berufsausbildung einschließlich des Wehr- oder Zivildienstes, längstens bis zum vollendeten (…) Lebensjahr.

e) The orphan's pension shall be paid until the child attains the age of (…), beyond that only for the periods of school or professional training including military or alternative civilian service, however not later than until the attainment of the age of (…).

f) Erhöht oder ermäßigt sich der vom Statistischen Bundesamt festgestellte Verbraucherindex für Deutschland (Basis 2005 = 100), wird die Witwen- und Waisenrente beginnend mit dem Versorgungsfall um denselben Prozentsatz erhöht oder gekürzt. Die Zahlungen werden jeweils zum 1.1. eines jeden Jahres angepasst. Werden durch die Anpassung Nach- oder Rückzahlungen erforder-

f) In case of an increase or a decrease of the consumer price index for Germany (basis 2005 = 100) the widow's and orphan's pension shall be increased or decreased respectively by the same percentage rate starting with the death of the Member of the Managing Board. The payment shall be adjusted at 1 January of each year. Potential additional payments or paybacks shall be paid free of

lich, werden sie zinsfrei unverzüglich nach der Bekanntmachung des für die Anpassung maßgeblichen Preisindex geleistet.

g) Für die Kürzung oder Einstellung der Witwen- und Waisenrente durch die Gesellschaft gelten die allgemeinen Vorschriften. Insbesondere behält sich die Gesellschaft vor, die zugesagte Leistung gemäß § 87 Abs. 2 AktG auf eine angemessene Höhe herabzusetzen, wenn sich die Lage der Gesellschaft derart verschlechtert, dass die unveränderte Weitergewährung des Ruhegeldes unbillig für die Gesellschaft wäre. Eine solche Herabsetzung ist nur in den ersten drei Jahren nach Ausscheiden aus der Gesellschaft möglich.

10. Urlaub

a) Das Vorstandsmitglied hat Anspruch auf einen Jahresurlaub von (...) Arbeitstagen, der in Teilabschnitten genommen werden soll. Lage und Dauer des Urlaubs sind mit (einem anderen Vorstandsmitglied/dem Vorstandsvorsitzenden/dem Aufsichtsratsvorsitzenden) abzustimmen. Dabei sind die geschäftlichen Belange der Gesellschaft zu berücksichtigen.

b) Der Urlaub verfällt, wenn er nicht bis zum 30.6. des Folgejahres genommen wird. Kann das Vorstandsmitglied seinen Jahresurlaub nicht nehmen, weil Interessen der Gesellschaft entgegenstehen, hat es Anspruch auf eine Abgeltung des Urlaubs unter Zugrundelegung des Festgehalts.

11. Geheimhaltungs- und Herausgabepflichten

a) Das Vorstandsmitglied ist verpflichtet, über alle vertraulichen Angaben und Geheimnisse der Gesellschaft und der mit ihr verbundenen Unternehmen (insbesondere Geschäfts- und Betriebsgeheimnisse), die ihm durch seine Tätigkeit als Vorstandsmitglied bekannt geworden sind, Stillschweigen zu bewahren. Diese Verschwiegenheitspflicht gilt auch nach Beendigung des Anstellungsvertrages fort.

b) Die Verschwiegenheitspflicht erfasst insbesondere den Kundenkreis der Gesellschaft,

interest and immediately following the announcement of the relevant consumer price index.

g) The general provisions apply to the reduction or suspension of the payment of the widow's or orphan's pension by the Company. In particular, the Company reserves its right to decrease the promised payments according to § 87 (2) AktG to an appropriate amount if the Company's business situation deteriorates to such an extent that a further unmodified granting of the pension would be unreasonable. Such a decrease is only possible during the first three years following the retirement from service for the Company.

10. Vacation

a) The Member of the Managing Board is entitled to an annual leave of (...) working days, which shall be taken in sections. The Member of the Managing Board and (another Member of the Managing Board/the Chairman of the Managing Board/the Chairman of the Supervisory Board) shall agree on time and duration of the vacation taking into account the Company's business interests.

b) The entitlement to vacation is forfeited if not taken until 30 June of the following year. Should the Member of the Managing Board be unable to take his annual leave, in whole or in part, by this point of time due to compelling business reasons, it will be compensated based on the amount of his fixed annual salary.

11. Obligations of secrecy and to surrender possession

a) The Member of the Managing Board has the obligation to observe secrecy about confidential information and secrets of the Company and affiliated companies (in particular business and trade secrets) which he got acquainted with in the course of its services. This obligation to observe secrecy remains in effect subsequent to the termination of this service contract.

b) In particular, the obligation to observe secrecy comprises the clientele of the Compa-

die mit ihnen gemachten Geschäfte und Umsätze, die strategischen Planungen der Gesellschaft, sowie die Umsatz- und Ergebnisziele.

ny, the deals and turnover made with this clientele, the business strategy of the Company, and the Company's targets regarding turnover and operating result.

c) Das Vorstandsmitglied ist verpflichtet, ohne Aufforderung bei Beendigung des Dienstverhältnisses – auf Verlangen jederzeit – alle in seinem Besitz befindlichen geschäftlichen Unterlagen und Schriftstücke der Gesellschaft einschließlich Urkunden, Aufzeichnungen, Notizen, Entwürfen oder hiervon gefertigten Durchschriften oder Kopien – gleichgültig auf welchem Datenträger – an die Gesellschaft zurückzugeben. Ein Zurückbehaltungsrecht an diesen Unterlagen und Schriftstücken ist ausgeschlossen.

c) On request at any time and upon termination of this contract without further request, the Member of the Managing Board is obligated to return any document of the Company in its possession, including certificates, recordings, notes, drafts or copies or carbon copies made thereof – no matter on which data carrier – to the Company. There is no right of retention regarding these documents.

d) Dieselbe Verpflichtung gilt für sämtliche weitere Sachen und Gegenstände der Gesellschaft wie Firmenfahrzeug, Berechtigungskarten, Schlüssel, Mobiltelefon, Laptop und Ähnliches.

d) The same obligation applies to all items belonging to the Company, like company car, access cards, keys, mobile phones, laptops, and the like.

12. Change of Control-Klausel

a) Im Falle eines Kontrollwechsels hat das Vorstandsmitglied ein einmaliges Sonderkündigungsrecht, den Anstellungsvertrag mit einer Kündigungsfrist von (...) Monaten zum Monatsende zu kündigen und sein Amt zum Kündigungstermin niederzulegen. Das Sonderkündigungsrecht besteht nur innerhalb von (...) Monaten nach Kenntniserlangung vom Kontrollwechsel durch das Vorstandsmitglied.

b) Das Vorstandsmitglied hat bei Ausübung des Sonderkündigungsrechts Anspruch auf Zahlung einer Abfindung. Die Abfindung, die insgesamt auf zwei Jahresgehälter begrenzt ist, setzt sich zusammen aus 50 % der Summe der aufgrund der vorzeitigen Beendigung des Anstellungsvertrages nicht mehr zur Entstehung und Auszahlung gelangenden Gehälter (Festgehalt und variable Erfolgsvergütungen auf Basis [einer unterstellten 100 %igen Zielerreichung/des durchschnittlichen Zielerreichungsgrads der letzten drei abgelaufenen Geschäftsjahre]) und der zusätzlichen Zahlung in Höhe eines Jahresfestgehaltes. Der Abfindungsanspruch entsteht frühestens im Zeitpunkt der dinglichen Über-

12. Change of Control-Clause

a) In case of a change of control, the Member of the Managing Board is entitled to an extraordinary right to terminate the service contract with a notice period of (...) months to the end of a calendar month and to resign from office. The Member of the Managing Board is entitled to this extraordinary right to terminate the contract only for a period of (...) months after taking note of the change of control.

b) If the Member of the Managing Board exercises its extraordinary right to terminate the contract according to No. 12 a the Member of the Managing Board is entitled to a severance payment. The severance, which is limited to the amount of two fixed annual salaries consists of 50 % of the amount of the salary (fixed annual salary and bonus based on [a supposed target achievement of 100 %/the average target achievement of the last three fiscal years) not acquired and paid due to the premature termination of the service contract and the additional payment in the amount equal to one fixed annual salary. At the earliest, the entitlement to severance arises when the transfer of the shares is effec-

tragung der Geschäftsanteile, wenn sämtliche Genehmigungen vorliegen und sämtliche aufschiebenden Bedingungen eingetreten sind. Er wird mit Beendigung des Anstellungsvertrages fällig. Ein Anspruch auf Abfindung besteht nicht, wenn das Anstellungsverhältnis auch unabhängig vom Kontrollwechsel innerhalb der nächsten (…) Monate automatisch geendet hätte, etwa durch Ablauf der Befristung oder Erreichen der Altersgrenze. Der Anspruch entfällt ebenfalls, wenn die Gesellschaft dem Vorstandsmitglied aus wichtigem Grund iSd § 626 BGB wirksam außerordentlich kündigt oder hierzu berechtigt war.

ted, all necessary approvals are obtained, and all conditions precedent are fulfilled. The severance becomes due with the termination of the service contract. The Member of the Managing Board is not entitled to severance if the service contract would have been terminated even without the change of control during the next (…) months, for instance by expiry of the contract period or attainment of retirement age. Furthermore, the Member of the Managing Board is not entitled to severance if the Company effectively terminates the service contract for an important reason without notice according to § 626 BGB or has been entitled hereto.

c) Ein Kontrollwechsel liegt vor, wenn ein Dritter oder mehrere gemeinsam handelnde Dritte mehr als (…) % der Geschäftsanteile an der Gesellschaft erwerben und die Stellung als Vorstandsmitglied infolge der Änderung mehr als nur unwesentlich berührt wird. Die Stellung als Vorstandsmitglied ist insbesondere bei folgenden Veränderungen mehr als nur unwesentlich berührt:

c) The requirements of a change of control are fulfilled if a third party or several third parties acting in concert purchase more than (…) % of the company shares and the position as Member of the Managing Board is considerably affected. In particular, the position as Member of the Managing Board is considerably affected in case of:

aa) wesentliche Veränderung in der Strategie des Unternehmens (zB …),

aa) material changes in the Company's strategy (e.g. …),

bb) wesentliche Veränderung im Tätigkeitsbereich des Vorstandsmitglieds (zB wesentliche Verringerung der Kompetenzen, wesentliche Veränderung der Ressortzuständigkeit, …),

bb) material changes of the Member of the Managing Board's field of activity (e.g. material reduction of authorities, material change of the field of responsibility, …),

cc) wesentliche Veränderung des Dienstortes (zB in das Ausland oder in einen weit vom gegenwärtigen Dienstort entfernten Ort).

cc) material change of the place of employment (e.g. abroad or far from the current place of employment).

13. Nachvertragliches Wettbewerbsverbot

a) Das Vorstandsmitglied verpflichtet sich, für die Dauer von zwei Jahren nach Beendigung des Anstellungsvertrages weder in selbständiger noch in unselbständiger Stellung oder in sonstiger Weise für ein Unternehmen tätig zu werden, welches mit der Gesellschaft in direktem oder indirektem Wettbewerb steht oder mit einem Wettbewerbsunternehmen verbunden ist. In gleicher Weise ist es dem Vorstandsmitglied untersagt, während dieser Dauer ein solches Unternehmen zu errichten, zu erwerben oder sich hieran mittelbar oder unmittelbar zu beteiligen. Dieses

13. Post-contractual restraint on competition

a) For a period of two years following the termination of this service contract, the Member of the Managing Board undertakes to refrain from working – either independently, dependently, or in any other capacity – for a business that directly or indirectly competes with the Company or that is associated with a competitive business. The Member of the Managing Board is likewise prohibited during this period of time from establishing, taking over, or taking a share – neither indirectly nor directly – in such a business. This restraint of competition ap-

Wettbewerbsverbot gilt räumlich für jeweils alle Städte und Gemeinden zuzüglich eines Umkreises von 100 km, in denen die Gesellschaft bei der Beendigung des Anstellungsvertrages eine Niederlassung unterhält oder geschäftlich tätig ist.

plies within a radius of 100 km of every city and commune where the Company has a branch office or is transacting business.

b) Für die Dauer des nachvertraglichen Wettbewerbsverbots verpflichtet sich die Gesellschaft, dem Vorstandsmitglied eine Karenzentschädigung zu zahlen, die für jedes Jahr des Verbots die Hälfte der von dem Vorstandsmitglied zuletzt bezogenen vertragsmäßigen Leistungen beträgt. Die Zahlung der Entschädigung wird in 12 gleichen Monatsraten am Ende eines Monats fällig. Auf die Karenzentschädigung sind sonstige Zahlungen der Gesellschaft an das Vorstandsmitglied, wie Übergangsgelder und Abfindungen, anzurechnen.

b) For the duration of the post-contractual restraint on competition, the Company undertakes to pay the Member of the Managing Board, for each year of non-competition, compensation in the amount of one half of the contractual payments/benefits last paid to the Member of the Managing Board. Payment of the compensation is due in 12 monthly instalments at the end of the month. Any other payment to the Member of the Managing Board granted by the Company such as temporary benefits or severances will be deducted from this compensation of non-competition.

c) Auf die Entschädigung gemäß Abs. b) werden die Einkünfte angerechnet, die das Vorstandsmitglied während der Dauer des nachvertraglichen Wettbewerbsverbots aus selbständiger, unselbständiger oder sonstiger Erwerbstätigkeit erzielt oder zu erzielen unterlässt, soweit die Entschädigung unter Hinzurechnung der Einkünfte den Betrag der zuletzt bezogenen vertragsmäßigen Leistungen übersteigt. Zu den Einkünften zählt auch etwaiges vom Vorstandsmitglied bezogenes Arbeitslosengeld. Das Vorstandsmitglied ist verpflichtet, der Gesellschaft auf Verlangen über die Höhe seiner Einkünfte Auskunft zu erteilen und entsprechende Nachweise zu erbringen.

c) During the post-contractual restraint on competition, any income which the Member of the Managing Board gains from independent or dependent personal services or which he refrains from gaining with malicious intent will be deducted from the compensation pursuant to subsection b), in so far as the compensation, taken together with the income gained, exceeds the amount of contractual payments/benefits last received. Income also includes any unemployment benefits received by the Member of the Managing Board. The Member of the Managing Board is obliged to provide the Company, upon its request, with information and corresponding evidence concerning the extent of his income.

d) Endet das Anstellungsverhältnis aufgrund des Eintritts des Vorstandsmitglieds in den vorzeitigen oder endgültigen Ruhestand, tritt das nachvertragliche Wettbewerbsverbot nicht in Kraft.

d) In the event that the employment relationship ends because the Member of the Managing Board retires, either early or definitively, the post-contractual restraint on competition does not come into effect.

e) Die Gesellschaft kann sowohl vor der Beendigung des Dienstverhältnisses als auch danach durch schriftliche Erklärung gegenüber dem Vorstandsmitglied auf das Wettbewerbsverbot mit der Wirkung verzichten, dass sie mit dem Ablauf eines Jahres seit der Erklärung, jedoch nicht über das Ende des vereinbarten Verbotszeitraumes hinaus, von der

e) The Company has the right to renounce the post-contractual restraint on competition by a written declaration to the Member of the Managing Board, either before or after the termination of the service contract, with the effect that the obligation to pay the compensation ends upon expiry of a year after this declaration. In case of such declaration

Verpflichtung zur Zahlung der Entschädigung frei wird. Das Vorstandsmitglied wird in diesem Fall mit der Erklärung unverzüglich von der Pflicht zur Einhaltung des Verbots frei.

the Member of the Managing Board is immediately released from the post-contractual restraint on competition.

14. Schriftformklausel

Änderungen, Ergänzungen und die Aufhebung dieses Vertrages bedürfen zu ihrer Wirksamkeit der Schriftform. Dies gilt auch für die Änderung dieser Klausel selbst. Mündliche Nebenabreden bestehen nicht.

14. Written form requirement

Alterations and supplements to, as well as the cancellation of this service contract including this clause shall be in writing in order to be effective. There are no oral additional agreements to this contract.

15. Salvatorische Klausel

Sollten einzelne Bestimmungen dieses Vertrages ganz oder teilweise unwirksam sein oder werden, berührt dies nicht die Wirksamkeit des Vertrags im Ganzen. Die Vertragsparteien sind verpflichtet, anstelle der unwirksamen Vorschrift eine Regelung zu vereinbaren, die der wirtschaftlichen Zwecksetzung der Parteien am ehesten entspricht. Im Falle von Lücken gilt diejenige Bestimmung als vereinbart, die dem entspricht, was nach Sinn und Zweck des Vertrages vernünftigerweise vereinbart worden wäre, hätte man die Angelegenheit von vorneherein bedacht.

15. Severability clause

Should individual provisions of this contract be or become invalid in whole or in part, the validity of the remaining provisions shall not be affected. The parties shall be obliged to replace the invalid provision by a valid provision which comes as close as possible to the economic aim and purpose of the invalid provision. In the case of incomplete provisions/contractual gaps, a provision shall be deemed as stipulated which would have been agreed upon reasonably if the parties had considered this issue from the outset.

§ 4 Verträge mit freien Mitarbeitern

Literatur

Bauschke, Freie Mitarbeit, AR-Blattei SD 720; *Berger-Delhey/Alfmeier*, Freier Mitarbeiter oder Arbeitnehmer?, NZA 1991, 257; *Bruns*, Der Einfluss der Rundfunkfreiheit auf das Arbeitsrecht, RdA 2008, 135; *Freckmann*, Freie Mitarbeit wieder im Trend, DB 2013, 459; *Greiner*, Freie Mitarbeit, in: Preis (Hrsg.), Innovative Arbeitsformen – Flexibilisierung von Arbeitszeit, Arbeitsentgelt, Arbeitsorganisation, 2005; *Griebeling*, Die Merkmale des Arbeitsverhältnisses, NZA 1998, 1137; *Henssler/Olbig/Reinecke/Voelzke*, Das arbeits- und sozialrechtliche Korrekturgesetz und die Scheinselbständigkeit, 1999; *Hille*, Freie Mitarbeit und andere Formen freier Zusammenarbeit, 4. Aufl. 2000 (zit. *Hille*, Freie Mitarbeit); *Hochrathner*, Noch einmal: Rechtsprobleme rückwirkender Statusfeststellungen – Ein Plädoyer für die endgültige Absage an die „Rosinentheorie", NZA 2000, 1083; *Hohmeister*, Zeugnisanspruch für freie Mitarbeiter, NZA 1998, 571; *ders.*, Arbeits- und sozialversicherungsrechtliche Konsequenzen eines vom Arbeitnehmer gewonnenen Statusprozesses – Fehlerhafte Rechtsformwahl bei Begründung eines Mitarbeiterverhältnisses, NZA 1999, 1009; *Hohmeister/Goretzki*, Verträge über freie Mitarbeit, 2. Aufl. 2000; *Hromadka*, Arbeitnehmerbegriff und Arbeitsrecht – Zur Diskussion um die „neue Selbständigkeit", NZA 1997, 569; *ders.*, Arbeitnehmer oder freier Mitarbeiter?, NJW 2003, 1847; *Hunold*, Die Rechtsprechung zu Statusfragen, NZA-RR 1999, 505; *Lakies*, AGB-Kontrolle, AR-Blattei SD 35; *Lampe*, Arbeitsrechtliche Folgen der aufgedeckten „Scheinselbständigkeit", RdA 2002, 18; *Niepalla/Dütemeyer*, Die vergangenheitsbezogene Geltendmachung des Arbeitnehmerstatus und Rückforderungsansprüche des Arbeitgebers, NZA 2002, 712; *Postler*, Das Ende der Scheinselbständigkeit und gleichzeitig der freien Mitarbeiter?, NJW 1999, 925; *Schippan*, Auf dem Prüfstand: Die Honorar- und Nutzungsrechtsregelungen zwischen Zeitungs- und Zeitschriftenverlagen und ihren freien Mitarbeitern, ZUM 2010, 782; *Schmidt*, Freie Mitarbeiterverträge, 2003; *Sieben/Albert/Dahlbender/Müller*, Geringfügige Beschäftigung und Scheinselbständigkeit, 1999; *Stoffels*, Statusvereinbarungen im Arbeitsrecht, NZA 2000, 690; *Wank*, Arbeitnehmer und Selbständige, 1988; *ders.*, Die „neue Selbständigkeit", DB 1992, 90; *Willemsen/Müntefering*, Begriff und Rechtsstellung arbeitnehmerähnlicher Personen: Versuch einer Präzisierung, NZA 2008, 193; *Wrede*, Bestand und Bestandsschutz von Arbeitsverhältnissen in Rundfunk, Fernsehen und Presse, NZA 1999, 1019.

A. Rechtslage im Umfeld

I. Freie Mitarbeit als eigene Beschäftigungsform – das freie Dienstverhältnis

1. Praktische Relevanz und Vorteile einer freien Mitarbeit

Freie Mitarbeit ist ein freies Dienstverhältnis. In bestimmten Branchen werden bestimmte Tätigkeiten typischerweise durch freie Mitarbeiter anstelle von fest angestellten Arbeitnehmern erbracht. Dies gilt für die Medienbranche und den Journalismus, für moderne Wirtschaftszweige wie die Informatik-, Design- oder Werbebranche[1] und auch, soweit es sich um sog. Start-up-Unternehmen, also junge Unternehmen in der Gründungsphase, handelt. In diesen Bereichen wird oftmals von sog. Freelancern gesprochen, was letztlich nichts weiter als den englischen Terminus für eine freie Mitarbeit darstellt. Allerdings wird auch in klassischen Industriezweigen, in denen die Beschäftigung von fest angestellten Arbeitnehmern den Regelfall darstellt, auf freie Mitarbeiter zurückgegriffen, etwa wenn es um die Erstellung von Gutachten oder die externe und spezialisierte Beratung in bestimmten Projekten oder in der Umstrukturierungsphase eines Unternehmens geht. In letzter Zeit ist das Problem der freien Mitarbeit wieder verstärkt in den Fokus gerückt, da Unternehmen nach den jüngsten Regulierungen und Anpassungen im Bereich der Arbeitnehmerüberlassung und dem damit verbundenen Attraktivitätsverlust der Leiharbeit wieder verstärkter auf die Beauftragung freier Mitarbeiter zurückgreifen.[2] 1

1 So auch *Postler*, NJW 1999, 925.
2 *Freckmann*, DB 2013, 459.

2 Der **Vorteil** des Rückgriffs auf eine freie Mitarbeit anstelle der festen Anstellung von Arbeitnehmern **auf Seiten des Auftraggebers** liegt auf der Hand. Zuvorderst ist insoweit an eine größere Flexibilität bei der Beschäftigung und an eine **Verringerung des wirtschaftlichen Risikos** auf Seiten des Unternehmens zu denken. Im Gegensatz zu einem Arbeitnehmer, gegenüber welchem der Arbeitgeber stets das Risiko einer mangelnden Beschäftigungsmöglichkeit aufgrund des in § 615 BGB geregelten Annahmeverzugs trägt, werden freie Mitarbeiter im Regelfall nur projektbezogen oder zeitlich begrenzt engagiert, so dass tatsächlich nur konkret benötigte Dienstleistungen vergütet werden müssen und der Auftraggeber somit kein dauerhaftes Risiko einer fehlenden Kapazität zur Beschäftigung trägt. Auch auf mögliche Schlechtleistungen eines freien Mitarbeiters kann von Seiten des Auftraggebers leichter reagiert werden. Ein weiterer Vorteil der freien Mitarbeit für den Auftraggeber liegt darin, dass er sich den jeweils am besten qualifizierten freien Mitarbeiter für die konkreten Aufgaben heraussuchen kann und somit auch bei einem durchgehenden Bedarf unterschiedliche Personen in ihren jeweiligen Spezialbereichen anstelle einer nur generell qualifizierten, aber nicht spezialisierten, fest angestellten Person beschäftigen kann.

3 Die **Kehrseite** des Konstrukts der freien Mitarbeit liegt allerdings darin, dass, wenn ein Auftraggeber in bestimmten Aufgabenfeldern gerne mit einer bestimmten Person zusammenarbeitet, diese aber nicht fest als Arbeitnehmer beschäftigt, sondern lediglich als freier Mitarbeiter engagiert, es durchaus möglich ist, dass der freie Mitarbeiter mangels entsprechender Kapazitäten oder wegen Kollision mit anderen Projekten Aufträge ablehnt.

4 Einen weiteren Vorteil freier Mitarbeit für den Auftraggeber bildet dagegen der Umstand, dass bei echter freier Mitarbeit für den Auftraggeber die **Lohnnebenkosten** entfallen, was eine solche Konstruktion gerade auch in finanzieller Hinsicht lukrativer gestalten kann. Neben den Arbeitgeberbeiträgen zu den Sozialversicherungen entfallen auch weitere, gegenüber Arbeitnehmern anfallende Kostenbelastungen, wie zB die Lohnfortzahlung im Krankheits- oder Urlaubsfall.

5 **Auf Seiten des freien Mitarbeiters** wird schnell dazu tendiert, lediglich die Nachteile in Form der mit Arbeitnehmern vergleichsweise geringeren sozialen Absicherung und des nur eingeschränkten Schutzes durch die Vorschriften des Arbeitsrechts zu sehen. Allerdings bietet eine freie Mitarbeit – zumindest in bestimmten Bereichen – **auch Vorteile**. Zunächst lässt sich häufig mit einer freien Mitarbeit im Vergleich zur Ausübung einer vergleichbaren Tätigkeit in fest angestellter Position, zumindest auf den konkreten Beschäftigungsfall, eine **höhere Vergütung** erzielen. Dies liegt zum einen daran, dass dem freien Mitarbeiter ein finanzieller Ausgleich zur mangelnden sozialen Absicherung gewährt werden soll und die Bereitschaft zur höheren Vergütung auf Seiten des Auftraggebers einen Reflex zur geringeren Belastung durch Lohnnebenkosten darstellt. Auch kann die Möglichkeit, eigene Aufträge und Projekte für verschiedene Auftraggeber vornehmen und seine Dienstleistungen auf dem Markt frei anbieten zu können, die Position freier Mitarbeiter auf dem Markt und den „Konkurrenzkampf" um deren Dienste verstärken. Dies kann ebenfalls zur Erzielung potenziell höherer Entgelte beitragen.

6 Weiterhin vorteilhaft wirkt sich für viele freie Mitarbeiter, zumindest in bestimmten Branchen und v.a. bei jüngeren Personen, aus, dass sie **zeitlich deutlich flexibler** sind. Freie Mitarbeiter sind anders als Arbeitnehmer oftmals nicht an feste Arbeitszeiten gebunden, so dass es ihnen möglich ist, ihren Alltag und ihre Freizeit deutlich freier zu organisieren. So können sie sich dazu entschließen, in bestimmten Zeiträumen viele Aufträge „abzuarbeiten", dann aber über einen längeren Zeitraum keine Aufträge anzunehmen. Ein weiterer Vorteil, besonders in kreativen Branchen, besteht darin, dass freie Mitarbeiter bei der Ideenfindung, Organisation und Umsetzung ihrer Projekte in deutlich geringerem Maße an Vorgaben und Weisungen gebunden sind als Arbeitnehmer und sich somit gerade in der Schaffensphase freier entfalten können. Sie werden im Regelfall in diesen Branchen typischerweise am Ergebnis gemessen.

Allerdings existieren auch bestimmte **Berufsfelder**, in denen eine freie Mitarbeit **oftmals nicht diese Vorteile** mit sich bringt und freie Mitarbeiter in ähnlichem Maße wie Arbeitnehmer an feste Vorgaben, etwa in Bezug auf Arbeitszeiten, gebunden sind. So ist mutmaßlich davon auszugehen, dass zumindest ein gewichtiger Teil der freien Mitarbeiter, welche als Journalisten etwa der Printmedien oder als Dozenten an Hochschulen arbeiten, eine feste Anstellung einer freien Mitarbeit vorziehen würden. Diese ist allerdings häufig aufgrund von Stellenvorgaben nicht zu erreichen. 7

2. Vertragliche Grundlage einer freien Mitarbeit

Grundsätzlich erfolgt eine freie Mitarbeit auf der Basis einer schuldrechtlichen Vereinbarung, 8 welche allerdings **nicht zwingend** auch einen **schriftlichen Vertragsschluss** zwischen den Parteien voraussetzt. Als freie Mitarbeit werden generell Beschäftigungsformen auf Grundlage eines privatrechtlichen Vertrages bezeichnet, nach dem der freie Mitarbeiter gegenüber dem Auftraggeber zur Erbringung einer bestimmten Tätigkeit gegen ein vereinbartes Entgelt verpflichtet ist. Dieses Entgelt wird je nach Branche auch als **Honorar** oder **Gage** bezeichnet.

Meist handelt es sich bei den der freien Mitarbeit zugrunde liegenden Vereinbarungen um 9 **Dienst- oder Werkverträge.**[3] Diese Unterscheidung kann im Einzelfall einen gewichtigen Unterschied ausmachen, da bei einem Dienstvertrag nach den §§ 612 ff BGB grds. nur die Erbringung einer bestimmten Dienstleistung, bei einem Werkvertrag nach den §§ 631 ff BGB dagegen die Leistung eines Werkes in Form eines bestimmten Erfolgs geschuldet wird. Je nach Einsatzbereich des freien Mitarbeiters können die Regelungsgegenstände eines solchen Vertrages sehr unterschiedlich ausfallen. Es gibt folglich nicht *den* Vertrag über freie Mitarbeit, sondern eine Vielzahl unterschiedlicher vertraglicher Regelungskonstrukte, die unter den Begriff der freien Mitarbeit zusammengefasst werden können. Im Gegensatz zum Arbeitnehmer ist für den freien Mitarbeiter in vertragsrechtlicher Hinsicht allerdings im Grundsatz oftmals prägend, dass gerade kein festes und dauerhaftes Beschäftigungsverhältnis besteht.[4]

Welche **Inhalte** bei der Gestaltung von Verträgen mit freien Mitarbeitern rechtlich zulässig 10 sind, hängt davon ab, welche Rechtsvorschriften auf das jeweilige Vertragsverhältnis anwendbar sind. Eine privatautonome Vereinbarung und Ausgestaltung des konkreten Beschäftigungsverhältnisses ist insoweit wie bei jedem Vertrag **nur innerhalb der Grenzen der jeweiligen zwingenden Rechtsvorschriften** möglich. Deren Anwendbarkeit richtet sich grds. nach der jeweils gewählten Vertragsform. Dementsprechend gelten etwa für ein freies Mitarbeitsverhältnis, dessen Grundlage ein Dienstvertrag ist, die Vorschriften der §§ 611 ff BGB. Die **Abgrenzung** zwischen den verschiedenen Vertragsformen, in welche die freie Mitarbeit im konkreten Fall einzuordnen ist, muss anhand der tatsächlichen Vereinbarungen und des übereinstimmenden Parteiwillens vorgenommen werden.

3. Definition und Begriffsbestimmung

Eine **Legaldefinition** der freien Mitarbeit existiert nicht. Der Begriff der freien Mitarbeit ent- 11 stammt vielmehr der Umgangssprache und wird innerhalb der Vertragssprache als geläufiger und feststehender Begriff schon seit langer Zeit genutzt.[5] Bereits der Begriffsteil *Mit*arbeit deutet einerseits an, dass sich der freie Mitarbeiter zur Tätigkeit für das Unternehmen eines anderen verpflichtet. Zwar werden auch reguläre Arbeitnehmer von Seiten des Arbeitgebers oftmals als Mitarbeiter bezeichnet. Allerdings zeigt diese Bezeichnung nur, dass eine *Mit*arbeit meist als ein einzelner Beitrag zu einem Ganzen zu verstehen ist. Diese Wertung passt gerade auch auf

3 Küttner/*Röller*, Personalbuch, 190 (Freie Mitarbeit) Rn 1.
4 *Berger-Delhey/Alfmeier*, NZA 1991, 257.
5 *Bauschke*, in: AR-Blattei SD 720, Rn 23; zur Terminologie vgl aaO, Rn 1 f.

freie Mitarbeiter in den meisten Fällen, da deren Tätigkeit häufig mit Bezug auf ein konkretes Projekt des Auftraggebers ausgeübt wird, wessen Ergebnis dann als bestimmter Beitrag zur Gesamttätigkeit des Auftraggebers in seinem Unternehmen zu sehen ist. Es kann sich allerdings auch um Beschäftigungsverhältnisse handeln, die, vergleichbar einem unbefristeten Arbeitsverhältnis, über längere Dauer konstant bestehen. Wenn auch freie Mitarbeiter arbeitsrechtlich grds. als Selbständige zu behandeln sind, deutet die Bezeichnung als Mitarbeiter auf gewisse Unterschiede zum freien und selbständigen Unternehmer an. Andererseits wird die Beschäftigung dadurch gekennzeichnet, *frei* zu sein, was den freien Mitarbeiter auf den ersten Blick klar von den abhängig Beschäftigten, also „unfreien“ Arbeitnehmern in einem Unternehmen unterscheidet. Der Begriff des *Freien* verortet die Tätigkeit gerade im Bereich der selbständigen Beschäftigungen.[6]

4. Statusrechtliche Einordnung

12 In der praktischen juristischen Anwendung besteht ein Hauptproblem der freien Mitarbeit allerdings gerade darin, den Status des Beschäftigten im Einzelfall zu ermitteln, um ihn entweder dem Begriff des Arbeitnehmers zuordnen zu können – und ihn damit zum Rechtssubjekt des **Arbeitnehmerschutzrechts** zu erklären – oder ihn als „echten“ freien Mitarbeiter zu behandeln, der in arbeitsrechtlicher und arbeitsschutzrechtlicher Hinsicht dann eher wie ein Selbständiger zu beurteilen ist. Letzteres hat zur Folge, dass **nicht** das **Arbeitsrecht als Sonderprivatrecht,** sondern grds. nur die allgemeinen zivilrechtlichen Vorschriften des BGB zur Anwendung gelangen.

a) Praktische Relevanz der statusrechtlichen Einordnung

13 Das Arbeitsrecht bezeichnet einen umfangreichen Regelungskomplex, dessen Normen in erster Linie dem **Arbeitnehmerschutz** dienen.[7] Damit soll vordergründig auf die regelmäßig wirtschaftlich und sozial unterlegene Stellung des Arbeitnehmers gegenüber dem Arbeitgeber reagiert werden. Es umfasst gerade eine Reihe verschiedener Gesetze, deren Anwendbarkeit regelmäßig voraussetzt, dass eine Norm an den nicht gesetzlich definierten Begriff des Arbeitnehmers oder an ein bestehendes Arbeitsverhältnis anknüpft.[8] Freie Mitarbeiterverhältnisse werden hiervon im Grundsatz gerade nicht erfasst, da der echten freien Mitarbeit schuldrechtlich gerade kein Arbeitsverhältnis, sondern ein regulärer Dienst- oder Werkvertrag zugrunde liegt. Im Gegensatz zum Arbeitnehmer genießen **freie Mitarbeiter** daher bspw **nicht** den **Schutz** der gesetzlichen Grenzen der Arbeitszeit (§ 1 ArbZG), haben keinen gesetzlichen Anspruch auf bezahlten Erholungsurlaub (§ 1 BUrlG), auf Entgeltfortzahlung an gesetzlichen Feiertagen (§§ 1 f EFZG) oder im Krankheitsfall (§§ 1, 3 EFZG), auf betriebliche Altersversorgung (§§ 1, 1 a BetrAVG) und auf Elternzeit (§§ 15 ff BEEG), genießen nicht den Schutz vor sozial ungerechtfertigten Kündigungen (§ 1 KSchG) und sind bei den Wahlen zum Betriebsrat weder aktiv (§ 7 BetrVG) noch passiv (§ 8 BetrVG) wahlberechtigt.

14 Bereits diese Auflistung einiger arbeitsrechtlicher Regelungen, die einem freien Mitarbeiter nicht zugutekommen, lassen erkennen, dass für viele Beteiligte die Anwendbarkeit des Arbeitsrechts und somit das hierfür erforderliche Bestehen eines Arbeitsverhältnisses große praktische Relevanz besitzt. Gerade von Seiten des freien Mitarbeiters handelt es sich bei der **statusrechtlichen Einordnung** um eine **Frage von elementarer Bedeutung**, die insb. dann aktuell werden kann, wenn dem freien Mitarbeiter keine Aufträge mehr erteilt werden und dieser sich nun in der Folge auf das Vorliegen eines Arbeitsverhältnisses und die entsprechende Nichteinhaltung

6 *Fuchs*, in: Bamberger/Roth, BeckOK-BGB, § 611 Rn 37.

7 Statt vieler: *Preis*, Individualarbeitsrecht, S. 1.

8 *Griebeling*, NZA 1998, 1137; *Hromadka*, NZA 1997, 569.

kündigungsrechtlicher Vorschriften beruft. Für den Auftraggeber ist es ebenso in vielerlei Hinsicht entscheidend, sicherzustellen, dass es sich bei einem vermeintlichen freien Mitarbeiter nicht tatsächlich unbeabsichtigterweise um einen Arbeitnehmer handelt und somit im Nachhinein eine nicht einkalkulierte rechtliche Bindung sowie höhere finanzielle Belastungen auftreten. Die Nichtanwendbarkeit des Arbeitsrechts auf freie Mitarbeitsverhältnisse führt deshalb zu einer großen Zahl von arbeitsgerichtlichen Statusverfahren.[9]

b) Abgrenzung zwischen Arbeitnehmer und freiem Mitarbeiter

aa) Grundsätze der zweistufigen arbeitsgerichtlichen Prüfung

Bei der Abgrenzung der freien Mitarbeit vom Arbeitsverhältnis nehmen die Arbeitsgerichte grds. eine **zweistufige Prüfung** vor. In einem ersten Schritt werden zunächst die **vertraglich getroffenen Abreden** zwischen den Parteien im Hinblick darauf überprüft, ob es sich bereits nach dem rechtlichen vereinbarten Rahmen um einen Arbeitsvertrag oder einen Vertrag über freie Mitarbeit handelt. Anschließend wird dann in einem zweiten Schritt geprüft, ob das vertraglich **Vereinbarte** auch **tatsächlich im Arbeitsalltag umgesetzt** wird, also eine als freie Mitarbeit bezeichnete Vertragsbeziehung sich auch in der Praxis innerhalb dieses Rahmens bewegt. Wenn die tatsächliche Vertragsdurchführung nicht den zugrundeliegenden vertraglichen Vereinbarungen entspricht, werden der Beurteilung der Beschäftigung ausschließlich die tatsächlichen Verhältnisse und nicht die vertraglichen Vereinbarungen zugrunde gelegt. Für die Abgrenzung ist demnach weder der vertragliche Formulierung noch die von den Parteien beabsichtigte Rechtsfolge maßgeblich, sondern in erster Linie allein die **tatsächliche Durchführung der Rechtsbeziehung**.[10] Begründet wird dies mit dem zwingenden Charakter des Arbeitnehmerschutzrechts. Die zwingenden gesetzlichen Regelungen für Arbeitsverhältnisse können nicht dadurch abbedungen werden, dass die Parteien ihrem Arbeitsverhältnis eine andere Bezeichnung geben.[11] 15

Es sind insoweit Fälle denkbar, in denen die Bezeichnung als freier Mitarbeiter zuweilen hauptsächlich der **Umgehung von arbeitsrechtlichen Vorschriften** dient.[12] Eine sachlich unrichtige Einordnung durch die Ausgestaltung des Vertrages durch die Parteien kann eine tatsächlich bestehende arbeitsrechtliche Schutzbedürftigkeit nicht beseitigen, so dass die Privatautonomie in dieser Hinsicht ihre Grenzen findet.[13] Mit dem Lösungsansatz der Arbeitsgerichte, nach welchem die tatsächliche Vertragsdurchführung für letztlich maßgeblich erachten wird, ist für eine Umgehung des Arbeitsrechts durch eine Falschbezeichnung kein Raum. Letztlich geht es allein um die Bewertung der Vertragsbeziehung anhand der tatsächlichen Umstände und die damit korrespondierende Einordnung der betroffenen Person. 16

bb) Statusrechtliche Abgrenzung am Merkmal der persönlichen Abhängigkeit

Somit kommt es entscheidend auf die **Abgrenzungsmerkmale** an, nach welchen festgelegt wird, wann eine Person als Arbeitnehmer und wann als echter freier Mitarbeiter gelten soll. Eine Einordung als freie Mitarbeit ist stets dann anzunehmen, wenn die Tätigkeit lediglich die Erbringung bestimmter, im Voraus abgegrenzter Dienstleistungen umfasst.[14] In den Entscheidungen des BAG taucht als Definitionsformel regelmäßig die Aussage auf, Arbeitnehmer sei, wer aufgrund eines privatrechtlichen Vertrages im Dienste eines anderen zur Leistung weisungsge- 17

9 Vgl den Überblick bei *Hunold*, NZA-RR 1999, 505.

10 *Freckmann*, DB 2013, 459, 461; *Loew*, in: Beck'sche Online-Formulare Vertragsrecht, 21.3.7 Fn 2.

11 StRspr des BAG, s. BAG 29.8.2012 – 10 AZR 499/11, NZA 2012, 1433, Rn 15; BAG 20.1.2010 – 5 AZR 106/09, juris Rn 18; BAG 12.9.1996 – 5 AZR 1066/94, juris Rn 25; *Bruns*, RdA 2008, 135; *Lampe*, RdA 2002, 18, 19.

12 *Bauschke*, in: AR-Blattei SD 720, Rn 32.

13 So auch *Berger-Delhey/Alfmeier*, NZA 1991, 257 ff.

14 MünchHandb-ArbR/*Richardi*, § 17 Rn 61.

bundener, fremdbestimmter Arbeit in persönlicher Abhängigkeit verpflichtet ist.[15] Eine trennscharfe und sicher vorhersagbare Abgrenzung ist allein aufgrund dieser Kriterien allerdings noch nicht zu erreichen.

18 Von der Rspr wurden daher zahlreiche Einzelmerkmale entwickelt, anhand derer der Status eines Beschäftigten überprüft wird.[16] Das gewichtigste Merkmal eines Arbeitnehmers ist dessen **persönliche Abhängigkeit.**[17] Ein hohes Maß an persönlicher Abhängigkeit ergibt sich regelmäßig dadurch, dass der Beschäftigte hinsichtlich der Art, des Inhalts und der Durchführung der Tätigkeit, hinsichtlich des Arbeitsortes und hinsichtlich der Arbeitszeit an Weisungen des Arbeitgebers gebunden ist. Für diese Ansicht wird mit einem Umkehrschluss aus § 84 Abs. 1 S. 2 HGB[18] argumentiert, da diese Norm ein typisches Abgrenzungsmerkmal zwischen selbständiger und abhängiger Beschäftigung enthalte.[19] Zwar bezieht sich diese Norm ausdrücklich nur auf die Abgrenzung zwischen selbständigem Handelsvertreter und abhängig Beschäftigten, allerdings kann deren Wertung auch auf den Fall der Unterscheidung zwischen freiem Mitarbeiter und Arbeitnehmer herangezogen werden.[20] Im Gegensatz zu einem Arbeitnehmer ist ein **freier Mitarbeiter** im Regelfall in der Organisation seiner **Tätigkeit frei von Weisungen** in Anlehnung an § 84 Abs. 1 S. 2 HGB, so dass eine **freie Einteilung der Arbeitszeit** und eine **unabhängige Wahl des Arbeitsortes** regelmäßig für die berechtigte Annahme einer freien Mitarbeit spricht.[21] Unter einer freien Wahl der Arbeitszeit ist bspw insoweit zu verstehen, dass der Mitarbeiter an keine festen Dienststunden gebunden ist, also sowohl den Beginn als auch das Ende seiner Tätigkeit frei selbst regeln kann.[22]

19 Daneben stellt die **Eingliederung des Beschäftigten in den Betrieb**, dh die Eingliederung in eine fremdbestimmte Arbeitsorganisation, ein häufig herangezogenes Abgrenzungsmerkmal dar.[23] So wird insb. in Bezug auf die Sozialversicherung von den Sozialgerichten etwa angenommen, dass es sich in den meisten Fällen, in denen ein Mitarbeiter in den Arbeitgeberbetrieb integriert ist und seine Tätigkeit überwiegend in den Räumlichkeiten des Arbeitgebers verrichtet, nicht um freie Mitarbeit, sondern um eine sozialversicherungspflichtige Beschäftigung handelt.[24] Allerdings wird diese Eingliederungstheorie nicht ganz zu Unrecht teilweise als untaugliches Merkmal kritisiert, da sich ein tatsächlicher Mehrwert zum Merkmal der Weisungsgebundenheit bei der Abgrenzung nur schwerlich erreichen lässt und, sofern man sich bei der Eingliederung lediglich auf die Zustandsbeschreibung beschränkt, zumindest denkbar ist, dass auch bestimmte freie Mitarbeiter in gewisser Weise in die Betriebsorganisation eingegliedert sind.[25] Demnach ist es insoweit zweckmäßiger, bei der Abgrenzung als zentrales Merkmal auf den **Grad der Weisungsgebundenheit** als Ausfluss der persönlichen Abhängigkeit abzustellen.[26]

cc) Gesamtabwägung der prägenden Umstände der Beschäftigung

20 Die verschiedenen Einzelmerkmale zur Bestimmung des Grades der persönlichen Abhängigkeit werden von der Rspr und Stimmen in der Lit. auf unterschiedliche Arten miteinander kombiniert.[27] Für die Zuordnung eines Beschäftigungsverhältnisses zum Arbeitsrecht ist es nicht ent-

15 Zuletzt BAG 29.8.2012 – 10 AZR 499/11, NZA 2012, 1433, 1434 Rn 14.
16 Moll/*Reiserer*, MAH Arbeitsrecht, § 6 Rn 5 ff; *Schmidt*, Freie Mitarbeiterverträge, S. 15, Rn 37.
17 *Wank*, DB 1992, 90.
18 *Griebeling*, NZA 1998, 1137, 1139: „wichtigster normativer Ansatz einer Abgrenzung".
19 BAG 16.3.1994 – 5 AZR 447/92, juris Rn 49; BAG 13.11.1991 – 7 AZR 31/91, NZA 1992, 1125.
20 Vgl BAG 21.2.1990 – 5 AZR 162/89, BB 1990, 1064.
21 *Berger-Delhey/Alfmeier*, NZA 1991, 257 f.
22 *Freckmann*, DB 2013, 459, 460.
23 BAG 26.7.1995 – 5 AZR 22/94, NZA 1996, 477; *Hromadka*, NZA 1997, 569, 571.
24 LSG Berlin-Brandenburg 15.2.2008 – L 1 KR 276/06, NJOZ 2008, 2264.
25 Vgl *Hromadka*, NJW 2003, 1847, 1848.
26 So auch *Berger-Delhey/Alfmeier*, NZA 1991, 257 f; *Hromadka*, NJW 2003, 1847, 1848 f.
27 Vgl auch den Überblick bei *Hromadka*, NZA 1997, 569, 570 ff.

scheidend, ob zahlenmäßig mehr Indizien für oder gegen eine abhängige Beschäftigung bzw selbständige Tätigkeit sprechen. Es existieren ebenso wenig bestimmte **Merkmale einer persönlichen Abhängigkeit**, die zwingend gegeben sein müssten, als dass das Vorliegen eines bestimmten Abhängigkeitsmerkmals definitiv die Annahme einer freien Mitarbeit ausschließt. So ist es etwa im Bereich der Tätigkeiten in den Medien und im Journalismus nicht unüblich, dass auch freien Mitarbeitern bestimmte Weisungen hinsichtlich des Arbeitsortes oder der Zeit vorgegeben werden, etwa wenn eine Liveberichterstattung nur zu einer bestimmten Zeit an einem bestimmten Ort sinnvoll umgesetzt werden kann.[28] Andersherum kommt es in bestimmten Branchen, in denen das Auftreten von freier Mitarbeit keine Seltenheit ist, wie zB in der Designbranche oder anderen künstlerisch geprägten Bereichen, auch gegenüber fest angestellten Arbeitnehmern nur in geringem Maße zu Weisungen bzgl des Inhalts der Tätigkeit, so dass das Bestehen oder Nichtbestehen fachlicher Weisungen nur in geringerem Maße einen geeigneten Indikator bildet. Es kommt insgesamt auf diejenigen Merkmale an, die nach der **Gesamtwürdigung aller Umstände** für die Vertragsbeziehung prägend sind.[29] In diesem Zusammenhang sind **alle prägenden Umstände der Vertragsbeziehung** und ihrer tatsächlichen Durchführung gegeneinander abzuwägen, um zu einem sachgerechten Ergebnis zu kommen. Es kommt insoweit stets auf eine **Einzelfallbewertung** an, da nicht jedes Merkmal in jedem Abgrenzungsfall gleich geeignet ist. So unterliegen hochqualifizierte Führungskräfte, wie etwa der Chefarzt eines Krankenhauses, in fachlicher Hinsicht wohl nur sehr eingeschränkt fremden Weisungen, sind aber dennoch nach dem Gesamtbild als Arbeitnehmer einzuordnen.[30]

dd) Typisierende Betrachtungsweise des BAG

Neben dem Rückgriff auf diese allgemeinen Abwägungskriterien nimmt das BAG darüber hinaus eine **typisierende Betrachtungsweise** vor.[31] Diese an bestimmten Fallgruppen orientierte Einordnung kann als Richtschnur bei der Beurteilung herangezogen werden. Aufgrund eines bestimmten, vom Gericht anhand der dargestellten Abgrenzungskriterien ermittelten Vertragstypus hat das BAG bspw wiederholt entschieden, dass jemand, der an einer **Allgemeinbildenden Schule unterrichtet**, idR Arbeitnehmer ist.[32] Das gilt auch dann, wenn die Lehrtätigkeit nur nebenberuflich ausgeübt wird. Im Gegensatz dazu können nach dieser vom BAG vorgenommenen Typisierung **Volkshochschuldozenten** oder Lehrkräfte, die nur Zusatzunterricht erteilen, auch als freie Mitarbeiter beschäftigt werden. Dagegen werden Tätigkeiten in Produktions- und Baubetrieben oder bestimmte Dienstleistungen, wie etwa die Gebäudereinigung, aufgrund ihrer besonderen Eigenart und der damit verbundenen regelmäßigen Weisungsgebundenheit meist von Arbeitnehmern erledigt.[33] – Zur Beschäftigung von Dozenten in freier Mitarbeit s. ausf. § 4 Rn 151 ff. 21

ee) Sonderkonstellationen

Gerade im Zusammenhang mit der Bestimmung der Arbeitnehmereigenschaft existieren Sonderkonstellationen, deren kurze Darstellung und Erläuterung der jeweiligen Problematik in diesem Zusammenhang sinnvoll sind. 22

28 *Berger-Delhey/Alfmeier*, NZA 1991, 257 f; *Freckmann*, DB 2013, 459.

29 BAG 16.3.1972 – 5 AZR 460/71, AP § 611 BGB Lehrer, Dozenten Nr. 10; BSG 24.9.1996 – 12 BK 21/96, juris.

30 Vgl *Freckmann*, DB 2013, 459, 460.

31 BAG 20.1.2010 – 5 AZR 106/09, juris Rn 19; Moll/*Reiserer*, MAH Arbeitsrecht, § 6 Rn 27 ff.

32 BAG 20.1.2010 – 5 AZR 106/09, juris Rn 19.

33 *Freckmann*, DB 2013, 459, 461 f.

(1) Wechsel eigener Arbeitnehmer in die freie Mitarbeit

23 Einen in der Praxis zumindest nicht unbedeutenden Fall stellt der Wechsel bisheriger Arbeitnehmer in die freie Mitarbeit dar. Zum einen kann der Arbeitgeber daran interessiert sein, seinen **Betrieb** von der Beschäftigung fest angestellter Arbeitnehmern auf den Rückgriff auf freie Mitarbeiter **umzustrukturieren.** In bestimmten Branchen, zB in den Bereichen der Neuen Medien, Informatik und Design, kann es auch **aus Sicht der ehemaligen Arbeitnehmer** zumindest in finanzieller Hinsicht auf den ersten Blick oftmals lukrativ sein, fortan als „Freelancer" tätig zu werden. Interessant wird es, gerade auch in Bezug auf das Fortbestehen einer möglichen Arbeitnehmereigenschaft, wenn auch nach dem Wechsel in die freie Mitarbeit ausschließlich oder zumindest weit überwiegend lediglich Aufträge für den ehemaligen Arbeitgeber erbracht werden.

(a1) Restrukturierung

24 Zunächst ist es denkbar, dass ein Arbeitgeber aus Gründen der Kostenersparnis, gerade bei den Lohnnebenkosten, daran interessiert ist, sich von der festen Bindung an bestehende Arbeitsverhältnisse zu lösen, ohne aber das Know-how und die Arbeitskraft der Arbeitnehmer vollständig zu verlieren. Um dies zu erreichen, kann es sich anbieten, die Arbeitnehmer dazu zu bewegen, aus einem Arbeitsverhältnis in eine freie Mitarbeit zu wechseln. Dazu müssten dann zunächst die bestehenden **Arbeitsverhältnisse** im Rahmen einer Restrukturierung mittels Kündigung oder Aufhebungsvereinbarung **beendet werden**, bevor dann im Einzelfall eine freie Mitarbeit auf Grundlage eines Dienst- oder Werkvertrages vereinbart wird. Die grundsätzliche Möglichkeit und Zulässigkeit eines solchen Vorgehens hat das BAG in der sog. **Weight-Watchers-Entscheidung** vom 9.5.1996 bereits herausgestellt.[34] Eine Umstellung der zugrunde liegenden Vertragsform der Mitarbeiter infolge einer innerbetrieblichen Umstrukturierung, wonach die Tätigkeit künftig auf freien Mitarbeitsverhältnissen anstelle der bisherigen Arbeitsverhältnissen basieren soll, spreche nicht gegen die grundsätzliche Wirksamkeit der im Zusammenhang mit der Umstrukturierung ausgesprochenen betriebsbedingten Kündigungen.[35]

25 Das BAG prüfte in einem ersten Schritt, ob die anvisierte Beschäftigung tatsächlich eine freie Mitarbeit darstellte und es sich nicht um einen „vorgeschobenen Arbeitsvertrag" handelte. Insoweit kommt es auf die **tatsächliche Durchführung der Vertragsbeziehung** und nicht auf die vertragliche Bezeichnung an. In einem zweiten Schritt war aus Sicht des BAG hinsichtlich der Wirksamkeit der betriebsbedingten Kündigung entscheidend, dass die Umstellungsmaßnahme mitsamt der betriebsbedingten Kündigung **nicht offensichtlich unsachlich oder willkürlich** war.[36]

26 In einer weiteren Entscheidung vom 13.3.2008 hat das BAG seine Rspr zur Vergabe von zuvor von Arbeitnehmern verrichteten Tätigkeiten an freie Mitarbeiter bestätigt.[37] Soweit also die **Umstrukturierung nicht in missbräuchlicher Weise** erfolgt, kann die unternehmerische Entscheidung, zukünftig auf freie Mitarbeiter anstelle von Arbeitnehmern zurückzugreifen, ein dringendes betriebliches Erfordernis zur Rechtfertigung einer betriebsbedingten Kündigung iSv § 1 Abs. 2 KSchG darstellen. Es obliegt der unternehmerischen Entscheidung, ob der Betrieb mit eigenen fest angestellten oder externen Kräften geführt wird.[38] Entscheidend ist allerdings weiterhin, dass eine solche Umstrukturierung nicht nur zum Schein und somit zur Umgehung der arbeitsrechtlichen Schutzvorschriften erfolgt.[39]

---

34 BAG 9.5.1996 – 2 AZR 438/95, NZA 1996, 1145.
35 BAG 9.5.1996 – 2 AZR 438/95, NZA 1996, 1145.
36 BAG 9.5.1996 – 2 AZR 438/95, NZA 1996, 1145, 1147 ff (unter B. I. 2. c der Gründe).
37 BAG 13.3.2008 – 2 AZR 1037/06, NZA 2008, 878.
38 BAG 13.3.2008 – 2 AZR 1037/06, NZA 2008, 878.
39 BAG 13.3.2008 – 2 AZR 1037/06, NZA 2008, 878.

(a2) Freiwilliger Wechsel

Ein Wechsel aus einem Arbeitsverhältnis in eine Beschäftigung als freier Mitarbeiter ist auch auf den Wunsch des Arbeitnehmers hin möglich. Im Hinblick auf die steuer- und sozialversicherungsrechtlichen Gefahren ist auch hier besonders darauf zu achten, dass es in erster Linie nicht auf die Bezeichnung als freie Mitarbeit ankommt, sondern die tatsächliche Durchführung der Zusammenarbeit maßgeblich ist. Wegen der für den Arbeitnehmer weitreichenden Folgen eines Wechsels in die freie Mitarbeit muss eine solche Vereinbarung klar und **unmissverständlich** getroffen werden und das Beschäftigungsverhältnis anschließend **tatsächlich so durchgeführt** werden, dass die Eingliederung in eine fremde Arbeitsorganisation entfällt.[40] 27

Wurde im Rahmen einer **Statusklage** ein Arbeitsverhältnis festgestellt und der Arbeitnehmerstatus anschließend auf Initiative des Arbeitnehmers wieder aufgehoben, ist es rechtsmissbräuchlich, später von Seiten des Arbeitnehmers erneut die Feststellung eines Arbeitsverhältnisses zu beantragen.[41] Mit der Berufung auf den Arbeitnehmerstatus handele derjenige widersprüchlich und damit rechtsmissbräuchlich iSv § 242 BGB, der gerade zuvor auf eigenen Wunsch als freier Mitarbeiter beschäftigt werden wollte.[42] 28

(2) Zwischenschaltung einer Kapitalgesellschaft

Eine weitere Sonderkonstellation kann sich bei der Beurteilung der Frage einer Arbeitnehmereigenschaft dann ergeben, wenn der freie Mitarbeiter gegenüber dem Auftraggeber nicht lediglich als natürliche Person auftritt, sondern eine Kapitalgesellschaft gründet und unter deren Bezeichnung tätig wird. Im Zentrum dieser Problematik steht dann meist die Frage, ob eine natürliche Person, welche als **Gesellschafter und Organ der gegründeten Kapitalgesellschaft** auftritt, sich auf ein **Arbeitsverhältnis zum Auftraggeber** berufen kann, selbst wenn die Aufträge rein formal lediglich der Gesellschaft erteilt wurden. Zwei Kammern des Arbeitsgerichts Köln haben zuletzt entschieden, dass zwischen dem Geschäftsführer einer Kapitalgesellschaft und einem Unternehmen, das die Kapitalgesellschaft beauftragt, ein Arbeitsverhältnis nicht dadurch zustande kommt, dass der Geschäftsführer im Betrieb des auftraggebenden Unternehmens tätig wird.[43] 29

Der Kläger des jüngsten Verfahrens war ursprünglich über mehrere Jahre bei der Beklagten als freier Mitarbeiter und für zwei Jahre befristet als Arbeitnehmer beschäftigt worden. Nach knapp zehn Jahren der Beschäftigung für die Auftraggeberin gründete der freie Mitarbeiter ein eigenes Unternehmen, das er in der Rechtsform der englischen Limited betrieb. Zwischen dieser Kapitalgesellschaft und der früheren Auftraggeberin wurde eine Rahmenvereinbarung getroffen. Anschließend erteilte das Unternehmen die Aufträge nicht mehr dem ehemaligen freien Mitarbeiter persönlich, sondern entsprechend der Rahmenvereinbarung der von ihm gegründeten und als Geschäftsführer geleiteten Gesellschaft. Die neu gegründete Limited des Klägers wurde von der Beklagten über einen Zeitraum von etwa acht Jahren durchgehend beauftragt. Zur Erledigung der Einzelaufträge wurde der Geschäftsführer der Limited im Betrieb des auftraggebenden Unternehmens eingesetzt. Daneben wurde die Limited des Klägers auch von diversen anderen Unternehmen beauftragt, so dass der Kläger nicht exklusiv für die beklagte Auftraggeberin tätig wurde. Als das beklagte Unternehmen der Limited keine weiteren Aufträge erteilte, beantragte der Geschäftsführer beim Arbeitsgericht die Feststellung eines Arbeitsverhältnisses zwischen ihm und der Auftraggeberin. 30

40 BAG 12.9.1996 – 5 AZR 1066/94, juris Rn 27.

41 BAG 11.12.1996 – 5 AZR 855/95, NZA 1997, 818; *Lingemann*, in: Bauer/Lingemann/Diller/Haußmann, Anwalts-Formularbuch ArbR, S. 322 f.

42 Vgl BAG 4.12.2002 – 5 AZR 556/01, NZA 2003, 341.

43 ArbG Köln 14.3.2013 – 8 Ca 3538/12 (n.v.) – nicht rechtskräftig; ArbG Köln 31.8.2011 – 3 Ca 8182/10 (n.v.).

31 Das ArbG Köln wies die Klage mit der Begründung ab, zwischen den Parteien bestünde **keinerlei vertragliche Beziehung**. Eine solche nahm die Kammer ausschließlich im Verhältnis zwischen der Beklagten und der englischen Limited an. Auch aus der Eingliederung in einen betrieblichen Ablauf bei der Beklagten folge keinesfalls, dass die Beklagte mit dem Geschäftsführer der Limited ein Arbeitsverhältnis eingehen wollte. Das Gericht unterstütze seine Entscheidung mit dem Argument, dass die unternehmerische Tätigkeit des Klägers als Gesellschafter und Geschäftsführer der Limited im Vergleich zu einer Beschäftigung als Arbeitnehmer finanziell deutlich lukrativer gewesen sei.[44]

32 In einer vergleichbaren Konstellation hatte in der Vergangenheit bereits das LAG Baden-Württemberg das Bestehen eines Arbeitsverhältnisses verneint.[45] Diese Sichtweise der Gerichte ist in der überwiegenden Zahl der Fälle auch folgerichtig, da in der Konstellation mit der Beauftragung einer Kapitalgesellschaft gerade **zwischen zwei Rechtsbeziehungen zu unterscheiden** ist: Der Auftrag über die Erbringung von Dienstleistungen erfolgt lediglich im Außenverhältnis zwischen den beiden Gesellschaften, während die persönliche Rechtsbeziehung des Organmitglieds und Gesellschafters zu der Kapitalgesellschaft als seine persönliche Lebensgrundlage ausschließlich im Innenverhältnis zur Kapitalgesellschaft besteht. Eine abweichende Bewertungsweise mag lediglich dann in Betracht kommen, wenn eine entsprechende Konstruktion ausschließlich auf Verlangen der Auftraggeberin und ersichtlich zur Umgehung eines Arbeitnehmerschutzes zustande kommt.

(3) Freie Mitarbeit als Nebentätigkeit zur abhängigen Beschäftigung

33 In der Praxis tritt teilweise die Konstellation auf, dass Arbeitnehmer zusätzlich zu ihrem Arbeitsverhältnis noch Tätigkeiten auf der Grundlage eines freien Mitarbeitsverhältnis erbringen. Dies ist etwa in Form von Beraterverträgen denkbar, deren inhaltliche Aufgabe über den bereits im Arbeitsvertrag festgelegten Tätigkeitsumfang hinausgeht. Das BAG hat in mehreren Entscheidungen bereits die grundsätzliche **Zulässigkeit** vertraglicher Gestaltungen hervorgehoben, in denen ein Arbeitnehmer neben dem Arbeitsverhältnis auch in einem hiervon getrennten freien Mitarbeitsverhältnis steht.[46] Ein Nebeneinander von selbständiger und unselbständiger Arbeit für denselben Arbeitgeber ist somit möglich.[47]

34 Das BAG erachtet derlei Konstellationen zwar für ungewöhnlich, aber für vertragsrechtlich zulässig.[48] Um das freie Mitarbeitsverhältnis von dem zwischen den gleichen Beteiligten bestehenden Arbeitsverhältnis trennen zu können, ist es wichtig, dass die **Weisungsbefugnis auf das Arbeitsverhältnis beschränkt** bleibt und dass dem Arbeitgeber bzgl der Tätigkeit im freien Mitarbeitsverhältnis kein Weisungsrecht zusteht.[49] Wegen der erheblichen sozialversicherungs- und steuerrechtlichen Risiken einer solchen Gestaltung ist ein Nebeneinander von Arbeits- und freiem Mitarbeitsverhältnis grds. nicht zu empfehlen.

c) Statusklage

aa) Praktischer Anwendungsbereich für statusrechtliche Feststellungen

35 Die Nichtanwendbarkeit des Arbeitsrechts auf freie Mitarbeitsverhältnisse führt in der Praxis zu einer großen Zahl arbeitsgerichtlicher Statusverfahren. Die Frage nach dem Arbeitnehmer-

44 ArbG Köln 14.3.2013 – 8 Ca 3538/12 (n.v.) – nicht rechtskräftig; ArbG Köln 31.8.2011 – 3 Ca 8182/10 (n.v.).

45 LAG Baden-Württemberg 19.8.2002 – 15 Sa 35/02, juris.

46 BAG 8.11.2006 – 5 AZR 706/05, NZA 2007, 321 Rn 18; BAG 27.7.1993 – 1 ABR 7/93, NZA 1994, 92, 94.

47 Zu den Gestaltungsmöglichkeiten s. *Greiner*, in: Preis, Innovative Arbeitsformen, S. 735 f; *Hille*, Freie Mitarbeit, S. 112 f.

48 BAG 27.7.1993 – 1 ABR 7/93, NZA 1994, 92, 94.

49 *Hille*, Freie Mitarbeit, S. 113, Rn 325.

status eines Beschäftigten wird insb. in Kündigungsschutzverfahren regelmäßig aufgeworfen.[50] Ein praktisch leicht vollstellbarer Sachverhalt liegt etwa darin, dass einem freien Mitarbeiter, der über einen längeren Zeitraum und überwiegend oder gar ausschließlich für einen Auftraggeber tätig war, nun keine neuen Auftrage mehr erteilt werden und dieser sich dann vor den Arbeitsgerichten auf das Bestehen eines Arbeitsverhältnisses und die Nichteinhaltung des korrespondieren Kündigungsschutzes beruft. Darüber hinaus besteht allerdings auch die Möglichkeit, in einer **separaten Feststellungsklage** – der sog. **Statusklage** – den Arbeitnehmerstatus gerichtlich prüfen zu lassen.

Für die Statusklage sind gem. § 2 Abs. 1 Nr. 3 Buchst. b ArbGG die **Arbeitsgerichte zuständig.** 36

bb) Voraussetzungen der Zulässigkeit einer echten Statusklage

Eine solche Feststellungsklage ist zulässig, wenn ein besonderes **rechtliches Feststellungsinteresse** an der gerichtlichen Entscheidung besteht, § 46 Abs. 2 S. 1 ArbGG iVm § 256 Abs. 1 ZPO. 37 Bei einer Statusklage muss der Mitarbeiter demnach darlegen, dass eine den Arbeitnehmerstatus bestätigende Entscheidung zu konkreten arbeits- oder sozialversicherungsrechtlichen Konsequenzen führen würde.[51] Das besondere Feststellungsinteresse ergibt sich bei **gegenwartsbezogenen Statusklagen** regelmäßig bereits daraus, dass bei Erfolg der Klage unmittelbar die zwingenden Vorschriften des Arbeitsrechts auf das Vertragsverhältnis anzuwenden sind, was durch die Schutzfunktionen und die Vorteile in sozialer Hinsicht regelmäßig auch im persönlichen Interesse des Mitarbeiters liegt. Anders kann sich die Rechtslage bei einer **vergangenheitsbezogenen Statusbeurteilung** darstellen.[52] Ein Hinweis auf die bloße Möglichkeit, dass dem Kläger bei Obsiegen dann nicht weiter benannte Ansprüche zustehen, ist nicht ausreichend.[53] Die Feststellung des Arbeitsverhältnisses muss zur Folge haben, dass dem potenziellen Arbeitnehmer weitergehende Ansprüche zumindest dem Grunde nach zustehen.[54]

Ein Mitarbeiter, der die Einordnung des Rechtsverhältnisses als Arbeitsverhältnis geltend 38 macht, muss abschließend erklären und genau bezeichnen, für welchen Zeitraum er von einem Arbeitsverhältnis ausgeht. Nur insoweit kann im Fall des Obsiegens mit der Statusklage eine **Rückabwicklung des freien Mitarbeitsverhältnisses** im Zusammenhang mit einer rückwirkenden Annahme eines Arbeitsverhältnisses erfolgen.[55] Mit der zwingend gebotenen Feststellung des Bestehens eines Arbeitsverhältnisses für den konkret in der Klage benannten Zeitraum ist automatisch der Verzicht auf eine Geltendmachung darüber hinausgehender Ansprüche aus dem Arbeitsverhältnis für weiter zurückliegende Zeiträume verbunden, da sich ein gegensätzliches Verhalten gegenüber dem Arbeitgeber gerade als rechtsmissbräuchlich darstellen würde.[56]

cc) Rechtsfolgen der gerichtlich festgestellten Anerkennung des Arbeitnehmerstatus

(1) „Scheinselbständigkeit"

Arbeitnehmer, die vertraglich als selbständige freie Mitarbeiter behandelt werden, bezeichnet 39 man gelegentlich auch als **Scheinselbständige.**[57] Die Umgehung der arbeitsrechtlichen Vorschriften in solchen Situationen wird zuweilen als rechtsmissbräuchlich erachtet.[58] Insoweit sind verschiedene Umgehungstatbestände denkbar, etwa indem Arbeitsverhältnisse formell in

---

50 *Moll/Reufels*, in: Kallmeyer u.a., GmbH-Handbuch, 1. Abschnitt Arbeitsvertrag und Arbeitsverhältnis, Rn 78.

51 BAG 15.12.1999 – 5 AZR 457/98, NZA 2000, 775.

52 BAG 6.11.2002 – 5 AZR 364/01, juris Rn 12 ff; zu diesem Problemkreis kontrovers *Hochrathner*, NZA 2000, 1083.

53 Zu Ansprüchen auf betriebliche Altersversorgung *Hunold*, NZA-RR 1999, 505, 506.

54 BAG 15.12.1999 – 5 AZR 457/98, NZA 2000, 775.

55 BAG 8.11.2006 – 5 AZR 706/05, NZA 2007, 321.

56 BAG 8.11.2006 – 5 AZR 706/05, NZA 2007, 321.

57 *Hohmeister/Goretzki*, Verträge über freie Mitarbeit, S. 170 f.

58 *Hohmeister/Goretzki*, Verträge über freie Mitarbeit, S. 171.

freie Mitarbeitsverhältnisse umgewandelt werden, ohne dass sich an der Durchführung des Beschäftigungsverhältnisses etwas ändert,[59] oder eben auch die bereits anfängliche Beschäftigung als freier Mitarbeiter, obwohl der Betroffene faktisch eine Arbeitnehmereigenschaft besitzt. Wird die Scheinselbständigkeit aufgedeckt und gerichtlich festgestellt, hat dies **erhebliche arbeits-, sozialversicherungs- und steuerrechtliche Konsequenzen.**
Zu den arbeitsrechtlichen Folgen s. § 4 Rn 40 ff. Zu den steuer- und sozialversicherungsrechtlichen Konsequenzen s. § 4 Rn 57 ff.

(2) Rückabwicklung des freien Mitarbeitsverhältnis

40 Wurde gerichtlich festgestellt, dass es sich nicht um eine freie Mitarbeit, sondern um die Beschäftigung eines Arbeitnehmers handelt, hat dies zur Folge, dass der geschlossene **Dienst- oder Werkvertrag über freie Mitarbeit unwirksam** ist oder als Arbeitsvertrag auszulegen ist. Da ein Arbeitsvertrag aufgrund der dargestellten Unterschiedlichkeit allerdings nicht als Grundlage für die Erbringung freier Dienstleistungen dienen kann, wurden die bisher erbrachten Leistungen ohne Rechtsgrund erbracht. Demnach ist das bisherige freie Mitarbeitsverhältnis nach den **Grundsätzen des Bereicherungsrechts gem. §§ 812 ff BGB** vollständig rückabzuwickeln. Dies wirkt sich insb. auf die bislang geleisteten Honorare auf, welche nun mit einer Arbeitnehmervergütung verrechnet werden müssen. Zu den Auswirkungen auf die Vergütung s. im Einzelnen § 4 Rn 47 ff.

(3) Bestehen eines Arbeitsverhältnisses

(a1) Qualifikation als Arbeitsvertrag

41 Kommt das Gericht zu dem Ergebnis, dass es sich nicht um einen freien Mitarbeiter, sondern um einen Arbeitnehmer handelt, ist der zugrunde liegende Vertrag als **Arbeitsvertrag** zu **qualifizieren.** Aufgrund des vorliegenden Arbeitsverhältnisses genießt der mutmaßlich als freier Mitarbeiter beschäftigte Arbeitnehmer nun den **vollständigen Schutz der arbeitsrechtlichen Vorschriften,** einschließlich der arbeitsrechtlichen Gleichbehandlungsgrundsätze und der aus einer betrieblichen Übung resultierenden Rechte. Neben der umfassenden Anwendbarkeit der Schutzvorschriften beruht eine weitere Konsequenz für den Arbeitgeber darin, dass er sich nach Beendigung des eigentlich angedachten Auftrags nicht darauf berufen kann, er müsse den Arbeitnehmer keine weiteren Tätigkeiten mehr zuweisen und ihn dementsprechend vergüten. Ebenso ist der Arbeitnehmer allerdings auch verpflichtet, fortwährend für den Arbeitgeber nach dessen Weisungen tätig zu werden. Demnach kann von beiden Seiten, insb. aber von Seiten des „Auftraggebers“ ein Interesse an der Beendigung des ursprünglich nicht gewollten Arbeitsverhältnisses bestehen.

(a2) Beendigung des Arbeitsverhältnisses durch Anfechtung

42 Zunächst könnte daran zu denken sein, den Vertrag wegen Irrtums nach den §§ 119 ff BGB anzufechten, um somit eine rückwirkende Nichtigkeit des Arbeitsvertrages iSv § 142 Abs. 1 BGB zu bewirken. Grundsätzlich wären dann auf jeden Fall die **Besonderheiten der Anfechtung im Arbeitsrecht** zu berücksichtigen, da es sich ja um ein vollwertiges, in Vollzug gesetztes Arbeitsverhältnis handelt, welches als Dauerschuldverhältnis auch bei gerechtfertigter Anfechtung nicht *ex tunc*, sondern nur für die Zukunft beendet werden kann.[60] Allerdings fehlt es im Fall des unbeabsichtigten Zustandekommens eines Arbeitsverhältnisses mit einem freien Mitarbeiter regelmäßig schon an einem tauglichen **Anfechtungsgrund.** Wird durch die Aufnahme einer Beschäftigung aufgrund der prägenden Umstände der Vertragsdurchführung ein Arbeitsverhältnis und kein freies Mitarbeitsverhältnis begründet und gehen sowohl Auftraggeber als

59 *Schmidt*, Freie Mitarbeiterverträge, S. 1 f.

60 BAG 3.12.1998 – 2 AZR 754/97, NZA 1999, 584; Nipperdey/*Kortstock*, Lexikon Arbeitsrecht, Anfechtung Rn 1; Schaub/*Linck*, Arbeitsrechts-Handbuch, § 34 Rn 49.

auch Beschäftigter irrigerweise davon aus, es bestehe lediglich ein freies Mitarbeitsverhältnis, stellt dieser Irrtum keinen Anfechtungsgrund iSv § 119 BGB dar. Bei einem beiderseitigen Irrtum über den Arbeitnehmerstatus handelt es sich um einen **unbeachtlichen Rechtsfolgenirrtum,** der nicht von § 119 BGB erfasst wird.[61] Weitere Anfechtungsgründe, wie etwa eine arglistige Täuschung nach § 123 Abs. 1 BGB, kommen in dieser Konstellation grds. nicht in Betracht, so dass eine Anfechtung demnach im Regelfall ausscheidet.

(a3) Vertragsanpassung über den Wegfall der Geschäftsgrundlage

Sofern sich Arbeitgeber und Arbeitnehmer in einem beiderseitigen Rechtsirrtum befunden haben, als sie ihr Arbeitsverhältnis als freie Mitarbeit angesehen haben, richtet sich die Anpassung des Vertrages nach den Grundsätzen über den Wegfall der Geschäftsgrundlage gem. § 313 BGB. So hatte das BAG schon vor der Einführung von § 313 BGB im Zuge der Schuldrechtsreform 2002 entschieden.[62] Eine **Anpassung** kann jedoch **nur für die Zukunft** erfolgen. Insoweit gilt erneut der Grundsatz, dass es den Parteien trotz übereinstimmenden Willens nicht möglich ist, weder bewusst noch unbewusst eine Vereinbarung zu treffen, welche dem Arbeitnehmer entgegen den tatsächlichen Gegebenheiten einen Schutz durch das Arbeitsrecht vorenthält. Der Wegfall der Geschäftsgrundlage führt grds. weder zur nachträglichen Aufhebung oder Lösung des Vertrages für die Vergangenheit noch zur Möglichkeit der sofortigen Beendigung des Arbeitsverhältnisses. Allerdings werden die Grundsätze über den Wegfall der Geschäftsgrundlage regelmäßig durch § 626 BGB, wonach ausnahmsweise das Recht zur fristlosen Änderungskündigung besteht, verdrängt. Demnach ist der Anwendungsbereich für eine Anpassung des Vertrages über den Grundsatz des Wegfalls der Geschäftsgrundlage in der Praxis eher gering. 43

(a4) Unbeachtlichkeit einer bewusst falschen Vereinbarung

Falls die Parteien ihr Vertragsverhältnis fälschlicherweise nach den Bedingungen eines Nichtarbeitsverhältnisses in Form eines Vertrages über freie Mitarbeit begründet und vollzogen haben, obwohl ihnen bewusst war, dass es sich tatsächlich um ein Arbeitsverhältnis handelt, liegt regelmäßig ein **Scheingeschäft** vor. Die Pateivereinbarungen sind daher gem. § 117 Abs. 1 BGB **nichtig.**[63] Im Regelfall liegt der Vertragsbeziehung dann ein Arbeitsverhältnis zugrunde. Grundsätzlich kann gem. § 117 Abs. 2 BGB ein vom unwirksamen Scheingeschäft überdecktes eigentlich gewolltes Rechtsgeschäft an dessen Stelle treten, soweit dieses nach den geltenden Rechtsvorschriften als wirksam zu erachten ist. Zwar ist der Abschluss eines Arbeitsvertrages nicht an besondere Formvorschriften gebunden, so dass selbst ein konkludenter Abschluss als überdecktes Geschäft denkbar wäre.[64] Wenn sich die Parteien zwar rechtsmissbräuchlich und nur zum Schein, allerdings dennoch ausdrücklich und übereinstimmend gegen den Abschluss eines Arbeitsverhältnisses und die damit verbundenen Rechtsfolgen entscheiden haben, ist es zumindest fraglich, ob überhaupt ein nur **verdeckter übereinstimmender Wille** zum Vertragsschluss eines verdeckten Arbeitsvertrages angenommen werden kann. Dies ist allerdings unerheblich, da man auch auf anderem Wege zur Anwendung des Arbeitsrechts gelangt: Da das Beschäftigungsverhältnis bereits in Vollzug gesetzt worden ist, wird ein sog. **faktisches Arbeitsverhältnis** begründet. Dieses stellt ebenfalls einen Rechtsgrund für die in der Vergangenheit erbrachten Leistungen dar, so dass die Voraussetzungen etwaiger bereicherungsrechtlicher Rückabwicklungsansprüche nach den §§ 812 ff BGB nicht erfüllt sind.[65] 44

61 *Lampe*, RdA 2002, 18, 20.
62 BAG 9.7.1986 – 5 AZR 44/85, NZA 1987, 16.
63 *Hohmeister*, NZA 1999, 1009, 1010.
64 RGKU/*Joussen*, Arbeitsrechts-Kommentar, § 611 BGB Rn 50 ff; Schaub/*Linck*, Arbeitsrechts-Handbuch, § 32 Rn 3.
65 *Hohmeister*, NZA 1999, 1009, 1010.

(a5) Kündigung des Arbeitsvertrages

45 Im Fall des Vorliegens eines möglicherweise nicht bezweckten Arbeitsvertrages bleiben beide Parteien zunächst dauerhaft an diesen gebunden. Da es in diesem Fall stets an einer wirksamen schriftlichen Befristung iSd TzBfG fehlen wird, gilt der Vertrag weiterhin als auf unbestimmte Zeit geschlossen. Der danach meist wohl einzige Weg zur Beendigung bleibt dann eine Kündigung seitens des vermeintlichen Auftraggebers. Diese richtet sich zunächst nach den allgemeinen Vorschriften der §§ 620 ff BGB. Soweit die Beschäftigung bereits die sechsmonatige Wartezeit des § 1 Abs. 1 KSchG überdauert hat und es sich nicht um einen sog. Kleinbetrieb mit fünf oder weniger regulären Angestellten iSd § 23 Abs. 1 S. 2 KSchG handelt, kommt dem Arbeitnehmer darüber hinaus der **Kündigungsschutz des KSchG** zugute. Demnach bedarf eine ausgesprochene Kündigung nach § 1 KSchG im Einzelfall einer sozialen Rechtfertigung in Form des Vorliegens eines personen-, verhaltens- oder betriebsbedingten Grundes für die Entlassung.

46 Die **Kündigung** muss generell, nachdem erkannt wurde, dass ein Arbeitsvertrag vorliegt, **gegenüber dem Arbeitnehmer in (gesetzlicher) Schriftform erklärt** werden. Bei einem unerkannten Vorliegen eines Arbeitsvertrages ist sich zu verdeutlichen, dass es sich bei der bloßen Nichterteilung weiterer Aufträge oder auch einer entsprechenden ausdrücklichen Verweigerung seitens des „Auftraggebers" nicht um den Ausspruch einer Kündigung handelt, so dass eine solche Erklärung nicht als Anknüpfungspunkt für die Beendigung eines tatsächlich bestehenden Arbeitsverhältnisses taugt.

(4) Auswirkungen auf die Vergütung

47 Eine erfolgreiche Statusklage eines freien Mitarbeiters kann insb. hinsichtlich der zu zahlenden Vergütung zu **Folgestreitigkeiten** zwischen den Parteien führen. Neben möglicherweise bestehenden Rückzahlungsansprüchen des Auftraggebers wegen überzahlter Honorare (s. § 4 Rn 51 ff) oder etwaiger Nachzahlungsansprüche des vormals freien Mitarbeiters (s. § 4 Rn 56) stellt sich zunächst die Frage, welche Vergütung dem Beschäftigten künftig zu zahlen ist, wenn die Beschäftigung in einem Arbeitsverhältnis fortgesetzt wird (s. § 4 Rn 48 ff).

(a1) Künftig zu zahlende Vergütung

48 Aus dem ersten Impuls heraus wäre es denkbar, eine Vergütungspflicht des Arbeitgebers in der Höhe anzunehmen, wie sie ursprünglich im Vertrag über die freie Mitarbeit vereinbart worden war. Häufig unterscheidet sich die Vergütung freier Mitarbeiter allerdings in Höhe und ggf Bemessungszeitraum von der der abhängig beschäftigten Arbeitnehmer. Auch kann sich eine Umrechnung „eins zu eins" der Vergütung eines freien Mitarbeiters, der oftmals sein Honorar für ein bestimmtes Projekt und gerade nicht gemessen an der Arbeitszeit erhält, auf einen Arbeitnehmerlohn in einigen Fällen bereits rechnerisch als schwierig darstellen. Darüber hinaus kann eine **Anpassung der Vergütung** erforderlich werden, insb. um das Gehaltsgefüge der Arbeitnehmerschaft zu wahren. Durch eine erhöhte Vergütung für freie Mitarbeiter werden häufig die Risiken der Selbständigkeit zumindest teilweise ausgeglichen. Nach erfolgreicher Statusklage entfällt dieses Bedürfnis der Vertragsparteien. Auch ist zu berücksichtigen, dass für den Arbeitgeber im Rahmen der Beschäftigung eines Arbeitnehmers zusätzlich noch Lohnnebenkosten anfallen, durch welche der Arbeitnehmer tatsächliche Vorteile in Form sozialversicherungsrechtlicher Anwartschaften erlangt.

49 In einer Entscheidung vom 21.1.1998 hat das BAG den Anspruch einer Arbeitnehmerin abgewiesen, die im Anschluss an eine erfolgreiche Statusklage ein auf Grundlage des zuvor gezahlten freien Mitarbeiterhonorars berechnetes Arbeitsentgelt verlangte.[66] In diesem Fall kam die Besonderheit hinzu, dass es sich um eine Rundfunkmitarbeiterin im **Geltungsbereich eines Tarifvertrages** handelte, in dem die Bezahlung von Arbeitnehmern und freien Mitarbeitern der

66 BAG 21.1.1998 – 5 AZR 50/97, NZA 1998, 594.

Rundfunkanstalt geregelt war. Das BAG hat in seiner Entscheidung klargestellt, dass die Vergütung nach erfolgreicher Statusklage nicht generell dem zuvor gezahlten Entgelt entspricht. Ist hinsichtlich der Höhe der Vergütung zwischen den Parteien des Arbeitsverhältnisses nichts vereinbart, so richte sich diese nach § 612 Abs. 2 BGB. Maßgeblich für die Berechnung nach § 612 Abs. 2 BGB sei in diesem Fall die Einordnung als freier Mitarbeiter oder als Arbeitnehmer, da die Vergütung dieser beiden Gruppen im Tarifvertrag unterschiedlich geregelt war. Infolge der erfolgreichen Statusklage habe die Arbeitnehmerin daher lediglich einen Anspruch auf das niedrigere Entgelt für Arbeitnehmer in vergleichbarer Stellung beim Arbeitgeber. Allein daraus, dass die Klägerin zuvor Honorare als freie Mitarbeiterin erhalten hatte, könne nicht gefolgert werden, dass sie die Vergütung für freie Mitarbeit selbst dann erhalten sollte, wenn sie ihre Tätigkeit für die Auftraggeberin nicht mehr als freie Mitarbeiterin ausübe, sondern als Arbeitnehmerin.

Ergänzend wies das BAG darauf hin, dass der übliche Lohn iSv § 612 Abs. 2 BGB **nicht zwingend mit der tarifvertraglichen Vergütung identisch** sein müsse. In dem zu entscheidenden Fall wurde allerdings keine Abweichung zwischen Tariflohn und der nach § 612 Abs. 2 BGB üblichen Vergütung festgestellt. 50

(a2) Rückzahlungsansprüche des Auftraggebers

Hat ein vermeintlich freier Mitarbeiter für Zeiten, bzgl derer nachträglich das Bestehen eines Arbeitsverhältnisses festgestellt wird, Honorare bezogen, die die in einem Arbeitsverhältnis zu zahlende Vergütung übersteigen, so sind die überzahlten Bezüge grds. nach § 812 Abs. 1 S. 1 Var. 1 BGB zu erstatten.[67] Denn mit der rückwirkenden Feststellung des Arbeitnehmerstatus steht zugleich fest, dass der Dienstverpflichtete als Arbeitnehmer zu vergüten war und ein Rechtsgrund für die freie Mitarbeit und das damit korrespondierende überbezahlte Entgelt nicht bestand.[68] Der Rückforderungsanspruch umfasst somit die **Summendifferenz** zwischen sämtlichen geleisteten **Honorarzahlungen** und den eigentlich aus dem Arbeitsvertrag zugestandenen **Vergütungsansprüchen**. In die vorzunehmende Verrechnung ist auch ein etwaiger tariflicher Abfindungsanspruch einzubeziehen.[69] 51

Der Anspruch auf Entgeltrückzahlung ist allerdings gem. **§ 814 Var. 1 BGB** ausgeschlossen, wenn der Arbeitgeber zum Zeitpunkt der Leistung von der rechtlichen Qualifizierung des Mitarbeiters als Arbeitnehmer gewusst hat. Denn nach § 814 Var. 1 BGB kann das zum Zweck der Erfüllung einer Verbindlichkeit Geleistete nicht zurückgefordert werden, wenn der Leistende **positive Kenntnis** von dem Umstand besaß, dass er zur Leistung nicht verpflichtet war. Nicht ausreichend ist insoweit die bloße Kenntnis der Tatsachen, aus denen sich das Fehlen einer rechtlichen Verpflichtung ergibt. Der Arbeitgeber muss gerade wissen, dass er nach der tatsächlichen Rechtslage das überzahlte Honorar dem Arbeitnehmer nicht schuldet, also aus den ihm bekannten Tatsachen auch die richtigen Schlüsse in rechtlicher Hinsicht ziehen. Insoweit ist allerdings eine entsprechende „Parallelwertung in der Laiensphäre“ ausreichend.[70] Der Arbeitnehmer ist insoweit für das Vorliegen der positiven Kenntnis darlegungs- und beweispflichtig. 52

Der Rückforderungsanspruch kann zudem individual- oder tarifvertraglichen **Ausschlussfristen** unterliegen. Der Lauf dieser Verfallfristen für den Anspruch des Arbeitgebers auf Rückzahlung der überzahlten Beträge beginnt erst dann, wenn feststeht, dass der Mitarbeiter nicht in einem freien Dienstverhältnis, sondern in einem Arbeitsverhältnis beschäftigt worden ist. Erst ab dem Zeitpunkt der rechtskräftigen gerichtlichen Feststellung oder außergerichtlichen Klärung kann 53

---

67 BAG 8.11.2006 – 5 AZR 706/05, NZA 2007, 321.

68 BAG 9.2.2005 – 5 AZR 175/04, NZA 2005, 814; BAG 29.5.2002 – 5 AZR 680/00, NZA 2002, 1328; *Greiner*, in: Preis, Innovative Arbeitsformen, S. 730.

69 BAG 29.5.2002 – 5 AZR 680/00, NZA 2002, 1328.

70 BAG 8.11.2006 – 5 AZR 706/05, NZA 2007, 321; BAG 9.2.2005 – 5 AZR 175/04, NZA 2005, 814.

erwartet werden, dass der Arbeitgeber seine Ansprüche wegen Überzahlung geltend macht. Eine frühere Geltendmachung ist nicht zumutbar, weil vom Arbeitgeber ein widersprüchliches Verhalten verlangt würde, wenn er sich im Prozess zunächst auf das Nichtbestehen eines Arbeitsverhältnisses berufen würde, zugleich aber bereits mögliche überbezahlte Honorare einfordern würde.

54 Der Bereicherungsanspruch ist auf die Differenz zwischen den durch die rechtsgrundlose Bereicherung entstandenen Vorteilen und den damit zusammenhängenden Nachteilen beschränkt. Demnach wäre innerhalb der **Differenzhypothese** etwa auch einzubeziehen, dass ein über längere Zeiträume beschäftigter freier Mitarbeiter, der tatsächlich die Arbeitnehmereigenschaft besaß, eigentlich auch Ansprüche auf Entgeltfortzahlung während des ihm zustehenden Erholungsurlaubs nach dem BUrlG oder möglichen Krankheitszeiträumen gehabt hätte.

55 Zudem ist der Anspruch ausgeschlossen, wenn sich der Arbeitnehmer gem. § 818 Abs. 3 BGB auf **Entreicherung** berufen kann. Diesbezüglich ist der Arbeitnehmer darlegungs- und beweispflichtig. Die Rspr lässt jedoch Beweiserleichterungen, insb. bei geringfügigen Überzahlungen an Arbeitnehmer mit geringem oder mittlerem Einkommen, zu.[71]

(a3) Nachzahlungsansprüche bei niedrigerer Vergütung

56 Neben der Konstellation, dass die Vergütung eines freien Mitarbeiter den korrespondierenden Lohnanspruch eines Arbeitnehmers übersteigt, ist auch die umgekehrte Variante denkbar, in der die Vergütung der freien Mitarbeiter geringer ausfällt als die der Arbeitnehmer. Wird ein Arbeitsverhältnis fälschlicherweise als freies Mitarbeitsverhältnis abgewickelt, richtet sich die **Höhe des Vergütungsanspruchs** nach der Feststellung eines Arbeitsverhältnisses nach **§ 612 Abs. 2 BGB**. Danach hat der Arbeitnehmer einen Anspruch auf die übliche Vergütung eines vergleichbaren Arbeitnehmers. Daher stehen dem unzulässigerweise als freier Mitarbeiter beschäftigten Arbeitnehmer entsprechende Nachzahlungsansprüche für in der Vergangenheit geschuldetes übliches Arbeitsentgelt gegen den Arbeitgeber aus § 612 Abs. 2 BGB in der Höhe zu, um welches dieses die bereits erhaltenen Honorarleistungen übersteigt.[72]

(5) Steuer- und sozialversicherungsrechtliche Konsequenzen

(a1) Risiken

57 Ein besonders in finanzieller Hinsicht aus der Perspektive des Arbeitgebers entscheidender Unterschied zwischen der Beschäftigung eigener Arbeitnehmer oder freier Mitarbeiter ist die bei freier Mitarbeit nicht anfallende Pflicht zum automatischen Abzug der Lohnsteuer vom Brutto-Gehalt und zur Abführung der arbeitgeberseitigen Beiträge zur Sozialversicherung. Handelt es sich nicht um einen freien Mitarbeiter, sondern um einen Arbeitnehmer, unterliegt dieser der **Gesamtsozialversicherungspflicht**, also der Kranken-, Pflege-, Arbeitslosen- und Unfallversicherung.[73] Gerade die „Entlastung" von den sog. **Lohnnebenkosten** kann bereits für sich allein genommen aus Sicht bestimmter Arbeitgeber einen unmittelbaren Anreiz bieten, bevorzugt auf freie Mitarbeiter zurückzugreifen. Stellt sich nun allerdings im Nachhinein heraus, dass es sich nicht um einen freien Mitarbeiter, sondern um einen Arbeitnehmer handelt, ist dieser auch in steuer- und sozialversicherungsrechtlicher Hinsicht als solcher zu behandeln. Dies führt zu **erheblichen Nachzahlungsverpflichtungen**.

(a2) Lohnsteuer

58 Der Arbeitgeber ist grds. verpflichtet, für Arbeitnehmer die Lohnsteuer im Voraus automatisch abzuführen. Einem freien Mitarbeiter obliegt diese Verpflichtung zur Abführung seiner Ein-

71 BAG 12.1.1994 – 5 AZR 597/92, NZA 1994, 658.

72 *Hohmeister*, NZA 1999, 1009, 1012.

73 *Bruns*, RdA 2008, 135, 136.

kommensteuer hingegen selbst. Nach § 38 Abs. 2 S. 1 EStG ist Schuldner der Lohnsteuer grds. allein der Arbeitnehmer. Allerdings haftet der Arbeitgeber gem. § 42 d Abs. 1 EStG für die ordnungsgemäße Abführung der Lohnsteuer verschuldensunabhängig und der Summe nach unbeschränkt. Nach § 42 d Abs. 3 EStG begründet die Haftung des Arbeitgebers eine **Gesamtschuld zwischen Arbeitnehmer und Arbeitgeber**. Gehen also die Vertragsparteien irrigerweise von einer selbständigen Tätigkeit im steuerrechtlichen Sinne aus, besteht für den Arbeitgeber ein erhebliches finanzielles Risiko, da er in gleicher Weise für durch den als „freien Mitarbeiter" erachteten Arbeitnehmer noch nicht erbrachte Steuerrückstände in Anspruch genommen werden kann. Dies gilt umso mehr, da bei etwaigen Nettolohnabreden **Regressansprüche des Arbeitgebers** gegen den Arbeitnehmer ausgeschlossen sind.[74] Als praktisches Problem wird demnach oftmals die Situation auftreten, dass der „unerkannte" Arbeitnehmer nur die Einkommensteuer für Selbständige erbracht hat, welche oftmals hinter der eigentlichen Lohnsteuerlast als Arbeitnehmer zurückbleibt, und sich die Steuerbehörden an den Arbeitgeber halten.

Bei Unsicherheiten hinsichtlich der steuerrechtlichen Einordnung kann von der Möglichkeit 59
einer **Anrufungsauskunft durch das Betriebsstättenfinanzamt** Gebrauch gemacht werden. Gemäß § 42 e EStG hat das Betriebsstättenfinanzamt auf Anfrage eines Beteiligten darüber Auskunft geben, ob und inwieweit im einzelnen Fall die Vorschriften über die Lohnsteuer anzuwenden sind.

(a3) Sozialversicherungsbeiträge

Bei „Arbeitnehmern" handelt es sich um abhängig Beschäftigte iSd Sozialversicherungsrechts, 60
§ 7 Abs. 1 SGB IV. Werden Sozialversicherungsbeiträge für den „Scheinselbständigen" nicht abgeführt, ist der **Arbeitgeber verpflichtet**, diese **nachzuzahlen**. In der Regel muss der Arbeitgeber dann auch den Arbeitnehmeranteil tragen, da er gem. § 28 e SGB IV die Zahlung des gesamten Sozialversicherungsbetrags schuldet.[75] Ein **Regress** beim Arbeitnehmer kommt wegen § 28 g S. 2 SGB IV nur eingeschränkt in Betracht.[76] Grundsätzlich hat der Arbeitgeber gem. § 28 g S. 1 SGB IV zwar einen Anspruch in Höhe des Arbeitnehmeranteils der Sozialversicherungsbeiträge gegen den Arbeitnehmer. Nach § 28 g S. 2 SGB IV kann der Arbeitgeber diesen Anspruch aber **nur durch Abzug vom Arbeitsentgelt** realisieren. Der auf das Lohnabzugsverfahren beschränkte Erstattungsanspruch kann darüber hinaus gem. § 28 g S. 3 SGB IV nur bei den nächsten drei Lohnzahlungen geltend gemacht werden. Ein über diesen Zeitraum hinausgehender Lohnabzug ist nur dann möglich, wenn der Abzug ohne Verschulden des Arbeitgebers unterblieben ist. Im Zusammenhang mit dem Lohnabzugsverfahren muss der Arbeitgeber freilich die Pfändungsfreigrenzen beachten. Wenn ein Lohnabzugsverfahren wegen der Beendigung des Arbeitsverhältnisses nicht mehr möglich ist, ist der Erstattungsanspruch des Arbeitgebers ausgeschlossen. Etwas anderes gilt allenfalls dann, wenn die Voraussetzungen des Schadensersatzanspruchs nach § 826 BGB vorliegen.[77]

Die **Verjährung** tritt gem. § 25 SGB IV in vier Jahren nach Ablauf des Kalenderjahres ein, in 61
dem der Sozialversicherungsbeitrag fällig wurde. Bei vorsätzlicher Nichtabführung der Beiträge verjährt der Beitragsanspruch der Sozialversicherungsträger erst 30 Jahre nach Ablauf des Kalenderjahres, in dem er fällig wurde. Wurde demnach eine Person als freier Mitarbeiter beschäftigt, obwohl dem Auftraggeber, zumindest nach einer Parallelwertung in der Laiensphäre, bewusst war, dass dieser eigentlich eine Arbeitnehmereigenschaft besitzt, greift die längere Verjährungsfrist, so dass weitreichende Rückforderungen der Sozialversicherungsträger im Raum stehen.

74 *Hohmeister/Goretzki*, Verträge über freie Mitarbeit, S. 328.
75 ErfK/*Preis*, BGB § 611 Rn 100.
76 *Bruns*, RdA 2008, 135, 136; *Lampe*, RdA 2002, 18, 20.
77 BAG 14.1.1988 – 8 AZR 238/85, NZA 1988, 803.

62 Bestehen Zweifel hinsichtlich der Einordnung eines Mitarbeiters, kann ein **Anfrageverfahren nach § 7 a Abs. 1 S. 2 SGB IV** durchgeführt werden. Mit diesem wird von der Deutschen Rentenversicherung Bund verbindlich festgestellt, ob eine Person sozialrechtlich abhängig oder selbständig beschäftigt ist.[78]

II. Arbeitsrechtliche Schnittmengen

63 Freie Mitarbeiter sind gerade nicht als Arbeitnehmer zu verorten, so dass der Rückgriff auf arbeitsrechtliche Vorschriften dem Grunde nach versperrt bleibt. Durch die besondere Stellung freier Mitarbeit auf der Schnittstelle zwischen Arbeitnehmerstatus und Selbständigkeit existieren allerdings dennoch in vielen Bereichen Berührungspunkte zum Arbeitsrecht.

1. Freie Mitarbeit und arbeitnehmerähnliche Personen

64 Im Zusammenhang mit der Beschäftigung freier Mitarbeiter ist auch die Rechtsfigur der sog. arbeitnehmerähnlichen Person zu berücksichtigen. Es ist insoweit grds. anerkannt, dass freie Mitarbeiter unter bestimmte Voraussetzungen arbeitnehmerähnliche Personen sein können.[79]

65 Nach der **Begriffsbestimmung** in § 12 a TVG handelt es sich bei **arbeitnehmerähnlichen Personen** um solche freien Mitarbeiter, die

- wirtschaftlich abhängig und
- vergleichbar einem Arbeitnehmer sozial schutzbedürftig sind, wenn sie
- aufgrund von Dienst- oder Werkverträgen
- für andere Personen tätig sind,
- die geschuldeten Leistungen persönlich und
- im Wesentlichen ohne Mitarbeit von (eigenen) Arbeitnehmern erbringen und
- überwiegend für eine Person tätig sind oder ihnen von einer Person im Durchschnitt mehr als die Hälfte des Entgelts zusteht, das ihnen für ihre Erwerbstätigkeit insgesamt zusteht.

66 Diese Definition gilt wegen des Einleitungssatzes von § 12 a Abs. 1 TVG zwar grds. nur im Tarifrecht, die dort genannten **Kriterien** sind allerdings **verallgemeinerungsfähig** und auf andere Bereiche innerhalb des Arbeitnehmerschutzrechts übertragbar.[80] Maßgeblicher Unterschied zwischen Arbeitnehmern und **arbeitnehmerähnlichen Personen** ist, dass Letztere gerade nicht persönlich abhängig, sondern **allein wirtschaftlich abhängig beschäftigt** sind.[81] Zusätzlich zu der wirtschaftlichen Abhängigkeit muss der Beschäftigte seiner gesamten sozialen Stellung nach einem Arbeitnehmer vergleichbar schutzbedürftig sein.[82]

67 Für Personen, die **künstlerische, schriftstellerische oder journalistische Leistungen** erbringen, modifiziert § 12 a Abs. 3 TVG die Voraussetzungen dahin gehend, dass es ausreichend ist, wenn den Beschäftigten ein Drittel des Entgelts zusteht, das ihnen für ihre Erwerbstätigkeit insgesamt zusteht. Insbesondere die freien Mitarbeiter bei **Rundfunk und Fernsehen** werden daher meist als arbeitnehmerähnliche Personen einzustufen sein. Die Beschäftigungsverhältnisse dieser Personengruppe werden daher regelmäßig durch Tarifvertrag geregelt, da das TVG gem. § 12 a TVG für arbeitnehmerähnliche Personen entsprechend gilt.

---

78 *Greiner*, in: Preis, Innovative Arbeitsformen, S. 743.

79 BAG 11.4.1997 – 5 AZB 33/96, juris Rn 13; Küttner/*Röller*, Personalbuch, 27 (Arbeitnehmerähnliche Personen) Rn 6.

80 Für § 2 S. 2 BUrlG: BAG 17.1.2006 – 9 AZR 61/05, juris Rn 13; LAG Köln 22.4.1999 – 10 Sa 722/97, NZA-RR 1999, 589; einschr. im Hinblick auf Handelsvertreter: BAG 17.10.1990 – 5 AZR 639/89, NZA 1990, 402; krit. Wiedemann/*Wank*, TVG, § 12 a Rn 1–16; *Willemsen/Müntefering*, NZA 2008, 193.

81 *Hromadka*, NZA 1997, 569, 575 f.

82 BAG 17.1.2006 – 9 AZR 61/05, NZA-RR 2006, 616, juris Rn 14; *Willemsen/Müntefering*, NZA 2008, 193, 194.

Zwar sind essentielle **Regelungsbereiche des Arbeitsrechts** nicht auf arbeitnehmerähnliche Personen anwendbar. Beispielsweise genießen arbeitnehmerähnliche Personen weder Kündigungsschutz nach dem KSchG[83] noch den besonderen Kündigungsschutz nach § 9 MuSchG[84] oder den der §§ 85 ff SGB IX.[85] Außerdem finden auf arbeitnehmerähnliche Personen die Vorschriften des § 613 a BGB[86] und des TzBfG[87] keine Anwendung. 68

Andererseits gibt es zahlreiche Einzelvorschriften, die **Teilbereiche des Arbeitsrechts** auf arbeitnehmerähnliche Personen erstrecken.[88] *Wank* hat in der Differenzierung nach Selbständigen, Arbeitnehmern und arbeitnehmerähnlichen Personen deshalb mit Recht ein „dreiteiliges System" erkannt.[89] So haben arbeitnehmerähnliche Personen ebenso wie Arbeitnehmer einen Anspruch auf bezahlten Erholungsurlaub (§ 2 S. 2 BUrlG),[90] in einigen Bundesländern haben sie einen Anspruch auf Bildungsurlaub,[91] sie können Pflegezeit beanspruchen und genießen während der Pflegezeit besonderen Kündigungsschutz (§ 7 Abs. 1 Nr. 3 PflegeZG),[92] auf sie finden die §§ 1–16 BetrAVG Anwendung, wenn ihnen aus Anlass ihrer Tätigkeit für ein Unternehmen eine betriebliche Altersversorgung zugesagt worden ist (§ 17 Abs. 1 S. 2 BetrAVG),[93] ihre Beschäftigungsverhältnisse können tariflich geregelt werden (§ 12 a TVG)[94] und sie können ihre Ansprüche vor den Arbeitsgerichten geltend machen (§ 5 Abs. 1 S. 2 ArbGG).[95] 69

Nach der derzeit überwiegenden Ansicht in der Lit. sind arbeitnehmerähnliche Personen **keine Verbraucher** iSv § 13 BGB, so dass bei der **AGB-Kontrolle** von Verträgen mit arbeitnehmerähnlichen Personen der erweiterte Anwendungsbereich des § 310 Abs. 3 und Abs. 4 S. 2 BGB nicht zur Anwendung kommt.[96] Das hat u.a. zur Folge, dass bei der einmaligen Verwendung von AGB **keine Inhaltskontrolle** stattfindet, und auch im Übrigen „die im Arbeitsrecht geltenden Besonderheiten" nicht zu berücksichtigen sind.[97] Allerdings hat das BAG für Fremdgeschäftsführer einer GmbH, welche in der Lit. bislang zumeist eindeutig dem selbständigen Bereich zugeordnet wurden, entschieden, dass diese im Regelfall bei Abschluss ihres Anstellungsvertrages als Verbraucher zu behandeln sind und eine erweiterte AGB-Kontrolle somit anwendbar ist.[98] Demnach liegt es nahe, dass auch arbeitnehmerähnliche Personen bei Abschluss der ihrer Tätigkeit zugrunde liegenden Verträge als Verbraucher zu behandeln wären. 70

83 Moll/*Ulrich*, MAH Arbeitsrecht, § 43 Rn 56.

84 *Willikonsky*, MuSchG, § 1 Rn 17 f.

85 Neumann/Pahlen/Majerski-Pahlen/*Neumann*, SGB IX, § 85 Rn 26.

86 ErfK/*Preis*, BGB § 613 a Rn 67.

87 ErfK/*Preis*, TzBfG § 2 Rn 4 und § 3 Rn 2.

88 Vgl die Übersicht bei Küttner/*Röller*, Personalbuch, 27 (Arbeitnehmerähnliche Personen) Rn 11 ff.

89 *Wank*, Arbeitnehmer und Selbständige, S. 43 f; zust. BAG 20.9.2000 – 5 AZR 61/99, NZA 2001, 551 ff; *Greiner*, in: Preis, Innovative Arbeitsformen, S. 726; *Hromadka*, NZA 1997, 569, 576.

90 BAG 28.6.1973 – 5 AZR 568/72, NJW 1973, 1994; ErfK/*Gallner*, BUrlG § 2 Rn 2.

91 ZB § 2 S. 2 AWbG NRW; vgl BAG 18.11.2008 – 9 AZR 815/07, juris Rn 39; Küttner/*Röller*, Personalbuch, 27 (Arbeitnehmerähnliche Personen) Rn 13.

92 ErfK/*Gallner*, PflegeZG § 7 Rn 1.

93 BGH 3.7.2000 – II ZR 381/98, NZA 2001, 612; Blomeyer/Rolfs/Otto/*Rolfs*, BetrAVG, § 17 Rn 77.

94 BAG 15.2.2005 – 9 AZR 51/04, NZA 2006, 223; *Löwisch/Rieble*, TVG, § 17 Rn 1 ff.

95 BAG 11.4.1997 – 5 AZB 33/96, NZA 1998, 499; BAG 17.10.1990 – 5 AZR 639/89, NZA 1991, 402; BAG 16.12.1957 – 3 AZR 92/55, AP § 611 BGB Lehrer, Dozenten Nr. 3; Moll/*Zieman*/*Ulrich*, MAH Arbeitsrecht, § 77 Rn 6.

96 Däubler/Bonin/Deinert/*Däubler*, AGB-Kontrolle im Arbeitsrecht, Einl., Rn 75; HWK/*Gotthardt*, BGB § 310 Rn 3; *Lakies*, AR-Blattei SD 35, Rn 34; *Thüsing*, AGB-Kontrolle im Arbeitsrecht, Rn 56.

97 Däubler/Bonin/Deinert/*Däubler*, AGB-Kontrolle im Arbeitsrecht, Einl., Rn 75; *Lakies*, AR-Blattei SD 35, Rn 34; *Thüsing*, AGB-Kontrolle im Arbeitsrecht, Rn 56.

98 BAG 19.5.2010 – 5 AZR 253/09, NJW 2010, 2827.

2. Anwendbarkeit arbeitsrechtlicher Vorschriften auf freie Mitarbeiter

71 Selbst wenn ein freier Mitarbeiter nicht die Eigenschaft einer arbeitnehmerähnlichen Person besitzt, ist als Reaktion auf die dennoch im Vergleich zu „normalen" Selbständigen wirtschaftliche schützenswerte Position die Anwendung bestimmter arbeitnehmerschützender Vorschriften gesetzlich festgelegt, die entsprechende Anwendung anerkannt oder zumindest in der Diskussion.

a) Anwendbarkeit des AGG

72 Im Gegensatz zu den zahlreichen Arbeitnehmerschutznormen finden die Vorschriften des AGG zum Schutz der Beschäftigten vor Benachteiligung stets auch auf freie Mitarbeiter Anwendung. Nach § 6 Abs. 1 S. 1 Nr. 3 AGG gelten auch arbeitnehmerähnliche Personen als Beschäftigte iSd AGG, so dass der Abschnitt zum Schutz der Beschäftigten vor ungerechtfertigter Benachteiligung neben Arbeitnehmern, Auszubildenden und Bewerbern auch diese erfasst. Darüber hinaus gelten die **Diskriminierungsschutzvorschriften** nach § 6 Abs. 3 AGG entsprechend auch für Selbständige, soweit es die Bedingungen für den Zugang zur Erwerbstätigkeit oder für den beruflichen Aufstieg betrifft. Die Diskriminierungsverbote des AGG gelten daher auch bei der Ausschreibung einer Stelle als „freiberufliche Mitarbeit".[99] Somit kann eine ungerechtfertigte Benachteiligung eines Bewerbers auf eine Stelle als freier Mitarbeiter auch Ansprüche auf Schadensersatz und Entschädigung nach § 15 Abs. 1 AGG bzw § 15 Abs. 2 AGG gegenüber dem ausschreibenden Auftraggeber auslösen.[100]

b) Zeugnisanspruch freier Mitarbeiter

73 Freie Mitarbeiter, deren Beschäftigung auf der Grundlage eines Dienstvertrages erfolgt, haben gegenüber dem Auftraggeber bei Beendigung des Beschäftigungsverhältnisses einen Zeugnisanspruch gem. § 630 BGB. Auf freie Mitarbeiter, deren Beschäftigung im Rahmen eines andauernden Werkvertrages stattfindet, ist die Vorschrift des § 630 BGB entsprechend anwendbar.[101] Die Anwendung ist nur folgerichtig, da freie Mitarbeiter, unabhängig von der zugrunde liegenden Vertragsform, zumindest in gleicher Weise, oftmals aufgrund der fehlenden Bindung sogar noch stärker, auf die Erteilung qualifizierter Zeugnisse für erbrachte Leistungen zur Dokumentation der bisherigen Tätigkeit und als Referenz der Qualifikationen angewiesen sind, um sich entsprechend neue Aufträge zu sichern.

c) Arbeitsrechtliche Haftungsprivilegierung und Beweislasterleichterung

74 Für **Arbeitnehmer** gelten die vom BAG entwickelten Grundsätze über die **beschränkte Arbeitnehmerhaftung** und den damit verbundenen sog. **innerbetrieblichen Schadensausgleich**. Danach wird die Haftung von Arbeitnehmern während der Ausführung betrieblich veranlasster Tätigkeiten je nach Verschuldensgrad teilweise privilegiert. Hintergrund dieser Regelungen bildet der Gedanke, dass es unbillig erscheint, das alltägliche Risiko einer tätigkeitsbezogenen Haftung allein dem Arbeitnehmer aufzubürden, obwohl gerade der Arbeitgeber aufgrund seiner Organisationsgewalt und seines Weisungsrechts weitreichenden Einfluss auf die Abläufe innerhalb des Betriebs üben kann.[102] So soll bei betrieblich veranlassten Tätigkeiten der Arbeitnehmer für Vorsatz und grobe Fahrlässigkeit die Schäden weiterhin allein tragen müssen, wogegen bei einer mittleren Fahrlässigkeit eine Schadensaufteilung nach den konkreten Umstän-

99 BAG 23.8.2012 – 8 AZR 285/11, NZA 2012, 3805 Rn 17.
100 BAG 17.12.2009 – 8 AZR 670/08, NZA 2010, 383 Rn 33.
101 *Hohmeister*, NZA 1998, 571, 575.
102 BAG 27.9.1994 – GS 1/89, NZA 1994, 1083; Schaub/*Linck*, Arbeitsrechts-Handbuch, § 59 Rn 37 ff; MünchHandb-ArbR/*Reichold*, § 51 Rn 19 ff.

den des Einzelfalls erfolgen soll und bei leichter Fahrlässigkeit die Haftungspflicht vollständig dem Arbeitgeber zufällt.[103] – Zu den Haftungsregelungen für Arbeitnehmer s. ausf. § 1 Rn 2662 ff.

Selbständigen **freien Mitarbeitern** kommen diese Haftungsprivilegien grds. nicht zugute.[104] 75
Wegen des hohen Haftungsrisikos entspricht es allerdings den Bedürfnissen der Vertragsparteien, **Haftungserleichterungen vertraglich zu vereinbaren**, wobei sich insb. je nach Grad der Eingliederung des freien Mitarbeiters in den Betriebsablauf eine Orientierung an den Regelungen zur Begrenzung der Arbeitnehmerhaftung empfiehlt. Zunächst ist eine Beschränkung der Haftung des freien Mitarbeiters auf Vorsatz und grobe Fahrlässigkeit zu empfehlen. Darüber hinaus ist es ratsam, vertraglich bestimmte **Höchstgrenzen** für die maximale Haftung im Einzelfall und in der Gesamtsumme festzulegen.

Unterschiedlich wird die Frage beantwortet, ob die Grundsätze der beschränkten Arbeitneh- 76
merhaftung zumindest auf solche freien Mitarbeiter zu übertragen sind, welche die Eigenschaft **arbeitnehmerähnlicher Personen** aufweisen.[105] In der Lit. wird die Anwendung dieser Grundsätze überwiegend abgelehnt.[106] Begründet wird dies damit, dass die Haftungserleichterungen nach den vom BAG formulierten Maximen nur für Arbeiten gelten, die aufgrund eines Arbeitsverhältnisses geleistet werden.[107] Diese Schlussfolgerung ist zwar grds. überzeugend, da die Grundlage der Haftungsprivilegierung gerade in der Weisungsunterworfenheit und der Eingliederung in eine fremde Betriebsorganisation liegt, welche bei freien Mitarbeitern, unabhängig von einer Arbeitnehmerähnlichkeit, in den meisten Fällen fehlt. Das BAG hat sich, soweit ersichtlich, noch nicht gesondert mit dieser Frage auseinandergesetzt. Derweil hat das BSG in einer Entscheidung vom 24.6.2003 die Haftungsgrundsätze auf arbeitnehmerähnliche Personen entsprechend angewendet.[108] Entscheidend dafür sei insb. der Umstand, dass auch zwischen dem Unternehmer und der arbeitnehmerähnlichen Person die Betriebsgefahr verantwortlich durch den Arbeitgeber bzw Unternehmer gesetzt werde und er sich auch seine Verantwortung für die Organisation des Betriebs und die Gestaltung der Arbeitsbedingungen zurechnen lassen müsse.[109] Da sich diese Argumentation des BSG ebenfalls als schlüssig und zutreffend darstellt und grds. nicht von der Hand zu weisen ist, dass in bestimmten Konstellationen die Auftraggeber freier Mitarbeit ähnlichen Einfluss auf die Tätigkeitsausführung besitzen und von der Risikoerleichterung durch Fremdausführung profitieren wie ein Arbeitgeber und freie Mitarbeiter ähnlich wie Arbeitnehmer bestimmten betrieblich veranlassten Haftungsrisiken ausgesetzt sind und mögliche Schäden in gleicher Weise das veranlagte Honorar übersteigen können, spricht vieles gegen einen kategorischen Ausschluss der Haftungsprivilegien und vieles für eine Beurteilung im Einzelfall.

Um von vornherein Rechtssicherheit bzgl einer etwaigen Haftung zu schaffen, empfiehlt es 77
sich, den Maßstab der Haftung des freien Mitarbeiters entsprechend den vom BAG entwickelten Grundsätzen im Vertrag ausdrücklich festzulegen und interessengerecht abzumildern.

---

103 Nipperdey/*Kortstock*, Lexikon Arbeitsrecht, Arbeitnehmerhaftung; Schaub/*Linck*, Arbeitsrechts-Handbuch, § 59 Rn 47 ff; MünchHandb-ArbR/*Reichold*, § 51 Rn 35.

104 BGH 7.10.1969 – VI ZR 223/67, AP § 611 BGB Haftung des Arbeitnehmers Nr. 51; Schaub/*Linck*, Arbeitsrechts-Handbuch, § 59 Rn 41.

105 Überblick bei MüArbR/*Blomeyer*, Bd. 1, § 51 Rn 65.

106 *Busemann*, Die Haftung des Arbeitnehmers gegenüber dem Arbeitgeber und Dritten, 1999, S. 53; ErfK/*Preis*, BGB § 619 a Rn 19; Erman/*Edenfeld*, BGB, § 611 Rn 144; Küttner/*Röller*, Personalbuch, 27 (Arbeitnehmerähnliche Personen) Rn 10; offen gelassen bei MünchHandb-ArbR/*Reichold*, § 51 Rn 65.

107 *Busemann*, Die Haftung des Arbeitnehmers gegenüber dem Arbeitgeber und Dritten, 1999, S. 53.

108 BSG 24.6.2003 – B 2 U 39/02 R, NJW 2004, 966; so auch das Obiter Dictum in LG Bonn – 10 O 390/94, NJW-RR 1994, 1435.

109 BSG 24.6.2003 – B 2 U 39/02 R, NJW 2004, 966, 967.

78 Hinsichtlich der **Beweislast** ist § 619 a BGB zu beachten. Dieser gilt zwar grds. unmittelbar nur im Arbeitsverhältnis, analog allerdings immer dann, wenn die Haftungserleichterungen für Arbeitnehmer angewandt werden.[110] Unter Umständen kann die Beweislastregel des § 619 a BGB daher auch im freien Mitarbeitsverhältnis Anwendung finden.

d) Betriebsverfassungsrechtliche und tarifrechtliche Grundsätze

79 Der Inhalt von Arbeitsverhältnissen wird in vielen Fällen in nicht geringfügigen Umfang auch von Grundsätzen des Betriebsverfassungsrechts und durch die Anwendbarkeit normativ geltender oder vertraglich in Bezug genommener Tarifverträge mitbestimmt. Dies trifft auf die Rechtsverhältnisse freier Mitarbeiter dagegen nur in begrenztem Umfang zu.

aa) Betriebsverfassungsrecht

80 Grundsätzlich fallen freie Mitarbeiter nicht in den Anwendungsbereich des BetrVG. Freie Mitarbeiter sind gerade keine Arbeitnehmer iSd BetrVG und werden somit auch nicht vom Betriebsrat als betriebliches Vertretungsorgan repräsentiert.[111] Dennoch gibt es auch im Zusammenhang mit der Beschäftigung freier Mitarbeiter bestimmte betriebsverfassungsrechtliche Grundsätze, die eingehalten werden müssen. In Betrieben, in denen ein Betriebsrat besteht, kann gem. § 99 Abs. 1 BetrVG bei der **Einstellung** freier Mitarbeiter der **Betriebsrat** zu **beteiligen** sein. Um eine Einstellung im Sinne dieser Norm handelt es sich nach der Rspr des BAG dann, wenn Personen in den Betrieb eingegliedert werden, um zusammen mit den dort schon beschäftigten Arbeitnehmern den arbeitstechnischen Zweck des Betriebs durch **weisungsgebundene Tätigkeit** zu verwirklichen.[112] Dabei komme es allein darauf an, ob es sich um eine ihrer Art nach weisungsgebundene Tätigkeit handelt.[113] Ob den beschäftigten Personen tatsächlich Weisungen hinsichtlich der Tätigkeit gegeben werden, ist insoweit unerheblich.[114] Ist die Tätigkeit ihrer Art nach grds. weisungsgebunden und wird der freie Mitarbeiter in die Arbeitsorganisation des Arbeitgebers eingebunden, ist der Betriebsrat gem. § 99 Abs. 1 BetrVG zu beteiligen.

81 Handelt es sich bei der Beschäftigung freier Mitarbeiter um eine Einstellung iSv § 99 Abs. 1 BetrVG, so kann der Betriebsrat darüber hinaus vom Arbeitgeber auch die **betriebsinterne Stellenausschreibung** gem. § 93 BetrVG verlangen.[115] Unterbleibt eine nach § 93 BetrVG erforderliche betriebsinterne Ausschreibung der Stelle, ist der Betriebsrat gem. § 99 Abs. 2 Nr. 5 BetrVG berechtigt, die Zustimmung zur Einstellung verweigern.[116] Der Umstand, dass freie Mitarbeiter nicht vom Betriebsrat vertreten werden, führt nach Ansicht des BAG zu keinem anderen Ergebnis, da die betriebsverfassungsrechtliche Einstellung freier Mitarbeiter auch Belange der vom Betriebsrat vertretenen Arbeitnehmerschaft berührt.

bb) Tarifrecht

82 Grundsätzlich erfasst der Anwendungsbereich des TVG und damit auch die Einschlägigkeit von Tarifverträgen keine selbständigen freien Mitarbeiter, da diese grds. nicht Mitglied einer Arbeitnehmervertretung sein können. Insbesondere im **Bereich der Medien** gelten allerdings für freie Mitarbeiter häufig Tarifverträge. Die freien Mitarbeiter in Rundfunk und Fernsehen werden regelmäßig die Voraussetzungen der **Arbeitnehmerähnlichkeit nach § 12 a TVG** erfüllen (s. dazu § 4 Rn 65 ff), so dass ihre Beschäftigungsverhältnisse nach dieser Vorschrift tarifvertrag-

110 ErfK/*Preis*, BGB § 619 a Rn 3.
111 RGKU/*Besgen*, Arbeitsrechts-Kommentar, § 5 BetrVG Rn 10; Richardi/*Richardi*, BetrVG, § 5 Rn 37.
112 HWK/*Ricken*, BetrVG § 99 Rn 17 mwN.
113 BAG 27.7.1993 – 1 ABR 7/93, NZA 1994, 92.
114 BAG 27.7.1993 – 1 ABR 7/93, NZA 1994, 92.
115 BAG 27.7.1993 – 1 ABR 7/93, NZA 1994, 92.
116 BAG 27.7.1993 – 1 ABR 7/93, NZA 1994, 92.

lich geregelt werden können. Denkbar ist eine Anwendbarkeit auf freie Mitarbeiter auch in anderen Bereichen, soweit diese überwiegend oder gar ausschließlich für einen bestimmten Auftraggeber tätig werden und somit die Voraussetzungen des § 12 a Abs. 1 TVG auch ohne die Erleichterung des Abs. 3 erfüllen.

3. Rechtsweg

Während Rechtsstreitigkeiten aus dem Arbeitsverhältnis gem. § 2 Abs. 1 Nr. 3 Buchst. a ArbGG vor den Arbeitsgerichten ausgetragen werden, ist für Streitigkeiten aus der Beschäftigung freier Mitarbeiter im Grundsatz die **ordentliche Gerichtsbarkeit** zuständig. Eine Ausnahme besteht nur für die arbeitnehmerähnlichen Personen, welchen gem. § 5 Abs. 1 S. 2 ArbGG ebenfalls der Rechtsweg zu den Arbeitsgerichten offensteht. 83

Daneben ist der Rechtsweg zu den **Arbeitsgerichten** bei der **Statusklage** eröffnet, mit welcher ein freier Mitarbeiter feststellen lassen kann, dass ihm tatsächlich eine Arbeitnehmereigenschaft zukommt. Nach § 2 Abs. 1 Nr. 3 Buchst. b ArbGG sind die Gerichte für Arbeitssachen ausschließlich zuständig für bürgerliche Rechtsstreitigkeiten über das Bestehen oder Nichtbestehen eines Arbeitsverhältnisses. – Zur Statusklage s. ausf. § 4 Rn 35 ff. 84

III. Vertragliche Pflichten und Möglichkeiten ihrer vertraglichen Ausgestaltung

1. Regelungsnotwendigkeit

Die vertragliche Grundlage einer freien Mitarbeit bildet meist ein Dienst- oder Werkvertrag (s. § 4 Rn 9). Allerdings besteht dennoch die **Notwendigkeit für eine eigene und umfassendere Ausgestaltung** der vertraglichen Pflichten. Das Dienstvertragsrecht in den §§ 611 ff BGB beinhaltet nur wenige rechtliche Vorschriften, besonders bezogen auf den Inhalt des Dienstverhältnisses, und das dagegen umfassendere Werkvertragsrecht in den §§ 631 ff BGB passt an einigen Stellen nicht so recht auf den typischen Inhalt von freien Mitarbeitsverhältnissen. Aus diesem Grund kommt der vertraglichen Ausgestaltung eine besondere Bedeutung zu. Zwar gehen die jeweiligen zwingenden Rechtsvorschriften des BGB der vertraglichen Regelung vor, da es aber im Regelfall mangels Arbeitnehmereigenschaft nicht auf die Beachtung der arbeitsrechtlichen Vorschriften ankommt (s. § 4 Rn 12 f), ist der verbleibende **Regelungsspielraum** dennoch recht **umfangreich.** 85

Zur Ermöglichung einer leichteren Einordnung des Dienstverpflichteten als freier Mitarbeiter sollte bereits im Vertragstext darauf geachtet werden, die **Weisungsungebundenheit** und **Freiheit in der Organisation und Durchführung der Tätigkeit** deutlich herauszustellen. Für die statusrechtliche Einordnung kommt es zwar auf die tatsächliche Durchführung an (s. ausf. § 4 Rn 15 f). Dennoch kann der Vertragstext zumindest deutliche Indizien dazu liefern. Wenn der Auftraggeber tatsächlich an einer echten freien Mitarbeit interessiert ist, sollten dem freien Mitarbeiter seine Freiheiten und Spielräume gerade auch im Vertrag deutlich vor Augen geführt werden. 86

Im Folgenden werden in Kürze exemplarisch bestimmte Bereiche der schuldrechtlichen Pflichten sowie entsprechende Möglichkeiten und Notwendigkeiten der Vertragsgestaltung dargestellt. 87

2. Keine Anwendbarkeit des NachwG

Genau wie Arbeitsverträge und andere Dienstverträge unterliegt auch der Abschluss von Vereinbarungen über freie Mitarbeit grds. nicht der Schriftform. Das NachwG, welches den Arbeitgeber dazu anhalten soll, dem Arbeitnehmer ein Dokument mit den wesentlichen Arbeits- 88

bedingungen nach Vertragsschluss auszuhändigen, findet auf den Vertragsschluss mit freien Mitarbeitern keine Anwendung. Demnach wäre es denkbar, dass der freie Mitarbeiter nur auf Grundlage einer **mündlichen Abrede** tätig wird, ohne dass ein festgeschriebenes Dokument die gegenseitigen Pflichten regelt. Dies ist gerade im Hinblick auf mögliche Streitigkeiten und die damit verbundenen Beweisprobleme allerdings **keinesfalls** zu **empfehlen.** Gerade im Zusammenhang mit freier Mitarbeit geht es oftmals um die Einhaltung bestimmter Termine oder die Umsetzung zumindest genereller Vorgaben für ein bestimmtes Projekt sowie um die Einräumung der dem freien Mitarbeiter gewährten Gestaltungsspielräume. Daher sind unbedingt ein **schriftlicher Vertragsschluss** und die **freiwillige Aushändigung einer Ausfertigung** des Vertrages an den freien Mitarbeiter anzuraten.

3. Vereinbarung der Höchstpersönlichkeit der Leistungspflicht

89 Im Gegensatz zum Arbeitnehmer ist der freie Mitarbeiter idR nicht verpflichtet, die versprochene Leistung höchstpersönlich zu erbringen. Er kann vielmehr als Selbständiger eigene Mitarbeiter beschäftigen und die Erfüllung seiner Aufträge arbeitsteilig organisieren. Klarstellend kann – wenn dies erforderlich erscheint – der Vertrag über die freie Mitarbeit eine Bestimmung enthalten, die besagt, dass gegenüber dem Auftraggeber allein der freie Mitarbeiter verantwortlich bleibt, unabhängig davon, ob er sich zur Erfüllung Dritter bedient oder nicht.

90 Ist die Grundlage der Beschäftigung als **Dienstvertrag** zu qualifizieren, kann die Regelung des **§ 613 BGB**, wonach der Auftragnehmer idR im Zweifel in Person zu leisten hat, **ausdrücklich abbedungen** werden. Die Vorschrift enthält dispositives Recht, so dass eine Abweichung ohne Weiteres möglich ist.

91 Aus der Regelung in § 613 BGB lässt sich des Weiteren schließen, dass es erst recht zulässig ist, im Freien-Mitarbeiter-Vertrag die höchstpersönliche Leistungspflicht zu vereinbaren, da diese im Grundsatz dem Leitbild aller Dienstverträge entspricht. Eine Bestimmung über die **höchstpersönliche Leistungspflicht** sollte insb. dann in den Vertrag aufgenommen werden, wenn es bei der auszuübenden Tätigkeit um besondere individuelle Kenntnisse oder Fähigkeiten des freien Mitarbeiters geht.

92 Ist die Grundlage des Verhältnisses der freien Mitarbeit ein **Werkvertrag** gem. §§ 631 ff BGB oder eine **Mischform aus Dienst- und Werkvertrag**, sind die gleichen Vereinbarungen zulässig. Im Werkvertragsrecht fehlt es allein an einer dem § 613 BGB vergleichbaren Zweifelsregel, so dass ohne ausdrückliche Vereinbarung eine Höchstpersönlichkeit nicht angenommen werden kann, auch wenn ein grundsätzliches Interesse des Auftraggebers daran bestand, dass der Auftragnehmer seine eigenen speziellen Fähigkeiten einbringt. Daher empfiehlt es sich hier umso mehr, bzgl der höchstpersönlichen Leistungspflicht eine **ausdrückliche vertragliche Abrede** zu treffen, unabhängig davon, ob die Höchstpersönlichkeit vorgesehen werden soll oder nicht.

4. Rechtsformwahl und Statusvereinbarungen

93 Grundsätzlich kann ein Interesse der Vertragsparteien, insb. des Auftraggebers, daran bestehen, in der vertraglichen Vereinbarung deutlich zu machen, dass es sich um eine freie Mitarbeit handeln soll und gerade keinerlei Bestrebung zum Abschluss eines Arbeitsvertrages bestand. Fraglich ist allerdings, inwieweit eine solche, selbst ausdrückliche und übereinstimmende Erklärung, welche auch als **Rechtsformwahl** oder **Statusvereinbarung** bezeichnet werden kann, wirksam ist.

94 Nach einer Entscheidung des BAG vom 9.6.2010 müssen sich die Vertragsparteien grds. an einem von ihnen gewählten Vertragstypus festhalten lassen, wenn die vereinbarte Tätigkeit typologisch sowohl in einem Arbeitsverhältnis als auch selbständig erbracht werden kann und die tatsächliche Handhabung der Vertragsbeziehung nicht zwingend für ein Arbeitsverhältnis

spricht.[117] Die Entscheidung der Parteien für einen bestimmten Vertragstypus ist dann im Rahmen der bei jeder Statusbeurteilung erforderlichen **Gesamtabwägung aller Umstände des Einzelfalls** zu berücksichtigen.[118]

Im Übrigen lehnt die arbeitsgerichtliche Rspr die Möglichkeit von Statusvereinbarungen tendenziell ab. Nach Auffassung des BAG soll sich der Status des Beschäftigten nicht nach den Wünschen und Vorstellungen der Vertragspartner richten, sondern danach, wie die Vertragsbeziehung nach ihrem Geschäftsinhalt und der tatsächlichen Durchführung objektiv einzuordnen ist.[119] Demnach erreicht eine entsprechende Vereinbarung oftmals nur den Status einer rechtlich **unverbindlichen Absichtserklärung.** Die Aussagen des BAG sollten allerdings nicht dahin gehend missverstanden werden, dass es auf die Vorstellungen der Vertragspartner überhaupt nicht ankäme. Denn das BAG betont zugleich, dass die praktische Handhabung des Vertrages Rückschlüsse darauf zulasse, von welchen Rechten und Pflichten die Parteien ausgegangen sind.[120] Wenn das Beschäftigungsverhältnis abweichend von den vertraglichen Vereinbarungen vollzogen wird, ist deshalb die tatsächliche Durchführung maßgeblich.[121] Der Geltungsbereich des zwingenden Arbeitnehmerschutzrechts kann durch Parteivereinbarung nicht abbedungen werden.[122] Generell gilt, dass die bloße vertragliche Vereinbarung eines bestimmten Vertragstypus ohne zwingende rechtliche Wirkung bleibt und nur im Zusammenspiel mit den tatsächlichen Umständen einen Ausschlag geben kann. Demnach sind entsprechende **Vereinbarungen nicht unbedingt notwendig**, können allerdings zumindest **als Dokumentation des übereinstimmenden Willens herangezogen** werden. 95

Nur in **Grenzfällen**, in denen nach den objektiven Umständen für die Rechtsbeziehung der Parteien ein Arbeitsverhältnis ebenso geeignet erscheint wie ein freies Mitarbeitsverhältnis, soll die Wahl zwischen beiden Möglichkeiten der subjektiven Gestaltung offenstehen.[123] Die Vereinbarung über die Beschäftigung als freier Mitarbeiter muss in diesen Fällen dem wirklichen Willen des Beschäftigten entsprechen.[124] Es genügt nicht, wenn die Vereinbarung nur formell im Vertrag festgehalten wird.[125] Darüber hinaus können die Formulierungen in einem Vertrag über freie Mitarbeit für die Statusbeurteilung maßgeblich sein, wenn das Beschäftigungsverhältnis nicht in Vollzug gesetzt worden ist.[126] 96

117 BAG 9.6.2010 – 5 AZR 332/09, NZA 2010, 877.
118 LAG Düsseldorf 18.3.2013 – 9 Sa 1746/12, juris – Revision beim BAG eingelegt unter Az 10 AZR 514/13.
119 BAG 30.10.1991 – 7 ABR 19/91, NZA 1992, 407.
120 BAG 30.10.1991 – 7 ABR 19/91, NZA 1992, 407.
121 BAG 30.10.1991 – 7 ABR 19/91, NZA 1992, 407.
122 BAG 30.10.1991 – 7 ABR 19/91, NZA 1992, 407.
123 BAG 14.2.1974 – 5 AZR 298/73, BB 1974, 838; *Stoffels*, NZA 2000, 690.
124 BAG 11.12.1996 – 5 AZR 708/95, NZA 1997, 818.
125 *Greiner*, in: Preis, Innovative Arbeitsformen, S. 723.
126 Vgl BAG 9.5.1996 – 2 AZR 438/95, NZA 1996, 1145.

B. Musterverträge und Erläuterungen

I. Allgemeines Vertragsmuster für den generellen Gebrauch bei freier Mitarbeit

1. Einfacher Vertrag als freier Mitarbeiter

97 Neben den „klassischen" Branchen freier Mitarbeit, in denen die Beauftragung Dritter in Ergänzung zur eigenen Belegschaft zum typischen Praxisbild gehört, ist in den meisten Wirtschaftsbereichen ein zumindest vorübergehender Rückgriff auf freie Mitarbeiter denkbar. Ein möglicher Anwendungsfall ergibt sich dann, wenn für ein zeitlich begrenztes Projekt auf die besonderen Fähigkeiten externer Personen zurückgegriffen werden soll. In diesen Fällen kann grds. ein **allgemein gehaltenes Vertragsmuster** wie das Nachstehende genutzt werden, welches dann individuell auf die speziellen Bedürfnisse und Vertragspflichten angepasst werden kann. Auch hilft das allgemeine Muster, ein generelles Verständnis für den Bereich der Vertragsgestaltung gegenüber freien Mitarbeitern zu entwickeln, um dann die Besonderheiten und Unterschiede bei den nachfolgenden speziellen Vertragsmustern für bestimmte freie Mitarbeiter besser nachvollziehen zu können.

2. Muster: Vertrag über freie Mitarbeit

98 **Vertrag über freie Mitarbeit**	**Freelance Agreement**
1. Vertragsgegenstand	**1. Scope of Agreement**
a) Der freie Mitarbeiter wird ab dem (...) für den Auftraggeber tätig.	a) The Freelancer shall be active for the Constituent as of (...).
b) Die Durchführung der ihm mit diesem Vertrag übertragenen Aufgaben übernimmt er selbständig, eigenverantwortlich und auf eigene Rechnung. Der freie Mitarbeiter verpflichtet sich, (...) [Auflistung der Tätigkeiten].	b) The Freelancer shall provide his services autonomous and self-dependent at his own obliging discretion and on its own invoice. The Freelancer shall (...) [enumeration of tasks].
2. Weisungsfreiheit	**2. Immunity from direction and guidance**
a) Der freie Mitarbeiter unterliegt bei der Durchführung der vereinbarten Tätigkeiten keinen Weisungen des Auftraggebers und kann Zeit, Ort und die Art der Durchführung frei gestalten.	a) The Freelancer shall not be subject to the Constituent's direction and guidance regarding the performance of his duties. He may choose time, location and the way of implementation of his services.
b) Über zeitliche Verzögerungen muss der freie Mitarbeiter den Auftraggeber unverzüglich schriftlich informieren.	b) The Freelancer shall inform the Constituent immediately and in written form about any temporal delay.
c) Der freie Mitarbeiter ist berechtigt, Aufträge des Auftraggebers ohne Angabe von Gründen abzulehnen. Die Ablehnung von Aufträgen ist dem Auftraggeber unverzüglich	c) The Freelancer has the right to refuse single tasks without referring to any reasons. The refusal has to be communicated by the Freelancer in writing. The Freelancer may send the refusal by fax or by e-mail.

mitzuteilen. Die Mitteilung kann auch per Fax oder E-Mail erfolgen.

d) Der freie Mitarbeiter ist nicht berechtigt, den Auftraggeber rechtsgeschäftlich zu vertreten oder gegenüber den anderen Beschäftigten des Auftraggebers Weisungen zu erteilen.

d) The Freelancer is not entitled to legally represent the Constituent, nor to issue instructions to the Constituent's personnel.

3. Beschäftigung eigener Mitarbeiter, § 613 BGB

Der freie Mitarbeiter ist nicht zur höchstpersönlichen Leistung verpflichtet. Er kann sich bei der Erfüllung seiner Aufgaben auch anderer Personen bedienen. Für die sach- und termingerechte Erfüllung der vertraglich vereinbarten Leistungen bleibt der freie Mitarbeiter in jedem Fall selbst verantwortlich.

3. Freelancer's Employees, § 613 BGB

The Freelancer is not obliged to render the services in person. He may make use of third parties for the provision of his services. The Freelancer remains responsible for an appropriate performance in due time.

4. Vergütung und Rechnungsstellung

a) Der freie Mitarbeiter erhält ein Stundenhonorar von (...) €.

b) Der freie Mitarbeiter wird das Honorar jeweils zum (...) eines Monats für den vorangegangenen Monat in Rechnung stellen. Die Vergütung wird innerhalb von zehn Tagen nach Rechnungsstellung ausgezahlt.

c) Soweit der freie Mitarbeiter umsatzsteuerpflichtig ist, ist die Vergütung jeweils zuzüglich der gesetzlichen Umsatzsteuer zu zahlen. Die Umsatzsteuer ist in der Rechnung gesondert auszuweisen. Es ist Sache des freien Mitarbeiters, sich um seine steuerlichen und sozialversicherungsrechtlichen Belange sowie die Gewerbeanmeldung zu kümmern.

d) Bei vorübergehender Dienstverhinderung des freien Mitarbeiters ist der Auftraggeber abweichend von § 616 BGB nicht zur Zahlung einer Vergütung verpflichtet.

4. Remuneration and Invoice

a) The Freelancer shall receive an hourly remuneration of (...) €.

b) The Freelancer shall invoice his remuneration on the (...) day of each succeeding month. The payment is due within 10 days after the invoice has been received.

c) As far as the services of the Freelancer are taxable with value-added-tax (VAT), VAT is to be added. The VAT has to be shown separately on the invoices. The Freelancer shall be responsible for paying taxes and social insurance and for his business registration.

d) By way of derogation from the statutory provision of § 616 BGB the Constituent is not obliged to remunerate the Freelancer in case of temporary prevention from performing the Task.

5. Aufwendungsersatz

Mit der Vergütung sind sämtliche Aufwendungen des freien Mitarbeiters abgegolten. Dies gilt nicht für Reisekosten des freien Mitarbeiters aufgrund von mit dem Auftraggeber im Voraus abgesprochenen Dienstreisen, die im Rahmen der Vertragsdurchführung notwendig werden. Für Reisen mit dem eige-

5. Reimbursement

The payment compensates all expenses made by the Freelancer. This does not apply in matters of traveling expenses for business trips to which the Constituent agreed to in advance and which are made to fulfill the tasks. The Constituent shall pay a lump-sum of (...) € per km (equals (...) € per mi) if tra-

nen Pkw zahlt der Auftraggeber eine Pauschale von (...) € pro gefahrenem Kilometer, für Bahnreisen zweiter Klasse werden die nachgewiesenen Kosten erstattet.

6. Haftung

Der freie Mitarbeiter haftet für Schäden des Auftraggebers, die er ihm im Rahmen der Auftragstätigkeit zufügt, nach den gesetzlichen Bestimmungen.

7. Verschwiegenheitspflicht

a) Der freie Mitarbeiter wird über alle ihm bekannt werdenden Geschäfts- und Betriebsgeheimnisse des Auftraggebers einschließlich der Höhe seiner Vergütung Stillschweigen bewahren.

b) Diese Verpflichtung besteht auch nach der Beendigung des Vertragsverhältnisses.

8. Konkurrenztätigkeit

a) Der freie Mitarbeiter kann auch für andere Auftraggeber tätig werden. Handelt es sich bei einem weiteren Auftraggeber um einen Wettbewerber des Auftraggebers, bedarf die Annahme des Auftrags der vorherigen Zustimmung des Auftraggebers.

b) Der freie Mitarbeiter verpflichtet sich, für jeden Fall der Zuwiderhandlung eine Vertragsstrafe iHv (...) € zu zahlen.

c) Durch eine anderweitige Beschäftigung darf im Übrigen die Tätigkeit für den Auftraggeber nicht beeinträchtigt werden.

9. Krankheit und sonstige Arbeitsverhinderung

a) Sofern der freie Mitarbeiter an der Auftragserfüllung gehindert ist, ist er verpflichtet, den Auftraggeber unverzüglich über die Verhinderung und deren voraussichtliche Dauer zu informieren.

b) Dem freien Mitarbeiter steht kein Vergütungsanspruch zu, wenn er infolge von Krankheit oder sonstiger Arbeitsverhinderung an der Leistung der Dienste verhindert ist.

veled by car. If traveled by train, the Constituent shall reimburse the costs for a second class ticket proven by invoice.

6. Liability

The Freelancer is liable to the Constituent for any damages arising out of his performance or failure to perform according to the statutory provisions.

7. Obligation of secrecy

a) The Freelancer agrees to keep strictly confidential from third parties all business and trade secrets of the Constituent that he has gained knowledge of, including the amount of his remuneration.

b) This duty also remains in effect subsequent to a termination of the contractual relationship.

8. Competition

a) The Freelancer has the right to take on tasks from third parties. The Freelancer is bound by the Constituent's approval when taking on tasks from third parties who compete with the Constituent.

b) The Freelancer agrees to a contractual penalty of (...) € for each case of violation in any form.

c) The Freelancer shall not violate the efficiency of his performance on the task for the Constituent by performance on tasks of third parties.

9. Illness and other disablement

a) The Freelancer shall inform the Constituent immediately of disablement due to illness and its expected duration.

b) The freelancer is not entitled to receive remuneration in cases of illness or other forms of disablement.

10. Urlaub

Ein Anspruch auf Urlaub besteht nicht.

10. Vacation

The Freelancer is not entitled to paid vacation.

11. Vertragsdauer und Beendigung

a) Jede Vertragspartei kann das Vertragsverhältnis unter Einhaltung der Fristen nach § 621 BGB kündigen. Das Recht zur außerordentlichen Kündigung bleibt unberührt.

b) Jede Kündigung bedarf zu ihrer Wirksamkeit der Schriftform.

11. Termination

a) Either party may also terminate the agreement with the periods of notice listed in § 621 BGB. The right to terminate the contract without notice remains unaffected.

b) Any termination by either party has to be served in written form.

12. Ausschlussfristen

a) Alle Ansprüche der Vertragsparteien aus dem Beschäftigungsverhältnis und solche, die mit dem Beschäftigungsverhältnis in Verbindung stehen, sind innerhalb von drei Monaten nach ihrer Entstehung, spätestens innerhalb von drei Monaten nach der Vertragsbeendigung, schriftlich geltend zu machen. Lehnt die andere Partei den Anspruch ab oder äußert sie sich nicht innerhalb einer Frist von zwei Wochen, ist dieser Anspruch innerhalb von drei Monaten seit der Ablehnung oder dem Fristablauf gerichtlich geltend zu machen. Der Ablauf der vorgenannten Fristen führt zum endgültigen Erlöschen der Ansprüche.

b) Die Ausschlussfrist gilt nicht bei Haftung wegen Vorsatzes. Sie gilt nicht bei Körper- und Personenschäden. Diese Ausschlussfristen gelten insbesondere auch nicht hinsichtlich der Verschwiegenheitspflicht des freien Mitarbeiters nach Beendigung des Vertragsverhältnisses.

12. Preclusive time limit

a) Any claims resulting from the agreement are forfeited if they have not been asserted in written form by the Freelancer or the Constituent within the preclusive time limit of three months after the claim arose, the latest within three month after the termination of the contract. If the other Party declines the claim or does not reply within a period of two weeks, the claim has to be asserted in court within three months starting from the decline or the expiration of the reply period of two weeks. Failure to act within the preclusive period results in the irrecoverable loss of the claim.

b) The preclusive time limit does not apply in cases of liability based on acts of intention. The preclusive time limit does not apply in cases of personal injury. The preclusive time limit does especially not apply in terms of the freelancer's obligation of secrecy after the agreement has been terminated.

13. Salvatorische Klausel

a) Sollten eine oder mehrere Bestimmungen dieses Vertrages ganz oder teilweise gegen zwingendes Recht verstoßen oder aus anderen Gründen unwirksam sein oder werden, wird die Wirksamkeit des übrigen Vertrages hiervon nicht berührt. Das Gleiche gilt für den Fall, dass dieser Vertrag eine Regelungslücke enthält.

b) Eine ungültige oder unwirksame Bestimmung ist durch eine andere gültige Bestimmung zu ersetzen, die in rechtlicher und wirt-

13. Severability Clause

a) If any provision or provisions of this agreement violates binding law or is or becomes legally void for other reasons, the validity of the other provisions of this agreement remains unaffected. This also applies for omissions.

b) If any provision partially does not correspond to what is legally required (lack of agreement), it has to be replaced with a fully

schaftlicher Hinsicht der ursprünglichen Regelung so weit wie möglich entspricht und dem Willen der Parteien möglichst nahekommt. Eine Regelungslücke ist durch eine Bestimmung auszufüllen, die den Interessen beider Vertragsparteien möglichst gerecht wird und die sie bei Abschluss des Vertrages nach dem Vertragszweck gewollt haben würden, wenn sie den nicht geregelten Punkt bei Vertragsschluss bedacht hätten.

corresponding provision that matches the original provision in judicial and economical terms at its best and approximates the will of either parties. Any lack of agreement has to be filled in with a provision that compensates either party's interests and would have been in the agreement if it had been considered.

14. Schriftform

Änderungen und Ergänzungen dieses Vertrages bedürfen zu ihrer Wirksamkeit der Schriftform.

14. Written form

Alterations and supplements to this contract can only be effective in written form.

15. Schlussbestimmungen

a) Soweit nicht in diesem Vertrag etwas Abweichendes vereinbart wurde, gelten ergänzend die gesetzlichen Bestimmungen über Dienstverträge.

b) Erfüllungsort und Gerichtsstand sind (...).

c) Jede Vertragspartei bestätigt durch ihre Unterschrift, eine Originalausfertigung dieses Vertrages erhalten zu haben.

15. Final provisions

a) The statutory provisions on service contracts apply supplemental as far as this agreement does not contain other regulations.

b) Place of performance and legal venue is (...).

c) Either party confirms to have received an original copy of this agreement by their signature.

3. Gestaltungshinweise und alternative Gestaltungsmöglichkeiten

a) Vertragsgegenstand

aa) Tätigkeitsbeschreibung; unbefristeter Vertrag

99 Der Vertragsgegenstand und die **Pflichten des freien Mitarbeiters** sollten **präzise, detailliert und konkret dargestellt** werden.[1] Dies ist schon allein vor dem Hintergrund notwendig, als dass dem Auftraggeber später gerade **kein Weisungsrecht** zusteht, um die vertragliche Leistung näher zu bestimmen. Die Verpflichtungen und Leistungsergebnisse müssen sich demnach aus dem Vertrag ergeben. Demnach kommt es im Vertragsmuster auf eine präzise Ausfüllung der offengelassenen Freiräume in **Ziff. 1 b)** an, in welchen die Aufgabenbereiche des freien Mitarbeiters aufgelistet werden sollen.

100 Das Vertragsmuster ist ein Beispiel für einen branchenmäßig „neutralen" Vertrag mit freien Mitarbeitern. Der Vertrag ist hier auf **unbestimmte Zeit** geschlossen, was daran deutlich wird, dass im Vertragsgegenstand nur ein Zeitpunkt des Vertragsbeginns festgelegt ist, eine **zeitliche Begrenzung** dagegen fehlt. Auch wenn es der im allgemeinen Verständnis vorherrschenden Einordnung von freier Mitarbeit als zeitlich begrenztes und nur vorübergehendes Phänomen vielleicht widerspricht, ist eine solche Konstruktion mit unbefristeter Vertragslaufzeit durchaus möglich und in der Praxis keineswegs der Ausnahmefall. Zunächst obliegt es allein der unternehmerischen Entscheidung des Auftraggebers, auch dauerhaft auf freie Mitarbeiter anstelle von fest angestellten Arbeitnehmern zurückzugreifen.

1 *Freckmann*, DB 2013, 459, 463.

bb) Befristung

Geht es nur um die Mitarbeit an einem bestimmten Projekt, so bietet sich eher eine **Befristung** des Vertrages an. Eine solche Befristung kann insoweit sowohl **zeitlich** als auch **projektbezogen** erfolgen. 101

Eine **zeitliche Befristung** könnte etwa in der folgenden Form vereinbart werden: 102

1. Vertragsgegenstand	**1. Scope of Agreement**
Der freie Mitarbeiter wird ab dem (...) für die Dauer von 12 Monaten für den Auftraggeber tätig.	The Freelancer shall provide his services commencing on (...) for the duration of 12 months.

Soll eine freie Mitarbeit nur für ein bestimmtes Projekt in Anspruch genommen werden, empfiehlt sich eine **projektbezogene Befristung**, da insoweit die Gefahr umgangen wird, dass die Arbeiten einen anderen zeitlichen Umfang in Anspruch nehmen als zunächst eingeschätzt. 103

1. Vertragsgegenstand	**1. Scope of Agreement**
Der freie Mitarbeiter wird ab dem (...) für den Auftraggeber tätig. Das Vertragsverhältnis läuft bis zum Abschluss des Projekts (...). (...)	The Freelancer shall provide his services as of (...). The contractual relationship expires upon termination of the project (...). (...)

cc) Qualifikationsklausel

Der klarstellende Zusatz im Fortgang der Vereinbarung zum Vertragsgegenstand, dass der freie Mitarbeiter **selbständig, eigenverantwortlich und auf eigene Rechnung** handelt, ist insoweit sinnvoll, da dadurch zumindest zwischen den Parteien deutlich gemacht wird, dass nicht die Vereinbarung eines Arbeitsvertrages, sondern einer echten freien Mitarbeit bezweckt war. Zwar kommt es bei der **Statusbestimmung** nicht auf die vertragliche Vereinbarung, sondern auf die tatsächliche Tätigkeit und Durchführung der Vertragsbeziehung an (s. § 4 Rn 15).[2] Dennoch ist die Aufnahme möglichst klarer vertraglicher Regelungen als Indiz für den Parteiwillen von Vorteil. Teilweise werden auch entsprechende ausdrückliche Zusätze angeregt, mit welchen noch einmal deutlich herausgestellt werden soll, dass es sich um eine Beschäftigung als freier Mitarbeiter handelt und kein Arbeitsverhältnis geschlossen wird: 104

1. Vertragsgegenstand	**1. Scope of Agreement**
Alternativer Zusatz:	*Alternative addendum:*
Herr/Frau (...) wird für die Firma als freier Mitarbeiter tätig. Ein Arbeitsverhältnis wird nicht begründet.[3]	Mr./Mrs. (...) shall perform the services for the Company as a Freelancer. An employment relationship shall not be concluded.

Der Mehrwert einer solch ausdrücklichen Formulierung im Vergleich zur hier im Vertragsmuster im Rahmen des Vertragsgegenstands und der Tätigkeitsbeschreibung gewählten indirekten Klarstellung ist allerdings gering, da die vertraglichen Regelungen im Regelfall lediglich als Indizien bei der Statusbestimmung herangezogen werden können und die **indizielle Wirkung** durch den ausdrücklichen Ausschluss eines Arbeitsverhältnisses nicht stärker wird. 105

---

2 StRspr des BAG, s. BAG 29.8.2012 – 10 AZR 499/11, NZA 2012, 1433 Rn 15; BAG 20.1.2010 – 5 AZR 106/09, juris Rn 18; BAG 12.9.1996 – 5 AZR 1066/94, juris Rn 25; *Lampe*, RdA 2002, 18, 19. *Bauschke*, in: AR-Blattei SD 720, Rn 32.

3 Küttner/*Küttner*/*Röller*, Personalbuch, Musterformulare, M9.4; § 1 (2).

b) Weisungsfreiheit

106 Den gleichen Zweck der Abgrenzung von einer Arbeitnehmerschaft erfüllen die deklaratorischen Hinweise in **Ziff. 2 a)** des Vertragsmusters zur Weisungsfreiheit des freien Mitarbeiters. Mit der klarstellenden Feststellung, dass dieser **keinen Weisungen** hinsichtlich des Ortes, der zeitlichen Einteilung und der Art der Durchführung der Tätigkeit unterliegt und regelmäßig eigene Arbeitsmittel verwendet, werden die **klassischen Merkmale der Selbständigkeit einer freien Mitarbeit** betont.[4] Diesen Zweck verfolgen auch die Regelungen zum Recht des freien Mitarbeiters, **Aufträge des Auftraggebers ablehnen** zu können (**Ziff. 2 c**) und das **fehlende Recht zur gesetzlichen Vertretung** (**Ziff. 2 d**). Auch hier kommt es allerdings insoweit wieder auf die tatsächliche Durchführung der Vertragsbeziehung an. Führt etwa eine Ablehnung von Aufträgen durch den freien Mitarbeiter dazu, dass dieser in der Folge keinerlei Folgeaufträge mehr erhält, kann eine faktische Verpflichtung trotz des scheinbaren Ablehnungsrechts anzunehmen sein, was dann wieder eher für eine Arbeitnehmereigenschaft spricht.[5] Das Ablehnungsrecht stellte dann lediglich eine leere Hülle dar. Sinnvoll ist es dagegen aus Sicht des Auftraggebers, dem freien Mitarbeiter eine Pflicht aufzuerlegen, ihn sowohl über eventuelle **zeitliche Verzögerungen** (**Ziff. 2 b**) als auch über die mögliche **Ablehnung etwaiger Auftragserteilungen** schriftlich und unverzüglich zu informieren. Dies überschreitet nicht die Grenze zu einem Direktionsrecht, versetzt den Auftraggeber allerdings in die Lage, selbst besser planen zu können und im Fall des zeitlichen Verzugs entsprechende Vorkehrungen zu treffen bzw bei Ablehnung bestimmter Aufträge für anderweitige Erledigung durch eigene Arbeitnehmer oder andere freie Mitarbeiter zu sorgen.

107 Will der Auftraggeber einen bestimmten **Mindestumfang der Tätigkeit** sicherstellen – was sich gerade bei einer dauerhaften und fortlaufenden Auftragserteilung anbietet –, kann er in den Vertrag eine Verpflichtung zu einer bestimmten Mindestzahl an Tätigkeitsstunden festlegen. Dies bietet sich etwa im Rahmen der Regelung zum Weisungsrecht unmittelbar anschließend an die Festlegung der freien Einteilung der Arbeitszeit durch den freien Mitarbeiter an:

2. Weisungsfreiheit	**2. Immunity from direction and guidance**
a) Der freie Mitarbeiter unterliegt bei der Durchführung der vereinbarten Tätigkeiten keinen Weisungen des Auftraggebers und kann Zeit, Ort und die Art der Durchführung frei gestalten.	a) The Freelancer shall not be subject to the Constituent's direction and guidance regarding the performance of his services. He may determine the time and the location of his services at his own discretion.
b) Die Parteien vereinbaren einen Mindestumfang der Tätigkeit von (...) Stunden pro Woche.	b) The contractual parties agree on a minimum of (...) hours of performance per week.
(...)	(...)

108 Allerdings birgt eine solche Vereinbarung die **Gefahr**, als **Indiz für eine Arbeitnehmereigenschaft** des freien Mitarbeiters herangezogen werden zu können, da bei einer freien Mitarbeit die grundlegende Zeiteinteilung dem Beauftragten selbst überlassen sein soll und es regelmäßig vordergründig auf das Ergebnis der Tätigkeit ankommt. Teilweise wird aus diesem Grund zu Recht dazu geraten, dem freien Mitarbeiter keine Vorgaben zur zeitlichen Ausgestaltung zu machen.[6] Diese Deutung ist jedoch nicht in jedem Zusammenhang zwingend, da es bei Termindruck und projektbezogener Tätigkeit oftmals geboten sein kann, auch freien Mitarbeitern

4 So auch *Loew*, in: Beck'sche Online-Formulare Vertragsrecht, 21.3.7 Fn 3.
5 Vgl BAG 16.6.1998 – 5 AZN 154/98, DB 1998, 2276.
6 Vgl *Freckmann*, DB 2013, 459, 463.

zur Verdeutlichung des notwendigen Arbeitsumfangs für einen bestimmten Zeitraum Vorgaben hinsichtlich des Tätigkeitsumfangs, nicht jedoch der genauen zeitlichen Lage zu machen. So stünde es dem freien Mitarbeiter bei einer Festlegung eines Tätigkeitsumfangs von 36 Stunden pro Woche ja weiterhin frei, an 3 Tagen jeweils 12 Stunden zu arbeiten und die restlichen Tage für andere Projekte oder Freizeitgestaltung zu verwenden.

c) Beschäftigung eigener Mitarbeiter

Die Entbindung des freien Mitarbeiters von der höchstpersönlichen Leistungspflicht innerhalb der Vorschrift zur Beschäftigung eigener Mitarbeiter (**Ziff. 3** des Vertragsmusters) kann angebracht sein, wenn kein Interesse an einer persönlichen Tätigkeit des freien Mitarbeiters besteht. Soweit eine **höchstpersönliche Leistungspflicht** nicht im Interesse des Auftraggebers ist, sollte dies durch eine **ausdrückliche Abbedingung von § 613 BGB** deutlich gemacht werden. Eine solche Vereinbarung kann als Indiz für eine freie Mitarbeit im Rahmen der Gesamtabwägung herangezogen werden, da Arbeitnehmer zur höchstpersönlichen Leistung verpflichtet sind. Allerdings kommt es auch hier wieder auf die tatsächliche Durchführung an, so dass es eher für eine Arbeitnehmereigenschaft sprechen kann, wenn der Mitarbeiter trotz vertraglicher Möglichkeit des Einsatzes eigener Kräfte seine Dienste stets in eigener Person erbringt.[7] In bestimmten Fällen der freien Mitarbeit, in denen es dem Auftraggeber gerade auf die persönliche Fähigkeit und Expertise des Beauftragten ankommt, sollte trotz der gesetzlichen Regelung aus Klarstellungsgründen dennoch deklaratorisch eine höchstpersönliche Leistungspflicht im Vertrag vereinbart werden. Derartige Regelungen sind in den Vertragsmustern zum Moderatorenvertrag (s. § 4 Rn 134, dort Ziff. 3 b), zum Dozentenvertrag (s. § 4 Rn 158, dort Ziff. 3 d) und zum Beratervertrag (s. § 4 Rn 174, dort Ziff. 2 b) enthalten. 109

d) Vergütung und Rechnungsstellung

Weiterhin empfiehlt sich eine dezidierte Regelung der Modaltäten der Vergütung und der korrespondierenden Rechnungsstellung. In **Ziff. 4 a)** des Vertragsmusters wurde eine **Stundenvergütung** vereinbart, wobei dem freien Mitarbeiter alternativ auch eine **Pauschalvergütung** für den Abschluss eines bestimmten Projekts oder für die Ausübung einer bestimmten Tätigkeit versprochen werden kann. Generell ist insoweit darauf zu achten, solche Formulierungen im Zusammenhang mit der Vergütung zu vermeiden, welche einen falschen Schluss auf eine Arbeitnehmereigenschaft zulassen könnten. Demnach sollte etwa stets von „**Honorar**" anstelle von „Lohn" gesprochen werden.[8] 110

Ebenso empfehlenswert sind die **klarstellenden Zusätze (Ziff. 4 c)**, dass eine eventuell anfallende **Umsatzsteuer** gesondert zu vergüten ist und dass es allein Sache des freien Mitarbeiters ist, sich um die **steuer-, sozialversicherungs- und gewerberechtlichen Belange** zu kümmern. 111

Eine Abbedingung der Vorschrift des § 616 BGB über die Fortzahlung der Vergütung im Fall der **vorübergehenden Dienstverhinderung (Ziff. 4 d)** ist – wie sich bereits aus dem Umkehrschluss aus § 619 BGB ergibt, welcher die §§ 617 und 618 BGB ausdrücklich für unabdingbar erklärt – grds. möglich.[9] Dies entspricht wohl auch der regelmäßigen Interessenlage von Seiten des Auftraggebers, der sich gegenüber einem freien Mitarbeiter im Gegensatz zu einem Arbeitnehmer gerade soweit wie möglich vom sozialen und wirtschaftlichen Leistungsrisiko befreien möchte. 112

7 *Freckmann*, DB 2013, 459, 460.
8 Diesen Schluss auch nahelegend *Freckmann*, DB 2013, 459, 461.
9 Erman/*Belling*, BGB § 616 Rn 11; MüKo-BGB/*Henssler*, § 616 BGB Rn 66; RGKU/*Joussen*, Arbeitsrechts-Kommentar, § 616 BGB Rn 6; Soergel/*Kraft*, BGB, § 616 Rn 4.

e) Aufwendungsersatz

113 Auch die grundsätzliche Abgeltung eines Aufwendungsersatzes mit dem vereinbarten Honorar ohne den Anspruch auf gesonderte Vergütung entspricht dem typischen Leitbild freier Mitarbeit. Es ist grds. Sache des Beauftragten, seine Leistungserbringung selbst zu organisieren und auch die Belastungen einer solchen Leistungserbringung selbst zu tragen (s. **Ziff. 5 S. 1** des Vertragsmusters).

114 Sachgerecht ist es allerdings, solche Aufwendungen von der Regelung auszunehmen, die in Abstimmung mit dem Auftraggeber für **Dienstreisen** anfallen (s. **Ziff. 5 S. 2 und 3** des Vertragsmusters), da eine Aufbürdung der zumeist hohen Ausgaben für Dienstreisen, welche gerade auch nicht dem typischen Bild einer freien Mitarbeit entsprechen, sich im Regelfall als unbillig darstellen würde.

f) Haftung

aa) Haftungsprivilegierung

115 Auch empfiehlt sich jedenfalls eine Regelung zur Haftung des freien Mitarbeiters. Da es sich im Regelfall nicht um einen Arbeitnehmer handelt, finden auch die **Grundsätze zur Haftungsprivilegierung** der Arbeitnehmer über den **innerbetrieblichen Schadensausgleichs** keine Anwendung. Demnach haftet der freie Mitarbeiter nach den allgemeinen Grundsätzen iSv § 276 BGB für Vorsatz und jede Form der Fahrlässigkeit.

bb) Haftungssummenbegrenzung

116 Es kann auch eine inhaltliche und summenmäßige Haftungsbeschränkung vereinbart werden, um den freien Mitarbeiter vor unverhältnismäßigen Belastungen zu schützen:

6. Haftung

a) Der freie Mitarbeiter haftet für Schäden im Rahmen der Auftragstätigkeit nur bei Vorsatz und grober Fahrlässigkeit (...).

b) Die Haftung des freien Mitarbeiters ist begrenzt auf eine maximale Haftungssumme iHv (...) €.

6. Liability

a) The Freelancer is liable for any damages arising from his performance only in the event of intention and gross negligence (...).

b) The Freelancer's liability will not exceed a total compensation of (...) €.

cc) Haftpflichtversicherung

117 Will der Auftraggeber zwar einerseits einer unbillig hohen Haftung des freien Mitarbeiters vorbeugen, andererseits aber selbst nicht die Lasten solcher Schäden tragen, welche aufgrund einer vertraglichen Haftungssummenbegrenzung nicht ersatzfähig sind, kann er den freien Mitarbeiter verpflichten, eine **Haftpflichtversicherung** zum Ersatz etwaiger Schädigungen des Auftraggebers **abzuschließen**. Demnach könnte vereinbart werden:

6. Haftung

a) Der freie Mitarbeiter haftet für Schäden des Auftraggebers, die er ihm im Rahmen der Auftragstätigkeit zufügt, nach den gesetzlichen Bestimmungen.

6. Liability

a) The Freelancer is liable to the Constituent for any damages arising out of his performance or failure to perform according to the statutory provisions.

b) Der freie Mitarbeiter wird verpflichtet, eine Privathaftpflichtversicherung zur Abdeckung etwaiger Schädigungen des Auftraggebers mit einer Deckungssumme von (...) € abzuschließen.

b) The Freelancer is obliged to take out a personal liability insurance with a minimum sum insured of (...) € to cover eventual damages of the Constituent.

g) Verschwiegenheitspflicht

Ein freier Mitarbeiter kann in einigen Fällen in ähnlicher Weise wie ein Arbeitnehmer mit **Geschäfts- und Betriebsgeheimnissen** und **vertraulichen Materien** des Auftraggebers in Berührung kommen, so dass ein vergleichbares Interesse an der Vereinbarung einer Verschwiegenheitspflicht besteht (s. dazu **Ziff. 7** des Vertragsmusters). In Bezug auf freie Mitarbeiter ergeben sich im Vergleich zur Vertragsgestaltung mit Arbeitnehmern keine gravierenden Besonderheiten. Auf die Ausführungen unter dem Stichwort „62. Verschwiegenheitsklauseln" (§ 1 Rn 3820 ff) wird daher verwiesen. 118

h) Konkurrenztätigkeit

Unbedingt zu regeln ist auch die Zulässigkeit einer Konkurrenztätigkeit des freien Mitarbeiters für weitere Auftraggeber. Es entspricht dem generellen Leitbild freier Mitarbeit, dass der Beauftragte die Möglichkeit besitzt, für andere Auftraggeber tätig zu werden. Zulässig, da einem billigenswerten Zweck folgend, sind die **Beschränkungen**, dass eine Tätigkeit für einen Wettbewerber des Auftraggebers unter dem Vorbehalt dessen **Zustimmung** steht, und die **Vereinbarung einer Vertragsstrafe** zur Durchsetzung dieser Regelung (s. dazu **Ziff. 8 a) und b**) des Vertragsmusters). 119

Auch kann eine anderweitige Tätigkeit wirksam unter den Vorbehalt einer **Nichtbeeinträchtigung der Dienstleistungen** für den Auftraggeber gestellt werden, wie in **Ziff. 8 c**) des Vertragsmusters geregelt. 120

i) Krankheit und sonstige Arbeitsverhinderung

Im Gegensatz zu Arbeitnehmern, welche unter den Anwendungsbereich des Entgeltfortzahlungsgesetzes fallen, entspricht es bei freien Mitarbeitern dem gesetzlichen Leitbild, dass diese selbst das **soziale und wirtschaftliche Risiko von Krankheit** und sonstiger Arbeitsverhinderung tragen. Die Klarstellung in **Ziff. 9 b**) des Vertragsmusters ist zwar rein deklaratorischer Natur, da freie Mitarbeiter nicht den arbeitsrechtlichen Vorschriften über die Entgeltfortzahlung unterfallen, gleichwohl ist eine Aufnahme in den Vertrag sinnvoll. 121

Auch die Vereinbarung einer **Informationspflicht** des Beauftragten im Falle krankheitsbedingten Ausfalls (**Ziff. 9 a**) des Vertragsmusters) ist zulässig und zweckmäßig. Trotz der fehlenden Verpflichtung zur Entgeltfortzahlung besteht ein legitimes Interesse des Auftraggebers an einer entsprechenden Information, um bei längerfristigen Ausfallzeiten ggf für entsprechenden Ersatz sorgen zu können. 122

j) Urlaub

Der freie Mitarbeiter hat keinen Anspruch auf bezahlten Urlaub, wie **Ziff. 10** des Vertragsmusters deklaratorisch festhält. 123

Allerdings kann einem freien Mitarbeiter ein Anspruch auf Gewährung von Erholungsurlaub zustehen, soweit es sich um eine **arbeitnehmerähnliche Person** handelt, welche gem. § 2 S. 2 BUrlG von dessen Anwendungsbereich erfasst sind (s. § 4 Rn 69). Ist dies der Fall, so ist eine entgegenstehende vertragliche Regelung wegen der Unabdingbarkeit des BUrlG unwirksam. 124

k) Vertragsdauer und Beendigung

125 Die Regelung in **Ziff. 11** zur Beendigung macht Sinn, um dem Auftraggeber eine größtmögliche Flexibilität bei der Erteilung von Aufträgen zu gewährleisten. Das Vertragsverhältnis kann dann mit kurzen Fristen gekündigt werden.

l) Sonstige Regelungen

126 Die Regelungen des Vertragsmusters zu den **Ausschlussfristen** (**Ziff. 12**), zur **Salvatorischen Klausel** (**Ziff. 13**), zur **Schriftform** (**Ziff. 14**) und zu den **Schlussbestimmungen** (**Ziff. 15**) unterscheiden sich grds. nicht von solchen Bestimmungen, die sich in Verträgen mit Arbeitnehmern finden lassen, und unterliegen auch sonst keinen speziellen Beschränkungen; gesonderte Hinweise und Ausführungen erübrigen daher. Auf die entsprechenden Ausführungen zu den Arbeitsverträgen wird verwiesen:

- Ausschlussklauseln (Nr. 15): § 1 Rn 1059 ff
- Salvatorische Klauseln (Nr. 51): § 1 Rn 3178 ff
- Schriftformklauseln (Nr. 52): § 1 Rn 3196 ff
- Gerichtsstandsklauseln (Nr. 34): § 1 Rn 2450 ff

II. Rundfunk und Fernsehen

1. Situation im Presse- und Rundfunkbereich

127 Im Bereich der Medien ist die Beschäftigung in freier Mitarbeit weit verbreitet. Innerhalb der Medienbranche sind insb. bei Rundfunk und Fernsehen viele der Beschäftigten freie Mitarbeiter.[1] Dies drückt sich nicht zuletzt auch in einer großen Anzahl von arbeitsgerichtlichen Entscheidungen zum Status von Beschäftigten in der Medienbranche aus.[2]

128 Mit Beschluss vom 13.1.1982[3] hat das **BVerfG** entschieden, dass sich die durch **Art. 5 Abs. 1 S. 2 GG gewährleistete Rundfunkfreiheit** auf das Recht der Rundfunkanstalten erstreckt, dem Gebot der Vielfalt der zu vermittelnden Programminhalte auch bei der Auswahl, Einstellung und Beschäftigung von programmgestaltenden Mitarbeitern Rechnung zu tragen. Wenn Auswahl, Inhalt und Ausgestaltung der Programme gegen fremde Einflüsse geschützt sind, dann müsse das auch für die Auswahl, die Einstellung und Beschäftigung des Personals gelten, von dem jene Gestaltung abhängt.[4] In einem weiteren Beschluss aus dem gleichen Jahr stellte das BVerfG prägnant fest, der arbeitsrechtliche Bestandsschutz begrenze nicht nur die Rundfunkfreiheit, sondern er werde seinerseits durch die Freiheit des Rundfunks begrenzt.[5] Mit dieser Begründung gab das BVerfG der Verfassungsbeschwerde einer Rundfunkanstalt gegen ein arbeitsgerichtliches Urteil statt, in dem der **Arbeitnehmerstatus eines programmgestaltenden Mitarbeiters** bejaht worden war. Das Arbeitsgericht habe Inhalt und Tragweite der Rundfunkfreiheit aus Art. 5 Abs. 1 S. 2 GG verkannt.

129 Nicht zuletzt wegen dieses rechtlichen Hintergrundes ist es im Bereich der Medien auch üblich, dass bspw ein Journalist für **verschiedene Rundfunk- und Fernsehanstalten** in **unterschiedli-**

1 *Wrede*, NZA 1999, 1019 mwN.
2 BAG 20.5.2009 – 5 AZR 31/08, NZA-RR 2010, 172; BAG 14.3.2007 – 5 AZR 499/06, NZA-RR 2007, 424; BAG 8.11.2006 – 5 AZR 706/05, NZA 2007, 321; BAG 11.6.2003 – 5 AZB 43/02, NZA 2003, 1163; BAG 19.1.2000 – 5 AZR 644/98, NZA 2000, 1102; BAG 11.12.1996 – 5 AZR 855/95, NZA 1997, 817; BAG 14.10.1992 – 5 AZR 114/92; BAG 15.3.1978 – 5 AZR 818/76, AP § 611 BGB Abhängigkeit Nr. 25; BAG 28.6.1973 – 5 AZR 19/73, DB 1973, 1804; BAG 8.6.1967 – 5 AZR 461/66, DB 1967, 1374.
3 BVerfGE 59, 231–274.
4 BVerfGE 59, 231 (unter C. II. 1. b).
5 BVerfGE 64, 256 (unter II. 2. b).

chen Funktionen tätig wird, etwa als Fernsehmoderator für eine öffentlich-rechtliche Rundfunkanstalt und zugleich als Autor für einen oder mehrere private Presseverlage. Zudem kommt es hier auch oft zu projektbezogenen Einsätzen von Mitarbeitern, die dann jeweils befristet beschäftigt werden.

Im Beschluss vom 13.1.1982[6] führte das BVerfG weiter aus: „Im Blick auf den dargelegten Zusammenhang beschränkt sich dieser grundrechtliche Schutz der Bestimmung über das Rundfunkpersonal auf denjenigen Kreis von Rundfunkmitarbeitern, die an Hörfunk- und Fernsehsendungen **inhaltlich gestaltend** mitwirken. Das gilt namentlich, wenn sie typischerweise ihre eigene Auffassung zu politischen, wirtschaftlichen, künstlerischen oder anderen Sachfragen, ihre Fachkenntnisse und Informationen, ihre individuelle künstlerische Befähigung und Aussagekraft in die Sendungen einbringen, wie dies etwa bei Regisseuren, Moderatoren, Kommentatoren, Wissenschaftlern und Künstlern der Fall ist. Insofern umfasst der Schutz der Rundfunkfreiheit vorbehaltlich der noch zu erörternden Grenzen neben der Auswahl der Mitarbeiter die Entscheidung darüber, ob Mitarbeiter fest angestellt werden oder ob ihre Beschäftigung aus Gründen der Programmplanung auf eine gewisse Dauer oder auf ein bestimmtes Projekt zu beschränken ist und wie oft ein Mitarbeiter benötigt wird. Dies schließt die Befugnis ein, bei der Begründung von Mitarbeiterverhältnissen den jeweils geeigneten Vertragstyp zu wählen." 130

Ein maßgebliches **Kriterium** ist daher, ob die von dem Mitarbeiter **ausgeübte Tätigkeit programmgestaltend** ist oder nicht.[7] Programmgestaltende Mitarbeiter üben unmittelbaren Einfluss auf die Meinungsvielfalt und Meinungsäußerung der Rundfunkanstalt aus, so dass ihre Tätigkeit wesentlich auf grundrechtlich geschützter freier Meinungsgestaltung beruht.[8] Wird ein Rundfunkmitarbeiter **nicht programmgestaltend** tätig, ist grds. von einem Arbeitsverhältnis auszugehen, wenn nicht besondere Umstände dafür sprechen, dass die Tätigkeit als freie Mitarbeit erfolgt.[9] Umgekehrt ist ein programmgestaltend tätiger Rundfunkmitarbeiter nur dann als Arbeitnehmer zu qualifizieren, wenn besondere Umstände des Einzelfalls für die Arbeitnehmereigenschaft sprechen. Zu den allgemeinen Grundsätzen der Abgrenzung, insb. zur persönlichen Abhängigkeit, s. § 4 Rn 17 f. 131

Beispiele programmgestaltender Berufe sind etwa Redakteure, Filmkritiker, Rundfunkkorrespondenten, Regisseure oder Moderatoren, wogegen es sich bei technischem Personal wie Aufnahmeleitern, Kameraassistenten, Übersetzern oder Tontechnikern eher nicht um programmgestaltende Tätigkeiten handelt.[10]

Der Fakt, dass ein programmgestaltender Mitarbeiter verpflichtet ist, ein festes Programmschema und die Vorgabe eines festen Programmverlaufs einzuhalten, sowie die Verpflichtung zur Anwesenheit zu bestimmten Zeiten und die Pflicht zur Teilnahme an bestimmten Redaktionskonferenzen bewirken insoweit jeweils für sich nicht zwingend besondere Umstände zur Einordnung unter den Status eines Arbeitnehmers.[11] Bei programmgestaltenden Mitarbeitern kann entgegen der ausdrücklich getroffenen Vereinbarung allerdings ein Arbeitsverhältnis vorliegen, wenn sie weitgehenden inhaltlichen Weisungen unterliegen, ihnen also nur ein geringes Maß an Gestaltungsfreiheit, Eigeninitiative und Selbständigkeit verbleibt und der Sender innerhalb eines zeitlichen Rahmens über ihre Arbeitsleistung verfügen kann.[12] Demnach kann eine abhängige Beschäftigung etwa dann angenommen werden, wenn der Betroffene vom technischen Apparat der Sendeanstalt abhängig ist und die Sendeanstalt dauerhaft innerhalb eines

6 BVerfGE 59, 231 (unter C. II. 1. b).
7 BVerfG 3.12.1992 – 1 BvR 1462/88, NZA 1993, 741.
8 *Bruns*, RdA 2008, 135, 139.
9 *Wrede*, NZA 1999, 1019 mwN.
10 *Freckmann*, DB 2013, 459, 462.
11 BAG 20.5.2009 – 5 AZR 31/08, NZA-RR 2010, 172.
12 BAG 14.3.2007 – 5 AZR 499/06, NZA-RR 2007, 424.

bestimmten und genauer festgelegten Zeitrahmens über den Betroffenen verfügen kann.[13] Von begrenztem Nutzen zur Abgrenzung ist der sog. **„Negativkatalog“ der Künstlersozialkasse,**[14] da er sozialversicherungsrechtlich vom Künstlersozialversicherungsgesetz determiniert ist.

132 Das BAG hat für **programmgestaltende Rundfunkmitarbeiter** wiederholt das Merkmal der **Eingliederung in eine fremde Arbeitsorganisation** dahin gehend konkretisiert, dass es bei Einbindung in Dienstpläne den Arbeitnehmerstatus bejaht hat.[15] Wird ein programmgestaltender Rundfunkmitarbeiter in Dienstpläne eingeteilt, ohne dass die einzelnen Einsätze im Voraus mit ihm abgesprochen sind, ist dies ein starkes Indiz für ein Arbeitsverhältnis.[16]

133 Beabsichtigt eine Rundfunk- oder Fernsehanstalt eine Beschäftigung in freier Mitarbeit, dann ist bei der Vertragsgestaltung besonders darauf achtzugeben, dass aus der **Tätigkeitsbeschreibung** eindeutig hervorgeht, dass und inwieweit der Mitarbeiter an dem Programm inhaltlich gestaltend mitwirken soll. Bei der Durchführung der Zusammenarbeit muss das Unternehmen weiterhin darauf achten, dass durch die Tätigkeit keine persönliche Abhängigkeit des Mitarbeiters entsteht und dessen Gestaltungsfreiheit nicht durch weitgehende inhaltliche Weisungen auf ein zu geringes Maß schrumpft.[17]

2. Muster: Moderatorenvertrag

134 **Moderatorenvertrag**

1. Vertragsgegenstand

Die (...)-Fernsehanstalt (im Folgenden: die Gesellschaft) wird den freien Mitarbeiter ab dem (...) als Moderator der Sendung „(...)“ beschäftigen.

2. Tätigkeitsumfang, Programmgestaltung

a) Der freie Mitarbeiter übt eine inhaltlich programmgestaltende Tätigkeit aus.

b) Er ist verpflichtet, bei der Moderation der Sendung die Nachrichten/Inhalte/(...) nach eigenem pflichtgemäßem Ermessen zu präsentieren.

c) Er ist außerdem verpflichtet, sich bei der redaktionellen Vorbereitung der Sendungen zu beteiligen. Die Vorbereitung umfasst die Auswahl der Themen und das Verfassen einzelner Beiträge und Moderationen.

Presenter's Agreement

1. Scope of Agreement

The (...) broadcasting company (the Company) shall engage the Freelancer as a presenter of the television program "(...)", commencing on (...).

2. Scope of occupation, programming

a) The Freelancer shall exercise influence on and determine the content of the program.

b) As a presenter of the television program he is obliged to present the news/contents/(...) in a manner of equitable discretion and professional judgment.

c) Moreover he is obliged to participate in the process of editorial prearrangement of the television programs. Such prearrangement comprises the selection of topics and the composition of individual segments and presentations.

13 MünchHandb-ArbR/*Pallasch*, § 335 Rn 14.

14 *Loew*, in: Beck'sche Online-Formulare Vertragsrecht, 21.3.7 Fn 2.

15 BAG 11.3.1998 – 5 AZR 522/96, NZA 1998, 705; BAG 5.7.1995 – 5 AZR 755/93, juris.

16 BAG 5.7.1995 – 5 AZR 755/93, juris Rn 3; zur sog. Dienstplan-Rechtsprechung: *Hochrathner*, NZA 2000, 1083; *Niepalla/Dütemeyer*, NZA 2002, 712; *Wrede*, NZA 1999, 1019.

17 Vgl BAG 20.5.2009 – 5 AZR 31/08, NZA-RR 2010, 172.

3. Weisungsfreiheit, persönliche Leistungspflicht

a) Der freie Mitarbeiter unterliegt bei der Durchführung der Moderationen keinen Weisungen der Gesellschaft. Er kann die Art und Weise und die Durchführung seiner Tätigkeit frei gestalten. Zeit und Ort der freien Mitarbeit richten sich nach den Produktionsplänen der Gesellschaft.

b) Der freie Mitarbeiter ist entsprechend § 613 BGB verpflichtet, seine Pflichten aus diesem Vertrag persönlich zu erbringen.

4. Honorar

Der freie Mitarbeiter erhält ein Honorar von (...) € pro Stunde. Der freie Mitarbeiter wird das Honorar jeweils zum (...) eines Monats für den vorangegangenen Monat in Rechnung stellen.

5. Rechteübertragung

a) Die Parteien sind sich einig, dass der freie Mitarbeiter alle eventuell im Rahmen der Tätigkeit entstehenden Urheber-, Leistungsschutz- und Nutzungsrechte zur ausschließlichen und unbegrenzten Nutzung auf die Gesellschaft überträgt.

b) Die Übertragung umfasst auch das Recht der Gesellschaft zur beliebigen Vervielfältigung und Verbreitung der geschützten Ergebnisse.

c) Die Gesellschaft ist nicht zur tatsächlichen Verwertung der Nutzungsrechte verpflichtet. Ein dem freien Mitarbeiter nach § 41 UrhG zustehendes Rückrufrecht wegen der Nichtausübung des Nutzungsrechts ist für die Dauer von 5 Jahren zwischen den Parteien ausgeschlossen.

d) Die Übertragung der ausschließlichen Nutzungsrechte bezieht sich auch auf solche Nutzungsarten, die zum Zeitpunkt des Vertragsschlusses noch unbekannt waren.

e) Mit dem vereinbarten Honorar nach Ziff. 4 dieses Vertrages sind sämtliche Ansprüche des freien Mitarbeiters für die Übertragung der zuvor bezeichneten Rechte abge-

3. Immunity from direction and guidance, personal duty to perform

a) The Freelancer is not liable to the Company's direction and guidance regarding the performance of presentations. He is entitled to arrange the modality and execution of his performance in a free way. Time and location of the Freelancers' performance have to comply with the Company's production schedules.

b) The Freelancer is obliged to fulfill his duties settled in this agreement in person in accordance with § 613 BGB (Civil Code of the Federal Republic of Germany).

4. Remuneration

The Freelancer receives a remuneration of (...) € per hour. The Freelancer shall invoice the remuneration every (...) day of each month for the performance in the preceding month.

5. Transfer of rights

a) The Parties agree that the Freelancer shall assign any copyright and related right, neighboring right and servitude, arising in the context of his performance, to the Company for an exclusive and unrestricted exploitation.

b) The transfer of rights comprises the Company's right to reproduce and distribute the protected work results at will.

c) The Company is not obliged to effectively exploit the servitudes. The parties preclude the Freelancer's right to recall the servitude due to its non-exploitation by the Company according to § 41 UrhG (German Copyright Law) for a period of 5 years.

d) The assignment of exclusive servitudes also applies to such kinds of exploitation still unknown at the time of conclusion of this agreement.

e) The assignment of the aforementioned rights is satisfied with the remuneration agreed upon in No. 4 of this contract without the payment of any additional compen-

golten, ohne dass ein Anspruch auf gesonderte Vergütung besteht. Etwaige Rechte des freien Mitarbeiters aus den §§ 32, 32 a und/oder 32 c UrhG bleiben hiervon unberührt.

sation. Any claims of the Freelancer according to §§ 32, 32 a, 32 c UrhG remain unaffected.

6. Arbeitsverhinderung, Krankheit

a) Sofern der freie Mitarbeiter an der Auftragserfüllung gehindert ist, ist er verpflichtet, der Gesellschaft unverzüglich über die Verhinderung und deren voraussichtliche Dauer zu informieren.

b) Dem freien Mitarbeiter steht kein Vergütungsanspruch zu, wenn er infolge von Krankheit oder sonstiger Arbeitsverhinderung an der Leistung der Dienste verhindert ist.

6. Illness and other disablement

a) The Freelancer shall inform the Company immediately of any disablement due to illness or other reasons and its expected duration.

b) The freelancer is not entitled to receive remuneration in cases of illness or other forms of disablement.

7. Wettbewerb

Der freie Mitarbeiter ist (nicht) berechtigt, für andere Rundfunk- oder Fernsehanstalten als Moderator tätig zu werden oder sich auf andere Weise journalistisch zu betätigen. Ein Wettbewerbsverbot besteht (nicht).

7. Competition

The Freelancer is (not) entitled to perform even for other broadcasting companies as a presenter or in a different journalistic function of any kind. A restraint on competition is (not) stipulated between the parties.

8. Verschwiegenheitspflicht

a) Der freie Mitarbeiter wird über alle ihm bekannt werdenden Geschäfts- und Betriebsgeheimnisse der Gesellschaft einschließlich der Höhe seiner Vergütung Stillschweigen bewahren.

b) Diese Verpflichtung besteht auch nach der Beendigung des Vertragsverhältnisses.

8. Obligation of secrecy

a) The Freelancer agrees to keep strictly confidential from third parties all business and trade secrets of the Company that he has gained knowledge of, including the amount of his remuneration.

b) This duty also remains in effect subsequent to a termination of the contractual relationship.

9. Kündigung

Das freie Mitarbeitsverhältnis kann unter Einhaltung der Kündigungsfristen aus § 621 BGB gekündigt werden.

9. Termination

The contractual relationship on freelancing may be terminated with the periods of notice listed in § 621 BGB.

10. Salvatorische Klausel

a) Sollten eine oder mehrere Bestimmungen dieses Vertrages ganz oder teilweise gegen zwingendes Recht verstoßen oder aus anderen Gründen unwirksam sein oder werden, wird die Wirksamkeit des übrigen Vertrages hiervon nicht berührt. Das Gleiche gilt für den Fall, dass dieser Vertrag eine Regelungslücke enthält.

10. Severability Clause

a) If any provision or provisions of this agreement violate law binding or may be or become legally void for other reasons, the validity of the other provisions of this agreement remains unaffected. This also applies for ommissions.

b) Eine ungültige oder unwirksame Bestimmung ist durch eine andere gültige Bestimmung zu ersetzen, die in rechtlicher und wirtschaftlicher Hinsicht der ursprünglichen Regelung so weit wie möglich entspricht und dem Willen der Parteien möglichst nahekommt. Eine Regelungslücke ist durch eine Bestimmung auszufüllen, die den Interessen beider Vertragsparteien möglichst gerecht wird und die sie bei Abschluss des Vertrags nach dem Vertragszweck gewollt haben würden, wenn sie den nicht geregelten Punkt bei Vertragsschluss bedacht hätten.

b) If any provision partially does not correspond to what is legally required (lack of agreement), it has to be replaced with a fully corresponding provision that matches the original provision in judicial and economical terms at its best and approximates the will of either parties. Any lack of agreement has to be filled in with a provision that compensates either party's interests and would have been in the agreement if it had been concerned.

11. Schriftform

Änderungen und Ergänzungen dieses Vertrages bedürfen zu ihrer Wirksamkeit der Schriftform.

11. Written form

Alterations and supplements to this contract can only be effective in written form.

12. Schlussbestimmungen

a) Soweit nicht in diesem Vertrag etwas Abweichendes vereinbart wurde, gelten ergänzend die gesetzlichen Bestimmungen über Dienstverträge.

b) Erfüllungsort und Gerichtsstand sind (...).

c) Jede Vertragspartei bestätigt durch ihre Unterschrift, eine Originalausfertigung dieses Vertrages erhalten zu haben.

12. Final provisions

a) German Service contract law applies supplemental as far as this agreement does not contain other regulations.

b) Place of performance and legal venue is (...).

c) Either party confirms to have received an original writing of this agreement by their signature.

3. Gestaltungshinweise und alternative Gestaltungsmöglichkeiten

Zunächst ist herauszustellen, dass die Gestaltungshinweise und alternativen Gestaltungsmöglichkeiten im Rahmen der speziellen Musterverträge sich auf solche Bereiche beschränken sollen, die nicht bereits im allgemeinen Vertragsmuster (s. § 4 Rn 34 ff) abgedeckt wurden. Darüber hinaus ist zum hier dargestellten Vertragsmuster zu sagen, dass dies nicht nur exemplarisch für die Tätigkeit eines freiberuflichen Moderatoren genutzt, sondern allgemein im Bereich der Medien und des Journalismus in leicht abgeänderter Form verwendet werden könnte. 135

a) Vertragsgegenstand

Der Moderatorenvertrag weist im Zusammenhang mit der Festlegung des Vertragsgegenstands zunächst keinerlei Besonderheiten auf. Allerdings wäre es ebenso möglich gewesen – wie teilweise in der Praxis zumindest nicht unüblich –, nicht einen konkreten durchgehenden Vertrag über die Ausübung einer Moderatorentätigkeit zu schließen, sondern lediglich eine **Rahmenvereinbarung** zur generellen Festlegung der Modalitäten der Tätigkeit, auf deren Grundlage dann konkrete Einzelvereinbarungen getroffen werden. Ein Rahmenvertrag sollte grds. in gleicher Form wie im Vertragsmuster alle dort aufgeführten Bereiche umfassend regeln, mit Ausnahme der Festlegung der Vertragsdauer und des konkreten Honorars, welche dann nicht im Rahmenvertrag, sondern in den konkreten **Einzelvereinbarungen** (Honorarvereinbarungen) be- 136

stimmt werden. In den Einzelvereinbarungen muss dann ausdrücklich auf den Rahmenvertrag zur Einbeziehung der darin enthaltenen Regelungen Bezug genommen werden. Der **Vorteil eines Rahmenvertrages** und darauf beruhender **einzelner Honorarvereinbarungen** besteht darin, zwar das grundsätzliche „Gerüst" der Tätigkeit auf Dauer festlegen zu können, die einzelnen Einsätze, besonders in Bezug auf die Tätigkeitsdauer und die Vergütung, allerdings im konkreten Fall vereinbaren und auch variieren zu können.

137 Eine **Rahmenvereinbarung** könnte im Vertragsgegenstand (Ziff. 1) etwa in der nachstehenden Form eingeleitet werden, bevor anschließend die grundsätzlichen Regelungen des Vertragsmusters – mit Ausnahme der Vertragsdauer und der Klausel zum Honorar – übernommen werden können:

1. Vertragsgegenstand	**1. Scope of Agreement**
Die (...)-Fernsehanstalt (nachfolgend: die Gesellschaft) beabsichtigt, mit Herrn/Frau (...) (nachfolgend: der freie Mitarbeiter) Honorarverträge als Moderator der Sendung „(...)" auf Grundlage der nachfolgenden Rahmenvereinbarung zu schließen.	The (...) broadcasting company (the Company) intents to conclude singular fee agreements with Mr./Mrs. (...) (The Freelancer) on a performance as a presenter of the television program on the basis of this subsequent framework agreement.

b) Tätigkeitsumfang, Programmgestaltung

138 Die Regelung zu Tätigkeitsumfang und Programmgestaltung (**Ziff. 2** des Vertragsmusters) dient neben der genauen Festlegung der Aufgaben des Moderators auch der Klarstellung, dass dieser programmgestaltend tätig werden soll. Auch wenn die vertragliche Vereinbarung gerade im Vergleich zur tatsächlichen Durchführung nur indizielle Wirkung besitzt, ist es sinnvoll, die **programmgestaltende Tätigkeit** eindeutig herauszustellen, da dies eines der entscheidenden Abgrenzungsmerkmale in der Medienbranche zwischen Arbeitnehmereigenschaft und freier Mitarbeit darstellt (s. dazu § 4 Rn 31).

c) Weisungsgebundenheit und persönliche Leistungspflicht

139 Im Rahmen der Weisungsgebundenheit und der persönlichen Leistungspflicht ist es zweckmäßig, in Abweichung von den allgemeinen Regelungen gegenüber freien Mitarbeitern die **Weisungsfreiheit in Bezug auf die zeitliche und örtliche Ausübung** der Tätigkeit derart **einzuschränken**, dass sie an die **Produktionspläne** gebunden sind, wie in **Ziff. 3 a) des Vertragsmusters** bestimmt. Dies macht gerade bei Moderatoren Sinn, da die Aufzeichnungen der Sendungen stets in bestimmten Studios und zu bestimmten Aufnahme- oder Live-Übertragungszeiten stattfinden.

140 Handelt es sich nicht um einen Moderator, sondern um einen anderen in der Medienbranche Tätigen, bei dem die zeitliche und örtliche Bindung nicht derart stark und entscheidend ist, kann die Weisungsfreiheit auch in geringerem Maße eingeschränkt werden. Insoweit ist es sinnvoll, eine generelle Weisungsfreiheit zu vereinbaren, um diese dann in Bezug auf Ort und Zeit der Tätigkeit für solche Fälle einzuschränken, in denen die **Festlegung** bereits der **Natur der Sache** entspringt. So machen etwa bestimmte (Live-)Übertragungen von bestimmten Ereignissen, etwa vom Regierungssitz eines Staates oder dem Ort einer Naturkatastrophe, nur Sinn, wenn sie auch von diesem Ort ausgehend geführt werden. Eine entsprechende Vereinbarung könnte lauten:

3. Weisungsfreiheit, persönliche Leistungspflicht

a) Der freie Mitarbeiter unterliegt bei der Durchführung seiner Tätigkeit keinen Weisungen der Gesellschaft. Er kann die Art und Weise und die Durchführung sowie Arbeitsort und Arbeitszeit seiner Tätigkeit grundsätzlich frei gestalten.

b) Dies gilt nicht, soweit die vertragliche Leistung vernünftigerweise nur an einem bestimmten Ort und/oder zu einer bestimmten Zeit erbracht werden kann. (...)

3. Immunity from direction and guidance, personal duty to perform

a) The Freelancer is not liable to the Company's direction and guidance regarding the performance of tasks. As a general principle he is entitled to arrange the modality and execution of his performance as well as its time and location in a free way.

b) This does not apply in cases in which his performance may reasonably only be exercised at a special location and/or at a certain point of time. (...)

Eine weitere Besonderheit im Bereich der Medien, besonders bei Moderaten, ist die Festlegung zur **Ausübung der Tätigkeit in Person.** Die Fernsehanstalten wollen eine bestimmte Person für ihre Fernsehauftritte gewinnen, so dass eine Vertretung generell nicht in Betracht kommt. Aus diesem Grund sollte weiterhin – wie in **Ziff. 3 b)** des Vertragsmusters – ausdrücklich auf die Geltung der Vorschrift aus § 613 BGB verwiesen werden. 141

d) Honorar

Die Vereinbarung zum Honorar in **Ziff. 4** des Vertragsmusters weist keine Besonderheiten auf. 142
Soweit eine Rahmenvereinbarung geschlossen werden soll, wird an dieser Stelle keine konkrete Honorarvereinbarung getroffen, sondern lediglich ein **allgemeiner Hinweis auf zu schließende Honorarvereinbarungen** gegeben:

4. Honorar

Für jeden Einsatz wird die Gesellschaft mit dem freien Mitarbeiter eine separate Honorarvereinbarung abschließen.

4. Remuneration

The Company will conclude separate fee agreements with the Freelancer for each case of commitment.

Soweit der Vertrag als **Rahmenvereinbarung** getroffen wurde, muss dann für jeden konkreten 143
Einsatz eine **gesonderte Honorarvereinbarung** getroffen werden. Diese kann dann entsprechend kurz gehalten werden und lediglich den Zeitraum und die Vergütung festlegen. Außerdem sollte unbedingt in jeder Honorarvereinbarung auf die Regelungen der Rahmenvereinbarung Bezug genommen werden, um deutlich zu machen, dass diese die Grundlage der Vereinbarung bildet und vollumfänglich in jedem Fall anwendbar ist. Ein Beispiel für eine konkrete Honorarvereinbarung könnte demnach lauten:

Honorarvereinbarung

1. Vertragsgegenstand

a) Die (...)-Fernsehanstalt (im Folgenden: die Gesellschaft) wird den freien Mitarbeiter für den Zeitraum vom (...) bis zum (...) als Moderator der Sendung „(...)" beschäftigen.

b) Diese Honorarvereinbarung wird auf Grundlage des zwischen dem freien Mitarbeiter und der Gesellschaft geschlossenen Rahmenvertrages vom (...) geschlossen. Die-

Fee Agreement

1. Scope of Agreement

a) The (...) broadcasting company (the Company) shall engage the Freelancer as a presenter of the television program "(...)", during the period commencing on (...) to (...).

b) This fee agreement is concluded on the basis of the framework contract agreed upon between the Freelancer and the Company on

ser Rahmenvertrag ist vollumfänglich auf den Einsatz des freien Mitarbeiters anwendbar.	(...). This framework agreement applies to the Freelancer's performance to its full extend.
2. Honorar	**2. Remuneration**
a) Der freie Mitarbeiter erhält ein Honorar von (...) € pro Stunde.	a) The Freelancer receives a remuneration of (...) € per hour.
b) Der freie Mitarbeiter wird das Honorar jeweils zum (...) eines Monats für den vorangegangenen Monat in Rechnung stellen.	b) The Freelancer shall invoice the remuneration every (...) day of each month for the performance in the preceding month.

144 Ein weiteres Problem, welches im Zusammenhang mit der Honorarvereinbarung bei freien Mitarbeitern, besonders im Bereich der Medien, kann darin liegen, dass diese besonders häufig als **arbeitnehmerähnliche Personen** zu behandeln sind und somit nach § 12 a TVG unter den Anwendungsbereich besonderer Tarifverträge (insb. im öffentlich-rechtlichen Rundfunk) fallen (s. § 4 Rn 65, 67).

e) Rechteübertragung

145 Einen wichtigen Regelungsbereich bei freier Mitarbeit in der Medienbranche bildet die Frage einer Rechteübertragung an **urheberrechtlich geschützten Beiträgen** des freien Mitarbeiters. Dies gilt für die Printmedien,[18] spielt aber auch in Rundfunk und Fernsehen eine wichtige Rolle.

146 Zunächst ist wie in Klausel **Ziff. 5 a)** die Übertragung der bezeichneten Rechte zur alleinigen und unbegrenzten Nutzung auf die Fernsehanstalt zu regeln sowie deren Recht zur Vervielfältigung und Verbreitung der Arbeitsergebnisse (**Ziff. 5 b**).

147 Sinnvoll ist auch die in **Ziff. 5 c)** geregelte Ausweitung des **Verzichts** des freien Mitarbeiters auf das **Rückübertragungsrecht** aus § 41 UrhG im Fall der Nichtverwertung der Rechte. Gemäß § 41 Abs. 2 UrhG ist eine Rückforderung in den ersten beiden Jahren ausgeschlossen. Eine vertragliche Ausdehnung dieser „Sperrfrist" auf bis zu 5 Jahre ist allerdings gem. § 41 Abs. 4 S. 2 UrhG zulässig und macht insoweit Sinn, dass bestimmte Beiträge uU auch erst einige Zeit nach der Aufzeichnung zum ersten Mal oder erneut für die Verwertung interessant werden.

148 Die in **Ziff. 5 d)** getroffene Vereinbarung ist eine Reaktion auf die Änderung des UrhG, bei welchem mit Wirkung vom 1.1.2008 die Unübertragbarkeit von zum Zeitpunkt des Vertrages **noch unbekannten Nutzungsarten** aus § 31 Abs. 4 UrhG aF gestrichen wurde.[19] Früher war demnach im Falle des Auftretens neuer Nutzungsmöglichkeiten stets nach § 32 c UrhG eine zusätzliche Vergütung für später bekannt gewordene Nutzungsarten fällig, welche dann nicht als mit dem gezahlten Honorar abgegolten betrachtet werden konnte. Da nun eine Abtretung der Nutzungsrechte auch für mögliche zukünftige Nutzungsarten erfolgen kann, wird auch für solche Nutzungen keine zusätzliche Vergütung mehr fällig, wenn – wie hier in den Regelungen **Ziff. 5 d) und Ziff. 5 e) S. 1** – eine entsprechende **vollständige Abgeltung** mit der zu zahlenden vertragsgemäßen Vergütung vereinbart wird.

149 Eine **vollständige Abgeltung aller urheberrechtlichen Ansprüche** an jeglicher Form der Nutzung kann allerdings uU **problematisch** sein. So hat das LG Braunschweig[20] die Unwirksamkeit einer Vertragsklausel gegenüber einem freiberuflichen Journalisten festgestellt, nach welcher dieser sämtliche gegenwärtigen und zukünftigen Nutzungsrechte an seinen Beiträgen/Bildern sowie das Recht zur Übertragung dieser Rechte an den Verlag abtritt und als Gegenleistung ein

18 Dazu ausf. *Schippan*, ZUM 2010, 782 ff.
19 *Loew*, in: Beck'sche Online-Formulare Vertragsrecht, 21.3.7 Fn 7.
20 LG Braunschweig 21.9.2011 – 9 O 1352/11, ZUM 2012, 66.

Pauschalhonorar von dem Verlag gezahlt bekommt. Eine solche Vereinbarung verstößt nach Ansicht des Gerichts gegen das gesetzliche Leitbild, nach welchem der geistige Urheber ausnahmslos an jeder Nutzung seines Werkes zu beteiligen ist, was insb. immer dann gilt, wenn der Eindruck erweckt wird, dass selbst eine weitere Beteiligung nach den Regelungen nach den §§ 32, 32 a UrhG ausscheidet.[21] Aus diesem Grund ist es sinnvoll, in der Klausel einen ausdrücklichen Hinweis darauf aufzunehmen, dass etwaige sich aus den §§ 32 ff. UrhG ergebende und dem freien Mitarbeiter zustehende Rechte und Forderungen von der vertraglichen Regelung unberührt bleiben, wie hier in **Ziff. 5 e) S. 2** erfolgt. Ansonsten besteht die Gefahr, dass vorformulierte Vertragsabreden einer AGB-Kontrolle, insb. einer Prüfung am Maßstab des § 307 Abs. 1 BGB, nicht standhalten.[22]

f) Wettbewerb

Zum Wettbewerb sollte der Vertrag eine klare Regelung enthalten, ob Wettbewerb gestattet oder untersagt ist. 150

III. Dozententätigkeit an einer Hochschule

1. Besonderheiten von Dozententätigkeiten

Auch in Lehreinrichtungen ist es weit verbreitet, freie Mitarbeiter zu beschäftigen. Dies gilt namentlich für an Hochschulen oder in anderen Lehreinrichtungen unterrichtende Dozenten. Die häufige Beschäftigung freier Mitarbeiter rührt oftmals daher, dass Universitäten nur in begrenztem Umfang neue Professuren schaffen können, den anfallenden Bedarf an Lehrkräften aber teilweise mit den fest angestellten Lehrkräften nicht ausreichend decken können. Aus diesem Grund wird gerade an Universitäten und Fachhochschulen vielfach auf **Privat- und Gastdozenten** zurückgegriffen. Dementsprechend gibt es auch in diesem Bereich eine große Anzahl arbeitsgerichtlicher Entscheidungen in **Statusfragen.**[1] 151

Unter den beschäftigenden Einrichtungen finden sich Universitäten, Fachhochschulen, Volkshochschulen und andere Einrichtungen der Erwachsenenbildung, Musikschulen sowie Berufsfachschulen und andere Lehrinstitute der beruflichen Bildung. Auch an allgemeinbildenden Schulen wie Grund-, Haupt- und Realschulen werden oft (vermeintliche) freie Mitarbeiter beschäftigt. 152

Dozenten an **Universitäten** und **vergleichbaren Hochschulen** können als freie Mitarbeiter beschäftigt werden.[2] Die Erteilung eines öffentlich-rechtlichen Lehrauftrags durch die Verwaltung ändert hieran nichts.[3] Lehrkräfte an **allgemeinbildenden Schulen** hingegen sind nach der vom BAG vorgenommenen typisierten Betrachtungsweise idR Arbeitnehmer und keine freien Mitarbeiter; selbst dann, wenn sie die Unterrichtstätigkeit im Nebenberuf ausüben.[4] Das Gleiche gilt für Lehrer an **Abendgymnasien.**[5] 153

21 LG Braunschweig 21.9.2011 – 9 O 1352/11, ZUM 2012, 66.
22 *Schippan*, ZUM 2010, 782.
1 BAG 20.1.2010 – 5 AZR 106/09, AP § 611 BGB Abhängigkeit Nr. 30; BAG 19.11.1997 – 5 AZR 21/97, NZA 1998, 595; BAG 12.9.1996 – 5 AZR 1066/94, NZA 1997, 194; BAG 26.7.1995 – 5 AZR 22/94, NZA 1996, 477; BAG 17.2.1993 – 7 AZR 316/92, juris; BAG 10.6.1992 – 7 AZR 446/91, n.v.; BAG 13.11.1991 – 7 AZR 31/91, NZA 1992, 1125; BAG 30.10.1991 – 7 ABR 19/91, NZA 1992, 407; BAG 28.11.1990 – 7 ABR 51/89, juris; BAG 25.8.1982 – 5 AZR 7/81, AP § 611 BGB Lehrer, Dozenten Nr. 32.
2 BAG 16.3.1972 – 5 AZR 460/71, AP § 611 BGB Lehrer, Dozenten Nr. 10; BAG 16.12.1957 – 3 AZR 92/55, AP § 611 BGB Lehrer, Dozenten Nr. 3.
3 BAG 16.12.1957 – 3 AZR 92/55, AP § 611 BGB Lehrer, Dozenten Nr. 3.
4 So schon BAG 16.3.1972 – 5 AZR 460/71, AP § 611 BGB Lehrer, Dozenten Nr. 10.
5 BAG 12.9.1996 – 5 AZR 104/95, NZA 1997, 600.

154 Dagegen können **Volkshochschuldozenten**, die außerhalb schulischer Lehrgänge unterrichten, auch als freie Mitarbeiter beschäftigt werden.[6] Entsprechendes gilt auch für **Musiklehrer**[7] oder **Sprachlehrer.**[8] Innerhalb der Volkshochschuldozenten wird in der Rspr des BAG die Gruppe derjenigen Dozenten herausgehoben, die an Volkshochschulen Kurse zur nachträglichen Erlangung von Schulabschlüssen (idR Real- oder Hauptschulabschlüsse) leiten. Diese seien jedenfalls dann Arbeitnehmer, wenn sie in den Schulbetrieb eingegliedert werden und nicht nur stundenweise unterrichten.[9] Die Einordnung als Arbeitnehmer oder freie Mitarbeiter hänge von der **Ausgestaltung der Vertragsbeziehung** im Einzelfall und von der Arbeitsorganisation der Volkshochschule ab.[10] Im Unterschied zum Rundfunkbereich, in dem die Einbindung programmgestaltender Mitarbeiter in Dienstpläne ein starkes Indiz für eine persönliche Abhängigkeit von Beschäftigten darstellen kann (§ 4 Rn 132), soll dies bei den Volkshochschuldozenten nicht gelten; nur ein Weisungsrecht in Bezug auf die methodische oder didaktische Gestaltung des Unterrichts könne eine persönliche Abhängigkeit begründen; die Bindung an Lehrpläne sei unerheblich.[11] Es lässt sich eine gewisse **Tendenz** erkennen, dass eine Zuordnung zu **Arbeitnehmern** eher dann angenommen wird, wenn die **Lehrkräfte an Einrichtungen mit Schulpflicht** tätig sind. Bei **freiwilligen Bildungseinrichtungen** kann dagegen eher auch die Beschäftigung freier Mitarbeiter in Betracht kommen, selbst wenn diese dann einen staatlichen Bildungsauftrag wahrnehmen. Dies ist auch insoweit sinnvoll und konsequent, als dass in Bereichen, in denen es um die Verwirklichung der Schulpflicht und Erlangung der grundsätzlichen Basisbildungsabschlüsse geht, das Vorliegen eines Weisungsrechts zur Gewährleistung einer ordnungsgemäßen und einheitlichen Erfüllung des grundlegenden und verpflichtenden Bildungsauftrags eher notwendig ist als im Rahmen der freiwilligen Bildung. Grundsätzlich bestehen demnach wesentliche Unterschiede in Bezug auf die statusrechtliche Einordnung zwischen allgemeinbildenden Schulen und Volkshochschulen oder Musikschulen.[12]

155 Auch hier zeigt sich also, dass die Rspr **typisierende Einordnungen anhand der Berufsgruppe** vornimmt und dabei die allgemeinen Grundsätze zur Abgrenzung zwischen Arbeitnehmern und freien Mitarbeitern anwendet.[13] Der Vergleich zwischen Lehrern und Dozenten einerseits und programmgestaltenden Mitarbeitern beim Rundfunk andererseits macht deutlich, dass die Rspr verschiedene Einzelmerkmale je nach Tätigkeitsbereich unterschiedlich stark gewichtet.

156 Das BAG hat sich bei der **Abgrenzung** vom Status einer Lehrkraft als Arbeitnehmer oder als freier Mitarbeiter auf einige **Kriterien** wiederholt gestützt. Entscheidend ist, wie intensiv die Lehrkraft in den Unterrichtsbetrieb eingebunden ist. Darüber hinaus überprüft das BAG, in welchem Umfang der Dozent oder Lehrer den Unterrichtsinhalt, die Art und Weise der Unterrichtserteilung, die Arbeitszeiten und die sonstigen Umstände der Dienstleistung mitgestalten kann und inwieweit er zu Nebenarbeiten herangezogen werden kann.[14] Entscheidend ist insoweit oftmals der **Grad der persönlichen Abhängigkeit**, der sich insb. aus der **zeitlichen und organisatorischen Einbindung**, zB durch einen vom Arbeitgeber einseitig vorgegebenen Stundenplan, ergeben kann.[15]

---

6 BAG 24.6.1992 – 5 AZR 384/91, NZA 1993, 174; BAG 25.8.1982 – 5 AZR 7/81, AP § 611 BGB Lehrer, Dozenten Nr. 32; LAG Schleswig-Holstein 3.2.2011 – 4 Sa 234/10, juris.

7 BAG 24.6.1992 – 5 AZR 384/91, NZA 1993, 174.

8 BAG 28.11.1990 – 7 ABR 51/89, juris.

9 BAG 26.7.1995 – 5 AZR 22/94, NZA 1996, 477.

10 BAG 10.6.1992 – 7 AZR 446/91, juris.

11 Vgl BAG 13.11.1991 – 7 AZR 31/91, NZA 1992, 1125.

12 *Hamm*, in: Bepler/Böhle/Meerkamp/Russ, BeckOK-TVöD, § 52 Nr. 1 Rn 4.

13 So explizit LAG Hamm 11.1.2007 – 17 Sa 1631/06, Rn 73 f, juris.

14 Im Fall einer nebenberuflichen Lehrkraft an einer Abendrealschule: BAG 20.1.2010 – 5 AZR 106/09, AP § 611 BGB Abhängigkeit Nr. 30. Im Fall einer Lehrkraft an einer Ergänzungsschule: BAG 9.3.2005 – 5 AZR 493/04, AP § 611 BGB Lehrer, Dozenten Nr. 167.

15 BAG 15. 2.2012 – 10 AZR 301/10, NZA 2012, 731.

Eine sozialversicherungsrechtliche Besonderheit der selbständigen Lehrer und Dozenten besteht darin, dass sie gem. § 2 S. 1 Nr. 1 SGB VI grds. **rentenversicherungspflichtig** sind.[16] Um freien Mitarbeitern ein böses Erwachen – uU auch noch Jahre nach der Dozententätigkeit – zu ersparen, kann es sinnvoll sein, einen Hinweis auf die Rentenversicherungspflicht und die klarstellende Festlegung der eigenen Pflicht zur Bestreitung der Beiträge in den Vertrag aufzunehmen. 157

2. Muster: Dozentenvertrag

158

Dozentenvertrag

1. Vertragsgegenstand

Die (...)-Universität wird Herrn/Frau (...) im Semester (...) als Dozenten der (Unterrichts-/Lehr-)Veranstaltung „(...)" in freier Mitarbeit beschäftigen.

2. Tätigkeitsbeschreibung

a) Der freie Mitarbeiter ist verpflichtet, auf dem Gebiet (...) Unterricht zu erteilen.

b) Er ist verpflichtet, die Vorlesungen/Unterrichtssunden eigenständig vorzubereiten und begleitende Materialien (Skripte, Folien, ...) zu erarbeiten und bereitzustellen.

3. Unterricht, Weisungsfreiheit, persönliche Leistungspflicht

a) Der freie Mitarbeiter unterliegt bei der Durchführung der Dozententätigkeit keinen Weisungen der Universität. Er kann die Art und Weise und die inhaltliche Ausgestaltung der Vorlesungen/Unterrichtsstunden frei gestalten.

b) Der Ort der Unterrichtstätigkeit wird entsprechend der Anzahl der für die Veranstaltung angemeldeten Studenten im Raumbelegungsplan der Universität festgelegt.

c) Die zeitliche Lage der Unterrichtsstunden kann der Dozent innerhalb der Grenzen des Raumbelegungsplans der Universität frei wählen. Der Unterricht soll grundsätzlich an den Tagen Montag bis Freitag, ab 8 Uhr und bis spätestens 19 Uhr, stattfinden. Bei der Wahl der zeitlichen Lage ist eine für den Erfolg der Lehrveranstaltung notwendige Regelmäßigkeit unbedingt einzuhalten.

University lecturer's Agreement

1. Scope of Agreement

The (...)-University shall engage Mr./Mrs. (...) as an University lecturer on a freelancing basis for the course/lecture/lesson "(...)" in semester (...).

2. Job specification

a) The Freelancer is obliged to give lessons/to lecture in the subject field (...).

b) He is obliged to prepare the lectures/lessons autonomously and to compile and provide the accompanying materials (such as lecture notes, transparencies, ...).

3. Lessons, Immunity from direction and guidance, personal duty to perform

a) The Freelancer is not liable to the University's direction and guidance regarding the performance of university lectures. He is entitled to arrange the modality and content of his lectures/lessons in a free way.

b) The location of lectures/lessons will be set in the University's room planning scheme according to the number of enrolled students for the lecture/lesson.

c) The lecturer is entitled to choose the exact timing of lectures/lessons autonomously in due consideration of the University's room planning scheme. As a basic principle lessons/lectures shall be given from Monday to Friday between 8 A.M. and 7 P.M. The autonomous timing is restricted by the guideline of such regular intervals of lectures/lessons, which are necessary to guarantee the lecture's/lesson's accomplishment.

16 Plagemann/*Seifert*, MAH Sozialrecht, § 6 Rn 29.

d) Der freie Mitarbeiter ist entsprechend § 613 BGB verpflichtet, die Dozententätigkeit persönlich zu erbringen. Eine Vertretung durch eigenes Personal des freien Mitarbeiters ist nur nach vorheriger Zustimmung der Universität zulässig.

d) The Freelancer is obliged to fulfill his duties as University lecturer in person in accordance with § 613 BGB (Civil Code of the Federal Republic of Germany). A personal replacement by the University lecturer's own personnel is only permitted after the University has given its' prior agreement.

4. Honorar und Aufwendungsersatz

a) Der freie Mitarbeiter erhält ein Honorar von (...) € pro Vorlesungs-/Unterrichtsstunde.

b) Der freie Mitarbeiter wird das Honorar jeweils zum (...) eines Monats in Rechnung stellen.

c) Darüber hinaus hat der freie Mitarbeiter Anspruch auf eine Materialpauschale (Druckkosten, Internetkosten usw) iHv (...) € pro für Vorlesung/Unterricht angemeldeten Studenten.

4. Remuneration and Reimbursement

a) The Freelancer receives a remuneration of (...) € per hour of lecture/lesson.

b) The Freelancer shall invoice the remuneration every (...) day of each month.

c) In addition the Freelancer is entitled to a lump-sum reimbursement for materials (printing costs, internet charges, etc.) of (...) € per student enrolled for the lecture/lesson.

5. Sozialversicherungspflicht

Der freie Mitarbeiter wird auf seine Rentenversicherungspflicht nach Maßgabe von § 2 S. 1 Nr. 1 SGB VI hingewiesen. Die Einhaltung seiner sozialrechtlichen Verpflichtungen obliegt allein dem freien Mitarbeiter.

5. Obligation to contribute to social insurance

The Freelancer is hereby made aware of his obligation to contribute to the state pension insurance in line with § 2 sent. 1 No. 1 SGB VI. The Freelancer is solely responsible for the observance of his obligations to contribute to social insurances.

6. Arbeitsverhinderung, Krankheit

a) Sofern der freie Mitarbeiter an der Auftragserfüllung gehindert ist, ist er verpflichtet, den Auftraggeber unverzüglich über die Verhinderung und deren voraussichtliche Dauer zu informieren.

b) Dem freien Mitarbeiter steht kein Vergütungsanspruch zu, wenn er infolge von Krankheit oder sonstiger Arbeitsverhinderung an der Leistung der Dienste verhindert ist.

6. Illness and other disablement

a) The Freelancer shall inform the Constituent immediately of any disablement to perform due to illness or other reasons and its expected duration.

b) The freelancer is not entitled to any remuneration in cases of illness or other forms of disablement.

7. Wettbewerb

Der freie Mitarbeiter ist berechtigt, auch für andere Lehreinrichtungen als Dozent tätig zu werden, soweit seine Verpflichtungen gegenüber der Universität aus diesem Vertrag davon nicht beeinträchtigt werden.

7. Competition

The Freelancer is entitled to even perform for other Universities/educational establishments/institutions, as long as the other performance does not affect his duties towards the University settled in this agreement.

8. Vertragslaufzeit, Kündigung

a) Das freie Mitarbeitsverhältnis endet mit Ablauf des Semesters.

b) Es kann nicht vor Ablauf des Semesters durch einseitige Kündigung beendet werden. Das Recht zur außerordentlichen Kündigung nach Maßgabe von § 626 BGB bleibt unberührt.

8. Termination

a) The contractual relationship on freelancing expires with the end of semester.

b) It may not be terminated with notice before the end of term. The right to terminate the contract without notice according to § 626 BGB remains unaffected.

9. Salvatorische Klausel

a) Sollten eine oder mehrere Bestimmungen dieses Vertrages ganz oder teilweise gegen zwingendes Recht verstoßen oder aus anderen Gründen unwirksam sein oder werden, wird die Wirksamkeit des übrigen Vertrages hiervon nicht berührt. Das Gleiche gilt für den Fall, dass dieser Vertrag eine Regelungslücke enthält.

b) Eine ungültige oder unwirksame Bestimmung ist durch eine andere gültige Bestimmung zu ersetzen, die in rechtlicher und wirtschaftlicher Hinsicht der ursprünglichen Regelung so weit wie möglich entspricht und dem Willen der Parteien möglichst nahekommt. Eine Regelungslücke ist durch eine Bestimmung auszufüllen, die den Interessen beider Vertragsparteien möglichst gerecht wird und die sie bei Abschluss des Vertrages nach dem Vertragszweck gewollt haben würden, wenn sie den nicht geregelten Punkt bei Vertragsschluss bedacht hätten.

9. Severability Clause

a) If any provision or provisions of this agreement violates the law of the German jurisdiction or may be or become legally void for other reasons, the validity of the other provisions of this agreement remains unaffected. This also applies for omissions.

b) If any provision partially does not correspond to what is legally required (lack of agreement), it has to be replaced with a fully corresponding provision that matches the original provision in judicial and economical terms at its best and approximates the will of either parties. Any lack of agreement has to be filled in with a provision that compensates either party's interests and would have been in the agreement if it had been concerned.

10. Schriftform

Änderungen und Ergänzungen dieses Vertrages bedürfen zu ihrer Wirksamkeit der Schriftform.

10. Written form

Alterations and supplements to this contract can only be effective in written form.

11. Schlussbestimmungen

a) Soweit nicht in diesem Vertrag etwas Abweichendes vereinbart wurde, gelten ergänzend die gesetzlichen Bestimmungen über Dienstverträge.

b) Erfüllungsort und Gerichtsstand sind (...).

c) Jede Vertragspartei bestätigt durch ihre Unterschrift, eine Originalausfertigung dieses Vertrages erhalten zu haben.

11. Final provisions

a) German Service contract law applies supplemental as far as this agreement does not contain other regulations.

b) Place of performance and legal venue is (...).

c) Either party confirms to have received an original writing of this agreement by their signature.

3. Gestaltungshinweise und alternative Gestaltungsmöglichkeiten

a) Vertragsgegenstand

159 Typisch ist es bei Lehrkräften in freier Mitarbeit, dass diese für eine oder mehrere konkrete Lehrveranstaltungen und im Regelfall auch zunächst nur für einen bestimmten Zeitraum, im Normalfall das nächste Semester, beauftragt werden. Dies sollte – wie hier in **Ziff. 1** geschehen – bereits im Vertragsgegenstand deutlich gemacht werden. Es macht gerade Sinn, die **Lehrveranstaltung** und das **genaue Semester** ausdrücklich und exakt zu **bezeichnen** und für folgende Einsätze in folgenden Semestern dann neue Verträge zu schließen, um von vornherein Irritationen um den Zeitraum und Umfang der Tätigkeit zu vermeiden.

b) Tätigkeitsbeschreibung

160 Es versteht sich zwar von selbst, dass eine Lehrveranstaltung nur dann von größtmöglichem Erfolg gekrönt wird, wenn **Vorbereitung und Durchführung der Veranstaltung** aus einer Hand erfolgen. Dennoch ist es sachgemäß und als Klarstellung sinnvoll, auch in der Tätigkeitsbeschreibung die Verpflichtung des freien Mitarbeiters zur Vorbereitung der Unterrichtsstunden ausdrücklich aufzunehmen (s. **Ziff. 2 b**).

c) Unterricht, Weisungsfreiheit, persönliche Leistungspflicht

161 Im Rahmen der Regelungen zu Unterricht, Weisungsfreiheit und persönlicher Leistungspflicht ist es sinnvoll, zunächst die **grundsätzliche Weisungsfreiheit** sowie **eigenständige Planung und Durchführung des Unterrichts** zu betonen (s. **Ziff. 3 a**).

162 Sachgemäß ist es bereits aus organisatorischen Gründen, die **örtliche und zeitliche Lage der Vorlesungen** unter den Vorbehalt der Übereinstimmung mit den Anforderungen des Raumbelegungsplans und der Einhaltung der üblichen Vorlesungszeiten zu stellen (s. **Ziff. 3 b) und c)**. Dies stellt, ebenso wie die Festlegung der Einhaltung eines regelmäßigen Turnus der Vorlesungen, keine für einen freien Mitarbeiter unzulässige Beschneidung in seiner grundsätzlichen Weisungsfreiheit dar, sondern sichert lediglich die Einhaltung eines geregelten Universitätsbetriebs. Die Aufnahme in Raumbelegungs- oder Dispositionspläne, welche bei einem nur begrenzten Angebot technischer Einrichtungen oder zur Verfügung stehender Räumlichkeiten auch bei freien Mitarbeitern aus Organisationsgründen unumgänglich ist, ist insoweit – anders als die feste Aufnahme in Dienstpläne – unschädlich für die Einordnung als freier Mitarbeiter.[17] Im konkreten Fall ist es von Seiten der Bildungseinrichtung insoweit unverzichtbar, gegenüber den Studenten für einen **ordnungsgemäßen Lehrbetrieb** zu sorgen und zwar unabhängig davon, ob die Vorlesung durch Universitätsangestellte oder externe Lehrkräfte erfolgt. Demnach sind die im Vertragsmuster gewählten Vorgaben nur sachgemäß und zugleich unverzichtbar.

163 Auch die grundsätzliche Festlegung der **persönlichen Leistungspflicht iSv § 613 BGB** (s. **Ziff. 3 d) S. 1**) ist nur einleuchtend, da Lehreinrichtungen gerade bestimmte Personen auswählen, um den Lehrbetrieb durchzuführen.

164 Die Einräumung einer **Vertretungsmöglichkeit**, etwa durch eigenes wissenschaftliches Personal des Dozenten, unter dem **Vorbehalt der vorherigen Zustimmung** der Universität ist ebenfalls eine gute und sachdienliche Lösung (s. **Ziff. 3 d) S. 2**). So kann im Einzelfall, gerade auch am Maßstab möglicher Kompetenz der Ersatzkraft, entschieden werden, ob eine Vertretung im Fall der Verhinderung zugelassen werden soll oder sich die Universität selbst um einen Ersatz bemüht.

17 *Freckmann*, DB 2013, 459, 460.

d) Honorar und Aufwendungsersatz

Im Hinblick auf die Honorarvereinbarung (s. **Ziff. 4 a) und b**) ergeben sich zunächst keine Besonderheiten. Allerdings ist es sachgemäß, neben dem Honorar auch einen Anspruch auf **Aufwendungsersatz** des freien Mitarbeiters festzulegen (s. **Ziff. 4 c**). Regelmäßig wird er **Ausgaben für Unterrichtsmaterialien** zu bestreiten haben, wobei es meist unbillig wäre, diese von seinem Honorar zu zahlen. Zwar entspricht es regelmäßig dem Leitbild freier Mitarbeit, dass nur ein Honorar gezahlt wird, mit dem alle Kosten für die Erreichung und Organisation des Ergebnisses abgegolten sein sollen. Im Fall der Lehrkräfte ist dies allerdings ein Sonderfall, da gerade Unterrichtsmaterialien ausschließlich den Studenten zugute kommen und eine mangelnde Erstattung Lehrkräfte davon abhalten könnte, entsprechende Zusatzmaterialien zu erstellen, zu vervielfältigen und zur Verfügung zu stellen. Soweit eine **pauschale Abgeltungsvereinbarung** getroffen ist, macht es Sinn, diese an der Anzahl der tatsächlich an der Vorlesung teilnehmenden Studenten auszurichten, da die zahlenmäßige Stärke eines Kurses oftmals die entscheidende Größe für den Umfang der Kosten darstellt. 165

Die Regelung zum Aufwendungsersatz braucht dabei allerdings nicht zwingend als Pauschalvereinbarung zu erfolgen. Möglich ist auch eine **Erstattung der tatsächlich verauslagten Kosten**. Insoweit kann auch ein Zusatz unter Vereinbarung einer vorherigen **Abstimmungspflicht** der ungefähren Ausgabenhöhe mit der Universität sinnvoll sein, um ausufernde Kosten zu begrenzen und einen Überblick über die Sinnhaftigkeit der Ausgaben zu erhalten: 166

4. Honorar und Aufwendungsersatz	**4. Remuneration and Reimbursement**
a) Der freie Mitarbeiter erhält ein Honorar (...).	a) The Freelancer receives a remuneration (...).
b) (...)	b) (...)
c) Darüber hinaus hat der freie Mitarbeiter Anspruch auf eine Erstattung der tatsächlich verauslagten und durch entsprechende Rechnung nachgewiesenen Materialkosten (Druckkosten, Internetkosten usw).	c) In addition the Freelancer is entitled to reimbursement of advanced expenses for materials (printing costs, internet charges, etc.), accounted for by corresponding bills.
Alternativer Zusatz:	*Alternative addendum:*
Der Umfang der Materialausgaben ist im Vorfeld mit dem Dekanat der Universität abzustimmen.	The volume of expenditures is to be agreed upon in advance with the University's dean's office.

Soweit an der Universität **Richtlinien für den Aufwendungsersatz** bestehen, stellt es allerdings die wohl sachgemäßeste Lösung dar, auf diese Regelungen zu verweisen. Materialkosten fallen gerade regelmäßig in gleicher Form unabhängig davon an, ob die Vorlesung durch einen Universitätsangehörigen oder eine externe freie Lehrkraft erfolgt. Demnach ist es auch nur billig, freien Mitarbeitern eine Erstattungsmöglichkeit in gleicher Weise zukommen zu lassen wie eigenen Lehrkräften: 167

4. Honorar und Aufwendungsersatz	**4. Remuneration and Reimbursement**
a) Der freie Mitarbeiter erhält ein Honorar (...).	a) The Freelancer receives a remuneration (...).
b) (...)	b) (...)
c) Die Erstattung von Aufwendungsersatz für Materialkosten (Druckkosten, Internetkosten usw) richtet sich nach der Richtlinie (...) der	c) The reimbursement of expenses for materials (printing costs, internet charges, etc.) is determined by the University's Directive (...)

Universität vom (...). Dem freien Mitarbeiter steht insoweit ein einheitlicher Anspruch wie universitätseigenen Lehrkräften zu.

enacted on (...). The Freelancer is entitled to unitary reimbursement as the University's permanently employed personnel.

e) Sozialversicherungspflicht

168 Aus Klarstellungsgründen ist es empfehlenswert, im Vertrag in einem gesonderten Punkt zur Sozialversicherungspflicht ausdrücklich die **Obliegenheit des freien Mitarbeiters** aufzuführen, Beiträge zur Rentenversicherung zu leisten, und herauszustellen, dass die Erfüllung dieser Pflicht durch entsprechende Beitragszahlung allein seine Sache ist. Eine entsprechende Regelung enthält Klausel **Ziff.** 5.

f) Wettbewerb

169 Auch eine Vereinbarung über einen möglichen Wettbewerb macht im Rahmen der Vereinbarung über freie Mitarbeit Sinn. Bei einer Lehrtätigkeit, welche oftmals nur für eine oder nur wenige Vorlesungen und meist beschränkt nur auf ein Semester übertragen wird, wäre es unbillig, dem Dozenten allgemeine **Beschränkungen für anderweitige Tätigkeiten** aufzuerlegen. Solche Alternativtätigkeiten sind für die Zukunftsplanung und Absicherung eines Dozenten oftmals zwingend notwendig, da er sich nicht darauf verlassen kann, von der Universität auch im nächsten Semester, geschweige denn dauerhaft, beschäftigt zu werden. Aus diesem Grund muss freies Lehrpersonal in die Lage versetzt werden, sich mehrere Möglichkeiten auf eine dauerhafte Beschäftigung offen zu halten. Außerdem wird eine einzelne Lehrtätigkeit in freier Mitarbeit nur schwerlich zur Bestreitung des Lebensunterhalts ausreichen. Dennoch empfiehlt sich die Aufnahme eines allgemeinen Hinweises – wie in **Ziff.** 7 erfolgt –, dass die Zulassung der Ausführung weiterer Tätigkeiten unter dem Vorbehalt steht, dass die Verpflichtungen des freien Mitarbeiters aus dem Dozentenvertrag nicht beeinträchtigt werden.

g) Vertragslaufzeit, Kündigung

170 Eine typische Besonderheit freier Mitarbeitsverhältnisse mit Lehrkräften liegt darin, dass diese auf einen festen Zeitraum befristet sind. Dem wird hier in **Ziff.** 8 dadurch Rechnung getragen, dass innerhalb der Regelung zur Vertragslaufzeit und Kündigung die Befristung auf ein spezielles Semester ausdrücklich hervorgehoben wird. Vor dem Hintergrund der Planungssicherheit der Universität für ein vollständiges Semester sind auch der **Ausschluss ordentlicher Kündigungen** und der alleinige Verweis auf das Recht zur außerordentlichen Kündigung nur folgerichtig. Dies entspricht zwar bereits den gesetzlichen Vorgaben der §§ 620 ff BGB und dient, soweit es sich, wie im Regelfall, materiellrechtlich um einen Dienstvertrag handelt, nur Klarstellungsgründen. Dennoch ist eine entsprechende Verdeutlichung hier sinnvoll.

IV. Tätigkeit eines Beraters

1. Charakter des Beratervertrages

171 Durch einen Beratervertrag verpflichtet sich der freie Mitarbeiter zur Beratung eines Unternehmens gegen ein vereinbartes Entgelt. Die Vergütung kann nach Zeitabschnitten (stundenweise, tagesweise, monatlich) oder auch pauschal je Einzelauftrag bemessen werden. Üblicherweise bezeichnet man die Vergütung eines Beraters als „Honorar".

172 Gegenstand der Leistungspflichten des Beraters ist häufig nicht allein die **mündliche Beratung** des Auftraggebers, sondern oft auch die **Erstellung von Gutachten oder Untersuchungen** im Auftrag des Unternehmens. Hierbei kommt es meist auf die besonderen individuellen Kennt-

nisse, Fähigkeiten und Erfahrungen des Beraters an. Je nach dem Umfang der Aufträge ist daher eine Vereinbarung sinnvoll, dass der Berater zur **höchstpersönlichen Leistung** verpflichtet und nicht berechtigt ist, weiteres Personal bei der Erfüllung des Beratungsauftrags einzusetzen. Unter Umständen kann es sich auch anbieten, in einem mittel- oder längerfristig angelegten Beratungsverhältnis eine **Fortbildungspflicht** des Beraters zu vereinbaren.

Der Beratervertrag kommt in den unterschiedlichsten Bereichen des Wirtschaftslebens vor. Als 173
Berater werden zB **Ärzte, Juristen oder Steuerberater** beauftragt. Auch **Hochschullehrer** werden häufig mit der Erarbeitung von Gutachten oder wissenschaftlichen Untersuchungen beauftragt und hierbei als freie Berater beschäftigt. Auf Seiten der Auftraggeber finden sich große und mittlere Unternehmen und Interessenverbände ebenso wie kleinere Betriebe oder Forschungseinrichtungen, die bei der Umsetzung einzelner Projekte oder dauerhaft einen Berater als freien Mitarbeiter beschäftigen.

2. Muster: Beratervertrag

Beratervertrag	Consultancy Agreement 174
1. Vertragsgegenstand	**1. Scope of Agreement**
Der freie Mitarbeiter ist für die Gesellschaft als freier Berater tätig. In diesem Rahmen obliegt ihm (...) [Benennung der Tätigkeiten, zB die Erstellung von Gutachten, Studien, Untersuchungen].	The Freelancer serves as consultant for the Company tasks to the Freelancer. The Freelancer is obliged to advise the company (...) [in the field of, i.e. furnishing opinions, studies, research].
2. Weisungsfreiheit, höchstpersönliche Leistungspflicht	**2. Immunity from direction and guidance, personal duty to perform**
a) Der freie Mitarbeiter erfüllt seine Beratungstätigkeit eigenverantwortlich, selbständig und nach seinem eigenen pflichtgemäßen Ermessen.	a) The Freelancer shall work autonomously and self-dependently at his own obliging discretion and professional judgment.
b) Er ist entsprechend § 613 BGB verpflichtet, die Beratungsleistung höchstpersönlich zu erbringen.	b) The Freelancer is obliged to render all advisory tasks in person in accordance with § 613 BGB (Civil Code of the Federal Republic of Germany).
c) Der freie Mitarbeiter ist berechtigt, Arbeitsort, Arbeitszeit und Arbeitsablauf selbst zu bestimmen. Er ist bei der Durchführung einzelner Aufträge nicht an Weisungen der Gesellschaft gebunden.	c) The Freelancer may choose time, location and workflow of his performance. He is not liable to the Company's direction and guidance regarding the implementation of duties settled in this agreement.
d) Der freie Mitarbeiter hat das Recht, einzelne Aufträge der Gesellschaft ohne Angabe von Gründen abzulehnen. In diesem Fall ist die Gesellschaft hierüber unverzüglich zu unterrichten. Die Ablehnung muss schriftlich oder per Fax oder E-Mail erfolgen.	d) The Freelancer has the right to refuse single advisory tasks without referring to any reasons. The refusal has to be communicated immediately and confirmed in written form, via fax or email.
e) Die Gesellschaft ist nicht verpflichtet, dem freien Mitarbeiter Aufträge anzubieten.	e) The Company is not obliged to provide advisory tasks to the Freelancer.

f) Im Fall der Verzögerung von einzelnen Aufträgen ist der freie Mitarbeiter verpflichtet, die Gesellschaft unverzüglich hierüber schriftlich zu unterrichten. Der freie Mitarbeiter ist verpflichtet, die Gesellschaft jederzeit auf Anfrage über den aktuellen Stand der Arbeiten in Kenntnis zu setzen.

f) The Freelancer is obliged to inform the Company immediately and in written form about any temporal delay of singular advisory tasks. The Freelancer is obliged to inform the Company about intermediate results of his performance at any time on the basis of a corresponding demand.

3. Honorar, Rechnungsstellung

3. Remuneration, Invoice

a) Der freie Mitarbeiter erhält für seine Beratungstätigkeit ein Honorar iHv (...) € pro Stunde zzgl der gesetzlichen Mehrwertsteuer.

a) The Company shall pay a remuneration of (...) € per hour plus the fees for Value Added Tax (VAT).

b) Die Rechnungsstellung erfolgt monatlich.

b) The Invoices shall be issued monthly.

c) Mit dem Honorar sind sämtliche Auslagen abgegolten, soweit nicht Erstattungsansprüche nach der Reisekostenordnung der Gesellschaft bestehen.

c) The payment of the salary compensates all expenses made by the Freelancer. This does not apply in matters of traveling expenses in accordance with the Company's Travel Expense Policy.

d) Die Versteuerung des Honorars obliegt dem freien Mitarbeiter.

d) The payment of tax rests on the Freelancer's responsibility.

e) Mit dem Honorar sind alle Rechteübertragungen und -einräumungen gemäß den Regelungen in (...) [Ziff. 5 h) dieses Vertrages] abgegolten. Etwaige Rechte des freien Mitarbeiters aus den §§ 32, 32 a und/oder 32 c UrhG bleiben hiervon unberührt.

e) The rights mentioned in No. 5 of this agreement [Intellectual Property] are assigned without the payment of any additional compensation. Any claims of the Freelancer according to §§ 32, 32 a, 32 c UrhG remain unaffected.

4. Datenschutz, Geheimhaltung, Vertraulichkeit

4. Protection of data privacy, obligation of secrecy

a) Der freie Mitarbeiter ist zur Wahrung des Datengeheimnisses verpflichtet (§ 5 BDSG).

a) The Freelancer is obliged to observe data privacy according to § 5 BDSG.

b) Der freie Mitarbeiter ist darüber hinaus verpflichtet, über alle Angelegenheiten, von denen er im Zusammenhang mit seiner Tätigkeit für die Gesellschaft Kenntnis erlangt, Stillschweigen zu bewahren. Die Verschwiegenheitspflicht umfasst auch die Höhe seiner Vergütung.

b) The Freelancer agrees to keep strictly confidential from third parties all business matters that he has gained knowledge of related to his performance. The obligation of secrecy also applies to the amount of his remuneration.

c) Die Geheimhaltungspflicht gilt nach Beendigung des Vertrages fort.

c) This duty also remains in effect subsequent to a termination of the contractual relationship.

d) Der Berater ist verpflichtet, sämtliche Geschäfts- und Betriebsunterlagen, Korrespondenzen, Entwürfe und dergleichen sorgfältig zu verwahren, vor der Einsichtnahme Dritter zu schützen und jederzeit nach Aufforderung durch die Gesellschaft, spätestens bei Beendi-

d) The Freelancer has to keep any documents, correspondence, drafts and suchlike strictly confidential from third parties and to return such documents owned by the company and entrusted to the Freelancer upon re-

gung des Beraterverhältnisses, unaufgefordert an die Gesellschaft herauszugeben.

quest and in any case subsequent to the termination of the consultancy relationship.

5. Geistiges Eigentum

a) Die Parteien sind sich darüber einig, dass das geistige Eigentum an allen Arbeitsergebnissen wirtschaftlich ausschließlich der Gesellschaft zusteht.

b) Der freie Mitarbeiter wird die Gesellschaft über alle ihm etwaig an den Arbeitsergebnissen zustehenden Schutzrechte unverzüglich informieren und diese auf Verlangen der Gesellschaft an diese abtreten.

c) Soweit Arbeitsergebnisse nach dem Urheberrechtsgesetz (UrhG) durch das Urheberrecht oder ein verwandtes Schutzrecht geschützt sind, räumt der freie Mitarbeiter der Gesellschaft bereits hiermit die ausschließlichen, räumlich und zeitlich unbegrenzten Nutzungsrechte für alle zum Zeitpunkt des Vertragsschlusses bekannten und unbekannten Nutzungsarten an diesen Arbeitsergebnissen ein. Die Einräumung der Nutzungsrechte überdauert die Beendigung dieses Vertragsverhältnisses.

d) Der freie Mitarbeiter ist für die Dauer des Vertragsverhältnisses berechtigt, die von ihm erzielten Arbeitsergebnisse zu nutzen, soweit dies zur Erfüllung seiner Verpflichtungen aus diesem Vertrag erforderlich ist.

e) Die Gesellschaft ist zur Bearbeitung der Arbeitsergebnisse und zur Nutzung dieser Bearbeitungen im gleichen unbeschränkten Umfang wie zur Nutzung der ursprünglichen Arbeitsergebnisse berechtigt.

f) Die Gesellschaft ist berechtigt, ohne gesondertes Einverständnis des freien Mitarbeiters die Nutzungsrechte an den unbearbeiteten und/oder an den bearbeiteten Arbeitsergebnissen auf Dritte zu übertragen und/oder Dritten weitere Nutzungsrechte daran einzuräumen.

g) Die Gesellschaft ist nur auf ausdrückliches Verlangen des freien Mitarbeiters und nur im Rahmen des Zumutbaren verpflichtet, den freien Mitarbeiter als Urheber von nach dem

5. Intellectual Property

a) The Parties agree that any intellectual property rights resulting from the Freelancer's performance are entitled exclusively to the company.

b) The Freelancer has to inform the Company immediately about any intellectual (and/or industrial) property rights regarding his work results. Upon request, the Freelancer is obliged to assign such property rights to the Company.

c) With their arising, all copyrights and neighboring rights protected in accordance with the German Copyright Act (UrhG) are already assigned to the Company with the signing of this agreement. The utilization and exploitation of these copyrights and neighboring rights in any way, whether already known or still unknown by the time of signing this agreement, are entitled exclusively, unlimitedly and indefinitely to the Company. The assignment is maintained and valid after the termination of the Consultancy relationship.

d) The Freelancer has the right to utilize the results of his work during the term of the contractual relationship as far as this is necessary to achieve his contractual duties.

e) The Company has the right to alter and adapt the Freelancer's work results and is exclusively entitled to unlimitedly and indefinitely utilize the alterations and adaptations.

f) The Company is entitled to assign all rights of utilization of all copyrights, industrial rights, alterations and/or adaptations to third parties without the Freelancer's separate consent.

g) The Company has to credit the Freelancer as an author of his works protected by copyright under the German Copyright Act (UrhG) only on express demand by the Free-

Urheberrechtsgesetz (UrhG) geschützten Arbeitsergebnissen zu benennen oder eine solche Benennung zu unterlassen. Über die Art und Weise einer von dem freien Mitarbeiter geforderten Urheberbenennung entscheidet die Gesellschaft nach billigem Ermessen.

h) Die vorstehenden Rechteübertragungen und -einräumungen sind mit dem Honorar abgegolten (s. auch Ziff. 3 e) – [Honorar]). Die §§ 32, 32 a, 32 c UrhG bleiben unberührt.

lancer and within reasonable bounds. The same applies to the omission to credit the Freelancer as an author. The Company may decide about the way of crediting the Freelancer as an author at its equitable discretion and professional judgment.

h) The aforementioned rights are assigned without the payment of any additional compensation. The provisions of the §§ 32, 32 a, 32 c UrhG remain unaffected.

6. Vertragslaufzeit, Kündigung

a) Das Vertragsverhältnis beginnt am (...).

b) Das Freie-Mitarbeiter-Verhältnis kann mit einer Frist von drei Monaten zum Monatsende gekündigt werden.

c) Die Kündigung bedarf zu ihrer Wirksamkeit der Schriftform.

d) Im Rahmen der Beendigung hat der freie Mitarbeiter eine geordnete Übergabe der von ihm bearbeiteten Aufträge/Fälle/Gutachten an die Gesellschaft sicherzustellen.

6. Duration and Termination

a) This Agreement shall commence on (...).

b) Either party may terminate the Agreement with a period of notice of three months by the end of the month.

c) Any termination by either party has to be served in written form.

d) Upon termination of this consultancy relationship the Freelancer guarantees an orderly handover of all work-related materials, tasks, cases and reports treated by the Freelancer to the Company.

7. Vertragliches Wettbewerbsverbot

a) Der freie Mitarbeiter ist während der Dauer des Vertragsverhältnisses mit der Gesellschaft verpflichtet, jede Tätigkeit zu unterlassen, die geeignet ist, während des Vertragsverhältnisses fremden oder eigenen Wettbewerb zu fördern, unabhängig davon, ob diese auf eigene oder fremde Rechnung geschieht.

b) Dies gilt auch für die Förderung von Wettbewerb im familiären, persönlichen und privaten Umfeld.

c) Jede direkte oder indirekte Tätigkeit für oder im Interesse von Konkurrenzunternehmen, entgeltlich oder unentgeltlich, ist untersagt. Dies gilt auch für ein eigenes Unternehmen, das Wettbewerb betreibt.

d) Der freie Mitarbeiter wird sich in keiner Form, weder unmittelbar noch mittelbar, am Kapital von Unternehmen, die mit der Gesellschaft im Wettbewerb stehen, beteiligen.

7. Competition

a) The Freelancer may not take tasks from any third parties who compete with the Company, nor may he enter or start a business enterprise in competition against the Company for the duration of this Agreement.

b) This also applies on the promotion of competition in private/personal and family environment.

c) Any direct or indirect employment for a competing business – paid or unpaid – is prohibited. This also applies for a competing business owned by the Freelancer.

d) The Freelancer may neither directly or indirectly take a stake nor hold a share in any business enterprise that competes against the Company.

8. Nachvertragliches Wettbewerbsverbot

a) Sofern das Vertragsverhältnis mindestens ein Jahr bestanden hat, gilt das nachfolgende nachvertragliche Wettbewerbsverbot.

b) Der freie Mitarbeiter verpflichtet sich, für die Dauer von zwei Jahren nach Beendigung des Vertragsverhältnisses weder in selbständiger noch in unselbständiger Weise Wettbewerb zu betreiben oder für ein Wettbewerbsunternehmen der Gesellschaft tätig zu sein.

c) Das nachvertragliche Wettbewerbsverbot gilt für das Gebiet der Bundesrepublik Deutschland.

d) Für die Dauer des nachvertraglichen Wettbewerbsverbots verpflichtet sich die Gesellschaft zur Zahlung der Hälfte von dem freien Mitarbeiter zuletzt bezogenen vertragsmäßigen Leistungen (§ 74 Abs. 2 HGB).

e) Auf die fällige Karenzentschädigung werden Einkünfte, die der freie Mitarbeiter während der Dauer des nachvertraglichen Wettbewerbsverbots aus selbständiger, unselbständiger oder sonstiger Erwerbstätigkeit erzielt, nach Maßgabe des § 74c HGB angerechnet. Zu den anzurechnenden Einkünften fällt auch ein von dem freien Mitarbeiter bezogenes Arbeitslosengeld.

f) Der freie Mitarbeiter ist verpflichtet, auf Verlangen der Gesellschaft Auskunft über die Art und die Höhe seiner anderweitigen Einkünfte zu erteilen.

g) Die Gesellschaft kann auf das nachvertragliche Wettbewerbsverbot verzichten. In diesem Fall entfällt der Karenzentschädigungsanspruch mit Ablauf von drei Monaten ab Zugang der Verzichtserklärung.

h) Ergänzend gelten die Vorschriften der §§ 74 ff HGB.

9. Versicherung

Der freie Mitarbeiter ist verpflichtet, eine Betriebshaftpflichtversicherung mit einer Deckungssumme von mindestens 2,5 Mio. € abzuschließen. Eine Kopie des Versicherungs-

8. Post-contractual restraint on competition

a) The following post-contractual restraint on competition applies when this Consultancy Agreement has existed for a period of at least one year.

b) For a period of two years following the termination of this Consultancy Agreement, the Freelancer undertakes to refrain from working – either independently, dependently or in any other capacity – for a business that competes with the Company or that is associated with a competitive business.

c) The post-contractual restraint on competition applies only in the federal territory of Germany.

d) For the duration of the post-contractual restraint on competition, the Company undertakes to pay the Freelancer a compensation in the amount of one half of the contractual payments last paid to the Freelancer in accordance with § 74 Abs. 2 HGB.

e) During the period of the post-contractual restraint on competition, any income which the Freelancer draws from independent work or employment services will be deducted from the compensation pursuant to § 74c HGB. Income also includes any unemployment benefits received by the Freelancer.

f) The Freelancer is obliged to provide the Company, upon request, with information about the sources and the amount of his income.

g) The Company has the right to renounce the post-contractual restraint on competition with the effect that the obligation to pay the compensation ends upon expiry of three months after this declaration.

h) In addition to these provisions, the regulations of the §§ 74 et. seq. HGB shall apply.

9. Insurance

The Freelancer is obliged to take out a business liability insurance with an amount covered of at least 2.5 Mio. €. He has to tender a copy of the insurance certificate to the

scheins ist der Gesellschaft vorzulegen. Es besteht die Möglichkeit, an der Gruppenversicherung der Gesellschaft teilzunehmen.

Company. The Freelancer may opt to take part in the Company's group insurance.

10. Herausgabepflicht, Zurückbehaltungsrecht

a) Bei Beendigung des Vertragsverhältnisses ist der freie Mitarbeiter verpflichtet, alle Arbeitsergebnisse und die ihm überlassenen Geschäfts- und Betriebsunterlagen unverzüglich und unaufgefordert an die Gesellschaft herauszugeben.

b) Die Gesellschaft kann darüber hinaus in jeder Phase der Bearbeitung einzelner Aufträge die Herausgabe der Arbeitsergebnisse und aller Unterlagen verlangen.

c) Ein Zurückbehaltungsrecht ist ausgeschlossen.

10. Obligation to return items, right of retention

a) The Freelancer is obliged to return all company documents and work products owned by the Company and entrusted to him immediately and unsolicited subsequent to the termination of this Agreement.

b) Moreover the Company is entitled to claim the surrender of particular work results or documents during each stage of performance.

c) The Freelancer has no right of retention.

11. Salvatorische Klausel

Sollte eine oder mehrere Bestimmung dieses Vertrages ganz oder teilweise gegen zwingendes Recht verstoßen oder aus anderen Gründen unwirksam sein oder werden, wird hierdurch die Gültigkeit der übrigen Bestimmungen nicht berührt. Anstelle der unwirksamen Bestimmung gilt diejenige Bestimmung als vereinbart, die dem Sinn und Zweck der unwirksamen Bestimmung am nächsten kommt. Entsprechendes gilt auch für Vertragslücken.

11. Severability Clause

Should any provision or provisions of this agreement violate binding law or be or become legally void for other reasons, the validity of the other provisions of this agreement remains unaffected. If any provision partially does not correspond to what is legally required, it has to be replaced with a fully corresponding provision that matches the sense and purpose of the original provision at its best. This also applies for contractual gaps.

12. Schriftform

a) Änderungen und Ergänzungen dieses Vertrages bedürfen zu ihrer Wirksamkeit der Schriftform.

b) Dies gilt auch für die Abbedingung dieses Schriftformerfordernisses.

12. Written form

a) Subsequent alterations and supplements to this agreement can only be effective in written form.

b) The same applies to the waiver of the requirement of written form.

13. Rechtswahl, Gerichtsstand

a) Das Vertragsverhältnis unterliegt deutschem Recht.

b) Gerichtsstand für beide Parteien ist das am Sitz der Gesellschaft zuständige ordentliche Gericht.

13. Choice of Law, Legal venue

a) German law applies to this agreement.

b) The Parties agree to submit to the personal and exclusive jurisdiction of the general courts located on the Company's place of business within the Federal Republic of Germany.

3. Gestaltungshinweise und alternative Gestaltungsmöglichkeiten

In Bezug auf Beraterverträge gibt es zwar einige Besonderheiten, welche im Folgenden deutlich gemacht werden sollen, allerdings auch viele Übereinstimmungen mit dem allgemeinen Vertragsmuster (s. § 4 Rn 97 ff) und den beiden speziellen Vertragsmustern (Rundfunk/Fernsehen: § 4 Rn 127 ff; Dozententätigkeit an Hochschule: § 4 Rn 151 ff), so dass die Ausführungen zum Beratervertrag teilweise knapper ausfallen können. 175

a) Weisungsfreiheit, höchstpersönliche Leistungspflicht

Bereits der Sinn der Beauftragung eines externen Beraters beinhaltet, dass dieser grds. eigenständig und nach seiner eigenen Expertise tätig werden soll. Dies vertrüge sich gerade nicht mit einer Gebundenheit an Weisungen des Auftraggebers. Es ist demnach sinnvoll, auch in der vertraglichen Regelung zur Weisungsfreiheit und persönlichen Leistungspflicht die **Ungebundenheit** ausdrücklich hervorzuheben (s. **Ziff. 2 a) und c**). 176

Ebenso wie bei einem Moderatoren- oder Dozentenvertrag entspricht es der Interessenlage, die **persönliche Leistungspflicht** des Beraters nach § 613 BGB zu betonen (s. **Ziff. 2 b**). 177

Der notwendigen Autonomie des Beraters ist es geschuldet, ihm in **Ziff. 2 d**) das Recht einzuräumen, einzelne **Berateraufträge ablehnen** zu können. Keiner der Vertragsparteien wäre damit gedient, wenn ein Berater einen Auftrag in einem Bereich übernimmt, den er mit seiner Expertise und seinen Fähigkeiten oder mangels ausreichender Zeit nicht zufriedenstellend erledigen könnte. 178

Durch die mangelnde Pflicht der Gesellschaft, dem Berater **Aufträge zu erteilen**, wird darüber hinaus ein wichtiges Kriterium in Abgrenzung zur abhängigen Beschäftigung in **Ziff. 2 e**) deutlich gemacht. 179

Sinnvoll ist es auch in diesem Fall, dem Berater eine Verpflichtung zur **Unterrichtung** der Gesellschaft über **eventuelle Verzögerungen** aufzuerlegen und der Gesellschaft das Recht zur Einforderung der Mitteilung von **Zwischenständen** einzuräumen (s. **Ziff. 2 f**). Oftmals werden externe Berater unter Zeitdruck engagiert, so dass ein hohes Interesse daran besteht, mögliche Verzögerungen frühzeitig zu erfahren und einkalkulieren zu können oder notfalls durch anderweitige Beauftragung externer Kräfte Abhilfe zu schaffen. 180

b) Honorar

Im Rahmen der Abrede zum Honorar gibt es zunächst keine Besonderheiten (s. **Ziff. 3 a)–d**). Da im Zusammenhang mit Beraterfragen aber oftmals die Problematik der **Übertragung möglichen geistigen Eigentums** akut wird und in diesem Vertragsmuster in der Folge ein eigener Regelungspunkt zu dieser Frage enthalten ist, welcher eine Übertragung ohne gesonderte Vergütung vorsieht (s. Ziff. 5), macht es Sinn, bereits im Rahmen der Honorarvereinbarung – wie hier in **Ziff. 3 e**) – klarzustellen, dass sämtliche Forderungen bereits mit dem Honorar abgegolten sind. 181

c) Datenschutz, Geheimhaltung, Vertraulichkeit

Da externe Berater oftmals in Berührung mit vertraulichen Daten, Informationen, Betriebs- und Geschäftsgeheimnissen des Auftraggebers und auch möglichen Geschäftspartnern kommen, ist es notwendig und sinnvoll, im Vertrag über freie Mitarbeit ähnliche umfangreiche Klauseln zu Datenschutz, Geheimhaltung und Vertraulichkeit aufzunehmen wie bei leitenden Angestellten; im Vertragsmuster sind Regelungen dazu in **Ziff. 4** enthalten. Insoweit gelten grds. ähnliche Regelungen und Gestaltungshinweise wie bei Arbeitnehmern. Vgl daher § 1 Rn 1883 ff (22. Datenschutzklauseln) sowie § 1 Rn 3820 ff (62. Verschwiegenheitsklauseln). 182

d) Geistiges Eigentum

183 Weiterhin aufgenommen werden sollte eine Vereinbarung zur Behandlung möglichen geistigen Eigentums, welches im Rahmen der Beratertätigkeit als schützenswertes Recht entwickelt wird. Besonders bei der Ausführung solcher Beratertätigkeiten, in denen in gewisser Weise Forschung betrieben wird oder es um die Entwicklung und Ausarbeitung von Gutachten geht, ist nicht unwahrscheinlich, dass in diesem Zusammenhang auch schützenswertes geistiges Eigentum entwickelt wird. Es entspricht zwar grds. der Natur der Sache, dass diese Ergebnisse der Gesellschaft zustehen sollen, da diese den Berater gerade zur Entwicklung solcher Ergebnisse vergütet. Dennoch ist diese Deutung ohne ausdrückliche Regelung keineswegs rechtlich zwingend. Will die Gesellschaft demnach verhindern, zur gesonderten Vergütung solcher Arbeitsergebnisse verpflichtet zu sein, ist die Aufnahme einer derart umfassenden Regelung wie in **Ziff. 5** des Vertragsmusters zu empfehlen. Die einzelnen Vereinbarungen innerhalb dieser Regelung sind insoweit selbsterklärend.

184 Etwas problematisch kann sich allerdings die Regelung in **Ziff. 5 g)** darstellen, da das LG Braunschweig[1] zuletzt herausgestellt hat, eine Klausel, nach welcher ein freier Mitarbeiter verpflichtet werde, formularmäßig und ohne Vorstellung von den jeweiligen zukünftigen Beiträgen auf sein Recht zu verzichten, als Urheber benannt zu werden, sei mit dem Schutz der persönlich-geistigen Interessen des Urheberrechts (§ 13 UrhG) nicht vereinbar und eine entsprechende Klausel unwirksam. Aus diesem Grund ist es sinnvoll, wie in Klausel **Ziff. 5 d)** erfolgt, eine Benennung des freien Mitarbeiters als Urheber an dessen ausdrückliches Verlangen zu binden und somit gerade nicht generell auszuschließen. Eine andere Gestaltungsvariante zur Rechteübertragung sowie die Erläuterung des Zwecks der einzelnen Regelungen können aus dem oben dargestellten Moderatorenvertrag (s. § 4 Rn 134) in Ziff. 5 und den diesbezüglichen Gestaltungshinweisen (s. § 4 Rn 145 ff) entnommen werden.

e) Vertragslaufzeit, Kündigung

185 Im Rahmen der Vertragslaufzeit und Kündigung wurde in diesem Vertragsmuster (**Ziff. 6**) ein **unbefristeter Beratervertrag** gewählt. Dies ist nicht weiter problematisch, da der Vertrag vorsieht, dass dem Berater einzelne Aufträge für konkrete Beratungsfälle übertragen werden sollen, so dass sich allein auf diese Vereinbarung keine konkrete dauerhafte Tätigkeit des Beraters stützen lässt. Dies wird bereits auch daran deutlich, dass der Berater nach Ziff. 2 d) einzelne Beratungstätigkeiten ablehnen kann und die Gesellschaft nach Ziff. 2 e) nicht verpflichtet ist, dem Berater fortlaufend Aufträge zu erteilen. Demnach **wirkt** dieser Vertrag ähnlich **wie ein Rahmenvertrag**, da noch gesonderte und konkrete Aufträge einzelner Beratungstätigkeiten auf dessen Grundlage angewiesen werden müssen.

186 Es entspricht dem gegenseitigen Interesse bei einer Beratertätigkeit, welche oftmals wichtigen Einfluss auf die generellen Geschicke oder konkrete Projekte der Gesellschaft hat und deren Erfüllung oftmals langfristiger angelegt ist, eine **längere Kündigungsfrist** zu vereinbaren. Dafür spricht gerade auch, dass es nach Umständen zu vermeiden ist, dass ein Beratervertrag innerhalb des Laufs einer bestimmten Beratungstätigkeit gekündigt wird. Es ist meist ungünstig, die Beratungstätigkeit vor deren Abschluss zu unterbrechen und in andere Hände übergeben zu müssen. Eine Frist von 3 Monaten zum Monatsende, wie in **Ziff. 6 b)** vorgesehen, ist insoweit als angemessen anzusehen.

187 Aufgrund der generellen Wichtigkeit von Beratungstätigkeiten und der dargestellten Ungünstigkeit von Unterbrechungen ist auch die Regelung in **Ziff. 6 d)** des Vertrages sinnvoll. Wenn es schon zu der misslichen Lage einer Beendigung der Beratungstätigkeit vor deren Abschluss

1 LG Braunschweig 21.9.2011 – 9 O 1352/11, ZUM 2012, 66.

kommt, besteht ein besonderes Interesse der Gesellschaft daran, einen möglichst **geordneten Übergang** zu gewährleisten, um so wenig Zeit und Geld wie möglich zu verlieren.

f) Vertragliche und nachvertragliche Wettbewerbsverbote

Auch externe Berater werden gerade oftmals in Bereichen tätig, in denen die Gesellschaft auf externe Hilfe eines unabhängigen Experten angewiesen ist und somit ein verstärktes Interesse an einer **objektiven Durchführung der Beratung** hat. Um dies zu gewährleisten, ist es notwendig sicherzustellen, dass der Berater sich allein dem Interesse der Gesellschaft verpflichtet fühlt und somit frei von möglichen Interessenkonflikten ist. Dies kann in erster Linie durch die Aufnahme von vertraglichen und nachvertraglichen Wettbewerbsverboten gewährleistet werden. Soweit im Vertrag nichts ausdrücklich geregelt ist, ist bei einem freien Mitarbeiter nicht von einem Tätigkeitsverbot für andere Unternehmen, nicht einmal für direkte Wettbewerber, auszugehen, so dass es zwingend einer ausdrücklichen Vereinbarung bedarf.[2] 188

Vertragliche Wettbewerbsverbote (s. **Ziff.** 7) sollen die allein am Wohle der Gesellschaft ausgerichtete Beratung während der Vertragslaufzeit sicherstellen, während mit einem **nachvertraglichen Wettbewerbsverbot** (s. **Ziff.** 8) gewährleistet wird, dass die für die Gesellschaft entwickelten Lösungen und Beratungsergebnisse nicht nachträglich auch einem Wettbewerber zugute kommen. Grundsätzlich bestehen auch im Fall eines Dienst- oder Werkvertrages zulässige Möglichkeiten der Vereinbarung von Wettbewerbsverboten, wenn auch die Vorgaben der §§ 74 ff HGB, insb. in Bezug auf eine zu zahlende Karenzentschädigung, einzuhalten sind, soweit es sich um Wettbewerbsverbote mit nachvertraglicher Wirkung handelt.[3] 189

Die vereinbarten Wettbewerbsverbote unterscheiden sich in der Ausgestaltung insoweit nicht grundlegend von solchen, die gegenüber Arbeitnehmern oder Geschäftsführern vereinbart werden. Auf die Ausführungen wird daher verwiesen: 190

- Wettbewerbsverbote während des Dienstverhältnisses: s. § 2 Rn 1079 ff (18. Wettbewerbsverbotsklauseln);
- nachvertragliche Wettbewerbsverbote: s. § 1 Rn 4248 ff (66. Wettbewerbsverbotsklauseln, nachvertragliche); s. § 2 Rn 1091 ff (18. Wettbewerbsverbotsklauseln).

g) Versicherung

Ebenfalls in Betracht gezogen werden sollte von Seiten der Gesellschaft die Verpflichtung des Beraters zum Abschluss einer Versicherung zur **Abdeckung seiner Betriebshaftpflicht**. Es ist denkbar, dass die Gesellschaft auf Grundlage einer möglicherweise mangelhaften Beratung bestimmte Entscheidungen trifft, welche zu **erheblichen Verlusten oder Schädigungen** der Gesellschaft führen. In diesem Zusammenhang sollte eine nicht unbeträchtliche Deckungssumme bereits im Beratervertag festgelegt werden, um auch eventuelle umfassendere Schädigungen weitest möglich abzudecken. Vorgeschlagen wird eine Regelung wie in **Ziff. 9** des Vertragsmusters. 191

h) Herausgabepflicht, Zurückbehaltungsrecht

Gerade weil Berater oftmals in umfassenderem Umfang mit Dokumenten der Gesellschaft befasst sind und auch vielfach eigene Schriftstücke und Dokumente erstellen, besteht ein besonderes Interesse der Gesellschaft, im Fall der Beendigung der Beratertätigkeit ein unverzügliche und umfassende Herausgabepflicht hinsichtlich aller Dokumente zu gewährleisten (s. **Ziff. 10 a**). 192

2 BAG 21.1.1997 – 9 AZR 778/95, NZA 1997, 1284, 1285.
3 *Hoffmann-Schulte*, in: Pielow, BeckOK-GewO, § 110 Rn 12 f.

i) Schriftform

193 Im Rahmen der Vereinbarung zur Schriftform wurde im Vertragsmuster in **Ziff. 12** eine sog. **doppelte Schriftformklausel** gewählt, mit welcher nicht nur Vertragsänderungen generell an die Einhaltung der Schriftform gebunden werden, sondern auch die Änderung des Schriftformererfordernisses selbst. Gegenüber einem Arbeitnehmer wurde eine solche Klausel in der Vergangenheit wegen Verstoßes gegen die AGB-Kontrolle durch das BAG als unwirksam gewertet, da durch eine solche Klausel jegliche Form der Vertragsänderung durch betriebliche Übung verhindert würde, ein im Vorhinein erfolgter genereller Ausschluss der betrieblichen Übung allerdings eine unverhältnismäßige Benachteiligung darstelle und die entsprechende Klausel irreführend sei, da sie entgegen der tatsächlichen Rechtslage nach § 305 b BGB den Eindruck erweckt, mündliche Individualabreden seien nicht mehr möglich.[4] Da der **Grundsatz der betrieblichen Übung** gegenüber freien Mitarbeitern, unabhängig davon, ob diese als arbeitnehmerähnliche Personen zu betrachten sind, nicht zur Anwendung kommt, besteht dieses Problem zunächst nicht. Dennoch könnte eine **tatsächlich nachgewiesene mündliche Abrede** trotz dieser Regelung gem. § 305 b BGB den Allgemeinen Geschäftsbedingungen des Beratervertrages trotz der Schriftformklausel im Einzelfall vorgehen.[5] Diese mögliche Rechtsfolge führt aber nicht dazu, dass von der Verwendung solch doppelter Schriftformklauseln von vornherein abgeraten werden müsste.

---

4 BAG 20.5.2008 – 9 AZR 382/07, NJW 2009, 316.

5 *Loew*, in: Beck'sche Online-Formulare Vertragsrecht, 21.3.7 Fn 11.

Stichwortverzeichnis

Die **fetten** Zahlen verweisen auf Kapitel, die mageren Zahlen auf Randnummern.

C

D

E

G

H

I

J

K

L

M

N

O

P

S

T

U

V

W

Z